Veranlagungshandbuch Umsatzsteuer 2011

Veranlagungshandbuch Umsatzsteuer 2011

54. Auflage

Umsatzsteuergesetz 2005

Durchführungsverordnung zum Umsatzsteuergesetz (UStDV 2005),
Umsatzsteuer-Anwendungserlass (UStAE), Stand 1.1.2012
BMF-Schreiben und Verwaltungserlasse,
Rechtsprechung des Europäischen Gerichtshofs,
des Bundesfinanzhofs, der Finanzgerichte
und sonstige Veröffentlichungen in der Fachliteratur

Im Anhang
Mehrwertsteuer-Systemrichtlinie,
EU-Durchführungsverordnung zur Mehrwertsteuer-Systemrichtlinie,
EU-Zusammenarbeits-Verordnung,
13. EG-Umsatzsteuer-Richtlinie mit Durchführungsverordnung,
Umsatzsteuervergünstigungen auf Grund des NATO-Truppenstatuts
und nach dem Offshore-Steuerabkommen

Bearbeitet von
Ministerialdirigent Werner Widmann

IDW VERLAG GMBH

Düsseldorf 2012

Bibliografische Information der Deutschen Bibliothek

Die Deutsche Bibliothek verzeichnet diese Publikation in der Deutschen Nationalbibliografie: detaillierte bibliografische Daten sind im Internet über http://www.d-nb.de abrufbar.

ISBN 978-3-8021-1839-5

© 2012 IDW Verlag GmbH, Tersteegenstraße 14, 40474 Düsseldorf

Die IDW Verlag GmbH ist ein Unternehmen des Instituts der Wirtschaftsprüfer in Deutschland e.V. (IDW)

www.idw-verlag.de

Das Werk einschließlich aller seiner Teile ist urheberrechtlich geschützt. Jede Verwertung außerhalb der engen Grenzen des Urheberrechtsgesetzes ist ohne vorherige schriftliche Einwilligung des Verlages unzulässig und strafbar. Dies gilt insbesondere für Vervielfältigungen, Übersetzungen, Mikroverfilmungen und die Einspeicherung und Verbreitung in elektronischen Systemen. Es wird darauf hingewiesen, dass im Werk verwendete Markennamen und Produktbezeichnungen dem marken-, kennzeichen- oder urheberrechtlichen Schutz unterliegen.

Die Angaben in diesem Werk wurden sorgfältig erstellt und entsprechen dem Wissensstand bei Redaktionsschluss. Da Hinweise und Fakten jedoch dem Wandel der Rechtsprechung und der Gesetzgebung unterliegen, kann für die Richtigkeit und Vollständigkeit der Angaben in diesem Werk keine Haftung übernommen werden. Gleichfalls werden die in diesem Werk abgedruckten Texte und Abbildungen einer üblichen Kontrolle unterzogen; das Auftreten von Druckfehlern kann jedoch gleichwohl nicht völlig ausgeschlossen werden, so dass für aufgrund von Druckfehlern fehlerhafte Texte und Abbildungen ebenfalls keine Haftung übernommen werden kann.

Satz: B.o.s.s Druck und Medien GmbH, Goch

Druck und Verarbeitung: CPI – Ebner & Spiegel, Ulm

Elektronische Fassung: doctronic GmbH & Co. KG, Bonn

PN 39982/0/0   KN 11307

Vorwort

Mit dieser 54. Auflage unseres Umsatzsteuer-Veranlagungshandbuches dokumentieren wir für das Jahr 2011 alle bedeutsamen Neuerungen aus Gesetzgebung, Rechtsprechung und Verwaltung zum nationalen und europäischen Umsatzsteuerrecht. Zugleich sind im Fließtext des UStG und der UStDV auch schon die ab dem 01.01.2012 maßgeblichen Änderungen berücksichtigt.

Der Umsatzsteuer-Anwendungserlass ist daher unter Berücksichtigung des BMF-Schreibens vom 12.12.2011 (BStBl. 2011 I S. 1289) auf dem Stand vom 01.01.2012; seine im Laufe des Jahres 2011 angeordneten Änderungen mit den Übergangsregelungen ergeben sich aus den im Anlagenteil abgedruckten BMF-Schreiben. Die bis zum Redaktionsschluss Ende Februar 2012 ergangenen BMF-Schreiben konnten noch aufgenommen werden.

Die Rechtsprechung von EuGH und BFH ist mit mehr als 90 neuen Entscheidungen auch wieder umfänglich berücksichtigt; vereinzelt wurden auch Urteile des Bundesverfassungsgerichts und des Bundesgerichtshofes eingearbeitet. Auffällig ist, dass im Jahr 2011 ungewöhnlich viele Judikate zu Steuerbefreiungen ergangen sind, die schon lange gelten. Man mag daran erkennen, dass die Streitanfälligkeit nicht nur bei neueren Normen zunimmt.

Es waren immerhin sechs Gesetze, die im Jahr 2011 das geltende Recht geändert haben. Es scheint dem Gesetzgeber einfach nicht zu gelingen, die Änderungen in einem einzigen Umsatzsteuer-Änderungsgesetz zusammenzufassen – obschon er diesen Gesetzestitel im Gesetz vom 06.12.2011 sogar verwendet hat, um das Umsatzsteuergesetz dann tags darauf mit einem weiteren Gesetz bereits wieder zu ändern. Die Aufzählung der Änderungsgesetze zu Anfang des Fließtextes belegt diese mühselige Hektik. Solche täglichen Gesetzesprodukte sprechen allen Bemühungen um Übersichtlichkeit und Vereinfachung Hohn; man kann es leider kaum anders formulieren.

Die beigefügte CD bringt wieder den Inhalt der Umsatzsteuer-Veranlagungsbände der Vorjahre und weiterhin den zum Verständnis vor allem der Rechtsprechung des EuGH gegenwärtig noch unentbehrlichen Text der 6. EG-Umsatzsteuer-Richtlinie, die zum 01.01.2007 durch die Mehrwertsteuer-Systemrichtlinie (siehe Anhang 1a) abgelöst wurde.

Wie bisher sind wir weiterhin für Hinweise und Anregungen zur Verbesserung unseres Arbeitsbuches dankbar.

Bearbeiter war wieder Herr Ministerialdirigent Werner Widmann, Mainz.

Düsseldorf, im März 2012   Der Bearbeiter
                                                                   IDW Verlag GmbH

Inhaltsverzeichnis

Vorwort		V
Inhaltsverzeichnis		VII
Abkürzungsverzeichnis		LVII
Umsatzsteuergesetz 2005		1
Umsatzsteuer-Durchführungsverordnung 2005		57

Erster Abschnitt: Steuergegenstand und Geltungsbereich ... 73

§ 1	**Steuerbare Umsätze**		73
	Abschnitt des UStAE[1)]		
	1.1.	Leistungsaustausch	75
	1.2.	Verwertung von Sachen	78
	1.3.	Schadensersatz	79
	1.4.	Mitgliederbeiträge	81
	1.5.	Geschäftsveräußerung	82
	1.6.	Leistungsaustausch bei Gesellschaftsverhältnissen	84
	1.7.	Lieferung von Gas oder Elektrizität	90
	1.8.	Sachzuwendungen und sonstige Leistungen an das Personal	90
	1.9.	Inland – Ausland	95
	1.10.	Gemeinschaftsgebiet – Drittlandsgebiet	96
	1.11.	Umsätze in Freihäfen usw. (§ 1 Abs. 3 Satz 1 Nr. 1 bis 3 UStG)	96
	1.12.	Freihafen-Veredelungsverkehr, Freihafenlagerung und einfuhrumsatzsteuerrechtlich freier Verkehr (§ 1 Abs. 3 Satz 1 Nr. 4 und 5 UStG)	97
§ 1a	**Innergemeinschaftlicher Erwerb**		122
	1a.1.	Innergemeinschaftlicher Erwerb	123
	1a.2.	Innergemeinschaftliches Verbringen	124
§ 1b	**Innergemeinschaftlicher Erwerb neuer Fahrzeuge**		129
	1b.1.	Innergemeinschaftlicher Erwerb neuer Fahrzeuge	129
§ 1c	**Innergemeinschaftlicher Erwerb durch diplomatische Missionen, zwischenstaatliche Einrichtungen und Streitkräfte der Vertragsparteien des Nordatlantikvertrages**		131
	1c.1.	Ausnahme vom innergemeinschaftlichen Erwerb bei diplomatischen Missionen usw. (§ 1c Abs. 1 UStG)	131
§ 2	**Unternehmer, Unternehmen**		132
	2.1.	Unternehmer	132
	2.2.	Selbständigkeit	134
	2.3.	Gewerbliche oder berufliche Tätigkeit	136
	2.4.	Forderungskauf und Forderungseinzug	139
	2.5.	Betrieb von Anlagen zur Energieerzeugung	141
	2.6.	Beginn und Ende der Unternehmereigenschaft	143
	2.7.	Unternehmen	144
	2.8.	Organschaft	145
	2.9.	Beschränkung der Organschaft auf das Inland	147
	2.10.	Unternehmereigenschaft und Vorsteuerabzug bei Vereinen, Forschungsbetrieben und ähnlichen Einrichtungen	149
	2.11.	Juristische Personen des öffentlichen Rechts	154
§ 2a	**Fahrzeuglieferer**		178
§ 3	**Lieferung, sonstige Leistung**		179
	3.1.	Lieferungen und sonstige Leistungen	181
	3.2.	Unentgeltliche Wertabgaben	182

1) Beachte Fußnote vor Abschn. 1.1 UStAE zum jeweils aktuellen Stand der UStAE auf der Homepage des BMF

	3.3.	Den Lieferungen gleichgestellte Wertabgaben	182
	3.4.	Den sonstigen Leistungen gleichgestellte Wertabgaben	186
	3.5.	Abgrenzung zwischen Lieferungen und sonstigen Leistungen	188
	3.6.	Abgrenzung von Lieferungen und sonstigen Leistungen bei der Abgabe von Speisen und Getränken	192
	3.7.	Vermittlung oder Eigenhandel	192
	3.8.	Werklieferung, Werkleistung	194
	3.9.	Lieferungsgegenstand bei noch nicht abgeschlossenen Werklieferungen	195
	3.10.	Einheitlichkeit der Leistung	195
	3.11.	Kreditgewährung im Zusammenhang mit anderen Umsätzen	197
	3.12.	Ort der Lieferung	198
	3.13.	Lieferort in besonderen Fällen (§ 3 Abs. 8 UStG)	200
	3.14.	Reihengeschäfte	200
	3.15.	Dienstleistungskommission (§ 3 Abs. 11 UStG)	207

§ 3a Ort der sonstigen Leistung ... 227

UStDV § 1 (aufgehoben ab 01.01.2010)

	3a.1.	Ort der sonstigen Leistung bei Leistungen an Nichtunternehmer	229
	3a.2.	Ort der sonstigen Leistung bei Leistungen an Unternehmer und diesen gleichgestellte juristische Personen	231
	3a.3.	Ort der sonstigen Leistung im Zusammenhang mit einem Grundstück	236
	3a.4.	Ort der sonstigen Leistung bei Messen und Ausstellungen	237
	3a.5.	Ort der kurzfristigen Vermietung eines Beförderungsmittels	239
	3a.6.	Ort der Tätigkeit	240
	3a.7.	Ort der Vermittlungsleistung	243
	3a.8.	Ort der in § 3a Abs. 4 Satz 2 UStG bezeichneten sonstigen Leistungen	243
	3a.9.	Leistungskatalog des § 3a Abs. 4 Satz 2 Nr. 1 bis 10 UStG	244
	3a.10.	Sonstige Leistungen auf dem Gebiet der Telekommunikation	246
	3a.11.	Rundfunk- und Fernsehdienstleistungen	249
	3a.12.	Auf elektronischem Weg erbrachte sonstige Leistungen	249
	3a.13.	Gewährung des Zugangs zu Erdgas- und Elektrizitätsnetzen und die Fernleitung, die Übertragung oder die Verteilung über diese Netze sowie damit unmittelbar zusammenhängende sonstige Leistungen	251
	3a.14.	Sonderfälle des Orts der sonstigen Leistung	252
	3a.15.	Ort der sonstigen Leistung bei Einschaltung eines Erfüllungsgehilfen	254
	3a.16.	Besteuerungsverfahren bei sonstigen Leistungen	254

§ 3b Ort der Beförderungsleistungen und der damit zusammenhängenden sonstigen Leistungen . 264

	UStDV	§ 2	Verbindungsstrecken im Inland	264
		§ 3	Verbindungsstrecken im Ausland	265
		§ 4	Anschlußstrecken im Schienenbahnverkehr	265
		§ 5	Kurze Straßenstrecken im Inland	265
		§ 6	Straßenstrecken in den in § 1 Abs. 3 des Gesetzes bezeichneten Gebieten	265
		§ 7	Kurze Strecken im grenzüberschreitenden Verkehr mit Wasserfahrzeugen	265
	3b.1.		Ort einer Personenbeförderung und Ort einer Güterbeförderung, die keine innergemeinschaftliche Güterbeförderung ist	266
	3b.2.		Ort der Leistung, die im Zusammenhang mit einer Güterbeförderung steht	270
	3b.3.		Ort der innergemeinschaftlichen Güterbeförderung	270
	3b.4.		Ort der gebrochenen innergemeinschaftlichen Güterbeförderung	271

§ 3c Ort der Lieferung in besonderen Fällen ... 274

	3c.1.	Ort der Lieferung bei innergemeinschaftlichen Beförderungs- und Versendungslieferungen an bestimmte Abnehmer	275

§ 3d Ort des innergemeinschaftlichen Erwerbs ... 277

	3d.1.	Ort des innergemeinschaftlichen Erwerbs	277

§ 3e	Ort der Lieferung während einer Beförderung an Bord eines Schiffes, in einem Luftfahrzeug oder in einer Eisenbahn....................................	278
	3e.1. Ort der Lieferung und der Restaurationsleistung während einer Beförderung an Bord eines Schiffs, in einem Luftfahrzeug oder in der Eisenbahn (§ 3e UStG)...	278
§ 3f	Ort der unentgeltlichen Lieferungen und sonstigen Leistungen	280
	3f.1. Ort der unentgeltlichen Wertabgaben	280
§ 3g	Ort der Lieferung von Gas, Elektrizität, Wärme oder Kälte	281
	3g.1. Ort der Lieferung von Gas oder Elektrizität	281

Zweiter Abschnitt: Steuerbefreiungen und Steuervergütungen.............................. 283

§ 4	Steuerbefreiungen bei Lieferungen und sonstigen Leistungen........................	283
	Zu § 4 Nr. 1	
	4.1.1. Ausfuhrlieferungen und Lohnveredelungen an Gegenständen der Ausfuhr	297
	Zu § 4 Nr. 2	
	4.2.1. Umsätze für die Seeschifffahrt und für die Luftfahrt	297
	Zu § 4 Nr. 3	
	UStDV § 19 (weggefallen)...	293
	§ 20 Belegmäßiger Nachweis bei steuerfreien Leistungen, die sich auf Gegenstände der Ausfuhr oder Einfuhr beziehen...........	293
	§ 21 Buchmäßiger Nachweis bei steuerfreien Leistungen, die sich auf Gegenstände der Ausfuhr oder Einfuhr beziehen...........	294
	4.3.1. Allgemeines..	297
	4.3.2. Grenzüberschreitende Güterbeförderungen	298
	4.3.3. Grenzüberschreitende Güterbeförderungen und andere sonstige Leistungen, die sich auf Gegenstände der Einfuhr beziehen...............................	298
	4.3.4. Grenzüberschreitende Beförderungen und andere sonstige Leistungen, die sich unmittelbar auf Gegenstände der Ausfuhr oder der Durchfuhr beziehen...	302
	4.3.5. Ausnahmen von der Steuerbefreiung..	305
	4.3.6. Buchmäßiger Nachweis...	305
	Zu § 4 Nr. 4	
	4.4.1. Lieferungen von Gold an Zentralbanken	305
	Zu § 4 Nr. 4a und 4b	
	4.4a.1. Umsatzsteuerlagerregelung	306
	4.4b.1. Steuerbefreiung für die einer Einfuhr vorangehenden Lieferungen von Gegenständen	306
	Zu § 4 Nr. 5	
	UStDV § 22 Buchmäßiger Nachweis bei steuerfreien Vermittlungen	294
	4.5.1. Steuerfreie Vermittlungsleistungen	306
	4.5.2. Vermittlungsleistungen der Reisebüros...	307
	4.5.3. Verkauf von Flugscheinen durch Reisebüros oder Tickethändler („Consolidator") .	309
	4.5.4. Buchmäßiger Nachweis...	310
	Zu § 4 Nr. 6	
	4.6.1. Leistungen der Eisenbahnen des Bundes	310
	4.6.2. Steuerbefreiung für Restaurationsumsätze an Bord von Seeschiffen	310
	Zu § 4 Nr. 7	
	4.7.1. Leistungen an Vertragsparteien des Nordatlantikvertrages, NATO-Streitkräfte, diplomatische Missionen und zwischenstaatliche Einrichtungen.................	310

Zu § 4 Nr. 8
4.8.1. Vermittlung im Sinne des § 4 Nr. 8 und 11 UStG 311
4.8.2. Gewährung und Vermittlung von Krediten. 312
4.8.3. Gesetzliche Zahlungsmittel 313
4.8.4. Umsätze im Geschäft mit Forderungen. 313
4.8.5. Einlagengeschäft. 313
4.8.6. Inkasso von Handelspapieren 313
4.8.7. Zahlungs-, Überweisungs- und Kontokorrentverkehr 314
4.8.8. Umsätze im Geschäft mit Wertpapieren 314
4.8.9. Verwahrung und Verwaltung von Wertpapieren 314
4.8.10. Gesellschaftsanteile 315
4.8.11. Übernahme von Verbindlichkeiten. 315
4.8.12. Übernahme von Bürgschaften und anderen Sicherheiten 315
4.8.13. Verwaltung von Investmentvermögen und von Versorgungseinrichtungen 316
4.8.14. Amtliche Wertzeichen 320

Zu § 4 Nr. 9
4.9.1. Umsätze, die unter das Grunderwerbsteuergesetz fallen. 320
4.9.2. Umsätze, die unter das Rennwett- und Lotteriegesetz fallen 320

Zu § 4 Nr. 10
4.10.1. Versicherungsleistungen 321
4.10.2. Verschaffung von Versicherungsschutz 321

Zu § 4 Nr. 11
4.11.1. Bausparkassenvertreter, Versicherungsvertreter, Versicherungsmakler 321

Zu § 4 Nr. 11b
4.11b.1. Umsatzsteuerbefreiung für Post-Universaldienstleistungen 322

Zu § 4 Nr. 12
4.12.1. Vermietung und Verpachtung von Grundstücken 327
4.12.2. Vermietung von Plätzen für das Abstellen von Fahrzeugen 328
4.12.3. Vermietung von Campingflächen 330
4.12.4. Abbau- und Ablagerungsverträge. 330
4.12.5. Gemischte Verträge 331
4.12.6. Verträge besonderer Art 331
4.12.7. Kaufanwartschaftsverhältnisse 332
4.12.8. Dingliche Nutzungsrechte. 332
4.12.9. Beherbergungsumsätze 332
4.12.10. Vermietung und Verpachtung von Betriebsvorrichtungen 333
4.12.11. Nutzungsüberlassung von Sportanlagen und anderen Anlagen 333

Zu § 4 Nr. 13
4.13.1. Wohnungseigentümergemeinschaften 337

Zu § 4 Nr. 14
4.14.1. Anwendungsbereich und Umfang der Steuerbefreiung. 337
4.14.2. Tätigkeit als Arzt 339
4.14.3. Tätigkeit als Zahnarzt 339
4.14.4. Tätigkeit als Heilpraktiker, Physiotherapeut, Hebamme sowie als Angehöriger ähnlicher Heilberufe 340
4.14.5. Krankenhausbehandlungen und ärztliche Heilbehandlungen 342
4.14.6. Eng mit Krankenhausbehandlungen und ärztlichen Heilbehandlungen verbundene Umsätze 345
4.14.7. Rechtsform des Unternehmers 346
4.14.8. Praxis- und Apparategemeinschaften 347
4.14.9. Leistungen von Einrichtungen nach § 140b Abs. 1 SGB V zur integrierten Versorgung 348

Zu § 4 Nr. 15
4.15.1. Sozialversicherung, Grundsicherung für Arbeitsuchende, Sozialhilfe, Kriegsopferversorgung 348

Zu § 4 Nr. 16
4.16.1. Anwendungsbereich und Umfang der Steuerbefreiung 349
4.16.2. Nachweis der Voraussetzungen 350
4.16.3. Einrichtungen nach § 4 Nr. 16 Satz 1 Buchstabe k UStG 350
4.16.4. Leistungen der Altenheime, Pflegeheime und Altenwohnheime 351
4.16.5. Weitere Betreuungs- und/oder Pflegeeinrichtungen 352
4.16.6. Eng verbundene Umsätze 354

Zu § 4 Nr. 17
4.17.1. Menschliches Blut und Frauenmilch 355
4.17.2. Beförderungen von kranken und verletzten Personen 355

Zu § 4 Nr. 18
UStDV   § 23   Amtlich anerkannte Verbände der freien Wohlfahrtspflege 294
4.18.1. Wohlfahrtseinrichtungen 356

Zu § 4 Nr. 19
4.19.1. Blinde 357
4.19.2. Blindenwerkstätten 358

Zu § 4 Nr. 20
4.20.1. Theater 358
4.20.2. Orchester, Kammermusikensembles und Chöre 358
4.20.3. Museen und Denkmäler der Bau- und Gartenbaukunst 359
4.20.4. Zoologische Gärten und Tierparks 359
4.20.5. Bescheinigungsverfahren 360

Zu § 4 Nr. 21
4.21.1. Ersatzschulen 360
4.21.2. Ergänzungsschulen und andere allgemein bildende oder berufsbildende Einrichtungen 360
4.21.3. Erteilung von Unterricht durch selbständige Lehrer an Schulen und Hochschulen .. 362
4.21.4. Unmittelbar dem Schul- und Bildungszweck dienende Leistungen 362
4.21.5. Bescheinigungsverfahren für Ergänzungsschulen und andere allgemein bildende oder berufsbildende Einrichtungen 363

Zu § 4 Nr. 22
4.22.1. Veranstaltung wissenschaftlicher und belehrender Art 364
4.22.2. Andere kulturelle und sportliche Veranstaltungen 364

Zu § 4 Nr. 23
4.23.1. Beherbergung und Beköstigung von Jugendlichen 365

Zu § 4 Nr. 24
4.24.1. Jugendherbergswesen 366

Zu § 4 Nr. 25
4.25.1. Leistungen im Rahmen der Kinder- und Jugendhilfe 367

Zu § 4 Nr. 26
4.26.1. Ehrenamtliche Tätigkeit 369

Zu § 4 Nr. 27
4.27.1. Gestellung von Mitgliedern geistlicher Genossenschaften und Angehörigen von Mutterhäusern 369
4.27.2. Gestellung von land- und forstwirtschaftlichen Arbeitskräften sowie Gestellung von Betriebshelfern 369

Zu § 4 Nr. 28
4.28.1. Lieferung bestimmter Gegenstände 370

XI

§ 4a	Steuervergütung		423
	UStDV	§ 24 Antragsfrist für die Steuervergütung und Nachweis der Voraussetzungen .	423
	4a.1.	Vergütungsberechtigte	424
	4a.2.	Voraussetzungen für die Vergütung	424
	4a.3.	Nachweis der Voraussetzungen	425
	4a.4.	Antragsverfahren	425
	4a.5.	Wiedereinfuhr von Gegenständen	426
§ 4b	Steuerbefreiung beim innergemeinschaftlichen Erwerb von Gegenständen		427
	4b.1.	Steuerbefreiung beim innergemeinschaftlichen Erwerb von Gegenständen	427
§ 5	Steuerbefreiung bei der Einfuhr		429
	Einfuhrumsatzsteuer-Befreiungsverordnung 1993		430
§ 6	**Ausfuhrlieferung**		435
	UStDV	§ 8 Grundsätze für den Ausfuhrnachweis bei Ausfuhrlieferungen	436
		§ 9 Ausfuhrnachweis bei Ausfuhrlieferungen in Beförderungsfällen	436
		§ 10 Ausfuhrnachweis bei Ausfuhrlieferungen in Versendungsfällen	436
		§ 11 Ausfuhrnachweis bei Ausfuhrlieferungen in Bearbeitungs- und Verarbeitungsfällen	437
		§ 12 Ausfuhrnachweis bei Lohnveredelung an Gegenständen der Ausfuhr	437
		§ 13 Buchmäßiger Nachweis bei Ausfuhrlieferungen und Lohnveredelungen an Gegenständen der Ausfuhr	437
		§ 14 bis § 16 (weggefallen)	438
		§ 17 Abnehmernachweis bei Ausfuhrlieferungen im nichtkommerziellen Reiseverkehr	438
	6.1.	Ausfuhrlieferungen	438
	6.2.	Elektronisches Ausfuhrverfahren (Allgemeines)	439
	6.3.	Ausländischer Abnehmer	440
	6.4.	Ausschluss der Steuerbefreiung bei der Ausrüstung und Versorgung bestimmter Beförderungsmittel	441
	6.5.	Ausfuhrnachweis (Allgemeines)	442
	6.6.	Ausfuhrnachweis in Beförderungsfällen	442
	6.7.	Ausfuhrnachweis in Versendungsfällen	445
	6.8.	Ausfuhrnachweis in Bearbeitungs- und Verarbeitungsfällen	446
	6.9.	Sonderregelungen zum Ausfuhrnachweis	446
	6.10.	Buchmäßiger Nachweis	450
	6.11.	Ausfuhrlieferungen im nichtkommerziellen Reiseverkehr	452
	6.12.	Gesonderter Steuerausweis bei Ausfuhrlieferungen	454
§ 6a	**Innergemeinschaftliche Lieferung**		458
	UStDV	§ 17a Nachweis bei innergemeinschaftlichen Lieferungen in Beförderungs- und Versendungsfällen	458
		§ 17b Nachweis bei innergemeinschaftlichen Lieferungen in Bearbeitungs- oder Verarbeitungsfällen	459
		§ 17c Buchmäßiger Nachweis bei innergemeinschaftlichen Lieferungen	459
	6a.1.	Innergemeinschaftliche Lieferungen	460
	6a.2.	Nachweis der Voraussetzungen der Steuerbefreiung für innergemeinschaftliche Lieferungen	464
	6a.3.	Belegnachweis in Beförderungsfällen	465
	6a.4.	Belegnachweis in Versendungsfällen	466
	6a.5.	Belegnachweis in Bearbeitungs- oder Verarbeitungsfällen	468
	6a.6.	Belegnachweis in Fällen der Beförderung oder Versendung eines neuen Fahrzeugs an Nichtunternehmer	468
	6a.7.	Buchmäßiger Nachweis	468
	6a.8.	Gewährung von Vertrauensschutz	469

§ 7	**Lohnveredelung an Gegenständen der Ausfuhr**	478
	UStDV §§ 8 bis 13, siehe zu § 6 UStG	478
	7.1. Lohnveredelung an Gegenständen der Ausfuhr	478
	7.2. Ausfuhrnachweis	480
	7.3. Buchmäßiger Nachweis	480
	7.4. Abgrenzung zwischen Lohnveredelungen im Sinne des § 7 UStG und Ausfuhrlieferungen im Sinne des § 6 UStG	481
§ 8	**Umsätze für die Seeschifffahrt und für die Luftfahrt**	482
	UStDV § 18 Buchmäßiger Nachweis bei Umsätzen für die Seeschifffahrt und für die Luftfahrt	483
	8.1. Umsätze für die Seeschifffahrt	483
	8.2. Umsätze für die Luftfahrt	485
	8.3. Buchmäßiger Nachweis	486
§ 9	**Verzicht auf Steuerbefreiungen**	488
	9.1. Verzicht auf Steuerbefreiungen (§ 9 Abs. 1 UStG)	488
	9.2. Einschränkung des Verzichts auf Steuerbefreiungen (§ 9 Abs. 2 und 3 UStG)	489
	Dritter Abschnitt: Bemessungsgrundlagen	501
§ 10	**Bemessungsgrundlage für Lieferungen, sonstige Leistungen und innergemeinschaftliche Erwerbe**	501
	UStDV § 25 Durchschnittsbeförderungsentgelt	502
	10.1. Entgelt	502
	10.2. Zuschüsse	506
	10.3. Entgeltminderungen	511
	10.4. Durchlaufende Posten	513
	10.5. Bemessungsgrundlage beim Tausch und bei tauschähnlichen Umsätzen	514
	10.6. Bemessungsgrundlage bei unentgeltlichen Wertabgaben	517
	10.7. Mindestbemessungsgrundlage (§ 10 Abs. 5 UStG)	518
	10.8. Durchschnittsbeförderungsentgelt	519
§ 11	**Bemessungsgrundlage für die Einfuhr**	536
	Vierter Abschnitt: Steuer und Vorsteuer	538
§ 12	**Steuersätze**	538
	Anlage 2 (zu § 12 Abs. 2 Nr. 1 und 2)	539
	Zu § 12 Abs. 2 Nr. 1–2	
	12.1. Steuersätze	544
	Zu § 12 Abs. 2 Nr. 3	
	12.2. Vieh- und Pflanzenzucht	545
	Zu § 12 Abs. 2 Nr. 4	
	12.3. Vatertierhaltung, Förderung der Tierzucht usw.	546
	Zu § 12 Abs. 2 Nr. 6	
	12.4. Umsätze der Zahntechniker und Zahnärzte	547
	Zu § 12 Abs. 2 Nr. 7	
	UStDV § 30 Schausteller	544
	12.5. Eintrittsberechtigung für Theater, Konzerte, Museen usw. (§ 12 Abs. 2 Nr. 7 Buchstabe a UStG)	548
	12.6. Überlassung von Filmen und Filmvorführungen (§ 12 Abs. 2 Nr. 7 Buchstabe b UStG)	548
	12.7. Einräumung, Übertragung und Wahrnehmung urheberrechtlicher Schutzrechte (§ 12 Abs. 2 Nr. 7 Buchstabe c UStG)	549
	12.8. Zirkusunternehmen, Schausteller und zoologische Gärten (§ 12 Abs. 2 Nr. 7 Buchstabe d UStG)	554

Zu § 12 Abs. 2 Nr. 8
12.9. Gemeinnützige, mildtätige und kirchliche Einrichtungen
(§ 12 Abs. 2 Nr. 8 Buchstabe a UStG) 555
12.10. Zusammenschlüsse steuerbegünstigter Einrichtungen
(§ 12 Abs. 2 Nr. 8 Buchstabe b UStG) 560

Zu § 12 Abs. 2 Nr. 9
12.11. Schwimm- und Heilbäder, Bereitstellung von Kureinrichtungen. 560

Zu § 12 Abs. 2 Nr. 10
12.12. Übergangsregelung bei Personenbeförderungen mit Schiffen 561
12.13. Begünstigte Verkehrsarten 562
12.14. Begünstigte Beförderungsstrecken. 564
12.15. Beförderung von Arbeitnehmern zwischen Wohnung und Arbeitsstelle 565
12.16. Umsätze aus der kurzfristigen Vermietung von Wohn- und Schlafräumen sowie aus
der kurzfristigen Vermietung von Campingflächen. 566

§ 13 Entstehung der Steuer 584
13.1. Entstehung der Steuer bei der Besteuerung nach vereinbarten Entgelten 585
13.2. Sollversteuerung in der Bauwirtschaft 586
13.3. Sollversteuerung bei Architekten und Ingenieuren 586
13.4. Teilleistungen. 587
13.5. Istversteuerung von Anzahlungen 588
13.6. Entstehung der Steuer bei der Besteuerung nach vereinnahmten Entgelten 588

§ 13a Steuerschuldner. 592

§ 13b Leistungsempfänger als Steuerschuldner 593
UStDV § 30a Steuerschuldnerschaft bei unfreien Versendungen 595
13b.1. Leistungsempfänger als Steuerschuldner 595
13b.2. Bauleistungen. 597
13b.3. Bauleistender Unternehmer als Leistungsempfänger 599
13b.4. Lieferungen von Industrieschrott, Altmetallen und sonstigen Abfallstoffen 600
13b.5. Reinigung von Gebäuden und Gebäudeteilen 603
13b.6. Lieferungen von Gold 604
13b.7. Lieferungen von Mobilfunkgeräten und integrierten Schaltkreisen 605
13b.8. Vereinfachungsregelung 607
13b.9. Unfreie Versendungen. 607
13b.10. Ausnahmen 607
13b.11. Im Ausland bzw. im übrigen Gemeinschaftsgebiet ansässiger Unternehmer 608
13b.12. Entstehung der Steuer 609
13b.13. Bemessungsgrundlage und Berechnung der Steuer 609
13b.14. Rechnungserteilung 610
13b.15. Vorsteuerabzug des Leistungsempfängers 610
13b.16. Steuerschuldnerschaft des Leistungsempfängers und allgemeines
Besteuerungsverfahren 611
13b.17. Aufzeichnungspflichten. 611
13b.18. Übergangsregelungen 611

§ 13c Haftung bei Abtretung, Verpfändung oder Pfändung von Forderungen 614
13c.1. Haftung bei Abtretung, Verpfändung oder Pfändung von Forderungen 614

§ 14 Ausstellung von Rechnungen. 622
UStDV § 31 Angaben in der Rechnung 624
§ 32 Rechnungen über Umsätze, die verschiedenen Steuersätzen unterliegen. 624
§ 33 Rechnungen über Kleinbeträge 624
§ 34 Fahrausweise als Rechnungen 625

14.1.	Zum Begriff der Rechnung	625
14.2.	Rechnungserteilungspflicht bei Leistungen im Zusammenhang mit einem Grundstück	627
14.3.	Rechnung in Form der Gutschrift	627
14.4.	Elektronisch übermittelte Rechnung	628
14.5.	Pflichtangaben in der Rechnung	630
14.6.	Rechnungen über Kleinbeträge	634
14.7.	Fahrausweise als Rechnungen	634
14.8.	Rechnungserteilung bei der Istversteuerung von Anzahlungen	635
14.9.	Rechnungserteilung bei verbilligten Leistungen (§ 10 Abs. 5 UStG)	638
14.10.	Rechnungserteilung in Einzelfällen	639
14.11.	Berichtigung von Rechnungen	639

§ 14a Zusätzliche Pflichten bei der Ausstellung von Rechnungen in besonderen Fällen 644

14a.1.	Zusätzliche Pflichten bei der Ausstellung von Rechnungen in besonderen Fällen	644

§ 14b Aufbewahrung von Rechnungen 646

14b.1.	Aufbewahrung von Rechnungen	647

§ 14c Unrichtiger oder unberechtigter Steuerausweis 649

14c.1.	Unrichtiger Steuerausweis	649
14c.2.	Unberechtigter Steuerausweis (§ 14c Abs. 2 UStG)	651

§ 15 Vorsteuerabzug 657

UStDV	§ 35	Vorsteuerabzug bei Rechnungen über Kleinbeträge und bei Fahrausweisen	659
	§§ 36 bis 39a	(weggefallen)	659
	§ 40	Vorsteuerabzug bei unfreien Versendungen	659
	§§ 41 bis 42	(weggefallen)	659
	§ 43	Erleichterungen bei der Aufteilung der Vorsteuern	660

15.1.	Zum Vorsteuerabzug berechtigter Personenkreis	660
15.2.	Abzug der gesondert in Rechnung gestellten Steuerbeträge als Vorsteuer	661
15.3.	Vorsteuerabzug bei Zahlungen vor Empfang der Leistung	669
15.4.	Vorsteuerabzug bei Rechnungen über Kleinbeträge	669
15.5.	Vorsteuerabzug bei Fahrausweisen	671
15.6.	Vorsteuerabzug bei Repräsentationsaufwendungen	671
15.6a.	Vorsteuerabzug bei teilunternehmerisch genutzten Grundstücken	673
15.7.	Vorsteuerabzug bei unfreien Versendungen und Güterbeförderungen	676
15.8.	Abzug der Einfuhrumsatzsteuer bei Einfuhr im Inland	677
15.9.	Abzug der Einfuhrumsatzsteuer in den Fällen des § 1 Abs. 3 UStG	679
15.10.	Vorsteuerabzug ohne gesonderten Steuerausweis in einer Rechnung	681
15.11.	Nachweis der Voraussetzungen für den Vorsteuerabzug	681
15.12.	Allgemeines zum Ausschluss vom Vorsteuerabzug	683
15.13.	Ausschluss des Vorsteuerabzugs bei steuerfreien Umsätzen	685
15.14.	Ausschluss des Vorsteuerabzugs bei Umsätzen im Ausland	686
15.15.	Vorsteuerabzug bei Eingangsleistungen im Zusammenhang mit unentgeltlichen Leistungen	686
15.16.	Grundsätze zur Aufteilung der Vorsteuerbeträge	688
15.17.	Aufteilung der Vorsteuerbeträge nach § 15 Abs. 4 UStG	688
15.18.	Erleichterungen bei der Aufteilung der Vorsteuerbeträge	691
15.19.	Vorsteuerabzug bei juristischen Personen des öffentlichen Rechts	693
15.20.	Vorsteuerabzug bei Überlassung von Gegenständen durch Gesellschafter an die Gesellschaft	694
15.21.	Vorsteuerabzug aus Aufwendungen im Zusammenhang mit der Ausgabe von gesellschaftsrechtlichen Anteilen	694
15.22.	Vorsteuerabzug im Zusammenhang mit dem Halten von gesellschaftsrechtlichen Beteiligungen	695

§ 15a	Berichtigung des Vorsteuerabzugs			731
	UStDV	§ 44	Vereinfachung bei der Berichtigung des Vorsteuerabzugs	732
		§ 45	Maßgebliches Ende des Berichtigungszeitraums	733
	15a.1.	Anwendungsgrundsätze		733
	15a.2.	Änderung der Verhältnisse		735
	15a.3.	Berichtigungszeitraum nach § 15a Abs. 1 UStG		738
	15a.4.	Berichtigung nach § 15a Abs. 1 UStG		740
	15a.5.	Berichtigung nach § 15a Abs. 2 UStG		743
	15a.6.	Berichtigung nach § 15a Abs. 3 UStG		743
	15a.7.	Berichtigung nach § 15a Abs. 4 UStG		749
	15a.8.	Berichtigung nach § 15a Abs. 6 UStG		750
	15a.9.	Berichtigung nach § 15a Abs. 7 UStG		751
	15a.10.	Geschäftsveräußerung im Sinne des § 1 Abs. 1a UStG und andere Formen der Rechtsnachfolge		753
	15a.11.	Vereinfachungen bei der Berichtigung des Vorsteuerabzugs		753
	15a.12.	Aufzeichnungspflichten für die Berichtigung des Vorsteuerabzugs		754
Fünfter Abschnitt: Besteuerung				762
§ 16	**Steuerberechnung, Besteuerungszeitraum und Einzelbesteuerung**			762
	16.1.	Steuerberechnung		763
	16.2.	Beförderungseinzelbesteuerung		763
	16.3.	Fahrzeugeinzelbesteuerung		765
	16.4.	Umrechnung von Werten in fremder Währung		765
§ 17	**Änderung der Bemessungsgrundlage**			767
	17.1.	Steuer- und Vorsteuerberichtigung bei Änderung der Bemessungsgrundlage		767
	17.2.	Änderung der Bemessungsgrundlage bei der Ausgabe von Gutscheinen und Maßnahmen zur Verkaufsförderung		771
§ 18	**Besteuerungsverfahren**			783
	Zu § 18 Abs. 1 bis 7			
	UStDV	§ 46	Fristverlängerung	788
		§ 47	Sondervorauszahlung	788
		§ 48	Verfahren	788
		§ 49	Verzicht auf die Steuerbefreiung im Börsenhandel mit Edelmetallen	789
	18.1.	Verfahren bei der Besteuerung nach § 18 Abs. 1 bis 4 UStG		791
	18.2.	Voranmeldungszeitraum		792
	18.3.	Vordrucke, die von den amtlich vorgeschriebenen Vordrucken abweichen		792
	18.4.	Dauerfristverlängerung		792
	18.5.	Vereinfachte Steuerberechnung bei Kreditverkäufen		793
	18.6.	Abgabe der Voranmeldungen in Sonderfällen		793
	18.7.	Abgabe von Voranmeldungen in Neugründungsfällen		794
	18.8.	Verfahren bei der Beförderungseinzelbesteuerung		794
	18.9.	Verfahren bei der Fahrzeugeinzelbesteuerung		795
	Zu § 18 Abs. 8			
	UStDV	§§ 50 bis 58 (aufgehoben)		789
	Zu § 18 Abs. 9			
	UStDV	§ 59	Vergütungsberechtigte Unternehmer	789
		§ 60	Vergütungszeitraum	790
		§ 61	Vergütungsverfahren für im übrigen Gemeinschaftsgebiet ansässige Unternehmer	790

	§ 61a Vergütungsverfahren für nicht im Gemeinschaftsgebiet ansässige Unternehmer	791
	§ 62 Berücksichtigung von Vorsteuerbeträgen, Belegnachweis	791
18.10.	Unter das Vorsteuer-Vergütungsverfahren fallende Unternehmer und Vorsteuerbeträge	795
18.11.	Vom Vorsteuer-Vergütungsverfahren ausgeschlossene Vorsteuerbeträge	796
18.12.	Vergütungszeitraum	797
18.13.	Vorsteuer-Vergütungsverfahren für im übrigen Gemeinschaftsgebiet ansässige Unternehmer	797
18.14.	Vorsteuer-Vergütungsverfahren für im Drittlandsgebiet ansässige Unternehmer	798
18.15.	Vorsteuer-Vergütungsverfahren und allgemeines Besteuerungsverfahren	800
18.16.	Unternehmerbescheinigung für Unternehmer, die im Inland ansässig sind	800

Zu § 18 Abs. 12

18.17.	Umsatzsteuerliche Erfassung von im Ausland ansässigen Unternehmern, die grenzüberschreitende Personenbeförderungen mit nicht im Inland zugelassenen Kraftomnibussen durchführen	801

§ 18a	Zusammenfassende Meldung	811
18a.1.	Abgabe der Zusammenfassenden Meldung	814
18a.2.	Abgabefrist	815
18a.3.	Angaben für den Meldezeitraum	816
18a.4.	Änderung der Bemessungsgrundlage für meldepflichtige Umsätze	816
18a.5.	Berichtigung der Zusammenfassenden Meldung	816
§ 18b	Gesonderte Erklärung innergemeinschaftlicher Lieferungen und bestimmter sonstiger Leistungen im Besteuerungsverfahren	818
§ 18c	Meldepflicht bei der Lieferung neuer Fahrzeuge	819
18c.1.	Verfahren zur Abgabe der Meldungen nach der Fahrzeuglieferungs-Meldepflichtverordnung	819
§ 18d	Vorlage von Urkunden	821
18d.1.	Zuständigkeit und Verfahren	821
§ 18e	Bestätigungsverfahren	822
18e.1.	Bestätigung einer ausländischen Umsatzsteuer-Identifikationsnummer	822
18e.2.	Aufbau der Umsatzsteuer-Identifikationsnummern in den EU-Mitgliedstaaten	822
§ 18f	Sicherheitsleistung	823
18f.1.	Sicherheitsleistung	823
§ 18g	Abgabe des Antrags auf Vergütung von Vorsteuerbeträgen in einem anderen Mitgliedstaat	824
18g.1.	Vorsteuer-Vergütungsverfahren in einem anderen Mitgliedstaat für im Inland ansässige Unternehmer	824
§ 19	Besteuerung der Kleinunternehmer	827
19.1.	Nichterhebung der Steuer	828
19.2.	Verzicht auf die Anwendung des § 19 Abs. 1 UStG	829
19.3.	Gesamtumsatz	830
19.4.	Verhältnis des § 19 zu § 24 UStG	830
19.5.	Wechsel der Besteuerungsform	830
§ 20	Berechnung der Steuer nach vereinnahmten Entgelten	834
20.1.	Berechnung der Steuer nach vereinnahmten Entgelten	834
§ 21	Besondere Vorschriften für die Einfuhrumsatzsteuer	837

§ 22	Aufzeichnungspflichten		839
	UStDV	§ 63 Aufzeichnungspflichten	841
		§ 64 Aufzeichnung im Falle der Einfuhr	842
		§ 65 Aufzeichnungspflichten der Kleinunternehmer	842
		§ 66 Aufzeichnungspflichten bei der Anwendung allgemeiner Durchschnittssätze	842
		§ 66a Aufzeichnungspflichten bei der Anwendung des Durchschnittssatzes für Körperschaften, Personenvereinigungen und Vermögensmassen im Sinne des § 5 Abs. 1 Nr. 9 des Körperschaftsgesetzes	842
		§ 67 Aufzeichnungspflichten bei der Anwendung der Durchschnittssätze für land- und forstwirtschaftliche Betriebe	842
		§ 68 Befreiung von der Führung des Steuerheftes	843
	22.1.	Ordnungsgrundsätze	843
	22.2.	Umfang der Aufzeichnungspflichten	844
	22.3.	Aufzeichnungspflichten bei innergemeinschaftlichen Warenlieferungen und innergemeinschaftlichen Erwerben	845
	22.4.	Aufzeichnungen bei Aufteilung der Vorsteuern	846
	22.5.	Erleichterungen der Aufzeichnungspflichten	847
	22.6.	Erleichterungen für die Trennung der Bemessungsgrundlagen	847
§ 22a	Fiskalvertretung		852
§ 22b	Rechte und Pflichten des Fiskalvertreters		853
§ 22c	Ausstellung von Rechnungen im Falle der Fiskalvertretung		854
§ 22d	Steuernummer und zuständiges Finanzamt		855
§ 22e	Untersagung der Fiskalvertretung		856

Sechster Abschnitt: Sonderregelungen ... 857

§ 23	Allgemeine Durchschnittssätze		857
	UStDV	§ 69 Festsetzung allgemeiner Durchschnittssätze	857
		§ 70 Umfang der Durchschnittssätze	857
	23.1.	Anwendung der Durchschnittssätze	863
	23.2.	Berufs- und Gewerbezweige	863
	23.3.	Umfang der Durchschnittssätze	864
	23.4.	Verfahren	865
§ 23a	Durchschnittssatz für Körperschaften, Personenvereinigungen und Vermögensmassen im Sinne des § 5 Abs. 1 Nr. 9 des Körperschaftsteuergesetzes		867
§ 24	Durchschnittssätze für land- und forstwirtschaftliche Betriebe		868
	UStDV	§ 71 Verkürzung der zeitlichen Bindungen für land- und forstwirtschaftliche Betriebe	869
	24.1.	Umsätze im Rahmen eines land- und forstwirtschaftlichen Betriebs	869
	24.2.	Erzeugnisse im Sinne des § 24 Abs. 1 Satz 1 UStG	870
	24.3.	Sonstige Leistungen	872
	24.4.	Steuerfreie Umsätze im Sinne des § 4 Nr. 8 ff. UStG im Rahmen eines land- und forstwirtschaftlichen Betriebs	875
	24.5.	Ausfuhrlieferungen und Umsätze im Ausland bei land- und forstwirtschaftlichen Betrieben	875
	24.6.	Vereinfachungsregelung für bestimmte Umsätze von land- und forstwirtschaftlichen Betrieben	876
	24.7.	Zusammentreffen der Durchschnittsatzbesteuerung mit anderen Besteuerungsformen	876
	24.8.	Verzicht auf die Durchschnittsatzbesteuerung	877
	24.9.	Ausstellung von Rechnungen bei land- und forstwirtschaftlichen Betrieben	877

§ 25	**Besteuerung von Reiseleistungen**	885
	UStDV § 72 Buchmäßiger Nachweis bei steuerfreien Reiseleistungen	885
	25.1. Besteuerung von Reiseleistungen	886
	25.2. Steuerfreiheit von Reiseleistungen	890
	25.3. Bemessungsgrundlage bei Reiseleistungen	892
	25.4. Vorsteuerabzug bei Reiseleistungen	895
	25.5. Aufzeichnungspflichten bei Reiseleistungen	896
§ 25a	**Differenzbesteuerung**	902
	25a.1. Differenzbesteuerung	904
§ 25b	**Innergemeinschaftliche Dreiecksgeschäfte**	911
	25b.1. Innergemeinschaftliche Dreiecksgeschäfte	912
§ 25c	**Besteuerung von Umsätzen mit Anlagegold**	917
	25c.1. Besteuerung von Umsätzen mit Anlagegold	918
§ 25d	**Haftung für die schuldhaft nicht abgeführte Steuer**	920
	25d.1. Haftung für die schuldhaft nicht abgeführte Steuer	920

Siebenter Abschnitt: Durchführung, Bußgeld-, Straf-, Verfahrens- und Schlußvorschriften 923

§ 26	**Durchführung**	923
	UStDV § 73 Nachweis der Voraussetzungen der in bestimmten Abkommen enthaltenen Steuerbefreiungen	924
	26.1. Luftverkehrsunternehmer	924
	26.2. Grenzüberschreitende Beförderungen im Luftverkehr	924
	26.3. Beförderung über Teilstrecken durch verschiedene Luftfrachtführer	925
	26.4. Gegenseitigkeit	925
	26.5. Zuständigkeit	925
§ 26a	**Bußgeldvorschriften**	927
§ 26b	**Schädigung des Umsatzsteueraufkommens**	928
§ 26c	**Gewerbsmäßige oder bandenmäßige Schädigung des Umsatzsteueraufkommens**	929
§ 27	**Allgemeine Übergangsvorschriften**	930
	27.1. Übergangsvorschriften	932
§ 27a	**Umsatzsteuer-Identifikationsnummer**	934
	27a.1. Antrag auf Erteilung der Umsatzsteuer-Identifikationsnummer	934
§ 27b	**Umsatzsteuer-Nachschau**	936
	27b.1. Umsatzsteuer-Nachschau	936
§ 28	**Zeitlich begrenzte Fassungen einzelner Gesetzesvorschriften**	939
	UStDV § 74 Künftige Fassungen des § 34 Abs. 1 sowie der §§ 67 und 68 Abs. 1	939
§ 29	**Umstellung langfristiger Verträge**	940
	29.1. Zivilrechtliche Ausgleichsansprüche für umsatzsteuerliche Mehr- und Minderbelastungen	940
	29.2. Anwendungszeitraum	941

XIX

Anlagenübersicht

Anlage	Titel	Seite
§ 001-01	Umsatzsteuer bei Garantieleistungen in der Reifenindustrie BMF vom 21.11.1974 – IV A 2 – S 7100 – 35/74, BStBl. 1974 I S. 1021	943
§ 001-02	Umsatzsteuer bei Garantieleistungen und Freiinspektionen in der Kraftfahrzeugwirtschaft BMF vom 3.12.1975 – IV A 2 – S 7100 – 25/75, BStBl. 1975 I S. 1132	946
§ 001-03	nicht belegt	
§ 001-04	Umsatzsteuerliche Behandlung des „BuchSchenkService" OFD Saarbrücken vom 9.6.1986 – S 7100 – 134 – St 24 1	951
§ 001-05	Umsatzsteuerliche Fragen bei der Errichtung von Gebäuden auf fremdem Boden BMF vom 23.7.1986 – IV A 2 – S 7100 – 76/86, BStBl. 1986 I S. 432	952
§ 001-06	nicht belegt	
§ 001-07	Einräumung von Leitungsrechten an Grundstücken zugunsten von Energieversorgungsunternehmen BMF vom 4.5.1987 – IV A 2 – S 7100 – 45/87, BStBl. 1987 I S. 397	961
§ 001-08	nicht belegt	
§ 001-09	Umsatzsteuerliche Behandlung der Geschäftsführungsaufgaben in Bauarbeitsgemeinschaften BMF vom 12.9.1988 – IV A 2 – S 7100 – 115/88, UR 1988 S. 362	963
§ 001-10	Umsatzsteuer für die Lieferungen von Freitabakwaren und Haustrunk an Arbeitnehmer (§ 1 Abs. 1 Nr. 1 Buchst. b UStG) OFD Saarbrücken vom 10.4.1991 – S 7100 – 50 – St 241, UR 1991 S. 207	964
§ 001-11	Umsatzsteuerliche Behandlung des Nutzungsentgelts „Grüner Punkt" der Dualen System Deutschland GmbH (DSD) BMF vom 10.3.1993 – IV A 2 – S 7100 – 5/93, UR 1993 S. 174	964
§ 001-12	nicht belegt	
§ 001-13	nicht belegt	
§ 001-14	Umsatzsteuer bei Ausgleichszahlungen an Landwirte für Nutzungseinschränkungen in Wasserschutzgebieten BMF vom 22.11.1993 – IV C 3 – S 7200 – 119/93, UR 1994 S. 201	965
§ 001-15	Umsatzsteuerliche Behandlung der nichtunternehmerischen Nutzung von Fernsprechgeräten und -dienstleistungen BMF vom 15.2.1994 – IV C 3 – S 7102 – 3/94, BStBl. 1994 I S. 194	966
§ 001-16	nicht belegt	
§ 001-17	nicht belegt	
§ 001-18	nicht belegt	
§ 001-19	nicht belegt	
§ 001-20	nicht belegt	
§ 001-21	nicht belegt	
§ 001-22	Umsatzsteuer bei Freistellung von Arbeitnehmern BMF vom 5.1.1996 – IV C 3 – S 7100 – 122/95, DStR 1996 S. 223	967
§ 001-23	nicht belegt	
§ 001-24	Abgabe von Mahlzeiten an Arbeitnehmer durch unternehmenseigene oder fremdbewirtschaftete Kantinen BMF vom 3.4.1996 – IV C 3 – S 7100 – 6/96, DStR 1996 S. 921	967
§ 001-25	nicht belegt	
§ 001-26	nicht belegt	

Anlage	Titel	Seite
§ 001-27	Umsatzsteuerliche Behandlung der Abgabe von Multifunktionskarten (Chipkarten) und Telefonkarten OFD Frankfurt am Main vom 14.5.1996 – S 7100 A – 172 – St IV 10, UR 1997 S. 109	968
§ 001-28	Umsatzsteuerliche Behandlung von Zahlungen im Rahmen der sog. Altlastenfreistellung nach Art. 1 § 4 Umweltrahmengesetz (URG) vom 29.6.1990 i.d.F. des Art. 12 Hemmnisbeseitigungsgesetz vom 22.3.1991 (BGBl. I, 766) OFD Frankfurt am Main vom 15.5.1996 – S 7100 A – 182 – St IV 10 –, UVR 1996 S. 315	969
§ 001-29	nicht belegt	
§ 001-30	nicht belegt	
§ 001-31	Umsatzsteuerliche Behandlung der Übertragung von Wirtschaftsgütern (insbes. Milchquoten) im Rahmen von Gesellschaftsgründungen OFD Münster vom 4.9.1996 – S 7410 – 35/1 – St 14 – 32, UR 1997 S. 110	970
§ 001-32	nicht belegt	
§ 001-33	nicht belegt	
§ 001-34	nicht belegt	
§ 001-35	Umsatzsteuerrechtliche Abwicklung von Telekommunikationsdienstleistungen im Interconnection-Verfahren ab 1.1.1998 FM Nordrhein-Westfalen vom 2.3.1998 – S 7100 – 188 – V C 4, DStR 1998 S. 490	971
§ 001-36	nicht belegt	
§ 001-37	nicht belegt	
§ 001-38	nicht belegt	
§ 001-39	Überlassung von Fahrzeugen (Wertmobilen) an soziale Institutionen, Sportvereine und Kommunen OFD Frankfurt am Main vom 7.7.1999 – S 7119 A – 5 – St IV 10, DB 1998 S. 1780	972
§ 001-40	Geschäftsveräußerung beim Verkauf eines von mehreren vermieteten Grundstücken OFD Karlsruhe vom 31.8.1999 – S 7100 b, DStR 2000 S. 28	975
§ 001-41	Umsatzsteuerliche Behandlung der Geschäftsführungsaufgaben in Bauarbeitsgemeinschaften BMF vom 11.11.1999 – IV D 1 – S 7100 – 130/99, DStR 2000 S. 113	976
§ 001-42	nicht belegt	
§ 001-43	nicht belegt	
§ 001-44	nicht belegt	
§ 001-45	nicht belegt	
§ 001-46	Umsatzsteuerliche Behandlung von Betreuungsleistungen BMF vom 21.9. 2000 – IV D 1 – S 7175 – 1/00, BStBl. 2000 I S. 1251	977
§ 001-47	nicht belegt	
§ 001-48	Vorsteuerabzug bei durch Geschäftsveräußerung nach dem 31.3.1999 miterworbenem Kfz OFD Karlsruhe vom 5.3.2001 – S 7303b/1, DStR 2001 S. 1119	979
§ 001-49	Umsatzsteuerrechtliche Behandlung der Leistungen im Zusammenhang mit sog. Startpaketen und Guthabenkarten im Mobilfunkbereich BMF vom 3.12.2001 – IV B 7 – S 7100 – 292/01, BStBl. 2001 I S. 1010	980
§ 001-50	Umsatzsteuerrechtliche Behandlung von Erschließungsmaßnahmen BMF vom 31.5.2002 – IV B 7 – S 7100 – 167/02, BStBl. 2002 I S. 631	982
§ 001-51	nicht belegt	

Anlage	Titel	Seite
§ 001-52	Umsatzsteuerrechtliche Beurteilung der Einschaltung von Unternehmern in die Erfüllung hoheitlicher Aufgaben BMF vom 10.12.2003 – IV B 7 – S 7106 – 100/03, BStBl. 2003 I S. 785	985
§ 001-53	Umsatzsteuerechtliche Behandlung der Geschäftsführungs- und Vertretungsleistungen der Gesellschafter an die Gesellschaft; BFH-Urteil vom 06.06.2002 – V R 43/01 – (BStBl. II S. 36) BMF vom 23.12.2003 – IV B 7 – S 7100 – 246/03, BStBl. 2004 I S. 240	986
§ 001-54	Auswirkungen durch den Beitritt Estlands, Lettlands, Litauens, Maltas, Polens, der Slowakei, Sloweniens, der Tschechischen Republik, Ungarns und Zyperns BMF vom 28.4.2004 – IV B 2 – S 7058 – 7/04, BStBl. 2004 I S. 480	988
§ 001-55	Umsatzsteuerliche Behandlung der Geschäftsführungsaufgaben in Bauarbeitsgemeinschaften und anderen Arbeitsgemeinschaften OFD Hannover vom 10.6.2004 – S 7100 – 271 – StO 351 / S 7100 – 598 – StH 446, DStR 2004 S. 1657	993
§ 001-56	Umsatzsteuer; Überlassung eines Pkw an den Gesellschafter-Geschäftsführer einer GmbH zur privaten Nutzung OFD Hannover vom 20.7.2004 – S 7100 – 421 – StO 351 / S 7100 – 1010 – StH 446, DStR 2004 S. 693	994
§ 001-57	Public-Private-Partnerships (PPP) im Bundesfernstraßenbau BMF vom 3.2.2005 – IV A 5 – S 7100 – 15/05, BStBl. 2005 I S. 414	996
§ 001-58	Leistungen der Sanierungs- und Entwicklungsträger nach § 157 und § 167 Baugesetzbuch (BauGB) BMF vom 17.10.2005 – IV A 5 – S 7100 – 150/05, BStBl. 2005 I S. 938	1000
§ 001-59	Umsatzsteuerliche Behandlung von Ausgleichsansprüchen nach Beendigung eines Leasingvertrages BMF vom 22.5.2008 – IV B 8 – S 7100/07/10007, BStBl. 2008 I S. 632	1002
§ 001-60	Umsatzsteuerliche Behandlung der entgeltlichen und unentgeltlichen Geschäftsveräußerung OFD Hannover, Vfg. vom 31.5.2006 – S 7100b – 1 – StO 171, UR 2006 S. 606	1003
§ 001-61	Umsatzsteuerrechtliche Behandlung der Überlassung von so genannten VIP-Logen und des Bezugs von Hospitality-Leistungen BMF vom 28.11.2006 – IV A 5 – S 7109 – 14/06, BStBl. 2006 I S. 791	1005
§ 001-62	nicht belegt	
§ 001-63	Auswirkungen durch den Beitritt Bulgariens und Rumäniens zur Europäischen Union BMF vom 26.1.2007 – IV A 2 – S 7058 – 26/06, BStBl. 2007 I S. 208	1007
§ 001-64	Umsatzsteuerliche Behandlung der Verwertung sicherungsübereigneter beweglicher Gegenstände OFD Frankfurt/M. vom 25.5.2007 – S 7100 A – 2/85 – St 11, DStR 2007 S. 1910	1011
§ 001-65	Haftungsvergütung einer Personengesellschaft an einen persönlich haftenden Gesellschafter; BFH-Urteil vom 3.3.2011 – V R 24/10 BMF vom 14.11.2011 – IV D 2 – S 7100/07/10028 :003, BStBl. I S. 1158	1015
§ 001-66	Übertragung von Gesellschaftsanteilen als Geschäftsveräußerung im Ganzen, Anwendung des BFH-Urteils vom 27. Januar 2011 – V R 38/09 BMF vom 3.1.2012 – IV D 2 – S 7100-b/11/10001, BStBl. 2012 I S. 76	1016
§ 001a-01	Merkblatt des BMF für juristische Personen des privaten und öffentlichen Rechts zur Entrichtung von Umsatzsteuer beim Erwerb von Gegenständen aus anderen EG-Mitgliedstaaten (Stand: 09/1992)	1018
§ 001a-02	Verbringen von Gegenständen im Rahmen einer Werklieferung in einen anderen EG-Mitgliedstaat BMF vom 18.1.1993 – IV A 2 – S 7103a – 25/92, DStR 1993 S. 205	1030

Anlage	Titel	Seite
§ 001a-03	Folgen der Einschränkung des Anwendungsbereichs von Art. 8 Abs. 2 der 6. EG-Richtlinie bzw. § 3 Abs. 8 UStG auf Lieferungen aus einem Drittlandsgebiet ab dem 1.1.1993 BMF vom 3.3.1993 – IV A 1 – S 7056a – 103/93, DStR 1993 S. 437	1030
§ 001a-04	nicht belegt	
§ 001a-05	Erwerbsbesteuerung und Vorsteuervergütung an pauschalierende Landwirte in anderen EU-Mitgliedstaaten BMF vom 14.10.1999 – IV D 2 – S 7350 – 13/99, UVR 2000 S. 121	1031
§ 001a-06	Vorübergehende Verwendung i.S. des § 1a Abs. 2 UStG BMF vom 28.8.2008 – IV B 8 – S 7100-a/0, DStR 2008 S. 1882	1032
§ 001b-01	Innergemeinschaftlicher Erwerb neuer Fahrzeuge BMF vom 15.4.1993 – IV C 3 – S 7103b – 18/93, StED 1993 S. 249	1033
§ 001b-02	Innergemeinschaftlicher Erwerb neuer Fahrzeuge – Pflicht zur unverzüglichen Zulassung nach Einfuhr OFD Kiel vom 15.1.1999 – S 7103 b A – St 252, DStR 1999 S. 675	1034
§ 002-01	Unternehmereigenschaft von Werbegemeinschaften FM Nordrhein-Westfalen vom 8.9.1986 – S 7104 – 10 – V C 4, DStR 1986 S. 721	1035
§ 002-02	nicht belegt	
§ 002-03	Mitgliederbeiträge an Fremdenverkehrsvereine und Landesfremdenverkehrs- verbände in der Rechtsform eines Vereins (teilweise) als Entgelt OFD Koblenz vom 29.6.1988 – S 7200 A – St 512, BB 1988 S. 2163	1036
§ 002-04	Zwischenschaltung eines Dritten in die Handelskette „Kraftfahrzeughersteller – Exporteur" FM Rheinland-Pfalz vom 23.2.1989 – S 7100 A – 445, UR 1989 S. 388	1036
§ 002-05	Umsatzsteuer bei der Verwertung von Sicherungsgut; Rechtsfolgen bei Vermögenslosigkeit und Löschung einer GmbH als Sicherungsgeberin BMF vom 16.3.1989 – IV A 2 – S 7104 – 7/89, BB 1989 S. 828; UR 1989 S. 163	1037
§ 002-06	Unternehmereigenschaft bei Musikkapellen OFD Saarbrücken vom 17.1.1991 – S 7104 – 27 – St 241, DStR 1991 S. 817 ...	1038
§ 002-07	Abgrenzung zwischen selbständiger Tätigkeit und nichtselbständiger Arbeit bei Künstlern und verwandten Berufen OFD Saarbrücken vom 8.3.1991 – S 7105 – 9 – St 241, UR 1991 S. 267	1039
§ 002-08	Umsatzsteuerliche Behandlung von PKW-Verkaufsgeschäften durch Unternehmer, die nicht Kfz-Händler sind FM Bayern vom 26.8.1992 – 36 – S 7104 – 30/63 – 54 115, UR 1993 S. 175	1042
§ 002-09	Inländische Kanzlei einer ausländischen Rechtsanwaltssozietät FM Nordrhein-Westfalen vom 7.10.1992 – S 7350 – 1 – V C 2	1042
§ 002-10	Unternehmereigenschaft einer aufgelösten GmbH – Verwertung von Sicherungsgut nach Löschung der GmbH im Handelsregister OFD Koblenz vom 20.10.1994 – S 7104 A – St 51 2, DB 1994 S. 2319	1043
§ 002-11	Umsatzsteuerliche Behandlung der Bauabfallentsorgung in den Ländern Brandenburg und Berlin OFD Cottbus vom 9.9.1996 – S 7300 – 15 – St 132, UR 1997 S. 191	1044
§ 002-12	nicht belegt	
§ 002-13	Betrieb gewerblicher Art; Vertragliche Beziehungen zwischen unabhängigen Werbeunternehmen und juristischen Personen des öffentlichen Rechts OFD Rostock vom 19.3.1997 – S 2706 A – 1/97 – St 242	1045
§ 002-14	nicht belegt	
§ 002-15	Tätigkeiten, die ertragsteuerlich als Liebhaberei anzusehen sind BMF vom 14.7.2000 – IV D 1 – S 7303a – 5/00, DB 2000 S. 1687	1046

Anlage	Titel	Seite
§ 002-16	Umsatzbesteuerung der öffentlich-rechtlichen Rundfunkanstalten; Zwischenstaatliche Leistungen BMF vom 4.4.2001 – IV B 7 – S 7106 – 47/01, BStBl. 2001 I S. 489	1047
§ 002-17	nicht belegt	
§ 002-18	Personalgestellung durch eine juristische Person des öffentlichen Rechts als Betrieb gewerblicher Art OFD Hannover vom 22.08.2002 – S 2706 – 143 – StO 214/S 2706 – 178 – StH 231, BB 2002 S. 2166	1048
§ 002-19	Beistandsleistungen zwischen juristischen Personen des öffentlichen Rechts OFD Rostock vom 21.11.2002 – S 2706 – 04/01 – St 242, UR 2003 S. 303	1049
§ 002-20	nicht belegt	
§ 002-21	Umsatzsteuer beim Forderungskauf und Forderungseinzug; 1. Urteil des EuGH vom 26.6.2003 – Rs. C-305/01 – (MKG-Kraftfahrzeuge-Factoring-GmbH); 2. Urteil des BFH vom 4.9.2003 – V R 34/99 – BMF vom 3.6.2004 – IV B 7 – S 7104 – 18/04, BStBl. 2004 I S. 737	1050
§ 002-22	Umsatzsteuerliche Behandlung der Geschäftsführungs- und Vertretungsleistungen des Geschäftsführers einer Kapitalgesellschaft; Anwendung des BFH-Urteils vom 10.3.2005 – VR 29/03 BMF vom 21.9.2005 – IV A 5 – S 7104 – 19/05, BStBl. 2005 I S. 936...........	1053
§ 002-23	Rechtsfolgen bei Beendigung der Organschaft OFD Hannover vom 6.8.2007 – S 7105 – 49 – StO 172, DStR 2007 S. 1962	1054
§ 002-24	Umsatzsteuerrechtliche Behandlung der entgeltlichen Erteilung von Auszügen aus dem Liegenschaftskataster BMF vom 28.1.2008 – IV A 5 – S 7106/07/0009, UR 2008 S. 164..............	1057
§ 002-25	Umsatzsteuerrechtliche Organschaft (§ 2 Abs. 2 Nr. 2 UStG); Konsequenzen des BFH-Urteils vom 29.1.2009 – V R 67/07 BMF vom 1.12.2009 – IV B 8 – S 7105/09/10003, BStBl. 2009 I S. 1609........	1058
§ 002-26	Unternehmereigenschaft eines Insolvenzverwalters; Leistungen eines in einer Rechtsanwaltskanzlei als Insolvensverwalter tätigen Rechtsanwalts BMF vom 28.7.2009 – IV B 8 – S 7100/08/10003, BStBl. 2009 I S. 864.........	1059
§ 002-27	Urteil des Bundesfinanzhofs (BFH) vom 18.12.2008; V R 80/071; Unternehmereigenschaft, Vorsteuerabzug und Bemessungsgrundlage beim Betrieb von Kraft-Wärmekopplungsanlagen (KWK-Anlagen), insbesondere von Blockheizkraftwerken (BHKW); Dezentraler Stromverbrauch beim Betrieb von KWK-Anlagen; Belastungsausgleich unter Netzbetreibern; Neufassung der Abschnitte 1.7, 2.5 und 10.7 UStAE BMF vom 14.3.2011 – IV D 2 – S 7124/07/10002, BStBl. 2011 I S. 254.........	1060
§ 002-28	Umsatzsteuerrechtliche Organschaft (§ 2 Abs. 2 Nr. 2 UStG); Konsequenzen der BFH-Urteile vom 22.4.2010 – V R 9/09 – und vom 1.12.2010 – XI R 43/08 BMF vom 5.7.2011 – IV D 2 – S 7105/10/10001 (2011/0415793), BStBl. 2011 I S. 703...	1064
§ 002-29	Unternehmereigenschaft des geschäftsführenden Komplementärs einer Kommanditgesellschaft, Konsequenzen des BFH-Urteils vom 14.4.2010 – XI R 14/09 – (BStBl. 2011 II S. 433) BMF vom 2.5.2011 – IV D 2 – S 7104/11/10001 (2011/0251292), BStBl. 2011 I S. 490..	1065
§ 002a-01	Merkblatt des BMF zur Besteuerung innergemeinschaftlicher Erwerbe neuer Fahrzeuge (Fahrzeugeinzelbesteuerung, Stand: 01/1997)	1066
§ 003-01	Umsatzsteuerliche Behandlung der Leistungen eines Baubetreuers BMF vom 27.6.1986 – IV A 2 – S 7100 – 71/86, BStBl. 1986 I S. 352	1068
§ 003-02	Umsatzsteuerliche Behandlung von Leistungen der Volksbühnen- und Theatergemeinden-Vereine BMF vom 7.7.1989 – IV A 2 – S 7110 – 37/89, UVR 1989 S. 349	1070

Anlage	Titel	Seite
§ 003-03	Besorgungsleistungen bei Optionen auf Warenterminkontrakte BMF vom 12.7.1989 – IV A 2 – S 7110 – 40/89, UR 1989 S. 293	1072
§ 003-04	Garantieversprechen im Agenturgeschäft mit Kraftfahrzeugen OFD Koblenz vom 25.1.1990 – S 7110 A – St 51 2, UVR 1990 S. 126; UR 1990 S. 163	1073
§ 003-05	Zeitpunkt der Lieferung bei der Verwertung von Sicherungsgut OFD Koblenz vom 10.10.1990 – S 7100 A – St 51 2, UR 1991 S. 30	1074
§ 003-06	Umsatzsteuer bei Leasinggeschäften (§§ 3, 10 und 13 UStG) OFD Hamburg vom 15.9.1991 – S 7100 – 116/91 – St 23, UR 1991 S. 327	1075
§ 003-07	nicht belegt	
§ 003-08	Umsatzsteuerrechtliche Behandlung des Holzverkaufs durch Forstämter OFD Hannover vom 18.9.1997 – S 7119 – 16 – StH 532 / S 7119 – 5 – StO 335, UVR 1998 S. 171	1078
§ 003-09	nicht belegt	
§ 003-10	nicht belegt	
§ 003-11	Unentgeltliche Angabe von Getränken und Genußmitteln zum häuslichen Verzehr an Arbeitnehmer (Haustrunk, Freitabakwaren) OFD Frankfurt am Main vom 14.9.1999 – S 7100 A – 43 – St IV 10, DB 1999 S. 2290	1079
§ 003-12	nicht belegt	
§ 003-13	nicht belegt	
§ 003-14	Drittlandsreihengeschäfte BMF vom 6.7.2000 – IV D 1 – S 7116a – 6/00, DB 2000 S. 1642	1080
§ 003-15	nicht belegt	
§ 003-16	Private Nutzung betrieblicher Personalcomputer und Telekommunikationsgeräte durch Arbeitnehmer BMF vom 11.4.2001 – IV B 7 – S 7109 – 14/1, BB 2001 S. 1188	1080
§ 003-17	Umsatzsteuerrechtliche Behandlung von Sachleistungen des Unternehmers an das Personal, die unter die „50-Euro-Freigrenze" des § 8 Abs. 2 EStG fallen OFD Nürnberg vom 23.4.2002 – S 7109 – 2/St 43, DStR 2002 S. 859	1081
§ 003-18	nicht belegt	
§ 003-19	nicht belegt	
§ 003-20	nicht belegt	
§ 003-21	Umsatzsteuerliche Behandlung von Kraftstofflieferungen im Kfz-Leasingbereich Urteil des Europäischen Gerichtshofes (EuGH) vom 6.2.2003 – Rs. C-185/01, Auto Lease Holland – Urteil des BFH vom 10.4.2003 – V R 26/00 BMF vom 15.6.2004 – IV B 7 – S 7100 – 125/04, BStBl. 2004 I S. 605	1083
§ 003-22	Umsatzsteuer bei den Lieferungen gleichgestellten unentgeltlichen Wertabgaben von Gegenständen, bei deren Anschaffung kein Vorsteuerabzug möglich war – Einführung einer Bagatellgrenze BMF vom 26.11.2004 – IV A 5 – S 7109 – 12/04, BStBl. 2004 I S. 1127	1085
§ 003-23	Abgabe von Hardware-Komponenten durch Anbieter von Online-Diensten im Zusammenhang mit dem Abschluss eines längerfristigen Netzbenutzungsvertrags OFD Koblenz, Vfg. vom 13.12.2005 – S 7100A – St 44 3, UR 2006 S. 299	1087
§ 003-24	nicht belegt	
§ 003-25	Abgrenzung zwischen Lieferungen und sonstigen Leistungen; Leistungen im Zusammenhang mit der Abgabe von Saatgut BMF vom 14.2.2006 – IV A 5 – S 7100 – 2/06, BStBl. 2006 I S. 240	1088

Anlage	Titel	Seite
§ 003-26	Abgrenzung zwischen Lieferungen und sonstigen Leistungen; Behandlung der Übertragung von Wertpapieren und Anteilen BMF vom 30.11.2006 – IV A 5 – S 7100 – 167/06, BStBl. 2006 I S. 793	1089
§ 003-27	Nichtunternehmerische Nutzung eines dem Unternehmensvermögen der Gesellschaft zugeordneten Fahrzeugs durch Gesellschafter sowie Fahrzeugüberlassung des Gesellschafters an die Gesellschaft OFD Frankfurt/M. vom 23.4.2007 – S 7100 A – 68 – St 11, DStR 2007 S. 1677	1090
§ 003-28	Eigenhandel oder Vermittlung beim Verkauf von Gebrauchtwaren in sog. „second-hand-shops" OFD Frankfurt/M. vom 14.8.2007 – S 7110 A – 1/84 – St 11, DStR 2007 S. 1964	1093
§ 003-29	Zentralisierter Vertrieb von Kleinsendungen aus dem Drittland; Anwendung des BFH-Urteils vom 21.3.2007, V R 32/05 BMF vom 1.2.2008 – IV A 5 – S 7114/07/0002, DB 2008 S. 380	1094
§ 003-30	Abgrenzung von Lieferungen und sonstigen Leistungen bei der Abgabe von Speisen und Getränken BMF vom 16.10.2008 – V B 8 – S 7100/07/10050, BStBl. 2008 I S. 949	1095
§ 003-31	Umsatzsteuerliche Behandlung von sale-and-lease-back-Geschäften BMF vom 4.12.2008 – IV B 8 – S 7100/07/10031, BStBl. 2008 I S. 1084	1099
§ 003-32	Abgrenzung von Lieferungen und sonstigen Leistungen bei der Abgabe von Speisen und Getränken; Konsequenzen der BFH-Beschlüsse vom 15.10.2009 – XI R 6/08 und XI R 37/08 sowie vom 27.10.2009 – V R 3/07 und V R 35/08 BMF vom 29.3.2010 – IV D 2 – S 7100/07/10050, BStBl. 2010 I S. 330	1101
§ 003-33	EuGH-Urteil vom 30.9.2010, C-581/08 (EMI Group); Anpassung des Abschnitts 3.3 Absatz 13 UStAE BMF vom 31.8.2011 – IV D 2 – S 7109/09/10001, BStBl. I 2011 S. 825	1102
§ 003-34	Übertragung immaterieller Wirtschaftsgüter (z.B. Firmenwert, Kundenstamm) BMF vom 8.6.2011 – IV D 2 – S 7100/08/10009 :001, BStBl. 2011 I S. 582	1103
§ 003-35	Umsatzsteuerrechtliche Behandlung der Umsätze aus Sortengeschäften einer Wechselstube; BFH-Urteil vom 19.5.2010, XI R 6/09 BMF vom 5.10.2011 – IV D 2 – S 7100/08/10009 :002, BStBl. I 2011 S. 982	1104
§ 003a-01	Ort der sonstigen Leistung bei Schiedsgerichtsverfahren FM Nordrhein-Westfalen vom 22.5.1984 – S 7117 – 24 – V C 4, DB 1985 S. 1276	1105
§ 003a-02	Ort der Bauartprüfungen von Prüfstellen nach dem Gerätesicherheitsgesetz FM Nordrhein-Westfalen vom 22.5.1984 – S 7117 – 23 – V C 4, DB 1984 S. 1223	1105
§ 003a-03	nicht belegt	
§ 003a-04	Ort der sonstigen Leistung eines Fiskalvertreters i.S. der §§ 22a ff. UStG FM Nordrhein-Westfalen vom 23.4.1997 – S 7117f – 19 – V C 4, DB 1997 S. 1370	1106
§ 003a-05	nicht belegt	
§ 003a-06	nicht belegt	
§ 003a-07	nicht belegt	
§ 003a-08	nicht belegt	
§ 003a-09	Umsatzsteuerliche Behandlung der Vermietung beweglicher Gegenstände im grenzüberschreitenden Karussellgeschäft (sog. Lease-in/Lease-out-Transaktionen) OFD Hannover vom 30.11.1998 – S 7100 – 903 – StH 533, S 7100 – 447 – StO 352, IStR 1998 S. 278	1107
§ 003a-10	Umsatzsteuerliche Behandlung von Telekommunikationsdienstleistungen; Zusammenarbeit von Telekommunikationsdienstleistungs- und Dienstanbietern (0180'er-, 0190'er-Nummern) FM Nordrhein-Westfalen vom 6.9.2000 – S 7117f – 20 – V C 4, UR 2000 S. 443	1108

Anlage	Titel	Seite
§ 003a-11	Umsatzsteuer für Dienstleistungen auf Seeschiffen BMF vom 12.3.2002 – IV D 1 – S 7117 – 9/02, BStBl. 2002 I S. 288	1109
§ 003a-12	nicht belegt	
§ 003a-13	Umsatzsteuerrechtliche Beurteilung des Emissionshandelssystems für Treibhausgase BMF vom 2.2.2005 – IV A 5 – S 7100 – 16/05, DB 2005 S. 309	1110
§ 003a-14	nicht belegt	
§ 003a-15	nicht belegt	
§ 003a-16	Nebenleistungen zu Übernachtungsumsätzen; Konsequenzen aus dem BFH-Urteil vom 15.1.2009, V R 9/06 BMF vom 4.5.2010 – IV D 2 – S 7100/08/10011:009, BStBl. 2010 I S. 490......	1112
§ 003a-17	nicht belegt	
§ 003a-18	Änderungen des Ortes der sonstigen Leistung (§ 3a UStG) durch das Jahressteuergesetz 2010 – Anpassung der Abschnitte 3a.1, 3a.2, 3a.4, 3a.6, 3a.8, 3a.12, 3a.13 und 3a.14 UStAE BMF vom 4.2.2011 – IV D 3 – S 7117/10/10006, BStBl. 2011 I S. 162..........	1113
§ 003a-19	Ort der sonstigen Leistung (§ 3a UStG) – Anpassung der Abschnitte 3a.1, 3a.2, 3a.5, 3a.6, 3a.7, 3a.9, 13b.1 und 27a.1 UStAE an die Durchführungsverordnung (EU) Nr. 282/2011 des Rates vom 15.3.2011 mit Wirkung vom 1.7.2011 BMF vom 10.6.2011 – IV D 3 – S 7117/11/10001, BStBl. 2011 I S. 583.........	1119
§ 003a-20	Änderung des § 3a Abs. 8 Satz 1 UStG durch das Beitreibungsrichtlinien-Umsetzungsgesetz – Anpassung der Abschnitte 3a.4 und 3a.14 UStAE BMF vom 18.1.2012 – IV D 3 – S 7117/11/10001, BStBl. 2012 I S. 139..........	1126
§ 003a-21	Auswirkungen des EuGH-Urteils vom 27. Oktober 2011, C-530/09 (BStBl. 2012 II S. 160), auf den Ort der sonstigen Leistung beim Standaufbau im Zusammenhang mit Messen und Ausstellungen – Anpassung der Abschnitte 3a.2, 3a.3, 3a.4, 3a.6, 3a.9 und 4.12.6 UStAE BMF vom 19.1.2012 – IV D 3 – S 7117-a/10/10001, BStBl. 2012 I S. 209.......	1127
§ 004 Nr. 03 – 01	nicht belegt	
§ 004 Nr. 03 – 02	Nachweis der Steuerbefreiung für Leistungen gem. § 4 Nr. 3 Satz 1 Buchst. a Doppelbuchst. bb UStG, die sich unmittelbar auf Gegenstände der Einfuhr beziehen BMF vom 22.7.2005 – IV A 6 – S 7156 – 13/05, BStBl. 2005 I S. 834............	1129
§ 004 Nr. 03 – 03	Nachweis der Steuerbefreiung für Leistungen gemäß § 4 Nr. 3 Buchst. a Doppelbuchst. aa und bb UStG OFD Hannover vom 21.5.2007 – S 7156b – 5 – StO 183, DStR 2007 S. 1209 ...	1130
§ 004 Nr. 04a – 01	Einführung einer Umsatzsteuerlagerregelung (§ 4 Nr. 4a UStG) und einer Steuerbefreiung für die einer Einfuhr vorangehenden Lieferungen von Gegenständen BMF vom 28.1.2004 – IV D 1 – 1/04 / IV D 1 – S 7157a – 1/04, BStBl. 2004 I S. 242	1132
§ 004 Nr. 05 – 01	Vermittlung von Personenbeförderungsleistungen im Luftverkehr BMF vom 30.3.2006 – IV A 5 – S 7200 – 12/06, BStBl. 2006 I S. 308...........	1153
§ 004 Nr. 07 – 01	Nachweis der Steuerbefreiung für Umsätze an die NATO-Hauptquartiere in der Bundesrepublik Deutschland durch Unternehmer in den übrigen EG-Mitgliedstaaten (Artikel 15 Nr. 10 2. Gedankenstrich der 6. EG-Richtlinie) BMF vom 9.6.1994 – IV C 4 – S 7493 – 10/94, BStBl. 1994 I S. 377	1155
§ 004 Nr. 07 – 02	Umsatzsteuerbefreiung nach § 4 Nr. 7 Buchstaben b bis d UStG; Nachweis der im Gastmitgliedstaat geltenden Voraussetzungen und Beschränkungen BMF vom 30.4.1997 – IV C 4 – S 7158b – 1/97, BStBl. 1997 I S. 569	1156
§ 004 Nr. 07 – 03	Umsatzsteuerbefreiung nach § 4 Nr. 7 Satz 1 Buchst. b bis d UStG; Nachweis der im Gastmitgliedstaat geltenden Voraussetzungen (§ 4 Nr. 7 Satz 5 UStG) BMF vom 23.6.2011 – IV D 3 – S 7158-b/11/10001, BStBl. 2011 I S. 677	1158

Anlage	Titel	Seite
§ 004 Nr. 08 – 01	Verbriefte und nichtverbriefte Genußrechte OFD Saarbrücken vom 1.2.1989 – S 7160 – 21 – St 241, BB 1989 S. 1180	1159
§ 004 Nr. 08 – 02	Umsatzsteuerrechtliche Behandlung verschiedener Finanzmarkt-innovationen und der uneigentlichen Wertpapierleihe BMF vom 19.12.1989 – IV A 3 – S 7160 – 55/89, UR 1990 S. 63	1160
§ 004 Nr. 08 – 03	Umsatzsteuerliche Behandlung der Asset-Backed Securities BMF vom 21.9.1990 – IV A 3 – S 7160 – 13/90, UR 1990 S. 364	1162
§ 004 Nr. 08 – 04	nicht belegt	
§ 004 Nr. 08 – 05	nicht belegt	
§ 004 Nr. 08 – 06	Abgrenzung der steuerfreien von den steuerpflichtigen Umsätzen im Wertpapier- und Depotbereich BMF vom 29.6.1993 – IV A 3 – S 7160 – 41/93, DB 1993 S. 1448	1163
§ 004 Nr. 08 – 07	nicht belegt	
§ 004 Nr. 08 – 08	nicht belegt	
§ 004 Nr. 08 – 09	Umsatzsteuerbefreiung für die Verwaltung von Versorgungseinrichtungen nach § 4 Nr. 8 Buchst. h UStG BMF vom 18.12.1997 – IV C 4 – S 7160h – 1/97, BStBl. 1997 I S. 1046	1164
§ 004 Nr. 08 – 10	Umsatzsteuerliche Behandlung von Wechseldiskont und Zinsen aus Wertpapieren (§ 4 Nr. 8, § 15 Abs. 4 UStG) BMF vom 10.2.1998 – IV C 3 – S 7306 – 2/98, UR 1998 S. 164	1166
§ 004 Nr. 08 – 11	Umsatzsteuerliche Behandlung von Treuhandkrediten und sog. stillen Gemeinschaftskrediten FM Bayern vom 25.3.1998 – 26-S 7160 – 41/12 – 3910, DStR 1998 S. 853	1167
§ 004 Nr. 08 – 12	Meldungen von Wertpapiergeschäften über ein Zentralinstitut oder ein anderes Kreditinstitut nach § 9 WpHG OFD Koblenz vom 1.7.1998 – S 7160e A – St 51 3, BB 1998 S. 1880	1169
§ 004 Nr. 08 – 13	nicht belegt	
§ 004 Nr. 08 – 14	Behandlung von Warentermingeschäften BMF vom 10.4.2000 – IV D 2 – S 7160c – 1/00, DB 2000 S. 853	1170
§ 004 Nr. 08 – 15	Keine Umsatzsteuerbefreiung nach § 4 Nr. 8 Buchst. d UStG für Leistungen der durch „Outsourcing" entstandenen Rechenzentren BMF vom 30.5.2000 – IV D 2 – S 7160d – 5/00, DStR 2000 S. 1059	1171
§ 004 Nr. 08 – 16	Steuerbefreiung nach § 4 Nr. 8 Buchst. h UStG; Verwaltung von Versorgungseinrichtungen i. S. des Versicherungsaufsichtsgesetzes (VAG) BMF vom 31.5.2000 – IV D 2 – S 7160h – 3/00, DB 2000 S. 1205	1172
§ 004 Nr. 08 – 17	Begriff der Vermittlung in § 4 UStG; BFH-Urteil vom 09.10.2003 – BStBl. II S. 958 – zur Steuerbefreiung für die Vermittlung von Krediten nach § 4 Nr. 8 Buchst. a UStG BMF vom 13.12.2004 – IV A 6 – S 7160a – 26/04, BStBl. 2004 I S. 1199	1173
§ 004 Nr. 08 – 18	Begriff der Vermittlung in § 4 UStG; BFH-Urteil vom 09.10.2003 – BStBl. II S. 958 – zur Steuerbefreiung für die Vermittlung von Krediten nach § 4 Nr. 8 Buchst. a UStG BMF vom 30.5.2005 – IV A 6 – S 7160a – 34/05, BStBl. 2005 I S. 711	1173
§ 004 Nr. 08 – 19	Auswirkungen des BFH-Urteils vom 11.10.2007 – V R 22/04 – zur umsatzsteuerlichen Behandlung der Vermögensverwaltung (Portfolioverwaltung) BMF vom 9.12.2008 – IV B 9 – S 7117-f/07/10003, BStBl. 2008 I S. 1086	1174
§ 004 Nr. 08 – 20	Umsatzsteuerliche Behandlung von Vermittlungsleistungen der in § 4 Nr. 8 und § 4 Nr. 11 UStG bezeichneten Art – Konsequenzen aus dem BFH-Urteil vom 30.10.2008, V R 44/07 BMF vom 23.6.2009 – IV B 9 – S 7160-f/08/10004, BStBl. 2009 I S. 773	1175

Anlage	Titel	Seite
§ 004 Nr. 08 – 21	Steuerbefreiung gemäß § 4 Nr. 8 Buchst. h UStG für die Verwaltung von Investmentvermögen nach dem Investmentgesetz BMF vom 6.5.2010 – IV D 3 – S 7160-h/09/10001, BStBl. 2010 I S. 563	1176
§ 004 Nr. 08 – 22	Urteil des Bundesfinanzhofs (BFH) vom 10.2.2010, XI R 49/07; Umsatzsteuerrechtliche Behandlung der Garantiezusage eines Autoverkäufers; CG Car-Garantiemodell BMF vom 15.12.2010 – IV D 3 – S 7160-g/10/10001, BStBl. 2010 I S. 1502	1183
§ 004 Nr. 08 – 23	Umsatzsteuerbefreiung für die Verwaltung von Versorgungseinrichtungen BMF vom 2.3.2011 – IV D 3 – S 7160-h/08/10001, BStBl. 2011 I S. 232	1185
§ 004 Nr. 09 – 01	§ 3 Abs. 1b, § 4 Nr. 9 Buchst. a Umsatzsteuergesetz (UStG) – Steuerbefreiung bei der Entnahme eines Grundstücks aus dem Unternehmen BMF vom 22.9.2008 – IV B 8 – S 7109/07/10002, BStBl. 2008 I S. 895	1186
§ 004 Nr. 10 – 01	Verwaltungskostenbeiträge bei Gruppenversicherungsverträgen mit Vereinen/ Berufsverbänden BMF vom 5.7. 1993 – IV A 3 – S 7163 – 4/93, DB 1993 S. 1548	1187
§ 004 Nr. 11 – 01	Umsatzsteuerbefreiung der Umsätze aus der Tätigkeit als Versicherungsvertreter (§ 4 Nr. 11 UStG); Verwaltungstätigkeit als berufstypische Tätigkeit eines Versicherungsvertreters BMF vom 2.5.1995 – IV C 4 – S 7167 – 3/95, BB 1995 S. 1123	1188
§ 004 Nr. 11 – 02	Umsatzsteuerliche Behandlung der Umsätze aus der Tätigkeit als Bausparkassenvertreter, Versicherungsvertreter oder Versicherungsmakler (§ 4 Nr. 11 UStG); Konsequenzen aus dem BFH-Urteil vom 6.9.2007, V R 50/05 BMF vom 9.10.2008 – IV B 9 – S 7167/08/10001, BStBl. I 2008 S. 948	1189
§ 004 Nr. 11b – 01	nicht belegt	
§ 004 Nr. 11b – 02	Umsatzsteuerrechtliche Behandlung der Entgelte für postvorbereitende Leistungen durch einen sog. Konsolidierer (§ 51 Abs. 1 Satz 2 Nr. 5 PostG) BMF vom 13.12.2006 – IV A 5 – S 7100 – 177/06, BStBl. 2007 I S. 119	1190
§ 004 Nr. 11b – 03	Steuerbefreiung für Post-Universaldienstleistungen ab 1. Juli 2010 BMF vom 21.10.2010 – IV D 3 – S 7167-b/10/10002, BStBl. 2010 I S. 1192	1192
§ 004 Nr. 12 – 01	Umsatzsteuerbefreiung für die Bestellung von dinglichen Nutzungsrechten an Grundstücken (§ 4 Nr. 12c UStG); Übergangsregelungen bei Grundstücken, die nichtunternehmerischen Zwecken dienen BMF vom 7.10.1985 – IV A 3 – S 7168 – 11/85, BStBl. 1985 I S. 622	1198
§ 004 Nr. 12 – 02	Umsatzsteuerbefreiung bei Unterbringung von Aussiedlern und Asylanten OFD Frankfurt am Main vom 16.1.1989 – S 7168 A – 15 – St IV 22, UR 1989 S. 163, 164	1200
§ 004 Nr. 12 – 03	Umsatzsteuerbefreiung für die Überlassung von Bootsliegeplätzen OFD Saarbrücken vom 26.4.1991 – S 7168 – 13 – St 241, UR 1991 S. 269	1201
§ 004 Nr. 12 – 04	nicht belegt	
§ 004 Nr. 12 – 05	Umsatzsteuerpflicht der Vermietung von Plätzen für das Abstellen von Fahrzeugen (§ 4 Nr. 12 Satz 2 UStG) OFD Köln vom 1.9.1992 – S 7168 – 26 – St 145, UR 1992 S. 385	1203
§ 004 Nr. 12 – 06	nicht belegt	
§ 004 Nr. 12 – 07	Umsatzsteuer bei der Vermietung von Plätzen für das Abstellen von Fahrzeugen; Nutzungsverträge nach den §§ 312 bis 314 ZGB – DDR – BMF vom 24.11.1995 – IV C 4 – S 7168 – 25/95, DStR 1995 S. 1960	1204
§ 004 Nr. 12 – 08	Abstandszahlung des Bundesvermögensamtes in Höhe des Vorsteuer-Berichtigungsbetrages nach § 15a UStG nach Beendigung der Vermietung für NATO-Zwecke OFD Frankfurt am Main vom 22.1.1996 – S 7100 A – 161 – St IV 10, UVR 1996 S. 315	1205
§ 004 Nr. 12 – 09	nicht belegt	
§ 004 Nr. 12 – 10	nicht belegt	

Anlage	Titel	Seite
§ 004 Nr. 12 – 11	nicht belegt	
§ 004 Nr. 12 – 12	Überlassung von Grundstücksflächen beim Bau von Überlandleitungen und im Zusammenhang damit bestellten Dienstbarkeiten und vereinbarten Ausgleichszahlungen; BFH-Urteil vom 11.11.2004 – V R 30/04 BMF vom 18.10.2005 – IV A 5 – S 7100 – 148/05, BStBl. 2005 I S. 997	1206
§ 004 Nr. 12 – 13	§ 4 Nr. 12 Satz 1 Buchst. a UStG – Anwendung des BFH-Urteils vom 24.1.2008, V R 12/05 (Einheitliche Vermietungsleistung) BMF vom 15.1.2009 – IV B 9 – S 7168/08/10001, BStBl. 2009 I S. 69	1207
§ 004 Nr. 12 – 14	Lieferung von Strom als Nebenleistung zu Vermietungsumsätzen; BFH-Urteil vom 15.1.2009 – V R 91/07 BMF vom 21.7.2009 – IV B 9 – S 7168/08/10001, BStBl. I 2009 S. 821	1208
§ 004 Nr. 13 – 01	Umsatzsteuerliche Behandlung der Verwaltertätigkeit nach dem WoEigG Bay. Landesamt für Steuern vom 30.8.2005 – S 7169 – 5/St 35 N	1209
§ 004 Nr. 14 – 01	Umsatzsteuerbefreiung nach § 4 Nr. 14 UStG; Nichtärztliche Psychotherapeuten BMF vom 9.4.1987 – IV A 3 – S 7110 – 6/87, DStR 1987 S. 662; UR 1987 S. 307	1209
§ 004 Nr. 14 – 02	nicht belegt	
§ 004 Nr. 14 – 03	nicht belegt	
§ 004 Nr. 14 – 04	Umsatzsteuerbefreiung nach § 4 Nr. 14 UStG; Atem-, Sprech- und Stimmlehrer/innen BMF vom 26.1.1993 – IV A 3 – 7170 – 5/93, BStBl. 1993 I S. 234	1210
§ 004 Nr. 14 – 05	Umsatzsteuerliche Behandlung der bei kieferorthopädischen Behandlungen verwendeten Apparate FM Bayern vom 21.5.1997 – 36 – S 7170 – 11/57 – 26031, UR 1998 S. 164	1210
§ 004 Nr. 14 – 06	Steuerbefreiung nach § 4 Nr. 14 UStG; Anpassung von Hörgeräten BMF vom 10.6.1998 – IV C 4 – S 7170 – 46/98, DB 1998 S. 1308	1211
§ 004 Nr. 14 – 07	Umsatzsteuerbefreiung nach § 4 Nr. 14 UStG; Zahnfüllungen und Kronen im sog. CEREC-Verfahren BMF vom 13.4.1999 – IV D 2 – S 7170 – 1/99 II, BStBl. 1999 I S. 487	1211
§ 004 Nr. 14 – 08	nicht belegt	
§ 004 Nr. 14 – 09	nicht belegt	
§ 004 Nr. 14 – 10	Keine Umsatzsteuerbefreiung für Orientierungs- und Mobilitätslehrer/-innen BMF vom 13.10.2000 – IV D 1 – S 7170 – 7/00, DStR 2000 S. 1873	1212
§ 004 Nr. 14 – 11	nicht belegt	
§ 004 Nr. 14 – 12	nicht belegt	
§ 004 Nr. 14 – 13	nicht belegt	
§ 004 Nr. 14 – 14	nicht belegt	
§ 004 Nr. 14 – 15	nicht belegt	
§ 004 Nr. 14 – 16	Einheitlichkeit der Leistung, Steuerbefreiung nach § 4 Nr. 14 UStG; Anwendung des BFH-Urteils vom 13.07.2006 – V R 7/05 – auf nach dem Arbeitssicherheitsgesetz (ASiG) und anderen Schutzvorschriften erbrachte medizinische Leistungen BMF-Schreiben vom 4.5.2007 – IV A 5 – S 7100 – 07/0011 / IV A 6 – S 7170 – 07/003, BStBl. 2007 I S. 48	1213
§ 004 Nr. 14 – 17	Umsatzsteuerbefreiung nach § 4 Nr. 14 UStG für ähnliche heilberufliche Tätigkeiten OFD Koblenz vom 31.5.2007 – S 7170 A – St 442, DStR 2007 S. 1629	1214
§ 004 Nr. 14 – 18	Umsatzsteuerliche Behandlung medizinischer Laboruntersuchungen – Konsequenzen aus dem BFH-Urteil vom 15.03.2007 – V R 55/03 – (BStBl. 2008 II S. 31) BMF vom 17.12.2007 – IV A 6 – S 7172/07/001, BStBl. 2008 I S. 23	1216

Anlage	Titel	Seite
§ 004 Nr. 14 – 19	nicht belegt	
§ 004 Nr. 14 – 20	Umsatzsteuerbefreiung für ambulante Rehabilitationsleistungen; §§ 40 und 111 SGB V BMF vom 26.10.2010 – IV D 3 – S 7170/10/10010, BStBl. 2010 I S. 1197	1216
§ 004 Nr. 15 – 01	Umsatzsteuerbefreiung der Sammel- und Verteilungsstelle für das Institutionskennzeichen (SVI) BMF vom 4.5.2000 – IV D 2 – S 7171a – 1/00, UR 2000 S. 446	1217
§ 004 Nr. 16 – 01	nicht belegt	
§ 004 Nr. 16 – 02	nicht belegt	
§ 004 Nr. 16 – 03	nicht belegt	
§ 004 Nr. 16 – 04	nicht belegt	
§ 004 Nr. 16 – 05	Pflegebedürftigkeit von Heimbewohnern als Voraussetzung für die Steuerbefreiung nach § 4 Nr. 16 Buchst. d UStG OFD Koblenz vom 1.4.1999 – S 7172 A – St 51 3, UVR 1999 S. 445	1218
§ 004 Nr. 16 – 06	nicht belegt	
§ 004 Nr. 16 – 07	Umsatzsteuerliche Behandlung der Aufnahme von Begleitpersonen in Reha-Kliniken BMF vom 9.11.1999 – IV D 2 – S 7172 – 30/99, UR 2000 S. 40	1219
§ 004 Nr. 16 – 08	nicht belegt	
§ 004 Nr. 16 – 09	Steuerbefreiung nach § 4 Nr. 16 Buchst. e UStG; Leistungen von ambulanten Pflegediensten und deren Kooperationspartnern BMF vom 18.5.2000 – IV D 2 – S 7172 – 7/00, DB 2000 S. 1205	1220
§ 004 Nr. 16 – 10	nicht belegt	
§ 004 Nr. 16 – 11	nicht belegt	
§ 004 Nr. 16 – 12	Umsatzsteuerliche Behandlung für ambulante Leistungen der Eingliederungshilfe gem. § 53 SGB XII FinMin. Nordrhein-Westfalen, Erlass vom 25.1.2006 – S 7172 – 24 VA 4, UR 2006 S. 488.	1221
§ 004 Nr. 17 – 01	Steuerbefreiung nach § 4 Nr. 17 Buchst. b UStG; Konsequenzen aus dem BFH-Urteil vom 12.8.2004 – V R 45/03 BMF vom 22.3.2005 – IV A 6 – S 7174 – 6/05, BStBl. I 2005 S. 710.	1222
§ 004 Nr. 17 – 02	Umsatzsteuerbefreiung nach § 4 Nr. 17 Buchst. b UStG; Beförderung von kranken und verletzten Personen BMF vom 7.4.2011 – IV D 3 – S 7174/10/10002 (2011/0172277), BStBl. I 2011 S. 306	1223
§ 004 Nr. 18 – 01	Steuerbefreiung der amtlich anerkannten Wohlfahrtsverbände und deren Mitglieder FM Brandenburg vom 22.2.1993 – III/1 – S 7175 – 1/93, UR 1993 S. 175	1224
§ 004 Nr. 18 – 02	nicht belegt	
§ 004 Nr. 18 – 03	Steuerbefreiung nach § 4 Nr. 18 UStG; Leistungen zwischen einem Landesverband des Deutschen Roten Kreuzes (DRK) und seinen regionalen Untergliederungen OFD Düsseldorf vom 14.8.1997 – S 7175 A – St 1411, DB 1997 S. 2003	1224
§ 004 Nr. 20 – 01	Umsatzsteuerliche Behandlung von Leistungen der Volksbühnen- und Theatergemeinden-Vereine BMF vom 1.8.1990 – IV A 3 – S 7177 – 2/90, UR 1990 S. 323; DB 1990 S. 1744	1225
§ 004 Nr. 20 – 02	Rückwirkende Anwendung einer erteilten Bescheinigung bei der Umsatzsteuerbefreiung für Umsätze nach § 4 Nr. 20 Buchst. a Satz 2 bzw. § 4 Nr. 21 Buchst. b UStG; BFH-Entscheidungen vom 15.09.1994 – XI R 101/92 – und vom 06.12.1994 – V B 52/94 - BMF vom 30.11.1995 – IV C 4 – S 7177 – 22/95, BStBl. 1995 I S. 827	1226
§ 004 Nr. 20 – 03	nicht belegt	

Anlage	Titel	Seite
§ 004 Nr. 20 – 04	Steuerliche Behandlung von Einzelkünstlern – EuGH-Urteil vom 3.4.2003 Rs. C-144/00 (BStBl. 2003 II S. 679) – BMF-Schreiben vom 31.7.2003 (BStBl. 2003 I S. 424) OFD Düsseldorf vom 13.11.2003 – S 7177, DB 2003 S. 2523	1227
§ 004 Nr. 20 – 05	Umsatzsteuerliche Behandlung von Leistungen der Theatergemeinden- und Volksbühnen-Vereine; Beschaffung von Theaterkarten OFD Frankfurt/M. vom 14.8.2007 – S 7110 A – 2/86 – St 11, DStR 2007 S. 1912	1228
§ 004 Nr. 20 – 06	Verkauf von Tonträgern durch Künstler OFD Frankfurt a. M. vom 17.10.2008 – S 7177A – 28 – St 112, DStR 2009 S. 325	1230
§ 004 Nr. 21 – 01	nicht belegt	
§ 004 Nr. 21 – 02	nicht belegt	
§ 004 Nr. 21 – 03	nicht belegt	
§ 004 Nr. 21 – 04	nicht belegt	
§ 004 Nr. 21 – 05	Umsatzsteuerbefreiung für Leistungen berufsbildender Einrichtungen; Bescheinigungsverfahren von Maßnahmen gem. § 34 AFG BMF vom 26.5.1996 – IV C 4 – S 7179 – 15/96, DStR 1996 S. 1607	1231
§ 004 Nr. 21 – 06	nicht belegt	
§ 004 Nr. 21 – 07	Umsatzsteuerbefreiung nach § 4 Nr. 21 Buchst. b UStG für Maßnahmen der Arbeitsberatung (§ 53 Abs. 1 Satz 1 Nr. 6b AFG) BMF vom 28.2.1997 – IV C 4 – S 7179 – 4/97, UR 1997 S. 279	1232
§ 004 Nr. 21 – 08	Ergänzung des § 4 Nr. 21 UStG durch das Steuerentlastungsgesetz 1999/2000/2002 BMF vom 31.5.1999 – IV D 2 – S 7179 – 177/99, BStBl. 1999 I S. 579	1233
§ 004 Nr. 21 – 09	Steuerbefreiung nach § 4 Nr. 21 UStG; Behandlung von Schulungseinrichtungen des Bundes und der Länder FM Nordrhein-Westfalen vom 24.11.1999 – S 7179 – 10 – V C 4, DB 1999 S. 2608	1235
§ 004 Nr. 21 – 10	Umsatzsteuerbefreiung nach § 4 Nr. 21 UStG; Fahrschulen als berufsbildende Einrichtungen BMF vom 8.2.2000 – IV D 2 – S 7179 – 6/00, BStBl. 2000 I S. 355	1235
§ 004 Nr. 21 – 11	Steuerbefreiung nach § 4 Nr. 21 UStG; Finanzierung durch den Europäischen Sozialfonds (ESF) – Existenzgründungsmaßnahmen BMF vom 27.4.2000 – IV D 2 – S 7179 – 1/00, DB 2000 S. 1050	1236
§ 004 Nr. 21 – 12	Beurteilung der Integrationskurse nach dem Zuwanderungsgesetz OFD Münster vom 18.1.2006 – Kurzinformation Umsatzsteuer Nr. 1/2006, DB 2006 S. 187	1236
§ 004 Nr. 21 – 13	Umsatzsteuerbefreiung nach § 4 Nr. 21 Buchst. a Doppelbuchst. bb UStG für die Leistungen von Tanz- bzw. Ballettschulen OFD Koblenz vom 24.7.2007 – S 7179 A – St 442, DStR 2007 S. 1964	1237
§ 004 Nr. 21 – 14	Umsatzsteuerbefreiung nach § 4 Nr. 21 UStG; Maßnahmen zur Aktivierung und beruflichen Eingliederung nach dem Dritten Buch Sozialgesetzbuch BMF vom 1.12.2010 – IV D 3 – S 7179/09/10003, BStBl. 2010 I S. 1375	1238
§ 004 Nr. 21 – 15	§ 4 Nr. 21 des Umsatzsteuergesetzes (UStG); Umsatzsteuerliche Behandlung von Integrationskursen nach § 43 des Aufenthaltsgesetzes (AufenthG) BMF vom 3.3.2011 – IV D 3 – S 7180/10/10001, BStBl. 2011 I S. 233	1239
§ 004 Nr. 21 – 16	Umsatzsteuerbefreiung nach § 4 Nr. 21 Buchst. a Doppelbuchst. bb UStG für Maßnahmen zur Aktivierung und beruflichen Eingliederung nach dem Dritten Buch Sozialgesetzbuch; Bescheinigungsverfahren BMF vom 6.7.2011 – IV D 3 – S 7179/09/10003, BStBl. 2011 I S. 738	1240
§ 004 Nr. 21 – 17	Umsatzsteuerliche Behandlung von Integrationskursen nach § 43 des Aufenthaltsgesetzes (AufenthG) BMF vom 8.8.2011 – IV D 3 – S 7180/10/10001, BStBl. 2011 I S. 755	1241

Anlage	Titel	Seite
§ 004 Nr. 22 – 01	Umsatzsteuerbefreiung nach § 4 Nr. 22 Buchst. b UStG und Umsatzsteuerermäßigung nach § 12 Abs. 2 Nr. 8 Buchst. a UStG; Genehmigung von Sportveranstaltungen und Ausstellung von Sportausweisen durch Sportverbände BMF vom 5.10.1990 – IV A 3 – S 7180 – 4/90/IV A 2 – S 7242 – 19/90, BStBl. 1990 I S. 649	1242
§ 004 Nr. 23 – 01	Steuerbarer Umsatz bei entgeltlicher Beherbergung und Beköstigung von Auszubildenden im Hotel- und Gaststättengewerbe OFD Saarbrücken vom 11.3.1991 – S 7181 – 2 – St 241, UR 1991 S. 235; DStR 1991 S. 816	1243
§ 004 Nr. 23 – 02	Steuerbefreiung nach § 4 Nr. 23 UStG; BFH-Urteil vom 28.09.2000 – V R 26/99 BMF vom 28.9.2001 – IV D 1 – S 7181 – 8/01, BStBl. 2001 I S. 726	1243
§ 004 Nr. 23 – 03	Vermietung von Wohnraum und Abgabe von Mahlzeiten durch ein Studentenwerk – Anwendung der BFH-Urteile vom 19.05.2005 – V R 32/03, BStBl. II S. 900 und vom 28.09.2006, V R 57/05, BStBl. II 2007 S. 846 BMF-Schreiben vom 27.9.2007 – IV A 6 – S 7175 – 07/0003, BStBl. 2007 I S. 768	1244
§ 004 Nr. 26 – 01	Umsatzsteuerbefreiung nach § 4 Nr. 26 Buchst. b UStG; Angemessene Entschädigung für Zeitversäumnis BMF vom 2.1.2012 – IV D 3 – S 7185/09/10001, BStBl. 2012 I S. 59	1245
§ 004 Nr. 27 – 01	Umsätze aus der Tätigkeit als Betriebshelfer; Umsatzsteuerbefreiung nach § 4 Nr. 27 Buchst. b UStG BMF vom 12.6.2009 – IV B 9 – S 7187-a/08/10001, BStBl. 2009 I S. 687	1246
§ 004b-01	Innergemeinschaftlicher Erwerb von Büchern und Zeitschriften durch wissenschaftliche Bibliotheken (§ 4b Nr. 3 UStG 1993) BMF vom 17.2.1993 – IV A 3 – S 7196 – 3/93, UR 1993 S. 397	1247
§ 006-01	Lieferungen von Gegenständen der Schiffsausrüstung an ausländische Binnenschiffer BMF vom 19.6.1974 – IV A/3 – S 7131 – 30/74, BStBl. 1974 I S. 438	1248
§ 006-02	Umsatzsteuerfreiheit für Ausfuhrlieferungen (§ 4 Nr. 1, § 6 UStG); Lieferungen von Gegenständen, zu deren Herstellung Formen, Modelle oder Werkzeuge benötigt werden BMF vom 27.11.1975 – IV A 3 – S 7131 – 59/75, BStBl. 1975 I S. 1126	1249
§ 006-03	Dienstvorschrift über die Mitwirkung der Zolldienststellen bei dem Ausfuhrnachweis für Umsatzsteuerzwecke Vorschriftensammlung Bundesfinanzverwaltung – Außenwirtschaftsrecht vom 16.10.2000 – Fachteil A 06 93.	1250
§ 006-04	nicht belegt	
§ 006-05	nicht belegt	
§ 006-06	nicht belegt	
§ 006-07	Umsatzsteuerbefreiung für Ausfuhrlieferungen im nicht kommerziellen Reiseverkehr; Belegnachweis und Buchnachweis BMF vom 15.5.1997 – IV C 4 – S 7133 – 14/97, BStBl. 1997 I S. 614	1261
§ 006-08	Merkblatt zur Umsatzsteuerbefreiung für Ausfuhrlieferungen im nichtkommerziellen Reiseverkehr – Stand: Mai 2004 BMF vom 28.5.2004 – IV D 1 – S 7133 – 22/04, BStBl. 2004 I S. 535	1264
§ 006-09	Vernichtung von Ausfuhrbelegen mit anhängenden Originalrechnungen nach Erfassung auf vorgegebenen Datenträgern OFD Koblenz, Vfg. vom 6.1.2006 – S 7134A – St 442, UR 2006 S. 366	1273
§ 006-10	Umsatzsteuerbefreiung für Ausfuhrlieferungen (§ 4 Nr. 1 Buchst. a, § 6 UStG); Anerkennung „elektronischer" Belege bei Einführung des IT-Verfahrens ATLAS-Ausfuhr als ausreichender Ausfuhrnachweis i.S. des § 9 Abs. 1, § 10 Abs. 2 UStDV BMF vom 1.6.2006 – IV A 6 – S 7134 – 22/06, BStBl. 2006 I S. 395.	1274

Anlage	Titel	Seite
§ 006-11	Umsatzsteuerbefreiung für Ausfuhrlieferungen (§ 4 Nr. 1 Buchst. a, § 6 UStG): IT-Verfahren „ATLAS-Ausfuhr" – Pflicht zur Teilnahme am elektronischen Ausfuhrverfahren seit 1.7.2009; Auswirkungen auf den Ausfuhrnachweis für Umsatzsteuerzwecke BMF vom 17.7.2009 – IV B 9 – S 7134/07/10003, BStBl. 2009 I S. 855........	1279
§ 006-12	Umsatzsteuerbefreiung für Ausfuhrlieferungen (§ 4 Nr. 1 Buchst. a, § 6 UStG): IT-Verfahren „ATLAS-Ausfuhr" – Pflicht zur Teilnahme am elektronischen Ausfuhrverfahren seit 1.7.2009; Auswirkungen auf den Ausfuhrnachweis für Umsatzsteuerzwecke BMF vom 3.5.2010 – IV D 3 – S 7134/07/10003, BStBl. 2010 I S. 499	1283
§ 006-13	Beleg- und Buchnachweispflichten bei der Steuerbefreiung für Ausfuhrlieferungen und für innergemeinschaftliche Lieferungen (§ 4 Nr. 1, § 6, § 6a UStG); Änderungen der §§ 9 bis 11, 13, 17, 17a, 17b und 17c UStDV durch die Zweite Verordnung zur Änderung steuerlicher Verordnungen BMF vom 9.12.2011 – IV D 3 – S 7141/11/10003, BStBl. 2011 I S. 1287	1287
§ 006-14	Beleg- und Buchnachweispflichten bei der Steuerbefreiung für Ausfuhrlieferungen (§ 4 Nr. 1 Buchst. a, § 6 UStG); Änderungen der §§ 9 bis 11, 13 und 17 UStDV durch die Zweite Verordnung zur Änderung steuerlicher Verordnungen BMF vom 6.2.2012 – IV D 3 – S 7134/12/10001, BStBl. 2012 I S. 212..........	1288
§ 006a-01	nicht belegt	
§ 006a-02	nicht belegt	
§ 006a-03	Behandlung des Betankens unternehmerisch genutzter Kraftfahrzeuge im übrigen Gemeinschaftsgebiet FM Bayern vom 23.5.1995 – 36 – S 7140 – 1/21 – 24 657, DStR 1995 S. 1352 ...	1294
§ 006a-04	nicht belegt	
§ 006a-05	nicht belegt	
§ 006a-06	Innergemeinschaftliche Lieferungen an Abnehmer mit ungültiger USt-IdNr.; Vertrauensschutzregelung nach § 6a Abs. 4 UStG OFD Frankfurt am Main vom 28.3.1996 – S 7141 A – 3 – 11 A 42, DStR 1996 S. 670	1294
§ 006a-07	Umsatzsteuerbefreiung für innergemeinschaftliche Lieferungen (§ 4 Nr. 1 Buchst. b, § 6a UStG); Versendungsnachweis (§ 17a UStDV) BMF vom 13.11.1996 – IV C 4 – S 7143 – 7/96, UR 1997 S. 38	1295
§ 006a-08	nicht belegt	
§ 006a-09	Innergemeinschaftliche Lieferungen; Anwendung der Vertrauensschutzregelung gem. § 6a Abs. 4 UStG bei Rechnungen von sog. Scheinunternehmen OFD Hannover vom 12.2.2002 – S 7144 – 1 – StO 353/S 7144 – 4 –StH 541, DB 2002 S. 820	1296
§ 006a-10	Steuerbefreiung gemäß § 4 Nr. 1 Buchst. b i.V.m. § 6a UStG für innergemeinschaftliche Lieferungen BMF vom 5.5.2010 – IV D 3 – S 7141/08/10001, BStBl. 2010 I S. 508..........	1297
§ 006a-11	Umsatzsteuerbefreiung für innergemeinschaftliche Lieferungen (§ 4 Nr. 1 Buchst. b, § 6a UStG); Nachweis der Voraussetzungen der Steuerbefreiung; BFH-Urteil vom 17.2.2011, V R 30/10, und EuGH-Urteil vom 7.12.2010, Rs. C-285/09 BMF vom 26.9.2011 – IV D 3 – S 7141/08/1000, BStBl. I 2011 S. 980	1308
§ 006a-12	Beleg- und Buchnachweispflichten bei der Steuerbefreiung für innergemeinschaftliche Lieferungen (§ 4 Nr. 1 Buchst. b, § 6a UStG) – Änderungen der §§ 17a, 17b und 17c UStDV durch die Zweite Verordnung zur Änderung steuerlicher Verordnungen BMF vom 6.2.2012 – IV D 3 – S 7141/11/10003, BStBl. 2012 I S. 211..........	1308

Anlage	Titel	Seite
§ 008-01	Steuerfreie Leistungen der Havariekommissare, Schiffs- und Güterbesichtiger (§ 8 Abs. 1 Nr. 5 UStG) FM Nordrhein-Westfalen vom 20.1.1983 – S 7155 – 7 – V C 4, UR 1983 S. 183	1309
§ 008-02	nicht belegt	
§ 008-03	Steuerfreie Umsätze für die Luftfahrt (§ 4 Nr. 2, § 8 Abs. 2 UStG; Abschn. 8.2 UStAE) BMF vom 19.1.2012 – IV D 3 – S 7155-a/11/10002, BStBl. 2012 I S. 140.......	1310
§ 008-04	Umsätze für die Seeschifffahrt und für die Luftfahrt (§ 8 UStG; Abschnitte 145 und 146 UStR BMF vom 24.1.2008 – IV A 6 – S 7155-a/07/0002, BStBl. 2008 I S. 294	1313
§ 008-05	Umsatzsteuerliche Beurteilung der Umsätze für die Seeschifffahrt (§ 4 Nr. 2 UStG, § 8 Abs. 1 UStG) BMF vom 24.7.2009 – IV B 9 – S 7155/07/10001, BStBl. I 2009 S. 822	1314
§ 009-01	nicht belegt	
§ 009-02	nicht belegt	
§ 009-03	nicht belegt	
§ 009-04	nicht belegt	
§ 009-05	nicht belegt	
§ 009-06	Einschränkung des Verzichts auf Umsatzsteuerbefreiung (§ 9 Abs. 2 UStG) OFD Freiburg/Karlsruhe/Stuttgart vom Dezember 1995, USt-Kartei S 7198 Karte 4, UR 1996 S. 398	1315
§ 009-07	Optionseinschränkungen gem. § 9 Abs. 2 UStG OFD Koblenz vom 1.7.1998 – S 7198 A – St 513	1318
§ 009-08	Anwendbarkeit des BFH-Urteils vom 10.12.2008 – XI R 1/08 (BStBl. 2009 II S. 1026); Option nach § 9 UStG BMF vom 1.10.2010 – IV D 3 – S 7198/09/10002, BStBl. 2010 I S. 768.........	1319
§ 010-01	Zuschüsse des Bundesamtes für gewerbliche Wirtschaft für die Beseitigung von Altöl BMF vom 11.11.1969 – IV A/3 – S 7200 – 107/69	1320
§ 010-02	Behandlung von Zuschüssen der Bundesanstalt für Arbeit nach dem Arbeitsförderungsgesetz (BGBl. 1969 I S. 582) BMF vom 7.12.1970 – IV A/2 – S 7200 – 60/70, BStBl. 1970 I S. 1069	1320
§ 010-03	nicht belegt	
§ 010-04	Zuwendungen aus öffentlichen Kassen im Bereich der Landwirtschaft BMF vom 17.5.1974 – IV A 2 – S 7200 – 17/74, BStBl. 1974 I S. 390	1321
§ 010-05	Umsatzsteuerliche Behandlung der Zuschüsse zur Winterbauförderung gemäß §§ 77ff. des Arbeitsförderungsgesetzes (AFG) vom 25. 06.1969 i.d.F. des 2. Gesetzes zur Änderung und Ergänzung des Arbeitsförderungsgesetzes vom 19.05.1972 (BGBl. I S. 791) BMF vom 8.7. 1974 – IV A 2 – S 7200 – 16/74, BStBl. 1974 I S. 507	1322
§ 010-06	Beiträge zu Restschuldversicherungen als durchlaufende Posten BMF vom 18.12.1978 – IV A 2 – S 7200 – 75/78, BStBl. 1979 I S. 43	1323
§ 010-07	Umsatzsteuerliche Behandlung von Zuschüssen nach dem Arbeitsförderungsgesetz (AFG); Zuschüsse der Bundesanstalt für Arbeit zu Kosten für Arbeits- erprobung und Probebeschäftigung BMF vom 21.3.1983 – IV A 2 – S 7200 – 25/83, BStBl. 1983 I S. 262	1324
§ 010-08	Behandlung der Mitverantwortungsabgabe Getreide in den Abrechnungen BMF vom 30.12.1986 – IV A 2 – S 7200 – 96/86/IV A 1 – S 7280 – 27/86	1325
§ 010-09	Eingliederungsbeihilfen an Arbeitgeber OFD Saarbrücken vom 16.1.1989 – S 7200 – 96 – St 241, UR 1989 S. 134	1327

Anlage	Titel	Seite
§ 010-10	Anrechnung von Parkgebühren durch Unternehmen des Einzelhandels OFD Hannover vom 9.2.1989 – S 7200 – 54 – StH 731/S 7200 – 24 – StO 532, UR 1989 S. 166	1327
§ 010-11	Zuwendungen des Bundes und des Landes zur Förderung von Unternehmensberatungen OFD Hannover vom 10.2.1989 – S 7200 – 214 – StH 731/S 7200 – 148 – StO 532, UR 1989 S. 327	1328
§ 010-12	Umsatzsteuerliche Behandlung der mit Lieferungen sog. Benefiz-Schallplatten und vergleichbarer anderer Waren verbundenen Spendenbeträge OFD Hannover vom 10.2.1989 – S 7200 – 181 – StH 731/S 7200 – 120 – StO 532, UR 1989 S. 167	1329
§ 010-13	Umsatzsteuerliche Behandlung der im Verkehrsgewerbe ausgewiesenen Werbe- und Abfertigungsvergütung OFD Hannover vom 10.2.1989 – S 7200 – 65 – StH 731/S 7200 – StO 532	1330
§ 010-14	Umsatzsteuerliche Behandlung von Zuwendungen des Bundesministers für Forschung und Technologie zur Förderung von Forschungs- und Entwicklungsvorhaben BMF vom 17.4.1989 – IV A 2 – S 7200 – 64/89, BStBl. 1989 I S. 142	1331
§ 010-15	Zuwendungen des Bundesministers für Forschung und Technologie zur Förderung von Windenergieanlagen OFD Hannover vom 6.4.1990 – S 7200 – 388 – StH 731/S 7200 – 245 – StO 532, BB 1990 S. 2033	1332
§ 010-16	Umsatzsteuerliche Behandlung der Milchkontrollvereine/Milchkontrollverbände (MKV) OFD Hannover vom 13.7.1990 – S 7200 – 334 – StH 731/S 7100 – 46 – StO 532, UR 1990 S. 209	1332
§ 010-17	Zuwendungen an Projekte der Hilfe zur Arbeit nach § 19 BSHG („Arbeit statt Sozialhilfe") OFD Münster vom 20.8.1990 – S 7200 – 116 – St 44 – 32, DB 1990 S. 1944	1333
§ 010-18	Werbezuschüsse von Kraftfahrzeugherstellern an ihre Vertragshändler OFD Saarbrücken vom 17.1.1991 – S 7200 – 131 – St 241, DStR 1991 S. 577	1333
§ 010-19	Umsatzsteuerliche Beurteilung des Zweckertrags aus der Lotterie „PS-Sparen und Gewinnen" BMF vom 12.2.1991 – IV A 2 – S 7200 – 10/91, UR 1991 S. 236	1333
§ 010-20	Behandlung der von der EG-Kommission gezahlten Zuschüsse im Zusammenhang mit der Errichtung von „EG-Beratungsstellen für Unternehmen" (Euro Info Centres – „EIC") FM Hessen vom 13.2.1991 – S 7200 A – 110 – II A 42, DStR 1991 S. 384 – Ähnlich OFD Koblenz vom 22.4.1991, UR 1991 S. 236	1334
§ 010-21	Umsatzsteuerliche Behandlung von Direktzahlungen, Ausgleichszahlungen und Prämien im Agrarbereich BMF vom 9.11.1992 – IV A 2 – S 7200 – 91/92, DB 1992 S. 2473	1334
§ 010-22	nicht belegt	
§ 010-23	nicht belegt	
§ 010-24	Umsatzsteuerliche Behandlung von ABS-Gesellschaften (§ 2 Abs. 1, § 10 Abs. 1, § 15 Abs. 1 UStG) FM Mecklenburg-Vorpommern vom 28.2.1995 – IV 320 – S 7200 – 29/92, UR 1995 S. 235	1335
§ 010-25	nicht belegt	
§ 010-26	Umsatzsteuerrechtliche Beurteilung von Maßnahmen nach § 249 h des Arbeitsförderungsgesetzes FM Sachsen-Anhalt vom 20.10.1995 – 44 – S 7200 – 12, DStR 1995 S. 1796	1337

Anlage	Titel	Seite
§ 010-27	Zuwendungen und Ausgleichszahlungen für gemeinwirtschaftliche Verkehrsleistungen im öffentlichen Personennahverkehr (ÖPNV) OFD Hannover vom 23.1.1996 – S 7100 – 829 – StH 543/S 7100 – 283 – StO 352a / S 7200 – 427 – StH 531, UR 1997 S. 189	1338
§ 010-28	nicht belegt	
§ 010-29	nicht belegt	
§ 010-30	nicht belegt	
§ 010-31	Portokosten als durchlaufende Posten OFD Frankfurt vom 22.05.2000 – S 7200 A – 180 – St IV 21	1341
§ 010-32	nicht belegt	
§ 010-33	Umsatzsteuerliche Behandlung der Prämien für die Stillegung von Ackerflächen FM Sachsen-Anhalt vom 10.6.1997 – S 7200 – 69, DStR 1997 S. 1086	1342
§ 010-34	nicht belegt	
§ 010-35	nicht belegt	
§ 010-36	Umsatzsteuerliche Behandlung der Überlassung sog. Firmenwagen an Arbeitnehmer, wenn diese Zuzahlungen leisten BMF vom 30.12.1997 – IV C 3 – S 7102 41/97, BStBl. 1998 I S. 110	1343
§ 010-37	nicht belegt	
§ 010-38	Umsatzsteuerliche Behandlung von Zuwendungen zur Förderung von Forschungs- und Entwicklungsvorhaben BMF vom 26.8.1999 – IV D 1 – S 7200 – 92/99, BStBl. 1999 I S. 828	1344
§ 010-39	Umsatzsteuerliche Behandlung der nichtunternehmerischen Kraftfahrzeugnutzung bei vor dem 01.04.1999 angeschafften Kraftfahrzeugen OFD Karlsruhe vom 31.8.1999 – S 7109, DStR 1999 S. 2124	1344
§ 010-40	Umsatzsteuerliche Behandlung von Deponiegebühren BMF vom 11.2.2000 – IV D 1 – S 7200 – 16/00, BStBl. 2000 I S. 360	1345
§ 010-41	Pauschbeträge für unentgeltliche Wertabgaben (Sachentnahmen) 2012 BMF vom 24.1.2012 – IV A 4 – S 1547/0:001, BStBl. 2012 I S. 99	1346
§ 010-42	Mindestbemessungsgrundlage OFD Hannover vom 25.1.2001 – S 7208 – 14 – StO 355 –/– S 7208 – 21 – StH 533, DStR 2001 S. 298	1347
§ 010-43	Umsatzsteuerliche Behandlung von Prämien im Rahmen einer gemeinsamen Marktorganisation für Rohtank BMF vom 28.1.2001 – IV B 7 – S 7200 – 3/01, UR 2001 S. 225	1347
§ 010-44	nicht belegt	
§ 010-45	nicht belegt	
§ 010-46	Behandlung der Maut-Gebühr OFD Düsseldorf Abt. Köln vom 25.1.2005, DB 2005 S. 258	1348
§ 010-47	Umsatzsteuerrechtliche Behandlung der Druckkostenzuschüsse bei der Vervielfältigung und Verbreitung von Druckwerken BMF vom 9.12.2005 – IV A 5 – S 7200 – 134/05, BStBl. 2005 I S. 1087	1349
§ 010-48	Förderbeiträge im Rahmen der Schaffung von Arbeitsgelegenheiten in der Entgeltvariante OFD Hannover, Vfg. vom 23.12.2005 – S 7100 – 588 – StO 171, UR 2006 S. 244	1350
§ 010-49	Gesetz zur Eindämmung missbräuchlicher Steuergestaltungen vom 28.4.2006 (BGBl. I 2006, 1095) – Änderung des § 6 Abs. 1 Nr. 4 Satz 2 EStG – Begrenzung der Anwendung der 1%-Regelung auf Fahrzeuge, die zu mehr als 50 Prozent betrieblich genutzt werden – Nachweispflichten BMF vom 7.7.2006 – IV B 2 – S 2177 – 44/06 / IV A 5 – S 7206 – 7/06, BStBl. 2006 I S. 446	1351

Anlage	Titel	Seite
§ 010-50	Abgrenzung zwischen nicht steuerbarem Zuschuss und Entgelt; Umsatzsteuerrechtliche Beurteilung von Zuwendungen aus öffentlichen Kassen zur Projektförderung sowie zur institutionellen Förderung BMF vom 15.8.2006 – S 7200 – 59/06, BStBl. 2006 I S. 502.	1353
§ 010-51	Umsatzsteuerliche Behandlung von Werbe- und Sachprämien OFD Frankfurt/M. vom 7.8.2007 – S 7200 A – 202 – St 11, DStR 2007 S. 2113	1355
§ 010-52	Bemessungsgrundlage zur Versteuerung einer unentgeltlichen Wertabgabe bei der nichtunternehmerischen Verwendung eines dem Unternehmen zugeordneten Gebäudes vor dem 01.07.2004 BMF-Schreiben vom 10.8.2007 – IV A 5 – S 7206 – 07/0003, BStBl. 2007 I S. 690.	1357
§ 010-53	Bemessungsgrundlage bei Leistungen von Vereinen an Mitglieder OFD Karlsruhe vom 15.8.2007 – S 7200, DB 2007 S. 1950	1357
§ 010-54	nicht belegt	
§ 010-55	Leistungsbeziehungen bei der Abgabe werthaltiger Abfälle; Anwendung der Grundsätze des tauschähnlichen Umsatzes BMF vom 1.12.2008 – IV B 8 – S 7203/07/10002, BStBl. 2008 I S. 992.	1358
§ 010-56	Verwendung von Abwärme aus Biogasanlagen für das Beheizen des privaten Wohnhauses; Bemessungsgrundlage für die unentgeltliche Wertabgabe BayLfSt vom 15.10.2009 – S 7206.2.1-2/4 – St 34, DStR 2009 S. 2255	1361
§ 010-57	Umsatzsteuerrechtliche Behandlung des sog. Direktverbrauchs nach dem Erneuerbare-Energien-Gesetz ab dem 1.1.2009 (§ 33 Abs. 2 EEG) BMF vom 1.4.2009 – IV B 8 – S 7124/07/10002, BStBl. 2009 I S. 523.	1362
§ 010-58	Verbilligter Zins als Absatzförderung der Automobilindustrie BMF vom 28.9.2011 – IV D 2 – S 7100/09/10003 :002, BStBl. 2011 I S. 935	1364
§ 012 (1) – 01	Umsatzsteuerliche Behandlung der Entsorgungskostenbeteiligung des Lieferers bei der Entsorgung von Transportverpackungen (§ 1 Abs. 1 Nr. 1, § 12 UStG) BMF vom 19.3.1993 – IV A 2 – S 7200 – 3/93, UR 1993 S. 174	1366
§ 012 (1) – 02	Steuersatz für tierärztliche Leistungen BMF vom 31.7.2000 – IV D 1 – S 7234 – 7/00, UR 2001 S. 225	1366
§ 012 (2) 1 – 01	Ermäßigter Steuersatz für die in der Anlage des Umsatzsteuergesetzes bezeichneten Gegenstände BMF vom 5.8.2004 – IV B 7 – S 7220 – 46/04, BStBl. 2004 I S. 638	1367
§ 012 (2) 1 – 02	Ermäßigter Steuersatz für Leistungen der Garten- und Landschaftsbaubetriebe OFD Hannover vom 24.1.1986 – S 7221 – 45 – StO 533/S 7221 – 44 – StH 731, USt-Kartei S 7221 Karte 5 (Ähnliche Regelungen vgl. OFD Münster vom 22.1.1981, UR 1981 S. 259; OFD Berlin vom 31.10.1985, UR 1986 S. 133)	1457
§ 012 (2) 1 – 03	Steuersatz für die Umsätze mit Daten- und sonstigen Aufzeichnungsträgern OFD Köln vom 23.6.1988 – S 7225 – 6 – St 143, UR 1988 S. 363	1458
§ 012 (2) 1 – 04	Umsatzsteuersatz für Leistungen von Kunsthandwerkern OFD Hannover vom 14.6.1989 – S 7229 – 12 – St O 531/S 7229 – 19 – St H 731, UR 1990 S. 134.	1458
§ 012 (2) 1 – 05	nicht belegt	
§ 012 (2) 1 – 06	Steuersatz für die Vermittlung und das Training von Reitpferden OFD Koblenz vom 1.9.1989 – S 7527 A – St 51 1/St 51 2/St 51 3 (TOP 4.20), UR 1990 S. 198.	1459
§ 012 (2) 1 – 07	nicht belegt	
§ 012 (2) 1 – 08	nicht belegt	
§ 012 (2) 1 – 09	Steuersatz für die Lieferung von Grabdenkmälern OFD Düsseldorf vom 30.1.1990 – S 7229 A – St 145, UR 1990 S. 226.	1460

XXXIX

Anlage	Titel	Seite
§ 012 (2) 1 – 10	Steuersatz für Umsätze von Telefonkarten als Sammelobjekte BMF vom 31.1.1992 – IV A 2 – S 7210 – 1/92, BStBl. 1992 I S. 141	1460
§ 012 (2) 1 – 11	Restaurationsumsätze in sog. Verzehrtheatern OFD Magdeburg vom 1.7.1992 – S 7177 – 1 – St 241, DB 1992 S. 1604	1461
§ 012 (2) 1 – 12	Umsatzsteuerliche Behandlung der künstlerischen Siebdrucke BMF vom 5.7.1993 – IV A 2 – S 7229 – 18/93, UVR 1993 S. 284; UR 1993 S. 398	1461
§ 012 (2) 1 – 13	nicht belegt	
§ 012 (2) 1 – 14	Pfandgeld für Leihkästen bei Fleischlieferungen BMF vom 25.10.1993 – IV A 2 – S 7200 – 59/93, DB 1993 S. 2363	1462
§ 012 (2) 1 – 15	nicht belegt	
§ 012 (2) 1 – 16	Umsatzbesteuerung von Telefonkarten FM Nordrhein-Westfalen vom 11.1.1996 – S 7100 – 164 – V C 4, DStR 1996 S. 183	1462
§ 012 (2) 1 – 17	nicht belegt	
§ 012 (2) 1 – 18	nicht belegt	
§ 012 (2) 1 – 19	nicht belegt	
§ 012 (2) 1 – 20	Ermäßigter Umsatzsteuersatz für Umsätze von Sammlermünzen BMF vom 19.12.2002 – IV B 7 – S 7229 – 13/02, BStBl. 2003 I S. 69	1463
§ 012 (2) 1 – 21	Leistungen im Zusammenhang mit der Herstellung von Fütterungsarznei- mitteln; Anwendung des ermäßigten Steuersatzes BMF vom 29.5.2002 – IV B 7 – S 7221 – 20/02, BStBl. 2002 I S. 630	1464
§ 012 (2) 1 – 22	Elektroscooter – Kein Gegenstand der Nr. 51 der Anlage zu § 12 Abs. 2 Nr. 1 und 2 UStG OFD Frankfurt am Main vom 21.3.2003 – S 7227 A – 18 – St I 22, DB 2003 S. 854..	1465
§ 012 (2) 1 – 23	Anwendung des ermäßigten Steuersatzes auf die Lieferung von Münzen aus unedlen Metallen BMF vom 7.1.2005 – IV A 5 – S 7229 – 1/05, BStBl. 2005 I S. 75	1465
§ 012 (2) 1 – 24	Steuersatz für die Lieferungen von Kombinationsartikeln BMF vom 9.5.2005 – IV A 5 – S 7220 – 23/05, BStBl. 2005 I S. 674............	1466
§ 012 (2) 1 – 25	Steuersatz für die Lieferung sog. Kombinationsartikel BMF vom 21.3.2006 – IV A 5 – S 7220 – 27/06, BStBl. 2006 I S. 286...........	1467
§ 012 (2) 1 – 26	Steuersatz für Umsätze mit getrockneten Schweineohren BMF vom 16.10.2006 – IV A 5 – S 7221 – 1/06, BStBl. 2006 I S. 620...........	1468
§ 012 (2) 1 – 27	Antrag auf Erteilung einer unverbindlichen Zolltarifauskunft für Umsatz- steuerzwecke BMF vom 23.10.2006 – IV A 5 – S 7220 – 71/06, BStBl. 2006 I S. 622	1469
§ 012 (2) 1 – 28	Umsatzsteuerrechtliche Behandlung des Legens von Hauswasseranschlüssen; Konsequenzen der BFH-Urteile vom 8.10.2008 – V R 61/03 und V R 27/06 BMF vom 7.4.2009 – IV B 8 – S 7100/07/10024, BStBl. 2009 I S. 531...........	1470
§ 012 (2) 1 – 29	Umsatzsteuerrechtliche Behandlung des Legens von Hauswasseranschlüssen; Konsequenzen der BFH-Urteile vom 8.10.2008 – V R 61/03 und V R 27/06 BayLfSt vom 25.6.2009 – S 7221.1.1. – 1.16 – St 34, UR 2009 S. 863...........	1471
§ 012 (2) 1 – 30	Steuersatz für die Lieferungen von Pflanzen und damit in Zusammenhang ste- hende sonstige Leistungen; Konsequenzen des BFH-Urteils vom 25.6.2009 – V R 25/07 BMF vom 4.2.2010 – IV D 2 – S 7221/09/10001, DB 2010 S. 366...............	1474
§ 012 (2) 1 – 31	Umsatzsteuerermäßigung nach § 12 Abs. 2 Nr. 1 UStG i.V.m. Nr. 52 Buchst. b der Anlage 2 zum UStG auf Umsätze mit Gehhilfe-Rollatoren; Konsequenzen der EuGH-Urteils vom 22.12.2010 – C-273/09 – (ABl. EU 2011 Nr. C 63 S. 5) BMF vom 11.8.2011 – IV D 2 – S 7227/11/10001, BStBl. I 2011 S. 824	1475
§ 012 (2) 3 – 01	nicht belegt	

Anlage	Titel	Seite
§ 012 (2) 3 – 02	Umsatzsteuerliche Behandlung von Umsätzen der Pferdepensionen und aus der Vermietung von Reitpferden; Urteil des BFH vom 22.1.2004 – V R 41/02 BMF vom 9.8.2004 – IV B 7 – S 7233 – 29/04 / IV B 7 – S 7410 – 25/04, BStBl. 2004 I S. 851	1476
§ 012 (2) 4 – 01	Steuerermäßigung für prophylaktische und therapeutische Maßnahmen nach tierseuchenrechtlichen Vorschriften bei Zuchttieren FM Thüringen vom 20.10.1993 – S 7234 A – 1 – 202.02, DB 1994 S. 119	1477
§ 012 (2) 4 – 02	Umfang der Steuerermäßigung nach § 12 Abs. 4 Nr. 4 UStG Abschnitt 12.3 Abs. 3 des Umsatzsteuer-Anwendungserlasses BMF vom 29.6.2011 – IV D 2 – S 7234/07/10001, BStBl. I 2011 S. 702	1477
§ 012 (2) 6 – 01	Steuerermäßigung nach § 12 Abs. 2 Nr. 6 UStG für Leistungen aus der Tätigkeit als Zahntechniker BMF vom 19.9.1994 – IV C 3 – S 7236 – 3/94, DB 1994 S. 2166	1478
§ 012 (2) 7 – 01	Steuersatz für die Leistungen der Graphik-Designer ab 01.01.1982 BMF vom 19.1.1983 – IV A 1 – S 7240 – 1/83, UR 1983 S. 60	1479
§ 012 (2) 7 – 02	Steuersatz für die Leistungen von Artisten BMF vom 4.10.1985 – IV A 1 – S 7210 – 11/85, BStBl. 1985 I S. 621	1480
§ 012 (2) 7 – 03	Steuersatz für die Darbietungen eines Zauberkünstlers OFD Koblenz vom 1.9.1989 – S 7527 A – St 51 1/St 51 2/St 51 3 (TOP 4.24), UR 1990 S. 226	1481
§ 012 (2) 7 – 04	Steuersatz bei der Veröffentlichung der Ergebnisse von Forschungs- und Entwicklungsarbeiten BMF vom 9.2.1990 – IV A 2 – S 7240 – 1/90	1482
§ 012 (2) 7 – 05	Steuersatz für die Überlassung von Computerprogrammen (Software) BMF vom 22.12.1993 – IV C 3 – S 7240 – 21/93, BStBl. 1994 I S. 45	1483
§ 012 (2) 7 – 06	Ermäßigter Steuersatz bei Zurverfügungstellung von Künstlern durch eine Agentur FM Bayern vom 15.3.1996 – 36 – S 7240 – 14/11 – 14.625, DStR 1996 S. 787	1483
§ 012 (2) 7 – 07	Umsatzsteuersatz bei Biotop- bzw. Standortkartierungen OFD Frankfurt am Main vom 29.11.1996 – S 7240 A – 13 – St IV 22 (23), UR 1997 S. 192	1484
§ 012 (2) 7 – 08	Steuersatz aus der Tätigkeit als Schausteller bei einem Veranstalter von Jahrmärkten, Volksfesten, etc. BMF vom 6.1.2004 – IV B 7 – S 7241 – 4/03, BStBl. 2004 I S. 182, DStR 2004 S. 184	1485
§ 012 (2) 7 – 09	Umfang der Steuerermäßigung nach § 12 Abs. 2 Nr. 7 Buchst. a UStG; Abschnitt 12.5 Abs. 4 Satz 3 des Umsatzsteuer-Anwendungserlasses BMF vom 10.6.2011 – IV D 2 – S 7238/10/10001, BStBl. I 2011 S. 583	1485
§ 012 (2) 7 – 10	Umfang der Steuerermäßigung nach § 12 Abs. 2 Nr. 7 Buchst. a UStG; Abschnitt 12.5 Absatz 5 des Umsatzsteuer-Anwendungserlasses BMF vom 30.9.2011 – IV D 2 – S 7238/11/10001, BStBl. I 2011 S. 981	1486
§ 012 (2) 8 – 01	Behandlung der Speisen- und Getränkelieferungen in Mensa- und Cafeteria-Betrieben von Studentenwerken BMF vom 8.4.1991 – IV A 2 – S 7242 – 4/91, DStR 1991 S. 715	1487
§ 012 (2) 9 – 01	nicht belegt	
§ 012 (2) 9 – 02	Maßstab für die Aufteilung der einheitlichen Eintrittspreise bei Thermen, Thermal- und Freizeitbädern und ähnlichen Einrichtungen OFD Saarbrücken vom 13.3.1991 – S 7243 – 1 – St 24 1, DStR 1991 S. 816; UR 1991 S. 360	1488
§ 012 (2) 9 – 03	Umsatzsteuerliche Behandlung von Umsätzen in Fitness-Studios, insbesondere Saunaleistungen OFD Erfurt vom 17.1.2001 – S 7243 A – 01 – St 343, DStR 2001 S. 399	1489

Anlage	Titel	Seite
§ 012 (2) 9 – 04	Steuersatz auf Umsätze aus der Verabreichung von Heilbädern; Konsequenzen aus dem BFH-Urteil vom 12.05.2005 – V R 54/02 (BStBl. 2007 II S. 283) BMF vom 20.3.2007 – IV A 5 – S 7243 – 07/0002, BStBl. 2007 I S. 307	1490
§ 012 (2) 9 – 05	Ermäßigter Steuersatz nach § 12 Abs. 2 Nr. 9 UStG für Leistungen aus der Bereitstellung von Kureinrichtungen BMF vom 2.8.2011 – IV D 2 – S 7243/11/10001, BStBl. I 2011 S. 754	1491
§ 012 (2) 10 – 01	Ermäßigter Steuersatz für Personenbeförderungen, § 12 Abs. 2 Nr. 10 UStG; Konsequenzen aus den Regelungen im Jahressteuergesetz 2008 BMF vom 29.8.2008 – IV B – 9 – S 7244/07/10001, BStBl. 2008 I S. 880	1492
§ 012 (2) 11 – 01	Anwendung des ermäßigten Umsatzsteuersatzes für Beherbergungsleistungen (§ 12 Abs. 2 Nr. 11 UStG) ab dem 1.1.2010; Folgen für die Umsatz- und Lohnbesteuerung BMF vom 5.3.2010 – IV D 2 – S 7210/07/10003 / IV C 5 – S 2353/09/10008, DB 2010 S. 533...	1493
§ 013-01	Entstehung der Steuer für die Tätigkeit als Aufsichtsratsmitglied BMF vom 15.9.1980 – IV A 2 – S 7270 – 6/80, UR 1980 S. 214	1497
§ 013-02	Zeitpunkt der Entstehung der Steuer und der Vorsteuerabzugsberechtigung bei der Abtretung von Forderungen BMF vom 4.10.1982 – IV A 2 – S 7276 – 2/82, BStBl. 1982 I S. 784	1498
§ 013-03	Merkblatt zur Umsatzbesteuerung in der Bauwirtschaft Stand: Oktober 2009	1499
§ 013-04	Umsatzbesteuerung von Anzahlungen (§ 13 Abs. 1 Nr. 1 Buchst. a Satz 4 UStG); Neufassung von Abschnitt 13.5 Abs. 2 des Umsatzsteuer-Anwendungserlasses BMF vom 15.4.2011 – IV D 2 – S 7270/10/10001, BStBl. I 2011 S. 489	1507
§ 013b-01	nicht belegt	
§ 013b-02	Inländische Kanzlei einer ausländischen Rechtsanwaltssozietät als inländischer Unternehmer OFD Frankfurt a. M. vom 25.4.2002 – S 7279 A – 2 – II A 4a, UR 2003 S. 42 ..	1508
§ 013b-03	Inländische Leistungen ausländischer Betriebsstätten; keine Anwendung der Steuerschuldnerschaft des Leistungsempfängers (§ 13b UStG) OFD Frankfurt a. M. vom 1.4.2003 – S 7279 A – 4 – St I 23, UVR 2003 S. 278 ..	1509
§ 013b-04	nicht belegt	
§ 013b-05	Erweiterung der Steuerschuldnerschaft des Leistungsempfängers (§ 13b UStG) auf bestimmte Bauleistungen BMF vom 2.12.2004 – IV A 6 – S 7279 – 50/04; / IV A 6 – S 7279 – 100/04, BStBl. 2004 I S. 1129	1510
§ 013b-06	Steuerschuldnerschaft des Leistungsempfängers (§ 13b UStG); Vordruckmuster USt 1 TS – Bescheinigung über die Ansässigkeit im Inland (§ 13b Abs. 7 Satz 4 UStG) BMF vom 21.7.2010 – IV D 3 – S 7279/10/10002, BStBl. 2010 I S. 626	1516
§ 013b-07	Steuerschuldnerschaft bei Bauleistungen an Erschließungsträger; Prüfung der Nachhaltigkeit bei der Erbringung von Bauleistungen durch den Leistungsempfänger OFD Frankfurt a.M., Vfg. vom 28.7.2005 – S 7279A – 14 – StI 2.40, UR 2006 S. 304...	1517
§ 013b-08	Steuerschuldnerschaft des Leistungsempfängers bei Wartungsarbeiten BMF vom 23.1.2006 – IV A 6 – S 7279 – 6/06, UR 2006 S. 367...............	1517
§ 013b-09	Steuerschuldnerschaft bei Messen, Ausstellungen und Kongressen (§ 13b Abs. 3 Nr. 4 und 5 UStG) BMF vom 20.12.2006 – IV A 6 – S 7279 – 60/06, BStBl. 2006 I S. 796	1518
§ 013b-10	Steuerschuldnerschaft eines Leistungsempfängers nach § 13b Abs. 2 Satz 2 UStG, der selbst Bauleistungen erbringt BMF vom 16.10.2009 – IV B 9 – S 7279/0, BStBl. 2009 I S. 1298..............	1521

Anlage	Titel	Seite
§ 013b-11	Vordruckmuster für den Nachweis zur Steuerschuldnerschaft des Leistungsempfängers bei der Reinigung von Gebäuden und Gebäudeteilen BMF vom 4.1.2010 – IV D 3 – S 7279/10/10004, BStBl. 2011 I S. 48	1524
§ 013b-12	Änderungen der Steuerschuldnerschaft des Leistungsempfängers (§ 13b UStG) durch das Jahressteuergesetz 2010 – Anpassung des Abschnitts 13b.1 UStAE BMF vom 4.2.2011 – IV D 3 – S 7279/10/10006, BStBl. 2011 I S. 156	1526
§ 013b-13	Erweiterung der Steuerschuldnerschaft des Leistungsempfängers (§ 13b UStG) auf bestimmte Lieferungen von Mobilfunkgeräten und integrierten Schaltkreisen – Anpassung des Abschnitts 13b.1 UStAE BMF vom 24.6.2011 – IV D 3 – S 7279/11/10001, BStBl. I 2011 S. 687	1534
§ 013b-14	Erweiterung der Steuerschuldnerschaft des Leistungsempfängers (§ 13b UStG) auf bestimmte Lieferungen von Mobilfunkgeräten und integrierten Schaltkreisen – Überarbeitung insbesondere von Abschnitt 13b.1 Abs. 22j und 22k UStAE BMF vom 22.9.2011 – IV D 3 – S 7279/11/10001-02, BStBl. I 2011 S. 910	1538
§ 013b-15	Steuerschuldnerschaft des Leistungsempfängers (§ 13b UStG); Vordruckmuster USt 1 TS – Bescheinigung über die Ansässigkeit im Inland (§ 13b Abs. 7 Satz 4 UStG) BMF vom 2.12.2011 – IV D 3 – S 7279/10/10002, BStBl. I S. 1269	1541
§ 013b-16	Steuerschuldnerschaft eines Leistungsempfängers nach § 13b Abs. 2 Satz 2 UStG, der selbst Bauleistungen erbringt – BFH-Vorlagebeschluss vom 30. Juni 2011, V R 37/10 (BStBl. II S. 842) BMF vom 13.1.2012 – IV D 3 – S 7279/11/10002, BStBl. 2012 I S. 842.	1542
§ 013c-01	Haftung bei Abtretung, Verpfändung oder Pfändung von Forderungen (§ 13c UStG); Vereinnahmung abgetretener Forderungen durch den Abtretungsempfänger BMF vom 30.1.2006 – IV A 5 – S 7279a – 2/06, BStBl. 2006 I S. 207.	1543
§ 014-01	Rechnungserteilung beim FLEUROP-Blumenlieferungsgeschäft BMF vom 29.7. 1968 – IV A/3 – S 7280 – 58/68, UR 1968 S. 322	1546
§ 014-02	Umsatzsteuerliche Behandlung des Briefmarken-Versteigerungsgeschäfts BMF vom 7.5.1971 – VI A/1 – S 7280 – 6/71, UR 1971 S. 173; DB 1971 S. 1038	1548
§ 014-03	Gesonderter USt-Ausweis in den Gebührenrechnungen der Prüfingenieure für Baustatik BMF vom 11.2.1987 – IV A 1 – S 7283 – 1/87, UR 1987 S. 148; DStR 1987 S. 274	1551
§ 014-04	nicht belegt	
§ 014-05	Leistungsaustausch und Vorsteuerabzug bei Jahresabschlußprüfungen und Betrieben gewerblicher Art kommunaler Körperschaften BMF vom 22.4.1988 – IV A 2 – S 7100 – 41/88, UR 1988 S. 198 und S. 296	1552
§ 014-06	Ausstellung von Abrechnungen mit gesondertem Steuerausweis nach Ablauf der Festsetzungsfrist für den Steueranspruch BMF vom 2.1.1989 – IV A 2 – S 7280 – 37/88, UR 1989 S. 71; DStR 1989 S. 84; DB 1989 S. 154	1553
§ 014-07	Anerkennung der Rechnungstellung bei Datenfernübertragung bzw. Datenträgeraustausch als Rechnung im Sinne des § 14 UStG BMF vom 25.5.1992 – IV A 2 – S 7280 – 8/92, BStBl. 1992 I S. 376	1554
§ 014-08	nicht belegt	
§ 014-09	Rechnungstellung durch Telefax; Sicherstellung der Lesbarkeit von Telekopien bei Verwendung von thermosensitivem Papier OFD Frankfurt am Main vom 24.8.1992 – S 7280 A – 49 – St IV 21, DB 1992 S. 2114, UR 1993 S. 106	1557
§ 014-10	nicht belegt	
§ 014-11	Verzinsung von Umsatzsteuernachforderungen nach § 233a AO aufgrund fehlerhafter Endrechnungen; Billigkeitsmaßnahmen BMF vom 1.4.1996 – IV A 4 – S 0460a – 20/96, BStBl. 1996 I S. 370	1558

XLIII

Anlage	Titel	Seite
§ 014-12	Vorsteuerabzug aus Sammelrechnungen der Gesellschaft für Zahlungssysteme – GZS – (§§ 14 und 15 UStG) FM Hessen vom 20.6.1996 – S 7280 A – 29 – II A 42, UR 1997 S. 112	1559
§ 014-13	nicht belegt	
§ 014-14	nicht belegt	
§ 014-15	Rechnungsausstellung und -berichtigung im nichtkommerziellen Reiseverkehr BMF vom 25.5.2000 – IV D 1 – S 7282 – 8/00, BStBl. 2000 I S. 818	1560
§ 014-16	nicht belegt	
§ 014-17	Grundsätze zum Datenzugriff und zur Prüfbarkeit digitaler Unterlagen (GDPdU) BMF vom 16.7.2001 – IV D 2 – S 0316 – 136/01, BStBl. 2001 I S. 415	1561
§ 014-18	nicht belegt	
§ 014-19	nicht belegt	
§ 014-20	§ 14 Abs. 4 Satz 1 Nr. 6 und Nr. 7 UStG, Angabe des Zeitpunkts der Leistung und der im Voraus vereinbarten Minderungen des Entgelts BMF vom 3.8.2004 – IV B 7 – S 7280a – 145/04, BStBl. 2004 I S. 739	1565
§ 014-21	§ 14 Abs. 2 Satz 1 UStG – Ausstellung von Rechnungen – § 14b Abs. 1 Satz 5 UStG – Aufbewahrungspflichten des nichtunternehmerischen Leistungsempfängers BMF vom 24.11.2004 – IV A 5 – S 7280 – 21/04 / IV A 5 – S 7295 – 1/4 –, BStBl. 2004 I S. 1122	1567
§ 014-22	§ 14 Abs. 4 Satz 1 Nr. 6 UStG – Angabe des Zeitpunkts der Leistung in der Rechnung BMF vom 13.12.2004 – IV A 5 – S 7280a – 91/04, DStR 2005 S. 110	1571
§ 014-23	Berichtigung von Rechnungen (§ 14 Abs. 6 Nr. 5 UStG, § 31 Abs. 5 UStDV) OFD Nürnberg vom 3.5.2005 – S 7286a – 1/St 43, DStR 2005 S. 970	1572
§ 014-24	§ 14 Abs. 4 Satz 1 Nr. 6 Umsatzsteuergesetz (UStG) – Angabe des Zeitpunkts der Lieferung oder sonstigen Leistung in der Rechnung BMF vom 26.9.2005 – IV B 7 – S 7280a – 82/05, BStBl. 2005 I S. 937.	1573
§ 014-25	Elektronische Aufbewahrung von Fax-Rechnungen OFD Koblenz, Vfg. vom 21.2.2006 – S 7280A – St 44 5, UR 2006 S. 490	1575
§ 014-26	§ 14 Abs. 4 Satz 1 Nr. 1 UStG – Angabe des vollständigen Namens und der vollständigen Anschrift des Leistungsempfängers in der Rechnung bei Empfang der Rechnung durch einen beauftragten Dritten BMF vom 28.3.2006 – IV A 5 – S 7280a – 14/06, BStBl. 2006 I S. 345	1575
§ 014-27	§ 14 Abs. 4 Satz 1 Nr. 5 UStG – Geräteidentifikationsnummer als Bestandteil der handelsüblichen Bezeichnung des gelieferten Gegenstands; BFH-Urteil vom 19.4.2007 – V R 48/04 (BStBl. 2009 II S. 315) BMF vom 1.4.2009 – IV B 8 – S 7280-a/07/10004, BStBl. 2009 I S. 525	1576
§ 014-28	BFH-Urteil vom 23.9.2009 II R 66/07; Anspruch natürlicher Personen auf die Erteilung einer Steuernummer für Umsatzsteuerzwecke BMF vom 1.7.2010 – IV D 3 – S 7420/07/10061:002, BStBl. 2010 I S. 625	1577
§ 015-01	Prüfung von Ersatzbelegen für den Abzug der Einfuhrumsatzsteuer als Vorsteuer BMF vom 14.11.1985 – IV A 1 – S 7424 – 4/85, UR 1986 S. 21	1578
§ 015-02	Erlaß von Umsatzsteuerschulden aus berichtigtem Vorsteuerabzug BMF vom 21.11.1985 – IV A 7 – S 0457 – 22/85, BStBl. 1986 I S. 390	1581
§ 015-03	Abzug der Einfuhrumsatzsteuer als Vorsteuer: Umschreibung von Ersatzbelegen auf den vorsteuerabzugsberechtigten Unternehmer OFD Köln vom 11.12.1986 – S 7302 – 15 – St 141	1581

Anlage	Titel	Seite
§ 015-04	Belegsicherung bei Abzug der Einfuhrumsatzsteuer als Vorsteuer OFD Hamburg vom 28.6.1989 – S 7302 – 4/89 – St 23, UVR 1989 S. 316	1582
§ 015-05	nicht belegt	
§ 015-06	Vorsteuerabzug bei Errichtung eines Parkhauses unter Übernahme von Stellplatzverpflichtungen OFD Nürnberg vom 21.5.1990 – S 7300 – 357/St 43, UR 1991 S. 31	1582
§ 015-07	Umsatzsteuerrechtliche Beurteilung der Einschaltung von Unternehmern in die Erfüllung hoheitlicher Aufgaben BMF vom 27.12.1990 – IV A 2 – S 7300 – 66/90, BStBl. 1991 I S. 81	1583
§ 015-08	nicht belegt	
§ 015-09	nicht belegt	
§ 015-10	Umsatzsteuerrechtliche Beurteilung der Einschaltung von Personengesellschaften beim Erwerb oder der Errichtung von Betriebsgebäuden der Kreditinstitute BMF vom 29.5.1992 – IV A 2 – S 7300 – 63/92 –, BStBl. 1992 I S. 378	1586
§ 015-11	Aufteilung der Vorsteuer nach dem sog. Bankenschlüssel (Abschnitt 208 Abs. 4 UStR 1988) BMF vom 11.3.1993 – IV A 2 – S 7306 – 1/93, UR 1993 S. 176	1588
§ 015-12	Erlangen von Steuervorteilen durch die Einschaltung naher Angehöriger – Mißbrauch rechtlicher Gestaltungsmöglichkeiten OFD Hannover vom 31.3.1993, S 7300 – 408 – StO 333/S 7300 – 853 – StH 554, DStR 1993 S. 1067	1589
§ 015-13	nicht belegt	
§ 015-14	Anforderungen an zollamtliche Belege als Nachweis für Abzug der Einfuhrumsatzsteuer als Vorsteuer – Nichtanwendung des BFH-Urteils vom 09.02.1995 OFD Erfurt vom 11.12.1995 – S 7302 A – 01 – St 343, DStR 1996 S. 183	1591
§ 015-15	Vorsteuerabzug aus den Veräußerungskosten bei einer Geschäftsveräußerung OFD Erfurt vom 25.4.1996 – S 7300 A – 14 – St 34, UR 1996 S. 311	1591
§ 015-16	nicht belegt	
§ 015-17	Vorsteuerabzug aus Rechnungen der Deutschen Telekom AG über Btx/Datex-J/T-Online Anbietervergütungen OFD Hannover vom 13.1.1997 – S 7280 – 129 – StH 542/S 7300 – 435 – StO 354, UR 1997 S. 193	1592
§ 015-18	Verfahren zur Kontrolle des Vorsteuerabzugs BMF vom 22.4.1997 – IV C 9 – S 7424 – 5/97 / IV C 4 – S 7532 – 12/97, DStR 1997 S. 785	1593
§ 015-19	nicht belegt	
§ 015-20	nicht belegt	
§ 015-21	nicht belegt	
§ 015-22	Behandlung von Vertragsübernahmen bei noch nicht erfüllten Werklieferungsverträgen OFD Hannover vom 16.6.1999 – S 7300 – 912 – StH 542 / S 7300 – 442 – StO 354, DStZ 1999 S. 923	1594
§ 015-23	nicht belegt	
§ 015-24	Vorsteuerabzug bei der Nutzung sog. Privatfahrzeuge von Unternehmen für unternehmerische Fahrten BMF vom 4.11.1999 – IV D 1 – S 7300 – 123/99, DStR 1999 S. 1906	1595
§ 015-25	nicht belegt	
§ 015-26	nicht belegt	
§ 015-27	nicht belegt	

Anlage	Titel	Seite
§ 015-28	nicht belegt	
§ 015-29	Vorsteuerabzug bei Kleinbetragsrechnungen BMF vom 5.10.2000 – IV B 7 – S 7303a – 6/90, DStR 2000 S. 1828	1595
§ 015-30	Vorsteuerabzug der Einfuhrumsatzsteuer (§ 15 Abs. 1 Nr. 2 UStG) bei papierloser Festsetzung der Einfuhrumsatzsteuer im IT-Verfahren ATLAS BMF vom 8.2.2001 – IV B 7 – S 7302 – 3/01, BStBl. 2001 I S. 156	1596
§ 015-31	nicht belegt	
§ 015-32	nicht belegt	
§ 015-33	Vorsteuerabzug bei Dauerleistungen nach der neueren Rechtsprechung des BFH sowie Auswirkungen der Euroumstellung Sen. f. Fin. Berlin vom 02.10.2001 – III B 11 – S 7300 – 3/01, DB 2002 S. 505 ..	1596
§ 015-34	nicht belegt	
§ 015-35	nicht belegt	
§ 015-36	Umsatzsteuerliche Behandlung des Pkw-Gemeinschaftsleasing durch Unternehmer und Arbeitnehmer OFD Hannover vom 27.3.2003 – S 7100 – 240 – StO 315 / S 7100 – 544 – StH 446, DStR 2003 S. 886	1597
§ 015-37	nicht belegt	
§ 015-38	nicht belegt	
§ 015-39	Vorsteuerabzug und Umsatzbesteuerung bei unternehmerisch genutzten Fahrzeugen ab 1.4.1999 BMF vom 27.8.2004 – IV B 7 – S 7300 – 70/04, BStBl. 2004 I S. 864	1598
§ 015-40	Vorsteuerabzug bei gemischt genutzten Grundstücken BMF vom 24.11.2004 – IV A 5 – S 7306 – 4/04, BStBl. 2004 I S. 1125	1605
§ 015-41	nicht belegt	
§ 015-42	§ 15 Abs. 2 Satz 1 Nr. 3 UStG – Ausschluss des Vorsteuerabzugs für Eingangsleistungen, die mit unentgeltlichen Lieferungen und sonstigen Leistungen in Zusammenhang stehen, die steuerfrei wären, wenn sie gegen Entgelt ausgeführt würden BFH-Urteil vom 11.12.2003 – V R 48/02 (BStBl. II 2006 S. 384), BMF vom 28.3.2006 – IV A 5 – S 7304 – 11/06, BStBl. 2006 I S. 346.	1607
§ 015-43	nicht belegt	
§ 015-44	nicht belegt	
§ 015-45	nicht belegt	
§ 015-46	nicht belegt	
§ 015-47	Vorsteuerabzug, Verzicht auf die Steuerbefreiung und gesonderte und einheitliche Feststellung der auf die Gemeinschafter entfallenden Vorsteuern bei gemeinschaftlicher Auftragserteilung BMF vom 9.5.2008 – IV A 5 – S 7300/07/0017, BStBl. 2008 I S. 675	1609
§ 015-48	§ 15 Abs. 4 Umsatzsteuergesetz (UStG) – Vorsteuerabzug bei der Anschaffung oder Herstellung von Gebäuden, die sowohl zur Erzielung vorsteuerunschädlicher als auch vorsteuerschädlicher Umsätze verwendet werden BMF vom 30.9.2008 – IV B 8 – S 7306/08/10001, BStBl. 2008 I S. 896.	1610
§ 015-49	Preisnachlässe durch Verkaufsagenten; Vertrauensschutzregelung für die Korrektur des Vorsteuerabzugs beim Endverbraucher BMF vom 12.12.2008 – IV B 8 – S 7200/07/10003, BStBl. 2009 I S. 205.	1613
§ 015-50	Auswirkungen des EuGH-Urteils vom 7.12.2006, C-240/05, Eurodental; Änderungen der Abschnitte 4.3.5, 4.4.1, 4.11b.1, 4.17.1, 4.19.1, 4.19.2, 4.25.1, 4.28.1, 6.1, 6a.1, 15.13, 25.2, und 25c.1 BMF vom 11.4.2011 – IV D 3 – S 7130/07/10008, BStBl. 2011 I S. 459	1614

Anlage	Titel	Seite
§ 015-51	Neuregelung des Vorsteuerabzugs bei teilunternehmerisch genutzten Grundstücken ab dem 1.1.2011, § 15 Abs. 1b UStG BMF vom 22.6.2011 – IV D 2 – S 7303-b/10/10001 :001, BStBl. I 2011 S. 597	1616
§ 015-52	BFH-Urteile vom 1.9.2010, V R 39/08, und vom 8.9.2010, XI R 40/08; Vorsteuerabzug aus innergemeinschaftlichen Erwerben, § 15 Abs. 1 Satz 1 Nr. 3 UStG BMF vom 7.7.2011 – IV D 2 – S 7300-b/09/10001, BStBl. 2011 I S. 739	1623
§ 015-53	Vorsteuerabzug nach § 15 UStG und Berichtigung des Vorsteuerabzugs nach § 15a UStG unter Berücksichtigung der BFH-Urteile vom 9.12.2010, V R 17/10, vom 12.1.2011, XI R 9/08, vom 13.1.2011, V R 12/08, vom 27.1.2011, V R 38/09, und vom 3.3.2011, V R 23/10 BMF vom 2.1.2012 – IV D 2 – S 7300/11/10002, BStBl. 2012 I S. 60	1624
§ 015a-01	Vorsteuerberichtigung nach § 15a UStG bei Land- und Forstwirten; Auswirkungen des sog. Mähdrescher-Urteils des BFH vom 16. 12.1993 (BStBl. 1994 II S. 339) BMF vom 29.12.1995 – IV C 3 – S 7316 – 31/95, BStBl. 1995 I S. 831	1643
§ 015a-02	Vorsteuerberichtigung einer Grundstücksübertragung bei gleichzeitiger Einräumung eines Vorbehaltsnießbrauchs – Nichtanwendung des BFH-Urteils vom 13.11.1997 OFD Koblenz vom 3.2.1999 – S 7102 A – St 51 2, DStR 1999 S. 502	1645
§ 015a-03	Neufassung des § 15a UStG durch das Richtlinien-Umsetzungsgesetz vom 9.12.2004 BMF vom 6.12.2005 – IV A 5 – S 7316 – 25/05, BStBl. 2005 I S. 1068	1646
§ 015a-04	Vorsteuerberichtigung bei Anwendung von Urteilen des EuGH (z.B. bei Geldspielgeräten) OFD Karlsruhe, Vfg. vom 11.4.2006 – USt-Kartei – S 7316 – Karte 3, UR 2006 I S. 490	1669
§ 016-01	Zeitpunkt des Vorsteuerabzugs aus den monatlichen Milchgeldabrechnungen (§ 15 Abs. 1 Nr. 1, § 16 Abs. 2 UStG) BMF vom 24.5.1988 – IV A 1 – S 7288 – 1/88, UR 1988 S. 229	1670
§ 016-02	nicht belegt	
§ 016-03	Beförderungseinzelbesteuerung bei der Umsatzsteuer (§§ 16 Abs. 5, 18 Abs. 5 UStG); Durchfühung der Erstattung oder Nacherhebung nach Einspruchsentscheidungen BMF vom 10.2.1994 – III B 2 – SV 8450 – 34/93	1671
§ 016-04	Merkblatt zur Umsatzbesteuerung von grenzüberschreitenden Personenbeförderungen mit Omnibussen, die nicht in der Bundesrepublik Deutschland zugelassen sind Stand: 1. Januar 2011 (BStBl. I S. 1504)	1672
§ 016-05	Umsatzsteuer-Umrechnungskurse; Gesamtübersicht für das Jahr 2011 BMF vom 7.2.2012 – IV D 3 – S 7369/11/1001, BStBl. 2012 I S. 217	1680
§ 016-06	Bearbeitung der Umsatzsteuer bei Insolvenzfällen OFD Hannover vom 28.5.2004 – S 7340 – 152 – StH 442 / S 7340 – 68 – StO 352, UR 2005 S. 628	1683
§ 017-01	Umsatzsteuerrechtliche Beurteilung der Gewährung von Umsatzvergütungen an Abnehmer OFD Saarbrücken vom 5.7. 1984 – S 7330 – 11 – St 24 1, DStR 1984 S. 755 (inhaltsgleich: OFD Hamburg vom 24.1.1984 – S 7330 – 1/83 – St 341)	1699
§ 017-02	nicht belegt	
§ 017-03	nicht belegt	
§ 017-04	nicht belegt	

Anlage	Titel	Seite
§ 017-05	Umsatzsteuer bei Zentralregulierungsgeschäften BMF vom 3.5.1991 – IV A 2 – S 7100 – 16/91, UR 1991 S. 271; DStR 1991 S. 714	1700
§ 017-06	Preisnachlässe durch Verkaufsagenten BMF vom 8.12.2006 – IV A 5 – S 7200 – 86/06, BStBl. 2007 I S. 117.	1701
§ 017-07	Preisnachlässe durch Verkaufsagenten BayLfSt vom 27.6.2007 – S 2700 – 39 – St 34M, DStR 2007 S. 1300	1703
§ 017-08	Änderung der Bemessungsgrundlage nach Rückgewähr der Anzahlung bzw. des Entgelts, § 17 Abs. 2 Nr. 2 und Nr. 3 UStG; BFH-Urteil vom 2.9.2011, V R 34/09 BMF vom 9.12.2011 – IV D 2 – S 7333/11/10001, BStBl. I 2011 S. 1272	1705
§ 018-01	Merkblatt über die Problematik sog. Vorsteuerabtretungen OFD Berlin vom 18.5.1979 – St 432 – S 7532 – 5/79, UR 1979 S. 153	1706
§ 018-02	nicht belegt	
§ 018-03	nicht belegt	
§ 018-04	Vorsteuer-Vergütungsverfahren (§§ 59 bis 61 UStDV); Abtretung von Vergütungsansprüchen BMF vom 23.3.1984 – IV A 3 – S 7359 – 8/84, UR 1984 S. 127	1710
§ 018-05	nicht belegt	
§ 018-06	nicht belegt	
§ 018-07	Vordruckmuster für die gesonderte und einheitliche Feststellung von Besteuerungsgrundlagen für die Umsatzbesteuerung nach der Verordnung zu § 180 Abs. 2 AO BMF vom 27.3.1992 – IV A 3 – S 7532 – 4/92, UR 1992 S. 154	1711
§ 018-08	Verfahren bei der Geltendmachung von Vorsteuerbeträgen aus der Beteiligung an Gesamtobjekten BMF vom 24.4.1992 – IV A 3 – S 7340 – 45/92, BStBl. 1992 I S. 291	1713
§ 018-09	nicht belegt	
§ 018-10	nicht belegt	
§ 018-11	nicht belegt	
§ 018-12	Dauerfristverlängerung in den Fällen des § 18 Abs. 4a UStG BMF vom 13.11.1995 – IV C 4 – S 7348 – 44/95, BStBl. 1995 I S. 765	1716
§ 018-13	Neuregelung des Umsatzsteuer-Voranmeldungsverfahren ab 1.1.1996 BMF vom 13.12.1995 – IV C 4 – S 7340 – 182/95, BStBl. 1995 I S. 828	1717
§ 018-14	Mitwirkung der Kraftfahrzeugzulassungsstellen bei der Besteuerung des innergemeinschaftlichen Erwerbs neuer Fahrzeuge BMF vom 4.1.1996 – IV C 4 – S 7424a – 24/95, UR 1996 S. 72	1720
§ 018-15	Vorsteuer-Vergütungsverfahren (§ 18 Abs. 9 UStG, §§ 59 bis 62 UStDV); Gegenseitigkeit (§ 18 Abs. 9 Satz 6 UStG) BMF vom 25.9.2009 – IV B 9 – S 7359/07/10009, BStBl. 2009 I S. 1233........	1721
§ 018-16	nicht belegt	
§ 018-17	Muster der Umsatzsteuererklärung für die Fahrzeugeinzelbesteuerung BMF vom 25.11.1998 – IV D 2 – S 7352a – 2/98, BStBl. 1998 I S. 1479	1723
§ 018-18	nicht belegt	
§ 018-19	nicht belegt	
§ 018-20	Durchführung von Umsatzsteuer-Sonderprüfungen BMF vom 7.11.2002 – IV B 2 – S 7420a – 4/02, BStBl. 2002 I S. 1366	1724
§ 018-21	Übermittlung von Steuererklärungen per Telefax BMF vom 20.1.2003 – S 0321 – 4103, BStBl. 2003 I S. 74	1727

Anlage	Titel	Seite
§ 018-22	Abgabe von monatlichen Umsatzsteuer-Voranmeldungen in Neugründungsfällen (§ 18 Abs. 2 Satz 4 UStG) BMF vom 24.1.2003 – IV D 1 – S 7346 – 2/03, DStR 2003 S. 253	1727
§ 018-23	Umsatzsteuerliche Erfassung von im Ausland ansässigen Unternehmern, die grenzüberschreitende Personenbeförderungen mit nicht im Inland zugelassenen Kraftomnibussen durchführen; Einführung von § 18 Abs. 12 UStG durch das Steueränderungsgesetz 2003 BMF vom 9.7.2004 – IV D 1 – S 7424f – 3/04, BStBl. 2004 I S. 622	1728
§ 018-24	Abgabe von Umsatzsteuer-Voranmeldungen und Lohnsteuer-Anmeldungen auf elektronischem Weg ab 1.1.2005 BMF vom 29.11.2004 – IV A 6 – S 7340 – 37/04 / IV C 5 – S 2377 – 24/04, BStBl. 2004 I S. 1135	1730
§ 018-25	nicht belegt	
§ 018-26	Abgabe monatlicher Umsatzsteuer-Voranmeldungen BMF vom 14.3.2005 – IV A 6 – S 7346 – 5/05, UR 2005 S. 351	1731
§ 018-27	nicht belegt	
§ 018-28	Vorsteuer-Vergütungsverfahren ab 1.1.2010 BMF vom 3.12.2009 – IV B 9 – S 7359/09/10001, BStBl. I 2009 S. 1520	1732
§ 018-29	Vordruckmuster für den Nachweis der Eintragung als Steuerpflichtiger (Unternehmer) im Vorsteuer-Vergütungsverfahren BMF vom 14.5.2010 – IV D 3 – S 7359/10/10002, BStBl. 2010 I S. 517	1740
§ 018-30	Abgabe von Umsatzsteuer-Voranmeldungen in Sonderfällen – Änderung von Abschnitt 18.6 UStAE BMF vom 8.12.2010 – IV D 3 – S – 7346/10/1002, BStBl. 2010 I S. 1501	1741
§ 018-31	Übermittlung des Antrags auf Dauerfristverlängerung/ der Anmeldung der Sondervorauszahlung auf elektronischem Weg – Änderung des Abschnitts 18.4 UStAE BMF vom 17.12.2010 – IV D 3 – S 7348/0:001, BStBl. 2010 I S. 1512	1742
§ 018-32	Elektronische Übermittlung der Umsatzsteuererklärung; Anpassung des Umsatzsteuer-Anwendungserlasses BMF vom 21.12.2010 – IV D 3 – S 7340/0:003, BStBl. 2011 I S. 46	1743
§ 018-33	Zusammentreffen vom allgemeinen Besteuerungsverfahren und Vorsteuer-Vergütungsverfahren in sog. Mischfällen ab 1.1.2010 BMF vom 7.6.2011 – IV D 3 – S 7359/11/10001, BStBl. I 2011 S. 581	1744
§ 018a-01	nicht belegt	
§ 018a-02	Bevollmächtigung im Verfahren zur Abgabe von Zusammenfassenden Meldungen nach § 18a UStG OFD Hannover vom 21.7.1994 – S 0202 – 10 – StH 321 – / – S 0202 – 10 – StO 321, StED 1994 S. 524	1745
§ 018a-03	Zusammenfassende Meldung (§ 18a UStG) BMF vom 15.6.2010 – IV D 3 – S 7427/08/10003-03, BStBl. 2010 I S. 569	1746
§ 018c-01	Informationsaustausch zwischen den Mitgliedstaaten über den Erwerb neuer Fahrzeuge BMF vom 23.4.2003 – IV B 2 – S 7079 – 257/03, DStR 2003 S. 1302	1750
§ 018e-01	Qualifizierte Bestätigungsverfahren gem. § 18e UStG über das Internet OFD Düsseldorf vom 20.12.2004 –, DB 2005 S. 20	1751
§ 018g-01	Verlängerung der Frist für die Abgabe von Anträgen auf Vorsteuer-Vergütung für das Kalenderjahr 2009 BMF vom 1.11.2010 – IV D 3 – S 7359/10/10004, BStBl. 2010 I S. 1280	1752
§ 019-01	Anwendung des § 19 Abs. 1 UStG bei stark schwankenden Umsätzen OFD Stuttgart vom 9.12.2002, DStR 2003 S. 209	1753

Anlage	Titel	Seite
§ 019-02	Ermittlung des Gesamtumsatzes i.S.d. § 19 UStG zu dem in den § 25 und § 25a UStG verwendeten Begriff des Umsatzes BMF vom 16.6.2009 – IV B 9 – S 7360/08/10001, BStBl. 2009 I S. 755	1754
§ 019-03	Umsatzsteuerliche Behandlung der Verpachtung landwirtschaftlicher Betriebe; Anwendung der Kleinunternehmerregelung nach § 19 Abs. 1 UStG BMF vom 9.12.2011 – IV D 3 – S 7360/11/10003, BStBl. 2011 I S. 1288	1755
§ 020-01	Genehmigung der Besteuerung nach vereinnahmten Entgelten OFD München vom 21.12.1995 – S 7368 – 11 – St 46, DStR 1996 S. 223	1756
§ 020-02	Berechnung der Umsatzsteuer nach vereinnahmten Entgelten; Änderung von § 20 Abs. 2 UStG durch das Gesetz zur verbesserten steuerlichen Berücksichtigung von Vorsorgeaufwendungen (Bürgerentlastungsgesetz Krankenversicherung) BMF vom 10.7.2009 IV B 8 – S 7368/09/10001, UR 2009 S. 539	1757
§ 022-01	nicht belegt	
§ 022-02	nicht belegt	
§ 022-03	Führung des Umsatzsteuerhefts BMF vom 30.4.1981 – IV A 1 – S 7389 – 1/81/IV A 3 – S 7340 – 14/81, BStBl. 1981 I S. 312	1758
§ 022-04	Trennung der Entgelte – Gewogener Durchschnittsaufschlag i.S. des Abschn. 259 Abs. 13 UStR OFD Saarbrücken vom 22.9.1988 – S 7382 – 2 – St 24 1, UR 1989 S. 39	1761
§ 022-05	nicht belegt	
§ 022-06	Merkblatt zur erleichterten Trennung der Bemessungsgrundlagen (§ 63 Abs. 4 der Umsatzsteuer-Durchführungsverordnung – UStDV) Stand: Mai 2009	1762
§ 022-07	Erleichterungen für die Trennung der Bemessungsgrundlagen durch Unternehmer, die steuerfreie Umsätze nach § 4 Nr. 3 UStG ausführen (Abschnitt 259 Abs. 18 und 19 UStR) BMF vom 15.9.2009 – IV B 8 – S 7390/09/10002, BStBl. 2009 I S. 1232	1768
§ 022a-01	Einführung eines Fiskalvertreters in das Umsatzsteuerrecht BMF vom 11.5.1999 – IV D 2 – S 7395 – 6/99, BStBl. 1999 I S. 515	1769
§ 024-01	nicht belegt	
§ 024-02	Auswirkungen einer Organschaft auf land- und forstwirtschaftliche Betriebe (§ 2 Abs. 2 Nr. 2, § 24 UStG) OFD Koblenz vom 1.9.1989 – S 7527 A – St 51 1/St 51 2/St 51 3 (TOP 4.10), UR 1990 S. 30	1774
§ 024-03	Umsatzsteuerliche Behandlung von Leistungen nach dem Gesetz zur Förderung der Einstellung der landwirtschaftlichen Erwerbstätigkeit (FELEG) vom 21.2.1989 (BGBl. I 1989, 233) BMF vom 10.1.1990 – IV A 2 – S 7410 – 1/90, UR 1990 S. 165	1776
§ 024-04	nicht belegt	
§ 024-05	nicht belegt	
§ 024-06	nicht belegt	
§ 024-07	Umsatzsteuer bei Verpachtung landwirtschaftlicher Betriebe ab 1.1.1992 BMF vom 3.8.1992 – IV A 2 – S 7410 – 34/92, StEd 1992 S. 461	1777
§ 024-08	nicht belegt	
§ 024-09	Übersicht über die Durchschnittsätze für land- und forstwirtschaftliche Betriebe (§ 24 UStG) ab 01.01.1993 BMF vom 11.12.1992 – IV A 2 – S 7410 – 58/92	1779
§ 024-10	Rückwirkende Verlängerung der Optionsfrist nach § 24 Abs. 4 Satz 1 UStG BMF vom 5.1.1993 – IV A 2 – S 7418 – 2/92, UR 1993 S. 400	1780

Anlage	Titel	Seite
§ 024-11	Umfang der Optionserklärung nach § 24 Abs. 4 UStG BMF vom 5.8.1993 – IV A 2 – S 7418 – 7/93, UR 1993 S. 400	1781
§ 024-12	Umsatzsteuer bei Personengesellschaften, die sowohl Land- und Forstwirtschaft betreiben als auch gewerblich tätig sind FM Sachsen-Anhalt vom 9.1.1996 – 44 – S 7410 – 19, DStR 1996 S. 223	1781
§ 024-13	Vorsteuerabzug beim Übergang von der Durchschnittsatzbesteuerung nach § 24 UStG zur Besteuerung nach den allgemeinen Vorschriften FM Thüringen vom 22.1.1998 – S 7316 A – 5 – 202.2, DStR 1998 S. 894	1782
§ 024-14	Umsatzsteuerrechtliche Behandlung der Verpachtung eines Eigenjagdbezirks durch einen Land- und Forstwirt; Anwendung des BFH-Urteils vom 11.2.1999 – BStBl. II S. 378 BMF vom 9.10.2000 – IV B 7 – S 7410 – 5/00, DStZ 2001 S. 257	1783
§ 024-15	Umsatzsteuerrechtliche Behandlung der Verpachtung eines landwirtschaftlichen Betriebs OFD Frankfurt vom 26.3.2002 – S 7410 A – 1/83 – St I 16, UR 2002 S. 534	1784
§ 024-16	Anwendung der Durchschnittsatzbesteuerung nach § 24 UStG auf die Umsätze eines Hofladens; BFH-Urteil vom 6.12.2001 – V R 43/00 – (BStBl. 2002 II S. 701) BMF vom 28.11.2005 – IV A 5 – S 7410 – 58/05, BStBl. 2005 I S. 1064	1785
§ 024-17	Anwendung der Durchschnittssatzbesteuerung nach § 24 UStG auf Vermietungs- und Verpachtungsleistungen; Konsequenzen aus dem BFH-Urteil vom 25.11.2004 – V R 8/01 BMF vom 28.11.2005 – IV A 5 – S 7410 – 57/05, BStBl. 2005 I S. 1065	1786
§ 024-18	Anwendung des BFH-Urteils vom 12.10.2006 – V R 36/4 (BStBl. 2007 II S. 485) BMF vom 6.6.2007 – IV A 5 – S 7410 – 07/0015, BStBl. 2007 I S. 507	1789
§ 024-19	Durchschnittssatzbesteuerung bei Umsätzen eines Land- und Forstwirts in Hofladen; Konsequenzen des BFH-Urteils vom 14.06.2007, V R 56/05 BMF vom 16.1.2008 – IV A 5 – S 7410/07/0008, DStR 2008 S. 258............	1790
§ 024-20	Anwendung der Durchschnittsatzbesteuerung auf die Umsätze von Gewerbebetrieben kraft Rechtsform (§ 24 Abs. 2 Satz 3 UStG); Konsequenzen des BFH-Urteils vom 16.4.2008 – XI R 73/07 BMF vom 1.12.2009 - IV B 8 – S 7410/08/10002, BStBl. 2009 I S. 1611	1791
§ 024-21	Anwendung der Durchschnittsatzbesteuerung (§ 24 UStG) nach Aufgabe des landwirtschaftlichen Betriebs; Konsequenzen des BFH-Urteils vom 19.11.2009 – V R 16/08 BMF vom 15.3.2010 - IV D 2 – S 7410/07/10015, BStBl. 2010 I S. 255	1793
§ 024-22	Anwendung der Durchschnittsatzbesteuerung für land- und forstwirtschaftliche Betriebe (§ 24 UStG); Neufassung der Abschnitte 24.1 ff. des UStAE BMF vom 27.10.2010 - IV D 2 – S 7410/07/10016, BStBl. 2010 I S. 1273.......	1794
§ 024-23	Anwendung der Vereinfachungsregelung für bestimmte Umsätze von land- und forstwirtschaftlichen Betrieben (Abschnitt 24.6 UStAE) BMF vom 8.4.2011 – IV D 2 – S 7410/07/10016, BStBl. I 2011 S. 307	1803
§ 025-01	Umsatzsteuer bei Reiseleistungen nach § 25 UStG im Zusammenhang mit Verkaufsveranstaltungen FM Niedersachsen vom 14.12.1981 – S 7419 – 3 – 32 1, BB 1982 S. 105	1804
§ 025-02	Umsatzsteuerrechtliche Behandlung von Sprach- und Studienreisen; Konsequenzen des BFH-Urteils vom 1.6.2006 – V R 104/01 BMF vom 31.1.2007 – IV A 5 – S 7419 – 1/07, DB 2007 S. 369................	1805
§ 025-03	Reiseleistungen nach § 25 UStG im Zusammenhang mit Verkaufsveranstaltungen FM Nordrhein-Westfalen vom 29.10.1986 – S 7419b – 1 – V C 4, DB 1986 S. 2412	1806

LI

Anlage	Titel	Seite
§ 025-04	Vorsteuerabzug aufgrund von Leistungen Dritter bei Flugunregelmäßigkeiten BMF vom 7.9.1988 – IV A 2 – S 7419 – 19/88, BStBl. 1988 I S. 407	1807
§ 025-05	Vermittlung und Selbstveranstaltung von Reisen durch Reisebüros OFD Koblenz vom 13.3.1990 – S 7100 A – St 51 2, DStR 1990 S. 457	1807
§ 025-06	nicht belegt	
§ 025-07	nicht belegt	
§ 025-08	Umsatzbefreiung nach § 4 Nr. 5 UStG; Vermittlungsprovisionen an Reisebüro BMF vom 22.3.2000 – IV D 2 – S 7156d – 3/00, BStBl. 2000 I S. 468	1808
§ 025-09	Umsatzsteuerliche Behandlung von Provisionsabrechnungen für Vermittlungsleistungen von inländischen Reisebüros; Provisionen für Bus-Pauschalreisen BMF vom 7.12.2000 – IV D 1 – S 7156 d – 4/00, BStBl. 2001 I S. 98	1809
§ 025-10	Umsatzsteuerliche Behandlung von Reiserücktrittskostenversicherungen; Konsequenzen des BFH-Urteils vom 13.07.2006, V R 24/02 BMF vom 27.11.2006 – IV A 5 – S 7419 – 11/06, BStBl. 2006 I S. 790	1810
§ 025-11	Sondervorschriften für Besteuerung von Reiseleistungen (§ 25 Abs. 1 UStG); Behandlung von Stornoprovisionen aufgrund von Agenturverträgen bei Reiseleistungen LFD Thüringen, Vfg. vom 24.10.2007 – S 7419 A – 04 – A 3.11, DStR 2008 S. 99	1811
§ 025-12	Anwendung der Sonderregelung für Reisebüros (§ 25 UStG) auf Zu- und Abbringerflüge BMF vom 25.3.2011 – IV D 2 – S 7419/09/10001, BStBl. I 2011 S. 304.........	1811
§ 025a-01	Anwendung der Differenzbesteuerung nach § 25a UStG und des Steuerabzugsverfahrens gem. §§ 51 ff. UStDV bei Sicherungsübereignung OFD Frankfurt/M. vom 23.7.1999 – S 7421 A – 5 – St IV 23, DB 1999 S. 2033 ..	1812
§ 025a-02	Differenzbesteuerung bei Gebrauchtfahrzeugen, die ein Autohaus bei agenturweisem Verkauf von Neufahrzeugen in Zahlung genommen hat OFD Koblenz vom 20.8.2003 – S 7421 A – St 443, DStR 2003 S. 1837	1813
§ 025a-03	Keine Anwendung der Differenzbesteuerung nach § 25a UStG im Anschluss an eine Geschäftsveräußerung im Ganzen OFD Karlsruhe vom 25.8.2003 – S 7421 Karte 2, DStR 2003 S. 1837	1813
§ 025a-04	Anwendung der Differenzbesteuerung (§ 25a UStG) bei der Veräußerung von Anlagevermögen; Konsequenzen des BFH-Urteils vom 29.6.2011 – XI R 15/10 BMF vom 11.10.2011 – IV D 2 – S 7421/07/10002, BStBl. I 2011 S. 983	1814
§ 026-01	Grenzüberschreitende Personenbeförderungen im Luftverkehr (§ 26 Abs. 3 UStG) – Verzeichnis der Länder, zu denen Gegenseitigkeit festgestellt ist BMF vom 6.9.2011 – IV D 3 – S 7433/11/10005, BStBl. I 2011 S. 907	1815
§ 027a-01	Merkblatt des BMF zur Erteilung von Umsatzsteuer-Identifikationsnummern in der Bundesrepublik Deutschland und der Bestätigung ausländischer Umsatzsteuer-Identifikationsnummern (Stand: 09/1992)	1816
§ 027a-02	nicht belegt	
§ 027a-03	Erteilung von Umsatzsteuer-Identifikationsnummern (USt-IdNr.) in anderen EG-Mitgliedstaaten BMF vom 8.12.1992 – IV A 1 – S 7055 – 52/92, UR 1993 S. 31	1821
§ 027a-04	Bestätigung von USt-IdNrn., die in der Bundesrepublik Deutschland erteilt wurden, durch die zuständigen Behörden anderer Mitgliedstaaten; Speicherung der sog. Euro-Adresse BMF vom 11.1.1993 – IV A 1 – S 7427c – 39/92	1826

Anhang

Anhang 1	**EG-Richtlinien**	
1a	Richtlinie 2006/112/EG des Rates vom 28.11.2006 über das gemeinsame Mehrwertsteuersystem	1827
1b	nicht belegt	
1c	Durchführungsverordnung (EU) Nr. 282/2011 des Rates vom 15.3.2011 zur Festlegung von Durchführungsvorschriften zur Richtlinie 2006/112/EG über das gemeinsame Mehrwertsteuersystem (Neufassung)	1965
1d	6. EG-Richtlinie (Hinweis)	1988
1e	Durchführungsverordnung zur 6. EG-Richtlinie	1989
1f	13. EG-Richtlinie	1990
1g	Mehrwertsteuersätze in der EU	1992
1h	Umsatzsteuern im In- und Ausland	1993
1i	Rechtsprechungsauswahl zu EG-Richtlinien	1994
1j	Richtlinie 2008/9/EG des Rates vom 12.02.2008	2001
Anhang 2	**Offshore-Abkommen**	
2a	Offshore-Steuerabkommen	2008
2b	Anhang zum Offshore-Steuerabkommen	2010
2c	nicht belegt	
2d	Wohnraumbeschaffungen durch die amerikanischen Streitkräfte für ihre Truppenangehörigen oder das zivile Gefolge	2011
Anhang 3	**NATO-Truppenstatut**	
3a	Abkommen zwischen den Parteien des Nordatlantikvertrages über die Rechtsstellung ihrer Truppen – NATO-Truppenstatut	2012
3b	Zusatzabkommen – NATO-ZAbk	2014
3c	Unterzeichnungsprotokoll zum Zusatzabkommen	2017
3d	Umsatzsteuervergünstigungen auf Grund Art. 67 Abs. 3 des Zusatzabkommens zum NATO-Truppenstatut (NATO-ZAbk)	2021
3e	Umsatzsteuervergünstigungen auf Grund Art. 67 Abs. 3 des Zusatzabkommens zum NATO-Truppenstatut (NATO-ZAbk)	2054
3f	nicht belegt	
3g	nicht belegt	
3h	nicht belegt	
3i	Umsätze der AAFES-Konzessionäre bei Kreditkartengeschäften	2056
3j	Amerikanisches Beschaffungsverfahren bei Dienstleistungen	2056
3k	Zulässigkeit des Vorsteuerabzugs einer Teilzahlungsbank, die PKW-Abzahlungskäufe von NATO-Truppenangehörigen finanziert	2057
3l	Steuerbefreiungen für Unternehmer mit Sitz in dem in Artikel 3 des Einigungsvertrages genannten Gebiet	2058
3m	nicht belegt	
3n	nicht belegt	
3o	nicht belegt	
3p	nicht belegt	
3q	nicht belegt	
3r	Umsatzsteuervergünstigungen auf Grund des Zusatzabkommens zum NATO-Truppenstatut; Neuauflage der Liste der amtlichen Beschaffungsstellen	2059

	3s	Umsatzsteuervergünstigungen auf Grund Art. 67 Abs. 3 des Zusatzabkommens zum NATO-Truppenstatut; Belgisches Beschaffungsverfahren für Lieferungen und sonstige Leistungen bis zu einem Wert von 1.500 Euro	2064
	3t	nicht belegt	
	3u	nicht belegt	
	3v	nicht belegt	
	3w	nicht belegt	
	3x	nicht belegt	
	3y	nicht belegt	
	3z	Rechtsprechungsauswahl	2066
Anhang 4		**NATO-Hauptquartiere**	
	4a	Gesetz vom 17.10.1969	2067
	4b	Protokoll über die Rechtsstellung der aufgrund des Nordatlantikvertrags errichteten internationalen militärischen Hauptquartiere	2068
	4c	Ergänzungsabkommen	2069
	4d	Unterzeichnungsprotokoll zu dem Abkommen über die besonderen Bedingungen für die Einrichtung und den Betrieb internationaler militärischer Hauptquartiere in der Bundesrepublik Deutschland	2071
	4e	Umsatzsteuervergünstigungen auf Grund des Ergänzungsabkommens zum Protokoll über die NATO-Hauptquartiere	2072
	4f	nicht belegt	
	4g	nicht belegt	
	4h	Umsatzsteuervergünstigungen auf Grund des Ergänzungsabkommens zum Protokoll über die NATO-Hauptquartiere und Umsatzsteuerbefreiung nach § 4 Nr. 7 Satz 1 Buchstabe d UStG	2073
	4i	Umsatzsteuervergünstigungen auf Grund des Ergänzungsabkommens zum Protokoll über die NATO-Hauptquartiere und Umsatzsteuerbefreiung nach § 4 Nr. 7 Satz 1 Buchstabe d UStG	2077
	4j	Umsatzsteuervergünstigungen auf Grund Art. 67 Abs. 3 des Zusatzabkommens zum NATO-Truppenstatut (NATO-ZAbk); Britisches Beschaffungsverfahren unter Verwendung einer Kreditkarte..	2081
Anhang 5		**Fahrzeuglieferungs-Meldepflichtverordnung (FzgLiefgMeldV)**................	2082
Anhang 6		**Umsatzsteuerzuständigkeitsverordnung**...................................	2084
Anhang 7		**Verordnung über die elektronische Übermittlung von für das Besteuerungsverfahren erforderlichen Daten (Steuerdaten-Übermittlungsverordnung – StDÜV)**..	2086
Anhang 8		**Zusammenarbeits-Verordnung**	
	8a	Verordnung (EG) Nr. 1798/2003 des Rates vom 7.10.2003 über die Zusammenarbeit der Verwaltungsbehörden auf dem Gebiet der Mehrwertsteuer und zur Aufhebung der Verordnung (EWG) Nr. 218/92	2088
	8b	Verordnung (EU) Nr. 904/2010 des Rates vom 7. Oktober 2010 über die Zusammenarbeit der Verwaltungsbehörden und die Betrugsbekämpfung auf dem Gebiet der Mehrwertsteuer (Neufassung), AmtsBl. EU Nr. L 268/1 vom 12.10.2010.....	2102
	8c	Dienstanweisung zur Durchführung von Einzelauskunftsersuchen (USt-EADA)..	2123
	8d	nicht belegt	
	8e	Amtshilfe in Umsatzsteuersachen; Übertragung der Zuständigkeit für die Bearbeitung von Ersuchen nach Artikel der Verordnung (EWG) Nr. 218/92	2128

Abkürzungsverzeichnis

ABl. EG	=	Amtsblatt der Europäischen Gemeinschaft
ABl. EU	=	Amtsblatt der Europäischen Union
ABMG	=	Autobahnmautgesetz
AEAO	=	Anwendungserlass zur Abgabenordnung
AES	=	Automated Export System
AfA	=	Absetzungen für Abnutzung
AFG	=	Arbeitsförderungsgesetz (ab 01.01.1998 SGB III)
AfZSt	=	Ausfuhrzollstelle
ÄndGes	=	Änderungsgesetz
AG	=	Aktiengesellschaft
AgZSt	=	Ausgangszollstelle
AktG	=	Aktiengesetz
ALG	=	Gesetz über die Alterssicherung der Landwirte
Anh.	=	Anhang
Anl.	=	Anlage
AO	=	Abgabenordnung
ASiG	=	Gesetz über Betriebsärzte, Sicherheitsingenieure und andere Fachkräfte für Arbeitssicherheit
ATLAS	=	Automatisiertes Tarif- und Lokales Zollabwicklungssystem
AusglMechV	=	Verordnung zur Weiterentwicklung des bundesweiten Ausgleichsmechanismus
AWV	=	Außenwirtschaftsverordnung
Az.	=	Aktenzeichen
AZO	=	Allgemeine Zollordnung
BA	=	Bundesagentur für Arbeit
BAnz.	=	Bundesanzeiger
BayLfSt	=	Bayerisches Landesamt für Steuern
BauGB	=	Baugesetzbuch
BB	=	Betriebsberater
BdF	=	Bundesminister der Finanzen
BewG	=	Bewertungsgesetz
BfF	=	Bundesamt für Finanzen (ab 01.01.06: Bundeszentralamt für Steuern, BZSt)
BFH	=	Bundesfinanzhof
BFH/NV	=	Sammlung der Entscheidungen des Bundesfinanzhofs
BGB	=	Bürgerliches Gesetzbuch
BGBl.	=	Bundesgesetzblatt
BGH	=	Bundesgerichtshof
BGHZ	=	Sammlung der Entscheidungen des Bundesgerichtshofs in Zivilsachen
BHO	=	Bundeshaushaltsordnung
BliwaG	=	Blindenwarenvertriebsgesetz
BMF	=	Bundesministerium der Finanzen
BMFT	=	Bundesministerium für Forschung und Technologie
BMWF	=	Bundesminister für Wirtschaft und Finanzen
BNotO	=	Bundesnotarordnung
BStBl.	=	Bundessteuerblatt
BVerfG	=	Bundesverfassungsgericht
BVerwG	=	Bundesverwaltungsgericht
BZBl.	=	Bundeszollblatt
BZSt	=	Bundeszentralamt für Steuern
CEREC	=	Ceramic Reconstruction (Keramische Rekonstruktion)
DB	=	Der Betrieb
DStR	=	Deutsches Steuerrecht
DStZ	=	Deutsche Steuerzeitung
DV	=	Durchführungsverordnung

ECS	=	Export Control System
EDIFACT	=	Electronic Data Interchange For Administration, Commerce and Transport (Branchenübergreifender internationaler Standard für das Format elektronischer Daten im Geschäftsverkehr)
EEG	=	Gesetz über den Vorrang erneuerbarer Energien
EFTA	=	European Free Trade Association (Europäische Freihandelsassoziation)
EG	=	Europäische Gemeinschaft
EnergieStG	=	Energiesteuergesetz
ENeuOG	=	Eisenbahnneuordnungsgesetz
EnEV	=	Energieeinsparverordnung
Erl.	=	Erlass
EStDV	=	Einkommensteuer-Durchführungsverordnung
EStG	=	Einkommensteuergesetz
EStR	=	Einkommensteuer-Richtlinien
EuGH	=	Europäischer Gerichtshof
EuGHE	=	Amtliche Sammlung der Entscheidungen des Europäischen Gerichtshofs
EUSt	=	Einfuhrumsatzsteuer
EUStBV	=	Einfuhrumsatzsteuer-Befreiungsverordnung
EVO	=	Eisenbahnverkehrsordnung
EWG	=	Europäische Wirtschaftsgemeinschaft
FA	=	Finanzamt
FahrlG	=	Fahrlehrergesetz
FGO	=	Finanzgerichtsordnung
FlurbG	=	Flurbereinigungsgesetz
FM	=	Finanzministerium
FM Bay	=	FM Bayern
FM Bln	=	FM Berlin
FM Bra	=	FM Brandenburg
FM Bre	=	FM Bremen
FM BW	=	FM Baden-Württemberg
FM Hbg	=	FM Hamburg
FM Hes	=	FM Hessen
FM MV	=	FM Mecklenburg-Vorpommern
FM Nds	=	FM Niedersachsen
FM NRW	=	FM Nordrhein-Westfalen
FM RP	=	FM Rheinland-Pfalz
FM S	=	FM Sachsen
FM SA	=	FM Sachsen-Anhalt
FM Sar	=	FM Saarland
FM SH	=	FM Schleswig-Holstein
FM Th	=	FM Thüringen
FVG	=	Finanzverwaltungsgesetz
FzgLiefgMeldV	=	Fahrzeuglieferungs-Meldepflichtverordnung
FZV	=	Fahrzeugzulassungsverordnung
GenG	=	Genossenschaftsgesetz
GewStDV	=	Gewerbesteuer-Durchführungsverordnung
GewStG	=	Gewerbesteuergesetz
GewStR	=	Gewerbesteuer-Richtlinien
GG	=	Grundgesetz
GmbH	=	Gesellschaft mit beschränkter Haftung
GOZ	=	Gebührenordnung für Zahnärzte
GrEStG	=	Grunderwerbsteuergesetz
GVG	=	Gerichtsverfassungsgesetz
gVV	=	Gemeinschaftliches/gemeinsames Versandverfahren
HeimG	=	Heimgesetz
HFR	=	Höchstrichterliche Finanzrechtsprechung
HGB	=	Handelsgesetzbuch

HOAI	=	Honorarordnung für Architekten und Ingenieure
2. HStruktG	=	Zweites Haushaltsstrukturgesetz
HwO	=	Gesetz zur Ordnung des Handwerks – Handwerksordnung
IATA	=	International Air Transport Association (Internationale Flug-Transport-Vereinigung)
i.d.F.	=	in der Fassung
InsO	=	Insolvenzordnung
InvG	=	Investmentgesetz
JÖSchG	=	Gesetz zum Schutze der Jugend in der Öffentlichkeit
JStG	=	Jahressteuergesetz
JuSchG	=	Jugendschutzgesetz
JVEG	=	Justizvergütungs- und -entschädigungsgesetz
KAGG	=	Gesetz über Kapitalanlagegesellschaften
KG	=	Kommanditgesellschaft
KGaA	=	Kommanditgesellschaft auf Aktien
KHG	=	Krankenhausfinanzierungsgesetz
KO	=	Konkursordnung (ab 01.01.1999 Insolvenzordnung)
KostO	=	Kostenordnung (freiwillige Gerichtsbarkeit)
KStDV	=	Körperschaftsteuer-Durchführungsverordnung
KStG	=	Körperschaftsteuergesetz
KStR	=	Körperschaftsteuer-Richtlinien
KVLG 1989	=	Zweites Gesetz über die Krankenversicherung der Landwirte
KVStG	=	Kapitalverkehrsteuergesetz
KWG	=	Gesetz über das Kreditwesen
KWKG	=	Gesetz für die Erhaltung, die Modernisierung und den Ausbau der Kraft-Wärme-Kopplung – Kraft-Wärme-Kopplungsgesetz
LFD Thüringen	=	Thüringer Landesfinanzdirektion
LStDV	=	Lohnsteuer-Durchführungsverordnung
LStR	=	Lohnsteuer-Richtlinien
LuftVG	=	Luftverkehrsgesetz
MRN	=	Movement Reference Number
MwSt	=	Mehrwertsteuer
MwStSystRL	=	Mehrwertsteuer-Systemrichtlinie
NATO-HQ	=	NATO-Hauptquartier
NATO-ZAbk	=	Zusatzabkommen zur North Atlantic Treaty Organization
NWB	=	Neue Wirtschaftsbriefe
Offsh.StAbk	=	Offshore-Steuerabkommen
OFD	=	Oberfinanzdirektion
OFD Bln	=	OFD Berlin
OFD Bre	=	OFD Bremen
OFD Ch	=	OFD Chemnitz
OFD Cot	=	OFD Cottbus
OFD Düs	=	OFD Düsseldorf
OFD Ef	=	OFD Erfurt
OFD Fb	=	OFD Freiburg
OFD Fra	=	OFD Frankfurt
OFD Han	=	OFD Hannover
OFD Hbg	=	OFD Hamburg
OFD Ka	=	OFD Karlsruhe
OFD Ki	=	OFD Kiel
OFD Kln	=	OFD Köln
OFD Kob	=	OFD Koblenz
OFD Mdb	=	OFD Magdeburg
OFD Mst	=	OFD Münster
OFD Muc	=	OFD München

OFD Nbg	=	OFD Nürnberg
OFD Rst	=	OFD Rostock
OFD Sb	=	OFD Saarbrücken
OFD St	=	OFD Stuttgart
OHG	=	Offene Handelsgesellschaft
OLG	=	Oberlandesgericht
PBefG	=	Personenbeförderungsgesetz
PPP	=	Public-Private-Partnership
PTNeuOG	=	Postneuordnungsgesetz
R	=	Rechtsprechung
Rdvfg.	=	Rundverfügung
RdF	=	Reichsminister der Finanzen
RennwLottG	=	Rennwett- und Lotteriegesetz
Rev.	=	Revision
RFH	=	Reichsfinanzhof
RGBl	=	Reichsgesetzblatt
rkr.	=	rechtskräftig
RStBl	=	Reichssteuerblatt
RVG	=	Gesetz über die Vergütung der Rechtsanwältinnen und Rechtsanwälte
ScheckG	=	Scheckgesetz
SGB	=	Sozialgesetzbuch
SigG	=	Signaturgesetz
SortSchG	=	Sortenschutzgesetz
StandOG	=	Standortsicherungsgesetz
StBauFG	=	Städtebauförderungsgesetz
StBGebV	=	Gebührenverordnung für Steuerberater, Steuerbevollmächtigte und Steuerberatungsgesellschaften
StBp	=	Steuerliche Betriebsprüfung
StDÜV	=	Steuerdaten-Übermittlungsverordnung
StED	=	Steuer-Eildienst
StGB	=	Strafgesetzbuch
StMBG	=	Gesetz zur Bekämpfung des Mißbrauchs und zur Bereinigung des Steuerrechts (Mißbrauchsbekämpfungs- und Steuerbereinigungsgesetz)
Stpfl.	=	Steuerpflichtiger
StVollzG	=	Gesetz über den Vollzug der Freiheitsstrafe und der freiheitsentziehenden Maßregeln der Besserung und Sicherung – Strafvollzugsgesetz
SvEV	=	Sozialversicherungsentgeltverordnung
TEHG	=	Treibhausgas-Emissionshandelsgesetz
TierZG	=	Tierzuchtgesetz
UmwG	=	Umwandlungsgesetz
UR	=	Umsatzsteuer-Rundschau
UrhG	=	Urheberrechtsgesetz
USt	=	Umsatzsteuer
UStAE	=	Umsatzsteuer-Anwendungserlass
UStB	=	Der Umsatzsteuer-Berater
USt-IdNr.	=	Umsatzsteuer-Identifikationsnummer
UStDV	=	Umsatzsteuer-Durchführungsverordnung
UStErstVO	=	Umsatzsteuer-Erstattungsverordnung
UStG	=	Umsatzsteuergesetz
UStBG	=	Umsatzsteuer-Binnenmarktgesetz
UStKart	=	USt-Kartei
UStR	=	Umsatzsteuer-Richtlinien
UStZustV	=	Umsatzsteuerzuständigkeitsverordnung
UVR	=	Umsatz- und Verkehrsteuer-Recht

VAG	=	Versicherungsaufsichtsgesetz
VersStG	=	Versicherungsteuergesetz
Vfg.	=	Verfügung
vgl.	=	vergleiche
VO	=	Verordnung
VOB	=	Vergabe- und Vertragsordnung für Bauleistungen
VwV	=	Verwaltungsvorschrift
WG	=	Wechselgesetz
WoEigG	=	Wohnungseigentumsgesetz
WGG	=	Wohnungsgemeinnützigkeitsgesetz
WoPG	=	Wohnungsbau-Prämiengesetz
WPg	=	Die Wirtschaftsprüfung
WpHG	=	Wertpapierhandelsgesetz
ZAbk.	=	Zusatzabkommen
ZG	=	Zollgesetz
ZK	=	Zollkodex
ZK-DVO	=	Zollkodex-Durchführungsverordnung
ZM	=	Zusammenfassende Meldung
ZollVG	=	Zollverwaltungsgesetz
ZPO	=	Zivilprozessordnung
ZSteu	=	Zeitschrift für Steuern und Recht
ZVG	=	Gesetz über die Zwangsversteigerung und die Zwangsverwaltung

Umsatzsteuergesetz 2005
(UStG 2005)

in der Fassung der Neubekanntmachung vom 21.02.2005
(BGBl. I 2005 S. 386, BStBl. I 2005 S. 505), geändert durch
das Gesetz zur Neuorganisation der Bundesfinanzverwaltung
und zur Schaffung eines Refinanzierungsregisters vom 22.09.2005
(BGBl. I 2005 S. 2809, BStBl. I 2005 S. 2809);
das Gesetz zur steuerlichen Förderung von Wachstum und Beschäftigung vom 26.04.2006
(BGBl. I 2006 S. 1091, BStBl. I 2006 S. 350);
das Gesetz zur Eindämmung missbräuchlicher Steuergestaltungen vom 28.04.2006
(BGBl. I 2006 S. 1095, BStBl. I 2006 S. 353);
das Haushaltsbegleitgesetz 2006 vom 29.06.2006
(BGBl. I 2006 S. 1402, BStBl. I 2006 S. 410);
das Erste Gesetz zum Abbau bürokratischer Hemmnisse insbesondere
in der mittelständischen Wirtschaft vom 22.08.2006
(BGBl. I 2006 S. 1970, BStBl. I 2006 S. 486);
das Jahressteuergesetz 2007 vom 13.12.2006
(BGBl. I 2006 S. 2878, BStBl. I 2007 S. 28);
das Zweite Gesetz zum Abbau bürokratischer Hemmnisse insbesondere
in der mittelständischen Wirtschaft vom 07.09.2007
(BGBl. I 2007 S. 2246);
das Gesetz zur weiteren Stärkung des bürgerschaftlichen Engagements vom 10.10.2007
(BGBl. I 2007 S. 2332, BStBl. I 2007 S. 815);
das Jahressteuergesetz 2008 vom 20.12.2007
(BGBl. I 2007 S. 3150, BStBl. I 2008 S. 218);
das Jahressteuergesetz 2009 vom 19.12.2008
(BGBl. I 2008 S. 2794, BStBl. I 2009 S. 74);
das Gesetz zur Modernisierung und Entbürokratisierung des Steuerverfahrens
(Steuerbürokratieabbaugesetz) vom 20.12.2008
(BGBl. I 2008 S. 2850, BStBl. I 2009 S. 124);
das Gesetz zur verbesserten steuerlichen Berücksichtigung von Vorsorgeaufwendungen
(Bürgerentlastungsgesetz Krankenversicherung) vom 16.07.2009
(BGBl. I 2009 S. 1959, BStBl. I 2009 S. 782);
das Gesetz zur Beschleunigung des Wirtschaftswachstums (Wachstumsbeschleunigungsgesetz)
vom 22.12.2009 (BGBl. I 2009 S. 3950, BStBl. I 2010 S. 2);
das Gesetz zur Umsetzung steuerlicher EU-Vorgaben sowie zur Änderung steuerlicher
Vorschriften vom 08.04.2010 (BGBl. I 2010 S. 386, BStBl. I 2010 S. 334);
das Gesetz zur Weiterentwicklung der Organisation der Grundsicherung für Arbeitsuchende
vom 03.08.2010 (BGBl. I 2010 S. 1112);
das Jahressteuergesetz 2010 vom 08.12.2010 (BGBl. I 2010 S. 1768, BStBl. I 2010 S. 1394);
das Gesetz zur Ermittlung von Regelbedarfen und zur Änderung des Zweiten und
Zwölften Buches Sozialgesetzbuch vom 24.03.2011 (BGBl. I 2011 S. 453);
das Sechste Gesetz zur Änderung von Verbrauchsteuergesetzen vom 16.06.2011
(BGBl. I 2011 S. 1090, BStBl. I 2011 S. 978);
das Gesetz zur Anpassung der Rechtsgrundlagen für die Fortentwicklung des Emissionshandels
vom 21.07.2011 (BGBl. I 2011 S. 1475, BStBl. I 2011 S. 981);
das Steuervereinfachungsgesetz 2011 vom 01.11.2011 (BGBl. I 2011 S. 2131, BStBl. I 2011 S. 986);
das Dritte Gesetz zur Änderung des Umsatzsteuergesetzes vom 06.12.2011
(BGBl. I 2011 S. 2562, BStBl. I 2011 S. 1271);
das Gesetz zur Umsetzung der Beitreibungsrichtlinie sowie zur Änderung steuerlicher
Vorschriften (Beitreibungsrichtlinie-Umsetzungsgesetz – BeitrRLUmsG) vom 07.12.2011
(BGBl. I 2011 S. 2592, BStBl. I 2011 S. 1171)

§§ 1, 1a UStG

Erster Abschnitt
Steuergegenstand und Geltungsbereich

§ 1
Steuerbare Umsätze

(1) Der Umsatzsteuer unterliegen die folgenden Umsätze:
1. die Lieferungen und sonstigen Leistungen, die ein Unternehmer im Inland gegen Entgelt im Rahmen seines Unternehmens ausführt. Die Steuerbarkeit entfällt nicht, wenn der Umsatz auf Grund gesetzlicher oder behördlicher Anordnung ausgeführt wird oder nach gesetzlicher Vorschrift als ausgeführt gilt;
2. (aufgehoben ab 1.4.1999)
3. (aufgehoben ab 1.4.1999)
4. die Einfuhr von Gegenständen im Inland oder in den österreichischen Gebieten Jungholz und Mittelberg (Einfuhrumsatzsteuer);
5. der innergemeinschaftliche Erwerb im Inland gegen Entgelt.

(1a) Die Umsätze im Rahmen einer Geschäftsveräußerung an einen anderen Unternehmer für dessen Unternehmen unterliegen nicht der Umsatzsteuer. Eine Geschäftsveräußerung liegt vor, wenn ein Unternehmen oder ein in der Gliederung eines Unternehmens gesondert geführter Betrieb im ganzen entgeltlich oder unentgeltlich übereignet oder in eine Gesellschaft eingebracht wird. Der erwerbende Unternehmer tritt an die Stelle des Veräußerers.

(2) [1)]Inland im Sinne dieses Gesetzes ist das Gebiet der Bundesrepublik Deutschland mit Ausnahme des Gebiets von Büsingen, der Insel Helgoland, der Freizonen des Kontrolltyps I nach § 1 Abs. 1 Satz 1 des Zollverwaltungsgesetzes (Freihäfen), der Gewässer und Watten zwischen der Hoheitsgrenze und der jeweiligen Strandlinie sowie der deutschen Schiffe und der deutschen Luftfahrzeuge in Gebieten, die zu keinem Zollgebiet gehören. Ausland im Sinne dieses Gesetzes ist das Gebiet, das danach nicht Inland ist. Wird ein Umsatz im Inland ausgeführt, so kommt es für die Besteuerung nicht darauf an, ob der Unternehmer deutscher Staatsangehöriger ist, seinen Wohnsitz oder Sitz im Inland hat, im Inland eine Betriebsstätte unterhält, die Rechnung erteilt oder die Zahlung empfängt.

(2a) Das Gemeinschaftsgebiet im Sinne dieses Gesetzes umfaßt das Inland im Sinne des Absatzes 2 Satz 1 und die Gebiete der übrigen Mitgliedstaaten der Europäischen Gemeinschaft, die nach dem Gemeinschaftsrecht als Inland dieser Mitgliedstaaten gelten (übriges Gemeinschaftsgebiet). Das Fürstentum Monaco gilt als Gebiet der Französischen Republik; die Insel Man gilt als Gebiet des Vereinigten Königreichs Großbritannien und Nordirland. Drittlandsgebiet im Sinne dieses Gesetzes ist das Gebiet, das nicht Gemeinschaftsgebiet ist.

(3) Folgende Umsätze, die in den Freihäfen und in den Gewässern und Watten zwischen der Hoheitsgrenze und der jeweiligen Strandlinie bewirkt werden, sind wie Umsätze im Inland zu behandeln:
1. [2)]die Lieferungen und die innergemeinschaftlichen Erwerbe von Gegenständen, die zum Gebrauch oder Verbrauch in den bezeichneten Gebieten oder zur Ausrüstung oder Versorgung eines Beförderungsmittels bestimmt sind, wenn die Gegenstände
   a) nicht für das Unternehmen des Abnehmers erworben werden, oder
   b) vom Abnehmer ausschließlich oder zum Teil für eine nach § 4 Nr. 8 bis 27 steuerfreie Tätigkeit verwendet werden;
2. [3)]die sonstigen Leistungen, die
   a) nicht für das Unternehmen des Leistungsempfängers ausgeführt werden, oder
   b) vom Leistungsempfänger ausschließlich oder zum Teil für eine nach § 4 Nr. 8 bis 27 steuerfreie Tätigkeit verwendet werden;
3. die Lieferungen im Sinne des § 3 Abs. 1b und die sonstigen Leistungen im Sinne des § 3 Abs. 9a;
4. die Lieferungen von Gegenständen, die sich im Zeitpunkt der Lieferung
   a) in einem zollamtlich bewilligten Freihafen-Veredelungsverkehr oder in einer zollamtlich besonders zugelassenen Freihafenlagerung oder
   b) einfuhrumsatzsteuerrechtlich im freien Verkehr befinden;
5. die sonstigen Leistungen, die im Rahmen eines Veredelungsverkehrs oder einer Lagerung im Sinne der Nummer 4 Buchstabe a ausgeführt werden;
6. [4)](aufgehoben);
7. der innergemeinschaftliche Erwerb eines neuen Fahrzeugs durch die in § 1a Abs. 3 und § 1b Abs. 1 genannten Erwerber.

[5)]Lieferungen und sonstige Leistungen an juristische Personen des öffentlichen Rechts sowie deren innergemeinschaftlicher Erwerb in den bezeichneten Zollfreigebieten sind als Umsätze im Sinne der Nummern 1 und 2 anzusehen, soweit der Unternehmer nicht anhand von Aufzeichnungen und Belegen das Gegenteil glaubhaft macht.

§ 1a
Innergemeinschaftlicher Erwerb

(1) Ein innergemeinschaftlicher Erwerb gegen Entgelt liegt vor, wenn folgende Voraussetzungen erfüllt sind:
1. Ein Gegenstand gelangt bei einer Lieferung an den Abnehmer (Erwerber) aus dem Gebiet eines Mitgliedstaates in das Gebiet eines anderen Mitgliedstaates oder aus dem übrigen Ge-

---
1) Fassung ab 01.01.2004
2) Neufassung von § 1 Abs. 3 Nr. 1 UStG gilt ab 19.12.2006
3) Neufassung von § 1 Abs. 3 Nr. 2 UStG gilt ab 19.12.2006
4) Ab 19.12.2006
5) Fassung ab 29.12.2007

meinschaftsgebiet in die in § 1 Abs. 3 bezeichneten Gebiete, auch wenn der Lieferer den Gegenstand in das Gemeinschaftsgebiet eingeführt hat;

2. der Erwerber ist
   a) ein Unternehmer, der den Gegenstand für sein Unternehmen erwirbt, oder
   b) eine juristische Person, die nicht Unternehmer ist oder die den Gegenstand nicht für ihr Unternehmen erwirbt

   und

3. die Lieferung an den Erwerber
   a) wird durch einen Unternehmer gegen Entgelt im Rahmen seines Unternehmens ausgeführt und
   b) ist nach dem Recht des Mitgliedstaates, der für die Besteuerung des Lieferers zuständig ist, nicht auf Grund der Sonderregelung für Kleinunternehmer steuerfrei.

(2) Als innergemeinschaftlicher Erwerb gegen Entgelt gilt auch das Verbringen eines Gegenstandes des Unternehmens aus dem übrigen Gemeinschaftsgebiet in das Inland durch einen Unternehmer zu seiner Verfügung, ausgenommen zu einer nur vorübergehenden Verwendung, auch wenn der Unternehmer den Gegenstand in das Gemeinschaftsgebiet eingeführt hat. Der Unternehmer gilt als Erwerber.

(3) Ein innergemeinschaftlicher Erwerb im Sinne der Absätze 1 und 2 liegt nicht vor, wenn die folgenden Voraussetzungen erfüllt sind:

1. Der Erwerber ist
   a) ein Unternehmer, der nur steuerfreie Umsätze ausführt, die zum Ausschluß vom Vorsteuerabzug führen,
   b) ein Unternehmer, für dessen Umsätze Umsatzsteuer nach § 19 Abs. 1 nicht erhoben wird,
   c) ein Unternehmer, der den Gegenstand zur Ausführung von Umsätzen verwendet, für die die Steuer nach den Durchschnittsätzen des § 24 festgesetzt ist, oder
   d) eine juristische Person, die nicht Unternehmer ist oder die den Gegenstand nicht für ihr Unternehmen erwirbt,

   und

2. der Gesamtbetrag der Entgelte für Erwerbe im Sinne des Absatzes 1 Nr. 1 und des Absatzes 2 hat den Betrag von 12 500 Euro im vorangegangenen Kalenderjahr nicht überstiegen und wird diesen Betrag im laufenden Kalenderjahr voraussichtlich nicht übersteigen (Erwerbsschwelle).

(4)[1] Der Erwerber kann auf die Anwendung des Absatzes 3 verzichten. Als Verzicht gilt die Verwendung einer dem Erwerber erteilten Umsatzsteuer-Identifikationsnummer gegenüber dem Lieferer. Der Verzicht bindet den Erwerber mindestens für zwei Kalenderjahre.

(5) Absatz 3 gilt nicht für den Erwerb neuer Fahrzeuge und verbrauchsteuerpflichtiger Waren. Verbrauchsteuerpflichtige Waren im Sinne dieses Gesetzes sind Mineralöle, Alkohol und alkoholische Getränke sowie Tabakwaren.

§ 1b
Innergemeinschaftlicher Erwerb neuer Fahrzeuge

(1) Der Erwerb eines neuen Fahrzeugs durch einen Erwerber, der nicht zu den in § 1a Abs. 1 Nr. 2 genannten Personen gehört, ist unter den Voraussetzungen des § 1a Abs. 1 Nr. 1 innergemeinschaftlicher Erwerb.

(2) Fahrzeuge im Sinne dieses Gesetzes sind

1. motorbetriebene Landfahrzeuge mit einem Hubraum von mehr als 48 Kubikzentimetern oder einer Leistung von mehr als 7,2 Kilowatt,
2. Wasserfahrzeuge mit einer Länge von mehr als 7,5 Metern,
3. Luftfahrzeuge, deren Starthöchstmasse mehr als 1550 Kilogramm beträgt.

Satz 1 gilt nicht für die in § 4 Nr. 12 Satz 2 und Nr. 17 Buchstabe b bezeichneten Fahrzeuge.

(3) Ein Fahrzeug gilt als neu, wenn das

1. Landfahrzeug nicht mehr als 6.000 Kilometer zurückgelegt hat oder wenn seine erste Inbetriebnahme im Zeitpunkt des Erwerbs nicht mehr als sechs Monate zurückliegt,
2. Wasserfahrzeug nicht mehr als 100 Betriebsstunden auf dem Wasser zurückgelegt hat oder wenn seine erste Inbetriebnahme im Zeitpunkt des Erwerbs nicht mehr als drei Monate zurückliegt,
3. Luftfahrzeug nicht länger als 40 Betriebsstunden genutzt worden ist oder wenn seine erste Inbetriebnahme im Zeitpunkt des Erwerbs nicht mehr als drei Monate zurückliegt.

§ 1c
Innergemeinschaftlicher Erwerb durch diplomatische Missionen, zwischenstaatliche Einrichtungen und Streitkräfte der Vertragsparteien des Nordatlantikvertrages

(1) Ein innergemeinschaftlicher Erwerb im Sinne des § 1a liegt nicht vor, wenn ein Gegenstand bei einer Lieferung aus dem Gebiet eines anderen Mitgliedstaates in das Inland gelangt und die Erwerber folgende Einrichtungen sind, soweit sie nicht Unternehmer sind oder den Gegenstand nicht für ihr Unternehmen erwerben:

1. im Inland ansässige ständige diplomatische Missionen und berufskonsularische Vertretungen,
2. im Inland ansässige zwischenstaatliche Einrichtungen oder
3. im Inland stationierte Streitkräfte anderer Vertragsparteien des Nordatlantikvertrages.

Diese Einrichtungen gelten nicht als Erwerber im Sinne des § 1a Abs. 1 Nr. 2. § 1b bleibt unberührt.

---

1) Neufassung von § 1a Abs. 4 UStG gilt ab 01.01.2011

(2) Als innergemeinschaftlicher Erwerb gegen Entgelt im Sinne des § 1a Abs. 2 gilt das Verbringen eines Gegenstandes durch die deutschen Streitkräfte aus dem übrigen Gemeinschaftsgebiet in das Inland für den Gebrauch oder Verbrauch dieser Streitkräfte oder ihres zivilen Begleitpersonals, wenn die Lieferung des Gegenstandes an die deutschen Streitkräfte im übrigen Gemeinschaftsgebiet oder die Einfuhr durch diese Streitkräfte nicht der Besteuerung unterlegen hat.

§ 2
Unternehmer, Unternehmen

(1) Unternehmer ist, wer eine gewerbliche oder berufliche Tätigkeit selbständig ausübt. Das Unternehmen umfaßt die gesamte gewerbliche oder berufliche Tätigkeit des Unternehmers. Gewerblich oder beruflich ist jede nachhaltige Tätigkeit zur Erzielung von Einnahmen, auch wenn die Absicht, Gewinn zu erzielen, fehlt oder eine Personenvereinigung nur gegenüber ihren Mitgliedern tätig wird.

(2) Die gewerbliche oder berufliche Tätigkeit wird nicht selbständig ausgeübt,

1. soweit natürliche Personen, einzeln oder zusammengeschlossen, einem Unternehmen so eingegliedert sind, daß sie den Weisungen des Unternehmers zu folgen verpflichtet sind,
2. wenn eine juristische Person nach dem Gesamtbild der tatsächlichen Verhältnisse finanziell, wirtschaftlich und organisatorisch in das Unternehmen des Organträgers eingegliedert ist (Organschaft). Die Wirkungen der Organschaft sind auf Innenleistungen zwischen den im Inland gelegenen Unternehmensteilen beschränkt. Diese Unternehmensteile sind als ein Unternehmen zu behandeln. Hat der Organträger seine Geschäftsleitung im Ausland, gilt der wirtschaftlich bedeutendste Unternehmensteil im Inland als der Unternehmer.

(3) Die juristischen Personen des öffentlichen Rechts sind nur im Rahmen ihrer Betriebe gewerblicher Art (§ 1 Abs. 1 Nr. 6, § 4 des Körperschaftsteuergesetzes) und ihrer land- oder forstwirtschaftlichen Betriebe gewerblich oder beruflich tätig. Auch wenn die Voraussetzungen des Satzes 1 nicht gegeben sind, gelten als gewerbliche oder berufliche Tätigkeit im Sinne dieses Gesetzes

1. (gestrichen)[1];
2. die Tätigkeit der Notare im Landesdienst und der Ratschreiber im Land Baden-Württemberg, soweit Leistungen ausgeführt werden, für die nach der Bundesnotarordnung die Notare zuständig sind;
3. die Abgabe von Brillen und Brillenteilen einschließlich der Reparaturarbeiten durch Selbstabgabestellen der gesetzlichen Träger der Sozialversicherung;
4. die Leistungen der Vermessungs- und Katasterbehörden bei der Wahrnehmung von Aufgaben der Landesvermessung und des Liegenschaftskatasters mit Ausnahme der Amtshilfe;
5. die Tätigkeit der Bundesanstalt für Landwirtschaft und Ernährung, soweit Aufgaben der Marktordnung, der Vorratshaltung und der Nahrungsmittelhilfe wahrgenommen werden.

§ 2a
Fahrzeuglieferer

Wer im Inland ein neues Fahrzeug liefert, das bei der Lieferung in das übrige Gemeinschaftsgebiet gelangt, wird, wenn er nicht Unternehmer im Sinne des § 2 ist, für diese Lieferung wie ein Unternehmer behandelt. Dasselbe gilt, wenn der Lieferer eines neuen Fahrzeugs Unternehmer im Sinne des § 2 ist und die Lieferung nicht im Rahmen des Unternehmens ausführt.

§ 3
Lieferung, sonstige Leistung

(1) Lieferungen eines Unternehmers sind Leistungen, durch die er oder in seinem Auftrag ein Dritter den Abnehmer oder in dessen Auftrag einen Dritten befähigt, im eigenen Namen über einen Gegenstand zu verfügen (Verschaffung der Verfügungsmacht).

(1a) Als Lieferung gegen Entgelt gilt das Verbringen eines Gegenstandes des Unternehmens aus dem Inland in das übrige Gemeinschaftsgebiet durch einen Unternehmer zu seiner Verfügung, ausgenommen zu einer nur vorübergehenden Verwendung, auch wenn der Unternehmer den Gegenstand in das Inland eingeführt hat. Der Unternehmer gilt als Lieferer.

(1b) Einer Lieferung gegen Entgelt werden gleichgestellt

1. die Entnahme eines Gegenstandes durch einen Unternehmer aus seinem Unternehmen für Zwecke, die außerhalb des Unternehmens liegen;
2. die unentgeltliche Zuwendung eines Gegenstandes durch einen Unternehmer an sein Personal für dessen privaten Bedarf, sofern keine Aufmerksamkeiten vorliegen;
3. jede andere unentgeltliche Zuwendung eines Gegenstandes, ausgenommen Geschenke von geringem Wert und Warenmuster für Zwecke des Unternehmens.

Voraussetzung ist, daß der Gegenstand oder seine Bestandteile zum vollen oder teilweisen Vorsteuerabzug berechtigt haben.

(2) (aufgehoben ab 1.1.1997)

(3) Beim Kommissionsgeschäft (§ 383 des Handelsgesetzbuchs) liegt zwischen dem Kommittenten und dem Kommissionär eine Lieferung vor. Bei der Verkaufskommission gilt der Kommissionär, bei der Einkaufskommission der Kommittent als Abnehmer.

(4) Hat der Unternehmer die Bearbeitung oder Verarbeitung eines Gegenstandes übernommen und verwendet er hierbei Stoffe, die er selbst be-

---

[1] Ab 01.01.1995, vgl. Art. 12 Nr. 44 Postneuordnungsgesetz

§ 3 UStG

schafft, so ist die Leistung als Lieferung anzusehen (Werklieferung), wenn es sich bei den Stoffen nicht nur um Zutaten oder sonstige Nebensachen handelt. Das gilt auch dann, wenn die Gegenstände mit dem Grund und Boden fest verbunden werden.

(5) Hat ein Abnehmer dem Lieferer die Nebenerzeugnisse oder Abfälle, die bei der Bearbeitung oder Verarbeitung des ihm übergebenen Gegenstandes entstehen, zurückzugeben, so beschränkt sich die Lieferung auf den Gehalt des Gegenstandes an den Bestandteilen, die dem Abnehmer verbleiben. Das gilt auch dann, wenn der Abnehmer an Stelle der bei der Bearbeitung oder Verarbeitung entstehenden Nebenerzeugnisse oder Abfälle Gegenstände gleicher Art zurückgibt, wie sie in seinem Unternehmen regelmäßig anfallen.

(5a) Der Ort der Lieferung richtet sich vorbehaltlich der §§ 3c, 3e, 3f und 3g[1]) nach den Absätzen 6 bis 8.

(6) Wird der Gegenstand der Lieferung durch den Lieferer, den Abnehmer oder einen vom Lieferer oder vom Abnehmer beauftragten Dritten befördert oder versendet, gilt die Lieferung dort als ausgeführt, wo die Beförderung oder Versendung an den Abnehmer oder in dessen Auftrag an einen Dritten beginnt. Befördern ist jede Fortbewegung eines Gegenstandes. Versenden liegt vor, wenn jemand die Beförderung durch einen selbständigen Beauftragten ausführen oder besorgen läßt. Die Versendung beginnt mit der Übergabe des Gegenstandes an den Beauftragten. Schließen mehrere Unternehmer über denselben Gegenstand Umsatzgeschäfte ab und gelangt dieser Gegenstand bei der Beförderung oder Versendung unmittelbar vom ersten Unternehmer an den letzten Abnehmer, ist die Beförderung oder Versendung des Gegenstandes nur einer der Lieferungen zuzuordnen. Wird der Gegenstand der Lieferung dabei durch einen Abnehmer befördert oder versendet, der zugleich Lieferer ist, ist die Beförderung oder Versendung der Lieferung an ihn zuzuordnen, es sei denn, er weist nach, daß er den Gegenstand als Lieferer befördert oder versendet hat.

(7) Wird der Gegenstand der Lieferung nicht befördert oder versendet, wird die Lieferung dort ausgeführt, wo sich der Gegenstand zur Zeit der Verschaffung der Verfügungsmacht befindet. In den Fällen des Absatzes 6 Satz 5 gilt folgendes:

1. Lieferungen, die der Beförderungs- oder Versendungslieferung vorangehen, gelten dort als ausgeführt, wo die Beförderung oder Versendung des Gegenstandes beginnt.

2. Lieferungen, die der Beförderungs- oder Versendungslieferung folgen, gelten dort als ausgeführt, wo die Beförderung oder Versendung des Gegenstandes endet.

(8) Gelangt der Gegenstand der Lieferung bei der Beförderung oder Versendung aus dem Drittlandsgebiet in das Inland, gilt der Ort der Lieferung dieses Gegenstandes als im Inland gelegen, wenn der Lieferer oder sein Beauftragter Schuldner der Einfuhrumsatzsteuer ist.

(8a) (aufgehoben ab 1.1.1997)

(9) [2])Sonstige Leistungen sind Leistungen, die keine Lieferungen sind. Sie können auch in einem Unterlassen oder im Dulden einer Handlung oder eines Zustandes bestehen. In den Fällen der §§ 27 und 54 des Urheberrechtsgesetzes führen die Verwertungsgesellschaften und die Urheber sonstige Leistungen aus.

(9a)[3]) Einer sonstigen Leistung gegen Entgelt werden gleichgestellt

1. die Verwendung eines dem Unternehmen zugeordneten Gegenstandes, der zum vollen oder teilweisen Vorsteuerabzug berechtigt hat, durch einen Unternehmer für Zwecke, die außerhalb des Unternehmens liegen, oder für den privaten Bedarf seines Personals, sofern keine Aufmerksamkeiten vorliegen; dies gilt nicht, wenn der Vorsteuerabzug nach § 15 Abs. 1b ausgeschlossen oder wenn eine Vorsteuerberichtigung nach § 15a Abs. 6a durchzuführen ist;

2. die unentgeltliche Erbringung einer anderen sonstigen Leistung durch den Unternehmer für Zwecke, die außerhalb des Unternehmens liegen, oder für den privaten Bedarf seines Personals, sofern keine Aufmerksamkeiten vorliegen.

(10) Überläßt ein Unternehmer einem Auftraggeber, der ihm einen Stoff zur Herstellung eines Gegenstandes übergeben hat, an Stelle des herzustellenden Gegenstandes, einen gleichartigen Gegenstand, wie er ihn in seinem Unternehmen aus solchem Stoff herzustellen pflegt, so gilt die Leistung des Unternehmers als Werkleistung, wenn das Entgelt für die Leistung nach Art eines Werklohns unabhängig vom Unterschied zwischen dem Marktpreis des empfangenen Stoffes und dem des überlassenen Gegenstandes berechnet wird.

(11)[4]) Wird ein Unternehmer in die Erbringung einer sonstigen Leistung eingeschaltet und handelt er dabei im eigenen Namen, jedoch für fremde Rechnung, gilt diese Leistung als an und von ihm erbracht.

(12) Ein Tausch liegt vor, wenn das Entgelt für eine Lieferung in einer Lieferung besteht. Ein tauschähnlicher Umsatz liegt vor, wenn das Entgelt für eine sonstige Leistung in einer Lieferung oder sonstigen Leistung besteht.

---
1) Eingefügt mit Wirkung ab 01.01.2005
2) Fassung ab 29.12.2007
3) Fassung ab 01.01.2011, zur Anwendung siehe § 27 Abs. 16 UStG
4) Gilt ab 01.01.2004

§ 3a UStG

§ 3a[1)]
Ort der sonstigen Leistung

(1) Eine sonstige Leistung wird vorbehaltlich der Absätze 2 bis 8 und der §§ 3b, 3e und 3f an dem Ort ausgeführt, von dem aus der Unternehmer sein Unternehmen betreibt. Wird die sonstige Leistung von einer Betriebsstätte ausgeführt, gilt die Betriebsstätte als der Ort der sonstigen Leistung.

(2) Eine sonstige Leistung, die an einen Unternehmer für dessen Unternehmen ausgeführt wird, wird vorbehaltlich der Absätze 3 bis 8 und der §§ 3b, 3e und 3f an dem Ort ausgeführt, von dem aus der Empfänger sein Unternehmen betreibt. Wird die sonstige Leistung an die Betriebsstätte eines Unternehmers ausgeführt, ist stattdessen der Ort der Betriebsstätte maßgebend. Die Sätze 1 und 2 gelten entsprechend bei einer sonstigen Leistung an eine nicht unternehmerisch tätige juristische Person, der eine Umsatzsteuer-Identifikationsnummer erteilt worden ist.

(3) Abweichend von den Absätzen 1 und 2 gilt:

1. Eine sonstige Leistung im Zusammenhang mit einem Grundstück wird dort ausgeführt, wo das Grundstück liegt. Als sonstige Leistungen im Zusammenhang mit einem Grundstück sind insbesondere anzusehen:
   a) sonstige Leistungen der in § 4 Nr. 12 bezeichneten Art,
   b) sonstige Leistungen im Zusammenhang mit der Veräußerung oder dem Erwerb von Grundstücken,
   c) sonstige Leistungen, die der Erschließung von Grundstücken oder der Vorbereitung, Koordinierung oder Ausführung von Bauleistungen dienen.

2. Die kurzfristige Vermietung eines Beförderungsmittels wird an dem Ort ausgeführt, an dem dieses Beförderungsmittel dem Empfänger tatsächlich zur Verfügung gestellt wird. Als kurzfristig im Sinne des Satzes 1 gilt eine Vermietung über einen ununterbrochenen Zeitraum
   a) von nicht mehr als 90 Tagen bei Wasserfahrzeugen,
   b) von nicht mehr als 30 Tagen bei anderen Beförderungsmitteln.

3. Die folgenden sonstigen Leistungen werden dort ausgeführt, wo sie vom Unternehmer tatsächlich erbracht werden:
   a) kulturelle, künstlerische, wissenschaftliche, unterrichtende, sportliche, unterhaltende oder ähnliche Leistungen, wie Leistungen im Zusammenhang mit Messen und Ausstellungen, einschließlich der Leistungen der jeweiligen Veranstalter sowie die damit zusammenhängenden Tätigkeiten, die für die Ausübung der Leistungen unerlässlich sind, an einen Empfänger, der weder ein Unternehmer ist, für dessen Unternehmen die Leistung bezogen wird, noch eine nicht unternehmerisch tätige juristische Person, der eine Umsatzsteuer-Identifikationsnummer erteilt worden ist,
   b) die Abgabe von Speisen und Getränken zum Verzehr an Ort und Stelle (Restaurationsleistung), wenn diese Abgabe nicht an Bord eines Schiffs, in einem Luftfahrzeug oder in einer Eisenbahn während einer Beförderung innerhalb des Gemeinschaftsgebiets erfolgt,
   c) Arbeiten an beweglichen körperlichen Gegenständen und die Begutachtung dieser Gegenstände für einen Empfänger, der weder ein Unternehmer ist, für dessen Unternehmen die Leistung ausgeführt wird, noch eine nicht unternehmerisch tätige juristische Person, der eine Umsatzsteuer-Identifikationsnummer erteilt worden ist.

4. Eine Vermittlungsleistung an einen Empfänger, der weder ein Unternehmer ist, für dessen Unternehmen die Leistung bezogen wird, noch eine nicht unternehmerisch tätige juristische Person, der eine Umsatzsteuer-Identifikationsnummer erteilt worden ist, wird an dem Ort erbracht, an dem der vermittelte Umsatz als ausgeführt gilt.

5. Die Einräumung der Eintrittsberechtigung zu kulturellen, künstlerischen, wissenschaftlichen, unterrichtenden, sportlichen, unterhaltenden oder ähnlichen Veranstaltungen, wie Messen und Ausstellungen, sowie die damit zusammenhängenden sonstigen Leistungen an einen Unternehmer für dessen Unternehmen oder an eine nicht unternehmerisch tätige juristische Person, der eine Umsatzsteuer-Identifikationsnummer erteilt worden ist, wird an dem Ort erbracht, an dem die Veranstaltung tatsächlich durchgeführt wird.

(4) Ist der Empfänger einer der in Satz 2 bezeichneten sonstigen Leistungen weder ein Unternehmer, für dessen Unternehmen die Leistung bezogen wird, noch eine nicht unternehmerisch tätige juristische Person, der eine Umsatzsteuer-Identifikationsnummer erteilt worden ist, und hat er seinen Wohnsitz oder Sitz im Drittlandsgebiet, wird die sonstige Leistung an seinem Wohnsitz oder Sitz ausgeführt. Sonstige Leistungen im Sinne des Satzes 1 sind:

1. die Einräumung, Übertragung und Wahrnehmung von Patenten, Urheberrechten, Markenrechten und ähnlichen Rechten;

2. die sonstigen Leistungen, die der Werbung oder der Öffentlichkeitsarbeit dienen, einschließlich der Leistungen der Werbungsmittler und der Werbeagenturen;

3. die sonstigen Leistungen aus der Tätigkeit als Rechtsanwalt, Patentanwalt, Steuerberater, Steuerbevollmächtigter, Wirtschaftsprüfer, vereidigter Buchprüfer, Sachverständiger, Ingenieur, Aufsichtsratsmitglied, Dolmetscher und Übersetzer sowie ähnliche Leistungen anderer Unternehmer, insbesondere die rechtliche, wirtschaftliche und technische Beratung;

4. die Datenverarbeitung;

5. die Überlassung von Informationen einschließlich gewerblicher Verfahren und Erfahrungen;

---

1) Fassung ab 01.01.2011, siehe Anlage § 003a-18

6. a) die sonstigen Leistungen der in § 4 Nr. 8 Buchstabe a bis h und Nr. 10 bezeichneten Art sowie die Verwaltung von Krediten und Kreditsicherheiten,

b) die sonstigen Leistungen im Geschäft mit Gold, Silber und Platin. Das gilt nicht für Münzen und Medaillen aus diesen Edelmetallen;

7. die Gestellung von Personal;
8. der Verzicht auf Ausübung eines der in Nummer 1 bezeichneten Rechte;
9. der Verzicht, ganz oder teilweise eine gewerbliche oder berufliche Tätigkeit auszuüben;
10. die Vermietung beweglicher körperlicher Gegenstände, ausgenommen Beförderungsmittel;
11. die sonstigen Leistungen auf dem Gebiet der Telekommunikation;
12. die Rundfunk- und Fernsehdienstleistungen;
13. die auf elektronischem Weg erbrachten sonstigen Leistungen;
14. [1)]die Gewährung des Zugangs zum Erdgasnetz, zum Elektrizitätsnetz oder zu Wärme- oder Kältenetzen und die Fernleitung, die Übertragung oder Verteilung über diese Netze sowie die Erbringung anderer damit unmittelbar zusammenhängender sonstiger Leistungen.

(5) Ist der Empfänger einer in Absatz 4 Satz 2 Nr. 13 bezeichneten sonstigen Leistung weder ein Unternehmer, für dessen Unternehmen die Leistung bezogen wird, noch eine nicht unternehmerisch tätige juristische Person, der eine Umsatzsteuer-Identifikationsnummer erteilt worden ist, und hat er seinen Wohnsitz oder Sitz im Gemeinschaftsgebiet, wird die sonstige Leistung abweichend von Absatz 1 dort ausgeführt, wo er seinen Wohnsitz oder Sitz hat, wenn die sonstige Leistung von einem Unternehmer ausgeführt wird, der im Drittlandsgebiet ansässig ist oder dort eine Betriebsstätte hat, von der die Leistung ausgeführt wird.

(6) Erbringt ein Unternehmer, der sein Unternehmen von einem im Drittlandsgebiet liegenden Ort aus betreibt,

1. eine in Absatz 3 Nr. 2 bezeichnete Leistung oder die langfristige Vermietung eines Beförderungsmittels,
2. [2)]eine in Absatz 4 Satz 2 Nr. 1 bis 10 bezeichnete sonstige Leistung an eine im Inland ansässige juristische Person des öffentlichen Rechts, oder
3. eine in Absatz 4 Satz 2 Nr. 11 und 12 bezeichnete Leistung,

ist diese Leistung abweichend von Absatz 1, Absatz 3 Nr. 2 oder Absatz 4 Satz 1 als im Inland ausgeführt zu behandeln, wenn sie dort genutzt oder ausgewertet wird. Wird die Leistung von einer Betriebsstätte eines Unternehmers ausgeführt, gilt Satz 1 entsprechend, wenn die Betriebsstätte im Drittlandsgebiet liegt.

(7) Vermietet ein Unternehmer, der sein Unternehmen vom Inland aus betreibt, kurzfristig ein Schienenfahrzeug, einen Kraftomnibus oder ein ausschließlich zur Beförderung von Gegenständen bestimmtes Straßenfahrzeug, ist diese Leistung abweichend von Absatz 3 Nr. 2 als im Drittlandsgebiet ausgeführt zu behandeln, wenn die Leistung an einen im Drittlandsgebiet ansässigen Unternehmer erbracht wird, das Fahrzeug für dessen Unternehmen bestimmt ist und im Drittlandsgebiet genutzt wird. Wird die Vermietung des Fahrzeugs von einer Betriebsstätte eines Unternehmers ausgeführt, gilt Satz 1 entsprechend, wenn die Betriebsstätte im Inland liegt.

(8) [3)] Erbringt ein Unternehmer eine Güterbeförderungsleistung, ein Beladen, Entladen, Umschlagen oder ähnliche mit der Beförderung von Gegenständen im Zusammenhang stehende Leistungen im Sinne des § 3b Absatz 2, eine Arbeit an beweglichen körperlichen Gegenständen oder eine Begutachtung dieser Gegenstände oder eine Reisevorleistung im Sinne des § 25 Absatz 1 Satz 5, ist diese Leistung abweichend von Absatz 2 als im Drittlandsgebiet ausgeführt zu behandeln, wenn die Leistung dort genutzt oder ausgewertet wird. Erbringt ein Unternehmer eine sonstige Leistung auf dem Gebiet der Telekommunikation, ist diese Leistung abweichend von Absatz 1 als im Drittlandsgebiet ausgeführt zu behandeln, wenn die Leistung dort genutzt oder ausgewertet wird. Die Sätze 1 und 2 gelten nicht, wenn die dort genannten Leistungen in einem der in § 1 Absatz 3 genannten Gebiete tatsächlich ausgeführt werden.

§ 3b [4)]
Ort der Beförderungsleistungen und der damit zusammenhängenden sonstigen Leistungen

(1) Eine Beförderung einer Person wird dort ausgeführt, wo die Beförderung bewirkt wird. Erstreckt sich eine solche Beförderung nicht nur auf das Inland, fällt nur der Teil der Leistung unter dieses Gesetz, der auf das Inland entfällt. Die Sätze 1 und 2 gelten entsprechend für die Beförderung von Gegenständen, die keine innergemeinschaftliche Beförderung eines Gegenstands im Sinne des Absatzes 3 ist, wenn der Empfänger weder ein Unter-

---

1) Fassung ab 01.01.2011
2) Fassung ab 01.01.2011
3) Gilt ab 01.01.2011. Ab 01.07.2011 gilt § 3a Abs. 8 Satz 1 UStG in folgender Fassung (vgl. Gesetz vom 07.12.2011, BGBl. I 2011 S. 2592):
„Erbringt ein Unternehmer eine Güterbeförderungsleistung, ein Beladen, Entladen, Umschlagen oder ähnliche mit der Beförderung von Gegenständen im Zusammenhang stehende Leistungen im Sinne des § 3b Absatz 2, eine Arbeit an beweglichen körperlichen Gegenständen oder eine Begutachtung dieser Gegenstände, eine Reisevorleistung im Sinne des § 25 Absatz 1 Satz 5 oder eine Veranstaltungsleistung im Zusammenhang mit Messen und Ausstellungen, ist diese Leistung abweichend von Absatz 2 als im Drittlandsgebiet ausgeführt zu behandeln, wenn die Leistung dort genutzt oder ausgewertet wird."
4) Fassung ab 01.01.2010; siehe BMF-Schreiben vom 04.09.2009, BStBl. 2009 I S. 1612

§§ 3b – 3d UStG

nehmer, für dessen Unternehmen die Leistung bezogen wird, noch eine nicht unternehmerisch tätige juristische Person ist, der eine Umsatzsteuer-Identifikationsnummer erteilt worden ist. Die Bundesregierung kann mit Zustimmung des Bundesrates durch Rechtsverordnung zur Vereinfachung des Besteuerungsverfahrens bestimmen, dass bei Beförderungen, die sich sowohl auf das Inland als auch auf das Ausland erstrecken (grenzüberschreitende Beförderungen),

1. kurze inländische Beförderungsstrecken als ausländische und kurze ausländische Beförderungsstrecken als inländische angesehen werden;
2. Beförderungen über kurze Beförderungsstrecken in den in § 1 Abs. 3 bezeichneten Gebieten nicht wie Umsätze im Inland behandelt werden.

(2) Das Beladen, Entladen, Umschlagen und ähnliche mit der Beförderung eines Gegenstands im Zusammenhang stehende Leistungen an einen Empfänger, der weder ein Unternehmer ist, für dessen Unternehmen die Leistung bezogen wird, noch eine nicht unternehmerisch tätige juristische Person ist, der eine Umsatzsteuer-Identifikationsnummer erteilt worden ist, werden dort ausgeführt, wo sie vom Unternehmer tatsächlich erbracht werden.

(3) Die Beförderung eines Gegenstands, die in dem Gebiet eines Mitgliedstaates beginnt und in dem Gebiet eines anderen Mitgliedstaates endet (innergemeinschaftliche Beförderung eines Gegenstands), an einen Empfänger, der weder ein Unternehmer ist, für dessen Unternehmen die Leistung bezogen wird, noch eine nicht unternehmerisch tätige juristische Person, der eine Umsatzsteuer-Identifikationsnummer erteilt worden ist, wird an dem Ort ausgeführt, an dem die Beförderung des Gegenstands beginnt.

§ 3c
Ort der Lieferung in besonderen Fällen

(1) Wird bei einer Lieferung der Gegenstand durch den Lieferer oder einem von ihm beauftragten Dritten aus dem Gebiet eines Mitgliedstaates in das Gebiet eines anderen Mitgliedstaates oder aus dem übrigen Gemeinschaftsgebiet in die in § 1 Abs. 3 bezeichneten Gebiete befördert oder versendet, so gilt die Lieferung nach Maßgabe der Absätze 2 bis 5 dort als ausgeführt, wo die Beförderung oder Versendung endet. Das gilt auch, wenn der Lieferer den Gegenstand in das Gemeinschaftsgebiet eingeführt hat.

(2) Absatz 1 ist anzuwenden, wenn der Abnehmer
1. nicht zu den in § 1a Abs. 1 Nr. 2 genannten Personen gehört oder
2. a) ein Unternehmer ist, der nur steuerfreie Umsätze ausführt, die zum Ausschluß vom Vorsteuerabzug führen, oder
   b) ein Kleinunternehmer ist, der nach dem Recht des für die Besteuerung zuständigen Mitgliedstaates von der Steuer befreit ist oder auf andere Weise von der Besteuerung ausgenommen ist, oder
   c) ein Unternehmer ist, der nach dem Recht des für die Besteuerung zuständigen Mitgliedstaates die Pauschalregelung für landwirtschaftliche Erzeuger anwendet, oder
   d) eine juristische Person ist, die nicht Unternehmer ist oder die den Gegenstand nicht für ihr Unternehmen erwirbt,

und als einer der in den Buchstaben a bis d genannten Abnehmer weder die maßgebende Erwerbsschwelle überschreitet noch auf ihre Anwendung verzichtet. Im Falle der Beendigung der Beförderung oder Versendung im Gebiet eines anderen Mitgliedstaates ist die von diesem Mitgliedstaat festgesetzte Erwerbsschwelle maßgebend.

(3) Absatz 1 ist nicht anzuwenden, wenn bei dem Lieferer der Gesamtbetrag der Entgelte, der den Lieferungen in einen Mitgliedstaat zuzurechnen ist, die maßgebliche Lieferschwelle im laufenden Kalenderjahr nicht überschreitet und im vorangegangenen Kalenderjahr nicht überschritten hat.[1)] Maßgebende Lieferschwelle ist

1. im Fall der Beendigung der Beförderung oder Versendung im Inland oder in den in § 1 Abs. 3 bezeichneten Gebieten der Betrag von 100.000 Euro,
2. im Fall der Beendigung der Beförderung oder Versendung im Gebiet eines anderen Mitgliedstaates der von diesem Mitgliedstaat festgesetzte Betrag.

(4) Wird die maßgebende Lieferschwelle nicht überschritten, gilt die Lieferung auch dann am Ort der Beendigung der Beförderung oder Versendung als ausgeführt, wenn der Lieferer auf die Anwendung des Absatzes 3 verzichtet. Der Verzicht ist gegenüber der zuständigen Behörde zu erklären. Er bindet den Lieferer mindestens für zwei Kalenderjahre.

(5) Die Absätze 1 bis 4 gelten nicht für die Lieferung neuer Fahrzeuge. Absatz 2 Nr. 2 und Absatz 3 gelten nicht für die Lieferung verbrauchsteuerpflichtiger Waren.

§ 3d
Ort des innergemeinschaftlichen Erwerbs

Der innergemeinschaftliche Erwerb wird in dem Gebiet des Mitgliedstaates bewirkt, in dem sich der Gegenstand am Ende der Beförderung oder Versendung befindet. Verwendet der Erwerber gegenüber dem Lieferer eine ihm von einem anderen Mitgliedstaat erteilte Umsatzsteuer-Identifikationsnummer, gilt der Erwerb so lange in dem Gebiet dieses Mitgliedstaates als bewirkt, bis der Erwerber nachweist, daß der Erwerb durch den in Satz 1 bezeichneten Mitgliedstaat besteuert worden ist oder nach § 25b Abs. 3 als besteuert gilt, sofern der erste Abnehmer seiner Erklärungspflicht nach § 18a Abs. 7 Satz 1 Nr. 4[2)] nachgekommen ist.

---

1) § 3c Abs. 3 Satz 1 UStG neugefaßt ab 01.01.2000
2) Gilt ab 01.07.2010

§ 3e[1])
Ort der Lieferungen und Restaurationsleistungen während einer Beförderung an Bord eines Schiffs, in einem Luftfahrzeug oder in einer Eisenbahn

(1) Wird ein Gegenstand an Bord eines Schiffs, in einem Luftfahrzeug oder in einer Eisenbahn während einer Beförderung innerhalb des Gemeinschaftsgebiets geliefert oder dort eine sonstige Leistung ausgeführt, die in der Abgabe von Speisen und Getränken zum Verzehr an Ort und Stelle (Restaurationsleistung) besteht, gilt der Abgangsort des jeweiligen Beförderungsmittels im Gemeinschaftsgebiet als Ort der Lieferung oder der sonstigen Leistung.

(2) Als Beförderung innerhalb des Gemeinschaftsgebiets im Sinne des Absatzes 1 gilt die Beförderung oder der Teil der Beförderung zwischen dem Abgangsort und dem Ankunftsort des Beförderungsmittels im Gemeinschaftsgebiet ohne Zwischenaufenthalt außerhalb des Gemeinschaftsgebiets. Abgangsort im Sinne des Satzes 1 ist der erste Ort innerhalb des Gemeinschaftsgebiets, an dem Reisende in das Beförderungsmittel einsteigen können. Ankunftsort im Sinne des Satzes 1 ist der letzte Ort innerhalb des Gemeinschaftsgebiets, an dem Reisende das Beförderungsmittel verlassen können. Hin- und Rückfahrt gelten als gesonderte Beförderungen.

§ 3f[2])
Ort der unentgeltlichen Lieferungen und sonstigen Leistungen

Lieferungen im Sinne des § 3 Abs. 1b und sonstige Leistungen im Sinne des § 3 Abs. 9a werden an dem Ort ausgeführt, von dem aus der Unternehmer sein Unternehmen betreibt. Werden diese Leistungen von einer Betriebsstätte ausgeführt, gilt die Betriebsstätte als Ort der Leistungen.

§ 3g[3])
Ort der Lieferung von Gas, Elektrizität, Wärme oder Kälte

(1) Bei einer Lieferung von Gas über das Erdgasnetz, von Elektrizität oder von Wärme oder Kälte über Wärme- und Kältenetze an einen Unternehmer, dessen Haupttätigkeit in Bezug auf den Erwerb dieser Gegenstände in deren Lieferung besteht und dessen eigener Verbrauch dieser Gegenstände von untergeordneter Bedeutung ist, gilt als Ort dieser Lieferung der Ort, an dem der Abnehmer sein Unternehmen betreibt. Wird die Lieferung an die Betriebsstätte eines Unternehmers im Sinne des Satzes 1 ausgeführt, so ist stattdessen der Ort der Betriebsstätte maßgebend.

(2) Bei einer Lieferung von Gas über das Erdgasnetz, von Elektrizität oder von Wärme oder Kälte über Wärme- oder Kältenetze an andere als die in Absatz 1 bezeichneten Abnehmer gilt als Ort der Lieferung der Ort, an dem der Abnehmer die Gegenstände tatsächlich nutzt oder verbraucht. Soweit die Gegenstände von diesem Abnehmer nicht tatsächlich genutzt oder verbraucht werden, gelten sie als an dem Ort genutzt oder verbraucht, an dem der Abnehmer seinen Sitz, eine Betriebsstätte, an die die Gegenstände geliefert werden, oder seinen Wohnsitz hat.

(3) Auf Gegenstände, deren Lieferungsort sich nach Absatz 1 oder Absatz 2 bestimmt, sind die Vorschriften des § 1a Abs. 2 und § 3 Abs. 1a nicht anzuwenden.

Zweiter Abschnitt
Steuerbefreiung und Steuervergütungen

§ 4
Steuerbefreiungen bei Lieferungen und sonstigen Leistungen

Von den unter § 1 Abs. 1 Nr. 1 fallenden Umsätzen sind steuerfrei:

1. a) die Ausfuhrlieferungen (§ 6) und die Lohnveredelungen an Gegenständen der Ausfuhr (§ 7),

   b) die innergemeinschaftlichen Lieferungen (§ 6a);

   c) (aufgehoben ab 1. Januar 1996)

2. die Umsätze für die Seeschiffahrt und für die Luftfahrt (§ 8);

3. die folgenden sonstigen Leistungen:

   a) die grenzüberschreitenden Beförderungen von Gegenständen, die Beförderungen im internationalen Eisenbahnfrachtverkehr und andere sonstige Leistungen, wenn sich die Leistungen

      aa) unmittelbar auf Gegenstände der Ausfuhr beziehen oder auf eingeführte Gegenstände beziehen, die im externen Versandverfahren in das Drittlandsgebiet befördert werden, oder

      bb) auf Gegenstände der Einfuhr in das Gebiet eines Mitgliedstaates der Europäischen Gemeinschaft beziehen und die Kosten für die Leistungen in der Bemessungsgrundlage für diese Einfuhr enthalten sind. Nicht befreit sind die Beförderungen der in § 1 Abs. 3 Nr. 4 Buchstabe a bezeichneten Gegenstände aus einem Freihafen in das Inland;

   b) die Beförderungen von Gegenständen nach und von den Inseln, die die autonomen Regionen Azoren und Madeira bilden;

   c) sonstige Leistungen, die sich unmittelbar auf eingeführte Gegenstände beziehen, für die zollamtlich eine vorübergehende Verwendung in den in § 1 Abs. 1 Nr. 4 bezeichneten Gebieten bewilligt worden ist, wenn der Leistungsempfänger ein ausländischer Auftraggeber (§ 7 Abs. 2) ist. Dies gilt nicht für sonstige Leistungen, die sich auf Beför-

---

1) Fassung ab 01.01.2010; siehe BMF-Schreiben vom 04.09.2009, BStBl. 2009 I S. 1612
2) Gültig ab 01.04.1999
3) Fassung ab 01.01.2011

§ 4 UStG

derungsmittel, Paletten und Container beziehen.

Die Vorschrift gilt nicht für die in den Nummern 8, 10 und 11 bezeichneten Umsätze und für die Bearbeitung oder Verarbeitung eines Gegenstandes einschließlich der Werkleistung im Sinne des § 3 Abs. 10. Die Voraussetzungen der Steuerbefreiung müssen vom Unternehmer nachgewiesen sein. Das Bundesministerium der Finanzen kann mit Zustimmung des Bundesrates durch Rechtsverordnung bestimmen, wie der Unternehmer den Nachweis zu führen hat;

4. die Lieferungen von Gold an Zentralbanken;

4a. [1])die folgenden Umsätze:

 a) die Lieferungen der in der Anlage 1 bezeichneten Gegenstände an einen Unternehmer für sein Unternehmen, wenn der Gegenstand der Lieferung im Zusammenhang mit der Lieferung in ein Umsatzsteuerlager eingelagert wird oder sich in einem Umsatzsteuerlager befindet. Mit der Auslagerung eines Gegenstandes aus einem Umsatzsteuerlager entfällt die Steuerbefreiung für die der Auslagerung vorangegangene Lieferung, den der Auslagerung vorangegangenen innergemeinschaftlichen Erwerb oder die der Auslagerung vorangegangene Einfuhr; dies gilt nicht, wenn der Gegenstand im Zusammenhang mit der Auslagerung in ein anderes Umsatzsteuerlager im Inland eingelagert wird. Eine Auslagerung ist die endgültige Herausnahme eines Gegenstandes aus einem Umsatzsteuerlager. Der endgültigen Herausnahme steht gleich der sonstige Wegfall der Voraussetzungen für die Steuerbefreiung sowie die Erbringung einer nicht nach Buchstabe b begünstigten Leistung an den eingelagerten Gegenständen;

 b) die Leistungen, die mit der Lagerung, der Erhaltung, der Verbesserung der Aufmachung und Handelsgüte oder der Vorbereitung des Vertriebs oder Weiterverkaufs der eingelagerten Gegenstände unmittelbar zusammenhängen. Dies gilt nicht, wenn durch die Leistungen die Gegenstände so aufbereitet werden, dass sie zur Lieferung auf der Einzelhandelsstufe geeignet sind.

Die Steuerbefreiung gilt nicht für Leistungen an Unternehmer, die diese zur Ausführung von Umsätzen verwenden, für die die Steuer nach den Durchschnittssätzen des § 24 festgesetzt ist. Die Voraussetzungen der Steuerbefreiung müssen vom Unternehmer eindeutig und leicht nachprüfbar nachgewiesen sein. Umsatzsteuerlager kann jedes Grundstück oder Grundstücksteil im Inland sein, das zur Lagerung der in Anlage 1 genannten Gegenstände dienen soll und von einem Lagerhalter betrieben wird. Es kann mehrere Lagerorte umfassen. Das Umsatzsteuerlager bedarf der Bewilligung des für den Lagerhalter zuständigen Finanzamtes. Der Antrag ist schriftlich zu stellen. Die Bewilligung ist zu erteilen, wenn ein wirtschaftliches Bedürfnis für den Betrieb des Umsatzsteuerlagers besteht und der Lagerhalter die Gewähr für dessen ordnungsgemäße Verwaltung bietet;

4b. [2])die einer Einfuhr vorangehende Lieferung von Gegenständen, wenn der Abnehmer oder dessen Beauftragter den Gegenstand der Lieferung einführt. Dies gilt entsprechend für Lieferungen, die den in Satz 1 genannten Lieferungen vorausgegangen sind. Die Voraussetzungen der Steuerbefreiung müssen vom Unternehmer eindeutig und leicht nachprüfbar nachgewiesen sein;

5. die Vermittlung

 a) [3])der unter die Nummer 1 Buchstabe a, Nummern 2 bis 4b und Nummern 6 und 7 fallenden Umsätze,

 b) der grenzüberschreitenden Beförderungen von Personen mit Luftfahrzeugen oder Seeschiffen,

 c) der Umsätze, die ausschließlich im Drittlandsgebiet bewirkt werden,

 d) der Lieferungen, die nach § 3 Abs. 8 als im Inland ausgeführt zu behandeln sind.

Nicht befreit ist die Vermittlung von Umsätzen durch Reisebüros für Reisende. Die Voraussetzungen der Steuerbefreiung müssen vom Unternehmer nachgewiesen sein. Das Bundesministerium der Finanzen kann mit Zustimmung des Bundesrates durch Rechtsverordnung bestimmen, wie der Unternehmer den Nachweis zu führen hat;

6. a) die Lieferungen und sonstigen Leistungen der Eisenbahnen des Bundes auf Gemeinschaftsbahnhöfen, Betriebswechselbahnhöfen, Grenzbetriebsstrecken und Durchgangsstrecken an Eisenbahnverwaltungen mit Sitz im Ausland;

 b) (aufgehoben zum 01.01.2002) [4])

 c) die Lieferungen von eingeführten Gegenständen an im Drittlandsgebiet, ausgenommen Gebiete nach § 1 Abs. 3, ansässige Abnehmer, soweit für die Gegenstände zollamtlich eine vorübergehende Verwendung in den in § 1 Abs. 1 Nr. 4 genannten Gebieten bewilligt worden ist und diese Bewilligung auch nach der Lieferung gilt. Nicht befreit sind die Lieferungen von Beförderungsmitteln, Paletten und Containern;

 d) Personenbeförderungen im Passagier- und Fährverkehr mit Wasserfahrzeugen für die Seeschiffahrt, wenn die Personenbeförderungen zwischen inländischen Seehäfen und der Insel Helgoland durchgeführt werden;

---

1) Gilt ab 01.01.2004; siehe dazu BMF vom 28.01.2004, Anlage § 004 Nr. 4a-1
2) Gilt ab 01.01.2004; siehe dazu BMF vom 28.01.2004, Anlage § 004 Nr. 4a-1
3) Gilt ab 01.01.2004; siehe dazu BMF vom 28.01.2004, Anlage § 004 Nr. 4a-1
4) Vgl. StEuglG

§ 4 UStG

e) [1)]die Abgabe von Speisen und Getränken zum Verzehr an Ort und Stelle im Verkehr mit Wasserfahrzeugen für die Seeschiffahrt zwischen einem inländischen und ausländischen Seehafen und zwischen zwei ausländischen Seehäfen. Inländische Seehäfen im Sinne des Satzes 1 sind auch die Freihäfen und Häfen auf der Insel Helgoland;

7. [2)]die Lieferungen, ausgenommen Lieferungen neuer Fahrzeuge im Sinne des § 1b Abs. 2 und 3, und die sonstigen Leistungen

　a) an andere Vertragsparteien des Nordatlantikvertrages, die nicht unter die in § 26 Abs. 5 bezeichneten Steuerbefreiungen fallen, wenn die Umsätze für den Gebrauch oder Verbrauch durch die Streitkräfte dieser Vertragsparteien, ihr ziviles Begleitpersonal oder für die Versorgung ihrer Kasinos oder Kantinen bestimmt sind und die Streitkräfte der gemeinsamen Verteidigungsanstrengung dienen,

　b) an die in dem Gebiet eines anderen Mitgliedstaates stationierten Streitkräfte der Vertragsparteien des Nordatlantikvertrages, soweit sie nicht an die Streitkräfte dieses Mitgliedstaates ausgeführt werden,

　c) an die in dem Gebiet eines anderen Mitgliedstaates ansässigen ständigen diplomatischen Missionen und berufskonsularischen Vertretungen sowie deren Mitglieder und

　d) an die in dem Gebiet eines anderen Mitgliedstaates ansässigen zwischenstaatlichen Einrichtungen sowie deren Mitglieder.

Der Gegenstand der Lieferung muß in den Fällen des Satzes 1 Buchstabe b bis d in das Gebiet des anderen Mitgliedstaates befördert oder versendet werden. Für die Steuerbefreiungen nach Satz 1 Buchstabe b bis d sind die in dem anderen Mitgliedstaat geltenden Voraussetzungen maßgebend. Die Voraussetzungen der Steuerbefreiungen müssen vom Unternehmer nachgewiesen sein. Bei den Steuerbefreiungen nach Satz 1 Buchstabe b bis d hat der Unternehmer die in dem anderen Mitgliedstaat geltenden Voraussetzungen dadurch nachzuweisen, daß ihm der Abnehmer eine von der zuständigen Behörde des anderen Mitgliedstaates oder, wenn er hierzu ermächtigt ist, eine selbst ausgestellte Bescheinigung nach amtlich vorgeschriebenem Muster aushändigt. Das Bundesministerium der Finanzen kann mit Zustimmung des Bundesrates durch Rechtsverordnung bestimmen, wie der Unternehmer die übrigen Voraussetzungen nachzuweisen hat;

8. a) die Gewährung und die Vermittlung von Krediten,

　b) die Umsätze und die Vermittlung der Umsätze von gesetzlichen Zahlungsmitteln. Das gilt nicht, wenn die Zahlungsmittel wegen ihres Metallgehaltes oder ihres Sammlerwertes umgesetzt werden,

　c) [3)]die Umsätze im Geschäft mit Forderungen, Schecks und anderen Handelspapieren sowie die Vermittlung dieser Umsätze, ausgenommen die Einziehung von Forderungen,

　d) die Umsätze und die Vermittlung der Umsätze im Einlagengeschäft, im Kontokorrentverkehr, im Zahlungs- und Überweisungsverkehr und das Inkasso von Handelspapieren,

　e) die Umsätze im Geschäft mit Wertpapieren und die Vermittlung dieser Umsätze, ausgenommen die Verwahrung und die Verwaltung von Wertpapieren,

　f) die Umsätze und die Vermittlung der Umsätze von Anteilen an Gesellschaften und anderen Vereinigungen,

　g) die Übernahme von Verbindlichkeiten, von Bürgschaften und anderen Sicherheiten sowie die Vermittlung dieser Umsätze,

　h) [4)]die Verwaltung von Investmentvermögen nach dem Investmentgesetz und die Verwaltung von Versorgungseinrichtungen im Sinne des Versicherungsaufsichtsgesetzes,

　i) die Umsätze der im Inland gültigen amtlichen Wertzeichen zum aufgedruckten Wert;[5)]

9. a) die Umsätze, die unter das Grunderwerbsteuergesetz fallen,

　b) [6)]die Umsätze, die unter das Rennwett- und Lotteriegesetz fallen. Nicht befreit sind die unter das Rennwett- und Lotteriegesetz fallenden Umsätze, die von der Rennwett- und Lotteriesteuer befreit sind oder von denen diese Steuer allgemein nicht erhoben wird;

10. a) die Leistungen auf Grund eines Versicherungsverhältnisses im Sinne des Versicherungsteuergesetzes. Das gilt auch, wenn die Zahlung des Versicherungsentgelts nicht der Versicherungsteuer unterliegt;

　b) die Leistungen, die darin bestehen, daß anderen Personen Versicherungsschutz verschafft wird;

11. die Umsätze aus der Tätigkeit als Bausparkassenvertreter, Versicherungsvertreter und Versicherungsmakler;

11a. die folgenden vom 1. Januar 1993 bis zum 31. Dezember 1995 ausgeführten Umsätze der Deutschen Bundespost TELEKOM und der Deutschen Telekom AG:

---

1) Fassung ab 29.12.2007
2) Fassung ab 25.12.2008
3) Fassung ab 01.01.2002
4) Fassung ab 29.12.2007
5) § 4 Nr. 8 Buchst. j UStG weggefallen ab 16.12.2004
6) Fassung ab 06.05.2006

§ 4 UStG

a) Die Überlassung von Anschlüssen des Telefonnetzes und des diensteintegrierenden digitalen Fernmeldenetzes sowie die Bereitstellung der von diesen Anschlüssen ausgehenden Verbindungen innerhalb dieser Netze und zu Mobilfunkendeinrichtungen,

b) die Überlassung von Übertragungswegen im Netzmonopol des Bundes,

c) die Ausstrahlung und Übertragung von Rundfunksignalen einschließlich der Überlassung der dazu erforderlichen Sendeanlagen und sonstigen Einrichtungen sowie das Empfangen und Verteilen von Rundfunksignalen in Breitbandverteilnetzen einschließlich der Überlassung von Kabelanschlüssen;

11b. [1)]Universaldienstleistungen nach Artikel 3 Absatz 4 der Richtlinie 97/67/EG des Europäischen Parlaments und des Rates vom 15. Dezember 1997 über gemeinsame Vorschriften für die Entwicklung des Binnenmarktes der Postdienste der Gemeinschaft und die Verbesserung der Dienstequalität (ABl. L 15 vom 21.1.1998, S. 14, L 23 vom 30.1.1998, S. 39), die zuletzt durch die Richtlinie 2008/6/EG (ABl. L 52 vom 27.2.2008, S. 3) geändert worden ist, in der jeweils geltenden Fassung. Die Steuerbefreiung setzt voraus, dass der Unternehmer sich entsprechend einer Bescheinigung des Bundeszentralamtes für Steuern gegenüber dieser Behörde verpflichtet hat, flächendeckend im gesamten Gebiet der Bundesrepublik Deutschland die Gesamtheit der Universaldienstleistungen oder einen Teilbereich dieser Leistungen nach Satz 1 anzubieten. Die Steuerbefreiung gilt nicht für Leistungen, die der Unternehmer erbringt

a) auf Grund individuell ausgehandelter Vereinbarungen oder

b) auf Grund allgemeiner Geschäftsbedingungen zu abweichenden Qualitätsbedingungen oder zu günstigeren Preisen als den nach den allgemein für jedermann zugänglichen Tarifen oder den nach § 19 des Postgesetzes vom 22. Dezember 1997 (BGBl. I S. 3294), das zuletzt durch Artikel 272 der Verordnung vom 31. Oktober 2006 (BGBl. I S. 2407) geändert worden ist, in der jeweils geltenden Fassung, genehmigten Entgelten;

12. a) die Vermietung und die Verpachtung von Grundstücken, von Berechtigungen, für die die Vorschriften des bürgerlichen Rechts über Grundstücke gelten, und von staatlichen Hoheitsrechten, die Nutzungen von Grund und Boden betreffen,

b) die Überlassung von Grundstücken und Grundstücksteilen zur Nutzung auf Grund eines auf Übertragung des Eigentums gerichteten Vertrages oder Vorvertrages,

c) die Bestellung, die Übertragung und die Überlassung der Ausübung von dinglichen Nutzungsrechten an Grundstücken.

Nicht befreit sind die Vermietung von Wohn- und Schlafräumen, die ein Unternehmer zur kurzfristigen Beherbergung von Fremden bereithält, die Vermietung von Plätzen für das Abstellen von Fahrzeugen, die kurzfristige Vermietung auf Campingplätzen und die Vermietung und Verpachtung von Maschinen und sonstigen Vorrichtungen aller Art, die zu einer Betriebsanlage gehören (Betriebsvorrichtungen), auch wenn sie wesentliche Bestandteile eines Grundstücks sind;

13. die Leistungen, die die Gemeinschaften der Wohnungseigentümer im Sinne des Wohnungseigentumsgesetzes in der im Bundesgesetzblatt Teil III, Gliederungsnummer 403-1, veröffentlichten bereinigten Fassung, in der jeweils geltenden Fassung an die Wohnungseigentümer und Teileigentümer erbringen, soweit die Leistungen in der Überlassung des gemeinschaftlichen Eigentums zum Gebrauch, seiner Instandhaltung, Instandsetzung und sonstigen Verwaltung sowie der Lieferung von Wärme und ähnlichen Gegenständen bestehen;

14.[2)] a) Heilbehandlungen im Bereich der Humanmedizin, die im Rahmen der Ausübung der Tätigkeit als Arzt, Zahnarzt, Heilpraktiker, Physiotherapeut, Hebamme oder einer ähnlichen heilberuflichen Tätigkeit durchgeführt werden. Satz 1 gilt nicht für die Lieferung oder Wiederherstellung von Zahnprothesen (aus Unterpositionen 9021 21 und 9021 29 00 des Zolltarifs) und kieferorthopädischen Apparaten (aus Unterposition 9021 10 des Zolltarifs), soweit sie der Unternehmer in seinem Unternehmen hergestellt oder wiederhergestellt hat;

b) Krankenhausbehandlungen und ärztliche Heilbehandlungen einschließlich der Diagnostik, Befunderhebung, Vorsorge, Rehabilitation, Geburtshilfe und Hospizleistungen sowie damit eng verbundene Umsätze, die von Einrichtungen des öffentlichen Rechts erbracht werden. Die in Satz 1 bezeichneten Leistungen sind auch steuerfrei, wenn sie von

aa) zugelassenen Krankenhäusern nach § 108 des Fünften Buches Sozialgesetzbuch,

bb) Zentren für ärztliche Heilbehandlung und Diagnostik oder Befunderhebung, die an der vertragsärztlichen Versorgung nach § 95 des Fünften Buches Sozialgesetzbuch teilnehmen oder für die Regelungen nach § 115 des Fünften Buches Sozialgesetzbuch gelten,

cc) Einrichtungen, die von den Trägern der gesetzlichen Unfallversicherung nach § 34 des Siebten Buches Sozial-

---

1) Gilt ab 01.07.2010, siehe Anlage § 004 Nr. 11b-03
2) Fassung ab 01.01.2009

§ 4 UStG

gesetzbuch an der Versorgung beteiligt worden sind,

dd) Einrichtungen, mit denen Versorgungsverträge nach den §§ 111 und 111a des Fünften Buches Sozialgesetzbuch bestehen,

ee) Rehabilitationseinrichtungen, mit denen Verträge nach § 21 des Neunten Buches Sozialgesetzbuch bestehen,

ff) Einrichtungen zur Geburtshilfe, für die Verträge nach § 134a des Fünften Buches Sozialgesetzbuch gelten, oder

gg) Hospizen, mit denen Verträge nach § 39a Abs. 1 des Fünften Buches Sozialgesetzbuch bestehen,

erbracht werden und es sich ihrer Art nach um Leistungen handelt, auf die sich die Zulassung, der Vertrag oder die Regelung nach dem Sozialgesetzbuch jeweils bezieht, oder

hh) von Einrichtungen nach § 138 Abs. 1 Satz 1 Strafvollzugsgesetz erbracht werden;

c) Leistungen nach den Buchstaben a und b, die von Einrichtungen nach § 140b Abs. 1 des Fünften Buches Sozialgesetzbuch erbracht werden, mit denen Verträge zur integrierten Versorgung nach § 140a des Fünften Buches Sozialgesetzbuch bestehen;

d) sonstige Leistungen von Gemeinschaften, deren Mitglieder Angehörige der in Buchstabe a bezeichneten Berufe oder Einrichtungen im Sinne des Buchstaben b sind, gegenüber ihren Mitgliedern, soweit diese Leistungen für unmittelbare Zwecke der Ausübung der Tätigkeiten nach Buchstabe a oder Buchstabe b verwendet werden und die Gemeinschaft von ihren Mitgliedern lediglich die genaue Erstattung des jeweiligen Anteils an den gemeinsamen Kosten fordert;

15. [1])die Umsätze der gesetzlichen Träger der Sozialversicherung, der gesetzlichen Träger der Grundsicherung für Arbeitsuchende nach dem Zweiten Buch Sozialgesetzbuch sowie der gemeinsamen Einrichtungen nach § 44b Abs. 1 des Zweiten Buches Sozialgesetzbuch, der örtlichen und überörtlichen Träger der Sozialhilfe sowie der Verwaltungsbehörden und sonstigen Stellen der Kriegsopferversorgung einschließlich der Träger der Kriegsopferfürsorge

a) untereinander,

b) an die Versicherten, die Bezieher von Leistungen nach dem Zweiten Buch Sozialgesetzbuch, die Empfänger von Sozialhilfe oder die Versorgungsberechtigten. Das gilt nicht für die Abgabe von Brillen und Brillenteilen einschließlich der Reparaturarbeiten durch Selbstabgabestellen der gesetzlichen Träger der Sozialversicherung;

15a. [2])die auf Gesetz beruhenden Leistungen der Medizinischen Dienste der Krankenversicherung (§ 278 SGB V) und des Medizinischen Dienstes der Spitzenverbände der Krankenkassen (§ 282 SGB V) untereinander und für die gesetzlichen Träger der Sozialversicherung und deren Verbände und für die Träger der Grundsicherung für Arbeitsuchende nach dem Zweiten Buch Sozialgesetzbuch sowie die gemeinsamen Einrichtungen nach § 44b des Zweiten Buches Sozialgesetzbuch;

16. [3])die mit dem Betrieb von Einrichtungen zur Betreuung oder Pflege körperlich, geistig oder seelisch hilfsbedürftiger Personen eng verbundenen Leistungen, die von

a) juristischen Personen des öffentlichen Rechts,

b) Einrichtungen, mit denen ein Vertrag nach § 132 des Fünften Buches Sozialgesetzbuch besteht,

c) Einrichtungen, mit denen ein Vertrag nach § 132a des Fünften Buches Sozialgesetzbuch, § 72 oder § 77 des Elften Buches Sozialgesetzbuch besteht oder die Leistungen zur häuslichen Pflege oder zur Heimpflege erbringen und die hierzu nach § 26 Abs. 5 in Verbindung mit § 44 des Siebten Buches Sozialgesetzbuch bestimmt sind,

d) Einrichtungen, die Leistungen der häuslichen Krankenpflege oder Haushaltshilfe erbringen und die hierzu nach § 26 Abs. 5 in Verbindung mit § 32 und § 42 des Siebten Buches Sozialgesetzbuch bestimmt sind,

e) Einrichtungen, mit denen eine Vereinbarung nach § 111 des Neunten Buches Sozialgesetzbuch besteht,

f) Einrichtungen, die nach § 142 des Neunten Buches Sozialgesetzbuch anerkannt sind,

g) Einrichtungen, soweit sie Leistungen erbringen, die landesrechtlich als niedrigschwellige Betreuungsangebote nach § 45b des Elften Buches Sozialgesetzbuch anerkannt sind,

h) Einrichtungen, mit denen eine Vereinbarung nach § 75 des Zwölften Buches Sozialgesetzbuch besteht,

i) Einrichtungen, mit denen ein Vertrag nach § 16 des Zweiten Gesetzes über die Krankenversicherung der Landwirte, nach § 53 Abs. 2 Nr. 1 in Verbindung mit § 10 des Gesetzes über die Alterssicherung der Landwirte oder nach § 143e Abs. 4 Nr. 2 in Verbindung mit § 54 Abs. 2 des Siebten Buches Sozialgesetzbuch über die Gewährung von häuslicher Krankenpflege oder Haushaltshilfe, besteht,

---

1) Fassung ab 01.01.2011, vgl. Gesetz zur Weiterentwicklung der Organisation der Grundsicherung für Arbeitsuchende, BGBl. 2010 I S. 1112

2) Fassung ab 01.01.2011, vgl. Abs. 11 des Gesetzes zur Ermittlung von Regelbedarfen und zur Änderung des Zweiten und Zwölften Buches Sozialgesetzbuch, BGBl. I 2011 S. 453

3) Fassung ab 01.01.2009

§ 4 UStG

j) Einrichtungen, die aufgrund einer Landesrahmenempfehlung nach § 2 Frühförderungsverordnung als fachlich geeignete interdisziplinäre Frühförderstellen anerkannt sind, oder

k) Einrichtungen, bei denen im vorangegangenen Kalenderjahr die Betreuungs- oder Pflegekosten in mindestens 40 Prozent der Fälle von den gesetzlichen Trägern der Sozialversicherung oder der Sozialhilfe oder der für die Durchführung der Kriegopferversorgung zuständigen Versorgungsverwaltung einschließlich der Träger der Kriegsfürsorge ganz oder zum überwiegenden Teil vergütet worden sind,

erbracht werden. Leistungen im Sinne des Satzes 1, die von Einrichtungen nach den Buchstaben b bis k erbracht werden, sind befreit, soweit es sich ihrer Art nach um Leistungen handelt, auf die sich die Anerkennung, der Vertrag oder die Vereinbarung nach Sozialrecht oder die Vergütung jeweils bezieht;

17. a) die Lieferungen von menschlichen Organen, menschlichem Blut und Frauenmilch,

 b) die Beförderungen von kranken und verletzten Personen mit Fahrzeugen, die hierfür besonders eingerichtet sind;

18. die Leistungen der amtlich anerkannten Verbände der freien Wohlfahrtspflege und der der freien Wohlfahrtspflege dienenden Körperschaften, Personenvereinigungen und Vermögensmassen, die einem Wohlfahrtsverband als Mitglied angeschlossen sind, wenn

 a) diese Unternehmer ausschließlich und unmittelbar gemeinnützigen, mildtätigen oder kirchlichen Zwecken dienen,

 b) die Leistungen unmittelbar dem nach der Satzung, Stiftung oder sonstigen Verfassung begünstigten Personenkreis zugute kommen und

 c) die Entgelte für die in Betracht kommenden Leistungen hinter den durchschnittlich für gleichartige Leistungen von Erwerbsunternehmen verlangten Entgelten zurückbleiben.

 Steuerfrei sind auch die Beherbergung, Beköstigung und die üblichen Naturalleistungen, die diese Unternehmer an Personen, die bei den Leistungen nach Satz 1 tätig sind, als Vergütung für die geleisteten Dienste gewähren;

18a. die Leistungen zwischen den selbständigen Gliederungen einer politischen Partei, soweit diese Leistungen im Rahmen der satzungsgemäßen Aufgaben gegen Kostenerstattung ausgeführt werden;

19. a) [1)]die Umsätze der Blinden, die nicht mehr als zwei Arbeitnehmer beschäftigen. Nicht als Arbeitnehmer gelten die Ehegatte, die minderjährigen Abkömmlinge, die Eltern des Blinden und die Lehrlinge. Die Blindheit ist nach den für die Besteuerung des Einkommens maßgebenden Vorschriften nachzuweisen. Die Steuerfreiheit gilt nicht für die Lieferungen von Energieerzeugnissen im Sinne des § 1 Abs. 2 und 3 des Energiesteuergesetzes und Branntweinen, wenn der Blinde für diese Erzeugnisse Energiesteuer oder Branntweinabgaben zu entrichten hat, und für Lieferungen im Sinne der Nummer 4a Satz 1 Buchstabe a Satz 2;

 b) [2)]die folgenden Umsätze der nicht unter Buchstabe a fallenden Inhaber von anerkannten Blindenwerkstätten und der anerkannten Zusammenschlüsse von Blindenwerkstätten im Sinne des § 143 des Neunten Buches Sozialgesetzbuch:

 aa) die Lieferungen von Blindenwaren und Zusatzwaren,

 bb) die sonstigen Leistungen, soweit bei ihrer Ausführung ausschließlich Blinde mitgewirkt haben;

20. a) [3)]die Umsätze folgender Einrichtungen des Bundes, der Länder, der Gemeinden oder der Gemeindeverbände: Theater, Orchester, Kammermusikensembles, Chöre, Museen, botanische Gärten, Tierparks, Archive, Büchereien sowie Denkmäler der Bau- und Gartenbaukunst. Das gleiche gilt für die Umsätze gleichartiger Einrichtungen anderer Unternehmer, wenn die zuständige Landesbehörde bescheinigt, daß sie die gleichen kulturellen Aufgaben wie die in Satz 1 bezeichneten Einrichtungen erfüllen. Für die Erteilung der Bescheinigung gelten § 181 Abs. 1 und 5 der Abgabenordnung entsprechend. Museen im Sinne dieser Vorschrift sind wissenschaftliche Sammlungen und Kunstsammlungen;

 b) die Veranstaltung von Theatervorführungen und Konzerten durch andere Unternehmer, wenn die Darbietungen von den unter Buchstabe a bezeichneten Theatern, Orchestern, Kammermusikensembles oder Chören erbracht werden;

21. a) [4)]die unmittelbar dem Schul- und Bildungszweck dienenden Leistungen privater Schulen und anderer allgemeinbildender oder berufsbildender Einrichtungen,

 aa) wenn sie als Ersatzschulen gemäß Artikel 7 Abs. 4 des Grundgesetzes staatlich genehmigt oder nach Landesrecht erlaubt sind oder

---

1) Fassung ab 19.12.2006
2) Fassung ab 14.09.2007
3) Fassung ab 01.01.2011
4) Fassung ab 01.04.1999

§ 4 UStG

bb) wenn die zuständige Landesbehörde bescheinigt, daß sie auf einen Beruf oder eine vor einer juristischen Person des öffentlichen Rechts abzulegende Prüfung ordnungsgemäß vorbereiten;

b) die unmittelbar dem Schul- und Bildungszweck dienenden Unterrichtsleistungen selbständiger Lehrer

aa) an Hochschulen im Sinne der §§ 1 und 70 des Hochschulrahmengesetzes und öffentlichen allgemeinbildenden oder berufsbildenden Schulen oder

bb) an privaten Schulen und anderen allgemeinbildenden oder berufsbildenden Einrichtungen, soweit diese die Voraussetzungen des Buchstaben a erfüllen;

22. a) die Vorträge, Kurse und anderen Veranstaltungen wissenschaftlicher oder belehrender Art, die von juristischen Personen des öffentlichen Rechts, von Verwaltungs- und Wirtschaftsakademien, von Volkshochschulen oder von Einrichtungen, die gemeinnützigen Zwecken oder dem Zweck eines Berufsverbandes dienen, durchgeführt werden, wenn die Einnahmen überwiegend zur Deckung der Kosten[1)] verwendet werden,

b) andere kulturelle und sportliche Veranstaltungen, die von den in Buchstabe a genannten Unternehmern durchgeführt werden, soweit das Entgelt in Teilnehmergebühren besteht;

23. [2)]die Gewährung von Beherbergung, Beköstigung und die üblichen Naturalleistungen durch Einrichtungen, wenn sie überwiegend Jugendliche für Erziehungs-, Ausbildungs- oder Fortbildungszwecke oder für Zwecke der Säuglingspflege bei sich aufnehmen, soweit die Leistungen an die Jugendlichen oder an die bei ihrer Erziehung, Ausbildung, Fortbildung oder Pflege tätigen Personen ausgeführt werden. Jugendliche im Sinne dieser Vorschrift sind alle Personen vor Vollendung des 27. Lebensjahres. Steuerfrei sind auch die Beherbergung, Beköstigung und die üblichen Naturalleistungen, die diese Unternehmer den Personen, die bei den Leistungen nach Satz 1 tätig sind, als Vergütung für die geleisteten Dienste gewähren. Die Sätze 1 bis 3 gelten nicht, soweit eine Leistung der Jugendhilfe des Achten Buches Sozialgesetzbuch erbracht wird;

24. die Leistungen des Deutschen Jugendherbergswerkes, Hauptverband für Jugendwandern und Jugendherbergen e.V., einschließlich der diesem Verband angeschlossenen Untergliederungen, Einrichtungen und Jugendherbergen, soweit die Leistungen den Satzungszwecken unmittelbar dienen oder Personen, die bei diesen Leistungen tätig sind, Beherbergung, Beköstigung und die üblichen Naturalleistungen als Vergütung für die geleisteten Dienste gewährt werden. Das gleiche gilt für die Leistungen anderer Vereinigungen, die gleiche Aufgaben unter denselben Voraussetzungen erfüllen;

25. [3)]Leistungen der Jugendhilfe nach § 2 Abs. 2 des Achten Buches Sozialgesetzbuch und die Inobhutnahme nach § 42 des Achten Buches Sozialgesetzbuch, wenn diese Leistungen von Trägern der öffentlichen Jugendhilfe oder anderen Einrichtungen mit sozialem Charakter erbracht werden. Andere Einrichtungen mit sozialem Charakter im Sinne dieser Vorschrift sind

a) von der zuständigen Jugendbehörde anerkannte Träger der freien Jugendhilfe, die Kirchen und Religionsgemeinschaften des öffentlichen Rechts sowie die amtlich anerkannten Verbände der freien Wohlfahrtspflege,

b) Einrichtungen, soweit sie

aa) für ihre Leistungen eine im Achten Buch Sozialgesetzbuch geforderte Erlaubnis besitzen oder nach § 44 oder § 45 Abs. 1 Nr. 1 und 2 des Achten Buches Sozialgesetzbuch einer Erlaubnis nicht bedürfen,

bb) Leistungen erbringen, die im vorangegangenen Kalenderjahr ganz oder zum überwiegenden Teil durch Träger der öffentlichen Jugendhilfe oder Einrichtungen nach Buchstabe a vergütet wurden oder

cc) Leistungen der Kindertagespflege erbringen, für die sie nach § 24 Abs. 5 des Achten Buches Sozialgesetzbuch vermittelt werden können.

Steuerfrei sind auch

a) die Durchführung von kulturellen und sportlichen Veranstaltungen, wenn die Darbietungen von den von der Jugendhilfe begünstigten Personen selbst erbracht oder die Einnahmen überwiegend zur Deckung der Kosten verwendet werden und diese Leistungen in engem Zusammenhang mit den in Satz 1 bezeichneten Leistungen stehen,

b) die Beherbergung, Beköstigung und die üblichen Naturalleistungen, die diese Einrichtungen den Empfängern der Jugendhilfeleistungen und Mitarbeitern in der Jugendhilfe sowie den bei den Leistungen nach Satz 1 tätigen Personen als Vergütung für die geleisteten Dienste gewähren;

26. die ehrenamtliche Tätigkeit,

a) wenn sie für juristische Personen des öffentlichen Rechts ausgeübt wird oder

b) wenn das Entgelt für diese Tätigkeit nur in Auslagenersatz und einer angemessenen Entschädigung für Zeitversäumnis besteht;

---

1) Fassung ab 01.01.2002
2) Fassung ab 01.01.2008
3) Fassung ab 01.01.2008

27. a) die Gestellung von Mitgliedern geistlicher Genossenschaften und Angehörigen von Mutterhäusern für gemeinnützige, mildtätige, kirchliche oder schulische Zwecke;
b) ¹⁾die Gestellung von land- und forstwirtschaftlichen Arbeitskräften durch juristische Personen des privaten oder des öffentlichen Rechts für land- und forstwirtschaftliche Betriebe (§ 24 Abs. 2) mit höchstens drei Vollarbeitskräften zur Überbrückung des Ausfalls des Betriebsinhabers oder dessen voll mitarbeitenden Familienangehörigen wegen Krankheit, Unfalls, Schwangerschaft, eingeschränkter Erwerbsfähigkeit oder Todes sowie die Gestellung von Betriebshelfern an die gesetzlichen Träger der Sozialversicherung;
28. ²⁾die Lieferungen von Gegenständen, für die der Vorsteuerabzug nach § 15 Abs. 1a ausgeschlossen ist oder wenn der Unternehmer die gelieferten Gegenstände ausschließlich für eine nach den Nummern 8 bis 27 steuerfreie Tätigkeit verwendet hat.

§ 4a
Steuervergütung

(1) Körperschaften, die ausschließlich und unmittelbar gemeinnützige, mildtätige oder kirchliche Zwecke verfolgen (§§ 51 bis 68 der Abgabenordnung), und juristischen Personen des öffentlichen Rechts wird auf Antrag eine Steuervergütung zum Ausgleich der Steuer gewährt, die auf der an sie bewirkten Lieferung eines Gegenstandes, seiner Einfuhr oder seinem innergemeinschaftlichem Erwerb lastet, wenn die folgenden Voraussetzungen erfüllt sind:
1. Die Lieferung, die Einfuhr oder der innergemeinschaftliche Erwerb des Gegenstandes muß steuerpflichtig gewesen sein.
2. Die auf die Lieferung des Gegenstandes entfallende Steuer muß in einer nach § 14 ausgestellten Rechnung gesondert ausgewiesen und mit dem Kaufpreis bezahlt worden sein.
3. Die für die Einfuhr oder den innergemeinschaftlichen Erwerb des Gegenstandes geschuldete Steuer muß entrichtet worden sein.
4. Der Gegenstand muß in das Drittlandsgebiet gelangt sein.
5. Der Gegenstand muß im Drittlandsgebiet zu humanitären, karitativen oder erzieherischen Zwecken verwendet werden.
6. Der Erwerb oder die Einfuhr des Gegenstandes und seine Ausfuhr dürfen von einer Körperschaft, die steuerbegünstigte Zwecke verfolgt, nicht im Rahmen eines wirtschaftlichen Geschäftsbetriebes und von einer juristischen Person des öffentlichen Rechts nicht im Rahmen eines Betriebes gewerblicher Art (§ 1 Abs. 1 Nr. 6, § 4 des Körperschaftsteuergesetzes) oder eines land- und forstwirtschaftlichen Betriebes vorgenommen worden sein.
7. Die vorstehenden Voraussetzungen müssen nachgewiesen sein.

Der Antrag ist nach amtlich vorgeschriebenem Vordruck zu stellen, in dem der Antragsteller die zu gewährende Vergütung selbst zu berechnen hat.

(2) Das Bundesministerium der Finanzen kann mit Zustimmung des Bundesrates durch Rechtsverordnung näher bestimmen,
1. wie die Voraussetzungen für den Vergütungsanspruch nach Absatz 1 Satz 1 nachzuweisen sind und
2. in welcher Frist die Vergütung zu beantragen ist.

§ 4b
Steuerbefreiung beim innergemeinschaftlichen Erwerb von Gegenständen

Steuerfrei ist der innergemeinschaftliche Erwerb
1. ³⁾der in § 4 Nr. 8 Buchstabe e und Nr. 17 Buchstabe a sowie der in § 8 Abs. 1 Nr. 1 und 2 bezeichneten Gegenstände,
2. ⁴⁾der in § 4 Nr. 4 bis 4b und 8 Buchstabe b und i sowie der in § 8 Abs. 2 Nr. 1 und 2 bezeichneten Gegenstände unter den in diesen Vorschriften bezeichneten Voraussetzungen,
3. der Gegenstände, deren Einfuhr (§ 1 Abs. 1 Nr. 4 nach den für die Einfuhrumsatzsteuer geltenden Vorschriften steuerfrei wäre,
4. der Gegenstände, die zur Ausführung von Umsätzen verwendet werden, für die der Ausschluß vom Vorsteuerabzug nach § 15 Abs. 3 nicht eintritt.

§ 5
Steuerbefreiungen bei der Einfuhr

(1) Steuerfrei ist die Einfuhr
1. ⁵⁾der in § 4 Nr. 8 Buchstabe e und Nr. 17 Buchstabe a sowie der in § 8 Abs. 1 Nr. 1, 2 und 3 bezeichneten Gegenstände,
2. der in § 4 Nr. 4 und 8 Buchstabe b und i sowie der in § 8 Abs. 2 Nr. 1, 2 und 3 bezeichneten Gegenstände unter den in diesen Vorschriften bezeichneten Voraussetzungen.
3. ⁶⁾der Gegenstände, die von einem Schuldner der Einfuhrumsatzsteuer im Anschluss an die Einfuhr unmittelbar zur Ausführung von innergemeinschaftlichen Lieferungen (§ 4 Nr. 1 Buchstabe b, § 6a) verwendet werden; der Schuldner der Einfuhrumsatzsteuer hat zum Zeitpunkt der Einfuhr
  a) seine im Geltungsbereich dieses Gesetzes erteilte Umsatzsteuer-Identifikationsnummer

---

1) Fassung ab 01.01.2009
2) Fassung ab 29.12.2007
3) Fassung ab 01.01.2000
4) Fassung ab 01.01.2004
5) Fassung ab 01.01.2000
6) Fassung ab 01.01.2011

oder die im Geltungsbereich dieses Gesetzes erteilte Umsatzsteuer-Identifikationsnummer seines Fiskalvertreters und

b) die im anderen Mitgliedstaat erteilte Umsatzsteuer-Identifikationsnummer des Abnehmers mitzuteilen sowie

c) nachzuweisen, dass die Gegenstände zur Beförderung oder Versendung in das übrige Gemeinschaftsgebiet bestimmt sind;

4. [1)]der in der Anlage 1 bezeichneten Gegenstände, die im Anschluss an die Einfuhr zur Ausführung von steuerfreien Umsätzen nach § 4 Nr. 4a Satz 1 Buchstabe a Satz 1 verwendet werden sollen; der Schuldner der Einfuhrumsatzsteuer hat die Voraussetzungen der Steuerbefreiung nachzuweisen;

5. [2)]der in der Anlage 1 bezeichneten Gegenstände, wenn die Einfuhr im Zusammenhang mit einer Lieferung steht, die zu einer Auslagerung im Sinne des § 4 Nr. 4a Satz 1 Buchstabe a Satz 2 führt und der Lieferer oder sein Beauftragter Schuldner der Einfuhrumsatzsteuer ist; der Schuldner der Einfuhrumsatzsteuer hat die Voraussetzungen der Steuerbefreiung nachzuweisen;

6. [3)]von Erdgas über das Erdgasnetz oder von Erdgas, das von einem Gastanker aus in das Erdgasnetz oder ein vorgelagertes Gasleitungsnetz eingespeist wird, von Elektrizität oder von Wärme oder Kälte über Wärme- oder Kältenetze.

(2) Das Bundesministerium der Finanzen kann durch Rechtsverordnung, die nicht der Zustimmung des Bundesrates bedarf, zur Erleichterung des Warenverkehrs über die Grenze und zur Vereinfachung der Verwaltung Steuerfreiheit oder Steuerermäßigung anordnen

1. für Gegenstände, die nicht oder nicht mehr am Güterumsatz und an der Preisbildung teilnehmen,

2. für Gegenstände in kleinen Mengen oder von geringem Wert,

3. für Gegenstände, die nur vorübergehend ausgeführt worden waren, ohne ihre Zugehörigkeit oder enge Beziehung zur inländischen Wirtschaft verloren zu haben,

4. für Gegenstände, die nach zollamtlich bewilligter Veredelung in Freihäfen eingeführt werden,

5. für Gegenstände, die nur vorübergehend eingeführt und danach unter zollamtlicher Überwachung wieder ausgeführt werden,

6. für Gegenstände, für die nach zwischenstaatlichem Brauch keine Einfuhrumsatzsteuer erhoben wird,

7. für Gegenstände, die an Bord von Verkehrsmitteln als Mundvorrat, als Brenn-, Treib- oder Schmierstoffe, als technische Öle oder als Betriebsmittel eingeführt werden,

8. für Gegenstände, die weder zum Handel noch zur gewerblichen Verwendung bestimmt und insgesamt nicht mehr wert sind, als in Rechtsakten des Rates oder der Kommission der Europäischen Gemeinschaften über die Verzollung zum Pauschalsatz festgelegt ist, soweit dadurch schutzwürdige Interessen der inländischen Wirtschaft nicht verletzt werden und keine unangemessenen Steuervorteile entstehen. Es hat dabei Rechtsakte des Rates oder der Kommission der Europäischen Gemeinschaften zu berücksichtigen.

(3) Das Bundesministerium der Finanzen kann durch Rechtsverordnung, die nicht der Zustimmung des Bundesrates bedarf, anordnen, daß unter den sinngemäß anzuwendenden Voraussetzungen von Rechtsakten des Rates oder der Kommission der Europäischen Gemeinschaften über die Erstattung oder den Erlaß von Einfuhrabgaben die Einfuhrumsatzsteuer ganz oder teilweise erstattet oder erlassen wird.

§ 6
Ausfuhrlieferung

(1) Eine Ausfuhrlieferung (§ 4 Nr. 1 Buchstabe a) liegt vor, wenn bei einer Lieferung

1. der Unternehmer den Gegenstand der Lieferung in das Drittlandsgebiet, ausgenommen Gebiete nach § 1 Abs. 3, befördert oder versendet hat oder

2. der Abnehmer den Gegenstand der Lieferung in das Drittlandsgebiet, ausgenommen Gebiete nach § 1 Abs. 3, befördert oder versendet hat und ein ausländischer Abnehmer ist oder

3. der Unternehmer oder der Abnehmer den Gegenstand der Lieferung in die in § 1 Abs. 3 bezeichneten Gebiete befördert oder versendet hat und der Abnehmer

a) [4)]ein Unternehmer ist, der den Gegenstand für sein Unternehmen erworben hat und dieser nicht ausschließlich oder nicht zum Teil für eine nach § 4 Nr. 8 bis 27 steuerfreie Tätigkeit verwendet werden soll, oder

b) ein ausländischer Abnehmer, aber kein Unternehmer ist und der Gegenstand in das übrige Drittlandsgebiet gelangt.

Der Gegenstand der Lieferung kann durch Beauftragte vor der Ausfuhr bearbeitet oder verarbeitet worden sein.

(2) Ausländischer Abnehmer im Sinne des Absatzes 1 Nr. 2 und 3 ist

1. ein Abnehmer, der seinen Wohnort oder Sitz im Ausland, ausgenommen die in § 1 Abs. 3 bezeichneten Gebiete, hat oder

2. eine Zweigniederlassung eines im Inland oder in den in § 1 Abs. 3 bezeichneten Gebieten ansässigen Unternehmers, die ihren Sitz im Ausland, ausgenommen die bezeichneten Gebiete, hat, wenn sie das Umsatzgeschäft im eigenen Namen abgeschlossen hat.

---
1) Fassung ab 01.01.2004
2) Fassung ab 01.01.2004
3) Fassung ab 01.01.2011
4) Fassung ab 25.12.2008

§§ 6 – 7 UStG

Eine Zweigniederlassung im Inland oder in den in § 1 Abs. 3 bezeichneten Gebieten ist kein ausländischer Abnehmer.

(3) Ist in den Fällen des Absatzes 1 Nr. 2 und 3 der Gegenstand der Lieferung zur Ausrüstung oder Versorgung eines Beförderungsmittels bestimmt, so liegt eine Ausfuhrlieferung nur vor, wenn

1. der Abnehmer ein ausländischer Unternehmer ist und
2. das Beförderungsmittel den Zwecken des Unternehmens des Abnehmers dient.

(3a) Wird in den Fällen des Absatzes 1 Nr. 2 und 3 der Gegenstand der Lieferung nicht für unternehmerische Zwecke erworben und durch den Abnehmer im persönlichen Reisegepäck ausgeführt, liegt eine Ausfuhrlieferung nur vor, wenn

1. der Abnehmer seinen Wohnort oder Sitz im Drittlandsgebiet, ausgenommen Gebiete nach § 1 Abs. 3, hat und
2. der Gegenstand der Lieferung vor Ablauf des dritten Kalendermonats, der auf den Monat der Lieferung folgt, ausgeführt wird.

(4) Die Voraussetzungen der Absätze 1, 3 und 3a sowie die Bearbeitung oder Verarbeitung im Sinne des Absatzes 1 Satz 2 müssen vom Unternehmer nachgewiesen sein. Das Bundesministerium der Finanzen kann mit Zustimmung des Bundesrates durch Rechtsverordnung bestimmen, wie der Unternehmer die Nachweise zu führen hat.

(5)[1)] Die Absätze 1 bis 4 gelten nicht für die Lieferungen im Sinne des § 3 Abs. 1b.

§ 6a
Innergemeinschaftliche Lieferung

(1) Eine innergemeinschaftliche Lieferung (§ 4 Nr. 1 Buchstabe b) liegt vor, wenn bei einer Lieferung die folgenden Voraussetzungen erfüllt sind:

1. Der Unternehmer oder der Abnehmer hat den Gegenstand der Lieferung in das übrige Gemeinschaftsgebiet befördert oder versendet;
2. der Abnehmer ist
   a) ein Unternehmer, der den Gegenstand der Lieferung für sein Unternehmen erworben hat,
   b) eine juristische Person, die nicht Unternehmer ist oder die den Gegenstand der Lieferung nicht für ihr Unternehmen erworben hat, oder
   c) bei der Lieferung eines neuen Fahrzeuges auch jeder andere Erwerber,
   und
3. der Erwerb des Gegenstandes der Lieferung unterliegt beim Abnehmer in einem anderen Mitgliedstaat den Vorschriften der Umsatzbesteuerung.

Der Gegenstand der Lieferung kann durch Beauftragte vor der Beförderung oder Versendung in das übrige Gemeinschaftsgebiet bearbeitet oder verarbeitet worden sein.

(2) Als innergemeinschaftliche Lieferung gilt auch das einer Lieferung gleichgestellte Verbringen eines Gegenstandes (§ 3 Abs. 1a).

(3) Die Voraussetzungen der Absätze 1 und 2 müssen vom Unternehmer nachgewiesen sein. Das Bundesministerium der Finanzen kann mit Zustimmung des Bundesrates durch Rechtsverordnung bestimmen, wie der Unternehmer den Nachweis zu führen hat.

(4) Hat der Unternehmer eine Lieferung als steuerfrei behandelt, obwohl die Voraussetzungen nach Absatz 1 nicht vorliegen, so ist die Lieferung gleichwohl als steuerfrei anzusehen, wenn die Inanspruchnahme der Steuerbefreiung auf unrichtigen Angaben des Abnehmers beruht und der Unternehmer die Unrichtigkeit dieser Angaben auch bei Beachtung der Sorgfalt eines ordentlichen Kaufmanns nicht erkennen konnte. In diesem Fall schuldet der Abnehmer die entgangene Steuer.

§ 7
Lohnveredelung an Gegenständen der Ausfuhr

(1) Eine Lohnveredelung an einem Gegenstand der Ausfuhr (§ 4 Nr. 1 Buchstabe a) liegt vor, wenn bei einer Bearbeitung oder Verarbeitung eines Gegenstandes der Auftraggeber den Gegenstand zum Zweck der Bearbeitung oder Verarbeitung in das Gemeinschaftsgebiet eingeführt oder zu diesem Zweck in diesem Gebiet erworben hat und

1. der Unternehmer den bearbeiteten oder verarbeiteten Gegenstand in das Drittlandsgebiet, ausgenommen Gebiete nach § 1 Abs. 3, befördert oder versendet hat oder
2. der Auftraggeber den bearbeiteten oder verarbeiteten Gegenstand in das Drittlandsgebiet befördert oder versendet hat und ein ausländischer Auftraggeber ist oder
3. der Unternehmer den bearbeiteten oder verarbeiteten Gegenstand in die in § 1 Abs. 3 bezeichneten Gebiete befördert oder versendet hat und der Auftraggeber
   a) ein ausländischer Auftraggeber ist oder
   b) ein Unternehmer ist, der im Inland oder in den bezeichneten Gebieten ansässig ist und den bearbeiteten oder verarbeiteten Gegenstand für Zwecke seines Unternehmens verwendet.

Der bearbeitete oder verarbeitete Gegenstand kann durch weitere Beauftragte vor der Ausfuhr bearbeitet oder verarbeitet worden sein.

(2) Ausländischer Auftraggeber im Sinne des Absatzes 1 Nr. 2 und 3 ist ein Auftraggeber, der die für den ausländischen Abnehmer geforderten Voraussetzungen (§ 6 Abs. 2) erfüllt.

(3) Bei Werkleistungen im Sinne des § 3 Abs. 10 gilt Absatz 1 entsprechend.

(4) Die Voraussetzungen des Absatzes 1 sowie die Bearbeitung oder Verarbeitung im Sinne des Absatzes 1 Satz 2 müssen vom Unternehmer nachgewiesen sein. Das Bundesministerium der Finanzen kann mit Zustimmung des Bundesrates durch

---
1) Gilt ab 01.04.1999

§§ 7 – 10 UStG

Rechtsverordnung bestimmen, wie der Unternehmer die Nachweise zu führen hat.

(5) Die Absätze 1 bis 4 gelten nicht für die sonstigen Leistungen im Sinne des § 3 Abs. 9a Nr. 2.

§ 8
Umsätze für die Seeschiffahrt und für die Luftfahrt

(1) Umsätze für die Seeschiffahrt (§ 4 Nr. 2) sind:

1. [1)]die Lieferungen, Umbauten, Instandsetzungen, Wartungen, Vercharterungen und Vermietungen von Wasserfahrzeugen für die Seeschiffahrt, die dem Erwerb durch die Seeschiffahrt oder der Rettung Schiffbrüchiger zu dienen bestimmt sind (aus Positionen 8901 bis 8902 00, aus Unterposition 8903 92 10, aus Position 8904 00 und aus Unterposition 8906 90 10 des Zolltarifs);
2. die Lieferungen, Instandsetzungen, Wartungen und Vermietungen von Gegenständen, die zur Ausrüstung der in Nummer 1 bezeichneten Wasserfahrzeuge bestimmt sind;
3. die Lieferungen von Gegenständen, die zur Versorgung der in Nummer 1 bezeichneten Wasserfahrzeuge bestimmt sind. Nicht befreit sind die Lieferungen von Bordproviant zur Versorgung von Wasserfahrzeugen der Küstenfischerei;
4. [2)]die Lieferungen von Gegenständen, die zur Versorgung von Kriegsschiffen (Unterposition 8906 10 00 des Zolltarifs) auf Fahrten bestimmt sind, bei denen ein Hafen oder ein Ankerplatz im Ausland und außerhalb des Küstengebiets im Sinne des Zollrechts angelaufen werden soll;
5. andere als die in den Nummern 1 und 2 bezeichneten sonstigen Leistungen, die für den unmittelbaren Bedarf der in Nummer 1 bezeichneten Wasserfahrzeuge, einschließlich ihrer Ausrüstungsgegenstände und ihrer Ladungen, bestimmt sind.

(2) Umsätze für die Luftfahrt (§ 4 Nr. 2) sind:

1. die Lieferungen, Umbauten, Instandsetzungen, Wartungen, Vercharterungen und Vermietungen von Luftfahrzeugen, die zur Verwendung durch Unternehmer bestimmt sind, die im entgeltlichen Luftverkehr überwiegend grenzüberschreitende Beförderungen oder Beförderungen auf ausschließlich im Ausland gelegenen Strecken und keine nach § 4 Nr. 17 Buchstabe b steuerfreien Beförderungen durchführen;
2. die Lieferungen, Instandsetzungen, Wartungen und Vermietungen von Gegenständen, die zur Ausrüstung der in Nummer 1 bezeichneten Luftfahrzeuge bestimmt sind;
3. die Lieferungen von Gegenständen, die zur Versorgung der in Nummer 1 bezeichneten Luftfahrzeuge bestimmt sind;
4. andere als die in den Nummern 1 und 2 bezeichneten sonstigen Leistungen, die für den unmittelbaren Bedarf der in Nummer 1 bezeichneten Luftfahrzeuge, einschließlich ihrer Ausrüstungsgegenstände und ihrer Ladungen, bestimmt sind.

(3) Die in den Absätzen 1 und 2 bezeichneten Voraussetzungen müssen vom Unternehmer nachgewiesen sein. Das Bundesministerium der Finanzen kann mit Zustimmung des Bundesrates durch Rechtsverordnung bestimmen, wie der Unternehmer den Nachweis zu führen hat.

§ 9
Verzicht auf Steuerbefreiungen

(1) Der Unternehmer kann einen Umsatz, der nach § 4 Nr. 8 Buchstabe a bis g, Nr. 9 Buchstabe a, Nr. 12, 13 oder 19 steuerfrei ist, als steuerpflichtig behandeln, wenn der Umsatz an einen anderen Unternehmer für dessen Unternehmen ausgeführt wird.

(2) Der Verzicht auf Steuerbefreiung nach Absatz 1 ist bei der Bestellung und Übertragung von Erbbaurechten (§ 4 Nr. 9 Buchstabe a), bei der Vermietung oder Verpachtung von Grundstücken (§ 4 Nr. 12 Satz 1 Buchstabe a) und bei den in § 4 Nr. 12 Satz 1 Buchstabe b und c bezeichneten Umsätzen nur zulässig, soweit der Leistungsempfänger das Grundstück ausschließlich für Umsätze verwendet oder zu verwenden beabsichtigt, die den Vorsteuerabzug nicht ausschließen. Der Unternehmer hat die Voraussetzungen nachzuweisen[3)].

(3)[4)] Der Verzicht auf Steuerbefreiung nach Absatz 1 ist bei Lieferungen von Grundstücken (§ 4 Nr. 9 Buchstabe a) im Zwangsversteigerungsverfahren durch den Vollstreckungsschuldner an den Ersteher bis zur Aufforderung zur Abgabe von Geboten im Versteigerungstermin zulässig. Bei anderen Umsätzen im Sinne von § 4 Nr. 9 Buchst. a kann der Verzicht auf Steuerbefreiung nach Absatz 1 nur in dem gemäß § 311b Abs. 1 des Bürgerlichen Gesetzbuchs notariell zu beurkundenden Vertrag erklärt werden.[5)]

**Dritter Abschnitt
Bemessungsgrundlagen**

§ 10
Bemessungsgrundlage für Lieferungen, sonstige Leistungen und innergemeinschaftliche Erwerbe

(1) Der Umsatz wird bei Lieferungen und sonstigen Leistungen (§ 1 Abs. 1 Nr. 1 Satz 1) und bei

---

1) Fassung ab 19.12.2006
2) Fassung ab 19.12.2006
3) Zur Anwendung von § 9 Abs. 2 UStG siehe § 27 Abs. 2 UStG
4) Gilt ab 01.01.2002
5) § 9 Abs. 3 Satz 2 UStG gilt ab 12.04.2011. – Das Gesetz vom 05.04.2011, BGBl. 2011 I S. 554, hat innerhalb der vom Bundesverfassungsgericht in seinem Beschluss vom 08.12.2009 – 2 BvR 758/07 eingeräumten Übergangsfrist die Zweifel an der formellen Verfassungsmäßigkeit derjenigen Normen beseitigt, die durch die sog. Koch-Steinbrück-Liste in das Gesetzgebungsverfahren zum Haushaltsbegleitgesetz 2004 eingeführt und seit der Verabschiedung des Haushaltsbegleitgesetzes 2004 nicht geändert worden sind.

§§ 10, 11 UStG

dem innergemeinschaftlichen Erwerb (§ 1 Abs. 1 Nr. 5) nach dem Entgelt bemessen. Entgelt ist alles, was der Leistungsempfänger aufwendet, um die Leistung zu erhalten, jedoch abzüglich der Umsatzsteuer. Zum Entgelt gehört auch, was ein anderer als der Leistungsempfänger dem Unternehmer für die Leistung gewährt. Bei dem innergemeinschaftlichen Erwerb sind Verbrauchsteuern, die vom Erwerber geschuldet oder entrichtet werden, in die Bemessungsgrundlage einzubeziehen. Bei Lieferungen und dem innergemeinschaftlichen Erwerb im Sinne des § 4 Nr. 4a Satz 1 Buchstabe a Satz 2 sind die Kosten für die Leistungen im Sinne des § 4 Nr. 4a Satz 1 Buchstabe b und die vom Auslagerer geschuldeten oder entrichteten Verbrauchsteuern in die Bemessungsgrundlage einzubeziehen. Die Beträge, die der Unternehmer im Namen und für Rechnung eines anderen vereinnahmt und verausgabt (durchlaufende Posten), gehören nicht zum Entgelt.

(2) Werden Rechte übertragen, die mit dem Besitz eines Pfandscheines verbunden sind, so gilt als vereinbartes Entgelt der Preis des Pfandscheines zuzüglich der Pfandsumme. Beim Tausch (§ 3 Abs. 12 Satz 1), bei tauschähnlichen Umsätzen (§ 3 Abs. 12 Satz 2) und bei Hingabe an Zahlungs Statt gilt der Wert jedes Umsatzes als Entgelt für den anderen Umsatz. Die Umsatzsteuer gehört nicht zum Entgelt.

(3) (gestrichen)

(4) Der Umsatz wird bemessen

1. bei dem Verbringen eines Gegenstandes im Sinne des § 1a Abs. 2 und des § 3 Abs. 1a sowie bei Lieferungen im Sinne des § 3 Abs. 1b nach dem Einkaufspreis zuzüglich der Nebenkosten für den Gegenstand oder für einen gleichartigen Gegenstand und mangels eines Einkaufspreises nach den Selbstkosten, jeweils zum Zeitpunkt des Umsatzes;

2. [1]bei sonstigen Leistungen im Sinne des § 3 Abs. 9a Nr. 1 nach den bei der Ausführung dieser Umsätze entstandenen Ausgaben, soweit sie zum vollen oder teilweisen Vorsteuerabzug berechtigt haben. Zu diesen Ausgaben gehören auch die Anschaffungs- oder Herstellungskosten eines Wirtschaftsguts, soweit das Wirtschaftsgut dem Unternehmen zugeordnet ist und für die Erbringung der sonstigen Leistung verwendet wird. Betragen die Anschaffungs- oder Herstellungskosten mindestens 500 Euro, sind sie gleichmäßig auf einen Zeitraum zu verteilen, dem für das Wirtschaftsgut maßgeblichen Berichtigungszeitraum nach § 15a entspricht;

3. [2]bei sonstigen Leistungen im Sinne des § 3 Abs. 9a Nr. 2 nach den bei der Ausführung dieser Umsätze entstandenen Ausgaben. Satz 1 Nr. 2 Sätze 2 und 3 gilt entsprechend.

Die Umsatzsteuer gehört nicht zur Bemessungsgrundlage.

(5) Absatz 4 gilt entsprechend für

1. Lieferungen und sonstige Leistungen, die Körperschaften und Personenvereinigungen im Sinne des § 1 Abs. 1 Nr. 1 bis 5 des Körperschaftsteuergesetzes, nichtrechtsfähige Personenvereinigungen sowie Gemeinschaften im Rahmen ihres Unternehmens an ihre Anteilseigner, Gesellschafter, Mitglieder, Teilhaber oder diesen nahestehende Personen sowie Einzelunternehmer an ihnen nahestehende Personen ausführen,

2. Lieferungen und sonstige Leistungen, die ein Unternehmer an sein Personal oder deren Angehörige auf Grund des Dienstverhältnisses ausführt,[3]

wenn die Bemessungsgrundlage nach Absatz 4 das Entgelt nach Absatz 1 übersteigt.

(6) Bei Beförderungen von Personen im Gelegenheitsverkehr mit Kraftomnibussen, die nicht im Inland zugelassen sind, tritt in den Fällen der Beförderungseinzelbesteuerung (§ 16 Abs. 5) an die Stelle des vereinbarten Entgelts ein Durchschnittsbeförderungsentgelt. Das Durchschnittsbeförderungsentgelt ist nach der Zahl der beförderten Personen und der Zahl der Kilometer der Beförderungsstrecke im Inland (Personenkilometer) zu berechnen. Das Bundesministerium der Finanzen kann mit Zustimmung des Bundesrates durch Rechtsverordnung das Durchschnittsbeförderungsentgelt je Personenkilometer festsetzen. Das Durchschnittsbeförderungsentgelt muß zu einer Steuer führen, die nicht wesentlich von dem Betrag abweicht, der sich nach diesem Gesetz ohne Anwendung des Durchschnittsbeförderungsentgelts ergeben würde.

§ 11
Bemessungsgrundlage für die Einfuhr

(1) Der Umsatz wird bei der Einfuhr (§ 1 Abs. 1 Nr. 4) nach dem Wert des eingeführten Gegenstandes nach den jeweiligen Vorschriften über den Zollwert bemessen.

(2) Ist ein Gegenstand ausgeführt, in einem Drittlandsgebiet für Rechnung des Ausführers veredelt und von diesem oder für ihn wieder eingeführt worden, so wird abweichend von Absatz 1 der Umsatz bei der Einfuhr nach dem für die Veredelung zu zahlenden Entgelt oder, falls ein solches Entgelt nicht gezahlt wird, nach der durch die Veredelung eingetretenen Wertsteigerung bemessen. Das gilt auch, wenn die Veredelung in einer Ausbesserung besteht und anstelle eines ausgebesserten Gegenstandes ein Gegenstand eingeführt wird, der ihm nach Menge und Beschaffenheit nachweislich entspricht. Ist der eingeführte Gegenstand vor der Einfuhr geliefert worden und hat diese Lieferung nicht der Umsatzsteuer unterlegen, so gilt Absatz 1.

(3) Dem Betrag nach Absatz 1 oder 2 sind hinzuzurechnen, soweit sie darin nicht enthalten sind:

---
1) Fassung ab 01.07.2004
2) Fassung ab 01.07.2004
3) Fassung ab 01.04.1999

§§ 11, 12 UStG

1. [1)]die im Ausland für den eingeführten Gegenstand geschuldeten Beträge an Einfuhrabgaben, Steuern und sonstigen Abgaben;
2. [2)]die auf Grund der Einfuhr im Zeitpunkt des Entstehens der Einfuhrumsatzsteuer auf den Gegenstand entfallenden Beträge an Einfuhrabgaben im Sinne des Artikels 4 Nr. 10 der Verordnung (EWG) Nr. 2913/92 des Rates zur Festlegung des Zollkodex der Gemeinschaften vom 12. Oktober 1992 (ABl. EG Nr. L 302 S. 1) in der jeweils geltenden Fassung und an Verbrauchsteuern außer der Einfuhrumsatzsteuer, soweit die Steuern unbedingt entstanden sind;
3. die auf den Gegenstand entfallenden Kosten für die Vermittlung der Lieferung und die Kosten der Beförderung sowie für andere sonstige Leistungen bis zum ersten Bestimmungsort im Gemeinschaftsgebiet;
4. die in Nummer 3 bezeichneten Kosten bis zu einem weiteren Bestimmungsort im Gemeinschaftsgebiet, sofern dieser im Zeitpunkt des Entstehens der Einfuhrumsatzsteuer bereits feststeht.

(4) Zur Bemessungsgrundlage gehören nicht Preisermäßigungen und Vergütungen, die sich auf den eingeführten Gegenstand beziehen und die im Zeitpunkt des Entstehens der Einfuhrumsatzsteuer feststehen.

(5) Für die Umrechnung von Werten in fremder Währung gelten die entsprechenden Vorschriften über den Zollwert der Waren, die in Rechtsakten des Rates oder der Kommission der Europäischen Gemeinschaften festgelegt sind.

Vierter Abschnitt
Steuer und Vorsteuer

§ 12
Steuersätze

(1) Die Steuer beträgt für jeden steuerpflichtigen Umsatz 19 Prozent[3)] der Bemessungsgrundlage (§§ 10, 11, 25 Abs. 3 und § 25a Abs. 3 und 4).

(2) Die Steuer ermäßigt sich auf 7 Prozent für die folgenden Umsätze:
1. [4)]die Lieferungen, die Einfuhr und den innergemeinschaftlichen Erwerb der in der Anlage 2 bezeichneten Gegenstände;
2. [5)]die Vermietung der in der Anlage 2 bezeichneten Gegenstände;
3. die Aufzucht und das Halten von Vieh, die Anzucht von Pflanzen und die Teilnahme an Leistungsprüfungen für Tiere;
4. die Leistungen, die unmittelbar der Vatertierhaltung, der Förderung der Tierzucht, der künstlichen Tierbesamung oder der Leistungs- und Qualitätsprüfung in der Tierzucht und in der Milchwirtschaft dienen;
5. (weggefallen);
6. [6)]die Leistungen aus der Tätigkeit als Zahntechniker sowie die in § 4 Nr. 14 Satz 4 Buchstabe b bezeichneten Leistungen der Zahnärzte;
7. a) [7)]die Eintrittsberechtigung für Theater, Konzerte und Museen, sowie die den Theatervorführungen und Konzerten vergleichbaren Darbietungen ausübender Künstler,
   b) [8)]die Überlassung von Filmen zur Auswertung und Vorführung sowie die Filmvorführungen, soweit die Filme nach § 6 Abs. 3 Nr. 1 bis 5 des Gesetzes zum Schutze der Jugend in der Öffentlichkeit oder nach § 14 Abs. 2 Nr. 1 bis 5 des Jugendschutzgesetzes vom 23. Juli 2002 (BGBl. I S. 2730, 2003 I S. 476) in der jeweils geltenden Fassung gekennzeichnet sind oder vor dem 1. Januar 1970 erstaufgeführt wurden,
   c) die Einräumung, Übertragung und Wahrnehmung von Rechten, die sich aus dem Urheberrechtsgesetz ergeben,
   d) die Zirkusvorführungen, die Leistungen aus der Tätigkeit als Schausteller sowie die unmittelbar mit dem Betrieb der zoologischen Gärten verbundenen Umsätze;
8. a) [9)]die Leistungen der Körperschaften, die ausschließlich und unmittelbar gemeinnützige, mildtätige oder kirchliche Zwecke verfolgen (§§ 51 bis 68 der Abgabenordnung). Das gilt nicht für Leistungen, die im Rahmen eines wirtschaftlichen Geschäftsbetriebes ausgeführt werden. Für Leistungen, die im Rahmen eines Zweckbetriebs ausgeführt werden, gilt Satz 1 nur, wenn der Zweckbetrieb nicht in erster Linie der Erzielung zusätzlicher Einnahmen durch die Ausführung von Umsätzen dient, die in unmittelbarem Wettbewerb mit dem allgemeinen Steuersatz ausgeführten Leistungen anderer Unternehmer ausgeführt werden, oder wenn die Körperschaft mit diesen Leistungen ihrer in den §§ 66 bis 68 der Abgabenordnung bezeichneten Zweckbetriebe ihre steuerbegünstigten satzungsgemäßen Zwecke selbst verwirklicht,
   b) die Leistungen der nichtrechtsfähigen Personenvereinigungen und Gemeinschaften der

---
1) Fassung ab 01.01.2004
2) Fassung ab 01.01.2000
3) Ab 01.01.2007, vgl. Art. 4 des Haushaltsbegleitgesetzes 2006 vom 28.06.2006, BGBl. 2006 I S. 1402, vor dem 01.01.2007: 16 Prozent
4) Fassung ab 01.01.2004
5) Fassung ab 01.01.2004
6) Fassung ab 01.04.1999
7) Fassung ab 16.12.2004
8) Fassung ab 01.04.2003, vgl. Art. 25 Abs. 3 StÄndG 2003
9) Fassung ab 19.12.2006

§§ 12 – 13b UStG

in Buchstabe a Satz 1 bezeichneten Körperschaften, wenn diese Leistungen, falls die Körperschaften sie anteilig selbst ausführten, insgesamt nach Buchstabe a ermäßigt besteuert würden;

9. die unmittelbar mit dem Betrieb der Schwimmbäder verbundenen Umsätze sowie die Verabreichung von Heilbädern. Das gleiche gilt für die Bereitstellung von Kureinrichtungen, soweit als Entgelt eine Kurtaxe zu entrichten ist;

10. [1)]a) die Beförderungen von Personen mit Schiffen,
    b) die Beförderungen von Personen im Schienenbahnverkehr, im Verkehr mit Oberleitungsomnibussen, im genehmigten Linienverkehr mit Kraftfahrzeugen, im Verkehr mit Taxen, mit Drahtseilbahnen und sonstigen mechanischen Aufstiegshilfen aller Art, und die Beförderungen im Fährverkehr
       aa) innerhalb einer Gemeinde oder
       bb) wenn die Beförderungsstrecke nicht mehr als fünfzig Kilometer beträgt;

11. [2)]die Vermietung von Wohn- und Schlafräumen, die ein Unternehmer zur kurzfristigen Beherbergung von Fremden bereithält, sowie die kurzfristige Vermietung von Campingflächen. Satz 1 gilt nicht für Leistungen, die nicht unmittelbar der Vermietung dienen, auch wenn diese Leistungen mit dem Entgelt für die Vermietung abgegolten sind.

§ 13
Entstehung der Steuer

(1) Die Steuer entsteht

1. für Lieferungen und sonstige Leistungen
   a) bei der Berechnung der Steuer nach vereinbarten Entgelten (§ 16 Abs. 1 Satz 1) mit Ablauf des Voranmeldungszeitraums, in dem die Leistungen ausgeführt worden sind. Das gilt auch für Teilleistungen. Sie liegen vor, wenn für bestimmte Teile einer wirtschaftlich teilbaren Leistung das Entgelt gesondert vereinbart wird. Wird das Entgelt oder ein Teil des Entgelts vereinnahmt, bevor die Leistung oder Teilleistung ausgeführt worden ist, so entsteht insoweit die Steuer mit Ablauf des Voranmeldungszeitraums, in dem das Entgelt oder das Teilentgelt vereinnahmt worden ist;
   b) bei der Berechnung der Steuer nach vereinnahmten Entgelten (§ 20) mit Ablauf des Voranmeldungszeitraums, in dem die Entgelte vereinnahmt worden sind;
   c) in den Fällen der Beförderungseinzelbesteuerung nach § 16 Abs. 5 in dem Zeitpunkt, in dem der Kraftomnibus in das Inland gelangt;
   d) in den Fällen des § 18 Abs. 4c mit Ablauf des Besteuerungszeitraums nach § 16 Abs. 1a Satz 1, in dem die Leistungen ausgeführt worden sind;

2. für Leistungen im Sinne des § 3 Abs. 1b und 9a mit Ablauf des Voranmeldungszeitraums, in dem diese Leistungen ausgeführt worden sind;

3. im Fall des § 14c Abs. 1 in dem Zeitpunkt, in dem die Steuer für die Lieferung oder sonstige Leistung nach Nummer 1 Buchstabe a oder Buchstabe b Satz 1 entsteht, spätestens jedoch im Zeitpunkt der Ausgabe der Rechnung;

4. im Fall des § 14c Abs. 2 im Zeitpunkt der Ausgabe der Rechnung;

5. im Fall des § 17 Abs. 1 Satz 6 mit Ablauf des Voranmeldungszeitraums, in dem die Änderung der Bemessungsgrundlage eingetreten ist;

6. für den innergemeinschaftlichen Erwerb im Sinne des § 1a mit Ausstellung der Rechnung, spätestens jedoch mit Ablauf des dem Erwerb folgenden Kalendermonats;

7. für den innergemeinschaftlichen Erwerb von neuen Fahrzeugen im Sinne des § 1b am Tag des Erwerbs;

8. im Falle des § 6a Abs. 4 Satz 2 in dem Zeitpunkt, in dem die Lieferung ausgeführt wird;

9. im Fall des § 4 Nr. 4a Satz 1 Buchstabe a Satz 2 mit Ablauf des Voranmeldungszeitraums, in dem der Gegenstand aus einem Umsatzsteuerlager ausgelagert wird.

(2) Für die Einfuhrumsatzsteuer gilt § 21 Abs. 2.

(3) (aufgehoben ab 01.01.2002)

§ 13a
Steuerschuldner

(1) Steuerschuldner ist in den Fällen

1. des § 1 Abs. 1 Nr. 1 und des § 14c Abs. 1 der Unternehmer;

2. des § 1 Abs. 1 Nr. 5 der Erwerber;

3. des § 6a Abs. 4 der Abnehmer;

4. des § 14c Abs. 2 der Aussteller der Rechnung;

5. des § 25b Abs. 2 der letzte Abnehmer;

6. des § 4 Nr. 4a Satz 1 Buchstabe a Satz 2 der Unternehmer, dem die Auslagerung zuzurechnen ist (Auslagerer); daneben auch der Lagerhalter als Gesamtschuldner, wenn er entgegen § 22 Abs. 4c Satz 2 die inländische Umsatzsteuer-Identifikationsnummer des Auslagerers oder dessen Fiskalvertreters nicht oder nicht zutreffend aufzeichnet.

(2) Für die Einfuhrumsatzsteuer gilt § 21 Abs. 2.

§ 13b[3)]
Leistungsempfänger als Steuerschuldner

(1) Für nach § 3a Abs. 2 im Inland steuerpflichtige sonstige Leistungen eines im übrigen Gemeinschaftsgebiet ansässigen Unternehmers entsteht die Steuer mit Ablauf des Voranmeldungszeitraums, in dem die Leistungen ausgeführt worden sind.

---

1) Fassung gem. § 28 Abs. 4 UStG ab 01.01.2008 und befristet bis Ende 2011
2) Gilt ab 01.01.2010, siehe dazu *Widmann*, UR 2010 S. 8
3) Fassung ab 01.01.2011

§ 13b UStG

(2) Für folgende steuerpflichtige Umsätze entsteht die Steuer mit Ausstellung der Rechnung, spätestens jedoch mit Ablauf des der Ausführung der Leistung folgenden Kalendermonats:
1. Werklieferungen und nicht unter Abs. 1 fallende sonstige Leistungen eines im Ausland ansässigen Unternehmers;
2. Lieferungen sicherungsübereigneter Gegenstände durch den Sicherungsgeber an den Sicherungsnehmer außerhalb des Insolvenzverfahrens;
3. Umsätze, die unter das Grunderwerbsteuergesetz fallen;
4. Werklieferungen und sonstige Leistungen, die der Herstellung, Instandsetzung, Instandhaltung, Änderung oder Beseitigung von Bauwerken dienen, mit Ausnahme von Planungs- und Überwachungsleistungen. Nr. 1 bleibt unberührt;
5. Lieferungen der in § 3g Abs. 1 Satz 1 genannten Gegenstände eines im Ausland ansässigen Unternehmers unter den Bedingungen des § 3g;
6. [1)]Übertragung von Berechtigungen nach § 3 Abs. 4 des Treibhausgas-Emissionshandelsgesetzes vom 8. Juli 2004 (BGBl. I S. 1578), das zuletzt durch Artikel 1 des Gesetzes vom 16. Juli 2009 (BGBl. I S. 1954) geändert worden ist, Emissionsreduktionseinheiten im Sinne von § 3 Abs. 5 des Treibhausgas-Emissionshandelsgesetzes und zertifizierten Emissionsreduktionen im Sinne von § 3 Abs. 6 des Treibhausgas-Emissionshandelsgesetzes;
7. [2)]Lieferungen der in der Anlage 3 bezeichneten Gegenstände;
8. [3)]Reinigen von Gebäuden und Gebäudeteilen. Nr. 1 bleibt unberührt;
9. [4)]Lieferungen von Gold mit einem Feingehalt von mindestens 325 Tausendstel, in Rohform oder als Halbzeug (aus Position 7108 des Zolltarifs) und von Goldplattierungen mit einem Goldfeingehalt von mindestens 325 Tausendstel (aus Position 7109);
10. [5)]Lieferungen von Mobilfunkgeräten sowie von integrierten Schaltkreisen vor Einbau in einen zur Lieferung auf der Einzelhandelsstufe geeigneten Gegenstand, wenn die Summe der für sie in Rechnung zu stellenden Entgelte im Rahmen eines wirtschaftlichen Vorgangs mindestens 5.000 Euro beträgt; nachträgliche Minderungen des Entgelts bleiben dabei unberücksichtigt.

(3) Abweichend von den Abs. 1 und 2 Nr. 1 entsteht die Steuer für sonstige Leistungen, die dauerhaft über einen Zeitraum von mehr als einem Jahr erbracht werden, spätestens mit Ablauf eines jeden Kalenderjahres, in dem sie tatsächlich erbracht werden.

(4) Bei der Anwendung der Absätze 1 bis 3 gilt § 13 Absatz 1 Nummer 1 Buchstabe a Satz 2 und 3 entsprechend. Wird in den in Absätzen 1 bis 3 sowie in den in Satz 1 genannten Fällen das Entgelt oder ein Teil des Entgelts vereinnahmt, bevor die Leistung oder die Teilleistung ausgeführt worden ist, entsteht insoweit die Steuer mit Ablauf des Voranmeldungszeitraums, in dem das Entgelt oder Teilentgelt vereinnahmt worden ist.

(5) In den in Abs. 1 und 2 Nr. 1 bis 3 genannten Fällen schuldet der Leistungsempfänger die Steuer, wenn er ein Unternehmer oder eine juristische Person ist; in den in Abs. 2 Nr. 5 bis 7 und 9 genannten Fällen schuldet der Leistungsempfänger die Steuer, wenn er ein Unternehmer ist.[6)] In den in Abs. 2 Nr. 4 Satz 1 genannten Fällen schuldet der Leistungsempfänger die Steuer, wenn er ein Unternehmer ist, der Leistungen im Sinne des Abs. 2 Nr. 4 Satz 1 erbringt; in den in Abs. 2 Nr. 8 Satz 1 genannten Fällen schuldet der Leistungsempfänger die Steuer, wenn er ein Unternehmer ist, der Leistungen im Sinne des Abs. 2 Nr. 8 Satz 1 erbringt. Die Sätze 1 und 2 gelten auch, wenn die Leistung für den nichtunternehmerischen Bereich bezogen wird. Die Sätze 1 bis 3 gelten nicht, wenn bei dem Unternehmer, der die Umsätze ausführt, die Steuer nach § 19 Abs. 1 nicht erhoben wird.

(6) Die Absätze 1 bis 5 finden keine Anwendung, wenn die Leistung des im Ausland ansässigen Unternehmers besteht
1. in einer Personenbeförderung, die der Beförderungseinzelbesteuerung (§ 16 Absatz 5) unterlegen hat,
2. in einer Personenbeförderung, die mit einem Taxi durchgeführt worden ist,
3. in einer grenzüberschreitenden Personenbeförderung im Luftverkehr,
4. in der Einräumung der Eintrittsberechtigung für Messen, Ausstellungen und Kongresse im Inland,
5. in einer sonstigen Leistung einer Durchführungsgesellschaft an im Ausland ansässige Unternehmer, soweit diese Leistung im Zusammenhang mit der Veranstaltung von Messen und Ausstellungen im Inland steht, oder
6. in der Abgabe von Speisen und Getränken zum Verzehr an Ort und Stelle (Restaurationsleistung), wenn diese Abgabe an Bord eines Schiffs, in einem Luftfahrzeug oder in einer Eisenbahn erfolgt.

---
1) Ab 28.07.2011 lautet § 13b Abs. 2 Nr. 6 UStG wie folgt (vgl. Gesetz vom 21.07.2011, BGBl. I 2011 S. 1475): „6. Übertragung von Berechtigungen nach § 3 Nummer 3 des Treibhausgas-Emissionshandelsgesetzes, Emissionsreduktionseinheiten nach § 2 Nummer 20 des Projekt-Mechanismen-Gesetzes und zertifizierten Emissionsreduktionen nach § 2 Nummer 21 des Projekt-Mechanismen-Gesetzes."
2) Gilt ab 01.01.2011, vgl. Anlage § 013b-12
3) Gilt ab 01.01.2011, vgl. Anlage § 013b-12
4) Gilt ab 01.01.2011, vgl. Anlage § 013b-12
5) Gilt ab 01.07.2011, vgl. Gesetz vom 16.06.2011, BGBl. I 2011 S. 1090, vgl. Anlagen § 013b-13 und § 013b-14
6) Ab 01.07.2011 lautet § 13b Abs. 5 Satz 1 UStG wie folgt (vgl. Gesetz vom 16.06.2011, BGBl. I 2011 S. 1090): „In den in den Absätzen 1 und 2 Nummer 1 bis 3 genannten Fällen schuldet der Leistungsempfänger die Steuer, wenn er ein Unternehmer oder eine juristische Person ist; in den in Absatz 2 Nummer 5 bis 7 sowie 9 und 10 genannten Fällen schuldet der Leistungsempfänger die Steuer, wenn er ein Unternehmer ist."

§§ 13b – 14 UStG

(7) ¹⁾Ein im Ausland ansässiger Unternehmer im Sinne des Absatzes 2 Nummer 1 und 5 ist ein Unternehmer, der weder im Inland noch auf der Insel Helgoland oder in einem der in § 1 Absatz 3 bezeichneten Gebiete einen Wohnsitz, seinen Sitz, seine Geschäftsleitung oder eine Betriebsstätte hat; ein im übrigen Gemeinschaftsgebiet ansässiger Unternehmer ist ein Unternehmer, der in den Gebieten der übrigen Mitgliedstaaten der Europäischen Gemeinschaft, die nach dem Gemeinschaftsrecht als Inland dieser Mitgliedstaaten gelten, einen Wohnsitz, einen Sitz, eine Geschäftsleitung oder eine Betriebsstätte hat. Hat der Unternehmer im Inland eine Betriebsstätte und führt er einen Umsatz nach Absatz 1 oder Absatz 2 Nummer 1 oder Nummer 5 aus, gilt er hinsichtlich dieses Umsatzes als im Ausland oder im übrigen Gemeinschaftsgebiet ansässig, wenn der Umsatz nicht von der Betriebsstätte ausgeführt wird. Maßgebend ist der Zeitpunkt, in dem die Leistung ausgeführt wird. Ist es zweifelhaft, ob der Unternehmer diese Voraussetzungen erfüllt, schuldet der Leistungsempfänger die Steuer nur dann nicht, wenn ihm der Unternehmer durch eine Bescheinigung des nach den abgabenrechtlichen Vorschriften für die Besteuerung seiner Umsätze zuständigen Finanzamts nachweist, dass er kein Unternehmer im Sinne des Satzes 1 ist.

(8) Bei der Berechnung der Steuer sind die §§ 19 und 24 nicht anzuwenden.

(9) Das Bundesministerium der Finanzen kann mit Zustimmung des Bundesrates durch Rechtsverordnung bestimmen, unter welchen Voraussetzungen zur Vereinfachung des Besteuerungsverfahrens in den Fällen, in denen ein anderer als der Leistungsempfänger ein Entgelt gewährt (§ 10 Absatz 1 Satz 3), der andere an Stelle des Leistungsempfängers Steuerschuldner nach Absatz 5 ist.

§ 13c ²⁾
Haftung bei Abtretung, Verpfändung oder Pfändung von Forderungen

(1) Soweit der leistende Unternehmer den Anspruch auf die Gegenleistung für einen steuerpflichtigen Umsatz im Sinne des § 1 Abs. 1 Nr. 1 an einen anderen Unternehmer abgetreten und die festgesetzte Steuer, bei deren Berechnung dieser Umsatz berücksichtigt worden ist, bei Fälligkeit nicht oder nicht vollständig entrichtet hat, haftet der Abtretungsempfänger nach Maßgabe des Absatzes 2 für die in der Forderung enthaltene Umsatzsteuer, soweit sie im vereinnahmten Betrag enthalten ist. Ist die Vollziehung der Steuerfestsetzung in Bezug auf die in der abgetretenen Forderung enthaltene Umsatzsteuer gegenüber dem leistenden Unternehmer ausgesetzt, gilt die Steuer insoweit als nicht fällig. Soweit der Abtretungsempfänger die Forderung an einen Dritten abgetreten hat, gilt sie in voller Höhe als vereinnahmt.

(2) Der Abtretungsempfänger ist ab dem Zeitpunkt in Anspruch zu nehmen, in dem die festgesetzte Steuer fällig wird, frühestens ab dem Zeitpunkt der Vereinnahmung der abgetretenen Forderung. Bei der Inanspruchnahme nach Satz 1 besteht abweichend von § 191 der Abgabenordnung kein Ermessen. Die Haftung ist der Höhe nach begrenzt auf die im Zeitpunkt der Fälligkeit nicht entrichtete Steuer. Soweit der Abtretungsempfänger auf die nach Absatz 1 Satz 1 festgesetzte Steuer Zahlungen im Sinne des § 48 der Abgabenordnung geleistet hat, haftet er nicht.

(3) Die Absätze 1 und 2 gelten bei der Verpfändung oder der Pfändung von Forderungen entsprechend. An die Stelle des Abtretungsempfängers tritt im Fall der Verpfändung der Pfandgläubiger und im Fall der Pfändung der Vollstreckungsgläubiger.

§ 13d
(weggefallen ab 01.01.2008)

§ 14
Ausstellung von Rechnungen

(1) ³⁾Rechnung ist jedes Dokument, mit dem über eine Lieferung oder sonstige Leistung abgerechnet wird, gleichgültig, wie dieses Dokument im Geschäftsverkehr bezeichnet wird. Die Echtheit der Herkunft der Rechnung, die Unversehrtheit ihres Inhalts und ihre Lesbarkeit müssen gewährleistet werden. Echtheit der Herkunft bedeutet die Sicherheit der Identität des Rechnungsausstellers. Unversehrtheit des Inhalts bedeutet, dass die nach diesem Gesetz erforderlichen Angaben nicht geändert wurden. Jeder Unternehmer legt fest, in welcher Weise die Echtheit der Herkunft, die Unversehrtheit des Inhalts und die Lesbarkeit der Rechnung gewährleistet werden. Dies kann durch jegliche innerbetriebliche Kontrollverfahren erreicht werden, die einen verlässlichen Prüfpfad zwischen Rechnung und Leistung schaffen können. Rechnungen sind auf Papier oder vorbehaltlich der Zustimmung des Empfängers elektronisch zu übermitteln. Eine elektronische Rechnung ist eine Rechnung, die in einem elektronischen Format ausgestellt und empfangen wird.

(2) Führt der Unternehmer eine Lieferung oder eine sonstige Leistung nach § 1 Abs. 1 Nr. 1 aus, gilt Folgendes:

1. führt der Unternehmer eine steuerpflichtige Werklieferung (§ 3 Abs. 4 Satz 1) oder sonstige Leistung im Zusammenhang mit einem Grundstück aus, ist er verpflichtet, innerhalb von sechs Monaten nach Ausführung der Leistung eine Rechnung auszustellen;

2. ⁴⁾führt der Unternehmer eine andere als die in Nummer 1 genannte Leistung aus, ist er berechtigt, eine Rechnung auszustellen. Soweit er einen Umsatz an einen anderen Unternehmer für dessen Unternehmen oder an eine juristische Person, die nicht Unternehmer ist, ausführt, ist er verpflichtet, innerhalb von sechs Monaten nach Ausführung der Leistung eine Rechnung aus-

---

1) Beachte BMF-Schreiben vom 02.12.2011, Anlage § 013b-15
2) Gilt ab 07.11.2003, siehe auch § 27 Abs. 7 UStG
3) Fassung ab 01.07.2011; Hinweis auf § 27 Abs. 18 UStG
4) Fassung ab 01.01.2009; zur Anwendung siehe § 27 Abs. 15 UStG

§§ 14, 14a UStG

zustellen. Eine Verpflichtung zur Ausstellung einer Rechnung besteht nicht, wenn der Umsatz nach § 4 Nr. 8 bis 28 steuerfrei ist. § 14a bleibt unberührt.

Unbeschadet der Verpflichtungen nach Satz 1 Nr. 1 und 2 Satz 2 kann eine Rechnung von einem in Satz 1 Nr. 2 bezeichneten Leistungsempfänger für eine Lieferung oder sonstige Leistung des Unternehmers ausgestellt werden, sofern dies vorher vereinbart wurde (Gutschrift). Die Gutschrift verliert die Wirkung einer Rechnung, sobald der Empfänger der Gutschrift dem ihm übermittelten Dokument widerspricht. Eine Rechnung kann im Namen und für Rechnung des Unternehmers oder eines in Satz 1 Nr. 2 bezeichneten Leistungsempfängers von einem Dritten ausgestellt werden.

(3) [1])Unbeschadet anderer nach Absatz 1 zulässiger Verfahren gelten bei einer elektronischen Rechnung die Echtheit der Herkunft und die Unversehrtheit des Inhalts als gewährleistet durch

1. eine qualifizierte elektronische Signatur oder eine qualifizierte elektronische Signatur mit Anbieter-Akkreditierung nach dem Signaturgesetz vom 16. Mai 2001 (BGBl. I S. 876), das zuletzt durch Artikel 4 des Gesetzes vom 17. Juli 2009 (BGBl. I S. 2091) geändert worden ist, in der jeweils geltenden Fassung oder
2. elektronischen Datenaustausch (EDI) nach Artikel 2 der Empfehlung 94/820/EG der Kommission vom 19. Oktober 1994 über die rechtlichen Aspekte des elektronischen Datenaustausches (ABl. L 338 vom 28.12.1994, S. 98), wenn in der Vereinbarung über diesen Datenaustausch der Einsatz von Verfahren vorgesehen ist, die die Echtheit der Herkunft und die Unversehrtheit der Daten gewährleisten.

(4) Eine Rechnung muss folgende Angaben enthalten:

1. den vollständigen Namen und die vollständige Anschrift des leistenden Unternehmers und des Leistungsempfängers,
2. die dem leistenden Unternehmer vom Finanzamt erteilte Steuernummer oder die ihm vom Bundeszentralamt für Steuern[2]) erteilte Umsatzsteuer-Identifikationsnummer,;
3. das Ausstellungsdatum,
4. eine fortlaufende Nummer mit einer oder mehreren Zahlenreihen, die zur Identifizierung der Rechnung vom Rechnungsaussteller einmalig vergeben wird (Rechnungsnummer),
5. die Menge und die Art (handelsübliche Bezeichnung) der gelieferten Gegenstände oder den Umfang und die Art der sonstigen Leistung,
6. [3])den Zeitpunkt der Lieferung oder sonstigen Leistung; in den Fällen des Absatzes 5 Satz 1 den Zeitpunkt der Vereinnahmung des Entgelts oder eines Teils des Entgelts, sofern der Zeitpunkt der Vereinnahmung feststeht und nicht mit dem Ausstellungsdatum der Rechnung übereinstimmt,
7. das nach Steuersätzen und einzelnen Steuerbefreiungen aufgeschlüsselte Entgelt für die Lieferung oder sonstige Leistung (§ 10) sowie jede im Voraus vereinbarte Minderung des Entgelts, sofern sie nicht bereits im Entgelt berücksichtigt ist,
8. den anzuwendenden Steuersatz sowie den auf das Entgelt entfallenden Steuerbetrag oder im Fall einer Steuerbefreiung einen Hinweis darauf, dass für die Lieferung oder sonstige Leistung eine Steuerbefreiung gilt und
9. [4])in den Fällen des § 14b Abs. 1 Satz 5 einen Hinweis auf die Aufbewahrungspflicht des Leistungsempfängers.

In den Fällen des § 10 Abs. 5 sind die Nummern 7 und 8 mit der Maßgabe anzuwenden, dass die Bemessungsgrundlage für die Leistung (§ 10 Abs. 4) und der darauf entfallende Steuerbetrag anzugeben sind. Unternehmer, die § 24 Abs. 1 bis 3 anwenden, sind jedoch auch in diesen Fällen nur zur Angabe des Entgelts und des darauf entfallenden Steuerbetrags berechtigt.

(5) Vereinnahmt der Unternehmer das Entgelt oder einen Teil des Entgelts für eine noch nicht ausgeführte Lieferung oder sonstige Leistung, gelten die Absätze 1 bis 4 sinngemäß. Wird eine Endrechnung erteilt, sind in ihr die vor Ausführung der Lieferung oder sonstigen Leistung vereinnahmten Teilentgelte und die auf sie entfallenden Steuerbeträge abzusetzen, wenn über die Teilentgelte Rechnungen im Sinne der Absätze 1 bis 4 ausgestellt worden sind.

(6) Das Bundesministerium der Finanzen kann mit Zustimmung des Bundesrates zur Vereinfachung des Besteuerungsverfahrens durch Rechtsverordnung bestimmen, in welchen Fällen und unter welchen Voraussetzungen

1. Dokumente als Rechnungen anerkannt werden können,
2. die nach Absatz 4 erforderlichen Angaben in mehreren Dokumenten enthalten sein können,
3. Rechnungen bestimmte Angaben nach Absatz 4 nicht enthalten müssen,
4. eine Verpflichtung des Unternehmers zur Ausstellung von Rechnungen mit gesondertem Steuerausweis (Absatz 4) entfällt oder
5. Rechnungen berichtigt werden können.

§ 14a
Zusätzliche Pflichten bei der Ausstellung von Rechnungen in besonderen Fällen

(1)[5]) Führt der Unternehmer eine sonstige Leistung im Sinne des § 3a Abs. 2 im Inland aus und schuldet für diese Leistung der Leistungsempfänger die Steuer nach § 13b Abs. 1 und 5 Satz 1, ist er

---
1) Fassung ab 01.07.2011; Hinweis auf § 27 Abs. 18 UStG
2) Gilt ab 01.01.2006, davor „Bundesamt für Finanzen"
3) Fassung ab 19.12.2006
4) Gilt ab 01.08.2004
5) Fassung ab 01.07.2010

§§ 14a, 14b UStG

zur Ausstellung einer Rechnung verpflichtet, in der auch die Umsatzsteuer-Identifikationsnummer des Unternehmers und die des Leistungsempfängers anzugeben sind.

(2) Führt der Unternehmer eine Lieferung im Sinne des § 3c im Inland aus, ist er zur Ausstellung einer Rechnung verpflichtet.

(3) Führt der Unternehmer eine innergemeinschaftliche Lieferung aus, ist er zur Ausstellung einer Rechnung verpflichtet. Darin sind auch die Umsatzsteuer-Identifikationsnummer des Unternehmers und die des Leistungsempfängers anzugeben. Satz 1 gilt auch für Fahrzeuglieferer (§ 2a). Satz 2 gilt nicht in den Fällen der §§ 1b und 2a.

(4) Eine Rechnung über die innergemeinschaftliche Lieferung eines neuen Fahrzeugs muss auch die in § 1b Abs. 2 und 3 bezeichneten Merkmale enthalten. Das gilt auch in den Fällen des § 2a.

(5)[1] Führt der Unternehmer eine Leistung im Sinne des § 13b Abs. 1 und 2 aus, für die der Leistungsempfänger nach § 13b Abs. 5 die Steuer schuldet, ist er zur Ausstellung einer Rechnung verpflichtet. In der Rechnung ist auch auf die Steuerschuldnerschaft des Leistungsempfängers hinzuweisen. Die Vorschrift über den gesonderten Steuerausweis in einer Rechnung (§ 14 Abs. 4 Satz 1 Nr. 8) findet keine Anwendung.

(6) In den Fällen der Besteuerung von Reiseleistungen (§ 25) und der Differenzbesteuerung (§ 25a) ist in der Rechnung auch auf die Anwendung dieser Sonderregelungen hinzuweisen. In den Fällen des § 25 Abs. 3 und des § 25a Abs. 3 und 4 findet die Vorschrift über den gesonderten Steuerausweis in einer Rechnung (§ 14 Abs. 4 Satz 1 Nr. 8) keine Anwendung.

(7) Wird in einer Rechnung über eine Lieferung im Sinne des § 25b Abs. 2 abgerechnet, ist auch auf das Vorliegen eines innergemeinschaftlichen Dreiecksgeschäfts und die Steuerschuldnerschaft des letzten Abnehmers hinzuweisen. Dabei sind die Umsatzsteuer-Identifikationsnummer des Unternehmers und die des Leistungsempfängers anzugeben. Die Vorschrift über den gesonderten Steuerausweis in einer Rechnung (§ 14 Abs. 4 Satz 1 Nr. 8) findet keine Anwendung.

§ 14b
Aufbewahrung von Rechnungen

(1)[2] Der Unternehmer hat ein Doppel der Rechnung, die er selbst oder ein Dritter in seinem Namen und für seine Rechnung ausgestellt hat, sowie alle Rechnungen, die er erhalten oder die ein Leistungsempfänger oder in dessen Namen und für dessen Rechnung ein Dritter ausgestellt hat, zehn Jahre aufzubewahren. Die Rechnungen müssen für den gesamten Zeitraum die Anforderungen des § 14 Abs. 1 Satz 2 erfüllen. Die Aufbewahrungsfrist beginnt mit dem Schluss des Kalenderjahres, in dem die Rechnung ausgestellt worden ist; § 147 Abs. 3 der Abgabenordnung bleibt unberührt. Die Sätze 1 bis 3 gelten auch:

1. für Fahrzeuglieferer (§ 2a);
2. in den Fällen, in denen der letzte Abnehmer die Steuer nach § 13a Abs. 1 Nr. 5 schuldet, für den letzten Abnehmer;
3. in den Fällen, in denen der Leistungsempfänger die Steuer nach § 13b Abs. 5[3] schuldet, für den Leistungsempfänger.

In den Fällen des § 14 Abs. 2 Satz 1 Nr. 1 hat der Leistungsempfänger die Rechnung, einen Zahlungsbeleg oder eine andere beweiskräftige Unterlage zwei Jahre gemäß den Sätzen 2 und 3 aufzubewahren, soweit er

1. nicht Unternehmer ist oder
2. Unternehmer ist, aber die Leistung für seinen nichtunternehmerischen Bereich verwendet.[4]

(2) Der im Inland oder in einem der in § 1 Abs. 3 bezeichneten Gebiete ansässige Unternehmer hat alle Rechnungen im Inland oder in einem der in § 1 Abs. 3 bezeichneten Gebiete aufzubewahren. Handelt es sich um eine elektronische Aufbewahrung, die eine vollständige Fernabfrage (Online-Zugriff) der betreffenden Daten und deren Herunterladen und Verwendung gewährleistet, darf der Unternehmer die Rechnungen auch im übrigen Gemeinschaftsgebiet, in einem der in § 1 Abs. 3 bezeichneten Gebiete, im Gebiet von Büsingen oder auf der Insel Helgoland aufbewahren. Der Unternehmer hat dem Finanzamt den Aufbewahrungsort mitzuteilen, wenn er die Rechnungen nicht im Inland oder in einem der in § 1 Abs. 3 bezeichneten Gebiete aufbewahrt. Der nicht im Inland oder in einem der in § 1 Abs. 3 bezeichneten Gebiete ansässige Unternehmer hat den Aufbewahrungsort der nach Absatz 1 aufzubewahrenden Rechnungen im Gemeinschaftsgebiet, in den in § 1 Abs. 3 bezeichneten Gebieten, im Gebiet von Büsingen oder auf der Insel Helgoland zu bestimmen. In diesem Fall ist er verpflichtet, dem Finanzamt auf dessen Verlangen alle aufzubewahrenden Rechnungen und Daten oder die an deren Stelle tretenden Bild- und Datenträger unverzüglich zur Verfügung zu stellen. Kommt er dieser Verpflichtung nicht oder nicht rechtzeitig nach, kann das Finanzamt verlangen, dass er die Rechnungen im Inland oder in einem der in § 1 Abs. 3 bezeichneten Gebiete aufbewahrt.

(3) Ein im Inland oder in einem der in § 1 Abs. 3 bezeichneten Gebiete ansässiger Unternehmer ist ein Unternehmer, der in einem dieser Gebiete einen Wohnsitz, seinen Sitz, seine Geschäftsleitung oder eine Zweigniederlassung hat.

(4) Bewahrt der Unternehmer die Rechnungen im übrigen Gemeinschaftsgebiet elektronisch auf, können die zuständigen Finanzbehörden die Rechnungen für Zweck der Umsatzsteuerkontrolle über Online-Zugriff einsehen, herunterladen und verwenden. Es muss sichergestellt sein, dass die zuständigen Finanzbehörden die Rechnungen unverzüglich über

---

1) Fassung ab 01.07.2010
2) Fassung ab 01.07.2011
3) Vor dem 01.07.2010: § 13b Abs. 2
4) § 14b Abs. 1 Satz 5 UStG gilt ab 01.08.2004; siehe dazu Anlage § 014-21

§§ 14b – 15 UStG

Online-Zugriff einsehen, herunterladen und verwenden können.

(5)[1] Will der Unternehmer die Rechnungen außerhalb des Gemeinschaftsgebiets elektronisch aufbewahren, gilt § 146 Abs. 2a der Abgabenordnung.

§ 14c[2]
Unrichtiger oder unberechtigter Steuerausweis

(1) Hat der Unternehmer in einer Rechnung für eine Lieferung oder sonstige Leistung einen höheren Steuerbetrag, als er nach diesem Gesetz für den Umsatz schuldet, gesondert ausgewiesen (unrichtiger Steuerausweis), schuldet er auch den Mehrbetrag. Berichtigt er den Steuerbetrag gegenüber dem Leistungsempfänger, ist § 17 Abs. 1 entsprechend anzuwenden. In den Fällen des § 1 Abs. 1a und in den Fällen der Rückgängigmachung des Verzichts auf die Steuerbefreiung nach § 9 gilt Absatz 2 Satz 3 bis 5 entsprechend.

(2) Wer in einer Rechnung einen Steuerbetrag gesondert ausweist, obwohl er zum gesonderten Ausweis der Steuer nicht berechtigt ist (unberechtigter Steuerausweis), schuldet den ausgewiesenen Betrag. Das Gleiche gilt, wenn jemand wie ein leistender Unternehmer abrechnet und einen Steuerbetrag gesondert ausweist, obwohl er nicht Unternehmer ist oder eine Lieferung oder sonstige Leistung nicht ausführt. Der nach den Sätzen 1 und 2 geschuldete Steuerbetrag kann berichtigt werden, soweit die Gefährdung des Steueraufkommens beseitigt worden ist. Die Gefährdung des Steueraufkommens ist beseitigt, wenn ein Vorsteuerabzug beim Empfänger der Rechnung nicht durchgeführt oder die geltend gemachte Vorsteuer an die Finanzbehörde zurückgezahlt worden ist. Die Berichtigung des geschuldeten Steuerbetrages ist beim Finanzamt gesondert schriftlich zu beantragen und nach dessen Zustimmung in entsprechender Anwendung des § 17 Abs. 1 für den Besteuerungszeitraum vorzunehmen, in dem die Voraussetzungen des Satzes 4 eingetreten sind.

§ 15
Vorsteuerabzug

(1) Der Unternehmer kann die folgenden Vorsteuerbeträge abziehen:

1. [3]die gesetzlich geschuldete Steuer für Lieferungen und sonstige Leistungen, die von einem anderen Unternehmer für sein Unternehmen ausgeführt worden sind. Die Ausübung des Vorsteuerabzugs setzt voraus, dass der Unternehmer eine nach den §§ 14, 14a ausgestellte Rechnung besitzt[4]. Soweit der gesondert ausgewiesene Steuerbetrag auf eine Zahlung vor Ausführung dieser Umsätze entfällt, ist er bereits abziehbar, wenn die Rechnung vorliegt und die Zahlung geleistet worden ist;

2. die entrichtete Einfuhrumsatzsteuer für Gegenstände, die für sein Unternehmen nach § 1 Abs. 1 Nr. 4 eingeführt worden sind;

3. die Steuer für den innergemeinschaftlichen Erwerb von Gegenständen für sein Unternehmen;

4. [5]die Steuer für Leistungen im Sinne des § 13b Abs. 1 und 2, die für sein Unternehmen ausgeführt worden sind. Soweit die Steuer auf eine Zahlung vor Ausführung dieser Leistungen entfällt, ist sie abziehbar, wenn die Zahlung geleistet worden ist;

5. die nach § 13a Abs. 1 Nr. 6 geschuldete Steuer für Umsätze, die für sein Unternehmen ausgeführt worden sind.

Nicht als für das Unternehmen ausgeführt gilt die Lieferung, die Einfuhr oder der innergemeinschaftliche Erwerb eines Gegenstandes, den der Unternehmer zu weniger als 10 vom Hundert für sein Unternehmen nutzt.[6]

(1a) Nicht abziehbar sind Vorsteuerbeträge, die auf Aufwendungen, für die das Abzugsverbot des § 4 Abs. 5 Satz 1 Nr. 1 bis 4, 7 oder des § 12 Nr. 1 des Einkommensteuergesetzes gilt, entfallen. Dies gilt nicht für Bewirtungsaufwendungen, soweit § 4 Abs. 5 Satz 1 Nr. 2 des Einkommensteuergesetzes einen Abzug angemessener und nachgewiesener Aufwendungen ausschließt.

(1b)[7] Verwendet der Unternehmer ein Grundstück sowohl für Zwecke seines Unternehmens als auch für Zwecke, die außerhalb des Unternehmens liegen, oder für den privaten Bedarf seines Personals, ist die Steuer für die Lieferungen, die Einfuhr und den innergemeinschaftlichen Erwerb sowie für die sonstigen Leistungen im Zusammenhang mit diesem Grundstück vom Vorsteuerabzug ausgeschlossen, soweit sie nicht auf die Verwendung des Grundstücks für Zwecke des Unternehmens entfällt. Bei Berechtigungen, für die die Vorschriften des bürgerlichen Rechts über Grundstücke gelten, und bei Gebäuden auf fremdem Grund und Boden ist Satz 1 entsprechend anzuwenden.

(2) Vom Vorsteuerabzug ausgeschlossen ist die Steuer für die Lieferungen, die Einfuhr und den innergemeinschaftlichen Erwerb von Gegenständen sowie für die sonstigen Leistungen, die der Unternehmer zur Ausführung folgender Umsätze verwendet:

1. steuerfreie Umsätze,

2. Umsätze im Ausland, die steuerfrei wären, wenn sie im Inland ausgeführt würden.

3. (aufgehoben)

---

1) Gilt ab 25.12.2008
2) Gilt ab 01.01.2004, zur Anwendung auf die Zeit vor dem 01.01.2004 siehe BMF vom 29.01.2004, Tz. 86, BStBl. 2004 I S. 258. Siehe *Tehler*, UVR 2004 S. 249
3) Fassung ab 01.01.2004
4) Zur Übergangsregelung vom 01.01. bis 30.6.2004 siehe BMF vom 19.12.2003, BStBl. 2004 I S. 62
5) Fassung ab 01.07.2010
6) Diese 10 v.H.-Grenze ist bis 31.12.2012 befristet gem. Entscheidung des Rates vom 20.10.2009 – 2009/791/EG –, ABl. EU 2009 Nr. L 283 S. 55
7) Gilt ab 01.01.2011, zur Anwendung siehe § 27 Abs. 16 UStG i.d.F. ab 01.01.2011; Hinweis auf Anlage § 015-51

§§ 15, 15a UStG

Gegenstände oder sonstige Leistungen, die der Unternehmer zur Ausführung einer Einfuhr oder eines innergemeinschaftlichen Erwerbs verwendet, sind den Umsätzen zuzurechnen, für die der eingeführte oder innergemeinschaftlich erworbene Gegenstand verwendet wird.

(3) Der Ausschluß vom Vorsteuerabzug nach Absatz 2 tritt nicht ein, wenn die Umsätze

1. in den Fällen des Absatzes 2 Satz 1 Nr. 1
    a) nach § 4 Nr. 1 bis 7, § 25 Abs. 2 oder nach den in § 26 Abs. 5 bezeichneten Vorschriften steuerfrei sind oder
    b) nach § 4 Nr. 8 Buchstabe a bis g oder Nr. 10 Buchstabe a steuerfrei sind und sich unmittelbar auf Gegenstände beziehen, die in das Drittlandsgebiet ausgeführt werden;
2. in den Fällen des Absatzes 2 Satz 1 Nr. 2
    a) nach § 4 Nr. 1 bis 7, § 25 Abs. 2 oder nach den in § 26 Abs. 5 bezeichneten Vorschriften steuerfrei wären oder
    b) nach § 4 Nr. 8 Buchstabe a bis g oder Nr. 10 Buchstabe a steuerfrei wären und der Leistungsempfänger im Drittlandsgebiet ansässig ist.

(4) Verwendet der Unternehmer einen für sein Unternehmen gelieferten, eingeführten oder innergemeinschaftlich erworbenen Gegenstand oder eine von ihm in Anspruch genommene sonstige Leistung nur zum Teil zur Ausführung von Umsätzen, die den Vorsteuerabzug ausschließen, so ist der Teil der jeweiligen Vorsteuerbeträge nicht abziehbar, der den zum Ausschluß vom Vorsteuerabzug führenden Umsätzen wirtschaftlich zuzurechnen ist. Der Unternehmer kann die nicht abziehbaren Teilbeträge im Wege einer sachgerechten Schätzung ermitteln. Eine Ermittlung des nicht abziehbaren Teils der Vorsteuerbeträge nach dem Verhältnis der Umsätze, die den Vorsteuerabzug ausschließen, zu den Umsätzen, die zum Vorsteuerabzug berechtigen, ist nur zulässig, wenn keine andere wirtschaftliche Zurechnung möglich ist. In den Fällen des Abs. 1b gelten die Sätze 1 bis 3 entsprechend[1].

(4a) Für Fahrzeuglieferer (§ 2a) gelten folgende Einschränkungen des Vorsteuerabzugs:

1. Abziehbar ist nur die auf die Lieferung, die Einfuhr oder den innergemeinschaftlichen Erwerb des neuen Fahrzeugs entfallende Steuer.
2. Die Steuer kann nur bis zu dem Betrag abgezogen werden, der für die Lieferung des neuen Fahrzeugs geschuldet würde, wenn die Lieferung nicht steuerfrei wäre.
3. Die Steuer kann erst in dem Zeitpunkt abgezogen werden, in dem der Fahrzeuglieferer die innergemeinschaftliche Lieferung des neuen Fahrzeugs ausführt.

(4b)[2] Für Unternehmer, die nicht im Gemeinschaftsgebiet ansässig sind und die nur Steuer nach § 13b Abs. 5 schulden, gelten die Einschränkungen des § 18 Abs. 9 Sätze 4 und 5 entsprechend.

(5) Das Bundesministerium der Finanzen kann mit Zustimmung des Bundesrates durch Rechtsverordnung nähere Bestimmungen darüber treffen,

1. in welchen Fällen und unter welchen Voraussetzungen zur Vereinfachung des Besteuerungsverfahrens für den Vorsteuerabzug auf eine Rechnung im Sinne des § 14 oder auf einzelne Angaben in der Rechnung verzichtet werden kann.
2. [3]unter welchen Voraussetzungen, für welchen Besteuerungszeitraum und in welchem Umfang zur Vereinfachung oder zur Vermeidung von Härten in den Fällen, in denen ein anderer als der Leistungsempfänger ein Entgelt gewährt (§ 10 Abs. 1 Satz 3), der andere den Vorsteuerabzug in Anspruch nehmen kann, und
3. wann in Fällen von geringer steuerlicher Bedeutung zur Vereinfachung oder zur Vermeidung von Härten bei der Aufteilung der Vorsteuerbeträge (Absatz 4) Umsätze, die den Vorsteuerabzug ausschließen, unberücksichtigt bleiben können oder von der Zurechnung von Vorsteuerbeträgen zu diesen Umsätzen abgesehen werden kann.

§ 15a
Berichtigung des Vorsteuerabzugs

(1) Ändern sich bei einem Wirtschaftsgut, das nicht nur einmalig zur Ausführung von Umsätzen verwendet wird, innerhalb von fünf Jahren ab dem Zeitpunkt der erstmaligen Verwendung die für den ursprünglichen Vorsteuerabzug maßgebenden Verhältnisse, ist für jedes Kalenderjahr der Änderung ein Ausgleich durch eine Berichtigung des Abzugs der auf die Anschaffungs- oder Herstellungskosten entfallenden Vorsteuerbeträge vorzunehmen. Bei Grundstücken einschließlich ihrer wesentlichen Bestandteile, bei Berechtigungen, für die die Vorschriften des bürgerlichen Rechts über Grundstücke gelten, und bei Gebäuden auf fremdem Grund und Boden tritt an die Stelle des Zeitraums von fünf Jahren ein Zeitraum von zehn Jahren.

(2) Ändern sich bei einem Wirtschaftsgut, das nur einmalig zur Ausführung eines Umsatzes verwendet wird, die für den ursprünglichen Vorsteuerabzug maßgebenden Verhältnisse, ist eine Berichtigung des Vorsteuerabzugs vorzunehmen. Die Berichtigung ist für den Besteuerungszeitraum vorzunehmen, in dem das Wirtschaftsgut verwendet wird.

(3) Geht in ein Wirtschaftsgut nachträglich ein anderer Gegenstand ein und verliert dieser Gegenstand dabei seine körperliche und wirtschaftliche Eigenart endgültig oder wird an einem Wirtschaftsgut eine sonstige Leistung ausgeführt, gelten im Fall der Änderung der für den ursprünglichen Vorsteuerabzug maßgebenden Verhältnisse die Absätze 1 und 2 entsprechend. Soweit im Rahmen einer Maßnahme in ein Wirtschaftsgut mehrere Gegen-

---
1) Satz eingefügt ab 01.01.2011
2) Fassung ab 01.07.2010; zuvor: § 13b Abs. 2
3) Fassung ab 01.01.2004; siehe Tz. 86 der Anlage § 004 Nr. 4a-01

§§ 15a, 16 UStG

stände eingehen oder an einem Wirtschaftsgut mehrere sonstige Leistungen ausgeführt werden, sind diese zu einem Berichtigungsobjekt zusammenzufassen.[1)] Eine Änderung der Verhältnisse liegt dabei auch vor, wenn das Wirtschaftsgut für Zwecke, die außerhalb des Unternehmens liegen, aus dem Unternehmen entnommen wird, ohne dass dabei nach § 3 Abs. 1b eine unentgeltliche Wertabgabe zu besteuern ist.

(4) Die Absätze 1 und 2 sind auf sonstige Leistungen, die nicht unter Absatz 3 Satz 1 fallen, entsprechend anzuwenden. Die Berichtigung ist auf solche sonstigen Leistungen zu beschränken, für die in der Steuerbilanz ein Aktivierungsgebot bestünde. Dies gilt jedoch nicht, soweit es sich um sonstige Leistungen handelt, für die der Leistungsempfänger bereits für einen Zeitraum vor Ausführung der sonstigen Leistung den Vorsteuerabzug vornehmen konnte. Unerheblich ist, ob der Unternehmer nach den §§ 140, 141 der Abgabenordnung tatsächlich zur Buchführung verpflichtet ist.[2)]

(5) Bei der Berichtigung nach Absatz 1 ist für jedes Kalenderjahr der Änderung in den Fällen des Satzes 1 von einem Fünftel und in den Fällen des Satzes 2 von einem Zehntel der auf das Wirtschaftsgut entfallenden Vorsteuerbeträge auszugehen. Eine kürzere Verwendungsdauer ist entsprechend zu berücksichtigen. Die Verwendungsdauer wird nicht dadurch verkürzt, dass das Wirtschaftsgut in ein anderes einbezogen wird.

(6) Die Absätze 1 bis 5 sind auf Vorsteuerbeträge, die auf nachträgliche Anschaffungs- oder Herstellungskosten entfallen, sinngemäß anzuwenden.

(6a)[3)] Eine Änderung der Verhältnisse liegt auch bei einer Änderung der Verwendung im Sinne des § 15 Absatz 1b vor.

(7) Eine Änderung der Verhältnisse im Sinne der Absätze 1 bis 3 ist auch beim Übergang von der allgemeinen Besteuerung zur Nichterhebung der Steuer nach § 19 Abs. 1 und umgekehrt und beim Übergang von der allgemeinen Besteuerung zur Durchschnittssatzbesteuerung nach den §§ 23, 23a oder 24 und umgekehrt gegeben.

(8)[4)] Eine Änderung der Verhältnisse liegt auch vor, wenn das noch verwendungsfähige Wirtschaftsgut, das nicht nur einmalig zur Ausführung eines Umsatzes verwendet wird, vor Ablauf des nach den Absätzen 1 und 5 maßgeblichen Berichtigungszeitraums veräußert wird nach § 3 Abs. 1b geliefert wird und dieser Umsatz anders zu beurteilen ist als die für den ursprünglichen Vorsteuerabzug maßgebliche Verwendung. Dies gilt auch für Wirtschaftsgüter, für die der Vorsteuerabzug nach § 15 Absatz 1b teilweise ausgeschlossen war.

(9) Die Berichtigung nach Absatz 8 ist so vorzunehmen, als wäre das Wirtschaftsgut in der Zeit von der Veräußerung oder Lieferung im Sinne des § 3 Abs. 1b bis zum Ablauf des maßgeblichen Berichtigungszeitraums unter entsprechend geänderten Verhältnissen weiterhin für das Unternehmen verwendet worden.

(10) Bei einer Geschäftsveräußerung (§ 1 Abs. 1a) wird der nach den Absätzen 1 und 5 maßgebliche Berichtigungszeitraum nicht unterbrochen. Der Veräußerer ist verpflichtet, dem Erwerber die für die Durchführung der Berichtigung erforderlichen Angaben zu machen.

(11) Das Bundesministerium der Finanzen kann mit Zustimmung des Bundesrates durch Rechtsverordnung nähere Bestimmungen darüber treffen,

1. wie der Ausgleich nach den Absätzen 1 bis 9 durchzuführen ist und in welchen Fällen zur Vereinfachung des Besteuerungsverfahrens, zur Vermeidung von Härten oder nicht gerechtfertigten Steuervorteilen zu unterbleiben hat;

2. dass zur Vermeidung von Härten oder eines nicht gerechtfertigten Steuervorteils bei einer unentgeltlichen Veräußerung und Überlassung eines Wirtschaftsguts

   a) eine Berichtigung des Vorsteuerabzugs in entsprechender Anwendung der Absätze 1 bis 9 auch dann durchzuführen ist, wenn eine Änderung der Verhältnisse nicht vorliegt,

   b) der Teil des Vorsteuerbetrags, der bei einer gleichmäßigen Verteilung auf den in Absatz 9 bezeichneten Restzeitraum entfällt, vom Unternehmer geschuldet wird,

   c) der Unternehmer den nach den Absätzen 1 bis 9 oder Buchstabe b geschuldeten Betrag dem Leistungsempfänger wie eine Steuer in Rechnung stellen und dieser den Betrag als Vorsteuer abziehen kann.

**Fünfter Abschnitt
Besteuerung**

§ 16
Steuerberechnung, Besteuerungszeitraum und Einzelbesteuerung

(1)[5)] Die Steuer ist, soweit nicht § 20 gilt, nach vereinbarten Entgelten zu berechnen. Besteuerungszeitraum ist das Kalenderjahr. Bei der Berechnung der Steuer ist von der Summe der Umsätze nach § 1 Abs. 1 Nr. 1 und 5 auszugehen, soweit für sie die Steuer in dem Besteuerungszeitraum entstanden und die Steuerschuldnerschaft gegeben ist. Der Steuer sind die nach § 6a Abs. 4 Satz 2, nach § 14c sowie nach § 17 Abs. 1 Satz 6 geschuldeten Steuerbeträge hinzuzurechnen.

(1a)[6)] Macht ein nicht im Gemeinschaftsgebiet ansässiger Unternehmer von § 18 Abs. 4c Gebrauch,

---

1) § 15a Abs. 3 Satz 2 UStG gilt ab dem 01.01.2007, vgl. Art. 8 des Ersten Gesetzes zum Abbau bürokratischer Hemmnisse insbesondere in der mittelständischen Wirtschaft vom 22.08.2006, BGBl. 2006 I S. 1970
2) Die Sätze 2ff. des § 15a Abs. 4 UStG gelten ab dem 01.01.2007, vgl. das in Fußnote 3 erwähnte Gesetz vom 22.08.2006
3) Gilt ab 01.01.2011, zur Anwendung siehe § 27 Abs. 16 UStG; Hinweis auf Anlage § 015-51
4) Fassung ab 01.01.2011, zur Anwendung siehe § 27 Abs. 16 UStG
5) Fassung ab 16.12.2004
6) Gilt ab 01.07.2003; Fassung ab 01.01.2010: § 3a Abs. 5

§§ 16, 17 UStG

ist Besteuerungszeitraum das Kalendervierteljahr. Bei der Berechnung der Steuer ist von der Summe der Umsätze nach § 3a Abs. 5 auszugehen, die im Gemeinschaftsgebiet steuerbar sind, soweit für sie in dem Besteuerungszeitraum die Steuer entstanden und die Steuerschuldnerschaft gegeben ist. Absatz 2 ist nicht anzuwenden.

(2) Von der nach Absatz 1 berechneten Steuer sind die in den Besteuerungszeitraum fallenden, nach § 15 abziehbaren Vorsteuerbeträge abzusetzen. § 15a ist zu berücksichtigen. Die Einfuhrumsatzsteuer ist von der Steuer für den Besteuerungszeitraum abzusetzen, in dem sie entrichtet worden ist. Die bis zum 16. Tag nach Ablauf des Besteuerungszeitraums zu entrichtende Einfuhrumsatzsteuer kann bereits von der Steuer für diesen Besteuerungszeitraum abgesetzt werden, wenn sie in ihm entstanden ist.

(3) Hat der Unternehmer seine gewerbliche oder berufliche Tätigkeit nur in einem Teil des Kalenderjahres ausgeübt, so tritt dieser Teil an die Stelle des Kalenderjahres.

(4)[1] Abweichend von den Absätzen 1, 2 und 3 kann das Finanzamt einen kürzeren Besteuerungszeitraum bestimmen, wenn der Eingang der Steuer gefährdet erscheint oder der Unternehmer damit einverstanden ist.

(5) Bei Beförderungen von Personen im Gelegenheitsverkehr mit Kraftomnibussen, die nicht im Inland zugelassen sind, wird die Steuer, abweichend von Absatz 1, für jeden einzelnen steuerpflichtigen Umsatz durch die zuständige Zolldienststelle berechnet (Beförderungseinzelbesteuerung), wenn eine Grenze zum Drittlandsgebiet überschritten wird. Zuständige Zolldienststelle ist die Eingangszollstelle oder Ausgangszollstelle, bei der der Kraftomnibus in das Inland gelangt oder das Inland verläßt. Die zuständige Zolldienststelle handelt bei der Beförderungseinzelbesteuerung für das Finanzamt, in dessen Bezirk sie liegt (zuständiges Finanzamt), Absatz 2 und § 19 Abs. 1 sind bei der Beförderungseinzelbesteuerung nicht anzuwenden.

(5a) Beim innergemeinschaftlichen Erwerb neuer Fahrzeuge durch andere Erwerber als die in § 1a Abs. 1 Nr. 2 genannten Personen ist die Steuer abweichend von Absatz 1 für jeden einzelnen steuerpflichtigen Erwerb zur berechnen (Fahrzeugeinzelbesteuerung).

(5b) Auf Antrag des Unternehmers ist nach Ablauf des Besteuerungszeitraums an Stelle der Beförderungseinzelbesteuerung (Absatz 5) die Steuer nach den Absätzen 1 und 2 zu berechnen. Absätze 3 und 4 gelten entsprechend.

(6)[2] Werte in fremder Währung sind zur Berechnung der Steuer und der abziehbaren Vorsteuerbeträge auf Euro[3] nach den Durchschnittskursen umzurechnen, die das Bundesministerium der Finanzen für den Monat öffentlich bekanntgibt, in dem die Leistung ausgeführt oder das Entgelt oder ein Teil des Entgelts vor Ausführung der Leistung (§ 13 Abs. 1 Nr. 1 Buchstabe a Satz 4) vereinnahmt wird. Ist dem leistenden Unternehmer die Berechnung der Steuer nach vereinnahmten Entgelten gestattet (§ 20), so sind die Entgelte nach den Durchschnittskursen des Monats umzurechnen, in dem sie vereinnahmt werden. Das Finanzamt kann die Umrechnung nach dem Tageskurs, der durch Bankmitteilung oder Kurszettel nachzuweisen ist, gestatten. Macht ein nicht im Gemeinschaftsgebiet ansässiger Unternehmer von § 18 Abs. 4c Gebrauch, hat er zur Berechnung der Steuer Werte in fremder Währung nach den Kursen umzurechnen, die für den letzten Tag des Besteuerungszeitraums nach Absatz 1a Satz 1 von der Europäischen Zentralbank festgestellt worden sind. Sind für diesen Tag keine Umrechnungskurse festgestellt worden, hat der Unternehmer die Steuer nach den für den nächsten Tag nach Ablauf des Besteuerungszeitraums nach Absatz 1a Satz 1 von der Europäischen Zentralbank festgestellten Umrechnungskursen umzurechnen.

(7) Für die Einfuhrumsatzsteuer gelten § 11 Abs. 5 und § 21 Abs. 2.

§ 17
Änderung der Bemessungsgrundlage

(1) Hat sich die Bemessungsgrundlage für einen steuerpflichtigen Umsatz im Sinne des § 1 Abs. 1 Nr. 1 geändert, hat der Unternehmer, der diesen Umsatz ausgeführt hat, den dafür geschuldeten Steuerbetrag zu berichtigen. Ebenfalls ist der Vorsteuerabzug bei dem Unternehmer, an den dieser Umsatz ausgeführt wurde, zu berichtigen. Dies gilt nicht, soweit er durch die Änderung der Bemessungsgrundlage wirtschaftlich nicht begünstigt wird. Wird in diesen Fällen ein anderer Unternehmer durch die Änderung der Bemessungsgrundlage wirtschaftlich begünstigt, hat dieser Unternehmer seinen Vorsteuerabzug zu berichtigen. Die Sätze 1 bis 4 gelten in den Fällen des § 1 Abs. 1 Nr. 5 und des § 13b sinngemäß. Die Berichtigung des Vorsteuerabzugs kann unterbleiben, soweit ein dritter Unternehmer den auf die Minderung des Entgelts entfallenden Steuerbetrag an das Finanzamt entrichtet; in diesem Fall ist der dritte Unternehmer Schuldner der Steuer. Die Berichtigungen nach den Sätzen 1 und 2 sind für den Besteuerungszeitraum vorzunehmen, in dem die Änderung der Bemessungsgrundlage eingetreten ist. Die Berichtigung nach Satz 4 ist für den Besteuerungszeitraum vorzunehmen, in dem der andere Unternehmer wirtschaftlich begünstigt wird.

(2) Absatz 1 gilt sinngemäß, wenn

1. das vereinbarte Entgelt für eine steuerpflichtige Lieferung, sonstige Leistung oder einen steuerpflichtigen innergemeinschaftlichen Erwerb uneinbringlich geworden ist. Wird das Entgelt nachträglich vereinnahmt, sind Steuerbetrag und Vorsteuerabzug erneut zu berichtigen;

2. für eine vereinbarte Lieferung oder sonstige Leistung ein Entgelt entrichtet, die Lieferung

---

1) Fassung ab 01.07.2003
2) Fassung ab 01.07.2003
3) Vor dem 01.01.2002: Deutsche Mark

§§ 17, 18 UStG

oder sonstige Leistung jedoch nicht ausgeführt worden ist;
3. eine steuerpflichtige Lieferung, sonstige Leistung oder ein steuerpflichter innergemeinschaftlicher Erwerb rückgängig gemacht worden ist;
4. der Erwerber den Nachweis im Sinne des § 3d Satz 2 führt;
5. [1)]Aufwendungen im Sinne des § 15 Abs. 1a getätigt werden.

(3) [2)]Ist Einfuhrumsatzsteuer, die als Vorsteuer abgezogen worden ist, herabgesetzt, erlassen oder erstattet worden, so hat der Unternehmer den Vorsteuerabzug entsprechend zu berichtigen. Absatz 1 Satz 7 gilt sinngemäß.

(4) Werden die Entgelte für unterschiedlich besteuerte Lieferungen oder sonstige Leistungen eines bestimmten Zeitabschnitts gemeinsam geändert (z.B. Jahresboni, Jahresrückvergütungen), so hat der Unternehmer dem Leistungsempfänger einen Beleg zu erteilen, aus dem zu ersehen ist, wie sich die Änderung der Entgelte auf die unterschiedlich besteuerten Umsätze verteilt.

§ 18
Besteuerungsverfahren

(1) [3)]Der Unternehmer hat bis zum 10. Tag nach Ablauf jedes Voranmeldungszeitraums eine Voranmeldung nach amtlich vorgeschriebenem Datensatz durch Datenfernübertragung nach Maßgabe der Steuerdaten-Übermittlungsverordnung zu übermitteln, in der er die Steuer für den Voranmeldungszeitraum (Vorauszahlung) selbst zu berechnen hat. Auf Antrag kann das Finanzamt zur Vermeidung von unbilligen Härten auf eine elektronische Übermittlung verzichten; in diesem Fall hat der Unternehmer eine Voranmeldung nach amtlich vorgeschriebenem Vordurck abzugeben. § 16 Abs. 1 und 2 und § 17 sind entsprechend anzuwenden. Die Vorauszahlung ist am 10. Tag nach Ablauf des Voranmeldungszeitraums fällig.

(2) Voranmeldungszeitraum ist das Kalendervierteljahr. Beträgt die Steuer für das vorangegangene Kalenderjahr mehr als 7.500 Euro[4)], ist der Kalendermonat Voranmeldungszeitraum. Beträgt die Steuer für das vorangegangene Kalenderjahr nicht mehr als 1.000 Euro[5)], kann das Finanzamt den Unternehmer von der Verpflichtung zur Abgabe der Voranmeldungen und Entrichtung der Vorauszahlungen befreien. Nimmt der Unternehmer seine berufliche oder gewerbliche Tätigkeit auf, ist im laufenden und folgenden Kalenderjahr Voranmeldungszeitraum der Kalendermonat.

(2a)[6)] Der Unternehmer kann anstelle des Kalendervierteljahres den Kalendermonat als Voranmeldungszeitraum wählen, wenn sich für das vorangegangene Kalenderjahr ein Überschuß zu seinen Gunsten von mehr als 7.500 Euro[7)] ergibt. In diesem Fall hat der Unternehmer bis zum 10. Februar des laufenden Kalenderjahres eine Voranmeldung für den ersten Kalendermonat abzugeben. Die Ausübung des Wahlrechts bindet den Unternehmer für dieses Kalenderjahr.

(3)[8)] Der Unternehmer hat für das Kalenderjahr oder für den kürzeren Besteuerungszeitraum eine Steuererklärung nach amtlich vorgeschriebenem Datensatz durch Datenfernübertragung nach Maßgabe der Steuerdaten-Übermittlungsverordnung zu übermitteln, in der er die zu entrichtende Steuer oder den Überschuss, der sich zu seinen Gunsten ergibt, nach § 16 Absatz 1 bis 4 und § 17 selbst zu berechnen hat (Steueranmeldung). In den Fällen des § 16 Absatz 3 und 4 ist die Steueranmeldung binnen einem Monat nach Ablauf des kürzeren Besteuerungszeitraums zu übermitteln. Auf Antrag kann das Finanzamt zur Vermeidung von unbilligen Härten auf eine elektronische Übermittlung verzichten; in diesem Fall hat der Unternehmer eine Steueranmeldung nach amtlich vorgeschriebenem Vordruck abzugeben und eigenhändig zu unterschreiben.

(4) Berechnet der Unternehmer die zu entrichtende Steuer oder den Überschuß in der Steueranmeldung für das Kalenderjahr abweichend von der Summe der Vorauszahlungen, so ist der Unterschiedsbetrag zugunsten des Finanzamts einen Monat nach dem Eingang der Steueranmeldung fällig. Setzt das Finanzamt die zu entrichtende Steuer oder den Überschuß abweichend von der Steueranmeldung für das Kalenderjahr fest, so ist der Unterschiedsbetrag zugunsten des Finanzamts einen Monat nach der Bekanntgabe des Steuerbescheids fällig. Die Fälligkeit rückständiger Vorauszahlungen (Absatz 1) bleibt von den Sätzen 1 und 2 unberührt.

(4a)[9)] Voranmeldungen (Absätze 1 und 2) und eine Steuererklärung (Absätze 3 und 4) haben auch die Unternehmer und juristischen Personen abzugeben, die ausschließlich Steuer für Umsätze nach § 1 Abs. 1 Nr. 5, § 13b Abs. 5 oder § 25b Abs. 2 zu entrichten haben, sowie Fahrzeuglieferer (§ 2a). Voranmeldungen sind nur für die Voranmeldungszeiträume abzugeben, in denen die Steuer für diese Umsätze zu erklären ist. Die Anwendung des Absatzes 2a ist ausgeschlossen.

(4b)[10)] Für Personen, die keine Unternehmer sind und Steuerbeträge nach § 6a Abs. 4 Satz 2 oder nach § 14c Abs. 2 schulden, gilt Absatz 4a entsprechend.

---
1) Fassung ab 25.12.2008
2) Fassung ab 16.12.2004
3) Fassung ab 01.01.2009. Siehe auch § 150 Abs. 8 AO
4) Vor dem 01.01.2009: 6.136 Euro
5) Vor dem 01.01.2009: 512 Euro
6) Satz 4 aufgehoben ab 20.12.2003
7) Vor dem 01.01.2009: 6.136 Euro
8) Fassung ab 01.01.2011; zum Anwendungszeitraum ab 01.01.2011 vgl. § 27 Abs. 17 UStG
9) Fassung ab 01.07.2010, zuvor: § 13b Abs. 2
10) Fassung ab 01.01.2004

§ 18 UStG

(4c)[1] Ein nicht im Gemeinschaftsgebiet ansässiger Unternehmer, der als Steuerschuldner ausschließlich Umsätze nach § 3a Abs. 5 im Gemeinschaftsgebiet erbringt und in keinem anderen Mitgliedstaat für Zwecke der Umsatzsteuer erfasst ist, kann abweichend von den Absätzen 1 bis 4 für jeden Besteuerungszeitraum (§ 16 Abs. 1a Satz 1) eine Steuererklärung auf amtlich vorgeschriebenem Vordruck bis zum 20. Tag nach Ablauf jedes Besteuerungszeitraums abgeben, in der er die Steuer selbst zu berechnen hat; die Steuererklärung ist dem Bundeszentralamt für Steuern[2] elektronisch zu übermitteln. Die Steuer ist am 20. Tag nach Ablauf des Besteuerungszeitraums fällig. Die Ausübung des Wahlrechts hat der Unternehmer auf dem amtlich vorgeschriebenen, elektronisch zu übermittelnden Dokument dem Bundeszentralamt für Steuern anzuzeigen, bevor er Umsätze nach § 3a Abs. 5 im Gemeinschaftsgebiet erbringt. Das Wahlrecht kann nur mit Wirkung vom Beginn eines Besteuerungszeitraums an widerrufen werden. Der Widerruf ist vor Beginn des Besteuerungszeitraums, für den er gelten soll, gegenüber dem Bundeszentralamt für Steuern[3] auf elektronischem Weg zu erklären. Kommt der Unternehmer seinen Verpflichtungen nach den Sätzen 1 bis 3 oder § 22 Abs. 1 wiederholt nicht oder nicht rechtzeitig nach, schließt ihn das Bundeszentralamt für Steuern von dem Besteuerungsverfahren nach Satz 1 aus. Der Ausschluss gilt ab dem Besteuerungszeitraum, der nach dem Zeitpunkt der Bekanntgabe des Ausschlusses gegenüber dem Unternehmer beginnt.

(4d)[4] Die Absätze 1 bis 4 gelten für Unternehmer, die im Inland im Besteuerungszeitraum (§ 16 Abs. 1 Satz 2) als Steuerschuldner ausschließlich elektronische Dienstleistungen nach § 3a Abs. 5 erbringen und diese Umsätze in einem anderen Mitgliedstaat erklären sowie die darauf entfallende Steuer entrichten.

(5) In den Fällen der Beförderungseinzelbesteuerung (§ 16 Abs. 5) ist abweichend von den Absätzen 1 bis 4 wie folgt zu verfahren:

1. Der Beförderer hat für jede einzelne Fahrt eine Steuererklärung nach amtlich vorgeschriebenem Vordruck in zwei Stücken bei der zuständigen Zolldienststelle abzugeben.
2. Die zuständige Zolldienststelle setzt für das zuständige Finanzamt die Steuer auf beiden Stücken der Steuererklärung fest und gibt ein Stück dem Beförderer zurück, der die Steuer gleichzeitig zu entrichten hat. Der Beförderer hat dieses Stück mit der Steuerquittung während der Fahrt mit sich zu führen.
3. Der Beförderer hat bei der zuständigen Zolldienststelle, bei der er die Grenze zum Drittlandsgebiet überschreitet, eine weitere Steuererklärung in zwei Stücken abzugeben, wenn sich die Zahl der Personenkilometer (§ 10 Abs. 6 Satz 2), von der bei der Steuerfestsetzung nach Nummer 2 ausgegangen worden ist, geändert hat. Die Zolldienststelle setzt die Steuer neu fest. Gleichzeitig ist ein Unterschiedsbetrag zugunsten des Finanzamts zu entrichten oder ein Unterschiedsbetrag zugunsten des Beförderers zu erstatten. Die Sätze 2 und 3 sind nicht anzuwenden, wenn der Unterschiedsbetrag weniger als 2,50 Euro beträgt. Die Zolldienststelle kann in diesen Fällen auf eine schriftliche Steuererklärung verzichten.

(5a) In den Fällen der Fahrzeugeinzelbesteuerung (§ 16 Abs. 5a) hat der Erwerber, abweichend von den Absätzen 1 bis 4, spätestens bis zum 10. Tag nach Ablauf des Tages, an dem die Steuer entstanden ist, eine Steuererklärung nach amtlich vorgeschriebenem Vordruck abzugeben, in der er die entrichtende Steuer selbst zu berechnen hat (Steueranmeldung). Die Steueranmeldung muß vom Erwerber eigenhändig unterschrieben sein. Gibt der Erwerber die Steueranmeldung nicht ab oder hat er die Steuer nicht richtig berechnet, so kann das Finanzamt die Steuer festsetzen. Die Steuer ist am 10. Tag nach Ablauf des Tages fällig, an dem sie entstanden ist.

(5b) In den Fällen des § 16 Abs. 5b ist das Besteuerungsverfahren nach den Absätzen 3 und 4 durchzuführen. Die bei der Beförderungseinzelbesteuerung (§ 16 Abs. 5) entrichtete Steuer ist auf die nach Absatz 3 Satz 1 zu entrichtende Steuer anzurechnen.

(6) Zur Vermeidung von Härten kann das Bundesministerium der Finanzen mit Zustimmung des Bundesrates durch Rechtsverordnung die Fristen für die Voranmeldungen und Vorauszahlungen um einen Monat verlängern und das Verfahren näher bestimmen. Dabei kann angeordnet werden, daß der Unternehmer eine Sondervorauszahlung auf die Steuer für das Kalenderjahr zu entrichten hat.

(7)[5] Zur Vereinfachung des Besteuerungsverfahrens kann das Bundesministerium der Finanzen mit Zustimmung des Bundesrates durch Rechtsverordnung bestimmen, dass und unter welchen Voraussetzungen auf die Erhebung der Steuer für Lieferungen von Gold, Silber und Platin sowie sonstige Leistungen im Geschäft mit diesen Edelmetallen zwischen Unternehmern, die an einer Wertpapierbörse im Inland mit dem Recht zur Teilnahme am Handel zugelassen sind, verzichtet werden kann. Das gilt nicht für Münzen und Medaillen aus diesen Edelmetallen.

(8) (weggefallen)[6]

(9)[7] Zur Vereinfachung des Besteuerungsverfahrens kann das Bundesministerium der Finanzen mit Zustimmung des Bundesrates durch Rechtsverordnung die Vergütung der Vorsteuerbeträge (§ 15) an im Ausland ansässige Unternehmer, abweichend von

---

1) Fassung ab dem 01.01.2010, zuvor: § 3a Abs. 3a
2) Gilt ab 01.01.2006, davor „Bundesamt für Finanzen"
3) Gilt ab 01.01.2006, davor „Bundesamt für Finanzen"
4) Fassung ab dem 01.01.2010
5) Fassung ab 01.01.2004, siehe Tz. 87 der Anlage § 004 Nr. 4a-01
6) Ab 01.01.2002, siehe jetzt § 13b UStG
7) Gilt ab 01.01.2010 i.V.m. § 27 Abs. 14 UStG

§ 18 UStG

§ 16 und von den Absätzen 1 bis 4, in einem besonderen Verfahren regeln. Dabei kann auch angeordnet werden,

1. dass die Vergütung nur erfolgt, wenn sie eine bestimmte Mindesthöhe erreicht,
2. innerhalb welcher Frist der Vergütungsantrag zu stellen ist,
3. in welchen Fällen der Unternehmer den Antrag eigenhändig zu unterschreiben hat,
4. wie und in welchem Umfang Vorsteuerbeträge durch Vorlage von Rechnungen und Einfuhrbelegen nachzuweisen sind,
5. dass der Bescheid über die Vergütung der Vorsteuerbeträge elektronisch erteilt wird,
6. wie und in welchem Umfang der zu vergütende Betrag zu verzinsen ist.

Einem Unternehmer, der im Gemeinschaftsgebiet ansässig ist und Umsätze ausführt, die zum Teil den Vorsteuerabzug ausschließen, wird die Vorsteuer höchstens in der Höhe vergütet, in der er in dem Mitgliedstaat, in dem er ansässig ist, bei Anwendung eines Pro-rata-Satzes zum Vorsteuerabzug berechtigt wäre. Einem Unternehmer, der nicht im Gemeinschaftsgebiet ansässig ist, wird die Vorsteuer nur vergütet, wenn in dem Land, in dem der Unternehmer seinen Sitz hat, keine Umsatzsteuer oder ähnliche Steuer erhoben oder im Fall der Erhebung im Inland ansässigen Unternehmen vergütet wird. Von der Vergütung ausgeschlossen sind bei Unternehmern, die nicht im Gemeinschaftsgebiet ansässig sind, die Vorsteuerbeträge, die auf den Bezug von Kraftstoffen entfallen. Die Sätze 4 und 5 gelten nicht für Unternehmer, die nicht im Gemeinschaftsgebiet ansässig sind, soweit sie im Besteuerungszeitraum (§ 16 Abs. 1 Satz 2) als Steuerschuldner ausschließlich elektronische Leistungen nach § 3a Abs. 5 im Gemeinschaftsgebiet erbracht und für diese Umsätze von § 18 Abs. 4c Gebrauch gemacht haben oder diese Umsätze in einem anderen Mitgliedstaat erklärt sowie die darauf entfallende Steuer entrichtet haben; Voraussetzung ist, dass die Vorsteuerbeträge im Zusammenhang mit elektronischen Leistungen nach § 3a Abs. 5 stehen.

(10) Zur Sicherung des Steueranspruchs in Fällen des innergemeinschaftlichen Erwerbs neuer motorbetriebener Landfahrzeuge und neuer Luftfahrzeuge (§ 1b Abs. 2 und 3) gilt folgendes:

1. Die für die Zulassung oder die Registrierung von Fahrzeugen zuständigen Behörden sind verpflichtet, den für die Besteuerung des innergemeinschaftlichen Erwerbs neuer Fahrzeuge zuständigen Finanzbehörden ohne Ersuchen folgendes mitzuteilen:
   a) [1]) bei neuen motorbetriebenen Landfahrzeugen die erstmalige Ausgabe von Zulassungsbescheinigungen Teil II oder die erstmalige Zuteilung eines amtlichen Kennzeichens bei zulassungsfreien Fahrzeugen. Gleichzeitig sind die in Nummer 2 Buchstabe a bezeichneten Daten und das zugeteilte amtliche Kennzeichen oder, wenn dieses noch nicht zugeteilt worden ist, die Nummer der Zulassungsbescheinigung Teil II zu übermitteln;
   b) bei neuen Luftfahrzeugen die erstmalige Registrierung dieser Luftfahrzeuge. Gleichzeitig sind die in Nummer 3 Buchstabe a bezeichneten Daten und das zugeteilte amtliche Kennzeichen zu übermitteln. Als Registrierung im Sinne dieser Vorschrift gilt nicht die Eintragung eines Luftfahrzeugs in das Register für Pfandrechte an Luftfahrzeugen.

2. [2])In den Fällen des innergemeinschaftlichen Erwerbs neuer motorbetriebener Landfahrzeuge (§ 1b Absatz 2 Satz 1 Nummer 1 und Absatz 3 Nummer 1) gilt Folgendes:
   a) Bei der erstmaligen Ausgabe einer Zulassungsbescheinigung Teil II im Inland oder bei der erstmaligen Zuteilung eines amtlichen Kennzeichens für zulassungsfreie Fahrzeuge im Inland hat der Antragsteller die folgenden Angaben zur Übermittlung an die Finanzbehörden zu machen:
      aa) den Namen und die Anschrift des Antragstellers sowie das für ihn zuständige Finanzamt (§ 21 der Abgabenordnung),
      bb) den Namen und die Anschrift des Lieferers,
      cc) den Tag der Lieferung,
      dd) den Tag der ersten Inbetriebnahme,
      ee) den Kilometerstand am Tag der Lieferung,
      ff) die Fahrzeugart, den Fahrzeughersteller, den Fahrzeugtyp und die Fahrzeug-Identifizierungsnummer,
      gg) den Verwendungszweck.

   Der Antragsteller ist zu den Angaben nach den Doppelbuchstaben aa und bb auch dann verpflichtet, wenn er nicht zu den in § 1a Absatz 1 Nummer 2 und § 1b Absatz 1 genannten Personen gehört oder wenn Zweifel daran bestehen, dass die Eigenschaften als neues Fahrzeug im Sinne des § 1b Absatz 3 Nummer 1 vorliegen. Die Zulassungsbehörde darf die Zulassungsbescheinigung Teil II oder bei zulassungsfreien Fahrzeugen, die nach § 4 Absatz 2 und 3 der Fahrzeug-Zulassungsverordnung ein amtliches Kennzeichen führen, die Zulassungsbescheinigung Teil I erst aushändigen, wenn der Antragsteller die vorstehenden Angaben gemacht hat.
   b) Ist die Steuer für den innergemeinschaftlichen Erwerb nicht entrichtet worden, hat die Zulassungsbehörde auf Antrag des Finanzamts die Zulassungsbescheinigung Teil I für ungültig zu erklären und das amtliche Kennzeichen zu entstempeln. Die Zulassungsbehörde trifft die hierzu erforderlichen Anordnungen durch schriftlichen Verwaltungsakt (Abmeldungsbescheid). Das

---
1) Fassung ab 14.12.2010
2) Fassung ab 14.12.2010

§§ 18, 18a UStG

Finanzamt kann die Abmeldung von Amts wegen auch selbst durchführen, wenn die Zulassungsbehörde das Verfahren noch nicht eingeleitet hat. Satz 2 gilt entsprechend. Das Finanzamt teilt die durchgeführte Abmeldung unverzüglich der Zulassungsbehörde mit und händigt dem Fahrzeughalter die vorgeschriebene Bescheinigung über die Abmeldung aus. Die Durchführung der Abmeldung von Amts wegen richtet sich nach dem Verwaltungsverfahrensgesetz. Für Streitigkeiten über Abmeldungen von Amts wegen ist der Verwaltungsrechtsweg gegeben.

3. [1]In den Fällen des innergemeinschaftlichen Erwerbs neuer Luftfahrzeuge (§ 1b Abs. 2 Satz 1 Nr. 3 und Abs. 3 Nr. 3) gilt folgendes:

a) Bei der erstmaligen Registrierung in der Luftfahrzeugrolle hat der Antragsteller die folgenden Angaben zur Übermittlung an die Finanzbehörden zu machen:

aa) den Namen und die Anschrift des Antragstellers sowie das für ihn zuständige Finanzamt (§ 21 der Abgabenordnung),

bb) den Namen und die Anschrift des Lieferers,

cc) den Tag der Lieferung,

dd) das Entgelt (Kaufpreis),

ee) den Tag der ersten Inbetriebnahme,

ff) die Starthöchstmasse,

gg) die Zahl der bisherigen Betriebsstunden am Tag der Lieferung,

hh) den Flugzeughersteller und den Flugzeugtyp,

ii) den Verwendungszweck.

Der Antragsteller ist zu den Angaben nach Satz 1 Doppelbuchstabe aa und bb auch dann verpflichtet, wenn er nicht zu den in § 1a Abs. 1 Nr. 2 und § 1b Abs. 1 genannten Personen gehört oder wenn Zweifel daran bestehen, ob die Eigenschaften als neues Fahrzeug im Sinne des § 1b Abs. 3 Nr. 3 vorliegen. Das Luftfahrt-Bundesamt darf die Eintragung in der Luftfahrzeugrolle erst vornehmen, wenn der Antragsteller die vorstehenden Angaben gemacht hat.

b) Ist die Steuer für den innergemeinschaftlichen Erwerb nicht entrichtet worden, so hat das Luftfahrt-Bundesamt auf Antrag des Finanzamts die Betriebserlaubnis zu widerrufen. Es trifft die hierzu erforderlichen Anordnungen durch schriftlichen Verwaltungsakt (Abmeldungsbescheid). Die Durchführung der Abmeldung von Amts wegen richtet sich nach dem Verwaltungsverfahrensgesetz. Für Streitigkeiten über Abmeldungen von Amts wegen ist der Verwaltungsrechtsweg gegeben.

(11) Die für die Steueraufsicht zuständigen Zolldienststellen wirken an der umsatzsteuerlichen Erfassung von Personenbeförderungen mit nicht im Inland zugelassenen Kraftomnibussen mit. Sie sind berechtigt, im Rahmen von zeitlich und örtlich begrenzten Kontrollen die nach ihrer äußeren Erscheinung nicht im Inland zugelassenen Kraftomnibusse anzuhalten und die tatsächlichen und rechtlichen Verhältnisse festzustellen, die für die Umsatzsteuer maßgebend sind, und die festgestellten Daten den zuständigen Finanzbehörden zu übermitteln.

(12)[2] Im Ausland ansässige Unternehmer (§ 13b Abs. 7), die grenzüberschreitende Personenbeförderungen mit nicht im Inland zugelassenen Kraftomnibussen durchführen, haben dies vor der erstmaligen Ausführung derartiger auf das Inland entfallender Umsätze (§ 3b Abs. 1 Satz 2) bei dem für die Umsatzsteuer zuständigen Finanzamt anzuzeigen, soweit diese Umsätze nicht der Beförderungseinzelbesteuerung (§ 16 Abs. 5) unterliegen oder der Leistungsempfänger die Steuer für derartige Umsätze nicht nach § 13b Abs. 5 Satz 1 oder Satz 3 schuldet. Das Finanzamt erteilt hierüber eine Bescheinigung. Die Bescheinigung ist während jeder Fahrt mitzuführen und auf Verlangen den für die Steueraufsicht zuständigen Zolldienststellen vorzulegen. Bei Nichtvorlage der Bescheinigung können diese Zolldienststellen eine Sicherheitsleistung nach den abgabenrechtlichen Vorschriften in Höhe der für die einzelne Beförderungsleistung voraussichtlich zu entrichtenden Steuer verlangen. Die entrichtete Sicherheitsleistung ist auf die nach Absatz 3 Satz 1 zu entrichtende Steuer anzurechnen.

§ 18a[3]
Zusammenfassende Meldung

(1) Der Unternehmer im Sinne des § 2 hat bis zum 25. Tag nach Ablauf jedes Kalendermonats (Meldezeitraum), in dem er innergemeinschaftliche Warenlieferungen oder Lieferungen im Sinne des § 25b Absatz 2 ausgeführt hat, dem Bundeszentralamt für Steuern eine Meldung (Zusammenfassende Meldung) nach amtlich vorgeschriebenem Datensatz durch Datenfernübertragung nach Maßgabe der Steuerdaten-Übermittlungsverordnung zu übermitteln, in der er die Angaben nach Absatz 7 Satz 1 Nummer 1, 2 und 4 zu machen hat. Soweit die Summe der Bemessungsgrundlagen für innergemeinschaftliche Warenlieferungen und für Lieferungen im Sinne des § 25b Absatz 2 weder für das laufende Kalendervierteljahr noch für eines der vier vorangegangenen Kalendervierteljahre jeweils mehr als 50.000 Euro beträgt, kann die Zusammenfassende Meldung bis zum 25. Tag nach Ablauf des Kalendervierteljahres übermittelt werden. Übersteigt die Summe der Bemessungsgrundlage für innergemeinschaftliche Warenlieferungen und für Lieferungen im Sinne des § 25b Absatz 2 im Laufe eines Kalendervierteljahres 50.000 Euro, hat der Unternehmer bis zum 25. Tag nach Ablauf des Kalendermonats, in dem dieser Betrag überschrit-

---

1) Fassung ab 25.12.2008
2) Fassung ab 01.07.2010, zuvor: § 13b Abs. 4 und § 13b Abs. 2 Satz 1 oder 3
3) Fassung ab 01.07.2010

ten wird, eine Zusammenfassende Meldung für diesen Kalendermonat und die bereits abgelaufenen Kalendermonate dieses Kalendervierteljahres zu übermitteln. Nimmt der Unternehmer die in Satz 2 enthaltene Regelung nicht in Anspruch, hat er dies gegenüber dem Bundeszentralamt für Steuern anzuzeigen. Vom 1. Juli 2010 bis zum 31. Dezember 2011 gelten die Sätze 2 und 3 mit der Maßgabe, dass an die Stelle des Betrages von 50.000 Euro der Betrag von 100.000 Euro tritt.

(2) Der Unternehmer im Sinne des § 2 hat bis zum 25. Tag nach Ablauf jedes Kalendervierteljahres (Meldezeitraum), in dem er im übrigen Gemeinschaftsgebiet steuerpflichtige sonstige Leistungen im Sinne des § 3a Absatz 2, für die der in einem anderen Mitgliedstaat ansässige Leistungsempfänger die Steuer dort schuldet, ausgeführt hat, dem Bundeszentralamt für Steuern eine Zusammenfassende Meldung nach amtlich vorgeschriebenem Datensatz durch Datenfernübertragung nach Maßgabe der Steuerdaten-Übermittlungsverordnung zu übermitteln, in der er die Angaben nach Absatz 7 Satz 1 Nummer 2 zu machen hat. Soweit der Unternehmer bereits nach Absatz 1 zur monatlichen Übermittlung einer Zusammenfassenden Meldung verpflichtet ist, hat er die Angaben im Sinne von Satz 1 in der Zusammenfassenden Meldung für den letzten Monat des Kalendervierteljahres zu machen.

(3) Soweit der Unternehmer im Sinne des § 2 die Zusammenfassende Meldung entsprechend Absatz 1 bis zum 25. Tag nach Ablauf jedes Kalendermonats übermittelt, kann er die nach Absatz 2 vorgesehenen Angaben in die Meldung für den jeweiligen Meldezeitraum aufnehmen. Nimmt der Unternehmer die in Satz 1 enthaltene Regelung in Anspruch, hat er dies gegenüber dem Bundeszentralamt für Steuern anzuzeigen.

(4) Die Absätze 1 bis 3 gelten nicht für Unternehmer, die § 19 Absatz 1 anwenden.

(5) Auf Antrag kann das Finanzamt zur Vermeidung unbilliger Härten auf eine elektronische Übermittlung verzichten; in diesem Fall hat der Unternehmer eine Meldung nach amtlich vorgeschriebenem Vordruck abzugeben. § 150 Absatz 8 der Abgabenordnung gilt entsprechend. Soweit das Finanzamt nach § 18 Absatz 1 Satz 2 auf eine elektronische Übermittlung der Voranmeldung verzichtet hat, gilt dies auch für die Zusammenfassende Meldung. Für die Anwendung dieser Vorschrift gelten auch nichtselbständige juristische Personen im Sinne des § 2 Absatz 2 Nummer 2 als Unternehmer. Die Landesfinanzbehörden übermitteln dem Bundeszentralamt für Steuern die erforderlichen Angaben zur Bestimmung der Unternehmer, die nach den Absätzen 1 und 2 zur Abgabe der Zusammenfassenden Meldung verpflichtet sind. Diese Angaben dürfen nur zur Sicherstellung der Abgabe der Zusammenfassenden Meldung verwendet werden. Das Bundeszentralamt für Steuern übermittelt den Landesfinanzbehörden die Angaben aus den Zusammenfassenden Meldungen, soweit diese für steuerliche Kontrollen benötigt werden.

(6) Eine innergemeinschaftliche Warenlieferung im Sinne dieser Vorschrift ist

1. eine innergemeinschaftliche Lieferung im Sinne des § 6a Absatz 1 mit Ausnahme der Lieferungen neuer Fahrzeuge an Abnehmer ohne Umsatzsteuer-Identifikationsnummer;
2. eine innergemeinschaftliche Lieferung im Sinne des § 6a Absatz 2.

(7) Die Zusammenfassende Meldung muss folgende Angaben enthalten:

1. für innergemeinschaftliche Warenlieferungen im Sinne des Absatzes 6 Nummer 1:
   a) die Umsatzsteuer-Identifikationsnummer jedes Erwerbers, die ihm in einem anderen Mitgliedstaat erteilt worden ist und unter der die innergemeinschaftlichen Warenlieferungen an ihn ausgeführt worden sind, und
   b) für jeden Erwerber die Summe der Bemessungsgrundlagen der an ihn ausgeführten innergemeinschaftlichen Warenlieferungen;
2. für innergemeinschaftliche Warenlieferungen im Sinne des Absatzes 6 Nummer 2:
   a) die Umsatzsteuer-Identifikationsnummer des Unternehmers in den Mitgliedstaaten, in die er Gegenstände verbracht hat, und
   b) die darauf entfallende Summe der Bemessungsgrundlagen;
3. für im übrigen Gemeinschaftsgebiet ausgeführte steuerpflichtige sonstige Leistungen im Sinne des § 3a Absatz 2, für die der in einem anderen Mitgliedstaat ansässige Leistungsempfänger die Steuer dort schuldet:
   a) die Umsatzsteuer-Identifikationsnummer jedes Leistungsempfängers, die ihm in einem anderen Mitgliedstaat erteilt worden ist und unter der die steuerpflichtigen sonstigen Leistungen an ihn erbracht wurden,
   b) für jeden Leistungsempfänger die Summe der Bemessungsgrundlagen der an ihn erbrachten steuerpflichtigen sonstigen Leistungen und
   c) einen Hinweis auf das Vorliegen einer im übrigen Gemeinschaftsgebiet ausgeführten steuerpflichtigen sonstigen Leistung im Sinne des § 3a Absatz 2, für die der in einem anderen Mitgliedstaat ansässige Leistungsempfänger die Steuer dort schuldet;
4. für Lieferungen im Sinne des § 25b Absatz 2:
   a) die Umsatzsteuer-Identifikationsnummer eines jeden letzten Abnehmers, die diesem in dem Mitgliedstaat erteilt worden ist, in dem die Versendung oder Beförderung beendet worden ist,
   b) für jeden letzten Abnehmer die Summe der Bemessungsgrundlagen der an ihn ausgeführten Lieferungen und
   c) einen Hinweis auf das Vorliegen eines innergemeinschaftlichen Dreiecksgeschäfts.

§ 16 Absatz 6 und § 17 sind sinngemäß anzuwenden.

(8) Die Angaben nach Absatz 7 Satz 1 Nummer 1 und 2 sind für den Meldezeitraum zu machen, in dem die Rechnung für die innergemeinschaftliche Warenlieferung ausgestellt wird, spätestens jedoch

§§ 18a, 18b UStG

für den Meldezeitraum, in dem der auf die Ausführung der innergemeinschaftlichen Warenlieferung folgende Monat endet. Die Angaben nach Absatz 7 Satz 1 Nummer 3 und 4 sind für den Meldezeitraum zu machen, in dem die im übrigen Gemeinschaftsgebiet steuerpflichtige sonstige Leistung im Sinne des § 3a Absatz 2, für die der in einem anderen Mitgliedstaat ansässige Leistungsempfänger die Steuer dort schuldet, und die Lieferungen nach § 25b Absatz 2 ausgeführt worden sind.

(9) Hat das Finanzamt den Unternehmer von der Verpflichtung zur Abgabe der Voranmeldungen und Entrichtung der Vorauszahlungen befreit (§ 18 Absatz 2 Satz 3), kann er die Zusammenfassende Meldung abweichend von den Absätzen 1 und 2 bis zum 25. Tag nach Ablauf jedes Kalenderjahres abgeben, in dem er innergemeinschaftliche Warenlieferungen ausgeführt hat oder im übrigen Gemeinschaftsgebiet steuerpflichtige sonstige Leistungen im Sinne des § 3a Absatz 2 ausgeführt hat, für die der in einem anderen Mitgliedstaat ansässige Leistungsempfänger die Steuer dort schuldet, wenn

1. die Summe seiner Lieferungen und sonstigen Leistungen im vorangegangenen Kalenderjahr 200.000 Euro nicht überstiegen hat und im laufenden Kalenderjahr voraussichtlich nicht übersteigen wird,
2. die Summe seiner innergemeinschaftlichen Warenlieferungen oder im übrigen Gemeinschaftsgebiet ausgeführten steuerpflichtigen Leistungen im Sinne des § 3a Absatz 2, für die der in einem anderen Mitgliedstaat ansässige Leistungsempfänger die Steuer dort schuldet, im vorangegangenen Kalenderjahr 15.000 Euro nicht überstiegen hat und im laufenden Kalenderjahr voraussichtlich nicht übersteigen wird und
3. es sich bei den in Nummer 2 bezeichneten Warenlieferungen nicht um Lieferungen neuer Fahrzeuge an Abnehmer mit Umsatzsteuer-Identifikationsnummer handelt.

Absatz 8 gilt entsprechend.

(10) Erkennt der Unternehmer nachträglich, dass eine von ihm abgegebene Zusammenfassende Meldung unrichtig oder unvollständig ist, so ist er verpflichtet, die ursprüngliche Zusammenfassende Meldung innerhalb eines Monats zu berichtigen.

(11) Auf die Zusammenfassende Meldung sind ergänzend zu den für Steuererklärungen geltenden Vorschriften der Abgabenordnung anzuwenden. § 152 Absatz 2 der Abgabenordnung ist mit der Maßgabe anzuwenden, dass der Verspätungszuschlag 1 Prozent der Summe aller nach Absatz 7 Satz 1 Nummer 1 Buchstabe b, Nummer 2 Buchstabe b und Nummer 3 Buchstabe b zu meldenden Bemessungsgrundlagen für innergemeinschaftliche Warenlieferungen im Sinne des Absatzes 6 und im übrigen Gemeinschaftsgebiet ausgeführte steuerpflichtige sonstige Leistungen im Sinne des § 3a Absatz 2, für die der in einem anderen Mitgliedstaat ansässige Leistungsempfänger die Steuer dort schuldet, nicht übersteigen und höchstens 2.500 Euro betragen darf.

(12) Zur Erleichterung und Vereinfachung der Abgabe und Verarbeitung der Zusammenfassenden Meldung kann das Bundesministerium der Finanzen durch Rechtsverordnung mit Zustimmung des Bundesrates bestimmen, dass die Zusammenfassende Meldung auf maschinell verwertbaren Datenträgern oder durch Datenfernübertragung übermittelt werden kann. Dabei können insbesondere geregelt werden:

1. die Voraussetzungen für die Anwendung des Verfahrens;
2. das Nähere über Form, Inhalt, Verarbeitung und Sicherung der zu übermittelnden Daten;
3. die Art und Weise der Übermittlung der Daten;
4. die Zuständigkeit für die Entgegennahme der zu übermittelnden Daten;
5. die Mitwirkungspflichten Dritter bei der Erhebung, Verarbeitung und Übermittlung der Daten;
6. der Umfang und die Form der für dieses Verfahren erforderlichen besonderen Erklärungspflichten des Unternehmers.

Zur Regelung der Datenübermittlung kann in der Rechtsverordnung auf Veröffentlichungen sachverständiger Stellen verwiesen werden; hierbei sind das Datum der Veröffentlichung, die Bezugsquelle und eine Stelle zu bezeichnen, bei der die Veröffentlichung archivmäßig gesichert niedergelegt ist.

§ 18b[1)]
Gesonderte Erklärung innergemeinschaftlicher Lieferungen und bestimmter sonstiger Leistungen im Besteuerungsverfahren

Der Unternehmer im Sinne des § 2 hat für jeden Voranmeldungs- und Besteuerungszeitraum in den amtlich vorgeschriebenen Vordrucken (§ 18 Abs. 1 bis 4) die Bemessungsgrundlagen folgender Umsätze gesondert zu erklären:

1. seiner innergemeinschaftlichen Lieferungen,
2. seiner im übrigen Gemeinschaftsgebiet ausgeführten steuerpflichtigen sonstigen Leistungen, im Sinne des § 3a Abs. 2, für die der in einem anderen Mitgliedstaat ansässige Leistungsempfänger die Steuer dort schuldet, und
3. seiner Lieferungen im Sinne des § 25b Abs. 2.

Die Angaben für einen in Satz 1 Nr. 1 genannten Umsatz sind in dem Voranmeldungszeitraum zu machen, in dem die Rechnung für diesen Umsatz ausgestellt wird, spätestens jedoch in dem Voranmeldungszeitraum, in dem der auf die Ausführung dieses Umsatzes folgende Monat endet. Die Angaben für Umsätze im Sinne des Satzes 1 Nr. 2 und 3 sind in dem Voranmeldungszeitraum zu machen, in dem diese Umsätze ausgeführt worden sind. § 16 Abs. 6 und § 17 sind sinngemäß anzuwenden. Erkennt der Unternehmer nachträglich vor Ablauf der Festsetzungsfrist, dass die von ihm abgegebene Voranmeldung (§ 18 Abs. 1) die Angaben zu Umsätzen im Sinne des Satzes 1 unrichtig oder unvollständig sind, ist er verpflichtet, die ursprüngliche Voranmeldung unverzüglich zu berichtigen. Die

---
1) Fassung ab 01.07.2010

Sätze 2 bis 5 gelten für die Steuererklärung (§ 18 Abs. 3 und 4) entsprechend.

§ 18c
Meldepflicht bei der Lieferung neuer Fahrzeuge

Zur Sicherung des Steueraufkommens durch einen Austausch von Auskünften mit anderen Mitgliedstaaten kann das Bundesministerium der Finanzen mit Zustimmung des Bundesrates durch Rechtsverordnung bestimmen, daß Unternehmer (§ 2) und Fahrzeuglieferer (§ 2a) der Finanzbehörde ihre innergemeinschaftlichen Lieferungen neuer Fahrzeuge an Abnehmer ohne Umsatzsteuer-Identifikationsnummer melden müssen. Dabei können insbesondere geregelt werden:

1. die Art und Weise der Meldung;
2. der Inhalt der Meldung;
3. die Zuständigkeit der Finanzbehörden;
4. der Aufgabezeitpunkt der Meldung.[1]

§ 18d
Vorlage von Urkunden

Die Finanzbehörden sind zur Erfüllung der Auskunftsverpflichtung nach der Verordnung (EG) Nr. 1798/2003 des Rates vom 7. Oktober 2003 über die Zusammenarbeit der Verwaltungsbehörden auf dem Gebiet der Mehrwertsteuer und zur Aufhebung der Verordnung (EWG) Nr. 218/92 (ABl. EU Nr. L 264 S. 1) berechtigt, von Unternehmern die Vorlage der jeweils erforderlichen Bücher, Aufzeichnungen, Geschäftspapiere und anderen Urkunden zur Einsicht und Prüfung zu verlangen. § 97 Abs. 3 der Abgabenordnung gilt entsprechend. Der Unternehmer hat auf Verlangen der Finanzbehörde die in Satz 1 bezeichneten Unterlagen vorzulegen.

§ 18e
Bestätigungsverfahren

Das Bundeszentralamt für Steuern bestätigt auf Anfrage

1. dem Unternehmer im Sinne des § 2 die Gültigkeit einer Umsatzsteuer-Identifikationsnummer sowie den Namen und die Anschrift der Person, der die Umsatzsteuer-Identifikationsnummer von einem anderen Mitgliedstaat erteilt wurde;
2. dem Lagerhalter im Sinne des § 4 Nr. 4a die Gültigkeit der inländischen Umsatzsteuer-Identifikationsnummer sowie den Namen und die Anschrift des Auslagerers oder dessen Fiskalvertreters.

§ 18f
Sicherheitsleistung

Bei Steueranmeldungen im Sinne von § 18 Abs. 1 und 3 kann die Zustimmung nach § 168 Satz 2 der Abgabenordnung im Einvernehmen mit dem Unternehmer von einer Sicherheitsleistung abhängig gemacht werden. Satz 1 gilt entsprechend für die Festsetzung nach § 167 Abs. 1 Satz 1 der Abgabenordnung, wennn sie zu einer Erstattung führt.

§ 18g
Abgabe des Antrags auf Vergütung von Vorsteuerbeträgen in einem anderen Mitgliedstaat

Ein im Inland ansässiger Unternehmer, der Anträge auf Vergütung von Vorsteuerbeträgen entsprechend der Richtlinie 2008/9/EG des Rates vom 12. Februar 2008 zur Regelung der Erstattung der Mehrwertsteuer gemäß der Richtlinie 2006/112/EG an nicht im Mitgliedstaat der Erstattung, sondern in einem anderen Mitgliedstaat ansässige Steuerpflichtige (ABl. EU Nr. L 44 S. 23) in einem anderen Mitgliedstaat stellen kann, hat diesen Antrag nach amtlich vorgeschriebenem Datensatz durch Datenfernübertragung nach Maßgabe der Steuerdaten-Übermittlungsverordnung dem Bundeszentralamt für Steuern zu übermitteln. In diesem hat er die Steuer für den Vergütungszeitraum selbst zu berechnen.

§ 19
Besteuerung der Kleinunternehmer

(1)[2] Die für Umsätze im Sinne des § 1 Abs. 1 Nr. 1 geschuldete Umsatzsteuer wird von Unternehmern, die im Inland oder in den in § 1 Abs. 3 bezeichneten Gebieten ansässig sind, nicht erhoben, wenn der in Satz 2 bezeichnete Umsatz zuzüglich der darauf entfallenden Steuer im vorangegangenen Kalenderjahr 17 500 Euro[3] nicht überstiegen hat und im laufenden Kalenderjahr 50 000 Euro voraussichtlich nicht übersteigen wird. Umsatz im Sinne des Satzes 1 ist der nach vereinnahmten Entgelten bemessene Gesamtumsatz, gekürzt um die darin enthaltenen Umsätze von Wirtschaftsgütern des Anlagevermögens. Satz 1 gilt nicht für die nach § 13a Abs. 1 Nr. 6, § 13b Abs. 5, § 14c Abs. 2 und § 25b Abs. 2 geschuldete Steuer. In den Fällen des Satzes 1 finden die Vorschriften über die Steuerbefreiung innergemeinschaftlicher Lieferungen (§ 4 Nr. 1 Buchstabe b, § 6a), über den Verzicht auf Steuerbefreiungen (§ 9), über den gesonderten Ausweis der Steuer in einer Rechnung (§ 14 Abs. 4), über die Angabe der Umsatzsteuer-Identifikationsnummern in einer Rechnung (§ 14a Abs. 1, 3 und 7) und über den Vorsteuerabzug (§ 15) keine Anwendung.

(2) Der Unternehmer kann dem Finanzamt bis zur Unanfechtbarkeit der Steuerfestsetzung (§ 18 Abs. 3 und 4) erklären, daß er auf die Anwendung des Absatzes 1 verzichtet. Nach Eintritt der Unanfechtbarkeit der Steuerfestsetzung bindet die Erklärung den Unternehmer mindestens für fünf Kalenderjahre. Sie kann nur mit Wirkung von Beginn eines Kalenderjahres an widerrufen werden. Der Widerruf ist spätestens bis zur Unanfechtbarkeit der Steuerfestsetzung des Kalenderjahres, für das er gelten soll, zu erklären.

(3) Gesamtumsatz ist die Summe der vom Unternehmer ausgeführten steuerbaren Umsätze im Sinne des § 1 Abs. 1 Nr. 1 abzüglich folgender Umsätze:

---
1) Dazu gilt ab dem 01.07.2010 die Fahrzeuglieferungs-Meldpflichtverordnung, vgl. Anhang 5
2) Fassung ab 01.07.2010, zuvor: § 13b Abs. 2
3) Gilt ab 01.01.2003; davor: 16.620 €

1. der Umsätze, die nach § 4 Nr. 8 Buchstabe i, Nr. 9 Buchstabe b und Nr. 11 bis 28 steuerfrei sind;
2. der Umsätze, die nach § 4 Nr. 8 Buchstabe a bis h, Nr. 9 Buchstabe a und Nr. 10 steuerfrei sind, wenn sie Hilfsumsätze sind.

Soweit der Unternehmer die Steuer nach vereinnahmten Entgelten berechnet (§ 13 Abs. 1 Nr. 1 Buchstabe a Satz 4 oder § 20), ist auch der Gesamtumsatz nach diesen Entgelten zu berechnen. Hat der Unternehmer seine gewerbliche oder berufliche Tätigkeit nur in einem Teil des Kalenderjahres ausgeübt, so ist der tatsächliche Gesamtumsatz in einen Jahresgesamtumsatz umzurechnen. Angefangene Kalendermonate sind bei der Umrechnung als volle Kalendermonate zu behandeln, es sei denn, daß die Umrechnung nach Tagen zu einem niedrigeren Jahresgesamtumsatz führt.

(4) Absatz 1 gilt nicht für die innergemeinschaftlichen Lieferungen neuer Fahrzeuge. § 15 Abs. 4a ist entsprechend anzuwenden.

§ 20[1)]
Berechnung der Steuer nach vereinnahmten Entgelten

Das Finanzamt kann auf Antrag gestatten, daß ein Unternehmer,

1. dessen Gesamtumsatz (§ 19 Abs. 3) im vorangegangenen Kalenderjahr nicht mehr als 500.000 Euro betragen hat, oder
2. der von der Verpflichtung, Bücher zu führen und auf Grund jährlicher Bestandsaufnahmen regelmäßig Abschlüsse zu machen, nach § 148 der Abgabenordnung befreit ist, oder
3. soweit er Umsätze aus einer Tätigkeit als Angehöriger eines freien Berufs im Sinne des § 18 Abs. 1 Nr. 1 des Einkommensteuergesetzes ausführt,

die Steuer nicht nach den vereinbarten Entgelten (§ 16 Abs. 1 Satz 1), sondern nach den vereinnahmten Entgelten berechnet. Erstreckt sich die Befreiung nach Nummer 2 nur auf einzelne Betriebe des Unternehmers und liegt die Voraussetzung nach Nummer 1 nicht vor, so ist die Erlaubnis zur Berechnung der Steuer nach den vereinnahmten Entgelten auf diese Betriebe zu beschränken. Wechselt der Unternehmer die Art der Steuerberechnung, so dürfen Umsätze nicht doppelt erfaßt werden oder unversteuert bleiben.

§ 21
Besondere Vorschriften für die Einfuhrumsatzsteuer

(1) Die Einfuhrumsatzsteuer ist eine Verbrauchsteuer im Sinne der Abgabenordnung.

(2) Für die Einfuhrumsatzsteuer gelten die Vorschriften für Zölle sinngemäß; ausgenommen sind die Vorschriften über den aktiven Veredelungsverkehr nach dem Verfahren der Zollrückvergütung und über den passiven Veredelungsverkehr.[2)]

(2a)[3)] Abfertigungsplätze im Ausland, auf denen dazu befugte deutsche Zollbedienstete Amtshandlungen nach Absatz 2 vornehmen, gehören insoweit zum Inland. Das Gleiche gilt für ihre Verbindungswege mit dem Inland, soweit auf ihnen einzuführende Gegenstände befördert werden.

(3)[4)] Die Zahlung der Einfuhrumsatzsteuer kann ohne Sicherheitsleistung aufgeschoben werden, wenn die zu entrichtende Steuer nach § 15 Abs. 1 Satz 1 Nr. 2 in voller Höhe als Vorsteuer abgezogen werden kann.

(4)[5)] Entsteht für den eingeführten Gegenstand nach dem Zeitpunkt des Entstehens der Einfuhrumsatzsteuer eine Zollschuld oder eine Verbrauchsteuer oder wird für den eingeführten Gegenstand nach diesem Zeitpunkt eine Verbrauchsteuer unbedingt, so entsteht gleichzeitig eine weitere Einfuhrumsatzsteuer. Das gilt auch, wenn der Gegenstand nach dem in Satz 1 bezeichneten Zeitpunkt bearbeitet oder verarbeitet worden ist. Bemessungsgrundlage ist die entstandene Zollschuld oder die entstandene oder unbedingt gewordene Verbrauchsteuer. Steuerschuldner ist, wer den Zoll oder die Verbrauchsteuer zu entrichten hat. Die Sätze 1 bis 4 gelten nicht, wenn derjenige, der den Zoll oder die Verbrauchsteuer zu entrichten hat, hinsichtlich des eingeführten Gegenstandes nach § 15 Abs. 1 Satz 1 Nr. 2 zum Vorsteuerabzug berechtigt ist.

(5) Die Absätze 2 bis 4 gelten entsprechend für Gegenstände, die nicht Waren im Sinne des Zollrechts sind und für die keine Zollvorschriften bestehen.

§ 22
Aufzeichnungspflichten

(1)[6)] Der Unternehmer ist verpflichtet, zur Feststellung der Steuer und der Grundlagen ihrer Berechnung Aufzeichnungen zu machen. Diese Verpflichtung gilt in den Fällen des § 13a Abs. 1 Nr. 2 und 5, des § 13b Abs. 5 und § 14c Abs. 2 auch für Personen, die nicht Unternehmer sind. Ist ein land- und forstwirtschaftlicher Betrieb nach § 24 Abs. 3 als gesondert geführter Betrieb zu behandeln, so hat der Unternehmer Aufzeichnungspflichten für diesen Betrieb gesondert zu erfüllen. In den Fällen des § 18 Abs. 4c und 4d sind die erforderlichen Aufzeichnungen auf Anfrage des Bundeszentralamts für Steuern[7)] auf elektronischem Weg zur Verfügung zu stellen.

(2) Aus den Aufzeichnungen müssen zu ersehen sein:

---

1) Fassung ab 01.01.2012, vgl. Drittes Gesetz zur Änderung des UStG vom 06.12.2011, BGBl. I 2011 S. 2562
2) Fassung ab 01.01.2000
3) Fassung ab 01.01.2004
4) Fassung ab 01.01.2004
5) Fassung ab 01.01.2004
6) Fassung ab 01.07.2010, zuvor: § 13b Abs. 2
7) Ab 01.01.2006, davor: „Bundesamts für Finanzen"

§ 22 UStG

1. ¹⁾die vereinbarten Entgelte für die vom Unternehmer ausgeführten Lieferungen und sonstigen Leistungen. Dabei ist ersichtlich zu machen, wie sich die Entgelte auf die steuerpflichtigen Umsätze, getrennt nach Steuersätzen, und auf die steuerfreien Umsätze verteilen. Dies gilt entsprechend für die Bemessungsgrundlagen nach § 10 Abs. 4, wenn Lieferungen im Sinne des § 3 Abs. 1b, sonstige Leistungen im Sinne des § 3 Abs. 9a sowie des § 10 Abs. 5 ausgeführt werden. Aus den Aufzeichnungen muß außerdem hervorgehen, welche Umsätze der Unternehmer nach § 9 als steuerpflichtig behandelt. Bei der Berechnung der Steuer nach vereinnahmten Entgelten (§ 20) treten an die Stelle der vereinbarten Entgelte die vereinnahmten Entgelte. Im Falle des § 17 Abs. 1 Satz 6 hat der Unternehmer, der die auf die Minderung des Entgelts entfallende Steuer an das Finanzamt entrichtet, den Betrag der Entgeltsminderung gesondert aufzuzeichnen;
2. die vereinnahmten Entgelte und Teilentgelte für noch nicht ausgeführte Lieferungen und sonstige Leistungen. Dabei ist ersichtlich zu machen, wie sich die Entgelte und Teilentgelte auf die steuerpflichtigen Umsätze, getrennt nach Steuersätzen, und auf die steuerfreien Umsätze verteilen. Nummer 1 Satz 4 gilt entsprechend;
3. ²⁾die Bemessungsgrundlage für Lieferungen im Sinne des § 3 Abs. 1b und für sonstige Leistungen im Sinne des § 3 Abs. 9a Nr. 1. Nummer 1 Satz 2 gilt entsprechend;
4. ³⁾die wegen unrichtigen Steuerausweises nach § 14c Abs. 1 und wegen unberechtigten Steuerausweises nach § 14c Abs. 2 geschuldeten Steuerbeträge;
5. die Entgelte für steuerpflichtige Lieferungen und sonstige Leistungen, die an den Unternehmer für sein Unternehmen ausgeführt worden sind, und die vor Ausführung dieser Umsätze gezahlten Entgelte und Teilentgelte, soweit für diese Umsätze nach § 13 Abs. 1 Nr. 1 Buchstabe a Satz 4 die Steuer entsteht, sowie die auf die Entgelte und Teilentgelte entfallenden Steuerbeträge;
6. die Bemessungsgrundlagen für die Einfuhr von Gegenständen (§ 11), die für das Unternehmen des Unternehmers eingeführt worden sind, sowie die dafür entrichtete oder in den Fällen des § 16 Abs. 2 Satz 4 zu entrichtende Einfuhrumsatzsteuer;
7. die Bemessungsgrundlagen für den innergemeinschaftlichen Erwerb, von Gegenständen sowie die hierauf entfallenden Steuerbeträge;
8. ⁴⁾in den Fällen des § 13b Abs. 1 bis 5 beim Leistungsempfänger die Angaben entsprechend den Nummern 1 und 2. Der Leistende hat die Angaben nach den Nummern 1 und 2 gesondert aufzuzeichnen;
9. ⁵⁾die Bemessungsgrundlage für Umsätze im Sinne des § 4 Nr. 4a Satz 1 Buchstabe a Satz 2 sowie die hierauf entfallenden Steuerbeträge.

(3) Die Aufzeichnungspflichten nach Absatz 2 Nr. 5 und 6 entfallen, wenn der Vorsteuerabzug ausgeschlossen ist (§ 15 Abs. 2 und 3). Ist der Unternehmer nur teilweise zum Vorsteuerabzug berechtigt, so müssen aus den Aufzeichnungen die Vorsteuerbeträge eindeutig und leicht nachprüfbar zu ersehen sein, die den zum Vorsteuerabzug berechtigenden Umsätzen ganz oder teilweise zuzurechnen sind. Außerdem hat der Unternehmer in diesen Fällen die Bemessungsgrundlagen für die Umsätze, die nach § 15 Abs. 2 und 3 den Vorsteuerabzug ausschließen, getrennt von den Bemessungsgrundlagen der übrigen Umsätze, ausgenommen die Einfuhren und die innergemeinschaftlichen Erwerbe, aufzuzeichnen. Die Verpflichtung zur Trennung der Bemessungsgrundlagen nach Absatz 2 Nr. 1 Satz 2, Nr. 2 Satz 2 und Nr. 3 Satz 2 bleibt unberührt.

(4) In den Fällen des § 15a hat der Unternehmer die Berechnungsgrundlagen für den Ausgleich aufzuzeichnen, der von ihm in den in Betracht kommenden Kalenderjahren vorzunehmen ist.

(4a) Gegenstände, die der Unternehmer zu seiner Verfügung vom Inland in das übrige Gemeinschaftsgebiet verbringt, müssen aufgezeichnet werden, wenn

1. an den Gegenständen im übrigen Gemeinschaftsgebiet Arbeiten ausgeführt werden,
2. es sich um eine vorübergehende Verwendung handelt, mit den Gegenständen im übrigen Gemeinschaftsgebiet sonstige Leistungen ausgeführt werden und der Unternehmer in dem betreffenden Mitgliedstaat keine Zweigniederlassung hat, oder
3. es sich um eine vorübergehende Verwendung im übrigen Gemeinschaftsgebiet handelt und in entsprechenden Fällen die Einfuhr der Gegenstände aus dem Drittlandsgebiet vollständig steuerfrei wäre.

(4b)⁶⁾ Gegenstände, die der Unternehmer von einem im übrigen Gemeinschaftsgebiet ansässigen Unternehmer mit Umsatzsteuer-Identifikationsnummer zur Ausführung einer sonstigen Leistung im Sinne des § 3a Abs. 3 Nr. 3 Buchstabe c erhält, müssen aufgezeichnet werden.

(4c)⁷⁾ Der Lagerhalter, der ein Umsatzsteuerlager im Sinne des § 4 Nr. 4a betreibt, hat Bestandsaufzeichnungen über die eingelagerten Gegenstände im Sinne des § 4 Nr. 4a Satz 1 Buchstabe b Satz 1 zu führen. Bei der Auslagerung eines Gegenstandes aus dem

---

1) Fassung ab 16.12.2004
2) Fassung ab 01.01.2004
3) Fassung ab 01.01.2004
4) Fassung ab 01.07.2010, zuvor: § 13b Abs. 1 und 2
5) Gilt ab 01.01.2004
6) Gilt ab 01.01.2010
7) Gilt ab 01.01.2004

§§ 22 – 22e UStG

Umsatzsteuerlager muss der Lagerhalter Name, Anschrift und die inländische Umsatzsteuer-Identifikationsnummer des Auslagerers oder dessen Fiskalvertreters aufzeichnen.

(4d)[1] Im Fall der Abtretung eines Anspruchs auf die Gegenleistung für einen steuerpflichtigen Umsatz an einen anderen Unternehmer (§ 13c) hat

1. der leistende Unternehmer den Namen und die Anschrift des Abtretungsempfängers sowie die Höhe des abgetretenen Anspruchs auf die Gegenleistung aufzuzeichnen;
2. der Abtretungsempfänger den Namen und die Anschrift des leistenden Unternehmers, die Höhe des abgetretenen Anspruchs auf die Gegenleistung sowie die Höhe der auf den abgetretenen Anspruch vereinnahmten Beträge aufzuzeichnen. Sofern der Abtretungsempfänger die Forderung oder einen Teil der Forderung an einen Dritten abtritt, hat er zusätzlich den Namen und die Anschrift des Dritten aufzuzeichnen.

Satz 1 gilt entsprechend bei der Verpfändung oder der Pfändung von Forderungen. An die Stelle des Abtretungsempfängers tritt im Fall der Verpfändung der Pfandgläubiger und im Fall der Pfändung der Vollstreckungsgläubiger.

(4e)[2] Wer in den Fällen des § 13c Zahlungen nach § 48 der Abgabenordnung leistet, hat Aufzeichnungen über die entrichteten Beträge zu führen. Dabei sind auch Name, Anschrift und die Steuernummer des Schuldners der Umsatzsteuer aufzuzeichnen.

(5) Ein Unternehmer, der ohne Begründung einer gewerblichen Niederlassung oder außerhalb einer solchen von Haus zu Haus oder auf öffentlichen Straßen oder an anderen öffentlichen Orten Umsätze ausführt oder Gegenstände erwirbt, hat ein Steuerheft nach amtlich vorgeschriebenem Vordruck zu führen.

(6) Das Bundesministerium der Finanzen kann mit Zustimmung des Bundesrates durch Rechtsverordnung

1. nähere Bestimmungen darüber treffen, wie die Aufzeichnungspflichten zu erfüllen sind und in welchen Fällen Erleichterungen bei der Erfüllung dieser Pflichten gewährt werden können, sowie
2. Unternehmer im Sinne des Absatzes 5 von der Führung des Steuerheftes befreien, sofern sich die Grundlagen der Besteuerung aus anderen Unterlagen ergeben, und diese Befreiung an Auflagen knüpfen.

§ 22a
Fiskalvertretung

(1) Ein Unternehmer, der weder im Inland noch in einem der in § 1 Abs. 3 genannten Gebiete seinen Wohnsitz, seinen Sitz, seine Geschäftsleitung oder eine Zweigniederlassung hat und im Inland ausschließlich steuerfreie Umsätze ausführt und keine Vorsteuerbeträge abziehen kann, kann sich im Inland durch einen Fiskalvertreter vertreten lassen.

(2) Zur Fiskalvertretung sind die in § 3 Nr. 1 bis 3 und § 4 Nr. 9 Buchstabe c des Steuerberatungsgesetzes genannten Personen befugt.[3]

(3) Der Fiskalvertreter bedarf der Vollmacht des im Ausland ansässigen Unternehmers.

§ 22b
Rechte und Pflichten des Fiskalvertreters

(1) Der Fiskalvertreter hat die Pflichten des im Ausland ansässigen Unternehmers nach diesem Gesetz als eigene zu erfüllen. Er hat die gleichen Rechte wie das Vertretene.

(2) Der Fiskalvertreter hat unter der ihm nach § 22d Abs. 1 erteilten Steuernummer eine Steuererklärung (§ 18 Abs. 3 und 4) abzugeben, in der er die Besteuerungsgrundlagen für jeden von ihm vertretenen Unternehmer zusammenfaßt. Dies gilt für die Zusammenfassende Meldung entsprechend.

(3) Der Fiskalvertreter hat die Aufzeichnungen im Sinne des § 22 für jeden von ihm vertretenen Unternehmer gesondert zu führen. Die Aufzeichnungen müssen Namen und Anschrift der von ihm vertretenen Unternehmer enthalten.

§ 22c
Ausstellung von Rechnungen im Falle der Fiskalvertretung

Die Rechnung hat folgende Angaben zu enthalten:
1. den Hinweis auf die Fiskalvertretung,
2. den Namen und die Anschrift des Fiskalvertreters,
3. die dem Fiskalvertreter nach § 22d Abs. 1 erteilte Umsatzsteuer-Identifikationsnummer.

§ 22d
Steuernummer und zuständiges Finanzamt

(1) Der Fiskalvertreter erhält für seine Tätigkeit eine gesonderte Steuernummer und eine gesonderte Umsatzsteuer-Identifikationsnummer nach § 27a, unter der er für alle von ihm vertretenen im Ausland ansässigen Unternehmen auftritt.

(2) Der Fiskalvertreter wird bei dem Finanzamt geführt, das für seine Umsatzbesteuerung zuständig ist.

§ 22e
Untersagung der Fiskalvertretung

(1) Die zuständige Finanzbehörde kann die Fiskalvertretung der in § 22a Abs. 2 mit Ausnahme der in § 3 des Steuerberatungsgesetzes genannten Person untersagen, wenn der Fiskalvertreter wiederholt gegen die ihm auferlegten Pflichten nach § 22b verstößt oder ordnungswidrig im Sinne des § 26a handelt.

(2) Für den vorläufigen Rechtsschutz gegen die Untersagung gelten § 361 Abs. 4 der Abgabenordnung und § 69 Abs. 5 der Finanzgerichtsordnung.

---
1) Gilt ab 16.12.2004
2) Fassung ab 01.01.2008
3) Vgl. Anhang 12

§§ 23 – 24 UStG

Sechster Abschnitt
Sonderregelungen[1)]

§ 23
Allgemeine Durchschnittssätze

(1) Das Bundesministerium der Finanzen kann mit Zustimmung des Bundesrates zur Vereinfachung des Besteuerungsverfahrens für Gruppen von Unternehmern, bei denen hinsichtlich der Besteuerungsgrundlagen annähernd gleiche Verhältnisse vorliegen und die nicht verpflichtet sind, Bücher zu führen und auf Grund jährlicher Bestandsaufnahmen regelmäßig Abschlüsse zu machen, durch Rechtsverordnung Durchschnittssätze festsetzen für

1. die nach § 15 abziehbaren Vorsteuerbeträge oder die Grundlagen ihrer Berechnung oder

2. die zu entrichtende Steuer oder die Grundlagen ihrer Berechnung.

(2) Die Durchschnittssätze müssen zu einer Steuer führen, die nicht wesentlich von dem Betrage abweicht, der sich nach diesem Gesetz ohne Anwendung der Durchschnittssätze ergeben würde.

(3) Der Unternehmer, bei dem die Voraussetzungen für eine Besteuerung nach Durchschnittssätzen im Sinne des Absatzes 1 gegeben sind, kann beim Finanzamt bis zur Unanfechtbarkeit der Steuerfestsetzung (§ 18 Abs. 3 und 4) beantragen, nach den festgesetzten Durchschnittssätzen besteuert zu werden. Der Antrag kann nur mit Wirkung vom Beginn eines Kalenderjahres an widerrufen werden. Der Widerruf ist spätestens bis zur Unanfechtbarkeit der Steuerfestsetzung des Kalenderjahres, für das er gelten soll, zu erklären. Eine erneute Besteuerung nach Durchschnittssätzen ist frühestens nach Ablauf von fünf Kalenderjahren zulässig.

§ 23a
Durchschnittssatz für Körperschaften, Personenvereinigungen und Vermögensmassen im Sinne des § 5 Abs. 1 Nr. 9 des Körperschaftsteuergesetzes

(1) Zur Berechnung der abziehbaren Vorsteuerbeträge (§ 15) wird für Körperschaften, Personenvereinigungen und Vermögensmassen im Sinne des § 5 Abs. 1 Nr. 9 des Körperschaftsteuergesetzes, die nicht verpflichtet sind, Bücher zu führen und aufgrund jährlicher Bestandsaufnahmen regelmäßig Abschlüsse zu machen, ein Durchschnittssatz von 7 vom Hundert, mit Ausnahme der Einfuhr und des innergemeinschaftlichen Erwerbs, festgesetzt. Ein weiterer Vorsteuerabzug ist ausgeschlossen.

(2) Der Unternehmer, dessen steuerpflichtiger Umsatz, mit Ausnahme der Einfuhr und des innergemeinschaftlichen Erwerbs, im vorangegangenen Kalenderjahr 30 678 Euro[2)] überstiegen hat, kann den Durchschnittssatz nicht in Anspruch nehmen.

(3) Der Unternehmer, bei dem die Voraussetzungen für die Anwendung des Durchschnittssatzes gegeben sind, kann dem Finanzamt spätestens bis zum zehnten Tage nach Ablauf des ersten Voranmeldungszeitraums eines Kalenderjahres erklären, daß er den Durchschnittssatz in Anspruch nehmen will. Die Erklärung bindet den Unternehmer mindestens für fünf Kalenderjahre. Sie kann nur mit Wirkung vom Beginn eines Kalenderjahres an widerrufen werden. Der Widerruf ist spätestens bis zum zehnten Tag nach Ablauf des ersten Voranmeldungszeitraums dieses Kalenderjahres zu erklären. Eine erneute Anwendung des Durchschnittssatzes ist frühestens nach Ablauf von fünf Kalenderjahren zulässig.

§ 24
Durchschnittssätze für land- und forstwirtschaftliche Betriebe

(1)[3)] Für die im Rahmen eines land- und forstwirtschaftlichen Betriebes ausgeführten Umsätze wird die Steuer vorbehaltlich der Sätze 2 bis 4 wie folgt festgesetzt:

1. für die Lieferungen von forstwirtschaftlichen Erzeugnissen, ausgenommen Sägewerkserzeugnisse, auf 5,5 Prozent[4)],

2. [5)]für die Lieferungen der in der Anlage 2 nicht aufgeführten Sägewerkserzeugnisse und Getränke sowie von alkoholischen Flüssigkeiten, ausgenommen die Lieferungen in das Ausland und die im Ausland bewirkten Umsätze, für sonstige Leistungen[6)], soweit in der Anlage 2[7)] nicht aufgeführte Getränke abgegeben werden, auf 19 Prozent[8)],

3. für die übrigen Umsätze im Sinne des § 1 Abs. 1 Nr. 1 auf 10,7 Prozent[9)] der Bemessungsgrundlage.

Die Befreiungen nach § 4 mit Ausnahme der Nummern 1 bis 7 bleiben unberührt; § 9 findet keine Anwendung. Die Vorsteuerbeträge werden, soweit sie den in Satz 1 Nr. 1 bezeichneten Umsätzen zuzurechnen sind, auf 5,5 Prozent[10)], in den übrigen Fällen des Satzes 1 auf 10,7 Prozent[11)] der Bemessungsgrundlage für diese Umsätze festgesetzt. Ein weiterer Vorsteuerabzug ist ausgeschlossen. § 14 ist mit der Maßgabe anzuwenden, daß der für den Umsatz maßgebliche Durchschnittssatz in der Rechnung zusätzlich anzugeben ist.

---

1) Überschrift gilt seit 01.01.2000
2) Ab dem 01.01.2008: 35.000 €, vgl. Gesetz vom 10.10.2007, BGBl. 2007 I S. 2332
3) Ab 01.04.1999 geltende Fassung
4) Gilt ab 01.01.2007, davor fünf; in der Zeit vom 01.07.1998 bis 31.03.1999: sechs, vor dem 01.07.1998: fünf
5) Fassung ab 29.12.2004
6) Streichung „nach § 3 Absatz 9 Satz 4" ab 29.12.2007
7) Fassung ab 01.01.2004
8) Seit dem 01.01.2007, davor: sechzehn
9) Seit 01.01.2007, davor neun; in der Zeit vom 01.07.1998 bis 31.03.1999: zehn, vor dem 01.07.1998: neuneinhalb
10) Seit 01.01.2007, davor fünf; in der Zeit vom 01.07.1998 bis 31.03.1999: sechs, vor dem 01.07.1998: fünf
11) Seit 01.01.2007, davor neun; in der Zeit vom 01.07.1998 bis 31.03.1999: zehn, vor dem 01.07.1998: neuneinhalb

(2) Als land- und forstwirtschaftlicher Betrieb gelten

1. die Landwirtschaft, die Forstwirtschaft, der Wein-, Garten-, Obst- und Gemüsebau, die Baumschulen, alle Betriebe, die Pflanzen und Pflanzenteile mit Hilfe der Naturkräfte gewinnen, die Binnenfischerei, die Teichwirtschaft, die Fischzucht für die Binnenfischerei und Teichwirtschaft, die Imkerei, die Wanderschäferei sowie die Saatzucht,
2. Tierzucht- und Tierhaltungsbetriebe, soweit ihre Tierbestände nach den §§ 51 und 51a des Bewertungsgesetzes zur landwirtschaftlichen Nutzung gehören.

Zum land- und forstwirtschaftlichen Betrieb gehören auch die Nebenbetriebe, die dem land- und forstwirtschaftlichen Betrieb zu dienen bestimmt sind. Ein Gewerbebetrieb kraft Rechtsform gilt auch dann nicht als land- und forstwirtschaftlicher Betrieb, wenn im übrigen die Merkmale eines land- und forstwirtschaftlichen Betriebes vorliegen.

(3) Führt der Unternehmer neben den in Absatz 1 bezeichneten Umsätzen auch andere Umsätze aus, so ist der land- und forstwirtschaftliche Betrieb als ein in der Gliederung des Unternehmens gesondert geführter Betrieb zu behandeln.

(4) Der Unternehmer kann spätestens bis zum 10. Tage eines Kalenderjahres gegenüber dem Finanzamt erklären, daß seine Umsätze vom Beginn des vorangegangenen Kalenderjahres an nicht nach den Absätzen 1 bis 3, sondern nach den allgemeinen Vorschriften dieses Gesetzes besteuert werden sollen. Die Erklärung bindet den Unternehmer mindestens für fünf Kalenderjahre; im Fall der Geschäftsveräußerung ist der Erwerber an diese Frist gebunden. Sie kann mit Wirkung vom Beginn eines Kalenderjahres an widerrufen werden. Der Widerruf ist spätestens bis zum 10. Tage nach Beginn dieses Kalenderjahres zu erklären. Die Frist nach Satz 4 kann verlängert werden. Ist die Frist bereits abgelaufen, so kann sie rückwirkend verlängert werden, wenn es unbillig wäre, die durch den Fristablauf eingetretenen Rechtsfolgen bestehen zu lassen.

§ 25
Besteuerung von Reiseleistungen

(1) Die nachfolgenden Vorschriften gelten für Reiseleistungen eines Unternehmers, die nicht für das Unternehmen des Leistungsempfängers bestimmt sind, soweit der Unternehmer dabei gegenüber dem Leistungsempfänger im eigenen Namen auftritt und Reisevorleistungen in Anspruch nimmt. Die Leistung des Unternehmens ist als sonstige Leistung anzusehen. Erbringt der Unternehmer an einen Leistungsempfänger im Rahmen einer Reise mehrere Leistungen dieser Art, so gelten sie als eine einheitliche sonstige Leistung. Der Ort der sonstigen Leistung bestimmt sich nach § 3a Abs. 1. Reisevorleistungen sind Lieferungen und sonstige Leistungen Dritter, die den Reisenden unmittelbar zugute kommen.

(2) Die sonstige Leistung ist steuerfrei, soweit die ihr zuzurechnenden Reisevorleistungen im Drittlandsgebiet bewirkt wurden. Die Voraussetzung der Steuerbefreiung muß vom Unternehmer nachgewiesen sein. Das Bundesministerium der Finanzen kann mit Zustimmung des Bundesrates durch Rechtsverordnung bestimmen, wie der Unternehmer den Nachweis zu führen hat.

(3) Die sonstige Leistung bemißt sich nach dem Unterschied zwischen dem Betrag, den der Leistungsempfänger aufwendet, um die Leistung zu erhalten, und dem Betrag, den der Unternehmer für die Reisevorleistungen aufwendet. Die Umsatzsteuer gehört nicht zur Bemessungsgrundlage. Der Unternehmer kann die Bemessungsgrundlage statt für jede einzelne Leistung entweder für Gruppen von Leistungen oder für die gesamten innerhalb des Besteuerungszeitraums erbrachten Leistungen ermitteln.

(4) [1)]Abweichend von § 15 Abs. 1 ist der Unternehmer nicht berechtigt, die ihm für die Reisevorleistungen gesondert in Rechnung gestellten sowie die nach § 13b geschuldeten Steuerbeträge als Vorsteuer abzuziehen. Im übrigen bleibt § 15 unberührt.

(5) Für die sonstigen Leistungen gilt § 22 mit der Maßgabe, daß aus den Aufzeichnungen des Unternehmers zu ersehen sein müssen:

1. der Betrag, den der Leistungsempfänger für die Leistung aufwendet,
2. die Beträge, die der Unternehmer für die Reisevorleistungen aufwendet,
3. die Bemessungsgrundlage nach Absatz 3 und
4. wie sich die in den Nummern 1 und 2 bezeichneten Beträge und die Bemessungsgrundlage nach Absatz 3 auf steuerpflichtige und steuerfreie Leistungen verteilen.

§ 25a
Differenzbesteuerung

(1) Für die Lieferungen im Sinne des § 1 Abs. 1 Nr. 1 von beweglichen körperlichen Gegenständen gilt eine Besteuerung nach Maßgabe der nachfolgenden Vorschriften (Differenzbesteuerung), wenn folgende Voraussetzungen erfüllt sind:

1. Der Unternehmer ist ein Wiederverkäufer. Als Wiederverkäufer gilt, wer gewerbsmäßig mit beweglichen körperlichen Gegenständen handelt oder solche Gegenstände im eigenen Namen öffentlich versteigert.
2. Die Gegenstände wurden an den Wiederverkäufer im Gemeinschaftsgebiet geliefert. Für diese Lieferung wurde
   a) Umsatzsteuer nicht geschuldet oder nach § 19 Abs. 1 nicht erhoben oder
   b) die Differenzbesteuerung vorgenommen.
3. Die Gegenstände sind keine Edelsteine (aus Positionen 71 02 und 71 03 des Zolltarifs) oder Edelmetalle (aus Positionen 71 06, 71 08, 71 10 und 71 12 des Zolltarifs).

---
1) Fassung ab 16.12.2004

§§ 25a, 25b UStG

(2) Der Wiederverkäufer kann spätestens bei Abgabe der ersten Voranmeldung eines Kalenderjahres gegenüber dem Finanzamt erklären, daß er die Differenzbesteuerung von Beginn dieses Kalenderjahres an auch auf folgende Gegenstände anwendet:

1. [1)]Kunstgegenstände (Nummer 53 der Anlage 2), Sammlungsstücke (Nummer 49 Buchstabe f und 54 der Anlage 2) oder Antiquitäten (Position 9706 00 00 des Zolltarifs), die er selbst eingeführt hat, oder
2. Kunstgegenstände, wenn die Lieferung an ihn steuerpflichtig war und nicht von einem Wiederverkäufer ausgeführt wurde.

Die Erklärung bindet den Wiederverkäufer für mindestens zwei Kalenderjahre.

(3) Der Umsatz wird nach dem Betrag bemessen, um den der Verkaufspreis den Einkaufspreis für den Gegenstand übersteigt; bei Lieferungen im Sinne des § 3 Abs. 1b und in den Fällen des § 10 Abs. 5 tritt an die Stelle des Verkaufspreises der Wert nach § 10 Abs. 4 Nr. 1. Die Umsatzsteuer gehört nicht zur Bemessungsgrundlage. Im Fall des Absatzes 2 Nr. 1 gilt als Einkaufspreis der Wert im Sinne des § 11 Abs. 1 zuzüglich der Einfuhrumsatzsteuer. Im Fall des Absatzes 2 Nr. 2 schließt der Einkaufspreis die Umsatzsteuer des Lieferers ein.

(4) Der Wiederverkäufer kann die gesamten innerhalb eines Besteuerungszeitraums ausgeführten Umsätze nach dem Gesamtbetrag bemessen, um die Summe der Verkaufspreise und der Werte nach § 10 Abs. 4 Nr. 1 die Summe der Einkaufspreise dieses Zeitraums übersteigt (Gesamtdifferenz). Die Besteuerung nach der Gesamtdifferenz ist nur bei solchen Gegenständen zulässig, deren Einkaufspreis 500 Euro nicht übersteigt. Im übrigen gilt Absatz 3 entsprechend.

(5)[2)] Die Steuer ist mit dem allgemeinen Steuersatz nach § 12 Abs. 1 zu berechnen. Die Steuerbefreiungen, ausgenommen die Steuerbefreiung für innergemeinschaftliche Lieferungen (§ 4 Nr. 1 Buchstabe b, § 6a), bleiben unberührt. Abweichend von § 15 Abs. 1 ist der Wiederverkäufer in den Fällen des Absatzes 2 nicht berechtigt, die entrichtete Einfuhrumsatzsteuer, die gesondert ausgewiesene Steuer oder die nach § 13b Abs. 5 geschuldete Steuer für die an ihn ausgeführte Lieferung als Vorsteuer abzuziehen.

(6)[3)] § 22 gilt mit der Maßgabe, daß aus den Aufzeichnungen des Wiederverkäufers zu ersehen sein müssen

1. die Verkaufspreise oder die Werte nach § 10 Abs. 4 Satz 1 Nr. 1,
2. die Einkaufspreise und
3. die Bemessungsgrundlagen nach den Absätzen 3 und 4.

Wendet der Wiederverkäufer neben der Differenzbesteuerung die Besteuerung nach den allgemeinen Vorschriften an, hat er getrennte Aufzeichnungen zu führen.

(7) Es gelten folgende Besonderheiten:
1. Die Differenzbesteuerung findet keine Anwendung
   a) auf die Lieferungen eines Gegenstandes, den der Wiederverkäufer innergemeinschaftlich erworben hat, wenn auf die Lieferung des Gegenstandes an den Wiederverkäufer die Steuerbefreiung für innergemeinschaftliche Lieferungen im übrigen Gemeinschaftsgebiet angewendet worden ist,
   b) auf die innergemeinschaftliche Lieferung eines neuen Fahrzeugs im Sinne des § 1b Abs. 2 und 3.
2. Der innergemeinschaftliche Erwerb unterliegt nicht der Umsatzsteuer, wenn auf die Lieferung der Gegenstände an den Erwerber im Sinne des § 1a Abs. 1 die Differenzbesteuerung im übrigen Gemeinschaftsgebiet angewendet worden ist.
3. Die Anwendung des § 3c und die Steuerbefreiung für innergemeinschaftliche Lieferungen (§ 4 Nr. 1 Buchstabe b, § 6a) sind bei der Differenzbesteuerung ausgeschlossen.

(8) Der Wiederverkäufer kann bei jeder Lieferung auf die Differenzbesteuerung verzichten, soweit er Absatz 4 nicht anwendet. Bezieht sich der Verzicht auf die in Absatz 2 bezeichneten Gegenstände, ist der Vorsteuerabzug frühestens in dem Voranmeldungszeitraum möglich, in dem die Steuer für die Lieferung entsteht.

§ 25b
Innergemeinschaftliche Dreiecksgeschäfte

(1) Ein innergemeinschaftliches Dreiecksgeschäft liegt vor, wenn

1. drei Unternehmer über denselben Gegenstand Umsatzgeschäfte abschließen und dieser Gegenstand unmittelbar vom ersten Lieferer an den letzten Abnehmer gelangt,
2. die Unternehmer in jeweils verschiedenen Mitgliedstaaten für Zwecke der Umsatzsteuer erfaßt sind,
3. der Gegenstand der Lieferungen aus dem Gebiet eines Mitgliedstaates in das Gebiet eines anderen Mitgliedstaates gelangt und
4. der Gegenstand der Lieferungen durch den ersten Lieferer oder den ersten Abnehmer befördert oder versendet wird.

Satz 1 gilt entsprechend, wenn der letzte Abnehmer eine juristische Person ist, die nicht Unternehmer ist oder den Gegenstand nicht für ihr Unternehmen erwirbt und die in dem Mitgliedstaat für Zwecke der Umsatzsteuer erfaßt ist, in dem sich der Gegenstand am Ende der Beförderung oder Versendung befindet.

(2) Im Falle des Absatzes 1 wird die Steuer für die Lieferung an den letzten Abnehmer von diesem geschuldet, wenn folgende Voraussetzungen erfüllt sind:
1. Der Lieferung ist ein innergemeinschaftlicher Erwerb vorausgegangen;

---
1) Fassung ab 19.12.2006
2) Fassung ab 01.07.2010, zuvor: § 13b Abs. 2
3) Fassung ab 01.01.2004

§§ 25b – 25c UStG

2. der erste Abnehmer ist in dem Mitgliedstaat, in dem die Beförderung oder Versendung endet, nicht ansässig. Er verwendet gegenüber dem ersten Lieferer und dem letzten Abnehmer dieselbe Umsatzsteuer-Identifikationsnummer, die ihm von einem anderen Mitgliedstaat erteilt worden ist als dem, in dem die Beförderung oder Versendung beginnt oder endet;

3. [1)]der erste Abnehmer erteilt dem letzten Abnehmer eine Rechnung im Sinne des § 14a Abs. 7, in der die Steuer nicht gesondert ausgewiesen ist, und

4. der letzte Abnehmer verwendet eine Umsatzsteuer-Identifikationsnummer des Mitgliedstaates, in dem die Beförderung oder Versendung endet.

(3) Im Fall des Absatzes 2 gilt der innergemeinschaftliche Erwerb des ersten Abnehmers als besteuert.

(4) Für die Berechnung der nach Absatz 2 geschuldeten Steuer gilt die Gegenleistung als Entgelt.

(5) Der letzte Abnehmer ist unter den übrigen Voraussetzungen des § 15 berechtigt, die nach Absatz 2 geschuldete Steuer als Vorsteuer abzuziehen.

(6) § 22 gilt mit der Maßgabe, daß aus den Aufzeichnungen zu ersehen sein müssen

1. beim ersten Abnehmer, der eine inländische Umsatzsteuer-Identifikationsnummer verwendet, das vereinbarte Entgelt für die Lieferung im Sinne des Absatzes 2 sowie der Name und die Anschrift des letzten Abnehmers;

2. beim letzten Abnehmer, der eine inländische Umsatzsteuer-Identifikationsnummer verwendet:
   a) die Bemessungsgrundlage der an ihn ausgeführten Lieferung im Sinne des Absatzes 2 sowie die hierauf entfallenden Steuerbeträge,
   b) der Name und die Anschrift des ersten Abnehmers.

Beim ersten Abnehmer, der eine Umsatzsteuer-Identifikationsnummer eines anderen Mitgliedstaates verwendet, entfallen die Aufzeichnungspflichten nach § 22, wenn die Beförderung oder Versendung im Inland endet.

§ 25c[2)]
Besteuerung von Umsätzen mit Anlagegold

(1) Die Lieferung, die Einfuhr und der innergemeinschaftliche Erwerb von Anlagegold, einschließlich Anlagegold in Form von Zertifikaten über sammel- oder einzelverwahrtes Gold und über Goldkonten gehandeltes Gold, insbesondere auch Golddarlehen und Goldswaps, durch die ein Eigentumsrecht an Anlagegold oder ein schuldrechtlicher Anspruch auf Anlagegold begründet wird, sowie Terminkontrakte und im Freiverkehr getätigte Terminabschlüsse mit Anlagegold, die zur Übertragung eines Eigentumsrechts an Anlagegold oder eines schuldrechtlichen Anspruchs auf Anlagegold führen, sind steuerfrei. Satz 1 gilt entsprechend für die Vermittlung der Lieferung von Anlagegold.

(2) Anlagegold im Sinne dieses Gesetzes sind:

1. Gold in Barren- oder Plättchenform mit einem von den Goldmärkten akzeptierten Gewicht und einem Feingehalt von mindestens 995 Tausendstel;

2. Goldmünzen, die einen Feingehalt von mindestens 900 Tausendstel aufweisen, nach dem Jahr 1800 geprägt wurden, in ihrem Ursprungsland gesetzliches Zahlungsmittel sind oder waren und üblicherweise zu einem Preis verkauft werden, der den Offenmarktwert ihres Goldgehaltes um nicht mehr als 80 vom Hundert übersteigt.

(3) Der Unternehmer, der Anlagegold herstellt oder Gold in Anlagegold umwandelt, kann eine Lieferung, die nach Absatz 1 Satz 1 steuerfrei ist, als steuerpflichtig behandeln, wenn sie an einen anderen Unternehmer für dessen Unternehmen ausgeführt wird. Der Unternehmer, der üblicherweise Gold zu gewerblichen Zwecken liefert, kann eine Lieferung von Anlagegold im Sinne des Absatzes 2 Nr. 1, die nach Absatz 1 Satz 1 steuerfrei ist, als steuerpflichtig behandeln, wenn sie an einen anderen Unternehmer für dessen Unternehmen ausgeführt wird. Ist eine Lieferung nach den Sätzen 1 oder 2 als steuerpflichtig behandelt worden, kann der Unternehmer, der diesen Umsatz vermittelt hat, die Vermittlungsleistung ebenfalls als steuerpflichtig behandeln.

(4) Bei einem Unternehmer, der steuerfreie Umsätze nach Absatz 1 ausführt, ist die Steuer für folgende an ihn ausgeführte Umsätze abweichend von § 15 Abs. 2 nicht vom Vorsteuerabzug ausgeschlossen:

1. die Lieferungen von Anlagegold durch einen anderen Unternehmer, der diese Lieferungen nach Absatz 3 Satz 1 oder 2 als steuerpflichtig behandelt;

2. die Lieferungen, die Einfuhr und der innergemeinschaftliche Erwerb von Gold, das anschließend von ihm oder für ihn in Anlagegold umgewandelt wird;

3. die sonstigen Leistungen, die in der Veränderung der Form, des Gewichts oder des Feingehalts von Gold, einschließlich Anlagegold, bestehen.

(5) Bei einem Unternehmer, der Anlagegold herstellt oder Gold in Anlagegold umwandelt und anschließend nach Absatz 1 Satz 1 steuerfrei liefert, ist die Steuer für an ihn ausgeführte Umsätze, die in unmittelbarem Zusammenhang mit der Herstellung oder Umwandlung des Goldes stehen, abweichend von § 15 Abs. 2 nicht vom Vorsteuerabzug ausgeschlossen.

(6) Bei Umsätzen mit Anlagegold gelten zusätzlich zu den Aufzeichnungspflichten nach § 22 die Identifizierungs-, Aufzeichnungs- und Aufbewahrungspflichten des Geldwäschegesetzes mit Ausnahme der Identifizierungspflicht in Verdachtsfällen nach § 6 dieses Gesetzes entsprechend.

---
1) Fassung ab 01.01.2004
2) Gilt ab 01.01.2000

§§ 25d – 26 UStG

§ 25d[1)]
Haftung für die schuldhaft nicht abgeführte Steuer

(1) Der Unternehmer haftet für die Steuer aus einem vorangegangenen Umsatz, soweit diese in einer Rechnung im Sinne des § 14 ausgewiesen wurde, der Aussteller der Rechnung entsprechend seiner vorgefassten Absicht die ausgewiesene Steuer nicht entrichtet oder sich vorsätzlich außer Stande gesetzt hat, die ausgewiesene Steuer zu entrichten und der Unternehmer bei Abschluss des Vertrages über seinen Eingangsumsatz davon Kenntnis hatte oder nach der Sorgfalt eines ordentlichen Kaufmanns hätte haben müssen. Trifft dies auf mehrere Unternehmer zu, so haften diese als Gesamtschuldner.

(2)[2)] Von der Kenntnis oder dem Kennen müssen ist insbesondere auszugehen, wenn der Unternehmer für seinen Umsatz einen Preis in Rechnung stellt, der zum Zeitpunkt des Umsatzes unter dem marktüblichen Preis liegt. Dasselbe gilt, wenn der ihm in Rechnung gestellte Preis unter dem marktüblichen Preis oder unter dem Preis, der seinem Lieferanten oder anderen Lieferanten, die am Erwerb der Ware beteiligt waren, in Rechnung gestellt wurde. Weist der Unternehmer nach, dass die Preisgestaltung betriebswirtschaftlich begründet ist, finden die Sätze 1 und 2 keine Anwendung.

(3) Örtlich zuständig für den Erlass des Haftungsbescheides ist das Finanzamt, das für die Besteuerung des Unternehmers zuständig ist. Im Falle des Absatzes 1 Satz 2 ist jedes Finanzamt örtlich zuständig, bei dem der Vorsteueranspruch geltend gemacht wird.

(4) Das zuständige Finanzamt hat zu prüfen, ob die Voraussetzungen für den Erlass des Haftungsbescheides vorliegen. Bis zum Abschluss dieser Prüfung kann die Erteilung der Zustimmung im Sinne von § 168 Satz 2 der Abgabenordnung versagt werden. Satz 2 gilt entsprechend für die Festsetzung nach § 167 Abs. 1 Satz 1 der Abgabenordnung, wenn sie zu einer Erstattung führt.

(5) Für den Erlass des Haftungsbescheides gelten die allgemeinen Grundsätze, mit Ausnahme des § 219 der Abgabenordnung.

Siebenter Abschnitt
Durchführung, Bußgeld-, Straf-, Verfahrens- und Schlussvorschriften

§ 26
Durchführung

(1) Die Bundesregierung kann mit Zustimmung des Bundesrates durch Rechtsverordnung zur Wahrung der Gleichmäßigkeit bei der Besteuerung, zur Beseitigung von Unbilligkeiten in Härtefällen oder zur Vereinfachung des Besteuerungsverfahrens den Umfang der in diesem Gesetz enthaltenen Steuerbefreiungen, Steuerermäßigungen und des Vorsteuerabzugs näher bestimmen sowie die zeitlichen Bindungen nach § 19 Abs. 2, § 23 Abs. 3 und § 24 Abs. 4 verkürzen. Bei der näheren Bestimmung des Umfangs der Steuerermäßigung nach § 12 Abs. 2 Nr. 1 kann von der zolltariflichen Abgrenzung abgewichen werden.

(2) Das Bundesministerium der Finanzen kann mit Zustimmung des Bundesrates durch Rechtsverordnung den Wortlaut derjenigen Vorschriften des Gesetzes und der auf Grund dieses Gesetzes erlassenen Rechtsverordnungen, in denen auf den Zolltarif hingewiesen wird, dem Wortlaut des Zolltarifs in jeweils geltender Fassung anpassen.

(3) Das Bundesministerium der Finanzen kann unbeschadet der Vorschriften der §§ 163 und 227 der Abgabenordnung anordnen, daß die Steuer für grenzüberschreitende Beförderungen von Personen im Luftverkehr niedriger festgesetzt oder ganz oder zum Teil erlassen wird, soweit der Unternehmer keine Rechnungen mit gesondertem Ausweis der Steuer (§ 14 Abs. 4)[3)] erteilt hat. Bei Beförderungen durch ausländische Unternehmer kann die Anordnung davon abhängig gemacht werden, daß in dem Land, in dem der ausländische Unternehmer seinen Sitz hat, für grenzüberschreitende Beförderungen im Luftverkehr, die Unternehmern mit Sitz in der Bundesrepublik Deutschland durchgeführt werden, eine Umsatzsteuer oder eine ähnliche Steuer nicht erhoben wird.

(4) (gestrichen)

(5) Das Bundesministerium der Finanzen kann mit Zustimmung des Bundesrates durch Rechtsverordnung näher bestimmen, wie der Nachweis bei den folgenden Steuerbefreiungen zu führen ist:

1. Artikel 111 Nr. 1 des Abkommens zwischen der Bundesrepublik Deutschland und den Vereinigten Staaten von Amerika über die von der Bundesrepublik zu gewährenden Abgabenvergünstigungen für die von den Vereinigten Staaten im Interesse der gemeinsamen Verteidigung geleisteten Ausgaben (BGBl. 1955 II S. 823);

2. Artikel 67 Abs. 3 des Zusatzabkommens zu dem Abkommen zwischen den Parteien des Nordatlantikvertrages über die Rechtsstellung ihrer Truppen hinsichtlich der in der Bundesrepublik Deutschland stationierten ausländischen Truppen (BGBl. 1961 II S. 1183, 1218);

3. Artikel 14 Abs. 2 Buchstabe b und d des Abkommens zwischen der Bundesrepublik Deutschland und dem Obersten Hauptquartier der Alliierten Mächte, Europa, über die besonderen Bedingungen für die Einrichtung und den Betrieb internationaler militärischer Hauptquartiere in der Bundesrepublik Deutschland (BGBl. 1969 II S. 1997, 2009).

(6) Das Bundesministerium der Finanzen kann dieses Gesetz und die auf Grund dieses Gesetzes erlassenen Rechtsverordnungen in der jeweils geltenden Fassung mit neuem Datum und unter neuer Überschrift im Bundesgesetzblatt bekanntmachen.

---

1) Eingefügt ab 01.01.2002; Fassung ab 01.01.2004
2) Gilt ab 01.01.2004
3) Gilt ab 01.01.2004

§§ 26a – 27 UStG

§ 26a
Bußgeldvorschriften

(1) Ordnungswidrig handelt, wer vorsätzlich oder leichtfertig

1. entgegen § 14 Abs. 2 Satz 1 Nr. 1 oder 2 Satz 2 eine Rechnung nicht oder nicht rechtzeitig ausstellt,
2. entgegen § 14b Abs. 1 Satz 1, auch in Verbindung mit Satz 4, ein dort bezeichnetes Doppel oder eine dort bezeichnete Rechnung nicht oder nicht mindestens zehn Jahre aufbewahrt,
3. entgegen § 14b Abs.1 Satz 5 eine dort bezeichnete Rechnung, einen Zahlungsbeleg oder eine andere beweiskräftige Unterlage nicht oder nicht mindestens zwei Jahre aufbewahrt,
4. entgegen § 18 Abs. 12 Satz 3 die dort bezeichnete Bescheinigung nicht oder nicht rechtzeitig vorlegt,
5. [1]entgegen § 18a Abs. 1 bis 3 in Verbindung mit Abs. 7 Satz 1, Abs. 8 oder Abs. 9 eine Zusammenfassende Meldung nicht, nicht richtig, nicht vollständig oder nicht rechtzeitig abgibt oder entgegen § 18a Abs. 10 eine Zusammenfassende Meldung nicht oder nicht rechtzeitig berichtigt,
6. einer Rechtsverordnung nach § 18c zuwiderhandelt, soweit sie für einen bestimmten Tatbestand auf die Bußgeldvorschrift verweist, oder
7. entgegen § 18d Satz 3 die dort bezeichneten Unterlagen nicht, nicht vollständig oder nicht rechtzeitig vorlegt.

(2) Die Ordnungswidrigkeit kann in den Fällen des Absatzes 1 Nr. 3 mit einer Geldbuße bis zu fünfhundert Euro, in den übrigen Fällen mit einer Geldbuße bis zu fünftausend Euro geahndet werden.

§ 26b[2]
Schädigung des Umsatzsteueraufkommens

(1) Ordnungswidrig handelt, wer die in einer Rechnung im Sinne von § 14 ausgewiesene Umsatzsteuer zu einem in § 18 Abs. 1 Satz 3 oder Abs. 4 Satz 1 oder 2 genannten Fälligkeitszeitpunkt nicht oder nicht vollständig entrichtet.

(2) Die Ordnungswidrigkeit kann mit einer Geldbuße bis zu fünfzigtausend Euro geahndet werden.

§ 26c[3]
Gewerbsmäßige oder bandenmäßige Schädigung des Umsatzsteueraufkommens

Mit Freiheitsstrafe bis zu fünf Jahren oder mit Geldstrafe wird bestraft, wer in den Fällen des § 26b gewerbsmäßig oder als Mitglied einer Bande, die sich zur fortgesetzten Begehung solcher Handlungen verbunden hat, handelt.

§ 27
Allgemeine Übergangsvorschriften

(1)[4] Änderungen dieses Gesetzes sind, soweit nichts anderes bestimmt ist, auf Umsätze im Sinne des § 1 Abs. 1 Nr. 1 und 5 anzuwenden, die ab dem Inkrafttreten der maßgeblichen Änderungsvorschrift ausgeführt werden. Das gilt für Lieferungen und sonstige Leistungen auch insoweit, als die Steuer dafür nach § 13 Abs. 1 Nr. 1 Buchstabe a Satz 2, Buchstabe b oder § 13b Abs. 4 Satz 2 vor dem Inkrafttreten der Änderungsvorschrift entstanden ist. Die Berechnung dieser Steuer ist für den Voranmeldungszeitraum zu berichtigen, in dem die Lieferung oder sonstige Leistung ausgeführt wird.

(1a)[5] § 4 Nr. 14 ist auf Antrag auf vor dem 1. Januar 2000 erbrachte Umsätze aus der Tätigkeit als Sprachheilpädagoge entsprechend anzuwenden, soweit der Sprachheilpädagoge gemäß § 124 Abs. 2 des Fünften Buches Sozialgesetzbuch von den zuständigen Stellen der gesetzlichen Krankenkassen umfassend oder für bestimmte Teilgebiete der Sprachtherapie zur Abgabe von sprachtherapeutischen Heilmitteln zugelassen ist und die Voraussetzungen des § 4 Nr. 14 spätestens zum 1. Januar 2000 erfüllt. Bestandskräftige Steuerfestsetzungen können insoweit aufgehoben oder geändert werden.

(2) § 9 Abs. 2 ist nicht anzuwenden, wenn das auf dem Grundstück errichtete Gebäude

1. Wohnzwecken dient oder zu dienen bestimmt ist und vor dem 1. April 1985 fertiggestellt worden ist,
2. anderen nichtunternehmerischen Zwecken dient oder zu dienen bestimmt ist und vor dem 1. Januar 1986 fertiggestellt worden ist,
3. anderen als in den Nummern 1 und 2 bezeichneten Zwecken dient oder zu dienen bestimmt ist und vor dem 1. Januar 1998 fertiggestellt worden ist.

und wenn mit der Errichtung des Gebäudes in den Fällen der Nummern 1 und 2 vor dem 1. Juni 1984 und in den Fällen der Nummer 3 vor dem 11. November 1993 begonnen worden ist.

(3)[6] § 14 Abs. 1a in der bis zum 31. Dezember 2003 geltenden Fassung ist auf Rechnungen anzuwenden, die nach dem 30. Juni 2002 ausgestellt werden, sofern die zugrundeliegenden Umsätze bis zum 31. Dezember 2003 ausgeführt wurden.

(4)[7] §§ 13b, 14 Abs. 1, § 14a Abs. 4 und 5 Satz 3 Nr. 1 Satz 1, § 15 Abs. 1 Nr. 4 und Abs. 4b, § 17 Abs. 1 Satz 1, § 18 Abs. 4a Satz 1, § 19 Abs. 1 Satz 3, § 22 Abs. 1 Satz 2 und Abs. 2 Nr. 8, § 25a Abs. 5 Satz 3 in der jeweils bis zum 31. Dezember 2003 geltenden Fassung sind auch auf Umsätze anzuwenden, die vor dem 1. Januar 2002 ausgeführt worden sind, soweit das Entgelt für diese Umsätze erst nach dem 31. Dezember 2001 gezahlt worden sind.

---

1) Fassung ab 01.07.2010
2) Eingefügt ab 01.01.2002
3) Eingefügt ab 01.01.2002
4) Fassung ab 01.07.2010, zuvor: § 13b Abs. 1 Satz 3
5) Eingefügt mit Wirkung ab 01.04.1999; Fassung ab 01.01.2000
6) Fassung ab 01.01.2004
7) Fassung ab 01.01.2004

§§ 27, 27a UStG

(5)[1] § 3 Abs. 9a Satz 2, § 15 Abs. 1b, § 15a Abs. 3 Nr. 2 und § 15a Abs. 4 Satz 2 in der jeweils bis 31. Dezember 2003 geltenden Fassung sind auf Fahrzeuge anzuwenden, die nach dem 31. März 1999 und vor dem 1. Januar 2004 angeschafft oder hergestellt, eingeführt, innergemeinschaftlich erworben oder gemietet worden sind und für die der Vorsteuerabzug nach § 15 Abs. 1b vorgenommen worden ist. Dies gilt nicht für nach dem 1. Januar 2004 anfallende Vorsteuerbeträge, die auf die Miete oder den Betrieb dieser Fahrzeuge entfallen.

(6)[2] Umsätze aus der Nutzungsüberlassung von Sportanlagen können bis zum 31. Dezember 2004 in eine steuerfreie Grundstücksüberlassung und in eine steuerpflichtige Überlassung von Betriebsvorrichtungen aufgeteilt werden.

(7)[3] § 13c ist anzuwenden auf Forderungen, die nach dem 7. November 2003 abgetreten, verpfändet oder gepfändet worden sind.

(8)[4] § 15a Abs. 1 Satz 1 und Abs. 4 Satz 1 in der Fassung des Gesetzes vom 20. Dezember 2001 (BGBl. I S. 3794) ist auch für Zeiträume vor dem 1. Januar 2002 anzuwenden, wenn der Unternehmer den Vorsteuerabzug im Zeitpunkt des Leistungsbezuges aufgrund der von ihm erklärten Verwendungsabsicht in Anspruch genommen hat und die Nutzung ab dem Zeitpunkt der erstmaligen Verwendung mit den für den Vorsteuerabzug maßgebenden Verhältnissen nicht übereinstimmt.

(9)[5] § 18 Abs. 1 Satz 1 ist erstmals auf Voranmeldungszeiträume anzuwenden, die nach dem 31. Dezember 2004 enden.

(10)[6] § 4 Nr. 21a in der bis 31. Dezember 2003 geltenden Fassung ist auf Antrag auf vor dem 1. Januar 2005 erbrachte Umsätze der staatlichen Hochschulen aus Forschungstätigkeit anzuwenden, wenn die Leistungen auf einem Vertrag beruhen, der vor dem 3. September 2003 abgeschlossen worden ist.

(11)[7] § 15a in der Fassung des Artikels 5 des Gesetzes vom 9. Dezember 2004 (BGBl. I S. 3310) ist auf Vorsteuerbeträge anzuwenden, deren zugrunde liegende Umsätze im Sinne des § 1 Abs. 1 nach dem 31. Dezember 2004 ausgeführt werden.

(12)[8] Auf Vorsteuerbeträge, deren zugrunde liegende Umsätze im Sinne des § 1 Abs. 1 nach dem 31. Dezember 2006 ausgeführt werden, ist § 15a Abs. 3 und 4 in der am 1. Januar 2007 geltenden Fassung anzuwenden.

(13)[9] § 18a Abs. 1 Satz 1, 4 und 5 in der Fassung des Artikels 7 des Gesetzes vom 13. Dezember 2006 (BGBl. I S. 2878) ist erstmals auf Meldezeiträume anzuwenden, die nach dem 31. Dezember 2006 enden.

(14)[10] § 18 Abs. 9 in der Fassung des Artikels 7 des Gesetzes vom 19. Dezember 2008 (BGBl. I S. 2794)[11] und § 18g sind auf Anträge auf Vergütung von Vorsteuerbeträgen anzuwenden, die nach dem 31. Dezember 2009 gestellt werden.

(15)[12] § 14 Abs. 2 Satz 1 Nr. 2 und § 14 Abs. 3 Nr. 2 in der jeweils ab 1. Januar 2009 geltenden Fassung sind auf alle Rechnungen über Umsätze anzuwenden, die nach dem 31. Dezember 2008 ausgeführt werden.

(16)[13] § 3 Absatz 9a Nummer 1, § 15 Absatz 1b, § 15a Absatz 6a und 8 Satz 2 in der Fassung des Artikels 4 des Gesetzes vom 8. Dezember 2010 (BGBl. I S. 1768) sind nicht anzuwenden auf Wirtschaftsgüter im Sinne des § 15 Absatz 1b, die auf Grund eines vor dem 1. Januar 2011 rechtswirksam abgeschlossenen obligatorischen Vertrags oder gleichstehenden Rechtsakts angeschafft worden sind oder mit deren Herstellung vor dem 1. Januar 2011 begonnen worden ist. Als Beginn der Herstellung gilt bei Gebäuden, für die eine Baugenehmigung erforderlich ist, der Zeitpunkt, in dem der Bauantrag gestellt wird; bei baugenehmigungsfreien Gebäuden, für die Bauunterlagen einzureichen sind, der Zeitpunkt, in dem die Bauunterlagen eingereicht werden.

(17)[14] § 18 Absatz 3 in der Fassung des Artikels 4 des Gesetzes vom 8. Dezember 2010 (BGBl. I S. 1768) ist erstmals auf Besteuerungszeiträume anzuwenden, die nach dem 31. Dezember 2010 enden.

(18)[15] § 14 Absatz 1 und 3 ist in der ab 1. Juli 2011 geltenden Fassung auf alle Rechnungen über Umsätze anzuwenden, die nach dem 30. Juni 2011 ausgeführt werden.

§ 27a
Umsatzsteuer-Identifikationsnummer

(1)[16] Das Bundeszentralamt für Steuern erteilt Unternehmern im Sinne des § 2 auf Antrag eine Umsatzsteuer-Identifikationsnummer. Das Bundeszentralamt für Steuern erteilt auch juristischen

---

1) Fassung ab 01.01.2004
2) Eingefügt durch das Gesetz vom 01.09.2002, BGBl. 2002 I S. 3441, BStBl. 2002 I S. 865 mit Wirkung ab dem 15.10.2001; verlängert bis zum 31.12.2004, vgl. Gesetz zur Ergänzung des Gesetzes zur Sicherstellung einer Übergangsregelung für die Umsatzbesteuerung von Alt-Sportanlagen vom 23.04.2004, BGBl. 2004 I S. 601
3) Fassung ab 01.01.2008
4) Gilt ab 20.12.2003
5) Gilt ab 01.01.2005
6) Gilt ab 01.01.2005
7) Gilt ab 01.01.2005
8) Gilt ab 01.01.2007
9) Gilt ab 19.12.2006 (Inkrafttretenszeitpunkt des Jahressteuergesetzes 2007 vom 13.12.2006)
10) Gilt ab 01.01.2010
11) Jahressteuergesetz 2009
12) Gilt ab 01.01.2009
13) Gilt ab 01.01.2011
14) Gilt ab 01.01.2011
15) Gilt ab 01.07.2011
16) Gilt ab 01.01.2010

Personen, die nicht Unternehmer sind oder die Gegenstände nicht für ihr Unternehmen erwerben, eine Umsatzsteuer-Identifikationsnummer, wenn sie diese für innergemeinschaftliche Erwerbe benötigen. Im Falle der Organschaft wird auf Antrag für jede juristische Person eine eigene Umsatzsteuer-Identifikationsnummer erteilt. Der Antrag auf Erteilung einer Umsatzsteuer-Identifikationsnummer nach den Sätzen 1 bis 3 ist schriftlich zu stellen. In dem Antrag sind Name, Anschrift und Steuernummer, unter der der Antragsteller umsatzsteuerlich geführt wird, anzugeben.

(2) Die Landesfinanzbehörden übermitteln dem Bundeszentralamt für Steuern die für die Erteilung der Umsatzsteuer-Identifikationsnummer nach Absatz 1 erforderlichen Angaben über die bei ihnen umsatzsteuerlich geführten natürlichen und juristischen Personen und Personenvereinigungen. Diese Angaben dürfen nur für die Erteilung der Umsatzsteuer-Identifikationsnummer, für Zwecke der Verordnung (EG) Nr. 1798/2003 des Rates vom 7. Oktober 2003 über die Zusammenarbeit der Verwaltungsbehörden auf dem Gebiet der Mehrwertsteuer und zur Aufhebung der Verordnung (EWG) Nr. 218/92 (ABl. EU Nr. L 264 S. 1), für die Umsatzsteuerkontrolle, für Zwecke der Amtshilfe zwischen den zuständigen Behörden anderer Staaten in Umsatzsteuersachen sowie für Übermittlungen an das Statistische Bundesamt nach § 2a des Statistikregistergesetzes verarbeitet oder genutzt werden. Das Bundeszentralamt für Steuern übermittelt den Landesfinanzbehörden die erteilten Umsatzsteuer-Identifikationsnummern und die Daten, die sie für die Umsatzsteuerkontrolle benötigen.

§ 27b
Umsatzsteuer-Nachschau

(1) Zur Sicherstellung einer gleichmäßigen Festsetzung und Erhebung der Umsatzsteuer können die damit betrauten Amtsträger der Finanzbehörde ohne vorherige Ankündigung und außerhalb einer Außenprüfung Grundstücke und Räume von Personen, die eine gewerbliche oder berufliche Tätigkeit selbständig ausüben, während der Geschäfts- und Arbeitszeiten betreten, um Sachverhalte festzustellen, die für die Besteuerung erheblich sein können (Umsatzsteuer-Nachschau). Wohnräume dürfen gegen den Willen des Inhabers nur zur Verhütung dringender Gefahren für die öffentliche Sicherheit und Ordnung betreten werden.

(2) [1)]Soweit dies zur Feststellung einer steuerlichen Erheblichkeit zweckdienlich ist, haben die von der Umsatzsteuer-Nachschau betroffenen Personen den damit betrauten Amtsträgern auf Verlangen Aufzeichnungen, Bücher, Geschäftspapiere und andere Urkunden über die der Umsatzsteuer-Nachschau unterliegenden Sachverhalte vorzulegen und Auskünfte zu erteilen. Wurden die in Satz 1 genannten Unterlagen mit Hilfe eines Datenverarbeitungssystems erstellt, können die mit der Umsatzsteuer-Nachschau betrauten Amtsträger auf Verlangen die gespeicherten Daten über die der Umsatzsteuer-Nachschau unterliegenden Sachverhalte einsehen und soweit erforderlich hierfür das Datenverarbeitungssystem nutzen. Dies gilt auch für elektronische Rechnungen nach § 14 Absatz 1 Satz 8.

(3) Wenn die bei der Umsatzsteuer-Nachschau getroffenen Feststellungen hierzu Anlass geben, kann ohne vorherige Prüfungsanordnung (§ 196 der Abgabenordnung) zu einer Außenprüfung nach § 193 der Abgabenordnung übergegangen werden. Auf den Übergang zur Außenprüfung wird schriftlich hingewiesen.

(4) Werden anlässlich der Umsatzsteuer-Nachschau Verhältnisse festgestellt, die für die Festsetzung und Erhebung anderer Steuern als der Umsatzsteuer erheblich sein können, so ist die Auswertung der Feststellungen insoweit zulässig, als ihre Kenntnis für die Besteuerung der in Absatz 1 genannten Personen oder anderer Personen von Bedeutung sein kann.

§ 28
Zeitlich begrenzte Fassungen einzelner Gesetzesvorschriften

(1) (gestrichen)

(2) (gestrichen)

(3) (aufgehoben ab 01.01.2000)

(4) § 12 Abs. 2 Nr. 10 gilt bis zum 31. Dezember 2011[2)] in folgender Fassung:

„10. a) die Beförderungen von Personen mit Schiffen,

b) die Beförderungen von Personen im Schienenbahnverkehr, im Verkehr mit Oberleitungsomnibussen, im genehmigten Linienverkehr mit Kraftfahrzeugen, im Verkehr mit Taxen, mit Drahtseilbahnen und sonstigen mechanischen Aufstiegshilfen aller Art und die Beförderungen im Fährverkehr

aa) innerhalb einer Gemeinde

oder

bb) wenn die Beförderungsstrecke nicht mehr als fünfzig Kilometer beträgt."

§ 29
Umstellung langfristiger Verträge

(1) Beruht die Leistung auf einem Vertrag, der nicht später als vier Kalendermonate vor dem Inkrafttreten dieses Gesetzes abgeschlossen worden ist, so kann, falls nach diesem Gesetz ein anderer Steuersatz anzuwenden ist, der Umsatz steuerpflichtig, steuerfrei oder nicht steuerbar wird, der eine Vertragsteil von dem anderen einen angemessenen Ausgleich der umsatzsteuerlichen Mehr- oder Minderbelastung verlangen. Satz 1 gilt nicht, soweit die Parteien etwas anderes vereinbart haben. Ist die Höhe der Mehr- oder Minderbelastung streitig, so ist § 287 Abs. 1 der Zivilprozeßordnung entsprechend anzuwenden.

(2) Absatz 1 gilt sinngemäß bei einer Änderung dieses Gesetzes.

---
1) Fassung ab 01.07.2011
2) Fassung ab 01.01.2008. Ab 01.01.2012 ist § 12 Abs. 2 Nr. 10 Buchst. a UStG entfallen, vgl. Art. 8 Nr. 4a Jahressteuergesetz 2008

Anlage 1 (zu § 4 Nr. 4a UStG)

Anlagen

Anlage 1 (zu § 4 Nr. 4a UStG)

Liste der Gegenstände, die der Umsatzsteuerlagerregelung unterliegen können

Lfd. Nr.	Warenbezeichnung	Zolltarif (Kapitel, Position, Unterposition)
1	Kartoffeln, frisch oder gekühlt	Position 0701
2	Oliven, vorläufig haltbar gemacht (z. B. durch Schwefeldioxid oder in Wasser, dem Salz, Schwefeldioxid oder andere vorläufig konservierend wirkende Stoffe zugesetzt sind), zum unmittelbaren Genuss nicht geeignet	Unterposition 0711 20
3	Schalenfrüchte, frisch oder getrocknet, auch ohne Schalen oder enthäutet	Positionen 0801 und 0802
4	Kaffee, nicht geröstet, nicht entkoffeiniert, entkoffeiniert	Unterpositionen 0901 11 00 und 0901 12 00
5	Tee, auch aromatisiert	Position 0902
6	Getreide	Positionen 1001 bis 1005, 1007 00 und 1008
7	Rohreis (Paddy-Reis)	Unterposition 1006 10
8	Ölsamen und ölhaltige Früchte	Positionen 1201 00 bis 1207
9	Pflanzliche Fette und Öle und deren Fraktionen, roh, auch raffiniert, jedoch nicht chemisch modifiziert	Positionen 1507 bis 1515
10	Rohzucker	Unterpositionen 1701 11 und 1701 12
11	Kakaobohnen und Kakaobohnenbruch, roh oder geröstet	Position 1801 00 00
12	Mineralöle (einschließlich Propan und Butan sowie Rohöle aus Erdöl)	Positionen 2709 00, 2710, Unterpositionen 2711 12 und 2711 13
13	Erzeugnisse der chemischen Industrie	Kapitel 28 und 29
14	Kautschuk, in Primärformen oder in Platten, Blättern oder Streifen	Positionen 4001 und 4002
15	Chemische Halbstoffe aus Holz, ausgenommen solche zum Auflösen; Halbstoffe aus Holz, durch Kombination aus mechanischem oder chemischem Aufbereitungsverfahren hergestellt	Positionen 4703 bis 4705 00 00
16	Wolle, weder gekrempelt noch gekämmt	Position 5101
17	Silber, in Rohform oder Pulver	aus Position 7106
18	Gold, in Rohform oder als Pulver, zu nicht monetären Zwecken	Unterpositionen 7108 11 00 und 7108 12 00
19	Platin, in Rohform oder als Pulver	aus Position 7110
20	Eisen- und Stahlerzeugnisse	Positionen 7207 bis 7212, 7216, 7219, 7220, 7225 und 7226
21	Nicht raffiniertes Kupfer und Kupferanoden zum elektrolytischen Raffinieren; raffiniertes Kupfer und Kupferlegierungen, in Rohform; Kupfervorlegierungen; Draht aus Kupfer	Positionen 7402 00 00, 7403, 7405 00 00 und 7408
22	Nickel in Rohform	Position 7502
23	Aluminium in Rohform	Position 7601
24	Blei in Rohform	Position 7801
25	Zink in Rohform	Position 7901
26	Zinn in Rohform	Position 8001
27	Andere unedle Metalle, ausgenommen Waren daraus und Abfälle und Schrott	aus Positionen 8101 bis 8112

Die Gegenstände dürfen nicht für die Lieferung auf der Einzelhandelsstufe aufgemacht sein.

Anlage 2 (zu § 12 Abs. 2 Nr. 1 und 2 UStG)

Anlage 2 zu § 12 Abs. 2 Nr. 1 und 2 UStG
Liste der dem ermäßigten Steuersatz unterliegenden Gegenstände

Lfd. Nr.	Warenbezeichnung	Zolltarif (Kapital, Position, Unterposition)
1	Lebende Tiere, und zwar	
	a) Pferde einschließlich reinrassiger Zuchttiere, ausgenommen Wildpferde,	aus Position 0101
	b) Maultiere und Maulesel,	aus Position 0101
	c) Hausrinder einschließlich reinrassiger Zuchttiere,	aus Position 0102
	d) Hausschweine einschließlich reinrassiger Zuchttiere,	aus Position 0103
	e) Hausschafe einschließlich reinrassiger Zuchttiere,	aus Position 0104
	f) Hausziegen einschließlich reinrassiger Zuchttiere,	aus Position 0104
	g) Hausgeflügel (Hühner, Enten, Gänse, Truthühner und Perlhühner),	Position 0105
	h) Hauskaninchen,	aus Position 0106
	i) Haustauben,	aus Position 0106
	j) Bienen,	aus Position 0106
	k) ausgebildete Blindenführhunde	aus Position 0106
2	Fleisch und genießbare Schlachtnebenerzeugnisse	Kapitel 2
3	Fische und Krebstiere, Weichtiere und andere wirbellose Wassertiere, ausgenommen Zierfische, Langusten, Hummer, Austern und Schnecken	aus Kapitel 3
4	Milch und Milcherzeugnisse; Vogeleier und Eigelb, ausgenommen ungenießbare Eier ohne Schale und ungenießbares Eigelb; natürlicher Honig	aus Kapitel 4
5	Andere Waren tierischen Ursprungs, und zwar	
	a) Mägen von Hausrindern und Hausgeflügel,	aus Position 0504 00 00
	b) (weggefallen)	
	c) rohe Knochen	aus Position 0506
6	Bulben, Zwiebeln, Knollen, Wurzelknollen und Wurzelstöcke, ruhend, im Wachstum oder in Blüte; Zichorienpflanzen und -wurzeln	Position 0601
7	Andere lebende Pflanzen einschließlich ihrer Wurzeln, Stecklinge und Pfropfreiser; Pilzmyzel	Position 0602
8	Blumen und Blüten sowie deren Knospen, geschnitten, zu Binde- oder Zierzwecken, frisch	aus Position 0603
9	Blattwerk, Blätter, Zweige und andere Pflanzenteile, ohne Blüten und Blütenknospen sowie Gräser, Moose und Flechten, zu Binde- oder Zierzwecken, frisch	aus Position 0604
10	Gemüse, Pflanzen, Wurzeln und Knollen, die zu Ernährungszwecken verwendet werden, und zwar	
	a) Kartoffeln, frisch oder gekühlt,	Position 0701
	b) Tomaten, frisch oder gekühlt,	Position 0702 00 00
	c) Speisezwiebeln, Schalotten, Knoblauch, Porree/Lauch und andere Gemüse der Allium-Arten, frisch oder gekühlt,	Position 0703
	d) Kohl, Blumenkohl/Karfiol, Kohlrabi, Wirsingkohl und ähnliche genießbare Kohlarten der Gattung Brassica, frisch oder gekühlt,	Position 0704
	e) Salate (Lactuca sativa) und Chicorée (Cichorium-Arten), frisch oder gekühlt,	Position 0705

Anlage 2 (zu § 12 Abs. 2 Nr. 1 und 2 UStG)

Lfd. Nr.	Warenbezeichnung	Zolltarif (Kapital, Position, Unterposition)
	f) Karotten und Speisemöhren, Speiserüben, Rote Rüben, Schwarzwurzeln, Knollensellerie, Rettiche und ähnliche genießbare Wurzeln, frisch oder gekühlt,	Position 0706
	g) Gurken und Cornichons, frisch oder gekühlt,	Position 0707 00
	h) Hülsenfrüchte, auch ausgelöst, frisch oder gekühlt,	Position 0708
	i) anderes Gemüse, frisch oder gekühlt,	Position 0709
	j) Gemüse, auch in Wasser oder Dampf gekocht, gefroren,	Position 0710
	k) Gemüse, vorläufig haltbar gemacht (z. B. durch Schwefeldioxid oder in Wasser, dem Salz, Schwefeldioxid oder andere vorläufig konservierend wirkende Stoffe zugesetzt sind), zum unmittelbaren Genuß nicht geeignet,	Position 0711
	l) Gemüse, getrocknet, auch in Stücke oder Scheiben geschnitten, als Pulver oder sonst zerkleinert, jedoch nicht weiter zubereitet,	Position 0712
	m) getrocknete, ausgelöste Hülsenfrüchte, auch geschält oder zerkleinert,	Position 0713
	n) Topinambur	aus Position 0714
11	Genießbare Früchte und Nüsse	Positionen 0801 bis 0813
12	Kaffee, Tee, Mate und Gewürze	Kapitel 9
13	Getreide	Kapitel 10
14	Müllereierzeugnisse, und zwar	
	a) Mehl von Getreide,	Positionen 1101 00 und 1102
	b) Grobgrieß, Feingrieß und Pellets von Getreide,	Position 1103
	c) Getreidekörner, anders bearbeitet; Getreidekeime, ganz, gequetscht, als Flocken oder gemahlen	Position 1104
15	Mehl, Grieß, Pulver, Flocken, Granulat und Pellets von Kartoffeln	Position 1105
16	Mehl, Grieß und Pulver von getrockneten Hülsenfrüchten sowie Mehl, Grieß und Pulver von genießbaren Früchten	aus Position 1106
17	Stärke	aus Position 1108
18	Ölsamen und ölhaltige Früchte sowie Mehl hiervon	Positionen 1201 00 bis 1208
19	Samen, Früchte und Sporen, zur Aussaat	Position 1209
20	(weggefallen)	
21	Rosmarin, Beifuß und Basilikum in Aufmachungen für den Küchengebrauch sowie Dost, Minzen, Salbei, Kamillenblüten und Haustee	aus Position 1211
22	Johannisbrot und Zuckerrüben, frisch oder getrocknet, auch gemahlen; Steine und Kerne von Früchten sowie andere pflanzliche Waren (einschließlich nichtgerösteter Zichorienwurzeln der Varietät Cichorium intybus sativum) der hauptsächlich zur menschlichen Ernährung verwendeten Art, anderweit weder genannt noch inbegriffen; ausgenommen Algen, Tange und Zuckerrohr	aus Position 1212
23	Stroh und Spreu von Getreide sowie verschiedene zur Fütterung verwendete Pflanzen	Positionen 1213 00 00 und 1214
24	Pektinstoffe, Pektinate und Pektate	Unterposition 1302 20
25	(weggefallen)	
26	Genießbare tierische und pflanzliche Fette und Öle, auch verarbeitet, und zwar	
	a) Schweineschmalz, anderes Schweinefett und Geflügelfett,	aus Position 1501 00
	b) Fett von Rindern, Schafen oder Ziegen, ausgeschmolzen oder mit Lösungsmitteln ausgezogen,	aus Position 1502 00

Anlage 2 (zu § 12 Abs. 2 Nr. 1 und 2 UStG)

Lfd. Nr.	Warenbezeichnung	Zolltarif (Kapital, Position, Unterposition)
	c) Oleomargarin,	aus Position 1503 00
	d) fette pflanzliche Öle und pflanzliche Fette sowie deren Fraktionen, auch raffiniert,	aus Positionen 1507 bis 1515
	e) tierische und pflanzliche Fette und Öle sowie deren Fraktionen, ganz oder teilweise hydriert, umgeestert, wiederverestert oder elaidiniert, auch raffiniert, jedoch nicht weiterverarbeitet, ausgenommen hydriertes Rizinusöl (sog. Opalwachs),	aus Position 1516
	f) Margarine; genießbare Mischungen und Zubereitungen von tierischen und pflanzlichen Fetten und Ölen sowie von Fraktionen verschiedener Fette und Öle, ausgenommen Form- und Trennöle	aus Position 1517
27	(weggefallen)	
28	Zubereitungen von Fleisch, Fischen oder von Krebstieren, Weichtieren und anderen wirbellosen Wassertieren, ausgenommen Kaviar sowie zubereitete oder haltbar gemachte Langusten, Hummer, Austern und Schnecken	aus Kapitel 16
29	Zucker und Zuckerwaren	Kapitel 17
30	Kakaopulver ohne Zusatz von Zucker oder anderen Süßmitteln sowie Schokolade und andere kakaohaltige Lebensmittelzubereitungen	Positionen 1805 00 00 und 1806
31	Zubereitungen aus Getreide, Mehl, Stärke oder Milch; Backwaren	Kapitel 19
32	Zubereitungen von Gemüse, Früchten, Nüssen oder anderen Pflanzenteilen, ausgenommen Frucht- und Gemüsesäfte	Positionen 2001 bis 2008
33	Verschiedene Lebensmittelzubereitungen	Kapitel 21
34	Wasser, ausgenommen	
	– Trinkwasser, einschließlich Quellwasser und Tafelwasser, das in zur Abgabe an den Verbraucher bestimmten Fertigpackungen in den Verkehr gebracht wird,	aus Unterposition 2201 90 00
	– Heilwasser und	
	– Wasserdampf	
35	Milchmischgetränke mit einem Anteil an Milch oder Milcherzeugnissen (z.B. Molke), von mindestens 75 Prozent des Fertigerzeugnisses	aus Position 2202
36	Speiseessig	Position 2209 00
37	Rückstände und Abfälle der Lebensmittelindustrie; zubereitetes Futter	Kapitel 23
38	(weggefallen)	
39	Speisesalz, nicht in wäßriger Lösung	aus Position 2501 00
40	a) handelsübliches Ammoniumcarbonat und andere Ammoniumcarbonate,	Unterposition 2836 99 17
	b) Natriumhydrogencarbonat (Natriumbicarbonat)	Unterposition 2836 30 00
41	D-Glucitol (Sorbit), auch mit Zusatz von Saccharin oder dessen Salzen	Unterpositionen 2905 44 und 2106 90
42	Essigsäure	Unterposition 2915 21 00
43	Natriumsalz und Kaliumsalz des Saccharins	aus Unterposition 2925 11 00
44	(weggefallen)	

Anlage 2 (zu § 12 Abs. 2 Nr. 1 und 2 UStG)

Lfd. Nr.	Warenbezeichnung	Zolltarif (Kapital, Position, Unterposition)
45	Tierische oder pflanzliche Düngemittel mit Ausnahme von Guano, auch untereinander gemischt, jedoch nicht chemisch behandelt; durch Mischen von tierischen oder pflanzlichen Erzeugnissen gewonnene Düngemittel	aus Position 3101 00 00
46	Mischungen von Riechstoffen und Mischungen (einschließlich alkoholischer Lösungen) auf der Grundlage eines oder mehrerer dieser Stoffe, in Aufmachung für den Küchengebrauch	aus Unterposition 3302 10
47	Gelatine	aus Position 3503 00
48	Holz und zwar	
	a) Brennholz in Form von Rundlingen, Scheiten, Zweigen, Reisigbündel oder ähnlichen Formen,	Unterposition 4401 10 00
	b) Sägespäne, Holzabfälle und Holzausschuss, auch zu Pellets, Briketts, Scheiten oder ähnlichen Formen zusammengepresst	Unterposition 4401 30
49	Bücher, Zeitungen und andere Erzeugnisse des grafischen Gewerbes mit Ausnahme der Erzeugnisse, für die Beschränkungen als jugendgefährdende Trägermedien bzw. Hinweispflichten nach § 15 Abs. 1 bis 3 und 6 des Jugendschutzgesetzes in der jeweils geltenden Fassung bestehen, sowie der Veröffentlichungen, die überwiegend Werbezwecken (einschließlich Reisewerbung) dienen, und zwar	
	a) Bücher, Broschüren und ähnliche Drucke, auch in Teilheften, losen Bogen oder Blättern, zum Broschieren, Kartonieren oder Binden bestimmt, sowie Zeitungen und andere periodische Druckschriften kartoniert, gebunden oder in Sammlungen mit mehr als einer Nummer in gemeinsamem Umschlag (ausgenommen solche, die überwiegend Werbung enthalten),	aus Positionen 4901, 9705 00 00 und 9706 00 00
	b) Zeitungen und andere periodische Druckschriften, auch mit Bildern oder Werbung enthaltend (ausgenommen Anzeigenblätter, Annoncen-Zeitungen und dergleichen, die überwiegend Werbung enthalten),	aus Position 4902
	c) Bilderalben, Bilderbücher und Zeichen- oder Malbücher, für Kinder,	aus Position 4903 00 00
	d) Noten, handgeschrieben oder gedruckt, auch mit Bildern, auch gebunden,	aus Position 4904 00 00
	e) kartografische Erzeugnisse aller Art, einschließlich Wandkarten, topographischer Pläne und Globen, gedruckt,	aus Position 4905
	f) Briefmarken und dergleichen (z.B. Ersttagsbriefe, Ganzsachen) als Sammlungsstücke	aus Positionen 4907 00 und 9704 00 00
50	(weggefallen)	
51	Rollstühle und andere Fahrzeuge für Behinderte, auch mit Motor oder anderer Vorrichtung zur mechanischen Fortbewegung	Position 8713
52	Körperersatzstücke, orthopädische Apparate und andere orthopädische Vorrichtungen sowie Vorrichtungen zum Beheben von Funktionsschäden oder Gebrechen, für Menschen, und zwar	
	a) künstliche Gelenke, ausgenommen Teile und Zubehör	aus Unterposition 9021 31 00
	b) orthopädische Apparate und andere orthopädische Vorrichtungen einschließlich Krücken sowie medizinisch-chirurgischer Gürtel und Bandagen, ausgenommen Teile und Zubehör,	aus Unterposition 9021 10
	c) Prothesen, ausgenommen Teile und Zubehör,	aus Unterpositionen 9021 21, 9021 29 00 und 9021 39

Anlage 2 (zu § 12 Abs. 2 Nr. 1 und 2 UStG)

Lfd. Nr.	Warenbezeichnung	Zolltarif (Kapital, Position, Unterposition)
	d) Schwerhörigengeräte, Herzschrittmacher und andere Vorrichtungen zum Beheben von Funktionsschäden oder Gebrechen, zum Tragen in der Hand oder am Körper oder zum Einpflanzen in den Organismus, ausgenommen Teile und Zubehör	Unterpositionen 9021 40 00 und 9021 50 00, aus Unterposition 9021 90
53	Kunstgegenstände, und zwar	
	a) Gemälde und Zeichnungen, vollständig mit der Hand geschaffen, sowie Collagen und ähnliche dekorative Bildwerke,	Position 9701
	b) Originalstiche, -schnitte und -steindrucke,	Position 9702 00 00
	c) Originalerzeugnisse der Bildhauerkunst, aus Stoffen aller Art	Position 9703 00 00
54	Sammlungsstücke,	
	a) zoologische, botanische, mineralogische oder anatomische, und Sammlungen dieser Art,	aus Position 9705 00 00
	b) von geschichtlichem, archäologischem, paläontologischem oder völkerkundlichem Wert,	aus Position 9705 00 00
	c) von münzkundlichem Wert, und zwar	
	aa) kursungültige Banknoten einschließlich Briefmarkengeld und Papiernotgeld,	aus Position 9705 00 00
	bb) Münzen aus unedlen Metallen,	aus Position 9705 00 00
	cc) Münzen und Medaillen aus Edelmetallen, wenn die Bemessungsgrundlage für die Umsätze dieser Gegenstände mehr als 250 Prozent des unter Zugrundelegung des Feingewichts berechneten Metallwerts ohne Umsatzsteuer beträgt	aus Positionen 7118, 9705 00 00 und 9706 00 00

Anlage 3 (zu § 13b Absatz 2 Nr. 7)

Liste der Gegenstände im Sinne des § 13b Absatz 2 Nummer 7

Lfd. Nr.	Warenbezeichnung	Zolltarif (Kapitel, Position, Unterposition)
1	Granulierte Schlacke (Schlackensand) aus der Eisen- und Stahlherstellung	Unterposition 2618 00 00
2	Schlacken (ausgenommen granulierte Schlacke), Zunder und andere Abfälle der Eisen- und Stahlherstellung	Unterposition 2619 00
3	Schlacken, Aschen und Rückstände (ausgenommen solche der Eisen- und Stahlherstellung), die Metalle, Arsen oder deren Verbindungen enthalten	Position 2620
4	Abfälle, Schnitzel und Bruch von Kunststoffen	Position 3915
5	Abfälle, Bruch und Schnitzel von Weichkautschuk, auch zu Pulver oder Granulat zerkleinert	Unterposition 4004 00 00
6	Bruchglas und andere Abfälle und Scherben von Glas	Unterposition 7001 00 10
7	Abfälle und Schrott von Edelmetallen oder Edelmetallplattierungen; andere Abfälle und Schrott, Edelmetalle oder Edelmetallverbindungen enthaltend, von der hauptsächlich zur Wiedergewinnung von Edelmetallen verwendeten Art	Position 7112
8	Abfälle und Schrott, aus Eisen oder Stahl; Abfallblöcke aus Eisen oder Stahl	Position 7204
9	Abfälle und Schrott, aus Kupfer	Position 7404
10	Abfälle und Schrott, aus Nickel	Position 7503
11	Abfälle und Schrott, aus Aluminium	Position 7602
12	Abfälle und Schrott, aus Blei	Position 7802
13	Abfälle und Schrott, aus Zink	Position 7902
14	Abfälle und Schrott, aus Zinn	Position 8002
15	Abfälle und Schrott, aus anderen unedlen Metallen	aus Positionen 8101 bis 8113
16	Abfälle und Schrott, von elektrischen Primärelementen, Primärbatterien und Akkumulatoren; ausgebrauchte elektrische Primärelemente, Primärbatterien und Akkumulatoren	Unterposition 8548 10

Zu §§ 3a, 3b UStG UStDV

Umsatzsteuer-Durchführungsverordnung 2005
(UStDV 2005)

in der Fassung der Neubekanntmachung vom 21.02.2005
(BGBl. I 2005 S. 434, BStBl. I 2005 S. 550),
geändert durch das Gesetz zur Neuorganisation der Bundesfinanzverwaltung
und zur Schaffung eines Refinanzierungsregisters vom 22.09.2005
(BGBl. I 2005 S. 2809, BStBl. I 2005 S. 2809);
das Erste Gesetz zum Abbau bürokratischer Hemmnisse insbesondere
in der mittelständischen Wirtschaft vom 22.08.2006
(BGBl. I 2006 S. 1970, BStBl. I 2006 S. 486);
das Jahressteuergesetz 2007 vom 13.12.2006
(BGBl. I 2006 S. 2878, BStBl. I 2007 S. 28);
das Jahressteuergesetz 2008 vom 20.12.2007
(BGBl. I 2007 S. 3150, BStBl. I 2008 S. 218);
das Jahressteuergesetz 2009 vom 19.12.2008
(BGBl. I 2008 S. 2794, BStBl. I 2009 S. 74);
das Gesetz zur Modernisierung und Entbürokratisierung des Steuerverfahrens
(Steuerbürokratieabbaugesetz) vom 20.12.2008
(BGBl. I 2008 S. 2850, BStBl. I 2009 S. 124);
das Dritte Gesetz zum Abbau bürokratischer Hemmnisse insbesondere in der
mittelständischen Wirtschaft (Drittes Mittelstandsentlastungsgesetz) vom 17.03.2009
(BGBl. I 2009 S. 550, BStBl. I 2009 S. 470);
das Gesetz zur Umsetzung steuerlicher EU-Vorgaben sowie zur Änderung steuerlicher
Vorschriften vom 08.04.2010 (BGBl. I 2010 S. 386, BStBl. I 2010 S. 334);
die Verordnung zur Änderung steuerlicher Verordnungen vom 17.11.2010
(BGBl. I 2010 S. 1544, BStBl. I 2010 S. 1282);
die Zweite Verordnung zur Änderung steuerlicher Verordnungen vom 02.12.2011
(BGBl. I 2011 S. 2416, BStBl. I 2011 S. 1167)

Zu § 3a des Gesetzes

§ 1 aufgehoben[1]

Zu § 3b des Gesetzes

§ 2 Verbindungsstrecken im Inland

Bei grenzüberschreitenden Beförderungen ist die Verbindungsstrecke zwischen zwei Orten im Ausland, die über das Inland führt, als ausländische Beförderungsstrecke anzusehen, wenn diese Verbindungsstrecke den nächsten oder verkehrstechnisch günstigsten Weg darstellt und der inländische Streckenanteil nicht länger als 30 Kilometer ist. Dies gilt nicht für Personenbeförderungen im Linienverkehr mit Kraftfahrzeugen. § 7 bleibt unberührt.

§ 3 Verbindungsstrecken im Ausland

Bei grenzüberschreitenden Beförderungen ist die Verbindungsstrecke zwischen zwei Orten im Inland, die über das Ausland führt, als inländische Beförderungsstrecke anzusehen, wenn der ausländische Streckenanteil nicht länger als 10 Kilometer ist. Dies gilt nicht für Personenbeförderungen im Linienverkehr mit Kraftfahrzeugen. § 7 bleibt unberührt.

§ 4 Anschlußstrecken im Schienenbahnverkehr

Bei grenzüberschreitenden Personenbeförderungen mit Schienenbahnen sind anzusehen:

1. als inländische Beförderungsstrecken die Anschlußstrecken im Ausland, die von Eisenbahnverwaltungen mit Sitz im Inland betrieben werden, sowie Schienenbahnstrecken in den in § 1 Abs. 3 des Gesetzes bezeichneten Gebieten,

2. als ausländische Beförderungsstrecken die inländischen Anschlußstrecken, die von Eisenbahnverwaltungen mit Sitz im Ausland betrieben werden.

---
[1] Ab 01.01.2010

§ 5 Kurze Straßenstrecken im Inland

Bei grenzüberschreitenden Personenbeförderungen im Gelegenheitsverkehr mit Kraftfahrzeugen sind inländische Streckenanteile, die in einer Fahrtrichtung nicht länger als 10 Kilometer sind, als ausländische Beförderungsstrecken anzusehen. § 6 bleibt unberührt.

§ 6 Straßenstrecken in den in § 1 Abs. 3 des Gesetzes bezeichneten Gebieten

Bei grenzüberschreitenden Personenbeförderungen mit Kraftfahrzeugen von und zu den in § 1 Abs. 3 des Gesetzes bezeichneten Gebieten sowie zwischen diesen Gebieten sind die Streckenanteile in diesen Gebieten als inländische Beförderungsstrecken anzusehen.

§ 7 Kurze Strecken im grenzüberschreitenden Verkehr mit Wasserfahrzeugen

(1) Bei grenzüberschreitenden Beförderungen im Passagier- und Fährverkehr mit Wasserfahrzeugen, die sich ausschließlich auf das Inland und die in § 1 Abs. 3 des Gesetzes bezeichneten Gebiete erstrecken, sind die Streckenanteile in den in § 1 Abs. 3 des Gesetzes bezeichneten Gebieten als inländische Beförderungsstrecken anzusehen.

(2) Bei grenzüberschreitenden Beförderungen im Passagier- und Fährverkehr mit Wasserfahrzeugen, die in inländischen Häfen beginnen und enden, sind

1. ausländische Streckenanteile als inländische Beförderungsstrecken anzusehen, wenn die ausländischen Streckenanteile nicht länger als 10 Kilometer sind, und

2. inländische Streckenanteile als ausländische Beförderungsstrecken anzusehen, wenn

a) die ausländischen Streckenanteile länger als 10 Kilometer und

b) die inländischen Streckenanteile nicht länger als 20 Kilometer sind.

Streckenanteile in den in § 1 Abs. 3 des Gesetzes bezeichneten Gebieten sind in diesen Fällen als inländische Beförderungsstrecken anzusehen.

(3) Bei grenzüberschreitenden Beförderungen im Passagier- und Fährverkehr mit Wasserfahrzeugen für die Seeschiffahrt, die zwischen ausländischen Seehäfen oder zwischen einem inländischen Seehafen und einem ausländischen Seehafen durchgeführt werden, sind inländische Streckenanteile als ausländische Beförderungsstrecken anzusehen und Beförderungen in den in § 1 Abs. 3 des Gesetzes bezeichneten Gebieten nicht wie Umsätze im Inland zu behandeln.

(4) Inländische Häfen im Sinne dieser Vorschrift sind auch Freihäfen und die Insel Helgoland.

(5) Bei grenzüberschreitenden Beförderungen im Fährverkehr über den Rhein, die Donau, die Elbe, die Oder und die Neiße sind die inländischen Streckenanteile als ausländische Beförderungsstrecken anzusehen.

Zu § 4 Nr. 1 Buchstabe a und den §§ 6 und 7 des Gesetzes

Ausfuhrnachweis und buchmäßiger Nachweis bei Ausfuhrlieferungen und Lohnveredelungen an Gegenständen der Ausfuhr

§ 8 Grundsätze für den Ausfuhrnachweis bei Ausfuhrlieferungen

(1) Bei Ausfuhrlieferungen (§ 6 des Gesetzes) muß der Unternehmer im Geltungsbereich dieser Verordnung durch Belege nachweisen, daß er oder der Abnehmer den Gegenstand der Lieferung in das Drittlandsgebiet befördert oder versendet hat (Ausfuhrnachweis). Die Voraussetzung muß sich aus den Belegen eindeutig und leicht nachprüfbar ergeben.

(2) Ist der Gegenstand der Lieferung durch Beauftragte vor der Ausfuhr bearbeitet oder verarbeitet worden (§ 6 Abs. 1 Satz 2 des Gesetzes), so muß sich auch dies aus den Belegen nach Absatz 1 eindeutig und leicht nachprüfbar ergeben.

§ 9[1]) Ausfuhrnachweis bei Ausfuhrlieferungen in Beförderungsfällen

(1) Hat der Unternehmer oder der Abnehmer den Gegenstand der Lieferung in das Drittlandsgebiet befördert, hat der Unternehmer den Ausfuhrnachweis durch folgenden Beleg zu führen:

1. bei Ausfuhranmeldung im elektronischen Ausfuhrverfahren nach Artikel 787 der Durchführungsverordnung zum Zollkodex mit der durch die zuständige Ausfuhrzollstelle auf elektronischem Weg übermittelten Bestätigung, dass der Gegenstand ausgeführt wurde (Ausgangsvermerk);

2. bei allen anderen Ausfuhranmeldungen durch einen Beleg, der folgende Angaben zu enthalten hat:

a) den Namen und die Anschrift des liefernden Unternehmers,

b) die Menge des ausgeführten Gegenstands und die handelsübliche Bezeichnung,

c) den Ort und den Tag der Ausfuhr sowie

d) eine Ausfuhrbestätigung der Grenzzollstelle eines Mitgliedstaates, die den Ausgang des Gegenstands aus dem Gemeinschaftsgebiet überwacht.

Hat der Unternehmer statt des Ausgangsvermerks eine von der Ausfuhrzollstelle auf elektronischem Weg übermittelte alternative Bestätigung, dass der Gegenstand ausgeführt wurde (Alternativ-Ausgangsvermerk), gilt diese als Ausfuhrnachweis.

(2) Bei der Ausfuhr von für den Straßenverkehr zugelassenen Fahrzeugen muss

1. der Beleg nach Absatz 1 auch die Fahrzeug-Identifikationsnummer im Sinne des § 6 Absatz 5 Nummer 5 der Fahrzeug-Zulassungsverordnung enthalten und

2. der Unternehmer zusätzlich über eine Bescheinigung über die Zulassung, die Verzollung oder die Einfuhrbesteuerung im Drittland verfügen.

Dies gilt nicht in den Fällen, in denen das Fahrzeug mit einem Ausfuhrkennzeichen ausgeführt wird,

---

[1]) Fassung ab 01.01.2012, siehe dazu BMF-Schreiben vom 09.12.2011, Anlage § 006-13

wenn aus dem Beleg nach Satz 1 die Nummer des Ausfuhrkennzeichens ersichtlich ist.

(3) An die Stelle der Ausfuhrbestätigung nach Absatz 1 Satz 1 Nummer 2 Buchstabe d tritt bei einer Ausfuhr im gemeinsamen oder gemeinschaftlichen Versandverfahren oder bei einer Ausfuhr mit Carnets TIR, wenn diese Verfahren nicht bei einer Grenzzollstelle beginnen, eine Ausfuhrbestätigung der Abgangsstelle. Diese Ausfuhrbestätigung wird nach Eingang des Beendigungsnachweises für das Versandverfahren erteilt, sofern sich aus ihr die Ausfuhr ergibt.

(4) Im Sinne dieser Verordnung gilt als Durchführungsverordnung zum Zollkodex die Verordnung (EWG) Nr. 2454/93 der Kommission vom 2. Juli 1993 mit Durchführungsvorschriften zu der Verordnung (EWG) Nr. 2913/92 des Rates zur Festlegung des Zollkodex der Gemeinschaften (ABl. L 253 vom 11.10.1993, S. 1), die zuletzt durch die Verordnung (EU) Nr. 1063/2010 (ABl. L 307 vom 23.11.2010, S. 1) geändert worden ist, in der jeweils geltenden Fassung.

§ 10[1)] Ausfuhrnachweis bei Ausfuhrlieferungen in Versendungsfällen

(1) Hat der Unternehmer oder der Abnehmer den Gegenstand der Lieferung in das Drittlandsgebiet versendet, hat der Unternehmer den Ausfuhrnachweis durch folgenden Beleg zu führen:
1. bei Ausfuhranmeldung im elektronischen Ausfuhrverfahren nach Artikel 787 der Durchführungsverordnung zum Zollkodex mit dem Ausgangsvermerk;
2. bei allen anderen Ausfuhranmeldungen:
   a) mit einem Versendungsbeleg, insbesondere durch handelsrechtlichen Frachtbrief, der vom Auftraggeber des Frachtführers unterzeichnet ist, mit einem Konnossement, mit einem Einlieferungsschein für im Postverkehr beförderte Sendungen oder deren Doppelstücke, oder
   b) mit einem anderen handelsüblichen Beleg als den Belegen nach Buchstabe a, insbesondere mit einer Bescheinigung des beauftragten Spediteurs; dieser Beleg hat folgende Angaben zu enthalten:
      aa) den Namen und die Anschrift des Ausstellers des Belegs sowie das Ausstellungsdatum,
      bb) den Namen und die Anschrift des liefernden Unternehmers und des Auftraggebers der Versendung,
      cc) die Menge und die Art (handelsübliche Bezeichnung) des ausgeführten Gegenstands,
      dd) den Ort und den Tag der Ausfuhr oder den Ort und den Tag der Versendung des ausgeführten Gegenstands in das Drittlandsgebiet,
      ee) den Empfänger des ausgeführten Gegenstands und den Bestimmungsort im Drittlandsgebiet,
      ff) eine Versicherung des Ausstellers des Belegs darüber, dass die Angaben im Beleg auf der Grundlage von Geschäftsunterlagen gemacht wurden, die im Gemeinschaftsgebiet nachprüfbar sind, sowie
      gg) die Unterschrift des Ausstellers des Belegs.

Hat der Unternehmer statt des Ausgangsvermerks einen Alternativ-Ausgangsvermerk, gilt dieser als Ausfuhrnachweis.

(2) Bei der Ausfuhr von für den Straßenverkehr zugelassenen Fahrzeugen muss
1. der Beleg nach Absatz 1 auch die Fahrzeug-Identifikationsnummer enthalten und
2. der Unternehmer zusätzlich über eine Bescheinigung über die Zulassung, die Verzollung oder die Einfuhrbesteuerung im Drittland verfügen.

Dies gilt nicht in den Fällen, in denen das Fahrzeug mit einem Ausfuhrkennzeichen ausgeführt wird, wenn aus dem Beleg nach Satz 1 die Nummer des Ausfuhrkennzeichens ersichtlich ist.

(3) Ist eine Ausfuhr elektronisch angemeldet worden und ist es dem Unternehmer nicht möglich oder nicht zumutbar, den Ausfuhrnachweis nach Absatz 1 Satz 1 Nummer 1 zu führen, kann dieser die Ausfuhr mit den in Absatz 1 Satz 1 Nummer 2 genannten Belegen nachweisen. In den Fällen nach Satz 1 muss der Beleg zusätzlich zu den Angaben nach Absatz 1 Satz 1 Nummer 2 die Versendungsbezugsnummer der Ausfuhranmeldung nach Artikel 796c Satz 3 der Durchführungsverordnung zum Zollkodex (Movement Reference Number – MRN) enthalten.

(4) Ist es dem Unternehmer nicht möglich oder nicht zumutbar, den Ausfuhrnachweis nach Absatz 1 Satz 1 Nummer 2 zu führen, kann er die Ausfuhr wie in Beförderungsfällen nach § 9 Absatz 1 Satz 1 Nummer 2 nachweisen.

§ 11[2)] Ausfuhrnachweis bei Ausfuhrlieferungen in Bearbeitungs- und Verarbeitungsfällen

(1) Hat ein Beauftragter den Gegenstand der Lieferung vor der Ausfuhr bearbeitet oder verarbeitet, hat der liefernde Unternehmer den Ausfuhrnachweis durch einen Beleg nach § 9 oder § 10 zu führen, der zusätzlich folgende Angaben zu enthalten hat:
1. den Namen und die Anschrift des Beauftragten,
2. die Menge und die handelsübliche Bezeichnung des Gegenstands, der an den Beauftragten übergeben oder versendet wurde,
3. den Ort und den Tag der Entgegennahme des Gegenstands durch den Beauftragten sowie
4. die Bezeichnung des Auftrags sowie die Bezeichnung der Bearbeitung oder Verarbeitung, die vom Beauftragten vorgenommen wurde.

(2) Haben mehrere Beauftragte den Gegenstand der Lieferung bearbeitet oder verarbeitet, hat der liefernde Unternehmer die in Absatz 1 genannten An-

---
1) Fassung ab 01.01.2012, siehe dazu BMF-Schreiben vom 09.12.2011, Anlage § 006-13
2) Fassung ab 01.01.2012, siehe dazu BMF-Schreiben vom 09.12.2011, Anlage § 006-13

gaben für jeden Beauftragten, der die Bearbeitung oder Verarbeitung vornimmt, zu machen.

§ 12 Ausfuhrnachweis bei Lohnveredelungen an Gegenständen der Ausfuhr

Bei Lohnveredelungen an Gegenständen der Ausfuhr (§ 7 des Gesetzes) sind die Vorschriften über die Führung des Ausfuhrnachweises bei Ausfuhrlieferungen (§§ 8 bis 11) entsprechend anzuwenden.

§ 13[1)] Buchmäßiger Nachweis bei Ausfuhrlieferungen und Lohnveredelungen an Gegenständen der Ausfuhr

(1) Bei Ausfuhrlieferungen und Lohnveredelungen an Gegenständen der Ausfuhr (§§ 6 und 7 des Gesetzes) hat der Unternehmer im Geltungsbereich des Gesetzes die Voraussetzungen der Steuerbefreiung buchmäßig nachzuweisen. Die Voraussetzungen müssen eindeutig und leicht nachprüfbar aus der Buchführung zu ersehen sein.

(2) Der Unternehmer hat regelmäßig Folgendes aufzuzeichnen:
1. die Menge des Gegenstands der Lieferung oder die Art und den Umfang der Lohnveredelung sowie die handelsübliche Bezeichnung einschließlich der Fahrzeug-Identifizierungsnummer bei Fahrzeugen im Sinne des § 1b Absatz 2 des Gesetzes,
2. den Namen und die Anschrift des Abnehmers oder Auftraggebers,
3. den Tag der Lieferung oder der Lohnveredelung,
4. das vereinbarte Entgelt oder bei der Besteuerung nach vereinnahmten Entgelten das vereinnahmte Entgelt und den Tag der Vereinnahmung,
5. die Art und den Umfang einer Bearbeitung oder Verarbeitung vor der Ausfuhr (§ 6 Absatz 1 Satz 2, § 7 Absatz 1 Satz 2 des Gesetzes),
6. den Tag der Ausfuhr sowie
7. in den Fällen des § 9 Absatz 1 Satz 1 Nummer 1, des § 10 Absatz 1 Satz 1 Nummer 1 und des § 10 Absatz 3 die Movement Reference Number – MRN.

(3) In den Fällen des § 6 Absatz 1 Satz 1 Nummer 1 des Gesetzes, in denen der Abnehmer kein ausländischer Abnehmer ist, hat der Unternehmer zusätzlich zu den Angaben nach Absatz 2 aufzuzeichnen:
1. die Beförderung oder Versendung durch ihn selbst sowie
2. den Bestimmungsort.

(4) In den Fällen des § 6 Absatz 1 Satz 1 Nummer 3 des Gesetzes hat der Unternehmer zusätzlich zu den Angaben nach Absatz 2 aufzuzeichnen:
1. die Beförderung oder Versendung,
2. den Bestimmungsort sowie
3. in den Fällen, in denen der Abnehmer ein Unternehmer ist, auch den Gewerbezweig oder Beruf des Abnehmers und den Erwerbszweck.

(5) In den Fällen des § 6 Absatz 1 Satz 1 Nummer 2 und 3 des Gesetzes, in denen der Abnehmer ein Unternehmer ist und er oder sein Beauftragter den Gegenstand der Lieferung im persönlichen Reisegepäck ausführt, hat der Unternehmer zusätzlich zu den Angaben nach Absatz 2 auch den Gewerbezweig oder Beruf des Abnehmers und den Erwerbszweck aufzuzeichnen.

(6) In den Fällen des § 6 Absatz 3 des Gesetzes hat der Unternehmer zusätzlich zu den Angaben nach Absatz 2 Folgendes aufzuzeichnen:
1. den Gewerbezweig oder Beruf des Abnehmers sowie
2. den Verwendungszweck des Beförderungsmittels.

(7) In den Fällen des § 7 Absatz 1 Satz 1 Nummer 1 des Gesetzes, in denen der Auftraggeber kein ausländischer Auftraggeber ist, ist Absatz 3 entsprechend anzuwenden. In den Fällen des § 7 Absatz 1 Satz 1 Nummer 3 Buchstabe b des Gesetzes ist Absatz 4 entsprechend anzuwenden.

§§ 14 bis 16 (weggefallen)

§ 17[2)] Abnehmernachweis bei Ausfuhrlieferungen im nichtkommerziellen Reiseverkehr

In den Fällen des § 6 Absatz 3a des Gesetzes hat der Beleg nach § 9 zusätzlich folgende Angaben zu enthalten:
1. den Namen und die Anschrift des Abnehmers sowie
2. eine Bestätigung der Grenzzollstelle eines Mitgliedstaates, die den Ausgang des Gegenstands der Lieferung aus dem Gemeinschaftsgebiet überwacht, dass die nach Nummer 1 gemachten Angaben mit den Eintragungen in dem vorgelegten Pass oder sonstigen Grenzübertrittspapier desjenigen übereinstimmen, der den Gegenstand in das Drittlandsgebiet verbringt.

Zu § 4 Nr. 1 Buchstabe b und § 6a des Gesetzes

§ 17a[3)] Nachweis bei innergemeinschaftlichen Lieferungen in Beförderungs- und Versendungsfällen

(1) Bei innergemeinschaftlichen Lieferungen (§ 6a Absatz 1 des Gesetzes) hat der Unternehmer im Geltungsbereich des Gesetzes durch Belege nachzuweisen, dass er oder der Abnehmer den Gegenstand der Lieferung in das übrige Gemeinschaftsgebiet befördert oder versendet hat. Dies muss sich aus den Belegen eindeutig und leicht nachprüfbar ergeben.

(2) Der Unternehmer hat den Nachweis nach Absatz 1 wie folgt zu führen:
1. durch das Doppel der Rechnung (§§ 14 und 14a des Gesetzes) und
2. durch eine Bestätigung des Abnehmers gegenüber dem Unternehmer oder dem mit der Beförderung beauftragten selbständigen Dritten, dass der Gegenstand der Lieferung in das übrige Gemeinschaftsgebiet gelangt ist (Gelangensbestätigung). Der Beleg hat folgende Angaben zu enthalten:

---

1) Fassung ab 01.01.2012, s. dazu BMF-Schreiben v. 09.12.2011, Anlage § 006-13, sowie v. 06.02.2012, Anlage § 006-14
2) Fassung ab 01.01.2012, s. dazu BMF-Schreiben v. 09.12.2011, Anlage § 006-13, sowie v. 06.02.2012, Anlage § 006-14
3) Fassung ab 01.01.2012, s. dazu BMF-Schreiben v. 06.02.2012, Anlage § 006-13 und v. 06.02.2012, Anlage § 006a-12

Zu §§ 4, 6a UStG   **UStDV**

a) den Namen und die Anschrift des Abnehmers,

b) die Menge des Gegenstands der Lieferung und die handelsübliche Bezeichnung einschließlich der Fahrzeug-Identifikationsnummer bei Fahrzeugen im Sinne des § 1b Absatz 2 des Gesetzes,

c) im Fall der Beförderung oder Versendung durch den Unternehmer oder im Fall der Versendung durch den Abnehmer den Ort und Tag des Erhalts des Gegenstands im übrigen Gemeinschaftsgebiet und im Fall der Beförderung des Gegenstands durch den Abnehmer den Ort und Tag des Endes der Beförderung des Gegenstands im übrigen Gemeinschaftsgebiet,

d) das Ausstellungsdatum der Bestätigung sowie

e) die Unterschrift des Abnehmers.

Bei einer Versendung ist es ausreichend, wenn sich die Gelangensbestätigung bei dem mit der Beförderung beauftragten selbständigen Dritten befindet und auf Verlangen der Finanzbehörde zeitnah vorgelegt werden kann. In diesem Fall muss der Unternehmer eine schriftliche Versicherung des mit der Beförderung beauftragten selbständigen Dritten besitzen, dass dieser über einen Beleg mit den Angaben des Abnehmers verfügt.

(3) Wird der Gegenstand der Lieferung vom Unternehmer oder Abnehmer im gemeinschaftlichen Versandverfahren in das übrige Gemeinschaftsgebiet befördert, kann der Unternehmer den Nachweis hierüber abweichend von Absatz 2 auch durch eine Bestätigung der Abgangsstelle über die innergemeinschaftliche Lieferung führen, die nach Eingang des Beendigungsnachweises für das Versandverfahren erteilt wird, sofern sich daraus die Lieferung in das übrige Gemeinschaftsgebiet ergibt.

§ 17b[1]) Nachweis bei innergemeinschaftlichen Lieferungen in Bearbeitungs- oder Verarbeitungsfällen

Ist der Gegenstand der Lieferung vor der Beförderung oder Versendung in das übrige Gemeinschaftsgebiet durch einen Beauftragten bearbeitet oder verarbeitet worden (§ 6a Absatz 1 Satz 2 des Gesetzes), hat der Unternehmer dies durch Belege eindeutig und leicht nachprüfbar nachzuweisen. Der Nachweis ist durch Belege nach § 17a zu führen, die zusätzlich die in § 11 Absatz 1 Nummer 1 bis 4 bezeichneten Angaben enthalten. Ist der Gegenstand durch mehrere Beauftragte bearbeitet oder verarbeitet worden, ist § 11 Absatz 2 entsprechend anzuwenden.

§ 17c[2]) Buchmäßiger Nachweis bei innergemeinschaftlichen Lieferungen

(1) Bei innergemeinschaftlichen Lieferungen (§ 6a Absatz 1 und 2 des Gesetzes) hat der Unternehmer im Geltungsbereich des Gesetzes die Voraussetzungen der Steuerbefreiung einschließlich der ausländischen Umsatzsteuer-Identifikationsnummer des Abnehmers buchmäßig nachzuweisen. Die Voraussetzungen müssen eindeutig und leicht nachprüfbar aus der Buchführung zu ersehen sein.

(2) Der Unternehmer hat Folgendes aufzuzeichnen:

1. den Namen und die Anschrift des Abnehmers,
2. den Namen und die Anschrift des Beauftragten des Abnehmers bei einer Lieferung, die im Einzelhandel oder in einer für den Einzelhandel gebräuchlichen Art und Weise erfolgt,
3. den Gewerbezweig oder Beruf des Abnehmers,
4. die Menge des Gegenstands der Lieferung und dessen handelsübliche Bezeichnung einschließlich der Fahrzeug-Identifikationsnummer bei Fahrzeugen im Sinne des § 1b Absatz 2 des Gesetzes,
5. den Tag der Lieferung,
6. das vereinbarte Entgelt oder bei der Besteuerung nach vereinnahmten Entgelten das vereinnahmte Entgelt und den Tag der Vereinnahmung,
7. die Art und den Umfang einer Bearbeitung oder Verarbeitung vor der Beförderung oder der Versendung in das übrige Gemeinschaftsgebiet (§ 6a Absatz 1 Satz 2 des Gesetzes),
8. die Beförderung oder Versendung in das übrige Gemeinschaftsgebiet sowie
9. den Bestimmungsort im übrigen Gemeinschaftsgebiet.

(3) In den einer Lieferung gleichgestellten Verbringungsfällen (§ 6a Absatz 2 des Gesetzes) hat der Unternehmer Folgendes aufzuzeichnen:

1. die Menge des verbrachten Gegenstands und seine handelsübliche Bezeichnung einschließlich der Fahrzeug-Identifikationsnummer bei Fahrzeugen im Sinne des § 1b Absatz 2 des Gesetzes,
2. die Anschrift und die Umsatzsteuer-Identifikationsnummer des im anderen Mitgliedstaat belegenen Unternehmensteils,
3. den Tag des Verbringens sowie
4. die Bemessungsgrundlage nach § 10 Absatz 4 Satz 1 Nummer 1 des Gesetzes.

(4) Werden neue Fahrzeuge an Abnehmer ohne Umsatzsteuer-Identifikationsnummer in das übrige Gemeinschaftsgebiet geliefert, hat der Unternehmer Folgendes aufzuzeichnen:

1. den Namen und die Anschrift des Erwerbers,
2. die handelsübliche Bezeichnung des gelieferten Fahrzeugs einschließlich der Fahrzeug-Identifikationsnummer,
3. den Tag der Lieferung,
4. das vereinbarte Entgelt oder bei der Besteuerung nach vereinnahmten Entgelten das vereinnahmte Entgelt und den Tag der Vereinnahmung,
5. die in § 1b Absatz 2 und 3 des Gesetzes genannten Merkmale,
6. die Beförderung oder Versendung in das übrige Gemeinschaftsgebiet sowie
7. den Bestimmungsort im übrigen Gemeinschaftsgebiet.

---

1) Fassung ab 01.01.2012, s. dazu BMF-Schreiben v. 09.12.2011, Anlage § 006-13 sowie v. 06.02.2012, Anlage § 006a-12
2) Fassung ab 01.01.2012, s. dazu BMF-Schreiben v. 09.12.2011, Anlage § 006-13 sowie v. 06.02.2012, Anlage § 006a-12

Zu § 4 Nr. 2 und § 8 des Gesetzes

§ 18 Buchmäßiger Nachweis bei Umsätzen für die Seeschiffahrt und für die Luftfahrt

Bei Umsätzen für die Seeschiffahrt und für die Luftfahrt (§ 8 des Gesetzes) ist § 13 Abs. 1 und 2 Nr. 1 bis 4 entsprechend anzuwenden. Zusätzlich soll der Unternehmer aufzeichnen, für welchen Zweck der Gegenstand der Lieferung oder die sonstige Leistung bestimmt ist.

Zu § 4 Nr. 3 des Gesetzes

§ 19 aufgehoben[1)]

§ 20 Belegmäßiger Nachweis bei steuerfreien Leistungen, die sich auf Gegenstände der Ausfuhr oder Einfuhr beziehen

(1)[2)] Bei einer Leistung, die sich unmittelbar auf einen Gegenstand der Ausfuhr bezieht oder auf einen eingeführten Gegenstand bezieht, der im externen Versandverfahren in das Drittlandsgebiet befördert wird (§ 4 Nr. 3 Satz 1 Buchstabe a Doppelbuchstabe aa des Gesetzes), muß der Unternehmer durch Belege die Ausfuhr oder Wiederausfuhr des Gegenstandes nachweisen. Die Voraussetzung muß sich aus den Belegen eindeutig und leicht nachprüfbar ergeben. Die Vorschriften über den Ausfuhrnachweis in den §§ 9 bis 11 sind entsprechend anzuwenden.

(2)[3)] Bei einer Leistung, die sich auf einen Gegenstand der Einfuhr in das Gebiet eines Mitgliedstaates der Europäischen Gemeinschaft bezieht (§ 4 Nr. 3 Satz 1 Buchstabe a Doppelbuchstabe bb des Gesetzes), muß der Unternehmer durch Belege nachweisen, daß die Kosten für diese Leistung in der Bemessungsgrundlage für die Einfuhr enthalten sind.

(3) Der Unternehmer muß die Nachweise im Geltungsbereich dieser Verordnung führen.

§ 21[4)] Buchmäßiger Nachweis bei steuerfreien Leistungen, die sich auf Gegenstände der Ausfuhr oder Einfuhr beziehen

Bei einer Leistung, die sich auf einen Gegenstand der Ausfuhr, auf einen Gegenstand der Einfuhr in das Gebiet eines Mitgliedstaates der Europäischen Gemeinschaft oder auf einen eingeführten Gegenstand bezieht, der im externen Versandverfahren in das Drittlandsgebiet befördert wird (§ 4 Nr. 3 Buchstabe a des Gesetzes), ist § 13 Abs. 1 und Abs. 2 Nr. 1 bis 4 entsprechend anzuwenden. Zusätzlich soll der Unternehmer aufzeichnen:

1. *bei einer Leistung, die sich auf einen Gegenstand der Ausfuhr bezieht oder auf einen eingeführten Gegenstand bezieht, der im externen Versandverfahren in das Drittlandsgebiet befördert wird, daß der Gegenstand ausgeführt oder wiederausgeführt worden ist,*
2. *bei einer Leistung, die sich auf einen Gegenstand der Einfuhr in das Gebiet eines Mitgliedstaates der Europäischen Gemeinschaft bezieht, daß die Kosten für die Leistung in der Bemessungsgrundlage für die Einfuhr enthalten sind.*

Zu § 4 Nr. 5 des Gesetzes

§ 22 Buchmäßiger Nachweis bei steuerfreien Vermittlungen

(1) Bei Vermittlungen im Sinne des § 4 Nr. 5 des Gesetzes ist § 13 Abs. 1 entsprechend anzuwenden.

(2) Der Unternehmer soll regelmäßig folgendes aufzeichnen:

1. *die Vermittlung und den vermittelten Umsatz,*
2. *den Tag der Vermittlung,*
3. *den Namen und die Anschrift des Unternehmers, der den vermittelten Umsatz ausgeführt hat,*
4. *das für die Vermittlung vereinbarte Entgelt oder bei der Besteuerung nach vereinnahmten Entgelten das für die Vermittlung vereinnahmte Entgelt und den Tag der Vereinnahmung.*

Zu § 4 Nr. 18 des Gesetzes

§ 23[5)] Amtlich anerkannte Verbände der freien Wohlfahrtspflege

Die nachstehenden Vereinigungen gelten als amtlich anerkannte Verbände der freien Wohlfahrtspflege:

1. *Diakonisches Werk der Evangelischen Kirche in Deutschland e.V.;*
2. *Deutscher Caritasverband e.V.;*
3. *Deutscher Paritätischer Wohlfahrtsverband – Gesamtverband e.V.;*
4. *Deutsches Rotes Kreuz e.V.;*
5. *Arbeiterwohlfahrt Bundesverband e.V. –;*
6. *Zentralwohlfahrtsstelle der Juden in Deutschland e.V.;*
7. *Deutscher Blinden- und Sehbehindertenverband e.V.;*
8. *Bund der Kriegsblinden Deutschlands e.V.;*
9. *Verband Deutscher Wohltätigkeitsstiftungen e.V.;*
10. *Bundesarbeitsgemeinschaft Selbsthilfe von Menschen mit Behinderung und chronischer Erkrankung und ihren Angehörigen e.V.;*
11. *Sozialverband VdK Deutschland e.V.*

Zu § 4a des Gesetzes

§ 24 Antragsfrist für die Steuervergütung und Nachweis der Voraussetzungen

(1) Die Steuervergütung ist bei dem zuständigen Finanzamt bis zum Ablauf des Kalenderjahres zu beantragen, das auf das Kalenderjahr folgt, in dem der Gegenstand in das Drittlandsgebiet gelangt. Ein Antrag kann mehrere Ansprüche auf die Steuervergütung umfassen.

---

1) Durch Art. 21 Nr. 7 Jahressteuergesetz 1996 mit Wirkung ab 01.01.1996
2) Fassung ab 25.12.2008
3) Fassung ab 25.12.2008
4) Fassung ab 25.12.2008
5) Fassung ab 29.12.2007

Zu §§ 4a, 10, 12, 13b, 14 UStG — UStDV

(2) Der Nachweis, daß der Gegenstand in das Drittlandsgebiet gelangt ist, muß in der gleichen Weise wie bei Ausfuhrlieferungen geführt werden (§§ 8 bis 11).

(3) Die Voraussetzungen für die Steuervergütung sind im Geltungsbereich dieser Verordnung buchmäßig nachzuweisen. Regelmäßig sollen aufgezeichnet werden:

1. *die handelsübliche Bezeichnung und die Menge des ausgeführten Gegenstandes,*
2. *der Name und die Anschrift des Lieferers,*
3. *der Name und die Anschrift des Empfängers,*
4. *der Verwendungszweck im Drittlandsgebiet,*
5. *der Tag der Ausfuhr des Gegenstandes,*
6. *die mit dem Kaufpreis für die Lieferung des Gegenstandes bezahlte Steuer oder die für die Einfuhr oder den innergemeinschaftlichen Erwerb des Gegenstandes entrichtete Steuer.*

Zu § 10 Abs. 6 des Gesetzes

§ 25 Durchschnittsbeförderungsentgelt

Das Durchschnittsbeförderungsentgelt wird auf 4,43 Cent je Personenkilometer festgesetzt.

Zu § 12 Abs. 2 Nr. 1 des Gesetzes

§§ 26 bis 29 (weggefallen)

Zu § 12 Abs. 2 Nr. 7 Buchstabe d des Gesetzes

§ 30 Schausteller

Als Leistungen aus der Tätigkeit als Schausteller gelten Schaustellungen, Musikaufführungen, unterhaltende Vorstellungen oder sonstige Lustbarkeiten auf Jahrmärkten, Volksfesten, Schützenfesten oder ähnlichen Veranstaltungen.

Zu § 13b des Gesetzes

§ 30a[1] Steuerschuldnerschaft bei unfreien Versendungen

Lässt ein Absender einen Gegenstand durch einen im Ausland ansässigen Frachtführer oder Verfrachter unfrei zum Empfänger der Frachtsendung befördern oder eine solche Beförderung durch einen im Ausland ansässigen Spediteur unfrei besorgen, ist der Empfänger der Frachtsendung an Stelle des Leistungsempfängers Steuerschuldner nach § 13b Abs. 5 des Gesetzes, wenn

1. *er ein Unternehmer oder eine juristische Person des öffentlichen Rechts ist,*
2. *er die Entrichtung des Entgelts für die Beförderung oder für ihre Besorgung übernommen hat und*
3. *aus der Rechnung über die Beförderung oder ihre Besorgung auch die in Nummer 2 bezeichnete Voraussetzung zu ersehen ist.*

Dies gilt auch, wenn die Leistung für den nichtunternehmerischen Bereich bezogen wird.

Zu § 14 des Gesetzes

§ 31[2] Angaben in der Rechnung

(1) Eine Rechnung kann aus mehreren Dokumenten bestehen, aus denen sich die nach § 14 Abs. 4 des Gesetzes geforderten Angaben insgesamt ergeben. In einem dieser Dokumente sind das Entgelt und der darauf entfallende Steuerbetrag jeweils zusammengefasst anzugeben und alle anderen Dokumente zu bezeichnen, aus denen sich die übrigen Angaben nach § 14 Abs. 4 des Gesetzes ergeben. Die Angaben müssen leicht und eindeutig nachprüfbar sein.

(2) Den Anforderungen des § 14 Abs. 4 Satz 1 Nr. 1 des Gesetzes ist genügt, wenn sich auf Grund der in die Rechnung aufgenommenen Bezeichnungen der Name und Anschrift sowohl des leistenden Unternehmers als auch des Leistungsempfängers eindeutig feststellen lassen.

(3) Für die in § 14 Abs. 4 Satz 1 Nr. 1 und 5 des Gesetzes vorgeschriebenen Angaben können Abkürzungen, Buchstaben, Zahlen oder Symbole verwendet werden, wenn ihre Bedeutung in der Rechnung oder in anderen Unterlagen eindeutig festgelegt ist. Die erforderlichen anderen Unterlagen müssen sowohl beim Aussteller als auch beim Empfänger der Rechnung vorhanden sein.

(4) Als Zeitpunkt der Lieferung oder sonstigen Leistung (§ 14 Abs. 4 Satz 1 Nr. 6 des Gesetzes) kann der Kalendermonat angegeben werden, in dem die Leistung ausgeführt wird.

(5) Eine Rechnung kann berichtigt werden, wenn

a) *sie nicht alle Angaben nach § 14 Abs. 4 oder § 14a des Gesetzes enthält oder*

b) *Angaben in der Rechnung unzutreffend sind.*

Es müssen nur die fehlenden oder unzutreffenden Angaben durch ein Dokument, das spezifisch und eindeutig auf die Rechnung bezogen ist, übermittelt werden. Es gelten die gleichen Anforderungen an Form und Inhalt wie in § 14 des Gesetzes.

§ 32[3] Rechnungen über Umsätze, die verschiedenen Steuersätzen unterliegen

Wird in einer Rechnung über Lieferungen oder sonstige Leistungen, die verschiedenen Steuersätzen unterliegen, der Steuerbetrag durch Maschinen automatisch ermittelt und durch diese in der Rechnung angegeben, ist der Ausweis des Steuerbetrages in einer Summe zulässig, wenn für die einzelnen Posten der Rechnung der Steuersatz angegeben wird.

§ 33 Rechnungen über Kleinbeträge

Eine Rechnung, deren Gesamtbetrag 150 Euro[4] nicht übersteigt, muss mindestens folgende Angaben enthalten:

1. *den vollständigen Namen und die vollständige Anschrift des leistenden Unternehmers,*
2. *das Ausstellungsdatum,*

---

1) Fassung ab 01.07.2010
2) Fassung ab 01.01.2004
3) Fassung ab 01.01.2004
4) Gilt ab 01.01.2007, davor 100 Euro

3. die Menge und die Art der gelieferten Gegenstände oder den Umfang und die Art der sonstigen Leistung und

4. das Entgelt und den darauf entfallenden Steuerbetrag für die Lieferung oder sonstige Leistung in einer Summe sowie den anzuwendenden Steuersatz oder im Fall einer Steuerbefreiung einen Hinweis darauf, dass für die Lieferung oder sonstige Leistung eine Steuerbefreiung gilt.

Die §§ 31 und 32 sind entsprechend anzuwenden. Die Sätze 1 und 2 gelten nicht für Rechnungen über Leistungen im Sinne des §§ 3c, 6a und 13b des Gesetzes.

§ 34 Fahrausweise als Rechnungen

(1)[1] *Fahrausweise, die für die Beförderung von Personen ausgegeben werden, gelten als Rechnungen im Sinne des § 14 des Gesetzes, wenn sie mindestens die folgenden Angaben enthalten:*

1. *den vollständigen Namen und die vollständige Anschrift des Unternehmers, der die Beförderungsleistung ausführt. § 31 Abs. 2 ist entsprechend anzuwenden;*

2. *das Ausstellungsdatum;*

3. *das Entgelt und den darauf entfallenden Steuerbetrag in einer Summe;*

4. *den anzuwendenden Steuersatz, wenn die Beförderungsleistung nicht dem ermäßigten Steuersatz nach § 12 Abs. 2 Nr. 10 des Gesetzes unterliegt und*

5. *im Fall der Anwendung des § 26 Abs. 3 des Gesetzes einen Hinweis auf die grenzüberschreitende Beförderung von Personen im Luftverkehr.*

Auf Fahrausweisen der Eisenbahnen, die dem öffentlichen Verkehr dienen, kann an Stelle des Steuersatzes die Tarifentfernung angegeben werden.

(2)[2] *Fahrausweise für eine grenzüberschreitende Beförderung im Personenverkehr und im internationalen Eisenbahn-Personenverkehr gelten nur dann als Rechnung im Sinne des § 14 des Gesetzes, wenn eine Bescheinigung des Beförderungsunternehmers oder seines Beauftragten darüber vorliegt, welcher Anteil des Beförderungspreises auf die Strecke im Inland entfällt. In der Bescheinigung ist der Steuersatz anzugeben, der auf den auf das Inland entfallenden Teil der Beförderungsleistung anzuwenden ist.*

(3) *Die Absätze 1 und 2 gelten für Belege im Reisegepäckverkehr entsprechend.*

Zu § 15 des Gesetzes

§ 35 Vorsteuerabzug bei Rechnungen über Kleinbeträge und bei Fahrausweisen

(1) *Bei Rechnungen im Sinne des § 33 kann der Unternehmer den Vorsteuerabzug in Anspruch nehmen, wenn er den Rechnungsbetrag in Entgelt und Steuerbetrag aufteilt.*

(2) *Absatz 1 ist für Rechnungen im Sinne des § 34 entsprechend anzuwenden. Bei der Aufteilung in Entgelt und Steuerbetrag ist der Steuersatz nach § 12 Abs. 1 des Gesetzes anzuwenden, wenn in der Rechnung*

1. *dieser Steuersatz oder*

2. *eine Tarifentfernung von mehr als fünfzig Kilometern*

angegeben ist. Bei den übrigen Rechnungen ist der Steuersatz nach § 12 Abs. 2 des Gesetzes anzuwenden. Bei Fahrausweisen im Luftverkehr kann der Vorsteuerabzug nur in Anspruch genommen werden, wenn der Steuersatz nach § 12 Abs. 1 des Gesetzes im Fahrausweis angegeben ist.

§ 36 bis 39 aufgehoben ab 01.04.1999

§ 39a aufgehoben ab 01.01.2002

§ 40 Vorsteuerabzug bei unfreien Versendungen

(1) *Läßt ein Absender einen Gegenstand durch einen Frachtführer oder Verfrachter unfrei zu einem Dritten befördern oder eine solche Beförderung durch einen Spediteur unfrei besorgen, so ist für den Vorsteuerabzug der Empfänger der Frachtsendung als Auftraggeber dieser Leistungen anzusehen. Der Absender darf die Steuer für diese Leistungen nicht als Vorsteuer abziehen. Der Empfänger der Frachtsendung kann diese Steuer unter folgenden Voraussetzungen abziehen:*

1. *Er muß im übrigen hinsichtlich der Beförderung oder ihrer Besorgung zum Abzug der Steuer berechtigt sein (§ 15 Abs. 1 Nr. 1 des Gesetzes).*

2. *Er muß die Entrichtung des Entgelts zuzüglich der Steuer für die Beförderung oder für ihre Besorgung übernommen haben.*

3. *Die in Nummer 2 bezeichnete Voraussetzung muß aus der Rechnung über die Beförderung oder ihre Besorgung zu ersehen sein. Die Rechnung ist vom Empfänger der Frachtsendung aufzubewahren.*

(2) *Die Vorschriften des § 22 des Gesetzes sowie des § 35 Abs. 1 und § 63 dieser Verordnung gelten für den Empfänger der Frachtsendung entsprechend.*

§ 41 aufgehoben ab 01.01.2004[3]

§ 41a aufgehoben ab 01.01.2004[4]

§ 42 aufgehoben ab 01.01.2004[5]

§ 43 Erleichterungen bei der Aufteilung der Vorsteuern

Die den folgenden steuerfreien Umsätzen zuzurechnenden Vorsteuerbeträge sind nur dann vom Vorsteuerabzug ausgeschlossen, wenn sie diesen Umsätzen ausschließlich zuzurechnen sind:

---

1) Fassung ab 01.01.2004
2) Fassung ab 01.01.2004
3) Siehe Tz. 86 der Anlage § 004 Nr. 4a-01
4) Siehe Tz. 86 der Anlage § 004 Nr. 4a-01
5) Siehe Tz. 86 der Anlage § 004 Nr. 4a-01

Zu §§ 15, 15a, 16, 18 UStG — UStDV

1. Umsätze von Geldforderungen, denen zum Vorsteuerabzug berechtigende Umsätze des Unternehmers zugrunde liegen;

2. Umsätze von Wechseln, die der Unternehmer von einem Leistungsempfänger erhalten hat, weil er den Leistenden als Bürge oder Garantiegeber befriedigt. Das gilt nicht, wenn die Vorsteuern, die dem Umsatz dieses Leistenden zuzurechnen sind, vom Vorsteuerabzug ausgeschlossen sind;

3. [1)]sonstige Leistungen, die im Austausch von gesetzlichen Zahlungsmitteln bestehen, Lieferungen von im Inland gültigen amtlichen Wertzeichen sowie Einlagen bei Kreditinstituten, wenn diese Umsätze als Hilfsumsätze anzusehen sind.

Zu § 15a des Gesetzes

§ 44 Vereinfachungen bei der Berichtigung des Vorsteuerabzugs

(1) Eine Berichtigung des Vorsteuerabzugs nach § 15a des Gesetzes entfällt, wenn die auf die Anschaffungs- oder Herstellungskosten eines Wirtschaftsguts entfallende Vorsteuer 1000 Euro[2)] nicht übersteigt.

(2)[3)] Haben sich bei einem Wirtschaftsgut in einem Kalenderjahr die für den ursprünglichen Vorsteuerabzug maßgebenden Verhältnisse um weniger als zehn Prozentpunkte geändert, entfällt bei diesem Wirtschaftsgut für dieses Kalenderjahr die Berichtigung des Vorsteuerabzugs. Das gilt nicht, wenn der Betrag, um den der Vorsteuerabzug für dieses Kalenderjahr zu berichtigen ist, 1000 Euro[4)] übersteigt.

(3)[5)] Übersteigt der Betrag, um den der Vorsteuerabzug bei einem Wirtschaftsgut für das Kalenderjahr zu berichtigen ist, nicht 6000 Euro, so ist die Berichtigung des Vorsteuerabzugs nach § 15a des Gesetzes abweichend von § 18 Abs. 1 und 2 des Gesetzes erst im Rahmen der Steuerfestsetzung für den Besteuerungszeitraum durchzuführen, in dem sich die für den ursprünglichen Vorsteuerabzug maßgebenden Verhältnisse geändert haben. Wird das Wirtschaftsgut während des maßgeblichen Berichtigungszeitraums veräußert oder nach § 3 Abs. 1b des Gesetzes geliefert, so ist die Berichtigung des Vorsteuerabzugs für das Kalenderjahr der Lieferung und die folgenden Kalenderjahre des Berichtigungszeitraums abweichend von Satz 1 bereits bei der Berechnung der Steuer für den Voranmeldungszeitraum (§ 18 Abs. 1 und 2 des Gesetzes) durchzuführen, in dem die Lieferung stattgefunden hat.

(4) [6)]Die Absätze 1 bis 3 sind bei einer Berichtigung des auf nachträgliche Anschaffungs- oder Herstellungskosten und auf die in § 15a Abs. 3 und 4 des Gesetzes bezeichneten Leistungen entfallenden Vorsteuerbeträge entsprechend anzuwenden.

§ 45 Maßgebliches Ende des Berichtigungszeitraums

Endet der Zeitraum, für den eine Berichtigung des Vorsteuerabzugs nach § 15a des Gesetzes durchzuführen ist, vor dem 16. eines Kalendermonats, so bleibt dieser Kalendermonat für die Berichtigung unberücksichtigt. Endet er nach dem 15. eines Kalendermonats, so ist dieser Kalendermonat voll zu berücksichtigen.

Zu den §§ 16 und 18 des Gesetzes

Dauerfristverlängerung

§ 46 Fristverlängerung

Das Finanzamt hat dem Unternehmer auf Antrag die Fristen für die Abgabe der Voranmeldungen und für die Entrichtung der Vorauszahlungen (§ 18 Abs. 1, 2 und 2a des Gesetzes) um einen Monat zu verlängern. Das Finanzamt hat den Antrag abzulehnen oder eine bereits gewährte Fristverlängerung zu widerrufen, wenn der Steueranspruch gefährdet erscheint.

§ 47 Sondervorauszahlung

(1) Die Fristverlängerung ist bei einem Unternehmer, der die Voranmeldungen monatlich abzugeben hat, unter der Auflage zu gewähren, daß dieser eine Sondervorauszahlung auf die Steuer eines jeden Kalenderjahres entrichtet. Die Sondervorauszahlung beträgt ein Elftel der Summe der Vorauszahlungen für das vorangegangene Kalenderjahr.

(2) Hat der Unternehmer seine gewerbliche oder berufliche Tätigkeit nur in einem Teil des vorangegangenen Kalenderjahres ausgeübt, so ist die Summe der Vorauszahlungen dieses Zeitraumes in eine Jahressumme umzurechnen. Angefangene Kalendermonate sind hierbei als volle Kalendermonate zu behandeln.

(3) Hat der Unternehmer seine gewerbliche oder berufliche Tätigkeit im laufenden Kalenderjahr begonnen, so ist die Sondervorauszahlung auf der Grundlage der zu erwartenden Vorauszahlungen dieses Kalenderjahres zu berechnen.

§ 48 Verfahren[7)]

(1) Der Unternehmer hat die Fristverlängerung für die Abgabe der Voranmeldungen bis zu dem Zeitpunkt zu beantragen, an dem die Voranmeldung, für die die Fristverlängerung erstmals gelten soll, nach § 18 Abs. 1, 2 und 2a des Gesetzes abzugeben ist. Der Antrag ist nach amtlich vorgeschriebenem Datensatz durch Datenfernübertragung nach Maßgabe der Steuerdaten-Übermittlungsverordnung zu übermitteln. Auf Antrag kann das Finanzamt zur Vermeidung von unbilligen Härten auf eine elektronische Übermittlung verzichten; in diesem Fall hat der Unternehmer einen

---

1) Fassung ab 01.01.2012
2) Vor dem 01.01.2005: 250 Euro
3) Fassung ab 01.01.2002
4) Vor dem 01.01.2005: 250 Euro
5) Fassung ab 01.01.2012; zur Anwendung vgl. § 74a Abs. 2 UStDV
6) Fassung ab 01.01.2012; zur Anwendung vgl. § 74a Abs. 2 UStDV
7) Fassung ab 01.01.2011

Antrag nach amtlich vorgeschriebenem Vordruck zu stellen. In dem Antrag hat der Unternehmer, der die Voranmeldungen monatlich abzugeben hat, die Sondervorauszahlung (§ 47) selbst zu berechnen und anzumelden. Gleichzeitig hat er die angemeldete Sondervorauszahlung zu entrichten.

(2) Während der Geltungsdauer der Fristverlängerung hat der Unternehmer, der die Voranmeldungen monatlich abzugeben hat, die Sondervorauszahlung für das jeweilige Kalenderjahr bis zum gesetzlichen Zeitpunkt der Abgabe der ersten Voranmeldung zu berechnen, anzumelden und zu entrichten. Absatz 1 Satz 2 und 3 gilt entsprechend.

(3) Das Finanzamt kann die Sondervorauszahlung festsetzen, wenn sie vom Unternehmer nicht oder nicht richtig berechnet wurde oder wenn die Anmeldung zu einem offensichtlich unzutreffenden Ergebnis führt.

(4) Die festgesetzte Sondervorauszahlung ist bei der Festsetzung der Vorauszahlung für den letzten Voranmeldungszeitraum des Besteuerungszeitraums anzurechnen, für den die Fristverlängerung gilt.

Verzicht auf die Steuererhebung
§ 49 Verzicht auf die Steuererhebung im Börsenhandel mit Edelmetallen

Auf die Erhebung der Steuer für die Lieferungen von Gold, Silber und Platin sowie für die sonstigen Leistungen im Geschäft mit diesen Edelmetallen wird verzichtet, wenn

1. *die Umsätze zwischen Unternehmern ausgeführt werden, die an einer Wertpapierbörse im Inland mit dem Recht zur Teilnahme am Handel zugelassen sind,*
2. *die bezeichneten Edelmetalle zum Handel an einer Wertpapierbörse im Inland zugelassen sind und*
3. *keine Rechnungen mit gesondertem Ausweis der Steuer erteilt werden.*

§ 50 aufgehoben ab 01.01.2004[1)]

§ 51 bis 58 aufgehoben ab 01.01.2002; siehe jetzt § 13b UStG

Vergütung der Vorsteuerbeträge in einem besonderen Verfahren
§ 59[2)] Vergütungsberechtigte Unternehmer

Die Vergütung der abziehbaren Vorsteuerbeträge (§ 15 des Gesetzes) an im Ausland ansässige Unternehmer ist abweichend von den §§ 16 und 18 Abs. 1 bis 4 des Gesetzes nach den §§ 60 bis 61a durchzuführen, wenn der Unternehmer im Vergütungszeitraum

1. *im Inland keine Umsätze im Sinne des § 1 Abs. 1 Nr. 1 und 5 des Gesetzes oder nur steuerfreie Umsätze im Sinne des § 4 Nr. 3 des Gesetzes ausgeführt hat,*

2. *nur Umsätze ausgeführt hat, für die der Leistungsempfänger die Steuer schuldet (§ 13b des Gesetzes) oder die der Beförderungseinzelbesteuerung (§ 16 Abs. 5 und § 18 Abs. 5 des Gesetzes) unterlegen haben,*

3. *im Inland nur innergemeinschaftliche Erwerbe und daran anschließende Lieferungen im Sinne des § 25b Abs. 2 des Gesetzes ausgeführt hat, oder*

4. *im Inland als Steuerschuldner nur Umsätze im Sinne des § 3a Abs. 5 des Gesetzes erbracht hat und von dem Wahlrecht nach § 18 Abs. 4c des Gesetzes Gebrauch gemacht hat oder diese Umsätze in einem anderen Mitgliedstaat erklärt sowie die darauf entfallende Steuer entrichtet hat.*

Ein im Ausland ansässiger Unternehmer im Sinne des Satzes 1 ist ein Unternehmer, der weder im Inland noch auf der Insel Helgoland oder in einem der in § 1 Abs. 3 des Gesetzes bezeichneten Gebiete einen Wohnsitz, seinen Sitz, seine Geschäftsleitung oder eine Betriebsstätte hat; maßgebend hierfür ist der jeweilige Vergütungszeitraum im Sinne des § 60, für den der Unternehmer eine Vergütung beantragt.

§ 60 Vergütungszeitraum

Vergütungszeitraum ist nach Wahl des Unternehmers ein Zeitraum von mindestens drei Monaten bis zu höchstens einem Kalenderjahr. Der Vergütungszeitraum kann weniger als drei Monate umfassen, wenn es sich um den restlichen Zeitraum des Kalenderjahres handelt. In dem Antrag für diesen Zeitraum können auch abziehbare Vorsteuerbeträge aufgenommen werden, die in vorangegangene Vergütungszeiträume des betreffenden Kalenderjahres fallen.

§ 61[3)] Vergütungsverfahren für im übrigen Gemeinschaftsgebiet ansässige Unternehmer

(1) Der im übrigen Gemeinschaftsgebiet ansässige Unternehmer hat den Vergütungsantrag nach amtlich vorgeschriebenem Datensatz durch Datenfernübertragung nach Maßgabe der Steuerdaten-Übermittlungsverordnung über das in dem Mitgliedstaat, in dem der Unternehmer ansässig ist, eingerichtete elektronische Portal dem Bundeszentralamt für Steuern zu übermitteln.

(2) Die Vergütung ist binnen neun Monaten nach Ablauf des Kalenderjahres, in dem der Vergütungsanspruch entstanden ist, zu beantragen.[4)] *Der Unternehmer hat die Vergütung selbst zu berechnen. Dem Vergütungsantrag sind auf elektronischem Weg die Rechnungen und Einfuhrbelege in Kopie beizufügen, wenn das Entgelt für den Umsatz oder die Einfuhr mindestens 1.000 Euro, bei Rechnungen über den Bezug von Kraftstoffen mindestens 250 Euro beträgt. Bei begründeten Zweifeln an dem Recht auf Vorsteuerabzug in der beantragten Höhe kann das Bundeszentralamt für Steuern verlangen, dass die Vorsteuerbeträge durch Vorlage von Rechnungen und Einfuhrbelegen im Original nachgewiesen werden.*

---
1) Siehe Anlage § 004 Nr. 4a-01
2) Fassung ab 01.01.2010, siehe dazu § 74a UStDV mit Änderung des letzten Absatzes ab 23.11.2010
3) Fassung ab 01.01.2010, siehe dazu § 74a UStDV
4) Für das Kalenderjahr 2009 läuft die Frist bis 31.03.2011, vgl. BMF-Schreiben vom 01.11.2010, Anlage § 018g-01

Zu §§ 16, 18, 22 UStG

(3) Die beantragte Vergütung muss mindestens 400 Euro betragen. Das gilt nicht, wenn der Vergütungszeitraum das Kalenderjahr oder der letzte Zeitraum des Kalenderjahres ist. Für diese Vergütungszeiträume muss die beantragte Vergütung mindestens 50 Euro betragen.

(4) Der Bescheid über die Vergütung von Vorsteuerbeträgen ist in elektronischer Form zu übermitteln. § 87a Abs. 4 Satz 2 der Abgabenordnung ist nicht anzuwenden.

(5) Der nach § 18 Abs. 9 des Gesetzes zu vergütende Betrag ist zu verzinsen. Der Zinslauf beginnt mit Ablauf von vier Monaten und zehn Werktagen nach Eingang des Vergütungsantrags beim Bundeszentralamt für Steuern. Übermittelt der Antragsteller Kopien der Rechnungen oder Einfuhrbelege abweichend von Absatz 2 Satz 3 nicht zusammen mit dem Vergütungsantrag, sondern erst zu einem späteren Zeitpunkt, beginnt der Zinslauf erst mit Ablauf von vier Monaten und zehn Tagen nach Eingang dieser Kopien beim Bundeszentralamt für Steuern. Hat das Bundeszentralamt für Steuern zusätzliche oder weitere zusätzliche Informationen angefordert, beginnt der Zinslauf erst mit Ablauf von vier Monaten und zehn Werktagen nach Ablauf der Fristen in Artikel 21 der Richtlinie 2008/9/EG des Rates vom 12. Februar 2008 zur Regelung der Erstattung der Mehrwertsteuer gemäß der Richtlinie 2006/112/EG an nicht im Mitgliedstaat der Erstattung, sondern in einem anderen Mitgliedstaat ansässige Steuerpflichtige (ABl. EU Nr. L 44 S. 23). Der Zinslauf endet mit erfolgter Zahlung des zu vergütenden Betrages; die Zahlung gilt als erfolgt mit dem Tag der Fälligkeit, es sei denn, der Unternehmer weist nach, dass er den zu vergütenden Betrag später erhalten hat. Wird die Festsetzung oder Anmeldung der Steuervergütung geändert, ist eine bisherige Zinsfestsetzung zu ändern; § 233a Abs. 5 der Abgabenordnung gilt entsprechend. Für die Höhe und Berechnung der Zinsen gilt § 238 der Abgabenordnung. Auf die Festsetzung der Zinsen ist § 239 der Abgabenordnung entsprechend anzuwenden.

(6) Ein Anspruch auf Verzinsung nach Absatz 5 besteht nicht, wenn der Unternehmer einer Mitwirkungspflicht nicht innerhalb einer Frist von einem Monat nach Zugang einer entsprechenden Aufforderung des Bundeszentralamtes für Steuern nachkommt.

§ 61a[1]) Vergütungsverfahren für nicht im Gemeinschaftsgebiet ansässige Unternehmer

(1) Der nicht im Gemeinschaftsgebiet ansässige Unternehmer hat die Vergütung nach amtlich vorgeschriebenem Vordruck bei dem Bundeszentralamt für Steuern zu beantragen. Abweichend von Satz 1 kann der Unternehmer den Vergütungsantrag nach amtlich vorgeschriebenem Datensatz durch Datenfernübertragung nach Maßgabe der Steuerdaten-Übermittlungsverordnung dem Bundeszentralamt für Steuern übermitteln.

(2) Die Vergütung ist binnen sechs Monaten nach Ablauf des Kalenderjahres, in dem der Vergütungsanspruch entstanden ist, zu beantragen. Der Unternehmer hat die Vergütung selbst zu berechnen. Die Vorsteuerbeträge sind durch Vorlage von Rechnungen und Einfuhrbelegen im Original nachzuweisen. Der Vergütungsantrag ist vom Unternehmer eigenhändig zu unterschreiben.

(3) Die beantragte Vergütung muss mindestens 1.000 Euro betragen. Das gilt nicht, wenn der Vergütungszeitraum das Kalenderjahr oder der letzte Zeitraum des Kalenderjahres ist. Für diese Vergütungszeiträume muss die beantragte Vergütung mindestens 500 Euro betragen.

(4) Der Unternehmer muss der zuständigen Finanzbehörde durch behördliche Bescheinigung des Staates, in dem er ansässig ist, nachweisen, dass er als Unternehmer unter einer Steuernummer eingetragen ist.

Sondervorschriften für die Besteuerung bestimmter Unternehmer

§ 62 Berücksichtigung von Vorsteuerbeträgen, Belegnachweis

(1)[2]) Ist bei den in § 59 genannten Unternehmern die Besteuerung nach § 16 und § 18 Abs. 1 bis 4 des Gesetzes durchzuführen, so sind hierbei die Vorsteuerbeträge nicht zu berücksichtigen, die nach § 59 Abs. 1 vergütet worden sind.

(2) Die abziehbaren Vorsteuerbeträge sind in den Fällen des Absatzes 1 durch Vorlage der Rechnungen und Einfuhrbelege im Original nachzuweisen.

Zu § 22 des Gesetzes

§ 63 Aufzeichnungspflichten

(1) Die Aufzeichnungen müssen so beschaffen sein, daß sie einem sachverständigen Dritten innerhalb einer angemessenen Zeit möglich ist, einen Überblick über die Umsätze des Unternehmers und die abziehbaren Vorsteuern zu erhalten und die Grundlagen für die Steuerberechnung festzustellen.

(2) Entgelte, Teilentgelte, Bemessungsgrundlagen nach § 10 Abs. 4 und 5 des Gesetzes, nach § 14c des Gesetzes geschuldete Steuerbeträge sowie Vorsteuerbeträge sind am Schluß jedes Voranmeldungszeitraums zusammenzurechnen. Im Falle des § 17 Abs. 1 Satz 6 des Gesetzes sind die Beträge der Entgeltsminderungen am Schluß jedes Voranmeldungszeitraums zusammenzurechnen.

(3) Der Unternehmer kann die Aufzeichnungspflichten nach § 22 Abs. 2 Nr. 1 Satz 1, 3, 5 und 6, Nr. 2 Satz 1 und Nr. 3 Satz 1 des Gesetzes in folgender Weise erfüllen:

1. Das Entgelt oder Teilentgelt und der Steuerbetrag werden in einer Summe statt des Entgelts oder des Teilentgelts aufgezeichnet.

2. Die Bemessungsgrundlage nach § 10 Abs. 4 und 5 des Gesetzes und der darauf entfallende Steuerbetrag werden in einer Summe statt der Bemessungsgrundlage aufgezeichnet.

---

1) Fassung ab 01.01.2010
2) Fassung ab 01.07.2003

3. Bei der Anwendung des § 17 Abs. 1 Satz 6 des Gesetzes werden die Entgeltsminderung und die darauf entfallende Minderung des Steuerbetrags in einer Summe statt der Entgeltsminderung aufgezeichnet.

§ 22 Abs. 2 Nr. 1 Satz 2, Nr. 2 Satz 2 und Nr. 3 Satz 2 des Gesetzes gilt entsprechend. Am Schluß jedes Voranmeldungszeitraums hat der Unternehmer die Summe der Entgelte und Teilentgelte, der Bemessungsgrundlagen nach § 10 Abs. 4 und 5 des Gesetzes sowie der Entgeltsminderungen im Falle des § 17 Abs. 1 Satz 6 des Gesetzes zu errechnen und aufzuzeichnen.

(4) Dem Unternehmer, dem wegen der Art und des Umfangs des Geschäfts eine Trennung der Entgelte und Teilentgelte nach Steuersätzen (§ 22 Abs. 2 Nr. 1 Satz 2 und Nr. 2 Satz 2 des Gesetzes) in den Aufzeichnungen nicht zuzumuten ist, kann das Finanzamt auf Antrag gestatten, daß er die Entgelte und Teilentgelte nachträglich auf der Grundlage der Wareneingänge oder, falls diese hierfür nicht verwendet werden können, nach anderen Merkmalen trennt. Entsprechendes gilt für die Trennung nach Steuersätzen bei der Bemessungsgrundlagen nach § 10 Abs. 4 und 5 des Gesetzes (§ 22 Abs. 2 Nr. 1 Satz 3 und Nr. 3 Satz 2 des Gesetzes). Das Finanzamt darf nur ein Verfahren zulassen, dessen steuerliches Ergebnis nicht wesentlich von dem Ergebnis einer nach Steuersätzen getrennten Aufzeichnung der Entgelte, Teilentgelte und sonstigen Bemessungsgrundlagen abweicht. Die Anwendung des Verfahrens kann auf einen in der Gliederung des Unternehmens gesondert geführten Betrieb beschränkt werden.

(5) Der Unternehmer kann die Aufzeichnungspflicht nach § 22 Abs. 2 Nr. 5 des Gesetzes in der Weise erfüllen, daß er die Entgelte oder Teilentgelte und die auf sie entfallenden Steuerbeträge (Vorsteuern) jeweils in einer Summe, getrennt nach den in den Eingangsrechnungen angewandten Steuersätzen, aufzeichnet. Am Schluß jedes Voranmeldungszeitraums hat der Unternehmer die Summe der Entgelte und Teilentgelte und die Summe der Vorsteuerbeträge zu errechnen und aufzuzeichnen.

§ 64 Aufzeichnung im Falle der Einfuhr

Der Aufzeichnungspflicht nach § 22 Abs. 2 Nr. 6 des Gesetzes ist genügt, wenn die entrichtete oder in den Fällen des § 16 Abs. 2 Satz 4 des Gesetzes zu entrichtende Einfuhrumsatzsteuer mit einem Hinweis auf einen entsprechenden zollamtlichen Beleg aufgezeichnet wird.

§ 65 Aufzeichnungspflichten der Kleinunternehmer

Unternehmer, auf deren Umsätze § 19 Abs. 1 Satz 1 des Gesetzes anzuwenden ist, haben an Stelle der nach § 22 Abs. 2 bis 4 des Gesetzes vorgeschriebenen Angaben Folgendes aufzuzeichnen:

1. die Werte der erhaltenen Gegenleistungen für die von ihnen ausgeführten Lieferungen und sonstigen Leistungen;

2. die sonstigen Leistungen im Sinne des § 3 Abs. 9a Nr. 2 des Gesetzes. Für ihre Bemessung gilt Nummer 1 entsprechend.

Die Aufzeichnungspflichten nach § 22 Abs. 2 Nr. 4, 7, 8 und 9 des Gesetzes bleiben unberührt.

§ 66 Aufzeichnungspflichten bei der Anwendung allgemeiner Durchschnittssätze

Der Unternehmer ist von den Aufzeichnungspflichten nach § 22 Abs. 2 Nr. 5 und 6 des Gesetzes befreit, soweit er die abziehbaren Vorsteuerbeträge nach einem Durchschnittsatz (§§ 69 und 70) berechnet.

§ 66a Aufzeichnungspflichten bei der Anwendung des Durchschnittssatzes für Körperschaften, Personenvereinigungen und Vermögensmassen im Sinne des § 5 Abs. 1 Nr. 9 des Körperschaftsteuergesetzes

Der Unternehmer ist von den Aufzeichnungspflichten nach § 22 Abs. 2 Nr. 5 und 6 des Gesetzes befreit, soweit er die abziehbaren Vorsteuerbeträge nach dem in § 23a des Gesetzes festgesetzten Durchschnittsatz berechnet.

§ 67 Aufzeichnungspflichten bei der Anwendung der Durchschnittssätze für land- und forstwirtschaftliche Betriebe

Unternehmer, auf deren Umsätze § 24 des Gesetzes anzuwenden ist, sind für den land- und forstwirtschaftlichen Betrieb von den Aufzeichnungspflichten nach § 22 des Gesetzes befreit. Ausgenommen hiervon sind die Bemessungsgrundlagen der Umsätze im Sinne des § 24 Abs. 1 Satz 1 Nr. 2 des Gesetzes. Die Aufzeichnungspflichten nach § 22 Abs. 2 Nr. 4, 7 und 8 des Gesetzes bleiben unberührt.

§ 68 Befreiung von der Führung des Steuerheftes

(1) Unternehmer im Sinne des § 22 Abs. 5 des Gesetzes sind von der Verpflichtung, ein Steuerheft zu führen, befreit,

1. wenn sie im Inland eine gewerbliche Niederlassung besitzen und ordnungsmäßige Aufzeichnungen nach § 22 des Gesetzes in Verbindung mit den §§ 63 bis 66 dieser Verordnung führen,

2. soweit ihre Umsätze nach den Durchschnittsätzen für land- und forstwirtschaftliche Betriebe (§ 24 Abs. 1 Satz 1 Nr. 1 und 3 des Gesetzes) besteuert werden,

3. soweit sie mit Zeitungen und Zeitschriften handeln,

4. [1]soweit sie auf Grund gesetzlicher Vorschriften verpflichtet sind, Bücher zu führen, oder ohne eine solche Verpflichtung Bücher führen.

(2) In den Fällen des Absatzes 1 Nr. 1 stellt das Finanzamt dem Unternehmer eine Bescheinigung über die Befreiung von der Führung des Steuerheftes aus.

---

1) Gilt ab 25.03.2009; siehe auch BMF vom 01.04.2009 – IV B 9 – S 7532/08/10001, BStBl. 2009 I S. 529, zum Vordruck

Zu §§ 23–26 UStG

UStDV

Zu § 23 des Gesetzes

§ 69 Festsetzung allgemeiner Durchschnittssätze

(1) Zur Berechnung der abziehbaren Vorsteuerbeträge nach allgemeinen Durchschnittssätzen (§ 23 des Gesetzes) werden die in der Anlage bezeichneten Vomhundertsätze des Umsatzes als Durchschnittssätze festgesetzt. Die Durchschnittssätze gelten jeweils für die bei ihnen angegebenen Berufs- und Gewerbezweige.

(2) Umsatz im Sinne des Absatzes 1 ist der Umsatz, den der Unternehmer im Rahmen der in der Anlage bezeichneten Berufs- und Gewerbezweige im Inland ausführt, mit Ausnahme der Einfuhr, des innergemeinschaftlichen Erwerbs und der in § 4 Nr. 8, Nr. 9 Buchstabe a, Nr. 10 und Nr. 21 des Gesetzes bezeichneten Umsätze.

(3) Der Unternehmer, dessen Umsatz (Absatz 2) im vorangegangenen Kalenderjahr 61 356 Euro überstiegen hat, kann die Durchschnittssätze nicht in Anspruch nehmen.

§ 70 Umfang der Durchschnittssätze

(1) Die in Abschnitt A der Anlage bezeichneten Durchschnittssätze gelten für sämtliche Vorsteuerbeträge, die mit der Tätigkeit der Unternehmer in den in der Anlage bezeichneten Berufs- und Gewerbezweigen zusammenhängen. Ein weiterer Vorsteuerabzug ist insoweit ausgeschlossen.

(2) Neben den Vorsteuerbeträgen, die nach den in Abschnitt B der Anlage bezeichneten Durchschnittssätzen berechnet werden, können unter den Voraussetzungen des § 15 des Gesetzes abgezogen werden:

1. *die Vorsteuerbeträge für Gegenstände, die der Unternehmer zur Weiterveräußerung erworben oder eingeführt hat, einschließlich der Vorsteuerbeträge für Rohstoffe, Halberzeugnisse, Hilfsstoffe und Zutaten;*

2. *die Vorsteuerbeträge*

   a) *für Lieferungen von Gebäuden, Grundstücken und Grundstücksteilen,*

   b) *für Ausbauten, Einbauten, Umbauten und Instandsetzungen bei den in Buchstabe a bezeichneten Gegenständen,*

   c) *für Leistungen im Sinne des § 4 Nr. 12 des Gesetzes.*

Das gilt nicht für Vorsteuerbeträge, die mit Maschinen und sonstigen Vorrichtungen aller Art in Zusammenhang stehen, die zu einer Betriebsanlage gehören, auch wenn sie wesentliche Bestandteile eines Grundstücks sind.

Zu § 24 Abs. 4 des Gesetzes

§ 71 Verkürzung der zeitlichen Bindungen für land- und forstwirtschaftliche Betriebe

Der Unternehmer, der eine Erklärung nach § 24 Abs. 4 Satz 1 des Gesetzes abgegeben hat, kann von der Besteuerung des § 19 Abs. 1 des Gesetzes zur Besteuerung nach § 24 Abs. 1 bis 3 des Gesetzes mit Wirkung vom Beginn eines jeden folgenden Kalenderjahres an übergehen. Auf den Widerruf der Erklärung ist § 24 Abs. 4 Satz 4 des Gesetzes anzuwenden.

Zu § 25 Abs. 2 des Gesetzes

§ 72 Buchmäßiger Nachweis bei steuerfreien Reiseleistungen

(1) Bei Leistungen, die nach § 25 Abs. 2 des Gesetzes ganz oder zum Teil steuerfrei sind, ist § 13 Abs. 1 entsprechend anzuwenden.

(2) Der Unternehmer soll regelmäßig Folgendes aufzeichnen:

1. *die Leistung, die ganz oder zum Teil steuerfrei ist,*

2. *den Tag der Leistung,*

3. *die der Leistung zuzurechnenden einzelnen Reisevorleistungen im Sinne des § 25 Abs. 2 des Gesetzes und die dafür von dem Unternehmer aufgewendeten Beträge,*

4. *den vom Leistungsempfänger für die Leistung aufgewendeten Betrag,*

5. *die Bemessungsgrundlage für die steuerfreie Leistung oder für den steuerfreien Teil der Leistung.*

(3) Absatz 2 gilt entsprechend für die Fälle, in denen der Unternehmer die Bemessungsgrundlage nach § 25 Abs. 3 Satz 3 des Gesetzes ermittelt.

Zu § 26 Abs. 5 des Gesetzes

§ 73 Nachweis der Voraussetzungen der in bestimmten Abkommen enthaltenen Steuerbefreiungen

(1) Der Unternehmer hat die Voraussetzungen der in § 26 Abs. 5 des Gesetzes bezeichneten Steuerbefreiungen wie folgt nachzuweisen:

1. *bei Lieferungen und sonstigen Leistungen, die von einer amtlichen Beschaffungsstelle in Auftrag gegeben worden sind, durch eine Bescheinigung der amtlichen Beschaffungsstelle nach amtlich vorgeschriebenem Vordruck (Abwicklungsschein),*

2. *bei Lieferungen und sonstigen Leistungen, die von einer deutschen Behörde für eine amtliche Beschaffungsstelle in Auftrag gegeben worden sind, durch eine Bescheinigung der deutschen Behörde.*

(2) Zusätzlich zu Absatz 1 muß der Unternehmer die Voraussetzungen der Steuerbefreiungen im Geltungsbereich dieser Verordnung buchmäßig nachweisen. Die Voraussetzungen müssen eindeutig und leicht nachprüfbar aus den Aufzeichnungen zu ersehen sein. In den Aufzeichnungen muß auf die in Absatz 1 bezeichneten Belege hingewiesen sein.

(3) Das Finanzamt kann auf die in Absatz 1 Nr. 1 bezeichnete Bescheinigung verzichten, wenn die vorgeschriebenen Angaben aus anderen Belegen und aus den Aufzeichnungen des Unternehmers eindeutig und leicht nachprüfbar zu ersehen sind.

(4) Bei Beschaffungen oder Baumaßnahmen, die von deutschen Behörden durchgeführt und von den Entsendestaaten oder den Hauptquartieren nur zu einem Teil finanziert werden, gelten Absatz 1 Nr. 2 und Absatz 2 hinsichtlich der anteiligen Steuerbefreiung entsprechend.

UStDV (Anlage)   Zu § 26 UStG / Anlage zu den §§ 69 und 70

Übergangs- und Schlußvorschriften

§ 74

(Änderungen der §§ 34, 67 und 68)

§ 74a[1] Übergangsvorschriften

(1) Die §§ 59 bis 61 in der Fassung des Artikels 8 des Gesetzes vom 19. Dezember 2008 (BGBl. I S. 2794) und § 61a sind auf Anträge auf Vergütung von Vorsteuerbeträgen anzuwenden, die nach dem 31. Dezember 2009 gestellt werden.

(2) Für Wirtschaftsgüter, die vor dem 1. Januar 2012 angeschafft oder hergestellt worden sind, ist § 44 Absatz 3 und 4 in der am 31. Dezember 2011 geltenden Fassung weiterhin anzuwenden.

§ 75 Berlin-Klausel

(gegenstandslos)

§ 76 (Inkrafttreten)

Anlage (zu den §§ 69 und 70)[2]

Abschnitt A
Durchschnittssätze für die Berechnung sämtlicher Vorsteuerbeträge (§ 70 Abs. 1)

I. Handwerk

1. Bäckerei: 5,4 v. H. des Umsatzes

   Handwerksbetriebe, die Frischbrot, Pumpernickel, Knäckebrot, Brötchen, sonstige Frischbackwaren, Semmelbrösel, Paniermehl und Feingebäck, darunter Kuchen, Torten, Tortenböden, herstellen und die Erzeugnisse überwiegend an Endverbraucher absetzen. Die Caféumsätze dürfen 10 vom Hundert des Umsatzes nicht übersteigen.

2. Bau- und Möbeltischlerei: 9,0 v. H. des Umsatzes

   Handwerksbetriebe, die Bauelemente und Bauten aus Holz, Parkett, Holzmöbel und sonstige Tischlereierzeugnisse herstellen und reparieren, ohne daß bestimmte Erzeugnisse klar überwiegen.

3. Beschlag-, Kunst- und Reparaturschmiede: 7,5 v. H. des Umsatzes

   Handwerksbetriebe, die Beschlag- und Kunstschmiedearbeiten einschließlich der Reparaturarbeiten ausführen.

4. Buchbinderei: 5,2 v. H. des Umsatzes

   Handwerksbetriebe, die Buchbindearbeiten aller Art ausführen.

5. Druckerei: 6,4 v. H. des Umsatzes

   Handwerksbetriebe, die folgende Arbeiten ausführen:

   1. *Hoch-, Flach-, Licht-, Sieb- und Tiefdruck,*
   2. *Herstellung von Weichpackungen, Bild-, Abreiß- und Monatskalendern, Spielen und Spielkarten, nicht aber von kompletten Gesellschafts- und Unterhaltungsspielen,*
   3. *Zeichnerische Herstellung von Landkarten, Bauskizzen, Kleidermodellen u. ä. für Druckzwecke.*

6. Elektroinstallation: 9,1 v. H. des Umsatzes

   Handwerksbetriebe, die die Installation von elektrischen Leitungen sowie damit verbundener Geräte einschließlich der Reparatur- und Unterhaltungsarbeiten ausführen.

7. Fliesen- und Plattenlegerei, sonstige Fußbodenlegerei und -kleberei: 8,6 v. H. des Umsatzes

   Handwerksbetriebe, die Fliesen, Platten, Mosaik und Fußböden aus Steinholz, Kunststoffen, Terrazzo und ähnlichen Stoffen verlegen, Estricharbeiten ausführen sowie Fußböden mit Linoleum und ähnlichen Stoffen bekleben, einschließlich der Reparatur- und Instandhaltungsarbeiten.

8. Friseure: 4,5 v. H. des Umsatzes

   Damenfriseure, Herrenfriseure sowie Damen- und Herrenfriseure.

9. Gewerbliche Gärtnerei: 5,8 v. H. des Umsatzes

   Ausführung gärtnerischer Arbeiten im Auftrage anderer, wie Veredeln, Landschaftsgestaltung, Pflege von Gärten und Friedhöfen, Binden von Kränzen und Blumen, wobei diese Tätigkeiten nicht überwiegend auf der Nutzung von Bodenflächen beruhen.

10. Glasergewerbe: 9,2 v. H. des Umsatzes

    Handwerksbetriebe, die Glaserarbeiten ausführen, darunter Bau-, Auto-, Bilder- und Möbelarbeiten.

11. Hoch- und Ingenieurhochbau: 6,3 v. H. des Umsatzes

    Handwerksbetriebe, die Hoch- und Ingenieurhochbauten, aber nicht Brücken- und Spezialbauten, ausführen, einschließlich der Reparatur- und Unterhaltungsarbeiten.

12. Klempnerei, Gas- und Wasserinstallation: 8,4 v. H. des Umsatzes

    Handwerksbetriebe, die Bauklempnerarbeiten und die Installation von Gas- und Flüssigkeitsleitungen sowie damit verbundener Geräte einschließlich der Reparatur- und Unterhaltungsarbeiten ausführen.

13. Maler- und Lackierergewerbe, Tapezierer: 3,7 v. H. des Umsatzes

    Handwerksbetriebe, die folgende Arbeiten ausführen:

    1. *Maler- und Lackiererarbeiten, einschließlich Schiffsmalerei und Entrostungsarbeiten. Nicht dazu gehört das Lackieren von Straßenfahrzeugen,*
    2. *Aufkleben von Tapeten, Kunststoffolien und ähnlichem.*

---

1) Fassung ab 01.01.2012
2) Gilt ab 01.04.1998

Anlage zu den §§ 69 und 70   **UStDV (Anlage)**

14. *Polsterei- und Dekorateurgewerbe: 9,5 v. H. des Umsatzes*

   Handwerksbetriebe, die Polsterer- und Dekorateurarbeiten einschließlich Reparaturarbeiten ausführen. Darunter fallen auch die Herstellung von Möbelpolstern und Matratzen mit fremdbezogenen Vollpolstereinlagen, Federkernen oder Schaumstoff- bzw. Schaumgummikörpern, die Polsterung fremdbezogener Möbelgestelle sowie das Anbringen von Dekorationen, ohne Schaufensterdekorationen.

15. *Putzmacherei: 12,2 v. H. des Umsatzes*

   Handwerksbetriebe, die Hüte aus Filz, Stoff und Stroh für Damen, Mädchen und Kinder herstellen und umarbeiten. Nicht dazu gehört die Herstellung und Umarbeitung von Huthalbfabrikaten aus Filz.

16. *Reparatur von Kraftfahrzeugen: 9,1 v. H. des Umsatzes*

   Handwerksbetriebe, die Kraftfahrzeuge, ausgenommen Ackerschlepper, reparieren.

17. *Schlosserei und Schweißerei: 7,9 v. H. des Umsatzes*

   Handwerksbetriebe, die Schlosser- und Schweißarbeiten einschließlich der Reparaturarbeiten ausführen.

18. *Schneiderei: 6,0 v. H. des Umsatzes*

   Handwerksbetriebe, die folgende Arbeiten ausführen:

   1. Maßfertigung von Herren- und Knabenoberbekleidung, von Uniformen und Damen-, Mädchen- und Kinderoberbekleidung, aber nicht Maßkonfektion.
   2. Reparatur- und Hilfsarbeiten an Erzeugnissen des Bekleidungsgewerbes.

19. *Schuhmacherei: 6,5 v. H. des Umsatzes*

   Handwerksbetriebe, die Maßschuhe, darunter orthopädisches Schuhwerk, herstellen und Schuhe reparieren.

20. *Steinbildhauerei und Steinmetzerei: 8,4 v. H. des Umsatzes*

   Handwerksbetriebe, die Steinbildhauer- und Steinmetzerzeugnisse herstellen, darunter Grabsteine, Denkmäler und Skulpturen einschließlich der Reparaturarbeiten.

21. *Stukkateurgewerbe: 4,4 v. H. des Umsatzes*

   Handwerksbetriebe, die Stukkateur-, Gipsereiund Putzarbeiten, darunter Herstellung von Rabitzwänden, ausführen.

22. *Winder und Scherer: 2,0 v. H. des Umsatzes*

   In Heimarbeit Beschäftigte, die in eigener Arbeitsstätte mit nicht mehr als zwei Hilfskräften im Auftrag von Gewerbetreibenden Garne in Lohnarbeit umspulen.

23. *Zimmerei: 8,1 v. H. des Umsatzes*

   Handwerksbetriebe, die Bauholz zurichten, Dachstühle und Treppen aus Holz herstellen sowie Holzbauten errichten und entsprechende Reparatur- und Unterhaltungsarbeiten ausführen.

II. Einzelhandel

1. *Blumen und Pflanzen: 5,7 v. H. des Umsatzes*

   Einzelhandelsbetriebe, die überwiegend Blumen, Pflanzen, Blattwerk, Wurzelstücke und Zweige vertreiben.

2. *Brennstoffe: 12,5 v. H. des Umsatzes*

   Einzelhandelsbetriebe, die überwiegend Brennstoffe vertreiben.

3. *Drogerien: 10,9 v. H. des Umsatzes*

   Einzelhandelsbetriebe, die überwiegend vertreiben: Heilkräuter, pharmazeutische Spezialitäten und Chemikalien, hygienische Artikel, Desinfektionsmittel, Körperpflegemittel, kosmetische Artikel, diätetische Nahrungsmittel, Säuglings- und Krankenpflegemittel, Reformwaren, Schädlingsbekämpfungsmittel, Fotogeräte und Fotozubehör.

4. *Elektrotechnische Erzeugnisse, Leuchten, Rundfunk-, Fernseh- und Phonogeräte: 11,7 v. H. des Umsatzes*

   Einzelhandelsbetriebe, die überwiegend vertreiben: Elektrotechnische Erzeugnisse, darunter elektrotechnisches Material, Glühbirnen und elektrische Haushalts- und Verbrauchergeräte, Leuchten, Rundfunk-, Fernseh-, Phono-, Tonaufnahmeund -wiedergabegeräte, deren Teile und Zubehör, Schallplatten und Tonbänder.

5. *Fahrräder und Mopeds: 12,2 v. H. des Umsatzes*

   Einzelhandelsbetriebe, die überwiegend Fahrräder, deren Teile und Zubehör, Mopeds und Fahrradanhänger vertreiben.

6. *Fische und Fischerzeugnisse: 6,6 v. H. des Umsatzes*

   Einzelhandelsbetriebe, die überwiegend Fische, Fischerzeugnisse, Krebse, Muscheln und ähnliche Waren vertreiben.

7. *Kartoffeln, Gemüse, Obst und Südfrüchte: 6,4 v. H. des Umsatzes*

   Einzelhandelsbetriebe, die überwiegend Speisekartoffeln, Gemüse, Obst, Früchte (auch Konserven) sowie Obst- und Gemüsesäfte vertreiben.

8. *Lacke, Farben und sonstiger Anstrichbedarf: 11,2 v. H. des Umsatzes*

   Einzelhandelsbetriebe, die überwiegend Lacke, Farben, sonstigen Anstrichbedarf, darunter Malerwerkzeuge, Tapeten, Linoleum, sonstigen Fußbodenbelag, aber nicht Teppiche, vertreiben.

9. *Milch, Milcherzeugnisse, Fettwaren und Eier: 6,4 v. H. des Umsatzes*

   Einzelhandelsbetriebe, die überwiegend Milch, Milcherzeugnisse, Fettwaren und Eier vertreiben.

10. *Nahrungs- und Genußmittel: 8,3 v. H. des Umsatzes*

   Einzelhandelsbetriebe, die überwiegend Nahrungs- und Genußmittel aller Art vertreiben, ohne daß bestimmte Warenarten klar überwiegen.

11. *Oberbekleidung: 12,3 v. H. des Umsatzes*

   Einzelhandelsbetriebe, die überwiegend vertreiben: Oberbekleidung für Herren, Knaben, Damen, Mädchen und Kinder, auch in sportlichem Zuschnitt, darunter Berufs- und Lederbekleidung, aber nicht gewirkte und gestrickte Oberbe-

UStDV (Anlage) — Anlage zu den §§ 69 und 70

kleidung, Sportbekleidung, Blusen, Hausjacken, Morgenröcke und Schürzen.

12. *Reformwaren: 8,5 v. H. des Umsatzes*

    Einzelhandelsbetriebe, die überwiegend vertreiben: Reformwaren, darunter Reformnahrungsmittel, diätetische Lebensmittel, Kurmittel, Heilkräuter, pharmazeutische Extrakte und Spezialitäten.

13. *Schuhe und Schuhwaren: 11,8 v. H. des Umsatzes*

    Einzelhandelsbetriebe, die überwiegend Schuhe aus verschiedenen Werkstoffen sowie Schuhwaren vertreiben.

14. *Süßwaren: 6,6 v. H. des Umsatzes*

    Einzelhandelsbetriebe, die überwiegend Süßwaren vertreiben.

15. *Textilwaren verschiedener Art: 12,3 v. H. des Umsatzes*

    Einzelhandelsbetriebe, die überwiegend Textilwaren vertreiben, ohne daß bestimmte Warenarten klar überwiegen.

16. *Tiere und zoologischer Bedarf: 8,8 v. H. des Umsatzes*

    Einzelhandelsbetriebe, die überwiegend lebende Haus- und Nutztiere, zoologischen Bedarf, Bedarf für Hunde- und Katzenhaltung und dergleichen vertreiben.

17. *Unterhaltungszeitschriften und Zeitungen: 6,3 v. H. des Umsatzes*

    Einzelhandelsbetriebe, die überwiegend Unterhaltungszeitschriften, Zeitungen und Romanhefte vertreiben.

18. *Wild und Geflügel: 6,4 v. H. des Umsatzes*

    Einzelhandelsbetriebe, die überwiegend Wild, Geflügel und Wildgeflügel vertreiben.

III. Sonstige Gewerbebetriebe

1. *Eisdielen: 5,8 v. H. des Umsatzes*

   Betriebe, die überwiegend erworbenes oder selbsthergestelltes Speiseeis zum Verzehr auf dem Grundstück des Verkäufers abgeben.

2. *Fremdenheime und Pensionen: 6,7 v. H. des Umsatzes*

   Unterkunftsstätten, in denen jedermann beherbergt und häufig auch verpflegt wird.

3. *Gast- und Speisewirtschaften: 8,7 v. H. des Umsatzes*

   Gast- und Speisewirtschaften mit Ausschank alkoholischer Getränke (ohne Bahnhofswirtschaften).

4. *Gebäude- und Fensterreinigung: 1,6 v. H. des Umsatzes*

   Betriebe für die Reinigung von Gebäuden, Räumen und Inventar, einschließlich Teppichreinigung, Fensterputzen, Schädlingsbekämpfung und Schiffsreinigung. Nicht dazu gehören die Betriebe für Hausfassadenreinigung.

5. *Personenbeförderung mit Personenkraftwagen: 6,0 v. H. des Umsatzes*

   Betriebe zur Beförderung von Personen mit Taxis oder Mietwagen.

6. *Wäschereien: 6,5 v. H. des Umsatzes*

   Hierzu gehören auch Mietwaschküchen, Wäschedienst, aber nicht Wäscheverleih.

IV. Freie Berufe

1. a) *Bildhauer: 7,0 v. H. des Umsatzes*

   b) *Grafiker (nicht Gebrauchsgrafiker): 5,2 v. H. des Umsatzes*

   c) *Kunstmaler: 5,2 v. H. des Umsatzes*

2. *Selbständige Mitarbeiter bei Bühne, Film, Funk, Fernsehen und Schallplattenproduzenten: 3,6 v. H. des Umsatzes*

   Natürliche Personen, die auf den Gebieten der Bühne, des Films, des Hörfunks, des Fernsehens, der Schallplatten-, Bild- und Tonträgerproduktion selbständig Leistungen in Form von eigenen Darbietungen oder Beiträge zu Leistungen Dritter erbringen.

3. *Hochschullehrer: 2,9 v. H. des Umsatzes*

   Umsätze aus freiberuflicher Nebentätigkeit zur unselbständig ausgeübten wissenschaftlichen Tätigkeit.

4. *Journalisten: 4,8 v. H. des Umsatzes*

   Freiberuflich tätige Unternehmer, die in Wort und Bild überwiegend aktuelle politische, kulturelle und wirtschaftliche Ereignisse darstellen.

5. *Schriftsteller: 2,6 v. H. des Umsatzes*

   Freiberuflich tätige Unternehmer, die geschriebene Werke mit überwiegend wissenschaftlichem, unterhaltendem oder künstlerischem Inhalt schaffen.

Abschnitt B
Durchschnittssätze für die Berechnung eines Teils der Vorsteuerbeträge
(§ 70 Abs. 2)

1. *Architekten: 1,9 v. H. des Umsatzes*

   Architektur-, Bauingenieur- und Vermessungsbüros, darunter Baubüros, statische Büros und Bausachverständige, aber nicht Film- und Bühnenarchitekten.

2. *Haushandweber: 3,2 v. H. des Umsatzes*

   In Heimarbeit Beschäftigte, die in eigener Arbeitsstätte mit nicht mehr als zwei Hilfskräften im Auftrag von Gewerbetreibenden Schmalbänder in Lohnarbeit weben oder wirken.

3. *Patentanwälte: 1,7 v. H. des Umsatzes*

   Patentanwaltspraxis, aber nicht die Lizenz- und Patentverwertung.

4. *Rechtsanwälte und Notare: 1,5 v. H. des Umsatzes*

   Rechtsanwaltspraxis mit und ohne Notariat sowie das Notariat, nicht aber die Patentanwaltspraxis.

5. *Schornsteinfeger: 1,6 v. H. des Umsatzes*

6. *Wirtschaftliche Unternehmensberatung, Wirtschaftsprüfung: 1,7 v. H. des Umsatzes*

   Wirtschaftsprüfer, vereidigte Buchprüfer, Steuerberater und Steuerbevollmächtigte. Nicht dazu gehören Treuhandgesellschaften für Vermögensverwaltung.

§ 1

Umsatzsteuergesetz
(UStG 2005)

in der ab dem 1. Januar 2011 geltenden Fassung

Erster Abschnitt
Steuergegenstand und Geltungsbereich

§ 1 Steuerbare Umsätze

(1) Der Umsatzsteuer unterliegen die folgenden Umsätze:

1. die Lieferungen und sonstigen Leistungen, die ein Unternehmer im Inland gegen Entgelt im Rahmen seines Unternehmens ausführt. Die Steuerbarkeit entfällt nicht, wenn der Umsatz auf Grund gesetzlicher oder behördlicher Anordnung ausgeführt wird oder nach gesetzlicher Vorschrift als ausgeführt gilt;
2. (aufgehoben ab 01.04.1999)
3. (aufgehoben ab 01.04.1999)
4. die Einfuhr von Gegenständen im Inland oder in den österreichischen Gebieten Jungholz und Mittelberg (Einfuhrumsatzsteuer);
5. der innergemeinschaftliche Erwerb im Inland gegen Entgelt.

(1a) Die Umsätze im Rahmen einer Geschäftsveräußerung an einen anderen Unternehmer für dessen Unternehmen unterliegen nicht der Umsatzsteuer. Eine Geschäftsveräußerung liegt vor, wenn ein Unternehmen oder ein in der Gliederung eines Unternehmens gesondert geführter Betrieb im ganzen entgeltlich oder unentgeltlich übereignet oder in eine Gesellschaft eingebracht wird. Der erwerbende Unternehmer tritt an die Stelle[1] des Veräußerers.

(2)[1] Inland im Sinne dieses Gesetzes ist das Gebiet der Bundesrepublik Deutschland mit Ausnahme des Gebiets von Büsingen, der Insel Helgoland, der Freizonen des Kontrolltyps I nach § 1 Abs. 1 Satz 1 des Zollverwaltungsgesetzes (Freihäfen), der Gewässer und Watten zwischen der Hoheitsgrenze und der jeweiligen Strandlinie sowie der deutschen Schiffe und der deutschen Luftfahrzeuge in Gebieten, die zu keinem Zollgebiet gehören. Ausland im Sinne dieses Gesetzes ist das Gebiet, das danach nicht Inland ist. Wird ein Umsatz im Inland ausgeführt, so kommt es für die Besteuerung nicht darauf an, ob der Unternehmer deutscher Staatsangehöriger ist, seinen Wohnsitz oder Sitz im Inland hat, im Inland eine Betriebsstätte unterhält, die Rechnung erteilt oder die Zahlung empfängt.

(2a) Das Gemeinschaftsgebiet im Sinne dieses Gesetzes umfaßt das Inland im Sinne des Absatzes 2 Satz 1 und die Gebiete der übrigen Mitgliedstaaten der Europäischen Gemeinschaft, die nach dem Gemeinschaftsrecht als Inland dieser Mitgliedstaaten gelten (übriges Gemeinschaftsgebiet). Das Fürstentum Monaco gilt als Gebiet der Französischen Republik; die Insel Man gilt als Gebiet des Vereinigten Königreichs Großbritannien und Nordirland. Drittlandsgebiet im Sinne dieses Gesetzes ist das Gebiet, das nicht Gemeinschaftsgebiet ist.

(3) Folgende Umsätze, die in den Freihäfen und in den Gewässern und Watten zwischen der Hoheitsgrenze und der jeweiligen Strandlinie bewirkt werden, sind wie Umsätze im Inland zu behandeln:

1. [2] die Lieferungen und die innergemeinschaftlichen Erwerbe von Gegenständen, die zum Gebrauch oder Verbrauch in den bezeichneten Gebieten oder zur Ausrüstung oder Versorgung eines Beförderungsmittels bestimmt sind, wenn die Gegenstände

---
1) Fassung ab 01.01.2004
2) Fassung ab 19.12.2006

§ 1

  a) nicht für das Unternehmen des Abnehmers erworben werden, oder
  b) vom Abnehmer ausschließlich oder zum Teil für eine nach § 4 Nr. 8 bis 27 steuerfreie Tätigkeit verwendet werden;
2. [1] die sonstigen Leistungen, die
  a) nicht für das Unternehmen des Leistungsempfängers ausgeführt werden, oder
  b) vom Leistungsempfänger ausschließlich oder zum Teil für eine nach § 4 Nr. 8 bis 27 steuerfreie Tätigkeit verwendet werden;
3. die Lieferungen im Sinne des § 3 Abs. 1b und die sonstigen Leistungen im Sinne des § 3 Abs. 9a;
4. die Lieferungen von Gegenständen, die sich im Zeitpunkt der Lieferung
  a) in einem zollamtlich bewilligten Freihafen-Veredelungsverkehr oder in einer zollamtlich besonders zugelassenen Freihafenlagerung oder
  b) einfuhrumsatzsteuerrechtlich im freien Verkehr befinden;
5. die sonstigen Leistungen, die im Rahmen eines Veredelungsverkehrs oder einer Lagerung im Sinne der Nummer 4 Buchstabe a ausgeführt werden;
6. *aufgehoben* [2]
7. der innergemeinschaftliche Erwerb eines neuen Fahrzeugs durch die in § 1a Abs. 3 und § 1b Abs. 1 genannten Erwerber.

Lieferungen und sonstige Leistungen an juristische Personen des öffentlichen Rechts sowie deren innergemeinschaftlicher Erwerb in den bezeichneten Zollfreigebieten sind als Umsätze im Sinne der Nummern 1, 2 und 6 anzusehen, soweit der Unternehmer nicht anhand von Aufzeichnungen und Belegen das Gegenteil glaubhaft macht.

Vorgaben im EG-Recht

USt-Recht	MwStSystRL
§ 1 Abs. 1 Nr. 1 Satz 1	Artikel 2 Abs. 1 Buchst. a und c
§ 1 Abs. 1 Nr. 1 Satz 2	Artikel 14 Abs. 2 Buchst. a, Artikel 25 Buchst. c
§ 1 Abs. 1 Nr. 4	Artikel 2 Abs. 1 Buchst. d, Artikel 30 Abs. 1 und 2, Artikel 60 und 61
§ 1 Abs. 1 Nr. 5	Artikel 2 Abs. 1 Buchst. b
§ 1 Abs. 1a	Artikel 19 und 29
§ 1 Abs. 2	Artikel 5 Abs. 2, Artikel 6 Abs. 2 Buchst. a und b, Artikel 155ff., Protokollerklärung Nr. 1
§ 1 Abs. 2a Satz 1	Artikel 5 Abs. 1, Artikel 6
§ 1 Abs. 2a Satz 2	Artikel 7
§ 1 Abs. 2a Satz 3	Artikel 5 Abs. 3 und 4, Artikel 6
§ 1 Abs. 3	Artikel 155 und 162

---

1) Fassung ab 19.12.2006
2) Ab 19.12.2006

UStAE[1]

Zu § 1 UStG

1.1. Leistungsaustausch

Allgemeines

(1) [1]Ein Leistungsaustausch setzt voraus, dass Leistender und Leistungsempfänger vorhanden sind und der Leistung eine Gegenleistung (Entgelt) gegenübersteht. [2]Für die Annahme eines Leistungsaustauschs müssen Leistung und Gegenleistung in einem wechselseitigen Zusammenhang stehen. [3]§ 1 Abs. 1 Nr. 1 UStG setzt für den Leistungsaustausch einen unmittelbaren, nicht aber einen inneren (synallagmatischen) Zusammenhang zwischen Leistung und Entgelt voraus (BFH-Urteil vom 15.4.2010, V R 10/08, BStBl. II S. 879). [4]Bei Leistungen, zu deren Ausführung sich die Vertragsparteien in einem gegenseitigen Vertrag verpflichtet haben, liegt grundsätzlich ein Leistungsaustausch vor (BFH-Urteil vom 8.11.2007, V R 20/05, BStBl. 2009 II S. 483). [5]Auch wenn die Gegenleistung für die Leistung des Unternehmers nur im nichtunternehmerischen Bereich verwendbar ist (z.B. eine zugewendete Reise), kann sie Entgelt sein. [6]Der Annahme eines Leistungsaustauschs steht nicht entgegen, dass sich die Entgelterwartung nicht erfüllt, dass das Entgelt uneinbringlich wird oder dass es sich nachträglich mindert (vgl. BFH-Urteil vom 22.6.1989, V R 37/84, BStBl. II S. 913). [7]Dies gilt regelmäßig auch bei – vorübergehenden – Liquiditätsschwierigkeiten des Entgeltschuldners (vgl. BFH-Urteil vom 16.3.1993, XI R 52/90, BStBl. II S. 562). [8]Auch wenn eine Gegenleistung freiwillig erbracht wird, kann ein Leistungsaustausch vorliegen (vgl. BFH-Urteil vom 17.2.1972, V R 118/71, BStBl. II S. 405). [9]Leistung und Gegenleistung brauchen sich nicht gleichwertig gegenüberzustehen (vgl. BFH-Urteil vom 22.6.1989, a.a.O.). [10]An einem Leistungsaustausch fehlt es in der Regel, wenn eine Gesellschaft Geldmittel nur erhält, damit sie in die Lage versetzt wird, sich in Erfüllung ihres Gesellschaftszwecks zu betätigen (vgl. BFH-Urteil vom 20.4.1988, X R 3/82, BStBl. II S. 792; vgl. auch Abschnitt 1.6).

(2) [1]Zur Prüfung der Leistungsbeziehungen zwischen nahen Angehörigen, wenn der Leistungsempfänger die Leistung für Umsätze in Anspruch nimmt, die den Vorsteuerabzug nicht ausschließen, vgl. BFH-Urteil vom 15.3.1993, V R 109/89, BStBl. II S. 728. [2]Zur rechtsmissbräuchlichen Gestaltung nach § 42 AO bei „Vorschaltung" von Minderjährigen in den Erwerb und die Vermietung von Gegenständen vgl. BFH-Urteile vom 21.11.1991, V R 20/87, BStBl. 1992 II S. 446, und vom 4.5.1994, XI R 67/93, BStBl. II S. 829. [3]Ist der Leistungsempfänger ganz oder teilweise nicht zum Vorsteuerabzug berechtigt, ist der Missbrauch von rechtlichen Gestaltungsmöglichkeiten sowohl bei der „Vorschaltung" von Ehegatten als auch bei der „Vorschaltung" von Gesellschaften nach den Grundsätzen der BFH-Urteile vom 22.10.1992, V R 33/90, BStBl. 1993 II S. 210, vom 4.5.1994, a.a.O., und vom 18.12.1996, XI R 12/96, BStBl. 1997 II S. 374, zu prüfen.

(3) [1]Der Leistungsaustausch umfasst alles, was Gegenstand eines Rechtsverkehrs sein kann. [2]Leistungen im Rechtssinne unterliegen aber nur insoweit der Umsatzsteuer, als sie auch Leistungen im wirtschaftlichen Sinne sind, d.h. Leistungen, bei denen ein über die reine Entgeltentrichtung hinausgehendes eigenes wirtschaftliches Interesse des Entrichtenden verfolgt wird (vgl. BFH-Urteil vom 31.7.1969, V 94/65, BStBl. II S. 637). [3]Die bloße Entgeltentrichtung, insbesondere die Geldzahlung oder Überweisung, ist keine Leistung im wirtschaftlichen Sinne. [4]Das Anbieten von Leistungen (Leistungsbereitschaft) kann eine steuerbare Leistung sein, wenn dafür ein Entgelt gezahlt wird (vgl. BFH-Urteil vom 27.8.1970, V R 159/66, BStBl. 1971 II S. 6). [5]Unter welchen Voraussetzungen bei der Schuldübernahme eine Leistung im wirtschaftlichen Sinne anzunehmen ist vgl. die BFH-Urteile vom 18.4.1962, V 246/59 S, BStBl. III S. 292, und vom 31.7.1969, a.a.O.

(4) [1]Ein Leistungsaustausch liegt nicht vor, wenn eine Lieferung rückgängig gemacht wird (Rückgabe). [2]Ob eine nicht steuerbare Rückgabe oder eine steuerbare Rücklieferung vorliegt, ist aus der Sicht des ursprünglichen Lieferempfängers und nicht aus der Sicht des ursprünglichen Lieferers zu beurteilen (vgl. BFH-Urteile vom 27.6.1995, V R 27/94, BStBl. II S. 756, und vom 12.11.2008, XI R 46/07, BStBl. 2009 II S. 558).

---

1) Hinweis zum Umsatzsteuer-Anwendungserlass (UStAE):
   Die jeweils tagesaktuelle Fassung des UStAE ist auf der Internet-homepage des Bundesministeriums der Finanzen abrufbar.
   http://www.bundesfinanzministerium.de/Umsatzsteuer-Anwendungserlass (bitte auf die Großschreibung achten) Diese Kurz-URL führt zum sofortigen Download des UStAE in der aktuellen, konsolidierten Fassung. Diese Fassung enthält – mit implementierten erläuternden Fußnoten – die Regelungen aller BMF-Schreiben, die zu Änderungen des UStAE geführt haben.
   Eine Stichwortsuche innerhalb des pdf-Dokuments des UStAE ist möglich.
   Auf der Internet-homepage des Bundesministeriums der Finanzen sind auch die Fassungen des UStAE mit dem Stand 31.12.2010 und 31.12.2011 abgelegt.

§ 1　　　　UStAE 1.1.

(5) Zur Errichtung von Gebäuden auf fremdem Boden vgl. BMF-Schreiben vom 23.7.1986, BStBl. I S. 432, zur umsatzsteuerrechtlichen Behandlung von Erschließungsmaßnahmen vgl. BMF-Schreiben vom 31.5.2002, BStBl. I S. 631, und zu Kraftstofflieferungen im Kfz-Leasingbereich vgl. BMF-Schreiben vom 15.6.2004, BStBl. I S. 605.

Beistellungen

(6) [1]Bei der Abgrenzung zwischen steuerbarer Leistung und nicht steuerbarer Beistellung von Personal des Auftraggebers ist unter entsprechender Anwendung der Grundsätze der sog. Materialbeistellung (vgl. Abschnitt 3.8 Abs. 2 bis 4) darauf abzustellen, ob der Auftraggeber an den Auftragnehmer selbst eine Leistung (als Gegenleistung) bewirken oder nur zur Erbringung der Leistung durch den Auftragnehmer beitragen will. [2]Soweit der Auftraggeber mit der Beistellung seines Personals an der Erbringung der bestellten Leistung mitwirkt, wird dadurch zugleich auch der Inhalt der gewollten Leistung näher bestimmt. [3]Ohne entsprechende Beistellung ist es Aufgabe des Auftragnehmers, sämtliche Mittel für die Leistungserbringung selbst zu beschaffen. [4]Daher sind Beistellungen nicht Bestandteil des Leistungsaustauschs, wenn sie nicht im Austausch für die gewollte Leistung aufgewendet werden (vgl. BFH-Urteil vom 15.4.2010, V R 10/08, BStBl. II S. 879).

(7) [1]Eine nicht steuerbare Beistellung von Personal des Auftraggebers setzt voraus, dass das Personal nur im Rahmen der Leistung des Auftragnehmers für den Auftraggeber eingesetzt wird (vgl. BFH-Urteil vom 6.12.2007, V R 42/06, BStBl. 2009 II S. 493). [2]Der Einsatz von Personal des Auftraggebers für Umsätze des Auftragnehmers an Drittkunden muss vertraglich und tatsächlich ausgeschlossen sein. [3]Der Auftragnehmer hat dies sicherzustellen und trägt hierfür die objektive Beweislast. [4]Die Entlohnung des überlassenen Personals muss weiterhin ausschließlich durch den Auftraggeber erfolgen. [5]Ihm allein muss auch grundsätzlich das Weisungs-recht obliegen. [6]Dies kann nur in dem Umfang eingeschränkt und auf den Auftragnehmer übertragen werden, soweit es zur Erbringung der Leistung erforderlich ist.

Beispiele für einen Leistungsaustausch

(8) [1]Die Übernahme einer Baulast gegen ein Darlehen zu marktunüblich niedrigen Zinsen kann einen steuerbaren Umsatz darstellen (vgl. BFH-Beschluss vom 12.11.1987, V B 52/86, BStBl. 1988 II S. 156). [2]Vereinbart der Bauherr einer Tiefgarage mit einer Gemeinde den Bau und die Zurverfügungstellung von Stellplätzen für die Allgemeinheit und erhält er dafür einen Geldbetrag, ist in der Durchführung dieses Vertrags ein Leistungsaustausch mit der Gemeinde zu sehen (vgl. BFH-Urteil vom 13.11.1997, V R 11/97, BStBl. 1998 II S. 169).

(8a) Die Zustimmung zur vorzeitigen Auflösung eines Beratervertrages gegen „Schadensersatz" kann eine sonstige Leistung sein (BFH-Urteil vom 7.7.2005, V R 34/03, BStBl. 2007 II S. 66).

(9) [1]Die geschäftsmäßige Ausgabe nicht börsengängiger sog. Optionen (Privatoptionen) auf Warenterminkontrakte gegen Zahlung einer Prämie ist eine steuerbare Leistung (BFH-Urteil vom 28.11.1985, V R 169/82, BStBl. 1986 II S. 160). [2]Die entgeltliche Anlage und Verwaltung von Vermögenswerten ist grundsätzlich steuerbar. [3]Dies gilt auch dann, wenn sich der Unternehmer im Auftrag der Geldgeber treuhänderisch an einer Anlagegesellschaft beteiligt und deren Geschäfte führt (BFH-Urteil vom 29.1.1998, V R 67/96, BStBl. II S. 413).

(10) Zahlt ein Apotheker einem Hauseigentümer dafür etwas, dass dieser Praxisräume einem Arzt (mietweise oder unentgeltlich) überlässt, kann zwischen dem Apotheker und dem Hauseigentümer ein eigener Leistungsaustausch vorliegen (BFH-Urteil vom 20.2.1992, V R 107/87, BStBl. II S. 705, und vom 15.10.2009, XI R 82/07, BStBl. 2010 II S. 247).

(11) [1]Die Freigabe eines Fußballvertragsspielers oder Lizenzspielers gegen Zahlung einer Ablöseentschädigung vollzieht sich im Rahmen eines Leistungsaustauschs zwischen abgebendem und aufnehmendem Verein (vgl. BFH-Urteil vom 31.8.1955, V 108/55 U, BStBl. III S. 333). [2]Das gilt auch, wenn die Ablöseentschädigung für die Abwanderung eines Fußballspielers in das Ausland von dem ausländischen Verein gezahlt wird; zum Ort der Leistung in derartigen Fällen vgl. Abschnitt 3a.9 Abs. 2 Satz 4.

(12) [1]Für die Frage, ob im Verhältnis zwischen Gesellschaft und Gesellschafter entgeltliche Leistungen vorliegen, gelten keine Besonderheiten, so dass es nur darauf ankommt, ob zwischen Leistenden und Leistungsempfänger ein Rechtsverhältnis besteht, das einen unmittelbaren Zusammenhang zwischen der Leistung und einem erhaltenen Gegenwert begründet (vgl. BFH-Urteile vom 6.6.2002, V R 43/01, BStBl. 2003 II S. 36, und vom 5.12.2007, V R 60/05, BStBl. 2009 II S. 486, und Abschnitt 1.6). [2]Entgeltliche Geschäftsführungs- und Vertretungsleistungen sind unabhängig von der Rechtsform des Leistungsempfängers auch dann steuerbar, wenn es sich beim Leistenden um ein Organ des Leistungsempfängers handelt. [3]Geschäftsführungs- und Vertretungsleistungen, die ein Mitglied des Vereinsvor-

UStAE 1.1. §1

stands gegenüber dem Verein gegen Gewährung von Aufwendungsersatz erbringt, sind deshalb ebenso steuerbar wie die entgeltliche Tätigkeit eines Kassenarztes als Vorstandsmitglied einer kassenärztlichen Vereinigung (vgl. BFH-Urteil vom 14.5.2008, XI R 70/07, BStBl. II S. 912).

(13) ¹Werden auf Grund des BauGB Betriebsverlagerungen vorgenommen, handelt es sich dabei um umsatzsteuerbare Leistungen des betreffenden Unternehmers an die Gemeinde oder den Sanierungsträger; das Entgelt für diese Leistungen besteht in den Entschädigungsleistungen. ²Reichen die normalen Entschädigungsleistungen nach dem BauGB nicht aus und werden zur anderweitigen Unterbringung eines von der städtebaulichen Sanierungsmaßnahme betroffenen gewerblichen Betriebs zusätzliche Sanierungsfördermittel in Form von Zuschüssen eingesetzt, sind sie als Teil des Entgelts für die oben bezeichnete Leistung des Unternehmers anzusehen.

Kein Leistungsaustausch

(14) Die Unterhaltung von Giro-, Bauspar- und Sparkonten stellt für sich allein keine Leistung im wirtschaftlichen Sinne dar (vgl. BFH-Urteil vom 1.2.1973, V R 2/70, BStBl. II S. 172).

(15) ¹Eine Personengesellschaft erbringt bei der Aufnahme eines Gesellschafters gegen Bar- oder Sacheinlage an diesen keinen steuerbaren Umsatz (vgl. BFH-Urteil vom 1.7.2004, V R 32/00, BStBl. II S. 1022). ²Nicht steuerbar sind auch die Ausgabe von neuen Aktien zur Aufbringung von Kapital, die Aufnahme von atypisch stillen Gesellschaftern und die Ausgabe von nichtverbrieften Genussrechten, die ein Recht am Gewinn eines Unternehmens begründen.

(16) ¹Personalgestellungen und -überlassungen gegen Entgelt, auch gegen Aufwendungsersatz, erfolgen grundsätzlich im Rahmen eines Leistungsaustauschs. ²In den folgenden Beispielsfällen liegt bei der Freistellung von Arbeitnehmern durch den Unternehmer gegen Erstattung der Aufwendungen wie Lohnkosten, Sozialversicherungsbeiträge und dgl. jedoch mangels eines konkretisierbaren Leistungsempfängers kein Leistungsaustausch vor:

Freistellung

1. für Luftschutz- und Katastrophenschutzübungen;
2. für Sitzungen des Gemeinderats oder seiner Ausschüsse;
3. an das Deutsche Rote Kreuz, das Technische Hilfswerk, den Malteser Hilfsdienst, die Johanniter Unfallhilfe oder den Arbeiter Samariter Bund;
4. an die Feuerwehr für Zwecke der Ausbildung, zu Übungen und zu Einsätzen;
5. für Wehrübungen;
6. zur Teilnahme an der Vollversammlung einer Handwerkskammer, an Konferenzen, Lehrgängen und dgl. einer Industriegewerkschaft, für eine Tätigkeit im Vorstand des Zentralverbands Deutscher Schornsteinfeger e.V., für die Durchführung der Gesellenprüfung im Schornsteinfegerhandwerk, zur Mitwirkung im Gesellenausschuss nach § 69 Abs. 4 HwO;
7. für Sitzungen der Vertreterversammlung und des Vorstands der Verwaltungsstellen der Bundesknappschaft;
8. für die ehrenamtliche Tätigkeit in den Selbstverwaltungsorganen der Allgemeinen Ortskrankenkassen, bei Innungskrankenkassen und ihren Verbänden;
9. als Heimleiter in Jugenderholungsheimen einer Industriegewerkschaft;
10. von Bergleuten für Untersuchungen durch das Berufsgenossenschaftliche Forschungsinstitut für Arbeitsmedizin;
11. für Kurse der Berufsgenossenschaft zur Unfallverhütung;
12. Personalkostenerstattung nach § 147 Abs. 2a SGB V für die Überlassung von Personal durch den Arbeitgeber an eine Betriebskrankenkasse.

³Dies gilt entsprechend für Fälle, in denen der Unternehmer zur Freistellung eines Arbeitnehmers für öffentliche oder gemeinnützige Zwecke nach einem Gesetz verpflichtet ist, soweit dieses Gesetz den Ersatz der insoweit entstandenen Lohn- und Lohnnebenkosten vorschreibt.

(17) ¹Das Bestehen einer Gewinngemeinschaft (Gewinnpooling) beinhaltet für sich allein noch keinen Leistungsaustausch zwischen den Beteiligten (vgl. BFH-Urteil vom 26.7.1973, V R 42/70, BStBl. II S. 766). ²Bei einer Innengesellschaft ist kein Leistungsaustausch zwischen Gesellschaftern und Innengesellschaft, sondern nur unter den Gesellschaftern denkbar (vgl. BFH-Urteil vom 27.5.1982, V R 110 und 111/81, BStBl. II S. 678).

(18) ¹Nach § 181 BauGB soll die Gemeinde bei der Durchführung des BauGB zur Vermeidung oder zum Ausgleich wirtschaftlicher Nachteile, die für den Betroffenen in seinen persönlichen Lebensumständen

eine besondere Härte bedeuten, auf Antrag einen Geldausgleich im Billigkeitswege gewähren. ²Ein solcher Härteausgleich ist, wenn er einem Unternehmer gezahlt wird, nicht als Entgelt für eine steuerbare Leistung des Unternehmers gegenüber der Gemeinde anzusehen; es handelt sich vielmehr um eine nicht steuerbare Zuwendung. ³Das Gleiche gilt, wenn dem Eigentümer eines Gebäudes ein Zuschuss gewährt wird

1. für Modernisierungs- und Instandsetzungsmaßnahmen nach § 177 BauGB;
2. für Modernisierungs- und Instandsetzungsmaßnahmen im Sinne des § 177 BauGB, zu deren Durchführung sich der Eigentümer gegenüber der Gemeinde vertraglich verpflichtet hat;
3. für andere der Erhaltung, Erneuerung und funktionsgerechten Verwendung dienende Maßnahmen an einem Gebäude, das wegen seiner geschichtlichen, künstlerischen oder städtebaulichen Bedeutung erhalten bleiben soll, zu deren Durchführung sich der Eigentümer gegenüber der Gemeinde vertraglich verpflichtet hat;
4. ¹für die Durchführung einer Ordnungsmaßnahme nach § 146 Abs. 3 BauGB, soweit der Zuschuss dem Grundstückseigentümer als Gebäude-Restwertentschädigung gezahlt wird. ²Werden im Rahmen der Maßnahme die beim Grundstückseigentümer anfallenden Abbruchkosten gesondert vergütet, sind diese Beträge Entgelt für eine steuerbare und steuerpflichtige Leistung des Grundstückseigentümers an die Gemeinde.

⁴Voraussetzung ist, dass in den Fällen der Nummern 2 und 3 der Zuschuss aus Sanierungsfördermitteln zur Deckung der Kosten der Modernisierung und Instandsetzung nur insoweit gewährt wird, als diese Kosten nicht vom Eigentümer zu tragen sind.

(19) ¹Der Übergang eines Grundstücks im Flurbereinigungsverfahren nach dem FlurbG und im Umlegungsverfahren nach dem BauGB unterliegt grundsätzlich nicht der Umsatzsteuer. ²In den Fällen der Unternehmensflurbereinigung (§§ 87 bis 89 FlurbG) ist die Bereitstellung von Flächen insoweit umsatzsteuerbar, als dafür eine Geldentschädigung gezahlt wird. ³Ggf. kommt die Steuerbefreiung nach § 4 Nr. 9 Buchstabe a UStG in Betracht.

(20) ¹Die Teilnahme eines Händlers an einem Verkaufswettbewerb seines Lieferanten, dessen Gegenstand die vertriebenen Produkte sind, begründet regelmäßig keinen Leistungsaustausch (BFH-Urteil vom 9.11.1994, XI R 81/92, BStBl. 1995 II S. 277). ²Zur umsatzsteuerlichen Behandlung von Verkaufswettbewerben vgl. auch Abschnitte 10.1 und 10.3.

(21) In den Fällen des Folgerechts beim Weiterverkauf des Originals eines Werks der bildenden Künste (vgl. § 26 UrhG) besteht zwischen dem Anspruchsberechtigten (Urheber bzw. Rechtsnachfolger) und dem Zahlungsverpflichteten (Veräußerer) auf Grund mangelnder vertraglicher Beziehungen kein Leistungsaustauschverhältnis.

(22) ¹Das Rechtsinstitut der „Fautfracht" (§ 415 Abs. 2 HGB) versteht sich als eine gesetzlich festgelegte, pauschale Kündigungsentschädigung, die weder Leistungsentgelt noch Schadensersatz ist. ²Entsprechendes gilt für andere vergleichbare pauschale Kündigungsentschädigungen wie z.B. sog. Bereitstellungsentgelte, die ein Speditionsunternehmen erhält, wenn eine Zwangsräumung kurzfristig von dem Gerichtsvollzieher abgesagt wird (vgl. BFH-Urteil vom 30.6.2010, XI R 22/08, BStBl. II S. 1084).

1.2. Verwertung von Sachen

(1) ¹Bei der Sicherungsübereignung erlangt der Sicherungsnehmer zu dem Zeitpunkt, in dem er von seinem Verwertungsrecht Gebrauch macht, auch die Verfügungsmacht über das Sicherungsgut. ²Die Verwertung der zur Sicherheit übereigneten Gegenstände durch den Sicherungsnehmer außerhalb des Insolvenzverfahrens führt zu zwei Umsätzen (sog. Doppelumsatz), und zwar zu einer Lieferung des Sicherungsgebers an den Sicherungsnehmer und zu einer Lieferung des Sicherungsnehmers an den Erwerber (vgl. BFH-Urteil vom 4.6.1987, V R 57/79, BStBl. II S. 741, und BFH-Beschluss vom 19.7.2007, V B 222/06, BStBl. 2008 II S. 163). ³Entsprechendes gilt bei der Versteigerung verfallener Pfandsachen durch den Pfandleiher (vgl. BFH-Urteil vom 16.4.1997, XI R 87/96, BStBl. II S. 585). ⁴Zwei Umsätze liegen vor, wenn die Verwertung vereinbarungsgemäß vom Sicherungsgeber im Namen des Sicherungsnehmers vorgenommen wird oder die Verwertung zwar durch den Sicherungsnehmer, aber im Auftrag und für Rechnung des Sicherungsgebers in dessen Namen stattfindet.

(1a) ¹Veräußert der Sicherungsgeber das Sicherungsgut im eigenen Namen auf Rechnung des Sicherungsnehmers, erstarkt die ursprüngliche Sicherungsübereignung hingegen zu einer Lieferung des Sicherungsgebers an den Sicherungsnehmer, während zugleich zwischen dem Sicherungsnehmer (Kommittent) und dem Sicherungsgeber (Kommissionär) eine Lieferung nach § 3 Abs. 3 UStG vorliegt, bei der der Sicherungsgeber (Verkäufer, Kommissionär) als Abnehmer gilt; die entgeltliche Lieferung gegenüber dem Dritten wird in der Folge vom Sicherungsgeber ausgeführt (Dreifachumsatz, vgl. BFH-Urteile vom 6.10.2005, V R 20/04, BStBl. 2006 II S. 931, und vom 30.3.2006, V R 9/03, BStBl. II S. 933).

UStAE 1.2., 1.3. §1

²Voraussetzung für die Annahme eines Dreifachumsatzes ist, dass das Sicherungsgut erst nach Eintritt der Verwertungsreife durch den Sicherungsgeber veräußert wird und es sich hierbei nach den Vereinbarungen zwischen Sicherungsgeber und Sicherungsnehmer um ein Verwertungsgeschäft handelt, um die vom Sicherungsgeber gewährten Darlehen zurückzuführen. ³Nicht ausreichend ist eine Veräußerung, die der Sicherungsgeber im Rahmen seiner ordentlichen Geschäftstätigkeit vornimmt und bei der er berechtigt ist, den Verwertungserlös anstelle zur Rückführung des Kredits anderweitig, z.B. für den Erwerb neuer Waren, zu verwenden (BFH-Urteil vom 23.7.2009, V R 27/07, BStBl. 2010 II S. 859), oder wenn die Veräußerung zum Zwecke der Auswechslung des Sicherungsgebers unter Fortführung des Sicherungseigentums durch den Erwerber erfolgt (vgl. BFH-Urteil vom 9.3.1995, V R 102/89, BStBl. II S. 564). ⁴In diesen Fällen liegt eine bloße Lieferung des Sicherungsgebers an den Erwerber vor.

(1b) Ein Doppel- oder Dreifachumsatz ist nicht gegeben, wenn das Sicherungsgut bereits vor Eintritt der Verwertungsreife vom Sicherungsgeber an einen Dritten geliefert wird (BFH-Urteil vom 23.7.2009, V R 27/07, a.a.O.) oder wenn bei der Sicherungsverwertung im Insolvenzverfahren der Insolvenzverwalter von seinem Recht zur freihändigen Verwertung eines sicherungsübereigneten Gegenstands nach § 166 Abs. 1 InsO Gebrauch macht.

(2) Wird im Rahmen der Zwangsvollstreckung eine Sache durch den Gerichtsvollzieher oder ein anderes staatliches Vollstreckungsorgan öffentlich versteigert oder freihändig verkauft, liegt darin keine Lieferung des Vollstreckungsschuldners an das jeweilige Bundesland, dem die Vollstreckungsorgane angehören, und keine Lieferung durch dieses an den Erwerber, sondern es handelt sich um eine Lieferung des Vollstreckungsschuldners unmittelbar an den Erwerber (vgl. BFH-Urteile vom 19.12.1985, V R 139/76, BStBl. 1986 II S. 500, und vom 16.4.1997, XI R 87/96, BStBl. II S. 585).

(3) ¹Werden während des Insolvenzverfahrens über das Vermögen eines Sicherungsgebers Wirtschaftsgüter verwertet, an denen ein Sicherungseigentum bestellt war, legt § 171 Abs. 1 und 2 InsO dem Sicherungsnehmer einen Kostenbeitrag auf. ²Die Feststellungskostenpauschale und die Verwertungskostenpauschale bzw. die tatsächlichen Kosten der Verwertung sind kein Entgelt für eine steuerbare und steuerpflichtige Leistung des Insolvenzschuldners – vertreten durch den Insolvenzverwalter – an den Sicherungsnehmer. ³Vereinbaren der absonderungsberechtigte Gläubiger und der Insolvenzverwalter, dass der Insolvenzverwalter den Gegenstand, der den Gläubiger zur Absonderung berechtigt, z.B. ein Grundstück, für Rechnung des Gläubigers (hier: des Grundpfandgläubigers) veräußert und vom Veräußerungserlös einen bestimmten Betrag für die Masse einbehalten darf, führt der Insolvenzverwalter neben der Grundstückslieferung an den Erwerber eine sonstige entgeltliche Leistung an den Grundpfandgläubiger aus. ⁴Der für die Masse einbehaltene Betrag ist in diesem Fall Entgelt für eine Leistung; mit der freihändigen Verwertung eines Gegenstands, an dem ein Absonderungsrecht eines Sicherungsgebers besteht, erbringt der Insolvenzverwalter hingegen diesem gegenüber keine Leistung (vgl. BFH-Urteil vom 18.8.2005, V R 31/04, BStBl. 2007 II S. 103).

(4) Zur Steuerschuldnerschaft des Leistungsempfängers bei der Lieferung sicherungsübereigneter Gegenstände durch den Sicherungsgeber an den Sicherungsnehmer außerhalb des Insolvenzverfahrens vgl. § 13b Abs. 2 Nr. 2 UStG und Abschnitt 13b.1 Abs. 2 Satz 1 Nr. 4.

1.3. Schadensersatz

Allgemeines

(1) ¹Im Falle einer echten Schadensersatzleistung fehlt es an einem Leistungsaustausch. ²Der Schadensersatz wird nicht geleistet, weil der Leistende eine Lieferung oder sonstige Leistung erhalten hat, sondern weil er nach Gesetz oder Vertrag für den Schaden und seine Folgen einzustehen hat. ³Echter Schadensersatz ist insbesondere gegeben bei Schadensbeseitigung durch den Schädiger oder durch einen von ihm beauftragten selbständigen Erfüllungsgehilfen, bei Zahlung einer Geldentschädigung durch den Schädiger, bei Schadensbeseitigung durch den Geschädigten oder in dessen Auftrag durch einen Dritten auf einen besonderen Auftrag des Ersatzverpflichteten, in Leasingfällen vgl. Absatz 17. ⁴Ein Schadensersatz ist dagegen dann nicht anzunehmen, wenn die Ersatzleistung tatsächlich die – auch nur teilweise – Gegenleistung für eine Lieferung oder sonstige Leistung darstellt (vgl. BFH-Urteile vom 22.11.1962, V 192/60 U, BStBl. 1963 III S. 106, und vom 19.10.2001, V R 48/00, BStBl. 2003 II S. 210, sowie Abschnitt 10.2 Abs. 3 Satz 6). ⁵Von echtem Schadensersatz ist ebenfalls nicht auszugehen, wenn der Besteller eines Werks, das sich als mangelhaft erweist, vom Auftragnehmer Schadensersatz wegen Nichterfüllung verlangt; in der Zahlung des Auftragnehmers liegt vielmehr eine Minderung des Entgelts im Sinne von § 17 Abs. 1 UStG (vgl. BFH-Urteil vom 16.1.2003, V R 72/01, BStBl. II S. 620).

(2) ¹Wegen der Einzelheiten bei der umsatzsteuerrechtlichen Beurteilung von Garantieleistungen und Freiinspektionen in der Kraftfahrzeugwirtschaft vgl. BMF-Schreiben vom 3.12.1975, BStBl. I S. 1132. ²Zur umsatzsteuerlichen Behandlung von Garantieleistungen in der Reifenindustrie vgl. BMF-Schreiben vom 21.11.1974, BStBl. I S. 1021.

§ 1   **UStAE 1.3.**

Echter Schadensersatz

(3) ¹Vertragsstrafen, die wegen Nichterfüllung oder wegen nicht gehöriger Erfüllung (§§ 340, 341 BGB) geleistet werden, haben Schadensersatzcharakter (vgl. auch BFH-Urteil vom 10.7.1997, V R 94/96, BStBl. II S. 707). ²Hat der Leistungsempfänger die Vertragsstrafe an den leistenden Unternehmer zu zahlen, ist sie deshalb nicht Teil des Entgelts für die Leistung. ³Zahlt der leistende Unternehmer die Vertragsstrafe an den Leistungsempfänger, liegt darin keine Entgeltminderung (vgl. BFH-Urteil vom 4.5.1994, XI R 58/93, BStBl. II S. 589). ⁴Die Entschädigung, die ein Verkäufer nach den Geschäftsbedingungen vom Käufer verlangen kann, wenn dieser innerhalb bestimmter Fristen seinen Verpflichtungen aus dem Kaufvertrag nicht nachkommt (Schadensersatz wegen Nichterfüllung), ist nicht Entgelt, sondern Schadensersatz (vgl. BFH-Urteil vom 27.4.1961, V 263/58 U, BStBl. III S. 300).

(4) ¹Eine Willenserklärung, durch die der Unternehmer seinem zur Übertragung eines Vertragsgegenstands unfähig gewordenen Schuldner eine Ersatzleistung in Geld gestattet, kann nicht als sonstige Leistung (Rechtsverzicht) beurteilt werden. ²Die Ersatzleistung ist echter Schadensersatz (vgl. BFH-Urteil vom 12.11.1970, V R 52/67, BStBl. 1971 II S. 38).

(5) ¹Die Vergütung, die der Unternehmer nach Kündigung oder vertraglicher Auflösung eines Werklieferungsvertrags vereinnahmt, ohne an den Besteller die bereitgestellten Werkstoffe oder das teilweise vollendete Werk geliefert zu haben, ist kein Entgelt (vgl. BFH-Urteil vom 27.8.1970, V R 159/66, BStBl. 1971 II S. 6). ²Zum Leistungsgegenstand bei noch nicht abgeschlossenen Werklieferungen vgl. Abschnitt 3.9.

(6) ¹Erhält ein Unternehmer die Kosten eines gerichtlichen Mahnverfahrens erstattet, handelt es sich dabei nicht um einen Teil des Entgelts für eine steuerbare Leistung, sondern um Schadensersatz. ²Die Mahngebühren oder Mahnkosten, die ein Unternehmer von säumigen Zahlern erhebt und auf Grund seiner Geschäftsbedingungen oder anderer Unterlagen – z.B. Mahnschreiben – als solche nachweist, sind ebenfalls nicht das Entgelt für eine besondere Leistung. ³Verzugszinsen, Fälligkeitszinsen und Prozesszinsen (vgl. z.B. §§ 288, 291 BGB; § 353 HGB) sind als Schadensersatz zu behandeln. ⁴Das Gleiche gilt für Nutzungszinsen, die z.B. nach § 641 Abs. 4 BGB von der Abnahme des Werkes an erhoben werden. ⁵Als Schadensersatz sind auch die nach den Artikeln 48 und 49 WG sowie den Artikeln 45 und 46 ScheckG im Falle des Rückgriffs zu zahlenden Zinsen, Kosten des Protestes und Vergütungen zu behandeln.

(7) ¹Die Ersatzleistung auf Grund einer Warenkreditversicherung stellt nicht die Gegenleistung für eine Lieferung oder sonstige Leistung dar, sondern Schadensersatz. ²Zur Frage des Leistungsaustauschs bei Zahlungen von Fautfrachten wegen Nichterfüllung eines Chartervertrags vgl. BFH-Urteil vom 30.6.2010, XI R 22/08, BStBl. II S. 1084.

(8) ¹In Gewährleistungsfällen ist die Erstattung der Material- und Lohnkosten, die ein Vertragshändler auf Grund vertraglicher Vereinbarungen für die Beseitigung von Mängeln an den bei ihm gekauften Gegenständen vom Hersteller ersetzt bekommt, echter Schadensersatz, wenn sich der Gewährleistungsanspruch des Kunden nicht gegen den Hersteller, sondern gegen den Vertragshändler richtet (vgl. BFH-Urteil vom 16.7.1964, V 23/60 U, BStBl. III S. 516). ²In diesen Fällen erfüllt der Händler mit der Garantieleistung unentgeltlich eine eigene Verpflichtung gegenüber dem Kunden aus dem Kaufvertrag und erhält auf Grund seiner Vereinbarung mit dem Herstellerwerk von diesem den durch den Materialfehler erlittenen, vom Werk zu vertretenden Schaden ersetzt (BFH-Urteil vom 17.2.1966, V 58/63, BStBl. III S. 261).

(9) Die Entschädigung der Zeugen (vgl. Absatz 15) und der ehrenamtlichen Richter nach dem JVEG ist echter Schadensersatz.

(10) Zu Stornogebühren bei Reiseleistungen vgl. Abschnitt 25.1 Abs. 14.

Kein Schadensersatz

(11) ¹Beseitigt der Geschädigte im Auftrag des Schädigers einen ihm zugefügten Schaden selbst, ist die Schadensersatzleistung als Entgelt im Rahmen eines Leistungsaustauschs anzusehen (vgl. BFH-Urteil vom 11.3.1965, V 37/62 S, BStBl. III S. 303). ²Zur Abgrenzung zur sonstigen Leistung vgl. auch Abschnitt 3.1.

(12) ¹Die Ausgleichszahlung für Handelsvertreter nach § 89b HGB ist kein Schadensersatz, sondern eine Gegenleistung des Geschäftsherrn für erlangte Vorteile aus der Tätigkeit als Handelsvertreter. ²Dies gilt auch dann, wenn der Ausgleichsanspruch durch den Tod des Handelsvertreters fällig wird (BFH-Urteile vom 26.9.1968, V 196/65, BStBl. 1969 II S. 210, und vom 25.6.1998, V R 57/97, BStBl. 1999 II S. 102).

(13) ¹Entschädigungen an den Mieter oder Vermieter für die vorzeitige Räumung der Mieträume und die Aufgabe des noch laufenden Mietvertrags sind nicht Schadensersatz, sondern Leistungsentgelt (vgl.

BFH-Urteil vom 27.2.1969, V 102/65, BStBl. II S. 386 und Abschnitt 4.12.1 Abs. 1). ²Das gilt auch dann, wenn der Unternehmer zur Vermeidung einer Enteignung auf die vertragliche Regelung eingegangen ist. ³Ob die Vertragsparteien die Zahlung als Schadensersatz bezeichnen oder vereinbaren, nur die durch die Freimachung entstandenen tatsächlichen Aufwendungen zu erstatten, ist unbeachtlich (vgl. BFH-Urteile vom 27.2.1969, V 144/65, BStBl. II S. 387, und vom 7.8.1969, V 177/65, BStBl. II S. 696).

(14) Entschädigungen, die als Folgewirkung einer Enteignung nach § 96 BauGB gezahlt werden, sind kein Schadensersatz und daher steuerbar (BFH-Urteil vom 10.2.1972, V R 119/68, BStBl. II S. 403; vgl. auch BFH-Urteil vom 24.6.1992, V R 60/88, BStBl. II S. 986).

(15) ¹Die Vergütung von Sachverständigen, Dolmetschern und Übersetzern nach Abschnitt 3 JVEG ist Entgelt für eine Leistung. ²Ob jemand als Zeuge, sachverständiger Zeuge oder Sachverständiger anzusehen ist, richtet sich nach der tatsächlich erbrachten Tätigkeit. ³Für die Einordnung ist ausschlaggebend, ob er als Zeuge „unersetzlich" oder als Sachverständiger „auswechselbar" ist. ⁴Bei ärztlichen Befundberichten kann regelmäßig auf die Abrechnung nach dem JVEG abgestellt werden.

Beispiel 1:

¹Der behandelnde Arzt erteilt einem Gericht einen Bericht über den bei seinem Patienten festgestellten Befund und erhält eine Vergütung nach § 10 Abs. 1 JVEG in Verbindung mit Anlage 2 Nr. 200 bzw. Nr. 201 des JVEG.

²Der Arzt handelt als „unersetzlicher" sachverständiger Zeuge. ³Die Vergütung ist echter Schadensersatz (vgl. Absatz 9).

Beispiel 2:

¹Ein hinzugezogener Arzt erstellt für ein Gericht ein Gutachten über den Gesundheitszustand einer Person und erhält eine Vergütung nach § 10 Abs. 1 JVEG in Verbindung mit Anlage 2 Nr. 202 bzw. Nr. 203 des JVEG.

²Der Arzt handelt als „auswechselbarer" Sachverständiger. ³Die Vergütung ist Leistungsentgelt.

(16) Die Ausgleichszahlung für beim Bau einer Überlandleitung entstehende Flurschäden durch deren Betreiber an den Grundstückseigentümer ist kein Schadensersatz, sondern Entgelt für die Duldung der Flurschäden durch die Eigentümer (vgl. BFH-Urteil vom 11.11.2004, V R 30/04, BStBl. 2005 II S. 802).

Leasing

(17) ¹Für die Beurteilung von Ausgleichszahlungen im Zusammenhang mit der Beendigung von Leasingverträgen ist entscheidend, ob der Zahlung für den jeweiligen „Schadensfall" eine mit ihr eng verknüpfte Leistung gegenübersteht (vgl. BMF-Schreiben vom 22.5.2008, BStBl. I S. 632). ²Die Zahlung eines Minderwertausgleichs ist nicht als Schadensersatz, sondern als Entgelt für die bereits erfolgte Gebrauchsüberlassung und Duldung der Nutzung über den vertragsgemäßen Gebrauch hinaus zu beurteilen. ³Auf die Art des Leasingvertrags und des überlassenen Leasinggegenstands sowie die Ursache für die Wertminderung kommt es dabei nicht an. ⁴Soweit bei Kündigung des Leasingverhältnisses Ausgleichszahlungen für künftige Leasingraten geleistet werden, handelt es sich um echten Schadensersatz, da durch die Kündigung die vertragliche Hauptleistungspflicht des Leasinggebers beendet und deren Erbringung tatsächlich nicht mehr möglich ist. ⁵Dies gilt nicht für die Fälle des Finanzierungsleasings, bei denen eine Lieferung an den Leasingnehmer vorliegt, vgl. Abschnitt 3.5 Abs. 5.

1.4. Mitgliederbeiträge

(1) ¹Soweit eine Vereinigung zur Erfüllung ihrer den Gesamtbelangen sämtlicher Mitglieder dienenden satzungsgemäßen Gemeinschaftszwecke tätig wird und dafür echte Mitgliederbeiträge erhebt, die dazu bestimmt sind, ihr die Erfüllung dieser Aufgaben zu ermöglichen, fehlt es an einem Leistungsaustausch mit dem einzelnen Mitglied. ²Erbringt die Vereinigung dagegen Leistungen, die den Sonderbelangen der einzelnen Mitglieder dienen, und erhebt sie dafür Beiträge entsprechend der tatsächlichen oder vermuteten Inanspruchnahme ihrer Tätigkeit, liegt ein Leistungsaustausch vor (vgl. BFH-Urteile vom 4.7.1985, V R 107/76, BStBl. 1986 II S. 153, und vom 7.11.1996, V R 34/96, BStBl. 1997 II S. 366).[1)]

(2) ¹Voraussetzung für die Annahme echter Mitgliederbeiträge ist, dass die Beiträge gleich hoch sind oder nach einem für alle Mitglieder verbindlichen Bemessungsmaßstab gleichmäßig errechnet werden. ²Die Gleichheit ist auch dann gewahrt, wenn die Beiträge nach für alle Mitglieder einheitlichen Staffel erhoben werden oder die Höhe der Beiträge nach persönlichen Merkmalen der Mitglieder, z.B. Lebensalter, Stand, Vermögen, Einkommen, Umsatz, abgestuft wird (vgl. BFH-Urteil vom 8.9.1994, V R 46/92, BStBl. II S. 957). ³Allein aus der Gleichheit oder aus einem gleichen Bemessungsmaßstab kann auf die Eigenschaft der Zahlungen als echte Mitgliederbeiträge nicht geschlossen werden (vgl. BFH-Urteil vom 8.9.1994, a.a.O.).

---

1) Beachte aber EuGH vom 21.03.2002, UR 2002 S. 320 und BFH vom 29.10.2008, UR 2009 S. 127

§ 1 UStAE 1.4., 1.5.

(3) ¹Beitragszahlungen, die Mitglieder einer Interessenvereinigung der Lohnsteuerzahler, z.b. Lohnsteuerhilfeverein, erbringen, um deren in der Satzung vorgesehene Hilfe in Lohnsteuersachen in Anspruch nehmen zu können, sind Entgelte für steuerbare Sonderleistungen dieser Vereinigung. ²Dies gilt auch dann, wenn ein Mitglied im Einzelfall trotz Beitragszahlung auf die Dienste der Interessenvereinigung verzichtet, weil die Bereitschaft der Interessenvereinigung, für dieses Mitglied tätig zu werden, eine Sonderleistung ist (vgl. BFH-Urteil vom 9.5.1974, V R 128/71, BStBl. II S. 530).

(4) Umlagen, die ein Wasserversorgungszweckverband satzungsgemäß zur Finanzierung der gemeinsamen Anlagen, der betriebsnotwendigen Vorratshaltung und der Darlehenstilgung entsprechend der Wasserabnahme durch die Mitgliedsgemeinden erhebt, sind Leistungsentgelte (BFH-Urteil vom 4.7.1985, V R 35/78, BStBl. II S. 559).

(5) ¹Eine aus Mietern und Grundstückseigentümern eines Einkaufszentrums bestehende Werbegemeinschaft erbringt gegenüber ihren Gesellschaftern steuerbare Leistungen, wenn sie Werbemaßnahmen für das Einkaufszentrum vermittelt oder ausführt und zur Deckung der dabei entstehenden Kosten entsprechend den Laden- bzw. Verkaufsflächen gestaffelte Umlagen von ihren Gesellschaftern erhebt (BFH-Urteil vom 4.7.1985, V R 107/76, BStBl. 1986 II S. 153). ²Allein die unterschiedliche Höhe der von Mitgliedern erhobenen Umlagen führt nicht zur Annahme eines Leistungsaustauschs zwischen der Gemeinschaft und ihren Mitgliedern (vgl. BFH-Urteil vom 18.4.1996, V R 123/93, BStBl. II S. 387).

(6) ¹Die Abgabe von Druckerzeugnissen an die Mitglieder ist nicht als steuerbare Leistung der Vereinigung anzusehen, wenn es sich um Informationen und Nachrichten aus dem Leben der Vereinigung handelt. ²Steuerbare Sonderleistungen liegen jedoch vor, wenn es sich um Fachzeitschriften handelt, die das Mitglied andernfalls gegen Entgelt im freien Handel beziehen müsste.

(7) ¹Bewirkt eine Vereinigung Leistungen, die zum Teil den Einzelbelangen, zum Teil den Gesamtbelangen der Mitglieder dienen, sind die Beitragszahlungen in Entgelte für steuerbare Leistungen und in echte Mitgliederbeiträge aufzuteilen (vgl. BFH-Urteil vom 22.11.1963, V 47/61 U, BStBl. 1964 III S. 147). ²Der auf die steuerbaren Leistungen entfallende Anteil der Beiträge entspricht der Bemessungsgrundlage, die nach § 10 Abs. 5 Nr. 1 in Verbindung mit § 10 Abs. 4 UStG anzusetzen ist (vgl. Abschnitt 10.7 Abs. 1).

1.5. Geschäftsveräußerung

Geschäftsveräußerung im Ganzen

(1) ¹Eine Geschäftsveräußerung im Sinne des § 1 Abs. 1a UStG liegt vor, wenn die wesentlichen Grundlagen eines Unternehmens oder eines gesondert geführten Betriebs an einen Unternehmer für dessen Unternehmen übertragen werden, wobei die unternehmerische Tätigkeit des Erwerbers auch erst mit dem Erwerb des Unternehmens oder des gesondert geführten Betriebs beginnen kann (vgl. Abschnitt 2.6 Abs. 1). ²Entscheidend ist, dass die übertragenen Vermögensgegenstände ein hinreichendes Ganzes bilden, um dem Erwerber die Fortsetzung einer bisher durch den Veräußerer ausgeübten unternehmerischen Tätigkeit zu ermöglichen, und der Erwerber dies auch tatsächlich tut (vgl. BFH-Urteil vom 18.9.2008, V R 21/07, BStBl. 2009 II S. 254). ³Dabei sind im Rahmen einer Gesamtwürdigung die Art der übertragenen Vermögensgegenstände und der Grad der Übereinstimmung oder Ähnlichkeit zwischen der vor und nach der Übertragung ausgeübten Tätigkeiten zu berücksichtigen (BFH-Urteil vom 23.8.2007, V R 14/05, BStBl. 2008 II S. 165). ⁴Der Fortsetzung der bisher durch den Veräußerer ausgeübten Tätigkeit steht es nicht entgegen, wenn der Erwerber den von ihm erworbenen Geschäftsbetrieb in seinem Zuschnitt ändert oder modernisiert (vgl. BFH-Urteil vom 23.8.2007, V R 14/05, BStBl. 2008 II S. 165). ⁵Die sofortige Abwicklung der übernommenen Geschäftstätigkeit schließt jedoch eine Geschäftsveräußerung aus (vgl. EuGH-Urteil vom 27.11.2003, C-497/01, EuGHE I S. 14393). ⁶Das Vorliegen der Voraussetzungen für eine nicht steuerbare Geschäftsveräußerung kann nicht mit der Begründung verneint werden, es werde noch kein „lebendes Unternehmen" übertragen, da der tatsächliche Betrieb des Unternehmens noch nicht aufgenommen worden sei (vgl. BFH-Urteil vom 8.3.2001, V R 24/98, BStBl. 2003 II S. 430).

(2) ¹Die Lieferung eines weder vermieteten noch verpachteten Grundstücks ist im Regelfall keine Geschäftsveräußerung (BFH-Urteil vom 11.10.2007, V R 57/06, BStBl. 2008 II S. 447). ²Ist der Gegenstand der Geschäftsveräußerung ein Vermietungsunternehmen, muss der Erwerber umsatzsteuerrechtlich die Fortsetzung der Vermietungstätigkeit beabsichtigen (vgl. BFH-Urteil vom 6.5.2010, V R 26/09, BStBl. II S. 1114). ³Bei der Veräußerung eines vermieteten Objekts an den bisherigen Mieter zu dessen eigenen wirtschaftlichen Zwecken ohne Fortführung des Vermietungsunternehmens liegt daher keine Geschäftsveräußerung vor (vgl. BFH-Urteil vom 24.9.2009, V R 6/08, BStBl. 2010 II S. 315). ⁴Bei der Übertragung von nur teilweise vermieteten oder verpachteten Grundstücken liegt eine Geschäftsveräußerung vor, wenn die nicht genutzten Flächen zur Vermietung oder Verpachtung bereitstehen und die Vermietungstätigkeit vom Erwerber für eine nicht unwesentliche Fläche fortgesetzt wird (vgl. BFH-

UStAE 1.5. § 1

Urteil vom 30.4.2009, V R 4/07, BStBl. II S. 863). [5]Entsteht eine Bruchteilsgemeinschaft durch Einräumung eines Miteigentumsanteils an einem durch den bisherigen Alleineigentümer in vollem Umfang vermieteten Grundstück, liegt eine Geschäftsveräußerung vor (vgl. BFH-Urteil vom 6.9.2007, V R 41/05, BStBl. 2008 II S. 65). [6]Die Übertragung eines an eine Organgesellschaft vermieteten Grundstücks auf den Organträger führt nicht zu einer Geschäftsveräußerung, da der Organträger umsatzsteuerrechtlich keine Vermietungstätigkeit fortsetzt, sondern das Grundstück im Rahmen seines Unternehmens selbst nutzt (vgl. BFH-Urteil vom 6.5.2010, V R 26/09, BStBl. II S. 1114). [7]Zum Vorliegen einer Geschäftsveräußerung, wenn das Grundstück, an dem der Miteigentumsanteil eingeräumt wird, nur teilweise vermietet ist und im Übrigen vom vormaligen Alleineigentümer weiterhin für eigene unternehmerische Zwecke genutzt wird, vgl. BFH-Urteil vom 22.11.2007, V R 5/06, BStBl. 2008 II S. 448.

Wesentliche Grundlagen

(3) [1]Bei entgeltlicher oder unentgeltlicher Übereignung eines Unternehmens oder eines gesondert geführten Betriebs im Ganzen ist eine nicht steuerbare Geschäftsveräußerung auch dann anzunehmen, wenn einzelne unwesentliche Wirtschaftsgüter davon ausgenommen werden (vgl. BFH-Urteil vom 1.8.2002, V R 17/01, BStBl. 2004 II S. 626). [2]Eine nicht steuerbare Geschäftsveräußerung im Ganzen liegt z.B. bei einer Einbringung eines Betriebs in eine Gesellschaft auch dann vor, wenn einzelne wesentliche Wirtschaftsgüter, insbesondere auch die dem Unternehmen dienenden Grundstücke, nicht mit dinglicher Wirkung übertragen, sondern an den Erwerber vermietet oder verpachtet werden und eine dauerhafte Fortführung des Unternehmens oder des gesondert geführten Betriebs durch den Erwerber gewährleistet ist (vgl. BFH-Urteile vom 15.10.1998, V R 69/97, BStBl. 1999 II S. 41, und vom 4.7.2002, V R 10/01, BStBl. 2004 II S. 662). [3]Hierfür reicht eine langfristige Vermietung für z.B. acht Jahre aus (vgl. BFH-Urteil vom 23.8.2007, V R 14/05, BStBl. 2008 II S 165).

(4) [1]Die Übertragung aller wesentlichen Betriebsgrundlagen und die Möglichkeit zur Unternehmensfortführung ohne großen finanziellen Aufwand ist im Rahmen der Gesamtwürdigung zu berücksichtigen, aus der sich ergibt, ob das übertragene Unternehmensvermögen als hinreichendes Ganzes die Ausübung einer wirtschaftlichen Tätigkeit ermöglicht (vgl. BFH-Urteil vom 23.8.2007, V R 14/05, BStBl. 2008 II S. 165). [2]Welches die wesentlichen Grundlagen sind, richtet sich nach den tatsächlichen Verhältnissen im Zeitpunkt der Übereignung (BFH-Urteil vom 25.11.1965, V 173/63 U, BStBl. 1966 III S. 333). [3]Auch ein einzelnes Grundstück kann wesentliche Betriebsgrundlage sein. [4]Bei einem Herstellungsunternehmer bilden die Betriebsgrundstücke mit den Maschinen und sonstigen der Fertigung dienenden Anlagen regelmäßig die wesentlichen Grundlagen des Unternehmens (vgl. BFH-Urteil vom 5.2.1970, V R 161/66, BStBl. 1970 II S. 365). [5]Gehören zu den wesentlichen Grundlagen des Unternehmens bzw. des Betriebs nicht eigentumsfähige Güter, z.B. Gebrauchs- und Nutzungsrechte an Sachen, Forderungen, Dienstverträge, Geschäftsbeziehungen usw., muss der Unternehmer diese Rechte auf den Erwerber übertragen, soweit sie für die Fortführung des Unternehmens erforderlich sind. [6]Wird das Unternehmen bzw. der Betrieb in gepachteten Räumen und mit gepachteten Maschinen unterhalten, gehört das Pachtrecht zu den wesentlichen Grundlagen. [7]Dieses Pachtrecht muss der Veräußerer auf den Erwerber übertragen, indem er ihm die Möglichkeit verschafft, mit dem Verpächter einen Pachtvertrag abzuschließen, so dass der Erwerber den bisherigen Betrieb in den Räumen usw. unverändert nutzen kann (vgl. BFH-Urteil vom 19.12.1968, V 225/65, BStBl. 1969 II S. 303).

(5) [1]Eine nicht steuerbare Geschäftsveräußerung kann auf mehreren zeitlich versetzten Kausalgeschäften beruhen, wenn diese in einem engen sachlichen und zeitlichen Zusammenhang stehen und die Übertragung des ganzen Vermögens auf einen Erwerber zur Beendigung der bisherigen gewerblichen Tätigkeit – insbesondere auch für den Erwerber – offensichtlich ist (BFH-Urteil vom 1.8.2002, V R 17/01, BStBl. 2004 II S. 626). [2]Eine nicht steuerbare Geschäftsveräußerung eines Unternehmens kann auch vorliegen, wenn im Zeitpunkt der Veräußerung eines verpachteten Grundstücks aus unternehmerischen Gründen vorübergehend auf die Pachtzinszahlungen verzichtet wird (vgl. BFH-Urteil vom 7.7.2005, V R 78/03, BStBl. II S. 849). [3]Eine Übereignung in mehreren Akten ist dann als eine Geschäftsveräußerung anzusehen, wenn die einzelnen Teilakte in wirtschaftlichem Zusammenhang stehen und der Wille auf Erwerb des Unternehmens gerichtet ist (vgl. BFH-Urteil vom 16.3.1982, VII R 105/79, BStBl. II S. 483). [4]Eine Übereignung ist auch anzunehmen, wenn der Erwerber beim Übergang des Unternehmens Einrichtungsgegenstände, die ihm bereits vorher zur Sicherung übereignet worden sind, und Waren, die er früher unter Eigentumsvorbehalt geliefert hat, übernimmt (vgl. BFH-Urteil vom 20.7.1967, V 240/64, BStBl. III S. 684).

In der Gliederung des Unternehmens gesondert geführte Betriebe[1)]

(6) [1]Ein in der Gliederung eines Unternehmens gesondert geführter Betrieb liegt vor, wenn er wirtschaftlich selbständig ist. [2]Dies setzt voraus, dass der veräußerte Teil des Unternehmens einen für sich

---
1) Siehe auch BMF-Schreiben vom 03.01.2012, Anlage § 001-66

§ 1 UStAE 1.5., 1.6.

lebensfähigen Organismus gebildet hat, der unabhängig von den anderen Geschäften des Unternehmens nach Art eines selbständigen Unternehmens betrieben worden ist und nach außen hin ein selbständiges, in sich abgeschlossenes Wirtschaftsgebilde gewesen ist. ³Dabei ist nicht Voraussetzung, dass mit dem Unternehmen oder mit dem in der Gliederung des Unternehmens gesondert geführten Teil in der Vergangenheit bereits Umsätze erzielt wurden; die Absicht, Umsätze erzielen zu wollen, muss jedoch anhand objektiver, vom Unternehmer nachzuweisender Anhaltspunkte spätestens im Zeitpunkt der Übergabe bestanden haben (vgl. BFH-Urteil vom 8.3.2001, V R 24/98, BStBl. 2003 II S. 430). ⁴Soweit einkommensteuerrechtlich eine Teilbetriebsveräußerung angenommen wird (vgl. R 16 Abs. 3 EStR 2008), kann umsatzsteuerrechtlich von der Veräußerung eines gesondert geführten Betriebs ausgegangen werden. ⁵Veräußert ein Beförderungsunternehmer, der Güterbeförderungen mit mehreren Kraftfahrzeugen betreibt, einen dem Güterfernverkehr dienenden Lastzug, und verzichtet er auf die Konzession zugunsten des Erwerbers, liegt nicht die Übereignung eines in der Gliederung des Unternehmens gesondert geführten Betriebs vor (vgl. BFH-Urteil vom 1.12.1966, V 226/64, BStBl. 1967 III S. 161).

(7) ¹Eine nicht steuerbare Geschäftsveräußerung ist kein Verwendungsumsatz im Sinne des § 15 Abs. 2 UStG (BFH-Urteil vom 8.3.2001, V R 24/98, BStBl. 2003 II S. 430). ²Zur Vorsteuerberichtigung des Erwerbers vgl. Abschnitt 15a.4ff.

(8) Liegen bei einer unentgeltlichen Übertragung die Voraussetzungen für eine Geschäftsveräußerung nicht vor, kann eine steuerbare unentgeltliche Wertabgabe (vgl. Abschnitt 3.2) in Betracht kommen.

1.6. Leistungsaustausch bei Gesellschaftsverhältnissen

(1) ¹Zwischen Personen- und Kapitalgesellschaften und ihren Gesellschaftern ist ein Leistungsaustausch möglich (vgl. BFH-Urteile vom 23.7.1959, V 6/58 U, BStBl. III S. 379, und vom 5.12.2007, V R 60/05, BStBl. 2009 II S. 486). ²Unentgeltliche Leistungen von Gesellschaften an ihre Gesellschafter werden durch § 3 Abs. 1b und Abs. 9a UStG erfasst (vgl. Abschnitte 3.2 bis 3.4). ³An einem Leistungsaustausch fehlt es in der Regel, wenn eine Gesellschaft Geldmittel nur erhält, damit sie in die Lage versetzt wird, sich in Erfüllung ihres Gesellschaftszwecks zu betätigen (vgl. BFH-Urteil vom 20.4.1988, X R 3/82, BStBl. II S. 792). ⁴Das ist z.B. der Fall, wenn ein Gesellschafter aus Gründen, die im Gesellschaftsverhältnis begründet sind, die Verluste seiner Gesellschaft übernimmt, um ihr die weitere Tätigkeit zu ermöglichen (vgl. BFH-Urteil vom 11.4.2002, V R 65/00, BStBl. II S. 782).

Gründung von Gesellschaften, Eintritt neuer Gesellschafter

(2) ¹Eine Personengesellschaft erbringt bei der Aufnahme eines Gesellschafters an diesen keinen steuerbaren Umsatz (vgl. BFH-Urteil vom 1.7.2004, V R 32/00, BStBl. II S. 1022). ²Dies gilt auch für Kapitalgesellschaften bei der erstmaligen Ausgabe von Anteilen (vgl. EuGH-Urteil vom 26.5.2005, C-465/03, EuGHE I S. 4357). ³Zur Übertragung von Gesellschaftsanteilen vgl. Abschnitt 3.5 Abs. 8. ⁴Dagegen sind Sacheinlagen eines Gesellschafters umsatzsteuerbar, wenn es sich um Lieferungen und sonstige Leistungen im Rahmen seines Unternehmens handelt und keine Geschäftsveräußerung im Sinne des § 1 Abs. 1a UStG vorliegt. ⁵Die Einbringung von Wirtschaftsgütern durch den bisherigen Einzelunternehmer in die neu gegründete Gesellschaft ist auf die Übertragung der Gesellschaftsrechte gerichtet (vgl. BFH-Urteile vom 8.11.1995, XI R 63/94, BStBl. 1996 II S. 114, und vom 15.5.1997, V R 67/94, BStBl. II S. 705). ⁶Als Entgelt für die Einbringung von Wirtschaftsgütern in eine Gesellschaft kommt neben der Verschaffung der Beteiligung an der Gesellschaft auch die Übernahme von Schulden des Gesellschafters durch die Gesellschaft in Betracht, wenn der einbringende Gesellschafter dadurch wirtschaftlich entlastet wird (vgl. BFH-Urteil vom 15.5.1997, a.a.O.). ⁷Zum Nachweis der Voraussetzung, dass der Leistungsaustausch zwischen Gesellschafter und Gesellschaft tatsächlich vollzogen worden ist, vgl. BFH-Urteil vom 8.11.1995, a.a.O.

Leistungsaustausch oder nicht steuerbarer Gesellschafterbeitrag

(3) ¹Ein Gesellschafter kann an die Gesellschaft sowohl Leistungen erbringen, die ihren Grund in einem gesellschaftsrechtlichen Beitragsverhältnis haben, als auch Leistungen, die auf einem gesonderten schuldrechtlichen Austauschverhältnis beruhen. ²Die umsatzsteuerrechtliche Behandlung dieser Leistungen richtet sich danach, ob es sich um Leistungen handelt, die als Gesellschafterbeitrag durch die Beteiligung am Gewinn oder Verlust der Gesellschaft abgegolten werden, oder um Leistungen, die gegen Sonderentgelt ausgeführt werden und damit auf einen Leistungsaustausch gerichtet sind. ³Entscheidend ist die tatsächliche Ausführung des Leistungsaustauschs und nicht allein die gesellschaftsrechtliche Verpflichtung. ⁴Dabei ist es unerheblich, dass der Gesellschafter zugleich seine Mitgliedschaftsrechte ausübt. ⁵Umsatzsteuerrechtlich maßgebend für das Vorliegen eines Leistungsaustauschs ist, dass ein Leistender und ein Leistungsempfänger vorhanden sind und der Leistung eine Gegenleistung gegenübersteht. ⁶Die Steuerbarkeit der Geschäftsführungs- und Vertretungsleistungen eines Gesellschafters an die Gesellschaft setzt das Bestehen eines unmittelbaren Zusammenhangs zwischen der erbrachten Leistung und dem empfangenen Sonderentgelt voraus (vgl. BFH-Urteile vom 6.6.2002,

V R 43/01, BStBl. 2003 II S. 36, und vom 16.1.2003, V R 92/01, BStBl. II S. 732). [7]Für die Annahme eines unmittelbaren Zusammenhangs im Sinne eines Austauschs von Leistung und Gegenleistung genügt es nicht schon, dass die Mitglieder der Personenvereinigung lediglich gemeinschaftlich die Kosten für den Erwerb und die Unterhaltung eines Wirtschaftsguts tragen, das sie gemeinsam nutzen wollen oder nutzen (vgl. BFH-Urteil vom 28.11.2002, V R 18/01, BStBl. 2003 II S. 443). [8]Der Gesellschafter einer Personengesellschaft kann grundsätzlich frei entscheiden, in welcher Eigenschaft er für die Gesellschaft tätig wird. [9]Der Gesellschafter kann wählen, ob er einen Gegenstand verkauft, vermietet oder ihn selbst bzw. seine Nutzung als Einlage einbringt (vgl. BFH-Urteil vom 18.12.1996, XI R 12/96, BStBl. 1997 II S. 374). [10]Eine sonstige Leistung durch Überlassung der Nutzung eines Gegenstands muss beim Leistungsempfänger die Möglichkeit begründen, den Gegenstand für seine Zwecke zu verwenden. [11]Soweit die Verwendung durch den Leistungsempfänger in der Rücküberlassung der Nutzung an den Leistenden besteht, muss deutlich erkennbar sein, dass es sich hierbei nunmehr um ein Recht zur Nutzung aus dem Nutzungsrecht des Leistungsempfängers ableitet (BFH-Urteil vom 9.9.1993, V R 88/88, BStBl. 1994 II S. 56).

(4) [1]Auf die Bezeichnung der Gegenleistung z.B. als Gewinnvorab/Vorabgewinn, als Vorwegvergütung, als Aufwendungsersatz, als Umsatzbeteiligung oder als Kostenerstattung kommt es nicht an.

Beispiel 1:

[1]Den Gesellschaftern einer OHG obliegt die Führung der Geschäfte und die Vertretung der OHG. [2]Diese Leistungen werden mit dem nach der Anzahl der beteiligten Gesellschafter und ihrem Kapitaleinsatz bemessenen Anteil am Ergebnis (Gewinn und Verlust) der OHG abgegolten. [3]Die Ergebnisanteile sind kein Sonderentgelt; die Geschäftsführungs- und Vertretungsleistungen werden nicht im Rahmen eines Leistungsaustauschs ausgeführt, sondern als Gesellschafterbeitrag erbracht.

[2]Dies gilt auch, wenn nicht alle Gesellschafter tatsächlich die Führung der Geschäfte und die Vertretung der Gesellschaft übernehmen bzw. die Geschäftsführungs- und Vertretungsleistungen mit einem erhöhten Anteil am Ergebnis (Gewinn und Verlust) oder am Gewinn der Gesellschaft abgegolten werden.

Beispiel 2:

[1]Die Führung der Geschäfte und die Vertretung der aus den Gesellschaftern A, B und C bestehenden OHG obliegt nach den gesellschaftsrechtlichen Vereinbarungen ausschließlich dem C.

a) Die Leistung des C ist mit seinem nach der Anzahl der beteiligten Gesellschafter und ihrem Kapitaleinsatz bemessenen Anteil am Ergebnis (Gewinn und Verlust) der OHG abgegolten; A, B und C sind zu gleichen Teilen daran beteiligt.

b) C ist mit 40%, A und B mit jeweils 30% am Ergebnis (Gewinn und Verlust) der OHG beteiligt.

c) C erhält im Gewinnfall 25% des Gewinns vorab, im Übrigen wird der Gewinn nach der Anzahl der Gesellschafter und ihrem Kapitaleinsatz verteilt; ein Verlust wird ausschließlich nach der Anzahl der Gesellschafter und ihrem Kapitaleinsatz verteilt.

[2]Die ergebnisabhängigen Gewinn- bzw. Verlustanteile des C sind kein Sonderentgelt; C führt seine Geschäftsführungs- und Vertretungsleistungen nicht im Rahmen eines Leistungsaustauschs aus, sondern erbringt jeweils Gesellschafterbeiträge.

Beispiel 3:

[1]Eine Beratungsgesellschaft betreibt verschiedene Beratungsstellen, an denen ortsansässige Berater jeweils atypisch still beteiligt sind. [2]Diese sind neben ihrer Kapitalbeteiligung zur Erbringung ihrer Arbeitskraft als Einlage verpflichtet. [3]Sie erhalten für ihre Tätigkeit einen Vorabgewinn. [4]Die auf den Vorabgewinn getätigten Entnahmen werden nicht als Aufwand behandelt. [5]Die Zuweisung des Vorabgewinns und die Verteilung des verbleibenden Gewinns erfolgen im Rahmen der Gewinnverteilung.

[6]Der Vorabgewinn ist kein Sonderentgelt; die Gesellschafter führen ihre Tätigkeiten im Rahmen eines gesellschaftsrechtlichen Beitragsverhältnisses aus.

[3]Bei Leistungen auf Grund eines gegenseitigen Vertrags (vgl. §§ 320ff. BGB), durch den sich der Gesellschafter zu einem Tun, Dulden oder Unterlassen und die Gesellschaft sich hierfür zur Zahlung einer Gegenleistung verpflichtet, sind die Voraussetzungen des § 1 Abs. 1 Nr. 1 Satz 1 UStG für einen steuerbaren Leistungsaustausch hingegen regelmäßig erfüllt, falls der Gesellschafter Unternehmer ist; dies gilt auch, wenn Austausch- und Gesellschaftsvertrag miteinander verbunden sind. [4]Ein Leistungsaustausch zwischen Gesellschafter und Gesellschaft liegt vor, wenn der Gesellschafter z.B. für seine Geschäftsführungs- und Vertretungsleistung an die Gesellschaft eine Vergütung erhält (auch wenn diese als Gewinnvorab bezeichnet wird), die im Rahmen der Ergebnisermittlung als Aufwand behandelt wird. [5]Die Vergütung ist in diesem Fall Gegenleistung für die erbrachte Leistung.

Beispiel 4:

¹Der Gesellschafter einer OHG erhält neben seinem nach der Anzahl der Gesellschafter und ihrem Kapitaleinsatz bemessenen Gewinnanteil für die Führung der Geschäfte und die Vertretung der OHG eine zu Lasten des Geschäftsergebnisses verbuchte Vorwegvergütung von jährlich 120.000 € als Festbetrag.

²Die Vorwegvergütung ist Sonderentgelt; der Gesellschafter führt seine Geschäftsführungs- und Vertretungsleistungen im Rahmen eines Leistungsaustauschs aus.

Beispiel 5:

¹Wie Beispiel 3, jedoch erhält ein atypisch stiller Gesellschafter im Rahmen seines Niederlassungsleiter-Anstellungsvertrags eine Vergütung, die handelsrechtlich als Aufwand behandelt werden muss.

²Die Vergütung ist Sonderentgelt; die Geschäftsführungs- und Vertretungsleistungen werden im Rahmen eines Leistungsaustauschverhältnisses ausgeführt. ³Zur Frage der unabhängig von der ertragsteuerrechtlichen Beurteilung als Einkünfte aus Gewerbebetrieb nach § 15 Abs. 1 Nr. 2 EStG zu beurteilenden Frage nach der umsatzsteuerrechtlichen Selbständigkeit vgl. Abschnitt 2.2. ⁴Im Rahmen von Niederlassungsleiter-Anstellungsverträgen tätige Personen sind danach im Allgemeinen selbständig tätig.

⁶Ist die Vergütung für die Leistungen des Gesellschafters im Gesellschaftsvertrag als Teil der Ergebnisverwendung geregelt, liegt ein Leistungsaustausch vor, wenn sich aus den geschlossenen Vereinbarungen und deren tatsächlicher Durchführung ergibt, dass die Leistungen nicht lediglich durch eine Beteiligung am Gewinn und Verlust der Gesellschaft abgegolten, sondern gegen Sonderentgelt ausgeführt werden. ⁷Ein Leistungsaustausch zwischen Gesellschaft und Gesellschafter liegt demnach auch vor, wenn die Vergütung des Gesellschafters zwar nicht im Rahmen der Ergebnisermittlung als Aufwand behandelt wird, sich jedoch gleichwohl ergebnismindernd auswirkt oder es sich aus den Gesamtumständen des Einzelfalls ergibt, dass sie nach den Vorstellungen der Gesellschafter als umsatzsteuerrechtliches Sonderentgelt gewährt werden soll.

Beispiel 6:

¹Eine GmbH betreut als alleinige Komplementärin einer Fonds-KG ohne eigenen Vermögensanteil die Geschäfte der Fonds-KG, deren Kommanditanteile von Investoren (Firmen und Privatpersonen) gehalten werden. ²Nach den Regelungen im Gesellschaftsvertrag zur Ergebnisverteilung, zum Gewinnvorab und zu den Entnahmen erhält die GmbH

a) ¹eine jährliche Management-Fee. ²Bei der Fonds-KG handelt es sich um eine vermögensverwaltende Gesellschaft, bei der grundsätzlich nur eine Ermittlung von Kapitaleinkünften durch die Gegenüberstellung von Einnahmen und Werbungskosten vorgesehen ist. ³Sie verbucht die Zahlung der Management-Fee in der Ergebnisermittlung nicht als Aufwand, sondern ordnet sie bei der Ermittlung der Einnahmen aus Kapitalvermögen und Werbungskosten für die Anleger, die ihre Anteile im Privatvermögen halten, in voller Höhe den Werbungskosten der Anleger zu.

b) ¹eine als gewinnabhängig bezeichnete Management-Fee. ²Da die erwirtschafteten Jahresüberschüsse jedoch zur Finanzierung der Management-Fee nicht ausreichen, wird ein Bilanzgewinn durch die Auflösung von eigens dafür gebildeten Kapitalrücklagen ausgewiesen.

c) ¹eine als gewinnabhängig bezeichnete Jahresvergütung. ²Der für die Zahlung der Vergütung bereitzustellende Bilanzgewinn wird aus einer Gewinnrücklage gebildet, welche aus Verwaltungskostenvorauszahlungen der Kommanditisten gespeist wurde. ³Die Verwaltungskosten stellen Werbungskosten der Kommanditisten dar.

d) ¹eine einmalige Gebühr („Konzeptions-Fee"). ²Die Fonds-KG hat die Zahlung in der Ergebnisermittlung nicht als Aufwand verbucht. ³Die Gebühr wird neben dem Agio in dem Beteiligungsangebot zur Fonds-KG als Kosten für die Investoren ausgewiesen. ⁴Gebühr/Konzeptions-Fee sowie Aufwendungen und Kosten der Fonds-KG werden auf die zum letzten Zeichnungsschluss vorhandenen Gesellschafter umgelegt.

³Die Vergütungen sind jeweils Sonderentgelt; die GmbH führt die Leistungen jeweils im Rahmen eines Leistungsaustauschs aus.

Beispiel 7:

¹Der Gesellschafter einer OHG erhält neben seinem nach der Anzahl der Gesellschafter und ihrem Kapitaleinsatz bemessenen Gewinnanteil für die Führung der Geschäfte und die Vertretung der OHG im Rahmen der Gewinnverteilung auch im Verlustfall einen festen Betrag von 120.000 € vorab zugewiesen (Vorabvergütung).

²Der vorab zugewiesene Gewinn ist Sonderentgelt; der Gesellschafter führt seine Geschäftsführungs- und Vertretungsleistungen im Rahmen eines Leistungsaustauschs aus.

⁸Gewinnabhängige Vergütungen können auch ein zur Steuerbarkeit führendes Sonderentgelt darstellen, wenn sie sich nicht nach den vermuteten, sondern nach den tatsächlich erbrachten Gesellschafterleistungen bemessen. ⁹Verteilt eine Gesellschaft bürgerlichen Rechts nach dem Gesellschaftsvertrag den gesamten festgestellten Gewinn je Geschäftsjahr an ihre Gesellschafter nach der Menge der jeweils gelieferten Gegenstände, handelt es sich – unabhängig von der Bezeichnung als Gewinnverteilung – umsatzsteuerrechtlich um Entgelt für die Lieferungen der Gesellschafter an die Gesellschaft (vgl. BFH-Urteil vom 10.5.1990, V R 47/86, BStBl. II S. 757). ¹⁰Zur Überlassung von Gegenständen gegen jährliche Pauschalvergütung vgl. BFH-Urteil vom 16.3.1993, XI R 44/90, BStBl. II S. 529, und gegen Gutschriften auf dem Eigenkapitalkonto vgl. BFH-Urteil vom 16.3.1993, XI R 52/90, BStBl. II S. 562. ¹¹Ohne Bedeutung ist, ob der Gesellschafter zunächst nur Abschlagszahlungen erhält und der ihm zustehende Betrag erst im Rahmen der Überschussermittlung verrechnet wird. ¹²Entnahmen, zu denen der Gesellschafter nach Art eines Abschlags auf den nach der Anzahl der Gesellschafter und ihrem Kapitaleinsatz bemessenen Anteil am Gewinn der Gesellschaft berechtigt ist, begründen grundsätzlich kein Leistungsaustauschverhältnis. ¹³Ein gesellschaftsvertraglich vereinbartes garantiertes Entnahmerecht, nach dem die den Gewinnanteil übersteigenden Entnahmen nicht zu einer Rückzahlungsverpflichtung führen, führt wie die Vereinbarung einer Vorwegvergütung zu einem Leistungsaustausch (vgl. Beispiele 4 und 7). ¹⁴Die Tätigkeit eines Kommanditisten als Beiratsmitglied, dem vor allem Zustimmungs- und Kontrollrechte übertragen sind, kann eine Sonderleistung sein (vgl. BFH-Urteil vom 24.8.1994, XI R 74/93, BStBl. 1995 II S. 150). ¹⁵Ein zwischen Gesellschafter und Gesellschaft vorliegender Leistungsaustausch hat keinen Einfluss auf die Beurteilung der Leistungen der Gesellschaft Dritten gegenüber. ¹⁶Insbesondere sind in der Person des Gesellschafters vorliegende oder an seine Person geknüpfte Tatbestandsmerkmale, wie z.B. die Zugehörigkeit zu einer bestimmten Berufsgruppe (z.B. Land- und Forstwirt) oder die Erlaubnis zur Führung bestimmter Geschäfte (z.B. Bankgeschäfte) hinsichtlich der Beurteilung der Leistungen der Gesellschaft unbeachtlich. ¹⁷Da der Gesellschafter bei der Geschäftsführung und Vertretung im Namen der Gesellschaft tätig wird und somit nicht im eigenen Namen gegenüber den Kunden der Gesellschaft auftritt liegt auch kein Fall der Dienstleistungskommission (§ 3 Abs. 11 UStG) vor.

Beispiel 8:

¹Bei einem in der Rechtsform der KGaA geführten Kreditinstitut ist ausschließlich dem persönlich haftenden Gesellschafter-Geschäftsführer die Erlaubnis zur Führung der Bankgeschäfte erteilt worden.

²Die für die Leistungen des Kreditinstituts geltende Steuerbefreiung des § 4 Nr. 8 UStG ist nicht auf die Geschäftsführungs- und Vertretungsleistung des Gesellschafters anwendbar.

(5) ¹Wird für Leistungen des Gesellschafters an die Gesellschaft neben einem Sonderentgelt auch eine gewinnabhängige Vergütung (vgl. Absatz 4 Satz 2 Beispiele 1 und 2) gezahlt (sog. Mischentgelt), sind das Sonderentgelt und die gewinnabhängige Vergütung umsatzsteuerrechtlich getrennt zu beurteilen. ²Das Sonderentgelt ist als Entgelt einzuordnen, da es einer bestimmten Leistung zugeordnet werden kann. ³Diese gewinnabhängige Vergütung ist dagegen kein Entgelt.

Beispiel:

¹Der Gesellschafter einer OHG erhält für die Führung der Geschäfte und die Vertretung der OHG im Rahmen der Gewinnverteilung 25% des Gewinns, mindestens jedoch 60.000 € vorab zugewiesen.

²Der Festbetrag von 60.000 € ist Sonderentgelt und wird im Rahmen eines Leistungsaustauschs gezahlt; im Übrigen wird der Gesellschafter auf Grund eines gesellschaftsrechtlichen Beitragsverhältnisses tätig.

(6)¹⁾ ¹Auch andere gesellschaftsrechtlich zu erbringende Leistungen der Gesellschafter an die Gesellschaft können bei Zahlung eines Sonderentgelts als Gegenleistung für diese Leistung einen umsatzsteuerbaren Leistungsaustausch begründen. ²Sowohl die Haftungsübernahme als auch die Geschäftsführung und Vertretung besitzen ihrer Art nach Leistungscharakter und können daher auch im Fall der isolierten Erbringung Gegenstand eines umsatzsteuerbaren Leistungsaustausches sein.

Beispiel:

¹Der geschäftsführungs- und vertretungsberechtigte Komplementär einer KG erhält für die Geschäftsführung, Vertretung und Haftung eine Festvergütung.

---

1) Siehe Nichtbeanstandungsregelung, BMF-Schreiben vom 14.11.2011, Anlage § 001-65

§ 1 UStAE 1.6.

²Die Festvergütung ist als Entgelt für die einheitliche Leistung, die Geschäftsführung, Vertretung und Haftung umfasst, umsatzsteuerbar und umsatzsteuerpflichtig (vgl. BFH-Urteil vom 3.3.2011, V R 24/10, BStBl. II S. 950). ³Weder die Geschäftsführung und Vertretung noch die Haftung nach §§ 161, 128 HGB haben den Charakter eines Finanzgeschäfts im Sinne des § 4 Nr. 8 Buchstabe g UStG.

(6a) ¹Erbringt eine Gesellschaft auf schuldrechtlicher Grundlage an ihre Gesellschafter Leistungen gegen Entgelt und stellen ihr die Gesellschafter in unmittelbarem Zusammenhang hiermit auf gesellschaftsrechtlicher Grundlage Personal zur Verfügung, liegt ein tauschähnlicher Umsatz vor. ²Um eine Beistellung anstelle eines tauschähnlichen Umsatzes handelt es sich nur dann, wenn das vom jeweiligen Gesellschafter überlassene Personal ausschließlich für Zwecke der Leistungserbringung an den jeweiligen Gesellschafter verwendet wird (vgl. BFH-Urteil vom 15.4.2010, V R 10/08, BStBl. II S. 879).

Einzelfälle

(7) Ein Gesellschafter kann seine Verhältnisse so gestalten, dass sie zu einer möglichst geringen steuerlichen Belastung führen (BFH-Urteil vom 16.3.1993, XI R 45/90, BStBl. II S. 530).

1. ¹Der Gesellschafter erwirbt einen Gegenstand, den er der Gesellschaft zur Nutzung überlässt. ²Der Gesellschafter ist nur als Gesellschafter tätig.

    a) Der Gesellschafter überlässt den Gegenstand zur Nutzung gegen Sonderentgelt.

    Beispiel 1:

    ¹Der Gesellschafter erwirbt für eigene Rechnung einen Pkw, den er in vollem Umfang seinem Unternehmen zuordnet, auf seinen Namen zulässt und den er in vollem Umfang der Gesellschaft zur Nutzung überlässt. ²Die Gesellschaft zahlt dem Gesellschafter für die Nutzung des Pkw eine besondere Vergütung, z.B. einen feststehenden Mietzins oder eine nach der tatsächlichen Fahrleistung bemessene Vergütung.

    ³Nach den Grundsätzen der BFH-Urteile vom 7.11.1991, V R 116/86, BStBl. 1992 II S. 269, und vom 16.3.1993, XI R 52/90, BStBl. II S. 562, ist die Unternehmereigenschaft des Gesellschafters zu bejahen. ⁴Er bewirkt mit der Überlassung des Pkw eine steuerbare Leistung an die Gesellschaft. ⁵Das Entgelt dafür besteht in der von der Gesellschaft gezahlten besonderen Vergütung. ⁶Die Mindestbemessungsgrundlage ist zu beachten. ⁷Ein Leistungsaustausch kann auch dann vorliegen, wenn der Gesellschafter den Pkw ausschließlich selbst nutzt (vgl. BFH-Urteil vom 16.3.1993, XI R 45/90, BStBl. II S. 530).

    ⁸Der Gesellschafter, nicht die Gesellschaft, ist zum Vorsteuerabzug aus dem Erwerb des Pkw berechtigt (vgl. Abschnitt 15.20 Abs. 1).

    Beispiel 2:

    ¹Sachverhalt wie Beispiel 1, jedoch mit der Abweichung, dass der Pkw nur zu 70% der Gesellschaft überlassen und zu 30% für eigene unternehmensfremde Zwecke des Gesellschafters genutzt wird.

    ²Ein Leistungsaustausch zwischen Gesellschafter und Gesellschaft findet nur insoweit statt, als der Gegenstand für Zwecke der Gesellschaft überlassen wird. ³Das Entgelt dafür besteht in der von der Gesellschaft gezahlten besonderen Vergütung. ⁴Die Mindestbemessungsgrundlage ist zu beachten. ⁵Insoweit als der Gesellschafter den Gegenstand für eigene unternehmensfremde Zwecke verwendet, liegt bei ihm eine nach § 3 Abs. 9a Nr. 1 UStG steuerbare unentgeltliche Wertabgabe vor.

    b) Der Gesellschafter überlässt den Gegenstand zur Nutzung gegen eine Beteiligung am Gewinn oder Verlust der Gesellschaft.

    Beispiel 3:

    ¹Der Gesellschafter erwirbt für eigene Rechnung einen Pkw, den er auf seinen Namen zulässt und den er in vollem Umfang der Gesellschaft zur Nutzung überlässt. ²Der Gesellschafter erhält hierfür jedoch keine besondere Vergütung; ihm steht lediglich der im Gesellschaftsvertrag bestimmte Gewinnanteil zu.

    ³Überlässt der Gesellschafter der Gesellschaft den Gegenstand gegen eine Beteiligung am Gewinn oder Verlust der Gesellschaft zur Nutzung, handelt er insoweit nicht als Unternehmer. ⁴Weder der Gesellschafter noch die Gesellschaft sind berechtigt, die dem Gesellschafter beim Erwerb des Gegenstands in Rechnung gestellte Umsatzsteuer als Vorsteuer abzuziehen (vgl. Abschnitt 15.20 Abs. 1 Satz 7). ⁵Eine Zuordnung zum Unternehmen kommt daher nicht in Betracht.

2. ¹Der Gesellschafter ist selbst als Unternehmer tätig. ²Er überlässt der Gesellschaft einen Gegenstand seines dem Unternehmen dienenden Vermögens zur Nutzung.

  a) ¹Der Gesellschafter überlässt den Gegenstand zur Nutzung gegen Sonderentgelt.

  ²Bei der Nutzungsüberlassung gegen Sonderentgelt handelt es sich um einen steuerbaren Umsatz im Rahmen des Unternehmens. ³Das Entgelt besteht in der von der Gesellschaft gezahlten besonderen Vergütung. ⁴Die Mindestbemessungsgrundlage ist zu beachten.

  ⁵Zum Vorsteuerabzug des Gesellschafters und der Gesellschaft vgl. Abschnitt 15.20 Abs. 2 und 3.

  b) Der Gesellschafter überlässt den Gegenstand zur Nutzung gegen eine Beteiligung am Gewinn oder Verlust der Gesellschaft.

  Beispiel 4:

  ¹Ein Bauunternehmer ist Mitglied einer Arbeitsgemeinschaft und stellt dieser gegen eine Beteiligung am Gewinn oder Verlust der Gesellschaft Baumaschinen zur Verfügung.

  ²Die Überlassung des Gegenstands an die Gesellschaft gegen eine Beteiligung am Gewinn oder Verlust der Gesellschaft ist beim Gesellschafter keine unentgeltliche Wertabgabe, wenn dafür unternehmerische Gründe ausschlaggebend waren. ³Es handelt sich mangels Sonderentgelts um eine nicht steuerbare sonstige Leistung im Rahmen des Unternehmens (vgl. auch Absatz 8).

  ⁴Wird der Gegenstand aus unternehmensfremden Gründen überlassen, liegt beim Gesellschafter unter den Voraussetzungen des § 3 Abs. 9a UStG eine unentgeltliche Wertabgabe vor. ⁵Das kann beispielsweise im Einzelfall bei der Überlassung von Gegenständen an Familiengesellschaften der Fall sein. ⁶Unternehmensfremde Gründe liegen nicht allein deshalb vor, weil der Gesellschafter die Anteile an der Gesellschaft nicht in seinem Betriebsvermögen hält (vgl. BFH-Urteil vom 20.12.1962, V 111/61 U, BStBl. 1963 III S. 169).

  ⁷Zum Vorsteuerabzug des Gesellschafters und der Gesellschaft vgl. Abschnitt 15.20 Abs. 2 und 3.

3. ¹Der Gesellschafter ist selbst als Unternehmer tätig. ²Er liefert der Gesellschaft einen Gegenstand aus seinem Unternehmen unentgeltlich. ³Er ist nur am Gewinn oder Verlust der Gesellschaft beteiligt.

  a) ¹Der Gesellschafter ist zum Vorsteuerabzug aus dem Erwerb des Gegenstands berechtigt.

  ²Es liegt eine unentgeltliche Wertabgabe nach § 3 Abs. 1b Satz 1 Nr. 1 oder 3 UStG vor.

  b) ¹Der Gesellschafter ist nicht zum Vorsteuerabzug aus dem Erwerb des Gegenstands berechtigt.

  ²Es liegt nach § 3 Abs. 1b Satz 2 UStG keine einer entgeltlichen Lieferung gleichgestellte unentgeltliche Wertabgabe vor.

Leistungsaustausch bei Arbeitsgemeinschaften des Baugewerbes

(8) ¹Überlassen die Gesellschafter einer Arbeitsgemeinschaft des Baugewerbes dieser für die Ausführung des Bauauftrags Baugeräte (Gerätevorhaltung), kann sich die Überlassung im Rahmen eines Leistungsaustauschs vollziehen. ²Vereinbaren die Gesellschafter, dass die Baugeräte von den Partnern der Arbeitsgemeinschaft kostenlos zur Verfügung zu stellen sind, ist die Überlassung der Baugeräte keine steuerbare Leistung, wenn der die Geräte beistellende Gesellschafter die Überlassung der Geräte der Arbeitsgemeinschaft nicht berechnet und sich mit dem ihm zustehenden Gewinnanteil begnügt. ³Wird die Überlassung der Baugeräte seitens des Bauunternehmers an die Arbeitsgemeinschaft vor der Verteilung des Gewinns entsprechend dem Geräteeinsatz ausgeglichen oder wird der Gewinn entsprechend der Gerätevorhaltung aufgeteilt, obwohl sie nach dem Vertrag „kostenlos" zu erbringen ist, handelt es sich im wirtschaftlichen Ergebnis um besonders berechnete sonstige Leistungen (vgl. BFH-Urteil vom 18.3.1988, V R 178/83, BStBl. II S. 646, zur unentgeltlichen Gegenstandsüberlassung vgl. Absatz 7 Nr. 2 Buchstabe b Beispiel 4). ⁴Das gilt auch dann, wenn die Differenz zwischen vereinbarter und tatsächlicher Geräteüberlassung unmittelbar zwischen den Arbeitsgemeinschaftspartnern abgegolten (Spitzenausgleich) und der Gewinn formell von Ausgleichszahlungen unbeeinflusst verteilt wird (BFH-Urteile vom 21.3.1968, V R 43/65, BStBl. II S. 449, und vom 11.12.1969, V R 91/68, BStBl. 1970 II S. 356). ⁵In den Fällen, in denen im Arbeitsgemeinschaftsvertrag ein Spitzenausgleich der Mehr- und Minderleistungen und der darauf entfallenden Entgelte außerhalb der Arbeitsgemeinschaft zwischen den Partnern unmittelbar vereinbart und auch tatsächlich dementsprechend durchgeführt wird, ist ein Leistungsaustausch zwischen den Arbeitsgemeinschaftsmitgliedern und der Arbeitsgemeinschaft nicht feststellbar. ⁶Die Leistungen (Gerätevorhaltungen) der Partner an die Arbeitsgemeinschaft sind in diesen Fällen nicht steuerbar (BFH-Urteil vom 11.12.1969, V R 129/68, BStBl. 1970 II S. 358). ⁷Die Anwendung der in den Sätzen 1 bis 6 genannten Grundsätze ist nicht auf Gerätevorhaltungen im Rahmen

§ 1 UStAE 1.6. – 1.8.

von Arbeitsgemeinschaften des Baugewerbes beschränkt, sondern allgemein anwendbar, z.B. auf im Rahmen eines Konsortialvertrags erbrachte Arbeitsanteile (vgl. EuGH-Urteil vom 29.4.2004, C-77/01, EuGHE I S. 4295).

1.7. Lieferung von Gas oder Elektrizität

(1) [1]Die Abgabe von Energie durch einen Übertragungsnetzbetreiber im Rahmen des sog. Bilanzkreis- oder Regelzonenausgleichs vollzieht sich nicht als eigenständige Lieferung, sondern im Rahmen einer sonstigen Leistung und bleibt dementsprechend bei der Beurteilung der Wiederverkäufereigenschaft unberücksichtigt (vgl. Abschnitt 3g.1 Abs. 2). [2]Die zwischen den Netzbetreibern zum Ausgleich der unterschiedlichen Kosten für die unentgeltliche Durchleitung der Energie gezahlten Beträge (sog. Differenzausgleich) sind kein Entgelt für eine steuerbare Leistung des Netzbetreibers. [3]Gibt ein Energieversorger seine am Markt nicht mehr zu einem positiven Kaufpreis veräußerbaren überschüssigen Kapazitäten in Verbindung mit einer Zuzahlung ab, um sich eigene Aufwendungen für das Zurückfahren der eigenen Produktionsanlagen zu ersparen, liegt keine Lieferung von z.B. Elektrizität vor, sondern eine sonstige Leistung des Abnehmers.

(2)[1)] [1]Der nach § 9 KWKG zwischen den Netzbetreibern vorzunehmende Belastungsausgleich vollzieht sich nicht im Rahmen eines Leistungsaustauschs. [2]Gleiches gilt für den ab dem 1.1.2010 vorzunehmenden Belastungsausgleich nach der Verordnung zur Weiterentwicklung des bundesweiten Ausgleichsmechanismus vom 17.7.2009 (AusglMechV, BGBl. I S. 2101) bezüglich des Ausgleichs zwischen Übertragungsnetzbetreibern und Elektrizitätsversorgungsunternehmen (Zahlung der EEG-Umlage nach § 3 AusglMechV). [3]Bei diesen Umlagen zum Ausgleich der den Unternehmen entstehenden unterschiedlichen Kosten im Zusammenhang mit der Abnahme von Strom aus KWK- bzw. EEG-Anlagen handelt es sich nicht um Entgelte für steuerbare Leistungen. [4]Die vorstehenden Ausführungen sind nicht anzuwenden, soweit Belastungsausgleich-Endabrechnungen der Kalenderjahre 2008 und 2009 betroffen sind (vgl. § 12 AusglMechV).

1.8. Sachzuwendungen und sonstige Leistungen an das Personal

Allgemeines

(1) [1]Wendet der Unternehmer (Arbeitgeber) seinem Personal (seinen Arbeitnehmern) als Vergütung für geleistete Dienste neben dem Barlohn auch einen Sachlohn zu, bewirkt der Unternehmer mit dieser Sachzuwendung eine entgeltliche Leistung im Sinne des § 1 Abs. 1 Nr. 1 Satz 1 UStG, für die der Arbeitnehmer einen Teil seiner Arbeitsleistung als Gegenleistung aufwendet. [2]Wegen des Begriffs der Vergütung für geleistete Dienste vgl. Abschnitt 4.18.1 Abs. 7. [3]Ebenfalls nach § 1 Abs. 1 Nr. 1 Satz 1 UStG steuerbar sind Lieferungen oder sonstige Leistungen, die der Unternehmer an seine Arbeitnehmer oder deren Angehörige auf Grund des Dienstverhältnisses gegen besonders berechnetes Entgelt, aber verbilligt, ausführt. [4]Von einer entgeltlichen Leistung in diesem Sinne ist auszugehen, wenn der Unternehmer für die Leistung gegenüber dem einzelnen Arbeitnehmer einen unmittelbaren Anspruch auf eine Geldzahlung oder eine andere – nicht in der Arbeitsleistung bestehende – Gegenleistung in Geldeswert hat. [5]Für die Steuerbarkeit kommt es nicht darauf an, ob der Arbeitnehmer das Entgelt gesondert an den Unternehmer entrichtet oder ob der Unternehmer den entsprechenden Betrag vom Barlohn einbehält. [6]Die Gewährung von Personalrabatt durch den Unternehmer beim Einkauf von Waren durch seine Mitarbeiter ist keine Leistung gegen Entgelt, sondern Preisnachlass (BFH-Beschluss vom 17.9.1981, V B 43/80, BStBl. II S. 775).

(2) [1]Zuwendungen von Gegenständen (Sachzuwendungen) und sonstige Leistungen an das Personal für dessen privaten Bedarf sind nach § 3 Abs. 1b Satz 1 Nr. 2 und § 3 Abs. 9a UStG auch dann steuerbar, wenn sie unentgeltlich sind (vgl. Abschnitt 3.3 Abs. 9). [2]Die Steuerbarkeit setzt voraus, dass Leistungen aus unternehmerischen (betrieblichen) Gründen für den privaten, außerhalb des Dienstverhältnisses liegenden Bedarf des Arbeitnehmers ausgeführt werden (vgl. BFH-Urteile vom 11.3.1988, V R 30/84, BStBl. II S. 643, und V R 114/83, BStBl. II S. 651). [3]Der Arbeitnehmer erhält Sachzuwendungen und sonstige Leistungen unentgeltlich, wenn er seine Arbeit lediglich für den vereinbarten Barlohn und unabhängig von dem an alle Arbeitnehmer gerichteten Angebot (vgl. BFH-Urteil vom 10.6.1999, V R 104/98, BStBl. II S. 582) oder unabhängig vom Umfang der gewährten Zuwendungen erbringt. [4]Hieran ändert der Umstand nichts, dass der Unternehmer die Zuwendungen zur Ablösung tarifvertraglicher Verpflichtungen erbringt (vgl. BFH-Urteil vom 11.5.2000, V R 73/99, BStBl. II S. 505). [5]Steuerbar sind auch Leistungen an ausgeschiedene Arbeitnehmer auf Grund eines früheren Dienstverhältnisses sowie Leistungen an Auszubildende. [6]Bei unentgeltlichen Zuwendungen eines Gegenstands an das Personal oder der Verwendung eines dem Unternehmen zugeordneten Gegenstands für den privaten Bedarf des Personals setzt die Steuerbarkeit voraus, dass der Gegenstand oder seine Bestandteile

---

1) Hinweis auf Anlage § 002-27

zumindest zu einem teilweisen Vorsteuerabzug berechtigt haben (vgl. Abschnitte 3.3 und 3.4). [7]Keine steuerbaren Umsätze sind Aufmerksamkeiten und Leistungen, die überwiegend durch das betriebliche Interesse des Arbeitgebers veranlasst sind (vgl. BFH-Urteil vom 9.7.1998, V R 105/92, BStBl. II S. 635).

(3) [1]Aufmerksamkeiten sind Zuwendungen des Arbeitgebers, die nach ihrer Art und nach ihrem Wert Geschenken entsprechen, die im gesellschaftlichen Verkehr üblicherweise ausgetauscht werden und zu keiner ins Gewicht fallenden Bereicherung des Arbeitnehmers führen (vgl. BFH-Urteil vom 22.3.1985, VI R 26/82, BStBl. II S. 641, R 19.6 LStR 2011). [2]Zu den Aufmerksamkeiten rechnen danach gelegentliche Sachzuwendungen bis zu einem Wert von 40 €, z.B. Blumen, Genussmittel, ein Buch oder ein Tonträger, die dem Arbeitnehmer oder seinen Angehörigen aus Anlass eines besonderen persönlichen Ereignisses zugewendet werden. [3]Gleiches gilt für Getränke und Genussmittel, die der Arbeitgeber den Arbeitnehmern zum Verzehr im Betrieb unentgeltlich überlässt.

(4) [1]Nicht steuerbare Leistungen, die überwiegend durch das betriebliche Interesse des Arbeitgebers veranlasst sind, liegen vor, wenn betrieblich veranlasste Maßnahmen zwar auch die Befriedigung eines privaten Bedarfs der Arbeitnehmer zur Folge haben, diese Folge aber durch die mit den Maßnahmen angestrebten betrieblichen Zwecke überlagert wird (vgl. EuGH-Urteil vom 11.12.2008, C-371/07, EuGHE I S. 9549). [2]Dies ist regelmäßig anzunehmen, wenn die Maßnahme die dem Arbeitgeber obliegende Gestaltung der Dienstausübung betrifft (vgl. BFH-Urteil vom 9.7.1998, V R 105/92, BStBl. II S. 635). [3]Hierzu gehören insbesondere:

1. [1]Leistungen zur Verbesserung der Arbeitsbedingungen, z.B. die Bereitstellung von Aufenthalts- und Erholungsräumen sowie von betriebseigenen Duschanlagen, die grundsätzlich von allen Betriebsangehörigen in Anspruch genommen werden können. [2]Auch die Bereitstellung von Bade- und Sportanlagen kann überwiegend betrieblich veranlasst sein, wenn in der Zurverfügungstellung der Anlagen nach der Verkehrsauffassung kein geldwerter Vorteil zu sehen ist. [3]Z.B. ist die Bereitstellung von Fußball- oder Handballsportplätzen kein geldwerter Vorteil, wohl aber die Bereitstellung von Tennis- oder Golfplätzen (vgl. auch BFH-Urteil vom 27.9.1996, VI R 44/96, BStBl. 1997 II S. 146);

2. die betriebsärztliche Betreuung sowie die Vorsorgeuntersuchung des Arbeitnehmers, wenn sie im ganz überwiegenden betrieblichen Interesse des Arbeitgebers liegt (vgl. BFH-Urteil vom 17.9.1982, VI R 75/79, BStBl. 1983 II S. 39);

3. betriebliche Fort- und Weiterbildungsleistungen;

4. die Überlassung von Arbeitsmitteln zur beruflichen Nutzung einschließlich der Arbeitskleidung, wenn es sich um typische Berufskleidung, insbesondere um Arbeitsschutzkleidung, handelt, deren private Nutzung so gut wie ausgeschlossen ist;

5. das Zurverfügungstellen von Parkplätzen auf dem Betriebsgelände;

6. [1]Zuwendungen im Rahmen von Betriebsveranstaltungen, soweit sie sich im üblichen Rahmen halten. [2]Die Üblichkeit der Zuwendungen ist bis zu einer Höhe von 110 € einschließlich Umsatzsteuer je Arbeitnehmer und Betriebsveranstaltung nicht zu prüfen. [3]Satz 2 gilt nicht bei mehr als zwei Betriebsveranstaltungen im Jahr. [4]Die lohnsteuerrechtliche Beurteilung gilt entsprechend (vgl. R 19.5 LStR 2011);

7. das Zurverfügungstellen von Betriebskindergärten;

8. das Zurverfügungstellen von Übernachtungsmöglichkeiten in gemieteten Zimmern, wenn der Arbeitnehmer an weit von seinem Heimatort entfernten Tätigkeitsstellen eingesetzt wird (vgl. BFH-Urteil vom 21.7.1994, V R 21/92, BStBl. II S. 881);

9. Schaffung und Förderung der Rahmenbedingungen für die Teilnahme an einem Verkaufswettbewerb (vgl. BFH-Urteil vom 16.3.1995, V R 128/92, BStBl. II S. 651);

10. die Sammelbeförderung unter den in Absatz 15 Satz 2 bezeichneten Voraussetzungen;

11. die unentgeltliche Abgabe von Speisen anlässlich und während eines außergewöhnlichen Arbeitseinsatzes, z.B. während einer außergewöhnlichen betrieblichen Besprechung oder Sitzung (vgl. EuGH-Urteil vom 11.12.2008, a.a.O.).

(5) [1]Nach § 1 Abs. 1 Nr. 1 Satz 1, § 3 Abs. 1b oder § 3 Abs. 9a UStG steuerbare Umsätze an Arbeitnehmer können steuerfrei, z.B. nach § 4 Nr. 10 Buchstabe b, Nr. 12 Satz 1, 18, 23 bis 25 UStG, sein. [2]Die Überlassung von Werkdienstwohnungen durch Arbeitgeber an Arbeitnehmer ist nach § 4 Nr. 12 Satz 1 UStG steuerfrei (vgl. BFH-Urteile vom 30.7.1986, V R 99/76, BStBl. II S. 877, und vom 7.10.1987, V R 2/79, BStBl. 1988 II S. 88). [3]Überlässt ein Unternehmer in seiner Pension Räume an eigene Saison-Arbeitnehmer, ist diese Leistung nach § 4 Nr. 12 Satz 2 UStG steuerpflichtig, wenn diese Räume wahlweise zur

§ 1 UStAE 1.8.

vorübergehenden Beherbergung von Gästen oder zur Unterbringung des Saisonpersonals bereitgehalten werden (vgl. BFH-Urteil vom 13.9.1988, V R 46/83, BStBl. II S. 1021); vgl. auch Abschnitt 4.12.9 Abs. 2.

Bemessungsgrundlage

(6) ¹Bei der Ermittlung der Bemessungsgrundlage für die entgeltlichen Lieferungen und sonstigen Leistungen an Arbeitnehmer (Absatz 1) ist die Vorschrift über die Mindestbemessungsgrundlage in § 10 Abs. 5 Nr. 2 UStG zu beachten. ²Danach ist als Bemessungsgrundlage mindestens der in § 10 Abs. 4 UStG bezeichnete Wert (Einkaufspreis, Selbstkosten, Ausgaben, vgl. Absatz 7) abzüglich der Umsatzsteuer anzusetzen, wenn dieser den vom Arbeitnehmer tatsächlich aufgewendeten (gezahlten) Betrag abzüglich der Umsatzsteuer übersteigt. ³Beruht die Verbilligung auf einem Belegschaftsrabatt, z.B. bei der Lieferung von sog. Jahreswagen an Werksangehörige in der Automobilindustrie, liegen die Voraussetzungen für die Anwendung der Vorschrift des § 10 Abs. 5 Nr. 2 UStG regelmäßig nicht vor; Bemessungsgrundlage ist dann der tatsächlich aufgewendete Betrag abzüglich Umsatzsteuer. ⁴Zuwendungen, die der Unternehmer in Form eines Sachlohns als Vergütung für geleistete Dienste gewährt, sind nach den Werten des § 10 Abs. 4 UStG zu bemessen; dabei sind auch die nicht zum Vorsteuerabzug berechtigenden Ausgaben in die Bemessungsgrundlage einzubeziehen. ⁵Eine Leistung unterliegt nur dann der Mindestbemessungsgrundlage nach § 10 Abs. 5 Nr. 2 UStG, wenn sie ohne Entgeltvereinbarung als unentgeltliche Leistung steuerbar wäre (vgl. BFH-Urteile vom 15.11.2007, V R 15/06, BStBl. 2009 II S. 423, vom 27.2.2008, XI R 50/07, BStBl. 2009 II S. 426, und vom 29.5.2008, V R 12/07, BStBl. 2009 II S. 428 sowie Abschnitt 10.7).

(7) ¹Die Bemessungsgrundlage für die unentgeltlichen Lieferungen und sonstigen Leistungen an Arbeitnehmer (Absatz 2) ist in § 10 Abs. 4 UStG geregelt. ²Bei der Ermittlung der Bemessungsgrundlage für unentgeltliche Lieferungen (§ 10 Abs. 4 Satz 1 Nr. 1 UStG) ist vom Einkaufspreis zuzüglich der Nebenkosten für den Gegenstand oder für einen gleichartigen Gegenstand oder mangels eines Einkaufspreises von den Selbstkosten, jeweils zum Zeitpunkt des Umsatzes, auszugehen. ³Der Einkaufspreis entspricht in der Regel dem Wiederbeschaffungspreis des Unternehmers. ⁴Die Selbstkosten umfassen alle durch den betrieblichen Leistungsprozess entstehenden Ausgaben. ⁵Bei der Ermittlung der Bemessungsgrundlage für unentgeltliche sonstige Leistungen (§ 10 Abs. 4 Satz 1 Nr. 2 und 3 UStG) ist von den bei der Ausführung dieser Leistungen entstandenen Ausgaben auszugehen. ⁶Hierzu gehören auch die anteiligen Gemeinkosten. ⁷In den Fällen des § 10 Abs. 4 Satz 1 Nr. 2 UStG sind aus der Bemessungsgrundlage solche Ausgaben auszuscheiden, die nicht zum vollen oder teilweisen Vorsteuerabzug berechtigt haben.

(8) ¹Die in § 10 Abs. 4 UStG vorgeschriebenen Werte weichen grundsätzlich von den für Lohnsteuerzwecke anzusetzenden Werten (§ 8 Abs. 2 und 3 EStG, R 8.1 und R 8.2 LStR 2011) ab. ²In bestimmten Fällen (vgl. Absätze 9, 11, 14, 18) ist es jedoch aus Vereinfachungsgründen nicht zu beanstanden, wenn für die umsatzsteuerrechtliche Bemessungsgrundlage von den lohnsteuerrechtlichen Werten ausgegangen wird. ³Diese Werte sind dann als Bruttowerte anzusehen, aus denen zur Ermittlung der Bemessungsgrundlage die Umsatzsteuer herauszurechnen ist. ⁴Der Freibetrag nach § 8 Abs. 3 Satz 2 EStG von 1.080 € bleibt bei der umsatzsteuerrechtlichen Bemessungsgrundlage unberücksichtigt.

Einzelfälle

(9) ¹Erhalten Arbeitnehmer von ihrem Arbeitgeber freie Verpflegung, freie Unterkunft oder freie Wohnung, ist von den Werten auszugehen, die in der SvEV in der jeweils geltenden Fassung festgesetzt sind. ²Für die Gewährung von Unterkunft und Wohnung kann unter den Voraussetzungen des § 4 Nr. 12 Satz 1 Buchstabe a UStG Steuerfreiheit in Betracht kommen (vgl. aber Absatz 5 Satz 3). ³Die Gewährung der Verpflegung unterliegt dem allgemeinen Steuersatz (vgl. BFH-Urteil vom 24.11.1988, V R 30/83, BStBl. 1989 II S. 210; Abschnitt 3.6).

(10) ¹Bei der Abgabe von Mahlzeiten an die Arbeitnehmer ist hinsichtlich der Ermittlung der Bemessungsgrundlage zu unterscheiden, ob es sich um eine unternehmenseigene Kantine oder um eine vom Unternehmer (Arbeitgeber) nicht selbst betriebene Kantine handelt. ²Eine unternehmenseigene Kantine ist nur anzunehmen, wenn der Unternehmer die Mahlzeiten entweder selbst herstellt oder Mahlzeiten vor der Abgabe an die Arbeitnehmer mehr als nur geringfügig be- oder verarbeitet bzw. aufbereitet oder ergänzt. ³Von einer nicht selbst betriebenen Kantine ist auszugehen, wenn die Mahlzeiten nicht vom Arbeitgeber/Unternehmer selbst (d.h. durch eigenes Personal) zubereitet und an die Arbeitnehmer abgegeben werden. ⁴Überlässt der Unternehmer (Arbeitgeber) im Rahmen der Fremdbewirtschaftung Küchen- und Kantinenräume, Einrichtungen, Ausstattungsgegenstände sowie Koch- und Küchengeräte u.ä., ist der Wert dieser Gebrauchsüberlassung bei der Ermittlung der Bemessungsgrundlage für die Mahlzeiten nicht zu berücksichtigen.

UStAE 1.8. § 1

(11) ¹Bei der unentgeltlichen Abgabe von Mahlzeiten an die Arbeitnehmer durch unternehmenseigene Kantinen ist aus Vereinfachungsgründen bei der Ermittlung der Bemessungsgrundlage von dem Wert auszugehen, der dem amtlichen Sachbezugswert nach der SvEV entspricht (vgl. R 8.1 Abs. 7 LStR 2011). ²Werden die Mahlzeiten in unternehmenseigenen Kantinen entgeltlich abgegeben, ist der vom Arbeitnehmer gezahlte Essenspreis, mindestens jedoch der Wert der Besteuerung zu Grunde zu legen, der dem amtlichen Sachbezugswert entspricht. ³Abschläge für Jugendliche, Auszubildende und Angehörige der Arbeitnehmer sind nicht zulässig.

Beispiel 1:
Wert der Mahlzeit	2,83 €
Zahlung des Arbeitnehmers	1,00 €
maßgeblicher Wert	2,83 €
darin enthalten 19/119 Umsatzsteuer (Steuersatz 19 %)	./. 0,45 €
Bemessungsgrundlage	2,38 €

Beispiel 2:
Wert der Mahlzeit	2,83 €
Zahlung des Arbeitnehmers	3,00 €
maßgeblicher Wert	3,00 €
darin enthalten 19/119 Umsatzsteuer (Steuersatz 19 %)	./. 0,48 €
Bemessungsgrundlage	2,52 €

⁴In den Beispielen 1 und 2 wird von den Sachbezugswerten 2011 ausgegangen (vgl. BMF-Schreiben vom 17.12.2010, BStBl. 2011 I S. 42). ⁵Soweit unterschiedliche Mahlzeiten zu unterschiedlichen Preisen verbilligt an die Arbeitnehmer abgegeben werden, kann bei der umsatzsteuerrechtlichen Bemessungsgrundlage von dem für Lohnsteuerzwecke gebildeten Durchschnittswert ausgegangen werden.

(12) Bei der Abgabe von Mahlzeiten durch eine vom Unternehmer (Arbeitgeber) nicht selbstbetriebene Kantine oder Gaststätte gilt Folgendes:

1. ¹Vereinbart der Arbeitgeber mit dem Kantinenbetreiber bzw. Gastwirt die Zubereitung und die Abgabe von Essen an die Arbeitnehmer zum Verzehr an Ort und Stelle und hat der Kantinenbetreiber bzw. Gastwirt einen Zahlungsanspruch gegen den Arbeitgeber, liegt einerseits ein Leistungsaustausch zwischen Kantinenbetreiber bzw. Gastwirt und Arbeitgeber und andererseits ein Leistungsaustausch des Arbeitgebers gegenüber dem Arbeitnehmer vor. ²Der Arbeitgeber bedient sich in diesen Fällen des Kantinenbetreibers bzw. Gastwirts zur Beköstigung seiner Arbeitnehmer. ³Sowohl in dem Verhältnis Kantinenbetreiber bzw. Gastwirt – Arbeitgeber als auch im Verhältnis Arbeitgeber – Arbeitnehmer liegt eine sonstige Leistung vor.

   Beispiel 1:

   ¹Der Arbeitgeber vereinbart mit einem Gastwirt die Abgabe von Essen an seine Arbeitnehmer zu einem Preis von 3,00 € je Essen. ²Der Gastwirt rechnet über die ausgegebenen Essen mit dem Arbeitgeber auf der Grundlage dieses Preises ab. ³Die Arbeitnehmer haben einen Anteil am Essenspreis von 1,00 € zu entrichten, den der Arbeitgeber von den Arbeitslöhnen einbehält.

   ⁴Nach § 3 Abs. 9 UStG erbringen der Gastwirt an den Arbeitgeber und der Arbeitgeber an den Arbeitnehmer je eine sonstige Leistung. ⁵Der Preis je Essen beträgt für den Arbeitgeber 3,00 €. ⁶Als Bemessungsgrundlage für die Abgabe der Mahlzeiten des Arbeitgebers an den Arbeitnehmer ist der Betrag von 2,52 € (3,00 € abzüglich 19/119 Umsatzsteuer) anzusetzen. ⁷Der Arbeitgeber kann die ihm vom Gastwirt für die Beköstigungsleistungen gesondert in Rechnung gestellte Umsatzsteuer unter den Voraussetzungen des § 15 UStG als Vorsteuer abziehen.

2. ¹Bestellt der Arbeitnehmer in einer Gaststätte selbst sein gewünschtes Essen nach der Speisekarte und bezahlt dem Gastwirt den – ggf. um einen Arbeitgeberzuschuss geminderten – Essenspreis, liegt eine sonstige Leistung des Gastwirts an den Arbeitnehmer vor. ²Ein Umsatzgeschäft zwischen Arbeitgeber und Gastwirt besteht nicht. ³Im Verhältnis des Arbeitgebers zum Arbeitnehmer ist die Zahlung des Essenszuschusses ein nicht umsatzsteuerbarer Vorgang. ⁴Bemessungsgrundlage der sonstigen Leistung des Gastwirts an den Arbeitnehmer ist der von dem Arbeitnehmer an den Gastwirt gezahlte Essenspreis zuzüglich des ggf. gezahlten Arbeitgeberzuschusses (Entgelt von dritter Seite).

§ 1   UStAE 1.8.

Beispiel 2:

¹Der Arbeitnehmer kauft in einer Gaststätte ein Mittagessen, welches mit einem Preis von 4,00 € ausgezeichnet ist. ²Er übergibt dem Gastwirt eine Essensmarke des Arbeitgebers im Wert von 1,00 € und zahlt die Differenz in Höhe von 3,00 €. ³Der Gastwirt lässt sich den Wert der Essensmarken wöchentlich vom Arbeitgeber erstatten.

⁴Bemessungsgrundlage beim Gastwirt ist der Betrag von 4,00 € abzüglich Umsatzsteuer. ⁵Die Erstattung der Essensmarke (Arbeitgeberzuschuss) führt nicht zu einer steuerbaren Sachzuwendung an den Arbeitnehmer. ⁶Der Arbeitgeber kann aus der Abrechnung des Gastwirts keinen Vorsteuerabzug geltend machen.

3. Vereinbart der Arbeitgeber mit einem selbständigen Kantinenpächter (z.B. Caterer), dass dieser die Kantine in den Räumen des Arbeitgebers betreibt und die Verpflegungsleistungen an die Arbeitnehmer im eigenen Namen und für eigene Rechnung erbringt, liegt ein Leistungsaustausch zwischen Caterer und Arbeitnehmer vor (vgl. BFH-Beschluss vom 18.7.2002, V B 112/01, BStBl. 2003 II S. 675).

Beispiel 3:

¹Der Arbeitgeber und der Caterer vereinbaren, dass der Caterer die Preise für die Mittagsverpflegung mit dem Arbeitgeber abzustimmen hat. ²Der Arbeitgeber zahlt dem Caterer einen jährlichen (pauschalen) Zuschuss (Arbeitgeberzuschuss). ³Der Zuschuss wird anhand der Zahl der durchschnittlich ausgegebenen Essen je Kalenderjahr ermittelt oder basiert auf einem prognostizierten „Verlust" (Differenz zwischen den voraussichtlichen Zahlungen der Arbeitnehmer und Kosten der Mittagsverpflegung).

⁴Ein Leistungsaustausch zwischen Arbeitgeber und Caterer sowie zwischen Arbeitgeber und Arbeitnehmer besteht nicht. ⁵Bemessungsgrundlage der sonstigen Leistung des Caterers an den Arbeitnehmer ist der von dem Arbeitnehmer an den Caterer gezahlte Essenspreis zuzüglich des ggf. gezahlten Arbeitgeberzuschusses. ⁶Diese vom Arbeitgeber in pauschalierter Form gezahlten Beträge sind Entgelt von dritter Seite (vgl. Abschnitt 10.2 Abs. 5 Satz 5). ⁷Da der Arbeitgeber keine Leistung vom Caterer erhält, ist er nicht zum Vorsteuerabzug aus der Zahlung des Zuschusses an den Caterer berechtigt.

(13) ¹In den Fällen, in denen Verpflegungsleistungen anlässlich einer unternehmerisch bedingten Auswärtstätigkeit von Arbeitnehmern vom Arbeitgeber empfangen und in voller Höhe getragen werden, kann der Arbeitgeber den Vorsteuerabzug aus den entstandenen Verpflegungskosten in Anspruch nehmen, wenn die Aufwendungen durch Rechnungen mit gesondertem Ausweis der Umsatzsteuer auf den Namen des Unternehmers oder durch Kleinbetragsrechnungen im Sinne des § 33 UStDV belegt sind. ²Es liegt keine einer entgeltlichen Leistung gleichgestellte unentgeltliche Wertabgabe vor. ³Übernimmt der Arbeitgeber die Kosten des Arbeitnehmers für eine dienstlich veranlasste Hotelübernachtung einschließlich Frühstück und kürzt der Arbeitgeber wegen des Frühstücks dem Arbeitnehmer den ihm zustehenden Reisekostenzuschuss auch um einen höheren Betrag als den maßgeblichen Sachbezugswert, liegt keine entgeltliche Frühstücksgestellung des Arbeitgebers an den Arbeitnehmer vor.

(14) ¹Zu den unentgeltlichen Wertabgaben rechnen auch unentgeltliche Deputate, z.B. im Bergbau und in der Land- und Forstwirtschaft, und die unentgeltliche Abgabe von Getränken und Genussmitteln zum häuslichen Verzehr, z.B. Haustrunk im Brauereigewerbe, Freitabakwaren in der Tabakwarenindustrie. ²Das Gleiche gilt für Sachgeschenke, Jubiläumsgeschenke und ähnliche Zuwendungen aus Anlass von Betriebsveranstaltungen, soweit diese Zuwendungen weder Aufmerksamkeiten (vgl. Absatz 3) noch Leistungen im überwiegenden betrieblichen Interesse des Arbeitgebers (vgl. Absatz 4) sind. ³Als Bemessungsgrundlage sind in diesen Fällen grundsätzlich die in § 10 Abs. 4 Satz 1 Nr. 1 UStG bezeichneten Werte anzusetzen. ⁴Aus Vereinfachungsgründen kann von den nach den lohnsteuerrechtlichen Regelungen (vgl. R 8.1 Abs. 2, R 8.2 Abs. 2 LStR 2011) ermittelten Werten ausgegangen werden.

(15) ¹Unentgeltliche Beförderungen der Arbeitnehmer von ihrem Wohnsitz, gewöhnlichen Aufenthaltsort oder von einer Sammelhaltestelle, z.B. einem Bahnhof, zum Arbeitsplatz durch betriebseigene Kraftfahrzeuge oder durch vom Arbeitgeber beauftragte Beförderungsunternehmer sind nach § 3 Abs. 9a Nr. 2 UStG steuerbar, sofern sie nicht im überwiegenden betrieblichen Interesse des Arbeitgebers liegen. ²Nicht steuerbare Leistungen im überwiegenden betrieblichen Interesse sind z.B. in den Fällen anzunehmen, in denen

1. die Beförderung mit öffentlichen Verkehrsmitteln nicht oder nur mit unverhältnismäßig hohem Zeitaufwand durchgeführt werden könnte (vgl. BFH-Urteil vom 15.11.2007, V R 15/06, BStBl. 2009 II S. 423),

2. die Arbeitnehmer an ständig wechselnden Tätigkeitsstätten oder an verschiedenen Stellen eines weiträumigen Arbeitsgebiets eingesetzt werden, oder
3. im Einzelfall die Beförderungsleistungen wegen eines außergewöhnlichen Arbeitseinsatzes erforderlich werden oder wenn sie hauptsächlich dem Materialtransport an die Arbeitsstelle dienen und der Arbeitgeber dabei einige Arbeitnehmer unentgeltlich mitnimmt (vgl. BFH-Urteil vom 9.7.1998, V R 105/92, BStBl. II S. 635).

[3]Ergänzend wird auf das BFH-Urteil vom 11.5.2000, V R 73/99, BStBl. II S. 505, verwiesen. [4]Danach ist das Gesamtbild der Verhältnisse entscheidend. [5]Die Entfernung zwischen Wohnung und Arbeitsstätte ist nur ein Umstand, der neben anderen in die tatsächliche Würdigung einfließt.

(16) [1]Die Bemessungsgrundlage für die unentgeltlichen Beförderungsleistungen des Arbeitgebers richtet sich nach den bei der Ausführung der Umsätze entstandenen Ausgaben (§ 10 Abs. 4 Satz 1 Nr. 3 UStG). [2]Es ist nicht zu beanstanden, wenn der Arbeitgeber die entstandenen Ausgaben schätzt, soweit er die Beförderung mit betriebseigenen Fahrzeugen durchführt. [3]Die Bemessungsgrundlage für die Beförderungsleistungen eines Monats kann z.B. pauschal aus der Zahl der durchschnittlich beförderten Arbeitnehmer und aus dem Preis für eine Monatskarte für die kürzeste und weiteste gefahrene Strecke (Durchschnitt) abgeleitet werden.

Beispiel:

[1]Ein Unternehmer hat in einem Monat durchschnittlich 6 Arbeitnehmer mit einem betriebseigenen Fahrzeug unentgeltlich von ihrer Wohnung zur Arbeitsstätte befördert. [2]Die kürzeste Strecke von der Wohnung eines Arbeitnehmers zur Arbeitsstätte beträgt 10 km, die weiteste 30 km (Durchschnitt 20 km).

[3]Die Bemessungsgrundlage für die Beförderungsleistungen in diesem Monat berechnet sich wie folgt:

6 Arbeitnehmer x 76,00 € (Monatskarte für 20 km) = 456,00 € abzüglich 29,83 € Umsatzsteuer (Steuersatz 7 %) = 426,17 €.

[4]Zur Anwendung der Steuerermäßigung des § 12 Abs. 2 Nr. 10 Buchstabe b UStG vgl. Abschnitt 12.15.

(17) [1]Werden von Verkehrsbetrieben die Freifahrten aus betrieblichen Gründen für den privaten, außerhalb des Dienstverhältnisses liegenden Bedarf der Arbeitnehmer, ihrer Angehörigen und der Pensionäre gewährt, sind die Freifahrten nach § 3 Abs. 9a Nr. 2 UStG steuerbar. [2]Die als Bemessungsgrundlage anzusetzenden Ausgaben sind nach den jeweiligen örtlichen Verhältnissen zu ermitteln und können im Allgemeinen mit 25% des normalen Preises für den überlassenen Fahrausweis oder eines der Fahrberechtigung entsprechenden Fahrausweises angenommen werden. [3]Die Umsatzsteuer ist herauszurechnen.

(18) [1]Zur umsatzsteuerrechtlichen Behandlung der Überlassung von Kraftfahrzeugen an Arbeitnehmer zu deren privater Nutzung vgl. Tz. 4 des BMF-Schreibens vom 27.8.2004, BStBl. I S. 864. [2]Leistet der Arbeitnehmer in diesen Fällen Zuzahlungen, vgl. BMF-Schreiben vom 30.12.1997, BStBl. 1998 I S. 110.

(19) [1]Zur umsatzsteuerrechtlichen Behandlung unentgeltlicher oder verbilligter Reisen für Betriebsangehörige vgl. Abschnitt 25.3 Abs. 5. [2]Wendet ein Hersteller bei einem Verkaufswettbewerb ausgelobte Reiseleistungen seinen Vertragshändlern unter der Auflage zu, die Reisen bestimmten Arbeitnehmern zu gewähren, kann der Händler steuerbare Reiseleistungen an seine Arbeitnehmer ausführen. [3]Wendet der Hersteller Reiseleistungen unmittelbar Arbeitnehmern seiner Vertragshändler zu, erbringt der Vertragshändler insoweit keine steuerbaren Leistungen an seine Arbeitnehmer (vgl. BFH-Urteil vom 16.3.1995, V R 128/92, BStBl. II S. 651).

1.9. Inland – Ausland

(1) [1]Das Inland umfasst das Hoheitsgebiet der Bundesrepublik Deutschland mit Ausnahme der in § 1 Abs. 2 Satz 1 UStG bezeichneten Gebiete, zu denen unter anderem die Freizonen des Kontrolltyps I im Sinne des § 1 Abs. 1 Satz 1 ZollVG gehören. [2]Es handelt sich dabei um die Freihäfen Bremerhaven, Cuxhaven und Hamburg, die vom übrigen deutschen Teil des Zollgebiets der Gemeinschaft getrennt sind; die Freizonen des Kontrolltyps II Deggendorf und Duisburg sind hingegen ab dem 1.1.2004 als Inland zu behandeln. [3]Botschaften, Gesandtschaften und Konsulate anderer Staaten gehören selbst bei bestehender Exterritorialität zum Inland. [4]Das Gleiche gilt für Einrichtungen, die von Truppen anderer Staaten im Inland unterhalten werden. [5]Zum Inland gehört auch der Transitbereich deutscher Flughäfen (vgl. BFH-Urteil vom 3.11.2005, V R 63/02, BStBl. 2006 II S. 337).

(2) [1]Zum Ausland gehören das Drittlandsgebiet (einschließlich der Gebiete, die nach § 1 Abs. 2 Satz 1 UStG vom Inland ausgenommen sind) und das übrige Gemeinschaftsgebiet (vgl. Abschnitt 1.10). [2]Die österreichischen Gemeinden Mittelberg (Kleines Walsertal) und Jungholz in Tirol gehören zum Aus-

land im Sinne des § 1 Abs. 2 Satz 2 UStG; die Einfuhr in diesen Gebieten unterliegt jedoch der deutschen Einfuhrumsatzsteuer (§ 1 Abs. 1 Nr. 4 UStG).

(3) Als Strandlinie im Sinne des § 1 Abs. 2 Satz 1 UStG gelten die normalen und geraden Basislinien im Sinne der Artikel 5 und 7 des Seerechtsübereinkommens der Vereinten Nationen vom 10.12.1982, das für Deutschland am 16.11.1994 in Kraft getreten ist (BGBl. 1994 II S. 1798, BGBl. 1995 II S. 602).

1.10. Gemeinschaftsgebiet – Drittlandsgebiet

(1) [1]Das Gemeinschaftsgebiet umfasst das Inland der Bundesrepublik Deutschland im Sinne des § 1 Abs. 2 Satz 1 UStG sowie die gemeinschaftsrechtlichen Inlandsgebiete der übrigen EU-Mitgliedstaaten (übriges Gemeinschaftsgebiet). [2]Zum übrigen Gemeinschaftsgebiet gehören:

– Belgien;
– Bulgarien;
– Dänemark (ohne Grönland und die Färöer);
– Estland;
– Finnland (ohne die Åland-Inseln);
– Frankreich (ohne die überseeischen Departements Guadeloupe, Guyana, Martinique und Réunion und ohne die Inseln Saint-Martin und Saint-Barthélemy) zuzüglich des Fürstentums Monaco;
– Griechenland (ohne Berg Athos);
– Irland;
– Italien (ohne Livigno, Campione d' Italia, San Marino und den zum italienischen Hoheitsgebiet gehörenden Teil des Luganer Sees);
– Lettland;
– Litauen;
– Luxemburg;
– Malta;
– Niederlande (ohne das überseeische Gebiet Aruba und ohne die Inseln Curaçao, Sint Maarten, Bonaire, Saba und Sint Eustatius);
– Österreich;
– Polen;
– Portugal (einschließlich Madeira und der Azoren);
– Rumänien;
– Schweden;
– Slowakei;
– Slowenien;
– Spanien (einschließlich Balearen, ohne Kanarische Inseln, Ceuta und Melilla);
– Tschechien;
– Ungarn;
– Vereinigtes Königreich Großbritannien und Nordirland (ohne die überseeischen Länder und Gebiete und die Selbstverwaltungsgebiete der Kanalinseln Jersey und Guernsey) zuzüglich der Insel Man;
– Zypern (ohne die Landesteile, in denen die Regierung der Republik Zypern keine tatsächliche Kontrolle ausübt) einschließlich der Hoheitszonen des Vereinigten Königreichs Großbritannien und Nordirland (Akrotiri und Dhekalia) auf Zypern.

(2) [1]Das Drittlandsgebiet umfasst die Gebiete, die nicht zum Gemeinschaftsgebiet gehören, u.a. auch Andorra, Gibraltar und den Vatikan. [2]Als Drittlandsgebiet werden auch die Teile der Insel Zypern behandelt, in denen die Regierung der Republik Zypern keine tatsächliche Kontrolle ausübt.

1.11. Umsätze in Freihäfen usw. (§ 1 Abs. 3 Satz 1 Nr. 1 bis 3 UStG)

(1) Unter § 1 Abs. 3 Satz 1 Nr. 1 UStG fallen z.B. der Verkauf von Tabakwaren aus Automaten in Freizonen des Kontrolltyps I nach § 1 Abs. 1 Satz 1 ZollVG (Freihäfen) sowie Lieferungen und innergemeinschaftliche Erwerbe von Schiffsausrüstungsgegenständen, Treibstoff und Proviant an private Schiffseigentümer zur Ausrüstung und Versorgung von Wassersportfahrzeugen.

UStAE 1.11., 1.12. § 1

(2) Unter § 1 Abs. 3 Satz 1 Nr. 2 UStG fallen z.B. die Abgabe von Speisen und Getränken zum Verzehr an Ort und Stelle, Beförderungen für private Zwecke, Reparaturen an Wassersportfahrzeugen, die Veranstaltung von Wassersport-Lehrgängen und die Vermietung eines Röntgengerätes an einen Arzt.

(3) [1]Bei Lieferungen und sonstigen Leistungen an juristische Personen des öffentlichen Rechts sowie bei deren innergemeinschaftlichem Erwerb in den bezeichneten Gebieten enthält § 1 Abs. 3 Satz 2 UStG eine Vermutung, dass die Umsätze an diese Personen für ihren hoheitlichen und nicht für ihren unternehmerischen Bereich ausgeführt werden. [2]Der Unternehmer kann jedoch anhand von Aufzeichnungen und Belegen, z.B. durch eine Bescheinigung des Abnehmers, das Gegenteil glaubhaft machen.

1.12. Freihafen-Veredelungsverkehr, Freihafenlagerung und einfuhrumsatzsteuerrechtlich freier Verkehr (§ 1 Abs. 3 Satz 1 Nr. 4 und 5 UStG)

(1) [1]Der Freihafen-Veredelungsverkehr im Sinne von § 12b EUStBV dient der Veredelung von Gemeinschaftswaren (Artikel 4 Nr. 7 ZK), die in einer Freizone des Kontrolltyps I nach § 1 Abs. 1 Satz 1 ZollVG (Freihafen) bearbeitet oder verarbeitet und anschließend im Inland oder in den österreichischen Gebieten Jungholz und Mittelberg eingeführt werden. [2]Die vorübergehende Lagerung von Gemeinschaftswaren kann nach § 12a EUStBV im Freihafen zugelassen werden, wenn dort für den Außenhandel geschaffene Anlagen sonst nicht wirtschaftlich ausgenutzt werden können und der Freihafen durch die Lagerung seinem Zweck nicht entfremdet wird. [3]Bei der Einfuhr der veredelten oder vorübergehend gelagerten Gegenstände im Inland oder in den österreichischen Gebieten Jungholz und Mittelberg wird keine Einfuhrumsatzsteuer erhoben.

(2) Steuerbare Lieferungen liegen nach § 1 Abs. 3 Satz 1 Nr. 4 Buchstabe a UStG vor, wenn sich der Lieferungsgegenstand im Zeitpunkt der jeweiligen Lieferung in einem zollamtlich bewilligten Freihafen-Veredelungsverkehr oder in einer zollamtlich besonders zugelassenen Freihafenlagerung befindet.

Beispiel:

[1]Der Unternehmer A in Hannover übersendet dem Freihafen-Unternehmer B Rohlinge. [2]Er beauftragt ihn, daraus Zahnräder herzustellen. [3]B versendet die von ihm im Rahmen eines bewilligten Freihafen-Veredelungsverkehrs gefertigten Zahnräder auf Weisung des A an dessen Abnehmer C in Lübeck. [4]Für die Einfuhr wird keine Einfuhrumsatzsteuer erhoben.
[5]Die nach § 3 Abs. 6 UStG im Freihafen bewirkte Lieferung des A an C ist nach § 1 Abs. 3 Satz 1 Nr. 4 Buchstabe a UStG wie eine Lieferung im Inland zu behandeln.

(3) Steuerbare Lieferungen nach § 1 Abs. 3 Satz 1 Nr. 4 Buchstabe a UStG liegen nicht vor, wenn der Lieferungsgegenstand nicht in das Inland gelangt oder wenn die Befreiung von der Einfuhrumsatzsteuer auf anderen Vorschriften als den §§ 12a oder 12b EUStBV beruht.

(4) Durch die Regelung des § 1 Abs. 3 Satz 1 Nr. 4 Buchstabe b UStG werden insbesondere in Abholfällen technische Schwierigkeiten beim Abzug der Einfuhrumsatzsteuer als Vorsteuer vermieden.

Beispiel:

[1]Ein Importeur lässt einen im Freihafen lagernden, aus dem Drittlandsgebiet stammenden Gegenstand bei einer vorgeschobenen Zollstelle (§ 21 Abs. 2a UStG) in den freien Verkehr überführen (Artikel 79 ZK). [2]Anschließend veräußert er den Gegenstand. [3]Der Abnehmer holt den Gegenstand im Freihafen ab und verbringt ihn in das Inland.
[4]Die Lieferung des Importeurs unterliegt nach § 1 Abs. 3 Satz 1 Nr. 4 Buchstabe b UStG der Umsatzsteuer. [5]Er kann die entrichtete Einfuhrumsatzsteuer nach § 15 Abs. 1 Satz 1 Nr. 2 UStG als Vorsteuer abziehen. [6]Der Abnehmer ist unter den Voraussetzungen des § 15 UStG zum Vorsteuerabzug berechtigt.

(5) [1]Unter § 1 Abs. 3 Satz 1 Nr. 5 UStG fallen insbesondere die sonstigen Leistungen des Veredelers, des Lagerhalters und des Beförderungsunternehmers im Rahmen eines zollamtlich bewilligten Freihafen-Veredelungsverkehrs oder einer zollamtlich besonders zugelassenen Freihafenlagerung. [2]Beförderungen der veredelten Gegenstände aus dem Freihafen in das Inland sind deshalb insgesamt steuerbar und auf Grund des § 4 Nr. 3 Satz 1 Buchstabe a Doppelbuchstabe bb Satz 2 UStG auch insgesamt steuerpflichtig.

Verwaltungsregelungen zu § 1

Datum	Anlage	Quelle	Inhalt
21.11.74	§ 001-01	BMF	Umsatzsteuer bei Garantieleistungen in der Reifenindustrie
03.12.75	§ 001-02	BMF	Umsatzsteuer bei Garantieleistungen und Freiinspektionen in der Kraftfahrzeugwirtschaft

§ 1

Datum	Anlage	Quelle	Inhalt
	§ 001-03		nicht belegt
09.06.86	§ 001-04	OFD Sb	Umsatzsteuerliche Behandlung des „BuchSchenkService"
23.07.86	§ 001-05	BMF	Umsatzsteuerliche Fragen bei der Errichtung von Gebäuden auf fremdem Boden
	§ 001-06		nicht belegt
04.05.87	§ 001-07	BMF	Einräumung von Leitungsrechten an Grundstücken zugunsten von Energieversorgungsunternehmen
	§ 001-08		nicht belegt
12.09.88	§ 001-09	BMF	Umsatzsteuerliche Behandlung der Geschäftsführungsaufgaben in Bauarbeitsgemeinschaften
10.04.91	§ 001-10	OFD Sb	Umsatzsteuer für die Lieferungen von Freitabakwaren und Haustrunk an Arbeitnehmer (§ 1 Abs. 1 Nr. 1 Buchst. b UStG)
10.03.93	§ 001-11	BMF	Umsatzsteuerliche Behandlung des Nutzungsentgelts Grüner Punkt der Dualen System Deutschland GmbH (DSD)
	§ 001-12		nicht belegt
	§ 001-13		nicht belegt
22.11.93	§ 001-14	BMF	Umsatzsteuer bei Ausgleichszahlungen an Landwirte für Nutzungseinschränkungen in Wasserschutzgebieten
15.02.94	§ 001-15	BMF	Umsatzsteuerliche Behandlung der nichtunternehmerischen Nutzung von Fernsprechgeräten und -dienstleistungen
	§ 001-16		nicht belegt
	§ 001-17		nicht belegt
	§ 001-18		nicht belegt
	§ 001-19		nicht belegt
	§ 001-20		nicht belegt
	§ 001-21		nicht belegt
05.01.96	§ 001-22	BMF	Umsatzsteuer bei Freistellung von Arbeitnehmern
	§ 001-23		nicht belegt
03.04.96	§ 001-24	BMF	Abgabe von Mahlzeiten an Arbeitnehmer durch unternehmenseigene oder fremdbewirtschaftete Kantinen
	§ 001-25		nicht belegt
	§ 001-26		nicht belegt
14.05.96	§ 001-27	OFD Fra	Umsatzsteuerliche Behandlung der Abgabe von Multifunktionskarten (Chipkarten) und Telefonkarten
15.05.96	§ 001-28	OFD Fra	Umsatzsteuerliche Behandlung von Zahlungen im Rahmen der sog. Altlastenfreistellung nach Art. 1 § 4 Umweltrahmengesetz (URG) vom 29.06.1990 i.d.F. des Art. 12 Hemmnisbeseitigungsgesetz vom 22.03.1991 (BGBl. I, 766)
	§ 001-29		nicht belegt
	§ 001-30		nicht belegt
04.09.96	§ 001-31	OFD Mst	Umsatzsteuerliche Behandlung der Übertragung von Wirtschaftsgütern (insbes. Milchquoten) im Rahmen von Gesellschaftsgründungen
	§ 001-32		nicht belegt
	§ 001-33		nicht belegt
	§ 001-34		nicht belegt
02.03.98	§ 001-35	FM NRW	Umsatzsteuerrechtliche Abwicklung von Telekommunikationsdienstleistungen im Interconnection-Verfahren ab 01.01.1998
	§ 001-36		nicht belegt

§ 1

Datum	Anlage	Quelle	Inhalt
	§ 001-37		nicht belegt
	§ 001-38		nicht belegt
07.07.99	§ 001-39	OFD Fra	Überlassung von Fahrzeugen (Werbemobilen) an soziale Institutionen, Sportvereine und Kommunen
31.08.99	§ 001-40	OFD Ka	Geschäftsveräußerung beim Verkauf eines von mehreren vermieteten Grundstücken
11.11.99	§ 001-41	BMF	Umsatzsteuerliche Behandlung der Geschäftsführungsaufgaben in Bauarbeitsgemeinschaften
	§ 001-42		nicht belegt
	§ 001-43		nicht belegt
	§ 001-44		nicht belegt
	§ 001-45		nicht belegt
21.09.00	§ 001-46	BMF	Umsatzsteuerliche Behandlung von Betreuungsleistungen
	§ 001-47		nicht belegt
05.03.01	§ 001-48	OFD Ka	Vorsteuerabzug bei der Geschäftsveräußerung nach dem 31.3.1999 mit erworbenem Kfz
03.12.01	§ 001-49	BMF	Umsatzsteuerrechtliche Behandlung der Leistungen im Zusammenhang mit sog. Startpaketen und Guthabenkarten im Mobilfunkbereich
31.05.02	§ 001-50	BMF	Umsatzsteuerrechtliche Behandlung von Erschließungsmaßnahmen
	§ 001-51		nicht belegt
10.12.03	§ 001-52	BMF	Umsatzsteuerrechtliche Beurteilung der Einschaltung von Unternehmern in die Erfüllung hoheitlicher Aufgaben
23.12.03	§ 001-53	BMF	Umsatzsteuerrechtliche Behandlung der Geschäftsführungs- und Vertretungsleistungen der Gesellschafter an die Gesellschaft; BFH-Urteil vom 06.06.2002 – V R 43/01 – (BStBl. II S. 36)
28.04.04	§ 001-54	BMF	Auswirkungen durch den Beitritt Estlands, Lettlands, Litauens, Maltas, Polens, der Slowakei, Sloweniens, der Tschechischen Republik, Ungarns und Zyperns
10.06.04	§ 001-55	OFD Han	Umsatzsteuerliche Behandlung der Geschäftsführungsaufgaben in Bauarbeitsgemeinschaften und anderen Arbeitsgemeinschaften
20.07.04	§ 001-56	OFD Han	Umsatzsteuer; Überlassung eines Pkw an den Gesellschafter-Geschäftsführer einer GmbH zur privaten Nutzung
03.02.05	§ 001-57	BMF	Public-Private-Partnerships (PPP) im Bundesfernstraßenbau
17.10.05	§ 001-58	BMF	Leistungen der Sanierungs- und Entwicklungsträger nach § 157 und § 167 Baugesetzbuch (BauGB)
22.05.08	§ 001-59	BMF	Umsatzsteuerliche Behandlung von Ausgleichsansprüchen nach Beendigung eines Leasingvertrages
31.05.06	§ 001-60	OFD Han	Umsatzsteuerliche Behandlung der entgeltlichen und unentgeltlichen Geschäftsveräußerung
28.11.06	§ 001-61	BMF	Umsatzsteuerrechtliche Behandlung der Überlassung von so genannten VIP-Logen und des Bezugs von Hospitality-Leistungen
	§ 001-62		nicht belegt
26.01.07	§ 001-63	BMF	Auswirkungen durch den Beitritt Bulgariens und Rumäniens zur Europäischen Union
25.05.07	§ 001-64	BMF	Umsatzsteuerliche Behandlung der Verwertung sicherungsübereigneter beweglicher Gegenstände

§ 1

Datum	Anlage	Quelle	Inhalt
14.11.11	§ 001-65	BMF	Haftungsvergütung einer Personengesellschaft an einen persönlich haftenden Gesellschafter; BFH-Urteil vom 3.3.2011 – V R 24/10
03.01.12	§ 001-66	BMF	Übertragung von Gesellschaftsanteilen als Geschäftsveräußerung im Ganzen, Anwendung des BFH-Urteils vom 27. Januar 2011 – V R 38/09

Rechtsprechungsauswahl

EuGH vom 10.11.2011 – Rs. C-444/10 – Christel Schriever, UR 2011 S. 937: Übertragung eines Gesamt- oder Teilvermögens im Falle der Übereignung des Warenbestands und der Geschäftsausstattung unter gleichzeitiger Vermietung des Geschäftslokals.

Art. 5 Abs. 8 der 6. EG-Richtlinie 77/388/EWG ist dahin auszulegen, dass die Übereignung des Warenbestands und der Geschäftsausstattung eines Einzelhandelsgeschäfts unter gleichzeitiger Vermietung des Ladenlokals an den Erwerber auf unbestimmte Zeit, allerdings aufgrund eines von beiden Parteien kurzfristig kündbaren Vertrags, eine Übertragung eines Gesamt- oder Teilvermögens im Sinne dieser Bestimmung darstellt, sofern die übertragenen Sachen hinreichen, damit der Erwerber eine selbständige wirtschaftliche Tätigkeit dauerhaft fortführen kann.

EuGH vom 17.10.2011 – Rs. C-93/10 – GFKL Financial Services AG, UR 2011 S. 934: Keine entgeltliche Dienstleistung und keine wirtachaftliche Tätigkeit durch Kauf zahlungsgestörter Forderungen auf eigenes Risiko zu einem unter dem Nennwert dieser Forderungen liegenden Preis.

Art. 2 Nr. 1 und Art. 4 der 6. EG-Richtlinie 77/388/EWG sind dahin auszulegen, dass ein Wirtschaftsteilnehmer, der auf eigenes Risiko zahlungsgestörte Forderungen zu einem unter ihrem Nennwert liegenden Preis kauft, keine entgeltliche Dienstleistung i.S.v. Art. 2 Nr. 1 der 6. EG-Richtlinie erbringt und keine in ihren Geltungsbereich fallende wirtschaftliche Tätigkeit ausübt, wenn die Differenz zwischen dem Nennwert dieser Forderungen und deren Kaufpreis den tatsächlichen wirtschaftlichen Wert der betreffenden Forderungen zum Zeitpunkt ihrer Übertragung widerspiegelt.

BFH vom 28.07.2011 – V R 28/09, UR 2011 S. 855: Sog. „kalte Zwangsvollstreckung" und „kalte Zwangsverwaltung" durch Insolvenzverwalter.

1. Veräußert ein Insolvenzverwalter ein mit einem Grundpfandrecht belastetes Grundstück freihändig aufgrund einer mit dem Grundpfandgläubiger getroffenen Vereinbarung, liegt neben der Lieferung des Grundstücks durch die Masse an den Erwerber auch eine steuerpflichtige entgeltliche Geschäftsbesorgungsleistung der Masse an den Grundpfandgläubiger vor, wenn der Insolvenzverwalter vom Verwertungserlös einen „Massekostenbeitrag" zugunsten der Masse einbehalten darf. Vergleichbares gilt für die freihändige Verwaltung grundpfandrechtsbelasteter Grundstücke durch den Insolvenzverwalter.
2. Eine steuerbare Leistung liegt auch bei der freihändigen Verwertung von Sicherungsgut durch den Insolvenzverwalter vor (Änderung der Rechtsprechung).

BFH vom 07.07.2011 – V R 41/09, UR 2011 S. 867: Vermietung des Miteigentumsanteils eines gemischtgenutzten Grundstücks an den unternehmerisch tätigen Miteigentümer.

Stellt eine aus zwei Personen bestehende Miteigentümergemeinschaft ein Gebäude her, das einer der Gemeinschafter teilweise für Zwecke seiner wirtschaftlichen Tätigkeit verwendet, wird dieser Grundstücksteil (Büro) an ihn geliefert und kann daher nicht Gegenstand einer Vermietung durch den anderen Gemeinschafter sein.

BGH vom 18.05.2011 – VIII ZR 260/10, UR 2011 S. 813: Keine Umsatzsteuerbarkeit der übermäßigen Abnutzung eines nach Vertragsbeendigung zurückgegebenen Leasinggegenstands gegen Zahlung eines vertraglich vereinbarten Minderwertausgleichs.

Ein Minderwertausgleich, den der Leasinggeber nach regulärem Vertragsablauf wegen einer über normale Verschleißerscheinungen hinausgehenden Verschlechterung der zurückzugebenden Leasingsache vom Leasingnehmer beanspruchen kann, ist ohne Umsatzsteuer zu berechnen, weil ihm eine steuerbare Leistung des Leasinggebers (§ 1 Abs. 1 Nr. 1 UStG) nicht gegenübersteht und der Leasinggeber deshalb darauf keine Umsatzsteuer zu entrichten hat (Fortführung des Senatsurteils des BGH, Urt. vom 14.3.2007 – VIII ZR 68/06, UR 2007, 416, WM 2007, 990).

§ 1

BFH vom 03.03.2011 – V R 24/10, BStBl. 2011 II S. 950: Haftungsvergütung als Entgelt für eine steuerpflichtige Leistung des Komplementärs an seine KG – Einheitlichkeit der Leistung.

Die Festvergütung, die der geschäftsführungs- und vertretungsberechtigte Komplementär einer KG von dieser für seine Haftung nach §§ 161, 128 HGB erhält, ist als Entgelt für eine einheitliche Leistung, die Geschäftsführung, Vertretung und Haftung umfasst, umsatzsteuerpflichtig.

EuGH vom 22.12.2010 – Rs. C-103/09, Weald Leasing Ltd, DB 2011 S. 220: Zulässige Steuergestaltung zur Erzielung von Steuervorteilen.

1. Der Steuervorteil, der sich daraus ergibt, dass ein Unternehmen in Bezug auf Wirtschaftsgüter wie die im Ausgangsverfahren in Rede stehenden auf Leasingumsätze zurückgreift, anstatt diese Wirtschaftsgüter unmittelbar zu erwerben, stellt keinen Steuervorteil dar, dessen Gewährung dem mit den einschlägigen Bestimmungen der 6. EG-RL i.d.F. der RL 95/7/EG des Rates vom 10.4.1995 und des zu ihrer Umsetzung erlassenen nationalen Rechts verfolgten Ziel zuwiderliefe, sofern die diese Umsätze betreffenden Vertragsbedingungen, insbesondere diejenigen betreffend die Festsetzung der Miethöhe, normalen Marktbedingungen entsprechen und die Beteiligung einer zwischengeschalteten dritten Gesellschaft an diesen Umsätzen nicht geeignet ist, ein Hindernis für die Anwendung dieser Bestimmungen zu bilden, was das vorlegende Gericht zu prüfen hat. Der Umstand, dass dieses Unternehmen im Rahmen seiner normalen Handelsgeschäfte keine Leasingumsätze tätigt, ist insoweit ohne Belang.

2. Stellen bestimmte, die im Ausgangsverfahren in Rede stehenden Leasingumsätze betreffende Vertragsbedingungen und/oder die Mitwirkung einer zwischengeschalteten dritten Gesellschaft an diesen Umsätzen eine missbräuchliche Praxis dar, sind diese Umsätze in der Weise neu zu definieren, dass auf die Lage abgestellt wird, die ohne die Vertragsbedingungen mit Missbrauchscharakter und/oder die Mitwirkung dieser Gesellschaft bestanden hätte.

EuGH vom 02.12.2010 – Rs. C-276/09, Everything Everywhere Ltd., vormals T-Mobile (UK) Ltd., UR 2011 S. 261: Zusätzliches Entgelt bei Verwendung bestimmter Zahlungsweisen für Telekommunikationsdienste berechnetes Entgelt keine Gegenleistung für eigenständigen weiteren Umsatz im Zahlungs- und Überweisungsverkehr.

Im Rahmen der Erhebung der Mehrwertsteuer stellt das zusätzliche Entgelt, das ein Erbringer von Telekommunikationsdiensten seinen Kunden berechnet, wenn sie diese Dienste nicht im Lastschriftverfahren oder durch BACS-Überweisung bezahlen, sondern per Kredit- oder Debitkarte, per Scheck oder in bar am Schalter einer Bank oder einer zur Entgegennahme der Zahlung für Rechnung des betreffenden Leistungserbringers ermächtigten Stelle, keine Gegenleistung für eine eigenständige, von der in der Erbringung von Telekommunikationsdiensten bestehenden Hauptleistung unabhängige Leistung dar.

BFH vom 19.10.2010 – V B 103/09, UR 2011 S. 341: Auflösung eines Mietvertrags gegen Abfindungszahlung als steuerbare Leistung.

Durch die Rechtsprechung des BFH ist geklärt dass der entgeltliche Verzicht, eine gewerbliche oder berufliche Tätigkeit ganz oder teilweise auszuüben, als sonstige Leistung anzusehen ist. Ein steuerbarer Verzicht liegt dementsprechend auch vor, wenn der Vermieter der Auflösung des Mietvertrags gegen Abfindungszahlung zustimmt und damit auf die weitere Durchführung des Mietvertrages verzichtet.

BFH vom 01.09.2010 – V R 6/10, UR 2011 S. 254: Entgeltliche Leistung der Pkw-Nutzung durch Mitglieder einer Sozietät für Fahrten zwischen Wohnung und Kanzlei.

1. Die entgeltliche Überlassung eines Fahrzeugs des Gesamthandsvermögens einer Personengesellschaft an ihre Gesellschafter zur Nutzung zu privaten Zwecken schließt die Nutzung für Fahrten zwischen Wohnung und Betriebsstätte mit ein.

2. Die Besteuerung der entgeltlichen Nutzungsüberlassung für die Fahrten zwischen den Wohn- und den Unternehmensorten verletzt nicht die Grundsätze der steuerlichen Neutralität (Rechtsformneutralität) und der Gleichbehandlung.

EuGH vom 29.07.2010 – Rs. C-40/09 – Astra Zeneca, UK Ltd, UR 2010 S. 734: Überlassung von Einkaufsgutscheinen an das Personal im Rahmen der Vergütung als entgeltliche Dienstleistung eines Unternehmens.

Art.2 Nr.1 der 6. EG-Richtlinie 77/388/EWG in der durch die Richtlinie 95/7/EG des Rates vom 10.4.1995 geänderten Fassung ist dahin auszulegen, dass die Aushändigung eines Einkaufsgutscheins durch ein Unternehmen, das diesen Gutschein zu einem Preis einschließlich Mehrwertsteuer erworben

§ 1

hat, an seine Bediensteten gegen deren Verzicht auf einen Teil ihrer Barvergütung eine Dienstleistung gegen Entgelt im Sinne dieser Bestimmung darstellt.

BFH vom 30.06.2010 – XI R 22/08, BStBl. 2010 II S. 1084: Bereitstellungsentgelte als pauschalierte Entschädigung nicht umsatzsteuerbar.

So genannte Bereitstellungsentgelte, die ein Speditionsunternehmen erhält, wenn eine Zwangsräumung kurzfristig von dem Gerichtsvollzieher abgesagt wird, stellen eine pauschalierte Entschädigung dar und unterliegen mangels eines Leistungsaustauschs nicht der Umsatzsteuer.

BFH vom 19.05.2010 – XI R 35/08, BStBl. 2010 II S. 1082: Kein umsatzsteuerrechtlicher Entgeltcharakter der Beitragszuschüsse zur privaten Kranken- und Pflegeversicherung.

Nach § 257 Abs. 2 SGB V oder § 61 Abs. 2 SGB XI geschuldete Beitragszuschüsse zur privaten Kranken- oder Pflegeversicherung sind kein Entgelt i.S.v. § 10 UStG.

BFH vom 06.05.2010 – V R 26/09, BStBl. 2010 II S. 1114: Keine Geschäftsveräußerung bei Übertragung eines an eine Organgesellschaft vermieteten Grundstücks auf den Organträger.

1. Eine Geschäftsveräußerung liegt nur vor, wenn der Erwerber die vom Veräußerer ausgeübte Unternehmenstätigkeit fortsetzt oder dies zumindest beabsichtigt.
2. Ist der Gegenstand der Geschäftsveräußerung ein Vermietungsunternehmen, muss der Erwerber umsatzsteuerrechtlich die Fortsetzung der Vermietungstätigkeit beabsichtigen.
3. Die Übertragung eines an eine Organgesellschaft vermieteten Grundstücks auf den Organträger führt nicht zu einer Geschäftsveräußerung, da der Organträger umsatzsteuerrechtlich keine Vermietungstätigkeit fortsetzt, sondern das Grundstück im Rahmen seines Unternehmens selbst nutzt.

BFH vom 15.04.2010 – V R 10/08, BStBl. 2010 II S. 879: Personalgestellung durch Gesellschafter als Teil des Entgelts für die durch die Gesellschaft erbrachte Leistung.

1. § 1 Abs. 1 Nr. 1 UStG setzt für den Leistungsaustausch einen unmittelbaren, nicht aber einen inneren (synallagmatischen) Zusammenhang zwischen Leistung und Entgelt voraus. Dies gilt auch für Tausch und tauschähnliche Umsätze (§ 3 Abs. 12 UStG).
2. Ein tauschähnlicher Umsatz mit Baraufgabe liegt auch dann vor, wenn
   – eine Gesellschaft auf schuldrechtlicher Grundlage an ihre beiden Gesellschafter Leistungen gegen Entgelt erbringt und
   – ihr die beiden Gesellschafter in unmittelbarem Zusammenhang hiermit auf gesellschaftsrechtlicher Grundlage Personal zur Verfügung stellen.
3. Um eine Beistellung anstelle eines tauschähnlichen Umsatzes handelt es sich nur, wenn das vom jeweiligen Gesellschafter überlassene Personal ausschließlich für Zwecke der Leistungserbringung an den jeweiligen Gesellschafter verwendet wird.

BFH vom 13.01.2010 – V R 24/07, BStBl. 2011 I S. 241: Umsatzsteuer bei Veräußerung von Gegenständen des Unternehmensvermögens durch den Gesamtrechtsnachfolger.

Die Veräußerung eines zum Unternehmensvermögen des Erblassers gehörenden Gegenstandes durch den Gesamtrechtsnachfolger ist eine steuerbare und steuerpflichtige Lieferung.

BFH vom 10.12.2009 – V R 18/08, BStBl. 2010 II S. 654: Vorabentscheidungsersuchen an den EuGH zur Frage, ob eine steuerpflichtige Leistung des Forderungskäufers vorliegt beim Erwerb zahlungsgestörter Forderungen.

1. Liegt beim Verkauf (Kauf) zahlungsgestörter Forderungen aufgrund der Übernahme von Forderungseinzug und Ausfallrisiko auch dann eine entgeltliche Leistung und eine wirtschaftliche Tätigkeit des Forderungskäufers vor, wenn sich der Kaufpreis
   a) nicht nach dem Nennwert der Forderungen unter Vereinbarung eines pauschalen Abschlags für die Übernahme von Forderungseinzug und des Ausfallrisikos bemisst, sondern
   b) nach dem für die jeweilige Forderung geschätzten Ausfallrisiko richtet und dem Forderungseinzug im Verhältnis zu dem auf das Ausfallrisiko entfallenden Abschlag nur untergeordnete Bedeutung zukommt?
2. Falls Frage 1 zu bejahen ist, zur Auslegung von Art. 13 Teil B Buchst. d Nr. 2 und 3 der Richtlinie 77/388/EWG:
   a) Ist die Übernahme des Ausfallrisikos durch den Forderungskäufer beim Erwerb zahlungsgestörter Forderungen zu einem erheblich unter dem Nennwert der Forderungen liegenden Kaufpreis als Gewährung einer anderen Sicherheit oder Garantie steuerfrei?

b) Falls eine steuerfreie Risikoübernahme vorliegt:
Ist der Forderungseinzug als Teil einer einheitlichen Leistung oder als Nebenleistung steuerfrei oder als eigenständige Leistung steuerpflichtig?
3. Falls Frage 1 zu bejahen ist und keine steuerfreie Leistung vorliegt, zur Auslegung von Art. 11 Teil A Buchst. a der Richtlinie 77/388/EWG:
Bestimmt sich das Entgelt für die steuerpflichtige Leistung nach den von den Parteien vermuteten oder nach den tatsächlichen Einziehungskosten?

BFH vom 08.11.2009 – V R 20/05, BStBl. 2009 II S. 483: Voraussetzungen des Leistungsaustausches.
1. Übernimmt ein anderer Unternehmer die Erfüllung der Aufgaben einer juristischen Person des öffentlichen Rechts und erhält er im Zusammenhang damit Geldzahlungen, so bestimmt sich in erster Linie nach den Vereinbarungen des Leistenden mit dem Zahlenden, ob die Leistung des Unternehmers derart mit der Zahlung verknüpft ist, dass sie sich auf die Erlangung einer Gegenleistung richtet.
2. Bei Leistungen, zu deren Ausführung sich die Vertragsparteien in einem gegenseitigen Vertrag verpflichteten, liegt grundsätzlich ein Leistungsaustausch vor.
3. Das Recht der ehemaligen DDR gilt als Bundesrecht i.S. des § 118 Abs. 1 Satz 1 FGO nur, soweit es als (partielles) Bundesrecht befristet fortgilt.
4. Das trifft für die Regelungen des Rechts der ehemaligen DDR über die Zuständigkeiten für die Abwasserbeseitigung nicht zu.

BFH vom 23.07.2009 – V R 27/07, BStBl. 2010 II S. 859: Lieferzeitpunkt bei Sicherungsübereignung.
1. Der Sicherungsgeber führt mit der Übereignung beweglicher Gegenstände zu Sicherungszwecken unter Begründung eines Besitzmittlungsverhältnisses (§ 930 BGB) noch keine Lieferung an den Sicherungsnehmer gemäß § 1 Abs. 1 Nr. 1 UStG, § 3 Abs. 1 UStG aus. Zur Lieferung wird der Übereignungsvorgang erst mit der Verwertung des Sicherungsguts, gleichgültig, ob der Sicherungsnehmer das Sicherungsgut dadurch verwertet, dass er es selbst veräußert oder dadurch, dass der Sicherungsgeber es im Auftrag und für Rechnung des Sicherungsnehmers veräußert.
2. Veräußert der Sicherungsgeber das Sicherungsgut an einen Dritten, liegt ein Dreifachumsatz (Veräußerung für Rechnung des Sicherungsnehmers) erst vor, wenn aufgrund der konkreten Sicherungsabrede oder aufgrund einer hiervon abweichenden Vereinbarung die Verwertungsreife eingetreten ist (Änderung der Rechtsprechung).

BFH vom 25.06.2009 – V R 37/07, BStBl. 2009 II S. 873: Keine Sozialversicherungspflicht für Unternehmer.
1. Unternehmer sind nach § 2 Abs. 1 und Abs. 2 Nr. 1 UStG selbständig tätig und daher im Regelfall nicht sozialversicherungspflichtig.
2. Gesetzlich geschuldete Sozialversicherungsbeiträge können kein Entgelt i.S. von § 10 UStG sein.

BFH vom 30.04.2009 – V R 4/07, BStBl. 2009 II S. 863: Geschäftsveräußerung eines teilvermieteten Grundstücks.
Eine Geschäftsveräußerung i.S. des § 1 Abs. 1a UStG durch Übertragung eines vermieteten oder verpachteten bebauten Grundstücks liegt auch dann vor, wenn dieses nur teilweise vermietet oder verpachtet ist, die nicht genutzten Flächen aber zur Vermietung oder Verpachtung bereitstehen, da hinsichtlich dieser Flächen auf die Fortsetzung der bisherigen Vermietungsabsicht abzustellen ist. Für die Fortführung einer selbständigen wirtschaftlichen Vermietungstätigkeit durch den erwerbenden Unternehmer reicht es aus, wenn dieser einen Mietvertrag übernimmt, der eine nicht unwesentliche Fläche der Gesamtnutzfläche des Grundstücks umfasst.

BFH vom 18.12.2008 – V R 38/06, BStBl. 2009 II S. 749: Steuerbarkeit von öffentlichen Zuschüssen.
1. Bei Zahlungen aus öffentlichen Kassen kann es an einem Leistungsaustausch fehlen, wenn die Zahlung lediglich der Förderung der Tätigkeit des Empfängers allgemein, aus strukturpolitischen, volkswirtschaftlichen oder allgemeinpolitischen Gründen dient und nicht der Gegenwert für eine Leistung des Zahlungsempfängers an den Geldgeber ist.
2. Bei Leistungen, zu denen sich die Vertragsparteien in einem gegenseitigen Vertrag verpflichtet haben, liegt grundsätzlich ein Leistungsaustausch vor.
3. Für die Steuerbarkeit einer Leistung ist nicht entscheidend, ob sie letztlich im öffentlichen Interesse liegt. Ein Interesse der Allgemeinheit, das dem Handeln jeder öffentlich-rechtlichen Körperschaft innewohnt, schließt die Identifizierbarkeit des Leistungsempfängers nicht aus. Entscheidend ist nur,

§ 1

ob ein individueller Leistungsempfänger vorhanden ist, der aus der Leistung einen konkreten Vorteil zieht.

BFH vom 27.11.2008 – V R 8/07, BStBl. 2009 II S. 397: Steuerbarer Leistungsaustausch – Zuschuss.

1. Ein steuerbarer Leistungsaustausch und kein Zuschuss liegt vor, wenn ein Verein gegenüber einem Mitglied, einer Körperschaft des öffentlichen Rechts, journalistische Medienarbeit (insbes. Herstellung, Erwerb, Verbreitung und Vertrieb von Rundfunkprogrammen) erbringt und hierfür einen als „Finanzzuweisung" bezeichneten Jahresbetrag erhält.
2. Auch eine durch einen Haushaltsbeschluss gedeckte Ausgabe der öffentlichen Hand oder einer Körperschaft des öffentlichen Rechts kann mit einer Gegenleistung des Empfängers in unmittelbarem Zusammenhang stehen (Abgrenzung zu UStR Abschn. 150 Abs. 8). Maßgebend ist nicht die haushaltsrechtliche Befugnis zur Ausgabe, sondern der Grund der Zahlung.

BFH vom 29.10.2008 – XI R 59/07, UR 2009 S. 127: Leistungsaustausch zwischen Verein und seinen Mitgliedern.

1. Leistungen eines Vereins, die dem konkreten Individualinteresse der Vereinsmitglieder dienen, sind steuerbar. Die Werbung für ein von den Mitgliedern verkauftes Produkt dient dem konkreten Individualinteresse der Vereinsmitglieder.
2. Leistungen eines Vereins erfolgen auch dann gegen Entgelt, wenn nicht für alle Mitglieder ein einheitlicher Beitragsbemessungsmaßstab besteht.

BSG vom 02.10.2008 – B 9 SB 7/07/R, UR 2009 S. 130: Keine Umsatzsteuerbarkeit eines ärztlichen Befundberichts ohne nähere gutachtliche Stellungnahme.

1. Das „Honorar" für die Ausstellung eines Befundscheines ohne nähere gutachtliche Äußerung ist als Zeugenentschädigung zu werten, die mangels steuerbarem Umsatz nicht der Umsatzsteuer unterliegt.
2. Der Empfänger des Befundberichts ist allerdings verpflichtet, nachträglich Umsatzsteuer zu erstatten, sofern durch eine unanfechtbare finanzgerichtliche Entscheidung festgestellt werden sollte, dass der befundende Arzt diese Steuer zu entrichten hatte.

BFH vom 18.09.2008 – V R 21/07, BStBl. 2009 II S. 254: Geschäftsveräußerung im Ganzen bei einem noch zu bebauenden Grundstück.

Ist Gegenstand der Übertragung ein zu bebauendes Grundstück, das der Veräußerer unter der Bedingung der Fertigstellung des Bauvorhabens vermietet hat, liegt keine Geschäftsveräußerung nach § 1 Abs.1 UStG vor.

BFH vom 06.12.2007 – V R 42/06, BStBl. 2009 II S. 493: Voraussetzungen für die Annahme einer tauschähnlichen Leistung – Personalbeistellung.

1. Voraussetzung für die Annahme einer tauschähnlichen Leistung ist, dass sich zwei entgeltliche Leistungen i.S. des § 1 Abs. 1 Nr. 1 UStG 1999 gegenüberstehen, die lediglich durch die Modalität der Entgeltvereinbarung (Tausch) miteinander verknüpft sind.
2. Überlässt der Auftraggeber dem Auftragnehmer unentgeltlich bei ihm, dem Auftraggeber, angestellte Mitarbeiter lediglich zur Durchführung des konkreten Auftrages (sog. Personalbeistellung), liegt keine sonstige Leistung i.S. des § 3 Abs. 9 UStG 1999 vor.

BFH vom 05.12.2007 – V R 60/05, BStBl. 2009 II S. 486: Leistungen zwischen Gesellschaft und Gesellschafter.

1. Für die Frage, ob im Verhältnis zwischen Gesellschaft und Gesellschafter entgeltliche Leistungen i.S. des § 1 Abs. 1 Nr. 1 UStG 1999 vorliegen, gelten keine Besonderheiten, so dass es nur darauf ankommt, ob zwischen Leistendem und Leistungsempfänger ein Rechtsverhältnis besteht, das einen unmittelbaren Zusammenhang zwischen der Leistung und einem erhaltenen Gegenwert begründet. Das der Leistung zugrundeliegende Rechtsverhältnis kann sich auch aus gesellschaftsvertraglichen Vereinbarungen ergeben.
2. Die Entwicklung und Pflege eines Vergütungssystems durch eine GmbH im Interesse ihrer Gesellschafter führt zu einer entgeltlichen Leistung i.S. von § 1 Abs. 1 Nr. 1 UStG 1999, wenn die Gesellschafter der GmbH hierfür Aufwendungsersatz zahlen.

BFH vom 11.10.2007 – V R 69/06, UR 2008 S. 153: Überlassung von Golfanlagen eines gemeinnützigen Golf-Clubs an seine Mitglieder – Mitgliedsbeiträge und Aufnahmegebühren eines Sportvereins als umsatzsteuerliches Entgelt.

§ 1

1. Ein Golf-Club, der seinen Mitgliedern die vereinseigenen Golfanlagen zur Nutzung überlässt, führt damit keine „sportliche Veranstaltung" i.S.v. §4 Nr. 22 Buchst. b UStG 1999 durch.
2. Mitgliedsbeiträge und Aufnahmegebühren können Entgelt für die Leistungen eines Sportvereins an seine Mitglieder sein.

BFH vom 11.10.2007 – V R 57/06, BStBl. 2008 II S. 447: Geschäftsveräußerung im Ganzen.

Die Lieferung eines weder vermieteten noch verpachteten Grundstücks ist im Regelfall keine Geschäftsveräußerung nach § 1 Abs.1a UStG.

BFH vom 06.09.2007 – V R 41/05, BStBl. 2008 II S. 65: Geschäftsveräußerung im Ganzen bei Übertragung der Hälfte eines Grundstücks auf den Ehegatten.

1. Überträgt ein Vermietungsunternehmer das Eigentum an einem umsatzsteuerpflichtig vermieteten Grundstück zur Hälfte auf seinen Ehegatten, liegt darin eine Geschäftsveräußerung im Ganzen, wenn das Grundstück alleiniger Vermietungsgegenstand war.
2. Dieser Vorgang löst beim Vermietungsunternehmer keine Vorsteuerkorrektur gemäß § 15a UStG aus.
3. Die durch Übertragung eines Miteigentumsanteils an einem umsatzsteuerpflichtig vermieteten Grundstück entstandene Bruchteilsgemeinschaft tritt gleichzeitig mit ihrer Entstehung gemäß § 571 BGB a.F. in einen bestehenden Mietvertrag ein.
4. Der ursprüngliche Vermieter überlässt den in seinem Eigentum verbliebenen Grundstücksanteil der Bruchteilsgemeinschaft nicht zusätzlich unentgeltlich zur Nutzung (Änderung der Rechtsprechung).

BFH vom 23.08.2007 – V R 14/05, BStBl. 2008 II S. 165: Voraussetzungen der nichtsteuerbaren Geschäftsveräußerung.

1. Die nichtsteuerbare Geschäftsveräußerung nach § 1 Abs. 1a UStG setzt voraus, dass die übertragenen Vermögensgegenstände die Fortsetzung einer bisher durch den Veräußerer ausgeübten Tätigkeit ermöglichen. Eine Geschäftsveräußerung liegt auch dann vor, wenn der Erwerber den von ihm erworbenen Geschäftsbetrieb in seinem Zuschnitt ändert oder modernisiert.
2. Die Übertragung aller wesentlichen Betriebsgrundlagen und die Möglichkeit zur Unternehmensfortführung ohne großen finanziellen Aufwand ist keine eigenständige Voraussetzung für die Nichtsteuerbarkeit, sondern im Rahmen der Gesamtwürdigung zu berücksichtigen, aus der sich ergibt, ob das übertragene Unternehmensvermögen als hinreichendes Ganzes die Ausübung einer wirtschaftlichen Tätigkeit ermöglicht (Fortführung von BFH-Urteil vom 28. November 2002 V R 3/01, BFHE 200, 160, BStBl. II 2004, 665).

BFH vom 09.08.2007 – V R 27/04, UR 2007 S. 811: Steuerbarkeit von Mitgliedsbeiträgen eines Sportvereins.

1. Ein Luftsportverein, der seinen Mitgliedern vereinseigene Flugzeuge zur Nutzung überlässt, führt damit keine „sportliche Veranstaltung" i.S.v. § 4 Nr. 22 Buchst. b. UStG 1991/1993 durch.
2. Dass ein Luftsportverein seinen Mitgliedern die Nutzung von Einrichtungen auf dem Flughafengelände ermöglicht, hat keinen unmittelbaren Einfluss auf die von den Mitgliedern durchgeführten Sportflüge und ist insoweit nicht Teil einer organisierten Maßnahme des Vereins (Einschränkung der Rechtsprechung).
3. Mitgliedsbeiträge können Entgelt für die Leistungen eines Sportvereins an seine Mitglieder sein.

BFH vom 31.07.2007 – V B 126/06, UR 2008 S. 115: Umsatzsteuerbarkeit von Abstandszahlungen eines Vermieters.

Schließen der ein Unternehmen betreibende Mieter und der Vermieter einen Anwaltsvergleich, in welchem sie Zahlungen wegen der vorzeitigen Auflösung des Mietverhältnisses und Rückgabe der gewerblich genutzten Miträume vereinbaren, kann eine der Umsatzsteuer unterliegende Vereinbarung eines Leistungsaustauschverhältnisses vorliegen.[1)]

BFH vom 26.06.2007 – V B 10/06, UR 2007 S. 933: Sicherungsübereignung kein Leistungsaustausch.

Der Sicherungsgeber liefert das Sicherungsgut dem Sicherungsnehmer nicht bereits bei der Sicherungsübereignung, sondern regelmäßig erst zu dem Zeitpunkt, in dem der Sicherungsnehmer von seinem Verwertungsrecht Gebrauch macht. Die Sicherungsübereignung als solche führt noch nicht zur Verschaffung der Verfügungsmacht, denn sie wird insolvenz- und umsatzsteuerrechtlich grundsätzlich wie eine Verpfändung behandelt.[2)]

---

1) Leitsatz nicht amtlich
2) Leitsatz nicht amtlich

§ 1

FG Berlin-Brandenburg vom 19.02.2007 – 7 B – 7378/06 B, EFG 2007 S. 1112: Steuerbarkeit von Haftungsvergütungen.

1. Es ist ernstlich zweifelhaft, ob eine Komplementär-GmbH, die eine gewinnunabhängige Haftungsvergütung erhält, mit der Übernahme des Haftungsrisikos eine steuerbare Leistung an die GmbH & Co. KG erbringt (Anschluss an BMF-Schreiben vom 23. Dezember 2003, BStBl. I 2004, 240[1]).
2. Die Haftungsübernahme stellt keine einheitliche Leistung mit gleichzeitig erbrachten Geschäftsführungsleistungen dar (gegen die bundeseinheitlich abgestimmte Verwaltungsauffassung, z.B. OFD Karlsruhe, Vfg. vom 29. April 2005, DStR 2005, 1143).

BFH vom 24.08.2006 – V R 19/05, BStBl. 2007 II S. 188: Verzicht auf Realisierung einer Sondermülldeponie.

Gibt der Inhaber einer Genehmigung zum Betrieb einer Sonderabfalldeponie aufgrund eines Vertrages mit einem Bundesland das Vorhaben auf und erhält er dafür vom Land einen Geldbetrag, liegt ein steuerbarer Umsatz i.S. des § 1 Abs. 1 Nr. 1 Satz 1 UStG vor.

BFH vom 23.05.2006 – VII R 49/05, DStRE 2007 S. 39: Entstehung der Einfuhrumsatzsteuerschuld bei unzulässigem Binnenverkehr.

Die Verwendung eines außerhalb des Zollgebiets der Gemeinschaft zugelassenen und im Zollverfahren der vorübergehenden Verwendung bei vollständiger Befreiung von Einfuhrabgaben in das Zollgebiet verbrachten Straßenfahrzeugs für einen unzulässigen Binnenverkehr innerhalb des Zollgebiets der Gemeinschaft führt neben der Entstehung der Zollschuld auch zur Entstehung der Einfuhrumsatzsteuerschuld. Die Entstehung der Einfuhrumsatzsteuer setzt nicht voraus, dass der Binnentransport nur im umsatzsteuerrechtlichen Inland durchgeführt worden ist.

BFH vom 30.03.2006 – V R 9/03, BStBl. 2006 II S. 933: Dreifachumsatz bei Verwertung von Sicherungsgut.

Verkauft der Sicherungsgeber im eigenen Namen, aber für Rechnung des Sicherungsnehmers die diesem zur Sicherheit übereigneten Gegenstände an einen Dritten, führt er an den Dritten eine entgeltliche Lieferung i.S.d. § 1 Abs. 1 Nr. 1 UStG 1993 aus; dieser kann deshalb die ihm vom Sicherungsgeber in Rechnung gestellte Umsatzsteuer unter den weiteren Voraussetzungen des § 15 Abs. 1 Nr. 1 UStG 1993 als Vorsteuer abziehen. Zudem greift § 3 Abs. 3 UStG 1993 ein; zwischen dem Sicherungsnehmer (Kommittent) und dem Sicherungsgeber (Kommissionär) liegt eine Lieferung vor, bei der der Sicherungsgeber (Verkäufer, Kommissionär) als Abnehmer gilt. Gleichzeitig erstarkt die Sicherungsübereignung zu einer Lieferung i.S.d. § 1 Abs. 1 Nr. 1 UStG 1993 des Sicherungsgebers an den Sicherungsnehmer. Es liegt ein Dreifachumsatz vor (Fortführung von BFH, Urt. vom 6.10.2005 – V R 20/04, UR 2006,119 = BFH/NV 2006, 222).

EuGH vom 21.02.2006 – Rs. C-223/03 – University of Huddersfield Higher Education Corporation, UR 2006 S. 217: Vorliegen der Lieferung eines Gegenstands oder einer Dienstleistung und einer wirtschaftlichen Tätigkeit trotz Rechtsmissbräuchlichkeit eines Umsatzes.

Umsätze wie die im Ausgangsverfahren fraglichen sind, selbst wenn sie ausschließlich in der Absicht getätigt werden, einen Steuervorteil zu erlangen, und sonst keinen wirtschaftlichen Zweck verfolgen, Lieferungen von Gegenständen oder Dienstleistungen und eine wirtschaftliche Tätigkeit i.S.d. Art. 2 Nr. 1, Art. 4 Abs. 1 und 2, Art. 5 Abs. 1 und Art. 6 Abs. 1 der 6. EG-Richtlinie 77/388/EWG in ihrer durch die Richtlinie 95/7/EG des Rates vom 10.4.1995 geänderten Fassung, wenn sie die objektiven Kriterien erfüllen, auf denen diese Begriffe beruhen.

EuGH vom 12.01.2006 – Rs. C-354/03 – Optigen Ltd., Rs. C-355/03, Fulcrum Electronics Ltd., Rs. C-484/03, Bond House Systems Ltd., DB 2006 S. 316:[2] Steuerbarkeit von Umsätzen eines schuldlosen Unternehmers innerhalb eines betrügerischen Umsatzsteuer-Karussells.

Umsätze wie die in den Ausgangsverfahren in Rede stehenden, die nicht selbst mit einem Mehrwertsteuerbetrug behaftet sind, sind Lieferungen von Gegenständen, die ein Steuerpflichtiger als solcher ausführt, und eine wirtschaftliche Tätigkeit im Sinne der Artikel 2 Nummer 1,4 und 5 Absatz 1 der Sechsten Richtlinie 77/388/EWG des Rates vom 17.5.1977 zur Harmonisierung der Rechtsvorschriften der Mitgliedstaaten über die Umsatzsteuern – Gemeinsames Mehrwertsteuersystem: einheitliche steuerpflichtige Bemessungsgrundlage in der durch die Richtlinie 97/7/EG des Rates vom 10.4.1995 geänderten Fassung, wenn sie die objektiven Kriterien erfüllen, auf denen diese Begriffe beruhen, ohne dass es auf die Absicht eines von dem betroffenen Steuerpflichtigen verschiedenen, an derselben

---

1) Anlage § 001-53
2) Siehe dazu die Anmerkung von *Widmann*, DB 2006 S. 318

Lieferkette beteiligten Händlers und/oder den möglicherweise betrügerischen Zweck – den dieser Steuerpflichtiger weder kannte noch kennen konnte – eines anderen Umsatzes ankommt, der Teil dieser Kette ist und der dem Umsatz, den der betreffende Steuerpflichtige getätigt hat, vorausgeht oder nachfolgt. Das Recht eines Steuerpflichtigen, der solche Umsätze ausführt, auf Vorsteuerabzug wird auch nicht dadurch berührt, dass in der Lieferkette, zu der diese Umsätze gehören, ohne dass dieser Steuerpflichtige hiervon Kenntnis hat oder haben kann, ein anderer Umsatz, der dem vom Steuerpflichtigen getätigten Umsatz vorausgeht oder nachfolgt, mit einem Mehrwertsteuerbetrug behaftet ist.

BFH vom 06.10.2005 – V R 20/04, UR 2006 S. 119: Verwertung von Sicherungsgut durch Sicherungsgeber für Rechnung des Sicherungsnehmers.

1. Der Sicherungsgeber führt mit der Übereignung beweglicher Gegenstände zu Sicherungszwecken unter Begründung eines Besitzmittlungsverhältnisses (§ 930 BGB) noch keine Lieferung an den Sicherungsnehmer gem. § 1 Abs. 1 Nr. 1 UStG 1993, § 3 Abs. 1 UStG 1993 aus. Zur Lieferung wird der Übereignungsvorgang erst mit der Verwertung des Sicherungsguts, gleichgültig, ob der Sicherungsnehmer das Sicherungsgut dadurch verwertet, dass er es selbst veräußert, oder dadurch, dass der Sicherungsgeber es im Auftrag und für Rechnung des Sicherungsnehmers veräußert.

2. Falls der Sicherungsgeber es übernimmt, das Sicherungsgut im eigenen Namen, aber für Rechnung des Sicherungsnehmers zu verkaufen, führt er an den Käufer eine entgeltliche Lieferung i.S.d. § 1 Abs. 1 Nr. 1 UStG 1993 aus. Zudem greift § 3 Abs. 3 UStG 1993 ein; zwischen dem Sicherungsnehmer (Kommittent) und dem Sicherungsgeber (Kommissionär) liegt eine Lieferung vor, bei der der Sicherungsgeber (Verkäufer, Kommissionär) als Abnehmer gilt. Gleichzeitig erstarkt die Sicherungsübereignung zu einer Lieferung i.S.d. § 1 Abs. 1 Nr. 1 UStG 1993 des Sicherungsgebers an den Sicherungsnehmer. Es liegt ein Dreifachumsatz vor.

BFH vom 18.08.2005 – V R 31/04, BStBl. 2007 II S. 183: Umsatzsteuerrechtliche Behandlung der Verwertung von beweglichem und unbeweglichem Sicherungsgut durch Insolvenzverwalter.

1. Verwertet ein Insolvenzverwalter freihändig eine bewegliche Sache, an der ein Absonderungsrecht eines Sicherungsgebers besteht, so erbringt er dadurch keine Leistung gegen Entgelt an den Sicherungsgeber. Die Verwertungskosten, die der Insolvenzverwalter in diesem Fall kraft Gesetzes vorweg für die Masse zu entnehmen hat, sind kein Entgelt für eine Leistung.

2. Vereinbaren der absonderungsberechtigte Grundpfandgläubiger und der Insolvenzverwalter, dass der Insolvenzverwalter ein Grundstück für Rechnung des Grundpfandgläubigers veräußert und vom Veräußerungserlös einen bestimmten Betrag für die Masse einbehalten darf, führt der Insolvenzverwalter neben der Grundstückslieferung an den Erwerber eine sonstige entgeltliche Leistung an den Grundpfandgläubiger aus. Der für die Masse einbehaltene Betrag ist in diesem Fall Entgelt für eine Leistung.

EuGH vom 14.07.2005 – Rs. C-435/03 – British American Tobacco International Ltd., Newman Shipping & Agency Company NV, DStRE 2005 S. 1093: Entrichtung der Mehrwertsteuer für Tabakwaren, die in einem Steuerlager gelagert waren und als gestohlen gemeldet wurden.

1. Der Diebstahl von Waren stellt keine „Lieferung von Gegenständen gegen Entgelt" im Sinne von Art. 2 der Sechsten Richtlinie 77/388/EWG des Rates vom 17.5.1977 zur Harmonisierung der Rechtsvorschriften der Mitgliedstaaten über die Umsatzsteuern – Gemeinsames Mehrwertsteuersystem: einheitliche steuerpflichtige Bemessungsgrundlage dar und kann daher nicht als solcher der Mehrwertsteuer unterliegen. Der Umstand, dass Waren wie diejenigen, um die es im Ausgangsverfahren geht, einer Verbrauchsteuer unterliegen, hat hierauf keinen Einfluss.

2. Die einem Mitgliedstaat auf der Grundlage von Art. 27 Abs. 5 der Sechsten Richtlinie 77/388 erteilte Ermächtigung zur Durchführung von Maßnahmen zur Erleichterung der Kontrolle der Erhebung der Mehrwertsteuer ermächtigt diesen Staat nicht dazu, andere Umsätze als die in Art. 2 dieser Richtlinie aufgeführten der Mehrwertsteuer zu unterwerfen. Eine solche Ermächtigung kann daher keine Rechtsgrundlage für eine nationale Regelung darstellen, mit der der Diebstahl von Waren aus einem Steuerlager der Mehrwertsteuer unterworfen wird.

BFH vom 07.07.2005 – V R 78/03, BStBl. 2005 II S. 849: Geschäftsveräußerung einer verpachteten Immobilie.

1. Wenn der Erwerber einer verpachteten Gewerbe-Immobilie, der anstelle des Veräußerers in den Pachtvertrag eingetreten ist, anschließend wegen wirtschaftlicher Schwierigkeiten des Pächters auf Pachtzinszahlungen verzichtet und mit dem Pächter vereinbart, dass die Zahlungen wieder aufzunehmen sind, wenn sich die finanzielle Situation des Pächters deutlich verbessert, kann in der Regel nicht bereits eine unentgeltliche nichtunternehmerische Tätigkeit angenommen werden.

§ 1

2. Auch eine derartige Übertragung einer verpachteten Gewerbe-Immobilie kann eine nichtsteuerbare Geschäftsveräußerung i.S. des § 1 Abs. 1a UStG sein.

BFH vom 07.07.2005 – V R 34/03, BStBl. 2007 II S. 65; UR 2005 S. 663: Zustimmung zur vorzeitigen Auflösung eines Beratervertrags gegen „Schadensersatz" als sonstige Leistung.

Die Zustimmung zur vorzeitigen Auflösung eines Beratervertrages gegen „Schadensersatz" kann eine sonstige Leistung i.S.d. § 1 Abs. 1 Nr. 1 Satz 1 UStG 1993 sein.

BFH vom 21.04.2005 – V R 11/03, BStBl. 2007 II S. 63; DStRE 2006 S. 95: Umsatzsteuerliche Behandlung der Übernahme des Personen- und Güterverkehrs von der Deutschen Bundesbahn durch Regionalbahn gegen Zahlung einer Starthilfe.

1. Die Übernahme der Betriebsführung des Eisenbahnverkehrs auf zwei defizitären Teilstrecken als nicht bundeseigene Eisenbahn des öffentlichen Verkehrs von der Deutschen Bundesbahn, verbunden mit einer sog. „Starthilfe" der Deutschen Bundesbahn, kann eine steuerbare Leistung des Übernehmers sein.
2. Trotz zivilrechtlicher Übereignung kann eine umsatzsteuerrechtliche Lieferung noch nicht vorliegen, wenn dem neuen Eigentümer die wirtschaftliche Substanz und der Wert des Gegenstandes nicht endgültig zustehen und er nur mit Zustimmung des bisherigen Eigentümers über ihn verfügen kann.

BFH vom 07.04.2005 – V R 5/04, BStBl. 2005 II S. 848: Umsatzsteuer bei neuer gewerblicher Tätigkeit des Schuldners im Insolvenzverfahren gehört nicht nach § 55 Abs. 1 Nr. 1 InsO zu den Masseschulden.

Nimmt der Schuldner während des Insolvenzverfahrens eine neue Erwerbstätigkeit auf, indem er durch seine Arbeit und mit Hilfe von nach § 811 Nr. 5 ZPO unpfändbaren Gegenständen steuerpflichtige Leistungen erbringt, zählt die hierfür geschuldete Umsatzsteuer nicht nach § 55 Abs. 1 Nr. 1 InsO zu den Masseschulden.

BFH vom 24.02.2005 – V R 45/02, BStBl. 2007 II S. 61; BB 2005 S. 1609: Geschäftsveräußerung im Ganzen verlangt, dass der Erwerber den Betrieb fortführen kann.

Eine nicht steuerbare Geschäftsveräußerung im Ganzen i.S. des § 1 Abs. 1a UStG setzt voraus, dass der Erwerber die wirtschaftliche Tätigkeit des Veräußerers fortführen kann.

BFH vom 18.01.2005 – V R 53/02, BStBl. 2007 II S. 370; DStRE 2005 S. 512: Keine Geschäftsveräußerung bei Veräußerung des Geschäftsgrundstücks eines Besitzunternehmens.

Die Veräußerung eines mit Hallen bebauten Grundstücks, das (im Rahmen einer umsatzsteuerrechtlichen Organschaft) vom Besitzunternehmen an das Betriebsunternehmen vermietet war und durch ein anderes Betriebsgrundstück ersetzt wurde, ist Veräußerung eines einzelnen Anlagegegenstands und keine nicht steuerbare Geschäftsveräußerung. Das Hallengrundstück für sich ist kein fortführbarer Betrieb.

BFH vom 06.05.2004 – V R 40/02, BStBl. 2004 II S. 854: Aufgabe einer Testamentsvollstreckertätigkeit gegen Entgelt als sonstige Leistung.

Der Verzicht auf die Ausübung des Amtes als Testamentsvollstrecker gegen „Entschädigung bzw. Schadensersatz" kann eine sonstige Leistung im Sinne des § 1 Abs. 1 Nr. 1 Satz 1 UStG 1993 sein.

BFH vom 01.04.2004 – V B 112/03, BStBl. 2004 II S. 802[1]: Nichtsteuerbare Geschäftsveräußerung von vermieteten Läden.

Es ist nicht ernstlich zweifelhaft, dass bei Übertragung verpachteter/vermieteter (Gewerbe-)Immobilien unter Fortführung des Pacht-/Mietvertrages durch den Erwerber eine nichtsteuerbare Geschäftsveräußerung im Sinne des § 1 Abs. 1a UStG vorliegt.

EuGH vom 27.11.2003 – Rs. C-497/01 – Zita Modes Sàrl, DStR 2003 S. 2220: Übertragung einer Vermögensmasse (Geschäftsveräußerung).

1. Art. 5 Abs. 8 der Sechsten Richtlinie 77/388/EWG des Rates vom 17. Mai 1977 zur Harmonisierung der Rechtsvorschriften der Mitgliedstaaten über die Umsatzsteuern – Gemeinsames Mehrwertsteuersystem: einheitliche steuerpflichtige Bemessungsgrundlage i. d. F. der Richtlinie 95/7/EG des Rates vom 10.4.1995 zur Änderung der Richtlinie 77/388/EWG und zur Einführung weiterer Vereinfachungsmaßnahmen im Bereich der Mehrwertsteuer – Geltungsbereich bestimmter Steuerbefreiungen und praktische Einzelheiten ihrer Durchführung ist dahin auszulegen, dass, wenn ein Mitgliedstaat von der Befugnis nach Art. 5 Abs. 8 Satz 1 Gebrauch gemacht hat, die Übertragung

---

[1] Siehe auch BFH vom 23.08.2007 – V R 14/05, BStBl. 2008 II S. 165

einer Vermögensmasse für Mehrwertsteuerzwecke nicht als Lieferung von Gegenständen zu behandeln, dieser Grundsatz der Nicht-Lieferung – vorbehaltlich einer etwaigen Inanspruchnahme der Befugnis, seine Geltung unter den Umständen des Art. 5 Abs. 8 Satz 2 zu beschränken – für jede Übertragung eines Geschäftsbetriebs oder eines selbstständigen Unternehmensteils gilt, die jeweils materielle und ggf. immaterielle Bestandteile umfassen, die zusammen genommen ein Unternehmen oder einen Unternehmensteil bilden, mit dem eine selbstständige wirtschaftliche Tätigkeit fortgeführt werden kann. Der durch die Übertragung Begünstigte muss jedoch beabsichtigen, den übertragenen Geschäftsbetrieb oder Unternehmensteil zu betreiben und nicht nur die betreffende Geschäftstätigkeit sofort abzuwickeln sowie ggf. den Warenbestand zu verkaufen.

2. Ein Mitgliedstaat, der von der Möglichkeit nach Art. 5 Abs. 8 Satz 1 der Sechsten Richtlinie 77/388/EWG i. d. F. der Richtlinie 95/7/EG Gebrauch gemacht hat, die Übertragung einer Vermögensmasse für Mehrwertsteuerzwecke nicht als Lieferung von Gegenständen zu behandeln, darf nach der genannten Bestimmung diesen Grundsatz der Nicht-Lieferung nicht auf die Fälle der Übertragung einer Vermögensmasse beschränken, in denen der Begünstigte eine Gewerbegenehmigung für die wirtschaftliche Tätigkeit besitzt, die mit dieser Vermögensmasse ausgeübt werden kann.

EuGH vom 26.06.2003 – Rs. C-442/01 – KapHag Renditefonds, UR 2003 S. 443[1]**:** Umsatzsteuerliche Behandlung der Aufnahme eines Gesellschafters in eine Gesellschaft gegen Bareinlage.

Eine Personengesellschaft erbringt bei der Aufnahme eines Gesellschafters gegen Zahlung einer Bareinlage an diesen keine Dienstleistung gegen Entgelt i. S. des Art. 2 Nr. 1 der Sechsten Richtlinie 77/388/EWG des Rates vom 17. Mai 1977 zur Harmonisierung der Rechtsvorschriften der Mitgliedstaaten über die Umsatzsteuern – Gemeinsames Mehrwertsteuersystem: einheitliche steuerpflichtige Bemessungsgrundlage.

BFH vom 16.01.2003 – V R 92/01, BStBl. 2003 II S. 732: Umsatzsteuerliche Behandlung sog. Abmahngesellschaften.

Die in § 13 Abs. 2 Nr. 2 und 3 UWG genannten Verbände, die die dort genannten Unterlassungsansprüche geltend machen, haben gegen die abgemahnten Unternehmen grundsätzlich einen Anspruch auf Ersatz ihrer Aufwendungen gemäß § 683 BGB. Insoweit erbringen sie an die abgemahnten Unternehmer eine Leistung gegen Entgelt i. S. des § 1 Abs. 1 Nr. 1 UStG.

BFH vom 28.11.2002 – V R 18/01, BStBl. 2003 II S. 443: Steuerbarkeit von Leistungen einer Personenvereinigung gegenüber ihren Mitgliedern.

1. Eine Personenvereinigung kann auch dann steuerbare Leistungen ausführen, wenn sie nur gegenüber ihren Mitgliedern tätig wird.
2. Für die Annahme eines unmittelbaren Zusammenhanges i. S. eines Austausches von Leistung und Gegenleistung genügt es nicht schon, dass die Mitglieder der Personenvereinigung lediglich gemeinschaftlich die Kosten für den Erwerb und die Unterhaltung eines Wirtschaftsgutes tragen, das sie gemeinsam nutzen wollen oder nutzen. Eine wirtschaftliche Tätigkeit der Gesellschaft liegt insoweit nur vor, wenn die Nutzungsüberlassung selbst gegen Entgelt erfolgt.
3. Ist mangels entgeltlicher Leistungen die Personenvereinigung nicht Unternehmerin, kommt u. U. ein anteiliger Vorsteuerabzug der Gesellschafter in Betracht.

BFH vom 28.11.2002 – V R 3/01, BStBl. 2004 II S. 665: Geschäftsveräußerung bei langfristiger Vermietung des Betriebsgrundstücks an den erwerbenden Unternehmer.

Die unentgeltliche Übertragung eines Bauunternehmens durch den Unternehmer an seinen Sohn kann auch dann als nicht steuerbare Teilgeschäftsveräußerung beurteilt werden, wenn dem Sohn das Betriebsgrundstück für zehn Jahre mit Verlängerungsoption zur Fortführung des Bauunternehmens vermietet wird.

EuGH vom 17.09.2002 – Rs. C-498/99 – Town & County, UR 2002 S. 510: Umsatzsteuerbarkeit einer gegen Entgelt erbrachten, auf einer Ehrenschuld beruhenden Dienstleistung – Besteuerungsgrundlage bei Veranstaltung eines Wettbewerbs[2].

1. Art. 2 Nr. 1 der 6. EG-Richtlinie 77/388/EWG ist dahin auszulegen, dass eine Dienstleistung, die gegen Entgelt erbracht wird, aber auf eine unvollkommene Verbindlichkeit zurückgeht, weil vereinbart worden ist, dass der Dienstleistende hinsichtlich der Erbringung dieser Dienstleistung nur eine Ehrenschuld eingeht, einen der Mehrwertsteuer unterliegenden Umsatz darstellt.

---

1) Siehe Vorabentscheidungsersuchen des BFH vom 27.09.2001 – V R 32/00, UR 2002 S. 81. Zur Nachfolgeentscheidung des BFH vom 01.07.2004 siehe Rechtsprechung zu § 4 Nr. 8 UStG und § 15 UStG

2) Anschlussurteil des BFH vom 18.08.2005 – V R 42/02, siehe Rechtsprechung zu § 10 UStG

§ 1

2. Art. 11 Teil A Abs. 1 Buchst. a der 6. EG-Richtlinie ist dahin auszulegen, dass der Gesamtbetrag der vom Veranstalter eines Wettbewerbs eingenommenen Teilnahmegebühren die Besteuerungsgrundlage für diesen Wettbewerb bildet, wenn der Veranstalter über diesen Betrag frei verfügen kann.

BFH vom 29.08.2002 – V R 30/01, BStBl. 2003 II S. 441: Steuerbarkeit von Umsätzen auf dem Bodensee[1].

1. Die Internationale Schifffahrts- und Hafenordnung für den Bodensee (ISHO) vom 22. September 1867 wurde durch das Übereinkommen über die Schifffahrt auf dem Bodensee vom 1. Juni 1973 (BGBl. II 1975, 1406) aufgehoben.

2. Es bleibt unentschieden, ob der Bodensee als real geteilt anzusehen ist. Selbst wenn dies nicht der Fall sein sollte, stünden der Steuerbarkeit von dortigen Kioskumsätzen auf deutschen Schiffen ab dem Jahr 1984 keine allgemeinen Regeln des Völkerrechts i. S. des Art. 25 GG entgegen.

BFH vom 01.08.2002 – V R 17/01, BStBl. 2004 II S. 626: Geschäftsveräußerung in mehreren Kausalgeschäften.

1. Der Annahme einer Geschäftsveräußerung nach § 1 Abs. 1a Satz 2 UStG 1993 steht nicht entgegen, wenn einzelne Wirtschaftsgüter nicht übertragen werden.

2. Eine Geschäftsveräußerung i.S. des § 1 Abs. 1a Satz 2 UStG 1993 kann auf mehreren zeitlich versetzten Kausalgeschäften beruhen, wenn diese in einem engen sachlichen und zeitlichen Zusammenhang stehen und die Übertragung des ganzen Vermögens auf einen Erwerber zur Beendigung der bisherigen gewerblichen Tätigkeit – insbesondere auch für den Erwerber – offensichtlich ist.

BFH vom 04.07.2002 – V R 10/01, BStBl. 2004 II S. 662: Übertragung einer Metzgerei ohne dazu gehöriges Grundstück – Langfristige Überlassung zur Nutzung – Geschäftsveräußerung trotz Zurückbehaltung einzelner wesentlicher Betriebsgrundlagen.

Eine Geschäftsveräußerung i. S. des § 1 Abs. 1a UStG liegt auch vor, wenn einzelne wesentliche Betriebsgrundlagen nicht mitübereignet worden sind, sofern sie dem Übernehmer langfristig zur Nutzung überlassen werden und eine dauerhafte Fortführung des Unternehmens oder des gesondert geführten Betriebs durch den Übernehmer gewährleistet ist.

BFH vom 06.06.2002 – V R 43/01, BStBl. 2003 II S. 36: Geschäftsführungstätigkeit einer GmbH als Gesellschafterin kann umsatzsteuerpflichtig sein (Rechtsprechungsänderung)[2].

1. Ein Leistungsaustausch setzt (lediglich) voran, dass ein Leistender und ein Leistungsempfänger vorhanden sind und der Leistung eine Gegenleistung (Entgelt) gegenübersteht, also ein unmittelbarer Zusammenhang zwischen Leistung und Gegenleistung besteht.

2. Die umsatzsteuerrechtliche Behandlung von Leistungen der Gesellschafter an die Gesellschaft richtet sich danach, ob es sich um Leistungen handelt, die als Gesellschafterbeitrag durch die Beteiligung am Gewinn und Verlust der Gesellschaft abgegolten werden oder um Leistungen, die gegen (Sonder-)Entgelt ausgeführt werden und damit auf einen Leistungsaustausch gerichtet sind.

3. Geschäftsführungs- und Vertretungsleistungen, die eine GmbH als Gesellschafterin für eine GbR auf Grund eines Geschäftsbesorgungsvertrages gegen Vergütung ausführt, sind umsatzsteuerbar (Aufgabe der Rechtsprechung im BFH-Urt. vom 17.7.1980, V R 5/72, BFHE 131, 114, BStBl. II 1980, 622).

BFH vom 11.04.2002 – V R 65/00, BB 2002 S. 1246: Aufwendungsersatz als Entgelt einer steuerbaren Leistung; Verlustübernahme durch Gesellschafter ist kein Entgelt.

1. Eine Leistung gegen Entgelt liegt regelmäßig auch dann vor, wenn ein Geschäftsführer gegen Aufwendungsersatz tätig wird.

2. Keine Leistung gegen Entgelt liegt regelmäßig vor, soweit ein Gesellschafter aus Gründen, die im Gesellschaftsverhältnis begründet sind, die Verluste seiner Gesellschaft übernimmt, um ihr die weitere Tätigkeit zu ermöglichen.

---

1) Siehe dazu *Fröschl*, IStR 2003 S. 597
2) Siehe dazu BMF vom 23.12.2003, Anlage § 001-53

§ 1

EuGH vom 21.03.2002 – Rs. C-174/00 – Kennemer Golf & Country Club, UR 2002 S. 320[1]**:** Zur Umsatzsteuerpflicht der Mitgliedsbeiträge an einen Golfverein; Auslegung des Merkmals „Gewinnstreben".

1. Art. 13 Teil A Abs. 1 Buchst. m der 6. Richtlinie 77/388/EWG des Rates vom 17.5.1977 zur Harmonisierung der Rechtsvorschriften der Mitgliedstaaten über die Umsatzsteuern – Gemeinsames Mehrwertsteuersystem: einheitliche steuerpflichtige Bemessungsgrundlage ist dahin auszulegen, dass bei der Beurteilung der Frage, ob es sich um eine Einrichtung ohne Gewinnstreben handelt, sämtliche Tätigkeiten dieser Einrichtung zu berücksichtigen sind.
2. Art. 13 Teil A Abs. 1 Buchst. m der 6. Richtlinie 77/388 ist dahin auszulegen, dass eine Einrichtung als eine solche ohne Gewinnstreben qualifiziert werden kann, auch wenn sie systematisch danach strebt, Überschüsse zu erwirtschaften, die sie anschließend für die Durchführung ihrer Leistungen verwendet. Der erste Teil der in Art. 13 Teil A Abs. 2 Buchst. a erster Gedankenstrich der 6. Richtlinie 77/388 enthaltenen fakultativen Bedingung ist in der gleichen Weise auszulegen.
3. Art. 2 Nr. 1 der 6. Richtlinie 77/388 ist dahin auszulegen, dass die Jahresbeiträge der Mitglieder eines Sportvereins wie des im Ausgangsverfahren in Rede stehenden die Gegenleistung für die von diesem Verein erbrachten Dienstleistungen darstellen können, auch wenn diejenigen Mitglieder, die die Einrichtungen des Vereins nicht oder nicht regelmäßig nutzen, verpflichtet sind, ihren Jahresbeitrag zu zahlen.

BFH vom 28.02.2002 – V R 19/01, BStBl. 2003 II S. 950: Leistungsbeziehungen eines Deponiebetreibers. Ein Deponiebetreiber, der sich den Abfallbesitzern gegenüber im eigenen Namen zur Abfallentsorgung verpflichtet und dementsprechend auch deren Abfall entsorgt, erbringt an diese steuerpflichtige Leistungen, auch wenn die Deponiebetreiber nach § 3 AbfG, § 16 KrW-/AbfG nur als Vertreter des entsorgungs-pflichtigen Landkreises gegenüber den Abfallbesitzern hätten tätig werden dürfen.[2]

BFH vom 31.01.2002 – V R 61/96, BStBl. 2003 II S. 813; DStR 2002 S. 633: Verkauf eines ohne Vorsteuerabzugsrechts erworbenen gemischt genutzten Pkw[3].

1. Ein Unternehmer, der einen Gegenstand (im Streitfall: Pkw) zur gemischten (teils unternehmerischen und teils nichtunternehmerischen) Nutzung erwirbt, kann den Gegenstand insgesamt seinem Unternehmen zuordnen; er kann ihn insgesamt seinem nichtunternehmerischen Bereich zuordnen; schließlich kann er ihn entsprechend dem – geschätzten – unternehmerischen Nutzungsanteil seinem Unternehmen und im Übrigen seinem nichtunternehmerischen Bereich zuordnen.
2. Die Geltendmachung des Vorsteuerabzugs ist regelmäßig ein gewichtiges Indiz für, die Unterlassung des Vorsteuerabzugs ein ebenso gewichtiges Indiz gegen die Zuordnung eines Gegenstandes zum Unternehmen.
3. Ist – wie im Streitfall – ein Vorsteuerabzug nicht möglich, müssen andere Beweisanzeichen herangezogen werden. Die (vollständige) Zuordnung des Pkw zum unternehmerischen Bereich kann u. a. daraus abgeleitet werden, dass der Kl. die private Verwendung des Pkw gemäß § 1 Abs. 1 Nr. 2 Buchst. b UStG 1980 versteuert hat. Daran ändert auch der Umstand nichts, dass die Voraussetzungen des Art. 6 Abs. 2 Buchst. a der Richtlinie 77/388/EWG für die Besteuerung eines Verwendungseigenverbrauchs nicht vorlagen, weil der Gegenstand (Pkw) nicht zum Vorsteuerabzug berechtigt hatte.
4. Entnimmt der Steuerpflichtige den Pkw, der nicht zum Vorsteuerabzug berechtigt hatte, vor der Veräußerung seinem Unternehmen, ist es nach Art. 5 Abs. 6 der Richtlinie 77/388/EWG unzulässig, die Entnahme zu besteuern. Wenn der Steuerpflichtige den Pkw dann veräußert, so ist diese Leistung seinem privaten Bereich zuzurechnen; sie unterliegt daher nicht der Umsatzsteuer.

BFH vom 26.04.2001 – V R 50/99, DStRE 2001 S. 990: Umsatzsteuerrechtliche Behandlung des Inhabers einer liechtensteinischen (Einmann-) Domizilgesellschaft mit tatsächlichem Verwaltungssitz in Deutschland.

1. Wenn jemand im Namen oder unter dem Namen einer von ihm beherrschten nicht rechtsfähigen Domizilgesellschaft (Sitzgesellschaft) liechtensteinischen Rechts in der Bundesrepublik Lieferungen oder sonstige Leistungen ausführt, sind ihm diese Leistungen umsatzsteuerrechtlich als eigene zuzurechnen.

---

1) Siehe dazu *Wagner*, UVR 2002 S. 158; *Widmann*, UR 2002 S. 325; *Küffner*, DStR 2002 S. 1387; *Nieskens*, UR 2002 S. 345
2) Hinweis auf BMF vom 10.12.2003 – IV B 7 – S 7106 – 100/03, BStBl. 2003 I S. 785, Anlage § 001-52
3) Nachfolgeentscheidung zu EuGH vom 08.03.2001 – Rs. C-415/98 – Baksi

§ 1

2. In diesem Fall kann ihm (auch) der Vorsteuerabzug aus den an die Domizilgesellschaft adressierten Rechnungen zustehen.

EuGH vom 08.03.2001 – Rs. C-415/98 – Laszlo Baksi, DStRE 2001 S. 419[1]: Verkauf eines von einem Privaten erworbenen gemischt genutzten Pkw unterliegt nicht der Mehrwertsteuer.

1. Ein Steuerpflichtiger kann ein Investitionsgut, das er sowohl für unternehmerische als auch für private Zwecke erwirbt, in vollem Umfang in seinem Privatvermögen belassen und dadurch vollständig dem Mehrwertsteuersystem entziehen.

2. Die Veräußerung eines Investitionsguts, das der Steuerpflichtige in vollem Umfang seinem Unternehmensvermögen zugeführt hat und das er sowohl unternehmerisch als auch privat nutzt, unterliegt nach den Art. 2 Nr. 1 und 11 Teil A Abs. 1 Buchst. a der Sechsten Richtlinie 77/388/EWG des Rates vom 17. Mai 1977 zur Harmonisierung der Rechtsvorschriften der Mitgliedstaaten über die Umsatzsteuern – Gemeinsames Mehrwertsteuersystem: einheitliche steuerpflichtige Bemessungsgrundlage in vollem Umfang der Mehrwertsteuer. Hat der Steuerpflichtige nur den unternehmerisch genutzten Teil des Gegenstands seinem Unternehmensvermögen zugeführt, unterliegt nur die Veräußerung dieses Teils der Mehrwertsteuer. Der Umstand, dass der Steuerpflichtige den Gegenstand gebraucht von einem Nichtsteuerpflichtigen erworben hat und daher nicht die auf ihm lastende restliche Vorsteuer abziehen konnte, ist insoweit ohne Bedeutung. Entnimmt der Steuerpflichtige jedoch einen solchen Gegenstand, der nicht zum Abzug der Mehrwertsteuer i. S. von Art. 5 Abs. 6 der Sechsten Richtlinie berechtigt hat, aus seinem Unternehmen, so ist es daher unzulässig, die Entnahme nach dieser Vorschrift zu besteuern. Wenn der Steuerpflichtige den Gegenstand später veräußert, ist es diese Leistung seinem privaten Bereich zuzurechnen; sie unterliegt daher nicht dem Mehrwertsteuersystem.

FG München vom 22.11.2000 – 3 K 476/97 – rechtskräftig, DStRE 2001 S. 483; EFG 2001 S. 465: Ersatzleistungen für Verzicht auf Vertragserfüllung nicht umsatzsteuerbar.

Wird für einen Verzicht auf Vertragserfüllung Ersatz geleistet, so unterliegt die Ersatzleistung mangels Leistungsaustausch nicht als sonstige Leistung der Umsatzsteuer.

BFH vom 11.05.2000 – V R 73/99, BStBl. 2000 II S. 505: Berücksichtigung der Entfernung zwischen Wohnung und Arbeitsstelle bei Prüfung der Steuerbarkeit unentgeltlicher Arbeitnehmersammelbeförderung.

1. Die Vorschrift des § 1 Abs. 1 Nr. 1 Satz 2 Buchst. b UStG 1980/1991 erfasst auch Dienstleistungen des Steuerpflichtigen „für den Bedarf seines Personals oder allgemein für unternehmensfremde Zwecke" i. S. d. Art. 6 Abs. 2 der 6. EG-Richtlinie 77/388/EWG.[2]

2. Die unentgeltliche Beförderung von Arbeitnehmern von der Wohnung zur Arbeitsstätte und zurück mit einem betrieblichen Kfz durch den Arbeitgeber dient grundsätzlich dem privaten Bedarf der Arbeitnehmer und damit unternehmensfremden Zwecken. Anders ist es jedoch, wenn die Erfordernisse des Unternehmens im Hinblick auf besondere Umstände es gebieten, dass die Beförderung der Arbeitnehmer vom Arbeitgeber übernommen wird.

3. Entscheidend ist das Gesamtbild der Verhältnisse. Die Entfernung zwischen Wohnung und Arbeitsstelle ist nur ein Umstand, der neben anderen in die tatsächliche Würdigung einfließt.

BFH vom 16.03.2000 – V R 44/99, BStBl. 2000 II S. 361: Handeln im Namen eines anderen.

1. Bei einem Handeln im Namen des Vertretenen ist umsatzsteuerrechtlich die dem Leistungsempfänger erbrachte Leistung grundsätzlich dem Vertretenen zuzurechnen. Ein Handeln in fremdem Namen kann sich auch aus den Umständen ergeben; es setzt nicht voraus, dass der Name des Vertretenen bei Vertragsabschluss genannt wird.

2. Ein Vertreter liefert dagegen selbst, wenn durch sein Handeln in fremdem Namen lediglich verdeckt wird, dass er und nicht der Vertretene die Lieferung erbringt. Das kann der Fall sein, wenn ihm von dem Vertretenen Substanz, Wert und Ertrag des Liefergegenstandes vor der Weiterlieferung an den Leistungsempfänger übertragen worden ist.

BFH vom 16.12.1999 – V R 43/99, UR 2000 S. 426: Unentgeltliche Überlassung eines Firmenwagens an Personal zur Montagetätigkeit an wechselnden Einsatzstellen und zum Materialtransport.

Die unentgeltliche Überlassung von Firmenwagen an Arbeitnehmer kann zum Vorsteuerabzug berechtigen, wenn die Zuwendung des Arbeitgebers im Hinblick auf besondere Umstände geboten ist.

---

1) Siehe dazu *Dziadkowski*, IStR 2001 S. 222
2) Deshalb hat dieses Urteil auch Bedeutung für § 3 Abs. 9a UStG

§ 1

Solche besonderen Umstände können vorliegen, wenn ein Transport von Werkzeug, Material und Montagegegenständen in öffentlichen Verkehrsmitteln nicht möglich, mit arbeitnehmereigenen Fahrzeugen nicht geboten ist und wenn eine Organisation der von den Arbeitnehmern zu verrichtenden Montagearbeiten an ständig wechselnden Einsatzstellen vom Betriebssitz aus wirtschaftlich nicht sinnvoll ist. Der Unternehmer gestaltet in diesem Fall die Arbeitsbedingungen durch die unentgeltliche Überlassung eines Firmenwagens; seine betrieblichen Interessen überlagern den mit der Fahrt von der Wohnung verbundenen privaten Bedarf des Arbeitnehmers.

BFH vom 18.11.1999 – V R 13/99, BStBl. 2000 II S. 153: Unentgeltliche Lieferung eines Mietgrundstückes.

1. Ein Unternehmer, der Gegenstände aus seinem Unternehmen an Angehörige aus unternehmensfremden Gründen unentgeltlich liefert, verwirklicht dadurch einen Eigenverbrauch durch Gegenstandsentnahme (§ 1 Abs. 1 Nr. 2 Buchst. a UStG 1993).
2. An der Steuerbarkeit der Entnahme änderte sich – bis zum In-Kraft-Treten des § 1 Abs. 1a UStG 1993 am 1. Januar 1994 – auch dann nichts, wenn die Lieferung im Rahmen einer Geschäftsveräußerung im Ganzen erfolgte.
3. Eine Lieferung eines Gegenstandes (Verschaffung der Verfügungsmacht) setzt die Übertragung von Substanz, Wert und Ertrag voraus. Die Verfügungsmacht an einem Mietgrundstück ist mangels Ertragsübergangs noch nicht verschafft, solange der Lieferer dieses aufgrund seines Eigentums wie bislang für Vermietungsumsätze verwendet.
4. Das gilt auch für eine unentgeltliche Lieferung des Mietgrundstücks. Solange die Verfügungsmacht nicht übergegangen ist, liegt keine Entnahme und keine durch sie verursachte Änderung der Verwendungsverhältnisse i. S. des § 15a UStG 1993 vor.

BFH vom 10.06.1999 – V R 104/98, BStBl. 1999 II S. 582: Sammelbeförderung von Arbeitnehmern als steuerbarer Umsatz.

1. Besteht bei Sammelbeförderung von Arbeitnehmern, die dafür kein besonders berechnetes Entgelt aufwenden, keine konkrete Verknüpfung mit der Arbeitsleistung oder dem Lohn, so führt der Unternehmer diese Leistung nicht gegen Entgelt i. S. von § 1 Abs. 1 Nr. 1 Satz 1 UStG 1980 aus.
2. Übernimmt der Unternehmer die Beförderung von der Wohnung zur Arbeitsstätte (nur), weil er bei den zusätzlichen Kosten, die Arbeitnehmern durch eine individuelle Anfahrt zu den Arbeitsstellen entstehen würden, und dem vereinbarten – geringfügigen – Lohn keine Arbeitskräfte für die Tätigkeit gefunden hätte, so kann das für eine konkrete Verknüpfung mit der Arbeitsleistung und dem Lohn sprechen. Diese Verknüpfung kann fehlen, wenn sich das Angebot der Beförderung an alle Arbeitnehmer richtet, die Arbeitsleistung aber unabhängig von der Annahme des Angebots allein aufgrund der Barlohnvereinbarung geschuldet und erbracht wird.

BFH vom 10.06.1999 – V R 87/98, BStBl. 1999 II S. 580: PKW-Überlassung an GmbH-Geschäftsführer als steuerbare Sachzuwendung.

Die Überlassung eines PKW durch eine GmbH an den Gesellschafter-Geschäftsführer zur Privatnutzung kann als übliche Vergütungsleistung neben der Barvergütung für die Arbeitsleistung beurteilt werden. Bei tauschähnlichen Umsätzen dieser Art kommt als Wert der Gegenleistung (anteilige Arbeitsleistung) für die Sachzuwendung der Wert in Betracht, den der Unternehmer aufzuwenden bereit ist, um die Gegenleistung zu erhalten (hier: die Kosten der PKW-Überlassung). Bei dieser Schätzung des Werts der Gegenleistung anhand der entstandenen Kosten kommt es nicht darauf an, ob (ganz oder teilweise) ein Recht auf Vorsteuerabzug bestand.

BFH vom 10.06.1999 – V R 82/98, DStR 1999 S. 1265: Die tatbestandsmäßigen Voraussetzungen für die Besteuerung eines Verwendungseigenverbrauchs können nicht im Wege einer Schätzung unterstellt werden.

FG Köln vom 19.11.1998 – 14 K 5814/92 – rechtskräftig, EFG 1999 S. 352: USt-Pflicht von Weihnachtsgeschenken an ehemalige Arbeitnehmer.

Weihnachtsgeschenke an ehemalige Arbeitnehmer unterliegen nach § 1 Abs. 1 Satz 2 Nr. 1 Buchst. b UStG der USt. Insoweit ist auch im USt-Recht der lohnsteuerrechtliche Arbeitnehmerbegriff anzuwenden. Dies widerspricht nicht Art. 5 Abs. 6 der 6. EG-Richtlinie.

§ 1

BFH vom 15.10.1998 – V R 69/97, BStBl. 1999 II S. 41: Geschäftsveräußerung eines landwirtschaftlichen Betriebs i. S. des § 1 Abs. 1a UStG trotz Zurückbehaltung von Grund und Boden.[1)]

1. Die Einbringung eines landwirtschaftlichen Betriebs in eine Gesellschaft nach dem 1.1.1994 ist eine nicht umsatzsteuerbare Geschäftsveräußerung, auch wenn einzelne Wirtschaftsgüter davon ausgenommen werden.
2. Erteilt ein der Durchschnittsatzbesteuerung unterliegender Landwirt über Umsätze, die er im Rahmen der Veräußerung seines Betriebs ausgeführt hat, eine Rechnung mit gesondertem Umsatzsteuerausweis, so steht dem Leistungsempfänger daraus kein Vorsteuerabzug zu.

BFH vom 06.08.1998 – V R 74/96, BStBl. 1999 II S. 104: Umsatzsteuerbarer Eigenverbrauch durch Repräsentationsaufwendungen – Eigenverbrauch erfaßt nicht Aufwendungen ohne Vorsteuerabzugsrecht.[2)]

1. Aufwendungen für eine Motorjacht, die der Erwerber nachhaltig und zur Erzielung von Einnahmen (unternehmerisch) – aber ohne Gewinnabsicht – vermietet, unterliegen dem Eigenverbrauch gemäß § 1 Abs. 1 Nr. 2 Satz 2 Buchst. c UStG 1980 i. V. m. § 4 Abs. 5 Satz 1 Nr. 4 und Satz 2 EStG.
2. § 1 Abs. 1 Nr. 2 Satz 2 Buchst. c UStG 1980 bezweckt die Umsetzung des Ausschlusses von Repräsentationsaufwendungen vom Vorsteuerabzugsrecht gemäß Art. 17 Abs. 6 der Richtlinie 77/388/EWG. Der Eigenverbrauch erfaßt daher nur solche Aufwendungen, die zum Vorsteuerabzug berechtigt haben.
3. Der Anwendungsbereich des § 1 Abs. 1 Nr. 2 Satz 2 Buchst. c UStG 1980 kann nicht (je Besteuerungszeitraum) auf den Betrag der Aufwendungen begrenzt werden, der die Entgelte für die unternehmerische Verwendung des sog. Repräsentationsgegenstands übersteigt.

BFH vom 09.07.1998 – V R 105/92, BStBl. 1998 II S. 635: Steuerbarkeit von Arbeitnehmer-Sammelbeförderungen.[3)]

Bei richtlinienkonformer Anwendung des § 1 Abs. 1 Nr. 1 Satz 2 Buchst. b UStG 1980 ist die unentgeltliche Beförderung von Arbeitnehmern von ihrer Wohnung zur Arbeitsstätte und zurück durch den Arbeitgeber (Unternehmer) regelmäßig steuerbar; die Beförderungsleistung des Unternehmers dient unter normalen Umständen privaten Zwecken der Arbeitnehmer und damit unternehmensfremden Zwecken.

Unter besonderen Umständen können die Erfordernisse des Unternehmens es gebieten, daß der Arbeitgeber selbst die Beförderung der Arbeitnehmer sicherstellt. Solche besonderen Umstände können z.B. Schwierigkeiten, andere geeignete Verkehrsmittel zu benutzen, und wechselnde Arbeitsstätten sein (Anschluß an EuGH-Urteil vom 16. Oktober 1997 Rs. C-258/95).

EuGH vom 28.05.1998 – Rs. C-3/97 – Goodwin and Unstead, DStRE 1998 S. 570: Mehrwertsteuerpflicht der Lieferung nachgeahmter Parfümeriewaren.

Nach Art. 2 der Sechsten Richtlinie 77/388/EWG des Rates vom 17.5.1977 zur Harmonisierung der Rechtsvorschriften der Mitgliedsstaaten über die Umsatzsteuern – Gemeinsames Mehrwertsteuersystem: einheitliche steuerpflichtige Bemessungsgrundlage unterliegt die Lieferung nachgeahmter Parfümeriewaren der Mehrwertsteuer.

BFH vom 28.05.1998 – V R 26/95, BStBl. 1998 II S. 589: Unentgeltliche Verpflegung von Bordpersonal auf Schiffen.

1. Die unentgeltliche Verpflegung des Bordpersonals auf Personenschiffen dient auch dann grundsätzlich dem privaten Bedarf des Personals und damit unternehmensfremden Zwecken, wenn der Unternehmer sie zur Gewährleistung des Betriebsablaufs auf den Schiffen als Gemeinschaftsverpflegung und zu bestimmten Essenszeiten bereitstellt.
2. Ort der Verpflegungsleistung ist gemäß § 3a Abs. 1 UStG 1980 der Ort, von dem aus der Unternehmer sein Unternehmen betreibt.

EuGH vom 18.12.1997 – Rs. C-384/95 – Landboden-Agrardienste, DB 1998 S. 243: Gegen Entschädigungsleistung eingegangene Verpflichtung, angebaute Kartoffeln nicht zu ernten, unterliegt nicht der Umsatzsteuer.

Die Art. 6 Abs. 1 und 11 Teil A Abs. 1 Buchst. a der 6. EG-RL sind dahin auszulegen, daß die von einem Landwirt im Rahmen einer nationalen Entschädigungsregelung eingegangene Verpflichtung, mindes-

---

1) Siehe dazu *Widmann*, UR 1999 S. 129
2) Siehe dazu *Widmann*, UR 1998 S. 466
3) Folgeurteil zu EuGH vom 16.10.1997 – Rs. C-258/95

tens 20% der von ihm angebauten Kartoffeln nicht zu ernten, keine Dienstleistung im Sinne der 6. EG-RL ist. Die zu diesem Zweck gezahlte Zuwendung unterliegt daher nicht der Umsatzsteuer.

BFH vom 13.11.1997 – V R 11/97, BStBl. 1998 II S. 169: Bau einer Tiefgarage – Vereinbarung mit der Stadt, Stellplätze gegen Zahlung eines Geldbetrags zur Verfügung zu stellen – Leistungsaustausch mit der Stadt – Keine Steuerfreiheit.

1. Vereinbart der Bauherr einer Tiefgarage mit der Stadt den Bau und die Zurverfügungstellung von Stellplätzen für die Allgemeinheit und erhält er dafür einen Geldbetrag, so ist in der Durchführung dieses Vertrags ein Leistungsaustausch mit der Stadt zu sehen.
2. Die Leistung ist auch dann nicht steuerfrei, wenn zugunsten der Stadt eine beschränkt persönliche Dienstbarkeit im Grundbuch eingetragen wird.

EuGH vom 16.10.1997 – Rs. C-258/95 – Fillibeck, DB 1997 S. 2586[1]: Steuerbarkeit von Arbeitnehmer-Sammelbeförderungen durch den Arbeitgeber.

1. Art. 2 Nr. 1 der Sechsten Richtlinie 77/388/EWG des Rates vom 17. Mai 1977 zur Harmonisierung der Rechtsvorschriften der Mitgliedstaaten über die Umsatzsteuern – Gemeinsames Mehrwertsteuersystem: einheitliche steuerpflichtige Bemessungsgrundlage ist dahin auszulegen, daß ein Arbeitgeber, der Arbeitnehmer unentgeltlich ohne konkrete Verknüpfung mit der Arbeitsleistung oder dem Lohn von der Wohnung zur Arbeitsstätte ab einer bestimmten Entfernung befördert, keine Dienstleistung gegen Entgelt im Sinne dieser Bestimmung erbringt.
2. Art. 6 Abs. 2 der Sechsten Richtlinie 77/388 ist dahin auszulegen, daß die unentgeltliche Beförderung von Arbeitnehmern von der Wohnung zur Arbeitsstätte und zurück mit einem betrieblichen Kfz durch den Arbeitgeber grundsätzlich dem privatem Bedarf der Arbeitnehmer und damit unternehmensfremden Zwecken dient. Diese Bestimmung findet jedoch keine Anwendung, wenn die Erfordernisse des Unternehmens im Hinblick auf besondere Umstände, wie die Schwierigkeit, andere geeignete Verkehrsmittel zu benutzen, und wechselnde Arbeitsstätten, es gebieten, daß die Beförderung der Arbeitnehmer vom Arbeitgeber übernommen wird, da dann diese Leistung nicht zu unternehmensfremden Zwecken erbracht wird.
3. Die Anwort auf die zweite Frage gilt auch für den Fall, daß der Arbeitgeber die Arbeitnehmer nicht in eigenen Fahrzeugen befördert, sondern einen seiner Arbeitnehmer mit der Beförderung in dessen Privatfahrzeug beauftragt.

FG Baden-Württemberg vom 01.09.1997 – 12 K 83/97 – rechtskräftig, EFG 1998 S. 145: Keine Unternehmensveräußerung bei Nichtübertragung des Pachtrechts am Betriebsgrundstück.

1. Bestehen an einer wesentlichen Betriebsgrundlage Gebrauchs- und Nutzungsrechte, so liegt umsatzsteuerlich eine Geschäftsveräußerung nur vor, wenn der Veräußerer seine Rechtsstellung gegenüber den wesentlichen Grundlagen des Unternehmens in umfassender und vollständiger Weise auf den Erwerber überträgt.
2. Bei der Auslegung des Begriffs „Unternehmen im ganzen" sind für die Frage, ob alle wesentlichen Grundlagen des Unternehmens übertragen wurden und inwieweit dabei von wesentlichen Betriebsgrundlagen auszugehen ist, die im Ertragsteuerrecht zur Betriebsveräußerung, zur Betriebsverpachtung und zur Betriebsaufspaltung entwickelten Grundsätze auf das USt-Recht zu übertragen.
3. Bei einem Nutzungsrecht an einem Betriebsgrundstück ist vor allem auf das wirtschaftliche Gewicht des Grundstücks für das Unternehmen abzustellen und von einer ausreichenden wirtschaftlichen Bedeutung bereits dann auszugehen, wenn das Unternehmen auf das Grundstück angewiesen ist, weil es ohne ein Grundstück dieser Art nicht fortgeführt werden kann.

BFH vom 15.05.1997 – V R 67/94, BStBl. 1997 II S. 705: Entgelt für die Einbringung von Wirtschaftsgütern.

Als Entgelt für die Einbringung von Wirtschaftsgütern in eine Personengesellschaft kommt auch die Übernahme von Schulden des Gesellschafters durch die Gesellschaft in Betracht, wenn der einbringende Gesellschafter dadurch wirtschaftlich entlastet wird.

BFH vom 19.12.1996 – V R 130/92, BStBl. 1998 II S. 279: Verpflegungsleistungen eines Arbeitgebers an seine Arbeitnehmer auf einem Rhein-Frachtschiff.

1. Die umsatzsteuerrechtliche Erfassung der Ausgabe von Gemeinschaftsverpflegung an Schiffsbesatzungen auf Rhein-Frachtschiffen verstößt nicht gegen die Mannheimer Akte.

---

[1] Siehe dazu das Vorabentscheidungsersuchen des BFH vom 11.05.1995 – V R 105/92, UR 1995 S. 388 sowie das BFH-Urteil vom 09.07.1998 – V R 105/92

§ 1

2. Diese Verpflegungsausgabe ist regelmäßig Teil des Arbeitslohns für die Arbeitsleistungen und damit steuerbare Leistung des Schiffahrtsunternehmers.
3. Die Verpflegungsleistung wird als sonstige Leistung (Dienstleistung) ausgeführt (Anschluß an EuGH, Urteil vom 2. Mai 1996 Rs. C-231/94), als deren Ort der Sitz des Schiffahrtsunternehmens gilt.
4. Hinsichtlich der Ergebnisse einer Betriebsprüfung im Ausland besteht dann kein Verwertungsverbot, wenn die Botschaft des betreffenden Staates auf Anfrage dessen Einverständnis mit der Prüfungstätigkeit auf seinem Hoheitsgebiet erklärt hat.

BFH vom 18.04.1996 – V R 123/93, BStBl. 1996 II S. 387: Leistungen einer GbR an ihre Gesellschafter.

Führt eine GbR sonstige Leistungen (ausschließlich) an ihre Gesellschafter aus, die in deren konkretem Einzelinteresse liegen, und zahlen die Gesellschaft insoweit „zum Ausgleich der Verluste" bestimmte Beträge, kann Leistungsaustausch vorliegen. Es ist zur Annahme eines Leistungsaustauschs nicht erforderlich, daß die monatlichen als Einlagen bezeichneten Zahlungen (Gegenleistung) der Gesellschafter am Maßstab der Inanspruchnahme der Gesellschaftsleistung bemessen sind.

EuGH vom 29.02.1996 – Rs. C-215/94 – Mohr, UR 1996 S. 119: Aufgabe der Milcherzeugung gegen Vergütung nichtsteuerbar.

Artikel 6 Abs. 1 und Artikel 11 Teil A Absatz 1 Buchstabe a der Sechsten Richtlinie des Rates (77/388/EWG) sind dahin auszulegen, daß die Verpflichtung zur Aufgabe der Milcherzeugung, die ein Landwirt im Rahmen der VO (EWG) Nr. 1336/86 des Rates vom 6.5.1986 zur Festsetzung eine Vergütung bei der endgültigen Aufgabe der Milcherzeugung eingeht, keine Dienstleistung darstellt. Die dafür erhaltene Vergütung ist folglich nicht umsatzsteuerpflichtig.[1]

BFH vom 25.01.1996 – V R 61/94, HFR 1996 S. 676: Umsatzsteuerbarer Leistungsaustausch bei Forschung mit öffentlichen Mitteln.

1. Ob die Leistung des (Forschungs-)Unternehmers derart mit der Zahlung der Förderungsmittel verknüpft ist, daß sie sich auf diese Zahlung als Gegenleistung richtet, ist von den Vereinbarungen des Leistenden mit dem Zahlenden (hier Beauftragung) abhängig.
2. Wird der Zahlungsempfänger mit dem Zuschuß nur unterstützt, damit er seine Forschungstätigkeit ausüben kann, fehlt es an der erforderlichen Verknüpfung von Forschungsleistung und Zuschußzahlung zu einem steuerbaren Umsatz.

BFH vom 26.04.1995 – XI R 5/94, BStBl. 1995 II S. 248: Kein Eigenverbrauch bei gleichbleibender Nutzung trotz unentgeltlicher Übertragung eines Grundstückes.

Baut ein Unternehmer ein in seinem Miteigentum stehendes Gebäude im Einverständnis mit dem Miteigentümer auf seine Kosten um und überträgt die Miteigentümergemeinschaft das Grundstück anschließend unentgeltlich auf einen Dritten, so wird dadurch das Wirtschaftsgut „Gebäudeumbau" nicht zum Eigenverbrauch entnommen, wenn der Unternehmer das Gebäude ununterbrochen weiterhin für sein Unternehmen nutzt.

BFH vom 30.03.1995 – V R 65/93, DStR 1995 S. 981; UR 1995 S. 340[2]: Entnahme eines umsatzsteuerfrei erworbenen Gebrauchtfahrzeugs aus dem Unternehmen – kein Entnahmeeigenverbrauch infolge vorsteuerbelasteter Aufwendungen für Gebrauch und Erhaltung.

1. Art. 5 Abs. 6 der Richtlinie 77/388/EWG verbietet die Besteuerung der Entnahme eines Gegenstands aus dem Unternehmen für unternehmensfremde Zwecke, wenn „dieser Gegenstand oder seine Bestandteile" nicht zum vollen oder teilweisen Vorsteuerabzug berechtigt haben.
2. Aufwendungen zur Erhaltung oder zum Gebrauch des Gegenstands, die der Unternehmer mit Berechtigung zum Vorsteuerabzug in Anspruch genommen hat, berühren die Frage der Besteuerung der Entnahme des Gegenstands nicht (Anwendung der Grundsätze des EuGH-Urteil vom 27.6.1989, Rs. 50/88 – Kühne –). Solche Aufwendungen zur Erhaltung oder zum Gebrauch des Gegenstands selbst führen grundsätzlich nicht zur Anschaffung/Herstellung eines „Bestandteils" des Gegenstands.

FG Rheinland-Pfalz vom 22.03.1995 – 1 K 1187/91 – rechtskräftig, EFG 1995 S. 856: Veräußerung eines privat angeschafften und später überwiegend unternehmerisch genutzten Kfz umsatzsteuerpflichtig.

Wird ein Pkw zunächst privat erworben, im weiteren Verlauf aber in ein Betriebsvermögen eingelegt und überwiegend unternehmerisch genutzt, so unterliegt die Veräußerung des Pkw der USt.

---

1) Siehe dazu *Widmann,* UR 1996 S. 120
2) Siehe dazu *Widmann,* UR 1995 S. 341

§ 1

FG Nürnberg vom 29.11.1994 – II 164/94, EFG 1995 S. 456: Bei der Eigenverbrauchsbesteuerung gibt es keine verlängerten Rechtsmittelfristen aufgrund des EuGH-Urteils vom 25. Juli 1991 C 208/90 (EuGHE 1991, 4269).

FG Münster vom 06.09.1994 – 15 K 4659/92 U – rechtskräftig, EFG 1995 S. 231: Steuerbarkeit einer Beratungsleistung, für die eine „Kostenumlage" erhoben wird?

Erbringt eine in Form einer Gesellschaft des bürgerlichen Rechts organisierte Bürogemeinschaft gegen eine „Kostenumlage" Beratungsleistungen an ihre Gesellschafter, liegt ein steuerbarer Leistungsaustausch vor.

Niedersächsisches FG vom 05.05.1994 – V 46/93 – rechtskräftig, EFG 1995 S. 594: Abgabe von Dauerkarten durch einen Sportverein als Eigenverbrauch?

Die Abgabe von Dauerkarten durch einen Sportverein führt nicht zu einem steuerpflichtigen Eigenverbrauch, wenn durch sie dem Verein keine besonderen, abgrenzbaren Kosten erwachsen.

BFH vom 21.04.1994 – V R 105/91, BStBl. 1994 II S. 671: Person des Leistenden.

1. Leistender ist, wer im eigenen Namen oder unter fremdem Namen Lieferungen oder sonstige Leistungen ausführt.

2. Eine nach englischem Recht gegründete Company limited of shares kann Unternehmer sein, wenn sie unter ihrem Namen Leistungen gegen Entgelt im Erhebungsgebiet ausführt. Für die Unternehmereigenschaft ist unerheblich, ob diese Gesellschaft nach deutschem Recht rechtsfähig ist.

BFH vom 14.04.1994 – V R 94/91, UR 1995 S. 19: Private Nutzung eines Pkw und eines Telefonanschlusses als Eigenverbrauch.

1. Bei der Nutzung eines Pkw für nichtunternehmerische Zwecke werden dafür erhaltene, durch Kfz-Steuer und Kfz-Versicherungsbeiträge entgoltene Leistungen nicht für das Unternehmen bezogen. Insoweit erfolgen keine Wertabgaben aus dem Unternehmen, die als Eigenverbrauch steuerbar sein könnten.

2. Die Nutzung eines im Unternehmen eingerichteten Telefonanschlusses und des überlassenen Telefonapparates der Deutschen Bundespost (vor der Postreform) für Privatgespräche ist weder eine als Dienstleistung gegen Entgelt zu beurteilende Verwendung der Gegenstände für den privaten Bedarf i. S. des Art. 6 Abs. 2 Buchst. a der 6. USt-RL noch eine Leistungsentnahme i. S. des Art. 6 Abs. 2 Buchst. b der 6. USt-RL und deshalb nicht als Eigenverbrauch i. S. des § 1 Abs. 1 Nr. 2 Buchst. b UStG 1980 steuerbar.

EuGH vom 03.03.1994 – C-16/93 – R. J. Tolsma, UVR 1994 S. 152: Dienstleistung gegen Entgelt/Begriff: Musizieren auf öffentlichen Wegen.

Artikel 2 Nr. 1 der Richtlinie 77/388/EWG des Rates vom 17. Mai 1977, der Sechsten Richtlinie zur Harmonisierung der Rechtsvorschriften der Mitgliedstaaten über die Umsatzsteuern – Gemeinsames Mehrwertsteuersystem: einheitliche steuerpflichtige Bemessungsgrundlage, ist dahin auszulegen, daß sich der in dieser Bestimmung verwendete Begriff der Dienstleistung gegen Entgelt nicht auf eine Tätigkeit bezieht, die darin besteht, daß auf öffentlichen Wegen Musik zu Gehör gebracht wird, und für die keine Vergütung vereinbart wird, selbst wenn der Betreffende um die Zahlung von Geld bittet und gewisse Beträge erhält, deren Höhe jedoch weder bestimmt noch bestimmbar ist.

EuGH vom 25.05.1993 – Rs. C-193/91 – Mohsche, BStBl. 1993 II S. 812[1]: Zum Steuertatbestand des Verwendungseigenverbrauchs – Beschränkung der Verwendung auf den Gegenstand – Ausklammerung der zur Verwendung bezogenen Dienstleistungen (Art. 6 Abs. 2 der 6. USt-Richtlinie; § 1 Abs. 1 Nr. 2b, § 10 Abs. 4 Nr. 2 UStG 1980).

1. Artikel 6 Absatz 2 Buchstabe a der Sechsten Richtlinie schließt die Besteuerung der privaten Verwendung eines dem Unternehmen zugeordneten Gegenstands, bei dessen Lieferung der Steuerpflichtige die Mehrwertsteuer abziehen konnte, aus, soweit diese Verwendung Dienstleistungen umfaßt, die der Steuerpflichtige von Dritten zur Erhaltung oder zum Gebrauch des Gegenstands ohne die Möglichkeiten zum Vorsteuerabzug in Anspruch genommen hat.

2. Ein Steuerpflichtiger kann sich vor den nationalen Gerichten insoweit auf Artikel 6 Absatz 2 Buchstabe a der Sechsten Richtlinie berufen, als diese Bestimmung die Besteuerung der privaten Ver-

---
1) Siehe dazu Vorabentscheidungsersuchen des BFH vom 18.04.1991 – V R 122/89, DB 1991 S. 1966

§ 1

wendung eines Betriebsgegenstands ausschließt, der bereits zum Abzug der Vorsteuer berechtigt hat, soweit diese Verwendung Dienstleistungen umfaßt, die der Steuerpflichtige von Dritten zur Erhaltung oder zum Gebrauch des Gegenstands ohne Möglichkeit zum Abzug der Vorsteuer in Anspruch genommen hat.

BFH vom 28.01.1993 – V R 43/89, BStBl. 1993 II S. 360: Einheitliche Warenlieferung bei Versandhandel mit Barzahlungsrabatt.

Beim Verkauf von Waren im Versandhandel liegt auch dann eine einheitliche Warenlieferung (nicht zum Teil eine steuerfreie Kreditgewährung) vor, wenn der Käufer von der ihm eingeräumten Möglichkeit der Ratenzahlung Gebrauch macht und dadurch einen Barzahlungsrabatt in Höhe von 3 v. H. des Katalogpreises einbüßt.

EuGH vom 16.12.1992 – Rs. C-208/91 – Beaulande, UR 1993 S. 118: Wegfall einer Grunderwerbsteuerbefreiung wegen Nichteinhaltung einer Bebauungsverpflichtung – Keine umsatzsteuergleiche Besteuerung (Art. 33 der 6. Richtlinie).

Artikel 33 der Sechsten Richtlinie ist dahin auszulegen, daß er der Einführung oder Beibehaltung einer nationalen Steuer nicht entgegensteht, die die Merkmale einer Grunderwerbsteuer aufweist, die auf den Erwerb von Baugrundstücken erhoben wird, falls die in der nationalen Regelung vorgesehene Verpflichtung, innerhalb von vier Jahren zu bauen, nicht erfüllt wird.

BFH vom 10.12.1992 – V R 3/88, BStBl. 1993 II S. 380: Kein Eigenverbrauch bei einem von einer Gemeinde betriebenem Parkhaus, wenn es zur Weihnachtszeit unentgeltlich überlassen wird[1].

EuGH vom 06.05.1992 – C-20/91 – De Jong, UVR 1994 S. 153: Gegenstand der Entnahme.

Artikel 5 Absatz 6 der Sechsten Richtlinie des Rates (77/388/EWG) vom 17. Mai 1977 zur Harmonisierung der Rechtsvorschriften der Mitgliedstaaten über die Umsatzsteuern – Gemeinsames Mehrwertsteuersystem: einheitliche steuerpflichtige Bemessungsgrundlage ist dahin auszulegen, daß in einem Fall, in dem ein Steuerpflichtiger – ein Bauunternehmer – ein Grundstück zur Verwendung für private Zwecke erwirbt, darauf aber im Rahmen seiner beruflichen Tätigkeit ein Wohnhaus für sich selbst errichtet, nur das Haus, nicht aber das Grundstück im Sinne dieser Vorschrift für den privaten Bedarf entnommen wird.

EuGH vom 31.03.1992 – C-200/90 – Dansk Denkavit und Poulsen Trading, UR 1992 S. 232: Dänische Arbeitsmarktgabe als verbotene zusätzliche Umsatzsteuer.

1. Artikel 33 der Sechsten Richtlinie des Rates vom 17.5.1977 zur Harmonisierung der Rechtsvorschriften der Mitgliedstaaten über die Umsatzsteuern verbietet die Einführung oder Beibehaltung einer Abgabe, die sowohl für mehrwertsteuerpflichtige Tätigkeiten erhoben wird als auch für andere wirtschaftliche Tätigkeiten, die in der Lieferung von Leistungen gegen Entgelt bestehen,
   – hinsichtlich der mehrwertsteuerpflichtigen Unternehmen auf derselben Bemessungsgrundlage erhoben wird, nach der sich die Mehrwertsteuer bestimmt, d.h. in Form eines Prozentsatzes vom Betrag der getätigten Verkäufe abzüglich des Betrags der getätigten Einkäufe,
   – im Gegensatz zur Mehrwertsteuer bei der Einfuhr nicht gezahlt, aber auf vollen Verkaufspreis der eingeführten Waren beim ersten Verkauf in dem betreffenden Mitgliedstaat erhoben wird,
   – im Gegensatz zur Mehrwertsteuer auf der Rechnung nicht gesondert ausgewiesen werden muß
   – und neben der Mehrwertsteuer erhoben wird.
2. Artikel 33 der Richtlinie 77/388 begründet für den einzelnen Rechte, deren Schutz den nationalen Gerichten obliegt.

FG Rheinland-Pfalz vom 22.10.1991 – 2 K 2765/89 – rechtskräftig (nach Zurückweisung der NZB als unbegründet), UR 1992 S. 373: Zuwendungen sächlicher Art an GmbH-Geschäftsführer als Eigenverbrauch (§ 1 Abs. 1 Nr. 1 b UStG 1980). Stellt eine GmbH einem ihrer Gesellschafter-Geschäftsführer die Einrichtung für ein Arbeitszimmer zur Verfügung, die im Wohnhaus des Gesellschafters aufgestellt und für geschäftliche Zwecke genutzt wird, ohne jedoch Abreden zur Eigentumsfrage und zur Art und Dauer der Nutzung zu treffen, liegt eine Schenkung der GmbH an ihren Arbeitnehmer vor, die von § 1 Abs. 1 Nr. 1b UStG[2] erfaßt wird.

---

[1] Siehe BFH vom 10.05.1990, BStBl. 1990 II S. 757
[2] Jetzt § 3 Abs. 1b UStG

§ 1

BFH vom 29.08.1991 – V B 113/91, BStBl. 1992 II S. 267[1]**:** Keine Eigenverbrauchsbesteuerung bei Entnahme eines nicht vorsteuerentlasteten Gegenstandes (Art. 5 Abs. 6 der 6. USt-Richtl.; § 1 Abs. 1 Nr. 2 UStG 1980).

1. Aufgrund des EuGH-Urteils vom 27.6.1989 – Rs. 50/88 – (UR 1989, 373) ist grundsätzlich geklärt, daß Art. 6 Abs. 2 Buchst. a der 6. Richtlinie die Besteuerung der privaten Nutzung eines Betriebsgegenstandes (Verwendungseigenverbrauch) ausschließt, der nicht zum vollen oder teilweisen Abzug der Mehrwertsteuer berechtigt hat, und daß sich ein Steuerpflichtiger vor den nationalen Gerichten auf dieses Verbot berufen kann.
2. Für die Entnahme eines Betriebsgegenstandes zu privaten Zwecken enthält Art. 5 Abs. 6 der 6. Richtlinie ein entsprechendes Besteuerungsverbot. Einer erneuten grundsätzlichen Klärung, ob sich ein Steuerpflichtiger auf dieses Verbot vor den nationalen Gerichten gegenüber der Besteuerung nach § 1 Abs. 1 Nr. 2 Buchst. a UStG 1980 berufen kann, bedarf es nicht.

EuGH vom 06.12.1990 – C 343/89 – Witzemann, UR 1991 S. 148: Keine Erhebung von Einfuhrumsatzsteuer bei der Einfuhr von Falschgeld.

Das Gemeinschaftsrecht ist dahin auszulegen, daß bei der Einfuhr von Falschgeld in das Zollgebiet der Gemeinschaft keine Zollschuld entstehen kann. Auch die Erhebung von EUSt nach Art. 2 EWGRL 388/77 scheidet aus.

BFH vom 28.11.1990 – V R 31/85, BStBl. 1991 II S. 381: Leistender bei Treuhandverhältnissen.

1. Ob eine Leistung dem Handelnden oder einem anderen zuzurechnen ist, hängt grundsätzlich davon ab, ob der Handelnde im Außenverhältnis gegenüber Dritten im eigenen Namen oder berechtigterweise im Namen des anderen aufgetreten ist.
2. Zur Aussetzung von Prämien bei einem Sechs-Tage-Rennen.

FG Hamburg vom 14.12.1989 – III 248/85, UVR 1990 S. 246; EFG 1990 S. 542: Schmiergeldzahlungen als umsatzsteuerpflichtige Entgelte.

Leistet ein Dritter an einen Arbeitnehmer Zahlungen, damit dieser – ggf. unter Verletzung seiner Verpflichtungen aus dem Arbeitsvertrag und unter Zurückstellung der Interessen seines Arbeitgebers – bei seinem Arbeitgeber dafür Sorge trägt, daß der gute Ruf des Dritten im Hause des Arbeitgebers erhalten bleibt und der Dritte vor konkurrierenden Mitbewerbern abgeschirmt wird, so gehen diese Zahlungen über ein in den Rahmen eines Arbeitsverhältnisses einzuordnendes „Schmiergeld-" oder „Trinkgeld-Verhältnis" weit hinaus und stellen ein Entgelt für eine umsatzsteuerbare und umsatzsteuerpflichtige Leistung dar.

FG Münster vom 12.12.1989 – XV-I 6225/81 U – rechtskräftig, EFG 1990 S. 493: Enteignungsentschädigung für Grundstücksüberspannung trotz fehlender Nutzungsbeeinträchtigung beim Grundstückseigentümer steuerbar.

Eine Enteignungsentschädigung für eine Grundstücksüberspannung mit einer Hochspannungsfreileitung stellt auch dann ein Entgelt für eine steuerbare Leistung dar, wenn der Eigentümer das Grundstück wie bisher nutzen kann.

EuGH vom 27.06.1989 – Rs. 50/88– Kühne[2]**, UR 1989 S. 373; DStR 1989 S. 502; HFR 1989 S. 518:** Verbot der Eigenverbrauchsbesteuerung bei Gegenständen aus Privathand (nicht vorsteuerentlastete Gegenstände).

1. Art. 6 Abs. 2 Satz 1 Buchst. a der Sechsten Richtlinie des Rates zur Harmonisierung der Rechtsvorschriften der Mitgliedstaaten über die Umsatzsteuern ist dahingehend auszulegen, daß er es ausschließt, die Abschreibung eines Betriebsgegenstands als private Nutzung zu besteuern, wenn der Gegenstand wegen Erwerbs von einem Nichtsteuerpflichtigen nicht zum Abzug der Mehrwertsteuer berechtigt hat.
2. Die vorstehende Antwort lautet nicht anders, wenn der Steuerpflichtige zwar nicht die Mehrwertsteuer für die von ihm empfangene Lieferung des Gegenstands, wohl aber die für Dienstleistungen oder Lieferungen hat abziehen können, die er von anderen steuerpflichtigen Unternehmern zur Erhaltung oder zum Gebrauch des Gegenstands in Anspruch genommen oder erhalten hat.

---

1) Hinweis auf BMF vom 13.05.1994, BStBl. 1994 I S. 298; siehe auch *Klenk*, UVR 1991 S. 369; *Widmann*, BB 1992 S. 468
2) Dieses Urteil ist die Antwort des EuGH auf die Fragen des FG München im Vorlagebeschl. vom 09.01.1987 – III 138/84 U, EFG 1988, 327. – Hinweis auf: *Spetzler*, DB 1989 S. 2055; *Widmann*, UR 1988, 233; *Birkenfeld*, NWB F. 7 S. 3941; *Husmann*, UR 1990 S. 293; *Schlienkamp*, BB 1990 S. 757. Vgl. zum Anwendungsvorrang des EG-Rechts auch *Schlienkamp*, UR 1991 S. 377

§ 1

3. Art. 6 Abs. 2 Satz 2 der Sechsten Richtlinie gibt den Mitgliedstaaten nicht das Recht, die private Nutzung eines Betriebsgegenstands zu besteuern, wenn der verwendete Gegenstand nicht zum vollen oder teilweisen Abzug der Mehrwertsteuer berechtigt hat.
4. Ein Steuerpflichtiger kann sich vor den nationalen Gerichten insofern auf Art. 6 Abs. 2 der Sechsten Richtlinie berufen, als diese Vorschrift die Besteuerung der privaten Nutzung eines Betriebsgegenstands ausschließt, der nicht zum vollen oder teilweisen Abzug der Mehrwertsteuer berechtigt hat.

EuGH vom 15.03.1989 – verbundene Rs. 317/86, 48, 49, 285, 363 bis 367/87 und 78 bis 80/88 – Lambert u.a., UR 1990 S. 273: Umsatzsteuer bei Spielautomaten.

1. Artikel 33 der 6. EG-Richtlinie ist dahin auszulegen, daß die Mitgliedstaaten von der Einführung des gemeinsamen Mehrwertsteuersystems an nicht mehr befugt sind, Lieferungen von Gegenständen, Dienstleistungen und Einfuhren, die mehrwertsteuerpflichtig sind, mit Steuern, Abgaben oder Gebühren zu belegen, die den Charakter von Umsatzsteuern haben.

EuGH vom 05.07.1988[1] **– Rs. 289/86 – Happy Family, UR 1989 S. 309:** Keine Umsatzsteuer bei illegaler Lieferung von Betäubungsmitteln.

1. Art. 2 Nr. 1 der 6. USt-Richtlinie ist dahingehend auszulegen, daß bei der rechtswidrigen Lieferung von Betäubungsmitteln innerhalb eines Mitgliedstaats keine Umsatzsteuerschuld entsteht, soweit diese Erzeugnisse nicht Teil des von den zuständigen Behörden im Hinblick auf die Verwendung zu medizinischen und wissenschaftlichen Zwecken streng überwachten Wirtschaftskreislaufs bilden.
2. Dies gilt auch für die rechtswidrige Lieferung von Betäubungsmitteln aus Hanf, und zwar selbst dann, wenn die Behörden eines Mitgliedstaats im Rahmen einer selektiven Strafverfolgungspolitik gegen den Einzelhandel geringen Umfangs mit diesen Betäubungsmitteln nicht systematisch strafrechtlich vorgehen.

EuGH vom 05.07.1988 – Rs. 269/86 – Mol, UR 1989 S. 18: Keine Umsatzsteuer bei illegaler Lieferung von Betäubungsmitteln.[2]

1. Art. 2 der 6. USt-Richtlinie ist dahin auszulegen, daß bei der ungesetzlichen Lieferung von Betäubungsmitteln, die gegen Entgelt im Inland ausgeführt wird, keine Umsatzsteuerschuld entsteht, soweit diese Erzeugnisse nicht Gegenstand des von den zuständigen Stellen streng überwachten Vertriebs zur Verwendung für medizinische und wissenschaftliche Zwecke sind.
2. Das Prinzip der Nichterhebung der Mehrwertsteuer gilt auch für die ungesetzliche Lieferung von Amphetaminen, soweit diese Erzeugnisse nicht Gegenstand des von den zuständigen Stellen streng überwachten Vertriebs sind.

EuGH vom 08.03.1988 – Rs. 102/86 – Apple and Pear Development Council, UR 1989 S. 275: Zum Begriff des Leistungsaustauschs und der entgeltlichen Leistung.

Die Wahrnehmung der Aufgaben des Apple and Pear Development Council gemäß Artikel 3 der Apple and Pear Development Council Order 1980 und die Erhebung eines Jahresbeitrags von den Erzeugern gemäß Artikel 9 (1) zur Deckung der in Wahrnehmung dieser Aufgaben angefallenen oder anfallenden Verwaltungskosten und sonstigen Kosten des Council stellen keine „Dienstleistungen ... gegen Entgelt" i. S. von Artikel 2 der Sechsten Richtlinie dar.

EuGH vom 03.03.1988 – Rs. 252/86 – Bergandi, UR 1989 S. 354; HFR 1989 S. 572: Spielautomatenabgabe ist keine der Umsatzsteuer vergleichbare Besteuerung (Art. 33 der 6. USt-Richtl.).

1. Artikel 33 der Sechsten Richtlinie ist dahin auszulegen, daß die Mitgliedstaaten von der Einführung des gemeinsamen Mehrwertsteuersystems an nicht mehr befugt sind, Lieferungen von Gegenständen, Dienstleistungen und Einfuhren, die mehrwertsteuerpflichtig sind, mit Steuern, Abgaben oder Gebühren zu belegen, die den Charakter von Umsatzsteuern haben.
2. Eine Abgabe, die, obwohl sie je nach den Merkmalen des besteuerten Gegenstands unterschiedliche Höhe aufweist, lediglich auf die Bereitstellung dieses Gegenstands für die Öffentlichkeit gelegt wird, ohne daß die durch diese Bereitstellung zu erzielenden Einnahmen tatsächlich berücksichtigt werden, kann nicht als Steuer angesehen werden, die den Charakter einer Umsatzsteuer hat.

---

1) Siehe Fußnote zu EuGH-Urteil vom 05.07.1988 – Rs. 269/86
2) Zu den beiden EuGH-Urteilen vom 05.07.1988 vgl. *Weiß*, UR 1989 S. 311; *Widmann*, UR 1989 S. 10; *Milatz*, UVR 1989 S. 323. Die EuGH-Urteile vom 05.07.1988 in den Rechtssachen 269/86 und 289/86 sind ausschließlich auf die Fälle der unerlaubten Lieferung von Betäubungsmitteln anzuwenden (vgl. Erlaß FM NRW vom 08.06.1990, DB 1990 S. 1264).

§ 1

3. Artikel 95 EWG-Vertrag gilt auch für inländische Abgaben, die auf die Benutzung eingeführter Erzeugnisse gelegt werden, wenn diese im wesentlichen für eine solche Benutzung bestimmt sind und nur für deren Zwecke eingeführt werden.
4. Ein System der progressiven Besteuerung nach Maßgabe der verschiedenen Arten von Spielautomaten, das legitime soziale Ziel verfolgt und nicht der inländischen Erzeugung zu Lasten der eingeführten, ähnlichen oder konkurrierenden Erzeugnisse einen steuerlichen Vorteil verschafft, ist mit Artikel 95 nicht unvereinbar.
5. Artikel 30 EWG-Vertrag gilt nicht für die Besteuerung von Erzeugnissen aus anderen Mitgliedstaaten, deren Vereinbarkeit mit dem Vertrag gemäß Artikel 95 EWG-Vertrag zu beurteilen ist.

EuGH vom 28.02.1984 – Rs. 294/82 – Kloppenburg, UR 1984 S. 169; HFR 1984 S. 444: Einfuhr von Waren trotz Einfuhr- und Vertriebsverbot löst keine EUSt aus.
Art. 2 der 6. EG-Richtlinie ist dahin auszulegen, daß bei der unerlaubten Einfuhr von Betäubungsmitteln in die Gemeinschaft ... keine EUSt-Schuld entsteht.

§ 1a

§ 1a Innergemeinschaftlicher Erwerb

(1) Ein innergemeinschaftlicher Erwerb gegen Entgelt liegt vor, wenn folgende Voraussetzungen erfüllt sind:

1. Ein Gegenstand gelangt bei einer Lieferung an den Abnehmer (Erwerber) aus dem Gebiet eines Mitgliedstaates in das Gebiet eines anderen Mitgliedstaates oder aus dem übrigen Gemeinschaftsgebiet in die in § 1 Abs. 3 bezeichneten Gebiete, auch wenn der Lieferer den Gegenstand in das Gemeinschaftsgebiet eingeführt hat;
2. der Erwerber ist
    a) ein Unternehmer, der den Gegenstand für sein Unternehmen erwirbt, oder
    b) eine juristische Person, die nicht Unternehmer ist oder die den Gegenstand nicht für ihr Unternehmen erwirbt

    und
3. die Lieferung an den Erwerber
    a) wird durch einen Unternehmer gegen Entgelt im Rahmen seines Unternehmens ausgeführt und
    b) ist nach dem Recht des Mitgliedstaates, der für die Besteuerung des Lieferers zuständig ist, nicht auf Grund der Sonderregelung für Kleinunternehmer steuerfrei.

(2) Als innergemeinschaftlicher Erwerb gegen Entgelt gilt das Verbringen eines Gegenstandes des Unternehmens aus dem übrigen Gemeinschaftsgebiet in das Inland durch einen Unternehmer zu seiner Verfügung, ausgenommen zu einer nur vorübergehenden Verwendung, auch wenn der Unternehmer den Gegenstand in das Gemeinschaftsgebiet eingeführt hat. Der Unternehmer gilt als Erwerber.

(3) Ein innergemeinschaftlicher Erwerb im Sinne der Absätze 1 und 2 liegt nicht vor, wenn die folgenden Voraussetzungen erfüllt sind:

1. Der Erwerber ist
    a) ein Unternehmer, der nur steuerfreie Umsätze ausführt, die zum Ausschluß vom Vorsteuerabzug führen,
    b) ein Unternehmer, für dessen Umsätze Umsatzsteuer nach § 19 Abs. 1 nicht erhoben wird,
    c) ein Unternehmer, der den Gegenstand zur Ausführung von Umsätzen verwendet, für die die Steuer nach den Durchschnittssätzen des § 24 festgesetzt ist, oder
    d) eine juristische Person, die nicht Unternehmer ist oder die den Gegenstand nicht für ihr Unternehmen erwirbt,

    und
2. der Gesamtbetrag der Entgelte für Erwerbe im Sinne des Absatzes 1 Nr. 1 und des Absatzes 2 hat den Betrag von 12.500 Euro im vorangegangenen Kalenderjahr nicht überstiegen und wird diesen Betrag im laufenden Kalenderjahr voraussichtlich nicht übersteigen (Erwerbsschwelle).

(4)[1] Der Erwerber kann auf die Anwendung des Absatzes 3 verzichten. Als Verzicht gilt die Verwendung einer dem Erwerber erteilten Umsatzsteuer-Identifikationsnummer gegenüber dem Lieferer. Der Verzicht bindet den Erwerber mindestens für zwei Kalenderjahre.

(5) Absatz 3 gilt nicht für den Erwerb neuer Fahrzeuge und verbrauchsteuerpflichtiger Waren. Verbrauchsteuerpflichtige Waren im Sinne dieses Gesetzes sind Mineralöle, Alkohol und alkoholische Getränke sowie Tabakwaren.

---
1) Neufassung ab 01.01.2011

UStAE 1a.1. § 1a

USt-Recht	Vorgaben im EG-Recht MwStSystRL
§ 1a Abs. 1	Artikel 2 Abs. 1 Buchst. b Ziffer i, Artikel 20
§ 1a Abs. 2	Artikel 17 und 23
§ 1a Abs. 3	Artikel 2 Abs. 1 Buchst. b Ziffer i, Artikel 3 Abs. 1 und 2
§ 1a Abs. 4	Artikel 3 Abs. 3
§ 1a Abs. 5	Artikel 2 Abs. 1 Buchst. b Ziffer ii und iii, Artikel 2 Abs. 3

UStAE

Zu § 1a UStG

1a.1. Innergemeinschaftlicher Erwerb

(1) [1]Ein innergemeinschaftlicher Erwerb setzt insbesondere voraus, dass an den Erwerber eine Lieferung ausgeführt wird und der Gegenstand dieser Lieferung aus dem Gebiet eines EU-Mitgliedstaates in das Gebiet eines anderen EU-Mitgliedstaates oder aus dem übrigen Gemeinschaftsgebiet in die in § 1 Abs. 3 UStG bezeichneten Gebiete gelangt. [2]Zum Begriff Gegenstand vgl. Abschnitt 3.1 Abs. 1. [3]Ein Gegenstand gelangt aus dem Gebiet eines EU-Mitgliedstaates in das Gebiet eines anderen EU-Mitgliedstaates, wenn die Beförderung oder Versendung durch den Lieferer oder durch den Abnehmer im Gebiet des einen EU-Mitgliedstaates beginnt und im Gebiet des anderen EU-Mitgliedstaates endet. [4]Dies gilt auch dann, wenn die Beförderung oder Versendung im Drittlandsgebiet beginnt und der Gegenstand im Gebiet eines EU-Mitgliedstaates der Einfuhrumsatzsteuer unterworfen wird, bevor er in das Gebiet des anderen EU-Mitgliedstaates gelangt. [5]Kein Fall des innergemeinschaftlichen Erwerbs liegt demnach vor, wenn die Ware aus einem Drittland im Wege der Durchfuhr durch das Gebiet eines anderen EU-Mitgliedstaates in das Inland gelangt und erst hier einfuhrumsatzsteuerrechtlich zum freien Verkehr abgefertigt wird. [6]Als innergemeinschaftlicher Erwerb gegen Entgelt gilt auch das innergemeinschaftliche Verbringen eines Gegenstands in das Inland (vgl. Abschnitt 1a.2). [7]Bei der Lieferung von Gas über das Erdgasnetz und von Elektrizität liegt kein innergemeinschaftlicher Erwerb und kein innergemeinschaftliches Verbringen vor (vgl. Abschnitt 3g.1 Abs. 6). [8]Zur Bemessungsgrundlage eines innergemeinschaftlichen Erwerbs von werthaltigen Abfällen vgl. Abschnitt 10.5 Abs. 2.

(2) [1]Ein innergemeinschaftlicher Erwerb ist bei einem Unternehmer, der ganz oder zum Teil zum Vorsteuerabzug berechtigt ist, unabhängig von einer Erwerbsschwelle steuerbar. [2]Bei

a) einem Unternehmer, der nur steuerfreie Umsätze ausführt, die zum Ausschluss vom Vorsteuerabzug führen;

b) einem Unternehmer, für dessen Umsätze Umsatzsteuer nach § 19 Abs. 1 UStG nicht erhoben wird;

c) einem Unternehmer, der den Gegenstand zur Ausführung von Umsätzen verwendet, für die die Steuer nach den Durchschnittssätzen des § 24 UStG festgesetzt ist, oder

d) einer juristischen Person des öffentlichen oder privaten Rechts, die nicht Unternehmer ist oder den Gegenstand nicht für ihr Unternehmen erwirbt,

liegt ein steuerbarer innergemeinschaftlicher Erwerb nur vor, wenn der Gesamtbetrag der innergemeinschaftlichen Erwerbe nach § 1a Abs. 1 Nr. 1 und Abs. 2 UStG aus allen EU-Mitgliedstaaten mit Ausnahme der Erwerbe neuer Fahrzeuge und verbrauchsteuerpflichtiger Waren über der Erwerbsschwelle von 12.500 € liegt oder wenn nach § 1a Abs. 4 UStG zur Erwerbsbesteuerung optiert wird. [3]Bei dem in Satz 2 genannten Personenkreis unterliegt der innergemeinschaftliche Erwerb neuer Fahrzeuge und verbrauchsteuerpflichtiger Waren unabhängig von der Erwerbsschwelle stets der Erwerbsbesteuerung. [4]Liegen die Voraussetzungen der Sätze 2 und 3 nicht vor, ist die Besteuerung des Lieferers zu prüfen (vgl. Abschnitt 3c.1). [5]Wurde die Erwerbsschwelle im vorangegangenen Kalenderjahr nicht überschritten und ist zu erwarten, dass sie auch im laufenden Kalenderjahr nicht überschritten wird, kann die Erwerbsbesteuerung unterbleiben, auch wenn die tatsächlichen innergemeinschaftlichen Erwerbe im Laufe des Kalenderjahres die Grenze von 12.500 € überschreiten. [6]Der Erwerber kann dem Finanzamt erklären, dass er auf die Anwendung der Erwerbsschwelle verzichtet. [7]Er unterliegt dann in jedem Fall der Erwerbsbesteuerung nach § 1a Abs. 1 und 2 UStG. [8]Für die Erklärung ist keine bestimmte Form vorgeschrieben. [9]Die Erklärung bindet den Erwerber mindestens für zwei Kalenderjahre.

(3) [1]Juristische Personen des öffentlichen Rechts haben grundsätzlich alle in ihrem Bereich vorgenommenen innergemeinschaftlichen Erwerbe zusammenzufassen. [2]Bei den Gebietskörperschaften Bund und Länder können auch einzelne Organisationseinheiten (z.B. Ressorts, Behörden, Ämter) für

§ 1a UStAE 1a.1., 1a.2.

ihre innergemeinschaftlichen Erwerbe als Steuerpflichtige behandelt werden. ³Dabei wird aus Vereinfachungsgründen davon ausgegangen, dass die Erwerbsschwelle überschritten ist. ⁴In diesem Fall können die einzelnen Organisationseinheiten eine eigene USt-IdNr. erhalten (vgl. Abschnitt 27a.1 Abs. 3).

1a.2. Innergemeinschaftliches Verbringen

Allgemeines

(1) ¹Das innergemeinschaftliche Verbringen eines Gegenstands gilt unter den Voraussetzungen des § 3 Abs. 1a UStG als Lieferung und unter den entsprechenden Voraussetzungen des § 1a Abs. 2 UStG als innergemeinschaftlicher Erwerb gegen Entgelt. ²Ein innergemeinschaftliches Verbringen liegt vor, wenn ein Unternehmer

– einen Gegenstand seines Unternehmens aus dem Gebiet eines EU-Mitgliedstaates (Ausgangsmitgliedstaat) zu seiner Verfügung in das Gebiet eines anderen EU-Mitgliedstaates (Bestimmungsmitgliedstaat) befördert oder versendet und

– den Gegenstand im Bestimmungsmitgliedstaat nicht nur vorübergehend verwendet.

³Der Unternehmer gilt im Ausgangsmitgliedstaat als Lieferer, im Bestimmungsmitgliedstaat als Erwerber.

(2) ¹Ein innergemeinschaftliches Verbringen, bei dem der Gegenstand vom Inland in das Gebiet eines anderen EU-Mitgliedstaates gelangt, ist nach § 3 Abs. 1a UStG einer Lieferung gegen Entgelt gleichgestellt. ²Diese Lieferung gilt nach § 6a Abs. 2 UStG als innergemeinschaftliche Lieferung, die unter den weiteren Voraussetzungen des § 6a UStG nach § 4 Nr. 1 Buchstabe b UStG steuerfrei ist. ³Ein innergemeinschaftliches Verbringen, bei dem der Gegenstand aus dem übrigen Gemeinschaftsgebiet in das Inland gelangt, gilt nach § 1a Abs. 2 UStG als innergemeinschaftlicher Erwerb gegen Entgelt. ⁴Lieferung und innergemeinschaftlicher Erwerb sind nach dem Einkaufspreis zuzüglich der Nebenkosten für den Gegenstand oder mangels eines Einkaufspreises nach den Selbstkosten, jeweils zum Zeitpunkt des Umsatzes und ohne Umsatzsteuer, zu bemessen (§ 10 Abs. 4 Satz 1 Nr. 1 UStG). ⁵§ 3c UStG ist bei einem innergemeinschaftlichen Verbringen nicht anzuwenden.

Voraussetzungen

(3) ¹Ein Verbringen ist innergemeinschaftlich, wenn der Gegenstand auf Veranlassung des Unternehmers vom Ausgangsmitgliedstaat in den Bestimmungsmitgliedstaat gelangt. ²Es ist unerheblich, ob der Unternehmer den Gegenstand selbst befördert oder ob er die Beförderung durch einen selbständigen Beauftragten ausführen oder besorgen lässt.

(4) ¹Ein innergemeinschaftliches Verbringen setzt voraus, dass der Gegenstand im Ausgangsmitgliedstaat bereits dem Unternehmen zugeordnet war und sich bei Beendigung der Beförderung oder Versendung im Bestimmungsmitgliedstaat weiterhin in der Verfügungsmacht des Unternehmers befindet. ²Diese Voraussetzung ist insbesondere dann erfüllt, wenn der Gegenstand von dem im Ausgangsmitgliedstaat gelegenen Unternehmensteil erworben, hergestellt oder in diesen EU-Mitgliedstaat eingeführt, zur Verfügung des Unternehmers in den Bestimmungsmitgliedstaat verbracht und anschließend von dem dort gelegenen Unternehmensteil auf Dauer verwendet oder verbraucht wird.

Beispiel:

¹Der französische Unternehmer F verbringt eine Maschine aus seinem Unternehmen in Frankreich in seinen Zweigbetrieb nach Deutschland, um sie dort auf Dauer einzusetzen. ²Der deutsche Zweigbetrieb kauft in Deutschland Heizöl und verbringt es in die französische Zentrale, um damit das Bürogebäude zu beheizen.

³F bewirkt mit dem Verbringen der Maschine nach § 1a Abs. 2 UStG einen innergemeinschaftlichen Erwerb in Deutschland. ⁴Das Verbringen des Heizöls ist in Deutschland eine innergemeinschaftliche Lieferung im Sinne des § 3 Abs. 1a in Verbindung mit § 6a Abs. 2 UStG.

(5) ¹Weitere Voraussetzung ist, dass der Gegenstand zu einer nicht nur vorübergehenden Verwendung durch den Unternehmer in den Bestimmungsmitgliedstaat gelangt. ²Diese Voraussetzung ist immer dann erfüllt, wenn der Gegenstand in dem dort gelegenen Unternehmensteil entweder dem Anlagevermögen zugeführt oder als Roh-, Hilfs- oder Betriebsstoff verarbeitet oder verbraucht wird.

(6) ¹Eine nicht nur vorübergehende Verwendung liegt auch dann vor, wenn der Unternehmer den Gegenstand mit der konkreten Absicht in den Bestimmungsmitgliedstaat verbringt, ihn dort (unverändert) weiterzuliefern (z.B. Verbringen in ein Auslieferungs- oder Konsignationslager). ²Zur Annahme einer innergemeinschaftlichen Lieferung bei Auslieferung über ein inländisches Lager unter dem Vorbehalt einer gesonderten Freigabeerklärung vgl. BFH-Urteil vom 30.7.2008, XI R 67/07, BStBl. 2009 II S. 552. ³In den vorgenannten Fällen ist es nicht erforderlich, dass der Unternehmensteil im Bestimmungsmitgliedstaat die abgabenrechtlichen Voraussetzungen einer Betriebsstätte (vgl. Abschnitt 3a.1 Abs. 3)

erfüllt. ⁴Verbringt der Unternehmer Gegenstände zum Zweck des Verkaufs außerhalb einer Betriebsstätte in den Bestimmungsmitgliedstaat und gelangen die nicht verkauften Waren unmittelbar anschließend wieder in den Ausgangsmitgliedstaat zurück, kann das innergemeinschaftliche Verbringen aus Vereinfachungsgründen auf die tatsächlich verkaufte Warenmenge beschränkt werden.

Beispiel:

¹Der niederländische Blumenhändler N befördert im eigenen LKW Blumen nach Köln, um sie dort auf dem Wochenmarkt zu verkaufen. ²Die nicht verkauften Blumen nimmt er am selben Tag wieder mit zurück in die Niederlande.

³N bewirkt in Bezug auf die verkauften Blumen einen innergemeinschaftlichen Erwerb nach § 1a Abs. 2 UStG in Deutschland. ⁴Er hat den Verkauf der Blumen als Inlandslieferung zu versteuern. ⁵Das Verbringen der nicht verkauften Blumen ins Inland muss nicht als innergemeinschaftlicher Erwerb im Sinne des § 1a Abs. 2 UStG, das Zurückverbringen der nicht verkauften Blumen nicht als innergemeinschaftliche Lieferung im Sinne des § 3 Abs. 1a in Verbindung mit § 6a Abs. 2 UStG behandelt werden.

(7) ¹Bei der Verkaufskommission liegt zwar eine Lieferung des Kommittenten an den Kommissionär erst im Zeitpunkt der Lieferung des Kommissionsguts an den Abnehmer vor (vgl. BFH-Urteil vom 25.11.1986, V R 102/78, BStBl. 1987 II S. 278). ²Gelangt das Kommissionsgut bei der Zurverfügungstellung an den Kommissionär vom Ausgangs- in den Bestimmungsmitgliedstaat, kann die Lieferung des Kommittenten an den Kommissionär jedoch nach dem Sinn und Zweck der Regelung bereits zu diesem Zeitpunkt als erbracht angesehen werden. ³Gleichzeitig ist demnach der innergemeinschaftliche Erwerb beim Kommissionär der Besteuerung zu unterwerfen.

(8) Bei einer grenzüberschreitenden Organschaft (vgl. Abschnitt 2.9) sind Warenbewegungen zwischen den im Inland und den im übrigen Gemeinschaftsgebiet gelegenen Unternehmensteilen Lieferungen, die beim liefernden inländischen Unternehmensteil nach § 3 Abs. 1 in Verbindung mit § 6a Abs. 1 UStG, beim erwerbenden inländischen Unternehmensteil nach § 1a Abs. 1 Nr. 1 UStG zu beurteilen sind.

Ausnahmen

(9) ¹Nach dem Wortlaut der gesetzlichen Vorschriften ist das Verbringen zu einer nur vorübergehenden Verwendung von der Lieferungs- und Erwerbsfiktion ausgenommen. ²Diese Ausnahmeregelung ist unter Beachtung von Artikel 17 und 23 MwStSystRL auszulegen. ³Danach liegt kein innergemeinschaftliches Verbringen vor, wenn die Verwendung des Gegenstands im Bestimmungsmitgliedstaat
– ihrer Art nach nur vorübergehend ist (vgl. Absätze 10 und 11) oder
– befristet ist (vgl. Absätze 12 und 13).

Der Art nach vorübergehende Verwendung

(10) Eine ihrer Art nach vorübergehende Verwendung liegt in folgenden Fällen vor:

1. ¹Der Unternehmer verwendet den Gegenstand bei einer Werklieferung, die im Bestimmungsmitgliedstaat steuerbar ist. ²Es ist gleichgültig, ob der Gegenstand Bestandteil der Lieferung wird und im Bestimmungsmitgliedstaat verbleibt oder ob er als Hilfsmittel verwendet wird und später wieder in den Ausgangsmitgliedstaat zurückgelangt.

   Beispiel 1:

   ¹Der deutsche Bauunternehmer D errichtet in Frankreich ein Hotel. ²Er verbringt zu diesem Zweck Baumaterial und einen Baukran an die Baustelle. ³Der Baukran gelangt nach Fertigstellung des Hotels nach Deutschland zurück.

   ⁴Das Verbringen des Baumaterials und des Baukrans ist keine innergemeinschaftliche Lieferung im Sinne des § 3 Abs. 1a und § 6a Abs. 2 UStG. ⁵Beim Zurückgelangen des Baukrans in das Inland liegt ein innergemeinschaftlicher Erwerb im Sinne des § 1a Abs. 2 UStG nicht vor.

2. Der Unternehmer verbringt den Gegenstand im Rahmen oder in unmittelbarem Zusammenhang mit einer sonstigen Leistung in den Bestimmungsmitgliedstaat.

   Beispiel 2:

   a) Der deutsche Unternehmer D vermietet eine Baumaschine an den niederländischen Bauunternehmer N und verbringt die Maschine zu diesem Zweck in die Niederlande.
   b) Der französische Gärtner F führt im Inland Baumschneidearbeiten aus und verbringt zu diesem Zweck Arbeitsmaterial und Leitern in das Inland.

   In beiden Fällen ist ein innergemeinschaftliches Verbringen nicht anzunehmen.

3. Der Unternehmer lässt an dem Gegenstand im Bestimmungsmitgliedstaat eine sonstige Leistung (z.B. Reparatur) ausführen.

§ 1a UStAE 1a.2.

4. Der Unternehmer überlässt einen Gegenstand an eine Arbeitsgemeinschaft als Gesellschafterbeitrag und verbringt den Gegenstand dazu in den Bestimmungsmitgliedstaat.

(11) ¹Bei einer ihrer Art nach vorübergehenden Verwendung kommt es auf die Dauer der tatsächlichen Verwendung des Gegenstands im Bestimmungsmitgliedstaat nicht an. ²Geht der Gegenstand unter, nachdem er in den Bestimmungsmitgliedstaat gelangt ist, gilt er in diesem Zeitpunkt als geliefert. ³Das Gleiche gilt, wenn zunächst eine ihrer Art nach vorübergehende Verwendung vorlag, der Gegenstand aber dann im Bestimmungsmitgliedstaat veräußert wird (z.B. wenn ein Gegenstand zunächst vermietet und dann verkauft wird).

Befristete Verwendung

(12) ¹Von einer befristeten Verwendung ist auszugehen, wenn der Unternehmer einen Gegenstand in den Bestimmungsmitgliedstaat im Rahmen eines Vorgangs verbringt, für den bei einer entsprechenden Einfuhr im Inland wegen vorübergehender Verwendung eine vollständige Befreiung von den Einfuhrabgaben bestehen würde. ²Die zu der zoll- und einfuhrumsatzsteuerrechtlichen Abgabenbefreiung erlassenen Rechts- und Verwaltungsvorschriften sind entsprechend anzuwenden. ³Dies gilt insbesondere für

- Artikel 137 bis 144 ZK und
- Artikel 496 bis 514, 519, 520, 523 und 553 bis 584 ZK-DVO.

⁴Die Höchstdauer der Verwendung (Verwendungsfrist) ist danach grundsätzlich auf 24 Monate festgelegt (Artikel 140 Abs. 2 ZK); für bestimmte Gegenstände gelten kürzere Verwendungsfristen. ⁵Fälle der vorübergehenden Verwendung mit einer Verwendungsfrist von 24 Monaten sind z.B. die Verwendung von

- Paletten (Artikel 556 ZK-DVO);
- Behältern (Artikel 557 ZK-DVO);
- persönlichen Gebrauchsgegenständen und zu Sportzwecken verwendeter Waren (Artikel 563 ZK-DVO),
- Betreuungsgut für Seeleute (Artikel 564 ZK-DVO);
- Material für Katastropheneinsätze (Artikel 565 ZK-DVO);
- medizinisch-chirurgischer und labortechnischer Ausrüstung (Artikel 566 ZK-DVO);
- lebenden Tieren (Artikel 567 Unterabs. 1 ZK-DVO);
- Ausrüstung oder Waren, die für den Bau, die Instandhaltung oder Instandsetzung von Infrastrukturen in einer Grenzzone unter Aufsicht von Behörden verwendet werden (Artikel 567 Unterabs. 2 ZK-DVO);
- Waren, die als Träger von Ton, Bild oder Informationen der Datenverarbeitung dienen oder ausschließlich zur Werbung verwendet werden (Artikel 568 ZK-DVO);
- Berufsausrüstung (Artikel 569 ZK-DVO);
- pädagogischem Material und wissenschaftlichem Gerät (Artikel 570 ZK-DVO);
- Umschließungen (Artikel 571 ZK-DVO);
- Formen, Matrizen, Klischees, Zeichnungen, Modellen, Geräten zum Messen, Überprüfen oder Überwachen und ähnlicher Gegenstände (Artikel 572 ZK-DVO);
- Waren, die Gegenstand von Tests, Experimenten oder Vorführungen sind oder zur Durchführung von Tests, Experimenten oder Vorführungen ohne Gewinnabsicht verwendet werden (Artikel 573 Buchstaben a und c ZK-DVO);
- Mustern in angemessenen Mengen, die ausschließlich zu Vorführ- und Ausstellungszwecken verwendet werden (Artikel 574 ZK-DVO);
- Waren, die im Rahmen einer öffentlich zugänglichen Veranstaltung ausgestellt oder verwendet oder aus in das Verfahren übergeführten Waren gewonnen werden (Artikel 576 Abs. 1 ZK-DVO);
- Kunstgegenständen, Sammlungsstücken und Antiquitäten, die ausgestellt und gegebenenfalls verkauft werden, sowie anderer als neu hergestellter Waren, die im Hinblick auf ihre Versteigerung eingeführt wurden (Artikel 576 Abs. 3 ZK-DVO);
- Ersatzteilen, Zubehör und Ausrüstungen, die für Zwecke der Ausbesserung, Wartungsarbeiten und Maßnahmen zum Erhalt für in das Verfahren übergeführte Waren verwendet werden (Artikel 577 ZK-DVO).

⁶Eine Verwendungsfrist von 18 Monaten gilt für zum eigenen Gebrauch verwendete Beförderungsmittel der See- und Binnenschifffahrt (Artikel 562 Buchstabe e ZK-DVO).

UStAE 1a.2. § 1a

⁷Eine Verwendungsfrist von 12 Monaten gilt für Schienenbeförderungsmittel (Artikel 562 Buchstabe a ZK-DVO).
⁸Eine Verwendungsfrist von 6 Monaten gilt u.a. für
– Straßenbeförderungsmittel und Beförderungsmittel des Luftverkehrs, die jeweils zum eigenen Gebrauch verwendet werden (Artikel 562 Buchstaben c und d ZK-DVO);
– Waren, die im Rahmen eines Kaufvertrags mit Erprobungsvorbehalt eingeführt und dieser Erprobung unterzogen werden (Artikel 573 Buchstabe b ZK-DVO);
– Austauschproduktionsmittel, die einem Kunden vom Lieferanten oder Ausbesserer bis zur Lieferung oder Reparatur gleichartiger Waren vorübergehend zur Verfügung gestellt werden (Artikel 575 ZK-DVO).

⁹Eine Verwendungsfrist von 2 Monaten gilt u.a. für Waren zur Ansicht, die nicht als Muster eingeführt werden können und für die von Seiten des Versenders eine Verkaufsabsicht und beim Empfänger eine mögliche Kaufabsicht nach Ansicht besteht (Artikel 576 Abs. 2 ZK-DVO).

(13) ¹Werden die in Absatz 12 bezeichneten Verwendungsfristen überschritten, ist im Zeitpunkt des Überschreitens ein innergemeinschaftliches Verbringen mit den sich aus § 1a Abs. 2 und § 3 Abs. 1a UStG ergebenden Wirkungen anzunehmen. ²Entsprechendes gilt, wenn der Gegenstand innerhalb der Verwendungsfrist untergeht oder veräußert (geliefert) wird. ³Das Zurückgelangen des Gegenstands in den Ausgangsmitgliedstaat nach einer befristeten Verwendung ist umsatzsteuerrechtlich unbeachtlich.

Entsprechende Anwendung des § 3 Abs. 8 UStG

(14) ¹§ 1a Abs. 2 und § 3 Abs. 1a UStG sind grundsätzlich nicht anzuwenden, wenn der Gegenstand im Rahmen einer im Ausgangsmitgliedstaat steuerbaren Lieferung in den Bestimmungsmitgliedstaat gelangt, d.h. wenn der Abnehmer bei Beginn des Transports im Ausgangsmitgliedstaat feststeht und der Gegenstand an ihn unmittelbar ausgeliefert wird. ²Aus Vereinfachungsgründen kann in diesen Fällen jedoch unter folgenden Voraussetzungen ein innergemeinschaftliches Verbringen angenommen werden:

1. Die Lieferungen werden regelmäßig an eine größere Zahl von Abnehmern im Bestimmungsland ausgeführt.
2. Bei entsprechenden Lieferungen aus dem Drittlandsgebiet wären die Voraussetzungen für eine Verlagerung des Ortes der Lieferung in das Gemeinschaftsgebiet nach § 3 Abs. 8 UStG erfüllt.
3. ¹Der liefernde Unternehmer behandelt die Lieferung im Bestimmungsmitgliedstaat als steuerbar. ²Er wird bei einem Finanzamt des Bestimmungsmitgliedstaates für Umsatzsteuerzwecke geführt. ³Er gibt in den Rechnungen seine USt-IdNr. des Bestimmungsmitgliedstaates an.
4. Die beteiligten Steuerbehörden im Ausgangs- und Bestimmungsmitgliedstaat sind mit dieser Behandlung einverstanden.

Beispiel:
¹Der niederländische Großhändler N in Venlo beliefert im grenznahen deutschen Raum eine Vielzahl von Kleinabnehmern (z.B. Imbissbuden, Gaststätten und Kasinos) mit Pommes frites. ²N verpackt und portioniert die Waren bereits in Venlo nach den Bestellungen der Abnehmer und liefert sie an diese mit eigenem LKW aus.

³N kann die Gesamtsendung als innergemeinschaftliches Verbringen (innergemeinschaftlicher Erwerb nach § 1a Abs. 2 UStG) behandeln und alle Lieferungen als Inlandslieferungen bei dem zuständigen inländischen Finanzamt versteuern, sofern er in den Rechnungen seine deutsche USt-IdNr. angibt und seine örtlich zuständige niederländische Steuerbehörde diesem Verfahren zustimmt.

Belegaustausch und Aufzeichnungspflichten

(15) Wegen des Belegaustauschs und der Aufzeichnungspflichten in Fällen des innergemeinschaftlichen Verbringens vgl. Abschnitte 14a.1 Abs. 3 und 22.3 Abs. 1.

Verwaltungsregelungen zu § 1a

Datum	Anlage	Quelle	Inhalt
01.09.92	§ 001a-01	BMF	Merkblatt des BMF für juristische Personen des privaten und öffentlichen Rechts zur Entrichtung von Umsatzsteuer beim Erwerb von Gegenständen aus anderen EG-Mitgliedstaaten
18.01.93	§ 001a-02	BMF	Verbringen von Gegenständen im Rahmen einer Werklieferung in einen anderen EG-Mitgliedstaat

§ 1a

Datum	Anlage	Quelle	Inhalt
03.03.93	§ 001a-03	BMF	Folgen der Einschränkung des Anwendungsbereichs von Art. 8 Abs. 2 der 6. EG-Richtlinie bzw. § 3 Abs. 8 UStG auf Lieferungen aus einem Drittlandsgebiet ab dem 01.01.1993
	§ 001a-04		nicht belegt
14.10.99	§ 001a-05	BMF	Erwerbsbesteuerung und Vorsteuervergütung an pauschalierende Landwirte in anderen EU-Mitgliedstaaten
28.08.08	§ 001a-06	BMF	Vorübergehende Verwendung i.S. des § 1a Abs. 2 UStG

Rechtsprechungsauswahl

EuGH vom 18.11.2010 – Rs. C-84/09, X/Skatteverket, IStR 2010 S. 910: Innergemeinschaftlicher Erwerb eines neuen Segelboots.

1. Die Art. 20 Abs. 1 und 138 Abs. 1 der Richtlinie 2006/112/EG des Rates vom 28.11.2006 über das gemeinsame Mehrwertsteuersystem sind dahin auszulegen, dass die Einstufung eines Umsatzes als innergemeinschaftliche Lieferung oder innergemeinschaftlicher Erwerb nicht von der Einhaltung einer Frist abhängen kann, innerhalb deren die Beförderung des in Rede stehenden Gegenstands vom Liefermitgliedstaat in den Bestimmungsmitgliedstaat beginnen oder abgeschlossen sein muss. Im speziellen Fall des Erwerbs eines neuen Fahrzeugs i.S. von Art. 2 Abs. 1 Buchst. b Ziff. ii dieser Richtlinie hat die Bestimmung des innergemeinschaftlichen Charakters des Umsatzes im Wege einer umfassenden Beurteilung aller objektiven Umstände sowie der Absicht des Erwerbers zu erfolgen, sofern diese durch objektive Anhaltspunkte untermauert wird, anhand deren ermittelt werden kann, in welchem Mitgliedstaat die Endverwendung des betreffenden Gegenstands beabsichtigt ist.
2. Für die Beurteilung, ob ein Fahrzeug, das Gegenstand eines innergemeinschaftlichen Erwerbs ist, neu i.S. von Art. 2 Abs. 2 Buchst. b der Richtlinie 2006/112 ist, ist auf den Zeitpunkt der Lieferung des betreffenden Gegenstands vom Verkäufer an den Käufer abzustellen.

BFH vom 24.09.1998 – V R 17/98, BStBl. 1999 II S. 39: Besteuerung des innergemeinschaftlichen Erwerbs bei Landwirten mit Durchschnittsatzbesteuerung.

1. Die Steuer für den innergemeinschaftlichen Erwerb wird bei Land- und Forstwirten, die der Durchschnittsatzbesteuerung unterliegen (§ 24 Abs. 1 UStG 1993) und die auf die Anwendung von § 1a Abs. 3 UStG 1993 verzichten, nach den allgemeinen Vorschriften festgesetzt.
2. Der Abzug der Steuer für den innergemeinschaftlichen Erwerb als Vorsteuer wird bei diesen Land- und Forstwirten durch die Pauschalierung abgegolten.

§ 1b Innergemeinschaftlicher Erwerb neuer Fahrzeuge

(1) Der Erwerb eines neuen Fahrzeugs durch einen Erwerber, der nicht zu den in § 1a Abs. 1 Nr. 2 genannten Personen gehört, ist unter den Voraussetzungen des § 1a Abs. 1 Nr. 1 innergemeinschaftlicher Erwerb.

(2) Fahrzeuge im Sinne dieses Gesetzes sind

1. motorbetriebene Landfahrzeuge mit einem Hubraum von mehr als 48 Kubikzentimetern oder einer Leistung von mehr als 7,2 Kilowatt,
2. Wasserfahrzeuge mit einer Länge von mehr als 7,5 Metern,
3. Luftfahrzeuge, deren Starthöchstmasse mehr als 1550 Kilogramm beträgt.

Satz 1 gilt nicht für die in § 4 Nr. 12 Satz 2 und Nr. 17 Buchstabe b bezeichneten Fahrzeuge.

(3) Ein Fahrzeug gilt als neu, wenn das

1. Landfahrzeug nicht mehr als 6000 Kilometer zurückgelegt hat oder wenn seine erste Inbetriebnahme im Zeitpunkt des Erwerbs nicht mehr als sechs Monate zurückliegt[1]),
2. Wasserfahrzeug nicht mehr als 100 Betriebsstunden auf dem Wasser zurückgelegt hat oder wenn seine erste Inbetriebnahme im Zeitpunkt des Erwerbs nicht mehr als drei Monate zurückliegt,
3. Luftfahrzeug nicht länger als 40 Betriebsstunden genutzt worden ist oder wenn seine erste Inbetriebnahme im Zeitpunkt des Erwerbs nicht mehr als drei Monate zurückliegt.

Vorgaben im EG-Recht

USt-Recht	MwStSystRL
§ 1b Abs. 1	Artikel 2 Abs. 1 Buchst. b Ziffer ii
§ 1b Abs. 2	Artikel 2 Abs. 2 Buchst. a
§ 1b Abs. 3	Artikel 2 Abs. 2 Buchst. b und c

UStAE

Zu § 1b UStG

1b.1. Innergemeinschaftlicher Erwerb neuer Fahrzeuge

¹Der entgeltliche innergemeinschaftliche Erwerb eines neuen Fahrzeugs unterliegt auch bei Privatpersonen, nichtunternehmerisch tätigen Personenvereinigungen und Unternehmern, die das Fahrzeug für ihren nichtunternehmerischen Bereich beziehen, der Besteuerung. ²Fahrzeuge im Sinne des § 1b UStG sind zur Personen- oder Güterbeförderung bestimmte Wasserfahrzeuge, Luftfahrzeuge und motorbetriebene Landfahrzeuge, die die in § 1b Abs. 2 UStG bezeichneten Merkmale aufweisen. ³Zu den Landfahrzeugen gehören insbesondere Personenkraftwagen, Lastkraftwagen, Motorräder, Motorroller, Mopeds und motorbetriebene Wohnmobile und Caravans. ⁴Die straßenverkehrsrechtliche Zulassung ist nicht erforderlich. ⁵Keine Landfahrzeuge sind dagegen Wohnwagen, Packwagen und andere Anhänger ohne eigenen Motor, die nur von Kraftfahrzeugen mitgeführt werden können, sowie selbstfahrende Arbeitsmaschinen und land- und forstwirtschaftliche Zugmaschinen, die nach ihrer Bauart oder ihren besonderen, mit dem Fahrzeug fest verbundenen Einrichtungen nicht zur Beförderung von Personen oder Gütern bestimmt und geeignet sind.

Verwaltungsregelungen zu § 1b

Datum	Anlage	Quelle	Inhalt
15.04.93	§ 001b-01	BMF	Innergemeinschaftlicher Erwerb neuer Fahrzeuge
15.01.99	§ 001b-02	OFD Ki	Innergemeinschaftlicher Erwerb neuer Fahrzeuge – Pflicht zur unverzüglichen Zulassung nach Einfuhr

---

1) Gilt ab 01.01.1995

§ 1b

Rechtsprechungsauswahl

BFH vom 20.12.2006 – V R 11/06, BStBl. 2007 II S. 424: Innergemeinschaftlicher Erwerb am Ende der Beförderung einer Yacht.

1. Die Beförderung einer Yacht nach deren Erwerb ist beendet, wenn die Yacht ihren Bestimmungsort erreicht hat. Die sich an das Ende der Beförderung anschließende erstmalige Verwendung durch den Abnehmer hat auf den Bestimmungsort grundsätzlich keinen Einfluss.
2. Die Beurteilung, wo eine Beförderung endet, ist im Wesentlichen das Ergebnis einer Würdigung, die dem FG als Tatsacheninstanz obliegt.

§ 1c Innergemeinschaftlicher Erwerb durch diplomatische Missionen, zwischenstaatliche Einrichtungen und Streitkräfte der Vertragsparteien des Nordatlantikvertrages[1]

(1) Ein innergemeinschaftlicher Erwerb im Sinne des § 1a liegt nicht vor, wenn ein Gegenstand bei einer Lieferung aus dem Gebiet eines anderen Mitgliedstaates in das Inland gelangt und die Erwerber folgende Einrichtungen sind, soweit sie nicht Unternehmer sind oder den Gegenstand nicht für ihr Unternehmen erwerben:

1. im Inland ansässige ständige diplomatische Missionen und berufskonsularische Vertretungen,
2. im Inland ansässige zwischenstaatliche Einrichtungen oder
3. im Inland stationierte Streitkräfte anderer Vertragsparteien des Nordatlantikvertrages.

Diese Einrichtungen gelten nicht als Erwerber im Sinne des § 1a Abs. 1 Nr. 2. § 1b bleibt unberührt.

(2) Als innergemeinschaftlicher Erwerb gegen Entgelt im Sinne des § 1a Abs. 2 gilt das Verbringen eines Gegenstandes durch die deutschen Streitkräfte aus dem übrigen Gemeinschaftsgebiet in das Inland für den Gebrauch oder Verbrauch dieser Streitkräfte oder ihres zivilen Begleitpersonals, wenn die Lieferung des Gegenstandes an die deutschen Streitkräfte im übrigen Gemeinschaftsgebiet oder die Einfuhr durch diese Streitkräfte nicht der Besteuerung unterlegen hat.

Vorgaben im EG-Recht

USt-Recht	MwStSystRL
§ 1c Abs. 1 Satz 1 und 2	Artikel 3 Abs. 1 Buchst. a i.V.m. Artikel 151
§ 1c Abs. 1 Satz 3	Artikel 2 Abs. 1 Buchst. b Ziffer ii
§ 1c Abs. 2	Artikel 22

UStAE

Zu § 1c UStG

1c.1. Ausnahme vom innergemeinschaftlichen Erwerb bei diplomatischen Missionen usw. (§ 1c Abs. 1 UStG)

[1]Ständige diplomatische Missionen und berufskonsularische Vertretungen, zwischenstaatliche Einrichtungen und Streitkräfte anderer Vertragsparteien des Nordatlantikvertrags sind nach Maßgabe des § 1c Abs. 1 UStG vom innergemeinschaftlichen Erwerb nach § 1a UStG ausgenommen. [2]Diese Einrichtungen werden nicht dem in § 1a Abs. 1 Nr. 2 UStG genannten Personenkreis zugeordnet. [3]Dies hat zur Folge, dass

– diesen Einrichtungen grundsätzlich keine USt-IdNr. zu erteilen ist;
– bei Lieferungen aus anderen EU-Mitgliedstaaten an diese Einrichtungen der Ort der Lieferung unter den Voraussetzungen des § 3c UStG in das Inland verlagert wird und
– diese Einrichtungen nur beim innergemeinschaftlichen Erwerb eines neuen Fahrzeugs der Erwerbsbesteuerung nach § 1b UStG unterliegen.

[4]Soweit die genannten Einrichtungen Unternehmer im Sinne des § 2 UStG sind und den Gegenstand für ihr Unternehmen erwerben, ist die Ausnahmeregelung des § 1c Abs. 1 UStG nicht anzuwenden.

---

[1] In das UStG zum 30.12.1993 eingefügt durch Art. 20 StMBG. Siehe dazu *Schlienkamp*, UR 1994 S. 93

§ 2 UStAE 2.1.

§ 2 Unternehmer, Unternehmen

(1) Unternehmer ist, wer eine gewerbliche oder berufliche Tätigkeit selbständig ausübt. Das Unternehmen umfaßt die gesamte gewerbliche oder berufliche Tätigkeit des Unternehmers. Gewerblich oder beruflich ist jede nachhaltige Tätigkeit zur Erzielung von Einnahmen, auch wenn die Absicht, Gewinn zu erzielen, fehlt oder eine Personenvereinigung nur gegenüber ihren Mitgliedern tätig wird.

(2) Die gewerbliche oder berufliche Tätigkeit wird nicht selbständig ausgeübt,

1. soweit natürliche Personen, einzeln oder zusammengeschlossen, einem Unternehmen so eingegliedert sind, daß sie den Weisungen des Unternehmers zu folgen verpflichtet sind,
2. wenn eine juristische Person nach dem Gesamtbild der tatsächlichen Verhältnisse finanziell, wirtschaftlich und organisatorisch in das Unternehmen des Organträgers eingegliedert ist (Organschaft). Die Wirkungen der Organschaft sind auf Innenleistungen zwischen den im Inland gelegenen Unternehmensteilen beschränkt. Diese Unternehmensteile sind als ein Unternehmen zu behandeln. Hat der Organträger seine Geschäftsleitung im Ausland, gilt der wirtschaftlich bedeutendste Unternehmensteil im Inland als der Unternehmer.

(3) Die juristischen Personen des öffentlichen Rechts sind nur im Rahmen ihrer Betriebe gewerblicher Art (§ 1 Abs. 1 Nr. 6, § 4 des Körperschaftsteuergesetzes) und ihrer land- oder forstwirtschaftlichen Betriebe gewerblich oder beruflich tätig. Auch wenn die Voraussetzungen des Satzes 1 nicht gegeben sind, gelten als gewerbliche oder berufliche Tätigkeit im Sinne dieses Gesetzes

1. (gestrichen)
2. die Tätigkeit der Notare im Landesdienst und der Ratschreiber im Land Baden-Württemberg, soweit Leistungen ausgeführt werden, für die nach der Bundesnotarordnung die Notare zuständig sind;
3. die Abgabe von Brillen und Brillenteilen einschließlich der Reparaturarbeiten durch Selbstabgabestellen der gesetzlichen Träger der Sozialversicherung;
4. die Leistungen der Vermessungs- und Katasterbehörden bei der Wahrnehmung von Aufgaben der Landesvermessung und des Liegenschaftskatasters mit Ausnahme der Amtshilfe;
5. die Tätigkeit der Bundesanstalt für Landwirtschaft und Ernährung, soweit Aufgaben der Marktordnung, der Vorratshaltung und der Nahrungsmittelhilfe wahrgenommen werden.

Vorgaben im EG-Recht

USt-Recht	MwStSystRL
§ 2 Abs. 1	Artikel 9 Abs. 1 Unterabs. 1 und 2
§ 2 Abs. 2 Nr. 1	Artikel 10
§ 2 Abs. 2 Nr. 2	Artikel 11
§ 2 Abs. 3	Artikel 13, Anhang I, Artikel 132 Abs. 1 Buchst. q

UStAE

Zu § 2 UStG

2.1. Unternehmer

Allgemeines

(1) ¹Natürliche und juristische Personen sowie Personenzusammenschlüsse können Unternehmer sein. ²Unternehmer ist jedes selbständig tätige Wirtschaftsgebilde, das nachhaltig Leistungen gegen Entgelt ausführt (vgl. BFH-Urteil vom 4.7.1956, V 56/55 U, BStBl. III S. 275) oder die durch objektive Anhaltspunkte belegte Absicht, eine unternehmerische Tätigkeit gegen Entgelt und selbständig auszuüben und erste Investitionsausgaben für diesen Zweck tätigt (vgl. BFH-Urteile vom 22.2.2001, V R 77/96, BStBl. 2003 II S. 426, und vom 8.3.2001, V R 24/98, BStBl. 2003 II S. 430). ³Dabei kommt es weder auf

die Rechtsform noch auf die Rechtsfähigkeit des Leistenden an (vgl. BFH-Urteil vom 21.4.1994, V R 105/91, BStBl. II S. 671). [4]Auch eine Personenvereinigung, die nur gegenüber ihren Mitgliedern tätig wird, kann mit der entgeltlichen Überlassung von Gemeinschaftsanlagen unternehmerisch tätig sein (BFH-Urteil vom 28.11.2002, V R 18/01, BStBl. 2003 II S. 443).

Gesellschaften und Gemeinschaften

(2) [1]Für die Unternehmereigenschaft einer Personengesellschaft ist es unerheblich, ob ihre Gesellschafter Mitunternehmer im Sinne des § 15 Abs. 1 Nr. 2 EStG sind (vgl. BFH-Urteil vom 18.12.1980, V R 142/73, BStBl. 1981 II S. 408). [2]Unternehmer kann auch eine Bruchteilsgemeinschaft sein. [3]Vermieten Ehegatten mehrere in ihrem Bruchteilseigentum stehende Grundstücke, ist die jeweilige Bruchteilsgemeinschaft ein gesonderter Unternehmer, wenn auf Grund unterschiedlicher Beteiligungsverhältnisse im Vergleich mit den anderen Bruchteilsgemeinschaften eine einheitliche Willensbildung nicht gewährleistet ist (vgl. BFH-Urteile vom 25.3.1993, V R 42/89, BStBl. II S. 729 und vom 29.4.1993, V R 38/89, BStBl. II S. 734). [4]Ob der Erwerber eines Miteigentumsanteils eines vermieteten Grundstücks Unternehmer ist oder nicht, hängt von der Art der Überlassung seines Miteigentumsanteils an die Gemeinschaft ab. [5]Die zivilrechtliche Stellung als Mitvermieter ist für die Unternehmereigenschaft allein nicht ausreichend (vgl. BFH-Urteil vom 27.6.1995, V R 36/94, BStBl. II S. 915). [6]Überträgt ein Vermietungsunternehmer das Eigentum an dem vermieteten Grundstück zur Hälfte auf seinen Ehegatten, ist nunmehr allein die neu entstandene Bruchteilsgemeinschaft Unternehmer (vgl. BFH-Urteil vom 6.9.2007, V R 41/05, BStBl. 2008 II S. 65).

Leistender

(3) [1]Wem eine Leistung als Unternehmer zuzurechnen ist, richtet sich danach, wer dem Leistungsempfänger gegenüber als Schuldner der Leistung auftritt. [2]Dies ergibt sich regelmäßig aus den abgeschlossenen zivilrechtlichen Vereinbarungen. [3]Leistender ist in der Regel derjenige, der die Lieferungen oder sonstigen Leistungen im eigenen Namen gegenüber einem anderen selbst oder durch einen Beauftragten ausführt. [4]Ob eine Leistung dem Handelnden oder einem anderen zuzurechnen ist, hängt grundsätzlich davon ab, ob der Handelnde gegenüber Dritten im eigenen Namen oder berechtigterweise im Namen eines anderen bei Ausführung entgeltlicher Leistungen aufgetreten ist. [5]Somit ist ein sog. Strohmann, der im eigenen Namen Gegenstände verkauft und dem Abnehmer die Verfügungsmacht einräumt, umsatzsteuerrechtlich Leistender (vgl. BFH-Urteil vom 28.1.1999, V R 4/98, BStBl. II S. 628, und BFH-Beschluss vom 31.1.2002, V B 108/01, BStBl. 2004 II S. 622). [6]Bei Schein- oder Strohmanngeschäften können die Leistungen jedoch auch einer anderen als der nach außen auftretenden Person (Strohmann) zuzurechnen sein (vgl. BFH-Urteil vom 15.9.1994, XI R 56/93, BStBl. 1995 II S. 275). [7]Das ist jedenfalls dann der Fall, wenn das Rechtsgeschäft zwischen dem Leistungsempfänger und dem Strohmann nur zum Schein abgeschlossen worden ist und der Leistungsempfänger wusste oder davon ausgehen musste, dass der als Leistender Auftretende (Strohmann) keine eigene Verpflichtung aus dem Rechtsgeschäft eingehen und dementsprechend auch keine eigenen Leistungen versteuern wollte (BFH-Beschluss vom 31.1.2002, a.a.O.). [8]Zur Frage des Vorsteuerabzugs aus Rechnungen über Strohmanngeschäfte vgl. Abschnitt 15.2 Abs. 15.

Einzelfälle

(4) [1]Schließt eine Arbeitsgemeinschaft des Baugewerbes allein die Bauverträge mit dem Auftraggeber ab, entstehen unmittelbare Rechtsbeziehungen nur zwischen dem Auftraggeber und der Arbeitsgemeinschaft, nicht aber zwischen dem Auftraggeber und den einzelnen Mitgliedern der Gemeinschaft. [2]In diesem Fall ist die Arbeitsgemeinschaft Unternehmer (vgl. BFH-Urteil vom 21.5.1971, V R 117/67, BStBl. II S. 540). [3]Zur Frage des Leistungsaustauschs zwischen einer Arbeitsgemeinschaft des Baugewerbes und ihren Mitgliedern vgl. Abschnitt 1.6 Abs. 8. [4]Nach außen auftretende Rechtsanwaltsgemeinschaften können auch mit den Notariatsgeschäften ihrer Mitglieder Unternehmer sein (vgl. BFH-Urteile vom 5.9.1963, V 117/60 U, BStBl. III S. 520, vom 17.12.1964, V 228/62 U, BStBl. 1965 III S. 155, und vom 27.8.1970, V R 72/66, BStBl. II S. 833). [5]Zur Bestimmung des Leistenden, wenn in einer Sozietät zusammengeschlossene Rechtsanwälte Testamentsvollstreckungen ausführen, vgl. BFH-Urteil vom 13.3.1987, V R 33/79, BStBl. II S. 524. [6]Zur Frage, wer bei einem Sechs-Tage-Rennen Werbeleistungen an die Prämienzahler bewirkt, vgl. BFH-Urteil vom 28.11.1990, V R 31/85, BStBl. 1991 II S. 381. [7]Zur Frage, wer bei der Durchführung von Gastspielen (z.B. Gastspiel eines Theaterensembles) als Veranstalter anzusehen ist, vgl. BFH-Urteil vom 11.8.1960, V 188/58 U, BStBl. III S. 476. [8]Zur steuerlichen Behandlung einer aus Mietern und Grundstückseigentümern bestehenden Werbegemeinschaft vgl. Abschnitt 1.4 Abs. 5.

Innengesellschaften

(5) [1]Innengesellschaften, die ohne eigenes Vermögen, ohne Betrieb, ohne Rechtsfähigkeit und ohne Firma bestehen, sind umsatzsteuerrechtlich unbeachtlich, weil ihnen mangels Auftretens nach außen die

§ 2 UStAE 2.1., 2.2.

Unternehmereigenschaft fehlt. ²Unternehmer sind – beim Vorliegen der sonstigen Voraussetzungen – nur die an der Innengesellschaft beteiligten Personen oder Personenzusammenschlüsse (BFH-Urteil vom 11.11.1965, V 146/63 S, BStBl. 1966 III S. 28). ³Zu den Innengesellschaften gehört auch die – typische oder atypische – stille Gesellschaft. ⁴Eine besondere Art der Innengesellschaft ist die Meta-Verbindung (vgl. BFH-Urteil vom 21.12.1955, V 161/55 U, BStBl. 1956 III S. 58). ⁵Bei einer Gewinnpoolung sind Unternehmer nur die beteiligten Personen, die ihre Geschäfte ebenfalls nach außen in eigenem Namen betreiben, im Gegensatz zur Meta-Verbindung aber nicht in einem Leistungsaustauschverhältnis miteinander stehen (vgl. BFH-Urteil vom 12.2.1970, V R 50/66, BStBl. II S. 477).

Sportveranstaltungen

(6) ¹Bei Sportveranstaltungen auf eigenem Sportplatz ist der Platzverein als Unternehmer anzusehen und mit den gesamten Einnahmen zur Umsatzsteuer heranzuziehen. ²Der Gastverein hat die ihm aus dieser Veranstaltung zufließenden Beträge nicht zu versteuern. ³Bei Sportveranstaltungen auf fremdem Platz hat der mit der Durchführung der Veranstaltung und insbesondere mit der Erledigung der Kassengeschäfte und der Abrechnung beauftragte Verein als Unternehmer die gesamten Einnahmen der Umsatzsteuer zu unterwerfen, während der andere Verein die ihm zufließenden Beträge nicht zu versteuern hat. ⁴Tritt bei einer Sportveranstaltung nicht einer der beteiligten Vereine, sondern der jeweilige Verband als Veranstalter auf, hat der veranstaltende Verband die Gesamteinnahmen aus der jeweiligen Veranstaltung zu versteuern, während die Einnahmeanteile der beteiligten Vereine nicht der Umsatzsteuer unterworfen werden.

Insolvenzverwalter, Testamentsvollstrecker

(7) ¹Wird ein Unternehmen von einem Zwangsverwalter im Rahmen seiner Verwaltungstätigkeit nach § 152 Abs. 1 ZVG, einem vorläufigen Insolvenzverwalter oder einem Insolvenzverwalter geführt, ist nicht dieser der Unternehmer, sondern der Inhaber der Vermögensmasse, für die er tätig wird (vgl. BFH-Urteil vom 23.6.1988, V R 203/83, BStBl. II S. 920, für den Zwangsverwalter und BFH-Urteile vom 20.2.1986, V R 16/81, BStBl. II S. 579, und vom 16.7.1987, V R 80/82, BStBl. II S. 691, für den Konkursverwalter nach der KO). ²Dieselben Grundsätze gelten auch dann, wenn ein zum Nachlass gehörendes Unternehmen vom Testamentsvollstrecker als solchem für den Erben fortgeführt wird. ³Führt ein Testamentsvollstrecker jedoch ein Handelsgeschäft als Treuhänder der Erben im eigenen Namen weiter, ist er der Unternehmer und Steuerschuldner (vgl. BFH-Urteil vom 11.10.1990, V R 75/85, BStBl. 1991 II S. 191). ⁴Zur verfahrensrechtlichen Besonderheit bei der Zwangsverwaltung von mehreren Grundstücken vgl. Abschnitt 18.6 Abs. 4.

2.2. Selbständigkeit

Allgemeines

(1) ¹Eine selbständige Tätigkeit liegt vor, wenn sie auf eigene Rechnung und auf eigene Verantwortung ausgeübt wird. ²Ob Selbständigkeit oder Unselbständigkeit anzunehmen ist, richtet sich grundsätzlich nach dem Innenverhältnis zum Auftraggeber. ³Aus dem Außenverhältnis zur Kundschaft lassen sich im Allgemeinen nur Beweisanzeichen herleiten (vgl. BFH-Urteil vom 6.12.1956, V 137/55 U, BStBl. 1957 III S. 42). ⁴Dabei kommt es nicht allein auf die vertragliche Bezeichnung, die Art der Tätigkeit oder die Form der Entlohnung an. ⁵Entscheidend ist das Gesamtbild der Verhältnisse. ⁶Es müssen die für und gegen die Selbständigkeit sprechenden Umstände gegeneinander abgewogen werden; die gewichtigeren Merkmale sind dann für die Gesamtbeurteilung maßgebend (vgl. BFH-Urteile vom 24.11.1961, VI 208/61 U, BStBl. 1962 III S. 125, und vom 30.5.1996, V R 2/95, BStBl. II S. 493). ⁷Arbeitnehmer und damit nicht selbständig tätig kann auch sein, wer nach außen wie ein Kaufmann auftritt (vgl. BFH-Urteil vom 15.7.1987, X R 19/80, BStBl. II S. 746). ⁸Unternehmerstellung und Beitragspflicht zur gesetzlichen Sozialversicherung schließen sich im Regelfall aus (vgl. BFH-Urteil vom 25.6.2009, V R 37/08, BStBl. II S. 873).

Natürliche Personen[1)]

(2) ¹Die Frage der Selbständigkeit natürlicher Personen ist für die Umsatzsteuer, Einkommensteuer und Gewerbesteuer nach denselben Grundsätzen zu beurteilen (vgl. BFH-Urteile vom 2.12.1998, X R 83/96, BStBl. 1999 II S 534, und vom 11.10.2007, V R 77/05, BStBl. 2008 II S. 443, sowie H 19.0 (Allgemeines) LStH 2011). ²Dies gilt jedoch nicht, wenn Vergütungen für die Ausübung einer bei Anwendung dieser Grundsätze nicht selbständig ausgeübten Tätigkeit ertragsteuerrechtlich auf Grund der Sonderregelung des § 15 Abs. 1 Satz 1 Nr. 2 EStG zu Gewinneinkünften umqualifiziert werden. ³Zur Nichtselbständigkeit des Gesellschafters einer Personengesellschaft bei der Wahrnehmung von Geschäftsführungs- und Vertretungsleistungen vgl. BFH-Urteil vom 14.4.2010, XI R 14/09, BStBl. 2011 II S. 433. ⁴Geschäfts-

---

1) Hinweis auf Anlage § 002-29 (Nichtbeanstandungsregelung)

führungsleistungen eines GmbH-Geschäftsführers können als selbständig im Sinne des § 2 Abs. 2 Nr. 1 UStG zu beurteilen sein. [5]Die Organstellung des GmbH-Geschäftsführers steht dem nicht entgegen (BFH-Urteil vom 10.3.2005, V R 29/03, BStBl. II S. 730). [6]Auch ein Mitglied eines Vereinsvorstands kann im Rahmen seiner Geschäftsführungstätigkeit gegenüber dem Verein selbständig tätig werden (vgl. BFH-Urteil vom 14.5.2008, XI R 70/07, BStBl. II S. 912). [7]Ebenso erfolgt die Tätigkeit als Aufsichtsratsmitglied selbständig (vgl. BFH-Urteile vom 27.7.1972, V R 136/71, BStBl. II S. 810, und vom 20.8.2009, V R 32/08, BStBl. 2010 II S. 88).

Beispiel 1:

[1]Der Aktionär einer AG erhält von dieser eine Tätigkeitsvergütung für seine Geschäftsführungsleistung gegenüber der AG. [2]Zwischen den Parteien ist ein Arbeitsvertrag geschlossen, der u.a. Urlaubsanspruch, feste Arbeitszeiten, Lohnfortzahlung im Krankheitsfall und Weisungsgebundenheit regelt und bei Anwendung der für das Ertrag- und Umsatzsteuerrecht einheitlichen Abgrenzungskriterien zu Einkünften aus nichtselbständiger Arbeit führt.

[3]Der Aktionär ist auch umsatzsteuerrechtlich nicht selbständig tätig.

Beispiel 2:

[1]Der Kommanditist einer KG erhält von dieser eine Tätigkeitsvergütung für seine Geschäftsführungsleistung gegenüber der KG. [2]Zwischen den Parteien ist ein Arbeitsvertrag geschlossen, der u.a. Urlaubsanspruch, feste Arbeitszeiten, Lohnfortzahlung im Krankheitsfall und Weisungsgebundenheit regelt und bei Anwendung der für das Ertrag- und Umsatzsteuerrecht einheitlichen Abgrenzungskriterien zu Einkünften aus nichtselbständiger Arbeit führen würde.

[3]Einkommensteuerrechtlich erzielt der Kommanditist aus der Tätigkeit Einkünfte aus Gewerbebetrieb nach § 15 Abs. 1 Satz 1 Nr. 2 EStG; umsatzsteuerrechtlich ist er dagegen nicht selbständig tätig.

Beispiel 3:

[1]Ein bei einer Komplementär-GmbH angestellter Geschäftsführer, der gleichzeitig Kommanditist der GmbH & Co. KG ist, erbringt Geschäftsführungs- und Vertretungsleistungen gegenüber der GmbH.

[2]Aus ertragsteuerrechtlicher Sicht wird unterstellt, dass die Tätigkeit selbständig ausgeübt wird; die Vergütung für die Geschäftsführungs- und Vertretungsleistung gegenüber der Komplementär-GmbH gehört zu den Einkünften als (selbständiger) Mitunternehmer der KG und wird zu gewerblichen Einkünften im Sinne des § 15 Abs. 1 Satz 1 Nr. 2 EStG umqualifiziert. [3]In umsatzsteuerrechtlicher Hinsicht ist die Frage der Selbständigkeit jedoch weiterhin unter Anwendung der allgemeinen Grundsätze zu klären.

(3) [1]Ein Kommanditist ist als Mitglied eines Beirates, dem vor allem Zustimmungs- und Kontrollrechte übertragen sind, gegenüber der Gesellschaft selbständig tätig (vgl. BFH-Urteil vom 24.8.1994, XI R 74/93, BStBl. 1995 II S. 150). [2]Fahrlehrer, denen keine Fahrschulerlaubnis erteilt ist, können im Verhältnis zum Inhaber der Fahrschule selbständig sein (vgl. BFH-Urteil vom 17.10.1996, V R 63/94, BStBl. 1997 II S. 188). [3]Ein Rundfunksprecher, der einer Rundfunkanstalt auf Dauer zur Verfügung steht, kann auch dann nicht als Unternehmer beurteilt werden, wenn er von der Rundfunkanstalt für jeden Einzelfall seiner Mitwirkung durch besonderen Vertrag verpflichtet wird (BFH-Urteil vom 14.10.1976, V R 137/73, BStBl. 1977 II S. 50). [4]Wegen der Behandlung der Versicherungsvertreter, Hausgewerbetreibenden und Heimarbeiter vgl. R 15.1 Abs. 1 und 2 EStR 2008. [5]Eine natürliche Person ist mit ihrer Tätigkeit im Rahmen eines Arbeitnehmer-Überlassungsvertrages Arbeitnehmer und nicht Unternehmer im Rahmen eines Werk- oder Dienstvertrages (vgl. BFH-Urteil vom 20.4.1988, X R 40/81, BStBl. II S. 804). [6]Ein Rechtsanwalt, der für eine Rechtsanwaltskanzlei als Insolvenzverwalter tätig wird, ist insoweit nicht als Unternehmer zu beurteilen. [7]Dies gilt sowohl für einen angestellten als auch für einen an der Kanzlei als Gesellschafter beteiligten Rechtsanwalt, selbst wenn dieser ausschließlich als Insolvenzverwalter tätig ist und im eigenen Namen handelt.

(4) [1]Natürliche Personen können zum Teil selbständig, zum Teil unselbständig sein. [2]In Krankenanstalten angestellte Ärzte sind nur insoweit selbständig tätig, als ihnen für die Behandlung von Patienten ein von der Krankenanstalt unabhängiges Liquidationsrecht zusteht (vgl. BFH-Urteil vom 5.10.2005, VI R 152/01, BStBl. 2006 II S. 94). [3]Auch die Tätigkeit der Honorarprofessoren ohne Lehrauftrag wird selbständig ausgeübt. [4]Ein Arbeitnehmer kann mit der Vermietung seines Pkw an den Arbeitgeber selbständig tätig werden (vgl. BFH-Urteil vom 11.10.2007, V R 77/05, BStBl. 2008 II S. 443). [5]Zur Frage, ob eine Neben- und Aushilfstätigkeit selbständig oder unselbständig ausgeübt wird, vgl. H 19.2 LStH 2011.

§ 2 UStAE 2.2., 2.3.

Personengesellschaften

(5) ¹Eine Personengesellschaft des Handelsrechts ist stets selbständig. ²Lediglich nicht rechtsfähige Personenvereinigungen können als kollektive Zusammenschlüsse von Arbeitnehmern zwecks Anbietung der Arbeitskraft gegenüber einem gemeinsamen Arbeitgeber unselbständig sein (vgl. BFH-Urteil vom 8.2.1979, V R 101/78, BStBl. II S. 362).

Juristische Personen

(6) ¹Eine Kapitalgesellschaft ist stets selbständig, wenn sie nicht nach § 2 Abs. 2 UStG in das Unternehmen eines Organträgers eingegliedert ist; dies gilt insbesondere hinsichtlich ihrer gegen Entgelt ausgeübten Geschäftsführungs- und Vertretungsleistungen gegenüber einer Personengesellschaft (BFH-Urteil vom 6.6.2002, V R 43/01, BStBl. 2003 II S. 36). ²Auch das Weisungsrecht der Gesellschafterversammlung gegenüber der juristischen Person als Geschäftsführerin führt nicht zur Unselbständigkeit. ³Die Komplementär-GmbH einer sog. Einheits-GmbH & Co. KG (100%ige unmittelbare Beteiligung der KG an der GmbH) kann ihre Tätigkeit jedoch nicht selbständig ausüben vgl. Abschnitt 2.8 Abs. 2 Satz 5.

Beispiel 1:

¹Die Komplementär-GmbH erbringt Geschäftsführungs- und Vertretungsleistungen gegen Sonderentgelt an die KG. ²Der Kommanditist dieser KG ist gleichzeitig Geschäftsführer der Komplementär-GmbH.

³Die Komplementär-GmbH ist mit ihren Geschäftsführungs- und Vertretungsleistungen selbständig tätig. ⁴Diese werden von der Komplementär-GmbH an die KG im Rahmen eines umsatzsteuerbaren Leistungsaustausches erbracht, auch wenn z.B. die Vergütung unmittelbar an den Geschäftsführer der Komplementär-GmbH gezahlt wird.

Beispiel 2:

¹Die Komplementär-GmbH einer GmbH & Co. KG erbringt Geschäftsführungs- und Vertretungsleistungen gegen Sonderentgelt an die KG, die gleichzeitig Alleingesellschafterin ihrer Komplementär-GmbH ist, wodurch die Mehrheit der Stimmrechte in der Gesellschafterversammlung der Komplementär-GmbH gewährleistet ist. ²Die Komplementär-GmbH ist finanziell in das Unternehmen der KG eingegliedert.

³Bei Vorliegen der übrigen Eingliederungsvoraussetzungen übt sie ihre Geschäftsführungs- und Vertretungsleistungen gegenüber der KG nicht selbständig (§ 2 Abs. 2 Nr. 2 UStG) aus.

(7) ¹Regionale Untergliederungen (Landes-, Bezirks-, Ortsverbände) von Großvereinen sind neben dem Hauptverein selbständige Unternehmer, wenn sie über eigene satzungsgemäße Organe (Vorstand, Mitgliederversammlung) verfügen und über diese auf Dauer nach außen im eigenen Namen auftreten sowie eine eigene Kassenführung haben. ²Es ist nicht erforderlich, dass die regionalen Untergliederungen – neben der Satzung des Hauptvereins – noch eine eigene Satzung haben. ³Zweck, Aufgabe und Organisation der Untergliederungen können sich aus der Satzung des Hauptvereins ergeben.

2.3. Gewerbliche oder berufliche Tätigkeit

(1) ¹Der Begriff der gewerblichen oder beruflichen Tätigkeit im Sinne des UStG geht über den Begriff des Gewerbebetriebes nach dem EStG und dem GewStG hinaus (vgl. BFH-Urteil vom 5.9.1963, V 117/60 U, BStBl. III S. 520). ²Eine gewerbliche oder berufliche Tätigkeit setzt voraus, dass Leistungen im wirtschaftlichen Sinn ausgeführt werden. ³Betätigungen, die sich nur als Leistungen im Rechtssinn, nicht aber zugleich auch als Leistungen im wirtschaftlichen Sinne darstellen, werden von der Umsatzsteuer nicht erfasst. ⁴Leistungen, bei denen ein über die reine Entgeltentrichtung hinausgehendes eigenes wirtschaftliches Interesse des Entrichtenden nicht verfolgt wird, sind zwar Leistungen im Rechtssinn, aber keine Leistungen im wirtschaftlichen Sinn (vgl. BFH-Urteil vom 31.7.1969, V 94/65, BStBl. II S. 637). ⁵Die Unterhaltung von Giro-, Bauspar- und Sparkonten sowie das Eigentum an Wertpapieren begründen für sich allein noch nicht die Unternehmereigenschaft einer natürlichen Person (vgl. BFH-Urteile vom 1.2.1973, V R 2/70, BStBl. II S. 172, und vom 10.11.1973, V R 14/73, BStBl. 1974 II S. 47).

Gesellschaftsrechtliche Beteiligungen

(2) ¹Das bloße Erwerben, Halten und Veräußern von gesellschaftsrechtlichen Beteiligungen ist keine unternehmerische Tätigkeit (vgl. EuGH-Urteile vom 14.11.2000, C-142/99, EuGHE I S. 9567, vom 27.9.2001, C-16/00, EuGHE I S. 6663 und vom 29.4.2004, C-77/01, EuGHE I S. 4295). ²Wer sich an einer Personen- oder Kapitalgesellschaft beteiligt, übt zwar eine „Tätigkeit zur Erzielung von Einnahmen" aus. ³Gleichwohl ist er im Regelfall nicht Unternehmer im Sinne des UStG, weil Dividenden und andere Gewinnbeteiligungen aus Gesellschaftsverhältnissen nicht als umsatzsteuerrechtliches Entgelt im Rahmen eines Leistungsaustauschs anzusehen sind (vgl. EuGH-Urteil vom 21.10.2004, C-8/03, EuGHE I

S. 10157). ⁴Soweit daneben eine weitergehende Geschäftstätigkeit ausgeübt wird, die für sich die Unternehmereigenschaft begründet, ist diese vom nichtunternehmerischen Bereich zu trennen. ⁵Unternehmer, die neben ihrer unternehmerischen Betätigung auch Beteiligungen an anderen Gesellschaften halten, können diese Beteiligungen grundsätzlich nicht dem Unternehmen zuordnen. ⁶Bei diesen Unternehmern ist deshalb eine Trennung des unternehmerischen Bereichs vom nichtunternehmerischen Bereich geboten. ⁷Dieser Grundsatz gilt für alle Unternehmer gleich welcher Rechtsform (vgl. BFH-Urteil vom 20.12.1984, V R 25/76, BStBl. II 1985 S. 176).

(3) ¹Auch Erwerbsgesellschaften können gesellschaftsrechtliche Beteiligungen im nichtunternehmerischen Bereich halten. ²Dies bedeutet, dass eine Holding, deren Zweck sich auf das Halten und Verwalten gesellschaftsrechtlicher Beteiligungen beschränkt und die keine Leistungen gegen Entgelt erbringt (sog. Finanzholding), nicht Unternehmer im Sinne des § 2 UStG ist. ³Demgegenüber ist eine Holding, die im Sinne einer einheitlichen Leitung aktiv in das laufende Tagesgeschäft ihrer Tochtergesellschaften eingreift (sog. Führungs- oder Funktionsholding), unternehmerisch tätig. ⁴Wird eine Holding nur gegenüber einigen Tochtergesellschaften geschäftsleitend tätig, während sie Beteiligungen an anderen Tochtergesellschaften lediglich hält und verwaltet (sog. gemischte Holding), hat sie sowohl einen unternehmerischen als auch einen nichtunternehmerischen Bereich. ⁵Das Erwerben, Halten und Veräußern einer gesellschaftsrechtlichen Beteiligung stellt nur dann eine unternehmerische Tätigkeit dar (vgl. EuGH-Urteil vom 6.2.1997, C-80/95, EuGHE I S. 745),

1. soweit Beteiligungen im Sinne eines gewerblichen Wertpapierhandels gewerbsmäßig erworben und veräußert werden und dadurch eine nachhaltige, auf Einnahmeerzielungsabsicht gerichtete Tätigkeit entfaltet wird (vgl. BFH-Urteil vom 15.1.1987, V R 3/77, BStBl. II S. 512 und EuGH-Urteil vom 29.4.2004, C-77/01, EuGHE I S. 4295) oder

2. wenn die Beteiligung nicht um ihrer selbst willen (bloßer Wille, Dividenden zu erhalten) gehalten wird, sondern der Förderung einer bestehenden oder beabsichtigten unternehmerischen Tätigkeit (z.B. Sicherung günstiger Einkaufskonditionen, Verschaffung von Einfluss bei potenziellen Konkurrenten, Sicherung günstiger Absatzkonditionen) dient (vgl. EuGH-Urteil vom 11.7.1996, C-306/94, EuGHE I S. 3695), oder

3. ¹soweit die Beteiligung, abgesehen von der Ausübung der Rechte als Gesellschafter oder Aktionär, zum Zweck des unmittelbaren Eingreifens in die Verwaltung der Gesellschaften, an denen die Beteiligung besteht, erfolgt (vgl. EuGH-Urteil vom 20.6.1991, C-60/90, EuGHE I S. 3111). ²Die Eingriffe müssen dabei zwingend durch unternehmerische Leistungen im Sinne der § 1 Abs. 1 Nr. 1 und § 2 Abs. 1 UStG erfolgen, z.B. durch das entgeltliche Erbringen von administrativen, finanziellen, kaufmännischen und technischen Dienstleistungen an die jeweilige Beteiligungsgesellschaft (vgl. EuGH-Urteile vom 27.9.2001, C-16/00, EuGHE I S. 6663, und vom 12.7.2001, C-102/00, EuGHE I S. 5679).

(4) ¹Das Innehaben einer gesellschaftsrechtlichen Beteiligung stellt, abgesehen von den Fällen des gewerblichen Wertpapierhandels, nur dann eine unternehmerische Tätigkeit dar, wenn die gesellschaftsrechtliche Beteiligung im Zusammenhang mit einem unternehmerischen Grundgeschäft erworben, gehalten und veräußert wird, es sich hierbei also um Hilfsgeschäfte handelt (vgl. Abschnitt 2.7 Abs. 2). ²Dabei reicht nicht jeder beliebige Zusammenhang zwischen dem Erwerb und Halten der gesellschaftsrechtlichen Beteiligung und der unternehmerischen Haupttätigkeit aus. ³Vielmehr muss zwischen der gesellschaftsrechtlichen Beteiligung und der unternehmerischen Haupttätigkeit ein erkennbarer und objektiver wirtschaftlicher Zusammenhang bestehen (vgl. Abschnitt 15.2 Abs. 17). ⁴Das ist der Fall, wenn die Aufwendungen für die gesellschaftsrechtliche Beteiligung zu den Kostenelementen der Umsätze aus der Haupttätigkeit gehören (vgl. EuGH-Urteil vom 26.5.2005, C-465/03, EuGHE I S. 4357, und BFH-Urteil vom 10.4.1997, V R 26/96, BStBl. II S. 552).

Nachhaltigkeit

(5) ¹Die gewerbliche oder berufliche Tätigkeit wird nachhaltig ausgeübt, wenn sie auf Dauer zur Erzielung von Entgelten angelegt ist (vgl. BFH-Urteile vom 30.7.1986, V R 41/76, BStBl. II S. 874, und vom 18.7.1991, V R 86/87, BStBl. II S. 776). ²Ob dies der Fall ist, richtet sich nach dem Gesamtbild der Verhältnisse im Einzelfall. ³Die für und gegen die Nachhaltigkeit sprechenden Merkmale müssen gegeneinander abgewogen werden. ⁴Als Kriterien für die Nachhaltigkeit einer Tätigkeit kommen nach dem BFH-Urteil vom 18.7.1991, a.a.O., insbesondere in Betracht:

– mehrjährige Tätigkeit;
– planmäßiges Handeln;
– auf Wiederholung angelegte Tätigkeit;
– die Ausführung mehr als nur eines Umsatzes;

- Vornahme mehrerer gleichartiger Handlungen unter Ausnutzung derselben Gelegenheit oder desselben dauernden Verhältnisses;
- langfristige Duldung eines Eingriffs in den eigenen Rechtskreis;
- Intensität des Tätigwerdens;
- Beteiligung am Markt;
- Auftreten wie ein Händler;
- Unterhalten eines Geschäftslokals;
- Auftreten nach außen, z.B. gegenüber Behörden.

(6) ¹Nachhaltig ist in der Regel:
- eine Verwaltungs- oder eine Auseinandersetzungs-Testamentsvollstreckung, die sich über mehrere Jahre erstreckt, auch wenn sie aus privatem Anlass vorgenommen wird (vgl. BFH-Urteile vom 7.8.1975, V R 43/71, BStBl. 1976 II S. 57, vom 26.9.1991, V R 1/87, UR 1993 S. 194, vom 30.5.1996, V R 26/93, UR 1997 S. 143, und vom 7.9.2006, V R 6/05, BStBl. 2007 II S. 148);
- die einmalige Bestellung eines Nießbrauchs an seinem Grundstück – Duldungsleistung – (vgl. BFH-Urteil vom 16.12.1971, V R 41/68, BStBl. 1972 II S. 238);
- die Vermietung allein eines Gegenstands durch den Gesellschafter einer Gesellschaft des bürgerlichen Rechts an die Gesellschaft (vgl. BFH-Urteil vom 7.11.1991, V R 116/86, BStBl. 1992 II S. 269);
- der An- und Verkauf mehrerer neuer Kfz, auch wenn es sich um „private Gefälligkeiten" gehandelt habe (vgl. BFH-Urteil vom 7.9.1995, V R 25/94, BStBl. 1996 II S. 109) und
- die entgeltliche Unterlassung von Wettbewerb über einen längeren Zeitraum von z.B. fünf Jahren, wobei die vereinbarte Vergütung bereits ein Indiz für das wirtschaftliche Gewicht der Tätigkeit darstellt (vgl. BFH-Urteil vom 13.11.2003, V R 59/02, BStBl. 2004 II S. 472); nicht erforderlich ist ein enger Zusammenhang mit einer anderen Tätigkeit des Steuerpflichtigen oder die Absicht, in weiteren Fällen gegen Vergütung ein Wettbewerbsverbot einzugehen.

²Nicht nachhaltig als Unternehmer wird dagegen tätig:
- ein Angehöriger einer Automobilfabrik, der von dieser unter Inanspruchnahme des Werksangehörigenrabatts fabrikneue Automobile erwirbt und diese nach einer Behaltefrist von mehr als einem Jahr wieder verkauft (vgl. BFH-Urteil vom 18.7.1991, V R 86/87, BStBl. II S. 776);
- ein Briefmarken- oder Münzsammler, der aus privaten Neigungen sammelt, soweit er Einzelstücke veräußert (wegtauscht), die Sammlung teilweise umschichtet oder die Sammlung ganz oder teilweise veräußert (vgl. BFH-Urteile vom 29.6.1987, X R 23/82, BStBl. II S. 744, und vom 16.7.1987, X R 48/82, BStBl. II S. 752) und
- wer ein Einzelunternehmen zu dem Zweck erwirbt, es unmittelbar in eine Personengesellschaft einzubringen, begründet keine unternehmerische Betätigung, weil damit regelmäßig keine auf gewisse Dauer angelegte geschäftliche Tätigkeit entfaltet wird (vgl. BFH-Urteil vom 15.1.1987, V R 3/77, BStBl. II S. 512).

(7) ¹Bei der Vermietung von Gegenständen, die ihrer Art nach sowohl für unternehmerische als auch für nichtunternehmerische Zwecke verwendet werden können (z.B. sog. Freizeitgegenstände), sind alle Umstände ihrer Nutzung zu prüfen, um festzustellen, ob sie tatsächlich zur nachhaltigen Erzielung von Einnahmen verwendet werden (vgl. EuGH-Urteil vom 26.9.1996, C-230/94, UR 1996 S. 418). ²Die nur gelegentliche Vermietung eines derartigen, im Übrigen privat genutzten Gegenstands (z.B. Wohnmobil, Segelboot) durch den Eigentümer ist keine unternehmerische Tätigkeit. ³Bei der Beurteilung, ob zur nachhaltigen Erzielung von Einnahmen vermietet wird, kann ins Gewicht fallen, dass
- nur ein einziger, seiner Art nach für die Freizeitgestaltung geeigneter Gegenstand angeschafft wurde;
- dieser überwiegend für private eigene Zwecke oder für nichtunternehmerische Zwecke des Ehegatten genutzt worden ist;
- der Gegenstand nur mit Verlusten eingesetzt und weitestgehend von dem Ehegatten finanziert und unterhalten wurde;
- er nur für die Zeit der tatsächlichen Vermietung versichert worden war und
- weder ein Büro noch besondere Einrichtungen (z.B. zur Unterbringung und Pflege des Gegenstands) vorhanden waren

(vgl. BFH-Urteil vom 12.12.1996, V R 23/93, BStBl. 1997 II S. 368).

Tätigkeit zur Erzielung von Einnahmen

(8) ¹Die Tätigkeit muss auf die Erzielung von Einnahmen gerichtet sein. ²Die Absicht, Gewinn zu erzielen, ist nicht erforderlich. ³Eine Tätigkeit zur Erzielung von Einnahmen liegt vor, wenn diese im Rahmen eines Leistungsaustauschs ausgeübt wird. ⁴Die Unternehmereigenschaft setzt grundsätzlich voraus, dass Lieferungen oder sonstige Leistungen gegen Entgelt bewirkt werden. ⁵Bei einem vorübergehenden Verzicht auf Einnahmen kann in der Regel nicht bereits eine unentgeltliche nichtunternehmerische Tätigkeit angenommen werden (vgl. BFH-Urteil vom 7.7.2005, V R 78/03, BStBl. II S. 849). ⁶Zur Unternehmereigenschaft bei Vorbereitungshandlungen für eine beabsichtigte unternehmerische Tätigkeit, die nicht zu Umsätzen führt, vgl. Abschnitt 2.6 Abs. 1 bis 4.

(9) ¹ Die entgeltliche Tätigkeit eines Kommanditisten als Mitglied eines Beirats, dem vor allem Zustimmungs- und Kontrollrechte übertragen sind, ist als unternehmerisch zu beurteilen (vgl. BFH-Urteil vom 24.8.1994, XI R 74/93, BStBl. 1995 II S. 150). ²Dies gilt auch für die Tätigkeit einer GmbH als Liquidator einer GmbH & Co. KG, deren Geschäfte sie als alleiniger persönlich haftender Gesellschafter geführt hatte, wenn hierfür ein Sonderentgelt vereinbart wurde (vgl. BFH-Urteil vom 8.11.1995, V R 8/94, BStBl. 1996 II S. 176).

2.4. Forderungskauf und Forderungseinzug

(1) ¹Infolge des Urteils des EuGH vom 26.6.2003, C-305/01, BStBl. 2004 II S. 688, ist der Forderungskauf, bei dem der Forderungseinzug durch den Forderungskäufer in eigenem Namen und für eigene Rechnung erfolgt, wie folgt zu beurteilen: ²Im Falle des echten Factoring liegt eine unternehmerische Tätigkeit des Forderungskäufers (Factor) vor, wenn seine Dienstleistung im Wesentlichen darin besteht, dass der Forderungsverkäufer (Anschlusskunde) von der Einziehung der Forderung und dem Risiko ihrer Nichterfüllung entlastet wird (vgl. Randnr. 49 und 52 des EuGH-Urteils vom 26.6.2003, a.a.O.). ³Im Falle des unechten Factoring (der Anschlusskunde wird auf Grund eines dem Factor zustehenden Rückgriffsrechts bei Ausfall der Forderung nicht vom Ausfallrisiko der abgetretenen Forderung entlastet) gilt das Gleiche, wenn der Factor den Forderungseinzug übernimmt (vgl. Randnr. 52 und 54 des EuGH-Urteils vom 26.6.2003, a.a.O.).

(2) ¹Im Falle des Forderungskaufs ohne Übernahme des tatsächlichen Forderungseinzugs durch den Forderungskäufer (Forderungseinzug durch den Forderungsverkäufer in eigenem Namen und für fremde Rechnung) übt der Forderungskäufer unabhängig davon, ob ihm ein Rückgriffsrecht gegen den Forderungsverkäufer zusteht oder nicht, zwar unter den weiteren Voraussetzungen des § 2 Abs. 1 UStG eine unternehmerische Tätigkeit aus; diese ist jedoch keine Factoringleistung im Sinne des o.g. EuGH-Urteils. ²Dies gilt insbesondere für die Abtretung von Forderungen in den Fällen der stillen Zession, z.B. zur Sicherung im Zusammenhang mit einer Kreditgewährung, oder für den entsprechend gestalteten Erwerb von Forderungen „a forfait", z.B. bei Transaktionen im Rahmen sog. „Asset-Backed-Securities (ABS)"-Modelle. ³Der Einzug einer Forderung durch einen Dritten in fremdem Namen und für fremde Rechnung (Inkasso) fällt ebenfalls nicht unter den Anwendungsbereich des EuGH-Urteils vom 26.6.2003, C-305/01, BStBl. 2004 II S. 688.; es liegt gleichwohl eine unternehmerische Tätigkeit vor.

Forderungsverkäufer

(3) ¹Beim Forderungskauf mit Übernahme des tatsächlichen Einzugs und ggf. des Ausfallrisikos durch den Forderungskäufer (Absatz 1 Sätze 2 und 3) erbringt der Forderungsverkäufer (Anschlusskunde) mit der Abtretung seiner Forderung keine Leistung an den Factor (BFH-Urteil vom 4.9.2003, V R 34/99, BStBl. 2004 II S. 667). ²Vielmehr ist der Anschlusskunde Empfänger einer Leistung des Factors. ³Die Abtretung seiner Forderung vollzieht sich im Rahmen einer nicht steuerbaren Leistungsbeistellung. ⁴Dies gilt nicht in den Fällen des Forderungskaufs ohne Übernahme des tatsächlichen Einzugs der Forderung durch den Forderungskäufer (Absatz 2 Sätze 1 und 2). ⁵Die Abtretung einer solchen Forderung stellt einen nach § 4 Nr. 8 Buchstabe c UStG steuerfreien Umsatz im Geschäft mit Forderungen dar. ⁶Mit dem Einzug der abgetretenen Forderung (Servicing) erbringt der Forderungsverkäufer dann keine weitere Leistung an den Forderungskäufer, wenn er auf Grund eines eigenen, vorbehaltenen Rechts mit dem Einzug der Forderung im eigenen Interesse tätig wird. ⁷Beruht seine Tätigkeit dagegen auf einer gesonderten Vereinbarung, ist sie regelmäßig als Nebenleistung zu dem nach § 4 Nr. 8 Buchstabe c UStG steuerfreien Umsatz im Geschäft mit Forderungen anzusehen.

Forderungskäufer

(4) 1Der wirtschaftliche Gehalt der Leistung des Factors (Absatz 1 Sätze 2 und 3, Absatz 3 Sätze 1 bis 3) besteht im Wesentlichen im Einzug von Forderungen. ²Die Factoringleistung fällt in den Katalog der Leistungsbeschreibungen des § 3a Abs. 4 Satz 2 Nr. 6 Buchstabe c UStG (vgl. Abschnitt 3a.9 Abs. 17). ³Die Leistung ist von der Steuerbefreiung nach § 4 Nr. 8 Buchstabe c UStG ausgenommen und damit grundsätzlich steuerpflichtig. ⁴Eine ggf. mit der Factoringleistung einhergehende Kreditgewährung des Factors an den Anschlusskunden ist regelmäßig von untergeordneter Bedeutung und teilt daher als

unselbständige Nebenleistung das Schicksal der Hauptleistung. ⁵Abweichend davon kann die Kreditgewährung jedoch dann als eigenständige Hauptleistung zu beurteilen sein, wenn sie eine eigene wirtschaftliche Bedeutung hat. ⁶Hiervon ist insbesondere auszugehen, wenn die Forderung in mehreren Raten oder insgesamt nicht vor Ablauf eines Jahres nach der Übertragung fällig ist oder die Voraussetzungen des Abschnitts 3.11 Abs. 2 erfüllt sind.

(5) ¹Beim Forderungskauf ohne Übernahme des tatsächlichen Forderungseinzugs erbringt der Forderungskäufer keine Factoringleistung (vgl. Absatz 2 Sätze 1 und 2). ²Der Forderungskauf stellt sich in diesen Fällen, sofern nicht lediglich eine Sicherungsabtretung vorliegt, umsatzsteuerrechtlich damit insgesamt als Rechtsgeschäft dar, bei dem der Forderungskäufer neben der Zahlung des Kaufpreises einen Kredit gewährt und der Forderungsverkäufer als Gegenleistung seine Forderung abtritt, auch wenn der Forderungskauf zivilrechtlich, handels- und steuerbilanziell nicht als Kreditgewährung, sondern als echter Verkauf („true sale") zu betrachten ist. ³Damit liegt ein tauschähnlicher Umsatz mit Baraufgabe vor (vgl. § 3 Abs. 12 Satz 2 UStG). ⁴Umsatzsteuerrechtlich ist es ohne Bedeutung, ob die Forderungen nach Handels- und Ertragsteuerrecht beim Verkäufer oder beim Käufer zu bilanzieren sind. ⁵Die Kreditgewährung in den Fällen der Sätze 1 bis 4 und des Absatzes 4 Sätze 5 und 6 ist nach § 4 Nr. 8 Buchstabe a UStG steuerfrei; sie kann unter den Voraussetzungen des § 9 Abs. 1 UStG als steuerpflichtig behandelt werden. ⁶Zur Ermittlung der Bemessungsgrundlage vgl. Abschnitt 10.5 Abs. 6.

Bemessungsgrundlage Factoringleistung / Vorsteuerabzug

(6) ¹Bemessungsgrundlage für die Factoringleistung (Absatz 1 Sätze 2 und 3, Absatz 3 Sätze 1 bis 3) ist grundsätzlich die Differenz zwischen dem Nennwert der dem Factor abgetretenen Forderungen und dem Betrag, den der Factor seinem Anschlusskunden als Preis für diese Forderungen zahlt, abzüglich der in dem Differenzbetrag enthaltenen Umsatzsteuer (§ 10 UStG). ²Wird für diese Leistung zusätzlich oder ausschließlich eine Gebühr gesondert vereinbart, gehört diese zur Bemessungsgrundlage. ³Bei Portfolioverkäufen ist es nicht zu beanstanden, wenn eine nach Durchschnittswerten bemessene Gebühr in Ansatz gebracht wird. ⁴Der Umsatz unterliegt dem allgemeinen Steuersatz, § 12 Abs. 1 UStG. ⁵Ist beim Factoring unter den in Absatz 4 Sätze 5 und 6 genannten Voraussetzungen eine Kreditgewährung als eigenständige Hauptleistung anzunehmen, gehört der Teil der Differenz, der als Entgelt für die Kreditgewährung gesondert vereinbart wurde, nicht zur Bemessungsgrundlage der Factoringleistung. ⁶Der Verkäufer der Forderung kann unter den Voraussetzungen des § 15 UStG den Vorsteuerabzug aus der Leistung des Käufers der Forderung in Anspruch nehmen, soweit die verkaufte Forderung durch einen Umsatz des Verkäufers der Forderung begründet wurde, der bei diesem den Vorsteuerabzug nicht ausschließt.

Bemessungsgrundlage Factoringleistung – zahlungsgestörte Forderungen

(7) ¹Eine Forderung (bestehend aus Rückzahlungs- und Zinsanspruch) ist insgesamt zahlungsgestört, wenn sie insoweit, als sie fällig ist, ganz oder zu einem nicht nur geringfügigen Teil seit mehr als sechs Monaten nicht ausgeglichen wurde. ²Eine Kreditforderung ist auch zahlungsgestört, wenn die Voraussetzungen für die Kündigung des ihr zu Grunde liegenden Kreditvertrags durch den Gläubiger vorliegen; Gleiches gilt nach erfolgter Kündigung für den Anspruch auf Rückzahlung. ³Das Vorliegen dieser Voraussetzungen ist vom Forderungskäufer nachzuweisen. ⁴Liegen diese Voraussetzungen nicht vor, hat der Factor im Einzelnen nachzuweisen, dass er eine zahlungsgestörte Forderung erworben hat, deren tatsächlicher Wert nicht dem Nennwert entspricht.

(8) ¹Berücksichtigt die vertragliche Vereinbarung einen für die Wirtschaftsbeteiligten erkennbaren und offen ausgewiesenen kalkulatorischen Teilbetrag für tatsächlich eintretende oder von den Parteien zum Zeitpunkt des Vertragsabschlusses erwartete Forderungsausfälle, kann dieser bei der Ermittlung der Bemessungsgrundlage entsprechend in Abzug gebracht werden, da der Wesensgehalt dieser Leistung insoweit nicht im Factoring besteht. ²Bemessungsgrundlage für die Leistung des Factors beim Kauf solcher zahlungsgestörten Forderungen ist die Differenz zwischen dem im Abtretungszeitpunkt nach Ansicht der Parteien voraussichtlich realisierbaren Teil der dem Factor abzutretenden Forderungen (wirtschaftlicher Nennwert) und dem Betrag, den der Factor seinem Anschlusskunden als Preis für diese Forderungen zahlt, abzüglich der in dem Differenzbetrag enthaltenen Umsatzsteuer (§ 10 UStG). ³Der wirtschaftliche Nennwert entspricht regelmäßig dem Wert, den die Beteiligten der Forderung tatsächlich beimessen, einschließlich der Vergütung für den Einzug der Forderung und der Delkrederegebühr oder vergleichbarer Zahlungen, die der Factor für das Risiko des Forderungsausfalls erhält und die als Gegenleistung für eine Leistung des Factors anzusehen sind. ⁴Wird der Anschlusskunde an dem vom Factor gegenüber dem zunächst vereinbarten wirtschaftlichen Nennwert erzielten Mehr- oder Mindererlös beteiligt, entspricht die Leistung des Factors von ihrem wirtschaftlichen Gehalt einer Inkassoleistung; der Berechnung der geänderten Bemessungsgrundlage ist in diesem Fall der tatsächlich vom Factor erzielte Betrag als wirtschaftlicher Nennwert zu Grunde zu legen.

2.5. Betrieb von Anlagen zur Energieerzeugung[1)]

(1) ¹Soweit der Betreiber einer unter § 3 EEG fallenden Anlage oder einer unter § 5 KWKG fallenden Anlage zur Stromgewinnung den erzeugten Strom ganz oder teilweise, regelmäßig und nicht nur gelegentlich in das allgemeine Stromnetz einspeist, dient diese Anlage ausschließlich der nachhaltigen Erzielung von Einnahmen aus der Stromerzeugung (vgl. BFH-Urteil vom 18.12.2008, V R 80/07, BStBl. 2011 II S. 292). ²Eine solche Tätigkeit begründet daher – unabhängig von der Höhe der erzielten Einnahmen und unabhängig von der leistungsmäßigen Auslegung der Anlage – die Unternehmereigenschaft des Betreibers, sofern dieser nicht bereits anderweitig unternehmerisch tätig ist. ³Ist eine solche Anlage – unmittelbar oder mittelbar – mit dem allgemeinen Stromnetz verbunden, kann davon ausgegangen werden, dass der Anlagenbetreiber eine unternehmerische Tätigkeit im Sinne der Sätze 1 und 2 ausübt. ⁴Eine Unternehmereigenschaft des Betreibers der Anlage ist grundsätzlich nicht gegeben, wenn eine physische Einspeisung des erzeugten Stroms nicht möglich ist (z.B. auf Grund unterschiedlicher Netzspannungen), weil hierbei kein Leistungsaustausch zwischen dem Betreiber der Anlage und dem des allgemeinen Stromnetzes vorliegt.

Kaufmännisch-bilanzielle Einspeisung nach § 8 Abs. 2 EEG

(2) Die bei der sog. kaufmännisch-bilanziellen Einspeisung nach § 8 Abs. 2 EEG in ein Netz nach § 3 Nr. 7 EEG angebotene und nach § 16 Abs. 1 EEG vergütete Elektrizität wird umsatzsteuerrechtlich auch dann vom EEG-Anlagenbetreiber an den vergütungspflichtigen Netzbetreiber im Sinne von § 3 Nr. 8 EEG geliefert, wenn der Verbrauch tatsächlich innerhalb eines Netzes erfolgt, das kein Netz für die allgemeine Versorgung nach § 3 Nr. 7 EEG ist und das vom Anlagenbetreiber selbst oder einem Dritten, der kein Netzbetreiber im Sinne von § 3 Nr. 8 EEG ist, betrieben wird.

Direktverbrauch nach § 33 Abs. 2 EEG (Photovoltaikanlagen)

(3) ¹Nach §§ 8, 16 und 18ff. EEG ist ein Netzbetreiber zur Abnahme, Weiterleitung und Verteilung sowie Vergütung der gesamten vom Betreiber einer Anlage im Sinne des § 33 Abs. 2 EEG (installierte Leistung nicht mehr als 500 kW) erzeugten Elektrizität verpflichtet. ²Soweit die erzeugte Energie vom Anlagenbetreiber nachweislich dezentral verbraucht wird (sog. Direktverbrauch), kann sie mit dem nach § 33 Abs. 2 EEG geltenden Betrag vergütet werden. ³Nach § 18 Abs. 3 EEG ist die Umsatzsteuer in den im EEG genannten Vergütungsbeträgen nicht enthalten.

(4) ¹Umsatzsteuerrechtlich wird die gesamte vom Anlagenbetreiber aus solarer Strahlungsenergie erzeugte Elektrizität an den Netzbetreiber geliefert. ²Dies gilt – entsprechend der Regelung zur sog. kaufmännisch-bilanziellen Einspeisung in Absatz 2 – unabhängig davon, wo die Elektrizität tatsächlich verbraucht wird und ob sich der Vergütungsanspruch des Anlagenbetreibers nach § 33 Abs. 1 EEG oder nach § 33 Abs. 2 EEG richtet. ³Die Einspeisevergütung ist in jedem Fall Entgelt für Lieferungen des Anlagenbetreibers und kein Zuschuss. ⁴Soweit der Anlagenbetreiber bei Inanspruchnahme der Vergütung nach § 33 Abs. 2 EEG Elektrizität dezentral verbraucht, liegt umsatzsteuerrechtlich eine (Rück-) Lieferung des Netzbetreibers an ihn vor.

(5) ¹Entgelt für die (Rück-)Lieferung des Netzbetreibers ist alles, was der Anlagenbetreiber für diese (Rück-) Lieferung aufwendet, abzüglich der Umsatzsteuer. ²Entgelt für die Lieferung des Anlagenbetreibers ist alles, was der Netzbetreiber hierfür aufwendet, abzüglich der Umsatzsteuer.

Beispiel:

¹Die Einspeisevergütung nach § 33 Abs. 1 Nr. 1 EEG beträgt für eine Anlage mit einer Leistung bis einschließlich 30 kW, die nach dem 31.12.2010 und vor dem 1.1.2012 in Betrieb genommen wurde, 28,74 Cent / kWh. ²Nach § 33 Abs. 2 Satz 2 Nr. 1 EEG verringert sich diese Vergütung um 16,38 Cent / kWh für den Anteil des direkt verbrauchten Stroms, der 30% der im selben Jahr durch die Anlage erzeugten Strommenge nicht übersteigt, und um 12 Cent / kWh für den darüber hinausgehenden Anteil dieses Stroms.

³Die Bemessungsgrundlage für die (Rück-) Lieferung des Netzbetreibers entspricht der Differenz zwischen der Einspeisevergütung nach § 33 Abs. 1 Nr. 1 EEG und der Vergütung nach § 33 Abs. 2 Satz 2 EEG; da es sich bei diesen Beträgen um Nettobeträge handelt, ist die Umsatzsteuer zur Ermittlung der Bemessungsgrundlage nicht herauszurechnen. ⁴Die Vergütung nach § 33 Abs. 2 EEG beträgt im Fall eines Anteils des direkt verbrauchten Stroms von bis zu 30% an der gesamten erzeugten Strommenge 28,74 Cent / KWh, verringert um 16,38 Cent / kWh, also 12,36 Cent / kWh. ⁵Die Bemessungsgrundlage für die (Rück-) Lieferung des Netzbetreibers beträgt somit 28,74 Cent / kWh, verringert um 12,36 Cent / KWh, also 16,38 Cent / kWh.

⁶Die Bemessungsgrundlage für die Lieferung des Anlagenbetreibers umfasst neben der für den vom Anlagenbetreiber selbst erzeugten (und umsatzsteuerrechtlich gelieferten) Strom geschuldeten

---

1) Hinweis auf Anlage § 002-27

Vergütung von 12,36 Cent / kWh auch die Vergütung für die (Rück-) Lieferung des Netzbetreibers an den Anlagenbetreiber von 16,38 Cent / kWh (vgl. Satz 5). [7]Die Bemessungsgrundlage ergibt sich entsprechend den o.g. Grundsätzen aus der Summe dieser beiden Werte und beträgt somit 28,74 Cent / kWh.

[3]Die Lieferung des Anlagenbetreibers kann nicht – auch nicht im Wege der Vereinfachung unter Außerachtlassung der Rücklieferung des Netzbetreibers – lediglich mit der reduzierten Vergütung nach § 33 Abs. 2 EEG bemessen werden, weil der Umfang der nicht zum Vorsteuerabzug berechtigenden Nutzung der Anlage letztendlich über den Vorsteuerabzug aus der Rücklieferung abgebildet wird.

(6) [1]Der Anlagenbetreiber hat die Photovoltaikanlage unter den in Absatz 1 Sätze 1 bis 3 genannten Voraussetzungen vollständig seinem Unternehmen zuzuordnen. [2]Aus der Errichtung und dem Betrieb der Anlage steht ihm unter den allgemeinen Voraussetzungen des § 15 UStG der Vorsteuerabzug zu. [3]Der Anlagenbetreiber kann die auf die Rücklieferung entfallende Umsatzsteuer unter den allgemeinen Voraussetzungen des § 15 UStG als Vorsteuer abziehen. [4]Der Vorsteuerabzug ist somit insbesondere ausgeschlossen bei Verwendung des Stroms für nichtunternehmerische Zwecke oder zur Ausführung von Umsätzen, die unter die Durchschnittssatzbesteuerung des § 24 UStG fallen. [5]Eine unentgeltliche Wertabgabe liegt insoweit hinsichtlich des dezentral verbrauchten Stroms nicht vor.

Kraft-Wärme-Kopplungsanlagen (KWK-Anlagen)

(7) [1]Nach § 4 Abs. 3a KWKG wird auch der sog. Direktverbrauch (dezentraler Verbrauch von Strom durch den Anlagenbetreiber oder einen Dritten) gefördert. [2]Hinsichtlich der Beurteilung des Direktverbrauchs bei KWK-Anlagen sind die Grundsätze der Absätze 4 und 5 für die Beurteilung des Direktverbrauchs bei Photovoltaikanlagen entsprechend anzuwenden. [3]Umsatzsteuerrechtlich wird demnach auch der gesamte selbst erzeugte und dezentral verbrauchte Strom an den Netzbetreiber geliefert und von diesem an den Anlagenbetreiber zurückgeliefert. [4]Die Hin- und Rücklieferungen beim dezentralen Verbrauch von Strom liegen nur vor, wenn der Anlagenbetreiber für den dezentral verbrauchten Strom eine Vergütung nach dem EEG oder einen Zuschlag nach dem KWKG in Anspruch genommen hat. [5]Sie sind nur für Zwecke der Umsatzsteuer anzunehmen.

Bemessungsgrundlage bei dezentralem Verbrauch von Strom

(8) [1]Wird der vom Anlagenbetreiber oder von einem Dritten dezentral verbrauchte Strom nach KWKG vergütet, entspricht die Bemessungsgrundlage für die Lieferung des Anlagenbetreibers den üblichen Preis zuzüglich der nach dem KWKG vom Netzbetreiber zu zahlenden Zuschläge und ggf. der sog. vermiedenen Netznutzungsgelte (Vergütung für den Teil der Netznutzungsgelte, der durch die dezentrale Einspeisung durch die KWK-Anlage vermieden wird, vgl. § 4 Abs. 3 Satz 2 KWKG), abzüglich einer eventuell enthaltenen Umsatzsteuer. [2]Als üblicher Preis gilt bei KWK-Anlagen mit einer elektrischen Leistung von bis zu 2 Megawatt der durchschnittliche Preis für Grundlaststrom an der Strombörse EEX in Leipzig im jeweils vorangegangenen Quartal (§ 4 Abs. 3 KWKG); für umsatzsteuerrechtliche Zwecke bestehen keine Bedenken, diesen Wert als üblichen Preis bei allen KWK-Anlagen zu übernehmen. [3]Die Bemessungsgrundlage für die Rücklieferung des Netzbetreibers entspricht der Bemessungsgrundlage für die Hinlieferung ohne Berücksichtigung der nach dem KWKG vom Netzbetreiber zu zahlenden Zuschläge.

Beispiel
(Anlage mit Einspeisung ins Niederspannungsnetz des Netzbetreibers)
1. Bemessungsgrundlage der Lieferung des Anlagenbetreibers:

EEX-Referenzpreis	4,152 Cent / kWh
Vermiedene Netznutzungsentgelte	0,12 Cent / kWh
Zuschlag nach § 7 Abs. 6 KWKG	5,11 Cent / kWh
Summe	9,382 Cent / kWh

2. Bemessungsgrundlage für die Rücklieferung des Netzbetreibers:

EEX-Referenzpreis	4,152 Cent / kWh
Vermiedene Netznutzungsentgelte	0,12 Cent / kWh
Summe	4,272 Cent / kWh

[4]Bei der Abgabe von elektrischer Energie bestehen hinsichtlich der Anwendung der Bemessungsgrundlagen nach § 10 Abs. 4 und Abs. 5 UStG keine Bedenken dagegen, den Marktpreis unter Berücksichtigung von Mengenrabatten zu bestimmen; Abschnitt 10.7 Abs. 1 Satz 5 bleibt unberührt. [5]Ungeachtet der umsatzsteuerrechtlichen Bemessungsgrundlage für die Hinlieferung des Anlagenbetreibers an den Netzbetreiber hat dieser keinen höheren Betrag zu entrichten als den nach dem KWKG geschuldeten Zuschlag bzw. die Vergütung nach dem EEG.

UStAE 2.5., 2.6. § 2

Mindestbemessungsgrundlage bei der Abgabe von Wärme

(9) ¹Wird die mittels Kraft-Wärme-Kopplung erzeugte Wärme an einen Dritten geliefert, ist Bemessungsgrundlage für diese Lieferung grundsätzlich das vereinbarte Entgelt (§ 10 Abs. 1 UStG). ²Handelt es sich bei dem Dritten um eine nahe stehende Person, ist die Mindestbemessungsgrundlage des § 10 Abs. 5 Nr. 1 UStG zu prüfen. ³Hierbei ist – ebenso wie bei der Ermittlung der Bemessungsgrundlage nach § 10 Abs. 4 Nr. 1 UStG im Falle der unentgeltlichen Wertabgabe von Wärme nach § 3 Abs. 1b Satz 1 Nr. 1 UStG – stets von den Selbstkosten auszugehen, weil die Wärme vom Betreiber der KWK-Anlage selbst erzeugt wird und es somit keinen vom Betreiber zu zahlenden Einkaufspreis für die Wärme gibt. ⁴Bei der Ermittlung der Selbstkosten sind die Anschaffungs- und Herstellungskosten der KWK-Anlage auf die betriebsgewöhnliche Nutzungsdauer von zehn Jahren zu verteilen (vgl. BMF-Schreiben vom 15.12.2000, BStBl. I S. 1532; AfA-Tabelle AV Fundstelle 3.1.4). ⁵Darüber hinaus ist zu beachten, dass nicht eines der Endprodukte Elektrizität oder Wärme ein Nebenprodukt der Gewinnung des anderen Produkts darstellt. ⁶Die Selbstkosten sind daher stets aufzuteilen, z.B. im Verhältnis der erzeugten Mengen an elektrischer und thermischer Energie oder anhand der Leistungskennzahlen der Anlage (sofern diese keine variable Steuerung in Abhängigkeit von nur einer der beiden angeforderten Energiearten zulässt). ⁷Einheitliche Messgröße für die elektrische und thermische Energie sind kWh.

(10) ¹Die Bemessungsgrundlage wird nach § 10 Abs. 5 in Verbindung mit Abs. 4 Satz 1 Nr. 1 UStG bestimmt, wenn das tatsächliche Entgelt niedriger als diese Mindestbemessungsgrundlage ist und auch das marktübliche Entgelt nicht erreicht (vgl. Abschnitt 10.7 Abs. 1 Satz 4). ²Für die Ermittlung des marktüblichen Entgelts (Marktpreis) sind die konkreten Verhältnisse am Standort des Energieverbrauchers, also in der Regelfall des Betriebs des Leistungsempfängers, entscheidend. ³Ein niedrigeres marktübliches Entgelt ist daher nur anzusetzen, wenn der Leistungsempfänger die bezogene Menge an thermischer Energie auch tatsächlich von einem Dritten beziehen könnte. ⁴Der Ort, an dem der Leistungsempfänger die Energie verbraucht, muss also in dem Versorgungsgebiet eines entsprechenden Wärmeversorgungsunternehmens gelegen sein; ggf. erforderliche Anschlusskosten sind zu berücksichtigen. ⁵Ein pauschaler Ansatz kann insoweit nur in Ausnahmefällen und regional begrenzt in Betracht kommen, soweit in diesem Gebiet allgemein zugängliche Bezugsquellen mit entsprechendem Belieferungspotential vorhanden sind.

Vorsteuerabzug

(11) ¹Der Vorsteuerabzug aus der Anschaffung oder Herstellung von KWK-Anlagen beurteilt sich nach den Grundsätzen in Abschnitt 15.2 Abs. 21 Nr. 2. ²Der Unternehmer kann bei Herstellung oder Anschaffung der Anlage diese entweder insgesamt seinem Unternehmen (voller Vorsteuerabzug) und der allgemeinen Voraussetzungen des § 15 UStG, anschließend Besteuerung der privaten Entnahme von Wärme als Wertabgabe nach § 3 Abs. 1b Satz 1 Nr. 1 UStG), im Umfang der unternehmerischen Nutzung seinem Unternehmen (anteiliger Vorsteuerabzug) oder ganz dem nichtunternehmerischen Bereich (kein Vorsteuerabzug) zuordnen. ³Ändern sich bei Zuordnung der Anlage zum Unternehmen die für den Vorsteuerabzug maßgeblichen Verhältnisse innerhalb von zehn Jahren (vgl. BFH-Urteil vom 14.7.2010, XI R 9/09, BStBl. II S. 1086), ist der Vorsteuerabzug nach § 15a UStG zu berichtigen.

2.6. Beginn und Ende der Unternehmereigenschaft

(1) ¹Die Unternehmereigenschaft beginnt mit dem ersten nach außen erkennbaren, auf eine Unternehmertätigkeit gerichteten Tätigwerden, wenn die spätere Ausführung entgeltlicher Leistungen beabsichtigt ist (Verwendungsabsicht) und die Ernsthaftigkeit dieser Absicht durch objektive Merkmale nachgewiesen oder glaubhaft gemacht wird. ²In diesem Fall entfällt die Unternehmereigenschaft – außer in den Fällen von Betrug und Missbrauch – nicht rückwirkend, wenn es später nicht nachhaltig zur Ausführung entgeltlicher Leistungen kommt. ³Vorsteuerbeträge, die den beabsichtigten Umsätzen, bei denen der Vorsteuerabzug – auch auf Grund von Option – nicht ausgeschlossen wäre, zuzurechnen sind, können dann auch auf Grund von Gesetzesänderungen nicht zurückgefordert werden (vgl. EuGH-Urteile vom 29.2.1996, C-110/94, BStBl. II S. 655, und vom 8.6.2000, C-400/98, BStBl. 2003 II S. 452, und BFH-Urteile vom 22.2.2001, V R 77/96, BStBl. 2003 II S. 426, und vom 8.3.2001, V R 24/98, BStBl. 2003 II S. 430).

(2) ¹Als Nachweis für die Ernsthaftigkeit sind Vorbereitungshandlungen anzusehen, wenn bezogene Gegenstände oder in Anspruch genommene sonstige Leistungen (Eingangsleistungen) ihrer Art nach nur zur unternehmerischen Verwendung oder Nutzung bestimmt sind oder in einem objektiven und zweifelsfrei erkennbaren Zusammenhang mit der beabsichtigten unternehmerischen Tätigkeit stehen (unternehmensbezogene Vorbereitungshandlungen). ²Solche Vorbereitungshandlungen können insbesondere sein:

– der Erwerb umfangreichen Inventars, z.B. Maschinen oder Fuhrpark;
– der Wareneinkauf vor Betriebseröffnung;

§ 2   UStAE 2.6., 2.7.

- die Anmietung oder die Errichtung von Büro- oder Lagerräumen;
- der Erwerb eines Grundstücks;
- die Anforderung einer Rentabilitätsstudie;
- die Beauftragung eines Architekten;
- die Durchführung einer größeren Anzeigenaktion;
- die Abgabe eines Angebots für eine Lieferung oder eine sonstige Leistung gegen Entgelt.

[3]Maßgebend ist stets das Gesamtbild der Verhältnisse im Einzelfall. [4]Die in Abschnitt 15.12 Abs. 1 bis 3 und 5 dargelegten Grundsätze gelten dabei sinngemäß.

(3) [1]Insbesondere bei Vorbereitungshandlungen, die ihrer Art nach sowohl zur unternehmerischen als auch zur nichtunternehmerischen Verwendung bestimmt sein können (z.B. Erwerb eines Computers oder Kraftfahrzeugs), ist vor der ersten Steuerfestsetzung zu prüfen, ob die Verwendungsabsicht durch objektive Anhaltspunkte nachgewiesen ist. [2]Soweit Vorbereitungshandlungen ihrer Art nach typischerweise zur nichtunternehmerischen Verwendung oder Nutzung bestimmt sind (z.B. der Erwerb eines Wohnmobils, Segelschiffs oder sonstigen Freizeitgegenstands), ist bei dieser Prüfung ein besonders hoher Maßstab anzulegen. [3]Lassen sich diese objektiven Anhaltspunkte nicht einwandfrei ermitteln, ist zunächst grundsätzlich nicht von der Unternehmereigenschaft auszugehen. [4]Eine zunächst angenommene Unternehmereigenschaft ist nur dann nach § 164 Abs. 2, § 165 Abs. 2 oder § 173 Abs. 1 AO durch Änderung der ursprünglichen Steuerfestsetzung rückgängig zu machen, wenn später festgestellt wird, dass objektive Anhaltspunkte für die Verwendungsabsicht im Zeitpunkt des Leistungsbezugs nicht vorlagen, die Verwendungsabsicht nicht in gutem Glauben erklärt wurde oder ein Fall von Betrug oder Missbrauch vorliegt. [5]Zur Vermeidung der Inanspruchnahme erheblicher ungerechtfertigter Steuervorteile oder zur Beschleunigung des Verfahrens kann die Einnahme des Augenscheins (§ 98 AO) oder die Durchführung einer Umsatzsteuer-Nachschau (§ 27b UStG) angebracht sein.

(4) [1]Die Absätze 1 bis 3 gelten entsprechend bei der Aufnahme einer neuen Tätigkeit im Rahmen eines bereits bestehenden Unternehmens, wenn die Vorbereitungshandlungen nicht in einem sachlichen Zusammenhang mit der bisherigen unternehmerischen Tätigkeit stehen. [2]Besteht dagegen ein sachlicher Zusammenhang, sind erfolglose Vorbereitungshandlungen der unternehmerischen Sphäre zuzurechnen (vgl. BFH-Urteil vom 16.12.1993, V R 103/88, BStBl. 1994 II S. 278).

(5) [1]Die Unternehmereigenschaft kann nicht im Erbgang übergehen (vgl. BFH-Urteil vom 19.11.1970, V R 14/67, BStBl. 1971 II S. 121). [2]Der Erbe wird nur dann zum Unternehmer, wenn in seiner Person die Voraussetzungen verwirklicht werden, an die das Umsatzsteuerrecht die Unternehmereigenschaft knüpft. [3]Zur Unternehmereigenschaft des Erben einer Kunstsammlung vgl. BFH-Urteil vom 24.11.1992, V R 8/89, BStBl. 1993 II S. 379, und zur Unternehmereigenschaft bei der Veräußerung von Gegenständen eines ererbten Unternehmensvermögens vgl. BFH-Urteil vom 13.1.2010, V R 24/07, BStBl. 2011 II S. 241.

(6) [1]Die Unternehmereigenschaft endet mit dem letzten Tätigwerden. [2]Der Zeitpunkt der Einstellung oder Abmeldung eines Gewerbebetriebs ist unbeachtlich. [3]Unternehmen und Unternehmereigenschaft erlöschen erst, wenn der Unternehmer alle Rechtsbeziehungen abgewickelt hat, die mit dem (aufgegebenen) Betrieb in Zusammenhang stehen (BFH-Urteil vom 21.4.1993, XI R 50/90, BStBl. II S. 696; vgl. auch BFH-Urteil vom 19.11.2009, V R 16/08, BStBl. 2010 II S. 319). [4]Die spätere Veräußerung von Gegenständen des Betriebsvermögens oder die nachträgliche Vereinnahmung von Entgelten gehören noch zur Unternehmertätigkeit. [5]Eine Einstellung der gewerblichen oder beruflichen Tätigkeit liegt nicht vor, wenn den Umständen zu entnehmen ist, dass der Unternehmer die Absicht hat, das Unternehmen weiterzuführen oder in absehbarer Zeit wiederaufleben zu lassen; es ist nicht erforderlich, dass laufend Umsätze bewirkt werden (vgl. BFH-Urteile vom 13.12.1963, V 77/61 U, BStBl. 1964 III S. 90, und vom 15.3.1993, V R 18/89, BStBl. II S. 561). [6]Eine Gesellschaft besteht als Unternehmer so lange fort, bis alle Rechtsbeziehungen, zu denen auch das Rechtsverhältnis zwischen der Gesellschaft und dem Finanzamt gehört, beseitigt sind (vgl. BFH-Urteile vom 21.5.1971, V R 117/67, BStBl. II S. 540, und vom 18.11.1999, V R 22/99, BStBl. II S. 241). [7]Die Unternehmereigenschaft einer GmbH ist weder von ihrem Vermögensstand noch von ihrer Eintragung im Handelsregister abhängig. [8]Eine aufgelöste GmbH kann auch noch nach ihrer Löschung im Handelsregister Umsätze im Rahmen ihres Unternehmens ausführen (vgl. BFH-Urteil vom 9.12.1993, V R 108/91, BStBl. 1994 II S. 483). [9]Zum Sonderfall des Ausscheidens eines Gesellschafters aus einer zweigliedrigen Personengesellschaft (Anwachsen) vgl. BFH-Urteil vom 18.9.1980, V R 175/74, BStBl. 1981 II S. 293.

2.7. Unternehmen

(1) [1]Zum Unternehmen gehören sämtliche Betriebe oder berufliche Tätigkeiten desselben Unternehmers. [2]Organgesellschaften sind – unter Berücksichtigung der Einschränkungen in § 2 Abs. 2 Nr. 2

Sätze 2 bis 4 UStG (vgl. Abschnitt 2.9) – Teile des einheitlichen Unternehmens eines Unternehmers. ³Innerhalb des einheitlichen Unternehmens sind steuerbare Umsätze grundsätzlich nicht möglich; zu den Besonderheiten beim innergemeinschaftlichen Verbringen vgl. Abschnitt 1a.2.

(2) ¹In den Rahmen des Unternehmens fallen nicht nur die Grundgeschäfte, die den eigentlichen Gegenstand der geschäftlichen Betätigung bilden, sondern auch die Hilfsgeschäfte (vgl. BFH-Urteil vom 24.2.1988, X R 67/82, BStBl. II S. 622). ²Zu den Hilfsgeschäften gehört jede Tätigkeit, die die Haupttätigkeit mit sich bringt (vgl. BFH-Urteil vom 28.10.1964, V 227/62 U, BStBl. 1965 III S. 34). ³Auf die Nachhaltigkeit der Hilfsgeschäfte kommt es nicht an (vgl. BFH-Urteil vom 20.9.1990, V R 92/85, BStBl. 1991 II S. 35). ⁴Ein Verkauf von Vermögensgegenständen fällt somit ohne Rücksicht auf die Nachhaltigkeit in den Rahmen des Unternehmens, wenn der Gegenstand zum unternehmerischen Bereich des Veräußerers gehörte. ⁵Bei einem gemeinnützigen Verein fallen Veräußerungen von Gegenständen, die von Todes wegen erworben sind, nur dann in den Rahmen des Unternehmens, wenn sie für sich nachhaltig sind (vgl. BFH-Urteil vom 9.9.1993, V R 24/89, BStBl. 1994 II S. 57).

2.8. Organschaft

Allgemeines

(1) ¹Organschaft nach § 2 Abs. 2 Nr. 2 UStG liegt vor, wenn eine juristische Person nach dem Gesamtbild der tatsächlichen Verhältnisse finanziell, wirtschaftlich und organisatorisch in ein Unternehmen eingegliedert ist. ²Es ist nicht erforderlich, dass alle drei Eingliederungsmerkmale gleichermaßen ausgeprägt sind. ³Organschaft kann deshalb auch gegeben sein, wenn die Eingliederung auf einem dieser drei Gebiete nicht vollständig, dafür aber auf den anderen Gebieten um so eindeutiger ist, so dass sich die Eingliederung aus dem Gesamtbild der tatsächlichen Verhältnisse ergibt (vgl. BFH-Urteil vom 23.4.1964, V 184/61 U, BStBl. III S. 346, und vom 22.6.1967, V R 89/66, BStBl. III S. 715). ⁴Von der finanziellen Eingliederung kann weder auf die wirtschaftliche noch auf die organisatorische Eingliederung geschlossen werden (vgl. BFH-Urteile vom 5.12.2007, V R 26/06, BStBl. 2008 II S. 451, und vom 3.4.2008, V R 76/05, BStBl. II S. 905). ⁵Die Organschaft umfasst nur den unternehmerischen Bereich der Organgesellschaft. ⁶Liegt Organschaft vor, sind die untergeordneten juristischen Personen (Organgesellschaften, Tochtergesellschaften) ähnlich wie Angestellte des übergeordneten Unternehmens (Organträger, Muttergesellschaft) als unselbständig anzusehen; Unternehmer ist der Organträger. ⁷Eine Gesellschaft kann bereits zu einem Zeitpunkt in das Unternehmen des Organträgers eingegliedert sein, zu dem sie selbst noch keine Umsätze ausführt, dies gilt insbesondere für eine Auffanggesellschaft im Rahmen des Konzepts einer „übertragenden Sanierung" (vgl. BFH-Urteil vom 17.1.2002, V R 37/00, BStBl. II S. 373). ⁸War die seit dem Abschluss eines Gesellschaftsvertrags bestehende Gründergesellschaft einer später in das Handelsregister eingetragenen GmbH nach dem Gesamtbild der tatsächlichen Verhältnisse finanziell, wirtschaftlich und organisatorisch in ein Unternehmen eingegliedert, besteht die Organschaft zwischen der GmbH und dem Unternehmen bereits für die Zeit vor der Eintragung der GmbH in das Handelsregister (vgl. BFH-Urteil vom 9.3.1978, V R 90/74, BStBl. II S. 486).

(2) ¹Als Organgesellschaften kommen regelmäßig nur juristische Personen des Zivil- und Handelsrechts in Betracht (vgl. BFH-Urteil vom 20.12.1973, V R 87/70, BStBl. 1974 II S. 311). ²Organträger kann jeder Unternehmer sein. ³Eine GmbH, die an einer KG als persönlich haftende Gesellschafterin beteiligt ist, kann grundsätzlich nicht als Organgesellschaft in das Unternehmen dieser KG eingegliedert sein (BFH-Urteil vom 14.12.1978, V R 85/74, BStBl. 1979 II S. 288). ⁴Dies gilt auch in den Fällen, in denen die übrigen Kommanditisten der KG sämtliche Geschäftsanteile der GmbH halten (vgl. BFH-Urteil vom 19.5.2005, V R 31/03, BStBl. II S. 671). ⁵Bei der sog. Einheits-GmbH & Co. KG (100%ige unmittelbare Beteiligung der KG an der GmbH) kann die GmbH jedoch als Organgesellschaft in die KG eingegliedert sein, da die KG auf Grund ihrer Gesellschafterstellung sicherstellen kann, dass ihr Wille auch in der GmbH durchgesetzt wird, vgl. auch Abschnitt 2.2 Abs. 6 Beispiel 2. ⁶Auch eine juristische Person des öffentlichen Rechts kann Organträger sein, wenn und soweit sie unternehmerisch tätig ist. ⁷Die die Unternehmereigenschaft begründenden entgeltlichen Leistungen können auch gegenüber einer Gesellschaft erbracht werden, mit der als Folge dieser Leistungstätigkeit eine organschaftliche Verbindung besteht (vgl. BFH-Urteil vom 9.10.2002, V R 64/99, BStBl. 2003 II S. 375).

(3) ¹Die Voraussetzungen für die umsatzsteuerliche Organschaft sind nicht identisch mit den Voraussetzungen der körperschaftsteuerlichen und gewerbesteuerlichen Organschaft. ²Eine gleichzeitige Eingliederung einer Organgesellschaft in die Unternehmen mehrerer Organträger (sog. Mehrmütterorganschaft) ist nicht möglich.

(4) Weder das Umsatzsteuergesetz noch das Gemeinschaftsrecht sehen ein Wahlrecht für den Eintritt der Rechtsfolgen einer Organschaft vor (vgl. BFH-Urteil vom 29.10.2008, XI R 74/07, BStBl. 2009 II S. 256).

§ 2 UStAE 2.8.

Finanzielle Eingliederung[1)]

(5) [1]Unter der finanziellen Eingliederung ist der Besitz der entscheidenden Anteilsmehrheit an der Organgesellschaft zu verstehen, die es dem Organträger ermöglicht, durch Mehrheitsbeschlüsse seinen Willen in der Organgesellschaft durchzusetzen. [2]Entsprechen die Beteiligungsverhältnisse den Stimmrechtsverhältnissen, ist die finanzielle Eingliederung gegeben, wenn die Beteiligung mehr als 50% beträgt, sofern keine höhere qualifizierte Mehrheit für die Beschlussfassung in der Organgesellschaft erforderlich ist (vgl. BFH-Urteil vom 1.12.2010, XI R 43/08, BStBl. 2011 II S. 600). [3]Eine finanzielle Eingliederung setzt eine unmittelbare oder mittelbare Beteiligung des Organträgers an der Organgesellschaft voraus. [4]Es ist ausreichend, wenn die finanzielle Eingliederung mittelbar über eine unternehmerisch oder nichtunternehmerisch tätige Tochtergesellschaft des Organträgers erfolgt. [5]Eine nichtunternehmerisch tätige Tochtergesellschaft wird dadurch jedoch nicht Bestandteil des Organkreises. [6]Ist eine Kapital- oder Personengesellschaft nicht selbst an der Organgesellschaft beteiligt, reicht es für die finanzielle Eingliederung nicht aus, dass nur ein oder mehrere Gesellschafter auch mit Stimmenmehrheit an der Organgesellschaft beteiligt sind (vgl. BFH-Urteile vom 2.8.1979, V R 111/77, BStBl. 1980 II S. 20, vom 22.4.2010, V R 9/09, BStBl. 2011 II S. 597, und vom 1.12.2010, XI R 43/08, a.a.O.). [7]In diesem Fall ist keine der beiden Gesellschaften in das Gefüge des anderen Unternehmens eingeordnet, sondern es handelt sich vielmehr um gleich geordnete Schwestergesellschaften. [8]Dies gilt auch dann, wenn die Beteiligung eines Gesellschafters an einer Kapitalgesellschaft ertragsteuerlich zu dessen Sonderbetriebsvermögen bei einer Personengesellschaft gehört. [9]Das Fehlen einer eigenen unmittelbaren oder mittelbaren Beteiligung der Gesellschaft kann nicht durch einen Beherrschungsvertrag und Gewinnabführungsvertrag ersetzt werden (BFH-Urteil vom 1.12.2010, XI R 43/08, a.a.O.).

Wirtschaftliche Eingliederung

(6) [1]Wirtschaftliche Eingliederung bedeutet, dass die Organgesellschaft nach dem Willen des Unternehmers im Rahmen des Gesamtunternehmens, und zwar in engem wirtschaftlichen Zusammenhang mit diesem, wirtschaftlich tätig ist (vgl. BFH-Urteil vom 22.6.1967, V R 89/66, BStBl. III S. 715). [2]Voraussetzung für eine wirtschaftliche Eingliederung ist, dass die Beteiligung an der Kapitalgesellschaft dem unternehmerischen Bereich des Anteileigners zugeordnet werden kann (vgl. Abschnitt 2.3 Abs. 2). [3]Sie kann bei entsprechend deutlicher Ausprägung der finanziellen und organisatorischen Eingliederung bereits dann vorliegen, wenn zwischen dem Organträger und der Organgesellschaft auf Grund gegenseitiger Förderung und Ergänzung mehr als nur unerhebliche wirtschaftliche Beziehungen bestehen (vgl. BFH-Urteil vom 29.10.2008, XI R 74/07, BStBl. 2009 II S. 256), insbesondere braucht dann nicht die Organgesellschaft vom Organträger abhängig zu sein (vgl. BFH-Urteil vom 3.4.2003, V R 63/01, BStBl. 2004 II S. 434). [4]Die wirtschaftliche Eingliederung kann sich auch aus einer Verflechtung zwischen den Unternehmensbereichen verschiedener Organgesellschaften ergeben (vgl. BFH-Urteil vom 20.8.2009, V R 30/06, BStBl. 2010 II S. 863). [5]Beruht die wirtschaftliche Eingliederung auf Leistungen des Organträgers gegenüber seiner Organgesellschaft, müssen jedoch entgeltliche Leistungen vorliegen, denen für das Unternehmen der Organgesellschaft mehr als nur unwesentliche Bedeutung zukommt (vgl. BFH-Urteil vom 18.6.2009, V R 4/08, BStBl. 2010 II S. 310, und vom 6.5.2010, V R 26/09, BStBl. II S. 1114). [6]Stellt der Organträger für eine von der Organgesellschaft bezogene Leistung unentgeltlich Material zur Verfügung, reicht dies zur Begründung der wirtschaftlichen Eingliederung nicht aus (vgl. BFH-Urteil vom 20.8.2009, V R 30/06, a.a.O.).

(6a) [1]Für die Frage der wirtschaftlichen Verflechtung kommt der Entstehungsgeschichte der Tochtergesellschaft eine wesentliche Bedeutung zu. [2]Die Unselbständigkeit einer hauptsächlich im Interesse einer anderen Firma ins Leben gerufenen Produktionsfirma braucht nicht daran zu scheitern, dass sie einen Teil ihrer Erzeugnisse auf dem freien Markt absetzt. [3]Ist dagegen eine Produktionsgesellschaft zur Versorgung eines bestimmten Markts gegründet worden, kann ihre wirtschaftliche Eingliederung als Organgesellschaft auch dann gegeben sein, wenn zwischen ihr und der Muttergesellschaft Warenlieferungen nur in geringem Umfange oder überhaupt nicht vorkommen (vgl. BFH- Urteil vom 15.6.1972, V R 15/69, BStBl. II S. 840).

(6b) [1]Bei einer Betriebsaufspaltung in ein Besitzunternehmen (z.B. Personengesellschaft) und eine Betriebsgesellschaft (Kapitalgesellschaft) und Verpachtung des Betriebsvermögens durch das Besitzunternehmen an die Betriebsgesellschaft steht die durch die Betriebsaufspaltung entstandene Kapitalgesellschaft im Allgemeinen in einem Abhängigkeitsverhältnis zum Besitzunternehmen (vgl. BFH-Urteile vom 28.1.1965, V 126/62 U, BStBl. III S. 243 und vom 17.11.1966, V 113/65, BStBl. 1967 III S. 103). [2]Auch wenn bei einer Betriebsaufspaltung nur das Betriebsgrundstück ohne andere Anlagegegenstände verpachtet wird, kann eine wirtschaftliche Eingliederung vorliegen (BFH-Urteil vom 9.9.1993, V R 124/89, BStBl. 1994 II S. 129).

---

1) Hinweis auf Anlage § 002-28 (Nichtbeanstandungsregelung)

(6c) ¹Die wirtschaftliche Eingliederung wird jedoch nicht auf Grund von Liquiditätsproblemen der Organtochter beendet (vgl. BFH-Urteil vom 19.10.1995, V R 128/93, UR 1996 S. 265). ²Die wirtschaftliche Eingliederung auf Grund der Vermietung eines Grundstücks, das die räumliche und funktionale Geschäftstätigkeit der Organgesellschaft bildet, entfällt nicht bereits dadurch, dass für das betreffende Grundstück Zwangsverwaltung und Zwangsversteigerung angeordnet wird (vgl. BMF-Schreiben vom 1.12.2009, BStBl. I S. 1609). ³Eine Entflechtung vollzieht sich erst im Zeitpunkt der tatsächlichen Beendigung des Nutzungsverhältnisses zwischen dem Organträger und der Organgesellschaft.

Organisatorische Eingliederung

(7) ¹Die organisatorische Eingliederung liegt vor, wenn der Organträger durch organisatorische Maßnahmen sicherstellt, dass in der Organgesellschaft sein Wille auch tatsächlich ausgeführt wird. ²Die organisatorische Eingliederung setzt in aller Regel die personelle Verflechtung der Geschäftsführungen des Organträgers und der Organgesellschaft voraus (BFH-Urteil vom 3.4.2008, V R 76/05, BStBl. II S. 905). ³Dies ist z.B. durch Personalunion der Geschäftsführer in beiden Gesellschaften der Fall (vgl. BFH-Urteile vom 23.4.1959, V 66/57 U, BStBl. III S. 256, und vom 13.4.1961, V 81/59 U, BStBl. III S. 343). ⁴Nicht von ausschlaggebender Bedeutung ist, dass die Organgesellschaft in eigenen Räumen arbeitet, eine eigene Buchhaltung und eigene Einkaufs- und Verkaufsabteilungen besitzt, die dem Willen des Organträgers entsprechen kann (vgl. BFH-Urteil vom 23.7.1959, V 176/55 U, BStBl. III S. 376). ⁵Der aktienrechtlichen Abhängigkeitsvermutung aus § 17 AktG kommt keine Bedeutung im Hinblick auf die organisatorische Eingliederung zu (vgl. BFH-Urteil vom 3.4.2008, a.a.O.). ⁶Zum Wegfall der organisatorischen Eingliederung bei Anordnung der Zwangsverwaltung und Zwangsversteigerung für ein Grundstück vgl. BMF-Schreiben vom 1.12.2009, BStBl. I S. 1609.

Insolvenzverfahren

(8) ¹Bei Organgesellschaften, bei denen der Organträger Geschäftsführer der Organgesellschaft ist, endet die Organschaft nur dann bereits vor Eröffnung des Insolvenzverfahrens mit der Bestellung eines vorläufigen Insolvenzverwalters im Rahmen der Anordnung von Sicherungsmaßnahmen, wenn der vorläufige Insolvenzverwalter den maßgeblichen Einfluss auf die Organgesellschaft erhält und ihm eine vom Willen des Organträgers abweichende Willensbildung in der Organgesellschaft möglich ist (vgl. BFH-Urteil vom 13.3.1997, V R 96/96, BStBl. II S. 580, für den Sequester nach der KO). ²Dies gilt auch bei einer Insolvenz des Organträgers. ³Das Insolvenzverfahren steht der Organschaft grundsätzlich nicht entgegen, solange dem vorläufigen Insolvenzverwalter eine vom Willen des Vorstands abweichende Willensbildung beim Organträger nicht möglich ist. ⁴Die Organschaft kann aber ausnahmsweise mit der Insolvenz des Organträgers enden, wenn sich die Insolvenz nicht auf die Organgesellschaft erstreckt (vgl. BFH-Urteil vom 28.1.1999, V R 32/98, BStBl. II S. 258, für das Konkursverfahren nach der KO).

2.9. Beschränkung der Organschaft auf das Inland
Allgemeines

(1) ¹Die Wirkungen der Organschaft sind nach § 2 Abs. 2 Nr. 2 Satz 2 UStG auf Innenleistungen zwischen den im Inland gelegenen Unternehmensteilen beschränkt. ²Sie bestehen nicht im Verhältnis zu den im Ausland gelegenen Unternehmensteilen sowie zwischen diesen Unternehmensteilen. ³Die im Inland gelegenen Unternehmensteile sind nach § 2 Abs. 2 Nr. 2 Satz 3 UStG als ein Unternehmen zu behandeln.

(2) ¹Der Begriff des Unternehmens in § 2 Abs. 1 Satz 2 UStG bleibt von der Beschränkung der Organschaft auf das Inland unberührt. ²Daher sind grenzüberschreitende Leistungen innerhalb des Unternehmens, insbesondere zwischen dem Unternehmer, z.B. Organträger oder Organgesellschaft, und seinen Betriebsstätten (Abschnitt 3a.1 Abs. 3) oder umgekehrt – mit Ausnahme von Warenbewegungen auf Grund eines innergemeinschaftlichen Verbringens (vgl. Abschnitt 1a.2) – nicht steuerbare Innenumsätze.

Im Inland gelegene Unternehmensteile

(3) Im Inland gelegene Unternehmensteile im Sinne der Vorschrift sind
1. der Organträger, sofern er im Inland ansässig ist;
2. die im Inland ansässigen Organgesellschaften des in Nummer 1 bezeichneten Organträgers;
3. die im Inland gelegenen Betriebsstätten, z.B. Zweigniederlassungen, des in Nummer 1 bezeichneten Organträgers und seiner im Inland und Ausland ansässigen Organgesellschaften;
4. die im Inland ansässigen Organgesellschaften eines Organträgers, der im Ausland ansässig ist;
5. die im Inland gelegenen Betriebsstätten, z.B. Zweigniederlassungen, des im Ausland ansässigen Organträgers und seiner im Inland und Ausland ansässigen Organgesellschaften.

(4) ¹Die Ansässigkeit des Organträgers und der Organgesellschaften beurteilt sich danach, wo sie ihre Geschäftsleitung haben. ²Im Inland gelegene und vermietete Grundstücke sind wie Betriebsstätten zu behandeln.

(5) ¹Die im Inland gelegenen Unternehmensteile sind auch dann als ein Unternehmen zu behandeln, wenn zwischen ihnen keine Innenleistungen ausgeführt werden. ²Das gilt aber nicht, soweit im Ausland Betriebsstätten unterhalten werden (vgl. Absätze 6 und 8).

Organträger im Inland

(6) ¹Ist der Organträger im Inland ansässig, umfasst das Unternehmen die in Absatz 3 Nr. 1 bis 3 bezeichneten Unternehmensteile. ²Es umfasst nach Absatz 2 auch die im Ausland gelegenen Betriebsstätten des Organträgers. ³Unternehmer und damit Steuerschuldner im Sinne des § 13a Abs. 1 Satz 1 UStG ist der Organträger. ⁴Hat der Organträger Organgesellschaften im Ausland, gehören diese umsatzsteuerrechtlich nicht zum Unternehmen des Organträgers. ⁵Die Organgesellschaften im Ausland können somit im Verhältnis zum Unternehmen des Organträgers und zu Dritten sowohl Umsätze ausführen als auch Leistungsempfänger sein. ⁶Bei der Erfassung von steuerbaren Umsätzen im Inland sowie bei Anwendung der Steuerschuldnerschaft des Leistungsempfängers (vgl. Abschnitte 13b.1 und 13b.11) und des Vorsteuer-Vergütungsverfahrens sind sie jeweils für sich als im Ausland ansässige Unternehmer anzusehen. ⁷Im Ausland gelegene Betriebsstätten von Organgesellschaften im Inland sind zwar den jeweiligen Organgesellschaften zuzurechnen, gehören aber nicht zum Unternehmen des Organträgers (vgl. Absatz 2). ⁸Leistungen zwischen den Betriebsstätten und dem Organträger oder anderen Organgesellschaften sind daher keine Innenumsätze.

Beispiel 1:

¹Der im Inland ansässige Organträger O hat im Inland eine Organgesellschaft T 1, in Frankreich eine Organgesellschaft T 2 und in der Schweiz eine Betriebsstätte B. ²O versendet Waren an T 1, T 2 und B.

³Zum Unternehmen des O (Unternehmer) gehören T 1 und B. ⁴Zwischen O und T 1 sowie zwischen O und B liegen nicht steuerbare Innenleistungen vor. ⁵O bewirkt an T 2 steuerbare Lieferungen, die unter den Voraussetzungen der § 4 Nr. 1 Buchstabe b, § 6a UStG als innergemeinschaftliche Lieferungen steuerfrei sind.

Beispiel 2:

¹Sachverhalt wie Beispiel 1. ²T 2 errichtet im Auftrag von T 1 eine Anlage im Inland. ³Sie befördert dazu Gegenstände aus Frankreich zu ihrer Verfügung in das Inland.

⁴T 2 bewirkt eine steuerbare und steuerpflichtige Werklieferung (§ 13b Abs. 2 Nr. 1 UStG) an O. ⁵O schuldet die Steuer für diese Lieferung nach § 13b Abs. 5 Satz 1 UStG. ⁶Die Beförderung der Gegenstände in das Inland ist kein innergemeinschaftliches Verbringen (vgl. Abschnitt 1a.2 Abs. 10 Nr. 1).

Beispiel 3:

¹Sachverhalt wie in Beispiel 1, aber mit der Abweichung, dass B die (schweizerische) Betriebsstätte der im Inland ansässigen Organgesellschaft T 1 ist. ²O versendet Waren an B und an T 1. ³T 1 versendet die ihr von O zugesandten Waren an B.

⁴O bewirkt an B steuerbare Lieferungen, die unter den Voraussetzungen der § 4 Nr. 1 Buchstabe a, § 6 UStG als Ausfuhrlieferungen steuerfrei sind. ⁵Zwischen O und T 1 sowie T 1 und B werden durch das Versenden von Waren nicht steuerbare Innenleistungen bewirkt.

Organträger im Ausland

(7) ¹Ist der Organträger im Ausland ansässig, ist die Gesamtheit der in Absatz 3 Nr. 4 und 5 bezeichneten Unternehmensteile als ein Unternehmen zu behandeln. ²In diesem Fall gilt nach § 2 Abs. 2 Nr. 2 Satz 4 UStG der wirtschaftlich bedeutendste Unternehmensteil im Inland als der Unternehmer und damit als der Steuerschuldner im Sinne des § 13a Abs. 1 Nr. 1 UStG. ³Wirtschaftlich bedeutendster Unternehmensteil im Sinne des § 2 Abs. 2 Nr. 2 Satz 4 UStG kann grundsätzlich nur eine im Inland ansässige juristische Person (Organgesellschaft) sein; beim Vorliegen der Voraussetzungen des § 18 KStG ist es jedoch die Zweigniederlassung. ⁴Hat der Organträger mehrere Organgesellschaften im Inland, kann der wirtschaftlich bedeutendste Unternehmensteil nach der Höhe des Umsatzes bestimmt werden, sofern sich die in Betracht kommenden Finanzämter nicht auf Antrag der Organgesellschaften über einen anderen Maßstab verständigen. ⁵Diese Grundsätze gelten entsprechend, wenn die im Inland gelegenen Unternehmensteile nur aus rechtlich unselbständigen Betriebsstätten bestehen. ⁶Bereitet die Feststellung des wirtschaftlich bedeutendsten Unternehmensteils Schwierigkeiten oder erscheint es aus anderen Gründen geboten, kann zugelassen werden, dass der im Ausland ansässige Organträger als Bevollmächtigter für den wirtschaftlich bedeutendsten Unternehmensteil dessen steuerliche Pflichten

erfüllt. ⁷Ist der Organträger ein ausländisches Versicherungsunternehmen im Sinne des VAG, gilt als wirtschaftlich bedeutendster Unternehmensteil im Inland die Niederlassung, für die nach § 106 Abs. 3 VAG ein Hauptbevollmächtigter bestellt ist; bestehen mehrere derartige Niederlassungen, gilt Satz 4 entsprechend.

(8) ¹Unterhalten die im Inland ansässigen Organgesellschaften Betriebsstätten im Ausland, sind diese der jeweiligen Organgesellschaft zuzurechnen, gehören aber nicht zur Gesamtheit der im Inland gelegenen Unternehmensteile. ²Leistungen zwischen den Betriebsstätten und den anderen Unternehmensteilen sind daher keine Innenumsätze.

(9) ¹Der Organträger und seine im Ausland ansässigen Organgesellschaften bilden jeweils gesonderte Unternehmen. ²Sie können somit an die im Inland ansässigen Organgesellschaften Umsätze ausführen und Empfänger von Leistungen dieser Organgesellschaften sein. ³Auch für die Erfassung der im Inland bewirkten steuerbaren Umsätze sowie für die Anwendung des Vorsteuer-Vergütungsverfahrens gelten sie einzeln als im Ausland ansässige Unternehmer. ⁴Die im Inland gelegenen Organgesellschaften und Betriebsstätten sind als ein gesondertes Unternehmen zu behandeln.

Beispiel 1:

¹Der in Frankreich ansässige Organträger O hat im Inland die Organgesellschaften T 1 (Jahresumsatz 2 Mio. €) und T 2 (Jahresumsatz 1 Mio. €) sowie die Betriebsstätte B (Jahresumsatz 2 Mio. €). ²In Belgien hat O noch eine weitere Organgesellschaft T 3. ³Zwischen T 1, T 2 und B finden Warenlieferungen statt. ⁴O und T 3 versenden Waren an B (§ 3 Abs. 6 UStG). ⁵T 1, T 2 und B bilden das Unternehmen im Sinne von § 2 Abs. 2 Nr. 2 Satz 3 UStG. ⁶T 1 ist als wirtschaftlich bedeutendster Unternehmensteil der Unternehmer. ⁷Die Warenlieferungen zwischen T 1, T 2 und B sind als Innenleistungen nicht steuerbar. ⁸T 1 hat die von O und T 3 an B versandten Waren als innergemeinschaftlichen Erwerb zu versteuern.

Beispiel 2:

¹Sachverhalt wie Beispiel 1. ²T 3 führt im Auftrag von T 2 eine sonstige Leistung im Sinne des § 3a Abs. 2 UStG aus.

³Es liegt eine Leistung an einen Unternehmer vor, der sein Unternehmen im Inland betreibt. ⁴Die Leistung ist daher nach § 3a Abs. 2 UStG steuerbar und steuerpflichtig. ⁵T 1 als Unternehmer und umsatzsteuerrechtlicher Leistungsempfänger schuldet die Steuer nach § 13b Abs. 5 UStG.

Beispiel 3:

¹Der Organträger O in Frankreich hat die Organgesellschaften T 1 in Belgien und T 2 in den Niederlanden. ²Im Inland hat er keine Organgesellschaft. ³T 1 hat im Inland die Betriebsstätte B 1 (Jahresumsatz 500.000 €), T 2 die Betriebsstätte B 2 (Jahresumsatz 300.000 €). ⁴O hat abziehbare Vorsteuerbeträge aus der Anmietung einer Lagerhalle im Inland.

⁵B 1 und B 2 bilden das Unternehmen im Sinne von § 2 Abs. 2 Nr. 2 Satz 3 UStG. ⁶B 1 ist als wirtschaftlich bedeutendster Unternehmensteil der Unternehmer. ⁷O kann die abziehbaren Vorsteuerbeträge im Vorsteuer-Vergütungsverfahren geltend machen.

Beispiel 4:

¹Der in Japan ansässige Organträger O hat in der Schweiz die Organgesellschaft T und im Inland die Betriebsstätte B. ²O und T versenden Waren an B und umgekehrt. ³Außerdem hat O abziehbare Vorsteuerbeträge aus der Anmietung einer Lagerhalle im Inland.

⁴B gehört einerseits zum Unternehmen des O (§ 2 Abs. 1 Satz 2 UStG) und ist andererseits nach § 2 Abs. 2 Nr. 2 Satz 3 UStG ein Unternehmen im Inland. ⁵Die bei der Einfuhr der an B versandten Waren anfallende Einfuhrumsatzsteuer ist unter den Voraussetzungen des § 15 UStG bei B als Vorsteuer abziehbar. ⁶Soweit B an O Waren versendet, werden Innenleistungen bewirkt, die deshalb nicht steuerbar sind. ⁷Die Lieferungen von B an T sind steuerbar und unter den Voraussetzungen der § 4 Nr. 1 Buchstabe a und § 6 UStG als Ausfuhrlieferungen steuerfrei. ⁸O kann die abziehbaren Vorsteuerbeträge im Vorsteuer-Vergütungsverfahren geltend machen, da mit Japan Gegenseitigkeit besteht und somit eine Vergütung nach § 18 Abs. 9 Satz 6 UStG nicht ausgeschlossen ist (vgl. Abschnitt 18.11 Abs. 4).

2.10. Unternehmereigenschaft und Vorsteuerabzug bei Vereinen, Forschungsbetrieben und ähnlichen Einrichtungen

Unternehmereigenschaft

(1) ¹Soweit Vereine Mitgliederbeiträge vereinnahmen, um in Erfüllung ihres satzungsmäßigen Gemeinschaftszwecks die Gesamtbelange ihrer Mitglieder wahrzunehmen, ist ein Leistungsaustausch nicht gegeben (vgl. BFH-Urteil vom 12.4.1962, V 134/59 U, BStBl. III S. 260, – und Abschnitt 1.4 Abs. 1). ²In

Wahrnehmung dieser Aufgaben sind die Vereine daher nicht Unternehmer (vgl. BFH-Urteile vom 28.11.1963, II 181/61 U, BStBl. 1964 III S. 114, und vom 30.9.1965, V 176/63 U, BStBl. III S. 682). ³Das Gleiche gilt für Einrichtungen, deren Aufgaben ausschließlich durch Zuschüsse finanziert werden, die nicht das Entgelt für eine Leistung darstellen, z.B. Forschungsbetriebe. ⁴Vereinnahmen Vereine, Forschungsbetriebe oder ähnliche Einrichtungen neben echten Mitgliederbeiträgen und Zuschüssen auch Entgelte für Lieferungen oder sonstige Leistungen, sind sie nur insoweit Unternehmer, als ihre Tätigkeit darauf gerichtet ist, nachhaltig entgeltliche Lieferungen oder sonstige Leistungen zu bewirken. ⁵Daher ist eine nach der Verordnung (EWG) Nr. 2137/85 vom 25.7.1985 (ABl. EG 1985 Nr. L 199 S. 1) gegründete Europäische wirtschaftliche Interessenvereinigung (EWIV), die gegen Entgelt Lieferungen von Gegenständen oder Dienstleistungen an ihre Mitglieder oder an Dritte bewirkt, Unternehmer (vgl. Artikel 5 der MwStVO. ⁶Der unternehmerische Bereich umfasst die gesamte zur Ausführung der entgeltlichen Leistungen entfaltete Tätigkeit einschließlich aller unmittelbar hierfür dienenden Vorbereitungen. ⁷Diese Beurteilung gilt ohne Rücksicht auf die Rechtsform, in der die Tätigkeit ausgeübt wird. ⁸Der umsatzsteuerrechtliche Unternehmerbegriff stellt nicht auf die Rechtsform ab (vgl. Abschnitt 2.1 Abs. 1). ⁹Außer Vereinen, Stiftungen, Genossenschaften können auch z.B. Kapitalgesellschaften oder Personengesellschaften einen nichtunternehmerischen Bereich besitzen (vgl. BFH-Urteil vom 20.12.1984, V R 25/76, BStBl. 1985 II S. 176). ¹⁰Sog. Hilfsgeschäfte, die der Betrieb des nichtunternehmerischen Bereichs bei Vereinen und Erwerbsgesellschaften mit sich bringt, sind auch dann als nicht steuerbar zu behandeln, wenn sie wiederholt oder mit einer gewissen Regelmäßigkeit ausgeführt werden. ¹¹Als Hilfsgeschäfte in diesem Sinne sind z.B. anzusehen:

1. Veräußerungen von Gegenständen, die im nichtunternehmerischen Bereich eingesetzt waren, z.B. der Verkauf von gebrauchten Kraftfahrzeugen, Einrichtungsgegenständen und Altpapier;
2. Überlassung des Telefons an im nichtunternehmerischen Bereich tätige Arbeitnehmer zur privaten Nutzung;
3. Überlassung von im nichtunternehmerischen Bereich eingesetzten Kraftfahrzeugen an Arbeitnehmer zur privaten Nutzung.

Gesonderter Steuerausweis und Vorsteuerabzug

(2) ¹Einrichtungen im Sinne des Absatzes 1, die außerhalb des unternehmerischen Bereichs tätig werden, sind insoweit nicht berechtigt, Rechnungen mit gesondertem Steuerausweis auszustellen. ²Ein trotzdem ausgewiesener Steuerbetrag wird nach § 14c Abs. 2 UStG geschuldet. ³Der Leistungsempfänger ist nicht berechtigt, diesen Steuerbetrag als Vorsteuer abzuziehen. ⁴Zur Möglichkeit einer Rechnungsberichtigung vgl. Abschnitt 14c.2 Abs. 3 und 4.

(3) ¹Unter den Voraussetzungen des § 15 UStG können die Einrichtungen die Steuerbeträge abziehen, die auf Lieferungen, sonstige Leistungen, den innergemeinschaftlichen Erwerb oder die Einfuhr von Gegenständen für den unternehmerischen Bereich entfallen. ²Abziehbar sind danach z.B. auch Steuerbeträge für Umsätze, die nur dazu dienen, den unternehmerischen Bereich in Ordnung zu halten oder eine Leistungssteigerung in diesem Bereich herbeizuführen. ³Maßgebend sind die Verhältnisse im Zeitpunkt des Umsatzes an die Einrichtung.

(4) ¹Für Gegenstände, die zunächst nur im unternehmerischen Bereich verwendet worden sind, später aber zeitweise dem nichtunternehmerischen Bereich überlassen werden, bleibt der Vorsteuerabzug erhalten. ²Die unternehmensfremde Verwendung unterliegt aber nach § 3 Abs. 9a Nr. 1 UStG der Umsatzsteuer. ³Auch eine spätere Überführung in den nichtunternehmerischen Bereich beeinflusst den ursprünglichen Vorsteuerabzug nicht; sie ist eine steuerbare Wertabgabe nach § 3 Abs. 1b Nr. 1 UStG.

(5) Ist ein Gegenstand oder eine sonstige Leistung sowohl für den unternehmerischen als auch für den nichtunternehmerischen Bereich der Einrichtung bestimmt, ist beim Vorsteuerabzug nach den in Abschnitt 15.2 Abs. 21 dargestellten Grundsätzen zu verfahren.

Erleichterungen beim Vorsteuerabzug

(6) ¹Wegen der Schwierigkeiten bei der sachgerechten Zuordnung der Vorsteuern und bei der Versteuerung der unentgeltlichen Wertabgaben kann das Finanzamt auf Antrag folgende Erleichterungen gewähren:

²Die Vorsteuern, die teilweise dem unternehmerischen und teilweise dem nichtunternehmerischen Bereich zuzurechnen sind, werden auf diese Bereiche nach dem Verhältnis aufgeteilt, das sich aus folgender Gegenüberstellung ergibt:

1. Einnahmen aus dem unternehmerischen Bereich abzüglich der Einnahmen aus Hilfsgeschäften dieses Bereichs
und

2. Einnahmen aus dem nichtunternehmerischen Bereich abzüglich der Einnahmen aus Hilfsgeschäften dieses Bereichs.

³Hierzu gehören alle Einnahmen, die der betreffenden Einrichtung zufließen, insbesondere die Einnahmen aus Umsätzen, z.B. Veranstaltungen, Gutachten, Lizenzüberlassungen, sowie die Mitgliederbeiträge, Zuschüsse, Spenden usw. ⁴Das Finanzamt kann hierbei anordnen, dass bei der Gegenüberstellung das Verhältnis des laufenden, eines früheren oder mehrerer Kalenderjahre zu Grunde gelegt wird. ⁵Falls erforderlich, z.B. bei Zugrundelegung des laufenden Kalenderjahres, kann für die Voranmeldungszeiträume die Aufteilung zunächst nach dem Verhältnis eines anderen Zeitraums zugelassen werden. ⁶Außerdem können alle Vorsteuerbeträge, die sich auf die sog. Verwaltungsgemeinkosten beziehen, z.B. die Vorsteuern für die Beschaffung des Büromaterials, einheitlich in den Aufteilungsschlüssel einbezogen werden, auch wenn einzelne dieser Vorsteuerbeträge an sich dem unternehmerischen oder dem nichtunternehmerischen Bereich ausschließlich zuzurechnen wären. ⁷Werden in diese Aufteilung Vorsteuerbeträge einbezogen, die durch die Anschaffung, die Herstellung, den innergemeinschaftlichen Erwerb oder die Einfuhr einheitlicher Gegenstände, ausgenommen Fahrzeuge im Sinne des § 1b Abs. 2 UStG, angefallen sind, z.B. durch den Ankauf eines für den unternehmerischen und den nichtunternehmerischen Bereich bestimmten Computers, braucht der Anteil der nichtunternehmerischen Verwendung des Gegenstands nicht als unentgeltliche Wertabgabe im Sinne des § 3 Abs. 9a Nr. 1 UStG versteuert zu werden. ⁸Dafür sind jedoch alle durch die Verwendung oder Nutzung dieses Gegenstands anfallenden Vorsteuerbeträge in die Aufteilung einzubeziehen. ⁹Die Versteuerung der Überführung eines solchen Gegenstands in den nichtunternehmerischen Bereich als unentgeltliche Wertabgabe (§ 3 Abs. 1b Satz 1 Nr. 1 UStG) bleibt unberührt.

(7) ¹Das Finanzamt kann im Einzelfall ein anderes Aufteilungsverfahren zulassen. ²Zum Beispiel kann es gestatten, dass die teilweise dem unternehmerischen Bereich zuzurechnenden Vorsteuern, die auf die Anschaffung, Herstellung und Unterhaltung eines Gebäudes entfallen, insoweit als das Gebäude dauernd zu einem feststehenden Anteil für Unternehmenszwecke verwendet wird, entsprechend der beabsichtigten bzw. tatsächlichen Verwendung und im Übrigen nach dem in Absatz 6 bezeichneten Verfahren aufgeteilt werden.

Beispiel:

¹Bei einem Vereinsgebäude, das nach seiner Beschaffenheit dauernd zu 75% als Gastwirtschaft und im Übrigen mit wechselndem Anteil für unternehmerische und nichtunternehmerische Vereinszwecke verwendet wird, können die nicht ausschließlich zurechenbaren Vorsteuern von vornherein zu 75% als abziehbar behandelt werden. ²Der restliche Teil von 25% kann entsprechend dem jeweiligen Einnahmeverhältnis (vgl. Absatz 6) in einen abziehbaren und einen nichtabziehbaren Teil aufgeteilt werden.

(8) ¹Ein vereinfachtes Aufteilungsverfahren ist nur unter dem Vorbehalt des jederzeitigen Widerrufs zu genehmigen und kann mit Auflagen verbunden werden. ²Es darf nicht zu einem offensichtlich unzutreffenden Ergebnis führen. ³Außerdem muss sich die Einrichtung verpflichten, das Verfahren mindestens für fünf Kalenderjahre anzuwenden. ⁴Ein Wechsel des Verfahrens ist jeweils nur zu Beginn eines Besteuerungszeitraums zu gestatten.

(9) Beispiele zur Unternehmereigenschaft und zum Vorsteuerabzug:

Beispiel 1:

¹Ein Verein hat die Aufgabe, die allgemeinen ideellen und wirtschaftlichen Interessen eines Berufsstands wahrzunehmen (Berufsverband). ²Er dient nur den Gesamtbelangen aller Mitglieder. ³Die Einnahmen des Berufsverbands setzen sich ausschließlich aus Mitgliederbeiträgen zusammen.

⁴Der Berufsverband wird nicht im Rahmen eines Leistungsaustauschs tätig. ⁵Er ist nicht Unternehmer. ⁶Ein Vorsteuerabzug kommt nicht in Betracht.

Beispiel 2:

¹Der in Beispiel 1 bezeichnete Berufsverband übt seine Tätigkeit in gemieteten Räumen aus. ²Im Laufe des Jahres hat er seine Geschäftsräume gewechselt, weil die bisher genutzten Räume vom Vermieter selbst beansprucht wurden. ³Für die vorzeitige Freigabe der Räume hat der Verein vom Vermieter eine Abstandszahlung erhalten. ⁴Die übrigen Einnahmen des Vereins bestehen ausschließlich aus Mitgliederbeiträgen.

⁵Hinsichtlich seiner Verbandstätigkeit, die außerhalb eines Leistungsaustauschs ausgeübt wird, ist der Verein nicht Unternehmer. ⁶Bei der Freigabe der Geschäftsräume gegen Entgelt liegt zwar ein Leistungsaustausch vor. ⁷Die Leistung des Vereins ist aber nicht steuerbar, weil die Geschäftsräume

§ 2 UStAE 2.10.

nicht im Rahmen eines Unternehmens genutzt worden sind. [8]Der Verein ist nicht berechtigt, für die Leistung eine Rechnung mit gesondertem Ausweis der Steuer zu erteilen. [9]Ein Vorsteuerabzug kommt nicht in Betracht.

Beispiel 3:

[1]Der in Beispiel 1 bezeichnete Berufsverband betreibt neben seiner nicht steuerbaren Verbandstätigkeit eine Kantine, in der seine Angestellten gegen Entgelt beköstigt werden. [2]Für die Verbandstätigkeit und die Kantine besteht eine gemeinsame Verwaltungsstelle. [3]Der Kantinenbetrieb war in gemieteten Räumen untergebracht. [4]Der Verein löst das bisherige Mietverhältnis und mietet neue Kantinenräume. [5]Vom bisherigen Vermieter erhält er für die Freigabe der Räume eine Abstandszahlung. [6]Die Einnahmen des Vereins bestehen aus Mitgliederbeiträgen, Kantinenentgelten und der vom Vermieter gezahlten Abstandszahlung.

[7]Der Verein ist hinsichtlich seiner nicht steuerbaren Verbandstätigkeit nicht Unternehmer. [8]Nur im Rahmen des Kantinenbetriebs übt er eine unternehmerische Tätigkeit aus. [9]In den unternehmerischen Bereich fällt auch die entgeltliche Freigabe der Kantinenräume. [10]Diese Leistung ist daher steuerbar, aber als eine der Vermietung eines Grundstücks gleichzusetzende Leistung nach § 4 Nr. 12 Satz 1 Buchstabe a UStG steuerfrei (vgl. EuGH-Urteil vom 15.12.1993, C-63/92, BStBl. 1995 II S. 480). [11]Die Vorsteuerbeträge, die dieser Leistung zuzurechnen sind, sind nicht abziehbar. [12]Lediglich die den Kantinenumsätzen zuzurechnenden Vorsteuern können abgezogen werden.

[13]Wendet der Verein eine Vereinfachungsregelung an, kann er die Vorsteuern, die den Kantinenumsätzen ausschließlich zuzurechnen sind, z.B. den Einkauf der Kantinenwaren und des Kantineninventars, voll abziehen. [14]Die für die gemeinsame Verwaltungsstelle angefallenen Vorsteuern, z.B. für Büromöbel und Büromaterial, sind nach dem Verhältnis der Einnahmen aus Mitgliederbeiträgen und der Freigabe der Kantinenräume zu den Einnahmen aus dem Kantinenbetrieb aufzuteilen. [15]Die Verwendung der Büromöbel der gemeinsamen Verwaltungsstelle für den nichtunternehmerischen Bereich braucht in diesem Fall nicht als unentgeltliche Wertabgabe nach § 3 Abs. 9a Nr. 1 UStG versteuert zu werden.

Beispiel 4:

[1]Ein Verein, der ausschließlich satzungsmäßige Gemeinschaftsaufgaben wahrnimmt, erzielt außer echten Mitgliederbeiträgen Einnahmen aus gelegentlichen Verkäufen von im Verein angefallenem Altmaterial und aus der Erstattung von Fernsprechkosten für private Ferngespräche seiner Angestellten.

[2]Die Altmaterialverkäufe und die Überlassung des Telefons an die Angestellten unterliegen als Hilfsgeschäfte zur nichtunternehmerischen Tätigkeit nicht der Umsatzsteuer. [3]Der Verein ist nicht Unternehmer. [4]Ein Vorsteuerabzug kommt nicht in Betracht.

Beispiel 5:

[1]Mehrere juristische Personen des öffentlichen Rechts gründen eine GmbH zu dem Zweck, die Möglichkeiten einer Verwaltungsvereinfachung zu untersuchen. [2]Die Ergebnisse der Untersuchungen sollen in einem Bericht zusammengefasst werden, der allen interessierten Verwaltungsstellen auf Anforderung kostenlos zu überlassen ist. [3]Die Tätigkeit der GmbH wird ausschließlich durch echte Zuschüsse der öffentlichen Hand finanziert. [4]Weitere Einnahmen erzielt die GmbH nicht.

[5]Die Tätigkeit der GmbH vollzieht sich außerhalb eines Leistungsaustauschs. [6]Die GmbH ist nicht Unternehmer und daher nicht zum Vorsteuerabzug berechtigt.

Beispiel 6:

[1]Die im Beispiel 5 bezeichnete GmbH verwendet für ihre Aufgabe eine Datenverarbeitungsanlage. [2]Die Kapazität der Anlage ist mit den eigenen Arbeiten nur zu 80% ausgelastet. [3]Um die Kapazität der Anlage voll auszunutzen, überlässt die GmbH die Anlage einem Unternehmer gegen Entgelt zur Benutzung. [4]Die Einnahmen der GmbH bestehen außer dem Benutzungsentgelt nur in Zuschüssen der öffentlichen Hand.

[5]Die entgeltliche Überlassung der Datenverarbeitungsanlage ist eine nachhaltige Tätigkeit zur Erzielung von Einnahmen. [6]Insoweit ist die GmbH Unternehmer. [7]Die Leistung unterliegt der Umsatzsteuer. [8]Die Unternehmereigenschaft erstreckt sich nicht auf die unentgeltliche Forschungstätigkeit der GmbH.

[9]Für die Überlassung der Datenverarbeitungsanlage sind von der GmbH Rechnungen mit gesondertem Ausweis der Steuer zu erteilen. [10]Die Vorsteuern für die Anschaffung und Nutzung der Datenverarbeitungsanlage können entweder voll abgezogen oder aufgeteilt werden (vgl. Abschnitt

15.2 Abs. 21 Nr. 2). ¹¹Außerdem können die der entgeltlichen Überlassung der Datenverarbeitungsanlage zuzurechnenden Vorsteuerbeträge, insbesondere in dem Bereich der Verwaltungsgemeinkosten, abgezogen werden. ¹²Die Verwendung der Datenverarbeitungsanlage für den nichtunternehmerischen Bereich ist bei voller Zuordnung der Anlage zum Unternehmen als unentgeltliche Wertabgabe nach § 3 Abs. 9a Nr. 1 UStG zu versteuern.

¹³Bei Anwendung einer Vereinfachungsregelung kann die GmbH die Vorsteuern für die Verwaltungsgemeinkosten sowie die durch die Anschaffung und Nutzung der Datenverarbeitungsanlage angefallenen Vorsteuerbeträge nach dem Verhältnis der Einnahmen aus der Überlassung der Anlage an den Unternehmer zu den öffentlichen Zuschüssen auf den unternehmerischen und den nichtunternehmerischen Bereich aufteilen. ¹⁴Die unentgeltliche Wertabgabe durch die Verwendung der Datenverarbeitungsanlage für den nichtunternehmerischen Bereich ist dann nicht zur Umsatzsteuer heranzuziehen.

Beispiel 7:

¹Mehrere Industriefirmen oder juristische Personen des öffentlichen Rechts gründen gemeinsam eine GmbH zum Zwecke der Forschung. ²Die Forschungstätigkeit wird vorwiegend durch echte Zuschüsse der Gesellschafter finanziert. ³Außerdem erzielt die GmbH Einnahmen aus der Verwertung der Ergebnisse ihrer Forschungstätigkeit, z.B. aus der Vergabe von Lizenzen an ihren Erfindungen.

⁴Die Vergabe von Lizenzen gegen Entgelt ist eine nachhaltige Tätigkeit zur Erzielung von Einnahmen. ⁵Mit dieser Tätigkeit erfüllt die GmbH die Voraussetzungen für die Unternehmereigenschaft. ⁶Die vorausgegangene Forschungstätigkeit steht mit der Lizenzvergabe in unmittelbarem Zusammenhang. ⁷Sie stellt die Vorbereitungshandlung für die unternehmerische Verwertung der Erfindungen dar und kann daher nicht aus dem unternehmerischen Bereich der GmbH ausgeschieden werden (vgl. auch BFH-Urteil vom 30.9.1965, V 176/63 U, BStBl. III S. 682). ⁸Auf das Verhältnis der echten Zuschüsse zu den Lizenzeinnahmen kommt es bei dieser Beurteilung nicht an. ⁹Unter den Voraussetzungen des § 15 UStG ist die GmbH in vollem Umfange zum Vorsteuerabzug berechtigt. ¹⁰Außerdem hat sie für ihre Leistungen Rechnungen mit gesondertem Steuerausweis zu erteilen.

¹¹Dies gilt nicht, soweit die GmbH in einem abgrenzbaren Teilbereich die Forschung ohne die Absicht betreibt, Einnahmen zu erzielen.

Beispiel 8:

¹Einige Wirtschaftsverbände haben eine GmbH zur Untersuchung wirtschafts- und steuerrechtlicher Grundsatzfragen gegründet. ²Zu den Aufgaben der GmbH gehört auch die Erstellung von Gutachten auf diesem Gebiet gegen Entgelt. ³Die Einnahmen der GmbH setzen sich zusammen aus echten Zuschüssen der beteiligten Verbände und aus Vergütungen, die für die Gutachten von den Auftraggebern gezahlt worden sind.

⁴Die Erstellung von Gutachten ist eine nachhaltige Tätigkeit zur Erzielung von Einnahmen. ⁵Die GmbH übt diese Tätigkeit als Unternehmer aus. ⁶In der Regel wird davon auszugehen sein, dass die Auftraggeber Gutachten bei der GmbH bestellen, weil sie annehmen, dass die GmbH auf Grund ihrer Forschungstätigkeit über besondere Kenntnisse und Erfahrungen auf dem betreffenden Gebiet verfügt. ⁷Die Auftraggeber erwarten, dass die von der GmbH gewonnenen Erkenntnisse in dem Gutachten verwertet werden. ⁸Die Forschungstätigkeit steht hiernach mit der Tätigkeit als Gutachter in engem Zusammenhang. ⁹Sie ist daher in den unternehmerischen Bereich einzubeziehen. ¹⁰Vorsteuerabzug und gesonderter Steuerausweis wie im Beispiel 7.

Beispiel 9:

¹Eine Industriefirma unterhält ein eigenes Forschungslabor. ²Darin werden die im Unternehmen hergestellten Erzeugnisse auf Beschaffenheit und Einsatzfähigkeit untersucht und neue Stoffe entwickelt. ³Die Entwicklungsarbeiten setzen eine gewisse Grundlagenforschung voraus, die durch echte Zuschüsse der öffentlichen Hand gefördert wird. ⁴Die Firma ist verpflichtet, die Erkenntnisse, die sie im Rahmen des durch öffentliche Mittel geförderten Forschungsvorhabens gewinnt, der Allgemeinheit zugänglich zu machen.

⁵Die Firma übt mit ihren Lieferungen und sonstigen Leistungen eine unternehmerische Tätigkeit aus. ⁶Auch die Grundlagenforschung soll dazu dienen, die Verkaufstätigkeit zu steigern und die Marktposition zu festigen. ⁷Obwohl es insoweit an einem Leistungsaustausch fehlt, steht die Grundlagenforschung in unmittelbarem Zusammenhang mit der unternehmerischen Tätigkeit. ⁸Die Grundlagenforschung wird daher im Rahmen des Unternehmens ausgeübt. ⁹Vorsteuerabzug und gesonderter Steuerausweis wie im Beispiel 7.

§ 2 UStAE 2.11.

2.11. Juristische Personen des öffentlichen Rechts

Allgemeines

(1) ¹Juristische Personen des öffentlichen Rechts im Sinne von § 2 Abs. 3 UStG sind insbesondere die Gebietskörperschaften (Bund, Länder, Gemeinden, Gemeindeverbände, Zweckverbände), die öffentlich-rechtlichen Religionsgemeinschaften, die Innungen, Handwerkskammern, Industrie- und Handelskammern und sonstige Gebilde, die auf Grund öffentlichen Rechts eigene Rechtspersönlichkeit besitzen. ²Dazu gehören neben Körperschaften auch Anstalten und Stiftungen des öffentlichen Rechts, z.B. Rundfunkanstalten des öffentlichen Rechts. ³Zur Frage, unter welchen Voraussetzungen kirchliche Orden juristische Personen des öffentlichen Rechts sind, vgl. das BFH-Urteil vom 8.7.1971, V R 1/68, BStBl. 1972 II S. 70. ⁴Auf ausländische juristische Personen des öffentlichen Rechts ist die Vorschrift des § 2 Abs. 3 UStG analog anzuwenden. ⁵Ob eine solche Einrichtung eine juristische Person des öffentlichen Rechts ist, ist grundsätzlich nach deutschem Recht zu beurteilen. ⁶Das schließt jedoch nicht aus, dass für die Bestimmung öffentlich-rechtlicher Begriffe die ausländischen Rechtssätze mit herangezogen werden.

(2) ¹Die Gesamtheit aller Betriebe gewerblicher Art im Sinne von § 1 Abs. 1 Nr. 6, § 4 KStG und aller land- und forstwirtschaftlichen Betriebe stellt das Unternehmen der juristischen Person des öffentlichen Rechts dar (vgl. BFH-Urteil vom 18.8.1988, V R 194/83, BStBl. II S. 932). ²Das Unternehmen erstreckt sich auch auf die Tätigkeitsbereiche, die nach § 2 Abs. 3 Satz 2 UStG als unternehmerische Tätigkeiten gelten. ³Nur die in diesen Betrieben und Tätigkeitsbereichen ausgeführten Umsätze unterliegen der Umsatzsteuer. ⁴Andere Leistungen sind nicht steuerbar, auch wenn sie nicht in Ausübung öffentlicher Gewalt bewirkt werden, es sei denn, die Behandlung als nichtsteuerbar würde zu größeren Wettbewerbsverzerrungen führen (vgl. BFH-Urteil vom 11.6.1997, XI R 33/94, BStBl. 1999 II S. 418).

(3) ¹Eine Tätigkeit, die der Erfüllung von Hoheitsaufgaben dient, ist steuerbar, wenn sie nicht von einer juristischen Person des öffentlichen Rechts, sondern von Unternehmern des privaten Rechts (z.B. von sog. beliehenen Unternehmern) ausgeübt wird (vgl. BFH-Urteile vom 10.11.1977, V R 115/74, BStBl. 1978 II S. 80, und vom 18.1.1995, XI R 71/93, BStBl. II S. 559). ²Ein mit der Durchführung einer hoheitlichen Pflichtaufgabe betrautes Unternehmen ist als Leistender an den Dritten anzusehen, wenn er bei der Ausführung der Leistung diesem gegenüber – unabhängig von der öffentlich-rechtlichen Berechtigung – im eigenem Namen und für eigene Rechnung auftritt, leistet und abrechnet (BFH-Urteil vom 28.2.2002, V R 19/01, BStBl. 2003 II S. 950). ³Durch den Leistungsaustausch zwischen dem beauftragten Unternehmer und dem Dritten wird das weiterhin bestehende Leistungsverhältnis zwischen dem Unternehmer und dem Hoheitsträger sowie die hoheitliche Ausübung der Tätigkeit durch den Hoheitsträger nicht berührt. ⁴Zur umsatzsteuerrechtlichen Beurteilung, wenn der Hoheitsträger dagegen zulässigerweise nur die tatsächliche Durchführung seiner gesetzlichen Pflichtaufgabe auf den eingeschalteten Unternehmer überträgt und dieser entsprechend den öffentlich-rechtlichen Vorgaben als Erfüllungsgehilfe des Hoheitsträgers auftritt, vgl. BMF-Schreiben vom 27.12.1990, BStBl. 1991 I S. 81.

(4) ¹Für die Frage, ob ein Betrieb gewerblicher Art vorliegt, ist auf § 1 Abs. 1 Nr. 6 und § 4 KStG in der jeweils geltenden Fassung abzustellen. ²Die zu diesen Vorschriften von Rechtsprechung und Verwaltung für das Gebiet der Körperschaftsteuer entwickelten Grundsätze sind anzuwenden (vgl. insbesondere R 6 KStR 2004). ³Über die Anwendung der Umsatzgrenzen von 130.000 € (R 6 Abs. 4 KStR 2004) und 30.678 € (R 6 Abs. 5 KStR 2004) ist bei der Umsatzsteuer und bei der Körperschaftsteuer einheitlich zu entscheiden.¹⁾

(5) Die Frage, ob ein land- und forstwirtschaftlicher Betrieb vorliegt, ist unabhängig von einer Umsatzgrenze nach den gleichen Merkmalen zu beurteilen, die für das Einkommensteuer- und Gewerbesteuerrecht gelten (vgl. R 15.5 EStR 2008) und die im Umsatzsteuerrecht grundsätzlich auch bei der Durchschnittssatzbesteuerung nach § 24 UStG maßgebend sind (vgl. § 24 Abs. 2 UStG, Abschnitt 24.1 Abs. 2).

(6) Auch wenn die Voraussetzungen eines Betriebs gewerblicher Art oder eines land- und forstwirtschaftlichen Betriebs nicht gegeben sind, gelten die in § 2 Abs. 3 Satz 2 Nr. 2 bis 5 UStG bezeichneten Tätigkeitsbereiche als unternehmerische Tätigkeiten (zu § 2 Abs. 3 Satz 2 Nr. 4 UStG vgl. Absätze 7 bis 11).

Vermessungs- und Katasterbehörden

(7) ¹Bei den Vermessungs- und Katasterbehörden unterliegen nach Sinn und Zweck des § 2 Abs. 3 Satz 2 Nr. 4 UStG solche Tätigkeiten der Umsatzsteuer, die ihrer Art nach auch von den in fast allen Bundesländern zugelassenen öffentlich bestellten Vermessungsingenieuren ausgeführt werden. ²Die Vorschrift beschränkt sich auf hoheitliche Vermessungen, deren Ergebnisse zur Fortführung des Liegenschaftskatasters bestimmt sind (Teilungsvermessungen, Grenzfeststellungen und Gebäudeeinmes-

---

1) Beachte aber die neuere Rechtsprechung des BFH, z.B. vom 20.09.2009 und vom 15.04.2010

sungen). ³Nicht dazu gehören hoheitliche Leistungen, wie z.B. die Führung und Neueinrichtung des Liegenschaftskatasters. ⁴Die entgeltliche Erteilung von Auszügen aus dem Liegenschaftskataster durch Vermessungs- und Katasterbehörden gilt nach § 2 Abs. 3 Satz 2 Nr. 4 UStG als unternehmerische Tätigkeit, soweit in dem betreffenden Bundesland nach den jeweiligen landesrechtlichen Gegebenheiten eine entgeltliche Erteilung von Auszügen aus dem Liegenschaftskataster auch durch öffentlich bestellte Vermessungsingenieure rechtlich und technisch möglich ist. ⁵Dies gilt jedoch nicht, soweit öffentlich bestellte Vermessungsingenieure nach den jeweiligen landesrechtlichen Bestimmungen lediglich als Erfüllungsgehilfen der Vermessungs- und Katasterbehörden tätig werden. ⁶Soweit Gemeinden entgeltlich Auszüge aus dem Liegenschaftskataster erteilen, gelten sie als Vermessungs- und Katasterbehörden im Sinne von § 2 Abs. 3 Satz 2 Nr. 4 UStG. ⁷Der Umsatzsteuer unterliegen nur Leistungen an Dritte, dagegen nicht unentgeltliche Wertabgaben, z.B. Vermessungsleistungen für den Hoheitsbereich der eigenen Trägerkörperschaft.

(8) ¹Die Unternehmereigenschaft erstreckt sich nicht auf die Amtshilfe, z.B. Überlassung von Unterlagen an die Grundbuchämter und Finanzämter. ²Keine Amtshilfe liegt vor, wenn Leistungen an juristische Personen des öffentlichen Rechts ausgeführt werden, denen nach Landesgesetzen keine Vermessungsaufgaben als eigene Aufgaben obliegen.

(9) ¹Wirtschaftliche Tätigkeiten der Kataster- und Vermessungsbehörden fallen nicht unter § 2 Abs. 3 Satz 2 Nr. 4 UStG. ²Sie sind – ebenso wie Vermessungsleistungen anderer Behörden – nach § 2 Abs. 3 Satz 1 UStG steuerbar, sofern die körperschaftsteuerlichen Voraussetzungen eines Betriebs gewerblicher Art vorliegen. ³Wirtschaftliche Tätigkeiten sind z.B. der Verkauf von Landkarten, Leistungen auf dem Gebiet der Planung wie Anfertigung von Bebauungsplänen, und ingenieurtechnische Vermessungsleistungen.

(10) ¹Die Vorsteuerbeträge, die dem unternehmerischen Bereich zuzuordnen sind, können unter den Voraussetzungen des § 15 UStG abgezogen werden. ²Für Vorsteuerbeträge, die sowohl dem unternehmerischen als auch dem nichtunternehmerischen Bereich zuzuordnen sind, beurteilt sich der Vorsteuerabzug nach Abschnitt 15.19 Abs. 3.

(11) ¹Aus Vereinfachungsgründen bestehen keine Bedenken, wenn die insgesamt abziehbaren Vorsteuerbeträge mit 1,9% der Bemessungsgrundlage für die steuerpflichtigen Vermessungsumsätze ermittelt werden. ²Die Verwendung der Anlagegegenstände für nichtunternehmerische Zwecke ist dann nicht als Wertabgabe nach § 3 Abs. 9a Nr. 1 UStG zu versteuern. ³Dagegen ist die Veräußerung von Gegenständen, die ganz oder teilweise dem unternehmerischen Bereich bezogen wurden, der Umsatzsteuer zu unterwerfen. ⁴An die Vereinfachungsregelung ist die jeweilige Vermessungs- und Katasterbehörde für mindestens fünf Kalenderjahre gebunden. ⁵Ein Wechsel ist nur zum Beginn eines Kalenderjahres zulässig.

Einzelfälle

(12) ¹Betreibt eine Gemeinde ein Parkhaus, kann ein Betrieb gewerblicher Art auch dann anzunehmen sein, wenn sie sich mit einer Benutzungssatzung der Handlungsformen des öffentlichen Rechts bedient (BFH-Urteil vom 10.12.1992, V R 31/88, BStBl. 1993 II S. 380). ²Überlässt sie hingegen auf Grund der Straßenverkehrsordnung Parkplätze durch Aufstellung von Parkscheinautomaten gegen Parkgebühren, handelt sie insoweit nicht als Unternehmer im Sinne des Umsatzsteuerrechts (BFH-Urteil vom 27.2.2003, V R 78/01, BStBl. 2004 II S. 431).

(13) ¹Gemeindliche Kurverwaltungen, die Kurtaxen und Kurförderungsabgaben erheben, sind in der Regel Betriebe gewerblicher Art (vgl. BFH-Urteil vom 15.10.1962, I 53/61 U, BStBl. III S. 542). ²Sofern die Voraussetzungen von R 6 Abs. 4 und 5 KStR 2004 gegeben sind, unterliegen die Gemeinden mit den durch die Kurtaxe abgegoltenen Leistungen der Umsatzsteuer. ³Die Kurförderungsabgaben (Fremdenverkehrsbeiträge A) sind dagegen nicht als Entgelte für Leistungen der Gemeinden zu betrachten und nicht der Steuer zu unterwerfen.

(14) ¹Die staatlichen Materialprüfungsanstalten oder Materialprüfungsämter üben neben ihrer hoheitlichen Tätigkeit vielfach auch Tätigkeiten wirtschaftlicher Natur, z.B. entgeltliche Untersuchungs-, Beratungs- und Begutachtungsleistungen für private Auftraggeber, aus. ²Unter den Voraussetzungen von R 6 Abs. 4 und 5 KStR 2004 sind in diesen Fällen Betriebe gewerblicher Art anzunehmen.

(15) ¹Die Gestellung von Personal durch juristische Personen des öffentlichen Rechts gegen Erstattung der Kosten stellt grundsätzlich einen Leistungsaustausch dar, sofern die gestellende juristische Person Arbeitgeber bleibt. ²Ob dieser Leistungsaustausch der Umsatzsteuer unterliegt, hängt nach § 2 Abs. 3 UStG davon ab, ob die Personalgestellung im Rahmen eines Betriebs gewerblicher Art im Sinne von § 1 Abs. 1 Nr. 6, § 4 KStG vorgenommen wird.

Beispiel 1:

¹Eine juristische Person des öffentlichen Rechts setzt Bedienstete ihres Hoheitsbereichs in eigenen Betrieben gewerblicher Art ein.

²Es handelt sich um einen nicht steuerbaren Vorgang (Innenleistung).

Beispiel 2:

¹Eine juristische Person des öffentlichen Rechts stellt Bedienstete aus ihrem Hoheitsbereich an den Hoheitsbereich einer anderen juristischen Person des öffentlichen Rechts ab.

²Es handelt sich um einen nicht steuerbaren Vorgang.

Beispiel 3:

¹Eine juristische Person des öffentlichen Rechts stellt Bedienstete aus ihrem Hoheitsbereich an Betriebe gewerblicher Art anderer juristischer Personen des öffentlichen Rechts ab.

²Die Personalgestellung ist nicht durch hoheitliche Zwecke veranlasst, sondern dient wirtschaftlichen Zielen. ³Sie ist insgesamt als Betrieb gewerblicher Art zu beurteilen, sofern die Voraussetzungen von R 6 Abs. 4 und 5 KStR 2004 gegeben sind. ⁴Es liegen in diesem Fall steuerbare Leistungen vor.

Beispiel 4:

¹Eine juristische Person des öffentlichen Rechts stellt Bedienstete aus ihrem Hoheitsbereich an privatrechtliche Unternehmer ab.

²Beurteilung wie zu Beispiel 3.

Beispiel 5:

¹Eine juristische Person des öffentlichen Rechts stellt Bedienstete aus ihrem Hoheitsbereich an einen als gemeinnützig anerkannten eingetragenen Verein ab, der nicht unternehmerisch tätig ist. ²Mitglieder des Vereins sind neben der gestellenden Person des öffentlichen Rechts weitere juristische Personen des öffentlichen Rechts, Verbände und sonstige Einrichtungen.

³Beurteilung wie zu Beispiel 3.

Beispiel 6:

¹Eine juristische Person des öffentlichen Rechts stellt Bedienstete aus einem ihrer Betriebe gewerblicher Art an den Hoheitsbereich einer anderen juristischen Person des öffentlichen Rechts ab.

²Es ist eine steuerbare Leistung im Rahmen des Betriebs gewerblicher Art anzunehmen, wenn die Personalkostenerstattung unmittelbar dem Betrieb gewerblicher Art zufließt. ³Die Personalgestellung kann jedoch dem hoheitlichen Bereich zugerechnet werden, sofern der Bedienstete zunächst in den Hoheitsbereich zurückberufen und von dort abgestellt wird und der Erstattungsbetrag dem Hoheitsbereich zufließt.

Beispiel 7:

¹Eine juristische Person des öffentlichen Rechts stellt Bedienstete aus einem ihrer Betriebe gewerblicher Art an einen Betrieb gewerblicher Art einer anderen juristischen Person des öffentlichen Rechts oder an einen privatrechtlichen Unternehmer ab.

²Es liegt eine steuerbare Leistung im Rahmen des Betriebs gewerblicher Art vor.

Beispiel 8:

¹Eine juristische Person des öffentlichen Rechts stellt Bedienstete aus einem ihrer Betriebe gewerblicher Art an den eigenen Hoheitsbereich ab.

²Die Überlassung des Personals ist dann nicht als steuerbare Wertabgabe im Sinne von § 3 Abs. 9a Nr. 2 UStG anzusehen, wenn beim Personaleinsatz eine eindeutige und leicht nachvollziehbare Trennung zwischen dem unternehmerischen Bereich (Betrieb gewerblicher Art) und dem Hoheitsbereich vorgenommen wird.

(16) Betriebe von juristischen Personen des öffentlichen Rechts, die vorwiegend zum Zwecke der Versorgung des Hoheitsbereichs der juristischen Person des öffentlichen Rechts errichtet worden sind (Selbstversorgungsbetriebe), sind nur dann Betriebe gewerblicher Art, wenn bezüglich der Umsätze an Dritte die Voraussetzung von R 6 Abs. 5 KStR 2004 erfüllt ist.

(17) Eine von einem Bundesland eingerichtete sog. „Milchquoten-Verkaufsstelle", die Anlieferungs-Referenzmengen an Milcherzeuger überträgt, handelt bei dieser Tätigkeit nicht als Unternehmer (vgl. BFH-Urteil vom 3.7.2008, V R 40/04, BStBl. 2009 II S. 208).

Gemeindliche Schwimmbäder

(18) ¹Wird ein gemeindliches Schwimmbad sowohl für das Schulschwimmen als auch für den öffentlichen Badebetrieb genutzt, ist unabhängig davon, welche Nutzung überwiegt, die Nutzung für den öffentlichen Badebetrieb grundsätzlich als wirtschaftlich selbständige Tätigkeit im Sinne des § 4 Abs. 1 KStG anzusehen. ²Die wirtschaftliche Tätigkeit ist unter der Voraussetzung von R 6 Abs. 5 KStR 2004 ein Betrieb gewerblicher Art. ³Das Schwimmbad kann damit dem Unternehmen zugeordnet werden. ⁴Ist der öffentliche Badebetrieb nicht als Betrieb gewerblicher Art zu behandeln, weil die Voraussetzungen von R 6 Abs. 5 KStR 2004 nicht erfüllt sind, kann die Gemeinde das Schwimmbad nicht einem Unternehmen zuordnen. ⁵Damit rechnet die Gesamttätigkeit des gemeindlichen Schwimmbads zum nichtunternehmerischen Hoheitsbereich mit der Folge, dass Vorsteuerabzug und – auch in den Fällen der Übergangsregelung nach § 27 Abs. 16 UStG – eine steuerbare Wertabgabe in der Form der Überlassung des Schwimmbads für Zwecke des Schulschwimmens nicht in Betracht kommen.

Beispiel:

¹Eine Gemeinde, die selbst Schulträger ist, errichtet ein Schwimmbad, das sie von vornherein sowohl für das Schulschwimmen als auch für den öffentlichen Badebetrieb nutzt. ²Die Gemeinde ordnet das Schwimmbad nach Abschnitt 15.2 Abs. 21 vollumfänglich ihrem Unternehmen zu.

³Vorsteuerbeträge, die durch den Erwerb, die Herstellung sowie die Verwendung der Gesamtanlage Schwimmbad anfallen, sind unter den Voraussetzungen des § 15 UStG (vgl. Abschnitt 15.2 Abs. 21) nach § 15 Abs. 1b UStG nur abziehbar, soweit sie auf die Verwendung für den öffentlichen Badebetrieb entfallen (vgl. Abschnitt 15.6a). ⁴In den Fällen, die der Übergangsregelung nach § 27 Abs. 16 UStG unterliegen, ist die Verwendung des Gegenstands für hoheitliche Zwecke (Schulschwimmen) unabhängig davon, ob den Schulen das Schwimmbad zeitweise ganz überlassen wird (vgl. BFH-Urteil vom 31.5.2001, V R 97/98, BStBl. II S. 658, Abschnitt 4.12.11) oder das Schulschwimmen während des öffentlichen Badebetriebs stattfindet (vgl. BFH-Urteil vom 10.2.1994, V R 33/92, BStBl. II S. 668, Abschnitt 4.12.6 Abs. 2 Nr. 10), nach § 3 Abs. 9a Nr. 1 UStG als steuerbare und steuerpflichtige Wertabgabe zu behandeln.

⁵Bemessungsgrundlage für die unentgeltliche Wertabgabe sind nach § 10 Abs. 4 Satz 1 Nr. 2 UStG die durch die Überlassung des Schwimmbades für das Schulschwimmen entstandenen Ausgaben des Unternehmers für die Erbringung der sonstigen Leistung; vgl. Abschnitt 10.6 Abs. 3. ⁶Die Wertabgabe kann nach den im öffentlichen Badebetrieb erhobenen Eintrittsgeldern bemessen werden; vgl. Abschnitt 10.7 Abs. 1 Satz 4.

Eigenjagdverpachtung

(19) ¹Eine juristische Person des öffentlichen Rechts wird mit der Verpachtung ihrer Eigenjagd im Rahmen ihres bestehenden land- und forstwirtschaftlichen Betriebs nach § 2 Abs. 3 UStG gewerblich oder beruflich tätig. ²Dies gilt unabhängig davon, dass die Umsätze aus der Jagdverpachtung nicht der Durchschnittssatzbesteuerung nach § 24 UStG unterliegen (vgl. BFH-Urteil vom 22.9.2005, V R 28/03, BStBl. 2006 II S. 280).

Betriebe in privatrechtlicher Form

(20) ¹Von den Betrieben gewerblicher Art einer juristischen Person des öffentlichen Rechts sind die Betriebe zu unterscheiden, die in eine privatrechtliche Form (z.B. AG, GmbH) gekleidet sind. ²Solche Eigengesellschaften sind grundsätzlich selbständige Unternehmer. ³Sie können jedoch nach den umsatzsteuerrechtlichen Vorschriften über die Organschaft unselbständig sein, und zwar auch gegenüber der juristischen Person des öffentlichen Rechts. ⁴Da Organschaft die Eingliederung in ein Unternehmen voraussetzt, kann eine Kapitalgesellschaft nur dann Organgesellschaft einer juristischen Person des öffentlichen Rechts sein, wenn sie in den Unternehmensbereich dieser juristischen Person des öffentlichen Rechts eingegliedert ist. ⁵Die finanzielle Eingliederung wird in diesen Fällen nicht dadurch ausgeschlossen, dass die Anteile an der juristischen Person nicht im Unternehmensbereich, sondern nichtunternehmerischen Bereich der juristischen Person des öffentlichen Rechts verwaltet werden. ⁶Eine wirtschaftliche Eingliederung in den Unternehmensbereich ist gegeben, wenn die Organgesellschaft Betrieben gewerblicher Art oder land- und forstwirtschaftlichen Betrieben der juristischen Person des öffentlichen Rechts wirtschaftlich untergeordnet ist. ⁷Zur Organträgerschaft einer juristischen Person des öffentlichen Rechts vgl. Abschnitt 2.8 Abs. 2 Sätze 5 und 6. ⁸Tätigkeiten, die der Erfüllung öffentlich-rechtlicher Aufgaben dienen, können grundsätzlich eine wirtschaftliche Eingliederung in den Unternehmensbereich nicht begründen.

§ 2

Verwaltungsregelungen zu § 2

Datum	Anlage	Quelle	Inhalt
08.09.86	§ 002-01	FM NRW	Unternehmereigenschaft von Werbegemeinschaften
	§ 002-02		nicht belegt
29.06.88	§ 002-03	OFD Kob	Mitgliederbeiträge an Fremdenverkehrsvereine und Landesfremdenverkehrsverbände in der Rechtsform eines Vereins (teilweise) als Entgelt
23.02.89	§ 002-04	FM RP	Zwischenschaltung eines Dritten in die Handelskette „Kraftfahrzeughersteller – Exporteur"
16.03.89	§ 002-05	BMF	Umsatzsteuer bei der Verwertung von Sicherungsgut; Rechtsfolgen bei Vermögenslosigkeit und Löschung einer GmbH als Sicherungsgeberin
17.01.91	§ 002-06	OFD Sb	Unternehmereigenschaft bei Musikkapellen
08.03.91	§ 002-07	OFD Sb	Abgrenzung zwischen selbständiger Tätigkeit und nichtselbständiger Arbeit bei Künstlern und verwandten Berufen
26.08.92	§ 002-08	FM Bay	Umsatzsteuerliche Behandlung von PKW-Verkaufsgeschäften durch Unternehmer, die nicht Kfz-Händler sind
07.10.92	§ 002-09	FM NRW	Inländische Kanzlei einer ausländischen Rechtsanwaltssozietät
20.10.94	§ 002-10	OFD Kob	Unternehmereigenschaft einer aufgelösten GmbH – Verwertung von Sicherungsgut nach Löschung der GmbH im Handelsregister
09.09.96	§ 002-11	OFD Cot	Umsatzsteuerliche Behandlung der Bauabfallentsorgung in den Ländern Brandenburg und Berlin
	§ 002-12		nicht belegt
19.03.97	§ 002-13	OFD Rst	Betrieb gewerblicher Art; Vertragliche Beziehungen zwischen unabhängigen Werbeunternehmen und juristischen Personen des öffentlichen Rechts
	§ 002-14		nicht belegt
14.07.00	§ 002-15	BMF	Tätigkeiten, die ertragsteuerlich als Liebhaberei anzusehen sind
04.04.01	§ 002-16	BMF	Umsatzbesteuerung der öffentlich-rechtlichen Rundfunkanstalten; Zwischenstaatliche Leistungen
	§ 002-17		nicht belegt
22.08.02	§ 002-18	OFD Han	Personalgestellung durch eine juristische Person des öffentlichen Rechts als Betrieb gewerblicher Art
21.11.02	§ 002-19	OFD Rst	Beistandsleistungen zwischen juristischen Personen des öffentlichen Rechts
	§ 002-20		nicht belegt
03.06.04	§ 002-21	BMF	Umsatzsteuer beim Forderungskauf und Forderungseinzug
21.09.05	§ 002-22	BMF	Umsatzsteuerliche Behandlung der Geschäftsführungs- und Vertretungsleistungen des Geschäftsführers einer Kapitalgesellschaft
06.08.07	§ 002-23	BMF	Rechtsfolgen bei Beendigung der Organschaft
28.01.08	§ 002-24	BMF	Umsatzsteuerrechtliche Behandlung der entgeltlichen Erteilung von Auszügen aus dem Liegenschaftskataster
01.12.09	§ 002-25	BMF	Umsatzsteuerrechtliche Organschaft (§ 2 Abs. 2 Nr. 2 UStG); Konsequenzen des BFH-Urteils vom 29.1.2009 – V R 67/07
28.07.09	§ 002-26	BMF	Unternehmereigenschaft eines Insolvenzverwalters; Leistungen eines in einer Rechtsanwaltskanzlei als Insolvenzverwalter tätigen Rechtsanwalts

§ 2

Datum	Anlage	Quelle	Inhalt
21.01.11	§ 002-27	BMF	Urteil des Bundesfinanzhofs (BFH) vom 18.12.2008; V R 80/071; Unternehmereigenschaft, Vorsteuerabzug und Bemessungsgrundlage beim Betrieb von Kraft-Wärmekopplungsanlagen (KWK-Anlagen), insbesondere von Blockheizkraftwerken (BHKW); Dezentraler Stromverbrauch beim Betrieb von KWK-Anlagen; Belastungsausgleich unter Netzbetreibern; Neufassung der Abschnitte 1.7, 2.5 und 10.7 UStAE
30.05.11	§ 002-28	BMF	Umsatzsteuerrechtliche Organschaft (§ 2 Abs. 2 Nr. 2 UStG); Konsequenzen der BFH-Urteile vom 22.4.2010 – V R 9/09 – und vom 1.12.2010 – XI R 43/08
30.03.11	§ 002-29	BMF	Unternehmereigenschaft des geschäftsführenden Komplementärs einer Kommanditgesellschaft, Konsequenzen des BFH-Urteils vom 14.4.2010 – XI R 14/09

Rechtsprechungsauswahl

BFH vom 01.12.2011 – V R 1/11, DB 2012 S. 324: Betrieb einer Tiefgarage durch eine Gemeinde als unternehmerische Tätigkeit.

1. Eine Gemeinde, die nicht auf privatrechtlicher, sondern auf hoheitlicher Grundlage Stellplätze für PKW in einer Tiefgarage gegen Entgelt überlässt, handelt als Unternehmer und erbringt steuerpflichtige Leistungen, wenn ihre Behandlung als Nichtsteuerpflichtige zu größeren Wettbewerbsverzerrungen führen würde (richtlinienkonforme Auslegung des § 2 Abs. 3 Satz 1 UStG i.V.m. § 4 KStG).
2. Eine derartige Wettbewerbsverzerrung liegt auch vor, wenn eine Gemeinde Stellplätze zwar nach §§ 45, 13 StVO öffentlich-rechtlich auf einer öffentlich-rechtlich gewidmeten „Straße" überlässt, es sich hierbei jedoch um Flächen einer Tiefgarage handelt (Änderung der Rechtsprechung).
3. Zur Bestimmung des Begriffs der „größeren Wettbewerbsverzerrungen".

BFH vom 10.11.2011 – V R 41/10, DB 2012 S. 380: Betrieb einer Gemeindehalle als unternehmerische Tätigkeit.

1. Gestattet eine Gemeinde gegen Entgelt die Nutzung einer Sport- und Freizeithalle, ist sie gem. § 2 Abs. 3 Satz 1 UStG i.V.m. § 4 KStG als Unternehmer tätig, wenn sie ihre Leistung entweder auf zivilrechtlicher Grundlage oder – im Wettbewerb zu Privaten – auf öffentlich-rechtlicher Grundlage erbringt.
2. Gleiches gilt für die entgeltliche Nutzungsüberlassung der Halle an eine Nachbargemeinde für Zwecke des Schulsports. Auch eine sog. Beistandsleistung, die zwischen juristischen Personen des öffentlichen Rechts gegen Entgelt erbracht wird, ist steuerbar und bei Fehlen besonderer Befreiungstatbestände steuerpflichtig.

BFH vom 07.07.2011 – V R 53/10, UR 2011 S. 943: Umsatzsteuerrechtliche Organschaft – Anforderungen an eine organisatorische Eingliederung.

1. Die organisatorische Eingliederung einer GmbH im Rahmen einer Organschaft (§ 2 Abs. 2 Nr. 2 UStG) kann sich daraus ergeben, dass der Geschäftsführer der GmbH leitender Mitarbeiter des Organträgers ist, der Organträger über ein umfassendes Weisungsrecht gegenüber der Geschäftsführung der GmbH verfügt und zur Bestellung und Abberufung des GmbH-Geschäftsführers berechtigt ist.
2. Offen bleibt, ob an der bisherigen Rechtsprechung festzuhalten ist, nach der für die organisatorische Eingliederung ausreicht, dass bei der Organgesellschaft eine vom Willen des Organträgers abweichende Willensbildung ausgeschlossen ist.

BFH vom 27.01.2011 – V R 21/09, BStBl. 2011 II S. 524: Abgrenzung der Unternehmereigenschaft von privater Sammeltätigkeit – Nachhaltigkeit einer Einnahmeerzielung.

Eine zum Vorsteuerabzug berechtigende unternehmerische wirtschaftliche Tätigkeit setzt gegenüber einer privaten Sammlertätigkeit (hier: beim Aufbau einer Fahrzeugsammlung und ihrer museumsartigen Einlagerung in einer Tiefgarage) voraus, dass sich der Sammler bereits während des Aufbaus der Sammlung wie ein Händler verhält (Bestätigung von BFH, Urt. vom 29.6.1987 – X R 23/82, BFHE 150, 218 = BStBl. II 1987, 744 = UR 1987, 321; BFH, Urt. vom 16.7.1987 – X R 48/82, BFHE 150, 224 = BSMl. 11, 1987, 752).

§ 2

BFH vom 01.12.2010 – XI R 43/08, BStBl. 2011 II S. 600: Zu den Voraussetzungen einer finanziellen Eingliederung einer Organgesellschaft in eine Kapital- oder Personengesellschaft.

1. Eine finanzielle Eingliederung i.S. des § 2 Abs. 2 Nr. 2 Satz 1 UStG setzt sowohl bei einer Kapital- als auch bei einer Personengesellschaft als Organträger eine unmittelbare oder mittelbare Beteiligung der Kapital- oder Personengesellschaft an der Organgesellschaft voraus. Deshalb reicht es auch für die finanzielle Eingliederung einer GmbH in eine Personengesellschaft nicht aus, dass letztere nicht selbst, sondern nur ihr Gesellschafter mit Stimmenmehrheit an der GmbH beteiligt ist (Änderung der Rechtsprechung im BFH-Urteil vom 20. Januar 1999 XI R 69/97, BFH/NV 1999, 1136).
2. Das Fehlen einer eigenen mittelbaren oder unmittelbaren Beteiligung der Gesellschaft kann nicht durch einen Beherrschungs- und Gewinnabführungsvertrag ersetzt werden.

BFH vom 01.09.2010 – XI S 6/10, BFH/NV 2010 S. 2140: Unternehmereigenschaft einer Bruchteilsgemeinschaft – keine Mitunternehmerschaft im Umsatzsteuerrecht.

1. Unternehmer i.S.d. § 2 Abs. 1 UStG kann auch eine Bruchteilsgemeinschaft sein.
2. Das Umsatzsteuerrecht kennt keine Mitunternehmerschaft.
3. Eine Personengesellschaft besteht in der Regel so lange als Unternehmer im Sinne des Umsatzsteuerrechts fort, bis alle gemeinschaftlichen Rechtsbeziehungen unter den Gesellschaftern, zu denen auch das Rechtsverhältnis zwischen der Gesellschaft und dem Finanzamt gehört, beseitigt sind. Das gilt auch für eine Bruchteilsgemeinschaft.
4. Eine teilweise Ablehnung eines Antrags auf Aussetzung der Vollziehung durch die Finanzbehörde liegt auch vor, wenn das FA eine uneingeschränkt beantragte Aussetzung der Vollziehung nur gegen Sicherheitsleistung bewilligt hat.

BFH vom 10.06.2010 – V R 62/09, BFH/NV 2011 S. 79: Keine umsatzsteuerrechtliche Organschaft bei mehreren Gesellschaftern nur gemeinsam zustehender Anteilsmehrheit an der Besitz- und Betriebsgesellschaft.

Eine GmbH ist nicht finanziell in eine Personengesellschaft eingegliedert, wenn mehrere Gesellschafter nur gemeinsam über die Anteilsmehrheit an der GmbH und der Personengesellschaft verfügen.

BFH vom 06.05.2010 – V R 24/09, BFH/NV 2010 S. 76: Mittelbare finanzielle Eingliederung führt nicht zur Organschaft.

Eine GmbH kann auch nicht über zwei gemeinsame Gesellschafter mittelbar finanziell in eine GbR eingegliedert sein (Fortführung von BFH vom 22.04.2010 V R 9/09).

BFH vom 22.04.2010 – V R 9/09, BStBl. 2011 II S. 597: Keine mittelbare finanzielle Eingliederung; Bedeutung des Grundsatzes der Rechtssicherheit bei der Auslegung der Organschaftsvoraussetzungen.

Verfügen mehrere Gesellschafter nur gemeinsam über die Anteilsmehrheit an einer GmbH und einer Personengesellschaft, ist die GmbH nicht finanziell in die Personengesellschaft eingegliedert (Änderung der Rechtsprechung).

BFH vom 15.04.2010 – V R 10/09, UR 2010 S. 646[1]: Privatrechtliche Vermögensverwaltung durch Gestattung einer Automatenaufstellung sowie öffentlich-rechtliche Überlassung von Personal und Sachmitteln als „Betrieb gewerblicher Art" einer Universität.

1. Dem Begriff der „Vermögensverwaltung" kommt umsatzsteuerrechtlich für die Unternehmerstellung einer juristischen Person des öffentlichen Rechts durch einen „Betrieb gewerblicher Art" keine Bedeutung zu.
2. Gestattet eine Universität als juristische Person des öffentlichen Rechts durch privatrechtlichen Vertrag das Aufstellen von Automaten gegen Entgelt, erbringt sie als Unternehmer steuerbare und steuerpflichtige Leistungen (richtlinienkonforme Auslegung von § 2 Abs. 3 Satz 1 UStG i.V.m. § 4 Abs. 1 KStG entsprechend Art. 4 der 6. EG-Richtlinie 77/388/EWG.
3. Überlässt die Universität auf öffentlich-rechtlicher Rechtsgrundlage Personal und Sachmittel gegen Entgelt, ist sie Unternehmer, wenn eine Behandlung als Nichtunternehmer zu größeren Wettbewerbsverzerrungen führen würde (richtlinienkonforme Auslegung von § 2 Abs. 3 Satz 1 UStG i.V.m. § 4 Abs. 5 KStG entsprechend Art. 4 Abs. 5 der 6. EG-Richtlinie).

---

1) Siehe dazu *Widmann*, BB 2010 S. 2088; *Bollweg*, UR 2010 S. 652; *Küffner*, UR 2010 S. 654

§ 2

BFH vom 14.04.2010 – XI R 14/09, BStBl. 2011 II S. 433: Unternehmereigenschaft des geschäftsführenden Komplementärs einer KG.

Ein geschäftsführender Komplementär einer KG kann umsatzsteuerrechtlich unselbständig sein (entgegen Abschn. 17 Satz 2 Satz 3 UStR 2005/2008 und BMF-Schreiben vom 23.12. 2003 – IV B 7 – S 7100 – 246/03, BStBl. I 2004 S. 240, unter A. 1.)[1]

BFH vom 17.03.2010 – XI R 17/08, UR 2010 S. 943: Unternehmereigenschaft einer Gemeinde bei Einsatz eines mit Werbeaufdrucken versehenen Fahrzeugs – tauschähnlicher Umsatz.

Eine Gemeinde, die sich als Gegenleistung für die Übereignung eines mit Werbeaufdrucken versehenen Fahrzeugs (Werbemobil) verpflichtet, dieses für die Dauer von fünf Jahren in der Öffentlichkeit zu bewegen, ist Unternehmerin. Dies gilt auch dann, wenn die in Abschn. 23 Abs. 4 UStR 2005[2] genannte Umsatzgrenze von 30.678 € nicht erreicht wird.

BFH vom 17.03.2010 – XI R 2/08, UR 2010 S. 619: Umsatzsteuer aufgrund einer unternehmerischen Tätigkeit des Schuldners nach Eröffnung des Insolvenzverfahrens.

Übt der Schuldner nach Eröffnung des Insolvenzverfahrens eine unternehmerische Tätigkeit aus, ist die Umsatzsteuer aus dieser Tätigkeit nicht bereits deshalb eine Masseverbindlichkeit i.S.d. § 55 Abs. 1 Nr. 1 InsO, weil der Schuldner dabei mit Billigung des Insolvenzverwalters u.a. auch Massegegenstände verwendet.

BFH vom 13.01.2010 – V R 24/07, DB 2010 S. 1274: Umsatzsteuer bei Veräußerung von Gegenständen des Unternehmensvermögens durch den Gesamtrechtsnachfolger – Gesamtrechtsnachfolger als Unternehmer und Umsatzsteuerschuldner – Wirksame Bekanntgabe eines Steuerbescheides gegenüber der Erbengemeinschaft.

Die Veräußerung eines zum Unternehmensvermögen des Erblassers gehörenden Gegenstandes durch den Gesamtrechtsnachfolger ist eine steuerbare und steuerpflichtige Lieferung.

BFH vom 22.10.2009 – V R 33/08, UR 2010 S. 368: Überlassung einer Standfläche an Marktbeschicker durch eine Gemeinde im Rahmen hoheitlicher Tätigkeit.

1. Die Beantwortung der Frage, ob eine Einrichtung des öffentlichen Rechts im Rahmen der „öffentlichen Gewalt" – und damit nichtunternehmerisch – tätig wird, richtet sich danach, ob sie im Rahmen der eigens für sie geltenden öffentlich-rechtlichen Sonderregelungen tätig wird oder ob sie ihre Tätigkeiten unter den gleichen rechtlichen Bedingungen ausübt wie private Wirtschaftsteilnehmer.
2. Hat eine Gemeinde den Marktbeschickern in dieser Form eine Sondernutzung eingeräumt, ist die Zuordnung zum unternehmerischen Bereich ausgeschlossen. Die Einräumung und der Entzug einer Sondernutzung an einer dem öffentlichen Verkehr gewidmeten Straße gehört zur hoheitlichen Tätigkeit der Gemeinde, und sie kann dadurch auch nicht in Wettbewerb zu privaten Wirtschaftsteilnehmern treten.

EuGH vom 06.10.2009 – Rs. C-267/08 – SPÖ Landesorganisation Kärnten, IStR 2009 S. 778: Werbeaktivitäten zugunsten einer politischen Partei durch Unterorganisation.

Art. 4 Abs. 1 und 2 der Sechsten Richtlinie 77/388/EWG des Rates vom 17.5.1977 zur Harmonisierung der Rechtsvorschriften der Mitgliedstaaten über die Umsatzsteuern – Gemeinsames Mehrwertsteuersystem. Einheitliche steuerpflichtige Bemessungsgrundlage ist dahin auszulegen, dass Tätigkeiten der Außenwerbung der Unterorganisation einer politischen Partei eines Mitgliedstaats nicht als wirtschaftliche Tätigkeit anzusehen sind.

BFH vom 20.09.2009 – V R 30/06, BStBl. 2010 II S. 863: Unternehmereigenschaft der öffentlichen Hand; Organschaft.

1. Bei richtlinienkonformer Auslegung nach Art. 4 Abs. 5 der Richtlinie 77/388/EWG ist eine juristische Person des öffentlichen Rechts Unternehmer i.S. von § 2 Abs. 3 UStG i.V.m. § 4 KStG, wenn sie Leistungen gegen Entgelt auf privatrechtlicher Grundlage unter den gleichen rechtlichen Bedingungen wie ein privater Wirtschaftsteilnehmer erbringt.
2. Die organisatorische Eingliederung i.S. von § 2 Abs. 2 Nr. 2 UStG kann sich daraus ergeben, dass die Geschäftsführer der Organgesellschaft leitende Mitarbeiter des Organträgers sind.
3. Für die wirtschaftliche Eingliederung i.S. von § 2 Abs. 2 Nr. 2 UStG muss eine Verflechtung zwischen den Unternehmensbereichen des Organträgers und der Organgesellschaft bestehen. Stellt der Organ-

---
1) Siehe dazu BMF vom 02.05.2011 – IV D 2 – S 7104/1110001, BStBl. 2011 I S. 490, Anlage § 002
2) Jetzt Abschn. 2.11 Abs. 4 UStAE

§ 2

träger für eine von der Organgesellschaft bezogene Leistung unentgeltlich Material bei, reicht dies zur Begründung der wirtschaftlichen Eingliederung nicht aus.

4. Die wirtschaftliche Eingliederung kann sich auch aus einer Verflechtung zwischen den Unternehmensbereichen verschiedener Organgesellschaften ergeben. Ist die wirtschaftliche Eingliederung zu bejahen, sind Leistungen der Organgesellschaft an den Organträger auch dann als sog. Innenleistung nicht steuerbar, wenn der Organträger die Leistungen für nichtunternehmerische Zwecke verwendet.

BFH vom 20.08.2009 – V R 70/05, UR 2009 S. 884: Unternehmereigenschaft einer Industrie- und Handelskammer (Nachfolgeentscheidung zu EuGH vom 04.06.2009).

Die Bundesrepublik Deutschland kann Tätigkeiten von juristischen Personen des öffentlichen Rechts, die nach 4 Nr. 12 Buchst. a UStG von der Steuer befreit sind (Vermietung und Verpachtung von Grundstücken), nur durch eine ausdrückliche gesetzliche Regelung gem. Art. 4 Abs. 5 Unterabs. 4 der 6. EG-Richtlinie 777388/EWG als, Tätigkeiten „behandeln", die diesen juristischen Personen des öffentlichen Rechts im Rahmen der öffentlichen Gewalt obliegen.

BFH vom 25.06.2009 – V R 37/08, BStBl. 2009 II S. 873: Unternehmereigenschaft eines „festen freien Mitarbeiters" einer Rundfunkanstalt – Sozialversicherungspflicht – Gesetzlich geschuldete Sozialversicherungsbeiträge sind kein Entgelt i.S. von § 10 UStG.

1. Unternehmer sind nach § 2 Abs. 1 und Abs. 2 Nr. 1 UStG selbständig tätig und daher im Regelfall nicht sozialversicherungspflichtig.
2. Gesetzlich geschuldete Sozialversicherungsbeiträge können kein Entgelt i.S. von § 10 UStG sein.

EuGH vom 04.06.2009 – Rs. C-102/08 – SALIX Grundstücks-Vermietungsgesellschaft mbH & Co. Objekt Offenbach, UR 2009 S. 484[1]: Befugnis der Mitgliedstaaten zur Behandlung steuerbefreiter Tätigkeiten von Einrichtungen des öffentlichen Rechts als im Rahmen der öffentlichen Gewalt obliegende Tätigkeiten – größere Wettbewerbsverzerrungen.

1. Die Mitgliedstaaten müssen eine ausdrückliche Regelung vorsehen, um sich auf die in Art. 4 Abs. 5 Unterabs. 4 der 6. EG-Richtlinie 77/388/EWG vorgesehene Befugnis berufen zu können, die Tätigkeiten der Einrichtungen des öffentlichen Rechts, die nach Art. 13 oder 28 der 6. EG-Richtlinie von der Steuer befreit sind, als Tätigkeiten zu behandeln, die ihnen im Rahmen der öffentlichen Gewalt obliegen.
2. Art. 4 Abs. 5 Unterabs. 2 der 6. EG-Richtlinie ist dahin auszulegen, dass die Einrichtungen des öffentlichen Rechts, soweit sie Tätigkeiten ausüben oder Leistungen erbringen, die ihnen im Rahmen der öffentlichen Gewalt obliegen, nicht nur dann als Steuerpflichtige gelten, wenn ihre Behandlung als Nichtsteuerpflichtige auf grund des Art. 4 Abs. 5 Unterabs. 1 oder 4 der 6. EG-Richtlinie zu größeren Wettbewerbsverzerrungen zulasten ihrer privaten Wettbewerber führen würde, sondern auch dann, wenn sie derartige Verzerrungen zu ihren eigenen Lasten zur Folge hätte.

BFH vom 30.04.2009 – V R 3/08, UR 2009 S. 639: Keine Mehrmütterorganschaft bei der Umsatzsteuer. Eine Organgesellschaft kann nach § 2 Abs. 2 Nr. 2 UStG nicht gleichzeitig in Unternehmen verschiedener Organträger eingegliedert sein.

BFH vom 12.02.2009 – V R 61/06, BStBl. 2009 II S. 828: Unternehmerische Pferdezucht.

1. Eine Kommanditgesellschaft, die nachhaltig mit der Absicht, Einnahmen zu erzielen, eine Pferdezucht betreibt, ist umsatzsteuerrechtlich Unternehmer, auch wenn die Gewinnerzielungsabsicht fehlt.
2. Der Betrieb einer Pferdezucht in größerem Umfang mit erheblichen Umsätzen dient bei typisierender Betrachtung nicht in vergleichbarer Weise wie die ausdrücklich in § 4 Abs. 5 Satz 1 Nr. 4 EStG genannten Gegenstände (Jagd, Fischerei, Segel- oder Motorjacht) einer überdurchschnittlichen Repräsentation, der Unterhaltung von Geschäftsfreunden, der Freizeitgestaltung oder der sportlichen Betätigung.
3. Die Voraussetzungen eines sog. Repräsentationseigenverbrauchs nach § 1 Abs. 1 Nr. 2 Satz 2 Buchst. c UStG in der bis zum 31. März 1999 geltenden Fassung sowie des Vorsteuerabzugsverbots nach § 15 Abs. 1a Nr. 1 UStG in der ab dem 1. April 1999 geltenden Fassung liegen in einem derartigen Fall nicht vor.

BFH vom 29.01.2009 – V R 67/07, UR 2009 S. 554; BStBl. 2009 II S. 1029: Beendigung der umsatzsteuerlichen Organschaft bei angeordneter Zwangsverwaltung und Zwangsversteigerung eines Grundstück.[2]

---

[1] Siehe dazu Anmerkung von *Küffner*, UR 2009 S. 491 und *Widmann*, UR 2009 S. 493
[2] Nichtanwendungserlass vom 01.12.2009, Anlage § 002-25

Die wirtschaftliche Eingliederung aufgrund der Vermietung eines Grundstücks, das die räumliche und funktionale Grundlage der Geschäftstätigkeit der Organgesellschaft bildet, entfällt, wenn für das Grundstück Zwangsverwaltung und Zwangsversteigerung angeordnet wird.

BFH vom 18.12.2008 – V R 80/07, BStBl. 2011 II S. 292: Unternehmereigenschaft beim Betreiben eines Blockheizkraftwerks.[1)]

1. Ein in ein Einfamilienhaus eingebautes Blockheizkraftwerk, mit dem neben Wärme auch Strom erzeugt wird, der ganz oder teilweise, regelmäßig und nicht nur gelegentlich gegen Entgelt in das allgemeine Stromnetz eingespeist wird, dient der nachhaltigen Erzielung von Einnahmen aus der Stromerzeugung.
2. Eine solche Tätigkeit begründet daher – unabhängig von der Höhe der erzielten Einnahmen – die Unternehmereigenschaft des Betreibers, auch wenn dieser daneben nicht anderweitig unternehmerisch tätig ist.
3. Der Vorsteuerabzug aus der Anschaffung des Blockheizkraftwerks ist unter den allgemeinen Voraussetzungen des § 15 UStG zu gewähren.

BFH vom 29.10.2008 – XI R 74/07, BStBl. 2009 II S. 256: Organschaft – wirtschaftliche Eingliederung – obligatorischer Eintritt der Rechtsfolgen einer Organschaft – Grundsatz der Einheitlichkeit der Leistung.

1. Bei deutlicher Ausprägung der finanziellen und organisatorischen Eingliederung kann eine wirtschaftliche Eingliederung und damit eine Organschaft schon bei mehr als nur unerheblichen Geschäftsbeziehungen vorliegen.
2. Weder das UStG noch das Gemeinschaftsrecht sehen ein Wahlrecht für den Eintritt der Rechtsfolgen einer umsatzsteuerlichen Organschaft vor.
3. Die Übertragung eines zu bebauenden Grundstücks kann auch dann zu einer einheitlichen Leistung führen, wenn im Rahmen einer Organschaft der Organträger das Grundstück übereignet, während die Baumaßnahmen von einer Organgesellschaft durchzuführen sind.

BFH vom 29.10.2008 – I R 51/07, DStR 2008 S. 2470: Kommunales Krematorium als Betrieb gewerblicher Art.

Auch wenn eine wirtschaftliche Betätigung durch landesrechtliche Regelungen in einem einzelnen Bundesland ausschließlich der öffentlichen Hand vorbehalten ist (hier: der Betrieb eines kommunalen Krematoriums in Nordrhein-Westfalen), handelt es sich nur dann um einen Hoheitsbetrieb i.S. von § 4 Abs. 5 Satz 1 KStG, wenn der Markt für die angebotene Leistung örtlich so eingegrenzt ist, dass eine Wettbewerbsbeeinträchtigung steuerpflichtiger Unternehmen in anderen Bundesländern oder EU-Mitgliedstaaten ausgeschlossen werden kann.

EuGH vom 16.09.2008 – Rs. C-288/07 – Isle of Wight Council, IStR 2008 S. 734: Mehrwertsteuerpflicht von Einrichtungen des öffentlichen Rechts (Behörden) für die Bewirtschaftung von abgeschlossenen Parkeinrichtungen für Autos („offstreet parking").

1. Art. 4 Abs. 5 Unterabs. 2 der Sechsten Richtlinie 77/388/EWG des Rates vom 17.5.1977 zur Harmonisierung der Rechtsvorschriften der Mitgliedstaaten über die Umsatzsteuern – Gemeinsames Mehrwertsteuersystem: einheitliche steuerpflichtige Bemessungsgrundlage, ist dahin auszulegen, dass die Frage, ob die Behandlung von Einrichtungen des öffentlichen Rechts, die im Rahmen der öffentlichen Gewalt tätig werden, als Nichtsteuerpflichtige zu größeren Wettbewerbsverzerrungen führen würde, mit Bezug auf die fragliche Tätigkeit als solche zu beurteilen ist, ohne dass sich diese Beurteilung auf einen lokalen Markt im Besonderen bezieht.
2. Der Begriff „führen würde" i.S. des Art. 4 Abs. 5 Unterabs. 2 der Sechsten Richtlinie 77/388 ist dahin auszulegen, dass er nicht nur den gegenwärtigen, sondern auch den potenziellen Wettbewerb umfasst, sofern die Möglichkeit für einen privaten Wirtschaftsteilnehmer, in den relevanten Markt einzutreten, real und nicht rein hypothetisch ist.
3. Der Begriff „größere" i.S. des Art. 4 Abs. 5 Unterabs. 2 der Sechsten Richtlinie 77/388 ist dahin zu verstehen, dass die gegenwärtigen oder potenziellen Wettbewerbsverzerrungen mehr als unbedeutend sein müssen.

BFH vom 03.07.2008 – V R 40/04, BStBl. 2009 II S. 208: Keine unternehmerische Tätigkeit staatlicher Milchquoten-Verkaufsstellen und keine Verpflichtung zum Umsatzsteuerausweis in Rechnungen über den Übergang einer Anlieferungs-Referenzmenge.

---
1) Siehe auch Anlage § 010-56

§ 2

1. Eine von einem Bundesland eingerichtete sog. „Milchquoten-Verkaufsstelle", die Anlieferungs-Referenzmengen an Milcherzeuger überträgt, handelt bei dieser Tätigkeit nicht als Unternehmer im Sinne des Umsatzsteuerrechts.
2. Sie ist nicht verpflichtet, in der Rechnung über die Übertragung der Anlieferungs-Rferenzmenge Umsatzsteuer gesondert auszuweisen.

BFH vom 03.07.2008 – V R 51/06, BStBl. 2009 II S. 213: Unternehmereigenschaft von juristischen Personen des öffentlichen Rechts – Vorsteuerabzugsberechtigung – Kein Vorsteuerabzug der Bundesanstalt für Landwirtschaft und Ernährung aus der nach Ausbruch der Schweinepest im Rahmen von Sondermaßnahmen erfolgten Übernahme von später entsorgten Schweinen.

1. Bei juristischen Personen des öffentlichen Rechts ist zwischen der umsatzsteuerrechtlich relevanten Betätigung im Unternehmen und der nicht unternehmerischen – vorzugsweise hoheitlichen – Tätigkeit zu unterscheiden.
2. Eine juristische Person des öffentlichen Rechts führt unternehmerische Tätigkeiten aus, wenn sie – auf privatrechtlicher Grundlage – im eigenen Namen gegen Entgelt Lieferungen oder sonstige Leistungen erbringt.
3. Die Bundesanstalt für Landwirtschaft und Ernährung gilt nur insoweit nach § 2 Abs. 3 Satz 2 Nr. 5 UStG 1993 als Unternehmerin, als sie selbst Umsätze ausführt.
4. Die Bundesanstalt für Landwirtschaft und Ernährung ist aus der Übernahme von Schweinen im Rahmen von Sondermaßnahmen nach Ausbruch der Schweinepest nicht zum Vorsteuerabzug berechtigt, wenn sie die Schweine nicht durch Umsätze für ihr Unternehmen verwendete, sondern lediglich in Tierkörperbeseitigungsanstalten entsorgen ließ.

BFH vom 02.07.2008 – XI R 66/06, BStBl. 2009 II S. 206: Wirtschaftliche Tätigkeit als Voraussetzung der Unternehmereigenschaft.

1. Aufwendungseigenverbrauch nach § 1 Abs. 1 Nr. 2 Satz 2 Buchst. c UStG 1991/1993 setzt nicht voraus, dass die in § 4 Abs. 5 Satz 1 Nr. 4 EStG genannten Aufwendungen im Rahmen eines andere Zwecke verfolgenden Unternehmens getätigt werden.
2. Das Halten von Rennpferden aus Repräsentationsgründen ist ein ähnlicher Zweck i.S. des § 4 Abs. 5 Satz 1 Nr. 4 EStG.
3. Unternehmer nach § 2 Abs. 1 UStG ist nur derjenige, der eine wirtschaftliche Tätigkeit i.S. des Art. 4 Abs. 1 und 2 der Richtlinie 77/388/EWG ausübt.

EuGH vom 22.05.2008 – Rs. C-162/07 – Ampliscientifica Srl, DStRE 2008 S. 902: Verfahrensverstoß bei Anwendung einer Organschaftsregelung ohne Konsultation des MwSt-Ausschusses; Voraussetzungen einer Gruppenbesteuerung.

1. Bei Art. 4 Abs. 4 Unterabs. 2 der Sechsten MwSt-Richtlinie 77/388/EWG handelt es sich um eine Norm, deren Umsetzung durch einen Mitgliedstaat die vorherige Konsultation des Beratenden Ausschusses für die Mehrwertsteuer durch den Mitgliedstaat und den Erlass einer nationalen Regelung voraussetzt, die es im Inland ansässigen Personen, insbesondere Gesellschaften, die rechtlich unabhängig, aber durch gegenseitige finanzielle, wirtschaftliche und organisatorische Beziehungen eng miteinander verbunden sind, gestattet, nicht mehr als getrennte Mehrwertsteuerpflichtige, sondern zusammen als ein Steuerpflichtiger behandelt zu werden, dem allein eine persönliche Identifikationsnummer für diese Steuer zugeteilt wird und der allein infolgedessen Mehrwertsteuererklärungen abgeben kann. Es ist Sache des nationalen Gerichts, zu prüfen, ob eine nationale Regelung wie die im Ausgangsverfahren in Rede stehende diese Kriterien erfüllt, wobei eine nationale Regelung, die diese Kriterien erfüllen sollte, ohne vorherige Konsultation des Beratenden Ausschusses für die Mehrwertsteuer eine Umsetzung unter Verstoß gegen das in Art. 4 Abs. 4 Unterabs. 2 der Sechsten MwSt-Richtlinie 77/388/EWG aufgestellte Verfahrenserfordernis wäre.
2. Der Grundsatz der Steuerneutralität steht einer nationalen Regelung nicht entgegen, die sich darauf beschränkte, Steuerpflichtige, die sich für ein System von vereinfachter Mehrwertsteuererklärung und -zahlung entscheiden möchten, danach unterschiedlich zu behandeln, ob das Mutterunternehmen oder die Muttergesellschaft mindestens seit Beginn des dem Jahr der Erklärung vorangegangenen Kalenderjahrs mehr als 50 % der Aktien oder Anteile an den untergeordneten Personen hält oder diese Voraussetzungen im Gegenteil erst nach diesem Zeitpunkt erfüllt sind. Es ist Sache des nationalen Gerichts, zu prüfen, ob eine nationale Regelung wie die im Ausgangsverfahren in Rede stehende eine solche Regelung darstellt. Darüber hinaus stehen weder das Rechtsmissbrauchsverbot noch der Verhältnismäßigkeitsgrundsatz einer solchen Regelung entgegen.

BFH vom 11.04.2008 – V R 10/07, BStBl. 2009 II S. 741: Unternehmereigenschaft eines privaten Stromversorgers.

1. Ob eine sonst nicht unternehmerisch tätige Person, die im Jahr 1997 auf dem Dach ihres selbstgenutzten Eigenheims eine Photovoltaikanlage betrieb und den erzeugten Strom teilweise gegen Vergütung in das öffentliche Stromnetz eingespeist hat, als Unternehmer im Sinne des Umsatzsteuerrechts anzusehen war, bleibt offen.
2. Ein Vorsteuerabzug aus einer 1997 vorgenommenen Anschaffung einer Photovoltaikanlage, der erstmals in einer im Jahr 2002 abgegebenen Umsatzsteuererklärung für das Jahr 1997 geltend gemacht wird, ist nicht möglich.

BFH vom 03.04.2008 – V R 76/05, BStBl. 2008 II S. 905; UR 2008 S. 649: Voraussetzungen einer umsatzsteuerrechtlichen Organschaft.

1. Im Rahmen der umsatzsteuerrechtlichen Organschaft kann von der finanziellen Eingliederung weder auf die organisatorische noch auf die wirtschaftliche Eingliederung geschlossen werden.
2. Der aktienrechtlichen Abhängigkeitsvermutung aus § 17 AktG kommt keine Bedeutung im Hinblick auf die organisatorische Eingliederung bei der umsatzsteuerrechtlichen Organschaft zu.
3. Die organisatorische Eingliederung setzt in aller Regel die personelle Verflechtung der Geschäftsführungen des Organträgers und der Organgesellschaft voraus.

FG Rheinland-Pfalz vom 11.03.2008 – 6 V 2395/07, UR 2008 S. 542: Zwang zur Organschaft zweifelhaft.

1. Es ist ernstlich zweifelhaft, ob durch steuerliche Vorschriften unerwünschte oder nicht vorgesehene zivilrechtliche Folgen herbeigeführt werden dürfen.
2. Es ist ernstlich zweifelhaft, ob die Wirkung der umsatzsteuerlichen Organschaft, Unternehmensteile als ein Unternehmen zu behandeln, zwingend eintritt, wenn die Voraussetzungen der finanziellen, wirtschaftlichen und organisatorischen Eingliederung einer juristischen Person in das Unternehmen des Organträgers nach dem Gesamtbild der tatsächlichen Verhältnisse vorliegen. Bei Vorliegen der Eingliederungsmerkmale kann sich ein Optionsrecht ergeben.[1]

BFH vom 20.12.2007 – V R 70/05, BStBl. 2008 II S. 454: Drittwirkung der Pflicht zur Besteuerung der öffentlichen Hand?

Dem EuGH werden folgende Fragen zur Vorabentscheidung vorgelegt:

1. Können die Mitgliedstaaten Tätigkeiten von Staaten, Ländern, Gemeinden oder sonstigen Einrichtungen des öffentlichen Rechts, die nach Art. 13 der Richtlinie 77/388/EWG von der Steuer befreit sind, nur dadurch gemäß Art. 4 Abs. 5 Unterabs. 4 der Richtlinie 77/388/EWG als Tätigkeiten „behandeln", die diesen Einrichtungen im Rahmen der öffentlichen Gewalt obliegen, dass die Mitgliedstaaten eine dahingehende ausdrückliche gesetzliche Regelung treffen?
2. Können „größere Wettbewerbsverzerrungen" i.S. von Art. 4 Abs. 5 Unterabs. 4 i.V.m. Unterabs. 2 der Richtlinie 77/388/EWG nur dann vorliegen, wenn die Behandlung einer Einrichtung des öffentlichen Rechts als Nicht-Steuerpflichtige zu größeren Wettbewerbsverzerrungen zu Lasten konkurrierender privater Steuerpflichtiger führen würde, oder auch dann, wenn die Behandlung einer Einrichtung des öffentlichen Rechts als Nicht-Steuerpflichtige zu größeren Wettbewerbsverzerrungen zu ihren Lasten führen würde?

FG Nürnberg vom 17.12.2007 – 2 V 1958/2007, DStRE 2008 S. 1147: Erteilung einer Steuernummer für umsatzsteuerliche Zwecke.

Geben die Umstände der Firmengründung, die Art der Geschäftsführung und der beabsichtigten Leistungen Anlass, an einer seriösen unternehmerischen Tätigkeit zu zweifeln, berechtigt dies die Finanzverwaltung trotzdem nicht, die Erteilung einer Steuernummer für umsatzsteuerliche Zwecke abzulehnen.

BFH vom 05.12.2007 – V R 26/06, BStBl. 2008 II S. 451: Organisatorische Eingliederung als Voraussetzung für eine umsatzsteuerrechtliche Organschaft.

1. Die Voraussetzungen der umsatzsteuerrechtlichen Organschaft bestimmen sich allein nach § 2 Abs. 2 Nr. 2 UStG. Die aktienrechtliche Abhängigkeitsvermutung nach § 17 AktG hat insoweit keine Bedeutung.
2. Die organisatorische Eingliederung setzt voraus, dass der Organträger eine von seinem Willen abweichende Willensbildung in der Organgesellschaft verhindern kann.

---

[1] Siehe aber dagegen BFH vom 29.10.2008 – XI R 74/07 (Vorinstanz: FG Schleswig-Holstein vom 04.07.2007 – 4 K 225/04)

§ 2

EuGH vom 18.10.2007 – Rs. C-355/06 – J. A. van der Steen, UR 2007 S. 889[1]**:** Keine selbständige wirtschaftliche Tätigkeit einer einzigen natürlichen Person als Gesellschafter-Geschäftsführer und Arbeitnehmer einer GmbH.

Eine natürliche Person, die aufgrund eines Arbeitsvertrags mit einer steuerpflichtigen Gesellschaft, deren einziger Gesellschafter, Geschäftsführer und Mitarbeiter sie im Übrigen ist, alle Arbeiten im Namen und auf Rechnung dieser Gesellschaft ausführt, gilt für die Zwecke von Art. 4 Abs. 4 Unterabs. 2 der 6. EG-Richtlinie 77/388/EWG selbst nicht als Steuerpflichtiger i.S.v. Art. 4 Abs. 1 der 6. EG-Richtlinie.

BFH vom 11.10.2007 – V R 77/05, BStBl. 2008 II S. 443: Umsatzsteuer bei Pkw-Vermietung von Arbeitnehmer an Arbeitgeber.

Ein Arbeitnehmer kann mit der Vermietung seines Pkw an den Arbeitgeber selbständig (unternehmerisch) tätig werden. Ob die Mietzahlungen des Arbeitgebers an den Arbeitnehmer ertragsteuerrechtlich als Arbeitslohn qualifiziert werden können, spielt umsatzsteuerrechtlich keine Rolle.

BFH vom 31.07.2007 – V B 441/06, UR 2007 S. 936: Hoheitliche oder unternehmerische Tätigkeit einer Körperschaft des öffentlichen Rechts (hier: Krankenkasse).

1. Es ist geklärt, dass eine juristische Person des öffentlichen Rechts neben ihrem nichtunternehmerischen hoheitlichen Bereich auch einen unternehmerischen Bereich haben kann und u.a. dann unternehmerisch (wirtschaftlich) tätig ist, wenn sie auf privatrechtlicher Grundlage und nicht im Rahmen der eigens für sie geltenden öffentlich-rechtlichen Regelungen handelt. Selbst wenn sie im Rahmen der öffentlichen Gewalt tätig ist, kann sie dann als Unternehmer behandelt werden, wenn anderenfalls größere Wettbewerbsverzerrungen (Art. 4 Abs. 5 Unterabs. 2 der 6. EG-Richtlinie 77/388/EWG) eintreten würden oder sie Tätigkeiten in Bezug auf die in Anhang D der 6. EG-Richtlinie ausgeführten Tätigkeiten ausübt, sofern deren Umfang nicht unbedeutend ist.
2. Bei einer Krankenkasse als einer Körperschaft des öffentlichen Rechts ergibt sich eine Wettbewerbsverzerrung zu einer Privatversicherung auch nicht daraus, dass zu den Versicherungsberechtigten auch sog. freiwillig Versicherte gehören, die der Versicherung bei Erfüllung der Voraussetzung des § 9 Abs. 1 SGB V gem. § 9 Abs. 2 SGB V beitreten können.[2]

BFH vom 26.06.2007 – V B 224/06, UR 2007 S. 934: Umsatzsteuerliche Organschaft bei mehrstöckigen Beteiligungsverhältnissen.

Es besteht bei mehrstöckigen Beteiligungsverhältnissen keine organisatorische Eingliederung und damit keine umsatzsteuerliche Organschaft, wenn zwar Personalunion des Geschäftsführers bei beherrschter und beherrschender Gesellschaft besteht, aber bei zwischengeschalteten Gesellschaften andere Personen Geschäftsführer sind und damit formell die Möglichkeit besteht, dass der Geschäftsführer der beherrschenden Gesellschaft seinen Willen bei der beherrschten Gesellschaft nicht durchsetzen kann.[3]

BFH vom 12.10.2006 – V R 36/04, BStBl. 2007 I S. 485: Unternehmer nach Verkauf zurückbehaltener Ernte im Weinbau.

1. Welcher Ehegatte als Unternehmer zu erfassen ist, richtet sich grundsätzlich danach, in wessen Namen die maßgebenden Umsätze ausgeführt wurden.
2. Zur Frage, ob landwirtschaftliche Erzeugnisse, die nach Aufgabe des landwirtschaftlichen Betriebes noch vorhanden sind, noch im Rahmen eines landwirtschaftlichen Betriebes i.S. des § 24 UStG 1999 geliefert werden.

BFH vom 05.10.2006 – VII R 24/03, DStR 2006 S. 2311: Auskunftsanspruch eines privaten Wettbewerbers mit der öffentlichen Hand gegenüber der Finanzverwaltung.

1. Einen verfassungsunmittelbaren Auskunftsanspruch hinsichtlich der Besteuerung eines Konkurrenten hat ein Steuerpflichtiger unbeschadet des Steuergeheimnisses dann, wenn er substantiiert und glaubhaft darlegt, durch eine aufgrund von Tatsachen zu vermutende oder zumindest nicht mit hinreichender Wahrscheinlichkeit auszuschließende unzutreffende Besteuerung eines Konkurrenten konkret feststellbare, durch Tatsachen belegte Wettbewerbsnachteile zu erleiden und gegen die Steuerbehörde mit Aussicht auf Erfolg ein subjektives öffentliches Recht auf steuerlichen Drittschutz geltend machen zu können.
2. Die Auskunft darf erteilt werden, wenn die Konkurrentenklage nicht offensichtlich unzulässig wäre; die Auskunftserteilung setzt nicht die Feststellung voraus, dass dem Auskunftsantragsteller die von

---

1) Siehe dazu *Widmann*, UR 2007 S. 891
2) Leitsatz nicht amtlich
3) Leitsatz nicht amtlich

ihm behaupteten Rechte, die er auf der Grundlage der ihm erteilten Auskunft verfolgen möchte, tatsächlich zustehen.
3. Der in Art. 4 Abs. 5 Unterabs. 2 der Sechsten MwSt-Richtlinie 77/388/EWG enthaltene Grundsatz der steuerlichen Neutralität kann von einem Steuerpflichtigen im Wege der Konkurrentenklage geltend gemacht werden, wenn Einrichtungen des öffentlichen Rechts für die Tätigkeiten oder Leistungen, die sie im Rahmen der öffentlichen Gewalt ausüben oder erbringen, als Nichtsteuerpflichtige behandelt werden und dies zu größeren Wettbewerbsverzerrungen führt (Anschluss an das EuGH-Urt. vom 8.6.2006, C-430/04).
4. Es kommt ernstlich in Betracht, § 2 Abs. 3 UStG drittschützende Wirkung beizulegen.

BFH vom 07.09.2006 – V R 6/05, BStBl. 2007 II S. 148: Unternehmereigenschaft eines Testamentsvollstreckers.
1. Ein Testamentsvollstrecker, der über einen längeren Zeitraum eine Vielzahl von Handlungen vornimmt, wird regelmäßig nachhaltig und damit unternehmerisch tätig; dies gilt auch bei einer „Auseinandersetzungs-Testamentsvollstreckung" (Anschluss an BFH-Urteile vom 26.9.1991 V R 1/87, BFH/NV 1992, 418, und vom 30.5.1996 V R 26/93, BFH/NV 1996, 938).
2. Die unternehmerische Tätigkeit eines Testamentsvollstreckers unterliegt auch dann der Umsatzsteuer, wenn sie aus privatem Anlass aufgenommen wurde; die Rechtsprechung des EuGH zur „nur gelegentlichen" Ausführung von Umsätzen durch Nutzung privater Gegenstände kann hierzu nicht erweiternd angewendet werden.

EuGH vom 08.06.2006 – Rs. C-430/04 – Feuerbestattungsverein Halle e.V., UR 2006 S. 459:[1] Auskunftsanspruch eines privaten Wettbewerbers gegen die Finanzverwaltung zur Besteuerung einer juristischen Person des öffentlichen Rechts.

Ein Einzelner, der mit einer Einrichtung des öffentlichen Rechts im Wettbewerb steht und der geltend macht, diese Einrichtung werde für die Tätigkeiten, die sie im Rahmen der öffentlichen Gewalt ausübe, nicht oder zu niedrig zur Mehrwertsteuer herangezogen, kann sich im Rahmen eines Rechtsstreits gegen die nationale Steuerverwaltung wie des Ausgangsrechtsstreits auf Art. 4 Abs. 5 Unterabs. 2 der 6. EG-Richtlinie 77/388/EWG berufen.

EuGH vom 23.03.2006 – Rs. C-210/04 – FCE Bank plc, UR 2006 S. 331: Keine Steuerpflichtigeneigenschaft einer festen Niederlassung durch Bezug entgeltlicher Dienstleistungen von einem mit ihr verbundenen gebietsfremden Unternehmen.

Art. 2 Nr. 1 und Art. 9 Abs. 1 der 6. EG-Richtlinie 77/388/EWG sind dahin auszulegen, dass eine feste Niederlassung in einem anderen Mitgliedstaat, die kein von dem Unternehmen, zu dem sie gehört, verschiedenes Rechtssubjekt ist und der das Unternehmen Dienstleistungen erbringt, nicht aufgrund der Kosten, mit denen sie wegen der genannten Dienstleistungen belastet wird, als Steuerpflichtiger anzusehen ist.

BFH vom 22.09.2005 – V R 28/03, BStBl. 2006 II S. 280: Verpachtung einer Eigenjagd durch Gemeinde ist ein Betrieb gewerblicher Art und nicht Ausübung der Landwirtschaft.
1. Eine juristische Person des öffentlichen Rechts wird mit der Verpachtung ihrer Eigenjagd im Rahmen ihres land- und forstwirtschaftlichen Betriebs gemäß § 2 Abs. 3 UStG gewerblich oder beruflich tätig.
2. § 24 UStG ist richtlinienkonform dahin auszulegen, dass er nur die Lieferung landwirtschaftlicher Erzeugnisse und landwirtschaftliche Dienstleistungen i.S. des Art. 25 der Richtlinie 77/388/EWG erfasst.

BFH vom 07.07.2005 – V R 78/03, UR 2005 S. 608: Unternehmereigenschaft bei Überlassung eines Betriebsgrundstücks durch den Organträger an eine Organgesellschaft als Pächter unter Verzicht auf Pachtzahlungen.
1. Wenn der Erwerber einer verpachteten Gewerbe-Immobilie, der anstelle des Veräußerers in den Pachtvertrag eingetreten ist, anschließend wegen wirtschaftlicher Schwierigkeiten des Pächters auf Pachtzinszahlungen verzichtet und mit dem Pächter vereinbart, dass die Zahlungen wieder aufzunehmen sind, wenn sich die finanzielle Situation des Pächters deutlich verbessert, kann in der Regel nicht bereits eine unentgeltliche nichtunternehmerische Tätigkeit angenommen werden.
2. Auch eine derartige Übertragung einer verpachteten Gewerbe-Immobilie kann eine nichtsteuerbare Geschäftsveräußerung i.S.d. § 1 Abs. 1a UStG sein.

---
1) Antwort auf das BFH-Vorabentscheidungsersuchen vom 08.07.2004, siehe dazu *Widmann*, UR 2006 S. 462

§ 2

BFH vom 19.05.2005 – V R 31/03, BStBl. 2005 II S. 671, ZSteu 2005 S. R-591: Finanzielle Eingliederung.

1. Eine GmbH, die zu 99,72 v. H. am Gesellschaftsvermögen einer KG beteiligt ist, ist auch dann nicht in das Unternehmen der KG (mittelbar) finanziell eingegliedert, wenn die übrigen Kommanditisten der KG sämtliche Gesellschaftsanteile an der GmbH halten.

2. Die nach § 2 Abs. 2 Nr. 2 UStG 1993/1999 erforderliche Eingliederung in ein anderes Unternehmen setzt ein Verhältnis der Über- und Unterordnung der beteiligten Gesellschaften voraus; dass Art. 4 Abs. 4 Unterabs. 2 der Richtlinie 77/388/EWG den Mitgliedstaaten die Möglichkeit eröffnet, bereits dann mehrere im Inland ansässige Personen zusammen als einen Steuerpflichtigen zu behandeln, wenn sie „eng miteinander verbunden sind", ist insoweit unerheblich.

BFH vom 10.03.2005 – V R 29/03, BStBl. 2005 II S. 730[1]: Selbständigkeit eines GmbH-Gesellschafter-Geschäftsführers.

Geschäftsführungsleistungen eines GmbH-Geschäftsführers können als selbständig i. S. des § 2 Abs. 2 Nr. 1 UStG zu beurteilen sein. Die Organstellung des GmbH-Geschäftsführers steht dem nicht entgegen (Änderung der Rechtsprechung).

BFH vom 08.07.2004 – VII R 24/03, BStBl. 2004 II S. 1034: Vorabentscheidungsersuchen des BFH an den EuGH zur Frage des Auskunftsanspruchs eines Wettbewerbers hinsichtlich der Umsatzbesteuerung eines Konkurrenten.

Kann sich ein privater Steuerpflichtiger, der mit einer Einrichtung des öffentlichen Rechts im Wettbewerb steht und geltend macht, deren Nichtbesteuerung oder zu niedrige Besteuerung sei rechtswidrig, auf Art. 4 Abs. 5 Unterabs. 2 der Richtlinie 77/388/EWG berufen? (Vorlage an den EuGH).

BFH vom 01.07.2004 – V R 64/02, BFH/NV 2005 S. 252: Unternehmereigenschaft eines Zweckverbandes.

1. Eine juristische Person des öffentlichen Rechts (PöR), die einen Militärflughafen in einen Gewerbepark umwandelt und zu diesem Zwecke nachhaltig Grundstücke an- und verkauft, ist insoweit unternehmerisch tätig.

2. Zur nichtunternehmerischen Tätigkeit gehören der Bau und der Unterhalt von dem öffentlichen Verkehr gewidmeten Straßen. Dasselbe gilt für den Bau der Entwässerungsanlagen, soweit die Abwasserentsorgung in den Formen des öffentlichen Rechts erfolgt und die Nichtbesteuerung der PöR zu keinen größeren Wettbewerbsverzerrungen führt.

BFH vom 01.04.2004 – V R 24/03, BB 2004 S. 1261: Keine Beendigung einer umsatzsteuerlichen Organschaft bei Bestellung eines vorläufigen Insolvenzverwalters, wenn kein allgemeines Verfügungsverbot auferlegt wird.

Ist der Organträger Geschäftsführer einer von der Insolvenz bedrohten Organgesellschaft und wird dieser nach Beantragung des Insolvenzverfahrens kein allgemeines Verfügungsverbot auferlegt, bleibt die Organschaft regelmäßig bis zur Eröffnung des Insolvenzverfahrens erhalten. Dies gilt auch dann, wenn das Insolvenzgericht gemäß § 21 Abs. 2 2. Alternative InsO anordnet, dass Verfügungen des Schuldners nur mit Zustimmung des vorläufigen Insolvenzverwalters wirksam sind.

FG Köln vom 10.03.2004 – 11 K 6305/02 – rechtskräftig, EFG 2004 S. 1646: Beendigung der Unternehmereigenschaft.

1. Ein aufgegebener Betrieb behält so lange die Unternehmereigenschaft i.S. des § 2 UStG, bis alle mit ihm in Zusammenhang stehenden Rechtsbeziehungen abgewickelt sind.

2. Der Vorsteuerabzug ist auch bei solchen Abwicklungsleistungen gegeben, die für eine reine Innenrechtsbeziehung (Abwicklung einer Pensionszusage) erbracht werden.

BFH vom 13.11.2003 – V R 59/02, BStBl. 2004 II S. 472: Unterlassung von Wettbewerb gegen Entgelt als unternehmerische Tätigkeit.

Die entgeltliche Unterlassung von Wettbewerb für fünf Jahre durch einen Steuerpflichtigen ist eine nachhaltige gewerbliche oder berufliche Tätigkeit i.S. des § 2 Abs. 1 UStG 1991 (Abgrenzung gegenüber BFH-Urteil vom 30. Juli 1986 V R 41/76, BFHE 147, 279, BStBl. II 1986, 874).

---

1) Siehe dazu BMF vom 21.09.2005 – Anlage § 002-22

§ 2

EuGH vom 26.06.2003 – Rs. C-305/01 – MKG-Kraftfahrzeuge-Factoring GmbH, UR 2003 S. 400, DStR 2003 S. 1253[1]**:** Echtes Factoring ist eine unternehmerische Tätigkeit mit dem Recht zum Vorsteuerabzug.

1. Die Sechste Richtlinie 77/388/EWG des Rates vom 17. Mai 1977 zur Harmonisierung der Rechtsvorschriften der Mitgliedstaaten über die Umsatzsteuern – Gemeinsames Mehrwertsteuersystem: einheitliche steuerpflichtige Bemessungsgrundlage ist dahin auszulegen, dass ein Wirtschaftsteilnehmer, der Forderungen unter Übernahme des Ausfallrisikos aufkauft und seinen Kunden dafür Gebühren berechnet, eine wirtschaftliche Tätigkeit i. S. des Art. 2 und 4 dieser Richtlinie ausübt, so dass er die Eigenschaft eines Steuerpflichtigen hat und daher gemäß Art. 17 der Sechsten Richtlinie zum Vorsteuerabzug berechtigt ist.
2. Eine wirtschaftliche Tätigkeit, die darin besteht, dass ein Wirtschaftsteilnehmer Forderungen unter Übernahme des Ausfallrisikos aufkauft und seinem Kunden dafür Gebühren berechnet, stellt eine Einziehung von Forderungen i. S. von Art. 13 Teil B Buchst. d Nr. 3 a.E. der Sechsten Richtlinie 77/388/EWG dar und ist damit von der mit dieser Bestimmung eingeführten Steuerbefreiung ausgeschlossen.

BFH vom 03.04.2003 – V R 63/01, BStBl. 2004 II S. 434: Wirtschaftliche Abhängigkeit der Organgesellschaft vom Organträger keine notwendige Voraussetzung einer umsatzsteuerrechtlichen Organschaft.

Die für die umsatzsteuerrechtliche Organschaft erforderliche wirtschaftliche Eingliederung kann bereits dann vorliegen, wenn zwischen dem Organträger und der Organgesellschaft aufgrund gegenseitiger Förderung und Ergänzung mehr als nur unerhebliche wirtschaftliche Beziehungen bestehen; insbesondere braucht die Organgesellschaft nicht wirtschaftlich vom Organträger abhängig zu sein.

BFH vom 27.02.2003 – V R 78/01, BStBl. 2004 II S. 431: Überlassung von Parkplätzen gegen Parkgebühren durch Aufstellung von Parkscheinautomaten keine unternehmerische Tätigkeit einer Gemeinde.

Eine Gemeinde, die aufgrund der Straßenverkehrsordnung Parkplätze durch Aufstellung von Parkscheinautomaten gegen Parkgebühren überlässt, handelt insoweit nicht als Unternehmer im Sinne des Umsatzsteuerrechts.

BFH vom 19.12.2002 – V B 164/01, UR 2003 S. 392: Vorsteuerabzug aus Umschulungsmaßnahme vor Beginn der unternehmerischen Tätigkeit.

Eine Schulung (hier: Umschulungsmaßnahme zum Steuerfachgehilfen), die der Gründung eines Unternehmens vorausgeht, ist grundsätzlich noch keine berufliche oder gewerbliche Tätigkeit i. S. d. § 2 Abs. 1 Satz 3 UStG 1993 und berechtigt nicht zum Vorsteuerabzug aus den für die Schulung bezogenen Leistungen. Anderes gilt für Leistungsbezüge im Zusammenhang mit einer Schulung, die unmittelbar auf einen bestimmten selbstständigen Beruf vorbereitet.

BFH vom 09.10.2002 – V R 64/99, BStBl. 2003 II S. 375: Umsatzsteuerliche Organschaft bei Unternehmen der öffentlichen Hand.

1. Auch eine juristische Person des öffentlichen Rechts kann Organträger sein, wenn und soweit sie unternehmerisch tätig ist.
2. Die Eigenschaft als Unternehmer kann sie durch eine bloße Beteiligung durch eine unentgeltliche Tätigkeit und durch die Tätigkeit der mit ihr verbundenen Gesellschaften nicht erlangen.
3. Die die Unternehmereigenschaft begründenden entgeltlichen Leistungen der juristischen Person des öffentlichen Rechts können auch an eine Gesellschaft erbracht werden, mit der als Folge dieser Leistungstätigkeit eine enge finanzielle, organisatorische und wirtschaftliche (organschaftliche) Verbindung besteht.

BFH vom 17.01.2002 – V R 37/00, BStBl. 2002 II S. 373: Organschaft bei übertragender Sanierung.

1. Im Rahmen des Konzepts einer „übertragenden Sanierung" kann eine Gesellschaft (Auffanggesellschaft) umsatzsteuerrechtlich bereits zu einem Zeitpunkt in das Unternehmen des Organträgers eingegliedert sein, zu dem sie selbst noch keine Umsätze ausführt.
2. In diesem Fall steht der Auffanggesellschaft kein Vorsteuerabzug aus der Übertragung von Gegenständen des Betriebsvermögens des Organträgers auf sie zu.

---

1) Antwort auf das Vorabentscheidungsersuchen des BFH vom 17.05.2001 – V R 34/99, UR 2001 S. 393. Siehe auch die Nachfolgeentscheidung des BFH vom 04.09.2003 – V R 34/99 unter Rechtsprechung zu § 4 Nr. 8 UStG; siehe dazu *Lickteig*, UR 2004 S. 454

§ 2

BFH vom 22.11.2001 – V R 50/00, BStBl. 2002 II S. 167: Finanzielle Eingliederung als Voraussetzung der Organschaft.

1. Die für die Annahme einer Organschaft erforderliche finanzielle Eingliederung einer juristischen Person in das Unternehmen eines Organträgers setzt voraus, dass der Organträger über die Mehrheit der Stimmrechte aus Anteilen an der juristischen Person als Organgesellschaft verfügt. Sie muss über 50 v. H. der gesamten Stimmrechte betragen.
2. Die finanzielle Eingliederung einer juristischen Person in das Unternehmen eines Organträgers ist nicht gegeben, wenn dieser die notwendige qualifizierte Stimmenmehrheit in der juristischen Person nur mit Hilfe eines Minderheitsgesellschafters erreichen kann.

BFH vom 23.08.2001 – VII R 94/99, BStBl. 2002 II S. 330: Kein Erstattungsanspruch des Organträgers bei Zahlungen der Organgesellschaft.

Der Organträger hat auch nach Aufhebung der gegenüber einer vermeintlichen Organgesellschaft ergangenen Umsatzsteuerbescheide keinen unmittelbaren Anspruch auf Erstattung der Umsatzsteuer, welche die Organgesellschaft zugunsten ihres eigenen Umsatzsteuerkontos gezahlt hat.

Nieders. FG vom 30.11.2000 – 5 K 62/98, DStRE 2001 S. 484: Domizilgesellschaft als Unternehmerin.

Eine Domizilgesellschaft ist umsatzsteuerlich zur Ausführung von Lieferungen und Leistungen fähig und kann Unternehmerin sein.

EuGH vom 12.09.2000 – Rs. C-276/97, IStR 2000 S. 620: Mehrwertsteuerpflicht von Straßenmaut nur bei privatem Konzessionär.

Die Französische Republik hat dadurch gegen ihre Verpflichtungen aus den Art. 2 und 4 der Sechsten Richtlinie (77/388/EWG) des Rates vom 17.5.1977 zur Harmonisierung der Rechtsvorschriften der Mitgliedstaaten über die Umsatzsteuern – Gemeinsames Mehrwertsteuersystem: einheitliche steuerpflichtige Bemessungsgrundlage und aus den Verordnungen (EWG, Euratom) des Rates vom 29.5.1989 Nrn. 1553/89 über die endgültige einheitliche Regelung für die Erhebung der Mehrwertsteuereigenmittel und 1552/89 zur Durchführung des Beschlusses 88/376/EWG, Euratom über das System der Eigenmittel der Gemeinschaften verstoßen, dass sie die Autobahnmaut, die als Gegenleistung für die den Benutzern erbrachte Leistung erhoben wird, nicht der Mehrwertsteuer unterworfen hat, soweit die letztgenannte Leistung nicht von einer Einrichtung des öffentlichen Rechts i. S. von Art. 4 Abs. 5 der Sechsten Richtlinie ausgeführt wird, und dass sie der Kommission der EG nicht als Mehrwertsteuereigenmittel die Beträge zur Verfügung gestellt hat, die der Mehrwertsteuer, die auf die Autobahnmaut hätte erhoben werden müssen, zuzüglich Verzugszinsen entsprechen.

BFH vom 28.06.2000 – V R 87/99, BStBl. 2000 II S. 639: Getrennte Umsatzsteuerbescheide für einen zur Konkursmasse gehörenden Unternehmensteil und für einen weiteren konkursfreien Unternehmensteil des Gemeinschuldners.

1. Wird das Unternehmen des Gemeinschuldners zum Teil vom Konkursverwalter im Rahmen des ihm zustehenden Verwaltungs- und Verfügungsrechts und zum Teil vom Unternehmer (Gemeinschuldner) mit Mitteln betrieben, die nicht dem Verwaltungs- und Verfügungsrecht des Konkursverwalters unterliegen, so ist die Umsatzsteuer für das Unternehmen des Gemeinschuldners in zwei getrennten Umsatzsteuerbescheiden festzusetzen, von denen der eine an den Gemeinschuldner und der andere an den Konkursverwalter zu richten ist.
2. Die Steuerbeträge, die in dem an den Konkursverwalter und in dem an den Gemeinschuldner gerichteten Steuerbescheid festzusetzen sind, richten sich danach, in welchem Unternehmensteil die einzelnen Steuertatbestände, die zur Jahressteuer führen, verwirklicht worden sind. Dementsprechend kann die Vorsteuer, die im Bereich der Konkursmasse angefallen ist, nicht von der Steuer abgesetzt werden, die für den konkursfreien Unternehmensteil anzusetzen ist.

BFH vom 28.01.1999 – V R 4/98, BStBl. 1999 II S. 628: Strohmann als leistender Unternehmer.

Ein sog. Strohmann, der im eigenen Namen Gegenstände verkauft und bewirkt, daß dem Abnehmer die Verfügungsmacht daran eingeräumt wird, kann umsatzsteuerrechtlich Leistender sein.

BFH vom 28.01.1999 – V R 32/98, BStBl. 1999 II S. 258: Ende der Organschaft bei Konkurs des Organträgers.

Eine Organschaft kann ausnahmsweise mit dem Konkurs des Organträgers enden, wenn sich der Konkurs nicht auf die Organgesellschaft erstreckt.

§ 2

FG München vom 16.07.1998 – 14 K 3310/97 – rechtskräftig, UVR 1998 S. 358 : Verpachtung einer Gaststätte ohne Inventar durch Gemeinde.

Eine unterschiedliche umsatzsteuerliche Belastung führt nicht zu größeren Wettbewerbsverzerrungen im Marktbereich der Verpachtung von Gebäuden zum Betrieb von Gaststätten, da diese Belastung nur einen von vielen Faktoren darstellt, die hinsichtlich der Wettbewerbssituation zu berücksichtigen sind.

BFH vom 25.06.1998 – V R 76/97, DStZ 1999 S. 64: Zur wirtschaftlichen Eingliederung bei Organschaft; Voraussetzungen der Steuerbefreiung für Krankenhausunternehmen.

1. Eine wirtschaftliche Eingliederung liegt vor, wenn die Tätigkeiten von Organträger und Organgesellschaft aufeinander abgestimmt sind. Sie müssen sich fördern und ergänzen.
2. Nach dem Gesamtbild der tatsächlichen Verhältnisse kann die Selbständigkeit eines Unternehmens auch dann fehlen, wenn die Eingliederung auf finanziellem, wirtschaftlichem und organisatorischem Gebiet nicht vollkommen ist. Dagegen reicht es nicht aus, daß die Eingliederung nur in Beziehung auf zwei der genannten Merkmale besteht.
3. Die Gewährung von Unterkunft und Verpflegung an Patienten ist keine spezifische Krankenhausbehandlung. Sie führt nicht zur Steuerbefreiung.

FG Hamburg vom 23.02.1998 – II 83/97, DStRE 1998 S. 929: Scheinfirma und Scheingeschäfte im Umsatzsteuerrecht.

1. Auf eine Scheinfirma, deren Rechnungsausweis nicht zum Vorsteuerabzug berechtigt, können folgende Indizien hindeuten: Briefkastenanschrift, fehlender Geschäftsleitungsort; Handelsregister-Unstimmigkeiten und – Löschung; unstimmige Gewerbe- und Kammeranmeldung; Barzahlungsverkehr.
2. Eine ursprünglich unternehmerisch tätig gewesene Kapitalgesellschaft kann für einen späteren Zeitraum als Scheinfirma angesehen werden.
3. Für Scheingeschäfte spricht zusätzlich, daß parallele Rechnungsketten über dieselben Gegenstände vorliegen oder daß keine Einkaufsrechnungen an die angebliche Lieferantin existieren.
4. Anstelle des Scheinlieferanten kann für den Vorsteuerabzug nicht auf den tatsächlich leistenden Unternehmer abgestellt werden, wenn dieser in dem Abrechnungspapier nicht eindeutig und leicht nachprüfbar angegeben ist.

FG Rheinland-Pfalz vom 12.02.1998 – 6 K 1490/97 – rechtskräftig, EFG 1998 S. 849: Rechtsmißbräuchliche Einschaltung einer GmbH in die Abwasserbeseitigung durch eine Gemeinde.

Die Einschaltung einer GmbH, die anstelle einer diese GmbH beherrschenden Körperschaft des öffentlichen Rechts Abwasseranlagen baut und anschließend an die Körperschaft vermietet, ist rechtsmißbräuchlich, wenn die privatrechtliche Gestaltung allein der Erlangung der Vorsteuerabzugsberechtigung dient.

BFH vom 08.01.1998 – V R 32/97, BStBl. 1998 II S. 410: Abwasserbeseitigung durch eine Gemeinde ist keine unternehmerische, sondern eine hoheitliche Tätigkeit.[1]

Ein Wasser- und Abwasserzweckverband handelte – jedenfalls nach den im Jahr 1993 maßgebenden Voraussetzungen im Land Brandenburg – bei der Abwasserbeseitigung und Abwasserbehandlung hoheitlich und nicht im Rahmen eines Betriebs gewerblicher Art.

BFH vom 11.06.1997 – XI R 33/94, BStBl. 1999 II S. 418[2]: Vermietungstätigkeit der öffentlichen Hand.

Die Regelung des § 2 Abs. 3 Satz 1 UStG 1980, nach der die Verpachtung der für den Betrieb einer Gaststätte erforderlichen Räume ohne Inventar durch eine Gemeinde als nichtunternehmerische Tätigkeit einzustufen ist, kann im Einzelfall als gemeinschaftswidrig (Verstoß gegen Art. 4 Abs. 5 Unterabs. 2 der Richtlinie 77/388/EWG) nicht anwendbar sein, wenn die Behandlung der Pachtentgelte als nichtsteuerbar zu größeren Wettbewerbsverzerrungen führen würde.

BFH vom 10.04.1997 – V R 26/96, BStBl. 1997 II S. 552: Auswirkung der Zwangsverwaltung auf das Unternehmen.

1. Bei Anordnung von Zwangsverwaltung über Grundstücke des Gemeinschuldners können sowohl gegen den Schuldner als auch gegen den Zwangsverwalter je deren Tätigkeitsbereiche getrennt erfassende Umsatzsteuerbescheide ergehen (BFH-Urteil vom 23. Juni 1988 V R 203/83, BFHE 154, 181, BStBl. II 1988, S. 920).

---
1) Ebenso BFH vom 01.07.2004 – V R 64/02, BFH/NV 2005 S. 252
2) Folgeurteil zu EuGH vom 06.02.1997 – Rs. C-247/95

2. Eine Aufteilung des Unternehmens des Schuldners findet dadurch nicht statt. Dem Schuldner sind auch die Umsätze des Zwangsverwalters im Rahmen seiner Verwaltungstätigkeit zuzurechnen.
3. Die Prüfung der Abziehbarkeit von Vorsteuerbeträgen gemäß § 15 Abs. 2 und 4 UStG 1993 aus Leistungen, die der Zwangsverwalter bezogen hat, kann auch im Rahmen der gegen ihn gerichteten Steuerfestsetzung nicht auf die von ihm ausgeführten Verwendungsumsätze beschränkt werden.
4. Die wirtschaftliche Zurechnung von Vorsteuerbeträgen zu den zum Ausschluß vom Vorsteuerabzug führenden Umsätzen (§ 15 Abs. 4 UStG 1993) setzt die Verwendung der bezogenen Leistung zur Ausführung solcher Umsäzte unter dem Gesichtspunkt voraus, daß die Aufwendungen für die bezogene Leistung Kostenelement des ausgeführten Umsatzes wurden.

BFH vom 13.03.1997 – V R 96/96, BStBl. 1997 II S. 580: Organschaft bei Konkurs.

Bei Organschaften, bei denen der Organträger Geschäftsführer der Organgesellschaft (späteren Gemeinschuldnerin) ist, endet die Organschaft nur dann bereits vor Eröffnung des Konkursverfahrens mit der Anordnung der Sequestration, wenn der Sequester den maßgeblichen Einfluß auf die Organgesellschaft erhält und ihm eine vom Willen des Organträgers abweichende Willensbildung in der Organgesellschaft möglich ist. Ob dies der Fall ist, hängt von den Umständen des Einzelfalls ab.

EuGH vom 06.02.1997 – Rs. C-247/95 – Marktgemeinde Welden, BStBl. 1999 II S. 426[1]: Zur Steuerpflicht der öffentlichen Hand bei Vermietungsleistungen.

Art. 4 Abs. 5 Unterabs. 4 der Sechsten RL des Rates vom 17.5.1977 zur Harmonisierung der Rechtsvorschriften der Mitgliedstaaten über die Umsatzsteuern – Gemeinsames Mehrwertsteuersystem: einheitliche steuerpflichtige Bemessungsgrundlage (77/388/EWG) ist so auszulegen, daß er es den Mitgliedstaaten erlaubt, die in Art. 13 dieser RL aufgezählten Tätigkeiten bei Einrichtungen des öffentlichen Rechts als Tätigkeiten zu behandeln, die diesen im Rahmen der öffentlichen Gewalt obliegen, obwohl sie sie in gleicher Weise ausüben wie private Wirtschaftsteilnehmer.

BFH vom 18.12.1996 – XI R 25/94, BStBl. 1997 II S. 441: Voraussetzungen der Organschaft.

Organschaft setzt die Eingliederung einer Organgesellschaft in ein übergeordnetes Unternehmen als Organträger voraus. Diese Voraussetzungen liegen nicht vor, wenn die Anteile zweier Kapitalgesellschaften ausschließlich von natürlichen Personen im Privatvermögen gehalten werden.

BFH vom 12.12.1996 – V R 23/93, BStBl. 1997 II S. 368: Gelegentliche Vermietung eines Wohnmobils führt nicht zur Unternehmereigenschaft.[2]

Die nur gelegentliche Vermietung eines (im übrigen privat genutzten) Wohnmobils durch den Eigentümer ist keine unternehmerische Tätigkeit. Bei der Beurteilung, ob zur nachhaltigen Erzielung von Einnahmen vermietet wird, kann ins Gewicht fallen, daß nur ein einziges, seiner Art nach für die Freizeitgestaltung geeignetes Fahrzeug angeschafft, es überwiegend für private eigene Zwecke und für nichtunternehmerische Zwecke des Ehegatten genutzt worden ist, daß es nur mit Verlusten eingesetzt und weitestgehend von dem Ehegatten finanziert und unterhalten wurde, daß es nur für die Zeit der effektiven Nutzung als Mietfahrzeug versichert worden war und daß weder ein Büro noch besondere Einrichtung zur Unterbringung und Pflege des Fahrzeugs vorhanden waren.

BFH vom 23.10.1996 – I R 1-2/94, BStBl. 1997 II S. 139: Hausmüllentsorgung durch Landkreis kein Betrieb gewerblicher Art.

Juristische Personen des öffentlichen Rechts sind hinsichtlich ihrer Hausmüllentsorgungseinrichtungen in den Jahren 1984 und 1985 nicht körperschaftsteuerpflichtig.[3]

BFH vom 17.10.1996 – V R 63/94, BStBl. 1997 II S. 188: Fahrlehrer als Subunternehmer eines anderen Fahrlehrers.

Der Inhaber einer Fahrschule kann Fahrlehrer, denen keine Fahrschulerlaubnis erteilt ist, umsatzsteuerrechtlich als Subunternehmer beschäftigen.

BFH vom 09.10.1996 – XI R 47/96, BStBl. 1997 II S. 255: Geschäftsführer einer Kapitalgesellschaft ist nicht selbständig.

Der Geschäftsführer einer Kapitalgesellschaft, der als Organ in den Organismus der Gesellschaft eingegliedert ist und den Weisungen der Gesellschaft, die sich aus der Bestellung zum Geschäftsführer, aus

---

[1] Siehe Vorabentscheidungsersuchen des BFH vom 21.03.1995 – XI R 33/94, UR 1995 S. 397 sowie das Urteil des BFH vom 11.06.1997 – XI R 33/94
[2] Folgeurteil zu EuGH vom 26.09.1996 – Rs. C – 230/94
[3] Siehe dazu *Widmann*, UR 1997 S. 54 und *Weiß*, UR 1997 S. 344

dem Anstellungsvertrag und aus den Gesellschafterbeschlüssen – in Verbindung mit den gesetzlichen Vorschriften – ergeben können, zu folgen hat, ist nicht selbständig. Der Geschäftsführer bleibt – ungeachtet der Regelungen im Anstellungsvertrag – gesellschaftsrechtlich dem Weisungsrecht der Gesellschafter unterworfen.

EuGH vom 26.09.1996 – Rs. C-230/94 – Enkler, BStBl. 1996 II S. 655 [1]: Wohnmobilvermietung als wirtschaftliche Tätigkeit.

1. Die Vermietung eines körperlichen Gegenstands stellt eine Nutzung dieses Gegenstands dar, die als „wirtschaftliche Tätigkeit" im Sinne von Artikel 4 Absatz 2 der Sechsten Richtlinie 77/388/EWG des Rates vom 17.5.1977 zur Harmonisierung der Rechtsvorschriften der Mitgliedstaaten über die Umsatzsteuern – Gemeinsames Mehrwertsteuersystem: einheitliche steuerpflichtige Bemessungsgrundlage zu beurteilen ist, wenn sie zur nachhaltigen Erzielung von Einnahmen vorgenommen wird.
2. Für die Feststellung, ob die Vermietung eines körperlichen Gegenstands wie eines Wohnmobils im Sinne von Artikel 4 Absatz 2 Satz 2 der Richtlinie 77/388 zur nachhaltigen Erzielung von Einnahmen vorgenommen wird, hat das nationale Gericht die Gesamtheit der Gegebenheiten des Einzelfalls zu beurteilen.
3. Artikel 11 Teil A Absatz 1 Buchstabe c der Richtlinie 77/388 ist dahin auszulegen, daß in die Besteuerungsgrundlage der Umsatzsteuer auf die Umsätze, die gemäß Artikel 6 Absatz 2 Buchstabe a dieser Richtlinie Dienstleistungen gleichgestellt sind, die während eines Zeitraums entstehen, in dem der Gegenstand dem Steuerpflichtigen dergestalt zur Verfügung steht, daß er ihn jederzeit tatsächlich für unternehmensfremde Zwecke verwenden kann, und die sich auf den Gegenstand selbst beziehen oder den Steuerpflichtigen zum Vorsteuerabzug berechtigt haben. Der einzubeziehende Teil der Ausgaben muß zu den Gesamtausgaben im selben Verhältnis stehen wie die Dauer der tatsächlichen Verwendung des Gegenstands für unternehmensfremde Zwecke zur Gesamtdauer seiner tatsächlichen Verwendung. [2]

BFH vom 30.05.1996 – V R 2/95, BStBl. 1996 II S. 493: Selbständigkeit einer gastspielverpflichteten Opernsängerin.

Bei der Frage, ob eine gastspielverpflichtete Opernsängerin in den Theaterbetrieb eingegliedert und deshalb nichtselbständig oder selbständig tätig ist, ist nicht einseitig auf die Verpflichtung zur Teilnahme an Proben abzustellen (Abgrenzung zum Schreiben des BMF vom 5. Oktober 1990 IV B 6 – S 2332 – 73/90, BStBl I 1990, 638).

EuGH vom 29.02.1996 – Rs.C-110/94 – INZO, UR 1996 S. 116: Unternehmereigenschaft einer Forschungsgesellschaft. Gründungsphase ohne Umsätze, aber mit Leistungsbezügen. [3]

1. Die Vergabe einer Rentabilitätsstudie hinsichtlich der beabsichtigten Tätigkeit einer Gesellschaft, die ihre Absicht erklärt hat, eine zu steuerbaren Umsätzen führende wirtschaftliche Tätigkeit aufzunehmen, und deren Eigenschaft als Mehrwertsteuerpflichtiger die Steuerbehörde anerkannt hat, kann als eine wirtschaftliche Tätigkeit i. S. des Artikels 4 der Sechsten Richtlinie 77/388/EWG angesehen werden, selbst wenn der Zweck dieser Studie in der Prüfung besteht, inwieweit die beabsichtigte Tätigkeit rentabel ist.
2. Außer in Fällen von Betrug oder Mißbrauch kann die Eigenschaft als Mehrwertsteuerpflichtiger dieser Gesellschaft nicht rückwirkend aberkannt werden, wenn aufgrund dieser Studie beschlossen wurde, nicht in die werbende Phase einzutreten und die Gesellschaft zu liquidieren, so daß die beabsichtigte wirtschaftliche Tätigkeit nicht zu steuerbaren Umsätzen führte.
3. Unter diesen Voraussetzungen kann bei Ausführung einer solchen wirtschaftlichen Tätigkeit die angefallene Vorsteuer nach Art. 17 der 6. Richtlinie abgezogen werden, auch wenn Umsätze nicht getätigt worden sind. [4]

EuGH vom 04.10.1995 – Rs. C-291/92 – Armbrecht, BStBl. 1996 II S. 390; DStR 1995 S. 1709 [5]: Umsatzsteuerliche Behandlung bei Veräußerung eines gemischt genutzten Grundstücks.

1. Ein Steuerpflichtiger handelt beim Verkauf eines Gegenstands, von dem er einen Teil seiner privaten Nutzung vorbehalten hatte, hinsichtlich dieses Teils nicht als Steuerpflichtiger i. S. von Art. 2 Nr. 1 der 6. USt-RL.

---

1) Siehe Vorabentscheidungsersuchen des BFH vom 05.05.1994 – V R 23/95, UR 1994 S. 394 sowie das Urteil des BFH vom 11.06.1997 – XI R 33/94
2) Siehe dazu *Widmann*, UR 1996 S. 421; BFH vom 12.12.1996 – V R 23/93
3) Siehe dazu BMF vom 02.12.1996, BStBl. 1996 I S. 1461
4) Siehe dazu *Widmann*, UR 1996 S. 118
5) Siehe dazu Vorabentscheidungsersuchen des BFH vom 28.04.1992 – V R 38/87, UR 1992 S. 274 m. Anm. v. *Weiß*

§ 2

2. Verkauft ein Steuerpflichtiger einen Gegenstand, bei dessen Erwerb er sich dafür entschieden hatte, einen Teil davon nicht seinem Unternehmen zuzuordnen, so ist bei der Anwendung des Art. 17 Abs. 2 der 6. USt-RL nur der seinem Unternehmen zugeordnete Teil des Gegenstands zu berücksichtigen.
3. Die Berichtigung der Vorsteuerabzüge nach Art. 20 Abs. 2 der 6. USt-RL ist auf den dem Unternehmen zugeordneten Teil des Grundstücks zu beschränken.[1)]

BFH vom 07.09.1995 – V R 25/94, BStBl. 1996 II S. 109: Nachhaltigkeit beim An- und Verkauf von PKW.

Die Nachhaltigkeit des An- und Verkaufs mehrerer neuer Kfz kann nicht allein unter Berufung darauf verneint werden, es habe sich um „private Gefälligkeiten" gehandelt.

BFH vom 18.01.1995 – XI R 7/93, BStBl. 1995 II S. 559: Rettungsdienst durch beliehenen Unternehmer; Steuerfreiheit für Krankenbeförderung.

1. Die selbständige und nachhaltige Wahrnehmung öffentlicher Aufgaben (hier: Betrieb einer Rettungswache gemäß § 7 Abs. 1 RettG vom 26.11.1974, GVBl NW 1974, 1481) durch (beliehene) Unternehmer des privaten Rechts mit Hilfe entgeltlicher Leistungen ist steuerbar und keine Ausübung öffentlicher Gewalt.
2. § 4 Nr. 17 Buchst. b UStG 1980 verlangt weder, daß die Beförderungen aufgrund von Beförderungsverträgen erbracht werden, noch daß der Empfänger der umsatzsteuerlichen Leistung und die beförderte Person identisch sind.

Niedersächsisches Finanzgericht vom 08.09.1994 – V 63/91 – rechtskräftig, EFG 1994 S. 1119: Unternehmereigenschaft als Aufsichtsrat auch bei Zusammenhang mit nichtselbständiger Tätigkeit.

1. Einnahmen eines Kirchenbeamten aus Aufsichtsratsvergütungen stellen auch dann umsatzsteuerliche Entgelte für Leistungen eines selbständigen Unternehmers dar, wenn die Wahrnehmung der Aufsichtsratsmandate im Zusammenhang mit einer nichtselbständigen hauptamtlichen Tätigkeit erfolgt.
2. Für die Beurteilung der Selbständigkeit einer Tätigkeit als Aufsichtsrat kommt es nicht darauf an, ob das Aufsichtsratsmitglied in den Aufsichtsrat gewählt worden oder aufgrund eines Entsendungsrechtes entsandt worden ist.

FG Düsseldorf vom 24.02.1994 – 10 K 484/87 U – rechtskräftig, EFG 1994 S. 767: Kommunaler Freizeitpark als Betrieb gewerblicher Art.

1. Die Unterhaltung von Parkanlagen durch Gemeinden erfolgt regelmäßig nicht (privat)unternehmerisch (Abgrenzung zum BFH-Urteil vom 18.8.1988 – V R 18/83, BFHE 145, 269, BStBl. II 1988, S. 971).
2. Das Vorliegen eines Betriebs gewerblicher Art kann nicht anhand der Regelungen und Absichtserklärungen in einer kommunalen Betriebssatzung beurteilt werden.
3. Der umsatzsteuerrechtliche Leistungsaustausch setzt eine zielgerichtete, konkrete Leistung voraus.
4. Soll für die Nutzung eines kommunalen Freizeitparks ein Entgelt im Rahmen eines Leistungsaustauschs erhoben werden, so muß dies für die Benutzer eindeutig erkennbar sein. Die Parkanlagen werden nicht schon deshalb gegen Entgelt zur Nutzung überlassen, weil in den Sommermonaten für motorisierte Besucher eine Gebühr für das Abstellen des Fahrzeugs erhoben wird.
5. Mehrere Freizeiteinrichtungen, die jeweils für sich einen Betrieb gewerblicher Art darstellen, können nur dann zu einem Gesamtbetrieb zusammengefaßt werden, wenn sie eine wirtschaftlich zusammenhängende und funktionelle Einheit bilden.

BFH vom 24.02.1994 – V R 25/92, BFH/NV 1995 S. 353: Personalgestellung durch einen Landkreis an einen gemeinnützigen Verein.

Die entgeltliche Personalgestellung durch einen Landkreis an eine Person des privaten Rechts (hier: an einen gemeinnützigen Verein) dient regelmäßig nicht der Ausübung öffentlicher Gewalt.

Schleswig-Holsteinisches Finanzgericht vom 16.02.1994 – IV 984/93 – rechtskräftig, EFG 1994 S. 985: Unterhaltung eines gewerblichen Betriebs von Gebietskörperschaften bei der Müllentsorgung.

Die Müllentsorgung durch eine Gebietskörperschaft (für eine andere Körperschaft) stellt die Ausübung eines gewerblichen Betriebs dar und ist nicht Ausübung öffentlicher Gewalt. Die entsprechenden Leistungen sind daher umsatzsteuerbar und auch umsatzsteuerpflichtig.

---

1) Siehe dazu *Widmann*, DB 1995 S. 2341; *Huschens*, UR 1995 S. 465; *Robisch*, UVR 1995 S. 358. Siehe auch BMF vom 27.06.1996, Anlage § 001-30

§ 2

Finanzgericht Nürnberg vom 20.07.1993 – II 103/92 – rechtskräftig, EFG 1994 S. 223: Steuerpflichtige Leistungsbeziehungen zwischen Schlachthof-GmbH und einzelnen Benutzern trotz Betriebs des kommunalen Schlachthofes als öffentliche Einrichtung.

Bedient sich eine Gemeinde zur Erledigung ihrer sich aus dem Betrieb des Schlachthofes als öffentliche Einrichtung ergebenden Aufgaben eines privaten Unternehmens, sind bei Vorliegen der umsatzsteuerrechtlichen Voraussetzungen steuerpflichtige Leistungsbeziehungen nicht nur zwischen dem Unternehmer und der Gemeinde, sondern auch zwischen dem Unternehmer und den Benutzern des Schlachthofes möglich. Dies gilt selbst dann, wenn der Schlachthof rechtlich als Hoheitsbetrieb anzusehen ist und die Gemeinde die Benutzung in Schlachthofsatzungen und Betriebsordnungen geregelt hat.

BFH vom 29.04.1993 – V R 38/89, BStBl. 1993 II S. 734: Gesonderte Unternehmen bei Bruchteilsgemeinschaften von Ehegatten.

Vermieten Ehegatten mehrere in ihrem Bruchteileigentum stehende Grundstücke, ist die jeweilige Bruchteilsgemeinschaft ein gesonderter Unternehmer, wenn aufgrund unterschiedlicher Beteiligungsverhältnisse im Vergleich mit den anderen Bruchteilsgemeinschaften eine einheitliche Willensbildung nicht gewährleistet ist.

FG Rheinland-Pfalz vom 21.08.1992 – 3 K 2381/89 – rechtskräftig, EFG 1993 S. 346: Umsatzsteuerliche Organschaft: Gebäude als wesentliche Betriebsgrundlage.

Ein Gebäude kann eine wesentliche Betriebsgrundlage sein, wenn bei der Gestaltung eines Ladengeschäftes auf die Betriebsabläufe Rücksicht genommen worden ist und wenn es nach Größe, Grundriß und Gliederung auf die Bedürfnisse der Betriebsgesellschaft zugeschnitten ist.

EuGH vom 25.07.1991 – Rs. C-202/90 – Ayuntamiento de Sevilla, EuGHE 1991 I – 4247; UR 1993 S. 122: Abgrenzung des selbständigen beliehenen Unternehmers gegen Ausübung öffentlicher Gewalt (§ 2 Abs. 1 UStG).

1. Nach Artikel 4 Absätze 1 und 4 der Sechsten Richtlinie ist eine Tätigkeit wie diejenige der Steuereinnehmer als selbständig ausgeübt anzusehen.
2. Artikel 4 Absatz 5 der Sechsten Richtlinie findet keine Anwendung, wenn die Tätigkeit einer Behörde nicht unmittelbar ausgeübt, sondern einem unabhängigen Dritten übertragen wird.
3. Überträgt eine (spanische) Gebietskörperschaft die Einziehung der ihr zustehenden Steuern einer Privatperson gegen Zahlung einer Vergütung, wird dieser Steuereinnehmer als selbständiger Unternehmer tätig. Als beliehener Unternehmer (i. S. deutschen Rechtsverständnisses) übt er keine öffentliche Gewalt aus; seine Tätigkeit ist mithin steuerpflichtig.

BFH vom 18.07.1991 – V R 86/87, BStBl. 1991 II S. 776: Unternehmereigenschaft eines Automobilwerkers als Jahreswagenverkäufer (§ 2 Abs. 1 UStG 1980)[1].

Ein Angehöriger einer Automobilfabrik, der von dieser unter Inanspruchnahme des Werksangehörigenrabatts fabrikneue Automobile erwirbt und diese nach mehr als einem Jahr wieder verkauft, ist nicht nachhaltig als Unternehmer tätig (Abgrenzung zum BFH-Urteil vom 26. April 1979 V R 46/72, BFHE 128, 110, BStBl. II 1979, 530).

EuGH vom 20.06.1991 – Rs. C-60/90 – Polysar, UR 1993 S. 119 mit Anm. von Weiß, UR 1993 S. 121: Unternehmereigenschaften von Holdinggesellschaften.

Artikel 4 der Sechsten Richtlinie ist dahin auszulegen, daß eine Holdinggesellschaft, deren einziger Zweck die Beteiligung an anderen Unternehmen ist, ohne daß sich diese Gesellschaft, unbeschadet der Rechte, die sie in ihrer Eigenschaft als Aktionärin oder Gesellschafterin besitzt, unmittelbar oder mittelbar in die Geschäftsführung dieser Unternehmen einmischt, nicht die Eigenschaft eines Mehrwertsteuerpflichtigen und somit kein Recht auf Vorsteuerabzug gemäß Artikel 17 der Sechsten Richtlinie hat. Der Umstand, daß die Holdinggesellschaft zu einem weltweiten Konzern gehört, der unter einem einzigen Namen nach außen auftritt, ist für die Frage, ob die Gesellschaft als mehrwertsteuerpflichtig anzusehen ist, irrelevant.

BFH vom 30.07.1990 – V B 48/90, BFH/NV 1991 S. 62: Zurechnung der Unternehmereigenschaft.

Ist unklar, welche von mehreren Personen der Unternehmer ist, kommt es darauf an, wer als Unternehmer nach außen hin auftritt. Für die Zurechnung der Unternehmereigenschaft ist neben dem Auf-

---

1) Siehe auch *Offerhaus* in UR 1991 S. 279; siehe jetzt Abschn. 18 Abs. 3 UStR 2005 bzw. Abschn. 18 Abs. 4 UStR 2008 bzw. Abschn. 2.3 Abs. 6 UStAE

§ 2

treten gegenüber Kunden und Lieferanten auch das Auftreten gegenüber Behörden einschließlich dem FA von Bedeutung. Zu den insofern maßgebenden äußeren Anhaltspunkten gehören die Gewerbeanmeldung und die Abgabe von Steuererklärungen.

EuGH vom 15.05.1990 – Rs. C-4/89 – Comune di Carpaneto Piacentino u. a., UR 1991 S. 225: Abgrenzung kommunaler Tätigkeiten nach hoheitlicher und privater Sphäre.

1. Artikel 4 Absatz 5 Unterabsatz 1 der Sechsten Richtlinie ist dahin auszulegen, daß es sich bei den Tätigkeiten „im Rahmen der öffentlichen Gewalt" im Sinne dieser Vorschrift um solche Tätigkeiten handelt, die die Einrichtungen des öffentlichen Rechts im Rahmen der eigens für sie gelten Regelung ausüben; ausgenommen sind die Tätigkeiten, die sie unter den gleichen rechtlichen Bedingungen ausüben wie private Wirtschaftsteilnehmer. Es ist Aufgabe des nationalen Gerichts, die fraglichen Tätigkeiten anhand dieses Kriteriums zu beurteilen.

2. Artikel 4 Absatz 5 Unterabsatz 2 der Sechsten Richtlinie ist dahin auszulegen, daß die Mitgliedstaaten verpflichtet sind, die Einrichtungen des öffentlichen Rechts für die ihnen im Rahmen der öffentlichen Gewalt obliegenden Tätigkeiten der Steuerpflicht zu unterwerfen, wenn diese Tätigkeiten – im Wettbewerb mit ihnen – auch von Privaten ausgeübt werden können und wenn ihre Behandlung als Nicht-Steuerpflichtige zu größeren Wettbewerbsverzerrungen führen kann; sie sind jedoch nicht verpflichtet, diese Kriterien wörtlich in ihr nationales Recht zu übernehmen oder quantitative Grenzen für die Behandlung als Nicht-Steuerpflichtige festzulegen.

3. Artikel 4 Absatz 5 Unterabsatz 3 der Sechsten Richtlinie ist dahin auszulegen, daß die Mitgliedstaaten nicht verpflichtet sind, das Kriterium des nicht unbedeutenden Umfangs als Voraussetzung für die Besteuerung der in Anhang D aufgeführten Tätigkeiten in ihr Steuerrecht zu übernehmen.

Finanzgericht Nürnberg vom 22.02.1990 – II 84/88 – rechtskräftig, EFG 1990 S. 448; UR 1991 S. 200: Erwerb und Weitergabe von drei Kfz keine unternehmerische Tätigkeit.

Mit dem Ankauf und der Weitergabe von 3 Kfz läßt sich die Unternehmereigenschaft nicht begründen, wenn keine weiteren Aktivitäten entfaltet werden, die den Rahmen einer Gefälligkeitshandlung im privaten Bereich überschreiten.

EuGH vom 17.10.1989 – Rs. 231/87, 129/88 – Comune di Carpaneto Piacentino u. a., UR 1990 S. 273; HFR 1991 S. 181: Tätigkeiten im Rahmen der öffentlichen Gewalt und ihre Besteuerung.

1. Art. 4 Absatz 5 Unterabsatz 1 ist dahin auszulegen, daß Tätigkeiten „im Rahmen der öffentlichen Gewalt" i. S. dieser Bestimmungen die Tätigkeiten sind, die die Einrichtungen des öffentlichen Rechts im Rahmen der speziell für sie bestehenden Rechtsvorschriften ausüben, ausgenommen solche Tätigkeiten, die sie unter denselben rechtlichen Voraussetzungen ausüben wie die privaten Wirtschaftsteilnehmer. Es ist Aufgabe jedes Mitgliedstaats, die geeignete Gesetzestechnik zu wählen, um den mit dieser Bestimmung aufgestellten Grundsatz, diese Einrichtung nicht als Steuerpflichtigen zu behandeln, in nationales Recht umzusetzen.

2. Art. 4 Absatz 5 Unterabsatz 2 und 3 ist dahin auszulegen, daß die Mitgliedstaaten verpflichtet sind, die Behandlung der Einrichtungen des öffentlichen Rechts als Steuerpflichtige für die ihnen im Rahmen der öffentlichen Gewalt obliegenden Tätigkeiten sicherzustellen, wenn diese Tätigkeiten auch von Privatpersonen in Konkurrenz zu diesen Einrichtungen ausgeübt werden können und die Behandlung der letzeren als Nicht-Steuerpflichtige zu größeren Wettbewerbsverzerrungen führen würde. Die Mitgliedstaaten sind nicht verpflichtet, dieses Kriterium wörtlich in ihr nationales Recht zu übernehmen oder genaue quantitative Grenzen festzulegen.

3. Eine Einrichtung des öffentlichen Rechts kann sich der Steuerpflicht nach nationalem Recht unter Berufung auf Art. 4 Absatz 5 der 6. EG-Richtlinie widersetzen, wenn
   – sie eine Tätigkeit ausübt, die ihr im Rahmen der öffentlichen Gewalt obliegt,
   – diese Tätigkeit nicht in Anhang D der 6. EG-Richtlinie aufgeführt ist und
   – eine Behandlung als Nichtsteuerpflichtiger zu keinen größeren Wettbewerbsverzerrungen führen kann.

BFH vom 21.09.1989 – V R 89/85, BStBl. 1990 II S. 95: Unternehmerische Tätigkeiten von Gemeinden (Blutalkoholuntersuchungen).

Blutalkoholuntersuchungen und toxikologische Untersuchungen eines chemischen Untersuchungsamts einer Gemeinde im Auftrag von Polizeibehörden sind unternehmerische Tätigkeiten.

Unternehmerische Tätigkeit wird nicht bei Ausführung „als Amtshilfe" (unabhängig von deren Begriffsbestimmung) zu nichtunternehmerischer „Ausübung öffentlicher Gewalt".

§ 2

BFH vom 09.03.1989 – V B 48/88, BStBl. 1989 II S. 580: Kein Vorsteuerabzug bei unentgeltlicher Überlassung erworbener Gegenstände als Sonderbetriebsvermögen.

Die Rechtsfrage, ob der Gesellschafter einer Personenhandelsgesellschaft, der einen von ihm erworbenen Gegenstand der Gesellschaft unentgeltlich zur Nutzung überläßt, die auf den Erwerb des Gegenstandes entfallende Vorsteuer abziehen kann, hat keine grundsätzliche Bedeutung; sie ist durch die Rechtsprechung hinreichend geklärt.

Niedersächsisches Finanzgericht vom 25.10.1988 – V 621/86 – rechtskräftig, EFG 1989 S. 142; UR 1989 S. 291[1]: Ein oder mehrere Unternehmen bei Vermietung mehrerer Objekte durch Ehegatten?

Vermieten Ehegatten mehrere Eigentumswohnungen und treten sie dabei gemeinsam als Vermieter auf, liegt auch dann ein (einheitliches) Unternehmen vor, wenn an den einzelnen Wohnungen unterschiedliche Eigentumsverhältnisse bestehen.

BFH vom 28.09.1988 – X R 6/82, BStBl. 1989 II S. 122: Beteiligungsgesellschaft als gewerblicher Nichtunternehmer beim Halten von Beteiligungen.

Eine Personenhandelsgesellschaft ist, soweit sie an anderen Gesellschaften beteiligt ist, regelmäßig nicht Unternehmer (Bestätigung zum BFH-Urteil vom 20. Januar 1988 X R 48/81, BFHE 152, 556, BStBl. II 1988, 557)[2].

BFH vom 18.08.1988 – V R 18/83, BStBl. 1988 II S. 971: Betrieb einer Parkanlage durch Gemeinde.

Eine Gemeinde kann Parkanlagen ihrem unternehmerischen Bereich – Kurbetrieb als Betrieb gewerblicher Art – zuordnen (§ 15 Abs. 1 UStG 1973).

Die (Mit-) Benutzung solcher Anlagen durch Nicht-Kurgäste führt nicht zu Verwendungseigenverbrauch der Gemeinde.

BFH vom 30.06.1988 – V R 79/84, BStBl. 1988 II S. 910: Umsatzbesteuerung der Körperschaften des öffentlichen Rechts trotz gesetzlicher Aufgabenzuweisung.

Eine Körperschaft des öffentlichen Rechts kann sich auch insoweit unternehmerisch i. S. von § 2 Abs. 3 UStG 1973 betätigen, als sie gesetzlich zugewiesene Aufgaben erfüllt und konkurrierende private Unternehmer nicht vorhanden sind. Entscheidend ist, ob die Körperschaft des öffentlichen Rechts Tätigkeiten ausführt, wie auch von einem privaten Unternehmer ausgeführt werden können.

BFH vom 29.06.1987 – X R 23/82, BStBl. 1987 II S. 744: Unternehmereigenschaft eines Briefmarkensammlers.

1. Wer Privatvermögen in mehreren gleichartigen Akten veräußert, handelt nur dann als Unternehmer, wenn die Veräußerungen nicht mehr seinem Eigenleben zuzuordnen sind. Dies setzt voraus, daß er sich wie ein Händler verhält.
2. Ein Briefmarkensammler, der aus privaten Neigungen sammelt, unterliegt nicht der Umsatzsteuer, soweit er Einzelstücke veräußert (wegtauscht), die Sammlung teilweise umschichtet oder die Sammlung ganz oder teilweise veräußert.

BFH vom 04.06.1987 – V R 9/79, BStBl. 1987 II S. 653: Zur Unternehmereigenschaft einer Prostituierten.

EuGH vom 26.03.1987 – Rs. 235/85, HFR 1988 S. 247; UR 1988 S. 164: Mehrwertsteuer für Amtshandlungen der Notare und Gerichtsvollzieher.

Die Niederlande haben gegen ihre Verpflichtungen aus der Sechsten USt-Richtlinie verstoßen, indem sie die Amtshandlungen der Notare und der Gerichtsvollzieher nicht der Mehrwertsteuer unterworfen haben.

---

1) Hinweis auf BFH vom 25.03.1993, BStBl. 1993 II S. 728 und BFH vom 29.04.1993, BStBl. 1993 II S. 734
2) Ebenso BFH vom 27.07.1988 – X R 42/82, UVR 1989 S. 308

§ 2a

§ 2a Fahrzeuglieferer

Wer im Inland ein neues Fahrzeug[1] liefert, das bei der Lieferung in das übrige Gemeinschaftsgebiet gelangt, wird, wenn er nicht Unternehmer im Sinne des § 2 ist, für diese Lieferung wie ein Unternehmer behandelt. Dasselbe gilt, wenn der Lieferer eines neuen Fahrzeugs Unternehmer im Sinne des § 2 ist und die Lieferung nicht im Rahmen des Unternehmens ausführt.

Vorgaben im EG-Recht

USt-Recht	MwStSystRL
§ 2a	Artikel 9 Abs. 2

Verwaltungsregelungen zu § 2a

Datum	Anlage	Quelle	Inhalt
01.01.97	§ 002a-01	BMF	Merkblatt des BMF zur Besteuerung innergemeinschaftlicher Erwerbe neuer Fahrzeuge (Fahrzeugeinzelbesteuerung)

---

[1] Siehe dazu § 1b UStG

§ 3

§ 3 Lieferung, sonstige Leistung

(1) Lieferungen eines Unternehmers sind Leistungen, durch die er oder in seinem Auftrag ein Dritter den Abnehmer oder in dessen Auftrag einen Dritten befähigt, im eigenen Namen über einen Gegenstand zu verfügen (Verschaffung der Verfügungsmacht).

(1a) Als Lieferung gegen Entgelt gilt das Verbringen eines Gegenstandes des Unternehmens aus dem Inland in das übrige Gemeinschaftsgebiet durch einen Unternehmer zu seiner Verfügung, ausgenommen zu einer nur vorübergehenden Verwendung, auch wenn der Unternehmer den Gegenstand in das Inland eingeführt hat. Der Unternehmer gilt als Lieferer.

(1b) [1] Einer Lieferung gegen Entgelt werden gleichgestellt

1. die Entnahme eines Gegenstandes durch einen Unternehmer aus seinem Unternehmen für Zwecke, die außerhalb des Unternehmens liegen;
2. die unentgeltliche Zuwendung eines Gegenstandes durch einen Unternehmer an sein Personal für dessen privaten Bedarf, sofern keine Aufmerksamkeiten vorliegen;
3. jede andere unentgeltliche Zuwendung eines Gegenstandes, ausgenommen Geschenke von geringem Wert und Warenmuster für Zwecke des Unternehmens.

Voraussetzung ist, daß der Gegenstand oder seine Bestandteile zum vollen oder teilweisen Vorsteuerabzug berechtigt haben.

(2) (aufgehoben ab 1.1.1997)

(3) Beim Kommissionsgeschäft (§ 383 des Handelsgesetzbuchs) liegt zwischen dem Kommittenten und dem Kommissionär eine Lieferung vor. Bei der Verkaufskommission gilt der Kommissionär, bei der Einkaufskommission der Kommittent als Abnehmer.

(4) Hat der Unternehmer die Bearbeitung oder Verarbeitung eines Gegenstandes übernommen und verwendet er hierbei Stoffe, die er selbst beschafft, so ist die Leistung als Lieferung anzusehen (Werklieferung), wenn es sich bei den Stoffen nicht nur um Zutaten oder sonstige Nebensachen handelt. Das gilt auch dann, wenn die Gegenstände mit dem Grund und Boden fest verbunden werden.

(5) Hat ein Abnehmer dem Lieferer die Nebenerzeugnisse oder Abfälle, die bei der Bearbeitung oder Verarbeitung des ihm übergebenen Gegenstandes entstehen, zurückzugeben, so beschränkt sich die Lieferung auf den Gehalt des Gegenstandes an den Bestandteilen, die dem Abnehmer verbleiben. Das gilt auch dann, wenn der Abnehmer an Stelle der bei der Bearbeitung oder Verarbeitung entstehenden Nebenerzeugnisse oder Abfälle Gegenstände gleicher Art zurückgibt, wie sie in seinem Unternehmen regelmäßig anfallen.

(5a) [2] Der Ort der Lieferung richtet sich vorbehaltlich der §§ 3c, 3e, 3f und 3g nach den Absätzen 6 bis 8.

(6) Wird der Gegenstand der Lieferung durch den Lieferer, den Abnehmer oder einen vom Lieferer oder vom Abnehmer beauftragten Dritten befördert oder versendet, gilt die Lieferung dort als ausgeführt, wo die Beförderung oder Versendung an den Abnehmer oder in dessen Auftrag an einen Dritten beginnt. Befördern ist jede Fortbewegung eines Gegenstandes. Versenden liegt vor, wenn jemand die Beförderung durch einen selbständigen Beauftragten ausführen oder besorgen läßt. Die Versendung beginnt mit der Übergabe des Gegenstandes an den Beauftragten. Schließen mehrere Unternehmer über denselben Gegenstand Umsatzgeschäfte ab und gelangt dieser Gegenstand bei der Beförderung oder Versendung unmittelbar vom ersten Unternehmer an den letzten Abnehmer, ist die Beförderung oder Versendung des Gegenstandes nur einer der Lieferungen zuzuordnen. Wird der Gegenstand der Lieferung dabei durch einen Abnehmer befördert oder ver-

---
1) Fassung ab 01.04.1999
2) Fassung ab 01.04.1999; § 3g eingefügt mit Wirkung ab 01.01.2005

§ 3

sendet, der zugleich Lieferer ist, ist die Beförderung oder Versendung der Lieferung an ihn zuzuordnen, es sei denn, er weist nach, daß er den Gegenstand als Lieferer befördert oder versendet hat.

(7) Wird der Gegenstand der Lieferung nicht befördert oder versendet, wird die Lieferung dort ausgeführt, wo sich der Gegenstand zur Zeit der Verschaffung der Verfügungsmacht befindet. In den Fällen des Absatzes 6 Satz 5 gilt folgendes:

1. Lieferungen, die der Beförderungs- oder Versendungslieferung vorangehen, gelten dort als ausgeführt, wo die Beförderung oder Versendung des Gegenstandes beginnt.

2. Lieferungen, die der Beförderungs- oder Versendungslieferung folgen, gelten dort als ausgeführt, wo die Beförderung oder Versendung des Gegenstandes endet.

(8) Gelangt der Gegenstand der Lieferung bei der Beförderung oder Versendung aus dem Drittlandsgebiet in das Inland, gilt der Ort der Lieferung dieses Gegenstandes als im Inland gelegen, wenn der Lieferer oder sein Beauftragter Schuldner der Einfuhrumsatzsteuer ist.

(9)[1] Sonstige Leistungen sind Leistungen, die keine Lieferungen sind. Sie können auch in einem Unterlassen oder im Dulden einer Handlung oder eines Zustandes bestehen. In den Fällen der §§ 27 und 54 des Urheberrechtsgesetzes führen die Verwertungsgesellschaften und die Urheber sonstige Leistungen aus.

(9a) Einer sonstigen Leistung gegen Entgelt werden gleichgestellt

1. [2]die Verwendung eines dem Unternehmen zugeordneten Gegenstandes, der zum vollen oder teilweisen Vorsteuerabzug berechtigt hat, durch einen Unternehmer für Zwecke, die außerhalb des Unternehmens liegen, oder für den privaten Bedarf seines Personals, sofern keine Aufmerksamkeiten vorliegen; dies gilt nicht, wenn der Vorsteuerabzug nach § 15 Abs. 1b ausgeschlossen oder wenn eine Vorsteuerberichtigung nach § 15a Abs. 6a durchzuführen ist;

2. die unentgeltliche Erbringung einer anderen sonstigen Leistung durch den Unternehmer für Zwecke, die außerhalb des Unternehmens liegen, oder für den privaten Bedarf seines Personals, sofern keine Aufmerksamkeiten vorliegen.

(10) Überläßt ein Unternehmer einem Auftraggeber, der ihm einen Stoff zur Herstellung eines Gegenstandes übergeben hat, an Stelle des herzustellenden Gegenstandes einen gleichartigen Gegenstand, wie er ihn in seinem Unternehmen aus solchem Stoff herzustellen pflegt, so gilt die Leistung des Unternehmers als Werkleistung, wenn das Entgelt für die Leistung nach Art eines Werklohns unabhängig vom Unterschied zwischen dem Marktpreis des empfangenen Stoffes und dem des überlassenen Gegenstandes berechnet wird.

(11)[3] Wird ein Unternehmer in die Erbringung einer sonstigen Leistung eingeschaltet und handelt er dabei im eigenen Namen, jedoch für fremde Rechnung, gilt diese Leistung als an ihn und von ihm erbracht.

(12) Ein Tausch liegt vor, wenn das Entgelt für eine Lieferung in einer Lieferung besteht. Ein tauschähnlicher Umsatz liegt vor, wenn das Entgelt für eine sonstige Leistung in einer Lieferung oder sonstigen Leistungen besteht.

---

1) Fassung ab 29.12.2007
2) Fassung ab 01.01.2011; zur Anwendung siehe § 27 Abs. 16 UStG; Hinweis auf Anlage § 015-51
3) Gilt ab 01.01.2004

Vorgaben im EG-Recht

USt-Recht	MwStSystRL
§ 3 Abs. 1	Artikel 14 Abs. 1 und 2, Artikel 15 Abs. 1
§ 3 Abs. 1a	Artikel 17
§ 3 Abs. 1b	Artikel 16
§ 3 Abs. 3	Artikel 14 Abs. 2 Buchst. c
§ 3 Abs. 4	Artikel 14 Abs. 1 und 3
§ 3 Abs. 5	Artikel 14 Abs. 1
§ 3 Abs. 5a	Artikel 31 bis 39
§ 3 Abs. 6	Artikel 32 Abs. 1
§ 3 Abs. 7	Artikel 31
§ 3 Abs. 8	Artikel 32 Abs. 2
§ 3 Abs. 9	Artikel 24 und 25
§ 3 Abs. 9a	Artikel 26
§ 3 Abs. 10	Artikel 24 Abs. 1
§ 3 Abs. 11	Artikel 28
§ 3 Abs. 12	Artikel 11, 14 und 25

UStAE

Zu § 3 UStG

3.1. Lieferungen und sonstige Leistungen

Lieferungen

(1) [1]Eine Lieferung liegt vor, wenn die Verfügungsmacht an einem Gegenstand verschafft wird. [2]Gegenstände im Sinne des § 3 Abs. 1 UStG sind körperliche Gegenstände (Sachen nach § 90 BGB, Tiere nach § 90a BGB), Sachgesamtheiten und solche Wirtschaftsgüter, die im Wirtschaftsverkehr wie körperliche Sachen behandelt werden, z.B. Elektrizität, Wärme und Wasserkraft; zur Übertragung von Gesellschaftsanteilen vgl. Abschnitt 3.5 Abs. 8. [3]Eine Sachgesamtheit stellt die Zusammenfassung mehrerer selbständiger Gegenstände zu einem einheitlichen Ganzen dar, das wirtschaftlich als ein anderes Verkehrsgut angesehen wird als die Summe der einzelnen Gegenstände (vgl. BFH-Urteil vom 25.1.1968, V 161/64, BStBl. II S. 331). [4]Ungetrennte Bodenerzeugnisse, z.B. stehende Ernte, sowie Rebanlagen können selbständig nutzungsfähiger und gegenüber dem Grund und Boden eigenständiger Liefergegenstand sein (vgl. BFH-Urteil vom 8.11.1995, XI R 63/94, BStBl. 1996 II S. 114). [5]Rechte sind dagegen keine Gegenstände, die im Rahmen einer Lieferung übertragen werden können; die Übertragung von Rechten stellt eine sonstige Leistung dar (vgl. BFH-Urteil vom 16.7.1970, V R 95/66, BStBl. II S. 706).

(2) [1]Die Verschaffung der Verfügungsmacht beinhaltet den von den Beteiligten endgültig gewollten Übergang von wirtschaftlicher Substanz, Wert und Ertrag eines Gegenstands vom Leistenden auf den Leistungsempfänger (vgl. BFH-Urteile vom 18.11.1999, V R 13/99, BStBl. 2000 II S. 153, und vom 16.3.2000, V R 44/99, BStBl. II S. 361). [2]Der Abnehmer muss faktisch in der Lage sein, mit dem Gegenstand nach Belieben zu verfahren, insbesondere ihn wie ein Eigentümer zu nutzen und veräußern zu können (vgl. BFH-Urteil vom 12.5.1993, XI R 56/90, BStBl. II S. 847). [3]Keine Lieferung, sondern eine sonstige Leistung ist danach die entgeltlich eingeräumte Bereitschaft zur Verschaffung der Verfügungsmacht (vgl. BFH-Urteil vom 25.10.1990, V R 20/85, BStBl. 1991 II S. 193). [4]Die Verschaffung der Verfügungsmacht ist ein Vorgang vorwiegend tatsächlicher Natur, der in der Regel mit dem bürgerlich-rechtlichen Eigentumsübergang verbunden ist, aber nicht notwendigerweise verbunden sein muss (BFH-Urteil vom 24.4.1969, V 176/64, BStBl. II S. 451).

(3) [1]An einem zur Sicherheit übereigneten Gegenstand wird durch die Übertragung des Eigentums noch keine Verfügungsmacht verschafft. [2]Entsprechendes gilt bei der rechtsgeschäftlichen Verpfändung eines Gegenstands (vgl. BFH-Urteil vom 16.4.1997, XI R 87/96, BStBl. II S. 585). [3]Zur Verwertung von Sicherungsgut vgl. Abschnitt 1.2. [4]Dagegen liegt eine Lieferung vor, wenn ein Gegenstand unter Eigentumsvorbehalt verkauft und übergeben wird. [5]Bei einem Kauf auf Probe (§ 454 BGB) wird die Verfügungsmacht erst nach Billigung des Angebots durch den Empfänger verschafft (vgl. BFH-Urteil vom 6.12.2007, V R 24/05, BStBl. 2009 II S. 490, Abschnitt 13.1 Abs. 6 Sätze 1 und 2). [6]Dagegen wird bei einem Kauf mit Rückgaberecht die Verfügungsmacht mit der Zusendung der Ware verschafft (vgl. Abschnitt 13.1

Abs. 6 Satz 3). [7]Beim Kommissionsgeschäft (§ 3 Abs. 3 UStG) liegt eine Lieferung des Kommittenten an den Kommissionär erst im Zeitpunkt der Lieferung des Kommissionsguts an den Abnehmer vor (vgl. BFH-Urteil vom 25.11.1986, V R 102/78, BStBl. 1987 II S. 278). [8]Gelangt das Kommissionsgut bei der Zurverfügungstellung an den Kommissionär im Wege des innergemeinschaftlichen Verbringens vom Ausgangs- in den Bestimmungsmitgliedstaat, kann die Lieferung jedoch nach dem Sinn und Zweck der Regelung bereits zu diesem Zeitpunkt als erbracht angesehen werden (vgl. Abschnitt 1a.2 Abs. 7).

Sonstige Leistungen

(4)[1)] [1]Sonstige Leistungen sind Leistungen, die keine Lieferungen sind (§ 3 Abs. 9 Satz 1 UStG). [2]Als sonstige Leistungen kommen insbesondere in Betracht: Dienstleistungen, Gebrauchs- und Nutzungsüberlassungen – z.B. Vermietung, Verpachtung, Darlehensgewährung, Einräumung eines Nießbrauchs, Einräumung, Übertragung und Wahrnehmung von Patenten, Urheberrechten, Markenzeichenrechten und ähnlichen Rechten –, Reiseleistungen im Sinne des § 25 Abs. 1 UStG, Übertragung immaterieller Wirtschaftsgüter wie z.B. Firmenwert, Kundenstamm oder Lebensrückversicherungsverträge (vgl. EuGH-Urteil vom 22.10.2009, C-242/08, BStBl. 2011 II S. 559), der Verzicht auf die Ausübung einer Tätigkeit (vgl. BFH-Urteile vom 6.5.2004, V R 40/02, BStBl. 2004 II S. 854, vom 7.7.2005, V R 34/03, BStBl. 2007 II S. 66, und vom 24.8.06, V R 19/05, BStBl. 2007 II S. 187) oder die entgeltliche Unterlassung von Wettbewerb (vgl. BFH-Urteil vom 13.11.2003, V R 59/02, BStBl. 2004 II S. 472). [3]Die Bestellung eines Nießbrauchs oder eines Erbbaurechts ist eine Duldungsleistung in der Form der Dauerleistung im Sinne von § 3 Abs. 9 Satz 2 UStG (vgl. BFH-Urteil vom 20.4.1988, X R 4/80, BStBl. II S. 744). [4]Zur Behandlung des sog. Quotennießbrauchs vgl. BFH-Urteil vom 28.2.1991, V R 12/85, BStBl. II S. 649.

(5)[2)] Zur Abgrenzung zwischen Lieferungen und sonstigen Leistungen vgl. Abschnitt 3.5.

3.2. Unentgeltliche Wertabgaben

(1) [1]Unentgeltliche Wertabgaben aus dem Unternehmen sind, soweit sie in der Abgabe von Gegenständen bestehen, nach § 3 Abs. 1b UStG den entgeltlichen Lieferungen und, soweit sie in der Abgabe oder Ausführung von sonstigen Leistungen bestehen, nach § 3 Abs. 9a UStG den entgeltlichen sonstigen Leistungen gleichgestellt. [2]Solche Wertabgaben sind sowohl bei Einzelunternehmern als auch bei Personen- und Kapitalgesellschaften sowie bei Vereinen und bei Betrieben gewerblicher Art oder land- und forstwirtschaftlichen Betrieben von juristischen Personen des öffentlichen Rechts möglich. [3]Sie umfassen im Wesentlichen die Tatbestände, die bis zum 31.3.1999 als Eigenverbrauch nach § 1 Abs. 1 Nr. 2 Buchstaben a und b UStG 1993, als sog. Gesellschafterverbrauch nach § 1 Abs. 1 Nr. 3 UStG 1993, sowie als unentgeltliche Sachzuwendungen und sonstige Leistungen an Arbeitnehmer nach § 1 Abs. 1 Nr. 1 Satz 2 Buchstabe b UStG 1993 der Steuer unterlagen. [4]Die zu diesen Tatbeständen ergangene Rechtsprechung des BFH ist sinngemäß weiter anzuwenden.

(2) [1]Für unentgeltliche Wertabgaben im Sinne des § 3 Abs. 1b UStG ist die Steuerbefreiung für Ausfuhrlieferungen ausgeschlossen (§ 6 Abs. 5 UStG). [2]Bei unentgeltlichen Wertabgaben im Sinne des § 3 Abs. 9a Nr. 2 UStG entfällt die Steuerbefreiung für Lohnveredelungen an Gegenständen der Ausfuhr (§ 7 Abs. 5 UStG). [3]Die übrigen Steuerbefreiungen sowie die Steuerermäßigungen sind auf unentgeltliche Wertabgaben anzuwenden, wenn die in den §§ 4 und 12 UStG bezeichneten Voraussetzungen vorliegen. [4]Eine Option zur Steuerpflicht nach § 9 UStG kommt allenfalls bei unentgeltlichen Wertabgaben nach § 3 Abs. 1b Satz 1 Nr. 3 UStG an einen anderen Unternehmer für dessen Unternehmen in Betracht. [5]Über eine unentgeltliche Wertabgabe, die in der unmittelbaren Zuwendung eines Gegenstands oder in der Ausführung einer sonstigen Leistung an einen Dritten besteht, kann nicht mit einer Rechnung im Sinne des § 14 UStG abgerechnet werden. [6]Die vom Zuwender oder Leistenden geschuldete Umsatzsteuer kann deshalb vom Empfänger nicht als Vorsteuer abgezogen werden. [7]Zur Bemessungsgrundlage bei unentgeltlichen Wertabgaben vgl. Abschnitt 10.6.

3.3. Den Lieferungen gleichgestellte Wertabgaben

Allgemeines

(1) [1]Die nach § 3 Abs. 1b UStG einer entgeltlichen Lieferung gleichgestellte Entnahme oder unentgeltliche Zuwendung eines Gegenstands aus dem Unternehmen setzt die Zugehörigkeit des Gegenstands zum Unternehmen voraus. [2]Die Zuordnung eines Gegenstands zum Unternehmen richtet sich nicht nach ertragsteuerrechtlichen Merkmalen, also nicht nach der Einordnung als Betriebs- oder Privatvermögen. [3]Maßgebend ist, ob der Unternehmer den Gegenstand dem unternehmerischen oder dem nichtunternehmerischen Tätigkeitsbereich zugewiesen hat (vgl. BFH-Urteil vom 21.4.1988, V R 135/83, BStBl. II S. 746). [4]Bei Gegenständen, die sowohl unternehmerisch als auch nichtunternehmerisch genutzt werden

---

1) Siehe Nichtbeanstandungsregelung durch BMF-Schreiben vom 08.06.2011, Anlage § 003-34
2) Siehe Nichtbeanstandungsregelung durch BMF-Schreiben vom 05.10.2011, Anlage § 003-35

sollen, hat der Unternehmer unter den Voraussetzungen, die durch die Auslegung des Tatbestandsmerkmals „für sein Unternehmen" in § 15 Abs. 1 UStG zu bestimmen sind, grundsätzlich die Wahl der Zuordnung (vgl. Abschnitt 15.2 Abs. 21). [5]Beträgt die unternehmerische Nutzung jedoch weniger als 10%, ist die Zuordnung des Gegenstands zum Unternehmen unzulässig (§ 15 Abs. 1 Satz 2 UStG).

Berechtigung zum Vorsteuerabzug für den Gegenstand oder seine Bestandteile (§ 3 Abs. 1b Satz 2 UStG)

(2) [1]Die Entnahme eines dem Unternehmen zugeordneten Gegenstands wird nach § 3 Abs. 1b UStG nur dann einer entgeltlichen Lieferung gleichgestellt, wenn der entnommene oder zugewendete Gegenstand oder seine Bestandteile zum vollen oder teilweisen Vorsteuerabzug berechtigt haben. [2]Falls an einem Gegenstand (z.B. PKW), der ohne Berechtigung zum Vorsteuerabzug erworben wurde, nach seiner Anschaffung Arbeiten ausgeführt worden sind, die zum Einbau von Bestandteilen geführt haben und für die der Unternehmer zum Vorsteuerabzug berechtigt war, unterliegen bei einer Entnahme des Gegenstands nur diese Bestandteile der Umsatzbesteuerung. [3]Bestandteile eines Gegenstands sind diejenigen gelieferten Gegenstände, die auf Grund ihres Einbaus ihre körperliche und wirtschaftliche Eigenart endgültig verloren haben und die zu einer dauerhaften, im Zeitpunkt der Entnahme nicht vollständig verbrauchten Werterhöhung des Gegenstands geführt haben (z.B. eine nachträglich in einen PKW eingebaute Klimaanlage). [4]Dienstleistungen (sonstige Leistungen) einschließlich derjenigen, für die zusätzlich kleinere Lieferungen von Gegenständen erforderlich sind (z.B. Karosserie- und Lackarbeiten an einem PKW), führen nicht zu Bestandteilen des Gegenstands (vgl. BFH-Urteile vom 18.10.2001, V R 106/98, BStBl. 2002 II S. 551, und vom 20.12.2001, V R 8/98, BStBl. 2002 II S. 557).

(3) [1]Der Einbau eines Bestandteils in einen Gegenstand hat nur dann zu einer dauerhaften, im Zeitpunkt der Entnahme nicht vollständig verbrauchten Werterhöhung des Gegenstands geführt, wenn er nicht lediglich zur Werterhaltung des Gegenstands beigetragen hat. [2]Unterhalb einer gewissen Bagatellgrenze liegende Aufwendungen für den Einbau von Bestandteilen führen nicht zu einer dauerhaften Werterhöhung des Gegenstands (vgl. BFH-Urteil vom 18.10.2001, V R 106/98, BStBl. 2002 II S. 551).

(4) [1]Aus Vereinfachungsgründen wird keine dauerhafte Werterhöhung des Gegenstands angenommen, wenn die vorsteuerentlasteten Aufwendungen für den Einbau von Bestandteilen weder 20% der Anschaffungskosten des Gegenstands noch einen Betrag von 1.000 € übersteigen. [2]In diesen Fällen kann auf eine Besteuerung der Bestandteile nach § 3 Abs. 1b Satz 1 Nr. 1 in Verbindung mit Satz 2 UStG bei der Entnahme eines dem Unternehmen zugeordneten Gegenstands, den der Unternehmer ohne Berechtigung zum Vorsteuerabzug erworben hat, verzichtet werden. [3]Werden an einem Wirtschaftsgut mehrere Bestandteile in einem zeitlichen oder sachlichen Zusammenhang eingebaut, handelt es sich nicht um eine Maßnahme, auf die in der Summe die Bagatellregelung angewendet werden soll. [4]Es ist vielmehr für jede einzelne Maßnahme die Vereinfachungsregelung zu prüfen.

Beispiel:

[1]Ein Unternehmer erwirbt am 1.7.01 aus privater Hand einen gebrauchten PKW für 10.000 € und ordnet ihn zulässigerweise seinem Unternehmen zu. [2]Am 1.3.02 lässt er in den PKW nachträglich eine Klimaanlage einbauen (Entgelt 2.500 €) und am 1.8.02 die Windschutzscheibe erneuern (Entgelt 500 €). [3]Für beide Leistungen nimmt der Unternehmer den Vorsteuerabzug in Anspruch. [4]Am 1.3.03 entnimmt der Unternehmer den PKW in sein Privatvermögen (Aufschlag nach „Schwacke-Liste" auf den Marktwert des PKW im Zeitpunkt der Entnahme für die Klimaanlage 1.500 €, für die Windschutzscheibe 50 €).

[5]Das aufgewendete Entgelt für den nachträglichen Einbau der Windschutzscheibe beträgt 500 €, also weniger als 20% der ursprünglichen Anschaffungskosten des PKW, und übersteigt auch nicht den Betrag von 1.000 €. [6]Aus Vereinfachungsgründen wird für den Einbau der Windschutzscheibe keine dauerhafte Werterhöhung des Gegenstands angenommen.

[7]Das aufgewendete Entgelt für den nachträglichen Einbau der Klimaanlage beträgt 2.500 €, also mehr als 20% der ursprünglichen Anschaffungskosten des PKW. [8]Mit dem Einbau der Klimaanlage in den PKW hat diese ihre körperliche und wirtschaftliche Eigenart endgültig verloren und zu einer dauerhaften, im Zeitpunkt der Entnahme nicht vollständig verbrauchten Werterhöhung des Gegenstands geführt. [9]Die Entnahme der Klimaanlage unterliegt daher nach § 3 Abs. 1b Satz 1 Nr. 1 in Verbindung mit Satz 2 UStG mit einer Bemessungsgrundlage nach § 10 Abs. 4 Satz 1 Nr. 1 UStG in Höhe von 1.500 € der Umsatzsteuer.

[5]Die vorstehende Bagatellgrenze gilt auch für entsprechende unentgeltliche Zuwendungen eines Gegenstands im Sinne des § 3 Abs. 1b Satz 1 Nr. 2 und 3 UStG.

Entnahme von Gegenständen (§ 3 Abs. 1b Satz 1 Nr. 1 UStG)

(5) [1]Eine Entnahme eines Gegenstands aus dem Unternehmen im Sinne des § 3 Abs. 1b Satz 1 Nr. 1 UStG liegt nur dann vor, wenn der Vorgang bei entsprechender Ausführung an einen Dritten als Lie-

ferung – einschließlich Werklieferung – anzusehen wäre. ²Ein Vorgang, der Dritten gegenüber als sonstige Leistung – einschließlich Werkleistung – zu beurteilen wäre, erfüllt zwar die Voraussetzungen des § 3 Abs. 1b Satz 1 Nr. 1 UStG nicht, kann aber nach § 3 Abs. 9a Nr. 2 UStG steuerbar sein (siehe Abschnitt 3.4). ³Das gilt auch insoweit, als dabei Gegenstände, z.B. Materialien, verbraucht werden (vgl. BFH-Urteil vom 13.2.1964, V 99/63 U, BStBl. III S. 174). ⁴Der Grundsatz der Einheitlichkeit der Leistung (vgl. Abschnitt 3.10) gilt auch für die unentgeltlichen Wertabgaben (vgl. BFH-Urteil vom 3.11.1983, V R 4/73, BStBl. 1984 II S. 169).

(6) ¹Wird ein dem Unternehmen dienender Gegenstand während der Dauer einer nichtunternehmerischen Verwendung auf Grund äußerer Einwirkung zerstört, z.B. Totalschaden eines Personenkraftwagens infolge eines Unfalls auf einer Privatfahrt, liegt keine Entnahme eines Gegenstands aus dem Unternehmen vor. ²Das Schadensereignis fällt in den Vorgang der nichtunternehmerischen Verwendung und beendet sie wegen Untergangs der Sache. ³Eine Entnahmehandlung ist in Bezug auf den unzerstörten Gegenstand nicht mehr möglich (vgl. BFH-Urteile vom 28.2.1980, V R 138/72, BStBl. II S. 309, und vom 28.6.1995, XI R 66/94, BStBl. II S. 850).

(7) ¹Bei einem Rohbauunternehmer, der für eigene Wohnzwecke ein schlüsselfertiges Haus mit Mitteln des Unternehmens errichtet, ist Gegenstand der Entnahme das schlüsselfertige Haus, nicht lediglich der Rohbau (vgl. BFH-Urteil vom 3.11.1983, V R 4/73, BStBl. 1984 II S. 169). ²Entscheidend ist nicht, was der Unternehmer in der Regel im Rahmen seines Unternehmens herstellt, sondern was im konkreten Fall Gegenstand der Wertabgabe des Unternehmens ist (vgl. BFH-Urteil vom 21.4.1988, V R 135/83, BStBl. II S. 746). ³Wird ein Einfamilienhaus für unternehmensfremde Zwecke auf einem zum Betriebsvermögen gehörenden Grundstück errichtet, überführt der Bauunternehmer das Grundstück in aller Regel spätestens im Zeitpunkt des Baubeginns in sein Privatvermögen. ⁴Dieser Vorgang ist unter den Voraussetzungen des § 3 Abs. 1b Satz 2 UStG eine nach § 4 Nr. 9 Buchstabe a UStG steuerfreie Lieferung im Sinne des § 3 Abs. 1b Satz 1 Nr. 1 UStG.

(8) ¹Die unentgeltliche Übertragung eines Betriebsgrundstücks durch einen Unternehmer auf seine Kinder unter Anrechnung auf deren Erb- und Pflichtteil ist – wenn nicht die Voraussetzungen des § 1 Abs. 1a UStG vorliegen (vgl. Abschnitt 1.5) – eine steuerfreie Lieferung im Sinne des § 3 Abs. 1b Satz 1 Nr. 1 UStG, auch wenn das Grundstück auf Grund eines mit den Kindern geschlossenen Pachtvertrages weiterhin für die Zwecke des Unternehmens verwendet wird und die Kinder als Nachfolger des Unternehmers nach dessen Tod vorgesehen sind (vgl. BFH-Urteil vom 2.10.1986, V R 91/78, BStBl. 1987 II S. 44). ²Die unentgeltliche Übertragung des Miteigentums an einem Betriebsgrundstück durch einen Unternehmer auf seinen Ehegatten ist eine nach § 4 Nr. 9 Buchstabe a UStG steuerfreie Wertabgabe des Unternehmers, auch wenn das Grundstück weiterhin für die Zwecke des Unternehmens verwendet wird. ³Hinsichtlich des dem Unternehmer verbleibenden Miteigentumsanteils liegt keine unentgeltliche Wertabgabe im Sinne des § 3 Abs. 1b oder Abs. 9a UStG vor (vgl. BFH-Urteile vom 6.9.2007, V R 41/05, BStBl. 2008 II S. 65, und vom 22.11.2007, V R 5/06, BStBl. 2008 II S. 448). ⁴Zur Vorsteuerberichtigung nach § 15a UStG vgl. Abschnitt 15a.2 Abs. 6 Nr. 3 und zur Bestellung eines lebenslänglichen unentgeltlichen Nießbrauchs an einem unternehmerisch genutzten bebauten Grundstück vgl. BFH-Urteil vom 16.9.1987, X R 51/81, BStBl. 1988 II S. 205.

Sachzuwendungen an das Personal (§ 3 Abs. 1b Satz 1 Nr. 2 UStG)

(9) Zuwendungen von Gegenständen (Sachzuwendungen) an das Personal für dessen privaten Bedarf sind auch dann steuerbar, wenn sie unentgeltlich sind, d.h. wenn sie keine Vergütungen für die Dienstleistung des Arbeitnehmers darstellen (vgl. hierzu Abschnitt 1.8).

Andere unentgeltliche Zuwendungen (§ 3 Abs. 1b Satz 1 Nr. 3 UStG)

(10) ¹Unentgeltliche Zuwendungen von Gegenständen, die nicht bereits in der Entnahme von Gegenständen oder in Sachzuwendungen an das Personal bestehen, werden Lieferungen gegen Entgelt gleichgestellt. ²Ausgenommen sind Geschenke von geringem Wert und Warenmuster für Zwecke des Unternehmens. ³Der Begriff „unentgeltliche Zuwendung" im Sinne von § 3 Abs. 1b Satz 1 Nr. 3 UStG setzt nicht lediglich die Unentgeltlichkeit einer Lieferung voraus, sondern verlangt darüber hinaus, dass der Zuwendende dem Empfänger zielgerichtet einen Vermögensvorteil verschafft (BFH-Urteil vom 14.5.2008, XI R 60/07, BStBl. II S. 721). ⁴Voraussetzung für die Steuerbarkeit ist, dass der Gegenstand oder seine Bestandteile zum vollen oder teilweisen Vorsteuerabzug berechtigt haben (§ 3 Abs. 1b Satz 2 UStG). ⁵Mit der Regelung soll ein umsatzsteuerlich unbelasteter Letztverbrauch vermieden werden. ⁶Gleichwohl entfällt die Steuerbarkeit nicht, wenn der Empfänger die zugewendeten Geschenke in seinem Unternehmen verwendet. ⁷Gegenstände des Unternehmens, die der Unternehmer aus nichtunternehmerischen (privaten) Gründen abgibt, werden als Entnahmen nach § 3 Abs. 1b Satz 1 Nr. 1 UStG besteuert (vgl. Absätze 5 bis 8). ⁸Gegenstände des Unternehmens, die der Unternehmer aus unternehmerischen Gründen abgibt, werden als unentgeltliche Zuwendungen nach § 3 Abs. 1b Satz 1

Nr. 3 UStG besteuert. [9]Hierzu gehört die Abgabe von neuen oder gebrauchten Gegenständen insbesondere zu Werbezwecken, zur Verkaufsförderung oder zur Imagepflege, z.B. Sachspenden an Vereine oder Schulen, Warenabgaben anlässlich von Preisausschreiben, Verlosungen usw. zu Werbezwecken. [10]Nicht steuerbar ist dagegen die Gewährung unentgeltlicher sonstiger Leistungen aus unternehmerischen Gründen (vgl. Abschnitt 3.4 Abs. 1). [11]Hierunter fällt z.B. die unentgeltliche Überlassung von Gegenständen, die im Eigentum des Zuwendenden verbleiben und die der Empfänger später an den Zuwendenden zurückgeben muss.

(11) [1]Die Abgabe von Geschenken von geringem Wert ist nicht steuerbar. [2]Derartige Geschenke liegen vor, wenn die Anschaffungs- oder Herstellungskosten der dem Empfänger im Kalenderjahr zugewendeten Gegenstände insgesamt 35 € (Nettobetrag ohne Umsatzsteuer) nicht übersteigen. [3]Dies kann bei geringwertigen Werbeträgern (z.b. Kugelschreiber, Feuerzeuge, Kalender usw.) unterstellt werden.

(12) [1]Bei Geschenken über 35 €, für die nach § 15 Abs. 1a UStG in Verbindung mit § 4 Abs. 5 Satz 1 Nr. 1 EStG kein Vorsteuerabzug vorgenommen werden kann, entfällt nach § 3 Abs. 1b Satz 2 UStG eine Besteuerung der Zuwendungen. [2]Deshalb ist zunächst anhand der ertragsteuerrechtlichen Regelungen (vgl. R 4.10 Abs. 2 bis 4 EStR 2008) zu prüfen, ob es sich bei einem abgegebenen Gegenstand begrifflich um ein „Geschenk" handelt. [3]Insbesondere setzt ein Geschenk eine unentgeltliche Zuwendung an einen Dritten voraus. [4]Die Unentgeltlichkeit ist nicht gegeben, wenn die Zuwendung als Entgelt für eine bestimmte Gegenleistung des Empfängers anzusehen ist. [5]Falls danach ein Geschenk vorliegt, ist weiter zu prüfen, ob hierfür der Vorsteuerabzug nach § 15 Abs. 1a UStG ausgeschlossen ist (vgl. Abschnitt 15.6 Abs. 4 und 5). [6]Nur wenn danach der Gegenstand oder seine Bestandteile zum vollen oder teilweisen Vorsteuerabzug berechtigt haben, kommt eine Besteuerung als unentgeltliche Wertabgabe in Betracht.

(13) [1]Warenmuster sind ausdrücklich von der Steuerbarkeit ausgenommen. [2]Ein Warenmuster ist ein Probeexemplar eines Produkts, durch das dessen Absatz gefördert werden soll und das eine Bewertung der Merkmale und der Qualität dieses Produkts ermöglicht, ohne zu einem anderen als dem mit solchen Werbeumsätzen naturgemäß verbundenen Endverbrauch zu führen (vgl. EuGH-Urteil vom 30.9.2010, C-581/08, EuGHE I S. 7). [3]Ist das Probeexemplar ganz oder im Wesentlichen identisch mit dem allgemeinen Verkauf erhältlichen Produkt, kann es sich gleichwohl um ein Warenmuster handeln, wenn die Übereinstimmung mit dem verkaufsfertigen Produkt für die Bewertung durch den potenziellen oder tatsächlichen Käufer erforderlich ist und die Absicht der Absatzförderung des Produkts im Vordergrund steht. [4]Die Abgabe eines Warenmusters soll in erster Linie nicht dem Empfänger den Kauf ersparen, sondern ihn oder Dritte zum Kauf anregen. [5]Ohne Bedeutung ist, ob das Warenmuster einem anderen Unternehmer für dessen unternehmerische Zwecke oder einem Endverbraucher zugewendet werden. [6]Nicht steuerbar ist somit auch die Abgabe sog. Probierpackungen im Getränke- und Lebensmitteleinzelhandel (z.B. die kostenlose Abgabe von losen oder verpackten Getränken und Lebensmitteln im Rahmen von Verkaufsaktionen, Lebensmittelprobierpackungen, Probepackungen usw.) an Endverbraucher.

(14) [1]Unentgeltlich abgegebene Verkaufskataloge, Versandhauskataloge, Reisekataloge, Werbeprospekte und -handzettel, Veranstaltungsprogramme und -kalender usw. dienen der Werbung, insbesondere der Anbahnung eines späteren Umsatzes. [2]Eine (private) Bereicherung des Empfängers ist damit regelmäßig nicht verbunden. [3]Dies gilt auch für Anzeigenblätter mit einem redaktionellen Teil (z.B. für Lokales, Vereinsnachrichten u.ä.), die an alle Haushalte in einem bestimmten Gebiet kostenlos verteilt werden. [4]Bei der Abgabe derartiger Erzeugnisse handelt es sich nicht um unentgeltliche Zuwendungen im Sinne des § 3 Abs. 1b Satz 1 Nr. 3 UStG.

(15) [1]Die unentgeltliche Abgabe von Werbe- und Dekorationsmaterial, das nach Ablauf der Werbe- oder Verkaufsaktion vernichtet wird oder bei dem Empfänger nicht zu einer (privaten) Bereicherung führt (z.B. Verkaufsschilder, Preisschilder, sog. Displays), an andere Unternehmer (z.B. vom Hersteller an Großhändler oder vom Großhändler an Einzelhändler) dient ebenfalls der Werbung bzw. Verkaufsförderung. [2]Das Gleiche gilt für sog. Verkaufshilfen oder -ständer (z.B. Suppenständer, Süßwarenständer), die z.B. von Herstellern oder Großhändlern an Einzelhändler ohne besondere Berechnung abgegeben werden, wenn beim Empfänger eine Verwendung dieser Gegenstände im nichtunternehmerischen Bereich ausgeschlossen ist. [3]Bei der Abgabe derartiger Erzeugnisse handelt es sich nicht um unentgeltliche Zuwendungen im Sinne des § 3 Abs. 1b Satz 1 Nr. 3 UStG. [4]Dagegen handelt es sich bei der unentgeltlichen Abgabe auch nichtunternehmerisch verwendbarer Gegenstände, die nach Ablauf von Werbe- oder Verkaufsaktionen für den Empfänger noch einen Gebrauchswert haben (z.B. Fahrzeuge, Spielzeug, Sport- und Freizeitartikel), um unentgeltliche Zuwendungen im Sinne des § 3 Abs. 1b Satz 1 Nr. 3 UStG.

(16) Bei der unentgeltlichen Abgabe von Blutzuckermessgeräten über Ärzte, Schulungszentren für Diabetiker und sonstige Laboreinrichtungen an die Patienten handelt es sich um unentgeltliche Zuwendungen im Sinne des § 3 Abs. 1b Satz 1 Nr. 3 UStG, sofern die Geräte zum vollen oder teilweisen Vorsteuerabzug berechtigt haben.

§ 3   UStAE 3.3., 3.4.

(17) ¹Wenn der Empfänger eines scheinbar kostenlos abgegebenen Gegenstands für den Erhalt dieses Gegenstands tatsächlich eine Gegenleistung erbringt, ist die Abgabe dieses Gegenstands nicht als unentgeltliche Zuwendung nach § 3 Abs. 1b Satz 1 Nr. 3 UStG, sondern als entgeltliche Lieferung nach § 1 Abs. 1 Nr. 1 UStG steuerbar. ²Die Gegenleistung des Empfängers kann in Geld oder in Form einer Lieferung bzw. sonstigen Leistung bestehen (vgl. § 3 Abs. 12 UStG).

Einzelfälle

(18) ¹Falls ein Unternehmer dem Abnehmer bei Abnahme einer bestimmten Menge zusätzliche Stücke desselben Gegenstands ohne Berechnung zukommen lässt (z.B. elf Stücke zum Preis von zehn Stücken), handelt es sich bei wirtschaftlicher Betrachtung auch hinsichtlich der zusätzlichen Stücke um eine insgesamt entgeltliche Lieferung. ²Ähnlich wie bei einer Staffelung des Preises nach Abnahmemengen hat in diesem Fall der Abnehmer mit dem Preis für die berechneten Stücke die unberechneten Stücke mitbezahlt. ³Wenn ein Unternehmer dem Abnehmer bei Abnahme einer bestimmten Menge zusätzlich andere Gegenstände ohne Berechnung zukommen lässt (z.B. bei Abnahme von 20 Kühlschränken wird ein Mikrowellengerät ohne Berechnung mitgeliefert), handelt es sich bei wirtschaftlicher Betrachtungsweise ebenfalls um eine insgesamt entgeltliche Lieferung.

(19) Eine insgesamt entgeltliche Lieferung ist auch die unberechnete Abgabe von Untersetzern (Bierdeckel), Saugdecken (Tropfdeckchen), Aschenbechern und Gläsern einer Brauerei oder eines Getränkevertriebs an einen Gastwirt im Rahmen einer Getränkelieferung, die unberechnete Abgabe von Autozubehörteilen (Fußmatten, Warndreiecke) und Pflegemitteln usw. eines Fahrzeughändlers an den Käufer eines Neuwagens oder die unberechnete Abgabe von Schuhpflegemitteln eines Schuhhändlers an einen Schuhkäufer.

(20) In folgenden Fällen liegen ebenfalls regelmäßig entgeltliche Lieferungen bzw. einheitliche entgeltliche Leistungen vor:

– unberechnete Übereignung eines Mobilfunk-Geräts (Handy) von einem Mobilfunk-Anbieter an einen neuen Kunden, der gleichzeitig einen längerfristigen Netzbenutzungsvertrag abschließt;
– Sachprämien von Zeitungs- und Zeitschriftenverlagen an die Neuabonnenten einer Zeitschrift, die ein längerfristiges Abonnement abgeschlossen haben;
– ¹Sachprämien an Altkunden für die Vermittlung von Neukunden. ²Der Sachprämie steht eine Vermittlungsleistung des Altkunden gegenüber;
– Sachprämien eines Automobilherstellers an das Verkaufspersonal eines Vertragshändlers, wenn dieses Personal damit für besondere Verkaufserfolge belohnt wird.

3.4. Den sonstigen Leistungen gleichgestellte Wertabgaben

(1) ¹Die unentgeltlichen Wertabgaben im Sinne des § 3 Abs. 9a UStG umfassen alle sonstigen Leistungen, die ein Unternehmer im Rahmen seines Unternehmens für eigene, außerhalb des Unternehmens liegende Zwecke oder für den privaten Bedarf seines Personals ausführt. ²Sie erstrecken sich auf alles, was seiner Art nach Gegenstand einer sonstigen Leistung im Sinne des § 3 Abs. 9 UStG sein kann. ³Nicht steuerbar ist dagegen die Gewährung unentgeltlicher sonstiger Leistungen aus unternehmerischen Gründen. ⁴Zu den unentgeltlichen sonstigen Leistungen für den privaten Bedarf des Personals im Sinne des § 3 Abs. 9a UStG vgl. Abschnitt 1.8.

(2)[1)] ¹Eine Wertabgabe im Sinne von § 3 Abs. 9a Nr. 1 UStG setzt voraus, dass der verwendete Gegenstand dem Unternehmen zugeordnet ist und die unternehmerische Nutzung des Gegenstands zum vollen oder teilweisen Vorsteuerabzug berechtigt hat. ²Zur Frage der Zuordnung zum Unternehmen gilt Abschnitt 3.3 Abs. 1 entsprechend. ³Wird ein dem Unternehmen zugeordneter Gegenstand, bei dem kein Recht zum Vorsteuerabzug bestand (z.B. ein von einer Privatperson erworbener Computer), für nichtunternehmerische Zwecke genutzt, liegt eine sonstige Leistung im Sinne von § 3 Abs. 9a Nr. 1 UStG nicht vor. ⁴Ist der dem Unternehmen zugeordnete Gegenstand ein Grundstück – insbesondere ein Gebäude als wesentlicher Bestandteil eines Grundstücks – und wird das Grundstück auch nichtunternehmerisch oder für den privaten Bedarf des Personals genutzt, ist der Vorsteuerabzug nach § 15 Abs. 1b UStG insoweit ausgeschlossen ist (vgl. Abschnitt 15.6a), entfällt eine Wertabgabenbesteuerung nach § 3 Abs. 9a Nr. 1 UStG. ⁵Sofern sich später der Anteil der nichtunternehmerischen Nutzung des dem Unternehmensvermögen insgesamt zugeordneten Grundstücks im Sinne des § 15 Abs. 1b UStG erhöht, erfolgt eine Berichtigung nach § 15a Abs. 6a UStG (vgl. Abschnitt 15.6a Abs. 5) und keine Wertabgabenbesteuerung nach § 3 Abs. 9a Nr. 1 UStG.

---

1) Hinweis auf Anlage § 015-51; (Abschnitt 3.4 Abs. 2 Sätze 4 und 5 UStAE sind ab dem 01.01.2011 in allen Fällen anzuwenden, die nicht unter die Übergangsregelung nach § 27 Abs. 16 UStG fallen.)

UStAE 3.4. § 3

(3) Unter den Tatbestand des § 3 Abs. 9a Nr. 1 UStG fällt grundsätzlich auch die private Nutzung eines unternehmenseigenen Fahrzeugs durch den Unternehmer oder den Gesellschafter.

(4) [1]Umsatzsteuer aus den Anschaffungskosten unternehmerisch genutzter Telekommunikationsgeräte (z.b. von Telefonanlagen nebst Zubehör, Faxgeräten, Mobilfunkeinrichtungen) kann der Unternehmer unter den Voraussetzungen des § 15 UStG in voller Höhe als Vorsteuer abziehen. [2]Die nichtunternehmerische (private) Nutzung dieser Geräte unterliegt nach § 3 Abs. 9a Nr. 1 UStG der Umsatzsteuer (vgl. Abschnitt 15.2 Abs. 21 Nr. 2). [3]Bemessungsgrundlage sind die Ausgaben für die jeweiligen Geräte (vgl. Abschnitt 10.6 Abs. 3). [4]Nicht zur Bemessungsgrundlage gehören die Grund- und Gesprächsgebühren (vgl. BFH-Urteil vom 23.9.1993, V R 87/89, BStBl. 1994 II S. 200). [5]Die auf diese Gebühren entfallenden Vorsteuern sind in einen abziehbaren und einen nicht abziehbaren Anteil aufzuteilen (vgl. Abschnitt 15.2 Abs. 21 Nr. 1).

(5) Der Einsatz betrieblicher Arbeitskräfte für nichtunternehmerische (private) Zwecke zu Lasten des Unternehmens (z.B. Einsatz von Betriebspersonal im Privatgarten oder im Haushalt des Unternehmers) ist grundsätzlich eine steuerbare Wertabgabe nach § 3 Abs. 9a Nr. 2 UStG (vgl. BFH-Urteil vom 18.5.1993, V R 134/89, BStBl. II S. 885).

Wertabgabenbesteuerung nach § 3 Abs. 9a Nr. 1 UStG bei teilunternehmerisch genutzten Grundstücken im Sinne des § 15 Abs. 1b UStG, die unter die Übergangsregelung nach § 27 Abs. 16 UStG fallen

(6) [1]Überlässt eine Gemeinde im Rahmen eines Betriebs gewerblicher Art eine Mehrzweckhalle unentgeltlich an Schulen, Vereine usw., ist dies unter den Voraussetzungen des Absatzes 2 Satz 1 eine steuerbare Wertabgabe nach § 3 Abs. 9a Nr. 1 UStG, wenn die Halle nicht ausnahmsweise zur Anbahnung späterer Geschäftsbeziehungen mit Mietern für kurze Zeit unentgeltlich überlassen wird (vgl. BFH-Urteil vom 28.11.1991, V R 95/86, BStBl. 1992 II S. 569). [2]Eine solche Wertabgabe liegt auch vor, wenn Schulen und Vereine ein gemeindliches Schwimmbad unentgeltlich nutzen können (vgl. Abschnitt 2.11 Abs. 18). [3]Die Mitbenutzung von Parkanlagen, die eine Gemeinde ihrem unternehmerischen Bereich – Kurbetrieb als Betrieb gewerblicher Art – zugeordnet hat, durch Personen, die nicht Kurgäste sind, führt bei der Gemeinde nicht zu einer steuerbaren Wertabgabe (vgl. BFH-Urteil vom 18.8.1988, V R 18/83, BStBl. II S. 971). [4]Das Gleiche gilt, wenn eine Gemeinde ein Parkhaus den Benutzern zeitweise (z.B. in der Weihnachtszeit) gebührenfrei zur Verfügung stellt, wenn damit neben dem Zweck der Verkehrsberuhigung auch dem Parkhausunternehmen dienende Zwecke (z.B. Kundenwerbung) verfolgt werden (vgl. BFH-Urteil vom 10.12.1992, V R 3/88, BStBl. 1993 II S. 380).

(7) [1]Die Verwendung von Räumen in einem dem Unternehmen zugeordneten Gebäude für Zwecke außerhalb des Unternehmens kann eine steuerbare oder nicht steuerbare Wertabgabe sein. [2]Diese Nutzung ist nur steuerbar, wenn die unternehmerische Nutzung anderer Räume zum vollen oder teilweisen Vorsteuerabzug berechtigt hat (vgl. BFH-Urteile vom 8.10.2008, XI R 58/07, BStBl. 2009 II S. 394, und vom 11.3.2009, XI R 69/07, BStBl. II S. 496). [3]Ist die unentgeltliche Wertabgabe steuerbar, kommt die Anwendung der Steuerbefreiung nach § 4 Nr. 12 UStG nicht in Betracht (vgl. Abschnitt 4.12.1 Abs. 1 und 3).

Beispiel 1:

[1]U hat ein Zweifamilienhaus, in dem er eine Wohnung steuerfrei vermietet und die andere Wohnung für eigene Wohnzwecke nutzt, insgesamt seinem Unternehmen zugeordnet.

[2]U steht hinsichtlich der steuerfrei vermieteten Wohnung kein Vorsteuerabzug zu (§ 15 Abs. 2 Satz 1 Nr. 1 UStG). [3]Die private Nutzung ist keine steuerbare unentgeltliche Wertabgabe im Sinne des § 3 Abs. 9a Nr. 1 UStG, da der dem Unternehmen zugeordnete Gegenstand nicht zum vollen oder teilweisen Vorsteuerabzug berechtigt hat.

Beispiel 2:

[1]U ist Arzt und nutzt in seinem Einfamilienhaus, das er zulässigerweise insgesamt seinem Unternehmen zugeordnet hat, das Erdgeschoss für seine unternehmerische Tätigkeit und das Obergeschoss für eigene Wohnzwecke. [2]Er erzielt nur steuerfreie Umsätze im Sinne des § 4 Nr. 14 UStG, die den Vorsteuerabzug ausschließen.

[3]U steht kein Vorsteuerabzug zu. [4]Die private Nutzung des Obergeschosses ist keine steuerbare unentgeltliche Wertabgabe im Sinne des § 3 Abs. 9a Nr. 1 UStG, da das dem Unternehmen zugeordnete Gebäude hinsichtlich des unternehmerisch genutzten Gebäudeteils nicht zum Vorsteuerabzug berechtigt hat.

Beispiel 3:

[1]U ist Schriftsteller und nutzt in seinem ansonsten für eigene Wohnzwecke genutzten Einfamilienhaus, das er insgesamt seinem Unternehmen zugeordnet hat, ein Arbeitszimmer für seine unternehmerische Tätigkeit.

²U steht hinsichtlich des gesamten Gebäudes der Vorsteuerabzug zu. ³Die private Nutzung der übrigen Räume ist eine unentgeltliche Wertabgabe im Sinne des § 3 Abs. 9a Nr. 1 UStG, da der dem Unternehmen zugeordnete Gegenstand hinsichtlich des unternehmerisch genutzten Gebäudeteils zum Vorsteuerabzug berechtigt hat. ⁴Die unentgeltliche Wertabgabe ist steuerpflichtig.

⁴Das gilt auch, wenn die Nutzung für Zwecke außerhalb des Unternehmens in der unentgeltlichen Überlassung an Dritte besteht.

Beispiel 4:

¹U hat ein Haus, in dem er Büroräume im Erdgeschoss steuerpflichtig vermietet und die Wohnung im Obergeschoss unentgeltlich an die Tochter überlässt, insgesamt seinem Unternehmen zugeordnet.

²U steht hinsichtlich des gesamten Gebäudes der Vorsteuerabzug zu. ³Die Überlassung an die Tochter ist eine steuerbare unentgeltliche Wertabgabe im Sinne des § 3 Abs. 9a Nr. 1 UStG, weil das dem Unternehmen zugeordnete Gebäude hinsichtlich des unternehmerisch genutzten Gebäudeteils zum Vorsteuerabzug berechtigt hat. ⁴Die unentgeltliche Wertabgabe ist steuerpflichtig.

Beispiel 5:

¹U hat ein Zweifamilienhaus, das er im Jahr 01 zu 50% für eigene unternehmerische Zwecke und zum Vorsteuerabzug berechtigende Zwecke (Büroräume) nutzt und zu 50% steuerfrei vermietet, insgesamt seinem Unternehmen zugeordnet. ²Ab dem Jahr 04 nutzt er die Büroräume ausschließlich für eigene Wohnzwecke.

³U steht ab dem Jahr 01 nur hinsichtlich der Büroräume der Vorsteuerabzug zu; für den steuerfrei vermieteten Gebäudeteil ist der Vorsteuerabzug hingegen ausgeschlossen. ⁴Ab dem Jahr 04 unterliegt die Nutzung der Büroräume zu eigenen Wohnzwecken des U als steuerbare unentgeltliche Wertabgabe im Sinne des § 3 Abs. 9a Nr. 1 UStG der Umsatzsteuer, da das dem Unternehmen zugeordnete Gebäude hinsichtlich der vorher als Büro genutzten Räume zum Vorsteuerabzug berechtigt hat. ⁵Die unentgeltliche Wertabgabe ist steuerpflichtig. ⁶Eine Änderung der Verhältnisse im Sinne des § 15a UStG liegt nicht vor.

(8) ¹Verwendet ein Gemeinschafter seinen Miteigentumsanteil, welchen er seinem Unternehmen zugeordnet und für den er den Vorsteuerabzug beansprucht hat, für nichtunternehmerische Zwecke, ist diese Verwendung eine steuerpflichtige unentgeltliche Wertabgabe im Sinne des § 3 Abs. 9a Nr. 1 UStG.

Beispiel:

¹U und seine Ehefrau E erwerben zu 25% bzw. 75% Miteigentum an einem unbebauten Grundstück, das sie von einem Generalunternehmer mit einem Einfamilienhaus bebauen lassen. ²U nutzt im Einfamilienhaus einen Raum, der 9% der Fläche des Gebäudes ausmacht für seine unternehmerische Tätigkeit. ³Die übrigen Räume des Hauses werden durch U und E für eigene Wohnzwecke genutzt. ⁴U macht 25% der auf die Baukosten entfallenden Vorsteuern geltend.

⁵Durch die Geltendmachung des Vorsteuerabzuges aus 25% der Baukosten gibt U zu erkennen, dass er seinen Miteigentumsanteil in vollem Umfang seinem Unternehmen zugeordnet hat. ⁶U kann daher unter den weiteren Voraussetzungen des § 15 UStG 25% der auf die Baukosten entfallenden Vorsteuern abziehen. ⁷Soweit U den seinem Unternehmen zugeordneten Miteigentumsanteil für private Zwecke nutzt (16% der Baukosten), muss er nach § 3 Abs. 9a Nr. 1 UStG eine unentgeltliche Wertabgabe versteuern.

²Zur Wertabgabe bei der Übertragung von Miteigentumsanteilen an Grundstücken vgl. Abschnitt 3.3 Abs. 8.

3.5. Abgrenzung zwischen Lieferungen und sonstigen Leistungen

Allgemeine Grundsätze

(1) Bei einer einheitlichen Leistung, die sowohl Lieferungselemente als auch Elemente einer sonstigen Leistung enthält, richtet sich die Einstufung als Lieferung oder sonstige Leistung danach, welche Leistungselemente aus der Sicht des Durchschnittsverbrauchers und unter Berücksichtigung des Willens der Vertragsparteien den wirtschaftlichen Gehalt der Leistungen bestimmen (vgl. BFH-Urteil vom 19.12.1991, V R 107/86, BStBl. 1992 II S. 449, und BFH-Urteil vom 21.6.2001, V R 80/99, BStBl. 2003 II S. 810).

(2) Lieferungen sind z.B.:

1. der Verkauf von Standard-Software und sog. Updates auf Datenträgern;
2. die Anfertigung von Kopien, wenn sich die Tätigkeit auf die bloße Vervielfältigung von Dokumenten beschränkt (vgl. EuGH-Urteil vom 11.2.2010, C-88/09, UR 2010 S. 230) oder wenn hieraus zu-

UStAE 3.5. § 3

gleich neue Gegenstände (Bücher, Broschüren) hergestellt und den Abnehmern an diesen Gegenständen Verfügungsmacht verschafft wird (vgl. BFH-Urteil vom 19.12.1991, V R 107/86, BStBl. 1992 II S. 449);

3. die Überlassung von Offsetfilmen, die unmittelbar zum Druck von Reklamematerial im Offsetverfahren verwendet werden können (vgl. BFH-Urteil vom 25.11.1976, V R 71/72, BStBl. 1977 II S. 270);

4. [1]die Abgabe von Basissaatgut an Züchter im Rahmen sog. Vermehrerverträge sowie die Abgabe des daraus gewonnenen sog. zertifizierten Saatguts an Landwirte zur Produktion von Konsumgetreide oder an Handelsunternehmen. [2]Zur Anwendung der Durchschnittssatzbesteuerung nach § 24 UStG vgl. Abschnitte 24.1 und 24.2;

5. [1]die Entwicklung eines vom Kunden belichteten Films sowie die Bearbeitung von auf physischen Datenträgern oder auf elektronischem Weg übersandten Bilddateien, wenn gleichzeitig Abzüge angefertigt werden oder dem Kunden die bearbeiteten Bilder auf einem anderen Datenträger übergeben werden. [2]In diesen Fällen stellt das Entwickeln des Films und das Bearbeiten der Bilder eine unselbständige Nebenleistung zu einer einheitlichen Werklieferung dar.

(3) Sonstige Leistungen sind z.B.:

1. die Übermittlung von Nachrichten zur Veröffentlichung;

2. die Übertragung ideeller Eigentumsanteile – Miteigentumsanteile –, siehe aber z.B. für Anlagegold Abschnitt 25c.1;

3. die Überlassung von Lichtbildern zu Werbezwecken (vgl. BFH-Urteil vom 12.1.1956, V 272/55 S, BStBl. III S. 62);

4. die Überlassung von Konstruktionszeichnungen und Plänen für technische Bauvorhaben sowie die Überlassung nicht geschützter Erfahrungen und technischer Kenntnisse (vgl. BFH-Urteil vom 18.5.1956, V 276/55 U, BStBl. III S. 198);

5. die Veräußerung von Modellskizzen (vgl. BFH-Urteil vom 26.10.1961, V 307/59, HFR 1962 S. 118);

6. die Übertragung eines Verlagsrechts (vgl. BFH-Urteil vom 16.7.1970, V R 95/66, BStBl. II S. 706);

7. die Überlassung von Know-how und von Ergebnissen einer Meinungsumfrage auf dem Gebiet der Marktforschung (vgl. BFH-Urteil vom 22.11.1973, V R 164/72, BStBl. 1974 II S. 259);

8. [1]die Überlassung von nicht standardisierter Software, die speziell nach den Anforderungen des Anwenders erstellt wird oder die eine vorhandene Software den Bedürfnissen des Anwenders individuell anpasst. [2]Gleiches gilt für die Übertragung von Standard-Software oder Individual-Software auf elektronischem Weg (z.B. über Internet);

9. die Überlassung sendefertiger Filme durch einen Filmhersteller im Sinne von § 94 UrhG – sog. Auftragsproduktion – (vgl. BFH-Urteil vom 19.2.1976, V R 92/74, BStBl. II S. 515);

10. die Überlassung von Fotografien zur Veröffentlichung durch Zeitungs- oder Zeitschriftenverlage (vgl. BFH-Urteil vom 12.5.1977, V R 111/73, BStBl. II S. 808);

11. die Entwicklung eines vom Kunden belichteten Films sowie die Bearbeitung von auf physischen Datenträgern oder auf elektronischem Weg übersandten Bilddateien;

12. die Herstellung von Fotokopien, wenn über das bloße Vervielfältigen hinaus weitere Dienstleistungen erbracht werden, insbesondere Beratung des Kunden oder Anpassung, Umgestaltung oder Verfremdung des Originals (vgl. EuGH-Urteil vom 11.2.2010, C-88/09, UR 2010 S. 230);

13. [1]Nachbaugebühren im Sinne des § 10a Abs. 2ff. SortSchG, die ein Landwirt dem Inhaber des Sortenschutzes zu erstatten hat, werden als Entgelt für eine sonstige Leistung des Sortenschutzinhabers gezahlt, welche in der Duldung des Nachbaus durch den Landwirt besteht. [2]Bei der Überlassung von Vorstufen- oder Basissaatgut im Rahmen von sog. Vertriebsorganisationsverträgen handelt es sich ebenfalls um eine sonstige Leistung des Sortenschutzinhabers, welche in der Überlassung des Rechts, eine Saatgutsorte zu produzieren und zu vermarkten, und der Überlassung des hierzu erforderlichen Saatguts besteht. [3]Zur Anwendung der Durchschnittssatzbesteuerung nach § 24 UStG vgl. Abschnitte 24.1 und 24.2;

14. die entgeltliche Überlassung von Eintrittskarten (vgl. BFH-Urteil vom 3.6.2009, XI R 34/08, BStBl. 2010 II S. 857);

15. [1]die Abgabe eines sog. Mobilfunk-Startpakets ohne Mobilfunkgerät. [2]Leistungsinhalt ist hierbei die Gewährung eines Anspruchs auf Abschluss eines Mobilfunkvertrags einschließlich Zugang zu einem Mobilfunknetz. [3]Zur Abgabe von Startpaketen mit Mobilfunkgerät vgl. BMF-Schreiben vom 3.12.2001, BStBl. I S 1010;

§ 3   **UStAE 3.5.**

16. der Verkauf einer Option und der Zusammenbau einer Maschine (vgl. Artikel 8 und 9 der MwStVO);
17. [1)]der An- und Verkauf in- und ausländischer Banknoten und Münzen im Rahmen von Sortengeschäften (Geldwechselgeschäft) (vgl. BFH-Urteil vom 19.5.2010, XI R 6/09, BStBl. 2011 II S. 831).

(4) [1]Die Überlassung von Matern, Klischees und Abzügen kann sowohl eine Lieferung als auch eine sonstige Leistung sein (vgl. BFH-Urteile vom 13.10.1960, V 299/58 U, BStBl. 1961 III S. 26, und vom 14.2.1974, V R 129/70, BStBl. II S. 261). [2]Kauft ein Unternehmer von einem Waldbesitzer Holz und beauftragt dieser den Holzkäufer mit der Fällung, Aufarbeitung und Rückung des Holzes (sog. Selbstwerbung), kann sowohl ein tauschähnlicher Umsatz (Waldarbeiten gegen Lieferung des Holzes mit Baraufgabe) als auch eine bloße Holzlieferung in Betracht kommen (vgl. BFH-Urteil vom 19.2.2004, V R 10/03, BStBl. II S. 675).

Lieferungen und sonstige Leistungen bei Leasingverträgen

(5) [1]Werden Gegenstände im Leasing-Verfahren überlassen, ist die Übergabe des Leasing-Gegenstands durch den Leasing-Geber an den Leasing-Nehmer eine Lieferung, wenn der Leasing-Nehmer nach den vertraglichen Vereinbarungen und deren tatsächlicher Durchführung berechtigt ist, wie ein Eigentümer über den Leasing-Gegenstand zu verfügen. [2]Hiervon kann in der Regel ausgegangen werden, wenn der Leasing-Gegenstand einkommensteuerrechtlich dem Leasing-Nehmer zuzurechnen ist. [3]Auf das BFH-Urteil vom 1.10.1970, V R 49/70, BStBl. 1971 II S. 34 wird hingewiesen. [4]Erfolgt bei einer grenzüberschreitenden Überlassung eines Leasing-Gegenstands (sog. Cross-Border-Leasing) die Zuordnung dieses Gegenstands auf Grund des Rechts eines anderen Mitgliedstaates ausnahmsweise abweichend von den Sätzen 1 und 2 bei dem im Inland ansässigen Vertragspartner, ist dieser Zuordnung zur Vermeidung von endgültigen Steuerausfällen zu folgen; ist die Zuordnung dabei abweichend von den Sätzen 1 und 2 bei dem im anderen Mitgliedstaat ansässigen Vertragspartner erfolgt, kann dieser gefolgt werden, wenn der Nachweis erbracht wird, dass die Überlassung in dem anderen Mitgliedstaat der Besteuerung unterlegen hat.

(6) [1]Erfolgt die Überlassung eines Gegenstands außerhalb des Leasing-Verfahrens (z.B. bei Mietverträgen im Sinne des § 535 BGB mit dem Recht zum Kauf), gilt Folgendes:

1. Die Überlassung eines Gegenstands auf Grund eines Vertrags, der die Vermietung oder die Verpachtung dieses Gegenstands während eines bestimmten Zeitraums oder den Verkauf dieses Gegenstands gegen eine nicht nur einmalige Zahlung vorsieht, ist eine Lieferung, wenn der Vertrag den Übergang des zivilrechtlichen Eigentums an dem Gegenstand spätestens mit der letzten vereinbarten fälligen Zahlung vorsieht.
2. [1]Ist der Übergang des zivilrechtlichen Eigentums von weiteren Willenserklärungen, z.B. der Ausübung eines Optionsrechts abhängig, liegt eine Lieferung erst in dem Zeitpunkt vor, in dem dieser Wille übereinstimmend erklärt wird. [2]Bis zu diesem Zeitpunkt ist die Überlassung des Gegenstands eine sonstige Leistung. [3]Die sonstige Leistung und die später folgende Lieferung sind hinsichtlich Steuerbarkeit, Steuerpflicht und anzuwendendem Steuersatz getrennt voneinander zu beurteilen. [4]Wird das für die Nutzungsüberlassung vereinbarte Entgelt ganz oder teilweise auf die für die Lieferung vereinbarte Gegenleistung angerechnet, liegt insoweit eine Änderung der Bemessungsgrundlage für die sonstige Leistung vor (vgl. Abschnitt 17.1).

[2]Satz 1 gilt entsprechend, wenn bei einer Überlassung eines Gegenstands im Leasing-Verfahren trotz ertragsteuerrechtlicher Zurechnung des Leasing-Gegenstands beim Leasing-Nehmer die Voraussetzungen des Absatzes 5 Satz 1 ausnahmsweise nicht erfüllt sind.

(7) [1]Die Annahme einer Lieferung nach den Grundsätzen der Absätze 5 und 6 setzt voraus, dass die Verfügungsmacht an dem Gegenstand bei dem Unternehmer liegt, der den Gegenstand überlässt. [2]In den Fällen, in denen der Überlassung des Gegenstands eine zivilrechtliche Eigentumsübertragung vom späteren Nutzenden des Gegenstands an den überlassenden Unternehmer vorausgeht (z.B. beim sog. sale-and-lease-back), ist daher zu prüfen, ob die Verfügungsmacht an dem Gegenstand sowohl im Rahmen dieser Eigentumsübertragung, als auch im Rahmen der nachfolgenden Nutzungsüberlassung jeweils tatsächlich übertragen wird und damit eine Hin- und Rückleistung stattfindet oder ob dem der Nutzung vorangehenden Übergang des zivilrechtlichen Eigentums an dem Gegenstand vielmehr eine bloße Sicherungs- und Finanzierungsfunktion zukommt, so dass insgesamt eine Kreditgewährung vorliegt (vgl. BFH-Urteil vom 9.2.2006, V R 22/03, BStBl. II S. 727). [3]Diese Prüfung richtet sich nach dem Gesamtbild der Verhältnisse des Einzelfalls, d.h. den konkreten vertraglichen Vereinbarungen und deren jeweiliger tatsächlicher Durchführung unter Berücksichtigung der Interessenlage der Beteiligten. [4]Von einem Finanzierungsgeschäft ist insbesondere auszugehen, wenn die Vereinbarungen über die Eigentumsübertragung und über das Leasingverhältnis bzw. über die Rückvermietung in einem unmit-

---

1) Hinweis auf Anlage § 003-35 (Nichtbeanstandungsregelung)

190

UStAE 3.5. **§ 3**

telbaren sachlichen Zusammenhang stehen und eine Ratenkauf- oder Mietkaufvereinbarung geschlossen wurde, auf Grund derer das zivilrechtliche Eigentum mit Ablauf der Vertragslaufzeit wieder auf den Nutzenden zurückfällt oder den Überlassenden zur Rückübertragung des Eigentums verpflichtet. [5]Daher ist z.B. bei einer nach Absatz 6 Satz 1 Nr. 1 als Lieferung zu qualifizierenden Nutzungsüberlassung mit vorangehender Eigentumsübertragung auf den Überlassenden (sog. sale-and-Mietkauf-back) ein Finanzierungsgeschäft anzunehmen.

Beispiel 1:

[1]Der Hersteller von Kopiergeräten H und die Kopierervermietungsgesellschaft V schließen einen Kaufvertrag über die Lieferung von Kopiergeräten, wobei das zivilrechtliche Eigentum auf die Vermietungsgesellschaft übergeht. [2]Gleichzeitig verpflichtet sich V, dem Hersteller H die Rückübertragung der Kopiergeräte nach Ablauf von 12 Monaten anzudienen, H macht regelmäßig von seinem Rücknahmerecht Gebrauch. [3]Zur endgültigen Rückübertragung bedarf es eines weiteren Vertrags, in dem die endgültige Rückgabe – und Rücknahmekonditionen einschließlich des Rückkaufpreises festgelegt werden. [4]Während der „Vertragslaufzeit" von 12 Monaten vermietet die Vermietungsgesellschaft die Kopiergeräte an ihre Kunden.

[5]Umsatzsteuerrechtlich liegen zwei voneinander getrennt zu beurteilende Lieferungen im Sinne des § 3 Abs. 1 UStG vor. [6]Die Verfügungsmacht an den Kopiergeräten geht zunächst auf V über und fällt nach Ablauf von 12 Monaten bei regelmäßigem Ablauf durch einen neuen Vertragsabschluss wieder an H zurück.

Beispiel 2:

[1]Wie Beispiel 1, wobei V nunmehr einen weiteren Vertrag mit der Leasinggesellschaft L zur Finanzierung des Geschäfts mit H schließt. [2]Hiernach verkauft V die Kopiergeräte an L weiter und least sie gleichzeitig von L zurück, die sich ihrerseits unwiderruflich zur Rückübertragung des Eigentums nach Ablauf des Leasingzeitraums verpflichtet. [3]Das zivilrechtliche Eigentum wird übertragen und L ermächtigt V, die geleasten Kopiergeräte im Rahmen des Vermietungsgeschäfts für ihre Zwecke zu nutzen. [4]Die Laufzeit des Vertrags beschränkt sich auf 12 Monate und die für die spätere Bestimmung des Rückkaufpreises maßgebenden Konditionen werden bereits jetzt vereinbart.

[5]In der Veräußerung der Kopiergeräte von H an V und deren Rückübertragung nach 12 Monaten liegen entsprechend den Ausführungen zum Ausgangsfall zwei voneinander zu trennende Lieferungen vor.

[6]Die Übertragung des zivilrechtlichen Eigentums an den Kopiergeräten durch V an L dient dagegen lediglich der Besicherung der Refinanzierung des V bei L. [7]Es findet keine Übertragung von Substanz, Wert und Ertrag der Kopiergeräte statt. [8]Die Gesamtbetrachtung aller Umstände und vertraglichen Vereinbarungen des Einzelfalls führt zu dem Ergebnis, dass insgesamt nur eine Kreditgewährung von L an V vorliegt. [9]Im Gegensatz zum Ausgangsfall wird die Verfügungsmacht an den Kopiergeräten nicht übertragen.

Beispiel 3:

[1]Wie Beispiel 1, wobei die Leasinggesellschaft L dem zuvor zwischen H und V geschlossenen Kaufvertrag mit Rückandienungsverpflichtung in Form von Nachtragsvereinbarungen beitritt, bevor die Kopiergeräte von H an V ausgeliefert werden. [2]Infolge des Vertragsbeitritts wird L schuldrechtlich neben V Vertragspartnerin der späteren Kauf- und Rückkaufverträge mit H. [3]Über die Auslieferung der Kopiergeräte rechnet H mit L ab, welche anschließend einen Leasingvertrag bis zum Rückkauftermin mit V abschließt. [4]Im Unternehmen der V werden die Kopiergeräte den Planungen entsprechend ausschließlich für Vermietungszwecke genutzt. [5]Zum Rückkauf-Termin nach 12 Monaten werden die Geräte nach den vereinbarten Konditionen von V an H zurückgegeben.

[6]Die Vorstellungen der Beteiligten H, V und L sind bei der gebotenen Gesamtbetrachtung darauf gerichtet, V unmittelbar die Verfügungsmacht an den Geräten zu verschaffen, während L lediglich die Finanzierung des Geschäfts übernehmen soll. [7]Mit der Übergabe der Geräte werden diese deshalb durch H an V geliefert. [8]Es findet mithin weder eine (Weiter-)Lieferung der Geräte von V an L noch eine Rückvermietung der Geräte durch L an V statt. [9]L erbringt vielmehr eine sonstige Leistung in Form der Kreditgewährung an V. [10]Die Rückübertragung der Geräte an H nach Ablauf der 12 Monate führt zu einer Lieferung von V an H.

Übertragung von Gesellschaftsanteilen

(8) [1]Die Übertragung von Anteilen an Personen- oder Kapitalgesellschaften (Gesellschaftsanteile, vgl. Abschnitt 4.8.10) ist als sonstige Leistung zu beurteilen (vgl. EuGH-Urteil vom 26.5.2005, C-465/03, EuGHE I S. 4357). [2]Dies gilt entsprechend bei der Übertragung von Wertpapieren anderer Art, z.B.

§ 3   UStAE 3.5. – 3.7.

Fondsanteilen oder festverzinslichen Wertpapieren; zur Steuerbarkeit bei der Ausgabe nichtverbriefter Genussrechte vgl. Abschnitt 1.1 Abs. 15. ³Ist das übertragene Recht in einem Papier verbrieft, kommt es nicht darauf an, ob das Papier effektiv übertragen oder in einem Sammeldepot verwahrt wird.

3.6. Abgrenzung von Lieferungen und sonstigen Leistungen bei der Abgabe von Speisen und Getränken

Zur Abgrenzung von Lieferungen und sonstigen Leistungen bei der Abgabe von Speisen und Getränken sind die Grundsätze der BMF-Schreiben vom 16.10.2008, BStBl. I S. 949, und vom 29.3.2010, BStBl. I S. 330, anzuwenden.

3.7. Vermittlung oder Eigenhandel

(1) ¹Ob jemand eine Vermittlungsleistung erbringt oder als Eigenhändler tätig wird, ist nach den Leistungsbeziehungen zwischen den Beteiligten zu entscheiden. ²Maßgebend für die Bestimmung der umsatzsteuerrechtlichen Leistungsbeziehungen ist grundsätzlich das Zivilrecht; ob der Vermittler gegenüber dem Leistungsempfänger oder dem Leistenden tätig wird, ist insoweit ohne Bedeutung. ³Entsprechend der Regelung des § 164 Abs. 1 BGB liegt danach eine Vermittlungsleistung umsatzsteuerrechtlich grundsätzlich nur vor, wenn der Vertreter – Vermittler – das Umsatzgeschäft erkennbar im Namen des Vertretenen abgeschlossen hat. ⁴Das gilt jedoch nicht, wenn durch das Handeln in fremdem Namen lediglich verdeckt wird, dass der Vertreter und nicht der Vertretene das Umsatzgeschäft ausführt (vgl. BFH-Urteile vom 25.6.1987, V R 78/79, BStBl. II S. 657, und vom 29.9.1987, X R 13/81, BStBl. 1988 II S. 153). ⁵Dies kann der Fall sein, wenn dem Vertreter von dem Vertretenen Substanz, Wert und Ertrag des Liefergegenstands vor der Weiterlieferung an den Leistungsempfänger übertragen worden ist (BFH-Urteil vom 16.3.2000, V R 44/99, BStBl. II S. 361). ⁶Dem Leistungsempfänger muss beim Abschluss des Umsatzgeschäfts nach den Umständen des Falls bekannt sein, dass er zu einem anderen als dem Dritten in unmittelbare Rechtsbeziehungen tritt (vgl. BFH-Urteil vom 21.12.1965, V 241/63 U, BStBl. 1966 III S. 162); dies setzt nicht voraus, dass der Name des Vertretenen bei Vertragsabschluss genannt wird, sofern er feststellbar ist (vgl. BFH-Urteil vom 16.3.2000, V R 44/99, BStBl. II S. 361). ⁷Werden Zahlungen für das Umsatzgeschäft an den Vertreter geleistet, ist es zur Beschränkung des Entgelts auf die Vermittlungsprovision nach § 10 Abs. 1 Satz 6 UStG erforderlich, dass der Vertreter nicht nur im Namen, sondern auch für Rechnung des Vertretenen handelt (vgl. auch Absatz 7 und Abschnitt 10.4).

(2) ¹Werden beim Abschluss von Verträgen über die Vermittlung des Verkaufs von Kraftfahrzeugen vom Kraftfahrzeughändler die vom Zentralverband Deutsches Kraftfahrzeuggewerbe e.V. (ZDK) empfohlenen Vertragsmuster „Vertrag über die Vermittlung eines privaten Kraftfahrzeugs" (Stand: 2007) und „Verbindlicher Vermittlungsauftrag zum Erwerb eines neuen Kraftfahrzeuges" (Stand: 2007) nebst „Allgemeinen Geschäftsbedingungen" verwendet, ist die Leistung des Kraftfahrzeughändlers als Vermittlungsleistung anzusehen, wenn die tatsächliche Geschäftsabwicklung den Voraussetzungen für die Annahme von Vermittlungsleistungen entspricht (vgl. Absatz 1). ²Unschädlich ist jedoch, dass ein Kraftfahrzeughändler einem Gebrauchtwagenverkäufer die Höhe des über den vereinbarten Mindestverkaufspreis hinaus erzielten Erlöses nicht mitteilt (vgl. BFH-Urteil vom 27.7.1988, X R 40/82, BStBl. II S. 1017). ³Entscheidend – insbesondere in Verbindung mit Neuwagengeschäften – ist, dass mit der Übergabe des Gebrauchtfahrzeugs an den Kraftfahrzeughändler das volle Verkaufsrisiko nicht auf diesen übergeht. ⁴Nicht gegen die Annahme eines Vermittlungsgeschäfts spricht die Aufnahme einer Vereinbarung in einen Neuwagenkaufvertrag, wonach dem Neuwagenkäufer, der ein Gebrauchtfahrzeug zur Vermittlung übergeben hat, in Höhe der Preisuntergrenze des Gebrauchtfahrzeugs ein zinsloser Kredit bis zu einem bestimmten Termin, z.B. sechs Monate, eingeräumt wird.

(3) ¹Bei einem sog. Minusgeschäft wird der Kraftfahrzeughändler nicht als Vermittler tätig. ²Ein Minusgeschäft ist gegeben, wenn ein Kraftfahrzeughändler den bei einem Neuwagengeschäft in Zahlung genommenen Gebrauchtwagen unter dem vereinbarten Mindestverkaufspreis verkauft, den vereinbarten Mindestverkaufspreis aber auf den Kaufpreis für den Neuwagen voll anrechnet (vgl. BFH-Urteil vom 29.9.1987, X R 13/81, BStBl. 1988 II S. 153). ³Das Gleiche gilt für Fälle, bei denen im Kaufvertrag über den Neuwagen vorgesehen ist, dass der Kraftfahrzeughändler einen Gebrauchtwagen unter Anrechnung auf den Kaufpreis des Neuwagens „in Zahlung nimmt" und nach der Bezahlung des nicht zur Verrechnung vorgesehenen Teils des Kaufpreises und der Hingabe des Gebrauchtwagens der Neuwagenverkauf endgültig abgewickelt ist, ohne Rücksicht darauf, ob der festgesetzte Preis für den Gebrauchtwagen erzielt wird oder nicht (vgl. BFH-Urteil vom 25.6.1987, V R 78/79, BStBl. II S. 657). ⁴Zur Besteuerung der Umsätze von Gebrauchtfahrzeugen (Differenzbesteuerung) vgl. Abschnitt 25a.1.

(4) ¹Die Abgabe von Autoschmierstoffen durch Tankstellen und Kraftfahrzeug-Reparaturwerkstätten ist wie folgt zu beurteilen: Wird lediglich ein Ölwechsel (Ablassen und Entsorgung des Altöls, Einfüllen des neuen Öls) vorgenommen, liegt eine Lieferung von Öl vor. ²Wird die Lieferung im fremden Namen

UStAE 3.7. **§ 3**

und für fremde Rechnung ausgeführt, handelt es sich um eine Vermittlungsleistung. ³Das im Rahmen einer Inspektion im eigenen Namen abgegebene Motoröl ist jedoch Teil einer einheitlichen sonstigen Leistung (vgl. BFH-Urteil vom 30.9.1999, V R 77/98, BStBl. 2000 II S. 14).

(5) ¹Kraftfahrzeugunternehmer, z.B. Tankstellenagenten, Kraftfahrzeug-Reparaturwerkstätten, entnehmen für eigene unternehmerische Zwecke Kraft- und Schmierstoffe und stellen hierfür Rechnungen aus, in denen zum Ausdruck kommt, dass sie diese Waren im Namen und für Rechnung der betreffenden Mineralölgesellschaft an sich selbst veräußern. ²Grundsätzlich ist davon auszugehen, dass Bestellungen, die ein Handelsvertreter bei dem Unternehmer für eigene Rechnung macht, in der Regel keinen Anspruch auf Handelsvertreterprovisionen nach § 87 Abs. 1 HGB begründen. ³Ist jedoch etwas anderes vereinbart und sind Provisionszahlungen auch für eigene Bestellungen in dem betreffenden Handelszweig üblich, und steht ferner fest, dass der Handelsvertreter nicht zu besonderen Preisen bezieht, kann gleichwohl ein Provisionsanspruch des Vertreters begründet sein. ⁴Bei dieser Sachlage ist das zivilrechtlich gewollte In-sich-Geschäft mit Provisionsanspruch auch umsatzsteuerrechtlich als solches anzuerkennen.

(6) ¹Der Versteigerer, der Gegenstände im eigenen Namen versteigert, wird als Eigenhändler behandelt und bewirkt Lieferungen. ²Dabei macht es umsatzsteuerrechtlich keinen Unterschied aus, ob der Versteigerer die Gegenstände für eigene Rechnung oder für die Rechnung eines anderen, des Einlieferers, versteigert. ³Wenn der Auktionator jedoch Gegenstände im fremden Namen und für fremde Rechnung, d.h. im Namen und für Rechnung des Einlieferers, versteigert, führt er lediglich Vermittlungsleistungen aus. ⁴Für die umsatzsteuerrechtliche Beurteilung kommt es entscheidend darauf an, wie der Auktionator nach außen den Abnehmern (Erstreigerern) gegenüber auftritt. ⁵Der Versteigerer kann grundsätzlich nur dann als Vermittler (Handelsmakler) anerkannt werden, wenn er bei der Versteigerung erkennbar im fremden Namen und für fremde Rechnung auftritt. ⁶Das Handeln des Auktionators im fremden Namen und für fremde Rechnung muss in den Geschäfts- und Versteigerungsbedingungen oder an anderer Stelle mit hinreichender Deutlichkeit zum Ausdruck kommen. ⁷Zwar braucht dem Erstreigerer nicht sogleich bei Vertragsabschluss der Name des Einlieferers mitgeteilt zu werden. ⁸Er muss aber die Möglichkeit haben, jederzeit den Namen und die Anschrift des Einlieferers zu erfahren (vgl. BFH-Urteil vom 24.5.1960, V 152/58 U, BStBl. III S. 374).

(7) ¹Unternehmer, die im eigenen Laden – dazu gehören auch gemietete Geschäftsräume – Waren verkaufen, sind umsatzsteuerrechtlich grundsätzlich als Eigenhändler anzusehen. ²Vermittler kann ein Ladeninhaber nur sein, wenn zwischen demjenigen, von dem er die Ware bezieht, und dem Käufer unmittelbare Rechtsbeziehungen zustande kommen. ³Auf das Innenverhältnis des Ladeninhabers zu seinem Vertragspartner, der die Ware zur Verfügung stellt, kommt es für die Frage, ob Eigenhandels- oder Vermittlungsgeschäfte vorliegen, nicht entscheidend an. ⁴Wesentlich ist das Außenverhältnis, d.h. das Auftreten des Ladeninhabers dem Kunden gegenüber. ⁵Wenn der Ladeninhaber eindeutig vor oder bei dem Geschäftsabschluss zu erkennen gibt, dass er in fremdem Namen und für fremde Rechnung handelt, kann seine Vermittlereigenschaft umsatzsteuerrechtlich anerkannt werden. ⁶Deshalb können bei entsprechender Ausgestaltung des Geschäftsablaufs auch beim Verkauf von Gebrauchtwaren in Secondhandshops Vermittlungsleistungen angenommen werden (vgl. auch Abschnitt 25a.1). ⁷Die für Verkäufe im eigenen Laden aufgestellten Grundsätze sind auch auf Fälle anwendbar, in denen der Ladeninhaber nicht liefert, sondern wegen der Art des Betriebs seinen Kunden gegenüber lediglich sonstige Leistungen erbringt (BFH-Urteil vom 9.4.1970, V R 80/66, BStBl. II S. 506). ⁸Beim Bestehen einer echten Ladengemeinschaft sind die o.a. Grundsätze nicht anzuwenden. ⁹Eine echte Ladengemeinschaft ist anzuerkennen, wenn mehrere Unternehmer in einem Laden mehrere Betriebe unterhalten und dort Waren in eigenem Namen für eigene Rechnung verkaufen. ¹⁰In einem solchen Fall handelt es sich um verschiedene Unternehmer, die mit den Entgelten der von ihnen bewirkten Lieferungen zur Umsatzsteuer heranzuziehen sind, ohne dass die Umsätze des einen dem anderen zugerechnet werden dürfen (vgl. BFH-Urteil vom 6.3.1969, V 23/65, BStBl. II S. 361).

(8) ¹Die Grundsätze über den Verkauf im eigenen Laden (vgl. Absatz 7) gelten nicht für den Verkauf von Waren, z.B. Blumen, Zeitschriften, die durch Angestellte eines anderen Unternehmers in Gastwirtschaften angeboten werden (vgl. BFH-Urteil vom 7.6.1962, V 214/59 U, BStBl. III S. 361). ²Werden in Gastwirtschaften mit Genehmigung des Gastwirts Warenautomaten aufgestellt, liefert der Aufsteller die Waren an die Benutzer der Automaten. ³Der Gastwirt bewirkt eine steuerpflichtige sonstige Leistung an den Aufsteller, die darin besteht, dass er die Aufstellung der Automaten in seinen Räumen gestattet. ⁴Entsprechendes gilt für die Aufstellung von Spielautomaten in Gastwirtschaften. ⁵Als Unternehmer, der den Spielautomat in eigenem Namen und für eigene Rechnung betreibt, ist in der Regel der Automatenaufsteller anzusehen (vgl. BFH-Urteil vom 24.9.1987, V R 152/78, BStBl. 1988 II S. 29).

(9) ¹Mit dem Verkauf von Eintrittskarten, die z.B. ein Reisebüro vom Veranstalter zu Festpreisen (ohne Ausweis einer Provision) oder von Dritten erworben hat und mit eigenen Preisaufschlägen weiter-

veräußert, erbringt das Reisebüro keine Vermittlungsleistung, wenn nach der Vertragsgestaltung das Reisebüro das volle Unternehmerrisiko trägt. ²Dies ist der Fall, wenn das Reisebüro die Karten nicht zurückgeben kann.

(10) Zu den Grundsätzen des Handelns von sog. Konsolidierern bei postvorbereitenden Leistungen vgl. BMF-Schreiben vom 13.12.2006, BStBl. 2007 I S. 119.

3.8. Werklieferung, Werkleistung

(1) ¹Eine Werklieferung liegt vor, wenn der Werkhersteller für das Werk selbstbeschaffte Stoffe verwendet, die nicht nur Zutaten oder sonstige Nebensachen sind. ²Besteht das Werk aus mehreren Hauptstoffen, bewirkt der Werkunternehmer bereits dann eine Werklieferung, wenn er nur einen Hauptstoff oder einen Teil eines Hauptstoffs selbst beschafft hat, während alle übrigen Stoffe vom Besteller beigestellt werden. ³Verwendet der Werkunternehmer bei seiner Leistung keinerlei selbstbeschaffte Stoffe oder nur Stoffe, die als Zutaten oder sonstige Nebensachen anzusehen sind, handelt es sich um eine Werkleistung. ⁴Unter Zutaten und sonstigen Nebensachen im Sinne des § 3 Abs. 4 Satz 1 UStG sind Lieferungen zu verstehen, die bei einer Gesamtbetrachtung aus der Sicht des Durchschnittsbetrachters nicht das Wesen des Umsatzes bestimmen (vgl. BFH-Urteil vom 9.6.2005, V R 50/02, BStBl. 2006 II S. 98). ⁵Für die Frage, ob es sich um Zutaten oder sonstige Nebensachen handelt, kommt es daher nicht auf das Verhältnis des Werts der Arbeit oder des Arbeitserfolgs zum Wert der vom Unternehmer beschafften Stoffe an, sondern darauf, ob diese Stoffe ihrer Art nach sowie nach dem Willen der Beteiligten als Hauptstoffe oder als Nebenstoffe bzw. Zutaten des herzustellenden Werks anzusehen sind (vgl. BFH-Urteil vom 28.5.1953, V 22/53 U, BStBl. III S. 217). ⁶Die Unentbehrlichkeit eines Gegenstands allein macht diesen noch nicht zu einem Hauptstoff. ⁷Kleinere technische Hilfsmittel, z.B. Nägel, Schrauben, Splinte usw., sind in aller Regel Nebensachen. ⁸Beim Austausch eines unbrauchbar gewordenen Teilstücks, dem eine gewisse selbständige Bedeutung zukommt, z.B. Kurbelwelle eines Kraftfahrzeugs, kann nicht mehr von einer Nebensache gesprochen werden (vgl. BFH-Urteil vom 25.3.1965, V 253/63 U, BStBl. III S. 338). ⁹Haupt- oder Nebenstoffe sind Werkstoffe, die gegenständlich im fertigen Werk enthalten sein müssen. ¹⁰Elektrizität, die bei der Herstellung des Werks verwendet wird, ist kein Werkstoff (vgl. BFH-Urteil vom 8.7.1971, V R 38/68, BStBl. 1972 II S. 44). ¹¹Zur Abgrenzung von Werklieferungen und Werkleistungen in Ausfuhrfällen vgl. Abschnitt 7.4 Abs. 2.

(2) ¹Bei Werklieferungen scheiden Materialbeistellungen des Bestellers aus dem Leistungsaustausch aus. ²Das Material, das der Besteller dem Auftragnehmer zur Bewirkung der Werklieferung beistellt, geht nicht in die Verfügungsmacht des Werkherstellers über (vgl. BFH-Urteil vom 17.1.1957, V 157/55 U, BStBl. III S. 92). ³Die beigestellte Sache kann ein Hauptstoff sein, die Beistellung kann sich aber auch auf Nebenstoffe oder sonstige Beistellungen, z.B. Arbeitskräfte, Maschinen, Hilfsstoffe wie Elektrizität, Kohle, Baustrom und Bauwasser oder ähnliche Betriebsmittel, beziehen (vgl. BFH-Urteil vom 12.3.1959, V 205/56 S, BStBl. III S. 227), nicht dagegen auf die Bauwesenversicherung. ⁴Gibt der Auftraggeber zur Herstellung des Werks den gesamten Hauptstoff hin, liegt eine Materialgestellung vor (vgl. BFH-Urteil vom 10.9.1959, V 32/57 U, BStBl. III S. 435).

(3) ¹Es gehört grundsätzlich zu den Voraussetzungen für das Vorliegen einer Materialbeistellung, dass das beigestellte Material im Rahmen einer Werklieferung für den Auftraggeber be- oder verarbeitet wird. ²Der Werkunternehmer muss sich verpflichtet haben, die ihm überlassenen Stoffe ausschließlich zur Herstellung des bestellten Werks zu verwenden (vgl. BFH-Urteil vom 17.1.1957, V 157/55 U, BStBl. III S. 92). ³Auf das Erfordernis der Stoffidentität kann verzichtet werden, wenn die anderen Voraussetzungen für die Materialbeistellung zusammen gegeben sind, der Auftragnehmer den vom Auftraggeber zur Verfügung gestellten Stoff gegen gleichartiges und gleichwertiges Material austauscht und der Austausch wirtschaftlich geboten ist (vgl. BFH-Urteile vom 10.2.1966, V 105/63, BStBl. III S. 257, und vom 3.12.1970, V R 122/67, BStBl. 1971 II S. 355). ⁴Eine Materialbeistellung ist jedoch zu verneinen, wenn der beigestellte Stoff ausgetauscht wird und der mit der Herstellung des Gegenstands beauftragte Unternehmer den Auftrag weitergibt (BFH-Urteil vom 21.9.1970, V R 76/67, BStBl. 1971 II S. 77).

(4) ¹Eine Materialbeistellung liegt nicht vor, wenn der Werkunternehmer an der Beschaffung der Werkstoffe als Kommissionär (§ 3 Abs. 3 UStG) mitgewirkt hat. ²In diesem Fall umfasst die Lieferung des Werkunternehmers auch die beschafften Stoffe. ³Eine Materialbeistellung ist aber anzunehmen, wenn der Werkunternehmer nur als Agent oder Berater an der Stoffbeschaffung beteiligt ist und dementsprechend zwischen dem Lieferer und dem Besteller der Werkstoffe unmittelbare Rechtsbeziehungen begründet werden. ⁴Die Annahme einer Materialbeistellung hat zur Folge, dass der Umsatz des Werkunternehmers sich nicht auf die vom Besteller eingekauften Stoffe erstreckt. ⁵Wenn dagegen unmittelbare Rechtsbeziehungen zwischen dem Lieferer der Werkstoffe und dem Werkunternehmer und eine

Werklieferung dieses Unternehmers an den Besteller vorliegen, ist davon auszugehen, dass eine Lieferung der Stoffe vom Lieferer an den Werkunternehmer und eine Werklieferung dieses Unternehmers an den Besteller vorliegt. [6]In einem solchen Fall schließt die Werklieferung den vom Werkunternehmer beschafften Stoff ein.

(5) Zur umsatzsteuerrechtlichen Behandlung der Beistellung von Personal zu sonstigen Leistungen vgl. Abschnitt 1.1 Abs. 6 und 7.

3.9. Lieferungsgegenstand bei noch nicht abgeschlossenen Werklieferungen

(1) [1]Wird über das Vermögen eines Unternehmers vor Lieferung des auf einem fremden Grundstück errichteten Bauwerks das Insolvenzverfahren eröffnet und lehnt der Insolvenzverwalter die weitere Erfüllung des Werkvertrags nach § 103 InsO ab, ist neu bestimmter Gegenstand der Werklieferung das nicht fertiggestellte Bauwerk (vgl. BFH-Urteil vom 2.2.1978, V R 128/76, BStBl. II S. 483, zum Werkunternehmer-Konkurs). [2]Wird über das Vermögen des Bestellers eines Werks vor dessen Fertigstellung das Insolvenzverfahren eröffnet und lehnt der Insolvenzverwalter die weitere Erfüllung des Werkvertrags ab, beschränkt sich der Leistungsaustausch zwischen Werkunternehmer und Besteller auf den vom Werkunternehmer gelieferten Teil des Werks, der nach § 105 InsO nicht mehr zurückgefordert werden kann (vgl. BFH-Beschluss vom 24.4.1980, V S 14/79, BStBl. II S. 541, zum Besteller-Konkurs).

(2) Die Ausführungen in Absatz 1 gelten entsprechend, wenn der Werkunternehmer aus anderen Gründen die Arbeiten vorzeitig und endgültig einstellt (vgl. BFH-Urteil vom 28.2.1980, V R 90/75, BStBl. II S. 535).

(3) Zur Entstehung der Steuer in diesen Fällen vgl. Abschnitt 13.2.

3.10. Einheitlichkeit der Leistung

Allgemeine Grundsätze

(1) [1]Ob von einer einheitlichen Leistung oder von mehreren getrennt zu beurteilenden selbständigen Einzelleistungen auszugehen ist, hat umsatzsteuerrechtlich insbesondere Bedeutung für die Bestimmung des Orts und des Zeitpunkts der Leistung sowie für die Anwendung von Befreiungsvorschriften und des Steuersatzes. [2]Es ist das Wesen der fraglichen Umsatzes zu ermitteln, um festzustellen, ob der Unternehmer dem Abnehmer mehrere selbständige Hauptleistungen oder eine einheitliche Leistung erbringt. [3]Dabei ist auf die Sicht des Durchschnittsverbrauchers abzustellen (vgl. BFH-Urteile vom 31.5.2001, V R 97/98, BStBl. II S. 658, und vom 24.1.2008, V R 42/05, BStBl. II S. 697).

(2) [1]In der Regel ist jede Lieferung und jede sonstige Leistung als eigene selbständige Leistung zu betrachten (vgl. EuGH-Urteil vom 25.2.1999, C-349/96, EuGHE I S. 973). [2]Deshalb können zusammengehörige Vorgänge nicht bereits als einheitliche Leistung angesehen werden, weil sie einem einheitlichen wirtschaftlichen Ziel dienen. [3]Wenn mehrere, untereinander gleichzuwertende Faktoren zur Erreichung dieses Ziels beitragen und aus diesem Grund zusammengehören, ist die Annahme einer einheitlichen Leistung nur gerechtfertigt, wenn die einzelnen Faktoren so ineinandergreifen, dass sie bei natürlicher Betrachtung hinter dem Ganzen zurücktreten. [4]Dass die einzelnen Leistungen auf einem einheitlichen Vertrag beruhen und für sie ein Gesamtentgelt entrichtet wird, reicht ebenfalls noch nicht aus, sie umsatzsteuerrechtlich als Einheit zu behandeln. [5]Entscheidend ist der wirtschaftliche Gehalt der erbrachten Leistungen (vgl. BFH-Urteil vom 24.11.1994, V R 30/92, BStBl. 1995 II S. 151). [6]Die dem Leistungsempfänger aufgezwungene Koppelung mehrerer Leistungen allein führt nicht zu einer einheitlichen Leistung (vgl. BFH-Urteil vom 13.7.2006, V R 24/02, BStBl. II S. 935).

(3) [1]Allerdings darf ein einheitlicher wirtschaftlicher Vorgang umsatzsteuerrechtlich nicht in mehrere Leistungen aufgeteilt werden. [2]Dies gilt auch dann, wenn sich die Abnehmer dem leistenden Unternehmer gegenüber mit einer solchen Aufspaltung einverstanden erklären (vgl. BFH-Urteile vom 20.10.1966, V 169/63, BStBl. 1967 III S. 159, und vom 12.12.1969, V R 105/69, BStBl. 1970 II S. 362). [3]Zur Qualifizierung einer einheitlichen Leistung, die sowohl Lieferungselemente als auch Elemente sonstiger Leistungen aufweist, vgl. Abschnitt 3.5.

(4) [1]Voraussetzung für das Vorliegen einer einheitlichen Leistung anstelle mehrerer selbständiger Leistungen ist stets, dass es sich um Tätigkeiten desselben Unternehmers handelt. [2]Entgeltliche Leistungen verschiedener Unternehmer sind auch dann jeweils für sich zu beurteilen, wenn sie gegenüber demselben Leistungsempfänger erbracht werden und die weitere Voraussetzungen für das Vorliegen einer einheitlichen Leistung erfüllt sind. [3]Eine einheitliche Leistung kann, im Gegensatz zur Beurteilung bei Leistungen mehrerer Unternehmer, allerdings im Verhältnis von Organträger und Organgesellschaft vorliegen (vgl. BFH-Urteil vom 29.10.2008, XI R 74/07, BStBl. 2009 II S. 256).

§ 3 UStAE 3.10.

Abgrenzung von Haupt- und Nebenleistung

(5) ¹Nebenleistungen teilen umsatzsteuerrechtlich das Schicksal der Hauptleistung. ²Das gilt auch dann, wenn für die Nebenleistung ein besonderes Entgelt verlangt und entrichtet wird (vgl. BFH-Urteil vom 28.4.1966, V 58/63, BStBl. III S. 476). ³Eine Leistung ist grundsätzlich dann als Nebenleistung zu einer Hauptleistung anzusehen, wenn sie im Vergleich zu der Hauptleistung nebensächlich ist, mit ihr eng – im Sinne einer wirtschaftlich gerechtfertigten Abrundung und Ergänzung – zusammenhängt und üblicherweise in ihrem Gefolge vorkommt (vgl. BFH-Urteil vom 10.9.1992, V R 99/88, BStBl. 1993 II S. 316). ⁴Davon ist insbesondere auszugehen, wenn die Leistung für den Leistungsempfänger keinen eigenen Zweck, sondern das Mittel darstellt, um die Hauptleistung des Leistenden unter optimalen Bedingungen in Anspruch zu nehmen (vgl. BFH-Urteil vom 31.5.2001, V R 97/98, BStBl. II S. 658). ⁵Gegenstand einer Nebenleistung kann sowohl eine unselbständige Lieferung von Gegenständen als auch eine unselbständige sonstige Leistung sein.

Einzelfälle

(6) Einzelfälle zur Abgrenzung einer einheitlichen Leistung von mehreren Hauptleistungen und zur Abgrenzung von Haupt- und Nebenleistung:

1. zur Einheitlichkeit der Leistung bei Erbringung der üblichen Baubetreuung im Rahmen von Bauherrenmodellen, vgl. BMF-Schreiben vom 27.6.1986, BStBl. I S. 352, und BFH-Urteil vom 10.9.1992, V R 99/88, BStBl. 1993 II S. 316;

2. zur Einheitlichkeit der Leistung bei der Nutzungsüberlassung von Sportanlagen, vgl. Abschnitt 4.12.11 und BMF-Schreiben vom 17.4.2003, BStBl. I S. 279;

3. zur Abgrenzung von Haupt- und Nebenleistung bei der Verschaffung von Versicherungsschutz durch einen Kraftfahrzeughändler im Zusammenhang mit einer Fahrzeuglieferung, vgl. BFH-Urteile vom 9.10.2002, V R 67/01, BStBl. 2003 II S. 378, und vom 10.2.2010, XI R 49/07, BStBl. 2011 II S. 1109;

4. zur Qualifizierung der Lieferung von Saatgut und dessen Einsaat bzw. der Lieferung von Pflanzen und deren Einpflanzen durch denselben Unternehmer als jeweils selbständige Hauptleistungen, vgl. BFH-Urteile vom 9.10.2002, V R 5/02, BStBl. 2004 II S. 470, und vom 25.6.2009, V R 25/07, BStBl. 2010 II S. 239;

5. ¹bei der Überlassung von Grundstücksteilen zur Errichtung von Strommasten für eine Überlandleitung, der Einräumung des Rechts zur Überspannung der Grundstücke und der Bewilligung einer beschränkten persönlichen Dienstbarkeit zur dinglichen Sicherung dieser Rechte handelt es sich um eine nach § 4 Nr. 12 Satz 1 Buchstabe a UStG steuerbefreite einheitliche sonstige Leistung. ²Eine damit im Zusammenhang stehende Duldung der Verursachung baubedingter Flur- und Aufwuchsschäden stellt im Verhältnis hierzu eine Nebenleistung dar. ³Das gilt auch dann, wenn Zahlungen sowohl an den Grundstückseigentümer, z.B. für die Rechtseinräumung, als auch an den Pächter, z.B. für die Flur- und Aufwuchsschäden, erfolgen (vgl. BFH-Urteil vom 11.11.2004, V R 30/04, BStBl. 2005 II S. 802);

6. die unentgeltliche Abgabe von Hardwarekomponenten im Zusammenhang mit dem Abschluss eines längerfristigen Netzbenutzungsvertrags ist eine unselbständige Nebenleistung zu der (einheitlichen) Telekommunikationsleistung (vgl. Abschnitt 3.3 Abs. 20) oder der auf elektronischem Weg erbrachten sonstigen Leistung; bei der Entrichtung einer Zuzahlung ist diese regelmäßig Entgelt für die Lieferung des Wirtschaftsguts;

7. die Übertragung und spätere Rückübertragung von Wertpapieren oder Emissionszertifikaten nach dem TEHG im Rahmen von Pensionsgeschäften (§ 340b HGB) ist jeweils gesondert als sonstige Leistung zu beurteilen;

8. bei der Verwaltung fremden Vermögens, die zwar entsprechend hierzu vereinbarter allgemeiner Anlagerichtlinien oder -strategien, jedoch im eigenen Ermessen und ohne vorherige Einholung von Einzelfallweisungen des Kunden erfolgt (Portfolioverwaltung), beinhaltet die einheitliche sonstige Leistung der Vermögensverwaltung auch die in diesem Rahmen erforderlichen Transaktionsleistungen bei Wertpapieren, vgl. BMF-Schreiben vom 9.12.2008, BStBl. I S. 1086;

9. zur Einheitlichkeit der Leistung bei betriebsärztlichen Leistungen nach § 3 ASiG, vgl. BMF-Schreiben vom 4.5.2007, BStBl. I S. 481;

10. zur Frage der Einheitlichkeit der Leistung bei Leistungen, die sowohl den Charakter bzw. Elemente einer Grundstücksüberlassung als auch anderer Leistungen aufweisen, vgl. Abschnitt 4.12.5;

11. zu Gegenstand und Umfang der Werklieferung eines Gebäudes, vgl. BFH-Urteil vom 24.1.2008, V R 42/05, BStBl. II S. 697;

12. zum Vorliegen einer einheitlichen Leistung bei der Lieferung eines noch zu bebauenden Grundstücks, vgl. BFH-Urteil vom 19.3.2009, V R 50/07, BStBl. II S. 78;
13. die Verpflegung von Hotelgästen ist keine Nebenleistung zur Übernachtungsleistung, vgl. BMF-Schreiben vom 4.5.2010, BStBl. I S. 490;
14. zur Behandlung des verbilligten Zinses als Absatzförderung der Automobilindustrie, vgl. BMF-Schreiben vom 28.9.2011, BStBl. I S. 935.[1)]

3.11. Kreditgewährung im Zusammenhang mit anderen Umsätzen
Inhalt des Leistungsaustauschs

(1) [1]Im Falle der Kreditgewährung im Zusammenhang mit einer Lieferung oder sonstigen Leistung erbringt der Verkäufer zwei Leistungen, einerseits die Warenlieferung und andererseits die Bewilligung der Teilzahlung gegen jeweils gesondert vereinbartes und berechnetes Entgelt (vgl. BFH-Beschluss vom 18.12.1980, V B 24/80, BStBl. 1981 II S. 197). [2]Die Teilzahlungszuschläge sind daher das Entgelt für eine gesondert zu beurteilende Kreditleistung.

(2) [1]Die Kreditgewährung ist jedoch nur dann als gesonderte Leistung anzusehen, wenn eine eindeutige Trennung zwischen dem Kreditgeschäft und der Lieferung bzw. sonstigen Leistung vorliegt. [2]Dazu ist erforderlich:

1. [1]Die Lieferung oder sonstige Leistung und die Kreditgewährung mit den dafür aufzuwendenden Entgelten müssen bei Abschluss des Umsatzgeschäfts gesondert vereinbart worden sein. [2]Das für ein Umsatzgeschäft vereinbarte Entgelt kann nicht nachträglich in ein Entgelt für die Lieferung oder sonstige Leistung und ein Entgelt für die Kreditgewährung aufgeteilt werden.
2. In der Vereinbarung über die Kreditgewährung muss auch der Jahreszins angegeben werden.
3. Die Entgelte für die beiden Leistungen müssen getrennt abgerechnet werden.

[3]Zur Kreditgewährung im Zusammenhang mit einem Forderungskauf vgl. Abschnitt 2.4; zur Kreditgewährung im Zusammenhang mit Leistungen im Rahmen sog. Public-Private-Partnerships (PPP) im Bundesfernstraßenbau vgl. BMF-Schreiben vom 3.2.2005, BStBl. I S. 414.

(3) Als Entgelt für gesonderte Kreditleistungen können in entsprechender Anwendung des Absatzes 2 z.B. angesehen werden:

1. [1]Stundungszinsen. [2]Sie werden berechnet, wenn dem Leistungsempfänger, der bei Fälligkeit der Kaufpreisforderung nicht zahlen kann, gestattet wird, die Zahlung zu einem späteren Termin zu leisten;
2. [1]Zielzinsen. [2]Sie werden erhoben, wenn dem Leistungsempfänger zur Wahl gestellt wird, entweder bei kurzfristiger Zahlung den Barpreis oder bei Inanspruchnahme des Zahlungsziels einen höheren Zielpreis für die Leistung zu entrichten. [3]Für die Annahme einer Kreditleistung reicht jedoch die bloße Gegenüberstellung von Barpreis und Zielpreis nicht aus; es müssen vielmehr die in Absatz 2 Satz 2 Nr. 1 bis 3 geforderten Angaben gemacht werden.

(4) [1]Kontokorrentzinsen sind stets Entgelt für eine Kreditgewährung, wenn zwischen den beteiligten Unternehmern ein echtes Kontokorrentverhältnis im Sinne des § 355 HGB vereinbart worden ist, bei dem die gegenseitigen Forderungen aufgerechnet werden und bei dem der jeweilige Saldo an die Stelle der einzelnen Forderungen tritt. [2]Besteht kein echtes Kontokorrentverhältnis, können die neben dem Entgelt für die Lieferung erhobenen Zinsen nur dann als Entgelt für eine Kreditleistung behandelt werden, wenn entsprechende Vereinbarungen (vgl. Absatz 2) vorliegen.

(5) [1]Bietet ein Unternehmer in seinen Zahlungsbedingungen die Gewährung eines Nachlasses (Skonto, Rabatt) auf den ausgezeichneten Preis bei vorzeitiger Zahlung an und macht der Leistungsempfänger davon Gebrauch, führt der Preisnachlass zu einer Entgeltminderung. [2]Nimmt der Leistungsempfänger jedoch keinen Preisnachlass in Anspruch und entrichtet den Kaufpreis erst mit Ablauf der Zahlungsfrist, bewirkt der Unternehmer in Höhe des angebotenen Preisnachlasses keine Kreditleistung (vgl. BFH-Urteil vom 28.1.1993, V R 43/89, BStBl. II S. 360).

Beispiel:

[1]Ein Unternehmer liefert eine Ware für 1.000 € (einschließlich Umsatzsteuer), zahlbar nach 6 Wochen. [2]Bei Zahlung innerhalb von 10 Tagen wird ein Skonto von 3% des Kaufpreises gewährt. [3]Der Leistungsempfänger zahlt nach 6 Wochen den vollen Kaufpreis von 1.000 €. [4]Der Unternehmer darf seine Leistung nicht in eine steuerpflichtige Warenlieferung in Höhe von 970 € (einschließlich Umsatzsteuer) und eine steuerfreie Kreditleistung in Höhe von 30 € aufteilen.

---

1) Siehe Anlage § 010-58

§ 3 UStAE 3.11., 3.12.

Steuerfreiheit der Kreditgewährung

(6) ¹Ist die Kreditgewährung als selbständige Leistung anzusehen, fällt sie unter die Steuerbefreiung nach § 4 Nr. 8 Buchstabe a UStG. ²Unberührt bleibt die Möglichkeit, unter den Voraussetzungen des § 9 UStG auf die Steuerbefreiung zu verzichten.

Entgeltminderungen

(7) ¹Entgeltminderungen, die sowohl auf steuerpflichtige Umsätze als auch auf die im Zusammenhang damit erbrachten steuerfreien Kreditgewährungen entfallen, sind anteilig dem jeweiligen Umsatz zuzuordnen. ²Deshalb hat z.B. bei Uneinbringlichkeit von Teilzahlungen der Unternehmer die Steuer für die Warenlieferung entsprechend ihrem Anteil zu berichtigen (§ 17 Abs. 2 Nr. 1 in Verbindung mit Abs. 1 UStG). ³Bei der Zuordnung der Entgeltminderung zu den steuerpflichtigen und steuerfreien Umsätzen kann nach Abschnitt 22.6 Abs. 20 und 21 verfahren werden. ⁴Fällt die Einzelforderung, die in ein Kontokorrent im Sinne des § 355 HGB eingestellt wurde, vor der Anerkennung des Saldos am Ende eines Abrechnungszeitraums ganz oder zum Teil aus, mindert sich dadurch das Entgelt für die der Forderung zu Grunde liegende Warenlieferung.

Auswirkungen auf den Vorsteuerabzug des leistenden Unternehmers

(8) ¹Die den steuerfreien Kreditgewährungen zuzurechnenden Vorsteuerbeträge sind unter den Voraussetzungen des § 15 Abs. 2 und 3 UStG vom Abzug ausgeschlossen. ²Das gilt auch für solche Vorsteuerbeträge, die lediglich in mittelbarem wirtschaftlichem Zusammenhang mit diesen Umsätzen stehen, z.B. Vorsteuerbeträge, die im Bereich der Gemeinkosten anfallen. ³Vorsteuerbeträge, die den Kreditgewährungen nur teilweise zuzurechnen sind, hat der Unternehmer nach den Grundsätzen des § 15 Abs. 4 UStG in einen abziehbaren und einen nichtabziehbaren Teil aufzuteilen (vgl. im Übrigen Abschnitte 15.16ff.). ⁴Die Vorschrift des § 43 UStDV kann auf die den Kreditgewährungen zuzurechnenden Vorsteuerbeträge nicht angewendet werden. ⁵Werden die Kredite im Zusammenhang mit einer zum Vorsteuerabzug berechtigenden Lieferung oder sonstigen Leistung an einen Unternehmer gewährt, ist es jedoch nicht zu beanstanden, wenn aus Vereinfachungsgründen die Vorsteuern abgezogen werden, die den Kreditgewährungen nicht ausschließlich zuzurechnen sind.

Beispiel:

¹Ein Maschinenhersteller M liefert eine Maschine an den Unternehmer U in der Schweiz. ²Für die Entrichtung des Kaufpreises räumt M dem U einen Kredit ein, der als selbständige Leistung zu behandeln ist.

³Die Lieferung der Maschine ist nach § 4 Nr. 1 Buchstabe a, § 6 UStG steuerfrei und berechtigt zum Vorsteuerabzug. ⁴Die Kreditgewährung ist nach § 3a Abs. 2 UStG nicht steuerbar und schließt nach § 15 Abs. 2 und 3 UStG den Vorsteuerabzug aus. ⁵Aus Vereinfachungsgründen kann jedoch M die Vorsteuern, die der Kreditgewährung nicht ausschließlich zuzurechnen sind, z.B. Vorsteuern im Bereich der Verwaltungsgemeinkosten, in vollem Umfang abziehen.

3.12. Ort der Lieferung

(1) ¹Lieferungen gelten – vorbehaltlich der Sonderregelungen in den §§ 3c bis 3g UStG – nach § 3 Abs. 6 Satz 1 UStG grundsätzlich dort als ausgeführt, wo die Beförderung oder Versendung an den Abnehmer oder in dessen Auftrag an einen Dritten (z.B. an einen Lohnveredeler oder Lagerhalter) beginnt. ²Dies gilt sowohl für Fälle, in denen der Unternehmer selbst oder ein von ihm beauftragter Dritter den Gegenstand der Lieferung befördert oder versendet als auch für Fälle, in denen der Abnehmer oder ein von ihm beauftragter Dritter den Gegenstand bei dem Lieferer abholt (Abholfall). ³Auch der sog. Handkauf ist damit als Beförderungs- oder Versendungslieferung anzusehen.

(2) ¹Eine Beförderungslieferung im Sinne des § 3 Abs. 6 Satz 1 UStG setzt voraus, dass der liefernde Unternehmer, der Abnehmer oder ein unselbständiger Erfüllungsgehilfe den Gegenstand der Lieferung befördert. ²Eine Beförderung liegt auch vor, wenn der Gegenstand der Lieferung mit eigener Kraft fortbewegt wird, z.B. bei Kraftfahrzeugen auf eigener Achse, bei Schiffen auf eigenem Kiel (vgl. BFH-Urteil vom 20.12.2006, V R 11/06, BStBl. 2007 II S. 424). ³Die Bewegung eines Gegenstands innerhalb des Unternehmens, die lediglich der Vorbereitung des Transports dient, stellt keine Beförderung an den Abnehmer im Sinne des § 3 Abs. 6 Satz 1 UStG dar. ⁴Befördert im Falle eines Kommissionsgeschäfts (§ 3 Abs. 3 UStG) der Kommittent das Kommissionsgut mit eigenem Fahrzeug an den im Ausland ansässigen Kommissionär, liegt eine Lieferung im Inland nach § 3 Abs. 6 Satz 1 UStG nicht vor, weil die – anschließende – Übergabe des Kommissionsguts an den Verkaufskommissionär eine Lieferung im Sinne des § 3 Abs. 1 UStG ist (vgl. BFH-Urteil vom 25.11.1986, V R 102/78, BStBl. 1987 II S. 278, Abschnitt 3.1 Abs. 2). ⁵Zur Ausnahmeregelung bei innergemeinschaftlichen Kommissionsgeschäften vgl. Abschnitt 1a.2 Abs. 7.

(3) ¹Eine Versendungslieferung im Sinne des § 3 Abs. 6 Satz 1 UStG setzt voraus, dass der Gegenstand an den Abnehmer oder in dessen Auftrag an einen Dritten versendet wird, d.h. die Beförderung durch einen selbständigen Beauftragten ausgeführt oder besorgt wird. ²Die Versendung beginnt mit der Übergabe des Gegenstands an den Beauftragten. ³Der Lieferer muss bei der Übergabe des Gegenstands an den Beauftragten alles Erforderliche getan haben, um den Gegenstand an den bereits feststehenden Abnehmer, der sich grundsätzlich aus den Versendungsunterlagen ergibt, gelangen zu lassen. ⁴Von einem feststehenden Abnehmer ist auch dann auszugehen, wenn er zwar dem mit der Versendung Beauftragten im Zeitpunkt der Übergabe des Gegenstands nicht bekannt ist, aber mit hinreichender Sicherheit leicht und einwandfrei aus den unstreitigen Umständen, insbesondere aus Unterlagen abgeleitet werden kann (vgl. BFH-Urteil vom 30.7.2008, XI R 67/07, BStBl. 2009 II S. 552). ⁵Dem steht nicht entgegen, dass der Gegenstand von dem mit der Versendung Beauftragten zunächst in ein inländisches Lager des Lieferanten gebracht und erst nach Eingang der Zahlung aufgrund einer Freigabeerklärung des Lieferanten an den Abnehmer herausgegeben wird (vgl. BFH-Urteil vom 30.7.2008, a.a.O.) ⁶Entscheidend ist, dass der Lieferant im Zeitpunkt der Übergabe des Gegenstands an den Beauftragten die Verfügungsmacht dem zu diesem Zeitpunkt feststehenden Abnehmer verschaffen will. ⁷Im Unterschied dazu liegt bei einem Verbringen in ein Auslieferungs- oder Konsignationslager im Zeitpunkt des Beginns der Versendung des Gegenstands in das Lager keine Verschaffung der Verfügungsmacht gegenüber einem feststehenden Abnehmer vor (vgl. Abschnitt 1a.2 Abs. 6).

(4) ¹Der Ort der Lieferung bestimmt sich nicht nach § 3 Abs. 6 UStG, wenn der Gegenstand der Lieferung nach dem Beginn der Beförderung oder nach der Übergabe des Gegenstands an den Beauftragten vom Lieferer noch einer Behandlung unterzogen wird, die seine Marktgängigkeit ändert. ²In diesen Fällen wird nicht der Liefergegenstand, sondern ein Gegenstand anderer Wesensart befördert. ³Das ist insbesondere dann der Fall, wenn Gegenstand der Lieferung eine vom Lieferer errichtete ortsgebundene Anlage oder eine einzelne Maschine ist, die am Bestimmungsort fundamentiert oder funktionsfähig gemacht wird, indem sie in einen Satz bereits vorhandener Maschinen eingefügt und hinsichtlich ihrer Arbeitsgänge auf diese Maschinen abgestimmt wird. ⁴Das Gleiche gilt für Einbauten, Umbauten und Anbauten bei Maschinen (Modernisierungsarbeiten) sowie für Reparaturen. ⁵Da die einzelnen Teile einer Maschine ein Gegenstand anderer Marktgängigkeit sind als die ganze Maschine, ist § 3 Abs. 6 UStG auch dann nicht anzuwenden, wenn die einzelnen Teile einer Maschine zum Abnehmer befördert werden und dort vom Lieferer zu der betriebsfertigen Maschine zusammengesetzt werden. ⁶Ob die Montagekosten dem Abnehmer gesondert in Rechnung gestellt werden, ist unerheblich. ⁷Dagegen bestimmt sich der Ort der Lieferung nach § 3 Abs. 6 UStG, wenn eine betriebsfertig hergestellte Maschine lediglich zum Zweck eines besseren und leichteren Transports in einzelne Teile zerlegt und dann von einem Monteur des Lieferers am Bestimmungsort wieder zusammengesetzt wird. ⁸Zur betriebsfertigen Herstellung beim Lieferer gehört in der Regel ein dort vorgenommener Probelauf. ⁹Ein nach der Wiederzusammensetzung beim Abnehmer vom Lieferer durchgeführter erneuter Probelauf ist unschädlich. ¹⁰§ 3 Abs. 6 UStG ist auch dann anzuwenden, wenn die Bearbeitung oder Verarbeitung, die sich an die Beförderung oder Versendung des Liefergegenstands anschließt, vom Abnehmer selbst oder in seinem Auftrag von einem Dritten vorgenommen wird.

(5) Erstreckt sich der Gegenstand einer Werklieferung auf das Gebiet verschiedener Staaten (z.B. bei der Errichtung von Verkehrsverbindungen, der Verlegung von Telefon- und Glasfaserkabeln sowie von Elektrizitäts-, Gas- und Wasserleitungen), kann diese Werklieferung verschiedene Lieferorte haben, auf die die Bemessungsgrundlage jeweils aufzuteilen ist (vgl. EuGH-Urteil vom 29.3.2007, C-111/05, HFR 2007 S. 612).

(6) ¹Wird der Gegenstand der Lieferung nicht befördert oder versendet, ist § 3 Abs. 7 UStG anzuwenden. ²§ 3 Abs. 7 Satz 1 UStG gilt insbesondere für Fälle, in denen die Verfügungsmacht z.B. durch Vereinbarung eines Besitzkonstituts (§ 930 BGB), durch Abtretung des Herausgabeanspruchs (§ 931 BGB) oder durch Übergabe von Traditionspapieren (Ladescheine, Lagerscheine, Konnossemente, §§ 444, 475c, 647 HGB) verschafft wird. ³§ 3 Abs. 7 Satz 2 UStG bestimmt den Lieferort für die Fälle des § 3 Abs. 6 Satz 5 UStG, in denen mehrere Unternehmer über denselben Gegenstand Umsatzgeschäfte abschließen und diese Geschäfte dadurch erfüllen, dass der Gegenstand der Lieferungen unmittelbar vom ersten Unternehmer an den letzten Abnehmer befördert oder versendet wird (Reihengeschäft, vgl. Abschnitt 3.14).

(7) ¹§ 3 Abs. 6 und 7 UStG regeln den Lieferort und damit zugleich auch den Zeitpunkt der Lieferung (vgl. BFH-Urteil vom 6.12.2007, V R 24/05, BStBl. 2009 II S. 490, Abschnitt 13.1 Abs. 2 und 6). ²Die Anwendbarkeit von § 3 Abs. 6 und 7 UStG setzt dabei voraus, dass tatsächlich eine Lieferung zu Stande gekommen ist.

3.13. Lieferort in besonderen Fällen (§ 3 Abs. 8 UStG)

(1) ¹§ 3 Abs. 8 UStG regelt den Ort der Lieferung in den Fällen, in denen der Gegenstand der Lieferung bei der Beförderung oder Versendung aus dem Drittlandsgebiet in das Inland gelangt und der Lieferer oder sein Beauftragter Schuldner der Einfuhrumsatzsteuer ist. ²Unabhängig von den Lieferkonditionen ist maßgeblich, wer nach den zollrechtlichen Vorschriften Schuldner der Einfuhrumsatzsteuer ist. ³Abweichend von § 3 Abs. 6 UStG gilt der Ort der Lieferung dieses Gegenstands als im Inland gelegen. ⁴Der Ort der Lieferung bestimmt sich auch dann nach § 3 Abs. 8 UStG, wenn der Lieferer Schuldner der Einfuhrumsatzsteuer ist, diese jedoch nach der EUStBV nicht erhoben wird. ⁵Die örtliche Zuständigkeit eines Finanzamts für die Umsatzsteuer im Ausland ansässiger Unternehmer richtet sich vorbehaltlich einer abweichenden Zuständigkeitsvereinbarung (§ 27 AO) nach § 21 Abs. 1 Satz 2 AO in Verbindung mit der UStZustV.

(2) ¹Entrichtet der Lieferer die Steuer für die Einfuhr des Gegenstands, wird diese Steuer unter Umständen von einer niedrigeren Bemessungsgrundlage als dem Veräußerungsentgelt erhoben. ²In diesen Fällen wird durch die Verlagerung des Orts der Lieferung in das Inland erreicht, dass der Umsatz mit der Steuer belastet wird, die für die Lieferung im Inland in Betracht kommt.

Beispiel 1:

¹Der Unternehmer B in Bern liefert Gegenstände, die er mit eigenem Lkw befördert, an seinen Abnehmer K in Köln. ²K lässt die Gegenstände in den freien Verkehr überführen und entrichtet dementsprechend die Einfuhrumsatzsteuer (Lieferkondition „unversteuert und unverzollt").

³Ort der Lieferung ist Bern (§ 3 Abs. 6 UStG). ⁴K kann die entrichtete Einfuhrumsatzsteuer als Vorsteuer abziehen, da die Gegenstände für sein Unternehmen in das Inland eingeführt worden sind.

Beispiel 2:

¹Wie Beispiel 1, jedoch lässt B die Gegenstände in den freien Verkehr überführen und entrichtet dementsprechend die Einfuhrumsatzsteuer (Lieferkondition „verzollt und versteuert").

²Der Ort der Lieferung gilt als im Inland gelegen (§ 3 Abs. 8 UStG). ³B hat den Umsatz im Inland zu versteuern. ⁴Er ist zum Abzug der Einfuhrumsatzsteuer als Vorsteuer berechtigt, da die Gegenstände für sein Unternehmen eingeführt worden sind.

³In den Fällen des Reihengeschäfts kann eine Verlagerung des Lieferorts nach § 3 Abs. 8 UStG nur für die Beförderungs- oder Versendungslieferung in Betracht kommen (vgl. Abschnitt 3.14 Abs. 15 und 16).

(3) ¹Zur Frage der Anwendung der Regelung des § 3 Abs. 8 UStG in Sonderfällen des innergemeinschaftlichen Warenverkehrs vgl. Abschnitt 1a.2 Abs. 14. ²§ 3 Abs. 8 UStG ist nicht anzuwenden, wenn der Ort für die Lieferung von Erdgas oder Elektrizität nach § 3g UStG zu bestimmen ist (vgl. Abschnitt 3g.1 Abs. 6 Sätze 5 und 6).

3.14. Reihengeschäfte

Begriff des Reihengeschäfts (§ 3 Abs. 6 Satz 5 UStG)

(1) ¹Umsatzgeschäfte im Sinne des § 3 Abs. 6 Satz 5 UStG, die von mehreren Unternehmern über denselben Gegenstand abgeschlossen werden und bei denen dieser Gegenstand im Rahmen einer Beförderung oder Versendung unmittelbar vom ersten Unternehmer (Ort der Lieferung des ersten Unternehmers) an den letzten Abnehmer gelangt, werden nachfolgend als Reihengeschäfte bezeichnet. ²Ein besonderer Fall des Reihengeschäfts ist das innergemeinschaftliche Dreiecksgeschäft im Sinne des § 25b Abs. 1 UStG (vgl. Abschnitt 25b.1).

(2) ¹Bei Reihengeschäften werden im Rahmen einer Warenbewegung (Beförderung oder Versendung) mehrere Lieferungen ausgeführt, die in Bezug auf den Lieferort und den Lieferzeitpunkt jeweils gesondert betrachtet werden müssen. ²Die Beförderung oder Versendung des Gegenstands ist nur einer der Lieferungen zuzuordnen (§ 3 Abs. 6 Satz 5 UStG). ³Diese ist die Beförderungs- oder Versendungslieferung; nur bei ihr kommt die Steuerbefreiung für Ausfuhrlieferungen (§ 6 UStG) oder für innergemeinschaftliche Lieferungen (§ 6a UStG) in Betracht. ⁴Bei allen anderen Lieferungen in der Reihe findet keine Beförderung oder Versendung statt (ruhende Lieferungen). ⁵Sie werden entweder vor oder nach der Beförderungs- oder Versendungslieferung ausgeführt (§ 3 Abs. 7 Satz 2 UStG). ⁶Umsatzgeschäfte, die von mehreren Unternehmern über denselben Gegenstand abgeschlossen werden und bei denen keine Beförderung oder Versendung stattfindet (z.B. Grundstückslieferungen oder Lieferungen, bei denen die Verfügungsmacht durch Vereinbarung eines Besitzkonstituts oder durch Abtretung des Herausgabeanspruchs verschafft wird), können nicht Gegenstand eines Reihengeschäfts sein.

(3) ¹Die Beförderung oder Versendung kann durch den Lieferer, den Abnehmer oder einen vom Lieferer oder vom Abnehmer beauftragten Dritten durchgeführt werden (§ 3 Abs. 6 Satz 1 UStG). ²Ein

UStAE 3.14.   §3

Beförderungs- oder Versendungsfall liegt daher auch dann vor, wenn ein an einem Reihengeschäft beteiligter Abnehmer den Gegenstand der Lieferung selbst abholt oder abholen lässt (Abholfall). [3]Beauftragter Dritter kann z.b. ein Lohnveredelungsunternehmen oder ein Lagerhalter sein, der jeweils nicht unmittelbar in die Liefervorgänge eingebunden ist. [4]Beauftragter Dritter ist nicht der selbständige Spediteur, da der Transport in diesem Fall dem Auftraggeber zugerechnet wird (Versendungsfall).

(4) [1]Das unmittelbare Gelangen im Sinne des § 3 Abs. 6 Satz 5 UStG setzt grundsätzlich eine Beförderung oder Versendung durch einen am Reihengeschäft beteiligten Unternehmer voraus; diese Voraussetzung ist bei der Beförderung oder Versendung durch mehrere beteiligte Unternehmer (sog. gebrochene Beförderung oder Versendung) nicht erfüllt. [2]Der Gegenstand der Lieferung gelangt auch dann unmittelbar an den letzten Abnehmer, wenn die Beförderung oder Versendung an einen beauftragten Dritten ausgeführt wird, der nicht unmittelbar in die Liefervorgänge eingebunden ist, z.B. an einen Lohnveredeler oder Lagerhalter. [3]Im Fall der vorhergehenden Be- oder Verarbeitung des Gegenstands durch einen vom Lieferer beauftragten Dritten ist Gegenstand der Lieferung der be- oder verarbeitete Gegenstand.

Beispiel 1:

[1]Der Unternehmer D 1 in Köln bestellt bei dem Großhändler D 2 in Hamburg eine dort nicht vorrätige Maschine. [2]D 2 gibt die Bestellung an den Hersteller DK in Dänemark weiter. [3]DK befördert die Maschine mit eigenem Lkw unmittelbar nach Köln und übergibt sie dort D 1.

```
            Rechnungsweg
    DK  →  D 2  →  D 1
    |_____↑
          Warenweg
```

[4]Es liegt ein Reihengeschäft im Sinne des § 3 Abs. 6 Satz 5 UStG vor, da mehrere Unternehmer über dieselbe Maschine Umsatzgeschäfte abschließen und die Maschine im Rahmen einer Beförderung unmittelbar vom ersten Unternehmer (DK) an den letzten Abnehmer (D 1) gelangt.

Beispiel 2:

[1]Sachverhalt wie Beispiel 1. [2]D 2 weist DK an, die Maschine zur Zwischenlagerung an einen von D 1 benannten Lagerhalter (L) nach Hannover zu befördern.

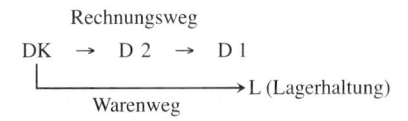

```
            Rechnungsweg
    DK  →  D 2  →  D 1
    |_____→ L (Lagerhaltung)
          Warenweg
```

[3]Es liegt wie im Beispiel 1 ein Reihengeschäft im Sinne des § 3 Abs. 6 Satz 5 UStG vor, da mehrere Unternehmer über dieselbe Maschine Umsatzgeschäfte abschließen und die Maschine unmittelbar vom ersten Unternehmer (DK) an einen vom letzten Abnehmer (D 1) benannten Lagerhalter (L) befördert wird. [4]Mit der auftragsgemäßen Übergabe der Maschine an den Lagerhalter ist die Voraussetzung des unmittelbaren Gelangens an den letzten Abnehmer erfüllt.

Ort der Lieferungen (§ 3 Abs. 6 und Abs. 7 UStG)

(5) [1]Für die in einem Reihengeschäft ausgeführten Lieferungen ergeben sich die Lieferorte sowohl aus § 3 Abs. 6 als auch aus § 3 Abs. 7 UStG. [2]Im Fall der Beförderungs- oder Versendungslieferung gilt die Lieferung dort als ausgeführt, wo die Beförderung oder Versendung an den Abnehmer oder in dessen Auftrag an einen Dritten beginnt (§ 3 Abs. 6 Satz 1 UStG). [3]In den Fällen der ruhenden Lieferungen ist der Lieferort nach § 3 Abs. 7 Satz 2 UStG zu bestimmen.

(6) [1]Die ruhenden Lieferungen, die der Beförderungs- oder Versendungslieferung vorangehen, gelten an dem Ort als ausgeführt, an dem die Beförderung oder Versendung des Gegenstands beginnt. [2]Die ruhenden Lieferungen, die der Beförderungs- oder Versendungslieferung nachfolgen, gelten an dem Ort als ausgeführt, an dem die Beförderung oder Versendung des Gegenstands endet.

Beispiel:

[1]Der Unternehmer B 1 in Belgien bestellt bei dem ebenfalls in Belgien ansässigen Großhändler B 2 eine dort nicht vorrätige Ware. [2]B 2 gibt die Bestellung an den Großhändler D 1 in Frankfurt weiter. [3]D 1 bestellt die Ware beim Hersteller D 2 in Köln. [4]D 2 befördert die Ware von Köln mit eigenem Lkw unmittelbar nach Belgien und übergibt sie dort B 1.

§ 3 UStAE 3.14.

```
              Rechnungsweg
      D 2  →  D 1  →  B 2  →  B 1
      └──────────────────────────┘
              Warenweg
```

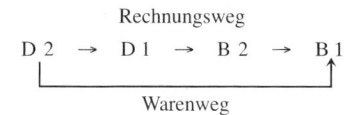

[5]Bei diesem Reihengeschäft werden nacheinander drei Lieferungen (D 2 an D 1, D 1 an B 2 und B 2 an B 1) ausgeführt. [6]Die erste Lieferung D 2 an D 1 ist die Beförderungslieferung. [7]Der Ort der Lieferung liegt nach § 3 Abs. 6 Satz 5 in Verbindung mit Satz 1 UStG in Deutschland (Beginn der Beförderung). [8]Die zweite Lieferung D 1 an B 2 und die dritte Lieferung B 2 an B 1 sind ruhende Lieferungen. [9]Für diese Lieferungen liegt der Lieferort nach § 3 Abs. 7 Satz 2 Nr. 2 UStG jeweils in Belgien (Ende der Beförderung), da sie der Beförderungslieferung folgen.

Zuordnung der Beförderung oder Versendung (§ 3 Abs. 6 Satz 6 UStG)

(7) [1]Die Zuordnung der Beförderung oder Versendung zu einer der Lieferungen des Reihengeschäfts ist davon abhängig, ob der Gegenstand der Lieferung durch den ersten Unternehmer, den letzten Abnehmer oder einen mittleren Unternehmer in der Reihe befördert oder versendet wird. [2]Die Zuordnungsentscheidung muss einheitlich für alle Beteiligten getroffen werden. [3]Aus den vorhandenen Belegen muss sich eindeutig und leicht nachprüfbar ergeben, wer die Beförderung durchgeführt oder die Versendung veranlasst hat. [4]Im Fall der Versendung ist dabei auf die Auftragserteilung an den selbständigen Beauftragten abzustellen. [5]Sollte sich aus den Geschäftsunterlagen nichts anderes ergeben, ist auf die Frachtzahlerkonditionen abzustellen.

(8) [1]Wird der Gegenstand der Lieferung durch den ersten Unternehmer in der Reihe befördert oder versendet, ist seiner Lieferung die Beförderung oder Versendung zuzuordnen. [2]Wird der Liefergegenstand durch den letzten Abnehmer befördert oder versendet, ist die Beförderung oder Versendung der Lieferung des letzten Lieferers in der Reihe zuzuordnen.

Beispiel:

[1]Der Unternehmer SP aus Spanien bestellt eine Maschine bei dem Unternehmer D 1 in Kassel. [2]D 1 bestellt die Maschine seinerseits bei dem Großhändler D 2 in Bielefeld. [3]D 2 wiederum gibt die Bestellung an den Hersteller F in Frankreich weiter.

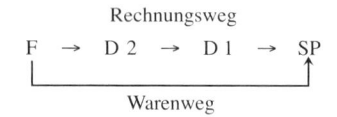

```
              Rechnungsweg
      F  →  D 2  →  D 1  →  SP
      └──────────────────────┘
              Warenweg
```

a) [1]F lässt die Maschine durch einen Beförderungsunternehmer von Frankreich unmittelbar nach Spanien an SP transportieren.

[2]Bei diesem Reihengeschäft werden nacheinander drei Lieferungen (F an D 2, D 2 an D 1 und D 1 an SP) ausgeführt. [3]Die Versendung ist der ersten Lieferung F an D 2 zuzuordnen, da F als erster Unternehmer in der Reihe die Maschine versendet. [4]Der Ort der Lieferung liegt nach § 3 Abs. 6 Satz 5 in Verbindung mit Satz 1 UStG in Frankreich (Beginn der Versendung). [5]Die zweite Lieferung D 2 an D 1 und die dritte Lieferung D 1 an SP sind ruhende Lieferungen. [6]Für diese Lieferungen liegt der Lieferort nach § 3 Abs. 7 Satz 2 Nr. 2 UStG jeweils in Spanien (Ende der Versendung), da sie der Versendungslieferung folgen. [7]D 2 und D 1 müssen sich demnach in Spanien steuerlich registrieren lassen.

b) [1]SP holt die Maschine mit eigenem Lkw bei F in Frankreich ab und transportiert sie unmittelbar nach Spanien.

[2]Bei diesem Reihengeschäft werden nacheinander drei Lieferungen (F an D 2, D 2 an D 1 und D 1 an SP) ausgeführt. [3]Die Beförderung ist der dritten Lieferung D 1 an SP zuzuordnen, da SP als letzter Abnehmer in der Reihe die Maschine befördert (Abholfall). [4]Der Ort der Lieferung liegt nach § 3 Abs. 6 Satz 5 in Verbindung mit Satz 1 UStG in Frankreich (Beginn der Beförderung). [5]Die erste Lieferung F an D 2 und die zweite Lieferung D 2 an D 1 sind ruhende Lieferungen. [6]Für diese Lieferungen liegt der Lieferort nach § 3 Abs. 7 Satz 2 Nr. 1 UStG ebenfalls jeweils in Frankreich (Beginn der Beförderung), da sie der Beförderungslieferung vorangehen. [7]D 2 und D 1 müssen sich demnach in Frankreich steuerlich registrieren lassen.

(9) [1]Befördert oder versendet ein mittlerer Unternehmer in der Reihe den Liefergegenstand, ist dieser zugleich Abnehmer der Vorlieferung und Lieferer seiner eigenen Lieferung. [2]In diesem Fall ist die Beförderung oder Versendung nach § 3 Abs. 6 Satz 6 1. Halbsatz UStG grundsätzlich der Lieferung des vorangehenden Unternehmers zuzuordnen (widerlegbare Vermutung). [3]Der befördernde oder ver-

sendende Unternehmer kann jedoch anhand von Belegen, z.B. durch eine Auftragsbestätigung, das Doppel der Rechnung oder andere handelsübliche Belege und Aufzeichnungen nachweisen, dass er als Lieferer aufgetreten und die Beförderung oder Versendung dementsprechend seiner eigenen Lieferung zuzuordnen ist (§ 3 Abs. 6 Satz 6 2. Halbsatz UStG).

(10) [1]Aus den Belegen im Sinne des Absatzes 9 muss sich eindeutig und leicht nachprüfbar ergeben, dass der Unternehmer die Beförderung oder Versendung in seiner Eigenschaft als Lieferer getätigt hat und nicht als Abnehmer der Vorlieferung. [2]Hiervon kann regelmäßig ausgegangen werden, wenn der Unternehmer unter der USt-IdNr. des Mitgliedstaates auftritt, in dem die Beförderung oder Versendung des Gegenstands beginnt, und wenn er auf Grund der mit seinem Vorlieferanten und seinem Auftraggeber vereinbarten Lieferkonditionen Gefahr und Kosten der Beförderung oder Versendung übernommen hat. [3]Den Anforderungen an die Lieferkonditionen ist genügt, wenn handelsübliche Lieferklauseln (z.B. Incoterms) verwendet werden. [4]Wird die Beförderung oder Versendung der Lieferung des mittleren Unternehmers zugeordnet, muss dieser die Voraussetzungen der Zuordnung nachweisen (z.B. über den belegmäßigen und den buchmäßigen Nachweis der Voraussetzungen für seine Ausfuhrlieferung – §§ 8 bis 17 UStDV – oder innergemeinschaftliche Lieferung – §§ 17a bis 17c UStDV).

Beispiel:

[1]Der Unternehmer SP aus Spanien bestellt eine Maschine bei dem Unternehmer D 1 in Kassel. [2]D 1 bestellt die Maschine seinerseits bei dem Großhändler D 2 in Bielefeld. [3]D 2 wiederum gibt die Bestellung an den Hersteller D 3 in Dortmund weiter. [4]D 2 lässt die Maschine durch einen Transportunternehmer bei D 3 abholen und sie von Dortmund unmittelbar nach Spanien transportieren. [5]Dort übergibt sie der Transportunternehmer an SP. [6]Alle Beteiligten treten unter der USt-IdNr. ihres Landes auf.

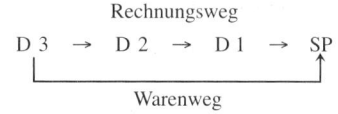

```
                    Rechnungsweg
            D 3  →  D 2  →  D 1  →  SP
            └──────────────────────┘
                     Warenweg
```

a) [1]Es werden keine besonderen Lieferklauseln vereinbart.

[2]Bei diesem Reihengeschäft werden nacheinander drei Lieferungen (D 3 an D 2, D 2 an D 1 und D 1 an SP) ausgeführt. [3]Die Versendung ist der ersten Lieferung D 3 an D 2 zuzuordnen, da D 2 als mittlerer Unternehmer in der Reihe die Maschine mangels besonderer Lieferklauseln in seiner Eigenschaft als Abnehmer der Lieferung des D 3 transportieren lässt. [4]Der Ort der Lieferung liegt nach § 3 Abs. 6 Satz 5 in Verbindung mit Satz 1 UStG in Deutschland (Beginn der Versendung). [5]Die zweite Lieferung D 2 an D 1 und die dritte Lieferung D 1 an SP sind ruhende Lieferungen. [6]Für diese Lieferungen liegt der Lieferort nach § 3 Abs. 7 Satz 2 Nr. 2 UStG jeweils in Spanien (Ende der Versendung), da sie der Versendungslieferung folgen; sie sind daher nach spanischem Recht zu beurteilen. [7]D 2 und D 1 müssen sich demnach in Spanien steuerlich registrieren lassen.

b) [1]Es werden folgende Lieferklauseln vereinbart: D 2 vereinbart mit D 1 „Lieferung frei Haus Spanien (Lieferklausel DDP)" und mit D 3 „Lieferung ab Werk Dortmund (Lieferklausel EXW)". [2]Die vereinbarten Lieferklauseln ergeben sich sowohl aus der Rechnungsdurchschrift als auch aus der Buchhaltung des D 2.

[3]Bei diesem Reihengeschäft werden nacheinander drei Lieferungen (D 3 an D 2, D 2 an D 1 und D 1 an SP) ausgeführt. [4]Die Versendung kann in diesem Fall der zweiten Lieferung D 2 an D 1 zugeordnet werden, da D 2 als mittlerer Unternehmer in der Reihe die Maschine in seiner Eigenschaft als Lieferer versendet. [5]Er tritt unter seiner deutschen USt-IdNr. auf und hat wegen der Lieferklauseln DDP mit seinem Kunden und EXW mit seinem Vorlieferanten Gefahr und Kosten des Transports übernommen. [6]Darüber hinaus kann D 2 nachweisen, dass die Voraussetzungen für die Zuordnung der Versendung zu seiner Lieferung erfüllt sind. [7]Der Ort der Lieferung liegt nach § 3 Abs. 6 Satz 5 in Verbindung mit Satz 1 UStG in Deutschland (Beginn der Versendung). [8]Die erste Lieferung D 3 an D 2 und die dritte Lieferung D 1 an SP sind ruhende Lieferungen. [9]Da die erste Lieferung der Versendungslieferung vorangeht, gilt sie nach § 3 Abs. 7 Satz 2 Nr. 1 UStG ebenfalls als in Deutschland ausgeführt (Beginn der Versendung). [10]Für die dritte Lieferung liegt der Lieferort nach § 3 Abs. 7 Satz 2 Nr. 2 UStG in Spanien (Ende der Versendung), da sie der Versendungslieferung folgt; sie ist daher nach spanischem Recht zu beurteilen. [11]D 1 muss sich demnach in Spanien steuerlich registrieren lassen. [12]Die Registrierung von D 2 in Spanien ist nicht erforderlich.

(11) Ist die Zuordnung der Beförderung oder Versendung zu einer der Lieferungen von einem an dem Reihengeschäft beteiligten Unternehmer auf Grund des Rechts eines anderen Mitgliedstaates ausnahmsweise abweichend von den Absätzen 7 bis 10 vorgenommen worden, ist es nicht zu beanstanden, wenn dieser Zuordnung gefolgt wird.

Auf das Inland beschränkte Warenbewegungen

(12) ¹Die Grundsätze der Absätze 1 bis 10 finden auch bei Reihengeschäften Anwendung, bei denen keine grenzüberschreitende Warenbewegung stattfindet. ²Ist an solchen Reihengeschäften ein in einem anderen Mitgliedstaat oder im Drittland ansässiger Unternehmer beteiligt, muss er sich wegen der im Inland steuerbaren Lieferung stets im Inland steuerlich registrieren lassen.

Beispiel:
¹Der Unternehmer D 1 aus Essen bestellt eine Maschine bei dem Unternehmer B in Belgien. ²B bestellt die Maschine seinerseits bei dem Großhändler D 2 in Bielefeld. ³D 2 lässt die Maschine durch einen Beförderungsunternehmer von Bielefeld unmittelbar nach Essen an D 1 transportieren.

Rechnungsweg
D 2 → B → D 1
Warenweg

⁴Bei diesem Reihengeschäft werden nacheinander zwei Lieferungen (D 2 an B und B an D 1) ausgeführt. ⁵Die Versendung ist der ersten Lieferung D 2 an B zuzuordnen, da D 2 als erster Unternehmer in der Reihe die Maschine versendet. ⁶Der Ort der Lieferung liegt nach § 3 Abs. 6 Satz 5 in Verbindung mit Satz 1 UStG in Bielefeld (Beginn der Versendung). ⁷Die zweite Lieferung B an D 1 ist eine ruhende Lieferung. ⁸Für diese Lieferung liegt der Lieferort nach § 3 Abs. 7 Satz 2 Nr. 2 UStG in Essen (Ende der Versendung), da sie der Versendungslieferung folgt. ⁹B muss sich in Deutschland bei dem zuständigen Finanzamt registrieren lassen und seine Lieferung zur Umsatzbesteuerung erklären.

Innergemeinschaftliche Lieferung und innergemeinschaftlicher Erwerb

(13) ¹Im Rahmen eines Reihengeschäfts, bei dem die Warenbewegung im Inland beginnt und im Gebiet eines anderen Mitgliedstaates endet, kann mit der Beförderung oder Versendung des Liefergegenstands in das übrige Gemeinschaftsgebiet nur eine innergemeinschaftliche Lieferung im Sinne des § 6a UStG bewirkt werden. ²Die Steuerbefreiung nach § 4 Nr. 1 Buchstabe b UStG kommt demnach nur bei der Beförderungs- oder Versendungslieferung zur Anwendung. ³Beginnt die Warenbewegung in einem anderen Mitgliedstaat und endet sie im Inland, ist von den beteiligten Unternehmern nur derjenige Erwerber im Sinne des § 1a UStG, an den die Beförderungs- oder Versendungslieferung ausgeführt wird.

Beispiel:
¹Der Unternehmer B 1 in Belgien bestellt bei dem ebenfalls in Belgien ansässigen Großhändler B 2 eine dort nicht vorrätige Ware. ²B 2 gibt die Bestellung an den Großhändler D 1 in Frankfurt weiter. ³D 1 bestellt die Ware beim Hersteller D 2 in Köln. ⁴Alle Beteiligten treten unter der USt-IdNr. ihres Landes auf.

Rechnungsweg
D 2 → D 1 → B 2 → B 1
Warenweg

a) ¹D 2 befördert die Ware von Köln mit eigenem Lkw unmittelbar nach Belgien und übergibt sie dort B 1.
²Es werden nacheinander drei Lieferungen (D 2 an D 1, D 1 an B 2 und B 2 an B 1) ausgeführt. ³Die erste Lieferung D 2 an D 1 ist die Beförderungslieferung. ⁴Der Ort der Lieferung liegt nach § 3 Abs. 6 Satz 5 in Verbindung mit Satz 1 UStG in Deutschland (Beginn der Beförderung). ⁵Die Lieferung ist im Inland steuerbar und steuerpflichtig, da D 1 ebenfalls mit deutscher USt-IdNr. auftritt. ⁶Der Erwerb der Ware unterliegt bei D 1 der Besteuerung des innergemeinschaftlichen Erwerbs in Belgien, weil die Warenbewegung dort endet (§ 3d Satz 1 UStG). ⁷Solange D 1 eine Besteuerung des innergemeinschaftlichen Erwerbs in Belgien nicht nachweisen kann, hat er einen innergemeinschaftlichen Erwerb in Deutschland zu besteuern (§ 3d Satz 2 UStG). ⁸Die zweite Lieferung D 1 an B 2 und die dritte Lieferung B 2 an B 1 sind ruhende Lieferungen. ⁹Für diese Lieferungen liegt der Lieferort nach § 3 Abs. 7 Satz 2 Nr. 2 UStG jeweils in Belgien (Ende der Beförderung), da sie der Beförderungslieferung folgen. ¹⁰Beide Lieferungen sind nach belgischem Recht zu beurteilen. ¹¹D 1 muss sich in Belgien umsatzsteuerlich registrieren lassen.

UStAE 3.14. **§ 3**

¹²Würde D 1 mit belgischer USt-IdNr. auftreten, wäre die Lieferung des D 2 an D 1 als innergemeinschaftliche Lieferung steuerfrei, wenn D 2 die Voraussetzungen hierfür nachweist.

b) ¹D 1 befördert die Ware von Köln mit eigenem Lkw unmittelbar nach Belgien an B 1 und tritt hierbei in seiner Eigenschaft als Abnehmer der Vorlieferung auf.
²Da D 1 in seiner Eigenschaft als Abnehmer der Vorlieferung auftritt, ist die Beförderung der ersten Lieferung (D 2 an D 1) zuzuordnen (§ 3 Abs. 6 Satz 6 UStG). ³Die Beurteilung entspricht daher der von Fall a.

c) ¹B 2 befördert die Ware von Köln mit eigenem Lkw unmittelbar nach Belgien an B 1 und tritt hierbei in seiner Eigenschaft als Abnehmer der Vorlieferung auf.
²Da B 2 in seiner Eigenschaft als Abnehmer der Vorlieferung auftritt, ist die Beförderung der zweiten Lieferung (D 1 an B 2) zuzuordnen (§ 3 Abs. 6 Satz 6 UStG). ³Diese Lieferung ist die Beförderungslieferung. ⁴Der Ort der Lieferung liegt nach § 3 Abs. 6 Satz 5 in Verbindung mit Satz 1 UStG in Deutschland (Beginn der Beförderung). ⁵Die Lieferung ist bei Nachweis der Voraussetzungen des § 6a UStG als innergemeinschaftliche Lieferung nach § 4 Nr. 1 Buchstabe b UStG steuerfrei. ⁶Der Erwerb der Ware unterliegt bei B 2 der Besteuerung des innergemeinschaftlichen Erwerbs in Belgien, weil die Warenbewegung dort endet (§ 3d Satz 1 UStG). ⁷Die erste Lieferung D 2 an D 1 und die dritte Lieferung B 2 an B 1 sind ruhende Lieferungen. ⁸Der Lieferort für die erste Lieferung liegt nach § 3 Abs. 7 Satz 2 Nr. 1 UStG in Deutschland (Beginn der Beförderung), da sie der Beförderungslieferung vorangeht. ⁹Sie ist eine steuerbare und steuerpflichtige Lieferung in Deutschland. ¹⁰Der Lieferort für die dritte Lieferung liegt nach § 3 Abs. 7 Satz 2 Nr. 2 UStG in Belgien (Ende der Beförderung), da sie der Beförderungslieferung folgt. ¹¹Sie ist nach belgischem Recht zu beurteilen.

d) ¹B 1 holt die Ware bei D 2 in Köln ab und befördert sie von dort mit eigenem Lkw nach Belgien.
²Die Beförderung ist in diesem Fall der dritten Lieferung (B 2 an B 1) zuzuordnen, da der letzte Abnehmer die Ware selbst befördert (Abholfall). ³Diese Lieferung ist die Beförderungslieferung. ⁴Der Ort der Lieferung liegt nach § 3 Abs. 6 Satz 5 in Verbindung mit Satz 1 UStG in Deutschland (Beginn der Beförderung). ⁵Die Lieferung des B 2 ist nach Voraussetzungen des § 6a UStG als innergemeinschaftliche Lieferung nach § 4 Nr. 1 Buchstabe b UStG steuerfrei. ⁶Der Erwerb der Ware unterliegt bei B 1 der Besteuerung des innergemeinschaftlichen Erwerbs in Belgien, weil die innergemeinschaftliche Warenbewegung dort endet (§ 3d Satz 1 UStG). ⁷Die erste Lieferung D 2 an D 1 und die zweite Lieferung D 1 an B 2 sind ruhende Lieferungen. ⁸Für diese Lieferungen liegt der Lieferort nach § 3 Abs. 7 Satz 2 Nr. 1 UStG jeweils in Deutschland (Beginn der Beförderung), da sie der Beförderungslieferung vorangehen. ⁹Beide Lieferungen sind steuerbare und steuerpflichtige Lieferungen in Deutschland. ¹⁰D 2, D 1 und B 2 müssen ihre Lieferungen zur Umsatzbesteuerung erklären.

Warenbewegungen im Verhältnis zum Drittland

(14) ¹Im Rahmen eines Reihengeschäfts, bei dem die Warenbewegung im Inland beginnt und im Drittlandsgebiet endet, kann mit der Beförderung oder Versendung des Liefergegenstands in das Drittlandsgebiet nur eine Ausfuhrlieferung im Sinne des § 6 UStG bewirkt werden. ²Die Steuerbefreiung nach § 4 Nr. 1 Buchstabe a UStG kommt demnach nur bei der Beförderungs- oder Versendungslieferung zur Anwendung.

Beispiel:

¹Der russische Unternehmer R bestellt eine Werkzeugmaschine bei dem Unternehmer S aus der Schweiz. ²S bestellt die Maschine bei D 1 in Frankfurt, der die Bestellung an den Hersteller D 2 in Stuttgart weitergibt. ³S holt die Maschine in Stuttgart ab und befördert sie mit eigenem Lkw unmittelbar nach Russland zu R.

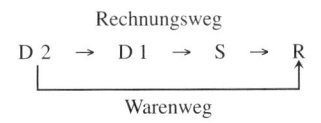

```
              Rechnungsweg
       D 2  →   D 1  →   S  →   R
       └──────────────────────┘
              Warenweg
```

⁴Bei diesem Reihengeschäft werden drei Lieferungen (D 2 an D 1, D 1 an S und S an R) ausgeführt. ⁵Die Beförderung ist nach § 3 Abs. 6 Sätze 5 und 6 UStG der zweiten Lieferung D 1 an S zuzuordnen, da S als mittlerer Unternehmer in der Reihe offensichtlich in seiner Eigenschaft als Abnehmer der Vorlieferung auftritt. ⁶Ort der Beförderungslieferung ist nach § 3 Abs. 6 Satz 5 in Verbindung mit Satz 1 UStG Stuttgart (Beginn der Beförderung). ⁷Die Lieferung ist bei Nachweis der Voraussetzungen des § 6 UStG als Ausfuhrlieferung nach § 4 Nr. 1 Buchstabe a UStG steuerfrei. ⁸Die erste

§ 3   **UStAE 3.14.**

Lieferung D 2 an D 1 und die dritte Lieferung S an R sind ruhende Lieferungen. ^{9}Der Lieferort für die erste Lieferung liegt nach § 3 Abs. 7 Satz 2 Nr. 1 UStG in Deutschland (Beginn der Beförderung), da sie der Beförderungslieferung vorangeht. ^{10}Sie ist eine steuerbare und steuerpflichtige Lieferung in Deutschland. ^{11}Die Steuerbefreiung für Ausfuhrlieferungen kommt bei ruhenden Lieferungen nicht in Betracht. ^{12}Der Lieferort für die dritte Lieferung liegt nach § 3 Abs. 7 Satz 2 Nr. 2 UStG in Russland (Ende der Beförderung), da sie der Beförderungslieferung folgt.

^{13}Holt im vorliegenden Fall R die Maschine selbst bei D 2 in Stuttgart ab und befördert sie mit eigenem Lkw nach Russland, ist die Beförderung der dritten Lieferung (S an R) zuzuordnen. ^{14}Ort der Beförderungslieferung ist nach § 3 Abs. 6 Satz 5 in Verbindung mit Satz 1 UStG Stuttgart (Beginn der Beförderung). ^{15}Die Lieferung ist bei Nachweis der Voraussetzungen des § 6 UStG als Ausfuhrlieferung nach § 4 Nr. 1 Buchstabe a UStG steuerfrei. ^{16}Die erste Lieferung (D 2 an D 1) und die zweite Lieferung (D 1 an S) sind als ruhende Lieferungen jeweils in Deutschland steuerbar und steuerpflichtig, da sie der Beförderungslieferung vorangehen (§ 3 Abs. 7 Satz 2 Nr. 1 UStG). ^{17}S muss seine Lieferung beim zuständigen Finanzamt in Deutschland zur Umsatzbesteuerung erklären.

(15) ^{1}Gelangt im Rahmen eines Reihengeschäfts der Gegenstand der Lieferungen aus dem Drittlandsgebiet in das Inland, kann eine Verlagerung des Lieferorts nach § 3 Abs. 8 UStG nur für die Beförderungs- oder Versendungslieferung in Betracht kommen. ^{2}Dazu muss derjenige Unternehmer, dessen Lieferung im Rahmen des Reihengeschäfts die Beförderung oder Versendung zuzuordnen ist, oder sein Beauftragter zugleich auch Schuldner der Einfuhrumsatzsteuer sein.

(16) Gelangt der Gegenstand der Lieferungen im Rahmen eines Reihengeschäfts aus dem Drittlandsgebiet in das Inland und hat ein Abnehmer in der Reihe oder dessen Beauftragter den Gegenstand der Lieferung eingeführt, sind die der Einfuhr in der Lieferkette vorausgegangenen Lieferungen nach § 4 Nr. 4b UStG steuerfrei.

Beispiel:

^{1}Der deutsche Unternehmer D bestellt bei dem französischen Unternehmer F Computerteile. ^{2}Dieser bestellt die Computerteile seinerseits bei dem Hersteller S in der Schweiz. ^{3}S befördert die Teile im Auftrag des F unmittelbar an D nach Deutschland.

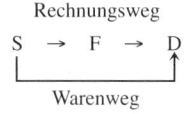

```
                    Rechnungsweg
                 S  →  F  →  D
                 └───────────┘
                    Warenweg
```

a) ^{1}D überführt die Teile in den zoll- und steuerrechtlich freien Verkehr, nachdem ihm S die Computerteile übergeben hat.

^{2}Bei diesem Reihengeschäft werden zwei Lieferungen (S an F und F an D) ausgeführt. ^{3}Die Beförderung ist nach § 3 Abs. 6 Satz 5 und Satz 1 UStG der ersten Lieferung S an F zuzuordnen, da S als erster Unternehmer in der Reihe die Computerteile selbst befördert. ^{4}Lieferort ist nach § 3 Abs. 6 Satz 5 in Verbindung mit Satz 1 UStG die Schweiz (Beginn der Beförderung). ^{5}Die Lieferung des S unterliegt bei der Einfuhr in Deutschland der deutschen Einfuhrumsatzsteuer. ^{6}Eine Verlagerung des Lieferorts nach § 3 Abs. 8 UStG kommt nicht in Betracht, da S als Lieferer der Beförderungslieferung nicht zugleich Schuldner der Einfuhrumsatzsteuer ist. ^{7}Die zweite Lieferung (F an D) ist eine ruhende Lieferung. ^{8}Sie gilt nach § 3 Abs. 7 Satz 2 Nr. 2 UStG in Deutschland als ausgeführt (Ende der Beförderung), da sie der Beförderung nachfolgt. ^{9}F führt eine nach § 4 Nr. 4b UStG steuerfreie Lieferung aus, da seine Lieferung in der Lieferkette der Einfuhr durch den Abnehmer D vorausgeht. ^{10}Erteilt F dem D eine Rechnung mit gesondertem Steuerausweis, kann D lediglich die geschuldete Einfuhrumsatzsteuer als Vorsteuer abziehen. ^{11}Ein Abzug der in einer solchen Rechnung des F gesondert ausgewiesenen Steuer als Vorsteuer kommt für D nur dann in Betracht, wenn diese Steuer gesetzlich geschuldet ist. ^{12}Kann F den Nachweis nicht erbringen, dass sein Folgeabnehmer D die Computerteile zum zoll- und steuerrechtlich freien Verkehr abfertigt, muss er die Lieferung an D als steuerpflichtig behandeln. ^{13}Die Umsatzsteuer ist dann gesetzlich geschuldet und D kann in diesem Fall die in der Rechnung des F gesondert ausgewiesene Umsatzsteuer nach § 15 Abs. 1 Satz 1 Nr. 1 UStG neben der von ihm entrichteten Einfuhrumsatzsteuer nach § 15 Abs. 1 Satz 1 Nr. 2 UStG als Vorsteuer abziehen, vgl. Abschnitt 15.8 Abs. 10 Satz 3.

b) ^{1}Die Computerteile werden bereits bei Grenzübertritt für F in den zoll- und steuerrechtlich freien Verkehr überführt.

^{2}Es liegt wie im Fall a) ein Reihengeschäft vor, bei dem die (Beförderungs-)Lieferung des S an F mit Beginn der Beförderung in der Schweiz (§ 3 Abs. 6 Satz 5 in Verbindung mit Satz 1 UStG) und die ruhende Lieferung des F an D am Ende der Beförderung in Deutschland ausgeführt wird (§ 3 Abs. 7 Satz 2 Nr. 2 UStG). ³Im Zeitpunkt der Überführung in den zoll- und steuerrechtlich freien Verkehr hat F die Verfügungsmacht über die eingeführten Computerteile, weil die Lieferung von S an ihn bereits in der Schweiz und seine Lieferung an D erst mit der Übergabe der Waren an D im Inland als ausgeführt gilt. ⁴Die angefallene Einfuhrumsatzsteuer kann daher von F als Vorsteuer abgezogen werden. ⁵Die Lieferung des F an D ist nicht nach § 4 Nr. 4b UStG steuerfrei, da sie innerhalb der Lieferkette der Einfuhr nachgeht. ⁶Erteilt F dem D eine Rechnung mit gesondertem Steuerausweis, kann D diese unter den allgemeinen Voraussetzungen des § 15 UStG als Vorsteuer abziehen.

(17) Die Absätze 14 bis 16 gelten entsprechend, wenn bei der Warenbewegung vom Inland in das Drittlandsgebiet (oder umgekehrt) das Gebiet eines anderen Mitgliedstaates berührt wird.

Reihengeschäfte mit privaten Endabnehmern

(18) ¹An Reihengeschäften können auch Nichtunternehmer als letzte Abnehmer in der Reihe beteiligt sein. ²Die Grundsätze der Absätze 1 bis 11 sind auch in diesen Fällen anzuwenden. ³Wenn der letzte Abnehmer im Rahmen eines Reihengeschäfts, bei dem die Warenbewegung im Inland beginnt und im Gebiet eines anderen Mitgliedstaates endet (oder umgekehrt), nicht die subjektiven Voraussetzungen für die Besteuerung des innergemeinschaftlichen Erwerbs erfüllt und demzufolge nicht mit einer USt-IdNr. auftritt, ist § 3c UStG zu beachten, wenn der letzten Lieferung in der Reihe die Beförderung oder Versendung zugeordnet wird; dies gilt nicht, wenn der private Endabnehmer den Gegenstand abholt.

Beispiel:
¹Der niederländische Privatmann NL kauft für sein Einfamilienhaus in Venlo Möbel beim Möbelhaus D 1 in Köln. ²D 1 bestellt die Möbel bei der Möbelfabrik D 2 in Münster. ³D 2 versendet die Möbel unmittelbar zu NL nach Venlo. ⁴D 1 und D 2 treten jeweils unter ihrer deutschen USt-IdNr. auf.

```
              Rechnungsweg
         D 2  →  D 1  →  NL (Privatperson)
         └──────────────────┘
               Warenweg
```

⁵Bei diesem Reihengeschäft werden nacheinander zwei Lieferungen (D 2 an D 1 und D 1 an NL) ausgeführt. ⁶Die erste Lieferung D 2 an D 1 ist die Versendungslieferung, da D 2 als erster Unternehmer in der Reihe den Transport durchführen lässt. ⁷Der Ort der Lieferung liegt nach § 3 Abs. 6 Satz 5 in Verbindung mit Satz 1 UStG in Deutschland (Beginn der Versendung). ⁸Die Lieferung ist im Inland steuerbar und steuerpflichtig, da D 1 ebenfalls mit deutscher USt-IdNr. auftritt. ⁹Der Erwerb der Ware unterliegt bei D 1 der Besteuerung des innergemeinschaftlichen Erwerbs in den Niederlanden, weil die innergemeinschaftliche Warenbewegung dort endet (§ 3d Satz 1 UStG). ¹⁰Solange D 1 einen innergemeinschaftlichen Erwerb in den Niederlanden nicht nachweisen kann, hat er einen innergemeinschaftlichen Erwerb in Deutschland zu besteuern (§ 3d Satz 2 UStG). ¹¹Die zweite Lieferung D 1 an NL ist eine ruhende Lieferung. ¹²Die Lieferung des D 1 an NL fällt deshalb nicht unter die Regelung des § 3c UStG. ¹³Der Lieferort für diese Lieferung liegt nach § 3 Abs. 7 Satz 2 Nr. 2 UStG in den Niederlanden (Ende der Versendung), da sie der Versendungslieferung folgt. ¹⁴Die Lieferung ist nach niederländischem Recht zu beurteilen. ¹⁵D 1 muss sich in den Niederlanden umsatzsteuerlich registrieren lassen.

¹⁶Würde D 1 mit niederländischer USt-IdNr. auftreten, wäre die Lieferung des D 2 an D 1 als innergemeinschaftliche Lieferung steuerfrei, wenn D 2 die Voraussetzungen hierfür nachweist.

¹⁷Würde die Versendung im vorliegenden Fall allerdings der zweiten Lieferung (D 1 an NL) zuzuordnen sein, wäre diese Lieferung nach § 3c UStG zu beurteilen, da der Gegenstand vom Lieferer in einen anderen Mitgliedstaat versendet wird und der Abnehmer NL als Privatperson nicht zu den in § 1a Abs. 1 Nr. 2 UStG genannten Personen gehört.

3.15. Dienstleistungskommission (§ 3 Abs. 11 UStG)

(1) ¹Wird ein Unternehmer (Auftragnehmer) in die Erbringung einer sonstigen Leistung eingeschaltet und handelt er dabei im eigenen Namen und für fremde Rechnung (Dienstleistungskommission), gilt diese sonstige Leistung als an ihn und von ihm erbracht. ²Dabei wird eine Leistungskette fingiert. ³Sie behandelt den Auftragnehmer als Leistungsempfänger und zugleich Leistenden. ⁴Die Dienstleistungskommission erfasst die Fälle des sog. Leistungseinkaufs und des sog. Leistungsverkaufs. ⁵Ein sog. Leistungseinkauf liegt vor, wenn ein von einem Auftraggeber bei der Beschaffung einer sonstigen Leistung eingeschalteter Unternehmer (Auftragnehmer) für Rechnung des Auftraggebers im eigenen Namen eine sonstige Leistung durch einen Dritten erbringen lässt. ⁶Ein sog. Leistungsverkauf liegt vor, wenn ein

von einem Auftraggeber bei der Erbringung einer sonstigen Leistung eingeschalteter Unternehmer (Auftragnehmer) für Rechnung des Auftraggebers im eigenen Namen eine sonstige Leistung an einen Dritten erbringt.

(2) ¹Die Leistungen der Leistungskette, d.h. die an den Auftragnehmer erbrachte und die von ihm ausgeführte Leistung, werden bezüglich ihres Leistungsinhalts gleich behandelt. ²Die Leistungen werden zum selben Zeitpunkt erbracht. ³Im Übrigen ist jede der beiden Leistungen unter Berücksichtigung der Leistungsbeziehung gesondert für sich nach den allgemeinen Regeln des UStG zu beurteilen. ⁴Dies gilt z.B. in den Fällen des Verzichts auf die Steuerbefreiung nach § 9 UStG (Option). ⁵Fungiert ein Unternehmer bei der Erbringung einer steuerfreien sonstigen Leistung als Strohmann für einen Dritten („Hintermann"), liegt ein Kommissionsgeschäft nach § 3 Abs. 11 UStG vor mit der Folge, dass auch die Besorgungsleistung des Hintermanns steuerfrei zu behandeln ist (vgl. BFH-Urteil vom 22.9.2005, V R 52/01, BStBl. II S. 278).

(3) ¹Personenbezogene Merkmale der an der Leistungskette Beteiligten sind weiterhin für jede Leistung innerhalb einer Dienstleistungskommission gesondert in die umsatzsteuerrechtliche Beurteilung einzubeziehen. ²Dies kann z.B. für die Anwendung von Steuerbefreiungsvorschriften von Bedeutung sein (vgl. z.B. § 4 Nr. 19 Buchstabe a UStG) oder für die Bestimmung des Orts der sonstigen Leistung, wenn er davon abhängig ist, ob die Leistung an einen Unternehmer oder einen Nichtunternehmer erbracht wird. ³Die Steuer kann nach § 13 UStG für die jeweilige Leistung zu unterschiedlichen Zeitpunkten entstehen; z.B. wenn der Auftraggeber der Leistung die Steuer nach vereinbarten und der Auftragnehmer die Steuer nach vereinnahmten Entgelten berechnet. ⁴Außerdem ist z.B. zu berücksichtigen, ob die an der Leistungskette Beteiligten Nichtunternehmer, Kleinunter-nehmer (§ 19 UStG), Land- und Forstwirte, die für ihren Betrieb die Durchschnittssatzbesteuerung nach § 24 UStG anwenden, sind.

Beispiel:

¹Der Bauunternehmer G besorgt für den Bauherrn B die sonstige Leistung des Handwerkers C, für dessen Umsätze die Umsatzsteuer nach § 19 Abs. 1 UStG nicht erhoben wird.

²Das personenbezogene Merkmal – Kleinunternehmer – des C ist nicht auf den Bauunternehmer G übertragbar. ³Die Leistung des G unterliegt dem allgemeinen Steuersatz.

(4) ¹Die zivilrechtlich vom Auftragnehmer an den Auftraggeber erbrachte Besorgungsleistung bleibt umsatzsteuerrechtlich ebenso wie beim Kommissionsgeschäft nach § 3 Abs. 3 UStG unberücksichtigt. ²Der Auftragnehmer erbringt im Rahmen einer Dienstleistungskommission nicht noch eine (andere) Leistung (Vermittlungsleistung). ³Der Auftragnehmer darf für die vereinbarte Geschäftsbesorgung keine Rechnung erstellen. ⁴Eine solche Rechnung, in der die Umsatzsteuer offen ausgewiesen ist, führt zu einer Steuer nach § 14c Abs. 2 UStG. ⁵Soweit der Auftragnehmer im eigenen Namen für fremde Rechnung auftritt, findet § 25 UStG keine Anwendung.

(5) ¹Erbringen Sanierungsträger, die ihre Aufgaben nach § 159 Abs. 1 BauGB im eigenen Namen und für Rechnung der auftraggebenden Körperschaften des öffentlichen Rechts (Gemeinden) als deren Treuhänder erfüllen, Leistungen nach § 157 BauGB und beauftragen sie zur Erbringung dieser Leistungen andere Unternehmer, gelten die von den beauftragten Unternehmern erbrachten Leistungen als an den Sanierungsträger und von diesem an die treugebende Gemeinde erbracht. ²Satz 1 gilt entsprechend für vergleichbare Leistungen der Entwicklungsträger nach § 167 BauGB.

(6) Beispiele zur sog. Leistungseinkaufskommission:

Beispiel 1:

¹Der im Inland ansässige Spediteur G besorgt für den im Inland ansässigen Unternehmer B im eigenen Namen und für Rechnung des B die inländische Beförderung eines Gegenstands von München nach Berlin. ²Die Beförderungsleistung bewirkt der im Inland ansässige Unternehmer C.

³Da G in die Erbringung einer Beförderungsleistung eingeschaltet wird und dabei im eigenen Namen, jedoch für fremde Rechnung handelt, gilt diese Leistung als an ihn und von ihm erbracht.

B ←——— Beförderungsleistung ——— G ←——— Beförderungsleistung ——— C

⁴Die Leistungskette wird fingiert. ⁵Die zivilrechtlich vereinbarte Geschäftsbesorgungsleistung ist umsatzsteuerrechtlich unbeachtlich.

⁶C erbringt an G eine im Inland steuerpflichtige Beförderungsleistung (§ 3a Abs. 2 UStG). ⁷G hat gegenüber B ebenfalls eine im Inland steuerpflichtige Beförderungsleistung (§ 3a Abs. 2 UStG) abzurechnen.

Beispiel 2:

¹Der im Inland ansässige Spediteur G besorgt für den in Frankreich ansässigen Unternehmer F im eigenen Namen und für Rechnung des F die Beförderung eines Gegenstands von Paris nach München. ²Die Beförderungsleistung bewirkt der im Inland ansässige Unternehmer C. ³G und C verwenden jeweils ihre deutsche, F seine französische USt-IdNr.

```
F  ←───────────────  G  ←───────────────  C
     Beförderungsleistung      Beförderungsleistung
```

⁴Die Leistungskette wird fingiert. ⁵Die zivilrechtlich vereinbarte Geschäftsbesorgungsleistung ist umsatzsteuerrechtlich unbeachtlich.

⁶C erbringt an G eine in Deutschland steuerbare Beförderungsleistung (§ 3a Abs. 2 UStG). ⁷G hat gegenüber F eine nach § 3a Abs. 2 UStG in Frankreich steuerbare Beförderungsleistung abzurechnen. ⁸Die Verwendung der französischen USt-IdNr. durch F hat auf die Ortsbestimmung keine Auswirkung.

Beispiel 3:

¹Der private Endverbraucher E beauftragt das im Inland ansässige Reisebüro R mit der Beschaffung der für die Reise notwendigen Betreuungsleistungen durch das Referenzunternehmen D mit Sitz im Drittland. ²R besorgt diese sonstige Leistung im eigenen Namen, für Rechnung des E.

³Da R in die Erbringung einer sonstigen Leistung eingeschaltet wird und dabei im eigenen Namen, jedoch für fremde Rechnung handelt, gilt diese Leistung als an ihn und von ihm erbracht.

```
E  ←───────────────  R  ←───────────────  D
     Betreuungsleistung        Betreuungsleistung
```

⁴Die Leistungskette wird fingiert. ⁵Die zivilrechtlich vereinbarte Geschäftsbesorgungsleistung ist umsatzsteuerrechtlich unbeachtlich. ⁶Die Leistungen der Leistungskette, d.h. die an R erbrachte und die von R ausgeführte Leistung, werden bezüglich des Leistungsinhalts gleich behandelt. ⁷Im Übrigen ist jede der beiden Leistungen unter Berücksichtigung der Leistungsbeziehungen gesondert für sich nach den allgemeinen Regeln des UStG zu beurteilen (vgl. Absatz 2).

⁸Die von D an R erbrachte Betreuungsleistung wird als sonstige Leistung an dem Ort ausgeführt, von dem aus der Leistungsempfänger sein Unternehmen betreibt (§ 3a Abs. 2 UStG), also im Inland. ⁹R ist für die Leistung des D Steuerschuldner (§ 13b Abs. 2 Nr. 1 und Abs. 5 Satz 1 UStG). ¹⁰R erbringt nach § 3 Abs. 11 UStG ebenfalls eine Betreuungsleistung, die nach § 3a Abs. 1 UStG an dem Ort ausgeführt wird, von dem aus R sein Unternehmen betreibt, also im Inland. ¹¹Sie ist damit steuerbar und, soweit keine Steuerbefreiung greift, steuerpflichtig.

¹²§ 25 UStG findet in diesem Fall keine Anwendung (vgl. Absatz 4 Satz 5).

(7) Beispiele zur sog. Leistungsverkaufskommission:

Kurzfristige Vermietung von Ferienhäusern

Beispiel 1:

¹Der im Inland ansässige Eigentümer E eines im Inland belegenen Ferienhauses beauftragt G mit Sitz im Inland im eigenen Namen und für Rechnung des E, Mieter für kurzfristige Ferienaufenthalte in seinem Ferienhaus zu besorgen.

²Da G in die Erbringung sonstiger Leistungen (kurzfristige – steuerpflichtige – Vermietungsleistungen nach § 4 Nr. 12 Satz 2 UStG) eingeschaltet wird und dabei im eigenen Namen, jedoch für fremde Rechnung handelt, gelten die Leistungen als an ihn und von ihm erbracht.

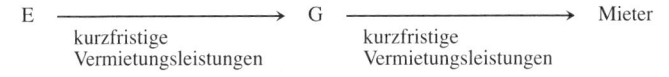

```
E  ───────────────→  G  ───────────────→  Mieter
   kurzfristige              kurzfristige
   Vermietungsleistungen     Vermietungsleistungen
```

³Die Leistungskette wird fingiert. ⁴Die zivilrechtlich vereinbarte Geschäftsbesorgungsleistung ist umsatzsteuerrechtlich unbeachtlich.

⁵Die Vermietungsleistungen des E an G sind im Inland steuerbar (§ 3a Abs. 3 Nr. 1 Satz 2 Buchstabe a UStG) und als kurzfristige Vermietungsleistungen (§ 4 Nr. 12 Satz 2 UStG) steuerpflichtig.

⁶G erbringt steuerbare und steuerpflichtige Vermietungsleistungen an die Mieter (§ 3a Abs. 3 Nr. 1 Satz 2 Buchstabe a UStG, § 4 Nr. 12 Satz 2 UStG).

Beispiel 2:
¹Sachverhalt wie in Beispiel 1, jedoch befindet sich das Ferienhaus des E in Belgien. ²Die Vermietungsleistungen des E an G und die Vermietungsleistungen des G an die Mieter sind im Inland nicht steuerbar. ³Der Ort der sonstigen Leistungen ist nach § 3a Abs. 3 Nr. 1 Satz 2 Buchstabe a UStG Belgien (Belegenheitsort). ⁴Die Besteuerung von E und G in Belgien erfolgt nach belgischem Recht.

Beispiel 3:
¹Sachverhalt wie in Beispiel 1, jedoch ist G Unternehmer mit Sitz in Belgien. ²Die Vermietungsleistungen des E an G und die Vermietungsleistungen des G an die Mieter sind im Inland steuerbar (§ 3a Abs. 3 Nr. 1 Satz 2 Buchstabe a UStG) und als kurzfristige Vermietungsleistungen (§ 4 Nr. 12 Satz 2 UStG) steuerpflichtig. ³G muss sich in Deutschland für Zwecke der Umsatzbesteuerung registrieren lassen, soweit die Mieter Nichtunternehmer sind. ⁴Ist ein Mieter Unternehmer oder juristische Person des öffentlichen Rechts, schuldet dieser als Leistungsempfänger die Steuer, auch wenn die Leistung für den nichtunternehmerischen Bereich bezogen worden ist (§ 13b Abs. 1 und 2 UStG).

Leistungen in der Kreditwirtschaft

Beispiel 4:
¹Ein nicht im Inland ansässiges Kreditinstitut K (ausländischer Geldgeber) beauftragt eine im Inland ansässige GmbH G mit der Anlage von Termingeldern im eigenen Namen für fremde Rechnung bei inländischen Banken.

²Da G als Unternehmer in die Erbringung einer sonstigen Leistung (Kreditgewährungsleistung im Sinne des § 4 Nr. 8 Buchstabe a UStG) eingeschaltet wird und dabei im eigenen Namen, jedoch für fremde Rechnung handelt, gilt die Leistung als an sie und von ihr erbracht.

K ⟶ G ⟶ inländische Banken
    Anlage von Termingeldern   Anlage von Termingeldern
    (steuerfreie Kreditgewährung)   (steuerfreie Kreditgewährung)

³Die Leistungskette wird fingiert. ⁴Die zivilrechtlich vereinbarte Geschäftsbesorgungsleistung ist umsatzsteuerrechtlich unbeachtlich.

⁵K erbringt an G und G an die inländischen Banken durch die Kreditgewährung im Inland steuerbare (§ 3a Abs. 2 UStG), jedoch steuerfreie Leistungen (§ 4 Nr. 8 Buchstabe a UStG).

Vermietung beweglicher körperlicher Gegenstände

Beispiel 5:
¹Ein im Inland ansässiger Netzbetreiber T beauftragt eine im Inland ansässige GmbH G mit der Vermietung von Telekommunikationsanlagen (ohne Einräumung von Nutzungsmöglichkeiten von Übertragungskapazitäten) im eigenen Namen für fremde Rechnung an den im Ausland ansässigen Unternehmer U.

²Da G als Unternehmer in die Erbringung einer sonstigen Leistung (Vermietung beweglicher körperlicher Gegenstände) eingeschaltet wird und dabei im eigenen Namen, jedoch für fremde Rechnung handelt, gilt die Leistung als an sie und von ihr erbracht.

T ⟶ G ⟶ U
    Vermietung   Vermietung

³Die Leistungskette wird fingiert. ⁴Die zivilrechtlich vereinbarte Geschäftsbesorgungsleistung ist umsatzsteuerrechtlich unbeachtlich. ⁵Die Leistungen der Leistungskette, d.h. die an G erbrachte und die von G ausgeführte Leistung, werden bezüglich des Leistungsinhalts gleich behandelt. ⁶Im Übrigen ist jede der beiden Leistungen unter Berücksichtigung der Leistungsbeziehungen gesondert für sich nach den allgemeinen Regeln des UStG zu beurteilen (vgl. Absatz 2).

⁷T erbringt an G durch die Vermietung beweglicher körperlicher Gegenstände im Inland steuerbare (§ 3a Abs. 2 UStG) und, soweit keine Steuerbefreiung greift, steuerpflichtige Leistungen.

⁸G erbringt an den im Ausland ansässigen U durch die Vermietung beweglicher körperlicher Gegenstände nicht im Inland steuerbare (§ 3a Abs. 2 UStG) Leistungen.

§ 3

Verwaltungsregelungen zu § 3

Datum	Anlage	Quelle	Inhalt
14.05.96	§ 001-27	OFD Fra	Umsatzsteuerliche Behandlung der Abgabe von Multifunktionskarten (Chipkarten) und Telefonkarten
27.06.86	§ 003-01	BMF	Umsatzsteuerliche Behandlung der Leistungen eines Baubetreuers
07.07.89	§ 003-02	BMF	Umsatzsteuerliche Behandlung von Leistungen der Volksbühnen- und Theatergemeinden-Vereine
12.07.89	§ 003-03	BMF	Besorgungsleistungen bei Optionen auf Warenterminkontrakte
25.01.90	§ 003-04	OFD Kob	Garantieversprechen im Agenturgeschäft mit Kraftfahrzeugen
10.10.90	§ 003-05	OFD Kob	Zeitpunkt der Lieferung bei der Verwertung von Sicherungsgut
15.09.91	§ 003-06	OFD Hbg	Umsatzsteuer bei Leasinggeschäften (§§ 3, 10 und 13 UStG)
	§ 003-07		nicht belegt
18.09.97	§ 003-08	OFD Han	Umsatzsteuerrechtliche Behandlung des Holzverkaufs durch Forstämter
	§ 003-09		nicht belegt
	§ 003-10		nicht belegt
14.09.99	§ 003-11	OFD Fra	Unentgeltliche Abgabe von Getränken und Genußmitteln zum häuslichen Verzehr an Arbeitnehmer (Haustrunk, Freitabakwaren)
	§ 003-12		nicht belegt
	§ 003-13		nicht belegt
06.07.00	§ 003-14	BMF	Drittlandsreihengeschäfte
	§ 003-15		nicht belegt
11.04.01	§ 003-16	BMF	Private Nutzung betrieblicher Personalcomputer und Telekommunikationsgeräte durch Arbeitnehmer
23.04.02	§ 003-17	OFD Nbg	Umsatzsteuerrechtliche Behandlung von Sachleistungen des Unternehmers an das Personal, die unter die „50-Euro-Freigrenze" des § 8 Abs. 2 EStG fallen
	§ 003-18		nicht belegt
	§ 003-19		nicht belegt
	§ 003-20		nicht belegt
15.06.04	§ 003-21	BMF	Umsatzsteuerliche Behandlung von Kraftstofflieferungen im Kfz-Leasingbereich Urteil des Europäischen Gerichtshofes (EuGH) vom 6.2.2003 – Rs. C-185/01, Auto Lease Holland – Urteil des BFH vom 10.4.2003 – V R 26/00 –
26.11.04	§ 003-22	BMF	Umsatzsteuer bei den Lieferungen gleichgestellten unentgeltlichen Wertabgaben von Gegenständen, bei deren Anschaffung kein Vorsteuerabzug möglich war – Einführung einer Bagatellgrenze
13.12.05	§ 003-23	OFD Kob	Abgabe von Hardware-Komponenten durch Anbieter von Online-Diensten im Zusammenhang mit dem Abschluss eines längerfristigen Netzbenutzungsvertrags
	§ 003-24		nicht belegt
14.02.06	§ 003-25	BMF	Abgrenzung zwischen Lieferungen und sonstigen Leistungen; Leistungen im Zusammenhang mit der Abgabe von Saatgut
30.11.06	§ 003-26	BMF	Abgrenzung zwischen Lieferungen und sonstigen Leistungen; Behandlung der Übertragung von Wertpapieren und Anteilen

§ 3

Datum	Anlage	Quelle	Inhalt
23.04.07	§ 003-27	BMF	Nichtunternehmerische Nutzung eines dem Unternehmensvermögen der Gesellschaft zugeordneten Fahrzeugs durch Gesellschafter sowie Fahrzeugüberlassung des Gesellschafters an die Gesellschaft
14.08.07	§ 003-28	BMF	Eigenhandel oder Vermittlung beim Verkauf von Gebrauchtwaren in sog. „second-hand-shops"
01.02.08	§ 003-29	BMF	Zentralisierter Vertrieb von Kleinsendungen aus dem Drittland; Anwendung des BFH-Urteils vom 21.3.2007, V R 32/05
16.10.08	§ 003-30	BMF	Abgrenzung von Lieferungen und sonstigen Leistungen bei der Abgabe von Speisen und Getränken
04.12.08	§ 003-31	BMF	Umsatzsteuerliche Behandlung von sale-and-lease-back-Geschäften
29.03.10	§ 003-32	BMF	Abgrenzung von Lieferungen und sonstigen Leistungen bei der Abgabe von Speisen und Getränken; Konsequenzen der BFH-Beschlüsse vom 15.10.2009 – XI R 6/08 und XI R 37/08 sowie vom 27.10.2009 – V R 3/07 und V R 35/08
31.08.11	§ 003-33	BMF	EuGH-Urteil vom 30.9.2010, C-581/08 (EMI Group); Anpassung des Abschnitts 3.3 Absatz 13 UStAE
08.06.11	§ 003-34	BMF	Übertragung immaterieller Wirtschaftsgüter (z.B. Firmenwert, Kundenstamm)
05.10.11	§ 003-35	BMF	Umsatzsteuerrechtliche Behandlung der Umsätze aus Sortengeschäften einer Wechselstube; BFH-Urteil vom 19.5.2010, XI R 6/09

Rechtsprechungsauswahl

BFH vom 23.11.2011 – XI R 6/08, UR 2012 S. 150: Steuersatz für Partyservice.

1. Die Leistungen eines Partyservice stellen grundsätzlich sonstige Leistungen (Dienstleistungen) dar, die dem Regelsteuersatz unterliegen.
2. Anderes gilt nur dann, wenn der Partyservice lediglich Standardspeisen ohne zusätzliches Dienstleistungselement liefert oder wenn besondere Umstände belegen, dass die Lieferung der Speisen der dominierende Bestandteil des Umsatzes ist.

BFH vom 12.10.2011 – V R 66/09, DStR 2012 S. 71: Zubereitung von Speisen im Altenwohn- und Pflegeheim.

Die in einer Großküche eines Altenwohn- und Pflegeheims zur Verpflegung der Bewohner zubereiteten Speisen sind keine „Standardspeisen" als Ergebnis einfacher und standardisierter Zubereitungsvorgänge nach Art eines Imbissstandes, so dass deren Abgabe zu festen Zeitpunkten in Warmhaltebehältern keine Lieferung, sondern eine dem Regelsteuersatz unterliegende sonstige Leistung ist.

BFH vom 30.06.2011 – V R 18/10, UR 2011 S. 699: Regelbesteuerte Abgabe von standardisiert zubereiteten Speisen zum Verzehr an einem Tisch mit Sitzgelegenheiten durch den Betreiber eines Imbissstands.

1. Verzehrvorrichtungen dürfen nur als Dienstleistungselement berücksichtigt werden, wenn sie vom Leistenden als Teil einer einheitlichen Leistung zur Verfügung gestellt werden (Änderung der Rechtsprechung).
2. Die Abgabe von Bratwürsten, Pommes frites und ähnlichen standardisiert zubereiteten Speisen zum Verzehr an einem Tisch mit Sitzgelegenheiten führt zu einem dem Regelsteuersatz unterliegenden Restaurationsumsatz.

BFH vom 30.06.2011 – V R 35/08, UR 2011 S. 697: Ermäßigter Steuersatz auf die Lieferung von zubereiteten Speisen oder Mahlzeiten zum sofortigen Verzehr durch den Betreiber eines Imbissstands.

Die Abgabe von Bratwürsten, Pommes frites und ähnlichen standardisiert zubereiteten Speisen an einem nur mit behelfsmäßigen Verzehrvorrichtungen ausgestatteten Imbissstand ist eine einheitliche Leistung, die als Lieferung dem ermäßigten Steuersatz unterliegt (Nachfolgeentscheidung zu EuGH, Urt. vom 10.3.2011 – Rs. C-497/09, C-499/09, C-501/09, C-502/09 – Bog u.a.).

§ 3

BFH vom 08.06.2011 – XI R 37/08, UR 2012 S. 34: Abgrenzung einer Lieferung von einer Restaurationsleistung – steuerermäßigte Abgabe von standardisiert zubereiteten Speisen an einem Imbissstand.

Die Abgabe von Würsten, Pommes frites und ähnlichen standardisiert zubereiteten Speisen an einem nur mit behelfsmäßigen Verzehrvorrichtungen ausgestatteten Imbissstand ist eine einheitliche Leistung, die als Lieferung dem ermäßigten Steuersatz unterliegt.

EuGH vom 10.03.2011 – Rs. C-497/09 – Bog, C-499/09 – Cinemaxx Entertainment GmbH & Co. KG, C-501/09 – Lothar Lohmayer, C-502/09 – Fleischerei Nier GmbH & Co. KG, DB 2011 S. 689: Abgrenzung der Lieferungen und sonstigen Leistungen bei der Abgabe und Darreichung von Lebensmitteln und Speisen zum Verzehr an Ort und Stelle.[1]

1. Die Art. 5 und 6 der Sechsten Richtlinie 77/388/EWG des Rates vom 17. Mai 1977 zur Harmonisierung der Rechtsvorschriften der Mitgliedstaaten über die Umsatzsteuern – Gemeinsames Mehrwertsteuersystem: einheitliche steuerpflichtige Bemessungsgrundlage in der durch die Richtlinie 92/111/EWG des Rates vom 14. Dezember 1992 geänderten Fassung sind dahin auszulegen, dass

   – die Abgabe frisch zubereiteter Speisen oder Nahrungsmittel zum sofortigen Verzehr an Imbissständen oder -wagen oder in Kino-Foyers eine Lieferung von Gegenständen im Sinne des genannten Art. 5 ist, wenn eine qualitative Prüfung des gesamten Umsatzes ergibt, dass die Dienstleistungselemente, die der Lieferung der Nahrungsmittel voraus- und mit ihr einhergehen, nicht überwiegen;

   – die Tätigkeiten eines Partyservice außer in den Fällen, in denen dieser lediglich Standardspeisen ohne zusätzliches Dienstleistungselement liefert oder in denen weitere, besondere Umstände belegen, dass die Lieferung der Speisen der dominierende Bestandteil des Umsatzes ist, Dienstleistungen im Sinne des genannten Art. 6 darstellen.

2. Bei Lieferung von Gegenständen ist der Begriff „Nahrungsmittel" in Anhang H Kategorie 1 der durch die Richtlinie 92/111 geänderten Sechsten Richtlinie 77/388 dahin auszulegen, dass er auch Speisen oder Mahlzeiten umfasst, die durch Kochen, Braten, Backen oder auf sonstige Weise zum sofortigen Verzehr zubereitet worden sind.

EuGH vom 30.09.2010 – Rs. C-581/08, EMI Group Ltd., UR 2010 S. 816: Unentgeltliche Abgabe eines Warenmusters oder Geschenks von geringem Wert zu Werbezwecken.

1. Ein „Warenmuster" i.S.v. Art. 5 Abs. 6 Satz 2 der 6. EG-Richtlinie 77/388/EWG ist ein Probeexemplar eines Produkts, durch dessen Absatz gefördert werden soll und das eine Bewertung der Merkmale und der Qualität dieses Produkts ermöglicht ohne in anderen als dem mit solchen Werbeumsätzen naturgemäß verbundenen Endverbrauch zu führen. Dieser Begriff kann nicht durch eine nationale Regelung allgemein auf Probeexemplare beschränkt werden, die in einer nicht im Verkauf erhältlichen Form abgegeben werden, oder auf das erste Exemplar einer Reihe identischer Probeexemplare, die von einem Steuerpflichtigen an denselben Empfänger übergeben werden, ohne dass diese Regelung es erlaubt, die Art des repräsentierten Produkts und den kommerziellen Kontext jedes einzelnen Vorgangs, in dessen Rahmen diese Probeexemplare übergeben werden, zu berücksichtigen.

2. Der Begriff „Geschenke von geringem Wert" i.S.v. Art. 5 Abs. 6 Satz 2 der 6. EG-Richtlinie ist dahin auszulegen, dass er einer nationalen Regelung nicht entgegensteht, mit der für Geschenke, die derselben Person innerhalb eines Zeitraums von zwölf Monaten oder auch als Teil einer Reihe oder Folge von Geschenken gemacht werden, eine monetäre Obergrenze in einer Größenordnung, wie sie in den im Ausgangsverfahren in Rede stehenden Rechtsvorschriften vorgesehen ist, d.h. in einer Größenordnung von 50 Pfund, festgelegt wird.

3. Art. 5 Abs. 6 Satz 2 der 6. EG-Richtlinie steht einer nationalen Regelung entgegen, wonach vermutet wird, dass Gegenstände, die „Geschenke von geringem Wert" im Sinne dieser Bestimmung darstellen und von einem Steuerpflichtigen an verschiedene Personen übergeben werden, die einen gemeinsamen Arbeitgeber haben, als Geschenke an ein und dieselbe Person gelten.

4. Der steuerliche Status des Empfängers von Warenmustern hat keine Auswirkungen auf die Antworten auf die übrigen Fragen.

---

[1] Antwort des EuGH auf die Vorabentscheidungsersuchen des BFH vom 15. und 27.10.2009

§ 3

BFH vom 19.05.2010 – XI R 6/09, BStBl. 2011 II S. 831[1]**:** Sortenwechsel als sonstige Leistung – Anforderungen an den Nachweis der Kundenansässigkeit im Ausland.
1. Ein Unternehmer, der in- und ausländische Banknoten und Münzen im Rahmen von Sortengeschäften an- und verkauft, führt keine Lieferungen, sondern sonstige Leistungen aus.
2. Die Bestimmungen über Buch- und Belegnachweise bei Ausfuhrlieferungen (§§ 8 und 17 UStDV 1993/1999) sind auf den Nachweis des Wohnsitzes des Empfängers einer sonstigen Leistung i.S.d. § 3a Abs. 3 Satz 3 UStG 1993/1999 nicht analog anwendbar.

EuGH vom 11.02.2010 – Rs. C-88/09, Graphic Procédé, UR 2010 S. 230: Reprografietätigkeit als Lieferung von Gegenständen oder Dienstleistung.

Art. 5 Abs. 1 der 6. EG-Richtlinie 77/388/EWG ist dahin auszulegen, dass die Reprografietätigkeit die Merkmale einer Lieferung von Gegenständen aufweist, soweit sie sich auf eine bloße Vervielfältigung von Dokumenten auf Trägern beschränkt wobei die Befugnis, über diese zu verfügen, vom Reprografen auf den Kunden übertragen wird, der die Kopien des Originals bestellt hat. Eine solche Tätigkeit ist jedoch als „Dienstleistung" i.S.v. Art. 6 Abs. 1 der 6. EG-Richtlinie einzustufen, wenn sich erweist, dass sie mit ergänzenden Dienstleistungen verbunden ist, die wegen der Bedeutung, die sie für ihren Abnehmer haben, der Zeit die für ihre Ausführung nötig ist, der erforderlichen Behandlung der Originaldokumente und des Anteils an den Gesamtkosten, der auf diese Dienstleistungen entfällt, im Vergleich zur Lieferung von Gegenständen überwiegen, so dass sie für den Empfänger einen eigenen Zweck darstellen.

BFH vom 10.02.2010 – XI R 49/07, UR 2010 S. 371: Garantiezusage eines Autoverkäufers als steuerpflichtige sonstige Leistung.

Die Garantiezusage eines Autoverkäufers, durch die der Käufer gegen Entgelt nach seiner Wahl einen Reparaturanspruch gegenüber dem Verkäufer oder einen Reparaturkostenersatzanspruch gegenüber einem Versicherer erhält, ist steuerpflichtig (Änderung der Rechtsprechung des BFH-Urteil vom 16.1.2003 – V R 16/02, BFHE 201, 343, BStBl. II 2003, 445, UR 2003, 247).

BFH vom 27.10.2009 – V R 3/07, BStBl. 2010 II S. 372: Vorabentscheidungsersuchen zur Abgrenzung von Restaurationsleistungen bei Zubereitung von Speisen zum sofortigen Verzehr gegenüber Lieferungen von Nahrungsmitteln – Verkauf von Popcorn und Nachos im Kino.[2]

Dem EuGH werden folgende Fragen zur Vorabentscheidung vorgelegt:
1. Handelt es sich um eine Lieferung i.S.v. Art. 5 der 6. EG-Richtlinie 77/388/EWG, wenn zum sofortigen Verzehr zubereitete Speisen oder Mahlzeiten abgegeben werden?
2. Kommt es für die Beantwortung der Frage 1 darauf an, ob zusätzliche Dienstleistungselemente erbracht werden (Nutzungsüberlassung von Tischen, Stühlen, sonstigen Verzehrvorrichtungen, Präsentation eines Kinoerlebnisses)?
3. Falls die Frage zu 1 bejaht wird: Ist der Begriff „Nahrungsmittel" im Anhang H Kategorie 1 der 6. EG-Richtlinie dahin auszulegen, dass darunter nur Nahrungsmittel „zum Mitnehmen" fallen, wie sie typischerweise im Lebensmittelhandel verkauft werden, oder fallen darunter auch Speisen oder Mahlzeiten, die – durch Kochen, Braten, Backen oder auf sonstige Weise – zum sofortigen Verzehr zubereitet worden sind?

BFH vom 27.10.2009 – V R 35/08, BStBl. 2010 II S. 376: Vorabentscheidungsersuchen zur Abgrenzung von Restaurationsleistungen bei Zubereitung von Speisen zum sofortigen Verzehr gegenüber Lieferungen von Nahrungsmitteln – Leistungen des Betreibers eines Imbiss-Stands.[3]

Dem EuGH werden folgende Fragen zur Vorabentscheidung vorgelegt:
1. Handelt es sich um eine Lieferung i.S.v. Art. 5 der 6. EG-Richtlinie 77/388/EWG, wenn zum sofortigen Verzehr zubereitete Speisen oder Mahlzeiten abgegeben werden?
2. Kommt es für die Beantwortung der Frage 1 darauf an, ob zusätzliche Dienstleistungselemente erbracht werden (Bereitstellung von Verzehrvorrichtungen)?
3. Falls die Frage zu 1 bejaht wird: Ist der Begriff „Nahrungsmittel" im Anhang H Kategorie 1 der 6. EG-Richtlinie dahin auszulegen, dass darunter nur Nahrungsmittel „zum Mitnehmen" fallen, wie sie typischerweise im Lebensmittelhandel verkauft werden, oder fallen darunter auch Speisen oder Mahlzeiten, die – durch Kochen, Braten, Backen oder auf sonstige Weise – zum sofortigen Verzehr zubereitet worden sind?

---

1) Siehe dazu BMF-Schreiben vom 05.10.2011 – IV D 2 – S 7100/08/10009, BStBl. 2011 I S. 962, siehe Anlage § 003-35
2) Siehe EuGH vom 10.03.2011
3) Siehe EuGH vom 10.03.2011

§ 3

EuGH vom 22.10.2009 – Rs. C-242/08, Swiss Re Germany Holding GmbH, DB 2010 S. 91: Übertragung eines Bestands von Versicherungsverträgen – Ort der Leistung – Befreiungen.

1. Eine von einer in einem Mitgliedstaat ansässigen Gesellschaft vorgenommene entgeltliche Übertragung eines Bestands von Lebensrückversicherungsverträgen auf ein in einem Drittstaat ansässiges Versicherungsunternehmen, durch die dieses Unternehmen alle Rechte und Pflichten aus diesen Verträgen mit Zustimmung der Versicherungsnehmer übernommen hat, stellt eine Dienstleistung im Sinne von Art. 6 der Sechsten Richtlinie 77/388 zur Harmonisierung der Rechtsvorschriften der Mitgliedstaaten über die Umsatzsteuern dar. Lebensrückversicherungsverträge können nämlich nicht als körperliche Gegenstände im Sinne von Art. 5 Abs. 1 der Sechsten Richtlinie angesehen werden. Demgemäß kann eine Leistung, die in der Übertragung solcher Verträge besteht, nicht als Lieferung eines Gegenstands im Sinne dieser Bestimmung gelten.

2. ...

Eine solche entgeltliche Übertragung eines Bestands von Lebensrückversicherungsverträgen, bei der die Erwerbergesellschaft als Entgelt für den Erwerb dieser Verträge einen bestimmten Preis gezahlt hat, stellt nämlich ihrem Wesen nach keinen Bankumsatz dar. Sie entspricht auch nicht den Merkmalen eines Versicherungsumsatzes, bei dem sich der Versicherer verpflichtet, dem Versicherten gegen vorherige Zahlung einer Prämie beim Eintritt des Versicherungsfalls die bei Vertragsschluss vereinbarte Leistung zu erbringen, und entspricht ebenso wenig einem Rückversicherungsumsatz, bei dem der Versicherer einen Vertrag schließt, in dem er sich verpflichtet, gegen Zahlung einer Prämie in dem in diesem Vertrag vereinbarten Umfang die Verbindlichkeiten zu übernehmen, die sich für einen anderen Versicherer aus den Verpflichtungen ergeben, die er aufgrund von Versicherungsverträgen gegenüber den bei ihm Versicherten eingegangen ist.

Die Übertragung eines Bestands von Lebensrückversicherungsverträgen ist ihrer Art nach auch kein Finanzgeschäft im Sinne des Art. 13 Teil B Buchst. d der Sechsten Richtlinie. Es geht dabei zudem um eine einheitliche Leistung, die nicht künstlich in zwei Leistungen, nämlich die Übernahme von Verbindlichkeiten im Sinne von Art. 13 Teil B Buchst. d Nr. 2 der Sechsten Richtlinie und einen Umsatz im Geschäft mit Forderungen im Sinne von Art. 13 Teil B Buchst. d Nr. 3 der Sechsten Richtlinie, aufgespalten werden kann.

3. Art. 13 Teil B Buchst. c der Sechsten Richtlinie 77/388 zur Harmonisierung der Rechtsvorschriften der Mitgliedstaaten über die Umsatzsteuern ist dahin auszulegen, dass er auf eine entgeltliche Übertragung eines Bestands von Lebensrückversicherungsverträgen nicht anwendbar ist, da eine solche Übertragung nicht als Lieferung eines Gegenstands im Sinne von Art. 5 Abs. 1 der Sechsten Richtlinie, sondern als Dienstleistung im Sinne von Art. 6 der Sechsten Richtlinie anzusehen ist. Aber selbst wenn sich ein solcher Umsatz als Lieferung eines Gegenstands im Sinne der Sechsten Richtlinie qualifizieren ließe, könnte er dennoch nicht unter die Steuerbefreiung des Art. 13 Teil B Buchst. c der Sechsten Richtlinie fallen, da die Befreiung dieses Umsatzes mit dem mit dieser Bestimmung verfolgten Zweck unvereinbar wäre, eine Doppelbesteuerung zu verhindern, die dem Grundsatz der Steuerneutralität zuwiderliefe, der im gemeinsamen Mehrwertsteuersystem zugrunde liegt.

BFH vom 15.10.2009 – XI R 52/06, BStBl. 2010 II S. 869: Umsätze aus sog. Mailingaktionen als einheitliche sonstige Leistungen.

Ein Unternehmer, der im Rahmen sog. „Mallingaktionen" an gemeinnützige Organisationen in Italien ein Bündel von Leistungen zur Planung, Herstellung, Verteilung und Erfolgskontrolle von Serienbriefen erbringt, um deren Adressaten zur Zahlung von Spenden zu bewegen, führt gegenüber seinen Auftraggebern eine einheitliche sonstige Leistung i.S. des § 3 Abs. 9 UStG und keine steuerermäßigte Lieferung von Druckschriften aus.

BFH vom 15.10.2009 – XI R 37/08, BStBl. 2010 II S. 368: Vorabentscheidungsersuchen zur Abgrenzung von Restaurationsleistungen bei Zubereitung von Speisen zum sofortigen Verzehr gegenüber Lieferungen von Nahrungsmitteln – Leistungen des Betreibers eines Imbiss-Stands mit Ablagebrettern als Verzehrvorrichtungen.[1)]

Dem EuGH werden folgende Fragen zur Vorabentscheidung vorgelegt:

1. Ist der Begriff „Nahrungsmittel" in Anhang H Kategorie 1 der 6. EG-Richtlinie 77/388/EWG dahin auszulegen, dass darunter nur Nahrungsmittel „zum Mitnehmen" fallen, wie sie typischerweise im Lebensmittelhandel verkauft werden, oder fallen darunter auch Speisen oder Mahlzeiten, die –

---
1) Siehe EuGH vom 10.03.2011

§ 3

durch Kochen, Braten, Backen oder auf sonstige Weise – zum sofortigen Verzehr zubereitet worden sind?

2. Falls „Nahrungsmittel" i.S.d. Anhangs H Kategorie 1 der 6. EG-Richtlinie auch Speisen oder Mahlzeiten zum sofortigen Verzehr sind:

   Ist Art. 6 Abs. 1 Satz 1 der 6. EG-Richtlinie dahin auszulegen, dass darunter die Abgabe frisch zubereiteter Speisen oder Mahlzeiten fällt, die der Abnehmer unter Inanspruchnahme von Verzehrvorrichtungen, wie z.B. Ablagebrettern, Stehtischen oder Ähnlichem, an Ort und Stelle verzehrt und nicht mitnimmt?

BFH vom 15.10.2009 – XI R 6/08, BStBl. 2010 II S. 364: Vorabentscheidungsersuchen zur Abgrenzung von Restaurationsleistungen bei Zubereitung von Speisen als Dienstleistungselement gegenüber Lieferungen von Nahrungsmitteln – Umsätze eines Partyservice-Unternehmens.[1]

Dem EuGH werden folgende Fragen zur Vorabentscheidung vorgelegt:

1. Ist der Begriff „Nahrungsmittel" in Anhang H Kategorie 1 der 6. EG-Richtlinie 77/388/EWG dahin auszulegen, dass darunter nur Nahrungsmittel „zum Mitnehmen" fallen, wie sie typischerweise im Lebensmittelhandel verkauft werden, oder fallen darunter auch Speisen oder Mahlzeiten, die – durch Kochen, Braten, Backen oder auf sonstige Weise – zum sofortigen Verzehr zubereitet worden sind?

2. Falls „Nahrungsmittel" i.S.d. Anhangs H Kategorie 1 der 6. EG-Richtlinie auch Speisen oder Mahlzeiten zum sofortigen Verzehr sind:

   Ist der Vorgang der Zubereitung der Speisen oder Mahlzeiten als Dienstleistungselement zu berücksichtigen, wenn zu entscheiden ist, ob die einheitliche Leistung eines Partyservice-Unternehmens (Überlassung von verzehrfertigen Speisen oder Mahlzeiten sowie deren Transport und gegebenenfalls Überlassung von Besteck und Geschirr und/oder von Stehtischen sowie das Abholen der zur Nutzung überlassenen Gegenstände) als steuerbegünstigte Lieferung von Nahrungsmitteln (Anhang H Kategorie 1 der 6. EG-Richtlinie) oder als nicht steuerbegünstigte Dienstleistung (Art. 6 Abs. 1 der 6. EG-Richtlinie) zu qualifizieren ist?

3. Falls die Frage zu 2 verneint wird:

   Ist es mit Art. 2 Nr. 1 i.V.m. Art. 5 Abs. 1 und Art. 6 Abs. 1 der 6. EG-Richtlinie vereinbar, bei der Qualifizierung der einheitlichen Leistung eines Partyservice-Unternehmens entweder als Warenlieferung oder als Dienstleistung eigener Art typisierend allein auf die Anzahl der Elemente mit Dienstleistungscharakter (zwei oder mehr) gegenüber dem Lieferungsanteil abzustellen oder sind die Elemente mit Dienstleistungscharakter unabhängig von ihrer Zahl zwingend – und bejahendenfalls nach welchen Merkmalen – zu gewichten?

FG München vom 26.08.2009 – 3 V 1503/09 – rechtskräftig, EFG 2009 S. 1974: Zu den Voraussetzungen des Nachweises eines Reihengeschäftes bei innergemeinschaftlichen Lieferungen.

1. Bei Reihengeschäften nach § 3 Abs. 6 Satz 6 UStG muss sich aus den vorhandenen Belegen leicht, eindeutig und nachprüfbar ergeben, wer die Beförderung durchgeführt oder die Versendung veranlasst hat.

2. Die nach Abschn. 31a Abs. 7 Satz 1 und 2 UStR 2008 erforderliche einheitliche Zuordnungsentscheidung der am Reihengeschäft Beteiligten setzt begriffsnotwendig voraus, dass der erste Unternehmer in der Reihe von der Veräußerung an den dritten Unternehmer in der Reihe und um die Einzelheiten der Beförderung und Versendung weiß.

BFH vom 23.07.2009 – V R 27/07, DB 2009 S. 2358: Sicherungsübereignung eines Warenlagers – Doppel- oder Dreifachumsatz bei Verwertung des Sicherungsguts – Verwertungsreife.

1. Der Sicherungsgeber führt mit der Übereignung beweglicher Gegenstände zu Sicherungszwecken unter Begründung eines Besitzmittlungsverhältnisses (§ 930 BGB) noch keine Lieferung an den Sicherungsnehmer gem. § 1 Abs. 1 Nr. 1 UStG, § 3 Abs. 1 UStG aus. Zur Lieferung wird der Übereignungsvorgang erst mit der Verwertung des Sicherungsguts, gleichgültig, ob der Sicherungsnehmer das Sicherungsgut dadurch verwertet, dass er es selbst veräußert, oder dadurch, dass der Sicherungsgeber es im Auftrag und für Rechnung des Sicherungsnehmers veräußert.

2. Veräußert der Sicherungsgeber das Sicherungsgut an einen Dritten, liegt ein Dreifachumsatz (Veräußerung für Rechnung des Sicherungsnehmers) erst vor, wenn aufgrund der konkreten Sicherungsabrede oder aufgrund einer hiervon abweichenden Vereinbarung die Verwertungsreife eingetreten ist (Änderung der Rechtsprechung).

---
[1] Siehe EuGH vom 10.03.2011

§ 3

BFH vom 03.06.2009 – XI R 34/08, BStBl. 20100 II S. 857: Überlassung von Eintrittskarten als sonstige Leistung.

1. Die entgeltliche Überlassung von Eintrittskarten zu einem sportlichen oder kulturellen Ereignis an einen Reiseveranstalter ist keine Lieferung, sondern eine sonstige Leistung.
2. Der Ort dieser Leistung bestimmt sich in Ermangelung einer Spezialregelung gemäß § 3a Abs. 1 UStG nach dem Sitzort des leistenden Unternehmers.

BFH vom 12.05.2009 – V R 24/08, BStBl. 2010 II S. 854: Grundsätze zur Beistellung.

1. Bei sog. nichtsteuerbaren Beistellungen liegt weder ein Tausch noch ein tauschähnlicher Umsatz (§ 3 Abs.12 UStG) vor.
2. Die nichtsteuerbare Beistellung setzt voraus, dass der Beistellende Empfänger einer an ihn erbrachten Leistung ist und die Beistellung ausschließlich für Zwecke der Leistungserbringung an den Beistellenden verwendet wird.
3. Sind für einen Unternehmer Handelsvertreter tätig, denen der Unternehmer Kfz überlässt, ist die Überlassung als Beistellung anzusehen, wenn die Handelsvertreter die Fahrzeuge nur für Zwecke der Handelsvertretertätigkeit, nicht aber auch für private Zwecke verwenden dürfen, und dieses Verbot auch in geeigneter Weise tatsächlich überwacht wird.

BFH vom 12.11.2008 – XI R 46/07, BStBl. 2009 II S. 558: Rückgängigmachung einer Lieferung und Rücklieferung (Abgrenzung) – Berichtigung der Bemessungsgrundlage.

Bietet ein (Umzugs-)Unternehmen seinen Kunden an, von ihm verkaufte Umzugskartons in verwertbarem Zustand gegen ein bestimmtes Entgelt zurückzunehmen, und machen die Kunden davon Gebrauch, ist die Bemessungsgrundlage für die ursprüngliche Lieferung nicht zu berichtigen. Vielmehr liegt eine selbstständige sog. Rücklieferung vor.

FG Düsseldorf vom 07.11.2008 – 1 K 3533/06 U – rechtskräftig, EFG 2009 S. 702: Lieferung neu errichteter Abwasseranlagen bei Übernahme von Aufgaben der Stadtentwässerung.

Bei Übernahme von Aufgaben der Stadtentwässerung ist die Frage, ob eine Lieferung der neu errichteten Abwasseranlagen vorliegt, unabhängig von Zivilrecht und Bilanzierungsregeln zu beurteilen.

BFH vom 30.09.2008 – XI B 74/08, DStRE 2008 S. 1517: Reinigung von Toilettenräumen gegen Erlaubnis zur Vereinnahmung freiwilliger Entgelte als tauschähnlicher Umsatz.

1. Ein Steuerpflichtiger, der die Kundentoiletten eines Kaufhauses reinigt und aufgrund des Vertrags mit dem Kaufhausbetreiber berechtigt ist, von den Benutzern der Toiletten freiwillige Entgelte oder Trinkgelder entgegenzunehmen, führt einen tauschähnlichen Umsatz aus.
2. Für die Reinigungsleistungen ist ein Entgelt in Höhe der vereinnahmten freiwilligen Entgelte und Trinkgelder anzusetzen.

BFH vom 30.07.2008 – XI R 67/07, BStBl. 2009 II S. 552: Zu den Voraussetzungen einer Versendungslieferung.

1. Eine Lieferung gilt auch dann bei Beginn der Versendung in einem anderen Mitgliedstaat als dort ausgeführt (§ 3 Abs. 6 Satz 1 UStG), wenn die Person des inländischen Abnehmers dem mit der Versendung Beauftragten im Zeitpunkt der Übergabe der Ware nicht bekannt ist, aber mit hinreichender Sicherheit leicht und einwandfrei aus den unstreitigen Umständen, insbesondere aus Unterlagen abgeleitet werden kann (Änderung der Rechtsprechung).
2. Dem steht nicht entgegen, dass die Ware von dem mit der Versendung Beauftragten zunächst in ein inländisches Lager gebracht und erst nach Eingang der Zahlung durch eine Freigabeerklärung des Lieferanten an den Erwerber herausgegeben wird.

BFH vom 14.05.2008 – XI R 60/07, BStBl. 2008 II S. 721; DStR 2008 S. 1480: Zur Steuerpflicht einer unentgeltlichen Zuwendung.

1. Der Begriff „unentgeltliche Zuwendung" i.S. von § 3 Abs. 1b Satz 1 Nr. 3 UStG 1999 setzt nicht lediglich die Unentgeltlichkeit einer Lieferung voraus, sondern verlangt darüber hinaus, dass der Zuwendende dem Empfänger zielgerichtet einen Vermögensvorteil verschafft.
2. Einen solchen Vermögensvorteil verschafft ein Unternehmer der Bundesrepublik Deutschland, wenn er auf eigene Kosten auf deren Grundbesitz einen Kreisverkehr errichtet.

§ 3

EuGH vom 21.02.2008 – Rs. C-425/06 – Part Service Srl., IStR 2008 S. 258: Mehrwertsteuer: Aufspaltung einer Leistung als Missbrauch.

1. Die Sechste Richtlinie 77/388/EWG des Rates vom 17.5.1977 zur Harmonisierung der Rechtsvorschriften der Mitgliedstaaten über die Umsatzsteuern – Gemeinsames Mehrwertsteuersystem: einheitliche steuerpflichtige Bemessungsgrundlage, ist dahin auszulegen, dass eine missbräuchliche Praxis vorliegt, wenn mit dem fraglichen Umsatz oder den fraglichen Umsätzen im Wesentlichen ein Steuervorteil erlangt werden soll.
2. Es ist Sache des vorlegenden Gerichts, im Licht der im vorliegenden Urteil enthaltenen Auslegungshinweise zu bestimmen, ob Umsätze wie die im Ausgangsverfahren fraglichen im Rahmen der Mehrwertsteuererhebung im Hinblick auf die Sechste Richtlinie 77/388/EWG als Teil einer missbräuchlichen Praxis anzusehen sind.

BFH vom 06.12.2007 – V R 24/05, BStBl. 2009 II S. 490: Ort der Versendungslieferung.

1. Führt eine Versendung oder Beförderung zu einer Lieferung, so bestimmt sich der Ort der Lieferung nach § 3 Abs. 6 Satz 1 UStG 1999, ansonsten nach § 3 Abs. 7 Satz 1 UStG 1999.
2. Der Ort der Lieferung bei einem Kauf auf Probe ist nach § 3 Abs. 7 Satz 1 UStG 1999 zu beurteilen.

FG Düsseldorf vom 25.10.2007 – 5 V 1731/07 A (U) – rechtskräftig –, EFG 2008 S. 492: Steuerpflicht einer Lottoprojektgesellschaft.

1. Eine Lottoprojektgesellschaft, deren Leistungen an die Lottospieler darin bestehen, aus den Spielern Tippgemeinschaften zu bilden, für diese Tippgemeinschaften Lottospielscheine mittels computergestützter Auswertung früherer Lottoziehungen auszufüllen und die Spielscheine zusammen mit den Lotterieeinsätzen an staatliche Lotteriegesellschaften weiterzuleiten, erbringt gegenüber den Lottospielern sonstige umsatzsteuerpflichtige Leistungen.
2. Für die Qualifizierung dieser Umsätze als steuerpflichtig ist es unbeachtlich, ob die Lottoprojektgesellschaft gegenüber den staatlichen Lotteriegesellschaften im eigenen Namen für Rechnung der Lottospieler und damit als Geschäftsbesorgerin auftritt oder ob sie insoweit im Namen und für Rechnung der Lottospieler und damit als Vermittler/in handelt.

BFH vom 21.03.2007 – V R 32/05, BStBl. 2008 II S. 153: Steuerschuldner der EUSt.

Schuldner der Einfuhrumsatzsteuer i.S. des § 3 Abs. 8 UStG 1993 ist auch derjenige, dessen Umsätze zwar gemäß § 1 Abs. 1 Nr. 4 UStG 1993 steuerbar, aber gemäß § 5 UStG 1993 steuerfrei sind.[1]

BFH vom 19.04.2007 – V R 48/05, BStBl. 2007 II S. 801: Besteuerung der privaten Nutzung eines im Jahr 2000 angeschafften Fahrzeugs im Jahr 2003.

Hat ein Unternehmer im Jahr 2000 die ihm bei der Anschaffung eines sowohl betrieblich als auch privat genutzten Pkw in Rechnung gestellte Umsatzsteuer gemäß der damals geltenden Vorschrift des § 15 Abs. 1b UStG (nur) in Höhe von 50 v.H. als Vorsteuer abgezogen und macht er im Jahr 2003 einen Teil der ursprünglich nicht abziehbaren Vorsteuerbeträge gemäß § 15a UStG nachträglich geltend, muss er die in diesem Jahr erfolgte private Verwendung des Pkw versteuern.

BFH vom 21.03.2007 – V R 32/05, BStBl. 2008 II S. 153: Auch Unternehmer mit steuerfreien Umsätzen sind „Schuldner der Einfuhrumsatzsteuer".

Schuldner der Einfuhrumsatzsteuer i.S. des § 3 Abs. 8 UStG 1993 ist auch derjenige, dessen Umsätze zwar gemäß § 1 Abs. 1 Nr. 4 UStG 1993 steuerbar, aber gemäß § 5 UStG 1993 steuerfrei sind.

Nieders. FG vom 22.02.2007 – 5 K 180/01 – rechtskräftig, DStRE 2007 S. 1265: Verköstigung der Arbeitnehmer durch Arbeitgeber mit angelieferten Fertigmenüs nicht steuerbegünstigt.

Ein Verzehr an Ort und Stelle i.S. des § 3 Abs. 9 Sätze 4 und 5 UStG liegt auch dann vor, wenn der Arbeitnehmer in einem Aufenthaltsraum, der ähnlich einer Kantine ausgestaltet ist, Essen zu sich nimmt, das ein Bring-Dienst für Rechnung des Arbeitgebers angeliefert hat. Die Umsätze des Arbeitgebers aus den an die Arbeitnehmer insoweit erbrachten Leistungen unterliegen deshalb dem Regelsteuersatz und nicht dem ermäßigten Steuersatz.

BFH vom 26.10.2006 – V R 58, 59/04, BStBl. 2007 II S. 487: Abgabe von Speisen aus einem Imbisswagen.

1. Die Abgabe von fertig zubereiteten Speisen aus einem Imbisswagen unterliegt als Dienstleistung dem Regelsteuersatz, wenn aus der Sicht eines Durchschnittsverbrauchers das Dienstleistungselement der Speiseabgabe überwiegt; dagegen ist die bloße Abgabe von fertig zubereiteten Speisen

---
[1] Siehe dazu BMF vom 01.02.2008, Anl. § 003-29

aus einem Imbisswagen „zum Mitnehmen" eine nach § 12 Abs. 2 Nr. 1 UStG 1993 ermäßigt zu besteuernde Lieferung.
2. Bei der Beurteilung, ob das Dienstleistungselement der Abgabe von fertig zubereiteten Speisen überwiegt, sind nur solche Dienstleistungen zu berücksichtigen, die sich von denen unterscheiden, die notwendig mit der Vermarktung der Speisen verbunden sind.
3. Der Wortlaut des § 3 Abs. 9 Satz 4 UStG 1993 in der seit 27. Juni 1998 geltenden Fassung ist nicht in vollem Umfang gemeinschaftsrechtskonform.

BFH vom 24.08.2006 – V R 16/05, BStBl. 2007 II S. 340: Leistungsempfänger bei der Lieferung von Waren gegen Vorlage eines Warengutscheins – Rechnungen über Anzahlungen.
1. Schließt ein Unternehmer mit einem anderen Unternehmer einen Kaufvertrag über den Bezug von Werbegeschenken, ist der Unternehmer auch dann Abnehmer (Leistungsempfänger), wenn der andere die Werbegeschenke vereinbarungsgemäß nicht unmittelbar an den Unternehmer, sondern an den Inhaber eines „Warenzertifikats" (Warengutscheins) als Beauftragten des Unternehmers übergibt und hierauf auf dem Gutschein ausdrücklich hingewiesen wurde. Eine derartige Gestaltung ist nicht rechtsmissbräuchlich.
2. Der Vorsteuerabzug aus Rechnungen über Lieferungen, auf die eine Anzahlung geleistet wurde, setzt voraus, dass die Gegenstände der Lieferung zum Zeitpunkt der Anzahlung genau bestimmt sind.

BFH vom 10.08.2006 – V R 55/04, BStBl. 2007 II S. 480: Abgabe von Mahlzeiten auf eigenem Geschirr.
1. Die Abgabe von Speisen durch einen Mahlzeitendienst, der Mittagessen auf eigenem Geschirr an Einzelabnehmer in deren Wohnung ausgibt und das Geschirr endreinigt, unterliegt als sonstige Leistung (Dienstleistung) dem Regelsteuersatz.
2. Bei der Beurteilung, ob das Dienstleistungselement der Abgabe von fertig zubereiteten Speisen das Lieferelement qualitativ überwiegt, sind nur solche Dienstleistungen zu berücksichtigen, die sich von denen unterscheiden, die notwendig mit der Vermarktung der Speisen verbunden sind.
3. Der Wortlaut des § 3 Abs. 9 Satz 4 UStG 1999 ist nicht in vollem Umfang gemeinschaftsrechtskonform.

BFH vom 10.08.2006 – V R 38/05, BStBl. 2007 II S. 482; DB 2006 S. 2556: Abgabe von warmem Mittagessen an Schüler als Dienstleistung zum Regelsteuersatz.
Eine dem Regelsteuersatz unterliegende sonstige Leistung und keine Lieferung von Speisen, liegt vor, wenn im Rahmen einer Gesamtbetrachtung das Dienstleistungselement i.S. einer Bewirtungssituation überwiegt. Dies ist bei der Abgabe von warmem Mittagessen an Schüler insbesondere dann der Fall, wenn der Unternehmer nach dem Essen die Tische und das Geschirr abräumt und reinigt.

EuGH vom 06.04.2006 – Rs. C-245/04, EMAG Handel Eder OHG, UR 2006 S. 342: Lieferungsort bei innergemeinschaftlicher Versendung oder Beförderung von Gegenständen im Reihengeschäft.
1. Führen zwei aufeinanderfolgende Lieferungen desselben Gegenstands, die gegen Entgelt zwischen Steuerpflichtigen, die als solche handeln, vorgenommen werden, zu einer einzigen innergemeinschaftlichen Versendung oder Beförderung dieses Gegenstands, so kann diese Versendung oder Beförderung nur einer der beiden Lieferungen zugeordnet werden, die als einzige befreit ist nach Art. 28c Teil A Buchst. a Unterabs. 1 der 6. EG-Richtlinie 77/388/EWG in der Fassung der Richtlinie 95/7/EG des Rates vom 10.4.1995.
Diese Auslegung gilt unabhängig davon, in der Verfügungsmacht welches Steuerpflichtigen – des Erstverkäufers, des Zwischenerwerbers oder des Zweiterwerbers – sich der Gegenstand während dieser Versendung oder Beförderung befindet.
2. Nur der Ort der Lieferung, die zur innergemeinschaftlichen Versendung oder Beförderung von Gegenständen führt, bestimmt sich nach Art. 8 Abs. 1 Buchst. a der 6. EG-Richtlinie in der Fassung der Richtlinie 95/7/EG; er befindet sich im Mitgliedstaat des Beginns dieser Versendung oder Beförderung. Der Ort der anderen Lieferung bestimmt sich nach Art. 8 Abs. 1 Buchst. b der 6. EG-Richtlinie; er befindet sich entweder im Mitgliedstaat des Beginns oder im Mitgliedstaat der Ankunft dieser Versendung oder Beförderung, je nachdem, ob diese Lieferung die erste oder die zweite der beiden aufeinanderfolgenden Lieferungen ist.

BFH vom 30.03.2006 – V R 6/04, UR 2006 S. 579: Unentgeltliche Überlassung einer dem Unternehmen zugeordneten Wohnung durch eine Gesellschaft an ihren Geschäftsführer.
1. Überlässt eine Gesellschaft ihrem Geschäftsführer eine dem Unternehmen zugeordnete Wohnung unentgeltlich gelegentlich zu Übernachtungszwecken, ist diese Zuwendung des Unternehmers nicht

§ 3

umsatzsteuerbar, wenn sie im Hinblick auf besondere Umstände geboten ist und die Befriedigung des privaten Bedarfs des Geschäftsführers durch betriebliche Zwecke überlagert wird.

2. Die unentgeltliche Überlassung einer Übernachtungsmöglichkeit durch die Gesellschaft am Tätigkeitsort, der weit vom Heimatort des Geschäftsführers entfernt ist, dient nicht bereits deshalb stets der Befriedigung des privaten Bedarfs des Geschäftsführers, weil ihm bei Abschluss des Dienstvertrags bekannt war, dass die Tätigkeit mit auswärtigen Aufenthalten verbunden ist und er trotzdem – in freier Entscheidung – den Anstellungsvertrag abschließt.[1]

BFH vom 09.02.2006 – V R 22/03, BStBl. 2006 II S. 727: Wann liegen beim „sale-and-lease-back-Verfahren" Lieferungen vor?[2]

Beim „sale-and-lease-back"-Verfahren kann der Übertragung des zivilrechtlichen Eigentums an dem Leasinggut durch den Leasingnehmer an den Leasinggeber eine bloße Sicherungs- und Finanzierungsfunktion zukommen mit der Folge, dass weder diese Übertragung noch die Rückübertragung des Eigentums vom Leasinggeber an den Leasingnehmer umsatzsteuerrechtlich als Lieferung zu behandeln ist.

Die Frage nach den umsatzsteuerrechtlichen Leistungsbeziehungen kann auch insoweit grundsätzlich nur auf der Grundlage der konkreten vertraglichen Vereinbarungen und deren tatsächlicher Durchführung beantwortet werden.

BFH vom 20.12.2005 – V R 14/04, UR 2006 S. 337: Unentgeltliche Übertragung von öffentlichen Flächen durch einen Erschließungsträger an eine Gemeinde.

1. Die unentgeltliche Lieferung öffentlicher Straßen und Flächen durch einen Erschließungsträger in der Rechtsform einer GmbH an ihren Gesellschafter (Gemeinde) unterlag nach § 1 Abs. 1 Nr. 3 UStG 1993[3] der Umsatzsteuer.
2. Die zur Erschließung dieser Grundstücke bezogenen Leistungen sind zur Ausführung dieser Umsätze verwandt worden.
3. Die Grunderwerbsteuer, die der Käufer eines Grundstücks vereinbarungsgemäß zahlt, erhöht das Entgelt für die Grundstückslieferung nicht (Änderung der Rechtsprechung).

EuGH vom 27.10.2005 – Rs. C-41/04, Levsb Verzekeringen BV, OV Bank, ZSteu 2005 S. R-920, UR 2006 S. 20: Einheitliche Leistung bei Software-Lieferung mit Dienstleistung.

1. Artikel 2 Absatz 1 der Sechsten Richtlinie 77/388/EWG des Rates vom 17. Mai 1977 zur Harmonisierung der Rechtsvorschriften der Mitgliedstaaten über die Umsatzsteuern – Gemeinsames Mehrwertsteuersystem: einheitliche steuerpflichtige Bemessungsgrundlage ist dahin auszulegen, dass dann, wenn ein Steuerpflichtiger für einen Verbraucher, wobei auf einen Durchschnittsverbraucher abzustellen ist, zwei oder mehr Handlungen vornimmt oder Elemente liefert, die so eng miteinander verbunden sind, dass sie in wirtschaftlicher Hinsicht objektiv ein Ganzes bilden, dessen Aufspaltung wirklichkeitsfremd wäre, alle diese Handlungen oder Elemente in mehrwertsteuerrechtlicher Hinsicht eine einheitliche Leistung darstellen.
2. Das ist bei einem Umsatz, bei dem ein Steuerpflichtiger einem Verbraucher eine zuvor entwickelte und in den Verkehr gebrachte, auf einem Datenträger gespeicherte Standard-Software überlässt und anschließend an die besonderen Bedürfnisse dieses Erwerbers anpasst, auch dann der Fall, wenn dafür zwei getrennte Preise gezahlt werden.
3. Artikel 6 Absatz 1 der Sechsten Richtlinie 77/388 ist dahin auszulegen, dass eine einheitliche Leistung wie die in Nummer 2 dieses Tenors genannte als „Dienstleistung" einzustufen ist, wenn die fragliche Anpassung weder unbedeutend noch nebensächlich, sondern vielmehr von ausschlaggebender Bedeutung ist; das ist insbesondere dann der Fall, wenn diese Anpassung angesichts von Umständen wie ihrem Umfang, ihren Kosten oder ihrer Dauer entscheidend dafür ist, dass der Erwerber eine auf ihn zugeschnittene Software nutzen kann.
4. Artikel 9 Absatz 2 Buchstabe e dritter Gedankenstrich der Sechsten Richtlinie 77/388 ist dahin auszulegen, dass er auf eine einheitliche Dienstleistung wie die in Nummer 3 dieses Tenors genannte Anwendung findet, wenn sie einem innerhalb der Gemeinschaft, jedoch außerhalb des Landes des Dienstleistenden ansässigen Steuerpflichtigen erbracht wird.

---

1) Leitsatz aus UR
2) Siehe dazu *Slapio/Bosche*, BB 2006 S. 2165
3) Seit 01.04.1999 gilt stattdessen § 3 Abs. 1b UStG

§ 3

BFH vom 06.10.2005 – V R 20/04, DStRE 2006 S. 90: Dreifachumsatz bei Verwertung des Sicherungsguts durch Sicherungsgeber.
1. Der Sicherungsgeber führt mit der Übereignung beweglicher Gegenstände zu Sicherungszwecken unter Begründung eines Besitzmittlungsverhältnisses (§ 930 BGB) noch keine Lieferung an den Sicherungsnehmer gemäß § 1 Abs. 1 Nr. 1 UStG 1993, § 3 Abs. 1 UStG 1993 aus. Zur Lieferung wird der Übereignungsvorgang erst mit der Verwertung des Sicherungsguts, gleichgültig, ob der Sicherungsnehmer das Sicherungsgut dadurch verwertet, dass er es selbst veräußert, oder dadurch, dass der Sicherungsgeber es im Auftrag und für Rechnung des Sicherungsnehmers veräußert.
2. Falls der Sicherungsgeber es übernimmt, das Sicherungsgut im eigenen Namen, aber für Rechnung des Sicherungsnehmers zu verkaufen, führt er an den Käufer eine entgeltliche Lieferung im Sinne des § 1 Abs. 1 Nr. 1 UStG 1993 aus. Zudem greift § 3 Abs. 3 UStG 1993 ein; zwischen dem Sicherungsnehmer (Kommittent) und dem Sicherungsgeber (Kommissionär) liegt eine Lieferung vor, bei der der Sicherungsgeber (Verkäufer, Kommissionär) als Abnehmer gilt. Gleichzeitig erstarkt die Sicherungsübereignung zu einer Lieferung im Sinne des § 1 Abs. 1 Nr. 1 UStG 1993 des Sicherungsgebers an den Sicherungsnehmer. Es liegt ein Dreifachumsatz vor.

BFH vom 09.06.2005 – V R 50/02, BStBl. 2006 II S. 98: Richtlinienkonforme Auslegung von § 3 Abs. 4 Satz 1 UStG (Werklieferung).
1. Bei richtlinienkonformer Auslegung des § 3 Abs. 4 Satz 1 UStG 1993 sind unter „Zutaten" und „sonstige Nebensachen" Lieferungen zu verstehen, die bei einer Gesamtbetrachtung aus der Sicht des Durchschnittsbetrachters *nicht* das Wesen des Umsatzes bestimmen.
2. Die orthopädische Zurichtung von Konfektionsschuhen ist eine sonstige Leistung; deshalb kommt die Anwendung des ermäßigten Steuersatzes nach § 12 Abs. 2 Nr. 1 UStG 1993 i.V. m. Nr. 52 Buchst. b der Anlage hierzu nicht in Betracht.

BFH vom 19.02.2004 – V R 10/03, BStBl. 2004 II S. 675: Leistungsbeziehungen bei der sog. Selbstwerbung durch Holzkäufer.
1. Kauft ein Unternehmer von einem Waldbesitzer Holz und beauftragt dieser den Holzkäufer mit der Fällung, Aufarbeitung und Rückung des Holzes (sog. Selbstwerbung), kommt sowohl ein tauschähnlicher Umsatz (Waldarbeiten gegen Lieferung des Holzes mit Baraufgabe) als auch eine bloße Holzlieferung in Betracht.
2. Entscheidend ist, ob nach dem Inhalt der zugrunde liegenden Vereinbarungen der Unternehmer (Holzkäufer) dem Waldbesitzer mit den vereinbarten Arbeiten einen in Geld ausdrückbaren Vorteil zuwendet und das Entgelt des Waldbesitzers in der Holzlieferung (mit Baraufgabe) bestehen soll oder ob die dem Holzkäufer durch die Waldarbeiten entstehenden Kosten lediglich bei ihm Gestehungskosten für den Erwerb des Holzes sein sollen.

EuGH vom 11.09.2003 – Rs. C-155/01 – Cookies World Vertriebsgesellschaft mbH i. L., UR 2003, 499, IStR 2003 S. 669: Mehrwertsteuerpflichtigkeit der Nutzung eines Kraftfahrzeugs, das von einem Unternehmen in einem Mitgliedstaat gemietet und in einem anderen Mitgliedstaat zu beruflichen Zwecken verwendet wird.
Die Sechste Richtlinie 77/388/EWG des Rates vom 17. Mai 1977 zur Harmonisierung der Rechtsvorschriften der Mitgliedstaaten über die Umsatzsteuern – Gemeinsames Mehrwertsteuersystem: einheitliche steuerpflichtige Bemessungsgrundlage steht einer Bestimmung eines Mitgliedstaats entgegen, nach der das Tätigen von Ausgaben, die Dienstleistungen betreffen, die einem in diesem Mitgliedstaat ansässigen Empfänger in anderen Mitgliedstaaten erbracht wurden, der Mehrwertsteuer unterliegt, während die betreffenden Dienstleistungen, wären sie demselben Empfänger im Inland erbracht worden, diesen nicht zum Vorsteuerabzug berechtigen hätten.

BFH vom 04.09.2003 – V R 9, 10/02, BStBl. 2004 II S. 627: Handeln im fremden Namen.
1. Rechnungsaussteller und leistender Unternehmer müssen grundsätzlich identisch sein.
2. Bei einem Handeln im fremden Namen ist umsatzsteuerrechtlich die dem Leistungsempfänger erbrachte Leistung grundsätzlich dem Vertretenen zuzurechnen.
3. Dabei kann der Lieferer dem Abnehmer die Verfügungsmacht an dem Gegenstand auch dadurch verschaffen, dass er einen Dritten, der die Verfügungsmacht bislang innehat, mit dem Vollzug dieser Maßnahme beauftragt.
4. Der Unternehmer, der unter fremdem Namen auftritt, liefert dagegen selbst, wenn nach den erkennbaren Umständen durch sein Handeln unter fremdem Namen lediglich verdeckt wird, dass er und nicht der „Vertretene" die Lieferung erbringt.

§ 3

5. Die Feststellung, welcher Leistungsbeziehung die Verschaffung der Verfügungsmacht zuzurechnen ist, ist im Wesentlichen tatsächliche Würdigung.

BFH vom 10.04.2003 – V R 26/00, BStBl. 2004 II S. 571[1]**:** Keine Kraftstofflieferung des Leasinggebers an den Leasingnehmer bei Betankung des geleasten Fahrzeugs durch den Leasingnehmer im Namen und für Rechnung des Leasinggebers.

Betankt ein Leasingnehmer das geleaste Fahrzeug bei Tankstellen mittels einer Kreditkarte des Leasinggebers entsprechend einer „Übereinkunft über Kraftstoffverwaltung" für Rechnung des Leasinggebers, so liegt keine Kraftstofflieferung des Leasinggebers an den Leasingnehmer vor. Die Mineralölgesellschaft verschafft nicht dem Leasinggeber, sondern dem Leasingnehmer die Verfügungsmacht an dem Treibstoff. Die „Übereinkunft über Kraftstoffverwaltung" ist in Fällen wie im Streitfall kein Vertrag über Kraftstofflieferung, sondern ein Vertrag über die Finanzierung des Bezugs von Kraftstoff.

EuGH vom 06.02.2003 – Rs. C-185/01 – Auto Lease Holland BV, BStBl. 2004 II S. 573: Keine Kraftstofflieferung des Leasinggebers an den Leasingnehmer bei Betankung des geleasten Fahrzeugs durch den Leasingnehmer im Namen und für Rechnung des Leasinggebers.

Art. 5 Abs. 1 der 6. EG-Richtlinie 77/388/EWG ist dahin auszulegen, das in einem Fall, in dem ein Leasingnehmer das geleaste Fahrzeug im Namen und für Rechnung des Leasinggebers bei Tankstellen betankt, keine Kraftstofflieferung des Leasinggebers an den Leasingnehmer vorliegt.[2]

BFH vom 29.08.2002 – V R 8/02, BStBl. 2004 II S. 320: Leistungskommission gilt auch für den Leistungsverkauf[3].

1. Die Vorschrift des § 3 Abs. 11 UStG 1993 findet nicht nur auf Geschäftsbesorgungen Anwendung, bei denen der Geschäftsbesorger (Auftragnehmer) für Rechnung seines Auftraggebers Leistungen bezieht (sog. Leistungseinkauf), sondern auch auf Geschäftsbesorgungen, bei denen der Geschäftsbesorger für Rechnung seines Auftraggebers Leistungen ausführt (sog. Leistungsverkauf).
2. Nach der Rechtsprechung des Senats entspricht § 3 Abs. 11 UStG 1993 hinsichtlich des zu erreichenden Ziels den Vorgaben des Art. 6 Abs. 4 der Richtlinie 77/388/EWG.
3. Der Auftraggeber, der einen Unternehmer (Auftragnehmer) beauftragt, im eigenen Namen (des Auftragnehmers) aber für Rechnung des Auftraggebers eine Ferienwohnung zu vermieten, ist deshalb so zu behandeln, als ob er die Ferienwohnung an den Auftragnehmer und dieser an die Feriengäste zur kurzfristigen Beherbergung von Feriengästen vermietet hätte.

BFH vom 16.05.2002 – V B 89/01, BStBl. 2004 II S. 319: Umsatzsteuerrechtliche Behandlung der Leistungskommission ist geklärt[4].

Durch die Rechtsprechung des BFH ist bereits geklärt,

– dass ein Besorgen einer sonstigen Leistung i. S. des § 3 Abs. 11 UStG vorliegt, wenn ein Unternehmer für Rechnung eines anderen im eigenen Namen Leistungen durch einen Dritten erbringen lässt („Leistungseinkauf") oder wenn ein Unternehmen für Rechnung eines anderen im eigenen Namen Leistungen an Dritte erbringt („Leistungsverkauf").

– und dass entsprechend den Vorgaben des Art. 6 Abs. 4 der Richtlinie 77/388/EWG die Geschäftsbesorger, die bei der Erbringung von Dienstleistungen im eigenen Namen, aber für Rechnung eines Dritten tätig werden, so zu behandeln sind, als ob sie diese Dienstleistung selbst erhalten und erbracht hätten.

BFH vom 31.01.2002 – V R 40, 41/00, BStBl. 2004 II S. 315: Leistungskommission erfasst auch den sog. Leistungsverkauf – Leistungsbesorgung durch treuhänderische Vermögensanlage umsatzsteuerfrei[5].

1. Besorgen einer sonstigen Leistung i. S. des § 3 Abs. 11 UStG liegt vor, wenn ein Unternehmer für Rechnung eines anderen im eigenen Namen Leistungen durch einen Dritten erbringen lässt („Leistungseinkauf") oder wenn ein Unternehmer für Rechnung eines anderen im eigenen Namen Leistungen an Dritte erbringt („Leistungsverkauf", gegen Abschn. 32 Abs. 1 Satz 1 UStR).

---

1) Folgeentscheidung zu EuGH vom 06.02.2003; Hinweis auf Anlage § 003-21
2) Antwort auf das Vorabentscheidungsersuchen des BFH vom 22.02.2001 – V R 26/00, UR 2001 S. 305
3) Der BFH hat damit das Urteil des FG Niedersachsen vom 13.12.2002 – 5 K 352/00, EFG 2002 S. 576, das die Rechtsprechung des BFH zur Leistungskommission ausdrücklich ablehnte, aufgehoben. Ab 01.01.2004 siehe dazu Neufassung von § 3 Abs. 11 UStG
4) Beachte die Änderung des § 3 Abs. 11 UStG zum 01.01.2004
5) Beachte die Änderung des § 3 Abs. 11 UStG zum 01.01.2004

§ 3

2. Nach der Rechtsprechung des Senats entspricht § 3 Abs. 11 UStG hinsichtlich des zu erreichenden Ziels den Vorgaben des Art. 6 Abs. 4 der Richtlinie 77/388/EWG.

3. Besorgt ein Unternehmer für Rechnung eines anderen im eigenen Namen eine sonstige Leistung, so sind die für die besorgten Leistungen geltenden Befreiungsvorschriften (hier: § 4 Nr. 8 Buchst. a oder Buchst. d UStG) auf die Besorgungsleistung entsprechend anzuwenden.

BFH vom 20.12.2001 – V R 8/98, BStBl. 2002 II S. 557: Bestandteile bei der Entnahme[1].

1. Die Entnahme eines dem Unternehmen zugeordneten Pkw, den ein Unternehmer von einem Nichtunternehmer und damit ohne Berechtigung zum Vorsteuerabzug erworben hat, unterliegt nach Art. 5 Abs. 6 Satz 1 der Richtlinie 77/388/EWG nicht der Umsatzbesteuerung, soweit keine „Bestandteile" (mit Berechtigung zum Vorsteuerabzug) eingefügt wurden. Dienstleistungen (sonstige Leistungen) einschließlich derjenigen, für die zusätzlich kleinere Lieferungen von Gegenständen erforderlich sind (z.B. Karosserie- und Lackarbeiten an einem Pkw), führen nicht zu „Bestandteilen" des Gegenstandes (Anschluss an die Vorabentscheidung des EuGH vom 17.05. 2001 Rs. C-322/99 im Streitfall Fischer).
2. Eine Eigenverbrauchsbesteuerung der Pkw-Entnahme nach der Differenz-Regelung des § 25a Abs. 1 UStG 1991 scheidet aus, wenn der Entnahmewert den Einkaufspreis nicht übersteigt.
3. Eine in der Vorabentscheidung erwogene Berichtigung des Vorsteuerabzugs nach Art. 20 Abs. 1 Buchst. b der Richtlinie 77/388/EWG, soweit die Entnahme nicht gemäß Art. 5 Abs. 6 Satz 1 dieser Richtlinie der Besteuerung unterliegt und der Wert der betreffenden Arbeiten nicht im Rahmen der beruflichen Tätigkeiten des Klägers vor der Überführung des Fahrzeugs in sein Privatvermögen vollständig verbraucht worden ist, kann nicht auf § 15a UStG gestützt werden, wenn der entnommene Pkw kein Investitionsgut, sondern Gegenstand des Umlaufvermögens des Unternehmens ist.

BFH vom 18.10.2001 – V R 106/98, BStBl. 2002 II S. 551: Entnahme eines ohne Vorsteuerabzugsberechtigung erworbenen Pkw bei nachträglichen vorsteuerbelasteten Ausgaben.

1. Die Entnahme eines dem Unternehmen zugeordneten Pkw, den ein Unternehmer von einem Nichtunternehmer und damit ohne Berechtigung zum Vorsteuerabzug erworben hat, unterliegt nicht der Umsatzsteuerbesteuerung.
2. Falls an dem Pkw nach seiner Anschaffung Arbeiten ausgeführt worden sind, die zum Einbau von Bestandteilen geführt haben und für die der Unternehmer zum Vorsteuerabzug berechtigt war, unterliegen bei einer Entnahme des Pkw nur diese Bestandteile der Umsatzbesteuerung (EuGH vom 17.05.2001, Rs. C-322 und 323/99, Fischer, Brandenstein).
3. Bestandteile eines Pkw sind diejenigen gelieferten Gegenstände, die – auf Grund ihres Einbaus in den Pkw ihre körperliche und wirtschaftliche Eigenart endgültig verloren haben und die ferner – zu einer dauerhaften, im Zeitpunkt der Entnahme nicht vollständig verbrauchten Werterhöhung des Gegenstands geführt haben. Nicht dazu gehören sonstige Leistungen (Dienstleistungen) einschließlich derjenigen, für die zusätzlich kleinere Lieferungen von Gegenständen erforderlich sind.
4. Besteuerungsgrundlage (Bemessungsgrundlage) im Falle einer steuerpflichtigen Entnahme eines Pkw ist der Restwert des Pkw bzw. seiner Bestandteile im Zeitpunkt der Entnahme.
5. Zur Berichtigung des Vorsteuerabzugs nach § 15a UStG in diesen Fällen.

EuGH vom 17.05.2001 – verb. Rs. C-322/99 – Fischer und C-323/99 – Brandenstein, IStR 2001 S. 376: Entnahme eines Betriebsgegenstands zu privaten Zwecken – Begriff der Bestandteile des entnommenen Gegenstands.[2]

1. Ein Steuerpflichtiger, der einen Gegenstand (hier einen Pkw), den er ohne Berechtigung zum Vorsteuerabzug erworben hat und der nach seiner Anschaffung Gegenstand von Arbeiten war, für die die Mehrwertsteuer abgezogen wurde, zu unternehmensfremden Zwecken entnimmt, hat die nach Art. 5 Abs. 6 der Sechsten Richtlinie 77/388/EWG des Rates vom 17.5.1977 zur Harmonisierung der Rechtsvorschriften der Mitgliedstaaten über die Umsatzsteuern – Gemeinsames Mehrwertsteuersystem: einheitliche Bemessungsgrundlage geschuldete Mehrwertsteuer nur für die Bestandteile zu entrichten, die zum Vorsteuerabzug berechtigt haben, d. h. diejenigen, die ihre körperliche und wirtschaftliche Eigenart endgültig verloren haben, als sie nach Anschaffung des Pkw und im Anschluss an Umsätze, die durch Lieferungen von Gegenständen erzielt worden sind

---

1) Folgeentscheidung zu EuGH vom 17.05.2001 – Rs. C-322/99
2) Dieses Urteil beruht auf den Vorabentscheidungsersuchen des BFH vom 15.07.1999 – V R 8/98, UR 1999 S. 413 und V R 106/98, UR 1999 S. 411; siehe dazu *Widmann*, UR 1999 S. 415

§ 3

und zu einer dauerhaften, im Zeitpunkt der Entnahme nicht vollständig verbrauchten Werterhöhung des Pkws geführt haben, in den Pkw eingebaut worden sind.

2. Im Fall einer nach Art. 5 Abs. 6 der Sechsten Richtlinie 77/388 steuerpflichtigen Entnahme, insbesondere der Entnahme eines Gegenstands (hier eines Pkws),
   – der ohne Berechtigung zum Vorsteuerabzug erworben wurde
   – und an dem Arbeiten ausgeführt worden sind, die zum Vorsteuerabzug berechtigt und zum Einbau von Bestandteilen geführt haben,

   ist die Besteuerungsgrundlage i. S. von Art. 11 Teil A Abs. 1 Buchst. b der Sechsten Richtlinie 77/388 unter Bezugnahme auf den im Zeitpunkt der Entnahme geltenden Preis für diejenigen in den Pkw eingegangenen Gegenstände zu bestimmen, die Bestandteile des entnommenen Gegenstands i. S. von Art. 5 Abs. 6 dieser Richtlinie sind.

3. Der auf Grund von Arbeiten, die nach Anschaffung des Gegenstands (hier eines Pkws) ausgeführt worden sind und zum Vorsteuerabzug berechtigt haben, in Anspruch genommene Vorsteuerabzug ist Gegenstand einer Berichtigung nach Art. 20 Abs. 1 Buchst. b dieser Richtlinie, wenn diese Arbeiten nicht zur Mehrwertsteuerpflicht gemäß Art. 5 Abs. 6 der Sechsten Richtlinie 77/388 bei der Entnahme des Pkws geführt haben und ihr Wert nicht im Rahmen der beruflichen Tätigkeit des Steuerpflichtigen vor der Überführung des Fahrzeugs in sein Privatvermögen vollständig verbraucht worden ist.

BFH vom 26.04.2001 – V R 50/99, UR 2001 S. 391: Behandlung der im Namen einer nicht rechtsfähigen liechtensteinischen Domizilgesellschaft auftretenden natürlichen Person wie ein Unternehmer.

1. Wenn jemand im Namen oder unter dem Namen einer von ihm beherrschten nicht rechtsfähigen Domizilgesellschaft (Sitzgesellschaft) liechtensteinischen Rechts in der Bundesrepublik Lieferungen oder sonstige Leistungen ausführt, sind ihm diese Leistungen umsatzsteuerrechtlich als eigene zuzurechnen.

2. In diesem Fall kann ihm (auch) der Vorsteuerabzug aus den an die Domizilgesellschaft adressierten Rechnungen zustehen.

EuGH vom 15.03.2001 – Rs. C-108/00 – Syndicat des produkteurs independants (SPI), DStRE 2001 S. 481: Umsatzsteuerrechtliche Behandlung unmittelbarer und mittelbarer Leistungen von Werbetreibenden.

Art. 9 Abs. 2 Buchst. e zweiter Gedankenstrich der Sechsten Richtlinie 77/388/EWG des Rates vom 17.5.1977 zur Harmonisierung der Rechtsvorschriften der Mitgliedstaaten über die Umsatzsteuern – Gemeinsames Mehrwertsteuersystem: einheitliche steuerpflichtige Bemessungsgrundlage ist dahin auszulegen, dass er nicht nur für Leistungen auf dem Gebiet der Werbung gilt, die der Dienstleistende einem mehrwertsteuerpflichtigen Werbetreibenden unmittelbar erbringt und in Rechnung stellt, sondern auch auf Leistungen, die dem Werbetreibenden mittelbar erbracht und einem Dritten in Rechnung gestellt werden, der sie dem Werbetreibenden berechnet.

BFH vom 25.05.2000 – V R 66/99, BStBl. 2004 II S. 310: Leistungskommission bei der Vermietung von Ferienhäuser durch eine GbR.[1)]

1. Hat sich der Eigentümer eines Ferienhauses mit anderen Ferienhauseigentümern zu einer GbR zusammengeschlossen, die die Ferienhäuser im eigenen Namen für Rechnung der Gesellschafter vermieten soll, und sind die Zahlungen der Gesellschaft an den Gesellschafter von der tatsächlichen Inanspruchnahme des Hauses aufgrund der Überlassung der Nutzungsbefugnis abhängig, kann die Nutzungsüberlassung durch den Eigentümer an die Gesellschaft als entgeltlich beurteilt werden.

2. In Betracht kommt auch, dass schon deshalb von Vermietungsleistungen des Gesellschafters an die Gesellschaft auszugehen ist, weil in entsprechender Anwendung von § 3 Abs. 3 UStG i.V.m. § 3 Abs. 11 UStG die Gesellschaft, die im eigenen Namen, aber für Rechnung der Gesellschafter vermietet, so behandelt wird, als ob sie diese Vermietungsleistung selbst erhalten hätte.

BFH vom 07.10.1999 – V R 79, 80/98, DStR 1999 S. 2120; UR 2000 S. 26 mit Anm. Henkel: Leistungskommission.[2)]

1. Eine Reiseleistung i. S. des § 25 Abs. 1 UStG 1980 liegt auch vor, wenn der Unternehmer nur eine Leistung – wie z. B. die Weitervermietung von Ferienwohnungen ohne Anreise und Verpflegung – erbringt.

---

1) Beachte Änderung von § 3 Abs. 11 UStG ab 01.01.2004
2) Beachte Änderung des § 3 Abs. 11 UStG ab 01.01.2004

§ 3

2. Seit Inkrafttreten der Richtlinie 77/388/EWG werden Steuerpflichtige, die bei der Erbringung von Dienstleistungen im eigenen Namen, aber für Rechnung Dritter tätig werden, so behandelt, als ob sie diese Dienstleistungen selbst erhalten und erbracht hätten (Abgrenzung gegenüber der bisherigen Rechtsprechung zur sog. Leistungskommission). Deshalb ist auch der Unternehmer, der Reiseleistungen im eigenen Namen aber für Rechnung eines Dritten erbringt, so zu behandeln, als ob er die von dem Dritten bezogenen Reisevorleistungen selbst erhalten hätte.

3. Vermittelt eine inländische Tochtergesellschaft Reiseleistungen im Namen ihrer ausländischen Muttergesellschaft, können die Reiseleistungen der Muttergesellschaft nicht der Tochtergesellschaft zugerechnet werden.

BFH vom 05.11.1998 – V R 20/98, BStBl. 1999 II S. 326: Bereithalten von Vorrichtungen zum Verzehr an Ort und Stelle.

1. Ein Unternehmer, der Speisen und Getränke an Tischen serviert, führt eine sonstige Leistung zum allgemeinen Steuersatz aus, wenn er anschließend das ausgegebene Geschirr, das Besteck und die Gläser abräumt und reinigt. In wessen Eigentum die von den Verzehrpersonen benutzten Tische und Stühle stehen, ist dabei unerheblich.

2. Eine Lieferung von Speisen und Getränken zum Verzehr an Ort und Stelle (§ 12 Abs. 2 Nr. 1 Sätze 2 und 3 UStG 1991) liegt bereits dann vor, wenn die vom Gesetz hierfür verlangten besonderen Vorrichtungen von einem Dritten, der nicht Abnehmer der Speisen und Getränke ist, zumindest auch im Interesse des leistenden Unternehmers zur Verfügung gestellt werden (Anschluß an BFH-Urteil vom 7. Mai 1975 V R 136/72, BFHE 116, 294, BStBl. II 1975, 796).

BFH vom 20.08.1998 – V R 15/98, BStBl. 1999 II S. 37: Durchführung einer Schulspeisung durch einen Unternehmer.

Ein Unternehmer führt eine sog. Schulspeisung als sonstige Leistung zum allgemeinen Steuersatz aus, wenn er an die Essensteilnehmer neben den von ihm zubereiteten Speisen Geschirr und Besteck ausgibt und dieses sowie die vorhandenen Tische und Stühle nach den Mahlzeiten reinigt. Dies gilt unabhängig von der Frage, wer umsatzsteuerlich Empfänger der Leistungen des Unternehmers ist (der Schulträger oder die einzelnen Essensteilnehmer).

BFH vom 12.03.1998 – V R 52/97, BStBl. 1998 II S. 417: Schülerverpflegung durch Catering-Unternehmer in einer Schule.

1. Überträgt eine Gemeinde aufgrund eines sog. Catering-Vertrages die Schülerverpflegung in ihren Schulen dergestalt einem Unternehmer, daß dieser die Verpflegung im eigenen Namen und für eigene Rechnung an die Schüler abgibt, so wird die Gemeinde in die Verpflegungsleistung nicht eingeschaltet.

2. Der Unternehmer führt die Verpflegung der Schüler als sonstige Leistungen zum regelmäßigen Steuersatz aus, wenn er in der Schulküche Mittagessen zubereitet und diese gegen Entgelt an Schüler und Lehrer zum Verzehr in der Schulmensa abgibt (Anschluß an EuGH, Urteil vom 2. Mai 1996 Rs. C-231/94, UVR 1996, 169, UR 1996, 220).

Niedersächsisches FG vom 11.12.1997 – V 231/91 – rechtskräftig (NZB als unbegründet zurückgewiesen, BFH vom 29.10.1998 – V B 38/98, n. v.), EFG 1998 S. 909: Keine Rücklieferung unter Eigentumsvorbehalt gelieferter Gegenstände bei Abholung der Gegenstände vor Konkurseröffnung im Auftrage eines Dritten; Doppelumsatz im Fall einer Sicherungsübereignung im Zeitpunkt der Sicherheitenverwertung.

1. Werden unter Eigentumsvorbehalt gelieferte Gegenstände vor Eröffnung des Konkurses über das Vermögen der Leistungsempfängerin von einer Bank „als Sicherung abgeholt", ist ein erneutes Verbringen in den Betrieb nach Konkurseröffnung kein umsatzsteuerpflichtiger Vorgang.

2. Bei einer Sicherheitsübereignung begründet erst die Verwertung des Gegenstandes eine umsatzsteuerpflichtige Lieferung, und zwar sowohl zwischen Sicherungsnehmer und Erwerber als auch zwischen Sicherungsgeber und Sicherungsnehmer.

BFH vom 16.04.1997 – XI R 87/96, BStBl. 1997 II S. 585: Lieferer bei öffentlicher Versteigerung.

Der im Wege öffentlicher Versteigerung vorgenommene Verkauf eines Pfandes führt zu einer Lieferung des Pfandleihers an den Erwerber (Anschluß an Urteile des BFH vom 8. August 1963 V 247/60 U, BFHE 77, 475, BStBl. III 1963, S. 493; vom 9. Juli 1970 V R 32/70, BFHE 99, 325, BStBl. II 1970, S. 645); § 4 Nr. 28 Buchst. a UStG 1980 ist nicht entsprechend anwendbar.

§ 3

BFH vom 31.07.1996 – XI R 74/95, BStBl. 1997 II S. 157: Reihengeschäft.

Ein Reihengeschäft ist zu verneinen, wenn der erste Unternehmer erneut als Abnehmer vor dem letzten Abnehmer eingeschaltet ist.

BFH vom 26.06.1996 – XI R 18/94, UR 1996 S. 389: Restaurationsumsätze sind Dienstleistungen. Ort der Dienstleistung bei Schiffs-Restaurationsbetrieben.

Restaurationsumsätze auf Bodenseeschiffen der Deutschen Bundesbahn sind sonstige Leistungen, die nicht auf dem Bodensee ausgeführt werden.

EuGH vom 02.05.1996 – Rs. C-231/94 – Faaborg-Gelting Linien, UR 1996 S. 220[1]**:** Restaurationsumsätze sind sonstige Leistungen. Leistungsort bei Schiffsrestaurationsumsätzen.

Restaurationsumsätze sind als Dienstleistungen i. S. von Artikel 6 Absatz 1 der Sechsten Richtlinie (77/388/EWG) anzusehen, als deren Ort nach Artikel 9 Absatz 1 der Richtlinie derjenige Ort gilt, an dem der Dienstleistende den Sitz seiner wirtschaftlichen Tätigkeit hat.

BFH vom 27.06.1995 – V R 27/94, BStBl. 1995 II S. 756: Rücklieferung – Rückgängigmachung einer Lieferung.

1. Wenn Händler das Angebot des Herstellers auf Rückkauf von noch nicht abgesetzten Erzeugnissen zum Einstandspreis annehmen und erfüllen, ist umsatzsteuerrechtlich eine Rücklieferung und keine Rückgängigmachung einer Lieferung anzunehmen. Eine Rückgängigmachung der ursprünglichen Lieferung ist auch nicht gegeben, wenn ein Preisverfall den Hersteller zum Rückkauf der Ware veranlaßt.
2. Die Rücklieferung einer Ware an den Lieferer, der sie anschließend vernichtet, führt nicht zur Rückgängigmachung von Kürzungsansprüchen nach dem Berlin FG für die ursprüngliche Lieferung dieser Gegenstände.

FG Nürnberg vom 23.12.1994 – II 45/93 – rechtskräftig, EFG 1995 S. 502: USt-Pflicht von Schmiergeldzahlungen.

Die Annahme von anteiligen Architektenhonoraren sowie von Handwerkerprovisionen für die Berücksichtigung bei der Auftragsvergabe durch den Arbeitgeber unterliegt (als sonstige Leistung) der USt.

BFH vom 21.07.1994 – V R 114/91, BStBl. 1994 II S. 878: Freigabe von Sicherungsgut stellt noch keine Lieferung dar.

Eine Vereinbarung, nach der der Sicherungsgeber dem Sicherungsnehmer das Sicherungsgut zur Verwertung freigibt und auf sein Auslöserecht verzichtet, stellt noch keine Lieferung des Sicherungsguts an den Sicherungsnehmer dar.

BFH vom 26.09.1991 – V R 33/87, BStBl. 1992 II S. 313: Herstellung von Fotokopien als sonstige Leistung.

EuGH vom 08.02.1990 – Rs. C-320/88 – Shipping and Forwarding Enterprise Safe, UR 1991 S. 289; HFR 1991 S. 246: Definition des Lieferungsbegriffes.

1. Artikel 5 Absatz 1 der Sechsten Richtlinie ist dahin auszulegen, daß als „Lieferung eines Gegenstands" auch dann die Übertragung der Befähigung gilt, wie ein Eigentümer über einen körperlichen Gegenstand zu verfügen, wenn das rechtliche Eigentum am Gegenstand nicht übertragen worden ist.
2. Es ist Sache des nationalen Gerichts, in jedem Einzelfall anhand des gegebenen Sachverhalts festzustellen, ob die Befähigung, wie ein Eigentümer über einen Gegenstand zu verfügen, i. S. des Artikels 5 Absatz 1 der Sechsten Richtlinie übertragen worden ist.

BFH vom 20.04.1988 – X R 4/80, BStBl. 1988 II S. 744:

Die Bestellung eines Erbbaurechts ist umsatzsteuerrechtlich eine Dauerleistung.

EuGH vom 14.05.1985 – Rs. 139/84 – Van Dijks Boekhuis, HFR 1986 S. 152: Umsatzsteuer für die Instandsetzung von Büchern aufgrund eines Werkvertrages.

Es handelt sich nur dann um die Herstellung eines beweglichen Gegenstands aufgrund eines Werkvertrags i.S. von Art. 5 Abs. 2 Buchst. d der RL 67/228 und von Art. 5 Abs. 5 Buchst. a der RL 77/388, wenn ein Auftragnehmer aus Material, das der Auftraggeber ihm ausgehändigt hat, einen neuen Gegenstand schafft. Neu ist der Gegenstand, wenn durch die Arbeit des Auftragnehmers ein Gegenstand entsteht, dessen Funktion sich nach der allgemeinen Verkehrsauffassung von derjenigen unterscheidet, die das ausgehändigte Material besaß.

---
[1] Siehe dazu *Weiß*, UR 1996 S. 221

§ 3a

§ 3a Ort der sonstigen Leistung[1]

(1) Eine sonstige Leistung wird vorbehaltlich der Absätze 2 bis 8 und der §§ 3b, 3e und 3f an dem Ort ausgeführt, von dem aus der Unternehmer sein Unternehmen betreibt. Wird die sonstige Leistung von einer Betriebsstätte ausgeführt, gilt die Betriebsstätte als der Ort der sonstigen Leistung.

(2) Eine sonstige Leistung, die an einen Unternehmer für dessen Unternehmen ausgeführt wird, wird vorbehaltlich der Absätze 3 bis 8 und der §§ 3b, 3e und 3f an dem Ort ausgeführt, von dem aus der Empfänger sein Unternehmen betreibt. Wird die sonstige Leistung an die Betriebsstätte eines Unternehmers ausgeführt, ist stattdessen der Ort der Betriebsstätte maßgebend. Die Sätze 1 und 2 gelten entsprechend bei einer sonstigen Leistung an eine nicht unternehmerisch tätige juristische Person, der eine Umsatzsteuer-Identifikationsnummer erteilt worden ist.

(3) Abweichend von den Absätzen 1 und 2 gilt:

1. Eine sonstige Leistung im Zusammenhang mit einem Grundstück wird dort ausgeführt, wo das Grundstück liegt. Als sonstige Leistungen im Zusammenhang mit einem Grundstück sind insbesondere anzusehen:
   a) sonstige Leistungen der in § 4 Nr. 12 bezeichneten Art,
   b) sonstige Leistungen im Zusammenhang mit der Veräußerung oder dem Erwerb von Grundstücken,
   c) sonstige Leistungen, die der Erschließung von Grundstücken oder der Vorbereitung, Koordinierung oder Ausführung von Bauleistungen dienen.

2. Die kurzfristige Vermietung eines Beförderungsmittels wird an dem Ort ausgeführt, an dem dieses Beförderungsmittel dem Empfänger tatsächlich zur Verfügung gestellt wird. Als kurzfristig im Sinne des Satzes 1 gilt eine Vermietung über einen ununterbrochenen Zeitraum
   a) von nicht mehr als 90 Tagen bei Wasserfahrzeugen,
   b) von nicht mehr als 30 Tagen bei anderen Beförderungsmitteln.

3. Die folgenden sonstigen Leistungen werden dort ausgeführt, wo sie vom Unternehmer tatsächlich erbracht werden:
   a) kulturelle, künstlerische, wissenschaftliche, unterrichtende, sportliche, unterhaltende oder ähnliche Leistungen, wie Leistungen im Zusammenhang mit Messen und Ausstellungen, einschließlich der Leistungen der jeweiligen Veranstalter sowie die damit zusammenhängenden Tätigkeiten, die für die Ausübung der Leistungen unerlässlich sind, an einen Empfänger, der weder ein Unternehmer ist, für dessen Unternehmen die Leistung bezogen wird, noch eine nicht unternehmerisch tätige juristische Person, der eine Umsatzsteuer-Identifikationsnummer erteilt worden ist,
   b) die Abgabe von Speisen und Getränken zum Verzehr an Ort und Stelle (Restaurationsleistung), wenn diese Abgabe nicht an Bord eines Schiffs, in einem Luftfahrzeug oder in einer Eisenbahn während einer Beförderung innerhalb des Gemeinschaftsgebiets erfolgt,
   c) Arbeiten an beweglichen körperlichen Gegenständen und die Begutachtung dieser Gegenstände für einen Empfänger, der weder ein Unternehmer ist, für dessen Unternehmen die Leistung ausgeführt wird, noch eine nicht unternehmerisch tätige juristische Person, der eine Umsatzsteuer-Identifikationsnummer erteilt worden ist.

4. Eine Vermittlungsleistung an einen Empfänger, der weder ein Unternehmer ist, für dessen Unternehmen die Leistung bezogen wird, noch eine nicht unternehmerisch tätige juristische Person, der eine Umsatzsteuer-Identifikationsnummer erteilt worden ist, wird an dem Ort erbracht, an dem der vermittelte Umsatz als ausgeführt gilt.

5. Die Einräumung der Eintrittsberechtigung zu kulturellen, künstlerischen, wissenschaftlichen, unterrichtenden, sportlichen, unterhaltenden oder ähnlichen Veranstaltungen,

---
[1] Fassung ab 01.01.2011

§ 3a

wie Messen und Ausstellungen, sowie die damit zusammenhängenden sonstigen Leistungen an einen Unternehmer für dessen Unternehmen oder an eine nicht unternehmerisch tätige juristische Person, der eine Umsatzsteuer-Identifikationsnummer erteilt worden ist, wird an dem Ort erbracht, an dem die Veranstaltung tatsächlich durchgeführt wird.

(4) Ist der Empfänger einer der in Satz 2 bezeichneten sonstigen Leistungen weder ein Unternehmer, für dessen Unternehmen die Leistung bezogen wird, noch eine nicht unternehmerisch tätige juristische Person, der eine Umsatzsteuer-Identifikationsnummer erteilt worden ist, und hat er seinen Wohnsitz oder Sitz im Drittlandsgebiet, wird die sonstige Leistung an seinem Wohnsitz oder Sitz ausgeführt. Sonstige Leistungen im Sinne des Satzes 1 sind:

1. die Einräumung, Übertragung und Wahrnehmung von Patenten, Urheberrechten, Markenrechten und ähnlichen Rechten;
2. die sonstigen Leistungen, die der Werbung oder der Öffentlichkeitsarbeit dienen, einschließlich der Leistungen der Werbungsmittler und der Werbeagenturen;
3. die sonstigen Leistungen aus der Tätigkeit als Rechtsanwalt, Patentanwalt, Steuerberater, Steuerbevollmächtigter, Wirtschaftsprüfer, vereidigter Buchprüfer, Sachverständiger, Ingenieur, Aufsichtsratsmitglied, Dolmetscher und Übersetzer sowie ähnliche Leistungen anderer Unternehmer, insbesondere die rechtliche, wirtschaftliche und technische Beratung;
4. die Datenverarbeitung;
5. die Überlassung von Informationen einschließlich gewerblicher Verfahren und Erfahrungen;
6. a) die sonstigen Leistungen der in § 4 Nr. 8 Buchstabe a bis h und Nr. 10 bezeichneten Art sowie die Verwaltung von Krediten und Kreditsicherheiten,
   b) die sonstigen Leistungen im Geschäft mit Gold, Silber und Platin. Das gilt nicht für Münzen und Medaillen aus diesen Edelmetallen;
7. die Gestellung von Personal;
8. der Verzicht auf Ausübung eines der in Nummer 1 bezeichneten Rechte;
9. der Verzicht, ganz oder teilweise eine gewerbliche oder berufliche Tätigkeit auszuüben;
10. die Vermietung beweglicher körperlicher Gegenstände, ausgenommen Beförderungsmittel;
11. die sonstigen Leistungen auf dem Gebiet der Telekommunikation;
12. die Rundfunk- und Fernsehdienstleistungen;
13. die auf elektronischem Weg erbrachten sonstigen Leistungen;
14. die Gewährung des Zugangs zum Erdgasnetz, zum Elektrizitätsnetz oder zu Wärme- oder Kältenetzen und die Fernleitung, die Übertragung oder Verteilung über diese Netze sowie die Erbringung anderer damit unmittelbar zusammenhängender sonstiger Leistungen.

(5) Ist der Empfänger einer in Absatz 4 Satz 2 Nr. 13 bezeichneten sonstigen Leistung weder ein Unternehmer, für dessen Unternehmen die Leistung bezogen wird, noch eine nicht unternehmerisch tätige juristische Person, der eine Umsatzsteuer-Identifikationsnummer erteilt worden ist, und hat er seinen Wohnsitz oder Sitz im Gemeinschaftsgebiet, wird die sonstige Leistung abweichend von Absatz 1 dort ausgeführt, wo er seinen Wohnsitz oder Sitz hat, wenn die sonstige Leistung von einem Unternehmer ausgeführt wird, der im Drittlandsgebiet ansässig ist oder dort eine Betriebsstätte hat, von der die Leistung ausgeführt wird.

(6) Erbringt ein Unternehmer, der sein Unternehmen von einem im Drittlandsgebiet liegenden Ort aus betreibt,

1. eine in Absatz 3 Nr. 2 bezeichnete Leistung oder die langfristige Vermietung eines Beförderungsmittels,
2. eine in Absatz 4 Satz 2 Nr. 1 bis 10 bezeichnete sonstige Leistung an eine im Inland ansässige juristische Person des öffentlichen Rechts, oder
3. eine in Absatz 4 Satz 2 Nr. 11 und 12 bezeichnete Leistung,

ist diese Leistung abweichend von Absatz 1, Absatz 3 Nr. 2 oder Absatz 4 Satz 1 als im Inland ausgeführt zu behandeln, wenn sie dort genutzt oder ausgewertet wird. Wird die Leistung von einer Betriebsstätte eines Unternehmers ausgeführt, gilt Satz 1 entsprechend, wenn die Betriebsstätte im Drittlandsgebiet liegt.

(7) Vermietet ein Unternehmer, der sein Unternehmen vom Inland aus betreibt, kurzfristig ein Schienenfahrzeug, einen Kraftomnibus oder ein ausschließlich zur Beförderung von Gegenständen bestimmtes Straßenfahrzeug, ist diese Leistung abweichend von Absatz 3 Nr. 2 als im Drittlandsgebiet ausgeführt zu behandeln, wenn die Leistung an einen im Drittlandsgebiet ansässigen Unternehmer erbracht wird, das Fahrzeug für dessen Unternehmen bestimmt ist und im Drittlandsgebiet genutzt wird. Wird die Vermietung des Fahrzeugs von einer Betriebsstätte eines Unternehmers ausgeführt, gilt Satz 1 entsprechend, wenn die Betriebsstätte im Inland liegt.

(8)[1)] Erbringt ein Unternehmer eine Güterbeförderungsleistung, ein Beladen, Entladen, Umschlagen oder ähnliche mit der Beförderung eines Gegenstandes im Zusammenhang stehende Leistungen im Sinne des § 3b Absatz 2, eine Arbeit an beweglichen körperlichen Gegenständen oder eine Begutachtung dieser Gegenstände oder eine Reisevorleistung im Sinne des § 25 Absatz 1 Satz 5, ist diese Leistung abweichend von Absatz 2 als im Drittlandsgebiet ausgeführt zu behandeln, wenn die Leistung dort genutzt oder ausgewertet wird. Erbringt ein Unternehmer eine sonstige Leistung auf dem Gebiet der Telekommunikation, ist diese Leistung abweichend von Absatz 1 als im Drittlandsgebiet ausgeführt zu behandeln, wenn die Leistung dort genutzt oder ausgewertet wird. Die Sätze 1 und 2 gelten nicht, wenn die dort genannten Leistungen in einem der in § 1 Absatz 3 genannten Gebiete tatsächlich ausgeführt werden.

Vorgaben im EG-Recht

USt-Recht	MwStSystRL
§ 3a Abs. 1 UStG	Artikel 43
§ 3a Abs. 2 Nr. 1 UStG	Artikel 45
§ 3a Abs. 2 Nr. 3 Buchst. a UStG	Artikel 52 Buchst. a
§ 3a Abs. 2 Nr. 3 Buchst. c UStG	Artikel 52 Buchst. c, Artikel 55
§ 3a Abs. 2 Nr. 4 UStG	Artikel 44
§ 3a Abs. 3 und 4 UStG	Artikel 56 i.V.m. Anhang II
§ 3a Abs. 3a UStG	Artikel 57
§ 3a Abs. 5 UStG	Artikel 58 und 59

UStAE

Zu § 3a UStG

3a.1. Ort der sonstigen Leistung bei Leistungen an Nichtunternehmer[2)]

(1) ¹Der Ort der sonstigen Leistung bestimmt sich nach § 3a Abs. 1 UStG nur bei Leistungen an
– Leistungsempfänger, die nicht Unternehmer sind,
– Unternehmer, wenn die Leistung nicht für ihr Unternehmen bezogen wird, und es sich nicht um eine juristische Person handelt, oder
– nicht unternehmerisch tätige juristische Personen, denen keine USt-IdNr. erteilt worden ist.

(Nichtunternehmer); maßgebend für diese Beurteilung ist der Zeitpunkt, in dem die Leistung an den Leistungsempfänger erbracht wird (vgl. Artikel 25 der MwStVO). ²Der Leistungsort bestimmt sich

---

1) Ab 01.07.2011, lautet § 3a Abs. 8 Satz 1 UStG wie folgt (vgl. Gesetz vom 07.12.2011, BGBl. I 2011 S. 2592):
„Erbringt ein Unternehmer eine Güterbeförderungsleistung, ein Beladen, Entladen, Umschlagen oder ähnliche mit der Beförderung eines Gegenstandes im Zusammenhang stehende Leistungen im Sinne des § 3b Absatz 2, eine Arbeit an beweglichen körperlichen Gegenständen oder eine Begutachtung dieser Gegenstände, eine Reisevorleistung im Sinne des § 25 Absatz 1 Satz 5 oder eine Veranstaltungsleistung im Zusammenhang mit Messen und Ausstellungen, ist diese Leistung abweichend von Absatz 2 als im Drittlandsgebiet ausgeführt zu behandeln, wenn die Leistung dort genutzt oder ausgewertet wird."
Hinweis auf Anlage § 003a-20
2) Hinweis auf Anlagen § 003a-18 und 19

§ 3a UStAE 3a.1.

außerdem nur nach § 3a Abs. 1 UStG, wenn kein Tatbestand des § 3a Abs. 3 bis 8 UStG, des § 3b UStG, des § 3e oder des § 3f UStG vorliegt. ³Maßgeblich ist grundsätzlich der Ort, von dem aus der Unternehmer sein Unternehmen betreibt (bei Körperschaften, Personenvereinigungen oder Vermögensmassen ist dabei der Ort der Geschäftsleitung maßgeblich). ⁴Das ist der Ort, an dem die Handlungen zur zentralen Verwaltung des Unternehmens vorgenommen werden; hierbei werden der Ort, an dem die wesentlichen Entscheidungen zur allgemeinen Leitung des Unternehmens getroffen werden, der Ort seines satzungsmäßigen Sitzes und der Ort, an dem die Unternehmensleitung zusammenkommt, berücksichtigt. ⁵Kann danach der Ort, von dem aus der Unternehmer sein Unternehmen betreibt, nicht mit Sicherheit bestimmt werden, ist der Ort, an dem die wesentlichen Entscheidungen zur allgemeinen Leitung des Unternehmens getroffen werden, vorrangiger Anknüpfungspunkt. ⁶Allein aus dem Vorliegen einer Postanschrift kann nicht geschlossen werden, dass sich dort der Ort befindet, von dem aus der Unternehmer sein Unternehmen betreibt (vgl. Artikel 10 der MwStVO). ⁷Wird die Leistung tatsächlich von einer Betriebsstätte erbracht, ist dort der Leistungsort (vgl. Absatz 2 und 3). ⁸Verfügt eine natürliche Person weder über einen Unternehmenssitz noch über eine Betriebsstätte, kommen als Leistungsort der Wohnsitz des leistenden Unternehmers oder der Ort seines gewöhnlichen Aufenthalts in Betracht. ⁹Als Wohnsitz einer natürlichen Person gilt der im Melderegister oder in einem ähnlichen Register eingetragene Wohnsitz oder der Wohnsitz, den die betreffende Person bei der zuständigen Steuerbehörde angegeben hat, es sei denn, es liegen Anhaltspunkte dafür vor, dass diese Eintragung nicht die tatsächlichen Gegebenheiten widerspiegelt (vgl. Artikel 12 der MwStVO). ¹⁰Als gewöhnlicher Aufenthaltsort einer natürlichen Person gilt der Ort, an dem diese auf Grund persönlicher und beruflicher Bindungen gewöhnlich lebt. ¹¹Liegen die beruflichen Bindungen einer natürlichen Person in einem anderen Land als dem ihrer persönlichen Bindungen oder gibt es keine beruflichen Bindungen, bestimmt sich der gewöhnliche Aufenthaltsort nach den persönlichen Bindungen, die enge Beziehungen zwischen der natürlichen Person und einem Wohnort erkennen lassen (vgl. Artikel 13 der MwStVO). ¹²Als gewöhnlicher Aufenthalt im Inland ist stets und von Beginn an ein zeitlich zusammenhängender Aufenthalt von mehr als sechs Monaten Dauer anzusehen; kurzfristige Unterbrechungen bleiben unberücksichtigt. ¹³Dies gilt nicht, wenn der Aufenthalt ausschließlich zu Besuchs-, Erholungs-, Kur- oder ähnlichen privaten Zwecken genommen wird und nicht länger als ein Jahr dauert. ¹⁴Der Ort einer einheitlichen sonstigen Leistung liegt nach § 3a Abs. 1 UStG auch dann an dem Ort, von dem aus der Unternehmer sein Unternehmen betreibt, wenn einzelne Leistungsteile nicht von diesem Ort aus erbracht werden (vgl. BFH-Urteil vom 26.3.1992, V R 16/88, BStBl. II S. 929).

(2) ¹Der Ort einer Betriebsstätte ist nach § 3a Abs. 1 Satz 2 UStG Leistungsort, wenn die sonstige Leistung von dort ausgeführt wird, d.h. die sonstige Leistung muss der Betriebsstätte tatsächlich zuzurechnen sein. ²Dies ist der Fall, wenn die für die sonstige Leistung erforderlichen einzelnen Arbeiten ganz oder überwiegend durch Angehörige oder Einrichtungen der Betriebsstätte ausgeführt werden. ³Es ist nicht erforderlich, dass das Umsatzgeschäft von der Betriebsstätte aus abgeschlossen wurde. ⁴Wird ein Umsatz sowohl an dem Ort, von dem aus der Unternehmer sein Unternehmen betreibt, als auch von einer Betriebsstätte ausgeführt, ist der Leistungsort nach dem Ort zu bestimmen, an dem die sonstige Leistung überwiegend erbracht wird.

(3) ¹Betriebsstätte im Sinne des Umsatzsteuerrechts ist jede feste Geschäftseinrichtung oder Anlage, die der Tätigkeit des Unternehmers dient. ²Eine solche Einrichtung oder Anlage kann aber nur dann als Betriebsstätte angesehen werden, wenn sie über einen ausreichenden Mindestbestand an Personal- und Sachmitteln verfügt, der für die Erbringung der betreffenden Dienstleistungen erforderlich ist. ³Außerdem muss die Einrichtung oder Anlage einen hinreichenden Grad an Beständigkeit sowie eine Struktur aufweisen, die von der personellen und technischen Ausstattung her eine autonome Erbringung der jeweiligen Dienstleistungen ermöglicht (vgl. hierzu EuGH-Urteile vom 4.7.1985, Rs. 168/84, EuGHE S. 2251, vom 2.5.1996, C-231/94, EuGHE I S. 2395, vom 17.7.1997, C-190/95, EuGHE I S. 4383, und vom 20.2.1997, C-260/95, EuGHE I S. 1005, und Artikel 11 der MwStVO). ⁴Eine solche beständige Struktur liegt z.B. vor, wenn die Einrichtung über eine Anzahl von Beschäftigten verfügt, von hier aus Verträge abgeschlossen werden können, Rechnungslegung und Aufzeichnungen dort erfolgen und Entscheidungen getroffen werden, z.B. über den Warenenkauf. ⁵Betriebsstätte kann auch eine Organgesellschaft im Sinne des § 2 Abs. 2 Nr. 2 UStG sein. ⁶Der Ort sonstiger Leistungen, die an Bord eines Schiffes tatsächlich von einer dort belegenen Betriebsstätte erbracht werden, bestimmt sich nach § 3a Abs. 1 Satz 2 UStG. ⁷Hierzu können z.B. Leistungen in den Bereichen Friseurhandwerk, Kosmetik, Massage und Landausflüge gehören.

(4) Die Leistungsortbestimmung nach § 3a Abs. 1 UStG kommt z.B. in folgenden Fällen in Betracht:

– Reiseleistungen (§ 25 Abs. 1 Satz 4 UStG);
– Reisebetreuungsleistungen von angestellten Reiseleitern (vgl. BFH-Urteil vom 23.9.1993, V R 132/99, BStBl. 1994 II S. 272);

- Leistungen der Vermögensverwalter und Testamentsvollstrecker (vgl. EuGH-Urteil vom 6.12.2008, Rs. C-401/06, EuGHE I S. 10609);
- Leistungen der Notare, soweit sie nicht Grundstücksgeschäfte beurkunden (vgl. Abschnitt 3a.3 Abs. 6 und 8) oder nicht selbständige Beratungsleistungen an im Drittlandsgebiet ansässige Leistungsempfänger erbringen (vgl. Abschnitt 3a.9 Abs. 11);
- die in § 3a Abs. 4 Satz 2 UStG bezeichneten sonstigen Leistungen, wenn der Leistungsempfänger Nichtunternehmer und innerhalb der EG ansässig ist (vgl. jedoch Abschnitt 3a.14);
- sonstige Leistungen im Rahmen einer Bestattung, soweit diese Leistungen als einheitliche Leistungen (vgl. Abschnitt 3.10) anzusehen sind (vgl. Artikel 28 der MwStVO);
- langfristige Vermietung eines Beförderungsmittels (zur kurzfristigen Vermietung siehe § 3a Abs. 3 Nr. 2 UStG, vgl. Abschnitt 3a.5; zum Begriff des Beförderungsmittels vgl. Abschnitt 3a.5 Abs. 3).

(5) Zur Sonderregelung für den Ort der sonstigen Leistung nach § 3a Abs. 6 und 8 Sätze 2 und 3 UStG wird auf Abschnitt 3a.14 verwiesen.

3a.2. Ort der sonstigen Leistung bei Leistungen an Unternehmer und diesen gleichstellte juristische Personen[1]

(1) ¹Voraussetzung für die Anwendung des § 3a Abs. 2 UStG ist, dass der Leistungsempfänger ein Unternehmer ist und die Leistung für sein Unternehmen bezogen hat (vgl. im Einzelnen Absätze 8 bis 12) oder eine nicht unternehmerisch tätige juristische Person ist, der eine USt-IdNr. erteilt worden ist (einem Unternehmer gleichgestellte juristische Person; vgl. Absatz 7); maßgebend für diese Beurteilung ist der Zeitpunkt, in dem die Leistung erbracht wird (vgl. Artikel 25 der MwStVO). ²Der Leistungsort bestimmt sich nur dann nach §3a Abs. 2 UStG, wenn kein Tatbestand des § 3a Abs. 3 Nr. 1, 2, 3 Buchstabe b und Nr. 5, Abs. 6 Satz 1 Nr. 1, Abs. 7 und Abs. 8 Sätze 1 und 3 UStG, des § 3b Abs. 1 Sätze 1 und 2 UStG, des § 3e UStG oder des § 3f UStG vorliegt.

(2) ¹Als Leistungsempfänger im umsatzsteuerrechtlichen Sinn ist grundsätzlich derjenige zu behandeln, in dessen Auftrag die Leistung ausgeführt wird (vgl. Abschnitt 15.2 Abs. 16). ²Aus Vereinfachungsgründen ist bei steuerpflichtigen Güterbeförderungen, steuerpflichtigen selbständigen Nebenleistungen hierzu und bei der steuerpflichtigen Vermittlung der vorgenannten Leistungen, bei denen sich der Leistungsort nach § 3a Abs. 2 UStG richtet, der Rechnungsempfänger auch als Leistungsempfänger anzusehen.

Beispiel:

¹Der in Deutschland ansässige Unternehmer U versendet Güter per Frachtnachnahme an den Unternehmer D mit Sitz in Dänemark. ²Die Güterbeförderungsleistung ist für unternehmerische Zwecke des D bestimmt.

³Bei Frachtnachnahmen wird regelmäßig vereinbart, dass der Beförderungsunternehmer die Beförderungskosten dem Empfänger der Sendung in Rechnung stellt und dieser die Beförderungskosten bezahlt. ⁴Der Rechnungsempfänger der innergemeinschaftlichen Güterbeförderung ist als Empfänger der Beförderungsleistung und damit als Leistungsempfänger anzusehen, auch wenn er den Transportauftrag nicht unmittelbar erteilt hat.

³Hierdurch wird erreicht, dass diese Leistungen in dem Staat besteuert werden, in dem der Rechnungsempfänger umsatzsteuerlich erfasst ist.

(3) ¹Nach § 3a Abs. 2 UStG bestimmt sich der Leistungsort maßgeblich nach dem Ort, von dem aus der Leistungsempfänger sein Unternehmen betreibt; zur Definition vgl. Abschnitt 3a.1 Abs. 1. ²Wird die Leistung tatsächlich an eine Betriebsstätte (vgl. Abschnitt 3a.1 Abs. 3) erbracht, ist dort der Leistungsort (vgl. hierzu im Einzelnen Absätze 4 und 5). ³Verfügt eine natürliche Person weder über einen Unternehmenssitz noch über eine Betriebsstätte, kommen als Leistungsort der Wohnsitz des Leistungsempfängers oder der Ort seines gewöhnlichen Aufenthalts in Betracht (vgl. Artikel 21 der MwStVO). ⁴Zu den Begriffen „Sitz", „Wohnsitz" und „Ort des gewöhnlichen Aufenthalts" vgl. Abschnitt 3a.1 Abs. 1.

(4) ¹Die sonstige Leistung kann auch an eine Betriebsstätte des Leistungsempfängers ausgeführt werden (zum Begriff der Betriebsstätte vgl. Abschnitt 3a.1 Abs. 3). ²Dies ist der Fall, wenn die Leistung ausschließlich oder überwiegend für die Betriebsstätte bestimmt ist, also dort verwendet werden soll (vgl. Artikel 21 Abs. 2 der MwStVO). ³In diesem Fall ist es nicht erforderlich, dass der Auftrag von der Betriebsstätte aus an den leistenden Unternehmen erteilt wird, der die sonstige Leistung durchführt, z.B. Verleger, Werbeagentur, Werbungsmittler; auch ist unerheblich, ob das Entgelt für die Leistung von der Betriebsstätte aus bezahlt wird.

---
1) Hinweis auf Anlagen § 003a-18 und 19

§ 3a UStAE 3a.2.

Beispiel:

¹Ein Unternehmen mit Sitz im Inland unterhält im Ausland Betriebsstätten. ²Durch Aufnahme von Werbeanzeigen in ausländischen Zeitungen und Zeitschriften wird für die Betriebsstätten geworben. ³Die Anzeigenaufträge werden an ausländische Verleger durch eine inländische Werbeagentur im Auftrag des im Inland ansässigen Unternehmens erteilt.

⁴Die ausländischen Verleger und die inländische Werbeagentur unterliegen mit ihren Leistungen für die im Ausland befindlichen Betriebsstätten nicht der deutschen Umsatzsteuer.

⁴Kann der leistende Unternehmer weder anhand der Art der von ihm erbrachten sonstigen Leistung noch ihrer Verwendung ermitteln, ob und ggf. an welche Betriebsstätte des Leistungsempfängers die Leistung erbracht wird, hat er anhand anderer Kriterien, insbesondere des mit dem Leistungsempfänger geschlossenen Vertrags, der vereinbarten Bedingungen für die Leistungserbringung, der vom Leistungsempfänger verwendeten USt-IdNr. und der Bezahlung der Leistung festzustellen, ob die von ihm erbrachte Leistung tatsächlich für eine Betriebsstätte des Leitungsempfängers bestimmt ist (vgl. Artikel 22 Abs. 1 Unterabs. 2 der MwStVO). ⁵Kann der leistende Unternehmer anhand dieser Kriterien nicht bestimmen, ob die Leistung tatsächlich an eine Betriebsstätte des Leistungsempfängers erbracht wird, oder ist bei Vereinbarungen über eine oder mehrere sonstige Leistungen nicht feststellbar, ob diese Leistungen tatsächlich vom Sitz oder einer bzw. mehreren Betriebsstätten des Leistungsempfängers genutzt werden, kann der Unternehmer davon ausgehen, dass der Leistungsort an dem Ort ist, von dem aus der Leistungsempfänger sein Unternehmen betreibt (vgl. Artikel 22 Abs. 1 Unterabs. 3 der MwStVO). ⁶Zur Regelung in Zweifelsfällen vgl. Absatz 6.

(5) Bei Werbeanzeigen in Zeitungen und Zeitschriften und bei Werbesendungen in Rundfunk und Fernsehen oder im Internet ist davon auszugehen, dass sie ausschließlich oder überwiegend für im Ausland belegene Betriebsstätten bestimmt und daher im Inland nicht steuerbar sind, wenn die folgenden Voraussetzungen erfüllt sind:

1. Es handelt sich um

    a) fremdsprachige Zeitungen und Zeitschriften, um fremdsprachige Rundfunk- und Fernsehsendungen oder um fremdsprachige Internet-Seiten oder

    b) deutschsprachige Zeitungen und Zeitschriften oder um deutschsprachige Rundfunk- und Fernsehsendungen, die überwiegend im Ausland verbreitet werden.

2. Die im Ausland belegenen Betriebsstätten sind in der Lage, die Leistungen zu erbringen, für die geworben wird.

(6) ¹Bei einer einheitlichen sonstigen Leistung (vgl. Abschnitt 3.10 Abs. 1 bis 4) ist es nicht möglich, für einen Teil der Leistung den Ort der Betriebsstätte und für den anderen Teil den Sitz des Unternehmens als maßgebend anzusehen und die Leistung entsprechend aufzuteilen. ²Ist die Zuordnung zu einer Betriebsstätte nach den Grundsätzen des Absatzes 4 zweifelhaft und verwendet der Leistungsempfänger eine ihm von einem anderen EU-Mitgliedstaat erteilte USt-IdNr., kann davon ausgegangen werden, dass die Leistung für in dem EU-Mitgliedstaat der verwendeten USt-IdNr. belegene Betriebsstätte bestimmt ist. ³Entsprechendes gilt bei Verwendung einer deutschen USt-IdNr.

(7) ¹Für Zwecke der Bestimmung des Leistungsorts werden nach § 3a Abs. 2 Satz 3 UStG nicht unternehmerisch tätige juristische Personen, denen für die Umsatzbesteuerung innergemeinschaftlicher Erwerbe eine USt-IdNr. erteilt wurde – die also für umsatzsteuerliche Zwecke erfasst sind –, einem Unternehmer gleichgestellt. ²Hierunter fallen insbesondere juristische Personen des öffentlichen Rechts, die ausschließlich hoheitlich tätig sind, aber auch juristische Personen, die nicht Unternehmer sind (z.B. eine Holding, die ausschließlich eine bloße Vermögensverwaltungstätigkeit ausübt). ³Ausschließlich nicht unternehmerisch tätige juristische Personen, denen eine USt-IdNr. erteilt worden ist, müssen diese gegenüber dem leistenden Unternehmer verwenden, damit dieser die Leistungsortregelung des § 3a Abs. 2 UStG anwenden kann; Absatz 9 Sätze 4 bis 10 gilt entsprechend. ⁴Verwendet die nicht unternehmerisch tätige juristische Person als Leistungsempfänger keine USt-IdNr., hat der leistende Unternehmer nachzufragen, ob ihr eine solche Nummer erteilt worden ist.

Beispiel:

¹Der in Belgien ansässige Unternehmer U erbringt an eine juristische Person des öffentlichen Rechts J mit Sitz in Deutschland eine Beratungsleistung. ²J verwendet für diesen Umsatz keine USt-IdNr. ³Auf Nachfrage teilt J dem U mit, ihr sei keine USt-IdNr. erteilt worden.

⁴Da J angegeben hat, ihr sei keine USt-IdNr. erteilt worden, kann U davon ausgehen, dass die Voraussetzungen des § 3a Abs. 2 Satz 3 UStG nicht erfüllt sind. ⁵Der Ort der Beratungsleistung des U an J liegt in Belgien (§ 3a Abs. 1 UStG).

⁵Zur Bestimmung des Leistungsorts bei sonstigen Leistungen an juristische Personen, die sowohl unternehmerisch als auch nicht unternehmerisch tätig sind, vgl. Absätze 13 bis 15.

(8) ¹Voraussetzung für die Anwendung der Ortsbestimmung nach § 3a Abs. 2 Satz 1 UStG ist, dass die Leistung für den unternehmerischen Bereich des Leistungsempfängers ausgeführt worden ist. ²Hierunter fallen auch Leistungen an einen Unternehmer, soweit diese Leistungen für die Erbringung von der Art nach nicht steuerbaren Umsätzen (z.B. Geschäftsveräußerungen im Ganzen) bestimmt sind. ³Wird eine der Art nach in § 3a Abs. 2 UStG erfasste sonstige Leistung sowohl für den unternehmerischen als auch für den nicht unternehmerischen Bereich des Leistungsempfängers erbracht, ist der Leistungsort einheitlich nach § 3a Abs. 2 Satz 1 UStG zu bestimmen (vgl. Artikel 19 Abs. 3 der MwStVO). ⁴Zur Bestimmung des Leistungsorts bei sonstigen Leistungen an juristische Personen, die sowohl unternehmerisch als auch nicht unternehmerisch tätig sind, vgl. Absätze 13 bis 15.

(9) ¹§ 3a Abs. 2 UStG regelt nicht, wie der leistende Unternehmer nachzuweisen hat, dass sein Leistungsempfänger Unternehmer ist und dass die sonstige Leistung für den unternehmerischen Bereich bezieht. ²Bezieht ein im Gemeinschaftsgebiet ansässiger Unternehmer eine sonstige Leistung, die der Art nach unter § 3a Abs. 2 UStG fällt, für seinen unternehmerischen Bereich, muss er die ihm von dem EU-Mitgliedstaat, von dem aus er sein Unternehmen betreibt, erteilte USt-IdNr. für diesen Umsatz gegenüber seinem Auftragnehmer verwenden; wird die Leistung tatsächlich durch eine Betriebsstätte des Leistungsempfängers bezogen, ist die der Betriebsstätte erteilte USt-IdNr. zu verwenden (vgl. Artikel 55 Abs. 1 der MwStVO). ³Satz 2 gilt entsprechend für einen Unternehmer,

– der nur steuerfreie Umsätze ausführt, die zum Ausschluss vom Vorsteuerabzug führen,
– für dessen Umsätze Umsatzsteuer nach § 19 Abs. 1 UStG nicht erhoben wird oder
– der die Leistung zur Ausführung von Umsätzen verwendet, für die die Steuer nach den Durchschnittssätzen des § 24 UStG festgesetzt wird,

und der weder zur Besteuerung seiner innergemeinschaftlichen Erwerbe verpflichtet ist, weil er die Erwerbsschwelle nicht überschreitet, noch zur Erwerbsbesteuerung nach § 1a Abs. 4 UStG optiert hat. ⁴Verwendet der Leistungsempfänger gegenüber seinem Auftragnehmer eine ihm von einem Mitgliedstaat erteilte USt-IdNr., kann der leistende Unternehmer regelmäßig davon ausgehen, dass der Leistungsempfänger Unternehmer ist und die Leistung für dessen unternehmerischen Bereich bezogen wird (vgl. Artikel 18 Abs. 1 und Artikel 19 Abs. 2 der MwStVO); dies gilt auch dann, wenn sich nachträglich herausstellt, dass die Leistung vom Leistungsempfänger tatsächlich für nicht unternehmerische Zwecke verwendet worden ist. ⁵Voraussetzung ist, dass der leistende Unternehmer nach § 18e UStG von der Möglichkeit Gebrauch gemacht hat, sich die Gültigkeit einer USt-IdNr. eines anderen EU-Mitgliedstaates sowie den Namen und die Anschrift der Person, der diese Nummer erteilt wurde, durch das BZSt bestätigen zu lassen (vgl. Artikel 18 Abs. 1 Buchstabe a der MwStVO).

Beispiel:
¹Der Schreiner S mit Sitz in Frankreich erneuert für den Unternehmer U mit Sitz in Freiburg einen Aktenschrank. ²U verwendet für diesen Umsatz seine deutsche USt-IdNr. ³Bei einer Betriebsprüfung stellt sich im Nachhinein heraus, dass U den Aktenschrank für seinen privaten Bereich verwendet.

⁴Der Leistungsort für die Reparatur des Schranks ist nach § 3a Abs. 2 UStG in Deutschland. ⁵Da U gegenüber S seine USt-IdNr. verwendet hat, gilt die Leistung als für das Unternehmen des U bezogen. ⁶Unbeachtlich ist, dass der Aktenschrank tatsächlich von U für nicht unternehmerische Zwecke verwendet wurde. ⁷U ist für die Leistung des S Steuerschuldner (§ 13b Abs. 1 und Abs. 5 Satz 1 UStG). ⁸U ist allerdings hinsichtlich der angemeldeten Steuer nicht zum Vorsteuerabzug berechtigt, da die Leistung nicht für unternehmerische Zwecke bestimmt ist.

⁶Hat der Leistungsempfänger noch keine USt-IdNr. erhalten, eine solche Nummer aber bei der zuständigen Behörde des EU-Mitgliedstaats, von dem aus er sein Unternehmen betreibt oder eine Betriebsstätte unterhält, beantragt, bleibt es dem leistenden Unternehmer überlassen, auf welche Weise er den Nachweis der Unternehmereigenschaft und der unternehmerischen Verwendung führt (vgl. Artikel 18 Abs. 1 Buchstabe b der MwStVO). ⁷Dieser Nachweis hat nur vorläufigen Charakter. ⁸Für den endgültigen Nachweis bedarf es der Vorlage der dem Leistungsempfänger erteilten USt-IdNr.; dieser Nachweis kann bis zur letzten mündlichen Verhandlung vor dem Finanzgericht geführt werden. ⁹Verwendet ein im Gemeinschaftsgebiet ansässiger Leistungsempfänger gegenüber seinem Auftragnehmer keine USt-IdNr., kann dieser grundsätzlich davon ausgehen, dass sein Leistungsempfänger ein Nichtunternehmer ist oder eine Unternehmer, der die Leistung für den nicht unternehmerischen Bereich bezieht, sofern ihm keine anderen Informationen vorliegen (vgl. Artikel 18 Abs. 2 der MwStVO); in diesem Fall bestimmt sich der Leistungsort nach § 3a Abs. 1 UStG, soweit kein Tatbestand des § 3a Abs. 3 bis 8 UStG, des § 3b UStG, des § 3e oder des § 3f UStG vorliegt.

§ 3a UStAE 3a.2.

(10) ¹Verwendet der Leistungsempfänger eine USt-IdNr., soll dies grundsätzlich vor Ausführung der Leistung erfolgen und in dem jeweiligen Auftragsdokument schriftlich festgehalten werden. ²Der Begriff „Verwendung" einer USt-IdNr. setzt ein positives Tun des Leistungsempfängers, in der Regel bereits bei Vertragsabschluss, voraus. ³So kann z.B. auch bei mündlichem Abschluss eines Auftrags zur Erbringung einer sonstigen Leistung eine Erklärung über die Unternehmereigenschaft und den unternehmerischen Bezug durch Verwendung einer bestimmten USt-IdNr. abgegeben und dies vom Auftragnehmer aufgezeichnet werden. ⁴Es reicht ebenfalls aus, wenn bei der erstmaligen Erfassung der Stammdaten eines Leistungsempfängers zusammen mit der für diesen Zweck erfragten USt-IdNr. zur Feststellung der Unternehmereigenschaft und des unternehmerischen Bezugs zusätzlich eine Erklärung des Leistungsempfängers aufgenommen wird, dass diese USt-IdNr. bei allen künftigen – unternehmerischen – Einzelaufträgen verwendet werden soll. ⁵Eine im Briefkopf eingedruckte USt-IdNr. oder eine in einer Gutschrift des Leistungsempfängers formularmäßig eingedruckte USt-IdNr. reicht allein nicht aus, um die Unternehmereigenschaft und den unternehmerischen Bezug der zu erbringenden Leistung zu dokumentieren. ⁶Unschädlich ist es im Einzelfall, wenn der Leistungsempfänger eine USt-IdNr. erst nachträglich verwendet oder durch eine andere ersetzt. ⁷In diesem Fall muss ggf. die Besteuerung in dem einen EU-Mitgliedstaat rückgängig gemacht und in dem anderen EU-Mitgliedstaat nachgeholt und ggf. die abgegebene ZM berichtigt werden. ⁸In einer bereits erteilten Rechnung sind die USt-IdNr. des Leistungsempfängers (vgl. § 14a Abs. 1 UStG) und ggf. ein gesonderter Steuerausweis (vgl. § 14 Abs. 4 Nr. 8 und § 14c Abs. 1 UStG) zu berichtigen. ⁹Die nachträgliche Angabe oder Änderung einer USt-IdNr. als Nachweis der Unternehmereigenschaft und des unternehmerischen Bezugs ist der Umsatzsteuerfestsetzung nur zu Grunde zu legen, wenn die Steuerfestsetzung in der Bundesrepublik Deutschland noch änderbar ist.

(11) ¹Ist der Leistungsempfänger im Drittlandsgebiet ansässig, kann der Nachweis der Unternehmereigenschaft durch eine Bescheinigung einer Behörde des Sitzstaates geführt werden, in der diese bescheinigt, dass der Leistungsempfänger dort als Unternehmer erfasst ist. ²Die Bescheinigung sollte inhaltlich der Unternehmerbescheinigung nach § 61a Abs. 4 UStDV entsprechen (vgl. Abschnitt 18.14 Abs. 7). ³Kann der Leistungsempfänger den Nachweis nicht anhand einer Bescheinigung nach Satz 1 und 2 führen, bleibt es dem leistenden Unternehmer überlassen, auf welche Weise er nachweist, dass der im Drittlandsgebiet ansässige Leistungsempfänger Unternehmer ist (vgl. Artikel 18 Abs. 3 der MwStVO).

(12) ¹Erbringt der leistende Unternehmer gegenüber einem im Drittlandsgebiet ansässigen Auftraggeber eine in § 3a Abs. 4 Satz 2 UStG bezeichnete Leistung, muss der leistende Unternehmer grundsätzlich nicht prüfen, ob der Leistungsempfänger Unternehmer oder Nichtunternehmer ist, da der Leistungsort – unabhängig vom Status des Leistungsempfängers – im Drittlandsgebiet liegt (§ 3a Abs. 2 UStG oder § 3a Abs. 4 Satz 1 UStG). ²Dies gilt nicht für die in § 3a Abs. 4 Satz 2 Nr. 11 und 12 UStG bezeichneten Leistungen, bei denen die Nutzung oder Auswertung im Inland erfolgt, so dass der Leistungsort nach § 3a Abs. 6 Satz 1 Nr. 3 UStG im Inland liegen würde, wenn der Leistungsempfänger kein Unternehmer wäre (vgl. Abschnitt 3a.14). ³Eine Prüfung der Unternehmereigenschaft entfällt auch bei Vermittlungsleistungen gegenüber einem im Drittlandsgebiet ansässigen Auftraggeber, wenn der Ort der vermittelten Leistung im Drittlandsgebiet liegt, da der Ort der Vermittlungsleistung – unabhängig vom Status des Leistungsempfängers – in solchen Fällen immer im Drittlandsgebiet liegt (§ 3a Abs. 2 UStG, § 3a Abs. 3 Nr. 1 oder 4 UStG).

(13) ¹Bei Leistungsbezügen juristischer Personen des privaten Rechts, die sowohl unternehmerisch als auch nicht unternehmerisch tätig sind, kommt es für die Frage der Ortsbestimmung nicht darauf an, ob die Leistung für das Unternehmen ausgeführt worden ist. ²§ 3a Abs. 2 Satz 3 UStG findet in diesen Fällen keine Anwendung. ³Absatz 14 Sätze 2 bis 7 gelten entsprechend.

(14) ¹Bei Leistungsbezügen juristischer Personen des öffentlichen Rechts, die hoheitlich und unternehmerisch tätig sind, kommt es für die Frage der Ortsbestimmung nicht darauf an, ob die Leistung für den unternehmerischen oder den hoheitlichen Bereich ausgeführt worden ist; bei den Gebietskörperschaften Bund und Länder ist stets davon auszugehen, dass sie sowohl hoheitlich als auch unternehmerisch tätig sind. ²Der Leistungsort bestimmt sich in diesen Fällen – unabhängig davon, ob die Leistung für den hoheitlichen oder den unternehmerischen Bereich bezogen wird – nach § 3a Abs. 2 Satz 1 UStG. ³Ausgeschlossen sind nur die der Art nach unter § 3a Abs. 2 UStG fallenden sonstigen Leistungen, die für den privaten Bedarf des Personals der juristischen Person des öffentlichen Rechts bestimmt sind. ⁴Ist einer in Satz 1 genannten juristischen Person des öffentlichen Rechts eine USt-IdNr. erteilt worden, ist diese USt-IdNr. auch dann zu verwenden, wenn die bezogene Leistung ausschließlich für den hoheitlichen Bereich oder sowohl für den unternehmerischen als auch für den hoheitlichen Bereich bestimmt ist. ⁵Haben die Gebietskörperschaften Bund und Länder für einzelne Organisationseinheiten (z.B. Ressorts, Behörden und Ämter) von der Vereinfachungsregelung in Ab-

schnitt 27a.1 Abs. 3 Sätze 4 und 5 Gebrauch gemacht, ist für den einzelnen Leistungsbezug stets die jeweilige, der einzelnen Organisationseinheit erteilte USt-IdNr. zu verwenden, unabhängig davon, ob dieser Leistungsbezug für den unternehmerischen Bereich, für den hoheitlichen Bereich oder sowohl für den unternehmerischen als auch für den hoheitlichen Bereich erfolgt. [6]Dies gilt auch dann, wenn die einzelne Organisationseinheit ausschließlich hoheitlich tätig ist und ihr eine USt-IdNr. nur für Zwecke der Umsatzbesteuerung innergemeinschaftlicher Erwerbe erteilt wurde.

Beispiel:
[1]Der in Luxemburg ansässige Unternehmer U erbringt an eine ausschließlich hoheitlich tätige Behörde A eines deutschen Bundeslandes B eine Beratungsleistung. [2]B hat neben dem hoheitlichen Bereich noch einen Betrieb gewerblicher Art, der für umsatzsteuerliche Zwecke erfasst ist. [3]A ist eine gesonderte USt-IdNr. für Zwecke der Besteuerung innergemeinschaftlicher Erwerbe erteilt worden.

[4]Der Leistungsort für die Leistung des U an A richtet sich nach § 3a Abs. 2 Satz 1 UStG und liegt in Deutschland. [5]A hat die ihr für Zwecke der Besteuerung innergemeinschaftlicher Erwerbe erteilte USt-IdNr. zu verwenden.

[7]Bezieht eine sowohl unternehmerisch als auch hoheitlich tätige juristische Person des öffentlichen Rechts die sonstige Leistung für den privaten Bedarf ihres Personals, hat sie weder die ihr für den unternehmerischen Bereich noch die ihr für Zwecke der Umsatzbesteuerung innergemeinschaftlicher Erwerbe erteilte USt-IdNr. zu verwenden.

(15) [1]Soweit inländische und ausländische Rundfunkanstalten untereinander entgeltliche sonstige Leistungen ausführen, gelten hinsichtlich der Umsatzbesteuerung solcher grenzüberschreitender Leistungen die allgemeinen Regelungen zum Leistungsort. [2]Der Leistungsort bestimmt sich bei grenzüberschreitenden Leistungen der Rundfunkanstalten nach § 3a Abs. 2 UStG, wenn die die Leistung empfangende Rundfunkanstalt

– Unternehmer ist und die Leistung entweder ausschließlich für den unternehmerischen oder sowohl für den unternehmerischen als auch den nicht unternehmerischen Bereich bezogen wurde oder
– eine juristische Person des öffentlichen Rechts ist, die sowohl nicht unternehmerisch (hoheitlich) als auch unternehmerisch tätig ist, sofern die Leistung nicht für den privaten Bedarf des Personals bezogen wird,
– eine einem Unternehmer gleichgestellte juristische Person ist (siehe Absatz 1).

(16) [1]Grundsätzlich fallen unter die Ortsregelung des § 3a Abs. 2 UStG alle sonstigen Leistungen an einen Unternehmer, soweit sich nicht aus § 3a Abs. 3 Nr. 1, 2, 3 Buchstabe b und Nr. 5, Abs. 6 Satz 1 Nr. 1 und 3, Abs. 7 und Abs. 8 Sätze 1 und 3, § 3b Abs. 1 Sätze 1 und 2, §§ 3e und 3f UStG eine andere Ortsregelung ergibt. [2]Sonstige Leistungen, die unter die Ortsbestimmung nach § 3a Abs. 2 UStG fallen, sind insbesondere:

– Arbeiten an beweglichen körperlichen Gegenständen und die Begutachtung dieser Gegenstände;
– alle Vermittlungsleistungen, soweit diese nicht unter § 3a Abs. 3 Nr. 1 UStG fallen;
– Leistungen, die in § 3a Abs. 4 Satz 2 UStG genannt sind;
– die langfristige Vermietung eines Beförderungsmittels;
– Güterbeförderungen, einschließlich innergemeinschaftlicher Güterbeförderungen sowie der Vor- und Nachläufe zu innergemeinschaftlichen Güterbeförderungen (Beförderungen eines Gegenstands, die in dem Gebiet desselben Mitgliedstaats beginnt und endet, wenn diese Beförderung unmittelbar einer innergemeinschaftlichen Güterbeförderung vorangeht oder folgt);
– das Beladen, Entladen, Umschlagen und ähnliche mit einer Güterbeförderung im Zusammenhang stehende selbständige Leistungen.

(17) Zu den sonstigen Leistungen, die unter § 3a Abs. 2 Satz 1 UStG fallen, gehören auch sonstige Leistungen, die im Zusammenhang mit der Beantragung oder Vereinnahmung der Steuer im Vorsteuer-Vergütungsverfahren (§ 18 Abs. 9 UStG) stehen (vgl. auch Artikel 27 der MwStVO).

(18) Wird ein Gegenstand im Zusammenhang mit einer Ausfuhr oder einer Einfuhr grenzüberschreitend befördert und ist der Leistungsort für diese Leistung unter Anwendung von § 3a Abs. 2 UStG im Inland, ist dieser Umsatz unter den weiteren Voraussetzungen des § 4 Nr. 3 UStG steuerfrei (§ 4 Nr. 3 Satz 1 Buchstabe a UStG), auch wenn bei dieser Beförderung das Inland nicht berührt wird.

(19) Nicht unter die Ortsregelung des § 3a Abs. 2 UStG fallen folgende sonstigen Leistungen:

– Sonstige Leistungen im Zusammenhang mit einem Grundstück (§ 3a Abs. 3 Nr. 1 UStG, vgl. Abschnitt 3a.3);

§ 3a — UStAE 3a.2., 3a.3.

- die kurzfristige Vermietung von Beförderungsmitteln (§ 3a Abs. 3 Nr. 2 und Abs. 7 UStG; vgl. Abschnitte 3a.5 und 3a.14 Abs. 4);
- die Einräumung der Eintrittsberechtigung zu kulturellen, künstlerischen, wissenschaftlichen, unterrichtenden, sportlichen, unterhaltenden oder ähnlichen Veranstaltungen, wie Messen und Ausstellungen, sowie die damit zusammenhängenden sonstigen Leistungen (§ 3a Abs. 3 Nr. 5 UStG; vgl. Abschnitt 3a.6 Abs. 13);
- die Abgabe von Speisen und Getränken zum Verzehr an Ort und Stelle (Restaurationsleistungen) nach § 3a Abs. 3 Nr. 3 Buchstabe b UStG (vgl. Abschnitt 3a.6 Abs. 8 und 9) und nach § 3e UStG (vgl. Abschnitt 3e.1);
- Personenbeförderungen (§ 3b Abs. 1 Sätze 1 und 2 UStG; vgl. Abschnitt 3b.1).

3a.3. Ort der sonstigen Leistung im Zusammenhang mit einem Grundstück

(1) § 3a Abs. 3 Nr. 1 UStG gilt sowohl für sonstige Leistungen an Nichtunternehmer (siehe Abschnitt 3a.1 Abs. 1) als auch an Unternehmer und diesen gleichgestellte juristische Personen (siehe Abschnitt 3a.2 Abs. 1).

(2) [1]Für den Ort einer sonstigen Leistung – einschließlich Werkleistung – im Zusammenhang mit einem Grundstück ist die Lage des Grundstücks entscheidend. [2]Als Grundstück im Sinne des § 3a Abs. 3 Nr. 1 UStG ist auch der Meeresboden anzusehen. [3]Zu einem Grundstück gehören auch dessen wesentliche Bestandteile (§ 94 BGB), selbst wenn sie ertragsteuerlich selbständige Wirtschaftsgüter sind. [4]Auch sonstige Leistungen an Scheinbestandteilen (§ 95 BGB) stehen im Zusammenhang mit einem Grundstück. [5]Dies gilt jedoch nicht für sonstige Leistungen am Zubehör (§ 97 BGB).

Beispiel:

[1]Ein Industrieunternehmer hat anderen Unternehmern übertragen: Die Pflege der Grünflächen des Betriebsgrundstücks, die Gebäudereinigung, die Wartung der Heizungsanlage und die Pflege und Wartung der Aufzugsanlagen.

[2]Es handelt sich in allen Fällen um sonstige Leistungen, die im Zusammenhang mit einem Grundstück stehen.

(3) [1]Die sonstige Leistung muss nach Sinn und Zweck der Vorschrift in engem Zusammenhang mit dem Grundstück stehen. [2]Ein enger Zusammenhang ist gegeben, wenn sich die sonstige Leistung nach den tatsächlichen Umständen überwiegend auf die Bebauung, Verwertung, Nutzung oder Unterhaltung des Grundstücks selbst bezieht.

(4) [1]Zu den in § 4 Nr. 12 UStG der Art nach bezeichneten sonstigen Leistungen (§ 3a Abs. 3 Nr. 1 Satz 2 Buchstabe a UStG) gehört die Vermietung und die Verpachtung von Grundstücken. [2]Die Begriffe Vermietung und Verpachtung sind grundsätzlich nach bürgerlichem Recht zu beurteilen. [3]Es kommt nicht darauf an, ob die Vermietungs- oder Verpachtungsleistung nach § 4 Nr. 12 UStG steuerfrei ist. [4]Auch die Vermietung von Wohn- und Schlafräumen, die ein Unternehmer bereithält, um kurzfristig Fremde zu beherbergen, die Vermietung von Plätzen, um Fahrzeuge abzustellen, die Überlassung von Wasser- und Bootsliegeplätzen für Sportboote (vgl. BFH-Urteil vom 8.10.1991, V R 46/88, BStBl. 1992 II S. 368), die kurzfristige Vermietung auf Campingplätzen, die entgeltliche Unterbringung auf einem Schiff, das für längere Zeit auf einem Liegeplatz befestigt ist (vgl. BFH-Urteil vom 7.3.1996, V R 29/95, BStBl. II S. 341), die Überlassung von Wochenmarkt-Standplätzen an Markthändler (vgl. BFH-Urteil vom 24.1.2008, V R 12/05, BStBl. 2009 II S. 60) und die Überlassung von Räumlichkeiten für Aufnahme- und Sendezwecke von inländischen und ausländischen Rundfunkanstalten des öffentlichen Rechts untereinander fallen unter § 3a Abs. 3 Nr. 1 Satz 2 Buchstabe a UStG. [5]Das gilt auch für die Vermietung und Verpachtung von Maschinen und Vorrichtungen aller Art, die zu einer Betriebsanlage gehören, wenn sie wesentliche Bestandteile oder Scheinbestandteile eines Grundstücks sind. [6]Zum Begriff der Vermietung und Verpachtung von Grundstücken vgl. im Einzelnen Abschnitt 4.12.1.

(5) [1]Die Überlassung von Camping-, Park- und Bootsliegeplätzen steht auch dann im Zusammenhang mit einem Grundstück, wenn sie nach den Grundsätzen des BFH-Urteils vom 4.12.1980, V R 60/79, BStBl. 1981 II S. 231, bürgerlich-rechtlich nicht auf einem Mietvertrag beruht. [2]Vermieten Unternehmer Wohnwagen, die auf Campingplätzen aufgestellt sind und ausschließlich zum stationären Gebrauch als Wohnung überlassen werden, ist die Vermietung als sonstige Leistung im Zusammenhang mit einem Grundstück anzusehen (§ 3a Abs. 3 Nr. 1 UStG). [3]Dies gilt auch in den Fällen, in denen die Wohnwagen nicht fest mit dem Grund und Boden verbunden sind und deshalb auch als Beförderungsmittel verwendet werden könnten. [4]Maßgebend ist nicht die abstrakte Eignung eines Gegenstands als Beförderungsmittel. [5]Entscheidend ist, dass die Wohnwagen nach dem Inhalt der abgeschlossenen Mietverträge nicht als Beförderungsmittel, sondern zum stationären Gebrauch als Wohnungen überlassen werden. [6]Das gilt ferner in den Fällen, in denen die Vermietung der Wohnwagen nicht die Überlassung des

jeweiligen Standplatzes umfasst und die Mieter deshalb über die Standplätze besondere Verträge mit den Inhabern der Campingplätze abschließen müssen.

(6) Zu den Leistungen der in § 4 Nr. 12 UStG bezeichneten Art zählen auch die Überlassung von Grundstücken und Grundstücksteilen zur Nutzung auf Grund eines auf Übertragung des Eigentums gerichteten Vertrages oder Vorvertrages (§ 4 Nr. 12 Satz 1 Buchstabe b UStG) sowie die Bestellung und Veräußerung von Dauerwohnrechten und Dauernutzungsrechten (§ 4 Nr. 12 Satz 1 Buchstabe c UStG).

(7) ¹Zu den sonstigen Leistungen im Zusammenhang mit der Veräußerung oder dem Erwerb von Grundstücken (§ 3a Abs. 3 Nr. 1 Satz 2 Buchstabe b UStG) gehören die sonstigen Leistungen der Grundstücksmakler und Grundstückssachverständigen sowie die der Notare bei der Beurkundung von Grundstückskaufverträgen und anderen Verträgen, die auf die Veränderung von Rechten an einem Grundstück gerichtet sind und deshalb zwingend einer notariellen Beurkundung bedürfen, z.B. Bestellung einer Grundschuld. ²Bei selbständigen Beratungsleistungen der Notare, die nicht im Zusammenhang mit der Beurkundung von Grundstückskaufverträgen und Grundstücksrechten stehen, richtet sich der Leistungsort nach § 3a Abs. 1, 2 oder 4 Sätze 1 und 2 Nr. 3 UStG.

(8) ¹Zu den sonstigen Leistungen, die der Erschließung von Grundstücken oder der Vorbereitung oder der Ausführung von Bauleistungen dienen (§ 3a Abs. 3 Nr. 1 Satz 2 Buchstabe c UStG), gehören z.B. die Leistungen der Architekten, Bauingenieure, Vermessungsingenieure, Bauträgergesellschaften, Sanierungsträger sowie der Unternehmer, die Abbruch- und Erdarbeiten ausführen. ²Dazu gehören ferner Leistungen zum Aufsuchen oder Gewinnen von Bodenschätzen. ³In Betracht kommen Leistungen aller Art, die sonstige Leistungen sind. ⁴Die Vorschrift erfasst auch die Begutachtung von Grundstücken.

(9) ¹In engem Zusammenhang mit einem Grundstück stehen auch die Einräumung dinglicher Rechte, z.B. dinglicher Nießbrauch, Dienstbarkeiten, Erbbaurechte, sowie sonstige Leistungen, die dabei ausgeführt werden, z.B. Beurkundungsleistungen eines Notars. ²Unter die Vorschrift fällt ferner die Vermittlung von Vermietungen von Grundstücken, nicht aber die Vermittlung der kurzfristigen Vermietung von Zimmern in Hotels, Gaststätten oder Pensionen, von Fremdenzimmern, Ferienwohnungen, Ferienhäusern und vergleichbaren Einrichtungen.

(10) Nicht im engen Zusammenhang mit einem Grundstück stehen folgende Leistungen, sofern sie selbständige Leistungen sind:

1. der Verkauf von Anteilen und die Vermittlung der Umsätze von Anteilen an Grundstücksgesellschaften;
2. die Veröffentlichung von Immobilienanzeigen, z.B. durch Zeitungen;
3. die Finanzierung und Finanzierungsberatung im Zusammenhang mit dem Erwerb eines Grundstücks und dessen Bebauung;
4. die Rechts- und Steuerberatung in Grundstückssachen.

3a.4. Ort der sonstigen Leistung bei Messen und Ausstellungen[1]

(1) ¹Bei der Überlassung von Standflächen auf Messen und Ausstellungen an die Aussteller handelt es sich um sonstige Leistungen im Zusammenhang mit einem Grundstück. ²Diese Leistungen werden im Rahmen eines Vertrages besonderer Art (vgl. Abschnitt 4.12.6 Abs. 2 Nr. 1) dort ausgeführt, wo die Standflächen liegen (§ 3a Abs. 3 Nr. 1 UStG). ³Die vorstehenden Ausführungen gelten entsprechend für folgende Leistungen an die Aussteller:

1. Überlassung von Räumen und ihren Einrichtungen auf dem Messegelände für Informationsveranstaltungen einschließlich der üblichen Nebenleistungen;
2. Überlassung von Parkplätzen auf dem Messegelände.

⁴Als Messegelände sind auch örtlich getrennte Kongresszentren anzusehen. ⁵Übliche Nebenleistungen sind z.B. die Überlassung von Mikrofonanlagen und Simultandolmetscheranlagen sowie Bestuhlungsdienste, Garderobendienste und Hinweisdienste.

(2) ¹In der Regel erbringen Unternehmer neben der Überlassung von Standflächen usw. eine Reihe weiterer Leistungen an die Aussteller. ²Es kann sich dabei insbesondere um folgende sonstige Leistungen handeln:

1. ¹Technische Versorgung der überlassenen Stände. ²Hierzu gehören z.B.
    a) Herstellung der Anschlüsse für Strom, Gas, Wasser, Wärme, Druckluft, Telefon, Telex, Internetzugang und Lautsprecheranlagen,

---
1) Hinweis auf Anlage § 003a-18

§ 3a UStAE 3a.4.

b) die Abgabe von Energie, z.B. Strom, Gas, Wasser und Druckluft, wenn diese Leistungen umsatzsteuerrechtlich Nebenleistungen zur Hauptleistung der Überlassung der Standflächen darstellen;

2. [1]Planung, Gestaltung sowie Aufbau, Umbau und Abbau von Ständen. [2]Unter die „Planung" fallen insbesondere Architektenleistungen, z.B. Anfertigung des Entwurfs für einen Stand. [3]Zur „Gestaltung" zählt z.B. die Leistung eines Gartengestalters oder eines Beleuchtungsfachmannes;
3. Überlassung von Standbauteilen und Einrichtungsgegenständen, einschließlich Miet-System-Ständen;
4. Standbetreuung und Standbewachung;
5. Reinigung von Ständen;
6. Überlassung von Garderoben und Schließfächern auf dem Messegelände;
7. Überlassung von Eintrittsausweisen einschließlich Eintrittskarten;
8. Überlassung von Telefonapparaten, Telefaxgeräten und sonstigen Kommunikationsmitteln zur Nutzung durch die Aussteller;
9. Überlassung von Informationssystemen, z.B. von Bildschirmgeräten oder Lautsprecheranlagen, mit deren Hilfe die Besucher der Messen und Ausstellungen unterrichtet werden sollen;
10. Schreibdienste und ähnliche sonstige Leistungen auf dem Messegelände;
11. Beförderung und Lagerung von Ausstellungsgegenständen wie Exponaten und Standausrüstungen;
12. Übersetzungsdienste;
13. Eintragungen in Messekatalogen, Aufnahme von Werbeanzeigen usw. in Messekatalogen, Zeitungen, Zeitschriften usw., Anbringen von Werbeplakaten, Verteilung von Werbeprospekten und ähnliche Werbemaßnahmen;
14. Besuchermarketing;
15. Vorbereitung und Durchführung von Foren und Sonderschauen, von Pressekonferenzen, von Eröffnungsveranstaltungen und Ausstellerabenden.

[3]Handelt es sich um eine einheitliche Leistung – sog. Veranstaltungsleistung – (vgl. Abschnitt 3.10 und EuGH-Urteil vom 9.3.2006, C-114/05, EuGHE I S. 2427), bestimmt sich der Ort dieser sonstigen Leistung nach § 3a Abs. 2 UStG, wenn der Leistungsempfänger ein Unternehmer oder eine einem Unternehmer gleichgestellte juristische Person ist (siehe Abschnitt 3a.2 Abs. 1). [4]Ist in derartigen Fällen der Leistungsempfänger ein Nichtunternehmer (siehe Abschnitt 3a.1 Abs. 1), richtet sich der Leistungsort nach § 3a Abs. 3 Nr. 3 Buchstabe a UStG. [5]Eine Veranstaltungsleistung im Sinne von Satz 3 kann dann angenommen werden, wenn neben der Überlassung von Standflächen zumindest noch drei weitere Leistungen der in Satz 2 genannten Leistungen vertraglich vereinbart worden sind und auch tatsächlich erbracht werden. [6]Werden nachträglich die Erbringung einer weiteren Leistung oder mehrerer weiterer Leistungen zwischen Auftragnehmer und Auftraggeber vereinbart, gilt dies als Vertragsergänzung und wird in die Beurteilung für das Vorliegen einer Veranstaltungsleistung einbezogen.

(3) Werden die in Absatz 2 Satz 2 bezeichneten sonstigen Leistungen nicht im Rahmen einer einheitlichen Leistung im Sinne des Absatzes 2 Satz 5, sondern als selbständige Leistungen einzeln erbracht, gilt Folgendes:

1. [1]Die in Absatz 2 Satz 2 Nr. 1 bis 6 bezeichneten Leistungen fallen unter § 3a Abs. 3 Nr. 1 UStG. [2]Wegen der sonstigen Leistungen, die die Planung und den Aufbau eines Messestands betreffen, vgl. insbesondere BFH-Urteil vom 24.11.1994, V R 30/92, BStBl. 1995 II S. 151.
2. Der Leistungsort der in Absatz 2 Satz 2 Nr. 7 bezeichneten Leistungen richtet sich nach § 3a Abs. 3 Nr. 3 Buchstabe a oder Nr. 5 UStG.
3. Der Leistungsort der in Absatz 2 Satz 2 Nr. 8 bezeichneten Telekommunikationsleistungen richtet sich nach § 3a Abs. 1, 2, 4 Sätze 1 und 2 Nr. 11 und Abs. 6 Satz 1 Nr. 3 UStG.
4. Der Leistungsort der in Absatz 2 Satz 2 Nr. 9 und 10 bezeichneten sonstigen Leistungen richtet sich nach § 3a Abs. 1 oder 2 UStG.
5. Der Leistungsort der in Absatz 2 Satz 2 Nr. 11 bezeichneten Beförderungsleistungen richtet sich nach § 3a Abs. 2 und 8 Sätze 1 und 3, § 3b Abs. 1 oder 3 UStG.
6. Der Leistungsort der in Absatz 2 Satz 2 Nr. 11 bezeichnete Lagerung von Ausstellungsgegenständen richtet sich nach § 3a Abs. 2 und 8 Sätze 1 und 3 oder § 3b Abs. 2 UStG.
7. Der Leistungsort der in Absatz 2 Satz 2 Nr. 12 bezeichneten Übersetzungsleistungen richtet sich nach § 3a Abs. 1, 2, 4 Sätze 1 und 2 Nr. 3 und Abs. 6 Satz 1 Nr. 2 UStG.

8. Der Leistungsort der in Absatz 2 Satz 2 Nr. 13 bezeichneten Werbeleistungen richtet sich nach § 3a Abs. 1, 2, 4 Sätze 1 und 2 Nr. 2 und Abs. 6 Satz 1 Nr. 2 UStG.

9. Der Leistungsort der in Absatz 2 Satz 2 Nr. 14 und 15 bezeichneten Leistungen richtet sich grundsätzlich nach § 3a Abs. 1 oder 2 UStG; soweit es sich um Werbeleistungen handelt, kommt auch die Ortsbestimmung nach § 3a Abs. 4 Sätze 1 und 2 Nr. 2 und Abs. 6 Satz 1 Nr. 2 UStG in Betracht.

Sonstige Leistungen ausländischer Durchführungsgesellschaften

(4) ¹Im Rahmen von Messen und Ausstellungen werden auch Gemeinschaftsausstellungen durchgeführt, z.B. von Ausstellern, die in demselben ausländischen Staat ansässig sind. ²Vielfach ist in diesen Fällen zwischen dem Veranstalter und den Ausstellern ein Unternehmen eingeschaltet, das im eigenen Namen die Gemeinschaftsausstellung organisiert (sog. Durchführungsgesellschaft). ³In diesen Fällen erbringt der Veranstalter die in den Absätzen 1 und 2 bezeichneten sonstigen Leistungen an die zwischengeschaltete Durchführungsgesellschaft. ⁴Diese erbringt die sonstigen Leistungen an die an der Gemeinschaftsausstellung beteiligten Aussteller. ⁵Für die umsatzsteuerliche Behandlung der Leistungen der Durchführungsgesellschaft gelten die Ausführungen in den Absätzen 1 bis 3 entsprechend. ⁶Zur Steuerschuldnerschaft des Leistungsempfängers bei Leistungen im Ausland ansässiger Durchführungsgesellschaften vgl. Abschnitt 13b.10 Abs. 3.

(5) ¹Einige ausländische Staaten beauftragen mit der Organisation von Gemeinschaftsausstellungen keine Durchführungsgesellschaft, sondern eine staatliche Stelle, z.B. ein Ministerium. ²Im Inland werden die ausländischen staatlichen Stellen vielfach von den Botschaften oder Konsulaten der betreffenden ausländischen Staaten vertreten. ³Im Übrigen werden Gemeinschaftsausstellungen entsprechend den Ausführungen in Absatz 4 durchgeführt. ⁴Hierbei erheben die ausländischen staatlichen Stellen von den einzelnen Ausstellern ihres Landes Entgelte, die sich in der Regel nach der beanspruchten Ausstellungsfläche richten. ⁵Bei dieser Gestaltung sind die ausländischen staatlichen Stellen als Unternehmer im Sinne des § 2 Abs. 3 UStG anzusehen. ⁶Die Ausführungen in Absatz 4 gelten deshalb für die ausländischen staatlichen Stellen entsprechend.

(6) Ist die Festlegung des Leistungsortes bei Veranstaltungsleistungen im Sinne des Absatzes 2 auf Grund des Rechts eines anderen Mitgliedstaates ausnahmsweise abweichend von Absatz 2 vorgenommen worden, ist es nicht zu beanstanden, wenn dieser Ortsregelung gefolgt wird.

(7) Zur Übergangsregelung bei der Anwendung des Leistungsortes bei Veranstaltungsleistungen im Zusammenhang mit Messen und Ausstellungen, vgl. Abschnitt II Nr. 1 des BMF-Schreiben vom 4.2.2011, BStBl. I S. 162.

3a.5. Ort der kurzfristigen Vermietung eines Beförderungsmittels[1]

(1) ¹Die Ortsbestimmung des § 3a Abs. 3 Nr. 2 UStG gilt für die kurzfristige Vermietungsleistung von Beförderungsmitteln sowohl an Nichtunternehmer (siehe Abschnitt 3a.1 Abs. 1) als auch an Unternehmer und diesen gleichgestellte juristische Personen (siehe Abschnitt 3a.2 Abs. 1). ²Zum Ort der kurzfristigen Fahrzeugvermietung zur Nutzung im Drittlandsgebiet vgl. Abschnitt 3a.14 Abs. 4.

(2) ¹Leistungsort bei der kurzfristigen Vermietung eines Beförderungsmittels ist regelmäßig der Ort, an dem das Beförderungsmittel dem Leistungsempfänger tatsächlich zur Verfügung gestellt wird, das ist der Ort, an dem das Beförderungsmittel dem Leistungsempfänger übergeben wird (vgl. Artikel 40 der MwStVO). ²Eine kurzfristige Vermietung liegt vor, wenn die Vermietung über einen ununterbrochenen Zeitraum von nicht mehr als 90 Tagen bei Wasserfahrzeugen und von nicht mehr als 30 Tagen bei anderen Beförderungsmitteln erfolgt.

Beispiel:

¹Das Bootsvermietungsunternehmen B mit Sitz in Düsseldorf vermietet an den Unternehmer U eine Yacht für drei Wochen. ²Die Übergabe der Yacht erfolgt an der Betriebsstätte des B in einem italienischen Adriahafen.

³Der Leistungsort für die Vermietungsleistung des B an U ist in Italien, dem Ort, an dem das vermietete Boot tatsächlich von B an U übergeben wird.

³Die Dauer der Vermietung richtet sich nach der tatsächlichen Dauer der Nutzungsüberlassung; wird der Zeitraum der Vermietung auf Grund höherer Gewalt verlängert, ist dieser Zeitraum bei der Abgrenzung einer kurzfristigen von einer langfristigen Vermietung nicht zu berücksichtigen (vgl. Artikel 39 Abs. 1 Unterabs. 3 der MwStVO). ⁴Wird ein Beförderungsmittel mehrfach unmittelbar hintereinander an denselben Leistungsempfänger für einen Zeitraum vermietet, liegt eine kurzfristige Vermietung grundsätzlich nur dann vor, wenn der ununterbrochene Vermietungszeitraum von nicht mehr als 90 Tagen bzw. 30 Tagen insgesamt nicht überschritten wird (vgl. Artikel 39 Abs. 1 Unterabs. 1 und 2 und Abs. 2

---
[1] Hinweis auf Anlage § 003a-19

§ 3a UStAE 3a.5., 3a.6.

Unterabs. 1 und 2 der MwStVO). ⁵Wird ein Beförderungsmittel zunächst kurzfristig und anschließend über einen als langfristig geltenden Zeitraum an denselben Leistungsempfänger vermietet, sind die beiden Vermietungszeiträume abweichend von Satz 4 getrennt voneinander zu betrachten, sofern diese vertraglichen Regelungen nicht zur Erlangung steuerrechtlicher Vorteile erfolgten (vgl. Artikel 39 Abs. 2 Unterabs. 3 der MwStVO). ⁶Werden aufeinander folgende Verträge über die Vermietung von Beförderungsmitteln geschlossen, die tatsächlich unterschiedliche Beförderungsmittel betreffen, sind die jeweiligen Vermietungen gesondert zu betrachten, sofern diese vertraglichen Regelungen nicht zur Erlangung steuerrechtlicher Vorteile erfolgten (vgl. Artikel 39 Abs. 3 der MwStVO).

(3) ¹Als Beförderungsmittel sind Gegenstände anzusehen, deren Hauptzweck auf die Beförderung von Personen und Gütern zu Lande, zu Wasser oder in der Luft gerichtet ist und die sich auch tatsächlich fortbewegen (vgl. Artikel 38 Abs. 1 der MwStVO). ²Zu den Beförderungsmitteln gehören auch Auflieger, Sattelanhänger, Fahrzeuganhänger, Eisenbahnwaggons, Elektro-Caddywagen, Transportbetonmischer, Segelboote, Ruderboote, Paddelboote, Motorboote, Sportflugzeuge, Segelflugzeuge, Wohnmobile, Wohnwagen (vgl. jedoch Abschnitt 3a.3 Abs. 5) sowie landwirtschaftliche Zugmaschinen und andere landwirtschaftliche Fahrzeuge, Fahrzeuge, die speziell für den Transport von kranken oder verletzten Menschen konzipiert sind, und Rollstühle und ähnliche Fahrzeuge für kranke und körperbehinderte Menschen, mit mechanischen oder elektronischen Vorrichtungen zur Fortbewegung (vgl. Artikel 38 Abs. 2 der MwStVO). ³Keine Beförderungsmittel sind z.B. Bagger, Planierraupen, Bergungskräne, Schwertransportkräne, Transportbänder, Gabelstapler, Elektrokarren, Rohrleitungen, Ladekräne, Schwimmkräne, Schwimmrammen, Container, militärische Kampffahrzeuge, z.B. Kriegsschiffe – ausgenommen Versorgungsfahrzeuge –, Kampfflugzeuge, Panzer, und Fahrzeuge, die dauerhaft stillgelegt worden sind (vgl. Artikel 38 Abs. 3 der MwStVO). ⁴Unabhängig hiervon kann jedoch mit diesen Gegenständen eine Beförderungsleistung ausgeführt werden. ⁵Als Vermietung von Beförderungsmitteln gilt auch die Überlassung von betrieblichen Kraftfahrzeugen durch Arbeitgeber an ihre Arbeitnehmer zur privaten Nutzung sowie die Überlassung eines Rundfunk- oder Fernsehübertragungswagens oder eines sonstigen Beförderungsmittels inländischer und ausländischer Rundfunkanstalten des öffentlichen Rechts untereinander.

(4) ¹Wird eine Segel- oder Motoryacht oder ein Luftfahrzeug ohne Besatzung verchartert, ist eine Vermietung eines Beförderungsmittels anzunehmen. ²Bei einer Vercharterung mit Besatzung ohne im Chartervertrag festgelegte Reiseroute ist ebenfalls eine Vermietung eines Beförderungsmittels anzunehmen. ³Das gilt auch, wenn die Yacht oder das Luftfahrzeug mit Besatzung an eine geschlossene Gruppe vermietet wird, die mit dem Vercharterer vorher die Reiseroute festgelegt hat, diese Reiseroute aber im Verlauf der Reise ändern oder in anderer Weise auf den Ablauf der Reise Einfluss nehmen kann. ⁴Eine Beförderungsleistung ist dagegen anzunehmen, wenn nach dem Chartervertrag eine bestimmte Beförderung geschuldet wird und der Unternehmer diese unter eigener Verantwortung vornimmt, z.B. bei einer vom Vercharterer organisierten Rundreise mit Teilnehmern, die auf Ablauf und nähere Ausgestaltung der Reise keinen Einfluss haben.

(5) Werden Beförderungsmittel langfristig vermietet, bestimmt sich der Leistungsort bei der Vermietung an Nichtunternehmer nach § 3a Abs. 1 oder § 3a Abs. 6 Satz 1 Nr. 1 UStG und bei der Vermietung an Unternehmer für deren Unternehmen oder an eine einem Unternehmer gleichgestellte juristische Person (siehe Abschnitt 3a.2 Abs. 1) nach § 3a Abs. 2 UStG.

Beispiel:

¹Ein kanadischer Staatsbürger tritt eine private Europareise in München an und mietet ein Kraftfahrzeug bei einem Unternehmer mit Sitz in München für vier Monate. ²Das Fahrzeug soll sowohl im Inland als auch im Ausland genutzt werden.

³Es handelt sich nicht um eine kurzfristige Vermietung. ⁴Der Leistungsort ist deshalb nach § 3a Abs. 1 UStG zu bestimmen. ⁵Die Vermietung des Kraftfahrzeugs durch einen im Inland ansässigen Unternehmer ist insgesamt im Inland steuerbar, auch wenn das vermietete Beförderungsmittel während der Vermietung im Ausland genutzt wird.

3a.6. Ort der Tätigkeit[1)]

(1) ¹Die Regelung des § 3a Abs. 3 Nr. 3 UStG gilt nur für sonstige Leistungen, die in einem positiven Tun bestehen. ²Bei diesen Leistungen bestimmt sich der Leistungsort nach dem Ort, an dem die sonstige Leistung tatsächlich bewirkt wird (vgl. EuGH-Urteil vom 9.3.2006, C-114/05, EuGHE I S. 2427). ³Der Ort, an dem der Erfolg eintritt oder die sonstige Leistung sich auswirkt, ist ohne Bedeutung (BFH-Urteil vom 4.4.1974, V R 161/72, BStBl. II S. 532). ⁴Dabei kommt es nicht entscheidend darauf an, wo der Unternehmer, z.B. Künstler, im Rahmen seiner Gesamttätigkeit überwiegend tätig wird; vielmehr ist

---

1) Hinweis auf Anlagen § 003a-18 und 19

der jeweilige Umsatz zu betrachten. ⁵Es ist nicht erforderlich, dass der Unternehmer im Rahmen einer Veranstaltung tätig wird.

Leistungen nach § 3a Abs. 3 Nr. 3 Buchstabe a UStG

(2) § 3a Abs. 3 Nr. 3 Buchstabe a UStG gilt nur für sonstige Leistungen an Nichtunternehmer (siehe Abschnitt 3a.1 Abs. 1).

(3) ¹Leistungen, die im Zusammenhang mit Leistungen im Sinne des § 3a Abs. 3 Nr. 3 Buchstabe a UStG unerlässlich sind, werden an dem Ort erbracht, an dem diese Leistungen tatsächlich bewirkt werden. ²Hierzu können auch tontechnische Leistungen im Zusammenhang mit künstlerischen oder unterhaltenden Leistungen gehören (EuGH-Urteil vom 26.9.1996, C-327/94, EuGHE I 1996 S. 4595, BStBl. 1998 II S. 313).

(4) ¹Insbesondere bei künstlerischen und wissenschaftlichen Leistungen ist zu beachten, dass sich im Falle der reinen Übertragung von Nutzungsrechten an Urheberrechten und ähnlichen Rechten (vgl. Abschnitt 3a.9 Abs. 1 und sowie Abschnitt 12.7) der Leistungsort nicht nach § 3a Abs. 3 Nr. 3 Buchstabe a UStG richtet. ²Der Leistungsort bestimmt sich nach § 3a Abs. 1 UStG (vgl. Abschnitt 3a.1) oder nach § 3a Abs. 4 Sätze 1 und 2 Nr. 1 UStG (vgl. Abschnitt 3a.9 Abs. 1 und 2).

(5) ¹Die Frage, ob bei einem wissenschaftlichen Gutachten eine wissenschaftliche Leistung nach § 3a Abs. 3 Nr. 3 Buchstabe a UStG oder eine Beratungsleistung vorliegt, ist nach dem Zweck zu beurteilen, den der Auftraggeber mit dem von ihm bestellten Gutachten verfolgt. ²Eine wissenschaftliche Leistung im Sinne des § 3a Abs. 3 Nr. 3 Buchstabe a UStG setzt voraus, dass das erstellte Gutachten nicht auf Beratung des Auftraggebers gerichtet ist; dies ist der Fall, wenn das Gutachten nach seinem Zweck keine konkrete Entscheidungshilfe für den Auftraggeber darstellt. ³Soll das Gutachten dem Auftraggeber dagegen als Entscheidungshilfe für die Lösung konkreter technischer, wirtschaftlicher oder rechtlicher Fragen dienen, liegt eine Beratungsleistung vor. ⁴Der Leistungsort bestimmt sich bei Leistungen an Nichtunternehmer (siehe Abschnitt 3a.1 Abs. 1) nach § 3a Abs. 1, 2 oder 4 Satz 1 UStG.

Beispiel 1:

¹Ein Hochschullehrer hält im Auftrag eines ausschließlich nicht unternehmerisch tätigen Verbandes, dem für Umsatzsteuerzwecke keine USt-IdNr. erteilt worden ist, auf einem Fachkongress einen Vortrag. ²Inhalt des Vortrags ist die Mitteilung und Erläuterung der von ihm auf seinem Forschungsgebiet, z.B. Maschinenbau, gefundenen Ergebnisse. ³Zugleich händigt der Hochschullehrer allen Teilnehmern ein Manuskript seines Vortrags aus. ⁴Vortrag und Manuskript haben nach Inhalt und Form den Charakter eines wissenschaftlichen Gutachtens. ⁵Sie sollen allen Teilnehmern des Fachkongresses zur Erweiterung ihrer beruflichen Kenntnisse dienen.

⁶Der Leistungsort bestimmt sich nach § 3a Abs. 3 Nr. 3 Buchstabe a UStG.

Beispiel 2:

¹Ein Wirtschaftsforschungsunternehmen erhält von einer inländischen juristischen Person des öffentlichen Rechts, die nicht unternehmerisch tätig und der keine USt-IdNr. erteilt worden ist, den Auftrag, in Form eines Gutachtens Struktur- und Standortanalysen für die Errichtung von Gewerbebetrieben zu erstellen.

²Auch wenn das Gutachten nach wissenschaftlichen Grundsätzen erstellt worden ist, handelt es sich um eine Beratung, da das Gutachten zur Lösung konkreter wirtschaftlicher Fragen verwendet werden soll. ³Der Leistungsort bestimmt sich nach § 3a Abs. 1 UStG.

(6) ¹Eine sonstige Leistung, die darin besteht, der Allgemeinheit gegen Entgelt die Benutzung von Geldautomaten zu ermöglichen, die in Spielhallen aufgestellt sind, ist als unterhaltende oder ähnliche Tätigkeit nach § 3a Abs. 3 Nr. 3 Buchstabe a UStG anzusehen (vgl. EuGH-Urteil vom 12.5.2005, C-452/03, EuGHE I S. 3947). ²Für die Benutzung von Geldspielautomaten außerhalb von Spielhallen richtet sich der Leistungsort nach § 3a Abs. 1 UStG (vgl. EuGH-Urteil vom 4.7.1985, 168/84, EuGHE S. 2251).

(7) Zum Ort der sonstigen Leistung bei Messen und Ausstellungen vgl. Abschnitt 3a.4.

Leistungen nach § 3a Abs. 3 Nr. 3 Buchstabe b UStG

(8) § 3a Abs. 3 Nr. 3 Buchstabe b UStG gilt sowohl für sonstige Leistungen an Nichtunternehmer (siehe Abschnitt 3a.1 Abs. 1) als auch an Unternehmer und diesen gleichgestellte juristische Personen (siehe Abschnitt 3a.2 Abs. 1).

(9) ¹Bei der Abgabe von Speisen und Getränken zum Verzehr an Ort und Stelle (Restaurationsleistung) richtet sich der Leistungsort nach dem Ort, an dem diese Leistung tatsächlich erbracht wird (§ 3a Abs. 3 Nr. 3 Buchstabe b UStG). ²Die Restaurationsleistung muss aber als sonstige Leistung anzusehen sein;

§ 3a UStAE 3a.6.

zur Abgrenzung zwischen Lieferung und sonstiger Leistung bei der Abgabe von Speisen und Getränken wird auf die BMF-Schreiben vom 16.10.2008, BStBl. I S. 949, und vom 29.3.2010, BStBl. I S. 330, verwiesen. ³Die Ortsregelung gilt nicht für Restaurationsleistungen an Bord eines Schiffs, in einem Luftfahrzeug oder in einer Eisenbahn während einer Beförderung im Inland oder im übrigen Gemeinschaftsgebiet. ⁴In diesen Fällen bestimmt sich der Leistungsort nach § 3e UStG (vgl. Abschnitt 3e.1).

Leistungen nach § 3a Abs. 3 Nr. 3 Buchstabe c UStG

(10) ¹Bei Arbeiten an beweglichen körperlichen Gegenständen und bei der Begutachtung dieser Gegenstände für Nichtunternehmer (siehe Abschnitt 3a.1 Abs. 1) bestimmt sich der Leistungsort nach dem Ort, an dem der Unternehmer tatsächlich die Leistung ausführt (§ 3a Abs. 3 Nr. 3 Buchstabe c UStG). ²Ist der Leistungsempfänger ein Unternehmer oder eine gleichgestellte juristische Person (siehe Abschnitt 3a.2 Abs. 1), richtet sich der Leistungsort nach § 3a Abs. 2 UStG (vgl. Abschnitt 3a.2).

(11) ¹Als Arbeiten an beweglichen körperlichen Gegenständen sind insbesondere Werkleistungen in Gestalt der Bearbeitung oder Verarbeitung von beweglichen körperlichen Gegenständen anzusehen. ²Hierzu ist grundsätzlich eine Veränderung des beweglichen Gegenstands erforderlich. ³Wartungsleistungen an Anlagen, Maschinen und Kraftfahrzeugen können als Werkleistungen angesehen werden. ⁴Verwendet der Unternehmer bei der Be- oder Verarbeitung eines Gegenstands selbstbeschaffte Stoffe, die nicht nur Zutaten oder sonstige Nebensachen sind, ist keine Werkleistung, sondern eine Werklieferung gegeben (§ 3 Abs. 4 UStG). ⁵Baut der leistende Unternehmer die ihm vom Leistungsempfänger sämtlich zur Verfügung gestellten Teile einer Maschine nur zusammen und wird die zusammengebaute Maschine nicht Bestandteil eines Grundstücks, bestimmt sich der Ort der sonstigen Leistung nach § 3a Abs. 3 Nr. 3 Buchstabe c UStG (vgl. Artikel 8 und 34 der MwStVO), wenn der Leistungsempfänger ein Nichtunternehmer ist.

(12) ¹Bei der Begutachtung beweglicher körperlicher Gegenstände durch Sachverständige hat § 3a Abs. 3 Nr. 3 Buchstabe c UStG Vorrang vor § 3a Abs. 4 Satz 1 und 2 Nr. 3 UStG. ²Wegen der Leistungen von Handelschemikern vgl. Abschnitt 3a.9 Abs. 12 Satz 3.

Leistungen nach § 3a Abs. 3 Nr. 5 UStG

(13) ¹§ 3a Abs. 3 Nr. 5 UStG gilt nur für Leistungen an einen Unternehmer für dessen unternehmerischen Bereich oder an eine Unternehmer gleichgestellte juristische Person (siehe Abschnitt 3a.2 Abs. 1). ²Werden die in der Vorschrift genannten sonstigen Leistungen an Nichtunternehmer (siehe Abschnitt 3a.1 Abs. 1) erbracht, richtet sich der Leistungsort nach § 3a Abs. 3 Nr. 3 Buchstabe a UStG; beim Verkauf von Eintrittskarten im eigenen Namen und auf eigene Rechnung durch einen anderen Unternehmer als den Veranstalter richtet sich der Leistungsort dagegen nach § 3a Abs. 1 UStG (vgl. BFH-Urteil vom 3.6.2009, XI R 34/08, BStBl. 2010 II S. 857). ³Zu den Eintrittsberechtigungen gehören insbesondere (vgl. Artikel 32 Abs. 1 und 2 der MwStVO)

1. das Recht auf Zugang zu Darbietungen, Theateraufführungen, Zirkusvorstellungen, Freizeitparks, Konzerten, Ausstellungen sowie zu anderen ähnlichen kulturellen Veranstaltungen, auch wenn das Entgelt in Form eines Abonnements oder eines Jahresbeitrags entrichtet wird;

2. das Recht auf Zugang zu Sportveranstaltungen wie Spiele und Wettkämpfe gegen Entgelt, auch wenn das Entgelt in Form einer Zahlung für einen bestimmten Zeitraum oder eine festgelegte Anzahl von Veranstaltungen in einem Betrag erfolgt;

3. ¹das Recht auf Zugang zu der Allgemeinheit offen stehenden Veranstaltungen auf dem Gebiet des Unterrichts und der Wissenschaft, wie beispielsweise Konferenzen und Seminare. ²Dies gilt unabhängig davon, ob der Unternehmer selbst oder ein Arbeitnehmer an der Veranstaltung teilnimmt und das Entgelt vom Unternehmer (Arbeitgeber) entrichtet wird.

Beispiel 1:

¹Der Seminarveranstalter S mit Sitz in Salzburg (Österreich) veranstaltet ein Seminar zum aktuellen Umsatzsteuerrecht in der Europäischen Union in Berlin; das Seminar wird europaweit beworben. ²Teilnahmebeschränkungen gibt es nicht. ³An dem Seminar nehmen Unternehmer mit Sitz in Österreich, Belgien, Deutschland und Frankreich teil.

⁴Der Ort der Leistung ist nach § 3a Abs. 3 Nr. 5 UStG am Veranstaltungsort in Deutschland.

Beispiel 2:

¹Die international tätige Wirtschaftsprüfungsgesellschaft W mit Sitz in Berlin beauftragt den Seminarveranstalter S mit Sitz in Salzburg (Österreich) mit der Durchführung eines Inhouse-Seminars zum aktuellen Umsatzsteuerrecht in der Europäischen Union in Salzburg. ²An dem Seminar können

nur Mitarbeiter der W teilnehmen. ³Das Seminar wird im Januar 2011 durchgeführt. ⁴Es nehmen 20 Angestellte des W teil.

⁵Da das Seminar nicht für die Öffentlichkeit allgemein zugänglich ist, fällt der Umsatz nicht unter die Eintrittsberechtigungen nach § 3a Abs. 3 Nr. 5 UStG. Der Leistungsort ist nach § 3a Abs. 2 Satz 1 UStG am Sitzort der W in Berlin.

⁴Zu den Eintrittsberechtigungen für Messen, Ausstellungen und Kongresse gehören insbesondere Leistungen, für die der Leistungsempfänger Kongress-, Teilnehmer- oder Seminarentgelte entrichtet, sowie damit im Zusammenhang stehende Nebenleistungen, wie z.B. Beförderungsleistungen, Vermietung von Fahrzeugen oder Unterbringung, wenn diese Leistungen vom Veranstalter der Messe, der Ausstellung oder des Kongresses zusammen mit der Einräumung der Eintrittsberechtigung als einheitliche Leistung (vgl. Abschnitt 3.10) angeboten werden. ⁵Zu den mit den in § 3a Abs. 3 Nr. 5 UStG genannten Veranstaltungen zusammenhängenden sonstigen Leistungen gehören auch die Nutzung von Garderoben und von sanitären Einrichtungen gegen gesondertes Entgelt (vgl. Artikel 33 der MwStVO). ⁶Nicht unter § 3a Abs. 3 Nr. 5 UStG fällt die Berechtigung zur Nutzung von Räumlichkeiten, wie beispielsweise Turnhallen oder anderen Räumen, gegen Entgelt (vgl. Artikel 32 Abs. 3 der MwStVO). ⁷Auch die Vermittlung von Eintrittsberechtigungen fällt nicht unter § 3a Abs. 3 Nr. 5 UStG; der Leistungsort dieser Umsätze richtet sich bei Leistungen an einen Unternehmer für dessen unternehmerischen Bereich oder an eine einem Unternehmer gleichgestellte juristische Person (siehe Abschnitt 3a.2 Abs. 1) nach § 3a Abs. 2 UStG, bei Leistungen an einen Nichtunternehmer (siehe Abschnitt 3a.1 Abs. 1) nach § 3a Abs. 3 Nr. 4 UStG.

3a.7. Ort der Vermittlungsleistung[1]

(1) ¹Unter den Begriff Vermittlungsleistung fallen sowohl Vermittlungsleistungen, die im Namen und für Rechnung des Empfängers der vermittelten Leistung erbracht werden, als auch Vermittlungsleistungen, die im Namen und für Rechnung des Unternehmers erbracht werden, der die vermittelte Leistung ausführt (vgl. Artikel 30 der MwStVO). ²Der Leistungsort einer Vermittlungsleistung bestimmt sich nur bei Leistungen an Nichtunternehmer (siehe Abschnitt 3a.1 Abs. 1) nach § 3a Abs. 3 Nr. 4 UStG. ³Hierunter fällt auch die Vermittlung der kurzfristigen Vermietung von Zimmern in Hotels, Gaststätten oder Pensionen, von Fremdenzimmern, Ferienwohnungen, Ferienhäusern und vergleichbaren Einrichtungen an Nichtunternehmer (vgl. Artikel 31 Buchstabe b der MwStVO). ⁴Bei Leistungen an einen Unternehmer oder an eine gleichgestellte juristische Person (siehe Abschnitt 3a.2 Abs. 1) richtet sich der Leistungsort nach § 3a Abs. 2 UStG (vgl. Artikel 31 Buchstabe a der MwStVO, und Abschnitt 3a.2), bei der Vermittlung von Vermietungen von Grundstücken nach § 3a Abs. 3 Nr. 1 UStG. ⁵Zur Abgrenzung der Vermittlungsleistung vom Eigenhandel vgl. Abschnitt 3.7.

(2) Die Vermittlung einer nicht steuerbaren Leistung zwischen Nichtunternehmern wird an dem Ort erbracht, an dem die vermittelte Leistung ausgeführt wird (vgl. EuGH-Urteil vom 27.5.2004, C-68/03, EuGHE I S. 5879).

3a.8. Ort der in § 3a Abs. 4 Satz 2 UStG bezeichneten sonstigen Leistungen

Bei der Bestimmung des Leistungsorts für die in § 3a Abs. 4 Satz 2 UStG bezeichneten Leistungen sind folgende Fälle zu unterscheiden:

1. Ist der Empfänger der sonstigen Leistung ein Nichtunternehmer (siehe Abschnitt 3a.1 Abs. 1) und hat er seinen Wohnsitz oder Sitz außerhalb des Gemeinschaftsgebiets (vgl. Abschnitt 1.10 Abs. 1), wird die sonstige Leistung dort ausgeführt, wo der Empfänger seinen Wohnsitz oder Sitz hat (§ 3a Abs. 4 Satz 1 UStG).

2. ¹Ist der Empfänger der sonstigen Leistung ein Nichtunternehmer (siehe Abschnitt 3a.1 Abs. 1) und hat er seinen Wohnsitz oder Sitz innerhalb des Gemeinschaftsgebiets (vgl. Abschnitt 1.10 Abs. 1), wird die sonstige Leistung dort ausgeführt, wo der leistende Unternehmer sein Unternehmen betreibt. ²Insoweit verbleibt es bei der Regelung des § 3a Abs. 1 UStG (vgl. jedoch § 3a Abs. 5 UStG, § 3a Abs. 6 UStG und Abschnitt 3a.14 Abs. 1 bis 3 sowie § 3a Abs. 8 Sätze 2 und 3 UStG und Abschnitt 3a.14 Abs. 6).

3. Ist der Empfänger der sonstigen Leistung ein Unternehmer oder eine einem Unternehmer gleichgestellte juristische Person (siehe Abschnitt 3a.2 Abs. 1), wird die sonstige Leistung dort ausgeführt, wo der Empfänger sein Unternehmen betreibt bzw. die juristische Person ihren Sitz hat (§ 3a Abs. 2 UStG; vgl. Abschnitt 3a.2).

---
1) Hinweis auf Anlage § 003a-19

§ 3a

3a.9. Leistungskatalog des § 3a Abs. 4 Satz 2 Nr. 1 bis 10 UStG

Patente, Urheberrechte, Markenrechte

(1) Sonstige Leistungen im Sinne des § 3a Abs. 4 Satz 2 Nr. 1 UStG ergeben sich u.a. auf Grund folgender Gesetze:

1. Gesetz über Urheberrecht und verwandte Schutzrechte;
2. Gesetz über die Wahrnehmung von Urheberrechten und verwandten Schutzrechten;
3. Patentgesetz;
4. Markenrechtsreformgesetz;
5. Gesetz über das Verlagsrecht;
6. Gebrauchsmustergesetz.

(2) ¹Hinsichtlich der Leistungen auf dem Gebiet des Urheberrechts vgl. Abschnitt 3a.6 Abs. 4. ²Außerdem sind die Ausführungen in Abschnitt 12.7 zu beachten. ³Bei der Auftragsproduktion von Filmen wird auf die Rechtsprechung des BFH zur Abgrenzung zwischen Lieferung und sonstiger Leistung hingewiesen (vgl. BFH-Urteil vom 19.2.1976, V R 92/74, BStBl. II S. 515). ⁴Die Überlassung von Fernsehübertragungsrechten und die Freigabe eines Berufsfußballspielers gegen Ablösezahlung sind als ähnliche Rechte im Sinne des § 3a Abs. 4 Satz 2 Nr. 1 UStG anzusehen.

Werbung, Öffentlichkeitsarbeit, Werbungsmittler, Werbeagenturen

(3) ¹Unter dem Begriff „Leistungen, die der Werbung dienen" im Sinne des § 3a Abs. 4 Satz 2 Nr. 2 UStG sind die Leistungen zu verstehen, die bei den Werbeadressaten den Entschluss zum Erwerb von Gegenständen oder zur Inanspruchnahme von sonstigen Leistungen auslösen sollen (vgl. BFH-Urteil vom 24.9.1987, V R 105/77, BStBl. 1988 II S. 303). ²Unter den Begriff fallen auch die Leistungen, die bei den Werbeadressaten ein bestimmtes außerwirtschaftliches, z.B. politisches, soziales, religiöses Verhalten herbeiführen sollen. ³Es ist nicht erforderlich, dass die Leistungen üblicherweise und ausschließlich der Werbung dienen.

(4) Zu den Leistungen, die der Werbung dienen, gehören insbesondere:

1. ¹*die Werbeberatung*. ²Hierbei handelt es sich um die Unterrichtung über die Möglichkeiten der Werbung;
2. ¹*die Werbevorbereitung und die Werbeplanung*. ²Bei ihr handelt es sich um die Erforschung und Planung der Grundlagen für einen Werbeeinsatz, z.B. die Markterkundung, die Verbraucheranalyse, die Erforschung von Konsumgewohnheiten, die Entwicklung einer Marktstrategie und die Entwicklung von Werbekonzeptionen;
3. ¹*die Werbegestaltung*. ²Hierzu zählen die graphische Arbeit, die Abfassung von Werbetexten und die vorbereitenden Arbeiten für die Film-, Funk- und Fernsehproduktion;
4. ¹*die Werbemittelherstellung*. ²Hierzu gehört die Herstellung oder Beschaffung der Unterlagen, die für die Werbung notwendig sind, z.B. Reinzeichnungen und Tiefdruckvorlagen für Anzeigen, Prospekte, Plakate usw., Druckstöcke, Bild- und Tonträger, einschließlich der Überwachung der Herstellungsvorgänge;
5. ¹*die Werbemittlung* (vgl. Absatz 7). ²Der Begriff umfasst die Auftragsabwicklung in dem Bereich, in dem die Werbeeinsätze erfolgen sollen, z.B. die Erteilung von Anzeigenaufträgen an die Verleger von Zeitungen, Zeitschriften, Fachblättern und Adressbüchern sowie die Erteilung von Werbeaufträgen an Funk- und Fernsehanstalten und an sonstige Unternehmer, die Werbung durchführen;
6. ¹*die Durchführung von Werbung*. ²Hierzu gehören insbesondere die Aufnahmen von Werbeanzeigen in Zeitungen, Zeitschriften, Fachblättern, auf Bild- und Tonträgern und in Adressbüchern, die sonstige Adresswerbung, z.B. Zusatzeintragungen oder hervorgehobene Eintragungen, die Beiheftung, Beifügung oder Verteilung von Prospekten oder sonstige Formen der Direktwerbung, das Anbringen von Werbeplakaten und Werbetexten an Werbeflächen, Verkehrsmitteln usw., das Abspielen von Werbefilmen in Filmtheatern oder die Ausstrahlung von Werbesendungen im Fernsehen oder Rundfunk.

(5) ¹Zeitungsanzeigen von Unternehmern, die Stellenangebote enthalten, ausgenommen Chiffreanzeigen, und sog. Finanzanzeigen, z.B. Veröffentlichung von Bilanzen, Emissionen, Börsenzulassungsprospekten usw., sind Werbeleistungen. ²Zeitungsanzeigen von Nichtunternehmern, z.B. Stellengesuche, Stellenangebote von juristischen Personen des öffentlichen Rechts für den hoheitlichen Bereich, Familienanzeigen, Kleinanzeigen, sind dagegen als nicht der Werbung dienend anzusehen.

(6) ¹Unter Leistungen, die der Öffentlichkeitsarbeit dienen, sind die Leistungen zu verstehen, durch die Verständnis, Wohlwollen und Vertrauen erreicht oder erhalten werden sollen. ²Es handelt sich hierbei in der Regel um die Unterrichtung der Öffentlichkeit über die Zielsetzungen, Leistungen und die soziale

Aufgeschlossenheit staatlicher oder privater Stellen. ³Die Ausführungen in den Absätzen 3 und 4 gelten entsprechend.

(7) Werbungsmittler ist, wer Unternehmern, die Werbung für andere durchführen, Werbeaufträge für andere im eigenen Namen und für eigene Rechnung erteilt (vgl. Absatz 4 Nr. 5).

(8) ¹Eine Werbeagentur ist ein Unternehmer, der neben der Tätigkeit eines Werbungsmittlers weitere Leistungen, die der Werbung dienen, ausführt. ²Bei den weiteren Leistungen handelt es sich insbesondere um Werbeberatung, Werbeplanung, Werbegestaltung, Beschaffung von Werbemitteln und Überwachung der Werbemittelherstellung (vgl. Absatz 4 Nr. 1 bis 4).

Beratungs- und Ingenieurleistungen

(9) ¹§ 3a Abs. 4 Satz 2 Nr. 3 UStG ist z.B. bei folgenden sonstigen Leistungen anzuwenden, wenn sie Hauptleistungen sind: Rechts-, Steuer- und Wirtschaftsberatung. ²Nicht unter § 3a Abs. 4 Satz 2 Nr. 3 UStG fallen Beratungsleistungen, wenn die Beratung nach den allgemeinen Grundsätzen des Umsatzsteuerrechts nur als Nebenleistung, z.B. zu einer Werklieferung, zu beurteilen ist.

(10) ¹Bei Rechtsanwälten, Patentanwälten, Steuerberatern und Wirtschaftsprüfern fallen alle berufstypischen Leistungen unter § 3a Abs. 4 Satz 2 Nr. 3 UStG. ²Zur Beratungstätigkeit gehören daher z.B. bei einem Rechtsanwalt die Prozessführung, bei einem Wirtschaftsprüfer auch die im Rahmen von Abschlussprüfungen erbrachten Leistungen. ³Keine berufstypische Leistung eines Rechtsanwaltes oder Steuerberaters ist die Tätigkeit als Testamentsvollstrecker oder Nachlasspfleger (vgl. BFH-Urteil vom 3.4.2008, V R 62/05, BStBl. II S. 900).

(11) ¹§ 3a Abs. 4 Satz 2 Nr. 3 UStG erfasst auch die selbständigen Beratungsleistungen der Notare. ²Sie erbringen jedoch nur dann selbständige Beratungsleistungen, wenn die Beratungen nicht im Zusammenhang mit einer Beurkundung stehen. ³Das sind insbesondere die Fälle, in denen sich die Tätigkeit der Notare auf die Betreuung der Beteiligten auf dem Gebiet der vorsorgenden Rechtspflege, insbesondere die Anfertigung von Urkundsentwürfen und die Beratung der Beteiligten beschränkt (vgl. § 24 BNotO und §§ 145 und 147 Abs. 2 KostO).

(12) ¹Unter § 3a Abs. 4 Satz 2 Nr. 3 UStG fallen auch die Beratungsleistungen von Sachverständigen. ²Hierzu gehören z.B. die Anfertigung von rechtlichen, wirtschaftlichen und technischen Gutachten, soweit letztere nicht in engem Zusammenhang mit einem Grundstück (§ 3a Abs. 3 Nr. 1 UStG und Abschnitt 3a.3 Abs. 3) oder mit beweglichen Gegenständen (§ 3a Abs. 3 Nr. 3 Buchstabe c UStG und Abschnitt 3a.6 Abs. 12) stehen, sowie die Aufstellung von Finanzierungsplänen, die Auswahl von Herstellungsverfahren und die Prüfung ihrer Wirtschaftlichkeit. ³Leistungen von Handelschemikern sind als Beratungsleistungen im Sinne des § 3a Abs. 4 Satz 2 Nr. 3 UStG zu beurteilen, wenn sie Auftraggeber neben der chemischen Analyse von Warenproben insbesondere über Kennzeichnungsfragen beraten.

(13) ¹Ingenieurleistungen sind alle sonstigen Leistungen, die zum Berufsbild eines Ingenieurs gehören, also nicht nur beratende Tätigkeiten; die Ausübung von Ingenieurleistungen ist dadurch gekennzeichnet, Kenntnisse und bestehende Prozesse auf konkrete Probleme anzuwenden sowie neue Kenntnisse zu erwerben und neue Prozesse zur Lösung dieser und neuer Probleme zu entwickeln (vgl. EuGH-Urteil vom 7.10.2010, C-222/09, HFR S. 1367, und BFH-Urteil vom 13.1.2011, V R 63/09, BStBl. II S. 461). ²Es ist nicht erforderlich, dass der leistende Unternehmer Ingenieur ist. ³Nicht hierzu zählen Ingenieurleistungen in engem Zusammenhang mit einem Grundstück (vgl. Abschnitt 3a.3 Abs. 3 und 8). ⁴Die Anpassung von Software an die besonderen Bedürfnisse des Abnehmers gehört zu den sonstigen Leistungen, die von Ingenieuren erbracht werden, oder zu denen, die Ingenieurleistungen ähnlich sind (vgl. EuGH-Urteil vom 27.10.2005, C-41/04, EuGHE I S. 9433). ⁵Ebenso sind Leistungen eines Ingenieurs, die in Forschungs- und Entwicklungsarbeiten, z.B. im Umwelt- und Technologiebereich, bestehen, Ingenieurleistungen im Sinne des § 3a Abs. 4 Satz 2 Nr. 3 UStG (vgl. EuGH-Urteil vom 7.10.2010, C-222/09, a.a.O.).

(14) Zu den unter § 3a Abs. 4 Satz 2 Nr. 3 UStG fallenden sonstigen Leistungen der Übersetzer gehören auch die Übersetzungen von Texten (vgl. Artikel 41 der MwStVO), soweit es sich nicht um urheberrechtlich geschützte Übersetzungen handelt (vgl. auch Abschnitt 12.7 Abs. 12).

Datenverarbeitung

(15) ¹Unter Datenverarbeitung im Sinne des § 3a Abs. 4 Satz 2 Nr. 4 UStG ist die manuelle, mechanische oder elektronische Speicherung, Umwandlung, Verknüpfung und Verarbeitung von Daten zu verstehen. ²Hierzu gehören insbesondere die Automatisierung von gleichförmig wiederholbaren Abläufen, die Sammlung, Aufbereitung, Organisation, Speicherung und Wiedergewinnung von Informationsmengen sowie die Verknüpfung von Datenmengen oder Datenstrukturen mit der Verarbeitung dieser Informa-

tionen auf Grund computerorientierter Verfahren. ³Die Erstellung von Datenverarbeitungsprogrammen (Software) ist keine Datenverarbeitung im Sinne von § 3a Abs. 4 Satz 2 Nr. 4 UStG (vgl. aber Abschnitt 3a.12).

Überlassung von Informationen

(16) ¹§ 3a Abs. 4 Satz 2 Nr. 5 UStG behandelt die Überlassung von Informationen einschließlich gewerblicher Verfahren und Erfahrungen, soweit diese sonstigen Leistungen nicht bereits unter § 3a Abs. 4 Satz 2 Nr. 1, 3 und 4 UStG fallen. ²Gewerbliche Verfahren und Erfahrungen können im Rahmen der laufenden Produktion oder der laufenden Handelsgeschäfte gesammelt werden und daher bei einer Auftragserteilung bereits vorliegen, z.B. Überlassung von Betriebsvorschriften, Unterrichtung über Fabrikationsverbesserungen, Unterweisung von Arbeitern des Auftraggebers im Betrieb des Unternehmers. ³Gewerbliche Verfahren und Erfahrungen können auch auf Grund besonderer Auftragsforschung gewonnen werden, z.B. Analysen für chemische Produkte, Methoden der Stahlgewinnung, Formeln für die Automation. ⁴Es ist ohne Belang, in welcher Weise die Verfahren und Erfahrungen übermittelt werden, z.B. durch Vortrag, Zeichnungen, Gutachten oder durch Übergabe von Mustern und Prototypen. ⁵Unter die Vorschrift fällt die Überlassung aller Erkenntnisse, die ihrer Art nach geeignet sind, technisch oder wirtschaftlich verwendet zu werden. ⁶Dies gilt z.B. auch für die Überlassung von Know-how und von Ergebnissen einer Meinungsumfrage auf dem Gebiet der Marktforschung (vgl. BFH-Urteil vom 22.11.1973, V R 164/72, BStBl. 1974 II S. 259) sowie für die Überlassung von Informationen durch Journalisten oder Pressedienste, soweit es sich nicht um die Überlassung urheberrechtlich geschützter Rechte handelt (vgl. Abschnitt 12.7 Abs. 9 bis 11). ⁷Bei den sonstigen Leistungen der Detektive handelt es sich um Überlassungen von Informationen im Sinne des § 3a Abs. 4 Satz 2 Nr. 5 UStG. ⁸Dagegen stellt die Unterrichtung des Erben über den Erbfall durch einen Erbenermittler keine Überlassung von Informationen dar (vgl. BFH-Urteil vom 3.4.2008, V R 62/05, BStBl. II S. 900).

Finanzumsätze

(17) ¹Wegen der sonstigen Leistungen, die in § 4 Nr. 8 Buchstabe a bis h und Nr. 10 UStG bezeichnet sind, vgl. Abschnitte 4.8.1 bis 4.8.13 und Abschnitte 4.10.1 und 4.10.2. ²Die Verweisung auf § 4 Nr. 8 Buchstabe a bis h und Nr. 10 UStG in § 3a Abs. 4 Satz 2 Nr. 6 Buchstabe a UStG erfasst auch die dort als nicht steuerfrei bezeichneten Leistungen.

Edelmetallumsätze

(18) ¹Zu den sonstigen Leistungen im Geschäft mit Platin nach § 3a Abs. 4 Satz 2 Nr. 6 Buchstabe b UStG gehört auch der börsenmäßige Handel mit Platinmetallen (Palladium, Rhodium, Iridium, Osmium, Ruthenium). ²Dies gilt jedoch nicht für Geschäfte mit Platinmetallen, bei denen die Versorgungsfunktion der Verarbeitungsunternehmen im Vordergrund steht. ³Hierbei handelt es sich um Warengeschäfte.

3a.10. Sonstige Leistungen auf dem Gebiet der Telekommunikation

(1) ¹Als sonstige Leistungen auf dem Gebiet der Telekommunikation im Sinne des § 3a Abs. 4 Satz 2 Nr. 11 UStG sind die Leistungen anzusehen, mit denen die Übertragung, die Ausstrahlung oder der Empfang von Signalen, Schrift, Bild und Ton oder Informationen jeglicher Art über Draht, Funk, optische oder sonstige elektromagnetische Medien ermöglicht und gewährleistet werden, einschließlich der damit im Zusammenhang stehenden Abtretung und Einräumung von Nutzungsrechten an Einrichtungen zur Übertragung, zur Ausstrahlung oder zum Empfang. ²Der Ort dieser Telekommunikationsleistungen bestimmt sich nach § 3a Abs. 4 Satz 1 UStG, wenn der Leistungsempfänger weder ein Unternehmer, für dessen Unternehmen die Leistung bezogen wird, noch eine einem Unternehmer gleichgestellte juristische Person (siehe Abschnitt 3a.2 Abs. 1) ist und er seinen Wohnsitz oder Sitz im Drittlandsgebiet hat (vgl. hierzu Abschnitt 3a.8 Nr. 1). ³Für den per Telekommunikation übertragenen Inhalt bestimmt sich der Ort der sonstigen Leistung grundsätzlich nach der Art der Leistung (vgl. auch Absatz 4). ⁴Hierbei ist der Grundsatz der Einheitlichkeit der Leistung zu beachten (vgl. hierzu Abschnitt 3.10).

(2) Zu den sonstigen Leistungen im Sinne des Absatzes 1 gehören insbesondere:

1. ¹Die Übertragung von Signalen, Schrift, Bild, Ton, Sprache oder Informationen jeglicher Art
   a) via Festnetz;
   b) via Mobilfunk;
   c) via Satellitenkommunikation;
   d) via Internet.

   ²Hierzu gehören auch Videoübertragungen und Schaltungen von Videokonferenzen;

2. ¹die Bereitstellung von Leitungskapazitäten oder Frequenzen im Zusammenhang mit der Einräumung von Übertragungskapazitäten

a) im Festnetz;
b) im Mobilfunknetz;
c) in der Satellitenkommunikation;
d) im Rundfunk- und Fernsehnetz;
e) beim Kabelfernsehen.

²Dazu gehören auch Kontroll- und Überwachungsmaßnahmen im Zusammenhang mit der Einräumung von Übertragungskapazitäten zur Sicherung der Betriebsbereitschaft durch Fernüberwachung oder Vor-Ort-Service;

3. ¹die Verschaffung von Zugangsberechtigungen zu
   a) den Festnetzen;
   b) den Mobilfunknetzen;
   c) der Satellitenkommunikation;
   d) dem Internet;
   e) dem Kabelfernsehen.

   ²Hierzu gehört auch die Überlassung von sog. „Calling-Cards", bei denen die Telefongespräche, unabhängig von welchem Apparat sie geführt werden, über die Telefonrechnung für den Anschluss im Heimatland abgerechnet werden;

4. ¹die Vermietung und das Zurverfügungstellen von Telekommunikationsanlagen im Zusammenhang mit der Einräumung von Nutzungsmöglichkeiten der verschiedenen Übertragungskapazitäten. ²Dagegen handelt es sich bei der Vermietung von Telekommunikationsanlagen ohne Einräumung von Nutzungsmöglichkeiten von Übertragungskapazitäten um die Vermietung beweglicher körperlicher Gegenstände im Sinne des § 3a Abs. 4 Satz 2 Nr. 10 UStG;

5. die Einrichtung von „voice-mail-box-Systemen".

(3) ¹Von den Telekommunikationsleistungen im Sinne des § 3a Abs. 4 Satz 2 Nr. 11 UStG sind u.a. die über globale Informationsnetze (z.B. Online-Dienste, Internet) entgeltlich angebotenen Inhalte der übertragenen Leistungen zu unterscheiden. ²Hierbei handelt es sich um gesondert zu beurteilende selbständige Leistungen, deren Art für die umsatzsteuerrechtliche Beurteilung maßgebend ist.

(4) ¹Nicht zu den Telekommunikationsleistungen im Sinne des § 3a Abs. 4 Satz 2 Nr. 11 UStG gehören insbesondere:

1. Angebote im Bereich Onlinebanking und Datenaustausch;
2. Angebote zur Information (Datendienste, z.B. Verkehrs-, Wetter-, Umwelt- und Börsendaten, Verbreitung von Informationen über Waren und Dienstleistungsangebote);
3. Angebote zur Nutzung des Internets oder weiterer Netze (z.B. Navigationshilfen);
4. Angebote zur Nutzung von Onlinespielen;
5. Angebote von Waren und Dienstleistungen in elektronisch abrufbaren Datenbanken mit interaktivem Zugriff und unmittelbarer Bestellmöglichkeit.

²Der Inhalt dieser Leistungen kann z.B. in der Einräumung, Übertragung und Wahrnehmung von bestimmten Rechten (§ 3a Abs. 4 Satz 2 Nr. 1 UStG), in der Werbung und Öffentlichkeitsarbeit (§ 3a Abs. 4 Satz 2 Nr. 2 UStG), in der rechtlichen, wirtschaftlichen und technischen Beratung (§ 3a Abs. 4 Satz 2 Nr. 3 UStG), in der Datenverarbeitung (§ 3a Abs. 4 Satz 2 Nr. 4 UStG), in der Überlassung von Informationen (§ 3a Abs. 4 Satz 2 Nr. 5 UStG) oder in einer auf elektronischem Weg erbrachten sonstigen Leistung (§ 3a Abs. 4 Satz 2 Nr. 13 UStG) bestehen.

(5) ¹Die Anbieter globaler Informationsnetze (sog. Online-Anbieter) erbringen häufig ein Bündel sonstiger Leistungen an ihre Abnehmer. ²Zu den sonstigen Leistungen der Online-Anbieter auf dem Gebiet der Telekommunikation im Sinne des § 3a Abs. 4 Satz 2 Nr. 11 UStG gehören insbesondere:

1. Die Einräumung des Zugangs zum Internet;
2. die Ermöglichung des Bewegens im Internet;
3. die Übertragung elektronischer Post (E-Mail) einschließlich der Zeit, die der Anwender zur Abfassung und Entgegennahme dieser Nachrichten benötigt, sowie die Einrichtung einer Mailbox.

(6) Die Leistungen der Online-Anbieter sind wie folgt zu beurteilen:

1. Grundsätzlich ist jede einzelne sonstige Leistung gesondert zu beurteilen.
2. ¹Besteht die vom Online-Anbieter als sog. „Zugangs-Anbieter" erbrachte sonstige Leistung allerdings vornehmlich darin, dem Abnehmer den Zugang zum Internet oder das Bewegen im Internet

zu ermöglichen (Telekommunikationsleistung im Sinne des § 3a Abs. 4 Satz 2 Nr. 11 UStG), handelt es sich bei daneben erbrachten sonstigen Leistungen zwar nicht um Telekommunikationsleistungen. ²Sie sind jedoch Nebenleistungen, die das Schicksal der Hauptleistung teilen.

Beispiel:

¹Der Zugangs-Anbieter Z ermöglicht dem Abnehmer A entgeltlich den Zugang zum Internet, ohne eigene Dienste anzubieten. ²Es wird lediglich eine Anwenderunterstützung (Navigationshilfe) zum Bewegen im Internet angeboten.

³Die Leistung des Z ist insgesamt eine Telekommunikationsleistung im Sinne des § 3a Abs. 4 Satz 2 Nr. 11 UStG.

3. Erbringt der Online-Anbieter dagegen als Zugangs- und sog. Inhalts-Anbieter („Misch-Anbieter") neben den Telekommunikationsleistungen im Sinne des § 3a Abs. 4 Satz 2 Nr. 11 UStG weitere sonstige Leistungen, die nicht als Nebenleistungen zu den Leistungen auf dem Gebiet der Telekommunikation anzusehen sind, handelt es sich insoweit um selbständige Hauptleistungen, die gesondert zu beurteilen sind.

Beispiel:

¹Der Misch-Anbieter M bietet die entgeltliche Nutzung eines Online-Dienstes an. ²Der Anwender B hat die Möglichkeit, neben dem Online-Dienst auch die Zugangsmöglichkeit für das Internet zu nutzen. ³Neben der Zugangsberechtigung zum Internet werden Leistungen im Bereich des Datenaustausches angeboten.

⁴Bei den Leistungen des M handelt es sich um selbständige Hauptleistungen, die gesondert zu beurteilen sind.

(7) ¹Wird vom Misch-Anbieter für die selbständigen Leistungen jeweils ein gesondertes Entgelt erhoben, ist es den jeweiligen Leistungen zuzuordnen. ²Wird ein einheitliches Entgelt entrichtet, ist es grundsätzlich auf die jeweils damit vergüteten Leistungen aufzuteilen. ³Eine Aufteilung des Gesamtentgelts ist allerdings nicht erforderlich, wenn die sonstigen Leistungen – vorbehaltlich der Regelung nach § 3a Abs. 3 UStG – insgesamt am Sitz des Leistungsempfängers (§ 3a Abs. 2 oder Abs. 4 Satz 1 UStG) oder am Sitz des leistenden Unternehmers ausgeführt werden (§ 3a Abs. 1 UStG). ⁴Eine Aufteilung kann allerdings erforderlich sein, wenn die erbrachten Leistungen ganz oder teilweise dem ermäßigten Steuersatz unterliegen oder steuerfrei sind.

Beispiel 1:

¹Der Privatmann C mit Sitz in Los Angeles zahlt an den Misch-Anbieter M mit Sitz in München ein monatliches Gesamtentgelt. ²C nutzt zum einen den Zugang zum Internet und zum anderen die von M im Online-Dienst angebotene Leistung, sich über Waren und Dienstleistungsangebote zu informieren. ³Sämtliche Leistungen unterliegen dem allgemeinen Steuersatz.

⁴Die Nutzung des Zugangs zum Internet ist eine Telekommunikationsleistung im Sinne des § 3a Abs. 4 Satz 2 Nr. 11 UStG. ⁵Dagegen ist die Information über Waren und Dienstleistungsangebote eine auf elektronischem Weg erbrachte sonstige Leistung im Sinne des § 3a Abs. 4 Satz 2 Nr. 13 UStG. ⁶Eine Aufteilung des Gesamtentgelts ist nicht erforderlich, da die sonstigen Leistungen insgesamt in Los Angeles erbracht werden (§ 3a Abs. 4 Satz 1 UStG).

Beispiel 2:

¹Der Privatmann F mit Wohnsitz in Paris zahlt an den Misch-Anbieter M mit Sitz in Hamburg ein monatliches Gesamtentgelt. ²F nutzt zum einen den Zugang zum Internet und zum anderen die von M im Online-Dienst angebotene Leistung, sich über Börsendaten zu informieren.

³Die Nutzung des Zugangs zum Internet ist eine Telekommunikationsleistung im Sinne des § 3a Abs. 4 Satz 2 Nr. 11 UStG. ⁴Dagegen ist die Information über Börsendaten eine auf elektronischem Weg erbrachte sonstige Leistung im Sinne des § 3a Abs. 4 Satz 2 Nr. 13 UStG. ⁵Eine Aufteilung des Gesamtentgelts ist nicht erforderlich. ⁶Die sonstigen Leistungen werden insgesamt am Sitz des Misch-Anbieters M in Hamburg ausgeführt (§ 3a Abs. 1 UStG).

(8) ¹Ist ein einheitlich entrichtetes Gesamtentgelt aufzuteilen, kann die Aufteilung im Schätzungswege vorgenommen werden. ²Das Aufteilungsverhältnis der Telekommunikationsleistungen im Sinne des § 3a Abs. 4 Satz 2 Nr. 11 UStG und der übrigen sonstigen Leistungen bestimmt sich nach den Nutzungszeiten für die Inanspruchnahme der einzelnen sonstigen Leistungen durch den Anwender. ³Das Finanzamt kann gestatten, dass ein anderer Aufteilungsmaßstab verwendet wird, wenn dieser Aufteilungsmaßstab nicht zu einem unzutreffenden Ergebnis führt.

Beispiel:

¹Der Misch-Anbieter M führt in den Voranmeldungszeiträumen Januar bis März sowohl Telekommunika-tionsleistungen als auch andere sonstige Leistungen im Sinne des § 3a Abs. 4 UStG aus, für die er ein ein-heitliches Gesamtentgelt vereinnahmt hat.

²Das Gesamtentgelt kann entsprechend dem Verhältnis der jeweils genutzten Einzelleistungen zur gesamten Anwendernutzzeit aufgeteilt werden.

3a.11. Rundfunk- und Fernsehdienstleistungen

(1) ¹Rundfunk- und Fernsehdienstleistungen sind Rundfunk- und Fernsehprogramme, die über Kabel, Antenne oder Satellit verbreitet werden. ²Dies gilt auch dann, wenn die Verbreitung gleichzeitig über das Internet oder ein ähnliches elektronisches Netz erfolgt. ³Der Ort dieser Rundfunk- und Fernsehdienstleistungen bestimmt sich nach § 3a Abs. 4 Satz 1 UStG, wenn der Leistungsempfänger weder ein Unternehmer, für dessen Unternehmen die Leistung bezogen wird, noch eine einem Unternehmer gleichgestellte juristische Person (siehe Abschnitt 3a.2 Abs. 1) ist und er seinen Wohnsitz oder Sitz im Drittlandsgebiet hat (vgl. hierzu Abschnitt 3a.8 Nr. 1).

(2) ¹Ein Rundfunk- und Fernsehprogramm, das nur über das Internet oder ein ähnliches elektronisches Netz verbreitet wird, gilt dagegen als auf elektronischem Weg erbrachte sonstige Leistung (§ 3a Abs. 4 Satz 2 Nr. 13 UStG). ²Die Bereitstellung von Sendungen und Veranstaltungen aus den Bereichen Politik, Kultur, Kunst, Sport, Wissenschaft und Unterhaltung ist ebenfalls eine auf elektronischem Weg erbrachte sonstige Leistung (vgl. Abschnitt 3a.12 Abs. 3 Nr. 8). ³Hierunter fällt der Web-Rundfunk, der ausschließlich über das Internet oder ähnliche elektronische Netze und nicht gleichzeitig über Kabel, Antenne oder Satellit verbreitet wird.

(3) Zum Leistungsort bei sonstigen Leistungen inländischer und ausländischer Rundfunkanstalten des öffentlichen Rechts untereinander vgl. Abschnitt 3a.2 Abs. 15.

3a.12. Auf elektronischem Weg erbrachte sonstige Leistungen

Anwendungsbereich

(1) ¹Eine auf elektronischem Weg erbrachte sonstige Leistung im Sinne des § 3a Abs. 4 Satz 2 Nr. 13 UStG ist eine Leistung, die über das Internet oder ein elektronisches Netz, einschließlich Netze zur Übermittlung digitaler Inhalte, erbracht wird und deren Erbringung auf Grund der Merkmale der sonstigen Leistung in hohem Maße auf Informationstechnologie angewiesen ist; d.h. die Leistung ist im Wesentlichen automatisiert, wird nur mit minimaler menschlicher Beteiligung erbracht und wäre ohne Informationstechnologie nicht möglich (vgl. Artikel 7 sowie Anhang I der MwStVO). ²Der Ort der auf elektronischem Weg erbrachten sonstigen Leistungen bestimmt sich nach § 3a Abs. 4 Satz 1 UStG, wenn der Leistungsempfänger weder ein Unternehmer, für dessen Unternehmen die Leistung bezogen wird, noch eine einem Unternehmer gleichgestellte juristische Person (siehe Abschnitt 3a.2 Abs. 1) ist und er seinen Wohnsitz oder Sitz im Drittlandsgebiet hat (vgl. hierzu Abschnitt 3a.8 Nr. 1); hat der Leistungsempfänger seinen Wohnsitz im Gemeinschaftsgebiet und wird die Leistung von einem Unternehmer erbracht, der im Drittlandsgebiet ansässig ist oder die Leistung tatsächlich von einer im Drittlandsgebiet ansässigen Betriebsstätte (vgl. Abschnitt 3a.1 Abs. 3) erbringt, bestimmt sich der Leistungsort nach § 3a Abs. 5 UStG.

(2) Auf elektronischem Weg erbrachte sonstige Leistungen umfassen im Wesentlichen:

1. Digitale Produkte, wie z.B. Software und zugehörige Änderungen oder Updates;
2. Dienste, die in elektronischen Netzen eine Präsenz zu geschäftlichen oder persönlichen Zwecken vermitteln oder unterstützen (z.B. Website, Webpage);
3. von einem Computer automatisch generierte Dienstleistungen über das Internet oder ein elektronisches Netz auf der Grundlage spezifischer Dateneingabe des Leistungsempfängers;
4. sonstige automatisierte Dienstleistungen, für deren Erbringung das Internet oder ein elektronisches Netz erforderlich ist (z.B. Dienstleistungen, die von Online-Markt-Anbietern erbracht und die z.B. über Provisionen und andere Entgelte für erfolgreiche Vermittlungen abgerechnet werden).

(3) Auf elektronischem Weg erbrachte sonstige Leistungen sind insbesondere:

1. ¹Bereitstellung von Websites, Webhosting, Fernwartung von Programmen und Ausrüstungen.

   ²Hierzu gehören z.B. die automatisierte Online-Fernwartung von Programmen, die Fernverwaltung von Systemen, das Online-Data-Warehousing (Datenspeicherung und -abruf auf elektronischem Weg), Online-Bereitstellung von Speicherplatz nach Bedarf;

§ 3a

UStAE 3a.12.

2. ¹Bereitstellung von Software und deren Aktualisierung.

   ²Hierzu gehört z.B. die Gewährung des Zugangs zu oder das Herunterladen von Software (wie z.B. Beschaffungs- oder Buchhaltungsprogramme, Software zur Virusbekämpfung) und Updates, Bannerblocker (Software zur Unterdrückung der Anzeige von Webbannern), Herunterladen von Treibern (z.B. Software für Schnittstellen zwischen PC und Peripheriegeräten wie z.B. Drucker), automatisierte Online-Installation von Filtern auf Websites und automatisierte Online-Installation von Firewalls;

3. Bereitstellung von Bildern, wie z.B. die Gewährung des Zugangs zu oder das Herunterladen von Desktop-Gestaltungen oder von Fotos, Bildern und Bildschirmschonern;

4. ¹Bereitstellung von Texten und Informationen.

   ²Hierzu gehören z.B. E-Books und andere elektronische Publikationen, Abonnements von Online-Zeitungen und Online-Zeitschriften, Web-Protokolle und Website-Statistiken, Online-Nachrichten, Online-Verkehrsinformationen und Online-Wetterberichte, Online-Informationen, die automatisch anhand spezifischer vom Leistungsempfänger eingegebener Daten etwa aus dem Rechts- und Finanzbereich generiert werden (z.B. regelmäßig aktualisierte Börsendaten), Werbung in elektronischen Netzen und Bereitstellung von Werbeplätzen (z.B. Bannerwerbung auf Websites und Webpages);

5. Bereitstellung von Datenbanken, wie z.B. die Benutzung von Suchmaschinen und Internetverzeichnissen;

6. Bereitstellung von Musik (z.B. die Gewährung des Zugangs zu oder das Herunterladen von Musik auf PC, Mobiltelefone usw. und die Gewährung des Zugangs zu oder das Herunterladen von Jingles, Ausschnitten, Klingeltönen und anderen Tönen);

7. ¹Bereitstellung von Filmen und Spielen, einschließlich Glücksspielen und Lotterien.

   ²Hierzu gehören z.B. die Gewährung des Zugangs zu oder das Herunterladen von Filmen und die Gewährung des Zugangs zu automatisierten Online-Spielen, die nur über das Internet oder ähnliche elektronische Netze laufen und bei denen die Spieler räumlich voneinander getrennt sind;

8. ¹Bereitstellung von Sendungen und Veranstaltungen aus den Bereichen Politik, Kultur, Kunst, Sport, Wissenschaft und Unterhaltung.

   ²Hierzu gehört z.B. der Web-Rundfunk, der ausschließlich über das Internet oder ähnliche elektronische Netze verbreitet und nicht gleichzeitig auf herkömmlichen Weg ausgestrahlt wird;

9. ¹Erbringung von Fernunterrichtsleistungen.

   ²Hierzu gehört z.B. der automatisierte Unterricht, der auf das Internet oder ähnliche elektronische Netze angewiesen ist, auch sog. virtuelle Klassenzimmer. ³Dazu gehören auch Arbeitsunterlagen, die vom Schüler online bearbeitet und anschließend ohne menschliches Eingreifen automatisch korrigiert werden;

10. Online-Versteigerungen (soweit es sich nicht bereits um Web-Hosting-Leistungen handelt) über automatisierte Datenbanken und mit Dateneingabe durch den Leistungsempfänger, die kein oder nur wenig menschliches Eingreifen erfordern (z.B. Online-Marktplatz, Online-Einkaufsportal);

11. Internet-Service-Pakete, die mehr als nur die Gewährung des Zugangs zum Internet ermöglichen und weitere Elemente umfassen (z.B. Nachrichten, Wetterbericht, Reiseinformationen, Spielforen, Web-Hosting, Zugang zu Chatlines usw.).

(4) Von den auf elektronischem Weg erbrachten sonstigen Leistungen sind die Leistungen zu unterscheiden, bei denen es sich um Lieferungen oder um andere sonstige Leistungen im Sinne des § 3a UStG handelt.

(5) Insbesondere in den folgenden Fällen handelt es sich um Lieferungen, so dass keine auf elektronischem Weg erbrachte sonstige Leistungen vorliegen:

1. Lieferungen von Gegenständen nach elektronischer Bestellung und Auftragsbearbeitung;
2. Lieferungen von CD-ROM, Disketten und ähnlichen körperlichen Datenträgern;
3. Lieferungen von Druckerzeugnissen wie Büchern, Newsletter, Zeitungen und Zeitschriften;
4. Lieferungen von CD, Audiokassetten, Videokassetten und DVD;
5. Lieferungen von Spielen auf CD-ROM.

(6) In den folgenden Fällen handelt es sich um andere als auf elektronischem Weg erbrachte sonstige Leistungen im Sinne des § 3a Abs. 4 Satz 2 Nr. 13 UStG, d.h. Dienstleistungen, die zum wesentlichen Teil durch Menschen erbracht werden, wobei das Internet oder ein elektronisches Netz nur als Kommunikationsmittel dient:

UStAE 3a.12., 3a.13. § 3a

1. ¹Data-Warehousing – offline –. ²Der Leistungsort richtet sich nach § 3a Abs. 1 oder 2 UStG.
2. ¹Versteigerungen herkömmlicher Art, bei denen Menschen direkt tätig werden, unabhängig davon, wie die Gebote abgegeben werden – z.b. persönlich, per Internet oder per Telefon –. ²Der Leistungsort richtet sich nach § 3a Abs. 1 oder 2 UStG.
3. ¹Fernunterricht, z.B. per Post. ²Der Leistungsort richtet sich nach § 3a Abs. 2 oder 3 Nr. 3 Buchstabe a UStG.
4. ¹Reparatur von EDV-Ausrüstung. ²Der Leistungsort richtet sich nach § 3a Abs. 2 oder 3 Nr. 3 Buchstabe c UStG (vgl. Abschnitt 3a.6 Abs. 10 und 11).
5. ¹Zeitungs-, Plakat- und Fernsehwerbung (§ 3a Abs. 4 Satz 2 Nr. 2 UStG; vgl. Abschnitt 3a.9 Abs. 3 bis 5). ²Der Leistungsort richtet sich nach § 3a Abs. 1, 2 oder 4 Satz 1 UStG.
6. ¹Beratungsleistungen von Rechtsanwälten und Finanzberatern usw. per E-Mail (§ 3a Abs. 4 Satz 2 Nr. 3 UStG; vgl. Abschnitt 3a.9 Abs. 9 bis 13). ²Der Leistungsort richtet sich nach § 3a Abs. 1, 2 oder 4 Satz 1 UStG.
7. ¹Anpassung von Software an die besonderen Bedürfnisse des Abnehmers (§ 3a Abs. 4 Satz 2 Nr. 3 UStG, vgl. Abschnitt 3a.9 Abs. 13). ²Der Leistungsort richtet sich nach § 3a Abs. 1, 2 oder 4 Satz 1 UStG.
8. ¹Internettelefonie (§ 3a Abs. 4 Satz 2 Nr. 11 UStG). ²Der Leistungsort richtet sich nach § 3a Abs. 1, 2 oder 4 Satz 1 UStG.
9. ¹Kommunikation, wie z.B. E-Mail (§ 3a Abs. 4 Satz 2 Nr. 11 UStG). ²Der Leistungsort richtet sich nach § 3a Abs. 1, 2 oder 4 Satz 1 UStG.
10. ¹Telefon-Helpdesks (§ 3a Abs. 4 Satz 2 Nr. 11 UStG). ²Der Leistungsort richtet sich nach § 3a Abs. 1, 2 oder 4 Satz 1 UStG.
11. ¹Videofonie, d.h. Telefonie mit Video-Komponente (§ 3a Abs. 4 Satz 2 Nr. 11 UStG). ²Der Leistungsort richtet sich nach § 3a Abs. 1, 2 oder 4 Satz 1 UStG.
12. ¹Zugang zum Internet und World Wide Web (§ 3a Abs. 4 Satz 2 Nr. 11 UStG). ²Der Leistungsort richtet sich nach § 3a Abs. 1, 2 oder 4 Satz 1 UStG.
13. ¹Rundfunk- und Fernsehdienstleistungen über das Internet oder ein ähnliches elektronisches Netz bei gleichzeitiger Übertragung der Sendung auf herkömmlichem Weg (§ 3a Abs. 4 Satz 2 Nr. 12 UStG, vgl. Abschnitt 3a.11). ²Der Leistungsort richtet sich nach § 3a Abs. 1, 2 oder 4 Satz 1 UStG.

Besteuerungsverfahren und Aufzeichnungspflichten

(7) Zum Besteuerungsverfahren für nicht im Gemeinschaftsgebiet ansässige Unternehmer, die im Gemeinschaftsgebiet als Steuerschuldner ausschließlich sonstige Leistungen auf elektronischem Weg an in der EU ansässige Nichtunternehmer erbringen (§ 3a Abs. 5 UStG), vgl. Abschnitt 3a.16 Abs. 8 bis 14.

(8) ¹Der nicht im Gemeinschaftsgebiet ansässige Unternehmer hat über die im Rahmen der Regelung nach § 18 Abs. 4c und 4d UStG getätigten Umsätze Aufzeichnungen mit ausreichenden Angaben zu führen. ²Diese Aufzeichnungen sind dem BZSt auf Anfrage auf elektronischem Weg zur Verfügung zu stellen (§ 22 Abs. 1 Satz 4 UStG). ³Die Aufbewahrungsfrist beträgt zehn Jahre (§ 147 Abs. 3 AO).

3a.13. Gewährung des Zugangs zu Erdgas- und Elektrizitätsnetzen und die Fernleitung, die Übertragung oder die Verteilung über diese Netze sowie damit unmittelbar zusammenhängende sonstige Leistungen[1)]

(1) ¹Bei bestimmten sonstigen Leistungen im Zusammenhang mit Lieferungen von Gas über das Erdgasnetz, von Elektrizität über das Elektrizitätsnetz oder von Wärme oder Kälte über Wärme- oder Kältenetze (§ 3a Abs. 4 Satz 2 Nr. 14 UStG) richtet sich der Leistungsort bei Leistungen an im Drittlandsgebiet ansässige Nichtunternehmer (siehe Abschnitt 3a.1 Abs. 1) regelmäßig nach § 3a Abs. 4 Satz 1 UStG. ²Zu diesen Leistungen gehören die Gewährung des Zugangs zu Erdgas-, Elektrizitäts-, Wärme- oder Kältenetzen, die Fernleitung, die Übertragung oder die Verteilung über diese Netze sowie andere mit diesen Leistungen unmittelbar zusammenhängende Leistungen in Bezug auf Gas für alle Druckstufen und in Bezug auf Elektrizität für alle Spannungsstufen sowie in Bezug auf Wärme und auf Kälte.

(2) Zu den mit der Gewährung des Zugangs zu Erdgas-, Elektrizitäts-, Wärme- oder Kältenetzen und der Fernleitung, der Übertragung oder der Verteilung über diese Netze unmittelbar zusammenhängenden Umsätzen gehören insbesondere Serviceleistungen wie Überwachung, Netzoptimierung, Notrufbereitschaften.

---
1) Hinweis auf Anlage § 003a-18

§ 3a UStAE 3a.13., 3a.14.

(3) Der Ort der Vermittlung von unter § 3a Abs. 4 Satz 2 Nr. 14 UStG fallenden Leistungen bestimmt sich grundsätzlich nach § 3a Abs. 2 und 3 Nr. 4 UStG.

3a.14. Sonderfälle des Orts der sonstigen Leistung

Nutzung und Auswertung bestimmter sonstiger Leistungen im Inland (§ 3a Abs. 6 UStG)

(1) Die Sonderregelung des § 3a Abs. 6 UStG betrifft sonstige Leistungen, die von einem im Drittlandsgebiet ansässigen Unternehmer oder von einer dort belegenen Betriebsstätte erbracht und im Inland genutzt oder ausgewertet werden.

(2) Die Ortsbestimmung richtet sich nur bei der kurzfristigen Vermietung eines Beförderungsmittels an Unternehmer und gleichgestellte juristische Personen (siehe Abschnitt 3a.2 Abs. 1) oder an Nichtunternehmer (siehe Abschnitt 3a.1 Abs. 1) und bei langfristiger Vermietung an Nichtunternehmer nach § 3a Abs. 6 Satz 1 Nr. 1 UStG.

Beispiel:
¹Der im Inland ansässige Privatmann P mietet bei einem in der Schweiz ansässigen Autovermieter S einen Personenkraftwagen für ein Jahr und nutzt ihn im Inland. ²Der Ort der Leistung bei der langfristigen Vermietung des Beförderungsmittels richtet sich nach § 3a Abs. 1 UStG (vgl. Abschnitt 3a.1 Abs. 4). ³Da der Personenkraftwagen im Inland genutzt wird, ist die Leistung jedoch nach § 3a Abs. 6 Satz 1 Nr. 1 UStG als im Inland ausgeführt zu behandeln. ⁴Steuerschuldner ist S (§ 13a Abs. 1 Nr. 1 UStG).

(3) ¹§ 3a Abs. 6 Satz 1 Nr. 2 UStG gilt nur für Leistungen an im Inland ansässige juristische Personen des öffentlichen Rechts, wenn diese

– Unternehmer sind und die Leistung nicht für ihr Unternehmen bezogen wird oder
– nicht Unternehmer sind und ihnen keine USt-IdNr. erteilt worden ist.

²Die Leistungen eines Aufsichtsratmitgliedes werden am Sitz der Gesellschaft genutzt oder ausgewertet. ³Sonstige Leistungen, die der Werbung oder der Öffentlichkeitsarbeit dienen (vgl. Abschnitt 3a.9 Abs. 4 bis 8), werden dort genutzt oder ausgewertet, wo die Werbung oder Öffentlichkeitsarbeit wahrgenommen werden soll. ⁴Wird eine sonstige Leistung sowohl im Inland als auch im Ausland genutzt oder ausgewertet, ist darauf abzustellen, wo die Leistung überwiegend genutzt oder ausgewertet wird.

Beispiel 1:
¹Die Stadt M (juristische Person des öffentlichen Rechts ohne USt-IdNr.) im Inland platziert im Wege der Öffentlichkeitsarbeit eine Anzeige für eine Behörden-Service-Nummer über einen in der Schweiz ansässigen Werbungsmittler W in einer deutschen Zeitung. ²Die Werbeleistung der deutschen Zeitung an W ist im Inland nicht steuerbar (§ 3a Abs. 2 UStG). ³Der Ort der Leistung des W an M liegt nach § 3a Abs. 6 Satz 1 Nr. 2 UStG im Inland. ⁴Steuerschuldner für die Leistung des W ist M (§ 13b Abs. 5 Satz 1 UStG).

Beispiel 2:
¹Die im Inland ansässige Rundfunkanstalt R (unternehmerisch tätige juristische Person des öffentlichen Rechts mit USt-IdNr.) verpflichtet für ihren nicht unternehmerischen Bereich

1. den in Norwegen ansässigen Künstler N für die Aufnahme und Sendung einer künstlerischen Darbietung;
2. den in der Schweiz ansässigen Journalisten S, Nachrichten, Übersetzungen und Interviews auf Tonträgern und in Manuskriptform zu verfassen.

²N und S räumen R das Nutzungsrecht am Urheberrecht ein. ³Die Sendungen werden sowohl in das Inland als auch in das Ausland ausgestrahlt. ⁴Die Leistungen des N und des S sind in § 3a Abs. 4 Satz 2 Nr. 1 UStG bezeichnete sonstige Leistungen. ⁵Der Ort dieser Leistungen liegt im Inland, da sie von R hier genutzt werden (§ 3a Abs. 6 Satz 1 Nr. 2 UStG). ⁶Es kommt nicht darauf an, wohin die Sendungen ausgestrahlt werden. Steuerschuldner für die Leistungen des N und des S ist R (§ 13b Abs. 5 Satz 1 UStG).

⁵§ 3a Abs. 6 Satz 1 Nr. 3 UStG gilt für Leistungen an Nichtunternehmer.

Kurzfristige Fahrzeugvermietung zur Nutzung im Drittlandsgebiet (§ 3a Abs. 7 UStG)

(4) ¹Die Sonderregelung des § 3a Abs. 7 UStG betrifft ausschließlich die kurzfristige Vermietung eines Schienenfahrzeugs, eines Kraftomnibusses oder eines ausschließlich zur Güterbeförderung bestimmten Straßenfahrzeugs, die an einen im Drittlandsgebiet ansässigen Unternehmer oder an eine dort belegene

Betriebsstätte eines Unternehmers erbracht wird, das Fahrzeug für dessen Unternehmen bestimmt ist und im Drittlandsgebiet auch tatsächlich genutzt wird. ²Wird eine sonstige Leistung sowohl im Inland als auch im Drittlandsgebiet genutzt, ist darauf abzustellen, wo die Leistung überwiegend genutzt wird.

Beispiel:

¹Der im Inland ansässige Unternehmer U vermietet an einen in der Schweiz ansässigen Vermieter S einen Lkw für drei Wochen. ²Der Lkw wird von S bei U abgeholt. ³Der Lkw wird ausschließlich in der Schweiz genutzt.

⁴Der Ort der Leistung bei der kurzfristigen Vermietung des Beförderungsmittels richtet sich grundsätzlich nach § 3a Abs. 3 Nr. 2 UStG (vgl. Abschnitt 3a.5 Abs. 1 und 2). ⁵Da der Lkw aber nicht im Inland, sondern in der Schweiz genutzt wird, ist die Leistung nach § 3a Abs. 7 UStG als in der Schweiz ausgeführt zu behandeln.

Sonstige im Drittlandsgebiet ausgeführte Leistungen an Unternehmer[1]

(5) ¹§ 3a Abs. 8 Sätze 1 und 3 UStG gilt nur für sonstige Leistungen an Unternehmer und diesen gleichgestellte juristische Personen (siehe Abschnitt 3a.2 Abs. 1). ²Güterbeförderungsleistungen, im Zusammenhang mit einer Güterbeförderung stehende Leistungen wie Beladen, Entladen, Umschlagen oder ähnliche mit der Beförderung eines Gegenstands im Zusammenhang stehende Leistungen (vgl. § 3b Abs. 2 UStG und Abschnitt 3b.2), Arbeiten an und Begutachtungen von beweglichen körperlichen Gegenständen (vgl. Abschnitt 3a.6 Abs. 11) oder Reisevorleistungen im Sinne des § 25 Abs. 1 Satz 5 UStG werden regelmäßig im Drittlandsgebiet genutzt oder ausgewertet, wenn sie tatsächlich ausschließlich dort in Anspruch genommen werden können. ³Ausgenommen hiervon sind Leistungen, die in einem der in § 1 Abs. 3 UStG genannten Gebiete (insbesondere Freihäfen) erbracht werden. ⁴Die Regelung gilt nur in den Fällen, in denen der Leistungsort für die in § 3a Abs. 8 Satz 1 UStG genannten Leistungen unter Anwendung von § 3a Abs. 2 UStG im Inland liegen würde und

– der leistende Unternehmer für den jeweiligen Umsatz Steuerschuldner nach § 13a Abs. 1 Nr. 1 UStG wäre, oder

– der Leistungsempfänger für den jeweiligen Umsatz Steuerschuldner nach § 13b Abs. 1 und Abs. 5 Satz 1 UStG wäre.

Im Drittlandsgebiet ausgeführte Telekommunikationsleistungen an Nichtunternehmer

(6) ¹§ 3a Abs. 8 Sätze 2 und 3 UStG gilt nur für Telekommunikationsleistungen an Nichtunternehmer (siehe Abschnitt 3a.1 Abs. 1). ²Zum Begriff der Telekommunikationsleistungen vgl. im Einzelnen Abschnitt 3a.10 Abs. 1 bis 4. ³Die Regelung gilt nur in den Fällen, in denen der Leistungsempfänger der Telekommunikationsleistung im Gemeinschaftsgebiet ansässig ist, sich aber tatsächlich vorübergehend im Drittlandsgebiet aufhält und der Leistungsort unter Anwendung von § 3a Abs. 1 UStG im Inland liegen würde. ⁴Telekommunikationsleistungen werden regelmäßig nur dann im Drittlandsgebiet genutzt oder ausgewertet, wenn sie tatsächlich ausschließlich dort in Anspruch genommen werden können. ⁵Ausgenommen hiervon sind die Telekommunikationsleistungen, die in einem der in § 1 Abs. 3 UStG genannten Gebiete (insbesondere Freihäfen) erbracht werden.

Beispiel 1:

¹Der Unternehmer A mit Sitz in Hannover schließt einen Vertrag über die Erbringung von Telekommunikationsleistungen (Übertragung von Signalen, Schrift, Bild, Ton oder Sprache via Mobilfunk) mit der im Inland ansässigen Privatperson P ab, die für drei Monate eine Tätigkeit in Russland ausübt. ²Danach werden an P nur Telekommunikationsleistungen erbracht, wenn er von Russland aus sein Handy benutzt. ³Das Entgelt wird über Prepaid-Karten von P an A entrichtet. ⁴Eine Verwendung des Guthabens auf der Prepaid-Karte für Telekommunikationsdienstleistungen im Gemeinschaftsgebiet ist vertraglich ausgeschlossen.

⁵Trotz der vorübergehenden Auslandstätigkeit ist P nicht im Drittland, sondern im Inland ansässig, weil er weiterhin hier seinen Wohnsitz hat. ⁶Der Leistungsort für die von A erbrachten Telekommunikationsleistungen wäre grundsätzlich nach § 3a Abs. 1 UStG im Inland. ⁷Da P aber die von A vertraglich zu erbringenden Telekommunikationsleistungen nur im Drittlandsgebiet in Anspruch nehmen kann, verlagert sich der Leistungsort für diese Leistungen in das Drittlandsgebiet (§ 3a Abs. 8 Satz 2 UStG).

Beispiel 2:

¹Der Unternehmer A mit Sitz in Hannover schließt einen Vertrag über die Erbringung von Telekommunikationsleistungen (Übertragung von Signalen, Schrift, Bild, Ton oder Sprache via Mobilfunk) mit der im Inland ansässigen Privatperson P ab. ²Eine Nutzungsbeschränkung ist nicht vor-

---
1) Beachte Änderung von § 3a Abs. 8 UStG ab 01.07.2011

§ 3a UStAE 3a.14. – 3a.16.

gesehen. ³P fährt für drei Wochen nach Russland in Urlaub und führt in dieser Zeit von Russland aus Telefonate. ⁴Das Entgelt wird über Prepaid-Karten von P an A entrichtet. ⁵Die Verwendung des Guthabens auf der Prepaid-Karte ist vertraglich nicht eingeschränkt.

⁶Der Leistungsort für die von A erbrachten Telekommunikationsleistungen ist nach § 3a Abs. 1 UStG im Inland. ⁷Eine Verlagerung des Leistungsortes nach § 3a Abs. 8 Satz 2 UStG erfolgt nicht, weil vertraglich nicht festgelegt ist, dass die zu erbringenden Telekommunikationsleistungen nur im Drittlandsgebiet in Anspruch genommen werden können.

3a.15. Ort der sonstigen Leistung bei Einschaltung eines Erfüllungsgehilfen

Bedient sich der Unternehmer bei Ausführung einer sonstigen Leistung eines anderen Unternehmers als Erfüllungsgehilfen, der die sonstige Leistung im eigenen Namen und für eigene Rechnung ausführt, ist der Ort der Leistung für jede dieser Leistungen für sich zu bestimmen.

Beispiel:

¹Die juristische Person des öffentlichen Rechts P mit Sitz im Inland, der keine USt-IdNr. zugeteilt worden ist, erteilt dem Unternehmer F in Frankreich den Auftrag, ein Gutachten zu erstellen, das P in ihrem Hoheitsbereich auswerten will. ²F vergibt bestimmte Teilbereiche an den Unternehmer U im Inland und beauftragt ihn, die Ergebnisse seiner Ermittlungen unmittelbar P zur Verfügung zu stellen.

³Die Leistung des U wird nach § 3a Abs. 2 UStG dort ausgeführt, wo F sein Unternehmen betreibt; sie ist daher im Inland nicht steuerbar. ⁴Der Ort der Leistung des F an P ist nach § 3a Abs. 1 UStG zu bestimmen; die Leistung ist damit ebenfalls im Inland nicht steuerbar.

3a.16. Besteuerungsverfahren bei sonstigen Leistungen

Leistungsort in der Bundesrepublik Deutschland

(1) ¹Bei im Inland erbrachten sonstigen Leistungen ist der leistende Unternehmer der Steuerschuldner, wenn er im Inland ansässig ist. ²Die Umsätze sind im allgemeinen Besteuerungsverfahren nach § 16 und § 18 Abs. 1 bis 4 UStG zu versteuern.

(2) Ist der leistende Unternehmer im Ausland ansässig, schuldet der Leistungsempfänger nach § 13b Abs. 5 Satz 1 UStG die Steuer, wenn er ein Unternehmer oder eine juristische Person ist (vgl. hierzu Abschnitt 13b.1).

(3) Ist der Empfänger einer sonstigen Leistung weder ein Unternehmer noch eine juristische Person, hat der leistende ausländische Unternehmer diesen Umsatz im Inland im allgemeinen Besteuerungsverfahren nach § 16 und § 18 Abs. 1 bis 4 UStG zu versteuern.

Leistungsort in anderen EU-Mitgliedstaaten

(4) Grundsätzlich ist der Unternehmer, der sonstige Leistungen in einem anderen EU-Mitgliedstaat ausführt, in diesem EU-Mitgliedstaat Steuerschuldner der Umsatzsteuer (Artikel 193 MwStSystRL).

(5) Liegt der Ort einer sonstigen Leistung, bei der sich der Leistungsort nach § 3a Abs. 2 UStG bestimmt, in einem EU-Mitgliedstaat, und ist der leistende Unternehmer dort nicht ansässig, schuldet der Leistungsempfänger die Umsatzsteuer, wenn er in diesem EU-Mitgliedstaat als Unternehmer für Umsatzsteuerzwecke erfasst ist oder eine nicht steuerpflichtige juristische Person mit USt-IdNr. ist (vgl. Artikel 196 MwStSystRL).

(6) ¹Ist der Leistungsempfänger Steuerschuldner, darf in der Rechnung des in einem anderen EU-Mitgliedstaat ansässigen leistenden Unternehmers keine Umsatzsteuer im Rechnungsbetrag gesondert ausgewiesen sein. ²In der Rechnung ist auf die Steuerschuldnerschaft des Leistungsempfängers besonders hinzuweisen.

(7) Steuerpflichtige sonstige Leistungen nach § 3a Abs. 2 UStG, für die der in einem anderen EU-Mitgliedstaat ansässige Leistungsempfänger die Steuer dort schuldet, hat der leistende Unternehmer in der Voranmeldung und der Umsatzsteuererklärung für das Kalenderjahr (§ 18b Satz 1 Nr. 2 UStG) und in der ZM (§ 18a UStG) anzugeben.

Besteuerungsverfahren für nicht im Gemeinschaftsgebiet ansässige Unternehmer, die ausschließlich sonstige Leistungen nach § 3a Abs. 5 UStG erbringen

(8) ¹Nicht im Gemeinschaftsgebiet ansässige Unternehmer, die im Gemeinschaftsgebiet als Steuerschuldner ausschließlich sonstige Leistungen auf elektronischem Weg an in der EU ansässige Nichtunternehmer erbringen (§ 3a Abs. 5 UStG), können sich abweichend von § 18 Abs. 1 bis 4 UStG unter bestimmten Bedingungen dafür entscheiden, nur in einem EU-Mitgliedstaat erfasst zu werden (§ 18

UStAE 3a.16. **§ 3a**

Abs. 4c UStG). ²Macht ein Unternehmer von diesem Wahlrecht Gebrauch und entscheidet sich dafür, sich nur in Deutschland erfassen zu lassen, muss er dies dem für dieses Besteuerungsverfahren zuständigen BZSt vor Beginn seiner Tätigkeit in der EU auf dem amtlich vorgeschriebenen, elektronisch zu übermittelnden Dokument anzeigen.

(9) ¹Abweichend von § 18 Abs. 1 bis 4 UStG hat der Unternehmer in jedem Kalendervierteljahr (= Besteuerungszeitraum) eine Umsatzsteuererklärung bis zum 20. Tag nach Ablauf des Besteuerungszeitraums elektronisch beim BZSt abzugeben. ²Hierbei hat er die auf den jeweiligen EU-Mitgliedstaat entfallenden Umsätze zu trennen und dem im betreffenden EU-Mitgliedstaat geltenden allgemeinen Steuersatz zu unterwerfen. ³Der Unternehmer hat die Steuer entsprechend § 16 Abs. 1a UStG selbst zu berechnen (§ 18 Abs. 4c Satz 1 UStG). ⁴Die Steuer ist spätestens am 20. Tag nach Ende des Besteuerungszeitraums zu entrichten (§ 18 Abs. 4c Satz 2 UStG).

(10) ¹Bei der Umrechnung von Werten in fremder Währung muss der Unternehmer einheitlich den von der Europäischen Zentralbank festgestellten Umrechnungskurs des letzten Tages des Besteuerungszeitraums bzw., falls für diesen Tag kein Umrechnungskurs festgelegt wurde, den für den nächsten Tag nach Ablauf des Besteuerungszeitraums festgelegten Umrechnungskurs anwenden (§ 16 Abs. 6 Sätze 4 und 5 UStG). ²Die Anwendung eines monatlichen Durchschnittskurses entsprechend § 16 Abs. 6 Sätze 1 bis 3 UStG ist ausgeschlossen.

(11) ¹Der Unternehmer kann die Ausübung des Wahlrechts widerrufen (§ 18 Abs. 4c Satz 4 UStG). ²Ein Widerruf ist nur bis zum Beginn eines neuen Kalendervierteljahres (= Besteuerungszeitraum) mit Wirkung ab diesem Zeitraum möglich (§ 18 Abs. 4c Satz 5 UStG). ³Das allgemeine Besteuerungsverfahren (§ 18 Abs. 1 bis 4 UStG) und das Besteuerungsverfahren nach § 18 Abs. 4c UStG schließen sich gegenseitig aus.

(12) Das BZSt kann den Unternehmer von dem Besteuerungsverfahren nach § 18 Abs. 4c UStG ausschließen, wenn er seinen Verpflichtungen nach § 18 Abs. 4c Sätze 1 bis 3 UStG oder seinen Aufzeichnungspflichten (§ 22 Abs. 1 UStG) in diesem Verfahren wiederholt nicht oder nicht rechtzeitig nachkommt.

(13) Nicht im Gemeinschaftsgebiet ansässige Unternehmer, die im Inland als Steuerschuldner nur steuerbare sonstige Leistungen auf elektronischem Weg an Nichtunternehmer erbringen, die Umsatzbesteuerung aber in einem dem Besteuerungsverfahren nach § 18 Abs. 4c UStG entsprechenden Verfahren in einem anderen EU-Mitgliedstaat durchgeführt wird, sind nach § 18 Abs. 4d UStG von der Verpflichtung zur Abgabe von Voranmeldungen und der Umsatzsteuererklärung für das Kalenderjahr im Inland befreit.

(14) ¹Nicht im Gemeinschaftsgebiet ansässige Unternehmer, die im Gemeinschaftsgebiet als Steuerschuldner ausschließlich sonstige Leistungen auf elektronischem Weg an in der EU ansässige Nichtunternehmer erbringen und von dem Wahlrecht der steuerlichen Erfassung in nur einem EU-Mitgliedstaat Gebrauch machen, können Vorsteuerbeträge nur im Rahmen des Vorsteuer-Vergütungsverfahrens geltend machen (§ 18 Abs. 9 Satz 6 UStG in Verbindung mit § 59 Satz 1 Nr. 4 und § 61a UStDV). ²In diesen Fällen sind die Einschränkungen des § 18 Abs. 9 Sätze 4 und 5 UStG nicht anzuwenden. ³Voraussetzung ist, dass die Steuer für die auf elektronischem Weg erbrachten sonstigen Leistungen entrichtet wurde und dass die Vorsteuerbeträge mit Zusammenhang mit diesen Umsätzen stehen. ⁴Für Vorsteuerbeträge im Zusammenhang mit anderen Umsätzen (z.B. elektronisch erbrachte sonstige Leistungen durch einen nicht in der Gemeinschaft ansässigen Unternehmer an einen in der Gemeinschaft ansässigen Unternehmer, der Steuerschuldner ist) gelten die Einschränkungen des § 18 Abs. 9 Sätze 4 und 5 UStG unverändert.

Verwaltungsregelungen zu § 3a

Datum	Anlage	Quelle	Inhalt
22.05.84	§ 003a-01	FM NRW	Ort der sonstigen Leistung bei Schiedsgerichtsverfahren
22.05.84	§ 003a-02	FM NRW	Ort der Bauartprüfungen von Prüfstellen nach dem Gerätesicherheitsgesetz
	§ 003a-03		nicht belegt
23.04.97	§ 003a-04	FM NRW	Ort der sonstigen Leistung eines Fiskalvertreters i.S. der §§ 22a ff. UStG
	§ 003a-05		nicht belegt
	§ 003a-06		nicht belegt
	§ 003a-07		nicht belegt
	§ 003a-08		nicht belegt

§ 3a

Datum	Anlage	Quelle	Inhalt
30.11.98	§ 003a-09	OFD Han	Umsatzsteuerliche Behandlung der Vermietung beweglicher Gegenstände im grenzüberschreitenden Karussellgeschäft (sog. Lease-in / Lease-out-Transaktionen)
06.09.00	§ 003a-10	FM NRW	Umsatzsteuerliche Behandlung von Telekommunikationsdienstleistungen; Zusammenarbeit von Telekommunikationsdienstleistungs- und Dienstanbietern (0180'er-, 0190'er-Nummern)
12.03.02	§ 003a-11	BMF	Umsatzsteuer für Dienstleistungen auf Seeschiffen
	§ 003a-12		nicht belegt
02.02.05	§ 003a-13	BMF	Umsatzsteuerrechtliche Beurteilung des Emissionshandelssystems für Treibhausgase
	§ 003a-14		nicht belegt
	§ 003a-15		nicht belegt
04.05.10	§ 003a-16	BMF	Nebenleistungen zu Übernachtungsumsätzen; Konsequenzen aus dem BFH-Urteil vom 15.1.2009, V R 9/06
	§ 003a-17		nicht belegt
04.02.11	§ 003a-18	BMF	Änderungen des Ortes der sonstigen Leistung (§ 3a UStG) durch das Jahressteuergesetz 2010 – Anpassung der Abschnitte 3a.1, 3a.2, 3a.4, 3a.6, 3a.8, 3a.12, 3a.13 und 3a.14 UStAE
19.04.11	§ 003a-19	BMF	Ort der sonstigen Leistung (§ 3a UStG) – Anpassung der Abschnitte 3a.1, 3a.2, 3a.5, 3a.6, 3a.7, 3a.9, 13b.1 und 27a.1 UStAE an die Durchführungsverordnung (EU) Nr. 282/2011 des Rates vom 15.3.2011 mit Wirkung vom 1.7.2011
18.01.12	§ 003a-20	BMF	Änderung des § 3a Abs. 8 Satz 1 UStG durch das Beitreibungsrichtlinien-Umsetzungsgesetz – Anpassung der Abschnitte 3a.4 und 3a.14 UStAE
19.01.12	§ 003a-21	BMF	Auswirkungen des EuGH-Urteils vom 27. Oktober 2011, C-530/09 (BStBl. 2012 II S. 160), auf den Ort der sonstigen Leistung beim Standaufbau im Zusammenhang mit Messen und Ausstellungen – Anpassung der Abschnitte 3a.2, 3a.3, 3a.4, 3a.6, 3a.9 und 4.12.6 UStAE

Rechtsprechungsauswahl

EuGH vom 26.01.2012 – Rs. C-218/10 – ADV Allround, DB 2012 S. 384: Gestellung von Personal (§ 3a Abs. 4 Nr. 7 UStG); unterschiedliche Rechtsauffassungen nationaler Behörden beim Leistenden und beim Leistungsempfänger hinsichtlich der Qualifikation einer Leistung.

1. Art. 9 Abs. 2 Buchst. e sechster Gedankenstrich der 6. EG-Richtlinie ist dahin auszulegen, dass der in dieser Bestimmung verwendete Begriff „Gestellung von Personal" auch die Gestellung von selbständigem, nicht beim leistenden Unternehmer abhängig beschäftigtem Personal umfasst.
2. Art. 17 Abs. 1, 2 Buchst. a und 3 Buchst. a sowie Art. 18 Abs. 1 Buchst. a der 6. EG-Richtlinie sind dahin auszulegen, dass sie den Mitgliedstaaten nicht vorschreiben, ihr nationales Verfahrensrecht so zu gestalten, dass die Steuerbarkeit und die Mehrwertsteuerpflicht einer Dienstleistung beim Leistungsbringer und beim Leistungsempfänger in kohärenter Weise beurteilt werden, auch wenn für sie verschiedene Finanzbehörden zuständig sind. Diese Bestimmungen verpflichten die Mitgliedstaaten jedoch, die zur Sicherstellung der korrekten Erhebung der Mehrwertsteuer und zur Wahrung des Grundsatzes der steuerlichen Neutralität erforderlichen Maßnahmen zu treffen.

EuGH vom 27.10.2011 – Rs. C-530/09 – Inter-Mark Group sp.zo.sp. komandytowa, UR 2011 S. 894: Dienstleistungsort der Entwicklung, Vermietung und des Aufbaus von Messeständen.

Die Mehrwertsteuersystemrichtlinie 2006/112/EG ist dahin auszulegen, dass eine Dienstleistung, die darin besteht, für Kunden, die ihre Waren oder Dienstleistungen auf Messen und Ausstellungen vorstellen, einen Messe- oder Ausstellungsstand zu entwerfen, vorübergehend bereitzustellen und, gegebenenfalls, zu befördern und aufzustellen, unter folgende Bestimmungen dieser Richtlinie fallen kann:

– unter Art. 56 Abs. 1 Buchst. b MwStSystRL, wenn der betreffende Stand für Werbezwecke entworfen oder verwendet wird;
– unter Art. 52 Buchst. a MwStSystRL, wenn der betreffende Stand für eine bestimmte Messe oder Ausstellung zu einem Thema aus dem Bereich der Kultur, der Künste, des Sports, der Wissenschaf-

§ 3a

ten, des Unterrichts, der Unterhaltung oder einem ähnlichen Gebiet entworfen und bereitgestellt wird oder wenn der Stand einem Modell entspricht, dessen Form, Größe, materielle Beschaffenheit oder Aussehen vom Veranstalter einer bestimmten Messe oder Ausstellung festgelegt wurde;
– unter Art. 56 Abs. 1 Buchst. g MwStSystRL, wenn die entgeltliche vorübergehende Bereitstellung der materiellen Bestandteile, die den betreffenden Stand bilden, ein bestimmendes Element dieser Dienstleistung ist.

BFH vom 08.09.2011 – V R 42/10, BB 2012 S. 365 (mit Kommentar Widmann): Leistungsort bei Anzahlungen für grundstücksbezogene Vermittlungsleistungen.

1. Vereinbart der Unternehmer die Vermittlung einer sonstigen Leistung im Zusammenhang mit einer Vielzahl im In- und Ausland belegener Grundstücke und erhält er hierfür eine Anzahlung, richtet sich der Leistungsort auch dann nach § 3a Abs. 1 UStG, wenn im Zeitpunkt der Vereinnahmung nicht feststeht, ob sich die Vermittlungsleistung auf ein im Ausland belegenes Grundstück bezieht.
2. Ergibt sich, dass die vermittelte Leistung eine sonstige Leistung im Zusammenhang mit einem im Ausland belegenen Grundstück betrifft, ist die Bemessungsgrundlage entsprechend § 17 Abs. 2 Nr. 2 UStG zu berichtigen.

BFH vom 02.03.2011 – XI R 25/09, BStBl. 2011 II S. 737: Hochseeangelreisen als einheitliche Beförderungsleistung.

Bei einer mehrtägigen Hochseeangelreise stellen die Unterkunft und Verpflegung sowie diejenigen Dienstleistungen, die dazu dienen, dass die Passagiere den Angelsport optimal ausüben und das Fanggut transportieren können, Nebenleistungen zu der Personenbeförderung dar.

BFH vom 13.01.2011 – V R 63/09, BStBl. 2011 II S. 461: Ort der sonstigen Leistung bei Übernahme von radioaktiven Strahlenquellen.

1. Die Übernahme von ausgedienten Strahlenquellen durch einen inländischen Unternehmer im Ausland kann im Verhältnis zu den in diesem Zusammenhang erbrachten weiteren Leistungen als Hauptleistung anzusehen sein, die gemäß § 3a Abs. 1 Satz 1 UStG im Inland ausgeführt wird.
2. Bei dem Ausbau und der Übernahme von Strahlenquellen handelt es sich nicht um Arbeiten an beweglichen körperlichen Gegenständen I. S. von § 3a Abs. 2 Nr. 3 Buchst. c UStG.
3. Der Ausbau und die Übernahme von Strahlenquellen als maßgebliche Hauptleistung gehören nicht zu den Tätigkeiten, die im Rahmen des Ingenieurberufs hauptsächlich und gewöhnlich erbracht werden.

BFH vom 01.12.2010 – XI R 27/09, BStBl. 2011 II S. 458: Ort der Leistung bei einem Rennservice für im Ausland veranstaltete Motorradrennen.

Stellt ein Unternehmer mit Sitz im Inland einem Motorradrennfahrer einen vollständigen Rennservice mit Fahrzeug für im Ausland veranstaltete Motorradrennen zur Verfügung, führt er damit eine einheitliche sonstige Leistung aus, die im Inland der Umsatzbesteuerung unterliegt.

EuGH vom 07.10.2010 – Rs. C-222/09 – Kronospan Mielec sp. z. o.o., UR 2010 S. 854: Bestimmung des Orts der von einem Ingenieur durchgeführten Forschungs- und Entwicklungsarbeiten zugunsten eines in einem anderen Mitgliedstaat ansässigen Leistungsempfängers.

Dienstleistungen, die darin bestehen, Forschungs- und Entwicklungsarbeiten im Umwelt- und Technologiebereich auszuführen, und die von in einem Mitgliedstaat ansässigen Ingenieuren im Auftrag und zugunsten eines Dienstleistungsempfängers erbracht werden, der in einem anderen Mitgliedstaat ansässig ist, sind als „Leistungen von Ingenieuren" i.S.v. Art. 9 Abs. 2 Buchst. e der 6. EG-Richtlinie 77/388/EWG einzustufen.

BFH vom 10.12.2009 – XI R 62/06, BStBl. 2010 II S. 436: Leistungsort bei Bezug von sog. Katalogleistungen i.S. des § 3a Abs. 4 UStG 1999 durch eine öffentlich-rechtliche Rundfunkanstalt.

Eine öffentlich-rechtliche Rundfunkanstalt, die neben ihren nichtunternehmerischen Tätigkeiten auch unternehmerische Tätigkeiten ausübt, bezieht sog. Katalogleistungen i.S. des § 3a Abs. 4 UStG 1999 selbst dann als Unternehmerin (§ 3a Abs. 3 Satz 1 UStG 1999), wenn sie diese nur für ihre nichtunternehmerischen Zwecke verwendet.

Nieders. FG vom 08.10.2009 – 16 K 10092/07 – rechtskräftig, EFG 2010 S. 363: Zum Leistungsort bei wissenschaftlichen Vorträgen im Ausland.

Der Leistungsort eines im Ausland gehaltenen wissenschaftlichen Vortrags liegt im Inland, wenn hier die wesentlichen Vorbereitungen und Ausarbeitungen angefertigt werden. Nimmt der Steuerpflichtige

§ 3a

im Ausland lediglich an Diskussionsrunden und Symposien teil, für die er keine Vorbereitungsarbeiten im Inland erbringt, sind die erzielten Honorarumsätze im Inland nicht steuerbar.

EuGH vom 03.09.2009 – Rs. C-37/08 – RCI Europe, DStR 2009 S. 2003: Ort der Dienstleistung im Zusammenhang mit einem Grundstück.

Art. 9 Abs. 2 Buchst. a der Sechsten Richtlinie 77/388/ EWG des Rates vom 17.5.1977 zur Harmonisierung der Rechtsvorschriften der Mitgliedstaaten über die Umsatzsteuern – Gemeinsames Mehrwertsteuersystem: einheitliche steuerpflichtige Bemessungsgrundlage ist dahin auszulegen, dass der Ort einer Dienstleistung, die von einer Vereinigung erbracht wird, deren Tätigkeit darin besteht, den Tausch von Teilzeitnutzungsrechten an Ferienwohnungen zwischen ihren Mitgliedern zu organisieren, wofür diese Vereinigung als Gegenleistung von ihren Mitgliedern Beitrittsentgelte, Mitgliedsbeiträge und Tauschentgelte erhebt, der Ort ist, an dem die Immobilie, an der das Teilnutzungsrecht des betreffenden Mitglieds besteht, gelegen ist.

BFH vom 18.06.2009 – V R 57/07, BStBl. 2010 II S. 83: Personalberatung als Beratungsleistung im Sinne des UStG.[1]

1. Berufstypische Leistungen sog. Personalberater, die diese im Rahmen der Suche nach Führungskräften für ihre Auftraggeber gegen ein Festhonorar erbringen, stellen in der Regel Beratungsleistungen i.S. von § 3a Abs. 4 Nr. 3 UStG dar.
2. Dem steht nicht entgegen, dass dabei den Auftraggebern letztlich eine Personenauswahl präsentiert wird.

BFH vom 01.04.2009 – XI R 52/07, DStRE 2009 S. 745; BStBl. 2009 II S. 563: Verlagerung des Leistungsorts bei Zellvermehrung.

Dem EuGH werden die folgenden Fragen zur Vorabentscheidung vorgelegt:

1. Ist Art. 28b Teil F Unterabs. 1 der Richtlinie 77/388/ EWG dahin auszulegen, dass
   a) das einem Menschen entnommene Knorpelmaterial („Biopsat"), welches einem Unternehmer zum Zwecke der Zellvermehrung und anschließenden Rückgabe als Implantat für den betroffenen Patienten überlassen wird, ein „beweglicher körperlicher Gegenstand" im Sinne dieser Bestimmung ist,
   b) das Herauslösen der Gelenkknorpelzellen aus dem Knorpelmaterial und die anschließende Zellvermehrung „Arbeiten" an beweglichen körperlichen Gegenständen im Sinne dieser Bestimmung sind,
   c) die Dienstleistung dem Empfänger bereits dann „unter seiner Umsatzsteuer-Identifikationsnummer erbracht" worden ist, wenn diese in der Rechnung des Erbringers der Dienstleistung angeführt ist, ohne dass eine ausdrückliche schriftliche Vereinbarung über ihre Verwendung getroffen wurde?
2. Falls eine der vorstehenden Fragen verneint wird:
   Ist Art. 13 Teil A Abs. 1 Buchst. c der Richtlinie 77/388/ EWG dahin auszulegen, dass das Herauslösen der Gelenkknorpelzellen aus dem einem Menschen entnommenen Knorpelmaterial und die anschließende Zellvermehrung dann eine „Heilbehandlung im Bereich der Romanmedizin" ist, wenn die durch die Zellvermehrung gewonnenen Zellen dem Spender wieder implantiert werden?

EuGH vom 19.02.2009 – Rs. C-1/08 – Athesisia Druck Sr, DStRE 2009 S. 1008: Ort der Leistung auf dem Gebiet der Werbung.

1. Bei Leistungen auf dem Gebiet der Werbung ist der Ort der Leistung nach Art. 9 Abs. 2 Buchst. e der Sechsten MwSt-Richtlinie 77/388/EWG des Rates vom 17.5.1977 zur Harmonisierung der Rechtsvorschriften der Mitgliedstaaten über die Umsatzsteuern – Gemeinsames Mehrwertsteuersystem: einheitliche steuerpflichtige Bemessungsgrundlage in der durch die Zehnte MwSt-Richtlinie 84/386/EWG des Rates vom 31.7.1984 geänderten Fassung grundsätzlich der Sitz des Dienstleistungsempfängers, wenn dieser außerhalb der Europäischen Gemeinschaft ansässig ist. Die Mitgliedstaaten können jedoch von diesem Grundsatz abweichen und von der in Art. 9 Abs. 3 Buchst. b der Sechsten MwSt-Richtlinie 77/388/EWG in der geänderten Fassung vorgesehenen Möglichkeit Gebrauch machen und den Ort der fraglichen Leistung im Inland festlegen.
2. Wenn von der in Art. 9 Abs. 3 Buchst. b der Sechsten MwSt-Richtlinie 77/388/EWG in der geänderten Fassung vorgesehenen Möglichkeit Gebrauch gemacht wird, gilt eine von einem in der Europäischen Gemeinschaft ansässigen Dienstleistenden zugunsten eines in einem Drittstaat nie-

---

[1] Siehe auch BFH vom 18.06.2009 – V R 34/08 Personalberatung als Beratungsleistung im Sinne des UStG

§ 3a

dergelassenen Empfängers, sei dieser End- oder Zwischenempfänger, erbrachte Leistung auf dem Gebiet der Werbung als in der Europäischen Gemeinschaft erbracht, vorausgesetzt, dass die tatsächliche Nutzung oder Auswertung i.S. von Art. 9 Abs. 3 Buchst. b der Sechsten MwSt-Richtlinie 77/388/EWG in der geänderten Fassung im Inland des betreffenden Mitgliedstaats erfolgt. Dies ist bei Leistungen auf dem Gebiet der Werbung der Fall, wenn die Werbebotschaften, die Gegenstand der Dienstleistung sind, von dem betreffenden Mitgliedstaat aus verbreitet werden.

3. Art. 9 Abs. 3 Buchst. b der Sechsten MwSt-Richtlinie 77/388/EWG in der geänderten Fassung kann nicht zur Besteuerung von Leistungen im Bereich der Werbung führen, die ein außerhalb der Europäischen Gemeinschaft ansässiger Dienstleistender seinen eigenen Kunden erbracht hat, auch wenn dieser Dienstleistende als Zwischenempfänger bei einer früheren Dienstleistung aufgetreten ist, da eine solche Leistung nicht in den Anwendungsbereich von Art. 9 Abs. 2 Buchst. e der Sechsten MwSt-Richtlinie 77/388/EWG und, allgemeiner, von Art. 9 der Sechsten MwSt-Richtlinie 77/388/ EWG insgesamt fällt, auf die Art. 9 Abs. 3 Buchst. b der Sechsten MwSt-Richtlinie 77/388/EWG ausdrücklich verweist.

4. Der Umstand, dass die Dienstleistung nach Art. 9 Abs. 3 Buchst. b der Sechsten MwSt-Richtlinie 77/388/EWG in der geänderten Fassung der Steuer unterliegt, steht dem Erstattungsanspruch des Steuerpflichtigen nicht entgegen, wenn er die Voraussetzungen von Art. 2 der Dreizehnten Richtlinie 86/560/EWG des Rates vom 17.11.1986 zur Harmonisierung der Rechtsvorschriften der Mitgliedstaaten über die Umsatzsteuern – Verfahren der Erstattung der Mehrwertsteuer an nicht im Gebiet der Gemeinschaft ansässige Steuerpflichtige erfüllt. Die Benennung eines Steuervertreters als solche hat keine Auswirkung darauf, ob von der vertretenen Person erhaltene oder erbrachte Leistungen der Steuer unterliegen.

BFH vom 15.01.2009 – V R 9/06, BStBl. 2010 II S. 433: Verpflegung von Hotelgästen als Nebenleistung; Ort der Leistung.

1. Bei der Verpflegung von Hotelgästen handelt es sich um eine Nebenleistung zur Übernachtung, die als Teil der Gesamtleistung am Ort des Hotels nach § 3a Abs. 2 Nr. 1 UStG steuerbar ist.[1]
2. Die Leistung wird auch dann am Belegenheitsort des Hotels ausgeführt, wenn es sich um Leistungen eines Reiseorganisators gegenüber anderen Unternehmern handelt.

EuGH vom 06.11.2008 – Rs. C-291/07 – Kollektivavtalsstiftelsen TRR, IStR 2008 S. 880 mit Anm. von Korf, IStR 2008 S. 876: Mehrwertsteuerlicher Anknüpfungspunkt bei Dienstleistungen, die einer nationalen Stiftung erbracht werden, welche eine wirtschaftliche Tätigkeit und eine nichtwirtschaftliche Tätigkeit ausübt.

Art. 9 Abs. 2 Buchst. e der Sechsten Richtlinie 77/388/ EWG des Rates vom 17.5.1977 zur Harmonisierung der Rechtsvorschriften der Mitgliedstaaten über die Umsatzsteuern – Gemeinsames Mehrwertsteuersystem: einheitliche steuerpflichtige Bemessungsgrundlage in der durch die Richtlinie 1999/59/EG des Rates vom 17.6.1999 geänderten Fassung und Art. 56 Abs. 1 Buchst. c der Richtlinie 2006/112/EG des Rates vom 28.11.2006 über das gemeinsame Mehrwertsteuersystem sind dahin auszulegen, dass derjenige, der bei einem in einem anderen Mitgliedstaat ansässigen Steuerpflichtigen Beratungsdienstleistungen in Anspruch nimmt und selbst gleichzeitig wirtschaftliche Tätigkeiten und außerhalb des Anwendungsbereichs dieser Richtlinien liegende Tätigkeiten ausübt, als Steuerpflichtiger anzusehen ist, selbst wenn die Dienstleistungen nur für Zwecke der letztgenannten Tätigkeiten genutzt werden.

BFH vom 03.04.2008 – V R 62/05, BStBl. 2008 II S. 900; DStR 2008 S. 1239: Leistungsort für Tätigkeit eines Steuerberaters als Testamentsvollstrecker und Nachlasspfleger.

Ein Steuerberater, der als Testamentsvollstrecker und als Nachlasspfleger tätig wird, führt diese Leistungen auch dann im Inland aus, wenn die Erben im Drittlandsgebiet wohnen.

EuGH vom 06.12.2007 – Rs. C-401/06 – Kommission/Deutschland, UR 2008 S. 117[2]: Testamentsvollstrecker erbringen ihre Leistung an ihrem Sitzort.

Die Bundesrepublik Deutschland hat nicht dadurch gegen ihre Verpflichtungen aus Art. 9 Abs. 2 Buchst. e der 6. EG-Richtlinie 77/388/EWG verstoßen, dass sich nach deutschem Recht der Ort der Dienstleistungen eines Testamentsvollstreckers nicht nach dieser Vorschrift bestimmt, wenn die Dienstleistungen an einen außerhalb der Europäischen Gemeinschaft ansässige Empfänger oder an innerhalb der Gemeinschaft, jedoch außerhalb des Staates des Dienstleistenden ansässige Steuerpflichtige erbracht werden.

---

1) Beachte ab 01.01.2010 § 12 Abs. 2 Nr. 11 UStG, wonach u.a. Verpflegungsleistungen aus der einheitlichen Leistung auszuscheiden sind. Siehe dazu *Widmann*, UR 2010 S. 8, und *von Streit*, UStB 2010 S. 46. Hinweis auf BMF vom 04.05.2010, Anlage § 003a-16
2) Siehe dazu *Widmann*, UR 2008 S. 120 sowie *Philipowski*, IStR 2008 S. 104

§ 3a

BFH vom 11.10.2007 – V R 22/04, BStBl. 2008 II S. 993: Ort und Steuerfreiheit der Portfolioverwaltung.[1)]

1. Die Regelung über den Leistungsort in § 3a Abs. 4 UStG umfasst, anders als die gemeinschaftsrechtliche Regelung in Art. 9 Abs. 2 Buchst. e der Richtlinie 77/388/EWG, nicht alle Bank- und Finanzumsätze.
2. Die „bankmäßige Vermögensverwaltung" im Sinne einer Verwaltung von aus Wertpapieren und Termingeldern bestehenden Vermögen nach eigenem Ermessen wird entweder vom Begriff der Bank- und Finanzumsätze i.S. des Art. 9 Abs. 2 Buchst. e fünfter Gedankenstrich der Richtlinie 77/388/EWG umfasst oder fällt als Leistung von Beratern u.a. unter die Regelung in Art. 9 Abs. 2 Buchst. e dritter Gedankenstrich der Richtlinie 77/388/EWG.
3. Die Steuerbefreiung nach § 4 Nr. 8 Buchst. h UStG kommt nicht nur für Leistungen der Kapitalanlagegesellschaft selbst in Betracht, sondern bei richtlinienkonformer Auslegung auch für Leistungen eines außenstehenden Verwalters.

FG Hamburg vom 21.08.2007 – 6 K 253/05 – rechtskräftig, EFG 2008 S. 80: Ort der sonstigen Leistungen von Personalberatern („Headhuntern").

Die Suche und Auswahl von Fach- und Führungskräften durch Personalberatungsunternehmen kann eine sonstige Beratungsleistung i.S. des § 3a Abs. 4 Nr. 3 UStG darstellen. Davon ist bei richtlinienkonformem Verständnis auszugehen, wenn sich die vertraglich geschuldete Leistung als ein einheitlicher Beratungsprozess erweist, der die personalwirtschaftliche Analyse der in Frage stehenden Position, die Erarbeitung und Diskussion des fachlichen und persönlichen Anforderungsprofils der vakanten Position, die Überprüfung der fachlichen und persönlichen Qualifikation von Bewerbern, die Diskussion mit den Auftraggebern über die einzuladenden Bewerber und die – fakultative – Beratung bei der Festlegung von Einstellungs-, Arbeits- und Vergütungsbedingungen umfasst.

BFH vom 30.03.2006 – V R 19/02, BStBl. 2007 II S. 68; BB 2006 S. 2397: Leistungsort von Vermittlungsleistungen gem. § 3a Abs. 4 Nr. 10 UStG.

1. Der Leistungsort der in § 3a Abs. 4 Nr. 10 UStG 1993 bezeichneten Vermittlungsleistungen bestimmt sich nicht nach § 3a Abs. 2 Nr. 4 Satz 1, sondern nach § 3a Abs. 3 UStG 1993.
2. Der Begriff „Geldforderungen" in § 4 Nr. 8 Buchst. c UStG 1993 umfasst bei richtlinienkonformer Auslegung auch Geschäfte mit Warenforderungen wie Optionen im Warentermingeschäft.

EuGH vom 09.03.2006 – Rs. C-114/05, Gillan Beach Ltd., UR 2006 S. 350: Ort des steuerbaren Umsatzes für im Rahmen von Schiffsmessen erbrachte Dienstleistungen.[2)]

Art. 9 Abs. 2 Buchst. c Gedankenstrich 1 der 6. EG-Richtlinie 77/388/EWG ist dahin auszulegen, dass die umfassende Leistung, die der Veranstalter einer Messe oder Ausstellung den Ausstellern erbringt, unter die in dieser Bestimmung genannte Kategorie von Dienstleistungen fällt.

FG Hamburg vom 02.03.2005 – VI 231/03 – rechtskräftig, EFG 2005 S. 1308: Keine Steuerbarkeit der Anlagevorschläge einer ausländischen Bank für einen Investmentfonds.

1. Erarbeitet eine im Ausland ansässige Bank dort Anlagevorschläge für einen inländischen Investmentfonds, so liegt der Ort dieser Leistungen gem. § 3a Abs. 1 UStG nicht im Inland. Es handelt sich nicht um sonstige Leistungen nach § 3a Abs. 3 i.V. m. Abs. 4 Nr. 3, Nr. 5 und Nr. 6 UStG.
2. Die Leistungen wären anderenfalls gem. § 4 Nr. 8h UStG steuerfrei.

FG Köln vom 08.12.2004 – 5 K 6581/03 – rechtskräftig, DStRE 2005 S. 774; EFG 2005 S. 734: Abgrenzung der beratenden von der unterrichtenden Tätigkeit.

Werden Institutionen, Behörden und Politiker in der Weise unterstützt, dass ihnen konkrete Lösungsvorschläge in organisatorischen oder strategischen Fragen unterbreitet werden, z.B. zur Durchführung von Wahlen, handelt es sich um eine beratende Tätigkeit und nicht um eine unterrichtende Tätigkeit. Das gilt auch, wenn die Lösungsvorschläge im Rahmen von Workshops oder Seminaren unterbreitet werden.

EuGH vom 21.10.2004 – C-8/03 – Banque Bruxelles Lambert Sa (BBL), IStR 2004 S. 862: Bestimmung des Ortes von Dienstleistungen an luxemburgische SICAV.

Die Investmentgesellschaft mit variablem Grundkapital (sociétés d'investissement à capital variable, SICAV), deren ausschließlicher Zweck im Sinne der Richtlinie 85/611/EWG des Rates vom 20. Dezember 1985 zur Koordinierung der Rechts- und Verwaltungsvorschriften betreffend bestimmte Organismen für gemeinsame Anlagen in Wertpapieren (OGAW) es ist, beim Publikum beschaffte Gelder für

---
1) Siehe dazu BMF vom 09.12.2008, Anlage § 004 Nr. 8-19
2) Siehe Anlage § 013b-09

gemeinsame Rechnung anzulegen, sind nach Art. 4 der Sechsten Richtlinie 77/388/EWG des Rates vom 17. Mai 1977 zur Harmonisierung der Rechtsvorschriften der Mitgliedstaaten über die Umsatzsteuern – Gemeinsames Mehrwertsteuersystem: einheitliche steuerpflichtige Bemessungsgrundlage mehrwertsteuerpflichtig, so dass der Ort der in Art. 9 Abs. 2 Buchst. e dieser Richtlinie genannten Dienstleistungen, die solchen SICAV erbracht werden, die in einem anderen Mitgliedstaat ansässig sind als der Dienstleistende, der Ort ist, an dem diese SICAV den Sitz ihrer wirtschaftlichen Tätigkeit haben.

BFH vom 05.06.2003 – V R 25/02, BStBl. 2003 II S. 734; UR 2003 S. 446: Umsatzsteuerlicher Leistungsort einer Testamentsvollstreckung durch WP/StB.

Die Tätigkeit als Testamentsvollstrecker ist, auch wenn sie von einem Steuerberater oder Wirtschaftsprüfer ausgeübt wird, keine Beratungsleistung i. S. des § 3a Abs. 4 Nr. 3 UStG.

EuGH vom 05.06.2003 – Rs. C-438/01 – Design Concept, UR 2003 S. 344: Leistungsort einer mittelbar über Zwischenempfänger erbrachten Werbeleistung.

Art. 9 Abs. 2 Buchst. e der 6. EG-Richtlinie 77/388/EWG erfasst Leistungen auf dem Gebiet der Werbung, die dem Werbetreibenden indirekt erbracht und einem Zwischenempfänger in Rechnung gestellt werden, der sie seinerseits dem Werbetreibenden in Rechnung stellt. Dass dieser keine Ware oder Dienstleistung herstellt, in deren Preis die Kosten der genannten Leistungen eingehen könnten, ist für die Bestimmung des Ortes der dem Zwischenempfänger erbrachten Dienstleistungen nicht von Belang.

FG Rheinland-Pfalz vom 05.02.2002 – 4 V 1751/00 – rechtskräftig, EFG 2002 S. 720, DStRE 2002 S. 646: Ort der sonstigen Leistung beim Handel mit Eintrittskarten für Sport- und Musikveranstaltungen.

1. Der Handel mit Eintrittskarten für Sport- und Musikveranstaltungen im Ausland stellt eine sonstige Leistung dar, die an dem Ort betrieben wird, von dem aus der Unternehmer sein Unternehmen betreibt.
2. Es handelt sich dabei nicht um eine Nebenleistung der jeweiligen Veranstaltung. Sie ist auch nicht mit dem steuerfreien Handel mit Flugtickets vergleichbar.

EuGH vom 15.03.2001 – Rs. C-108/00, UVR 2001 S. 326[1]**:** Leistungen auf dem Gebiet der Werbung.

Artikel 9 Absatz 2 Buchstabe e zweiter Gedankenstrich der Sechsten Richtlinie 77/388/EWG des Rates vom 17. Mai 1977 zur Harmonisierung der Rechtsvorschriften der Mitgliedstaaten über die Umsatzsteuern – steuerpflichtige Bemessungsgrundlage ist dahin auszulegen, dass er nicht nur für Leistungen auf dem Gebiet der Werbung gilt, die der Dienstleistende einem mehrwertsteuerpflichtigen Werbetreibenden unmittelbar erbringt und in Rechnung stellt, sondern auch auf Leistungen, die dem Werbetreibenden mittelbar erbracht und einem Dritten in Rechnung gestellt werden, der sie dem Werbetreibenden berechnet.

FG Köln vom 24.03.1999 – 12 K 3773/95 – rechtskräftig, EFG 1999 S. 735: Leistungsort bei der Herstellung von Fernsehaufnahmen.

Ein Unternehmer, der im Inland einer ausländischen Fernsehanstalt Personal und technische Ausrüstung zur Herstellung von Fernsehaufnahmen zur Verfügung stellt, erbringt eine einheitliche sonstige Leistung. Der Leistungsort hierfür richtet sich nach § 3a Abs. 1 UStG.

BFH vom 19.11.1998 – V R 30/98, BStBl. 1999 II S. 108: Ort der sonstigen Leistung bei Umsätzen auf Kreuzfahrtschiffen.

Ort der sonstigen Leistungen, die ein Reiseveranstalter mit Sitz im Inland (Erhebungsgebiet) an Bord eines Kreuzfahrtschiffes im Ausland (Außengebiet) an die Passagiere erbringt, ist gemäß § 3a Abs. 1 Satz 1 UStG der Ort, von dem aus der Unternehmer sein Unternehmen betreibt.

EuGH vom 07.05.1998 – Rs. C-390/96 – Lease Plan, UR 1998 S. 343: Begriff der festen Niederlassung.

1. Der Begriff „feste Niederlassung" in Artikel 9 Absatz 1 der Sechsten Richtlinie 77/388/EWG des Rates vom 17. Mai 1977 zur Harmonisierung der Rechtsvorschriften der Mitgliedstaaten über die Umsatzsteuern – Gemeinsames Mehrwertsteuersystem: einheitliche steuerpflichtige Bemessungsgrundlage ist so auszulegen, daß ein Unternehmen aus einem Mitgliedstaat, das eine Reihe von Fahrzeugen an Kunden vermietet oder least, die in einem anderen Mitgliedstaat ansässig sind, nicht allein schon aufgrund dieser Vermietung über eine feste Niederlassung in diesem anderen Mitgliedstaat verfügt.

---

1) Mit Anm. *Huschens*, UVR 2001 S. 328

§ 3a

2. Artikel 59 EG-Vertrag steht einer nationalen Regelung entgegen, wonach nicht in einem Mitgliedstaat ansässigen Steuerpflichtigen, die gemäß der Achten Richtlinie 79/1072/EWG des Rates vom 6. Dezember 1979 zur Harmonisierung der Rechtsvorschriften der Mitgliedstaaten über die Umsatzsteuern – Verfahren zur Erstattung der Mehrwertsteuer an nicht im Inland ansässige Steuerpflichtige eine Mehrwertsteuererstattung beantragen, Zinsen erst vom Zeitpunkt der Inverzugsetzung dieses Mitgliedstaats an und zu einem niedrigeren Satz als dem gewährt werden, der für Zinsen gilt, die in diesem Staat ansässige Steuerpflichtige nach Ablauf der gesetzlichen Erstattungsfrist ohne weiteres erhalten.

EuGH vom 16.09.1997 – Rs. C-145/96 – von Hoffmann, UVR 1997 S. 394: Dienstleistungen eines Schiedsrichters – Ort der Leistung.

Die Leistungen eines Schiedsrichters fallen nicht unter Art. 9 Abs. 2 Buchstabe e dritter Gedankenstrich der Sechsten Richtlinie 77/388/EWG des Rates vom 17.5.1977 zur Harmonisierung der Rechtsvorschriften der Mitgliedstaaten über die Umsatzsteuern – Gemeinsames Mehrwertsteuersystem: einheitliche steuerpflichtige Bemessungsgrundlage.

EuGH vom 17.07.1997 – Rs. C-190/95 – ARO Lease, HFR 1997 S. 778: Leistungsort einer Leasinggesellschaft.

Art. 9 Abs. 1 Sechste USt-Richtlinie ist dahin auszulegen, daß eine in einem Mitgliedstaat ansässige Leasinggesellschaft ihre Dienstleistungen nicht von einer festen Niederlassung in einem anderen Mitgliedstaat aus erbringt, wenn sie ihre Tätigkeit unter folgenden Umständen ausübt: Sie vermietet an in dem letztgenannten Mitgliedstaat ansässige Kunden Pkw aufgrund von Leasingverträgen; ihre Kunden werden durch in diesem Mitgliedstaat ansässige unabhängige Vermittler angeworben; die Kunden suchen sich selbst die von ihnen gewünschten Fahrzeuge in diesem Mitgliedstaat bei ansässigen Vertragshändlern aus; die Leasinggesellschaft erwirbt die Fahrzeuge in diesem Mitgliedstaat, in dem sie zugelassen sind, und vermietet sie an ihre Kunden aufgrund von Leasingverträgen, die an ihrem Geschäftssitz aufgesetzt und unterzeichnet werden; die Kunden tragen die Kosten für die Wartung und zahlen in dem vorgenannten Mitgliedstaat die Kfz-Steuer; die Leasinggesellschaft verfügt aber in diesem Mitgliedstaat weder über ein Büro noch über Stellplatz für die Fahrzeuge.

EuGH vom 26.09.1996 – Rs. C-327/94 – Dudda, BStBl. 1998 II S. 313: Ort der Leistung – Tontechnische Umsetzung der Darbietung bei künstlerischen oder unterhaltenden Veranstaltungen.[1]

1. Unter Artikel 9 Absatz 2 Buchstabe c erster Gedankenstrich der Sechsten Richtlinie des Rates vom 17.5.1977 zur Harmonisierung der Rechtsvorschriften der Mitgliedstaaten über die Umsatzsteuern – Gemeinsames Mehrwertsteuersystem: einheitliche steuerpflichtige Bemessungsgrundlage (77/388/EWG) fällt die Tätigkeit eines Unternehmers, der bei künstlerischen oder unterhaltenden Veranstaltungen die tontechnische Umsetzung der Darbietung in der Weise durchführt, daß er die Auswahl und die Bedienung der eingesetzten Geräte auf die jeweiligen akustischen Gegebenheiten und die beabsichtigten Klangeffekte abstimmt und die erforderlichen Gerätschaften und das notwendige Bedienungspersonal stellt, sofern die Leistung dieses Unternehmers für die Darbietung der künstlerischen oder unterhaltenden Hauptleistung unerläßlich ist.

2. Für die Beantwortung der ersten Frage kommt es nicht darauf an, ob es der Unternehmer zusätzlich übernommen hat, die mit seiner Hilfe zu erzeugenden Klangeffekte auf bestimmte, von anderen Unternehmern erzeugte optische Effekte abzustimmen.

BFH vom 24.11.1994 – V R 30/92, BStBl. 1995 II S. 151: Leistungen im Zusammenhang mit einem Messestand.

1. Die Lieferung eines Messestandes wird dort ausgeführt, wo sich der Messestand zur Zeit der Verschaffung der Verfügungsmacht befindet.

2. Sonstige Leistungen, die die Planung und den Aufbau eines Messestandes betreffen, stehen in Zusammenhang mit dem Messegrundstück.

Ebenso BFH vom 7.3.1995 – XI R 56/94, BFH/NV 1995 S. 1027

FG Köln vom 12.10.1994 – 6 K 1148/92 – rechtskräftig, EFG 1995 S. 402: Zum Leistungsort bei der Vermietung von Zeltplätzen mit aufgestellten und eingerichteten Zelten.

Bei der Vermietung eines Zeltplatzes mit aufstehendem und eingerichteten Zelt handelt es sich um eine (einheitliche) sonstige Leistung im Zusammenhang mit einem Grundstück i. S. des § 3a Abs. 2 Nr. 1 UStG.

---

1) Siehe dazu BMF vom 20.04.1998, BStBl. 1998 I S. 579

§ 3a

FG Baden-Württemberg, Außensenate Freiburg vom 01.09.1993 – 3 K 444/88 – rechtskräftig, EFG 1994 S. 222: Hubschrauber für Fotoflüge sind Beförderungsmittel.

Zivile Hubschrauber, die einem außergemeinschaftlichen Unternehmer am Ort des leistenden Unternehmers überlassen werden, sind auch dann Beförderungsmittel, wenn sie als sog. Arbeitshubschrauber ausschließlich für Luftbildaufnahme im Fluge bestimmt und eingesetzt sind, wenn die Kameraeinrichtung fest eingebaut ist und wenn neben dem Piloten nur der Kameramann mitfliegt.

FG Münster vom 15.12.1992 – 15 K 6076/89 – rechtskräftig, EFG 1993 S. 471: Gestellung von Bussen mit Fahrer an Dritten keine Beförderungsleistung.

Ein Busunternehmer, der die Aufträge von anderen Busunternehmern über die Gestellung von Bussen mit Fahrer übernimmt, erbringt umsatzsteuerlich keine Beförderungsleistung, sondern eine sonstige Leistung, wenn die Vertragsbeziehungen zwischen den Busunternehmern zivilrechtlich als Miet- bzw. Dienstverschaffungsverträge anzusehen sind.

BFH vom 26.03.1992 – V R 16/88, BStBl. 1992 II S. 929: Zur einheitlichen Leistung bei § 3a Abs. 1 UStG.

Stellt ein Unternehmer, der sein Unternehmen im Erhebungsgebiet betreibt, einem selbständigen Autorennfahrer einen vollständigen Rennservice mit Fahrzeug für eine erfolgversprechende Teilnahme an im Außengebiet veranstalteten Autorennen zur Verfügung, führt er damit eine einheitliche sonstige Leistung im Erhebungsgebiet aus.

Hessisches FG vom 21.02.1990 – 6 K 395/84 – rechtskräftig, EFG 1990 S. 601: Überlassen von Lichtbildern und eines Pseudonyms als Übertragen eines urheberrechtsähnlichen Rechts; Erstellen von Horoskopen keine Überlassung von Informationen.

1. Die entgeltliche Überlassung von Lichtbildern und eines Pseudonyms für Werbezwecke stellt die Übertragung eines einem Urheberrecht ähnlichen Rechts nach § 3a Abs. 4 Nr. 1 UStG dar. Ort der sonstigen Leistung ist nach § 3a Abs. 3 UStG der Sitz des Empfängers.
2. Das Erstellen von Horoskopen gehört in den Bereich der Spekulation. Es handelt sich nicht um die Überlassung von Informationen i. S. des § 3a Abs. 4 Nr. 5 UStG.

EuGH vom 15.03.1989 – Rs. 51/88 – Hamann, UR 1989 S. 184: Vermietung hochseegehender Segeljachten.

Hochseegehende Jachten, deren Mieter diese Jachten zum Zweck der Ausübung des Segelsports nutzen, sind Beförderungsmittel i. S. von Art. 9 Abs. 2 Buchst. d Sechste Richtlinie. Für die Erhebung der USt aus Anlaß ihrer Vermietung gilt daher Art. 9 Abs. 1 Sechste Richtlinie, wonach als Ort der Dienstleistung der Ort gilt, an dem der Vermieter den Sitz seiner wirtschaftlichen Tätigkeit hat.

BFH vom 24.11.1988 – V R 200/83, BStBl. 1989 II S. 163: Ort des Eigenverbrauchs – Private PKW-Verwendung auf ausländischen Strecken.

Benutzt ein Einzelunternehmer einen dem unternehmerischen Bereich zugeordneten PKW zeitweilig privat, so liegt auch insoweit Eigenverbrauch nach § 1 Abs. 1 Nr. 2 Buchst. b UStG 1980 vor, als die Privatfahrten über Wegstrecken außerhalb des Erhebungsgebietes führen.

EuGH vom 04.07.1985 – Rs. 168/84 – Berkholz, UR 1985 S. 226: Zum Begriff „feste Niederlassung" und zum Unternehmenssitz i. S. des § 3a Abs. 1 UStG 1980 – Begünstigte Leistungen i. S. des § 8 Abs. 1 Nr. 5 UStG 1980.

1. Art. 9 Abs. 1 der 6. Richtlinie des Rates vom 17.5.1977 zur Harmonisierung der Rechtsvorschriften der Mitgliedsstaaten über die Umsatzsteuer ist dahin auszulegen, daß eine Einrichtung über eine gewerbliche Betätigung wie der Betrieb von Geldspielautomaten an Bord eines außerhalb des Inlands auf der hohen See verkehrenden Schiff nur dann als feste Niederlassung im Sinne dieser Bestimmung angesehen werden kann, wenn diese Niederlassung ein ständiges Zusammenwirken von persönlichen und Sachmitteln voraussetzt, die für die Erbringung der betreffenden Dienstleistungen erforderlich sind, und wenn es nicht zweckdienlich ist, diese Dienstleistungen dem Sitz der wirtschaftlichen Tätigkeit des Dienstleistenden zuzuordnen.
2. Art. 15 Nr. 8 der 6. Richtlinie ist dahin auszulegen, daß die darin vorgesehene Steuerbefreiung nicht für den Betrieb von Geldspielautomaten gilt, die auf den in diesem Artikel genannten Seeschiffen installiert sind (Leitsatz nicht amtlich).

§ 3b UStDV § 2

§ 3b Ort der Beförderungsleistungen und der damit zusammenhängenden sonstigen Leistungen[1]

(1) Eine Beförderung einer Person wird dort ausgeführt, wo die Beförderung bewirkt wird. Erstreckt sich eine solche Beförderung nicht nur auf das Inland, fällt nur der Teil der Leistung unter dieses Gesetz, der auf das Inland entfällt. Die Sätze 1 und 2 gelten entsprechend für die Beförderung von Gegenständen, die keine innergemeinschaftliche Beförderung eines Gegenstands im Sinne des Absatzes 3 ist, wenn der Empfänger weder ein Unternehmer, für dessen Unternehmen die Leistung bezogen wird, noch eine nicht unternehmerisch tätige juristische Person ist, der eine Umsatzsteuer-Identifikationsnummer erteilt worden ist. Die Bundesregierung kann mit Zustimmung des Bundesrates durch Rechtsverordnung zur Vereinfachung des Besteuerungsverfahrens bestimmen, dass bei Beförderungen, die sich sowohl auf das Inland als auch auf das Ausland erstrecken (grenzüberschreitende Beförderungen),

1. kurze inländische Beförderungsstrecken als ausländische und kurze ausländische Beförderungsstrecken als inländische angesehen werden;

2. Beförderungen über kurze Beförderungsstrecken in den in § 1 Abs. 3 bezeichneten Gebieten nicht wie Umsätze im Inland behandelt werden.

(2) Das Beladen, Entladen, Umschlagen und ähnliche mit der Beförderung eines Gegenstands im Zusammenhang stehende Leistungen an einen Empfänger, der weder ein Unternehmer ist, für dessen Unternehmen die Leistung bezogen wird, noch eine nicht unternehmerisch tätige juristische Person ist, der eine Umsatzsteuer-Identifikationsnummer erteilt worden ist, werden dort ausgeführt, wo sie vom Unternehmer tatsächlich erbracht werden.

(3) Die Beförderung eines Gegenstands, die in dem Gebiet eines Mitgliedstaates beginnt und in dem Gebiet eines anderen Mitgliedstaates endet (innergemeinschaftliche Beförderung eines Gegenstands), an einen Empfänger, der weder ein Unternehmer ist, für dessen Unternehmen die Leistung bezogen wird, noch eine nicht unternehmerisch tätige juristische Person ist, der eine Umsatzsteuer-Identifikationsnummer erteilt worden ist, wird an dem Ort ausgeführt, an dem die Beförderung des Gegenstands beginnt.

Vorgaben im EG-Recht

USt-Recht	MwStSystRL
§ 3b Abs. 1 Satz 1 und 2 UStG	Artikel 46
§ 3b Abs. 1 Satz 3, §§ 2 bis 7 UStDV	Artikel 394
§ 3b Abs. 2 UStG	Artikel 52 Buchst. b
§ 3b Abs. 3 UStG	Artikel 47 bis 49
§ 3b Abs. 4 UStG	Artikel 53
§ 3b Abs. 5 UStG	Artikel 50
§ 3b Abs. 6 UStG	Artikel 54

UStDV
Zu § 3b des Gesetzes

§ 2 Verbindungsstrecken im Inland

Bei grenzüberschreitenden Beförderungen ist die Verbindungsstrecke zwischen zwei Orten im Ausland, die über das Inland führt, als ausländische Beförderungsstrecke anzusehen, wenn diese Verbindungsstrecke den nächsten oder verkehrstechnisch günstigsten Weg darstellt und der inländische Streckenanteil nicht länger als 30 Kilometer ist. Dies gilt nicht für Personenbeförderungen im Linienverkehr mit Kraftfahrzeugen. § 7 bleibt unberührt.

---
[1] Fassung ab 01.01.2010, siehe Anlage § 003a-15

§ 3 Verbindungsstrecken im Ausland

Bei grenzüberschreitenden Beförderungen ist die Verbindungsstrecke zwischen zwei Orten im Inland, die über das Ausland führt, als inländische Beförderungsstrecke anzusehen, wenn der ausländische Streckenanteil nicht länger als 10 Kilometer ist. Dies gilt nicht für Personenbeförderungen im Linienverkehr mit Kraftfahrzeugen. § 7 bleibt unberührt.

§ 4 Anschlußstrecken im Schienenbahnverkehr[1)]

Bei grenzüberschreitenden Personenbeförderungen mit Schienenbahnen sind anzusehen:
1. *als inländische Beförderungsstrecken die Anschlußstrecken im Ausland, die von Eisenbahnverwaltungen mit Sitz im Inland betrieben werden, sowie Schienenbahnstrecken in den in § 1 Abs. 3 des Gesetzes bezeichneten Gebieten,*
2. *als ausländische Beförderungsstrecken die inländischen Anschlußstrecken, die von Eisenbahnverwaltungen mit Sitz im Ausland betrieben werden.*

§ 5 Kurze Straßenstrecken im Inland

Bei grenzüberschreitenden Personenbeförderungen im Gelegenheitsverkehr mit Kraftfahrzeugen sind inländische Streckenanteile, die in einer Fahrtrichtung nicht länger als 10 Kilometer sind, als ausländische Beförderungsstrecken anzusehen. § 6 bleibt unberührt.

§ 6 Straßenstrecken in den in § 1 Abs. 3 des Gesetzes bezeichneten Gebieten[2)]

Bei grenzüberschreitenden Personenbeförderungen mit Kraftfahrzeugen von und zu den in § 1 Abs. 3 des Gesetzes bezeichneten Gebieten sowie zwischen diesen Gebieten sind die Streckenanteile in diesen Gebieten als inländische Beförderungsstrecken anzusehen.

§ 7 Kurze Strecken im grenzüberschreitenden Verkehr mit Wasserfahrzeugen[3)]

(1) Bei grenzüberschreitenden Beförderungen im Passagier- und Fährverkehr mit Wasserfahrzeugen, die sich ausschließlich auf das Inland und die in § 1 Abs. 3 des Gesetzes bezeichneten Gebiete erstrecken, sind die Streckenanteile in den in § 1 Abs. 3 des Gesetzes bezeichneten Gebieten als inländische Beförderungsstrecken anzusehen.

(2) Bei grenzüberschreitenden Beförderungen im Passagier- und Fährverkehr mit Wasserfahrzeugen, die in inländischen Häfen beginnen und enden, sind

1. *ausländische Streckenanteile als inländische Beförderungsstrecken anzusehen, wenn die ausländischen Streckenanteile nicht länger als 10 Kilometer sind, und*
2. *inländische Streckenanteile als ausländische Beförderungsstrecken anzusehen, wenn*
   a) *die ausländischen Streckenanteile länger als 10 Kilometer und*
   b) *die inländischen Streckenanteile nicht länger als 20 Kilometer sind.*

Streckenanteile in den in § 1 Abs. 3 des Gesetzes bezeichneten Gebieten sind in diesen Fällen als inländische Beförderungsstrecken anzusehen.

(3) Bei grenzüberschreitenden Beförderungen im Passagier- und Fährverkehr mit Wasserfahrzeugen für die Seeschiffahrt, die zwischen ausländischen Seehäfen oder zwischen einem inländischen Seehafen und einem ausländischen Seehäfen durchgeführt werden, sind inländische Streckenanteile als ausländische Beförderungsstrecken anzusehen und Beförderungen in den in § 1 Abs. 3 des Gesetzes bezeichneten Gebieten nicht wie Umsätze im Inland zu behandeln.

(4) Inländische Häfen im Sinne dieser Vorschrift sind auch Freihäfen und die Insel Helgoland.[4)]

(5) Bei grenzüberschreitenden Beförderungen im Fährverkehr über den Rhein, die Donau, die Oder und die Neiße sind die inländischen Streckenanteile als ausländische Beförderungsstrecken anzusehen.

---
1) Gilt ab 21.10.1995
2) Neufassung ab 01.01.1994
3) Gilt ab 21.10.1995
4) Gilt ab 01.01.1996

§ 3b UStAE 3b.1.

UStAE

Zu § 3b UStG (§§ 2 bis 7 UStDV)

3b.1. Ort einer Personenbeförderung und Ort einer Güterbeförderung, die keine innergemeinschaftliche Güterbeförderung ist

(1) Die Ortsbestimmung des § 3b Abs. 1 Sätze 1 und 2 UStG (Personenbeförderung) ist bei sonstigen Leistungen sowohl an Nichtunternehmer (siehe Abschnitt 3a.1 Abs. 1) als auch an Unternehmer und diesen gleichgestellten juristischen Personen (siehe Abschnitt 3a.2 Abs. 1) anzuwenden.

(2) [1]Der Ort einer Personenbeförderung liegt dort, wo die Beförderung tatsächlich bewirkt wird (§ 3b Abs. 1 Satz 1 UStG). [2]Hieraus folgt für diejenigen Beförderungsfälle, in denen der mit der Beförderung beauftragte Unternehmer (Hauptunternehmer) die Beförderung durch einen anderen Unternehmer (Subunternehmer) ausführen lässt, dass sowohl die Beförderungsleistung des Hauptunternehmers als auch diejenige des Subunternehmers dort ausgeführt werden, wo der Subunternehmer die Beförderung bewirkt. [3]Die Sonderregelung über die Besteuerung von Reiseleistungen (§ 25 Abs. 1 UStG) bleibt jedoch unberührt.

Beispiel:

[1]Der Reiseveranstalter A veranstaltet im eigenen Namen und für eigene Rechnung einen Tagesausflug. [2]Er befördert die teilnehmenden Reisenden (Nichtunternehmer) jedoch nicht selbst, sondern bedient sich zur Ausführung der Beförderung des Omnibusunternehmers B. [3]Dieser bewirkt an A eine Beförderungsleistung, indem er die Beförderung im eigenen Namen, unter eigener Verantwortung und für eigene Rechnung durchführt.

[4]Der Ort der Beförderungsleistung des B liegt dort, wo dieser die Beförderung bewirkt. [5]Für A stellt die Beförderungsleistung des B eine Reisevorleistung dar. [6]A führt deshalb umsatzsteuerrechtlich keine Beförderungsleistung, sondern eine sonstige Leistung im Sinne des § 25 Abs. 1 UStG aus. [7]Diese sonstige Leistung wird dort ausgeführt, von wo aus A sein Unternehmen betreibt (§ 3a Abs. 1 UStG).

(3) [1]Die Ortsbestimmung des § 3b Abs. 1 Satz 3 UStG (Güterbeförderung) ist nur bei Güterbeförderungen, die keine innergemeinschaftlichen Güterbeförderungen im Sinne des § 3b Abs. 3 UStG sind, an Nichtunternehmer (siehe Abschnitt 3a.1 Abs. 1) anzuwenden. [2]Der Leistungsort liegt danach dort, wo die Beförderung tatsächlich bewirkt wird. [3]Der Ort einer Güterbeförderung, die keine innergemeinschaftliche Güterbeförderung ist, an einen Unternehmer oder eine gleichgestellte juristische Person richtet sich nach § 3a Abs. 2 UStG. [4]Auf Abschnitt 3a.2 wird verwiesen.

Grenzüberschreitende Beförderungen

(4) [1]Grenzüberschreitende Beförderungen – Personenbeförderungen sowie Güterbeförderungen an Nichtunternehmer (siehe Abschnitt 3a.1 Abs. 1) mit Ausnahme der innergemeinschaftlichen Güterbeförderungen im Sinne des § 3b Abs. 3 UStG – sind in einen steuerbaren und einen nicht steuerbaren Leistungsteil aufzuteilen (§ 3b Abs. 1 Satz 2 UStG). [2]Die Aufteilung unterbleibt jedoch bei grenzüberschreitenden Beförderungen mit kurzen in- oder ausländischen Beförderungsstrecken, wenn diese Beförderungen entweder insgesamt als steuerbar oder insgesamt als nicht steuerbar zu behandeln sind (siehe auch Absätze 7 bis 17). [3]Wegen der Auswirkung der Sonderregelung des § 1 Abs. 3 Satz 1 Nr. 2 und 3 UStG und der Beförderungen – in der Regel in Verbindung mit den §§ 4, 6 oder 7 UStDV – wird auf die Absätze 11 und 13 bis 17 verwiesen.

(5) [1]Bei einer Beförderungsleistung, bei der nur ein Teil der Leistung steuerbar ist und bei der die Umsatzsteuer für diesen Teil auch erhoben wird, ist Bemessungsgrundlage das Entgelt, das auf diesen Teil entfällt. [2]Bei Personenbeförderungen im Gelegenheitsverkehr mit Kraftomnibussen, die nicht im Inland zugelassen sind und die bei der Ein- oder Ausreise eine Grenze zu einem Drittland überqueren, ist ein Durchschnittsbeförderungsentgelt für den Streckenanteil im Inland maßgebend (vgl. Abschnitte 10.8 und 16.2). [3]In allen übrigen Fällen ist das auf den steuerbaren Leistungsteil entfallende tatsächlich vereinbarte oder vereinnahmte Entgelt zu ermitteln (vgl. hierzu Absatz 6). [4]Das Finanzamt kann jedoch Unternehmer, die nach § 4 Nr. 3 UStG steuerfreie Umsätze bewirken, von der Verpflichtung befreien, die Entgelte für die vorbezeichneten Leistungen und die Entgelte für nicht steuerbare Beförderungen getrennt aufzuzeichnen (vgl. Abschnitt 22.6 Abs. 18 und 19).

(6) [1]Wird bei einer Beförderungsleistung, die sich nicht nur auf das Inland erstreckt und bei der kein Durchschnittsbeförderungsentgelt maßgebend ist, ein Gesamtpreis vereinbart oder vereinnahmt, ist der auf den inländischen Streckenanteil entfallende Entgeltanteil anhand dieses Gesamtpreises zu ermitteln. [2]Hierzu gilt Folgendes:

UStAE 3b.1. **§ 3b**

1. [11]Grundsätzlich ist vom vereinbarten oder vereinnahmten Nettobeförderungspreis auszugehen. [2]Zum Nettobeförderungspreis gehören nicht die Umsatzsteuer für die Beförderungsleistung im Inland und die für den nicht steuerbaren Leistungsanteil in anderen Staaten zu zahlende Umsatzsteuer oder ähnliche Steuer. [3]Sofern nicht besondere Umstände (wie z.b. tarifliche Vereinbarungen im internationalen Eisenbahnverkehr) eine andere Aufteilung rechtfertigen, ist der Nettobeförderungspreis für jede einzelne Beförderungsleistung im Verhältnis der Längen der inländischen und ausländischen Streckenanteile – einschließlich sog. Leerkilometer – aufzuteilen (vgl. BFH-Urteil vom 12.3.1998, V R 17/93, BStBl. II S. 523). [4]Unter Leerkilometer sind dabei nur die während der Beförderungsleistung ohne zu befördernde Personen zurückgelegten Streckenanteile zu verstehen. [5]Die Hin- bzw. Rückfahrt vom bzw. zum Betriebshof – ohne zu befördernde Personen – ist nicht Teil der Beförderungsleistung und damit auch nicht bei der Aufteilung der Streckenanteile zu berücksichtigen. [6]Das auf den inländischen Streckenanteil entfallende Entgelt kann nach folgender Formel ermittelt werden:

$$\text{Entgelt für den inländischen Streckenanteil} = \frac{\text{Nettobeförderungspreis für die Gesamtstrecke} \times \text{Anzahl der km des inländischen Streckenanteils}}{\text{Anzahl der km der Gesamtstrecke}}$$

2. [1]Bei Personenbeförderungen ist es nicht zu beanstanden, wenn zur Ermittlung des auf den inländischen Streckenanteil entfallenden Entgelts nicht vom Nettobeförderungspreis ausgegangen wird, sondern von dem für die Gesamtstrecke vereinbarten oder vereinnahmten Bruttobeförderungspreis, z.B. Gesamtpreis einschließlich der im Inland und im Ausland erhobenen Umsatzsteuer oder ähnlichen Steuer. [2]Für die Entgeltermittlung kann in diesem Falle die folgende geänderte Berechnungsformel dienen:

$$\text{Bruttoentgelt (Entgelt zuzüglich Umsatzsteuer) für den inländischen Streckenanteil} = \frac{\text{Bruttobeförderungspreis für die Gesamtstrecke} \times \text{Anzahl der km des inländischen Streckenanteils}}{\text{Anzahl der km der Gesamtstrecke}}$$

[3]Innerhalb eines Besteuerungszeitraumes muss bei allen Beförderungen einer Verkehrsart, z.B. bei Personenbeförderungen im Gelegenheitsverkehr mit Kraftfahrzeugen, nach ein und derselben Methode verfahren werden.

Verbindungsstrecken im Inland

(7) [1]Zu den Verbindungsstrecken im Inland nach § 2 UStDV gehören insbesondere diejenigen Verbindungsstrecken von nicht mehr als 30 km Länge, für die in den folgenden Abkommen und Verträgen Erleichterungen für den Durchgangsverkehr vereinbart worden sind:
  1. Deutsch-Schweizerisches Abkommen vom 5.2.1958, Anlage III (BGBl. 1960 II S. 2162), geändert durch Vereinbarung vom 15.5.1981 (BGBl. II S. 211);
  2. Deutsch-Österreichisches Abkommen vom 14.9.1955, Artikel 1 Abs. 1 (BGBl. 1957 II S. 586);
  3. Deutsch-Österreichisches Abkommen vom 14.9.1955, Artikel 1 (BGBl. 1957 II S. 589);
  4. Deutsch-Österreichischer Vertrag vom 6.9.1962, Anlage II (BGBl. 1963 II S. 1280), zuletzt geändert durch Vereinbarung vom 3.12.1981 (BGBl. 1982 II S. 28);
  5. Deutsch-Österreichischer Vertrag vom 17.2.1966, Artikel 1 und 14 (BGBl. 1967 II S. 2092);
  6. Deutsch-Niederländischer Vertrag vom 8.4.1960, Artikel 33 (BGBl. 1963 II S. 463).

[2]Bei diesen Strecken ist eine Prüfung, ob sie den nächsten oder verkehrstechnisch günstigsten Weg darstellen, nicht erforderlich. [3]Bei anderen Verbindungsstrecken muss diese Voraussetzung im Einzelfall geprüft werden.

(8) [1]§ 2 UStDV umfasst die grenzüberschreitenden Personen- und Güterbeförderungen, die von im Inland oder im Ausland ansässigen Unternehmern bewirkt werden, mit Ausnahme der Personenbeförderungen im Linienverkehr mit Kraftfahrzeugen. [2]Bei grenzüberschreitenden Beförderungen im Passagier- und Fährverkehr mit Wasserfahrzeugen hat § 7 Abs. 2, 3 und 5 UStDV Vorrang (vgl. Absätze 15 bis 17).

Verbindungsstrecken im Ausland

(9) Zu den Verbindungsstrecken im Ausland nach § 3 UStDV gehören insbesondere diejenigen Verbindungsstrecken von nicht mehr als 10 km Länge, die in den in Absatz 7 und in den nachfolgend aufgeführten Abkommen und Verträgen enthalten sind:
  1. Deutsch-Österreichischer Vertrag vom 17.2.1966, Artikel 1 (BGBl. 1967 II S. 2086);
  2. Deutsch-Belgischer Vertrag vom 24.9.1956, Artikel 12 (BGBl. 1958 II S. 263).

§ 3b UStAE 3b.1.

(10) ¹Der Anwendungsbereich des § 3 UStDV umfasst die grenzüberschreitenden Personen- und Güterbeförderungen, die von im Inland oder im Ausland ansässigen Unternehmern durchgeführt werden, mit Ausnahme der Personenbeförderungen im Linienverkehr mit Kraftfahrzeugen. ²Bei grenzüberschreitenden Beförderungen im Passagier- und Fährverkehr mit Wasserfahrzeugen hat § 7 Abs. 2, 3 und 5 UStDV Vorrang (vgl. Absätze 15 bis 17).

Anschlussstrecken im Schienenbahnverkehr

(11) ¹Im Eisenbahnverkehr enden die Beförderungsstrecken der nationalen Eisenbahnverwaltungen in der Regel an der Grenze des jeweiligen Hoheitsgebiets. ²In Ausnahmefällen betreiben jedoch die Eisenbahnverwaltungen kurze Beförderungsstrecken im Nachbarstaat bis zu einem dort befindlichen vertraglich festgelegten Gemeinschafts- oder Betriebswechselbahnhof (Anschlussstrecken). ³Bei Personenbeförderungen im grenzüberschreitenden Eisenbahnverkehr sind die nach § 4 UStDV von inländischen Eisenbahnverwaltungen im Ausland betriebenen Anschlussstrecken als inländische Beförderungsstrecken und die von ausländischen Eisenbahnverwaltungen im Inland betriebenen Anschlussstrecken als ausländische Beförderungsstrecken anzusehen. ⁴Ferner gelten bei Personenbeförderungen Schienenbahnstrecken in den in § 1 Abs. 3 UStG bezeichneten Gebieten als inländische Beförderungsstrecken.

Kurze Straßenstrecken im Inland

(12) ¹Bei grenzüberschreitenden Personenbeförderungen im Gelegenheitsverkehr mit im Inland oder im Ausland zugelassenen Kraftfahrzeugen sind inländische Streckenanteile, die in einer Fahrtrichtung nicht länger als 10 km sind, nach § 5 UStDV als ausländische Beförderungsstrecken anzusehen. ²Die Regelung gilt jedoch nicht für Personenbeförderungen von und zu den in § 1 Abs. 3 UStG bezeichneten Gebieten (vgl. auch Absatz 13). ³Der „Gelegenheitsverkehr mit Kraftfahrzeugen" umfasst nach § 46 PBefG den Verkehr mit Taxen (§ 47 PBefG), die Ausflugsfahrten und Ferienziel-Reisen (§ 48 PBefG) und den Verkehr mit Mietomnibussen und Mietwagen (§ 49 PBefG).

Straßenstrecken in den in § 1 Abs. 3 UStG bezeichneten Gebieten

(13) ¹Bei grenzüberschreitenden Personenbeförderungen mit Kraftfahrzeugen, die von im Inland oder im Ausland ansässigen Unternehmern von und zu den in § 1 Abs. 3 UStG bezeichneten Gebieten sowie zwischen diesen Gebieten bewirkt werden, sind die Streckenanteile in diesen Gebieten nach § 6 UStDV als inländische Beförderungsstrecken anzusehen. ²Damit sind diese Beförderungen insgesamt steuerbar und mangels einer Befreiungsvorschrift auch steuerpflichtig.

Kurze Strecken im grenzüberschreitenden Verkehr mit Wasserfahrzeugen

(14) ¹Bei grenzüberschreitenden Beförderungen im Passagier- und Fährverkehr mit Wasserfahrzeugen jeglicher Art, die lediglich im Inland und in den in § 1 Abs. 3 UStG bezeichneten Gebieten ausgeführt werden, sind nach § 7 Abs. 1 UStDV die Streckenanteile in den in § 1 Abs. 3 UStG bezeichneten Gebieten als inländische Beförderungsstrecken anzusehen. ²Hieraus ergibt sich, dass diese Beförderungen insgesamt steuerbar sind. ³Unter die Regelung fallen insbesondere folgende Sachverhalte:

1. Grenzüberschreitende Beförderungen zwischen Hafengebieten im Inland und Freihäfen.

   Beispiel:

   Ein Unternehmer befördert mit seinem Schiff Personen zwischen dem Hamburger Freihafen und dem übrigen Hamburger Hafengebiet.

2. Grenzüberschreitende Beförderungen, die zwischen inländischen Häfen durchgeführt werden und bei denen neben dem Inland lediglich die in § 1 Abs. 3 UStG bezeichneten Gebiete durchfahren werden.

   Beispiel:

   ¹Ein Unternehmer befördert mit seinem Schiff Touristen zwischen den ostfriesischen Inseln und benutzt hierbei den Seeweg nördlich der Inseln. ²Bei den Fahrten wird jedoch die Hoheitsgrenze nicht überschritten.

(15) Für grenzüberschreitende Beförderungen im Passagier- und Fährverkehr mit Wasserfahrzeugen jeglicher Art, die zwischen inländischen Häfen durchgeführt werden, bei denen jedoch nicht lediglich das Inland und die in § 1 Abs. 3 UStG bezeichneten Gebiete, sondern auch das übrige Ausland berührt werden, enthält § 7 Abs. 2 UStDV folgende Sonderregelungen:

1. ¹Ausländische Beförderungsstrecken sind als inländische Beförderungsstrecken anzusehen, wenn die ausländischen Streckenanteile außerhalb der in § 1 Abs. 3 UStG bezeichneten Gebiete jeweils nicht mehr als 10 km betragen (§ 7 Abs. 2 Satz 1 Nr. 1 UStDV). ²Die Vorschrift ist im Ergebnis eine Ergänzung des § 7 Abs. 1 UStDV.

Beispiel:

¹Ein Unternehmer befördert Touristen mit seinem Schiff zwischen den Nordseeinseln und legt dabei nicht mehr als 10 km jenseits der Hoheitsgrenze zurück. ²Die Beförderungen im Seegebiet bis zur Hoheitsgrenze sind ohne Rücksicht auf die Länge der Beförderungsstrecke steuerbar. ³Die Beförderungen im Seegebiet jenseits der Hoheitsgrenze sind ebenfalls steuerbar, weil die Beförderungsstrecke hier nicht länger als 10 km ist.

2. ¹Inländische Streckenanteile sind als ausländische Beförderungsstrecken anzusehen und Beförderungsleistungen, die auf die in § 1 Abs. 3 UStG bezeichneten Gebiete entfallen, sind nicht wie Umsätze im Inland zu behandeln, wenn bei der einzelnen Beförderung

    a) der ausländische Streckenanteil außerhalb der in § 1 Abs. 3 UStG bezeichneten Gebiete länger als 10 km und

    b) der Streckenanteil im Inland und in den in § 1 Abs. 3 UStG bezeichneten Gebieten nicht länger als 20 km

    sind (§ 7 Abs. 2 Satz 1 Nr. 2 UStDV). ²Die Beförderungen sind deshalb insgesamt nicht steuerbar.

(16) ¹Keine Sonderregelung besteht für die Fälle, in denen die ausländischen Streckenanteile außerhalb der in § 1 Abs. 3 UStG bezeichneten Gebiete jeweils länger als 10 km und die Streckenanteile im Inland und in den vorbezeichneten Gebieten jeweils länger als 20 km sind. ²In diesen Fällen ist deshalb die jeweilige Beförderungsleistung in einen steuerbaren Teil und einen nicht steuerbaren Teil aufzuteilen. ³Bei der Aufteilung ist zu beachten, dass Beförderungen in den in § 1 Abs. 3 UStG bezeichneten Gebieten steuerbar sind, wenn sie für unternehmensfremde Zwecke des Auftraggebers ausgeführt werden oder eine sonstige Leistung im Sinne von § 3 Abs. 9a Nr. 2 UStG vorliegt.

Beispiel:

¹Ein Unternehmer befördert mit seinem Schiff Touristen auf die hohe See hinaus. ²Der Streckenanteil vom Hafen bis zur Hoheitsgrenze hin und zurück beträgt 50 km. ³Der Streckenanteil jenseits der Hoheitsgrenze beträgt 12,5 km.

⁴Die Beförderung ist zu 80% steuerbar und zu 20% nicht steuerbar.

(17) ¹Bei grenzüberschreitenden Beförderungen im Passagier- und Fährverkehr mit Wasserfahrzeugen für die Seeschifffahrt nach § 7 Abs. 3 UStDV handelt es sich um folgende Beförderungen:

1. Beförderungen, die zwischen ausländischen Seehäfen durchgeführt werden und durch das Inland oder durch die in § 1 Abs. 3 UStG bezeichneten Gebiete führen.

    Beispiel:

    ¹Ein Unternehmer befördert Touristen mit seinem Schiff von Stockholm durch den Nord-Ostsee-Kanal nach London. ²Die Strecke durch den Nord-Ostsee-Kanal ist als ausländischer Streckenanteil anzusehen.

2. ¹Beförderungen, die zwischen einem inländischen Seehafen und einem ausländischen Seehafen durchgeführt werden. ²Inländische Seehäfen sind nach § 7 Abs. 4 UStDV auch die Freihäfen und die Insel Helgoland.

    Beispiel 1:

    Beförderungen im Passagier- und Fährverkehr zwischen Hamburg (Seehafen) oder Bremerhaven (Freihafen) und Harwich (Vereinigtes Königreich).

    Beispiel 2:

    Beförderungen im Rahmen von Kreuzfahrten, die zwar in ein und demselben inländischen Seehafen beginnen und enden, bei denen aber zwischendurch mindestens ein ausländischer Seehafen angelaufen wird.

²Die Regelung des § 7 Abs. 3 UStDV hat zur Folge, dass die Beförderungen insgesamt nicht steuerbar sind. ³Das gilt auch für die Gewährung von Unterbringung und Verpflegung sowie die Erbringung sonstiger – im Zusammenhang mit der Reise stehender – Dienstleistungen an die beförderten Personen, soweit diese Leistungen erforderlich sind, um die Personenbeförderung planmäßig durchführen und optimal in Anspruch nehmen zu können (vgl. BFH-Urteile vom 1.8.1996, V R 58/94, BStBl. 1997 II S. 160, und vom 2.3.2011, XI R 25/09, BStBl. II S. 737).

(18) Bei Beförderungen von Personen mit Schiffen auf dem Rhein zwischen Basel (Rhein-km 170) und Neuburgweier (Rhein-km 353) über insgesamt 183 km ist hinsichtlich der einzelnen Streckenanteile wie folgt zu verfahren:

1. Streckenanteil zwischen der Grenze bei Basel (Rhein-km 170) und Breisach (Rhein-km 227) über insgesamt 57 km:

    ¹Die Beförderungen erfolgen hier auf dem in Frankreich gelegenen Rheinseitenkanal. ²Sie unterliegen deshalb auf diesem Streckenanteil nicht der deutschen Umsatzsteuer.

2. Streckenanteil zwischen Breisach (Rhein-km 227) und Straßburg (Rhein-km 295) über insgesamt 68 km:

    a) ¹Hier werden die Beförderungen auf einzelnen Streckenabschnitten (Schleusen und Schleusenkanälen) von zusammen 34 km auf französischem Hoheitsgebiet durchgeführt. ²Die Beförderungen unterliegen insoweit nicht der deutschen Umsatzsteuer.

    b) ¹Auf einzelnen anderen Streckenabschnitten von zusammen 34 km finden die Beförderungen auf dem Rheinstrom statt. ²Die Hoheitsgrenze zwischen Frankreich und der Bundesrepublik Deutschland wird durch die Achse des Talwegs bestimmt. ³Bedingt durch den Verlauf der Fahrrinne und mit Rücksicht auf den übrigen Verkehr muss die Schifffahrt häufig die Hoheitsgrenze überfahren. ⁴In der Regel wird der Verkehr je zur Hälfte (= 17 km) auf deutschem und französischem Hoheitsgebiet abgewickelt.

3. Streckenanteil zwischen Straßburg (Rhein-km 295) und der Grenze bei Neuburgweier (Rhein-km 353) über insgesamt 58 km:

    ¹Die Hoheitsgrenze im Rhein wird auch hier durch die Achse des Talwegs bestimmt. ²Deshalb ist auch hier davon auszugehen, dass die Beförderungen nur zur Hälfte (= 29 km) im Inland stattfinden.

3b.2. Ort der Leistung, die im Zusammenhang mit einer Güterbeförderung steht

(1) ¹Die Ortsregelung des § 3b Abs. 2 UStG ist nur bei Leistungen an Nichtunternehmer (siehe Abschnitt 3a.1 Abs. 1) anzuwenden. ²Werden mit der Beförderung eines Gegenstands in Zusammenhang stehende Leistungen an einen Unternehmer oder an eine gleichgestellte juristische Person (siehe Abschnitt 3a.2 Abs. 1) erbracht, richtet sich der Leistungsort nach § 3a Abs. 2 UStG.

(2) ¹Für den Ort einer Leistung, die im Zusammenhang mit einer Güterbeförderung steht (§ 3b Abs. 2 UStG), gelten die Ausführungen in Abschnitt 3a.6 Abs. 1 sinngemäß. ²Bei der Anwendung der Ortsregelung kommt es nicht darauf an, ob die Leistung mit einer rein inländischen, einer grenzüberschreitenden oder einer innergemeinschaftlichen Güterbeförderung im Zusammenhang steht.

(3) ¹Die Regelung des § 3b Abs. 2 UStG gilt für Umsätze, die selbständige Leistungen sind. ²Sofern das Beladen, das Entladen, der Umschlag, die Lagerung oder eine andere sonstige Leistung Nebenleistungen zu einer Güterbeförderung darstellen, teilen sie deren umsatzsteuerliches Schicksal.

3b.3. Ort der innergemeinschaftlichen Güterbeförderung

(1) ¹§ 3b Abs. 3 UStG ist nur anzuwenden, wenn die innergemeinschaftliche Beförderung eines Gegenstands (innergemeinschaftliche Güterbeförderung) an einen Nichtunternehmer (siehe Abschnitt 3a.1 Abs. 1) erfolgt. ²In diesen Fällen wird die Leistung an dem Ort ausgeführt, an dem die Beförderung des Gegenstands beginnt (Abgangsort). ³Wird eine innergemeinschaftliche Güterbeförderung an einen Unternehmer oder an eine gleichgestellte juristische Person (siehe Abschnitt 3a.2 Abs. 1) ausgeführt, richtet sich der Leistungsort nach § 3a Abs. 2 UStG.

(2) ¹Eine innergemeinschaftliche Güterbeförderung liegt nach § 3b Abs. 3 Satz 1 UStG vor, wenn sie in dem Gebiet von zwei verschiedenen EU-Mitgliedstaaten beginnt (Abgangsort) und endet (Ankunftsort). ²Eine Anfahrt des Beförderungsunternehmers zum Abgangsort ist unmaßgeblich. ³Entsprechendes gilt für den Ankunftsort. ⁴Die Voraussetzungen einer innergemeinschaftlichen Güterbeförderung sind für jeden Beförderungsauftrag gesondert zu prüfen; sie müssen sich aus den im Beförderungs- und Speditionsgewerbe üblicherweise verwendeten Unterlagen (z.B. schriftlicher Speditionsauftrag oder Frachtbrief) ergeben. ⁵Für die Annahme einer innergemeinschaftlichen Güterbeförderung ist es unerheblich, ob die Beförderungsstrecke ausschließlich über Gemeinschaftsgebiet oder auch über Drittlandsgebiet führt (vgl. Absatz 4 Beispiel 2).

(3) ¹Die deutschen Freihäfen gehören gemeinschaftsrechtlich zum Gebiet der Bundesrepublik Deutschland (Artikel 5 MwStSystRL). ²Deshalb ist eine innergemeinschaftliche Güterbeförderung auch dann gegeben, wenn die Beförderung in einem deutschen Freihafen beginnt und in einem anderen EU-Mitgliedstaat endet oder umgekehrt.

(4) Beispielsfälle für innergemeinschaftliche Güterbeförderungen:

Beispiel 1:

¹Die Privatperson P aus Deutschland beauftragt den deutschen Frachtführer F, Güter von Spanien nach Deutschland zu befördern.

²Bei der Beförderungsleistung des F handelt es sich um eine innergemeinschaftliche Güterbeförderung, weil der Transport in einem EU-Mitgliedstaat beginnt und in einem anderen EU-Mitgliedstaat endet. ³Der Ort dieser Beförderungsleistung liegt in Spanien, da die Beförderung der Güter in Spanien beginnt (§ 3b Abs. 3 UStG). ⁴F ist Steuerschuldner in Spanien (Artikel 193 MwStSystRL; vgl. auch Abschnitt 3a.16 Abs. 4). ⁵Die Abrechnung richtet sich nach den Regelungen des spanischen Umsatzsteuerrechts.

Beispiel 2:

¹Die Privatperson P aus Italien beauftragt den in der Schweiz ansässigen Frachtführer F, Güter von Deutschland über die Schweiz nach Italien zu befördern.

²Bei der Beförderungsleistung des F handelt es sich um eine innergemeinschaftliche Güterbeförderung, weil der Transport in zwei verschiedenen EU-Mitgliedstaaten beginnt und endet. ³Der Ort dieser Leistung bestimmt sich nach dem inländischen Abgangsort (§ 3b Abs. 3 UStG). ⁴Die Leistung ist in Deutschland steuerbar und steuerpflichtig. ⁵Unbeachtlich ist dabei, dass ein Teil der Beförderungsstrecke auf das Drittland Schweiz entfällt (vgl. Absatz 2 Satz 5). ⁶Der leistende Unternehmer F ist Steuerschuldner (§ 13a Abs. 1 Nr. 1 UStG) und hat den Umsatz im Rahmen des allgemeinen Besteuerungsverfahrens (§ 18 Abs. 1 bis 4 UStG) zu versteuern (vgl. hierzu Abschnitt 3a.16 Abs. 3).

3b.4. Ort der gebrochenen innergemeinschaftlichen Güterbeförderung

(1) ¹Eine gebrochene Güterbeförderung liegt vor, wenn einem Beförderungsunternehmer für eine Güterbeförderung über die gesamte Beförderungsstrecke ein Auftrag erteilt wird, jedoch bei der Durchführung der Beförderung mehrere Beförderungsunternehmer nacheinander mitwirken. ²Liegen Beginn und Ende der gesamten Beförderung in den Gebieten verschiedener EU-Mitgliedstaaten, ist hinsichtlich der Beförderungsleistung des Beförderungsunternehmers an den Auftraggeber eine gebrochene innergemeinschaftliche Güterbeförderung nach § 3b Abs. 3 UStG gegeben, wenn der Auftraggeber ein Nichtunternehmer (siehe Abschnitt 3a.1 Abs. 1) ist. ³Die Beförderungsleistungen der vom Auftragnehmer eingeschalteten weiteren Beförderungsunternehmer sind für sich zu beurteilen. ⁴Da es sich insoweit jeweils um Leistungen an einen anderen Unternehmer für dessen unternehmerischen Bereich handelt, richtet sich der Leistungsort für diese Beförderungsleistungen nicht nach § 3b Abs. 1 Sätze 1 bis 3 oder Abs. 3 UStG, sondern nach § 3a Abs. 2 UStG.

Beispiel 1:

¹Die in Deutschland ansässige Privatperson P beauftragt den in Frankreich ansässigen Frachtführer S, Güter von Paris nach Rostock zu befördern. ²S befördert die Güter von Paris nach Aachen und beauftragt für die Strecke von Aachen nach Rostock den in Köln ansässigen Unterfrachtführer F mit der Beförderung. ³Dabei teilt S im Frachtbrief an F den Abgangsort und den Bestimmungsort der Gesamtbeförderung mit. ⁴S verwendet gegenüber F seine französische USt-IdNr.

⁵Die Beförderungsleistung des S an seinen Auftraggeber P umfasst die Gesamtbeförderung von Paris nach Rostock. ⁶Die Leistung ist in Deutschland nicht steuerbar, da der Abgangsort in Frankreich liegt (§ 3b Abs. 3 UStG).

⁷Die Beförderungsleistung des F von Aachen nach Rostock an seinen Auftraggeber S ist keine innergemeinschaftliche Güterbeförderung, sondern eine inländische Güterbeförderung. ⁸Da aber S Unternehmer ist und den Umsatz zur Ausführung von Umsätzen, also für den unternehmerischen Bereich verwendet, ist der Leistungsort in Frankreich (§ 3a Abs. 2 UStG). ⁹Steuerschuldner der französischen Umsatzsteuer ist der Leistungsempfänger S, da der leistende Unternehmer F nicht in Frankreich ansässig ist (vgl. Artikel 196 MwStSystRL). ¹⁰In der Rechnung an S darf keine französische Umsatzsteuer enthalten sein.

Beispiel 2:

¹Die deutsche Privatperson P beauftragt den in Deutschland ansässigen Frachtführer S, Güter von Amsterdam nach Dresden zu befördern. ²S beauftragt den in den Niederlanden ansässigen Unterfrachtführer F, die Güter von Amsterdam nach Venlo zu bringen. ³Dort übernimmt S die Güter und befördert sie weiter nach Dresden. ⁴Dabei teilt S im Frachtbrief an F den Abgangsort und den Bestimmungsort der Gesamtbeförderung mit. ⁵S verwendet gegenüber F seine deutsche USt-IdNr.

⁶Die Beförderungsleistung des S an seinen Auftraggeber P umfasst die Gesamtbeförderung von Amsterdam nach Dresden und ist eine innergemeinschaftliche Güterbeförderung. ⁷Die Leistung ist in Deutschland nicht steuerbar, der Leistungsort ist am Abgangsort in den Niederlanden (§ 3b Abs. 3 UStG). ⁸Steuerschuldner in den Niederlanden ist der leistende Unternehmer S (Artikel 193 MwStSystRL).

§ 3b   UStAE 3b.4.

[9]Die Beförderungsleistung des F an seinen Auftraggeber S von Amsterdam nach Venlo ist keine innergemeinschaftliche Güterbeförderung, sondern eine inländische Güterbeförderung in den Niederlanden. [10]Da S Unternehmer ist und den Umsatz zur Ausführung von Umsätzen, also für den unternehmerischen Bereich verwendet, ist der Leistungsort in Deutschland (§ 3a Abs. 2 UStG). [11]Steuerschuldner in Deutschland ist der Leistungsempfänger S (§ 13b Abs. 1 und Abs. 5 Satz 1 UStG). [12]F darf in der Rechnung an S die deutsche Umsatzsteuer nicht gesondert ausweisen.

(2) [1]Wird bei Vertragsabschluss einer gebrochenen innergemeinschaftlichen Güterbeförderung eine „unfreie Versendung" bzw. „Nachnahme der Fracht beim Empfänger" vereinbart, trägt der Empfänger der Frachtsendung die gesamten Beförderungskosten. [2]Dabei erhält jeder nachfolgende Beförderungsunternehmer die Rechnung des vorhergehenden Beförderungsunternehmers über die Kosten der bisherigen Teilbeförderung. [3]Der letzte Beförderungsunternehmer rechnet beim Empfänger der Ware über die Gesamtbeförderung ab. [4]In diesen Fällen ist jeder Rechnungsempfänger als Leistungsempfänger im Sinne des § 3b Abs. 3 bzw. des § 3a Abs. 2 UStG anzusehen (vgl. Abschnitt 3a.2 Abs. 2).

Beispiel:

[1]Die deutsche Privatperson P beauftragt den deutschen Frachtführer S, Güter von Potsdam nach Bordeaux zu befördern. [2]Die Beförderungskosten sollen dem Empfänger (Privatperson) A in Bordeaux in Rechnung gestellt werden (Frachtnachnahme). [3]S befördert die Güter zu seinem Unterfrachtführer F in Paris und stellt diesem seine Kosten für die Beförderung bis Paris in Rechnung. [4]F befördert die Güter nach Bordeaux und berechnet dem Empfänger A die Kosten der Gesamtbeförderung. [5]Bei Auftragserteilung wird angegeben, dass F gegenüber S seine französische USt-IdNr. verwendet.

[6]Als Leistungsempfänger des S ist F anzusehen, da S gegenüber F abrechnet und F die Frachtkosten des S als eigene Schuld übernommen hat. [7]Als Leistungsempfänger von F ist A anzusehen, da F gegenüber A abrechnet (vgl. Abschnitt 3a.2 Abs. 2).

[8]Die Beförderungsleistung des S an F umfasst die Beförderung von Potsdam nach Paris. [9]Die Leistung ist in Frankreich steuerbar, da der Leistungsempfänger F Unternehmer ist und den Umsatz zur Ausführung von Umsätzen, also für den unternehmerischen Bereich verwendet (§ 3a Abs. 2 UStG). [10]Steuerschuldner der französischen Umsatzsteuer ist der Leistungsempfänger F, da der leistende Unternehmer S nicht in Frankreich ansässig ist (vgl. Artikel 196 MwStSystRL, vgl. auch Abschnitt 3a.16 Abs. 5). [11]In der Rechnung an F darf keine französische Umsatzsteuer enthalten sein (vgl. hierzu Abschnitt 3a.16 Abs. 6); auf die Steuerschuldnerschaft des F ist in der Rechnung hinzuweisen.

[12]Da F gegenüber A die gesamte Beförderung abrechnet, ist F so zu behandeln, als ob er die Gesamtbeförderung von Potsdam nach Bordeaux erbracht hätte. [13]Die Leistung ist als innergemeinschaftliche Güterbeförderung in Deutschland steuerbar und steuerpflichtig (§ 3b Abs. 3 UStG). [14]Steuerschuldner der deutschen Umsatzsteuer ist der leistende Unternehmer F (§ 13a Abs. 1 Nr. 1 UStG; vgl. auch Abschnitt 3a.16 Abs. 3).

Rechtsprechungsauswahl

BFH vom 08.09.2011 – V R 5/10, DB 2012, S. 327: Beförderungsleistungen eines Chauffeurservice.

1. Die Überlassung eines Fahrzeugs mit Chauffeur zu im Voraus vereinbarten und für zusätzliche fakultative Fahrtstrecken ist eine Beförderungsleistung i.S. von § 3b UStG.
2. Die Steurschuld aufgrund eines Steuerausweises in der Rechnung entsteht nach § 13 Abs. 1 Nr. 3 UStG i.d.F. des StÄndG 2003 erst mit der Ausgabe der Rechnung.

EuGH vom 13.07.2000 – Rs. C-36/99, HFR 2000 S. 761[1]: Grenzüberschreitende Personenbeförderung.

Beim gegenwärtigen Stand der Harmonisierung der Rechtsvorschriften der Mitgliedstaaten betreffend das gemeinsame Mehrwertsteuersystem steht der gemeinschaftsrechtliche Grundsatz der Gleichbehandlung Rechtsvorschriften eines Mitgliedstaats nicht entgegen, nach denen grenzüberschreitende Personenbeförderungen mit Luftfahrzeugen entsprechend Art. 28 Abs. 3 Buchst. b Sechste USt-RL i.d.F., wie sie sich aus der RL 96/95/EG hinsichtlich der Höhe des Normalsteuersatzes ergibt, weiterhin von der Steuer befreit sind, während grenzüberschreitende Personenbeförderungen mit Bussen besteuert werden.

---

1) Siehe dazu DB 2000 S. 1900

§ 3b

BFH vom 12.03.1998 – V R 17/93, BStBl. 1998 II S. 523[1]**:** Aufteilung des Entgelts bei grenzüberschreitenden Beförderungsleistungen.

Bei einer grenzüberschreitenden Personenbeförderung ist nach richtlinienkonformer Auslegung des § 3a Abs. 2 Nr. 2 Satz 2 UStG 1980 das Gesamtentgelt – zur Ermittlung des in jedem der betroffenen Mitgliedstaaten steuerbaren Teils der Beförderung – nach dem Verhältnis der dort jeweils zurückgelegten Strecken aufzuteilen.

EuGH vom 06.11.1997 – Rs. C-116/96 – Binder, UVR 1998 S. 20[2]**:** Aufteilung des Entgelts bei grenzüberschreitenden Personenbeförderung.

Art. 9 Abs. 2 Buchst. b der 6. EG-RL ist dahin auszulegen,daß bei einer grenzüberschreitenden Personenbeförderung gegen einen Pauschalpreis die Gesamtgegenleistung für diese Leistung zur Ermittlung des in jedem der betreffenden Mitgliedstaaten steuerbaren Teils der Beförderung nach dem Verhältnis der dort jeweils zurückgelegten Strecken aufgeteilt werden muß.

BFH vom 21.08.1997 – V R 58/95, BFH/NV 1998 S. 229: Personenbeförderung auf den Rhein.

Personenbeförderungsleistungen auf dem Rhein sind steuerbar und mit dem ermäßigten Steuersatz steuerpflichtig.

BFH vom 19.09.1996 – V R 129/93, BStBl. 1997 II S. 164: Personenbeförderung mit Kabinenschiffen.

Eine Reederei, die aufgrund eines Vertrages mit einem Reiseunternehmen mit ihrem Schiff nach Zeit und Strecke festgelegte Reisen auf dem Rhein unternimmt und dabei den Gästen Unterkunft und Verpflegung gewährt, führt Umsätze durch Personenbeförderung und nicht durch Schiffsvermietung aus. Die Gewährung von Unterkunft und Verpflegung sind Nebenleistungen zur Personenbeförderung.

BFH vom 29.08.1996 – V R 103/93, BFH/NV 1997 S. 383: Verpflegungsleistungen gegenüber einer Schiffsbesatzung auf dem Rhein.

1. Verpflegungsleistungen des Unternehmers an seine auf einem Kabinenschiff auf dem Rhein tätigen Arbeitnehmer können als sonstige Leistungen ausgeführt werden.
2. Durch die Beförderung von Reisenden auf Kabinenschiffen auf dem Rhein einschließlich Unterbringung und Verpflegung führt der Unternehmer Leistungen durch Personenbeförderung aus. Die Mannheimer Rheinschiffahrtsakte steht der Besteuerung von Umsätzen durch Personenbeförderung auf dem Rhein und seinen Nebenflüssen nicht entgegen.

BFH vom 01.08.1996 – V R 58/94, BStBl. 1997 II S. 160: Umsatzbesteuerung der Personenschiffahrt auf dem Rhein.

1. Bei Pauschalreisen mit Kabinenschiffen auf Binnenwasserstraßen sind Unterbringung und Verpflegung Nebenleistungen zur Personenbeförderung.
2. Die Mannheimer Rheinschiffahrtsakte steht der Besteuerung von Umsätzen durch Personenbeförderung auf dem Rhein und seinen Nebenflüssen nicht entgegen.

EuGH vom 23.05.1996 – Rs. C-331/94, UR 1996 S. 222: Richtlinienverstoß bei Schiffsrundreisen ab inländischem Hafen bei Nichtversteuerung des inländischen Streckenanteils.

Die Griechische Republik hat dadurch gegen ihre Verpflichtungen aus Artikel 2 in Verbindung mit Artikel 9 Absatz 2 Buchstabe b der Sechsten Richtlinie verstoßen, daß sie Rundfahrten mit Schiffen unter griechischer Flagge, bei denen kein ausländischer Hafen angelaufen wird, hinsichtlich der in den Hoheitsgewässern zurückgelegten Teilstrecke von der Mehrwertsteuer befreit hat.

EuGH vom 23.01.1986 – Rs. 283/84 – Trans Tireno Express, UR 1987 S. 23: Umsatzsteuer für Beförderungsleistungen in internationalen Gewässern.

Art. 9 Abs. 2 Buchst. a der Sechsten USt-Richtlinie (77/388 EWG) verwehrt es einem Mitgliedstaat nicht, eine Beförderungsleistung zwischen zwei Punkten seines Hoheitsgebietes seinem Mehrwertsteuerrecht zu unterwerfen, auch wenn die Beförderungsstrecke teilweise außerhalb seines Hoheitsgebiets verläuft, sofern er nicht in die Steuerkompetenzen anderer Staaten eingreift.

---

[1] Folgeurteil zu EuGH vom 06.11.1997 – Rs. C-116/96
[2] Siehe dazu Vorabentscheidungsersuchen des BFH vom 08.02.1996 – V R 17/93, HFR 1996 S. 423 sowie das Urteil des BFH vom 12.03.1998 – V R 17/93

§ 3c

§ 3c Ort der Lieferung in besonderen Fällen

(1) Wird bei einer Lieferung der Gegenstand durch den Lieferer oder einen von ihm beauftragten Dritten aus dem Gebiet eines Mitgliedstaates in das Gebiet eines anderen Mitgliedstaates oder aus dem übrigen Gemeinschaftsgebiet in die in § 1 Abs. 3 bezeichneten Gebiete befördert oder versendet, so gilt die Lieferung nach Maßgabe der Absätze 2 bis 5 dort als ausgeführt, wo die Beförderung oder Versendung endet. Das gilt auch, wenn der Lieferer den Gegenstand in das Gemeinschaftsgebiet eingeführt hat.

(2) Absatz 1 ist anzuwenden, wenn der Abnehmer

1. nicht zu den in § 1a Abs. 1 Nr. 2 genannten Personen gehört oder
2. a) ein Unternehmer ist, der nur steuerfreie Umsätze ausführt, die zum Ausschluß vom Vorsteuerabzug führen, oder
   b) ein Kleinunternehmer ist, der nach dem Recht des für die Besteuerung zuständigen Mitgliedstaates von der Steuer befreit ist oder auf andere Weise von der Besteuerung ausgenommen ist, oder
   c) ein Unternehmer ist, der nach dem Recht des für die Besteuerung zuständigen Mitgliedstaates die Pauschalregelung für landwirtschaftliche Erzeuger anwendet, oder
   d) eine juristische Person ist, die nicht Unternehmer ist oder die den Gegenstand nicht für ihr Unternehmen erwirbt,

und als einer der in den Buchstaben a bis d genannten Abnehmer weder die maßgebende Erwerbsschwelle überschreitet noch auf ihre Anwendung verzichtet. Im Falle der Beendigung der Beförderung oder Versendung im Gebiet eines anderen Mitgliedstaates ist die von diesem Mitgliedstaat festgesetzte Erwerbsschwelle maßgebend.

(3) Absatz 1 ist nicht anzuwenden, wenn bei dem Lieferer der Gesamtbetrag der Entgelte, der den Lieferungen in einen Mitgliedstaat zuzurechnen ist, die maßgebliche Lieferschwelle im laufenden Kalenderjahr nicht überschreitet und im vorangegangenen Kalenderjahr nicht überschritten hat. ²Maßgebende Lieferschwelle ist

1. im Fall der Beendigung der Beförderung oder Versendung im Inland oder in den in § 1 Abs. 3 bezeichneten Gebieten der Betrag von 100.000 Euro,
2. im Fall der Beendigung der Beförderung oder Versendung im Gebiet eines anderen Mitgliedstaates der von diesem Mitgliedstaat festgesetzte Betrag.

(4) Wird die maßgebende Lieferschwelle nicht überschritten, gilt die Lieferung auch dann am Ort der Beendigung der Beförderung oder Versendung als ausgeführt, wenn der Lieferer auf die Anwendung des Absatzes 3 verzichtet. Der Verzicht ist gegenüber der zuständigen Behörde zu erklären. Er bindet den Lieferer mindestens für zwei Kalenderjahre.

(5) Die Absätze 1 bis 4 gelten nicht für die Lieferung neuer Fahrzeuge. Absatz 2 Nr. 2 und Absatz 3 gelten nicht für die Lieferung verbrauchsteuerpflichtiger Waren.

Vorgaben im EG-Recht

USt-Recht	MwStSystRL
§ 3c Abs. 1 Satz 1	Artikel 33 Abs. 1
§ 3c Abs. 1 Satz 2	Artikel 33 Abs. 2
§ 3c Abs. 2	Artikel 33 Abs. 1 Buchst. a
§ 3c Abs. 3	Artikel 34 Abs. 1 und 2
§ 3c Abs. 4	Artikel 34 Abs. 4
§ 3c Abs. 5	Artikel 33 Abs. 1 Buchst. b, Artikel 34 Abs. 1 Buchst. a

UStAE

Zu § 3c UStG

3c.1. Ort der Lieferung bei innergemeinschaftlichen Beförderungs- und Versendungslieferungen an bestimmte Abnehmer

(1) [1]§ 3c UStG regelt den Lieferort für die Fälle, in denen der Lieferer Gegenstände – ausgenommen neue Fahrzeuge im Sinne von § 1b Abs. 2 und 3 UStG – in einen anderen EU-Mitgliedstaat befördert oder versendet und der Abnehmer einen innergemeinschaftlichen Erwerb nicht zu versteuern hat. [2]Abweichend von § 3 Abs. 6 bis 8 UStG ist die Lieferung danach in dem EU-Mitgliedstaat als ausgeführt zu behandeln, in dem die Beförderung oder Versendung des Gegenstands endet, wenn der Lieferer die maßgebende Lieferschwelle überschreitet oder auf deren Anwendung verzichtet. [3]Maßgeblich ist, dass der liefernde Unternehmer die Beförderung oder Versendung veranlasst haben muss.

(2) [1]Zu dem in § 3c Abs. 2 Nr. 1 UStG genannten Abnehmerkreis gehören insbesondere Privatpersonen. [2]Die in § 3c Abs. 2 Nr. 2 UStG bezeichneten Abnehmer sind im Inland mit dem Erwerberkreis identisch, der nach § 1a Abs. 3 UStG die tatbestandsmäßigen Voraussetzungen des innergemeinschaftlichen Erwerbs nicht erfüllt und nicht für die Erwerbsbesteuerung optiert hat (vgl. Abschnitt 1a.1 Abs. 1). [3]Bei Beförderungs- oder Versendungslieferungen in das übrige Gemeinschaftsgebiet ist der Abnehmerkreis – unter Berücksichtigung der von dem jeweiligen EU-Mitgliedstaat festgesetzten Erwerbsschwelle – entsprechend abzugrenzen. [4]Die Erwerbsschwellen in den anderen EU-Mitgliedstaaten betragen nach nicht amtlicher Veröffentlichung der EU-Kommission zum 1.9.2011:

Belgien:	11.200,00 €
Bulgarien:	20.000,00 BGN
Dänemark:	80.000,00 DKK
Estland:	10.226,00 €
Finnland:	10.000,00 €
Frankreich:	10.000,00 €
Griechenland:	10.000,00 €
Irland:	41.000,00 €
Italien:	10.000,00 €
Lettland:	7.000,00 LVL
Litauen:	35.000,00 LTL
Luxemburg:	10.000,00 €
Malta:	10.000,00 €
Niederlande:	10.000,00 €
Österreich:	11.000,00 €
Polen:	50.000,00 PLN
Portugal:	10.000,00 €
Rumänien:	34.000,00 RON
Schweden:	90.000,00 SEK
Slowakei:	13.941,00 €
Slowenien:	10.000,00 €
Spanien:	10.000,00 €
Tschechien:	326.000,00 CZK
Ungarn:	2.500.000,00 HUF
Vereinigtes Königreich:	70.000,00 GBP
Zypern:	10.251,00 €

(3) [1]Für die Ermittlung der jeweiligen Lieferschwelle ist von dem Gesamtbetrag der Entgelte, der den Lieferungen im Sinne von § 3c UStG in einen EU-Mitgliedstaat zuzurechnen ist, auszugehen. [2]Die maßgebenden Lieferschwellen in den anderen EU-Mitgliedstaaten betragen nach nicht amtlicher Veröffentlichung der EU-Kommission zum 1.9.2011:

Belgien:	35.000,00 €
Bulgarien:	70.000,00 BGN
Dänemark:	280.000,00 DKK
Estland:	35.151,00 €
Finnland:	35.000,00 €
Frankreich:	100.000,00 €

§ 3c UStAE 3c.1.

Griechenland:	35.000,00 €
Irland:	35.000,00 €
Italien:	100.000,00 €
Lettland:	24.000,00 LVL
Litauen:	125.000,00 LTL
Luxemburg:	100.000,00 €
Malta:	35.000,00 €
Niederlande:	100.000,00 €
Österreich:	35.000,00 €
Polen:	160.000,00 PLN
Portugal:	35.000,00 €
Rumänien:	118.000,00 RON
Schweden:	320.000,00 SEK
Slowakei:	35.000,00 €
Slowenien:	35.000,00 €
Spanien:	35.000,00 €
Tschechien:	1.140.000,00 CZK
Ungarn:	8.800.000,00 HUF
Vereinigtes Königreich:	70.000,00 GBP
Zypern:	35.000,00 €

[3]Die Lieferung verbrauchsteuerpflichtiger Waren bleibt bei der Ermittlung der Lieferschwelle unberücksichtigt. [4]Befördert oder versendet der Lieferer verbrauchsteuerpflichtige Waren in einen anderen EU-Mitgliedstaat an Privatpersonen, verlagert sich der Ort der Lieferung unabhängig von einer Lieferschwelle stets in den Bestimmungsmitgliedstaat. [5]Die Verlagerung des Lieferorts nach § 3c Abs. 1 UStG tritt ein, sobald die Lieferschwelle im laufenden Kalenderjahr überschritten wird. [6]Dies gilt bereits für den Umsatz, der zur Überschreitung der Lieferschwelle führt.

Beispiel:

[1]Der deutsche Versandhändler hat im Kalenderjahr 01 Elektrogeräte an Privatabnehmer in den Niederlanden ohne USt-IdNr. für 95.000 € (Gesamtbetrag der Entgelte) geliefert. [2]In der Zeit vom 1.1.02 bis zum 10.9.02 beträgt der Gesamtbetrag der Entgelte für Versandhandelsumsätze in den Niederlanden 99.000 €. [3]Am 11.9.02 erbringt er einen weiteren Umsatz an eine niederländische Privatperson von 5.000 €.

[4]Bereits für den am 11.9.02 ausgeführten Umsatz verlagert sich der Lieferort in die Niederlande.

§ 3d Ort des innergemeinschaftlichen Erwerbs

Der innergemeinschaftliche Erwerb wird in dem Gebiet des Mitgliedstaates bewirkt, in dem sich der Gegenstand am Ende der Beförderung oder Versendung befindet. Verwendet der Erwerber gegenüber dem Lieferer eine ihm von einem anderen Mitgliedstaat erteilte Umsatzsteuer-Identifikationsnummer, gilt der Erwerb so lange in dem Gebiet dieses Mitgliedstaates als bewirkt, bis der Erwerber nachweist, daß der Erwerb durch den in Satz 1 bezeichneten Mitgliedstaat besteuert worden ist oder nach § 25 b Abs. 3 als besteuert gilt, sofern der erste Abnehmer seiner Erklärungspflicht nach § 18a Abs. 4 Satz 1 Nr. 4[1] nachgekommen ist.

Vorgaben im EG-Recht

USt-Recht	MwStSystRL
§ 3d	Artikel 40, 41, 42

UStAE
Zu § 3d UStG

3d.1. Ort des innergemeinschaftlichen Erwerbs

(1) [1]Die Beurteilung der Frage, in welchem Mitgliedstaat die Beförderung eines Gegenstands endet, ist im Wesentlichen das Ergebnis einer Würdigung der tatsächlichen Umstände. [2]Beim Erwerb einer Yacht können die Angaben im sog. „T2L"-Papier im Sinne des Artikel 315 ZK-DVO sowie ein im Schiffsregister eingetragener Heimathafen Anhaltspunkte sein (vgl. BFH-Urteil vom 20.12.2006, V R 11/06, BStBl. 2007 II S. 424).

(2) [1]Der EU-Mitgliedstaat, in dem der innergemeinschaftliche Erwerb bewirkt wird oder als bewirkt gilt, nimmt seine Besteuerungskompetenz unabhängig von der umsatzsteuerlichen Behandlung des Vorgangs im EU-Mitgliedstaat des Beginns der Beförderung oder Versendung des Gegenstands wahr. [2]Dabei ist unbeachtlich, ob der Umsatz bereits im EU-Mitgliedstaat des Beginns der Beförderung oder Versendung besteuert wurde. [3]Etwaige Anträge auf Berichtigung einer vom Abgangsstaat festgesetzten Steuer werden von diesem Staat nach dessen nationalen Vorschriften bearbeitet (vgl. Artikel 16 der MwStVO).

(3) Zur Verwendung einer USt-IdNr. vgl. Abschnitt 3a.2 Abs. 10.

---

1) Vor dem 01.07.2010: § 18a Abs. 7 Satz 1 Nr. 3

§ 3e

UStAE 3e.1.

§ 3e Ort der Lieferungen und Restaurationsleistungen während einer Beförderung an Bord eines Schiffs, in einem Luftfahrzeug oder in einer Eisenbahn[1]

(1) Wird ein Gegenstand an Bord eines Schiffs, in einem Luftfahrzeug oder in einer Eisenbahn während einer Beförderung innerhalb des Gemeinschaftsgebiets geliefert oder dort eine sonstige Leistung ausgeführt, die in der Abgabe von Speisen und Getränken zum Verzehr an Ort und Stelle (Restaurationsleistung) besteht, gilt der Abgangsort des jeweiligen Beförderungsmittels im Gemeinschaftsgebiet als Ort der Lieferung oder der sonstigen Leistung.

(2) Als Beförderung innerhalb des Gemeinschaftsgebiets im Sinne des Absatzes 1 gilt die Beförderung oder der Teil der Beförderung zwischen dem Abgangsort und dem Ankunftsort des Beförderungsmittels im Gemeinschaftsgebiet ohne Zwischenaufenthalt außerhalb des Gemeinschaftsgebiets. Abgangsort im Sinne des Satzes 1 ist der erste Ort innerhalb des Gemeinschaftsgebiets, an dem Reisende in das Beförderungsmittel einsteigen können. Ankunftsort im Sinne des Satzes 1 ist der letzte Ort innerhalb des Gemeinschaftsgebiets, an dem Reisende das Beförderungsmittel verlassen können. Hin- und Rückfahrt gelten als gesonderte Beförderungen.

Vorgaben im EG-Recht

USt-Recht	MwStSystRL
§ 3e	Artikel 37

UStAE

Zu § 3e UStG

3e.1. Ort der Lieferung und der Restaurationsleistung während einer Beförderung an Bord eines Schiffs, in einem Luftfahrzeug oder in der Eisenbahn (§ 3e UStG)

[1]Der Ort der Lieferung von Gegenständen sowie der Ort der Abgabe von Speisen und Getränken zum Verzehr an Ort und Stelle (Restaurationsleistung) während einer Beförderung an Bord eines Schiffs, in einem Luftfahrzeug oder in der Eisenbahn ist grundsätzlich nach § 3e UStG im Inland belegen, wenn die Beförderung im Inland beginnt bzw. der Abgangsort des Beförderungsmittels im Inland belegen ist und die Beförderung im Gemeinschaftsgebiet endet bzw. der Ankunftsort des Beförderungsmittels im Gemeinschaftsgebiet belegen ist. [2]Ausgenommen sind dabei lediglich Lieferungen und Restaurationsleistungen während eines Zwischenaufenthalts eines Schiffs im Drittland, bei dem die Reisenden das Schiff, und sei es nur für kurze Zeit, verlassen können, sowie während des Aufenthalts des Schiffs im Hoheitsgebiet dieses Staates. [3]Lieferungen von Gegenständen und Restaurationsleistungen auf einem Schiff während eines solchen Zwischenaufenthalts und im Verlauf der Beförderung im Hoheitsgebiet dieses Staates, unterliegen der Besteuerungskompetenz des Staates, in dem der Zwischenaufenthalt erfolgt (vgl. EuGH-Urteil vom 15.9.2005, C-58/04, BStBl. 2007 II S. 150, sowie BFH-Urteil vom 20.12.2005, V R 30/02, BStBl. 2007 II S. 139). [4]Gilt der Abgangsort des Beförderungsmittels nicht als Ort der Lieferung oder Restaurationsleistung, bestimmt sich dieser nach § 3 Abs. 6 bis 8 UStG bzw. nach § 3a Abs. 3 Nr. 3 Buchstabe b UStG (vgl. Abschnitt 3a.6 Abs. 9).

Rechtsprechungsauswahl

BFH vom 02.02.2010 – XI B 36/09, UR 2010 S. 661: Anwendungsbereich der Ortsregelung für eine Lieferung an Bord eines Schiffes innerhalb des Gemeinschaftsgebiets.

Der Anwendungsbereich des § 3e UStG erfasst sämtliche Lieferungen, die an Bord von Schiffen während einer Beförderung innerhalb des Gemeinschaftsgebiets bewirkt werden. Er ist nicht auf Lieferungen von Waren beschränkt, die zur Mitnahme von Bord bestimmt sind.

BFH vom 20.12.2005 – V R 30/02, BStBl. 2007 II S. 139; UR 2006 S. 347:[2] Ort der Lieferung bei Umsätzen einer auf einem Kreuzfahrtschiff betriebenen Boutique.

---

1) Fassung ab 01.01.2010, siehe Anlage § 003a-15
2) Nachfolgeentscheidung zu EuGH vom 15.09.2005 – Rs. C-58/04 – Köhler

§ 3e

1. Lieferungen von Gegenständen während einer Kreuzfahrt an Bord eines Schiffes sind grundsätzlich steuerbar, wenn die Kreuzfahrt in der Bundesrepublik Deutschland beginnt und dort oder im übrigen Gemeinschaftsgebiet endet.
2. Ausgenommen von der Steuerbarkeit sind lediglich Lieferungen während eines Zwischenaufenthalts des Schiffes in Häfen von Drittländern, bei denen die Reisenden das Schiff, und sei es auch nur für kurze Zeit, verlassen können.

EuGH vom 15.09.2005 – Rs. C-58/04 – Köhler, BStBl. 2007 II S. 150: Lieferungen an Bord eines Schiffes bei Zwischenaufenthalten in Häfen von Drittländern; Beförderung innerhalb des Gemeinschaftsgebiets.

Aufenthalte eines Schiffes in Häfen von Drittländern, bei denen die Reisenden das Schiff, und sei es nur für kurze Zeit, verlassen können, sind „Zwischenaufenthalte außerhalb der Gemeinschaft" im Sinne des Artikels 8 Absatz 1 Buchstabe c der Sechsten Richtlinie 77/388 zur Harmonisierung der Rechtsvorschriften der Mitgliedstaaten über die Umsatzsteuern in der Fassung der Richtlinie 92/111; diese Bestimmung sieht als steuerlichen Anknüpfungspunkt für Lieferungen von Gegenständen, die an Bord eines Schiffes, eines Flugzeugs oder in einer Eisenbahn und während des innerhalb der Gemeinschaft stattfindenden Teils einer Beförderung erfolgen, den Abgangsort der Beförderung vor, wenn der Teil der Beförderung zwischen Abgangsort und Ankunftsort ohne Zwischenaufenthalt außerhalb der Gemeinschaft erfolgt.

§ 3f[1] Ort der unentgeltlichen Lieferungen und sonstigen Leistungen

Lieferungen im Sinne des § 3 Abs. 1b und sonstige Leistungen im Sinne des § 3 Abs. 9a werden an dem Ort ausgeführt, von dem aus der Unternehmer sein Unternehmen betreibt. Werden diese Leistungen von einer Betriebsstätte ausgeführt, gilt die Betriebsstätte als Ort der Leistungen.

UStAE

Zu § 3f UStG

3f.1. Ort der unentgeltlichen Wertabgaben

[1]Für unentgeltliche Wertabgaben gilt nach § 3f UStG ein einheitlicher Leistungsort. [2]Danach ist grundsätzlich der Ort maßgebend, von dem aus der Unternehmer sein Unternehmen betreibt. [3]Geschieht die Wertabgabe von einer Betriebsstätte aus, ist die Belegenheit der Betriebsstätte maßgebend. [4]Abschnitt 3a.1 Abs. 2 und 3 ist entsprechend anzuwenden.

---

1) Gilt ab 01.04.1999, siehe dazu *Widmann*, DB 1999 S. 925

§ 3g Ort der Lieferung von Gas, Elektrizität, Wärme oder Kälte [1]

(1) Bei einer Lieferung von Gas über das Erdgasnetz, von Elektrizität oder von Wärme oder Kälte über Wärme- oder Kältenetze an einen Unternehmer, dessen Haupttätigkeit in Bezug auf den Erwerb dieser Gegenstände in deren Lieferung besteht und dessen eigener Verbrauch dieser Gegenstände von untergeordneter Bedeutung ist, gilt als Ort dieser Lieferung der Ort, wo der Abnehmer sein Unternehmen betreibt. Wird die Lieferung an die Betriebsstätte eines Unternehmers im Sinne des Satzes 1 ausgeführt, so ist stattdessen der Ort der Betriebsstätte maßgebend.

(2) Bei einer Lieferung von Gas über das Erdgasnetz, von Elektrizität oder von Wärme oder Kälte über Wärme- oder Kältenetze an andere als die in Absatz 1 bezeichneten Abnehmer gilt als Ort der Lieferung der Ort, wo der Abnehmer die Gegenstände tatsächlich nutzt oder verbraucht. Soweit die Gegenstände von diesem Abnehmer nicht tatsächlich genutzt oder verbraucht werden, gelten sie als an dem Ort genutzt oder verbraucht, an dem der Abnehmer seinen Sitz, eine Betriebsstätte, an die die Gegenstände geliefert werden, oder seinen Wohnsitz hat.

(3) Auf Gegenstände, deren Lieferungsort sich nach Absatz 1 oder Absatz 2 bestimmt, sind die Vorschriften des § 1a Abs. 2 und § 3 Abs. 1a nicht anzuwenden.

Vorgaben im EG-Recht

USt-Recht	MwStSystRL
§ 3g Abs. 1	Artikel 38
§ 3g Abs. 2	Artikel 39
§ 3g Abs. 3	Artikel 17 Abs. 2 Buchst. d

UStAE

Zu § 3g UStG

3g.1. Ort der Lieferung von Gas oder Elektrizität

Allgemeines

(1) ¹§ 3g UStG ist in Bezug auf Gas für alle Druckstufen und in Bezug auf Elektrizität für alle Spannungsstufen anzuwenden. ²Bezüglich der Lieferung von Gas ist die Anwendung auf Lieferungen über das Erdgasnetz beschränkt und findet z.B. keine Anwendung auf den Verkauf von Gas in Flaschen oder die Befüllung von Gastanks mittels Tanklastzügen. ³Zur Steuerbarkeit von Umsätzen im Zusammenhang mit der Abgabe von Energie durch einen Netzbetreiber vgl. Abschnitt 1.7.

Wiederverkäufer

(2) ¹Bei der Lieferung von Gas über das Erdgasnetz oder Elektrizität ist danach zu unterscheiden, ob diese Lieferung an einen Unternehmer, dessen Haupttätigkeit in Bezug auf den Erwerb dieser Gegenstände in deren Lieferung besteht und dessen eigener Verbrauch dieser Gegenstände von untergeordneter Bedeutung ist (sog. Wiederverkäufer von Gas oder Elektrizität) oder an einen anderen Abnehmer erfolgt. ²Die Haupttätigkeit des Unternehmers in Bezug auf den Erwerb von Gas über das Erdgasverteilungsnetz oder von Elektrizität besteht dann in deren Lieferung, d.h. im Wiederverkauf dieser Gegenstände, wenn der Unternehmer mehr als die Hälfte der von ihm erworbenen Menge weiterveräußert. ³Der eigene Gas- bzw. Elektrizitätsverbrauch des Unternehmers ist von untergeordneter Bedeutung, wenn nicht mehr als 5% der erworbenen Menge zu eigenen (unternehmerischen sowie nichtunternehmerischen) Zwecken verwendet wird. ⁴Die Bereiche „Gas" und „Elektrizität" sind dabei getrennt, jedoch für das gesamte Unternehmen im Sinne des § 2 UStG zu beurteilen. ⁵In der Folge werden grenzüberschreitende Leistungen zwischen Unternehmensteilen, die als nicht steuerbare Innenumsätze zu behandeln sind und die nach § 3g Abs. 3 UStG auch keinen Verbringungstatbestand erfüllen, in diese Betrachtung einbezogen. ⁶Außerdem ist damit ein Unternehmer, der z.B. nur im Bereich „Elektrizität" mehr als die Hälfte der von ihm erworbenen Menge weiterveräußert und nicht mehr als 5% zu eigenen Zwecken verwendet, diese Voraussetzungen aber für den Bereich „Gas" nicht erfüllt, nur für Lieferungen an ihn im Bereich „Elektrizität" als Wiederverkäufer anzusehen.

---

[1] Fassung ab 01.01.2011

§ 3g   UStAE 3g.1.

(3) ¹Maßgeblich sind die Verhältnisse im vorangegangenen Kalenderjahr. ²Verwendet der Unternehmer zwar mehr als 5%, jedoch nicht mehr als 10% der erworbenen Menge an Gas oder Elektrizität zu eigenen Zwecken, ist weiterhin von einer untergeordneten Bedeutung auszugehen, wenn die im Mittel der vorangegangenen drei Jahre zu eigenen Zwecken verbrauchte Menge 5% der in diesem Zeitraum erworbenen Menge nicht überschritten hat. ³Im Unternehmen selbst erzeugte Mengen bleiben bei der Beurteilung unberücksichtigt. ⁴Ob die selbst erzeugte Menge veräußert oder zum eigenen Verbrauch im Unternehmen verwendet wird, ist daher unbeachtlich. ⁵Ebenso ist die veräußerte Energiemenge, die selbst erzeugt wurde, hinsichtlich der Beurteilung der Wiederverkäufereigenschaft aus der Gesamtmenge der veräußerten Energie auszuscheiden; auch sie beeinflusst die nach Absatz 2 Sätze 1 und 2 einzuhaltenden Grenzwerte nicht. ⁶Sowohl hinsichtlich der erworbenen als auch hinsichtlich der veräußerten Menge an Energie ist wegen der Betrachtung des gesamten Unternehmens darauf abzustellen, ob die Energie von einem anderen Unternehmen erworben bzw. an ein anderes Unternehmen veräußert worden ist. ⁷Netzverluste bleiben bei der Ermittlung der Menge der zu eigenen Zwecken verwendeten Energie außer Betracht. ⁸Anderer Abnehmer ist ein Abnehmer, der nicht Wiederverkäufer ist.

Ort der Lieferung von Gas oder Elektrizität

(4) ¹Bei der Lieferung von Gas oder Elektrizität an einen Wiederverkäufer gilt entweder der Ort, von dem aus dieser sein Unternehmen betreibt, oder – wenn die Lieferung an eine Betriebsstätte des Wiederverkäufers ausgeführt wird – der Ort dieser Betriebsstätte als Ort der Lieferung. ²Eine Lieferung erfolgt an eine Betriebsstätte, wenn sie ausschließlich oder überwiegend für diese bestimmt ist; Abschnitt 3a.2 Abs. 4 gilt sinngemäß. ³Dementsprechend ist auf die Bestellung durch und die Abrechnung für Rechnung der Betriebsstätte abzustellen. ⁴Es kommt nicht darauf an, wie und wo der Wiederverkäufer die gelieferten Gegenstände tatsächlich verwendet. ⁵Somit gilt diese Regelung auch für die für den eigenen Verbrauch des Wiederverkäufers gelieferte Menge. ⁶Dies ist insbesondere von Bedeutung bei der Verwendung für eigene Zwecke in eigenen ausländischen Betriebsstätten und ausländischen Betriebsstätten des Organträgers; auch insoweit verbleibt es bei der Besteuerung im Sitzstaat, soweit nicht unmittelbar an die ausländische Betriebsstätte geliefert wird.

(5) ¹Bei der Lieferung von Gas oder Elektrizität an einen anderen Abnehmer wird grundsätzlich auf den Ort des tatsächlichen Verbrauchs dieser Gegenstände abgestellt. ²Das ist regelmäßig der Ort, wo sich der Zähler des Abnehmers befindet. ³Sollte der andere Abnehmer die an ihn gelieferten Gegenstände nicht tatsächlich verbrauchen (z.B. bei Weiterverkauf von Überkapazitäten), wird insoweit für die Lieferung an diesen Abnehmer der Verbrauch nach § 3g Abs. 2 Satz 2 UStG dort fingiert, wo dieser sein Unternehmen betreibt oder eine Betriebsstätte hat, an die die Gegenstände geliefert werden. ⁴Im Ergebnis führt dies dazu, dass im Falle des Weiterverkaufs von Gas über das Erdgasnetz oder Elektrizität für den Erwerb dieser Gegenstände stets das Empfängerortprinzip gilt. ⁵Da Gas und Elektrizität allenfalls in begrenztem Umfang gespeichert werden, steht regelmäßig bereits bei Abnahme von Gas über das Erdgasnetz oder Elektrizität fest, in welchem Umfang ein Wiederverkauf erfolgt.

Innergemeinschaftlicher Erwerb, innergemeinschaftliches Verbringen sowie Einfuhr von Gas oder Elektrizität

(6) ¹Durch die spezielle Ortsregelung für die Lieferung von Gas über das Erdgasnetz oder Elektrizität wird klargestellt, dass Lieferungen dieser Gegenstände keine bewegten Lieferungen sind. ²Daraus folgt, dass weder eine Ausfuhrlieferung nach § 6 UStG noch eine innergemeinschaftliche Lieferung nach § 6a UStG vorliegen kann. ³Bei Lieferungen von Gas über das Erdgasnetz und von Elektrizität unter den Bedingungen von § 3g Abs. 1 oder 2 UStG liegt weder ein innergemeinschaftliches Verbringen noch ein innergemeinschaftlicher Erwerb vor. ⁴Die Einfuhr von Gas über das Erdgasnetz oder von Elektrizität ist nach § 5 Abs. 1 Nr. 6 UStG steuerfrei. ⁵§ 3g UStG gilt auch im Verhältnis zum Drittlandsgebiet; die Anwendung von § 3 Abs. 8 UStG ist demgegenüber mangels Beförderung oder Versendung ausgeschlossen. ⁶Die Lieferung von Gas über das Erdgasnetz und von Elektrizität aus dem Drittlandsgebiet in das Inland ist damit im Inland steuerbar und steuerpflichtig; die Steuerschuldnerschaft des Leistungsempfängers unter den Voraussetzungen des § 13b Abs. 2 Nr. 5 und Abs. 5 Satz 1 UStG ist zu beachten (vgl. Abschnitt 13b.1). ⁷Die Lieferung von Gas über das Erdgasnetz und von Elektrizität aus dem Inland in das Drittlandsgebiet ist eine im Inland nicht steuerbare Lieferung.

§ 4

Zweiter Abschnitt
Steuerbefreiungen und Steuervergütungen

§ 4 Steuerbefreiungen bei Lieferungen und sonstigen Leistungen

Von den unter § 1 Abs. 1 Nr. 1 fallenden Umsätzen sind steuerfrei:

1. a) die Ausfuhrlieferungen (§ 6) und die Lohnveredelungen an Gegenständen der Ausfuhr (§ 7),
   b) die innergemeinschaftlichen Lieferungen (§ 6a);
2. die Umsätze für die Seeschiffahrt und für die Luftfahrt (§ 8);
3. die folgenden sonstigen Leistungen:
   a) die grenzüberschreitenden Beförderungen von Gegenständen, die Beförderungen im internationalen Eisenbahnfrachtverkehr und andere sonstige Leistungen, wenn sich die Leistungen
      aa) unmittelbar auf Gegenstände der Ausfuhr beziehen oder auf eingeführte Gegenstände beziehen, die im externen Versandverfahren in das Drittlandsgebiet befördert werden, oder
      bb) auf Gegenstände der Einfuhr in das Gebiet eines Mitgliedstaates der Europäischen Gemeinschaft beziehen und die Kosten für die Leistungen in der Bemessungsgrundlage für diese Einfuhr enthalten sind. Nicht befreit sind die Beförderungen der in § 1 Abs. 3 Nr. 4 Buchstabe a bezeichneten Gegenstände aus einem Freihafen in das Inland;
   b) die Beförderungen von Gegenständen nach und von den Inseln, die die autonomen Regionen Azoren und Madeira bilden;
   c) sonstige Leistungen, die sich unmittelbar auf eingeführte Gegenstände beziehen, für die zollamtlich eine vorübergehende Verwendung in den in § 1 Abs. 1 Nr. 4 bezeichneten Gebieten bewilligt worden ist, wenn der Leistungsempfänger ein ausländischer Auftraggeber (§ 7 Abs. 2) ist. Dies gilt nicht für sonstige Leistungen, die sich auf Beförderungsmittel, Paletten und Container beziehen.

   Die Vorschrift gilt nicht für die in den Nummern 8, 10 und 11 bezeichneten Umsätze und für die Bearbeitung oder Verarbeitung eines Gegenstandes einschließlich der Werkleistung im Sinne des § 3 Abs. 10. Die Voraussetzungen der Steuerbefreiung müssen vom Unternehmer nachgewiesen sein. Das Bundesministerium der Finanzen kann mit Zustimmung des Bundesrates durch Rechtsverordnung bestimmen, wie der Unternehmer den Nachweis zu führen hat;

4. die Lieferungen von Gold an Zentralbanken;

4a. [1] die folgenden Umsätze:
   a) die Lieferungen der in der Anlage 1 bezeichneten Gegenstände an einen Unternehmer für sein Unternehmen, wenn der Gegenstand der Lieferung im Zusammenhang mit der Lieferung in ein Umsatzsteuerlager eingelagert wird oder sich in einem Umsatzsteuerlager befindet. Mit der Auslagerung eines Gegenstandes aus einem Umsatzsteuerlager entfällt die Steuerbefreiung für die der Auslagerung vorangegangene Lieferung, den der Auslagerung vorangegangenen innergemeinschaftlichen Erwerb oder die der Auslagerung vorangegangene Einfuhr; dies gilt nicht, wenn der Gegenstand im Zusammenhang mit der Auslagerung in ein anderes Umsatzsteuerlager im Inland eingelagert wird. Eine Auslagerung ist die endgültige Herausnahme eines Gegenstandes aus einem Umsatzsteuerlager. Der endgültigen Herausnahme steht gleich der sonstige Wegfall der Voraussetzungen für die Steuerbefreiung sowie die Erbringung einer nicht nach Buchstabe b begünstigten Leistung an den eingelagerten Gegenständen;

---

1) Gilt ab 01.01.2004; siehe dazu BMF vom 28.01.2004, Anlage § 004 Nr. 4a-1

§ 4

b) die Leistungen, die mit der Lagerung, der Erhaltung, der Verbesserung der Aufmachung und Handelsgüte oder der Vorbereitung des Vertriebs oder Weiterverkaufs der eingelagerten Gegenstände unmittelbar zusammenhängen. Dies gilt nicht, wenn durch die Leistungen die Gegenstände so aufbereitet werden, dass sie zur Lieferung auf der Einzelhandelsstufe geeignet sind.

Die Steuerbefreiung gilt nicht für Leistungen an Unternehmer, die diese zur Ausführung von Umsätzen verwenden, für die die Steuer nach den Durchschnittssätzen des § 24 festgesetzt ist. Die Voraussetzungen der Steuerbefreiung müssen vom Unternehmer eindeutig und leicht nachprüfbar nachgewiesen sein. Umsatzsteuerlager kann jedes Grundstück oder Grundstücksteil im Inland sein, das zur Lagerung der in Anlage 1 genannten Gegenstände dienen soll und von einem Lagerhalter betrieben wird. Es kann mehrere Lagerorte umfassen. Das Umsatzsteuerlager bedarf der Bewilligung des für den Lagerhalter zuständigen Finanzamtes. Der Antrag ist schriftlich zu stellen. Die Bewilligung ist zu erteilen, wenn ein wirtschaftliches Bedürfnis für den Betrieb des Umsatzsteuerlagers besteht und der Lagerhalter die Gewähr für dessen ordnungsgemäße Verwaltung bietet;

4b. [1)]die einer Einfuhr vorangehende Lieferung von Gegenständen, wenn der Abnehmer oder dessen Beauftragter den Gegenstand der Lieferung einführt. Dies gilt entsprechend für Lieferungen, die den in Satz 1 genannten Lieferungen vorausgegangen sind. Die Voraussetzungen der Steuerbefreiung müssen vom Unternehmer eindeutig und leicht nachprüfbar nachgewiesen sein;

5. die Vermittlung

a) [1)]der unter die Nummer 1 Buchstabe a, Nummern 2 bis 4b und Nummern 6 und 7 fallenden Umsätze,

b) der grenzüberschreitenden Beförderungen von Personen mit Luftfahrzeugen oder Seeschiffen,

c) der Umsätze, die ausschließlich im Drittlandsgebiet bewirkt werden,

d) der Lieferungen, die nach § 3 Abs. 8 als im Inland ausgeführt zu behandeln sind.

Nicht befreit ist die Vermittlung von Umsätzen durch Reisebüros für Reisende. Die Voraussetzungen der Steuerbefreiung müssen vom Unternehmer nachgewiesen sein. Das Bundesministerium der Finanzen kann mit Zustimmung des Bundesrates durch Rechtsverordnung bestimmen, wie der Unternehmer den Nachweis zu führen hat;

6. a) die Lieferungen und sonstigen Leistungen der Eisenbahnen des Bundes auf Gemeinschaftsbahnhöfen, Betriebswechselbahnhöfen, Grenzbetriebsstrecken und Durchgangsstrecken an Eisenbahnverwaltungen mit Sitz im Ausland;

b) (aufgehoben ab 01.01.2002) [2)]

c) die Lieferungen von eingeführten Gegenständen an im Drittlandsgebiet, ausgenommen Gebiete nach § 1 Abs. 3, ansässige Abnehmer, soweit für die Gegenstände zollamtlich eine vorübergehende Verwendung in den in § 1 Abs. 1 Nr. 4 genannten Gebieten bewilligt worden ist und diese Bewilligung auch nach der Lieferung gilt. Nicht befreit sind die Lieferungen von Beförderungsmitteln, Paletten und Containern;

d) Personenbeförderungen im Passagier- und Fährverkehr mit Wasserfahrzeugen für die Schiffahrt, wenn die Personenbeförderungen zwischen inländischen Seehäfen und der Insel Helgoland durchgeführt werden;

e) [3)]die Abgabe von Speisen und Getränken zum Verzehr an Ort und Stelle im Verkehr mit Wasserfahrzeugen für die Seeschiffahrt zwischen einem inländischen und ausländischen Seehafen und zwischen zwei ausländischen Seehäfen. Inländische Seehäfen im Sinne des Satzes 1 sind auch die Freihäfen und Häfen auf der Insel Helgoland;

---

1) Gilt ab 01.01.2004; siehe dazu BMF vom 28.01.2004, Anlage § 004 Nr. 4a-1
2) Vgl. StEuglG
3) Fassung ab 27.12.2007

§ 4

7. die Lieferungen, ausgenommen Lieferungen neuer Fahrzeuge im Sinne des § 1b Abs. 2 und 3, und die sonstigen Leistungen

   a) an andere Vertragsparteien des Nordatlantikvertrages, die nicht unter die in § 26 Abs. 5 bezeichneten Steuerbefreiungen fallen, wenn die Umsätze für den Gebrauch oder Verbrauch durch die Streitkräfte dieser Vertragsparteien, ihr ziviles Begleitpersonal oder für die Versorgung ihrer Kasinos oder Kantinen bestimmt sind und die Streitkräfte der gemeinsamen Verteidigungsanstrengung dienen,

   b) an die in dem Gebiet eines anderen Mitgliedstaates stationierten Streitkräfte der Vertragsparteien des Nordatlantikvertrages, soweit sie nicht an die Streitkräfte dieses Mitgliedstaates ausgeführt werden,

   c) an die in dem Gebiet eines anderen Mitgliedstaates ansässigen ständigen diplomatischen Missionen und berufskonsularischen Vertretungen sowie deren Mitglieder und

   d) an die in dem Gebiet eines anderen Mitgliedstaates ansässigen zwischenstaatlichen Einrichtungen sowie deren Mitglieder.

   [1]Der Gegenstand der Lieferung muß in den Fällen des Satzes 1 Buchstabe b bis d in das Gebiet des anderen Mitgliedstaates befördert oder versendet werden. Für die Steuerbefreiungen nach Satz 1 Buchstabe b bis d sind die in dem anderen Mitgliedstaat geltenden Voraussetzungen maßgebend. Die Voraussetzungen der Steuerbefreiungen müssen vom Unternehmer nachgewiesen sein. Bei den Steuerbefreiungen nach Satz 1 Buchstabe b bis d hat der Unternehmer die in dem anderen Mitgliedstaat geltenden Voraussetzungen dadurch nachzuweisen, daß ihm der Abnehmer eine von der zuständigen Behörde des anderen Mitgliedstaates oder, wenn er hierzu ermächtigt ist, eine selbst ausgestellte Bescheinigung nach amtlich vorgeschriebenem Muster aushändigt. Das Bundesministerium der Finanzen kann mit Zustimmung des Bundesrates durch Rechtsverordnung bestimmen, wie der Unternehmer die übrigen Voraussetzungen nachzuweisen hat;

8. a) die Gewährung und die Vermittlung von Krediten

   b) die Umsätze und die Vermittlung der Umsätze von gesetzlichen Zahlungsmitteln. Das gilt nicht, wenn die Zahlungsmittel wegen ihres Metallgehaltes oder ihres Sammlerwertes umgesetzt werden;

   c) [2]die Umsätze im Geschäft mit Forderungen, Schecks und anderen Handelspapieren sowie die Vermittlung dieser Umsätze, ausgenommen die Einziehung von Forderungen;

   d) die Umsätze und die Vermittlung dieser Umsätze im Einlagengeschäft, im Kontokorrentverkehr, im Zahlungs- und Überweisungsverkehr und das Inkasso von Handelspapieren;

   e) die Umsätze im Geschäft mit Wertpapieren und die Vermittlung dieser Umsätze, ausgenommen die Verwahrung und die Verwaltung von Wertpapieren;

   f) die Umsätze und die Vermittlung der Umsätze von Anteilen an Gesellschaften und anderen Vereinigungen;

   g) die Übernahme von Verbindlichkeiten, von Bürgschaften und anderen Sicherheiten sowie die Vermittlung dieser Umsätze;

   h) [3]die Verwaltung von Investmentvermögen nach dem Investmentgesetz und die Verwaltung von Versorgungseinrichtungen im Sinne des Versicherungsaufsichtsgesetzes;

   i) die Umsätze der im Inland gültigen amtlichen Wertzeichen zum aufgedruckten Wert;

   j) die Beteiligung als stiller Gesellschafter an dem Unternehmen oder an dem Gesellschaftsanteil eines anderen;

---

1) Ab dem 25.12.2008: „in den Fällen des Satzes 1 Buchstabe b bis d" und „nach Satz 1 Buchstabe b bis d"
2) Fassung ab 01.01.2002
3) Fassung ab 29.12.2007

§ 4

9. a) die Umsätze, die unter das Grunderwerbsteuergesetz fallen,

b) [1]die Umsätze, die unter das Rennwett- und Lotteriegesetz fallen. Nicht befreit sind die unter das Rennwett- und Lotteriegesetz fallenden Umsätze, die von der Rennwett- und Lotteriesteuer befreit sind oder von denen diese Steuer allgemein nicht erhoben wird;

10. a) die Leistungen auf Grund eines Versicherungsverhältnisses im Sinne des Versicherungsteuergesetzes. Das gilt auch, wenn die Zahlung des Versicherungsentgelts nicht der Versicherungsteuer unterliegt;

b) die Leistungen, die darin bestehen, daß anderen Personen Versicherungsschutz verschafft wird;

11. die Umsätze aus der Tätigkeit als Bausparkassenvertreter, Versicherungsvertreter und Versicherungsmakler;

11a. [2]die folgenden vom 1. Januar 1993 bis zum 31. Dezember 1995 ausgeführten Umsätze der Deutschen Bundespost TELEKOM und der Deutschen Telekom AG:

a) die Überlassung von Anschlüssen des Telefonnetzes und des dienstintegrierenden digitalen Fernmeldenetzes sowie die Bereitstellung der von diesen Anschlüssen ausgehenden Verbindungen innerhalb dieser Netze und zu Mobilfunkendeinrichtungen,

b) die Überlassung von Übertragungswegen im Netzmonopol des Bundes,

c) die Ausstrahlung und Übertragung von Rundfunksignalen einschließlich der Überlassung der dazu erforderlichen Sendeanlagen und sonstigen Einrichtungen sowie das Empfangen und Verteilen von Rundfunksignalen in Breitbandverteilnetzen einschließlich der Überlassung von Kabelanschlüssen;

11b. [3]Universaldienstleistungen nach Artikel 3 Absatz 4 der Richtlinie 97/67/EG des Europäischen Parlaments und des Rates vom 15. Dezember 1997 über gemeinsame Vorschriften für die Entwicklung des Binnenmarktes der Postdienste der Gemeinschaft und die Verbesserung der Dienstequalität (ABl. L 15 vom 21.1.1998, S. 14, L 23 vom 30.1.1998, S. 39), die zuletzt durch die Richtlinie 2008/6/EG (ABl. L 52 vom 27.2.2008, S. 3) geändert worden ist, in der jeweils geltenden Fassung. Die Steuerbefreiung setzt voraus, dass der Unternehmer sich entsprechend einer Bescheinigung des Bundeszentralamtes für Steuern gegenüber dieser Behörde verpflichtet hat, flächendeckend im gesamten Gebiet der Bundesrepublik Deutschland die Gesamtheit der Universaldienstleistungen oder einen Teilbereich dieser Leistungen nach Satz 1 anzubieten. Die Steuerbefreiung gilt nicht für Leistungen, die der Unternehmer erbringt

a) auf Grund individuell ausgehandelter Vereinbarungen oder

b) auf Grund allgemeiner Geschäftsbedingungen zu abweichenden Qualitätsbedingungen oder zu günstigeren Preisen als den nach den allgemein für jedermann zugänglichen Tarifen oder als den nach § 19 des Postgesetzes vom 22. Dezember 1997 (BGBl. I S. 3294), das zuletzt durch Artikel 272 der Verordnung vom 31. Oktober 2006 (BGBl. I S. 2407) geändert worden ist, in der jeweils geltenden Fassung, genehmigten Entgelten;

12. a) die Vermietung und die Verpachtung von Grundstücken, von Berechtigungen für die die Vorschriften des bürgerlichen Rechts über Grundstücke gelten, und von staatlichen Hoheitsrechten, die Nutzungen von Grund und Boden betreffen,

b) die Überlassung von Grundstücken und Grundstücksteilen zur Nutzung auf Grund eines auf Übertrag des Eigentums gerichteten Vertrages oder Vorvertrages,

c) die Bestellung, die Übertragung und die Überlassung der Ausübung von dinglichen Nutzungsrechten an Grundstücken.

---

1) Fassung ab 06.05.2006. Siehe dazu BFH vom 09.08.2007, Rechtsprechung zu § 4 Nr. 9 UStG
2) Siehe dazu BMF vom 18.01.1993 – IV A 3 – S 7130 – 25/92 zur Erläuterung der technischen Begriffe
3) Fassung ab 01.07.2010, siehe Anlage § 04 Nr. 11b-03. Davor hatte § 4 Nr. 11b UStG folgende Fassung: „die unmittelbar dem Postwesen dienenden Umsätze der Deutschen Post AG"

§ 4

Nicht befreit sind die Vermietungen von Wohn- und Schlafräumen, die ein Unternehmer zur kurzfristigen Beherbergung von Fremden bereithält, die Vermietung von Plätzen für das Abstellen von Fahrzeugen, die kurzfristige Vermietung auf Campingplätzen und die Vermietung und die Verpachtung von Maschinen und sonstigen Vorrichtungen aller Art, die zu einer Betriebsanlage gehören (Betriebsvorrichtungen), auch wenn sie wesentliche Bestandteile eines Grundstücks sind;

13. die Leistungen, die die Gemeinschaften der Wohnungseigentümer im Sinne des Wohnungseigentumsgesetzes in der im Bundesgesetzblatt Teil III, Gliederungsnummer 403-1, veröffentlichten bereinigten Fassung, in der jeweils geltenden Fassung an die Wohnungseigentümer und Teileigentümer erbringen, soweit die Leistungen in der Überlassung des gemeinschaftlichen Eigentums zum Gebrauch, seiner Instandhaltung, Instandsetzung und sonstigen Verwaltung sowie der Lieferung von Wärme und ähnlichen Gegenständen bestehen;

14. a) [1)]Heilbehandlungen im Bereich der Humanmedizin, die im Rahmen der Ausübung der Tätigkeit als Arzt, Zahnarzt, Heilpraktiker, Physiotherapeut, Hebamme oder einer ähnlichen heilberuflichen Tätigkeit durchgeführt werden. Satz 1 gilt nicht für die Lieferung oder Wiederherstellung von Zahnprothesen (aus Unterpositionen 9021 21 und 9021 29 00 des Zolltarifs) und kieferorthopädischen Apparaten (aus Unterposition 9021 10 des Zolltarifs), soweit sie der Unternehmer in seinem Unternehmen hergestellt oder wiederhergestellt hat;

b) Krankenhausbehandlungen und ärztliche Heilbehandlungen einschließlich der Diagnostik, Befunderhebung, Vorsorge, Rehabilitation, Geburtshilfe und Hospizleistungen sowie damit eng verbundene Umsätze, die von Einrichtungen des öffentlichen Rechts erbracht werden. Die in Satz 1 bezeichneten Leistungen sind auch steuerfrei, wenn sie von

aa) zugelassenen Krankenhäusern nach § 108 des Fünften Buches Sozialgesetzbuch,

bb) Zentren für ärztliche Heilbehandlung und Diagnostik oder Befunderhebung, die an der vertragsärztlichen Versorgung nach § 95 des Fünften Buches Sozialgesetzbuch teilnehmen oder für die Regelungen nach § 115 des Fünften Buches Sozialgesetzbuch gelten,

cc) Einrichtungen, die von den Trägern der gesetzlichen Unfallversicherung nach § 34 des Siebten Buches Sozialgesetzbuch an der Versorgung beteiligt worden sind,

dd) Einrichtungen, mit denen Versorgungsverträge nach den §§ 111 und 111a des Fünften Buches Sozialgesetzbuch bestehen,

ee) Rehabilitationseinrichtungen, mit denen Verträge nach § 21 des Neunten Buches Sozialgesetzbuch bestehen,

ff) Einrichtungen zur Geburtshilfe, für die Verträge nach § 134a des Fünften Buches Sozialgesetzbuch gelten, oder

gg) Hospizen, mit denen Verträge nach § 39a Abs. 1 des Fünften Buches Sozialgesetzbuch bestehen,

erbracht werden und es sich ihrer Art nach um Leistungen handelt, auf die sich die Zulassung, der Vertrag oder die Regelung nach dem Sozialgesetzbuch jeweils bezieht, oder

hh) von Einrichtungen nach § 138 Abs. 1 Satz 1 Strafvollzugsgesetz erbracht werden;

c) Leistungen nach den Buchstaben a und b, die von Einrichtungen nach § 140b Abs. 1 des Fünften Buches Sozialgesetzbuch erbracht werden, mit denen Verträge zur integrierten Versorgung nach § 140a des Fünften Buches Sozialgesetzbuch bestehen;

d) sonstige Leistungen von Gemeinschaften, deren Mitglieder Angehörige der in Buchstabe a bezeichneten Berufe oder Einrichtungen im Sinne des Buchstaben b sind, gegenüber ihren Mitgliedern, soweit diese Leistungen für unmittelbare Zwecke

---
1) Fassung ab 01.01.2009

§ 4

der Ausübung der Tätigkeiten nach Buchstabe a oder Buchstabe b verwendet werden und die Gemeinschaft von ihren Mitgliedern lediglich die genaue Erstattung des jeweiligen Anteils an den gemeinsamen Kosten fordert;

15. [1)]die Umsätze der gesetzlichen Träger der Sozialversicherung, der gesetzlichen Träger der Grundsicherung für Arbeitsuchende nach dem Zweiten Buch Sozialgesetzbuch sowie der gemeinsamen Einrichtungen nach § 44b Abs. 1 des Zweiten Buches Sozialgesetzbuch, der örtlichen und überörtlichen Träger der Sozialhilfe sowie der Verwaltungsbehörden und sonstigen Stellen der Kriegsopferversorgung einschließlich der Träger der Kriegsopferfürsorge

    a) untereinander,

    b) an die Versicherten, die Bezieher von Leistungen nach dem Zweiten Buch Sozialgesetzbuch, die Empfänger von Sozialhilfe oder die Versorgungsberechtigten. Das gilt nicht für die Abgabe von Brillen und Brillenteilen einschließlich der Reparaturarbeiten durch Selbstabgabestellen der gesetzlichen Träger der Sozialversicherung;

15a. [2)]die auf Gesetz beruhenden Leistungen der Medizinischen Dienste der Krankenversicherung (§ 278 SGB V) und des Medizinischen Dienstes der Spitzenverbände der Krankenkassen (§ 282 SGB V) untereinander und für die gesetzlichen Träger der Sozialversicherung und deren Verbände und für die Träger der Grundsicherung für Arbeitsuchende nach den Zeiten Buch Sozialgesetzbuch sowie die gemeinsamen Einrichtungen nach § 44b des Zweiten Buches Sozialgesetzbuch;

16. [3)]die mit dem Betrieb von Einrichtungen zur Betreuung oder Pflege körperlich, geistig oder seelisch hilfsbedürftiger Personen eng verbundenen Leistungen, die von

    a) juristischen Personen des öffentlichen Rechts,

    b) Einrichtungen, mit denen ein Vertrag nach § 132 des Fünften Buches Sozialgesetzbuch besteht,

    c) Einrichtungen, mit denen ein Vertrag nach § 132a des Fünften Buches Sozialgesetzbuch, § 72 oder § 77 des Elften Buches Sozialgesetzbuch besteht oder die Leistungen zur häuslichen Pflege oder zur Heimpflege erbringen und die hierzu nach § 26 Abs. 5 in Verbindung mit § 44 des Siebten Buches Sozialgesetzbuch bestimmt sind,

    d) Einrichtungen, die Leistungen der häuslichen Krankenpflege oder Haushaltshilfe erbringen und die hierzu nach § 26 Abs. 5 in Verbindung mit § 32 und § 42 des Siebten Buches Sozialgesetzbuch bestimmt sind,

    e) Einrichtungen, mit denen eine Vereinbarung nach § 111 des Neunten Buches Sozialgesetzbuch besteht,

    f) Einrichtungen, die nach § 142 des Neunten Buches Sozialgesetzbuch anerkannt sind,

    g) Einrichtungen, soweit sie Leistungen erbringen, die landesrechtlich als niedrigschwellige Betreuungsangebote nach § 45b des Elften Buches Sozialgesetzbuch anerkannt sind,

    h) Einrichtungen, mit denen eine Vereinbarung nach § 75 des Zwölften Buches Sozialgesetzbuch besteht,

    i) Einrichtungen, mit denen ein Vertrag nach § 16 des Zweiten Gesetzes über die Krankenversicherung der Landwirte, nach § 53 Abs. 2 Nr. 1 in Verbindung mit § 10 des Gesetzes über die Alterssicherung der Landwirte oder nach § 143e Abs. 4 Nr. 2 in Verbindung mit § 54 Abs. 2 des Siebten Buches Sozialgesetzbuch über die Gewährung von häuslicher Krankenpflege oder Haushaltshilfe, besteht,

    j) Einrichtungen, die aufgrund einer Landesrahmenempfehlung nach § 2 Frühförderungsverordnung als fachlich geeignete interdisziplinäre Frühförderstellen anerkannt sind, oder

---

1) Fassung ab 01.01.2011
2) Fassung ab 01.01.2011
3) Fassung ab 01.01.2009

k) Einrichtungen, bei denen im vorangegangenen Kalenderjahr die Betreuungs- oder Pflegekosten in mindestens 40 Prozent der Fälle von den gesetzlichen Trägern der Sozialversicherung oder der Sozialhilfe oder der für die Durchführung der Kriegopferversorgung zuständigen Versorgungsverwaltung einschließlich der Träger der Kriegsopferfürsorge ganz oder zum überwiegenden Teil vergütet worden sind,

erbracht werden. Leistungen im Sinne des Satzes 1, die von Einrichtungen nach den Buchstaben b bis k erbracht werden, sind befreit, soweit es sich ihrer Art nach um Leistungen handelt, auf die sich die Anerkennung, der Vertrag oder die Vereinbarung nach Sozialrecht oder die Vergütung jeweils bezieht;

17. a) die Lieferungen von menschlichen Organen, menschlichem Blut und Frauenmilch,

 b) die Beförderungen von kranken und verletzten Personen mit Fahrzeugen, die hierfür besonders eingerichtet sind;

18. die Leistungen der amtlich anerkannten Verbände der freien Wohlfahrtspflege und der der freien Wohlfahrtspflege dienenden Körperschaften, Personenvereinigungen und Vermögensmassen, die einem Wohlfahrtsverband als Mitglied angeschlossen sind, wenn

 a) diese Unternehmer ausschließlich und unmittelbar gemeinnützigen, mildtätigen oder kirchlichen Zwecken dienen,

 b) die Leistungen unmittelbar dem nach der Satzung, Stiftung oder sonstigen Verfassung begünstigten Personenkreis zugute kommen und

 c) die Entgelte für die in Betracht kommenden Leistungen hinter den durchschnittlich für gleichartige Leistungen von Erwerbsunternehmen verlangten Entgelten zurückbleiben.

 Steuerfrei sind auch die Beherbergung, Beköstigung und die üblichen Naturalleistungen, die diese Unternehmer den Personen, die bei den Leistungen nach Satz 1 tätig sind, als Vergütung für die geleisteten Dienste gewähren;

18a. die Leistungen zwischen den selbständigen Gliederungen einer politischen Partei, soweit diese Leistungen im Rahmen der satzungsgemäßen Aufgaben gegen Kostenerstattung ausgeführt werden;

19. a) die Umsätze der Blinden, die nicht mehr als zwei Arbeitnehmer beschäftigen. Nicht als Arbeitnehmer gelten der Ehegatte, die minderjährigen Abkömmlinge, die Eltern des Blinden und die Lehrlinge. Die Blindheit ist nach den für die Besteuerung des Einkommens maßgebenden Vorschriften nachzuweisen. Die Steuerfreiheit gilt nicht für die Lieferungen von Energieerzeugnissen im Sinne des § 1 Abs. 2 und 3 des Energiesteuergesetzes und Branntweinen, wenn der Blinde für diese Erzeugnisse Energiesteuer oder Branntweinabgaben zu entrichten hat, und für Lieferungen im Sinne der Nummer 4a Satz 1 Buchstabe a Satz 2;

 b) [1)]die folgenden Umsätze der nicht unter Buchstabe a fallenden Inhaber von anerkannten Blindenwerkstätten und der anerkannten Zusammenschlüsse von Blindenwerkstätten im Sinne des § 143 des Neunten Buches Sozialgesetzbuch:

   aa) die Lieferungen von Blindenwaren und Zusatzwaren,

   bb) die sonstigen Leistungen, soweit bei ihrer Ausführung ausschließlich Blinde mitgewirkt haben;

20. a) [2)]die Umsätze folgender Einrichtungen des Bundes, der Länder, der Gemeinden oder der Gemeindeverbände: Theater, Orchester, Kammermusikensembles, Chöre, Museen, botanische Gärten, zoologische Gärten, Tierparks, Archive, Büchereien sowie Denkmäler der Bau- und Gartenbaukunst. Das gleiche gilt für die Umsätze gleichartiger Einrichtungen anderer Unternehmer, wenn die zuständige Landesbehörde bescheinigt, daß sie die gleichen kulturellen Aufgaben wie die in Satz 1 bezeichneten Einrichtungen erfüllen. Für die Erteilung der Bescheinigung gelten

---
1) Neufassung ab 14.09.2007
2) Fassung ab 01.01.2011

§ 181 Abs. 1 und 5 der Abgabenordnung entsprechend. Museen im Sinne dieser Vorschrift sind wissenschaftliche Sammlungen und Kunstsammlungen;

b) die Veranstaltung von Theatervorführungen und Konzerten durch andere Unternehmer, wenn die Darbietungen von den unter Buchstabe a bezeichneten Theatern, Orchestern, Kammermusikensembles oder Chören erbracht werden;

21. a) die unmittelbar dem Schul- und Bildungszweck dienenden Leistungen privater Schulen und anderer allgemeinbildender oder berufsbildender Einrichtungen,

   aa) wenn sie als Ersatzschulen gemäß Artikel 7 Abs. 4 des Grundgesetzes staatlich genehmigt oder nach Landesrecht erlaubt sind oder

   bb) wenn die zuständige Landesbehörde bescheinigt, daß sie auf einen Beruf oder eine vor einer juristischen Person des öffentlichen Rechts abzulegende Prüfung ordnungsgemäß vorbereiten;

   b) die unmittelbar dem Schul- und Bildungszweck dienenden Unterrichtsleistungen selbständiger Lehrer

   aa) an Hochschulen im Sinne der §§ 1 und 70 des Hochschulrahmengesetzes und öffentlichen allgemeinbildenden oder berufsbildenden Schulen oder

   bb) an privaten Schulen und anderen allgemeinbildenden oder berufsbildenden Einrichtungen, soweit diese die Voraussetzungen des Buchstaben a erfüllen;

22. a) die Vorträge, Kurse und anderen Veranstaltungen wissenschaftlicher oder belehrender Art, die von juristischen Personen des öffentlichen Rechts, von Verwaltungs- und Wirtschaftsakademien, von Volkshochschulen oder von Einrichtungen, die gemeinnützigen Zwecken oder dem Zweck eines Berufsverbandes dienen, durchgeführt werden, wenn die Einnahmen überwiegend zur Deckung der Kosten[1)] verwendet werden,

   b) andere kulturelle und sportliche Veranstaltungen, die von den in Buchstabe a genannten Unternehmern durchgeführt werden, soweit das Entgelt in Teilnehmergebühren besteht;

23. [2)]die Gewährung von Beherbergung, Beköstigung und der üblichen Naturalleistungen durch Personen und Einrichtungen, wenn sie überwiegend Jugendliche für Erziehungs-, Ausbildungs- oder Fortbildungszwecke oder für Zwecke der Säuglingspflege bei sich aufnehmen, soweit die Leistungen an die Jugendlichen oder an die bei ihrer Erziehung, Ausbildung, Fortbildung oder Pflege tätigen Personen ausgeführt werden. Jugendliche im Sinne dieser Vorschrift sind alle Personen vor Vollendung des 27. Lebensjahres. Steuerfrei sind auch die Beherbergung, Beköstigung und die üblichen Naturalleistungen, die diese Unternehmer den Personen, die bei den Leistungen nach Satz 1 tätig sind, als Vergütung für die geleisteten Dienste gewähren. Die Sätze 1 bis 3 gelten nicht, soweit eine Leistung der Jugendhilfe des Achten Buches Sozialgesetzbuch erbracht wird;

24. die Leistungen des Deutschen Jugendherbergswerkes, Hauptverband für Jugendwandern und Jugendherbergen e.V., einschließlich der diesem Verband angeschlossenen Untergliederungen, Einrichtungen und Jugendherbergen, soweit die Leistungen den Satzungszwecken unmittelbar dienen oder Personen, die bei diesen Leistungen tätig sind, Beherbergung, Beköstigung und die üblichen Naturalleistungen als Vergütung für die geleisteten Dienste gewährt werden. Das gleiche gilt für die Leistungen anderer Vereinigungen, die gleiche Aufgaben unter denselben Voraussetzungen erfüllen;

25. [3)]Leistungen der Jugendhilfe nach § 2 Abs. 2 des Achten Buches Sozialgesetzbuch und die Inobhutnahme nach § 42 des Achten Buches Sozialgesetzbuch, wenn diese Leistungen von Trägern der öffentlichen Jugendhilfe oder anderen Einrichtungen mit sozialem Charakter erbracht werden. Andere Einrichtungen mit sozialem Charakter im Sinne dieser Vorschrift sind

---

1) Fassung ab 01.01.2002
2) Fassung ab 01.01.2008
3) Fassung ab 01.01.2008. Siehe dazu Anlage § 004 Nr. 25-01

a) von der zuständigen Jugendbehörde anerkannte Träger der freien Jugendhilfe, die Kirchen und Religionsgemeinschaften des öffentlichen Rechts sowie die amtlich anerkannten Verbände der freien Wohlfahrtspflege,

b) Einrichtungen, soweit sie

    aa) für ihre Leistungen eine im Achten Buch Sozialgesetzbuch geforderte Erlaubnis besitzen oder nach § 44 oder § 45 Abs. 1 Nr. 1 und 2 des Achten Buches Sozialgesetzbuch einer Erlaubnis nicht bedürfen,

    bb) Leistungen erbringen, die im vorangegangenen Kalenderjahr ganz oder zum überwiegenden Teil durch Träger der öffentlichen Jugendhilfe oder Einrichtungen nach Buchstabe a vergütet wurden oder

    cc) Leistungen der Kindertagespflege erbringen, für die sie nach § 24 Abs. 5 des Achten Buches Sozialgesetzbuch vermittelt werden können.

Steuerfrei sind auch

a) die Durchführung von kulturellen und sportlichen Veranstaltungen, wenn die Darbietungen von den von der Jugendhilfe begünstigten Personen selbst erbracht oder die Einnahmen überwiegend zur Deckung der Kosten verwendet werden und diese Leistungen in engem Zusammenhang mit den in Satz 1 bezeichneten Leistungen stehen,

b) die Beherbergung, Beköstigung und die üblichen Naturalleistungen, die diese Einrichtungen den Empfängern der Jugendhilfeleistungen und Mitarbeitern in der Jugendhilfe sowie den bei den Leistungen nach Satz 1 tätigen Personen als Vergütung für die geleisteten Dienste gewähren;

26. die ehrenamtliche Tätigkeit,

  a) wenn sie für juristische Personen des öffentlichen Rechts ausgeübt wird oder

  b) wenn das Entgelt für diese Tätigkeit nur in Auslagenersatz und einer angemessenen Entschädigung für Zeitversäumnis besteht;

27. a) die Gestellung von Mitgliedern geistlicher Genossenschaften und Angehörigen von Mutterhäusern für gemeinnützige, mildtätige, kirchliche oder schulische Zwecke;

  b) [1)]die Gestellung von land- und forstwirtschaftlichen Arbeitskräften durch juristische Personen des privaten oder des öffentlichen Rechts für land- und forstwirtschaftliche Betriebe (§ 24 Abs. 2) mit höchstens drei Vollarbeitskräften zur Überbrückung des Ausfalls des Betriebsinhabers oder dessen voll mitarbeitenden Familienangehörigen wegen Krankheit, Unfalls, Schwangerschaft, eingeschränkter Erwerbsfähigkeit oder Todes sowie die Gestellung von Betriebshelfern an die gesetzlichen Träger der Sozialversicherung;

28. die Lieferungen von Gegenständen, für die der Vorsteuerabzug nach § 15 Abs. 1a ausgeschlossen ist oder wenn der Unternehmer die gelieferten Gegenstände ausschließlich für eine nach den Nummern 8 bis 27 steuerfreie Tätigkeit verwendet hat.

Vorgaben im EG-Recht

USt-Recht	MwStSystRL
§ 4 Nr. 1a UStG §§ 8 bis 17 UStDV	siehe zu § 6 UStG
§ 4 Nr. 1b UStG §§ 8 bis 17 UStDV	siehe zu § 6a UStG
§ 4 Nr. 2 UStG	siehe zu § 8 UStG
§ 4 Nr. 3 Satz 1 Buchst. a Doppelbuchst. aa UStG	Artikel 146 Abs. 1 Buchst. e
§ 4 Nr. 3 Satz 1 Buchst. a Doppelbuchst. bb UStG	Artikel 144
§ 4 Nr. 3 Satz 1 Buchst. b UStG	Artikel 142
§ 4 Nr. 3 Satz 1 Buchst. c UStG	Artikel 146 Abs. 1 Buchst. e

---

1) Fassung ab 01.01.2009

§ 4

USt-Recht	MwStSystRL
§ 4 Nr. 3 Satz 2 UStG	Artikel 146 Abs. 1 Buchst. e i.V.m., Artikel 135 Abs. 1 Buchst. a bis g
§ 4 Nr. 3 Satz 3 und 4 UStG, §§ 20 und 21 UStDV	Artikel 131, Artikel 145 Abs. 2
§ 4 Nr. 4a Satz 1 Buchst. a UStG	Artikel 155, Artikel 157 Abs. 1 Buchst. b, Artikel 160 Abs. 1 Buchst. b und Abs. 2 i.V.m. Anhang V
§ 4 Nr. 4a Satz 1 Buchst. b UStG	Artikel 155, Artikel 160 Abs. 1 Buchst. b
§ 4 Nr. 4a Satz 2 bis 8 UStG	Artikel 154
§ 4 Nr. 4b UStG	Artikel 155, Artikel 156 Abs. 1 Buchst. a
§ 4 Nr. 5 Satz 1 Buchst. a UStG	Artikel 153 Abs. 1, Artikel 159, Artikel 160 Abs. 1 Buchst. b
§ 4 Nr. 5 Satz 1 Buchst. b UStG	Artikel 371 i.V.m. Anhang X Teil B Nr. 10
§ 4 Nr. 5 Satz 1 Buchst. c UStG	Artikel 153 Abs. 1
§ 4 Nr. 5 Satz 1 Buchst. d UStG	...
§ 4 Nr. 5 Satz 2 UStG	Artikel 153 Abs. 2
§ 4 Nr. 5 Satz 3 und 4 UStG, § 22 UStDV	Artikel 131
§ 4 Nr. 6 Buchst. a UStG	Artikel 394
§ 4 Nr. 6 Buchst. c UStG	Artikel 161 Buchst. a
§ 4 Nr. 7 Satz 1 Buchst. a UStG	Artikel 151 Abs. 1 Unterabs. 1 Buchst. c
§ 4 Nr. 7 Satz 1 Buchst. b UStG	Artikel 151 Abs. 1 Unterabs. 1 Buchst. d
§ 4 Nr. 7 Satz 1 Buchst. c UStG	Artikel 151 Abs. 1 Unterabs. 1 Buchst. a
§ 4 Nr. 7 Satz 1 Buchst. d UStG	Artikel 151 Abs. 1 Unterabs. 1 Buchst. b
§ 4 Nr. 7 Satz 2 und 3 UStG	Artikel 151 Abs. 1 Unterabs. 2
§ 4 Nr. 7 Satz 4 bis 6 UStG	Artikel 131
§ 4 Nr. 8 UStG	Artikel 135 Abs. 1 Buchst. b bis h
§ 4 Nr. 9 Buchst. a UStG	Artikel 135 Abs. 1 Buchst. j und k, Artikel 371 i.V.m. Anhang X Teil B Nr. 9
§ 4 Nr. 9 Buchst. b UStG	Artikel 135 Abs. 1 Buchst. i
§ 4 Nr. 10 Buchst. a UStG	Artikel 135 Abs. 1 Buchst. a
§ 4 Nr. 10 Buchst. b UStG	Artikel 28 i.V.m. Artikel 135 Abs. 1 Buchst. a
§ 4 Nr. 11 UStG	Artikel 135 Abs. 1 Buchst. a und b, Protokollerklärung Nr. 1
§ 4 Nr. 11a UStG	Artikel 371 i.V.m. Anhang X Teil B Nr. 3
§ 4 Nr. 11b UStG	Artikel 132 Abs. 1 Buchst. a
§ 4 Nr. 12 UStG	Artikel 135 Abs. 1 Buchst. l und Abs. 2, Protokollerklärung Nr. 1
§ 4 Nr. 13 UStG	Artikel 135 Abs. 1 Buchst. l, Protokollerklärung Nr. 1
§ 4 Nr. 14 UStG	Artikel 132 Abs. 1, Artikel 370 i.V.m. Anhang X Teil A Nr. 1
§ 4 Nr. 15 Buchst. a und b Satz 1 UStG	Artikel 132 Abs. 1 Buchst. g
§ 4 Nr. 15 Buchst. b Satz 2 UStG	Artikel 133
§ 4 Nr. 15a UStG	Artikel 132 Abs. 1 Buchst. g
§ 4 Nr. 16 UStG	Artikel 132 Abs. 1 Buchst. f
§ 4 Nr. 17 Buchst. a UStG	Artikel 132 Abs. 1 Buchst. d
§ 4 Nr. 17 Buchst. b UStG	Artikel 132 Abs. 1 Buchst. p
§ 4 Nr. 18 UStG	Artikel 132 Abs. 1 Buchst. g, Artikel 133
§ 4 Nr. 19 UStG	Artikel 371 i.V.m. Anhang X Teil B Nr. 5
§ 4 Nr. 20 UStG	Artikel 132 Abs. 1 Buchst. n, Artikel 133
§ 4 Nr. 21 UStG	Artikel 132 Abs. 1 Buchst. i und j
§ 4 Nr. 22 UStG	Artikel 132 Abs. 1 Buchst. i, Artikel 133, Artikel 132 Abs. 1 Buchst. m und n
§ 4 Nr. 23, Nr. 24 UStG	Artikel 132 Abs. 1 Buchst. h und i, Artikel 133
§ 4 Nr. 25 UStG	Artikel 132 Abs. 1 Buchst. h, m und n, Artikel 133
§ 4 Nr. 26 UStG	Protokollerklärung Nr. 1
§ 4 Nr. 27 Buchst. a UStG	Artikel 132 Abs. 1 Buchst. k
§ 4 Nr. 27 Buchst. b UStG	Artikel 132 Abs. 1 Buchst. g
§ 4 Nr. 28 UStG	Artikel 136

UStDV

Übersicht

Zu § 4 Nr. 1 Buchstabe a und den §§ 6 und 7 des Gesetzes

Ausfuhrnachweis und buchmäßiger Nachweis bei Ausfuhrlieferungen und Lohnveredelungen an Gegenständen der Ausfuhr

		Seite
§ 8	Grundsätze für den Ausfuhrnachweis bei Ausfuhrlieferungen	436
§ 9	Ausfuhrnachweis bei Ausfuhrlieferungen in Beförderungsfällen	436
§ 10	Ausfuhrnachweis bei Ausfuhrlieferungen in Versendungsfällen	436
§ 11	Ausfuhrnachweis bei Ausfuhrlieferungen in Bearbeitungs- und Verarbeitungsfällen	437
§ 12	Ausfuhrnachweis bei Lohnveredelungen an Gegenständen der Ausfuhr	437
§ 13	Buchmäßiger Nachweis bei Ausfuhrlieferungen und Lohnveredelungen an Gegenständen der Ausfuhr	437
§ 14–16 UStDV (weggefallen)		
§ 17	Abnehmernachweis bei Ausfuhrlieferungen im nichtkommerziellen Reiseverkehr	438

Zu § 4 Nr. 1 Buchstabe b und § 6a des Gesetzes

§ 17a	Nachweis bei innergemeinschaftlichen Lieferungen in Beförderungs- und Versendungsfällen	458
§ 17b	Nachweis bei innergemeinschaftlichen Lieferungen in Bearbeitungs- und Verarbeitungsfällen	459
§ 17c	Buchmäßiger Nachweis bei innergemeinschaftlichen Lieferungen	459

Zu § 4 Nr. 2 und § 8 des Gesetzes

§ 18	Buchmäßiger Nachweis bei Umsätzen für die Seeschifffahrt und für die Luftfahrt	483

Zu § 4 Nr. 3 des Gesetzes

§ 19	(weggefallen)	
§ 20	Belegmäßiger Nachweis bei steuerfreien Leistungen, die sich auf Gegenstände der Ausfuhr oder Einfuhr beziehen	293
§ 21	Buchmäßiger Nachweis bei steuerfreien Leistungen, die sich auf Gegenstände der Ausfuhr oder Einfuhr beziehen	294

Zu § 4 Nr. 5 des Gesetzes

§ 22	Buchmäßiger Nachweis bei steuerfreien Vermittlungen	294

Zu § 4 Nr. 18 des Gesetzes

§ 23	Amtlich anerkannte Verbände der freien Wohlfahrtsverbände	294

§ 19 (weggefallen)

§ 20 Belegmäßiger Nachweis bei steuerfreien Leistungen, die sich auf Gegenstände der Ausfuhr oder Einfuhr beziehen

(1) Bei einer Leistung, die sich umittelbar auf einen Gegenstand der Ausfuhr bezieht oder auf einen eingeführten Gegenstand bezieht, der im externen Versandverfahren in das Drittlandsgebiet befördert wird (§ 4 Nr. 3 Buchstabe a Doppelbuchstabe aa des Gesetzes[1]), muß der Unternehmer durch Belege die Ausfuhr oder Wiederausfuhr des Gegenstandes nachweisen. Die Voraussetzung muß sich aus den Belegen eindeutig und leicht nachprüfbar ergeben. Die Vorschriften über den Ausfuhrnachweis in den §§ 9 bis 11 sind entsprechend anzuwenden.

---

[1] Fassung ab 25.12.2008: § 4 Nr. 3 Satz 1 Buchstabe a Doppelbuchstabe aa des Gesetzes

(2) Bei einer Leistung, die sich auf einen Gegenstand der Einfuhr in das Gebiet eines Mitgliedstaates der Europäischen Gemeinschaft bezieht (§ 4 Nr. 3 Buchstabe a Doppelbuchstabe bb des Gesetzes[1]), muß der Unternehmer durch Belege nachweisen, daß die Kosten für diese Leistung in der Bemessungsgrundlage für die Einfuhr enthalten sind.

(3) Der Unternehmer muß die Nachweise im Geltungsbereich dieser Verordnung führen.

§ 21 Buchmäßiger Nachweis bei steuerfreien Leistungen, die sich auf Gegenstände der Ausfuhr oder Einfuhr beziehen

Bei einer Leistung, die sich auf einen Gegenstand der Ausfuhr, auf einen Gegenstand der Einfuhr in das Gebiet eines Mitgliedstaates der Europäischen Gemeinschaft oder auf einen eingeführten Gegenstand bezieht, der im externen Versandverfahren in das Drittlandsgebiet befördert wird (§ 4 Nr. 3 Buchstabe a des Gesetzes[2]), ist § 13 Abs. 1 und Abs. 2 Nr. 1 bis 4 entsprechend anzuwenden. Zusätzlich soll der Unternehmer aufzeichnen:

1. *bei einer Leistung, die sich auf einen Gegenstand der Ausfuhr bezieht oder auf einen eingeführten Gegenstand bezieht, der in externen Versandverfahren in das Drittlandsgebiet befördert wird, da der Gegenstand ausgeführt oder wiederausgeführt worden ist,*
2. *bei einer Leistung, die sich auf einen Gegenstand der Einfuhr in das Gebiet eines Mitgliedstaates der Europäischen Gemeinschaft bezieht, da die Kosten für die Leistung in der Bemessungsgrundlage für die Einfuhr enthalten sind.*

§ 22 Buchmäßiger Nachweis bei steuerfreien Vermittlungen

(1) Bei Vermittlungen im Sinne des § 4 Nr. 5 des Gesetzes ist § 13 Abs. 1 entsprechend anzuwenden.

(2) Der Unternehmer soll regelmäßig folgendes aufzeichnen:

1. *die Vermittlung und den vermittelten Umsatz,*
2. *den Tag der Vermittlung,*
3. *den Namen und die Anschrift des Unternehmers, der den vermittelten Umsatz ausgeführt hat,*
4. *das für die Vermittlung vereinbarte Entgelt oder bei der Besteuerung nach vereinnahmten Entgelten das für die Vermittlung vereinnahmte Entgelt und den Tag der Vereinnahmung.*

§ 23 Amtlich anerkannte Verbände der freien Wohlfahrtspflege[3]

Die nachstehenden Vereinigungen gelten als amtlich anerkannte Verbände der freien Wohlfahrtspflege:

1. *Diakonisches Werk der Evangelischen Kirche in Deutschland e. V.,*
2. *Deutscher Caritasverband e. V.,*
3. *Deutscher Paritätischer Wohlfahrtsverband e. V.,*
4. *Deutsches Rotes Kreuz e. V.,*
5. *Arbeiterwohlfahrt – Bundesverband e. V.,*
6. *Zentralwohlfahrtsstelle der Juden in Deutschland e. V.,*
7. *Deutscher Blinden- und Sehbehindertenverband e. V.,*
8. *Bund der Kriegsblinden Deutschlands e. V.,*
9. *Verband Deutscher Wohltätigkeitsstiftungen e. V.,*
10. *Bundesarbeitsgemeinschaft Selbsthilfe von Menschen mit Behinderung und chronischer Erkrankung und ihren Angehörigen e. V.,*
11. *Sozialverband VdK Deutschland e. V.*

---

1) Fassung ab 25.12.2008: § 4 Nr. 3 Satz 1 Buchstabe a Doppelbuchstabe bb des Gesetzes
2) Fassung ab 25.12.2008: § 4 Nr. 3 Satz 1 Buchstabe a des Gesetzes
3) Fassung ab 29.12.2007

§ 4

UStAE

Übersicht

Zu § 4 Nr. 1 UStG (§§ 8 bis 17 UStDV)
4.1.1. Ausfuhrlieferungen und Lohnveredelungen an Gegenständen der Ausfuhr 297

Zu § 4 Nr. 2 UStG (§ 18 UStDV)
4.2.1. Umsätze für die Seeschifffahrt und für die Luftfahrt 297

Zu § 4 Nr. 3 UStG (§§ 19 bis 21 UStDV)
4.3.1. Allgemeines 297
4.3.2. Grenzüberschreitende Güterbeförderungen 298
4.3.3. Grenzüberschreitende Güterbeförderungen und andere sonstige Leistungen, die sich auf Gegenstände der Einfuhr beziehen 298
4.3.4. Grenzüberschreitende Beförderungen und andere sonstige Leistungen, die sich auf Gegenstände der Ausfuhr oder der Durchfuhr beziehen 302
4.3.5. Ausnahmen von der Steuerbefreiung 305
4.3.6. Buchmäßiger Nachweis 305

Zu § 4 Nr. 4 UStG
4.4.1. Lieferungen von Gold an Zentralbanken 305

Zu § 4 Nr. 4a und 4b UStG
4.4a.1. Umsatzsteuerlagerregelung 306
4.4b.1. Steuerbefreiung für die einer Einfuhr vorangehenden Lieferungen von Gegenständen .. 306

Zu § 4 Nr. 5 UStG (§ 22 UStDV)
4.5.1. Steuerfreie Vermittlungsleistungen 306
4.5.2. Vermittlungsleistungen der Reisebüros 307
4.5.3. Verkauf von Flugscheinen durch Reisebüros oder Tickethändler („Consolidator") 309
4.5.4. Buchmäßiger Nachweis 310

Zu § 4 Nr. 6 UStG
4.6.1. Leistungen der Eisenbahn des Bundes 310
4.6.2. Steuerbefreiung für Restaurationsumsätze an Bord von Seeschiffen 310

Zu § 4 Nr. 7 UStG
4.7.1. Leistungen an Vertragsparteien des Nordatlantikvertrages, NATO-Streitkräfte, diplomatische Missionen und zwischenstaatliche Einrichtungen 310

Zu § 4 Nr. 8 UStG
4.8.1. Vermittlung im Sinne des § 4 Nr. 8 und 11 UStG 311
4.8.2. Gewährung und Vermittlung von Krediten 312
4.8.3. Gesetzliche Zahlungsmittel 313
4.8.4. Umsätze im Geschäft mit Forderungen 313
4.8.5. Einlagengeschäft 313
4.8.6. Inkasso von Handelspapieren 313
4.8.7. Zahlungs-, Überweisungs- und Kontokorrentverkehr 314
4.8.8. Umsätze im Geschäft mit Wertpapieren 314
4.8.9. Verwahrung und Verwaltung von Wertpapieren 314
4.8.10. Gesellschaftsanteile 315
4.8.11. Übernahme von Verbindlichkeiten 315
4.8.12. Übernahme von Bürgschaften und anderen Sicherheiten 315
4.8.13. Verwaltung von Investmentvermögen und von Versorgungseinrichtungen 316
4.8.14. Amtliche Wertzeichen 320

Zu § 4 Nr. 9 UStG
4.9.1. Umsätze, die unter das Grunderwerbsteuergesetz fallen 320
4.9.2. Umsätze, die unter das Rennwett- und Lotteriegesetz fallen 320

§ 4

Zu § 4 Nr. 10 UStG
4.10.1. Versicherungsleistungen 321
4.10.2. Verschaffung von Versicherungsschutz 321

Zu § 4 Nr. 11 UStG
4.11.1. Bausparkassenvertreter, Versicherungsvertreter, Versicherungsmakler 321

Zu § 4 Nr. 11b UStG
4.11b.1. Umsatzsteuerbefreiung für Post-Universaldienstleistungen 322

Zu § 4 Nr. 12 UStG
4.12.1. Vermietung und Verpachtung von Grundstücken 327
4.12.2. Vermietung von Plätzen für das Abstellen von Fahrzeugen 328
4.12.3. Vermietung von Campingflächen 330
4.12.4. Abbau- und Ablagerungsverträge 330
4.12.5. Gemischte Verträge 331
4.12.6. Verträge besonderer Art 331
4.12.7. Kaufanwartschaftsverhältnisse 332
4.12.8. Dingliche Nutzungsrechte 332
4.12.9. Beherbergungsumsätze 332
4.12.10. Vermietung und Verpachtung von Betriebsvorrichtungen 333
4.12.11. Nutzungsüberlassung von Sportanlagen und anderen Anlagen 333

Zu § 4 Nr. 13 UStG
4.13.1. Wohnungseigentümergemeinschaften 337

Zu § 4 Nr. 14 UStG
4.14.1. Anwendungsbereich und Umfang der Steuerbefreiung 337
4.14.2. Tätigkeit als Arzt 339
4.14.3. Tätigkeit als Zahnarzt 339
4.14.4. Tätigkeit als Heilpraktiker, Physiotherapeut, Hebamme sowie als Angehöriger ähnlicher Heilberufe 340
4.14.5. Krankenhausbehandlungen und ärztliche Heilbehandlungen, § 4 Nr. 14 Buchstabe b 342
4.14.6. Eng mit Krankenhausbehandlungen und ärztlichen Heilbehandlungen verbundene Umsätze 345
4.14.7. Rechtsform des Unternehmers 346
4.14.8. Praxis- und Apparategemeinschaften 347
4.14.9. Leistungen von Einrichtungen nach § 140b Abs. 1 SGB V zur integrierten Versorgung .. 348

Zu § 4 Nr. 15 UStG
4.15.1. Sozialversicherung, Grundsicherung für Arbeitsuchende, Sozialhilfe, Kriegsopferversorgung 348

Zu § 4 Nr. 16 UStG
4.16.1. Anwendungsbereich und Umfang der Steuerbefreiung 349
4.16.2. Nachweis der Voraussetzungen 350
4.16.3. Einrichtungen nach § 4 Nr. 16 Satz 1 Buchstabe k UStG 350
4.16.4. Leistungen der Altenheime, Pflegeheime und Altenwohnheime 351
4.16.5. Weitere Betreuungs- und/oder Pflegeeinrichtungen 352
4.16.6. Eng verbundene Umsätze 354

Zu § 4 Nr. 17 UStG
4.17.1. Menschliches Blut und Frauenmilch 355
4.17.2. Beförderung von kranken und verletzten Personen 355

Zu § 4 Nr. 18 UStG (§ 23 UStDV)
4.18.1. Wohlfahrtseinrichtungen 356

Zu § 4 Nr. 19 UStG
4.19.1. Blinde 357
4.19.2. Blindenwerkstätten 358

UStAE 4.1.1. – 4.3.1.   zu § 4 Nr. 1, 2, 3   § 4

Zu § 4 Nr. 20 UStG
4.20.1. Theater 358
4.20.2. Orchester, Kammermusikensembles und Chöre 358
4.20.3. Museen und Denkmäler der Bau- und Gartenbaukunst 359
4.20.4. Zoologische Gärten und Tierparks 359
4.20.5. Bescheinigungsverfahren 360

Zu § 4 Nr. 21 UStG
4.21.1. Ersatzschulen 360
4.21.2. Ergänzungsschulen und andere allgemein bildende oder berufsbildende Einrichtungen .. 360
4.21.3. Erteilung von Unterricht durch selbständige Lehrer an Schulen und Hochschulen 362
4.21.4. Unmittelbar dem Schul- und Bildungszweck dienende Leistungen 362
4.21.5. Bescheinigungsverfahren für Ergänzungsschulen und andere allgemein bildende oder berufsbildende Einrichtungen 363

Zu § 4 Nr. 22 UStG
4.22.1. Veranstaltungen wissenschaftlicher und belehrender Art 364
4.22.2. Andere kulturelle und sportliche Veranstaltungen 364

Zu § 4 Nr. 23 UStG
4.23.1. Beherbergung und Beköstigung von Jugendlichen 365

Zu § 4 Nr. 24 UStG
4.24.1. Jugendherbergswesen 366

Zu § 4 Nr. 25 UStG
4.25.1. Leistungen im Rahmen der Kinder- und Jugendhilfe 367

Zu § 4 Nr. 26 UStG
4.26.1. Ehrenamtliche Tätigkeit 369

Zu § 4 Nr. 27 UStG
4.27.1. Gestellung von Mitgliedern geistlicher Genossenschaften und Angehörigen von Mutterhäusern 369
4.27.2. Gestellung von land- und forstwirtschaftlichen Arbeitskräften sowie Gestellung von Betriebshelfern 369

Zu § 4 Nr. 28 UStG
4.28.1. Lieferung bestimmter Gegenstände 370

Zu § 4 Nr. 1 UStG (§§ 8 bis 17 UStDV)

4.1.1. Ausfuhrlieferungen und Lohnveredelungen an Gegenständen der Ausfuhr
Auf die Abschnitte 6.1 bis 7.4 wird hingewiesen.

Zu § 4 Nr. 2 UStG (§ 18 UStDV)

4.2.1. Umsätze für die Seeschifffahrt und für die Luftfahrt
Auf die Abschnitte 8.1 bis 8.3 wird hingewiesen.

Zu § 4 Nr. 3 UStG (§§ 19 bis 21 UStDV)

4.3.1. Allgemeines

(1) ¹Die Steuerbefreiung nach § 4 Nr. 3 UStG setzt voraus, dass die in der Vorschrift bezeichneten Leistungen umsatzsteuerrechtlich selbständig zu beurteilende Leistungen sind. ²Ist eine Leistung nur eine unselbständige Nebenleistung zu einer Hauptleistung, teilt sie deren umsatzsteuerrechtliches Schicksal (vgl. Abschnitt 3.10 Abs. 5). ³Vortransporte zu sich anschließenden Luftbeförderungen sind keine unselbständigen Nebenleistungen. ⁴Hingegen ist die Beförderung im Eisenbahngepäckverkehr als unselbständige Nebenleistung zur Personenbeförderung anzusehen. ⁵Zum Eisenbahngepäckverkehr zählt auch der „Auto-im-Reisezugverkehr".

(2) Das Finanzamt kann die Unternehmer von der Verpflichtung befreien, die Entgelte für Leistungen, die nach § 4 Nr. 3 UStG steuerfrei sind, und die Entgelte für nicht steuerbare Umsätze, z.b. für Beförderungen im Ausland, getrennt aufzuzeichnen (vgl. Abschnitt 22.6 Abs. 18 und 19).

4.3.2. Grenzüberschreitende Güterbeförderungen

(1) [1]Eine grenzüberschreitende Beförderung von Gegenständen, die im Zusammenhang mit einer Ausfuhr, einer Durchfuhr oder einer Einfuhr steht, ist unter den Voraussetzungen des § 4 Nr. 3 Satz 1 Buchstabe a und Sätze 2 bis 4 UStG steuerfrei (vgl. Abschnitte 4.3.3 und 4.3.4). [2]Sie liegt vor, wenn sich eine Güterbeförderung sowohl auf das Inland als auch auf das Ausland erstreckt (§ 3b Abs. 1 Satz 4 UStG). [3]Zu den grenzüberschreitenden Beförderungen im Allgemeinen vgl. Abschnitt 3b.1. [4]Grenzüberschreitende Beförderung sind auch die Beförderungen aus einem Freihafen in das Inland oder vom Inland in einen Freihafen (vgl. § 1 Abs. 2 UStG). [5]Wird ein Gegenstand im Zusammenhang mit einer Ausfuhr oder einer Einfuhr grenzüberschreitend befördert und ist der Leistungsort für diese Leistung unter Anwendung von § 3a Abs. 2 UStG im Inland, ist dieser Umsatz unter den weiteren Voraussetzungen des § 4 Nr. 3 UStG steuerfrei (§ 4 Nr. 3 Satz 1 Buchstabe a UStG), auch wenn bei dieser Beförderung das Inland nicht berührt wird.

(2) [1]Beförderungen im internationalen Eisenbahnfrachtverkehr sind Güterbeförderungen, auf die die „Einheitlichen Rechtsvorschriften für den Vertrag über die internationale Eisenbahnbeförderung von Gütern (CIM)" anzuwenden sind. [2]Die Rechtsvorschriften sind im Anhang B des Übereinkommens über den internationalen Eisenbahnverkehr (COTIF) vom 9.5.1980 (BGBl. 1985 II S. 225), geändert durch Protokoll vom 3.6.1999 (BGBl. 2002 II S. 2221), enthalten. [3]Sie finden auf Sendungen von Gütern Anwendung, die mit durchgehendem Frachtbrief zur Beförderung auf einem Schienenwege aufgegeben werden, der das Inland und mindestens einen Nachbarstaat berührt.

(3) [1]Für die Befreiung nach § 4 Nr. 3 Satz 1 Buchstabe a UStG ist es unerheblich, auf welche Weise die Beförderungen durchgeführt werden, z.B. mit Kraftfahrzeugen, Luftfahrzeugen, Eisenbahnen, Seeschiffen, Binnenschiffen oder durch Rohrleitungen. [2]Auf Grund der Definition des Beförderungsbegriffs in § 3 Abs. 6 Satz 2 UStG sind auch das Schleppen und Schieben stets als Beförderung anzusehen.

(4) [1]Ein Frachtführer, der die Beförderung von Gegenständen übernommen hat, bewirkt auch dann eine Beförderungsleistung, wenn er die Beförderung nicht selbst ausführt, sondern sie von einem oder mehreren anderen Frachtführern (Unterfrachtführern) ausführen lässt. [2]In diesen Fällen hat er die Stellung eines Hauptfrachtführers, für den der oder die Unterfrachtführer ebenfalls Beförderungsleistungen bewirken. [3]Diese Beförderungsleistungen können grenzüberschreitend sein. [4]Die Beförderungsleistung des Hauptfrachtführers sowie des Unterfrachtführers, dessen Leistung sich sowohl auf das Inland als auch auf das Ausland erstreckt, sind grenzüberschreitend. [5]Diesen Beförderungsleistungen vorangehende oder sich anschließende Beförderungen im Inland durch die anderen Unterfrachtführer sind steuerpflichtig, soweit nicht die Steuerbefreiungen für andere sonstige Leistungen nach § 4 Nr. 3 Satz 1 Buchstabe a UStG in Betracht kommen (vgl. Abschnitte 4.3.3 und 4.3.4).

(5) [1]Spediteure sind in den Fällen des Selbsteintritts der Spedition zu festen Kosten – Übernahmesätzen – sowie des Sammelladungsverkehrs umsatzsteuerrechtlich als Beförderer anzusehen. [2]Der Fall eines Selbsteintritts liegt vor, wenn der Spediteur die Beförderung selbst ausführt (§ 458 HGB). [3]Im Fall der Spedition zu festen Kosten – Übernahmesätzen – hat sich der Spediteur mit dem Auftraggeber über einen bestimmten Satz der Beförderungskosten geeinigt (§ 459 HGB). [4]Der Fall eines Sammelladungsverkehrs ist gegeben, wenn der Spediteur die Versendung des Gegenstands zusammen mit den Gegenständen anderer Auftraggeber bewirkt, und zwar auf Grund eines für seine Rechnung über eine Sammelladung geschlossenen Frachtvertrags (§ 460 HGB).

(6) [1]Im Güterfernverkehr mit Kraftfahrzeugen ist verkehrsrechtlich davon auszugehen, dass den Frachtbriefen jeweils besondere Beförderungsverträge zu Grunde liegen und dass es sich bei der Durchführung dieser Verträge jeweils um selbständige Beförderungsleistungen handelt. [2]Dementsprechend ist auch umsatzsteuerrechtlich jede frachtbriefmäßig gesondert behandelte Beförderung als selbständige Beförderungsleistung anzusehen.

4.3.3. Grenzüberschreitende Güterbeförderungen und andere sonstige Leistungen, die sich auf Gegenstände der Einfuhr beziehen

(1) [1]Die Steuerbefreiung nach § 4 Nr. 3 Satz 1 Buchstabe a Doppelbuchstabe bb UStG kommt insbesondere für folgende sonstige Leistungen in Betracht:

1. für grenzüberschreitende Güterbeförderungen und Beförderungen im internationalen Eisenbahnfrachtverkehr (vgl. Abschnitt 4.3.2) bis zum ersten Bestimmungsort in der Gemeinschaft (vgl. Absatz 8 Beispiel 1);

UStAE 4.3.3. zu § 4 Nr. 3 § 4

2. für Güterbeförderungen, die nach vorangegangener Beförderung nach Nr. 1 nach einem weiteren Bestimmungsort in der Gemeinschaft durchgeführt werden, z.b. Beförderungen auf Grund einer nachträglichen Verfügung oder Beförderungen durch Rollfuhrunternehmer vom Flughafen, Binnenhafen oder Bahnhof zum Empfänger (vgl. Absatz 8 Beispiele 2 und 3);
3. für den Umschlag und die Lagerung von eingeführten Gegenständen (vgl. Absatz 8 Beispiele 1 bis 6);
4. für handelsübliche Nebenleistungen, die bei grenzüberschreitenden Güterbeförderungen oder bei den in den Nummern 2 und 3 bezeichneten Leistungen vorkommen, z.B. Wiegen, Messen, Probeziehen oder Anmelden zur Abfertigung zum freien Verkehr;
5. für die Besorgung der in den Nummern 1 bis 4 bezeichneten Leistungen;
6. für Vermittlungsleistungen, für die die Steuerbefreiung nach § 4 Nr. 5 UStG nicht in Betracht kommt, z.B. für die Vermittlung von steuerpflichtigen Lieferungen, die von einem Importlager im Inland ausgeführt werden (vgl. Absatz 8 Beispiele 5 und 6).

²Die Steuerbefreiung setzt nicht voraus, dass die Leistungen an einen ausländischen Auftraggeber bewirkt werden. ³Die Leistungen sind steuerfrei, wenn sie sich auf Gegenstände der Einfuhr beziehen und soweit die Kosten für die Leistungen in der Bemessungsgrundlage für diese Einfuhr enthalten sind.

(2) ¹Da die Steuerbefreiung für jede Leistung, die sich auf Gegenstände der Einfuhr bezieht, in Betracht kommen kann, braucht nicht geprüft zu werden, ob es sich um eine Beförderung, einen Umschlag oder eine Lagerung von Einfuhrgegenständen oder um handelsübliche Nebenleistungen dazu handelt. ²Voraussetzung für die Steuerbefreiung ist, dass die Kosten für die Leistungen in der Bemessungsgrundlage für die Einfuhr enthalten sind. ³Diese Voraussetzung ist in den Fällen erfüllt, in denen die Kosten einer Leistung nach § 11 Abs. 1 oder 2 und/oder 3 Nr. 3 und 4 UStG Teil der Bemessungsgrundlage für die Einfuhr geworden sind (vgl. Absatz 8 Beispiele 1, 2 und 4 bis 6). ⁴Dies ist auch bei Gegenständen der Fall, deren Einfuhr nach den für die Einfuhrbesteuerung geltenden Vorschriften befreit ist (z.B. Umzugs- oder Messegut).

(3) ¹Der leistende Unternehmer hat im Geltungsbereich der UStDV durch Belege nachzuweisen, dass die Kosten für die Leistung in der Bemessungsgrundlage für die Einfuhr enthalten sind (vgl. § 20 Abs. 2 und 3 UStDV). ²Aus Vereinfachungsgründen wird jedoch bei Leistungen an ausländische Auftraggeber auf den Nachweis durch Belege verzichtet, wenn das Entgelt für die einzelne Leistung weniger als 100 € beträgt und sich aus der Gesamtheit der beim leistenden Unternehmer vorhandenen Unterlagen keine berechtigten Zweifel daran ergeben, dass die Kosten für die Leistung Teil der Bemessungsgrundlage für die Einfuhr sind.

(4) Als Belege für den in Absatz 3 bezeichneten Nachweis kommen in Betracht:
1. zollamtliche Belege, und zwar
    a) ¹ein Stück der Zollanmeldung – auch ergänzende Zollanmeldung – mit der Festsetzung der Einfuhrabgaben und gegebenenfalls auch der Zollquittung. ²Diese Belege können als Nachweise insbesondere in den Fällen dienen, in denen der leistende Unternehmer, z.B. der Spediteur, selbst die Abfertigung der Gegenstände, auf die sich seine Leistung bezieht, zum freien Verkehr beantragt,
    b) ¹ein Beleg mit einer Bestätigung der Zollstelle, dass die Kosten für die Leistung in die Bemessungsgrundlage für die Einfuhr einbezogen worden sind. ²Für diesen Beleg soll von den deutschen Zollstellen eine Bescheinigung nach vorgeschriebenem Muster verwendet werden. ³Die Zollstelle erteilt die vorbezeichnete Bestätigung auf Antrag, und zwar auch auf anderen im Beförderungs- und Speditionsgewerbe üblichen Papieren. ⁴Diese Papiere müssen jedoch alle Angaben enthalten, die das Muster vorsieht. ⁵Auf Absatz 8 Beispiele 2 und 4 bis 6 wird hingewiesen. ⁶Sind bei der Besteuerung der Einfuhr die Kosten für die Leistung des Unternehmers geschätzt worden, genügt es für den Nachweis, dass der geschätzte Betrag in den Belegen angegeben ist. ⁷Bescheinigungen entsprechenden Inhalts von Zollstellen anderer EU-Mitgliedstaaten sind ebenfalls anzuerkennen;
2. andere Belege
    ¹In den Fällen, in denen die Kosten für eine Leistung nach § 11 Abs. 1 und 2 und/oder 3 Nr. 3 und 4 UStG Teil der Bemessungsgrundlage für die Einfuhr geworden sind, genügt der eindeutige Nachweis hierüber. ²Als Nachweisbelege kommen in diesen Fällen insbesondere der schriftliche Speditionsauftrag, das im Speditionsgewerbe übliche Bordero, ein Doppel des Versandscheins, ein Doppel der Rechnung des Lieferers über die Lieferung der Gegenstände oder der vom Lieferer ausgestellte Lieferschein in Betracht (vgl. Absatz 8 Beispiele 1, 5 und 6). ³Erfolgt die Beförderung und die Zollabfertigung durch verschiedene Beauftragte, wird als ausreichender Nachweis auch eine

Bestätigung eines Verzollungsspediteurs auf einem der in Satz 2 genannten Belege anerkannt, wenn der Verzollungsspediteur in dieser eigenhändig unterschriebenen Bestätigung versichert, dass es sich bei den beförderten Gegenständen um Gegenstände der Einfuhr handelt, die zollamtlich abgefertigt wurden und die Beförderungskosten (des Beförderungsspediteurs) in der Bemessungsgrundlage für die Einfuhrumsatzsteuer enthalten sind;

3. Fotokopien

   Fotokopien können nur in Verbindung mit anderen beim leistenden Unternehmer vorhandenen Belegen als ausreichend anerkannt werden, wenn sich aus der Gesamtheit der Belege keine ernsthaften Zweifel an der Erfassung der Kosten bei der Besteuerung der Einfuhr ergeben.

(5) ¹Bei der Inanspruchnahme der Steuerbefreiung ist es aus Vereinfachungsgründen nicht zu beanstanden, wenn der Unternehmer den in § 20 Abs. 2 UStDV vorgeschriebenen Nachweis durch einen Beleg erbringt, aus dem sich eindeutig und leicht nachprüfbar ergibt, dass im Zeitpunkt seiner Leistungserbringung die Einfuhrumsatzsteuer noch nicht entstanden ist. ²Hierfür kommen beispielsweise die vom Lagerhalter im Rahmen der vorübergehenden Verwahrung oder eines bewilligten Zolllagerverfahrens zu führenden Bestandsaufzeichnungen sowie das im Seeverkehr übliche Konnossement in Betracht. ³Im Übrigen ist Absatz 4 sinngemäß anzuwenden.

(6) ¹Ist bei einer Beförderung im Eisenbahnfrachtverkehr, die im Anschluss an eine grenzüberschreitende Beförderung oder Beförderung im internationalen Eisenbahnfrachtverkehr bewirkt wird, der Absender im Ausland außerhalb der Gebiete im Sinne des § 1 Abs. 3 UStG ansässig und werden die Beförderungskosten von diesem Absender bezahlt, kann der Nachweis über die Einbeziehung der Beförderungskosten in die Bemessungsgrundlage für die Einfuhr aus Vereinfachungsgründen durch folgende Bescheinigungen auf dem Frachtbrief erbracht werden:

„Bescheinigungen für Umsatzsteuerzwecke

1. Bescheinigung des im Gemeinschaftsgebiet ansässigen Beauftragten des ausländischen Absenders:

   Nach meinen Unterlagen handelt es sich um Gegenstände der Einfuhr. Die Beförderungskosten werden von

   _____

   (Name und Anschrift des ausländischen Absenders)

   bezahlt.

   _____

   (Ort und Datum)   (Unterschrift)

2. Bescheinigung der Zollstelle (zu Zollbeleg-Nr. ....)

   Bei der Ermittlung der Bemessungsgrundlage für die Einfuhr (§ 11 UStG) wurden die Beförderungskosten bis

   _____

   (Bestimmungsort im Gemeinschaftsgebiet)

   entsprechend der Anmeldung erfasst.

   _____

   (Ort und Datum)   (Unterschrift und Dienststempel)"

²Der in der Bescheinigung Nummer 1 angegebene ausländische Absender muss der im Frachtbrief angegebene Absender sein. ³Als Beauftragter des ausländischen Absenders kommt insbesondere ein im Gemeinschaftsgebiet ansässiger Unternehmer in Betracht, der im Namen und für Rechnung des ausländischen Absenders die Weiterbeförderung der eingeführten Gegenstände über Strecken, die ausschließlich im Gemeinschaftsgebiet gelegen sind, veranlasst.

(7) ¹Bei grenzüberschreitenden Beförderungen von einem Drittland in das Gemeinschaftsgebiet werden die Kosten für die Beförderung der eingeführten Gegenstände bis zum ersten Bestimmungsort im Gemeinschaftsgebiet in die Bemessungsgrundlage für die Einfuhrumsatzsteuer einbezogen (§ 11 Abs. 3 Nr. 3 UStG). ²Beförderungskosten zu einem weiteren Bestimmungsort im Gemeinschaftsgebiet sind ebenfalls einzubeziehen, sofern dieser weitere Bestimmungsort zum Zeitpunkt des Entstehens der Einfuhrumsatzsteuer bereits feststeht (§ 11 Abs. 3 Nr. 4 UStG). ³Dies gilt auch für die auf inländische oder innergemeinschaftliche Beförderungsleistungen und andere sonstige Leistungen entfallenden Kosten im Zusammenhang mit einer Einfuhr (vgl. Absatz 8 Beispiele 2 und 3).

(8) Beispiele zur Steuerbefreiung für sonstige Leistungen, die sich auf Gegenstände der Einfuhr beziehen und steuerbar sind:

Beispiel 1:

[1]Der Lieferer L mit Sitz in Lübeck liefert aus Norwegen kommende Gegenstände an den Abnehmer A in Mailand, und zwar „frei Bestimmungsort Mailand". [2]Im Auftrag und für Rechnung des L werden die folgenden Leistungen bewirkt:

[3]Der Reeder R befördert die Gegenstände bis Lübeck. [4]Die Weiterbeförderung bis Mailand führt der Spediteur S mit seinem Lastkraftwagen aus. [5]Den Umschlag vom Schiff auf den Lastkraftwagen bewirkt der Unternehmer U.

[6]A beantragt bei der Ankunft der Gegenstände in Mailand deren Abfertigung zum freien Verkehr. [7]Bemessungsgrundlage für die Einfuhr ist der Zollwert. [8]Das ist regelmäßig der Preis (Artikel 28 ZK). [9]In den Preis hat L auf Grund der Lieferkondition „frei Bestimmungsort Mailand" auch die Kosten für die Leistungen von R, S und U einkalkuliert.

[10]Bei der grenzüberschreitenden Güterbeförderung des R von Norwegen nach Lübeck, der Anschlussbeförderung des S von Lübeck bis Mailand und der Umschlagsleistung des U handelt es sich um Leistungen, die sich auf Gegenstände der Einfuhr beziehen. [11]R, S und U weisen jeweils anhand des von L empfangenen Doppels der Lieferrechnung die Lieferkondition „frei Bestimmungsort Mailand" nach. [12]Ferner ergibt sich aus der Lieferrechnung, dass L Gegenstände geliefert hat, bei deren Einfuhr der Preis Bemessungsgrundlage ist. [13]Dadurch ist nachgewiesen, dass die Kosten für die Leistungen des R, des S und die U in der Bemessungsgrundlage für die Einfuhr enthalten sind. [14]R, S und U können deshalb für ihre Leistungen, sofern sie auch den buchmäßigen Nachweis führen, die Steuerbefreiung nach § 4 Nr. 3 Satz 1 Buchstabe a Doppelbuchstabe bb UStG in Anspruch nehmen. [15]Der Nachweis kann auch durch die in Absatz 4 Nr. 2 bezeichneten Belege erbracht werden.

Beispiel 2:

[1]Sachverhalt wie im Beispiel 1, jedoch mit Abnehmer A in München und der Liefervereinbarung „frei Grenze". [2]A hat die Umschlagskosten und die Beförderungskosten von Lübeck bis München gesondert angemeldet. [3]Ferner hat A der Zollstelle die für den Nachweis der Höhe der Umschlags- und Beförderungskosten erforderlichen Unterlagen vorgelegt. [4]In diesem Falle ist Bemessungsgrundlage für die Einfuhr nach § 11 Abs. 1 und 3 Nr. 3 und 4 UStG der Zollwert der Gegenstände frei Grenze zuzüglich darin noch nicht enthaltener Umschlags- und Beförderungskosten bis München (= weiterer Bestimmungsort im Gemeinschaftsgebiet).

[5]Wie im Beispiel 1 ist die grenzüberschreitende Güterbeförderung des R von Norwegen nach Lübeck nach § 4 Nr. 3 Satz 1 Buchstabe a Doppelbuchstabe bb UStG steuerfrei. [6]Die Anschlussbeförderung des S von Lübeck bis München und die Umschlagsleistung des U sind ebenfalls Leistungen, die sich auf Gegenstände der Einfuhr beziehen. [7]Die Kosten für die Leistungen sind in die Bemessungsgrundlage für die Einfuhr einzubeziehen, da der weitere Bestimmungsort im Gemeinschaftsgebiet im Zeitpunkt des Entstehens der Einfuhrumsatzsteuer bereits feststeht (§ 11 Abs. 3 Nr. 4 UStG). [8]Die Leistungen sind deshalb ebenfalls nach § 4 Nr. 3 Satz 1 Buchstabe a Doppelbuchstabe bb UStG steuerfrei.

Beispiel 3:

[1]Der in Deutschland ansässige Unternehmer U beauftragt den niederländischen Frachtführer F, Güter von New York nach München zu befördern. [2]F beauftragt mit der Beförderung per Schiff bis Rotterdam den niederländischen Reeder R. [3]In Rotterdam wird die Ware umgeladen und von F per LKW bis München weiterbefördert. [4]F beantragt für U bei der Einfuhr in die Niederlande, die Ware erst im Bestimmungsland Deutschland zum zoll- und steuerrechtlichen freien Verkehr für U abfertigen zu lassen (sog. T 1-Verfahren). [5]Diese Abfertigung erfolgt bei einem deutschen Zollamt.

[6]Die Beförderungsleistung des F von New York nach München ist eine grenzüberschreitende Güterbeförderung. [7]Die Einfuhr der Ware in die Niederlande wird dort nicht besteuert, da die Ware unter zollamtlicher Überwachung im T 1-Verfahren nach Deutschland verbracht wird. [8]Die Kosten für die Beförderung bis München (= ersten Bestimmungsort im Gemeinschaftsgebiet) werden in die Bemessungsgrundlage der deutschen Einfuhrumsatzsteuer einbezogen (§ 11 Abs. 3 Nr. 3 UStG). [9]Die Beförderungsleistung des F an U ist in Deutschland steuerbar (§3a Abs. 2 Satz 1 UStG), jedoch nach § 4 Nr. 3 Satz 1 Buchstabe a Doppelbuchstabe bb UStG steuerfrei. [10]Die Beförderungsleistung des R an den Frachtführer F ist in Deutschland nicht steuerbar (§ 3a Abs. 2 Satz 1 UStG).

Beispiel 4:

[1]Der Lieferer L in Odessa liefert Gegenstände an den Abnehmer A mit Sitz in München für dessen Unternehmen zu der Lieferbedingung „ab Werk". [2]Der Spediteur S aus Odessa übernimmt im Auftrag des A die Beförderung der Gegenstände von Odessa bis München zu einem festen Preis –

Übernahmesatz –. ³S führt die Beförderung jedoch nicht selbst durch, sondern beauftragt auf seine Kosten (franco) den Binnenschiffer B mit der Beförderung von Odessa bis Passau und der Übergabe der Gegenstände an den Empfangsspediteur E. ⁴Dieser führt ebenfalls im Auftrag des S auf dessen Kosten den Umschlag aus dem Schiff auf den Lastkraftwagen und die Übergabe an den Frachtführer F durch. ⁵F führt die Weiterbeförderung im Auftrag des S von Passau nach München durch. ⁶Der Abnehmer A beantragt in München die Abfertigung zum freien Verkehr und rechnet den Übernahmesatz unmittelbar mit S ab. ⁷Mit dem zwischen S und A vereinbarten Übernahmesatz sind auch die Kosten für die Leistungen des B, des E und des F abgegolten.

⁸Bei der Leistung des S handelt es sich um eine Spedition zu festen Kosten (vgl. Abschnitt 4.3.2 Abs. 5). ⁹S bewirkt damit eine sonstige Leistung (grenzüberschreitende Güterbeförderung von Odessa bis München), die insgesamt steuerbar (§ 3a Abs. 2 Satz 1 UStG), aber steuerfrei ist (§ 4 Nr. 3 Satz 1 Buchstabe a Doppelbuchstabe bb UStG). ¹⁰Der Endpunkt dieser Beförderung ist der erste Bestimmungsort im Gemeinschaftsgebiet im Sinne des § 11 Abs. 3 Nr. 3 UStG. ¹¹Nach dieser Vorschrift sind deshalb die Kosten für die Beförderung des S bis München in die Bemessungsgrundlage für die Einfuhr einzubeziehen. ¹²Über die Leistung des S an A sind die Kosten der Leistungen von B, E und F in der Bemessungsgrundlage für die Einfuhr enthalten.

¹³Die Beförderung des B von Odessa bis Passau ist als grenzüberschreitende Güterbeförderung insgesamt nicht steuerbar (§ 3a Abs. 2 Satz 1 UStG), da S seinen Sitz im Drittlandsgebiet hat. ¹⁴Die Umschlagsleistung des E und die Beförderung des F von Passau bis München sind zwar Leistungen, die sich auf Gegenstände der Einfuhr beziehen, jedoch ebenfalls nicht steuerbar.

Beispiel 5:

¹Der im Inland ansässige Handelsvertreter H ist damit betraut, Lieferungen von Nichtgemeinschaftswaren für den im Inland ansässigen Unternehmer U zu vermitteln. ²Um eine zügige Auslieferung der vermittelten Gegenstände zu gewährleisten, hat U die Gegenstände bereits vor der Vermittlung in das Inland einführen und auf ein Zolllager des H bringen lassen. ³Nachdem H die Lieferung der Gegenstände vermittelt hat, entnimmt er sie aus dem Zolllager in den freien Verkehr und sendet sie dem Abnehmer zu. ⁴Mit der Entnahme der Gegenstände aus dem Zolllager entsteht die Einfuhrumsatzsteuer. ⁵Die Vermittlungsprovision des H und die an H gezahlten Lagerkosten sind in die Bemessungsgrundlage für die Einfuhr (§ 11 Abs. 3 Nr. 3 UStG) einzubeziehen. ⁶H weist dies durch einen zollamtlichen Beleg nach. ⁷Die Vermittlungsleistung des H fällt nicht unter die Steuerbefreiung des § 4 Nr. 5 UStG. ⁸H kann jedoch für die Vermittlung die Steuerbefreiung nach § 4 Nr. 3 Satz 1 Buchstabe a Doppelbuchstabe bb UStG in Anspruch nehmen, sofern er den erforderlichen buchmäßigen Nachweis führt. ⁹Dasselbe gilt für die Lagerung.

Beispiel 6:

¹Sachverhalt wie im Beispiel 5, jedoch werden die Gegenstände nicht auf ein Zolllager verbracht, sondern sofort zum freien Verkehr abgefertigt und von H außerhalb eines Zolllagers gelagert. ²Im Zeitpunkt der Abfertigung stehen die Vermittlungsprovision und die Lagerkosten des H noch nicht fest. ³Die Beträge werden deshalb nicht in die Bemessungsgrundlage für die Einfuhr einbezogen. ⁴Die Leistungen des H sind weder nach § 4 Nr. 5 UStG noch nach § 4 Nr. 3 Satz 1 Buchstabe a Doppelbuchstabe bb UStG steuerfrei.

⁵Falls die erst nach der Abfertigung zum freien Verkehr entstehenden Kosten (Vermittlungsprovision und Lagerkosten) bereits bei der Abfertigung bekannt sind, sind diese Kosten in die Bemessungsgrundlage für die Einfuhr einzubeziehen (§ 11 Abs. 3 Nr. 3 UStG). ⁶Die Rechtslage ist dann dieselbe wie in Beispiel 5.

(9) Beförderungen aus einem Freihafen in das Inland sowie ihre Besorgung sind von der Steuerbefreiung ausgenommen, wenn sich die beförderten Gegenstände in einer zollamtlich bewilligten Freihafen-Veredelung (§ 12b EUStBV) oder in einer zollamtlich besonders zugelassenen Freihafenlagerung (§ 12a EUStBV) befunden haben (§ 4 Nr. 3 Satz 1 Buchstabe a Doppelbuchstabe bb Satz 2 UStG).

4.3.4. Grenzüberschreitende Beförderungen und andere sonstige Leistungen, die sich unmittelbar auf Gegenstände der Ausfuhr oder der Durchfuhr beziehen

(1) ¹Die Steuerbefreiung nach § 4 Nr. 3 Satz 1 Buchstabe a Doppelbuchstabe aa UStG kommt insbesondere für folgende sonstige Leistungen in Betracht:

1. für grenzüberschreitende Güterbeförderungen und Beförderungen im internationalen Eisenbahnfrachtverkehr (vgl. Abschnitt 4.3.2) ins Drittlandsgebiet;

2. für inländische und innergemeinschaftliche Güterbeförderungen, die einer Beförderung nach Nr. 1 vorangehen, z.B. Beförderungen durch Rollfuhrunternehmer vom Absender zum Flughafen, Bin-

nenhafen oder Bahnhof oder Beförderungen von leeren Transportbehältern, z.B. Containern, zum Beladeort;
3. für den Umschlag und die Lagerung von Gegenständen vor ihrer Ausfuhr oder während ihrer Durchfuhr;
4. für die handelsüblichen Nebenleistungen, die bei Güterbeförderungen aus dem Inland in das Drittlandsgebiet oder durch das Inland oder bei den in den Nummern 1 bis 3 bezeichneten Leistungen vorkommen, z.B. Wiegen, Messen oder Probeziehen;
5. für die Besorgung der in den Nummern 1 bis 4 bezeichneten Leistungen.

²Die Leistungen müssen sich unmittelbar auf Gegenstände der Ausfuhr oder der Durchfuhr beziehen. ³Eine Ausfuhr liegt vor, wenn ein Gegenstand in das Drittlandsgebiet verbracht wird. ⁴Dabei ist nicht Voraussetzung, dass der Gegenstand im Drittlandsgebiet verbleibt. ⁵Es ist unbeachtlich, ob es sich um eine Beförderung, einen Umschlag, eine Lagerung oder um eine handelsübliche Nebenleistung zu diesen Leistungen handelt. ⁶Auch die Tätigkeit einer internationalen Kontroll- und Überwachungsgesellschaft, deren „Bescheinigung über die Entladung und Einfuhr" von Erzeugnissen in das Drittland Voraussetzung für eine im Inland zu gewährende Ausfuhrerstattung ist, steht in unmittelbarem Zusammenhang mit Gegenständen der Ausfuhr (vgl. BFH-Urteil vom 10.11.2010, V R 27/09, BStBl. 2011 II S. 557).

(2) Folgende sonstige Leistungen sind nicht als Leistungen anzusehen, die sich unmittelbar auf Gegenstände der Ausfuhr oder der Durchfuhr beziehen:
1. ¹Vermittlungsleistungen im Zusammenhang mit der Ausfuhr oder der Durchfuhr von Gegenständen. ²Diese Leistungen können jedoch nach § 4 Nr. 5 UStG steuerfrei sein (vgl. Abschnitt 4.5.1);
2. ¹Leistungen, die sich im Rahmen einer Ausfuhr oder einer Durchfuhr von Gegenständen nicht auf diese Gegenstände, sondern auf die Beförderungsmittel beziehen, z.B. die Leistung eines Gutachters, die sich auf einen verunglückten Lastkraftwagen – und nicht auf seine Ladung – bezieht, oder die Überlassung eines Liegeplatzes in einem Binnenhafen. ²Für Leistungen, die für den unmittelbaren Bedarf von Seeschiffen oder Luftfahrzeugen, einschließlich ihrer Ausrüstungsgegenstände und ihrer Ladungen, bestimmt sind, kann jedoch die Steuerbefreiung nach § 4 Nr. 2, § 8 Abs. 1 Nr. 5 oder Abs. 2 Nr. 4 UStG in Betracht kommen (vgl. Abschnitte 8.1 Abs. 7 und Abschnitt 8.2 Abs. 6).

(3) ¹Als Gegenstände der Ausfuhr oder der Durchfuhr sind auch solche Gegenstände anzusehen, die sich vor der Ausfuhr im Rahmen einer Bearbeitung oder Verarbeitung im Sinne des § 6 Abs. 1 Satz 2 UStG oder einer Lohnveredelung im Sinne des § 7 UStG befinden. ²Die Steuerbefreiung erstreckt sich somit auch auf sonstige Leistungen, die sich unmittelbar auf diese Gegenstände beziehen.

(4) ¹Bei grenzüberschreitenden Güterbeförderungen und anderen sonstigen Leistungen, einschließlich Besorgungsleistungen, die sich unmittelbar auf Gegenstände der Ausfuhr oder der Durchfuhr beziehen, hat der leistende Unternehmer im Geltungsbereich der UStDV die Ausfuhr oder Wiederausfuhr der Gegenstände durch Belege eindeutig und leicht nachprüfbar nachzuweisen (§ 20 Abs. 1 und 3 UStDV). ²Bei grenzüberschreitenden Güterbeförderungen kommen insbesondere die vorgeschriebenen Frachturkunden (z.B. Frachtbrief, Konnossement), der schriftliche Speditionsauftrag, das im Speditionsgewerbe übliche Bordero, ein Doppel des Versandscheins oder im EDV-gestützten Ausfuhrverfahren (ATLAS-Ausfuhr) die durch die AfZSt per EDIFACT-Nachricht übermittelte Statusmeldung über die Erlaubnis des Ausgangs „STA" als Nachweisbelege in Betracht. ³Bei anderen sonstigen Leistungen kommen als Ausfuhrbelege insbesondere Belege mit einer Ausfuhrbestätigung der den Ausgang aus dem Zollgebiet der Gemeinschaft überwachenden Grenzzollstelle, Versendungsbelege oder sonstige handelsübliche Belege in Betracht (§§ 9 bis 11 UStDV, vgl. Abschnitte 6.6 bis 6.8). ⁴Die sonstigen handelsüblichen Belege können auch von den Unternehmern ausgestellt werden, die für die Lieferung die Steuerbefreiung für Ausfuhrlieferungen (§ 4 Nr. 1 Buchstabe a, § 6 UStG) oder für die Bearbeitung oder Verarbeitung die Steuerbefreiung für Lohnveredelungen an Gegenständen der Ausfuhr (§ 4 Nr. 1 Buchstabe a, § 7 UStG) in Anspruch nehmen. ⁵Diese Unternehmer müssen für die Inanspruchnahme der vorbezeichneten Steuerbefreiungen die Ausfuhr der Gegenstände nachweisen. ⁶Anhand der bei ihnen vorhandenen Unterlagen können sie deshalb einen sonstigen handelsüblichen Beleg, z.B. für einen Frachtführer, Umschlagbetrieb oder Lagerhalter, ausstellen.

(5) Bei Vortransporten, die mit Beförderungen im Luftfrachtverkehr aus dem Inland in das Drittlandsgebiet verbunden sind, ist der Nachweis der Ausfuhr oder Wiederausfuhr als erfüllt anzusehen, wenn sich aus den Unterlagen des Unternehmers eindeutig und leicht nachprüfbar ergibt, dass im Einzelfall
1. die Vortransporte auf Grund eines Auftrags bewirkt worden sind, der auch die Ausführung der nachfolgenden grenzüberschreitenden Beförderung zum Gegenstand hat,

§ 4 zu § 4 Nr. 3 **UStAE 4.3.4.**

2. die Vortransporte als örtliche Rollgebühren oder Vortransportkosten abgerechnet worden sind und
3. die Kosten der Vortransporte wie folgt ausgewiesen worden sind:
   a) im Luftfrachtbrief – oder im Sammelladungsverkehr im Hausluftfrachtbrief – oder
   b) in der Rechnung an den Auftraggeber, wenn die Rechnung die Nummer des Luftfrachtbriefs – oder im Sammelladungsverkehr die Nummer des Hausluftfrachtbriefs – enthält.

(6) ¹Ist bei einer Beförderung im Eisenbahnfrachtverkehr, die einer grenzüberschreitenden Beförderung oder einer Beförderung im internationalen Eisenbahnfrachtverkehr vorausgeht, der Empfänger oder der Absender im Ausland außerhalb der Gebiete im Sinne des § 1 Abs. 3 UStG ansässig und werden die Beförderungskosten von diesem Empfänger oder Absender bezahlt, kann die Ausfuhr oder Wiederausfuhr aus Vereinfachungsgründen durch folgende Bescheinigung auf dem Frachtbrief nachgewiesen werden:

„Bescheinigung für Umsatzsteuerzwecke

Nach meinen Unterlagen bezieht sich die Beförderung unmittelbar auf Gegenstände der Ausfuhr oder der Durchfuhr (§ 4 Nr. 3 Satz 1 Buchstabe a Doppelbuchstabe aa UStG).

Die Beförderungskosten werden von

_____
             (Name und Anschrift des ausländischen Empfängers oder Absenders)
bezahlt.

_____   _____
       (Ort und Datum)   (Unterschrift)"

²Der in der vorbezeichneten Bescheinigung angegebene ausländische Empfänger oder Absender muss der im Frachtbrief angegebene Empfänger oder Absender sein.

(7) ¹Bei einer Güterbeförderung, die einer grenzüberschreitenden Güterbeförderung vorangeht, kann die Ausfuhr oder die Wiederausfuhr aus Vereinfachungsgründen durch folgende Bescheinigung des auftraggebenden Spediteurs/Hauptfrachtführers auf dem schriftlichen Transportauftrag nachgewiesen werden:

„Bescheinigung für Umsatzsteuerzwecke

Ich versichere, dass ich die im Auftrag genannten Gegenstände nach ... (Ort im Drittlandsgebiet) versenden werde. Die Angaben habe ich nach bestem Wissen und Gewissen auf Grund meiner Geschäftsunterlagen gemacht, die im Gemeinschaftsgebiet nachprüfbar sind.

_____   _____
       (Ort und Datum)   (Unterschrift)"

²Rechnen der Spediteur/Hauptfrachtführer und der Unterfrachtführer durch Gutschrift (§ 14 Abs. 2 Satz 2 UStG) ab, kann die Bescheinigung nach Satz 1 auch auf der Gutschrift erfolgen. ³Auf die eigenhändige Unterschrift des auftraggebenden Spediteurs/Frachtführers kann verzichtet werden, wenn die für den Spediteur/Hauptfrachtführer zuständige Oberfinanzdirektion bzw. oberste Finanzbehörde dies genehmigt hat und in dem Transportauftrag oder der Gutschrift auf die Genehmigungsverfügung bzw. den Genehmigungserlass unter Angabe von Datum und Aktenzeichen hingewiesen wird.

(8) ¹Eine grenzüberschreitende Beförderung zwischen dem Inland und einem Drittland liegt auch vor, wenn die Güterbeförderung vom Inland über einen anderen EU-Mitgliedstaat in ein Drittland durchgeführt wird. ²Befördert in diesem Fall ein Unternehmer die Güter auf einer Teilstrecke vom Inland in das übrige Gemeinschaftsgebiet, ist diese Leistung nach § 4 Nr. 3 Satz 1 Buchstabe a Doppelbuchstabe aa UStG steuerfrei (vgl. Beispiel 2). ³Der Unternehmer hat die Ausfuhr der Güter durch Belege nachzuweisen (vgl. § 4 Nr. 3 Sätze 3 und 4 UStG in Verbindung mit § 20 Abs. 1 und 3 UStDV). ⁴Wird der Nachweis nicht erbracht, ist die Güterbeförderung steuerpflichtig (vgl. Beispiel 1).

Beispiel 1:

¹Die in der Schweiz ansässige Privatperson P beauftragt den in Deutschland ansässigen Frachtführer F, Güter von Mainz nach Istanbul (Türkei) zu befördern. ²F beauftragt den deutschen Unterfrachtführer F1 mit der Beförderung von Mainz nach Bozen (Italien) und den italienischen Unterfrachtführer F2 mit der Beförderung von Bozen nach Istanbul. ³Dabei kann F2 die Ausfuhr in die Türkei durch Belege nachweisen, F1 dagegen nicht.

⁴Die Beförderungsleistung des F an seinen Leistungsempfänger P umfasst die Gesamtbeförderung von Mainz nach Istanbul. ⁵Nach § 3b Abs. 1 Satz 2 und 3 UStG ist nur der Teil der Leistung steuerbar, der auf den inländischen Streckenanteil entfällt. ⁶Dieser Teil der Leistung ist nach § 4 Nr. 3 Satz 1

UStAE 4.3.4. – 4.4.1.   zu § 4 Nr. 3, 4   § 4

Buchstabe a Doppelbuchstabe aa UStG allerdings steuerfrei, da sich diese Güterbeförderung unmittelbar auf Gegenstände der Ausfuhr bezieht.

[7]Der Ort der Beförderungsleistung des Unterfrachtführers F1 an den Frachtführer F bestimmt sich nach dem Ort, von dem aus F sein Unternehmen betreibt (§ 3a Abs. 2 Satz 1 UStG). [8]Die Leistung des F1 ist nicht steuerfrei, da F1 keinen belegmäßigen Nachweis nach § 20 Abs. 1 und 3 UStDV erbringen kann. [9]Steuerschuldner ist der leistende Unternehmer F1 (§ 13a Abs. 1 Nr. 1 UStG).

[10]Die Beförderungsleistung des Unterfrachtführers F2 an den Frachtführer F ist in Deutschland steuerbar (§ 3a Abs. 2 Satz 1 UStG) und unter den weiteren Voraussetzungen von § 4 Nr. 3 UStG steuerfrei.

Beispiel 2:

[1]Wie Beispiel 1, jedoch weist F1 durch Belege die Ausfuhr der Güter in die Türkei nach (§ 20 Abs. 1 und 3 UStDV).

[2]Die Beförderungsleistung des Unterfrachtführers F1 an den Frachtführer F von Mainz nach Bozen ist Teil einer grenzüberschreitenden Güterbeförderung in die Türkei. [3]Da der Unterfrachtführer F1 durch Belege die Ausfuhr der Güter in die Türkei nachweist, und somit den belegmäßigen Nachweis nach § 20 Abs. 1 und 3 UStDV erbringt, ist seine Leistung nach § 4 Nr. 3 Satz 1 Buchstabe a Doppelbuchstabe aa UStG in Deutschland von der Umsatzsteuer befreit.

[4]Die Beförderungsleistungen des Frachtführers F und des Unterfrachtführers F2 sind wie in Beispiel 1 dargestellt zu behandeln.

4.3.5. Ausnahmen von der Steuerbefreiung

(1) [1]Die Steuerbefreiung nach § 4 Nr. 3 UStG (vgl. Abschnitte 4.3.3 und 4.3.4) ist ausgeschlossen für die in § 4 Nr. 8, 10, 11 und 11b UStG bezeichneten Umsätze. [2]Dadurch wird bei Umsätzen des Geld- und Kapitalverkehrs, bei Versicherungsumsätzen und bei Post-Universaldienstleistungen eine Steuerbefreiung mit Vorsteuerabzug in anderen als in den in § 15 Abs. 3 Nr. 1 Buchstabe b und Nr. 2 Buchstabe b UStG bezeichneten Fällen vermieden. [3]Die Regelung hat jedoch nur Bedeutung für umsatzsteuerrechtlich selbständige Leistungen.

(2) [1]Von der Steuerbefreiung nach § 4 Nr. 3 UStG sind ferner Bearbeitungen oder Verarbeitungen von Gegenständen einschließlich Werkleistungen im Sinne des § 3 Abs. 10 UStG ausgeschlossen. [2]Diese Leistungen können jedoch z.B. unter den Voraussetzungen des § 4 Nr. 1 Buchstabe a, § 7 UStG steuerfrei sein.

4.3.6. Buchmäßiger Nachweis

[1]Die jeweiligen Voraussetzungen der Steuerbefreiung nach § 4 Nr. 3 UStG müssen vom Unternehmer buchmäßig nachgewiesen sein (§ 21 UStDV). [2]Hierfür gelten die Ausführungen zum buchmäßigen Nachweis bei Ausfuhrlieferungen in Abschnitt 6.10 Abs. 1 bis 5 entsprechend. [3]Regelmäßig soll der Unternehmer Folgendes aufzeichnen:

1. die Art und den Umfang der sonstigen Leistung – bei Besorgungsleistungen einschließlich der Art und des Umfangs der besorgten Leistung –;
2. den Namen und die Anschrift des Auftraggebers;
3. den Tag der sonstigen Leistung;
4. das vereinbarte Entgelt oder das vereinnahmte Entgelt und den Tag der Vereinnahmung und
5. a) die Einbeziehung der Kosten für die Leistung in die Bemessungsgrundlage für die Einfuhr, z.B. durch Hinweis auf die Belege im Sinne des § 20 Abs. 2 UStDV (vgl. Abschnitt 4.3.3 Abs. 3 und 4), oder

   b) die Ausfuhr oder Wiederausfuhr der Gegenstände, auf die sich die Leistung bezogen hat, z.B. durch Hinweis auf die Ausfuhrbelege (vgl. Abschnitt 4.3.4 Abs. 4 bis 6 und 8).

Zu § 4 Nr. 4 UStG

4.4.1. Lieferungen von Gold an Zentralbanken

[1]Unter die Steuerbefreiung nach § 4 Nr. 4 UStG fallen Goldlieferungen an die Deutsche Bundesbank und die Europäische Zentralbank. [2]Die Steuerbefreiung erstreckt sich ferner auf Goldlieferungen, die an Zentralbanken anderer Staaten oder an die den Zentralbanken entsprechenden Währungsbehörden anderer Staaten bewirkt werden. [3]Es ist hierbei nicht erforderlich, dass das gelieferte Gold in das Ausland gelangt. [4]Liegen für Goldlieferungen nach § 4 Nr. 4 UStG auch die Voraussetzungen der

Steuerbefreiung für Anlagegold (§ 25c Abs. 1 und 2 UStG) vor, geht die Steuerbefreiung des § 25c Abs. 1 und 2 UStG der Steuerbefreiung des § 4 Nr. 4 UStG vor.

Zu § 4 Nr. 4a und 4b UStG

4.4a.1. Umsatzsteuerlagerregelung
Zur Umsatzsteuerlagerregelung (§ 4 Nr. 4a UStG) vgl. BMF-Schreiben vom 28.1.2004, BStBl. I S. 242.

4.4b.1. Steuerbefreiung für die einer Einfuhr vorangehenden Lieferungen von Gegenständen
[1]Nach § 4 Nr. 4b UStG ist die einer Einfuhr vorangehende Lieferung (Einfuhrlieferung) von der Umsatzsteuer befreit, wenn der Abnehmer oder dessen Beauftragter den Gegenstand einführt. [2]Die Steuerbefreiung gilt für Lieferungen von Nichtgemeinschaftswaren, die sich in einem zollrechtlichen Nichterhebungsverfahren befinden (vgl. im Einzelnen BMF-Schreiben vom 28.1.2004, BStBl. 2004 I S. 242). [3]Zu den Nichtgemeinschaftswaren gehören nach Artikel 4 Nr. 8 ZK auch Waren, die aus der gemeinsamen Be- oder Verarbeitung von Gemeinschafts- und Nichtgemeinschaftsware entstehen.

Beispiel:
[1]Eine im Drittland gefertigte Glasscheibe wird von Unternehmer A bei der Ankunft in Deutschland in die aktive Veredelung im Nichterhebungsverfahren übergeführt. [2]Die Glasscheibe wird anschließend in einen Kunststoffrahmen, der sich im freien Verkehr befindet, eingebaut. [3]Die Glasscheibe einschließlich Kunststoffrahmen wird danach im Rahmen des aktiven Veredelungsverkehrs an Unternehmer B veräußert, der die gesamte Scheibe in sein Produkt (Fahrzeug) einbaut. [4]Unternehmer B fertigt die Fahrzeuge, die nicht in das Drittland ausgeführt werden, zum freien Verkehr ab und entrichtet die fälligen Einfuhrabgaben (Zoll und Einfuhrumsatzsteuer).

[5]Nach Artikel 114 Abs. 1 Buchstabe a ZK werden grundsätzlich nur Nichtgemeinschaftswaren in das Verfahren der aktiven Veredelung nach dem Nichterhebungsverfahren übergeführt, bei der Veredelung verwendete Gemeinschaftswaren aber nicht. [6]Durch das „Hinzufügen" von Nichtgemeinschaftswaren, (hier die Glasscheibe) verlieren die Gemeinschaftswaren (hier der verwendete Glasrahmen) allerdings ihren zollrechtlichen Status „Gemeinschaftswaren" und werden zu Nichtgemeinschaftswaren.

[7]Wird das Endprodukt, (hier die gerahmte Glasscheibe) im Rahmen eines weiteren Verfahrens der aktiven Veredelung an einen Abnehmer veräußert, der das Endprodukt in ein neues Produkt z.B. ein Fahrzeug einbaut und gelangt das Wirtschaftsgut in diesem Zusammenhang in den Wirtschaftskreislauf der EU (z.B. durch Abfertigung in den zoll- und steuerrechtlich freien Verkehr), entstehen Einfuhrabgaben.

[8]Soweit der Unternehmer, der den Gegenstand eingeführt hat, zum Vorsteuerabzug berechtigt ist, kann er unter den weiteren Voraussetzungen des § 15 UStG die entrichtete Einfuhrumsatzsteuer als Vorsteuer abziehen (§ 15 Abs. 1 Satz 1 Nr. 2 UStG).

[9]Die Lieferung des im Rahmen der aktiven Veredelung bearbeiteten und gelieferten Gegenstands (hier die gerahmte Glasscheibe) ist nach § 4 Nr. 4b UStG umsatzsteuerfrei, wenn der Abnehmer der Lieferung oder dessen Beauftragter den Gegenstand einführt.

Zu § 4 Nr. 5 UStG (§ 22 UStDV)

4.5.1. Steuerfreie Vermittlungsleistungen
(1) [1]Die Vermittlungsleistung erfordert ein Handeln in fremdem Namen und für fremde Rechnung. [2]Der Wille, in fremdem Namen zu handeln und unmittelbare Rechtsbeziehungen zwischen dem leistenden Unternehmer und dem Leistungsempfänger herzustellen, muss hierbei den Beteiligten gegenüber deutlich zum Ausdruck kommen (vgl. BFH-Urteil vom 19.1.1967, V 52/63, BStBl. III S. 211). [3]Für die Annahme einer Vermittlungsleistung reicht es aus, dass der Unternehmer nur eine Vermittlungsvollmacht – also keine Abschlussvollmacht – besitzt (vgl. § 84 HGB). [4]Zum Begriff der Vermittlungsleistung vgl. Abschnitt 3.7 Abs. 1.

(2) [1]Die Steuerbefreiung des § 4 Nr. 5 UStG erstreckt sich nicht auf die als handelsübliche Nebenleistungen bezeichneten Tätigkeiten, die im Zusammenhang mit Vermittlungsleistungen als selbständige Leistungen vorkommen. [2]Nebenleistungen sind daher ein im Rahmen des § 4 Nr. 5 UStG dann steuerfrei, wenn sie als unselbständiger Teil der Vermittlungsleistung anzusehen sind, z.B. die Übernahme des Inkasso oder der Entrichtung der Eingangsabgaben durch den Vermittler. [3]Für die selbständigen Leistungen, die im Zusammenhang mit den Vermittlungsleistungen ausgeübt werden, kann

jedoch gegebenenfalls Steuerbefreiung nach § 4 Nr. 2, § 8 UStG oder nach § 4 Nr. 3 UStG in Betracht kommen.

(3) Für die Steuerbefreiung nach § 4 Nr. 5 Satz 1 Buchstabe a UStG wird zu der Frage, welche der vermittelten Umsätze unter die Befreiungsvorschriften des § 4 Nr. 1 Buchstabe a, Nr. 2 bis 4b sowie Nr. 6 und 7 UStG fallen, auf die Abschnitte 1.9, 3.13, 4.1.1 bis 4.4b.1, 4.6.1, 4.6.2, 4.7.1, 6.1 bis 6.12 und 7.1 bis 8.3 hingewiesen.

(4) Bei der Vermittlung von grenzüberschreitenden Personenbeförderungen mit Luftfahrzeugen oder Seeschiffen (§ 4 Nr. 5 Satz 1 Buchstabe b UStG) ist es unerheblich, wenn kurze ausländische Streckenanteile als Beförderungsstrecken im Inland oder kurze Streckenanteile im Inland als Beförderungsstrecken im Ausland anzusehen sind (vgl. Abschnitt 3b.1 Abs. 7 bis 18).

(5) [1]Nicht unter die Befreiungsvorschrift des § 4 Nr. 5 UStG fällt die Vermittlung der Lieferungen, die im Anschluss an die Einfuhr an einem Ort im Inland bewirkt werden. [2]Hierbei handelt es sich insbesondere um die Fälle, in denen der Gegenstand nach der Einfuhr gelagert und erst anschließend vom Lager aus an den Abnehmer geliefert wird. [3]Für die Vermittlung dieser Lieferungen kann jedoch die Steuerbefreiung nach § 4 Nr. 3 Satz 1 Buchstabe a Doppelbuchstabe bb UStG in Betracht kommen (vgl. Abschnitt 4.3.3 Abs. 1 Satz 1 Nr. 6).

(6) Zur Möglichkeit der Steuerbefreiung von Ausgleichszahlungen an Handelsvertreter nach § 89b HGB vgl. BFH-Urteil vom 25.6.1998, V R 57/97, BStBl. 1999 II S. 102.

4.5.2. Vermittlungsleistungen der Reisebüros

(1) [1]Die Steuerbefreiung nach § 4 Nr. 5 UStG erstreckt sich auch auf steuerbare Vermittlungsleistungen der Reisebüros. [2]Ausgenommen von der Befreiung sind jedoch die in § 4 Nr. 5 Satz 2 UStG bezeichneten Vermittlungsleistungen (vgl. hierzu Absatz 5). [3]Die Befreiung kommt insbesondere für Vermittlungsleistungen in Betracht, bei denen die Reisebüros als Vermittler für die sog. Leistungsträger, z.B. Beförderungsunternehmer, auftreten. [4]Zu Abgrenzungsfragen beim Zusammentreffen von Vermittlungsleistungen und Reiseleistungen vgl. Abschnitt 25.1 Abs. 5.

(2) Die Steuerbefreiung für Vermittlungsleistungen an einen Leistungsträger kommt in Betracht, wenn das Reisebüro die Vermittlungsprovision nicht vom Leistungsträger oder einer zentralen Vermittlungsstelle überwiesen erhält, sondern in der vertraglich zulässigen Höhe selbst berechnet und dem Leistungsträger nur den Preis abzüglich der Provision zahlt.

(3) [1]Zum Ort der Leistung bei der Vermittlung von Unterkünften siehe Abschnitte 3a.3 Abs. 9 und 3a.7 Abs. 1. [2]Liegt danach der Ort nicht im Inland, ist die Vermittlungsleistung nicht steuerbar. [3]§ 4 Nr. 5 Satz 1 Buchstabe c UStG kommt daher für diese Vermittlungsleistungen nicht in Betracht.

(4) [1]Die Vermittlung einer Reiseleistung im Sinne des § 25 UStG für einen im Inland ansässigen Reiseveranstalter ist steuerpflichtig, auch wenn sich die betreffende Reiseleistung aus einer oder mehreren in § 4 Nr. 5 Satz 1 Buchstabe b und c UStG bezeichneten Leistungen zusammensetzt. [2]Es liegt jedoch keine Vermittlung einer Reiseleistung im Sinne des § 25 Abs. 1 UStG, sondern eine Vermittlung von Einzelleistungen durch das Reisebüro vor, soweit der Reiseveranstalter die Reiseleistung mit eigenen Mitteln erbringt. [3]Das gilt auch, wenn die vermittelten Leistungen in einer Summe angeboten werden und die Reisebüros für die Vermittlung dieser Leistungen eine einheitliche Provision erhalten.

(5) [1]Die Ausnahmeregelung des § 4 Nr. 5 Satz 2 UStG betrifft alle Unternehmer, die Reiseleistungen für Reisende vermitteln. [2]Es kommt nicht darauf an, ob sich der Unternehmer als Reisebüro bezeichnet. [3]Maßgebend ist vielmehr, ob er diese Tätigkeit eines Reisebüros ausübt. [4]Da die Reisebüros Reiseleistungen in der Regel im Auftrag der Leistungsträger und nicht im Auftrag der Reisenden vermitteln, fällt im Allgemeinen nur die Vermittlung solcher Tätigkeiten unter die Ausnahmeregelung, für die das Reisebüro dem Reisenden ein gesondertes Entgelt berechnet. [5]Das ist z.B. dann der Fall, wenn der Leistungsträger die Zahlung einer Vergütung an das Reisebüro ausgeschlossen hat und das Reisebüro daher dem Reisenden von sich aus einen Zuschlag zu dem vom Leistungsträger für seine Leistung geforderten Entgelt berechnet. [6]Das Gleiche trifft auf die Fälle zu, in denen das Reisebüro dem Reisenden für eine besondere Leistung gesondert Kosten berechnet, wie z.B. Telefon- oder Telefaxkosten, Visabeschaffungsgebühren oder sonstige Bearbeitungsgebühren. [7]Für diese Leistungen scheidet die Steuerbefreiung auch dann aus, wenn sie im Zusammenhang mit steuerbaren oder steuerfreien Vermittlungsleistungen an einen Leistungsträger bewirkt werden.

Beispiel:

[1]Das Reisebüro vermittelt dem Reisenden einen grenzüberschreitenden Flug. [2]Gleichzeitig vermittelt es im Auftrag des Reisenden die Erteilung des Visums. [3]Die Steuerbefreiung des § 4 Nr. 5 UStG kann in diesem Fall nur für die Vermittlung des Fluges in Betracht kommen.

§ 4
zu § 4 Nr. 5
UStAE 4.5.2.

(6) ¹Haben Reisebüros beim Verkauf von Flugscheinen keinen Anspruch auf (Grund-)Provision oder sonstiges Entgelt gegenüber dem Luftverkehrsunternehmen (Nullprovisionsmodell), ist eine Vermittlungstätigkeit für das Luftverkehrsunternehmen nicht gegeben. ²Werden Reisebüros beim Verkauf im Rahmen eines solchen Nullprovisionsmodells tätig, wird die Vermittlungsleistung gegenüber dem Reisenden erbracht. ³Erheben Reisebüros von den Reisenden hierfür Gebühren (z.B. sog. Service-Fee), gilt für die Vermittlung von grenzüberschreitenden Personenbeförderungsleistungen im Luftverkehr in den Fällen des § 3a Abs. 3 Nr. 4 UStG Folgendes:

1. ¹Die Vermittlung grenzüberschreitender Beförderungen von Personen im Luftverkehr gegenüber einem Reisenden ist steuerpflichtig, soweit die vermittelte Leistung auf das Inland entfällt (§ 3b Abs. 1 Satz 1, § 4 Nr. 5 Satz 2 UStG). ²Soweit die vermittelte Leistung nicht auf das Inland entfällt, ist deren Vermittlung nicht steuerbar. ³Das Entgelt ist in einen steuerpflichtigen und einen nicht steuerbaren Teil aufzuteilen. ⁴Die Umsatzsteuer ist aus der anteiligen Zahlung des Reisenden herauszurechnen. ⁵Unter der Voraussetzung, dass der Unternehmer bei allen Vermittlungsleistungen einheitlich entsprechend verfährt, ist es nicht zu beanstanden, wenn der steuerpflichtige Teil wie folgt ermittelt wird:
   a) bei der Vermittlung von grenzüberschreitenden Beförderungen von Personen im Luftverkehr von bzw. zu Beförderungszielen im übrigen Gemeinschaftsgebiet (sog. EU-Flüge) mit 25% des Entgelts für die Vermittlungsleistung,
   b) bei der Vermittlung von grenzüberschreitenden Beförderungen von Personen im Luftverkehr von bzw. zu Beförderungszielen außerhalb des übrigen Gemeinschaftsgebiets (sog. Drittlandsflüge) mit 5% des Entgelts für die Vermittlungsleistung.

   ⁶Diese Pauschalregelung ist dann auch auf Fälle ohne Start und Ziel im Inland anzuwenden. ⁷Zwischen- oder Umsteigehalte gelten dabei nicht als Beförderungsziele. ⁸Dieser vereinfachte Aufteilungsmaßstab gilt nicht, soweit das vom Reisenden erhobene Entgelt auf andere Leistungen entfällt (z.B. auf die Vermittlung von Unterkunft oder Mietwagen).

2. ¹Erhält ein Reisebüro eine Zahlung von einem Luftverkehrsunternehmen, das die dem Reisenden vermittelte Personenbeförderungsleistung erbringt, ohne von diesem ausdrücklich zur Vermittlung beauftragt zu sein, ist diese Zahlung regelmäßig (z.B. im Rahmen eines sog. Nullprovisionsmodells) Entgelt von dritter Seite für die gegenüber dem Reisenden erbrachte Vermittlungsleistung. ²Nach den Umständen des Einzelfalls (z.B. auf der Grundlage eines gesonderten Dienstleistungsvertrags) kann ein Entgelt für eine gesonderte Leistung des Reisebüros an das Luftverkehrsunternehmen, die nicht in der steuerfreien Vermittlung einer Personenbeförderungsleistung besteht, oder in besonders gelagerten Ausnahmefällen ein nicht steuerbarer Zuschuss (vgl. Abschnitt 10.2 Abs. 7) gegeben sein; Nummer 1 bleibt auch in diesen Fällen unberührt.

3. Erhält ein Reisebüro, das grenzüberschreitende Personenbeförderungsleistungen im Luftverkehr im Auftrag des Luftverkehrsunternehmens vermittelt, von diesem für den Flugscheinverkauf ein Entgelt, und erhebt es daneben einen zusätzlichen Betrag vom Reisenden, erbringt es beim Flugscheinverkauf eine nach § 4 Nr. 5 Satz 1 Buchstabe b UStG steuerfreie Vermittlungsleistung an das Luftverkehrsunternehmen und gleichzeitig eine nach Maßgabe der Nummer 1 anteilig steuerpflichtige Vermittlungsleistung an den Reisenden.

(7) ¹Firmenkunden-Reisebüros erbringen mit ihren Leistungen an Firmenkunden hauptsächlich Vermittlungsleistungen und nicht eine einheitliche sonstige Leistung der Kundenbetreuung. ²Wesen des Vertrags zwischen Firmenkunden-Reisebüro und Firmenkunden ist die effiziente Vermittlung von Reiseleistungen unter Beachtung aller Vorgaben des Firmenkunden. ³Hierzu gehört insbesondere auch die Einhaltung der kundeninternen Reisekosten-Richtlinie und die erleichterte Reisebuchung mittels Online-Buchungsplattformen. ⁴Das Entgelt wird in erster Linie für die Vermittlung der Reiseleistung des Leistungsträgers und nicht für eine gesonderte Betreuungsleistung gezahlt.

(8) ¹Das Firmenkunden-Reisebüro wird nicht (nur) im Auftrag des jeweiligen Leistungsträgers tätig. ²Es tritt regelmäßig als Vermittler im Namen und für Rechnung des Firmenkunden auf. ³Die Vermittlungsleistung des Reisebüros ist nach Absatz 5 Satz 4 steuerpflichtig, wenn dem Kunden für die Vermittlung der Tätigkeit ein gesondertes Entgelt berechnet wird. ⁴Das betrifft insbesondere Fälle, in denen das Reisebüro dem Kunden für eine besondere Leistung gesondert Kosten berechnet (z.B. besondere Bearbeitungsgebühren).

(9) Eine von einem Reisebüro an einen Reiseveranstalter erbrachte Leistung ist auch dann noch als Vermittlungsleistung anzusehen, wenn der Reisende von der Reise vertragsgemäß zurücktritt und das Reisebüro in diesem Fall vom Reiseveranstalter nur noch ein vermindertes Entgelt (sog. Stornoprovision) für die von ihm erbrachte Leistung erhält.

UStAE 4.5.3. zu § 4 Nr. 5 § 4

4.5.3. Verkauf von Flugscheinen durch Reisebüros oder Tickethändler („Consolidator")

(1) ¹Bei Verkäufen von Flugscheinen sind grundsätzlich folgende Sachverhalte zu unterscheiden:

1. ¹Der Linienflugschein wird von einem lizensierten IATA-Reisebüro verkauft und das Reisebüro erhält hierfür eine Provision. ²Der Linienflugschein enthält einen Preiseindruck, der dem offiziellen IATA-Preis entspricht. ³Der Kunde erhält sofort oder auch später eine Gutschrift in Höhe des gewährten Rabattes. ⁴Die Abrechnung erfolgt als „Nettopreisticket", so dass keine übliche Vermittlungsprovision vereinbart wird. ⁵Die Flugscheine werden mit einem am Markt durchsetzbaren Aufschlag auf den Festpreis an den Reisenden veräußert. ⁶Der Festpreis liegt in der Regel deutlich unter dem um die Provision geminderten offiziellen Ticketpreis. ⁷Erfolgt die Veräußerung über einen Vermittler („Consolidator"), erhöht sich der Festpreis um einen Gewinnzuschlag des Vermittlers. ⁸Die Abrechnung erfolgt dann über eine sog. „Bruttoabrechnung".

2. ¹Bei „IT-Flugscheinen" (Linientickets mit einem besonderen Status) darf der Flugpreis nicht im Flugschein ausgewiesen werden, da er nur im Zusammenhang mit einer Pauschalreise (Kombination des Flugs mit einer anderen Reiseleistung, z.B. Hotel) gültig ist. ²Der Verkauf des Flugscheins an den Kunden mit einem verbundenen, zusätzlichen Leistungsgutschein (Voucher) erfolgt in einem Gesamtpaket zu einem Pauschalpreis. ³Sind sich der Kunde und der Verkäufer der Leistung aber einig, dass der Leistungsgutschein wertlos ist (Null-Voucher), handelt es sich wirtschaftlich um den Verkauf eines günstigen Fluges und nicht um eine Pauschalreise.

3. ¹„Weichwährungstickets" sind Flugscheine mit regulärem Preiseindruck (IATA-Tarif). ²Allerdings lautet der Flugpreis nicht auf €, sondern wird in einer beliebigen „weicheren" Währung ausgedruckt. ³Dabei wird der Flugschein entweder unmittelbar im „Weichwährungsland" erworben oder in Deutschland mit einem fingierten ausländischen Abflugort ausgestellt und der für den angeblichen Abflugort gültige, günstigere Preis zu Grunde gelegt.

4. ¹Charterflugscheine unterlagen bis zur Änderung der luftfahrtrechtlichen Bestimmungen den gleichen Beschränkungen wie „IT-Flugscheine", d.h. nur die Bündelung der Flugleistung mit einer/mehreren anderen touristischen Leistungen führte zu einem gültigen Ticket. ²Die Umgehung der luftfahrtrechtlichen Beschränkungen wurde über die Ausstellung von „Null-Vouchers" erreicht. ³Nach der Aufhebung der Beschränkungen ist der Verkauf von einzelnen Charterflugscheinen ohne Leistungsgutschein (sog. Nur-Flüge) zulässig.

²Die Veräußerung dieser Flugscheine an den Kunden erfolgt entweder unmittelbar über Reisebüros oder über einen oder mehrere zwischengeschaltete Tickethändler („Consolidator"). ³Die eigentliche Beförderung kommt zwischen der Fluggesellschaft und dem Kunden zustande. ⁴Kennzeichnend ist in allen Sachverhalten, dass die Umsätze Elemente eines Eigengeschäfts (Veranstalterleistung) sowie eines Vermittlungsgeschäfts enthalten.

(2) ¹Aus Vereinfachungsgründen kann der Verkauf von Einzeltickets für grenzüberschreitende Flüge (Linien- oder Charterflugschein) vom Reisebüro im Auftrag des Luftverkehrsunternehmens an die Kunden als steuerfreie Vermittlungsleistung nach § 4 Nr. 5 Satz 1 Buchstabe b UStG behandelt werden. ²Gleiches gilt für die Umsätze des Consolidators, der in den Verkauf der Einzeltickets eingeschaltet worden ist. ³Die Vereinfachungsregelung findet ausschließlich Anwendung beim Verkauf von Einzelflugtickets durch Reisebüros und Tickethändler. ⁴Sobald diese ein „Paket" von Flugtickets erwerben und mit anderen Leistungen (z.B. Unterkunft und Verpflegung) zu einer Pauschalreise verbinden, handelt es sich um eine Reiseleistung, deren Umsatzbesteuerung sich nach § 25 UStG richtet. ⁵Können nicht alle Reisen aus diesem „Paket" veräußert werden und werden daher Flugtickets ohne die vorgesehenen zusätzlichen Leistungen veräußert, sind die Voraussetzungen einer Vermittlungsleistung im Sinne des Satzes 1 nicht erfüllt, da insoweit das Reisebüro bzw. der Tickethändler auf eigene Rechnung und eigenes Risiko tätig wird. ⁶Nachträglich (rückwirkend) kann diese Leistung nicht in eine Vermittlungsleistung umgedeutet werden. ⁷Die Versteuerung richtet sich in diesen Fällen daher weiterhin nach § 25 UStG. ⁸Reisebüros/Tickethändler müssen deshalb beim Erwerb der Flugtickets entscheiden, ob sie die Flugtickets einzeln „veräußern" oder zusammen mit anderen Leistungen in einem „Paket" anbieten wollen. ⁹Der Nachweis hierüber ist entsprechend den Regelungen des § 25 Abs. 5 Nr. 2 in Verbindung mit § 22 Abs. 2 Nr. 1 UStG zu führen.

(3) Erhebt das Reisebüro beim Verkauf eines Einzeltickets vom Reisenden zusätzlich Gebühren (z.B. sog. Service-Fee), liegt insoweit eine Vermittlungsleistung vor (vgl. Abschnitt 4.5.2 Abs. 6 Satz 3 Nr. 1 und 3).

(4) Wird dem Flugschein eine zusätzliche „Leistung" des Reisebüros oder des Consolidators ohne entsprechenden Gegenwert (z.B. Null-Voucher) hinzugefügt, handelt es sich bei dem wertlosen Leistungsgutschein um eine unentgeltliche Beigabe.

(5) ¹Das Reisebüro bzw. der Consolidator hat die Voraussetzungen der steuerfreien Vermittlungsleistung im Einzelnen nachzuweisen. ²Dabei muss dem Käufer des Flugscheins deutlich werden, dass sich die angebotene Leistung auf die bloße Vermittlung der Beförderung beschränkt und die Beförderungsleistung tatsächlich von einem anderen Unternehmer (der Fluggesellschaft) erbracht wird.

(6) ¹Steht ein Ticketverkauf dagegen im Zusammenhang mit anderen Leistungen, die vom leistenden Unternehmer erbracht werden (Transfer, Unterkunft, Verpflegung usw.), liegt in der Gesamtleistung eine eigenständige Veranstaltungsleistung, die unter den Voraussetzungen des § 25 UStG der Margenbesteuerung unterworfen wird. ²Dabei kommt es nicht auf die Art des Flugscheins (Linien- oder Charterflugschein) an.

4.5.4. Buchmäßiger Nachweis

(1) ¹Der Unternehmer hat den Buchnachweis eindeutig und leicht nachprüfbar zu führen. ²Wegen der allgemeinen Grundsätze wird auf die Ausführungen zum buchmäßigen Nachweis bei Ausfuhrlieferungen hingewiesen (vgl. Abschnitt 6.10 Abs. 1 bis 3).

(2) ¹In § 22 Abs. 2 UStDV ist geregelt, welche Angaben der Unternehmer für die Steuerbefreiung des § 4 Nr. 5 UStG aufzeichnen soll. ²Zum Nachweis der Richtigkeit dieser buchmäßigen Aufzeichnung sind im Allgemeinen schriftliche Angaben des Auftraggebers oder schriftliche Bestätigungen mündlicher Angaben des Auftraggebers durch den Unternehmer über das Vorliegen der maßgeblichen Merkmale erforderlich. ³Außerdem kann dieser Nachweis durch geeignete Unterlagen über das vermittelte Geschäft geführt werden, wenn daraus der Zusammenhang mit der Vermittlungsleistung, z.B. durch ein Zweitstück der Verkaufs- oder Versendungsunterlagen, hervorgeht.

(3) ¹Bei einer mündlich vereinbarten Vermittlungsleistung kann der Nachweis auch dadurch geführt werden, dass der Vermittler, z.B. das Reisebüro, den Vermittlungsauftrag seinem Auftraggeber, z.B. dem Beförderungsunternehmen, auf der Abrechnung oder dem Überweisungsträger bestätigt. ²Das kann z.B. in der Weise geschehen, dass der Vermittler in diesen Unterlagen den vom Auftraggeber für die vermittelte Leistung insgesamt geforderten Betrag angibt und davon den einbehaltenen Betrag unter der Bezeichnung „vereinbarte Provision" ausdrücklich absetzt.

(4) ¹Zum buchmäßigen Nachweis gehören auch Angaben über den vermittelten Umsatz (§ 22 Abs. 2 Nr. 1 UStDV). ²Im Allgemeinen ist es als ausreichend anzusehen, wenn der Unternehmer die erforderlichen Merkmale in seinen Aufzeichnungen festhält. ³Bei der Vermittlung der in § 4 Nr. 5 Satz 1 Buchstabe a UStG bezeichneten Umsätze sollen sich daher die Aufzeichnungen auch darauf erstrecken, dass der vermittelte Umsatz unter eine der Steuerbefreiungen des § 4 Nr. 1 Buchstabe a, Nr. 2 bis 4 sowie Nr. 6 und 7 UStG fällt. ⁴Dementsprechend sind in den Fällen des § 4 Nr. 5 Satz 1 Buchstaben b und c UStG auch der Ort und in den Fällen des Buchstabens b zusätzlich die Art des vermittelten Umsatzes aufzuzeichnen. ⁵Bei der Vermittlung von Einfuhrlieferungen genügen Angaben darüber, dass der Liefergegenstand im Zuge der Lieferung vom Drittlandsgebiet in das Inland gelangt ist. ⁶Einer Unterscheidung danach, ob es sich hierbei um eine Lieferung im Drittlandsgebiet oder um eine unter § 3 Abs. 8 UStG fallende Lieferung handelt, bedarf es für die Inanspruchnahme der Steuerbefreiung des § 4 Nr. 5 UStG aus Vereinfachungsgründen nicht.

Zu § 4 Nr. 6 UStG

4.6.1. Leistungen der Eisenbahnen des Bundes

Bei den Leistungen der Eisenbahnen des Bundes handelt es sich insbesondere um die Überlassung von Anlagen und Räumen, um Personalgestellungen und um Lieferungen von Betriebsstoffen, Schmierstoffen und Energie.

4.6.2. Steuerbefreiung für Restaurationsumsätze an Bord von Seeschiffen

¹Die Steuerbefreiung nach § 4 Nr. 6 Buchstabe e UStG umfasst die entgeltliche und unentgeltliche Abgabe von Speisen und Getränken zum Verzehr an Bord von Seeschiffen, sofern diese eine selbständige sonstige Leistung ist. ²Nicht befreit ist die Lieferung von Speisen und Getränken. ³Zur Abgrenzung vgl. Abschnitt 3.6.

Zu § 4 Nr. 7 UStG

4.7.1. Leistungen an Vertragsparteien des Nordatlantikvertrages, NATO-Streitkräfte, diplomatische Missionen und zwischenstaatliche Einrichtungen

(1) ¹Die Steuerbefreiung nach § 4 Nr. 7 Satz 1 Buchstabe a UStG betrifft insbesondere wehrtechnische Gemeinschaftsprojekte der NATO-Partner, bei denen der Generalunternehmer im Inland ansässig ist. ²Die Leistungen eines Generalunternehmers sind steuerfrei, wenn die Verträge so gestaltet und durch-

geführt werden, dass der Generalunternehmer seine Leistungen unmittelbar an jeden einzelnen der beteiligten Staaten ausführt. ³Diese Voraussetzungen sind auch dann erfüllt, wenn beim Abschluss und bei der Durchführung der Verträge das Bundesamt für Wehrtechnik und Beschaffung oder eine von den beteiligten Staaten geschaffene Einrichtung im Namen und für Rechnung der beteiligten Staaten handelt.

(2) ¹Die Steuerbefreiung nach § 4 Nr. 7 Satz 1 Buchstabe a UStG umfasst auch Lieferungen von Rüstungsgegenständen an andere NATO-Partner. ²Für diese Lieferungen kann auch die Steuerbefreiung für Ausfuhrlieferungen nach § 4 Nr. 1 Buchstabe a, § 6 Abs. 1 UStG in Betracht kommen (vgl. Abschnitt 6.1).

(3) ¹Nach § 4 Nr. 7 Satz 1 Buchstabe b UStG sind Lieferungen und sonstige Leistungen an die im Gebiet eines anderen Mitgliedstaats stationierten NATO-Streitkräfte befreit. ²Dabei darf es sich nicht um die Streitkräfte dieses Mitgliedstaates handeln (z.B. Lieferungen an die belgischen Streitkräfte in Belgien). ³Begünstigt sind Leistungsbezüge, die für unmittelbare amtliche Zwecke der Streitkraft selbst und für den persönlichen Gebrauch oder Verbrauch durch Angehörige der Streitkraft bestimmt sind. ⁴Die Steuerbefreiung kann nicht für Leistungen an den einzelnen Soldaten in Anspruch genommen werden, sondern nur, wenn die Beschaffungsstelle der im übrigen Gemeinschaftsgebiet stationierten Streitkraft Auftraggeber und Rechnungsempfänger der Leistung ist.

(4) ¹Die Steuerbefreiung nach § 4 Nr. 7 Satz 1 UStG gilt nicht für die Lieferungen neuer Fahrzeuge im Sinne des § 1b Abs. 2 und 3 UStG. ²In diesen Fällen richtet sich die Steuerbefreiung nach § 4 Nr. 1 Buchstabe b, § 6a UStG.

(5) ¹Die Steuerbefreiung nach § 4 Nr. 7 Satz 1 Buchstabe b bis d UStG setzt voraus, dass der Gegenstand der Lieferung in das Gebiet eines anderen Mitgliedstaates befördert oder versendet wird. ²Die Beförderung oder Versendung ist durch einen Beleg entsprechend § 17a UStDV nachzuweisen. ³Eine Steuerbefreiung kann nur für Leistungsbezüge gewährt werden, die noch für mindestens sechs Monate zum Gebrauch oder Verbrauch im übrigen Gemeinschaftsgebiet bestimmt sind.

(6) ¹Für die genannten Einrichtungen und Personen ist die Steuerbefreiung nach § 4 Nr. 7 Satz 1 Buchstabe b bis d UStG – abgesehen von den beleg- und buchmäßigen Nachweiserfordernissen – von den Voraussetzungen und Beschränkungen abhängig, die im Gastmitgliedstaat gelten. ²Bei Lieferungen und sonstigen Leistungen an Organe oder sonstige Organisationseinheiten (z.B. Außenstellen oder Vertretungen) von zwischenstaatlichen Einrichtungen gelten die umsatzsteuerlichen Privilegien des Mitgliedstaates, in dem sich diese Einrichtungen befinden. ³Der Unternehmer hat durch eine von der zuständigen Behörde des Gastmitgliedstaates erteilte Bestätigung (Sichtvermerk) nachzuweisen, dass die für die Steuerbefreiung in dem Gastmitgliedstaat geltenden Voraussetzungen und Beschränkungen eingehalten sind. ⁴Die Gastmitgliedstaaten können zur Vereinfachung des Bestätigungsverfahrens bestimmte Einrichtungen von der Verpflichtung befreien, einen Sichtvermerk der zuständigen Behörde einzuholen. ⁵In diesen Fällen tritt an die Stelle des Sichtvermerks eine Eigenbestätigung der Einrichtung, in der auf die entsprechende Genehmigung (Datum und Aktenzeichen) hinzuweisen ist. ⁶Für die von der zuständigen Behörde des Gastmitgliedstaates zu erteilende Bestätigung bzw. die Eigenbestätigung der begünstigten Einrichtung ist ein Vordruck nach amtlich vorgeschriebenem Muster zu verwenden (vgl. BMF-Schreiben vom 23.6.2011, BStBl. I S. 677, und Artikel 51 in Verbindung mit Anhang II der MwStVO).

(7) ¹Die Voraussetzungen der Steuerbefreiung müssen vom Unternehmer im Geltungsbereich der UStDV buchmäßig nachgewiesen werden. ²Die Voraussetzungen müssen eindeutig und leicht nachprüfbar aus der Buchführung zu ersehen sein. ³Der Unternehmer soll den Nachweis bei Lieferungen entsprechend § 17c Abs. 2 UStDV und bei sonstigen Leistungen entsprechend § 13 Abs. 2 UStDV führen.

Zu § 4 Nr. 8 UStG

4.8.1. Vermittlung im Sinne des § 4 Nr. 8 und 11 UStG

¹Die in § 4 Nr. 8 und 11 UStG bezeichneten Vermittlungsleistungen setzen die Tätigkeit einer Mittelsperson voraus, die nicht den Platz einer der Parteien des zu vermittelnden Vertragsverhältnisses einnimmt und deren Tätigkeit sich von den vertraglichen Leistungen, die von den Parteien dieses Vertrages erbracht werden, unterscheidet. ²Zweck der Vermittlungstätigkeit ist, das Erforderliche zu tun, damit zwei Parteien einen Vertrag schließen, an dessen Inhalt der Vermittler kein Eigeninteresse hat. ³Die Mittlertätigkeit kann darin bestehen, einer Vertragspartei Gelegenheit zum Abschluss eines Vertrages nachzuweisen, mit der anderen Partei Kontakt aufzunehmen oder über die Einzelheiten der gegenseitigen Leistungen zu verhandeln. ⁴Die spezifischen und wesentlichen Funktionen einer Vermittlung sind auch erfüllt, wenn ein Unternehmer einem Vermittler am Abschluss eines Vertrages potentiell

interessierte Personen nachweist und hierfür eine sog. „Zuführungsprovision" erhält (vgl. BFH-Urteil vom 28.5.2009, V R 7/08, BStBl. 2010 I S. 80). [5]Wer lediglich einen Teil der mit einem zu vermittelnden Vertragsverhältnis verbundenen Sacharbeit übernimmt oder lediglich einem anderen Unternehmer Vermittler zuführt und diese betreut, erbringt insoweit keine steuerfreie Vermittlungsleistung. [6]Die Steuerbefreiung einer Vermittlungsleistung setzt nicht voraus, dass es tatsächlich zum Abschluss des zu vermittelnden Vertragsverhältnisses gekommen ist. [7]Unbeschadet dessen erfüllen bloße Beratungsleistungen den Begriff der Vermittlung nicht (vgl. EuGH-Urteil vom 21.6.2007, C-453/05, EuGHE I S. 5083). [8]Auch die Betreuung, Überwachung oder Schulung von nachgeordneten selbständigen Vermittlern kann zur berufstypischen Tätigkeit eines Bausparkassenvertreters, Versicherungsvertreters oder Versicherungsmaklers nach § 4 Nr. 11 UStG oder zu Vermittlungsleistungen der in § 4 Nr. 8 UStG bezeichneten Art gehören. [9]Dies setzt aber voraus, dass der Unternehmer, der die Leistung der Betreuung, Überwachung und Schulung übernimmt, durch Prüfung eines jeden Vertragsangebots mittelbar auf eine der Vertragsparteien einwirken kann. [10]Dabei ist auf die Möglichkeit abzustellen, eine solche Prüfung im Einzelfall durchzuführen.

4.8.2. Gewährung und Vermittlung von Krediten

(1) [1]Gewährt ein Unternehmer im Zusammenhang mit einer Lieferung oder sonstigen Leistung einen Kredit, ist diese Kreditgewährung nach § 4 Nr. 8 Buchstabe a UStG steuerfrei, wenn sie als selbständige Leistung anzusehen ist. [2]Entgelte für steuerfreie Kreditleistungen können Stundungszinsen, Zielzinsen und Kontokorrentzinsen sein (vgl. Abschnitt 3.11 Abs. 3 und 4). [3]Als Kreditgewährung ist auch die Kreditbereitschaft anzusehen, zu der sich ein Unternehmer vertraglich bis zur Auszahlung des Darlehens verpflichtet hat. [4]Zur umsatzsteuerrechtlichen Behandlung von Krediten, die im eigenen Namen, aber für fremde Rechnung gewährt werden, siehe Abschnitt 3.15.

(2) [1]Werden bei der Gewährung von Krediten Sicherheiten verlangt, müssen zur Ermittlung der Beleihungsgrenzen der Sicherungsobjekte, z.B. Grundstücke, bewegliche Sachen, Warenlager, deren Werte festgestellt werden. [2]Die dem Kreditgeber hierdurch entstehenden Kosten, insbesondere Schätzungsgebühren und Fahrtkosten, werden dem Kreditnehmer bei der Kreditgewährung in Rechnung gestellt. [3]Mit der Ermittlung der Beleihungsgrenzen der Sicherungsobjekte werden keine selbständigen wirtschaftlichen Zwecke verfolgt. [4]Diese Tätigkeit dient vielmehr lediglich dazu, die Kreditgewährung zu ermöglichen. [5]Dieser unmittelbare, auf wirtschaftlichen Gegebenheiten beruhende Zusammenhang rechtfertigt es, in der Ermittlung des Wertes der Sicherungsobjekte eine Nebenleistung zur Kreditgewährung zu sehen und sie damit als steuerfrei nach § 4 Nr. 8 Buchstabe a UStG zu behandeln (BFH-Urteil vom 9.7.1970, V R 32/70, BStBl. II S. 645).

(3) Zur umsatzsteuerrechtlichen Behandlung des Factoring siehe Abschnitt 2.4.

(4) [1]Die Darlehenshingabe der Bausparkassen durch Auszahlung der Baudarlehen auf Grund von Bausparverträgen ist als Kreditgewährung nach § 4 Nr. 8 Buchstabe a UStG steuerfrei. [2]Die Steuerfreiheit umfasst die gesamte Vergütung, die von den Bausparkassen für die Kreditgewährung vereinnahmt wird. [3]Darunter fallen außer den Zinsbeträgen auch die Nebengebühren, wie z.B. die Abschluss- und die Zuteilungsgebühren. [4]Steuerfrei sind ferner die durch die Darlehensgebühr und durch die Kontogebühr abgegoltenen Leistungen der Bausparkasse (BFH-Urteil vom 13.2.1969, V R 68/67, BStBl. II S. 449). [5]Dagegen sind insbesondere die Herausgabe eines Nachrichtenblatts, die Bauberatung und Bauaufsicht steuerpflichtig, weil es sich dabei um selbständige Leistungen neben der Kreditgewährung handelt.

(5) Die Vergütungen, die dem Pfandleiher nach § 10 Abs. 1 Nr. 2 der Verordnung über den Geschäftsbetrieb der gewerblichen Pfandleiher zustehen, sind Entgelt für eine nach § 4 Nr. 8 Buchstabe a UStG steuerfreie Kreditgewährung (BFH-Urteil vom 9.7.1970, V R 32/70, BStBl. II S. 645).

(6) Hat der Kunde einer Hypothekenbank bei Nichtabnahme des Hypothekendarlehens, bei dessen vorzeitiger Rückzahlung oder bei Widerruf einer Darlehenszusage oder Rückforderung des Darlehens als Folge bestimmter, vom Kunden zu vertretender Ereignisse im Voraus festgelegte Beträge zu zahlen (sog. Nichtabnahme- bzw. Vorfälligkeitsentschädigungen), handelt es sich – soweit nicht Schadensersatz vorliegt – um Entgelte für nach § 4 Nr. 8 Buchstabe a UStG steuerfreie Kreditleistungen (BFH-Urteil vom 20.3.1980, V R 32/76, BStBl. II S. 538).

(7) [1]Eine nach § 4 Nr. 8 Buchstabe a UStG steuerfreie Kreditgewährung liegt nicht vor, wenn jemand einem Unternehmer Geld für dessen Unternehmen oder zur Durchführung einzelner Geschäfte gegen Beteiligung nicht nur am Gewinn, sondern auch am Verlust zur Verfügung stellt. [2]Eine Beteiligung am Verlust ist mit dem Wesen des Darlehens, das die hingegebene Geldsumme zurückzuzahlen ist, unvereinbar (BFH-Urteil vom 19.3.1970, V R 137/69, BStBl. II S. 602).

(8) [1]Vereinbart eine Bank mit einem Kreditvermittler, dass dieser in die Kreditanträge der Kreditkunden einen höheren Zinssatz einsetzen darf, als sie ohne die Einschaltung eines Kreditvermittlers verlangen würde (sog. Packing), ist die Zinsdifferenz das Entgelt für eine Vermittlungsleistung des Kredit-

UStAE 4.8.2. – 4.8.6. zu § 4 Nr. 8 § 4

vermittlers gegenüber der Bank (BFH-Urteil vom 8.5.1980, V R 126/76, BStBl. II S. 618). ²Die Leistung ist als Kreditvermittlung nach § 4 Nr. 8 Buchstabe a UStG steuerfrei.
(9) Eine vorab erstellte Finanzanalyse der Kundendaten durch den Vermittler, in der Absicht den Kunden bei der Auswahl des Finanzproduktes zu unterstützen bzw. das für ihn am besten passende Finanzprodukt auswählen zu können, kann, wenn sie ähnlich einer Kaufberatung das Mittel darstellt, um die Hauptleistung Kreditvermittlung in Anspruch zu nehmen, als unselbständige Nebenleistung (vgl. hierzu Abschnitt 3.10 Abs. 5) zur Kreditvermittlung angesehen werden.

4.8.3. Gesetzliche Zahlungsmittel
(1)[1] ¹Von der Steuerfreiheit für die Umsätze von gesetzlichen Zahlungsmitteln (kursgültige Münzen und Banknoten) und für die Vermittlung dieser Umsätze sind solche Zahlungsmittel ausgenommen, die wegen ihres Metallgehalts oder ihres Sammlerwerts umgesetzt werden. ²Hierdurch sollen gesetzliche Zahlungsmittel, die als Waren gehandelt werden, auch umsatzsteuerrechtlich als Waren behandelt werden.
(2) ¹Bei anderen Münzen als Goldmünzen, deren Umsätze nach § 25c UStG steuerbefreit sind, und bei Banknoten ist davon auszugehen, dass sie wegen ihres Metallgehalts oder ihres Sammlerwerts umgesetzt werden, wenn sie mit einem höheren Wert als ihrem Nennwert umgesetzt werden. ²Die Umsätze dieser Münzen und Banknoten sind nicht von der Umsatzsteuer befreit.
(3) ¹Das Sortengeschäft (Geldwechselgeschäft) bleibt von den Regelungen der Absätze 1 und 2 unberührt. ²Dies gilt auch dann, wenn die fremde Währung auf Wunsch des Käufers in kleiner Stückelung (kleine Scheine oder Münzen) ausgezahlt und hierfür ein vom gültigen Wechselkurs abweichender Kurs berechnet wird oder Verwaltungszuschläge erhoben werden.
(4) ¹Die durch Geldspielautomaten erzielten Umsätze sind keine Umsätze von gesetzlichen Zahlungsmitteln. ²Die Steuerbefreiung nach § 4 Nr. 8 Buchstabe b UStG kommt daher für diese Umsätze nicht in Betracht (BFH-Urteil vom 4.2.1971, V R 41/69, BStBl. II S. 467).

4.8.4. Umsätze im Geschäft mit Forderungen
(1) Unter die Steuerbefreiung nach § 4 Nr. 8 Buchstabe c UStG fallen auch die Umsätze von aufschiebend bedingten Geldforderungen (BFH-Urteil vom 12.12.1963, V 60/61 U, BStBl. 1964 III S. 109).
(2) Die Veräußerung eines Bausparvorratsvertrags ist als einheitliche Leistung anzusehen, die in vollem Umfang nach § 4 Nr. 8 Buchstabe c UStG steuerfrei ist.
(3) Zur umsatzsteuerrechtlichen Behandlung des Factoring siehe Abschnitt 2.4.
(4) ¹Zu den Umsätzen im Geschäft mit Forderungen gehören auch die Optionsgeschäfte mit Geldforderungen. ²Gegenstand dieser Optionsgeschäfte ist das Recht, bestimmte Geldforderungen innerhalb einer bestimmten Frist zu einem festen Kurs geltend machen oder veräußern zu können. ³Unter die Steuerbefreiung fallen auch die Optionsgeschäfte mit Devisen.
(5) ¹Bei Geschäften mit Warenforderungen (z.B. Optionen im Warentermingeschäft) handelt es sich ebenfalls um Umsätze im Geschäft mit Forderungen (vgl. BFH-Urteil vom 30.3.2006, V R 19/02, BStBl. 2007 II S. 68). ²Optionsgeschäfte auf Warenterminkontrakte sind nur dann nach § 4 Nr. 8 Buchstabe c UStG steuerfrei, wenn die Optionsausübung nicht zu einer Warenlieferung führt.
(6) Ein Umsatz im Geschäft mit Forderungen wird nicht ausgeführt, wenn lediglich Zahlungsansprüche (z.B. Zahlungsansprüche nach der EU-Agrarreform (GAP-Reform) für land- und forstwirtschaftliche Betriebe) zeitweilig oder endgültig übertragen werden (vgl. BFH-Urteil vom 30.3.2011, XI R 19/10, BStBl. II S. 772).

4.8.5. Einlagengeschäft
(1) Zu den nach § 4 Nr. 8 Buchstabe d UStG steuerfreien Umsätzen im Einlagengeschäft gehören z.B. Kontenauflösungen, Kontensperrungen, die Veräußerung von Heimsparbüchsen und sonstige mittelbar mit dem Einlagengeschäft zusammenhängende Leistungen.
(2) Die von Bausparkassen und anderen Instituten erhobenen Gebühren für die Bearbeitung von Wohnungsbauprämienanträgen sind Entgelte für steuerfreie Umsätze im Einlagengeschäft im Sinne des § 4 Nr. 8 Buchstabe d UStG.

4.8.6. Inkasso von Handelspapieren
Handelspapiere im Sinne des § 4 Nr. 8 Buchstabe d UStG sind Wechsel, Schecks, Quittungen oder ähnliche Dokumente im Sinne der „Einheitlichen Richtlinien für das Inkasso von Handelspapieren" der Internationalen Handelskammer.

---
1) Siehe Nichtbeanstandungsregelung durch BMF-Schreiben vom 05.10.2011, Anlage § 003-35

4.8.7. Zahlungs-, Überweisungs- und Kontokorrentverkehr

(1) ¹Nach § 4 Nr. 8 Buchstabe d UStG steuerfreie Leistungen im Rahmen des Kontokorrentverkehrs sind z.b. die Veräußerung von Scheckheften, der Firmeneindruck auf Zahlungs- und Überweisungsvordrucken und die Anfertigung von Kontoabschriften und Fotokopien. ²Die Steuerfreiheit der Umsätze im Zahlungsverkehr hängt nicht davon ab, dass der Unternehmer ein Kreditinstitut im Sinne des § 1 Abs. 1 Satz 1 KWG betreibt (vgl. BFH-Urteil vom 27.8.1998, V R 84/97, BStBl. 1999 II S. 106).

(2) ¹Umsätze im Überweisungsverkehr liegen nur dann vor, wenn die erbrachten Dienstleistungen eine Weiterleitung von Geldern bewirken und zu rechtlichen und finanziellen Änderungen führen (vgl. BFH-Urteil vom 13.7.2006, V R 57/04, BStBl. 2007 II S. 19). ²Leistungen eines Rechenzentrums (Rechenzentrale) an Banken können nur dann nach § 4 Nr. 8 Buchstabe d UStG steuerfrei sein, wenn diese Leistungen ein im Großen und Ganzen eigenständiges Ganzes sind, das die spezifischen und wesentlichen Funktionen der Leistungen des § 4 Nr. 8 Buchstabe d UStG erfüllt. ³Besteht ein Leistungspaket aus diversen Einzelleistungen, die einzeln vergütet werden, können nicht einzelne dieser Leistungen zu nach § 4 Nr. 8 Buchstabe d UStG steuerfreien Leistungen zusammengefasst werden. ⁴Unerheblich für die Anwendung der Steuerbefreiung nach § 4 Nr. 8 Buchstabe d UStG auf Leistungen eines Rechenzentrums an die Bank ist die inhaltliche Vorgabe der Bank, dass das Rechenzentrum für die Ausführung der Kundenanweisung keine dispositive Entscheidung zu treffen hat (vgl. BFH-Urteil vom 12.6.2008, V R 32/06, BStBl. II S. 777). ⁵Die Steuerbefreiung nach § 4 Nr. 8 Buchstabe d UStG gilt für die Leistungen der Rechenzentren dagegen nicht, wenn sie die ihnen übertragenen Vorgänge sämtlich nur EDV-technisch abwickeln.

4.8.8. Umsätze im Geschäft mit Wertpapieren

(1) ¹Zu den Umsätzen im Geschäft mit Wertpapieren gehören auch die Optionsgeschäfte mit Wertpapieren (vgl. BFH-Urteil vom 30.3.2006, V R 19/02, BStBl. 2007 II S. 68). ²Gegenstand dieser Optionsgeschäfte ist das Recht, eine bestimmte Anzahl von Wertpapieren innerhalb einer bestimmten Frist jederzeit zu einem festen Preis fordern (Kaufoption) oder liefern (Verkaufsoption) zu können. ³Die Steuerbefreiung nach § 4 Nr. 8 Buchstabe e UStG umfasst sowohl den Abschluss von Optionsgeschäften als auch die Übertragung von Optionsrechten.

(2) Zu den Umsätzen im Geschäft mit Wertpapieren gehören auch die sonstigen Leistungen im Emissionsgeschäft, z.B. die Übernahme und Platzierung von Neu-Emissionen, die Börseneinführung von Wertpapieren und die Vermittlungstätigkeit der Kreditinstitute beim Absatz von Bundesschatzbriefen.

(3) Zur Vermittlung von erstmalig ausgegebenen Anteilen vgl. Abschnitt 4.8.10 Abs. 4 in Verbindung mit Abschnitt 1.6 Abs. 2.

(4) Zur Frage der Beschaffung von Anschriften von Wertpapieranlegern gilt Abschnitt 4.8.1 entsprechend.

(5) Die Erfüllung der Meldepflichten nach § 9 WpHG durch ein Zentralinstitut oder ein anderes Kreditinstitut für die Meldepflichtigen ist nicht nach § 4 Nr. 8 Buchstabe e UStG steuerfrei.

(6) ¹Eine steuerfreie Vermittlungsleistung kommt auch in den Fällen der von einer Fondsgesellschaft gewährten Bestands- und Kontinuitätsprovision in Betracht, in denen – bezogen auf den einzelnen Kunden – die im Depotbestand enthaltenen Fondsanteile nicht ausschließlich durch das depotführende Kreditinstitut vermittelt wurden. ²Dies gilt dann nicht, wenn das Kreditinstitut überhaupt keine eigenen Vermittlungsleistungen gegenüber der Fondsgesellschaft erbracht hat.

4.8.9. Verwahrung und Verwaltung von Wertpapieren

(1) ¹Bei der Abgrenzung der steuerfreien Umsätze im Geschäft mit Wertpapieren von der steuerpflichtigen Verwahrung und Verwaltung von Wertpapieren gilt Folgendes: ²Die Leistung des Unternehmers (Kreditinstitut) ist grundsätzlich steuerfrei, wenn das Entgelt dem Emittenten in Rechnung gestellt wird. ³Sie ist grundsätzlich steuerpflichtig, wenn sie dem Depotkunden in Rechnung gestellt wird. ⁴Zu den steuerpflichtigen Leistungen gehören z.B. auch die Depotunterhaltung, das Inkasso von fremden Zins- und Dividendenscheinen, die Ausfertigung von Depotauszügen, von Erträgnis-, Kurswert- und Steuerkurswertaufstellungen, die Informationsübermittlung von Kreditinstituten an Emittenten zur Führung des Aktienregisters bei Namensaktien sowie die Mitteilungen an die Depotkunden nach § 128 AktG.

(2) ¹Bei der Vermögensverwaltung (Portfolioverwaltung) nimmt eine Bank einerseits die Vermögensverwaltung und andererseits Transaktionen vor. ²Dabei handelt es sich um eine einheitliche Leistung der Vermögensverwaltung (vgl. Abschnitt 3.10 Abs. 1 und 3), die nicht nach § 4 Nr. 8 Buchstabe e UStG steuerfrei ist. ³Eine Aufspaltung dieser wirtschaftlich einheitlichen Leistung ist nicht möglich (vgl. EuGH-Urteil vom 25.2.1999, C-349/96, EuGHE I S. 973). ⁴Zur Abgrenzung der Vermögensverwaltung

von der Verwaltung von Sondervermögen nach dem Investmentgesetz (§ 4 Nr. 8 Buchstabe h UStG) siehe Abschnitt 4.8.13.

4.8.10. Gesellschaftsanteile

(1) ¹Zu den Anteilen an Gesellschaften gehören insbesondere die Anteile an Kapitalgesellschaften, z.B. GmbH-Anteile, die Anteile an Personengesellschaften, z.B. OHG-Anteile, und die stille Beteiligung (§ 230 HGB). ²Zur Steuerbarkeit bei der Ausgabe von Gesellschaftsanteilen vgl. Abschnitt 1.6 Abs. 2.

(2) ¹Erwirbt jemand treuhänderisch Gesellschaftsanteile und verwaltet diese gegen Entgelt, werden ihm dadurch keine Gesellschaftsanteile verschafft. ²Die Tätigkeit ist deshalb grundsätzlich steuerpflichtig. ³Dies gilt auch dann, wenn sich der Unternehmer treuhänderisch an einer Anlagegesellschaft beteiligt und deren Geschäfte führt (vgl. BFH-Urteil vom 29.1.1998, V R 67/96, BStBl. II S. 413). ⁴Eine Befreiung nach § 4 Nr. 8 Buchstabe h UStG kommt nur in Betracht, wenn der Unternehmer nach den Vorschriften des InvG tätig geworden ist.

(3) ¹Zum Begriff der Vermittlung siehe Abschnitt 4.8.1. ²Eine unmittelbare Beauftragung durch eine der Parteien des vermittelnden Vertrages ist nicht erforderlich (vgl. BFH-Urteil vom 20.12.2007, V R 62/06, BStBl. 2008 II S. 641) ³Marketing- und Werbeaktivitäten, die darin bestehen, dass sich ein Vertriebsunternehmen nur in allgemeiner Form an die Öffentlichkeit wendet, sind mangels Handelns gegenüber individuellen Vertragsinteressenten keine Vermittlung nach § 4 Nr. 8 Buchstabe f UStG (BFH-Urteil vom 6.12.2007, V R 66/05, BStBl. 2008 II S. 638). ⁴Keine Vermittlungsleistung erbringt ein Unternehmer, der einem mit dem Vertrieb von Gesellschaftsanteilen betrauten Unternehmen Abschlussvertreter zuführt und diese betreut (BFH-Urteil vom 23.10.2002, V R 68/01, BStBl. 2003 II S. 618). ⁵Die Steuerfreiheit für die Vermittlung nach § 4 Nr. 8 Buchstabe f UStG setzt eine Tätigkeit voraus, die einzelne Vertragsabschlüsse fördert. ⁶Eine der Art nach geschäftsführende Leitung einer Vermittlungsorganisation ist keine derartige Vermittlung (vgl. BFH-Urteil vom 20.12.2007, V R 62/06, BStBl. 2008 II S. 641).

(4) Die Vermittlung von erstmalig ausgegebenen Gesellschaftsanteilen (zur Ausgabe von Gesellschaftsanteilen vgl. Abschnitt 1.6 Abs. 2) ist steuerbar und nach § 4 Nr. 8 Buchstabe f UStG steuerfrei (vgl. EuGH-Urteil vom 27.5.2004, C-68/03, EuGHE I S. 5879).

(5) Die Vermittlung der Mitgliedschaften in einem Idealverein ist nicht nach § 4 Nr. 8 Buchstabe f UStG steuerfrei (vgl. BFH-Urteil vom 27.7.1995, V R 40/93, BStBl. II S. 753).

4.8.11. Übernahme von Verbindlichkeiten

¹Der Begriff „Übernahme von Verbindlichkeiten" erfasst lediglich Geldverbindlichkeiten im Bereich von Finanzdienstleistungen. ²Die Übernahme anderer Verpflichtungen, wie beispielsweise die Renovierung einer Immobilie, ist vom Anwendungsbereich des § 4 Nr. 8 Buchstabe g UStG ausgeschlossen (vgl. EuGH-Urteil vom 19.4.2007, C-455/05, EuGHE I S. 3225). ³Nach § 4 Nr. 8 Buchstabe g UStG ist die Übernahme von Verbindlichkeiten, soweit hierin nicht lediglich – wie im Regelfall – eine Entgeltzahlung zu sehen ist (vgl. Abschnitt 1.1 Abs. 3 und BFH-Urteil vom 31.7.1969, V R 149/66, BStBl. 1970 II S. 73), steuerfrei, z.B. Übernahme von Einlagen bei der Zusammenlegung von Kreditinstituten.

4.8.12. Übernahme von Bürgschaften und anderen Sicherheiten

(1) ¹Als andere Sicherheiten, deren Übernahme nach § 4 Nr. 8 Buchstabe g UStG steuerfrei ist, sind z.B. Garantieverpflichtungen (vgl. BFH-Urteile vom 14.12.1989, V R 125/84, BStBl. 1990 II S. 401, vom 24.1.1991, V R 19/87, BStBl. II S. 539 – Zinshöchstbetragsgarantie und Liquiditätsgarantie –, und vom 22.10.1992, V R 53/89, BStBl. 1993 II S. 318 – Ausbietungsgarantie –) und Kautionsversicherungen (vgl. Abschnitt 4.10.1 Abs. 2 Satz 3) anzusehen. ²Umsätze, die keine Finanzdienstleistungen sind, sind vom Anwendungsbereich des § 4 Nr. 8 Buchstabe g UStG ausgeschlossen (vgl. Abschnitt 4.8.11 Sätze 1 und 2). ³Die Garantiezusage eines Autoverkäufers, durch die der Käufer gegen Entgelt nach seiner Wahl einen Reparaturanspruch gegenüber dem Verkäufer oder einen Reparaturkostenersatzanspruch gegenüber einem Versicherer erhält, ist steuerpflichtig (vgl. BFH-Urteil vom 10.2.2010, XI R 49/07, BStBl. 2011 II S. 1109).

(2) ¹Ein Garantieversprechen ist nach § 4 Nr. 8 Buchstabe g UStG steuerfrei, wenn es ein vom Eigenverhalten des Garantiegebers unabhängiges Risiko abdeckt; diese Voraussetzung liegt nicht vor, wenn lediglich garantiert wird, eine aus einem anderen Grund geschuldete Leistung vertragsgemäß auszuführen (vgl. BFH-Urteil vom 14.12.1989, V R 125/84, BStBl. 1990 II S. 401). ²Leistungen persönlich haftender Gesellschafter, die für eine unabhängig vom Gewinn bemessene Haftungsvergütung gezahlt wird, sind nicht nach § 4 Nr. 8 Buchstabe g UStG steuerfrei, weil ein ggf. haftender Gesellschafter über seine Geschäftsführungstätigkeit unmittelbaren Einfluss auf das Gesellschaftsergebnis – und damit auf die Frage, ob es zu einem Haftungsfall kommt – hat.

§ 4 zu § 4 Nr. 8 UStAE 4.8.13.

4.8.13. Verwaltung von Investmentvermögen und von Versorgungseinrichtungen

Allgemeines

(1) ¹Die Steuerbefreiung nach § 4 Nr. 8 Buchstabe h UStG erstreckt sich auf „die Verwaltung von Investmentvermögen nach dem Investmentgesetz". ²Das InvG ist (u.a.) anzuwenden auf inländische Investmentvermögen, soweit diese in Form von Investmentfonds im Sinne des § 2 Abs. 1 oder Investmentaktiengesellschaften im Sinne des § 2 Abs. 5 InvG gebildet werden (§ 1 Satz 1 Nr. 1 InvG). ³Ausländische Investmentvermögen sind Investmentvermögen im Sinne des § 1 Satz 2 InvG, die dem Recht eines anderen Staates unterstehen (§ 2 Abs. 8 InvG).

(2) ¹Investmentvermögen im Sinne des § 1 Satz 1 InvG sind Vermögen zur gemeinschaftlichen Kapitalanlage, die nach dem Grundsatz der Risikomischung in Vermögensgegenständen im Sinne des § 2 Abs. 4 InvG angelegt sind (§ 1 Satz 2 InvG). ²Investmentfonds sind von einer Kapitalanlagegesellschaft verwaltete Publikums-Sondervermögen nach den Anforderungen der Richtlinie 85/611/EWG und sonstige Publikums- oder Spezial-Sondervermögen (§ 2 Abs. 1 InvG).

(3) ¹Sondervermögen sind inländische Investmentvermögen, die von einer Kapitalanlagegesellschaft für Rechnung der Anleger nach Maßgabe des InvG und den Vertragsbedingungen, nach denen sich das Rechtsverhältnis der Kapitalanlagegesellschaft zu den Anlegern bestimmt, verwaltet werden, und bei denen die Anleger das Recht zur Rückgabe der Anteile haben (§ 2 Abs. 2 InvG). ²Spezial-Sondervermögen sind Sondervermögen, deren Anteile auf Grund schriftlicher Vereinbarungen mit der Kapitalanlagegesellschaft ausschließlich von Anlegern, die nicht natürliche Personen sind, gehalten werden. ³Alle übrigen Sondervermögen sind Publikums-Sondervermögen (§ 2 Abs. 3 InvG).

(4) ¹Investmentaktiengesellschaften sind Unternehmen, deren Unternehmensgegenstand nach der Satzung auf die Anlage und Verwaltung ihrer Mittel nach dem Grundsatz der Risikomischung zur gemeinschaftlichen Kapitalanlage in Vermögensgegenständen nach § 2 Abs. 4 Nr. 1 bis 4, 7, 9, 10 und 11 InvG beschränkt ist und bei denen die Anleger das Recht zur Rückgabe ihrer Aktien haben (§ 2 Abs. 5 Satz 1 InvG). ²Kapitalanlagegesellschaften sind Unternehmen, deren Hauptzweck in der Verwaltung von inländischen Investmentvermögen im Sinne des § 1 Satz 1 Nr. 1 InvG oder in der Verwaltung von inländischen Investmentvermögen im Sinne des § 1 Satz 1 Nr. 1 InvG und der individuellen Vermögensverwaltung besteht (§ 2 Abs. 6 InvG). ³Die Kapitalanlagegesellschaft darf neben der Verwaltung von Investmentvermögen nur die in § 7 Abs. 2 Nr. 1 bis 7 InvG abschließend aufgezählten Dienstleistungen und Nebendienstleistungen erbringen (§ 7 Abs. 2 Einleitungssatz InvG).

(5) ¹Mit der Verwahrung von Investmentvermögen sowie den sonstigen Aufgaben nach Maßgabe der §§ 24 bis 29 InvG hat die Kapitalanlagegesellschaft ein Kreditinstitut als Depotbank zu beauftragen (§ 20 Abs. 1 Satz 1 InvG). ²Depotbanken sind Unternehmen, die der Verwahrung und Überwachung von Investmentvermögen ausführen (§ 2 Abs. 7 InvG). ³Nach Artikel 7 Abs. 3 Buchstaben a und b der Richtlinie 85/611/EWG muss die Verwahrstelle u.a. dafür sorgen, dass die Ausgabe und die Rücknahme sowie die Berechnung des Wertes der Anteile nach den gesetzlichen Vorschriften oder Vertragsbedingungen erfolgt. ⁴Demgemäß bestimmt § 27 Abs. 1 Nr. 1 InvG, dass die Depotbank im Rahmen ihrer Kontrollfunktion dafür zu sorgen hat, dass die Ausgabe und Rücknahme von Anteilen und die Ermittlung des Wertes der Anteile den Vorschriften des InvG und den Vertragsbedingungen entsprechen. ⁵Die Ausgabe und die Rücknahme der Anteile hat die Depotbank selbst vorzunehmen (§ 23 Abs. 1 InvG). ⁶Die Bewertung der Anteile wird entweder von der Depotbank unter Mitwirkung der Kapitalanlagegesellschaft oder nur von der Kapitalanlagegesellschaft vorgenommen (§ 36 Abs. 1 Satz 2 InvG).

(6) ¹Die Aufgaben, die für die Durchführung der Geschäfte der Kapitalanlagegesellschaft wesentlich sind, können zum Zwecke einer effizienteren Geschäftsführung auf ein anderes Unternehmen (Auslagerungsunternehmen) ausgelagert werden. ²Das Auslagerungsunternehmen muss unter Berücksichtigung der ihm übertragenen Aufgaben über die entsprechende Qualifikation verfügen und in der Lage sein, die übernommenen Aufgaben ordnungsgemäß wahrzunehmen. ³Die Auslagerung darf die Wirksamkeit der Beaufsichtigung der Kapitalanlagegesellschaft in keiner Weise beeinträchtigen; insbesondere darf sie weder die Kapitalanlagegesellschaft daran hindern, im Interesse ihrer Anleger zu handeln, noch darf sie verhindern, dass das Sondervermögen im Interesse der Anleger verwaltet wird (§ 16 Abs. 1 InvG).

(7) ¹Die Depotbank darf der Kapitalanlagegesellschaft aus den zu einem Sondervermögen gehörenden Konten nur die für die Verwaltung des Sondervermögens zustehende Vergütung und den ihr zustehenden Ersatz von Aufwendungen auszahlen (§ 29 Abs. 1 InvG). ²Die Kapitalanlagegesellschaft hat in den Vertragsbedingungen anzugeben, nach welcher Methode, in welcher Höhe und auf Grund welcher Berechnung die Vergütungen und Aufwendungserstattungen aus dem Sondervermögen an sie, die Depotbank und Dritte zu leisten sind (§ 41 Abs. 1 Satz 1 InvG).

Verwaltung von Investmentvermögen nach dem Investmentgesetz

(8) ¹Der Begriff der „Verwaltung von Investmentvermögen nach dem Investmentgesetz" bezieht sich nur auf das Objekt der Verwaltung, das Investmentvermögen und nicht auch auf die Verwaltungstätigkeit als solche. ²Demzufolge sind andere Tätigkeiten nach dem InvG als die Verwaltung, insbesondere Tätigkeiten der Verwahrung von Investmentvermögen sowie sonstige Aufgaben nach Maßgabe der §§ 24 bis 29 InvG, nicht steuerbegünstigt.

(9) ¹Unter die Steuerbefreiung fällt die Verwaltung inländischer Investmentvermögen nach dem InvG sowie die Verwaltung ausländischer Investmentvermögen im Sinne des § 2 Abs. 8 InvG, für die Investmentanteile ausgegeben werden, die die Bedingungen von § 2 Absätze 9 oder 10 InvG erfüllen, und die Verwaltung von Spezial-Sondervermögen nach § 91 InvG. ²Nicht begünstigt ist die Verwaltung von geschlossenen Fonds, weil diese Fonds nicht unter das InvG fallen. ³Die Anwendung der Steuerbefreiung setzt das Vorliegen eines steuerbaren Leistungsaustauschs voraus. ⁴Die Steuerbefreiung ist unabhängig davon anzuwenden, in welcher Rechtsform der Leistungserbringer auftritt. ⁵Für die Steuerbefreiung ist auch unerheblich, dass § 16 Abs. 2 InvG (Auslagerung) verlangt, dass bei der Übertragung der Portfolioverwaltung ein für Zwecke der Ver-mögensverwaltung zugelassenes Unternehmen, das der öffentlichen Aufsicht unterliegt, benannt wird.

Verwaltung des Investmentvermögens durch eine Kapitalanlagegesellschaft

(10) ¹Durch die Verwaltung des Investmentvermögens erfüllt die Kapitalanlagegesellschaft ihre gegenüber den Anlegern auf Grund des Investmentvertrags bestehenden Verpflichtungen. ²Dabei können die zum Investmentvermögen gehörenden Vermögensgegenstände nach Maßgabe der Vertragsbedingungen im Eigentum der Kapitalanlagegesellschaft oder im Miteigentum der Anleger stehen. ³Es liegt eine Verwaltungsleistung gegenüber den Anlegern als Leistungsempfänger vor.

Verwaltung des Investmentvermögens durch eine Investmentaktiengesellschaft

(11) ¹Hat das Investmentvermögen die Organisationsform einer Investmentaktiengesellschaft, ist der Anleger Aktionär. ²Seine konkrete Rechtsstellung richtet sich nach gesellschaftsrechtlichen Regelungen und der Satzung der Investmentaktiengesellschaft. ³Soweit keine separate schuldrechtliche Vereinbarung über die Erbringung einer besonderen Verwaltungsleistung besteht, ist insofern kein Leistungsaustausch zwischen der Investmentaktiengesellschaft und ihren Aktionären anzunehmen. ⁴Der Anspruch auf die Verwaltungsleistung ergibt sich aus der Gesellschafterstellung. ⁵Die Verwaltung des Investmentvermögens durch die Investment-aktiengesellschaft ist insoweit ein nicht steuerbarer Vorgang.

Auslagerung von Verwaltungstätigkeiten durch eine Kapitalanlagegesellschaft

(12) ¹Beauftragt eine Kapitalanlagegesellschaft einen Dritten mit der Verwaltung des Sondervermögens, erbringt dieser eine Leistung gegenüber der Kapitalanlagegesellschaft, indem er die ihr insoweit obliegende Pflicht erfüllt. ²Der Dritte wird ausschließlich auf Grund der vertraglichen Vereinbarung zwischen ihm und der Kapitalanlagegesellschaft tätig, so dass er auch nur ihr gegenüber zur Leistung verpflichtet ist.

Auslagerung von Verwaltungstätigkeiten bei der Investmentaktiengesellschaft

(13) ¹Beauftragt die selbstverwaltete Investmentaktiengesellschaft einen Dritten mit der Wahrnehmung von Aufgaben, erbringt der Dritte ihr gegenüber eine Leistung, da grundsätzlich der selbstverwalteten Investmentaktiengesellschaft die Anlage und die Verwaltung ihrer Mittel obliegt. ²Beauftragt die fremdverwaltete Investmentaktiengesellschaft (§ 96 Abs. 4 InvG) eine Kapitalanlagegesellschaft mit der Verwaltung und Anlage ihrer Mittel, ist die Kapitalanlagegesellschaft Vertragspartnerin des von ihr mit bestimmten Verwaltungstätigkeiten beauftragten Dritten. ³Dieser erbringt somit auch nur gegenüber der Kapitalanlagegesellschaft und nicht gegenüber der Investmentaktiengesellschaft eine Leistung.

Ausgelagerte Verwaltungstätigkeiten als Gegenstand der Steuerbefreiung

(14) ¹Für Tätigkeiten im Rahmen der Verwaltung von Investmentvermögen, die nach § 16 Abs. 1 InvG auf ein anderes Unternehmen ausgelagert worden sind, kann ebenfalls die Steuerbefreiung in Betracht kommen. ²Zur steuerfreien Verwaltung gehören auch Dienstleistungen der administrativen und buchhalterischen Verwaltung eines Investmentvermögens durch einen außen stehenden Verwalter, wenn sie ein im Großen und Ganzen eigenständiges Ganzes bilden und für die Verwaltung dieser Sondervermögen spezifisch und wesentlich sind. ³Rein materielle oder technische Dienstleistungen, die in diesem Zusammenhang erbracht werden, wie z.B. die Zurverfügungstellung eines Datenverarbeitungssystems, fallen nicht unter die Steuerbefreiung. ⁴Ob die Dienstleistungen der administrativen und buchhalterischen Verwaltung eines Sondervermögens durch einen außen stehenden Verwalter ein im Großen und Ganzen eigenständiges Ganzes bilden, ist danach zu beurteilen, ob die übertragenen Aufgaben für die

Durchführung der Geschäfte der Kapitalanlagegesellschaft/Investmentaktiengesellschaft unerlässlich sind und ob der außen stehende Verwalter die Aufgaben eigenverantwortlich auszuführen hat. [5]Vorbereitende Handlungen, bei denen sich die Kapitalanlagegesellschaft/Investmentaktiengesellschaft eine abschließende Entscheidung vorbehält, bilden regelmäßig nicht ein im Großen und Ganzen eigenständiges Ganzes.

(15) [1]Für die Beurteilung der Steuerbefreiung ist im Übrigen grundsätzlich ausschließlich die Art der ausgelagerten Tätigkeiten maßgebend und nicht die Eigenschaft des Unternehmens, das die betreffende Leistung erbringt. [2]§ 16 InvG ist insoweit für die steuerliche Beurteilung der Auslagerung ohne Bedeutung. [3]Soweit Aufgaben der Kapitalanlage- bzw. Investmentgesellschaften von den Depotbanken wahrgenommen oder auf diese übertragen werden, die zu den administrativen Tätigkeiten der Kapitalanlage- bzw. Investmentaktiengesellschaft und nicht zu den Tätigkeiten als Verwahrstelle gehören, kann die Steuerbefreiung auch dann in Betracht kommen, wenn sie durch die Depotbanken wahrgenommen werden.

Steuerfreie Verwaltungstätigkeiten

(16) Insbesondere folgende Tätigkeiten der Verwaltung eines Investmentvermögens durch die Kapitalanlagegesellschaft, die Investmentaktiengesellschaft oder die Depotbank sind steuerfrei nach § 4 Nr. 8 Buchstabe h UStG:

1. Portfolioverwaltung,

2. Ausübung des Sicherheitsmanagements (Verwalten von Sicherheiten, sog. Collateral Management, das im Rahmen von Wertpapierleihgeschäften nach § 54 Abs. 2 InvG Aufgabe der Kapitalanlagegesellschaft ist),

3. Folgende administrative Leistungen, soweit sie nicht dem Anteilsvertrieb dienen:

   a) Gesetzlich vorgeschriebene und im Rahmen der Fondsverwaltung vorgeschriebene Rechnungslegungsdienstleistungen (u.a. Fondsbuchhaltung und die Erstellung von Jahresberichten und sonstiger Berichte),

   b) Beantwortung von Kundenanfragen und Übermittlung von Informationen an Kunden, auch für potentielle Neukunden,

   c) Bewertung und Preisfestsetzung (Ermittlung und verbindliche Festsetzung des Anteilspreises),

   d) Überwachung und Einhaltung der Rechtsvorschriften (u.a. Kontrolle der Anlagegrenzen und der Marktgerechtigkeit),

   e) Führung des Anteilinhaberregisters,

   f) Tätigkeiten im Zusammenhang mit der Gewinnausschüttung,

   g) Ausgabe und Rücknahme von Anteilen (diese Aufgabe wird nach § 23 Abs. 1 InvG von der Depotbank ausgeführt),

   h) Erstellung von Kontraktabrechnungen (einschließlich Versand und Zertifikate, ausgenommen Erstellung von Steuererklärungen),

   i) Führung gesetzlich vorgeschriebener und im Rahmen der Fondsverwaltung vorgeschriebener Aufzeichnungen,

   j) die aufsichtsrechtlich vorgeschriebene Prospekterstellung.

(17) [1]Wird von einem außen stehenden Dritten, auf den Verwaltungsaufgaben übertragen wurden, nur ein Teil der Leistungen aus dem vorstehenden Leistungskatalog erbracht, kommt die Steuerbefreiung nur in Betracht, wenn die erbrachte Leistung ein im Großen und Ganzen eigenständiges Ganzes bildet und für die Verwaltung eines Investmentvermögens spezifisch und wesentlich ist. [2]Für die vorgenannten administrativen Leistungen kommt im Fall der Auslagerung auf einen außen stehenden Dritten die Steuerbefreiung nur in Betracht, wenn alle Leistungen insgesamt auf den Dritten ausgelagert worden sind. [3]Erbringt eine Kapitalanlagegesellschaft, eine Investmentaktiengesellschaft oder eine Depotbank Verwaltungsleistungen bezüglich des ihr nach dem InvG zugewiesenen Investmentvermögens, kann die Steuerbefreiung unabhängig davon in Betracht kommen, ob ggf. nur einzelne Verwaltungsleistungen aus dem vorstehenden Leistungskatalog erbracht werden.

Steuerpflichtige Tätigkeiten im Zusammenhang mit der Verwaltung

(18) Insbesondere folgende Tätigkeiten können nicht als Tätigkeiten der Verwaltung eines Investment-vermögens angesehen werden und fallen daher nicht unter die Steuerbefreiung nach § 4 Nr. 8 Buchstabe h UStG, soweit sie nicht Nebenleistungen zu einer nach Absatz 16 steuerfreien Tätigkeit sind:

1. Erstellung von Steuererklärungen,
2. Tätigkeiten im Zusammenhang mit der Portfolioverwaltung wie allgemeine Rechercheleistungen, insbesondere
   a) die planmäßige Beobachtung der Wertpapiermärkte,
   b) die Beobachtung der Entwicklungen auf den Märkten,
   c) das Analysieren der wirtschaftlichen Situation in den verschiedenen Währungszonen, Staaten oder Branchen,
   d) die Prüfung der Gewinnaussichten einzelner Unternehmen,
   e) die Aufbereitung der Ergebnisse dieser Analysen.
3. Beratungsleistungen mit oder ohne konkrete Kauf- oder Verkaufsempfehlungen,
4. Tätigkeiten im Zusammenhang mit dem Anteilsvertrieb, wie z.b. die Erstellung von Werbematerialien.

Andere steuerpflichtige Tätigkeiten

(19) [1]Nicht nach § 4 Nr. 8 Buchstabe h UStG steuerfrei sind insbesondere alle Leistungen der Depotbank als Verwahr- oder Kontrollstelle gegenüber der Kapitalanlagegesellschaft. [2]Dies sind insbesondere folgende Leistungen:

1. Verwahrung der Vermögensgegenstände des Sondervermögens; hierzu gehören z.B.:
   a) die Verwahrung der zu einem Sondervermögen gehörenden Wertpapiere, Einlagenzertifikate und Bargeldbestände in gesperrten Depots und Konten,
   b) die Verwahrung von als Sicherheiten für Wertpapiergeschäfte oder Wertpapier-Pensionsgeschäfte verpfändeten Wertpapieren oder abgetretenen Guthaben bei der Depotbank oder unter Kontrolle der Depotbank bei einem geeigneten Kreditinstitut,
   c) die Übertragung der Verwahrung von zu einem Sondervermögen gehörenden Wertpapieren an eine Wertpapiersammelbank oder an eine andere in- oder ausländische Bank,
   d) die Unterhaltung von Geschäftsbeziehungen mit Drittverwahrern;
2. Leistungen zur Erfüllung der Zahlstellenfunktion,
3. Einzug und Gutschrift von Zinsen und Dividenden,
4. Mitwirkung an Kapitalmaßnahmen und der Stimmrechtsausübung,
5. Abwicklung des Erwerbs und Verkaufs der Vermögensgegenstände inklusive Abgleich der Geschäftsdaten mit dem Broker; hierbei handelt es sich nicht um Verwaltungstätigkeiten, die von der Kapitalanlagegesellschaft auf die Depotbank übertragen werden könnten, sondern um Tätigkeiten der Depotbank im Rahmen der Verwahrung der Vermögensgegenstände;
6. Leistungen der Kontrolle und Überwachung, die gewährleisten, dass die Verwaltung des Investmentvermögens nach den entsprechenden gesetzlichen Vorschriften erfolgt, wie insbesondere
   a) Kontrolle der Ermittlung und der verbindlichen Feststellung des Anteilspreises,
   b) Kontrolle der Ausgabe und Rücknahme von Anteilen,
   c) Erstellung aufsichtsrechtlicher Meldungen, z.B. Meldungen, zu denen die Depotbank verpflichtet ist.

Verwaltung von Versorgungseinrichtungen

(20) [1]Nach § 4 Nr. 8 Buchstabe h UStG ist die Verwaltung von Versorgungseinrichtungen, welche Leistungen im Todes- oder Erlebensfall, bei Arbeitseinstellung oder bei Minderung der Erwerbstätigkeit vorsehen, steuerfrei (§ 1 Abs. 4 VAG). [2]Die Versorgungswerke der Ärzte, Apotheker, Architekten, Notare, Rechtsanwälte, Steuerberater bzw. Steuerbevollmächtigten, Tierärzte, Wirtschaftsprüfer und vereidigten Buchprüfer sowie Zahnärzte zählen zu den Versorgungseinrichtungen im Sinne des § 1 Abs. 4 VAG; Pensionsfonds sind Versorgungseinrichtungen im Sinne des § 112 Abs. 1 VAG. [3]Damit sind die unmittelbaren Verwaltungsleistungen durch Unternehmer an die auftraggebenden Versorgungseinrichtungen steuerfrei. [4]Voraussetzung für die Steuerbefreiung ist jedoch nicht, dass die Versorgungseinrichtungen der Versicherungsaufsicht unterliegen. [5]Einzelleistungen an die jeweilige Versorgungseinrichtung, die keine unmittelbare Verwaltungstätigkeit darstellen (z.B. Erstellung eines versicherungsmathematischen Gutachtens) fallen dagegen nicht unter die Steuerbefreiung nach § 4 Nr. 8 Buchstabe h UStG. [6]Zu weiteren Einzelheiten, insbesondere zu Unterstützungskassen, vgl. BMF-Schreiben vom 18.12.1997, BStBl. I S. 1046. [7]Bei Leistungen zur Durchführung des Versorgungsausgleichs nach dem Gesetz über den Versorgungsausgleich (Versorgungsausgleichsgesetz – VersAusglG) handelt es sich abweichend von diesem BMF-Schreiben um typische und somit steuerfreie Verwaltungsleistungen.

§ 4 zu § 4 Nr. 8, 9 UStAE 4.8.13. – 4.9.2.

Vermögensverwaltung

(21) ¹Bei der Vermögensverwaltung (Portfolioverwaltung) nimmt eine Bank einerseits die Vermögensverwaltung und andererseits Transaktionen vor (vgl. Abschnitt 4.8.9 Abs. 2). ²Die Steuerbefreiung nach § 4 Nr. 8 Buchstabe h UStG kommt in Betracht, soweit tatsächlich Investmentvermögen nach dem Investmentgesetz verwaltet wird (vgl. Absätze 1 bis 17).

4.8.14. Amtliche Wertzeichen

¹Durch die Worte „zum aufgedruckten Wert" wird zum Ausdruck gebracht, dass die Steuerbefreiung nach § 4 Nr. 8 Buchstabe i UStG für die im Inland gültigen amtlichen Wertzeichen nur in Betracht kommt, wenn die Wertzeichen zum aufgedruckten Wert geliefert werden. ²Zum aufgedruckten Wert gehören auch aufgedruckte Sonderzuschläge, z.B. Zuschlag bei Wohlfahrtsmarken. ³Werden die Wertzeichen mit einem höheren Preis als dem aufgedruckten Wert gehandelt, ist der Umsatz insgesamt steuerpflichtig. ⁴Lieferungen der im Inland postgültigen Briefmarken sind auch dann steuerfrei, wenn diese zu einem Preis veräußert werden, der unter ihrem aufgedruckten Wert liegt.

Zu § 4 Nr. 9 UStG

4.9.1. Umsätze, die unter das Grunderwerbsteuergesetz fallen

(1) ¹Zu den Umsätzen, die unter das GrEStG fallen (grunderwerbsteuerbare Umsätze), gehören insbesondere die Umsätze von unbebauten und bebauten Grundstücken. ²Für die Grunderwerbsteuer können mehrere von dem Grundstückserwerber mit verschiedenen Personen – z.B. Grundstückseigentümer, Bauunternehmer, Bauhandwerker – abgeschlossene Verträge als ein einheitliches, auf den Erwerb von fertigem Wohnraum gerichtetes Vertragswerk anzusehen sein (BFH-Urteile vom 27.10.1982, II R 102/81, BStBl. 1983 II S. 55, und vom 27.10.1999, II R 17/99, BStBl. 2000 II S. 34). ³Dieser dem GrEStG unterliegende Vorgang wird jedoch nicht zwischen dem Grundstückserwerber und den einzelnen Bauunternehmern bzw. Bauhandwerkern verwirklicht (BFH-Urteile vom 7.2.1991, V R 53/85, BStBl. II S. 737, vom 29.8.1991, V R 87/86, BStBl. 1992 II S. 206, und vom 10.9.1992, V R 99/88, BStBl. 1993 II S. 316). ⁴Die Leistungen der Architekten, der einzelnen Bauunternehmer und der Bauhandwerker sind mit dem der Grunderwerbsteuer unterliegenden Erwerbsvorgang nicht identisch und fallen daher auch nicht unter die Umsatzsteuerbefreiung nach § 4 Nr. 9 Buchstabe a UStG (vgl. auch BFH-Beschluss vom 30.10.1986, V B 44/86, BStBl. 1987 II S. 145, und BFH-Urteil vom 24.2.2000, V R 89/98, BStBl. II S. 278). ⁵Ein nach § 4 Nr. 9 Buchstabe a UStG insgesamt steuerfreier einheitlicher Grundstücksumsatz kann nicht nur bei der Veräußerung eines bereits bebauten Grundstücks vorliegen, sondern auch dann, wenn derselbe Veräußerer in zwei getrennten Verträgen ein Grundstück veräußert und die Pflicht zur Erstellung eines schlüsselfertigen Bürohauses und Geschäftshauses übernimmt. ⁶Leistungsgegenstand ist in diesem Fall ein noch zu bebauendes Grundstück (BFH-Urteil vom 19.3.2009, V R 50/07, BStBl. 2010 II S. 78).

(2) Unter die Steuerbefreiung nach § 4 Nr. 9 Buchstabe a UStG fallen z.B. auch:

1. die Bestellung von Erbbaurechten (BFH-Urteile vom 28.11.1967, II 1/64, BStBl. 1968 II S. 222, und vom 28.11.1967, II R 37/66, BStBl. 1968 II S. 223) und die Übertragung von Erbbaurechten (BFH-Urteil vom 5.12.1979, II R 122/76, BStBl. 1980 II S. 136);
2. die Übertragung von Miteigentumsanteilen an einem Grundstück;
3. die Lieferung von auf fremdem Boden errichteten Gebäuden nach Ablauf der Miet- oder Pachtzeit (vgl. Abschnitt F II des BMF-Schreibens vom 23.7.1986, BStBl. I S. 432);
4. die Übertragung eines Betriebsgrundstückes zur Vermeidung einer drohenden Enteignung (BFH-Urteil vom 24.6.1992, V R 60/88, BStBl. II S. 986);
5. die Umsätze von Grundstücken und von Gebäuden nach dem Sachenrechtsbereinigungsgesetz und
6. die Entnahme von Grundstücken, unabhängig davon, ob damit ein Rechtsträgerwechsel verbunden ist.

4.9.2. Umsätze, die unter das Rennwett- und Lotteriegesetz fallen

(1) ¹Die Leistungen der Buchmacher im Wettgeschäft sind nach § 4 Nr. 9 Buchstabe b UStG umsatzsteuerfrei, weil sie der Rennwettsteuer unterliegen. ²Zum Entgelt für diese Leistungen zählt alles, was der Wettende hierfür aufwendet. ³Dazu gehören auch der von den Buchmachern zum Wetteinsatz erhobene Zuschlag und die Wettscheingebühr, weil ihnen keine besonderen selbständig zu beurteilenden Leistungen des Buchmachers gegenüberstehen. ⁴Auch wenn die Rennwettsteuer lediglich nach dem Wetteinsatz bemessen wird, erstreckt sich daher die Umsatzsteuerbefreiung auf die gesamte Leistung des Buchmachers. ⁵Die Vorschrift des § 4 Nr. 9 Buchstabe b letzter Satz UStG ist hier nicht anwendbar.

(2) ¹Buchmacher, die nicht selbst Wetten abschließen, sondern nur vermitteln, sind mit ihrer Vermittlungsleistung, für die sie eine Provision erhalten, nicht nach § 4 Nr. 9 Buchstabe b UStG von der Umsatzsteuer befreit. ²Die Tätigkeit von Vertretern, die die Wetten für einen Buchmacher entgegennehmen, fällt nicht unter § 4 Nr. 9 Buchstabe b UStG (vgl. EuGH-Beschluss vom 14.5.2008, C-231/07 und C-232/07, DB 2008 S. 1897).

(3) ¹Im Inland veranstaltete öffentliche Lotterien unterliegen der Lotteriesteuer. ²Schuldner der Lotteriesteuer ist der Veranstalter der Lotterie. ³Lässt ein Wohlfahrtsverband eine ihm genehmigte Lotterie von einem gewerblichen Lotterieunternehmen durchführen, ist Veranstalter der Verband. ⁴Der Lotterieunternehmer kann die Steuerbefreiung nach § 4 Nr. 9 Buchstabe b UStG nicht in Anspruch nehmen (BFH-Urteil vom 10.12.1970, V R 50/67, BStBl. 1971 II S. 193).

(4) Spiele, die dem Spieler lediglich die Möglichkeit einräumen, seinen Geldeinsatz wiederzuerlangen (sog. Fun-Games), fallen nicht unter die Steuerbefreiung des § 4 Nr. 9 Buchstabe b UStG (BFH-Urteil vom 29.5.2008, V R 7/06, BStBl. 2009 II S. 64).

Zu § 4 Nr. 10 UStG

4.10.1. Versicherungsleistungen

(1) Die Befreiungsvorschrift betrifft auch Leistungen aus Versicherungs- und Rückversicherungsverträgen, die wegen Fehlens der in § 1 Abs. 1 bis 4 VersStG genannten Voraussetzungen nicht der Versicherungsteuer unterliegen.

(2) ¹Nicht befreit sind Versicherungsleistungen, die aus anderen Gründen nicht unter das VersStG fallen. ²Hierbei handelt es sich um Leistungen aus einem Vertrag, durch den der Versicherer sich verpflichtet, für den Versicherungsnehmer Bürgschaft oder sonstige Sicherheit zu leisten (§ 2 Abs. 2 VersStG). ³Hierunter sind insbesondere die Kautionsversicherungen (Bürgschafts- und Personenkautionsversicherungen) zu verstehen (vgl. BFH-Urteil vom 13.7.1972, V R 33/68, HFR 1973 S. 33). ⁴Es kann jedoch die Steuerbefreiung nach § 4 Nr. 8 Buchstabe g UStG in Betracht kommen (vgl. Abschnitt 4.8.12).

4.10.2. Verschaffung von Versicherungsschutz

(1) ¹Die Verschaffung eines Versicherungsschutzes liegt vor, wenn der Unternehmer mit einem Versicherungsunternehmen einen Versicherungsvertrag zugunsten eines Dritten abschließt (vgl. BFH-Urteil vom 9.10.2002, V R 67/01, BStBl. 2003 II S. 378). ²Der Begriff Versicherungsschutz umfasst alle Versicherungsarten. ³Hierzu gehören z.B. Lebens-, Kranken-, Unfall-, Haftpflicht-, Rechtsschutz-, Diebstahl-, Feuer- und Hausratversicherungen. ⁴Unter die Steuerbefreiung fällt auch die Besorgung einer Transportversicherung durch den Unternehmer, der die Beförderung der versicherten Gegenstände durchführt; das gilt nicht für die Haftungsversicherung des Spediteurs, auch wenn diese dem Kunden in Rechnung gestellt wird.

(2) ¹Durch den Versicherungsvertrag muss der begünstigte Dritte – oder bei Lebensversicherungen auf den Todesfall der Bezugsberechtigte – das Recht erhalten, im Versicherungsfall die Versicherungsleistung zu fordern. ²Unerheblich ist es, ob dieses Recht unmittelbar gegenüber dem Versicherungsunternehmen oder mittelbar über den Unternehmer geltend gemacht werden kann. ³Bei der Frage, ob ein Versicherungsverhältnis vorliegt, ist von den Grundsätzen des VersStG auszugehen. ⁴Ein Vertrag, der einem Dritten (Arbeitnehmer oder Vereinsmitglied) lediglich die Befugnis einräumt, einen Versicherungsvertrag zu günstigeren Konditionen abzuschließen, verschafft keinen unmittelbaren Anspruch des Dritten gegen das Versicherungsunternehmen und demnach keinen Versicherungsschutz nach § 4 Nr. 10 Buchstabe b UStG. ⁵Auch in der Übernahme weiterer Aufgaben für das Versicherungsunternehmen (insbesondere Beitragsinkasso und Abwicklung des Geschäftsverkehrs) liegt kein Verschaffen von Versicherungsschutz. ⁶Für diese Tätigkeit kommt auch eine Steuerbefreiung nach § 4 Nr. 11 UStG nicht in Betracht.

Zu § 4 Nr. 11 UStG

4.11.1. Bausparkassenvertreter, Versicherungsvertreter, Versicherungsmakler

(1) ¹Die Befreiungsvorschrift des § 4 Nr. 11 UStG enthält eine ausschließliche Aufzählung der begünstigten Berufsgruppen. ²Sie kann auf andere Berufe, z.B. Bankenvertreter, auch wenn sie ähnliche Tätigkeitsmerkmale aufweisen, nicht angewendet werden (vgl. BFH-Urteil vom 16.7.1970, V R 138/69, BStBl. II S. 709). ³Die Begriffe des Versicherungsvertreters und Versicherungsmaklers sind richtlinienkonform nach dem Gemeinschaftsrecht und nicht handelsrechtlich im Sinne von § 92 und § 93 HGB auszulegen (vgl. BFH-Urteil vom 6.9.2007, V R 50/05, BStBl. 2008 II S. 829).

(2) ¹Die Befreiung erstreckt sich auf alle Leistungen, die in Ausübung der begünstigten Tätigkeiten erbracht werden. ²Sie ist weder an eine bestimmte Rechtsform des Unternehmens gebunden, noch stellt

sie darauf ab, dass die begünstigten Tätigkeiten im Rahmen der gesamten unternehmerischen Tätigkeit überwiegen. ³Unter die Befreiung fällt z.b. auch ein Kreditinstitut, das Bauspar- oder Versicherungsverträge vermittelt; zum Begriff der Vermittlung siehe Abschnitt 4.8.1. ⁴Zu der Tätigkeit der Kreditinstitute als Bausparkassenvertreter gehört auch die im Zusammenhang mit dieser Tätigkeit übernommene Bewilligung und Auszahlung der Bauspardarlehen. ⁵Der Wortlaut der Vorschrift „aus der Tätigkeit als" erfordert, dass die Umsätze des Berufsangehörigen für seinen Beruf charakteristisch, d.h. berufstypisch, sind. ⁶Auch die Betreuung, Überwachung oder Schulung von nachgeordneten selbständigen Vermittlern kann zur berufstypischen Tätigkeit eines Bausparkassenvertreters, Versicherungsvertreters oder Versicherungsmaklers gehören, wenn der Unternehmer, der diese Leistungen übernimmt, durch Prüfung eines jeden Vertragsangebots mittelbar auf eine der Vertragsparteien einwirken kann. ⁷Dabei ist auf die Möglichkeit abzustellen, eine solche Prüfung im Einzelfall durchzuführen. ⁸Die Zahlung erfolgsabhängiger Vergütungen (sog. Superprovisionen) ist ein Beweisanzeichen, dass berufstypische Leistungen erbracht werden (vgl. BFH-Urteil vom 9.7.1998, V R 62/97, BStBl. 1999 II S. 253). ⁹Sog. „Backoffice-Tätigkeiten", die darin bestehen, gegen Vergütung Dienstleistungen für ein Versicherungsunternehmen zu erbringen, stellen keine zu Versicherungsumsätzen gehörenden Dienstleistungen im Sinne des § 4 Nr. 11 UStG dar, die von Versicherungsmaklern oder Versicherungsvertretern erbracht werden (vgl. EuGH-Urteil vom 3.3.2005, C-472/03, EuGHE I S. 1719). ¹⁰Nach dem Wortlaut der Vorschrift sind die Hilfsgeschäfte von der Steuerbefreiung ausgeschlossen (vgl. BFH-Urteil vom 11.4.1957, V 46/56 U, BStBl. III S. 222). ¹¹Es kann jedoch die Steuerbefreiung nach § 4 Nr. 28 UStG in Betracht kommen (vgl. Abschnitt 4.28.1). ¹²Versicherungsmakler, die nach § 34d Abs. 1 Satz 4 GewO gegenüber Dritten, die nicht Verbraucher sind, beratend tätig werden (Honorarberatung), erbringen keine steuerfreie Leistung nach § 4 Nr. 11 UStG.

(3) Bestandspflegeleistungen in Form von nachwirkender Vertragsbetreuung, z.B. durch Hilfen bei Modifikationen oder Abwicklung von Verträgen, die gegen Bestandspflegeprovision erbracht werden, sind berufstypisch und somit nach § 4 Nr. 11 UStG steuerfrei.

Zu § 4 Nr. 11b UStG[1)]

4.11b.1. Umsatzsteuerbefreiung für Post-Universaldienstleistungen

Begünstigte Leistungen

(1) ¹Unter die Steuerbefreiung nach § 4 Nr. 11b UStG fallen nur bestimmte Post-Universaldienstleistungen. Post-Universaldienstleistungen sind ein Mindestangebot an Postdienstleistungen, die flächendeckend im gesamten Gebiet der Bundesrepublik Deutschland in einer bestimmten Qualität und zu einem erschwinglichen Preis erbracht werden (§ 11 Postgesetz – PostG). ²Inhalt, Umfang und Qualitätsmerkmale von Post-Universaldienstleistungen sind in der Post-Universaldienstleistungsverordnung (PUDLV) festgelegt.

(2) Unter die Steuerbefreiung nach § 4 Nr. 11b UStG fallen nur folgende Post-Universaldienstleistungen:

1. ¹Die Beförderung von Briefsendungen bis zu einem Gewicht von 2.000 Gramm. ²Briefsendungen sind adressierte schriftliche Mitteilungen; Mitteilungen, die den Empfänger nicht mit Namen bezeichnen, sondern lediglich mit einer Sammelbezeichnung nach Wohnung oder Geschäftssitz versehen sind, gelten nicht als adressiert und sind dementsprechend keine Briefsendungen (§ 4 Nr. 2 Sätze 1 und 3 PostG). ³Briefsendungen sind nur dann der Art nach begünstigte Post-Universaldienstleistungen, wenn die Qualitätsmerkmale des § 2 PUDLV erfüllt sind:

   a) ¹Bundesweit müssen mindestens 12.000 stationäre Einrichtungen vorhanden sein, in denen Verträge über Briefbeförderungsleistungen abgeschlossen und abgewickelt werden können. ²In allen Gemeinden mit mehr als 2.000 Einwohnern muss mindestens eine stationäre Einrichtung vorhanden sein; dies gilt in der Regel auch für Gemeinden, die nach landesplanerischen Vorgaben zentralörtliche Funktionen haben. ³In Gemeinden mit mehr als 4.000 Einwohnern und Gemeinden, die nach landesplanerischen Vorgaben zentralörtliche Funktionen haben, ist grundsätzlich zu gewährleisten, dass in zusammenhängend bebauten Gebieten eine stationäre Einrichtung in maximal 2.000 Metern für die Kunden erreichbar ist. ⁴Bei Veränderungen der stationären Einrichtungen ist frühzeitig, mindestens zehn Wochen vor der Maßnahme, das Benehmen mit der zuständigen kommunalen Gebietskörperschaft herzustellen. ⁵Daneben muss in allen Landkreisen mindestens je Fläche von 80 Quadratkilometern eine stationäre Einrichtung vorhanden sein. ⁶Alle übrigen Orte müssen durch einen mobilen Postservice versorgt werden. ⁷Die Einrichtungen müssen werktäglich nachfragegerecht betriebsbereit sein.

---

1) Hinweis auf Anlage § 004 Nr. 11b-03

UStAE 4.11b.1.   zu § 4 Nr. 11b   § 4

b) ¹Briefkästen müssen so ausreichend vorhanden sein, dass die Kunden in zusammenhängend bebauten Wohngebieten in der Regel nicht mehr als 1.000 Meter zurückzulegen haben, um zu einem Briefkasten zu gelangen. ²Briefkästen sind jeden Werktag sowie bedarfsgerecht jeden Sonn- und Feiertag so zu leeren, dass die in Buchstabe c genannten Qualitätsmerkmale eingehalten werden können. ³Dabei sind die Leerungszeiten der Briefkästen an den Bedürfnissen des Wirtschaftslebens zu orientieren; die Leerungszeiten und die nächste Leerung sind auf den Briefkästen anzugeben. ⁴Briefkästen im Sinne der Sätze 1 und 2 sind auch andere zur Einlieferung von Briefsendungen geeignete Vorrichtungen.

c) ¹Von den an einem Werktag eingelieferten inländischen Briefsendungen müssen – mit Ausnahme der Sendungen, die eine Mindesteinlieferungsmenge von 50 Stück je Einlieferungsvorgang voraussetzen – im Jahresdurchschnitt mindestens 80% am dem ersten auf den Einlieferungstag folgenden Werktag und 95% bis zum zweiten auf den Einlieferungstag folgenden Werktag ausgeliefert werden. ²Im grenzüberschreitenden Briefverkehr mit Mitgliedstaaten der Europäischen Union gelten die im Anhang der Richtlinie 97/67/EG des Europäischen Parlaments und des Rates vom 15.12.1997 über gemeinsame Vorschriften für die Entwicklung des Binnenmarktes der Postdienste der Gemeinschaft und die Verbesserung der Dienstequalität (ABl. EG 1998 Nr. L 15 S. 14) in der jeweils geltenden Fassung festgelegten Qualitätsmerkmale. ³Wird der Anhang dieser Richtlinie geändert, gelten die Qualitätsmerkmale in der geänderten Fassung vom ersten Tage des dritten auf die Veröffentlichung der Änderung folgenden Monats an.

d) ¹Briefsendungen sind zuzustellen, sofern der Empfänger nicht durch Einrichtung eines Postfaches oder in sonstiger Weise erklärt hat, dass er die Sendungen abholen will. ²Die Zustellung hat an der in der Anschrift genannten Wohn- oder Geschäftsadresse durch Einwurf in eine für den Empfänger bestimmte und ausreichend aufnahmefähige Vorrichtung für den Empfang von Briefsendungen oder durch persönliche Aushändigung an den Empfänger zu erfolgen. ³Kann eine Sendung nicht nach Satz 2 zugestellt werden, ist sie nach Möglichkeit einem Ersatzempfänger auszuhändigen, soweit keine gegenteilige Weisung des Absenders oder Empfängers vorliegt. ⁴Ist die Wohn- oder Geschäftsadresse des Empfängers nur unter unverhältnismäßigen Schwierigkeiten zu erreichen oder fehlt eine geeignete und zugängliche Vorrichtung für den Empfang von Briefsendungen, kann der Empfänger von der Zustellung ausgeschlossen werden. ⁵Der Betroffene ist von dem beabsichtigten Ausschluss zu unterrichten.

e) Die Zustellung hat mindestens einmal werktäglich zu erfolgen.

2. ¹Die Beförderung von adressierten Büchern, Katalogen, Zeitungen und Zeitschriften, bis zu einem Gewicht von 2.000 Gramm. ²Die Beförderung muss durch Unternehmer erfolgen, die die Beförderung von Briefsendungen (vgl. vorstehende Nummer 1) oder die Beförderung von adressierten Paketen bis zu einem Gewicht von 20 Kilogramm durchführen (vgl. § 1 Absatz 1 Nr. 1 und 3 PUDLV in Verbindung mit § 4 Nr. 1 Buchstabe c PostG). ³Für das Vorliegen einer Post-Universaldienstleistung gelten für die Beförderung von adressierten Büchern und Katalogen die Qualitätsmerkmale für Briefsendungen (§ 2 PUDLV) entsprechend (vgl. vorstehende Nummer 1 Satz 3). ⁴Die Beförderung von Zeitungen und Zeitschriften ist nur dann der Art nach eine begünstigte Post-Universaldienstleistung, wenn die Qualitätsmerkmale des § 4 PUDLV erfüllt sind:

a) Zeitungen und Zeitschriften sind im Rahmen des betrieblich Zumutbaren bedarfsgerecht zu befördern.

b) ¹Zeitungen und Zeitschriften sind zuzustellen, sofern der Empfänger nicht durch Einrichtung eines Postfaches oder in sonstiger Weise erklärt hat, dass er die Sendungen abholen will. ²Die Zustellung hat an der in der Anschrift genannten Wohn- oder Geschäftsadresse durch Einwurf in eine für den Empfänger bestimmte und ausreichend aufnahmefähige Vorrichtung für den Empfang von Zeitungen und Zeitschriften oder durch persönliche Aushändigung an den Empfänger zu erfolgen. ³Kann eine Sendung nicht nach Satz 2 zugestellt werden, ist sie nach Möglichkeit einem Ersatzempfänger auszuhändigen, soweit keine gegenteilige Weisung des Absenders oder Empfängers vorliegt. ⁴Ist die Wohn- oder Geschäftsadresse des Empfängers nur unter unverhältnismäßigen Schwierigkeiten zu erreichen oder fehlt eine geeignete und zugängliche Vorrichtung für den Empfang von Zeitungen und Zeitschriften, kann der Empfänger von der Zustellung ausgeschlossen werden. ⁵Der Betroffene ist von dem beabsichtigten Ausschluss zu unterrichten.

c) Die Zustellung hat mindestens einmal werktäglich zu erfolgen.

3. ¹Die Beförderung von adressierten Paketen bis zu einem Gewicht von 10 Kilogramm. ²Die Beförderung von adressierten Paketen ist nur dann der Art nach eine begünstigte Post-Universaldienstleistung, wenn die Qualitätsmerkmale des § 3 PUDLV erfüllt sind:

a) Für die Bereitstellung von Einrichtungen, in denen Verträge über Paketbeförderungsleistungen abgeschlossen und abgewickelt werden können, gelten die Qualitätsmerkmale für Briefsendungen (§ 2 Nr. 1 PUDLV) entsprechend (vgl. vorstehende Nummer 1 Satz 3 Buchstabe a).

b) [1]Von den an einem Werktag eingelieferten inländischen Paketen müssen im Jahresdurchschnitt mindestens 80% bis zum zweiten auf den Einlieferungstag folgenden Werktag ausgeliefert werden. [2]Im grenzüberschreitenden Paketverkehr mit Mitgliedstaaten der Europäischen Union gelten die im Anhang der Richtlinie 97/67/EG des Europäischen Parlaments und des Rates vom 15.12.1997 über gemeinsame Vorschriften für die Entwicklung des Binnenmarktes der Postdienste der Gemeinschaft und die Verbesserung der Dienstequalität (ABl. EG 1998 Nr. L 15 S. 14) in der jeweils geltenden Fassung festgelegten Qualitätsmerkmale. [3]Wird der Anhang dieser Richtlinie geändert, gelten die Qualitätsmerkmale in der geänderten Fassung vom ersten Tage des dritten auf die Veröffentlichung der Änderung folgenden Monats an.

c) [1]Pakete sind zuzustellen, sofern der Empfänger nicht erklärt hat, dass er die Sendungen abholen will. [2]Die Zustellung hat an der in der Anschrift genannten Wohn- oder Geschäftsadresse durch persönliche Aushändigung an den Empfänger oder einen Ersatzempfänger zu erfolgen, soweit keine gegenteilige Weisung des Absenders oder Empfängers vorliegt.

d) Die Zustellung hat mindestens einmal werktäglich zu erfolgen.

4. [1]Einschreibsendungen. Einschreibsendungen sind Briefsendungen, die pauschal gegen Verlust, Entwendung oder Beschädigung versichert sind und gegen Empfangsbestätigung ausgehändigt werden (§ 1 Absatz 2 Nr. 1 PUDLV). [2]Für das Vorliegen einer Post-Universaldienstleistung gelten die Qualitätsmerkmale für Briefsendungen (§ 2 PUDLV) entsprechend (vgl. vorstehende Nummer 1 Satz 3).

5. [1]Wertsendungen. Wertsendungen sind Briefsendungen, deren Inhalt in Höhe des vom Absender angegebenen Wertes gegen Verlust, Entwendung oder Beschädigung versichert ist (§ 1 Absatz 2 Nr. 2 PUDLV). [2]Für das Vorliegen einer Post-Universaldienstleistung gelten die Qualitätsmerkmale für Briefsendungen (§ 2 PUDLV) entsprechend (vgl. vorstehende Nummer 1 Satz 3).

(3) [1]Weitere Voraussetzung für das Vorliegen einer der Art nach begünstigten Post-Universaldienstleistung ist für die unter Absatz 2 genannten Leistungen, dass der Preis für diese Leistungen erschwinglich sein muss. [2]Der Preis gilt als erschwinglich, wenn er dem realen Preis für die durchschnittliche Nachfrage eines Privathaushalts nach der jeweiligen Postuniversaldienstleistung entspricht. [3]Dies ist bei Briefsendungen bis zu einem Gewicht von 1.000 Gramm bis zu einer Einlieferungsmenge von weniger als 50 Sendungen grundsätzlich das nach § 19 PostG genehmigte Entgelt, wenn der Unternehmer auf diesem Markt marktbeherrschend ist. [4]Bei allen anderen Post-Universaldienstleistungen, die nicht dieser Entgeltgenehmigungspflicht unterliegen, ist dies das Entgelt, das der Unternehmer für die jeweilige Einzelleistung an Privathaushalte allgemein festgelegt hat. [5]Als genehmigtes Entgelt ist auch das um 1% verminderte Entgelt anzusehen, das der Leistungsempfänger für unter Rz. 2 genannte begünstigte Briefsendungen entrichtet, für die die Freimachung mittels einer Frankiermaschine (sog. Freistempler) durch den Leistungsempfänger erfolgt. [6]Soweit eine Entgeltminderung jedoch aus anderen Gründen gewährt wird, z.B. weil die Briefsendungen unmittelbar beim Anbieter der Post-Universaldienstleistung eingeliefert werden müssen, liegen die Voraussetzungen für die Steuerbefreiung nicht vor (vgl. nachfolgend unter Absatz 7).

Begünstigter Unternehmerkreis

(4) [1]Begünstigt können alle Unternehmer sein, die die in Absatz 2 genannten Leistungen selbst erbringen; hierzu gehören auch Unternehmenszusammenschlüsse. [2]Voraussetzung ist, dass sie sich verpflichten, alle Post-Universaldienstleistungsbereiche bzw. einen einzelnen der in Absatz 2 genannten Post-Universaldienstleistungsbereiche ständig und flächendeckend im gesamten Gebiet der Bundesrepublik Deutschland anzubieten.

Beispiel 1:

[1]Der Postdienstleistungsanbieter P verpflichtet sich, ständig anzubieten, Briefsendungen bis zu einem Gewicht von 2.000 Gramm im gesamten Gebiet der Bundesrepublik Deutschland durchzuführen. [2]Die Voraussetzungen des § 2 PUDLV sind erfüllt. [3]Die Durchführung der Briefsendungen bis zu einem Gewicht von 2.000 Gramm ist unter den weiteren Voraussetzungen des § 4 Nr. 11b UStG steuerfrei.

Beispiel 2:

[1]Der Postdienstleistungsanbieter P verpflichtet sich, ständig anzubieten, Briefsendungen bis zu einem Gewicht von 2.000 Gramm sowie Paketsendungen bis zu einem Gewicht von 5 Kilogramm im gesamten Gebiet der Bundesrepublik Deutschland durchzuführen. [2]Die Voraussetzungen der §§ 2 und 3 PUDLV sind erfüllt. [3]Die Durchführung der Briefsendungen bis zu einem Gewicht von

2.000 Gramm durch P ist unter den weiteren Voraussetzungen des § 4 Nr. 11b UStG steuerfrei. ⁴Die Durchführung der Paketsendungen bis zu einem Gewicht von 5 Kilogramm ist dagegen steuerpflichtig, da P sich nicht verpflichtet hat, den gesamten Bereich der Paketsendungen bis zu einem Gewicht von 10 Kilogramm anzubieten.

Beispiel 3:
¹Der Postdienstleistungsanbieter P verpflichtet sich, ständig anzubieten, Briefsendungen bis zu einem Gewicht von 1.000 Gramm im gesamten Gebiet der Bundesrepublik Deutschland durchzuführen. ²Die Voraussetzungen der §§ 2 und 3 PUDLV sind erfüllt. ³Die Durchführung der Briefsendungen bis zu einem Gewicht von 1.000 Gramm ist steuerpflichtig, da P sich nicht verpflichtet hat, den gesamten Bereich der Briefsendungen bis zu einem Gewicht von 2.000 Gramm anzubieten.

Beispiel 4:
¹Der Postdienstleistungsanbieter P verpflichtet sich, ständig anzubieten, Briefsendungen bis zu einem Gewicht von 1.000 Gramm im gesamten Gebiet der Bundesrepublik Deutschland und Briefsendungen mit einem Gewicht von mehr als 1.000 Gramm bis zu einem Gewicht von 2.000 Gramm nur in Nordrhein-Westfalen durchzuführen. ²Die Voraussetzungen der §§ 2 und 3 PUDLV sind erfüllt. ³Die Durchführung der Briefsendungen ist insgesamt steuerpflichtig, da P sich nicht verpflichtet hat, den gesamten Bereich der Briefsendungen bis zu einem Gewicht von 2.000 Gramm ständig und flächendeckend im gesamten Gebiet der Bundesrepublik Deutschland anzubieten.

Der Art nach nicht unter die Steuerbefreiung fallende Leistungen

(5) Nicht unter die Steuerbefreiung fallen folgende in § 1 PUDLV genannte Leistungen:
1. Die Beförderung von Paketsendungen mit einem Gewicht von mehr als 10 Kilogramm,
2. die Beförderung von adressierten Büchern, Katalogen, Zeitungen und Zeitschriften mit einem Gewicht von jeweils mehr als 2 Kilogramm,
3. Expresszustellungen. Expresszustellungen sind Briefsendungen, die so bald wie möglich nach ihrem Eingang bei einer Zustelleinrichtung des leistenden Unternehmers durch besonderen Boten zugestellt werden (§ 1 Absatz 2 Nr. 4 PUDLV),
4. Nachnahmesendungen. Nachnahmesendungen sind Briefsendungen, die erst nach Einziehung eines bestimmten Geldbetrages an den Empfänger ausgehändigt werden (§ 1 Absatz 2 Nr. 3 PUDLV).

(6) ¹Ausdrücklich sind auch Leistungen, deren Bedingungen zwischen den Vertragsparteien individuell vereinbart werden, nicht steuerfrei (§ 4 Nr. 11b Satz 3 Buchstabe a UStG). ²Hierunter fallen auch Leistungen eines Postdienstleistungsanbieters an einen im eigenen Namen und für eigene Rechnung auftretenden sog. Konsolidierer, der Inhaber einer postrechtlichen Lizenz nach § 51 Absatz 1 Satz 2 Nr. 5 PostG ist und Briefsendungen eines oder mehrerer Absender bündelt und vorsortiert in die Briefzentren des Postdienstleistungsanbieters einliefert, wenn der Postdienstleistungsanbieter dem Konsolidierer nachträglich Rabatte auf die festgelegten Entgelte für einzelne Briefsendungen gewährt.

Beispiel 1:
¹Der Konsolidierer K liefert an einem Tag 1.000 Briefsendungen des Absenders A vereinbarungsgemäß beim Postdienstleistungsanbieter P ein. ²K tritt gegenüber P im eigenen Namen und für eigene Rechnung auf. ³Das Standardporto für eine Briefsendung beträgt 0,55 €. ⁴K erhält für die Einlieferung von P einen Rabatt in Höhe von 21 %. ⁵Die von P an K erbrachte Postdienstleistung ist steuerpflichtig. ⁶Eine Steuerbefreiung ist wegen individueller Vereinbarungen zwischen den Vertragsparteien ausgeschlossen (§ 4 Nr. 11b Satz 3 Buchstabe a UStG).

³Tritt der Konsolidierer gegenüber dem Postdienstleistungsanbieter im Namen und für Rechnung der Absender auf, so dass die Postdienstleistung vom Postdienstleistungsanbieter gegenüber dem Absender der Briefsendung erbracht wird, und gewährt der Postdienstleistungsanbieter dem Absender über den Konsolidierer nachträglich einen Rabatt, fällt die Leistung ebenfalls nicht unter die Steuerbefreiung nach § 4 Nr. 11b UStG.

Beispiel 2:
¹Der Konsolidierer K liefert an einem Tag 1.000 Briefsendungen des Absenders A vereinbarungsgemäß beim Postdienstleistungsanbieter P ein. ²K tritt gegenüber P im Namen und für Rechnung des A auf. ³Das Standardporto für eine Briefsendung beträgt 0,55 €. ⁴K erhält für die Einlieferung von P einen Rabatt in Höhe von 21 %. ⁵K gewährt dem A einen Rabatt in Höhe von 8 %. ⁶Die Rabatte werden bereits im Zeitpunkt der Ausführung der sonstigen Leistung gewährt. ⁷Die von P an A erbrachte Postdienstleistung ist steuerpflichtig. ⁸Der Rabatt in Höhe von 21 % mindert das Entgelt für die von P an A erbrachte Postdienstleistung. ⁹§ 4 Nr. 11b Satz 3 Buchstabe a UStG schließt eine Steuerbefreiung aus.

§ 4 zu § 4 Nr. 11b UStAE 4.11b.1.

[4]Zur Behandlung von Leistungen eines sog. Konsolidierers wird im Übrigen auf das BMF-Schreiben vom 13.12.2006 (BStBl. 2007 I S. 119) verwiesen.

(7) [1]Nicht unter die Steuerbefreiung fallen außerdem nach § 4 Nr. 11b Satz 3 Buchstabe b UStG sog. AGB-Leistungen

a) mit nach den Allgemeinen Geschäftsbedingungen eines Anbieters festgelegten Qualitätsmerkmalen, die von den festgelegten Qualitätsmerkmalen (vgl. Absatz 2) abweichen,

Beispiel:

[1]Der Postdienstleistungsanbieter P befördert den einzelnen Standardbrief bis 20 Gramm für ein Entgelt von 0,45 €. [2]In seinen Allgemeinen Geschäftsbedingungen bietet er an, Standardbriefe ab einer Einlieferungsmenge von 50 Stück für ein Entgelt von 0,40 € zu befördern, wenn die Briefe beim Anbieter unmittelbar eingeliefert werden. [3]Der Kunde K macht hiervon Gebrauch und liefert 100 Standardbriefe ein. [4]P stellt K ein Entgelt von 40 € in Rechnung. [5]Die Beförderung der 100 Standardbriefe zu einem Entgelt von 40 € ist steuerpflichtig. [6]Die Steuerbefreiung nach § 4 Nr. 11b UStG kann nicht in Anspruch genommen werden, weil die Standardbriefe zwingend bei einer stationären Einrichtung des P eingeliefert werden müssen und nicht in einen Briefkasten eingeworfen werden können. [7]Es liegt somit keine begünstigte Post-Universaldienstleistung vor.

und/oder

b) [1]zu nach den Allgemeinen Geschäftsbedingungen eines Anbieters festgelegten Tarifen, die zwar grundsätzlich für jedermann zugänglich sind, aber nicht für den durchschnittlichen Nachfrager eines Privathaushalts bestimmt sind.

Beispiel:

[1]Der Postdienstleistungsanbieter P befördert den einzelnen Standardbrief bis 20 Gramm für ein Entgelt von 0,45 €. [2]In seinen Allgemeinen Geschäftsbedingungen bietet er an, Standardbriefe ab einer Einlieferungsmenge von 50 Stück für ein Entgelt von 0,40 € zu befördern. [3]Der Kunde K macht hiervon Gebrauch und liefert 100 Standardbriefe ein. [4]P stellt K ein Entgelt von 40 € in Rechnung. [5]Die Beförderung der 100 Standardbriefe zu einem Entgelt von 40 € ist steuerpflichtig. [6]Die Steuerbefreiung nach § 4 Nr. 11b UStG kann nicht in Anspruch genommen werden, weil das Entgelt für die Einlieferung der 100 Standardbriefe von dem Entgelt für die Einlieferung von bis zu 50 Standardbriefen abweicht und der zu Grunde liegende Tarif damit nicht für den durchschnittlichen Nachfrager eines Privathaushalts bestimmt ist.

[2]Hierzu gehört auch der Versand von sog. Postvertriebsstücken (Zeitungen und Zeitschriften), bei denen das Entgelt dasjenige unterschreitet, das für die Einzelsendung festgelegt ist,

bzw.

c) zu günstigeren Preisen als den nach § 19 PostG genehmigten Entgelten.

Beispiel:

[1]Der Postdienstleistungsanbieter P befördert den einzelnen Standardbrief bis 20 Gramm für ein nach § 19 PostG von der Bundesnetzagentur genehmigtes Entgelt von 0,45 €. [2]In seinen Allgemeinen Geschäftsbedingungen bietet er an, Standardbriefe ab einer Einlieferungsmenge von 50 Stück für ein Entgelt von 0,40 € zu befördern. [3]Der Kunde K macht hiervon Gebrauch und liefert 100 Standardbriefe ein. [4]P stellt K ein Entgelt von 40 € in Rechnung. [5]Die Beförderung der 100 Standardbriefe zu einem Entgelt von 40 € ist steuerpflichtig. [6]Die Steuerbefreiung nach § 4 Nr. 11b UStG kann nicht in Anspruch genommen werden, weil das Entgelt für die Einlieferung der 100 Standardbriefe von dem nach § 19 PostG von der Bundesnetzagentur genehmigten Entgelt für die Einlieferung von bis zu 50 Standardbriefen abweicht.

[2]Eine Steuerbefreiung kommt für diese Leistungen schon deshalb nicht in Betracht, weil es sich hierbei nicht um Post-Universaldienstleistungen im Sinne des Artikel 3 der 1. Post-Richtlinie und damit auch im Sinne des § 11 PostG und der PUDLV handelt, da die darin genannten Qualitätsmerkmale nicht erfüllt werden. [3]Unbeachtlich ist, aus welchen Gründen das nach den Allgemeinen Geschäftsbedingungen vorgesehene niedrigere Entgelt vereinbart wurde. [4]So ist z.B. die Beförderung von Paketen und Büchern nicht steuerfrei, wenn diese mit einem Leitcode auf der Sendung eingeliefert werden und hierfür eine Entgeltminderung gewährt wird.

(8) [1]Auch die förmliche Zustellung im Sinne des § 33 PostG (früher: Postzustellungsurkunde) fällt nicht unter die Steuerbefreiung des § 4 Nr. 11b UStG, weil diese Leistung nicht unter die in § 1 PUDLV genannten Post-Universaldienstleistungen fällt. [2]Diese Leistung fällt auch nicht unter den Katalog der allgemein unabdingbaren Postdienstleistungen nach Artikel 3 Absatz 4 der 1. Post-Richtlinie, für die unionsrechtlich eine Umsatzsteuerbegünstigung vorgesehen werden kann.

(9) ¹Nicht unter die Steuerbefreiung nach § 4 Nr. 11b UStG fällt auch die Transportversicherung für einen Brief. ²Diese Leistung ist keine Nebenleistung zur Briefsendung, sondern eine eigenständige Leistung, die unter die Steuerbefreiung nach § 4 Nr. 10 Buchstabe a UStG fällt.

Feststellung des Vorliegens der Voraussetzungen der Steuerbefreiung

(10) ¹Die Feststellung, dass die Voraussetzungen für die Anwendung der Steuerbefreiung erfüllt sind, trifft nicht das für den Postdienstleister zuständige Finanzamt, sondern das BZSt (§ 4 Nr. 11b Satz 2 UStG). ²Hierzu muss der Unternehmer, der die Steuerbefreiung für alle oder für Teilbereiche der unter die Begünstigung fallenden Leistungen (vgl. Absatz 2) in Anspruch nehmen will, einen entsprechenden formlosen Antrag beim BZSt, An der Küppe 1, 53225 Bonn, stellen. ³Der Antragsteller hat in seinem Antrag darzulegen, für welche Leistungen er die Steuerbefreiung in Anspruch nehmen will. ⁴Hierzu muss er erklären, dass er sich verpflichtet, die genannten Leistungen flächendeckend zu erbringen und im Einzelnen nachweisen, dass die weiteren Voraussetzungen für das Vorliegen einer Post-Universaldienstleistung bei den von ihm zu erbringenden Leistungen erfüllt sind. ⁵Dabei hat der Antragsteller seine unternehmerische Konzeption für sein Angebot an Post-Universaldienstleistungen darzulegen.

(11) Stellt das BZSt fest, dass die Voraussetzungen für die Steuerbefreiung vorliegen, erteilt es hierüber dem Antragsteller eine entsprechende Bescheinigung.

(12) Stellt sich im Nachhinein heraus, dass die Voraussetzungen für die Bescheinigung nicht oder nicht mehr vorliegen, nimmt sie das BZSt – ggf. auch rückwirkend – zurück.

Anwendung

(13) Soweit das BMF-Schreiben vom 13.12.2006 – IV A 5 – S 7100 – 177/06 – (BStBl. 2007 I S. 119) diesem Abschnitt entgegensteht, ist es nicht mehr anzuwenden.

(14) Liegen für Leistungen nach § 4 Nr. 11b UStG auch die Voraussetzungen der Steuerbefreiung für Leistungen im Zuzsammenhang mit Gegenständen der Ausfuhr (§ 4 Nr. 3 Satz 1 Buchstabe a Doppelbuchstabe aa UStG) vor, geht die Steuerbefreiung das § 4 Nr. 11b UStG dieser Steuerbefreiung vor.

Zu § 4 Nr. 12 UStG

4.12.1. Vermietung und Verpachtung von Grundstücken

(1) ¹Der Begriff des Grundstücks in § 4 Nr. 12 UStG stimmt grundsätzlich mit dem Grundstücksbegriff des BGB überein (vgl. BFH-Urteil vom 15.12.1966, V 252/63, BStBl. 1967 III S. 209). ²Die Frage, ob eine Vermietung oder Verpachtung eines Grundstücks im Sinne des § 4 Nr. 12 Satz 1 Buchstabe a UStG vorliegt, ist grundsätzlich nach bürgerlichem Recht zu beurteilen (BFH-Urteile vom 25.3.1971, V R 96/67, BStBl. II S. 473, und vom 4.12.1980, V R 60/79, BStBl. 1981 II S. 231). ³Es kommt nicht darauf an, ob in einem Vertrag die Bezeichnungen „Miete" oder „Pacht" gebraucht werden. ⁴Entscheidend ist vielmehr, ob der Vertrag inhaltlich als Mietvertrag oder Pachtvertrag anzusehen ist. ⁵Der Vermietung eines Grundstücks gleichzusetzen ist der Verzicht auf Rechte aus einem Mietvertrag gegen eine Abstandszahlung (vgl. EuGH-Urteil vom 15.12.1993, C-63/92, BStBl. 1995 II S. 480). ⁶Eine Dienstleistung, die darin besteht, dass eine Person, die ursprünglich kein Recht an einem Grundstück hat, aber gegen Entgelt die Rechte und Pflichten aus einem Mietvertrag über dieses Grundstück übernimmt, ist nicht von der Umsatzsteuer befreit (vgl. EuGH-Urteile vom 9.10.2001, C-409/98, EuGHE I S. 7175, und C-108/99, EuGHE I S. 7257).

(2) ¹Eine Grundstücksvermietung liegt vor, wenn dem Mieter zeitweise der Gebrauch eines Grundstücks gewährt wird (§ 535 BGB). ²Dies setzt voraus, dass dem Mieter eine bestimmte, nur ihm zur Verfügung stehende Grundstücksfläche unter Ausschluss anderer zum Gebrauch überlassen wird. ³Es ist aber nicht erforderlich, dass die vermietete Grundstücksfläche bereits im Zeitpunkt des Abschlusses des Mietvertrags bestimmt ist. ⁴Der Mietvertrag kann auch über eine zunächst unbestimmte, aber bestimmbare Grundstücksfläche (z.B. Fahrzeugabstellplatz) geschlossen werden. ⁵Die spätere Konkretisierung der Grundstücksfläche kann durch den Vermieter oder den Mieter erfolgen. ⁶Die Dauer des Vertragsverhältnisses ist ohne Bedeutung. ⁷Auch die kurzfristige Gebrauchsüberlassung eines Grundstücks kann daher die Voraussetzungen einer Vermietung erfüllen. ⁸Eine Grundstücksverpachtung ist gegeben, wenn dem Pächter das Grundstück nicht nur zum Gebrauch überlassen, sondern ihm auch der Fruchtgenuss gewährt wird (§ 581 BGB).

(3) ¹Die Steuerbefreiung nach § 4 Nr. 12 Satz 1 Buchstabe a UStG gilt nicht nur für die Vermietung und die Verpachtung von ganzen Grundstücken, sondern auch für die Vermietung und die Verpachtung von Grundstücksteilen. ²Hierzu gehören insbesondere Gebäude und Gebäudeteile wie Stockwerke, Wohnungen und einzelne Räume (vgl. BFH-Urteil vom 8.10.1991, V R 89/86, BStBl. 1992 II S. 108). ³Zur Vermietung von Abstellflächen für Fahrzeuge vgl. Abschnitt 4.12.2. ⁴Steuerfrei ist auch die Überlassung von Werkdienstwohnungen durch Arbeitgeber an Arbeitnehmer (BFH-Urteil vom 30.7.1986,

V R 99/76, BStBl. II S. 877, und vom 7.10.1987, V R 2/79, BStBl. 1988 II S. 88). [5]Wegen der Überlassung von Räumen einer Pension an Saison-Arbeitnehmer vgl. aber Abschnitt 4.12.9 Abs. 2 Satz 3. [6]Soweit die Verwendung eines dem Unternehmen zugeordneten Grundstücks/Gebäudes für nichtunternehmerische Zwecke steuerbar ist und die Übergangsregelung nach § 27 Abs. 16 UStG Anwendung findet (vgl. auch Abschnitt 3.4 Abs. 6 bis 8), ist diese nicht einer steuerfreien Grundstücksvermietung im Sinne des § 4 Nr. 12 Satz 1 Buchstabe a UStG gleichgestellt (vgl. BFH-Urteil vom 24.7.2003, V R 39/99, BStBl. 2004 II S. 371, und BMF-Schreiben vom 13.4.2004, BStBl. I S. 469).

(4) [1]Eine Grundstücksvermietung liegt regelmäßig nicht vor bei der Vermietung von Baulichkeiten, die nur zu einem vorübergehenden Zweck mit dem Grund und Boden verbunden und daher keine Bestandteile des Grundstücks sind (vgl. BFH-Urteil vom 15.12.1966, V 252/63, BStBl. 1967 III S. 209). [2]Steuerpflichtig kann hiernach insbesondere die Vermietung von Büro- und Wohncontainern, Baubuden, Kiosken, Tribünen und ähnlichen Einrichtungen sein. [3]Allerdings stellt die Vermietung eines Gebäudes, das aus Fertigteilen errichtet wird, die so in das Erdreich eingelassen werden, dass sie weder leicht demontiert noch leicht versetzt werden können, die Vermietung eines Grundstücks dar, auch wenn dieses Gebäude nach Beendigung des Mietvertrags entfernt und auf einem anderen Grundstück wieder verwendet werden soll (vgl. EuGH-Urteil vom 16.1.2003, C-315/00, EuGHE I S. 563).

(5) [1]Zu den nach § 4 Nr. 12 Satz 1 UStG steuerfreien Leistungen der Vermietung und Verpachtung von Grundstücken gehören auch die damit in unmittelbarem wirtschaftlichen Zusammenhang stehenden üblichen Nebenleistungen (RFH-Urteil vom 17.3.1933, V A 390/32, RStBl S. 1326, und BFH-Urteil vom 9.12.1971, V R 84/71, BStBl. 1972 II S. 203). [2]Dies sind Leistungen, die im Vergleich zur Grundstücksvermietung bzw. -verpachtung nebensächlich sind, mit ihr eng zusammenhängen und in ihrem Gefolge üblicherweise vorkommen. [3]Als Nebenleistungen sind in der Regel die Lieferung von Wärme, die Versorgung mit Wasser, auch mit Warmwasser, die Überlassung von Waschmaschinen, die Flur- und Treppenreinigung, die Treppenbeleuchtung sowie die Lieferung von Strom durch den Vermieter anzusehen (vgl. BFH-Urteil vom 15.1.2009, V R 91/07, BStBl. II S. 615 und EuGH-Urteil vom 11.6.2009, C-572/07, BFH/NV 2009 S. 1368). [4]Eine Nebenleistung zur Wohnungsvermietung ist in der Regel auch die von dem Vermieter einer Wohnanlage vertraglich übernommene Balkonbepflanzung (BFH-Urteil vom 9.12.1971, V R 84/71, BStBl. 1972 II S. 203).

(6) [1]Keine Nebenleistungen sind die Lieferungen von Heizgas und Heizöl. [2]Die Steuerbefreiung erstreckt sich ebenfalls nicht auf mitvermietete Einrichtungsgegenstände, z.B. auf das Büromobiliar (RFH-Urteile vom 5.5.1939, V 498/38, RStBl. S. 806, und vom 23.2.1940, V 303/38, RStBl. S. 448). [3]Keine Nebenleistung ist ferner die mit der Vermietung von Büroräumen verbundene Berechtigung zur Benutzung der zentralen Fernsprech- und Fernschreibanlage eines Bürohauses (BFH-Urteil vom 14.7.1977, V R 20/74, BStBl. II S. 881).

4.12.2. Vermietung von Plätzen für das Abstellen von Fahrzeugen

(1) [1]Die Vermietung von Plätzen für das Abstellen von Fahrzeugen ist nach § 4 Nr. 12 Satz 2 UStG umsatzsteuerpflichtig. [2]Als Plätze für das Abstellen von Fahrzeugen kommen Grundstücke einschließlich Wasserflächen (vgl. BFH-Urteil vom 8.10.1991, V R 46/88, BStBl. 1992 II S. 368, und EuGH-Urteil vom 3.3.2005, C-428/02, EuGHE I S. 1527) oder Grundstücksteile in Betracht. [3]Die Bezeichnung des Platzes und die bauliche oder technische Gestaltung (z.B. Befestigung, Begrenzung, Überdachung) sind ohne Bedeutung. [4]Auch auf die Dauer der Nutzung als Stellplatz kommt es nicht an. [5]Die Stellplätze können sich im Freien (z.B. Parkplätze, Parkbuchten, Bootsliegeplätze) oder in Parkhäusern, Tiefgaragen, Einzelgaragen, Boots- und Flugzeughallen befinden. [6]Auch andere Flächen (z.B. landwirtschaftliche Grundstücke), die aus besonderem Anlass (z.B. Sport- und Festveranstaltung) nur vorübergehend für das Abstellen von Fahrzeugen genutzt werden, gehören zu den Stellplätzen in diesem Sinne.

(2) [1]Als Fahrzeuge sind vor allem Beförderungsmittel anzusehen. [2]Das sind Gegenstände, deren Hauptzweck auf die Beförderung von Personen und Gütern zu Lande, zu Wasser oder in der Luft gerichtet ist und die sich auch tatsächlich fortbewegen. [3]Hierzu gehören auch Fahrzeuganhänger sowie Elektro-Caddywagen. [4]Tiere (z.B. Reitpferde) können zwar Beförderungsmittel sein, sie fallen jedoch nicht unter den Fahrzeugbegriff (vgl. Abschnitt 3a.5 Abs. 3 Satz 2). [5]Der Begriff des Fahrzeugs nach § 4 Nr. 12 Satz 2 UStG geht jedoch über den Begriff des Beförderungsmittels hinaus. [6]Als Fahrzeuge sind auch Gegenstände anzusehen, die sich tatsächlich fortbewegen, ohne dass die Beförderung von Personen und Gütern im Vordergrund steht. [7]Hierbei handelt es sich insbesondere um gewerblich genutzte Gegenstände (z.B. Bau- und Ladekräne, Bagger, Planierraupen, Gabelstapler, Elektrokarren), landwirtschaftlich genutzte Gegenstände (z.B. Mähdrescher, Rübenernter) und militärisch genutzte Gegenstände (z.B. Panzer, Kampfflugzeuge, Kriegsschiffe).

(3) [1]Eine Vermietung von Plätzen für das Abstellen von Fahrzeugen liegt vor, wenn dem Fahrzeugbesitzer der Gebrauch einer Stellfläche überlassen wird. [2]Auf die tatsächliche Nutzung der überlassenen

Stellfläche als Fahrzeugstellplatz durch den Mieter kommt es nicht an. ³§ 4 Nr. 12 Satz 2 UStG gilt auch für die Vermietung eines Parkplatz-Grundstücks, wenn der Mieter dort zwar nicht selbst parken will, aber entsprechend der Vereinbarung im Mietvertrag das Grundstück Dritten zum Parken überlässt (vgl. BFH-Urteil vom 30.3.2006, V R 52/05, BStBl. II S. 731). ⁴Die Vermietung ist steuerfrei, wenn sie eine Nebenleistung zu einer steuerfreien Leistung, insbesondere zu einer steuerfreien Grundstücksvermietung nach § 4 Nr. 12 Satz 1 UStG ist. ⁵Für die Annahme einer Nebenleistung ist es unschädlich, wenn die steuerfreie Grundstücksvermietung und die Stellplatzvermietung zivilrechtlich in getrennten Verträgen vereinbart werden. ⁶Beide Verträge müssen aber zwischen denselben Vertragspartnern abgeschlossen sein. ⁷Die Verträge können jedoch zu unterschiedlichen Zeiten zustande kommen. ⁸Für die Annahme einer Nebenleistung ist ein räumlicher Zusammenhang zwischen Grundstück und Stellplatz erforderlich. ⁹Dieser Zusammenhang ist gegeben, wenn der Platz für das Abstellen des Fahrzeugs Teil eines einheitlichen Gebäudekomplexes ist oder sich in unmittelbarer Nähe des Grundstücks befindet (z.B. Reihenhauszeile mit zentralem Garagengrundstück).

Beispiel 1:

¹Vermieter V und Mieter M schließen über eine Wohnung und einen Fahrzeugstellplatz auf dem gleichen Grundstück zwei Mietverträge ab.

²Die Vermietung des Stellplatzes ist eine Nebenleistung zur Wohnungsvermietung. ³Das gilt auch, wenn der Vertrag über die Stellplatzvermietung erst zu einem späteren Zeitpunkt abgeschlossen wird.

Beispiel 2:

¹Ein Vermieter vermietet an eine Gemeinde ein Bürogebäude und die auf dem gleichen Grundstück liegenden und zur Nutzung des Gebäudes erforderlichen Plätze zum Abstellen von Fahrzeugen.

²Die Vermietung der Fahrzeugstellplätze ist als Nebenleistung zur Vermietung des Bürogebäudes anzusehen.

Beispiel 3:

¹Vermieter V schließt mit dem Mieter M1 einen Wohnungsmietvertrag und mit dem im Haushalt von M1 lebenden Sohn M2 einen Vertrag über die Vermietung eines zur Wohnung gehörenden Fahrzeugstellplatzes ab.

²Die Vermietung des Stellplatzes ist eine eigenständige steuerpflichtige Leistung. ³Eine Nebenleistung liegt nicht vor, weil der Mieter der Wohnung und der Mieter des Stellplatzes verschiedene Personen sind. ⁴Ohne Bedeutung ist, dass M2 im Haushalt von M1 lebt.

Beispiel 4:

¹Eine GmbH vermietet eine Wohnung. ²Der Geschäftsführer der GmbH vermietet seine im Privateigentum stehende Garage im gleichen Gebäudekomplex an denselben Mieter.

³Da die Mietverträge nicht zwischen denselben Personen abgeschlossen sind, liegen zwei selbständig zu beurteilende Leistungen vor.

Beispiel 5:

¹Vermieter V1 eines Mehrfamilienhauses kann keine eigenen Stellplätze anbieten. ²Zur besseren Vermietung seiner Wohnungen hat er mit seinem Nachbarn V2 einen Rahmenvertrag über die Vermietung von Fahrzeugstellplätzen abgeschlossen. ³Dieser vermietet die Stellplätze unmittelbar an die Wohnungsmieter.

⁴Es bestehen zwei Leistungsbeziehungen zu den Wohnungs- und Stellplatzmietern. ⁵Die Stellplatzvermietung durch V2 ist als selbständige Leistung steuerpflichtig. ⁶Gleiches gilt, wenn V1 den Rahmenvertrag mit V2 aus baurechtlichen Verpflichtungen zur Bereitstellung von Parkflächen abschließt.

Beispiel 6:

¹Ein Grundstückseigentümer ist gegenüber einem Wohnungsvermieter V verpflichtet, auf einem in seinem Eigentum befindlichen Nachbargrundstück die Errichtung von Fahrzeugstellplätzen für die Mieter des V zu dulden (Eintragung einer dinglichen Baulast im Grundbuch). ²V mietet die Parkflächen insgesamt an und vermietet sie an seine Wohnungsmieter weiter.

³Die Vermietung der Stellplätze durch den Grundstückseigentümer an V ist steuerpflichtig. ⁴Die Weitervermietung der in räumlicher Nähe zu den Wohnungen befindlichen Stellplätze ist eine Nebenleistung zur Wohnungsvermietung des V.

Beispiel 7:

¹Eine Behörde einer Gebietskörperschaft vermietet im Rahmen eines Betriebes gewerblicher Art Wohnungen und zu den Wohnungen gehörige Fahrzeugstellplätze. ²Die Vermietung der Wohnung

§ 4 zu § 4 Nr. 12 **UStAE 4.12.2. – 4.12.4.**

wird durch Verwaltungsvereinbarung einer anderen Behörde der gleichen Gebietskörperschaft übertragen. ³Die Stellplatzmietverträge werden weiterhin von der bisherigen Behörde abgeschlossen.
⁴Da die Behörden der gleichen Gebietskörperschaft angehören, ist auf der Vermieterseite Personenidentität bei der Vermietung der Wohnung und der Stellplätze gegeben. ⁵Die Stellplatzvermietungen sind Nebenleistungen zu den Wohnungsvermietungen.

4.12.3. Vermietung von Campingflächen

(1) ¹Die Leistungen der Campingplatzunternehmer sind als Grundstücksvermietungen im Sinne des § 4 Nr. 12 Satz 1 UStG anzusehen, wenn sie darauf gerichtet sind, dem Benutzer des Campingplatzes den Gebrauch einer bestimmten, nur ihm zur Verfügung stehenden Campingfläche zu gewähren (vgl. Abschnitt 4.12.1 Abs. 2). ²Die Dauer der Überlassung der Campingfläche ist für die Frage, ob eine Vermietung vorliegt, ohne Bedeutung.

(2) ¹Die Überlassung einer Campingfläche ist nur dann steuerfrei, wenn sie nicht kurzfristig ist, d.h. wenn die tatsächliche Gebrauchsüberlassung mindestens sechs Monate beträgt (BFH-Urteil vom 13.2.2008; XI R 51/06, BStBl. 2009 II S. 63).

Beispiel 1:

¹Eine Campingfläche wird auf unbestimmte Dauer vermietet. ²Der Vertrag kann monatlich gekündigt werden.

³Die Vermietung ist als langfristig anzusehen und somit steuerfrei. ⁴Endet die tatsächliche Gebrauchsüberlassung jedoch vor Ablauf von sechs Monaten, handelt es sich insgesamt um eine steuerpflichtige kurzfristige Vermietung.

Beispiel 2:

¹Eine Campingfläche wird für drei Monate vermietet. ²Der Mietvertrag verlängert sich automatisch um je einen Monat, wenn er nicht vorher gekündigt wird.

³Die Vermietung ist als kurzfristig anzusehen und somit steuerpflichtig. ⁴Dauert die tatsächliche Gebrauchsüberlassung jedoch mindestens sechs Monate, handelt es sich insgesamt um eine steuerfreie langfristige Vermietung.

²Zur Anwendung des ermäßigten Steuersatzes auf Umsätze aus der kurzfristigen Vermietung von Campingflächen siehe Abschnitt 12.16.

(3) ¹Die vom Campingplatzunternehmer durch die Überlassung von üblichen Gemeinschaftseinrichtungen gewährten Leistungen sind gegenüber der Vermietung der Campingfläche von untergeordneter Bedeutung. ²Sie sind als Nebenleistungen anzusehen, die den Charakter der Hauptleistung als Grundstücksvermietung nicht beeinträchtigen. ³Zu den üblichen Gemeinschaftseinrichtungen gehören insbesondere Wasch- und Duschräume, Toiletten, Wasserzapfstellen, elektrische Anschlüsse, Vorrichtungen zur Müllbeseitigung, Kinderspielplätze. ⁴Die Nebenleistungen fallen unter die Steuerbefreiung für die Grundstücksvermietung. ⁵Dies gilt auch dann, wenn für sie ein besonderes Entgelt berechnet wird. ⁶Die vom Campingplatzunternehmer durch die Überlassung von Wasserzapfstellen, Abwasseranschlüssen und elektrischen Anschlüssen erbrachten Leistungen sind in den Fällen nicht als Nebenleistungen steuerfrei, in denen die Einrichtungen nicht für alle Benutzer gemeinschaftlich, sondern gesondert für einzelne Benutzer bereitgestellt werden und es sich um Betriebsvorrichtungen im Sinne von § 4 Nr. 12 Satz 2 UStG handelt (vgl. BFH-Urteil vom 28.5.1998, V R 19/96, BStBl. 2010 II S. 307). ⁷Bei den Lieferungen von Strom, Wärme und Wasser durch den Campingplatzunternehmer ist entsprechend den Regelungen in Abschnitt 4.12.1 Abs. 5 und 6 zu verfahren.

(4) ¹Leistungen, die nicht durch die Überlassung von üblichen Gemeinschaftseinrichtungen erbracht werden, sind nicht als Nebenleistungen anzusehen. ²Es handelt sich hier in der Regel um Leistungen, die darin bestehen, dass den Benutzern der Campingplätze besondere Sportgeräte, Sportanlagen usw. zur Verfügung gestellt werden wie z.B. Segelboote, Wasserski, Reitpferde, Tennisplätze, Minigolfplätze, Hallenbäder, Saunabäder. ³Derartige Leistungen sind umsatzsteuerrechtlich gesondert zu beurteilen. ⁴Die Überlassung von Sportgeräten fällt nicht unter die Steuerbefreiung nach § 4 Nr. 12 Satz 1 Buchstabe a UStG. ⁵Das Gleiche gilt für die Überlassung von Sportanlagen (BFH-Urteil vom 31.5.2001, V R 97/98, BStBl. II S. 658). ⁶Wird für die bezeichneten Leistungen und für die Vermietung der Campingfläche ein Gesamtentgelt berechnet, ist dieses Entgelt im Schätzungswege aufzuteilen.

4.12.4. Abbau- und Ablagerungsverträge

(1) ¹Verträge, durch die der Grundstückseigentümer einem anderen gestattet, die im Grundstück vorhandenen Bodenschätze, z.B. Sand, Kies, Kalk, Torf, abzubauen, sind regelmäßig als Pachtverträge über Grundstücke nach § 581 BGB anzusehen (BFH-Urteile vom 27.11.1969, V 166/65, BStBl. 1970 II S. 138,

und vom 28.6.1973, V R 7/72, BStBl. II S. 717). ²Die Leistungen aus einem derartigen Vertrag sind nach § 4 Nr. 12 Satz 1 Buchstabe a UStG von der Umsatzsteuer befreit.

(2) ¹Verträge über die entgeltliche Überlassung von Grundstücken zur Ablagerung von Abfällen – z.B. Überlassung eines Steinbruchs zur Auffüllung mit Klärschlamm – sind als Mietverträge nach § 535 BGB anzusehen (BGH-Urteil vom 8.12.1982, VIII ZR 219/81, BGHZ 1986 S. 71). ²Die Überlassung eines Grundstücks zu diesem vertraglichen Gebrauch ist daher nach § 4 Nr. 12 Satz 1 Buchstabe a UStG von der Umsatzsteuer befreit. ³Dies gilt auch dann, wenn sich das Entgelt nicht nach der Nutzungsdauer, sondern nach der Menge der abgelagerten Abfälle bemisst.

4.12.5. Gemischte Verträge

(1) ¹Ein gemischter Vertrag liegt vor, wenn die Leistungsvereinbarung sowohl Elemente einer Grundstücksüberlassung als auch anderer Leistungen umfasst. ²Bei einem solchen Vertrag ist nach den allgemeinen Grundsätzen des Abschnitts 3.10 Absätze 1 bis 4 zunächst zu prüfen, ob es sich um eine einheitliche Leistung oder um mehrere selbständige Leistungen handelt. ³Liegen mehrere selbständige Leistungen vor, ist zu prüfen, ob diese nach den Grundsätzen von Haupt- und Nebenleistung (vgl. Abschnitt 3.10 Abs. 5) einheitlich zu beurteilen sind.

(2) ¹Liegt nach Absatz 1 eine einheitlich zu beurteilende Leistung vor, ist für die Steuerbefreiung nach § 4 Nr. 12 Satz 1 Buchstabe a UStG entscheidend, ob das Vermietungselement der Leistung ihr Gepräge gibt (vgl. BFH-Urteile vom 31.5.2001, V R 97/98, BStBl. II S. 658, und vom 24.1.2008, V R 12/05, BStBl. 2009 II S. 60). ²In diesem Fall ist die Leistung insgesamt steuerfrei. ³Eine Aufteilung des Entgelts in einen auf das Element der Grundstücksüberlassung und einen auf den Leistungsteil anderer Art entfallenden Teil ist nicht zulässig. ⁴Zur Abgrenzung gegenüber insgesamt steuerpflichtigen Leistungen vgl. Abschnitt 4.12.6 Abs. 2.

4.12.6. Verträge besonderer Art

(1) ¹Ein Vertrag besonderer Art liegt vor, wenn die Gebrauchsüberlassung des Grundstücks gegenüber anderen wesentlichen Leistungen zurücktritt und das Vertragsverhältnis ein einheitliches, unteilbares Ganzes darstellt (BFH-Urteile vom 19.12.1952, V 4/51 U, BStBl. 1953 III S. 98, und vom 31.5.2001, V R 97/98, BStBl. II S. 658). ²Bei einem Vertrag besonderer Art kommt die Steuerbefreiung nach § 4 Nr. 12 UStG weder für die gesamte Leistung noch für einen Teil der Leistung in Betracht.

(2) Verträge besonderer Art liegen z.B. in folgenden Fällen vor:
1. Der Veranstalter einer Ausstellung überlässt den Ausstellern unter besonderen Auflagen Freiflächen oder Stände in Hallen zur Schaustellung gewerblicher Erzeugnisse (BFH-Urteil vom 25.9.1953, V 177/52 U, BStBl. III S. 335).
2. Ein Schützenverein vergibt für die Dauer eines von ihm veranstalteten Schützenfestes Teilflächen des Festplatzes unter bestimmten Auflagen zur Aufstellung von Verkaufsständen, Schankzelten, Schaubuden, Karussells und dergleichen (BFH-Urteil vom 21.12.1954, V 125/53 U, BStBl. 1955 III S. 59).
3. Eine Gemeinde überlässt Grundstücksflächen für die Dauer eines Jahrmarkts, an dem neben Verkaufsbetrieben überwiegend Gaststätten-, Vergnügungs- und Schaubetriebe teilnehmen (BFH-Urteile vom 7.4.1960, V 143/58 U, BStBl. III S. 261, und vom 25.4.1968, V 120/64, BStBl. 1969 II S. 94).
4. Ein Hausbesitzer überlässt Prostituierten Zimmer und schafft bzw. unterhält gleichzeitig durch Maßnahmen oder Einrichtungen eine Organisation, die die gewerbsmäßige Unzucht der Bewohnerinnen fördert (BFH-Urteil vom 10.8.1961, V 95/60 U, BStBl. III S. 525).
5. Ein Unternehmer übernimmt neben der Raumüberlassung die Lagerung und Aufbewahrung von Gütern – Lagergeschäft §§ 416ff. HGB – (vgl. BFH-Urteil vom 14.11.1968, V 191/65, BStBl. 1969 II S. 120).
6. Ein Hausbesitzer überlässt die Außenwandflächen oder Dachflächen des Gebäudes zu Reklamezwecken (BFH-Urteil vom 23.10.1957, V 153/55 U, BStBl. III S. 457).
7. Eine Gemeinde gestattet einem Unternehmer, auf öffentlichen Wegen und Plätzen Anschlagtafeln zu errichten und auf diesen Wirtschaftswerbung zu betreiben (BFH-Urteil vom 31.7.1962, I 283/61 U, BStBl. III S. 476).
8. Ein Unternehmer gestattet die Benutzung eines Sportplatzes oder eines Schwimmbads (Sportanlage) gegen Eintrittsgeld (vgl. BFH-Urteil vom 31.5.2001, V R 97/98, BStBl. II S. 658).
9. Ein Golfclub stellt vereinsfremden Spielern seine Anlage gegen Entgelt (sog. Greenfee) zur Verfügung (vgl. BFH-Urteil vom 9.4.1987, V R 150/78, BStBl. II S. 659).

§ 4 zu § 4 Nr. 12 UStAE 4.12.6. – 4.12.9.

10. Vereinen oder Schulen werden einzelne Schwimmbahnen zur Verfügung gestellt (vgl. BFH-Urteile vom 10.2.1994, V R 33/92, BStBl. II S. 668, und vom 31.5.2001, V R 97/98, BStBl. II S. 658).

11. Zwischen denselben Beteiligten werden ein Tankstellenvertrag – Tankstellenagenturvertrag – und ein Tankstellenmietvertrag – Vertrag über die Nutzung der Tankstelle – abgeschlossen, die beide eine Einheit bilden, wobei die Bestimmungen des Tankstellenvertrags eine beherrschende und die des Mietvertrags eine untergeordnete Rolle spielen (BFH-Urteile vom 5.2.1959, V 138/57 U, BStBl. III S. 223, und vom 21.4.1966, V 200/63, BStBl. III S. 415).

12. ¹Betreiber eines Alten- oder Pflegeheims erbringen gegenüber pflegebedürftigen Heiminsassen umfassende medizinische und pflegerische Betreuung und Versorgung. ²Die nach § 4 Nr. 12 Satz 1 Buchstabe a UStG steuerfreie Vermietung von Grundstücken tritt hinter diese Leistungen zurück (vgl. BFH-Urteil vom 21.4.1993, XI R 55/90, BStBl. 1994 II S. 266). ³Für die Leistungen der Alten- oder Pflegeheimbetreiber kann die Steuerbefreiung nach § 4 Nr. 16 Satz 1 Buchstabe c, d oder k UStG in Betracht kommen.

13. Schützen wird gestattet, eine überdachte Schießanlage zur Ausübung des Schießsports gegen ein Eintrittsgeld und ein nach Art und Anzahl der abgegebenen Schüsse bemessenes Entgelt zu nutzen (vgl. BFH-Urteile vom 24.6.1993, V R 69/92, BStBl. 1994 II S. 52, und vom 31.5.2001, V R 97/98, BStBl. II S. 658).

14. Ein Gastwirt räumt das Recht zum Aufstellen eines Zigarettenautomaten in seiner Gastwirtschaft ein (vgl. EuGH-Urteil vom 12.6.2003, C-275/01, EuGHE I S. 5965).

15. Der Eigentümer einer Wasserfläche räumt ein Fischereirecht ein, ohne die Grundstücksfläche unter Ausschluss anderer zu überlassen (vgl. EuGH-Urteil vom 6.12.2007, C-451/06, EuGHE I S. 10637).

4.12.7. Kaufanwartschaftsverhältnisse

¹Nach § 4 Nr. 12 Satz 1 Buchstabe b UStG ist die Überlassung von Grundstücken und Grundstücksteilen zur Nutzung auf Grund von Kaufanwartschaftsverhältnissen steuerfrei. ²Der hierbei zu Grunde liegende Kaufanwartschaftsvertrag und der gleichzeitig abgeschlossene Nutzungsvertrag sehen in der Regel vor, dass dem Kaufanwärter das Grundstück bis zur Auflassung zur Nutzung überlassen wird. ³Vielfach liegt zwischen der Auflassung und der Eintragung des neuen Eigentümers in das Grundbuch eine längere Zeitspanne, in der das bestehende Nutzungsverhältnis zwischen den Beteiligten auch nach der Auflassung fortgesetzt wird und in der der Kaufanwärter bis zur Eintragung in das Grundbuch die im Nutzungsvertrag vereinbarte Nutzungsgebühr weiter zahlt. ⁴In diesen Fällen ist davon auszugehen, dass die Nutzungsgebühren auch in der Zeit zwischen Auflassung und Grundbucheintragung auf Grund des – stillschweigend verlängerten – Nutzungsvertrags entrichtet werden und damit nach § 4 Nr. 12 Satz 1 Buchstabe b UStG steuerfrei sind.

4.12.8. Dingliche Nutzungsrechte

(1) ¹Unter die Steuerbefreiung nach § 4 Nr. 12 Satz 1 Buchstabe c UStG fallen insbesondere der Nießbrauch (§ 1030 BGB), die Grunddienstbarkeit (§ 1018 BGB, vgl. BFH-Urteil vom 24.2.2005, V R 45/02, BStBl. 2007 II S. 61), die beschränkte persönliche Dienstbarkeit (§ 1090 BGB) sowie das Dauerwohnrecht und das Dauernutzungsrecht (§ 31 WoEigG). ²Bei der beschränkten persönlichen Dienstbarkeit ist es unerheblich, ob sie auf die Vornahme, die Duldung oder die Unterlassung einer Handlung im Zusammenhang mit dem Grundstück gerichtet ist (vgl. BFH-Urteil vom 11.5.1995, V R 4/92, BStBl. II S. 610).

(2) ¹Bei der Überlassung von Grundstücksteilen zur Errichtung von Strommasten für eine Überlandleitung, der Einräumung des Rechts zur Überspannung der Grundstücke und der Bewilligung einer beschränkten persönlichen Dienstbarkeit zur dinglichen Sicherung dieser Rechte handelt es sich um eine einheitliche sonstige Leistung, die nach § 1 Abs. 1 Nr. 1 UStG steuerbar und nach § 4 Nr. 12 Satz 1 Buchstabe a UStG steuerfrei ist. ²Der Bewilligung der Grunddienstbarkeit kommt neben der Vermietung und Verpachtung der Grundstücke in diesem Fall kein eigenständiger umsatzsteuerlicher Gehalt zu, da sie nur der Absicherung der Rechte aus dem Miet- bzw. Pachtvertrag dient. ³Die vorstehenden Grundsätze gelten z.B. auch bei der Überlassung von Grundstücken zum Verlegen von Erdleitungen (z.B. Erdgas- oder Elektrizitätsleitungen) oder bei der Überlassung von Grundstücken für Autobahn- oder Eisenbahntrassen (vgl. BFH-Urteil vom 11.11.2004, V R 30/04, BStBl. 2005 II S. 802).

4.12.9. Beherbergungsumsätze

(1) ¹Die nach § 4 Nr. 12 Satz 2 UStG steuerpflichtige Vermietung von Wohn- und Schlafräumen, die ein Unternehmer zur kurzfristigen Beherbergung von Fremden bereithält, setzt kein gaststättenähnliches Verhältnis voraus. ²Entscheidend ist vielmehr die Absicht des Unternehmers, die Räume nicht auf

Dauer und damit nicht für einen dauernden Aufenthalt im Sinne der §§ 8 und 9 AO zur Verfügung zu stellen (BFH-Beschluss vom 18.1.1973, V B 47/72, BStBl. II S. 426).

(2) ¹Hat ein Unternehmer den einen Teil der in einem Gebäude befindlichen Räume längerfristig, den anderen Teil nur kurzfristig vermietet, ist die Vermietung nur insoweit steuerfrei, als er die Räume eindeutig und leicht nachprüfbar zur nicht nur vorübergehenden Beherbergung von Fremden bereitgehalten hat (vgl. BFH-Urteil vom 9.12.1993, V R 38/91, BStBl. 1994 II S. 585). ²Bietet der Unternehmer dieselben Räume wahlweise zur lang- oder kurzfristigen Beherbergung von Fremden an, sind sämtliche Umsätze steuerpflichtig (vgl. BFH-Urteil vom 20.4.1988, X R 5/82, BStBl. II S. 795). ³Steuerpflichtig ist auch die Überlassung von Räumen einer Pension an Saison-Arbeitnehmer (Kost und Logis), wenn diese Räume wahlweise zur kurzfristigen Beherbergung von Gästen oder des Saison-Personals bereitgehalten werden (BFH-Urteil vom 13.9.1988, V R 46/83, BStBl. II S. 1021). ⁴Zur Anwendung des ermäßigten Steuersatzes auf Umsätze aus der kurzfristigen Vermietung von Wohn- und Schlafräumen siehe Abschnitt 12.16.

4.12.10. Vermietung und Verpachtung von Betriebsvorrichtungen

¹Die Vermietung und Verpachtung von Betriebsvorrichtungen ist selbst dann nach § 4 Nr. 12 Satz 2 UStG steuerpflichtig, wenn diese wesentliche Bestandteile des Grundstücks sind (vgl. BFH-Urteil vom 28.5.1998, V R 19/96, BStBl. 2010 II S. 307). ²Der Begriff der „Maschinen und sonstigen Vorrichtungen aller Art, die zu einer Betriebsanlage gehören (Betriebsvorrichtungen)", ist für den Bereich des Umsatzsteuerrechts in gleicher Weise auszulegen wie das Bewertungsrecht (BFH-Urteil vom 16.10.1980, V R 51/76, BStBl. 1981 II S. 228). ³Im Bewertungsrecht sind die Betriebsvorrichtungen von den Gebäuden, den einzelnen Teilen eines Gebäudes und den Außenanlagen des Grundstücks, z.B. Umzäunungen, Bodenbefestigungen, abzugrenzen. ⁴Liegen dabei alle Merkmale des Gebäudebegriffs vor, kann das Bauwerk keine Betriebsvorrichtung sein (BFH-Urteil vom 15.6.2005, II R 67/04, BStBl. II S. 688). ⁵Ein Bauwerk ist als Gebäude anzusehen, wenn es Menschen, Tieren oder Sachen durch räumliche Umschließung Schutz gegen Witterungseinflüsse gewährt, den Aufenthalt von Menschen gestattet, fest mit dem Grund und Boden verbunden, von einiger Beständigkeit und ausreichend standfest ist (BFH-Urteil vom 28.5.2003, II R 41/01, BStBl. II S. 693). ⁶Zu den Betriebsvorrichtungen gehören hiernach neben Maschinen und maschinenähnlichen Anlagen alle Anlagen, die – ohne Gebäude, Teil eines Gebäudes oder Außenanlage eines Gebäudes zu sein – in besonderer und unmittelbarer Beziehung zu dem auf dem Grundstück ausgeübten Gewerbebetrieb stehen, d.h. Anlagen, durch die das Gewerbe unmittelbar betrieben wird (BFH-Urteil vom 11.12.1991, II R 14/89, BStBl. 1992 II S. 278). ⁷Wegen der Einzelheiten zum Begriff der Betriebsvorrichtungen und zur Abgrenzung zum Gebäudebegriff wird auf den gleich lautenden Ländererlass vom 15.3.2006, BStBl. I S. 314, hingewiesen.

4.12.11. Nutzungsüberlassung von Sportanlagen und anderen Anlagen

(1) ¹Die Überlassung von Sportanlagen durch den Sportanlagenbetreiber an Endverbraucher ist eine einheitliche steuerpflichtige Leistung (vgl. BFH-Urteil vom 31.5.2001, V R 97/98, BStBl. II S. 658, siehe auch Abschnitt 3.10). ²Dies gilt auch für die Überlassung anderer Anlagen an Endverbraucher. ³Die Absätze 2 bis 4 sind insoweit nicht anzuwenden.

(2) ¹Überlässt ein Unternehmer eine gesamte Sportanlage einem anderen Unternehmer als Betreiber zur Überlassung an Dritte (sog. Zwischenvermietung), ist die Nutzungsüberlassung an diesen Betreiber in eine steuerfreie Grundstücksüberlassung und eine steuerpflichtige Vermietung von Betriebsvorrichtungen aufzuteilen (vgl. BFH-Urteil vom 11.3.2009, XI R 71/07, BStB 2010 II S. 209). ²Nach den Vorschriften des Bewertungsrechts und damit auch nach § 4 Nr. 12 UStG (vgl. Abschnitt 4.12.10) sind bei den nachstehend aufgeführten Sportanlagen insbesondere folgende Einrichtungen als Grundstücksteile bzw. Betriebsvorrichtungen:

1. Sportplätze und Sportstadien
   a) Grundstücksteile:

   Überdachungen von Zuschauerflächen, wenn sie nach der Verkehrsauffassung einen Raum umschließen und dadurch gegen Witterungseinflüsse Schutz gewähren, allgemeine Beleuchtungsanlagen, Einfriedungen, allgemeine Wege- und Platzbefestigungen, Kassenhäuschen – soweit nicht transportabel –, Kioske, Umkleideräume, Duschen im Gebäude, Toiletten, Saunen, Unterrichts- und Ausbildungsräume, Übernachtungsräume für Trainingsmannschaften.

   b) Betriebsvorrichtungen:

   besonders hergerichtete Spielfelder – Spielfeldbefestigung, Drainage, Rasen, Rasenheizung –, Laufbahnen, Sprunggruben, Zuschauerwälle, Zuschauertribünen – soweit nicht Grundstücksteil nach Buchstabe a –, spezielle Beleuchtungsanlagen, z.B. Flutlicht, Abgrenzungszäune und

Sperrgitter zwischen Spielfeld und Zuschaueranlagen, Anzeigetafeln, Schwimm- und Massagebecken, Küchen- und Ausschankeinrichtungen.

2. Schwimmbäder (Frei- und Hallenbäder)
   a) Grundstücksteile:

   Überdachungen von Zuschauerflächen unter den unter Nummer 1 Buchstabe a bezeichneten Voraussetzungen, Kassenhäuschen – soweit nicht transportabel –, Kioske, allgemeine Wege- und Platzbefestigungen, Duschräume, Toiletten, technische Räume, allgemeine Beleuchtungsanlagen, Emporen, Galerien.

   b) Betriebsvorrichtungen:

   Schwimmbecken, Sprunganlagen, Duschen im Freien und im Gebäude, Rasen von Liegewiesen, Kinderspielanlagen, Umkleidekabinen, Zuschauertribünen – soweit nicht Grundstücksteil nach Nummer 1 Buchstabe a –, technische Ein- und Vorrichtungen, Einrichtungen der Saunen, der Solarien und der Wannenbäder, spezielle Beleuchtungsanlagen, Bestuhlung der Emporen und Galerien.

3. Tennisplätze und Tennishallen
   a) Grundstücksteile:

   Überdachungen von Zuschauerflächen unter den unter Nummer 1 Buchstabe a bezeichneten Voraussetzungen, Open-Air-Hallen, allgemeine Beleuchtungsanlagen, Duschen, Umkleideräume, Toiletten.

   b) Betriebsvorrichtungen:

   besonders hergerichtete Spielfelder – Spielfeldbefestigung mit Unterbau bei Freiplätzen, spezielle Oberböden bei Hallenplätzen –, Drainage, Bewässerungsanlagen der Spielfelder, Netz mit Haltevorrichtungen, Schiedsrichterstühle, freistehende Übungswände, Zuschauertribünen – soweit nicht Grundstücksteil nach Nummer 1 Buchstabe a –, Einfriedungen der Spielplätze, Zuschauerabsperrungen, Brüstungen, Traglufthallen, spezielle Beleuchtungsanlagen, Ballfangnetze, Ballfanggardinen, zusätzliche Platzbeheizung in Hallen.

4. Schießstände
   a) Grundstücksteile:

   allgemeine Einfriedungen.

   b) Betriebsvorrichtungen:

   Anzeigevorrichtungen, Zielscheibenanlagen, Schutzvorrichtungen, Einfriedungen als Sicherheitsmaßnahmen.

5. Kegelbahnen
   a) Grundstücksteile:

   allgemeine Beleuchtungsanlagen.

   b) Betriebsvorrichtungen:

   Bahnen, Kugelfangeinrichtungen, Kugelrücklaufeinrichtungen, automatische Kegelaufstelleinrichtungen, automatische Anzeigeeinrichtungen, spezielle Beleuchtungsanlagen, Schallisolierungen.

6. Squashhallen
   a) Grundstücksteile:

   Zuschauertribünen, allgemeine Beleuchtungsanlagen, Umkleideräume, Duschräume, Toiletten.

   b) Betriebsvorrichtungen:

   Trennwände zur Aufteilung in Boxen – soweit nicht tragende Wände –, besondere Herrichtung der Spielwände, Ballfangnetze, Schwingböden, Bestuhlung der Zuschauertribünen, spezielle Beleuchtungsanlagen.

7. Reithallen
   a) Grundstücksteile:

   Stallungen – einschließlich Boxenaufteilungen und Futterraufen –, Futterböden, Nebenräume, allgemeine Beleuchtungsanlagen, Galerien, Emporen.

   b) Betriebsvorrichtungen:

   spezieller Reithallenboden, Befeuchtungseinrichtungen für den Reithallenboden, Bande an den Außenwänden, spezielle Beleuchtungsanlagen, Tribünen – soweit nicht Grundstücksteil

nach Nummer 1 Buchstabe a –, Richterstände, Pferdesolarium, Pferdewaschanlage, Schmiede – technische Einrichtungen –, Futtersilos, automatische Pferdebewegungsanlage, sonstiges Zubehör wie Hindernisse, Spiegel, Geräte zur Aufarbeitung des Bodens, Markierungen.

8. Turn-, Sport- und Festhallen, Mehrzweckhallen

   a) Grundstücksteile:

   Galerien, Emporen, Schwingböden in Mehrzweckhallen, allgemeine Beleuchtungsanlagen, Duschen, Umkleidekabinen und -räume, Toiletten, Saunen, bewegliche Trennwände.

   b) Betriebsvorrichtungen:

   Zuschauertribünen – soweit nicht Grundstücksteil nach Nummer 1 Buchstabe a –, Schwingböden in reinen Turn- und Sporthallen, Turngeräte, Bestuhlung der Tribünen, Galerien und Emporen, spezielle Beleuchtungsanlagen, Kücheneinrichtungen, Ausschankeinrichtungen, Bühneneinrichtungen, Kühlsystem bei Nutzung für Eissportzwecke.

9. Eissportstadien, -hallen, -zentren

   a) Grundstücksteile:

   Unterböden von Eislaufflächen, Eisschnellaufbahnen und Eisschießbahnen, Unterböden der Umgangszonen und des Anschnallbereichs, allgemeine Beleuchtungsanlagen, Klimaanlagen im Hallenbereich, Duschräume, Toiletten, Umkleiderräume, Regieraum, Werkstatt, Massageräume, Sanitätsraum, Duschen, Heizungs- und Warmwasserversorgungsanlagen, Umschließungen von Trafostationen und Notstromversorgungsanlagen – wenn nicht Betriebsvorrichtung nach Buchstabe b –, Überdachungen von Zuschauerflächen unter den unter Nummer 1 Buchstabe a bezeichneten Voraussetzungen, Emporen und Galerien, Kassenhäuschen – soweit nicht transportabel –, Kioske, allgemeine Wege- und Platzbefestigungen, Einfriedungen, Ver- und Entsorgungsleitungen.

   b) Betriebsvorrichtungen:

   Oberböden von Eislaufflächen, Eisschnellaufbahnen und Eisschießbahnen, Schneegruben, Kälteerzeuger, Schlittschuh schonender Bodenbelag, Oberbodenbelag des Anschnallbereichs, spezielle Beleuchtungsanlagen, Lautsprecheranlagen, Spielanzeige, Uhren, Anzeigetafeln, Abgrenzungen, Sicherheitseinrichtungen, Sperrgitter zwischen Spielfeld und Zuschauerbereich, Massagebecken, Transformatorenhäuser oder ähnliche kleine Bauwerke, die Betriebsvorrichtungen enthalten und nicht mehr als 30 qm Grundfläche haben, Trafo und Schalteinrichtungen, Notstromaggregat, Zuschauertribünen – soweit nicht Grundstücksteil nach Nummer 1 Buchstabe a –, Bestuhlung der Zuschauertribünen, der Emporen und Galerien, Küchen- und Ausschankeinrichtungen.

10. Golfplätze

    a) Grundstücksteile:

    Einfriedungen, soweit sie nicht unmittelbar als Schutzvorrichtungen dienen, allgemeine Wege- und Platzbefestigungen, Kassenhäuschen – soweit nicht transportabel –, Kioske, Klubräume, Wirtschaftsräume, Büros, Aufenthaltsräume, Umkleideräume, Duschräume, Toiletten, Verkaufsräume, Caddy-Räume, Lager- und Werkstatträume.

    b) Betriebsvorrichtungen:

    besonders hergerichtete Abschläge, Spielbahnen, roughs und greens (Spielbefestigung, Drainage, Rasen), Spielbahnhindernisse, Übungsflächen, Einfriedungen, soweit sie unmittelbar als Schutzvorrichtungen dienen, Abgrenzungseinrichtungen zwischen Spielbahnen und Zuschauern, Anzeige- und Markierungseinrichtungen oder -gegenstände, Unterstehhäuschen, Küchen- und Ausschankeinrichtungen, Bewässerungsanlagen – einschließlich Brunnen und Pumpen – und Drainagen, wenn sie ausschließlich der Unterhaltung der für das Golfspiel notwendigen Rasenflächen dienen.

(3) [1]Für die Aufteilung bei der Überlassung einer gesamten Sportanlage an einen anderen Unternehmer als Betreiber zur Überlassung an Dritte (sog. Zwischenvermietung) in den steuerfreien Teil für die Vermietung des Grundstücks (Grund und Boden, Gebäude, Gebäudeteile, Außenanlagen) sowie in den steuerpflichtigen Teil für die Vermietung der Betriebsvorrichtungen sind die jeweiligen Verhältnisse des Einzelfalles maßgebend. [2]Bei der Aufteilung ist im Regelfall von dem Verhältnis der Gestehungskosten des Grundstücks zu den Gestehungskosten der Betriebsvorrichtungen auszugehen. [3]Zu berücksichtigen sind hierbei die Nutzungsdauer und die kalkulatorischen Zinsen auf das eingesetzte Kapital. [4]Die Aufteilung ist erforderlichenfalls im Schätzungswege vorzunehmen. [5]Der Vermieter kann das Aufteilungs-

§ 4 zu § 4 Nr. 12 **UStAE 4.12.11.**

verhältnis aus Vereinfachungsgründen für die gesamte Vermietungsdauer beibehalten und – soweit eine wirtschaftliche Zuordnung nicht möglich ist – auch der Aufteilung der Vorsteuern zu Grunde legen.

Beispiel:

[1]Ein Unternehmer überlässt ein Hallenbad einem anderen Unternehmer als Betreiber, der die gesamte Sportanlage zur Überlassung an Dritte für einen Zeitraum von 10 Jahren nutzt. [2]Die Gestehungskosten des Hallenbads haben betragen:

Grund und Boden	1 Mio. €
Gebäude	2 Mio. €
Betriebsvorrichtungen	3 Mio. €
insgesamt	6 Mio. €

[3]Bei den Gebäuden wird von einer Nutzungsdauer von 50 Jahren und einer AfA von 2%, bei den Betriebsvorrichtungen von einer Nutzungsdauer von 20 Jahren und einer AfA von 5% ausgegangen. [4]Die kalkulatorischen Zinsen werden mit 6% angesetzt. [5]Es ergibt sich:

	AfA	Zinsen	Gesamt
Grund und Boden	–	60 000	60 000
Gebäude	40 000	120 000	160 000
insgesamt	40 000	180 000	220 000
Betriebsvorrichtungen	150 000	180 000	330 000

[6]Die Gesamtsumme von AfA und Zinsen beträgt danach 550.000 €. [7]Davon entfallen auf den Grund und Boden sowie auf die Gebäude 220.000 € ($^2/_5$) und auf die Betriebsvorrichtungen 330.000 € ($^3/_5$).

[8]Die Umsätze aus der Überlassung des Hallenbads sind zu zwei Fünfteln nach § 4 Nr. 12 Satz 1 Buchstabe a UStG steuerfrei und zu drei Fünfteln steuerpflichtig.

4) [1]Bei der Nutzungsüberlassung anderer Anlagen mit vorhandenen Betriebsvorrichtungen beurteilt sich die Leistung aus der Sicht eines Durchschnittsverbrauchers unter Berücksichtigung der vorgesehenen Art der Nutzung, wie sie sich aus Unterlagen des leistenden Unternehmers ergibt (z.B. aus dem Mietvertrag), und hilfsweise aus der Ausstattung der überlassenen Räumlichkeiten. [2]Dies gilt beispielsweise bei der Nutzungsüberlassung von Veranstaltungsräumen an einen Veranstalter für Konzerte, Theateraufführungen, Hochzeiten, Bürger- und Vereinsversammlungen und sonstige Veranstaltungen (vgl. BMF-Schreiben vom 17.4.2003, BStBl. I S. 279). [3]Hierbei ist von folgenden Grundsätzen auszugehen:

1. [1]Umfasst die Nutzungsüberlassung von Räumen auch die Nutzung vorhandener Betriebsvorrichtungen, auf die es einem Veranstalter bei der vorgesehenen Art der Nutzung nicht ankommt, weil er in erster Linie die Räumlichkeiten als solche nutzen will, ist die Leistung als steuerfreie Grundstücksüberlassung anzusehen. [2]Die Überlassung der vorhandenen Betriebsvorrichtungen bleibt dann umsatzsteuerrechtlich unberücksichtigt. [3]Die Umsatzsteuerbefreiung der Grundstücksüberlassung umfasst auch die mit der Grundstücksüberlassung in unmittelbarem wirtschaftlichem Zusammenhang stehenden üblichen Nebenleistungen. [4]Zusatzleistungen mit aus Sicht eines Durchschnittsverbrauchers eigenständigem wirtschaftlichem Gewicht sind als weitere Hauptleistungen umsatzsteuerrechtlich separat zu beurteilen.

   Beispiel:

   [1]Ein Anlagenbetreiber überlässt seine Veranstaltungshalle einschließlich der vorhandenen Betriebsvorrichtungen zur Durchführung einer schriftlichen Leistungsprüfung einer Schulungseinrichtung. [2]Der Schulungseinrichtung kommt es auf die Nutzung des Raumes und nicht auf die Nutzung der Betriebsvorrichtungen an.

   [3]Der Anlagenbetreiber erbringt an die Schulungseinrichtung eine steuerfreie Grundstücksüberlassung.

2. [1]Überlässt ein Anlagenbetreiber Veranstaltungsräume mit Betriebsvorrichtungen (z.B. vorhandener Bestuhlung, Bühne, speziellen Beleuchtungs- oder Lautsprecheranlagen und anderen Einrichtungen mit Betriebsvorrichtungscharakter), die für die vorgesehene Art der Nutzung regelmäßig benötigt werden, ist die Leistung des Anlagenbetreibers in aller Regel in eine steuerfreie Grundstücksvermietung und in eine steuerpflichtige Vermietung von Betriebsvorrichtungen aufzuteilen. [2]Eine andere Beurteilung ergibt sich lediglich in den Ausnahmefällen, in denen ein Durchschnittsverbraucher die komplette Leistung als solche ansieht und die Grundstücksvermietung gegenüber anderen Leistungen derart in den Hintergrund tritt, dass die Raumüberlassung aus seiner Sicht –

wie die Überlassung von Sportanlagen zur sportlichen Nutzung durch Endverbraucher – keinen leistungsbestimmenden Bestandteil mehr ausmacht. ³In diesen Fällen liegt insgesamt eine umsatzsteuerpflichtige Leistung eigener Art vor.

Beispiel:

¹Ein Betreiber überlässt seine Veranstaltungshalle an einen Veranstalter zur Durchführung einer Ausstellung. ²Dem Veranstalter kommt es auch darauf an, vorhandene Betriebsvorrichtungen zu nutzen.

³Der Betreiber erbringt an den Veranstalter eine sonstige Leistung, die in eine steuerfreie Grundstücksvermietung und in eine steuerpflichtige Vermietung von Betriebsvorrichtungen aufzuteilen ist. ⁴Die Nutzungsüberlassung des Veranstalters an die Ausstellungsteilnehmer ist – soweit sie gegen Entgelt erbracht wird – nach den Grundsätzen des BFH-Urteils vom 31.5.2001, V R 97/98, BStBl. II S. 658, eine einheitliche steuerpflichtige Leistung (vgl. Abschnitte 3a.4 und 4.12.6 Abs. 2 Nr. 1).

Zu § 4 Nr. 13 UStG

4.13.1. Wohnungseigentümergemeinschaften

(1) ¹Das WoEigG unterscheidet zwischen dem Sondereigentum der einzelnen und dem gemeinschaftlichen Eigentum aller Wohnungs- und Teileigentümer (§ 1 WoEigG). ²Gemeinschaftliches Eigentum sind das Grundstück sowie die Teile, Anlagen und Einrichtungen eines Gebäudes, die nicht im Sondereigentum eines Mitglieds der Gemeinschaft oder im Eigentum eines Dritten stehen. ³Das gemeinschaftliche Eigentum wird in der Regel von der Gemeinschaft der Wohnungseigentümer verwaltet (§ 21 WoEigG).

(2) ¹Im Rahmen ihrer Verwaltungsaufgaben erbringen die Wohnungseigentümergemeinschaften neben nicht steuerbaren Gemeinschaftsleistungen, die den Gesamtbelangen aller Mitglieder dienen, auch steuerbare Sonderleistungen an einzelne Mitglieder. ²Die Wohnungseigentümergemeinschaften erheben zur Deckung ihrer Kosten von ihren Mitgliedern (Wohnungs- und Teileigentümern) Umlagen, insbesondere für

– Lieferungen von Wärme (Heizung) und Wasser;
– Waschküchen- und Waschmaschinenbenutzung;
– Verwaltungsgebühren (Entschädigung für den Verwalter der Gemeinschaft);
– Hausmeisterlohn;
– Instandhaltung und Instandsetzung des gemeinschaftlichen Eigentums;
– Flurbeleuchtung;
– Schornsteinreinigung;
– Feuer- und Haftpflichtversicherung;
– Müllabfuhr;
– Straßenreinigung;
– Entwässerung.

³Diese Umlagen sind das Entgelt für steuerbare Sonderleistungen der Wohnungseigentümergemeinschaften an ihre Mitglieder. ⁴Hinsichtlich der verschiedenartigen Lieferungen und sonstigen Leistungen liegen jeweils selbständige Umsätze der Wohnungseigentümergemeinschaften an ihre Mitglieder vor, die nach § 4 Nr. 13 UStG steuerfrei sind. ⁵Die Instandhaltung, Instandsetzung und Verwaltung des Sondereigentums der Mitglieder oder des Eigentums Dritter fallen nicht unter die Befreiungsvorschrift. ⁶Zu den ähnlichen Gegenständen wie Wärme, deren Lieferung an die Mitglieder der Gemeinschaft steuerfrei ist, gehören nicht Kohlen, Koks, Heizöl und Gas.

Zu § 4 Nr. 14 UStG

4.14.1. Anwendungsbereich und Umfang der Steuerbefreiung

Anwendungsbereich

(1) ¹Kriterium für die Abgrenzung der Anwendungsbereiche von § 4 Nr. 14 Buchstabe a und Buchstabe b UStG ist weniger die Art der Leistung als vielmehr der Ort ihrer Erbringung. ²Während Leistungen nach § 4 Nr. 14 Buchstabe b UStG aus einer Gesamtheit von ärztlichen Heilbehandlungen in Einrichtungen mit sozialer Zweckbestimmung bestehen, ist § 4 Nr. 14 Buchstabe a UStG auf Leistungen anzuwenden, die außerhalb von Krankenhäusern oder ähnlichen Einrichtungen im Rahmen eines

persönlichen Vertrauensverhältnisses zwischen Patienten und Behandelndem, z.B. in Praxisräumen des Behandelnden, in der Wohnung des Patienten oder an einem anderen Ort erbracht werden (vgl. EuGH-Urteil vom 6.11.2003, C-45/01, EuGHE I S. 12911).

(2) ¹Neben dem Kriterium der Heilbehandlung (vgl. Absatz 4) muss für die Anwendung der Steuerbefreiung des § 4 Nr. 14 Buchstabe a UStG auch eine entsprechende Befähigung des Unternehmers vorliegen. ²Diese ergibt sich aus der Ausübung eines der in § 4 Nr. 14 Buchstabe a Satz 1 UStG bezeichneten Katalogberufe oder einer ähnlichen heilberuflichen Tätigkeit (vgl. Abschnitt 4.14.4 Abs. 6 und 7).

(3) ¹Krankenhausbehandlungen und ärztliche Heilbehandlungen nach § 4 Nr. 14 Buchstabe b UStG zeichnen sich dadurch aus, dass sie in Einrichtungen mit sozialer Zweckbestimmung, wie der des Schutzes der menschlichen Gesundheit, erbracht werden. ²Krankenhausbehandlungen und ärztliche Heilbehandlungen umfassen in Anlehnung an die im Fünften Buch Sozialgesetzbuch (SGB V – Gesetzliche Krankenversicherung) bzw. Elften Buch Sozialgesetzbuch (SGB XI – Soziale Pflegeversicherung) und im Strafvollzugsgesetz (StVollzG) definierten Leistungen u.a. Leistungen der Diagnostik, Befunderhebung, Vorsorge, Rehabilitation, Geburtshilfe und Hospizleistungen (vgl. Abschnitt 4.14.5 Abs. 1ff.).

Umfang der Steuerbefreiung

(4) ¹Unter Beachtung der Rechtsprechung des Europäischen Gerichtshofs sind „ärztliche Heilbehandlungen" ebenso wie „Heilbehandlungen im Bereich der Humanmedizin" Tätigkeiten, die zum Zweck der Vorbeugung, Diagnose, Behandlung und, soweit möglich, der Heilung von Krankheiten oder Gesundheitsstörungen bei Menschen vorgenommen werden. ²Die befreiten Leistungen müssen dem Schutz der Gesundheit des Betroffenen dienen (EuGH-Urteile vom 14.9.2000, C-384/98, EuGHE I S. 6795, vom 20.11.2003, C-212/01, EuGHE I S. 13859, und vom 20.11.2003, C-307/01, EuGHE I S. 13989). ³Dies gilt unabhängig davon, um welche konkrete heilberufliche Leistung es sich handelt (Untersuchung, Attest, Gutachten usw.), für wen sie erbracht wird (Patient, Gericht, Sozialversicherung o.a.) und wer sie erbringt (freiberuflicher oder angestellter Arzt, Heilpraktiker, Physiotherapeut oder Unternehmer, der ähnliche heilberufliche Tätigkeiten ausübt, bzw. Krankenhäuser, Kliniken usw.). ⁴Heilberufliche Leistungen sind daher nur steuerfrei, wenn bei der Tätigkeit ein therapeutisches Ziel im Vordergrund steht.

(5) Danach sind z.B. folgende Tätigkeiten keine Heilbehandlungsleistungen:

1. die schriftstellerische oder wissenschaftliche Tätigkeit, auch soweit es sich dabei um Berichte in einer ärztlichen Fachzeitschrift handelt;
2. die Vortragstätigkeit, auch wenn der Vortrag vor Ärzten im Rahmen einer Fortbildung gehalten wird;
3. die Lehrtätigkeit;
4. die Lieferungen von Hilfsmitteln, z.B. Kontaktlinsen, Schuheinlagen;
5. die entgeltliche Nutzungsüberlassung von medizinischen Großgeräten;
6. die Erstellung von Alkohol-Gutachten, Zeugnissen oder Gutachten über das Sehvermögen, über Berufstauglichkeit oder in Versicherungsangelegenheiten (vgl. z.B. BFH-Beschluss vom 31.7.2007, V B 98/06, BStBl. 2008 II S. 35, und BFH-Urteil vom 8.10 2008, V R 32/07, BStBl. 2009 II S. 429), Einstellungsuntersuchungen, Untersuchungsleistungen wie z.B. Röntgenaufnahmen zur Erstellung eines umsatzsteuerpflichtigen Gutachtens (vgl. hierzu auch BMF-Schreiben vom 8.11.2001, BStBl. I S. 826, BMF-Schreiben vom 4.5.2007, BStBl. I S. 481, und EuGH-Urteil vom 20.11.2003, C-307/01, EuGHE I S. 13989);
7. kosmetische Leistungen von Podologinnen/Podologen in der Fußpflege;
8. ¹ästhetisch-plastische Leistungen, soweit ein therapeutisches Ziel nicht im Vordergrund steht. ²Indiz hierfür kann sein, dass die Kosten regelmäßig nicht durch Krankenversicherungen übernommen werden (vgl. BFH-Urteil vom 17.7.2004, V R 27/03, BStBl. II S. 862);
9. Leistungen zur Prävention und Selbsthilfe im Sinne des § 20 SGB V, die keinen unmittelbaren Krankheitsbezug haben, weil sie lediglich „den allgemeinen Gesundheitszustand verbessern und insbesondere einen Beitrag zur Verminderung sozial bedingter Ungleichheiten von Gesundheitschancen erbringen" sollen – § 20 Abs. 1 Satz 2 SGB V – (vgl. BFH-Urteil vom 7.7.2005, V R 23/04, BStBl. II S. 904);
10. Supervisionsleistungen (vgl. BFH-Urteil vom 30.6.2005, V R 1/02, BStBl. II S. 675);
11. die Durchführung einer Leichenschau, soweit es sich um die zweite Leichenschau oder weitere handelt sowie das spätere Ausstellen der Todesbescheinigung als Genehmigung zur Feuerbestattung.

(6) ¹Hilfsgeschäfte sind nicht nach § 4 Nr. 14 UStG steuerfrei. ²Es kann jedoch die Steuerbefreiung nach § 4 Nr. 28 UStG in Betracht kommen (vgl. Abschnitt 4.28.1).

4.14.2. Tätigkeit als Arzt

(1) ¹Tätigkeit als Arzt im Sinne von § 4 Nr. 14 Buchstabe a UStG ist die Ausübung der Heilkunde unter der Berufsbezeichnung „Arzt" oder „Ärztin". ²Zur Ausübung der Heilkunde gehören Maßnahmen, die der Feststellung, Heilung oder Linderung von Krankheiten, Leiden oder Körperschäden beim Menschen dienen. ³Auch die Leistungen der vorbeugenden Gesundheitspflege gehören zur Ausübung der Heilkunde; dabei ist es unerheblich, ob die Leistungen gegenüber Einzelpersonen oder Personengruppen bewirkt werden. ⁴Zum Umfang der Steuerbefreiung siehe Abschnitt 4.14.1.

(2) ¹Leistungen eines Arztes aus dem Betrieb eines Krankenhauses oder einer anderen Einrichtung im Sinne des § 4 Nr. 14 Buchstabe b UStG sind auch hinsichtlich der ärztlichen Leistung nur dann befreit, wenn die in § 4 Nr. 14 Buchstabe b UStG bezeichneten Voraussetzungen erfüllt sind (vgl. BFH-Urteil vom 18.3.2004, V R 53/00, BStBl. II S. 677). ²Heilbehandlungsleistungen eines selbständigen Arztes, die in einem Krankenhaus erbracht werden (z.b. Belegarzt), sowie die selbständigen ärztlichen Leistungen eines im Krankenhaus angestellten Arztes (z.b. in der eigenen Praxis im Krankenhaus), sind demgegenüber nach § 4 Nr. 14 Buchstabe a UStG steuerfrei.

(3) ¹Die im Zusammenhang mit einem Schwangerschaftsabbruch nach § 218a StGB stehenden ärztlichen Leistungen stellen umsatzsteuerfreie Heilbehandlungsleistungen dar; dies gilt auch für die nach den §§ 218b, 219 StGB vorgesehene Sozialberatung durch einen Arzt. ²Bei den sonstigen Leistungen eines Arztes im Zusammenhang mit Empfängnisverhütungsmaßnahmen handelt es sich um umsatzsteuerfreie Heilbehandlungsleistungen. ³Die sonstigen ärztlichen Leistungen bei Schwangerschaftsabbrüchen und Empfängnisverhütungsmaßnahmen sind auch steuerfrei, wenn sie von Einrichtungen nach § 4 Nr. 14 Buchstabe b UStG ausgeführt werden.

4.14.3. Tätigkeit als Zahnarzt

(1) ¹Tätigkeit als Zahnarzt im Sinne von § 4 Nr. 14 Buchstabe a UStG ist die Ausübung der Zahnheilkunde unter der Berufsbezeichnung „Zahnarzt" oder „Zahnärztin". ²Als Ausübung der Zahnheilkunde ist die berufsmäßige, auf zahnärztlich wissenschaftliche Kenntnisse gegründete Feststellung und Behandlung von Zahn-, Mund- und Kieferkrankheiten anzusehen. ³Ausübung der Zahnheilkunde ist auch der Einsatz einer intraoralen Videokamera eines CEREC-Gerätes für diagnostische Zwecke.

(2) ¹Die Lieferung oder Wiederherstellung von Zahnprothesen, anderen Waren der Zahnprothetik sowie kieferorthopädischen Apparaten und Vorrichtungen ist von der Steuerbefreiung ausgeschlossen, soweit die bezeichneten Gegenstände im Unternehmen des Zahnarztes hergestellt oder wiederhergestellt werden. ²Dabei ist es unerheblich, ob die Arbeiten vom Zahnarzt selbst oder von angestellten Personen durchgeführt werden.

(3) ¹Füllungen (Inlays), Dreiviertelkronen (Onlays) und Verblendschalen für die Frontflächen der Zähne (Veneers) aus Keramik sind Zahnprothesen im Sinne der Unterposition 9021 29 00 des Zolltarifs, auch wenn sie vom Zahnarzt computergesteuert im sog. CEREC-Verfahren hergestellt werden (vgl. BFH-Urteil vom 28.11.1996, V R 23/95, BStBl. 1999 II S. 251). ²Zur Herstellung von Zahnprothesen und kieferorthopädischen Apparaten gehört auch die Herstellung von Modellen, Bissschablonen, Bisswällen und Funktionslöffeln. ³Hat der Zahnarzt diese Leistungen in seinem Unternehmen erbracht, besteht insoweit auch dann Steuerpflicht, wenn die übrigen Herstellungsarbeiten von anderen Unternehmern durchgeführt werden.

(4) ¹Lassen Zahnärzte Zahnprothesen und andere Waren der Zahnprothetik außerhalb ihres Unternehmens fertigen, stellen sie aber Material, z.B. Gold und Zähne, bei, ist die Beistellung einer Herstellung gleichzusetzen. ²Die Lieferung der Zahnprothesen durch den Zahnarzt ist daher hinsichtlich des beigestellten Materials steuerpflichtig.

(5) ¹Die Zahnärzte sind berechtigt, Pauschbeträge oder die tatsächlich entstandenen Kosten gesondert zu berechnen für

1. Abformmaterial zur Herstellung von Kieferabdrücken;
2. Hülsen zum Schutz beschliffener Zähne für die Zeit von der Präparierung der Zähne bis zur Eingliederung der Kronen;
3. nicht individuell hergestellte provisorische Kronen;
4. Material für direkte Unterfütterungen von Zahnprothesen und
5. Versandkosten für die Übersendung von Abdrücken usw. an das zahntechnische Labor.

²Die Pauschbeträge oder die berechneten tatsächlichen Kosten gehören zum Entgelt für steuerfreie zahnärztliche Leistungen. ³Steuerpflichtig sind jedoch die Lieferungen von im Unternehmen des Zahn-

arztes individuell hergestellten provisorischen Kronen und die im Unternehmen des Zahnarztes durchgeführten indirekten Unterfütterungen von Zahnprothesen.

(6) Als Entgelt für die Lieferung oder Wiederherstellung des Zahnersatzes usw. sind die Material- und zahntechnischen Laborkosten anzusetzen, die der Zahnarzt nach § 9 GOZ neben den Gebühren für seine ärztliche Leistung berechnen kann.

(7) ¹Wird der Zahnersatz teils durch einen selbständigen Zahntechniker, teils im Unternehmen des Zahnarztes hergestellt, ist der Zahnarzt nur mit dem auf sein Unternehmen entfallenden Leistungsanteil steuerpflichtig. ²Bei der Ermittlung des steuerpflichtigen Leistungsanteils sind deshalb die Beträge nicht zu berücksichtigen, die der Zahnarzt an den selbständigen Zahntechniker zu zahlen hat.

(8) ¹Die Überlassung von kieferorthopädischen Apparaten (Zahnspangen) und Vorrichtungen, die der Fehlbildung des Kiefers entgegenwirken, ist Teil der steuerfreien Heilbehandlung. ²Steuerpflichtige Lieferungen von kieferorthopädischen Apparaten können jedoch nicht schon deshalb ausgeschlossen werden, weil Zahnärzte sich das Eigentum daran vorbehalten haben (vgl. BFH-Urteil vom 23.10.1997, V R 36/96, BStBl. 1998 II S. 584).

(9) Die Steuerfreiheit für die Umsätze der Zahnärzte gilt auch für die Umsätze der Dentisten.

4.14.4. Tätigkeit als Heilpraktiker, Physiotherapeut, Hebamme sowie als Angehöriger ähnlicher Heilberufe

Tätigkeit als Heilpraktiker

(1) Die Tätigkeit als Heilpraktiker im Sinne des § 4 Nr. 14 Buchstabe a UStG ist die berufsmäßige Ausübung der Heilkunde am Menschen – ausgenommen Zahnheilkunde – durch den Inhaber einer Erlaubnis nach § 1 Abs. 1 des Heilpraktikergesetzes.

Tätigkeit als Physiotherapeut

(2) ¹Die Tätigkeit eines Physiotherapeuten im Sinne des § 4 Nr. 14 Buchstabe a UStG besteht darin, Störungen des Bewegungssystems zu beheben und die sensomotorische Entwicklung zu fördern. ²Ein Teilbereich der Physiotherapie ist die Krankengymnastik. ³Die Berufsbezeichnung des Krankengymnasten ist mit Einführung des Masseur- und Physiotherapeutengesetzes – MPhG – durch die Bezeichnung „Physiotherapeut" ersetzt worden. ⁴Zu den Heilmethoden der Physiotherapie kann u.a. die Hippotherapie gehören (vgl. BFH-Urteil vom 30.1.2008, XI R 53/06, BStBl. II S. 647).

Tätigkeit als Hebamme

(3) Die Tätigkeit einer Hebamme bzw. Geburtshelfers im Sinne des § 4 Nr. 14 Buchstabe a UStG umfasst die eigenverantwortliche Betreuung, Beratung und Pflege der Frau von Beginn der Schwangerschaft an, bei der Geburt, im Wochenbett und in der gesamten Stillzeit.

(4) ¹Zu den steuerfreien Leistungen einer Hebamme gehören u.a. die Aufklärung und Beratung zu den Methoden der Familienplanung, die Feststellung der Schwangerschaft, die Schwangerschaftsvorsorge der normal verlaufenden Schwangerschaft mit deren notwendigen Untersuchungen sowie Veranlassung von Untersuchungen, Vorbereitung auf die Elternschaft, Geburtsvorbereitung, die eigenverantwortliche kontinuierliche Betreuung der Gebärenden und Überwachung des Fötus mit zu Hilfenahme geeigneter Mittel (Geburtshilfe) bei Spontangeburten (Entbindung), Pflege und Überwachung im gesamten Wochenbett von Wöchnerin und Kind, Überwachung der Rückbildungsvorgänge, Hilfe beim Stillen/Stillberatung, Rückbil-dungsgymnastik und Beratung zur angemessenen Pflege und Ernährung des Neugeborenen. ²Unter die Steuerbefreiung fallen auch die Leistungen als Beleghebamme.

(5) Die Leistungen im Rahmen der Entbindung in von Hebammen geleiteten Einrichtungen können unter den weiteren Voraussetzungen des § 4 Nr. 14 Buchstabe b Satz 2 Doppelbuchstabe ff UStG steuerfrei sein (vgl. Abschnitt 4.14.5 Abs. 19).

Tätigkeit als Angehöriger ähnlicher heilberuflicher Tätigkeiten

(6) ¹Neben den Leistungen aus der Tätigkeit als (Zahn-)Arzt oder (Zahn-)Ärztin und aus den in § 4 Nr. 14 Buchstabe a Satz 1 UStG genannten nichtärztlichen Heilberufen können auch die Umsätze aus der Tätigkeit von nicht ausdrücklich genannten Heil- und Heilhilfsberufen (Gesundheitsfachberufe) unter die Steuerbefreiung fallen. ²Dies gilt jedoch nur dann, wenn es sich um eine einem Katalogberuf ähnliche heilberufliche Tätigkeit handelt und die sonstigen Voraussetzungen dieser Vorschrift erfüllt sind. ³Für die Frage, ob eine ähnliche heilberufliche Tätigkeit vorliegt, ist entscheidendes Kriterium die Qualifikation des Behandelnden (vgl. EuGH-Urteil vom 27. 6 2006, C-443/04, EuGHE I S. 3617). ⁴Die Steuerbefreiung der Umsätze aus heilberuflicher Tätigkeit im Sinne von § 4 Nr. 14 Buchstabe a UStG setzt voraus, dass es sich um ärztliche oder arztähnliche Leistungen handeln muss und dass diese von Personen erbracht werden, die die erforderlichen beruflichen Befähigungsnachweise besitzen (vgl. BFH-Urteil vom 12.8.2004, V R 18/02, BStBl. 2005 II S. 227). ⁵Grundsätzlich kann vom Vorliegen der

Befähigungsnachweise ausgegangen werden, wenn die heilberufliche Tätigkeit in der Regel von Sozialversicherungsträgern finanziert wird (vgl. BVerfG-Urteil vom 29.8.1999, 2 BvR 1264/90, BStBl. 2000 II S. 155).

(7) ¹Ein Beruf ist einem der im Gesetz genannten Katalogberufe ähnlich, wenn das typische Bild des Katalogberufs mit seinen wesentlichen Merkmalen dem Gesamtbild des zu beurteilenden Berufs vergleichbar ist. ²Dazu gehören die Vergleichbarkeit der jeweils ausgeübten Tätigkeit nach den sie charakterisierenden Merkmalen, die Vergleichbarkeit der Ausbildung und die Vergleichbarkeit der Bedingungen, an die das Gesetz die Ausübung des zu vergleichenden Berufs knüpft (BFH-Urteil vom 29.1.1998, V R 3/96, BStBl. II S. 453). ³Dies macht vergleichbare berufsrechtliche Regelungen über Ausbildung, Prüfung, staatliche Anerkennung sowie staatliche Erlaubnis und Überwachung der Berufsausübung erforderlich.

(8) ¹Das Fehlen einer berufsrechtlichen Regelung ist für sich allein kein Hinderungsgrund für die Befreiung. ²Als Nachweis der beruflichen Befähigung für eine ärztliche oder arztähnliche Leistung ist grundsätzlich auch die Zulassung des jeweiligen Unternehmers bzw. die regelmäßige Zulassung seiner Berufsgruppe nach § 124 Abs. 2 SGB V durch die zuständigen Stellen der gesetzlichen Krankenkassen anzusehen. ³Ist weder der jeweilige Unternehmer selbst noch – regelmäßig – seine Berufsgruppe nach § 124 Abs. 2 SGB V durch die zuständigen Stellen der gesetzlichen Krankenkassen zugelassen, kann Indiz für das Vorliegen eines beruflichen Befähigungsnachweises die Aufnahme von Leistungen der betreffenden Art in den Leistungskatalog der gesetzlichen Krankenkassen (§ 92 SGB V) sein (vgl. BFH-Urteil vom 11.11.2004, V R 34/02, BStBl. 2005 II S. 316).

(9) ¹Darüber hinaus kommen nach § 4 Nr. 14 UStG steuerfreie Leistungen auch dann in Betracht, wenn eine Rehabilitationseinrichtung auf Grund eines Versorgungsvertrags nach § 11 Abs. 2, §§ 40, 111 SGB V mit Hilfe von Fachkräften Leistungen der Rehabilitation erbringt. ²In diesem Fall sind regelmäßig sowohl die Leistungen der Rehabilitationseinrichtung als auch die Leistungen der Fachkräfte an die Rehabilitationseinrichtung steuerfrei, soweit sie die in dem Versorgungsvertrag benannte Qualifikation besitzen (vgl. BFH-Urteil vom 25.11.2004, V R 44/02, BStBl. 2005 II S. 190). ³Leistungen im Rahmen von Rehabilitationssport und Funktionstraining, die im Sinne des § 44 Abs. 1 Nr. 3 und 4 SGB IX in Verbindung mit der „Rahmenvereinbarung über den Rehabilitationssport und das Funktionstraining" erbracht werden, können nach § 4 Nr. 14 UStG steuerfrei sein (vgl. BFH-Urteil vom 30.4.2009, V R 6/07, BStBl. II S. 679).

(10) ¹Bei Einschaltung von Subunternehmern gilt Folgendes: ²Wird eine ärztliche oder arztähnliche Leistung in der Unternehmerkette erbracht, müssen bei jedem Unternehmer in der Kette die Voraussetzungen nach § 4 Nr. 14 Buchstabe a UStG geprüft werden.

(11) Eine ähnliche heilberufliche Tätigkeit nach § 4 Nr. 14 Buchstabe a Satz 1 UStG üben beispielsweise aus:

– Dental-Hygienikerinnen und Dental-Hygieniker im Auftrag eines Zahnarztes (vgl. BFH-Urteil vom 12.10.2004, V R 54/03, BStBl. 2005 II S. 106);

– Diätassistentinnen und Diätassistenten (Diätassistentengesetz – DiätAssG –);

– Ergotherapeutinnen und Ergotherapeuten, denen die zur Ausübung ihres Berufes erforderliche Erlaubnis erteilt ist (Ergotherapeutengesetz – ErgThG –);

– ¹Krankenschwestern, Gesundheits- und Krankenpflegerinnen und Gesundheits- und Krankenpfleger, Gesundheits- und Kinderkrankenpflegerinnen und Gesundheits- und Kinderkrankenpfleger (Krankenpflegegesetz – KrPflG –) sowie Altenpflegerinnen und Altenpfleger, denen die Erlaubnis nach § 1 Nr. 1 Altenpflegegesetz (– AltpflG –) erteilt ist oder nach § 29 AltpflG als erteilt gilt. ²Sozialpflegerische Leistungen (z.B. Grundpflege und hauswirtschaftliche Versorgung) sind nicht nach § 4 Nr. 14 UStG steuerfrei. ³Es kann jedoch die Steuerbefreiung nach § 4 Nr. 16 UStG in Betracht kommen;

– Logopädinnen und Logopäden, denen die zur Ausübung ihres Berufes erforderliche Erlaubnis erteilt ist (Gesetz über den Beruf des Logopäden – LogopG –);

– ¹staatlich geprüfte Masseurinnen und Masseure bzw. Masseurinnen und medizinische Bademeisterinnen und Masseure und medizinische Bademeister (Masseur- und Physiotherapeutengesetz – MPhG –). ²Die Steuerbefreiung kann von den genannten Unternehmern u.a. für die medizinische Fußpflege und die Verabreichung von medizinischen Bädern, Unterwassermassagen, Fangopackungen (BFH-Urteil vom 24.1.1985, IV R 249/82, BStBl. II S. 676) und Wärmebestrahlungen in Anspruch genommen werden. ³Das gilt auch dann, wenn diese Verabreichungen selbständige Leistungen und nicht Hilfstätigkeiten zur Heilmassage darstellen;

- auf dem Gebiet der Humanmedizin selbständig tätige medizinisch-technische Assistentinnen und medizinisch-technische Assistenten (Gesetz über technische Assistenten der Medizin – MTAG – vgl. BFH-Urteil vom 29.1.1998, V R 3/96, BStBl. II S. 453);
- Dipl. Oecotrophologinnen und Dipl. Oecotrophologen (Ernährungsberatende) im Rahmen einer medizinischen Behandlung (vgl. BFH-Urteile vom 10.3.2005, V R 54/04, BStBl. II S. 669, und vom 7.7.2005, V R 23/04, BStBl. II S. 904);
- Orthoptistinnen und Orthoptisten, denen die zur Ausübung ihres Berufes erforderliche Erlaubnis erteilt ist (Orthoptistengesetz – OrthoptG –);
- Podologinnen und Podologen, denen die zur Ausübung ihres Berufes erforderliche Erlaubnis nach § 1 Podologengesetz (– PodG –) erteilt ist oder nach § 10 Abs. 1 PodG als erteilt gilt;
- Psychologische Psychotherapeutinnen und Psychologische Psychotherapeuten sowie Kinder- und Jugendlichenpsychotherapeutinnen und Kinder- und Jugendlichenpsychotherapeuten (Psychotherapeutengesetz – PsychThG –);
- Rettungsassistentinnen und Rettungsassistenten, denen die zur Ausübung ihres Berufes erforderliche Erlaubnis erteilt ist (Rettungsassistentengesetz – RettAssG –);
- Sprachtherapeutinnen und Sprachtherapeuten, die staatlich anerkannt und nach § 124 Abs. 2 SGB V zugelassen sind.

(12) Keine ähnliche heilberufliche Tätigkeit nach § 4 Nr. 14 Buchstabe a Satz 1 UStG üben z.B. aus:
- Fußpraktikerinnen und Fußpraktiker, weil sie vorwiegend auf kosmetischem Gebiet tätig werden;
- Heileurythmistinnen und Heileurythmisten (BFH-Urteil vom 11.11.2004, V R 34/02, BStBl. 2005 II S. 316);
- Krankenpflegehelferinnen und Krankenpflegehelfer (BFH-Urteil vom 26.8.1993, V R 45/89, BStBl. II S. 887);
- Logotherapeutinnen und Logotherapeuten (BFH-Urteil vom 23.8.2007, V R 38/04, BStBl. 2008 II S. 37);
- Kosmetikerinnen und Kosmetiker (BFH-Urteil vom 2.9.2010, V R 47/09, BStBl. 2011 II S. 195).

(13) ¹Die Umsätze aus dem Betrieb einer Sauna sind grundsätzlich keine Umsätze aus der Tätigkeit eines der in § 4 Nr. 14 Buchstabe a UStG ausdrücklich genannten Berufe oder aus einer ähnlichen heilberuflichen Tätigkeit. ²Die Verabreichung von Saunabädern ist nur insoweit nach § 4 Nr. 14 UStG umsatzsteuerfrei, als hierin eine Hilfstätigkeit zu einem Heilberuf oder einem diesen ähnlichen Beruf, z.B. als Vorbereitung oder als Nachbehandlung zu einer Massagetätigkeit, zu sehen ist (BFH-Urteile vom 21.10.1971, V R 19/71, BStBl. 1972 II S. 78, und vom 13.7.1994, XI R 90/92, BStBl. 1995 II S. 84).

4.14.5. Krankenhausbehandlungen und ärztliche Heilbehandlungen

(1) ¹Krankenhausbehandlungen und ärztliche Heilbehandlungen einschließlich der Diagnostik, Befunderhebung, Vorsorge, Rehabilitation, Geburtshilfe und Hospizleistungen sowie damit eng verbundene Umsätze, sind nach § 4 Nr. 14 Buchstabe b UStG steuerfrei, wenn sie
- von Einrichtungen des öffentlichen Rechts (§ 4 Nr. 14 Buchstabe b Satz 1 UStG) oder
- von den in § 4 Nr. 14 Buchstabe b Satz 2 Doppelbuchstaben aa bis gg UStG genannten Einrichtungen jeweils im Rahmen des von der Zulassung, dem Vertrag bzw. der Regelung nach Sozialgesetzbuch erfassten Bereichs (vgl. Absatz 24) erbracht werden.

²Die Behandlung der Leistungen im Maßregelvollzug durch Einrichtungen des privaten Rechts bestimmt sich nach § 4 Nr. 14 Buchstabe b Satz 2 Doppelbuchstabe hh UStG (vgl. Absatz 23).

Krankenhäuser (§ 4 Nr. 14 Buchstabe b Satz 2 Doppelbuchstabe aa UStG)

(2) Krankenhäuser sind Einrichtungen, die der Krankenhausbehandlung oder Geburtshilfe dienen, fachlich-medizinisch unter ständiger ärztlicher Leitung stehen, über ausreichende, ihrem Versorgungsauftrag entsprechende diagnostische und therapeutische Möglichkeiten verfügen und nach wissenschaftlich anerkannten Methoden arbeiten, mit Hilfe von jederzeit verfügbarem ärztlichem, Pflege-, Funktions- und medizinisch-technischem Personal darauf eingerichtet sind, vorwiegend durch ärztliche und pflegerische Hilfeleistung Krankheiten der Patienten zu erkennen, zu heilen, ihre Verschlimmerung zu verhüten, Krankheitsbeschwerden zu lindern oder Geburtshilfe zu leisten, und in denen die Patienten untergebracht und verpflegt werden können (§ 107 Abs. 1 SGB V).

(3) ¹Krankenhäuser, die von Einrichtungen des privaten Rechts betrieben werden, unterliegen der Steuerbefreiung nach § 4 Nr. 14 Buchstabe b Satz 2 Doppelbuchstabe aa UStG, wenn sie nach § 108 SGB V zugelassen sind. ²Dies sind somit

UStAE 4.14.5. zu § 4 Nr. 14 § 4

1. Krankenhäuser, die nach den landesrechtlichen Vorschriften als Hochschulklinik anerkannt sind,
2. Krankenhäuser, die in den Krankenhausplan eines Landes aufgenommen sind (Plankrankenhäuser), sowie
3. Krankenhäuser, die einen Versorgungsvertrag mit den Landesverbänden der Krankenkassen und den Verbänden der Ersatzkassen abgeschlossen haben.

(4) ¹Krankenhäuser, die nicht von juristischen Personen des öffentlichen Rechts betrieben werden und die weder eine Zulassung nach § 108 SGB V besitzen noch eine sonstige Einrichtung im Sinne des § 4 Nr. 14 Buchstabe b Satz 2 UStG sind, sind mit ihren in § 4 Nr. 14 Buchstabe b Satz 1 UStG genannten Leistungen steuerpflichtig. ²Auch ihre in einer Vielzahl sonstiger Krankenhausleistungen eingebetteten ärztlichen Heilbehandlungsleistungen sind demnach von der Umsatzsteuerbefreiung ausgeschlossen (vgl. BFH-Urteil vom 18.3.2004, V R 53/00, BStBl. II S. 677).

Zentren für ärztliche Heilbehandlung und Diagnostik oder Befunderhebung
(§ 4 Nr. 14 Buchstabe b Satz 2 Doppelbuchstabe bb oder cc UStG)

(5) ¹In Zentren für ärztliche Heilbehandlung und Diagnostik werden durch ärztliche Leistungen Krankheiten, Leiden und Körperschäden festgestellt, geheilt oder gelindert. ²Im Gegensatz zu Krankenhäusern wird den untersuchten und behandelten Personen regelmäßig weder Unterkunft noch Verpflegung gewährt.

(6) ¹Zentren für ärztliche Befunderhebung sind Einrichtungen, in denen durch ärztliche Leistung der Zustand menschlicher Organe, Gewebe, Körperflüssigkeiten usw. festgestellt wird. ²Die Leistungen unterliegen nur der Steuerbefreiung, sofern ein therapeutisches Ziel im Vordergrund steht. ³Blutalkoholuntersuchungen für gerichtliche Zwecke in Einrichtungen ärztlicher Befunderhebung sind daher nicht steuerfrei.

(7) ¹Leistungen von Zentren für ärztliche Heilbehandlung, Diagnostik oder Befunderhebung als Einrichtungen des privaten Rechts sind steuerfrei, wenn sie die Voraussetzungen nach § 4 Nr. 14 Buchstabe b Satz 2 Doppelbuchstabe bb UStG erfüllen. ²Die Befreiung setzt hiernach entweder eine Teilnahme an der ärztlichen Versorgung nach § 95 SGB V oder die Anwendung der Regelungen nach § 115 SGB V voraus. ³Eine Teilnahme an der vertragsärztlichen Versorgung nach § 95 SGB V ist auch dann gegeben, wenn eine Einrichtung nach § 13 des Schwangerschaftskonfliktgesetzes mit einer kassenärztlichen Vereinigung eine Vergütungsvereinbarung nach § 75 Abs. 9 SGB V abgeschlossen hat. ⁴Die Anforderung an die Steuerbefreiung gilt auch dann als erfüllt, wenn eine diagnostische Leistung von einer Einrichtung erbracht wird, die auf Grundlage einer durch die gesetzlichen Krankenversicherung abgeschlossenen vertraglichen Vereinbarung an der Heilbehandlung beteiligt worden ist. ⁵Dies gilt insbesondere für labordiagnostische Typisierungsleistungen, die im Rahmen der Vorbereitung einer Stammzellentransplantation zur Suche nach einem geeigneten Spender für die Behandlung einer lebensbedrohlich erkrankten Person erbracht und durch das Zentrale Knochenmarkspender-Register Deutschland beauftragt werden.

Einrichtungen von klinischen Chemikern und Laborärzten

(8) Klinische Chemiker sind Personen, die den von der Deutschen Gesellschaft für Klinische Chemie e.V. entwickelten Ausbildungsgang mit Erfolg beendet haben und dies durch die von der genannten Gesellschaft ausgesprochene Anerkennung nachweisen.

(9) ¹Leistungen klinischer Chemiker beruhen, wie auch Leistungen von Laborärzten, nicht auf einem persönlichen Vertrauensverhältnis zu den Patienten. ²Eine Steuerbefreiung kommt deshalb insbesondere nur nach § 4 Nr. 14 Buchstabe b Satz 2 Doppelbuchstabe bb oder cc UStG in Betracht, sofern die Leistungen im Rahmen einer Heilbehandlung erbracht werden. ³Erforderlich ist damit eine Teilnahme an der ärztlichen Versorgung nach § 95 SGB V, die Anwendung der Regelungen nach § 115 SGB V, ein Vertrag oder eine Beteiligung an der Versorgung nach § 34 SGB VII.

Medizinische Versorgungszentren

(10) ¹Medizinische Versorgungszentren sind rechtsformunabhängige fachlich übergreifende ärztlich geleitete Einrichtungen, in denen Ärzte – mit verschiedenen Facharzt- oder Schwerpunktbezeichnungen – als Angestellte oder Vertragsärzte tätig sind (§ 95 Abs. 1 SGB V). ²Medizinische Versorgungszentren, die an der vertragsärztlichen Versorgung nach § 95 SGB V teilnehmen, erbringen steuerfreie Leistungen nach § 4 Nr. 14 Buchstabe b Satz 2 Doppelbuchstabe bb UStG. ³Die an einem medizinischen Versorgungszentrum als selbständige Unternehmer tätigen Ärzte erbringen dagegen steuerfreie Leistungen im Sinne des § 4 Nr. 14 Buchstabe a Satz 1 UStG, wenn sie ihre Leistungen gegenüber dem medizinischen Versorgungszentrum erbringen.

§ 4 zu § 4 Nr. 14 UStAE 4.14.5.

Einrichtungen nach § 115 SGB V

(11) Die Regelungen des § 115 SGB V beziehen sich auf Verträge und Rahmenempfehlungen zwischen Krankenkassen, Krankenhäusern und Vertragsärzten, deren Ziel in der Gewährleistung einer nahtlosen ambulanten und stationären Heilbehandlung gegenüber dem Leistungsempfänger besteht.

(12) Hierunter fallen insbesondere Einrichtungen, in denen Patienten durch Zusammenarbeit mehrerer Vertragsärzte ambulant oder stationär versorgt werden (z.B. Praxiskliniken).

(13) Des Weiteren gehören zum Kreis der nach § 4 Nr. 14 Buchstabe b Satz 2 Doppelbuchstabe bb UStG anerkannten Einrichtungen alle Einrichtungen des Vierten Abschnitts des Vierten Kapitels SGB V, für die die Regelung nach § 115 SGB V anzuwenden sind, z.B. auch Hochschulambulanzen nach § 117 SGB V, Psychiatrische Institutsambulanzen nach § 118 SGB V und Sozialpädiatrische Zentren nach § 119 SGB V.

Einrichtungen der gesetzlichen Unfallversicherung
(§ 4 Nr. 14 Buchstabe b Satz 2 Doppelbuchstabe cc)

(14) ¹Einrichtungen, die von den Trägern der gesetzlichen Unfallversicherung nach § 34 SGB VII an der Versorgung beteiligt worden sind, erbringen als anerkannte Einrichtung nach § 4 Nr. 14 Buchstabe b Satz 2 Doppelbuchstabe cc UStG steuerfreie Heilbehandlungen im Sinne des § 4 Nr. 14 Buchstabe b Satz 1 UStG. ²Die Beteiligung von Einrichtungen an der Durchführung von Heilbehandlungen bzw. der Versorgung durch Träger der gesetzlichen Unfallversicherungen nach § 34 SGB VII kann auch durch Verwaltungsakt erfolgen.

Vorsorge- und Rehabilitationseinrichtungen
(§ 4 Nr. 14 Buchstabe b Satz 2 Doppelbuchstabe dd UStG)

(15) Vorsorge- oder Rehabilitationseinrichtungen sind fachlich-medizinisch unter ständiger ärztlicher Verantwortung und unter Mitwirkung von besonders geschultem Personal stehende Einrichtungen, die der stationären Behandlung der Patienten dienen, um eine Schwächung der Gesundheit zu beseitigen oder einer Gefährdung der gesundheitlichen Entwicklung eines Kindes entgegenzuwirken (Vorsorge) oder eine Krankheit zu heilen, ihre Verschlimmerung zu verhüten oder Krankheitsbeschwerden zu lindern oder im Anschluss an Krankenhausbehandlung den dabei erzielten Behandlungserfolg zu sichern oder zu festigen (Rehabilitation), wobei Leistungen der aktivierenden Pflege nicht von den Krankenkassen übernommen werden dürfen (vgl. § 107 Abs. 2 SGB V).

(16) Vorsorge- oder Rehabilitationseinrichtungen, mit denen ein Versorgungsvertrag nach § 111 SGB V besteht, sind mit ihren medizinischen Leistungen zur Vorsorge oder Leistungen zur medizinischen Rehabilitation einschließlich der Anschlussheilbehandlung, die eine stationäre Behandlung, aber keine Krankenhausbehandlung erfordern, nach § 4 Nr. 14 Buchstabe b Satz 2 Doppelbuchstabe dd UStG steuerfrei.

Einrichtungen des Müttergenesungswerks oder gleichartige Einrichtungen
(§ 4 Nr. 14 Buchstabe b Satz 2 Doppelbuchstabe dd UStG)

(17) Einrichtungen des Müttergenesungswerks oder gleichartige Einrichtungen oder für Vater-Kind-Maßnahmen geeignete Einrichtungen, mit denen ein Versorgungsvertrag nach § 111a SGB V besteht, sind mit ihren stationären medizinischen Leistungen zur Vorsorge oder Rehabilitation für Mütter und Väter nach § 4 Nr. 14 Buchstabe b Satz 2 Doppelbuchstabe dd UStG steuerfrei.

Medizinische Rehabilitationseinrichtungen
(§ 4 Nr. 14 Buchstabe b Satz 2 Doppelbuchstabe ee UStG)

(18) ¹Nach § 4 Nr. 14 Buchstabe b Satz 2 Doppelbuchstabe ee UStG gelten Rehabilitationsdienste und Rehabilitationseinrichtungen, mit denen Verträge nach § 21 SGB IX (Rehabilitation und Teilhabe behinderter Menschen) bestehen, als anerkannte Einrichtung. ²Dies gilt auch für ambulante Rehabilitationseinrichtungen, die Leistungen nach § 40 Abs. 1 SGB V erbringen und mit denen Verträge unter Berücksichtigung von § 21 SGB IX bestehen (§ 2 Abs. 3 der Richtlinie des Gemeinsamen Bundesausschusses über Leistungen zur medizinischen Rehabilitation).

Einrichtungen zur Geburtshilfe
(§ 4 Nr. 14 Buchstabe b Satz 2 Doppelbuchstabe ff UStG)

(19) ¹Von Hebammen geleitete Einrichtungen zur Geburtshilfe, z.B. Geburtshäuser und Entbindungsheime, erbringen mit der Hilfe bei der Geburt und der Überwachung des Wochenbettverlaufs sowohl ambulante wie auch stationäre Leistungen. ²Werden diese Leistungen von Einrichtungen des privaten Rechts erbracht, unterliegen sie der Steuerbefreiung, wenn für sie nach § 4 Nr. 14 Buchstabe b Satz 2 Doppelbuchstabe ff UStG Verträge nach § 134a SGB V gelten. ³Verträge dieser Art dienen der Regelung und Versorgung mit Hebammenhilfe. ⁴Die Steuerbefreiung ist unabhängig von einer sozialversicherungsrechtlichen Abrechnungsfähigkeit dieser Leistung.

Hospize (§ 4 Nr. 14 Buchstabe b Satz 2 Doppelbuchstabe gg UStG)

(20) ¹Hospize dienen der Begleitung eines würdevolleren Sterbens. ²Leistungen in und von Hospizen werden sowohl ambulant als auch stationär ausgeführt.

(21) ¹Stationäre und teilstationäre Hospizleistungen fallen unter die Befreiungsvorschrift nach § 4 Nr. 14 Buchstabe b Satz 2 Doppelbuchstabe gg UStG, sofern sie von Einrichtungen des Privatrechts erbracht werden, mit denen Verträge nach § 39a Abs. 1 SGB V bestehen. ²Diese Verträge regeln Zuschüsse zur stationären oder teilstationären Versorgung in Hospizen, in denen palliativ-medizinische Behandlungen erbracht werden, wenn eine ambulante Versorgung im eigenen Haushalt ausgeschlossen ist.

(22) ¹Ambulante Hospizleistungen, die unter der fachlichen Verantwortung von Gesundheits- und Krankenpflegern oder anderen vergleichbar qualifizierten medizinischen Fachkräften erbracht werden, unterliegen der Steuerbefreiung nach § 4 Nr. 14 Buchstabe a UStG. ²Das Gleiche gilt für Leistungen der spezialisierten ambulanten Palliativversorgung nach § 37b SGB V.

Maßregelvollzug (§ 4 Nr. 14 Buchstabe b Satz 2 Doppelbuchstabe hh UStG)

(23) ¹Die Umsätze von Krankenhäusern des Maßregelvollzugs, die von juristischen Personen des öffentlichen Rechts betrieben werden, sind nach § 4 Nr. 14 Buchstabe b Satz 1 UStG umsatzsteuerfrei. ²Einrichtungen des privaten Rechts, denen im Wege der Beleihung die Durchführung des Maßregelvollzugs übertragen wird und die nicht über eine Zulassung nach § 108 SGB V verfügen, sind mit ihren Leistungen nach § 4 Nr. 14 Buchstabe b Satz 2 Doppelbuchstabe hh UStG ebenfalls von der Umsatzsteuer befreit, wenn es sich um Einrichtungen nach § 138 Abs. 1 Satz 1 StVollzG handelt. ³Hierunter fallen insbesondere psychiatrische Krankenhäuser und Entziehungsanstalten, in denen psychisch kranke oder suchtkranke Straftäter behandelt und untergebracht werden. ⁴Neben den ärztlichen Behandlungsleistungen umfasst die Steuerbefreiung auch die Unterbringung, Verpflegung und Verwahrung der in diesen Einrichtungen untergebrachten Personen.

Beschränkung der Steuerbefreiungen

(24) ¹Leistungen nach § 4 Nr. 14 Buchstabe b UStG sind sowohl im Bereich gesetzlicher Versicherungen steuerfrei als auch bei Vorliegen eines privaten Versicherungsschutzes. ²Die Steuerbefreiung für Einrichtungen im Sinne des § 4 Nr. 14 Buchstabe b Satz 2 Doppelbuchstabe aa bis gg UStG wird jedoch jeweils auf den Bereich der Zulassung, des Vertrages bzw. der Regelung nach Sozialgesetzbuch beschränkt.

Beispiel:

Eine Einrichtung ohne Zulassung nach § 108 SGB V, mit der ein Versorgungsvertrag nach § 111 SGB V besteht, kann keine steuerfreien Krankenhausbehandlungen erbringen.

(25) ¹Die Steuerbefreiung beschränkt sich allerdings nicht auf den „Umfang" z.B. des im Rahmen der Zulassung vereinbarten Leistungspaketes. ²Sofern z.B. ein nach § 108 SGB V zugelassenes Krankenhaus Leistungen erbringt, die über den Leistungskatalog der gesetzlichen Krankenversicherung hinausgehen (z.B. Chefarztbehandlung, Doppel- oder Einzelzimmerbelegung), fallen auch diese unter die Steuerbefreiung nach § 4 Nr. 14 Buchstabe b UStG.

4.14.6. Eng mit Krankenhausbehandlungen und ärztlichen Heilbehandlungen verbundene Umsätze

(1) ¹Als eng mit Krankenhausbehandlungen und ärztlichen Heilbehandlungen nach § 4 Nr. 14 Buchstabe b UStG verbundene Umsätze sind Leistungen anzusehen, die für diese Einrichtungen nach der Verkehrsauffassung typisch und unerlässlich sind, regelmäßig und allgemein beim laufenden Betrieb vorkommen und damit unmittelbar oder mittelbar zusammenhängen (vgl. BFH-Urteil vom 1.12.1977, V R 37/75, BStBl. 1978 II S. 173). ²Die Umsätze dürfen nicht im Wesentlichen dazu bestimmt sein, den Einrichtungen zusätzliche Einnahmen durch Tätigkeiten zu verschaffen, die in unmittelbarem Wettbewerb zu steuerpflichtigen Umsätzen anderer Unternehmer stehen (vgl. EuGH-Urteil vom 1.12.2005, C-394/04 und C-395/04, EuGHE I S. 10373).

(2) Unter diesen Voraussetzungen können zu den eng verbundenen Umsätzen gehören:
1. die stationäre oder teilstationäre Aufnahme von Patienten, deren ärztliche und pflegerische Betreuung einschließlich der Lieferungen der zur Behandlung erforderlichen Medikamente;
2. die Behandlung und Versorgung ambulanter Patienten;
3. die Lieferungen von Körperersatzstücken und orthopädischen Hilfsmitteln, soweit sie unmittelbar mit einer Leistung im Sinne des § 4 Nr. 14 Buchstabe b UStG in Zusammenhang stehen;
4. die Überlassung von Einrichtungen (z.B. Operationssaal, Röntgenanlage, medizinisch-technische Großgeräte), und die damit verbundene Gestellung von medizinischem Hilfspersonal durch Einrichtungen nach § 4 Nr. 14 Buchstabe b UStG an andere Einrichtungen dieser Art, an angestellte Ärzte für deren selbständige Tätigkeit und an niedergelassene Ärzte zur Mitbenutzung;

5. (gestrichen)
6. die Gestellung von Ärzten und von medizinischem Hilfspersonal durch Einrichtungen nach § 4 Nr. 14 Buchstabe b UStG an andere Einrichtungen dieser Art;
7. ¹die Lieferungen von Gegenständen des Anlagevermögens, z.b. Röntgeneinrichtungen, Krankenfahrstühle und sonstige Einrichtungsgegenstände. ²Zur Veräußerung des gesamten Anlagevermögens siehe jedoch Absatz 3 Nummer 11;
8. die Erstellung von ärztlichen Gutachten gegen Entgelt, sofern ein therapeutischer Zweck im Vordergrund steht.

(3) Nicht zu den eng verbundenen Umsätzen gehören insbesondere:
1. die entgeltliche Abgabe von Speisen und Getränken an Besucher;
2. die Lieferungen von Arzneimitteln an das Personal oder Besucher sowie die Abgabe von Medikamenten gegen gesondertes Entgelt an ehemals ambulante oder stationäre Patienten zur Überbrückung;
3. ¹die Arzneimittellieferungen einer Krankenhausapotheke an Krankenhäuser anderer Träger (BFH-Urteil vom 18.10.1990, V R 76/89, BStBl. 1991 II S. 268) sowie die entgeltlichen Medikamentenlieferungen an ermächtigte Ambulanzen des Krankenhauses, an Polikliniken, an Institutsambulanzen, an sozialpädiatrische Zentren – soweit es sich in diesen Fällen nicht um nicht steuerbare Innenumsätze des Trägers der jeweiligen Krankenhausapotheke handelt – und an öffentliche Apotheken. ²Auch die Steuerbefreiung nach § 4 Nr. 18 UStG kommt insoweit nicht in Betracht;
4. die Abgabe von Medikamenten zur unmittelbaren Anwendung durch ermächtigte Krankenhausambulanzen an Patienten während der ambulanten Behandlung sowie die Abgabe von Medikamenten durch Krankenhausapotheken an Patienten im Rahmen der ambulanten Behandlung im Krankenhaus;
5. die Erstellung von Alkohol-Gutachten, Zeugnissen oder Gutachten über das Sehvermögen, über Berufstauglichkeit oder in Versicherungsangelegenheiten, Untersuchungsleistungen wie z.b. Röntgenaufnahmen zur Erstellung eines umsatzsteuerpflichtigen Gutachtens (vgl. hierzu auch BMF-Schreiben vom 8.11.2001, BStBl. I S. 826, und EuGH-Urteil vom 20.11.2003, C-307/01, EuGHE I S. 13989);
6. ¹ästhetisch-plastische Leistungen, soweit ein therapeutisches Ziel nicht im Vordergrund steht. ²Indiz hierfür kann sein, dass die Kosten regelmäßig nicht durch Krankenversicherungen übernommen werden (vgl. BFH-Urteil vom 17.7.2004, V R 27/03, BStBl. II S. 862);
7. Leistungen zur Prävention und Selbsthilfe im Sinne des § 20 SGB V, die keinen unmittelbaren Krankheitsbezug haben, weil sie lediglich „den allgemeinen Gesundheitszustand verbessern und insbesondere einen Beitrag zur Verminderung sozial bedingter Ungleichheiten von Gesundheitschancen erbringen" sollen – § 20 Abs. 1 Satz 2 SGB V – (vgl. BFH-Urteil vom 7.7.2005, V R 23/04, BStBl. II S. 904);
8. Supervisionsleistungen (vgl. BFH-Urteil vom 30.6.2005, V R 1/02, BStBl. II S. 675);
9. ¹die Leistungen der Zentralwäschereien (vgl. BFH-Urteil vom 18.10.1990, V R 35/85, BStBl. 1991 II S. 157). ²Dies gilt sowohl für die Fälle, in denen ein Krankenhaus in seiner Wäscherei auch die Wäsche anderer Krankenhäuser reinigt, als auch für die Fälle, in denen die Wäsche mehrerer Krankenhäuser in einer verselbständigten Wäscherei gereinigt wird. ³Auch die Steuerbefreiung nach § 4 Nr. 18 UStG kommt nicht in Betracht;
10. die Telefongestellung an Patienten, die Vermietung von Fernsehgeräten und die Unterbringung und Verpflegung von Begleitpersonen (EuGH-Urteil vom 1.12.2005, C-394/04 und C-395/04, EuGHE I S. 10373);
11. ¹die Veräußerung des gesamten beweglichen Anlagevermögens und der Warenvorräte nach Einstellung des Betriebs (BFH-Urteil vom 1.12.1977, V R 37/75, BStBl. 1978 II S. 173). ²Es kann jedoch die Steuerbefreiung nach § 4 Nr. 28 UStG in Betracht kommen.

4.14.7. Rechtsform des Unternehmers
Tätigkeit als Arzt, Zahnarzt, Heilpraktiker, Physiotherapeut, Hebamme, oder ähnliche heilberufliche Tätigkeit (§ 4 Nr. 14 Buchstabe a UStG)

(1) ¹Werden Leistungen aus der Tätigkeit als Arzt, Zahnarzt, Heilpraktiker oder aus einer anderen heilberuflichen Tätigkeit im Sinne des § 4 Nr. 14 Buchstabe a UStG erbracht, kommt es für die Steuerbefreiung nach dieser Vorschrift nicht darauf an, in welcher Rechtsform der Unternehmer die Leistung erbringt (vgl. BFH-Urteile vom 4.3.1998, XI R 53/96, BStBl. 2000 II S. 13, und vom 26.9.2007, V R 54/05,

BStBl. 2008 II S. 262). ²Auch ein in der Rechtsform einer GmbH & Co. KG betriebenes Unternehmen kann bei Vorliegen der Voraussetzungen die Steuerbefreiung nach § 4 Nr. 14 UStG in Anspruch nehmen (vgl. Beschluss des BVerfG vom 10.11.1999, 2 BvR 2861/93, BStBl. 2000 II S. 160). ³Die Steuerbefreiung hängt im Wesentlichen davon ab, dass es sich um ärztliche oder arztähnliche Leistungen handelt und dass diese von Personen erbracht werden, die die erforderlichen beruflichen Befähigungsnachweise besitzen (vgl. EuGH-Urteil vom 10.9.2002, C-141/00, EuGHE I S. 6833). ⁴Die Leistungen können auch mit Hilfe von Arbeitnehmern, die die erforderliche berufliche Qualifikation aufweisen, erbracht werden (vgl. BFH-Urteil vom 1.4.2004, V R 54/98, BStBl. II S. 681, für eine Stiftung).

(2) Die Umsätze einer Personengesellschaft aus einer heilberuflichen Tätigkeit sind auch dann nach § 4 Nr. 14 Buchstabe a UStG steuerfrei, wenn die Gesellschaft daneben eine Tätigkeit im Sinne des § 15 Abs. 1 Nr. 1 EStG ausübt und ihre Einkünfte deshalb ertragsteuerlich als Einkünfte aus Gewerbebetrieb nach § 15 Abs. 3 Nr. 1 EStG zu qualifizieren sind (vgl. BFH-Urteil vom 13.7.1994, XI R 90/92, BStBl. 1995 II S. 84).

(3) Der Befreiung von Heilbehandlungen im Bereich der Humanmedizin steht nicht entgegen, wenn diese im Rahmen von Verträgen der hausarztzentrierten Versorgung nach § 73b SGB V oder der besonderen ambulanten ärztlichen Versorgung nach § 73c SGB V bzw. nach anderen sozialrechtlichen Vorschriften erbracht werden.

Krankenhausbehandlungen und ärztliche Heilbehandlungen (§ 4 Nr. 14 Buchstabe b UStG)

(4) Neben Leistungen, die unmittelbar von Ärzten oder anderen Heilkundigen unter ärztlicher Aufsicht erbracht werden, umfasst der Begriff ärztliche Heilbehandlung auch arztähnliche Leistungen, die u.a. in Krankenhäusern unter der alleinigen Verantwortung von Personen, die keine Ärzte sind, erbracht werden (vgl. EuGH-Urteil vom 6.11.2003, C-45/01, EuGHE I S. 12911).

(5) ¹Begünstigte Leistungserbringer können Einrichtungen des öffentlichen Rechts (§ 4 Nr. 14 Buchstabe b Satz 1 UStG) oder Einrichtungen des privaten Rechts, die nach § 4 Nr. 14 Buchstabe b Satz 2 UStG mit Einrichtungen des öffentlichen Rechts in sozialer Hinsicht, insbesondere hinsichtlich der Bedingungen, vergleichbar sind, sein. ²Der Begriff „Einrichtung" umfasst dabei auch natürliche Personen. ³Als privatrechtliche Einrichtungen sind auch Einrichtungen anzusehen, die in der Form privatrechtlicher Gesellschaften betrieben werden, deren Anteile nur von juristischen Personen des öffentlichen Rechts gehalten werden.

4.14.8. Praxis- und Apparategemeinschaften

(1) ¹Steuerbefreit werden sonstige Leistungen von Gemeinschaften, deren Mitglieder ausschließlich Angehörige der in § 4 Nr. 14 Buchstabe a UStG bezeichneten Berufe und/oder Einrichtungen im Sinne des § 4 Nr. 14 Buchstabe b UStG sind, soweit diese Leistungen für unmittelbare Zwecke der Ausübung der Tätigkeit nach § 4 Nr. 14 Buchstabe a oder b UStG verwendet werden und die Gemeinschaft von ihren Mitgliedern lediglich die genaue Erstattung des jeweiligen Anteils an den gemeinsamen Kosten fordert. ²Als Gemeinschaften gelten nur Einrichtungen, die als Unternehmer im Sinne des § 2 UStG anzusehen sind.

(2) ¹Die Leistungen von Gemeinschaften nach § 4 Nr. 14 Buchstabe d UStG bestehen u.a. in der zur Verfügung Stellung von medizinischen Einrichtungen, Apparaten und Geräten. ²Des Weiteren führen die Gemeinschaften beispielsweise mit eigenem medizinisch-technischem Personal Laboruntersuchungen, Röntgenaufnahmen und andere medizinisch-technische Leistungen an ihre Mitglieder aus.

(3) ¹Voraussetzung für die Steuerbefreiung ist, dass die Leistungen von den Mitgliedern unmittelbar für ihre nach § 4 Nr. 14 Buchstabe a oder b UStG steuerfreien Umsätze verwendet werden. ²Übernimmt die Gemeinschaft für ihre Mitglieder z.B. die Buchführung, Rechtsberatung oder die Tätigkeit einer ärztlichen Verrechnungsstelle, handelt es sich um Leistungen, die nur mittelbar zur Ausführung von steuerfreien Heilbehandlungsleistungen bezogen werden und deshalb nicht von der Umsatzsteuer nach § 4 Nr. 14 Buchstabe d UStG befreit sind. ³Die Anwendung der Steuerbefreiung setzt allerdings nicht voraus, dass die Leistungen allen Mitgliedern gegenüber erbracht werden (vgl. EuGH-Urteil vom 11.12.2008, C-407/07, EuGHE I S. 9615).

(4) ¹Für die Steuerbefreiung ist es unschädlich, wenn die Gemeinschaft den jeweiligen Anteil der gemeinsamen Kosten des Mitglieds direkt im Namen des Mitglieds mit den Krankenkassen abrechnet. ²Die Leistungsbeziehung zwischen Gemeinschaft und Mitglied bleibt weiterhin bestehen. ³Der verkürzte Abrechnungsweg kann als Serviceleistung angesehen werden, die als unselbständige Nebenleistung das Schicksal der Hauptleistung teilt.

(5) Auch Laborleistungen nach § 25 Abs. 3 des Bundesmantelvertrags-Ärzte, wonach die Laborgemeinschaft für den Arzt die auf ihn entfallenden Analysekosten gegenüber der zuständigen Kassen-

ärztlichen Vereinigung abrechnet, erfüllen hinsichtlich der dort geforderten „genauen Erstattung des jeweiligen Anteils an den gemeinsamen Kosten" die Voraussetzung des § 4 Nr. 14 Buchstabe d UStG.

(6) ¹Beschafft und überlässt die Gemeinschaft ihren Mitgliedern Praxisräume, ist dieser Umsatz nicht nach § 4 Nr. 14 Buchstabe d UStG befreit. ²Vielmehr handelt es sich hierbei um sonstige Leistungen, die in der Regel unter die Steuerbefreiung für die Vermietung von Grundstücken nach § 4 Nr. 12 Satz 1 Buchstabe a UStG fallen.

(7) ¹Die Befreiung darf nach Artikel 132 Abs. 1 Buchstabe f MwStSystRL nicht zu einer Wettbewerbsverzerrung führen. ²Sie kann sich deshalb nur auf die sonstigen Leistungen der ärztlichen Praxis- und Apparategemeinschaften beziehen, nicht aber auf Fälle, in denen eine Gemeinschaft für ihre Mitglieder z.B. die Buchführung, die Rechtsberatung oder die Tätigkeit einer ärztlichen Verrechnungsstelle übernimmt.

(8) ¹Leistungen der Gemeinschaft an Nicht-Mitglieder sind von der Befreiung nach § 4 Nr. 14 Buchstabe d UStG ausgeschlossen. ²Das gilt auch dann, wenn ein Leistungsempfänger, der nicht Mitglied ist, der Gemeinschaft ein Darlehen oder einen Zuschuss gegeben hat.

4.14.9. Leistungen von Einrichtungen nach § 140b Abs. 1 SGB V zur integrierten Versorgung

(1) Einrichtungen im Sinne des § 140b Abs. 1 SGB V, die Leistungen nach § 4 Nr. 14 Buchstabe a und b UStG erbringen, führen nach § 4 Nr. 14 Buchstabe c UStG steuerfreie Umsätze aus, soweit mit ihnen Verträge zur integrierten Versorgung nach § 140a SGB V bestehen.

(2) Zu den Einrichtungen nach § 140b Abs. 1 SGB V zählen:

– zur vertragsärztlichen Versorgung zugelassene Ärzte und Zahnärzte;

– Träger zugelassener Krankenhäuser, soweit sie zur Versorgung berechtigt sind, Träger von stationären Vorsorge- und Rehabilitationseinrichtungen, soweit mit ihnen ein Versorgungsvertrag nach § 111 SGB V besteht, Träger von ambulanten Rehabilitationseinrichtungen;

– Träger von Einrichtungen nach § 95 Abs. 1 Satz 2 SGB V (medizinische Versorgungszentren);

– Träger von Einrichtungen, die eine integrierte Versorgung nach § 140a SGB V durch zur Versorgung der Versicherten nach dem Vierten Kapitel des SGB V berechtigte Leistungserbringer anbieten (sog. Managementgesellschaften);

– Pflegekassen und zugelassene Pflegeeinrichtungen auf der Grundlage des § 92b SGB XI;

– Gemeinschaften der vorgenannten Leistungserbringer und deren Gemeinschaften;

– Praxiskliniken nach § 115 Abs. 2 Satz 1 Nr. 1 SGB V.

(3) Im Rahmen eines Vertrages zur integrierten Versorgung nach §§ 140a ff SGB V wird die vollständige bzw. teilweise ambulante und/oder stationäre Versorgung der Mitglieder der jeweiligen Krankenkasse auf eine Einrichtung im Sinne des § 140b Abs. 1 SGB V übertragen mit dem Ziel, eine bevölkerungsbezogene Flächendeckung der Versorgung zu ermöglichen.

(4) ¹Managementgesellschaften sind Träger, die nicht selbst Versorger sind, sondern eine Versorgung durch dazu berechtigte Leistungserbringer sicherstellen. ²Sie erbringen mit der Übernahme der Versorgung von Patienten und dem „Einkauf" von Behandlungsleistungen Dritter steuerfreie Leistungen, wenn die beteiligten Leistungserbringer die jeweiligen Heilbehandlungsleistungen unmittelbar mit der Managementgesellschaft abrechnen. ³In diesen Fällen ist die Wahrnehmung von Managementaufgaben als unselbständiger Teil der Heilbehandlungsleistung der Managementgesellschaften gegenüber der jeweiligen Krankenkasse anzusehen. ⁴Sofern in einem Vertrag zur integrierten Versorgung nach § 140a SGB V jedoch lediglich Steuerungs-, Koordinierungs- und/oder Managementaufgaben von der Krankenkasse auf die Managementgesellschaft übertragen werden, handelt es sich hierbei um eine Auslagerung von Verwaltungsaufgaben. ⁵Diese Leistungen gegenüber der jeweiligen Krankenkasse stellen keine begünstigten Heilbehandlungen dar und sind steuerpflichtig.

Zu § 4 Nr. 15 UStG

4.15.1. Sozialversicherung, Grundsicherung für Arbeitsuchende, Sozialhilfe, Kriegsopferversorgung

Zu den von der Steuerbefreiung ausgenommenen Umsätzen gehört insbesondere die entsprechende unentgeltliche Wertabgabe (vgl. Abschnitte 3.2 bis 3.4), also die Entnahme von Brillen und Brillenteilen sowie die Reparaturarbeiten an diesen Gegenständen für Zwecke außerhalb des Unternehmens.

Zu § 4 Nr. 16 UStG

4.16.1. Anwendungsbereich und Umfang der Steuerbefreiung

Anwendungsbereich

(1) [1]§ 4 Nr. 16 UStG selbst enthält nur eine allgemeine Definition der Betreuungs- und Pflegeleistungen. [2]Welche Leistungen letztlich im Einzelnen in den Anwendungsbereich der Steuerbefreiung fallen, ergibt sich aus der Definition der nach § 4 Nr. 16 Satz 1 Buchstaben a bis k UStG begünstigten Einrichtungen. [3]Soweit diese im Rahmen ihrer sozialrechtlichen Anerkennung Betreuungs- und Pflegeleistungen ausführen (vgl. auch Absatz 8 und 9), fallen ihre Leistungen in den Anwendungsbereich der Steuerbefreiung.

(2) Die mit dem Betrieb von Einrichtungen zur Betreuung oder Pflege körperlich, geistig oder seelisch hilfsbedürftiger Personen eng verbundenen Leistungen sind nach § 4 Nr. 16 Satz 1 Buchstabe a UStG steuerfrei, wenn sie von Einrichtungen des öffentlichen Rechts erbracht werden.

(3) [1]Ferner sind die Betreuungs- oder Pflegeleistungen nach § 4 Nr. 16 Satz 1 Buchstaben b bis k UStG steuerfrei, wenn sie von anderen anerkannten Einrichtungen mit sozialem Charakter im Sinne des Artikels 132 Abs. 1 Buchstabe g MwStSystRL erbracht werden. [2]Dabei umfasst der Begriff „Einrichtungen" unabhängig von der Rechts- oder Organisationsform des Leistungserbringers sowohl natürliche als auch juristische Personen. [3]Als andere Einrichtungen sind auch Einrichtungen anzusehen, die in der Form privatrechtlicher Gesellschaften betrieben werden, deren Anteile nur von juristischen Personen des öffentlichen Rechts gehalten werden.

Umfang der Steuerbefreiung an hilfsbedürftige Personen

(4) [1]Die Steuerbefreiung erfasst sowohl Betreuungs- als auch Pflegeleistungen für hilfsbedürftige Personen. [2]Hilfsbedürftig sind alle Personen, die auf Grund ihres körperlichen, geistigen oder seelischen Zustands der Betreuung oder Pflege bedürfen. [3]Der Betreuung oder Pflege bedürfen Personen, die krank, behindert oder von einer Behinderung bedroht sind. [4]Dies schließt auch Personen mit ein, bei denen ein Grundpflegebedarf oder eine erhebliche Einschränkung der Alltagskompetenz (§ 45 a SGB XI), besteht. [5]Hilfsbedürftig sind darüber hinaus auch Personen, denen Haushaltshilfe nach dem KVLG 1989, dem ALG oder dem SGB VII gewährt wird, etwa im Fall der Arbeitsunfähigkeit nach § 16 Satz 2 KVLG 1989.

Umfang der Steuerbefreiung bei Leistungen auch an nicht hilfsbedürftige Personen

(5) [1]Soweit Pflege- oder Betreuungsleistungen in stationären Einrichtungen in geringem Umfang auch an nicht hilfsbedürftige Personen erbracht werden, ist die Inanspruchnahme der Steuerbefreiung nicht zu beanstanden. [2]Von einem geringen Umfang ist auszugehen, wenn die Leistungen in nicht mehr als 10% der Fälle an nicht hilfsbedürftige Personen erbracht werden. [3]Die Steuerbefreiung gilt dann insgesamt für die mit dem Betrieb eines Altenheims oder Pflegeheims eng verbundenen Umsätze, auch wenn hier in geringem Umfang bereits Personen aufgenommen werden, die nicht betreuungs- oder pflegebedürftig sind.

Umfang der Steuerbefreiung bei Betreuungs- und Pflegeleistungen

(6) [1]Die Steuerbefreiung umfasst die mit dem Betrieb von Einrichtungen zur Betreuung oder Pflege körperlich, geistig oder seelisch hilfsbedürftiger Personen eng verbundenen Umsätze, unabhängig davon, ob diese Leistungen ambulant oder stationär erbracht werden. [2]Werden die Leistungen stationär erbracht, kommt es zudem nicht darauf an, ob die Personen vorübergehend oder dauerhaft aufgenommen werden.

(7) [1]Unter den Begriff der Betreuung oder Pflege fallen z.B. die in § 14 Abs. 4 SGB XI bzw. § 61 Abs. 5 SGB XII aufgeführten Leistungen für die gewöhnlichen und regelmäßig wiederkehrenden Verrichtungen im Ablauf des täglichen Lebens, bei teilstationärer oder stationärer Aufnahme auch die Unterbringung und Verpflegung. [2]Auch in den Fällen, in denen eine Einrichtung im Sinne von § 4 Nr. 16 UStG für eine hilfsbedürftige Person ausschließlich Leistungen der hauswirtschaftlichen Versorgung erbringt, handelt es sich um mit dem Betrieb von Einrichtungen zur Betreuung oder Pflege eng verbundene und somit steuerfreie Leistungen.

Beschränkung der Steuerbefreiung

(8) [1]Leistungen nach § 4 Nr. 16 UStG sind sowohl im Bereich gesetzlicher Versicherungen steuerfrei als auch bei Vorliegen eines privaten Versicherungsschutzes. [2]Nach § 4 Nr. 16 Satz 2 UStG sind Betreuungs- oder Pflegeleistungen, die von den in § 4 Nr. 16 Satz 1 UStG genannten Einrichtungen erbracht werden, befreit, soweit es sich ihrer Art nach um Leistungen handelt, auf die sich die Anerkennung, der Vertrag oder die Vereinbarung nach Sozialrecht oder die Vergütung jeweils bezieht.

Beispiel 1:

¹Ein Unternehmer erbringt Haushaltshilfeleistungen im Rahmen eines Vertrages nach § 132 SGB V mit der Krankenkasse A an eine hilfsbedürftige Person. ²Daneben erbringt er die identischen Haushaltshilfeleistungen an Privatpersonen, an Privatversicherte sowie an die Krankenkasse B. ³Ein Vertrag nach § 132 SGB V besteht mit der Krankenkasse B nicht. ⁴Der Unternehmer stellt eine begünstigte Einrichtung nach § 4 Nr. 16 Satz 1 Buchstabe b UStG dar. ⁵Somit sind die gesamten Haushaltshilfeleistungen im Sinne des § 132 SGB V steuerfrei.

Beispiel 2:

Ein Unternehmer, der Leistungen in verschiedenen Bereichen erbringt, z.B. neben einem nach § 72 SGB XI zugelassenen Pflegeheim auch einen Integrationsfachdienst betreibt, hat die Voraussetzung für die Steuerbefreiung für beide Bereiche gesondert nachzuweisen (Vereinbarung nach § 111 SGB IX).

(9) ¹Die Steuerbefreiung beschränkt sich allerdings nicht auf den „Umfang" z.B. des im Rahmen der Zulassung vereinbarten Leistungspakets. ²Sofern z.B. ein nach § 72 SGB XI zugelassene Pflegeeinrichtung Leistungen erbringt, die über den Leistungskatalog der gesetzlichen Krankenversicherung hinausgehen (z.B. tägliche Hilfe beim Baden anstatt nur einmal wöchentlich), fallen auch diese unter die Steuerbefreiung nach § 4 Nr. 16 Satz 1 Buchstabe c UStG.

4.16.2. Nachweis der Voraussetzungen

(1) ¹Die Voraussetzungen für die Steuerbefreiung, dass die Leistungen an hilfsbedürftige Personen erbracht wurden, müssen für jede betreute oder gepflegte Person beleg- und buchmäßig nachgewiesen werden. ²Hierzu gehören insbesondere

– der Nachweis der Pflegebedürftigkeit und ihrer voraussichtlichen Dauer durch eine Bestätigung der Krankenkasse, der Pflegekasse, des Sozialhilfeträgers, des Gesundheitsamts oder durch ärztliche Verordnung;
– der Nachweis der Kosten des Falls durch Rechnungen und der Höhe der Kostenerstattung der gesetzlichen Träger der Sozialversicherung oder Sozialhilfe durch entsprechende Abrechnungsunterlagen;
– die Aufzeichnung des Namens und der Anschrift der hilfsbedürftigen Person;
– die Aufzeichnung des Entgelts für die gesamte Betreuungs- oder Pflegeleistung und der Höhe des Kostenersatzes durch den Träger der Sozialversicherung oder Sozialhilfe für den einzelnen Fall;
– die Summe der gesamten Fälle eines Kalenderjahres;
– die Summe der Fälle dieses Jahres mit überwiegender Kostentragung durch die Träger der Sozialversicherung oder Sozialhilfe.

³Übernimmt eine anerkannte und zugelassene Pflegeeinrichtung als Kooperationspartner einer anderen Einrichtung einen Teil des Pflegeauftrags für eine zu pflegende Person, kann für beide Einrichtungen die Steuerbefreiung nach § 4 Nr. 16 UStG in Betracht kommen.

(2) ¹Als Nachweis über die Hilfsbedürftigkeit der gepflegten oder betreuten Personen kommen ferner andere Belege/Aufzeichnungen, die als Nachweis eines Betreuungs- und Pflegebedarfs geeignet sind und oftmals bereits auf Grund sozialrechtlicher Vorgaben vorhanden sind, z.B. Betreuungstagebücher und Pflegeleistungsaufzeichnungen der Pflegekräfte, in Betracht. ²Ferner kann sich der Grundpflegebedarf insbesondere aus der Anerkennung einer Pflegestufe nach den §§ 14 oder 15 SGB XI oder aus einem diesbezüglichen Ablehnungsbescheid ergeben, wenn darin ein Hilfebedarf bei der Grundpflege ausgewiesen ist. ³Der Nachweis der Hilfsbedürftigkeit kann auch durch eine Bescheinigung über eine erhebliche Einschränkung der Alltagskompetenz im Sinne des § 45a SGB XI erbracht werden.

4.16.3. Einrichtungen nach § 4 Nr. 16 Satz 1 Buchstabe k UStG

(1) Sofern Betreuungs- oder Pflegeleistungen an hilfsbedürftige Personen von Einrichtungen erbracht werden, die nicht nach Sozialrecht anerkannt sind und mit denen weder ein Vertrag noch eine Vereinbarung nach Sozialrecht besteht, sind diese nach § 4 Nr. 16 Satz 1 Buchstabe k UStG steuerfrei, wenn im vorangegangen Kalenderjahr die Betreuungs- oder Pflegekosten in mindestens 40% der Fälle dieser Einrichtung von den gesetzlichen Trägern der Sozialversicherung oder der Sozialhilfe oder der für die Durchführung der Kriegsopferversorgung zuständigen Versorgungsverwaltung einschließlich der Träger der Kriegsopferfürsorge ganz oder zum überwiegenden Teil vergütet worden sind.

(2) ¹Eine Vergütung der Betreuungs- oder Pflegeleistungen aus Geldern des Persönlichen Budgets (§ 17 SGB IX) durch die hilfsbedürftige Person als mittelbare Vergütung ist nicht in die Ermittlung der Sozialgrenze bei der erbringenden Einrichtung mit einzubeziehen. ²Auch Betreuungs- und Pflege-

leistungen von Einrichtungen (Subunternehmer), die diese gegenüber begünstigten Einrichtungen erbringen, sind nicht begünstigt, sofern diese nicht selbst eine begünstigte Einrichtung nach § 4 Nr. 16 UStG sind.

(3) ¹Für die Ermittlung der 40%-Grenze nach § 4 Nr. 16 Satz 1 Buchstabe k UStG müssen die Betreuungs- und Pflegekosten im vorangegangenen Kalenderjahr in mindestens 40% der Fälle von den gesetzlichen Trägern der Sozialversicherung, oder der Sozialhilfe oder der für die Durchführung der Kriegsopferversorgung zuständigen Versorgungsverwaltung einschließlich der Träger der Kriegsopferfürsorge ganz oder zum überwiegenden Teil vergütet worden sein. ²Für die Auslegung des Begriffs „Fälle" ist von der Anzahl der hilfsbedürftigen Personen im Laufe eines Kalendermonats auszugehen. ³Bei der stationären oder teilstationären Unterbringung gilt daher die Aufnahme einer Person innerhalb eines Kalendermonats als ein „Fall". ⁴Bei der Erbringung ambulanter Betreuungs- oder Pflegeleistungen gelten alle Leistungen für eine Person in einem Kalendermonat als ein „Fall". ⁵Werden von einem Unternehmer mehrere verschiedenartige Einrichtungen im Sinne des § 4 Nr. 16 Satz 1 UStG betrieben, sind die im Laufe eines Kalendermonats betreuten oder gepflegten Personen zur Ermittlung der Gesamtzahl der Fälle jeder Einrichtung gesondert zuzuordnen.

(4) ¹Die Kosten eines „Falls" werden von den gesetzlichen Trägern der Sozialversicherung, Sozialhilfe, Kriegsopferfürsorge oder der für die Durchführung der Kriegsopferversorgung zuständigen Versorgungsverwaltung zum überwiegenden Teil getragen, wenn sie die Kosten des Falls allein oder gemeinsam zu mehr als 50% übernehmen. ²Der Zeitpunkt der Kostenerstattung ist dabei ohne Bedeutung. ³Kostenzuschüsse oder Kostenerstattungen anderer Einrichtungen (z.B. private Krankenkassen, Beihilfestellen für Beamte, Wohlfahrtsverbände) sind den eigenen Aufwendungen der hilfsbedürftigen Person zuzurechnen.

(5) ¹Für die Ermittlung der 40%-Grenze sind die Verhältnisse des Vorjahres maßgebend. ²Nimmt der Unternehmer seine Tätigkeit im Laufe eines Kalenderjahres neu auf, ist auf die voraussichtlichen Verhältnisse des laufenden Jahres abzustellen.

(6) ¹Schulungskurse und Beratungen, die Pflegeeinrichtungen im Auftrag der Pflegekassen durchführen, sind eng mit den Pflegeleistungen verbundene Umsätze. ²Sie werden grundsätzlich nicht als „Fall" angesehen und bei der Berechnung der 40%-Grenze außen vor gelassen. ³Diese Umsätze sind danach steuerfrei, wenn im vorangegangenen Kalenderjahr mindestens 40% der Fälle der Einrichtung ganz oder zum überwiegenden Teil von der Sozialversicherung, Sozialhilfe, Kriegsopferfürsorge oder der für die Durchführung der Kriegopferversorgung zuständigen Versorgungsverwaltung getragen worden sind.

4.16.4. Leistungen der Altenheime, Pflegeheime und Altenwohnheime

Altenheime (§ 4 Nr. 16 Satz 1 Buchstabe k UStG)

(1) Altenheime sind Einrichtungen, in denen ältere Menschen, die grundsätzlich nicht pflegebedürftig, aber zur Führung eines eigenen Hausstands außerstande sind, Unterkunft, Verpflegung und Betreuung erhalten.

(2) Die Inanspruchnahme der Steuerbefreiung nach § 4 Nr. 16 Satz 1 Buchstabe k UStG für Betreuungs- oder Pflegeleistungen an hilfsbedürftige Personen durch private Altenheime setzt grundsätzlich voraus, dass die Leistungen im vorangegangenen Kalenderjahr in 40% der Fälle von den gesetzlichen Trägern der Sozialversicherung oder der Sozialhilfe oder der für die Durchführung der Kriegsopferversorgung zuständigen Versorgungsverwaltung einschließlich der Träger der Kriegsopferfürsorge ganz oder zum überwiegenden Teil vergütet worden sind.

Pflegeheime (§ 4 Nr. 16 Satz 1 Buchstaben c oder d UStG)

(3) Stationäre Pflegeeinrichtungen (Pflegeheime) sind selbständige wirtschaftliche Einrichtungen, in denen pflegebedürftige unter ständiger Verantwortung einer ausgebildeten Pflegefachkraft gepflegt werden und ganztägig (vollstationär) oder nur tagsüber oder nur nachts (teilstationär) untergebracht und verpflegt werden (§ 71 Abs. 2 SGB XI).

(4) Die Betreuungs- oder Pflegeleistungen an hilfsbedürftige Personen in stationären Pflegeeinrichtungen sind nach § 4 Nr. 16 Satz 1 Buchstabe c bzw. d UStG steuerfrei, wenn mit den Einrichtungen ein Versorgungsvertrag nach § 72 SGB XI besteht bzw. diese zur Heimpflege nach § 26 Abs. 5 in Verbindung mit § 44 SGB VII bestimmt oder der Voraussetzungen nach § 4 Nr. 16 Satz 1 Buchstabe k UStG erfüllt sind.

Altenwohnheime

(5) ¹Beim Betrieb eines Altenwohnheims ist grundsätzlich nur von einer nach § 4 Nr. 12 UStG steuerfreien Vermietungsleistung auszugehen. ²Wird mit den Bewohnern eines Altenwohnheims ein Vertrag über die Aufnahme in das Heim geschlossen, der neben der Wohnraumüberlassung auch Leistungen zur

Betreuung oder Pflege vorsieht, wobei die Betreuungs- und Pflegeleistungen die Wohnraumüberlassung aber nicht überlagern, handelt es sich um zwei getrennt voneinander zu betrachtende Leistungen. ³Auch in diesem Fall ist die Wohnraumüberlassung grundsätzlich nach § 4 Nr. 12 UStG steuerfrei. ⁴Werden daneben eigenständige Leistungen der Betreuung oder Pflege erbracht, können diese unter den Voraussetzungen des § 4 Nr. 16 UStG steuerfrei sein.

4.16.5. Weitere Betreuungs- und/oder Pflegeeinrichtungen

Haushaltshilfeleistungen (§ 4 Nr. 16 Satz 1 Buchstaben b, d, i oder k UStG)

(1) Haushaltshilfe erhalten Personen, denen z.B. wegen einer Krankenhausbehandlung und ggf. weiterer Voraussetzungen die Weiterführung des Haushalts nicht möglich ist.

(2) ¹Haushaltshilfeleistungen sind nach § 4 Nr. 16 Satz 1 Buchstabe b UStG steuerfrei, wenn diese von Einrichtungen erbracht werden, mit denen ein Vertrag nach § 132 SGB V besteht. ²Hierunter fallen insbesondere Umsätze, die eine Einrichtung durch Gestellung von Haushaltshilfen im Sinne des § 38 SGB V erzielt (vgl. BFH-Urteil vom 30.7.2008, XI R 61/07, BStBl. 2009 II S. 68).

(3) ¹Auch die Haushaltshilfeleistungen von Einrichtungen, die hierzu nach § 26 Abs. 5 in Verbindung mit § 42 SGB VII (Haushaltshilfe und Kinderbetreuung) bestimmt sind (§ 4 Nr. 16 Satz 1 Buchstabe d UStG) und mit denen ein Vertrag

– nach § 16 KVLG 1989 (Anstellung von Personen zur Gewährung von häuslicher Krankenpflege, Betriebs- und Haushaltshilfe),

– nach § 53 Abs. 2 Nr. 1 in Verbindung mit § 10 ALG (Betriebs- und Haushaltshilfe bei medizinischer Rehabilitation der Landwirte) oder

– nach § 143e Abs. 4 Nr. 2 SGB VII (Abschluss von Verträgen mit Leistungserbringern für die landwirtschaftlichen Berufsgenossenschaften) in Verbindung mit § 54 Abs. 2 SGB VII (Betriebs- oder Haushaltshilfe in der Landwirtschaft)

besteht, sind steuerfrei. ²Zudem sind Haushaltshilfeleistungen steuerfrei, wenn die Voraussetzungen des § 4 Nr. 16 Satz 1 Buchstabe k UStG erfüllt sind.

(4) Für die Leistungen aus der Gestellung von Betriebshelfern kann die Steuerbefreiung nach § 4 Nr. 27 Buchstabe b UStG unter den dortigen Voraussetzungen in Betracht kommen.

Leistungen der häuslichen Pflege (§ 4 Nr. 16 Satz 1 Buchstabe c, i oder k UStG)

(5) ¹Einrichtungen, die Leistungen zur häuslichen Pflege und Betreuung sowie zur hauswirtschaftlichen Versorgung erbringen, können mit ihren Leistungen steuerfrei sein, wenn mit ihnen die Krankenkasse einen Vertrag nach § 132a SGB V (Versorgung mit häuslicher Krankenpflege) bzw. die zuständige Pflegekasse einen Vertrag nach § 77 SGB XI (Häusliche Pflege durch Einzelpersonen) geschlossen hat oder mit ihnen ein Versorgungsvertrag

– nach § 72 SGB XI (zugelassene Pflegeeinrichtungen – § 4 Nr. 16 Satz 1 Buchstabe c UStG),

– nach § 16 KVLG 1989 (Anstellung von Personen zur Gewährung von häuslicher Krankenpflege, Betriebs- und Haushaltshilfe) bzw.

– nach § 53 Abs. 2 Nr. 1 in Verbindung mit § 10 ALG (Betriebs- und Haushaltshilfe bei medizinischer Rehabilitation der Landwirte) besteht,

– oder wenn sie hierzu nach § 26 Abs. 5 in Verbindung mit §§ 32 bzw. 44 SGB VII (Leistungen bei Pflegebedürftigkeit durch häusliche Krankenpflege bzw. Pflege) bestimmt sind (§ 4 Nr. 16 Satz 1 Buchstabe i UStG)

bzw. wenn die Voraussetzungen nach § 4 Nr. 16 Satz 1 Buchstabe k UStG erfüllt sind. ²Unter die Steuerbefreiung fallen auch die von diesen Einrichtungen erbrachten Pflegeberatungsleistungen nach §§ 7a bzw. 37 Abs. 3 SGB XI.

(6) ¹Häusliche Krankenpflege kann die auf Grund ärztlicher Verordnung erforderliche Grund- und Behandlungspflege sowie die hauswirtschaftliche Versorgung umfassen. ²Nach § 4 Nr. 16 UStG sind aber nur die Grundpflegeleistungen und die hauswirtschaftliche Versorgung befreit. ³Dabei fallen auch isolierte hauswirtschaftliche Versorgungsleistungen, die an hilfsbedürftige Personen erbracht werden, unter diese Steuerbefreiung. ⁴Leistungen der Behandlungspflege können aber unter den weiteren Voraussetzungen des § 4 Nr. 14 UStG steuerfrei sein.

Leistungen der Integrationsfachdienste (§ 4 Nr. 16 Satz 1 Buchstabe e UStG)

(7) ¹Integrationsfachdienste sind Dienste Dritter, die bei der Durchführung der Maßnahmen zur Teilhabe schwer behinderter Menschen am Arbeitsleben, um die Erwerbsfähigkeit des genannten Personenkreises herzustellen oder wiederherzustellen, beteiligt sind. ²Sie können unter weiteren Voraussetzungen auch zur beruflichen Eingliederung von behinderten Menschen, die nicht schwer behindert

sind, tätig werden (§ 109 Abs. 1 und 4 SGB IX). ³Sie können zur Teilhabe (schwer-)behinderter Menschen am Arbeitsleben (Aufnahme, Ausübung und Sicherung einer möglichst dauerhaften Beschäftigung) beteiligt werden, indem sie die (schwer-)behinderten Menschen beraten, unterstützen und auf geeignete Arbeitsplätze vermitteln, sowie die Arbeitgeber informieren, beraten und ihnen Hilfe leisten (§ 110 SGB IX). ⁴Anders als bei den Leistungen der Arbeitsvermittlungsagenturen steht hier die Betreuung behinderter Menschen zur Eingliederung ins Arbeitsleben im Vordergrund.

(8) ¹Die Inanspruchnahme der Steuerbefreiung nach § 4 Nr. 16 Satz 1 Buchstabe e UStG für Leistungen der Integrationsfachdienste setzt voraus, dass diese im Auftrag der Integrationsämter oder der Rehabilitationsträger tätig werden und mit ihnen eine Vereinbarung nach § 111 SGB IX besteht. ²Für die Inanspruchnahme der Steuerbefreiung nach § 4 Nr. 16 Satz 1 Buchstabe e UStG kommt es ausschließlich darauf an, dass das Integrationsamt mit dem Integrationsfachdienst eine Vereinbarung abgeschlossen hat, in der dieser als Integrationsfachdienst benannt ist. ³Wenn diese (Grund-)Vereinbarung besteht, sind alle Tätigkeiten des Integrationsfachdienstes im Rahmen des gesetzlichen Auftrages (§ 110 SGB IX) steuerbefreit. ⁴Dabei ist es unerheblich, wer den konkreten Auftrag im Einzelfall erteilt (z.B. Integrationsamt, Rehabilitationsträger oder Träger der Arbeitsverwaltung).

Leistungen der Werkstätten für behinderte Menschen (§ 4 Nr. 16 Satz 1 Buchstabe f UStG)

(9) ¹Eine Werkstatt für behinderte Menschen ist eine Einrichtung zur Teilhabe behinderter Menschen am Arbeitsleben und zur Eingliederung in das Arbeitsleben. ²Eine solche Werkstatt steht allen behinderten Menschen offen, sofern erwartet werden kann, dass sie spätestens nach Teilnahme an Maßnahmen im Berufsbildungsbereich wenigstens ein Mindestmaß wirtschaftlich verwertbarer Arbeitsleistungen erbringen werden (§ 136 Abs. 1 und 2 SGB IX). ³Behinderte Menschen, die die Voraussetzungen für die Beschäftigung in der Werkstatt nicht erfüllen, sollen in Einrichtungen oder Gruppen betreut und gefördert werden, die der Werkstatt angegliedert sind (§ 136 Abs. 3 SGB IX).

(10) ¹Die nach dem Sozialgesetzbuch an Werkstätten für behinderte Menschen und deren angegliederten Betreuungseinrichtungen gezahlten Pflegegelder sind als Entgelte für die Betreuungs-, Beköstigung-, Beherbergungs- und Beförderungsleistungen dieser Werkstätten anzusehen (vgl. Abschnitt 4.18.1 Abs. 11). ²Diese Leistungen sind nach § 4 Nr. 16 Satz 1 Buchstabe f UStG befreit, wenn sie von Werkstätten bzw. deren Zusammenschlüssen erbracht werden, die nach § 142 SGB IX anerkannt sind.

(11) Zur umsatzsteuerlichen Behandlung der Umsätze im Werkstattbereich wird auf Abschnitt 12.9 Abs. 4 Nr. 4 hingewiesen.

Niedrigschwellige Betreuungsangebote (§ 4 Nr. 16 Satz 1 Buchstabe g UStG)

(12) ¹Niedrigschwellige Betreuungsangebote sind Angebote, in denen Helferinnen und Helfer unter pflegefachlicher Anleitung die Betreuung von Pflegebedürftigen mit erheblichem Bedarf an allgemeiner Beaufsichtigung und Betreuung in Gruppen oder im häuslichen Bereich übernehmen sowie pflegende Angehörige entlasten und beratend unterstützen (§ 45c Abs. 3 SGB XI). ²Das sind z.B. Betreuungsgruppen für Pflegebedürftige mit demenzbedingten Fähigkeitsstörungen, mit geistigen Behinderungen oder mit psychischen Erkrankungen, Helferinnen- und Helferkreise zur stundenweisen Entlastung pflegender Angehöriger im häuslichen Bereich, die Tagesbetreuung in Kleingruppen oder die Einzelbetreuung durch anerkannte Helferinnen und Helfer oder familienentlastende Dienste.

(13) ¹Solche niedrigschwelligen Betreuungsangebote werden z.B. von ambulanten Pflegediensten, von Wohlfahrtsverbänden, Betroffenenverbänden, Nachbarschaftshäusern, Kirchengemeinden und anderen Organisationen und Vereinen erbracht, aber auch von Einzelpersonen. ²Umsätze von Einrichtungen sind nach § 4 Nr. 16 Satz 1 Buchstabe g UStG steuerfrei, soweit sie Leistungen erbringen, die landesrechtlich als niedrigschwellige Betreuungsangebote nach § 45b SGB XI anerkannt oder zugelassen sind.

Sozialhilfeleistungen (§ 4 Nr. 16 Satz 1 Buchstabe h UStG)

(14) ¹Der Träger der Sozialhilfe ist für alle Vertragsangelegenheiten der teilstationären und stationären Einrichtungen und ambulanten Dienste im Bereich Soziales zuständig. ²Neben dem Abschluss von Rahmenvereinbarungen mit den Trägerverbänden werden auch einrichtungsindividuelle Leistungs-, Prüfungs- und Vergütungsvereinbarungen nach § 75 SGB XII geschlossen.

(15) Im Bereich des SGB XII werden insbesondere Verträge für folgende Leistungsbereiche abgeschlossen:

– Einrichtungen für Menschen mit geistiger, körperlicher und/oder mehrfacher Behinderung nach § 53 und § 54 SGB XII;
– Einrichtungen für Menschen mit seelischer Behinderung nach § 53 und § 54 SGB XII;
– Einrichtungen und soziale Dienste für den Personenkreis nach § 67 und § 68 SGB XII.

(16) Umsätze der Einrichtungen und Dienste sind nach § 4 Nr. 16 Satz 1 Buchstabe h UStG umsatzsteuerfrei, soweit Vereinbarungen nach § 75 SGB XII mit den Trägern der Sozialhilfe bestehen.

Interdisziplinäre Frühförderstellen (§ 4 Nr. 16 Satz 1 Buchstabe j UStG)

(17) ¹Interdisziplinäre Frühförderstellen sind familien- und wohnortnahe Dienste und Einrichtungen, die der Früherkennung, Behandlung und Förderung von Kindern dienen, um in interdisziplinärer Zusammenarbeit von qualifizierten medizinisch-therapeutischen und pädagogischen Fachkräften eine drohende oder bereits eingetretene Behinderung zum frühestmöglichen Zeitpunkt zu erkennen und die Behinderung durch gezielte Förder- und Behandlungsmaßnahmen auszugleichen oder zu mildern. ²Leistungen durch interdisziplinäre Frühförderstellen werden in der Regel in ambulanter, einschließlich mobiler Form erbracht (§ 3 Frühförderungsverordnung).

(18) Die Leistungen der interdisziplinäre Frühförderstellen sind nach § 4 Nr. 16 Satz 1 Buchstabe j UStG steuerfrei, wenn die Stellen auf der Grundlage einer Landesrahmenempfehlung nach § 2 Frühförderungsverordnung als fachlich geeignet anerkannt sind.

(19) Leistungen der sozialpädiatrischen Zentren (§ 4 Frühförderungsverordnung, § 119 SGB V), die Leistungen zur Früherkennung und Frühförderung behinderter oder von Behinderung bedrohter Kinder erbringen, können unter den weiteren Voraussetzungen nach § 4 Nr. 14 Buchstabe b Satz 2 Doppelbuchstabe. bb UStG steuerfrei sein.

Sonstige Betreuungs- oder Pflegeleistungen (§ 4 Nr. 16 Satz 1 Buchstabe k UStG)

(20) ¹Zu den begünstigten Leistungen zählen auch Leistungen zur Betreuung hilfsbedürftiger Personen zum Erwerb praktischer Kenntnisse und Fähigkeiten, die erforderlich und geeignet sind, behinderten oder von Behinderung bedrohten Menschen die für sie erreichbare Teilnahme am Leben in der Gemeinschaft zu ermöglichen, z.B. die Unterrichtung im Umgang mit dem Langstock als Orientierungshilfe für blinde Menschen. ²Ebenso können hierzu die Leistungen zählen, die im Rahmen der Eingliederungshilfe nach § 54 SGB XII erbracht werden. ³Auch Pflegeberatungsleistungen nach § 7a SGB XI, sofern diese nicht bereits Teil der Betreuungs- oder Pflegeleistung einer Einrichtung zur häuslichen Pflege sind, sind als Betreuungsleistungen anzusehen.

4.16.6. Eng verbundene Umsätze

(1) ¹Als eng mit dem Betrieb von Einrichtungen zur Betreuung oder Pflege körperlich, geistig oder seelisch hilfsbedürftiger Personen verbundene Umsätze sind Leistungen anzusehen, die für diese Einrichtungen nach der Verkehrsauffassung typisch und unerlässlich sind, regelmäßig und allgemein beim laufenden Betrieb vorkommen und damit unmittelbar und damit zusammenhängen (vgl. BFH-Urteil vom 1.12.1977, V R 37/75, BStBl. 1978 II S. 173). ²Die Umsätze dürfen nicht im Wesentlichen dazu bestimmt sein, den Einrichtungen zusätzliche Einnahmen durch Tätigkeiten zu verschaffen, die in unmittelbarem Wettbewerb zu steuerpflichtigen Umsätzen anderer Unternehmer stehen (vgl. EuGH-Urteil vom 1.12.2005, C-394/04 und C-395/04, EuGHE I S. 10373).

(2) Unter diesen Voraussetzungen können zu den eng verbundenen Umsätzen gehören:

1. die stationäre oder teilstationäre Aufnahme von hilfsbedürftigen Personen, deren Betreuung oder Pflege einschließlich der Lieferungen der zur Betreuung oder Pflege erforderlichen Medikamente und Hilfsmittel z.B. Verbandsmaterial;

2. die ambulante Betreuung oder Pflege hilfsbedürftiger Personen;

3. ¹die Lieferungen von Gegenständen, die im Wege der Arbeitstherapie hergestellt worden sind, sofern kein nennenswerter Wettbewerb zu den entsprechenden Unternehmen der gewerblichen Wirtschaft besteht. ²Ein solcher Wettbewerb ist anzunehmen, wenn für den Absatz der im Wege der Arbeitstherapie hergestellten Gegenstände geworben wird;

4. die Gestellung von Personal durch Einrichtungen nach § 4 Nr. 16 Satz 1 UStG an andere Einrichtungen dieser Art.

(3) Nicht zu den eng verbundenen Umsätzen gehören insbesondere:

1. die entgeltliche Abgabe von Speisen und Getränken an Besucher;

2. die Telefongestellung an hilfsbedürftige Personen, die Vermietung von Fernsehgeräten und die Unterbringung und Verpflegung von Begleitpersonen (EuGH-Urteil vom 1.12.2005, C-394/04 und C-395/04, EuGHE I S. 10373);

3. ¹die Veräußerung des gesamten beweglichen Anlagevermögens und der Warenvorräte nach Einstellung des Betriebs (BFH-Urteil vom 1.12.1977, V R 37/75, BStBl. 1978 II S. 173). ²Es kann jedoch die Steuerbefreiung nach § 4 Nr. 28 UStG in Betracht kommen;

4. Lieferung und Überlassung von medizinischen Pflegemitteln oder Pflegehilfsmitteln.

Zu § 4 Nr. 17 UStG

4.17.1. Menschliches Blut und Frauenmilch

(1) Zum menschlichen Blut gehören folgende Erzeugnisse: Frischblutkonserven, Vollblutkonserven, Serum- und Plasmakonserven, Heparin-Blutkonserven und Konserven zellulärer Blutbestandteile.

(2) [1]Nicht unter die Befreiung fallen die aus Mischungen von humanem Blutplasma hergestellten Plasmapräparate. [2]Hierzu gehören insbesondere: Faktoren-Präparate, Humanalbumin, Fibrinogen, Immunglobuline.

(3) Für die Steuerfreiheit der Lieferungen von Frauenmilch ist es ohne Bedeutung, ob die Frauenmilch bearbeitet, z.b. gereinigt, erhitzt, tiefgekühlt, getrocknet, wird.

(4) Liegen für die Lieferungen nach § 4 Nr. 17 Buchstabe a UStG auch die Voraussetzungen einer Ausfuhrlieferung (§ 4 Nr. 1 Buchstabe a, § 6 UStG) bzw. einer innergemeinschaftlichen Lieferung (§ 4 Nr. 1 Buchstabe b, § 6a UStG) vor, geht die Steuerbefreiung des § 4 Nr. 17 Buchstabe a UStG diesen Steuerbefreiungen vor.

4.17.2. Beförderung von kranken und verletzten Personen

(1) [1]Ein Fahrzeug (Kraft-, Luft- und Wasserfahrzeug) ist für die Beförderung von kranken und verletzten Personen besonders eingerichtet, wenn es durch die vorhandenen Einrichtungen die typischen Merkmale eines Krankenfahrzeugs aufweist, z.B. Liegen, Spezialsitze. [2]Spezielle Einrichtungen für den Transport von Kranken und Verletzten können u.a. auch eine Bodenverankerung für Rollstühle, eine Auffahrrampe sowie eine seitlich ausfahrbare Trittstufe sein. [3]Bei Fahrzeugen, die nach dem Fahrzeugschein als Krankenkraftwagen anerkannt sind (§ 4 Abs. 6 PBefG), ist stets davon auszugehen, dass sie für die Beförderung von kranken und verletzten Personen besonders eingerichtet sind. [4]Serienmäßige Personenkraftwagen, die lediglich mit blauem Rundumlicht und Einsatzhorn, sog. Martinshorn, ausgerüstet sind, erfüllen die Voraussetzungen nicht (BFH-Urteil vom 16.11.1989, V R 9/85, BStBl. 1990 II S. 255). [5]Die Ausstattung mit einer Trage und einer Grundausstattung für „Erste Hilfe" reicht nicht aus.

(2) [1]Für die Inanspruchnahme der Steuerbefreiung nach § 4 Nr. 17 Buchstabe b UStG ist es nicht erforderlich, dass das verwendete Fahrzeug für die Beförderung von kranken und verletzten Personen dauerhaft besonders eingerichtet ist; das Fahrzeug muss aber im Zeitpunkt der begünstigten Beförderung nach seiner gesamten Bauart und Ausstattung speziell für die Beförderung verletzter und kranker Personen bestimmt sein (vgl. BFH-Urteil vom 12.8.2004, V R 45/03, BStBl. 2005 II S. 314). [2]Bei der Beförderung mit Fahrzeugen, die zum Zweck einer anderweitigen Verwendung umgerüstet werden können, sind die Voraussetzungen für jede einzelne Fahrt, z.B. mittels eines Fahrtenbuchs, nachzuweisen. [3]Befördert der Unternehmer neben kranken oder verletzten Personen in einem hierfür besonders eingerichteten Fahrzeug weitere Personen, ist das auf die Beförderung der weiteren Person entfallende Entgelt steuerpflichtig; ein für steuerfreie und steuerpflichtige Beförderungsleistungen einheitliches Entgelt ist aufzuteilen.

(3) Die Steuerbefreiung gilt nicht nur für die Beförderung von akut erkrankten und verletzten Personen, sondern auch für die Beförderung von Personen, die körperlich oder geistig behindert und auf die Benutzung eines Rollstuhls angewiesen sind (vgl. BFH-Urteil vom 12.8.2004, V R 45/03, BStBl. 2005 II S. 314).

(4) [1]Nach § 4 Nr. 17 Buchstabe b UStG sind bestimmte Beförderungsleistungen befreit. [2]Dabei ist es nicht erforderlich, dass die Beförderungen auf Grund eines Beförderungsvertrages ausgeführt werden oder dass der Empfänger der umsatzsteuerlichen Leistung und die beförderte Person identisch sind. [3]Es können deshalb auch die Beförderungen von kranken oder verletzten Personen im Rahmen von Dienstverträgen über den Betrieb einer Rettungswache befreit werden (vgl. BFH-Urteil vom 18.1.1995, XI R 71/93, BStBl. II S. 559).

(5) [1]Die Leistungen der Notfallrettung umfassen sowohl Leistungen der Lebensrettung und Betreuung von Notfallpatienten als auch deren Beförderung. [2]Die lebensrettenden Maßnahmen im engeren Sinne werden regelmäßig durch selbständige Ärzte erbracht, die sich dazu gegenüber dem beauftragten Unternehmen verpflichtet haben und insoweit als Unternehmer im Sinne des § 2 UStG tätig werden. [3]Die Leistungen dieser Ärzte sind nach § 4 Nr. 14 Buchstabe a UStG steuerfrei. [4]Die vom beauftragten Unternehmer am Einsatzort erbrachten lebensrettenden Maßnahmen im weiteren Sinne können unter den Voraussetzungen des § 4 Nr. 14 Buchstabe a oder b UStG steuerfrei sein. [5]Die Beförderung von Notfallpatienten in dafür besonders eingerichteten Fahrzeugen ist steuerfrei nach § 4 Nr. 17 Buchstabe b UStG. [6]Wird der Verletzte im Anschluss an eine Notfallrettung in ein Krankenhaus befördert, stellen die lebensrettenden Maßnahmen, die der Vorbereitung der Transportfähigkeit des Patienten dienen, eine einheitliche Leistung dar, die nach § 4 Nr. 17 Buchstabe b UStG steuerfrei ist.

§ 4   zu § 4 Nr. 17, 18   **UStAE 4.17.2., 4.18.1.**

(6) ¹Werden Leistungen zur Sicherstellung der Einsatzbereitschaft der Rettungsmittel und des Personals (sog. Vorhalteleistungen) von demselben Unternehmer erbracht, der die Beförderung von Notfallpatienten als Hauptleistung ausführt, teilen die Vorhalteleistungen als Nebenleistungen das Schicksal der Hauptleistung. ²Eine Steuerbefreiung nach § 4 Nr. 17 Buchstabe b UStG kommt hingegen nicht in Betracht, wenn Vorhalteleistungen und Hauptleistungen von verschiedenen Unternehmern erbracht werden.

Zu § 4 Nr. 18 UStG (§ 23 UStDV)

4.18.1. Wohlfahrtseinrichtungen

(1) Amtlich anerkannte Verbände der freien Wohlfahrtspflege sind nur die in § 23 UStDV aufgeführten Vereinigungen.

(2) Ob ein Unternehmer ausschließlich und unmittelbar gemeinnützigen, mildtätigen oder kirchlichen Zwecken dient, ist nach den §§ 52 bis 68 AO zu beurteilen.

(3) ¹Ein Unternehmer verfolgt steuerbegünstigte Zwecke unmittelbar, wenn er sie selbst verwirklicht. ²Unmittelbar gemeinnützigen Zwecken können Leistungen aber auch dann dienen, wenn sie an einen Empfänger bewirkt werden, der seinerseits ausschließlich gemeinnützige oder wohltätige Zwecke verfolgt (BFH-Urteil vom 8.7.1971, V R 1/68, BStBl. 1972 II S. 70).

(4) ¹Als Mitgliedschaft im Sinne des § 4 Nr. 18 UStG ist nicht nur die unmittelbare Mitgliedschaft in einem amtlich anerkannten Wohlfahrtsverband anzusehen. ²Auch bei einer nur mittelbaren Mitgliedschaft kann die Steuerbefreiung in Betracht kommen. ³Als mittelbare Mitgliedschaft ist die Mitgliedschaft bei einer der freien Wohlfahrtspflege dienenden Körperschaft oder Personenvereinigung anzusehen, die ihrerseits einem amtlich anerkannten Wohlfahrtsverband als Mitglied angeschlossen ist (z.B. Werkstätten für behinderte Menschen als Mitglieder einer Wohlfahrtseinrichtung, die Mitglied eines amtlich anerkannten Wohlfahrtsverbandes ist). ⁴Die mittelbare Mitgliedschaft bei einem amtlich anerkannten Wohlfahrtsverband reicht daher aus, wenn auch die übrigen Voraussetzungen des § 4 Nr. 18 UStG gegeben sind, um die Steuerbefreiung nach dieser Vorschrift in Anspruch zu nehmen.

(5) ¹Ob eine Leistung dem nach der Satzung, Stiftung oder sonstigen Verfassung begünstigten Personenkreis unmittelbar zugute kommt, ist unabhängig davon zu prüfen, wer Vertragspartner der Wohlfahrtseinrichtung und damit Leistungsempfänger im Rechtssinne ist. ²Liefert ein Unternehmer z.B. Gegenstände, mit deren Herstellung Schwerversehrte aus arbeitstherapeutischen Gründen beschäftigt werden, gegen Entgelt an die auftraggebenden Firmen, sind diese Umsätze nicht nach § 4 Nr. 18 UStG steuerfrei.

(6) ¹Leistungen einer Einrichtung der Wohlfahrtspflege an andere steuerbegünstigte Körperschaften oder Behörden sind nicht nach § 4 Nr. 18 UStG steuerfrei, wenn sie nicht unmittelbar, sondern allenfalls mittelbar hilfsbedürftigen Personen im Sinne der §§ 53, 66 AO zugute kommen (BFH-Urteil vom 7.11.1996, V R 34/96, BStBl. 1997 II S. 366). ²Deshalb sind z.B. die Übernahme von Verwaltungsaufgaben und die Nutzungsüberlassung von Telefonanlagen steuerpflichtig.

(7) ¹Die Steuerfreiheit für die Beherbergung, Beköstigung und die üblichen Naturalleistungen an Personen, die bei den begünstigten Leistungen tätig sind, kommt nur dann in Betracht, wenn diese Sachzuwendungen als Vergütung für geleistete Dienste gewährt werden. ²Diese Voraussetzung ist erfüllt, wenn der Arbeitnehmer nach dem Arbeitsvertrag, den mündlichen Abreden oder nach den sonstigen Umständen des Arbeitsverhältnisses (z.B. faktische betriebliche Übung) neben dem Barlohn einen zusätzlichen Lohn in Form der Sachzuwendungen erhält. ³Unschädlich ist es hierbei, wenn die Beteiligten aus verrechnungstechnischen Gründen einen Bruttogesamtlohn bilden und hierauf die Sachzuwendungen anrechnen. ⁴Die Sachzuwendungen werden jedoch nicht als Vergütung für geleistete Dienste gewährt, wenn sie auf den Barlohn des Arbeitnehmers angerechnet werden. ⁵Die Sachzuwendungen haben hier nicht die Eigenschaft eines Arbeitslohnes. ⁶Vielmehr liegt ein besonderer Umsatz an den Arbeitnehmer vor, der nicht unter die Befreiung des § 4 Nr. 18 UStG fällt (vgl. BFH-Urteil vom 3.3.1960, V 103/58 U, BStBl. III S. 169).

(8) ¹Die Umsätze der Altenheime von Körperschaften, die einem Wohlfahrtsverband als Mitglied angeschlossen sind, sind unter den in § 4 Nr. 18 UStG genannten Voraussetzungen steuerfrei, wenn die Körperschaft der freien Wohlfahrtspflege dient. ²Diese Voraussetzung kann auch dann erfüllt sein, wenn die in dem Altenheim aufgenommenen Personen nicht wirtschaftlich, sondern körperlich oder geistig hilfsbedürftig sind, denn die Wohlfahrtspflege umfasst nicht nur die Sorge für das wirtschaftliche, sondern u.a. auch für das gesundheitliche Wohl (BFH-Urteil vom 20.11.1969, V R 40/66, BStBl. 1970 II S. 190).

(9) ¹Gemeinnützige Studentenwerke, die Mitglieder eines amtlich anerkannten Wohlfahrtsverbands sind, können für ihre in Mensa- und Cafeteria-Betrieben getätigten Umsätze von Speisen und Getränken an Studenten die Steuerbefreiung nach § 4 Nr. 18 UStG in Anspruch nehmen. ²Dies gilt für die entgeltliche Abgabe von alkoholischen Getränken nur dann, wenn damit das Warenangebot ergänzt wird und dieser Anteil im vorangegangenen Kalenderjahr nicht mehr als 5% des Gesamtumsatzes betragen hat. ³Wegen der Anwendung des ermäßigten Steuersatzes bei der entgeltlichen Abgabe von Speisen und Getränken an Nichtstudierende vgl. Abschnitt 12.9 Abs. 4 Nr. 6.

(10) ¹Die Kolpinghäuser sind zwar Mitglieder des Deutschen Caritasverbandes, sie dienen jedoch nicht der freien Wohlfahrtspflege, weil die Aufnahme in den Kolpinghäusern ohne Rücksicht auf die Bedürftigkeit der aufzunehmenden Personen erfolgt. ²Die Befreiungsvorschrift des § 4 Nr. 18 UStG ist daher auf die Kolpinghäuser nicht anzuwenden.

(11) ¹Die nach dem SGB XII an Werkstätten für behinderte Menschen gezahlten Pflegegelder sind als Entgelte für die Betreuungs-, Beköstigungs-, Beherbergungs- und Beförderungsleistungen dieser Werkstätten anzusehen. ²Diese Leistungen sind unter den Voraussetzungen des § 4 Nr. 18 UStG umsatzsteuerfrei. ³Zur umsatzsteuerlichen Behandlung der Leistungen der Werkstätten für behinderte Menschen bzw. deren Zusammenschlüssen vgl. auch Abschnitt 4.16.5 Abs. 9 und 10. ⁴Zur Frage der Behandlung der Umsätze im Werkstattbereich wird auf Abschnitt 12.9 Abs. 4 Nr. 4 hingewiesen.

(12) ¹Gemeinnützige und mildtätige Organisationen führen vielfach Krankenfahrten mit Personenkraftwagen durch, die für die Beförderung von Kranken nicht besonders eingerichtet sind. ²Auf diese Fahrten kann die Steuerbefreiung nach § 4 Nr. 18 UStG keine Anwendung finden, weil die Voraussetzungen der Wohlfahrtspflege im Sinne des § 66 Abs. 2 AO nicht erfüllt sind. ³Die Leistungen unterliegen dem allgemeinen Steuersatz (vgl. Abschnitt 12.9 Abs. 4 Nr. 3).

(13) ¹Arzneimittellieferungen einer Krankenhausapotheke an Krankenhäuser anderer Träger kommen nicht unmittelbar dem nach der Satzung, Stiftung oder sonstigen Verfassung des Trägers der Apotheke begünstigten Personenkreis zugute (BFH-Urteil vom 18.10.1990, V R 76/89, BStBl. 1991 II S. 268). ²Die Umsätze sind daher nicht nach § 4 Nr. 18 UStG steuerfrei. ³Gleiches gilt für die Leistungen der Wäscherei eines Krankenhauses an Krankenhäuser oder Heime anderer Träger (vgl. BFH-Urteil vom 18.10.1990, V R 35/85, BStBl. 1991 II S. 157). ⁴Auch die Steuerbefreiung nach § 4 Nr. 14 Buchstabe b UStG kommt in beiden Fällen nicht in Betracht (vgl. Abschnitt 4.14.6 Abs. 3 Nr. 3 und 9).

(14) ¹Betreuungsleistungen im Sinne des Betreuungsgesetzes können unter bestimmten Bedingungen steuerfrei sein (vgl. BMF-Schreiben vom 21.9.2000, BStBl. I S. 1251). Eine generelle Steuerbefreiung besteht nicht.

Zu § 4 Nr. 19 UStG

4.19.1. Blinde

(1) Der Unternehmer hat den Nachweis der Blindheit in der gleichen Weise wie bei der Einkommensteuer für die Inanspruchnahme eines Pauschbetrags nach § 33b EStG in Verbindung mit § 65 EStDV zu führen.

(2) ¹Bei der Frage nach den beschäftigten Arbeitnehmern kommt es nach dem Sinn und Zweck der Steuerbefreiung nicht auf die Anzahl der Arbeitnehmer schlechthin, sondern auf ihre zeitliche Arbeitsleistung an. ²Die Umsätze von Blinden sind daher auch dann steuerfrei, wenn mehr als zwei Teilzeitkräfte beschäftigt werden, sofern ihre Beschäftigungszeit – bezogen jeweils auf den Kalendermonat – diejenige von zwei ganztägig beschäftigten Arbeitnehmern nicht übersteigt.

(3) ¹Die Einschränkung der Steuerbefreiung für die Lieferungen von Mineralöl und Branntwein in den Fällen, in denen der Blinde für diese Waren Energiesteuer oder Branntweinabgaben zu entrichten hat, ist insbesondere für blinde Tankstellenunternehmer von Bedeutung, denen nach § 7 EnergieStG ein Lager für Energieerzeugnisse bewilligt ist. ²Der Begriff Mineralöl richtet sich nach § 1 Abs. 2 und 3 EnergieStG. ³Hiernach fallen unter diesen Begriff vor allem Vergaserkraftstoffe, Dieselkraftstoffe, Flüssiggase (Autogase). ⁴Der Begriff Branntwein umfasst nach § 130 des Gesetzes über das Branntweinmonopol (BranntwMonG) sowohl den unverarbeiteten Branntwein als auch die trinkfertigen Erzeugnisse (Spirituosen). ⁵Bei einer Erhöhung der Energiesteuer oder Branntweinabgaben können die entsprechenden Waren einer Nachsteuer unterliegen. ⁶Wenn blinde Unternehmer lediglich eine solche Nachsteuer zu entrichten haben, entfällt die Steuerbefreiung nicht.

(4) Liegen für die Lieferungen durch einen in § 4 Nr. 19 Buchstabe a UStG genannten Unternehmer auch die Voraussetzungen einer Ausfuhrlieferung (§ 4 Nr. 1 Buchstabe a, § 6 UStG) bzw. einer innergemeinschaftlichen Lieferung (§ 4 Nr. 1 Buchstabe b, § 6a UStG) vor, geht die Steuerbefreiung des § 4 Nr. 19 Buchstabe a UStG diesen Steuerbefreiungen vor.

4.19.2. Blindenwerkstätten

(1) ¹Blindenwerkstätten sind Betriebe, in denen ausschließlich Blindenwaren hergestellt und in denen bei der Herstellung andere Personen als Blinde nur mit Hilfs- oder Nebenarbeiten beschäftigt werden. ²Die Unternehmer sind im Besitz eines Anerkennungsbescheids auf Grund des Blindenwarenvertriebsgesetzes vom 9.4.1965 (BGBl. I S. 311) in der bis zum 13.9.2007 geltenden Fassung (BGBl. I S. 2246).

(2) ¹Welche Waren als Blindenwaren und Zusatzwaren anzusehen sind, bestimmt sich nach § 2 des Blindenwarenvertriebsgesetzes vom 9.4.1965 (BGBl. I S. 311) in der bis zum 13.9.2007 geltenden Fassung (BGBl. I S. 2246) und nach den §§ 1 und 2 der zu diesem Gesetz ergangenen Durchführungsverordnung vom 11.8.1965 (BGBl. I S. 807), geändert durch die Verordnung vom 10.7.1991 (BGBl. I S. 1491) in der bis zum 13.9.2007 geltenden Fassung (BGBl. I S. 2246). ²Unter die Steuerbefreiung fallen auch die Umsätze von solchen Blindenwaren, die nicht in der eigenen Blindenwerkstätte hergestellt sind.

(3) Liegen für die Lieferungen durch einen in § 4 Nr. 19 Buchstabe b UStG genannten Unternehmer auch die Voraussetzungen einer Ausfuhrlieferung (§ 4 Nr. 1 Buchstabe a, § 6 UStG) bzw. einer innergemeinschaftlichen Lieferung (§ 4 Nr. 1 Buchstabe b, § 6a UStG) vor, geht die Steuerbefreiung des § 4 Nr. 19 Buchstabe b UStG diesen Steuerbefreiungen vor.

Zu § 4 Nr. 20 UStG

4.20.1. Theater

(1) ¹Ein Theater im Sinne des § 4 Nr. 20 UStG wendet sich in der Regel an eine unbestimmte Zahl von Zuschauern und hat die Aufgabe, der Öffentlichkeit Theaterstücke in künstlerischer Form nahezubringen (BVerwG-Urteil vom 31.7.2008, 9 B 80/07, NJW 2009 S. 793). ²Dies liegt vor, wenn so viele künstlerische und technische Kräfte und die zur Ausführung von Theaterveranstaltungen notwendigen technischen Voraus-setzungen unterhalten werden, dass die Durchführung eines Spielplans aus eigenen Kräften möglich ist (BFH-Urteil vom 14.11.1968, V 217/64, BStBl. 1969 II S. 274). ³Es genügt, dass ein Theater die künstlerischen und technischen Kräfte nur für die Spielzeit eines Stückes verpflichtet. ⁴Ein eigenes oder gemietetes Theatergebäude braucht nicht vorhanden zu sein (BFH-Urteil vom 24.3.1960, V 158/58 U, BStBl. III S. 277). ⁵Unter die Befreiungsvorschrift fallen deshalb auch die Theatervorführungen in einem Fernsehstudio, und zwar unabhängig davon, ob die Theatervorführung unmittelbar übertragen oder aufgezeichnet wird.

(2) ¹Zu den Theatern gehören auch Freilichtbühnen, Wanderbühnen, Zimmertheater, Heimatbühnen, Puppen-, Marionetten- und Schattenspieltheater sowie literarische Kabaretts, wenn sie die in Absatz 1 bezeichneten Voraussetzungen erfüllen. ²Filmvorführungen, Varietéaufführungen und sonstige Veranstaltungen der Kleinkunst fallen nicht unter die Steuerbefreiung.

(3) ¹Befreit sind die eigentlichen Theaterleistungen einschließlich der damit üblicherweise verbundenen Nebenleistungen. ²Als Theaterleistungen sind auch solche Leistungen anzusehen, die gegenüber einem gastgebenden Theater ausgeführt werden, z.B. zur Verfügung stellen eines Ensembles. ³Zu den Nebenleistungen gehören insbesondere die Aufbewahrung der Garderobe, der Verkauf von Programmen und die Vermietung von Operngläsern. ⁴Die Abgabe von Speisen und Getränken bei Theatervorstellungen ist keine nach § 4 Nr. 20 Buchstabe a UStG steuerfreie Nebenleistung (BFH-Urteile vom 14.5.1998, V R 85/97, BStBl. 1999 II S. 145, vom 21.4.2005, V R 6/03, BStBl. II S. 899, und vom 18.8.2005, V R 20/03, BStBl. II S. 910). ⁵Bei einer Veranstaltung, bei der kulinarische und künstlerische Elemente untrennbar gleichwertig nebeneinander angeboten werden und aus Sicht des Durchschnittsverbrauchers gerade dieses Kombinationserlebnis im Vordergrund steht, liegt eine einheitliche sonstige Leistung eigener Art vor; diese unterliegt dem allgemeinen Steuersatz nach § 12 Abs. 1 UStG. ⁶Der Betrieb einer Theatergaststätte und die Vermietung oder Verpachtung eines Theaters oder eines Nebenbetriebs, z.B. Gaststätte, Kleiderablage, sind steuerpflichtig, sofern nicht besondere Befreiungsvorschriften, z.B. § 4 Nr. 12 UStG, anzuwenden sind.

(4) ¹Werden bei Theatervorführungen mehrere Veranstalter tätig, kann jeder Veranstalter die Steuerbefreiung des § 4 Nr. 20 Buchstabe b UStG unter den Voraussetzungen dieser Vorschrift in Anspruch nehmen. ²Bei Tournee-Veranstaltungen kann deshalb die Steuerbefreiung sowohl dem Tournee-Veranstalter als auch dem örtlichen Veranstalter zustehen.

4.20.2. Orchester, Kammermusikensembles und Chöre

(1) ¹Zu den Orchestern, Kammermusikensembles und Chören gehören alle Musiker- und Gesangsgruppen, die aus zwei oder mehr Mitwirkenden bestehen. ²Artikel 132 Abs. 1 Buchstabe n MwStSystRL ist dahin auszulegen, dass der Begriff der „anderen ... anerkannten Einrichtungen" als Einzelkünstler

auftretende Solisten und Dirigenten nicht ausschließt (vgl. auch EuGH-Urteil vom 3.4.2003, C-144/00, BStBl. II S. 679). ³Demnach ist auch die Leistung eines einzelnen Orchestermusikers gegenüber dem Orchester, in dem er tätig ist, als kulturelle Dienstleistung eines Solisten anzusehen (vgl. BFH-Urteil vom 18.2.2010, V R 28/08, BStBl. 2010 II S. 876). ⁴Auf die Art der Musik kommt es nicht an; auch Unterhaltungsmusik kann unter die Vorschrift fallen. ⁵Unter Konzerten sind Aufführungen von Musikstücken zu verstehen, bei denen Instrumente und/oder die menschliche Stimme eingesetzt werden (BFH-Urteil vom 26.4.1995, XI R 20/94, BStBl. II S. 519).

(2) Zur umsatzsteuerlichen Behandlung von Konzerten, bei denen mehrere Veranstalter tätig werden, wird auf Abschnitt 4.20.1 Abs. 4 hingewiesen.

4.20.3. Museen und Denkmäler der Bau- und Gartenbaukunst

(1) ¹Museen im Sinne des § 4 Nr. 20 Buchstabe a UStG sind wissenschaftliche Sammlungen und Kunstsammlungen. ²Ob eine Sammlung wissenschaftlich ist, richtet sich nach dem Gesamtbild der Umstände, z.b. danach, ob die Sammlung nach wissenschaftlichen Gesichtspunkten zusammengestellt oder geordnet ist und ob sie entsprechend durch Beschriftungen und/oder Kataloge erläutert wird. ³Als Gegenstände derartiger Sammlungen kommen auch technische Gegenstände wie Luftfahrzeuge in Betracht (vgl. BFH-Urteil vom 19.5.1993, V R 110/88, BStBl. 1993 II S 779).

(2) ¹Als Museen können auch Kunstausstellungen in Betracht kommen. ²Hierbei muss es sich um Kunstsammlungen handeln, die ausgestellt und dadurch der Öffentlichkeit zum Betrachten und zu den damit verbundenen kulturellen und bildenden Zwecken zugänglich gemacht werden. ³Kunstausstellungen, die Verkaufszwecken dienen und damit gewerbliche Ziele verfolgen, können demgegenüber nicht als Museen angesehen werden. ⁴Verkäufe von sehr untergeordneter Bedeutung beeinträchtigen die Eigenschaft der Kunstausstellung als Kunstsammlung dagegen nicht.

(3) ¹Steuerfrei sind insbesondere die Leistungen der Museen, für die als Entgelte Eintrittsgelder erhoben werden, und zwar auch insoweit, als es sich um Sonderausstellungen, Führungen und Vorträge handelt. ²Die Steuerbefreiung erfasst auch die bei diesen Leistungen üblichen Nebenleistungen, z.B. den Verkauf von Katalogen und Museumsführern und die Aufbewahrung der Garderobe. ³Weitere typische Museumsleistungen sind das Dulden der Anfertigung von Reproduktionen, Abgüssen und Nachbildungen sowie die Restaurierung und Pflege von Kunstwerken in Privatbesitz, die von den Museen im Interesse der Erhaltung dieser Werke für die Allgemeinheit vorgenommen werden. ⁴Der Verkauf von Kunstpostkarten, Fotografien, Dias, Plakaten, Klischees, Reproduktionen, Abgüssen, Nachbildungen, Farbdrucken und Bildbänden ist nur dann als typische Museumsleistung steuerfrei, wenn

1. es sich um Darstellungen von Objekten des betreffenden Museums handelt,
2. das Museum die genannten Gegenstände selbst herstellt oder herstellen lässt und
3. diese Gegenstände ausschließlich in diesem Museum vertrieben werden.

⁵Der Verkauf von Literatur, die in Beziehung zu der Sammlung des betreffenden Museums steht, ist bei Vorliegen der Voraussetzungen zu Satz 4 Nummern 2 und 3 ebenfalls steuerfrei. ⁶Die Veräußerung von Museumsobjekten sowie von Altmaterial ist dagegen von der Steuerbefreiung nach § 4 Nr. 20 UStG ausgeschlossen. ⁷Es kann jedoch die Steuerbefreiung nach § 4 Nr. 28 UStG in Betracht kommen (vgl. Abschnitt 4.28.1).

(4) ¹Denkmäler der Baukunst sind Bauwerke, die nach denkmalpflegerischen Gesichtspunkten als schützenswerte Zeugnisse der Architektur anzusehen sind. ²Hierzu gehören z.B. Kirchen, Schlösser, Burgen und Burgruinen. ³Auf eine künstlerische Ausgestaltung kommt es nicht an. ⁴Zu den Denkmälern der Gartenbaukunst gehören z.B. Parkanlagen mit künstlerischer Ausgestaltung.

4.20.4. Zoologische Gärten und Tierparks

(1) ¹Zoologische Gärten im Sinne der Befreiungsvorschrift sind auch Aquarien und Terrarien. ²Sog. Vergnügungsparks sind keine begünstigten Einrichtungen; das gilt auch für Delfinarien, die auf dem Gelände zoologischer Gärten von anderen Unternehmern in eigener Regie betrieben werden (BFH-Urteil vom 20.4.1988, X R 20/82, BStBl. II S. 796).

(2) ¹Die Umsätze der zoologischen Gärten und Tierparks sind unter der Voraussetzung steuerfrei, dass es sich um typische Leistungen der bezeichneten Einrichtungen handelt. ²Typische Umsätze sind insbesondere:

1. Zurschaustellung von Tieren;
2. Erteilung der Erlaubnis zum Fotografieren;
3. Verkauf von Ansichtskarten, Fotografien und Dias mit Zoo- und Tierparkmotiven;
4. Verkauf von Zoo- und Tierparkführern;
5. Verkauf von Tierfutter an die Besucher zum Füttern der zur Schau gestellten Tiere;

6. Verkauf von Tieren, wenn der Verkauf den Aufgaben der zoologischen Gärten und Tierparks dient oder mit dem Betrieb dieser Einrichtung zwangsläufig verbunden ist, z.B. Verkauf zum Zweck der Zurschaustellung in einem anderen zoologischen Garten oder Tierpark, Verkauf zum Zweck der Zucht oder Verkauf zum Zweck der Verjüngung des Tierbestandes.

(3) Insbesondere folgende Umsätze der zoologischen Gärten und Tierparks sind für diese nicht typisch und fallen deshalb nicht unter die Steuerbefreiung:
1. Umsätze in den Gaststättenbetrieben;
2. Verkauf von Gebrauchsartikeln, z.B. Zeitungen, und anderen als den in Absatz 2 Satz 2 Nummer 3 bezeichneten Andenken;
3. Duldung der Jagd in einem Tierpark;
4. Verkauf von Wildbret, Fellen, Jagdtrophäen und Abwurfstangen;
4. Überlassung besonderer Vergnügungseinrichtungen, z.B. Kleinbahnen, Autoskooter, Boote, Minigolfplätze;
6. [1]Verkauf von Gegenständen des Anlagevermögens, ausgenommen die in Absatz 2 Satz 2 Nummer 6 bezeichneten Umsätze von Tieren. [2]Es kann jedoch die Steuerbefreiung nach § 4 Nr. 28 UStG in Betracht kommen (vgl. Abschnitt 4.28.1).

4.20.5. Bescheinigungsverfahren

[1]Für die Erteilung der Bescheinigung der zuständigen Landesbehörde gilt Abschnitt 4.21.5 Abs. 2 und 3 entsprechend. [2]Gastieren ausländische Theater und Orchester im Inland an verschiedenen Orten, genügt eine Bescheinigung der Landesbehörde, in deren Zuständigkeitsbereich das ausländische Ensemble erstmalig im Inland tätig wird.

Zu § 4 Nr. 21 UStG

4.21.1. Ersatzschulen

Der Nachweis, dass für den Betrieb der Ersatzschule eine staatliche Genehmigung oder landesrechtliche Erlaubnis vorliegt, kann durch eine Bescheinigung der Schulaufsichtsbehörde geführt werden.

4.21.2. Ergänzungsschulen und andere allgemein bildende oder berufsbildende Einrichtungen

(1) [1]Zu den allgemein bildenden oder berufsbildenden Einrichtungen gehören u.a. auch Fernlehrinstitute, Fahrlehrerausbildungsstätten, Heilpraktiker-Schulen, Kurse zur Erteilung von Nachhilfeunterricht für Schüler und Repetitorien, die Studierende auf akademische Prüfungen vorbereiten. [2]Zum Begriff der allgemein bildenden Einrichtung wird auf das Urteil des BVerwG vom 3.12.1976, VII C 73.75, BStBl. 1977 II S. 334, hingewiesen. [3]Berufsbildende Einrichtungen sind Einrichtungen, die Leistungen erbringen, die ihrer Art nach den Zielen der Berufsaus- oder Berufsfortbildung dienen. [4]Sie müssen spezielle Kenntnisse und Fertigkeiten vermitteln, die zur Ausübung bestimmter beruflicher Tätigkeiten notwendig sind (BFH-Urteil vom 18.12.2003, V R 62/02, BStBl. 2004 II S. 252). [5]Auf die Rechtsform des Trägers der Einrichtung kommt es nicht an. [6]Es können deshalb auch natürliche Personen oder Personenzusammenschlüsse begünstigte Einrichtungen betreiben, wenn neben den personellen auch die organisatorischen und sächlichen Voraussetzungen vorliegen, um einen Unterricht zu ermöglichen.

(2) [1]Der Unternehmer ist Träger einer Bildungseinrichtung, wenn er selbst entgeltliche Unterrichtsleistungen gegenüber seinen Vertragspartnern (z.B. Schüler, Studenten, Berufstätige oder Arbeitgeber) anbietet. [2]Dies erfordert ein festliegendes Lehrprogramm und Lehrpläne zur Vermittlung eines Unterrichtsstoffs für die Erreichung eines bestimmten Lehrgangsziels sowie geeignete Unterrichtsräume oder -vorrichtungen. [3]Der Betrieb der Bildungseinrichtung muss auf eine gewisse Dauer angelegt sein. [4]Die Einrichtung braucht im Rahmen ihres Lehrprogramms keinen eigenen Lehrstoff anzubieten. [5]Daher reicht es aus, wenn sich die Leistung auf eine Unterstützung des Schul- oder Hochschulangebots bzw. auf die Verarbeitung oder Repetition des von der Schule angebotenen Stoffs beschränkt. [6]Die Veranstaltung einzelner Vorträge oder einer Vortragsreihe erfüllt dagegen nicht die Voraussetzungen einer Unterrichtsleistung. [7]Unschädlich ist jedoch die Einbindung von Vorträgen in ein Lehrprogramm für die Befreiung der Unterrichtsleistungen des Trägers der Bildungseinrichtung.

(3) [1]Die Vorbereitung auf einen Beruf umfasst die berufliche Ausbildung, die berufliche Fortbildung und die berufliche Umschulung; die Dauer der jeweiligen Maßnahme ist unerheblich (vgl. Art. 44 der MwStVO). [2]Dies sind unter anderem Maßnahmen zur Aktivierung und beruflichen Eingliederung im Sinne von § 46 SGB III, Weiterbildungsmaßnahmen entsprechend den Anforderungen des § 85 SGB III, Aus- und Weiterbildungsmaßnahmen (einschließlich der Berufsvorbereitung und der blindentechnischen Grundausbildung und vergleichbaren speziellen Grundausbildung zur beruflichen Eingliederung von Menschen

mit Behinderung) im Sinne von § 97 SGB III sowie berufsvorbereitende, berufsbegleitende bzw. außerbetriebliche Maßnahmen nach § 33 Satz 3 bis 5 in Verbindung mit § 421q SGB III, §§ 61, 61a SGB III, §§ 241 bis 243 SGB III bzw. § 421s SGB III, die von der Bundesagentur für Arbeit und den Trägern der Grundsicherung für Arbeitsuchende nach § 6 SGB II gefördert werden. ³Mit ihrer Durchführung beauftragen die Bundesagentur für Arbeit und die Träger der Grundsicherung für Arbeitsuchende nach § 6 SGB II in manchen Fällen gewerbliche Unternehmen oder andere Einrichtungen, z.B. Berufsverbände, Kammern, Schulen, anerkannte Werkstätten für behinderte Menschen, die über geeignete Ausbildungsstätten verfügen. ⁴Es ist davon auszugehen, dass die genannten Unternehmen und andere Einrichtungen die von der Bundesagentur für Arbeit und den Trägern der Grundsicherung für Arbeitsuchende nach § 6 SGB II geförderten Ausbildungs-, Fortbildungs- und Umschulungsmaßnahmen im Rahmen einer berufsbildenden Einrichtung im Sinne des § 4 Nr. 21 Buchstabe a UStG erbringen.

(3a)¹⁾ ¹Die nach § 43 AufenthG erbrachten Leistungen (Integrationskurse) dienen als Maßnahme der Eingliederung in den Arbeitsmarkt dem Erwerb ausreichender Kenntnisse der deutschen Sprache. ²Diese Maßnahmen fallen daher unter die Steuerbefreiung des § 4 Nr. 21 Buchstabe a UStG, wenn sie von einem vom Bundesamt für Migration und Flüchtlinge zur Durchführung der Integrationskurse zugelassenen Kursträger erbracht werden.

(4) ¹Die Aufgaben der Integrationsfachdienste (§§ 109 ff SGB IX) entsprechen in Teilbereichen den in § 46 Abs. 1 SGB III genannten Tätigkeiten, gehen jedoch insgesamt darüber hinaus. ²Da eine Trennung der einzelnen Aufgaben nicht möglich ist, kommt eine Steuerbefreiung nach § 4 Nr. 21 UStG für die Leistungen der Integrationsfachdienste insgesamt nicht in Betracht; auf die Ausführungen in Abschnitt 4.16.5 Abs. 7 und 8 wird hingewiesen.

(5) ¹Eine Einrichtung, die Unterricht für das Erlernen des Umgangs mit Computern erteilt (z.B. Grundkurse für die Erstellung von Textdokumenten), erbringt unmittelbar dem Schul- und Bildungszweck dienende Leistungen. ²Sie kann somit die Voraussetzungen des § 4 Nr. 21 UStG erfüllen.

(6) ¹Fahrschulen können grundsätzlich nicht als allgemein bildende oder berufsbildende Einrichtungen beurteilt werden (BFH-Urteil vom 14.3.1974, V R 54/73, BStBl. II S. 527). ²Eine Steuerfreiheit der Umsätze nach § 4 Nr. 21 UStG kann aber insoweit in Betracht kommen, als Fahrschulen Lehrgänge zur Ausbildung für die Fahrerlaubnis der Klassen C, CE, D, DE, D1, D1E, T und L durchführen, da diese Leistungen in der Regel der Berufsausbildung dienen. ³Eine Fahrerlaubnis der Klassen C, CE, D, DE, D1 und D1E darf nur erteilt werden, wenn der Bewerber bereits die Fahrerlaubnis der Klasse B besitzt oder die Voraussetzungen für deren Erteilung erfüllt hat (§ 9 Fahrerlaubnis-Verordnung). ⁴Eine Steuerbefreiung kommt deshalb auch in Betracht, wenn der Fahrschüler im Rahmen seiner Ausbildung zeitgleich neben den Klassen C und CE die Fahrerlaubnis der Klasse B erwerben möchte; die Ausbildungsleistung, die auf die Klasse B entfällt, ist aber steuerpflichtig. ⁵Als Lehrgang ist die dem einzelnen Fahrschüler gegenüber erbrachte Leistung anzusehen. ⁶Bei Fahrschulen gelten als Bescheinigung im Sinne des § 4 Nr. 21 Buchstabe a Doppelbuchstabe bb UStG für den Nachweis, dass sie ordnungsgemäß auf einen Beruf vorbereiten:

– die Fahrschulerlaubnisurkunde (§ 13 Abs. 1 FahrlG), die zur Ausbildung zum Erwerb der Fahrerlaubnis der Klasse 2 bzw. 3 (ausgestellt bis zum 31.12.1998) bzw. der Fahrerlaubnisklassen C, CE, D, DE, D1, D1E, T und L (ausgestellt ab Januar 1999) berechtigt oder

– bei Fahrschulen, die bei Inkrafttreten des FahrlG bestanden und die Fahrschulerlaubnis somit nach § 49 FahrlG als erteilt gilt, eine Bescheinigung der zuständigen Landesbehörde, welche die Angabe enthält, dass die Fahrschulerlaubnis für die Ausbildung zum Erwerb der Klasse 2 berechtigt.

⁷Die Anerkennung von Fahrschulen als berufsbildende Einrichtungen nach § 4 Nr. 21 Buchstabe a Doppelbuchstabe bb erstreckt sich auch auf Lehrgänge zum Erwerb der Grundqualifikation nach § 4 Abs. 1 Nr. 1 Berufskraftfahrer-Qualifikationsgesetz (BKrFQG), der beschleunigten Grundqualifikation nach § 4 Abs. 2 BKrFQG sowie die in § 5 BKrFQG vorgeschriebenen Weiterbildungskurse. ⁸Unter die Steuerbefreiung fallen auch die Leistungen von Fahrschulen, die zur Ausbildung gegenüber Mitgliedern der Freiwilligen Feuerwehren, der nach Landesrecht anerkannten Rettungsdienste und der technischen Hilfsdienste sowie des Katastrophenschutzes erbracht werden und zum Führen von Einsatzfahrzeugen bis zu einer zulässigen Gesamtmasse von 7,5 t berechtigen.

(7) ¹Eine „Jagdschule", die Schulungen zur Vorbereitung auf die Jägerprüfung durchführt, ist keine allgemein bildende oder berufsbildende Einrichtung im Sinne des § 4 Nr. 21 UStG. ²Eine Steuerbefreiung nach dieser Vorschrift kommt daher nicht in Betracht (BFH-Urteil vom 18.12.2003, V R 62/02, BStBl. 2004 II S. 252).

---

1) Siehe Nichtbeanstandungsregelung: BMF-Schreiben vom 08.08.2011, BStBl. 2011 I S. 755, Anlage § 004 Nr. 21-17

4.21.3. Erteilung von Unterricht durch selbständige Lehrer an Schulen und Hochschulen

(1) ¹Die Steuerbefreiung nach § 4 Nr. 21 Buchstabe b UStG gilt für Personen, die als freie Mitarbeiter an Schulen, Hochschulen oder ähnlichen Bildungseinrichtungen (z.B. Volkshochschulen) Unterricht erteilen. ²Auf die Rechtsform des Unternehmers kommt es nicht an. ³Daher ist die Vorschrift auch anzuwenden, wenn Personenzusammenschlüsse oder juristische Personen beauftragt werden, an anderen Bildungseinrichtungen Unterricht zu erteilen.

(2) ¹Eine Unterrichtstätigkeit liegt vor, wenn Kenntnisse im Rahmen festliegender Lehrprogramme und Lehrpläne vermittelt werden. ²Die Tätigkeit muss regelmäßig und für eine gewisse Dauer ausgeübt werden. ³Sie dient Schul- und Bildungszwecken unmittelbar, wenn sie den Schülern und Studenten tatsächlich zugute kommt. ⁴Auf die Frage, wer Vertragspartner der den Unterricht erteilenden Personen und damit Leistungsempfänger im Rechtssinne ist, kommt es hierbei nicht an. ⁵Einzelne Vorträge fallen nicht unter die Steuerbefreiung.

(3) ¹Der Unternehmer hat in geeigneter Weise nachzuweisen, dass er an einer Hochschule, Schule oder Einrichtung im Sinne des § 4 Nr. 21 Buchstabe a UStG tätig ist. ²Dient die Einrichtung verschiedenartigen Bildungszwecken, muss er nachzuweisen, dass er in einem Bereich tätig ist, der eine ordnungsgemäße Berufs- oder Prüfungsvorbereitung gewährleistet (begünstigter Bereich). ³Der Nachweis ist durch eine Bestätigung der Bildungseinrichtung zu führen, aus der sich ergibt, dass diese die Voraussetzungen des § 4 Nr. 21 Buchstabe a Doppelbuchstabe bb UStG erfüllt und die Unterrichtsleistung des Unternehmers im begünstigten Bereich der Einrichtung erfolgt. ⁴Auf die Bestätigung wird verzichtet, wenn die Unterrichtsleistungen an folgenden Einrichtungen erbracht werden:

1. Hochschulen im Sinne der §§ 1 und 70 des Hochschulrahmengesetzes;
2. öffentliche allgemein- und berufsbildende Schulen, z.B. Gymnasien, Realschulen, Berufsschulen;
3. als Ersatzschulen nach Artikel 7 Abs. 4 GG staatlich genehmigte oder nach Landesrecht erlaubte Schulen.

(4) ¹Die Bestätigung soll folgende Angaben enthalten:
– Bezeichnung und Anschrift der Bildungseinrichtung;
– Name und Anschrift des Unternehmers;
– Bezeichnung des Fachs, des Kurses oder Lehrgangs, in dem der Unternehmer unterrichtet;
– Unterrichtszeitraum und
– Versicherung über das Vorliegen einer Bescheinigung nach § 4 Nr. 21 Buchstabe a Doppelbuchstabe bb UStG für den oben bezeichneten Unterrichtsbereich.

²Erteilt der Unternehmer bei einer Bildungseinrichtung in mehreren Fächern, Kursen oder Lehrgängen Unterricht, können diese in einer Bestätigung zusammengefasst werden. ³Sie sind gesondert aufzuführen. ⁴Die Bestätigung ist für jedes Kalenderjahr gesondert zu erteilen. ⁵Erstreckt sich ein Kurs oder Lehrgang über den 31. Dezember eines Kalenderjahrs hinaus, reicht es für den Nachweis aus, wenn nur eine Bestätigung für die betroffenen Besteuerungszeiträume erteilt wird. ⁶Der Unterrichtszeitraum muss in diesem Falle beide Kalenderjahre benennen.

(5) ¹Die Bildungseinrichtung darf dem bei ihr tätigen Unternehmer nur dann eine Bestätigung erteilen, wenn sie selbst über eine Bescheinigung der zuständigen Landesbehörde verfügt. ²Bei der Bestimmung der zuständigen Landesbehörde gilt Abschnitt 4.21.5 Abs. 3 entsprechend. ³Es ist daher nicht zu beanstanden, wenn der Bestätigung eine Bescheinigung der Behörde eines anderen Bundeslands zu Grunde liegt. ⁴Erstreckt sich die Bescheinigung der Landesbehörde für die Bildungseinrichtung nur auf einen Teilbereich ihres Leistungsangebots, darf die Bildungseinrichtung dem Unternehmer nur dann eine Bestätigung erteilen, soweit er bei ihr im begünstigten Bereich unterrichtet. ⁵Erteilt die Bildungseinrichtung dem Unternehmer eine Bestätigung, obwohl sie selbst keine Bescheinigung der zuständigen Landesbehörde besitzt, oder erteilt die Bildungseinrichtung eine Bestätigung für einen Tätigkeitsbereich, für den die durch eine Bescheinigung der zuständigen Landesbehörde nicht gilt, ist die Steuerbefreiung für die Unterrichtsleistung des Unternehmers zu versagen. ⁶Sofern eine Bestätigung bzw. Zulassung nach Abschnitt 4.21.5 Abs. 5 vorliegt, tritt diese an die Stelle der Bescheinigung der zuständigen Landesbehörde.

4.21.4. Unmittelbar dem Schul- und Bildungszweck dienende Leistungen

(1) ¹Leistungen dienen dem Schul- und Bildungszweck dann unmittelbar, wenn dieser gerade durch die jeweils in Frage stehende Leistung erfüllt wird (BFH-Urteil vom 26.10.1989, V R 25/84, BStBl. 1990 II S. 98). ²Für die Steuerbefreiung nach § 4 Nr. 21 Buchstabe a UStG ist ausreichend, dass die darin bezeichneten Leistungen ihrer Art nach den Zielen der Berufsaus- oder der Berufsfortbildung dienen. ³Es ist unerheblich, wem gegenüber sich der Unternehmer zivilrechtlich zur Ausführung dieser Leis-

tungen verpflichtet hat. ⁴Stellt der Unternehmer im Rahmen der Erteilung des Unterrichts Lehrkräfte oder für den Unterricht geeignete Räume zur Verfügung, fallen auch diese Leistungen unter die Steuerbefreiung nach § 4 Nr. 21 Buchstabe a UStG (vgl. BFH-Urteil vom 10.6.1999, V R 84/98, BStBl. II S. 578). ⁵Auf die Ziele der Personen, welche die Einrichtungen besuchen, kommt es nicht an. ⁶Unerheblich ist deshalb, ob sich die Personen, an die sich die Leistungen der Einrichtung richten, tatsächlich auf einen Beruf oder eine Prüfung vor einer juristischen Person des öffentlichen Rechts vorbereiten (BFH-Urteil vom 3.5.1989, V R 83/84, BStBl. II S. 815).

(2) ¹Die Lieferungen von Lehr- und Lernmaterial dienen nicht unmittelbar dem Schul- und Bildungszweck. ²Sie sind nur insoweit steuerfrei, als es sich um Nebenleistungen handelt. ³Eine Nebenleistung liegt in diesen Fällen vor, wenn das den Lehrgangsteilnehmern überlassene Lehr- und Lernmaterial inhaltlich den Unterricht ergänzt, zum Einsatz im Unterricht bestimmt ist, von der Schule oder der Bildungseinrichtung oder dem Lehrer für diese Zwecke selbst entworfen worden ist und bei Dritten nicht bezogen werden kann (vgl. BFH-Urteil vom 12.12.1985, V R 15/80, BStBl. 1986 II S. 499).

(3) ¹Leistungen, die sich auf die Unterbringung und Verpflegung von Schülern beziehen, dienen dem Schul- und Bildungszweck nicht unmittelbar, sondern nur mittelbar (BFH-Urteil vom 17.3.1981, VIII R 149/76, BStBl. II S. 746). ²Diese Leistungen können aber unter den Voraussetzungen des § 4 Nr. 23 UStG steuerfrei sein.

4.21.5. Bescheinigungsverfahren für Ergänzungsschulen und andere allgemein bildende oder berufsbildende Einrichtungen

(1) ¹Träger von Ergänzungsschulen und anderen allgemein bildenden oder berufsbildenden Einrichtungen benötigen, sofern sie keine Ersatzschule im Sinne des § 4 Nr. 21 Buchstabe a Doppelbuchstabe aa UStG betreiben, nach § 4 Nr. 21 Buchstabe a Doppelbuchstabe bb UStG eine Bescheinigung der zuständigen Landesbehörde. ²Aus dieser Bescheinigung muss sich ergeben, dass die Leistungen des Unternehmers auf einen Beruf oder auf eine vor einer juristischen Person des öffentlichen Rechts abzulegende Prüfung ordnungsgemäß vorbereiten. ³Die Sätze 1 und 2 gelten entsprechend, wenn der Träger der Einrichtung kein Unternehmer oder eine in § 4 Nr. 22 UStG bezeichnete Einrichtung ist.

(2) ¹Die für die Erteilung der Bescheinigung zuständige Landesbehörde kann nicht nur vom Unternehmer, sondern auch von Amts wegen eingeschaltet werden (vgl. BVerwG-Urteil vom 4.5.2006, 10 C 10.05, UR 2006 S. 517); hierüber ist der Unternehmer zu unterrichten. ²Die Bescheinigung ist zwingend zu erteilen, wenn die gesetzlichen Voraussetzungen für die Steuerbefreiung vorliegen (vgl. BVerwG-Urteil vom 4.5.2006, a.a.O.). ³Die zuständige Landesbehörde befindet darüber, ob und für welchen Zeitraum die Bildungseinrichtung auf einen Beruf oder eine vor einer juristischen Person des öffentlichen Rechts abzulegende Prüfung ordnungsgemäß vorbereitet. ⁴Die entsprechende Bescheinigung bindet die Finanzbehörden insoweit als Grundlagenbescheid nach § 171 Abs. 10 in Verbindung mit § 175 Abs. 1 Nr. 1 AO (vgl. BFH-Urteil vom 20.8.2009, V R 25/08, BStBl. 2010 II S. 15); das schließt nicht aus, dass die Finanzbehörden bei der zuständigen Landesbehörde eine Überprüfung der Bescheinigung anregen. ⁵Die Finanzbehörden entscheiden jedoch in eigener Zuständigkeit, ob die Voraussetzungen für die Steuerfreiheit im Übrigen vorliegen. ⁶Dazu gehören insbesondere die Voraussetzungen einer allgemein bildenden oder berufsbildenden Einrichtung (BFH-Urteil vom 3.5.1989, V R 83/84, BStBl. II S. 815).

(3) ¹Erbringt der Unternehmer die dem Schul- und Bildungszweck dienenden Leistungen in mehreren Bundesländern, ist eine Bescheinigung der zuständigen Behörde des Bundeslands, in dem der Unternehmer steuerlich geführt wird, als für umsatzsteuerliche Zwecke ausreichend anzusehen. ²Werden die Leistungen ausschließlich außerhalb dieses Bundeslands ausgeführt, genügt eine Bescheinigung der zuständigen Behörde eines der Bundesländer, in denen der Unternehmer tätig wird. ³Erbringt Unternehmer Leistungen im Sinne des § 4 Nr. 21 Buchstabe a UStG im Rahmen eines Franchisevertrags, muss jeder Franchisenehmer selbst die für ihn zuständige Landesbehörde für die Ausstellung einer Bescheinigung nach § 4 Nr. 21 Buchstabe a Doppelbuchstabe bb UStG beantragen.

(4) Werden Leistungen erbracht, die verschiedenartigen Bildungszwecken dienen, ist der Begünstigungsnachweis im Sinne des § 4 Nr. 21 Buchstabe a Doppelbuchstabe bb UStG durch getrennte Bescheinigungen, bei Fernlehrinstituten z.B. für jeden Lehrgang, zu führen.

(5)¹⁾ ¹Bestätigt die Bundesagentur für Arbeit bzw. der Träger der Grundsicherung für Arbeitsuchende nach § 6 SGB II, dass für eine bestimmte berufliche Bildungsmaßnahme nach Abschnitt 4.21.2 Abs. 3 die gesetzlichen Voraussetzungen vorliegen, gilt diese Bestätigung als Bescheinigung im Sinne des § 4 Nr. 21 Buchstabe a Doppelbuchstabe bb UStG, wenn die nach dieser Vorschrift für die Erteilung der Bescheinigung zuständige Landesbehörde – generell oder im Einzelfall – sich mit der Anerkennung

---
1) Hinweis auf Anlage § 004 Nr. 21-16

§ 4 zu § 4 Nr. 21, 22 UStAE 4.21.5. – 4.22.2.

einverstanden erklärt hat und von der Bundesagentur für Arbeit bzw. dem Träger der Grundsicherung für Arbeitsuchende nach § 6 SGB II hierauf in der Bestätigung hingewiesen wird. ²Das Gleiche gilt für Maßnahmen der Berufseinstiegsbegleitung im Rahmen der BMBF-Initiative „Abschluss und Anschluss – Bildungsketten bis zum Ausbildungsabschluss". ³Auch die Zulassung eines Trägers zur Durchführung von Integrationskursen nach Abschnitt 4.21.2 Abs. 3a durch das Bundesamt für Migration und Flüchtlinge gilt als Bescheinigung im Sinne des § 4 Nr. 21 Buchstabe a Doppelbuchstabe bb UStG, wenn aus der Zulassung ersichtlich ist, dass sich die zuständige Landesbehörde – generell oder im Einzelfall – mit der Zulassung durch das Bundesamt für Migration und Flüchtlinge einverstanden erklärt hat. ⁴Das gilt auch für die Zulassung eines Trägers zur beruflichen Weiterbildung durch fachkundige Stellen nach § 85 SGB III, wenn aus der Zulassung ersichtlich ist, dass die fachkundige Stelle von der Bundesagentur für Arbeit als Zertifizierungsstelle anerkannt wurde und sich auch die zuständige Landesbehörde – generell oder im Einzelfall – mit der Zulassung durch die fachkundige Stelle einverstanden erklärt. ⁵Liegen die Voraussetzungen der Sätze 1 bis 4 vor, tritt die Bestätigung bzw. Zulassung an die Stelle der Bescheinigung der zuständigen Landesbehörde und bindet die Finanzbehörden insoweit ebenfalls als Grundlagenbescheid nach § 171 Abs. 10 in Verbindung mit § 175 Abs. 1 Satz 1 Nr. 1 AO.

Zu § 4 Nr. 22 UStG

4.22.1. Veranstaltung wissenschaftlicher und belehrender Art

(1) ¹Volkshochschulen sind Einrichtungen, die auf freiwilliger, überparteilicher und überkonfessioneller Grundlage Bildungsziele verfolgen. ²Begünstigt sind auch Volkshochschulen mit gebundener Erwachsenenbildung. ³Das sind Einrichtungen, die von einer festen politischen, sozialen oder weltanschaulichen Grundeinstellung ausgehen, im Übrigen aber den Kreis der Hörer nicht ausdrücklich einengen (BFH-Urteil vom 2.8.1962, V 37/60 U, BStBl. III S. 458).

(2) Veranstaltungen wissenschaftlicher oder belehrender Art sind solche, die als Erziehung von Kindern und Jugendlichen, als Schul- oder Hochschulunterricht, als Ausbildung, Fortbildung oder berufliche Umschulung zu qualifizieren sind (vgl. BFH-Urteil vom 27.4.2006, V R 53/04, BStBl. 2007 II S. 16).

(3) ¹Begünstigt sind nach § 4 Nr. 22 Buchstabe a UStG nur Leistungen, die von den im Gesetz genannten Unternehmern erbracht werden und in Vorträgen, Kursen und anderen Veranstaltungen wissenschaftlicher oder belehrender Art bestehen. ²Es handelt sich hierbei um eine abschließende Aufzählung, die nicht im Auslegungswege erweitert werden kann. ³Vergleichbare Tätigkeiten der bei den begünstigten Unternehmern tätigen externen Dozenten fallen nicht hierunter (vgl. BFH-Beschluss vom 12.5.2005, V B 146/03, BStBl. II S. 714). ⁴Sie können unter den Voraussetzungen des § 4 Nr. 21 UStG steuerfrei sein (vgl. Abschnitt 4.21.3). ⁵Beherbergung und Beköstigung sind grundsätzlich nur unter den Voraussetzungen des § 4 Nr. 23 UStG steuerfrei (vgl. BFH-Urteil vom 7.10.2010, V R 12/10, BStBl. 2011 II S. 303).

(4) ¹Zu den in § 4 Nr. 22 Buchstabe a UStG bezeichneten Veranstaltungen belehrender Art gehört auf dem Gebiet des Sports die Erteilung von Sportunterricht, z.B. die Erteilung von Schwimm-, Tennis-, Reit-, Segel- und Skiunterricht. ²Tanzkurse stellen nur dann Sportunterricht dar, wenn die Teilnehmer das Tanzen als Tanzsportler in erster Linie als Wettkampf zwischen Paaren bzw. Formationen im Rahmen des Vereins- bzw. Leistungssports betreiben (vgl. BFH-Urteil vom 27.4.2006, a.a.O.). ³Der Sportunterricht ist steuerfrei, soweit er von einem Sportverein im Rahmen eines Zweckbetriebes im Sinne des § 67a AO durchgeführt wird. ⁴Ein bestimmter Stunden- und Stoffplan sowie eine von den Teilnehmern abzulegende Prüfung sind nicht erforderlich. ⁵Die Steuerbefreiung gilt unabhängig davon, ob der Sportunterricht Mitgliedern des Vereins oder anderen Personen erteilt wird.

4.22.2. Andere kulturelle und sportliche Veranstaltungen

(1) Als andere kulturelle Veranstaltungen kommen z.B. Musikwettbewerbe und Trachtenfeste in Betracht.

(2) ¹Eine sportliche Veranstaltung ist die organisatorische Maßnahme einer begünstigten Einrichtung, die es aktiven Sportlern erlaubt, Sport zu treiben. ²Eine bestimmte Organisationsform oder -struktur ist für die Veranstaltung nicht notwendig (vgl. BFH-Urteil vom 25.7.1996, V R 7/95, BStBl. 1997 II S. 154). ³Es ist auch nicht erforderlich, dass Publikum teilnimmt oder ausschließlich Mitglieder sich betätigen. ⁴Deshalb können schon das bloße Training, Sportkurse und Sportlehrgänge eine sportliche Veranstaltung sein. ⁵Eine sportliche Veranstaltung liegt auch vor, wenn ein Sportverein im Rahmen einer anderen Veranstaltung eine sportliche Darbietung präsentiert. ⁶Die andere Veranstaltung braucht nicht notwendigerweise die sportliche Veranstaltung eines Sportvereins zu sein (BFH-Urteil vom 4.5.1994, XI R 109/90, BStBl. II S. 886).

(3) ¹Sportreisen sind als sportliche Veranstaltung anzusehen, wenn die sportliche Betätigung wesentlicher und notwendiger Bestandteil der Reise ist (z.B. Reise zum Wettkampfort). ²Reisen, bei denen die Erholung der Teilnehmer im Vordergrund steht (Touristikreisen), zählen dagegen nicht zu den sportlichen Veranstaltungen, selbst wenn anlässlich der Reise auch Sport getrieben wird.

(4) ¹Eine sportliche Veranstaltung ist nicht gegeben, wenn sich die organisatorische Maßnahme auf Sonderleistungen für einzelne Personen beschränkt. ²Dies liegt vor, wenn die Maßnahme nur eine Nutzungsüberlassung von Sportgegenständen bzw. -anlagen oder bloße konkrete Dienstleistungen, wie z.B. die Beförderung zum Ort der sportlichen Betätigung oder ein spezielles Training für einzelne Sportler zum Gegenstand hat (BFH-Urteil vom 25.7.1996, V R 7/95, BStBl. 1997 II S. 154). ³Auch die Genehmigung von Wettkampfveranstaltungen oder von Trikotwerbung sowie die Ausstellung oder Verlängerung von Sportausweisen durch einen Sportverband sind keine sportlichen Veranstaltungen im Sinne des § 4 Nr. 22 Buchstabe b UStG; wegen der Anwendung des ermäßigten Steuersatzes vgl. Abschnitt 12.9 Abs. 4 Nr. 1. ⁴Die Verwaltung von Sporthallen sowie das Einziehen der Hallenmieten einschließlich des Mahnwesens und Vollstreckungswesens durch einen gemeinnützigen Verein gegen Entgelt einer Stadt ist ebenfalls keine sportliche Veranstaltung nach § 4 Nr. 22 Buchstabe b UStG (BFH-Urteil vom 5.8.2010, V R 54/09, BStBl. 2011 II S. 191).

(5) ¹Teilnehmergebühren sind Entgelte, die gezahlt werden, um an den Veranstaltungen aktiv teilnehmen zu können, z.B. Startgelder und Meldegelder. ²Soweit das Entgelt für die Veranstaltung in Eintrittsgeldern der Zuschauer besteht, ist die Befreiungsvorschrift nicht anzuwenden.

Zu § 4 Nr. 23 UStG

4.23.1. Beherbergung und Beköstigung von Jugendlichen

(1) ¹Die Steuerbefreiung nach § 4 Nr. 23 UStG ist davon abhängig, dass die Aufnahme der Jugendlichen zu Erziehungs-, Ausbildungs- oder Fortbildungszwecken erfolgt. ²Sie hängt nicht davon ab, in welchem Umfang und in welcher Organisationsform die Aufnahme von Jugendlichen zu den genannten Zwecken betrieben wird; die Tätigkeit muss auch nicht der alleinige Gegenstand oder der Hauptgegenstand des Unternehmens sein (BFH-Urteil vom 24.5.1989, V R 127/84, BStBl. II S. 912).

(2) ¹Die Erziehungs-, Ausbildungs- oder Fortbildungsleistungen müssen dem Unternehmer, der die Jugendlichen aufgenommen hat, selbst obliegen. ²Dabei ist es nicht erforderlich, dass der Unternehmer die Leistungen allein erbringt. ³Er kann die ihm obliegenden Leistungen zur Gänze selbst oder teilweise durch Beauftragte erbringen. ⁴Für die Steuerbefreiung nach § 4 Nr. 23 UStG ist es auch ausreichend, wenn der leistende Unternehmer konkrete Erziehungs-, Ausbildungs- oder Fortbildungszwecke, z.B. in seiner Satzung, festschreibt und den Leistungsempfänger vertraglich verpflichtet, sich im Rahmen seines Aufenthaltes an diesen pädagogischen Grundsätzen zu orientieren. ⁵Der leistende Unternehmer erbringt auch in diesen Fällen – zumindest mittelbar – Leistungen im Sinne des § 4 Nr. 23 UStG, die über Beherbergungs- und Verpflegungsleistungen hinausgehen. ⁶Der Unternehmer, der Jugendliche für Erziehungszwecke bei sich aufnimmt, muss eine Einrichtung auf dem Gebiet der Kinder- und Jugendbetreuung oder der Kinder- und Jugenderziehung im Sinne des Artikels 132 Abs. 1 Buchstabe h oder i MwStSystRL unterhalten. ⁷Daher können – unter Beachtung der übrigen Voraussetzungen des § 4 Nr. 23 UStG – die Steuerbefreiung nur Einrichtungen des öffentlichen Rechts auf dem Gebiet der Kinder- und Jugendbetreuung sowie der Kinder- und Jugenderziehung oder vergleichbare privatrechtliche Einrichtungen in Anspruch nehmen (BFH-Urteil vom 28.9.2000, V R 26/99, BStBl. 2001 II S. 691); dies gilt entsprechend für Einrichtungen, die Jugendliche für die sonstigen in § 4 Nr. 23 Satz 1 UStG genannten Zwecke aufnehmen. ⁸Die Leistungen im Zusammenhang mit der Aufnahme müssen dem in § 4 Nr. 23 UStG genannten Personenkreis tatsächlich zu Gute kommen. ⁹Auf die Frage, wer Vertragspartner des Unternehmers und damit Leistungsempfänger im Rechtssinne ist, kommt es nicht an. ¹⁰Dem Kantinenpächter einer berufsbildenden oder schulischen Einrichtung steht für die Abgabe von Speisen und Getränken an Schüler und Lehrpersonal die Steuerbefreiung nach § 4 Nr. 23 UStG nicht zu, weil er allein mit der Bewirtung der Schüler diese nicht zur Erziehung, Ausbildung oder Fortbildung bei sich aufnimmt (vgl. BFH-Beschluss vom 26.7.1979, V B 15/79, BStBl. II S. 721). ¹¹Dasselbe gilt für derartige Leistungen eines Schulfördervereins (vgl. BFH-Urteil vom 12.2.2009, V R 47/07, BStBl. II S. 677). ¹²Die Befreiung ist aber möglich, wenn die Beköstigung im Rahmen der Aufnahme der Jugendlichen zu den begünstigten Zwecken zum Beispiel von der Bildungseinrichtung selbst erbracht wird. ¹³Leistungen der Beherbergung und Beköstigung während kurzfristiger Urlaubsaufenthalte oder Fahrten, die von Sport- und Freizeitangeboten geprägt sind, stellen keine Aufnahme zu Erziehungs-, Ausbildungs- oder Fortbildungszwecken dar (vgl. BFH-Urteile vom 12.5.2009, V R 35/07, BStBl. II S. 1032, und vom 30.7.2008, V R 66/06, BStBl. 2010 II S. 507). ¹⁴Fahrten, die nach § 11 SGB VIII ausgeführt werden, können unter den Voraussetzungen des § 4 Nr. 25 UStG steuerfrei sein.

(3) ¹Der Begriff „Aufnahme" ist nicht an die Voraussetzung gebunden, dass die Jugendlichen Unterkunft während der Nachtzeit und volle Verpflegung erhalten. ²Zu den begünstigten Leistungen gehören neben der Beherbergung und Beköstigung insbesondere die Beaufsichtigung der häuslichen Schularbeiten und die Freizeitgestaltung durch Basteln, Spiele und Sport (BFH-Urteil vom 19.12.1963, V 102/61 U, BStBl. 1964 III S. 110).

(4) ¹Die Erziehungs-, Ausbildungs- und Fortbildungszwecke umfassen nicht nur den beruflichen Bereich, sondern die gesamte geistige, sittliche und körperliche Erziehung und Fortbildung von Jugendlichen (vgl. BFH-Urteil vom 21.11.1974, II R 107/68, BStBl. 1975 II S. 389). ²Hierzu gehört u.a. auch die sportliche Erziehung. ³Die Befreiungsvorschrift gilt deshalb sowohl bei Sportlehrgängen für Berufssportler als auch bei solchen für Amateursportler.

(5) Hinsichtlich des Begriffs der Vergütung für geleistete Dienste wird auf Abschnitt 4.18.1 Abs. 7 hingewiesen.

(6) ¹§ 4 Nr. 23 Satz 4 UStG regelt, dass diese Steuerbefreiungsvorschrift nicht gilt, soweit eine Leistung der Jugendhilfe nach SGB VIII erbracht wird. ²Die Leistungen nach § 2 Abs. 2 SGB VIII (Abschnitt 4.25.1 Abs. 1 Satz 2) und die Inobhutnahme nach § 42 SGB VIII sind somit nur unter den Voraussetzungen des § 4 Nr. 25 UStG steuerfrei.

Zu § 4 Nr. 24 UStG

4.24.1. Jugendherbergswesen

(1) Nach Satz 1 der Vorschrift des § 4 Nr. 24 UStG sind folgende Unternehmer begünstigt:
1. das Deutsche Jugendherbergswerk, Hauptverband für Jugendwandern und Jugendherbergen e.V. (DJH), und die ihm angeschlossenen Landes-, Kreis- und Ortsverbände;
2. kommunale, kirchliche und andere Träger von Jugendherbergen, die dem DJH als Mitglied angeschlossen sind und deren Häuser im Deutschen Jugendherbergsverzeichnis als Jugendherbergen ausgewiesen sind;
3. die Pächter der Jugendherbergen, die von den in den Nummern 1 und 2 genannten Unternehmern unterhalten werden;
4. die Herbergseltern, soweit sie einen Teil der Jugendherberge, insbesondere die Kantine, auf eigene Rechnung betreiben.

(2) Die in Absatz 1 genannten Unternehmer erbringen folgende Leistungen:
1. die Beherbergung und die Beköstigung in Jugendherbergen einschließlich der Lieferung von Lebensmitteln und alkoholfreien Getränken außerhalb der Tagesverpflegung (Zusatz- und Wanderverpflegung);
2. die Durchführung von Freizeiten, Wanderfahrten und Veranstaltungen, die dem Sport, der Erholung oder der Bildung dienen;
3. die Lieferungen von Schlafsäcken und die Überlassung von Schlafsäcken und Bettwäsche zum Gebrauch;
4. die Überlassung von Rucksäcken, Fahrrädern und Fotoapparaten zum Gebrauch;
5. die Überlassung von Spiel- und Sportgeräten zum Gebrauch sowie die Gestattung der Telefonbenutzung in Jugendherbergen;
6. die Lieferungen von Wanderkarten, Wanderbüchern und von Ansichtskarten mit Jugendherbergsmotiven;
7. die Lieferungen von Jugendherbergsverzeichnissen, Jugendherbergskalendern, Jugendherbergsschriften und von Wimpeln und Abzeichen mit dem Emblem des DJH oder des Internationalen Jugendherbergswerks (IYHF);
8. die Lieferungen der für den Betrieb von Jugendherbergen erforderlichen und vom Hauptverband oder von den Landesverbänden zentral beschafften Einrichtungsgegenstände.

(3) ¹Die in Absatz 2 bezeichneten Leistungen dienen unmittelbar den Satzungszwecken der begünstigten Unternehmer und sind daher steuerfrei, wenn
1. ¹die Leistungen in den Fällen des Absatzes 2 Nr. 1 bis 6 an folgende Personen bewirkt werden:
    a) Jugendliche; Jugendliche in diesem Sinne sind alle Personen vor Vollendung des 27. Lebensjahres,
    b) andere Personen, wenn sie sich in der Ausbildung oder Fortbildung befinden und Mitglied einer geführten Gruppe sind,

c) Leiter und Betreuer von Gruppen, deren Mitglieder die in den Buchstaben a und b genannten Jugendlichen oder anderen Personen sind,
d) ¹wandernde Familien mit Kindern. ²Hierunter fallen alle Inhaber von Familienmitgliedsausweisen in Begleitung von eigenen oder anderen minderjährigen Kindern.

²Soweit die Leistungen in geringem Umfang auch an andere Personen erbracht werden, ist die Inanspruchnahme der Steuerbefreiung nicht zu beanstanden. ³Von einem geringen Umfang ist auszugehen, wenn die Leistungen an diese Personen nicht mehr als 2% der in Absatz 2 Nr. 1 bis 6 bezeichneten Leistungen betragen;
2. die Leistungen im Fall des Absatzes 2 Nr. 8 an die in Absatz 1 genannten Unternehmer bewirkt werden.

²Die Steuerfreiheit der in Absatz 2 Nr. 7 bezeichneten Leistungen ist nicht von der Lieferung an bestimmte Personen oder Einrichtungen abhängig.

(4) Hinsichtlich des Begriffs der Vergütung für geleistete Dienste wird auf Abschnitt 4.18.1 Abs. 7 hingewiesen.

(5) ¹Nach § 4 Nr. 24 Satz 2 UStG gilt die Steuerbefreiung auch für andere Vereinigungen, die gleiche Aufgaben unter denselben Voraussetzungen erfüllen. ²Hierbei ist es insbesondere erforderlich, dass die Unterkunftsstätten der anderen Vereinigungen nach der Satzung und ihrer tatsächlichen Durchführung überwiegend Jugendlichen dienen. ³Zu den hiernach begünstigten „anderen Vereinigungen" gehören der Touristenverein „Natur Freunde Deutschlands Verband für Umweltschutz, sanften Tourismus, Sport und Kultur Bundesgruppe Deutschland e.V." und die ihm angeschlossenen Landesverbände, Bezirke und Ortsgruppen sowie die Pächter der von diesen Unternehmern unterhaltenen Naturfreundehäuser. ⁴Die Absätze 2 bis 4 gelten entsprechend.

Zu § 4 Nr. 25 UStG

4.25.1. Leistungen im Rahmen der Kinder- und Jugendhilfe

(1) ¹Die Steuerbefreiungsvorschrift des § 4 Nr. 25 Satz 1 UStG umfasst die Leistungen der Jugendhilfe nach § 2 Abs. 2 SGB VIII und die Inobhutnahme nach § 42 SGB VIII. ²Unter § 2 Abs. 2 SGB VIII fallen folgende Leistungen:
1. Angebote der Jugendarbeit, der Jugendsozialarbeit und des erzieherischen Kinder- und Jugendschutzes (§§ 11 bis 14 SGB VIII);
2. Angebote zur Förderung der Erziehung in der Familie (§§ 16 bis 21 SGB VIII);
3. Angebote zur Förderung von Kindern in Tageseinrichtungen und in Tagespflege (§§ 22 bis 25 SGB VIII);
4. Hilfe zur Erziehung und ergänzende Leistungen (§§ 27 bis 35, 36, 37, 39, 40 SGB VIII);
5. Hilfe für seelisch behinderte Kinder und Jugendliche und ergänzende Leistungen (§§ 35a bis 37, 39, 40 SGB VIII);
6. Hilfe für junge Volljährige und Nachbetreuung (§ 41 SGB VIII).

Begünstigte Leistungserbringer

(2) ¹Die vorgenannten Leistungen sind steuerfrei, wenn sie durch Träger der öffentlichen Jugendhilfe (§ 69 SGB VIII) oder andere Einrichtungen mit sozialem Charakter erbracht werden. ²Der Begriff der „anderen Einrichtung mit sozialem Charakter" entspricht der Formulierung der maßgeblichen gemeinschaftsrechtlichen Grundlage (Artikel 132 Abs. 1 Buchstabe h MwStSystRL). ³Auf der Grundlage der dort eingeräumten Befugnis der Mitgliedstaaten sind insoweit anerkannt:
1. von der zuständigen Jugendbehörde anerkannte Träger der freien Jugendhilfe (§ 75 Abs. 1 SGB VIII), die Kirchen und Religionsgemeinschaften des öffentlichen Rechts sowie die amtlich anerkannten Verbände der freien Wohlfahrtspflege nach § 23 UStDV;
2. ¹bestimmte weitere Einrichtungen soweit sie
   a) ¹für ihre Leistungen eine im SGB VIII geforderte Erlaubnis besitzen. ²Insoweit handelt es sich um die Erlaubnistatbestände des § 43 SGB VIII (Erlaubnis zur Kindertagespflege), § 44 Abs. 1 Satz 1 SGB VIII (Erlaubnis zur Vollzeitpflege), § 45 Abs. 1 Satz 1 SGB VIII (Erlaubnis für den Betrieb einer Einrichtung, in der Kinder oder Jugendliche ganztägig oder für einen Teil des Tages betreut werden oder Unterkunft erhalten) und § 54 SGB VIII (Erlaubnis zur Übernahme von Pflegschaften oder Vormundschaften durch rechtsfähige Vereine);
   b) ¹für ihre Leistungen einer Erlaubnis nach SGB VIII nicht bedürfen. ²Dies sind die in § 44 Abs. 1 Satz 2 SGB VIII geregelten Fälle der Vollzeitpflege sowie der Betrieb einer Einrichtung nach

§ 4 zu § 4 Nr. 25 UStAE 4.25.1.

§ 45 SGB VIII, allerdings nur, wenn es sich um eine Jugendfreizeiteinrichtung, eine Jugendausbildungseinrichtung, eine Jugendherberge oder ein Schullandheim im Sinne des § 45 Abs. 1 Satz 2 Nr. 1 SGB VIII oder um ein landesgesetzlich der Schulaufsicht unterstehendes Schülerheim im Sinne des § 45 Abs. 1 Satz 2 Nr. 2 SGB VIII handelt. ³Ausgenommen sind somit die Einrichtungen im Sinne des § 45 Abs. 1 Satz 2 Nr. 3 SGB VIII, die außerhalb der Jugendhilfe liegende Aufgaben für Kinder oder Jugendliche wahrnehmen,

c) ¹Leistungen erbringen, die im vorangegangenen Kalenderjahr ganz oder zum überwiegenden Teil von Trägern der öffentlichen Jugendhilfe (§ 69 SGB VIII), anerkannten Trägern der freien Jugendhilfe (§ 75 Abs. 1 SGB VIII), Kirchen und Religionsgemeinschaften des öffentlichen Rechts oder amtlich anerkannten Verbänden der freien Wohlfahrtspflege nach § 23 UStDV vergütet wurden. ²Eine Vergütung durch die zuvor genannten Träger und Einrichtungen ist aber nur dann gegeben, wenn der Leistungserbringer von diesen unmittelbar bezahlt wird. ³Die Vergütung ist nicht um eine eventuelle Kostenbeteiligung nach §§ 90ff. SGB VIII, z.B. der Eltern, zu mindern,

d) ¹Leistungen der Kindertagespflege erbringen, für die sie nach § 24 Abs. 5 SGB VIII vermittelt werden können. ²Da der Befreiungstatbestand insoweit allein darauf abstellt, dass die Einrichtung für die Kindertagespflege vermittelt werden kann, im Einzelfall also nicht vermittelt werden muss, greift die Steuerbefreiung somit auch in den Fällen, in denen die Leistung „privat" nachgefragt wird.

³Der Begriff „Einrichtungen" umfasst dabei auch natürliche Personen.

Leistungsberechtigte / -adressaten

(3) ¹Das SGB VIII unterscheidet Leistungsberechtigte und Leistungsadressaten. ²Leistungen der Jugendhilfe – namentlich im Eltern-Kind-Verhältnis – sind meist nicht personenorientiert, sondern systemorientiert. ³Sie zielen nicht nur auf die Verhaltensänderung einer bestimmten Person ab, sondern auf die Änderung bzw. Verbesserung des Eltern-Kind-Verhältnisses. ⁴Deshalb sind leistungsberechtigte Personen

– in der Regel die Eltern,

darüber hinaus

– Kinder im Rahmen der Förderung in Tageseinrichtungen und in Tagespflege,
– Kinder und Jugendliche als Teilnehmer an Veranstaltungen der Jugendarbeit (§ 11 SGB VIII),
– Kinder und Jugendliche im Rahmen der Eingliederungshilfe für seelisch Behinderte (§ 35a SGB VIII),
– junge Volljährige im Rahmen von Veranstaltungen der Jugendarbeit (§ 11 SGB VIII) und von Hilfe für junge Volljährige (§ 41 SGB VIII).

⁵Leistungsadressaten sind bei Hilfen für Eltern regelmäßig auch Kinder und Jugendliche.

(4) ¹§ 4 Nr. 25 UStG verzichtet zudem auf eine eigenständige Definition des „Jugendlichen". ²Umsatzsteuerbefreit können daher auch Leistungen an Personen über 27 Jahren sein, z.B. Angebote der Jugendarbeit (§ 11 SGB VIII), die nach § 11 Abs. 4 SGB VIII in angemessenem Umfang auch Personen einbeziehen, die das 27. Lebensjahr vollendet haben.

Eng mit der Jugendhilfe verbundene Leistungen

(5) Steuerfrei sind nach § 4 Nr. 25 Satz 3 Buchstabe a UStG auch die Durchführung von kulturellen und sportlichen Veranstaltungen, wenn die Darbietungen von den von der Jugendhilfe begünstigten Personen (Absätze 3 und 4) selbst erbracht oder die Einnahmen überwiegend zur Deckung der Kosten verwendet werden und diese Leistungen in engem Zusammenhang mit den in § 4 Nr. 25 Satz 1 UStG bezeichneten Leistungen (Absätze 1 und 2) stehen.

(6) ¹Im § 4 Nr. 25 Satz 3 Buchstabe a UStG wird auf „die von der Jugendhilfe begünstigten Personen" abgestellt. ²Danach ist die Einbeziehung von Eltern in die Durchführung von kulturellen und sportlichen Veranstaltungen für die Steuerbefreiung unschädlich, sofern diese Leistungen in engem Zusammenhang mit den Leistungen der Jugendhilfe stehen.

(7) ¹Nach § 4 Nr. 25 Satz 3 Buchstabe b UStG sind auch die Beherbergung, Beköstigung und die üblichen Naturalleistungen steuerfrei, die diese Einrichtungen den Empfängern der Jugendhilfeleistungen und Mitarbeitern in der Jugendhilfe sowie den bei den Leistungen nach § 4 Nr. 25 Satz 1 UStG tätigen Personen als Vergütung für die geleisteten Dienste gewähren. ²Hinsichtlich des Begriffs der Vergütung für geleistete Dienste wird auf Abschnitt 4.18.1 Abs. 7 hingewiesen.

(8) Durch das Abstellen auf den „Empfänger der Jugendhilfeleistungen" wird auch insoweit eine steuerfreie Einbeziehung von Eltern ermöglicht.

(9) Liegen für Leistungen nach § 4 Nr. 25 UStG auch die Voraussetzungen der Steuerbefreiung für Reiseleistungen im Drittland (§ 25 Abs. 2 UStG) vor, geht die Steuerbefreiung des § 4 Nr. 25 UStG der Steuerbefreiung nach § 25 Abs. 2 UStG vor.

Zu § 4 Nr. 26 UStG

4.26.1. Ehrenamtliche Tätigkeit

(1) [1]Unter ehrenamtlicher Tätigkeit ist die Mitwirkung natürlicher Personen bei der Erfüllung öffentlicher Aufgaben zu verstehen, die auf Grund behördlicher Bestellung außerhalb eines haupt- oder nebenamtlichen Dienstverhältnisses stattfindet und für die lediglich eine Entschädigung besonderer Art gezahlt wird (vgl. BFH-Urteil vom 16.12.1987, X R 7/82, BStBl. 1988 II S. 384). [2]Hierzu rechnen neben den in einem Gesetz ausdrücklich als solche genannten Tätigkeiten auch die, die man im allgemeinen Sprachgebrauch herkömmlicher Weise als ehrenamtlich bezeichnet oder die dem materiellen Begriffsinhalt der Ehrenamtlichkeit entsprechen (vgl. BFH-Urteil vom 14.5.2008, XI R 70/07, BStBl. II S. 912). [3]Nach dem materiellen Begriffsinhalt kommt es insbesondere auf das Fehlen eines eigennützigen Erwerbsstrebens, die fehlende Hauptberuflichkeit und den Einsatz für eine fremdnützig bestimmte Einrichtung an. [4]Danach kann auch die Tätigkeit eines Ratsmitgliedes im Aufsichtsrat einer kommunalen Eigengesellschaft (BFH-Urteil vom 4.5.1994, XI R 86/92, BStBl. II S. 773) eine ehrenamtliche Tätigkeit im Sinne der Befreiungsvorschrift sein. [5]Zur Tätigkeit eines Mitglieds im Aufsichtsrat einer Genossenschaft vgl. BFH-Urteil vom 20.8.2009, V R 32/08, BStBl. 2010 II S. 88.

(2) [1]Die ehrenamtlichen Tätigkeiten für juristische Personen des öffentlichen Rechts fallen nur dann unter § 4 Nr. 26 Buchstabe a UStG, wenn sie für deren nichtunternehmerischen Bereich ausgeführt werden. [2]Es muss sich also um die Ausübung einer ehrenamtlichen Tätigkeit für den öffentlich-rechtlichen Bereich handeln. [3]Wird die ehrenamtliche Tätigkeit für den Betrieb gewerblicher Art einer Körperschaft des öffentlichen Rechts ausgeübt, kann sie deshalb nur unter den Voraussetzungen des § 4 Nr. 26 Buchstabe b UStG steuerfrei belassen werden (BFH-Urteil vom 4.4.1974, V R 70/73, BStBl. II S. 528).

(3) Die Mitwirkung von Rechtsanwälten in Rechtsberatungsdiensten ist keine ehrenamtliche Tätigkeit, weil die Rechtsanwälte in diesen Fällen nicht außerhalb ihres Hauptberufs tätig werden.

(4) [1]Geht in Fällen des § 4 Nr. 26 Buchstabe b UStG das Entgelt über einen Auslagenersatz und eine angemessene Entschädigung für Zeitversäumnis hinaus, besteht in vollem Umfang Steuerpflicht. [2]Was als angemessene Entschädigung für Zeitversäumnis anzusehen ist, muss nach den Verhältnissen des Einzelfalls beurteilt werden. [3]Dabei sind insbesondere die berufliche Stellung des ehrenamtlich Tätigen und sein Verdienstausfall zu berücksichtigen.

Zu § 4 Nr. 27 UStG

4.27.1. Gestellung von Mitgliedern geistlicher Genossenschaften und Angehörigen von Mutterhäusern

(1) [1]Die Steuerbefreiung kommt nur für die Gestellung von Mitgliedern oder Angehörigen der genannten Einrichtungen in Betracht. [2]Für die Gestellung von Personen, die lediglich Arbeitnehmer dieser Einrichtungen sind, kann die Steuerbefreiung nicht in Anspruch genommen werden.

(2) [1]Die Steuerbefreiung setzt voraus, dass die Personalgestellung für gemeinnützige, mildtätige, kirchliche oder schulische Zwecke erfolgt. [2]Die Frage ist nach den Vorschriften der §§ 52 bis 54 AO zu beurteilen. [3]In Betracht kommen insbesondere die Gestellung von Schwestern an Krankenhäuser und Altenheime sowie die Gestellung von Ordensangehörigen an Kirchengemeinden. [4]Schulische Zwecke werden bei der Gestellung von Lehrern an Schulen für die Erteilung von Unterricht verfolgt. [5]Dies gilt für die Erteilung von Unterricht jeder Art, also nicht nur für die Erteilung von Religionsunterricht.

4.27.2. Gestellung von land- und forstwirtschaftlichen Arbeitskräften sowie Gestellung von Betriebshelfern

(1) [1]Steuerfrei sind insbesondere Leistungen land- und forstwirtschaftlicher Selbsthilfeeinrichtungen – Betriebshilfsdienste- und Dorfhelferinnendienste –, die in der Regel in der Rechtsform eines eingetragenen Vereins betrieben werden. [2]Die Vorschrift des § 4 Nr. 27 Buchstabe b UStG unterscheidet zwischen unmittelbaren Leistungen an land- und forstwirtschaftliche Betriebe und Leistungen an die gesetzlichen Träger der Sozialversicherung.

Unmittelbare Leistungen an land- und forstwirtschaftliche Betriebe

(2) [1]Die Steuerbefreiung für unmittelbare Leistungen an land- und forstwirtschaftliche Betriebe kann nur von juristischen Personen des privaten oder öffentlichen Rechts – z.B. eingetragenen Vereinen oder Genossenschaften – beansprucht werden, nicht aber von Einzelunternehmern oder Personenge-

sellschaften. ²Befreit ist nur die Gestellung land- und forstwirtschaftlicher Arbeitskräfte. ³Die Arbeitskräfte müssen unmittelbar land- und forstwirtschaftlichen Unternehmern für deren land- und forstwirtschaftliche Betriebe im Sinne des § 24 Abs. 2 UStG gestellt werden. ⁴Indessen hängt die Steuerbefreiung nicht davon ab, ob die Kosten für die Ersatzkräfte von den gesetzlichen Trägern der Sozialversicherung erstattet werden.

(3) ¹Der Unternehmer hat nachzuweisen, dass die Arbeitskräfte für einen land- und forstwirtschaftlichen Betrieb mit höchstens drei Vollarbeitskräften gestellt worden sind. ²Dieser Nachweis kann durch eine schriftliche Bestätigung des betreffenden Land- und Forstwirts geführt werden. ³Darüber hinaus ist nachzuweisen, dass die gestellte Arbeitskraft den Ausfall des Betriebsinhabers oder eines voll mitarbeitenden Familienangehörigen wegen Krankheit, Unfalls, Schwangerschaft, eingeschränkter Erwerbsfähigkeit oder Todes überbrückt. ⁴Für diesen Nachweis sind entsprechende Bescheinigungen oder Bestätigungen Dritter – z.B. ärztliche Bescheinigungen, Bescheinigungen der Krankenhäuser und Heilanstalten oder Bestätigungen der Sozialversicherungsträger – erforderlich.

Leistungen an die gesetzlichen Träger der Sozialversicherung

(4) ¹Die Steuerbefreiung des § 4 Nr. 27 Buchstabe b UStG umfasst weiterhin die Gestellung von Betriebshelfern an die gesetzlichen Träger der Sozialversicherung (Berufsgenossenschaften, Krankenkassen, Rentenversicherungsträger, landwirtschaftliche Alterskassen). ²Diese Träger sind verpflichtet, ihren Mitgliedern in bestimmten Notfällen – z.B. bei einem Arbeitsunfall, einem Krankenhausaufenthalt oder einer Heilanstaltspflege – Betriebshilfe zu gewähren. ³Sie bedienen sich dabei anderer Unternehmer – z.B. der Betriebshilfsdienste und der Dorfhelferinnendienste – und lassen sich von diesen die erforderlichen Ersatzkräfte zur Verfügung stellen. ⁴Die Unternehmer, die Ersatzkräfte zur Verfügung stellen, erbringen damit steuerfreie Leistungen an die gesetzlichen Träger der Sozialversicherung. ⁵Auf die Rechtsform des Unternehmens kommt es dabei nicht an. ⁶Unter die Steuerbefreiung fällt auch die „Selbstgestellung" eines Einzelunternehmers, der seine Betriebshelferleistungen gegenüber einem Träger der Sozialversicherung erbringt.

(5) ¹Die Steuerbefreiung nach Absatz 4 ist nicht anwendbar, wenn es die gesetzlichen Träger der Sozialversicherung ihren Mitgliedern überlassen, die Ersatzkräfte selbst zu beschaffen, und ihnen lediglich die dadurch entstandenen Kosten erstatten. ²In diesen Fällen kann aber die Steuerbefreiung für unmittelbare Leistungen an land- und forstwirtschaftliche Betriebe (Absätze 2 und 3) in Betracht kommen.

Zu § 4 Nr. 28 UStG

4.28.1. Lieferung bestimmter Gegenstände

(1) ¹Nach § 4 Nr. 28 UStG ist die Lieferung von Gegenständen befreit, die der Unternehmer ausschließlich für Tätigkeiten verwendet, die nach § 4 Nr. 8 bis 27 UStG steuerfrei sind. ²Diese Voraussetzungen müssen während des gesamten Verwendungszeitraumes vorgelegen haben.

Beispiel:

Ein Arzt veräußert Einrichtungsgegenstände, die ausschließlich seiner nach § 4 Nr. 14 UStG steuerfreien Tätigkeit gedient haben.

³§ 4 Nr. 28 UStG ist weder unmittelbar noch entsprechend auf sonstige Leistungen anwendbar (vgl. BFH-Urteil vom 26.4.1995, XI R 75/94, BStBl. II S. 746).

(2) ¹Aus Vereinfachungsgründen kann die Steuerbefreiung nach § 4 Nr. 28 UStG auch in den Fällen in Anspruch genommen werden, in denen der Unternehmer die Gegenstände in geringfügigem Umfang (höchstens 5%) für Tätigkeiten verwendet hat, die nicht nach § 4 Nr. 8 bis 27 UStG befreit sind. ²Voraussetzung hierfür ist jedoch, dass der Unternehmer für diese Gegenstände darauf verzichtet, einen anteiligen Vorsteuerabzug vorzunehmen.

(3) ¹Nach § 4 Nr. 28 UStG ist auch die Lieferung von Gegenständen befreit, für die der Vorsteuerabzug nach § 15 Abs. 1a UStG ausgeschlossen ist. ²Die Steuerbefreiung kommt hiernach nur in Betracht, wenn im Zeitpunkt der Lieferung die Vorsteuer für die gesamten Anschaffungs- oder Herstellungskosten einschließlich der Nebenkosten und der nachträglichen Anschaffungs- oder Herstellungskosten nicht abgezogen werden konnte.

Beispiel:

¹Ein Unternehmer veräußert im Jahr 2 Einrichtungen seines Gästehauses. ²Ein Vorsteuerabzug aus den Anschaffungs- und Herstellungskosten, die auf die Einrichtungen entfallen, war im Jahr 1 nach § 15 Abs. 1a UStG ausgeschlossen. ³Die Lieferung der Einrichtungsgegenstände im Jahr 2 ist hiernach steuerfrei.

UStAE 4.28.1. zu § 4 Nr. 28 **§ 4**

(4) ¹Die Lieferung von Gegenständen ist auch dann nach § 4 Nr. 28 UStG befreit, wenn die anteiligen Anschaffungs- oder Herstellungskosten in der Zeit bis zum 31.3.1999 als Repräsentationsaufwendungen der Besteuerung des Eigenverbrauchs unterworfen waren und für die Zeit nach dem 31.3.1999 eine Vorsteuerberichtigung nach § 17 Abs. 1 in Verbindung mit Abs. 2 Nr. 5 UStG vorgenommen wurde. ²Die Steuerbefreiung kommt hiernach nur in Betracht, wenn im Zeitpunkt der Lieferung der Vorsteuerabzug aus der Anschaffung, Herstellung oder Einfuhr des Gegenstands im Ergebnis durch die Besteuerung als Eigenverbrauch oder durch die Vorsteuerberichtigung nach § 17 UStG vollständig ausgeglichen worden ist. ³Dies bedeutet, dass die Steuer für den Eigenverbrauch und die Vorsteuerberichtigung angemeldet und entrichtet sein muss. ⁴Im Übrigen wird auf das BFH-Urteil vom 2.7.2008, XI R 60/06, BStBl. 2009 II S. 167 hingewiesen.

Beispiel:

¹Der Unternehmer U hat ein Segelschiff für 100.000 € zuzüglich Umsatzsteuer erworben. ²Er verkauft es im Kalenderjahr 2004. ³Bis zum 31.3.1999 hat er die Aufwendungen für das Schiff als Repräsentationsaufwendungen der Eigenverbrauchsbesteuerung nach § 1 Abs. 1 Nr. 2 Buchstabe c UStG 1993 unterworfen. ⁴Für die Zeit nach dem 31.3.1999 bis zum 31.12.2003 nimmt er eine Vorsteuerberichtigung nach § 17 Abs. 1 in Verbindung mit Abs. 2 Nr. 5 UStG vor. ⁵Die Steuer für den Aufwendungseigenverbrauch und die Vorsteuerberichtigung nach § 17 UStG ist vollständig entrichtet worden. ⁶Das Schiff ist mit Ablauf des 31.12.2003 vollständig abgeschrieben.

⁷Der Verkauf im Kalenderjahr 2004 ist nach § 4 Nr. 28 UStG steuerfrei.

(5) Absatz 4 gilt entsprechend für die Lieferungen im Sinne des § 3 Abs. 1b Satz 1 Nr. 1 UStG.

(6) Liegen für die Lieferungen von Gegenständen nach § 4 Nr. 28 UStG durch den Unternehmer auch die Voraussetzungen einer Ausfuhrlieferung (§ 4 Nr. 1 Buchstabe a, § 6 UStG) bzw. einer innergemeinschaftlichen Lieferung (§ 4 Nr. 1 Buchstabe b, § 6a UStG) vor, geht die Steuerbefreiung des § 4 Nr. 28 UStG diesen Steuerbefreiungen vor.

Verwaltungsregelungen zu § 4

Datum	Anlage	Quelle	Inhalt
Zu § 4 Nr. 2			
27.01.10	§ 008-03	BMF	Steuerfreie Umsätze für die Luftfahrt (§ 4 Nr. 2, § 8 Abs. 2 UStG; Abschnitt 146 UStR)
Zu § 4 Nr. 3			
	§ 004 Nr. 3-01		nicht belegt
22.07.05	§ 004 Nr. 3-02	BMF	Nachweis der Steuerbefreiung für Leistungen gem. § 4 Nr. 3 Satz 1 Buchst. a Doppelbuchstabe bb UStG, die sich unmittelbar auf Gegenstände der Einfuhr beziehen
21.05.07	§ 004 Nr. 3-03	OFD Han	Nachweis der Steuerbefreiung für Leistungen gemäß § 4 Nr. 3 Buchst. a Doppelbuchst. aa und bb UStG
Zu § 4 Nr. 4a			
28.01.04	§ 004 Nr. 4a-01	BMF	Einführung einer Umsatzsteuerlagerregelung (§ 4 Nr. 4a UStG) und einer Steuerbefreiung für die einer Einfuhr vorangehenden Lieferung von Gegenständen
Zu § 4 Nr. 5			
30.03.06	§ 004 Nr. 5-01	BMF	Vermittlung von Personenbeförderungsleistungen im Luftverkehr
Zu § 4 Nr. 7			
09.06.94	§ 004 Nr. 7-01	BMF	Nachweis der Steuerbefreiung für Umsätze an die NATO-Hauptquartiere in der Bundesrepublik Deutschland durch Unternehmer in den übrigen EG-Mitgliedstaaten (Artikel 15 Nr. 10 2. Gedankenstrich der 6. EG-Richtlinie)
30.04.97	§ 004 Nr. 7-02	BMF	Umsatzsteuerbefreiung nach § 4 Nr. 7 Buchstaben b bis d UStG; Nachweis der im Gastmitgliedstaat geltenden Voraussetzungen und Beschränkungen

§ 4

Datum	Anlage	Quelle	Inhalt
17.05.11	§ 004 Nr. 7-03	BMF	Umsatzsteuerbefreiung nach § 4 Nr. 7 Satz 1 Buchst. b bis d UStG; Nachweis der im Gastmitgliedstaat geltenden Voraussetzungen (§ 4 Nr. 7 Satz 5 UStG)
Zu § 4 Nr. 8			
14.05.96	§ 001-27	OFD Fra	Umsatzsteuerliche Behandlung der Abgabe von Multifunktionskarten (Chipkarten) und Telefonkarten
01.02.89	§ 004 Nr. 8-01	OFD Sb	Verbriefte und nichtverbriefte Genußrechte
19.12.89	§ 004 Nr. 8-02	BMF	Umsatzsteuerrechtliche Behandlung verschiedener Finanzmarktinnovationen und der uneigentlichen Wertpapierleihe
21.09.90	§ 004 Nr. 8-03	BMF	Umsatzsteuerliche Behandlung der Asset-Backed Securities (§ 4 Nr. 8e UStG)
	§ 004 Nr. 8-04		nicht belegt
	§ 004 Nr. 8-05		nicht belegt
29.06.93	§ 004 Nr. 8-06	BMF	Abgrenzung der steuerfreien von den steuerpflichtigen Umsätzen im Wertpapier- und Depotbereich
	§ 004 Nr. 8-07		nicht belegt
	§ 004 Nr. 8-08		nicht belegt
18.12.97	§ 004 Nr. 8-09	BMF	Umsatzsteuerbefreiung für die Verwaltung von Versorgungseinrichtungen nach § 4 Nr. 8 Buchst. h UStG
10.02.98	§ 004 Nr. 8-10	BMF	Umsatzsteuerliche Behandlung von Wechseldiskont und Zinsen aus Wertpapieren (§ 4 Nr. 8, § 15 Abs. 4 UStG)
25.03.98	§ 004 Nr. 8-11	FM Bay	Umsatzsteuerliche Behandlung von Treuhandkrediten und sog. stillen Gemeinschaftskrediten
01.07.98	§ 004 Nr. 8-12	OFD Kob	Meldungen von Wertpapiergeschäften über ein Zentralinstitut oder ein anderes Kreditinstitut nach § 9 WpHG
	§ 004 Nr. 8-13		nicht belegt
10.04.00	§ 004 Nr. 8-14	BMF	Behandlung von Warentermingeschäften
30.05.00	§ 004 Nr. 8-15	BMF	Keine Umsatzsteuerbefreiung nach § 4 Nr. 8 Buchst. d UStG für Leistungen der durch Outsourcing entstandenen Rechenzentren
31.05.00	§ 004 Nr. 8-16	BMF	Steuerbefreiung nach § 4 Nr. 8 Buchst. h UStG; Verwaltung von Versorgungseinrichtungen i. S. des Versicherungsaufsichtsgesetzes (VAG)
13.12.04	§ 004 Nr. 8-17	BMF	Begriff der Vermittlung in § 4 UStG; BFH-Urteil vom 9.10.2003 – BStBl. II S. 958 – zur Steuerbefreiung für die Vermittlung von Krediten nach § 4 Nr. 8 Buchst. a UStG
30.05.05	§ 004 Nr. 8-18	BMF	Begriff der Vermittlung in § 4 UStG; BFH-Urteil vom 9.10.2003 – BStBl. II S. 958 – zur Steuerbefreiung für die Vermittlung von Krediten nach § 4 Nr. 8 Buchst. a UStG
09.12.08	§ 004 Nr. 8-19	BMF	Auswirkungen des BFH-Urteils vom 11.10.2007 – V R 22/04 – zur umsatzsteuerlichen Behandlung der Vermögensverwaltung (Portfolioverwaltung)
23.06.09	§ 004 Nr. 8-20	BMF	Umsatzsteuerliche Behandlung von Vermittlungsleistungen der in § 4 Nr. 8 und § 4 Nr. 11 UStG bezeichneten Art – Konsequenzen aus dem BFH-Urteil vom 30.10.2008, V R 44/07
06.05.10	§ 004 Nr. 8-21	BMF	Steuerbefreiung gemäß § 4 Nr. 8 Buchst. h UStG für die Verwaltung von Investmentvermögen nach dem Investmentgesetz
15.12.10	§ 004 Nr. 8-22	BMF	Urteil des Bundesfinanzhofs (BFH) vom 10.2.2010, XI R 49/07; Umsatzsteuerrechtliche Behandlung der Garantiezusage eines Autoverkäufers; CG Car-Garantiemodell

§ 4

Datum	Anlage	Quelle	Inhalt
02.03.11	§ 004 Nr. 8-23	BMF	Umsatzsteuerbefreiung für die Verwaltung von Versorgungseinrichtungen
Zu § 4 Nr. 9			
22.09.08	§ 004 Nr. 9-01	BMF	§ 3 Abs. 1b, § 4 Nr. 9 Buchst. a UStG – Steuerbefreiung bei der Entnahme eines Grundstücks aus dem Unternehmen
Zu § 4 Nr. 10			
05.07.93	§ 004 Nr. 10-01	BMF	Verwaltungskostenbeiträge bei Gruppenversicherungsverträgen mit Vereinen/Berufsverbänden
Zu § 4 Nr. 11			
02.05.95	§ 004 Nr. 11-01	BMF	Umsatzsteuerbefreiung der Umsätze aus der Tätigkeit als Versicherungsvertreter (§ 4 Nr. 11 UStG); Verwaltungstätigkeit als berufstypische Tätigkeit eines Versicherungsvertreters
09.10.08	§ 004 Nr. 11-02	BMF	Umsatzsteuerliche Behandlung der Umsätze aus der Tätigkeit als Bausparkassenvertreter, Versicherungsvertreter oder Versicherungsmakler (§ 4 Nr. 11 UStG); Konsequenzen aus dem BFH-Urteil vom 6.9.2007, V R 50/05
Zu § 4 Nr. 11b			
	§ 004 Nr. 11b-01		nicht belegt
13.12.06	§ 004 Nr. 11b-02	BMF	Umsatzsteuerrechtliche Behandlung der Entgelte für postvorbereitende Leistungen durch einen sog. Konsolidierer (§ 51 Abs. 1 Satz 2 Nr. 5 PostG)
21.10.10	§ 004 Nr. 11b-03	BMF	Steuerbefreiung für Post-Universaldienstleistungen ab 1.7.2010
Zu § 4 Nr. 12			
07.10.85	§ 004 Nr. 12-01	BMF	Umsatzsteuerbefreiung für die Bestellung von dinglichen Nutzungsrechten an Grundstücken (§ 4 Nr. 12c UStG); Übergangsregelungen bei Grundstücken, die nichtunternehmerischen Zwecken dienen
16.01.89	§ 004 Nr. 12-02	OFD Fra	Umsatzsteuerbefreiung bei Unterbringung von Aussiedlern und Asylanten
26.04.91	§ 004 Nr. 12-03	OFD Sb	Umsatzsteuerbefreiung für die Überlassung von Bootsliegeplätzen
	§ 004 Nr. 12-04		nicht belegt
01.09.92	§ 004 Nr. 12-05	OFD Kln	Umsatzsteuerpflicht der Vermietung von Plätzen für das Abstellen von Fahrzeugen (§ 4 Nr. 12 Satz 2 UStG)
	§ 004 Nr. 12-06		nicht belegt
24.11.95	§ 004 Nr. 12-07	BMF	Umsatzsteuer bei der Vermietung von Plätzen für das Abstellen von Fahrzeugen; Nutzungsverträge nach den §§ 312 bis 314 ZGB – DDR –
22.01.96	§ 004 Nr. 12-08	OFD Fra	Abstandszahlung des Bundesvermögensamtes in Höhe des Vorsteuer-Berichtigungsbetrages nach § 15a UStG nach Beendigung der Vermietung für NATO-Zwecke
	§ 004 Nr. 12-09		nicht belegt
	§ 004 Nr. 12-10		nicht belegt
	§ 004 Nr. 12-11		nicht belegt
18.10.05	§ 004 Nr. 12-12	BMF	Überlassung von Grundstücksflächen beim Bau von Überlandleitungen und im Zusammenhang damit bestellten Dienstbarkeiten und vereinbarten Ausgleichszahlungen; BFH-Urteil vom 11.11.2004

§ 4

Datum	Anlage	Quelle	Inhalt
15.01.09	§ 004 Nr. 12-13	BMF	§ 4 Nr. 12 Satz 1 Buchst. a UStG – Anwendung des BFH-Urteils vom 24.1.2008 – V R 12/05 (Einheitliche Vermietungsleistung)
21.07.09	§ 004 Nr. 12-14	BMF	Lieferung von Strom als Nebenleistung zu Vermietungsumsätzen; BFH-Urteil vom 15.1.2009 – V R 91/07
Zu § 4 Nr. 13			
30.08.05	§ 004 Nr. 13-01	Bay LSt	Umsatzsteuerliche Behandlung der Verwaltertätigkeit nach dem WoEigG
Zu § 4 Nr. 14			
09.04.87	§ 004 Nr. 14-01	BMF	Umsatzsteuerbefreiung nach § 4 Nr. 14 UStG; Nichtärztliche Psychotherapeuten
	§ 004 Nr. 14-02		nicht belegt
	§ 004 Nr. 14-03		nicht belegt
26.01.93	§ 004 Nr. 14-04	BMF	Umsatzsteuerbefreiung nach § 4 Nr. 14 UStG; Atem-, Sprech- und Stimmlehrer/innen
21.05.97	§ 004 Nr. 14-05	FM Bay	Umsatzsteuerliche Behandlung der bei kieferorthopädischen Behandlungen verwendeten Apparate
10.06.98	§ 004 Nr. 14-06	BMF	Steuerbefreiung nach § 4 Nr. 14 UStG; Anpassung von Hörgeräten
13.04.99	§ 004 Nr. 14-07	BMF	Umsatzsteuerbefreiung nach § 4 Nr. 14 UStG; Zahnfüllungen und Kronen im sog. CEREC-Verfahren
	§ 004 Nr. 14-08		nicht belegt
	§ 004 Nr. 14-09		nicht belegt
13.10.00	§ 004 Nr. 14-10	BMF	Keine Umsatzsteuerbefreiung für Orientierungs- und Mobilitätslehrer/-innen
	§ 004 Nr. 14-11		nicht belegt
	§ 004 Nr. 14-12		nicht belegt
	§ 004 Nr. 14-13		nicht belegt
	§ 004 Nr. 14-14		nicht belegt
	§ 004 Nr. 14-15		nicht belegt
04.05.07	§ 004 Nr. 14-16	BMF	Einheitlichkeit der Leistung, Steuerbefreiung nach § 4 Nr. 14 UStG; Anwendung des BFH-Urteils vom 13.07.2006 – V R 7/05 – auf nach dem Arbeitssicherheitsgesetz (ASiG) und anderen Schutzvorschriften erbrachte medizinische Leistungen
31.05.07	§ 004 Nr. 14-17	OFD Kob	Umsatzsteuerbefreiung nach § 4 Nr. 14 UStG für ähnliche heilberufliche Tätigkeiten
17.12.07	§ 004 Nr. 14-18	BMF	Umsatzsteuerliche Behandlung medizinischer Laboruntersuchungen – Konsequenzen aus dem BFH-Urteil vom 15.03.2007 – V R 55/03 – (BStBl. 2008 II S. 31)
	§ 004 Nr. 14-19		nicht belegt
26.10.10	§ 004 Nr. 14-20	BMF	Umsatzsteuerbefreiung für ambulante Rehabilitationsleistungen; §§ 40 und 111 SGB V
Zu § 4 Nr. 15			
04.05.00	§ 004 Nr. 15-01	BMF	Umsatzsteuerbefreiung der Sammel- und Verteilungsstelle für das Institutionskennzeichen (SVI)
Zu § 4 Nr. 16			
	§ 004 Nr. 16-01		nicht belegt
	§ 004 Nr. 16-02		nicht belegt
	§ 004 Nr. 16-03		nicht belegt
	§ 004 Nr. 16-04		nicht belegt

§ 4

Datum	Anlage	Quelle	Inhalt
01.04.99	§ 004 Nr. 16-05	OFD Kob	Pflegebedürftigkeit von Heimbewohnern als Voraussetzung für die Steuerbefreiung nach § 4 Nr. 16 Buchst. d UStG
	§ 004 Nr. 16-06		nicht belegt
09.11.99	§ 004 Nr. 16-07	BMF	Umsatzsteuerliche Behandlung der Aufnahme von Begleitpersonen in Reha-Kliniken
	§ 004 Nr. 16-08		nicht belegt
18.05.00	§ 004 Nr. 16-09	BMF	Steuerbefreiung nach § 4 Nr. 16 Buchst. e UStG; Leistungen von ambulanten Pflegediensten und deren Kooperationspartnern
	§ 004 Nr. 16-10		nicht belegt
	§ 004 Nr. 16-11		nicht belegt
25.01.06	§ 004 Nr. 16-12	FM NRW	Umsatzsteuerliche Behandlung für ambulante Leistungen der Eingliederungshilfe gem. § 53 SGB XII
20.07.09	§ 004 Nr. 16-13	BMF	Einführungsschreiben zu § 4 Nr. 16 UStG in der ab dem 1.1.2009 geltenden Fassung
Zu § 4 Nr. 17			
22.03.05	§ 004 Nr. 17-01	BMF	Steuerbefreiung nach § 4 Nr. 17 Buchst. b UStG; Konsequenzen aus dem BFH-Urteil vom 12.08.2004 – V R 45/03
09.03.11	§ 004 Nr. 17-02	BMF	Umsatzsteuerbefreiung nach § 4 Nr. 17 Buchst. b UStG; Beförderung von kranken und verletzten Personen
Zu § 4 Nr. 18			
22.02.93	§ 004 Nr. 18-01	FM Bra	Steuerbefreiung der amtlich anerkannten Wohlfahrtsverbände und deren Mitglieder
	§ 004 Nr. 18-02		nicht belegt
14.08.97	§ 004 Nr. 18-03	OFD Düs	Steuerbefreiung nach § 4 Nr. 18 UStG; Leistungen zwischen einem Landesverband des Deutschen Roten Kreuzes (DRK) und seinen regionalen Untergliederungen
Zu § 4 Nr. 20			
07.07.89	§ 003-02	BMF	Umsatzsteuerliche Behandlung von Leistungen der Volksbühnen- und Theatergemeinden-Vereine
01.08.90	§ 004 Nr. 20-01	BMF	Umsatzsteuerliche Behandlung von Leistungen der Volksbühnen- und Theatergemeinden-Vereine
30.11.95	§ 004 Nr. 20-02	BMF	Rückwirkende Anwendung einer erteilten Bescheinigung bei der Umsatzsteuerbefreiung für Umsätze nach § 4 Nr. 20 Buchst. a Satz 2 bzw. § 4 Nr. 21 Buchst. b UStG; BFH-Entscheidungen vom 15.09.1994 – XI R 101/92 – und vom 06.12.1994 – V B 52/94 –
	§ 004 Nr. 20-03		nicht belegt
13.11.03	§ 004 Nr. 20-04	OFD Düs	Steuerliche Behandlung von Einzelkünstlern – EuGH-Urteil vom 03.04.2003 Rs. C-144/00 (BStBl. II 2003 S. 679)
14.08.07	§ 004 Nr. 20-05	OFD Fra	Umsatzsteuerliche Behandlung von Leistungen der Theatergemeinden- und Volksbühnen-Vereine; Beschaffung von Theaterkarten
17.10.08	§ 004 Nr. 20-06	OFD Fra	Verkauf von Tonträgern durch Künstler
Zu § 4 Nr. 21			
	§ 004 Nr. 21-01		nicht belegt
	§ 004 Nr. 21-02		nicht belegt
	§ 004 Nr. 21-03		nicht belegt
	§ 004 Nr. 21-04		nicht belegt

§ 4

Datum	Anlage	Quelle	Inhalt
26.05.96	§ 004 Nr. 21-05	BMF	Umsatzsteuerbefreiung für Leistungen berufsbildender Einrichtungen; Bescheinigungsverfahren von Maßnahmen gem. § 34 AFG
	§ 004 Nr. 21-06		nicht belegt
28.02.97	§ 004 Nr. 21-07	BMF	Umsatzsteuerbefreiung nach § 4 Nr. 21 Buchst. b UStG für Maßnahmen der Arbeitsberatung (§ 53 Abs. 1 Satz 1 Nr. 6b AFG)
31.05.99	§ 004 Nr. 21-08	BMF	Ergänzung des § 4 Nr. 21 UStG durch das Steuerentlastungsgesetz 1999/2000/2002
24.11.99	§ 004 Nr. 21-09	FM NRW	Steuerbefreiung nach § 4 Nr. 21 UStG – Behandlung von Schulungseinrichtungen des Bundes und der Länder
08.02.00	§ 004 Nr. 21-10	BMF	Umsatzsteuerbefreiung nach § 4 Nr. 21 UStG; Fahrschulen als berufsbildende Einrichtungen
27.04.00	§ 004 Nr. 21-11	BMF	Steuerbefreiung nach § 4 Nr. 21 UStG; Finanzierung durch den Europäischen Sozialfonds (ESF) – Existenzgründungsmaßnahmen
18.01.06	§ 004 Nr. 21-12	OFD Mst	Beurteilung der Integrationskurse nach dem Zuwanderungsgesetz
24.07.07	§ 004 Nr. 21-13	OFD Kob	Umsatzsteuerbefreiung nach § 4 Nr. 21 Buchst. a Doppelbuchst. bb UStG für die Leistungen von Tanz- bzw. Ballettschulen
01.12.10	§ 004 Nr. 21-14	BMF	Umsatzsteuerbefreiung nach § 4 Nr. 21 UStG; Maßnahmen zur Aktivierung und beruflichen Eingliederung nach dem Dritten Buch Sozialgesetzbuch
03.03.11	§ 004 Nr. 21-15	BMF	§ 4 Nr. 21 des Umsatzsteuergesetzes UStG; Umsatzsteuerliche Behandlung von Integrationskursen nach § 43 des Aufenthaltsgesetzes (AufenthG)
06.07.11	§ 004 Nr. 21-16	BMF	Umsatzsteuerbefreiung nach § 4 Nr. 21 Buchst. a Doppelbuchst. bb UStG für Maßnahmen zur Aktivierung und beruflichen Eingliederung nach dem Dritten Buch Sozialgesetzbuch; Bescheinigungsverfahren
Zu § 4 Nr. 22			
05.10.90	§ 004 Nr. 22-01	BMF	Umsatzsteuerbefreiung nach § 4 Nr. 22 Buchst. b UStG und Umsatzsteuerermäßigung nach § 12 Abs. 2 Nr. 8 Buchst. a UStG; Genehmigung von Sportveranstaltungen und Ausstellung von Sportausweisen durch Sportverbände
Zu § 4 Nr. 23			
11.03.91	§ 004 Nr. 23-01	OFD Sb	Steuerbarer Umsatz bei entgeltlicher Beherbergung und Beköstigung von Auszubildenden im Hotel- und Gaststättengewerbe
28.09.01	§ 004 Nr. 23-02	BMF	Steuerbefreiung nach § 4 Nr. 23 UStG; BFH-Urteil vom 28.09.2000 V R 26/99
27.09.07	§ 004 Nr. 23-03	BMF	Vermietung von Wohnraum und Abgabe von Mahlzeiten durch ein Studentenwerk – Anwendung der BFH-Urteile vom 19.05.2005 – V R 32/03, BStBl. II S. 900 und vom 28.09.2006, V R 57/05, BStBl. II 2007 S. 846
Zu § 4 Nr. 26			
02.01.12	§ 004 Nr. 26-01	BMF	Umsatzsteuerbefreiung nach § 4 Nr. 26 Buchst. b UStG; Angemessene Entschädigung für Zeitversäumnis
Zu § 4 Nr. 27			
12.06.09	§ 004 Nr. 27-01	BMF	Umsätze aus der Tätigkeit als Betriebshelfer; Umsatzsteuerbefreiung nach § 4 Nr. 27 Buchst. b UStG

§ 4

Rechtsprechungsauswahl

Zu § 4 Nr. 3:

BFH vom 10.11.2010 – V R 27/09, BStBl. 2011 II S. 558: Leistungsort für Kontroll- und Überwachungsleistungen im internationalen Warenverkehr.

Die Tätigkeit einer internationalen Kontroll- und Überwachungsgesellschaft, deren „Bescheinigung über die Entladung und Einfuhr" von Erzeugnissen in das Drittland Voraussetzung für eine im Inland zu gewährende Ausfuhrerstattung ist, steht in unmittelbarem Zusammenhang mit Gegenständen der Ausfuhr i.S. des § 4 Nr. 3 Satz 1 Buchst. a Doppelbuchst. aa 1. Alternative UStG und ist daher steuerbefreit.

Zu § 4 Nr. 5:

BFH vom 25.06.1998 – V R 57/97, BStBl. 1999 II S. 102: Steuerfreiheit eines Anspruchs eines Handelsvertreters gem. § 89b HGB.

Der Ausgleichsanspruch nach § 89b HGB ist Teil der Gegenleistung für die Vermittlungsleistungen eines Handelsvertreters. Wenn die Vermittlungsleistungen des Handelsvertreters für den Auftraggeber steuerfrei erbracht werden, darf der Ausgleichsanspruch nach Beendigung des Vertragsverhältnisses nicht mit Umsatzsteuer belastet werden.

Zu § 4 Nr. 8:

EuGH vom 28.07.2011 – Rs. C-350/10 – Nordea Pankki Suomi Oyi, UR 2011 S. 747: Keine Steuerbefreiung der Dienstleistungen der elektronischen Nachrichtenübermittlung für Finanzinstitute – SWIFT-Meldungen im internationalen Zahlungsverkehr.

Art. 13 Teil B Buchst. d Nr. 3 und 5 der 6. EG-Richtlinie 77/388/EWG ist dahin auszulegen, dass die in dieser Bestimmung vorgesehene Befreiung von der Mehrwertsteuer nicht für Dienstleistungen der elektronischen Nachrichtenübermittlung für Finanzinstitute gilt, wie sie im Ausgangsverfahren in Rede stehen.

BFH vom 05.05.2011 – V R 51/10, BStBl. 2011 II S. 740: Vorlage an den EuGH zur Steuerfreiheit von Beratungsleistungen an eine Kapitalanlagegesellschaft.

Zur Auslegung der „Verwaltung von Sondervermögen durch Kapitalanlagegesellschaften" i.S. von Art. 13 Teil B Buchst. d Nr. 6 der Richtlinie 77/388/EWG: Ist die Leistung eines außenstehenden Verwalters eines Sondervermögens nur dann hinreichend spezifisch und damit steuerfrei, wenn

a) er eine Verwaltungs- und nicht nur eine Beratungstätigkeit ausübt oder wenn

b) sich die Leistung ihrer Art nach aufgrund einer für die Steuerfreiheit nach dieser Bestimmung charakteristischen Besonderheit von anderen Leistungen unterscheidet oder wenn

c) er aufgrund einer Aufgabenübertragung nach Art. 5g der geänderten Richtlinie 85/611/EWG tätig ist?

EuGH vom 10.03.2011 – Rs. C-540/09 – Scandinaviska Enskilda Banken AB Momsgroupp, UR 2011 S. 751: Steuerfreie entgeltliche Übernahmegarantie eines Kreditinstituts gegenüber einer Aktien ausgebenden Gesellschaft bezüglich am Ende der Zeichnungsfrist auf dem Kapitalmarkt nicht gezeichneter neuer Aktien.

Art. 13 Teil B Buchst. d Nr. 5 der 6. EG-Richtlinie 77/388/EWG ist dahin gehend auszulegen, dass die in dieser Vorschrift vorgesehene Befreiung von der Mehrwertsteuer auch Dienstleistungen umfasst, die ein Kreditinstitut in Form einer Übernahmegarantie und gegen eine Vergütung gegenüber einer Gesellschaft erbringt, die im Begriff steht, Aktien auszugeben, wenn diese Garantie zum Gegenstand hat, dass sich dieses Institut dazu verpflichtet, diejenigen Aktien zu erwerben, die möglicherweise in der für die Zeichnung der Aktien vorgesehenen Zeit nicht gezeichnet werden.

EuGH vom 28.10.2010 – Rs. C-175/09 – AXA UK plc, UR 2011 S. 265: Keine Steuerbefreiung einer entgeltlichen Dienstleistung der Einziehung und Bearbeitung von Zahlungen nach einem Zahlungsplan für zahnärztliche Versorgung für Rechnung der Zahnärzte als Kunden einer zahnärztlichen Verrechnungsstelle als Dienstleister.

Art. 13 Teil B Buchst. d Nr. 3 der 6. EG-Richtlinie 77/388/EWG ist dahin auszulegen, dass die Erbringung einer Dienstleistung, die im Wesentlichen darin besteht, bei den Banken Dritter die Beträge, die diese Dritten dem Kunden des Dienstleisters schulden, für Rechnung des Kunden im Lastschriftverfahren einzuziehen, dem Kunden eine Aufstellung der erhaltenen Beträge zu übermitteln, Kontakt mit den Dritten aufzunehmen, von denen der Dienstleister keine Zahlung erhalten hat, und schließlich

§ 4

der Bank des Dienstleisters den Auftrag zu erteilen, die erhaltenen Beträge abzüglich des Entgelts des Dienstleisters auf das Bankkonto des Kunden zu überweisen, nicht unter die in dieser Bestimmung vorgesehene Mehrwertsteuerbefreiung fällt.

BFH vom 28.10.2010 – V R 9/10, BStBl. 2011 II S. 306: Vorabentscheidungsersuchen zur Steuerfreiheit der Portfolioverwaltung.

Dem EuGH werden folgende Fragen zur Auslegung der Richtlinie 2006/112/EG vorgelegt:

1. Ist die Vermögensverwaltung mit Wertpapieren (Portfolioverwaltung), bei der ein Steuerpflichtiger gegen Entgelt aufgrund eigenen Ermessens über den Kauf und Verkauf von Wertpapieren entscheidet und diese Entscheidung durch den Kauf und Verkauf der Wertpapiere vollzieht, nur als Verwaltung von Sondervermögen für mehrere Anleger gemeinsam nach Art. 135 Abs. 1 Buchst. g der Richtlinie 2006/112/EG oder auch als individuelle Portfolioverwaltung für einzelne Anleger nach Art. 135 Abs. 1 Buchst. f der Richtlinie 2006/112/EG (Umsatz, der sich auf Wertpapiere bezieht, oder als Vermittlung eines derartigen Umsatzes) steuerfrei?
2. Welche Bedeutung kommt bei der Bestimmung von Haupt- und Nebenleistung dem Kriterium, dass die Nebenleistung für die Kundschaft keinen eigenen Zweck, sondern das Mittel darstellt, um die Hauptleistung des Leistungserbringers unter optimalen Bedingungen in Anspruch zu nehmen, im Verhältnis zur gesonderten Berechnung der Nebenleistung und der Erbringbarkeit der Nebenleistung durch Dritte zu?
3. Erfasst Art. 56 Abs. 1 Buchst. e der Richtlinie 2006/112/EG nur die in Art. 135 Abs. 1 Buchst. a bis g der Richtlinie 2006/112/EG genannten Leistungen oder auch die Vermögensverwaltung mit Wertpapieren (Portfolioverwaltung), selbst wenn dieser Umsatz nicht der zuletzt genannten Bestimmung unterliegt?

BFH vom 10.02.2010 – XI R 49/07, BStBl. 2010 II S. 1109: Garantiezusage eines Autoverkäufers.[1]

Die Garantiezusage eines Autoverkäufers, durch die der Käufer gegen Entgeld nach seiner Wahl einen Reparaturanspruch gegenüber dem Verkäufer oder einen Reparaturkostenersatzanspruch gegenüber einem Versicherer erhält, ist steuerpflichtig (Änderung der Rechtsprechung des BFH, Urteil vom 16.01.2003 – V R 16/02, BStBl. 2003 II S. 445).

EuGH vom 22.10.2009 – Rs. C-242/08 – Swiss Re Germany Holding GmbH, UR 2009 S. 891: Keine steuerfreie Übertragung eines Bestands von Lebensrückversicherungsverträgen an eine in einem Drittstaat ansässige Person.

1. Eine von einer in einem Mitgliedstaat ansässigen Gesellschaft vorgenommene entgeltliche Übertragung eines Bestands von Lebensrückversicherungsverträgen auf ein in einem Drittstaat ansässiges Versicherungsunternehmen, durch die dieses Unternehmen alle Rechte und Pflichten aus diesen Verträgen mit Zustimmung der Versicherungsnehmer übernommen hat, stellt weder einen unter die Art. 9 Abs. 2 Buchst. e 5. Gedankenstrich und Art. 13 Teil B Buchst. a der 6. EG-Richtlinie 77/388/EWG noch einen unter Art. 13 Teil B Buchst. d Nr. 2 in Verbindung mit Nr. 3 der 6. EG-Richtlinie fallenden Umsatz dar.
2. Bei einer entgeltlichen Übertragung eines Bestands von 195 Lebensrückversicherungsverträgen wirkt sich der Umstand, dass nicht der Zessionar, sondern der Zedent für die Übernahme von 18 dieser Verträge ein Entgelt – nämlich durch Ansetzung eines negativen Wertes – entrichtet, auf die Beantwortung der ersten Frage nicht aus.
3. Art. 13 Teil B Buchst. c der 6. EG-Richtlinie ist dahin auszulegen, dass er auf eine entgeltliche Übertragung eines Bestands, von Lebensrückversicherungsverträgen wie die im Ausgangsverfahren fragliche, nicht anwendbar ist.

BFH vom 30.10.2008 – V R 44/07, BStBl. 2009 II S. 554: Keine Umsatzsteuerfreiheit für Betreuung, Schulung und Überwachung von Vertretern.[2]

1. § 4 Nr. 8 Buchst. f UStG enthält auch unter Berücksichtigung von Art. 13 Teil B Buchst. d Nr. 5 der Richtlinie 77/388/EWG keine allgemeine Steuerbefreiung für Leistungen beim Vertrieb von Anteilen an Gesellschaften und anderen Vereinigungen, sondern erfasst nur die Vermittlung von Umsätzen mit derartigen Anteilen. Die steuerfreie Vermittlung muss sich auf einzelne Geschäftsabschlüsse beziehen.
2. Die Steuerfreiheit der Betreuung, Schulung und Überwachung von Versicherungsvertretern nach § 4 Nr. 11 UStG setzt voraus, dass der Unternehmer, der diese Leistungen übernimmt, durch Prüfung

---
1) Siehe dazu BMF vom 15.12.2010, Anlage § 004 Nr. 8-22
2) Siehe dazu Anlage § 004 Nr. 8-20

eines jeden Vertragsangebots zumindest mittelbar auf eine der Vertragsparteien einwirken kann, wobei auf die Möglichkeit, eine solche Prüfung im Einzelfall durchzuführen, abzustellen ist. Die einmalige Prüfung und Genehmigung von Standardverträgen und standardisierten Vorgängen reicht entgegen dem BMF-Schreiben vom 9.10.2008 (IV B 9 – S 7167/08/10001, BStBl. I 2008, 948)[1] nicht aus.

BFH vom 12.06.2008 – V R 32/06, BStBl. 2008 II S. 777: Leistungen eines Rechenzentrums.

1. Leistungen eines Rechenzentrums (Rechenzentrale) an Banken können nur dann als „Umsätze im Einlagengeschäft, im Kontokorrentverkehr sowie im Zahlungs- und Überweisungsverkehr" nach § 4 Nr. 8 Buchst. d UStG steuerfrei sein, wenn diese Leistungen ein im Großen und Ganzen eigenständiges Ganzes sind, das die spezifischen und wesentlichen Funktionen der in dieser Vorschrift genannten Umsätze erfüllt.
2. Das Betreiben eines automatisierten Überweisungssystems, das die Prüfung und Freigabe einzelner Überweisungsaufträge ermöglicht und die Kundenweisung dadurch umsetzt, dass der Überweisungsbetrag vom Konto des Bankkunden abgebucht und der Bank des Begünstigten gutgeschrieben wird, kann als Leistung im Überweisungsverkehr steuerfrei sein. Dass das Rechenzentrum hierbei aufgrund der inhaltlichen Vorgaben der Bank für die Ausführung der Kundenweisung keine dispositiven Entscheidungen zu treffen hat, ist unerheblich.
3. Aus dem Leistungsverzeichnis eines Rahmenvertrages mit 2623 Einzelpositionen, für die eine jeweils eigenständige Vergütungsregelung besteht, können nicht 145 Einzeltätigkeiten zu nach § 4 Nr. 8 Buchst. d UStG steuerfreien Leistungen zusammengefasst werden.

BFH vom 16.04.2008 – XI R 54/06, BStBl. 2008 II S. 772: Zur Umsatzsteuerpflicht der Bestandsübertragung von Lebensrückversicherungsverträgen.

Dem EuGH werden nach Art. 234 EG folgende Fragen zur Auslegung der Sechsten MwSt-Richtlinie 77/388/EWG vorgelegt:

1. Sind Art. 9 Abs. 2 Buchst. e fünfter Gedankenstrich und Art. 13 Teil B Buchst. a, Buchst. d Nr. 2 und 3 der Sechsten MwSt-Richtlinie 77/388/EWG dahingehend auszulegen, dass die gegen einen vom Erwerber zu entrichtenden Kaufpreis erfolgende Übernahme eines Lebensrückversicherungsvertrages, auf dessen Grundlage der Erwerber des Vertrages die durch den bisherigen Versicherer ausgeübte steuerfreie Rückversicherungstätigkeit mit Zustimmung des Versicherungsnehmers übernimmt und nunmehr anstelle des bisherigen Versicherers steuerfreie Rückversicherungsleistungen gegenüber dem Versicherungsnehmer erbringt,
   a) als Versicherungs- oder Bankumsatz i.S. von Art. 9 Abs. 2 Buchst. e fünfter Gedankenstrich der Sechsten MwSt-Richtlinie 77/388/EWG oder
   b) als Rückversicherungsumsatz nach Art. 13 Teil B Buchst. a der Sechsten MwSt-Richtlinie 77/388/EWG oder
   c) als Umsatz, der im Wesentlichen aus der steuerfreien Übernahme einer Verbindlichkeit einerseits und aus einem steuerfreien Umsatz im Geschäft mit Forderungen andererseits besteht, nach Art. 13 Teil B Buchst. d Nr. 2 und 3 der Sechsten MwSt-Richtlinie 77/388/EWG
   anzusehen ist?
2. Ändert sich die Antwort auf die Frage 1, wenn nicht der Erwerber, sondern der bisherige Versicherer ein Entgelt für die Übertragung entrichtet?
3. Falls die Frage 1 Buchst. a, b und c zu verneinen ist: Ist Art. 13 Teil B Buchst. c der Sechsten MwSt-Richtlinie 77/388/EWG dahingehend auszulegen, dass
   – die entgeltliche Übertragung von Lebensrückversicherungsverträgen eine Lieferung ist und
   – dass bei Anwendung von Art. 13 Teil B Buchst. c der Sechsten MwSt-Richtlinie 77/388/EWG nicht danach zu differenzieren ist, ob sich der Ort der von der Steuer befreiten Tätigkeiten im Mitgliedstaat der Lieferung oder in einem anderen Mitgliedstaat befindet?

EuGH vom 03.04.2008 – Rs. C-124/07 – J. C. M. Beheer BV, UR 2008 S. 389: Im Zusammenhang mit Versicherungsumsätzen durch einen Untervertreter im Namen und für Rechnung eines Versicherungsmaklers oder -vertreters erbrachte steuerfreie Dienstleistung.

Art. 13 Teil B Buchst. a der 6. EG-Richtlinie 77/388/EWG ist dahin auszulegen, dass der Umstand, dass ein Versicherungsmakler oder -vertreter zu den Parteien des Versicherungs- oder Rückversicherungsvertrags, zu dessen Abschluss er beiträgt, keine unmittelbare Verbindung, sondern nur eine mittelbare

---
[1] Vgl. Anlage § 004 Nr. 11-02

§ 4

Verbindung über einen anderen Steuerpflichtigen unterhält, der selbst in unmittelbarer Verbindung zu einer dieser Parteien steht und mit dem der Versicherungsmakler oder -vertreter vertraglich verbunden ist, es nicht ausschließt, dass die von dem Letztgenannten erbrachte Leistung nach dieser Bestimmung von der Mehrwertsteuer befreit wird.

BFH vom 20.12.2007 – V R 62/06, BStBl. 2008 II S. 641: Steuerfreiheit für die Vermittlung von Gesellschaftsanteilen nach § 4 Nr. 8 Buchst. f UStG 1993.

1. Die Steuerfreiheit für die Vermittlung von Gesellschaftsanteilen nach § 4 Nr. 8 Buchst. f UStG 1993 erfordert keine unmittelbare Beauftragung durch eine der Parteien des vermittelten Vertrages (Änderung der Rechtsprechung).
2. Die Steuerfreiheit für die Vermittlung nach § 4 Nr. 8 Buchst. f UStG 1993 setzt eine Tätigkeit voraus, die einzelne Vertragsabschlüsse fördert. Eine der Art nach geschäftsführende Leitung einer Vermittlungsorganisation ist keine „Vermittlung" im Sinne der Befreiungsvorschrift.

BFH vom 06.12.2007 – V R 66/05, BStBl. 2008 II S. 638: Merkmale der Vermittlung.

1. Gemeinsames Merkmal der nach § 4 Nr. 8 Buchst. f UStG 1980 als Vermittlung steuerfreien Nachweis-, Verhandlungs- oder Kontaktaufnahmetätigkeit ist das Handeln gegenüber individuellen Vertragsinteressenten.
2. Marketing- und Werbeaktivitäten, die darin bestehen, dass sich ein Vertriebsunternehmen nur in allgemeiner Form an die Öffentlichkeit wendet, sind mangels Handelns gegenüber individuellen Vertragsinteressenten keine Vermittlung nach § 4 Nr. 8 Buchst. f UStG 1980.
3. Marketing, Werbung und Vermittlung sind nicht aufgrund des bloßen Ziels, den Verkauf von Fondsanteilen zu fördern, Teil einer einheitlichen Leistung, wenn der Marketing- und Werbetätigkeit durch die Gestaltung von Emissionsprospekten und durch Schulungs- und Auskunftstätigkeiten, die der allgemeinen Produktinformation dienen, eigenständiger Charakter zukommt.

BFH vom 11.10.2007 – V R 22/04, BStBl. 2008 II S. 993: Leistungsort und Steuerfreiheit bei der Portfolioverwaltung.

Siehe Rechtsprechung zu § 3a UStG sowie Anlage § 004 Nr. 8-19.

EuGH vom 28.06.2007 – Rs. C-363/05 – JP Morgan Fleming Claverhouse Investment Trust plc, u.a., IStR 2007 S. 708: Mehrwertsteuerbefreiung für Dienstleistungen im Rahmen der Verwaltung von geschlossenen Festkapitalfonds.[1]

1. Art. 13 Teil B Buchst. d Nr. 6 der Sechsten Richtlinie 77/388/EWG des Rates vom 17. Mai 1977 zur Harmonisierung der Rechtsvorschriften der Mitgliedstaaten über die Umsatzsteuern – Gemeinsames Mehrwertsteuersystem: einheitliche steuerpflichtige Bemessungsgrundlage ist dahin auszulegen, dass der Begriff „Sondervermögen" in dieser Bestimmung auch die geschlossenen Investmentfonds wie die „Investment Trust Companies" (Investmentfondsgesellschaften) umfassen kann.
2. Art. 13 Teil B Buchst. d Nr. 6 der Sechsten Richtlinie 77/388 ist dahin auszulegen, dass er den Mitgliedstaaten bei der Definition der in ihrem Hoheitsgebiet angesiedelten Fonds, die für die Zwecke der nach dieser Bestimmung vorgesehenen Befreiung unter den Begriff „Sondervermögen" fallen, ein Ermessen einräumt. Bei der Ausübung dieses Ermessens müssen die Mitgliedstaaten jedoch sowohl das mit dieser Bestimmung verfolgte Ziel, das darin besteht, den Anlegern die Anlage in Wertpapiere über Organismen für Anlagen zu erleichtern, als auch den Grundsatz der steuerlichen Neutralität unter dem Aspekt der Mehrwertsteuererhebung in Bezug auf die Kapitalanlagegesellschaften übertragene Verwaltung von Sondervermögen gewährleisten, das mit anderen Investmentfonds wie den in den Anwendungsbereich der Richtlinie 85/611/EWG des Rates vom 20.12.1985 zur Koordinierung der Rechts- und Verwaltungsvorschriften betreffend bestimmte Organismen für gemeinsame Anlagen in Wertpapieren (OGAW) in ihrer durch die Richtlinie 2005/1/EG des Europäischen Parlaments und des Rates vom 9.3.2005 geänderten Fassung fallenden Fonds in Wettbewerb steht.
3. Art. 13 Teil B Buchst. d Nr. 6 der Sechsten Richtlinie 77/388 entfaltet in dem Sinne unmittelbare Wirkung, dass sich ein Steuerpflichtiger vor einem nationalen Gericht darauf berufen kann, damit eine mit dieser Bestimmung unvereinbare nationale Regelung unangewandt bleibt.

---
1) Siehe dazu *Korf*, DStR 2007 S. 711

Hess. FG vom 31.05.2007 – 6 V 1258/07 – rechtskräftig, EFG 2007 S. 1816: Factoring beim Kauf notleidender Kredite (Non-Performing-Loans).

1. Es ist nicht ernstlich zweifelhaft, dass die Grundsätze zum „echten" Factoring auch für den Kauf von notleidenden Krediten gelten, wenn die Kredite durch Grundpfandrechte besichert sind und der Käufer diese Sicherheiten außerhalb der Insolvenz verwerten kann.
2. Das Entgelt für die vom Käufer erbrachte Factoring-Dienstleistung bemisst sich nach der Differenz zwischen dem von den Beteiligten geschätzten (wirtschaftlichen) Wert der Forderungen und dem Kaufpreis abzüglich USt.
3. Durch die Vereinbarung einer Kreditgewährung wird die Bemessungsgrundlage dann nicht gemindert, wenn die wesentlichen Vertragspflichten nicht bestimmt bzw. bestimmbar sind.

EuGH vom 19.04.2007 – Rs. C-455/05, Velvet & Steel Immobilien und Handels GmbH, DStRE 2007 S. 1519: Umsatzsteuerbefreiung nur für Übernahme von Geldverbindlichkeiten.

Art. 13 Teil B Buchst. d Nr. 2 der Sechsten MwSt-RL 77/388/EWG des Rates vom 17.5.1977 zur Harmonisierung der Rechtsvorschriften der Mitgliedstaaten über die Umsatzsteuern – Gemeinsames Mehrwertsteuersystem: einheitliche steuerpflichtige Bemessungsgrundlage ist dahin auszulegen, dass der Begriff der „Übernahme von Verbindlichkeiten" andere als Geldverbindlichkeiten, wie die Verpflichtung, eine Immobilie zu renovieren, vom Anwendungsbereich dieser Bestimmung ausschließt.

FG Rheinland-Pfalz vom 21.12.2006 – 4 K 2638/01, DStRE 2007 S. 893: Steuerfreie Vermittlung der Umsätze eines Internetkontos.

Internet- und sonstige Kommunikationsdienstleistungen einerseits und die Vermittlung eines Internetkontos andererseits durch einen Marketing-Dienstleister stellen keine einheitliche, in erster Linie durch die Vermittlungsaktivitäten geprägte umsatzsteuerfreie Leistung dar.

BFH vom 13.07.2006 – V R 57/04, BStBl. 2007 II S. 19: Steuerfreiheit von Umsätzen im Überweisungsverkehr.

1. Umsätze im Überweisungsverkehr liegen nur vor, wenn die betreffende Leistung im Großen und Ganzen eigenständig ist, eine Übertragung von Geldern bewirkt und zu rechtlichen und finanziellen Änderungen führt.
2. Hierzu reicht die Erbringung einer rein materiellen oder technischen Leistung nicht aus.
3. Die Abgrenzung richtet sich danach, ob die Verantwortung des Leistenden sich nicht nur auf technische Aspekte, sondern auf die spezifischen und wesentlichen Elemente eines solchen Umsatzes erstreckt. Allein die Übertragung der Angaben auf den von den Banken übermittelten körperlichen Belegen für die EDV-mäßige Bearbeitung erfüllt die unter 1. genannten Voraussetzungen nicht.
4. Entscheidend ist die Art der Leistung; ob der Kunde oder die Bank Leistungsempfänger ist und wem gegenüber abgerechnet wird, ist ohne Bedeutung.

EuGH vom 04.05.2006 – Rs. C-169/04 – Abbey National plc und Inscape Investment Fund, UR 2006 S. 350: Auslagerung administrativer Aufgaben der Verwaltung von Sondervermögen durch Kapitalanlagegesellschaften.

1. Der Begriff der „Verwaltung" von Sondervermögen durch Kapitalanlagegesellschaften i.S.v. Art. 13 Teil B Buchst. d Nr. 6 der 6. EG-Richtlinie 77/388/EWG stellt einen autonomen Begriff des Gemeinschaftsrechts dar, dessen Inhalt die Mitgliedstaaten nicht verändern können.
2. Art. 13 Teil B Buchst. d Nr. 6 der 6. EG-Richtlinie ist dahin auszulegen, dass unter den Begriff „Verwaltung von Sondervermögen durch Kapitalanlagegesellschaften" im Sinne dieser Bestimmung die Dienstleistungen der administrativen und buchhalterischen Verwaltung der Sondervermögen durch einen außenstehenden Verwalter fallen, wenn sie ein im Großen und Ganzen eigenständiges Ganzes bilden und für die Verwaltung dieser Sondervermögen spezifisch und wesentlich sind.

Dagegen fallen unter diesen Begriff nicht die Leistungen, die den Aufgaben einer Verwahrstelle i.S.d. Art. 7 Abs. 1 und 3 und Art. 14 Abs. 1 und 3 Richtlinie 85/611/EWG des Rates vom 20.12.1985 zur Koordinierung der Rechts- und Verwaltungsvorschriften betreffend bestimmte Organismen für gemeinsame Anlagen in Wertpapieren (OGAW) entsprechen.

BFH vom 30.03.2006 – V R 19/02, BB 2006 S. 2397: Begriff der „Geldforderungen" in § 4 Nr. 8 Buchst. c UStG.

1. Der Leistungsort der in § 3a Abs. 4 Nr. 10 UStG 1993 bezeichneten Vermittlungsleistungen bestimmt sich nicht nach § 3a Abs. 2 Nr. 4 Satz 1, sondern nach § 3a Abs. 3 UStG 1993.

§ 4

2. Der Begriff „Geldforderungen" in § 4 Nr. 8 Buchst. c UStG 1993 umfasst bei richtlinienkonformer Auslegung auch Geschäfte mit Warenforderungen wie Optionen im Warentermingeschäft.

FG Brandenburg vom 23.11.2005 – 1 K 692/05, UR 2006 S. 278: Umsatzsteuerfreiheit für selbstständige Kreditvermittler – Vorabentscheidungsersuchen an den EuGH.
Dem Europäischen Gerichtshof werden folgende Fragen zur Auslegung der 6. EG-Richtlinie 77/388/EWG vorgelegt:
1. Liegt eine Vermittlungsleistung i.S.d. Art. 13 Teil B Buchst. d Nr. 1 der 6. EG-Richtlinie vor, wenn ein Steuerpflichtiger – gegebenenfalls vertreten durch einen Untervertreter – von ihm akquirierten Kunden Kredite verschiedener Anbieter vermittelt, mit denen er zuvor für seine Kunden allgemein geltende Bedingungen ausgehandelt hat und von denen er für die Vermittlung eines Produktes eine Provision erhält, auch wenn er dabei die Vermögenssituation der Kunden sowie ihre persönlichen und finanziellen Bedürfnisse ermittelt und analysiert, oder handelt es sich bei dieser Leistung um eine unselbständige Nebenleistung zu der nicht von Art. 13 Teil B Buchst. d Nr. 1 der 6. EG-Richtlinie erfassten Hauptleistung einer Finanzdienstleistung?
2. Setzt die Umsatzsteuerbefreiung für die Vermittlung von Krediten nach Art. 13 Teil B Buchst. d Nr. 1 der 6. EG-Richtlinie voraus, dass
   a. zwischen dem Vermittler einerseits und dem Kreditnehmer und/oder dem Kreditgeber andererseits ein unmittelbares Vertragsverhältnis besteht und
   b. der Vermittler nicht nur mit dem Kreditnehmer, sondern auch mit dem Kreditgeber in Kontakt treten und mit diesem die Einzelheiten des Vertrages selbst aushandeln muss,
   oder erfasst die Steuerbefreiung auch Provisionszahlungen, die ein Steuerpflichtiger von einem Hauptvertreter, für den er als Untervertreter tätig ist und in dessen Namen er gegenüber dessen Kunden auftritt, dafür erhält, dass diese Kunden Kreditverträge mit von ihm nachgewiesenen Anbietern abschließen, ohne dass der Untervertreter aber in Kontakt mit dem Kreditgeber tritt?

BFH vom 03.11.2005 – V R 21/05, BStBl. 2006 II S. 282: Steuerfreiheit von Kreditvermittlungen.
1. Für das Vorliegen einer steuerfreien Kreditvermittlung kommt es nicht darauf an, an welche der Vertragsparteien die Vermittlungsleistung ausgeführt wird.
2. Die Steuerbefreiung einer Kreditvermittlung setzt nicht voraus, dass es tatsächlich zur Kreditvergabe gekommen ist, wohl aber muss ein Kontakt zu beiden Vertragspartnern bestanden haben.

BFH vom 01.07.2004 – V R 32/00, BStBl. 2004 II S. 1022: Aufnahme eines Gesellschafters gegen Bareinlage nicht steuerbar; damit § 4 Nr. 8 Buchst. f UStG nicht einschlägig[1].
1. Eine Personengesellschaft, deren alleiniger Zweck es ist, ein Gebäude zu errichten und zu vermieten, und die im Zusammenhang mit ihrer Gründung und der Aufnahme von Gesellschaftern rechtlich beraten wird, bezieht die Beratungsleistungen gemäß § 15 Abs. 1 Nr.1 UStG für ihr Unternehmen.
2. Eine Personengesellschaft erbringt bei der Aufnahme eines Gesellschafters gegen Bareinlage an diesen keinen steuerbaren Umsatz und damit auch keinen nach § 4 Nr. 8 Buchst. f UStG steuerfreien Umsatz.
3. Der Vorsteuerabzug für die rechtliche Beratung der Gesellschaft anläßlich ihrer Gründung ist nicht nach § 15 Abs. 2 UStG oder Art. 17 der Richtlinie 77/388/EWG ausgeschlossen. Entscheidend ist, dass die Kosten der bezogenen Beratungsleistungen allgemeine Kosten des Unternehmens sind und deshalb grundsätzlich direkt und unmittelbar mit der wirtschaftlichen Tätigkeit des Unternehmers zusammenhängen.

BFH vom 09.10.2003 – V R 5/03, BStBl. 2003 II S. 958:[2] Voraussetzungen einer steuerfreien Kreditvermittlung.
Eine steuerfreie Kreditvermittlung liegt nur vor, wenn die Leistung an eine Partei des Kreditvertrags (Kreditgeber oder Kreditnehmer) erbracht wird und von dieser als eigenständige Mittlertätigkeit vergütet wird; der Leistung muss also ein entgeltlicher Geschäftsbesorgungsvertrag zwischen dem leistenden Unternehmer und dem Kreditgeber oder Kreditnehmer zu Grunde liegen. Für das Vorliegen einer Vermittlungsleistung reicht nicht aus, dass der leistende Unternehmer im Auftrag eines Dritten das Erforderliche tut, damit zwei Parteien einen Kreditvertrag schließen.

---

[1] Nachfolgeentscheidung zum EuGH-Urteil vom 26.06.2003 – Rs. C-442/01, vgl. Rechtsprechung zu § 1 UStG
[2] Die Verfassungsbeschwerde gegen dieses Urteil hat das BVerfG durch Beschluss vom 09.01.2006 – 1 Bv R 28/05 nicht zur Entscheidung angenommen, vgl. UR 2006 S. 277; jetzt aber Änderung der Rechtsprechung: BFH vom 20.12.2007 – V R 62/06, BStBl. 2008 II S. 641. Siehe Anlage § 004 Nr. 8-19

§ 4

BFH vom 04.09.2003 – V R 34/99, BStBl. 2004 II S. 667: Leistungsberechnungen beim echten Factoring[1].

1. Beim sog. echten Factoring, bei dem der Factor Forderungen eines Unternehmers (des sog. Anschlusskunden) ankauft, ohne gegen diesen bei Ausfall von Schuldnern ein Rückgriffsrecht zu haben, liegen umsatzsteuerrechtlich keine Umsätze des Anschlusskunden an den Factor, sondern Umsätze des Factors an den Anschlusskunden vor (Änderung der Rechtsprechung).
2. Kauft ein Factor Forderungen unter Übernahme des Ausfallrisikos auf und berechnet er seinem Kunden dafür Gebühren, liegt eine „Einziehung von Forderungen" i.s. des § 4 Nr. 8 Buchst. c UStG 1991 vor. Die Einziehung der Forderungen ist steuerpflichtig und führt nicht zum Ausschluss des Vorsteuerabzugs.

EuGH vom 26.06.2003 – Rs. C-305/01 – MKG-Kraftfahrzeuge-Factoring GmbH, UR 2003 S. 400, DStR 2003 S. 1253: Keine Steuerbefreiung des Forderungskaufs einer Factoring-Gesellschaft unter Übernahme des Ausfallrisikos.

1. Die 6. Richtlinie 77/388/EWG ist dahin auszulegen, dass ein Wirtschaftsteilnehmer, der Forderungen unter Übernahme des Ausfallrisikos aufkauft und seinen Kunden dafür Gebühren berechnet, eine wirtschaftliche Tätigkeit i. S. d. Art. 2 und 4 der 6. EG-Richtlinie ausübt, so dass er die Eigenschaft eines Steuerpflichtigen hat und daher gem. Art. 17 der 6. Richtlinie zum Vorsteuerabzug berechtigt ist.
2. Eine wirtschaftliche Tätigkeit, die darin besteht, dass ein Wirtschaftsteilnehmer Forderungen unter Übernahme des Ausfallrisikos aufkauft und seinem Kunden dafür Gebühren berechnet, stellt eine Einziehung von Forderungen i. S. v. Art. 13 Teil B Buchst. d Nr. 3 a. E. der 6. Richtlinie dar und ist damit von der mit dieser Bestimmung eingeführten Steuerbefreiung ausgeschlossen.[2]

BFH vom 23.10.2002 – V R 68/01, BStBl. 2003 II S. 618, DStR 2003 S. 28: Vermittlung der Umsätze von Anteilen an Gesellschaften bei „Outsourcing" von Dienstleistungen.

Eine „Vermittlung der Umsätze von Anteilen an Gesellschaften" i. S. des § 4 Nr. 8 Buchst. f UStG 1993 liegt vor, wenn eine Mittelsperson einer Gesellschaft oder dem zukünftigen Gesellschafter die Gelegenheit zum Abschluss des Vertrags über den Erwerb eines Gesellschaftsanteils nachweist oder sonst das Erforderliche tut, damit der Vertrag über den Erwerb der Gesellschaftsanteile zustande kommt. Keine Vermittlungsleistung erbringt ein Unternehmer, der einem mit dem Vertrieb von Gesellschaftsanteilen betrauten Unternehmer Abschlussvertreter zuführt und diese betreut.

BFH vom 18.07.2002 – V R 44/01, BStBl. 2003 II S. 730, DStR 2003 S. 112: Steuerfreie Wertpapierumsätze eines Vermögensverwalters.

1. Erhält ein Vermögensverwalter von einer Bank Provisionen für den An- und Verkauf von Wertpapieren im Namen und für Rechnung seines Mandanten, so führt er an die Bank steuerfreie Wertpapierumsätze aus.
2. Eine (unselbständige) Nebenleistung kommt nur in Betracht, wenn sie gegenüber derselben Person wie die Hauptleistung erbracht wird.

EuGH vom 13.12.2001 – Rs. C-235/00 – CSC Financial Services Ltd., UR 2002 S. 84[3]: Tätigkeit eines Callcenters zur Vermittlung von Wertpapierkäufen ist kein Umsatz, der sich auf Wertpapiere bezieht.

Artikel 13 Teil B Buchstabe d Nummer 5 der 6. Richtlinie 77/388/EWG des Rates vom 17. Mai 1977 zur Harmonisierung der Rechtsvorschriften der Mitgliedstaaten über die Umsatzsteuern – Gemeinsames Mehrwertsteuersystem: einheitliche steuerpflichtige Bemessungsgrundlage ist dahin auszulegen, dass

– der Ausdruck „Umsätze, die sich auf Wertpapiere beziehen" Umsätze betrifft, die geeignet sind, Rechte und Pflichten der Parteien in Bezug auf Wertpapiere zu begründen, zu ändern oder zum Erlöschen zu bringen,

– der Ausdruck „Vermittlung, die sich auf Wertpapiere bezieht" keine Dienstleistungen betrifft, die sich auf die Erteilung von Informationen über ein Finanzprodukt und gegebenenfalls die Annahme und Bearbeitung der Anträge auf Zeichnung der entsprechenden Wertpapiere beschränken und nicht deren Ausgabe umfassen.

---

[1] Nachfolgeentscheidung zum EuGH-Urteil vom 26.06.2003 – Rs. C-305/01. Siehe BMF vom 03.06.2004, Anlage § 002-21

[2] Antwort auf das Vorabentscheidungsersuchen des BFH vom 17.05.2001 – V R 34/99, UR 2001 S. 393

[3] Siehe dazu *Wäger*, UR 2002 S. 88; *Lohse*, BB 2002 S. 559; *Menner*, UR 2002 S. 112; *Widmann*, UStB 2002 S. 117

§ 4

BFH vom 27.08.1998 – V R 84/97, BStBl. 1999 II S. 106: Umsatzsteuerbefreiung für Geldtransfer ins Ausland.

Ein Unternehmer kann auch dann Umsätze im Zahlungsverkehr erbringen, wenn er kein Kreditinstitut i. S. des § 1 Abs. 1 Satz 1 KWG betreibt.

BFH vom 29.01.1998 – V R 67/98, BStBl. 1998 II S. 413: Treuhänderische Vermögensverwaltung steuerpflichtig.

Die entgeltliche Anlage und Verwaltung von Vermögenswerten ist grundsätzlich steuerpflichtig. Dies gilt auch dann, wenn sich der Unternehmer im Auftrag der Geldgeber treuhänderisch an einer Anlagegesellschaft beteiligt und deren Geschäfte führt.

EuGH vom 05.06.1997 – Rs. C-2/95 – SDC, UR 1998 S. 64: Zentrale Bearbeitung von Bankdienstleistungen durch Serviceunternehmen.[1]

1. Die Steuerbefreiung nach Artikel 13 Teil B Buchstabe d Nummern 3 und 5 der Sechsten Richtlinie 77/388/EWG hängt nicht davon ab, daß die Umsätze von einem bestimmten Unternehmenstyp, einem bestimmten Typ einer juristischen Person oder ganz oder zum Teil in einer bestimmten Weise, im Wege der elektronischen Datenverarbeitung oder manuell, ausgeführt werden.

2. Die Steuerbefreiung nach Artikel 13 Teil B Buchstabe d Nummern 3 und 5 der Sechsten Richtlinie 77/388 hängt nicht davon ab, daß die Leistung von einem Unternehmen erbracht wird, das mit dem Kunden der Bank in einer rechtlichen Beziehung steht. Daß ein von den genannten Bestimmungen erfaßter Vorgang von einem Dritten ausgeführt wird, für den Kunden der Bank aber als eine Leistung der Bank erscheint, steht der Befreiung dieses Vorgangs von der Steuer nicht entgegen.

3. Nach Artikel 13 Teil B Buchstabe d Nummer 3 der Sechsten Richtlinie 77/388 gehören zu den Umsätzen im Zahlungs- und Überweisungsverkehr, die sich auf Aktien, Anteile an Gesellschaften und Vereinigungen, Schuldverschreibungen oder sonstige Wertpapiere beziehen, die von einem Rechenzentrum bewirkten Umsätze, wenn diese einen eigenständigen Charakter haben und für die von der Steuer befreiten Umsätze spezifisch und wesentlich sind.

4. Die Dienstleistungen, die darin bestehen, daß den Banken und anderen Kunden finanzwirtschaftliche Informationen zur Verfügung gestellt werden, werden von Artikel 13 Teil B Buchstabe d Nummern 3 und 5 der Sechsten Richtlinie 77/388 nicht erfaßt.

5. Die Tatsache allein, daß die Umsätze, die die Verwaltung der Depots, Kaufverträge und Darlehen betreffen, von einem Rechenzentrum bewirkt werden, schließt nicht aus, daß sie Dienstleistungen im Sinne des Anhangs F Nummern 13 und 15 der Sechsten Richtlinie 77/388 sind. Es ist Sache des vorlegenden Gerichts, zu beurteilen, ob diese Umsätze vor dem 1.1.1991 einen eigenständigen Charakter hatten und für diese Leistungen spezifisch und wesentlich waren.

6. Die Tatsache allein, daß die Inrechnungstellung einer Leistung durch einen Dritten erfolgt, schließt nicht aus, daß der Umsatz, auf den sie sich bezieht, nach Artikel 13 Teil B Buchstabe d Nummern 3 und 5 der Sechsten Richtlinie 77/388 von der Steuer befreit ist.

BFH vom 14.12.1995 – V R 11/94, BStBl. 1996 II S. 250: Aufnahme atypischer stiller Gesellschafter.

1. Mit der Aufnahme atypisch stiller Gesellschafter in einer den sog. Publikumsgesellschaften gleichartigen Weise bewirkt der Inhaber des Handelsgeschäfts steuerbare Umsätze, indem er gegen Zahlung der Kapitaleinlage die Rechtsposition als stiller Gesellschafter einräumt. Diese Umsätze mit Anteilen an einer atypisch stillen Gesellschaft sind gemäß § Nr. 8 UStG 1973, § 4 Nr. 8 Buchst. f UStG 1990 steuerfrei (Fortführung des BFH-Urteils vom 18. Dezember 1975 V R 131/73, BFHE 117, 501, BStBl. II 1976, 265).

2. Steuern, die andere Unternehmer dem Inhaber des Handelsgeschäfts im Zusammenhang mit der Werbung und Aufnahme der atypisch stillen Gesellschafter in Rechnung gestellt haben, sind gemäß § 15 Abs. 2 Nr. 1 und 2 UStG 1973, § 15 Abs. 2 Nr. 1 UStG 1980 vom Vorsteuerabzug ausgeschlossen.

BFH vom 27.07.1995 – V R 40/93, BStBl. 1995 II S. 753: Die Vermittlung der Mitgliedschaften in einem Idealverein ist keine „Vermittlung der Umsätze von Anteilen an Gesellschaften und anderen Vereinigungen" i. S. des § 4 Nr. 8 Buchst. f UStG 1980[2]

---

1) Siehe dazu Anlage § 004 Nr. 8-15
2) Siehe dazu die Klarstellung durch BFH vom 28.01.1999 – V B 134/98, BFH/NV 1999 S. 990

BFH vom 01.04.1993 – V R 126/89, BStBl. 1993 II S. 694: Verwaltung von Krediten. Verwaltung von Krediten i. S. des § 4 Nr. 8 Buchst. a UStG 1980 ist eine Verwaltungstätigkeit im Aufgabenkreis des Kreditgebers, nicht aber eine Schuldenverwaltung auf seiten des Kreditnehmers.

BFH vom 12.01.1989 – V R 43/84, BStBl. 1989 II S. 339: Beschaffung von Anschriften ist keine Vermittlung von Umsätzen i. S. des § 4 Nr. 8 UStG 1973.

Wer lediglich einem Anlageberater Anschriften von interessierten Kapitalanlegern beschafft, bewirkt keine „Vermittlung von Umsätzen" i. S. des § 4 Nr. 8 UStG 1973.

BFH vom 26.07.1988 – X R 50/82, BStBl. 1988 II S. 1015: Zum Vorsteuerabzug eines Kreditinstituts für Werbeartikel.

Eine Bank oder Sparkasse, die steuerfreie Umsätze nach § 4 Nr. 8 UStG tätigt, ist im Verhältnis dieser Umsätze zu steuerpflichtigen Umsätzen mit den Umsatzsteuern, die ihr für den Bezug von Werbeartikeln in Rechnung gestellt wurden, gemäß § 15 Abs. 2 UStG vom Vorsteuerabzug ausgeschlossen.

BFH vom 29.01.1988 – X R 7/81, BStBl. 1988 II S. 506: Ausgabe von KG-Beteiligungen durch Publikums-KG unter Zwischenschaltung eines Treuhandkommanditisten (§ 4 Nr. 8, § 15 Abs. 2 UStG).

1. Eine Publikumskommanditgesellschaft bewirkt steuerbare, aber gemäß § 4 Nr. 8 UStG 1973 steuerfreie Umsätze auch dadurch, daß ihr Treuhänderkommanditist zahlreiche Anleger (Treugeberkommanditisten) an seinem Kommanditanteil beteiligt; Umsatzsteuerbeträge, die ein Vermittler der Beteiligungen der Gesellschaft in Rechnung stellt, sind gemäß § 15 Abs. 2 UStG 1973 vom Vorsteuerabzug ausgeschlossen (Anschluß an BFH-Urteil vom 18. Dezember 1975 V R 131/73, BFHE 117, 501, BStBl. II 1976, 265).

2. Gewähren die Anleger der Gesellschaft auch Darlehen, können die für die Darlehensvermittlung in Rechnung gestellten Steuern ganz oder teilweise der steuerfreien Anteilsvermittlung zuzurechnen sein.

Zu § 4 Nr. 9:

BFH vom 10.11.2010 – XI R 79/07, DStR 2011 S. 70[1]: Keine Steuerbefreiung für Umsätze eines gewerblichen Betreibers von Geldspielautomaten.

1. Die Umsätze eines gewerblichen Betreibers von Geldspielautomaten sind aufgrund der am 6.5.2006 in Kraft getretenen Neuregelung des § 4 Nr. 9 Buchst. b UStG steuerpflichtig.

2. Die in dieser Vorschrift getroffene Regelung, nach der nur bestimmte (Renn-)Wetten und Lotterien von der Steuer befreit und sämtliche „sonstige Glücksspiele mit Geldeinsatz" von der Steuerbefreiung ausgenommen sind, verstößt weder gegen Unionsrecht noch gegen das Grundgesetz.

EuGH vom 10.06.2010 – Rs. C-58/09 – Leo Libera GmbH, UR 2010 S. 494: Unionsrechtskonforme Steuerbefreiung nur bestimmter sonstiger Glücksspiele mit Geldeinsatz durch einen Mitgliedstaat.

Art. 135 Abs.1 Buchst. i MwStSystRL 2006/112/EG ist dahin auszulegen, dass es den Mitgliedstaaten in Ausübung ihrer Befugnis, Bedingungen und Beschränkungen für die in dieser Bestimmung vorgesehene Befreiung von der Mehrwertsteuer festzulegen, gestattet ist, nur bestimmte Glücksspiele mit Geldeinsatz von dieser Steuer zu befreien.

EuGH vom 19.11.2009 – Rs. C-461/08 – Don Bosco Onroerend Goed BV, UR 2010 S. 25: Keine Steuerbefreiung der Lieferung eines Grundstücks mit einem teilweise abgerissenen und vom Verkäufer noch vollständig abzureißenden Gebäude zum Zweck der Errichtung eines Neubaus.

Art. 13 Teil B Buchst. g i.V.m. Art. 4 Abs. 3 Buchst. a der 6. EG-Richtlinie 77/388/EWG ist dahin auszulegen, dass die Lieferung eines Grundstücks, auf dem noch ein altes Gebäude steht, das abgerissen werden muss, damit an seiner Stelle ein Neubau errichtet werden kann, und mit dessen vom Verkäufer übernommenen Abriss schon vor der Lieferung begonnen worden ist, nicht unter die in der ersten dieser beiden Bestimmungen vorgesehene Befreiung von der Mehrwertsteuer fällt. Solche aus Lieferung und Abriss bestehenden Umsätze bilden mehrwertsteuerlich einen einheitlichen Umsatz, der unabhängig davon, wie weit der Abriss des alten Gebäudes zum Zeitpunkt der tatsächlichen Lieferung des Grundstücks fortgeschritten ist, in seiner Gesamtheit nicht die Lieferung des vorhandenen Gebäudes und des dazugehörigen Grund und Bodens zum Gegenstand hat, sondern die Lieferung eines unbebauten Grundstücks.

---

1) Folgeurteil zu EuGH vom 10.06.2010 – Rs. C-58/09

§ 4

BFH vom 19.03.2009 – V R 50/07, DStR 2009 S. 1364; BStBl. 2010 II S. 78: Grundstücksveräußerung und Bauverpflichtung: einheitliche Leistung.

Ein nach § 4 Nr. 9 Buchst. a UStG insgesamt steuerfreier einheitlicher Grundstücksumsatz kann nicht nur bei der Veräußerung eines bereits bebauten Grundstücks vorliegen, sondern auch dann, wenn derselbe Veräußerer in zwei getrennten Verträgen ein Grundstück veräußert und die Pflicht zur Erstellung eines schlüsselfertigen Büro- und Geschäftshauses übernimmt. Leistungsgegenstand ist in diesem Fall ein noch zu bebauendes Grundstück.

BFH vom 17.12.2008 – XI R 79/07, BStBl. 2009 II S. 434: EU-rechtliche Zweifel an § 4 Nr. 9 Buchst. b UStG.

Ist Art. 135 Abs. 1 Buchst. i der Richtlinie 2006/112/EG dahin auszulegen, dass den Mitgliedstaaten eine Regelung gestattet ist, nach der nur bestimmte (Renn-)Wetten und Lotterien von der Steuer befreit und sämtliche „sonstige Glücksspiele mit Geldeinsatz" von der Steuerbefreiung ausgenommen sind?

EuGH vom 27.11.2008 – Rs. C-156/08 – Maria Vollkommer, DStRE 2009 S. 223: Doppelbelastung mit Umsatzsteuer und Grunderwerbsteuer EU-rechtlich zulässig.

Art. 33 der Sechsten Richtlinie 77/388/EWG des Rates vom 17. Mai 1977 zur Harmonisierung der Rechtsvorschriften der Mitgliedstaaten über die Umsatzsteuern – Gemeinsames Mehrwertsteuersystem: einheitliche steuerpflichtige Bemessungsgrundlage in der Fassung der Richtlinie 91/680/EWG des Rates vom 16. Dezember 1991 ist dahin gehend auszulegen, dass er einen Mitgliedstaat nicht daran hindert, beim Erwerb eines noch unbebauten Grundstücks künftige Bauleistungen in die Bemessungsgrundlage für die Berechnung von Verkehrsteuern wie die „Grunderwerbsteuer" des deutschen Rechts einzubeziehen und somit einen nach der Sechsten Richtlinie der Mehrwertsteuer unterliegenden Vorgang zusätzlich mit diesen weiteren Steuern zu belegen, sofern diese nicht den Charakter von Umsatzsteuern haben.

BFH vom 03.09. 2008 – XI R 54/07, UR 2009 S. 18; BStBl. 2009 II S. 499: Entgeltlicher Verzicht auf Grundstücksankaufsrecht nicht steuerfrei.

Der entgeltliche Verzicht auf das an einem Grundstück eingeräumte Ankaufsrecht ist nicht nach § 4 Nr. 9 Buchst. a UStG steuerfrei.

BFH vom 29.05.2008 – V R 7/06, BStBl. 2009 II S. 64: Steuerfreiheit von Glücksspielen mit Geldeinsatz.

1. Ein „Glücksspiel mit Geldeinsatz" i.S. des Art. 13 Teil B Buchst. f der Richtlinie 77/388/EWG erfordert die Einräumung einer Gewinnchance an den Leistungsempfänger (Spieler) und im Gegenzug die Hinnahme des Risikos durch den Leistenden (Geräteaufsteller), die Gewinne auszahlen zu müssen.
2. Die Gewinnchance muss in der Chance auf einen Geldgewinn bestehen.
3. Spiele, die dem Spieler lediglich die Möglichkeit einräumen, seinen Geldeinsatz wiederzuerlangen (sog. „Fun-Games"), erfüllen diese Voraussetzungen nicht.

Nieders. FG vom 02.04.2008 – 7 K 333/06, DStR 2008 S. 869: Doppelbelastung mit Umsatzsteuer und Grunderwerbsteuer auf Bauleistungen verstößt gegen das europarechtliche Mehrbelastungsverbot.

Dem EuGH wird folgende Rechtsfrage zur Vorabentscheidung vorgelegt:

Verstößt die Erhebung der deutschen Grunderwerbsteuer auf künftige Bauleistungen durch deren Einbeziehung in die grunderwerbsteuerliche Bemessungsgrundlage im Erwerb eines noch unbebauten Grundstücks (sog. einheitlicher Leistungsgegenstand bestehend aus Bauleistungen sowie Erwerb des Grund und Bodens) gegen das europäische Umsatzsteuer-Mehrfachbelastungsverbot des Art. 401 der Mehrwertsteuer-Systemrichtlinie, wenn die grunderwerbsteuerlich belasteten Bauleistungen zugleich als eigenständige Leistungen der deutschen Umsatzsteuer unterliegen?[1]

BFH vom 24.01.2008 – V R 42/05, BStBl. 2008 II S. 697: Steuerbefreiung für Grundstückslieferung mit Neubau und Zusatzleistungen.

1. Der deutsche Gesetzgeber hat in § 4 Nr. 9 Buchst. a UStG 1999 von der gemäß Art. 28 Abs. 3 Buchst. b i.V.m. Anhang F Nr. 16 der Sechsten MwSt-Richtlinie 77/388/EWG bestehenden Möglichkeit Gebrauch gemacht, die gemäß Art. 4 Abs. 3 Buchst. a von der Steuerbefreiung des Art. 13 Teil B Buchst. g der Sechsten MwSt-Richtlinie 77/388/EWG ausgenommene Lieferung von Gebäuden oder Gebäudeteilen vor dem Erstbezug weiterhin von der Umsatzsteuer zu befreien.

---

1) Siehe dazu EuGH vom 27.11.2008 – Rs. C-156/08

§ 4

2. Beim Verkauf eines neu errichteten Gebäudes ist der über eine einfache „Grundausstattung" hinausgehende Einbau von zusätzlichen Treppen, Wänden, Fenstern, Duschen sowie die Errichtung von Garagen und Freisitzüberdachungen durch den Verkäufer jedenfalls dann ein Bestandteil der steuerfreien Grundstückslieferung, wenn das Gebäude dem Erwerber in dem gegenüber der „Grundausstattung" höherwertigen Zustand übergeben wird.

BFH vom 09.08.2007 – V B 96/07, BStBl. 2007 II S. 850: Zweifel an der EU-rechtlichen Zulässigkeit des § 4 Nr. 9 Buchst. b UStG i.d.F. ab dem 07.05.2006.

1. Es ist noch nicht geklärt, ob § 4 Nr. 9 Buchst. b UStG 2005 i.d.F. des Gesetzes zur Eindämmung missbräuchlicher Steuergestaltung vom 28. April 2006 (BGBl. I 2006, 1095, BStBl. I 2006, 353) mit der Richtlinienbestimmung des Art. 13 Teil B Buchst. f der Richtlinie 77/388/EWG insoweit vereinbar ist, als er „sonstige Glücksspiele mit Geldeinsatz" im Sinne der Richtlinienbestimmung von der Steuerbefreiung ausnimmt.

2. Ist die Rechtslage nicht eindeutig, ist über die zu klärende Frage nicht im summarischen Verfahren auf Aussetzung der Vollziehung eines Verwaltungsaktes zu entscheiden.

BFH vom 23.11.2006 – V R 51/05, BStBl. 2007 II S. 433: Keine Durchbrechung der Bestandskraft wegen EuGH-Rechtsprechung zu den Umsätzen mit Geldspielautomaten.

1. Ein Betreiber von Geldspielautomaten kann nicht im Hinblick auf das EuGH-Urteil vom 17. Februar 2005 Rs. C-453/02 und Rs. C-462/02 – Linneweber und Akritidis – (Slg. 2005, I-1131) die Änderung bestandskräftiger Steuerfestsetzungen verlangen.

2. Die nicht ordnungsgemäße Umsetzung von Art. 13 Teil B Buchst. f der Richtlinie 77/388/EWG durch § 4 Nr. 9 Buchst. b UStG 1980/1991/1993 erfüllt nicht die Voraussetzungen der sog. Emmottschen Fristenhemmung i.S. des EuGH-Urteils vom 25. Juli 1991 Rs. C-208/90 – Emmott – (Slg. 1991, I-4269).

BFH vom 23.11.2006 – V R 67/05, BStBl. 2007 II S. 436: Keine Durchbrechung der Bestandskraft wegen EuGH-Rechtsprechung zu den Umsätzen mit Geldspielautomaten.

1. Ein Betreiber von Geldspielautomaten kann nicht im Hinblick auf das EuGH-Urteil vom 17. Februar 2005 Rs. C-453/02 und Rs. C-462/02 – Linneweber und Akritidis – (Slg. 2005, I-1131) die Änderung bestandskräftiger Steuerfestsetzungen verlangen.

2. Die Einspruchsfrist von einem Monat gemäß § 355 Abs. 1 AO 1977 ist gemeinschaftsrechtlich nicht zu beanstanden.

3. Zu den Voraussetzungen eines gemeinschaftsrechtlichen Vollzugsfolgenbeseitigungs- und Erstattungsanspruchs.

EuGH vom 13.07.2006 – Rs. C-89/05, United Utilities plc, UR 2006 S. 521: Keine Steuerbefreiung für Call-Center-Leistungen zugunsten eines Organisators von Telefonwetten.

Art. 13 Teil B Buchst. f der 6. EG-Richtlinie 77/388/EWG ist dahin auszulegen, dass Call-Center-Dienstleistungen, die zugunsten eines Organisators von Telefonwetten erbracht werden und die die Annahme der Wetten im Namen des Wettorganisators durch das Personal des Erbringers dieser Dienstleistungen einschließen, keine Wettumsätze im Sinne dieser Vorschrift darstellen und dass ihnen daher nicht die in dieser Vorschrift vorgesehene Mehrwertsteuerbefreiung zugute kommen kann.

BFH vom 22.09.2005 – V R 52/01, BStBl. 2006 II S. 278: Steuerfreiheit von Glücksspielveranstaltungen; Rolle eines „Strohmannes".

1. Veranstalter von Glücksspielen können sich unmittelbar auf die Steuerfreiheit ihrer Umsätze nach Art. 13 Teil B Buchst. f der Richtlinie 77/388/EWG in dem Sinne berufen, dass die Vorschrift des § 4 Nr. 9 Buchst. b UStG 1980 keine Anwendung findet (Anschluss an EuGH-Urteil vom 17.2.2005 Rs. C-453/02 – Edith Linneweber – und Rs. C-462/02 – Savvas Akriditis –; BFH-Urteile vom 12.5. 2005 V R 7/02, und vom 19.5.2005 V R 50/01). Dies gilt für Glücksspiele aller Art, auch wenn sie unerlaubt betrieben werden.

2. Die Spielumsätze sind grundsätzlich dem Inhaber der Spielkasinokonzession zuzurechnen. Fungiert dieser als „Strohmann" für einen Dritten („Hintermann"), liegt ein Kommissionsgeschäft nach § 3 Abs. 11 UStG 1980 vor mit der Folge, dass sowohl die besorgte Leistung (die Umsätze des Konzessionsinhabers an die Spieler) als auch die Besorgungsleistung (die – fingierten – Umsätze des „Hintermanns" an den Konzessionsinhaber) als steuerfrei behandelt werden können.

§ 4

BFH vom 19.05.2005 – V R 50/01, UR 2006 S. 228: Steuerbefreiung für Umsätze aus der Veranstaltung von illegalen Glücksspielen außerhalb von öffentlichen Spielbanken.[1]
Ein Veranstalter von illegalen Glücksspielen kann sich auf die Steuerfreiheit seiner Umsätze nach Art. 13 Teil B Buchst. f der 6. EG-Richtlinie 77/388/EWG in dem Sinne berufen, dass die Vorschrift des § 4 Nr. 9 Buchst. b UStG keine Anwendung findet.

BFH vom 12.05.2005 – V R 7/02, BStBl. 2005 II S. 617[2]: Steuerfreiheit für Umsätze mit Geldspielautomaten.
Ein Aufsteller von Geldspielautomaten kann sich auf die Steuerfreiheit seiner Umsätze nach Art. 13 Teil B Buchst. f der Richtlinie 77/388/EWG in dem Sinne berufen, dass die Vorschrift des § 4 Nr. 9 Buchst. b UStG keine Anwendung findet.

BFH vom 21.04.2005 – V R 16/04, BStBl. 2006 II S. 96: Mögliche Schadensersatzansprüche in Zusammenhang mit dem EuGH-Urteil vom 17.02.2005 Rs. C-453/02, C-462/03 gegen die Finanzverwaltung.
Vor Ergehen des EuGH-Urteils Karlheinz Fischer vom 11.6.1998 Rs. C-283/95 (Slg. 1998, I-3369, UR 1998, 384) war unklar, inwieweit Art. 13 Teil B Buchst. f der Richtlinie 77/388/EWG die Besteuerung von Glücksspielen verbietet. Ein sich nach den Urteilen Karlheinz Fischer und Linneweber/Akritidis (EuGH-Urteil vom 17.2.2005 Rs. C-453/02, C-462/03, Linneweber/Akritidis, Beilage zu BFH/NV 2005, 94) möglicherweise ergebender Schadensersatzanspruch könnte allenfalls die Schäden abdecken, die nach Ergehen dieser Urteile durch die – möglicherweise gemeinschaftsrechtswidrige – Aufrechterhaltung der Vorschrift des § 4 Nr. 9 Buchst. b UStG entstanden sind.

EuGH vom 17.02.2005 – verb. Rs. C-453/02 – Edith Linneweber, und Rs. C-462/02, Sarras Akritidis, DB 2005 S. 430[3]: Umsatzbesteuerung von Glücksspielen und Glücksspielgeräten unabhängig vom leistenden Unternehmer – Alleinige Befreiung derartiger Spielbankumsätze nach § 4 Nr. 9 Buchst. b UStG widerspricht Gemeinschaftsrecht – Unternehmer kann sich insoweit auf Gemeinschaftsrecht berufen

1. Art. 13 Teil B Buchst. f der 6. EG-RL ist dahin auszulegen, dass er nationalen Rechtsvorschriften entgegensteht, wonach die Veranstaltung oder der Betrieb von Glücksspielen und Glücksspielgeräten aller Art in zugelassenen öffentlichen Spielbanken steuerfrei ist, während diese Steuerbefreiung für die Ausübung der gleichen Tätigkeit durch Wirtschaftsteilnehmer, die nicht Spielbankbetreiber sind, nicht gilt.
2. Art. 13 Teil B Buchst. f der 6. EG-RL hat unmittelbare Wirkung in dem Sinn, dass sich ein Veranstalter oder Betreiber von Glücksspielen oder Glücksspielgeräten vor den nationalen Gerichten darauf berufen kann, um die Anwendung mit dieser Bestimmung unvereinbarer innerstaatlicher Rechtsvorschriften zu verhindern.

BFH vom 06.11.2002 – V R 50/01, UR 2003 S. 81: Gemeinschaftsrechtliche Mehrwertsteuerbefreiung der Veranstaltung eines in öffentlicher Spielbank zugelassenen Kartenspiels außerhalb der Spielbank – Vorabentscheidungsersuchen.
Dem EuGH werden folgende Fragen zur Auslegung der Richtlinie 77/388/EWG vorgelegt:
1. Verbietet Art. 13 Teil B Buchst. f der 6. EG-Richtlinie 77/388/EWG einem Mitgliedstaat, die Veranstaltung eines Kartenspiels bereits dann der Mehrwertsteuer zu unterwerfen, wenn die Veranstaltung eines Kartenspiels durch eine zugelassene öffentliche Spielbank steuerfrei ist, oder muss zusätzlich feststehen, dass die außerhalb der Spielbanken veranstalteten Kartenspiele in wesentlichen Punkten, wie z. B. bei den Spielregeln, beim Höchsteinsatz und Höchstgewinn, mit den Kartenspielen in den Spielbanken vergleichbar sind?
2. Kann sich der Veranstalter auf die Steuerfreiheit nach Art. 13 Teil B Buchst. f der 6. EG-Richtlinie berufen?

BFH vom 24.02.2000 – V R 89/98, BStBl. 2000 II S. 278: Umfang der Steuerbefreiung gem. § 4 Nr. 9 Buchst. a UStG.
Überträgt der Veräußerer eines unbebauten Grundstücks dem Erwerber mit dem Grundstück gegen Entgelt sog. bauvorbereitende Leistungen zur Errichtung eines Gebäudes auf dem Grundstück (u.a. Architektenleistungen in Bezug auf die Baugenehmigung und die Rohbauerstellung), ohne dass Lieferungsgegenstand das bebaute Grundstück ist, so werden diese zusätzlichen Leistungen nicht von der Steuerbefreiung des § 4 Nr. 9 Buchst. a UStG für die Grundstückslieferung umfasst.

---

1) Folgeurteil zu EuGH vom 17.02.2005 – Rs. C-462/02
2) Nachfolgeentscheidung zu EuGH vom 17.02.2005
3) Antwort auf das Vorabentscheidungsersuchen des BFH vom 06.11.2002 – V R 7/02, DStRE 2003 S. 179; siehe auch das BFH-Folgeurteil vom 12.09.2005 sowie die BFH-Urteile vom 21.04.2005 und 22.09.2005

§ 4

EuGH vom 11.06.1998 – Rs. C-283/95 – Fischer, IStR 1998 S. 399: Steuerbefreiung auch für Umsätze aus unerlaubten Glücksspiel.

Die unerlaubte Veranstaltung eines Glücksspiels – hier: des Roulettespiels – fällt in den Anwendungsbereich der Sechsten Richtlinie 77/388/EWG des Rates vom 17.5.1977 zur Harmonisierung der Rechtsvorschriften der Mitgliedstaaten über die Umsatzsteuern – Gemeinsames Mehrwertsteuersystem: einheitliche steuerpflichtige Bemessungsgrundlage. Art. 13 Teil B Buchst. f dieser Richtlinie ist dahin auszulegen, daß ein Mitgliedstaat diese Tätigkeit nicht der Mehrwertsteuer unterwerfen darf, wenn die Veranstaltung eines solchen Glücksspiels durch eine zugelassene öffentliche Spielbank steuerfrei ist.

EuGH vom 28.03.1996 – Rs. C-468/93 – Gemeinde Emmen, UR 1996 S. 297: Befreiung für Grundstücksumsätze – Regelungsdifferenzierungen der 6. Richtlinie – Auswirkungen für die Niederlande (Art. 4 u. 13 der 6. Richtlinie).

Es obliegt den Mitgliedstaaten, den Begriff „Baugrundstück" i. S. von Artikel 13 Teil B Buchstabe h i. V. m. Artikel 4 Absatz 3 Buchstabe b der Sechsten Richtlinie 77/388/EWG zu bestimmen. Es ist folglich nicht Sache des Gerichtshofes, den Erschließungsgrad festzulegen, den ein unbebautes Grundstück aufweisen muß, um als Baugrundstück im Sinne dieser Richtlinie eingestuft werden zu können.

BFH vom 10.09.1992 – V R 99/88, BStBl. 1993 II S. 316: In die Bemessungsgrundlage für die Grunderwerbsteuer einbezogene Baubetreuungsleistungen sind nicht „automatisch" steuerfrei gem. § 4 Nr. 9 Buchst. a UStG.

Baubetreuungsleistungen sind nicht nach § 4 Nr. 9 Buchst. a UStG 1980 deswegen steuerfrei, weil sie beim Leistungsempfänger in die Bemessungsgrundlage für die Grunderwerbsteuer einbezogen worden sind.

BFH vom 12.03.1992 – V R 43/87, BFH/NV 1992 S. 703: Steuerfreie Umsätze, die unter das Grunderwerbsteuergesetz fallen.

Die Verschaffung eines Erbbaurechts ist nicht nach § 4 Nr. 9 Buchst. a UStG steuerfrei, wenn sie nicht in Ausübung einer Verwertungsmöglichkeit i. S. von § 1 Abs. 2 GrEStG erfolgt.[1]

BFH vom 29.08.1991 – V R 87/86, BStBl. 1992 II S. 206: Umsatzsteuerlicher Besteuerungsgegenstand (UStG 1980 § 4 Nr. 9 Buchstabe a).

Besteuerungsgegenstand ist umsatzsteuerrechtlich grundsätzlich die ausgeführte Leistung. Sie wird bestimmt durch die Art ihrer Ausführung, den Gegenstand auf den die Ausführung gerichtet ist, durch die Beteiligten (Leistender, Leistungsempfänger) und durch ihre Entgeltlichkeit. Dies gilt auch für einen nach § 4 Nr. 9 Buchst. a UStG steuerfreien Grundstücksumsatz.

FG Baden-Württemberg, Außensenate Stuttgart vom 14.06.1991 – 9 K 45/89 – rechtskräftig, EFG 1992 S. 223: Umsatzsteuerrechtliche Beurteilung einer Grundstückskauf-Vertragsübernahme.

1. Die rechtsgeschäftliche Übertragung eines Schuldverhältnisses im Ganzen (Vertragsübernahme) ist ein einheitliches Rechtsgeschäft und umsatzsteuerrechtlich eine sonstige Leistung dann, wenn Gegenstand des übertragenen Schuldverhältnisses eine Sachleistung ist.
2. Die mit der Übernahme eines von beiden Vertragspartnern nur teilweise erfüllten Vertrages als Folge der Vertragsübernahme verbundene Verpflichtung des Übernehmers gegenüber dem Vertragspartner des übernommenen Vertrages zur Zahlung der Restschuld zählt nicht als „Schuldübernahme" zum Entgelt für die Vertragsübernahme.
3. Wird in einem Vertrag die Übernahme der Rechtsstellung aus mehreren Verträgen vereinbart, ist umsatzsteuerrechtlich die Übernahme jedes Vertrages für sich zu beurteilen.

BFH vom 06.06.1991 – V R 70/89, BStBl. 1991 II S. 866: Option zur Steuerpflicht bei Illiquidität. Mißbräuchliches Verhalten des Leistungsempfängers (§ 42 AO; §§ 9, 15 Abs. 1 UStG).

Veräußert ein insolventer Schuldner seinem Gläubiger ein Grundstück unter Verzicht auf die Steuerbefreiung nach § 4 Nr. 9 Buchst. a UStG 1980, so kann in der Person des Erwerbers ein Mißbrauch von rechtlichen Gestaltungsmöglichkeiten vorliegen, wenn der Erwerber als Gläubiger des Veräußerers in den vollen Genuß des von ihm geschuldeten Kaufpreises kommt, ohne daß die Umsatzsteuerschuld des Veräußerers getilgt wird.

---
[1] Siehe dazu die Anmerkung von *Birkenfeld*, UR 1992 S. 333

§ 4

BVerfG vom 11.01.1988 – 1 BvR 391/87, UR 1988 S. 281: Doppelbelastung mit Grunderwerbsteuer und Umsatzsteuer enthält keinen Verfassungsverstoß.

1. Die Rechtsprechung des BFH, derzufolge der Erwerber einer im Bauherrenmodell errichteten Eigentumswohnung ein bebautes Grundstück erhält, läßt ebensowenig einen Verfassungsverstoß erkennen wie die Auffasssung, die Bauleistungen eines Bauunternehmers an die Bauherrengemeinschaft seien wertmäßig Teil der Bemessungsgrundlage für die Grunderwerbsteuer.[1]
2. Die Rechtsprechung des BFH, derzufolge die aus Anlaß der Errichtung von Eigentumswohnungen im Bauherrenmodell der Besteuerung mit Grunderwerbsteuer und Umsatzsteuer unterfallenden Vorgänge nicht identisch seien, unterliegt keinen verfassungsmäßigen Beanstandungen. Der Gesetzgeber ist von Verfassungs wegen nicht verpflichtet, den Kauf eines bebauten Grundstücks steuerlich dem eines unbebauten gleichzustellen, auf dem der Erwerber sein Haus errichtet.[2]

BFH vom 16.09.1987 – X R 51/81, BStBl. 1988 II S. 205: Unentgeltliche Nießbrauchsbestellung als Entnahmeeigenverbrauch.

Die Bestellung eines lebenslänglichen unentgeltlichen Nießbrauchs an einem unternehmerisch genutzten bebauten Grundstück zugunsten eines 65 Jahre alten Berechtigten ist im Regelfall ein steuerfreier Entnahmeeigenverbrauch, der wegen Änderung der Verhältnisse zur Berichtigung des Vorsteuerabzugs auf die Herstellungskosten des Gebäudes führt.

EuGH vom 08.07.1986 – Rs. 73/85 – Kerrut, UR 1986 S. 297: Umsatzsteuer und Grunderwerbsteuer beim Bauherrenmodell.

1. Lieferung von Gegenständen und Dienstleistungen, die im Rahmen einer auf die Errichtung eines Gebäudes gerichteten „Bündelung" von Werk- und Dienstleistungsverträgen von der Art des dem Vorlagebeschluß zugrundeliegenden „Bauherrenmodells" erbracht werden, unterliegen – abgesehen von der Lieferung des Baugrundstücks – nach Art. 2 Nr. 1 der Sechsten Richtlinie des Rates vom 17. Mai 1977 (77/388) der Mehrwertsteuer.
2. Keine Vorschrift des Gemeinschaftsrechts hindert einen Mitgliedstaat daran, einen gemäß der Sechsten Richtlinie der Mehrwertsteuer unterliegenden Vorgang zusätzlich mit weiteren Verkehrsteuern, wie der Grunderwerbsteuer des deutschten Rechts, zu belegen, sofern diese Steuern nicht den Charakter von Umsatzsteuern haben.

Zu § 4 Nr. 10:

BFH vom 16.01.2003 – V R 16/02, BStBl. 2003 II S. 445: Garantieleistungen eines Fahrzeugverkäufers als selbstständige Hauptleistung gem. § 4 Nr. 8 Buchst. g und/oder § 4 Nr. 10 Buchst. b.

1. Eine Leistung ist als Nebenleistung zu einer Hauptleistung anzusehen, wenn sie für den Leistungsempfänger keinen eigenen Zweck hat, sondern das Mittel darstellt, um die Hauptleistung des Leistenden unter optimalen Bedingungen in Anspruch zu nehmen.
2. Die sog. Garantieleistung eines Autoverkäufers, durch die
   – der Käufer eines Neuwagens gegen Zahlung eines Aufpreises nach Ablauf der Werksgarantie zwei Jahre lang Reparaturansprüche gegenüber dem Verkäufer und Reparaturkostenersatzansprüche gegenüber einem Versicherer hat,
   oder
   – der Käufer eines Gebrauchtwagens zusätzlich zu eventuellen Gewährleistungsansprüchen aus dem Kauf gegen Zahlung eines Aufpreises weitere Reparaturansprüche gegenüber dem Verkäufer und Reparaturkostenersatzansprüche gegenüber einem Versicherer erhält,
   ist keine unselbstständige Nebenleistung zur Fahrzeuglieferung; sie ist eine eigenständige, nach § 4 Nr. 8 Buchst. g und/oder nach § 4 Nr. 10 Buchst. b UStG steuerfreie Leistung.

BFH vom 09.10.2002– VR 67/01, BStBl. 2003 II S. 378: Verschaffung von Versicherungsschutz (Car-Garantie) durch Gebrauchtwagenverkäufer keine umsatzsteuerpflichtige Nebenleistung.

1. Eine Leistung ist als Nebenleistung zu einer Hauptleistung anzusehen, wenn sie für den Leistungsempfänger keinen eigenen Zweck hat, sondern das Mittel darstellt, um die Hauptleistung des Leistenden unter optimalen Bedingungen in Anspruch zu nehmen.

---

[1] Leitsätze nicht amtlich (aus UR)
[2] Siehe dazu die Anmerkung von *Birkenfeld*, UR 1992 S. 333

§ 4

2. Die Verschaffung von Versicherungsschutz durch einen Gebrauchtwagenverkäufer ist keine unselbständige Nebenleistung zur Fahrzeuglieferung; sie ist eine eigenständige, nach § 4 Nr. 10 Buchst. b UStG steuerfreie Leistung.

Zu § 4 Nr. 11:

BFH vom 28.05.2009 – V R 7/08, BStBl. 2010 II S. 80: Benennung von am Abschluss von Versicherungen interessierten Kunden gegenüber einem Versicherungsmakler gegen Unterprovision.
1. Die Steuerfreiheit für die Tätigkeit als Versicherungsvertreter nach § 4 Nr. 11 UStG 1999 setzt voraus, dass die Leistungen des Unternehmers die spezifischen und wesentlichen Funktionen einer Versicherungsvermittlung erfüllen, nämlich die am Abschluss der Versicherung interessierten Personen zusammen zu führen.
2. Dies ist der Fall, wenn ein Unternehmer einem Versicherungsmakler am Abschluss eines Versicherungsvertrages potentiell interessierte Personen nachweist und hierfür eine sog. „Zuführungsprovision" erhält.

BFH vom 06.09.2007 – V R 50/05, BStBl. 2008 II S. 829: Keine umsatzsteuerfreien Umsätze eines sog. Werbeagenten.[1)]
Zur Tätigkeit als Versicherungsvertreter und Versicherungsmakler i.s.v. § 4 Nr. 11 UStG gehört es, Kunden zu suchen und diese mit dem Versicherer zusammenzubringen. Die Begriffe des Versicherungsvertreters und Versicherungsmaklers i.s.d. § 4 Nr. 11 UStG sind richtlinienkonform nach Art. 13 Teil B Buchst. a der 6. EG-Richtlinie 77/388/EWG und nicht handelsrechtlich nach den Begriffen des Versicherungsvertreters und Handelsmaklers i.s.v. § 92 und § 93 HGB auszulegen (Änderung der Rechtsprechung).

EuGH vom 03.03.2005 – Rs. C-472/03 – Arthur Andersen & Co. Accountants c. s., UVR 2005 S. 243 mit Anm. v. Gagner, UVR 2005 S. 247: Steuerbefreiung für zu Versicherungsumsätzen gehörende Dienstleistungen, die von Versicherungsmaklern und -vertretern erbracht werden.
Artikel 13 Teil B Buchstabe a der Sechsten Richtlinie 77/388/EWG des Rates vom 17. Mai 1977 zur Harmonisierung der Rechtsvorschriften der Mitgliedstaaten über die Umsatzsteuern – Gemeinsames Mehrwertsteuersystem: einheitliche steuerpflichtige Bemessungsgrundlage ist dahin auszulegen, dass Backoffice-Tätigkeiten, die darin bestehen, gegen Vergütung Dienstleistungen für ein Versicherungsunternehmen zu erbringen, keine zu Versicherungsumsätzen gehörende Dienstleistungen, die von Versicherungsmaklern oder -vertretern erbracht werden, im Sinne dieser Vorschriften darstellen.

EuGH vom 08.03.2001 – Rs. C-240/99 – Försäkringaktiebolag Skandia, Beilage zu BFH/NV 8/2001 S. 130: Umfang der Steuerbefreiung für Versicherungsumsätze.
Die Verpflichtung eines Versicherungsunternehmens, gegen eine marktübliche Vergütung die Tätigkeit eines vollständig in seinem Besitz befindlichen Versicherungsunternehmens auszuüben, das weiterhin Versicherungsverträge im eigenen Namen abschließt, stellt keinen Versicherungsumsatz im Sinne des Artikels 13 Teil B Buchstabe a der Sechsten Richtlinie 77/388/EWG des Rates vom 17. Mai 1977 zur Harmonisierung der Rechtsvorschriften der Mitgliedstaaten über die Umsatzsteuern – Gemeinsames Mehrwertsteuersystem: einheitliche steuerpflichtige Bemessungsgrundlage dar.

BFH vom 10.06.1999 – V R 10/98, BStBl. 1999 II S. 686: Steuerfreie Vermittlungsumsätze eines Betriebsdirektors einer Bausparkasse.
Der Bezirksdirektor einer Bausparkasse, die den Vertrieb ihrer Dienstleistungen so organisiert hat, daß die Tätigkeit des Bezirksdirektors unentbehrliche Voraussetzung für das Arbeiten der ihm unterstellten Vertreter und daher mitursächlich für die von ihnen vermittelten Abschlüsse ist, kann Bausparkassenvertreter i. S. des § 4 Nr. 11 UStG sein.

EuGH vom 25.02.1999 – Rs. C-349/96 – Card Protection Plan, UR 1999 S. 254:
1. Ein Steuerpflichtiger, der kein Versicherer ist und der im Rahmen einer Gruppenversicherung, deren Versicherungsnehmer er ist, seinen Kunden als Versicherten durch Einschaltung eines Versicherten, der das versicherte Risiko übernimmt, Versicherungsschutz verschafft, tätigt einen Versicherungsumsatz im Sinne des Artikels 13 Teil B Buchstabe a der Sechsten Richtlinie 77/388, der die Befreiung von Versicherungsumsätzen und Rückversicherungsumsätzen von der Mehrwertsteuer betrifft. Der Ausdruck „Versicherung" in dieser Bestimmung umfasst die im Anhang der Ersten Richtlinie 73/239 zur Koordinierung der Rechtsvorschriften und Verwaltungsvorschriften

---
1) Siehe dazu BMF vom 09.02.2008 – Anlage § 004 Nr. 11-02, sowie BFH vom 30.10.2008 – Rechtsprechung zu § 4 Nr. 8 UStG

§ 4

betreffend die Aufnahme und Ausübung der Tätigkeit der Direktversicherung (mit Ausnahme der Lebensversicherung) aufgeführten Beistandsleistungen.

2. Um für die Mehrwertsteuer zu entscheiden, ob eine Dienstleistung, die ein Leistungsbündel darstellt, als eine einheitliche Leistung oder zwei oder mehr eigenständige Leistungen zu betrachten ist, die getrennt beurteilt werden müssen, ist zum einen zu berücksichtigen, dass sich aus Artikel 2 Absatz 1 der Sechsten Richtlinie 77/388 ergibt, daß jede Dienstleistung in der Regel als eigene, selbständige Leistung zu betrachten ist, und dass zum anderen eine wirtschaftlich einheitliche Dienstleistung im Interesse eines funktionierenden Mehrwertsteuersystems nicht künstlich aufgespalten werden darf. Eine einheitliche Leistung liegt insbesondere vor, wenn ein oder mehrere Teile die Hauptleistung, eine oder mehrere andere Teile aber Nebenleistungen darstellen, die das steuerliche Schicksal der Hauptleistung teilen. Eine Leistung ist als Nebenleistung zu einer Hauptleistung anzusehen, wenn sie für die Kundschaft keinen eigenen Zweck, sondern das Mittel darstellt, um die Hauptleistung des Leistungserbringers unter optimalen Bedingungen in Anspruch zu nehmen. Dem Umstand, daß ein Gesamtpreis in Rechnung gestellt wird, kommt damit keine entscheidende Bedeutung zu. Bei einem Plan, der Kreditkarteninhabern Schutz gegen finanzielle Nachteile und Unannehmlichkeiten bieten soll, die sich aus dem Verlust der Karte ergeben, und der u.a. eine Versicherungsleistung und eine Kartenregistrierungsleistung vorsieht, ist es Sache des nationalen Gerichts, im Lichte der vorstehenden Auslegungshinweise zu entscheiden, ob derartige Umsätze im Hinblick auf die Mehrwertsteuer aus zwei selbständigen Leistungen zusammengesetzt sind oder ob eine dieser beiden Leistungen die Hauptleistung, die andere aber die Nebenleistung darstellt, so daß die letztere das steuerliche Schicksal der Hauptleistung teilt.

3. Artikel 13 Teil B Buchstabe a der Sechsten Richtlinie 77/388, der die Befreiung von Versicherungsumsätzen und Rückversicherungsumsätzen von der Mehrwertsteuer betrifft, erlaubt es einem Mitgliedstaat nicht, die Steuerbefreiung für Versicherungsumsätze auf die Leistungen von Versicherern zu beschränken, die die nach nationalem Recht hierfür erforderliche Zulassung haben. Da nämlich diese Bestimmung entsprechend dem Grundsatz der steuerlichen Neutralität keine Unterscheidung zwischen erlaubten Geschäften und solchen trifft, die nach nationalem Recht rechtswidrig sind, sind diese beiden Gruppen von Geschäften gleich zu behandeln.

BFH vom 09.07.1998 – V R 62/97, BStBl. 1999 II S. 253: Steuerfreiheit von Vermittlungsumsätzen eines Versicherungsvertreters.

Steuerfreie Umsätze nach § 4 Nr. 11 UStG 1980/1991 führt auch aus, wer nur mittelbar an der Vermittlung eines Versicherungs- oder Bausparkassenvertrages mitwirkt. Dafür kann es genügen, daß der Versicherungs- oder Bausparkassenvertreter durch Betreuung, Überwachung oder Schulung von nachgeordneten selbständigen Vermittlern sowie durch Prüfung eines jeden Vertragsangebots mittelbar auf den Kunden einwirken kann.

BFH vom 20.12.1990 – V R 68/85, BFH/NV 1991 S. 489: Keine Tätigkeit als Versicherungsvertreter (§ 4 Nr. 11 UStG 1967/1973) bei nur verwaltender Tätigkeit.

Abgrenzung nichtsteuerbarer Vereinstätigkeit von steuerbaren Leistungen an Vereinsmitglieder

1. Ein Verein, zu dessen Satzungszweck zwar Beratung und Unterstützung seiner Mitglieder bei Abschluß und Durchführung von Lebensversicherungsverträgen mit bestimmten Vertragsgesellschaften gehören, der aber tatsächlich selbst keine entsprechende Tätigkeit entfaltet (sondern z. B. Außendienstmitarbeiter der Versicherungsgesellschaften schult) und im wesentlichen Verwaltungstätigkeiten für diese Versicherungsgesellschaften ausführt (Bestandsverwaltung u. ä.), bewirkt keine nach § 4 Nr. 11 UStG 1967/ 1973 steuerfreien Umsätze „aus der Tätigkeit als Versicherungsvertreter und Versicherungsmakler".

2. Ein Verein, der gegen (gleiche) Mitgliederbeiträge jedem Mitglied für jeden abgeschlossenen Versicherungsvertrag bei einer Vertragsgesellschaft den Vorteil eines (nach dem v. H.-Satz gleichen) Prämiennachlasses verschafft, führt insoweit keine steuerbaren Leistungen an seine Mitglieder gegen Entgelt (in Gestalt des Mitgliederbeitrags) aus.

Zu § 4 Nr. 11b:

EuGH vom 23.04.2009 – Rs. C-357/07, TNT Post UK Ltd., UR 2009 S. 348: Begriff der öffentlichen Postdienstleistung.

1. Der Begriff „öffentliche Posteinrichtungen" in Art. 13 Teil A Abs. 1 Buchst. a der Sechsten Richtlinie 77/388/EWG des Rates vom 17. Mai 1977 zur Harmonisierung der Rechtsvorschriften der Mitgliedstaaten über die Umsatzsteuern – Gemeinsames Mehrwertsteuersystem: einheitliche steuerpflichtige Bemessungsgrundlage ist dahin auszulegen, dass er für öffentliche oder private Betreiber gilt, die sich

verpflichten, in einem Mitgliedstaat den gesamten Universalpostdienst, wie er in Art. 3 der Richtlinie 97/67/EG des Europäischen Parlaments und des Rates vom 15. Dezember 1997 über gemeinsame Vorschriften für die Entwicklung des Binnenmarktes der Postdienste der Gemeinschaft und die Verbesserung der Dienstequalität in der durch die Richtlinie 2002/39/EG des Europäischen Parlaments und des Rates vom 10. Juni 2002 geänderten Fassung geregelt ist, oder einen Teil dessen zu gewährleisten.

2. Die in Art. 13 Teil A Abs. 1 Buchst. a der Sechsten Richtlinie 77/388 vorgesehene Steuerbefreiung gilt für Dienstleistungen und die dazugehörenden Lieferungen von Gegenständen mit Ausnahme der Personenbeförderung und des Fernmeldewesens, die die öffentlichen Posteinrichtungen als solche ausführen, nämlich in ihrer Eigenschaft als Betreiber, der sich verpflichtet, in einem Mitgliedstaat den gesamten Universalpostdienst oder einen Teil davon zu gewährleisten. Sie gilt nicht für Dienstleistungen und die dazugehörenden Lieferungen von Gegenständen, deren Bedingungen individuell ausgehandelt worden sind.

Zu § 4 Nr. 12:

BFH vom 04.05.2011 – XI R 35/10, BStBl. 2011 II S. 837: Umsatzsteuerrechtliche Beurteilung von Leistungen an Mitglieder einer Seniorenwohngemeinschaft, Trennung von Vermietungsleistungen und Pflegeleistungen.

Vermietungsleistungen und individuell angepasste Pflegeleistungen, die ein Unternehmer aufgrund getrennter Verträge gegenüber Senioren im Rahmen einer Seniorenwohngemeinschaft erbringt, sind umsatzsteuerrechtlich nicht als einheitliche (steuerpflichtige) Leistung zu qualifizieren, sondern unterliegen als eigenständige, selbständige Leistungen der gesonderten Beurteilung.

EuGH vom 16.12.2010 – Rs. C-270/09, MacDonald Resorts Ltd, DB 2011 S. 220: Vermietung von Grundstücken – Verkauf vertraglicher Rechte, die in Rechte zur vorübergehenden Nutzung von Ferienunterkünften umgewandelt werden können.

1. Der maßgebliche Zeitpunkt für die rechtliche Einordnung der Dienstleistungen, die ein Wirtschaftsteilnehmer wie die Rechtsmittelführerin des Ausgangsverfahrens im Rahmen eines Systems wie des im Ausgangsverfahren fraglichen „Optionen"-Programms erbringt, ist der Zeitpunkt, zu dem ein Kunde, der an diesem System teilnimmt, die Rechte, die er ursprünglich erworben hat, in eine von diesem Wirtschaftsteilnehmer angebotene Dienstleistung umwandelt. Werden diese Rechte in eine Gewährung von Unterkunft in einem Hotel oder in das Recht zur vorübergehenden Nutzung einer Wohnanlage umgewandelt, sind diese Leistungen Dienstleistungen im Zusammenhang mit einem Grundstück im Sinne von Art. 9 Abs. 2 Buchst. a der Sechsten Richtlinie 77/388/EWG des Rates vom 17. Mai 1977 zur Harmonisierung der Rechtsvorschriften der Mitgliedstaaten über die Umsatzsteuern – Gemeinsames Mehrwertsteuersystem: einheitliche steuerpflichtige Bemessungsgrundlage in der durch die Richtlinie 2001/115/EG des Rates vom 20. Dezember 2001 geänderten Fassung, die an dem Ort ausgeführt werden, an dem dieses Hotel oder diese Wohnanlage gelegen ist.

2. Wandelt der Kunde in einem System wie dem im Ausgangsverfahren fraglichen „Optionen"-Programm seine ursprünglich erworbenen Rechte in ein Recht zur vorübergehenden Nutzung einer Wohnanlage um, stellt die betreffende Dienstleistung eine Vermietung eines Grundstücks im Sinne von Art. 13 Teil B Buchst. b der Sechsten Richtlinie 77/388 in der durch die Richtlinie 2001/115 geänderten Fassung dar, dem gegenwärtig Art. 135 Abs. 1 Buchst. l der Richtlinie 2006/112 entspricht. Diese Vorschrift hindert die Mitgliedstaaten jedoch nicht daran, diese Leistung von der Steuerbefreiung auszunehmen.

EuGH vom 11.06.2009 – Rs. C-572/07 – RLRE Tellmer Property, BB 2009 S. 2017; UR 2009 S. 557[1]**:** Reinigung von Gemeinschaftsräumen gegen Entgelt durch den Vermieter ist keine steuerfreie Nebenleistung zur Vermietung.

Für die Zwecke der Anwendung von Art. 13 Teil B Buchst. b der Sechsten Richtlinie sind die Vermietung eines Grundstücks und die Dienstleistung der Reinigung seiner Gemeinschaftsräume unter Umständen wie denen des Ausgangsverfahrens als selbstständige, voneinander trennbare Umsätze anzusehen, so dass diese Dienstleistung nicht unter diese Bestimmung fällt.

BFH vom 15.01.2009 – V R 91/07, BStBl. 2009 II S. 615: Stromlieferung als Nebenleistung zur Campingflächenvermietung.[2]

Die nach § 4 Nr. 12 UStG 1999 steuerfreie langfristige Vermietung von Campingflächen erstreckt sich auch auf die Lieferung von Strom (Abweichung von Abschn. 78 Abs. 3 Satz 7 i.V.m. Abschn. 76 Abs. 6 UStR).

---

1) Siehe dazu *Widmann*, BB 2009 S. 2018
2) Siehe dazu BMF-Schreiben vom 21.07.2009, Anlage § 004 Nr. 12-14

§ 4

BFH vom 17.12.2008 – XI R 23/08, BStBl. 2010 II S. 208: Langfristige Vermietung eines Turnhallengebäudes an einen Verein.

Die Umsätze aus der langfristigen Vermietung eines Turnhallengebäudes an einen Verein, der steuerfreie Leistungen ausführt, sind gemäß § 4 Nr. 12 Satz 1 Buchst. a UStG 1999 steuerfrei, wenn abgesehen von der Überlassung von Betriebsvorrichtungen keine weiteren Leistungen ausgeführt werden.

BFH vom 13.02.2008 – XI R 51/06, BStBl. 2009 II S. 63: Steuerfreiheit für langfristige Vermietungen auf Campingplätzen.

Die langfristige Vermietung von als Campingplätze erschlossenen Grundstücken ist nach § 4 Nr. 12 Satz 2 UStG von der Umsatzsteuer befreit.

BFH vom 24.01.2008 – V R 12/05, BStBl. 2009 II S. 60: Überlassung von Standplätzen auf einem Wochenmarkt.

Die Überlassung von Standplätzen durch den Veranstalter von Wochenmärkten an die Markthändler kann als einheitliche Vermietungsleistung anzusehen sein (Abgrenzung zu den BFH-Urteilen vom 07.04.1960 V 143/58 U, BFHE 71, 41, BStBl. II 1960, 261, unter 2.; vom 25.04.1968 V 120/64, BFHE 93, 393, BStBl. II 1969, 94).

EuGH vom 06.12.2007 – Rs. C-451/06 – Gabriele Walderdorff, IStR 2008 S. 110[1]**:** Mehrwertsteuer auf die Verpachtung eines Fischereirechts.

Art. 13 Teil B Buchst. b der Sechsten Richtlinie 77/388/ EWG des Rates vom 17.5.1977 zur Harmonisierung der Rechtsvorschriften der Mitgliedstaaten über die Umsatzsteuern – Gemeinsames Mehrwertsteuersystem: einheitliche steuerpflichtige Bemessungsgrundlage ist so auszulegen, dass die Einräumung der Berechtigung zur Ausübung der Fischerei gegen Entgelt in Form eines für die Dauer von zehn Jahren geschlossenen Pachtvertrags durch den Eigentümer der Wasserfläche, für die diese Bescheinigung eingeräumt wurde, und durch den Inhaber des Fischereirechts an einer im öffentlichen Gut befindlichen Wasserfläche weder eine Vermietung noch eine Verpachtung von Grundstücken darstellt, soweit mit der Einräumung dieser Berechtigung nicht das Recht verliehen wird, das betreffende Grundstück in Besitz zu nehmen und jede andere Person von diesem Recht auszuschließen.

EuGH vom 25.10.2007 – Rs. C-174/06 – CO.GE.P. Srl., UR 2007 S. 892: Vertragsähnliche entgeltliche Nutzungsbefugnis im Eigentum der öffentlichen Hand stehender Bereiche des Seegebiets als steuerfreie Vermietung von Grundstücken.

Art. 13 Teil B Buchst. b der 6. EG-Richtlinie 77/388/EWG ist dahin auszulegen, dass ein Rechtsverhältnis wie das im Ausgangsverfahren in Rede stehende, in dessen Rahmen einer Person das Recht eingeräumt wird, eine öffentliche Sache, nämlich Bereiche des Seegebiets, in Besitz zu nehmen und für eine bestimmte Zeit gegen eine Vergütung – auch ausschließlich – zu nutzen, unter den Begriff der „Vermietung von Grundstücken" im Sinne dieses Artikels fällt.

BFH vom 19.07.2007 – V B 66/06, UR 2007 S. 899: Regelmäßig keine Umsatzsteuerfreiheit der Überlassung von Sportanlagen.[2]

1. Die Überlassung von Sportanlagen fällt regelmäßig nicht unter die Steuerbefreiung nach § 4 Nr. 12 Buchst. a UStG (hier: Betreiben einer Bowlinganlage mit mehreren Bahnen).
2. Die Vorschrift des § 176 Abs. 1 Satz 1 Nr. 3 AO greift nur ein, wenn sich die Rechtsprechung in der Zeit zwischen dem Erlass des ursprünglichen Bescheides und dem Erlass des Änderungsbescheides geändert hat.
3. Die Rechtsprechung hat sich i.S.d. § 176 Abs. 1 Satz 1 Nr. 3 AO geändert, wenn ein im Wesentlichen gleich gelagerter Sachverhalt anders entschieden wurde als bisher. Eine bloße Präzisierung oder Fortentwicklung der Rechtsprechung begründet nicht die Anwendbarkeit der Vorschrift.

BFH vom 28.06.2007 – V B 12/06, UR 2007 S. 938: Umsatzsteuerpflicht oder -befreiung der Vermietung von Parkplätzen.[3]

Die Rechtsfrage, unter welchen Voraussetzungen die Vermietung von Plätzen für das Abstellen von Fahrzeugen umsatzsteuerlich eine unselbständige Nebenleistung zu einer Gebäudeflächenvermietung oder eine selbständige Leistung darstellt, ist durch das Urteil des EuGH in der Rechtssache Henriksen (EuGH, Urteil vom 13.7.1989 – Rs. 173/88 – Henriksen, EuGHE 1989, 2763 = UR 1991, 42), dem sich die BFH-Rechtsprechung angeschlossen hat, grundsätzlich geklärt.

---

1) Mit Anmerkung von *Korf*
2) Leitsatz nicht amtlich
3) Leitsatz nicht amtlich

§ 4

BFH vom 30.03.2006 – V R 52/05, BStBl. 2006 II S. 731: Steuerbefreiung bei der Vermietung von Parkplatz-Grundstücken.

§ 4 Nr. 12 Satz 2 UStG gilt für die Vermietung eines Parkplatz-Grundstücks auch dann, wenn der Mieter dort zwar nicht selbst parken will, aber entsprechend der Vereinbarung im Mietvertrag das Grundstück Dritten zum Parken überlässt.

BFH vom 24.02.2005 – V R 45/02, BStBl. 2007 II S. 61; BB 2005 S. 1609: Bestellung einer Grunddienstbarkeit ist steuerfrei.

Zu den dinglichen Nutzungsrechten, deren Bestellung nach § 4 Nr. 12 Buchst. c UStG von der Umsatzsteuer befreit ist, gehört die Grunddienstbarkeit i. S. der §§ 1018ff. BGB, wenn der Nutzungsberechtigte – vergleichbar einem Eigentümer – Unbefugte von der Nutzung ausschließen kann.

EuGH vom 18.11.2004 – Rs. C-284/03 – Temco Europe SA, DStR 2004 S. 860: Begriff der Vermietung i.S. d. Art. 13 der 6. RL.

Art. 13 Teil B Buchst. b der Sechsten Richtlinie 77/388/EWG des Rates vom 17.05.1977 zur Harmonisierung der Rechtsvorschriften der Mitgliedstaaten über die Umsatzsteuern – Gemeinsames Mehrwertsteuersystem: einheitliche steuerpflichtige Bemessungsgrundlage ist dahin auszulegen, dass Umsätze, durch die eine Gesellschaft gleichzeitig durch verschiedene Verträge mehreren mit ihr verbundenen Gesellschaften gegen eine Vergütung, die im Wesentlichen nach der genutzten Fläche festgesetzt wird, ein widerrufliches Nutzungsrecht an ein und demselben Gebäude überträgt, Umsätze aus der „Vermietung von Grundstücken" im Sinne dieser Vorschrift darstellen und dass diese Verträge, so wie sie durchgeführt werden, im Wesentlichen die Übertragung des passiven Nutzungsrechts an Gebäuden oder Flächen gegen eine Vergütung zum Gegenstand haben, die nach dem Zeitablauf bemessen ist, und nicht eine anders einzustufende Dienstleistung.

BFH vom 11.11.2004 – V R 30/04, BStBl. 2005 II S. 802[1]: Steuerbefreiung gem. § 4 Nr. 12 UStG für die Überlassung von Grundstücken zur Errichtung von Strommasten.

1. Bei der Überlassung von Grundstücksteilen zur Errichtung von Strommasten für eine Überlandleitung, der Einräumung des Rechts zur Überspannung der Grundstücke und der Bewilligung einer beschränkten persönlichen Dienstbarkeit zur dinglichen Sicherung dieser Rechte handelt es sich um eine einheitliche sonstige Leistung, die nach § 1 Abs. 1 Nr. 1 UStG zwar steuerbar, aber gem. § 4 Nr. 12 Buchst. a UStG umsatzsteuerfrei ist.
2. Die Ausgleichszahlung für beim Bau einer Überlandleitung entstehende Flurschäden durch deren Betreiber an den Grundstückseigentümer ist kein Schadensersatz, sondern Entgelt für die Duldung der Flurschäden durch den Eigentümer.
3. Die Duldung der Verursachung baubedingter Flurschäden ist eine bloße Nebenleistung zu der einheitlichen Leistung „Duldung der Errichtung und des Betriebs einer Überlandleitung", die ebenso wie jene nach § 4 Nr. 12 Buchst. a UStG von der Umsatzsteuer befreit ist.

BFH vom 24.07.2003 – V R 39/99, BStBl. 2004 II S. 371[2]: Private Verwendung eines insgesamt dem Unternehmen zugeordneten Betriebsgebäudes steuerpflichtig.

1. Ein Unternehmer, der ein Gebäude errichtet, das er teilweise unternehmerisch und teilweise nichtunternehmerisch (zu eigenen Wohnzwecken) nutzt, darf das Gebäude insgesamt seinem Unternehmen zuordnen und die auf das gesamt Gebäude – einschließlich des nichtunternehmerisch genutzten Teils – entfallenden Vorsteuerbeträge nach Maßgabe des § 15 Abs. 1 UStG abziehen.
2. Die (teilweise) Verwendung des dem Unternehmen zugeordneten Gebäudes für den privaten Bedarf des Unternehmers ist keine steuerfreie Grundstücksvermietung im Sinne des § 4 Nr. 12 Satz 1 Buchst. a UStG und schließt deshalb den Vorsteuerabzug nicht gemäß § 15 Abs. 2 Nr. 1 UStG aus (Änderung der Rechtsprechung).
3. Die nichtunternehmerische Verwendung des Gebäudes unterliegt als steuerpflichtiger Eigenverbrauch der Umsatzbesteuerung.

EuGH vom 12.06.2003 – Rs. C-275/01 – Sinclair Collis Ltd., UR 2003 S. 348: Aufstellung eines Zigarettenautomaten im Geschäftsraum keine steuerbefreite Grundstücksvermietung.

Art. 13 Teil B Buchst. b der 6. Richtlinie 77/388/EWG ist dahin auszulegen, dass es keine Vermietung eines Grundstücks darstellt, wenn der Eigentümer von Räumlichkeiten (der Lokalinhaber) dem

---

1) Siehe dazu BMF vom 18.10.2005, BStBl. 2005 I S. 997 – Anlage § 004 Nr. 12-12
2) Nachfolgeentscheidung zum EuGH-Urteil vom 08.05.2003 – Rs. C-269/00 – *Wolfgang Seeling*, DStR 2003 S. 873 mit Anm. *Zugmaier*. Siehe auch *Widmann*, UR 2004 S. 12

§ 4

Eigentümer eines Zigarettenautoamten das Recht einräumt, den Automaten für einen Zeitraum von zwei Jahren an einer von dem Lokalinhaber bezeichneten Stelle in den Räumlichkeiten gegen einen prozentualen Anteil an den Bruttoerträgen aus dem Verkauf von Zigaretten und anderen Tabakwaren aufzustellen, zu betreiben und zu warten, jedoch mit keinen anderen Besitz- und Kontrollrechten als in der schriftlichen Vereinbarung zwischen den Parteien angegeben.

EuGH vom 08.05.2003 – Rs. C-269/00 – Wolfgang Seeling, BStBl. 2004 II S. 378: Private Verwendung eines insgesamt dem Unternehmen zugeordneten Betriebsgebäudes steuerpflichtig.

Die Art. 6 Abs. 2 Unterabs. 1 Buchst. a und 13 Teil B Buchst. b der Sechsten Richtlinie 77/388/EWG des Rates vom 17. Mai 1977 zur Harmonisierung der Rechtsvorschriften der Mitgliedstaaten über die Umsatzsteuern – Gemeinsames Mehrwertsteuersystem: einheitliche steuerpflichtige Bemessungsgrundlage sind so auszulegen, dass sie nationalen Rechtsvorschriften entgegenstehen, wonach die Verwendung eines Teils eines insgesamt dem Unternehmen zugeordneten Betriebsgebäudes für den privaten Bedarf des Steuerpflichtigen als eine – als Vermietung oder Verpachtung eines Grundstücks i. S. des Art. 13 Teil B Buchst. b – steuerfreie Dienstleistung behandelt wird.

EuGH vom 16.01.2003 – Rs. C-315/00 – Rudolf Maierhofer, UR 2003 S. 86[1]: Steuerfreie Grundstücksvermietung bei bloßer Vermietung eines in Fertigbauweise errichteten und nach Beendigung des Mietvertrags zum Abbau und anderweitem Wiederaufbau bestimmten Gebäudes.

1. Die Vermietung eines Gebäudes, das aus Fertigteilen errichtet wird, die so in das Erdreich eingelassen werden, dass sie weder leicht demontiert noch leicht versetzt werden können, stellt die Vermietung eines Grundstücks i.S.v. Art. 13 Teil B Buchst. b der 6. EG-Richtlinie 77/388/EWG dar, auch wenn dieses Gebäude nach Beendigung des Mietvertrags entfernt und auf einem anderen Grundstück wieder verwendet werden soll.
2. Für die Beantwortung der Frage, ob es sich bei einer Vermietung um die Vermietung eines Grundstücks i.S.v. Art. 13 Teil B Buchst. b der 6. EG-Richtlinie handelt, kommt es nicht darauf an, ob der Vermieter dem Mieter das Grundstück und das Gebäude oder nur das Gebäude überlässt, das er auf dem Grundstück des Mieters errichtet hat.

EuGH vom 09.10.2001 – Rs. C-108/99 – Cantor Fitzgerald International, IStR 2001 S. 717: Befreiung der Vermietung und Verpachtung von Grundstücken von der Steuer bei Übernahme eines Mietvertrags gegen Entgelt durch einen Dritten.

Art. 13 Teil B Buchst. b der Sechsten Richtlinie 77/388/EWG des Rates vom 17.05.1977 zur Harmonisierung der Rechtsvorschriften der Mitgliedstaaten über die Umsatzsteuern – Gemeinsames Mehrwertsteuersystem: einheitliche steuerpflichtige Bemessungsgrundlage befreit die Dienstleistung, mit der eine Person, die kein Recht an einem Grundstück hat, gegen Entgelt die Rechte und Pflichten aus einem Mietvertrag über dieses Grundstück vom Mieter übernimmt, nicht von der Steuer.

EuGH vom 04.10.2001 – Rs. C-326/99 – Stichting Goed Wonen, DStRE 2001 S. 1309[2]: Entgeltliche Nießbrauchbestellung an Grundstück wie Vermietung und Verpachtung behandelbar.

1. Art. 5 Abs. 3 Buchst. b der Sechsten Richtlinie 77/388/EWG des Rates vom 17.05.1977 zur Harmonisierung der Rechtsvorschriften der Mitgliedstaaten über die Umsatzsteuern – Gemeinsames Mehrwertsteuersystem: einheitliche steuerpflichtige Bemessungsgrundlage ist dahin auszulegen, dass er einer nationalen Rechtsvorschrift, wie Art. 3 Abs. 2 der Wet houdende vervanging van de bestaande omzetbelasting door een omzetbelasting volgens het stelsel van heffing over de toegevoegde waarde (Gesetz über die Ersetzung der bestehenden Umsatzsteuer durch eine Umsatzsteuer nach dem Mehrwertsteuersystem) vom 28.6.1968 in der Fassung der Wet ter betrijding van constructies met betrekking tot onroerende zaken (Gesetz zur Bekämpfung von steuerlichen Konstruktionen im Zusammenhang mit Grundstücken) vom 18.12.1995 nicht entgegensteht, wonach die Begründung, die Übertragung oder die Änderung dinglicher Rechte an Grundstücken, der Verzicht auf sie oder ihre Kündigung nur dann als Lieferung von Gegenständen eingestuft werden kann, wenn der als Entgelt für diese Umsätze gezahlte Betrag zuzüglich des Betrages der Mehrwertsteuer mindestens dem wirtschaftlichen Wert des Grundstücks entspricht, auf das sich diese Rechte beziehen.
2. Art. 13 Teil B Buchst. b und Teil C Buchst. a der Richtlinie 77/388 ist dahin auszulegen, dass er einer nationalen Rechtsvorschrift wie Art. 11 Abs. 1 Buchst. b Nr. 5 des genannten Gesetzes vom 28.6.1968 in der Fassung des Gesetzes vom 18.12.1995 nicht entgegensteht, die es bei der Anwendung der Mehrwertsteuerbefreiung zulässt, dass die Begründung – für eine vereinbarte Dauer und gegen

---
1) Antwort auf das BFH-Vorabentscheidungsersuchen vom 25.05.2000 – V R 48/99, UR 2000 S. 430
2) Siehe dazu *Lohse*, BB 2001 S. 2626

§ 4

Vergütung – eines dinglichen Rechts, das wie der im Ausgangsverfahren fragliche Nießbrauch seinen Inhaber ein Nutzungsrecht an einem Grundstück gibt, der Vermietung oder Verpachtung von Grundstücken gleichgestellt wird.

BFH vom 31.05.2001 – V R 97/98, BStBl. 2001 II S. 658[1]**:** Entgeltliche Überlassung von Sportanlagen regelmäßig in vollem Umfang umsatzsteuerpflichtig.

Die Überlassung von Sportanlagen fällt regelmäßig nicht unter die Steuerbefreiung nach § 4 Nr. 12 Buchst. a UStG (Änderung der Rechtsprechung).

EuGH vom 18.01.2001 – Rs. C-150/99 – Stockholm Lindöpark AB, DStRE 2001 S. 257: Allgemeine Umsatzsteuerbefreiung für Überlassung von Sporträumen und -geräten gemeinschaftswidrig.

1. Die Art. 13 Teil A Abs. 1 Buchst. m und 13 Teil B Buchst. b der Sechsten Richtlinie 77/388/EWG des Rates vom 17.5.1977 zur Harmonisierung der Rechtsvorschriften der Mitgliedstaaten über die Umsatzsteuern – Gemeinsames Mehrwertsteuersystem: einheitliche steuerpflichtige Bemessungsgrundlage stehen einer nationalen Regelung entgegen, die die Zurverfügungstellung von Räumen und anderen Anlagen sowie die Überlassung von Geräten oder anderen Einrichtungen für die Ausübung von Sport und die Körperertüchtigung einschließlich der von Einrichtungen mit Gewinnstreben erbrachten Dienstleistungen allgemein von der Mehrwertsteuer befreit.

2. Art. 17 Abs. 1 und 2 i.V.m. den Art. 2, 6 Abs. 1 und 13 Teil B Buchst. b der Sechsten Richtlinie ist so klar, genau und unbedingt, dass sich ein Einzelner gegenüber einem Mitgliedstaat vor einem innerstaatlichen Gericht darauf berufen kann.

3. Die Durchführung einer nicht in Art. 13 der Sechsten Richtlinie 77/388 vorgesehenen allgemeinen Befreiung von der Mehrwertsteuer für die Zurverfügungstellung von Räumen und anderen Anlagen und für die Überlassung von Geräten oder anderen Einrichtungen für die Ausübung von Sport und die Körperertüchtigung stellt eine qualifizierte Verletzung des Gemeinschaftsrechts dar, die die Haftung des Mitgliedsstaats begründen kann.

BFH vom 28.05.1998 – V R 19/96, BStBl. 2010 II S. 307: Keine steuerfreie Vermietung von Betriebsvorrichtungen (Versorgungsleitungen auf Mobilheimplatz).

Gemäß § 4 Nr. 12 Satz 2 UStG 1980 ist die Vermietung und Verpachtung von Betriebsvorrichtungen nicht von der Umsatzsteuer befreit, selbst wenn diese wesentliche Bestandteile eines Grundstücks sind. Dieses Aufteilungsgebot läßt auch keine Einbeziehung der Überlassung von Betriebsvorrichtungen in die Steuerbefreiung der Grundstücksvermietung unter dem Gesichtspunkt der unselbständigen Nebenleistung zu.

BFH vom 14.12.1995 – V R 12/95, BStBl. 1996 II S. 252: Rechtsmißbrauch durch Einschaltung der Ehefrau bei der Praxiserrichtung.

1. Kindergeldzahlungen sind bei der Beurteilung des Gestaltungsmißbrauchs im Zusammenhang mit der Errichtung und Vermietung von Räumen für eine Arztpraxis an den Ehegatten nicht als Einnahmen des vermietenden Ehegatten anrechenbar, mit denen er die Aufwendungen für die Errichtung und Erhaltung der Praxisräume bestreiten kann.

2. Zur Dauer des „überschaubaren Zeitraums" als zeitlicher Rahmen für die Beurteilung der wirtschaftlichen Leistungskraft des Vermieter-Ehegatten.

EuGH vom 15.12.1993 – Rs. C-63/92 – Lubbock Fine, BStBl. 1995 II S. 480: Zahlung einer Ablösesumme durch den Vermieter wegen vorzeitiger Beendigung des Mietvertrages – Behandlung wie Mietzahlung.

1. Der Tatbestand, daß ein Mieter, der auf seine Rechte aus dem Mietvertrag verzichtet, das Grundstück an den zurückgibt, von dem er seine Rechte ableitet, fällt unter den Begriff der „Vermietung von Grundstücken", der in Artikel 13 Teil B Buchstabe b der 6. Richtlinie zur Beschreibung eines von der Steuer befreiten Umsatzes verwendet wird.

2. Artikel 13 Teil B Buchstabe b der 6. Richtlinie, wonach die Mitgliedstaaten weitere Ausnahmen von der für die Vermietung von Grundstücken festgelegten Steuerbefreiung vorsehen können, ermächtigt diese nicht, eine Entschädigung zu besteuern, die die eine Vertragspartei der anderen wegen des Verzichts auf die Rechte aus einem Mietvertrag gezahlt hat, wenn der in Erfüllung des Mietvertrags gezahlte Mietzins von der Mehrwertsteuer befreit war.

---
[1] Siehe dazu BMF vom 15.10.2001 – IV B 7 – S 7100 – 220/01, DB 2001 S. 2472

§ 4

BFH vom 24.06.1993 – V R 69/92, BStBl. 1994 II S. 52: Nutzungsüberlassung einer Schießanlage.

Die Gestattung, eine überdachte Schießanlage zur Ausübung des Schießsports ohne Ausschluß weiterer Schützen gegen ein Eintrittsgeld und ein nach Art und Anzahl der abgegebenen Schüsse bemessenes Entgelt zu nutzen, ist nicht als Grundstücksvermietung i. S. des § 4 Nr. 12 Buchst. a UStG 1980 steuerfrei.

FG München vom 09.12.1991 – 3 K 1023/90 – rechtskräftig, EFG 1992 S. 370: Überlassung von Schlafstellen durch Bauunternehmer an seine Arbeitnehmer keine „Beherbergung von Fremden".

Die Überlassung von Schlafstellen durch einen Bauunternehmer an seine Arbeitnehmer stellt keine „Beherbergung von Fremden" i. S. von § 4 Nr. 12 Satz 2 UStG dar.

EuGH vom 13.07.1989 – Rs. 173/88 – Henriksen, UR 1990 S. 273: Umsatzsteuerpflicht der Vermietung von Garagen.

Artikel 13 Teil B Buchstabe b der Richtlinie 77/388 des Rates vom 17. Mai 1977 ist dahin auszulegen, daß der Begriff „Vermietung von Plätzen für das Abstellen von Fahrzeugen" die Vermietung aller zum Abstellen von Fahrzeugen bestimmten Flächen einschließlich geschlossener Garagen erfaßt, daß diese Vermietung aber nicht von der für die „Vermietung von Grundstücken" vorgesehenen Befreiung ausgeschlossen werden darf, wenn sie in Zusammenhang mit der – ihrerseits befreiten – Vermietung von Grundstücken mit einem anderen Verwendungszweck steht.

Artikel 13 Teil B Buchst. b Richtlinie 77/388 des Rates vom 17. Mai 1977 ist dahin auszulegen, daß er es den Mitgliedstaaten verwehrt, die Vermietung von Plätzen für das Abstellen von Fahrzeugen von der Mehrwertsteuer zu befreien, die von der durch diese Vorschrift vorgesehenen Befreiung ausgeschlossen sind, das heißt die Vermietung von Plätzen, die nicht in engem Zusammenhang mit der – ihrerseits befreiten – Vermietung von Grundstücken mit einem anderen Verwendungszweck steht.

BFH vom 04.12.1980 – V R 60/79, BStBl. 1981 II S. 231[1]

1. Wird dem Benutzer eines Parkplatzes nicht der Gebrauch einer bestimmten, nur ihm zur Verfügung stehenden Parkfläche unter Ausschluß anderer gewährt, sondern lediglich gestattet, den Kraftwagen an irgendeiner Stelle auf dem Parkplatz abzustellen, und kann der Benutzer den gewählten Platz nach Belieben wechseln, liegt keine Vermietung i. S. des § 535 BGB, sondern eine nicht gemäß § 4 Nr. 12 Satz 1 Buchst. a UStG 1967/1973 befreite sonstige Leistung aus einem Vertrag besonderer Art vor.
2. Die entgeltliche Überlassung eines Parkplatzes an Zoobesucher ist weder als ein unmittelbar mit dem Betrieb eines Zoologischen Gartens verbundener Umsatz noch als eine unselbständige Nebenleistung zu einem solchen Umsatz nach § 12 Abs. 2 Nr. 7 Buchstab. 3 UStG 1967/1973 begünstigt.

Zu § 4 Nr. 14:

BFH vom 18.08.2011 – V R 27/10, UR 2011 S. 902: Steuerfreiheit hygienischer Leistungen durch Ärzte – Abgrenzung der Befreiungstatbestände für Heilbehandlungsleistungen und Krankenhausbehandlungsleistungen.

Infektionshygienische Leistungen eines Arztes, die er für andere Ärzte und/oder Krankenhäuser erbringt, damit diese ihre Heilbehandlungsleistungen ordnungsgemäß unter Beachtung der für sie nach dem Infektionsschutzgesetz bestehenden Verpflichtungen erbringen, sind als Heilbehandlungsleistung nach § 4 Nr. 14 UStG steuerfrei.

BFH vom 29.06.2011 – XI R 52/07, UR 2011 S. 818: Steuerfreie Heilbehandlung im Bereich der Humanmedizin – Ort der Dienstleistung bei der Vermehrung menschlicher Knorpelzellen zur Eigenimplantation.

Die Umsätze aus dem Herauslösen von Gelenkknorpelzellen aus dem einem Menschen entnommenen Knorpelmaterial und ihre anschließende Vermehrung zur Reimplantation zu therapeutischen Zwecken sind nach § 4 Nr. 14 UStG steuerbefreit, wenn diese Tätigkeiten von Ärzten oder im Rahmen eines arztähnlichen Berufs ausgeübt werden.

BFH vom 30.03.2011 – XI R 30/09: Keine Bindung der Finanzbehörde an unverbindliche Auskunft bei Änderung der Rechtslage hinsichtlich der Beurteilung heilberuflicher Umsätze durch den EuGH.

1. Ändert sich die einer unverbindlichen Auskunft zugrunde liegende Rechtslage, ist das Finanzamt nicht nach Treu und Glauben gehindert, einen der geänderten Rechtslage entsprechenden erstmaligen Umsatzsteuerbescheid zu erlassen, es sei denn, es hat anderweitig einen Vertrauenstatbestand geschaffen.

---
[1] Hinweis auf Abschnitt 4.12.2 UStAE

2. Das Finanzamt schafft in der Regel nicht dadurch einen Vertrauenstatbestand, dass es nach Änderung der einer unverbindlichen Auskunft zugrunde liegenden Rechtslage einen entsprechenden Hinweis an den Steuerpflichtigen unterlässt.

EuGH vom 18.10.2010 – Rs. C-156/09, Verigen Transplantation Service International AG, UR 2011 S. 215: Steuerfreie Heilbehandlungen im Bereich der Humanmedizin durch Herauslösen und Vermehrung von Knorpelzellen zur Reimplantation beim Patienten.

Art. 13 Teil A Abs. 1 Buchst. c der 6. EG-Richtlinie 77/388/EWG in der durch die Richtlinie 95/7/EG des Rates vom 10.4.1995 geänderten Fassung ist dahin auszulegen, dass das Herauslösen von Gelenkknorpelzellen aus dem einem Menschen entnommenen Knorpelmaterial und ihre anschließende Vermehrung zur Reimplantation aus therapeutischen Zwecken eine „Heilbehandlung im Bereich der Humanmedizin" im Sinne dieser Bestimmung ist.

BFH vom 07.10.2010 – V R 17/09, UR 2011 S. 662: Keine Steuerfreiheit von Schönheitsoperationen – Verdrängung gesetzten Rechts durch den Grundsatz von Treu und Glauben.

1. Eine für den Steuerpflichtigen ungünstige Rechtsfolge, die der Gesetzgeber bewusst angeordnet oder in Kauf genommen hat, rechtfertigt keine abweichende Steuerfestsetzung aus Billigkeitsgründen.
2. Für die Umsatzsteuerfreiheit von Schönheitsoperationen reicht es nicht aus, dass die Operationen nur von einem Arzt ausgeführt werden können. Erforderlich ist vielmehr, dass auch derartige Operationen dem Schutz der menschlichen Gesundheit dienen.
3. Die Besteuerung von Schönheitsoperationen, die medizinisch nicht indiziert waren und deren Kosten nicht von den Sozialversicherungsträgern getragen wurden, die also nicht der medizinischen Behandlung einer Krankheit oder einer anderen Gesundheitsstörung dienten, widerspricht nicht den Wertungen des § 4 Nr. 14 UStG.
4. Ein Vertrauenstatbestand ergibt sich nicht bereits aus einem „Verwaltungsunterlassen". Es reicht deshalb nicht aus, dass die Finanzverwaltung einen bestimmten Sachverhalt – wie im Streitfall die umsatzsteuerrechtliche Beurteilung von Schönheitsoperationen – über einen längeren Zeitraum bisher nicht als steuerpflichtig aufgegriffen hat.

BFH vom 02.09.2010 – V R 47/09, BStBl. 2011 II S. 195: Ausbildung zur Kosmetikerin sowie Zusatzausbildung in Dermatologie ist kein für die Umsatzsteuerbefreiung nach § 4 Nr. 14 UStG erforderlicher Befähigungsnachweis.

Aus einer nach dem SGB V einem Arzt für dessen Heilbehandlungsleistung (Aknebehandlung) geschuldeten Erstattung einer Krankenkasse ergibt sich nicht, dass der vom Arzt eingeschaltete Subunternehmer (Kosmetiker) über die erforderliche berufliche Befähigung zur Durchführung einer Heilbehandlungsmaßnahme i.S. von § 4 Nr. 14 UStG verfügt.

EuGH vom 10.06.2010 – Rs. C-262/08 – CopyGene A/S, UR 2010 S. 526[1]: Keine steuerfreie Dienstleistung der Entnahme, Beförderung, Analyse und Lagerung von Nabelschnurblut Neugeborener durch eine private Stammzellenbank bei eventueller künftiger autologer oder allogener Verwendung der Stammzellen.

1. Der Begriff der mit der „Krankenhausbehandlung und (der ärztlichen) Heilbehandlung ... eng verbundenen Umsätze" i.S.v. Abs. 13 Teil A Abs. 1 Buchst. b der 6. EGRichtlinie 77/388/EWG ist dahin auszulegen, dass er keine Tätigkeiten wie die im Ausgangsverfahren fraglichen erfasst, die in der Entnahme, der Beförderung und der Analyse von Nabelschnurblut sowie in der Lagerung der in diesem Blut enthaltenen Stammzellen bestehen, wenn die ärztliche Heilbehandlung im Krankenhaus, mit der diese Tätigkeiten nur eventuell verbunden sind, weder stattgefunden noch begonnen hat, noch geplant ist.
2. Art. 13 Teil A Abs. 1 Buchst. b der 6. EG-Richtlinie steht einer Qualifikation eines Steuerpflichtigen wie der CopyGene A/S durch die nationalen Behörden als „andere ordnungsgemäß anerkannte Einrichtung gleicher Art" wie Krankenanstalten und Zentren für ärztliche Heilbehandlung und Diagnostik im Sinne dieser Bestimmung entgegen, wenn Stammzellenbanken Leistungen der im Ausgangsverfahren in Rede stehenden Art durch medizinisches Fachpersonal erbringen, aber keine finanzielle Unterstützung durch das staatliche System der sozialen Sicherheit erhalten und die Kosten der von ihnen erbrachten Leistungen nicht von diesem System gedeckt werden, obwohl ihnen von den zuständigen Gesundheitsbehörden eines Mitgliedstaats im Rahmen der Richtlinie 2004/23/EG des Europäischen Parlaments und des Rates vom 31.3.2004 zur Festlegung von Quali-

---

1) Mit Anmerkung von *Hölzer*

§ 4

täts- und Sicherheitsstandards für die Spende, Beschaffung, Testung, Verarbeitung, Konservierung, Lagerung und Verteilung von menschlichen Geweben und Zellen eine Genehmigung zum Umgang mit menschlichen Geweben und Zellen erteilt worden ist. Jedoch kann diese Bestimmung nicht dahin ausgelegt werden, dass sie als solche von den zuständigen Behörden verlangt, eine Gleichstellung einer privaten Stammzellenbank mit einer für die Zwecke der fraglichen Steuerbefreiung „ordnungsgemäß anerkannten" Einrichtung abzulehnen. Erforderlichenfalls ist vom vorlegenden Gericht zu prüfen, ob die Versagung der Anerkennung für die Zwecke der Steuerbefreiung nach Art. 13 Teil A Abs. 1 Buchst. b der 6. EG-Richtlinie dem Unionsrecht, insbesondere dem Grundsatz der steuerlichen Neutralität entspricht.

EuGH vom 10.06.2010 – Rs. C-86/09 – Future Health Technologies Ltd, UR 2010 S. 540: Keine Steuerbefreiung einer Entnahme, Analyse und Aufbereitung von Nabelschnurblut sowie der Lagerung von Stammzellen für eine etwaige zukünftige therapeutische Verwendung.

1. Tätigkeiten, die die Übersendung eines Sets mit der Ausrüstung zur Entnahme von Nabelschnurblut Neugeborener, die Analyse und die Aufbereitung dieses Bluts sowie gegebenenfalls die Lagerung der in diesem Blut enthaltenen Stammzellen zum Zweck ihrer etwaigen zukünftigen therapeutischen Verwendung umfassen und die nur sicherstellen sollen, dass für den ungewissen Fall, dass eine Heilbehandlung erforderlich wird, ein Behandlungsmittel zur Verfügung steht, an sich aber nicht der Diagnose, Behandlung oder Heilung von Krankheiten oder Gesundheitsstörungen dienen, fallen weder in ihrer Gesamtheit noch einzeln unter den Begriff „Krankenhausbehandlungen und ärztliche Heilbehandlungen" i.S.v. Art. 132 Abs. 1 Buchst. b MwStSystRL 2006/112/EG oder unter den Begriff „Heilbehandlungen im Bereich der Humanmedizin" in Art. 132 Abs. 1 Buchst. c MwStSystRL. Für die Analyse von Nabelschnurblut gilt dies nur dann nicht, wenn sie tatsächlich dazu dient, eine ärztliche Diagnose zu erstellen, was gegebenenfalls vom vorlegenden Gericht zu prüfen ist.

2. Der Begriff der mit „Krankenhausbehandlungen und ärztlichen Heilbehandlungen ... eng verbundenen Umsätze" i.S.v. Art. 132 Abs. 1 Buchst. b MwStSystRL ist so auszulegen, dass er keine Tätigkeiten wie die im Ausgangsverfahren in Rede stehenden erfasst, die in der Übersendung eines Sets mit der Ausrüstung zur Entnahme von Nabelschnurblut Neugeborener, der Analyse und der Aufbereitung dieses Bluts sowie gegebenenfalls der Lagerung der in diesem Blut enthaltenen Stammzellen zum Zweck einer möglicherweise künftigen therapeutischen Verwendung bestehen, mit der diese Tätigkeiten nur eventuell verbunden sind und die weder stattgefunden, noch begonnen hat, noch geplant ist.

BFH vom 30.04.2009 – V R 6/07, UR 2009 S. 563; BStBl. 2009 II S. 679: Funktionstraining in Rheumagruppen als steuerfreie Heilbehandlung im Bereich der Humanmedizin – Anforderungen an den Nachweis der Berufsqualifikation.

Funktionstraining, das von den Krankenkassen nach § 43 SGB V in Verbindung mit der „Gesamtvereinbarung über den Rehabilitationssport und das Funktionstraining" vergütet wird, kann nach § 4 Nr. 14 Satz 1 UStG steuerfrei sein.

BFH vom 01.04.2009 – XI R 52/07, BStBl. 2009 II S. 563: Zellvermehrung als Heilbehandlung.

Dem EuGH werden die folgenden Fragen zur Vorabentscheidung vorgelegt:[1]

1. Ist Art. 28b Teil F Unterabs. 1 der Richtlinie 77/388/EWG dahin auszulegen, dass
   a) das einem Menschen entnommene Knorpelmaterial („Biopsat"), welches einem Unternehmer zum Zwecke der Zellvermehrung und anschließenden Rückgabe als Implantat für den betroffenen Patienten überlassen wird, ein „beweglicher körperlicher Gegenstand" im Sinne dieser Bestimmung ist,
   b) das Herauslösen der Gelenkknorpelzellen aus dem Knorpelmaterial und die anschließende Zellvermehrung „Arbeiten" an beweglichen körperlichen Gegenständen im Sinne dieser Bestimmung sind,
   c) die Dienstleistung dem Empfänger bereits dann „unter seiner Umsatzsteuer-Identifikationsnummer erbracht" worden ist, wenn diese in der Rechnung des Erbringers der Dienstleistung angeführt ist, ohne dass eine ausdrückliche schriftliche Vereinbarung über ihre Verwendung getroffen wurde?

2. Falls eine der vorstehenden Fragen verneint wird: Ist Art. 13 Teil A Abs. 1 Buchst. c der Richtlinie 77/388/EWG dahin auszulegen, dass das Herauslösen der Gelenkknorpelzellen aus dem einem Menschen entnommenen Knorpelmaterial und die anschließende Zellvermehrung dann eine „Heil-

---

1) Siehe die Antwort des EuGH vom 18.11.2010 – Rs. C-156/09

behandlung im Bereich der Humanmedizin" ist, wenn die durch die Zellvermehrung gewonnenen Zellen dem Spender wieder implantiert werden?

FG Rheinland-Pfalz vom 27.11.2008 – 6 K 2348/07, DStR 2009 S. 1688: Zur Umsatzsteuerfreiheit einer Personalgestellung durch eine medizinische Einrichtung.
1. Der Steuerpflichtige kann sich unmittelbar auf die Umsatzsteuerbefreiung einer Personalgestellung nach Art. 13 Teil A Abs. 1 Buchst. h der Sechsten MwSt-Richtlinie 77/388/EWG berufen.
2. Für die Umsatzsteuerfreiheit der Gestellung von Personal nach Art. 13 Teil A Abs. 1 Buchst. k der Sechsten MwSt-Richtlinie 77/388/EWG ist bei den in Art. 13 Teil A Abs. 1 Buchst. b und i der Sechsten MwSt-Richtlinie 77/388/EWG genannten Tätigkeiten auf die Tätigkeit der Einrichtung und nicht die der überlassenen Person abzustellen.

BFH vom 08.10.2008 – V R 32/07, BStBl. 2009 II S. 429: Keine Umsatzsteuerbefreiung für Gutachtertätigkeit einer Krankenschwester zur Feststellung der Pflegebedürftigkeit.

Erstellt eine Krankenschwester (mit entsprechender Zusatzausbildung) im Auftrag des Medizinischen Dienstes der Krankenversicherung für Zwecke der Pflegeversicherung Gutachten zur Feststellung von Art und Umfang der Pflegebedürftigkeit der Versicherten, ist diese Tätigkeit weder nach dem Umsatzsteuergesetz noch nach der 6.EG-Richtlinie 77/388/EWG steuerfrei (Ergänzung zu BFH-Urteil vom 28.6.2000 – V R 72/99, BFHE 191, 463 = BStBl. II 2000, 544 = UR 2000, 434).

BFH vom 30.01.2008 – XI R 53/06, BStBl. 2008 II S. 647: Hippotherapie als steuerfreie Heilbehandlung.

Die von Physiotherapeuten (Krankengymnasten) mit entsprechender Zusatzausbildung auf ärztliche Verordnung durchgeführte Hippotherapie ist eine von der Umsatzsteuer befreite Heilbehandlung nach § 4 Nr. 14 UStG.

BFH vom 28.09.2007 – V R 54/05, BStBl. 2008 II S. 262: Rechtsformneutrale Geltung der Steuerbefreiung gem. § 4 Nr. 14 UStG.
1. Für die Anwendung von § 4 Nr. 14 UStG 1993/ 1999 kommt es nach dem Grundsatz der steuerlichen Neutralität nicht auf die Rechtsform des Leistenden an.
2. Heilbehandlungsleistungen einer Personengesellschaft können auch dann nach § 4 Nr. 14 UStG 1993/1999 steuerfrei sein, wenn zwar nicht die Gesellschafter, aber die Angestellten der Personengesellschaft über die für eine Heilbehandlung erforderliche Berufsqualifikation verfügen.

BFH vom 28.09.2007 – V B 7/06, BFH/NV 2008 S. 122: Steuerfreiheit von Massageleistungen.
1. Nach richtlinienkonformer Auslegung des § 4 Nr. 14 UStG sind Massageleistungen nur dann steuerfrei, wenn es sich um der menschlichen Gesundheit dienende Heilbehandlungen handelt, nicht aber, wenn sie aus kosmetischen Gründen oder aus Gründen der „Wellness" durchgeführt werden.
2. Die Feststellungslast hierfür trägt nach allgemeinen Grundsätzen derjenige, der sich auf die Steuerbefreiung beruft.

BFH vom 26.09.2007 – V B 8/06, BStBl. 2008 II S. 405: Kein Vertrauensschutz hinsichtlich der jahrelangen Nichtbesteuerung von Schönheitsoperationen.
1. Durch die Rechtsprechung ist geklärt, dass der Steuerpflichtige einen Anspruch auf Vertrauensschutz hat, wenn sich die Rechtsprechung des BFH verschärft oder von einer allgemein geübten Verwaltungspraxis abweicht und der Steuerpflichtige im Vertrauen auf die bisherige Rechtslage Dispositionen getroffen hat.
2. Soweit die Verwaltung den Vertrauensschutz nicht durch allgemeine Billigkeitsregelungen oder Übergangsregelungen berücksichtigt hat, muss ihm das FA durch Einzelmaßnahme (z.B. nach § 163 AO) Rechnung tragen.
3. Ein schützenswertes Vertrauen, das die Pflicht zum Erlass einer Übergangsregelung oder Billigkeitsmaßnahme im Einzelfall auslöst, ist nur gegeben, wenn als Vertrauensgrundlage eine gesicherte, für die Meinung des Steuerpflichtigen sprechende Rechtsauffassung bestand und die Rechtslage nicht als zweifelhaft erschien.
4. Eine gesicherte Rechtsauffassung kann aus einem schlichten Verwaltungsunterlassen – wie vorliegend bei jahrelanger Nichtbesteuerung von Schönheitsoperationen – nicht hergeleitet werden.

BFH vom 26.09.2007 – V R 54/05, BStBl. 2008 II S. 262; UR 2007 S. 939: Steuerfreie krankengymnastische Leistung durch eine Physikalische Praxis in Form einer Gesellschaft bürgerlichen Rechts.
1. Für die Anwendung von § 4 Nr. 14 UStG 1993/1999 kommt es nach dem Grundsatz der steuerlichen Neutralität nicht auf die Rechtsform des Leistenden an.

§ 4

2. Heilbehandlungsleistungen einer Personengesellschaft können auch dann nach § 4 Nr. 14 UStG 1993/1999 steuerfrei sein, wenn zwar nicht die Gesellschafter, aber die Angestellten der Personengesellschaft über die für eine Heilbehandlung erforderliche Berufsqualifikation verfügen.

BFH vom 23.08.2007 – V R 38/04, BStBl. 2008 II S. 37: Keine Steuerfreiheit von Logotherapeuten und dem UStG 1991/1993.

Die Umsätze eines nicht ärztlichen Logotherapeuten sind nicht gemäß § 4 Nr. 14 UStG 1991/1993 umsatzsteuerfrei.

BFH vom 31.07.2007 – V B 98/06, BStBl. 2008 II S. 35: Keine Steuerbefreiung für ärztliche Versicherungsgutachten.

Die Erstellung ärztlicher Gutachten, die der Vorbereitung der Entscheidung eines Versicherungsträgers über die Gewährung einer Rente wegen verminderter Erwerbsfähigkeit dienen sollen, ist auch dann nicht nach § 4 Nr. 14 UStG steuerfrei, wenn in den Gutachten Möglichkeiten zur Rehabilitation geprüft werden.

BFH vom 15.03.2007 – V R 55/03, BStBl. 2008 II S. 31: Steuerbefreiung gem. § 4 Nr. 14 UStG und § 4 Nr. 16 UStG bei Ärzten für Laboratoriumsmedizin.[1]

1. Ein Arzt für Laboratoriumsmedizin erbringt mit seinen medizinischen Analysen und Laboruntersuchungen, die er im Auftrag der behandelnden Ärzte oder deren Labore/Laborgemeinschaften ausführt, „ärztliche Heilbehandlungen" i.S. von Art 13 Teil A Abs. 1 Buchst. b der Richtlinie 77/388/EWG bzw. „Heilbehandlungen im Bereich der Humanmedizin" i.S. von Art. 13 Teil A Abs. 1 Buchst. c der Richtlinie 77/388/EWG; es ist nicht erforderlich, dass diese Leistungen unmittelbar gegenüber den Patienten erbracht werden (EuGH-Rechtsprechung).
2. Umsätze eines Arztes für Laboratoriumsmedizin aus medizinischen Analysen und Laboruntersuchungen im Auftrag der behandelnden Ärzte oder deren Labore/Laborgemeinschaften sind auch dann nach § 4 Nr. 14 Satz 1 UStG 1980/1991/1993 steuerfrei, wenn er sie in der Rechtsform einer GmbH erbringt und er der alleinige Gesellschafter dieser GmbH ist.
3. Soweit solche Umsätze eines Arztes für Laboratoriumsmedizin sowohl unter die Befreiungsvorschrift des § 4 Nr. 14 Satz 1 UStG 1980/1991/1993 aufgrund dessen Anknüpfung an den Beruf (hier als Arzt) und dessen spezifische Umsätze als auch entsprechend Art. 13 Teil A Abs. 1 Buchst. b der Richtlinie 77/388/EWG unter die des § 4 Nr. 16 Buchst. c UStG 1980/1991/1993 fallen, kann sich der Steuerpflichtige auf die für ihn günstigere Regelung des nationalen Rechts (§ 4 Nr. 14 UStG 1980/1991/1993) berufen. § 4 Nr. 14 UStG 1980/1991/1993 folgt insoweit einer anderen Systematik als Art. 13 Teil A Abs. 1 Buchst. b und c der Richtlinie 77/388/EWG, die in erster Linie dem Ort der Leistungserbringung folgt. Der Anwendungsbereich des § 4 Nr. 14 UStG 1980/1991/1993 kann nicht im Wege der Auslegung auf den Anwendungsbereich des § 4 Nr. 16 Buchst. c UStG 1980/1991/1993 „begrenzt" werden.
4. § 4 Nr. 16 UStG 1980/1991/1993 verstößt gegen den gemeinschaftsrechtlichen Grundsatz der steuerlichen Neutralität, weil nicht für alle Kategorien privatrechtlicher Einrichtungen, die in Art. 13 Teil A Abs. 1 Buchst. b der Richtlinie 77/388/EWG genannt sind, in Bezug auf die Erbringung vergleichbarer Leistungen die gleichen Bedingungen für ihre Anerkennung gelten.
5. Die 40%-Grenze in § 4 Nr. 16 Buchst. c UStG 1980/1991/1993 bezieht sich nur auf die in § 4 Nr. 16 UStG 1980/1991/1993 genannten Umsätze selbst und nicht etwa auf den Gesamtumsatz des Unternehmers.

BFH vom 13.07.2006 – V R 7/05, BStBl. 2007 II S. 412; UR 2007 S. 17[2]: Umsatzsteuerbefreiung an einen Arbeitgeber erbrachter arbeitsmedizinischer Untersuchungen, Beurteilungen und Beratungen eines Betriebsarztes.

Betriebsärztliche Leistungen, die ein Unternehmer gegenüber einem Arbeitgeber erbringt und die darin bestehen, die Arbeitnehmer zu untersuchen, arbeitsmedizinisch zu beurteilen und zu beraten sowie die Untersuchungsergebnisse zu erfassen und auszuwerten (§ 3 Abs. 1 Nr. 2 ASiG), sind – soweit die Leistungen nicht auf Einstellungsuntersuchungen entfallen – gem. § 4 Nr. 14 UStG 1993 steuerfrei.

EuGH vom 08.06.2006 – Rs. C-106/05 – L. u. P. GmbH, UR 2006 S. 464:[3] Nationale Bedingungen für die Steuerbefreiung medizinischer, von einem in privatrechtlicher Form organisierten Labor außerhalb einer Heilbehandlungseinrichtung auf Anordnung praktischer Ärzte durchgeführter Analysen.

---

1) Siehe dazu BMF vom 17.12.2007, siehe Anlage § 004 Nr. 14-18
2) Siehe Anlage § 004 Nr. 14-16
3) Antwort auf das Vorabentscheidungsersuchen des BFH vom 25.11.2004 – V R 44/02

§ 4

Art. 13 Teil A Abs. 1 Buchst. b der 6. EG-Richtlinie 77/388/EWG ist dahin auszulegen, dass der vorbeugenden Beobachtung und Untersuchung der Patienten dienende medizinische Analysen, die wie die im Ausgangsverfahren in Rede stehenden von einem in privatrechtlicher Form organisierten Labor außerhalb einer Heilbehandlungseinrichtung auf Anordnung praktischer Ärzte durchgeführt werden, als ärztliche Heilbehandlungen einer anderen ordnungsgemäß anerkannten privatrechtlichen Einrichtung im Sinne dieser Bestimmung unter die dort vorgesehene Befreiung fallen können.

Art. 13 Teil A Abs. 1 Buchst. b und Abs. 2 Buchst. a der 6. EG-Richtlinie steht einer nationalen Regelung nicht entgegen, wonach die Befreiung derartiger medizinischer Analysen von Bedingungen abhängt, die nicht für die Befreiung der Heilbehandlungen der praktischen Ärzte gelten, die sie angeordnet haben, und sich von denen unterscheiden, die für die mit der ärztlichen Heilbehandlung eng verbundenen Umsätze im Sinne der erstgenannten Bestimmung gelten.

Art. 13 Teil A Abs. 1 Buchst. b der 6. EG-Richtlinie steht einer nationalen Regelung entgegen, wonach die Befreiung der medizinischen Analysen, die von einem in privatrechtlicher Form organisierten Labor außerhalb einer Heilbehandlungseinrichtung durchgeführt werden, von der Bedingung abhängt, dass sie unter ärztlicher Aufsicht erbracht werden. Dagegen verstößt es nicht gegen diese Bestimmung, dass nach der nationalen Regelung die Befreiung dieser Analysen von der Bedingung abhängt, dass mindestens 40% von ihnen Personen zugute kommen, die bei einem Träger der Sozialversicherung versichert sind.

EuGH vom 27.04.2006 – Rs. C-443/04 und 444/04 – Solleveld und van den Hout-van Eijnsbergen, UR 2006 S. 587: Grenzen des Ermessens eines Mitgliedstaates bei der Regelung einer Steuerbefreiung therapeutischer Behandlungen durch einen Physiotherapeuten und eine Psychotherapeutin.

Art. 13 Teil A Abs. 1 Buchst. c der 6. EG-Richtlinie 77/388/EWG ist dahin auszulegen, dass er den Mitgliedstaaten bei der Definition der arztähnlichen Berufe und der Heilbehandlungen im Bereich der Humanmedizin, die zu diesen Berufen gehören, für die Zwecke der in dieser Bestimmung vorgesehenen Befreiung ein Ermessen einräumt. Bei der Ausübung dieses Ermessens haben die Mitgliedstaaten jedoch das mit dieser Bestimmung verfolgte Ziel, zu gewährleisten, dass die Befreiung nur für Leistungen gilt, die von Personen erbracht werden, die über die erforderlichen beruflichen Qualifikationen verfügen, und den Grundsatz der steuerlichen Neutralität zu beachten.

Eine nationale Regelung, die den Beruf des Psychotherapeuten von der Definition der arztähnlichen Berufe ausnimmt, verstößt nur insoweit gegen dieses Ziel und diesen Grundsatz, als die psychotherapeutischen Behandlungen – was vom vorlegenden Gericht zu prüfen ist – von der Mehrwertsteuer befreit wären, wenn sie von Psychiatern, Psychologen oder Angehörigen anderer ärztlicher oder arztähnlicher Berufe durchgeführt würden, obwohl sie, von Psychotherapeuten erbracht, unter Berücksichtigung deren beruflicher Qualifikationen als qualitativ gleichwertig angesehen werden können.

Eine nationale Regelung, die bestimmte, von Physiotherapeuten ausgeübte spezifische Heiltätigkeiten im Bereich der Humanmedizin, wie Behandlungen mittels Störfelddiagnostik, von der Definition dieses arztähnlichen Berufes ausnimmt, verstößt nur insoweit gegen dieses Ziel und diesen Grundsatz, als diese Behandlungen – was vom vorlegenden Gericht zu prüfen ist – von der Mehrwertsteuer befreit wären, wenn sie von Ärzten oder Zahnärzten erbracht würden, obwohl sie, von Physiotherapeuten durchgeführt, unter Berücksichtigung deren beruflicher Qualifikationen als qualitativ gleichwertig angesehen werden können.

BFH vom 18.08.2005 – V R 71/03, BStBl. 2006 II S. 143: Steuerfreiheit von Legasthenie-Behandlungen.

1. Umsätze aus Legasthenie-Behandlungen sind grundsätzlich nicht nach § 4 Nr. 14 UStG 1999 steuerfrei.
2. Umsätze aus Legasthenie-Behandlungen, die im Rahmen der Eingliederungshilfe nach § 35a SGB VIII erbracht und gegenüber dem Träger für die betreffende Sozialleistung abgerechnet werden, sind nach Art. 13 Teil A Abs. 1 Buchst. g der Richtlinie 77/388/EWG steuerfrei.

BFH vom 07.07.2005 – V R 23/04, BStBl. 2005 II S. 904: Ernährungsberatung durch Diplom-Oecotrophologen als heilberufliche Tätigkeit.

1. Führt ein Diplom-Oecotrophologe (Ernährungsberater) im Rahmen einer medizinischen Behandlung (aufgrund ärztlicher Anordnung oder im Rahmen einer Vorsorge- oder Rehabilitationsmaßnahme) Ernährungsberatungen durch, sind diese Leistungen nach § 4 Nr. 14 UStG steuerbefreit.
2. Leistungen zur Prävention und Selbsthilfe i.S.d. § 20 SGB V, die keinen unmittelbaren Krankheitsbezug haben, weil sie lediglich „den allgemeinen Gesundheitszustand verbessern und insbesondere

§ 4

einen Beitrag zur Verminderung sozial bedingter Ungleichheit von Gesundheitschancen erbringen" sollen (§ 20 Abs. 1 Satz 2 SGB V), sind grundsätzlich keine nach § 4 Nr. 14 UStG befreiten Heilbehandlungen.

BFH vom 30.06.2005 – V R 1/02, BStBl. 2005 II S. 675: Keine Steuerfreiheit für Supervisionsleistungen.

Eine steuerfreie Heilbehandlung setzt voraus, dass ihr Hauptziel der Schutz der Gesundheit ist. Für die Umsatzsteuerfreiheit von Supervisionsleistungen nach § 4 Nr. 14 UStG reicht es nicht aus, dass die auch bei Heilbehandlungen eingesetzten Methoden angewandt werden und diese auch der gesundheitlichen Prophylaxe dienen können.

BFH vom 10.03.2005 – V R 54/04, BStBl. 2005 II S. 669: Umsätze eines Ernährungsberaters können steuerfrei sein.

Führt ein Dipl.-Oecotrophologe (Ernährungsberater) im Rahmen einer medizinischen Behandlung (aufgrund ärztlicher Anordnung oder im Rahmen einer Vorsorge- oder Rehabilitationsmaßnahme) Ernährungsberatungen durch, sind diese Leistungen nach § 4 Nr. 14 UStG steuerbefreit.

BFH vom 25.11.2004 – V R 55/03, BStBl. 2005 II S. 445: Vorlage an den EuGH wegen Steuerfreiheit medizinischer Laboruntersuchungen.[1]

Dem EuGH wird folgende Frage zur Vorabentscheidung vorgelegt: Erlauben es Art. 13 Teil A Abs. 1 Buchst. b und Abs. 2 der Richtlinie 77/388/EWG, die Steuerbefreiung der von praktischen Ärzten angeordneten medizinischen Laboranalysen auch dann von den dort genannten Bedingungen abhängig zu machen, wenn die Heilbehandlung der Ärzte ohnedies steuerfrei ist?

BFH vom 25.11.2004 – V R 44/02, BStBl. 2005 II S. 190: § 4 Nr. 14 UStG verlangt keine Leistung gegenüber einem Patienten.

1. Die Steuerbefreiung nach § 4 Nr. 14 UStG 1993 setzt nicht voraus, dass der Unternehmer Umsätze gegenüber einem Patienten als Leistungsempfänger erbringt und mit ihm oder seiner Krankenkasse hierüber abrechnet.
2. Nach § 4 Nr. 14 UStG 1993 steuerfreie Leistungen kommen auch dann in Betracht, wenn eine Rehabilitationseinrichtung auf Grund eines Versorgungsvertrags gemäß § 11 Abs. 2, §§ 40, 111 SGB V mit Hilfe von Fachkräften Leistungen zur medizinischen Rehabilitation erbringt. In diesem Fall sind regelmäßig sowohl die Leistungen der Rehabilitationseinrichtung als auch die Leistungen der Fachkräfte an die Rehabilitationseinrichtung steuerfrei, soweit sie die in dem Versorgungsvertrag benannte Qualifikation haben.

BFH vom 11.11.2004 – V R 34/02, BStBl. 2005 II S. 317: Ärztliche oder arztähnliche Leistungen für Heileurythmisten.

1. Die Steuerbefreiung der Umsätze aus heilberuflicher Tätigkeit i. S. von § 4 Nr. 14 UStG 1973 setzt (richtlinienkonform) voraus, dass es sich um ärztliche oder arztähnliche Leistungen handeln muss, und dass diese von Personen erbracht werden, die die erforderlichen beruflichen Befähigungsnachweise besitzen.
2. Das Fehlen einer berufsrechtlichen Regelung ist für sich allein kein Hinderungsgrund für die Befreiung.
3. Vom Vorliegen eines beruflichen Befähigungsnachweises für eine ärztliche oder arztähnliche Leistung ist grundsätzlich auszugehen bei Zulassung des jeweiligen Unternehmers bzw. der regelmäßigen Zulassung seiner Berufsgruppe gemäß § 124 Abs. 2 SGB V durch die zuständigen Stellen der gesetzlichen Krankenkassen.
4. Ist weder der jeweilige Unternehmer selbst noch – regelmäßig – seine Berufsgruppe gemäß § 124 Abs. 2 SGB V durch die zuständigen Stellen der gesetzlichen Krankenkassen zugelassen, kann Indiz für das Vorliegen eines beruflichen Befähigungsnachweises die Aufnahme von Leistungen der betreffenden Art in den Leistungskatalog der gesetzlichen Krankkassen (§ 92 SGB V) sein.

BFH vom 12.10.2004 – V R 54/03, BStBl. 2005 II S. 106: Steuerfreiheit gem. § 4 Nr. 14 UStG für Umsätze einer Dental-Hygienikerin.

Eine Dental-Hygienikerin kann nach § 4 Nr. 14 UStG steuerfreie Umsätze im Auftrag eines Zahnarztes ausführen.

---
1) Entscheidung des EuGH vom 08.06.2006 – Rs. C-106/05

§ 4

BFH vom 12.08.2004 – V R 18/02, BStBl. 2005 II S. 227: Ärztliche oder arztähnliche Leistungen für einen Fußreflexzonenmasseur.
1. Die Steuerbefreiung der Umsätze aus heilberuflicher Tätigkeit i. S. von § 4 Nr. 14 UStG 1973 setzt (richtlinienkonform) voraus, dass es sich um ärztliche oder arztähnliche Leistungen handeln muss, und dass diese von Personen erbracht werden, die die erforderlichen beruflichen Befähigungsnachweise besitzen.
2. Das Fehlen einer berufsrechtlichen Regelung ist für sich allein kein Hinderungsgrund für die Befreiung.
3. Vom Vorliegen eines beruflichen Befähigungsnachweises für eine ärztliche oder arztähnliche Leistung ist grundsätzlich auszugehen bei Zulassung des jeweiligen Unternehmers bzw. der regelmäßigen Zulassung seiner Berufsgruppe gemäß § 124 Abs. 2 SGB V durch die zuständigen Stellen der gesetzlichen Krankenkassen.
4. Indiz für das Vorliegen eines entsprechenden beruflichen Befähigungsnachweises ist ferner die Aufnahme von Leistungen der betreffenden Art in den Leistungskatalog der gesetzlichen Krankkassen (§ 92 SGB V).

BFH vom 15.07.2004 – V R 27/03, BStBl. 2004 II S. 862: Für Schönheitsoperationen keine Steuerfreiheit gem. § 4 Nr. 14 UStG.
Für die Umsatzsteuerfreiheit von Schönheitsoperationen nach § 4 Nr. 14 UStG 1993 reicht es nicht aus, dass die Operationen nur von einem Arzt ausgeführt werden können, vielmehr müssen sie der medizinischen Behandlung einer Krankheit oder einer anderen Gesundheitsstörung und damit dem Schutz der menschlichen Gesundheit dienen.

BFH vom 22.04.2004 – V R 1/98, BStBl. 2004 II S. 849: Umsatzsteuerbefreiung gem. § 4 Nr. 14 UStG bei einer Pflegedienst-GmbH.
1. Umsätze einer GmbH, die mit angestelltem qualifiziertem Krankenpflegepersonal Behandlungspflegeleistungen erbringt, sind nach § 4 Nr. 14 UStG steuerfrei.
2. In den Jahren 1988 bis 1990 ausgeführte Umsätze einer GmbH durch Grundpflege und hauswirtschaftliche Versorgung gegenüber pflegebedürftigen Personen sind nach Art. 13 Teil A Abs. 1 Buchst. g der Richtlinie 77/388/EWG steuerfrei, wenn die GmbH als Einrichtung mit sozialem Charakter anzuerkennen ist.

BFH vom 01.04.2004 – V R 54/98, BStBl. 2004 II S. 681: Steuerfreiheit gem. § 4 Nr. 14 UStG bei einer Stiftung[1).
1. Eine Stiftung kann mit bei ihr angestellten Diplompsychologen steuerfreie arztähnliche Leistungen i.S. von § 4 Nr. 14 Satz 1 UStG 1980 durch psychotherapeutische Behandlungen von Patienten in einer Ambulanz erbringen.
2. Die Steuerbefreiungen nach § 4 Nr. 14 UStG 1980 und § 4 Nr. 16 UStG 1980 schließen sich gegenseitig aus.

BFH vom 27.02.2003 – V B 164/02, BStBl. 2003 II S. 622: Ernstliche Zweifel an der Geltung des § 4 Nr. 14 UStG für Leistungen von Altenpflegern vor dem 01.08.2001.
Es ist ernstlich zweifelhaft,
– ob und inwieweit eine staatlich anerkannte Altenpflegerin arztähnliche oder heilberufliche Leistungen i. S. des § 4 Nr. 14 UStG erbringt
– und bereits vor In-Kraft-Treten des AltPflG die nach § 4 Nr. 14 UStG (analog), Art. 13 Teil A Abs. 1 Buchst. c der Richtlinie 77/388/EWG erforderlichen beruflichen Befähigungsnachweise erbringen konnte.

BFH vom 19.12.2002 – V R 28/00, BStBl. 2003 II S. 532: Voraussetzungen für die Steuerbefreiung gem. § 4 Nr. 14 UStG.
1. Die Steuerbefreiung der Umsätze aus heilberuflicher Tätigkeit i.S. von §4 Nr. 14 UStG setzt (richtlinienkonform) voraus, dass es sich um ärztliche oder arztähnliche Leistungen handeln muss, und dass diese von Personen erbracht werden, die die erforderlichen beruflichen Befähigungsnachweise besitzen.
2. Das Fehlen einer berufsrechtlichen Regelung für medizinische Fußpfleger in dem für die Besteuerung zuständigen Bundesland ist für sich allein kein Hinderungsgrund für die Befreiung.

---
1) Folgeurteile zum Urteil des EuGH vom 06.11.2003 – Rs. C-45/01, siehe Rechtsprechung zu § 4 Nr. 16 UStG

§ 4

3. Die im BMF-Schreiben vom 28.02.2000 (BStBl. I 2000, 433) vertretene Auffassung, ausreichendes Indiz für das Vorliegen einer ähnlichen heilberuflichen Tätigkeit könne die Zulassung des jeweiligen Unternehmers bzw. die regelmäßige Zulassung seiner Berufsgruppe gemäß § 124 Abs. 2 SGB V durch die zuständigen Stellen der gesetzlichen Krankenkassen sein, ist nicht zu beanstanden.

EuGH vom 14.09.2000 – Rs. C-384/98, UR 2000 S. 432: Keine Umsatzsteuerbefreiung der Erstattung eines Gutachtens zur Vaterschaftsermittlung durch einen als Gerichtssachverständiger zugelassenen Arzt.

Art. 13 Teil A Abs. 1 Buchst. c der 6. EG-Richtlinie 77/388/EWG ist dahin auszulegen, dass medizinische Leistungen, die nicht in der medizinischen Betreuung von Personen durch das Diagnostizieren und Behandeln einer Krankheit oder einer anderen Gesundheitsstörung bestehen, sondern auf der auf biologische Untersuchungen gestützte Feststellung einer anthropologisch-erbbiologischen Verwandtschaft, nicht in den Anwendungsbereich dieser Bestimmung fallen. Dass der als Sachverständiger tätige Arzt von einem Gericht beauftragt worden ist, ist insoweit ohne Belang.

BFH vom 28.06.2000 – V R 72/99, BStBl. 2000 II S. 554: Keine Umsatzsteuerbefreiung der Gutachtentätigkeit eines Krankenpflegers zur Feststellung der Pflegebedürftigkeit von Versicherten.[1]

Erstellt ein Krankenpfleger im Auftrag des Medizinischen Dienstes der Krankenversicherung für Zwecke der Pflegeversicherung Gutachten zur Feststellung von Art und Umfang der Pflegebedürftigkeit der Versicherten, ist die Tätigkeit weder als ähnliche heilberufliche Tätigkeit nach § 4 Nr. 14 UStG, noch als Leistung des Medizinischen Dienstes nach § 4 Nr. 15 Buchst. a, noch nach § 4 Nr. 16 Buchst. d oder Buchst. e UStG steuerbefreit.

BFH vom 13.04.2000 – V R 78/99, UR 2000 S. 436; HFR 2000 S. 834 m. Anm.: Umsatzsteuerbefreiung der heilberuflichen Tätigkeit eines Heileurythmisten bei regelmäßiger Erstattung der Leistungsart durch Sozialversicherungsträger.

Leistungen eines Heileurythmisten durch heilberufliche Tätigkeit sind jedenfalls dann nach § 4 Nr. 14 UStG steuerfrei, wenn sie ihrer Art nach von den Sozialversicherungsträgern für den Patienten bezahlt werden. Das gilt auch für heilberufliche Leistungen an Privatpatienten, wenn an sie eine ihrer Art nach gleiche heilberufliche Leistung erbracht wird.

BVerfG vom 10.11.1999 – 2 BvR 2861/93, BStBl. 2000 II S. 160[2]: Das Gleichbehandlungsgebot (Art. 3 Abs. 1 GG) verbietet eine allein nach der Rechtsform eines Unternehmers unterscheidende Umsatzsteuerbefreiung.

BVerfG vom 29.10.1999 – 2 BvR 1264/90, BStBl. 2000 II S. 155[3]: Das Gleichbehandlungsgebot (Art. 3 Abs. 1 GG) verbietet eine allein nach der Existenz berufsrechtlicher Regelungen unterscheidende Umsatzsteuerbefreiung[4]. (betr. Heileurythmist).

BFH vom 25.03.1999 – V R 29/97, UR 1999 S. 500: Umsatzsteuerbefreiung ambulanter Krankenpflege durch eine Pflege-GbR bei eigenverantwortlicher Tätigkeit der Krankenpfleger-Gesellschafter (§ 4 Nr. 14 und Nr. 16 Buchst. c UStG 1980).

1. Betreiben drei geprüfte Krankenpfleger in der Rechtsform einer GbR die häusliche Pflege von Kranken, welche ihnen von den Sozialdiensten der Krankenhäuser bzw. den behandelnden Ärzten nach Beendigung des Krankenhausaufenthalts zur Pflege zugewiesen worden sind, bedarf die Frage, ob im Hinblick auf den Umfang der zu pflegenden Patienten noch eine eigenverantwortliche Tätigkeit i. S. d. § 18 Abs. 1 EStG vorliegt – wie sie auch § 4 Nr. 14 UStG fordert –, einer genauen Überprüfung über Art und Umfang der Pflegeleistungen sowie der Beteiligung der drei Gesellschafter an der Aufgabenerledigung.

2. Die ambulante Krankenpflege durch die Pflege-GbR ist keine ärztliche Einrichtung i. S. d. § 4 Nr. 16 Buchst. c UStG. Aus dem Umstand, daß die Pflege auf Zuweisungen der Ärzte zurückgeht, kann nicht geschlossen werden, daß eine Einrichtung im Sinne eines Hilfspersonals der Ärzte vorliege.

---

1) Siehe BFH vom 08.10.2008 – V R 32/07, BStBl. 2009 II S. 429
2) Siehe dazu *Widmann*, UR 1999 S. 496
3) Siehe dazu *Widmann*, UR 1999 S. 496; *Klenk*, DStR 1999 S. 1986
4) Mit Beschluß vom 10.11.1999 – 2 BvR 1820/92, BStBl. 2000 II S. 158, hat das BVerfG erneut so entschieden betr. medizinische Fußpfleger.

§ 4

BFH vom 23.10.1998 – V R 36/96, BStBl. 1998 II S. 584: Die Überlassung der von einem Kieferorthopäden bei der Heilbehandlung für einen Patienten selbst angefertigten kieferorthopädischen Apparate ist regelmäßig Teil des steuerfreien Umsatzes aus der Tätigkeit als Zahnarzt.

Hess. FG vom 29.06.1998 – 6 K 171/96, EFG 1998 S. 1365: Die Tätigkeit einer Kosmetikerin bei der Epilation von Transsexuellen ist auch dann nicht als „ähnliche heilberufliche Tätigkeit" i.S. des § 4 Nr. 14 UStG anzusehen, wenn die Krankenkasse dem Betroffenen nur einen Kostenbeitrag nach der ärztlichen Gebührenordnung ausschließlich USt ersetzt.

BFH vom 04.03.1998 – XI R 53/96, BStBl. 2000 II S. 13: Steuerfreiheit der Umsätze einer GmbH aus ambulanter Zahnbehandlung.

Die Umsätze einer GmbH aus ambulanter Zahnbehandlung, die der alleinige Gesellschafter und Geschäftsführer als approbierter Zahnarzt ausführt, sind steuerfrei.

BFH vom 29.01.1998 – V R 3/96, BStBl. 1998 II S. 453: Eine medizinisch-technische Assistentin für Funktionsdiagnostik übt eine den in § 4 Nr. 14 Satz 1 UStG genannten Heilhilfsberufen ähnliche Tätigkeit aus.

BFH vom 28.11.1996 – V R 23/95, BStBl. 1999 II S. 251: Zahnprothesen im CEREC-Verfahren sind abgrenzbare zahnärztliche Leistungen i. S. des § 4 Nr. 14 Satz 4 Buchst. b UStG 1980.

1. Füllungen (Inlays), Dreiviertelkronen (Onlays) und Verblendschalen für die Frontflächen der Zähne (Veneers) aus Keramik sind Zahnprothesen i. S. von § 4 Nr. 14 Satz 4 Buchst. b UStG 1991, Unterposition 9021.29 ZT.
2. Eine Lieferung von Zahnprothesen liegt auch dann vor, wenn sie vom Zahnarzt rechnergesteuert mittels eines Cerec-Gerätes hergestellt werden (Abgrenzung zu Abschn. 89 Abs. 1 Satz 4 UStR 1996).
3. § 4 Nr. 14 Satz 4 Buchst. b UStG 1991 enthält ein Aufteilungsgebot.

Niedersächsisches FG vom 12.01.1995 – V 99/94 – rechtskräftig, EFG 1995 S. 735: Tätigkeit als Heilmagnetiseur umsatzsteuerpflichtig.

Die Tätigkeit als Heilmagnetiseur ist keine ähnliche heilberufliche Tätigkeit i. S. von § 4 Nr. 14 UStG. Sie ist daher nicht von der USt befreit.

BFH vom 15.09.1994 – V R 59/93, BFH/NV 1995 S. 647: Keine Umsatzsteuerbefreiung für Medizinphysiker.

Ein Medizinphysiker übt keine einem der in § 4 Nr. 14 UStG 1980 genannten Berufe ähnliche Tätigkeit aus.

BFH vom 21.07.1994 – V R 134/92, BFH/NV 1995 S. 549: Umsätze aus heilberuflicher Tätigkeit.

Eine staatlich anerkannte Altenpflegerin, die für ihre Berufsausübung keiner staatlichen Erlaubnis bedarf und keiner Überwachung durch das Gesundheitsamt unterliegt, übt einen Beruf aus, der keinem der in § 4 Nr. 14 Satz 1 UStG 1980 genannten Heil- und Heilhilfsberufe ähnlich ist.

BFH vom 13.07.1994 – XI R 90/92, BStBl. 1995 II S. 84: Heilberufliche Tätigkeit einer Personengesellschaft.

Die Umsätze einer Personengesellschaft aus einer heilberufsähnlichen Tätigkeit sind auch dann steuerfrei, wenn die Gesellschaft daneben gewerbliche Leistungen erbringt und ihre Einkünfte deshalb einkommensteuerrechtlich als Einkünfte aus Gewerbebetrieb zu qualifizieren sind.

BFH vom 27.09.1993 – V B 31/92, BFH/NV 1994 S. 419: § 4 Nr. 14 Satz 3 und Nr. 16 Buchst. b UStG 1980 verfassungsrechtlich nicht zu beanstanden.[1]

§ 4 Nr. 14 Satz 3 und Nr. 16 Buchst. b UStG 1980 verstoßen nicht gegen Art. 3 Abs. 1 GG, weil der Gesetzgeber die Gruppe der Krankenhausbetreiber gleich behandelt und die Umsätze dieser Gruppe, zu der auch die von Ärzten betriebenen privaten Krankenhäuser gehören, nur unter den Voraussetzungen des § 4 Nr. 16 Buchst. b UStG 1980 steuerfrei beläßt.

BFH vom 09.09.1993 – V R 94/89, BFH/NV 1994 S. 509: Steuerpflichtige Umsätze aus der Tätigkeit als Tierarzt.

1. Umsätze aus der Tätigkeit als Tierarzt i. S. des § 4 Nr. 14 Satz 4 Buchstabe a UStG 1980 liegen vor, wenn der Unternehmer Tierarzt ist und die Umsätze für seinen Beruf typisch sind.

---
1) Aufgehoben durch BVerfG vom 10.11.1999 – 2 BvR 2861/93, UR 1999 S. 498

§ 4

2. Ein Fachtierarzt für Laboratoriumsdiagnostik, der aufgrund einer besonderen Zulassung funktional die Tätigkeit eines (humanmedizinischen) Facharztes für Laboratoriumsdiagnostik ausübt, erbringt insoweit keine für einen Tierarzt berufstypischen Leistungen.

BFH vom 26.08.1993 – V R 45/89, BStBl. 1993 II S. 887: Krankenpflegehelfer i. R. der Hauskrankenpflege: kein einem Heil(hilfs)-beruf ähnlicher Beruf.

Ein Krankenpflegehelfer, der auf dem Gebiet der ambulanten Pflege (Hauskrankenpflege) tätig ist, übt keinen Beruf aus, der einem der in § 4 Nr. 14 Satz 1 UStG genannten Heilberufe/Heilhilfsberufe ähnlich ist.

BVerfG vom 29.08.1988 – 1 BvR 695/88, HFR 1989 S. 684: „Ähnliche heilberufliche Tätigkeit" i. S. des § 4 Nr. 14 UStG.

Es ist verfassungsrechtlich nicht zu beanstanden, wenn die Rechtsprechung des BFH zur Beurteilung der „ähnlichen heilberuflichen Tätigkeit" i. S. d. § 4 Nr. 14 UStG verlangt, daß der strittige Beruf die typischen Merkmale des Vergleichsberufs enthält.

BVerfG vom 29.08.1988 – 1 BvR 695/88, BStBl. 1988 II S. 975; UR 1989 S. 92: USt-Befreiung für Atem-, Sprech- und Stimmlehrer.

Die Versagung der Umsatzsteuerbefreiung nach § 4 Nr. 14 UStG für die Atem-, Sprech- und Stimmlehrer ist von Verfassungs wegen nicht zu beanstanden.

EuGH vom 23.02.1988 – Rs. 353/85, HFR 1989 S. 401; UR 1989 S. 313: USt-Befreiung für „Heilbehandlungen im Bereich Humanmedizin".

Die in Art. 13 Teil A Abs. 1 Buchst. c der 6. EG-Richtlinie vorgesehene Steuerbefreiung bezieht sich lediglich auf die Heilbehandlungen im Bereich der Humanmedizin im Rahmen der Ausübung der ärztlichen und arztähnlichen Berufe und schließt, abgesehen von mit der Leistung untrennbar verbundenen kleineren Lieferungen von Gegenständen, Lieferungen von Gegenständen wie z. B. von Brillen zum Ausgleich von Sehfehlern aus.[1]

Zu § 4 Nr. 16:

BFH vom 02.03.2011 – XI R 47/07, UR 2011 S. 471: Vorabentscheidungsersuchen zu den Voraussetzungen der Steuerfreiheit der Umsätze eines ambulanten Pflegedienstes – Beurteilung von im Jahr der Betriebsgründung ausgeführten Umsätzen.

Dem EuGH werden folgende Fragen zur Vorabentscheidung vorgelegt:

1. Erlauben es Art. 13 Teil A Abs. 1 Buchst. g und/oder Abs. 2 Buchst. a der Richtlinie 77/388/EWG dem nationalen Gesetzgeber, die Steuerbefreiung der Leistungen zur ambulanten Pflege kranker und pflegebedürftiger Personen davon abhängig zu machen, dass bei diesen Einrichtungen „im vorangegangenen Kalenderjahr die Pflegekosten in mindestens zwei Drittel der Fälle von den gesetzlichen Trägern der Sozialversicherung oder Sozialhilfe ganz oder zum überwiegenden Teil getragen worden sind" (§ 4 Nr. 16 Buchst. e UStG)?
2. Ist es unter Berücksichtigung des Grundsatzes der Neutralität der Mehrwertsteuer für die Antwort auf diese Frage von Bedeutung, dass der nationale Gesetzgeber dieselben Leistungen unter anderen Voraussetzungen als steuerfrei behandelt, wenn sie von amtlich anerkannten Verbänden der freien Wohlfahrtspflege und der freien Wohlfahrtspflege dienenden Körperschaften, Personenvereinigungen und Vermögensmassen, die einem Wohlfahrtsverband als Mitglied angeschlossen sind, ausgeführt werden (§ 4 Nr. 18 UStG)?

BFH vom 01.12.2010 – XI R 46/08, UR 2011 S. 348: Keine Steuerbefreiung für im Rahmen eines notärztlichen Transportdienstes und eines Menüservices erbrachte Leistungen eines nicht einem anerkannten Verband der freien Wohlfahrtspflege angehörenden Vereins.

1. Ein nicht zu einem anerkannten Verband der freien Wohlfahrtspflege i.S.v. § 23 USWV gehörender Verein kann sich für die Inanspruchnahme einer Steuerbefreiung für einen Haus-Notruf-Dienst unmittelbar auf die gegenüber § 4 Nr. 18 UStG günstigere Regelung in Art. 13 Teil A Abs. 1 Buchst. g der 6. EG-Richtlinie 77/388/EWG berufen.
2. Für die im Rahmen eines notärztlichen Transportdienstes und eines Menüservices erbrachten Leistungen gilt die in Art. 13 Teil A Abs. 1 Buchst. g der 6. EG-Richtlinie vorgesehene Steuerbefreiung nicht.

---
1) Leitsatz nicht amtlich (aus HFR)

BFH vom 14.09.2010 – V R 5/08, BStBl. 2011 II S. 296: Umsatzsteuerfreie Leistungen durch eine Privatklinik – Berechnung der Jahrespflegetage.

1. Krankenhausleistungen und Heilbehandlungsleistungen einer Krankenhaus-GmbH sind nach § 4 Nr. 16 Buchst. b UStG a.F. i.V.m. § 67 AO steuerfrei, wenn das Krankenhaus in mindestens 40 v.H. der Jahrespflegetage keine Wahlleistungen zur Zimmerbelegung und zur Chefarztbehandlung erbringt und seine Leistungsentgelte nach Selbstkostengrundsätzen berechnet.
2. Bei der Berechnung der Jahrespflegetage ist nach § 4 Nr. 16 Buchst. b UStG a.F. i.V.m. § 67 AO die Erbringung medizinischer Wahlleistungen nicht zu berücksichtigen.

BFH vom 30.07.2008 – XI R 61/07, BStBl. 2009 II S. 68: Steuerfreie Umsätze eines ambulanten Pflegedienstes durch Gestellung von Haushaltshilfen.

Umsätze, die eine Einrichtung zur ambulanten Pflege kranker und pflegebedürftiger Personen durch Gestellung von Haushaltshilfen i.S.d. § 38 SGB V erzielt, sind, sofern die übrigen Voraussetzungen des § 4 Nr. 16 Buchst. e UStG erfüllt sind, steuerfrei.

BFH vom 24.01.2008 – V R 54/06, BStBl. 2008 II S. 643: Keine verfassungsrechtlichen Zweifel an § 4 Nr. 16 UStG.

§ 4 Nr. 16 Buchst. e UStG 1999 ist weder verfassungsrechtlich noch gemeinschaftsrechtlich zu beanstanden, soweit diese Vorschrift für die Steuerfreiheit der dort genannten Umsätze voraussetzt, dass im vorangegangenen Kalenderjahr die Pflegekosten in mindestens 40% der Fälle von den gesetzlichen Trägern der Sozialversicherung oder Sozialhilfe ganz oder zum überwiegenden Teil getragen worden sind.

BVerfG vom 31.05.2007 – 1 BvR 1316/04, DStRE 2007 S. 1335: Bestätigung der Rechtsprechung des BFH zu § 4 Nr. 16 und 14 UStG.

1. Die BFH-Rechtsprechung, nach der Umsätze der Krankenhäuser, auch soweit sie die ärztliche Heilbehandlung einschließen, grundsätzlich nur nach § 4 Nr. 16 Buchst. b UStG 1980, nicht aber nach § 4 Nr. 14 UStG 1980 von der Umsatzsteuer befreit werden können, wird vom BVerfG wegen der bindenden europarechtlichen Vorgaben durch die Sechste MwSt-Richtlinie 77/388/EWG nicht auf ihre Vereinbarkeit mit Art. 3 Abs. 1 GG überprüft.
2. Soweit § 4 Nr. 14 Satz 3 UStG 1980 die Umsätze eines Arztes aus dem Betrieb eines Krankenhauses, die seine ärztlichen Leistungen betreffen, generell von der Umsatzsteuer befreit, setzt die Vorschrift keine bindenden Vorgaben der Sechsten MwSt-Richtlinie 77/388/EWG um. Damit unterliegen die Vorschrift und ihre Anwendung durch die Gerichte der verfassungsrechtlichen Überprüfung auf ihre Vereinbarkeit mit Grundrechten oder grundrechtsgleichen Rechten.
3. Die Steuerbefreiungsvorschrift des § 4 Nr. 16 Buchst. b UStG 1980 i.V.m. § 67 Abs. 1 und 2 AO verstößt nicht gegen Art. 3 Abs. 1 GG.

BFH vom 25.01.2006 – V R 46/04, BStBl. 2006 II S. 481: Eng mit dem Betrieb eines Krankenhaus verbundene Umsätze.

1. Die Personalgestellung durch ein Krankenhaus an eine Arztpraxis kann ein mit dem Betrieb des Krankenhauses eng verbundener, nach § 4 Nr. 16 Buchst. b UStG 1993 steuerfreier Umsatz sein, z.B. wenn das Krankenhaus medizinische Großgeräte der Arztpraxis durch eigenes Personal nutzen darf und im Gegenzug sein Personal zur Bedienung der Geräte auch für die Nutzung durch die Arztpraxis gegen Kostenerstattung überlässt.
2. Ein mit dem Betrieb des Krankenhauses eng verbundener Umsatz kann danach ausnahmsweise auch dann vorliegen, wenn die Arztpraxis nicht nur die Krankenhauspatienten, sondern auch andere Patienten versorgt. Ob ein derartiger Ausnahmefall vorliegt, kann nur unter Gesamtwürdigung aller Umstände des Einzelfalls beurteilt werden (Anschluss an BFH-Urteil vom 18.1.2005 V R 35/02, BFHE 208, 486, BStBl. II 2005, 507).

EuGH vom 01.12.2005 – Rs. C-394/04 und C-395/04 – Diagnostiko & Therapeftiko Kentro Athinon-Ygeia AE, UR 2006 S. 171: Zurverfügungstellung eines Telefons und Vermietung eines Fernsehgeräts an einen Krankenhauspatienten sowie Unterbringung und Verpflegung einer Begleitperson regelmäßig kein mit einer Krankenhausbehandlung oder ärztlichen Heilbehandlung eng verbundener Umsatz.

1. Die Zurverfügungstellung eines Telefons und die Vermietung von Fernsehgeräten an Krankenhauspatienten durch unter Art. 13 Teil A Abs. 1 Buchst. b der 6. EG-Richtlinie 77/388/EWG fallende Personen sowie die Unterbringung und Verpflegung von Begleitpersonen dieser Patienten durch diese Personen stellen in der Regel keine mit der Krankenhausbehandlung und der ärztlichen Heilbehandlung eng verbundenen Umsätze im Sinne dieser Vorschrift dar. Etwas anderes kann nur gel-

§ 4

ten, wenn diese Leistungen zur Erreichung der mit der Krankenhausbehandlung und der ärztlichen Heilbehandlung verfolgten therapeutischen Ziele unerlässlich sind und nicht im Wesentlichen dazu bestimmt sind, ihrem Erbringer zusätzliche Einnahmen durch die Erzielung von Umsätzen zu verschaffen, die in unmittelbarem Wettbewerb mit Umsätzen der Mehrwertsteuer unterliegender gewerblicher Unternehmen getätigt werden.

2. Es ist Sache des vorlegenden Gerichts, unter Berücksichtigung aller konkreten Umstände der bei ihm anhängigen Rechtsstreitigkeiten und gegebenenfalls des Inhalts der für die betroffenen Patienten erstellten ärztlichen Verschreibungen zu bestimmen, ob die erbrachten Leistungen diese Voraussetzungen erfüllen.

BFH vom 18.01.2005 – V R 35/02, BStBl. 2005 II S. 507: Mit dem Betrieb eines Krankenhauses eng verbundener Umsatz.

1. Die Personalgestellung durch ein Krankenhaus an eine Arztpraxis kann ein mit dem Betrieb des Krankenhauses eng verbundener Umsatz sein, wenn die Personalgestellung für die ärztliche Versorgung der Krankenhauspatienten unerlässlich ist.

2. Ein mit dem Betrieb des Krankenhauses eng verbundener Umsatz kann in Ausnahmefällen sogar dann vorliegen, wenn die Arztpraxis nicht nur die Krankenhauspatienten, sondern auch andere Patienten versorgt. Ob ein derartiger Ausnahmefall vorliegt, kann nur unter Gesamtwürdigung aller Umstände des Einzelfalls beurteilt werden.

BFH vom 18.03.2004 – V R 53/00, BStBl. 2004 II S. 677: Voraussetzungen des § 4 Nr. 16 UStG.

Umsätze der Krankenhäuser sind, auch soweit sie die ärztliche Heilbehandlung einschließen, grundsätzlich nur dann steuerfrei, wenn sie die Voraussetzungen des § 4 Nr. 16 Buchst. b UStG 1980 i.V.m. § 67 AO 1977 erfüllen; die Befreiungsvorschrift nach § 4 Nr. 14 UStG 1980 findet auf sie grundsätzlich keine Anwendung.

BFH vom 05.02.2004 – V R 2/03, BStBl. 2004 II S. 669: Pflegekosten i.S.v. § 4 Nr.1 6 Buchst. e UStG.

Bei einem Kurzzeitpflegeheim gehören zu den „Pflegekosten" i.S. des § 4 Nr. 16 Buchst. e UStG nicht nur die pflegebedingten Aufwendungen, sondern auch die Aufwendungen für Unterkunft und Verpflegung (wie Abschn. 99a Abs. 5 Satz 1 UStR 2000).

EuGH vom 06.11.2003 – Rs. C-45/01 – Christoph-Dornier-Stiftung für klinische Psychologie, UR 2003 S. 585[1]: Steuerbefreiung für psychotherapeutische Behandlungen in einer durch eine gemeinnützige Stiftung privaten Rechts mit nicht als Ärzten zugelassenen Diplompsychologen betriebenen Ambulanz.

1. Die in der Ambulanz einer Stiftung des privaten Rechts von Diplompsychologen, die keine Ärzte sind, ausgeführten psychotherapeutischen Behandlungen stellen keine mit Krankenhausbehandlung oder ärztlicher Heilbehandlung eng verbundenen Umsätze i. S. v. Art. 13 Teil A Abs. 1 Buchst. b der 6. EG-Richtlinie 77/388/EWG dar, es sei denn, dass diese Behandlungen tatsächlich als Nebenleistungen zu einer die Hauptleistung darstellenden Krankenhausbehandlung oder ärztlichen Heilbehandlung ihrer Empfänger erbracht werden. Dagegen ist der in dieser Bestimmung enthaltene Begriff „ärztliche Heilbehandlung" dahin auszulegen, dass er sämtliche Heilbehandlungen im Bereich der Humanmedizin i. S. v. Art. 13 Teil A Abs. 1 Buchst. c der 6. EG-Richtlinie und insbesondere Leistungen von Personen umfasst, die keine Ärzte sind, aber arztähnliche Leistungen erbringen, wie es bei psychotherapeutischen Behandlungen durch Diplompsychologen der Fall ist.

2. Die Anerkennung einer Einrichtung i. S. v. Art. 13 Teil A Abs. 1 Buchst. b. der 6. EG-Richtlinie setzt kein förmliches Anerkennungsverfahren voraus und muss sich nicht unbedingt aus innerstaatlichen Vorschriften mit steuerrechtlichem Charakter ergeben. Enthalten die innerstaatlichen Vorschriften über die Anerkennung Beschränkungen, die die Grenzen des den Mitgliedstaaten durch die genannte Bestimmung eingeräumten Ermessens überschreiten, so ist es Sache des nationalen Gerichts, anhand aller relevanten Gesichtspunkte zu ermitteln, ob ein Steuerpflichtiger gleichwohl als andere ordnungsgemäß anerkannte Einrichtung gleicher Art im Sinne dieser Bestimmung anzusehen ist.

3. Die Steuerbefreiung nach Art. 13 Teil A Abs. 1 Buchst. c der 6. EG-Richtlinie ist von der Rechtsform des Steuerpflichtigen, der dort genannten ärztlichen oder arztähnlichen Leistungen erbringt, unabhängig, so dass psychotherapeutische Behandlungen, die eine Stiftung des privaten Rechts mit bei ihr beschäftigten Psychotherapeuten ausführt, unter dieser Befreiung fallen können.

---

1) Siehe dazu die Anmerkung von *Widmann*, UR 2003 S. 594 sowie *Küntzel*, DStR 2004 S. 254. Das EuGH-Urteil vom 06.11.2003 ist die Antwort auf das Vorabentscheidungsersuchen des BFH vom 14.12.2000 – V R 54/98, HFR 2001 S. 565, UR 2001 S. 115. Vgl. das Nachfolgeurteil des BFH vom 01.04.2004 bei der Rechtsprechung zu § 4 Nr. 14 UStG

§ 4

4. Ein Steuerpflichtiger kann sich unter Umständen wie denen des Ausgangsverfahrens vor einem nationalen Gericht auf Art. 13 Teil A Abs. 1 Buchst. b und c der 6. EG-Richtlinie berufen, um gegen die Anwendung einer mit dieser Bestimmung unvereinbaren innerstaatlichen Regelung vorzugehen.

BFH vom 23.10.2003 – V R 24/00, BStBl. 2004 II S. 89: Steuerbefreiung für Altenheime nach § 4 Nr. 16 UStG – Voraussetzungen.

Der Betreiber eines Altenheimes, der weder in § 53 Nr. 2 AO 1977 bezeichnete Personen aufnimmt noch Personen i. S. des § 68 BSHG aufnehmen darf, kann die Steuerbefreiung nach § 4 Nr. 16 Buchst. d UStG 1991/1993 nicht beanspruchen.

BFH vom 22.05.2003 – V R 94/01, BStBl. 2003 II S. 954: Keine Abfärbung der Steuerbefreiung von Umsätzen aus Leistungen einer Krankenhauseinrichtung auf Leistungen einer Kurmitteleinrichtung desselben Unternehmers.

Ein Unternehmer kann die Steuerbefreiung nach § 4 Nr. 16 Buchst. b und c UStG nur für die unmittelbar durch den Betrieb der in der Vorschrift bezeichneten Einrichtung selbst bewirkten Umsätze beanspruchen.

EuGH vom 10.09.2001 – Rs. C-141/00 – Ambulanter Pflegedienst Kügler GmbH, DStRE 2002 S. 1196: Umsatzsteuerbefreiung für ambulanten Pflegedienst.

1. Die Steuerbefreiung des Art. 13 Teil A Abs. 1 Buchst. c der 6. Richtlinie 77/388/EWG des Rates vom 17.5.1977 zur Harmonisierung der Rechtsvorschriften der Mitgliedstaaten über die Umsatzsteuer – Gemeinsames Mehrwertsteuersystem: einheitliche steuerpflichtige Bemessungsgrundlage ist von der Rechtsform des Steuerpflichtigen, der die dort genannten ärztlichen oder arztähnlichen Leistungen erbringt, unabhängig.
2. Die Steuerbefreiung des Art. 13 Teil A Abs. 1 Buchst. c der 6. Richtlinie 77/388 erfasst Leistungen der Behandlungspflege durch eine einen ambulanten Pflegedienst betreibende Kapitalgesellschaft, die – auch als häusliche Leistungen – von qualifiziertem Krankenpflegepersonal erbracht werden, nicht aber Leistungen der Grundpflege und der hauswirtschaftlichen Versorgung.
3. a) Leistungen der Grundpflege und der hauswirtschaftlichen Versorgung, die körperlich oder wirtschaftlich hilfsbedürftigen Personen von einem ambulanten Pflegedienst erbracht werden, stellen eng mit der Sozialfürsorge und der sozialen Sicherheit verbundene Dienstleistungen i. S. von Art. 13 Teil A Abs. 1 Buchst. g. der 6. Richtlinie 77/388 dar.
   b) Auf die Steuerbefreiung des Art. 13 Teil A Abs. 1 Buchst. g der 6. Richtlinie 77/388 kann sich ein Steuerpflichtiger vor einem nationalen Gericht berufen, um sich einer nationalen Regelung zu widersetzen, die mit dieser Bestimmung unvereinbar ist. Es ist Sache des nationalen Gerichts, anhand aller maßgeblichen Umstände zu bestimmen, ob der Steuerpflichtige eine als Einrichtung mit sozialem Charakter anerkannte Einrichtung i. S. dieser Bestimmung ist.

BFH vom 02.04.1998 – V R 66/97, BStBl. 1998 II S. 632: Das Merkmal „zugute kommen" in § 4 Nr. 16 Buchst. c UStG 1980/1991 kann auch bei einer Hintereinanderschaltung von Leistungsbeziehungen erfüllt sein, wenn bei einer solchen Leistungskette der letzte Abnehmer (Patient) in den Genuß der fraglichen (medizinischen) Maßnahme gelangt.

BFH vom 08.05.1996 – XI R 47/95, BStBl. 1997 II S. 151: Steuerbefreiung bei Sanatoriumsleistungen an sog. Selbstzahler.

Das Merkmal „zugute kommen" in § 4 Nr. 16 Buchst. c UStG 1980 setzt nicht die Übernahme der Kosten durch die Träger der Sozialleistungen voraus.

BFH vom 18.10.1990 – V R 76/89, BStBl. 1991 II S. 268: Keine Steuervergünstigung für Arzneimittellieferung einer Krankenhausapotheke an andere Krankenhäuser.

1. Arzneimittellieferungen einer Krankenhausapotheke an andere Krankenhäuser sind keine „mit dem Betrieb der Krankenhäuser eng verbundene Umsätze" i. S. von § 4 Nr. 16 UStG 1980.
2. Diese Lieferungen an Krankenhäuser anderer Krankenhausträger kommen auch nicht „unmittelbar" dem nach der Satzung, Stiftung oder sonstigen Verfassung (des Trägers der Apotheke) begünstigten Personenkreis zugute (§ 4 Nr. 18 Buchst. b UStG 1980).
3. Die Arzneimittellieferungen der Krankenhausapotheke eines gemeinnützigen Krankenhausträgers an andere Krankenhäuser sind keine Tätigkeit, die zu einem Zweckbetrieb i. S. von § 66 AO 1977 führt. Die Steuervergünstigungen nach § 12 Abs. 2 Nr. 8 UStG 1980, § 5 Abs. 1 Nr. 9 KStG, § 3 Nr. 6 GewStG und § 97 Abs. 2 BewG sind insoweit gemäß § 64 AO 1977 nicht anwendbar.

§ 4

BFH vom 18.10.1990 – V R 35/85, BStBl. 1991 II S. 157: Leistungen der Wäscherei eines Krankenhauses nicht steuerbegünstigt.

Leistungen der Wäscherei eines Krankenhauses (das die Voraussetzungen des § 67 AO 1977 erfüllt) sind weder nach § 4 Nrn. 16 oder 18 UStG 1973 noch nach § 12 Abs. 2 Nr. 8 UStG 1973 begünstigt.

Zu § 4 Nr. 17:

EuGH vom 03.06.2010 – Rs. C-237/09 – Nathalie de Fruytier, UR 2010 S. 624: Keine Steuerbefreiung für die Beförderung von Organen und dem menschlichen Körper entnommenen Substanzen.

Art. 13 Teil A Abs. 1 Buchst. d der 6. EG-Richtlinie 77/388/EWG, der „die Lieferungen von menschlichen Organen, menschlichem Blut und Frauenmilch" von der Mehrwertsteuer befreit, ist dahin auszulegen, dass er nicht auf Beförderungen von menschlichen Organen und dem menschlichen Körper entnommenen Substanzen anwendbar ist, die von einem Selbständigen für Krankenhäuser und Laboratorien durchgeführt werden.

BFH vom 12.08.2004 – V R 45/03, BStBl. 2005 II S. 314: Transport von behinderten Personen.[1]

1. Der Transport von Personen, die körperlich oder geistig behindert sind und auf die Benutzung eines Rollstuhls angewiesen sind, fällt unter die Steuerbefreiung nach § 4 Nr. 17 Buchst. b UStG.
2. Ein Fahrzeug ist dann i.S. des § 4 Nr. 17 Buchst. b UStG für die Beförderung von kranken und verletzten Personen besonders eingerichtet, wenn es im Zeitpunkt der Beförderung nach seiner gesamten Bauart und Ausstattung speziell für die Beförderung verletzter und kranker Personen bestimmt ist. Unerheblich ist, ob das Fahrzeug zum Zweck einer anderweitigen Verwendung umgerüstet werden kann.

Zu § 4 Nr. 18:

BFH vom 08.06.2011 – XI R 22/09, UR 2011 S. 821: Umsatzsteuerbefreiung von Leistungen eines gemeinnützigen Vereins im Rahmen des „betreuten Wohnens".

Erbringt ein gemeinnütziger Verein gegenüber Senioren im Rahmen des „betreuten Wohnens" ein Leistungsbündel, das durch die Leistungen der in § 75 BSHG (Altenhilfe) genannten Art geprägt wird, ist die einheitliche Leistung nach Art. 13 Teil A Abs. 1 Buchst. g der 6. EG-Richtlinie 77/388/EWG steuerfrei, auch wenn der Verein insoweit nur gegenüber dem Vermieter der Seniorenwohnungen verpflichtet ist.

BFH vom 01.12.2010 – XI R 46/08, DStR 2011: Steuerbefreiung für Rettungsdienst – unionsrechtlicher Anwendungsvorrang.

1. Ein nicht zu einem anerkannten Verband der freien Wohlfahrtspflege i.S. von § 23 UStDV gehörender Verein kann sich für die Inanspruchnahme einer Steuerbefreiung für einen Haus-Notruf-Dienst unmittelbar auf die gegenüber § 4 Nr. 18 UStG günstigere Regelung in Art. 13 Teil A Abs. 1 Buchst. g der Richtlinie 77/388/EWG berufen.
2. Für die im Rahmen eines notärztlichen Transportdienstes und eines Menüservice erbrachten Leistungen gilt die in Art. 13 Teil A Abs. 1 Buchst. g der Richtlinie 77/388/EWG vorgesehene Steuerbefreiung nicht.

EuGH vom 09.02.2006 – Rs. C-415/04 – Stichting Kinderopvang Enschede, UR 2006 S. 471: Steuerbefreiung der Vermittlung eines Kinderbetreuungsdienstes.

Art. 13 Teil A Abs. 1 Buchst. g und h i.V.m. Abs. 2 Buchst. b der 6. EG-Richtlinie 77/388/EWG ist dahin auszulegen, dass Dienstleistungen, die eine Einrichtung des öffentlichen Rechts oder eine von dem betreffenden Mitgliedstaat als Einrichtung mit sozialem Charakter anerkannte Einrichtung als Vermittler zwischen Personen, die einen Kinderbetreuungsdienst suchen, und Personen, die einen solchen Dienst anbieten, erbringt, nur dann nach diesen Bestimmungen von der Mehrwertsteuer befreit werden können, wenn

- der Kinderbetreuungsdienst selbst die Voraussetzungen für die Steuerbefreiung nach diesen Bestimmungen erfüllt;
- dieser Dienst von einer solchen Art oder Qualität ist, dass für die Eltern ein gleichwertiger Dienst ohne Mitwirken eines Vermittlungsdienstes, wie er Gegenstand des Ausgangsverfahrens ist, nicht gewährleistet ist;

---

1) Siehe Anlage § 004 Nr. 17-01

§ 4

– diese Vermittlungsdienste nicht im Wesentlichen dazu bestimmt sind, ihrem Erbringer zusätzliche Einkünfte durch Tätigkeiten zu verschaffen, die in unmittelbarem Wettbewerb mit mehrwertsteuerpflichtigen gewerblichen Unternehmen durchgeführt werden.

BFH vom 18.03.2004 – V R 101/01, BStBl. 2004 II S. 798: Leistungen einer Wohlfahrtseinrichtung an eine andere steuerbegünstigte Körperschaft sind nicht gem. § 4 Nr. 18 UStG steuerfrei.

1. Leistungen einer Einrichtung der Wohlfahrtspflege an andere steuerbegünstigte Körperschaften sind nicht nach § 4 Nr. 18 UStG 1993 steuerfrei, wenn sie einer gemeinnützigen GmbH und deshalb nicht unmittelbar den in der Satzung bezeichneten hilfsbedürftigen Personen i.s. der §§ 53, 66 AO 1977 zugute kommen.
2. Für diese Leistungen kann die Steuerermäßigung nach § 12 Abs. 2 Nr. 8 Buchst. a UStG gewährt werden, wenn die Voraussetzungen eines Zweckbetriebes (§§ 66, 65 AO 1977) erfüllt sind.

BFH vom 07.11.1996 – V R 34/96, BStBl. 1997 II S. 366: § 4 Nr. 18 UStG verlangt unmittelbare Leistungen.

Leistungen einer Einrichtung der Wohlfahrtspflege an andere steuerbegünstigte Körperschaften oder Behörden sind nicht nach § 4 Nr. 18 UStG 1991 steuerfrei, wenn sie nicht unmittelbar, sondern allenfalls mittelbar hilfsbedürftigen Personen i. S. der §§ 53, 66 AO 1977 zugute kommen.

BFH vom 06.10.1988 – V R 101/85, UR 1989 S. 243: Eingliederungshilfe für Behinderte – Gegenleistung bei Behindertenwerkstatt – Begünstigung nach § 4 Nr. 18 UStG 1980 (§ 4 Nr. 18, § 10 Abs. 1 UStG 1980).

1. Die Zahlungen von Eingliederungshilfe an eine Behinderteneinrichtung sind auch ab 1980, dem Zeitpunkt der nunmehrigen Abgeltung durch die BfA gemäß § 58 AFG, Gegenleistung für eine Betreuungsleistung, auf die die Behinderten einen Rechtsanspruch haben (Anschluß an BFH-Urteil vom 15.6.1988 – V R 137/83 –, UR 1989, 241).
2. Die Anerkennung als Unternehmer i. S. des § 4 Nr. 18 UStG 1980 setzt nicht nur voraus, daß nach der Satzung eine Tätigkeit der freien Wohlfahrtspflege ausgeübt wird, sondern auch, daß eine rechtliche Anbindung an einen der amtlich anerkannten Wohlfahrtsverbände gegeben ist (Anschluß an BFH-Urteil vom 15.6.1988 a.a.O.).

BFH vom 11.05.1988 – V R 76/83, BStBl. 1988 II S. 908: Steuerbefreiung und ermäßigter Steuersatz für Leistungen einer Cafeteria eines Studentenwerks.

Ein sog. Studentenwerk kann der freien Wohlfahrtspflege (§ 4 Nr. 18 UStG 1973) auch mit dem Betrieb einer Cafeteria (wie mit dem Betrieb einer Mensa, vgl. BdF-Erlaß vom 3. Januar 1969, UStKartei S 7275 Karte 2) dienen, wenn mit der Cafeteria kein anderer Satzungszweck verfolgt wird.[1]

Zu § 4 Nr. 20:

BFH vom 07.12.2009 – XI B 52/09, BFH/NV 2010 S. 482: Verkauf von Snacks und Getränken an die Besucher einer Theatervorstellung ist keine steuerfreie Nebenleistung.

Leistungen durch Abgabe von Speisen und Getränken sind keine steuerfreien Nebenleistungen zur Theatervorstellung, wenn das Theater durch sie nach ihrer Bestimmung zusätzliche Einnahmen erzielt und es diese Leistungen im unmittelbaren Wettbewerb mit gewerblichen Unternehmen wie Gaststätten oder Restaurants ausführt.[2]

BVerwG vom 31.07.2008 – 9 B 80/07, UR 2009 S. 25: Kein Ausschluss von Amateurtheatern von der Umsatzsteuerbefreiung für gleichartige kulturelle Einrichtungen bei öffentlicher Aufführung von Theaterstücken in künstlerischer Form.

1. Weder der Wortlaut noch der Zweck von § 4 Nr. 20 Buchst. a UStG lassen den Schluss zu, dass die Steuerbefreiung nur solchen Einrichtungen zugute kommen soll, die „professionell" und auf einem hohen Niveau arbeiten, und deshalb Laieneinrichtungen ausgeschlossen sind.
2. Theater i.S.d. § 4 Nr. 20 Buchst. a Satz 1 UStG wenden sich in der Regel an eine unbestimmte Zahl von Zuschauern und haben die Aufgabe, der Öffentlichkeit Theaterstücke in künstlerischer Form nahezubringen. Diese Kriterien müssen andere Theater bei ihrer Aufgabenwahrnehmung ebenfalls erfüllen, wenn eine Bescheinigung nach § 4 Nr. 20 Buchst. a Satz 2 UStG ausgestellt werden soll.

---

1) Überholt durch das BFH-Urteil vom 19.05.2005 – V R 32/03, BStBl. 2005 II S. 900, vgl. Rechtsprechung zu § 12 Abs. 2 Nr. 8 UStG

2) Leitsatz nicht amtlich (aus UR)

§ 4

BVerwG vom 04.05.2006 – 10 C 10.05, UR 2006 S. 517: Bescheinigung der Gleichartigkeit einer kulturellen Einrichtung durch eine Kultusbehörde auf Ersuchen des Finanzamts.
1. Die Erteilung einer Bescheinigung nach § 4 Nr. 20 Buchst. a Satz 2 UStG durch die zuständige Kultusbehörde setzt nicht einen Antrag des Unternehmers voraus.
2. Wird die Bescheinigungsbehörde durch das Ersuchen des Finanzamts um entsprechende Prüfung in das Besteuerungsverfahren eingebunden, verbleibt ihr kein Handlungsermessen. Die Bescheinigung ist vielmehr zwingend zu erteilen, wenn die gesetzlichen Voraussetzungen des § 4 Nr. 20 Buchst. a Satz 2 UStG vorliegen.

BFH vom 18.08.2005 – V R 20/03, BStBl. 2005 II S. 910: Umsatzsteuerpflicht der Abgabe von Speisen und Getränken in einem Musical-Theater.

Die Abgabe von Speisen und Getränken in einem Musical-Theater ist keine steuerbefreite Nebenleistung zur Theatervorstellung.

BFH vom 21.04.2005 – V R 6/03, BStBl. 2005 II S. 899: Keine Steuerbefreiung für die Abgabe von Speisen und Getränke durch Theater.

Die Abgabe von Speisen und Getränken durch ein Theater gehört nicht zu dessen nach § 4 Nr. 20 Buchst. a UStG steuerfreien Umsätzen, wenn diese Leistungen dazu bestimmt sind, dem Theater zusätzliche Einnahmen zu verschaffen und sie in unmittelbarem Wettbewerb mit gewerblichen Unternehmen ausgeführt werden.

EuGH vom 03.04.2003 – Rs. C-144/00 – Matthias Hoffmann, BStBl. 2003 II S. 679[1]: Auch Solisten fallen unter die Steuerbefreiung gem. § 4 Nr. 20 UStG.
1. Artikel 13 Teil A Absatz 1 Buchstabe n der Sechsten Richtlinie 77/388/EWG des Rates vom 17. Mai 1977 zur Harmonisierung der Rechtsvorschriften der Mitgliedstaaten über die Umsatzsteuern – Gemeinsames Mehrwertsteuersystem: einheitliche steuerpflichtige Bemessungsgrundlage ist dahin auszulegen, dass der Begriff der anderen ... anerkannten Einrichtungen als Einzelkünstler auftretende Solisten nicht ausschließt.
2. Aus der Überschrift des Artikels 13 Teil A dieser Richtlinie als solcher ergeben sich keine Einschränkungen der Möglichkeiten der Steuerbefreiung nach dieser Bestimmung.

BFH vom 12.04.2000 – V B 10/00, UR 2000 S. 468: Keine Umsatzsteuerbefreiung eines selbständigen, für Museen und andere öffentliche Einrichtungen tätigen Restaurators.

Es bestehen ernstliche Zweifel, dass die von selbständigen (privaten) Restauratoren ausgeführten Umsätze ebenso gem. § 4 Nr. 20 Buchst. a UStG umsatzsteuerbefreit sind wie die als typische Museumsleistungen angesehene Restaurierung und Pflege von Kunstwerken im Privatbesitz, die von Museen im Interesse der Erhaltung dieser Werke für die Allgemeinheit vorgenommen und als steuerfrei behandelt werden.

BFH vom 24.02.2000 – V R 23/99, BStBl. 2000 II S. 302: Keine Steuerbefreiung für Musiker-Duo.

Treten zwei umsatzsteuerrechtlich als Einzelunternehmer zu behandelnde Musiker als Duo auf, sind die Leistungen des einzelnen Musikers keine steuerfreien oder steuerbegünstigten Leistungen eines Kammermusikensembles oder einer sonstigen in § 4 Nr. 20 Buchst. a, § 12 Abs. 2 Nr. 7 Buchst. a UStG 1991 aufgeführten Einrichtung.

EuGH vom 07.09.1999 – Rs. C-216/97 – Gregg, UR 1999 S. 419: Begriff der Einrichtung – Umsatzsteuerbefreiung der von einer aus natürlichen Personen bestehenden Vereinigung („Partnership") erbrachten Leistungen.

Art. 13 Teil A Abs. 1 der 6. EG-Richtlinie 77/388/EWG ist in dem Sinne auszulegen, daß die in den Buchstaben b und g dieser Bestimmungen enthaltenen Begriffe „andere ordnungsgemäß anerkannte Einrichtungen gleicher Art" und „andere von dem betreffenden Mitgliedstaat als Einrichtungen mit sozialem Charakter anerkannte Einrichtungen" natürliche Personen, die ein Unternehmen betreiben, nicht von der Steuerbefreiung ausschließen.

BFH vom 24.09.1998 – V R 3/98, BStBl. 1999 II S. 147: Wirkung einer Bescheinigung gem. § 4 Nr. 20 UStG.

§ 4 Nr. 20 Buchst. a UStG ermächtigt die zuständige Landesbehörde zu bescheinigen, daß die begünstigten Unternehmer die in der Vorschrift bezeichneten Aufgaben erfüllt haben. Die Wirkung der Bescheinigung bezieht sich auf den in ihr bezeichneten Zeitraum vor der Bekanntgabe.

---
1) Siehe dazu BMF vom 31.07.2003, BStBl. 2003 I S. 424

§ 4

BFH vom 14.05.1998 – V R 85/97, BStBl. 1999 II S. 145: Keine steuerfreie Abgabe von Speisen und Getränken in einem Kabarett.[1)]
Leistungen durch Abgabe von Speisen und Getränken in einem Kabarett sind keine steuerbefreiten Nebenleistungen zur Theatervorstellung, wenn sie dazu bestimmt sind, dem Theater zusätzliche Einnahmen zu verschaffen, und im unmittelbaren Wettbewerb mit gewerblichen Unternehmen (Gaststätten, Restaurants) ausgeführt werden.

EuGH vom 11.08.1995 – Rs. C-453/93 – Bulthuis-Griffioen, UR 1995 S. 476[2)]**:** Artikel 13 Teil A Abs. 1 der Sechsten Richtlinie 77/388/EWG ist dahin auszulegen, daß ein Unternehmer, eine natürliche Person, nicht die Gewährung einer Befreiung gemäß Buchstabe g dieser Bestimmung verlangen kann, der diese Gewährung ausdrücklich Einrichtungen des öffentlichen Rechts oder anderen von dem betreffenden Mitgliedstaat als Einrichtungen mit sozialem Charakter anerkannten Einrichtungen vorbehält.

BFH vom 06.12.1994 – V B 52/94, BStBl. 1995 II S. 913: Rückwirkung einer Bescheinigung gem. § 4 Nr. 21 UStG.
Eine Bescheinigung nach § 4 Nr. 21 Buchst. b UStG schafft im Rahmen des verfahrensrechtlich Zulässigen für den in ihr angegebenen Zeitraum auch rückwirkend die Voraussetzungen für die Beurteilung der Leistungen als steuerfrei[3)].

BFH vom 16.08.1994 – V B 47/93, BFH/NV 1994 S. 278: Steuerbefreiung der Umsätze aus dem Betrieb einer Kunsthalle.
Die Bescheinigung der zuständigen Landesbehörde, daß eine von einem privaten Unternehmen betriebene Kunsthalle die gleichen kulturellen Aufgaben wie ein von einer Gebietskörperschaft des öffentlichen Rechts betriebenes Museum erfüllt, ist materiellrechtliche Voraussetzung der Steuerbefreiung nach § 4 Nr. 20 Buchst. a Satz 2 UStG 1980.

FG München vom 20.10.1993 – 14 K 3507/89 – rechtskräftig, EFG 1994 S. 416: Kein Verzicht auf die Steuerbefreiung nach § 4 Nr. 20 Buchst. a UStG 1980 möglich.
1. § 4 Nr. 20 Buchst. a UStG 1980 verleiht dem anderen Unternehmer i. S. dieser Vorschrift nicht das Recht, etwa durch Nichtvorlage der Bescheinigung der zuständigen Landesbehörde auf die gesetzlich vorgesehene Steuerbefreiung seiner Umsätze zu verzichten.
2. § 4 Nr. 20 Buchst. a UStG 1980 läßt zu, daß die für die Erteilung zuständige Landesbehörde nicht nur von dem anderen Unternehmer, sondern auch von Amts wegen eingeschaltet werden kann.

Zu § 4 Nr. 21:

EuGH vom 28.01.2010 – Rs. C-473/08 – Ingenieurbüro Eulitz GbR, DStR 2010 S. 218: Umfang der Steuerbefreiung für selbständige Lehrer.
1. Art. 13 Teil A Abs. 1 Buchst. j der Sechsten Richtlinie 77/388/EWG des Rates vom 17.5.1977 zur Harmonisierung der Rechtsvorschriften der Mitgliedstaaten über die Umsatzsteuern – Gemeinsames Mehrwertsteuersystem: einheitliche steuerpflichtige Bemessungsgrundlage ist dahin auszulegen, dass Lehrleistungen, die ein Diplom-Ingenieur an einem als privatrechtlicher Verein verfassten Bildungsinstitut für die Teilnehmer von Fortbildungslehrgängen erbringt, die bereits mindestens einen Universitäts- oder Fachhochschulabschluss als Architekt bzw. Ingenieur oder eine gleichwertige Bildung besitzen, wobei die Kurse mit einer Prüfung abgeschlossen werden, „Unterrichtseinheiten, die sich auf Schul- und Hochschulunterricht beziehen", i.S. dieser Bestimmung sein können. Auch andere Tätigkeiten als die Lehrtätigkeit im eigentlichen Sinne können solche Unterrichtseinheiten sein, sofern diese Tätigkeiten im Wesentlichen im Rahmen der sich auf den Schul- und Hochschulunterricht beziehenden Vermittlung von Kenntnissen und Fähigkeiten durch den Unterrichtenden an Schüler oder Studierende ausgeübt werden. Soweit erforderlich, hat das vorlegende Gericht zu prüfen, ob alle im Ausgangsverfahren in Rede stehenden Tätigkeiten Unterrichtseinheiten sind, die sich auf den „Schul- und Hochschulunterricht" i.S. dieser Bestimmung beziehen.
2. Art. 13 Teil A Abs. 1 Buchst, j dieser Richtlinie ist dahin auszulegen, dass eine Person wie Herr Eulitz, der Gesellschafter der Kl. des Ausgangsverfahrens ist und der als Lehrkraft im Rahmen der

---
1) Vgl. dazu Erlass FM Thüringen vom 04.06.1999, UVR 1999 S. 34
2) Siehe dazu *Lohse*, UR 1995 S. 477. Siehe aber nunmehr das EuGH-Urteil vom 07.09.1999, UR 1999 S. 419
3) Leitsatz vom BMF gebildet. Gilt auch für § 4 Nr. 20 UStG, siehe BMF vom 30.11.1995, Anlage § 004 Nr. 20-02

§ 4

von einer dritten Einrichtung angebotenen Lehrveranstaltungen Leistungen erbringt, unter Umständen wie den im Ausgangsverfahren gegebenen nicht als „Privatlehrer" i.S. dieser Bestimmung angesehen werden kann.

BFH vom 20.08.2009 – V R 25/08, DStR 2009 S. 2249; BStBl. 2010 II S. 15: Bescheinigung nach § 4 Nr. 21 Buchst. a Doppel-buchst. bb UStG als Grundlagenbescheid.

1. Bei der Bescheinigung nach § 4 Nr. 21 Buchst. a Doppelbuchst. bb UStG handelt es sich um einen Grundlagenbescheid i.s. von § 175 Abs. 1 Satz 1 Nr. 1 AO.
2. Bescheinigungen nach § 4 Nr. 21 Buchst. a Doppelbuchst. bb UStG kann Rückwirkung zukommen, ohne dass dem der Grundsatz der Rechtssicherheit entgegensteht.

BFH vom 14.07.2008 – V R 58/05, DStR 2008 S. 1329: Umsatzsteuer bei entgeltlich durchgeführten Fortbildungsseminaren der Bundessteuerberaterkammer für Steuerberater durch selbstständigen Referenten.

1. Die Durchführung von eintägigen Fortbildungsseminaren der Bundessteuerberaterkammer für Steuerberater durch einen selbstständigen Referenten gegen Entgelt ist umsatzsteuerpflichtig.
2. § 4 Nr. 21 Buchst. b UStG 1993 begünstigt nur die Träger privater Schulen und anderer allgemeinbildender oder berufsbildender Einrichtungen, nicht aber selbstständige Referenten, die an diesen Schulen oder ähnlichen Bildungseinrichtungen Unterricht erteilen (Anschluss an BFH vom 27.8.1998, V R 73/97, BFHE 187, 60, BStBl. II 1999, 376).
3. Die Bescheinigung der zuständigen Landesbehörde nach 4 Nr. 21 Buchst. b UStG 1993 ist materiell-rechtliche Voraussetzung für die Steuerbefreiung der in dieser Vorschrift bezeichneten Umsätze. Sie ist für denjenigen beizubringen, der sich auf die Steuerbefreiung beruft.
4. Ein Steuerpflichtiger kann sich nicht auf Art. 13 Teil A Abs. 1 Buchst. i der Richtlinie 77/388/EWG berufen, wenn er nicht als „andere Einrichtung mit von dem betreffenden Mitgliedstaat anerkannter vergleichbarer Zielsetzung" anerkannt ist.

BFH vom 10.01.2008 – V R 52/06, BFH/NV 2008 S. 725: Steuerbefreiung gem. § 4 Nr. 21 für Kurse über Sofortmaßnahmen.

Umsätze einer GmbH aus der Durchführung von Kursen mit dem Gegenstand „Sofortmaßnahmen am Unfallort" können nach Art. 13 Teil A Abs. 1 Buchst. i der Richtlinie 77/388/EWG umsatzsteuerfrei sein.

BFH vom 27.09.2007 – V R 75/03, BStBl. 2008 II S. 323: Steuerbefreiung für einen Volkshochschuldozenten.[1)]

1. Nach Art. 13 Teil A Abs. 1 Buchst. j der 6. EG-Richtlinie 77/388/EWG kann ein von einem Privatlehrer erteilter Schul- und Hochschulunterricht auch dann von der Steuer zu befreien sein, wenn der Privatlehrer seine Unterrichtsleistung nicht direkt an die Schüler oder Hochschüler als Leistungsempfänger, sondern an eine Schule oder Hochschule erbringt.
2. Der Begriff „Schul- und Hochschulunterricht" i.S.v. Art. 13 Teil A Abs. 1 Buchst. j der 6. EG-Richtlinie erfasst
   - Unterricht, der zu einer Abschlussprüfung zur Erlangung einer Qualifikation führt oder eine Ausbildung im Hinblick auf die Ausübung einer Berufstätigkeit vermittelt sowie
   - andere Tätigkeiten, bei denen die Unterweisung in Schulen und Hochschulen erteilt wird, um die Kenntnisse und Fähigkeiten der Schüler oder Studenten zu entwickeln, sofern diese Tätigkeiten nicht den Charakter bloßer Freizeitgestaltung haben.
3. Schul- oder Hochschulunterricht wird i.S.v. Art. 13 Teil A Abs. 1 Buchst. j der 6. EG-Richtlinie „von Privatlehrern erteilt", wenn die Lehrer dabei für eigene Rechnung und in eigener Verantwortung handeln.

BFH vom 23.08.2007 – V R 4/05, UR 2007 S. 852: Umsatzsteuerbefreiung von Dozentenleistungen bei Tätigwerden des Unternehmers als natürliche Person durch Mitarbeiter.

1. Die Umsatzsteuerbefreiung nach § 4 Nr. 21 Buchst. b UStG 1993 für unmittelbar dem Schul- und Bildungszweck dienende Leistungen privater Schulen und anderer allgemeinbildender oder berufsbildender Einrichtungen kann auch eine natürliche Person in Anspruch nehmen.

---
1) Nachfolgeentscheidung zu EuGH vom 14.06.2007 – Rs. C-445/05

§ 4

2. Voraussetzung ist, dass ihr von der zuständigen Landesbehörde bescheinigt worden ist, dass sie auf einen Beruf oder eine vor einer juristischen Person des öffentlichen Rechts abzulegende Prüfung ordnungsgemäß vorbereitet.
3. Es reicht nicht aus, dass eine derartige Bescheinigung der Bildungseinrichtung erteilt worden ist, an der die Person unterrichtet.

BFH vom 23.08.2007 – V R 10/05, DStR 2007 S. 1858: Voraussetzung der Steuerbefreiung für Unterrichtsleistungen selbständiger Lehrer.

Unterrichtsleistungen an privaten Schulen und anderen allgemeinbildenden oder berufsbildenden Einrichtungen sind nur dann nach § 4 Nr. 21 Buchst. b, bb UStG 1999 steuerfrei, wenn sie von einem selbständigen Lehrer persönlich – und nicht durch von diesem beauftragte selbständige Dozenten – erbracht werden.

EuGH vom 14.06.2007 – Rs. C-445/05 – Werner Haderer, IStR 2007 S. 547: Steuerbefreiung von Umsätzen durch Privatlehrer.[1]

Unter Umständen wie denen des Ausgangsverfahrens kann die Umsatzsteuerbefreiung nach Art. 13 Teil A Abs. 1 Buchst. j der Sechsten Richtlinie 77/388/EWG des Rates vom 17. Mai 1977 zur Harmonisierung der Rechtsvorschriften der Mitgliedstaaten über die Umsatzsteuern – Gemeinsames Mehrwertsteuersystem: einheitliche steuerpflichtige Bemessungsgrundlage für von einem Einzelnen mit dem Status eines freien Mitarbeiters erbrachte Tätigkeiten, die in der Erteilung von Schularbeitshilfe sowie Keramik- und Töpferkursen in Erwachsenenbildungseinrichtungen bestehen, nur dann gewährt werden, wenn es sich bei diesen Tätigkeiten um die Erteilung von Schul- oder Hochschulunterricht durch einen für eigene Rechnung und in eigener Verantwortung handelnden Lehrer handelt. Es ist Sache des vorlegenden Gerichts, zu prüfen, ob dies im Ausgangsverfahren der Fall ist.

EuGH vom 14.06.2007 – Rs. C-434/05 – Stichting Regional Opleidingen Centrum Noord (Horizon College), IStR 2007 S. 545: Befreiung des Entgelts für Gestellung von Lehrkräften.

1. Art. 13 Teil A Abs. 1 Buchst. i der Sechsten Richtlinie 77/388/EWG des Rates vom 17. 5. 1977 zur Harmonisierung der Rechtsvorschriften der Mitgliedstaaten über die Umsatzsteuern – Gemeinsames Mehrwertsteuersystem: einheitliche steuerpflichtige Bemessungsgrundlage ist dahin auszulegen, dass sich die Wendung „die Erziehung von Kindern und Jugendlichen, den Schul- und Hochschulunterricht, die Ausbildung, die Fortbildung oder die berufliche Umschulung" nicht darauf bezieht, dass ein Lehrer gegen Entgelt einer von dieser Vorschrift erfassten Lehreinrichtung zur Verfügung gestellt wird, in der er dann vorübergehend unter der Verantwortung der genannten Einrichtung Unterricht erteilt. Dies gilt auch dann, wenn die die Lehrkraft zur Verfügung stellende Einrichtung selbst eine der Erziehung gewidmete Einrichtung des öffentlichen Rechts oder eine andere Einrichtung mit von dem betreffenden Mitgliedstaat anerkannter vergleichbarer Zielsetzung ist.

2. Art. 13 Teil A Abs. 1 Buchst. i der Sechsten Richtlinie 77/388 in Verbindung mit Art. 13 Teil A Abs. 2 der Sechsten Richtlinie 77/388 ist dahin auszulegen, dass die entgeltliche Gestellung eines Lehrers an eine Lehreinrichtung, in der dieser Lehrer dann vorübergehend unter der Verantwortung der genannten Einrichtung Unterricht erteilt, eine von der Mehrwertsteuer befreite Tätigkeit in Form von im Sinne dieser Vorschrift mit dem Unterricht „eng verbundenen" Dienstleistungen sein kann, wenn diese Gestellung das Mittel darstellt, um unter den bestmöglichen Bedingungen in den Genuss des als Hauptleistung angesehenen Unterrichts zu kommen, und – was der nationale Richter zu prüfen hat – folgende Voraussetzungen erfüllt sind:

   – Sowohl die Hauptleistung als auch die mit der Hauptleistung eng verbundene Gestellung werden von in Art. 13 Teil A Abs. 1 Buchst. i genannten Einrichtungen erbracht, wobei ggf. eventuell vom betreffenden Mitgliedstaat aufgrund von Art. 13 Teil A Abs. 2 Buchst. a aufgestellte Bedingungen zu berücksichtigen sind.
   – Die genannte Gestellung ist von solcher Art oder Qualität, dass ohne Rückgriff auf eine derartige Dienstleistung keine Gleichwertigkeit des Unterrichts der Zieleinrichtung und damit des ihren Studierenden erteilten Unterrichts gewährleistet wäre.
   – Eine derartige Gestellung ist nicht im Wesentlichen dazu bestimmt, zusätzliche Einnahmen durch eine Tätigkeit zu erzielen, die in unmittelbarem Wettbewerb mit der Mehrwertsteuer unterliegenden gewerblichen Unternehmen durchgeführt wird.

---

[1] Siehe dazu das Vorabentscheidungsersuchen des BFH vom 20.10.2005 – V R 75/03

§ 4

BFH vom 20.10.2005 – V R 75/03, BStBl. 2006 II S. 147: Vorlage an EuGH: Voraussetzungen der Umsatzsteuerfreiheit des Schul- und Hochschulunterrichts von Privatlehrern.

Dem EuGH wird folgende Frage zur Vorabentscheidung vorgelegt: Ist ein von einem Privatlehrer erteilter Schul- und Hochschulunterricht nur dann nach Art. 13 Teil A Abs. 1 Buchst. j der Richtlinie 77/388/EWG von der Steuer zu befreien, wenn der Privatlehrer seine Unterrichtsleistung direkt an die Schüler/Hochschüler als Leistungsempfänger erbringt – also von diesen bezahlt wird – oder reicht es aus, dass der Privatlehrer seine Unterrichtsleistung an eine Schule oder Hochschule als Leistungsempfänger erbringt?

BFH vom 18.12.2003 – V R 62/02, BStBl. 2004 II S. 253: Jagdschule nicht steuerfrei gem. § 4 Nr. 21 UStG.

1. Berufsbildende Einrichtungen sind Einrichtungen, die Leistungen erbringen, die ihrer Art nach den Zielen der Berufsaus- oder der Berufsfortbildung dienen. Sie müssen spezielle Kenntnisse und Fertigkeiten vermitteln, die zur Ausübung bestimmter beruflicher Tätigkeiten notwendig sind.
2. Eine „Jagdschule", die Schulungen zur Vorbereitung auf die Jägerprüfung durchführt, ist keine allgemeinbildende oder berufsbildende Einrichtung i.s. des § 4 Nr. 21 UStG 1993/1999. Eine Steuerbefreiung nach dieser Vorschrift kommt daher nicht in Betracht.

BFH vom 10.06.1999 – V R 84/98, BStBl. 1999 II S. 578: Steuerbefreiung gem. § 4 Nr. 21 UStG für den Zeitraum der Berufsausbildung dienenden Leistungen.

Für die Steuerbefreiung nach § 4 Nr. 21 Buchst. b UStG ist ausreichend, daß die darin bezeichneten Leistungen ihrer Art nach den Zielen der Berufsaus- oder Berufsfortbildung dienen. Es ist weder Voraussetzung, daß der Unternehmer sich dem Auszubildenden gegenüber zivilrechtlich zur Ausführung dieser Leistungen verpflichtet hat noch daß er einen Zahlungsanspruch gegen den Träger der Aus- oder Fortbildung hat.

BFH vom 27.08.1998 – V R 73/97, BStBl. 1999 II S. 376: Vortragstätigkeit auf dem Gebiet der beruflichen Bildung umsatzsteuerpflichtig.[1]

Die Vortragstätigkeit als freier Mitarbeiter von Industrie- und Handelskammern, Handwerkskammern, Verbänden und Unternehmensberatungsgesellschaften im Bereich der Ausbildung, Fortbildung und beruflichen Umschulung ist umsatzsteuerpflichtig.

BFH vom 15.07.1993 – V R 52/89, BFH/NV 1994 S. 203: Gestellung von Krankengymnastikpraktikanten an Krankenhaus dient nicht unmittelbar dem Schulzweck.

Führt ein Ausbilder von Krankengymnastikpraktikanten aufgrund eines von den Ausbildungsverträgen rechtlich selbständigen gegenseitigen Vertrags zugleich Leistungen an ein Krankenhaus aus, indem er diesem seine Krankengymanstikpraktikanten gegen Entgelt überläßt, so sind diese Leistungen umsatzsteuerrechtlich gesondert zu behandeln; sie sind weder Teil der gemäß § 4 Nr. 21 Buchst. b UStG 1973/1980 steuerfreien Ausbildungsleistung noch bilden sie einen einheitlichen Vorgang mit der Ausbildung. Dies gilt selbst dann, wenn sie mit der Ausbildungsleistung gegenüber den Praktikanten verbunden und den Ausbildungszwecken dienlich sind (Anschluß an Senatsentscheidung vom 26. Oktober 1989 – V R 25/84, BFHE 158, 488, BStBl. II 1990, 98).

FG des Saarlandes vom 12.11.1992 – 1 K 195/92 – rechtskräftig, UVR 1993 S. 245: Bescheinigung gem. § 4 Nr. 21b UStG als Grundlagenbescheid bzw. rückwirkendes Ereignis i. S. des § 175 Abs. 1 AO.

1. Bei der Bescheinigung der zuständigen Landesbehörde i. S. von § 4 Nr. 21b UStG handelt es sich um einen Grundlagenbescheid i. S. von § 175 Abs. 1 Nr. 1 AO. Unabhängig davon stellt die Ausstellung einer solchen Bescheinigung ein Ereignis dar, das steuerliche Wirkung für die Vergangenheit hat und zu einer Korrektur nach § 175 Abs. 1 Nr. 2 AO führt.
2. Dabei schadet es hinsichtlich der Bestimmtheit nicht, wenn die Bescheinigung sich auf alle steuerlich noch nicht verjährten Zeiträume bezieht. Für eine Korrektur nach § 175 Abs. 1 Nr. 2 AO enthält § 175 Abs. 1 Satz 2 AO eine eigenständige Verjährungsregelung.

BFH vom 26.10.1989 – V R 25/84, BStBl. 1990 II S. 98: In einem Übungsfriseursalon einer Friseurfachschule ausgeführte Leistungen nicht steuerfrei.

Friseurleistungen, die der Inhaber einer Friseurfachschule dadurch ausführt, daß die Schüler in einem Übungsfriseursalon Kunden unter fachlicher Anleitung bedienen, sind nicht gemäß § 4 Nr. 21 UStG steuerfrei.

---

[1] Siehe auch BFH vom 14.07.2008 – V R 58/05

§ 4

BFH vom 03.05.1989 – V R 83/84, BStBl. 1989 II S. 815: Bescheinigung der zuständigen Landesbehörde nach § 4 Nr. 21 Buchst. b UStG bindet Finanzbehörden und FG[1].

1. Der durch die Bescheinigung der zuständigen Landesbehörde gem. § 4 Nr. 21 Buchst. b UStG 1980 zu führende Nachweis, daß die Einrichtung auf einen Beruf oder eine vor einer juristischen Person des öffentlichen Rechts abzulegende Prüfung ordnungsgemäß vorbereitet, unterliegt nicht der Nachprüfung durch die Finanzbehörden oder die FG.
2. Legt der Unternehmer die Bescheinigung nach § 4 Nr. 21 Buchst. b UStG 1980 dem FA vor, so sind – wenn auch die sonstigen Voraussetzungen der Vorschrift erfüllt sind – sämtliche Umsätze aus Leistungen, die unmittelbar dem Schul- und Bildungszweck der Einrichtung dienen, von der Umsatzsteuer befreit. Eine Beschränkung der Steuerbefreiung auf einzelne Unterrichtsleistungen kommt nicht in Betracht.

Zu § 4 Nr. 21a:

EuGH vom 20.06.2002 – Rs. C-287/00, UR 2002 S. 316[2]: Gemeinschaftsrechtswidrigkeit der Umsatzsteuerbefreiung entgeltlicher Auftragsforschungstätigkeit staatlicher Hochschulen.

Die Bundesrepublik Deutschland hat dadurch gegen ihre Verpflichtungen aus Art. 2 der 6. EG-Richtlinie 77/388/EWG verstoßen, dass sie die gegen Entgelt ausgeübte Forschungstätigkeit staatlicher Hochschulen gem. § 4 Nr. 21a UStG 1993 in der Fassung von Art. 1 Nr. 5 UStÄndG 1997 vom 12.12.1996 von der Mehrwertsteuer befreit.

Zu § 4 Nr. 22:

BFH vom 02.03.2011 – XI R 21/09, UR 2011 S. 589: Umsatzsteuerfreiheit von Golfeinzelunterricht nach Unionsrecht – sportliche Veranstaltung

Ein gemeinnütziger Golfverein kann sich für die Inanspruchnahme einer Steuerbefreiung für Golfeinzelunterricht, den er durch angestellte Golflehrer gegenüber seinen Mitgliedern gegen Entgelt erbringt, unmittelbar auf Art. 13 Teil A Abs. 1 Buchst. m der 6. EG-Richtlinie 77/388/EWG berufen.

BFH vom 07.10.2010 – V R 12/10, BStBl. 2011 II S. 303: Verpflegung bei Seminaren grundsätzlich nicht steuerfrei.

Die Verpflegung von Seminarteilnehmern ist nur bei geringfügigen Verpflegungsleistungen nach § 4 Nr. 22 Buchst. a UStG steuerfrei.

BFH vom 05.08.2010 – V R 54/09, BStBl. 2011 II S. 191: Verwaltung von Sporthallen durch einen Verein ist weder nach § 4 Nr. 22 Buchst. b UStG noch nach Art. 13 Teil A Abs. 1 Buchst. m der Richtlinie 77/388/EWG steuerbefreit.

Die Verwaltung von Sporthallen sowie das Einziehen der Hallenmieten einschließlich des Mahnwesens und Vollstreckungswesens durch einen gemeinnützigen Verein gegen Entgelt im Auftrag einer Stadt ist weder nach § 4 Nr. 22 Buchst. b UStG als „sportliche Veranstaltung" noch nach Art. 13 Teil A Abs. 1 Buchst. m der Sechsten MwSt-Richtlinie 77/388/EWG steuerbefreit.

EuGH vom 16.10.2008 – Rs. C-253/07 – Canterbury Hockey Club and Canterbury Ladies Hockey Club, UR 2008 S. 854: Steuerbefreiung von mit der Ausübung von Sport eng zusammenhängenden Dienstleistungen gegenüber Vereinigungen und juristischen Personen zugunsten von Sport ausübenden Personen.

1. Art. 13 Teil A Abs. 1 Buchst. m der 6. EG-Richtlinie 77/388/EWG ist dahin auszulegen, dass er im Kontext von Personen, die Sport ausüben, auch Dienstleistungen erfasst, die juristischen Personen und nicht eingetragenen Vereinigungen erbracht werden, soweit – was das vorlegende Gericht zu prüfen hat – diese Leistungen in engem Zusammenhang mit Sport stehen und für dessen Ausübung unerlässlich sind, die Leistungen von Einrichtungen ohne Gewinnstreben erbracht werden und die tatsächlichen Begünstigten dieser Leistungen Personen sind, die den Sport ausüben.
2. Die in Art. 13 Teil A Abs. 1 Buchst. m der 6. EG-Richtlinie enthaltene Wendung „bestimmte in engem Zusammenhang mit Sport ... stehende Dienstleistungen" ermächtigt die Mitgliedstaaten nicht, die in dieser Vorschrift vorgesehene Befreiung hinsichtlich der Empfänger der in Rede stehenden Dienstleistungen zu beschränken.

---

1) Siehe auch BMF vom 30.11.1995, Anlage § 004 Nr. 20-02
2) Siehe dazu *Strahl*, UR 2002 S. 374; *Widmann*, UStB 2003 S. 53. § 4 Nr. 21a UStG wurde zum 01.01.2004 aufgehoben. Beachte aber die Übergangsregelung gem. § 27 Abs. 10 UStG

§ 4

BFH vom 03.04.2008 – V R 74/07, DStR 2008 S. 1481: Umsatzsteuerfreiheit für Leistungen eines gemeinnützigen Golfclubs.

1. Die Überlassung von Golfbällen und die Nutzungsüberlassung einer Golfanlage an Nichtmitglieder eines gemeinnützigen Golfvereins gegen Entgelt kann nach Art. 13 Teil A Abs. 1 Buchst. m der Richtlinie 77/388/EWG steuerfrei sein.
2. Leistungen eines gemeinnützigen Golfvereins, die den Kernbereich der Befreiung des Art. 13 Teil A Abs. 1 Buchst. m der Richtlinie 77/388/EWG betreffen, sind nicht nach Art. 13 Teil A Abs. 2 Buchst. b der Richtlinie 77/388/EWG von der Befreiung ausgeschlossen.

BFH vom 27.04.2006 – V R 53/04, BStBl. 2007 II S. 16: Keine Umsatzsteuerbefreiung für Tanzkurse eines gemeinnützigen Vereins.

1. Tanzkurse, die ein gemeinnütziger Verein durchführt, sind nicht gemäß § 4 Nr. 22 UStG von der Umsatzsteuer befreit.
2. Sie können aber dem ermäßigten Steuersatz nach § 12 Abs. 2 Nr. 8 Buchst. a UStG unterliegen.

BFH vom 25.07.1996 – X R 7/95, BStBl. 1997 II S. 154: Begriff der sportlichen Veranstaltung gem. § 4 Nr. 22 UStG.

1. Der Begriff „sportliche Veranstaltung" in § 4 Nr. 22 Buchst. b UStG 1980 hat den gleichen Inhalt wie in § 67a AO 1977.
2. Sportliche Veranstaltung ist die organisatorische Maßnahme eines Sportvereins, die es aktiven Sportlern (nicht nur Mitgliedern des Vereins) ermöglicht, Sport zu treiben. Eine bestimmte Organisationsform und -struktur schreibt das Gesetz nicht vor. Anwesenheit von Publikum ist nicht vorausgesetzt. Auch ein Training kann sportliche Veranstaltung sein.
3. Die bloße Nutzungsüberlassung von Sportgeräten bzw. -anlagen oder die bloße Beförderung zum Ort der sportlichen Bestätigung sind selbst keine sportlichen Veranstaltungen, sondern bereiten diese nur vor.
4. Die Vorschrift des § 67a AO 1977 enthält eine Sonderregelung gegenüber § 65 AO 1977. Eine sportliche Veranstaltung i. S. des § 67a AO 1977 kann vorliegen, ohne daß die Voraussetzungen des § 65 AO 1977 gegeben sind.

Zu § 4 Nr. 23:

BFH vom 12.05.2009 – V R 35/07, BStBl. 2009 II S. 1032: Keine Steuerbefreiung nach § 4 Nr. 23 UStG für Kanutouren für Schulklassen.

1. Die Durchführung von Kanutouren für Schulklassen ist keine „Aufnahme" der Jugendlichen für Erziehungszwecke, Ausbildungszwecke oder Fortbildungszwecke i.S. der in § 4 Nr. 23 UStG geregelten Steuerbefreiung, wenn die Gesamtverantwortung bei den Lehrern verbleibt; die teilweise Übernahme von Betreuungsleistungen reicht insoweit nicht aus.
2. Für die Anerkennung einer anderen Einrichtung i.S. von Art. 13 Teil A Abs. 1 Buchst. h und i der Richtlinie 77/388/EWG reichen vertragliche Vereinbarungen zwischen der Einrichtung und einer Schule allein nicht aus.

BFH vom 12.02.2009 – V R 47/07, BStBl. 2009 II S. 677: Keine Steuerfreiheit der Schülerverpflegung durch Schulförderverein.

Die Umsätze aus der entgeltlichen Verpflegung von Lehrern und Schülern einer Ganztagsschule durch einen privaten Förderverein sind weder nach dem UStG noch Art. 13 Teil A Abs.1 Buchst. i der Sechsten MwSt-Richtlinie 77/388 EWG steuerfrei.

BFH vom 30.07.2008 – V R 66/06, BStBl. 2010 II S. 507: Begriff der Aufnahme in § 4 Nr. 23 UStG.

Die Beherbergung und Verköstigung von Jugendlichen für ca. eine Woche in einem Urlaubsaufenthalt mit Freizeitangebot und Freizeitgestaltung erfüllt die in § 4 Nr. 23 UStG 1993 und 1999 vorausgesetzte „Aufnahme zu Erziehungs-, Ausbildungs- und Fortbildungszwecken" nicht.

BFH vom 28.09.2006 – V R 57/05, BStBl. 2007 II S. 846: Abgabe von Mahlzeiten an Studenten durch eine Einrichtung des öffentlichen Rechts.[1]

Erfüllen die Umsätze aus der Abgabe von Mahlzeiten an Studenten durch eine Einrichtung des öffentlichen Rechts, der die soziale Betreuung und Förderung der Studenten obliegt (Studentenwerk), nicht die Voraussetzungen des § 4 Nr. 23 UStG 1993, sind diese Verpflegungsleistungen nach Art. 13 Teil A

---
1) Siehe dazu BMF-Schreiben vom 27.09.2007, Anlage § 004 Nr. 23-03

Abs. 1 Buchst. i der Richtlinie 77/388/EWG steuerfrei. Gleiches gilt für Verpflegungsleistungen an Bedienstete der Einrichtung, die zur Durchführung der Aufgaben der sozialen Betreuung und Förderung der Studenten am Hochschulort tätig sind.

BFH vom 18.09.2000 – V R 26/99, BStBl. 2001 II S. 691: Steuerfreiheit gem. § 4 Nr. 23 UStG.

1. Die Gewährung von Beherbergung, Beköstigung usw. ist nur dann gemäß § 4 Nr. 23 UStG steuerfrei, wenn dem Unternehmer selbst die Erziehung, Ausbildung oder Fortbildung der aufgenommenen Jugendlichen obliegen. Er muss die Erziehungs-, Ausbildungs- oder Fortbildungszwecke zwar nicht allein verfolgen; es reicht aber auch nicht aus, dass sie lediglich von einem Dritten verfolgt werden (Abgrenzung gegenüber Abschn. 117 Abs. 2 Satz 1 UStR).

2. Der Unternehmer, der Jugendliche für Erziehungszwecke bei sich aufnimmt, muss eine Einrichtung auf dem Gebiet der Kinder- und Jugendbetreuung oder der Kinder- und Jugenderziehung i. S. des Art. 13 Teil A Abs. 1 Buchst. h oder i der Richtlinie 77/388/EWG unterhalten.[1]

BFH vom 26.04.1990 – V R 55/85, BFH/NV 1992 S. 845: Beköstigungsleistungen des Kantinenpächters eines Berufsausbildungszentrums (§ 4 Nr. 23 UStG 1967/1980).

1. Die negative Abgrenzung der Selbständigkeit gemäß § 2 Abs. 2 Nr. 1 UStG 1973/80 entspricht nach ständiger Rechtsprechung der einkommensteuerlichen Abgrenzung zur nichtselbständigen Arbeit (vgl. z. B. BFH-Urteil in BFHE 120, 301, BStBl. 1977 II, 50).

2. Für die Beurteilung, ob jemand selbständig oder unselbständig ist, kommt es auf das Gesamtbild der Verhältnisse an, wobei maßgebend die Würdigung der für und gegen die Unternehmereigenschaft sprechenden Merkmale ist, wie sich diese nach den vertraglichen Vereinbarungen und deren tatsächlicher Durchführung ergeben (vgl. BFH-Urteil in BFHE 153, 437, BStBl. 1988 II, 804).

3. Die Befreiungsvorschrift des § 4 Nr. 23 UStG 1974/80 soll den Einrichtungen im Bereich der Jugenderziehung und -ausbildung zugute kommen (vgl. BFH-Beschluß in BFHE 128, 421, BStBl. 1979 II, 721, und BFH-Urteil in BFHE 157, 464, BStBl. 1989 II, 912); die hierdurch begünstigten Unternehmer sind dadurch gekennzeichnet, daß sie Jugendliche zu den genannten Zwecken bei sich aufnehmen.

BFH vom 24.05.1989 – V R 127/84, BStBl. 1989 II S. 912: Steuerbefreiung bei Aufnahme von Jugendlichen für Ausbildungszwecke.

Ein Hotelunternehmer nimmt Hotelgäste und erwachsene Arbeitnehmer (bei Gewährung von Kost und Logis) nicht „für Erziehungs-, Ausbildungs- oder Fortbildungszwecke" bei sich auf (§ 4 Nr. 23 UStG 1973). Die Befreiungsvorschrift greift daher ein, soweit er die von ihm zur Ausbildung beschäftigten Jugendlichen „zu Ausbildungszwecken" bei sich aufnimmt.

Zu § 4 Nr. 24:

BFH vom 18.01.1995 – V R 139-142/92, BStBl. 1995 II S. 446: Beherbergung von Erwachsenen durch Jugendherbergen.

Zu § 4 Nr. 25:

BFH vom 08.11.2007 – V R 2/06, BStBl. 2008 II S. 634: Steuerbefreiung der Umsätze eines Sozialarbeiters, der im Auftrag eines gemeinnützigen, umsatzsteuerbefreiten Vereins in der ambulanten Kinderhilfe, Jugendhilfe und Familienhilfe tätig ist.

1. Ein Steuerpflichtiger, der Leistungen erbringt, die i.S. des Art. 13 Teil A Abs. 1 Buchst. g und h der Richtlinie 77/388/EWG eng mit der Sozialfürsorge bzw. der Kinder- und Jugendbetreuung verbunden sind, kann sich unmittelbar auf die Richtlinie 77/388/EWG berufen, soweit eine nationale Befreiungsvorschrift fehlt.

2. Hat der Gemeinschaftsgesetzgeber selbst die Inanspruchnahme der betreffenden Befreiungen, auf die sich der Steuerpflichtige berufen kann, nicht ausdrücklich vom Fehlen eines Gewinnstrebens abhängig gemacht – wie hier Art. 13 Teil A Abs. 1 Buchst. g und h der Richtlinie 77/388/EWG –, kann sich das FA nicht darauf berufen, dass nach der insoweit unvollständig umgesetzten nationalen Befreiungsvorschrift nur Leistungen gemeinnütziger Einrichtungen befreit sind.

---
[1] Siehe hierzu BMF vom 28.09.2001 – IV D 1 – S 7181 – 8/01, BStBl. I S. 726, Anlage § 004 Nr. 23-02

§ 4

3. Für die Anerkennung eines Unternehmers als eine Einrichtung mit sozialem Charakter kann auch gewürdigt werden, dass der Leistende die begünstigten Leistungen aufgrund vertraglicher Vereinbarungen mit Trägern der Sozialversicherung erbracht hat. Es reicht jedoch nicht, dass der Unternehmer lediglich als Subunternehmer für eine anerkannte Einrichtung tätig geworden ist.

Zu § 4 Nr. 26:

BFH vom 20.08.2009 – V R 32/08, BStBl. 2010 II S. 88: Keine ehrenamtliche Tätigkeit eines Aufsichtsrates einer Volksbank.

Die Tätigkeit im Aufsichtsrat einer Volksbank ist nicht ehrenamtlich i.s. des § 4 Nr. 26 UStG (Änderung der Rechtsprechung).

BFH vom 14.05.2008 – XI R 70/07, BStBl. 2008 II S. 912: Keine ehrenamtliche Tätigkeit gem. § 4 Nr. 26 UStG bei Erwerbsstreben.

1. Geschäftsführungs- und Vertretungsleistungen, die ein Mitglied des Vereinsvorstands gegenüber dem Verein gegen Gewährung von Aufwendungsersatz erbringt, sind steuerbar.
2. Bei Vorliegen eines eigennützigen Erwerbsstrebens liegt keine ehrenamtliche Tätigkeit nach § 4 Nr. 26 Buchst. b UStG vor.

BFH vom 29.06.2000 – V R 28/99, BStBl. 2000 II S. 597; HFR 2000 S. 830 m. Anm. Lange: Umsatzsteuerpflicht der Mitglieder der Kommission zur Überprüfung von DDR-Vermögen.

Die Tätigkeit als Mitglied der Unabhängigen Kommission zur Überprüfung des Vermögens der Parteien und Massenorganisationen der DDR ist steuerbar und steuerpflichtig.

BFH vom 04.05.1994 – XI R 86/92, BStBl. 1994 II S. 773: Ehrenamtliche Tätigkeit i. S. des § 4 Nr. 26 Buchst. b UStG 1980.

Die Tätigkeit im Aufsichtsrat einer kommunalen Eigengesellschaft, die von einem Ratsmitglied ausgeübt wird, kann als ehrenamtliche Tätigkeit unter den weiteren Voraussetzungen des § 4 Nr. 26 Buchst. b UStG 1980 steuerfrei sein.

BFH vom 16.12.1987 – X R 7/82, BStBl. 1988 II S. 384: Ehrenamtliche Tätigkeit eines Brandkassenschätzers.

1. Schätzer, die nach § 27 des Gesetzes betreffend die Offenburgische Landesbrandkasse i. d. F. vom 16. März 1938 (Oldenburgisches Gesetzblatt Jahrgang 1938 Band 50 S. 565) bestellt sind, üben ihre Sachverständigentätigkeit ehrenamtlich aus (Abgrenzung zu BFH-Urteil vom 4.4.1974 V R 70/73, BFHE 112, 425, BStBl. II 1974, 528, HFR 1974, 457).
2. Zum Rechtsbegriff „ehrenamtliche Tätigkeit".

§ 4a Steuervergütung

(1) Körperschaften, die ausschließlich und unmittelbar gemeinnützige, mildtätige oder kirchliche Zwecke verfolgen (§§ 51 bis 68 der Abgabenordnung), und juristischen Personen des öffentlichen Rechts wird auf Antrag eine Steuervergütung zum Ausgleich der Steuer gewährt, die auf der an sie bewirkten Lieferung eines Gegenstandes, seiner Einfuhr oder seinem innergemeinschaftlichem Erwerb lastet, wenn die folgenden Voraussetzungen erfüllt sind:

1. Die Lieferung, die Einfuhr oder der innergemeinschaftliche Erwerb des Gegenstandes muß steuerpflichtig gewesen sein.
2. [1)]Die auf die Lieferung des Gegenstandes entfallende Steuer muß in einer Rechnung im Sinne des § 14 ausgestellten Rechnung gesondert ausgewiesen und mit dem Kaufpreis bezahlt worden sein.
3. Die für die Einfuhr oder den innergemeinschaftlichen Erwerb des Gegenstandes geschuldete Steuer muß entrichtet worden sein.
4. Der Gegenstand muß in das Drittlandsgebiet gelangt sein.
5. Der Gegenstand muß im Drittlandsgebiet zu humanitären, karitativen oder erzieherischen Zwecken verwendet werden.
6. Der Erwerb oder die Einfuhr des Gegenstandes und seine Ausfuhr dürfen von einer Körperschaft, die steuerbegünstigte Zwecke verfolgt, nicht im Rahmen eines wirtschaftlichen Geschäftsbetriebes und von einer juristischen Person des öffentlichen Rechts nicht im Rahmen eines Betriebes gewerblicher Art (§ 1 Abs. 1 Nr. 6, § 4 des Körperschaftsteuergesetzes) oder eines land- und forstwirtschaftlichen Betriebes vorgenommen worden sein.
7. Die vorstehenden Voraussetzungen müssen nachgewiesen sein.

Der Antrag ist nach amtlich vorgeschriebenem Vordruck zu stellen, in dem der Antragsteller die zu gewährende Vergütung selbst zu berechnen hat.

(2) Das Bundesministerium der Finanzen kann mit Zustimmung des Bundesrates durch Rechtsverordnung näher bestimmen,

1. wie die Voraussetzungen für den Vergütungsanspruch nach Absatz 1 Satz 1 nachzuweisen sind und
2. in welcher Frist die Vergütung zu beantragen ist.

Vorgaben im EG-Recht

USt-Recht	MwStSystRL
§ 4a Abs. 1 Satz 1 Nr. 1 bis 6 UStG	Artikel 146 Abs. 1 Buchst. c und Abs. 2, Artikel 140 Buchst. a, Artikel 143 Buchst. a, Artikel 131
§ 4a Abs. 1 Satz 1 Nr. 7, Satz 2 und Abs. 2 UStG; § 24 UStDV	Artikel 131

UStDV

Zu § 4a des Gesetzes

§ 24 Antragsfrist für die Steuervergütung und Nachweis der Voraussetzungen

(1) Die Steuervergütung ist bei dem zuständigen Finanzamt bis zum Ablauf des Kalenderjahres zu beantragen, das auf das Kalenderjahr folgt, in dem der Gegenstand in das Drittlandsgebiet gelangt. Ein Antrag kann mehrere Ansprüche auf die Steuervergütung umfassen.

(2) Der Nachweis, daß der Gegenstand in das Drittlandsgebiet gelangt ist, muß in der gleichen Weise wie bei Ausfuhrlieferungen geführt werden (§§ 8 bis 11).

---
1) Fassung ab 01.01.2004

§ 4a   UStDV § 24   UStAE 4a.1., 4a.2.

(3) Die Voraussetzungen für die Steuervergütung sind im Geltungsbereich dieser Verordnung buchmäßig nachzuweisen. Regelmäßig sollen aufgezeichnet werden:

1. *die handelsübliche Bezeichnung und die Menge des ausgeführten Gegenstandes,*
2. *der Name und die Anschrift des Lieferers,*
3. *der Name und die Anschrift des Empfängers,*
4. *der Verwendungszweck im Drittlandsgebiet,*
5. *der Tag der Ausfuhr des Gegenstandes,*
6. *die mit dem Kaufpreis für die Lieferung des Gegenstandes bezahlte Steuer oder die für die Einfuhr oder den innergemeinschaftlichen Erwerb des Gegenstandes entrichtete Steuer.*

UStAE
Zu § 4a UStG (§ 24 UStDV)

4a.1. Vergütungsberechtigte

Vergütungsberechtigte nach § 4a Abs. 1 UStG sind:

1. Körperschaften, Personenvereinigungen und Vermögensmassen im Sinne des KStG, die ausschließlich und unmittelbar gemeinnützige, mildtätige oder kirchliche Zwecke verfolgen (§§ 51 bis 68 AO), insbesondere auch die in § 23 UStDV aufgeführten amtlich anerkannten Verbände der freien Wohlfahrtspflege, und
2. juristische Personen des öffentlichen Rechts (vgl. Abschnitt 2.11).

4a.2. Voraussetzungen für die Vergütung

(1) [1]Die Voraussetzungen für die Vergütung (§ 4a Abs. 1 UStG) sind nicht erfüllt, wenn die Lieferung des Gegenstands an den Vergütungsberechtigten nicht der Umsatzsteuer unterlegen hat. [2]Dies ist z.B. der Fall bei steuerfreien Lieferungen, bei Lieferungen durch Privatpersonen sowie bei unentgeltlichen Lieferungen, zu denen insbesondere Sachspenden gehören. [3]Unbeachtlich ist, ob die der Lieferung an den Vergütungsberechtigten vorausgegangene Lieferung umsatzsteuerpflichtig gewesen ist.

(2) [1]Ist in der Rechnung ein zu niedriger Steuerbetrag ausgewiesen, ist nur dieser Betrag zu vergüten. [2]Bei einem zu hohen Steuerausweis wird die Vergütung nur bis zur Höhe der für den betreffenden Umsatz gesetzlich vorgeschriebenen Steuer gewährt. [3]Ausgeschlossen ist die Vergütung der Steuer außerdem in den Fällen eines unberechtigten Steuerausweises nach § 14c Abs. 2 UStG, z.B. bei Lieferungen durch Privatpersonen oder durch Kleinunternehmer im Sinne des § 19 Abs. 1 UStG.

(3) [1]Die Vergütung kann erst beantragt werden, wenn der Kaufpreis einschließlich Umsatzsteuer für den erworbenen Gegenstand in voller Höhe gezahlt worden ist. [2]Abschlags- oder Teilzahlungen genügen nicht. [3]Bei einem vorher eingeführten Gegenstand ist es erforderlich, dass die für die Einfuhr geschuldete Einfuhrumsatzsteuer entrichtet ist. [4]Schuldet die juristische Person die Steuer für den innergemeinschaftlichen Erwerb, muss diese entrichtet worden sein.

(4) [1]Die Vergütung ist nur zu gewähren, wenn der ausgeführte Gegenstand im Drittlandsgebiet (§ 1 Abs. 2a Satz 3 UStG) verbleibt und dort zu humanitären, karitativen oder erzieherischen Zwecken verwendet wird. [2]Der Vergütungsberechtigte muss diese Zwecke im Drittlandsgebiet nicht selbst – z.B. mit eigenen Einrichtungen und Hilfskräften – erfüllen. [3]Es reicht aus, wenn der Gegenstand einem Empfänger im Drittlandsgebiet übereignet wird – z.B. einer nationalen oder internationalen Institution –, der ihn dort zu den begünstigten Zwecken verwendet.

(5) [1]Ist die Verwendung der ausgeführten Gegenstände zu den nach § 4a Abs. 1 Satz 1 Nr. 5 UStG begünstigten Zwecken vorgesehen (vgl. Absatz 9), kann die Vergütung schon beansprucht werden, wenn die Gegenstände zunächst im Drittlandsgebiet – z.B. in einem Freihafen – eingelagert werden. [2]Nicht zu gewähren ist die Vergütung bei einer zugelassenen vorübergehenden Freihafenlagerung nach § 12a EUStBV. [3]Werden Gegenstände im Anschluss an eine vorübergehende Freihafenlagerung einer begünstigten Verwendung im Drittlandsgebiet zugeführt, kann die Vergütung von diesem Zeitpunkt an beansprucht werden.

(6) [1]Humanitär im Sinne des § 4a Abs. 1 Satz 1 Nr. 5 UStG ist nicht nur die Beseitigung und Milderung besonderer Notlagen, sondern auch die Verbesserung der wirtschaftlichen und sozialen Verhältnisse und der Umweltbedingungen. [2]Karitative Zwecke werden verfolgt, wenn anderen selbstlose Hilfe gewährt wird. [3]Erzieherischen Zwecken (vgl. Abschnitt 4.23.1 Abs. 4) dienen auch Gegenstände, die für die berufliche und nichtberufliche Aus- und Weiterbildung einschließlich der Bildungsarbeit auf politischem,

weltanschaulichem, künstlerischem und wissenschaftlichem Gebiet verwendet werden. [4]Es ist davon auszugehen, dass die steuerbegünstigten Zwecke im Sinne der §§ 52 bis 54 AO zugleich auch den in § 4a Abs. 1 Satz 1 Nr. 5 UStG bezeichneten Verwendungszwecken entsprechen.

(7) [1]Die ausgeführten Gegenstände brauchen nicht für Gruppen von Menschen verwendet zu werden; sie können auch Einzelpersonen im Drittlandsgebiet überlassen werden. [2]Eine Vergütung kann deshalb z.B. für die Versendung von Lebensmitteln, Medikamenten oder Bekleidung an Privatpersonen in Betracht kommen.

(8) Bei Körperschaften, die steuerbegünstigte Zwecke verfolgen, stehen der Erwerb oder die Einfuhr und die Ausfuhr im Rahmen eines Zweckbetriebs (§§ 65 bis 68 AO) dem Anspruch auf Vergütung nicht entgegen.

(9) Eine Vergütung der Umsatzsteuer ist ausgeschlossen, wenn der Vergütungsberechtigte die Gegenstände vor der Ausfuhr in das Drittland im Inland genutzt hat.

4a.3. Nachweis der Voraussetzungen

(1) [1]Das Vorliegen der Voraussetzungen für die Steuervergütung ist durch Belege nachzuweisen (§ 4a Abs. 1 Satz 1 Nr. 7 UStG, § 24 Abs. 2 und 3 UStDV). [2]Als Belege für den Ausfuhrnachweis (vgl. § 24 Abs. 2 UStDV) kommen insbesondere Frachtbriefe, Konnossemente, Posteinlieferungsscheine oder deren Doppelstücke sowie Spediteurbescheinigungen in Betracht (vgl. Abschnitte 6.5 bis 6.9).

(2) Für den buchmäßigen Nachweis der Voraussetzungen (vgl. § 24 Abs. 3 UStDV) ist folgendes zu beachten:

1. Zur Bezeichnung des Lieferers genügt es im Allgemeinen, seinen Namen aufzuzeichnen.
2. [1]Wird der Gegenstand von dem Vergütungsberechtigten selbst zu begünstigten Zwecken verwendet, ist als Empfänger die Anschrift der betreffenden Stelle des Vergütungsberechtigten im Drittlandsgebiet anzugeben. [2]Werden ausgeführte Gegenstände von Hilfskräften des Vergütungsberechtigten im Drittlandsgebiet Einzelpersonen übergeben – z.B. Verteilung von Lebensmitteln, Medikamenten und Bekleidung –, ist lediglich der Ort aufzuzeichnen, an dem die Übergabe vorgenommen wird.
3. Bei Zweifeln über den Verwendungszweck im Drittlandsgebiet kann die begünstigte Verwendung durch eine Bestätigung einer staatlichen Stelle oder einer internationalen Organisation nachgewiesen werden.
4. [1]Statt des Ausfuhrtags kann auch der Kalendermonat aufgezeichnet werden, in dem der Gegenstand ausgeführt worden ist. [2]Bei einer vorübergehenden Freihafenlagerung, an die sich eine begünstigte Verwendung der ausgeführten Gegenstände im Drittlandsgebiet anschließt (vgl. Abschnitt 4a.2 Abs. 5), ist zusätzlich der Zeitpunkt (Tag oder Kalendermonat) des Beginns der begünstigten Verwendung aufzuzeichnen.
5. Zum Nachweis, dass die Umsatzsteuer bezahlt oder die Einfuhrumsatzsteuer entrichtet wurde, ist in den Aufzeichnungen auf die betreffende Rechnung und den Zahlungsbeleg bzw. auf den Beleg über die Einfuhrumsatzsteuer (vgl. Abschnitt 15.11 Abs. 1 Satz 2 Nr. 2) hinzuweisen.
6. [1]Ändert sich die Umsatzsteuer – z.B. durch die Inanspruchnahme eines Skontos, durch die Gewährung eines nachträglichen Rabatts, durch eine Preisberichtigung oder durch eine Nachberechnung –, sind der Betrag der Entgeltänderung und der Betrag, um den sich die Umsatzsteuer erhöht oder vermindert, aufzuzeichnen. [2]Ist die Festsetzung der Einfuhrumsatzsteuer nachträglich geändert worden, muss neben dem Betrag, um den sich die Einfuhrumsatzsteuer verringert oder erhöht hat, ggf. der Betrag aufgezeichnet werden, um den sich die Bemessungsgrundlage der Einfuhrumsatzsteuer geändert hat. [3]Aufzuzeichnen sind darüber hinaus erlassene oder erstattete Einfuhrumsatzsteuerbeträge.

4a.4. Antragsverfahren

(1) [1]Die Vergütung ist nur auf Antrag zu gewähren (§ 4a Abs. 1 Satz 1 UStG). [2]Bestandteil des Vergütungsantrags ist eine Anlage, in der die Ausfuhren einzeln aufzuführen sind. [3]In der Anlage sind auch nachträgliche Minderungen von Vergütungsansprüchen anzugeben, die der Vergütungsberechtigte bereits mit früheren Anträgen geltend gemacht hat.

(2) [1]Der Vergütungsantrag einschließlich Anlage (vgl. BMF-Schreiben vom 24.6.2011, BStBl. I S. 697) ist bei dem Finanzamt einzureichen, in dessen Bezirk der Vergütungsberechtigte seinen Sitz hat. [2]Der Antrag ist bis zum Ablauf des Kalenderjahrs zu stellen, das dem Kalenderjahr folgt, in dem der Gegenstand in das Drittlandsgebiet gelangt ist (§ 24 Abs. 1 Satz 1 UStDV). [3]Die Antragsfrist kann nicht verlängert werden (Ausschlussfrist). [4]Bei Versäumung der Antragsfrist kann unter den Voraussetzungen des § 110 AO allenfalls Wiedereinsetzung in den vorigen Stand gewährt werden. [5]Ist der ausgeführte Gegenstand zunächst im Rahmen einer zugelassenen Freihafenlagerung nach § 12a EUStBV

vorübergehend in einem Freihafen gelagert worden, ist für die Antragsfrist der Zeitpunkt des Beginns der begünstigten Verwendung des Gegenstands maßgebend.

4a.5. Wiedereinfuhr von Gegenständen
[1]Wiedereingeführte Gegenstände, für die bei der Ausfuhr eine Vergütung nach § 4a UStG gewährt worden ist, sind nicht als Rückwaren einfuhrumsatzsteuerfrei (§ 12 Nr. 3 EUStBV). [2]Vergütungsberechtigte müssen deshalb bei der Wiedereinfuhr von Gegenständen erklären, ob der betreffende Gegenstand zur Verwendung für humanitäre, karitative oder erzieherische Zwecke in das Drittlandsgebiet ausgeführt und dafür die Vergütung beansprucht worden ist.

§ 4b Steuerbefreiung beim innergemeinschaftlichen Erwerb von Gegenständen

Steuerfrei ist der innergemeinschaftliche Erwerb

1. [1)]der in § 4 Nr. 8 Buchstabe e und Nr. 17 Buchstabe a sowie der in § 8 Abs. 1 Nr. 1 und 2 bezeichneten Gegenstände,
2. [2)]der in § 4 Nr. 4 bis 4b und Nr. 8 Buchstabe b und i sowie der in § 8 Abs. 2 Nr. 1 und 2 bezeichneten Gegenstände unter den in diesen Vorschriften bezeichneten Voraussetzungen,
3. der Gegenstände, deren Einfuhr (§ 1 Abs. 1 Nr. 4) nach den für die Einfuhrumsatzsteuer geltenden Vorschriften steuerfrei wäre,
4. der Gegenstände, die zur Ausführung von Umsätzen verwendet werden, für die der Ausschluß vom Vorsteuerabzug nach § 15 Abs. 3 nicht eintritt.

Vorgaben im EG-Recht

USt-Recht	MwStSystRL
§ 4b Nr. 1 und 2 UStG	Artikel 140 Buchst. a
§ 4b Nr. 3 UStG	Artikel 140 Buchst. b
§ 4b Nr. 4 UStG	Artikel 164 Abs. 1 Buchst. a

UStAE
Zu § 4b UStG

4b.1. Steuerbefreiung beim innergemeinschaftlichen Erwerb von Gegenständen[3)]

(1) ¹Die Steuerbefreiung nach § 4b UStG setzt einen innergemeinschaftlichen Erwerb voraus. ²Durch § 4b Nr. 1 und 2 UStG ist der innergemeinschaftliche Erwerb bestimmter Gegenstände, deren Lieferung im Inland steuerfrei wäre, von der Umsatzsteuer befreit. ³Danach ist steuerfrei insbesondere der innergemeinschaftliche Erwerb von

a) Gold durch Zentralbanken – z.B. durch die Deutsche Bundesbank – (Abschnitt 4.4.1);
b) gesetzlichen Zahlungsmitteln, die wegen ihres Metallgehalts oder ihres Sammlerwert umgesetzt werden (Abschnitt 4.8.3 Abs. 1);
c) Wasserfahrzeugen, die nach ihrer Bauart dem Erwerb durch die Seeschifffahrt oder der Rettung Schiffbrüchiger zu dienen bestimmt sind (Abschnitt 8.1 Abs. 2).

(2) ¹Nach § 4b Nr. 3 UStG ist der innergemeinschaftliche Erwerb der Gegenstände, deren Einfuhr steuerfrei wäre, von der Steuer befreit. ²Der Umfang dieser Steuerbefreiung ergibt sich zu einem wesentlichen Teil aus der EUStBV. ³Danach ist z.B. der innergemeinschaftliche Erwerb von Gegenständen mit geringem Wert (bis zu 22 € Gesamtwert je Sendung) steuerfrei (z.B. Zeitschriften und Bücher).

(3) ¹§ 4b Nr. 4 UStG befreit den innergemeinschaftlichen Erwerb von Gegenständen, die der Unternehmer für Umsätze verwendet, für die der Ausschluss vom Vorsteuerabzug nach § 15 Abs. 3 UStG nicht eintritt (z.B. für steuerfreie innergemeinschaftliche Lieferungen, steuerfreie Ausfuhrlieferungen oder nicht umsatzsteuerbare Lieferungen im Drittlandsgebiet). ²Es wird jedoch nicht beanstandet, wenn in diesen Fällen der innergemeinschaftliche Erwerb steuerpflichtig behandelt wird.

Verwaltungsregelungen zu § 4b

Datum	Anlage	Quelle	Inhalt
17.02.93	§ 004b-01	BMF	Innergemeinschaftlicher Erwerb von Büchern und Zeitschriften durch wissenschaftliche Bibliotheken (§ 4b Nr. 3 UStG 1993)

---

1) Fassung ab 01.01.2000
2) Fassung ab 01.01.2004
3) Siehe Nichtbeanstandungsregelung durch BMF-Schreiben vom 05.10.2011, Anlage § 003-35

§ 4b

Rechtsprechungsauswahl

BFH vom 28.09.2006 – V R 65/03, BStBl. 2007 II S. 672: Steuerfreier Erwerb gem. EWI-Sitzabkommen. Der innergemeinschaftliche Erwerb eines neuen Kfz durch Bedienstete des EWI kann auch dann nach § 4b Nr. 3 UStG 1993 i.V.m. Art. 10 des EWI-Sitzabkommens von der Umsatzsteuer befreit sein, wenn der Pkw zwar erst nach Aufnahme der Beschäftigung beim EWI erworben, aber als Übersiedlungsgut innerhalb der Frist nach dieser Bestimmung des Abkommens „eingeführt" wurde.

§ 5

§ 5 Steuerbefreiungen bei der Einfuhr

(1) Steuerfrei ist die Einfuhr

1. der in § 4 Nr. 8 Buchstabe e und Nr. 17 Buchstabe a sowie der in § 8 Abs. 1 Nr. 1, 2 und 3 bezeichneten Gegenstände,
2. der in § 4 Nr. 4 und Nr. 8 Buchstabe b und i sowie der in § 8 Abs. 2 Nr. 1, 2 und 3 bezeichneten Gegenstände unter den in diesen Vorschriften bezeichneten Voraussetzungen.
3. [1)]der Gegenstände, die von einem Schuldner der Einfuhrumsatzsteuer im Anschluss an die Einfuhr unmittelbar zur Ausführung von innergemeinschaftlichen Lieferungen (§ 4 Nummer 1 Buchstabe b, § 6a) verwendet werden; der Schuldner der Einfuhrumsatzsteuer hat zum Zeitpunkt der Einfuhr
   a) seine im Geltungsbereich dieses Gesetzes erteilte Umsatzsteuer-Identifikationsnummer oder die im Geltungsbereich dieses Gesetzes erteilte Umsatzsteuer-Identifikationsnummer seines Fiskalvertreters und
   b) die im anderen Mitgliedstaat erteilte Umsatzsteuer-Identifikationsnummer des Abnehmers mitzuteilen sowie
   c) nachzuweisen, dass die Gegenstände zur Beförderung oder Versendung in das übrige Gemeinschaftsgebiet bestimmt sind;
4. der in der Anlage 1 bezeichneten Gegenstände, die im Anschluss an die Einfuhr zur Ausführung von steuerfreien Umsätzen nach § 4 Nr. 4a Satz 1 Buchstabe a Satz 1 verwendet werden sollen; der Schuldner der Einfuhrumsatzsteuer hat die Voraussetzungen der Steuerbefreiung nachzuweisen;
5. der in der Anlage 1 bezeichneten Gegenstände, wenn die Einfuhr im Zusammenhang mit einer Lieferung steht, die zu einer Auslagerung im Sinne des § 4 Nr. 4a Satz 1 Buchstabe a Satz 2 führt und der Lieferer oder sein Beauftragter Schuldner der Einfuhrumsatzsteuer ist; der Schuldner der Einfuhrumsatzsteuer hat die Voraussetzungen der Steuerbefreiung nachzuweisen;
6. [2)]von Erdgas über das Erdgasnetz oder von Erdgas, das von einem Gastanker aus in das Erdgasnetz oder ein vorgelagertes Gasleitungsnetz eingespeist wird, von Elektrizität oder von Wärme oder Kälte über Wärme- oder Kältenetze.

(2) Das Bundesministerium der Finanzen kann durch Rechtsverordnung, die nicht der Zustimmung des Bundesrates bedarf, zur Erleichterung des Warenverkehrs über die Grenze und zur Vereinfachung der Verwaltung Steuerfreiheit oder Steuerermäßigung anordnen

1. für Gegenstände, die nicht oder nicht mehr am Güterumsatz und an der Preisbildung teilnehmen,
2. für Gegenstände in kleinen Mengen oder von geringem Wert,
3. für Gegenstände, die nur vorübergehend ausgeführt worden waren, ohne ihre Zugehörigkeit oder enge Beziehung zur inländischen Wirtschaft verloren zu haben,
4. für Gegenstände, die nach zollamtlich bewilligter Veredelung in Freihäfen eingeführt werden,
5. für Gegenstände, die nur vorübergehend eingeführt und danach unter zollamtlicher Überwachung wieder ausgeführt werden,
6. für Gegenstände, für die nach zwischenstaatlichem Brauch keine Einfuhrumsatzsteuer erhoben wird,
7. für Gegenstände, die an Bord von Verkehrsmitteln als Mundvorrat, als Brenn-, Treib- oder Schmierstoffe, als technische Öle oder als Betriebsmittel eingeführt werden,
8. für Gegenstände, die weder zum Handel noch zur gewerblichen Verwendung bestimmt und insgesamt nicht mehr wert sind, als in Rechtsakten des Rates oder der Kommission der Europäischen Gemeinschaften über die Verzollung zum Pauschalsatz festgelegt ist,

---
1) Fassung ab 01.01.2011
2) Fassung ab 01.01.2011

§ 5

soweit dadurch schutzwürdige Interessen der inländischen Wirtschaft nicht verletzt werden und keine unangemessenen Steuervorteile entstehen. Es hat dabei Rechtsakte des Rates oder der Kommission der Europäischen Gemeinschaften zu berücksichtigen.

(3) Das Bundesministerium der Finanzen kann durch Rechtsverordnung, die nicht der Zustimmung des Bundesrates bedarf, anordnen, daß unter den sinngemäß anzuwendenden Voraussetzungen von Rechtsakten des Rates oder der Kommission der Europäischen Gemeinschaften über die Erstattung oder den Erlaß von Einfuhrabgaben die Einfuhrumsatzsteuer ganz oder teilweise erstattet oder erlassen wird.

USt-Recht	Vorgaben im EG-Recht
	MwStSystRL
§ 5 UStG	Artikel 131, 143, 155, 157 Abs. 1 Buchst. a, Artikel 163

Einfuhrumsatzsteuer-Befreiungsverordnung 1993

vom 11. August 1992, BGBl. 1992 I S. 1526; BStBl. 1992 I S. 756;
geändert durch die Erste Verordnung zur Änderung der Einfuhrumsatzsteuer-
Befreiungsverordnung 1993, vom 9. Februar 1994, BGBl. 1994 I S. 302; BStBl. 1994 I S. 191;
die Verordnung zur Änderung der Zollverordnung und anderer Verordnungen
vom 22. Dezember 2003 (BGBl. 2004 I S. 21);
die Verordnung zur Änderung der Zollverordnung und der Einfuhrumsatzsteuer-
Befreiungsverordnung 1993 vom 24. November 2008 (BGBl. 2008 I S. 2232)[1)]

Auf Grund des Artikels 3 des Vierzehnten Gesetzes zur Änderung des Zollgesetzes vom 3. August 1973 (BGBl. I S. 933), der durch Artikel 2 Abs. 2 des Gesetzes vom 12. September 1980 (BGBl. I S. 1695) neu gefaßt worden ist, verordnet der Bundesminister der Finanzen:

§ 1 Allgemeines

(1) Einfuhrumsatzsteuerfrei ist, vorbehaltlich der §§ 1a bis 10, die Einfuhr von Gegenständen, die nach Kapitel I und III der Verordnung (EWG) Nr. 918/83 des Rates vom 28. März 1983 über das gemeinschaftliche System der Zollbefreiungen (ABl. EG Nr. L 105 S. 1, Nr. L 274 S. 40, 1984 Nr. L 308 S. 64, 1985 Nr. L 256 S. 47, 1986 Nr. L 271 S. 31), die zuletzt durch die Verordnung (EG) Nr. 274/2008 vom 17. März 2008 (ABl. EU Nr. L 85 S. 1) geändert worden ist, zollfrei eingeführt werden können, in entsprechender Anwendung dieser Vorschriften sowie der Durchführungsvorschriften dazu; ausgenommen sind die Artikel 29 bis 31, 45, 52 bis 59b, 63a und 63b der Verordnung (EWG) Nr. 918/83.

(1a)[2)] Im Sinne dieser Verordnung gilt als Zollkodex die Verordnung (EWG) Nr. 2913/92 des Rates vom 12. Oktober 1992 zur Festlegung des Zollkodex der Gemeinschaften (ABl. EG Nr. L 302 S. 1, 1993 Nr. L 79 S. 84, 1996 Nr. L 97 S. 387), zuletzt geändert durch die Verordnung (EG) Nr. 2700/2000 des Europäischen Parlaments und des Rates vom 16. November 2000 (ABl. EG Nr. L 311 S. 17), in der jeweils geltenden Fassung. Im Sinne dieser Verordnung gilt als Durchführungsverordnung zum Zollkodex die Verordnung (EWG) Nr. 2454/93 der Kommission vom 2. Juli 1993 mit Durchführungsvorschriften zu der Verordnung (EWG) NR. 2913/92 des Rates vom 12. Oktober 1992 zur Festlegung des Zollkodex der Gemeinschaften (ABl. EG Nr. L 253 S. 1, 1994 Nr. L 268 S. 32, 1996 Nr. L 180 S. 34, 1997 Nr. L 156 S. 59, 1999 Nr. L 111 S. 88), zuletzt geändert durch die Verordnung (EG) Nr. 1335/2003 der Kommission vom 25. Juli 2003 (ABl. EU Nr. L 187 S. 16), in der jeweils geltenden Fassung.

(2) Einfuhrumsatzsteuerfrei ist, vorbehaltlich des § 11, die vorübergehende Einfuhr von Gegenständen, die

1. nach den Artikeln 137 bis 144 des Zollkodex frei von Einfuhrabgaben im Sinne des Artikels 4 Nr. 10 des Zollkodex eingeführt werden können oder die

2. gelegentlich und ohne gewerbliche Absicht eingeführt werden, sofern der Verwender hinsichtlich dieser Gegenstände nicht oder nicht in vollem Umfang nach § 15 Abs. 1 Nr. 2 des Gesetzes zum Vorsteuerabzug berechtigt ist,

---

1) Mit Wirkung vom 01.12.2008 wurden § 1 Abs. 1 neu gefasst und § 1a neu eingefügt
2) § 1 Abs. 1a mit Wirkung vom 10.01.2004 eingefügt (Artikel 4 Nr. 1 Buchst. a, Artikel 7 der Verordnung vom 22.12. 2003, BGBl. 2004 I S. 21)

§ 5

in sinngemäßer Anwendung der genannten Vorschriften sowie der Durchführungsvorschriften dazu; ausgenommen sind die Vorschriften über die vorübergehende Verwendung bei teilweiser Befreiung von Einfuhrabgaben im Sinne des Artikels 4 Nr. 10 Zollkodex.

(2a) Einfuhrumsatzsteuerfrei ist, vorbehaltlich des § 12, die Einfuhr der Gegenstände, die nach den Artikeln 185 bis 187 Zollkodex als Rückwaren frei von Einfuhrabgaben im Sinne des Artikels 4 Nr. 10 Zollkodex eingeführt werden können, in sinngemäßer Anwendung dieser Vorschriften sowie der Durchführungsvorschriften dazu. Die Steuerfreiheit gilt auch für Gegenstände, die in Artikel 185 Abs. 2 Buchstabe b Zollkodex aufgeführt sind.

(3) Einfuhrumsatzsteuerfrei ist ferner die Einfuhr der Gegenstände, die nach den §§ 12, 14 bis 22[1]) der Zollverordnung vom 23. Dezember 1993 (BGBl. I S. 2449) in der jeweils geltenden Fassung frei von Einfuhrabgaben im Sinne des Artikels 4 Nr. 10 Zollkodex eingeführt werden können, in sinngemäßer Anwendung dieser Vorschriften.

§ 1a Sendungen von geringem Wert

Die Einfuhrumsatzsteuerfreiheit für Sendungen von Waren mit geringem Wert im Sinne des Artikels 27 der Verordnung (EWG) Nr. 918/83 ist auf Waren beschränkt, deren Gesamtwert 22 Euro je Sendung nicht übersteigt.

§ 2 Investitionsgüter und andere Ausrüstungsgegenstände

Die Einfuhrumsatzsteuerfreiheit für Investitionsgüter und andere Ausrüstungsgegenstände (Artikel 32 bis 38 der in § 1 Abs. 1 genannten Verordnung) ist ausgeschlossen für Gegenstände, die

1. ganz oder teilweise zur Ausführung von Umsätzen verwendet werden, die nach § 15 Abs. 2 und 3 des Gesetzes den Vorsteuerabzug ausschließen,
2. von einer juristischen Person des öffentlichen Rechts für ihren nichtunternehmerischen Bereich eingeführt werden oder
3. von einem Unternehmer eingeführt werden, der die Vorsteuerbeträge nach Durchschnittssätzen (§§ 23 und 24 des Gesetzes) ermittelt.

§ 3 Landwirtschaftliche Erzeugnisse

Die Einfuhrumsatzsteuerfreiheit für bestimmte landwirtschaftliche Erzeugnisse (Artikel 39 bis 42 der in § 1 Abs. 1 genannten Verordnung) gilt auch für reinrassige Pferde, die nicht älter als sechs Monate und im Drittlandsgebiet von einem Tier geboren sind, das im Inland oder in den österreichischen Gebieten Jungholz und Mittelberg befruchtet und danach vorübergehend ausgeführt worden war.

§ 4 Gegenstände erzieherischen, wissenschaftlichen oder kulturellen Charakters

Die Einfuhrumsatzsteuerfreiheit für Gegenstände erzieherischen, wissenschaftlichen oder kulturellen Charakters im Sinne der Artikel 50 und 51 der in § 1 Abs. 1 genannten Verordnung ist auf die von den Buchstaben B der Anhänge I und II der Verordnung erfaßten Einfuhren beschränkt. Die Steuerfreiheit für Sammlungsstücke und Kunstgegenstände (Artikel 51 der Verordnung) hängt davon ab, daß die Gegenstände

1. unentgeltlich eingeführt werden oder
2. nicht von einem Unternehmer geliefert werden; als Lieferer gilt nicht, wer für die begünstigte Einrichtung tätig wird.

§ 5 Tiere für Laborzwecke

Die Einfuhrumsatzsteuerfreiheit für Tiere für Laborzwecke (Artikel 60 Abs. 1 Buchstabe a und Abs. 2 der in § 1 Abs. 1 genannten Verordnung) hängt davon ab, daß die Tiere unentgeltlich eingeführt werden.

§ 6 Gegenstände für Organisationen der Wohlfahrtspflege

(1) Die Einfuhrumsatzsteuerfreiheit für lebenswichtige Gegenstände (Artikel 65 Abs. 1 Buchstabe a der in § 1 Abs. 1 genannten Verordnung) hängt davon ab, daß die Gegenstände unentgeltlich eingeführt werden.

(2) Die Einfuhrumsatzsteuerfreiheit für Gegenstände für Behinderte (Artikel 70 bis 78 der in § 1 Abs. 1 genannten Verordnung) hängt davon ab, daß die Gegenstände unentgeltlich eingeführt werden. Sie hängt nicht davon ab, daß gleichwertige Gegenstände gegenwärtig in der Gemeinschaft nicht hergestellt werden. Die Steuerfreiheit ist ausgeschlossen für Gegenstände, die von Behinderten selbst eingeführt werden.

---

1) Berichtigung vom 09.03.1994, BGBl. 1994 I S. 523

§ 5

§ 7 Werbedrucke

(1) Die Einfuhrumsatzsteuerfreiheit für Werbedrucke (Artikel 92 Buchstabe b der in § 1 Abs. 1 genannten Verordnung) gilt für Werbedrucke, in denen Dienstleistungen angeboten werden, allgemein, sofern diese Angebote von einer in einem anderen Mitgliedstaat der Europäischen Gemeinschaft ansässigen Person ausgehen.

(2) Bei Werbedrucken, die zur kostenlosen Verteilung eingeführt werden, hängt die Steuerfreiheit abweichend von Artikel 93 Buchstabe b und c der in § 1 Abs. 1 genannten Verordnung nur davon ab, daß die in den Drucken enthaltenen Angebote von einer in einem anderen Mitgliedstaat der Europäischen Gemeinschaften ansässigen Person ausgehen.

§ 8 Werbemittel für den Fremdenverkehr

Die Einfuhrumsatzsteuerfreiheit für Werbematerial für den Fremdenverkehr (Artikel 108 Buchstabe a und b der in § 1 Abs. 1 genannten Verordnung) gilt auch dann, wenn darin Werbung für in einem Mitgliedstaat der Europäischen Gemeinschaften ansässige Unternehmen enthalten ist, sofern der Gesamtanteil der Werbung 25 vom Hundert nicht übersteigt.

§ 9 Amtliche Veröffentlichungen, Wahlmaterialien

Einfuhrumsatzsteuerfrei ist die Einfuhr der amtlichen Veröffentlichungen, mit denen das Ausfuhrland und die dort niedergelassenen Organisationen, öffentlichen Körperschaften und öffentlich-rechtlichen Einrichtungen Maßnahmen öffentlicher Gewalt bekanntmachen, sowie die Einfuhr der Drucksachen, die die in den Mitgliedstaaten der Europäischen Gemeinschaften als solche offiziell anerkannten ausländischen politischen Organisationen anläßlich der Wahlen zum Europäischen Parlament oder anläßlich nationaler Wahlen, die vom Herkunftsland aus organisiert werden, verteilen.

§ 10 Behältnisse und Verpackungen

(1) Die Einfuhrumsatzsteuerfreiheit von Verpackungsmitteln (Artikel 110 der in § 1 Abs. 1 genannten Verordnung) hängt davon ab, daß ihr Wert in die Bemessungsgrundlage für die Einfuhr (§ 11 des Gesetzes) einbezogen wird.

(2) Die Steuerfreiheit nach Absatz 1 gilt auch für die Einfuhr von Behältnissen und befüllten Verpackungen, wenn sie für die mit ihnen gestellten oder in ihnen verpackten Waren üblich sind oder unabhängig von ihrer Verwendung als Behältnis oder Verpackung keinen dauernden selbständigen Gebrauchswert haben.

§ 11 Vorübergehende Verwendung

(1) Artikel 572 Abs. 1 der Durchführungsverordnung zum Zollkodex gilt mit der Maßgabe, dass die hergestellten Gegenstände aus dem Zollgebiet der Gemeinschaft auszuführen sind.

(2) In den Fällen des § 1 Abs. 2 Nr. 2 beträgt die Verwendungsfrist längstens sechs Monate; sie darf nicht verlängert werden.

(3) Werden die in Artikel 576 der Durchführungsverordnung zum Zollkodex bezeichneten Gegenstände verkauft, so ist bei der Ermittlung der Bemessungsgrundlage von dem Kaufpreis auszugehen, den der erste Käufer im Inland oder in den österreichischen Gebieten Jungholz und Mittelberg gezahlt oder zu zahlen hat.

(4) Auf die Leistung einer Sicherheit für die Einfuhrumsatzsteuer kann verzichtet werden.

§ 12 Rückwaren

(1) Die Einfuhrumsatzsteuerfreiheit von Rückwaren (Artikel 185 bis 187 Zollkodex) ist ausgeschlossen, wenn der eingeführte Gegenstand

1. vor der Einfuhr geliefert worden ist,
2. im Rahmen einer steuerfreien Lieferung (§ 4 Nr. 1 des Gesetzes) ausgeführt worden ist oder
3. im Rahmen des § 4a des Gesetzes von der Umsatzsteuer entlastet worden ist.

Satz 1 Nr. 2 gilt nicht, wenn derjenige, der die Lieferung bewirkt hat, den Gegenstand zurückerhält und hinsichtlich dieses Gegenstandes in vollem Umfang nach § 15 Abs. 1 Nr. 2 des Gesetzes zum Vorsteuerabzug berechtigt ist.

§ 12a Freihafenlagerung

(1) Einfuhrumsatzsteuerfrei ist die Einfuhr von Gegenständen, die als Gemeinschaftswaren ausgeführt und in einem Freihafen vorübergehend gelagert worden sind. Die Steuerfreiheit hängt davon ab, daß die nachfolgenden Vorschriften eingehalten sind.

(2) Die Lagerung bedarf einer besonderen Zulassung; sie wird grundsätzlich nur zugelassen, wenn im Freihafen vorhandene Anlagen sonst nicht wirtschaftlich ausgenutzt werden können und der Freihafen durch die Lagerung seinem Zweck nicht entfremdet wird. Für die Zulassung ist das von der Oberfinanzdirektion dafür bestimmte Hauptzollamt zuständig. Der Antrag auf Zulassung ist vom Lagerhalter schriftlich zu stellen. Die Zulassung wird schriftlich erteilt.

(3) Die Gegenstände sind vor der Ausfuhr zu gestellen und mit dem Antrag anzumelden, die Ausfuhr in den Freihafen zollamtlich zu überwachen. Unter bestimmten Voraussetzungen und Bedingungen kann zugelassen werden, daß die Gegenstände ohne Gestellung ausgeführt werden.

(4) Für die Wiedereinfuhr der Gegenstände wird eine Frist gesetzt; dabei werden die zugelassene Lagerdauer und die erforderlichen Beförderungszeiten berücksichtigt. Die Zollstelle erteilt dem Antragsteller einen Zwischenschein und überwacht die Ausfuhr.

(5) Die Gegenstände dürfen im Freihafen nur wie zugelassen gelagert werden. Die Lagerdauer darf ohne Zustimmung des Hauptzollamts nach Absatz 2 Satz 2 nicht überschritten werden. Die Frist für die Wiedereinfuhr der Gegenstände darf nur aus zwingendem Anlaß überschritten werden; der Anlaß ist nachzuweisen.

(6) Für die Überführung der Gegenstände in den freien Verkehr nach der Wiedereinfuhr ist der Zwischenschein als Steueranmeldung zu verwenden.

§ 12b Freihafen-Veredelung

(1) Einfuhrumsatzsteuerfrei ist die Einfuhr von Gegenständen, die in einem Freihafen veredelt worden sind, sofern die bei der Veredelung verwendeten Gegenstände als Gemeinschaftswaren ausgeführt worden sind. Anstelle der ausgeführten Gegenstände können auch Gegenstände veredelt werden, die den ausgeführten Gegenständen nach Menge und Beschaffenheit entsprechen. Die Steuerfreiheit hängt davon ab, daß die nachfolgenden Vorschriften eingehalten sind.

(2) Die Freihafen-Veredelung bedarf einer Bewilligung; sie wird nur erteilt, wenn der Freihafen dadurch seinem Zweck nicht entfremdet wird. Für die Bewilligung ist die von der Oberfinanzdirektion dafür bestimmte Zollstelle zuständig. Der Antrag auf Bewilligung ist vom Inhaber des Freihafenbetriebs schriftlich zu stellen. Die Bewilligung wird schriftlich erteilt; sie kann jederzeit widerrufen werden. In der Bewilligung wird bestimmt, welche Zollstelle die Veredelung überwacht (überwachende Zollstelle), welcher Zollstelle die unveredelten Gegenstände zu gestellen sind und bei welcher Zollstelle der Antrag auf Überführung der veredelt eingeführten Gegenstände in den freien Verkehr zu stellen ist.

(3) Die unveredelten Gegenstände sind vor der Ausfuhr zu gestellen und mit dem Antrag anzumelden, sie für die Freihafen-Veredelung zur Ausfuhr abzufertigen. Wenn die zollamtliche Überwachung anders als durch Gestellung gesichert erscheint, kann die überwachende Zollstelle unter bestimmten Voraussetzungen und Bedingungen zulassen, daß die unveredelten Gegenstände durch Anschreibung in die Freihafen-Veredelung übergeführt werden; die Zulassung kann jederzeit widerrufen werden.

(4) Die Zollstelle sichert die Nämlichkeit der unveredelten Gegenstände, sofern die Veredelung von Gegenständen, die den ausgeführten Gegenständen nach Menge und Beschaffenheit entsprechen, nicht zugelassen ist. Sie erteilt dem Veredeler einen Veredelungsschein, in dem die zur Feststellung der Nämlichkeit getroffenen Maßnahmen und die Frist für die Einfuhr der veredelten Gegenstände vermerkt werden.

(5) Der Antrag auf Überführung der veredelten Gegenstände in den freien Verkehr ist vom Veredeler bei der in der Bewilligung bestimmten Zollstelle zu stellen.

§ 13 Fänge deutscher Fischer

(1) Einfuhrumsatzsteuerfrei ist die Einfuhr von Fängen von Fischern, die in der Bundesrepublik Deutschland wohnen und von deutschen Schiffen aus auf See fischen, sowie die aus diesen Fängen auf deutschen Schiffen hergestellten Erzeugnisse.

(2) Die Steuerfreiheit hängt davon ab, daß die Gegenstände auf einem deutschen Schiff und für ein Unternehmen der Seefischerei eingeführt werden. Sie ist ausgeschlossen, wenn die Gegenstände vor der Einfuhr geliefert worden sind.

§ 14 Erstattung oder Erlaß

(1) Die Einfuhrumsatzsteuer wird erstattet oder erlassen in den Artikeln 235 bis 242 Zollkodex bezeichneten Fällen in sinngemäßer Anwendung dieser Vorschriften und der Durchführungsvorschriften dazu.

§ 5

(2) Die Erstattung oder der Erlaß hängt davon ab, daß der Antragsteller hinsichtlich der Gegenstände nicht oder nicht in vollem Umfang nach § 15 Abs. 1 Nr. 2 des Gesetzes zum Vorsteuerabzug berechtigt ist. Satz 1 gilt nicht für die Fälle des Artikels 236 Zollkodex.

§ 15 Absehen von der Festsetzung der Steuer
Die Einfuhrumsatzsteuer wird nicht festgesetzt für Gegenstände, die nur der Einfuhrumsatzsteuer unterliegen, wenn sie weniger als 10 Euro beträgt und nach § 15 Abs. 1 Nr. 2 des Gesetzes als Vorsteuer abgezogen werden könnte.

§ 16 Inkrafttreten, abgelöste Vorschrift
Diese Verordnung tritt am 1. Januar 1993 in Kraft. Gleichzeitig tritt die Einfuhrumsatzsteuer-Befreiungsverordnung vom 5. Juni 1984[1)] (BGBl. I S. 747, 750), zuletzt geändert durch Artikel 1 der Verordnung vom 20. Juni 1990 (BGBl. I S. 1119), außer Kraft.

Rechtsprechungsauswahl

BFH vom 26.06.1990 – VII B 51/90, NWB F. 1 (1990) S. 325: Steuerpflichtige Einfuhr von Goldmünzen. Die Einfuhr von Goldmünzen von der Art der britischen Sovereigns unterliegt der EUSt. Nach Auffassung des Senats konnte es im Streitfall keinem Zweifel unterliegen, daß die eingeschmuggelten Sovereigns, die als gesetzliches Zahlungsmittel den Wert eines englischen Pfunds haben, wegen ihres Metallgehalts umgesetzt wurden. Das ergebe sich bereits aus ihrem Preis, der 83,5 Dollar je Goldmünze beträgt.

---

1) abgedruckt im Veranlagungsband 1992 S. 538

§ 6

§ 6 Ausfuhrlieferung

(1) Eine Ausfuhrlieferung (§ 4 Nr. 1 Buchstabe a) liegt vor, wenn bei einer Lieferung

1. der Unternehmer den Gegenstand der Lieferung in das Drittlandsgebiet, ausgenommen Gebiete nach § 1 Abs. 3, befördert oder versendet hat oder

2. der Abnehmer den Gegenstand der Lieferung in das Drittlandsgebiet, ausgenommen Gebiete nach § 1 Abs. 3, befördert oder versendet hat und ein ausländischer Abnehmer ist oder

3. der Unternehmer oder der Abnehmer den Gegenstand der Lieferung in die in § 1 Abs. 3 bezeichneten Gebiete befördert oder versendet hat und der Abnehmer

   a) [1)]ein Unternehmer ist, der den Gegenstand für sein Unternehmen eworben hat und dieser nicht ausschließlich oder nicht zum Teil für eine nach § 4 Nr. 8 bis 27 steuerfreie Tätigkeit verwendet werden soll, oder

   b) ein ausländischer Abnehmer, aber kein Unternehmer ist und der Gegenstand in das übrige Drittlandsgebiet gelangt.

Der Gegenstand der Lieferung kann durch Beauftragte vor der Ausfuhr bearbeitet oder verarbeitet worden sein.

(2) Ausländischer Abnehmer im Sinne des Absatzes 1 Nr. 2 und 3 ist

1. ein Abnehmer, der seinen Wohnort oder Sitz im Ausland, ausgenommen die in § 1 Abs. 3 bezeichneten Gebiete, hat oder

2. eine Zweigniederlassung eines im Inland oder in den in § 1 Abs. 3 bezeichneten Gebieten ansässigen Unternehmers, die ihren Sitz im Ausland, ausgenommen die bezeichneten Zollfreigebiete, hat, wenn sie das Umsatzgeschäft im eigenen Namen abgeschlossen hat.

Eine Zweigniederlassung im Inland oder in den in § 1 Abs. 3 bezeichneten Gebieten ist kein ausländischer Abnehmer.

(3) Ist in den Fällen des Absatzes 1 Nr. 2 und 3 der Gegenstand der Lieferung zur Ausrüstung oder Versorgung eines Beförderungsmittels bestimmt, so liegt eine Ausfuhrlieferung nur vor, wenn

1. der Abnehmer ein ausländischer Unternehmer ist und

2. das Beförderungsmittel den Zwecken des Unternehmens des Abnehmers dient.

(3a) Wird in den Fällen des Absatzes 1 Nr. 2 und 3 der Gegenstand der Lieferung nicht für unternehmerische Zwecke erworben und durch den Abnehmer im persönlichen Reisegepäck ausgeführt, liegt eine Ausfuhrlieferung nur vor, wenn

1. der Abnehmer seinen Wohnort oder Sitz im Drittlandgebiet, ausgenommen der Gebiete nach § 1 Abs. 3, hat und

2. der Gegenstand der Lieferung vor Ablauf des dritten Kalendermonats, der auf den Monat der Lieferung folgt, ausgeführt wird.

(4) Die Voraussetzungen der Absätze 1 und 3 sowie die Bearbeitung oder Verarbeitung im Sinne des Absatzes 1 Satz 2 müssen vom Unternehmer nachgewiesen sein. Der Bundesminister der Finanzen kann mit Zustimmung des Bundesrates durch Rechtsverordnung bestimmen, wie der Unternehmer die Nachweise zu führen hat.

(5) Die Absätze 1 bis 4 gelten nicht für die Lieferungen im Sinne des § 3 Abs. 1b.

---

1) Fassung ab 25.12.2008

§ 6   UStDV §§ 8 – 10

Vorgaben im EG-Recht

USt-Recht	MwStSystRL
§ 6 Abs. 1 Satz 1 Nr. 1 UStG	Artikel 146 Abs. 1 Buchst. a
§ 6 Abs. 1 Satz 1 Nr. 2 UStG	Artikel 146 Abs. 1 Buchst. b
§ 6 Abs. 1 Satz 1 Nr. 3 UStG	Artikel 155, Protokollerklärung Nr. 1
§ 6 Abs. 2 und 3 UStG	Artikel 146 Abs. 1 Buchst. b
§ 6 Abs. 3a UStG	Artikel 147 Abs. 1 und 2 Satz 1
§ 6 Abs. 4 UStG, §§ 8 bis 16 und 17 Nr. 1 UStDV	Artikel 131
§ 17 Nr. 2 UStDV	Artikel 147 Abs. 2 Unterabs. 1 und 2
§ 6 Abs. 5 UStG	...

UStDV

Zu § 4 Nr. 1 Buchstabe a und den §§ 6 und 7 des Gesetzes
Ausfuhrnachweis und buchmäßiger Nachweis bei Ausfuhrlieferungen und Lohnveredelungen an Gegenständen der Ausfuhr

§ 8   Grundsätze für den Ausfuhrnachweis bei Ausfuhrlieferungen

(1) Bei Ausfuhrlieferungen (§ 6 des Gesetzes) muß der Unternehmer im Geltungsbereich dieser Verordnung durch Belege nachweisen, daß er oder der Abnehmer den Gegenstand der Lieferung in das Drittlandsgebiet befördert oder versendet hat (Ausfuhrnachweis). Die Voraussetzung muß sich aus den Belegen eindeutig und leicht nachprüfbar ergeben.

(2) Ist der Gegenstand der Lieferung durch Beauftragte vor der Ausfuhr bearbeitet oder verarbeitet worden (§ 6 Abs. 1 Satz 2 des Gesetzes), so muß sich auch dies aus den Belegen nach Absatz 1 eindeutig und leicht nachprüfbar ergeben.

§ 9   Ausfuhrnachweis bei Ausfuhrlieferungen in Beförderungsfällen

(1) In den Fällen, in denen der Unternehmer oder der Abnehmer den Gegenstand der Lieferung in das Drittlandsgebiet befördert hat (Beförderungsfälle), soll der Unternehmer den Ausfuhrnachweis regelmäßig durch einen Beleg führen, der folgendes enthält:

1. den Namen und die Anschrift des Unternehmers,

2. die handelsübliche Bezeichnung und die Menge des ausgeführten Gegenstandes,

3. den Ort und den Tag der Ausfuhr,

4. eine Ausfuhrbestätigung der den Ausgang des Gegenstandes aus dem Gemeinschaftsgebiet überwachenden Grenzzollstelle eines Mitgliedstaates.

(2) An die Stelle der Ausfuhrbestätigung nach Absatz 1 Nr. 4 tritt bei einer Ausfuhr im gemeinsamen oder im gemeinschaftlichen Versandverfahren oder bei einer Ausfuhr mit Cavnet TIR, wenn diese Verfahren nicht bei einer Grenzzollstelle beginnen,

1. eine Ausfuhrbestätigung der Abgangsstelle, die bei einer Ausfuhr im gemeinsamen oder gemeinschaftlichen Versandverfahren nach Eingang des Rückscheins, bei einer Ausfuhr mit Carnet TIR nach Eingang der Erledigungsbestätigung erteilt wird, sofern sich daraus die Ausfuhr ergibt, oder

2. eine Abfertigungsbestätigung der Abgangsstelle in Verbindung mit einer Eingangsbescheinigung der Bestimmungsstelle im Drittlandsgebiet.

§ 10   Ausfuhrnachweis bei Ausfuhrlieferungen in Versendungsfällen

(1) In den Fällen, in denen der Unternehmer oder der Abnehmer den Gegenstand der Lieferung in das Drittlandsgebiet versendet hat (Versendungsfälle), soll der Unternehmer den Ausfuhrnachweis regelmäßig wie folgt führen:

1. durch einen Versendungsbeleg, insbesondere durch Frachtbrief, Konnossement, Posteinlieferungsschein oder deren Doppelstücke, oder

2. *durch einen sonstigen handelsüblichen Beleg, insbesondere durch eine Bescheinigung des beauftragten Spediteurs oder durch eine Versandbestätigung des Lieferers. Der sonstige Beleg soll enthalten:*

   a) den Namen und die Anschrift des Ausstellers sowie den Tag der Ausstellung,

   b) den Namen und die Anschrift des Unternehmers sowie des Auftraggebers, wenn dieser nicht der Unternehmer ist,

   c) die handelsübliche Bezeichnung und die Menge des ausgeführten Gegenstandes,

   d) den Ort und den Tag der Ausfuhr oder den Ort und den Tag der Versendung in das Drittlandsgebiet,

   e) den Empfänger und den Bestimmungsort im Drittlandsgebiet,

   f) eine Versicherung des Ausstellers, daß die Angaben in dem Beleg aufgrund von Geschäftsunterlagen gemacht wurden, die im Gemeinschaftsgebiet nachprüfbar sind,

   g) die Unterschrift des Ausstellers.

(2) Ist es dem Unternehmer in den Versendungsfällen nicht möglich oder nicht zumutbar, den Ausfuhrnachweis nach Absatz 1 zu führen, so kann er die Ausfuhr wie bei den Beförderungsfällen (§ 9) nachweisen.

§ 11 Ausfuhrnachweis bei Ausfuhrlieferungen in Bearbeitungs- und Verarbeitungsfällen

(1) In den Fällen, in denen der Gegenstand der Lieferung durch einen Beauftragten vor der Ausfuhr bearbeitet oder verarbeitet worden ist (Bearbeitungs- und Verarbeitungsfälle), soll der Unternehmer den Ausfuhrnachweis regelmäßig durch einen Beleg nach § 9 oder § 10 führen, der zusätzlich folgende Angaben enthält:

1. *den Namen und die Anschrift des Beauftragten,*
2. *die handelsübliche Bezeichnung und die Menge des an den Beauftragten übergebenen oder versendeten Gegenstandes,*
3. *den Ort und den Tag der Entgegennahme des Gegenstandes durch den Beauftragten,*
4. *die Bezeichnung des Auftrages und der vom Beauftragten vorgenommenen Bearbeitung oder Verarbeitung.*

(2) Ist der Gegenstand der Lieferung durch mehrere Beauftragte bearbeitet oder verarbeitet worden, so haben sich die in Absatz 1 bezeichneten Angaben auf die Bearbeitungen oder Verarbeitungen eines jeden Beauftragten zu erstrecken.

§ 12 Ausfuhrnachweis bei Lohnveredelungen an Gegenständen der Ausfuhr

Bei Lohnveredelungen an Gegenständen der Ausfuhr (§ 7 des Gesetzes) sind die Vorschriften über die Führung des Ausfuhrnachweises bei Ausfuhrlieferungen (§§ 8 bis 11) entsprechend anzuwenden.

§ 13 Buchmäßiger Nachweis bei Ausfuhrlieferungen und Lohnveredelungen an Gegenständen der Ausfuhr

(1) Bei Ausfuhrlieferungen und Lohnveredelungen an Gegenständen der Ausfuhr (§§ 6 und 7 des Gesetzes) muß der Unternehmer im Geltungsbereich dieser Verordnung die Voraussetzungen der Steuerbefreiung buchmäßig nachweisen. Die Voraussetzungen müssen eindeutig und leicht nachprüfbar aus der Buchführung zu ersehen sein.

(2) Der Unternehmer soll regelmäßig folgendes aufzeichnen:

1. *die handelsübliche Bezeichnung und Menge des Gegenstandes der Lieferung oder die Art und den Umfang der Lohnveredelung,*
2. *den Namen und die Anschrift des Abnehmers oder Auftraggebers,*
3. *den Tag der Lieferung oder der Lohnveredelung,*
4. *das vereinbarte Entgelt oder bei der Besteuerung nach vereinnahmten Entgelten das vereinnahmte Entgelt und den Tag der Vereinnahmung,*

5. *die Art und den Umfang einer Bearbeitung oder Verarbeitung vor der Ausfuhr (§ 6 Abs. 1 Satz 2, § 7 Abs. 1 Satz 2 des Gesetzes),*

6. *die Ausfuhr.*

(3) In den Fällen des § 6 Abs. 1 Nr. 1 des Gesetzes, in denen der Abnehmer kein ausländischer Abnehmer ist, soll der Unternehmer zusätzlich zu den Angaben nach Absatz 2 aufzeichnen:

1. *die Beförderung oder Versendung durch ihn selbst,*

2. *den Bestimmungsort.*

(4) In den Fällen des § 6 Abs. 1 Nr. 3 des Gesetzes soll der Unternehmer zusätzlich zu den Angaben nach Absatz 2 aufzeichnen:

1. *die Beförderung oder Versendung,*

2. *den Bestimmungsort,*

3. *in den Fällen, in denen der Abnehmer ein Unternehmer ist, auch den Gewerbezweig oder Beruf des Abnehmers und den Erwerbszweck.*

(4a) In den Fällen des § 6 Abs. 1 Nr. 2 und 3 des Gesetzes, in denen der Abnehmer ein Unternehmer ist und er oder sein Beauftragter den Gegenstand der Lieferung im persönlichen Reisegepäck ausführt, soll der Unternehmer zusätzlich zu den Angaben nach Absatz 2 auch den Gewerbezweig oder Beruf des Abnehmers und den Erwerbszweck aufzeichnen.

(5) In den Fällen des § 6 Abs. 3 des Gesetzes soll der Unternehmer zusätzlich zu den Angaben nach Absatz 2 aufzeichnen:

1. *den Gewerbezweig oder Beruf des Abnehmers,*

2. *den Verwendungszweck des Beförderungsmittels.*

(6) In den Fällen des § 7 Abs. 1 Nr. 1 des Gesetzes, in denen der Auftraggeber kein ausländischer Auftraggeber ist, ist Absatz 3 und in den Fällen des § 7 Abs. 1 Nr. 3 Buchstabe b des Gesetzes Absatz 4 entsprechend anzuwenden.

§§ 14–16 (weggefallen)

§ 17 Abnehmernachweis bei Ausfuhrlieferungen im nichtkommerziellen Reiseverkehr

In den Fällen des § 6 Abs. 3a des Gesetzes soll der Beleg nach § 9 zusätzlich folgende Angaben enthalten:

1. *den Namen und die Anschrift des Abnehmers,*

2. *eine Bestätigung der den Ausgang des Gegenstandes der Lieferung aus dem Gemeinschaftsgebiet überwachenden Grenzzollstelle eines Mitgliedstaates, daß die nach Nummer 1 gemachten Angaben mit den Eintragungen in dem vorgelegten Paß oder sonstigen Grenzübertrittpapier desjenigen übereinstimmen, der den Gegenstand in das Drittlandsgebiet verbringt.*

UStAE

Zu § 6 UStG (§§ 8 bis 17 UStDV)

6.1. Ausfuhrlieferungen

(1) ¹Hat der Unternehmer den Gegenstand der Lieferung in das Drittlandsgebiet außerhalb der in § 1 Abs. 3 UStG bezeichneten Gebiete befördert oder versendet, braucht der Abnehmer kein ausländischer Abnehmer zu sein (§ 6 Abs. 1 Satz 1 Nr. 1 UStG). ²Die Steuerbefreiung kann deshalb in diesen Ausfuhrfällen z.B. auch für die Lieferungen an Abnehmer in Anspruch genommen werden, die ihren Wohnort oder Sitz im Inland oder in den in § 1 Abs. 3 UStG bezeichneten Gebieten haben. ³Das gilt auch für Lieferungen, bei denen der Unternehmer den Gegenstand auf die Insel Helgoland oder in das Gebiet von Büsingen befördert oder versendet hat, weil diese Gebiete umsatzsteuerrechtlich nicht zum Inland im Sinne des § 1 Abs. 2 Satz 1 UStG gehören und auch nicht zu den in § 1 Abs. 3 UStG bezeichneten Gebieten zählen.

(2) ¹Hat der Abnehmer den Gegenstand der Lieferung in das Drittlandsgebiet – außerhalb der in § 1 Abs. 3 UStG bezeichneten Gebiete – befördert oder versendet (Abholfall), muss er ein ausländischer

UStAE 6.1., 6.2.   § 6

Abnehmer sein (§ 6 Abs. 1 Satz 1 Nr. 2 UStG). ²Zum Begriff des ausländischen Abnehmers wird auf Abschnitt 6.3 hingewiesen.

(3) ¹Haben der Unternehmer oder der Abnehmer den Gegenstand der Lieferung in die in § 1 Abs. 3 UStG bezeichneten Gebiete, d.h. in einen Freihafen oder in die Gewässer oder Watten zwischen der Hoheitsgrenze und der jeweiligen Basislinie (vgl. Abschnitt 1.9 Abs. 3) befördert oder versendet, kommt die Steuerbefreiung (§ 6 Abs. 1 Satz 1 Nr. 3 UStG) in Betracht, wenn der Abnehmer ein Unternehmer ist, der den Gegenstand für Zwecke seines Unternehmens erworben hat (vgl. Abschnitt 15.2 Abs. 16ff.) und dieser nicht ausschließlich oder nicht zum Teil für eine nach § 4 Nr. 8 bis 27 UStG steuerfreie Tätigkeit verwendet werden soll. ²Bei der Lieferung eines einheitlichen Gegenstands, z.B. eines Kraftfahrzeugs, ist im Allgemeinen davon auszugehen, dass der Abnehmer den Gegenstand dann für Zwecke seines Unternehmens erwirbt, wenn der unternehmerische Verwendungszweck zum Zeitpunkt des Erwerbs überwiegt. ³Bei der Lieferung von vertretbaren Sachen, die der Abnehmer sowohl für unternehmerische als auch für nichtunternehmerische Zwecke erworben hat, ist der Anteil, der auf den nichtunternehmerischen Erwerbszweck entfällt, durch eine Aufteilung entsprechend den Erwerbszwecken zu ermitteln. ⁴Bei ausländischen Abnehmern, die keine Unternehmer sind, muss der Gegenstand in das übrige Drittlandsgebiet gelangen.

(4) Liegt ein Reihengeschäft vor, kann nur die Beförderungs- oder Versendungslieferung (vgl. Abschnitt 3.14 Abs. 14) unter den Voraussetzungen des § 6 UStG als Ausfuhrlieferung steuerfrei sein.

(5) ¹Der Gegenstand der Lieferung kann durch einen Beauftragten oder mehrere Beauftragte vor der Ausfuhr sowohl im Inland als auch in einem anderen EU-Mitgliedstaat bearbeitet oder verarbeitet worden sein. ²Es kann sich nur um Beauftragte des Abnehmers oder eines folgenden Abnehmers handeln. ³Erteilt der liefernde Unternehmer oder ein vorangegangener Lieferer den Bearbeitungs- oder Verarbeitungsauftrag, ist die Ausführung dieses Auftrags ein der Lieferung des Unternehmers vorgelagerter Umsatz. ⁴Gegenstand der Lieferung des Unternehmers ist in diesem Fall der bearbeitete oder verarbeitete Gegenstand und nicht der Gegenstand vor seiner Bearbeitung oder Verarbeitung. ⁵Der Auftrag für die Bearbeitung oder Verarbeitung des Gegenstands der Lieferung kann auch von einem Abnehmer erteilt worden sein, der kein ausländischer Abnehmer ist.

(6) Besondere Regelungen sind getroffen worden:

1. für Lieferungen von Gegenständen der Schiffsausrüstung an ausländische Binnenschiffer (vgl. BMF-Schreiben vom 19.6.1974, BStBl. I S. 438);
2. für Fälle, in denen Formen, Modelle oder Werkzeuge zur Herstellung steuerfrei ausgeführter Gegenstände benötigt wurden (vgl. BMF-Schreiben vom 27.11.1975, BStBl. I S. 1126).

(7) Die Steuerbefreiung für Ausfuhrlieferungen (§ 4 Nr. 1 Buchstabe a, § 6 UStG) kommt nicht in Betracht, wenn für die Lieferung eines Gegenstands in das Drittlandsgebiet auch die Voraussetzungen der Steuerbefreiungen nach § 4 Nr. 17, 19 oder 28 oder nach § 25c Abs. 1 und 2 UStG vorliegen.

6.2. Elektronisches Ausfuhrverfahren (Allgemeines)

(1) ¹Seit 1.7.2009 besteht EU-einheitlich die Pflicht zur Teilnahme am elektronischen Ausfuhrverfahren (Artikel 787 ZK-DVO). ²Die bisherige schriftliche Ausfuhranmeldung wird durch eine elektronische Ausfuhranmeldung ersetzt. ³In Deutschland steht hierfür seit dem 1.8.2006 das IT-System ATLAS-Ausfuhr zur Verfügung. ⁴Die Pflicht zur Abgabe elektronischer Anmeldungen betrifft alle Anmeldungen unabhängig vom Beförderungsweg (Straßen-, Luft-, See-, Post- und Bahnverkehr).

(2) ¹Die Ausfuhrzollstelle (AfZSt) überführt die elektronisch angemeldeten Waren in das Ausfuhrverfahren und übermittelt der angegebenen Ausgangszollstelle (AgZSt) vorab die Angaben zum Ausfuhrvorgang. ²Über das europäische IT-System AES (Automated Export System)/ECS (Export Control System) kann die AgZSt, unabhängig davon, in welchem Mitgliedstaat sie sich befindet, anhand der Registriernummer der Ausfuhranmeldung (MRN – Movement Reference Number) den Ausfuhrvorgang aufrufen und den körperlichen Ausgang der Waren überwachen. ³Die AgZSt vergewissert sich unter anderem, dass die gestellten Waren den angemeldeten entsprechen, und überwacht den körperlichen Ausgang der Waren aus dem Zollgebiet der Gemeinschaft. ⁴Der körperliche Ausgang der Waren ist der AfZSt durch die AgZSt mit der „Ausgangsbestätigung/Kontrollergebnis" unmittelbar anzuzeigen. ⁵Weder im nationalen noch im europäischen Zollrecht existiert eine Differenzierung zwischen Beförderungs- und Versendungsfällen. ⁶Für alle elektronisch angemeldeten Waren übersendet die AgZSt der AfZSt die Nachricht „Ausgangsbestätigung/Kontrollergebnis".

(3) ¹Der Nachrichtenaustausch zwischen den Teilnehmern und den Zolldienststellen wird im IT-Verfahren ATLAS mit EDIFACT-Nachrichten durchgeführt, die auf EDIFACT-Nachrichtentypen basieren. ²Die (deutsche) AfZSt erledigt den Ausfuhrvorgang auf Basis der von der AgZSt übermittelten

§ 6   UStAE 6.2., 6.3.

„Ausgangsbestätigung" dadurch, dass sie dem Ausführer/Anmelder elektronisch den „Ausgangsvermerk" (Artikel 796e ZK-DVO) als PDF-Dokument (vgl. Anlage 1 zum BMF-Schreiben vom 3.5.2010, BStBl. I S. 497, sowie ggf. die späteren hierzu im BStBl. I veröffentlichten BMF-Schreiben) übermittelt.
[3]Der „Ausgangsvermerk" beinhaltet die Daten der ursprünglichen Ausfuhranmeldung, ergänzt um die zusätzlichen Feststellungen und Ergebnisse der AgZSt. [4]Der belegmäßige Nachweis der Ausfuhr wird daher zollrechtlich in allen Fällen (Beförderungs- und Versendungsfällen) durch den „Ausgangsvermerk" erbracht.

(4) [1]Von dem seit 1.7.2009 geltenden elektronischen Nachrichtenaustauschverfahren sind – aus zollrechtlicher Sicht – Abweichungen nur zulässig

1. [1]im Ausfall- und Sicherheitskonzept (erkennbar am Stempelabdruck „ECS/AES Notfallverfahren"). [2]Hier wird das Exemplar Nr. 3 des Einheitspapiers, ein Handelsbeleg oder ein Verwaltungspapier als schriftliche Ausfuhranmeldung verwendet,
2. [1]bei der Ausfuhr mit mündlicher oder konkludenter Anmeldung (in Fällen von geringer wirtschaftlicher Bedeutung). [2]Hier wird ggf. ein sonstiger handelsüblicher Beleg als Ausfuhranmeldung verwendet.

[2]Nur in diesen Fällen wird die vom Ausführer/Anmelder vorgelegte Ausfuhranmeldung von der AgZSt auf der Rückseite mit Dienststempelabdruck versehen.

(5) [1]Geht die Nachricht „Ausgangsbestätigung/Kontrollergebnis" der AgZSt bei der AfZSt – aus welchen Gründen auch immer – nicht ein, kann das Ausfuhrverfahren nicht automatisiert mit dem PDF-Dokument „Ausgangsvermerk" erledigt werden. [2]Das Gemeinschaftszollrecht sieht in diesen Fällen eine Überprüfung des Ausfuhrvorgangs vor (Artikel 796da und 796e ZK-DVO). [3]Sofern der Ausfuhrvorgang weder verwaltungsintern noch durch den Anmelder/Ausführer geklärt werden kann, wird die ursprüngliche Ausfuhranmeldung für ungültig erklärt. [4]Wird durch die Recherchen der AgZSt der Ausgang bestätigt, erstellt die AfZSt einen per EDIFACT-Nachricht übermittelten „Ausgangsvermerk". [5]Legt der Anmelder/Ausführer einen sog. Alternativnachweis vor, erstellt die AfZSt ebenfalls einen per EDIFACT-Nachricht übermittelten „Alternativ-Ausgangsvermerk" (vgl. Anlage 2 zum BMF-Schreiben vom 3.5.2010, BStBl. I S. 497, sowie ggf. die späteren hierzu im BStBl. I veröffentlichten BMF-Schreiben).

6.3. Ausländischer Abnehmer

(1) Ausländische Abnehmer sind Personen mit Wohnort oder Sitz im Ausland (§ 1 Abs. 2 Satz 2 UStG) – also auch auf Helgoland oder in der Gemeinde Büsingen – mit Ausnahme der in § 1 Abs. 3 UStG bezeichneten Gebiete (z.B. in den Freihäfen).

(2) [1]Wer ausländischer Abnehmer ist, bestimmt sich bei einer natürlichen Person nach ihrem Wohnort. [2]Es ist unbeachtlich, welche Staatsangehörigkeit der Abnehmer hat. [3]Wohnort ist der Ort, an dem der Abnehmer für längere Zeit Wohnung genommen hat und der nicht nur auf Grund subjektiver Willensentscheidung, sondern auch bei objektiver Betrachtung als der örtliche Mittelpunkt seines Lebens anzusehen ist (BFH-Urteil vom 31.7.1975, V R 52/74, BStBl. 1976 II S. 80). [4]Der Begriff des Wohnorts ist nicht mit den in §§ 8 und 9 AO verwendeten Begriffen des Wohnsitzes und des gewöhnlichen Aufenthalts inhaltsgleich. [5]Eine Wohnsitzbegründung im Inland und im Ausland ist gleichzeitig möglich; dagegen kann ein Abnehmer jeweils nur einen Wohnort im Sinne des § 6 Abs. 2 Satz 1 Nr. 1 UStG haben. [6]Die zeitliche Dauer eines Aufenthalts ist zwar wichtiges, aber nicht allein entscheidendes Kriterium für die Bestimmung des Wohnorts. [7]Daneben müssen die sonstigen Umstände des Aufenthalts, insbesondere sein Zweck, in Betracht gezogen werden. [8]Arbeitnehmer eines ausländischen Unternehmers, die lediglich zur Durchführung eines bestimmten, zeitlich begrenzten Auftrags in das Inland kommen, ohne hier objektiv erkennbar den örtlichen Mittelpunkt ihres Lebens zu begründen, bleiben daher ausländische Abnehmer, auch wenn ihr Aufenthalt im Inland von längerer Dauer ist (BFH-Urteil vom 31.7.1975, a.a.O.). [9]Personen, die ihren Wohnort vom Inland in das Ausland mit Ausnahme der in § 1 Abs. 3 UStG bezeichneten Gebiete verlegen oder zurückverlegen, sind bis zu ihrer tatsächlichen Ausreise (Grenzübergang) keine ausländischen Abnehmer (BFH-Urteil vom 14.12.1994, XI R 70/93, BStBl. 1995 II S. 515). [10]Eine nach § 6 Abs. 1 Satz 1 Nr. 2 oder Nr. 3 Buchstabe b UStG steuerfreie Ausfuhrlieferung kann an sie nur nach diesem Zeitpunkt erbracht werden. [11]Maßgebend für den Zeitpunkt der Lieferung ist das Erfüllungsgeschäft und nicht das Verpflichtungsgeschäft. [12]Zum Nachweis des Wohnorts des Abnehmers bei Ausfuhrlieferungen im nichtkommerziellen Reiseverkehr vgl. Abschnitt 6.11 Abs. 6.

(3) Bei Abnehmern mit wechselndem Aufenthalt ist wie folgt zu verfahren:

1. [1]Deutsche Auslandsbeamte, die ihren Wohnort im staatsrechtlichen Ausland haben, sind ausländische Abnehmer. [2]Das Gleiche gilt für deutsche Auslandsvertretungen, z.B. Botschaften, Ge-

UStAE 6.3., 6.4. § 6

sandtschaften, Konsulate, für Zweigstellen oder Dozenturen des Goethe-Instituts im Ausland, für im Ausland errichtete Bundeswehrdienststellen und im Ausland befindliche Bundeswehr-Einsatzkontingente, wenn sie das Umsatzgeschäft im eigenen Namen abgeschlossen haben.

2. Ausländische Diplomaten, die in der Bundesrepublik Deutschland akkreditiert sind, sind keine ausländischen Abnehmer.
3. [1]Ausländische Touristen, die sich nur vorübergehend im Inland aufhalten, verlieren auch bei längerem Aufenthalt nicht ihre Eigenschaft als ausländische Abnehmer. [2]Das gleiche gilt für Ausländer, die sich aus beruflichen Gründen vorübergehend im Inland aufhalten, wie z.B. ausländische Künstler und Angehörige von Gastspiel-Ensembles.
4. [1]Ausländische Gastarbeiter verlegen mit Beginn ihres Arbeitsverhältnisses ihren Wirkungskreis vom Ausland in das Inland. [2]In der Regel sind sie daher bis zu ihrer endgültigen Ausreise nicht als ausländische Abnehmer anzusehen. [3]Ausländische Studenten sind in gleicher Weise zu behandeln.
5. Arbeitnehmer eines ausländischen Unternehmers, die nur zur Durchführung eines bestimmten zeitlich begrenzten Auftrags in das Inland kommen, bleiben ausländische Abnehmer (vgl. Absatz 2 Satz 8).
6. Mitglieder der in der Bundesrepublik Deutschland stationierten ausländischen Truppen und die im Inland wohnenden Angehörigen der Mitglieder sind keine ausländischen Abnehmer.

6.4. Ausschluss der Steuerbefreiung bei der Ausrüstung und Versorgung bestimmter Beförderungsmittel

(1) [1]Die Steuerbefreiung für Ausfuhrlieferungen ist bei der Lieferung eines Gegenstands, der zur Ausrüstung oder Versorgung nichtunternehmerischer Beförderungsmittel bestimmt ist, insbesondere in den Fällen ausgeschlossen, in denen der ausländische Abnehmer – und nicht der Lieferer – den Liefergegenstand in das Drittlandsgebiet befördert oder versendet hat (§ 6 Abs. 3 UStG). [2]Zu den Gegenständen zur Ausrüstung eines privaten Kraftfahrzeugs gehören alle Kraftfahrzeugteile einschließlich Kraftfahrzeug-Ersatzteile und Kraftfahrzeug-Zubehörteile. [3]Werden diese Teile im Rahmen einer Werklieferung geliefert, ist die Steuerbefreiung für Ausfuhrlieferungen nicht nach § 6 Abs. 3 UStG ausgeschlossen. [4]Für diese Werklieferungen kommt die Steuerbefreiung für Ausfuhrlieferungen nach § 6 Abs. 1 UStG in Betracht. [5]Zu den Gegenständen zur Versorgung eines privaten Kraftfahrzeugs gehören Gegenstände, die zum Verbrauch in dem Kraftfahrzeug bestimmt sind, z.B. Treibstoff, Motoröl, Bremsflüssigkeit, Autowaschmittel und Autopflegemittel, Farben und Frostschutzmittel. [6]Für Liefergegenstände, die zur Ausrüstung oder Versorgung eines privaten Wasserfahrzeugs oder eines privaten Luftfahrzeugs bestimmt sind, gelten die Ausführungen in den Sätzen 2 bis 5 entsprechend.

(2) [1]Unter § 6 Abs. 3 UStG fallen auch die Lieferungen, bei denen der Unternehmer den Gegenstand, der zur Ausrüstung oder Versorgung eines nichtunternehmerischen Beförderungsmittels, z.B. eines Sportbootes, bestimmt ist, in die in § 1 Abs. 3 UStG bezeichneten Gebiete befördert oder versendet hat (Fall des § 6 Abs. 1 Satz 1 Nr. 3 Buchstabe b UStG). [2]In diesem Fall ist die Steuerbefreiung für Ausfuhrlieferungen stets ausgeschlossen.

(3) In den Fällen des § 6 Abs. 3 UStG, in denen das Beförderungsmittel den Zwecken des Unternehmens des ausländischen Abnehmers dient und deshalb die Steuerbefreiung für Ausfuhrlieferungen nicht ausgeschlossen ist, hat der Lieferer den Gewerbezweig oder Beruf des Abnehmers und den Verwendungszweck des Beförderungsmittels zusätzlich aufzuzeichnen (vgl. Abschnitt 6.10 Abs. 7).

(4) [1]Die Ausnahmeregelung des § 6 Abs. 3 UStG findet nach ihrem Sinn und Zweck nur auf diejenigen Lieferungen Anwendung, bei denen die Gegenstände zur Ausrüstung oder Versorgung des eigenen Beförderungsmittels des Abnehmers oder des von ihm mitgeführten fremden Beförderungsmittels bestimmt sind. [2]Die Regelung gilt jedoch nicht für Lieferungen von Ausrüstungsgegenständen und Versorgungsgegenständen, die ein Unternehmer zur Weiterlieferung oder zur Verwendung in seinem Unternehmen, z.B. für Reparaturen, erworben hat.

Beispiel 1:

[1]Der Unternehmer U verkauft 100 Pkw-Reifen an den ausländischen Abnehmer K, der einen Kraftfahrzeughandel und eine Kraftfahrzeugwerkstatt betreibt. [2]K holt die Reifen mit eigenem Lastkraftwagen im Inland ab. [3]Die Reifen sind zur Weiterveräußerung oder zur Verwendung bei Kraftfahrzeugreparaturen bestimmt.

[4]Es liegt eine Lieferung im Sinne des § 6 Abs. 1 Satz 1 Nr. 2 UStG vor. [5]Gleichwohl findet § 6 Abs. 3 UStG keine Anwendung. [6]Die Lieferung ist deshalb steuerfrei, wenn U den Ausfuhrnachweis und den buchmäßigen Nachweis geführt hat.

§ 6   UStAE 6.4. – 6.6.

Beispiel 2:

¹Sachverhalt wie im Beispiel 1. ²U versendet jedoch die Reifen zur Verfügung des K in einen Freihafen. ³Es liegt eine Lieferung im Sinne des § 6 Abs. 1 Satz 1 Nr. 3 Buchstabe a UStG vor. ⁴Für sie gilt die rechtliche Beurteilung wie im Beispiel 1.

6.5. Ausfuhrnachweis (Allgemeines)

(1) ¹Der Unternehmer hat die Ausfuhr durch Belege nachzuweisen (§ 6 Abs. 4 UStG und §§ 8 bis 11 UStDV). ²Die Vorlage der Belege reicht jedoch für die Annahme einer Ausfuhrlieferung nicht in jedem Fall aus. ³Die geforderten Unterlagen bilden nur die Grundlage einer sachlichen Prüfung auf die inhaltliche Richtigkeit der Angaben (BFH-Urteil vom 14.12.1994, XI R 70/93, BStBl. 1995 II S. 515). ⁴Für die Führung des Ausfuhrnachweises hat der Unternehmer in jedem Falle die Grundsätze des § 8 UStDV zu beachten (Mussvorschrift). ⁵Für die Form und den Inhalt des Ausfuhrnachweises enthalten die §§ 9 bis 11 UStDV Sollvorschriften. ⁶Der Unternehmer kann den Ausfuhrnachweis auch abweichend von den Sollvorschriften führen.

(2) ¹Die Angaben in den Belegen für den Ausfuhrnachweis müssen im Geltungsbereich der UStDV nachprüfbar sein. ²Es genügt, wenn der Aussteller der Belege die Geschäftsunterlagen, auf denen die Angaben in den Belegen beruhen, dem Finanzamt auf Verlangen im Geltungsbereich der UStDV vorlegt. ³Die Regelung in § 10 Abs. 1 Nr. 2 Buchstabe f UStDV bleibt unberührt. ⁴Die Ausfuhrbelege müssen sich im Besitz des Unternehmers befinden. ⁵Sie sind nach § 147 Abs. 3 Satz 1 AO zehn Jahre aufzubewahren. ⁶Diese Aufbewahrungsfrist kann sich nach § 147 Abs. 3 Satz 3 AO verlängern.

(3) ¹Der Ausfuhrnachweis kann als Bestandteil des buchmäßigen Nachweises noch bis zur letzten mündlichen Verhandlung vor dem Finanzgericht über eine Klage gegen die erstmalige endgültige Steuerfestsetzung oder den Berichtigungsbescheid geführt werden (BFH-Urteil vom 28.2.1980, V R 118/76, BStBl. II S. 415). ²Das gilt nicht, wenn das Finanzgericht für die Vorlage des Ausfuhrnachweises eine Ausschlussfrist gesetzt hat.

(4) ¹Ausfuhrbelege können nach § 147 Abs. 2 AO auch auf solchen Datenträgern aufbewahrt werden, bei denen das Verfahren den Grundsätzen ordnungsmäßiger Buchführung entspricht und sichergestellt ist, dass bei der Lesbarmachung die Wiedergabe mit den empfangenen Ausfuhrbelegen bildlich übereinstimmt. ²Als solche bildlich wiedergabefähige Datenträger kommen neben Bildträgern (z.B. Mikrofilm oder Mikrokopie) insbesondere auch die maschinell lesbaren Datenträger (z.B. Diskette, Magnetband, Magnetplatte, elektro-optische Speicherplatte) in Betracht, soweit auf diesen eine Veränderung bzw. Verfälschung nicht möglich ist (vgl. BMF-Schreiben vom 1.2.1984, BStBl. I S. 155, und vom 7.11.1995, BStBl. I S. 738). ³Unternehmer, die ihre Geschäftspapiere unter Beachtung der in den vorbezeichneten BMF-Schreiben festgelegten Verfahren aufbewahren, können mit Hilfe der gespeicherten Daten oder mikroverfilmten Unterlagen den Ausfuhrnachweis erbringen. ⁴Wird kein zugelassenes Verfahren angewendet, gelten Ausdrucke oder Fotokopien für sich allein nicht als ausreichender Ausfuhrnachweis. ⁵Sie können nur in Verbindung mit anderen Belegen als Ausfuhrnachweis anerkannt werden, wenn sich aus der Gesamtheit der Belege die Ausfuhr des Gegenstands zweifelsfrei ergibt.

(5) Die Bescheide des Hauptzollamts Hamburg-Jonas über die Ausfuhrerstattung werden als Belege für den Ausfuhrnachweis anerkannt.

(6) ¹Aus den im Steuerrecht allgemein geltenden Grundsätzen der Verhältnismäßigkeit und des Vertrauensschutzes ergibt sich, dass die Steuerfreiheit einer Ausfuhrlieferung nicht versagt werden darf, wenn der liefernde Unternehmer die Fälschung des Ausfuhrnachweises, den der Abnehmer ihm vorlegt, auch bei Beachtung der Sorgfalt eines ordentlichen Kaufmanns nicht erkennen können (BFH-Urteil vom 30.7.2008, V R 7/03, BStBl. 2010 II S. 1075). ²Ob die Grundsätze des Vertrauensschutzes die Gewährung der Steuerbefreiung gebieten, obwohl die Voraussetzungen einer Ausfuhrlieferung nicht erfüllt sind, kann nur im Billigkeitsverfahren entschieden werden. ³Hat der liefernde Unternehmer alle ihm zu Gebote stehenden zumutbaren Maßnahmen ergriffen, um sicherzustellen, dass die von ihm getätigten Umsätze nicht zu einer Beteiligung an einer Steuerhinterziehung führen, ist das Verwaltungsermessen hinsichtlich der Gewährung einer Billigkeitsmaßnahme auf Null reduziert (vgl. BFH-Urteil vom 30.7.2008, V R 7/03, a.a.O.).

6.6. Ausfuhrnachweis in Beförderungsfällen

(1) In Beförderungsfällen (vgl. Abschnitt 3.12 Abs. 2) soll die Ausfuhr wie folgt nachgewiesen werden (§ 9 UStDV):

1. bei einer Ausfuhr außerhalb des gVV oder des Versandverfahrens mit Carnet TIR
    a) durch eine Ausfuhrbestätigung der Grenzzollstelle, die den Ausgang des Gegenstands aus dem Gemeinschaftsgebiet überwacht,

b) ¹in Fällen, in denen die Ausfuhranmeldung im EDV-gestützten Ausfuhrverfahren (ATLAS-Ausfuhr) auf elektronischem Weg erfolgt, mit dem durch die AfZSt an den Anmelder/Ausführer per EDIFACT-Nachricht übermittelten PDF-Dokument „Ausgangsvermerk" (vgl. Anlage 1 zum BMF-Schreiben vom 3.5.2010, BStBl. I S. 499, sowie ggf. die späteren hierzu im BStBl. I veröffentlichten BMF-Schreiben) oder bei der Benutzereingabe durch die auf Antrag von der Ausfuhrzollstelle ausgedruckte und mit Dienststempel versehene Druckversion des Dokuments „Ausgangsvermerk". ²Dies gilt unabhängig davon, ob der Gegenstand der Ausfuhr vom Unternehmer oder vom Abnehmer befördert oder versendet wird. ³Hat der Unternehmer statt des Ausgangsvermerks einen von der AfZSt erstellten „Alternativ-Ausgangsvermerk" (vgl. Anlage 2 zum BMF-Schreiben vom 3.5.2010, BStBl. I S. 499, sowie ggf. die späteren hierzu im BStBl. I veröffentlichten BMF-Schreiben), gilt dieser nur in Verbindung mit den Belegen im Sinne des § 9 Abs. 1 oder des § 10 UStDV als Ausfuhrnachweis. ⁴Liegt dem Unternehmer weder ein „Ausgangsvermerk" noch ein „Alternativ-Ausgangsvermerk" vor, kann er den Belegnachweis in Versendungsfällen entsprechend § 10 UStDV, in Beförderungsfällen entsprechend Absatz 6 führen. ⁵Nachweise in ausländischer Sprache, insbesondere Einfuhrverzollungsbelege aus dem Drittlandsgebiet, können grundsätzlich nur in Verbindung mit einer amtlich anerkannten Übersetzung anerkannt werden. ⁶Zahlungsnachweise oder Rechnungen (Artikel 796 da Nr. 4 Buchstabe b ZK-DVO) können grundsätzlich nicht als Nachweis anerkannt werden. ⁷Die Unternehmen haben die mit der Zollverwaltung ausgetauschten EDIFACT-Nachrichten zu archivieren (§ 147 Abs. 6 und § 147 Abs. 1 Nr. 4 in Verbindung mit Abs. 3 AO). ⁸Das ABD ist nicht als Ausfuhrnachweis geeignet, weil es von der AgZSt weder abgestempelt noch zurückgegeben wird,

c) ¹in Fällen, in denen die Ausfuhranmeldung nicht im elektronischen Ausfuhrverfahren durchgeführt werden kann (im Ausfall- und Sicherheitskonzept), wird – wie bisher – das Exemplar Nr. 3 der Ausfuhranmeldung (= Exemplar Nr. 3 des Einheitspapiers – Einheitspapier Ausfuhr/Sicherheit, Zollvordruck 033025 oder Einheitspapier, Zollvordruck 0733 mit Sicherheitsdokument, Zollvordruck 033023) oder ein Handelspapier (z.B. Rechnung) oder ein Verwaltungspapier (z.B. das begleitende Verwaltungsdokument, das bei der Ausfuhr verbrauchsteuerpflichtiger Waren unter Steueraussetzung anstelle des Exemplars Nr. 3 des Einheitspapiers verwendet wird) als Nachweis der Beendigung des zollrechtlichen Ausfuhrverfahrens verwendet. ²Dieser Beleg wird als Nachweis für Umsatzsteuerzwecke anerkannt, wenn die Ausfuhrbestätigung durch einen Vermerk (Dienststempelabdruck der Grenzzollstelle mit Datum) auf der Rückseite des Exemplars Nr. 3 der Ausfuhranmeldung oder des Handels- oder Verwaltungspapiers angebracht ist. ³Dieser Beleg muss im Fall des Ausfallkonzepts außerdem den Stempelabdruck „ECS/AES Notfallverfahren" tragen, da im Ausfallkonzept stets alle anstelle einer elektronischen Ausfuhranmeldung verwendeten schriftlichen Ausfuhranmeldungen mit diesem Stempelabdruck versehen werden. ⁴In Fällen, in denen die Ausfuhranmeldung weiterhin nicht im elektronischen Ausfuhrverfahren erfolgt (bei Ausfuhren mit mündlicher oder konkludenter Anmeldung in Fällen von geringer wirtschaftlicher Bedeutung bzw. bei Ausfuhranmeldungen bis zu einem Warenwert von 1.000 €), wird – ebenfalls wie bisher – auf andere Weise als mit dem Exemplar Nr. 3 der Ausfuhranmeldung (= Exemplar Nr. 3 des Einheitspapiers) der Ausgang der Ware überwacht. ⁵Wird hierfür ein handelsüblicher Beleg (z.B. Frachtbrief, Rechnung, Lieferschein) verwendet, wird er als Nachweis für Umsatzsteuerzwecke anerkannt, wenn die Ausfuhrbestätigung durch einen Vermerk (Dienststempelabdruck der Grenzzollstelle mit Datum) auf der Rückseite angebracht ist;

2. bei einer Ausfuhr im gVV oder im Versandverfahren mit Carnet TIR

a) ¹Ausfuhr nach Absatz 1 Nr. 1 Buchstabe b: durch das von der AfZSt übermittelte oder erstellte Dokument „Ausgangsvermerk", wenn das EDV-gestützte Ausfuhrverfahren erst nach Eingang der Kontrollergebnisnachricht/des Rückscheins oder Trennabschnitts im Versandverfahren (Beendigung des Versandverfahrens) durch die Abgangsstelle, die in diesen Fällen als AgZSt handelt, beendet wurde. ²Dies gilt nur, wenn das EDV-gestützte Ausfuhrverfahren von einer deutschen Abgangsstelle (AgZSt) beendet wurde,

b) durch eine Abfertigungsbestätigung der Abgangsstelle in Verbindung mit einer Eingangsbescheinigung der Bestimmungsstelle im Drittlandsgebiet, oder

c) ¹Ausfuhr nach Absatz 1 Nr. 1 Buchstabe c: durch eine Ausfuhrbestätigung der Abgangsstelle, die bei einer Ausfuhr im Versandverfahren (gVV oder Carnet TIR) nach Eingang der Kontrollergebnisnachricht erteilt wird, sofern das Versandverfahren EDV-gestützt eröffnet wurde. ²Bei einer Ausfuhr im Versandverfahren (gVV oder Carnet TIR), das nicht EDV-gestützt eröffnet wurde, wird die Ausfuhrbestätigung nach Eingang des Rückscheins (Exemplar Nr. 5 des Ein-

§ 6 UStAE 6.6.

heitspapiers im gVV) bzw. nach Eingang der Bescheinigung über die Beendigung im Carnet TIR (Trennabschnitt) erteilt, sofern sich aus letzterer die Ausfuhr ergibt.

(2) ¹Das gemeinschaftliche Versandverfahren dient der Erleichterung des innergemeinschaftlichen Warenverkehrs, während das gemeinsame Versandverfahren den Warenverkehr zwischen EU-Mitgliedstaaten und den EFTA-Ländern (Island, Norwegen und Schweiz einschl. Liechtenstein) erleichtert. ²Beide Verfahren werden im Wesentlichen einheitlich abgewickelt. ³Bei Ausfuhren im Rahmen dieser Verfahren werden die Grenzzollstellen grundsätzlich nicht eingeschaltet. ⁴Die Waren sind der Abgangsstelle per Teilnehmernachricht (E_DEC_DAT/Versandanmeldung) oder Internetversandanmeldung über das System ATLAS-Versand anzumelden. ⁵Die Abgangsstelle überlässt – nach Prüfung der Anmeldung – die Waren in das gVV und händigt dem Hauptverpflichteten ein Versandbegleitdokument (VBD) aus. ⁶Die Bestimmungsstelle leitet der Abgangsstelle nach Gestellung der Waren die Eingangsbestätigung und die Kontrollergebnisnachricht zu.

(3) ¹Die Ausfuhr- oder Abfertigungsbestätigung der den Ausgang des Gegenstands aus dem Gemeinschaftsgebiet überwachenden Grenzzollstelle oder der Abgangsstelle kann sich auf einem üblichen Geschäftsbeleg, z.B. Lieferschein, Rechnungsdurchschrift, Versandbegleitdokument oder der Ausfuhranmeldung (Exemplar Nr. 3 des Einheitspapiers) befinden. ²Es kann auch ein besonderer Beleg, der die Angaben des § 9 UStDV enthält, oder dem Geschäftsbeleg oder besonderen Beleg anzustempelnder Aufkleber verwendet werden.

(4) ¹Die deutschen Zollstellen wirken auf Antrag bei der Erteilung der Ausfuhr- oder Abfertigungsbestätigung wie folgt mit:

1. Mitwirkung der Grenzzollstelle außerhalb des EDV-gestützten Ausfuhrverfahrens

   ¹Die Grenzzollstelle prüft die Angaben in dem vom Antragsteller vorgelegten Beleg und bescheinigt auf Antrag den körperlichen Ausgang der Waren durch einen Vermerk. ²Der Vermerk erfolgt durch einen Dienststempelabdruck, der den Namen der Zollstelle und das Datum enthält. ³Das entsprechend Artikel 793a Abs. 2 und 6 ZK-DVO behandelte Exemplar Nr. 3 des Einheitspapiers dient grundsätzlich nur als Nachweis der Beendigung des zollrechtlichen Ausfuhrverfahrens. ⁴In den Fällen, in denen das Exemplar Nr. 3 durch die letzte Zollstelle oder – wenn die Waren im Eisenbahn-, Post-, Luft- oder Seeverkehr ausgeführt werden – durch die für den Ort der Übernahme der Ausfuhrsendung durch die Beförderungsgesellschaften bzw. Postdienste zuständige Ausgangszollstelle behandelt wird, kann das Exemplar Nr. 3 als Ausfuhrnachweis für Umsatzsteuerzwecke (Ausfuhrbestätigung der Grenzzollstelle im Sinne von § 9 UStDV) verwendet werden. ⁵Eines gesonderten Antrags bedarf es nicht. ⁶Bei der Ausfuhr von Kraftfahrzeugen wird die zollamtliche Ausfuhrbestätigung nur erteilt, wenn die umsatzsteuerrechtlichen Voraussetzungen nach Abschnitt 6.9 Abs. 11 vorliegen. ⁷Bei der Ausfuhr verbrauchsteuerrechtlicher Waren unter Steueraussetzung wird der Ausfuhrnachweis durch das von der Grenzzollstelle bestätigte begleitende Verwaltungsdokument erbracht.

2. Mitwirkung der Abgangsstelle bei Ausfuhren im gVV oder im Versandverfahren mit Carnet TIR

   ¹Bei Ausfuhren im gVV oder im Versandverfahren mit Carnet TIR wird, wenn diese Verfahren nicht bei einer Grenzzollstelle beginnen, die Ausfuhrbestätigung der Grenzzollstelle ersetzt durch

   a) eine Ausgangsbestätigung der Ausfuhrzollstelle bei einer Ausfuhr im EDV-gestützten Ausfuhrverfahren mit einem in Deutschland erzeugten Dokument „Ausgangsvermerk" (unter Beachtung von Absatz 1 Nr. 2 Buchstabe a),

   b) eine Abfertigungsbestätigung (§ 9 Abs. 2 Nr. 2 UStDV) der Abgangsstelle in Verbindung mit einer Eingangsbescheinigung der Bestimmungsstelle im Drittlandsgebiet, oder

   c) eine Ausfuhrbestätigung (§ 9 Abs. 2 Nr. 1 UStDV) der Abgangsstelle, die bei einer Ausfuhr im gVV nach Eingang der Kontrollergebnisnachricht/ des Rückscheins oder Trennabschnitts erteilt wird (siehe unter Absatz 1 Nr. 2 Buchstabe c).

   ²Die Erteilung einer Ausfuhrbestätigung und einer Abfertigungsbestätigung für dieselbe Lieferung ist ausgeschlossen. ³Deshalb hat der Antragsteller der Abgangsstelle bei der Anmeldung des Ausfuhrgegenstands zum gVV oder zum Carnet TIR-Verfahren mitzuteilen, ob er eine Ausfuhrbestätigung oder eine Abfertigungsbestätigung beantragt. ⁴Die Ausfuhrbestätigung wird von der Abgangsstelle in den Fällen des Satzes 1 mit folgendem Vermerk erteilt: „Ausgeführt mit Versand-MRN/mit Carnet TIR VAB-Nr. ... vom ...". ⁵Der Vermerk muss Ort, Datum, Unterschrift und Dienststempelabdruck enthalten. ⁶Die Sätze 1 bis 5 gelten sinngemäß für im Rahmen des Ausfallkonzepts für ATLAS-Versand erstellte Versandanmeldungen auf Basis des Einheitspapiers (vgl. Absatz 1 Nr. 1 Buchstabe c Satz 2).

UStAE 6.6., 6.7. § 6

²Die den Ausgang des Ausfuhrgegenstands aus dem Gemeinschaftsgebiet überwachenden Grenzzollstellen (Ausgangszollstellen) anderer EU-Mitgliedstaaten bescheinigen im Ausfall- und Sicherheitskonzept (siehe Abschnitt 6.2 Abs. 4 Satz 1 Nr. 1) auf Antrag den körperlichen Ausgang der Waren ebenfalls durch einen Vermerk auf der Rückseite des Exemplars Nr. 3 der Ausfuhranmeldung (= Exemplar Nr. 3 des Einheitspapiers).

(5) Bei einer Werklieferung an einem beweglichen Gegenstand, z.B. bei dem Einbau eines Motors in ein Kraftfahrzeug, kann der Ausfuhrnachweis auch dann als erbracht angesehen werden, wenn die Grenzzollstelle oder Abgangsstelle die Ausfuhr des tatsächlich in das Drittlandsgebiet gelangten Gegenstands, z.B. des Kraftfahrzeugs, bestätigt und sich aus der Gesamtheit der vorliegenden Unterlagen kein ernstlicher Zweifel ergibt, dass die verwendeten Stoffe mit dem ausgeführten Gegenstand in das Drittlandsgebiet gelangt sind.

(6) ¹Ist der Nachweis der Ausfuhr durch Belege mit einer Bestätigung der Grenzzollstelle oder der Abgangsstelle nicht möglich oder nicht zumutbar, z.B. bei der Ausfuhr von Gegenständen im Reiseverkehr, durch die Kurier- und Poststelle des Auswärtigen Amts oder durch Transportmittel der Bundeswehr oder der Stationierungstruppen, kann der Unternehmer den Ausfuhrnachweis auch durch andere Belege führen. ²Als Ersatzbelege können insbesondere Bescheinigungen amtlicher Stellen der Bundesrepublik Deutschland anerkannt werden (bei der Ausfuhr von Kraftfahrzeugen siehe aber Abschnitt 6.9 Abs. 13). ³Grundsätzlich sind anzuerkennen:
1. Bescheinigungen des Auswärtigen Amts einschließlich der diplomatischen oder konsularischen Vertretungen der Bundesrepublik Deutschland im Bestimmungsland;
2. Bescheinigungen der Bundeswehr einschließlich ihrer im Drittlandsgebiet stationierten Truppeneinheiten;
3. Belege über die Verzollung oder Einfuhrbesteuerung durch außergemeinschaftliche Zollstellen oder beglaubigte Abschriften davon,
4. Transportbelege der Stationierungstruppen, z.B. Militärfrachtbriefe, und
5. Abwicklungsscheine.

(7) ¹In Beförderungsfällen, bei denen der Unternehmer den Gegenstand der Lieferung in eine Freizone des Kontrolltyps I (Freihäfen Bremerhaven, Cuxhaven und Hamburg; vgl. Abschnitt 1.9 Abs. 1) befördert, ist die Beschaffung der Bestätigung bei den den Ausgang aus dem Gemeinschaftsgebiet überwachenden Zollämtern an der Freihafengrenze wegen der großen Anzahl der Beförderungsfälle nicht zumutbar. ²Als Ausfuhrnachweis kann deshalb ein Beleg anerkannt werden, der neben den in § 9 Abs. 1 Nr. 1 bis 3 UStDV bezeichneten Angaben Folgendes enthält:
1. einen Hinweis darauf, dass der Unternehmer den Gegenstand in eine Freizone des Kontrolltyps I befördert hat;
2. eine Empfangsbestätigung des Abnehmers oder seines Beauftragten mit Datum, Unterschrift, Firmenstempel und Bezeichnung des Empfangsorts.

³Als Belege kommen alle handelsüblichen Belege, insbesondere Lieferscheine, Kaiempfangsscheine oder Rechnungsdurchschriften, in Betracht. ⁴Soweit sie die erforderlichen Angaben nicht enthalten, sind sie entsprechend zu ergänzen oder mit Hinweisen auf andere Belege zu versehen, aus denen sich die notwendigen Angaben ergeben.

6.7. Ausfuhrnachweis in Versendungsfällen

(1) ¹In den Versendungsfällen (vgl. Abschnitt 3.12 Abs. 3) soll der Ausfuhrnachweis durch Versendungsbelege oder durch sonstige handelsübliche Belege geführt werden. ²Versendungsbelege sind neben dem Eisenbahnfrachtbrief insbesondere der Luftfrachtbrief, die Posteinlieferungsbescheinigung (vgl. auch Abschnitt 6.9 Abs. 5), das zur Auftragserteilung an einen Kurierdienst gefertigte Dokument (vgl. auch Abschnitt 6.9 Abs. 5), das Konnossement, der Ladeschein sowie deren Doppelstücke, wenn sich aus ihnen die grenzüberschreitende Warenbewegung ergibt. ³Zum Begriff der sonstigen handelsüblichen Belege vgl. Absatz 2. ⁴Die bei der Abwicklung eines Ausfuhrgeschäfts anfallenden Geschäftspapiere, z.B. Rechnungen, Auftragsschreiben, Lieferscheine oder deren Durchschriften, Kopien und Abschriften von Versendungsbelegen, Spediteur-Übernahmebescheinigungen, Frachtabrechnungen, sonstiger Schriftwechsel, können als Ausfuhrnachweis in Verbindung mit anderen Belegen anerkannt werden, wenn sich aus der Gesamtheit der Belege die Angaben nach § 10 Abs. 1 UStDV eindeutig und leicht nachprüfbar ergeben. ⁵Unternehmer oder Abnehmer, denen Belege über die Ausfuhr eines Gegenstands, z.B. Versendungsbelege oder sonstige handelsübliche Belege, ausgestellt worden sind, obwohl sie diese für Zwecke des Ausfuhrnachweises nicht benötigen, können die Belege mit einem Übertragungsvermerk versehen und an den Unternehmer, der die Lieferung bewirkt hat, zur Führung des Ausfuhrnachweises weiterleiten.

445

§ 6 UStAE 6.7. – 6.9.

(2) ¹Ist ein Spediteur, Frachtführer oder Verfrachter mit der Beförderung oder Versendung des Gegenstands in das Drittlandsgebiet beauftragt worden, soll der Unternehmer die Ausfuhr durch eine Ausfuhrbescheinigung nach vorgeschriebenem Muster nachweisen. ²Die Bescheinigung muss vom Spediteur nicht eigenhändig unterschrieben worden sein, wenn die für den Spediteur zuständige Landesfinanzbehörde die Verwendung des Unterschriftsstempels (Faksimile) oder einen Ausdruck des Namens der verantwortlichen Person genehmigt hat und auf der Bescheinigung auf die Genehmigungsverfügung der Landesfinanzbehörde unter Angabe von Datum und Aktenzeichen hingewiesen wird. ³Anstelle der Ausfuhrbescheinigung des Spediteurs, Frachtführers oder Verfrachters kann der Unternehmer den Ausfuhrnachweis im Ausfall- und Sicherheitskonzept (siehe Abschnitt 6.2 Abs. 4 Satz 1 Nr. 1) auch mit dem Exemplar Nr. 3 des Einheitspapiers führen, wenn diese mit einem Ausfuhrvermerk der Ausgangszollstelle versehen sind (vgl. Abschnitt 6.6 Abs. 4 Satz 1 Nr. 1 Sätze 3 bis 6). ⁴Hat der Lieferer des Unternehmers oder ein vorangehender Lieferer die Beförderung oder Versendung in das Drittlandsgebiet vorgenommen oder veranlasst, kann der Ausfuhrnachweis durch eine Versandbestätigung erbracht werden. ⁵Der Lieferer kann diese Bestätigung auf der Rechnung, auf dem Lieferschein, auf der Ausfuhranmeldung (Exemplar Nr. 3 des Einheitspapiers) im Ausfall- und Sicherheitskonzept oder auf einem sonstigen handelsüblichen Papier oder in Form eines besonderen Belegs nach vorgeschriebenem Muster abgeben. ⁶Die Unterschrift des Lieferers auf der Versandbestätigung kann entsprechend der Regelung für Spediteure in vereinfachter Form geleistet werden.

(3) ¹Die Regelung in § 10 Abs. 2 UStDV betrifft hauptsächlich diejenigen Fälle, in denen der selbständige Beauftragte, z.B. der Spediteur mit Sitz im Drittlandsgebiet oder die Privatperson, die in § 10 Abs. 1 Nr. 2 Buchstabe f UStDV vorgesehene Versicherung über die Nachprüfbarkeit seiner Angaben im Gemeinschaftsgebiet nicht abgeben kann. ²An den Nachweis des Unternehmers, dass ein Ausnahmefall im Sinne des § 10 Abs. 2 UStDV vorliegt, sind keine erhöhten Anforderungen zu stellen.

(4) Erfolgt die Versendung in ATLAS-Ausfuhr, gilt Abschnitt 6.6 Abs. 1 Nr. 1 Buchstaben a und b entsprechend.

6.8. Ausfuhrnachweis in Bearbeitungs- und Verarbeitungsfällen

(1) ¹Wenn der Gegenstand der Lieferung vor der Ausfuhr durch einen Beauftragten des Abnehmers bearbeitet oder verarbeitet worden ist (vgl. Abschnitt 6.1 Abs. 5), soll der Beleg über den Ausfuhrnachweis die in § 11 Abs. 1 UStDV aufgeführten zusätzlichen Angaben enthalten. ²Dieser Beauftragte kann zu diesem Zweck den Beleg mit einem die zusätzlichen Angaben enthaltenden Übertragungsvermerk versehen oder die zusätzlichen Angaben auf einem gesonderten Beleg machen. ³Er kann auch auf Grund der bei ihm vorhandenen Geschäftsunterlagen, z.B. Versendungsbeleg, Ausfuhrbescheinigung des beauftragten Spediteurs oder Bestätigung der den Ausgang aus dem Gemeinschaftsgebiet überwachenden Grenzzollstelle, dem Unternehmer eine kombinierte Ausfuhr- und Bearbeitungsbescheinigung nach vorgeschriebenem Muster ausstellen.

(2) ¹Ist der Gegenstand der Lieferung nacheinander durch mehrere Beauftragte des Abnehmers und/ oder eines nachfolgenden Abnehmers bearbeitet oder verarbeitet worden, soll aus den Belegen des Unternehmers die von jedem Beauftragten vorgenommene Bearbeitung oder Verarbeitung ersichtlich sein. ²In der Regel wird der Unternehmer den Nachweis hierüber durch eine Ausfuhr- und Bearbeitungsbescheinigung des Beauftragten des Abnehmers führen können, dem er den Gegenstand der Lieferung übergeben oder übersandt hat. ³Der Beauftragte kann in der Ausfuhrbescheinigung nicht nur die von ihm selbst vorgenommene Bearbeitung oder Verarbeitung, sondern auch die Bearbeitung oder Verarbeitung nachfolgender Beauftragter sowie deren Namen und Anschrift angeben. ⁴Der Unternehmer kann sich aber auch die verschiedenen Bearbeitungen oder Verarbeitungen durch gesonderte Bescheinigung der einzelnen Beauftragten bestätigen lassen.

6.9. Sonderregelungen zum Ausfuhrnachweis

Lieferungen im Freihafen

(1) ¹In einem Freihafen ausgeführte Lieferungen von Gegenständen, die sich im Zeitpunkt der Lieferung einfuhrumsatzsteuerrechtlich im freien Verkehr befinden (§ 1 Abs. 3 Satz 1 Nr. 4 Buchstabe b UStG), sind wie steuerfreie Ausfuhrlieferungen zu behandeln, wenn die Gegenstände bei Ausführung der Lieferungen in das Drittlandsgebiet außerhalb der in § 1 Abs. 3 UStG bezeichneten Gebiete gelangen. ²Da eine Ausfuhr nicht vorliegt, kann kein Ausfuhrnachweis geführt werden. ³Es genügt, dass der Unternehmer die Voraussetzungen der vorbezeichneten Vorausetzungen glaubhaft macht. ⁴Auch das Fehlen des buchmäßigen Nachweises ist in diesen Fällen zur Vermeidung von unbilligen Härten nicht zu beanstanden. ⁵Eine entsprechende Regelung ist für die Fälle des Freihafen-Veredelungsverkehrs und der Freihafenlagerung (§ 1 Abs. 3 Satz 1 Nr. 4 Buchstabe a UStG) nicht erforderlich, weil in diesen Fällen keine steuerbaren Lieferungen vorliegen (vgl. Abschnitt 1.12 Abs. 3).

UStAE 6.9. § 6

Versendungen nach Grenzbahnhöfen oder Güterabfertigungsstellen

(2) ¹Werden Liefergegenstände von einem Ort im Inland nach einem Grenzbahnhof oder einer Güterabfertigungsstelle eines deutschen Eisenbahnunternehmens im Drittlandsgebiet versendet, kann der Ausfuhrnachweis mit Hilfe des verwendeten Frachtbriefes, des Frachtbriefdoppels oder mit der von dem Eisenbahnunternehmen ausgestellten Bescheinigung zu Umsatzsteuerzwecken geführt werden. ²Im Drittlandsgebiet liegen die folgenden Grenzbahnhöfe oder Güterabfertigungsstellen:

Basel Bad Bf,

Basel Bad Gbf,

Bremerhaven Nordhafen (ohne Carl-Schurz-Gelände),

Hamburg-Süd und

Schaffhausen.

³Als Grenzbahnhof im Drittlandsgebiet ist auch der Bahnhof Bremerhaven Kaiserhafen (ohne Ladebezirk Industriestammgleis Speckenbüttel) anzusehen. ⁴Bei diesem Bahnhof liegen zwar die Gebäude im Inland, die jeweiligen Be- und Entladestellen befinden sich jedoch im Freihafen. ⁵Über die Bahnhöfe Bremerhaven Kaiserhafen und Hamburg-Süd können auch Liefergegenstände versandt werden, bei denen als Bestimmungsort Privatgleisanschlüsse, private Ladestellen oder Freiladegleise im Inland angegeben sind. ⁶Es liegt deshalb keine Ausfuhr vor, wenn einer dieser Gleisanschlüsse, eine dieser Ladestellen oder eines dieser Ladegleise Bestimmungsort ist.

(3) ¹Werden Liefergegenstände aus dem Inland nach einem Grenzbahnhof oder einer Güterabfertigungsstelle im Inland versendet, liegt keine Ausfuhr vor. ²Die verwendeten Frachtbriefe oder Frachtbriefdoppel kommen deshalb als Ausfuhrbelege nicht in Betracht. ³Lediglich bei Versendungen nach den Bahnhöfen Cuxhaven sowie nach der Abfertigungsstelle Hamburg-Waltershof ist es möglich, Liefergegenstände durch zusätzliche Angabe des Anschlusses in den Freihafen zu versenden. ⁴Die Bezeichnungen hierfür lauten

1. a) Cuxhaven, Anschluss Amerika-Bahnhof Gleise 1 und 2,
   b) Cuxhaven, Anschluss Amerika-Bahnhof Lentzkai Gleise 9 und 10;
2. Hamburg-Waltershof, Anschlüsse Burchardkai, Eurocargo, Eurogate, Eurokai City Terminal, Eurokombi, Conrepair und HCCR Köhlbrand.

⁵Frachtbriefe oder Frachtbriefdoppel, in denen einer der bezeichneten Anschlüsse als Bestimmungsort angegeben ist, können deshalb als Ausfuhrnachweis anerkannt werden.

(4) ¹In den Fällen, in denen Gegenstände nach ihrer Ankunft auf einem Grenzbahnhof oder einer Güterabfertigungsstelle im Inland weiter in das Drittlandsgebiet befördert oder versendet werden, gelten für die Führung des Ausfuhrnachweises die allgemeinen Regelungen (vgl. Abschnitte 6.5 bis 6.7). ²Jedoch ist Folgendes zu beachten:

1. ¹Auf folgenden Grenzbahnhöfen im Inland besteht auch eine Güterabfertigungsstelle der Schweizerischen Bundesbahnen (SBB):

   Konstanz, SBB

   und Singen (Hohentwiel), SBB.

   ²Werden Liefergegenstände von diesen Gemeinschaftsbahnhöfen zu einem Bestimmungsort in der Schweiz versendet und zu diesem Zweck an den Güterabfertigungsstellen der SBB aufgegeben, kann der Ausfuhrnachweis auch mit Hilfe des Frachtbriefs oder Frachtbriefdoppels der SBB geführt werden.

2. ¹Auf dem Grenzbahnhof Waldshut kann die Güterabfertigungsstelle der Eisenbahnen des Bundes beim Güterverkehr mit der Schweiz die Abfertigungsarbeiten für die SBB erledigen. ²Satz 2 der Nummer 1 gilt deshalb für diese Fälle entsprechend.

Postsendungen

(5) ¹Bei Postsendungen kommen als Ausfuhrnachweise in Betracht:

1. Versendungsbelege, und zwar
   a) ¹der Einlieferungsbeleg für eingeschriebene Briefsendungen einschließlich eingeschriebener Päckchen, für Briefe mit Wertangabe und für gewöhnliche Briefe mit Nachnahme sowie der Einlieferungsschein für Filialkunden bzw. die Einlieferungsliste (Auftrag zur Beförderung Ausland) für Vertragskunden für Postpakete (Wertpakete und gewöhnliche Postpakete). ²Die Bescheinigung wird erteilt auf den Einlieferungsbelegen bzw. -scheinen, im Einlieferungsbuch, auf Belegen des Absenders, die im Aufdruck mit dem Einlieferungsbeleg bzw. -schein, der Ein-

§ 6 UStAE 6.9.

lieferungsliste oder dem Einlieferungsbuch im Wesentlichen übereinstimmen, und – bei gewöhnlichen Postpaketen – auch auf vom Absender vorbereiteten Bescheinigungen,

b) die Versandbestätigung für gewöhnliche Päckchen auf vom Absender vorbereiteten Bescheinigungen;

2. andere Belege, und zwar

a) ¹die von der AfZSt mit Dienststempelabdruck und von der AgZSt mit einem Dienststempelabdruck, der den Namen der Zollstelle und das Datum enthält, versehene und dem Beteiligten zurückgegebene bzw. zurückgesandte Ausfuhranmeldung (Exemplar Nr. 3 des Einheitspapiers) im Ausfall- und Sicherheitskonzept (siehe Abschnitt 6.2 Abs. 4 Satz 1 Nr. 1). ²Der Anmelder ist jedoch von der Vorlage einer schriftlichen Ausfuhranmeldung nach Artikel 237 und 238 der ZK-DVO insbesondere in folgenden Fällen befreit:

aa) bei Postsendungen (Briefsendungen und Postpakete), die zu kommerziellen Zwecken bestimmte Waren enthalten, bis zu einem Wert von 1.000 €;

bb) bei nichtausfuhrabgabenpflichtigen Postsendungen (Briefsendungen und Postpakete);

cc) bei Drucksachen im Sinne der postalischen Vorschriften.

³In diesen Fällen kann deshalb der Ausfuhrnachweis nicht mit Hilfe der Ausfuhranmeldung (Exemplar Nr. 3 des Einheitspapiers) geführt werden,

b) ¹leicht nachprüfbare innerbetriebliche Versendungsunterlagen in Verbindung mit den Aufzeichnungen in der Finanzbuchhaltung. ²Dieser Nachweis kommt bei der Ausfuhr von Gegenständen in gewöhnlichen Briefen, für die eine Ausfuhranmeldung (Exemplar Nr. 3 des Einheitspapiers) oder eine Ausfuhrkontrollmeldung nicht erforderlich ist, in Betracht. ³Diese Regelung trägt dem Umstand Rechnung, dass bei diesen Ausfuhrsendungen der Ausfuhrnachweis weder nach Nummer 1 noch nach Nummer 2 Buchstabe a geführt werden kann.

²Erfolgt die Versendung in ATLAS-Ausfuhr, gilt Abschnitt 6.6 Abs. 1 Nr. 1 Buchstaben a und b entsprechend.

Kurierdienste

(6) ¹Grundsätzlich sind an die schriftliche Auftragserteilung an den Unternehmer, der Kurierdienstleistungen erbringt, die gleichen Anforderungen zu stellen wie an einen Posteinlieferungsschein. ²Ein Unternehmer erbringt eine Kurierdienstleistung, wenn er adressierte Sendungen in einer Weise befördert, dass entweder einzelne nachgewiesene Sendungen im Interesse einer schnellen und zuverlässigen Beförderung auf dem Weg vom Absender zum Empfänger ständig begleitet werden und die Begleitperson die Möglichkeit hat, jederzeit auf die einzelne Sendung zuzugreifen und die erforderlichen Dispositionen zu treffen, oder eine Kontrolle des Sendungsverlaufs durch den Einsatz elektronischer Kontroll- und Steuerungssysteme jederzeit möglich ist (sog. tracking and tracing). ³Im Einzelnen sollen folgende Angaben vorhanden sein:

– Name und Anschrift des Ausstellers des Belegs;
– Name und Anschrift des Absenders;
– Name und Anschrift des Empfängers;
– handelsübliche Bezeichnung und Menge der beförderten Gegenstände;
– Wert der einzelnen beförderten Gegenstände;
– Tag der Einlieferung der beförderten Gegenstände beim Unternehmer.

⁴Aus Vereinfachungsgründen kann bzgl. der Angaben zur handelsüblichen Bezeichnung, Menge und Wert der beförderten Gegenstände auf die Rechnung des Auftraggebers durch Angabe der Rechnungsnummer verwiesen werden, wenn auf dieser die Nummer des Versendungsbelegs angegeben ist. ⁵Überwacht ein Transportunternehmen den Sendungsverlauf elektronisch, wird für Zwecke des Ausfuhrnachweises nicht zwischen den Leistungen von Kurierdiensten und anderen Transportunternehmen (Spediteure/Frachtführer) unterschieden. ⁶Erfolgt die Versendung in ATLAS-Ausfuhr, gilt Abschnitt 6.6 Abs. 1 Nr. 1 Buchstaben a und b entsprechend.

Druckerzeugnisse

(7) ¹Bücher, Zeitungen, Zeitschriften und sonstige Druckerzeugnisse werden vielfach als Sendungen zu ermäßigtem Entgelt oder als Sendungen zu ermäßigtem Entgelt in besonderem Beutel („M"-Beutel) in das Drittlandsgebiet versandt. ²Bei diesen Sendungen kann der Ausfuhrnachweis nicht durch Versendungsbelege geführt werden. ³Die Ausfuhr kann deshalb durch leicht nachprüfbare innerbetriebliche Versendungsunterlagen in Verbindung mit den Aufzeichnungen in der Finanzbuchhaltung nachgewiesen werden. ⁴Innerbetriebliche Versendungsunterlagen können sein:

1. bei Lieferungen von Büchern in das Drittlandsgebiet
   a) Auslieferungslisten oder Auslieferungskarteien mit Versanddaten, nach Nummern oder alphabetisch geordnet;
   b) Durchschriften von Rechnungen oder Lieferscheinen, nach Nummern oder alphabetisch geordnet;
   c) Postausgangsbücher oder Portobücher;
2. bei Lieferungen von Zeitungen, Zeitschriften und sonstigen periodisch erscheinenden Druckschriften in das Drittlandsgebiet
   a) Fortsetzungskarteien oder Fortsetzungslisten mit Versanddaten – in der Regel nur bei geringer Anzahl von Einzellieferungen –;
   b) Fortsetzungskarteien oder Fortsetzungslisten ohne Versanddaten – bei Massenversand häufig erscheinender Zeitschriften –, und zwar entweder in Verbindung mit Strichvermerken auf den Karteikarten oder in Verbindung mit maschinell erstellten Aufklebeadressen;
   c) Durchschriften von Rechnungen, nach Nummern oder alphabetisch geordnet;
   d) Postausgangsbücher oder Portobücher – nicht bei Massenversand –.

[5]Die bezeichneten Versendungsunterlagen können unter den Voraussetzungen des § 146 Abs. 5 und des § 147 Abs. 2 AO auch auf Datenträgern geführt werden.

(8) [1]In den Fällen des Absatzes 7 soll durch Verweisungen zwischen den Versendungsunterlagen und der Finanzbuchhaltung der Zusammenhang zwischen den jeweiligen Lieferungen und den dazugehörigen Entgelten leicht nachprüfbar nachgewiesen werden. [2]Dazu dienen in der Regel die Nummern oder die Daten der Rechnungen oder der Lieferscheine, die auf den Debitorenkonten und auf den Auslieferungslisten, Auslieferungskarteien oder sonstigen Versendungsunterlagen zu vermerken sind. [3]Zulässig ist auch jedes andere System gegenseitiger Hinweise, sofern es die leichte Nachprüfbarkeit gewährleistet.

(9) [1]Werden Bücher, Zeitungen und Zeitschriften von einem Vertreter des Unternehmers, z.B. von einem sog. Auslieferer, gelagert und auf Weisung des Unternehmers an Abnehmer im Drittlandsgebiet versendet, kann der Unternehmer die Ausfuhr in der Regel durch eine Ausfuhrbestätigung seines Lieferers oder des Vertreters, die auf innerbetrieblichen Versendungsunterlagen beruhen kann, nachweisen. [2]Es bestehen keine Bedenken, Ausfuhrbestätigungen des versendenden Vertreters auch ohne Angabe des Tages der Versendung als ausreichenden Ausfuhrnachweis anzuerkennen, wenn nach der Gesamtheit der beim Unternehmer vorliegenden Unterlagen kein ernstlicher Zweifel an der Ausfuhr der Gegenstände besteht.

(10) Erfolgt die Versendung der genannten Druckerzeugnisse in ATLAS-Ausfuhr, gilt Abschnitt 6.6 Abs. 1 Nr. 1 Buchstaben a und b entsprechend.

Ausfuhr von Kraftfahrzeugen

(11) [1]Wird ein Kraftfahrzeug im IT-Verfahren „ATLAS-Ausfuhr" an einen ausländischen Abnehmer geliefert und gelangt es mit eigener Antriebskraft in das Drittlandsgebiet, gilt Abschnitt 6.6 Abs. 1 Nr. 1 Buchstaben b und c entsprechend. [2]Anhand der Codierung 9DEG (Internationaler Zulassungsschein liegt vor und Ausfuhrkennzeichen ist angebracht) ist erkennbar, dass der Ausgangsvermerk für Umsatzsteuerzwecke anerkannt werden kann. [3]Erfolgt die Ausfuhr nicht im IT-Verfahren „ATLAS-Ausfuhr" (z.B. auf Grund des geringen Werts oder im Ausfallkonzept), gilt Folgendes:
1. [1]Eine Ausfuhr wird grundsätzlich nur angenommen, wenn für das Kraftfahrzeug ein internationaler Zulassungsschein ausgestellt und ein Ausfuhrkennzeichen ausgegeben worden sind. [2]Die Grenzzollstellen erteilen deshalb nur in diesem Falle die Bestätigung der Ausfuhr. [3]Der Beleg, auf dem die Ausfuhr bestätigt wird, soll den Kraftfahrzeughersteller, den Kraftfahrzeugtyp, die Fahrgestellnummer und die Nummer des Kennzeichens enthalten.
2. [1]Eine Ausfuhr wird grundsätzlich nicht angenommen, wenn das Kraftfahrzeug mit einem anderen Kennzeichen, z.B. mit einem gewöhnlichen amtlichen Kennzeichen, roten Kennzeichen oder ausländischen Kennzeichen, versehen ist. [2]Dies gilt nur dann nicht, wenn der Unternehmer die endgültige Einfuhr des Kraftfahrzeuges in einen Drittstaat durch Belege dieses Staates nachweist, z.B. durch eine Bescheinigung über die Zulassung, die Verzollung oder die Einfuhrbesteuerung, und diesen Belegen eine amtliche Übersetzung in die deutsche Sprache beigefügt ist.

(12) [1]Wird ein Kraftfahrzeug nicht an einen ausländischen Abnehmer, sondern an einen Abnehmer geliefert, der in dem Gebiet der Bundesrepublik Deutschland ansässig ist, und gelangt das Kraftfahrzeug mit eigener Antriebskraft in das Drittlandsgebiet, kann die Umsatzsteuerbefreiung nur in Betracht kommen, wenn der Unternehmer – aber nicht der Abnehmer – das Kraftfahrzeug in das Drittlands-

gebiet – außerhalb der in § 1 Abs. 3 UStG bezeichneten Gebiete – verbringt. ²Für den Nachweis der Ausfuhr ist es erforderlich, dass der Unternehmer die endgültige Einfuhr in einen Drittstaat durch Belege dieses Staates nachweist (siehe Absatz 11 Satz 3 Nr. 2). ³Diese Regelung gilt unabhängig von der Art des verwendeten Kennzeichens.

(13) ¹Amtliche Stellen der Bundesrepublik Deutschland im Bestimmungsland dürfen keine Ausfuhrbestätigungen für Kraftfahrzeuge erteilen. ²Wegen der Voraussetzungen für die Steuerbefreiung im Übrigen vgl. BMF-Schreiben vom 22.12.1980, BStBl. 1981 I S. 25, und vom 8.5.1989, BStBl. I S. 188.

Ausfuhranmeldungen im Rahmen der einzigen Bewilligung

(14) ¹Mit Wirkung vom 1.1.2009 wurden die Vorschriften über die Binnengrenzen überschreitende Abfertigungsmöglichkeiten im Rahmen einer sog. einzigen Bewilligung auch auf das Ausfuhrverfahren ausgedehnt (Verordnung [EG] Nr. 1192/2008 der Kommission vom 17.11.2008, ABl. EU 2008 Nr. L 329 S. 1). ²Mit dieser zentralisierten Zollabwicklung werden der Ort, an dem sich die Waren befinden und der Ort, an dem die Ausfuhranmeldung abgegeben wird, Mitgliedstaaten übergreifend entkoppelt.

(15) ¹Ein Unternehmen, das von mehreren Warenorten in der EU seine Ausfuhren tätigt, kann die Ausfuhrsendung zentral in dem Mitgliedstaat anmelden, in dem sich seine Hauptbuchhaltung befindet. ²Für den Nachrichtenaustausch im EDV-gestützten Ausfuhrsystem bedeutet dies, dass der elektronische Ausfuhrvorgang in dem Mitgliedstaat begonnen und erledigt wird, in dem die ursprüngliche elektronische Anmeldung abgegeben wurde und zwar unabhängig davon, in welchem Mitgliedstaat sich die Waren im Anmeldezeitpunkt befanden. ³Bei Ausfuhranmeldungen, die im Rahmen der „ausländischen" einzigen Bewilligung bei einer für den Ausführer/Anmelder zuständigen AfZSt in Deutschland abgegeben werden, müssen zwar in allen Mitgliedstaaten die Anmelder/Ausführer nach Artikel 796e ZK-DVO über den körperlichen Ausgang der Waren per EDIFACT-Nachricht unterrichtet werden; ob – wie in Deutschland – dazu zusätzlich noch ein PDF-Dokument beigefügt wird, obliegt der Entscheidung der Mitgliedstaaten.

Beispiel 1:

¹Ein Unternehmen hat seine Hauptbuchhaltung in den Niederlanden und unterhält Warenorte in den Niederlanden und in Deutschland. ²Die Ausfuhranmeldung erfolgt über das niederländische IT-System DSU auch für die in Deutschland befindlichen Waren. ³Im deutschen IT-System ATLAS-Ausfuhr kann von der für den Warenort zuständigen AfZSt kein PDF-Dokument „Ausgangsvermerk" erzeugt werden.

⁴In diesen Fällen ist die vom Unternehmer ausgedruckte, von der ausländischen Zolldienststelle erhaltene EDIFACT-Nachricht über den körperlichen Ausgang der Waren als Beleg im Sinne des § 9 Abs. 1 UStDV oder des § 10 Abs. 1 UStDV und als Nachweis für Umsatzsteuerzwecke anzuerkennen, wenn der Unternehmer zusammen mit dem Ausdruck über Aufzeichnungen/Dokumentationen verfügt, dass er die Nachricht von der ausländischen Zolldienststelle erhalten hat. ⁵Zusätzlich muss der Unternehmer die Verbindung der Nachricht mit der entsprechenden Ausfuhranmeldung bei der ausländischen Zolldienststelle aufzeichnen.

⁴Bei Ausfuhranmeldungen, die im Rahmen der „deutschen" einzigen Bewilligung bei einer für den Ausführer/Anmelder zuständigen AfZSt in einem anderen Mitgliedstaat abgegeben werden, erhält der Ausführer/Anmelder für alle Waren, die er über das deutsche IT-System ATLAS angemeldet hat, ein PDF-Dokument „Ausgangsvermerk".

Beispiel 2:

¹Ein Unternehmen hat seine Hauptbuchhaltung in Deutschland und unterhält Warenorte in den Niederlanden und in Deutschland. ²Die Ausfuhranmeldung erfolgt über das deutsche IT-System ATLAS-Ausfuhr auch für die in den Niederlanden befindlichen Waren. ³Anhand der Angabe in Feld 15a (Ausfuhr-/Versendungsland) des Ausgangsvermerks ist für die deutschen Finanzämter erkennbar, dass sich die Waren im Anmeldezeitpunkt in einem anderen Mitgliedstaat befanden.

6.10. Buchmäßiger Nachweis

(1) Der Unternehmer hat die Ausfuhr – neben dem Ausfuhrnachweis (vgl. Abschnitt 6.5 Abs. 1) – buchmäßig nachzuweisen (§ 6 Abs. 4 UStG und § 13 UStDV).

(2) ¹Der buchmäßige Nachweis muss grundsätzlich im Geltungsbereich der UStDV geführt werden. ²Steuerlich zuverlässigen Unternehmern kann jedoch gestattet werden, die Aufzeichnungen über den buchmäßigen Nachweis im Ausland vorzunehmen und dort aufzubewahren. ³Voraussetzung ist hierfür, dass andernfalls der buchmäßige Nachweis in unverhältnismäßiger Weise erschwert würde und dass die erforderlichen Unterlagen den deutschen Finanzbehörden jederzeit auf Verlangen im Geltungs-

bereich der UStDV vorgelegt werden. ⁴Der Bewilligungsbescheid ist unter einer entsprechenden Auflage und unter dem Vorbehalt jederzeitigen Widerrufs zu erteilen.

(3) ¹Aus dem Grundsatz, dass die buchmäßig nachzuweisenden Voraussetzungen eindeutig und leicht nachprüfbar aus der Buchführung zu ersehen sein müssen (§ 13 Abs. 1 UStDV), ergibt sich, dass die erforderlichen Aufzeichnungen laufend und unmittelbar nach Ausführung des jeweiligen Umsatzes vorgenommen werden müssen. ²Der Unternehmer muss den buchmäßigen Nachweis der steuerfreien Ausfuhrlieferung (§ 6 Abs. 4 UStG in Verbindung mit § 13 UStDV) bis zu dem Zeitpunkt führen, zu dem er die Umsatzsteuer-Voranmeldung für die Ausfuhrlieferung abzugeben hat. ³Der Unternehmer kann fehlende oder fehlerhafte Aufzeichnungen eines rechtzeitig erbrachten Buchnachweises bis zum Schluss der letzten mündlichen Verhandlung vor dem Finanzgericht nach den für Rechnungsberichtigungen geltenden Grundsätzen ergänzen oder berichtigen (BFH-Urteil vom 28.5.2009, V R 23/08, BStBl. 2010 II S. 517).

(3a) Wird der Buchnachweis weder rechtzeitig geführt noch zulässigerweise ergänzt oder berichtigt, kann die Ausfuhrlieferung gleichwohl steuerfrei sein, wenn auf Grund der objektiven Beweislage feststeht, dass die Voraussetzungen des § 6 Abs. 1 bis Abs. 3a UStG vorliegen (BFH-Urteil vom 28.5.2009, V R 23/08, BStBl. 2010 II S. 517).

(4) ¹Der Inhalt und der Umfang des buchmäßigen Nachweises sind in Form von Sollvorschriften geregelt (§ 13 Abs. 2 bis 6 UStDV). ²Der Unternehmer kann den Nachweis auch in anderer Weise führen. ³Er muss jedoch in jedem Fall die Grundsätze des § 13 Abs. 1 UStDV beachten.

(5) ¹Bei der Aufzeichnung der Menge und der handelsüblichen Bezeichnung des Gegenstands der Lieferung sind Sammelbezeichnungen, z.B. Lebensmittel oder Textilien, in der Regel nicht ausreichend (vgl. Abschnitt 14.5 Abs. 15). ²Aus der Aufzeichnung der Art und des Umfangs einer etwaigen Bearbeitung oder Verarbeitung vor der Ausfuhr (vgl. Abschnitt 6.1 Abs. 5) sollen auch der Name und die Anschrift des mit der Bearbeitung oder Verarbeitung Beauftragten, die Bezeichnung des betreffenden Auftrags sowie die Menge und handelsübliche Bezeichnung des ausgeführten Gegenstands hervorgehen. ³Als Grundlage dieser Aufzeichnungen können die Belege dienen, die der Unternehmer über die Bearbeitung oder Verarbeitung erhalten hat (vgl. Abschnitt 6.8).

(6) ¹Befördert oder versendet der Unternehmer oder der Abnehmer den Gegenstand der Lieferung in die in § 1 Abs. 3 UStG bezeichneten Gebiete, soll sich aus der Angabe des Berufs oder des Gewerbezweigs des Abnehmers dessen Unternehmereigenschaft sowie aus der Angabe des Erwerbszwecks des Abnehmers dessen Absicht, den Gegenstand für sein Unternehmen zu verwenden, ergeben. ²Bei Lieferungen, deren Gegenstände nach Art und/oder Menge nur zur Verwendung in dem Unternehmen des Abnehmers bestimmt sein können, genügt neben der Aufzeichnung des Berufs oder Gewerbezweigs des Abnehmers die Angabe der Art und Menge der gelieferten Gegenstände. ³In Zweifelsfällen kann der Erwerbszweck durch eine Bestätigung des Abnehmers nachgewiesen werden. ⁴Bei Lieferungen an juristische Personen des öffentlichen Rechts ist davon auszugehen, dass die Lieferungen für deren hoheitlichen und nicht für deren unternehmerischen Bereich ausgeführt worden sind, sofern nicht der Unternehmer anhand von Aufzeichnungen und Belegen, z.B. durch eine Bescheinigung des Abnehmers, das Gegenteil nachweist. ⁵Wenn der Abnehmer kein Unternehmer ist, soll sich aus den Aufzeichnungen der Bestimmungsort im übrigen Drittlandsgebiet ergeben.

(7) Bei den in § 6 Abs. 3 UStG bezeichneten Lieferungen von Gegenständen, die zur Ausrüstung oder Versorgung eines Beförderungsmittels bestimmt sind (vgl. Abschnitt 6.4), soll der Unternehmer zusätzlich zu den in § 13 Abs. 2 UStDV bezeichneten Angaben Folgendes aufzeichnen (§ 13 Abs. 5 UStDV):

1. den Gewerbezweig oder Beruf des ausländischen Abnehmers zum Nachweis der Unternehmereigenschaft des Abnehmers und

2. ¹den Zweck, dem das ausgerüstete oder versorgte Beförderungsmittel dient, zum Nachweis des unternehmerischen Verwendungszwecks. ²Es genügt die Angabe der Art des Beförderungsmittels, wenn es seiner Art nach nur unternehmerischen Zwecken dienen kann, z.B. Lastkraftwagen, Reiseomnibus, Frachtschiff. ³Bei anderen Beförderungsmitteln, z.B. Personenkraftwagen, Krafträdern, Sport- und Vergnügungsbooten oder Sportflugzeugen, ist davon auszugehen, dass sie nichtunternehmerischen Zwecken dienen, es sei denn, dass nach der Gesamtheit der bei dem Unternehmer befindlichen Unterlagen kein ernstlicher Zweifel daran besteht, dass das Beförderungsmittel den Zwecken des Unternehmens des Abnehmers dient. ⁴Eine Bescheinigung des Abnehmers über den Verwendungszweck des Beförderungsmittels reicht wegen der fehlenden Nachprüfungsmöglichkeit in der Regel nicht aus.

(8) Zum Buchnachweis beim nichtkommerziellen Reiseverkehr vgl. Abschnitt 6.11 Abs. 11.

§ 6 UStAE 6.11.

6.11. Ausfuhrlieferungen im nichtkommerziellen Reiseverkehr

Allgemeines

(1) [1]Bei den Ausfuhrlieferungen im nichtkommerziellen Reiseverkehr (§ 6 Abs. 3a UStG) handelt es sich um Fälle, in denen der Abnehmer Waren zu nichtunternehmerischen Zwecken erwirbt und im persönlichen Reisegepäck in das Drittlandsgebiet verbringt. [2]Zum „persönlichen Reisegepäck" gehören diejenigen Gegenstände, die der Abnehmer bei einem Grenzübertritt mit sich führt, z.B. das Handgepäck oder die in einem von ihm benutzten Fahrzeug befindlichen Gegenstände, sowie das anlässlich einer Reise aufgegebene Handgepäck. [3]Als Reise sind auch Einkaufsfahrten und der Berufsverkehr anzusehen. [4]Ein Fahrzeug, seine Bestandteile und sein Zubehör sind kein persönliches Reisegepäck. [5]Keine Ausfuhr im Reiseverkehr liegt vor, wenn der Käufer die Ware durch einen Spediteur, durch Bahn oder Post oder durch einen sonstigen Frachtführer in ein Drittland versendet.

Ausfuhrnachweis

(2) [1]Die Verbringung des Liefergegenstands in das Drittlandsgebiet soll grundsätzlich durch eine Ausfuhrbestätigung der den Ausgang des Gegenstands aus dem Gemeinschaftsgebiet überwachenden Grenzzollstelle eines EU-Mitgliedstaats (Ausgangszollstelle) nachgewiesen werden (§ 9 Abs. 1 UStDV, Abschnitt 6.6 Abs. 3). [2]Die Ausfuhrbestätigung erfolgt durch einen Sichtvermerk der Ausgangszollstelle der Gemeinschaft auf der vorgelegten Rechnung oder dem vorgelegten Ausfuhrbeleg. [3]Unter Sichtvermerk ist der Dienststempelabdruck der Ausgangszollstelle mit Namen der Zollstelle und Datum zu verstehen.

(3) [1]Als ausreichender Ausfuhrnachweis ist grundsätzlich ein Beleg (Rechnung oder ein entsprechender Beleg) anzuerkennen, der mit einem gültigen Stempelabdruck der Ausgangszollstelle versehen ist. [2]Das gilt auch dann, wenn außer dem Stempelabdruck keine weiteren Angaben, z.B. Datum und Unterschrift, gemacht wurden oder wenn auf besonderen Ausfuhrbelegen die vordruckmäßig vorgesehenen Ankreuzungen fehlen. [3]Entscheidend ist, dass sich aus dem Beleg die Abfertigung des Liefergegenstands zur Ausfuhr durch die Ausgangszollstelle erkennen lässt.

(4) [1]Der Ausfuhrbeleg (Rechnung oder entsprechender Beleg) soll u.a. auch die handelsübliche Bezeichnung und die Menge des ausgeführten Gegenstands enthalten. [2]Handelsüblich ist dabei jede im Geschäftsverkehr für einen Gegenstand allgemein verwendete Bezeichnung, z.B. auch Markenbezeichnungen. [3]Handelsübliche Sammelbezeichnungen, z.B. Baubeschläge, Büromöbel, Kurzwaren, Spirituosen, Tabakwaren, Waschmittel, sind ausreichend. [4]Dagegen reichen Bezeichnungen allgemeiner Art, die Gruppen verschiedener Gegenstände umfassen, z.B. Geschenkartikel, nicht aus (vgl. Abschnitt 14.5 Abs. 15). [5]Die im Ausfuhrbeleg verwendete handelsübliche Bezeichnung von Gegenständen ist nicht zu beanstanden, wenn die Ausgangszollstelle anhand der Angaben im Ausfuhrbeleg die Ausfuhr dieser Gegenstände bestätigt. [6]Damit ist ausreichend belegt, dass die Gegenstände im Ausfuhrbeleg so konkret bezeichnet worden sind, dass die Ausgangszollstelle in der Lage war, die Abfertigung dieser Gegenstände zur Ausfuhr zu bestätigen.

Nachweis der Ausfuhrfrist

(5) [1]Der Unternehmer hat die Einhaltung der Ausfuhrfrist (§ 6 Abs. 3a Nr. 2 UStG) durch Angabe des Tags der Ausfuhr im Ausfuhrbeleg nachzuweisen. [2]Fehlt auf dem Ausfuhrbeleg die Angabe des Ausfuhrtags (z.B. in den Fällen des Absatzes 2), muss der Unternehmer den Tag der Ausfuhr durch andere überprüfbare Unterlagen nachweisen.

Abnehmernachweis

(6) [1]Außer der Ausfuhr der Gegenstände hat der Unternehmer durch einen Beleg nachzuweisen, dass der Abnehmer im Zeitpunkt der Lieferung seinen Wohnort im Drittlandsgebiet hatte. [2]Wohnort ist der Ort, an dem der Abnehmer für längere Zeit seine Wohnung hat und der als der örtliche Mittelpunkt seines Lebens anzusehen ist. [3]Als Wohnort in diesem Sinne gilt der Ort, der im Reisepass oder in einem anderen in der Bundesrepublik Deutschland anerkannten Grenzübertrittspapier (insbesondere Personalausweis) eingetragen ist. [4]Der Unternehmer kann sich hiervon durch Einsichtnahme in das vom Abnehmer vorgelegte Grenzübertrittspapier überzeugen. [5]Aus dem Ausfuhrbeleg (Rechnung oder entsprechender Beleg) müssen sich daher der Name und die Anschrift des Abnehmers ergeben (Land, Wohnort, Straße und Hausnummer). [6]Ist die Angabe der vollständigen Anschrift des Abnehmers zum Beispiel auf Grund von Sprachproblemen nicht möglich, genügt neben dem Namen des Abnehmers die Angabe des Landes, in dem der Abnehmer wohnt, und die Angabe der Nummer des Reisepasses oder eines anderen anerkannten Grenzübertrittspapiers.

(7) [1]Im Ausfuhrbeleg bestätigt die Ausgangszollstelle außer der Ausfuhr, dass die Angaben zum Namen und zur Anschrift des Abnehmers mit den Eintragungen in dem vorgelegten Grenzübertrittspapier desjenigen übereinstimmen, der den Gegenstand in seinem Reisegepäck in das Drittlandsgebiet verbringt (§ 17 UStDV). [2]Ist aus dem ausländischen Grenzübertrittspapier nicht die volle Anschrift, son-

452

dern nur das Land und der Wohnort oder nur das Land ersichtlich, erteilen die Ausgangszollstellen auch in diesen Fällen die Abnehmerbestätigung. ³Derartige Abnehmerbestätigungen sind als ausreichender Belegnachweis anzuerkennen. ⁴Absatz 3 Satz 2 ist für Abnehmerbestätigungen entsprechend anzuwenden.

(8) ¹Die Abnehmerbestätigung wird von den deutschen Grenzzollstellen in folgenden Fällen trotz Vorlage eines gültigen Grenzübertrittspapiers des Ausführers nicht erteilt:

1. Die Angaben über den ausländischen Abnehmer in dem vorgelegten Beleg stimmen nicht mit den Eintragungen in dem vorgelegten Pass oder sonstigen Grenzübertrittspapier des Ausführers überein.

2. ¹Der Ausführer weist einen in einem Drittland ausgestellten Pass vor, in dem ein Aufenthaltstitel im Sinne des Aufenthaltsgesetzes für einen drei Monate übersteigenden Aufenthalt in der Bundesrepublik Deutschland oder in einem anderen EU-Mitgliedstaat eingetragen ist, wenn diese Erlaubnis noch nicht abgelaufen ist oder nach ihrem Ablauf kein Monat vergangen ist. ²Entsprechendes gilt bei der Eintragung: „Aussetzung der Abschiebung (Duldung)". ³Die Abnehmerbestätigung wird jedoch nicht versagt, wenn der Ausführer einen in einem Drittland ausgestellten Pass vorweist, in dem ein Aufenthaltstitel im Sinne des Aufenthaltsgesetzes durch eine Auslandsvertretung eines anderen EU-Mitgliedstaates für die Dauer von 180 Tagen eingetragen ist und mit dem kein Titel für einen gewöhnlichen Aufenthalt oder Wohnsitz in diesem anderen EU-Mitgliedstaat erworben wurde. ⁴Die Abnehmerbestätigung wird ebenfalls nicht versagt, wenn der Ausführer einen Pass vorweist, in dem zwar eine Aufenthaltserlaubnis eingetragen ist, die formell noch nicht abgelaufen ist, er aber gleichzeitig eine Abmeldebestätigung vorlegt, die mindestens sechs Monate vor der erneuten Ausreise ausgestellt worden ist oder der Ausführer nur eine Aufenthaltserlaubnis in der Form des Sichtvermerks (Visum) einer Auslandsvertretung der Bundesrepublik Deutschland oder eines anderen Mitgliedstaats besitzt, die zu mehrmaligen Einreisen in die Gemeinschaft, dabei jedoch nur zu einem Aufenthalt von bis zu maximal drei Monaten pro Halbjahr berechtigt (sog. Geschäftsvisum). ⁵Die Gültigkeit solcher Geschäftsvisa kann bis zu zehn Jahre betragen.

3. Der Ausführer weist einen ausländischen Personalausweis vor, der in einem Drittland ausgestellt worden ist, dessen Staatsangehörige nur unter Vorlage eines Passes und nicht lediglich unter Vorlage eines Personalausweises in die Bundesrepublik Deutschland einreisen dürfen.

4. ¹Der Ausführer weist einen deutschen oder einen in einem anderen EU-Mitgliedstaat ausgestellten Personalausweis vor. ²Bei Vorlage des deutschen Personalausweises wird die Abnehmerbestätigung jedoch in den Fällen erteilt, in denen der Inhaber des Ausweises ein Bewohner Helgolands oder der Gemeinde Büsingen ist.

5. ¹Der Ausführer weist einen deutschen oder einen in einem anderen EU-Mitgliedstaat ausgestellten Pass vor, ohne seinen im Drittland befindlichen Wohnort durch Eintragung in den Pass oder durch eine besondere Bescheinigung nachweisen zu können; als eine solche Bescheinigung ist auch ein Aufenthaltstitel eines Drittlands mit mindestens noch einjähriger Gültigkeitsdauer anzusehen. ²Bei Vorlage eines deutschen Passes wird die Abnehmerbestätigung jedoch in den Fällen erteilt, in denen der Inhaber des Passes ein Bewohner Helgolands oder der Gemeinde Büsingen ist.

6. Der Ausführer ist erkennbar ein Mitglied einer nicht in einem Drittland, sondern in der Bundesrepublik Deutschland oder in einem anderen EU-Mitgliedstaat stationierten Truppe, eines in diesen Gebieten befindlichen Gefolges oder deren Angehöriger.

7. ¹Der Ausführer legt einen vom Auswärtigen Amt ausgestellten amtlichen Pass (Diplomaten-, Ministerial- oder Dienstpass) vor. ²Bei Diplomaten- und Dienstpässen mit eingetragenem Dienstort in einem Drittland kann die Abnehmerbestätigung erteilt werden, wenn der Ausführer nachweist, dass er die Auslandsmission bereits in der Vergangenheit angetreten hat (Einreisestempel des Drittstaates, Reisepass mit entsprechendem Wohnorteintrag, durch eine besondere Bescheinigung oder durch ein Dokument über den diplomatischen oder konsularischen Aufenthalt im Ausland, das auch in den Diplomaten- oder Dienstpass eingetragen oder eingeklebt sein kann).

²In diesen Fällen kann mit Hilfe des Grenzübertrittspapiers nicht der Nachweis erbracht werden, dass der Wohnort des Abnehmers in einem Drittland liegt. ³Die deutsche Grenzzollstelle bestätigt dann lediglich die Ausfuhr des Gegenstands der Lieferung. ⁴Ferner vermerkt sie auf dem Ausfuhrbeleg den Grund dafür, warum sie die Richtigkeit des Namens und der Anschrift des ausländischen Abnehmers nicht bestätigen kann.

(9) ¹Ist der Abnehmernachweis durch eine Bestätigung der Grenzzollstelle nicht möglich oder nicht zumutbar, bestehen keine Bedenken, auch eine entsprechende Bestätigung einer amtlichen Stelle der Bundesrepublik Deutschland im Wohnsitzstaat des Abnehmers, z.B. einer diplomatischen oder konsularischen Vertretung der Bundesrepublik Deutschland oder einer im Drittlandsgebiet stationierten

§ 6 UStAE 6.11., 6.12.

Truppeneinheit der Bundeswehr, als ausreichend anzuerkennen. ²Aus dieser Bestätigung muss hervorgehen, dass die Angaben über den ausländischen Abnehmer – Name und Anschrift – im Zeitpunkt der Lieferung zutreffend waren. ³Eine Ersatzbestätigung einer Zollstelle im Drittlandsgebiet kommt dagegen nicht in Betracht. ⁴Die Erteilung von Ersatzbestätigungen durch Auslandsvertretungen der Bundesrepublik Deutschland ist gebührenpflichtig und unterliegt besonderen Anforderungen.

Ausfuhr- und Abnehmerbescheinigung

(10) ¹Für den Ausfuhrbeleg im Sinne des § 17 UStDV soll ein Vordruck nach vorgeschriebenem Muster verwendet werden. ²Es bestehen keine Bedenken, wenn die in den Abschnitten B und C des Musters enthaltenen Angaben nicht auf einem besonderen Vordruck, sondern, z.B. durch Stempelaufdruck, auf einer Rechnung angebracht werden, sofern aus dieser Rechnung der Lieferer, der ausländische Abnehmer und der Gegenstand der Lieferung ersichtlich sind.

Buchnachweis

(11) ¹Neben dem belegmäßigen Ausfuhr- und Abnehmernachweis müssen sich die Voraussetzungen der Steuerbefreiung auch eindeutig und leicht nachprüfbar aus der Buchführung ergeben (§ 13 UStDV). ²Grundlage des buchmäßigen Nachweises ist grundsätzlich der Beleg mit der Ausfuhr- und Abnehmerbestätigung der Ausgangszollstelle. ³Hat die Ausgangszollstelle die Ausfuhr der Gegenstände sowie die Angaben zum Abnehmer in dem vorgelegten Beleg bestätigt, sind die in dem Beleg enthaltenen Angaben (z.B. hinsichtlich der handelsüblichen Bezeichnung der Gegenstände und der Anschrift des Abnehmers) insoweit auch als ausreichender Buchnachweis anzuerkennen. ⁴Dies gilt auch dann, wenn zum Beispiel bei Sprachproblemen anstelle der vollständigen Anschrift lediglich das Land und die Passnummer aufgezeichnet werden.

6.12. Gesonderter Steuerausweis bei Ausfuhrlieferungen

Zu den Folgen eines gesonderten Steuerausweises bei Ausfuhrlieferungen vgl. Abschnitt 14c.1 Abs. 7.

Verwaltungsregelungen zu § 6

Datum	Anlage	Quelle	Inhalt
19.06.74	§ 006-01	BMF	Lieferungen von Gegenständen der Schiffsausrüstung an ausländische Binnenschiffer
27.11.75	§ 006-02	BMF	Umsatzsteuerfreiheit für Ausfuhrlieferungen (§ 4 Nr. 1, § 6 UStG); Lieferungen von Gegenständen, zu deren Herstellung Formen, Modelle oder Werkzeuge benötigt werden
16.10.00	§ 006-03	BMF	Dienstanweisung über die Mitwirkung der Zolldienststellen bei dem Ausfuhrnachweis für Umsatzsteuerzwecke
	§ 006-04		nicht belegt
	§ 006-05		nicht belegt
	§ 006-06		nicht belegt
15.05.97	§ 006-07	BMF	Umsatzsteuerbefreiung für Ausfuhrlieferungen im nicht kommerziellen Reiseverkehr; Belegnachweis und Buchnachweis
28.05.04	§ 006-08	BMF	Merkblatt zur Umsatzsteuerbefreiung für Ausfuhrlieferungen im nichtkommerziellen Reiseverkehr (Stand: Mai 2004)
06.01.06	§ 006-09	OFD Kob	Vernichtung von Ausfuhrbelegen mit anhängenden Originalrechnungen nach Erfassung auf vorgegebenen Datenträgern
01.06.06	§ 006-10	BMF	Anerkennung „elektronischer" Belege bei Einführung des IT-Verfahrens ATLAS-Ausfuhr als ausreichender Ausfuhrnachweis i.S. des § 9 Abs. 1, § 10 Abs. 2 UStDV
17.07.09	§ 006-11	BMF	Umsatzsteuerbefreiung für Ausfuhrlieferungen (§ 4 Nr. 1 Buchst. a, § 6 UStG): IT-Verfahren „ATLAS-Ausfuhr" – Pflicht zur Teilnahme am elektronischen Ausfuhrverfahren seit 1.7.2009; Auswirkungen auf den Ausfuhrnachweis für Umsatzsteuerzwecke

§ 6

Datum	Anlage	Quelle	Inhalt
03.05.10	§ 006-12	BMF	Umsatzsteuerbefreiung für Ausfuhrlieferungen (§ 4 Nr. 1 Buchst. a, § 6 UStG): IT-Verfahren „ATLAS-Ausfuhr" – Pflicht zur Teilnahme am elektronischen Ausfuhrverfahren seit 1.7.2009; Auswirkungen auf den Ausfuhrnachweis für Umsatzsteuerzwecke
09.12.11	§ 006-13	BMF	Beleg- und Buchnachweispflichten bei der Steuerbefreiung für Ausfuhrlieferungen und für innergemeinschaftliche Lieferungen (§ 4 Nr. 1, § 6, § 6a UStG); Änderungen der §§ 9 bis 11, 13, 17, 17a, 17b und 17c UStDV durch die Zweite Verordnung zur Änderung steuerlicher Verordnungen
06.02.12	§ 006-14	BMF	Beleg- und Buchnachweispflichten bei der Steuerbefreiung für Ausfuhrlieferungen (§ 4 Nr. 1 Buchst. a, § 6 UStG); Änderungen der §§ 9 bis 11, 13 und 17 UStDV durch die Zweite Verordnung zur Änderung steuerlicher Verordnungen

Rechtsprechungsauswahl

BFH vom 28.05.2009 – V 23/08, BStBl. 2010 II S. 517: Buchnachweis gem. § 6 Abs. 1 UStG.
1. Der Unternehmer muss den buchmäßigen Nachweis der steuerfreien Ausfuhrlieferung (§ 6 Abs. 4 UStG i.V.m. § 13 UStDV) bis zu dem Zeitpunkt führen, zu dem er die Umsatzsteuer-Voranmeldung für die Ausfuhrlieferung abzugeben hat.
2. Der Unternehmer kann fehlende oder fehlerhafte Aufzeichnungen eines rechtzeitig erbrachten Buchnachweises bis zum Schluss der letzten mündlichen Verhandlung vor dem FG nach den für Rechnungsberichtigungen geltenden Grundsätzen ergänzen oder berichten.
3. Wird der Buchnachweis weder rechtzeitig geführt noch zulässigerweise ergänzt oder berichtigt, kann die Ausfuhrlieferung gleichwohl steuerfrei sein, wenn aufgrund der objektiven Beweislage feststeht, dass die Voraussetzungen des § 6 Abs. 1 bis Abs. 3a UStG vorliegen (Änderung der Rechtsprechung).

BFH vom 23.04.2009 – V R 84/07, BStBl. 2010 II S. 509: Belegnachweis gem. § 6 Abs. 4 UStG.
1. Die Anforderungen an den nach § 6 Abs. 4 UStG i.V.m. §§ 8ff. UStDV beizubringenden Belegnachweis können nicht durch die Finanzverwaltung um weitere Voraussetzungen, wie z.B. das Erfordernis, die Bevollmächtigung eines für den Abnehmer handelnden Beauftragten belegmäßig nachzuweisen, verschärft werden.
2. Der vom Unternehmer beigebrachte Belegnachweis unterliegt der Nachprüfung durch die Finanzverwaltung. Im Rahmen dieser Prüfung ist nach den allgemeinen Beweisregeln und -grundsätzen zu entscheiden, ob eine vom Vertreter des Abnehmers behauptete Bevollmächtigung besteht. Dabei bestimmt sich die Person des Abnehmers einer Ausfuhrlieferung nach dem der Ausfuhrlieferung zugrunde liegenden Rechtsverhältnis.

BFH vom 31.07.2008 – V R 21/06, UR 2009 S. 27: Anforderungen an die Erbringung eines Ausfuhrnachweises in Beförderungsfällen.
1. Zum Nachweis einer Ausfuhrlieferung reichen die in § 6 Abs. 4 Satz 2 UStG i.V.m. § 9 USDV genannten Nachweise grundsätzlich aus.
2. Etwas anderes gilt nur, wenn konkrete Anhaltspunkte für die Unrichtigkeit der Nachweise vorliegen.
3. Abschn. 135 Abs. 9 UStR[1]) ist eine norminterpretierende Verwaltungsvorschrift, die die Gerichte nicht bindet. Insbesondere führt Abschn. 135 Abs. 9 Nr. 1 UStR nicht dazu, dass grundsätzlich die darin genannten zusätzlichen Nachweise zu erbringen sind.

BFH vom 30.07.2008 – V R 70/03, DB 2009 S. 321: Steuerbefreiung bei Ausfuhren in ein Drittland im Billigkeitsweg.
1. Aus den im Steuerrecht allgemein geltenden Grundsätzen der Verhältnismäßigkeit und des Vertrauensschutzes ergibt sich, dass die Steuerfreiheit einer Ausfuhrlieferung nicht versagt werden darf, wenn der liefernde Unternehmer die Fälschung des Ausfuhrnachweises, den der Abnehmer ihm

---
1) UStR 2000

§ 6

vorlegt, auch bei Beachtung der Sorgfalt eines ordentlichen Kaufmanns nicht hat erkennen können (Änderung der Rechtsprechung; Nachfolgeentscheidung zum EuGH-Urteil vom 21.02.2008 – Rs. C-271/06, Netto Supermarkt GmbH & Co. KG, DB 2008 S. 563 = BFH/NV Beilagen 2008 S. 199).

2. Ob die Voraussetzungen hierfür gegeben sind, ist im Erlassverfahren zu prüfen.

EuGH vom 21.02.2008 – Rs. C-271/06 – Netto Supermarkt GmbH & Co KG, UR 2008 S. 508[1]**:** Steuerbefreiung für Ausfuhr bei gefälschten Ausfuhrbelegen bei Anwendung der Sorgfalt eines ordentlichen Kaufmannes.

Art. 15 Nr. 2 der 6. EG-Richtlinie 77/388/EWG in der Fassung der Richtlinie des Rates vom 10.04.1995 ist dahin auszulegen, dass er der von einem Mitgliedstaat vorgenommenen Mehrwertsteuerbefreiung einer Ausfuhrlieferung nach einem Ort außerhalb der Europäischen Gemeinschaft nicht entgegensteht, wenn zwar die Voraussetzungen für eine derartige Befreiung nicht vorliegen, der Steuerpflichtige aber auch bei Beachtung der Sorgfalt eines ordentlichen Kaufmanns infolge der Fälschung des vom Abnehmer vorgelegten Nachweises der Ausfuhr nicht erkennen konnte.

BFH vom 02.03.2006 – V R 7/03, BStBl. 2006 II S. 672: Vorabentscheidungsersuchen an den EuGH zur Frage des Vertrauensschutzes für einen Unternehmer bei unerkennbarer Täuschung über Ausfuhren.

Dem EuGH wird folgende Frage zur Vorabentscheidung vorgelegt:

Stehen die gemeinschaftsrechtlichen Regelungen über die Steuerbefreiung bei Ausfuhren in ein Drittland einer Gewährung der Steuerbefreiung im Billigkeitswege durch den Mitgliedstaat entgegen, wenn zwar die Voraussetzungen der Befreiung nicht vorliegen, der Steuerpflichtige deren Fehlen, aber auch bei Beachtung der Sorgfalt eines ordentlichen Kaufmannes nicht erkennen konnte?

BFH vom 03.11.2005 – V R 63/02, BStBl. 2006 II S. 337: Steuerbefreiung gem. § 6 Abs. 1 UStG bei „Duty-Free"-Waren.

1. Die im Transitbereich deutscher Flughäfen ausgeführten Umsätze werden im Inland ausgeführt.
2. Der Verkauf von „Duty-Free"-Waren im Transitbereich ist nicht nach § 4 Nr. 1 Buchst. a, § 6 Abs. 1 Nr. 1 UStG 1999 befreit, weil der Unternehmer den Gegenstand der Lieferung nicht befördert oder versendet.
3. Die Steuerbefreiung nach § 4 Nr. 1 Buchst. a, § 6 Abs. 1 Nr. 2, Abs. 3a Nr. 1 UStG 1999 setzt einen Abnehmernachweis voraus.

BFH vom 06.05.2004 – V B 101/03, DStRE 2004 S. 908: Keine analoge Anwendung von § 6a Abs. 4 UStG auf Ausfuhrlieferungen:

Die für innergemeinschaftliche Lieferungen geltende Vertrauensschutzregelung in § 6a Abs. 4 UStG ist nicht auf Ausfuhrlieferungen in Drittstaaten anwendbar.

BFH vom 30.09.1999 – V R 77/98, BStBl. 2000 II S. 14: Kfz-Ölwechsel und Kfz-Inspektion im Inland an ausländischen Fahrzeugen.

Ein Kfz-Ölwechsel ist als Lieferung von Motoröl zu beurteilen. Dieser Umsatz ist nicht als Ausfuhrlieferung steuerfrei, wenn der Kfz-Ölwechsel für einen außengebietlichen Nichtunternehmer durchgeführt wird.

Eine Kfz-Inspektion mit Ölwechsel ist eine sonstige Leistung. Dieser Umsatz kann gegenüber einem außengebietlichen Auftraggeber als Lohnveredelung an Gegenständen der Ausfuhr steuerfrei sein.

FG Köln vom 20.05.1998 – 2 V 26 89/98 – rechtskräftig, EFG 1998 S. 1291: Erfolgt die Übersendung der von deutschen Auslandsvertretungen bestellten Waren über die Kurierstelle des Auswärtigen Amtes, liegt keine steuerfreie Ausfuhrlieferung vor.

BFH vom 23.05.1995 – V B 21/95, BFH/NV 1995 S. 1104: Beleg- und Buchnachweis als Voraussetzung für die Steuerbefreiung der Ausfuhrlieferung.

1. Nur inhaltlich richtige Beleg- und Buchnachweise sind Voraussetzung für die Steuerfreiheit einer Ausfuhrlieferung.
2. Die in den Belegen und den buchmäßigen Aufzeichnungen beurkundeten Tatsachen können mit allen dafür geeigneten Beweismitteln widerlegt oder in Zweifel gezogen werden.

---

1) Antwort auf das Vorabentscheidungsersuchen des BFH vom 02.03.2006

§ 6

BFH vom 14.12.1994 – XI R 70/93, BStBl. 1995 II S. 515: Nachweispflichten des Unternehmers beim sog. Export über den Ladentisch (UStG 1980 § 4 Nr. 1, § 6 Abs. 1 Nr. 2, § 6 Abs. 4; UStDV 1980 §§ 8, 13, 15).

Über die beleg- und buchmäßigen Nachweise der §§ 8 Abs. 1, 15 UStDV 1980 und des § 13 Abs. 1 UStDV 1980 hinaus ist die Ausfuhr nach § 6 Abs. 1 Nr. 2 UStG 1980 nur befreit, wenn feststeht, daß der Abnehmer ein außengebietlicher Abnehmer ist.

FG München vom 17.03.1994 – 14 K 2939/93 – rechtskräftig, UVR 1994 S. 278: Kein Buchnachweis bei fingierten Abnehmern.

Ausfuhrlieferungen gem. § 6 Abs. 1 Nr. 1 UStG 1980 ist die Steuerbefreiung mangels Buchnachweises zu versagen, wenn die Angaben über die Abnehmer fingiert sind.

FG München vom 13.05.1992 – 3 K 3310/84, EFG 1992 S. 695: Leichte und eindeutige Nachprüfbarkeit von Ausfuhrnachweisen.

Lassen die von einem Unternehmer als Ausfuhrbelege erstellten Ausfuhrkassenzettel und zugehörigen Rechnungen es nicht zu, eindeutig und auf einfache Weise festzustellen, welchen Umfang die von ihm durchgeführten Ausfuhrlieferungen hatten, so sind die Voraussetzungen der USt-Befreiung für sämtliche innerhalb des streitigen Zeitraums getätigten Ausfuhrlieferungen nicht gegeben.

Bayer. ObLG vom 13.06.1989 – 4 St 206/88, UR 1990 S. 396: Strafrechtliche Folgen fehlerhafter Beurkundungen von Ausfuhrbescheinigungen.

1. Die von der Grenzzollstelle ausgestellte Ausfuhrbestätigung i. S. des § 9 Nr. 4 UStDV 1980 ist eine öffentliche Urkunde i. S. des § 348 StGB[1].
2. Am öffentlichen Glauben, der durch die Strafvorschrift des § 348 StGB geschützt werden soll, nehmen nur diejenigen Tatsachen teil, die nach den Bestimmungen des UStG und der UStDV amtlich festzustellen sind[2].
3. Im Falle der Ausfuhr eines im Inland erworbenen Gegenstandes durch einen außengebietlichen Abnehmer in das Außengebiet sind diese Merkmale amtlich festzustellen. Nicht vom öffentlichen Glauben wird erfaßt, ob der zuständige Beamte die bescheinigten Merkmale aufgrund eigener Wahrnehmung festgestellt und für richtig befunden hat.[3]
4. Glaubt der zuständige Beamte den Angaben des Ausführers, ohne dieselben zu kontrollieren, liegt in der Bescheinigung der tatsächlich falschen Angaben keine Falschbeurkundung i. S. des § 348 StGB, sondern eine leichtfertige Steuergefährdung i. S. des § 379 Abs. 1 Nr. 1 AO 1977.

BGH vom 04.01.1989 – 3 StR 415/88, UR 1990 S. 26: Steuerhinterziehung bei Ausfuhren (§ 370 AO 1977, § 6 UStG).

Werden zum Zwecke der Erlangung der Steuerfreiheit für Ausfuhrlieferungen i. S. des § 6 UStG 1980 im Rahmen des zu führenden Ausfuhrnachweises unrichtige Angaben zum Namen und zur Anschrift des außengebietlichen Abnehmers gemacht, liegt Steuerhinterziehung vor.[4]

BGH vom 08.02.1983 – 1 StR 765/82, BB 1983 S. 753; UR 1983 S. 94: Zur Strafbarkeit der Inanspruchnahme von Steuerbefreiung bei fehlendem Ausfuhrnachweis (§ 6 UStG 1967/1980).

Der für Ausfuhrlieferungen vorgeschriebene Nachweis durch Belege ist tatbestandliche Voraussetzung der Umsatzsteuerbefreiung.

---

1) Leitsatz nicht amtlich (aus UR)
2) Leitsatz nicht amtlich (aus UR)
3) Leitsatz nicht amtlich (aus UR)
4) Leitsatz nicht amtlich (aus UR)

§ 6a UStDV § 17a

§ 6a Innergemeinschaftliche Lieferung[1]

(1) Eine innergemeinschaftliche Lieferung (§ 4 Nr. 1 Buchstabe b) liegt vor, wenn bei einer Lieferung die folgenden Voraussetzungen erfüllt sind:

1. Der Unternehmer oder der Abnehmer hat den Gegenstand der Lieferung in das übrige Gemeinschaftsgebiet befördert oder versendet;
2. der Abnehmer ist
   a) ein Unternehmer, der den Gegenstand der Lieferung für sein Unternehmen erworben hat,
   b) eine juristische Person, die nicht Unternehmer ist oder die den Gegenstand der Lieferung nicht für ihr Unternehmen erworben hat, oder
   c) bei der Lieferung eines neuen Fahrzeuges auch jeder andere Erwerber,
   und
3. der Erwerb des Gegenstandes der Lieferung unterliegt beim Abnehmer in einem anderen Mitgliedstaat den Vorschriften der Umsatzbesteuerung.

Der Gegenstand der Lieferung kann durch Beauftragte vor der Beförderung oder Versendung in das übrige Gemeinschaftsgebiet bearbeitet oder verarbeitet worden sein.

(2) Als innergemeinschaftliche Lieferung gilt auch das einer Lieferung gleichgestellte Verbringen eines Gegenstandes (§ 3 Abs. 1a).

(3) Die Voraussetzungen der Absätze 1 und 2 müssen vom Unternehmer nachgewiesen sein. Das Bundesministerium der Finanzen kann mit Zustimmung des Bundesrates durch Rechtsverordnung bestimmen, wie der Unternehmer den Nachweis zu führen hat.

(4) Hat der Unternehmer eine Lieferung als steuerfrei behandelt, obwohl die Voraussetzungen nach Absatz 1 nicht vorliegen, so ist die Lieferung gleichwohl als steuerfrei anzusehen, wenn die Inanspruchnahme der Steuerbefreiung auf unrichtigen Angaben des Abnehmers beruht und der Unternehmer die Unrichtigkeit dieser Angaben auch bei Beachtung der Sorgfalt eines ordentlichen Kaufmanns nicht erkennen konnte. In diesem Fall schuldet der Abnehmer die entgangene Steuer.

Vorgaben im EG-Recht

USt-Recht	MwStSystRL
§ 6a Abs. 1 Satz 1 UStG	Artikel 138 Abs. 1 und 2 Buchst. a und b
§ 6a Abs. 2 UStG	Artikel 138 Abs. 2 Buchst. c
§ 6a Abs. 3 UStG, §§ 17a bis 17c UStDV	Artikel 131
§ 6a Abs. 4 UStG	Protokollerklärung Nr. 1

UStDV

Zu § 4 Nr. 1 Buchstabe b und § 6a des Gesetzes

§ 17a Nachweis bei innergemeinschaftlichen Lieferungen in Beförderungs- und Versendungsfällen

(1) Bei innergemeinschaftlichen Lieferungen (§ 6a Abs. 1 des Gesetzes) muß der Unternehmer im Geltungsbereich dieser Verordnung durch Belege nachweisen, daß er oder der Abnehmer den Gegenstand der Lieferung in das übrige Gemeinschaftsgebiet befördert oder versendet hat. Dies muß sich aus den Belegen eindeutig und leicht nachprüfbar ergeben.

(2) In den Fällen, in denen der Unternehmer oder der Abnehmer den Gegenstand der Lieferung in das übrige Gemeinschaftsgebiet befördert, soll der Unternehmer den Nachweis hierüber wie folgt führen:

---

[1] Siehe BMF vom 06.01.2009, Anlage § 006a-10; jetzt Abschnitt 6a.1ff. UStAE

1. durch das Doppel der Rechnung (§§ 14, 14a des Gesetzes),

2. durch einen handelsüblichen Beleg, aus dem sich der Bestimmungsort ergibt, insbesondere Lieferschein,

3. durch eine Empfangsbestätigung des Abnehmers oder seines Beauftragten sowie

4. in den Fällen der Beförderung des Gegenstandes durch den Abnehmer durch eine Versicherung des Abnehmers oder seines Beauftragten, den Gegenstand der Lieferung in das übrige Gemeinschaftsgebiet zu befördern.

(3) Wird der Gegenstand der Lieferung vom Unternehmer oder Abnehmer im gemeinschaftlichen Versandverfahren nach der Verordnung (EWG) Nr. 2726/90 des Rates vom 17. September 1990 über das gemeinschaftliche Versandverfahren (ABl. EG 1990 Nr. L 262 S. 1) in das übrige Gemeinschaftsgebiet befördert, so kann der Unternehmer den Nachweis hierüber abweichend von Absatz 2 auch wie folgt führen:

1. durch eine Bestätigung der Abgangsstelle über die innergemeinschaftliche Lieferung, die nach Eingang des Rückscheins erteilt wird, sofern sich daraus die Lieferung in das übrige Gemeinschaftsgebiet ergibt, oder

2. durch eine Abfertigungsbestätigung der Abgangsstelle in Verbindung mit einer Eingangsbescheinigung der Bestimmungsstelle im übrigen Gemeinschaftsgebiet.

(4) In den Fällen, in denen der Unternehmer oder der Abnehmer den Gegenstand der Lieferung in das übrige Gemeinschaftsgebiet versendet, soll der Unternehmer den Nachweis hierüber wie folgt führen:

1. durch das Doppel der Rechnung (§§ 14, 14a des Gesetzes) und

2. durch einen Beleg entsprechend § 10 Abs. 1.

Ist es dem Unternehmer nicht möglich oder nicht zumutbar, den Versendungsnachweis nach Satz 1 zu führen, kann er den Nachweis auch nach Absatz 2 oder 3 führen.

§ 17b Nachweis bei innergemeinschaftlichen Lieferungen in Bearbeitungs- oder Verarbeitungsfällen

Ist der Gegenstand der Lieferung vor der Beförderung oder Versendung in das übrige Gemeinschaftsgebiet durch einen Beauftragten bearbeitet oder verarbeitet worden (§ 6a Abs. 1 Satz 2 und Abs. 2 Nr. 2 Satz 2 des Gesetzes), so muß der Unternehmer dies durch Belege eindeutig und leicht nachprüfbar nachweisen. Der Nachweis soll durch Belege nach § 17a geführt werden, die zusätzlich die in § 11 Abs. 1 Nr. 1 bis 4 bezeichneten Angaben enthalten. Ist der Gegenstand durch mehrere Beauftragte bearbeitet oder verarbeitet worden, ist § 11 Abs. 2 entsprechend anzuwenden.

§ 17c Buchmäßiger Nachweis bei innergemeinschaftlichen Lieferungen

(1) Bei innergemeinschaftlichen Lieferungen (§ 6a Abs. 1 und 2 des Gesetzes) muß der Unternehmer im Geltungsbereich dieser Verordnung die Voraussetzungen der Steuerbefreiung einschließlich Umsatzsteuer-Identifikationsnummer des Abnehmers buchmäßig nachweisen. Die Voraussetzungen müssen eindeutig und leicht nachprüfbar aus der Buchführung zu ersehen sein.

(2) Der Unternehmer soll regelmäßig folgendes aufzeichnen:

1. den Namen und die Anschrift des Abnehmers,

2. den Namen und die Anschrift des Beauftragten des Abnehmers bei einer Lieferung, die im Einzelhandel oder in einer für den Einzelhandel gebräuchlichen Art und Weise erfolgt,

3. den Gewerbezweig oder Beruf des Abnehmers,

4. [1])die handelsübliche Bezeichnung und die Menge des Gegenstandes der Lieferung,

---
1) Fassung ab 25.12.2008

§ 6a UStDV § 17c UStAE 6a.1.

5. [1)]*den Tag der Lieferung,*
6. *das vereinbarte Entgelt oder bei der Besteuerung nach vereinnahmten Entgelten das vereinnahmte Entgelt und den Tag der Vereinnahmung,*
7. *die Art und den Umfang einer Bearbeitung oder Verarbeitung vor der Beförderung oder der Versendung in das übrige Gemeinschaftsgebiet (§ 6a Abs. 1 Satz 2 und Abs. 2 Nr. 2 Satz 2 des Gesetzes),*
8. *die Beförderung oder Versendung in das übrige Gemeinschaftsgebiet,*
9. *den Bestimmungsort im übrigen Gemeinschaftsgebiet.*

(3) In den einer Lieferung gleichgestellten Verbringungsfällen (§ 6a Abs. 2 Nr. 1 des Gesetzes) soll der Unternehmer folgendes aufzeichnen:
1. *die handelsübliche Bezeichnung und die Menge des verbrachten Gegenstandes,*
2. *die Anschrift und die Umsatzsteuer-Identifikationsnummer des im anderen Mitgliedstaat belegenen Unternehmensteils,*
3. *den Tag des Verbringens,*
4. *die Bemessungsgrundlage nach § 10 Abs. 4 Nr. 1 des Gesetzes.*

(4) In den Fällen, in denen neue Fahrzeuge an Abnehmer ohne Umsatzsteuer-Identifikationsnummer in das übrige Gemeinschaftsgebiet geliefert werden, soll der Unternehmer folgendes aufzeichnen:
1. *den Namen und die Anschrift des Erwerbers,*
2. *die handelsübliche Bezeichnung des gelieferten Fahrzeuges,*
3. *den Tag der Lieferung,*
4. *das vereinbarte Entgelt oder bei der Besteuerung nach vereinnahmten Entgelten das vereinnahmte Entgelt und den Tag der Vereinnahmung,*
5. *die in § 1b Abs. 2 und 3 des Gesetzes bezeichneten Merkmale,*
6. *die Beförderung oder Versendung in das übrige Gemeinschaftsgebiet,*
7. *den Bestimmungsort im übrigen Gemeinschaftsgebiet.*

UStAE
Zu § 6a UStG

6a.1. Innergemeinschaftliche Lieferungen

(1) [1]Eine innergemeinschaftliche Lieferung setzt eine im Inland steuerbare Lieferung (§ 1 Abs. 1 Nr. 1 UStG) voraus. [2]Gegenstand der Lieferung muss ein körperlicher Gegenstand sein, der vom liefernden Unternehmer, vom Abnehmer oder von einem vom liefernden Unternehmer oder vom Abnehmer beauftragten Dritten in das übrige Gemeinschaftsgebiet befördert oder versendet wird (§ 3 Abs. 6 Satz 1 UStG). [3]Das Vorliegen einer innergemeinschaftlichen Lieferung kommt nicht in Betracht für Lieferungen von Gas über das Erdgasnetz und von Elektrizität im Sinne des § 3g UStG. [4]Werklieferungen (§ 3 Abs. 4 UStG) können unter den Voraussetzungen des § 3 Abs. 6 Satz 1 UStG innergemeinschaftliche Lieferungen sein.

(2) [1]Bei Reihengeschäften (§ 3 Abs. 6 Satz 5 UStG) kommt die Steuerbefreiung einer innergemeinschaftlichen Lieferung nur für die Lieferung in Betracht, der die Beförderung oder Versendung des Liefergegenstands zuzurechnen ist. [2]Im Rahmen eines Reihengeschäfts, bei dem die Warenbewegung im Inland beginnt und im Gebiet eines anderen Mitgliedstaates endet, kann daher mit der Beförderung oder Versendung des Liefergegenstands in das übrige Gemeinschaftsgebiet nur eine innergemeinschaftliche Lieferung im Sinne des § 6a UStG bewirkt werden. [3]Die Steuerbefreiung kommt demnach nur bei der Beförderungs- oder Versendungslieferung zur Anwendung (vgl. Abschnitt 3.14 Abs. 13).

(2a) Die Steuerbefreiung für innergemeinschaftliche Lieferungen (§ 4 Nr. 1 Buchstabe b, § 6a UStG) kommt nicht in Betracht, wenn für die Lieferung eines Gegenstands in das übrige Gemeinschaftsge-

---
1) Fassung ab 25.12.2008

biet auch die Voraussetzungen der Steuerbefreiungen nach § 4 Nr. 17, 19 oder 28 oder nach § 25c Abs. 1 und 2 UStG vorliegen.

(3) ¹Die Person/Einrichtung, die eine steuerfreie innergemeinschaftliche Lieferung bewirken kann, muss ein Unternehmer sein, der seine Umsätze nach den allgemeinen Vorschriften des Umsatzsteuergesetzes besteuert (sog. Regelversteuerer). ²Auf Umsätze von Kleinunternehmern, die nicht nach § 19 Abs. 2 UStG zur Besteuerung nach den allgemeinen Vorschriften des Umsatzsteuergesetzes optiert haben, auf Umsätze im Rahmen eines land- und forstwirtschaftlichen Betriebs, auf die die Durchschnittssätze nach § 24 UStG angewendet werden, und auf Umsätze, die der Differenzbesteuerung nach § 25a UStG unterliegen, findet die Steuerbefreiung nach § 4 Nr. 1 Buchstabe b, § 6a UStG keine Anwendung (vgl. § 19 Abs. 1 Satz 4, § 24 Abs. 1 Satz 2, § 25a Abs. 5 Satz 2 und § 25a Abs. 7 Nr. 3 UStG).

(4) Die Steuerbefreiung einer innergemeinschaftlichen Lieferung erstreckt sich auf das gesamte Entgelt, das für die Lieferung vereinbart oder vereinnahmt worden ist.

(5) Abschnitt 6.1 Abs. 6 Nr. 2 ist entsprechend anzuwenden.

Beförderung oder Versendung in das übrige Gemeinschaftsgebiet (§ 6a Abs. 1 Satz 1 Nr. 1 UStG)

(6) ¹Das Vorliegen einer innergemeinschaftlichen Lieferung setzt voraus, dass der Unternehmer, der Abnehmer oder ein vom liefernden Unternehmer oder vom Abnehmer beauftragter Dritter den Gegenstand der Lieferung in das übrige Gemeinschaftsgebiet befördert oder versendet hat. ²Eine Beförderungslieferung liegt vor, wenn der liefernde Unternehmer, der Abnehmer oder ein von diesen beauftragter unselbständiger Erfüllungsgehilfe den Gegenstand der Lieferung befördert. ³Befördern ist jede Fortbewegung eines Gegenstands (§ 3 Abs. 6 Satz 2 UStG). ⁴Eine Versendungslieferung liegt vor, wenn die Beförderung durch einen selbständigen Beauftragten ausgeführt oder besorgt wird. ⁵Zu den weiteren Voraussetzungen einer Beförderungs- oder Versendungslieferung vgl. Abschnitt 3.12 Abs. 2 bzw. Abs. 3.

(7) ¹Das übrige Gemeinschaftsgebiet umfasst die gemeinschaftsrechtlichen Inlandsgebiete der EU-Mitgliedstaaten mit Ausnahme des Inlands der Bundesrepublik Deutschland im Sinne des § 1 Abs. 2 Satz 1 UStG. ²Zu den einzelnen Gebieten des übrigen Gemeinschaftsgebiets vgl. Abschnitt 1.10.

(8) ¹Die Beförderung oder Versendung des Gegenstands der Lieferung „in das übrige Gemeinschaftsgebiet" erfordert, dass die Beförderung oder Versendung im Inland beginnt und im Gebiet eines anderen Mitgliedstaats endet. ²Der Liefergegenstand muss somit das Inland der Bundesrepublik Deutschland physisch verlassen haben und tatsächlich in das übrige Gemeinschaftsgebiet gelangt, d.h. dort physisch angekommen sein. ³Hat der Empfänger einer innergemeinschaftlichen Lieferung (Abnehmer) im Bestimmungsmitgliedstaat in seiner Mehrwertsteuererklärung den Erwerb des Gegenstands als innergemeinschaftlichen Erwerb erklärt, kann dies nur ein zusätzliches Indiz dafür darstellen, dass der Liefergegenstand tatsächlich das Inland physisch verlassen hat. ⁴Ein maßgeblicher Anhaltspunkt für das Vorliegen einer innergemeinschaftlichen Lieferung ist dies jedoch nicht.

Empfänger (= Abnehmer) der Lieferung (§ 6a Abs. 1 Satz 1 Nr. 2 UStG)

(9) Empfänger einer innergemeinschaftlichen Lieferung können nur folgende Personen sein:

1. Unternehmer, die den Gegenstand der Lieferung für ihr Unternehmen erworben haben;
2. juristische Personen, die nicht Unternehmer sind oder die den Gegenstand der Lieferung nicht für ihr Unternehmen erworben haben oder
3. bei der Lieferung eines neuen Fahrzeugs auch jeder andere Erwerber.

(10) ¹Der Abnehmer im Sinne des § 6a Abs. 1 Satz 1 Nr. 2 UStG muss der Empfänger der Lieferung bzw. der Abnehmer des Gegenstands der Lieferung sein. ²Das ist regelmäßig diejenige Person/Einrichtung, der der Anspruch auf die Lieferung zusteht und gegen die sich der zivilrechtliche Anspruch auf Zahlung des Kaufpreises richtet.

(11) ¹Eine Person/Einrichtung, die den Gegenstand für ihr Unternehmen erwirbt, muss zum Zeitpunkt der Lieferung Unternehmer sein. ²Es ist nicht erforderlich, dass dieser Unternehmer im Ausland ansässig ist. ³Es kann sich auch um einen im Inland ansässigen Unternehmer handeln. ⁴Unerheblich ist auch, ob es sich (ggf. nach dem Recht eines anderen Mitgliedstaates) bei dem Abnehmer um einen Kleinunternehmer, um einen Unternehmer, der ausschließlich steuerfreie den Vorsteuerabzug ausschließende Umsätze ausführt, oder um einen Land- und Forstwirt handelt, der seine Umsätze nach einer Pauschalregelung besteuert.

(12) ¹Von der Unternehmereigenschaft des Abnehmers kann regelmäßig ausgegangen werden, wenn dieser gegenüber dem liefernden Unternehmer mit einer ihm von einem anderen Mitgliedstaat erteilten, im Zeitpunkt der Lieferung gültigen USt-IdNr. auftritt. ²Nicht ausreichend ist es, wenn die

§ 6a UStAE 6a.1.

USt-IdNr. im Zeitpunkt des Umsatzes vom Abnehmer lediglich beantragt wurde. ³Die USt-IdNr. muss vielmehr im Zeitpunkt des Umsatzes gültig sein. ⁴Zur Aufzeichnung der USt-IdNr. und zum Nachweis der Gültigkeit vgl. Abschnitt 6a.4 Abs. 1 und 2.

(13) Von einem Erwerb des Gegenstands für das Unternehmen des Abnehmers kann regelmäßig ausgegangen werden, wenn der Abnehmer mit einer ihm von einem anderen Mitgliedstaat erteilten, im Zeitpunkt der Lieferung gültigen USt-IdNr. auftritt und sich aus der Art und Menge der erworbenen Gegenstände keine berechtigten Zweifel an der unternehmerischen Verwendung ergeben.

(14) ¹Die Lieferung kann auch an eine juristische Person, die nicht Unternehmer ist oder die den Gegenstand nicht für ihr Unternehmen erwirbt, bewirkt werden. ²Es kann sich um eine juristische Person des öffentlichen oder des privaten Rechts handeln. ³Die juristische Person kann im Ausland (z.B. eine ausländische Gebietskörperschaft, Anstalt oder Stiftung des öffentlichen Rechts oder ein ausländischer gemeinnütziger Verein) oder im Inland ansässig sein. ⁴Von der Eigenschaft der juristischen Person als zur Erwerbsbesteuerung verpflichteter Abnehmer kann nur dann ausgegangen werden, wenn sie gegenüber dem liefernden Unternehmer mit einer ihr von einem anderen Mitgliedstaat erteilten, im Zeitpunkt der Lieferung gültigen USt-IdNr. auftritt.

(15) ¹Bei der Lieferung eines neuen Fahrzeugs kommt es auf die Eigenschaft des Abnehmers nicht an. ²Hierbei kann es sich auch um Privatpersonen handeln. ³Zum Begriff der neuen Fahrzeuge vgl. § 1b UStG und Abschnitt 1b.1.

Besteuerung des innergemeinschaftlichen Erwerbs in einem anderen Mitgliedstaat (§ 6a Abs. 1 Satz 1 Nr. 3 UStG)

(16) ¹Zu den Voraussetzungen einer innergemeinschaftlichen Lieferung gehört nach § 6a Abs. 1 Satz 1 Nr. 3 UStG, dass der Erwerb des Gegenstands der Lieferung beim Abnehmer in einem anderen Mitgliedstaat den Vorschriften der Umsatzbesteuerung (Besteuerung des innergemeinschaftlichen Erwerbs; kurz: Erwerbsbesteuerung) unterliegt. ²Die Steuerbefreiung für innergemeinschaftliche Lieferungen kommt daher für andere Gegenstände als verbrauchsteuerpflichtige Waren und neue Fahrzeuge nicht in Betracht, wenn der Abnehmer Kleinunternehmer, Unternehmer, der ausschließlich steuerfreie den Vorsteuerabzug ausschließende Umsätze ausführt, Land- oder Forstwirt ist, der seine Umsätze nach einer Pauschalregelung versteuert, oder eine nicht unternehmerische juristische Personen ist und die innergemeinschaftlichen Erwerbe dieses Abnehmerkreises im Bestimmungsmitgliedstaat des gelieferten Gegenstands nicht der Mehrwertsteuer unterliegen, weil im Bestimmungsmitgliedstaat die dortige Erwerbsschwelle vom Abnehmer nicht überschritten wird und er dort auch nicht zur Besteuerung seiner innergemeinschaftlichen Erwerbe optiert hat.

Beispiel 1:

¹Das in Deutschland ansässige Saatgutunternehmen D liefert am 3.3.01 Saatgut an einen Frankreich ansässigen Landwirt F, der dort mit seinen Umsätzen der Pauschalregelung für Land- und Forstwirte unterliegt. ²Das Saatgut wird durch einen Spediteur im Auftrag des D vom Sitz des D zum Sitz des F nach Amiens befördert. ³Das Entgelt für das Saatgut beträgt 2.000 €. ⁴F hat außer dem Saatgut im Jahr 01 keine weiteren innergemeinschaftlichen Erwerbe getätigt und in Frankreich auch nicht zur Besteuerung der innergemeinschaftlichen Erwerbe optiert. ⁵F ist gegenüber D nicht mit einer französischen USt-IdNr. aufgetreten.

⁶Die Lieferung des D ist nicht als innergemeinschaftliche Lieferung zu behandeln, weil F mit seinem Erwerb in Frankreich nicht der Besteuerung des innergemeinschaftlichen Erwerbs unterliegt, da er unter die Pauschalregelung für Land- und Forstwirte fällt, die Erwerbsschwelle nicht überschreitet und er auf deren Anwendung nicht verzichtet hat. ⁷Die Lieferung des D ist als inländische Lieferung steuerbar und steuerpflichtig.

Beispiel 2:

¹Der in Deutschland ansässige Weinhändler D, dessen Umsätze nicht der Durchschnittssatzbesteuerung (§ 24 UStG) unterliegen, liefert am 1.4.01 fünf Kisten Wein an den in Limoges (Frankreich) ansässigen Versicherungsvertreter F (nicht zum Vorsteuerabzug berechtigter Unternehmer). ²D befördert die Ware mit eigenem Lkw nach Limoges. ³Das Entgelt für die Lieferung beträgt 1.500 €. ⁴F hat D seine französische USt-IdNr. mitgeteilt. ⁵F hat außer dem Wein im Jahr 01 keine weiteren innergemeinschaftlichen Erwerbe getätigt.

⁶Für D ist die Lieferung des Weins als verbrauchsteuerpflichtige Ware eine innergemeinschaftliche Lieferung, weil der Wein aus dem Inland nach Frankreich gelangt, der Abnehmer ein Unternehmer ist und mit der Verwendung seiner USt-IdNr. zum Ausdruck bringt, dass er die Ware für sein

Unternehmen erwirbt und den Erwerb in Frankreich der Besteuerung des innergemeinschaftlichen Erwerbs zu unterwerfen hat. [7]Da F mit seiner französischen USt-IdNr. auftritt, kann D davon ausgehen, dass der Wein für das Unternehmen des F erworben wird. [8]Unbeachtlich ist, ob F in Frankreich die Erwerbsschwelle überschritten hat oder nicht (vgl. analog für Deutschland § 1a Abs. 5 in Verbindung mit Abs. 3 UStG). [9]Unbeachtlich ist auch, ob F in Frankreich tatsächlich einen innergemeinschaftlichen Erwerb erklärt oder nicht.

(17) Durch die Regelung des § 6a Abs. 1 Satz 1 Nr. 3 UStG, nach der der Erwerb des Gegenstands in einem anderen Mitgliedstaat der Erwerbsbesteuerung unterliegen muss, wird sichergestellt, dass die Steuerbefreiung für innergemeinschaftliche Lieferungen in den Fällen nicht anzuwenden ist, in denen die in Absatz 16 bezeichneten Ausschlusstatbestände vorliegen.

(18) [1]Die Voraussetzung des § 6a Abs. 1 Satz 1 Nr. 3 UStG ist erfüllt, wenn der Abnehmer gegenüber dem liefernden Unternehmer mit einer ihm von einem anderen Mitgliedstaat erteilten USt-IdNr., im Zeitpunkt der Lieferung gültigen USt-IdNr. auftritt (vgl. BFH-Beschluss vom 5.2.2004, V B 180/03, BFH/NV 2004 S. 988). [2]Hiermit gibt der Abnehmer zu erkennen, dass er den Gegenstand steuerfrei erwerben will, weil der Erwerb in dem anderen Mitgliedstaat den dortigen Besteuerungsvorschriften unterliegt. [3]Es ist nicht erforderlich, dass der Erwerb des Gegenstands dort tatsächlich besteuert wird.

Beispiel:

[1]Der deutsche Computer-Händler H verkauft dem spanischen Abnehmer S einen Computer. [2]S lässt den Computer von seinem Beauftragten, dem in Frankreich ansässigen F abholen. [3]F tritt im Abholungszeitpunkt mit seiner ihm in Frankreich erteilten USt-IdNr. auf, die H als Abnehmer-USt-IdNr. aufzeichnet. [4]S tritt ohne USt-IdNr. auf.

[5]Die Voraussetzung des § 6a Abs. 1 Satz 1 Nr. 3 UStG ist im vorliegenden Fall nicht erfüllt, weil der Abnehmer S gegenüber dem liefernden Unternehmer H nicht mit einer ihm von einem anderen Mitgliedstaat erteilten USt-IdNr. auftritt. [6]Die USt-IdNr. des F als Beauftragter des S kann für Zwecke des § 6a Abs. 1 Satz 1 Nr. 3 UStG keine Verwendung finden.

[4]Die Voraussetzung, dass der Erwerb des Gegenstands der Erwerbsbesteuerung unterliegt, ist auch erfüllt, wenn der innergemeinschaftliche Erwerb in dem anderen Mitgliedstaat steuerfrei ist oder dem sog. Nullsatz (Steuerbefreiung mit Vorsteuerabzug) unterliegt.

Bearbeitung oder Verarbeitung vor der Beförderung oder Versendung in das übrige Gemeinschaftsgebiet (§ 6a Abs. 1 Satz 2 UStG)

(19) [1]Der Gegenstand der Lieferung kann durch Beauftragte vor der Beförderung oder Versendung in das übrige Gemeinschaftsgebiet bearbeitet oder verarbeitet worden sein. [2]Der Ort, an dem diese Leistungen tatsächlich erbracht werden, kann sich im Inland, im Drittland oder in einem anderen Mitgliedstaat mit Ausnahme des Bestimmungsmitgliedstaats befinden. [3]Die genannten Leistungen dürfen unter den Voraussetzungen des § 6a Abs. 1 Satz 2 UStG nur von einem Beauftragten des Abnehmers oder eines folgenden Abnehmers erbracht werden. [4]Erteilt der liefernde Unternehmer oder ein vorangegangener Lieferer den Bearbeitungs- oder Verarbeitungsauftrag, ist die Ausführung dieses Auftrags ein der innergemeinschaftlichen Lieferung des Unternehmers vorgelagerter Umsatz. [5]Gegenstand der Lieferung des Unternehmers ist in diesem Fall der bearbeitete oder verarbeitete Gegenstand und nicht der Gegenstand vor seiner Bearbeitung oder Verarbeitung.

Beispiel 1:

[1]Das in Italien ansässige Textilverarbeitungsunternehmen I hat bei einer in Deutschland ansässigen Weberei D1 Stoffe zur Herstellung von Herrenanzügen bestellt. [2]D1 soll die Stoffe auftragsgemäß nach Italien befördern, nachdem sie von einer in Deutschland ansässigen Färberei D2 gefärbt worden sind. [3]D2 erbringt die Färbearbeiten im Auftrag von I.

[4]D1 erbringt mit der Lieferung der Stoffe an I eine innergemeinschaftliche Lieferung. Gegenstand dieser Lieferung sind die ungefärbten Stoffe. [5]Das Einfärben der Stoffe vor ihrer Beförderung nach Italien stellt eine Bearbeitung im Sinne von § 6a Abs. 1 Satz 2 UStG dar, die unabhängig von der innergemeinschaftlichen Lieferung des D1 zu beurteilen ist. [6]Voraussetzung hierfür ist allerdings, dass I (und nicht D1) den Auftrag zu der Verarbeitung erteilt hat.

Beispiel 2:

[1]Wie Beispiel 1; die Stoffe werden jedoch vor ihrer Beförderung durch D1 in Belgien von dem dort ansässigen Unternehmen B (im Auftrag des I) eingefärbt. [2]Zu diesem Zweck transportiert D1 die Stoffe zunächst nach Belgien und nach ihrer Einfärbung von dort nach Italien.

[3]D1 erbringt auch in diesem Falle eine im Inland steuerbare innergemeinschaftliche Lieferung an I. [4]Die Be- oder Verarbeitung des Liefergegenstands kann auch in einem anderen Mitgliedstaat als dem des Beginns oder Endes der Beförderung oder Versendung erfolgen.

463

§ 6a

UStAE 6a.1., 6a.2.

Innergemeinschaftliches Verbringen als innergemeinschaftliche Lieferung (§ 6a Abs. 2 UStG)

(20) [1]Als innergemeinschaftliche Lieferung gilt nach § 6a Abs. 2 UStG auch das einer Lieferung gleichgestellte Verbringen eines Gegenstands (§ 3 Abs. 1a UStG). [2]Zu den Voraussetzungen eines innergemeinschaftlichen Verbringens vgl. Abschnitt 1a.2. [3]Ebenso wie bei einer innergemeinschaftlichen Lieferung nach § 6a Abs. 1 UStG ist auch bei einem innergemeinschaftlichen Verbringen nach § 6a Abs. 2 UStG die Steuerbefreiung davon abhängig, dass der Vorgang in dem anderen Mitgliedstaat der Erwerbsbesteuerung unterliegt. [4]Die Absätze 16 bis 18 sind entsprechend anzuwenden.

6a.2. Nachweis der Voraussetzungen der Steuerbefreiung für innergemeinschaftliche Lieferungen
Allgemeines

(1) [1]Nach § 6a Abs. 3 Satz 1 UStG muss der liefernde Unternehmer die Voraussetzungen für das Vorliegen einer innergemeinschaftlichen Lieferung im Sinne von § 6a Abs. 1 und 2 UStG nachweisen. [2]Nach § 17c Abs. 1 Satz 1 UStDV hat der Unternehmer die Voraussetzungen der Steuerbefreiung der innergemeinschaftlichen Lieferung einschließlich der USt-IdNr. des Abnehmers buchmäßig nachzuweisen; die Voraussetzungen müssen eindeutig und leicht nachprüfbar aus der Buchführung zu ersehen sein (sog. Buchnachweis; § 17c Abs. 1 Satz 2 UStDV). [3]Unter einem Buchnachweis ist ein Nachweis durch Bücher oder Aufzeichnungen in Verbindung mit Belegen zu verstehen. [4]Der Buchnachweis verlangt deshalb stets mehr als den bloßen Nachweis entweder nur durch Aufzeichnungen oder nur durch Belege. [5]Belege werden durch die entsprechenden und erforderlichen Hinweise bzw. Bezugnahmen in den stets notwendigen Aufzeichnungen Bestandteil der Buchführung und damit des Buchnachweises, so dass beide eine Einheit bilden.

(2) [1]Die §§ 17a (Nachweis bei innergemeinschaftlichen Lieferungen in Beförderungs- und Versendungsfällen) und 17b UStDV (Nachweis bei innergemeinschaftlichen Lieferungen in Bearbeitungs- oder Verarbeitungsfällen) regeln, mit welchen Belegen der Unternehmer den Nachweis zu führen hat. [2]Nach § 17a Abs. 1 UStDV muss der Unternehmer bei innergemeinschaftlichen Lieferungen durch Belege nachweisen, dass er oder der Abnehmer den Gegenstand der Lieferung in das übrige Gemeinschaftsgebiet befördert oder versendet hat; dies muss sich aus den Belegen eindeutig und leicht nachprüfbar ergeben (sog. Belegnachweis). [3]Hinsichtlich der übrigen Voraussetzungen des § 6a Abs. 1 UStG (z.B. Unternehmereigenschaft des Abnehmers, Verpflichtung des Abnehmers zur Erwerbsbesteuerung im Bestimmungsmitgliedstaat), die auch nachgewiesen werden müssen, enthält die UStDV keine besonderen Regelungen für den Belegnachweis.

(3) [1]Grundsätzlich hat allein der Unternehmer die Feststellungslast für das Vorliegen der Voraussetzungen der Steuerbefreiung zu tragen. [2]Die Finanzverwaltung ist nicht an seiner Stelle verpflichtet, die Voraussetzungen der Steuerbefreiung nachzuweisen. [3]Insbesondere ist die Finanzverwaltung nicht verpflichtet, auf Verlangen des Unternehmers ein Auskunftsersuchen an die Finanzverwaltung im Zuständigkeitsbereich des vermeintlichen Abnehmers der innergemeinschaftlichen Lieferung zu stellen (vgl. EuGH-Urteil vom 27.9.2007, Rs. C-184/05, Twoh International, BStBl. II S. 83). [4]Kann der Unternehmer den beleg- und buchmäßigen Nachweis nicht, nicht vollständig oder nicht zeitnah führen, ist deshalb grundsätzlich davon auszugehen, dass die Voraussetzungen der Steuerbefreiung einer innergemeinschaftlichen Lieferung (§ 6a Abs. 1 und 2 UStG) nicht erfüllt sind. [5]Etwas anderes gilt ausnahmsweise dann, wenn – trotz der Nichterfüllung, der nicht vollständigen oder der nicht zeitnah erbrachten Erfüllung des Buchnachweises – auf Grund der vorliegenden Belege und der sich daraus ergebenden tatsächlichen Umstände objektiv feststeht, dass die Voraussetzungen des § 6a Abs. 1 und 2 UStG vorliegen. [6]Damit kann ein zweifelsfreier Belegnachweis Mängel beim Buchnachweis heilen. [7]Dient der Verstoß gegen die Nachweispflichten nach § 6a Abs. 3 UStG aber dazu, die Identität des Abnehmers der innergemeinschaftlichen Lieferung zu verschleiern, um diesem im Bestimmungsmitgliedstaat eine Mehrwertsteuerhinterziehung zu ermöglichen, kann der Unternehmer die Steuerbefreiung für die innergemeinschaftliche Lieferung auch nicht auf Grund des objektiven Nachweises ihrer Voraussetzungen in Anspruch nehmen (vgl. BFH-Urteil vom 17.2.2011, V R 30/10, BStBl. II S. 769, und EuGH-Urteil vom 7.12.2010, Rs. C-285/09, BStBl. 2011 II S. 846).

(4) Sind Mängel im Buch- und/oder Belegnachweis festgestellt worden und hat das Finanzamt z.B. durch ein bereits erfolgtes Auskunftsersuchen an den Bestimmungsmitgliedstaat die Kenntnis erlangt, dass der Liefergegenstand tatsächlich in das übrige Gemeinschaftsgebiet gelangt ist, ist auch diese Information in die objektive Beweislage einzubeziehen.

(5) [1]Der Unternehmer ist nicht von seiner grundsätzlichen Verpflichtung entbunden, den Beleg- und Buchnachweis vollständig und rechtzeitig zu führen. [2]Nur unter dieser Voraussetzung kann der Unternehmer die Vertrauensschutzregelung nach § 6a Abs. 4 UStG in Anspruch nehmen (vgl. Abschnitt 6a.8 Abs. 1 bis 4).

Voraussetzungen des Beleg- und Buchnachweises nach den §§ 17a bis 17c UStDV

(6) ¹Die §§ 17a bis 17c UStDV regeln im Einzelnen, wie der Unternehmer die Nachweise der Steuerbefreiung einer innergemeinschaftlichen Lieferung zu führen hat. ²§ 17a Abs. 1 UStDV bestimmt in Form einer Generalklausel (Mussvorschrift), dass der Unternehmer im Geltungsbereich der UStDV durch Belege nachzuweisen hat, dass er oder der Abnehmer den Liefergegenstand in das übrige Gemeinschaftsgebiet befördert oder versendet hat. ³Dies muss sich aus den Belegen leicht und eindeutig nachprüfbar ergeben.

(7) § 17c Abs. 1 UStDV setzt voraus, dass auch in der Person des Abnehmers die Voraussetzungen für die Inanspruchnahme der Steuerbefreiung durch den liefernden Unternehmer vorliegen müssen und bestimmt, dass der Unternehmer die USt-IdNr. des Abnehmers buchmäßig nachzuweisen, d.h. aufzuzeichnen hat.

(8) ¹Für die Form, den Inhalt und den Umfang des beleg- und buchmäßigen Nachweises stellt die UStDV Sollvorschriften auf. ²Erfüllt der Unternehmer diese Sollvorschriften, ist der beleg- und buchmäßige Nachweis als erfüllt anzuerkennen. ³Das Fehlen einer der in den Sollvorschriften der §§ 17aff. UStDV aufgeführten Voraussetzungen führt nicht zwangsläufig zur Versagung der Steuerbefreiung. ⁴Der jeweils bezeichnete Nachweis kann auch durch andere Belege – z.B. durch die auf den Rechnungen ausgewiesene Anschrift des Leistungsempfängers als Belegnachweis des Bestimmungsorts nach § 17a Abs. 2 Nr. 2 UStDV – erbracht werden. ⁵Weicht der Unternehmer von den Sollvorschriften der UStDV ab und führt den Nachweis über die innergemeinschaftliche Lieferung anhand anderer Belege, können diese nur dann als Nachweise anerkannt werden, wenn

1. sich aus der Gesamtheit der Belege die innergemeinschaftliche Lieferung eindeutig und leicht nachprüfbar ergibt (§ 17a Abs. 1 Satz 2 UStDV) und

2. die buchmäßig nachzuweisenden Voraussetzungen eindeutig und leicht nachprüfbar aus der Buchführung zu ersehen sind (§ 17c Abs. 1 UStDV).

(9) Abschnitt 6.5 Abs. 2 bis 4 ist entsprechend anzuwenden.

6a.3. Belegnachweis in Beförderungsfällen

(1) Nach § 17a Abs. 2 UStDV soll in den Fällen, in denen der Unternehmer oder der Abnehmer den Gegenstand der Lieferung in das übrige Gemeinschaftsgebiet befördert, der Unternehmer den Nachweis hierüber wie folgt führen:

1. durch das Doppel der Rechnung (§§ 14, 14a UStG),

2. durch einen handelsüblichen Beleg, aus dem sich der Bestimmungsort ergibt, insbesondere Lieferschein;

3. durch eine Empfangsbestätigung des Abnehmers oder seines Beauftragten und

4. in den Fällen der Beförderung des Gegenstands durch den Abnehmer durch eine Versicherung des Abnehmers oder seines Beauftragten, den Gegenstand der Lieferung in das übrige Gemeinschaftsgebiet zu befördern.

(2) ¹Der Unternehmer kann den nach § 17a UStDV erforderlichen Belegnachweis ggf. bis zum Schluss der mündlichen Verhandlung vor dem Finanzgericht nachholen. ²Das gilt in Abholfällen auch für die Versicherung des Abnehmers nach § 17a Abs. 2 Nr. 4 UStDV. ³Hat der Unternehmer im Übrigen die tatsächliche Durchführung der innergemeinschaftlichen Lieferung nachgewiesen, kann er sich – unabhängig davon, dass die Versicherung (§ 17a Abs. 2 Nr. 4 UStDV) bereits im Zusammenhang mit der Abholung des gelieferten Gegenstands zeitnah schriftlich erklärt werden muss – die Abholung und Verbringung in das übrige Gemeinschaftsgebiet nachträglich erklären lassen.

(3) ¹Der Begriff „Bestimmungsort" in § 17a Abs. 2 Nr. 2 UStDV ist dahingehend zu verstehen, dass aus den Belegen der jeweilige EU-Mitgliedstaat, in den der gelieferte Gegenstand befördert werden soll oder befördert wird, und der dort belegene Bestimmungsort des Liefergegenstands (z.B. Stadt, Gemeinde) hervorgehen. ²Eine Angabe wie z.B. „Aus Deutschland ausgeführt und nach Österreich verbracht" ist unzureichend, wenn der Bestimmungsort in dem anderen Mitgliedstaat nicht genannt ist. ³Mit einer Bescheinigung des Kraftfahrt-Bundesamtes, wonach ein vorgeblich innergemeinschaftlich geliefertes Fahrzeug nicht in Deutschland für den Straßenverkehr zugelassen ist, kann der Nachweis, dass ein Fahrzeug das Inland verlassen hat bzw. in das übrige Gemeinschaftsgebiet befördert worden ist, nicht geführt werden. ⁴Die Risiken hinsichtlich der Voraussetzungen einer innergemeinschaftlichen Lieferung, die sich daraus ergeben, dass der Lieferer die Beförderung oder Versendung der Sache dem Erwerber überlässt, trägt grundsätzlich der liefernde Unternehmer. ⁵So kann der Unternehmer nicht einwenden, er habe z.B. als Zwischenhändler in einem Reihengeschäft ein berechtigtes wirtschaftliches Interesse daran, den endgültigen Bestimmungsort des Liefergegenstands nicht anzugeben, um den

Endabnehmer nicht preis geben zu müssen, zumal die Regelungen über die Nachweise bei der Inanspruchnahme der Steuerbefreiung für innergemeinschaftliche Lieferungen keine Sonderregelungen für Reihengeschäfte vorsehen. [6]Auch ein Einwand des liefernden Unternehmers, dass er im Falle der Beförderung oder Versendung durch den Abnehmer in einem Reihengeschäft keine verlässlichen Angaben über den Bestimmungsort des Gegenstands machen könne, weil dieser ihm nur bekannt sein könne, wenn er selbst den Transportauftrag erteilt habe, ist nicht durchgreifend.

(4) [1]Entspricht der Bestimmungsort nicht den Angaben des Abnehmers, ist dies nicht zu beanstanden, wenn es sich bei dem tatsächlichen Bestimmungsort um einen Ort im übrigen Gemeinschaftsgebiet handelt. [2]Zweifel über das Gelangen des Gegenstands in das übrige Gemeinschaftsgebiet gehen zu Lasten des Steuerpflichtigen.

(5) [1]Die Empfangsbestätigung des Abnehmers oder seines Beauftragten (§ 17a Abs. 2 Nr. 3 UStDV) und die Versicherung des Abnehmers oder seines Beauftragten (§ 17a Abs. 2 Nr. 4 UStDV) müssen den Namen und die Anschrift des Abnehmers sowie den Namen und die Unterschrift des Belegausstellers enthalten. [2]Außerdem muss sich aus der Empfangsbestätigung bzw. der Versicherung ergeben, dass der Abnehmer den Beauftragten mit der Beförderung des Liefergegenstands im Rahmen der Lieferung an den Abnehmer (und nicht im Rahmen einer Lieferung an einen nachfolgenden Abnehmer im Reihengeschäft) beauftragt hat.

(6) [1]Die Empfangsbestätigung bzw. die Versicherung muss einen Zusammenhang zu der Lieferung, auf die sie sich bezieht, erkennen lassen. [2]Daher ist die Berechtigung, den Gegenstand der Lieferung in den Fällen der Beförderung durch den Unternehmer oder den Abnehmer in Empfang nehmen zu dürfen bzw. beim liefernden Unternehmer abholen zu dürfen, durch geeignete Unterlagen (z.B. Auftragsschein mit Abholnummer, Abholschein, Lieferschein) nachzuweisen. [3]Es ist nicht erforderlich, die Berechtigung für jeden einzelnen Liefergegenstand nachzuweisen. [4]Bei Lieferungen, die mehrere Gegenstände umfassen, oder bei Rechnungen, in denen einem Abnehmer gegenüber über mehrere Lieferungen abgerechnet wird, ist es regelmäßig ausreichend, wenn sich die Berechtigung auf die jeweilige Lieferung bzw. auf die Sammelrechnung bezieht. [5]Bei dauerhaften Liefervereinbarungen wird es nicht beanstandet, wenn die Nachweisunterlagen für den vereinbarten Leistungszeitraum vorliegen.

(7) [1]Die Vorlage einer schriftlichen Vollmacht zum Nachweis der Abholberechtigung zählt nicht zu den Erfordernissen für einen im Sinne von § 17a Abs. 1 und 2 UStDV ordnungsgemäßen Belegnachweis. [2]Die Finanzverwaltung hat jedoch stets die Möglichkeit, beim Vorliegen konkreter Zweifel im Einzelfall diesen Nachweis zu überprüfen. [3]Somit kann der Unternehmer in Zweifelsfällen ggf. zur Vorlage einer Vollmacht, die den Beauftragten berechtigt hat, den Liefergegenstand abzuholen, sowie zur Vorlage der Legitimation des Ausstellers der Vollmacht aufgefordert werden.

(8) Bestehen auf Grund von Ermittlungen der ausländischen Steuerverwaltung Zweifel an der tatsächlichen Existenz des vorgeblichen Abnehmers, können vom Unternehmer nachträglich vorgelegte Belege und Bestätigungen nur dann anerkannt werden, wenn die Existenz des Abnehmers im Zeitpunkt der nachträglichen Ausstellung dieser Unterlagen nachgewiesen werden kann und auch dessen Unternehmereigenschaft zum Zeitpunkt der Lieferung feststeht.

(9) [1]Befördert der Abnehmer den Gegenstand der Lieferung in das übrige Gemeinschaftsgebiet (sog. Abholfall), muss sich aus den Belegen leicht und einfach nachprüfbar entnehmen lassen, dass der Abnehmer den Gegenstand der Lieferung in das übrige Gemeinschaftsgebiet befördern wird oder befördert hat. [2]Die entsprechende Versicherung nach § 17a Abs. 2 Nr. 4 UStDV muss schriftlich und in deutscher Sprache erfolgen. [3]Eine mündliche Versicherung reicht nicht aus. [4]Die Versicherung muss insbesondere den Namen und die Anschrift des Abnehmers sowie eine – mit Datum versehene – Unterschrift des Abnehmers bzw. dessen Vertretungsberechtigten enthalten oder mit der Unterschrift eines unselbständigen Beauftragten versehen sein. [5]Die Unterschrift muss ggf. einen Vergleich mit der Unterschrift auf der Passkopie des Abnehmers (bzw. dessen Vertretungsberechtigten oder des unselbständigen Beauftragten) ermöglichen.

(10) [1]Mit einer erst nach Ausführung einer Lieferung erstellten, nicht den Gegebenheiten entsprechenden Bestätigung über die Beförderung des Gegenstands der Lieferung kann der liefernde Unternehmer den erforderlichen Belegnachweis nicht erbringen. [2]Ein Beleg, der weder eine Empfangsbestätigung des Abnehmers noch eine Versicherung des Abnehmers oder seines Beauftragten, den Gegenstand der Lieferung in das übrige Gemeinschaftsgebiet zu befördern, enthält, genügt nicht den Anforderungen an den Belegnachweis.

6a.4. Belegnachweis in Versendungsfällen

(1) [1]Versendet der liefernde Unternehmer oder der Abnehmer den Gegenstand der Lieferung in das übrige Gemeinschaftsgebiet, soll der liefernde Unternehmer den belegmäßigen Nachweis durch ein Doppel der Rechnung und einen Versendungsbeleg führen (§ 17a Abs. 4 UStDV). [2]Als Versendungs-

beleg nach § 17a Abs. 4 Nr. 2 UStDV kommen insbesondere in Betracht: Frachtbrief (Eisenbahnfrachtbrief, Luftfrachtbrief), Konnossement, Posteinlieferungsschein, das zur Auftragserteilung an einen Kurierdienst gefertigte Dokument, Ladeschein und deren Doppelstücke, wenn sich aus ihnen die innergemeinschaftliche Warenbewegung ergibt; hinsichtlich der Anforderungen an das zur Auftragserteilung an einen Kurierdienst gefertigte Dokument ist Abschnitt 6.9 Abs. 6 entsprechend anzuwenden. ³Bei elektronischer Auftragserteilung an einen Kurierdienst wird auch die Versandbestätigung einschließlich des Zustellnachweises als Versendungsbeleg anerkannt. ⁴Der Unternehmer kann den nach § 17a UStDV erforderlichen Belegnachweis auch in Versendungsfällen ggf. bis zum Schluss der mündlichen Verhandlung vor dem Finanzgericht nachholen (vgl. Abschnitt 6a.3 Abs. 2).

(2) ¹Die bei der Abwicklung einer innergemeinschaftlichen Lieferung anfallenden Geschäftspapiere, z.B. Rechnungen, Auftragsschreiben, Lieferscheine oder deren Durchschriften, Kopien und Abschriften von Versendungsbelegen, Spediteur-Übernahmebescheinigungen, Frachtabrechnungen, sonstiger Schriftwechsel, können als Versendungsbelegnachweis in Verbindung mit anderen Belegen anerkannt werden, wenn sich aus der Gesamtheit der Belege die Angaben nach § 17a Abs. 4 Satz 1 UStDV eindeutig und leicht nachprüfbar ergeben. ²Unternehmer oder Abnehmer, denen Belege über die innergemeinschaftliche Lieferung eines Gegenstands, z.B. Versendungsbelege oder sonstige handelsübliche Belege, ausgestellt worden sind, obwohl sie diese für Zwecke des Versendungsbelegnachweises nicht benötigen, können die Belege mit einem Übertragungsvermerk versehen und an den Unternehmer, der die Lieferung bewirkt hat, zur Führung des Versendungsbelegnachweises weiterleiten.

(3) ¹Als Versendungsbeleg kann auch ein sonstiger handelsüblicher Beleg dienen, insbesondere eine Bescheinigung des beauftragten Spediteurs (zu den Sollangaben des sonstigen handelsüblichen Belegs vgl. § 10 Abs. 2 Satz 2 UStDV). ²Ein Frachtbrief soll stets die Unterschrift desjenigen tragen, der dem Frachtführer den Auftrag zu Beförderung des Frachtgutes erteilt hat. ³Dies folgt aus § 408 Abs. 2 HGB, wonach der Frachtbrief in drei Originalausfertigungen ausgestellt wird, die vom Absender unterzeichnet werden. ⁴Unter „Absender" versteht das Frachtbriefrecht stets den Vertragspartner des Frachtführers, auch wenn dieser Vertragspartner der Empfänger des Frachtguts ist. ⁵Die Angaben in einem Frachtbrief, der nicht vom Absender unterschrieben ist, sind nicht – wie es § 17a Abs. 1 Satz 2 UStDV verlangt – leicht und eindeutig nachprüfbar. ⁶Ein solcher Beleg kann nicht als ordnungsgemäßer Beleg anerkannt werden.

(4) ¹Eine dem Muster der Anlage 1 zum BMF-Schreiben vom 17.1.2000 (BStBl. I S. 179) entsprechende, vollständig und richtig ausgefüllte und unterzeichnete Bescheinigung durch einen Spediteur oder Frachtführer ist als Beleg im Sinne des § 17a Abs. 4 Nr. 2 UStDV bzw. als sonstiger handelsüblicher Beleg im Sinne des § 10 Abs. 1 UStDV anzuerkennen. ²Als Nachweis ist regelmäßig auch der sog. CMR-Frachtbrief anzuerkennen. ³CMR-Frachtbriefe werden nach Maßgabe des Übereinkommens vom 19.5.1956 über den Beförderungsvertrag im internationalen Straßengüterverkehr – CMR – (BGBl. 1961 II S. 1120) ausgestellt. ⁴Sie müssen nach Artikel 6 des Übereinkommens folgende Angaben enthalten:

1. Ort und Tag der Ausstellung;
2. Name und Anschrift des Absenders;
3. Name und Anschrift des Frachtführers;
4. Stelle und Tag der Übernahme des Gutes sowie die für die Ablieferung vorgesehene Stelle;
5. Name und Anschrift des Empfängers;
6. die übliche Bezeichnung der Art des Gutes und die Art der Verpackung, bei gefährlichen Gütern ihre allgemein anerkannte Bezeichnung;
7. Anzahl, Zeichen und Nummern der Frachtstücke;
8. Rohgewicht oder die anders angegebene Menge des Gutes;
9. die mit der Beförderung verbundenen Kosten (Fracht, Nebengebühren, Zölle und andere Kosten, die vom Vertragsabschluß bis zur Ablieferung anfallen);
10. Weisungen für die Zollbehandlung und sonstige amtliche Behandlung;
11. die Angabe, dass die Beförderung trotz einer gegenteiligen Abmachung den Bestimmungen dieses Übereinkommens unterliegt.

⁵Unter „Absender" (bzw. „Sender" oder „Expediteur") im Sinne des Feldes Nr. 1 des CMR-Frachtbriefs ist der Vertragspartner des Frachtführers zu verstehen, auch wenn dieser Vertragspartner der Empfänger des Frachtguts ist (vgl. Absatz 3).

(5) ¹Die Anerkennung des CMR-Frachtbriefs als belegmäßiger Nachweis setzt allerdings voraus, dass sich aus dem CMR-Frachtbrief die grenzüberschreitende Warenbewegung in den Bestimmungs-

§ 6a UStAE 6a.4. – 6a.7.

mitgliedstaat ergibt. ²Hiervon kann regelmäßig ausgegangen werden, wenn im Feld 24 des CMR-Frachtbriefs der Empfang der Ware mit allen dort erforderlichen Angaben bestätigt wird und dem liefernden Unternehmer nach Aushändigung der Ware zeitnah eine Ausfertigung übersendet wird. ³Eine fehlende Bestätigung in Feld 24 ist allein kein Grund an-zunehmen, dass der Gegenstand der Lieferung nicht in das übrige Gemeinschaftsgebiet gelangt ist. ⁴Bestehen ernstliche Zweifel an der tatsächlich grenzüberschreitenden Warenbewegung im Rahmen dieser Lieferung und fehlt in Feld 24 die Empfangsbestätigung des Abnehmers, ist der liefernde Unternehmer verpflichtet, den erforderlichen Nachweis der grenzüberschreitenden Warenbewegung durch andere geeignete Unterlagen nachzuweisen.

6a.5. Belegnachweis in Bearbeitungs- oder Verarbeitungsfällen
¹In Bearbeitungs- oder Verarbeitungsfällen im Zusammenhang mit innergemeinschaftlichen Lieferungen soll der liefernde Unternehmer den Belegnachweis durch Belege nach § 17a UStDV führen, die zusätzlich die in § 11 Abs. 1 Nr. 1 bis 4 UStDV bezeichneten Angaben enthalten (§ 17b Satz 2 UStDV). ²Abschnitt 6.8 ist entsprechend anzuwenden.

6a.6. Belegnachweis in Fällen der Beförderung oder Versendung eines neuen Fahrzeugs an Nichtunternehmer
¹Wird ein neues Fahrzeug an einen anderen Abnehmer als an einen Unternehmer für dessen Unternehmen geliefert, reicht der auf der Basis der Bestimmungen in § 17a Abs. 2 bis 4 UStDV zu führende Nachweis der Beförderung oder der Versendung des Fahrzeugs in das übrige Gemeinschaftsgebiet zur Vermeidung eines unversteuerten Letztverbrauchs nicht aus. ²Der Nachweis der Beförderung oder der Versendung des Fahrzeugs in das übrige Gemeinschaftsgebiet ist in diesen Fällen aber als erbracht anzusehen, wenn nachgewiesen wird, dass das Fahrzeug in einem anderen Mitgliedstaat zum Straßenverkehr amtlich zugelassen worden ist. ³Hiervon kann abgesehen werden, wenn der Nachweis der Beförderung oder der Versendung des Fahrzeugs in das übrige Gemeinschaftsgebiet in einer anderen gleichermaßen eindeutigen und leicht nachprüfbaren Weise, z.B. durch den Nachweis der Erwerbsbesteuerung, erfolgt.

6a.7. Buchmäßiger Nachweis
(1) ¹Zur Führung des Buchnachweises muss der liefernde Unternehmer die USt-IdNr. des Abnehmers aufzeichnen (§ 17c Abs. 1 UStDV). ²Darüber hinaus soll er den Namen und die Anschrift des Abnehmers aufzeichnen (§ 17c Abs. 2 Nr. 1 UStDV). ³Zu den erforderlichen Voraussetzungen der Steuerbefreiung gehört auch die Unternehmereigenschaft des Abnehmers. ⁴Diese muss der liefernde Unternehmer nachweisen (§ 17c Abs. 1 UStDV in Verbindung mit § 6a Abs. 1 Satz 1 Nr. 2 Buchstabe a UStG). ⁵Die Aufzeichnung der USt-IdNr. allein reicht hierfür nicht aus, weil sich aus ihr nicht ergibt, wer der tatsächliche Leistungsempfänger ist. ⁶Die Beteiligten eines Leistungsaustausches – und somit auch der Abnehmer – ergeben sich regelmäßig aus den zivilrechtlichen Vereinbarungen. ⁷Handelt jemand im fremden Namen, kommt es darauf an, ob er hierzu Vertretungsmacht hat. ⁸Der Unternehmer muss daher die Identität des Abnehmers (bzw. dessen Vertretungsberechtigten), z.B. durch Vorlage des Kaufvertrags, nachweisen. ⁹Handelt ein Dritter im Namen des Abnehmers, muss der Unternehmer auch die Vollmacht des Vertretungsberechtigten nachweisen, weil beim Handeln im fremden Namen die Wirksamkeit der Vertretung davon abhängt, ob der Vertretungsberechtigte Vertretungsmacht hat (vgl. zu den Anforderungen an die Vollmacht Abschnitt 6a.3 Abs. 7).

(2) ¹Die nach § 17c Abs. 1 Satz 1 UStDV buchmäßig nachzuweisende USt-IdNr. des Abnehmers bezeichnet die gültige USt-IdNr. des Abnehmers im Sinne des Abschnitts 6a.1 Abs. 10. ²Wenn der liefernde Unternehmer die gültige USt-IdNr. des Abnehmers nicht aufzeichnen bzw. im Bestätigungsverfahren beim BZSt nicht erfragen kann, weil ihm eine unrichtige USt-IdNr. genannt worden ist, steht nicht objektiv fest, an welchen Abnehmer die Lieferung bewirkt wurde. ³Im Übrigen steht nicht entsprechend § 6a Abs. 1 Satz 1 Nr. 3 UStG fest, dass der Erwerb des Gegenstands in dem anderen Mitgliedstaat der Erwerbsbesteuerung unterliegt. ⁴In einem solchen Fall liegen die Voraussetzungen für die Inanspruchnahme der Steuerbefreiung für eine innergemeinschaftliche Lieferung somit grundsätzlich nicht vor. ⁵Dieser Mangel kann geheilt werden, wenn auf Grund der objektiven Beweislage feststeht, dass es sich um einen Abnehmer im Sinne des § 6a Abs. 1 Satz 1 Nr. 2 UStG handelt und der erforderliche Buchnachweis – ggf. spätestens bis zum Schluss der mündlichen Verhandlung vor dem Finanzgericht – nachgeholt wird. ⁶Zu einer etwaigen Gewährung von Vertrauensschutz in diesen Fällen vgl. Abschnitt 6a.8.

(3) Hat der Unternehmer eine im Zeitpunkt der Lieferung gültige USt-IdNr. des Abnehmers im Sinne des Abschnitts 6a.1 Abs. 10 aufgezeichnet, kann

– die Feststellung, dass der Adressat einer Lieferung den Gegenstand nicht zur Ausführung entgeltlicher Umsätze verwendet hat,

468

- die Feststellung, der Empfänger der Lieferung habe die mit Hilfe der bezogenen Lieferungen ausgeführten Umsätze nicht versteuert, oder
- die Mitteilung eines anderen Mitgliedstaates, bei dem Abnehmer handele es sich um einen „missing trader",

für sich genommen nicht zu dem Schluss führen, nicht der Vertragspartner, sondern eine andere Person sei Empfänger der Lieferung gewesen.

(4) Für die Unternehmereigenschaft des Abnehmers ist es auch unerheblich, ob dieser im Bestimmungsmitgliedstaat des Gegenstands der Lieferung seine umsatzsteuerlichen Pflichten erfüllt.

(5) ¹Regelmäßig ergibt sich aus den abgeschlossenen zivilrechtlichen Vereinbarungen, wer bei einem Umsatz als Leistender und wer als Leistungsempfänger anzusehen ist. ²Allerdings kommt unter vergleichbaren Voraussetzungen eine von den „vertraglichen Vereinbarungen" abweichende Bestimmung des Leistungsempfängers in Betracht, wenn bei einer innergemeinschaftlichen Lieferung nach den konkreten Umständen des Falles für den liefernden Unternehmer erkennbar eine andere Person als sein „Vertragspartner" unter dessen Namen auftritt, und bei denen der liefernde Unternehmer mit der Nichtbesteuerung des innergemeinschaftlichen Erwerbs rechnet oder rechnen muss.

(6) ¹Der Inhalt und der Umfang des buchmäßigen Nachweises sind in Form von Sollvorschriften geregelt (§ 17c Abs. 2 bis 4 UStDV). ²Der Unternehmer kann den Nachweis auch in anderer Weise führen. ³Er muss jedoch in jedem Fall die Grundsätze des § 17c Abs. 1 UStDV beachten.

(7) ¹Der buchmäßige Nachweis muss grundsätzlich im Geltungsbereich der UStDV geführt werden. ²Steuerlich zuverlässigen Unternehmern kann jedoch gestattet werden, die Aufzeichnungen über den buchmäßigen Nachweis im Ausland vorzunehmen und dort aufzubewahren. ³Voraussetzung ist hierfür, dass andernfalls der buchmäßige Nachweis in unverhältnismäßiger Weise erschwert würde und dass die erforderlichen Unterlagen den deutschen Finanzbehörden jederzeit auf Verlangen im Geltungsbereich der UStDV vorgelegt werden. ⁴Der Bewilligungsbescheid ist unter einer entsprechenden Auflage und unter dem Vorbehalt jederzeitigen Widerrufs zu erteilen. ⁵Die zuständige Finanzbehörde kann unter den Voraussetzungen des § 146 Abs. 2a und 2b AO auf schriftlichen Antrag des Unternehmers bewilligen, dass die elektronischen Aufzeichnungen über den buchmäßigen Nachweis im Ausland geführt und aufbewahrt werden.

(8) ¹Aus dem Grundsatz, dass die buchmäßig nachzuweisenden Voraussetzungen eindeutig und leicht nachprüfbar aus der Buchführung zu ersehen sein müssen (§ 17c Abs. 1 UStDV), ergibt sich, dass die erforderlichen Aufzeichnungen grundsätzlich laufend und unmittelbar nach Ausführung des jeweiligen Umsatzes vorgenommen werden sollen. ²Der buchmäßige Nachweis darf um den gegebenenfalls später eingegangenen Belegnachweis vervollständigt werden. ³Der Unternehmer muss den buchmäßigen Nachweis der steuerfreien innergemeinschaftlichen Lieferung bis zu dem Zeitpunkt führen, zu dem er die Umsatzsteuer-Voranmeldung für die innergemeinschaftliche Lieferung abzugeben hat. ⁴Der Unternehmer kann fehlende oder fehlerhafte Aufzeichnungen eines rechtzeitig erbrachten Buchnachweises bis zum Schluss der letzten mündlichen Verhandlung vor dem Finanzgericht ergänzen oder berichtigen.

(9) ¹Bei der Aufzeichnung der Menge und der handelsüblichen Bezeichnung des Gegenstands der Lieferung sind Sammelbezeichnungen, z.B. Lebensmittel oder Textilien, in der Regel nicht ausreichend (vgl. Abschnitt 14.5 Abs. 15). ²Aus der Aufzeichnung der Art und des Umfangs einer etwaigen Bearbeitung oder Verarbeitung vor der Beförderung oder Versendung in das übrige Gemeinschaftsgebiet sollen auch der Name und die Anschrift des mit der Bearbeitung oder Verarbeitung Beauftragten, die Bezeichnung des betreffenden Auftrags sowie die Menge und handelsübliche Bezeichnung des gelieferten Gegenstands hervorgehen. ³Als Grundlage dieser Aufzeichnungen können die Belege dienen, die der Unternehmer über die Bearbeitung oder Verarbeitung erhalten hat.

6a.8. Gewährung von Vertrauensschutz

(1) ¹Nach § 6a Abs. 4 UStG ist eine Lieferung, die der Unternehmer als steuerfreie innergemeinschaftliche Lieferung behandelt hat, obwohl die Voraussetzungen nach § 6a Abs. 1 UStG nicht vorliegen, gleichwohl als steuerfrei anzusehen, wenn die Inanspruchnahme der Steuerbefreiung auf unrichtigen Angaben des Abnehmers beruht und der Unternehmer die Unrichtigkeit dieser Angaben auch bei Beachtung der Sorgfalt eines ordentlichen Kaufmanns nicht erkennen konnte. ²In diesem Fall schuldet der Abnehmer die entgangene Steuer. ³Die Frage, ob der Unternehmer die Unrichtigkeit der Angaben des Abnehmers auch bei Sorgfalt eines ordentlichen Kaufmanns nicht erkennen konnte, stellt sich erst dann, wenn der Unternehmer seinen Nachweispflichten nach §§ 17aff. UStDV vollständig nachgekommen ist. ⁴Entscheidend dabei ist, dass die vom Unternehmer vorgelegten Nachweise (buch- und belegmäßig) eindeutig und schlüssig auf die Ausführung einer innergemeinschaftlichen Lieferung hindeuten und

§ 6a UStAE 6a.8.

dass der Unternehmer bei der Nachweisführung – insbesondere mit Blick auf die Unrichtigkeit der Angaben – der Sorgfaltspflicht des ordentlichen Kaufmanns genügte und in gutem Glauben war.

(2) [1]„Abnehmer" im Sinne des § 6a Abs. 4 Satz 2 UStG ist derjenige, der den Unternehmer durch falsche Angaben getäuscht hat, d.h. derjenige, der gegenüber dem Unternehmer als (vermeintlicher) Erwerber aufgetreten ist. [2]Dieser schuldet die entgangene Steuer und die Steuer ist gegen ihn festzusetzen und ggf. zu vollstrecken (ggf. im Wege der Amtshilfe, da es sich bei den Betroffenen in der Regel um nicht im Inland ansässige Personen handelt). [3]Der (vermeintliche) Abnehmer im Sinne des § 6a Abs. 4 Satz 2 UStG muss nicht notwendigerweise mit der im Beleg- und Buchnachweis des Unternehmers als Leistungsempfänger dokumentierten Person übereinstimmen. [4]Liegen die Voraussetzungen für die Gewährung von Vertrauensschutz vor, ist eine Lieferung, die der Unternehmer als steuerfreie innergemeinschaftliche Lieferung behandelt hat, obwohl die Voraussetzungen nach § 6a Abs. 1 UStG nicht vorliegen, auch dann als steuerfrei anzusehen, wenn eine Festsetzung der Steuer nach § 6a Abs. 4 Satz 2 UStG gegen den Abnehmer nicht möglich ist, z.B. weil dieser sich dem Zugriff der Finanzbehörde entzogen hat.

(3) Die örtliche Zuständigkeit des Finanzamts für die Festsetzung der entgangenen Steuer ergibt sich aus § 21 Abs. 1 AO und der UStZustV.

(4) [1]Der gute Glaube im Sinne des § 6a Abs. 4 UStG bezieht sich allein auf unrichtige Angaben über die in § 6a Abs. 1 UStG bezeichneten Voraussetzungen (Unternehmereigenschaft des Abnehmers, Verwendung des Lieferungsgegenstands für sein Unternehmen, körperliche Warenbewegung in den anderen Mitgliedstaat). [2]Er bezieht sich nicht auch auf die Richtigkeit der nach § 6a Abs. 3 UStG in Verbindung mit § 17aff. UStDV vom Unternehmer zu erfüllenden Nachweise.

(5) [1]Die Erfüllung des Beleg- und Buchnachweises gehört zu den Sorgfaltspflichten eines ordentlichen Kaufmanns. [2]Deshalb stellt sich die Frage, ob der Unternehmer die Unrichtigkeit der Angaben des Abnehmers auch bei Sorgfalt eines ordentlichen Kaufmanns nicht erkennen konnte, erst dann, wenn der Unternehmer seinen Nachweispflichten nach §§ 17a bis 17c UStDV vollständig nachgekommen ist. [3]Allerdings kann die Gewährung von Vertrauensschutz im Einzelfall in Betracht kommen, wenn der Unternehmer eine unrichtige USt-IdNr. aufgezeichnet hat, dies jedoch auch bei Beachtung der Sorgfalt eines ordentlichen Kaufmanns nicht erkennen konnte (z.B. weil der Bestimmungsmitgliedstaat die USt-IdNr. des Abnehmers rückwirkend für ungültig erklärt hat). [4]Der Unternehmer trägt die Feststellungslast, dass er die Sorgfalt eines ordentlichen Kaufmanns beachtet hat.

(6) [1]War die Unrichtigkeit einer USt-IdNr. erkennbar und hat der Unternehmer dies nicht erkannt (z.B. weil das Bestätigungsverfahren nicht oder zu einem späteren Zeitpunkt als dem des Umsatzes durchgeführt wird), genügt dies nicht der Sorgfaltspflicht eines ordentlichen Kaufmanns. [2]Gleiches gilt in Fällen, in denen der Abnehmer oder dessen Beauftragter den Gegenstand der Lieferung befördert und der liefernde Unternehmer die Steuerbefreiung in Anspruch nimmt, ohne über eine schriftliche Versicherung des Abnehmers zu verfügen, den Gegenstand der Lieferung in einen anderen Mitgliedstaat befördern zu wollen.

(7) [1]An die Nachweispflichten sind besonders hohe Anforderungen zu stellen, wenn der vermeintlichen innergemeinschaftlichen Lieferung ein Barkauf zu Grunde liegt. [2]In Fällen dieser Art ist es dem Unternehmer auch zumutbar, dass er sich über den Namen, die Anschrift des Abnehmers und ggf. über den Namen, die Anschrift und die Vertretungsmacht eines Vertreters des Abnehmers vergewissert und entsprechende Belege vorlegen kann. [3]Wird der Gegenstand der Lieferung von einem Vertreter des Abnehmers beim liefernden Unternehmer abgeholt, reicht die alleinige Durchführung eines qualifizierten Bestätigungsverfahrens nach § 18e UStG über die vom Abnehmer verwendete USt-IdNr. nicht aus, um den Sorgfaltspflichten eines ordentlichen Kaufmanns zu genügen.

(8) [1]Die Vertrauensschutzregelung ist auf Fälle, in denen der Abnehmer in sich widersprüchliche oder unklare Angaben zu seiner Identität macht, von vornherein nicht anwendbar. [2]Bei unklarer Sachlage verstößt es stets gegen die einem ordentlichen Kaufmann obliegenden Sorgfaltspflichten, wenn der liefernde Unternehmer diese Unklarheiten bzw. Widersprüchlichkeiten aus Unachtsamkeit gar nicht erkennt oder im Vertrauen auf diese Angaben die weitere Aufklärung unterlässt. [3]Für einen Vertrauensschutz ist nur dort Raum, wo eine Täuschung des liefernden Unternehmers festgestellt werden kann.

Verwaltungsregelungen zu § 6a

Datum	Anlage	Quelle	Inhalt
	§ 006a-01		nicht belegt
	§ 006a-02		nicht belegt

§ 6a

Datum	Anlage	Quelle	Inhalt
23.05.95	§ 006a-03	FM Bay	Behandlung des Betankens unternehmerisch genutzter Kraftfahrzeuge im übrigen Gemeinschaftsgebiet
	§ 006a-04		nicht belegt
	§ 006a-05		nicht belegt
28.03.96	§ 006a-06	OFD Fra	Innergemeinschaftliche Lieferungen an Abnehmer mit ungültiger USt-IdNr.; Vertrauensschutzregelung nach § 6a Abs. 4 UStG
13.11.96	§ 006a-07	BMF	Umsatzsteuerbefreiung für innergemeinschaftliche Lieferungen (§ 4 Nr. 1 Buchst. b, § 6a UStG); Versendungsnachweis (§ 17a UStDV)
	§ 006a-08		nicht belegt
12.02.02	§ 006a-09	OFD Han	Innergemeinschaftliche Lieferungen; Anwendung der Vertrauensschutzregelung gem. § 6a Abs. 4 UStG bei Rechnungen von sog. Scheinunternehmen
05.05.10	§ 006a-10	BMF	Steuerbefreiung gemäß § 4 Nr. 1 Buchst. b i.V.m. § 6a UStG für innergemeinschaftliche Lieferungen
26.09.11	§ 006a-11	BMF	Umsatzsteuerbefreiung für innergemeinschaftliche Lieferungen (§ 4 Nr. 1 Buchst. b, § 6a UStG); Nachweis der Voraussetzungen der Steuerbefreiung; BFH-Urteil vom 17.2.2011, V R 30/10, und EuGH-Urteil vom 7.12.2010, Rs. C-285/09
06.02.12	§ 006a-12	BMF	Beleg- und Buchnachweispflichten bei der Steuerbefreiung für innergemeinschaftliche Lieferungen (§ 4 Nr. 1 Buchst. b, § 6a UStG) – Änderungen der §§ 17a, 17b und 17c UStDV durch die Zweite Verordnung zur Änderung steuerlicher Verordnungen

Rechtsprechungsauswahl

BFH vom 11.08.2011 – V R 50/09, UR 2011 S. 916: Keine Steuerbefreiung der i.g. Lieferung bei Täuschung über den Annehmer.

Beteiligt sich ein Unternehmer vorsätzlich durch Täuschung über die Identität des Abnehmers an einer Umsatzsteuerhinterziehung, um hierdurch die nach der 6. EG-Richtlinie 77/388/EWG geschuldete Besteuerung des innergemeinschaftlichen Erwerbs im Bestimmungsmitgliedstaat zu vermeiden, ist die Lieferung nicht nach 6a UStG steuerfrei (Anschluss an EuGH, Urt. vom 7.12.2010 Rs. C-285/09 – R., BStBl. 2011 II S. 846.

BFH vom 11.08.2011 – V R 3/10, UR 2011 S. 910: Steuerbefreiung beim innergemeinschaftlichen Reihengeschäft.

Bei einem Reihengeschäft mit zwei Lieferungen und drei Beteiligten ist die erste Lieferung als innergemeinschaftliche Lieferung auch dann gem. § 6a UStG steuerfrei, wenn der erste Abnehmer einem Beauftragten eine Vollmacht zur Abholung und Beförderung des gelieferten Gegenstands in das übrige Gemeinschaftsgebiet erteilt, die Kosten für die Beförderung aber vom zweiten Abnehmer getragen werden (Abgrenzung zu Abschn. 3 la Abs. 8 Satz 2 USM 2005, Abschn. 3.14 Abs. 8 Satz 2 UStAE).

BVerfG vom 16.06.2011 – 2 BvR 542/09, UR 2011 S. 775[1]: Vortäuschung der Lieferung an einen Zwischenhänler durch kollusives Zusammenwirken mit dem sächlichen Abnehmer zum Zweck der Steuerhinterziehung.

1. Eine steuerfreie innergemeinschaftliche Lieferung liegt vor, wenn neben den übrigen gesetzlichen Voraussetzungen der Erwerb des Gegenstands der Lieferung beim Abnehmer in einem anderen Mitgliedstaat „den Vorschriften der Umsatzbesteuerung" dadurch „unterliegt", dass der Erwerb beim Abnehmer diesen Vorschriften tatsächlich unterworfen wird. Diese Auslegung ist mit dem Wortlaut des § 6a Abs. 1 Satz 1 Nr. 3 UStG vereinbar.
2. Aus der Systematik des Umsatzsteuergesetzes ergeben sich keine Anhaltspunkte dafür, dass die Steuerbefreiung des Lieferanten ohne Rücksicht auf die Durchführung der Erwerbsbesteuerung des Abnehmers im anderen Mitgliedstaat eingreifen muss. Die Steuerbefreiung greift jedenfalls dann nicht ein, wenn die Erwerbsbesteuerung im anderen Mitgliedstaat gezielt unterlaufen wird.

---
[1] Leitsatz nicht amtlich (aus UR)

§ 6a

BFH vom 12.05.2011 – V R 46/10, BStBl. 2011 II S. 957: Belegnachweis bei innergemeinschaftlicher Lieferung.

Mit einer Rechnung, die nicht auf die Steuerfreiheit der innergemeinschaftlichen Lieferung hinweist, und einer nicht gegenüber dem liefernden Unternehmer abgegebenen Verbringungserklärung, die den Unternehmer auch nicht namentlich bezeichnet, kann der Belegnachweis nach § 17a Abs. 2 Nr. 1 und Nr. 4 UStDV nicht geführt werden.

BFH vom 04.05.2011 – XI R 10/09, BStBl. 2011 II S. 797: Belegnachweis bei innergemeinschaftlicher Lieferung im Versendungsfall.

Soll bei einer innergemeinschaftlichen Lieferung die Versendung in das übrige Gemeinschaftsgebiet belegmäßig durch einen CMR-Frachtbrief nachgewiesen werden, ist es grundsätzlich erforderlich, die für die Ablieferung vorgesehene Stelle (Bestimmungsort) anzugeben.

BFH vom 17.02.2011 – V R 28/10, UR 2011 S. 779: Anforderungen an einen Versendungsbeleg einer innergemeinschaftlichen Lieferung.

Ein CMR-Frachtbrief ist auch dann als Versendungsbeleg i.S.v. § 17a Abs. 4 Satz 1 i.V.m. § 10 Abs. 1 Nr. 2 UStDV anzuerkennen, wenn er nicht vom Auftraggeber des Frachtführers unterzeichnet ist (entgegen BMF, Schr. vom 5.5.2010 – IV D 3 – S 7141/08/10001 – DOK 2010/0334195, BStBl. 1 2010, 508 – Rz. 36; entgegen Abschn. 6a.4 Abs. 3 Satz 5 UStAE).

BFH vom 17.02.2011 – V R 30/10, BStBl. 2011 II S. 769: Innergemeinschaftliche Lieferung: Lieferung im „Umsatzsteuer-Karussell".

Innergemeinschaftliche Lieferungen sind entgegen § 6a UStG umsatzsteuerpflichtig, wenn der Unternehmer die Identität seines Abnehmers verschleiert, um diesem die Hinterziehung der geschuldeten Umsatzsteuer zu ermöglichen (Anschluss an das EuGH-Urteil vom 7. Dezember 2010 C-285/09, R).

EuGH vom 16.12.2010 – Rs. C-430/09, Euro Tyre Holding BV, UR 2011 S. 176: Befreiung der aufeinanderfolgenden Lieferungen derselben Gegenstände innerhalb der Union bei einer einzigen innergemeinschaftlichen Versendung oder Beförderung.

Werden in Bezug auf eine Ware zwischen verschiedenen als solchen handelnden Steuerpflichtigen aufeinanderfolgend zwei Lieferungen, aber nur eine einzige innergemeinschaftliche Beförderung durchgeführt – so dass dieser Umsatz unter den Begriff der innergemeinschaftlichen Beförderung i.S.v. Art. 28c Teil A Buchst. a Unterabs. 1 der 6. EG-Richtlinie 77/388/EWG in der durch die Richtlinie 96/95/EG des Rates vom 20.12.1996 geänderten Fassung i.V.m. Art. 8 Abs. 1 Buchst. a und b, Art. 28a Abs. 1 Buchst. a Unterabs. 1 und Art. 28b Teil A Abs. 1 der 6. EG-Richtlinie fällt –, so hat die Bestimmung, welchem Umsatz diese Beförderung zuzurechnen ist, ob also der ersten oder der zweiten Lieferung, in Ansehung aller Umstände des Einzelfalls zu erfolgen, um festzustellen, welche der beiden Lieferungen alle Voraussetzungen für eine innergemeinschaftliche Lieferung erfüllt.

Unter Umständen wie denen des Ausgangsverfahrens, wenn also der Ersterwerber, der das Recht, über den Gegenstand wie ein Eigentümer zu verfügen, im Hoheitsgebiet des Mitgliedstaats der ersten Lieferung erlangt hat, seine Absicht bekundet, diesen Gegenstand in einen anderen Mitgliedstaat zu befördern, und mit seiner von dem letztgenannten Staat zugewiesenen Umsatzsteuer-Identifikationsnummer auftritt, müsste die innergemeinschaftliche Beförderung der ersten Lieferung zugerechnet werden, sofern das Recht, über den Gegenstand wie ein Eigentümer zu verfügen, im Bestimmungsmitgliedstaat der innergemeinschaftlichen Beförderung auf den Zweiterwerber übertragen wurde. Es ist Sache des vorlegenden Gerichts zu prüfen, ob diese Bedingung in dem bei ihm anhängigen Rechtsstreit erfüllt ist.

EuGH vom 07.12.2010 – Rs. C-285/09 – R., BStBl. 2011 II S. 846[1]: Keine Steuerfreiheit innergemeinschaftlicher Lieferung bei Mitwirkung des Lieferers an der Hinterziehung der Erwerbssteuer im Bestimmungsland.

Unter Umständen wie denen des Ausgangsverfahrens, wenn also eine innergemeinschaftliche Lieferung von Gegenständen tatsächlich stattgefunden hat, der Lieferer jedoch bei der Lieferung die Identität des wahren Erwerbers verschleiert hat, um diesem zu ermöglichen, die Mehrwertsteuer zu hinterziehen, kann der Ausgangsmitgliedstaat der innergemeinschaftlichen Lieferung aufgrund der ihm nach dem ersten Satzteil von Art. 28c Teil A Buchst. a der Sechsten Richtlinie 77/388/EWG des Rates vom 17. Mai 1977 zur Harmonisierung der Rechtsvorschriften der Mitgliedstaaten über die Umsatzsteuern – Gemeinsames Mehrwertsteuersystem: einheitliche steuerpflichtige Bemessungsgrundlage in der durch die

---

1) Mit Anm. von *Sterzinger*, UR 2011 S. 20. Antwort auf BGH-Vorabentscheidungsersuchen vom 07.07.2009. Siehe auch *Küffner/ v. Streit*, DStR 2010 S. 2575

Richtlinie 2000/65/EG des Rates vom 17. Oktober 2000 geänderten Fassung zustehenden Befugnisse die Mehrwertsteuerbefreiung für diesen Umsatz versagen.

BFH vom 10.11.2010 – XI R 11/09, BStBl. 2011 II S. 237: EuGH-Vorlage zu den Voraussetzungen einer steuerfreien innergemeinschaftlichen Lieferung.

Dem EuGH werden folgende Fragen zur Vorabentscheidung vorgelegt:[1]

1. Erlaubt die Richtlinie 77/388/EWG den Mitgliedstaaten, eine steuerfreie innergemeinschaftliche Lieferung nur dann anzunehmen, wenn der Steuerpflichtige die Umsatzsteuer-Identifikationsnummer des Erwerbers buchmäßig nachweist?
2. Ist es für die Antwort auf diese Frage von Bedeutung,
   - ob es sich bei dem Erwerber um einen in einem Drittland ansässigen Unternehmer handelt, der zwar den Gegenstand der Lieferung im Rahmen eines Reihengeschäfts von einem Mitgliedstaat in einen anderen Mitgliedstaat versendet hat, aber in keinem Mitgliedstaat umsatzsteuerrechtlich registriert ist, und
   - ob der Steuerpflichtige die Abgabe einer Steuererklärung über den innergemeinschaftlichen Erwerb durch den Erwerber nachgewiesen hat?

BFH vom 29.07.2009 – XI B 24/09, DStR 2009 S. 1693: Gewährung von Aussetzung der Vollziehung bei begehrter Steuerfreiheit für innergemeinschaftliche Lieferung.

Es ist ernstlich zweifelhaft, ob der Steuerfreiheit einer innergemeinschaftlichen Lieferung entgegensteht, dass der inländische Unternehmer bewusst und gewollt an der Vermeidung der Erwerbsbesteuerung seines Abnehmers mitwirkt.

BVerfG vom 23.07.2009 – 2 BvR 542/09, UR 2009 S. 898: Vortäuschung der Lieferung an einen Zwischenhändler durch kollusives Zusammenwirken mit dem tatsächlichen Abnehmer zum Zweck der Steuerhinterziehung.

Durch die Entscheidung, dass die Lieferung von Gegenständen an einen Abnehmer im übrigen Gemeinschaftsgebiet keine steuerfreie innergemeinschaftliche Lieferung i.S.d. § 6a UStG darstellt, wenn der inländische Unternehmer in kollusivem Zusammenwirken mit dem tatsächlichen Abnehmer die Lieferung an einen Zwischenhändler vortäuscht, um dem Abnehmer die Hinterziehung von Steuern zu ermöglichen, gelangt der Bundesgerichtshof zur Begründung einer Umsatzsteuerpflicht und in deren Folge zu einer strafbaren Steuerhinterziehung nach § 370 Abs. 1 Nr. 1 AO durch eine Auslegung des § 6a Abs. 1 Satz 1 Nr. 1 UStG, die Fragen nach der Grenze des möglichen Wortsinns der Norm aufwirft. Eine Verletzung des Art. 103 Abs. 2 GG durch diese Entscheidung des Bundesgerichtshofs ist jedenfalls nicht von vornherein ausgeschlossen.

BGH vom 07.07.2009 – 1 StR 41/09, DStR 2009 S. 1689: Vorlage an den EuGH: Steuerbefreiung für zum Zweck der Steuerhinterziehung tatsächlich ausgeführte innergemeinschaftliche Lieferungen.

Dem EuGH wird folgende Frage zur Vorabentscheidung vorgelegt:

Ist Art. 28c Teil A Buchst. a der Sechsten Richtlinie 77/388/ EWG in dem Sinne auszulegen, dass einer Lieferung von Gegenständen im Sinne dieser Vorschrift die Befreiung von der Mehrwertsteuer zu versagen ist, wenn die Lieferung zwar tatsächlich ausgeführt worden ist, aber aufgrund objektiver Umstände feststeht, dass der steuerpflichtige Verkäufer

a) wusste, dass er sich mit der Lieferung an einem Warenumsatz beteiligt, der darauf angelegt ist, Mehrwertsteuer zu hinterziehen, oder
b) Handlungen vorgenommen hat, die darauf abzielten, die Person des wahren Erwerbers zu verschleiern, um sich oder einem Dritten zu ermöglichen, Mehrwertsteuer zu hinterziehen?

BFH vom 12.05.2009 – V R 65/06, BStBl. 2010 II S. 511: Belege gem. § 6a UStG.

1. Belege zum Nachweis einer Beförderung oder Versendung bei innergemeinschaftlichen Lieferungen i.S. von § 17a UStDV müssen entweder selbst oder in Verbindung mit anderen Unterlagen den Namen und die Anschrift ihres Ausstellers erkennen lassen.
2. Der Belegnachweis nach § 6a Abs. 3 UStG i.V.m. § 17a UStDV unterliegt der Nachprüfung. Sind die Belegangaben unzutreffend oder bestehen an der Richtigkeit der Angaben begründete Zweifel, die der Unternehmer nicht nach allgemeinen Beweisgrundsätzen ausräumt, ist die Lieferung steuerpflichtig, sofern nicht die Voraussetzungen des § 6a Abs. 4 Satz 1 UStG vorliegen.

---

1) Az. beim EuGH C-587/10

§ 6a

3. Ein CMR-Frachtbrief ist auch dann ein Versendungsbeleg gemäß § 17a Abs. 4 Satz 1 Nr. 2 i.V.m. § 10 Abs. 1 UStDV, wenn er keine Bestätigung über den Warenempfang am Bestimmungsort enthält (entgegen dem BMF-Schreiben vom 6. Januar 2009 – IV B 9 – S 7141/08/10001, BStBl. I 2009, 60 Rz. 38).

4. Die Vorlage einer schriftlichen Vollmacht zum Nachweis der Abholberechtigung des Abholenden zählt nicht zu den Erfordernissen für einen i.S. des § 17a Abs. 1 und 2 UStDV ordnungsgemäßen Belegnachweis (entgegen BMF-Schreiben in BStBl. I 2009, 60 Rz. 29 und 32). Davon zu unterscheiden ist die Nachprüfbarkeit der Abholberechtigung durch das Finanzamt bei Vorliegen konkreter Zweifel im Einzelfall.

FG Köln vom 20.02.2008 – 7 K 5969/03 – rechtskräftig, DStRE 2008 S. 952: Zum Nachweis einer innergemeinschaftlichen Lieferung.

1. Ergibt sich aus der Fahrzeugrechnung die Anschrift des Abholers im übrigen Gemeinschaftsgebiet, ist aus dem gesamten Schriftverkehr zwischen dem Unternehmer und dem Abnehmer ersichtlich, dass das Fahrzeug nur gegen Barzahlung abgegeben werden soll, und quittiert der Unternehmer im Anschluss an eine Vorab-Rechnung den Erhalt des Betrags auf der endgültigen Rechnung, ist damit der Nachweis nach § 17a Abs. 1 UStDV geführt.

2. Das Erfordernis eines schriftlichen Verbringungsnachweises des Abnehmers i.S. des § 17a Abs. 2 Nr. 4 UStDV als zwingende Voraussetzung der Steuerfreiheit einer innergemeinschaftlichen Lieferung ist mit den gemeinschaftsrechtlichen Vorgaben nicht vereinbar.

BFH vom 06.12.2007 – V R 59/03, BStBl. 2009 II S. 57[1]: Nachweis der Voraussetzung für die Befreiung als innergemeinschaftliche Lieferung.

1. Die Verpflichtung des Unternehmers nach § 6a Abs. 3 UStG, die Voraussetzungen einer innergemeinschaftlichen Lieferung nach Maßgabe der §§ 17a, 17c UStDV nachzuweisen, ist mit dem Gemeinschaftsrecht vereinbar.

2. Die Nachweispflichten des Unternehmers sind keine materiellen Voraussetzungen für die Befreiung als innergemeinschaftliche Lieferung. Die Regelungen des § 6a Abs. 3 UStG und §§ 17a, 17c UStDV bestimmen vielmehr lediglich, dass und wie der Unternehmer die Nachweise zu erbringen hat (Änderung der Rechtsprechung).

3. Kommt der Unternehmer diesen Nachweispflichten nicht nach, ist grundsätzlich davon auszugehen, dass die Voraussetzungen einer innergemeinschaftlichen Lieferung (§ 6a Abs. 1 UStG) nicht erfüllt sind.

4. Etwas anderes gilt ausnahmsweise nur dann, wenn trotz der Nichterfüllung der formellen Nachweispflichten aufgrund der objektiven Beweislage feststeht, dass die Voraussetzungen des § 6a Abs. 1 UStG vorliegen. Dann ist die Steuerbefreiung zu gewähren, auch wenn der Unternehmer die erforderlichen Nachweise nicht entsprechend §§ 17a, 17c UStDV erbrachte.

BFH vom 08.11.2007 – V R 71/05, BStBl. 2009 II S. 52: Nachweis innergemeinschaftlicher Lieferung: Reichweite des Gutglaubensschutzes.

Die Verpflichtung des Unternehmers nach § 6a Abs. 3 UStG 1999, gemäß § 17a UStDV 1999 durch Belege die Voraussetzung einer innergemeinschaftlichen Lieferung nachzuweisen, dass er oder der Abnehmer den Gegenstand der Lieferung in das übrige Gemeinschaftsgebiet befördert oder versendet hat, widerspricht nicht dem Gemeinschaftsrecht.

BFH vom 08.11.2007 – V R 26/05, BStBl. 2009 II S. 49: Innergemeinschaftliche Lieferung, Nachweis des Abnehmers.

1. Die Verpflichtung des Unternehmers nach § 6a Abs. 3 UStG 1993, die Voraussetzungen einer innergemeinschaftlichen Lieferung nach Maßgabe der §§ 17a, 17c UStDV 1993 nachzuweisen, ist mit dem Gemeinschaftsrecht vereinbar.

2. Der Unternehmer muss die Identität des Abnehmers einer angeblichen innergemeinschaftlichen Lieferung z.B. durch Kaufverträge und Vollmachten nachweisen. Hierfür reicht die Aufzeichnung der Umsatzsteuer-Identifikationsnummer nicht aus.

3. Der Unternehmer hat im Rahmen des § 17a Abs. 1 UStDV 1993 leicht und einfach nachprüfbar nachzuweisen, dass die Beförderung oder Versendung durch den Unternehmer oder Abnehmer erfolgt ist. Hierzu gehört der Nachweis, dass ein für den Abnehmer Handelnder dessen Beauftragter ist.

---

[1] Nachfolgeentscheidung zu EuGH vom 27.09.2007 – Collée

§ 6a

BFH vom 08.11.2007 – V R 72/05, BStBl. 2009 II S. 55: Nachweis innergemeinschaftlicher Lieferung.

1. Die Verpflichtung des Unternehmers nach § 6a Abs. 3 UStG, die Voraussetzungen einer innergemeinschaftlichen Lieferung nach Maßgabe der §§ 17a, 17c UStDV nachzuweisen, ist mit dem Gemeinschaftsrecht vereinbar.
2. Die Nachweispflichten des Unternehmers sind keine materiellen Voraussetzungen für die Befreiung als innergemeinschaftliche Lieferung. Die Regelungen des § 6a Abs. 3 UStG und §§ 17a, 17c UStDV bestimmen vielmehr lediglich, dass und wie der Unternehmer die Nachweise zu erbringen hat (Änderung der Rechtsprechung).
3. Kommt der Unternehmer seinen Nachweispflichten nicht nach, ist grundsätzlich davon auszugehen, dass die Voraussetzungen einer innergemeinschaftlichen Lieferung (§ 6a Abs. 1 UStG) nicht erfüllt sind.
4. Etwas anderes gilt ausnahmsweise nur dann, wenn trotz der Nichterfüllung der formellen Nachweispflichten aufgrund der objektiven Beweislage feststeht, dass die Voraussetzungen des § 6a Abs. 1 UStG 1999 vorliegen. Dann ist die Steuerbefreiung zu gewähren, auch wenn der Unternehmer die erforderlichen Nachweise nicht erbrachte.

EuGH vom 27.09.2007 – Rs. C-409/04 – Teleos plc. u.a., BStBl. 2009 II S. 70[1]**:** Gutglaubensschutz bei der Befreiung innergemeinschaftlicher Lieferungen von der Mehrwertsteuer.

1. Die Art. 28a Abs. 3 Unterabs. 1 und 28c Teil A Buchst. a Unterabs. 1 der Sechsten Richtlinie 77/388/EWG des Rates vom 17.5.1977 zur Harmonisierung der Rechtsvorschriften der Mitgliedstaaten über die Umsatzsteuern – Gemeinsames Mehrwertsteuersystem: einheitliche steuerpflichtige Bemessungsgrundlage in der durch die Richtlinie 2000/65/EG des Rates vom 17.10.2000 geänderten Fassung sind im Hinblick auf den in diesen beiden Bestimmungen enthaltenen Begriff „versendet"/„versandt" dahin auszulegen, dass der innergemeinschaftliche Erwerb eines Gegenstands erst dann bewirkt ist und die Befreiung der innergemeinschaftlichen Lieferung erst dann anwendbar wird, wenn das Recht, wie ein Eigentümer über den Gegenstand zu verfügen, auf den Erwerber übertragen worden ist und der Lieferant nachweist, dass der Gegenstand in einen anderen Mitgliedstaat versandt oder befördert worden ist und aufgrund dieses Versands oder dieser Beförderung den Liefermitgliedstaat physisch verlassen hat.
2. Art. 28c Teil A Buchst. a Unterabs. 1 der Sechsten Richtlinie 77/388 in der Fassung der Richtlinie 2000/65 ist dahin auszulegen, dass die zuständigen Behörden des Liefermitgliedstaats nicht befugt sind, einen gutgläubigen Lieferanten, der Beweise vorgelegt hat, die dem ersten Anschein nach sein Recht auf Befreiung einer innergemeinschaftlichen Lieferung von Gegenständen belegen, zu verpflichten, später Mehrwertsteuer auf diese Gegenstände zu entrichten, wenn die Beweise sich als falsch herausstellen, jedoch nicht erwiesen ist, dass der Lieferant an der Steuerhinterziehung beteiligt war, soweit er alle ihm zur Verfügung stehenden zumutbaren Maßnahmen ergriffen hat, um sicherzustellen, dass die von ihm vorgenommene innergemeinschaftliche Lieferung nicht zu seiner Beteiligung an einer solchen Steuerhinterziehung führt.
3. Wenn der Erwerber bei den Finanzbehörden des Bestimmungsmitgliedstaats eine Erklärung wie die im Ausgangsverfahren über den innergemeinschaftlichen Erwerb abgibt, kann dies einen zusätzlichen Beweis dafür darstellen, dass die Gegenstände tatsächlich den Liefermitgliedstaat verlassen haben, ist jedoch kein für die Befreiung einer innergemeinschaftlichen Lieferung von der Mehrwertsteuer maßgeblicher Beweis.

EuGH vom 27.09.2007 – Rs. C-146/05 – Albert Collée, BStBl. 2009 II S. 78: Versagung der Steuerbefreiung bei verspätet erbrachtem Nachweis der innergemeinschaftlichen Lieferung.

Art. 28c Teil A Buchst. a Unterabs. 1 der Sechsten Richtlinie 77/388/EWG des Rates vom 17.5.1977 zur Harmonisierung der Rechtsvorschriften der Mitgliedstaaten über die Umsatzsteuern – Gemeinsames Mehrwertsteuersystem: einheitliche steuerpflichtige Bemessungsgrundlage in der durch die Richtlinie 91/680/EWG des Rates vom 16.12.1991 geänderten Fassung ist in dem Sinn auszulegen, dass er der Finanzverwaltung eines Mitgliedstaats verwehrt, die Befreiung einer tatsächlich ausgeführten innergemeinschaftlichen Lieferung von der Mehrwertsteuer allein mit der Begründung zu versagen, der Nachweis einer solchen Lieferung sei nicht rechtzeitig erbracht worden.

Bei der Prüfung des Rechts auf Befreiung einer solchen Lieferung von der Mehrwertsteuer muss das vorlegende Gericht die Tatsache, dass der Steuerpflichtige zunächst bewusst das Vorliegen einer innergemeinschaftlichen Lieferung verschleiert hat, nur dann berücksichtigen, wenn eine Gefährdung des Steueraufkommens besteht und diese vom Steuerpflichtigen nicht vollständig beseitigt worden ist.

---

1) Siehe dazu *Küffner/Zugmaier*, DStR 2007 S. 1807

§ 6a

EuGH vom 27.09.2007 – Rs. C-184/05 – Twoh International BV, BStBl. 2009 II S. 83: Gegenseitige Amtshilfe zwischen den zuständigen Behörden der Mitgliedstaaten im Bereich der innergemeinschaftlichen Lieferungen.

Art. 28c Teil A Buchst. a Unterabs. 1 der Sechsten Richtlinie 77/388/EWG des Rates vom 17.5.1977 zur Harmonisierung der Rechtsvorschriften der Mitgliedstaaten über die Umsatzsteuern – Gemeinsames Mehrwertsteuersystem: einheitliche steuerpflichtige Bemessungsgrundlage in der durch die Richtlinie 95/7/EG des Rates vom 10.4.1995 geänderten Fassung in Verbindung mit der Richtlinie 77/799/EWG des Rates vom 19.12.1977 über die gegenseitige Amtshilfe zwischen den zuständigen Behörden der Mitgliedstaaten im Bereich der direkten und indirekten Steuern in der durch die Richtlinie 92/12/EWG des Rates vom 25.2.1992 geänderten Fassung und der Verordnung (EWG) Nr. 218/92 des Rates vom 27.1.1992 über die Zusammenarbeit der Verwaltungsbehörden auf dem Gebiet der indirekten Besteuerung ist dahin auszulegen, dass die Finanzbehörden des Mitgliedstaats des Beginns des Versands oder der Beförderung von Gegenständen nicht verpflichtet sind, die Behörden des vom Lieferanten angegebenen Bestimmungsmitgliedstaats um Auskunft zu ersuchen.

FG Nürnberg vom 14.08.2007 – II 122/2004 – rechtskräftig, DStRE 2008 S. 953: Nachweis der Unternehmereigenschaft des Empfängers einer Ausfuhrlieferung; kein „ausländischer Abnehmer" bei Vorliegen eines Aufenthaltstitels.

1. Der Unternehmer muss die Voraussetzungen einer steuerfreien Ausfuhrlieferung nachweisen. Ergibt sich weder aus den Rechnungen noch aus der Buchführung, dass der Empfänger der Lieferung auch selbst unternehmerisch tätig geworden ist, ist die Steuerbefreiung zu versagen.
2. Besitzt der Empfänger einer Leistung einen Aufenthaltstitel für Deutschland, so ist er kein ausländischer Abnehmer i.S. des § 6 Abs. 2 Satz 1 UStG.

BFH vom 07.12.2006 – V R 52/03, BStBl. 2007 II S. 420: Buchnachweis bei innergemeinschaftlichen Lieferungen.

1. Die Umsatzsteuerbefreiung für innergemeinschaftliche Lieferungen (§ 4 Nr. 1 Buchst. b, § 6a UStG) kommt gemäß § 25a Abs. 7 Nr. 3 UStG nicht in Betracht für Lieferungen, die der Differenzbesteuerung unterliegen.
2. Der Gesetzeszweck des § 6a UStG erfordert den Nachweis des Bestimmungsorts der innergemeinschaftlichen Lieferung um sicherzustellen, dass der gemeinschaftliche Erwerb in dem anderen Mitgliedstaat den Vorschriften der Umsatzbesteuerung unterliegt. Die Frage des Nachweises des Bestimmungsorts ist Gegenstand der Tatsachenwürdigung durch das FG.
3. Umsatzsteuersonderprüfungen sind zwar Außenprüfungen i.S. des § 173 Abs. 2 AO 1977, eine Änderungssperre lösen sie aber nur aus, wenn die daraufhin ergangenen Bescheide endgültigen Charakter haben.

BFH vom 30.03.2006 – V R 47/03, BStBl. 2006 II S. 634: Vorlage des Belegnachweises für innergemeinschaftliche Lieferungen bis zum Schluss der mündlichen Verhandlungen, wenn der Buchnachweis rechtzeitig und vollständig erbracht wurde.

Hat ein Unternehmer innergemeinschaftliche Lieferungen i.S. des § 6a Abs. 1 UStG 1999 ausgeführt und den nach § 6a Abs. 3 Satz 2 UStG 1999, § 17c UStDV 1999 erforderlichen Buchnachweis rechtzeitig und vollständig erbracht, kann der nach § 17a UStDV 1999 erforderliche Belegnachweis bis zum Schluss der mündlichen Verhandlung vor dem FG nachgeholt werden.

BFH vom 25.11.2005 – V B 75/05, BStBl. 2006 II S. 434[1]: Aussetzung der Vollziehung bei Streit über Vorliegen einer steuerfreien innergemeinschaftlichen Lieferung an „Scheinunternehmen".

1. Es ist noch nicht geklärt, welche Anforderungen an den Nachweis einer steuerfreien innergemeinschaftlichen Lieferung zu stellen sind und unter welchen Voraussetzungen sich ein Unternehmer auf die Regelung zum Gutglaubensschutz in § 6a Abs. 4 UStG berufen kann.
2. Ist die Rechtslage nicht eindeutig, ist über die zu klärenden Fragen im summarischen Verfahren auf Aussetzung der Vollziehung eines Verwaltungsaktes nicht abschließend zu entscheiden.
3. Zu den Voraussetzungen, unter denen die Aussetzung der Vollziehung eines Verwaltungsaktes von einer Sicherheitsleistung abhängig gemacht werden kann.

---

1) Siehe dazu BMF vom 31.05.2006 – IV A 6 – S 7140 – 5/06, BStBl. 2006 I S. 394

§ 6a

BFH vom 06.10.2005 – V B 140/05, UR 2006 S. 401: Kein Vertrauensschutz in innergemeinschaftliche Lieferung bei Kenntnis des Lieferers vom Verbleib eines Teils der gelieferten Gegenstände im Inland.

Die Anwendung der Vertrauensschutzregelung des § 6a Abs. 4 UStG kommt nicht in Betracht, wenn der liefernde Unternehmer wusste, dass zumindest ein Teil der von ihm an den Abnehmer gelieferten Gegenstände im Inland verblieben ist.[1]

BFH vom 10.02.2005 – V R 59/03, BStBl. 2005 II S. 537: Rechtzeitiger Buchnachweis als Voraussetzung des § 6a UStG?

Dem EuGH werden folgende Fragen zur Vorabentscheidung vorgelegt:

1. Darf die Finanzverwaltung die Steuerfreiheit einer innergemeinschaftlichen Lieferung, die zweifelsfrei vorliegt, allein mit der Begründung versagen, der Steuerpflichtige habe den dafür vorgeschriebenen Buchnachweis nicht rechtzeitig geführt?
2. Kommt es zur Beantwortung der Frage darauf an, ob der Steuerpflichtige zunächst bewusst das Vorliegen einer innergemeinschaftlichen Lieferung verschleiert hat?

Niedersächsisches Finanzgericht, Beschluss vom 17.08.2004 – 5 V 84/04 – rechtskräftig, EFG 2004 S. 1876 mit Anm. v. Fumi: Vertrauensschutzregelung in § 6a Abs. 4 UStG.

Die Vertrauensschutzregelung des § 6a Abs. 4 UStG kommt jedenfalls dann zur Anwendung, wenn der liefernde Unternehmer bei Anwendung der im Geschäftsverkehr erforderlichen Sorgfalt nicht erkennen konnte, dass es sich beim Abnehmer der Leistung um ein Scheinunternehmen handelt. Die Sorgfaltsanforderungen sind bei einer sog. qualifizierten Bestätigungsabfrage beim BfF im Regelfall erfüllt.

BFH vom 18.07.2002 – V R 3/02, BStBl. 2003 II S. 616, DStRE 2002 S. 1201: Keine Steuerbefreiung für angebliche innergemeinschaftliche Lieferung mangels einer schriftlichen Versicherung des Abnehmers, den Gegenstand in einen anderen Mitgliedstaat zu befördern.

1. Der für die Steuerfreiheit der innergemeinschaftlichen Lieferung geforderte Belegnachweis für die Beförderung des Gegenstands der Lieferung in einen anderen Mitgliedstaat kann im Falle der Beförderung des Gegenstandes durch den Abnehmer nicht durch eine mündliche, sondern nur durch eine schriftliche Versicherung des Abnehmers geführt werden.
2. Mit einer erst nach Ausführung einer Lieferung erstellten falschen schriftlichen Bestätigung des Abnehmers über die Beförderung des Gegenstands der Lieferung kann der Lieferer den Belegnachweis nicht erbringen.
3. Es entspricht nicht der Sorgfalt eines ordentlichen Kaufmanns, in einem solchen Fall die Steuerbefreiung für eine innergemeinschaftliche Lieferung in Anspruch zu nehmen, ohne die schriftliche Versicherung des Abnehmers, den Gegenstand der Lieferung in einen anderen Mitgliedstaat zu befördern, zu besitzen.

BFH vom 02.04.1997 – V B 159/96, UVR 1997 S. 210[2]:

1. Die Steuerbefreiung der innergemeinschaftlichen Lieferung setzt voraus, daß der Lieferer die richtige Umsatzsteuer-Identifikationsnummer des wirklichen Abnehmers buchmäßig aufzeichnet.
2. Zu den Anforderungen für den guten Glauben an das Vorliegen der Voraussetzungen für die Steuerbefreiung einer innergemeinschaftlichen Lieferung.

---

1) Leitsatz aus UR
2) Siehe dazu *Birkenfeld,* UVR 1997 S. 212

§ 7 UStAE 7.1.

§ 7 Lohnveredelung an Gegenständen der Ausfuhr

(1) Eine Lohnveredelung an einem Gegenstand der Ausfuhr (§ 4 Nr. 1 Buchstabe a) liegt vor, wenn bei einer Bearbeitung oder Verarbeitung eines Gegenstandes der Auftraggeber den Gegenstand zum Zweck der Bearbeitung oder Verarbeitung in das Gemeinschaftsgebiet eingeführt oder zu diesem Zweck in diesem Gebiet erworben hat und

1. der Unternehmer den bearbeiteten oder verarbeiteten Gegenstand in das Drittlandsgebiet, ausgenommen Gebiete nach § 1 Abs. 3, befördert oder versendet hat oder
2. der Auftraggeber den bearbeiteten oder verarbeiteten Gegenstand in das Drittlandsgebiet befördert oder versendet hat und ein ausländischer Auftraggeber ist oder
3. der Unternehmer den bearbeiteten oder verarbeiteten Gegenstand in die in § 1 Abs. 3 bezeichneten Gebiete befördert oder versendet hat und der Auftraggeber
   a) ein ausländischer Auftraggeber ist oder
   b) ein Unternehmer ist, der im Inland oder in den bezeichneten Gebieten ansässig ist und den bearbeiteten oder verarbeiteten Gegenstand für Zwecke seines Unternehmens verwendet.

Der bearbeitete oder verarbeitete Gegenstand kann durch weitere Beauftragte vor der Ausfuhr bearbeitet oder verarbeitet worden sein.

(2) Ausländischer Auftraggeber im Sinne des Absatzes 1 Nr. 2 und 3 ist ein Auftraggeber, der die für den ausländischen Abnehmer geforderten Voraussetzungen (§ 6 Abs. 2) erfüllt.

(3) Bei Werkleistungen im Sinne des § 3 Abs. 10 gilt Absatz 1 entsprechend.

(4) Die Voraussetzungen des Absatzes 1 sowie die Bearbeitung oder Verarbeitung im Sinne des Absatzes 1 Satz 2 müssen vom Unternehmer nachgewiesen sein. Das Bundesministerium der Finanzen kann mit Zustimmung des Bundesrates durch Rechtsverordnung bestimmen, wie der Unternehmer die Nachweise zu führen hat.

(5) Die Absätze 1 bis 4 gelten nicht für die sonstigen Leistungen im Sinne des § 3 Abs. 9a Nr. 2.

Vorgaben im EG-Recht

USt-Recht	MwStSystRL
§ 7 UStG	Artikel 146 Abs. 1 Buchst. c, Protokollerklärung Nr. 1; Artikel 131

UStDV
Zu § 4 Nr. 1 und den §§ 6 und 7 des Gesetzes

Ausfuhrnachweis und buchmäßiger Nachweis bei Ausfuhrlieferungen und Lohnveredelungen an Gegenständen der Ausfuhr

UStDV §§ 8–13 sind abgedruckt nach § 6

UStAE
Zu § 7 UStG (§§ 12 und 13 UStDV)

7.1. Lohnveredelung an Gegenständen der Ausfuhr

(1) [1]Die Befreiungstatbestände in § 7 Abs. 1 Satz 1 Nr. 1 und 2 UStG entsprechen den Befreiungstatbeständen bei der Steuerbefreiung für Ausfuhrlieferungen in § 6 Abs. 1 Satz 1 Nr. 1 und 2 UStG. [2]Die Ausführungen in Abschnitt 6.1 Abs. 1 und 2 gelten deshalb entsprechend. [3]§ 7 Abs. 1 Satz 1 Nr. 3 UStG entspricht § 6 Abs. 1 Satz 1 Nr. 3 UStG nur bei einer Beförderung oder Versendung durch den Unternehmer. [4]Abschnitt 6.1 Abs. 3 gilt insoweit entsprechend.

(2) [1]Voraussetzung für die Steuerbefreiung bei jedem der Befreiungstatbestände ist, dass der Auftraggeber den zu bearbeitenden oder zu verarbeitenden Gegenstand zum Zwecke der Bearbeitung oder Verarbeitung in das Gemeinschaftsgebiet eingeführt oder zu diesem Zweck in diesem Gebiet erworben

hat (§ 7 Abs. 1 Satz 1 UStG). ²Die Bearbeitung oder Verarbeitung braucht nicht der ausschließliche Zweck für die Einfuhr oder für den Erwerb zu sein. ³Die Absicht, den Gegenstand bearbeiten oder verarbeiten zu lassen, muss jedoch bei dem Auftraggeber bereits zum Zeitpunkt der Einfuhr oder des Erwerbs bestehen. ⁴Eine Einfuhr durch den Auftraggeber liegt auch dann vor, wenn dieser den zu bearbeitenden oder zu verarbeitenden Gegenstand von dem Unternehmer im Drittlandsgebiet abholen lässt.

(3) ¹Die Voraussetzung der Einfuhr eines Gegenstands zum Zwecke seiner Bearbeitung oder Verarbeitung ist insbesondere in den folgenden Fällen als erfüllt anzusehen:

1. Der Gegenstand wurde in einer zollamtlich bewilligten aktiven Lohnveredelung – einschließlich einer Ausbesserung – veredelt.

   Beispiel 1:

   ¹Der im Inland ansässigen Weberei W ist von der zuständigen Zollstelle eine aktive Lohnveredelung (Artikel 114 bis 122 ZK; Artikel 536 bis 550 ZK-DVO) mit Garnen zum Verweben für den in der Schweiz ansässigen Trachtenverein (nicht unternehmerisch tätiger Auftraggeber) S bewilligt worden. ²S versendet zu diesem Zweck Garne an W. ³Die Garne werden zollamtlich zur aktiven Lohnveredelung abgefertigt. ⁴Für ihre Einfuhr werden keine Eingangsabgaben erhoben. ⁵W verwebt die Garne, meldet die hergestellten Gewebe aus der Veredelung ab und sendet sie an S in die Schweiz zurück.

2. ¹Der eingeführte Gegenstand wurde in den zollrechtlich freien Verkehr übergeführt. ²Die Einfuhrumsatzsteuer wurde entrichtet.

   Beispiel 2:

   ¹Der in der Schweiz ansässige Auftraggeber S (Nichtunternehmer) beauftragt die im Inland ansässige Weberei W mit dem Verweben von Garnen. ²S versendet zu diesem Zweck Garne an W. ³Da es sich auf Grund des vorliegenden Präferenznachweises um eine zollfreie Einfuhr handelt und W zum Vorsteuerabzug berechtigt ist, wird keine aktive Lohnveredelung bewilligt. ⁴W verwebt die Garne und sendet die Gewebe an S in die Schweiz zurück. ⁵Die für die Einfuhr der Garne erhobene Einfuhrumsatzsteuer kann W als Vorsteuer abziehen (vgl. Abschnitt 15.8 Abs. 8).

3. Das Bestimmungsland hat für die Wiedereinfuhr des bearbeiteten oder verarbeiteten Gegenstands Einfuhrabgaben, z.B. Zoll oder Einfuhrumsatzsteuer, erhoben.

   Beispiel 3:

   ¹Der im Drittlandsgebiet wohnhafte Kfz-Besitzer K hat seinen Personenkraftwagen zur Reparatur durch eine Kraftfahrzeugwerkstatt im Inland eingeführt. ²Die Reparatur besteht in einer Werkleistung. ³Der Kraftwagen ist bei der Einfuhr formlos in eine allgemein bewilligte vorübergehende Verwendung (Artikel 137 bis 144 ZK, Artikel 555 bis 562 ZK-DVO) übergeführt worden. ⁴Die Einfuhr in das Inland kann deshalb nicht durch zollamtliche Belege einer deutschen Zollstelle nachgewiesen werden. ⁵Das Wohnsitzland hat jedoch bei der Wiedereinfuhr des reparierten Kraftfahrzeugs Einfuhrabgaben erhoben.

²Wegen des in den in Satz 1 Nummern 1 bis 3 genannten Sachverhalten zu führenden buchmäßigen Nachweises wird auf Abschnitt 7.3 Abs. 2 hingewiesen.

(4) ¹Bei Beförderungsmitteln und Transportbehältern, die ihrer Art nach von einem ausländischen Auftraggeber nur für unternehmerische Zwecke verwendet werden können – z.B. Binnenschiffe für gewerbliche Zwecke, Eisenbahnwagen, Container, Kraftomnibusse, Lastkraftwagen, Anhänger, Tankauflieger, Tanksattelschlepper und Tankcontainer – kann unterstellt werden, dass sie nicht nur zu Transportzwecken, sondern regelmäßig auch zur Wartung, Reinigung und Instandsetzung eingeführt werden. ²In diesen Fällen braucht deshalb der Einfuhrzweck nicht nachgewiesen zu werden.

(5) ¹Die Voraussetzung des Erwerbs im Gemeinschaftsgebiet zum Zwecke der Bearbeitung oder Verarbeitung ist bei einem Gegenstand insbesondere als erfüllt anzusehen, wenn

1. das Bestimmungsland für die Einfuhr des bearbeiteten oder verarbeiteten Gegenstands Einfuhrabgaben, z.B. Zoll, Einfuhrumsatzsteuer, erhoben hat, die nach dem Wert des eingeführten Gegenstands, einschließlich der durch die Bearbeitung oder Verarbeitung eingetretenen Wertsteigerung, berechnet worden sind, oder

2. der Gegenstand unmittelbar vom Lieferer an den beauftragten Unternehmer oder – im Falle der Bearbeitung oder Verarbeitung durch mehrere Beauftragte – vom vorangegangenen Beauftragten an den nachfolgenden Beauftragten gelangt ist.

²Zum buchmäßigen Nachweis wird auf Abschnitt 7.3 Abs. 2 hingewiesen.

§ 7   UStAE 7.1. – 7.3.

(6) ¹In der Regel liegt keine Einfuhr zum Zwecke der Bearbeitung oder Verarbeitung vor, wenn ein Gegenstand, der in das Inland gelangt ist, hier wider Erwarten reparaturbedürftig geworden und deshalb bearbeitet oder verarbeitet worden ist. ²Die Steuerbefreiung kommt hiernach z.b. nicht in Betracht, wenn ein im Drittlandsgebiet zugelassenes Kraftfahrzeug während einer Fahrt im Inland unerwartet repariert werden musste. ³Entsprechendes gilt, wenn ein Gegenstand, z.B. ein Kraftwagen, den ein ausländischer Abnehmer im Inland erworben hat, hier vor der Ausfuhr genutzt wurde und während dieser Zeit wider Erwarten repariert werden musste.

(7) ¹Der bearbeitete oder verarbeitete oder – im Falle der Werkleistung nach § 3 Abs. 10 UStG – der überlassene Gegenstand kann durch einen weiteren Beauftragten oder mehrere weitere Beauftragte des Auftraggebers oder eines folgenden Auftraggebers vor der Ausfuhr bearbeitet oder verarbeitet worden sein. ²Die Ausführungen in Abschnitt 6.1 Abs. 5 gelten hierzu entsprechend.

7.2. Ausfuhrnachweis

(1) ¹Die für den Ausfuhrnachweis bei Ausfuhrlieferungen maßgebenden Vorschriften sind entsprechend anzuwenden. ²Auf die Ausführungen in den Abschnitten 6.5 bis 6.8 wird hingewiesen. ³Hat der Unternehmer einen anderen Unternehmer (Subunternehmer) mit der Bearbeitung oder Verarbeitung beauftragt und befördert oder versendet dieser den bearbeiteten, verarbeiteten oder überlassenen Gegenstand in das Drittlandsgebiet, kann die Ausfuhr in diesen Fällen durch eine Versandbestätigung nachgewiesen werden.

(2) Beziehen sich die Bearbeitungen oder Verarbeitungen auf Binnenschiffe, die gewerblichen Zwecken dienen, Eisenbahnwagen oder Container ausländischer Auftraggeber (vgl. Abschnitt 7.1 Abs. 4), kann der Unternehmer den Nachweis der Ausfuhr dadurch erbringen, dass er neben dem Namen und der Anschrift des ausländischen Auftraggebers und des Verwenders, wenn dieser nicht der Auftraggeber ist, Folgendes aufzeichnet:

1. bei Binnenschiffen, die gewerblichen Zwecken dienen, den Namen und den Heimathafen des Schiffes,
2. bei Eisenbahnwagen das Kennzeichen der ausländischen Eisenbahnverwaltung und die Nummer des Eisenbahnwagens und
3. bei Containern das Kennzeichen des Behälters.

(3) ¹Wird der Nachweis der Einfuhr zum Zwecke der Bearbeitung oder Verarbeitung durch Hinweis auf die Belege über die Bezahlung der Eingangsabgaben des Bestimmungslandes geführt (vgl. Abschnitt 7.3 Abs. 2 Nr. 3), kann dieser Nachweis zugleich als Ausfuhrnachweis angesehen werden. ²Eines weiteren Nachweises für die Ausfuhr bedarf es in diesen Fällen nicht mehr.

7.3. Buchmäßiger Nachweis

(1) ¹Die Ausführungen zum buchmäßigen Nachweis bei Ausfuhrlieferungen in Abschnitt 6.10 Abs. 1 bis 6 gelten entsprechend. ²Ist der Gegenstand durch mehrere Unternehmer – Beauftragte – nacheinander bearbeitet oder verarbeitet worden (Abschnitt 7.1 Abs. 7), muss jeder dieser Unternehmer die Voraussetzungen der Steuerbefreiung einschließlich der Einfuhr oder des Erwerbs im Gemeinschaftsgebiet zum Zwecke der Bearbeitung oder Verarbeitung buchmäßig nachweisen.

(2) Der Nachweis der Einfuhr oder des Erwerbs für Zwecke der Bearbeitung und Verarbeitung soll in den Fällen des Abschnitts 7.1 Abs. 3 und 5 regelmäßig wie folgt geführt werden:

1. in den Fällen der aktiven Lohnveredelung (vgl. Abschnitt 7.1 Abs. 3 Satz 1 Nr. 1) durch Hinweis auf die zollamtlichen Belege über die Anmeldung der Waren zur Veredelung und über die Abmeldung der Waren aus der Veredelung;
2. ¹in den Fällen der Einfuhrbesteuerung (vgl. Abschnitt 7.1 Abs. 3 Satz 1 Nr. 2) durch Hinweis auf den zollamtlichen Beleg über die Entrichtung der Einfuhrumsatzsteuer. ²Im Falle der Bearbeitung oder Verarbeitung durch mehrere Unternehmer – Beauftragte – genügt bei den nachfolgenden Beauftragten ein Hinweis auf eine Bescheinigung des vorangegangenen Beauftragten, worin dieser die Entrichtung der Einfuhrumsatzsteuer bestätigt hat;
3. in den Fällen der Erhebung von Eingangsabgaben durch das Bestimmungsland (vgl. Abschnitt 7.1 Abs. 3 Satz 1 Nr. 3 und Abs. 5 Satz 1 Nr. 1) durch Hinweis auf die bei dem Unternehmer vorhandenen Belege oder ihre beglaubigten Abschriften über die Bezahlung der Eingangsabgaben des Bestimmungslands;
4. in den Fällen, in denen der im Gemeinschaftsgebiet erworbene Gegenstand unmittelbar vom Lieferer an den Unternehmer – Beauftragten – oder von dem vorangegangenen Beauftragten an den

nachfolgenden Beauftragten gelangt ist (vgl. Abschnitt 7.1 Abs. 5 Satz 1 Nr. 2), durch Hinweis auf die Durchschrift der Ausfuhrbestätigung für Umsatzsteuerzwecke in Bearbeitungs- oder Verarbeitungsfällen.

(3) ¹Bei der Bearbeitung, z.b. Wartung, Reinigung oder Instandsetzung, eines Kraftfahrzeuges eines ausländischen Auftraggebers kann der Unternehmer den Nachweis der Einfuhr des Kraftfahrzeuges zum Zwecke dieser Bearbeitung auch in anderer Weise führen. ²In Betracht kommen z.b. Hinweise auf eine schriftliche Anmeldung des Auftraggebers zur Reparatur oder auf eine Bescheinigung einer ausländischen Behörde, dass das Kraftfahrzeug bei einem Unfall im Drittlandsgebiet beschädigt worden ist. ³Diese Regelung gilt jedoch nur dann, wenn nach den Umständen des Einzelfalls keine ernsthaften Zweifel daran bestehen, dass der Auftraggeber das Kraftfahrzeug zum Zwecke der Bearbeitung eingeführt hat.

7.4. Abgrenzung zwischen Lohnveredelungen im Sinne des § 7 UStG und Ausfuhrlieferungen im Sinne des § 6 UStG

(1) ¹Die Steuerbefreiung für Ausfuhrlieferungen kommt für Werklieferungen an eingeführten oder im Gemeinschaftsgebiet erworbenen Gegenständen – anders als die Steuerbefreiung nach § 4 Nr. 1 Buchstabe a, § 7 UStG bei Werkleistungen (Lohnveredelungen) – ohne Rücksicht darauf in Betracht, zu welchem Zweck die Gegenstände eingeführt oder erworben worden sind. ²Deshalb ist für die Frage, ob für einen Umsatz Steuerfreiheit gewährt werden kann, insbesondere bei Reparaturen beweglicher körperlicher Gegenstände häufig von entscheidender Bedeutung, ob der Umsatz eine Werklieferung (§ 3 Abs. 4 UStG) oder eine Werkleistung darstellt. ³Ob im Einzelfall bei Reparaturen eine Werklieferung oder eine Werkleistung vorliegt, ist nach den Grundsätzen des BFH-Urteils vom 25.3.1965, V 253/63 U, BStBl. III S. 338, zu entscheiden (vgl. auch Abschnitt 3.8).

(2) ¹Aus Vereinfachungsgründen kann die Reparatur eines Beförderungsmittels, z.B. eines Kraftfahrzeugs, eines Sportboots, einer Yacht oder eines Sportflugzeugs, ohne weitere Nachprüfung als Werklieferung angesehen werden, wenn der Entgeltteil, der auf das bei der Reparatur verwendete Material entfällt, mehr als 50% des für die Reparatur berechneten Gesamtentgelts beträgt. ²Liegen hiernach bei Reparaturen von Wasserfahrzeugen für die Seeschifffahrt, die nicht in § 8 Abs. 1 Nr. 1 UStG aufgeführt sind, die Voraussetzungen für eine Werklieferung nicht vor, kann ohne weitere Prüfung eine Reparatur gleichwohl als Werklieferung angesehen werden, wenn das Entgelt das 15fache der Bruttoregistertonnage des Schiffes übersteigt.

§ 8

§ 8 Umsätze für die Seeschifffahrt und für die Luftfahrt

(1) Umsätze für die Seeschifffahrt (§ 4 Nr. 2) sind:

1. [1)]die Lieferungen, Umbauten, Instandsetzungen, Wartungen, Vercharterungen und Vermietungen von Wasserfahrzeugen für die Seeschifffahrt, die dem Erwerb durch die Seeschifffahrt oder der Rettung Schiffbrüchiger zu dienen bestimmt sind (aus Positionen 8901 und 8902 00, aus Unterposition 8903 92 10, aus Position 8904 00 und aus Unterposition 8906 90 10 des Zolltarifs);
2. die Lieferungen, Instandsetzungen, Wartungen und Vermietungen von Gegenständen, die zur Ausrüstung der in Nummer 1 bezeichneten Wasserfahrzeuge bestimmt sind;
3. die Lieferungen von Gegenständen, die zur Versorgung der in Nummer 1 bezeichneten Wasserfahrzeuge bestimmt sind. Nicht befreit sind die Lieferungen von Bordproviant zur Versorgung von Wasserfahrzeugen der Küstenfischerei;
4. [1)]die Lieferungen von Gegenständen, die zur Versorgung von Kriegsschiffen (Unterposition 8906 10 00 des Zolltarifs) auf Fahrten bestimmt sind, bei denen ein Hafen oder ein Ankerplatz im Ausland und außerhalb des Küstengebiets im Sinne des Zollrechts angelaufen werden soll;
5. andere als die in den Nummern 1 und 2 bezeichneten sonstigen Leistungen, die für den unmittelbaren Bedarf der in Nummer 1 bezeichneten Wasserfahrzeuge, einschließlich ihrer Ausrüstungsgegenstände und ihrer Ladungen, bestimmt sind.

(2) Umsätze für die Luftfahrt (§ 4 Nr. 2) sind:

1. die Lieferungen, Umbauten, Instandsetzungen, Wartungen, Vercharterungen und Vermietungen von Luftfahrzeugen, die zur Verwendung durch Unternehmer bestimmt sind, die im entgeltlichen Luftverkehr überwiegend grenzüberschreitende Beförderungen oder Beförderungen auf ausschließlich im Ausland gelegenen Strecken und keine nach § 4 Nr. 17 Buchstabe b steuerfreien Beförderungen durchführen;
2. die Lieferungen, Instandsetzungen, Wartungen und Vermietungen von Gegenständen, die zur Ausrüstung der in Nummer 1 bezeichneten Luftfahrzeuge bestimmt sind;
3. die Lieferungen von Gegenständen, die zur Versorgung der in Nummer 1 bezeichneten Luftfahrzeuge bestimmt sind;
4. andere als die in den Nummern 1 und 2 bezeichneten sonstigen Leistungen, die für den unmittelbaren Bedarf der in Nummer 1 bezeichneten Luftfahrzeuge, einschließlich ihrer Ausrüstungsgegenstände und ihrer Ladungen, bestimmt sind.

(3) Die in den Absätzen 1 und 2 bezeichneten Voraussetzungen müssen vom Unternehmer nachgewiesen sein. Der Bundesminister der Finanzen kann mit Zustimmung des Bundesrates durch Rechtsverordnung bestimmen, wie der Unternehmer den Nachweis zu führen hat.

Vorgaben im EG-Recht

USt-Recht	MwStSystRL
§ 8 Abs. 1 Nr. 1 und 2 UStG	Artikel 148 Buchst. c
§ 8 Abs. 1 Nr. 3 UStG	Artikel 148 Buchst. a
§ 8 Abs. 1 Nr. 4 UStG	Artikel 148 Buchst. b
§ 8 Abs. 1 Nr. 5 UStG	Artikel 148 Buchst. d, Protokollerklärung Nr. 1
§ 8 Abs. 2 Nr. 1 und 2 UStG	Artikel 148 Buchst. f
§ 8 Abs. 2 Nr. 3 UStG	Artikel 148 Buchst. e
§ 8 Abs. 2 Nr. 4 UStG	Artikel 148 Buchst. g, Protokollerklärung Nr. 1
§ 8 Abs. 3 UStG, § 18 UStDV	Artikel 131

---

1) Fassung ab 19.12.2006

UStDV

Zu § 4 Nr. 2 und § 8 des Gesetzes

§ 18 Buchmäßiger Nachweis bei Umsätzen für die Seeschiffahrt und für die Luftfahrt

Bei Umsätzen für die Seeschiffahrt und für die Luftfahrt (§ 8 des Gesetzes) ist § 13 Abs. 1 und 2 Nr. 1 bis 4 entsprechend anzuwenden. [1] *Zusätzlich soll der Unternehmer aufzeichnen, für welchen Zweck der Gegenstand der Lieferung oder die sonstige Leistung bestimmt ist.*

UStAE

Zu § 8 UStG (§ 18 UStDV)

8.1. Umsätze für die Seeschifffahrt

(1) [1]Die Steuerbefreiung nach § 4 Nr. 2, § 8 Abs. 1 UStG ist davon abhängig, dass die Umsätze unmittelbar an Betreiber eines Seeschiffes oder an die Gesellschaft zur Rettung Schiffbrüchiger bewirkt werden. [2]Sie kann sich nicht auf Umsätze auf den vorhergehenden Stufen erstrecken (vgl. EuGH-Urteil vom 14.9.2006, C-181/04 bis C-183/04, HFR S. 1171). [3]Unter den Begriff „Betreiber" fallen unter Berücksichtigung des gemeinschaftsrechtlichen Umfangs der Befreiung von Umsätzen für die Seeschifffahrt sowohl Reeder als auch Bereederer von Seeschiffen, sofern die Leistungen unmittelbar dem Erwerb durch die Seeschifffahrt dienen. [4]Die Eigentumsverhältnisse sind für die Steuerbefreiung insoweit unerheblich. [5]Eine Zwischenlagerung von Lieferungsgegenständen im Sinne des § 8 Abs. 1 UStG ist ebenfalls unschädlich. [6]Chartervergütungen, die an von Linienreedereien geleistet werden, die wiederum Bereederungsverträge mit Reedereien abschließen, sind als Gegenleistung für steuerbefreite Umsätze für die Seeschifffahrt anzusehen. [7]Umsätze, die an von Reederern oder Bereederern beauftragte Agenten bzw. Schiffsmakler ausgeführt werden, fallen dagegen als Umsätze auf einer vorausgehenden Handelsstufe nicht unter die Steuerbefreiung.

(2) [1]Bei den begünstigten Schiffen (§ 8 Abs. 1 Nr. 1 UStG) muss es sich um Wasserfahrzeuge handeln, die nach ihrer Bauart dem Erwerb durch die Seeschifffahrt oder der Rettung Schiffbrüchiger zu dienen bestimmt sind. [2]Maßgebend ist die zolltarifliche Einordnung. [3]Zu den vorbezeichneten Schiffen gehören insbesondere Seeschiffe der Handelsschifffahrt, seegehende Fahrgast- und Fährschiffe, Fischereifahrzeuge und Schiffe des Seeschifffahrtshilfsgewerbes, z.B. Seeschlepper und Bugsierschiffe. [4]Nicht dazu gehören Wassersportfahrzeuge (vgl. BFH-Urteil vom 13.2.1992, V R 141/90, BStBl. II S. 576) und Behördenfahrzeuge. [5]Weitere Voraussetzung für die Steuerbefreiung ist, dass die nach ihrer Bauart begünstigten Wasserfahrzeuge auch tatsächlich ausschließlich oder überwiegend in der Erwerbsschifffahrt oder zur Rettung Schiffbrüchiger eingesetzt werden sollen. [6]Der Begriff der Seeschifffahrt ist nach den Vorschriften des Seerechts zu beurteilen. [7]Als Seeschifffahrt ist danach die Schifffahrt seewärts der in § 1 der Flaggenrechtsverordnung festgelegten Grenzen der Seefahrt anzusehen (vgl. BFH-Urteil vom 2.9.1971, V R 8/67, BStBl. 1972 II S. 45). [8]In den Fällen der Reise-, Zeit-, Slot- und Bareboat-Vercharterung handelt es sich jeweils um eine steuerfreie Vercharterung eines Wasserfahrzeuges für die Seeschifffahrt nach § 4 Nr. 2, § 8 Abs. 1 Nr. 1 UStG. [9]Wesentliches Merkmal dieser Verträge ist das Zurverfügungstellen eines Schiffes bzw. von Schiffsraum. [10]Lediglich die Beförderung im Rahmen von Stückgutverträgen wird als Güterbeförderung angesehen, deren Behandlung sich nach §§ 3a, 3b, 4 Nr. 3 UStG (vgl. Abschnitte 3b.3, 4.3.2 bis 4.3.4) richtet.

(3) Zu den Gegenständen der Schiffsausrüstung (§ 8 Abs. 1 Nr. 2 UStG) gehören:

1. die an Bord eines Schiffes zum Gebrauch mitgeführten in der Regel beweglichen Gegenstände, z.B. optische und nautische Geräte, Drahtseile und Tauwerk, Persenninge, Werkzeug und Ankerketten, nicht aber Transportbehälter, z.B. Container,

2. das Schiffszubehör, z.B. Rettungsboote und andere Rettungsvorrichtungen, Möbel, Wäsche und anderes Schiffsinventar, Seekarten und Handbücher, sowie

3. Teile von Schiffen und andere Gegenstände, die in ein bestimmtes nach § 8 Abs. 1 Nr. 1 UStG begünstigtes Wasserfahrzeug eingebaut werden sollen oder die zum Ersatz von Teilen oder zur Reparatur eines begünstigten Wasserfahrzeugs bestimmt sind.

(4) [1]Gegenstände zur Versorgung von Schiffen (§ 8 Abs. 1 Nr. 3 Satz 1 UStG) sind die technischen Verbrauchsgegenstände – z.B. Treibstoffe, Schmierstoffe, Farbe oder Putzwolle –, die sonstigen zum Verbrauch durch die Besatzungsmitglieder und die Fahrgäste bestimmten Gegenstände – z.B. Proviant,

---

1) Abgedruckt nach § 6 UStG

Genussmittel, Toilettenartikel, Zeitungen und Zeitschriften – und die Waren für Schiffsapotheken, Bordkantinen und Bordläden. ²Gegenstände zur Versorgung von Schiffen sind auch Lebensmittel, Genussmittel und Non-food-Artikel, die in Bordläden, z.B. auf Ausflugsschiffen und Seebäderschiffen, verkauft werden sollen, auch wenn sie nicht zum Verbrauch oder Gebrauch an Bord, sondern zur Wiedereinfuhr in das Inland bestimmt sind.

(5) ¹Küstenfischerei (§ 8 Abs. 1 Nr. 3 Satz 2 UStG) ist die Fischerei, die in den vor einer Küste liegenden Meeresteilen, die nicht zur Hohen See, sondern zum Gebiet des Uferstaates gehören (Territorialgewässer), durchgeführt wird. ²Unter Bordproviant sind die ausschließlich zum Verbrauch an Bord durch Besatzung und Passagiere bestimmten Waren (Mundvorrat) zu verstehen.

(6) ¹Bei der Versorgung ausländischer Kriegsschiffe (§ 8 Abs. 1 Nr. 4 UStG) kann davon ausgegangen werden, dass die Voraussetzung für die Steuerbefreiung stets erfüllt ist. ²Bei der Versorgung von Kriegsschiffen der Bundeswehr ist die Voraussetzung durch einen Bestellschein, der die erforderlichen Angaben enthält, nachzuweisen. ³Zu dem Begriff „Gegenstände zur Versorgung von Schiffen" gelten die Ausführungen in Absatz 4 entsprechend.

(7) ¹Zu den in § 8 Abs. 1 Nr. 5 UStG bezeichneten sonstigen Leistungen gehören insbesondere:
1. ¹die Leistungen des Schiffsmaklers, soweit es sich hierbei nicht um Vermittlungsleistungen handelt. ²Der Schiffsmakler vermittelt im Allgemeinen den Abschluss von Seefrachtverträgen. ³Sein Aufgabenbereich bestimmt sich jedoch nicht allein nach den Vorschriften über den Handelsmakler (§§ 93ff. HGB). ⁴Nach der Verkehrsauffassung und Verwaltungsübung ist vielmehr davon auszugehen, dass er, im Gegensatz zum Handelsmakler, nicht nur von Fall zu Fall tätig wird, sondern auch ständig mit der Betreuung eines Schiffs betraut sein kann;
2. ¹die Leistungen des Havariekommissars. ²Dieser ist in der Regel als Schadensagent für Versicherer, Versicherungsnehmer, Versicherte oder Beförderungsunternehmer tätig. ³Er hat hauptsächlich die Aufgabe, die Interessen seines Auftraggebers wahrzunehmen, wenn bei Beförderungen Schäden an den Beförderungsmitteln oder ihren Ladungen eintreten;
3. ¹die Leistungen des Schiffsbesichtigers. ²Dieser ist ein Sachverständiger, der Schiffe und Ladungen besichtigt oder der auf Wunsch der Beteiligten bei Schiffshavarien oder Ladungsschäden Gutachten über Ursache, Art und Umfang der Schäden anfertigt;
4. ¹die Leistungen des Güterbesichtigers. ²Dieser ist ein Sachverständiger, der zu einer Güterbesichtigung im Falle von Transportschäden aus Anlass einer Güterbeförderung berufen ist. ³Eine amtliche Bestellung ist nicht zu fordern;
5. ¹die Leistungen des Dispacheurs. ²Seine Tätigkeit besteht in der Feststellung und Verteilung von Schäden in den Fällen der großen Havarie (§§ 727 und 729 HGB);
6. ¹das Schleppen. ²Diese Leistung wird auf Grund eines Dienst- oder Werkvertrags, z.B. Assistieren beim Ein- und Auslaufen, Einschleppen eines Schiffes in den Hafen, Verholen eines Schiffes innerhalb des Hafens, oder auf Grund eines Frachtvertrags im Sinne des § 556 HGB (Fortbewegung eines unbemannten Schiffes) bewirkt;
7. ¹das Lotsen. ²Diese Leistung liegt vor, wenn ein Schiff auf See oder Wasserstraßen von einem orts- und schifffahrtskundigen Berater geleitet wird, der dieser Tätigkeit berufsmäßig auf Grund behördlicher Zulassung oder eines Lotsenpatents nachgeht;
8. ¹das Bergen. ²Hierunter fallen alle Leistungen für ein Schiff, seine Besatzung oder Ladung, die den Anspruch auf Berge- oder Hilfslohn begründen (vgl. § 740 HGB);
9. ¹die selbständigen Nebenleistungen zu den in den Nummern 1 bis 8 bezeichneten Leistungen. ²Haupt- und Nebenleistungen können von verschiedenen Unternehmern bewirkt werden;
10. ¹die Personalgestellung im Rahmen des sog. Crew-Management. ²Dagegen fallen die Personalbewirtschaftungsleistungen schon deshalb nicht unter die Steuerbefreiung, weil sie nicht unmittelbar an Unternehmer der Schifffahrt erbracht werden. ³Die Personalvermittlung ist nach § 4 Nr. 5 UStG steuerfrei (vgl. Absatz 8);
11. die Vermietung (Leasing), das Be- und Entladen, das Lagern und die Reparatur von Seetransport-Containern, wenn sie für den unmittelbaren Bedarf der Schiffsladung bestimmt sind.

²Im Übrigen ist Abschnitt 8.2 Abs. 6 Satz 4 und Abs. 7 auf die Umsätze für die Seeschifffahrt entsprechend anzuwenden.

(8) ¹Vermittlungsleistungen sind keine Leistungen für den unmittelbaren Bedarf der begünstigten Schiffe. ²Das gilt auch dann, wenn sie von im Absatz 7 genannten Unternehmern erbracht werden. ³Die Vermittlung der in § 8 UStG bezeichneten Umsätze ist jedoch unter den Voraussetzungen des § 4 Nr. 5 UStG steuerfrei.

(9) Sonstige Leistungen, die sich unmittelbar auf Gegenstände beziehen, die in das Drittlandsgebiet verbracht werden, oder die sich auf Gegenstände der Einfuhr in das Gebiet eines Mitgliedstaates der Europäischen Gemeinschaft beziehen, aber keine Leistungen für den unmittelbaren Bedarf der in § 8 Abs. 1 Nr. 1 und 2 UStG bezeichneten Wasserfahrzeuge darstellen, können nach § 4 Nr. 3 UStG unter den dort genannten Voraussetzungen steuerfrei sein.

8.2. Umsätze für die Luftfahrt

(1) Abschnitt 8.1 Abs. 1 bis 3 ist auf Umsätze für die Luftfahrt entsprechend anzuwenden.

(2) Die Steuerbefreiung nach § 8 Abs. 2 Nr. 1 UStG ist davon abhängig, dass der Unternehmer keine nach § 4 Nr. 17 Buchstabe b UStG steuerfreien Beförderungen mit Luftfahrzeugen durchführt (vgl. Abschnitt 4.17.2).

(3) ^{1}Von den Beförderungen im internationalen Luftverkehr im Sinne des § 8 Abs. 2 Nr. 1 UStG sind die Beförderungen zu unterscheiden, die sich ausschließlich auf das Inland erstrecken (Binnenluftverkehr). ^{2}Die Frage, welcher der beiden Verkehre überwiegt, bestimmt sich nach der Höhe der Entgelte für die Personen- und Güterbeförderungen im Luftverkehr. ^{3}Übersteigen bei einem Unternehmer, der ausschließlich – oder mit einem Unternehmensteil oder auch nur im Rahmen von Hilfsumsätzen – entgeltlichen Luftverkehr betreibt, die Entgelte für die Beförderungen im internationalen Luftverkehr die Entgelte für die Beförderungen im Binnenluftverkehr, kommt für die Lieferungen usw. von Luftfahrzeugen, die zum Einsatz bei diesem Unternehmer bestimmt sind, die Steuerbefreiung in Betracht. ^{4}Auf den Zweck, für den das einzelne Flugzeug bestimmt ist oder verwendet wird – Einsatz im internationalen Luftverkehr oder im Binnenluftverkehr –, kommt es nicht an. ^{5}Bei den Luftverkehrsunternehmern mit Sitz im Ausland ist davon auszugehen, dass sie im Rahmen ihres entgeltlichen Luftverkehrs überwiegend internationalen Luftverkehr betreiben. ^{6}Bei den Luftverkehrsunternehmern mit Sitz im Inland kann diese Voraussetzung als erfüllt angesehen werden, wenn sie in der für den Besteuerungszeitraum maßgeblichen im Bundessteuerblatt veröffentlichten Liste aufgeführt sind. ^{7}Die Liste wird jeweils zu Beginn eines Kalenderjahres neu herausgegeben, soweit bis zu diesem Zeitpunkt Änderungen eingetreten sind.

(4) ^{1}Bis zur Aufnahme eines Unternehmers in die in Absatz 3 bezeichnete Liste gilt Folgendes: Haben die zuständigen Landesfinanzbehörden bei einem Unternehmer festgestellt, dass er im entgeltlichen Luftverkehr überwiegend internationalen Luftverkehr betreibt und keine nach § 4 Nr. 17 Buchstabe b UStG steuerfreien Beförderungsleistungen erbringt, erteilt das zuständige Finanzamt dem Unternehmer hierüber einen schriftlichen bis zum Ablauf des Kalenderjahres befristeten Bescheid. ^{2}Der Unternehmer kann anderen Unternehmern Ablichtungen oder Abschriften des Bescheids des Finanzamts übersenden und sie auf diese Weise unterrichten. ^{3}Die anderen Unternehmer sind berechtigt, diese Ablichtungen oder Abschriften bis zum Beginn des neuen Kalenderjahres für die Führung des buchmäßigen Nachweises zu verwenden.

(5) ^{1}Das Finanzamt prüft einmal jährlich, ob der in die Liste aufgenommene Unternehmer die Voraussetzungen hierfür noch erfüllt. ^{2}Ist der Unternehmer danach in die nächste Liste nicht mehr aufzunehmen, können andere Unternehmer aus Vereinfachungsgründen bei Umsätzen, die sie bis zum Beginn des neuen Kalenderjahres bewirken, noch davon ausgehen, dass der Unternehmer im entgeltlichen Luftverkehr überwiegend internationalen Luftverkehr betreibt.

(6) ^{1}Bezüglich der Begriffe „Ausrüstungsgegenstände" und „Versorgungsgegenstände" gelten die Ausführungen in Abschnitt 8.1 Abs. 3 und 4 entsprechend. ^{2}Jedoch ist es nicht erforderlich, dass der Unternehmer die Gegenstände zur Ausrüstung oder Versorgung eines bestimmten Luftfahrzeuges liefert. ^{3}Bei speziell nur für die Luftfahrt zu verwendenden Containern (z.B. für einen bestimmten Flugzeugtyp angefertigte Container) handelt es sich um Ausrüstungsgegenstände im Sinne von § 8 Abs. 2 Nr. 2 UStG. ^{4}Zu den sonstigen Leistungen im Sinne des § 8 Abs. 2 Nr. 4 UStG gehören insbesondere:

1. die Duldung der Benutzung des Flughafens und seiner Anlagen einschließlich der Erteilung der Start- und Landeerlaubnis;
2. die Reinigung von Luftfahrzeugen;
3. die Umschlagsleistungen auf Flughäfen;
4. die Leistungen der Havariekommissare, soweit sie bei Beförderungen im Luftverkehr anlässlich von Schäden an den Beförderungsmitteln oder ihren Ladungen tätig werden (vgl. Abschnitt 8.1 Abs. 7 Satz 1 Nr. 2) und
5. die mit dem Flugbetrieb zusammenhängenden sonstigen Leistungen auf Flughäfen, z.B. das Schleppen von Flugzeugen.

(7) ^{1}Nicht befreit nach § 4 Nr. 2, § 8 Abs. 2 Nr. 4 UStG sind sonstige Leistungen, die nur mittelbar dem Bedarf von Luftfahrzeugen dienen. ^{2}Hierzu gehören insbesondere:

§ 8 UStAE 8.2., 8.3.

1. ¹die Vermittlung von befreiten Umsätzen. ²Es kann jedoch die Steuerbefreiung nach § 4 Nr. 5 UStG in Betracht kommen (vgl. Abschnitt 4.5.1 Abs. 3);
2. die Vermietung von Hallen für Werftbetriebe auf Flughäfen;
3. die Leistungen an eine Luftfahrtbehörde für Zwecke der Luftaufsicht im Sinne des § 29 LuftVG;
4. die Beherbergung und Beköstigung von Besatzungsmitgliedern eines Luftfahrzeuges;
5. die Beförderung von Besatzungsmitgliedern, z.b. mit einem Taxi, vom Flughafen zum Hotel und zurück;
6. die Beherbergung und Beköstigung von Passagieren bei Flugunregelmäßigkeiten und
7. die Beförderung von Passagieren und des Fluggepäcks, z.b. mit einem Kraftfahrzeug, zu einem Ausweichflughafen.

8.3. Buchmäßiger Nachweis

(1) ¹Der Unternehmer hat die Voraussetzungen der Steuerbefreiung buchmäßig nachzuweisen. ²Hierzu gelten die Ausführungen zu den Ausfuhrlieferungen entsprechend (vgl. Abschnitt 6.10 Abs. 1 bis 4).

(2) ¹Der Unternehmer soll nach § 18 UStDV neben den in § 13 Abs. 2 Nr. 1 bis 4 UStDV bezeichneten Angaben auch aufzeichnen, für welchen Zweck der Gegenstand der Lieferung oder die sonstige Leistung bestimmt ist. ²Es genügt der Hinweis auf Urkunden, z.b. auf ein Schiffszertifikat, oder auf Belege, wenn sich aus diesen Unterlagen der Zweck eindeutig und leicht nachprüfbar ergibt. ³In Zweifelsfällen kann der begünstigte Zweck durch eine Bestätigung desjenigen, bei dem er verwirklicht werden soll, nachgewiesen werden. ⁴Soll der begünstigte Zweck bei einem Dritten verwirklicht werden (vgl. Abschnitt 8.1 Abs. 1 und Abschnitt 8.2 Abs. 1), sollen auch der Name und die Anschrift dieses Dritten aufgezeichnet sein.

(3) ¹Bei Reihengeschäften können ausländische Unternehmer in der Reihe den buchmäßigen Nachweis in der Regel nicht im Geltungsbereich der UStDV erbringen. ²In diesen Fällen ist zur Vermeidung von Unbilligkeiten das Fehlen des Nachweises nicht zu beanstanden.

Verwaltungsregelungen zu § 8

Datum	Anlage	Quelle	Inhalt
20.01.83	§ 008-01	FM NRW	Steuerfreie Leistungen der Havariekommissare, Schiffs- und Güterbesichtiger (§ 8 Abs. 1 Nr. 5 UStG)
	§ 008-02		nicht belegt
19.01.12	§ 008-03	BMF	Steuerfreie Umsätze für die Luftfahrt (§ 4 Nr. 2, § 8 Abs. 2 UStG; Abschn. 8.2 UStAE)
24.01.08	§ 008-04	BMF	Umsätze für die Seeschifffahrt und für die Luftfahrt (§ 8 UStG; Abschnitte 145 und 146 UStR)
24.07.09	§ 008-05	BMF	Umsatzsteuerliche Beurteilung der Umsätze für die Seeschifffahrt (§ 4 Nr. 2 UStG, § 8 Abs. 1 UStG)

Rechtsprechungsauswahl

EuGH vom 22.10.2010 – Rs. C-116/10, Pierre feltgen als Insolvenzverwalter der Bacino Charter Company A, UR 2011 S. 694: Keine Steuerbefreiung der entgeltlichen Vermietung eines Seeschiffs mit Besatzung an natürliche Personen für eine Hochseevergnügungsreise.
Art. 15 Nr. 5 der 6. EG-Richtlinie 77/388/EWG in der durch die Richtlinie 91/680/EWG des Rates vom 16.12.1991 geänderten Fassung ist dahin auszulegen, dass die in dieser Bestimmung vorgesehene Befreiung von der Mehrwertsteuer keine Anwendung auf Dienstleistungen findet, mit denen natürlichen Personen gegen Entgelt ein Schiff mit Besatzung für Hochseevergnügungsreisen zur Verfügung gestellt wird.

EuGH vom 18.10.2007 – Rs. C-97/06 – Navicon SA, UR 2007 S. 895: Gemeinschaftsrechtswidrigkeit einer nationalen Steuerbefreiung der Charterumsätze von Seeschiffen nur im Falle einer Vollvercharterung.
1. Art. 15 Nr. 5 der 6. EG-Richtlinie 77/388/EWG in der durch die Richtlinie 92/111/EWG des Rates vom 14.12.1992 geänderten Fassung ist in dem Sinne auszulegen, dass er sowohl die Vollvercharterung als auch die Teilvercharterung von auf hoher See eingesetzten Schiffen erfasst. Folglich steht die genannte Vorschrift nationalen Bestimmungen wie den im Ausgangsverfahren in Rede stehen-

den, die die Mehrwertsteuerbefreiung nur bei der Vollvercharterung solcher Schiffe gewähren, entgegen.
2. Es ist Sache des vorlegenden Gerichts zu entscheiden, ob der im Ausgangsverfahren in Rede stehende Vertrag die Tatbestandsmerkmale eines Chartervertrags i.S.v. Art. 15 Nr. 5 der 6. EG-Richtlinie in der durch die Richtlinie 92/111/EWG geänderten Fassung erfüllt.

FG Hamburg vom 29.08.2007 – 5 K 198/06 – rechtskräftig, EFG 2008 S. 172: USt-Pflicht der Leistungen im Lotsenversetzdienst.
§ 4 Nr. 2 UStG befreit u. a. die Umsätze der Seeschifffahrt von der Steuer; hierzu zählen nach § 8 Abs. 1 Nr. 5 UStG sonstige Leistungen, die für den unmittelbaren Bedarf von Wasserfahrzeugen für die Seeschifffahrt bestimmt sind. Diese Regelung entspricht Art. 15 Nr. 8 der 6. EG-Richtlinie (jetzt Art. 148 Buchst. d der MwStSystRL). Sie ist in Übereinstimmung mit der Rspr. des EuGH dahin auszulegen, dass die Befreiung nur für Leistungen gilt, die unmittelbar gegenüber dem Reeder erbracht werden.
Auf Grund der hoheitlichen Ausgestaltung des Lotsenwesens in Deutschland erbringt der Lotsenversetzdienst seine Leistungen gegen Entgelt gegenüber einer hoheitlichen Stelle, der Bundeslotsenkammer bzw. der Wasser- und Schifffahrtsdirektion, die ihrerseits den Lotsenversetzdienst zur Verfügung stellt, und nicht gegenüber dem Reeder selbst. Dass die Leistung im Ergebnis allein dem Reeder zugute kommt und auch nur ihm zugute kommen kann, ist aus umsatzsteuerlicher Sicht unerheblich.

BFH vom 06.12.2001 – V R 23/01, BStBl. 2002 II S. 257: Sonstige Leistungen für die Seeschifffahrt.
1. Als „Umsätze für die Seeschifffahrt" sind u.a. sonstige Leistungen steuerbefreit, die für den unmittelbaren Bedarf bestimmter Wasserfahrzeuge, einschließlich ihrer Ausrüstungsgegenstände und ihrer Ladungen, bestimmt sind.
2. Damit kommen nur sonstige Leistungen in Betracht, die (unmittelbar) an Unternehmer der Seeschifffahrt bewirkt werden.

BFH vom 13.02.1992 – V R 140/90, BStBl. 1992 II S. 573: Eine Sport- oder Vergnügungszwecken dienende Hochseeyacht erfüllt nicht die Voraussetzungen für ein Wasserfahrzeug, das i. S. des § 8 Abs. 1 Nr. 1 UStG 1980 dem Erwerb durch die Seeschifffahrt zu dienen bestimmt ist. Die Vercharterung einer solchen Yacht ist nicht nach § 4 Nr. 2 i. V. m. § 8 Abs. 1 Nr. 1 UStG 1980 steuerfrei.

BFH vom 13.02.1992 – V R 141/90, BStBl. 1992 II S. 576: Handel mit Hochseeyachten für Sportzwecke nicht steuerfrei (§ 4 Nr. 2, § 8 Abs. 1 UStG 1980).
Eine Sport- oder Vergnügungszwecken dienende Hochseeyacht erfüllt nicht die Voraussetzungen für ein Wasserfahrzeug, das i. S. des § 8 Abs. 1 Nr. 1 UStG 1980 dem Erwerb durch die Seeschifffahrt zu dienen bestimmt ist. Die *Lieferung* einer solchen Yacht ist auch dann nicht nach § 4 Nr. 2 i. V. m. § 8 Abs. 1 Nr. 1 UStG 1980 steuerfrei, wenn der Erwerber sie nicht selbst zu Sport- oder Freizeitzwecken verwendet, sondern (unternehmerisch) an Freizeitsegler verchartert.

EuGH vom 26.06.1990 – Rs. C-185/89 – Velker International Oil Compnay, UR 1991 S. 352; UVR 1990 S. 338: Versorgungslieferungen für die Seeschifffahrt.
Artikel 15 Nr. 4 der Sechsten Richtlinie 77/388/EWG des Rates vom 17.5.1977 zur Harmonisierung der Rechtsvorschriften der Mitgliedstaaten über die Umsatzsteuern – Gemeinsames Mehrwertsteuersystem: einheitliche steuerpflichtige Bemessungsgrundlage, ist dahin auszulegen, daß als Lieferungen von Gegenständen zur Versorgung von Schiffen nur Lieferungen an einen Betreiber von Schiffen angesehen werden können, der diese Gegenstände zur Versorgung verwendet, ohne daß die Verbringung der Gegenstände an Bord der Schiffe tatsächlich mit den Lieferungen an den Betreiber zusammenfallen muß.

BFH vom 18.05.1988 – X R 44/82, BStBl. 1988 II S. 801: Zu den Rechtsbegriffen „Havariekommissar" und „Güterbesichtiger"[1].
1. Der Aufgabenbereich des Havariekommissars ist gegenständlich nicht auf Vorgänge im Zusammenhang mit der Schiffshavarie beschränkt; er umfaßt auch Schäden an Transportmitteln und Ladungen, die anläßlich der Beförderung mit anderen versicherungsfähigen Transportmitteln verursacht sind.
2. Güterbesichtiger i. S. des § 8 Abs. 1 Nr. 5 UStG 1967/1973 ist nicht nur der amtlich bestellte, sondern auch der von Versicherer und Versicherungsnehmer beauftragte Sachverständige (Abweichung vom BFH-Urteil vom 31.3.1977 – V R 64/74, BFHE 122, 367, BStBl. II 1977, 687).

---
1) Hinweis auf Anlage § 008-01

§ 9

UStAE 9.1.

§ 9 Verzicht auf Steuerbefreiungen

(1)[1] Der Unternehmer kann einen Umsatz, der nach § 4 Nr. 8 Buchstabe a bis g, Nr. 9 Buchstabe a, Nr. 12, 13 oder 19 steuerfrei ist, als steuerpflichtig behandeln, wenn der Umsatz an einen anderen Unternehmer für dessen Unternehmen ausgeführt wird.

(2) Der Verzicht auf Steuerbefreiung nach Absatz 1 ist bei der Bestellung und Übertragung von Erbbaurechten (§ 4 Nr. 9 Buchstabe a), bei der Vermietung oder Verpachtung von Grundstücken (§ 4 Nr. 12 Satz 1 Buchstabe a) und bei den in § 4 Nr. 12 Satz 1 Buchstabe b und c bezeichneten Umsätzen nur zulässig, soweit der Leistungsempfänger das Grundstück ausschließlich für Umsätze verwendet oder zu verwenden beabsichtigt, die den Vorsteuerabzug nicht ausschließen. Der Unternehmer hat die Voraussetzungen nachzuweisen[2].

(3)[3] Der Verzicht auf Steuerbefreiung nach Absatz 1 ist bei Lieferungen von Grundstücken (§ 4 Nr. 9 Buchstabe a) im Zwangsversteigerungsverfahren durch den Vollstreckungsschuldner an den Ersteher bis zur Aufforderung zur Abgabe von Geboten im Versteigerungstermin zulässig. Bei anderen Umsätzen im Sinne von § 4 Nr. 9 Buchst. a kann der Verzicht auf Steuerbefreiung nach Absatz 1 nur in dem gemäß § 311b Abs. 1 des Bürgerlichen Gesetzbuchs notariell zu beurkundenden Vertrag erklärt werden.

	Vorgaben im EG-Recht
USt-Recht	**MwStSystRL**
§ 9 UStG	Artikel 137 Abs. 1, Artikel 391 i.V.m. Artikel 375; Anhang X Teil B Nr. 5 und 9; Protokollerklärung Nr. 1

UStAE
Zu § 9 UStG

9.1. Verzicht auf Steuerbefreiungen (§ 9 Abs. 1 UStG)

(1) [1]Ein Verzicht auf Steuerbefreiungen (Option) ist nur in den Fällen des § 4 Nr. 8 Buchstaben a bis g, Nr. 9 Buchstabe a, Nr. 12, 13 oder 19 UStG zulässig. [2]Der Unternehmer hat bei diesen Steuerbefreiungen die Möglichkeit, seine Entscheidung für die Steuerpflicht bei jedem Umsatz einzeln zu treffen. [3]Zu den Aufzeichnungspflichten wird auf Abschnitt 22.2 Abs. 4 hingewiesen.

(2) [1]Der Verzicht auf die Steuerbefreiung ist in den Fällen des § 19 Abs. 1 Satz 1 UStG nicht zulässig (§ 19 Abs. 1 Satz 4 UStG). [2]Für Unternehmer, die ihre Umsätze aus land- und forstwirtschaftlichen Betrieben nach den Vorschriften des § 24 UStG versteuern, findet § 9 UStG keine Anwendung (§ 24 Abs. 1 Satz 2 UStG). [3]Ferner ist § 9 UStG in den Fällen der unentgeltlichen Wertabgabe nach § 3 Abs. 1b Satz 1 Nr. 1 und 2 UStG nicht anzuwenden.

(3) [1]Sowohl die Erklärung zur Option nach § 9 UStG als auch der Widerruf dieser Option ist nur bis zur formellen Bestandskraft der jeweiligen Jahressteuerfestsetzung zulässig (BFH-Urteil vom 10.12.2008, XI R 1/08, BStBl. 2009 II S. 1026). [2]Weitere Einschränkungen ergeben sich aus § 9 Abs. 3 UStG (vgl. hierzu Abschnitt 9.2 Abs. 8 und 9). [3]An eine besondere Form ist die Ausübung des Verzichts auf Steuerbefreiung nicht gebunden. [4]Die Option erfolgt, indem der leistende Unternehmer den Umsatz als steuerpflichtig behandelt. [5]Dies geschieht regelmäßig, wenn er gegenüber dem Leistungsempfänger mit gesondertem Ausweis der Umsatzsteuer abrechnet. [6]Der Verzicht kann auch in anderer Weise (durch schlüssiges Verhalten) erklärt werden, soweit aus den Erklärungen oder sonstigen Verlautbarungen, in die das gesamte Verhalten einzubeziehen ist, der Wille zum Verzicht eindeutig hervorgeht.

(4) [1]Unter den in Absatz 3 genannten Voraussetzungen kann der Verzicht auch wieder rückgängig gemacht werden. [2]Sind für diese Umsätze Rechnungen oder Gutschriften mit gesondertem Steuerausweis erteilt worden, entfällt die Steuerschuld nur, wenn die Rechnungen oder Gutschriften berichtigt werden (vgl. § 14c Abs. 1 Satz 3 UStG und Abschnitt 14c.1 Abs. 10). [3]Einer Zustimmung des Leistungsempfängers zur Rückgängigmachung des Verzichts bedarf es grundsätzlich nicht.

---

1) Fassung ab 01.01.2000
2) Zum Anwendungszeitraum des Absatzes 2 siehe § 27 Abs. 2 UStG. Siehe auch Anlage § 009-06
3) § 9 Abs. 3 Satz 1 UStG angefügt mit Wirkung ab 01.01.2002. § 9 Abs. 3 Satz 2 UStG angefügt mit Wirkung ab 01.01.2004 bzw. ab 12.04.2011

(5) ¹Voraussetzung für einen Verzicht auf die Steuerbefreiungen der in § 9 Abs. 1 UStG genannten Umsätze ist, dass steuerbare Umsätze von einem Unternehmer im Rahmen seines Unternehmens an einen Unternehmer für dessen Unternehmen ausgeführt werden bzw. eine entsprechende Verwendungsabsicht besteht (BFH-Urteil vom 17.5.2001, V R 38/00, BStBl. 2003 II S. 434). ²Diese Verwendungsabsicht muss der Unternehmer objektiv belegen und in gutem Glauben erklären (BFH-Urteil vom 22.3.2001, V R 46/00, BStBl. 2003 II S. 433, vgl. Abschnitt 15.12). ³Eine Option ist nicht zulässig, soweit der leistende Unternehmer den Gegenstand der Leistung oder der Leistungsempfänger die erhaltene Leistung zulässigerweise anteilig nicht seinem Unternehmen zugeordnet hat oder zuordnen konnte (vgl. BFH-Urteile vom 20.7.1988, X R 6/80, BStBl. II S. 915, und vom 28.2.1996, XI R 70/90, BStBl. II S. 459). ⁴Wegen der Grundsätze für die Zuordnung einer Leistung zum Unternehmen wird auf Abschnitt 15.2 Abs. 21 verwiesen.

(6) ¹Der Verzicht auf die Steuerbefreiung kann bei der Lieferung vertretbarer Sachen sowie bei aufteilbaren sonstigen Leistungen auf deren Teile begrenzt werden (Teiloption). ²Eine Teiloption kommt z.B. bei der Gebäudelieferung, insbesondere bei unterschiedlichen Nutzungsarten der Gebäudeteile, in Betracht. ³Unter Zugrundelegung unterschiedlicher wirtschaftlicher Funktionen ist auch eine Aufteilung nach räumlichen Gesichtspunkten (nicht dagegen eine bloße quotale Aufteilung) möglich (vgl. BFH-Urteil vom 26.6.1996, XI R 43/90, BStBl. 1997 II S. 98). ⁴Bei der Lieferung von Gebäuden oder Gebäudeteilen und dem dazugehörigen Grund und Boden kann die Option für eine Besteuerung nur zusammen für die Gebäude oder Gebäudeteile und den dazugehörigen Grund und Boden ausgeübt werden (EuGH-Urteil vom 8.6.2000, C-400/98, BStBl. 2003 II S. 452).

9.2. Einschränkung des Verzichts auf Steuerbefreiungen (§ 9 Abs. 2 und 3 UStG)

(1) ¹Der Verzicht auf die in § 9 Abs. 2 UStG genannten Steuerbefreiungen ist nur zulässig, soweit der Leistungsempfänger das Grundstück ausschließlich für Umsätze verwendet oder zu verwenden beabsichtigt, die den Vorsteuerabzug nicht ausschließen. ²Unter den Begriff des Grundstücks fallen nicht nur Grundstücke insgesamt, sondern auch selbständig nutzbare Grundstücksteile (z.B. Wohnungen, gewerbliche Flächen, Büroräume, Praxisräume). ³Soweit der Leistungsempfänger das Grundstück oder einzelne Grundstücksteile ausschließlich für Umsätze verwendet, die zum Vorsteuerabzug berechtigen, kann auf die Steuerbefreiung des einzelnen Umsatzes weiterhin verzichtet werden. ⁴Werden mehrere Grundstücksteile räumlich oder zeitlich unterschiedlich genutzt, ist die Frage der Option bei jedem Grundstücksteil gesondert zu beurteilen. ⁵Dabei ist es unschädlich, wenn die Verwendung der Grundstücksteile zivilrechtlich in einem einheitlichen Vertrag geregelt ist. ⁶Ein vereinbartes Gesamtentgelt ist, ggf. im Schätzungswege, aufzuteilen.

Beispiel 1:

¹V 1 errichtet ein Gebäude mit mehreren Wohnungen und vermietet es insgesamt an V 2. ²Dieser vermietet die Wohnungen an Privatpersonen weiter.

³Die Vermietung des Gebäudes durch V 1 an V 2 und die Vermietung der Wohnungen durch V 2 an die Privatpersonen sind nach § 4 Nr. 12 Satz 1 Buchstabe a UStG steuerfrei. ⁴V 1 kann auf die Steuerbefreiung nicht verzichten, weil sein Mieter das Gebäude für steuerfreie Umsätze verwendet, die den Vorsteuerabzug ausschließen (§ 9 Abs. 2 UStG). ⁵V 2 kann auf die Steuerbefreiung nicht verzichten, weil er nicht an Unternehmer vermietet (§ 9 Abs. 1 UStG).

Beispiel 2:

¹V 1 errichtet ein Gebäude und vermietet es an V 2. ²Dieser vermietet es an eine Gemeinde zur Unterbringung der Gemeindeverwaltung weiter.

³Die Vermietung des Gebäudes durch V 1 an V 2 und die Weitervermietung durch V 2 an die Gemeinde sind nach § 4 Nr. 12 Satz 1 Buchstabe a UStG steuerfrei. ⁴V 1 kann auf die Steuerbefreiung nicht verzichten, weil V 2 das Gebäude für steuerfreie Umsätze verwendet, die den Vorsteuerabzug ausschließen (§ 9 Abs. 2 UStG). ⁵V 2 kann auf die Steuerbefreiung nicht verzichten, weil das Gebäude von der Gemeinde für nichtunternehmerische Zwecke genutzt wird (§ 9 Abs. 1 UStG).

Beispiel 3:

¹V 1 errichtet ein gewerblich zu nutzendes Gebäude mit Einliegerwohnung und vermietet es insgesamt an V 2. ²Dieser betreibt in den gewerblichen Räumen einen Supermarkt. ³Die Einliegerwohnung vermietet V 2 an seinen angestellten Hausmeister.

⁴Die Vermietung des Gebäudes durch V 1 an V 2 und die Vermietung der Wohnung durch V 2 an den Hausmeister sind nach § 4 Nr. 12 Satz 1 Buchstabe a UStG steuerfrei. ⁵V 1 kann bei der Vermietung der gewerblichen Räume auf die Steuerbefreiung verzichten, weil V 2 diese Räume ausschließlich für Umsätze verwendet, die zum Vorsteuerabzug berechtigen (§ 9 Abs. 2 UStG). ⁶Bei der Vermietung der Einliegerwohnung kann V 1 auf die Steuerbefreiung nicht verzichten, weil V 2 die

Wohnung für steuerfreie Umsätze verwendet, die den Vorsteuerabzug ausschließen (§ 9 Abs. 2 UStG). [7]V 2 kann bei der Vermietung der Einliegerwohnung nicht auf die Steuerbefreiung verzichten, weil der Hausmeister kein Unternehmer ist (§ 9 Abs. 1 UStG).

Beispiel 4:

[1]V errichtet ein mehrgeschossiges Gebäude und vermietet es wie folgt:
– die Räume des Erdgeschosses an eine Bank;
– die Räume im 1. Obergeschoss an einen Arzt;
– die Räume im 2. Obergeschoss an einen Rechtsanwalt;
– die Räume im 3. Obergeschoss an das städtische Schulamt.

[2]Die Vermietungsumsätze des V sind von der Umsatzsteuer befreit (§ 4 Nr. 12 Satz 1 Buchstabe a UStG). [3]Die Geschosse des Gebäudes sind selbständig nutzbare Grundstücksteile. [4]Die Frage der Option ist für jeden Grundstücksteil gesondert zu prüfen.

– Erdgeschoss

  [5]V kann auf die Steuerbefreiung nicht verzichten, weil die Bank die Räume für grundsätzlich steuerfreie Umsätze (§ 4 Nr. 8 UStG) verwendet, die den Vorsteuerabzug ausschließen (§ 9 Abs. 2 UStG).

– 1. Obergeschoss

  [6]V kann auf die Steuerbefreiung nicht verzichten, weil der Arzt die Räume für grundsätzlich steuerfreie Umsätze (§ 4 Nr. 14 UStG) verwendet, die den Vorsteuerabzug ausschließen (§ 9 Abs. 2 UStG).

– 2. Obergeschoss

  [7]V kann auf die Steuerbefreiung verzichten, weil der Rechtsanwalt die Räume ausschließlich für Umsätze verwendet, die zum Vorsteuerabzug berechtigen (§ 9 Abs. 2 UStG).

– 3. Obergeschoss

  [8]V kann auf die Steuerbefreiung nicht verzichten, weil die Stadt die Räume nicht unternehmerisch nutzt (§ 9 Abs. 1 UStG).

Beispiel 5:

[1]V 1 errichtet ein mehrgeschossiges Gebäude und vermietet es an V 2. [2]Dieser vermietet das Gebäude wie im Beispiel 4 weiter.

[3]Die Vermietung des Gebäudes durch V 1 an V 2 und die Weitervermietung durch V 2 sind nach § 4 Nr. 12 Satz 1 Buchstabe a UStG steuerfrei. [4]V 2 kann, wie in Beispiel 4 dargestellt, nur bei der Vermietung des 2. Obergeschosses an den Rechtsanwalt auf die Steuerbefreiung verzichten (§ 9 Abs. 2 UStG). [5]V 1 kann bei der Vermietung des 2. Obergeschosses auf die Steuerbefreiung verzichten, wenn V 2 von seiner Optionsmöglichkeit Gebrauch macht. [6]V 2 verwendet das 2. Obergeschoss in diesem Fall für steuerpflichtige Umsätze. [7]Bei der Vermietung der übrigen Geschosse kann V 1 auf die Steuerbefreiung nicht verzichten, weil V 2 diese Geschosse für steuerfreie Umsätze verwendet, die den Vorsteuerabzug ausschließen (§ 9 Abs. 2 UStG).

Beispiel 6:

[1]V errichtet ein zweistöckiges Gebäude und vermietet es an den Zahnarzt Z. [2]Dieser nutzt das Obergeschoss als Wohnung und betreibt im Erdgeschoss seine Praxis. [3]Einen Raum im Erdgeschoss nutzt Z ausschließlich für die Anfertigung und Wiederherstellung von Zahnprothesen.

[4]Die Vermietung des Gebäudes durch V an Z ist von der Umsatzsteuer befreit (§ 4 Nr. 12 Satz 1 Buchstabe a UStG). [5]Die Geschosse des Gebäudes und auch die Räume im Erdgeschoss sind selbständig nutzbare Grundstücksteile. [6]Die Frage der Option ist für jeden Grundstücksteil gesondert zu prüfen.

– Erdgeschoss

  [7]V kann auf die Steuerbefreiung insoweit nicht verzichten, als Z die Räume für seine grundsätzlich steuerfreie zahnärztliche Tätigkeit (§ 4 Nr. 14 Buchstabe a Satz 1 UStG) verwendet, die den Vorsteuerabzug ausschließt (§ 9 Abs. 2 UStG). [8]Dagegen kann V die Steuerbefreiung insoweit verzichten, als Z einen Raum zur Anfertigung und Wiederherstellung von Zahnprothesen, also ausschließlich zur Erbringung von steuerpflichtigen und damit den Vorsteuerabzug nicht ausschließenden Umsätzen verwendet (§ 4 Nr. 14 Buchstabe a Satz 2 UStG).

– Obergeschoss

[9]V kann auf die Steuerbefreiung nicht verzichten, weil Z die Räume nicht unternehmerisch nutzt (§ 9 Abs. 1 UStG).

(2) [1]Die Option ist unter den Voraussetzungen des Absatzes 1 auch dann zulässig, wenn der Leistungsempfänger ein Unternehmer ist, der seine abziehbaren Vorsteuerbeträge nach Durchschnittssätzen berechnet (§§ 23, 23a UStG), seine Umsätze nach den Durchschnittssätzen für land- und forstwirtschaftliche Betriebe versteuert (§ 24 UStG), Reiseleistungen erbringt (§ 25 UStG) oder die Differenzbesteuerung für die Umsätze von beweglichen körperlichen Gegenständen anwendet (§ 25a UStG). [2]Demgegenüber ist ein Unternehmer, bei dem die Umsatzsteuer nach § 19 Abs. 1 Satz 1 UStG nicht erhoben wird, als ein nicht zum Vorsteuerabzug berechtigter Leistungsempfänger anzusehen. [3]Die Option ist in diesem Fall somit nicht möglich.

(3) [1]Verwendet der Leistungsempfänger das Grundstück bzw. einzelne Grundstücksteile nur in sehr geringem Umfang für Umsätze, die den Vorsteuerabzug ausschließen (Ausschlussumsätze), ist der Verzicht auf Steuerbefreiung zur Vermeidung von Härten weiterhin zulässig. [2]Eine geringfügige Verwendung für Ausschlussumsätze kann angenommen werden, wenn im Falle der steuerpflichtigen Vermietung die auf den Mietzins für das Grundstück bzw. für den Grundstücksteil entfallende Umsatzsteuer im Besteuerungszeitraum (Kalenderjahr, § 16 Abs. 1 Satz 2 UStG) höchstens zu 5% vom Vorsteuerabzug ausgeschlossen wäre (Bagatellgrenze). [3]Für die Vorsteueraufteilung durch den Leistungsempfänger (Mieter) gelten die allgemeinen Grundsätze (vgl. Abschnitte 15.16 bis 15.18).

Beispiel 1:
[1]V vermietet das Erdgeschoss eines Gebäudes an den Schönheitschirurgen S. [2]Neben den steuerpflichtigen Leistungen (Durchführung von plastischen und ästhetischen Operationen) bewirkt S auch in geringem Umfang steuerfreie Heilbehandlungsleistungen (§ 4 Nr. 14 Buchstabe a UStG). [3]Die Aufteilung der sowohl mit den steuerpflichtigen als auch mit den steuerfreien Umsätzen in wirtschaftlichem Zusammenhang stehenden Vorsteuerbeträge nach ihrer wirtschaftlichen Zuordnung führt im Besteuerungszeitraum zu einem Vorsteuerausschluss von 3%. [4]Die Vermietung des Erdgeschosses von V an S ist nach § 4 Nr. 12 Satz 1 Buchstabe a UStG steuerfrei. [5]V kann auf die Steuerbefreiung verzichten, weil S das Erdgeschoss nur in geringfügigem Umfang für Umsätze verwendet, die den Vorsteuerabzug ausschließen.

Beispiel 2:
[1]V vermietet an den Autohändler A einen Ausstellungsraum. [2]A vermietet den Ausstellungsraum jährlich für zwei Wochen an ein Museum zur Ausstellung von Kunst.
[3]Die Vermietung des Ausstellungsraums durch V an A und die Weitervermietung durch A sind nach § 4 Nr. 12 Satz 1 Buchstabe a UStG steuerfrei. [4]Da A den Ausstellungsraum im Besteuerungszeitraum lediglich an 14 von 365 Tagen (ca. 4%) zur Ausführung von Umsätzen verwendet, die den Vorsteuerabzug ausschließen, kann V auf die Steuerbefreiung der Vermietung des Ausstellungsraums verzichten. [5]A kann auf die Steuerbefreiung nicht verzichten, weil das Museum den Ausstellungsraum für steuerfreie Umsätze (§ 4 Nr. 20 Buchstabe a UStG) verwendet, die den Vorsteuerabzug ausschließen (§ 9 Abs. 2 UStG).

(4) [1]Der Unternehmer hat die Voraussetzungen für den Verzicht auf die Steuerbefreiungen nachzuweisen. [2]Der Nachweis ist an keine besondere Form gebunden. [3]Er kann sich aus einer Bestätigung des Mieters, aus Bestimmungen des Mietvertrags oder aus anderen Unterlagen ergeben. [4]Ständig wiederholte Bestätigungen des Mieters über die Verwendung des Grundstücks bzw. Grundstücksteils sind nicht erforderlich, solange beim Mieter keine Änderungen bei der Verwendung des Grundstücks zu erwarten sind. [5]Im Einzelfall kann es aber erforderlich sein, vom Mieter zumindest eine jährliche Bestätigung einzuholen.

(5) [1]§ 9 Abs. 2 UStG in der ab 1.1.1994 geltenden Fassung ist nicht anzuwenden, wenn das auf dem Grundstück errichtete Gebäude vor dem 1.1.1998 fertig gestellt wird und wenn mit der Errichtung des Gebäudes vor dem 11.11.1993 begonnen wurde. [2]Unter dem Beginn der Errichtung eines Gebäudes ist der Zeitpunkt zu verstehen, in dem einer der folgenden Sachverhalte als Erster verwirklicht worden ist:

1. Beginn der Ausschachtungsarbeiten,
2. Erteilung eines spezifizierten Bauauftrags an den Bauunternehmer oder
3. Anfuhr nicht unbedeutender Mengen von Baumaterial auf dem Bauplatz.

[3]Vor diesem Zeitpunkt im Zusammenhang mit der Errichtung eines Gebäudes durchgeführte Arbeiten oder die Stellung eines Bauantrags sind noch nicht als Beginn der Errichtung anzusehen. [4]Dies gilt auch für die Arbeiten zum Abbruch eines Gebäudes, es sei denn, dass unmittelbar nach dem Abbruch des Gebäudes mit der Errichtung eines neuen Gebäudes begonnen wird. [5]Hiervon ist stets auszugehen,

wenn der Steuerpflichtige die Entscheidung zu bauen für sich bindend und unwiderruflich nach außen hin erkennbar macht. ⁶Dies kann z.b. durch eine Abbruchgenehmigung nachgewiesen werden, die nur unter der Auflage erteilt wurde, zeitnah ein neues Gebäude zu errichten.

(6) ¹Wird durch einen Anbau an einem Gebäude oder eine Aufstockung eines Gebäudes ertragsteuerlich ein selbständiges Wirtschaftsgut hergestellt, ist auf dieses Wirtschaftsgut die seit dem 1.1.1994 geltende Rechtslage anzuwenden. ²Diese Rechtslage gilt auch, wenn ein Gebäude nachträglich durch Herstellungsarbeiten so umfassend saniert oder umgebaut wird, dass nach ertragsteuerlichen Grundsätzen ein anderes Wirtschaftsgut entsteht (vgl. H 7.3 EStH 2010 zu R 7.3 EStR 2008). ³Die Ausführungen in den Sätzen 1 und 2 sind jedoch in den Fällen nicht anzuwenden, in denen die Herstellungsarbeiten vor dem 11.11.1993 begonnen haben und vor dem 1.1.1998 abgeschlossen werden. ⁴Die Einschränkung der Optionsmöglichkeiten ab 1.1.1994 hat keine Auswirkungen auf einen für die Errichtung des Gebäudes in Anspruch genommenen Vorsteuerabzug.

(7) ¹Durch die Veräußerung eines Grundstücks wird die Frage, ob der Verzicht auf die in § 9 Abs. 2 UStG genannten Steuerbefreiungen zulässig ist, nicht beeinflusst. ²Für Grundstücke mit Altbauten gilt daher, auch wenn sie veräußert werden, die Rechtslage vor dem 1.1.1994. ³Zu beachten sind aber weiterhin die Grundsätze des BMF-Schreibens vom 29.5.1992, BStBl. I S. 378, zum Missbrauch rechtlicher Gestaltungsmöglichkeiten (§ 42 AO); vgl. auch BFH-Urteil vom 14.5.1992, V R 12/88, BStBl. II S. 931.

(8) Ein Verzicht auf die Steuerbefreiung nach § 9 Abs. 1 UStG bei Lieferungen von Grundstücken (§ 4 Nr. 9 Buchstabe a UStG) im Zwangsversteigerungsverfahren durch den Vollstreckungsschuldner an den Ersteher ist bis zur Aufforderung zur Abgabe von Geboten im Versteigerungstermin zulässig.

(9) Die Ausübung des Verzichts auf die Steuerbefreiung ist bei Umsätzen im Sinne des § 4 Nr. 9 Buchstabe a UStG außerhalb eines Zwangsversteigerungsverfahrens in dem nach § 311b BGB notariell zu beurkundenden Vertrag zu erklären.

Verwaltungsregelungen zu § 9

Datum	Anlage	Quelle	Inhalt
	§ 009-01		nicht belegt
	§ 009-02		nicht belegt
	§ 009-03		nicht belegt
	§ 009-04		nicht belegt
	§ 009-05		nicht belegt
01.12.95	§ 009-06	OFD Fb	Einschränkung des Verzichts auf Umsatzsteuerbefreiung (§ 9 Abs. 2 UStG)
01.07.98	§ 009-07	OFD Kob	Optionseinschränkungen gem. § 9 Abs. 2 UStG
01.10.10	§ 009-08	BMF	Anwendbarkeit des BFH-Urteils vom 10.12.2008 – XI R 1/08 (BStBl. 2009 II S. 1026); Option nach § 9 UStG

Rechtsprechungsauswahl

BFH vom 11.03.2009 – XI R 71/09, BStBl. 2010 II S. 209: Beurteilung der Verhältnisse beim Leistungsempfänger.

1. Ob der Leistungsempfänger ein Grundstück im Sinne des § 9 Abs. 2 UStG 1993 ausschließlich für Umsätze verwendet, die den Vorsteuerabzug nicht ausschließen, richtet sich nach der zutreffenden umsatzsteuerrechtlichen Beurteilung und nicht nach einer davon abweichenden Steuerfestsetzung gegenüber dem Leistungsempfänger.

2. Die Überlassung von Sportanlagen eines Betreibers an Nutzer dieser Sportanlagen fällt regelmäßig nicht unter die Steuerbefreiung des § 4 Nr. 12a UStG, sondern stellt eine einheitliche steuerpflichtige Leistung dar.

3. Das den Betreibern von Sportanlagen in § 27 Abs. 6 UStG 1999 eingeräumte Wahlrecht ist eine Billigkeitsregelung, die sich nicht auf § 9 Abs. 2 UStG 1993 und die Frage auswirkt, ob der Leistungsempfänger das Grundstück für steuerfreie oder steuerpflichtige Umsätze verwendet.

4. § 27 Abs. 6 UStG 1999 bezweckt, dass sich die Betreiber von Sportanlagen weiterhin auf die frühere Rechtsauffassung berufen können und nicht, Steuerpflichtigen eine Rechtsposition rückwirkend zu entziehen, die ihnen aufgrund der geänderten Rechtsprechung des Bundesfinanzhofs zusteht.

§ 9

FG Köln vom 13.08.2007 – 5 K 1866/05 – rechtskräftig, DStRE 2008 S. 822; EFG 2008 S. 174: Zur Nachweispflicht der Verwendungsabsicht im Sinne des § 9 Abs. 2 Satz 1 Alt. 2 UStG.
1. Da es sich bei der Verwendungsabsicht i.S. des § 9 Abs. 2 Satz 1 Alt. 2 UStG (Verzicht auf Steuerbefreiung) um eine innere Tatsache handelt, müssen objektive Anhaltspunkte vorliegen, die einen Rückschluss auf diese Absicht zulassen.
2. § 9 Abs. 2 Satz 2 UStG verlangt den Nachweis des Vorliegens der Voraussetzungen einer Option zur Steuerpflicht. Nachweis in diesem Sinn bedeutet Vollnachweis. Eine bloße Glaubhaftmachung reicht hierfür nicht aus.
3. Um seine Verwendungsabsicht nachweisen zu können, hat der Steuerpflichtige die Pflicht zur Nachprüfung, ob sich der Mieter entsprechend seiner Absicht auch tatsächlich verhält.

FG des Saarlandes vom 28.03.2007 – 1 K 131/03 – rechtskräftig, EFG 2007 S. 1823: Option zur USt bei Vermietung an eine Körperschaft des öffentlichen Rechts.

Auch wenn eine Körperschaft des öffentlichen Rechts eine ihrer Art nach gewerbliche Tätigkeit (Krankenversicherung) ausübt, ist sie nicht Unternehmerin, wenn sie hierbei in Ausübung der öffentlichen Gewalt handelt.

Für die Frage nach der Zweckbestimmung der Immobilie ist darauf abzustellen, ob es sich bei der Nutzung auf der Endstufe um ein steuerbefreites Leistungsaustauschverhältnis handelt.

EuGH vom 12.01.2006 – Rs. C-264/04 – Turn- und Sportunion Waldburg, UR 2006 S. 224: Nationale Beschränkung des Optionsrechts zur Umsatzsteuerpflicht steuerbefreiter Grundstücksvermietungs- und -verpachtungsumsätze gemeinnütziger Sportvereine.
1. Räumen die Mitgliedstaaten ihren Steuerpflichtigen das in Art 13 Teil C der 6. EG-Richtlinie 77/388/EWG vorgesehene Recht ein, für eine Besteuerung zu optieren, so können sie nach der Art der Umsätze oder nach Gruppen von Steuerpflichtigen unterscheiden, sofern sie die Ziele und die allgemeinen Grundsätze der 6. EG-Richtlinie, insbesondere den Grundsatz der steuerlichen Neutralität und das Erfordernis einer korrekten, einfachen und einheitlichen Anwendung der vorgesehenen Befreiungen, beachten.
2. Es ist Sache des nationalen Gerichts festzustellen, ob eine nationale Rechtsvorschrift, die die Umsätze gemeinnütziger Sportvereine generell von der Steuer befreit und dabei das Recht dieser Sportvereine beschränkt, für eine Besteuerung der Vermietungs- und Verpachtungsumsätze zu optieren, das den Mitgliedstaaten eingeräumte Ermessen unter Berücksichtigung insbesondere des Grundsatzes der steuerlichen Neutralität und des Erfordernisses einer korrekten, einfachen und einheitlichen Anwendung der vorgesehenen Steuerbefreiungen überschreitet.

EuGH vom 29.04.2004 – C 487/01 und C-7/02 – Gemeente Lensden, Holin Group BV, DStRE 2004 S. 1473: Vereinbarkeit der Aufhebung der Umsatzsteueroption bei Grundstücksvermietungen mit EU-Recht.
1. Die Art. 17 und 20 der Sechsten Richtlinie 77/388/EWG des Rates vom 17.05.1977 zur Harmonisierung der Rechtsvorschriften der Mitgliedstaaten über die Umsatzsteuern – Gemeinsames Mehrwertsteuersystem: einheitliche steuerpflichtige Bemessungsgrundlage, wie sie im Einklang mit den Grundsätzen des Vertrauensschutzes und der Rechtssicherheit auszulegen sind, verwehren es einem Mitgliedstaat nicht, das Recht, für die Besteuerung von Grundstücksvermietungen zu optieren, mit der Folge aufzuheben, dass die Vorsteuerabzüge, die hinsichtlich der als Investitionsgüter erworbenen vermieteten Grundstücke vorgenommen wurden, gemäß Art. 20 der Sechsten Richtlinie 77/388 zu berichtigen sind.

    Hebt ein Mitgliedstaat das Recht, für die Besteuerung von Grundstücksvermietungen zu optieren, auf, so hat er bei der Wahl der Modalitäten der Durchführung der Gesetzesänderung das berechtigte Vertrauen der Steuerpflichtigen zu beachten. Die Aufhebung des rechtlichen Rahmens, den ein der Mehrwertsteuer unterworfener Steuerpflichtiger – ohne missbräuchliches Vorgehen – so ausgenutzt hat, dass er weniger Steuern gezahlt hat, kann jedoch als solche kein auf Gemeinschaftsrecht gestütztes berechtigtes Vertrauen verletzen.
2. Art. 5 Abs. 7 Buchst. a der Sechsten Richtlinie 77/388 bezieht sich auf die Zuordnung eines Gegenstands durch einen Steuerpflichtigen für Zwecke seines Unternehmens und nicht auf eine Gesetzesänderung, mit der das Recht, für die Besteuerung eines von der Mehrwertsteuer grundsätzlich befreiten wirtschaftlichen Vorgangs zu optieren, aufgehoben wird.

BFH vom 05.06.2003 – V R 32/02, BStBl. 2004 II S. 28: Verzicht auf die Steuerbefreiung von Vermietungsumsätzen eines vor dem 11.11.1993 errichteten und nach dem 11.11.1993 erworbenen und grundlegend umgebauten Altbaus.

§ 9

1. Der grundlegende Umbau eines Altbaus steht dann der Errichtung eines (neuen) Gebäudes im Sinne der Übergangsregelung in § 27 Abs. 2 UStG 1993 gleich
   - wenn die neu eingefügten Gebäudeteile dem Gesamtgebäude das bautechnische Gepräge eines neuen Gebäudes geben
   - oder wenn der Altbau durch den Umbau eine wesentliche Funktions- und Zweckveränderung erfährt.
2. Für vermietete Altbauten, die vor dem 11.11.1993 errichtet worden sind, ist der Verzicht auf die Steuerbefreiung von Vermietungsumsätzen nach § 9 Abs. 2 UStG 1993 ohne zeitliche Beschränkung auch dann möglich, wenn der Vermieter den Altbau nach dem 11.11.1993 erworben und Herstellungsaufwendungen getätigt hat, die zu sonstigen nachträglichen Herstellungskosten geführt haben.

BVerfG vom 17.03.2003 – 1 BvR 2363/02, DStZ 2003 S. 394: Nachweis der ernstgemeinten Absicht bei der Anwendung von § 9 UStG.

Der für die Gewährung des Vorsteuerabzugs auf Grund einer Option nach § 9 UStG vorausgesetzte Nachweis einer ernsthaften Absicht, die Bauleistungen im Zeitpunkt ihres Bezuges für besteuerte Umsätze zu verwenden, verletzt nicht die Grundsätze der Verhältnismäßigkeit und des Vertrauensschutzes.[1]

BFH vom 21.03.2002 – V R 62/01, BStBl. 2002 II S. 559: Optionsfrist im Zwangsversteigerungsverfahren.

1. Die Zwangsversteigerung eines Grundstücks führt umsatzsteuerrechtlich grundsätzlich zu einer entgeltlichen Lieferung des Grundstückseigentümers an den Ersteher. Dies gilt aber nicht, wenn eine Geschäftsveräußerung i. S. des § 1 Abs. 1a UStG 1993 vorliegt; diese setzt kein lebendes Unternehmen voraus.
2. Auch bereits vor In-Kraft-Treten des § 9 Abs. 3 UStG 1999 n. F. war ein Verzicht auf die Steuerbefreiung der Grundstückslieferung im Rahmen des Zwangsversteigerungsverfahrens nach dem Verteilungstermin nicht mehr wirksam.

BFH vom 01.02.2001 – V R 23/00, BStBl. 2003 II S. 673, DStR 2001 S. 788[2]: Rückgängigmachung des Verzichts auf Steuerbefreiung gemäß § 9 UStG.

1. Der Verzicht auf die Steuerbefreiung eines Umsatzes gemäß § 9 UStG kann jedenfalls bis zur Unanfechtbarkeit der Steuerfestsetzung rückgängig gemacht werden.
2. Hatte der Unternehmer auf die Steuerfreiheit des Umsatzes dadurch verzichtet, dass er dem Leistungsempfänger den Umsatz unter gesondertem Ausweis der Umsatzsteuer in Rechnung gestellt hatte, kann er den Verzicht nur dadurch rückgängig machen, dass er dem Leistungsempfänger eine berichtigte Rechnung ohne Umsatzsteuer erteilt.
3. Die Rückgängigmachung wirkt auf das Jahr der Ausführung des Umsatzes zurück. Der leistende Unternehmer schuldet jedoch die dem Leistungsempfänger in Rechnung gestellte, aber nicht mehr geschuldete Umsatzsteuer bis zur Rechnungsberichtigung nach § 14 Abs. 2 UStG.

EuGH vom 08.06.2000 – Rs. C-400/98 – Breitsohl, UR 2000 S. 329: Abgedruckt bei § 15 R.

BFH vom 27.08.1998 – V R 18/97, IStR 1999 S. 21; DStR 1998 S. 1870: Vorsteuerabzug mangels aufgenommener wirtschaftlicher Tätigkeit und Trennung von Grundstück und Aufbauten hinsichtlich Option zur Besteuerung?[3]

Dem EuGH werden folgende Fragen zur Vorabentscheidung vorgelegt:

1. Nach der Rechtsprechung des EuGH (Urt. v. 29.2.1996, Rs. C-110/94, INZO) können selbst die ersten Investitionsausgaben, die für die Zwecke eines Unternehmens getätigt werden, als wirtschaftliche Tätigkeit i. S. des Art. 4 der Richtlinie 77/388/EWG angesehen werden. Die Steuerbehörde hat die in diesem Zusammenhang erklärte Absicht des Unternehmers zu berücksichtigen. Die danach zuerkannte Eigenschaft als Steuerpflichtiger kann grundsätzlich nicht wegen Eintritts oder Nichteintritts bestimmter Ereignisse nachträglich aberkannt werden (Grundsatz der Rechtssicherheit). Das gilt auch für den Vorsteuerabzug aus den Investitionsmaßnahmen.

   Ist nach diesen Grundsätzen das Recht auf Vorsteuerabzug (Art. 17 der Richtlinie 77/388/EWG) aus sog. Gründungsinvestitionen auch dann aufgrund der Absicht, zu steuerbaren Umsätzen führende wirtschaftliche Tätigkeiten aufzunehmen, zuzusprechen, wenn der Finanzbehörde bereits bei der

---

[1] Leitsatz nicht amtlich
[2] Siehe dazu die Anmerkung von FK, DStR 2001 S. 789
[3] Siehe dazu das EuGH-Urteil vom 08.06.2000 – Rs. C-400/98 – Breitsohl, UR 2000 S. 329, siehe Rechtsprechung zu § 15

§ 9

erstmaligen Steuerfestsetzung bekannt ist, daß die beabsichtigte, zu steuerbaren Umsätzen führende wirtschaftliche Tätigkeit tatsächlich nicht aufgenommen wurde?

Falls Frage 1 zu bejahen ist:

2. Kann bei Lieferung von Gebäuden oder Gebäudeteilen und dem dazugehörigen Grund und Boden die Option zur Besteuerung auf die Gebäude/Gebäudeteile begrenzt werden?

BFH vom 16.07.1997 – XI R 94/96, BStBl. 1997 II S. 670: Ausübung des Verzichts auf eine Steuerbefreiung.

1. Der Verzicht auf eine Steuerbefreiung geschieht regelmäßig dadurch, daß der Steuerpflichtige den in § 9 UStG 1980 genannten Umsatz dem Leistungsempfänger unter besonderem Ausweis der Umsatzsteuer in Rechnung stellt; der Verzicht kann auch durch schlüssiges Verhalten erklärt werden, soweit aus den Erklärungen und sonstigen Verlautbarungen, in die das gesamte Verhalten einzubeziehen ist, der Wille zum Verzicht eindeutig hervorgeht.

2. Ein Zwangsverwalter ist berechtigt, im Nachgang zu seinen Pflichten noch eine Rechnung mit gesondertem Steuerausweis auszustellen.

OLG Hamm vom 27.05.1997 – 29 U 222/96, DStRE 1997 S. 822: Widerruf einer Option gem. § 9 UStG gegenüber dem Mieter.

Ein Vermieter ist jedenfalls dann dazu berechtigt, eine zunächst wirksam ausgeübte Option zur Umsatzbesteuerung zu widerrufen, wenn der Mieter die in Rechnung gestellte Umsatzsteuer unter Verweis auf eine nach seiner Auffassung mögliche Aufrechnung nicht zahlt, eine Aufrechnungslage aber tatsächlich nicht gegeben ist.

BFH vom 26.06.1996 – XI R 43/90, BStBl. 1997 II S. 98[1]: Veräußerung eines bebauten Grundstücks – Verzicht auf Steuerbefreiung für Teil des Grundstücks auch bei Veräußerung – Einklang mit EG-Richtlinie.

Bei der Veräußerung eines Grundstücks kann der Verzicht auf die Steuerbefreiung gem. § 9 i. V. mit § 4 Nr. 9 Buchst. a UStG 1980 auf einen abgrenzbaren Teil beschränkt werden.

BFH vom 07.03.1996 – V R 14/95, BStBl. 1996 II S. 491: Mißbräuchlicher Vorsteuerabzug bei nachträglicher Option des Grundstücksveräußerers gem. § 9 UStG.

Der Vorsteuerabzug durch den Grundstückserwerber kann rechtsmißbräuchlich sein, wenn ein insolventer Grundstückveräußerer eine Grundstückslieferung aufgrund einer nachträglich vereinbarten Erhöhung der Gegenleistung als steuerpflichtig behandelt und wenn mit dem zusätzlichen Kaufpreis Gläubiger des Veräußerers befriedigt werden, denen der Erwerber selbst für die auf diese Weise erfüllten Ansprüche einzustehen hatte.

BFH vom 25.01.1996 – V R 242/95, BStBl. 1996 II S. 338: Option gem. § 9 UStG nur bis zum Ablauf der Festsetzungsfrist.

Eine Grundstückslieferung kann wirksam nur vor Ablauf der Festsetzungsfrist für den Besteuerungszeitraum, in dem sie ausgeführt worden ist, als steuerpflichtiger Umsatz behandelt werden.

BFH vom 01.12.1994 – V R 126/92, BStBl. 1995 II S. 426: Verzicht auf Steuerbefreiung gem. § 9 UStG.

Ein Unternehmer kann auf die Steuerbefreiung eines Grundstücksumsatzes verzichten, indem er ihn als steuerpflichtig behandelt. Dies geschieht regelmäßig dadurch, daß er die Lieferung des Grundstücks dem Leistungsempfänger unter gesondertem Ausweis der Umsatzsteuer in Rechnung stellt oder in seiner Steueranmeldung als steuerpflichtig behandelt. Es reicht nicht aus, daß er in einem Rechtsstreit, der lediglich den Vorsteuerabzug früherer Jahre betrifft, „hilfsweise" auf die Steuerfreiheit des Grundstücksumsatzes verzichtet.[2]

BFH vom 30.11.1994 – XI R 3/94, BStBl. 1995 II S. 513: Wohnzwecke bei Zweitwohnung.

Die nicht nur vorübergehende Nutzung einer vollständig eingerichteten Wohnung dient Wohnzwecken. Das gilt auch für eine (Zweit-) Wohnung, die am Ort einer Betriebsstätte unterhalten und von dem Unternehmer oder vom Geschäftsführer des Unternehmens genutzt wird.

---

1) Siehe dazu *Widmann*, UR 1996 S. 427
2) Siehe dazu (ablehnend) *Widmann*, UR 1995 S. 401

§ 9

BFH vom 08.09.1994 – V R 27/93, BFH/NV 1995 S. 743: Option zur Steuerpflicht einer Grundstückslieferung durch einen insolventen Veräußerer; Vorsteuerabzug des Grundstückserwerbers.

Ob der Vorsteuerabzug durch einen Grundstückserwerber rechtsmißbräuchlich ist, wenn der insolvente Grundstücksveräußerer eine Grundstückslieferung als steuerpflichtig behandelt hat, beurteilt sich nach den Verhältnissen in der Person des Grundstückserwerbers und nicht danach, ob die Option zur Steuerpflicht für den Veräußerer wirtschaftlich sinnvoll war.

BFH vom 11.08.1994 – XI R 57/93, BFH/NV 1995 S. 170: Kein Gestaltungsmißbrauch durch Widerruf des Verzichts auf Steuerbefreiung bei uneinbringlichem Entgelt.

Es stellt auch dann keinen Mißbrauch von Gestaltungsmöglichkeiten des Rechts dar, wenn der leistende Unternehmer einen (zunächst) nach § 9 Abs. 1 UStG 1980 als steuerpflichtig behandelten Umsatz als steuerfrei behandelt, weil der Leistungsempfänger in Konkurs gefallen ist.

BFH vom 03.05.1994 – V B 164/92, BFH/NV 1994 S. 511: Kein Klärungsbedarf bei Zwischenvermietung.

Klärungsbedarf für Rechtsfragen im Zusammenhang mit einer Zwischenvermietung von Wohnräumen sieht der V. Senat grundsätzlich nicht mehr als gegeben an (Fortführung des BFH-Urteils vom 14. Mai 1992 – V R 12/88, BFHE 168, 468, BStBl. 1992 II, 931).

FG des Saarlandes vom 30.03.1994 – IV 45/94 – rechtskräftig, EFG 1994 S. 589: Option zur USt-Pflicht für Squash-Hallen?

Eine Option zur Steuerpflicht nach § 9 UStG für die einer Squash-Anlage dienenden Grundstücks- und Gebäudeteile ist nicht möglich.

BFH vom 25.01.1994 – IX R 97, 98/90, StED 1994 S. 460: Wechselseitige Praxisraumvermietung ggf. Gestaltungsmißbrauch.

Vermieten zwei Ärzte, die gemeinsam zwei abgeschlossene Räumlichkeiten zur Nutzung als Arztpraxen errichtet und sich gegenseitig jeweils eine zum Teileigentum übertragen haben, wechselseitig diese Praxisräume unter Verzicht auf die Steuerfreiheit der Vermietungsumsätze, so kann dieser Vorgang als Mißbrauch von Gestaltungsmöglichkeiten des Rechts i. S. von § 42 AO 1977 zu beurteilen sein (Anschluß an BFH-Urteil vom 1.4.1993 – V R 85/91, BFH/NV 1994, 64).

BFH vom 18.06.1993 – X R 56/92, BFH/NV 1994 S. 588: Vorsteuerabzug des Erstehers bei Zwangsversteigerung eines Grundstücks.

1. Bei der Zwangsversteigerung eines Grundstücks kann der frühere Eigentümer auf die Steuerfreiheit des Grundstücksumsatzes verzichten, und zwar auch noch nach Abschluß des Versteigerungsverfahrens[1]
2. Begleicht der Ersteher des Grundstücks das Bargebot, steht ihm der Vorsteuerabzug auch zu, wenn der Versteigerungserlös ausschließlich zur Tilgung von Verbindlichkeiten des Vollstreckungsschuldners gegenüber Dritten verwendet wird und die geschuldete Umsatzsteuer nicht entrichtet wird.

BFH vom 21.04.1993 – XI R 55/90, BStBl. 1994 II S. 266: Wohnzwecke i. S. v. § 9 Abs. 2 UStG.

Ein Grundstück dient nur dann Wohnzwecken i. S. des § 9 Abs. 2 UStG 1980, wenn die Überlassung des Wohnraumes auch beim Endnutzer nach § 4 Nr. 12 Buchst. a UStG 1980 steuerfrei ist (Bestätigung von Abschn. 148 Abs. 6 Satz 1 UStR 1992). Daran kann es fehlen, wenn der Betreiber eines Altenpflegeheimes den Heiminsassen im Rahmen von Pflegeheimverträgen einzelne Räume bereitstellt. Ist dies der Fall, kann der Vermieter oder Verpächter des Altenpflegeheimes auf die Steuerbefreiung nach § 9 Abs. 1 UStG 1980 verzichten (Abweichung von Abschn. 80 Abs. 2 UStR 1988/1992 und Abschn. 148 Abs. 5 und 6 UStR 1988; BMF-Schreiben vom 30. April 1984, BStBl. I 1984, 324).

BFH vom 16.03.1993 – V R 54/92, BStBl. 1993 II S. 736: Verzicht auf Steuerfreiheit gem. § 9 UStG ermöglicht Vorsteuerabzug des Erwerbers trotz Nichtabführung der Steuer.

Verzichtet der Vollstreckungsschuldner bei einer Grundstücksversteigerung auf die Steuerfreiheit des Grundstücksumsatzes, so steht dem Vorsteuerabzug des Erwerbers § 42 AO 1977 jedenfalls dann nicht entgegen, wenn der Erwerber das Entgelt für die Grundstückslieferung bar beglichen hat.

BFH vom 25.02.1993 – V R 78/88, BStBl. 1993 II S. 777: Leistungsempfänger muß der Rückgängigmachung einer Option nicht zustimmen.

---
[1] Beachte aber ab 01.01.2002 § 9 Abs. 3 UStG!

BFH vom 14.05.1992 – V R 12/88, BStBl. 1992 II S. 931: Zwischenvermietung ist grundsätzlich rechtsmißbräuchlich i. S. v. § 42 AO.

Die bis zur Änderung des § 9 UStG 1980 praktizierte Einschaltung eines gewerblichen Zwischenmieters in die Vermietung von Wohnungen aufgrund eines von vornherein vereinbarten Gesamtkonzepts ist grundsätzlich mißbräuchlich und der Umsatzbesteuerung nicht zugrunde zu legen.

FG des Saarlandes vom 02.04.1992 – 2 K 50/88 – rechtskräftig, UR 1993 S. 124: Voraussetzungen für eine wirksame Option zur Steuerpflicht (§ 4 Nr. 9a, § 9 UStG 1980).

Enthält ein an sich nach § 4 Nr. 9a UStG steuerfreier Grundstückskaufvertrag die Klausel, daß das Grundstück gegen Zahlung eines festgelegten Kaufpreises „zuzüglich gesetzlicher Mehrwertsteuer" veräußert werde, ist hierin keine wirksame Option aus der Steuerfreiheit in die Steuerpflicht gemäß § 9 UStG zu sehen.

BFH vom 13.02.1992 – V R 95/90, BFH/NV 1993 S. 132: Entgeltlicher Nießbrauch anstelle von Zwischenvermietung.

Die Einschaltung eines entgeltlichen Nießbrauchers anstelle eines Zwischenvermieters in die Vermietung einer Wohnung kann nach den von der Rechtsprechung entwickelten Grundsätzen zur Zwischenvermietung als Gestaltungsmißbrauch zu beurteilen sein.

BFH vom 06.06.1991 – V R 70/89, UR 1991 S. 315; BB 1991 S. 2142: Option zur Steuerpflicht bei Illiquidität.

Mißbräuchliches Verhalten des Leistungsempfängers (§ 42 AO; §§ 9, 15 Abs. 1 UStG)

Veräußert ein insolventer Schuldner seinem Gläubiger ein Grundstück unter Verzicht auf die Steuerbefreiung nach § 4 Nr. 9 Buchst. a UStG 1980, so kann in der Person des Erwerbers ein Mißbrauch von rechtlichen Gestaltungsmöglichkeiten vorliegen, wenn der Erwerber als Gläubiger des Veräußerers in den vollen Genuß des von ihm geschuldeten Kaufpreises kommt, ohne daß die Umsatzsteuerschuld des Veräußerers getilgt wird.

BFH vom 04.06.1991 – IX R 12/89, UR 1991 S. 325: Einkommensteuerliche Folgen bei Rückzahlung von Vorsteuerbeträgen bei nichtanerkannter Zwischenvermietung (§§ 9, 15 Abs. 1 UStG, §§ 7, 9b, 11 EStG).

Es ist ernstlich zweifelhaft, ob nicht nach § 15 Abs. 1 Nr. 1 UStG 1980 abziehbare Vorsteuerbeträge, die das FA einem Bauherrn irrtümlich erstattet hat, zu dessen Einnahmen aus Vermietung und Verpachtung gehören.

BGH vom 30.01.1991 – VIII ZR 361/89, UR 1991 S. 223: Zivilrechtliche Optionsfreiheit bei Vermietungsumsätzen (§ 4 Nr. 12; § 9 UStG 1980).

Ob der Vermieter gemäß § 9 UStG zur Mehrwertsteuer optiert, steht in seinem freien Ermessen. Seine Entscheidungsfreiheit kann lediglich durch eine entsprechende Vereinbarung der Mietvertragsparteien eingeengt werden.

BFH vom 23.08.1990 – V B 22/89, BStBl. 1991 II S. 33: USt-pflichtige Geschäftsbesorgung aus Zwischenvermietung.

Der sog. Zwischenmieter von mit öffentlichen Mitteln errichteten Wohnungen führt an den Wohnungseigentümer eine steuerpflichtige Geschäftsbesorgung aus.

BFH vom 20.12.1988 – V B 100/88, BFH/NV 1990 S. 66: Kein fiktiver Verzicht auf Steuerbefreiung bei unentgeltlichen Leistungen; Gegenstand des Eigenverbrauchs bei Gebrauchsüberlassung.

1. Führt ein Unternehmer Leistungen (für Zwecke seines Unternehmens) unentgeltlich aus, die steuerfrei wären, wenn sie gegen Entgelt ausgeführt würden, so kommt ein fiktiver Verzicht auf die Steuerbefreiung nicht in Betracht, weil § 9 UStG 1980 Umsätze an andere Unternehmer, d. h. Leistungen gegen Entgelt voraussetzt.
2. Wird ein Grundstück unentgeltlich (zu unternehmensfremden Zwecken) überlassen, so ist Gegenstand des Eigenverbrauchs nicht der Verzicht des Unternehmers auf den Mietzins, sondern die Gewährung des Gebrauchs.

BGH vom 27.09.1988 – XI ZR 4/88, UR 1990 S. 23: Schadensersatzpflicht wegen Nichterlangung des Vorsteuerabzugs bei Zwischenvermietung.

Ein der Anbieterseite zuzuordnender Anlagevermittler ist verpflichtet, die angebotene Kapitalanlage (Beteiligung an einer Wohnanlage im Bauherrenmodell mit gewerblicher Zwischenvermietung) bezüglich ihrer steuerlichen Konzeption zu prüfen. Auch eine von einem Steuerberater erarbeitete Kon-

§ 9

zeption der Zwischenvermietung kann zu Zweifeln führen, auf die dann hingewiesen werden muß. Geschieht dies nicht, besteht der Schaden der Anleger in den vergeblich angestrebten Vorsteuerabzugsbeträgen.[1]

BFH vom 23.08.1988 – X R 14/82, UR 1990 S. 151: Zeitpunkt der Option bei Umbau.

1. Wird ein erworbenes Haus über mehrere Jahre um- und ausgebaut, kann noch nach Abschluß der Arbeiten zur Steuerpflicht gemäß § 9 UStG optiert werden bezüglich solcher Vermietungsumsätze, die während der Bauphase bezüglich eines Gebäudeteils bewirkt worden sind, falls noch keine unanfechtbare Steuerfestsetzung vorliegt.[1]
2. Ob die Ausschlußvoraussetzungen des § 15 Abs. 2 UStG vorliegen, kann endgültig erst nach dem Eintritt der erstmaligen Verwendung der Mieträume entschieden werden.[2]

BFH vom 20.07.1988 – X R 6/80, BStBl. 1988 II S. 915: Teilbarkeit des Leistungsbezugs und der Leistungsverwendung bei Vorsteuerabzug und Option.

Wird eine Wohnung an einen Unternehmer zur Nutzung als Büro und zu Wohnzwecken vermietet, ist nur die Vermietung des unternehmerisch genutzten Gebäudeteils ein Umsatz, der i. S. des § 9 Satz 1 UStG 1967 an einen anderen Unternehmer „für dessen Unternehmen" ausgeführt wird.

BFH vom 29.10.1987 – V R 154/83, BStBl. 1988 II S. 508: Vorsteuerabzug bei steuerfreien Leistungen – keine gesetzliche Tolerierung der Zwischenvermietungen vor dem 1.1.1985 (§§ 9, 15 Abs. 1 UStG 1967/1980).

1. Der Vorsteuerabzug des Leistungsempfängers nach § 15 Abs. 1 Nr. 1 Satz 1 UStG 1980 hängt nicht von der Steuerpflicht der bezogenen Leistung ab, wenn der leistende Unternehmer in einer Rechnung über die Leistung einen Steuerbetrag gesondert ausweist.
2. Der Gesetzgeber hat durch die Einführung des Satzes 2 in § 9 UStG 1980 aufgrund von Art. 36 Nr. 2 und Nr. 6 des Zweiten Haushaltsstrukturgesetzes vom 22.12.1981 nicht alle bis zum Inkrafttreten dieser Vorschrift gewählten Gestaltungen zur Einschaltung eines Zwischenmieters gebilligt. Zwischenvermietung kann den Tatbestand des § 42 AO 1977 erfüllen.

BVerfG vom 25.09.1987 – 1 BvR 274/87, BB 1987 S. 2083: Erste Entscheidung des Bundesverfassungsgerichts zur Zwischenvermietung.

1. Bei Zwischenmietverträgen mit einer Gestaltung, wie sie Gegenstand des BFH-Urteils vom 29.11.1984 – V R 38/78 – (BFHE 142, 519 = BStBl. II 1985, 269 = StRK UStG 1967 § 15 R. 30 = UR 1985, 86) war, kann die steuerliche Anerkennung eines solchen Vertrages allein aus Billigkeitsgründen in Betracht kommen[3].
2. Die Rechtsprechung des BFH zur Zwischenvermietung im mit öffentlichen Mitteln geförderten Wohnungsbau ist von Verfassungs wegen nicht zu beanstanden.[1]

BFH vom 04.08.1987 – V B 16/87, BStBl. 1987 II S. 756: Unangemessenheit der Zwischenvermietung – Beweislastverschiebung zu Lasten des Wohnungseigentümers.

Die Einschaltung eines sog. Zwischenmieters erlaubt bei der Prüfung des Vorsteuerabzugsanspruchs des Wohnungseigentümers den Rückschluß auf unangemessene Gestaltung der Vermietungsverhältnisse (§ 42 AO 1977), wenn für die Zwischenvermietung wirtschaftliche oder sonst beachtliche Gründe fehlen.

BFH vom 26.02.1987 – V R 1/79, BStBl. 1987 II S. 521:

1. Die materiell-rechtlich abschließende Entscheidung über den Vorsteuerabzug kann nur aufgrund der erstmaligen tatsächlichen Verwendung der bezogenen Leistung (§ 15 Abs. 2 UStG) und nicht aufgrund der beabsichtigten Verwendung getroffen werden.
2. Verfahrensrechtlich kann die Steuerfestsetzung für den Besteuerungszeitraum, in die die Vorsteuerbeträge fallen (§ 16 Abs. 2 UStG), nach § 164 Abs. 1, § 165 Abs. 1 AO 1977 schon vor der erstmaligen Verwendung der bezogenen Leistung vorgenommen werden. Sie kann nach §§ 164 Abs. 2, 165 Abs. 2 AO 1977 geändert werden, wenn der Vorsteuerabzug nach der erstmaligen Verwendung ausgeschlossen ist. Eine vorbehaltlose und endgültige Steuerfestsetzung kann unter diesen Voraussetzungen nach § 175 Abs. 1 Satz 1 Nr. 2 AO 1977 geändert werden.
3. Zur Unangemessenheit der Zwischenvermietung nur einer Wohnung.

---
1) Leitsatz nicht amtlich (aus UR)
2) Leitsatz nicht amtlich (aus UR)
3) Leitsatz nicht amtlich, siehe UR 1987 S. 361

§ 9

BFH vom 11.12.1986 – V R 167/81, BStBl. 1987 II S. 313: Gestaltungsmißbrauch bei Zwischenmietverhältnissen.

1. Der Senat hält daran fest (Urteile in BFHE 140, 379, BStBl. II 1984, 400, und in BFHE 140, 387, BStBl. II 1984, 404), daß sich der Verfügungsberechtigte von Sozialwohnungen seiner öffentlich-rechtlichen Verpflichtung nach dem Wohnungsbindungsgesetz zur Gebrauchsüberlassung der Wohnungen an wohnberechtigte Personen durch einen in die Vermietung eingeschalteten Dritten nicht entziehen und ihm nur die Stellung eines weisungsgebundenen Beauftragten einräumen kann. Dem Begehren des Verfügungsberechtigten, aus Anlaß der Gebäudeerrichtung angefallene Umsatzsteuern als Vorsteuerbeträge abzuziehen (§ 15 Abs. 1 Nr. 1 UStG 1973), steht deshalb entgegen (§ 15 Abs. 2 Nr. 1 UStG 1973), daß die Verwendung der errichteten Räumlichkeiten durch eine nach § 4 Nr. 12 UStG 1973 steuerfreie Vermietung erfolgt.
2. Verwaltungsvorschriften, nach denen die Einschaltung eines Zwischenmieters bei der Vermietung von Sozialwohnungen an wohnberechtigte Personen nicht beanstandet wird, sind im Steuerfestsetzungsverfahren nicht zu berücksichtigen.

BFH vom 13.11.1986 – IV R 211/83, BStBl. 1987 II S. 374: Einkommensteuerliche Auswirkungen einer fehlgeschlagenen Option nach § 9 UStG.

Ist mangels eigener Vermietung des hergestellten Bauwerks die Option zur Umsatzsteuerpflicht (§ 9 UStG) fehlgeschlagen, gleichwohl aber vom Steuerpflichtigen eine Vorsteuererstattung seitens des FA erlangt worden, führt die Rückzahlung dieses Betrages nicht zu Werbungskosten bei den Einkünften aus Vermietung und Verpachtung.

BFH vom 21.02.1985 – V S 12/84, UR 1985 S. 177: Wird über das Vermögen eines Hauseigentümers, der Partner in einem mehrgliedrigen Mietverhältnis (Hauseigentümer – Zwischenmieter – Endmieter) ist, die Zwangsversteigerung angeordnet und tritt der Zwangsverwalter sodann – unter Außerachtlassen der vertraglichen Vereinbarungen – gegenüber dem Endmieter als Vermieter auf, so kann von diesem Zeitpunkt an nicht mehr angenommen werden, daß der Zwischenmieter Vermietungsleistungen an den Endmieter erbringe.

BFH vom 01.08.1984 – V R 12/78, BStBl. 1984 II S. 728:

1. Hat der Grundstückseigentümer eine Erklärung nach § 8 WEG abgegeben (Teilung des Grundeigentums in Miteigentumsanteile mit Sondereigentum an einer bestimmten Wohnung), sind im Sinne des § 15 Abs. 1 UStG 1967 der Gegenstand des Leistungsbezugs (Bezug einer Mehrheit von Bauleistungen oder – bei Einschaltung eines Generalunternehmers – eines errichteten Wohngebäudes) und der Gegenstand der Verwendung nicht identisch. Die Vorsteuerabzugsberechtigung des Gebäudeerrichters (und vormaligen Alleineigentümers) richtet sich (quotal) nach der jeweiligen erstmaligen Verwendung der einzelnen Eigentumswohnung.
2. Zu den Voraussetzungen, unter denen die Vereinbarung einer Umsatzmiete angenommen werden kann.

BFH vom 17.05.1984 – V R 118/82, BStBl. 1984 II S. 678: Das sogenannte Mietkauf-Modell ist nach seiner Konzeption darauf angelegt, das errichtete Wohnhaus dem zukünftigen Käufer bis zum Kaufzeitpunkt mietweise zu überlassen. Die Einschaltung eines Zwischenmieters in den Gebrauchsüberlassungsvorgang ist Gestaltungsmißbrauch im Sinne des § 42 AO 1977.

BFH vom 15.12.1983 – V R 169/75, BStBl. 1984 II S. 388:

1. Das den § 15 UStG beherrschende Prinzip der wirtschaftlichen Zuordnung der (mit Umsatzsteuer belasteten) Leistungsbezüge zu den damit ausgeführten Umsätzen ist auch dann anzuwenden, wenn der Unternehmer den für den Vorsteuerabzug maßgeblichen Umsatz nicht selbst ausführt, sondern durch eine andere Person (Mittelsperson) mit Hilfe der Leistungsbezüge ausführen läßt und ihm das wirtschaftliche Ergebnis des auf diese Weise aus seinem Unternehmen „ausgelagerten" Umsatzes zufließt.
2. Schaltet der Hauseigentümer zur Vermietung errichteter Räumlichkeiten eine Mittelsperson ein und überstellt er dieser ohne Begründung eines Mietverhältnisses die Räumlichkeiten zwecks Ausführung nach § 4 Nr. 12 UStG steuerfreier Umsätze im eigenen Namen, ist der Hauseigentümer wegen des wirtschaftlichen Zuordnungsprinzips bezüglich der bei ihm aus Hauserrichtung angefallenen Vorsteuerbeträge gemäß § 15 Abs. 2 UStG vom Vorsteuerabzug ausgeschlossen.
3. Das Umsatzsteuergesetz enthält keine planwidrige Regelungslücke, deren Vorliegen Voraussetzung dafür wäre, die in § 3 Abs. 3 UStG enthaltene Regelung für Warenkommissionäre des Handelsrechts

§ 9

allgemein, also auch bei Einschaltung einer Mittelsperson zur Weitergabe von sonstigen Leistungen anzuwenden (Ablehnung der sog. Leistungskommission).

4. Hat der Hauseigentümer der Mittelsperson die Räumlichkeiten unter Abschluß eines Mietvertrages mit dem Ziele ihrer (steuerfreien) Weitervermietung im eigenen Namen überlassen (sog. Zwischenmietverhältnis), ist statt einer Einschaltung der Mittelsperson in die Leistungskette eine Geschäftsbesorgung der Mittelsperson zugunsten des Hauseigentümers anzunehmen, falls sich die getroffene Gestaltung als mißbräuchlich im Sinne des § 6 StAnpG (jetzt § 42 AO 1977) erweist. Von dieser Beurteilung bleibt unberührt, daß die Mittelsperson gegenüber den sog. Endmietern nach § 4 Nr. 12 UStG steuerfreie Umsätze ausführt, die für den Hauseigentümer zum Ausschluß vom Vorsteuerabzug gemäß § 15 Abs. 2 UStG führen.

BFH vom 29.06.1982 – VIII R 6/79, BStBl. 1982 II S. 755: Zur einkommensteuerlichen Auswirkung des § 9 UStG.

1. Hat ein Steuerpflichtiger hinsichtlich seiner Umsätze aus der Vermietung oder Verpachtung von Grundstücken auf die Steuerbefreiung gemäß § 9 i. V. m. § 4 Nr. 12 UStG 1967 verzichtet und für die Regelbesteuerung nach § 19 Abs. 4 UStG 1967 optiert, so scheiden Vorsteuerbeträge, die als Herstellungskosten eines später vermieteten Gebäudes behandelt worden sind, aus den Herstellungskosten aus und werden Werbungskosten.

2. Erstattete Vorsteuerbeträge führen im Veranlagungszeitraum der Erstattung zu Einnahmen bei den Einkünften aus Vermietung und Verpachtung. Das gilt auch dann, wenn sich die entrichteten Vorsteuerbeträge in früheren Veranlagungszeiträumen als Werbungskosten nicht ausgewirkt haben (Abweichung vom BFH-Urteil vom 13. März 1964 VI 152/63, StRK, Einkommensteuergesetz, § 11, Rechtspruch 50).

Dritter Abschnitt
Bemessungsgrundlagen

§ 10 Bemessungsgrundlage für Lieferungen, sonstige Leistungen und innergemeinschaftliche Erwerbe

(1)[1] Der Umsatz wird bei Lieferungen und sonstigen Leistungen (§ 1 Abs. 1 Nr. 1 Satz 1) und bei dem innergemeinschaftlichen Erwerb (§ 1 Abs. 1 Nr. 5) nach dem Entgelt bemessen. Entgelt ist alles, was der Leistungsempfänger aufwendet, um die Leistung zu erhalten, jedoch abzüglich der Umsatzsteuer. Zum Entgelt gehört auch, was ein anderer als der Leistungsempfänger dem Unternehmer für die Leistung gewährt. Bei dem innergemeinschaftlichen Erwerb sind Verbrauchsteuern, die vom Erwerber geschuldet oder entrichtet werden, in die Bemessungsgrundlage einzubeziehen. Bei Lieferungen und dem innergemeinschaftlichen Erwerb im Sinne des § 4 Nr. 4a Satz 1 Buchstabe a Satz 2 sind die Kosten für die Leistungen im Sinne des § 4 Nr. 4a Satz 1 Buchstabe b und die vom Auslagerer geschuldeten oder entrichteten Verbrauchsteuern in die Bemessungsgrundlage einzubeziehen. Die Beträge, die der Unternehmer im Namen und für Rechnung eines anderen vereinnahmt und verausgabt (durchlaufende Posten), gehören nicht zum Entgelt.

(2) Werden Rechte übertragen, die mit dem Besitz eines Pfandscheines verbunden sind, so gilt als vereinbartes Entgelt der Preis des Pfandscheines zuzüglich der Pfandsumme. Beim Tausch (§ 3 Abs. 12 Satz 1), bei tauschähnlichen Umsätzen (§ 3 Abs. 12 Satz 2) und bei Hingabe an Zahlungs Statt gilt der Wert jedes Umsatzes als Entgelt für den anderen Umsatz. Die Umsatzsteuer gehört nicht zum Entgelt.

(3) aufgehoben (ab 1.1.1994)

(4)[1] Der Umsatz wird bemessen

1. bei dem Verbringen eines Gegenstandes im Sinne des § 1a Abs. 2 und des § 3 Abs. 1a sowie bei Lieferungen im Sinne des § 3 Abs. 1b nach dem Einkaufspreis zuzüglich der Nebenkosten für den Gegenstand oder für einen gleichartigen Gegenstand oder mangels eines Einkaufspreises nach den Selbstkosten, jeweils zum Zeitpunkt des Umsatzes;

2. [2]bei sonstigen Leistungen im Sinne des § 3 Abs. 9a Nr. 1 nach den bei der Ausführung dieser Umsätze entstandenen Ausgaben, soweit sie zum vollen oder teilweisen Vorsteuerabzug berechtigt haben. Zu diesen Ausgaben gehören auch die Anschaffungs- oder Herstellungskosten eines Wirtschaftsguts, soweit das Wirtschaftsgut dem Unternehmen zugeordnet ist und für die Erbringung der sonstigen Leistung verwendet wird. Betragen die Anschaffungs- oder Herstellungskosten mindestens 500 Euro, sind sie gleichmäßig auf einen Zeitraum zu verteilen, der dem für das Wirtschaftsgut maßgeblichen Berichtigungszeitraum nach § 15a entspricht;

3. [2]bei sonstigen Leistungen im Sinne des § 3 Abs. 9a Nr. 2 nach den bei der Ausführung dieser Umsätze entstandenen Ausgaben. Satz 1 Nr. 2 Sätze 2 und 3 gilt entsprechend.

Die Umsatzsteuer gehört nicht zur Bemessungsgrundlage.

(5) Absatz 4 gilt entsprechend für

1. Lieferungen und sonstige Leistungen, die Körperschaften und Personenvereinigungen im Sinne des § 1 Abs. 1 Nr. 1 bis 5 des Körperschaftsteuergesetzes, nichtrechtsfähige Personenvereinigungen sowie Gemeinschaften im Rahmen ihres Unternehmens an ihre Anteilseigner, Gesellschafter, Mitglieder, Teilhaber oder diesen nahestehende Personen sowie Einzelunternehmer an ihnen nahestehende Personen ausführen,

2. Lieferungen und sonstige Leistungen, die ein Unternehmer an sein Personal oder deren Angehörige auf Grund des Dienstverhältnisses ausführt,

wenn die Bemessungsgrundlage nach Absatz 4 das Entgelt nach Absatz 1 übersteigt.

---

1) Fassung ab 01.01.2004
2) Fassung ab 01.07.2004

§ 10 UStDV § 25 UStAE 10.1.

(6) Bei Beförderungen von Personen im Gelegenheitsverkehr mit Kraftomnibussen, die nicht im Inland zugelassen sind, tritt in den Fällen der Beförderungseinzelbesteuerung (§ 16 Abs. 5) an die Stelle des vereinbarten Entgelts ein Durchschnittsbeförderungsentgelt. Das Durchschnittsbeförderungsentgelt ist nach der Zahl der beförderten Personen und der Zahl der Kilometer der Beförderungsstrecke im Inland (Personenkilometer) zu berechnen. Das Bundesministerium der Finanzen kann mit Zustimmung des Bundesrates durch Rechtsverordnung das Durchschnittsbeförderungsentgelt je Personenkilometer festsetzen. Das Durchschnittsbeförderungsentgelt muß zu einer Steuer führen, die nicht wesentlich von dem Betrag abweicht, der sich nach diesem Gesetz ohne Anwendung des Durchschnittsbeförderungsentgelts ergeben würde.

Vorgaben im EG-Recht

USt-Recht	MwStSystRL
§ 10 Abs. 1 Satz 1 bis 3 i.V.m. § 1 Abs. 1 Nr. 1,	Artikel 73, 78 und 79 Abs. 1 Buchst. a und b
§ 10 Abs. 2 UStG	
§ 10 Abs. 1 Satz 1 i.V.m. § 1 Abs. 1 Nr. 5 UStG	Artikel 83
§ 10 Abs. 1 Satz 4 UStG	Artikel 84 Abs. 1
§ 10 Abs. 1 Satz 5 UStG	Artikel 73, 78 und 79 Buchst. a und b,
	Artikel 83 und 84 Abs. 1
§ 10 Abs. 1 Satz 6 UStG	Artikel 79 Abs. 1 Buchst. c und Abs. 2
§ 10 Abs. 4 Satz 1 Nr. 1 UStG	Artikel 74 und 76
§ 10 Abs. 4 Satz 1 Nr. 2 und 3 UStG	Artikel 75
§ 10 Abs. 4 Satz 2 UStG	Artikel 78 Abs. 1 Buchst. a
§ 10 Abs. 5 UStG	Artikel 80, Artikel 395
§ 10 Abs. 6 UStG, § 25 UStDV	Artikel 394

UStDV

Zu § 10 Abs. 6 des Gesetzes

§ 25 Durchschnittsbeförderungsentgelt

Das Durchschnittsbeförderungsentgelt wird auf 4,43 Cent je Personenkilometer festgesetzt.

UStAE

Zu § 10 UStG (§ 25 UStDV)

10.1. Entgelt

(1) [1]Der Begriff des Entgelts in § 10 Abs. 1 UStG gilt sowohl für die Besteuerung nach vereinbarten Entgelten (§ 16 Abs. 1 UStG) als auch für die Besteuerung nach vereinnahmten Entgelten (§ 20 UStG). [2]Zwischen den beiden Besteuerungsarten besteht insoweit kein Unterschied, als auch bei der Besteuerung nach vereinbarten Entgelten grundsätzlich nur das zu versteuern ist, was für die Lieferung oder sonstige Leistung tatsächlich vereinnahmt wird (vgl. BFH-Urteile vom 2.4.1981, V R 39/79, BStBl. II S. 627, und vom 10.11.1983, V R 91/80, BStBl. 1984 II S. 120). [3]Wegen der Änderung der Bemessungsgrundlage vgl. Abschnitte 17.1 und 17.2.

(2) [1]Das Entgelt ist auch dann Bemessungsgrundlage, wenn es dem objektiven Wert der bewirkten Leistung nicht entspricht. [2]Eine Ausnahme besteht für unentgeltliche oder verbilligte Leistungen durch Unternehmer an ihr Personal, von Vereinigungen an ihre Mitglieder und von Einzelunternehmern an ihnen nahe stehende Personen; vgl. Abschnitte 1.8, 10.6 und 10.7. [3]Liefert eine Kapitalgesellschaft einer Tochtergesellschaft einen Gegenstand zu einem überhöhten Preis, bildet dieser grundsätzlich selbst dann das Entgelt im Sinne des § 10 Abs. 1 UStG, wenn ein Teil der Gegenleistung ertragsteuerrechtlich als verdeckte Gewinnausschüttung zu beurteilen ist (BFH-Urteil vom 25.11.1987, X R 12/87, BStBl. 1988 II S. 210).

UStAE 10.1. § 10

(3) ¹Der Umfang des Entgelts beschränkt sich nicht auf die bürgerlich-rechtlich bestimmte oder bestimmbare Gegenleistung für eine Leistung, sondern erstreckt sich auf alles, was der Leistungsempfänger tatsächlich für die an ihn bewirkte Leistung aufwendet. ²Dazu gehören auch Nebenkosten des Leistenden, die er vom Leistungsempfänger einfordert (vgl. BFH-Urteil vom 16.3.2000, V R 16/99, BStBl. II S. 360). ³Verlangt der Leistende für die Annahme einer Bezahlung mit Kredit- oder Geldkarte, dass der Leistungsempfänger ihm oder einem anderen Unternehmer hierfür einen Betrag entrichtet und wird der von diesem Empfänger zu zahlende Gesamtpreis durch die Zahlungsweise nicht beeinflusst, ist dieser Betrag Bestandteil der Bemessungsgrundlage für seine Leistung (vgl. Artikel 13 der Verordnung (EG) Nr. 1777/2005 des Rates vom 17.10.2005, ABl. EU Nr. L 288 S. 1). ⁴Vereinbaren die Beteiligten rechtsirrtümlich die Gegenleistung ohne Umsatzsteuer, ist der ursprünglich vereinbarte Betrag in Entgelt und darauf entfallende Umsatzsteuer aufzuteilen (vgl. BFH-Urteil vom 20.1.1997, V R 28/95, BStBl. II S. 716). ⁵Neben dem vereinbarten Preis einer Leistung können auch zusätzliche Aufwendungen des Leistungsempfängers Leistungsentgelt sein, wenn der Leistungsempfänger sie zugunsten des Leistenden für die Leistung erbringt (vgl. BFH-Urteil vom 13.12.1995, XI R 16/95, BStBl. 1996 II S. 208). ⁶Wenn der Leistungsempfänger die Leistung irrtümlich doppelt bezahlt oder versehentlich zuviel zahlt, ist der Gesamtbetrag Entgelt im Sinne des § 10 Abs. 1 Satz 2 UStG (vgl. BFH-Urteil vom 19.7.2007, V R 11/05, BStBl. II S. 966). ⁷Es kommt nicht darauf an, ob der Leistungsempfänger verpflichtet ist, dem Leistenden zu erbringende oder erbrachte Leistung zu vergüten, ob er auf sie Wert legt oder nicht (vgl. BFH-Urteil vom 28.1.1988, V R 112/86, BStBl. II S. 473). ⁸Vertragsstrafen, die wegen Nichterfüllung oder wegen nicht gehöriger Erfüllung geleistet werden, haben Schadensersatzcharakter (vgl. Abschnitt 1.3 Abs. 3). ⁹Auch Verzugszinsen, Fälligkeitszinsen, Prozesszinsen und Nutzungszinsen sind nicht Teil des Entgelts, sondern Schadensersatz (vgl. Abschnitt 1.3 Abs. 6). ¹⁰Wegen der Behandlung der Teilzahlungszuschläge vgl. Abschnitt 3.11. ¹¹Das erhöhte Beförderungsentgelt, das Personenbeförderungsunternehmer von sog. Schwarzfahrern erheben, ist regelmäßig kein Entgelt für die Beförderungsleistung sondern eine andere steuerbare Leistung des Beförderungsunternehmers (BFH-Urteil vom 25.11.1986, V R 109/78, BStBl. 1987 II S. 228). ¹²Als Entgelt für die Lieferung sind auch die dem Abnehmer vom Lieferer berechneten Beförderungskosten anzusehen. ¹³Bei einer unfreien Versendung im Sinne des § 40 UStDV gehören jedoch die Kosten für die Beförderung oder deren Besorgung nicht zum Entgelt für die vom Absender ausgeführte Lieferung. ¹⁴Bei Versendungen per Nachnahme ist als Entgelt für die gelieferte Ware der vom Empfänger entrichtete Nachnahmebetrag – ohne Umsatzsteuer – anzusehen, der auch die Zahlkarten- oder Überweisungsgebühr einschließt (vgl. BFH-Urteil vom 13.12.1973, V R 57/72, BStBl. 1974 II S. 191). ¹⁵Bei Pfandleihgeschäft ist das die notwendigen Kosten der Verwertung, die der Pfandleiher einbehalten darf, nicht Entgelt innerhalb eines Leistungsaustauschs (vgl. BFH-Urteil vom 9.7.1970, V R 32/70, BStBl. II S. 645). ¹⁶Zahlungen im Rahmen einer sog. Erlöspoolung, die nicht leistungsbezogen sind, fehlt der Entgeltcharakter (BFH-Urteil vom 28.2.1974, V R 55/72, BStBl. II S. 345). ¹⁷Auch die Übernahme von Schulden kann Entgelt sein (vgl. Abschnitt 1.6 Abs. 2).

(4) ¹Eine Lieferung oder sonstige Leistung eines Unternehmers wird nur mit der Bemessungsgrundlage versteuert, die sich auf Grund der von ihm vereinnahmten Gegenleistung ergibt. ²Umsatzsteuerrechtlich macht es keinen Unterschied, ob der Besteller eines Werks, das sich als mangelhaft erweist, das Werk behält und statt der Minderung Schadensersatz wegen Nichterfüllung verlangt (vgl. BFH-Urteil vom 16.1.2003, V R 72/01, BStBl. II S. 620). ³Weicht der vom Leistungsempfänger aufgewendete Betrag im Einzelfall von dem vom Unternehmer vereinnahmten Betrag ab, ist von den Aufwendungen des Abnehmers für die Lieferung oder sonstige Leistung auszugehen. ⁴Bei der Abtretung einer Forderung unter dem Nennwert bestimmt sich deshalb das Entgelt für die abgetretenen Forderung zu Grunde liegende Leistung nach den tatsächlichen Aufwendungen des Leistungsempfängers (vgl. BFH-Urteil vom 27.5.1987, X R 2/81, BStBl. II S. 739). ⁵Wegen der Steuer- und Vorsteuerberichtigung in diesen Fällen wird auf Abschnitt 17.1 Abs. 6 verwiesen.

(5) ¹Zum Entgelt gehören auch freiwillig an den Unternehmer gezahlte Beträge, z.B. Trinkgelder, wenn zwischen der Zahlung und der Leistung des Unternehmers eine innere Verknüpfung besteht (vgl. BFH-Urteil vom 17.2.1972, V R 118/71, BStBl. II S. 405). ²Der im Gaststätten- und Beherbergungsgewerbe erhobene Bedienungszuschlag ist Teil des vom Unternehmer vereinnahmten Entgelts, auch wenn das Bedienungspersonal den Zuschlag nicht abführt, sondern vereinbarungsgemäß als Entlohnung für seine Dienste zurückbehält (vgl. BFH-Urteil vom 19.8.1971, V R 74/68, BStBl. 1972 II S. 24). ³Dagegen rechnen die an das Bedienungspersonal gezahlten freiwilligen Trinkgelder nicht zum Entgelt für die Leistungen des Unternehmers.

(6) ¹Geschäftskosten dürfen das Entgelt nicht mindern. ²Dies gilt auch für Provisionen, die der Unternehmer an seinen Handelsvertreter oder Makler für die Vermittlung des Geschäfts zu zahlen hat. ³Mit Ausnahme der auf den Umsatz entfallenden Umsatzsteuer rechnen zum Entgelt auch die vom Unter-

503

nehmer geschuldeten Steuern (Verbrauch- und Verkehrsteuern), öffentlichen Gebühren und Abgaben, auch wenn diese Beträge offen auf den Leistungsempfänger überwälzt werden. ⁴Diese Abgaben können auch nicht als durchlaufende Posten im Sinne des § 10 Abs. 1 Satz 6 UStG behandelt werden (vgl. BFH-Urteil vom 4.6.1970, V R 92/66, V R 10/67, BStBl. II S. 648, sowie Abschnitt 10.4).

(7) ¹Als Entgelt im Sinne des § 10 Abs. 1 Satz 2 UStG kommen auch Zahlungen des Leistungsempfängers an Dritte in Betracht, sofern sie für Rechnung des leistenden Unternehmers entrichtet werden und im Zusammenhang mit der Leistung stehen. ²Dies gilt jedoch nicht für diejenigen Beträge, die der Leistungsempfänger im Rahmen eines eigenen Schuldverhältnisses mit einem Dritten aufwenden muss, damit der Unternehmer seine Leistung erbringen kann (vgl. BFH-Urteil vom 22.2.1968, V 84/64, BStBl. II S. 463). ³Nicht zum Entgelt nach § 10 UStG gehören auch öffentlich-rechtliche Abgaben, die der Leistungsempfänger auf Grund eigener Verpflichtung schuldet, auch wenn sie durch die bezogene Leistung veranlasst sind (vgl. zu Sozialversicherungsbeiträgen BFH-Urteil vom 25.6.2009, V R 37/08, BStBl. II S. 873). ⁴Zahlt eine Rundfunkanstalt zugunsten ihrer freien Mitarbeiter Beiträge an die Pensionskasse für freie Mitarbeiter der Deutschen Rundfunkanstalten, gehören auch die Beträge zum Entgelt für die Leistungen der Mitarbeiter (vgl. BFH-Urteil vom 9.10.2002, V R 73/01, BStBl. 2003 II S. 217). ⁵Erfüllt der Leistungsempfänger durch seine Zahlungen an einen Dritten sowohl eine eigene Verbindlichkeit als auch eine Schuld des leistenden Unternehmers, weil beide im Verhältnis zu dem Dritten Gesamtschuldner sind, rechnen die Zahlungen nur insoweit zum Entgelt, wie die Schuldbefreiung des leistenden Unternehmers für diesen von wirtschaftlichem Interesse ist und damit für ihn einen Wert darstellt. ⁶Bei einer Grundstücksveräußerung gehört die gesamtschuldnerisch von Erwerber und Veräußerer geschuldete Grunderwerbsteuer auch dann nicht zum Entgelt für die Grundstücksveräußerung, wenn die Parteien des Grundstückskaufvertrags vereinbaren, dass der Erwerber die Grunderwerbsteuer allein zu tragen hat, weil der Erwerber mit der Zahlung der vertraglich übernommenen Grunderwerbsteuer eine ausschließlich eigene Verbindlichkeit begleicht. ⁷Gleiches gilt hinsichtlich der vom Käufer zu tragenden Kosten der Beurkundung des Kaufvertrags und der Auflassung, der Eintragung ins Grundbuch und der zu der Eintragung erforderlichen Erklärungen (§ 448 Abs. 2 BGB), vgl. BFH-Urteil vom 9.11.2006, V R 9/04, BStBl. 2007 II S. 285.

(8) ¹Wird das Pfandgeld für Warenumschließungen dem Abnehmer bei jeder Lieferung berechnet, ist es Teil des Entgelts für die Lieferung. ²Bei Rücknahme des Leerguts und Rückzahlung des Pfandbetrags liegt eine Entgeltminderung vor. ³Dabei wird es nicht beanstandet, wenn der Unternehmer die ausgezahlten Pfandgelder für Leergut unabhängig von dem Umfang der Vollgutlieferungen des jeweiligen Besteuerungszeitraums als Entgeltminderungen behandelt. ⁴Es muss jedoch sichergestellt sein, dass die Entgeltminderungen in sachgerechter Weise (z.B. durch Aufteilung im gleichen Verhältnis wie bei den Vollgutlieferungen) den geltenden Steuersätzen zugeordnet werden. ⁵Aus Vereinfachungsgründen kann dem Unternehmer auf Antrag auch folgendes Verfahren genehmigt werden:

1. ¹Die bei der Warenlieferung jeweils in Rechnung gestellten und bei Rückgabe des Leerguts dem Abnehmer zurückgewährten Pfandbeträge bleiben bei der laufenden Umsatzbesteuerung zunächst unberücksichtigt. ²Der Unternehmer hat spätestens zum Schluss jedes Kalenderjahrs den Pfandbetragssaldo, der sich aus den Unterschiedsbetrag zwischen den dem Abnehmer im Laufe des jeweiligen Abrechnungszeitraums berechneten und den zurückgewährten Pfandbeträgen ergibt, auf Grund seiner Aufzeichnungen zu ermitteln. ³Dabei bleibt jedoch ein bereits versteuerter Saldovortrag, z.B. aus dem Vorjahr, außer Betracht. ⁴Ein sich danach ergebender Überschuss an berechneten Pfandbeträgen ist zusammen mit den Umsätzen des betreffenden letzten Voranmeldungszeitraums der Umsatzsteuer zu unterwerfen. ⁵Bei diesem Pfandbetragssaldo handelt es sich um einen Nettobetrag – ohne Umsatzsteuer -. ⁶Der Abnehmer kann die auf den Pfandbetragssaldo entfallende Steuer als Vorsteuer abziehen, wenn sie ihm gesondert in Rechnung gestellt ist. ⁷Ergibt sich ein Pfandbetragssaldo zugunsten des Abnehmers, liegt bei diesem – seine Unternehmereigenschaft vorausgesetzt – eine steuerpflichtige Lieferung von Leergut vor. ⁸Der Unternehmer, der dieses Verfahren beantragt, muss die bei den einzelnen Lieferungen berechneten und bei Rückgabe des Leerguts zurückgewährten Pfandbeträge – nach Abnehmern getrennt – gesondert von den sonstigen Entgelten aufzeichnen. ⁹Die Aufzeichnungen müssen eindeutig und leicht nachprüfbar sein und fortlaufend geführt werden (vgl. § 63 Abs. 1 UStDV, § 146 AO). ¹⁰Aus ihnen muss gegebenenfalls zu ersehen sein, wie sich die Pfandbeträge auf verschiedene Steuersätze verteilen (§ 22 Abs. 2 Nr. 1 UStG). ¹¹Für den Abnehmer muss aus der Rechnung klar ersichtlich sein, dass für die in Rechnung gestellten Pfandbeträge Umsatzsteuer nicht berechnet worden ist.

2. ¹Abweichend von dem unter Nummer 1 geregelten Verfahren kann der Unternehmer in jeder einzelnen Rechnung die Leergutrücknahme mit der Vollgutlieferung verrechnen und nur den verbleibenden Netto-Rechnungsbetrag der Umsatzsteuer unterwerfen. ²Einen sich möglicherweise zum Jahresende ergebenden Pfandbetragssaldo zugunsten des Abnehmers hat in diesem Fall weder

der Lieferer noch der Abnehmer zu ermitteln und zu versteuern. ³Auch gesonderte Aufzeichnungen über die Pfandbeträge sind nicht erforderlich.

⁶Bei den folgenden Abwicklungsarten ist zunächst ein Entgelt für die Überlassung der Warenumschließung nicht gegeben:

1. ¹Für den jeweiligen Abnehmer wird ein Leergutkonto geführt, auf dem der Lieferer das hingegebene und zurückgenommene Leergut mengenmäßig festhält. ²Über den Saldo wird periodisch, häufig aber erst bei Lösung des Vertragsverhältnisses abgerechnet.

2. ¹Die Pfandbeträge für Leergutabgänge und Leergutzugänge werden vom Lieferer auf einem besonderen Konto verbucht und auch – nachrichtlich – in den jeweiligen Rechnungen ausgewiesen, ohne aber in die Rechnungssumme einbezogen zu werden. ²Von Zeit zu Zeit wird über das Leergut abgerechnet.

3. ¹Der Lieferer erhebt mit jeder Lieferung einen Kautionsbetrag, z.B. 1 oder 2 Ct. je Flasche. ²Diese Beträge dienen der Ansammlung eines Kautionsguthabens zugunsten des Abnehmers. ³Die Verbuchung erfolgt auf einem besonderen Konto. ⁴Daneben werden die Leergutbewegungen mengenmäßig festgehalten. ⁵Über das Leergut wird in der Regel bei Auflösung der Vertragsbeziehungen abgerechnet.

⁷In diesen Fällen kommt ein von der vorangegangenen Warenlieferung losgelöster selbständiger Leistungsaustausch erst im Zeitpunkt der Leergutabrechnung zustande. ⁸Die Annahme eines nicht steuerbaren Schadensersatzes scheidet aus, weil der Zahlung des Kunden eine Leistung des Unternehmers gegenübersteht.

(9) Hinsichtlich des Entgelts für die Vermittlung von grenzüberschreitenden Personenbeförderungsleistungen im Luftverkehr durch Reisebüros gilt:

1. ¹Die Vermittlung grenzüberschreitender Beförderungen von Personen im Luftverkehr gegenüber einem Reisenden ist steuerpflichtig, soweit die vermittelte Leistung auf das Inland entfällt (§ 3b Abs. 1, § 4 Nr. 5 Satz 2 UStG). ²Abschnitt 4.5.3 Abs. 2 ist in diesen Fällen nicht anwendbar, weil das Reisebüro nicht im Auftrag des Luftverkehrsunternehmens tätig wird. ³Soweit die vermittelte Leistung nicht auf das Inland entfällt, ist deren Vermittlung nicht steuerbar.

2. ¹Das Entgelt für eine Vermittlungsleistung im Sinne der Nummer 1 ist in einen steuerpflichtigen und einen nicht steuerbaren Teil aufzuteilen. ²Die Umsatzsteuer ist aus der anteiligen Zahlung des Reisenden herauszurechnen. ³Der Vorsteuerabzug ist auch hinsichtlich des nicht steuerbaren Teils dieser Vermittlungsleistung nicht ausgeschlossen.

3. ¹Erhält ein Reisebüro eine Zahlung von einem Luftverkehrsunternehmen, das die dem Reisenden vermittelte Personenbeförderungsleistung erbringt, ohne von diesem ausdrücklich zur Vermittlung beauftragt zu sein, ist diese Zahlung regelmäßig (z.B. im Rahmen eines sog. Nullprovisionsmodells) Entgelt von dritter Seite für die gegenüber dem Reisenden erbrachte Vermittlungsleistung (vgl. Nummer 1). ²Nach den Umständen des Einzelfalls (z.B. auf der Grundlage eines gesonderten Dienstleistungsvertrags) kann ein Entgelt für eine gesonderte Leistung des Reisebüros an das Luftverkehrsunternehmen, die nicht in der steuerfreien Vermittlung einer Personenbeförderungsleistung besteht, oder in besonders gelagerten Ausnahmefällen ein nicht steuerbarer Zuschuss (Abschnitt 10.2 Abs. 7) gegeben sein; Nummer 1 bleibt auch in diesen Fällen unberührt.

4. Erhält ein Reisebüro, das grenzüberschreitende Personenbeförderungsleistungen im Luftverkehr im Auftrag des Luftverkehrsunternehmens vermittelt, von diesem für den Flugscheinverkauf ein Entgelt, und erhebt es daneben einen zusätzlichen Betrag vom Reisenden, erbringt es beim Flugscheinverkauf eine nach § 4 Nr. 5 Satz 1 Buchstabe b UStG steuerfreie Vermittlungsleistung an das Luftverkehrsunternehmen und gleichzeitig eine nach Maßgabe der Nummer 1 anteilig steuerpflichtige Vermittlungsleistung an den Reisenden.

5. Soweit eine vom Luftverkehrsunternehmen gezahlte Vergütung auf den vom Reisenden erhobenen Preis angerechnet wird, mindert sich die Bemessungsgrundlage für die Leistung gegenüber dem Reisenden entsprechend.

6. ¹Unter der Voraussetzung, dass der Unternehmer bei allen Vermittlungsleistungen im Sinne der Nummer 1 entsprechend verfährt, ist es nicht zu beanstanden, wenn der steuerpflichtige Teil einer Vermittlungsleistung im Sinne der Nummer 1 wie folgt ermittelt wird:
   – bei der Vermittlung von grenzüberschreitenden Beförderungen von Personen im Luftverkehr von bzw. zu Beförderungszielen im übrigen Gemeinschaftsgebiet (sog. EU-Flüge) mit 25% des Entgelts für die Vermittlungsleistung,

– bei der Vermittlung von grenzüberschreitenden Beförderungen von Personen im Luftverkehr von bzw. zu Beförderungszielen außerhalb des übrigen Gemeinschaftsgebiets (sog. Drittlandsflüge) mit 5% des Entgelts für die Vermittlungsleistung.
²Zwischen- oder Umsteigehalte gelten dabei nicht als Beförderungsziele. ³Dieser vereinfachte Aufteilungsmaßstab gilt nicht, soweit das vom Reisenden erhobene Entgelt auf andere als die in Nummer 1 bezeichneten Leistungen entfällt (z.B. auf die Vermittlung von Unterkunft oder Mietwagen).

(10) ¹Zur Bemessungsgrundlage in den Fällen der Steuerschuldnerschaft des Leistungsempfängers nach § 13b UStG vgl. Abschnitt 13b.13. ²Zur Bemessungsgrundlage bei Leistungen im Rahmen sog. Public-Private-Partnerships (PPP) im Bundesfernstraßenbau vgl. BMF-Schreiben vom 3.2.2005, BStBl. I S. 414. ³Zur Bemessungsgrundlage im Fall des Direktverbrauchs nach § 33 Abs. 2 EEG vgl. Abschnitt 2.5.

10.2. Zuschüsse

Allgemeines

(1) ¹Zahlungen unter den Bezeichnungen „Zuschuss, Zuwendung, Beihilfe, Prämie, Ausgleichsbetrag u.ä." (Zuschüsse) können entweder

1. Entgelt für eine Leistung an den Zuschussgeber (Zahlenden);
2. (zusätzliches) Entgelt eines Dritten oder
3. echter Zuschuss

sein. ²Der Zahlende ist Leistungsempfänger, wenn er für seine Zahlung eine Leistung vom Zahlungsempfänger erhält. ³Der Zahlende kann ein Dritter sein (§ 10 Abs. 1 Satz 3 UStG), der selbst nicht Leistungsempfänger ist.

Zuschüsse als Entgelt für Leistungen an den Zahlenden

(2) ¹Zuschüsse sind Entgelt für eine Leistung an den Zahlenden,

1. wenn ein Leistungsaustauschverhältnis zwischen dem leistenden Unternehmer (Zahlungsempfänger) und dem Zahlenden besteht (vgl. dazu Abschnitte 1.1 bis 1.6);
2. wenn ein unmittelbarer Zusammenhang zwischen der erbrachten Leistung und dem Zuschuss besteht, d.h. wenn der Zahlungsempfänger seine Leistung – insbesondere bei gegenseitigen Verträgen – erkennbar um der Gegenleistung willen erbringt;
3. wenn der Zahlende einen Gegenstand oder einen sonstigen Vorteil erhält, auf Grund dessen er als Empfänger einer Lieferung oder sonstigen Leistung angesehen werden kann;
4. wenn (beim Zahlenden oder am Ende der Verbraucherkette) ein Verbrauch im Sinne des gemeinsamen Mehrwertsteuerrechts vorliegt.

²Ob die Leistung des Zahlungsempfängers derart mit der Zahlung verknüpft ist, dass sie sich auf den Erhalt einer Gegenleistung (Zahlung) richtet, ergibt sich aus den Vereinbarungen des Zahlungsempfängers mit dem Zahlenden, z.B. den zu Grunde liegenden Verträgen oder den Vergaberichtlinien (vgl. BFH-Urteil vom 13.11.1997, V R 11/97, BStBl. 1998 II S. 169). ³Die Zwecke, die der Zahlende mit den Zahlungen verfolgt, können allenfalls Aufschlüsse darüber geben, ob der erforderliche unmittelbare Zusammenhang zwischen Leistung und Zahlung vorliegt. ⁴Die Annahme eines Leistungsaustauschs setzt weder auf der Seite des Zahlenden noch auf der Seite des Zahlungsempfängers rechtlich durchsetzbare Ansprüche voraus (vgl. BFH-Urteile vom 23.2.1989, V R 141/84, BStBl. II S. 638, und vom 9.10.2003, V R 51/02, BStBl. 2004 II S. 322). ⁵Zuwendungen im Rahmen von Vertragsnaturschutzmaßnahmen, die für die Bearbeitung von Flächen des Zuwendungsgebers erfolgen, werden im Rahmen eines Leistungsaustauschs gezahlt; erfolgt die Zuwendung dagegen für eigene Flächen des Land- und Forstwirts, liegt im Allgemeinen ein nicht der Umsatzsteuer unterliegender echter Zuschuss vor. ⁶Zahlungen für die Übernahme der Erfüllung von Aufgaben einer juristischen Person des öffentlichen Rechts, zu deren Ausführung sich die Parteien in einem gegenseitigen Vertrag verpflichtet haben, erfolgen grundsätzlich im Rahmen eines Leistungsaustauschs. ⁷Die Zuwendung erfolgt in diesem Fall nicht lediglich zur Subventionierung aus strukturpolitischen, volkswirtschaftlichen oder sozialpolitischen Gründen, wenn der Zuwendungsgeber damit auch eigene wirtschaftliche Interessen verfolgt. ⁸Gewährt eine juristische Person des öffentlichen Rechts in diesem Zusammenhang eine als „Starthilfe" bezeichnete Zuwendung neben der Übertragung des für die Durchführung der Aufgabe erforderlichen Vermögens zu einem symbolischen Kaufpreis, ist diese Zuwendung Entgelt für die Entbindung aus der Durchführung der öffentlichen Aufgabe (vgl. BFH-Urteil vom 21.4.2005, V R 11/03, BStBl. 2007 II S. 63). ⁹Besteht auf Grund eines Rechtsverhältnisses ein unmittelbarer Zusammenhang zwischen der Leistung des Zahlungsempfängers und der Zahlung, ist die Zahlung Entgelt für die Leistung des Zahlungsempfängers.

Beispiel 1:

Zuschüsse einer Gemeinde an einen eingetragenen Verein, z.b. eine Werbegemeinschaft zur vertragsgemäßen Durchführung einer Werbeveranstaltung in der Vorweihnachtszeit.

Beispiel 2:

¹Ein Bauherr errichtet ein Geschäftshaus mit einer Tiefgarage und verpflichtet sich gegenüber der Stadt, einen Teil der Stellplätze der Allgemeinheit zur Verfügung zu stellen. ²Er erhält dafür ein Entgelt von der Stadt (vgl. BFH-Urteil vom 13.11.1997, a.a.O.).

Beispiel 3:

Anfertigung von Auftragsgutachten gegen Entgelt, wenn der öffentliche Auftraggeber das Honorar für das Gutachten und nicht dafür leistet, die Tätigkeit des Zahlungsempfängers zu ermöglichen oder allgemein zu fördern; zum Leistungsaustausch bei der Durchführung von Forschungsvorhaben, zu der die öffentliche Hand Zuwendungen bewilligt hat, vgl. BFH-Urteil vom 23.2.1989, a.a.O.

Beispiel 4:

¹Eine Gemeinde bedient sich zur Erfüllung der ihr nach Landesrecht obliegenden Verpflichtung zur Abwasserbeseitigung einschließlich der Errichtung der dafür benötigten Bauwerke eines Unternehmers. ²Dieser erlangt dafür u.a. einen vertraglichen Anspruch auf die Fördermittel, die der Gemeinde zustehen.

³Der Unternehmer erbringt eine steuerbare Leistung an die Gemeinde. ⁴Ein für Rechnung der Gemeinde vom Land an den Unternehmer gezahlter Investitionszuschuss für die Errichtung der Kläranlage ist Entgelt (vgl. BFH-Urteil vom 20.12.2001, V R 81/99, BStBl. 2003 II S. 213).

Zuschüsse als zusätzliches Entgelt eines Dritten

(3) ¹Zusätzliches Entgelt im Sinne des § 10 Abs. 1 Satz 3 UStG sind solche Zahlungen, die von einem anderen als dem Leistungsempfänger für die Lieferung oder sonstige Leistung des leistenden Unternehmers (Zahlungsempfängers) gewährt werden. ²Ein zusätzliches Entgelt kommt in der Regel nur dann in Betracht, wenn ein unmittelbarer Leistungsaustausch zwischen dem Zahlungsempfänger und dem zahlenden Dritten zu verneinen ist (vgl. BFH-Urteil vom 20.2.1992, V R 107/87, BStBl. II S. 705). ³Der Dritte ist in diesen Fällen nicht Leistungsempfänger. ⁴Ein zusätzliches Entgelt liegt vor, wenn der Leistungsempfänger einen Rechtsanspruch auf die Zahlung hat, die Zahlung in Erfüllung einer öffentlich-rechtlichen Verpflichtung gegenüber dem Leistungsempfänger oder zumindest im Interesse des Leistungsempfängers gewährt wird (vgl. BFH-Urteil vom 25.11.1986, V R 109/78, BStBl. 1987 II S. 228). ⁵Diese Zahlung gehört unabhängig von der Bezeichnung als „Zuschuss" zum Entgelt, wenn der Zuschuss dem Abnehmer des Gegenstands oder dem Dienstleistungsempfänger zugutekommt, der Zuschuss gerade für die Lieferung eines bestimmten Gegenstands oder die Erbringung einer bestimmten sonstigen Leistung gezahlt wird und mit der Verpflichtung der Zuschuss gewährenden Stelle zur Zuschusszahlung das Recht des Zahlungsempfängers (des Leistenden) auf Auszahlung des Zuschusses einhergeht, wenn er einen steuerbaren Umsatz bewirkt hat (vgl. BFH-Urteil vom 9.10.2003, V R 51/02, BStBl. 2004 II S. 322).

Beispiel 1:

¹Die BA gewährt einer Werkstatt für behinderte Menschen pauschale Zuwendungen zu den Sach-, Personal- und Beförderungskosten, die für die Betreuung und Ausbildung der behinderten Menschen entstehen.

²Die Zahlungen sind Entgelt von dritter Seite für die Leistungen der Werkstatt für behinderte Menschen (Zahlungsempfänger) an die behinderten Menschen, da der einzelne behinderte Mensch auf diese Zahlungen einen Anspruch hat.

Beispiel 2:

¹Ein Bundesland gewährt einem Studentenwerk einen Zuschuss zum Bau eines Studentenwohnheims. ²Der Zuschuss wird unmittelbar dem Bauunternehmer ausgezahlt.

³Es liegt Entgelt von dritter Seite für die Leistung des Bauunternehmers an das Studentenwerk vor.

⁶Wird das Entgelt für eine Leistung des Unternehmers wegen der Insolvenz des Leistungsempfängers uneinbringlich und zahlt eine Bank, die zu dem Leistungsempfänger Geschäftsbeziehungen unterhalten hat, an den Unternehmer gegen Abtretung der Insolvenzforderung einen Betrag, der sich – unter Berücksichtigung von Gewährleistungsansprüchen – an der Höhe des noch nicht bezahlten Entgelts orientiert, kann diese Zahlung Entgelt eines Dritten für die Leistung des Unternehmers sein (vgl. BFH-Urteil vom 19.10.2001, V R 48/00, BStBl. 2003 II S. 210, zur Abtretung einer Konkursforderung).

(4) ¹Nicht zum zusätzlichen Entgelt gehören hingegen Zahlungen eines Dritten dann, wenn sie dem leistenden Unternehmer (Zahlungsempfänger) zu dessen Förderung und nicht überwiegend im Inte-

§ 10 UStAE 10.2.

resse des Leistungsempfängers gewährt werden. ²Die Abgrenzung von zusätzlichem Entgelt und echtem Zuschuss wird somit nach der Person des Bedachten und nach dem Förderungsziel vorgenommen (BFH-Urteil vom 8.3.1990, V R 67/89, BStBl. II S. 708). ³Ist die Zahlung des Dritten an den Zahlungsempfänger ein echter Zuschuss, weil sie zur Förderung des Zahlungsempfängers gewährt wird, ist es unbeachtlich, dass der Zuschuss auch dem Leistungsempfänger zugute kommt, weil er nicht das Entgelt aufzubringen hat, das der Zahlungsempfänger – ohne den Zuschuss – verlangen müsste (vgl. BFH-Urteil vom 9.10.1975, V R 88/74, BStBl. 1976 II S. 105).

(5) ¹Ein zusätzliches Entgelt ist anzunehmen, wenn die Zahlung die Entgeltzahlung des Leistungsempfängers ergänzt und sie damit preisauffüllenden Charakter hat. ²Die Zahlung dient der Preisauffüllung, wenn sie den erklärten Zweck hat, das Entgelt für die Leistung des Zahlungsempfängers an den Leistungsempfänger auf die nach Kalkulationsgrundsätzen erforderliche Höhe zu bringen und dadurch das Zustandekommen eines Leistungsaustauschs zu sichern oder wenigstens zu erleichtern (vgl. BFH-Urteil vom 24.8.1967, V R 31/64, BStBl. III S. 717). ³Die von Versicherten der gesetzlichen Krankenkassen nach § 31 Abs. 3 SGB V zu entrichtende Zuzahlung bei der Abgabe von Arzneimitteln ist Entgelt von dritter Seite für die Lieferung des Arzneimittels durch die Apotheke an die Krankenkasse. ⁴Hinsichtlich der den Verlagen zugewendeten Druckkostenzuschüsse bei der Vervielfältigung und Verbreitung von Druckwerken gilt:

1. ¹Der Druckkostenzuschuss des Autors an den Verlag ist grundsätzlich Entgelt für die Leistung des Verlags an den Autor, wenn zwischen dem Verlag und dem Autor ein Leistungsaustauschverhältnis z.B. auf Grund eines Verlagsvertrags besteht. ²Dabei ist es unerheblich, ob der Autor den Druckkostenzuschuss aus eigenen Mitteln oder mit Fördermitteln finanziert. ³Zahlt der Dritte die Fördermittel für den Autor unmittelbar an den Verlag, liegt ein verkürzter Zahlungsweg vor.

2. Der Druckkostenzuschuss eines Dritten an den Verlag, der im Namen und für Rechnung des Autors gewährt wird, ist grundsätzlich dann Entgelt von dritter Seite für die Leistung des Verlags an den Autor, wenn zwischen dem Verlag und dem Autor ein Leistungsaustauschverhältnis z.B. auf Grund eines Verlagsvertrags besteht.

3. Druckkostenzuschüsse eines Dritten an den Verlag sind grundsätzlich dann Entgelt für die Leistung des Verlags an den Dritten, wenn zwischen dem Verlag und dem Dritten ein Leistungsaustauschverhältnis z.B. auf Grund eines gegenseitigen Vertrags besteht.

⁵Entgelt von dritter Seite liegt auch dann vor, wenn der Zahlungsempfänger in pauschalierter Form das erhalten soll, was ihm vom Begünstigten (Leistungsempfänger) für die Leistung zustünde, wobei eine Kostendeckung nicht erforderlich ist (vgl. BFH-Urteil vom 26.6.1986, V R 93/77, BStBl. II S. 723). ⁶Wegen der Rechnungserteilung bei der Vereinnahmung von Entgelten von dritter Seite vgl. Abschnitt 14.10 Abs. 1.

(6) ¹Nach den vorstehenden Grundsätzen ist auch dann zu verfahren, wenn bei der Einschaltung von Unternehmern in die Erfüllung hoheitlicher Aufgaben einer juristischen Person des öffentlichen Rechts der eingeschaltete Unternehmer einen eigenen gesetzlichen oder sonstigen Anspruch auf die Zahlung hat. ²Auch wenn es nach den Vergabebedingungen im Ermessen des Zuwendungsgebers steht, ob er die Mittel der juristischen Person des öffentlichen Rechts oder unmittelbar dem eingeschalteten Unternehmer gewährt, ist entscheidend, dass der Unternehmer einen eigenen Anspruch auf die Zuwendung hat (vgl. BMF-Schreiben vom 27.12.1990, BStBl. 1991 I S. 81).

Beispiel 1:

¹Erstattung von Fahrgeldausfällen für die unentgeltliche Beförderung schwer behinderter Menschen im öffentlichen Personenverkehr nach §§ 145ff. SGB IX.

²Die erstatteten Fahrgeldausfälle sind Entgelt eines Dritten, da die Zahlungen das Fahrgeld abgelten sollen, das die begünstigten Personen ansonsten als Leistungsempfänger entsprechend dem geltenden Tarif hätten aufwenden müssen. ³Nicht entscheidungserheblich ist, dass die Erstattungen pauschaliert erfolgen. ⁴Maßgeblich ist vielmehr, dass die Zuwendungen nach einem Prozentsatz der Fahrgeldeinnahmen berechnet werden und damit in geschätzter Höhe die erbrachten Beförderungsleistungen abgelten sollen. ⁵Inwieweit mit der Erstattung eine Äquivalenz von Leistung und Gegenleistung erreicht wird, ist nicht entscheidungserheblich (vgl. BFH-Urteil vom 26.6.1986, BStBl. II S. 723).

Beispiel 2:

¹Eine Gemeinde bedient sich zur Erfüllung ihrer hoheitlichen Aufgaben im Bereich der Abfallwirtschaft einer GmbH. ²Die GmbH übernimmt die Errichtung und den Betrieb von Entsorgungseinrichtungen. ³Hierfür gewährt das Land Zuwendungen, die nach den Förderrichtlinien von den abfallbeseitigungspflichtigen Gemeinden oder den mit der Abfallbeseitigung beauftragten privaten Unternehmern beantragt werden können.

a) ¹Die Gemeinde ist Antragstellerin. ²Das Land zahlt die Zuwendungen an die antragstellende Gemeinde aus. ³Die Gemeinde reicht die Gelder an die GmbH weiter.

⁴Die GmbH erbringt steuerbare und steuerpflichtige Leistungen (Errichtung und Betrieb der Entsorgungseinrichtungen) an die Gemeinde. ⁵Zum Entgelt für diese Leistungen gehören auch die von der Gemeinde an die GmbH weitergeleiteten Zuwendungen des Landes.

⁶Selbst wenn das Land auf Antrag der Gemeinde die Mittel direkt an die GmbH überwiesen hätte, wären diese Teil des Entgelts für die Leistungen der GmbH.

b) ¹Die GmbH ist Antragstellerin.

²Das Land zahlt die Zuwendungen an die antragstellende GmbH aus.

³Die GmbH erbringt auch in diesem Fall steuerbare und steuerpflichtige Leistungen an die Gemeinde. ⁴Die Zahlungen des Landes an die GmbH sind zusätzliches Entgelt eines Dritten für die Leistungen der GmbH an die Gemeinde, da die Zahlungen im Interesse der Gemeinde geleistet werden.

Echte Zuschüsse

(7) ¹Echte Zuschüsse liegen vor, wenn die Zahlungen nicht auf Grund eines Leistungsaustauschverhältnisses erbracht werden (vgl. BFH-Urteile vom 28.7.1994, V R 19/92, BStBl. 1995 II S. 86, und vom 13.11.1997, V R 11/97, BStBl. 1998 II S. 169). ²Das ist der Fall, wenn die Zahlungen nicht an bestimmte Umsätze anknüpfen, sondern unabhängig von einer bestimmten Leistung gewährt werden, weil z.B. der leistende Unternehmer (Zahlungsempfänger) einen Anspruch auf die Zahlung hat oder weil in Erfüllung einer öffentlich-rechtlichen Verpflichtung bzw. im überwiegenden öffentlich-rechtlichen Interesse an ihn gezahlt wird (vgl. BFH-Urteile vom 24.8.1967, V R 31/64, BStBl. III S. 717, und vom 25.11.1986, V R 109/78, BStBl. 1987 II S. 228). ³Echte Zuschüsse liegen auch vor, wenn der Zahlungsempfänger die Zahlungen lediglich erhält, um ganz allgemein in die Lage versetzt zu werden, überhaupt tätig zu werden oder seine nach dem Gesellschaftszweck obliegenden Aufgaben erfüllen zu können. ⁴So sind Zahlungen echte Zuschüsse, die vorrangig dem leistenden Zahlungsempfänger zu seiner Förderung aus strukturpolitischen, volkswirtschaftlichen oder allgemeinpolitischen Gründen gewährt werden (BFH-Urteil vom 13.11.1997, a.a.O.). ⁵Dies gilt auch für Beihilfen in der Landwirtschaft, durch die Strukturveränderungen oder Verhaltensänderungen z.B. auf Grund von EG-Marktordnungen gefördert werden sollen. ⁶Vorteile in Form von Subventionen, Beihilfen, Förderprämien, Geldpreisen und dergleichen, die ein Unternehmer als Anerkennung oder zur Förderung seiner im allgemeinen Interesse liegenden Tätigkeiten ohne Bindung an bestimmte Umsätze erhält, sind kein Entgelt (vgl. BFH-Urteil vom 6.8.1970, V R 94/68, BStBl. II S. 730). ⁷Die bloße technische Anknüpfung von Förderungsmaßnahmen an eine Leistung des Zahlungsempfängers führt nicht dazu, dass die Förderung als zusätzliches Entgelt für die Leistung zu beurteilen ist, wenn das Förderungsziel nicht die Subvention der Preise zugunsten der Abnehmer (Leistungsempfänger), sondern die Subvention des Zahlungsempfängers ist (vgl. BFH-Urteil vom 8.3.1990, V R 67/89, BStBl. II S. 708).

Beispiel 1:

¹Zuschüsse, die die BA bestimmten Unternehmern zu den Löhnen und Ausbildungsvergütungen oder zu den Kosten für Arbeitserprobung und Probebeschäftigung gewährt.

²Damit erbringt die BA weder als Dritter zusätzliche Entgelte zugunsten der Vertragspartner des leistenden Unternehmers, noch erfüllt sie als dessen Leistungsempfänger eigene Entgeltverpflichtungen.

Beispiel 2:

¹Zuschüsse, die von den gesetzlichen Trägern der Grundsicherung für Arbeitssuchende für die Teilnehmer an Arbeitsgelegenheiten mit Mehraufwandsentschädigung zur Abdeckung des durch die Ausübung des Zusatzjobs entstehenden tatsächlichen Mehraufwands gezahlt werden, sind echte Zuschüsse. ²Ein unmittelbarer Zusammenhang zwischen einer erbrachten Leistung und der Zuwendung besteht nicht.

Beispiel 3:

¹Für die Einrichtung von Zusatzjobs können den Arbeitsgelegenheiten mit Mehraufwandsentschädigung die entstehenden Kosten von den gesetzlichen Trägern der Grundsicherung für Arbeitssuchende erstattet werden. ²Die Erstattung kann sowohl Sach- als auch Personalkosten umfassen und pauschal ausgezahlt werden.

³Diese Maßnahmekostenpauschale stellt einen echten Zuschuss an die Arbeitsgelegenheit dar, sie soll ihre Kosten für die Einrichtung und die Durchführung der Zusatzjobs abdecken. ⁴Ein individualisierbarer Leistungsempfänger ist nicht feststellbar.

Beispiel 4:

¹Qualifizierungsmaßnahmen, die eine Arbeitsgelegenheit mit Mehraufwandsentschädigung selbst oder von einem externen Weiterbildungsträger durchführen lässt.

²Qualifizierungsmaßnahmen, die von der Arbeitsgelegenheit selbst durchgeführt werden und bei denen deren eigenunternehmerisches Interesse im Vordergrund steht, sind keine Leistungen im umsatzsteuerrechtlichen Sinn; ebenso begründet die Vereinbarung zur Durchführung von Qualifizierungsmaßnahmen, bei denen deren eigenunternehmerisches Interesse im Vordergrund steht, durch externe Weiterbildungsträger keinen Vertrag zugunsten Dritter. ³Die von den gesetzlichen Trägern der Grundsicherung für Arbeitsuchende insoweit geleisteten Zahlungen sind kein Entgelt für eine Leistung der Arbeitsgelegenheit gegenüber diesen Trägern oder dem Weiterzubildenden, sondern echte Zuschüsse. ⁴Für die Beurteilung der Leistungen der externen Weiterbildungsträger gelten die allgemeinen umsatzsteuerrechtlichen Grundsätze.

Beispiel 5:

¹Zuwendungen des Bundes und der Länder nach den vom Bundesministerium des Innern (BMI) herausgegebenen Grundsätzen zur Regelung von Kriterien und Höhe der Förderung des Deutschen Olympischen Sportbundes – Bereich Leistungssport – sowie den vom BMI entworfenen Vereinbarungs-/Vertragsmuster, die bundesweit zur Weiterleitung der Bundeszuwendung bei der Förderung der Olympiastützpunkte und Bundesleistungszentren verwendet werden sollen, zu den Betriebs- und Unterhaltskosten ausgewählter Sportstätten.

²Im Allgemeinen liegt kein Leistungsaustausch zwischen dem Träger der geförderten Sportstätte und dem Träger des Olympiastützpunkts vor, auch wenn Nutzungszeiten für einen bestimmten Personenkreis in den Zuwendungsbedingungen enthalten sind, denn die Zuwendungen werden im Regelfall für die im allgemeinen Interesse liegende Sportförderung zur Verfügung gestellt. ³Dies gilt auch für die Förderung des Leistungssports. ⁴Die normierten Auflagen für den Zuwendungsempfänger reichen für die Annahme eines Leistungsaustauschverhältnisses nicht aus. ⁵Sie haben lediglich den Zweck, den Zuwendungsgeber über den von ihm erhofften und erstrebten Nutzen des Projekts zu unterrichten und die sachgerechte Verwendung der eingesetzten Fördermittel sicherzustellen und werden daher als echte Zuschüsse gewährt.

Zuwendungen aus öffentlichen Kassen

(8) ¹Ob Zuwendungen aus öffentlichen Kassen echte Zuschüsse sind, ergibt sich nicht aus der haushaltsrechtlichen Erlaubnis zur Ausgabe, sondern allein aus dem Grund der Zahlung (vgl. BFH-Urteile vom 27.11.2008, V R 8/07; BStBl. 2009 II S.397, und vom 18.12.2008, V R 38/06, BStBl. 2009 II S. 749). ²Werden Zuwendungen aus öffentlichen Kassen ausschließlich auf der Grundlage des Haushaltsrechts in Verbindung mit den dazu erlassenen Allgemeinen Nebenbestimmungen vergeben, liegen in der Regel echte Zuschüsse vor. ³Denn die in den Allgemeinen Nebenbestimmungen normierten Auflagen für den Zuwendungsempfänger reichen grundsätzlich für die Annahme eines Leistungsaustauschverhältnisses nicht aus. ⁴Sie haben den Sinn, den Zuwendungsgeber über den von ihm erhofften und erstrebten Nutzen des Projekts zu unterrichten und die sachgerechte Verwendung der eingesetzten Fördermittel sicherzustellen. ⁵Grund der Zahlung ist in diesen Fällen die im überwiegenden öffentlichen Interesse liegende Förderung des Zuwendungsempfängers, nicht der Erwerb eines verbrauchsfähigen Vorteils durch den Zuwendungsgeber.

(9) ¹Wird die Bewilligung der Zuwendungen über die Allgemeinen Nebenbestimmungen hinaus mit besonderen Nebenbestimmungen verknüpft, kann ein Leistungsaustauschverhältnis vorliegen. ²Besondere Nebenbestimmungen sind auf den jeweiligen Einzelfall abgestellte Regelungen, die Bestandteil jeder Zuwendung sein können und im Zuwendungsbescheid oder -vertrag besonders kenntlich zu machen sind. ³Dort können Auflagen und insbesondere Vorbehalte des Zuwendungsgebers hinsichtlich der Verwendung des Tätigkeitsergebnisses geregelt sein, die auf einen Leistungsaustausch schließen lassen. ⁴Entsprechendes gilt für vertraglich geregelte Vereinbarungen. ⁵Denn bei Leistungen, zu denen sich die Vertragsparteien in einem gegenseitigen Vertrag verpflichtet haben, liegt grundsätzlich ein Leistungsaustausch vor (vgl. BFH-Urteil vom 18.12.2008, V R 38/06, BStBl. 2009 II S. 749). ⁶Regelungen zur technischen Abwicklung der Zuwendung und zum haushaltsrechtlichen Nachweis ihrer Verwendung sind umsatzsteuerrechtlich regelmäßig unbeachtlich (vgl. BFH-Urteil vom 28.7.1994, V R 19/92, BStBl. 1995 II S. 86).

(10) ¹Zuwendungen, die zur Projektförderung oder zur institutionellen Förderung auf der Grundlage folgender Nebenbestimmungen gewährt werden, sind grundsätzlich als nicht der Umsatzsteuer unterliegende echte Zuschüsse zu beurteilen:
1. Nebenbestimmungen für Zuwendungen auf Kostenbasis des Bundesministeriums für Bildung und Forschung (BMBF) an Unternehmen der gewerblichen Wirtschaft für Forschungs- und Entwicklungsvorhaben (NKBF 98); diese gelten z.b. auch im Geschäftsbereich des Bundesministeriums für Wirtschaft und Technologie (BMWi) und des Bundesministeriums für Umwelt, Naturschutz und Reaktorsicherheit (BMU);
2. Allgemeine Nebenbestimmungen für Zuwendungen zur Projektförderung (ANBest-P) – Anlage 2 der VV zu § 44 BHO;
3. Allgemeine Nebenbestimmungen für Zuwendungen zur Projektförderung an Gebietskörperschaften und Zusammenschlüsse von Gebietskörperschaften (ANBest-GK) – Anlage 3 der VV zu § 44 BHO;
4. Besondere Nebenbestimmungen für Zuwendungen des BMBF zur Projektförderung auf Ausgabenbasis (BNBest-BMBF 98); diese gelten z.b. auch im Geschäftsbereich des BMWi und des BMU;
5. Allgemeine Nebenbestimmungen für Zuwendungen zur Projektförderung auf Kostenbasis (ANBest-P-Kosten) – Anlage 4 der VV zu § 44 BHO;
6. Allgemeine Nebenbestimmungen für Zuwendungen zur institutionellen Förderung (ANBest-I) – Anlage 1 der VV zu § 44 BHO;
7. Finanzstatut für Forschungseinrichtungen der Hermann von Helmholtz-Gemeinschaft Deutscher Forschungszentren e.V. (FinSt-HZ).

²Entsprechendes gilt für Zuwendungen, die nach Richtlinien und Nebenbestimmungen zur Förderung bestimmter Vorhaben gewährt werden, die inhaltlich den o.a. Förderbestimmungen entsprechen (z.B. Zuwendungen im Rahmen der Programme der Biotechnologie- und Energieforschung sowie zur Förderung des Forschungs- und Entwicklungspersonals in der Wirtschaft). ³Diese Beurteilung schließt im Einzelfall eine Prüfung nicht aus, ob auf Grund zusätzlicher Auflagen oder Bedingungen des Zuwendungsgebers oder sonstiger Umstände ein steuerbarer Leistungsaustausch zwischen dem Zuwendungsgeber und dem Zuwendungsempfänger begründet worden ist. ⁴Dabei ist bei Vorliegen entsprechender Umstände auch die Frage des Entgelts von dritter Seite zu prüfen. ⁵Eine Prüfung kommt insbesondere in Betracht, wenn die Erfüllung von Ressortaufgaben des Zu-wendungsgebers bereits gezahlt wird und deshalb z.B. folgende zusätzliche Vereinbarungen getroffen wurden (vgl. auch BFH-Urteile vom 23.2.1989, V R 141/84, BStBl. II S. 638, und vom 28.7.1994, V R 19/92, BStBl. 1995 II S. 86):
1. Vorbehalt von Verwertungsrechten für den Zuwendungsgeber;
2. Zustimmungsvorbehalt des Zuwendungsgebers für die Veröffentlichung der Ergebnisse;
3. fachliche Detailsteuerung durch den Zuwendungsgeber;
4. Vollfinanzierung bei Zuwendungen an Unternehmen der gewerblichen Wirtschaft.

⁶Die Vorbehalte sprechen nicht für einen Leistungsaustausch, wenn sie lediglich dazu dienen, die Tätigkeit zu optimieren und die Ergebnisse für die Allgemeinheit zu sichern. ⁷Nach den vorstehenden Grundsätzen ist auch bei der umsatzsteuerlichen Beurteilung von Zuwendungen zur Projektförderung sowie zur institutionellen Förderung auf Grund entsprechender Bestimmungen der Bundesländer zu verfahren.

10.3. Entgeltsminderungen

(1) ¹Entgeltsminderungen liegen vor, wenn der Leistungsempfänger bei der Zahlung Beträge abzieht, z.B. Skonti, Rabatte, Preisnachlässe usw., oder wenn dem Leistungsempfänger bereits gezahlte Beträge zurückgewährt werden, ohne dass er dafür eine Leistung zu erbringen hat. ²Hierbei ist der Abzugsbetrag oder die Rückzahlung in Entgelt und Umsatzsteuer aufzuteilen (vgl. BFH-Urteil vom 28.5.2009, V R 2/08, BStBl. II S. 870). ³Auf die Gründe, die für die Ermäßigung des Entgelts maßgebend waren, kommt es nicht an (vgl. BFH-Urteil vom 21.3.1968, V R 85/65, BStBl. II S. 466). ⁴Die Pflicht des Unternehmers, bei nachträglichen Änderungen des Entgelts die Steuer bzw. den Vorsteuerabzug zu berichtigen, ergibt sich aus § 17 UStG. ⁵Eine Entgeltminderung liegt auch vor, wenn ein in der Leistungskette beteiligter Unternehmer einen Preisnachlass direkt gegenüber dem Endverbraucher gewährt. ⁶Erstattet der erste Unternehmer in einer Leistungskette dem Endverbraucher einen Teil von diesem gezahlten Leistungsentgelts oder gewährt er ihm einen Preisnachlass, mindert sich dadurch die Bemessungsgrundlage des ersten Unternehmers an seinen Abnehmer der nächsten Stufe (BFH-Urteil vom 12.1.2006, V R 3/04, BStBl. II S. 479). ⁷Auf die Abschnitte 17.1 und 17.2 wird hingewiesen.

(2) ¹Eine Entgeltminderung kann vorliegen, wenn der Erwerber einer Ware Mängel von sich aus beseitigt und dem Lieferer die entstandenen Kosten berechnet. ²Zur Frage, ob in derartigen Fällen ein Schadensersatz vorliegt, vgl. Abschnitt 1.3 Abs. 1. ³Wird jedoch von den Vertragspartnern von vornherein ein pauschaler Abzug vom Kaufpreis vereinbart und dafür vom Erwerber global auf alle Ansprüche aus der Sachmängelhaftung des Lieferers verzichtet, erbringt der Käufer eine entgeltliche sonstige Leistung (vgl. BFH-Urteil vom 15.12.1966, V R 83/64, BStBl. 1967 III S. 234). ⁴Zuwendungen, die ein Lieferant seinem Abnehmer für die Durchführung von Werbemaßnahmen gewährt, sind regelmäßig als Preisnachlass zu behandeln, wenn und soweit keine Verpflichtung zur Werbung besteht, der Werber die Werbung im eigenen Interesse am Erfolg der Werbemaßnahme ausführt und die Gewährung des Zuschusses nicht losgelöst von der Warenlieferung, sondern mit dieser eng verknüpft ist (vgl. BFH-Urteil vom 5.8.1965, V 144/62 U, BStBl. III S. 630). ⁵Werbeprämien, die den Abnehmern für die Werbung eines neuen Kunden gewährt werden, mindern daher nicht das Entgelt (vgl. BFH-Urteil vom 7.3.1995, XI R 72/93, BStBl. II S. 518). ⁶Entsprechendes gilt bei der Überlassung von Prämienbüchern durch eine Buchgemeinschaft an ihre Mitglieder für die Werbung neuer Mitglieder (vgl. BFH-Urteil vom 17.12.1959, V 251/58 U, BStBl. 1960 III S. 97). ⁷Soweit einem Altabonnenten eine Prämie als Belohnung für die Verlängerung seines eigenen Belieferungsverhältnisses gewährt wird, liegt eine Entgeltminderung vor (vgl. BFH-Urteil vom 7.3.1995, a.a.O.). ⁸Die Teilnahme eines Händlers an einem Verkaufswettbewerb seines Lieferanten, dessen Gegenstand die vertriebenen Produkte sind, begründet regelmäßig keinen besonderen Leistungsaustausch, die Zuwendung des Preises kann jedoch als Preisnachlass durch den Lieferanten zu behandeln sein (BFH-Urteil vom 9.11.1994, XI R 81/92, BStBl. 1995 II S. 277). ⁹Gleiches gilt für die Zuwendung eines Lieferanten an einen Abnehmer als Belohnung für Warenbezüge in einer bestimmten Größenordnung (vgl. BFH-Urteil vom 28.6.1995, XI R 66/94, BStBl. II S. 850). ¹⁰Hat der leistende Unternehmer eine Vertragsstrafe wegen nicht gehöriger Erfüllung an den Leistungsempfänger zu zahlen, liegt darin keine Entgeltminderung (vgl. Abschnitt 1.3 Abs. 3). ¹¹Die nach der Milch-Garantiemengen-Verordnung erhobene Abgabe mindert nicht das Entgelt für die Milchlieferungen des Erzeugers.

(3) Eine Minderung des Kaufpreises einer Ware liegt nicht vor, wenn der Käufer vom Verkäufer zur Ware einen Chip erhält, der zum verbilligten Bezug von Leistungen eines Dritten berechtigt, und der Kunde den vereinbarten Kaufpreis für die Ware unabhängig davon, ob er den Chip annimmt, zu zahlen hat und die Rechnung über den Warenkauf diesen Kaufpreis ausweist (BFH-Urteil vom 11.5.2006, V R 33/03, BStBl. II S. 699, und vgl. Abschnitt 17.2 Abs. 1 Satz 5).

(4) Preisnachlässe, die von Verkaufsagenten eingeräumt werden, sind wie folgt zu behandeln:

Beispiel 1:

¹Der Agent räumt den Abnehmern mit Zustimmung der Lieferfirma einen Preisnachlass vom Listenpreis zu Lasten seiner Provision ein. ²Der Lieferer erteilt dem Abnehmer eine Rechnung über den geminderten Preis. ³Dem Agenten wird auf Grund der vereinbarten „Provisionsklausel" nur die um den Preisnachlass gekürzte Provision gutgeschrieben.

⁴In diesem Fall hat der Lieferer nur den vom Abnehmer aufgewendeten Betrag zu versteuern. ⁵Der vom Agenten eingeräumte Preisnachlass ist ihm nicht in Form eines Provisionsverzichts des Agenten als Entgelt von dritter Seite zugeflossen. ⁶Das Entgelt für die Leistung des Agenten besteht in der ihm gutgeschriebenen, gekürzten Provision.

Beispiel 2:

¹Der Agent räumt den Preisnachlass ohne Beteiligung der Lieferfirma zu Lasten seiner Provision ein. ²Der Lieferer erteilt dem Abnehmer eine Rechnung über den vollen Listenpreis und schreibt dem Agenten die volle Provision nach dem Listenpreis gut. ³Der Agent gewährt dem Abnehmer den zugesagten Preisnachlass in bar, durch Gutschrift oder durch Sachleistungen, z.B. kostenlose Lieferung von Zubehör o.Ä.

⁴In diesem Fall mindert der vom Agenten eingeräumte Preisnachlass die Provision des Agenten (vgl. BFH-Urteil vom 12.1.2006, BStBl. II S. 479, und Abschnitt 17.2 Abs. 10). ⁵Das Entgelt für die Leistung der Lieferfirma bleibt unberührt.

(5) Preisnachlässe, die eine Einkaufsgenossenschaft (Zentralregulierer) ihren Mitgliedern – zusätzlich zu dem von den Warenlieferanten an die Mitglieder eingeräumten Skonto – für den Warenbezug gewährt, mindern die Bemessungsgrundlage des Umsatzes der von der Einkaufsgenossenschaft gegenüber den Warenlieferanten erbrachten Leistungen (BFH-Urteil vom 13.3.2008, V R 70/06, BStBl. II S. 997).

(6) ¹Wechselvorzinsen (Wechseldiskont), die dem Unternehmer bei der Weitergabe (Diskontierung) eines für seine Lieferung oder sonstige Leistung in Zahlung genommenen Wechsels abgezogen werden, mindern das Entgelt für seinen Umsatz (vgl. BFH-Urteil vom 27.10.1967, V 206/64, BStBl. 1968 II S. 128). ²Dies gilt auch für die bei Prolongation eines Wechsels berechneten Wechselvorzinsen. ³Da-

gegen sind die Wechselumlaufspesen (Diskontspesen) Kosten des Zahlungseinzugs, die das Entgelt nicht mindern (vgl. BFH-Urteil vom 29.11.1955, V 79/55 S, BStBl. 1956 III S. 53). ⁴Hat der Unternehmer für seine steuerpflichtige Leistung eine Rechnung mit gesondertem Steuerausweis im Sinne des § 14 Abs. 2 UStG erteilt und unterlässt er es, seinem Abnehmer die Entgeltminderung und die darauf entfallende Steuer mitzuteilen, schuldet er die auf den Wechseldiskont entfallende Steuer nach § 14c Abs. 1 UStG. ⁵Gewährt der Unternehmer im Zusammenhang mit einer Lieferung oder sonstigen Leistung einen Kredit, der als gesonderte Leistung anzusehen ist (vgl. Abschnitt 3.11 Abs. 1 und 2), und hat er über die zu leistenden Zahlungen Wechsel ausgestellt, die vom Leistungsempfänger akzeptiert werden, mindern die bei der Weitergabe der Wechsel berechneten Wechselvorzinsen nicht das Entgelt für die Lieferung oder sonstige Leistung.

(7) ¹Der vom Hersteller eines Arzneimittels den gesetzlichen Krankenkassen zu gewährende gesetzliche Rabatt führt beim Hersteller zu einer Minderung des Entgelts für seine Lieferung an den Zwischenhändler oder die Apotheke. ²Gleiches gilt bei der verbilligten Abgabe des Arzneimittels durch die in der Lieferkette beteiligten Unternehmer. ³Die Erstattung des Abschlags durch den Hersteller ist in diesem Fall Entgelt von dritter Seite für die Lieferung des Arzneimittels. ⁴Verzichtet eine Apotheke, die nicht nach § 43b SGB V zum Einzug der Zuzahlung nach § 31 Abs. 3 SGB V verpflichtet ist, auf diese Zuzahlung, mindert sich insoweit die Bemessungsgrundlage für die Lieferung an die jeweilige Krankenkasse. ⁵Gleiches gilt bei der Gewährung von Boni auf erhobene Zuzahlungen. ⁶Wegen der Änderung des für die ursprüngliche Lieferung geschuldeten Umsatzsteuerbetrags sowie des in Anspruch genommenen Vorsteuerabzugs vgl. Abschnitt 17.1.

10.4. Durchlaufende Posten

(1) ¹Durchlaufende Posten gehören nicht zum Entgelt (§ 10 Abs. 1 letzter Satz UStG). ²Sie liegen vor, wenn der Unternehmer, der die Beträge vereinnahmt und verauslagt, im Zahlungsverkehr lediglich die Funktion einer Mittelsperson ausübt, ohne selbst einen Anspruch auf den Betrag gegen den Leistenden zu haben und auch nicht zur Zahlung an den Empfänger verpflichtet zu sein. ³Ob der Unternehmer Beträge im Namen und für Rechnung eines anderen vereinnahmt und verauslagt, kann nicht nach der wirtschaftlichen Betrachtungsweise entschieden werden. ⁴Es ist vielmehr erforderlich, dass zwischen dem Zahlungsverpflichteten und dem, der Anspruch auf die Zahlung hat (Zahlungsempfänger), unmittelbare Rechtsbeziehungen bestehen (vgl. BFH-Urteil vom 24.2.1966, V 135/63, BStBl. III S. 263). ⁵Liegen solche unmittelbaren Rechtsbeziehungen mit dem Unternehmer vor, sind Rechtsbeziehungen ohne Bedeutung, die zwischen dem Zahlungsempfänger und der Person bestehen, die an den Unternehmer leistet oder zu leisten verpflichtet ist (vgl. BFH-Urteil vom 2.3.1967, V 54/64, BStBl. III S. 377).

(2) ¹Unmittelbare Rechtsbeziehungen setzen voraus, dass der Zahlungsverpflichtete und der Zahlungsempfänger jeweils den Namen des anderen und die Höhe des gezahlten Betrags erfahren (vgl. BFH-Urteil vom 4.12.1969, V R 104/66, BStBl. 1970 II S. 191). ²Dieser Grundsatz findet jedoch regelmäßig auf Abgaben und Beiträge keine Anwendung. ³Solche Beträge können auch dann durchlaufende Posten sein, wenn die Mittelsperson dem Zahlungsempfänger die Namen der Zahlungsverpflichteten und die jeweilige Höhe der Beträge nicht mitteilt (vgl. BFH-Urteil vom 11.8.1966, V 13/64, BStBl. III S. 647). ⁴Kosten (Gebühren und Auslagen), die Rechtsanwälte, Notare und Angehörige verwandter Berufe bei Behörden und ähnlichen Stellen für ihre Auftraggeber auslegen, können als durchlaufende Posten auch dann anerkannt werden, wenn dem Zahlungsempfänger Namen und Anschriften der Auftraggeber nicht mitgeteilt werden. ⁵Voraussetzung ist, dass die Kosten nach Kosten-(Gebühren-)ordnungen berechnet werden, die den Auftraggeber als Kosten-(Gebühren-)schuldner bestimmen (vgl. BFH-Urteil vom 24.8.1967, V 239/64, BStBl. III S. 719). ⁶Zur umsatzsteuer-rechtlichen Behandlung von Deponiegebühren vgl. BMF-Schreiben vom 11.2.2000, BStBl. I S. 360. ⁷Zu durchlaufenden Posten im Rahmen von postvorbereitenden sonstigen Leistungen von Konsolidierern an die Deutsche Post AG vgl. BMF-Schreiben vom 13.12.2006, BStBl. 2007 I S. 119. ⁸Die von den gesetzlichen Trägern der Grundsicherung für Arbeitsuchende gezahlte Mehraufwandsentschädigung ist bei der Auszahlung durch die Arbeitsgelegenheit bei dieser als durchlaufender Posten zu beurteilen.

(3) ¹Steuern, öffentliche Gebühren und Abgaben, die vom Unternehmer geschuldet werden, sind bei ihm keine durchlaufenden Posten, auch wenn sie dem Leistungsempfänger gesondert berechnet werden (vgl. BFH-Urteil vom 4.6.1970, V R 10/67, BStBl. II S. 648, und Abschnitt 10.1 Abs. 6). ²Dementsprechend sind z.B. Gebühren, die im Rahmen eines Grundbuchabrufverfahrens vom Notar geschuldet werden, bei diesem keine durchlaufenden Posten, auch wenn sie als verauslagte Gerichtskosten in Rechnung gestellt werden dürfen.

(4) ¹Die Annahme eines durchlaufenden Postens scheidet auch aus, wenn der Unternehmer die Beträge gesamtschuldnerisch mit dem Empfänger seiner Leistung schuldet. ²Die Weiterberechnung der nach

§ 10   UStAE 10.4., 10.5.

§ 2 ABMG geschuldeten Mautbeträge kann daher weder zwischen verschiedenen Gesamtschuldnern der Maut noch durch einen Mautschuldner gegenüber einem anderen Leistungsempfänger als durchlaufender Posten erfolgen.

10.5. Bemessungsgrundlage beim Tausch und bei tauschähnlichen Umsätzen

Allgemeines

(1) ¹Beim Tausch und bei tauschähnlichen Umsätzen gilt der Wert jedes Umsatzes als Entgelt für den anderen Umsatz. ²Der Wert des anderen Umsatzes wird durch den subjektiven Wert für die tatsächlich erhaltene und in Geld ausdrückbare Gegenleistung bestimmt. ³Subjektiver Wert ist derjenige, den der Leistungsempfänger der Leistung beimisst, die er sich verschaffen will und deren Wert dem Betrag entspricht, den er zu diesem Zweck aufzuwenden bereit ist (vgl. BFH-Urteil vom 16.4.2008, XI R 56/06, BStBl. II S. 909, und EuGH-Urteil vom 2.6.1994, C-33/93, EuGHE I S. 2329). ⁴Dieser Wert umfasst alle Ausgaben einschließlich der Nebenleistungen, die der Empfänger der jeweiligen Leistung aufwendet, um diese Leistung zu erhalten (vgl. BFH-Urteile vom 1.8.2002, V R 21/01, BStBl. 2003 II S. 438, und vom 16.4.2008, a.a.O.; zu Versandkosten vgl. z.B. EuGH-Urteil vom 3.7.2001, C-380/99, EuGHE I S. 5163). ⁵Soweit der Leistungsempfänger konkrete Aufwendungen für die von ihm erbrachte Gegenleistung getätigt hat, ist daher der gemeine Wert (§ 9 BewG) dieser Gegenleistung nicht maßgeblich. ⁶Hat er keine konkreten Aufwendungen für seine Gegenleistung getätigt, ist als Entgelt für die Leistung der gemeine Wert dieser Gegenleistung anzusetzen; die Umsatzsteuer ist stets herauszurechnen. ⁷Soweit der Wert des Entgelts nicht ermittelt werden kann, ist er zu schätzen. ⁸Wird ein Geldbetrag zugezahlt, handelt es sich um einen Tausch oder tauschähnlichen Umsatz mit Baraufgabe. ⁹In diesen Fällen ist der Wert der Sachleistung um diesen Betrag zu mindern. ¹⁰Wird im Rahmen eines tauschähnlichen Umsatzes Kapital zinslos oder verbilligt zur Nutzung überlassen, richtet sich der Wert dieses Vorteils nach den allgemeinen Vorschriften des BewG (§§ 13 bis 16 BewG). ¹¹Danach ist ein einjähriger Betrag der Nutzung mit 5,5% des Darlehens zu ermitteln (vgl. BFH-Urteil vom 28.2.1991, V R 12/85, BStBl. II S. 649).

Materialabfall und werthaltige Abfälle

(2) ¹Zum Entgelt für eine Werkleistung kann neben der vereinbarten Barvergütung auch der bei der Werkleistung anfallende Materialabfall gehören, den der Leistungsempfänger dem leistenden Unternehmer überlässt. ²Das gilt insbesondere, wenn Leistungsempfänger und leistender Unternehmer sich darüber einig sind, dass die Barvergütung keine hinreichender Gegenwert für die Werkleistung ist. ³Der Wert des Materialabfalls kann auch dann anteilige Gegenleistung für die Werkleistung sein, wenn über den Verbleib des Materialabfalls keine besondere Vereinbarung getroffen worden ist. ⁴Die Vermutung, dass in diesem Fall die Höhe der vereinbarten Barvergütung durch den überlassenen Materialabfall beeinflusst worden ist, besteht insbesondere, wenn es sich um wertvollen Materialabfall handelt (vgl. BFH-Urteil vom 15.12.1988, V R 24/88, BStBl. 1989 II S. 252). ⁵Übernimmt bei der Entsorgung werthaltiger Abfälle der Unternehmer (Entsorger) die vertraglich geschuldete industrielle Aufbereitung und erhält er die Verwertungs- und Vermarktungsmöglichkeit über die im Abfall enthaltenen Wertstoffe, bleibt der Charakter der Leistung als Entsorgungsleistung ungeachtet des durch den Entsorger erzielten Preises für die Wertstoffe unberührt. ⁶Der Wert des Wertstoffs ist Bemessungsgrundlage für die erbrachte Entsorgungsleistung, ggf. – je nach Marktlage – abzüglich bzw. zuzüglich einer Baraufgabe. ⁷Die für die Höhe der Baraufgabe maßgebenden Verhältnisse ergeben sich dabei regelmäßig aus den vertraglichen Vereinbarungen und Abrechnungen. ⁸Bemessungsgrundlage für die Lieferung des Unternehmers, der den werthaltigen Abfall abgibt, ist der Wert der Gegenleistung (Entsorgungsleistung) ggf. – je nach Marktlage – abzüglich bzw. zuzüglich einer Baraufgabe. ⁹Zu tauschähnlichen Umsätzen bei der Abgabe von werthaltigen Abfällen, für die gesetzliche Entsorgungspflichten bestehen, vgl. BMF-Schreiben vom 1.12.2008, BStBl. I S. 992. ¹⁰Beginnt die Beförderung oder Versendung an den Abnehmer (Entsorger) in einem anderen EU-Mitgliedstaat, kann die Leistung des liefernden Unternehmers als innergemeinschaftliche Lieferung steuerfrei sein. ¹¹Der Entsorger hat einen betragsmäßig identischen innergemeinschaftlichen Erwerb des werthaltigen Abfalls der Umsatzbesteuerung in Deutschland zu unterwerfen, wenn hier die Entsorgung des Abfalls erfolgt.

Austauschverfahren in der Kraftfahrzeugwirtschaft

(3) ¹Die Umsätze beim Austauschverfahren in der Kraftfahrzeugwirtschaft sind in der Regel Tauschlieferungen mit Baraufgabe (vgl. BFH-Urteil vom 3.5.1962, V 298/59 S, BStBl. III S. 345). ²Der Lieferung eines aufbereiteten funktionsfähigen Austauschteils (z.B. Motor, Aggregat, Achse, Benzinpumpe, Kurbelwelle, Vergaser) durch den Unternehmer der Kraftfahrzeugwirtschaft stehen eine Geldzahlung und eine Lieferung des reparaturbedürftigen Kraftfahrzeugteils (Altteils) durch den Kunden gegenüber. ³Als Entgelt für die Lieferung des Austauschteils sind demnach die vereinbarte Geldzahlung und der gemeine Wert des Altteils, jeweils abzüglich der darin enthaltenen Umsatzsteuer, anzusetzen. ⁴Dabei können die Altteile mit einem Durchschnittswert von 10% des sog. Bruttoaustauschentgelts bewertet

werden. [5]Als Bruttoaustauschentgelt ist der Betrag anzusehen, den der Endabnehmer für den Erwerb eines dem zurückgegebenen Altteil entsprechenden Austauschteils abzüglich Umsatzsteuer, jedoch ohne Abzug eines Rabatts zu zahlen hat. [6]Der Durchschnittswert ist danach auf allen Wirtschaftsstufen gleich. [7]Er kann beim Austauschverfahren sowohl für Personenkraftwagen als auch für andere Kraftfahrzeuge, insbesondere auch Traktoren, Mähdrescher und andere selbst fahrende Arbeitsmaschinen im Sinne des § 3 Abs. 2 Nr. 1 Buchstabe a FZV, angewandt werden. [8]Setzt ein Unternehmer bei der Abrechnung an Stelle des Durchschnittswerts andere Werte an, sind die tatsächlichen Werte der Umsatzsteuer zu unterwerfen. [9]Zur Vereinfachung der Abrechnung (§ 14 UStG) und zur Erleichterung der Aufzeichnungspflichten (§ 22 UStG) kann wie folgt verfahren werden:

1. [1]Die Lieferungen von Altteilen durch die am Kraftfahrzeug-Austauschverfahren beteiligten Unternehmer werden nicht zur Umsatzsteuer herangezogen. [2]Soweit der Endabnehmer des Austauschteils ein Land- und Forstwirt ist und seine Umsätze nach § 24 UStG nach Durchschnittssätzen versteuert, ist der Lieferer des Austauschteils, z.B. Reparaturwerkstatt, verpflichtet, über die an ihn ausgeführte Lieferung des Altteils auf Verlangen eine Gutschrift nach § 14 Abs. 2 Sätze 3 und 4 UStG zu erteilen (vgl. Nummer 2 Satz 2 Buchstabe a Beispiel 2).

2. [1]Bei der Lieferung des Austauschteils wird der Wert des zurückgegebenen Altteils in allen Fällen von den Lieferern – Hersteller, Großhändler, Reparaturwerkstatt – als Teil der Bemessungsgrundlage berücksichtigt. [2]Dabei ist Folgendes zu beachten:

   a) [1]In der Rechnung über die Lieferung des Austauschteils braucht der Wert des Altteils nicht in den Rechnungsbetrag einbezogen zu werden. [2]Es genügt, dass der Unternehmer den auf den Wert des Altteils entfallenden Steuerbetrag angibt.

   Beispiel 1:

1 Austauschmotor	1.000,– €
+ Umsatzsteuer (19%)	190,– €
+ Umsatzsteuer (19%) auf den Wert des Altteils von 100 € (10% von 1.000 €)	19,– €
	1.209,– €

   Beispiel 2:

   (Lieferung eines Austauschteils an einen Landwirt, der § 24 UStG anwendet)

1 Austauschmotor	1.000,– €
+ Umsatzsteuer (19%)	190,– €
+ Umsatzsteuer (19%) auf den Wert des Altteils von 100 € (10% von 1.000 €)	19,– €
	1.209,– €
./. Gutschrift 10,7%	
./. Umsatzsteuer auf den Wert des Altteils (100 €)	10,70 €
	1.198,30 €

   b) [1]Der Lieferer der Austauschteile – Hersteller, Großhändler, Reparaturwerkstatt – hat die auf die Werte der Altteile entfallenden Steuerbeträge gesondert aufzuzeichnen. [2]Am Schluss des Voranmeldungs- und des Besteuerungszeitraums ist aus der Summe dieser Steuerbeträge die Summe der betreffenden Entgeltteile zu errechnen.

   c) Der Lieferungsempfänger muss, sofern er auf der Eingangsseite die Entgelte für empfangene steuerpflichtige Lieferungen und sonstige Leistungen und die darauf entfallenden Steuerbeträge nicht getrennt voneinander, sondern nach § 63 Abs. 5 UStDV in einer Summe aufzeichnet, die um die Steuer auf die Werte der Altteile verminderten Bruttorechnungsbeträge (nach den vorstehenden Beispielen 1.190 €) und die auf die Werte der Altteile entfallenden Steuerbeträge getrennt voneinander aufzeichnen.

(4) [1]Nimmt ein Kraftfahrzeughändler beim Verkauf eines Neuwagens einen Gebrauchtwagen in Zahlung und leistet der Käufer in Höhe des Differenzbetrags eine Zuzahlung, liegt ein Tausch mit Baraufgabe vor. [2]Zum Entgelt des Händlers gehört neben der Zuzahlung auch der gemeine Wert des in Zahlung genommenen gebrauchten Fahrzeugs. [3]Wird der Gebrauchtwagen zu einem höheren Preis als dem gemeinen Wert in Zahlung genommen, liegt ein verdeckter Preisnachlass vor, der das Entgelt für die Lieferung des Neuwagens mindert.

§ 10 UStAE 10.5.

Beispiel 1:

[1]Der Verkaufspreis eines neuen Kraftwagens beträgt 17.400 €. [2]Der Kraftfahrzeughändler nimmt bei der Lieferung des Neuwagens ein gebrauchtes Fahrzeug, dessen gemeiner Wert 8.000 € beträgt, mit 8.500 € in Zahlung. [3]Der Kunde zahlt 8.900 € in bar.

[4]Der Kraftfahrzeughändler gewährt einen verdeckten Preisnachlass von 500 €. [5]Das Entgelt für die Lieferung des Neuwagens berechnet sich wie folgt:

Barzahlung	8.900,00 €
+ gemeiner Wert	8.000,00 €
	16.900,00 €
./. darin enthaltene Umsatzsteuer (Steuersatz 19%)	2.698,93 €
= Entgelt	14.201,07 €

[4]Ein verdeckter Preisnachlass kann mit steuerlicher Wirkung nur anerkannt werden, wenn die Höhe der Entgeltminderung nachgewiesen wird. [5]Der Kraftfahrzeughändler kann den gemeinen Wert des in Zahlung genommenen Gebrauchtwagens wie folgt ermitteln:

1. Wenn im Zeitpunkt der Übernahme des Gebrauchtwagens ein Schätzpreis eines amtlich bestellten Kraftfahrzeugsachverständigen festgestellt worden ist, kann dieser als gemeiner Wert anerkannt werden.

2. [1]Bei Fahrzeugen, die innerhalb einer Frist von drei Monaten seit Übernahme weitergeliefert werden, kann als gemeiner Wert der Verkaufserlös abzüglich etwaiger Reparaturkosten, soweit die Reparaturen nicht nach der Übernahme durch den Kraftfahrzeughändler von diesem verursacht worden sind, und abzüglich eines Pauschalabschlags bis zu 15% für Verkaufskosten anerkannt werden. [2]Ein höherer Abschlagssatz ist nur anzuerkennen, wenn der Unternehmer entsprechende stichhaltige Kalkulationen vorlegt. [3]Reparaturen sind nur mit den Selbstkosten, also ohne Gewinnzuschlag, zu berücksichtigen. [4]Zu den Reparaturen in diesem Sinne rechnet nicht das Verkaufsfertigmachen. [5]Die Kosten hierfür sind durch den Pauschalabschlag abgegolten.

3. [1]Bei Fahrzeugen, die nicht innerhalb einer Frist von drei Monaten seit Übernahme, sondern erst später weitergeliefert werden, kann der Verkaufserlös abzüglich etwaiger Reparaturkosten wie bei Nummer 2, aber ohne Pauschalabschlag als gemeiner Wert anerkannt werden. [2]Bei der Ermittlung des gemeinen Werts ist in diesen Fällen vom Brutto-Verkaufserlös (einschl. Umsatzsteuer) auszugehen. [3]Der daraus ermittelte gemeine Wert ist ebenfalls der Bruttowert (einschl. Umsatzsteuer).

Beispiel 2:

Verkaufspreis des Neufahrzeugs (20.000 € + 3.800 € Umsatzsteuer)	23.800,– €
Barzahlung	15.300,– €
Anrechnung Gebrauchtfahrzeug	8.500,– €
Ermittlung des gemeinen Werts	
Verkaufserlös	10.000,– €
./. Reparaturkosten	500,– €
./. Verkaufskosten (15% von 10.000 €)	1.500,– €
= Gemeiner Wert	8.000,– €
Verdeckter Preisnachlass	500,– €
Ermittlung des Entgelts	
Barzahlung	15.300,– €
+ Gemeiner Wert des Gebrauchtfahrzeugs	8.000,– €
	23.300,– €
./. darin enthaltene 15,97% Umsatzsteuer (Steuersatz 19%)	3.721,01 €
Die Umsatzsteuer vermindert sich um (3.800 € ./. 3.721,01 €) =	78,99 €

[6]Ist der festgestellte gemeine Wert des in Zahlung genommenen Gebrauchtwagens höher als der Inzahlungnahmepreis, hat der Kraftfahrzeughändler außer der Zuzahlung den höheren gemeinen Wert zu versteuern. [7]Der gemeine Wert eines beim Neuwagenverkauf in Zahlung genommenen Gebrauchtwagens ist nicht unter Berücksichtigung des Erlöses aus im sog. Streckengeschäft nachfolgenden Gebrauchtwagenverkäufen zu bestimmen. [8]Die Regelung zur Ermittlung des gemeinen Werts kann auch

angewendet werden, wenn das in Zahlung genommene Fahrzeug nicht weiterverkauft, sondern verschrottet wird. [9]In diesem Fall kann der gemeine Wert des Fahrzeugs mit 0 € bzw. mit dem Schrotterlös angesetzt werden, und zwar ohne Rücksicht darauf, ob es innerhalb von drei Monaten oder später verschrottet wird. [10]Voraussetzung hierfür ist jedoch, dass die Verschrottung des Fahrzeugs vom Händler in geeigneter Weise, mindestens durch Vorlage des entwerteten Kfz-Briefs nachgewiesen wird.

(5) [1]In den Fällen, in denen bei der Lieferung eines Neuwagens und der Inzahlungnahme eines Gebrauchtwagens ein verdeckter Preisnachlass gewährt wird, ist ggf. § 14c Abs. 1 UStG anzuwenden. [2]Der Kraftfahrzeughändler, der in einem derartigen Fall eine Rechnung erteilt, in der die Umsatzsteuer gesondert ausgewiesen und der angegebene Steuerbetrag von dem nicht um den verdeckten Preisnachlass geminderten Entgelt berechnet worden ist, schuldet den Steuermehrbetrag nach § 14c Abs. 1 Satz 1 UStG. [3]Eine Berichtigung der geschuldeten Umsatzsteuer nach § 17 Abs. 1 Satz 1 UStG erfordert nach § 14c Abs. 1 Satz 2 UStG, dass der in der Rechnung ausgewiesene Steuerbetrag gegenüber dem Abnehmer berichtigt wird.

Forderungskauf

(6) [1]Der Forderungskauf ohne Übernahme des Forderungseinzugs stellt einen tauschähnlichen Umsatz dar, bei dem der Forderungskäufer eine Baraufgabe leistet, vgl. Abschnitt 2.4 Abs. 5 Sätze 1 bis 3. [2]Die Baraufgabe des Forderungskäufers ist der von ihm ausgezahlte Betrag. [3]Der Wert der Leistung des Forderungskäufers besteht aus dem Wert für die Kreditgewährung, welcher durch die Gebühr und den Zins bestimmt wird, sowie dem bar aufgegebenen Betrag. [4]Der Wert der Leistung des Forderungsverkäufers besteht aus dem Kaufpreis, d.h. dem (Brutto-)Nennwert der abgetretenen Forderung zzgl. der darauf entfallenden Umsatzsteuer. [5]Dementsprechend ist Bemessungsgrundlage für die Leistung des Forderungsverkäufers der Wert des gewährten Kredits – dieser wird regelmäßig durch die vereinbarten Gebühren und Zinsen bestimmt – zzgl. des vom Käufer gezahlten Auszahlungsbetrags. [6]Bemessungsgrundlage für die Leistung des Forderungskäufers ist der Wert der übertragenen Forderung – dieser entspricht dem Bruttoverkaufspreis der Forderung, abzüglich der selbst geleisteten Baraufgabe in Höhe des Auszahlungsbetrags.

Beispiel:

[1]V hat eine Forderung über 1.190.000 € gegenüber einem Dritten, die er an den Erwerber K veräußert und abtritt. [2]Der Einzug der Forderung verbleibt bei V. [3]Sowohl V als auch K machen von der Möglichkeit der Option nach § 9 UStG Gebrauch. [4]K zahlt dem V den Forderungsbetrag (1.190.000 €) zuzüglich Umsatzsteuer (226.100 €) und abzüglich einer vereinbarten Gebühr von 5.950 €, also 1.410.150 €.

[5]Da der Einzug der Forderung nicht vom Erwerber der Forderung übernommen wird, erbringt K keine Factoringleistung, sondern eine grundsätzlich nach § 4 Nr. 8 Buchstabe a UStG steuerfreie Kreditgewährung. [6]Die Leistung des V besteht in der Abtretung seiner Forderung; auch diese Leistung ist grundsätzlich nach § 4 Nr. 8 Buchstabe c UStG steuerfrei. [7]Da sowohl V als auch K für ihre Leistung zur Steuerpflicht optiert haben, sind die Bemessungsgrundlagen für ihre Leistungen wie folgt zu ermitteln:

[8]Bemessungsgrundlage für die Leistung des V ist der Wert des gewährten Kredits – dieser wird durch die vereinbarte Gebühr in Höhe von 5.950 € bestimmt – zuzüglich des vom Käufer gezahlten Auszahlungsbetrags in Höhe von 1.410.150 €, abzüglich der darin enthaltenen Umsatzsteuer von 226.100 €. [9]Im Ergebnis ergibt sich somit eine Bemessungsgrundlage in Höhe des Bruttowerts der abgetretenen Forderung von 1.190.000 €.

[10]Bemessungsgrundlage für die Leistung des Forderungskäufers ist der Wert der übertragenen Forderung – dieser entspricht dem Bruttoverkaufspreis der Forderung von 1.416.100 €, abzüglich der selbst geleisteten Baraufgabe in Höhe des Auszahlungsbetrags von 1.410.150 €. [11]Im Ergebnis ergibt sich dabei eine Bemessungsgrundlage in Höhe der vereinbarten Gebühr, abzüglich der darin enthaltenen Umsatzsteuer, also 5.000 €.

10.6. Bemessungsgrundlage bei unentgeltlichen Wertabgaben

(1) [1]Bei den einer Lieferung gleichgestellten Wertabgaben im Sinne des § 3 Abs. 1b UStG (vgl. Abschnitt 3.3) ist bei der Ermittlung der Bemessungsgrundlage grundsätzlich vom Einkaufspreis zuzüglich der Nebenkosten für den Gegenstand oder für einen gleichartigen Gegenstand im Zeitpunkt der Entnahme oder Zuwendung auszugehen (§ 10 Abs. 4 Satz 1 Nr. 1 UStG). [2]Der Einkaufspreis entspricht in der Regel dem Wiederbeschaffungspreis. [3]Kann ein Einkaufspreis nicht ermittelt werden, sind als Bemessungsgrundlage die Selbstkosten anzusetzen. [4]Diese umfassen alle durch den betrieblichen Leistungsprozess bis zum Zeitpunkt der Entnahme oder Zuwendung entstandenen Kosten. [5]Die auf die

Wertabgabe entfallende Umsatzsteuer gehört nicht zur Bemessungsgrundlage. ⁶Zu den Pauschbeträgen für unentgeltliche Wertabgaben (Sachentnahmen) 2011 vgl. BMF-Schreiben vom 8.12.2010, BStBl. I S. 1344.

(2) ¹Im Fall einer nach § 3 Abs. 1b Satz 1 Nr. 1 in Verbindung mit Satz 2 UStG steuerpflichtigen Entnahme eines Gegenstands, den der Unternehmer ohne Berechtigung zum Vorsteuerabzug erworben hat und an dem Arbeiten ausgeführt worden sind, die zum Vorsteuerabzug berechtigt und zum Einbau von Bestandteilen geführt haben (vgl. Abschnitt 3.3 Abs. 2 bis 4), ist Bemessungsgrundlage nach § 10 Abs. 4 Satz 1 Nr. 1 UStG der Einkaufspreis der Bestandteile im Zeitpunkt der Entnahme (Restwert). ²Ob ein nachträglich z.b. in einen PKW eingebauter Bestandteil im Zeitpunkt der Entnahme des PKW noch einen Restwert hat, lässt sich im Allgemeinen unter Heranziehung anerkannter Marktübersichten für den Wert gebrauchter PKW (z.B. sog. „Schwacke-Liste" oder vergleichbare Übersichten von Automobilclubs) beurteilen. ³Wenn insoweit kein Aufschlag auf den – im Wesentlichen nach Alter und Laufleistung bestimmten – durchschnittlichen Marktwert des PKW im Zeitpunkt der Entnahme üblich ist, scheidet der Ansatz eines Restwertes aus.

(3) ¹Bei den einer sonstigen Leistung gleichgestellten Wertabgaben im Sinne des § 3 Abs. 9a UStG (vgl. Abschnitt 3.4) bilden die bei der Ausführung der Leistung entstandenen Ausgaben die Bemessungsgrundlage (§ 10 Abs. 4 Satz 1 Nr. 2 und 3 UStG). ²Soweit ein Gegenstand für die Erbringung der sonstigen Leistung verwendet wird, zählen hierzu auch die Anschaffungs- und Herstellungskosten für diesen Gegenstand. ³Diese sind gleichmäßig auf einen Zeitraum zu verteilen, der dem Berichtigungszeitraum nach § 15a UStG für diesen Gegenstand entspricht (vgl. EuGH-Urteil vom 14.9.2006, C-72/05, BStBl. 2007 II S. 32). ⁴In diese Ausgaben sind – unabhängig von der Einkunftsermittlungsart – die nach § 15 UStG abziehbaren Vorsteuerbeträge nicht einzubeziehen. ⁵Besteht die Wertabgabe in der Verwendung eines Gegenstands (§ 3 Abs. 9a Nr. 1 UStG), sind nach § 10 Abs. 4 Satz 1 Nr. 2 UStG aus der Bemessungsgrundlage solche Ausgaben auszuscheiden, die nicht zum vollen oder teilweisen Vorsteuerabzug berechtigt haben. ⁶Dabei ist es unerheblich, ob das Fehlen des Abzugsrechts darauf zurückzuführen ist, dass

a) für die Leistung an den Unternehmer keine Umsatzsteuer geschuldet wird oder

b) die Umsatzsteuer für die empfangene Leistung beim Unternehmer nach § 15 Abs. 1a oder 2 UStG vom Vorsteuerabzug ausgeschlossen ist oder

c) die Aufwendungen in öffentlichen Abgaben (Steuern, Gebühren oder Beiträgen) bestehen.

⁷Zur Bemessungsgrundlage zählen auch Ausgaben, die aus Zuschüssen finanziert worden sind.

(4) Zur Bemessungsgrundlage bei unentgeltlichen Leistungen an das Personal vgl. Abschnitt 1.8.

(5) ¹Bei der privaten Nutzung von Freizeitgegenständen ist nur der Teil der Ausgaben zu berücksichtigen, der in den Gesamtausgaben im selben Verhältnis steht wie die Dauer der tatsächlichen Verwendung des Gegenstands für unternehmensfremde Zwecke zur Gesamtdauer seiner tatsächlichen Verwendung (vgl. BFH-Urteil vom 24.8.2000, V R 9/00, BStBl. 2001 II S. 76). ²Das ist der Fall, wenn der Unternehmer über den Gegenstand – wie ein Endverbraucher – nach Belieben verfügen kann und ihn nicht (zugleich) für unternehmerische Zwecke bereithält oder bereithalten muss.

Beispiel:

¹Ein Unternehmer vermietet eine dem Unternehmensvermögen zugeordnete Yacht im Kalenderjahr an insgesamt 49 Tagen. ²Er nutzte seine Yacht an insgesamt 7 Tagen für eine private Segeltour. ³Die gesamten vorsteuerbelasteten Ausgaben im Kalenderjahr betragen 28.000 €. ⁴In der übrigen Zeit stand sie ihm für private Zwecke jederzeit zur Verfügung.

⁵Als Bemessungsgrundlage bei der unentgeltlichen Wertabgabe werden von den gesamten vorsteuerbelasteten Ausgaben (28.000 €) die anteiligen auf die private Verwendung entfallenden Ausgaben im Verhältnis von 56 Tagen der tatsächlichen Gesamtnutzung zur Privatnutzung von 7 Tagen angesetzt. ⁶Die Umsatzsteuer beträgt demnach 665 € (7/56 von 28.000 € = 3.500 €, darauf 19% Umsatzsteuer).

10.7. Mindestbemessungsgrundlage (§ 10 Abs. 5 UStG)

(1) ¹Die Mindestbemessungsgrundlage gilt nur für folgende Umsätze:

1. Umsätze der in § 10 Abs. 5 Nr. 1 UStG genannten Vereinigungen an ihre Anteilsigner, Gesellschafter, Mitglieder und Teilhaber oder diesen nahestehende Personen (vgl. Beispiele 1 und 2);

2. Umsätze von Einzelunternehmern an ihnen nahestehende Personen;

3. Umsätze von Unternehmern an ihr Personal oder dessen Angehörige auf Grund des Dienstverhältnisses (vgl. Abschnitt 1.8).

²Als „nahestehende Personen" sind Angehörige im Sinne des § 15 AO sowie andere Personen und Gesellschaften anzusehen, zu denen ein Anteilseigner, Gesellschafter usw. eine enge rechtliche, wirtschaftliche oder persönliche Beziehung hat. ³Ist das für die genannten Umsätze entrichtete Entgelt niedriger als die nach § 10 Abs. 4 UStG in Betracht kommenden Werte oder Ausgaben für gleichartige unentgeltliche Leistungen, sind als Bemessungsgrundlage die Werte oder Ausgaben nach § 10 Abs. 4 UStG anzusetzen (vgl. Abschnitt 10.6). ⁴Dies gilt nicht, wenn das vereinbarte niedrigere Entgelt marktüblich ist (vgl. EuGH-Urteil vom 29.5.1997, C-63/96, BStBl. II S. 841, und BFH-Urteil vom 8.10.1997, XI R 8/86, BStBl. II S. 840). ⁵Übersteigen sowohl das marktübliche Entgelt als auch die Ausgaben nach § 10 Abs. 4 UStG das vereinbarte Entgelt, sind als Bemessungsgrundlage die Ausgaben nach § 10 Abs. 4 UStG anzusetzen.

Beispiel 1:

¹Eine KG überlässt einem ihrer Gesellschafter einen firmeneigenen Personenkraftwagen zur privaten Nutzung. ²Sie belastet in der allgemeinen kaufmännischen Buchführung das Privatkonto des Gesellschafters im Kalenderjahr mit 2.400 €. ³Der auf die private Nutzung des Pkw entfallende Anteil an den zum Vorsteuerabzug berechtigenden Ausgaben (z.B. Kraftstoff, Öl, Reparaturen) beträgt jedoch 3.600 €. ⁴Nach § 10 Abs. 4 Satz 1 Nr. 2 UStG wäre als Bemessungsgrundlage der auf die Privatnutzung entfallende Anteil von 3.600 € zu Grunde zu legen. ⁵Das vom Gesellschafter durch Belastung seines Privatkontos entrichtete Entgelt ist niedriger als die Bemessungsgrundlage nach § 10 Abs. 4 Satz 1 Nr. 2 UStG. ⁶Nach § 10 Abs. 5 Nr. 1 UStG ist deshalb die Pkw-Überlassung mit 3.600 € zu versteuern.

Beispiel 2:

¹Ein Verein gestattet seinen Mitgliedern und auch Dritten die Benutzung seiner Vereinseinrichtungen gegen Entgelt. ²Das von den Mitgliedern zu entrichtende Entgelt ist niedriger als das von Dritten zu zahlende Entgelt.

a) ¹Der Verein ist nicht als gemeinnützig anerkannt.

²Es ist zu prüfen, ob die bei der Überlassung der Vereinseinrichtungen entstandenen Ausgaben das vom Mitglied gezahlte Entgelt übersteigen. ³Ist dies der Fall, sind nach § 10 Abs. 5 Nr. 1 UStG die Ausgaben als Bemessungsgrundlage anzusetzen. ⁴Deshalb erübrigt sich die Prüfung, ob ein Teil der Mitgliederbeiträge als Entgelt für Sonderleistungen anzusehen ist.

b) ¹Der Verein ist als gemeinnützig anerkannt.

²Mitglieder gemeinnütziger Vereine dürfen im Gegensatz zu Mitgliedern anderer Vereine nach § 55 Abs. 1 Nr. 1 AO keine Gewinnanteile und in ihrer Eigenschaft als Mitglieder auch keine sonstigen Zuwendungen aus Mitteln des Vereins erhalten. ³Erbringt der Verein an seine Mitglieder Sonderleistungen gegen Entgelt, braucht aus Vereinfachungsgründen eine Ermittlung der Ausgaben erst dann vorgenommen zu werden, wenn die Entgelte offensichtlich nicht kostendeckend sind.

(2) ¹Die Mindestbemessungsgrundlage nach § 10 Abs. 5 Nr. 2 UStG findet keine Anwendung, wenn die Leistung des Unternehmers an sein Personal nicht zur Befriedigung persönlicher Bedürfnisse des Personals erfolgt, sondern durch betriebliche Erfordernisse bedingt ist, weil dann keine Leistung „auf Grund des Dienstverhältnisses" vorliegt (vgl. zur verbilligten Überlassung von Arbeitskleidung BFH-Urteile vom 27.2.2008, XI R 50/07, BStBl. 2009 II S. 426, und vom 29.5.2008, V R 12/07, BStBl. 2009 II S. 428). ²Auch die entgeltliche Beförderung von Arbeitnehmern zur Arbeitsstätte ist keine Leistung „auf Grund des Dienstverhältnisses", wenn für die Arbeitnehmer keine zumutbaren Möglichkeiten bestehen, die Arbeitsstätte mit öffentlichen Verkehrsmitteln zu erreichen (vgl. BFH-Urteil vom 15.11.2007, V R 15/06, BStBl. 2009 II S. 423). ³Vgl. im Einzelnen Abschnitt 1.8 Abs. 4 und Abs. 6 Satz 5.

(3) Wegen der Rechnungserteilung in den Fällen der Mindestbemessungsgrundlage vgl. Abschnitt 14.9.

(4) Zur Mindestbemessungsgrundlage in den Fällen des § 13b Abs. 5 UStG vgl. Abschnitt 13b.13 Abs. 1.

(5) Zur Mindestbemessungsgrundlage im Fall der Lieferung vom Wärme, die durch eine Kraft-Wärme-Kopplungsanlage erzeugt wird, vgl. Abschnitt 2.5 Abs. 9 und 10.

(6) Der Anwendung der Mindestbemessungsgrundlage steht nicht entgegen, dass über eine ordnungsgemäß durchgeführte Lieferung an einen vorsteuerabzugsberechtigten Unternehmer abgerechnet wird (vgl. BFH-Urteil vom 24.1.2008, V R 39/06, BStBl. 2009 II S. 786).

10.8. Durchschnittsbeförderungsentgelt

¹Bei der Beförderungseinzelbesteuerung wird aus Vereinfachungsgründen als Bemessungsgrundlage ein Durchschnittsbeförderungsentgelt angesetzt (§ 10 Abs. 6 UStG). ²Das Durchschnittsbeförderungsentgelt beträgt 4,43 Cent je Personenkilometer (§ 25 UStDV). ³Auf diese Bemessungsgrundlage ist der

§ 10

UStAE 10.8.

allgemeine Steuersatz (§ 12 Abs. 1 UStG) anzuwenden. [4]Der Unternehmer kann nach Ablauf des Besteuerungszeitraums anstelle der Beförderungseinzelbesteuerung die Berechnung der Steuer nach § 16 Abs. 1 und 2 UStG beantragen (§ 16 Abs. 5b UStG), vgl. Abschnitt 18.8 Abs. 3.

Verwaltungsregelungen zu § 10

Datum	Anlage	Quelle	Inhalt
07.07.99	§ 001-39	OFD Fra	Überlassung von Fahrzeugen (Werbemobilen) an soziale Institutionen, Sportvereine und Kommunen
14.09.99	§ 003-11	OFD Fra	Unentgeltliche Abgabe von Getränken und Genußmitteln zum häuslichen Verzehr an Arbeitnehmer (Haustrunk, Freitabakwaren)
11.11.69	§ 010-01	BMF	Zuschüsse des Bundesamtes für gewerbliche Wirtschaft für die Beseitigung von Altöl
07.12.70	§ 010-02	BMF	Behandlung von Zuschüssen der Bundesanstalt für Arbeit nach dem Arbeitsförderungsgesetz (BGBl. 1969 I S. 582)
	§ 010-03		nicht belegt
17.05.74	§ 010-04	BMF	Zuwendungen aus öffentlichen Kassen im Bereich der Landwirtschaft
08.07.74	§ 010-05	BMF	Umsatzsteuerliche Behandlung der Zuschüsse zur Winterbauförderung gemäß §§ 77ff. des Arbeitsförderungsgesetzes (AFG) vom 25.06.1969 i.d.F. des 2. Gesetzes zur Änderung und Ergänzung des Arbeitsförderungsgesetzes vom 19.05.1972 (BGBl. I S. 791)
18.12.78	§ 010-06	BMF	Beiträge zu Restschuldversicherungen als durchlaufende Posten
21.03.83	§ 010-07	BMF	Umsatzsteuerliche Behandlung von Zuschüssen nach dem Arbeitsförderungsgesetz (AFG); Zuschüsse der Bundesanstalt für Arbeit zu Kosten für Arbeitserprobung und Probebeschäftigung
30.12.86	§ 010-08	BMF	Behandlung der Mitverantwortungsabgabe Getreide in den Abrechnungen
16.01.89	§ 010-09	OFD Sb	Eingliederungsbeihilfen an Arbeitgeber
09.02.89	§ 010-10	OFD Han	Anrechnung von Parkgebühren durch Unternehmen des Einzelhandels
10.02.89	§ 010-11	OFD Han	Zuwendungen des Bundes und des Landes zur Förderung von Unternehmensberatungen
10.02.89	§ 010-12	OFD Han	Umsatzsteuerliche Behandlung der mit Lieferungen sog. Benefiz-Schallplatten und vergleichbarer anderer Waren verbundenen Spendenbeträge
10.02.89	§ 010-13	OFD Han	Umsatzsteuerliche Behandlung der im Verkehrsgewerbe ausgewiesenen Werbe- und Abfertigungsvergütung
17.04.89	§ 010-14	BMF	Umsatzsteuerliche Behandlung von Zuwendungen des Bundesministers für Forschung und Technologie zur Förderung von Forschungs- und Entwicklungsvorhaben
06.04.90	§ 010-15	OFD Han	Zuwendungen des Bundesministers für Forschung und Technologie zur Förderung von Windenergieanlagen
13.07.90	§ 010-16	OFD Han	Umsatzsteuerliche Behandlung der Milchkontrollvereine/Milchkontrollverbände (MKV)
20.08.90	§ 010-17	OFD Mst	Zuwendungen an Projekte der Hilfe zur Arbeit nach § 19 BSHG („Arbeit statt Sozialhilfe")
17.01.91	§ 010-18	OFD Sb	Werbezuschüsse von Kraftfahrzeugherstellern an ihre Vertragshändler
12.02.91	§ 010-19	BMF	Umsatzsteuerliche Beurteilung des Zweckertrags aus der Lotterie „PS-Sparen und Gewinnen"

§ 10

Datum	Anlage	Quelle	Inhalt
13.02.91	§ 010-20	FM Hes	Behandlung der von der EG-Kommission gezahlten Zuschüsse im Zusammenhang mit der Errichtung von „EG-Beratungsstellen für Unternehmen" (Euro Info Centres – „EIC")
09.11.92	§ 010-21	BMF	Umsatzsteuerliche Behandlung von Direktzahlungen, Ausgleichszahlungen und Prämien im Agrarbereich
	§ 010-22		nicht belegt
	§ 010-23		nicht belegt
28.02.95	§ 010-24	FM MV	Umsatzsteuerliche Behandlung von ABS-Gesellschaften (§ 2 Abs. 1, § 10 Abs. 1, § 15 Abs. 1 UStG)
	§ 010-25		nicht belegt
20.10.95	§ 010-26	FM SA	Umsatzsteuerrechtliche Beurteilung von Maßnahmen nach § 249 h des Arbeitsförderungsgesetzes
23.01.96	§ 010-27	OFD Han	Zuwendungen und Ausgleichszahlungen für gemeinwirtschaftliche Verkehrsleistungen im öffentlichen Personennahverkehr (ÖPNV)
	§ 010-28		nicht belegt
	§ 010-29		nicht belegt
	§ 010-30		nicht belegt
22.05.00	§ 010-31	OFD Sb	Portokosten als durchlaufende Posten?
	§ 010-32		nicht belegt
10.06.97	§ 010-33	FM SA	Umsatzsteuerliche Behandlung der Prämien für die Stillegung von Ackerflächen
	§ 010-34		nicht belegt
	§ 010-35		nicht belegt
30.12.97	§ 010-36	BMF	Umsatzsteuerliche Behandlung der Überlassung sog. Firmenwagen an Arbeitnehmer, wenn diese Zuzahlungen leisten
	§ 010-37		nicht belegt
26.08.99	§ 010-38	BMF	Umsatzsteuerliche Behandlung von Zuwendungen zur Förderung von Forschungs- und Entwicklungsvorhaben
31.08.99	§ 010-39	OFD Ka	Umsatzsteuerliche Behandlung der nichtunternehmerischen Kraftfahrzeugnutzung bei vor dem 01.04.1999 angeschafften Kraftfahrzeugen
11.02.00	§ 010-40	BMF	Umsatzsteuerliche Behandlung von Deponiegebühren
08.12.10	§ 010-41	BMF	Pauschbeträge für unentgeltliche Wertabgaben (Sachentnahmen) 2011
25.01.01	§ 010-42	OFD Han	Mindestbemessungsgrundlage
28.01.01	§ 010-43	BMF	Umsatzsteuerliche Behandlung von Prämien im Rahmen einer gemeinsamen Marktorganisation für Rohtabak
	§ 010-44		nicht belegt
	§ 010-45		nicht belegt
25.01.05	§ 010-46	OFD Kln	Behandlung der Maut-Gebühr
09.12.05	§ 010-47	BMF	Umsatzsteuerrechtliche Behandlung der Druckkostenzuschüsse bei der Vervielfältigung und Verbreitung von Druckwerken
23.12.05	§ 010-48	OFD Han	Förderbeiträge im Rahmen der Schaffung von Arbeitsgelegenheiten in der Entgeltvariante
07.07.06	§ 010-49	BMF	Gesetz zur Eindämmung missbräuchlicher Steuergestaltungen vom 28.4.2006 (BGBl. I 2006, 1095) – Änderung des § 6 Abs. 1 Nr. 4 Satz 2 EStG – Begrenzung der Anwendung der 1%-Regelung auf Fahrzeuge, die zu mehr als 50 Prozent betrieblich genutzt werden – Nachweispflichten

§ 10

Datum	Anlage	Quelle	Inhalt
15.08.06	§ 010-50	BMF	Abgrenzung zwischen nicht steuerbarem Zuschuss und Entgelt; Umsatzsteuerrechtliche Beurteilung von Zuwendungen aus öffentlichen Kassen zur Projektförderung sowie zur institutionellen Förderung
07.08.07	§ 010-51	OFD Fra	Umsatzsteuerliche Behandlung von Werbe- und Sachprämien
10.08.07	§ 010-52	BMF	§ 10 Abs. 4 Satz 1 Nr. 2 Umsatzsteuergesetz – Bemessungsgrundlage zur Versteuerung einer unentgeltlichen Wertabgabe bei der nichtunternehmerischen Verwendung eines dem Unternehmen zugeordneten Gebäudes vor dem 1.7.2004
15.08.07	§ 010-53	OFD Ka	Bemessungsgrundlage bei Leistungen von Vereinen an Mitglieder
	§ 010-54		nicht belegt
01.12.08	§ 010-55	BMF	Leistungsbeziehungen bei der Abgabe werthaltiger Abfälle; Anwendung der Grundsätze des tauschähnlichen Umsatzes
15.10.09	§ 010-56	BayLfSt	Verwendung von Abwärme aus Biogasanlagen für das Beheizen des privaten Wohnhauses; Bemessungsgrundlage für die unentgeltliche Wertabgabe
01.04.09	§ 010-57	BMF	Umsatzsteuerrechtliche Behandlung des sog. Direktverbrauchs nach dem Erneuerbare-Energien-Gesetz ab dem 1.1.2009 (§ 33 Abs. 2 EEG)
28.09.11	§ 010-58	BMF	Verbilligter Zins als Absatzförderung der Automobilindustrie

Rechtsprechungsauswahl

BFH vom 07.10.2010 – V R 4/10, UR 2010 S. 626: Beschränkte Anwendung der Mindestbemessungsgrundlage.
Die Anwendung der Mindestbemessungsgrundlage g § 10 Abs. 5 UStG setzt voraus, dass die Gefahr von Steuerhinterziehungen oder – umgehungen besteht. Hieran fehlt es, wenn der Unternehmer von einer nahestehenden Person zwar ein niedrigeres als das marktübliche Entgelt, verlangt, seine Leistung aber in Höhe des marktüblichlichen Entgelts versteuert.

BFH vom 01.09.2010 – V R 32/09, BStBl. 2011 II S. 300: Automatisch einbehaltener Tronc als Teil der Bemessungsgrundlage von Umsätzen mit Spielautomaten.
1. Ein beim Automatenglücksspiel automatisch einbehaltener Tronc (Trinkgeldbetrag) ist als Teil des Entgelts, in die Bemessungsgrundlage einzubeziehen.
2. Einer Minderung der Bemessungsgrundlage um die nach Landesrecht erhobene Troncabgabe steht entgegen, dass diese nicht die wesentlichen Merkmale der Mehrwertsteuer erfüllt.

BFH vom 06.05.2010 – V R 15/09, BStBl. 2011 II S. 142: Keine Änderung des Entgelts aufgrund einer Abtretung.
1. Tritt ein Unternehmer eine Forderung aus einem Umsatzgeschäft gegen einen unter dem Nennwert der Forderung liegenden Forderungskaufpreis ab, mindert sich hierdurch nicht die Bemessungsgrundlage für die an den Schuldner des Entgelts ausgeführte Leistung.
2. Das Entgelt bestimmt sich nach den Zahlungen der Kunden des Unternehmers an den Forderungserwerber.

BFH vom 22.04.2010 – V R 26/08, BStBl. 2010 II S. 883: Bemessungsgrundlage bei Umsätzen von Spielautomaten.
Bei Umsätzen mit Spielautomaten mit oder ohne Gewinnmöglichkeit ist die Vergnügungsteuer nicht aus der Bemessungsgrundlage herauszurechnen.

BGH vom 01.10.2009 – VII ZR 183/08, UR 2010 S. 737: Erstattung der insgesamt für eine Tierkörperbeseitigung angefallenen Umsatzsteuer durch den Leistungsempfänger bei seiner Verpflichtung zur Zahlung eines Teilentgelts neben einem Nettozuschuss durch die öffentliche Hand.

§ 10

1. Zwischen dem Besitzer von gem. §§ 8, 9 TierNebG i.V.m. §§ 1, 3 AGTierNebG NRW zu beseitigenden Tierkörpern und einem mit der Tierkörperbeseitigung beliehenen Unternehmer entsteht ein privatrechtliches Benutzungsverhältnis (Anschluss an BGH, Urteil vom 5.7.2005 – X ZR 60/04, NJW 2005, 2919 [29201]).
2. Ob der Besitzer von zu beseitigenden Tierkörpern dem mit der Tierkörperbeseitigung beliehenen Unternehmer auch dann die insgesamt für die Leistung angefallene Umsatzsteuer zu erstatten hat wenn er nur einen Teil des in einer Entgeltliste für diese Leistung festgelegten Entgelts tragen muss, ist nach dem privatrechtlichen Nutzungsverhältnis zu beurteilen, dessen Inhalt gegebenenfalls durch Auslegung zu ermitteln ist.

BFH vom 26.06.2009 – V R 37/08, DStR 2009 S. 1848: Gesetzlich geschuldete Sozialversicherungsbeiträge kein Entgelt i.s. des § 10 UStG.

1. Unternehmer sind nach § 2 Abs. 1 und Abs. 2 Nr. 1 UStG selbständig tätig und daher im Regelfall nicht sozialversicherungspflichtig.
2. Gesetzlich geschuldete Sozialversicherungsbeiträge können kein Entgelt i.s. von § 10 UStG sein.

BFH vom 18.06.2009 – V R 4/08, BStBl. 2010 II S. 310: Entgelt für die Betriebsführung.

1. Übernimmt der Unternehmer für eine Stadt den Betrieb verschiedener Einrichtungen (Tierpark, Schwimmbad und Sportplatz) gegen Übernahme der mit dem Betrieb dieser Einrichtungen verbundenen Verluste (Ausgleichszahlungen), kann es sich entweder um Entgelte der Stadt nach § 10 Abs. 1 Satz 2 UStG für die gegenüber den Nutzern der Einrichtungen erbrachten Leistungen oder um Entgelte für eine gegenüber der Stadt ausgeführte Betriebsführungsleistung handeln.
2. Beruht die wirtschaftliche Eingliederung nach § 2 Abs. 2 Nr. 2 UStG auf Leistungen des Mehrheitsgesellschafters (Organträger) gegenüber seiner Tochtergesellschaft (Organgesellschaft), müssen entgeltliche Leistungen vorliegen, denen für das Unternehmen der Organgesellschaft mehr als nur unwesentliche Bedeutung zukommt.

BFH vom 27.11.2008 – V R 8/07, DStR 2009 S. 476; BStBl. 2009 II S. 397: Abgrenzung von Zuschuss und Leistungsentgelt.

Siehe Rechtsprechung zu § 1 UStG

BFH vom 29.05.2008 – V R 12/07, BStBl. 2009 II S. 428: Keine Anwendung der Mindestbemessungsgrundlage auf verbilligte Überlassung von Arbeitskleidung aus Gründen betrieblicher Erfordernisse. Die verbilligte Überlassung von Arbeitskleidung unterliegt nicht der Mindestbemessungsgrundlage nach § 10 Abs. 5 Nr. 2 UStG 1999, wenn sie durch betriebliche Erfordernisse bedingt ist (Anschluss an BFH-Urteil vom 27.2.2008 – XI R 50/07, UR 2008, 558, BFH/NV 2008, 1086[1]).

BFH vom 16.04.2008 – XI R 56/06, BStBl. 2008 II S. 909; DStR 2008 S. 1277: Umsatzsteuerpflichtige Überlassung eines Werbemobils an eine Gemeinde.

1. Überlässt eine Werbeagentur einer Gemeinde ein mit Werbeaufdrucken versehenes Kfz im Rahmen eines tauschähnlichen Umsatzes zur Nutzung mit dem Recht, es nach Ablauf von fünf Jahren ohne Zahlung eines Entgelts zu erwerben, liegt eine Lieferung vor.
2. Als Bemessungsgrundlage sind die Anschaffungskosten des Kfz anzusetzen.

BFH vom 24.01.2008 – V R 39/06, BStBl. 2009 II S. 786: Rechnungserteilung bei Anwendung der Mindestbemessungsgrundlage.

Der Anwendung des § 10 Abs. 5 Nr. 1 i.V.m. Abs. 4 Nr. 2 UStG 1993 (Mindestbemessungsgrundlage) steht nicht entgegen, dass über eine ordnungsgemäß durchgeführte Lieferung an einen vorsteuerabzugsberechtigten Unternehmer abgerechnet wird.

BGH vom 22.11.2007 – VII Z R 83/05, UR 2008 S. 156: Entgeltcharakter einer nach freier Kündigung eines Bauvertrages zu zahlenden Vergütung nur hinsichtlich der erbrachten Leistungsteile.

Die gem. § 649 Satz 2 BGB oder § 8 Nr. 1 Abs. 2 VOB/B nach freier Kündigung eines Bauvertrages zu zahlende Vergütung ist nur insoweit Entgelt i.S.v. § 10 Abs. 1 UStG und damit Bemessungsgrundlage für den gem. § 1 Abs. 1 Nr. 1 UStG steuerbaren Umsatz, als sie auf schon erbrachte Leistungsteile entfällt (Bestätigung von BGH, Urteil vom 4.7.1996 – VII ZR 227/93, BauR 1996, 846, NJW 1996, 3270; BGH, Urteil vom 2.6.1987 – X ZR 39/86, BGHZ 101, 130, UR 1988, 2751).[2]

---

1) Jetzt BStBl. 2009 II S. 426
2) Siehe dazu *Weiß*, UR 1988 S. 277

§ 10

BFH vom 15.11.2007 – V R 15/06, BStBl. 2009 II S. 423: Arbeitnehmerbeförderung und Anwendung der Mindestbemessungsgrundlage nach § 10 Abs. 5 Nr. 2 UStG 1999.

1. Die Mindestbemessungsgrundlage nach § 10 Abs. 5 Nr. 2 UStG 1999 ist nur auf Leistungen anzuwenden, die bei einer unentgeltlichen Leistungserbringung nach § 3 Abs. 1b Satz 1 Nr. 2, Abs. 9a UStG 1999 i.V.m. § 10 Abs. 4 UStG 1999 steuerbar sind.
2. Die Beförderung der Arbeitnehmer zur Arbeitsstätte ist keine Leistung aufgrund des Dienstverhältnisses i.S. von § 10 Abs. 5 Nr. 2 UStG 1999, wenn für die Arbeitnehmer keine zumutbaren Möglichkeiten bestehen, die Arbeitsstätte mit öffentlichen Verkehrsmitteln zu erreichen.

BFH vom 19.07.2007 – V R 11/05, BStBl. 2007 II S. 966: Überzahlungen oder Doppelzahlungen eines Kunden als Entgelt-Minderung der Bemessungsgrundlage bei Rückzahlung von Über- oder Doppelzahlungen.

1. Entgelt für eine Leistung i.S. des § 10 Abs. 1 Satz 2 UStG ist alles, was der Leistende für seine Leistung vom Leistungsempfänger erhalten hat, außer der Umsatzsteuer. Zahlt der Kunde die Leistung irrtümlich doppelt oder zahlt er versehentlich zu viel, ist der Gesamtbetrag Entgelt i.S. des § 10 Abs. 1 Satz 2 UStG (Anschluss an BFH-Urteil vom 13. Dezember 1995 XI R 16/95, BFHE 179, 465, BStBl. II 1996, 208).
2. Werden Über- oder Doppelzahlungen zurückgezahlt, liegt eine Minderung der Bemessungsgrundlage nach § 17 UStG vor.

BFH vom 29.06.2007 – V B 28/06, UR 2007 S. 849: Kostenerstattung als Leistungsentgelt.

1. Werden einer als gemeinnützig anerkannten Gesellschaft zur Arbeitsförderung, Beschäftigung und Strukturentwicklung im Beitrittsgebiet, die umfangreiche durch öffentliche Zuschüsse geförderte Projekte zur Arbeitsförderung durchgeführt, dafür zunächst in Abstimmung mit den begünstigten Rechtsträgern (meist Kommunen) nach den Richtlinien der Arbeitsverwaltung förderbare Arbeits- und Beschäftigungsmaßnahmen entwickelt und dann als Maßnahmeträger bei der Arbeitsverwaltung die Gewährung von auf 90% der Kosten beschränkten Zuschüssen beantragt hat, die nicht von der Arbeitsverwaltung bezuschussten Kosten von den begünstigten Rechtsträgern erstattet, so liegt ein steuerpflichtiger Leistungsaustausch vor, wenn die begünstigten Rechtsträger hierdurch einen Vorteil erhalten haben, der zu einem Verbrauch im Sinn des gemeinsamen Mehrwertsteuerrechts führt.
2. Bei Leistungen, zu deren Ausführung sich die Vertragsparteien in gegenseitigen Verträgen verpflichtet haben, liegt der erforderliche Leistungsverbrauch grundsätzlich vor; das versprochene Tun, Dulden oder Unterlassen ist der Vorteil, den der Leistungsempfänger erhält.[1]

BFH vom 19.04.2007 – V R 56/04, BStBl. 2007 II S. 676: Privatnutzung eines Unternehmensgeländes: Keine Anwendung der Neuregelung vor dem 1. Juli 2004.

Die Neuregelung der Bemessungsgrundlage in § 10 Abs. 4 Satz 1 Nr. 2 UStG 1999 durch das EURLUmsG vom 9. Dezember 2004 (BGBl. I 2004, 3310) gilt mit Wirkung vom 1. Juli 2004. Soweit sich das zuvor erlassene BMF-Schreiben vom 13. April 2004 (BStBl. I 2004, 468) als „Interpretation" des bisherigen Kostenbegriffs in § 10 Abs. 4 Satz 1 Nr. 2 UStG 1999 a. F. Rückwirkung auf davor liegende „offene" Besteuerungszeiträume beilegt, gibt es dafür keine Rechtsgrundlage.[2]

EuGH vom 14.09.2006 – Rs. C-72/05 – Hausgemeinschaft Jörg und Stefanie Wollny, BStBl. 2007 II S. 32; UR 2006 S. 638:[3] Umsatzsteuerliche Bemessungsgrundlage der Privatnutzung eines insgesamt dem Unternehmen zugeordneten Gebäudes für Zwecke der Vorsteuerberichtigung.

Art. 11 Teil A Abs. 1 Buchst. c der 6. EG-Richtlinie 77/388/EWG in der durch die Richtlinie 95/7/EG des Rates vom 10.4.1995 geänderten Fassung ist dahin auszulegen, dass er der Festsetzung der Bemessungsgrundlage der Mehrwertsteuer für die private Nutzung eines Teils eines Gebäudes, das der Steuerpflichtige in vollem Umfang seinem Unternehmen zugeordnet hat, auf einen Teil der Anschaffungs- oder Herstellungskosten des Gebäudes, der sich nach dem gem. Art. 20 der 6. EG-Richtlinie vorgesehenen Zeitraum für die Berichtigung der Vorsteuerabzüge bestimmt, nicht entgegensteht.

Diese Besteuerungsgrundlage muss die Kosten des Erwerbs des Grundstücks, auf dem das Gebäude errichtet ist, enthalten, sofern dieser Erwerb der Mehrwertsteuer unterworfen war und der Steuerpflichtige den Vorsteuerabzug erhalten hat.

---

1) Leitsätze nicht amtlich
2) Siehe dazu BMF-Schreiben vom 10.08.2007, Anlage § 010-52
3) Siehe dazu *Widmann*, UR 2006 S. 644; *Stadie*, UR 2006 S. 645

§ 10

BFH vom 18.08.2005 – V R 42/02, BStBl. 2007 II S. 137: Bemessungsgrundlage bei entgeltlichen Wettbewerben.

1. Die Besteuerungsgrundlage für Umsätze aus der Veranstaltung eines Wettbewerbs ist der Gesamtbetrag der vom Veranstalter eingenommenen Teilnahmegebühren, wenn der Veranstalter über diese Beträge frei verfügen kann (Anschluss an EuGH-Urteil vom 17. September 2002 Rs. C-498/99, Town & County Factors Ltd., Slg. 2002, I-71/73).

2. Eine Brieftaubenvereinigung hat die Wettumsätze, die sie an die Wett-Teilnehmer ausführt, mit den vollen Wetteinsätzen (ohne Abzug der wieder ausgeschütteten Gewinne) zu versteuern.

BFH vom 18.08.2005 – V R 42/02, UR 2006 S. 30: Umsatzsteuerliche Bemessungsgrundlage für Wetteinsätze auf Brieftauben.

1. Die Besteuerungsgrundlage für Umsätze aus der Veranstaltung eines Wettbewerbs ist der Gesamtbetrag der vom Veranstalter eingenommenen Teilnahmegebühren, wenn der Veranstalter über diese Beträge frei verfügen kann (Anschluss an EuGH, Urt. vom 17.9.2002 – Rs. C-498/99 – Town & County Factors Ltd., EuGHE 2002, I-7173 = UR 2002, 510[1]).

2. Eine Brieftaubenvereinigung hat die Wettumsätze, die sie an die Wett-Teilnehmer ausführt, mit den vollen Wetteinsätzen (ohne Abzug der wieder ausgeschütteten Gewinne) zu versteuern.

BFH vom 21.04.2005 – V R 11/03, UR 2006 S. 17: Übernahme der Betriebsführung von defizitären Bahnstrecken gegen Gewährung einer „Starthilfe" der Deutschen Bundesbahn als umsatzsteuerbare Leistung in Abgrenzung zu einem Zuschuss.

1. Die Übernahme der Betriebsführung des Eisenbahnverkehrs auf zwei defizitären Teilstrecken als nicht bundeseigene Eisenbahn des öffentlichen Verkehrs von der Deutschen Bundesbahn, verbunden mit einer sog. „Starthilfe" der Deutschen Bundesbahn, kann eine steuerbare Leistung des Übernehmers sein.

2. Trotz zivilrechtlicher Übereignung kann eine umsatzsteuerrechtliche Lieferung noch nicht vorliegen, wenn dem neuen Eigentümer die wirtschaftliche Substanz und der Wert des Gegenstandes nicht endgültig zustehen und er nur mit Zustimmung des bisherigen Eigentümers über ihn verfügen kann.

FG München vom 26.10.2004 – 14 V 2943/04, EFG 2005 S. 148: Ernstliche Zweifel am Kostenbegriff gem. § 10 Abs. 4 UStG seit 01.07.2004.[2]

Es ist ernstlich zweifelhaft, ob die entstandenen Kosten i.S. des § 10 Abs. 4 Nr. 2 UStG für die private Wohnungsverwendung in einem insgesamt dem Unternehmen zugeordneten Gebäude nach dem Jahresbetrag der auf den geltenden Vorsteuerberichtigungszeitraum des § 15a UStG entfallenden Anschaffungs- oder Herstellungskosten zu berechnen ist.

EuGH vom 15.07.2004 – Rs. C-144/02 – Kommission/Deutschland, UR 2004 S. 625: Besteuerungsgrundlage bei einer nicht unmittelbar mit dem Preis zusammenhängenden Subvention für Trockenfutter.

Die Bundesrepublik Deutschland hat nicht dadurch gegen ihre Verpflichtungen aus Art. 11 der 6. EG-Richtlinie 77/388/EWG verstoßen, dass sie den Betrag der Beihilfen, die gemäß der Verordnung (EG) Nr. 603/95 des Rates vom 21.2.1995 über die gemeinsame Marktorganisation für Trockenfutter gezahlt werden, nicht der Mehrwertsteuer unterwirft.

Hessisches Finanzgericht, Beschluss vom 19.03.2004 6 V 2351/03 – rechtskräftig, EFG 2004 S. 1873: Mitgliedsbeiträge eines Wasser- und Bodenverbandes als Entgelt.

Mitgliedsbeiträge von Mitgliedern eines Wasser und Bodenverbandes (Aufnahmebeiträge, Grundbeiträge und Maschinennutzungsbeiträge) sind insgesamt steuerbares Entgelt für die Maschinennutzung und nicht entsprechend einer ministeriellen Vereinbarung um die Abgaben an den Dachverband sowie ein Anteil von „0,80 € pro Hektar aus dem Grundkostenanteil" zu mindern, denn gem. § 28 Abs. 4 des Gesetzes über Wasser und Bodenverbände dürften Beiträge ausschließlich erhoben werden, „als die Verbandsmitglieder oder Nutznießer einen Vorteil haben oder der Verband für sie ihnen obliegende Leistungen erbringt ...".

---
1) Siehe Rechtsprechung zu § 1 UStG
2) Im Hauptverfahren Vorabentscheidungsersuchen vom 01.02.2005

§ 10

BFH vom 09.10.2003 – V R 51/02, BStBl. 2004 II S. 322: Zuschüsse an einen Unternehmer als Teil des Entgelts gemäß § 10 Abs. 1 Satz 3 UStG bei Milchleistungsprüfungen.

Zahlungen der öffentlichen Hand an einen Unternehmer, der Lieferungen oder sonstige Leistungen an Dritte erbringt, gehören – unabhängig von der Bezeichnung als „Zuschuss" – dann gemäß § 10 Abs. 1 Satz 3 UStG zum Entgelt für diese Umsätze, wenn
- der Zuschuss dem Abnehmer des Gegenstands oder dem Dienstleistungsempfänger zu Gute kommt,
- der Zuschuss gerade für die Lieferung eines bestimmten Gegenstands oder die Erbringung einer bestimmten sonstigen Leistung gezahlt wird, und
- mit der Verpflichtung der den Zuschuss gewährenden Stelle zur Zuschusszahlung das Recht des Zahlungsempfängers (Unternehmers) auf Auszahlung des Zuschusses einhergeht, wenn er einen steuerbaren Umsatz bewirkt hat.

EuGH vom 16.01.2003 – Rs. C-398/99 – Yorkshire Co-operatives Ltd., BStBl. 2004 II S. 335: Einbeziehung eines vom Hersteller begebenen Preisnachlassgutscheins in die Besteuerungsgrundlage beim Einzelhändler im Rahmen seines Umsatzes mit Endkunden.[1]

Nach Art. 11 Teil A Abs. 1 Buchst. a und Teil C Abs. 1 der 6. EG-Richtlinie 77/388/EWG ist der Nennwert eines vom Hersteller einer Ware begebenen Preisnachlassgutscheins in die Besteuerungsgrundlage dieses Einzelhändlers einzubeziehen, wenn dieser beim Verkauf einer Ware akzeptiert, dass der Endverbraucher den Verkaufspreis teilweise bar und teilweise mit diesem Gutschein bezahlt, und wenn der Hersteller dem Einzelhändler den auf diesem Gutschein angegebenen Betrag erstattet.

BFH vom 16.01.2003 – V R 36/01, UR 2003 S. 497: Zahlungen eines Anschlusskäufers an Vorbehaltsverkäufer nur umsatzsteuerliches Entgelt bei offener Kaufpreisschuld zwischen Anschlusskäufer und Zwischenhändler.

Zahlungen eines Zweitempfängers an den Vorbehaltslieferer für dessen Lieferung an den zahlungsunfähigen Zwischenempfänger stellen steuerbares nachträgliches Entgelt i. S. d. § 10 Abs. 1 Satz 1 UStG dar, wenn der Zweitempfänger seine gegenüber dem Zwischenerwerber bestehende Kaufpreisschuld nicht wirksam erfüllt hat.

EuGH vom 15.10.2002 – Rs. C-427/98, BStBl. 2004 II S. 328: Verstoß Deutschlands gegen das Gemeinschaftsrecht durch Unterlassen einer nationalen Regelung zur Berichtigung der Besteuerungsgrundlage im Fall der Erstattung von Preisnachlassgutscheinen.[2]

Die Bundesrepublik Deutschland hat dadurch gegen ihre Verpflichtungen aus Art. 11 der 6. EG-Richtlinie 77/388/EWG in der Fassung der Richtlinie 95/7/EG des Rates vom 10.4.1995 verstoßen, dass sie keine Vorschriften erlassen hat, die im Fall der Erstattung von Preisnachlassgutscheinen eine Berichtigung der Besteuerungsgrundlage des Steuerpflichtigen, der diese Erstattung vorgenommen hat, zulassen.

BFH vom 09.10.2002 – V R 73/01, BStBl. 2003 II S. 217, DStRE 2003 S. 114: Zahlungen in eine Pensionskasse für freie Mitarbeiter von Rundfunkanstalten als umsatzsteuerliches Entgelt.

Zahlt eine Rundfunkanstalt zu Gunsten ihrer freien Mitarbeiter Beiträge an die Pensionskasse für freie Mitarbeiter der Deutschen Rundfunkanstalten, gehören auch diese Beiträge zum Entgelt für die Leistungen der Mitarbeiter.

BFH vom 18.07.2002 – V B 112/01, BStBl. 2003 II S. 675, UR 2002 S. 520: Keine Anwendung der Sachbezugswerte für Kantinenumsätze des Unternehmers an seine Arbeitnehmer bei Beauftragung eines Caterers.

1. Gibt ein Unternehmer an seine Arbeitnehmer Mahlzeiten in einer von einem Dritten (Caterer) betriebenen Kantine verbilligt ab, so gehört zur Bemessungsgrundlage regelmäßig auch das vom Unternehmer an den Dritten für diese Umsätze gezahlte Entgelt.
2. Ein Anspruch darauf, wie bei einer vom Unternehmer selbst betriebenen Kantine gemäß Abschn. 12 Abs. 10 bis 12 UStR die Bemessungsgrundlage unter Ansatz (lediglich) der amtlichen Sachbezugswerte nach der Sachbezugsverordnung zu ermitteln, besteht nicht.

BFH vom 20.12.2001 – V R 81/99, BStBl. 2003 II S. 213: Fördermittel als Entgelt.

1. Ein Unternehmer, der die einer Gemeinde nach Landesrecht obliegende Verpflichtung zur Abwasserbeseitigung einschließlich der Errichtung der dafür benötigten Bauwerke übernimmt und dafür u.a. einen vertraglichen Anspruch auf die Förderungsmittel erlangt, die der Gemeinde zustehen, erbringt eine steuerbare Leistung an die Gemeinde.

---

[1] Beachte Änderung von § 17 Abs. 1 UStG ab 16.12.2004
[2] Beachte Änderung von § 17 Abs. 1 UStG ab 16.12.2004

§ 10

2. Ein für Rechnung der Gemeinde vom Land an den Unternehmer gezahlter Investitionszuschuss für die Errichtung einer Kläranlage ist Entgelt (§ 10 Abs. 1 Satz 2 UStG 1993) und kein echter Zuschuss.

BFH vom 19.10.2001 – V R 48/00, BStBl. 2003 II S. 210, DStR 2001 S. 2155: Zahlung eines Dritten nach Uneinbringlichkeit des Entgelts.

Wird das Entgelt für eine Leistung des Unternehmers wegen des Konkurses des Leistungsempfängers uneinbringlich und zahlt eine Bank, die zu dem Leistungsempfänger Geschäftsbeziehungen unterhalten hat, an den Unternehmer gegen Abtretung der Konkursforderung einen Betrag, der sich – unter Berücksichtigung von Gewährleistungsansprüchen – an der Höhe des noch nicht bezahlten Entgelts orientiert, kann diese Zahlung Entgelt eines Dritten für die Leistung des Unternehmers sein.

EuGH vom 03.07.2001 – Rs. C-380/99 – Bertelsmann AG, DStRE 2001 S. 936[1]: Versandkosten als Nebenleistung zur Hauptleistung – Sachprämie für die Vermittlung neuer Kunden.

Nach Art. 11 Teil A Abs. 1 Buchst. a der Sechsten Richtlinie 77/388/EWG des Rates vom 17.5.1977 zur Harmonisierung der Rechtsvorschriften der Mitgliedstaaten über die Umsatzsteuern – Gemeinsames Mehrwertsteuersystem: einheitliche steuerpflichtige Bemessungsgrundlage umfasst die Besteuerungsgrundlage für die Lieferung einer Sachprämie für die Vermittlung eines neuen Kunden außer dem Einkaufspreis für diese Prämie auch die Versandkosten, wenn diese von demjenigen getragen werden, der die Prämie liefert.

EuGH vom 29.05.2001 – Rs. C-86/99 – Freemans plc, IStR 2001 S. 472: Mehrwertsteuer bei Rabatt auf den Kaufpreis.

Art. 11 Teil A Abs. 3 Buchst. b und Teil C Abs. 1 der Sechsten Richtlinie 77/388/EWG des Rates vom 17.5.1977 zur Harmonisierung der Rechtsvorschriften der Mitgliedstaaten über die Umsatzsteuern – Gemeinsames Mehrwertsteuersystem: einheitliche steuerpflichtige Bemessungsgrundlage ist dahin auszulegen, dass die Besteuerungsgrundlage für die Lieferung von Waren, die ein Kunde aus einem Versandhauskatalog für seinen Eigengebrauch bestellt, im vollen Katalogpreis der dem Kunden verkauften Waren besteht, auch wenn der Lieferer dem Kunden einen Rabatt auf den Katalogpreis gewährt, der dem Kunden bei Zahlung der Raten an den Lieferer auf einem gesonderten Konto gutgeschrieben wird und den er sich sofort auszahlen lassen oder über den er sofort in anderer Weise verfügen kann; von dem Katalogpreis ist der genannte Rabatt abzuziehen, sobald der Kunde ihn sich auszahlen lässt oder in anderer Weise darüber verfügt.

EuGH vom 15.05.2001 – Rs. C-34/99 – Primback Ltd, DStRE 2001 S. 661: Besteuerungsgrundlage bei kreditfinanzierten Warenverkäufen ist der dem Käufer in Rechnung gestellte Kaufpreis.

Art. 11 Teil A Abs. 1 Buchst. a der Sechsten Richtlinie 77/388/EWG des Rates vom 17.5.1977 zur Harmonisierung der Rechtsvorschriften der Mitgliedstaaten über die Umsatzsteuern – Gemeinsames Mehrwertsteuersystem: einheitliche steuerpflichtige Bemessungsgrundlage (ABl. L 145, S. 1) ist in dem Sinne auszulegen, dass bei einer entgeltlichen Lieferung von Gegenständen, die folgende Merkmale aufweist:

– ein Einzelhandelsverkäufer verkauft Waren zu dem angegebenen Preis, den er dem Käufer in Rechnung stellt und der sich nicht danach ändert, ob der Käufer bar oder mittels eines Kredits zahlt;
– der Erwerb der Waren wird auf Wunsch des Käufers mit Hilfe eines für ihn zinslosen Kredits finanziert, der von einer Finanzierungsgesellschaft zur Verfügung gestellt wird, bei der es sich nicht um den Verkäufer handelt;
– die Finanzierungsgesellschaft verpflichtet sich gegenüber dem Käufer, für dessen Rechnung dem Verkäufer den angegebenen und in Rechnung gestellten Verkaufspreis zu zahlen;
– in Wirklichkeit zahlt die Finanzierungsgesellschaft dem Verkäufer nach Maßgabe von Abmachungen, die sie mit diesem getroffen hat, die jedoch dem Käufer nicht bekannt sind, einen Betrag, der niedriger ist als der angegebene und in Rechnung gestellte Preis, und
– der Käufer zahlt der Finanzierungsgesellschaft einen Betrag in Höhe des angegebenen und in Rechnung gestellten Kaufpreises zurück,

die Besteuerungsgrundlage für die Mehrwertsteuer, die auf den Verkauf der Waren entfällt, der volle vom Käufer geschuldete Betrag ist.

---

1) Siehe dazu das Vorabentscheidungsersuchen des BFH vom 05.08.1999 – V R 14/98, DStR 1999 S. 1766

§ 10

EuGH vom 29.03.2001 – Rs. C-404/99, UVR 2001 S. 297: Dem Kunden im Gesamtpreis für eine Leistung berechnete Bedienungszuschläge – Besteuerungsgrundlage für die Leistung – Vertragsverletzungsverfahren.

Die Französische Republik hat dadurch gegen ihre Verpflichtungen aus den Artikeln 2 Nr. 1 und 11 Teil A Absatz 1 Buchstabe a der Sechsten Richtlinie 77/388/EWG des Rates vom 17. Mai 1977 zur Harmonisierung der Rechtsvorschriften der Mitgliedstaaten über die Umsatzsteuern – Gemeinsames Mehrwertsteuersystem: einheitliche steuerpflichtige Bemessungsgrundlage verstoßen, dass sie unter bestimmten Voraussetzungen erlaubt hat, dass die Preisaufschläge, die bestimmte Steuerpflichtige als Entgelt für die Bedienung in Rechnung stellen (Bedienungszuschläge), von der Besteuerungsgrundlage für die Mehrwertsteuer ausgenommen werden.

BFH vom 24.08.2000 – V R 9/00, BStBl. 2001 II S. 76: Aussonderung der nichtvorsteuerbelasteten Kosten bei der Bemessungsgrundlage für den Eigenverbrauch.

Der Eigenverbrauch i. S. von § 1 Abs. 1 Nr. 2 Satz 2 Buchst. b UStG 1991 wird nach den bei der Ausführung dieses Umsatzes entstandenen Kosten bemessen. Dafür sind nur die anteiligen, aus den Gesamtkosten abgeleiteten Kosten heranzuziehen, für die der Unternehmer zum Vorsteuerabzug berechtigt war. Der einzubeziehende Teil der Ausgaben muss zu den Gesamtausgaben im selben Verhältnis stehen wie die Dauer der tatsächlichen Verwendung des Gegenstands für unternehmensfremde Zwecke zur Gesamtdauer seiner tatsächlichen Verwendung.[1]

BFH vom 16.03.2000 – V R 16/99, BStBl. 2000 II S. 360: Umbuchungsgebühren als Teil des Entgelts.[2]

Gebühren, die eine Fluggesellschaft im Falle der Umbuchung eines Fluges von den Flugreisenden erhebt (Umbuchungsgebühren), gehören zum Entgelt der Beförderungsleistung.

EuGH vom 27.04.1999 – Rs. C – 48/97 – Kuwait Petroleum, UVR 1999 S. 219: Entgeltliche Lieferung – Rabatte und Rückvergütungen auf den Preis – Aktionen zur Verkaufsförderung durch Gutscheine, die gegen Gegenstände eingelöst werden können

1. Artikel 11 Teil A Absatz 3 Buchstabe b der Sechsten Richtlinie 77/388/EWG des Rates vom 17. Mai 1977 zur Harmonisierung der Rechtsvorschriften der Mitgliedstaaten über die Umsatzsteuern – Gemeinsames Mehrwertsteuersystem: einheitliche steuerpflichtige Bemessungsgrundlage ist so auszulegen, daß die Begriffe „Rabatte" und „Rückvergütungen" keinen Preisnachlaß in Höhe der Gesamtkosten einer Lieferung von Gegenständen umfassen können.
2. Artikel 5 Absatz 6 der Sechsten Richtlinie 77/388 ist so auszulegen, daß die Entnahme von Gegenständen durch eine Erdölgesellschaft, die an einen Treibstoffkäufer gegen Gutscheine weitergegeben werden, die er nach Maßgabe der gekauften Menge gegen Zahlung des vollen Endverkaufspreises des Treibstoffs an der Tankstelle im Rahmen einer Werbeaktion wie der des Ausgangsverfahrens erhalten hat, einer Lieferung gegen Entgelt im Sinne dieser Bestimmung gleichzustellen ist.

BFH vom 11.03.1999 – V R 78/98, UR 1999 S. 281 mit Anm. von Widmann: Bemessungsgrundlage des Eigenverbrauchs durch private Pkw-Nutzung.[3]

1. Der Eigenverbrauch durch die private Nutzung des dem Unternehmen zugeordneten Pkw ist mit den bei Ausführung dieses Umsatzes entstandenen Kosten, die zum Vorsteuerabzug berechtigt haben, zu versteuern.
2. Der Wert der Nutzungsentnahme nach § 6 Abs. 1 Nr. 4 Satz 2 EStG ist für das Umsatzsteuerrecht grundsätzlich kein geeigneter Maßstab, um diese Kosten auf die Privatfahrten und die unternehmerischen Fahrten aufzuteilen.

BFH vom 11.02.1999 – V R 46/98, BStBl. 2000 II S. 100[4]: Deponiegebühren als durchlaufende Posten

Ein Unternehmer, der Abfälle einzelner Kunden in Containern bei Mülldeponien eines Landkreises anliefert und gem. dessen Abfallsatzung als Gebührenschuldner der Deponiegebühren herangezogen wird, kann diese Deponiegebühren als durchlaufende Posten behandeln. Voraussetzung ist, daß dem Betreiber der Deponie der jeweilige Auftraggeber (als deponierungsberechtigter Abfallerzeuger) bekannt ist, z. B. aufgrund eines vom Anlieferer abgegebenen Ursprungszeugnisses/Deponieauftrags.

---

[1] Die Grundsätze dieses Urteils gelten auch für die unentgeltliche Wertabgaben gem. § 3 Abs. 9a UStG, die ab dem 01.04.1999 an die Stelle des § 1 Abs. 1 Nr. 2 Buchst. b UStG getreten sind.
[2] Siehe dazu *Widmann*, UR 2000 S. 254
[3] Siehe dazu Anlage § 010-39
[4] Siehe dazu BMF vom 11.02.2000, BStBl. 2000 I S. 360, siehe Anlage § 010-40

§ 10

FG Münster vom 16.06.1998 – 15 K 2840/96 U – rechtskräftig, EFG 1998 S. 1364: Steuerbarkeit von Zahlungen einer Gemeinde für die Durchführung von Wertstoffsammlungen.

Zahlungen durch Gemeinden an eine gemeinnützige Körperschaft, die Wertstoffsammlungen durchführt, stellen keine echten Zuschüsse, sondern Entgelte für umsatzsteuerpflichtige Leistungen dar.

FG Münster vom 12.05.1998 – 15 K 6167/97 U – rechtskräftig, EFG 1998 S. 1293: 1 v.H.-Regelung führt zur Netto-Bemessungsgrundlage beim Kfz-Eigenverbrauch.

Bei einer Schätzung der Bemessungsgrundlage des umsatzsteuerlichen Eigenverbrauchs für private Kfz-Nutzung nach der sog. 1 v. H.-Regelung stellt der um den pauschalen Abschlag für nicht mit Vorsteuer belastete Kosten verminderte Wert die Netto-Bemessungsgrundlage dar. Ist das so ermittelte Schätzungsergebnis höher als die tatsächlichen mit Vorsteuer belasteten Gesamtkosten des Kfz, ist die Bemessungsgrundlage höchstens i. H. der tatsächlichen Kosten anzusetzen.

BFH vom 08.10.1997 – XI R 8/86, BStBl. 1997 II S. 840[1]: Keine Mindestbemessungsgrundlage bei marktüblichem Entgelt.

Der Umsatz darf nicht gemäß § 10 Abs. 5 i. V. m. Abs. 4 UStG 1980 bemessen werden, wenn das vereinbarte niedrigere Entgelt marktüblich ist.

BFH vom 10.07.1997 – V R 95/96, BStBl. 1997 II S. 668[2]: Verwaltungsleistungen einer Brauerei gegen Duldung von Werbung.

1. Verpachtet eine Brauerei im Namen und für Rechnung der Hauseigentümer Gaststätten und dazugehörige Wohnungen an Gastwirte, übernimmt sie die Verwaltung der Pachtobjekte und haftet sie für pünktlichen Eingang der Pacht bis zu einem Höchstbetrag, so kann es sich um Leistungen gegen Entgelt handeln, wenn sich die Hauseigentümer gegenüber der Brauerei verpflichten, deren Werbung an ihren Häusern zu dulden, und ihrerseits die Pächter zu verpflichten, das Bier bei der Brauerei zu beziehen.
2. Ein Anhaltspunkt für die Bewertung des Entgelts können die Aufwendungen sein, die der Brauerei für die Erbringung ihrer Leistung entstanden sind.

EuGH vom 29.05.1997 – Rs.C-63/96 – Skripalle, BStBl. 1997 II S. 841[3]: Keine Anwendung der Mindestbemessungsgrundlage bei marktüblichem Entgelt.

Eine vom Rat erteilte Ermächtigung zur Einführung einer von der Sechsten Richtlinie (77/388/EWG) abweichenden Sondermaßnahme, die zur Verhütung von Steuerhinterziehungen oder -umgehungen vorsieht, daß bei entgeltlichen Leistungen zwischen einander nahestehenden Personen als Mindestbemessungsgrundlage die Ausgaben iS von Artikel 11 Teil A Absatz 1 Buchstabe c der Sechsten Richtlinie anzusetzen sind, ist insoweit nicht durch Artikel 27 dieser Richtlinie gedeckt, als das vereinbarte Entgelt marktüblich, aber niedriger als die Mindestbemessungsgrundlage ist.

BFH vom 30.01.1997 – VR 27/95, DStR 1997 S. 614: Entgelt bei nicht genehmigtem Roulettespiel.

1. Der Veranstalter nicht genehmigter Glücksspiele führt an die mit Geldeinsätzen beteiligten Spieler steuerbare und steuerpflichtige Umsätze aus.
2. Entgelt für die Zulassung zum Roulettespiel ist nur der Anteil der Spieleinsätze, der nicht wieder an die Spieler ausgeschüttet wird. Es reicht aus, wenn dies nach den Spielregeln von vornherein feststeht und kontrolliert wird.

BFH vom 20.01.1997 – VR 20/95, DStR 1997 S. 613: Ausschüttung von Startgeldern ist kein Entgelt.

Entgelt für die von einem Veranstalter eines Glücksspiels erbrachten Leistungen sind nur die vereinnahmten „Anmeldegebühren", aber nicht die im vollen Umfang an die jeweiligen Gewinner ausschreibungsgemäß ausgeschütteten „Startgelder".

BFH vom 18.12.1996 – XI R 12/96, BStBl. 1997 II S. 374: Ausscheidung von nicht vorsteuerbelasteten Kosten bei der Mindestbemessungsgrundlage.

1. Schaltet ein Kreditinstitut bei Erstellung eines Betriebsgebäudes eine Gesellschaft ein, die das Gebäude auf einem von dem Kreditinstitut erworbenen Grundstück errichtet und anschließend unter Verzicht auf die Umsatzsteuerfreiheit an das Kreditinstitut vermietet und gewährt das Kreditinstitut

---

1) Folgeurteil zu EuGH vom 29.05.1997 – Rs. C – 63/96
2) Siehe dazu *Widmann*, UR 1997 S. 470
3) Siehe dazu *Widmann*, UR 1997 S. 303 sowie BMF vom 21.11.1997, BStBl. 1997 I S. 1048 und BFH vom 08.10.1997 – XI R 8/86; siehe jetzt Abschnitt 158 Abs. 1 UStR 2000. Siehe bereits BFH-Vorabentscheidungsersuchen vom 24.06.1992 – V R 151/84, UR 1992 S. 298 mit Anm. von *Widmann*, das durch BFH-Beschluß vom 24.08.1994 – V R 151/84, zurückgenommen wurde.

§ 10

der Gesellschaft, an der es als Kommanditist beteiligt ist, ein zinsloses Darlehen zur Finanzierung der Baumaßnahme, so sind Darlehen und Vermietung getrennt zu beurteilen, soweit das Darlehen als Gesellschafterbeitrag überlassen worden ist; zwischen der Darlehensgewährung und der Vermietung besteht in diesem Fall kein innerer (synallagmatischer) Zusammenhang.

2. Bei der Ermittlung der Mindestbemessungsgrundlage sind solche Kosten auszuscheiden, bei denen kein Vorsteuerabzug möglich ist. Daher bleiben z.b. Kreditzinsen bei den Kosten, die bei der Vermietung eines Gebäudes zu ermitteln sind, außer Betracht (Anschluß an EuGH-Urteil vom 25. Mai 1993 Rs. C–193/91, BStBl. II 1993, 812).

3. Bei der Einbeziehung der auf die Dauer der Nutzung entfallenden AfA in Zusammenhang mit der Anwendung des § 10 Abs. 4 und 5 UStG 1980 steht es dem Unternehmer frei, welche der ertragsteuerlich zulässigen Methoden er für die Kostenermittlung zugrunde legt (so auch Abschn. 158 Abs. 3 UStR 1996).

4. Bei der Beurteilung des Mißbrauchs von Gestaltungsmöglichkeiten des Rechts sind die von der Rechtsprechung entwickelten Grundsätze zur „Vorschaltung" von Ehegatten auf die Vorschaltung von Gesellschaften entsprechend anzuwenden.

EuGH vom 24.10.1996 – Rs. C-317/94 – Elida Gibbs, BStBl. 2004 II S. 324, UR 1997 S. 265[1]**:** Preisnachlaß-Gutscheine.

1. Art. 11 Teil A Abs. 1 Buchst. a und Teil c Abs. 1 Sechste USt-Richtlinie ist dahin auszulegen, daß dann, wenn ein Hersteller einen Preisnachlaßgutschein ausgibt, der zu dem auf dem Gutschein angegebenen Betrag beim Hersteller oder auf dessen Kosten zugunsten des Einzelhändlers einlösbar ist, wenn der Gutschein, der im Zuge einer Verkaufsförderungsaktion an einen potentiellen Kunden ausgegeben wird, beim Kauf eines bestimmten Artikels durch den Kunden von dem Einzelhändler angenommen werden darf, wenn der Hersteller diesen Artikel zum „Erstlieferantenpreis" unmittelbar an den Einzelhändler verkauft hat und wenn dieser den Gutschein beim Verkauf des Artikels an den Kunden annimmt, ihn dem Hersteller vorlegt und den angegebenen Betrag erhält, die Besteuerungsgrundlage der Herstellerpreis abzüglich des auf dem Gutschein angegebenen und erstatteten Betrages ist. Dies gilt auch dann, wenn der Hersteller die Artikel zuerst an einen Großhändler statt unmittelbar an einen Einzelhändler geliefert hat

2. Art. 11 Teil A Abs. 1 Buchst. a und Teil C Abs. 1 Sechste USt-Richtlinie ist dahin auszulegen, daß dann, wenn der Hersteller im Zuge einer Verkaufsförderungsaktion Artikel zum Herstellerpreis unmittelbar an einen Einzelhändler verkauft, wenn ein Preiserstattungsgutschein für einen auf der Verpackung dieser Artikel angegebenen Betrag den Kunden, der den Kauf eines dieser Artikel nachweist und die anderen auf dem Gutschein abgedruckten Bedingungen erfüllt, das Recht gibt, ihn dem Hersteller vorzulegen und dafür den angegebenen Betrag zu erhalten, und wenn ein Kunde einen derartigen Artikel von einem Einzelhändler kauft, den Gutschein dem Hersteller vorlegt und den angegebenen Betrag erhält, die Besteuerungsgrundlage der Herstellerpreis abzüglich des auf dem Gutschein angegebenen und erstatteten Betrags ist. Das gilt auch dann, wenn der Hersteller die Artikel zuerst an einen Großhändler statt unmittelbar an einen Einzelhändler geliefert hat.

EuGH vom 24.10.1996 – Rs. C-288/94 – Argos, HFR 1997 S. 113[2]**:** Preisnachlaß-Gutscheine.

Art. 11 Teil A Abs. 1 Buchst. a Sechste USt-Richtlinie ist in einem Fall, in dem ein Lieferant an einen Erwerber einen Gutschein unter Gewährung eines Rabatts mit dem Versprechen verkauft hat, diesen Gutschein später beim Kauf von Waren durch einen Kunden, der nicht der Erwerber des Gutscheins war und der normalerweise den tatsächlichen, vom Lieferanten beim Verkauf des Gutscheins verlangten Preis nicht kennt, zu seinem Nennwert als vollständige oder teilweise Bezahlung anzunehmen, dahin auszulegen, daß die durch den Gutschein gebildete Gegenleistung der Betrag ist, den der Lieferant beim Verkauf des Gutscheins tatsächlich erhalten hat.

BFH vom 11.10.1996 – V B 66/96, UVR 1997 S. 137: Einheitswert gilt nicht für die Umsatzsteuer.

Läßt ein Apotheker aus unternehmerischen Gründen im Nachbarhaus eine Fahrstuhlanlage einbauen und ist hierin eine entgeltliche Lieferung des Fahrstuhls gegen Überlassung von Nutzung an dem Nachbarhaus zu sehen, so kann den Grundsätzen des BFH-Urteils vom 24.11.1992 V R 80/87 (BFH/NV 1993, 634) nicht entnommen werden, daß für die Bewertung der Nutzungen vom Einheitswert auszugehen sei. Wie sich aus § 1 Abs. 1, § 17 Abs. 1 BewG 1974 eindeutig ergibt, gilt der Einheitswert nicht für die Umsatzsteuer (gegen FG Nürnberg Urt. vom 8.11.1994 II 49/93, EFG 1995, 545).

---
1) Siehe dazu *Weiß*, UR 1997 S. 269. Beachte jetzt Abschn. 224 UStR
2) Vgl. auch Abschn. 224 UStR

§ 10

BFH vom 11.04.1996 – V B 133/95, UR 1996 S. 337: Private Pkw-Nutzung-Schätzung der Bemessungsgrundlage.

1. Es ist rechtsgrundsätzlich geklärt, daß die private Pkw-Nutzung eines betrieblichen Pkw mit den auf die unternehmensfremde Verwendung entfallenden Kosten zu besteuern ist und dabei diejenigen Kosten auszuscheiden sind, bei denen kein Vorsteuerabzug möglich war.
2. Wird demgemäß die Bemessungsgrundlage des Eigenverbrauchs im Schätzungsweg mit 12 v. H. der Anschaffungskosten angesetzt (sog. 1 %-Regelung des § 6 Abs. 1 Nr. 4 EStG), kann der Unternehmer wegen der nicht vorsteuerbelasteten Kosten einen pauschalen Abschlag von der Bemessungsgrundlage nach Abschn. I Abs. 2 des BMF-Schreibens vom 21.2.1996 (BStBl. I 1996, 151 = UR 1996, 136) vornehmen; auch insoweit liegt eine durch den BFH klärungsbedürftige Frage nicht mehr an.

BFH vom 21.03.1996 – XI R 36/95, BStBl. 1996 II S. 399: Bemessungsgrundlage bei Geldspielgeräte-Umsätzen – Keine Änderung bestandskräftiger Steuerbescheide.[1)]

Im Hinblick auf das EuGH-Urteil vom 5. Mai 1994 C-38/93 (EuGHE 1994, I-1679, BStBl. 1994 II, 548), demzufolge bei Geldspielgeräten der Teil der Spieleinsätze, der den an die Spieler ausgezahlten Gewinnen entspricht, nicht zur Bemessungsgrundlage gehört, kommt eine Änderung bereits bestandskräftiger Umsatzsteuer-Bescheide nicht in Betracht.

Die sog. Emmott'sche Fristenhemmung setzt voraus, daß die entsprechende Richtlinie nicht ordnungsgemäß in nationales Recht umgesetzt worden und die Geltendmachung des Anspruchs unzumutbar erschwert oder versperrt war.

BFH vom 28.06.1995 – XI R 66/94, DStR 1995 S. 1711: Reisezuwendung als Preisnachlaß; Eigenverbrauch bei unfallbedingtem Ausscheiden eines Pkw in Höhe des nichtunternehmerischen Nutzungsanteils.

1. Die Zuwendung eines Lieferanten an einen Abnehmer als Belohnung für Warenbezüge in einer bestimmten Größenordnung begründet regelmäßig keinen besonderen Leistungsaustausch. Sie kann jedoch als Preisnachlaß durch den Lieferanten zu behandeln sein (Anschluß an das Senatsurt. vom 9.11.1994, XI R 81/92, BStBl. 1995 II, 277, DStR 1995, 486).
2. Die Verwendung eines betrieblichen Kraftfahrzeugs mit Unfallfolge führt nicht zur Erfassung der vollen durch den Unfall verursachten Kosten als Eigenverbrauch gem. § 1 Abs. 1 Nr. 2 Buchst. b UStG 1980. Diese gehen vielmehr in die Gesamtkosten als Bemessungsgrundlage für den Eigenverbrauch nach Maßgabe des Anteils der nichtunternehmerischen Verwendung ein (Bestätigung des BFH vom 28.2.1980, V R 138/72, BStBl. 1980 II, 309).

BFH vom 11.05.1995 – V R 86/93, BStBl. 1995 II S. 613: Mahngebühren einer ärztlichen Verrechnungsstelle.

1. Mahngebühren, die eine ärztliche Verrechnungsstelle im Rahmen der treuhänderischen Einziehung der Honorare für die Ärzte von den Honorarschuldnern erhebt und behält, gehören bei ihr zum Entgelt für die Einziehungsleistung.
2. Einziehung von Forderungen durch Inkassounternehmer war auch vor der Regelung in § 4 Nr. 8 Buchst. c UStG in der ab 1. Juli 1990 geltenden Fassung kein steuerfreier Umsatz.

Niedersächsisches FG vom 09.02.1995 – V 89/93 – rechtskräftig, EFG 1995 S. 640: Keine Bindung der umsatzsteuerlichen Bemessungsgrundlage für den Eigenverbrauch an einkommensteuerliche Abschreibungsmöglichkeiten.

Für die Bemessungsgrundlage des Verwendungseigenverbrauchs bei privater Nutzung eines Pkw ist die einkommensteuerrechtliche Inanspruchnahme der halben Jahres-AfA auf der Grundlage des Abschn. 44 Abs. 2 Satz 2 EStR ohne Bedeutung.

BFH vom 08.09.1994 – V R 46/92, BStBl. 1994 II S. 957: Entgelt bei Leistungen eines Grundbesitzervereins an seine Mitglieder.

Erbringt ein Haus- und Grundbesitzerverein steuerpflichtige Leistungen durch Rechtsberatung und Prozeßvertretung seiner Mitglieder gegen ein nicht kostendeckendes Sonderentgelt, so ist der zur Kostendeckung erforderliche Teil der Mitgliedbeiträge kein weiteres Entgelt i. S. des § 10 Abs. 1 UStG 1973/1980. Seit Inkrafttreten des § 10 Abs. 4 und 5 UStG 1980 werden die Umsätze in diesem Fall aber nach den Kosten bemessen.

---

1) Bestätigt durch BVerfG-Beschluss vom 23.12.1996 – 2 BvR 1335/96, UVR 1997 S. 137

§ 10

BFH vom 28.07.1994 – V R 27/92, BFH/NV 1995 S. 550: Druckkostenzuschüsse als Entgelt.

Zuschußzahlungen sind – unabhängig von der Bezeichnung – Entgelt für steuerbare Leistungen des Zahlungsempfängers an den Zahlenden, wenn aufgrund der Vereinbarung zwischen Zahlendem und Zahlungsempfänger ersichtlich ist, daß der Zahlung ein Tätigkeitsauftrag zugrundeliegt, der Zahlungsempfänger also einer vertraglichen Verpflichtung gegenüber dem Zahlenden nachkommt. Dieses ist nicht der Fall, wenn ein Verleger ein Buch – ohne hierzu beauftragt zu sein – selbst zusammenstellt und herausgibt und von einem Verein sog. Druckkostenzuschüsse erhält.

EuGH vom 02.06.1994 – Rs. C-33/93 – Empire Store, BB 1994 S. 1621: Bemessungsgrundlage bei tauschähnlichen Umsätzen.

Die Besteuerungsgrundlage für einen Artikel, den ein Lieferer ohne Zuzahlung an eine Person liefert, die sich selbst oder eine andere Person als potentielle neue Kundin vorstellt, ist nach Art. 11 Teil A Abs. 1 Buchstabe a der 6. USt-RL eine andere als die Besteuerungsgrundlage für diejenigen Gegenstände, die von der neuen Kundin bei demselben Lieferer gekauft werden; sie entspricht dem Kaufpreis, den der Lieferer für den Erwerb dieses Artikels gezahlt hat.

EuGH vom 05.05.1994 – Rs. C-38/93 – Glawe, BStBl. 1994 II S. 548: Bemessungsgrundlage bei Geldspielgeräten.

Artikel 11 Teil A Absatz 1 Buchstabe a der Sechsten Richtlinie 77/388/EWG des Rates vom 17. Mai 1977 zur Harmonisierung der Rechtsvorschriften der Mitgliedstaaten über die Umsatzsteuern – Gemeinsames Mehrwertsteuersystem: einheitliche steuerpflichtige Bemessungsgrundlage, ist dahin auszulegen, daß bei Geldspielautomaten mit Gewinnmöglichkeit der gesetzlich zwingend festgelegte Teil der Gesamtheit der Spieleinsätze, der den an die Spieler ausgezahlten Gewinnen entspricht, nicht zur Besteuerungsgrundlage gehört.

BFH vom 04.05.1994 – XI R 58/93, BStBl. 1994 II S. 589: Vertragsstrafe keine Entgeltsminderung.

Durch Zahlung einer Vertragsstrafe wegen nicht rechtzeitiger Erfüllung des vertraglichen Leistungsversprechens wird das Entgelt nach § 10 Abs. 1 UStG 1980 nicht gemindert.

BFH vom 22.10.1993 – V B 54/93, UVR 1994 S. 53: Zuschuß zur Herausgabe einer Zeitung.

Ein steuerfreier Zuschuß und damit kein Entgelt liegt vor, wenn die Zahlung aus bestimmten strukturpolitischen, volkswirtschaftlichen und oder allgemein politischen Gründen erfolgt. Demgegenüber sind Zahlungen eines Dritten zusätzliches Entgelt für eine vom Leistungsempfänger in Anspruch genommene Leistung, wenn der Leistungsempfänger auf die Zahlung einen Rechtsanspruch hat, die Zahlung an ihn in Erfüllung einer öffentlich-rechtlichen Verpflichtung oder überwiegend in seinem Interesse geleistet wird.

EuGH vom 25.05.1993 – Rs. C-18/92 – Bally, UVR 1993 S. 275: Besteuerungsgrundlage bei Kauf mit Kreditkarte.

Art. 11 Teil A Abs. 1 Buchstabe a der Sechsten Richtlinie ist dahin auszulegen, daß, wenn im Rahmen eines Verkaufs der Ware vom Käufer mittels einer Kreditkarte beglichen und vom Aussteller der Karte nach Abzug eines Prozentsatzes als Provision, die das Entgelt für seine dem Verkäufer erbrachte Dienstleistung darstellt, an letzteren gezahlt worden ist, dieser einbehaltene Betrag in die Besteuerungsgrundlage für die Steuer einzubeziehen ist, die der steuerpflichtige Verkäufer an den Fiskus entrichten muß.

BFH vom 24.06.1992 – V R 60/88, BStBl. 1992 II S. 986: Einheitliches Entgelt.

Veräußert ein Unternehmer einen Teil seines Betriebsgrundstücks zur Vermeidung einer Enteignung, sind neben dem Kaufpreis auch die Entschädigung für eine Betriebseinschränkung auf dem Restgrundstück und die Vergütung für den Abbruch von Gebäuden auf dem veräußerten Grundstücksteil Entgelt für eine einheitliche, unter das GrEStG fallende, nach § 4 Nr. 9 Buchst. a UStG 1980 umsatzsteuerfreie Leistung (Abgrenzung zum BFH-Urteil vom 10. Februar 1972 – V R 119/68, BFHE 105, 75, BStBl. II 1972, 403).

BFH vom 10.05.1990 – V R 47/86, BStBl. 1990 II S. 757: Verteilt eine Kartoffelgemeinschaftsbrennerei (GbR) gemäß dem Gesellschaftsvertrag den gesamten festgestellten Gewinn je Geschäftsjahr an ihre Gesellschafter nach der Menge der jeweils gelieferten Kartoffeln (bzw. des Stärkegehalts), so handelt es sich – unabhängig von der Bezeichnung als Gewinnverteilung – umsatzsteuerrechtlich um Entgelt für die Lieferungen der Gesellschafter an die GbR. Ob das ausgeschüttete Entgelt über dem marktüblichen Preis für Stärkekartoffeln liegt, ist unerheblich.

§ 10

FG Rheinland-Pfalz vom 02.04.1990 – 5 K 3092/89 – rechtskräftig, EFG 1990 S. 599: Wert der Gegenleistung bei Brauereidarlehen.
1. Bei einem sog. Brauereidarlehen liegt ein Leistungsaustausch vor (Anschluß an FG Baden-Württemberg, Urteil vom 21. Mai 1981 X (VIII) 597/78, EFG 1982, 48).
2. Der Wert der Gegenleistung der Brauerei besteht nicht im Nennbetrag des Darlehens, sondern im zinsfreien Nutzungsvorteil des Darlehens.
3. Zwar könnte auch die Höhe der jeweiligen Abschreibung entgegen der Meinung der Finanzverwaltung (DStZ 1959, 187) an sich die Gegenleistung darstellen, darin läge dann aber ein Preisnachlaß in entsprechender Höhe (Anschluß an FG Baden-Württemberg, EFG 1982, 48).

EuGH vom 27.03.1990 – Rs. C-126/88 – Boots Company, UR 1991 S. 204: Verminderung der Gegenleistung bei Warenverkäufen unter Erteilung von Rabattmarken.
Artikel 11 Teil A Absatz 3 Buchstabe b der Sechsten USt-Richtlinie (EWG) ist dahin auszulegen, daß der Ausdruck „die Rabatte und Rückvergütungen auf den Preis, die dem Arbeitnehmer ... eingeräumt werden und die er zu dem Zeitpunkt erhält, zu dem der Umsatz bewirkt wird", den Unterschied erfaßt, der zwischen dem gewöhnlichen Einzelhandelspreis der gelieferten Waren und dem von dem Einzelhändler für diese Waren tatsächlich erhaltenen Geldbetrag besteht, wenn der Einzelhändler vom Kunden einen Gutschein annimmt, den er diesem bei einem früheren Kauf zum gewöhnlichen Einzelhandelspreis ausgehändigt hat.

BFH vom 08.03.1990 – V R 67/89, BStBl. 1990 II S. 708: Abgrenzung von echten Zuschüssen gegen zusätzliches Entgelt bei Frachthilfen (§ 10 Abs. 1 UStG).
Frachthilfen i. S. des § 2 Nr. 2 ZRFG bezwecken die Subventionierung von Unternehmern im Zonenrandfördergebiet. Sog. Versendungsfrachthilfen sind daher kein zusätzliches Entgelt i. S. des § 10 Abs. 1 Satz 3 UStG 1980 für die Lieferungen der Unternehmer.

BFH vom 10.08.1989 – V R 154/84, BFH/NV 1990 S. 398: Abgrenzung von Entgelt und Zuschuß.
Die von den Gesellschafter-Gemeinden und dem Landkreis an die privatrechtliche Wirtschaftsförderungsgesellschaft des Kreises geleisteten Zinszuschüsse sind Entgelte für steuerbare und steuerpflichtige Leistungen.

BGH vom 22.05.1989 – X ZR 25/88, UR 1990 S. 128: Auslegung eines Vergleichs über Schadensersatzforderung bzgl. Berücksichtigung der Umsatzsteuer (§ 10 UStG).
Schließen zwei Unternehmer einen Vergleich über den von einer Seite geltend gemachten Schadensersatzanspruch und gehen sie dabei von einem bestimmten Schadensersatzanspruch ohne Mehrwertsteuer aus, ist der Vergleich grundsätzlich dahingehend auszulegen, daß der Schädiger diesen Betrag ohne Hinzurechnung der auf ihn entfallenden Umsatzsteuer schuldet.

EuGH vom 23.11.1988 – Rs. 230/87 – Naturally Yours Cosmetics Ltd, UR 1990 S. 307 (mit Anm. von Weiß): Zusätzliches Entgelt – Erhöhung des Warenpreises um Wert der Dienstleistung des Abnehmers.
Wenn ein Lieferant (der „Großhändler") Gegenstände (den „Anreiz") einem Dritten (dem „Einzelhändler") für eine in Geld bestehende Gegenleistung (einen Geldbetrag) liefert, die niedriger ist als die, für die er dem Einzelhändler die gleichen Gegenstände zum Weiterverkauf an den Verbraucher liefert, und wenn sich der Einzelhändler verpflichtet hat, den Anreiz einzusetzen, um eine andere Person dazu zu bewegen, eine Party zu veranstalten – oder sie für eine solche Veranstaltung zu belohnen –, bei der andere Produkte des Großhändlers den Teilnehmerinnen vom Einzelhändler zum beiderseitigen Nutzen verkauft werden können, wobei der Anreiz, falls eine solche Party nicht zustande kommt, entweder an den Lieferanten zurückgegeben oder mit dem Großhandelspreis bezahlt werden muß, so ist die Besteuerungsgrundlage nach Artikel 11 Teil A Absatz 1 Buchstabe b der Sechsten Richtlinie des Rates zur Harmonisierung der Rechtsvorschriften der Mitgliedstaaten über die Umsatzsteuern die Summe aus der Gegenleistung in Geld und dem Wert der Dienstleistung des Einzelhändlers, die darin besteht, den Anreiz zur Gewinnung oder zur Belohnung von Leistungen eines Dritten zu verwenden; als Wert dieser Dienstleistungen ist der Unterschied zwischen dem tatsächlich für den Gegenstand gezahlten Preis und dem üblichen Großhandelspreis anzusehen.

BFH vom 06.10.1988 – V R 101/85, UR 1989 S. 243: Eingliederungshilfe für Behinderte – Gegenleistung bei Behindertenwerkstatt – Begünstigung nach § 4 Nr. 18 UStG 1980 (§ 4 Nr. 18, § 10 Abs. 1 UStG 1980).
1. Die Zahlungen von Eingliederungshilfe an eine Behinderteneinrichtung sind auch ab 1980, dem Zeitpunkt der nunmehrigen Abgeltung durch die BfA gemäß § 58 AFG, Gegenleistung für eine

§ 10

Betreuungsleistung, auf die die Behinderten einen Rechtsanspruch haben (Anschluß an BFH-Urteil vom 15.6.1988 – V R 137/83 –, UR 1989, 241).[1]

2. Die Anerkennung als Unternehmer i. S. des § 4 Nr. 18 UStG 1980 setzt nicht nur voraus, daß nach der Satzung eine Tätigkeit der freien Wohlfahrtspflege ausgeübt wird, sondern auch, daß eine rechtliche Anbindung an einen der amtlich anerkannten Wohlfahrtsverbände gegeben ist (Anschluß an BFH-Urteil vom 15.6.1988 a.a.O).[2]

BFH vom 19.05.1988 – V R 102/83, UR 1988 S. 356: Baukostenzuschüsse sind Mietzins – Versteuerung pro rata temporis (§ 10 Abs. 1, § 13 Abs. 1 UStG).

1. „Verlorene Baukostenzuschüsse" bei Mietverträgen mit vereinbarter Mindestlaufzeit sind regelmäßig vorausgezahltes Entgelt für die Vermietungsleistung.
2. Die Bemessungsgrundlage (auch) für Teilleistungen (§ 13 Abs. 1 Buchst. a Satz 3 UStG 1967/1973) ergibt sich aus § 10 Abs. 1 UStG 1967/1973, Mietvorauszahlungen sind danach anteilig neben dem vereinbarten laufenden Mietzins als Entgelt für die (monatlichen/jährlichen) „Teile" einer auf bestimmte Zeit vereinbarten Vermietungsleistung zu erfassen.

BFH vom 20.04.1988 – X R 50/81, UR 1989 S. 189: Abgrenzung von Entgeltsminderung zugunsten Franchisenehmer gegen Entgeltszahlung an Franchisegeber – Zentralregulierer – (§ 10 Abs. 1 UStG).

Vereinbart ein Möbelhersteller mit einer Möbelgroßeinkaufsgesellschaft, deren Gesellschafter (Möbeleinzelhändler) mit Möbel zu beliefern, die unter einem bestimmten Markenzeichen auf den Markt gebracht werden, und muß der Möbelhersteller einen bestimmten Prozentsatz der Verkaufserlöse aus den Verkäufen an die Gesellschafter an den Möbelgroßeinkauf abführen, der die Zentralregulierung, die Werbung für das Markenzeichen und die wirtschaftlichen Vorteile des Möbelherstellers aus dem Anschluß an diese Vertriebsorganisation abgelten soll, liegen keine Entgeltsminderungen bezüglich der Möbelumsätze an die Einzelhändler vor, sondern Entgeltsaufwendungen für besondere Leistungen des Möbelgroßeinkaufs, die dem Hersteller zugute kommen[3].

BFH vom 20.04.1988 – X R 3/82, BStBl. 1988 II S. 792: Abgrenzung Zuschuß – Leistungsaustausch.

Ein umsatzsteuerrechtlicher Leistungsaustausch setzt eine zielgerichtete, konkrete Leistung voraus. Daran fehlt es in der Regel, wenn eine Gesellschaft Geldmittel nur erhält, damit sie in die Lage versetzt wird, sich in Erfüllung ihres Gesellschaftszwecks zu betätigen.

BFH vom 09.12.1987 – X R 39/81, BStBl. 1988 II S. 471: Abgrenzung Leistungsentgelt gegen echten Zuschuß (§ 1 Abs. 1 Nr. 1, § 10 Abs. 1 UStG).

Zahlungen zur Durchführung eines bestimmten Forschungsvorhabens werden dann im Rahmen eines umsatzsteuerrechtlichen Leistungsaustausches für eine Leistung – und nicht etwa als echter Zuschuß – erbracht, wenn der Zahlende aufgrund der jeweils geltenden Abreden einen rechtlich durchsetzbaren Anspruch auf Durchführung des Forschungsvorhabens erworben hat. Wem das Vorhaben in erster Linie nützt, ist nicht allein entscheidend.

BFH vom 12.11.1987 – V B 52/86, BStBl. 1988 II S. 156: Übernahme einer Baulast gegen Darlehen – Nutzung des Darlehens als Entgelt – Bewertung.

1. Steuerbarer Umsatz durch Übernahme einer Baulast gegen ein Darlehen zu marktunüblich niedrigen Zinsen.
2. Zum Wert des anderen Umsatzes bei tauschähnlichen Umsätzen.

BFH vom 09.04.1987 – V R 134/78, UR 1988 S. 250: Geförderte Erschließungstätigkeit nach dem StBauFG (§ 1 Abs. 1 Nr. 1, § 10 UStG).

Errichtet eine Bauherrengemeinschaft ein Wohn- und Geschäftshaus und erhält sie für die dem öffentlichen Verkehr zugänglichen Verkehrsflächen eine Zuwendung nach § 41 Städtebauförderungsgesetz, handelt es sich bei dieser Zuwendung aus öffentlichen Mitteln nicht um ein Entgelt von dritter Seite, welches die Bauherrengemeinschaft bei der Weiterberechnung der von ihr empfangenen Bauleistungen an die einzelnen Bauherren (nach Maßgabe ihres Eigentumsanteils) anteilsmäßig bei Berechnung der Bemessungsgrundlage berücksichtigen müßte. Vielmehr hat die Bauherrengemeinschaft gegenüber der Gemeinde eine dieser obliegende Erschließungstätigkeit entfaltet, der die Zuwendung nach § 41 StBauFG als Gegenleistung gegenübersteht.[4]

---

1) Leitsätze nicht amtlich (aus UR)
2) Leitsatz nicht amtlich (aus UR)
3) Leitsatz nicht amtlich (aus UR)
4) Leitsatz nicht amtlich (aus UR)

§ 10

EuGH vom 01.07.1982 – Rs. 222/81 – Bausystem, UR 1982 S. 159 (mit Anm.)[1]: Neubestimmung des Entgeltsbegriffs im UStG, Verzugszinsen kein Entgelt i. S. des § 10 UStG.

Die Besteuerungsgrundlage nach Artikel 8 Abs. 1 Buchst. a der 2. USt-Richtlinie (EWG) umfaßt nicht die Zinsen, die einem Unternehmer durch gerichtliche Entscheidung deswegen zuerkannt werden, weil die Zahlung des Gegenwerts der Dienstleistung nicht bei Fälligkeit erbracht worden ist.

Vgl. hierzu auch OLG Frankfurt/M. Urteil vom 1.12.1982 – 17 U 22/82; rechtskräftig; BB 1982 S. 2136:

1. Die bisherige Einbeziehung von gesetzlichen Verzugszinsen in die Bemessungsgrundlage für die Mehrwertsteuer nach § 10 Abs. 1 Satz 2 UStG 1967/1980 widerspricht EG-Recht.

2. Der Gläubiger kann deshalb von seinem Schuldner nicht mehr gemäß §§ 288 Abs. 2, 286 BGB als weiteren Verzugsschaden Mehrwertsteuer auf geschuldete Verzugszinsen verlangen.

---

[1] Siehe dazu Abschnitt 29a UStR

§ 11

§ 11 Bemessungsgrundlage für die Einfuhr

(1) Der Umsatz wird bei der Einfuhr (§ 1 Abs. 1 Nr. 4) nach dem Wert des eingeführten Gegenstandes nach den jeweiligen Vorschriften über den Zollwert bemessen.

(2) Ist ein Gegenstand ausgeführt, in einem Drittlandsgebiet für Rechnung des Ausführers veredelt und von diesem oder für ihn wieder eingeführt worden, so wird abweichend von Absatz 1 der Umsatz bei der Einfuhr nach dem für die Veredelung zu zahlenden Entgelt oder, falls ein solches Entgelt nicht gezahlt wird, nach der durch die Veredelung eingetretenen Wertsteigerung bemessen. Das gilt auch, wenn die Veredelung in einer Ausbesserung besteht und anstelle eines ausgebesserten Gegenstandes ein Gegenstand eingeführt wird, der ihm nach Menge und Beschaffenheit nachweislich entspricht. Ist der eingeführte Gegenstand vor der Einfuhr geliefert worden und hat diese Lieferung nicht der Umsatzsteuer unterlegen, so gilt Absatz 1.

(3) Dem Betrag nach Absatz 1 oder 2 sind hinzuzurechnen, soweit sie darin nicht enthalten sind:

1. [1] die im Ausland für den eingeführten Gegenstand geschuldeten Beträge an Eingangsabgaben, Steuern und sonstigen Abgaben;
2. [2] die auf Grund der Einfuhr im Zeitpunkt des Entstehens der Einfuhrumsatzsteuer auf den Gegenstand entfallenden Beträge an Einfuhrabgaben im Sinne des Artikels 4 Nr. 10 der Verordnung (EWG) Nr. 2913/92 des Rates zur Festlegung des Zollkodex der Gemeinschaften vom 12. Oktober 1992 (ABl. EG Nr. L 302 S. 1) in der jeweils geltenden Fassung und an Verbrauchsteuern außer der Einfuhrumsatzsteuer, soweit die Steuern unbedingt entstanden sind;
3. [3] die auf den Gegenstand entfallenden Kosten für die Vermittlung der Lieferung und die Kosten der Beförderung sowie für andere sonstige Leistungen bis zum ersten Bestimmungsort im Gemeinschaftsgebiet;
4. [4] die in Nummer 3 bezeichneten Kosten bis zu einem weiteren Bestimmungsort im Gemeinschaftsgebiet, sofern dieser im Zeitpunkt des Entstehens der Einfuhrumsatzsteuer bereits feststeht.

(4) Zur Bemessungsgrundlage gehören nicht Preisermäßigungen und Vergütungen, die sich auf den eingeführten Gegenstand beziehen und die im Zeitpunkt des Entstehens der Einfuhrumsatzsteuer feststehen.

(5) Für die Umrechnung von Werten in fremder Währung gelten die entsprechenden Vorschriften über den Zollwert der Waren, die in Rechtsakten des Rates oder der Kommission der Europäischen Gemeinschaften festgelegt sind.

Vorgaben im EG-Recht

USt-Recht	MwStSystRL
§ 11 Abs. 1 UStG	Artikel 85
§ 11 Abs. 2 UStG	Artikel 88
§ 11 Abs. 3 UStG	Artikel 86
§ 11 Abs. 4 UStG	Artikel 87
§ 11 Abs. 5 UStG	Artikel 91 Abs. 1

---

1) Fassung ab 01.01.2004
2) Gilt ab 01.01.2000
3) Gilt ab 01.01.1996
4) Gilt ab 01.01.1996

§ 11

Rechtsprechungsauswahl

BFH vom 10.03.1992 – VII R 34/91, HFR 1992 S. 421: Wertbemessung bei Disketten mit gespeicherter Übersetzung und schriftlicher Übersetzung in eine andere Sprache.

1. Für die Bemessung des Zollwerts und des Einfuhrumsatzsteuerwerts bei eingeführten Disketten, auf denen ein in eine andere Sprache übersetzter Text gespeichert ist, ist der gesamte für die Diskette mit der Übersetzung gezahlte Preis zugrunde zu legen.

2. Bei der Einfuhr schriftlicher Übersetzungen ist für die Bemessung des Einfuhrumsatzsteuerwerts das für den Erwerb der Übersetzung gezahlte Entgelt zugrunde zu legen.

Vierter Abschnitt
Steuer und Vorsteuer

§ 12 Steuersätze

(1) Die Steuer beträgt für jeden steuerpflichtigen Umsatz neunzehn[1)] vom Hundert der Bemessungsgrundlage (§§ 10, 11, 25 Abs. 3 und § 25a Abs. 3 und 4).

(2) Die Steuer ermäßigt sich auf sieben vom Hundert für die folgenden Umsätze:

1. [2)]die Lieferungen, die Einfuhr und den innergemeinschaftlichen Erwerb der in der Anlage 2 bezeichneten Gegenstände;
2. [3)]die Vermietung der in der Anlage 2 bezeichneten Gegenstände;
3. die Aufzucht und das Halten von Vieh, die Anzucht von Pflanzen und die Teilnahme an Leistungsprüfungen der Tiere;
4. die Leistungen, die unmittelbar der Vatertierhaltung, der Förderung der Tierzucht, der künstlichen Tierbesamung oder der Leistungs- und Qualitätsprüfung in der Tierzucht und in der Milchwirtschaft dienen;
5. (weggefallen)
6. [4)]die Leistungen aus der Tätigkeit als Zahntechniker sowie die in § 4 Nr. 14 Satz 4 Buchstabe b bezeichneten Leistungen der Zahnärzte;
7. a) [5)]die Eintrittsberechtigung für Theater, Konzerte und Museen, sowie die den Theatervorführungen und Konzerten vergleichbaren Darbietungen ausübender Künstler,
   b) [6)]die Überlassung von Filmen zur Auswertung und Vorführung sowie die Filmvorführungen, soweit die Filme nach § 6 Abs. 3 Nr. 1 bis 5 des Gesetzes zum Schutze der Jugend in der Öffentlichkeit oder nach § 14 Abs. 2 Nr. 1 und 5 des Jugendschutzgesetzes vom 23. Juli 2002 (BGBl. I S. 2730, 2003 I S. 476) in der jeweils geltenden Fassung gekennzeichnet sind oder vor dem 1. Januar 1970 erstaufgeführt wurden,
   c) die Einräumung, Übertragung und Wahrnehmung von Rechten, die sich aus dem Urheberrechtsgesetz ergeben,
   d) die Zirkusvorführungen, die Leistungen aus der Tätigkeit als Schausteller sowie die unmittelbar mit dem Betrieb der zoologischen Gärten verbundenen Umsätze;
8. a) [7)]die Leistungen der Körperschaften, die ausschließlich und unmittelbar gemeinnützige, mildtätige oder kirchliche Zwecke verfolgen (§§ 51 bis 68 der Abgabenordnung). Das gilt nicht für Leistungen, die im Rahmen eines wirtschaftlichen Geschäftsbetriebes ausgeführt werden. Für Leistungen, die im Rahmen eines Zweckbetriebs ausgeführt werden, gilt Satz 1 nur, wenn der Zweckbetrieb nicht in erster Linie der Erzielung zusätzlicher Einnahmen durch die Ausführung von Umsätzen dient, die in unmittelbarem Wettbewerb mit dem allgemeinen Steuersatz unterliegenden Leistungen anderer Unternehmer ausgeführt werden, oder wenn die Körperschaft mit diesen Leistungen ihrer in den §§ 66 bis 68 der Abgabenordnung bezeichneten Zweckbetriebe ihre steuerbegünstigten satzungsgemäßen Zwecke selbst verwirklicht,
   b) die Leistungen der nichtrechtsfähigen Personenvereinigungen und Gemeinschaften der in Buchstabe a Satz 1 bezeichneten Körperschaften, wenn diese Leistungen, falls die Körperschaften sie anteilig selbst ausführten, insgesamt nach Buchstabe a ermäßigt besteuert würden;

---
1) Ab 01.01.2007; vom 01.04.1998 – 31.12.2006: sechzehn
2) Fassung ab 01.01.2004
3) Fassung ab 01.01.2004
4) Fassung ab 01.04.1999
5) Fassung ab 16.12.2004
6) Fassung ab 01.04.2003
7) Fassung ab 19.12.2006

§ 12

9. die unmittelbar mit dem Betrieb der Schwimmbäder verbundenen Umsätze sowie die Verabreichung von Heilbädern. Das gleiche gilt für die Bereitstellung von Kureinrichtungen, soweit als Entgelt eine Kurtaxe zu entrichten ist;
10. [1] a) die Beförderungen von Personen mit Schiffen,
    b) die Beförderungen von Personen im Schienenbahnverkehr, im Verkehr mit Oberleitungsomnibussen, im genehmigten Linienverkehr mit Kraftfahrzeugen, im Verkehr mit Taxen, mit Drahtseilbahnen und sonstigen mechanischen Aufstiegshilfen aller Art und die Beförderungen im Fährverkehr
       aa) innerhalb einer Gemeinde oder
       bb) wenn die Beförderungsstrecke nicht mehr als fünfzig Kilometer beträgt.
11. [2] die Vermietung von Wohn- und Schlafräumen, die ein Unternehmer zur kurzfristigen Beherbergung von Fremden bereithält, sowie die kurzfristige Vermietung von Campingflächen. Satz 1 gilt nicht für Leistungen, die nicht unmittelbar der Vermietung dienen, auch wenn diese Leistungen mit dem Entgelt für die Vermietung abgegolten sind.

Anlage 2 (zu § 12 Abs. 2 Nr. 1 und 2)

Liste der dem ermäßigten Steuersatz unterliegenden Gegenstände[3]

Lfd. Nr.	Warenbezeichnung	Zolltarif (Kapital, Position, Unterposition)
1	Lebende Tiere, und zwar	
	a) Pferde einschließlich reinrassiger Zuchttiere, ausgenommen Wildpferde,	aus Position 0101
	b) Maultiere und Maulesel,	aus Position 0101
	c) Hausrinder einschließlich reinrassiger Zuchttiere,	aus Position 0102
	d) Hausschweine einschließlich reinrassiger Zuchttiere,	aus Position 0103
	e) Hausschafe einschließlich reinrassiger Zuchttiere,	aus Position 0104
	f) Hausziegen einschließlich reinrassiger Zuchttiere,	aus Position 0104
	g) Hausgeflügel (Hühner, Enten, Gänse, Truthühner und Perlhühner),	Position 0105
	h) Hauskaninchen,	aus Position 0106
	i) Haustauben,	aus Position 0106
	j) Bienen,	aus Position 0106
	k) ausgebildete Blindenführhunde	aus Position 0106
2	Fleisch und genießbare Schlachtnebenerzeugnisse	Kapitel 2
3	Fische und Krebstiere, Weichtiere und andere wirbellose Wassertiere, ausgenommen Zierfische, Langusten, Hummer, Austern und Schnecken	aus Kapitel 3
4	Milch und Milcherzeugnisse; Vogeleier und Eigelb, ausgenommen ungenießbare Eier ohne Schale und ungenießbares Eigelb; natürlicher Honig	aus Kapitel 4
5	Andere Waren tierischen Ursprungs, und zwar	
	a) Mägen von Hausrindern und Hausgeflügel,	aus Position 0504 00 00
	b) (weggefallen)	
	c) rohe Knochen	aus Position 0506
6	Bulben, Zwiebeln, Knollen, Wurzelknollen und Wurzelstöcke, ruhend, im Wachstum oder in Blüte; Zichorienpflanzen und -wurzeln	Position 0601

---

1) Fassung gem. § 28 Abs. 4 UStG ab 01.01.2008, siehe dazu BMF vom 29.08.2008, Anlage § 12 (2) Nr. 10-01
2) Gilt ab 01.01.2010, siehe dazu BMF vom 05.03.2010, Anlage § 012 (2) 11-01
3) Fassung ab 19.12.2006

§ 12

Lfd. Nr.	Warenbezeichnung	Zolltarif (Kapital, Position, Unterposition)
7	Andere lebende Pflanzen einschließlich ihrer Wurzeln, Stecklinge und Pfropfreiser; Pilzmyzel	Position 0602
8	Blumen und Blüten sowie deren Knospen, geschnitten, zu Binde- oder Zierzwecken, frisch	aus Position 0603
9	Blattwerk, Blätter, Zweige und andere Pflanzenteile, ohne Blüten und Blütenknospen sowie Gräser, Moose und Flechten, zu Binde- oder Zierzwecken, frisch	aus Position 0604
10	Gemüse, Pflanzen, Wurzeln und Knollen, die zu Ernährungszwecken verwendet werden, und zwar	
	a) Kartoffeln, frisch oder gekühlt,	Position 0701
	b) Tomaten, frisch oder gekühlt,	Position 0702 00 00
	c) Speisezwiebeln, Schalotten, Knoblauch, Porree/Lauch und andere Gemüse der Allium-Arten, frisch oder gekühlt,	Position 0703
	d) Kohl, Blumenkohl/Karfiol, Kohlrabi, Wirsingkohl und ähnliche genießbare Kohlarten der Gattung Brassica, frisch oder gekühlt,	Position 0704
	e) Salate (Lactuca sativa) und Chicorée (Cichorium-Arten), frisch oder gekühlt,	Position 0705
	f) Karotten und Speisemöhren, Speiserüben, Rote Rüben, Schwarzwurzeln, Knollensellerie, Rettiche und ähnliche genießbare Wurzeln, frisch oder gekühlt,	Position 0706
	g) Gurken und Cornichons, frisch oder gekühlt,	Position 0707 00
	h) Hülsenfrüchte, auch ausgelöst, frisch oder gekühlt,	Position 0708
	i) anderes Gemüse, frisch oder gekühlt,	Position 0709
	j) Gemüse, auch in Wasser oder Dampf gekocht, gefroren,	Position 0710
	k) Gemüse, vorläufig haltbar gemacht (z. B. durch Schwefeldioxid oder in Wasser, dem Salz, Schwefeldioxid oder andere vorläufig konservierend wirkende Stoffe zugesetzt sind), zum unmittelbaren Genuß nicht geeignet,	Position 0711
	l) Gemüse, getrocknet, auch in Stücke oder Scheiben geschnitten, als Pulver oder sonst zerkleinert, jedoch nicht weiter zubereitet,	Position 0712
	m) getrocknete, ausgelöste Hülsenfrüchte, auch geschält oder zerkleinert,	Position 0713
	n) Topinambur	aus Position 0714
11	Genießbare Früchte und Nüsse	Positionen 0801 bis 0813
12	Kaffee, Tee, Mate und Gewürze	Kapitel 9
13	Getreide	Kapitel 10
14	Müllereierzeugnisse, und zwar	
	a) Mehl von Getreide,	Positionen 1101 00 und 1102
	b) Grobgrieß, Feingrieß und Pellets von Getreide,	Position 1103
	c) Getreidekörner, anders bearbeitet; Getreidekeime, ganz, gequetscht, als Flocken oder gemahlen	Position 1104
15	Mehl, Grieß, Pulver, Flocken, Granulat und Pellets von Kartoffeln	Position 1105
16	Mehl, Grieß und Pulver von getrockneten Hülsenfrüchten sowie Mehl, Grieß und Pulver von genießbaren Früchten	aus Position 1106
17	Stärke	aus Position 1108
18	Ölsamen und ölhaltige Früchte sowie Mehl hiervon	Positionen 1201 00 bis 1208
19	Samen, Früchte und Sporen, zur Aussaat	Position 1209
20	(weggefallen)	

§ 12

Lfd. Nr.	Warenbezeichnung	Zolltarif (Kapital, Position, Unterposition)
21	Rosmarin, Beifuß und Basilikum in Aufmachungen für den Küchengebrauch sowie Dost, Minzen, Salbei, Kamillenblüten und Haustee	aus Position 1211
22	Johannisbrot und Zuckerrüben, frisch oder getrocknet, auch gemahlen; Steine und Kerne von Früchten sowie andere pflanzliche Waren (einschließlich nichtgerösteter Zichorienwurzeln der Varietät Cichorium intybus sativum) der hauptsächlich zur menschlichen Ernährung verwendeten Art, anderweit weder genannt noch inbegriffen; ausgenommen Algen, Tange und Zuckerrohr	aus Position 1212
23	Stroh und Spreu von Getreide sowie verschiedene zur Fütterung verwendete Pflanzen	Positionen 1213 00 00 und 1214
24	Pektinstoffe, Pektinate und Pektate	Unterposition 1302 20
25	(weggefallen)	
26	Genießbare tierische und pflanzliche Fette und Öle, auch verarbeitet, und zwar	
	a) Schweineschmalz, anderes Schweinefett und Geflügelfett,	aus Position 1501 00
	b) Fett von Rindern, Schafen oder Ziegen, ausgeschmolzen oder mit Lösungsmitteln ausgezogen,	aus Position 1502 00
	c) Oleomargarin,	aus Position 1503 00
	d) fette pflanzliche Öle und pflanzliche Fette sowie deren Fraktionen, auch raffiniert,	aus Positionen 1507 bis 1515
	e) tierische und pflanzliche Fette und Öle sowie deren Fraktionen, ganz oder teilweise hydriert, umgeestert, wiederverestert oder elaidiniert, auch raffiniert, jedoch nicht weiterverarbeitet, ausgenommen hydriertes Rizinusöl (sog. Opalwachs),	aus Position 1516
	f) Margarine; genießbare Mischungen und Zubereitungen von tierischen und pflanzlichen Fetten und Ölen sowie von Fraktionen verschiedener Fette und Öle, ausgenommen Form- und Trennöle	aus Position 1517
27	(weggefallen)	
28	Zubereitungen von Fleisch, Fischen oder von Krebstieren, Weichtieren und anderen wirbellosen Wassertieren, ausgenommen Kaviar sowie zubereitete oder haltbar gemachte Langusten, Hummer, Austern und Schnecken	aus Kapitel 16
29	Zucker und Zuckerwaren	Kapitel 17
30	Kakaopulver ohne Zusatz von Zucker oder anderen Süßmitteln sowie Schokolade und andere kakaohaltige Lebensmittelzubereitungen	Positionen 1805 00 00 und 1806
31	Zubereitungen aus Getreide, Mehl, Stärke oder Milch; Backwaren	Kapitel 19
32	Zubereitungen von Gemüse, Früchten, Nüssen oder anderen Pflanzenteilen, ausgenommen Frucht- und Gemüsesäfte	Positionen 2001 bis 2008
33	Verschiedene Lebensmittelzubereitungen	Kapitel 21
34	Wasser, ausgenommen – Trinkwasser, einschließlich Quellwasser und Tafelwasser, das in zur Abgabe an den Verbraucher bestimmten Fertigpackungen in den Verkehr gebracht wird, – Heilwasser und – Wasserdampf	aus Unterposition 2201 90 00

§ 12

Lfd. Nr.	Warenbezeichnung	Zolltarif (Kapital, Position, Unterposition)
35	Milchmischgetränke mit einem Anteil an Milch oder Milcherzeugnissen (z.B. Molke), von mindestens 75 Prozent des Fertigerzeugnisses	aus Position 2202
36	Speiseessig	Position 2209 00
37	Rückstände und Abfälle der Lebensmittelindustrie; zubereitetes Futter	Kapitel 23
38	(weggefallen)	
39	Speisesalz, nicht in wäßriger Lösung	aus Position 2501 00
40	a) handelsübliches Ammoniumcarbonat und andere Ammoniumcarbonate,	Unterposition 2836 99 17[1)]
	b) Natriumhydrogencarbonat (Natriumbicarbonat)	Unterposition 2836 30 00
41	D-Glucitol (Sorbit), auch mit Zusatz von Saccharin oder dessen Salzen	Unterpositionen 2905 44 und 2106 90
42	Essigsäure	Unterposition 2915 21 00
43	Natriumsalz und Kaliumsalz des Saccharins	aus Unterposition 2925 11 00
44	(weggefallen)	
45	Tierische oder pflanzliche Düngemittel mit Ausnahme von Guano, auch untereinander gemischt, jedoch nicht chemisch behandelt; durch Mischen von tierischen oder pflanzlichen Erzeugnissen gewonnene Düngemittel	aus Position 3101 00 00
46	Mischungen von Riechstoffen und Mischungen (einschließlich alkoholischer Lösungen) auf der Grundlage eines oder mehrerer dieser Stoffe, in Aufmachung für den Küchengebrauch	aus Unterposition 3302 10
47	Gelatine	aus Position 3503 00
48	Holz und zwar	
	a) Brennholz in Form von Rundlingen, Scheiten, Zweigen, Reisigbündel oder ähnlichen Formen,	Unterposition 4401 10 00
	b) Sägespäne, Holzabfälle und Holzausschuss, auch zu Pellets, Briketts, Scheiten oder ähnlichen Formen zusammengepresst	Unterposition 4401 30
49	Bücher, Zeitungen und andere Erzeugnisse des grafischen Gewerbes mit Ausnahme der Erzeugnisse, für die Beschränkungen als jugendgefährdende Trägermedien bzw. Hinweispflichten nach § 15 Abs. 1 bis 3 und 6 des Jugendschutzgesetzes in der jeweils geltenden Fassung bestehen, sowie der Veröffentlichungen, die überwiegend Werbezwecken (einschließlich Reisewerbung) dienen, und zwar	
	a) Bücher, Broschüren und ähnliche Drucke, auch in Teilheften, losen Bogen oder Blättern, zum Broschieren, Kartonieren oder Binden bestimmt, sowie Zeitungen und andere periodische Druckschriften kartoniert, gebunden oder in Sammlungen mit mehr als einer Nummer in gemeinsamem Umschlag (ausgenommen solche, die überwiegend Werbung enthalten),	aus Positionen 4901, 9705 00 00 und 9706 00 00
	b) Zeitungen und andere periodische Druckschriften, auch mit Bildern oder Werbung enthaltend (ausgenommen Anzeigenblätter, Annoncen-Zeitungen und dergleichen, die überwiegend Werbung enthalten),	aus Position 4902

[1)] Änderung zum 29.12.2007 und JStG 2008

§ 12

Lfd. Nr.	Warenbezeichnung	Zolltarif (Kapital, Position, Unterposition)
	c) Bilderalben, Bilderbücher und Zeichen- oder Malbücher, für Kinder,	aus Position 4903 00 00
	d) Noten, handgeschrieben oder gedruckt, auch mit Bildern, auch gebunden,	aus Position 4904 00 00
	e) kartografische Erzeugnisse aller Art, einschließlich Wandkarten, topographischer Pläne und Globen, gedruckt,	aus Position 4905
	f) Briefmarken und dergleichen (z.B. Ersttagsbriefe, Ganzsachen) als Sammlungsstücke	aus Positionen 4907 00 und 9704 00 00
50	(weggefallen)	
51	Rollstühle und andere Fahrzeuge für Behinderte, auch mit Motor oder anderer Vorrichtung zur mechanischen Fortbewegung	Position 8713
52	Körperersatzstücke, orthopädische Apparate und andere orthopädische Vorrichtungen sowie Vorrichtungen zum Beheben von Funktionsschäden oder Gebrechen, für Menschen, und zwar	
	a) künstliche Gelenke, ausgenommen Teile und Zubehör,	aus Unterposition 9021 31 00
	b) orthopädische Apparate und andere orthopädische Vorrichtungen einschließlich Krücken sowie medizinisch-chirurgischer Gürtel und Bandagen, ausgenommen Teile und Zubehör,	aus Unterposition 9021 10
	c) Prothesen, ausgenommen Teile und Zubehör,	aus Unterpositionen 9021 21, 9021 29 00 und 9021 39
	d) Schwerhörigengeräte, Herzschrittmacher und andere Vorrichtungen zum Beheben von Funktionsschäden oder Gebrechen, zum Tragen in der Hand oder am Körper oder zum Einpflanzen in den Organismus, ausgenommen Teile und Zubehör	Unterpositionen 9021 40 00 und 9021 50 00, aus Unterposition 9021 90
53	Kunstgegenstände, und zwar	
	a) Gemälde und Zeichnungen, vollständig mit der Hand geschaffen, sowie Collagen und ähnliche dekorative Bildwerke,	Position 9701
	b) Originalstiche, -schnitte und -steindrucke,	Position 9702 00 00
	c) Originalerzeugnisse der Bildhauerkunst, aus Stoffen aller Art	Position 9703 00 00
54	Sammlungsstücke,	
	a) zoologische, botanische, mineralogische oder anatomische, und Sammlungen dieser Art,	aus Position 9705 00 00
	b) von geschichtlichem, archäologischem, paläontologischem oder völkerkundlichem Wert,	aus Position 9705 00 00
	c) von münzkundlichem Wert, und zwar	
	aa) kursungültige Banknoten einschließlich Briefmarkengeld und Papiernotgeld,	aus Position 9705 00 00
	bb) Münzen aus unedlen Metallen,	aus Position 9705 00 00
	cc) Münzen und Medaillen aus Edelmetallen, wenn die Bemessungsgrundlage für die Umsätze dieser Gegenstände mehr als 250 Prozent des unter Zugrundelegung des Feingewichts berechneten Metallwerts ohne Umsatzsteuer beträgt	aus Positionen 7118, 9705 00 00 und 9706 00 00

§ 12 *UStDV § 30* **UStAE 12.1.**

Vorgaben im EG-Recht

USt-Recht	MwStSystRL
§ 12 Abs. 1	Artikel 12, Artikel 94, 96, 97 Abs. 1
§ 12 Abs. 2 Nr. 1	Artikel 98 Abs. 2 und 3 i.V.m. Anhang III, Artikel 103 und 122
§ 12 Abs. 2 Nr. 2	Artikel 98 Abs. 2 und 3 i.V.m. Anhang III Nr. 6 und 11
§ 12 Abs. 2 Anlage 2 Nr. 1 Buchst. a bis j	Anhang III Nr. 1
§ 12 Abs. 2 Anlage 2 Nr. 1 Buchst. k	Anhang III Nr. 4
§ 12 Abs. 2 Anlage 2 Nr. 2 bis 7	Anhang III Nr. 1
§ 12 Abs. 2 Anlage 2 Nr. 8 und 9	Artikel 122
§ 12 Abs. 2 Anlage 2 Nr. 10 bis 18	Anhang III Nr. 1
§ 12 Abs. 2 Anlage 2 Nr. 19	Anhang III Nr. 11
§ 12 Abs. 2 Anlage 2 Nr. 21 bis 33	Anhang III Nr. 1
§ 12 Abs. 2 Anlage 2 Nr. 34	Anhang III Nr. 2
§ 12 Abs. 2 Anlage 2 Nr. 35 und 36	Anhang III Nr. 1
§ 12 Abs. 2 Anlage 2 Nr. 37	Anhang III Nr. 11
§ 12 Abs. 2 Anlage 2 Nr. 39 bis 43	Anhang III Nr. 1
§ 12 Abs. 2 Anlage 2 Nr. 45	Anhang III Nr. 11
§ 12 Abs. 2 Anlage 2 Nr. 46 und 47	Anhang III Nr. 1
§ 12 Abs. 2 Anlage 2 Nr. 48	Artikel 122
§ 12 Abs. 2 Anlage 2 Nr. 49 Buchst. a bis e	Anhang III Nr. 6
§ 12 Abs. 2 Anlage 2 Nr. 49 Buchst. f	Artikel 103 i.V.m. Artikel 311 Abs. 1 Nr. 3
§ 12 Abs. 2 Anlage 2 Nr. 51 und 52	Anhang III Nr. 4
§ 12 Abs. 2 Anlage 2 Nr. 53 und 54	Artikel 103 i.V.m. Artikel 311 Abs. 1 Nr. 2 und 3
§ 12 Abs. 2 Nr. 3	Artikel 98 Abs. 2
§ 12 Abs. 2 Nr. 4	Artikel 98 Abs. 2
§ 12 Abs. 2 Nr. 6	Artikel 98 Abs. 2, Artikel 370
§ 12 Abs. 2 Nr. 7	Artikel 98 Abs. 2, Anhang III Nr. 7
§ 12 Abs. 2 Nr. 8	Artikel 98 Abs. 2, Anhang III Nr. 13 und 15
§ 12 Abs. 2 Nr. 9	Artikel 98 Abs. 2, Anhang III Nr. 14 und 17
§ 12 Abs. 2 Nr. 10	Artikel 98 Abs. 2, Anhang III Nr. 5

UStDV

Zu § 12 Abs. 2 Nr. 7 Buchstabe d des Gesetzes

§ 30 Schausteller

Als Leistungen aus der Tätigkeit als Schausteller gelten Schaustellungen, Musikaufführungen, unterhaltende Vorstellungen oder sonstige Lustbarkeiten auf Jahrmärkten, Volksfesten, Schützenfesten oder ähnlichen Veranstaltungen.

UStAE

Zu § 12 Absatz 2 Nr. 1–2 UStG

12.1. Steuersätze (§ 12 Abs. 1 und 2 UStG)

(1) [1]Nach § 12 UStG bestehen für die Besteuerung nach den allgemeinen Vorschriften des UStG zwei Steuersätze:

	allgemeiner Steuersatz	ermäßigter Steuersatz
vom 1.1.1968 bis 30.6.1968	10 %	5 %
vom 1.7.1968 bis 31.12.1977	11 %	5,5 %
vom 1.1.1978 bis 30.6.1979	12 %	6 %
vom 1.7.1979 bis 30.6.1983	13 %	6,5 %
vom 1.7.1983 bis 31.12.1992	14 %	7 %
vom 1.1.1993 bis 31.3.1998	15 %	7 %
vom 1.4.1998 bis 31.12.2006	16 %	7 %
ab 1.1.2007	19 %	7 %

²Zur Anwendung des ermäßigten Steuersatzes auf die in der Anlage 2 des UStG aufgeführten Gegenstände vgl. das BMF-Schreiben vom 5.8.2004, BStBl. I S. 638. ³Zu den für land- und forstwirtschaftliche Betriebe geltenden Durchschnittssätzen vgl. § 24 Abs. 1 UStG.

(2) ¹Anzuwenden ist jeweils der Steuersatz, der in dem Zeitpunkt gilt, in dem der Umsatz ausgeführt wird. ²Zu beachten ist der Zeitpunkt des Umsatzes besonders bei

1. der Änderung (Anhebung oder Herabsetzung) der Steuersätze,
2. der Einführung oder Aufhebung von Steuervergünstigungen (Steuerbefreiungen und Steuerermäßigungen) sowie
3. der Einführung oder Aufhebung von steuerpflichtigen Tatbeständen.

(3) ¹Bei einer Änderung der Steuersätze sind die neuen Steuersätze auf Umsätze anzuwenden, die von dem Inkrafttreten der jeweiligen Änderungsvorschrift an bewirkt werden. ²Auf den Zeitpunkt der Vereinnahmung des Entgelts kommt es für die Frage, welchem Steuersatz eine Leistung oder Teilleistung unterliegt, ebenso wenig an wie auf den Zeitpunkt der Rechnungserteilung. ³Auch in den Fällen der Istversteuerung (§ 20 UStG) und der Istversteuerung von Anzahlungen (§ 13 Abs. 1 Nr. 1 Buchstabe a Satz 4 UStG) ist entscheidend, wann der Umsatz bewirkt wird. ⁴Das gilt unabhängig davon, wann die Steuer nach § 13 Abs. 1 Nr. 1 UStG entsteht.

(4) ¹Für Leistungen, die in wirtschaftlich abgrenzbaren Teilen (Teilleistungen, vgl. Abschnitt 13.4) geschuldet werden, können bei einer Steuersatzänderung unterschiedliche Steuersätze in Betracht kommen. ²Vor dem Inkrafttreten der Steuersatzänderung bewirkte Teilleistungen sind nach dem bisherigen Steuersatz zu versteuern. ³Auf die danach bewirkten Teilleistungen ist der neue Steuersatz anzuwenden. ⁴Entsprechendes gilt bei der Einführung und Aufhebung von Steuervergünstigungen und steuerpflichtigen Tatbeständen.

Zu § 12 Absatz 2 Nr. 3 UStG

12.2. Vieh- und Pflanzenzucht

(1) ¹Die Steuerermäßigung nach § 12 Abs. 2 Nr. 3 UStG gilt für sonstige Leistungen, die in der Aufzucht und dem Halten von Vieh, in der Anzucht von Pflanzen oder in der Teilnahme an Leistungsprüfungen für Tiere bestehen. ²Sie kommt für alle Unternehmer in Betracht, die nicht § 24 UStG anwenden.

(2) ¹Unter Vieh sind solche Tiere zu verstehen, die als landwirtschaftliche Nutztiere in Nummer 1 der Anlage 2 des UStG aufgeführt sind. ²Nicht begünstigt sind die Aufzucht und das Halten anderer Tiere, z.B. von Katzen oder Hunden.

(3) ¹Das Einstellen und Betreuen von Reitpferden, die von ihren Eigentümern zur Ausübung von Freizeitsport genutzt werden, fällt nicht unter den Begriff „Halten von Vieh" im Sinne des § 12 Abs. 2 Nr. 3 UStG und ist deshalb nicht mit dem ermäßigten, sondern mit dem allgemeinen Steuersatz zu versteuern (BFH-Urteil vom 22.1.2004, V R 41/02, BStBl. II S. 757). ²Gleiches gilt für Pferde, die zu selbständigen oder gewerblichen, nicht landwirtschaftlichen Zwecken genutzt werden (z.B. durch Berufsreiter oder Reitlehrer). ³Die Steuerermäßigung nach § 12 Abs. 2 Nr. 8 UStG bleibt bei Vorliegen der Voraussetzungen unberührt.

(4) ¹Eine Anzucht von Pflanzen liegt vor, wenn ein Pflanzenzüchter einem Unternehmer (Kostnehmer) junge Pflanzen – in der Regel als Sämlinge bezeichnet – überlässt, damit dieser sie auf seinem Grundstück einpflanzt, pflegt und dem Pflanzenzüchter auf Abruf zurückgibt. ²Die Hingabe der Sämlinge an den Kostnehmer stellt keine Lieferung dar (BFH-Urteil vom 19.7.1962, V 145/59 U, BStBl. III S. 543). ³Dementsprechend kann auch die Rückgabe der aus den Sämlingen angezogenen Pflanzen nicht als Rücklieferung angesehen werden. ⁴Die Tätigkeit des Kostnehmers ist vielmehr eine begünstigte sonstige Leistung.

(5) ¹Leistungsprüfungen für Tiere sind tierzüchterische Veranstaltungen, die als Wettbewerbe mit Prämierung durchgeführt werden, z.B. Tierschauen, Pferderennen oder Pferdeleistungsschauen (Turniere). ²Der ermäßigte Steuersatz nach § 12 Abs. 2 Nr. 3 UStG ist auf alle Entgelte anzuwenden, die dem Unternehmer für die Teilnahme an solchen Leistungsprüfungen zufließen, insbesondere auf Prämien (Leistungsprämien) und Preise (z.B. Rennpreise). ³Für die Inanspruchnahme der Steuerermäßigung nach § 12 Abs. 2 Nr. 3 UStG ist es jedoch nicht Voraussetzung, dass es sich bei dem geprüften Tier um ein Zuchttier handelt. ⁴Nach dieser Vorschrift ist nur die Teilnahme an Tierleistungsprüfungen begünstigt. ⁵Für die Veranstaltung dieser Prüfungen kann jedoch der ermäßigte Steuersatz nach § 12 Abs. 2 Nr. 4 oder 8 UStG oder Steuerfreiheit nach § 4 Nr. 22 Buchstabe b UStG in Betracht kommen.

§ 12 zu § 12 Abs. 2 Nr. 4 UStAE 12.3.

Zu § 12 Absatz 2 Nr. 4 UStG

12.3. Vatertierhaltung, Förderung der Tierzucht usw.

(1) ¹§ 12 Abs. 2 Nr. 4 UStG betrifft nur Leistungen, die einer für landwirtschaftliche Zwecke geeigneten Tierzucht usw. zu dienen bestimmt sind (vgl. BFH-Urteil vom 17.11.1966, V 20/65, BStBl. 1967 III S. 164). ²Die Leistungen müssen den begünstigten Zwecken unmittelbar dienen. ³Diese Voraussetzung ist nicht erfüllt bei Lieferungen von Impfstoffen durch die Pharmaindustrie an Tierseuchenkassen, Trächtigkeitsuntersuchungen bei Zuchttieren, Maßnahmen der Unfruchtbarkeitsbekämpfung, Kaiserschnitt und bei Geburtshilfe.

(2) ¹Entgelte für Leistungen, die unmittelbar der Vatertierhaltung dienen, sind insbesondere:
1. Deckgelder;
2. Umlagen (z.T. auch Mitgliederbeiträge genannt), die nach der Zahl der deckfähigen Tiere bemessen werden;
3. Zuschüsse, die nach der Zahl der gedeckten Tiere oder nach sonstigen mit den Umsätzen des Unternehmers (Vatertierhalters) verknüpften Maßstäben bemessen werden (zusätzliche Entgelte von dritter Seite nach § 10 Abs. 1 Satz 3 UStG).

²Die kurzfristige Einstellung von Pferden zum Zwecke der Bedeckung ist auch dann eine unselbständige Nebenleistung zu der ermäßigt zu besteuernden Hauptleistung Bedeckung, wenn die Halter der Pferde nicht landwirtschaftliche Pferdeeigentümer sind. ³In den Fällen der langfristigen Einstellung sind die Pensions- und die Deckleistung zwei selbständige Hauptleistungen. ⁴Die Pensionsleistung unterliegt dem allgemeinen Steuersatz, sofern das eingestellte Tier keiner land- und forstwirtschaftlichen Erzeugertätigkeit dient (vgl. Abschnitt 12.2 Abs. 3). ⁵Dies gilt auch für den Zeitraum, in dem die Deckleistung erbracht wird. ⁶Die Deckleistung ist nach § 12 Abs. 2 Nr. 4 UStG ermäßigt zu besteuern.

(3) ¹Entgelte für Leistungen, die unmittelbar der Förderung der Tierzucht dienen, sind insbesondere:
1. Gebühren für Eintragungen in Zuchtbücher, zu denen z.B. Herdbücher, Leistungsbücher und Elite-Register gehören;
2. Gebühren für die Zuchtwertschätzung von Zuchttieren;
3. Gebühren für die Ausstellung und Überprüfung von Abstammungsnachweisen (einschließlich der damit verbundenen Blutgruppenbestimmungen), für Kälberkennzeichnung durch Ohrmarken und für die Bereitstellung von Stall- und Gestütbüchern;
4. Entgelte für prophylaktische und therapeutische Maßnahmen nach tierseuchenrechtlichen Vorschriften bei Zuchttieren (z.B. die staatlich vorgeschriebenen Reihenuntersuchungen auf Tuberkulose, Brucellose und Leukose, die jährlichen Impfungen gegen Maul- und Klauenseuche, Maßnahmen zur Bekämpfung der Aujeszkyschen Krankheit, Leistungen zur Verhütung, Kontrolle und Tilgung bestimmter transmissibler spongiformer Enzephalopathien (TSE) auch an toten Zuchttieren sowie Bekämpfungsprogramme von IBR (Infektiöse Bovine Rhinitis) / IVB (Infektiöse Bovine Vulvovaginitis) und BVD (Bovine Virus Diarrhoe) oder die Behandlung gegen Dassellarven) sowie die Entgelte für die Ausstellung von Gesundheitszeugnissen bei Zuchttieren;
5. Entgelte für die Durchführung von Veranstaltungen, insbesondere Versteigerungen, auf denen Zuchttiere mit Abstammungsnachweis abgesetzt werden (z.B. Standgelder, Kataloggelder und Impfgebühren), sowie Provisionen für die Vermittlung des An- und Verkaufs von Zuchttieren im Rahmen solcher Absatzveranstaltungen (vgl. BFH-Urteil vom 18.12.1996, XI R 19/96, BStBl. 1997 II S. 334);
6. ¹Entgelte, die von Tierzüchtern oder ihren Angestellten für die Teilnahme an Ausstellungen und Lehrschauen, die lediglich die Tierzucht betreffen, zu entrichten sind (z.B. Eintritts-, Katalog- und Standgelder). ²Der ermäßigte Steuersatz ist auch anzuwenden, wenn mit den Ausstellungen oder Lehrschauen Material- und Eignungsprüfungen verbunden sind;
7. unechte Mitgliederbeiträge, die von Tierzuchtvereinigungen für Leistungen der vorstehenden Art erhoben werden;
8. Züchterprämien, die umsatzsteuerrechtlich Leistungsentgelte darstellen (vgl. BFH-Urteile vom 2.10.1969, V R 163/66, BStBl. 1970 II S. 111, und vom 6.8.1970, V R 94/68, BStBl. II S. 730);
9. ¹⁾Entgelte für die Lieferung von Embryonen an Tierzüchter zum Einsetzen in deren Tiere sowie die unmittelbar mit dem Einsetzen der Embryonen in Zusammenhang stehenden Leistungen.

²Zuchttiere im Sinne dieser Vorschrift sind Tiere der in in der Nummer 1 der Anlage 2 des UStG aufgeführten Nutztierarten, die in Beständen stehen, die zur Vermehrung bestimmt sind und deren Identität gesichert ist. ³Aus Vereinfachungsgründen kommt es nicht darauf an, ob das Einzeltier tatsächlich zur

---

1) Siehe Nichtbeanstandungsregelung durch BMF-Schreiben vom 29.06.2011, Anlage § 012 (2) 4-02

Zucht verwendet wird. ⁴Es genügt, dass das Tier einem zur Vermehrung bestimmten Bestand angehört. ⁵Zuchttiere sind auch Reit- und Rennpferde sowie die ihrer Nachzucht dienenden Pferde. ⁶Wallache sind Zuchttiere, wenn sie die Voraussetzungen des § 2 Nr. 11 TierZG erfüllen (vgl. BFH-Urteil vom 18.12.1996, a.a.O.). ⁷Die Steuerermäßigung ist auf Eintrittsgelder, die bei Pferderennen, Pferdeleistungsschauen (Turnieren) und ähnlichen Veranstaltungen erhoben werden, nicht anzuwenden. ⁸Bei gemeinnützigen Vereinen, z.B. Rennvereinen oder Reit- und Fahrvereinen, kann hierfür jedoch der ermäßigte Steuersatz unter den Voraussetzungen des § 12 Abs. 2 Nr. 8 Buchstabe a UStG in Betracht kommen.

(4) Unmittelbar der künstlichen Tierbesamung dienen nur

1. die Besamungsleistung, z.B. durch Besamungsgenossenschaften, Tierärzte oder Besamungstechniker, und
2. Tiersamenlieferung an Tierhalter zur Besamung ihrer Tiere.

(5) Entgelte für Leistungen, die unmittelbar der Leistungs- und Qualitätsprüfung in der Tierzucht und in der Milchwirtschaft dienen, sind insbesondere:

1. Entgelte für Milchleistungsprüfungen bei Kühen, Ziegen oder Schafen einschließlich der Untersuchungen der Milchbestandteile;
2. Entgelte für Mastleistungsprüfungen bei Rindern, Schweinen, Schafen und Geflügel;
3. Entgelte für Eierleistungsprüfungen bei Geflügel;
4. Entgelte für die Prüfung der Aufzuchtleistung bei Schweinen;
5. Entgelte für Leistungsprüfungen bei Pferden, z.B. Nenn- und Startgelder bei Pferdeleistungsschauen (Turnieren) oder Rennen;
6. Entgelte für Leistungsprüfungen bei Brieftauben, z.B. Korb- und Satzgelder;
7. Entgelte für Milch-Qualitätsprüfungen, insbesondere für die Anlieferungskontrolle bei den Molkereien;
8. unechte Mitgliederbeiträge, die von Kontrollverbänden oder sonstigen Vereinigungen für Leistungen der vorstehenden Art erhoben werden.

(6) ¹Nebenleistungen teilen umsatzsteuerrechtlich das Schicksal der Hauptleistung. ²Zu Nebenleistungen vgl. Abschnitt 3.10 Abs. 5. ³Begünstigte Nebenleistungen liegen z.B. vor, wenn bei einer tierseuchen-prophylaktischen Impfung von Zuchttieren Impfstoffe eingesetzt werden, oder wenn im Rahmen einer Besamungsleistung Tiersamen und Arzneimittel abgegeben werden, die bei der künstlichen Tierbesamung erforderlich sind. ⁴Die Kontrolle des Erfolgs einer künstlichen Besamung (z.B. mittels Ultraschall-Scannertechnik) kann eine Nebenleistung zur Besamungsleistung sein.

Zu § 12 Absatz 2 Nr. 6 UStG

12.4. Umsätze der Zahntechniker und Zahnärzte

(1) ¹Der ermäßigte Steuersatz nach § 12 Abs. 2 Nr. 6 UStG ist auf alle Umsätze aus der Tätigkeit als Zahntechniker einschließlich der unentgeltlichen Wertabgaben anzuwenden. ²Begünstigt sind auch Lieferungen von halbfertigen Teilen von Zahnprothesen. ³Die Steuerermäßigung setzt nicht voraus, dass der Zahntechniker als Einzelunternehmer tätig wird. ⁴Begünstigt sind auch Leistungen der zahntechnischen Labors, die in der Rechtsform einer Gesellschaft – z.B. OHG, KG oder GmbH – betrieben werden.

(2) ¹Bei den Zahnärzten umfasst die Steuerermäßigung die Leistungen, die nach § 4 Nr. 14 Buchstabe a Satz 2 UStG von der Steuerbefreiung ausgeschlossen sind. ²Es handelt sich um die Lieferung oder Wiederherstellung von Zahnprothesen (aus Unterpositionen 9021 21 und 9021 29 00 des Zolltarifs) und kieferorthopädischen Apparaten (aus Unterposition 9021 10 00 des Zolltarifs), soweit sie der Zahnarzt in seinem Unternehmen hergestellt oder wiederhergestellt hat. ³Dabei ist es unerheblich, ob die Arbeiten vom Zahnarzt selbst oder von angestellten Personen ausgeführt werden. ⁴Zur Abgrenzung der steuerfreien Umsätze von den dem ermäßigten Steuersatz unterliegenden Prothetikumsätzen vgl. Abschnitt 4.14.3.

(3) ¹Dentisten stehen den Zahnärzten gleich. ²Sie werden deshalb in § 12 Abs. 2 Nr. 6 UStG nicht besonders genannt.

(4) Hilfsgeschäfte, wie z.B. der Verkauf von Anlagegegenständen, Bohrern, Gips und sonstigem Material, unterliegen nicht dem ermäßigten Steuersatz (vgl. auch BFH-Urteil vom 28.10.1971, V R 101/71, BStBl. 1972 II S. 102).

§ 12

zu § 12 Abs. 2 Nr. 7 UStAE 12.5., 12.6.

Zu § 12 Absatz 2 Nr. 7 UStG (§ 30 UStDV)

12.5. Eintrittsberechtigung für Theater, Konzerte, Museen usw. (§ 12 Abs. 2 Nr. 7 Buchstabe a UStG)

(1) ¹Begünstigt sind die in § 12 Abs. 2 Nr. 7 Buchstabe a UStG bezeichneten Leistungen, wenn sie nicht unter die Befreiungsvorschrift des § 4 Nr. 20 Buchstabe a UStG fallen. ²Die Begriffe Theater, Konzert und Museen sind nach den Merkmalen abzugrenzen, die für die Steuerbefreiung maßgebend sind. ³Artikel 98 Abs. 1 und 2 in Verbindung mit Anhang III Nr. 7 und 9 MwStSystRL erfasst sowohl die Leistungen einzelner ausübender Künstler als auch die Leistungen der zu einer Gruppe zusammengeschlossenen Künstler (vgl. EuGH-Urteil vom 23.10.2003, C-109/02, BStBl. II 2004 S. 337, 482). ⁴Die Leistungen von Dirigenten können dem ermäßigten Steuersatz unterliegen; die Leistungen von Regisseuren, Bühnenbildnern, Tontechnikern, Beleuchtern, Maskenbildnern, Souffleusen, Cuttern oder Kameraleuten unterliegen dagegen dem allgemeinen Steuersatz. ⁵Der Umfang der ermäßigt zu besteuernden Leistungen ist ebenso nach den Merkmalen abzugrenzen, die für die Steuerbefreiung maßgebend sind. ⁶Die regelmäßig nicht mit den Leistungen von Orchestern, Theatern oder Chören vergleichbaren Leistungen von Zauberkünstlern, Artisten, Bauchrednern, Diskjockeys u.ä. typischerweise als Solisten auftretenden Künstlern sind daher nicht nach § 12 Abs. 2 Nr. 7 Buchstabe a UStG begünstigt. ⁷Wegen der Abgrenzung im Einzelnen vgl. Abschnitte 4.20.1 bis 4.20.3.

(2) ¹Die Steuerermäßigung erstreckt sich auch auf die Veranstaltung von Theatervorführungen und Konzerten. ²Eine Veranstaltung setzt nicht voraus, dass der Veranstalter und der Darbietende verschiedene Personen sind. ³Veranstalter ist derjenige, der im eigenen Namen die organisatorischen Maßnahmen dafür trifft, dass die Theatervorführung bzw. das Konzert abgehalten werden kann, wobei er die Umstände, den Ort und die Zeit der Darbietung selbst bestimmt. ⁴Die Theatervorführung bzw. das Konzert müssen den eigentlichen Zweck der Veranstaltung ausmachen (vgl. BFH-Urteil vom 26.4.1995, XI R 20/94, BStBl. II S. 519). ⁵Theatervorführungen sind außer den Theateraufführungen im engeren Sinne auch die Vorführungen von pantomimischen Werken einschließlich Werken der Tanzkunst, Kleinkunst- und Varieté-Theatervorführungen sowie Puppenspiele und Eisrevuen. ⁶Als Konzerte sind musikalische und gesangliche Aufführungen durch einzelne oder mehrere Personen anzusehen. ⁷Das bloße Abspielen eines Tonträgers ist kein Konzert. ⁸Jedoch kann eine „Techno"-Veranstaltung ein Konzert im Sinne des § 12 Abs. 2 Nr. 7 Buchstabe a UStG sein (BFH-Urteil vom 18.8.2005, V R 50/04, BStBl. 2006 II S. 101). ⁹Pop- und Rockkonzerte, die den Besuchern die Möglichkeit bieten, zu der im Rahmen des Konzerts dargebotenen Musik zu tanzen, können Konzerte sein (vgl. BFH-Urteil vom 26.4.1995, a.a.O.). ¹⁰Begünstigt ist auch die Veranstaltung von Mischformen zwischen Theatervorführung und Konzert (vgl. BFH-Urteil vom 26.4.1995, a.a.O.). ¹¹Leistungen anderer Art, die in Verbindung mit diesen Veranstaltungen erbracht werden, müssen von so untergeordneter Bedeutung sein, dass dadurch der Charakter der Veranstaltungen als Theatervorführung oder Konzert nicht beeinträchtigt wird. ¹²Nicht begünstigt sind nach dieser Vorschrift z.B. gesangliche, kabarettistische oder tänzerische Darbietungen im Rahmen einer Tanzbelustigung, einer sportlichen Veranstaltung oder zur Unterhaltung der Besucher von Gaststätten.

(3) ¹Der ausübende Künstler hat nicht zu unterscheiden, ob seine Leistung im Rahmen einer nicht begünstigten Tanzveranstaltung oder eines begünstigten Konzertes dargeboten wird, es sei denn, er selbst wird als Veranstalter tätig. ²Seine Leistung an einen Veranstalter kann unabhängig von dem für die Veranstaltung selbst anzuwendenden Steuersatz ermäßigt zu besteuern sein.

(4) ¹Werden bei Theatervorführungen und Konzerten mehrere Veranstalter tätig, kann wie bei der Steuerbefreiung nach § 4 Nr. 20 Buchstabe b UStG jeder Veranstalter die Steuerermäßigung in Anspruch nehmen. ²Bei Tournee-Veranstaltungen steht deshalb die Steuerermäßigung sowohl dem Tournee-Veranstalter als auch dem örtlichen Veranstalter zu. ³Dem ermäßigten Steuersatz unterliegen ebenfalls die Umsätze von Ticket-Eigenhändlern aus dem Verkauf von Eintrittsberechtigungen. ⁴Auf Vermittlungsleistungen ist die Steuerermäßigung hingegen nicht anzuwenden.

(5) Nicht begünstigt nach § 12 Abs. 2 Nr. 7 Buchstabe a UStG sind die Leistungen der Gastspieldirektionen, welche im eigenen Namen Künstler verpflichten und im Anschluss daran, das von diesen dargebotene Programm an einen Veranstalter in einem gesonderten Vertrag verkaufen.

12.6. Überlassung von Filmen und Filmvorführungen (§ 12 Absatz 2 Nr. 7 Buchstabe b UStG)

(1) ¹Nach § 12 Abs. 2 Nr. 7 Buchstabe b UStG sind die Überlassung von Filmen zur Auswertung und Vorführung sowie die Filmvorführungen begünstigt, wenn die Filme vor dem 1.1.1970 erstaufgeführt wurden. ²Sind die Filme nach dem 31.12.1969 erstaufgeführt worden, kommt die Begünstigung nur in Betracht, wenn die Filme nach § 6 Abs. 3 Nr. 1 bis 5 JÖSchG oder nach § 14 Abs. 2 Nr. 1 bis 5 JuSchG vom 23.7.2002 (BGBl. I S. 2730, 2003 I S. 476) in der jeweils geltenden Fassung gekennzeichnet sind.

UStAE 12.6., 12.7. zu § 12 Abs. 2 Nr. 7 **§ 12**

[3]Begünstigt sind danach auch die mit „Nicht freigegeben unter achtzehn Jahren" gekennzeichneten Filme.

(2) [1]Die Überlassung von Filmen zur Auswertung und Vorführung fällt zugleich unter § 12 Abs. 2 Nr. 7 Buchstabe c UStG (vgl. Abschnitt 12.7). [2]Das Senden von Spielfilmen durch private Fernsehunternehmen, z.B. im Rahmen des Pay-TV (Abruf-Fernsehen), ist weder nach Buchstabe b noch nach Buchstabe c des § 12 Abs. 2 Nr. 7 UStG begünstigt (vgl. BFH-Urteil vom 26.1.2006, V R 70/03, BStBl. II S. 387).

(3) [1]Bei begünstigten Filmvorführungen ist der ermäßigte Steuersatz auf die Eintrittsgelder anzuwenden. [2]Die Aufbewahrung der Garderobe und der Verkauf von Programmen sind als Nebenleistungen ebenfalls begünstigt. [3]Andere Umsätze – z.B. die Abgabe von Speisen und Getränken oder Hilfsumsätze – fallen nicht unter diese Steuerermäßigung (vgl. BFH-Urteile vom 7.3.1995, XI R 46/93, BStBl. II S. 429, und vom 1.6.1995, V R 90/93, BStBl. II S. 914). [4]Werbeleistungen durch Vorführungen von Werbefilmen sowie Lichtbildervorführungen, auch sog. Dia-Multivisionsvorführungen, sind keine begünstigten Filmvorführungen (vgl. BFH-Urteil vom 10.12.1997, XI R 73/96, BStBl. 1998 II S. 222).

(4) [1]Bespielte Videokassetten sind als Filme anzusehen. [2]Ihre Überlassung an andere Unternehmer zur Vorführung oder Weitervermietung ist unter den Voraussetzungen des Absatzes 1 eine begünstigte Überlassung von Filmen zur Auswertung. [3]Die Vermietung zur Verwendung im nichtöffentlichen – privaten – Bereich durch den Mieter ist dagegen nicht nach § 12 Abs. 2 Nr. 7 Buchstaben b oder c begünstigt (vgl. BFH-Urteil vom 29.11.1984, V R 96/84, BStBl. 1985 II S. 271).

12.7. Einräumung, Übertragung und Wahrnehmung urheberrechtlicher Schutzrechte (§ 12 Absatz 2 Nr. 7 Buchstabe c UStG)

Allgemeines

(1) [1]Nach § 12 Abs. 2 Nr. 7 Buchstabe c UStG sind sonstige Leistungen begünstigt, deren wesentlicher Inhalt in der Einräumung, Übertragung und Wahrnehmung von Rechten nach dem UrhG besteht. [2]Ob dies der Fall ist, bestimmt sich nach dem entsprechend der vertraglichen Vereinbarung erzielten wirtschaftlichen Ergebnis. [3]Hierfür ist neben dem vertraglich vereinbarten Leistungsentgelt maßgebend, für welchen Teil der Leistung die Gegenleistung im Rahmen des Leistungsaustausches erbracht wird (vgl. BFH-Urteil vom 14.2.1974, V R 129/70, BStBl. II S. 261). [4]Nicht begünstigt sind z.B. Leistungen auf dem Gebiet der Meinungs-, Sozial-, Wirtschafts-, Markt-, Verbraucher- und Werbeforschung, weil der Hauptinhalt dieser Leistungen nicht in einer Rechtsübertragung, sondern in der Ausführung und Auswertung demoskopischer Erhebungen usw. besteht. [5]Das Gleiche gilt für die Überlassung von Programmen für Anlagen der elektronischen Datenverarbeitung (Software) zum Betrieb von EDV-Anlagen. [6]Wenn der wirtschaftliche Gehalt der Überlassung des Computerprogramms überwiegend auf seine Anwendung für die Bedürfnisse des Leistungsempfängers gerichtet ist, ist die hiermit verbundene Übertragung urheberrechtlicher Nutzungsrechte Bestandteil einer einheitlichen wirtschaftlichen Gesamtleistung, die nicht in der Übertragung urheberrechtlicher Schutzrechte, sondern in der Überlassung von Software zur Benutzung besteht. [7]Die Einräumung oder Übertragung von urheberrechtlichen Befugnissen stellt sich dazu nur als Nebenleistung dar. [8]Dagegen unterliegt die Überlassung von urheberrechtlich geschützten Computerprogrammen dem ermäßigten Steuersatz, wenn dem Leistungsempfänger die in § 69c Satz 1 Nr. 1 bis 4 UrhG bezeichneten Rechte auf Vervielfältigung und Verbreitung nicht nur als Nebenfolge eingeräumt werden (vgl. BFH-Urteil vom 27.9.2001, V R 14/01, BStBl. 2002 II S. 114). [9]Dabei ist von den vertraglichen Vereinbarungen und den tatsächlichen Leistungen auszugehen. [10]Ergänzend ist auf objektive Beweisanzeichen (z.B. die Tätigkeit des Leistungsempfängers, die vorhandenen Vertriebsvorbereitungen und Vertriebswege, die wirkliche Durchführung der Vervielfältigung und Verbreitung sowie die Vereinbarungen über die Bemessung und Aufteilung des Entgelts) abzustellen (vgl. BFH-Urteile vom 25.11.2004, V R 4/04, BStBl. 2005 II S. 415, und vom 25.11.2004, V R 25/04, 26/04, BStBl. 2005 II S. 419). [11]Bei Standort- und Biotopkartierungen ist Hauptinhalt der Leistung nicht die Übertragung von Urheberrechten, sondern die vertragsgemäße Durchführung der Untersuchungen und die Erstellung der Kartierung. [12]Die entgeltliche Nutzungsüberlassung von digitalen Informationsquellen (z.B. Datenbanken und elektronischen Zeitschriften, Bücher und Nachschlagewerke) durch Bibliotheken kann der Einräumung, Übertragung und Wahrnehmung von Patenten, Urheberrechten, Markenrechten und ähnlichen Rechten, wie z.B. Gebrauchs- und Verlagsrechten nicht gleichgestellt werden. [13]Die Steuerermäßigung gilt auch nicht für Leistungen, mit denen zwar derartige Rechtsübertragungen verbunden sind, die jedoch nach ihrem wirtschaftlichen Gehalt als Lieferungen anzusehen sind. [14]Zur Frage der Abgrenzung zwischen Lieferung und sonstiger Leistung vgl. Abschnitt 3.5.

(2) [1]Zu den Rechten, deren Einräumung, Übertragung und Wahrnehmung begünstigt sind, gehören nicht nur die Urheberrechte nach dem ersten Teil des UrhG (§§ 1 bis 69g), sondern alle Rechte, die sich

§ 12 zu § 12 Abs. 2 Nr. 7 **UStAE 12.7.**

aus dem Gesetz ergeben. ²Urheberrechtlich geschützt sind z.B. auch die Darbietungen ausübender Künstler (vgl. Absätze 19 bis 21). ³Dem ermäßigten Steuersatz unterliegen außerdem die Umsätze der Verwertungsgesellschaften, die nach dem Urheberrechtswahrnehmungsgesetz Nutzungsrechte, Einwilligungsrechte oder Vergütungsansprüche wahrnehmen.

(3) ¹Urheber ist nach § 7 UrhG der Schöpfer des Werks. ²Werke im urheberrechtlichen Sinn sind nach § 2 Abs. 2 UrhG nur persönliche geistige Schöpfungen. ³Zu den urheberrechtlich geschützten Werken der Literatur, Wissenschaft und Kunst gehören nach § 2 Abs. 1 UrhG insbesondere

1. Sprachwerke, wie Schriftwerke, Reden und Computerprogramme (vgl. Absätze 1 und 6 bis 14);
2. Werke der Musik (vgl. Absatz 15);
3. pantomimische Werke einschließlich der Werke der Tanzkunst;
4. Werke der bildenden Künste einschließlich der Werke der Baukunst und der angewandten Kunst und Entwürfe solcher Werke (vgl. Absätze 16 und 17);
5. Lichtbildwerke einschließlich der Werke, die ähnlich wie Lichtbildwerke geschaffen werden (vgl. Absatz 18);
6. Filmwerke einschließlich der Werke, die ähnlich wie Filmwerke geschaffen werden;
7. Darstellungen wissenschaftlicher oder technischer Art, wie Zeichnungen, Pläne, Karten, Skizzen, Tabellen und plastische Darstellungen.

(4) ¹Der Urheber hat das ausschließliche Recht, sein Werk zu verwerten. ²Dabei wird zwischen der Verwertung in körperlicher Form und der öffentlichen Wiedergabe in unkörperlicher Form unterschieden. ³Das Recht der Verwertung eines Werks in körperlicher Form umfasst nach § 15 Abs. 1 UrhG insbesondere

1. das Vervielfältigungsrecht (§ 16 UrhG),
2. das Verbreitungsrecht (§ 17 UrhG) und
3. das Ausstellungsrecht (§ 18 UrhG).

⁴Zum Recht der öffentlichen Wiedergabe gehören nach § 15 Abs. 2 UrhG insbesondere

1. das Vortrags-, Aufführungs- und Vorführungsrecht (§ 19 UrhG);
2. das Recht der öffentlichen Zugänglichmachung (§ 19a UrhG);
3. das Senderecht (§ 20 UrhG);
4. das Recht der Wiedergabe durch Bild- und Tonträger (§ 21 UrhG) und
5. das Recht der Wiedergabe von Funksendungen und der Wiedergabe von öffentlicher Zugänglichmachung (§ 22 UrhG).

(5) ¹Der Urheber kann nach § 31 Abs. 1 UrhG einem anderen das Recht einräumen, das Werk auf einzelne oder alle Nutzungsarten zu nutzen. ²Dieses Nutzungsrecht kann als einfaches oder ausschließliches Recht eingeräumt und außerdem räumlich, zeitlich oder inhaltlich beschränkt werden.

Schriftsteller

(6) ¹Für Schriftsteller kommt die Steuerermäßigung in Betracht, soweit sie einem anderen Nutzungsrechte an urheberrechtlich geschützten Werken einräumen. ²Zu den geschützten Sprachwerken gehören z.B. Romane, Epen, Sagen, Erzählungen, Märchen, Fabeln, Novellen, Kurzgeschichten, Essays, Satiren, Anekdoten, Biographien, Autobiographien, Reiseberichte, Aphorismen, Traktate, Gedichte, Balladen, Sonette, Oden, Elegien, Epigramme, Liedtexte, Bühnenwerke aller Art, Libretti, Hörspiele, Drehbücher, wissenschaftliche Bücher, Abhandlungen und Vorträge, Forschungsberichte, Denkschriften, Kommentare zu politischen und kulturellen Ereignissen sowie Reden und Predigten (vgl. aber Absatz 13).

(7) ¹Mit der Veräußerung des Originals eines Werks, z.B. des Manuskripts eines Sprachwerks, wird nach § 44 Abs. 1 UrhG im Zweifel dem Erwerber ein Nutzungsrecht nicht eingeräumt. ²Auf die bloße Lieferung eines Manuskripts ist deshalb grundsätzlich der allgemeine Steuersatz anzuwenden. ³Eine nach § 12 Abs. 2 Nr. 7 Buchstabe c UStG begünstigte sonstige Leistung ist nur dann anzunehmen, wenn zugleich mit der Veräußerung des Werkoriginals dem Erwerber auf Grund einer besonderen Vereinbarung Nutzungsrechte an dem Werk eingeräumt werden.

(8) ¹Der Schriftsteller, der im Rahmen einer Veranstaltung seine Werkausgaben signiert oder Autogramme gibt und dafür vom Veranstalter – z.B. Verleger oder Buchhändler – ein Entgelt erhält, erbringt eine sonstige Leistung, die dem allgemeinen Steuersatz unterliegt. ²Das Gleiche gilt grundsätzlich auch dann, wenn der Schriftsteller aus seinen Werken liest oder mit bestimmten Personengruppen – z.B. Lesern, Politikern, Schriftstellern, Buchhändlern – Gespräche oder Aussprachen führt. ³Wird die Lesung oder das Gespräch von einer Rundfunk- und Fernsehanstalt – z.B. in einem Studio – veranstaltet

UStAE 12.7. zu § 12 Abs. 2 Nr. 7 **§ 12**

und gesendet, führt der Schriftsteller eine Leistung aus, deren wesentlicher Inhalt in der Einräumung urheberrechtlicher Nutzungsrechte – u.a. des Senderechts – besteht und auf die deshalb der ermäßigte Steuersatz anzuwenden ist. ⁴Dabei ist es unerheblich, ob die Lesung oder das Gespräch zugleich mit der Aufnahme gesendet (Live-Sendung) oder zunächst auf Bild- und Tonträger aufgenommen und später gesendet wird. ⁵Das Gleiche gilt, wenn nur Teile oder Ausschnitte gesendet werden oder eine Sendung unterbleibt.

Journalisten, Presseagenturen

(9) ¹Zu den begünstigten Leistungen der Journalisten gehören u.a. Kommentare zu politischen, kulturellen, wissenschaftlichen, wirtschaftlichen, technischen und religiösen Ereignissen und Entwicklungen, Kunstkritiken einschließlich Buch-, Theater-, Musik-, Schallplatten- und Filmkritiken sowie Reportagen, die über den bloßen Bericht hinaus eine kritische Würdigung vornehmen. ²Nicht urheberrechtlich geschützt sind z.B. Tatsachennachrichten und Tagesneuigkeiten, es sei denn, sie haben durch eine individuelle Formgebung Werkcharakter erlangt.

(10) ¹Zur Vermeidung von Abgrenzungsschwierigkeiten wird aus Vereinfachungsgründen zugelassen, dass Journalisten grundsätzlich auf ihre Leistungen aus journalistischer Tätigkeit insgesamt den ermäßigten Steuersatz anwenden. ²Nur die Journalisten, die lediglich Daten sammeln und ohne redaktionelle Bearbeitung weiterleiten – z.B. Kurs- und Preisnotierungen, Börsennotizen, Wettervorhersagen, Rennergebnisse, Fußball- und andere Sportergebnisse, Theater-, Opern- und Kinospielpläne sowie Ausstellungs- und Tagungspläne –, haben ihre Leistungen nach dem allgemeinen Steuersatz zu versteuern.

(11) Bei den Leistungen der Pressedienste und -agenturen, deren wesentlicher Inhalt in der Einräumung oder Übertragung der Verwertungsrechte – z.B. Vervielfältigungsrecht, Verbreitungsrecht, Senderecht – an dem in den sog. Pressediensten enthaltenen Material besteht, ist Folgendes zu beachten:

1. ¹Die Bilderdienste sind nach § 2 Abs. 1 Nr. 5 und § 72 UrhG geschützt. ²Die Einräumung oder Übertragung von Verwertungsrechten an dem Bildmaterial führt deshalb stets zur Anwendung des ermäßigten Steuersatzes (vgl. Absatz 18).

2. ¹Bei sonstigen Pressediensten kann der Anteil der urheberrechtlich geschützten Beiträge – insbesondere Namensberichte, Aufsätze und redaktionell besonders aufgemachte Nachrichten – unterschiedlich sein. ²Die Vereinfachungsregelung in Absatz 10 gilt entsprechend.

Übersetzungen und andere Bearbeitungen

(12) ¹Die Übersetzer fremdsprachiger Werke – z.B. Romane, Gedichte, Schauspiele, wissenschaftliche Bücher und Abhandlungen – räumen urheberrechtliche Nutzungsrechte ein, wenn die Werke in der Übersetzung z.B. veröffentlicht oder aufgeführt werden. ²Unerheblich ist es, ob ein Sprachwerk einzeln – z.B. als Buch – oder in Sammlungen – z.B. Zeitschriften, Zeitungen, Kalendern, Almanachen – veröffentlicht wird. ³Entsprechendes gilt für andere Bearbeitungen urheberrechtlich geschützter Werke, sofern sie persönliche geistige Schöpfungen des Bearbeiters sind, z.B. für die Dramatisierung eines Romans oder einer Novelle, für die Episierung eines Bühnenstücks, einer Ballade oder eines Gedichts, für die Umgestaltung eines Romans, einer Kurzgeschichte, einer Anekdote oder eines Bühnenstücks zu einer Ballade oder einem Gedicht, für die Umwandlung eines Schauspiels, eines Romans oder einer Novelle in ein Opernlibretto oder ein Musical, für die Fortsetzung eines literarischen Werks, für die Verwendung einer literarischen Vorlage – Roman, Novelle, Schauspiel usw. – für Comicstrips – Comics – sowie für das Schreiben eines Filmdrehbuchs nach einer Vorlage und die Verfilmung. ⁴Die Übertragung von Senderechten an Übersetzungen von Nachrichtensendungen in die Deutsche Gebärdensprache unterliegt dem ermäßigten Steuersatz nach § 12 Abs. 2 Nr. 7 Buchstabe c UStG (vgl. BFH-Urteil vom 18.8.2005, V R 42/03, BStBl. 2006 II S. 44).

Vorträge, Reden, Gutachten, technische Darstellungen

(13) ¹Vorträge und Reden sind zwar urheberrechtlich geschützte Sprachwerke. ²Wer einen Vortrag oder eine Rede hält, räumt damit jedoch einem anderen keine urheberrechtlichen Nutzungsrechte ein. ³Das Gleiche gilt für Vorlesungen, das Abhalten von Seminaren, die Erteilung von Unterricht sowie die Beteiligung an Aussprachen. ⁴Urheberrechtliche Nutzungsrechte werden auch dann nicht eingeräumt, wenn z.B. der Inhalt oder der Text eines Vortrags oder einer Rede in schriftlicher Wiedergabe dem Veranstalter oder den Teilnehmern übergeben wird. ⁵Eine steuerermäßigte Einräumung von urheberrechtlichen Nutzungsrechten liegt aber insoweit vor, als ein Vortrag oder eine Rede – z.B. in einer Fachzeitschrift oder als Sonderdruck – veröffentlicht wird. ⁶Außerdem kommt der ermäßigte Steuersatz z.B. dann in Betracht, wenn Vorträge oder Unterrichtsveranstaltungen von Rundfunk- und Fernsehanstalten gesendet werden.

§ 12 zu § 12 Abs. 2 Nr. 7 **UStAE 12.7.**

(14) ¹Die Übergabe eines Gutachtens oder einer Studie ist regelmäßig nicht mit der Einräumung urheberrechtlicher Nutzungsrechte verbunden, auch wenn das Werk urheberrechtlichen Schutz genießt. ²Das gilt auch, wenn sich der Auftraggeber vorsorglich das Recht der alleinigen Verwertung oder Nutzung einräumen lässt. ³Werden im Zusammenhang mit der Erstellung eines Gutachtens oder einer Studie auch Urheberrechte zur Vervielfältigung und Verbreitung des Gutachtens oder der Studie übertragen, ist auf diese Gesamtleistung der allgemeine Steuersatz anzuwenden, wenn der Schwerpunkt der Leistung nicht in der Übertragung der Urheberrechte liegt, sondern in der Erstellung des Gutachtens oder der Studie im eigenständigen Interesse des Auftraggebers. ⁴Entgeltliche Leistungen auf Grund von Forschungs- und Entwicklungsaufträgen unterliegen, sofern sie nicht im Rahmen eines Zweckbetriebs (§§ 65 und 68 Nr. 9 AO) erbracht werden, stets insgesamt der Umsatzsteuer nach dem allgemeinen Steuersatz. ⁵Das gilt auch dann, wenn hinsichtlich der Forschungs- und Entwicklungsergebnisse eine Übertragung urheberrechtlicher Nutzungsrechte vereinbart wird und die Forschungs- und Entwicklungsergebnisse in der Form von Berichten, Dokumentationen usw. tatsächlich veröffentlicht werden. ⁶Die Übertragung urheberrechtlicher Nutzungsrechte ist in diesen Fällen lediglich eine Nebenleistung und muss somit bei der umsatzsteuerrechtlichen Beurteilung unbeachtet bleiben. ⁷Zu den geschützten Werken im Sinne des § 2 Abs. 1 Nr. 1 UrhG können auch Sprachwerke gehören, in die ausschließlich handwerkliche, technische und wissenschaftliche Kenntnisse und Erfahrungen eingeflossen sind, z.B. technische Darstellungen und Handbücher, Darstellungen und Erläuterungen technischer Funktionen, Bedienungs- und Gebrauchsanleitungen sowie Wartungs-, Pflege- und Reparaturanleitungen. ⁸Voraussetzung hierfür ist, dass es sich um persönliche geistige Schöpfungen handelt, die eine individuelle Eigenart aufweisen. ⁹Es genügt, dass die individuelle Prägung in der Form und Gestaltung des Werks zum Ausdruck kommt.

Werke der Musik

(15) ¹Die Urheber von Musikwerken erbringen mit der Einräumung urheberrechtlicher Nutzungsrechte an ihren Werken steuerbegünstigte Leistungen. ²Urheberrechtlichen Schutz genießt auch elektronische Musik. ³Zu den urheberrechtlich geschützten Musikwerken bzw. Bearbeitungen gehören außerdem z.B. Klavierauszüge aus Orchesterwerken, Potpourris, in denen nicht nur verschiedene Musikstücke oder Melodien aneinandergereiht sind, die Instrumentierungen von Melodien und die Orchesterbearbeitungen von Klavierstücken. ⁴Die von der GEMA ausgeschütteten Verlegeranteile sind jedoch nicht begünstigt, soweit sie nicht auf die von den Verlegern übertragenen urheberrechtlichen Nutzungsrechte, z.B. Altrechte, Subverlagsrechte, entfallen (vgl. BFH-Urteil vom 29.4.1987, X R 31/80, BStBl. II S. 648).

Werke der bildenden Künste und der angewandten Kunst

(16) ¹Mit der vertraglichen Vereinbarung über die Vervielfältigung und Verbreitung von Werken der bildenden Künste – z.B. in Büchern und Zeitschriften, auf Kalendern, Postkarten und Kunstblättern sowie mit Diapositiven – werden urheberrechtliche Nutzungsrechte eingeräumt. ²Der Graphiker, der einem Galeristen oder Verleger das Recht überträgt, Originalgraphiken zu drucken und zu vertreiben, erbringt eine begünstigte Leistung. ³Das Gleiche gilt z.B. für die Einräumung des Rechts zur Herstellung und zum Vertrieb künstlerischer Siebdrucke – sog. Serigraphien –, die vom Künstler signiert und nummeriert werden. ⁴Urheberrechtlichen Schutz genießen auch die Werke der Karikaturisten, Cartoonisten und Pressezeichner. ⁵Das Folgerecht, das bei der Weiterveräußerung eines Originals der bildenden Künste entsteht (§ 26 UrhG), zählt nicht zu den urheberrechtlichen Nutzungs- und Verwertungsrechten. ⁶Zur Nichtsteuerbarkeit vgl. Abschnitt 1.1 Abs. 21.

(17) ¹Werke der Gebrauchsgraphiker und der Graphik-Designer sind urheberrechtlich geschützt, wenn sie Werke der angewandten Kunst oder Entwürfe solcher Werke darstellen (vgl. z.B. BGH-Urteile vom 27.11.1956, I ZR 57/55, BGHZ 22 S. 209, NJW 1957 S. 220, und vom 25.5.1973, I ZR 2/72, – Gewerblicher Rechtsschutz und Urheberrecht (GRUR) 1974 S. 669, Archiv für Urheber-, Film-, Funk- und Theaterrecht Berlin (UFITA) 1976 S. 313). ²Der ermäßigte Steuersatz kommt deshalb nur für Leistungen in Betracht, die in der Einräumung von Nutzungsrechten an derartigen Werken bestehen. ³Ein Tätowierer erbringt mit dem Aufbringen einer Tätowierung keine begünstigte Leistung (vgl. BFH-Urteil vom 23.7.1998, V R 87/97, BStBl. II S. 641).

Lichtbildwerke und Lichtbilder

(18) ¹Urheberrechtlich geschützt sind Lichtbildwerke und Werke, die ähnlich wie Lichtbildwerke geschaffen werden. ²Lichtbilder und Erzeugnisse, die ähnlich wie Lichtbilder hergestellt werden, sind nach § 72 UrhG den Lichtbildwerken urheberrechtlich praktisch gleichgestellt. ³Dem ermäßigten Steuersatz unterliegen deshalb insbesondere die Leistungen der Bildjournalisten (Bildberichterstatter), Bildagenturen (vgl. Absatz 11 Nr. 1), Kameramänner und Foto-Designer. ⁴Übergibt der Fotograf seinem Auftraggeber nur die bestellten Positive – z.B. Passbilder, Familien- oder Gruppenaufnahmen –, liegt keine Rechtsübertragung, sondern eine nicht begünstigte Lieferung vor. ⁵Das Gleiche gilt für die Her-

UStAE 12.7. zu § 12 Abs. 2 Nr. 7 **§ 12**

stellung und Überlassung von Luftbildaufnahmen für planerische Zwecke – z.B. Landesplanung, Natur- und Umweltschutz oder Erfassung und Bilanzierung der Flächennutzung –, für Zwecke der Geodäsie – z.B. auch fotografische Messbilder (Fotogramme) nach dem Verfahren der Fotogrammetrie – oder für bestimmte wissenschaftliche Zwecke – z.B. auf dem Gebiet der Archäologie –, selbst wenn damit auch urheberrechtliche Nutzungsrechte übertragen werden.

Darbietungen ausübender Künstler

(19) [1]Außer den Werken der Literatur, Wissenschaft und Kunst sind auch die Darbietungen ausübender Künstler urheberrechtlich geschützt. [2]Diese Schutzrechte sind in §§ 74ff. UrhG abschließend aufgeführt (verwandtes Schutzrecht). [3]Ausübender Künstler ist nach § 73 UrhG, wer ein Werk vorträgt oder aufführt oder hierbei künstlerisch mitwirkt. [4]Zu den ausübenden Künstlern zählen insbesondere Schauspieler, Sänger, Musiker, Tänzer, Dirigenten, Kapellmeister, Regisseure und Spielleiter sowie Bühnen- und Kostümbildner. [5]Ausübende Künstler sind z.B. auch Tonmeister, die bei Aufführungen elektronischer Musik mitwirken. [6]Im Einzelfall kann auch der Beleuchter ein ausübender Künstler sein.

(20) [1]Nach § 79 UrhG kann der ausübende Künstler die ihm durch §§ 77 und 78 UrhG gewährten Rechte und Ansprüche übertragen. [2]Begünstigte Leistungen ausübender Künstler liegen z.B. in folgenden Fällen vor:

1. Musikwerke – z.B. Opern, Operetten, Musicals, Ballette, Chorwerke, Gesänge, Messen, Kantaten, Madrigale, Motetten, Orgelwerke, Sinfonien, Kammermusikwerke, Solokonzerte, Lieder, Chansons, Spirituals und Jazz –, Bühnenwerke – z.B. Schauspiele, Schauspielszenen, Mysterienspiele, Fastnachtsspiele, Kabarettszenen, Varietészenen und die Bühnenfassung einer Erzählung – sowie Hörspiele und Hörspielfassungen von Sprachwerken werden

   a) im Studio oder Sendesaal einer Rundfunk- und Fernsehanstalt aufgeführt, auf Bild- und Tonträger aufgenommen und gesendet oder

   b) im Studio eines Tonträgerherstellers – z.B. eines Schallplattenproduzenten – aufgeführt, auf Tonträger aufgenommen und vervielfältigt.

2. Öffentliche Aufführungen von Musikwerken und Bühnenwerken – z.B. in einem Konzertsaal oder Theater – werden

   a) von einer Rundfunk- und Fernsehanstalt veranstaltet, auf Bild- und Tonträger aufgenommen und – z.B. als Live-Sendung – gesendet oder

   b) von einem Tonträgerhersteller veranstaltet, auf Tonträger aufgenommen – sog. Live-Mitschnitt – und vervielfältigt.

3. Fernsehfilme werden von einer Fernsehanstalt oder in ihrem Auftrag von einem Filmproduzenten hergestellt.

4. Vorführfilme – Spielfilme – werden von einem Filmproduzenten hergestellt.

5. Darbietungen ausübender Künstler – z.B. die Rezitation von Gedichten und Balladen, das Vorlesen einer Novelle, der Vortrag von Liedern, das Spielen eines Musikwerks – werden in einem Studio auf Bild- und Tonträger aufgenommen und von einer Rundfunk- und Fernsehanstalt gesendet oder von einem Tonträgerhersteller vervielfältigt.

6. Darbietungen ausübender Künstler – z.B. Sänger, Musiker, Schauspieler, Tänzer – im Rahmen von Rundfunk- und Fernsehsendungen – z.B. in Shows und sonstigen Unterhaltungssendungen, in Quizveranstaltungen sowie bei Sportsendungen und Diskussionsveranstaltungen – werden auf Bild- und Tonträger aufgenommen und gesendet.

(21) [1]Mit der Darbietung eines ausübenden Künstlers ist nicht in jedem Fall eine Einwilligung zu ihrer Verwertung oder eine Übertragung urheberrechtlicher Nutzungsrechte verbunden. [2]Eine Einräumung, Übertragung oder Wahrnehmung urheberrechtlicher Schutzrechte liegt auch dann nicht vor, wenn die Darbietung zur Dokumentation, für Archivzwecke oder z.B. zum wissenschaftlichen Gebrauch mitgeschnitten wird. [3]Hat ein an eine Agentur gebundener Künstler dieser sein Recht der Funksendung und der öffentlichen Wiedergabe zur ausschließlichen Verwertung übertragen und stellt die Agentur den Künstler vertragsgemäß einer Rundfunk- oder Fernsehanstalt für die Mitwirkung in einer Rundfunk- oder Fernsehsendung zur Verfügung, ist Hauptinhalt der Leistung der Agentur gegenüber der Rundfunk- und Fernsehanstalt die Einräumung von urheberrechtlichen Nutzungsrechten, auf die der ermäßigte Steuersatz nach § 12 Abs. 2 Nr. 7 Buchstabe c UStG anzuwenden ist. [4]Soweit die Voraussetzungen nach § 12 Abs. 2 Nr. 7 Buchstabe c UStG nicht vorliegen, kann auch eine Steuerermäßigung nach § 12 Abs. 2 Nr. 7 Buchstabe a UStG in Betracht kommen, vgl. Abschnitt 12.5 Abs. 1.

(22) [1]Kann ein urheberrechtlich geschütztes Werk, z.B. ein Sprachwerk, vom Auftraggeber nur durch die Ausnutzung von Rechten an diesem Werk bestimmungsgemäß verwendet werden und werden ihm daher die entsprechenden Nutzungsrechte eingeräumt oder übertragen, bildet die Einräumung oder

Übertragung urheberrechtlicher Nutzungsrechte den wesentlichen Inhalt der Leistung. ²Die Herstellung des Werks geht als Vorstufe für die eigentliche Leistung in dieser auf, und zwar auch dann, wenn das Werkoriginal dem Auftraggeber überlassen wird.

Beispiel 1:
¹Bei der Überlassung von urheberrechtlich geschützten Kopiervorlagen für Unterrichtszwecke ist wesentlicher Inhalt der Leistung die Übertragung urheberrechtlicher Nutzungsrechte. ²Das gilt auch für die Überlassung von Kopiervorlagen an Personen, die diese nicht selbst für Unterrichtszwecke verwenden, z.B. an Buchhändler.

Beispiel 2:
¹Bei der Erarbeitung urheberrechtlich geschützter technischer Dienstvorschriften (Benutzungsunterlagen) für den Hersteller eines Produkts stellt die Überlassung des Manuskripts oder druckfertiger Vorlagen zur Verwertung – z.B. zur Vervielfältigung – lediglich eine unselbständige Nebenleistung zur Hauptleistung dar, die in der Übertragung urheberrechtlicher Nutzungsrechte besteht. ²Wird jedoch vertraglich neben der Erarbeitung einer Dienstvorschrift auch die Lieferung der benötigten Druckexemplare dieses Werks vereinbart, liegt eine einheitliche Hauptleistung (Lieferung) vor, in der die Einarbeitung der Dienstvorschrift als unselbständige Nebenleistung aufgeht. ³Auf diese Lieferung ist aber nach § 12 Abs. 2 Nr. 1 UStG in Verbindung mit Nr. 49 der Anlage 2 des UStG ebenfalls der ermäßigte Steuersatz anzuwenden.

Beispiel 3:
¹Die Erstellung von urheberrechtlich geschütztem technischen Schulungsmaterial – Lehrtafeln, Lehrfilme, bei denen der Auftragnehmer im urheberrechtlichen Sinne Hersteller des Lehrfilms ist, Diapositive – ist nach ihrem wesentlichen Inhalt auch dann eine unter § 12 Abs. 2 Nr. 7 Buchstabe c UStG fallende sonstige Leistung, wenn der erstellte Entwurf, die Druck- oder Kopiervorlagen, das Filmwerk oder die Diapositive dem Auftraggeber übergeben werden.

²Wird bei der Erstellung von Lehrtafeln zusätzlich zur Übertragung urheberrechtlicher Nutzungsrechte auch die Herstellung und Lieferung der benötigten Exemplare (Vervielfältigungsstücke) übernommen, liegt eine nicht unter § 12 Abs. 2 Nr. 7 Buchstabe c UStG fallende Werklieferung vor, auf die nach § 12 Abs. 1 UStG der allgemeine Steuersatz anzuwenden ist.

(23) ¹Die Gestattung der Herstellung von Aufnahmen von Sportveranstaltungen ist keine nach § 12 Abs. 2 Nr. 7 Buchstabe c UStG begünstigte Übertragung urheberrechtlicher Nutzungsrechte, da ein urheberrechtlich geschütztes Werk erst mit der Herstellung der Aufnahmen entsteht. ²Vielmehr willigt der Veranstalter hierdurch in Eingriffe ein, die er auf Grund außerhalb des Urheberrechts bestehender Rechte verbieten könnte (z.B. durch Ausübung des Hausrechts). ³Wenn der Veranstalter des Sportereignisses die Aufnahmen selbst herstellt und die daran bestehenden Urheberrechte verwertet, sind die Umsätze aus der Verwertung von Rechten an Laufbildern nach § 12 Abs. 2 Nr. 7 Buchstabe c UStG ermäßigt zu besteuern (Absatz 3 Satz 3 Nr. 6).

12.8. Zirkusunternehmen, Schausteller und zoologische Gärten (§ 12 Absatz 2 Nr. 7 Buchstabe d UStG)

(1) ¹Zirkusvorführungen sind auch die von den Zirkusunternehmen veranstalteten Tierschauen. ²Begünstigt sind auch die üblichen Nebenleistungen, z.B. der Verkauf von Programmen und die Aufbewahrung der Garderobe. ³Bei Fernsehaufzeichnungen und -übertragungen ist die Leistung des Zirkusunternehmens sowohl nach Buchstabe c als auch nach Buchstabe d des § 12 Abs. 2 Nr. 7 UStG begünstigt. ⁴Nicht begünstigt sind Hilfsgeschäfte, wie z.B. Veräußerungen von Anlagegegenständen. ⁵Für den Verkauf der in Nummer 1 der Anlage 2 des UStG bezeichneten Tiere kommt jedoch die Steuerermäßigung nach § 12 Abs. 2 Nr. 1 UStG in Betracht.

(2) ¹Schausteller sind nur Unternehmer, die ein Reisegewerbe betreiben, also von Ort zu Ort ziehen, und ihre der Unterhaltung dienenden Leistungen auf Jahrmärkten, Volksfesten, Schützenfesten oder ähnlichen Veranstaltungen erbringen (vgl. § 30 UStDV). ²Dabei reicht es aus, wenn sie diese Leistungen im eigenen Namen mit Hilfe ihrer Arbeitnehmer oder sonstigen Erfüllungsgehilfen (z.B. engagierte Schaustellergruppen) an die Besucher dieser Veranstaltungen ausführen (vgl. BFH-Urteil vom 18.7.2002, V R 89/01, BStBl. 2004 II S. 88). ³Ähnliche Veranstaltungen können auch durch den Schausteller selbst organisierte und unter seiner Regie stattfindende Eigenveranstaltungen sein (vgl. BFH-Urteil vom 25.11.1993, V R 59/91, BStBl. 1994 II S. 336). ⁴Ortsgebundene Schaustellungsunternehmen – z.B. Märchenwaldunternehmen, Vergnügungsparks – sind mit ihren Leistungen nicht begünstigt (vgl. BFH-Urteile vom 22.10.1970, V R 67/70, BStBl. 1971 II S. 37, vom 22.6.1972, V R 36/71, BStBl. II S. 684, und vom 25.11.1993 a.a.O.). ⁵Zu den begünstigten Leistungen (§ 30 UStDV) gehören auch die Leistungen der Schau- und Belustigungsgeschäfte, der Fahrgeschäfte aller Art – Karussells, Schiffschaukeln, Ach-

terbahnen usw. –, der Schießstände sowie die Ausspielungen. ⁶Nicht begünstigt sind Warenlieferungen, sofern sie nicht unter § 12 Abs. 2 Nr. 1 UStG fallen, und Hilfsgeschäfte.

(3) ¹Die Steuerermäßigung kommt für die Leistungen der zoologischen Gärten in Betracht, die nicht unter § 4 Nr. 20 Buchstabe a UStG (vgl. Abschnitt 4.20.4) fallen. ²Zoologische Gärten sind z.B. auch Aquarien und Terrarien, nicht dagegen Delphinarien (vgl. BFH-Urteil vom 20.4.1988, X R 20/82, BStBl. II S. 796). ³Für Tierparks gilt die Steuerermäßigung nicht; ihre Umsätze können aber nach § 4 Nr. 20 Buchstabe a UStG steuerfrei sein. ⁴Tierpark in diesem Sinn ist eine Anlage, in der weniger Tierarten als in zoologischen Gärten, diese aber in Herden oder Zuchtgruppen auf großen Flächen gehalten werden.

(4) ¹Zu den Umsätzen, die unmittelbar mit dem Betrieb der zoologischen Gärten verbunden sind, gehören nur Leistungen, auf die der Betrieb eines zoologischen Gartens im eigentlichen Sinn gerichtet ist, in denen sich also dieser Betrieb verwirklicht (BFH-Urteil vom 4.12.1980, V R 60/79, BStBl. 1981 II S. 231). ²Hierunter fallen insbesondere die Umsätze, bei denen die Entgelte in Eintrittsgeldern bestehen, einschließlich etwaiger Nebenleistungen (z.B. Abgabe von Wegweisern und Lageplänen). ³Nicht zu den begünstigten Umsätzen gehören z.B. Hilfsumsätze und die entgeltliche Überlassung von Parkplätzen an Zoobesucher.

Zu § 12 Absatz 2 Nr. 8 UStG

12.9. Gemeinnützige, mildtätige und kirchliche Einrichtungen (§ 12 Abs. 2 Nr. 8 Buchstabe a UStG)

Allgemeines

(1) ¹Begünstigt nach § 12 Abs. 2 Nr. 8 Buchstabe a UStG sind die Leistungen der Körperschaften, die gemeinnützige, mildtätige oder kirchliche Zwecke im Sinne der §§ 51 bis 68 AO verfolgen. ²Die abgabenrechtlichen Vorschriften gelten auch für Betriebe gewerblicher Art von juristischen Personen des öffentlichen Rechts. ³Es ist nicht erforderlich, dass der gesamte unternehmerische Bereich einer juristischen Person des öffentlichen Rechts gemeinnützigen Zwecken dient. ⁴Wenn bereits für andere Steuern (vgl. z.B. § 5 Abs. 1 Nr. 9 KStG) darüber entschieden ist, ob und gegebenenfalls in welchen Bereichen das Unternehmen steuerbegünstigte Zwecke verfolgt, ist von dieser Entscheidung im Allgemeinen auch für Zwecke der Umsatzsteuer auszugehen. ⁵Ist diese Frage für andere Steuern nicht entschieden worden, sind die Voraussetzungen für die Steuerermäßigung nach § 12 Abs. 2 Nr. 8 Buchstabe a UStG besonders zu prüfen. ⁶Der ermäßigte Steuersatz nach § 12 Abs. 2 Nr. 8 Buchstabe a UStG kommt nicht nur für entgeltliche Leistungen der begünstigten Körperschaften in Betracht, sondern auch für unentgeltliche Wertabgaben an den eigenen nichtunternehmerischen Bereich, wenn diese aus Tätigkeitsbereichen erfolgen, die nicht nach § 12 Abs. 2 Nr. 8 Buchstabe a Sätze 2 und 3 UStG einer Besteuerung mit dem allgemeinen Steuersatz unterliegen (vgl. Abschnitt 3.2 Abs. 2 Satz 3).

(2) ¹Die auf Grund des Reichssiedlungsgesetzes von den zuständigen Landesbehörden begründeten oder anerkannten gemeinnützigen Siedlungsunternehmen sind insoweit begünstigt, als sie alle Voraussetzungen der Gemeinnützigkeit im Sinne der AO erfüllen. ²Dem allgemeinen Steuersatz unterliegen die Leistungen insbesondere dann, wenn in der Satzung oder dem Gesellschaftsvertrag die Ausschüttung von Dividenden vorgesehen ist. ³Von Hoheitsträgern zur Ausführung hoheitlicher Aufgaben, z.B. im Bereich der Müll- und Abwasserbeseitigung, eingeschaltete Kapitalgesellschaften sind wegen fehlender Selbstlosigkeit (§ 55 AO) nicht gemeinnützig tätig.

Wirtschaftlicher Geschäftsbetrieb, Zweckbetrieb

(3) ¹Die Steuerermäßigung gilt nicht für die Leistungen, die im Rahmen eines wirtschaftlichen Geschäftsbetriebs ausgeführt werden. ²Der Begriff des wirtschaftlichen Geschäftsbetriebs ist in § 14 AO bestimmt. ³Nach § 64 AO bleibt die Steuervergünstigung für einen wirtschaftlichen Geschäftsbetrieb jedoch bestehen, soweit es sich um einen Zweckbetrieb im Sinne der §§ 65 bis 68 AO handelt. ⁴Für die Annahme eines Zweckbetriebs ist nach § 65 AO vor allem erforderlich, dass der wirtschaftliche Geschäftsbetrieb zu den nicht begünstigten Betrieben derselben oder ähnlicher Art nicht in größerem Umfang in Wettbewerb treten darf, als es bei der Erfüllung der steuerbegünstigten Zwecke unvermeidbar ist. ⁵Liegt nach den §§ 66 bis 68 AO ein Zweckbetrieb vor, müssen die allgemeinen Voraussetzungen des § 65 AO für die Annahme eines Zweckbetriebs nicht erfüllt sein (vgl. BFH-Urteile vom 18.1.1995, V R 139–142/92, BStBl. II S. 446, und vom 25.7.1996, V R 7/95, BStBl. 1997 II S. 154). ⁶Ist nach den Grundsätzen des § 14 AO lediglich Vermögensverwaltung gegeben, wird die Steuerermäßigung ebenfalls nicht ausgeschlossen.

(4) Folgende Regelungen zur Abgrenzung von wirtschaftlichen Geschäftsbetrieben und Zweckbetrieben sind zu beachten:

1. ¹Die Tätigkeit der Landessportbünde im Rahmen der Verleihung des Deutschen Sportabzeichens und des Deutschen Jugendsportabzeichens stellt einen Zweckbetrieb im Sinne des § 65 AO dar. ²Entsprechendes gilt bei gemeinnützigen Sportverbänden für die Genehmigung von Wettkampf-

veranstaltungen der Sportvereine, die Genehmigung von Trikotwerbung sowie für die Ausstellung oder Verlängerung von Sportausweisen für Sportler.

2. Die Herstellung und Veräußerung von Erzeugnissen, die in der 2. Stufe der Blutfraktionierung gewonnen werden – Plasmaderivate wie Albumin, Globulin, Gerinnungsfaktoren –, durch die Blutspendedienste des Deutschen Roten Kreuzes sind ein nicht begünstigter wirtschaftlicher Geschäftsbetrieb (§§ 14 und 64 Abs. 6 Nr. 3 AO).

3. [1]Krankenfahrten, die von gemeinnützigen und mildtätigen Organisationen ausgeführt werden, erfüllen nicht die Voraussetzungen des § 66 Abs. 2 AO und finden deshalb nicht im Rahmen einer Einrichtung der Wohlfahrtspflege statt. [2]Die Annahme eines Zweckbetriebs nach § 65 AO scheidet aus Wettbewerbsgründen aus, so dass die Krankenfahrten als wirtschaftlicher Geschäftsbetrieb im Sinne der §§ 64 und 14 AO zu behandeln sind. [3]Krankenfahrten sind Fahrten von Patienten, für die ein Arzt die Beförderung in einem Personenkraftwagen, Mietwagen oder Taxi verordnet hat. [4]Zur Steuerbefreiung vgl. Abschnitte 4.17.2 und 4.18.1 Abs. 12.

4. [1]Bei den Werkstätten für behinderte Menschen umfasst der Zweckbetrieb (§ 68 Nr. 3 Buchstabe a AO) auch den eigentlichen Werkstattbereich. [2]Im Werkstattbereich werden in der Regel keine nach § 4 Nr. 18 UStG steuerfreien Umsätze ausgeführt. [3]Die steuerpflichtigen Umsätze unterliegen nach Maßgabe der Absätze 8 bis 15 dem ermäßigten Steuersatz. [4]Die den Werkstätten für behinderte Menschen in Rechnung gestellten Umsatzsteuerbeträge, die auf Leistungen entfallen, die andere Unternehmer für den Werkstattbetrieb ausgeführt haben, können deshalb nach § 15 Abs. 1 UStG in vollem Umfang als Vorsteuern abgezogen werden. [5]Eine Aufteilung der Vorsteuerbeträge in einen abziehbaren und einen nicht abziehbaren Teil entfällt. [6]Das gilt insbesondere auch insoweit, als Investitionen für den Werkstattbereich – z.B. Neubau oder Umbau, Anschaffung von Einrichtungsgegenständen oder Maschinen – vorgenommen werden.

5. [1]Als Zweckbetrieb werden nach § 68 Nr. 6 AO die von den zuständigen Behörden genehmigten Lotterien und Ausspielungen steuerbegünstigter Körperschaften anerkannt, wenn der Reinertrag unmittelbar und ausschließlich zur Förderung gemeinnütziger, mildtätiger oder kirchlicher Zwecke verwendet wird. [2]Eine nachhaltige Tätigkeit im Sinne des § 14 AO und des § 2 Abs. 1 Satz 3 UStG liegt auch dann vor, wenn Lotterien oder Ausspielungen jedes Jahr nur einmal veranstaltet werden. [3]Deshalb ist auch in diesen Fällen grundsätzlich ein Zweckbetrieb gegeben, für dessen Umsätze der ermäßigte Steuersatz in Betracht kommt. [4]Soweit öffentliche Lotterien und Ausspielungen von steuerbegünstigten Körperschaften der Lotteriesteuer unterliegen (vgl. §§ 17 und 18 RennwLottG), sind die daraus erzielten Umsätze nach § 4 Nr. 9 Buchstabe b UStG steuerfrei.

6. [1]Mensa- und Cafeteria-Betriebe, die von gemeinnützigen Studentenwerken unterhalten werden, die einem Wohlfahrtsverband angeschlossen sind, werden als Zweckbetriebe angesehen. [2]Speisen- und Getränkeumsätze, die in diesen Betrieben an Nichtstudierende, und zwar insbesondere an Hochschulbedienstete, z.B. Hochschullehrer, wissenschaftliche Räte, Assistenten und Schreibkräfte sowie an Studentenwerksbedienstete und Gäste, ausgeführt werden, unterliegen deshalb nach Maßgabe der Absätze 8 bis 15 dem ermäßigten Steuersatz. [3]Dies gilt z.B. auch für die Umsätze von alkoholischen Flüssigkeiten, sofern diese das Warenangebot des Mensa- und Cafeteria-Betriebs ergänzen und lediglich einen geringen Teil des Gesamtumsatzes ausmachen. [4]Als geringer Anteil am Gesamtumsatz wird es angesehen, wenn diese Umsätze im vorangegangenen Kalenderjahr nicht mehr als 5% des Gesamtumsatzes betragen haben. [5]Wegen der Steuerbefreiung für die Umsätze in Mensa- und Cafeteria-Betrieben vgl. Abschnitt 4.18.1 Abs. 9.

7. [1]Die kurzfristige Vermietung von Wohnräumen und Schlafräumen an Nichtstudierende durch ein Studentenwerk ist ein selbständiger wirtschaftlicher Geschäftsbetrieb, wenn sie sich tatsächlichen Gründen von den satzungsmäßigen Leistungen abgrenzen lässt. [2]Dieser wirtschaftliche Geschäftsbetrieb ist kein Zweckbetrieb; dessen Umsätze unterliegen der Besteuerung nach dem Regelsteuersatz (BFH-Urteil vom 19.5.2005, V R 32/03, BStBl. II S. 900).

8. Die entgeltliche Überlassung von Kfz durch einen „Carsharing"-Verein an seine Mitglieder ist kein Zweckbetrieb (vgl. BFH-Urteil vom 12.6.2008, V R 33/05, BStBl. 2009 II S. 221).

9. Die nicht nur gelegentliche Erbringung von Geschäftsführungs- und Verwaltungsleistungen für einem Verein angeschlossene Mitgliedsvereine stellt keinen Zweckbetrieb dar (vgl. BFH-Urteil vom 29.1.2009, V R 46/06, BStBl. II S. 560).

10. Die Verwaltung von Sporthallen sowie das Einziehen der Hallenmieten einschließlich des Mahn- und Vollstreckungswesens durch einen gemeinnützigen Verein gegen Entgelt im Namen und für Rechnung einer Stadt ist kein begünstigter Zweckbetrieb (vgl. BFH-Urteil vom 5.8.2010, V R 54/09, BStBl. 2011 II S. 191).

(5) ¹Nach § 68 Nr. 7 AO sind kulturelle Einrichtungen und Veranstaltungen einer steuerbegünstigten Körperschaft unabhängig von einer Umsatz- oder Einkommensgrenze als Zweckbetrieb zu behandeln. ²Die Umsätze von Speisen und Getränken sowie die Werbung gehören nicht zum Zweckbetrieb.

(6) ¹Nach § 67a Abs. 1 AO sind sportliche Veranstaltungen eines Sportvereins ein Zweckbetrieb, wenn die Einnahmen einschließlich Umsatzsteuer 35.000 € im Jahr nicht übersteigen. ²Das gilt unabhängig davon, ob bezahlte Sportler im Sinne des § 67a Abs. 3 AO teilnehmen oder nicht. ³Die Umsätze von Speisen und Getränken sowie die Werbung anlässlich einer sportlichen Veranstaltung gehören nicht zum Zweckbetrieb. ⁴Ein nach § 67a Abs. 2 und 3 AO körperschaftsteuerrechtlich wirksamer Verzicht auf die Anwendung des § 67a Abs. 1 Satz 1 AO gilt auch für Zwecke der Umsatzsteuer. ⁵Wegen weiterer Einzelheiten zur Behandlung sportlicher Veranstaltungen vgl. AEAO zu § 67a.

(7) ¹Eine steuerbegünstigte sportliche oder kulturelle Veranstaltung im Sinne der §§ 67a, 68 Nr. 7 AO kann auch dann vorliegen, wenn ein Sport- oder Kulturverein in Erfüllung seiner Satzungszwecke im Rahmen einer Veranstaltung einer anderen Person oder Körperschaft eine sportliche oder kulturelle Darbietung erbringt. ²Die Veranstaltung, bei der die sportliche oder kulturelle Darbietung präsentiert wird, braucht keine steuerbegünstigte Veranstaltung zu sein (vgl. BFH-Urteil vom 4.5.1994, XI R 109/90, BStBl. II S. 886).

Ermäßigter Steuersatz bei Leistungen der Zweckbetriebe steuerbegünstigter Körperschaften

(8) ¹Die umsatzsteuerliche Begünstigung eines wirtschaftlichen Geschäftsbetriebs nach § 12 Abs. 2 Nr. 8 UStG kann auch dann gewährt werden, wenn sich die Auswirkungen auf den Wettbewerb, die von den Umsätzen eines wirtschaftlichen Geschäftsbetriebs ausgehen, nicht auf das zur Erfüllung des steuerbegünstigten Zwecks unvermeidbare Maß beschränken. ²Voraussetzung ist jedoch, dass sich ein derartiger Geschäftsbetrieb in seiner Gesamtrichtung als ein Zweckbetrieb darstellt, mit dem erkennbar darauf abgezielt wird, die satzungsmäßigen Zwecke der Körperschaft zu verwirklichen. ³Die Anwendung der Steuerermäßigungsvorschrift des § 12 Abs. 2 Nr. 8 Buchstabe a UStG kann daher nicht lediglich von einer gesetzlichen Zugehörigkeitsfiktion zum begünstigten Bereich einer Körperschaft abhängig gemacht werden. ⁴Vielmehr ist es erforderlich, dass auch die ausgeführten Leistungen von ihrer tatsächlichen Ausgestaltung her und in ihrer Gesamtrichtung dazu bestimmt sind, den in der Satzung bezeichneten steuerbegünstigten Zweck der Körperschaft selbst zu verwirklichen. ⁵Insoweit gilt allein der Betrieb eines steuerbegünstigten Zweckbetriebs selbst nicht als steuerbegünstigter Zweck. ⁶Die Regelung des § 12 Abs. 2 Nr. 8 Buchstabe a Satz 3 UStG zielt darauf ab, Wettbewerbsverzerrungen durch die Inanspruchnahme der ermäßigten Steuersatzes auf das gemeinschaftsrechtlich zulässigen Umfang zu beschränken und dadurch missbräuchlichen Gestaltungen zu begegnen; ⁷Nur soweit die Körperschaft mit den Leistungen ihrer in §§ 66 bis 68 AO bezeichneten Zweckbetriebe ihre steuerbegünstigten satzungsgemäßen Zwecke selbst verwirklicht, kommt der ermäßigte Steuersatz uneingeschränkt zur Anwendung. ⁸Für die übrigen Umsätze gilt dies nur, wenn der Zweckbetrieb nicht in erster Linie der Erzielung zusätzlicher Einnahmen dient, die in unmittelbarem Wettbewerb mit dem allgemeinen Steuersatz unterliegenden Leistungen anderer Unternehmer ausgeführt werden (vgl. BFH-Urteil vom 5.8.2010, V R 54/09, BStBl. 2011 II S. 191); ist diese Voraussetzung nicht erfüllt, unterliegen die übrigen Leistungen des Zweckbetriebs dem allgemeinen Steuersatz.

Zweckbetriebe, die nicht in erster Linie der Erzielung zusätzlicher Einnahmen dienen

(9) ¹Nach § 65 AO als Zweckbetriebe anerkannte wirtschaftliche Geschäftsbetriebe gewährleisten bereits, dass sie auch hinsichtlich der Umsätze, mit deren Ausführung selbst sie ausnahmsweise nicht auch ihre satzungsmäßigen Zwecke verwirklichen, durch nicht begünstigten Betrieben derselben oder ähnlicher Art nicht in größerem Umfang in Wettbewerb treten, als es zur Erfüllung der steuerbegünstigten Zwecke unvermeidbar ist und sie damit nicht in erster Linie der Erzielung zusätzlicher Einnahmen durch die Ausführung von Umsätzen dienen, die in unmittelbarem Wettbewerb mit dem allgemeinen Steuersatz unterliegenden Leistungen anderer Unternehmer ausgeführt werden. ²Der ermäßigte Steuersatz ist daher auf Zweckbetriebe nach § 65 AO uneingeschränkt anwendbar. ³Gleiches gilt für folgende, als Zweckbetriebe anerkannte wirtschaftliche Geschäftsbetriebe:

1. Einrichtungen der Wohlfahrtspflege im Sinne des § 66 AO, denn diese dürfen nach Abs. 2 dieser Vorschrift nicht des Erwerbs wegen ausgeübt werden;

2. in § 68 Nr. 1 Buchstabe a AO aufgeführte Alten-, Altenwohn- und Pflegeheime, Erholungsheime oder Mahlzeitendienste, denn diese müssen mindestens zwei Drittel ihrer Leistungen gegenüber den in § 53 AO genannten Personen erbringen (§ 66 Abs. 3 AO), um Zweckbetrieb sein zu können;

3. Selbstversorgungseinrichtungen nach § 68 Nr. 2 AO, denn diese dürfen höchstens 20% ihrer Leistungen an Außenstehende erbringen, um als Zweckbetrieb anerkannt zu werden.

§ 12   zu § 12 Abs. 2 Nr. 8   **UStAE 12.9.**

Leistungen, mit deren Ausführung selbst lediglich steuerbegünstigte Zwecke verwirklicht werden

(10) ¹Auch die satzungsmäßig erbrachten Leistungen der folgenden als Katalog-Zweckbetriebe anerkannten wirtschaftlichen Geschäftsbetriebe unterliegen, sofern sie nicht bereits unter eine Steuerbefreiungsvorschrift fallen, weiterhin dem ermäßigten Steuersatz, weil mit ihrer Ausführung selbst die steuerbegünstigten Zwecke der Körperschaft unmittelbar verwirklicht werden:

1. ¹Krankenhäuser. ²Umsätze auf dem Gebiet der Heilbehandlung sind Leistungen, mit deren Ausführung selbst der steuerbegünstigte Zweck eines in § 67 AO bezeichneten Zweckbetriebs verwirklicht wird;

2. ¹Sportvereine. ²Die z.B. als Eintrittsgeld für die von den Vereinen durchgeführten sportlichen Veranstaltungen erhobenen Beträge sind Entgelte für Leistungen, mit deren Ausführung selbst die steuerbegünstigten Zwecke eines in § 67a AO bezeichneten Zweckbetriebs verwirklicht werden. ³Dies gilt nicht, wenn die Besteuerungsgrenze des § 67a Abs. 1 AO überschritten wurde und im Falle des Verzichts auf deren Anwendung hinsichtlich der in § 67a Abs. 3 Satz 2 AO genannten Veranstaltungen;

3. ¹Kindergärten, Kinder-, Jugend- und Studenten- oder Schullandheime. ²Mit der Ausführung der Betreuungs- oder Beherbergungsumsätze selbst werden die steuerbegünstigten Zwecke der in § 68 Nr. 1 Buchstabe b AO bezeichneten Zweckbetriebe verwirklicht;

4. ¹Einrichtungen für Beschäftigungs- und Arbeitstherapie. ²Mit der Ausführung der auf Grund ärztlicher Indikation außerhalb eines Beschäftigungsverhältnisses erbrachten Therapie-, Ausbildungs- oder Förderungsleistungen selbst wird der steuerbegünstigte Zweck eines in § 68 Nr. 3 Buchstabe b AO bezeichneten Zweckbetriebs verwirklicht;

5. ¹Einrichtungen zur Durchführung der Blindenfürsorge, der Fürsorge für Körperbehinderte, der Fürsorgeerziehung und der freiwilligen Erziehungshilfe. ²Mit der Ausführung der gegenüber diesem Personenkreis erbrachten Leistungen auf dem Gebiet der Fürsorge selbst werden die steuerbegünstigten Zwecke der in § 68 Nr. 4 und 5 AO bezeichneten Zweckbetriebe verwirklicht;

6. ¹Kulturelle Einrichtungen, wie Museen, Theater, Konzerte und Kunstausstellungen. ²Die z.B. als Eintrittsgeld erhobenen Beträge sind Entgelt für Leistungen, mit deren Ausführung selbst die steuerbegünstigten Zwecke eines in § 68 Nr. 7 AO bezeichneten Zweckbetriebs verwirklicht werden;

7. ¹Volkshochschulen u.ä. Einrichtungen. ²Mit der Durchführung von Lehrveranstaltungen selbst werden die steuerbegünstigten Zwecke der in § 68 Nr. 8 AO bezeichneten Zweckbetriebe verwirklicht; soweit dabei den Teilnehmern Beherbergungs- oder Beköstigungsleistungen erbracht werden, gelten die Ausführungen in Absatz 11;

8. ¹Wissenschafts- und Forschungseinrichtungen, deren Träger sich überwiegend aus Zuwendungen der öffentlichen Hand oder Dritter oder aus der Vermögensverwaltung finanzieren. ²Mit der Ausführung von Forschungsumsätzen selbst werden die steuerbegünstigten Zwecke der in § 68 Nr. 9 AO bezeichneten Forschungseinrichtungen verwirklicht. ³Dies gilt auch für die Auftragsforschung. ⁴Die Steuerermäßigung kann nicht in Anspruch genommen werden für Tätigkeiten, die sich auf die Anwendung gesicherter wissenschaftlicher Erkenntnisse beschränken, für die Übernahme von Projekttätigkeiten sowie für wirtschaftliche Tätigkeiten ohne Forschungsbezug.

²Sofern besondere Ausgestaltungsformen gemeinnütziger Zwecke nach den allgemeinen abgabenrechtlichen Regelungen ebenfalls bestimmten Katalogzweckbetrieben zugeordnet werden, besteht kein Anlass, hiervon umsatzsteuerrechtlich abzuweichen. ³So werden beispielsweise mit Leistungen wie „Betreutes Wohnen", „Hausnotrufleistungen", „Betreute Krankentransporte" selbst die in § 66 AO bezeichneten steuerbegünstigten Zwecke verwirklicht. ⁴Werden derartige Leistungen von wirtschaftlichen Geschäftsbetrieben, die nach §§ 66 oder 68 Nr. 1 AO als Zweckbetrieb anerkannt sind, satzungsmäßig ausgeführt, fallen auch sie in den An-wendungsbereich des ermäßigten Steuersatzes. ⁵Hinsichtlich der übrigen Umsätze der genannten Zweckbetriebe gelten die Ausführungen in Absatz 11.

Leistungen, mit deren Ausführung selbst nicht steuerbegünstigte Zwecke verwirklicht werden

(11) ¹Vorbehaltlich der Regelungen der Absätze 12 bis 14 unterliegen von Zweckbetrieben ausgeführte Leistungen, mit deren Ausführung selbst nicht steuerbegünstigte Zwecke verwirklicht werden, nur dann dem ermäßigten Steuersatz, wenn der Zweckbetrieb insgesamt nicht in erster Linie der Erzielung von zusätzlichen Einnahmen durch die Ausführung von Umsätzen dient, die in unmittelbarem Wettbewerb mit dem allgemeinen Steuersatz unterliegenden Leistungen anderer Unternehmer ausgeführt werden. ²Einnahmen aus derartigen Umsätzen werden zusätzlich erzielt, wenn die Umsätze nicht lediglich Hilfsumsätze (Abschnitt 19.3 Abs. 2 Sätze 4 und 5) sind (zusätzliche Einnahmen). ³Ein Zweckbetrieb dient in erster Linie der Erzielung zusätzlicher Einnahmen, wenn er sich zu mehr als 50% aus derartigen Einnahmen finanziert. ⁴Umsatzsteuerfreie Umsätze sowie umsatzsteuerrechtlich als nicht steuerbare

UStAE 12.9. zu § 12 Abs. 2 Nr. 8 § 12

Zuschüsse zu beurteilende Zuwendungen sind – unabhängig von einer ertragsteuerrechtlichen Beurteilung als Betriebseinnahmen – keine Einnahmen in diesem Sinne. [5]Aus Vereinfachungsgründen kann davon ausgegangen werden, dass ein Zweckbetrieb nicht in erster Linie der Erzielung zusätzlicher Einnahmen dient, wenn der Gesamtumsatz im Sinne des § 19 Abs. 3 UStG des Zweckbetriebs die Besteuerungsgrenze des § 64 Abs. 3 AO insgesamt nicht übersteigt. [6]Da sich bei Leistungen gegenüber in vollem Umfang zum Vorsteuerabzug berechtigten Unternehmen kein Wettbewerbsvorteil ergibt, ist es nicht zu beanstanden, wenn diese Umsätze bei der betragsmäßigen Prüfung unberücksichtigt bleiben.

Einzelfälle

(12) [1]Bei Werkstätten für behinderte Menschen (§ 68 Nr. 3 Buchstabe a AO) gehört der Verkauf von Waren, die in einer Werkstätte für behinderte Menschen selbst hergestellt worden sind, zum Zweckbetrieb. [2]Aus Vereinfachungsgründen kann davon ausgegangen werden, dass der Zweckbetrieb „Werkstatt für behinderte Menschen" mit dem Verkauf dieser Waren sowie von zum Zwecke der Be- oder Verarbeitung zugekaufter Waren nicht in erster Linie der Erzielung zusätzlicher Einnahmen dient, wenn die Wertschöpfung durch die Werkstatt für behinderte Menschen mehr als 10% des Nettowerts (Bemessungsgrundlage) der zugekauften Waren beträgt. [3]Im Übrigen ist der Verkauf anderer Waren nach dem AEAO Nr. 5 zu § 68 Nr. 3 ein gesonderter steuerpflichtiger wirtschaftlicher Geschäftsbetrieb des Trägers der Werkstatt; der ermäßigte Steuersatz kommt insoweit nicht zur Anwendung. [4]Mit sonstigen Leistungen, die keine Werkleistungen sind, werden die steuerbegünstigten Zwecke der Einrichtung im Allgemeinen nicht verwirklicht, da ihnen das dem Begriff einer Werkstatt innewohnende Element der Herstellung oder Be-/Verarbeitung fehlt. [5]Sofern sonstige Leistungen ausnahmsweise von einem Zweckbetrieb im Sinne des § 68 Nr. 3 Buchstabe a AO ausgeführt werden sowie bei Werkleistungen gelten hinsichtlich der Anwendung des ermäßigten Steuersatzes die folgenden Ausführungen für Zweckbetriebe nach § 68 Nr. 3 Buchstabe c AO entsprechend.

(13) [1]Integrationsprojekte im Sinne von § 132 Abs. 1 SGB IX unterliegen weder nach § 132 SGB IX noch nach § 68 Nr. 3 Buchstabe c AO bestimmten Voraussetzungen in Bezug auf die Ausführung ihrer Leistungen; sie können dementsprechend mit der Ausführung ihrer Leistungen selbst keinen steuerbegünstigten Zweck erfüllen. [2]Daher ist bei Überschreiten der Besteuerungsgrenze (§ 64 Abs. 3 AO) grundsätzlich zu prüfen, ob die Einrichtung in erster Linie der Erzielung von zusätzlichen Einnahmen dient. [3]Dies ist regelmäßig der Fall,

– wenn die besonders betroffenen schwerbehinderten Menschen im Sinne des § 132 Abs. 1 SGB IX nicht als Arbeitnehmer der Einrichtung beschäftigt sind, sondern lediglich z.B. von Zeitarbeitsfirmen entliehen werden; dies gilt nicht, soweit die entliehenen Arbeitnehmer über die nach § 68 Nr. 3 Buchstabe c AO erforderliche Quote hinaus beschäftigt werden, oder

– wenn die Einrichtung von anderen Unternehmern in die Erbringung von Leistungen lediglich zwischengeschaltet wird oder sich zur Erbringung eines wesentlichen Teils der Leistung anderer Subunternehmer bedient, die nicht selbst steuerbegünstigt sind.

[4]Anhaltspunkte dafür, dass ein Zweckbetrieb nach § 68 Nr. 3 Buchstabe c AO in erster Linie der Erzielung zusätzlicher Einnahmen durch Steuervorteile dient, sind insbesondere:

– Fehlen einer nach Art und Umfang der erbrachten Leistungen erforderlichen Geschäftseinrichtung;

– Nutzung des ermäßigten Steuersatzes als Werbemittel, insbesondere zur Anbahnung von Geschäftsverbindungen zu nicht vorsteuerabzugsberechtigten Leistungsempfängern;

– Erbringung von Leistungen fast ausschließlich gegenüber nicht vorsteuerabzugsberechtigten Leistungsempfängern;

– das Fehlen von medizinisch, psychologisch, pädagogisch oder anderweitig spezifiziert geschultem Personal, welches im Hinblick auf die besonderen Belange der besonders betroffenen schwerbehinderten Menschen geeignet ist, deren Heranführung an das Erwerbsleben zu fördern, bzw. die Unterlassung gleichwertiger Ersatzmaßnahmen;

– die Beschäftigung der besonders betroffenen schwerbehinderten Menschen nicht im eigentlichen Erwerbsbereich der Einrichtung, sondern überwiegend in Hilfsfunktionen.

[5]Aus Vereinfachungsgründen können diese Anhaltspunkte unberücksichtigt bleiben, wenn der Gesamtumsatz der Einrichtung (§ 19 Abs. 3 UStG) den für Kleinunternehmer geltenden Betrag von 17.500 € im Jahr (Kleinunternehmergrenze, § 19 Abs. 1 UStG) je Beschäftigtem, der zu der Gruppe der besonders betroffenen schwerbehinderten Menschen im Sinne des § 132 Abs. 1 SGB IX zählt, nicht übersteigt, oder wenn der durch die Anwendung des ermäßigten Steuersatzes im Kalenderjahr erzielte Steuervorteil insgesamt den um Zuwendungen Dritter gekürzten Betrag nicht übersteigt, welchen die Einrichtung im Rahmen der Beschäftigung aller besonders betroffenen schwerbehinderten Menschen im Sinne des § 132 Abs. 1 SGB IX in diesem Zeitraum zusätzlich aufwendet. [6]Vorbehaltlich des Nach-

weises höherer tatsächlicher Aufwendungen kann als zusätzlich aufgewendeter Betrag die um Lohnzuschüsse Dritter gekürzte Summe der Löhne und Gehälter, die an die besonders betroffenen schwerbehinderten Menschen im Sinne des § 132 Abs. 1 SGB IX ausgezahlt wird, zu Grunde gelegt werden. [7]Als erzielter Steuervorteil gilt die Differenz zwischen der Anwendung des allgemeinen Steuersatzes und der Anwendung des ermäßigten Steuersatzes auf den ohne Anwendung der Steuerermäßigung nach § 12 Abs. 2 Nr. 8 UStG dem allgemeinen Steuersatz unterliegenden Teil des Gesamtumsatzes der Einrichtung.

(14) [1]Behördlich genehmigte Lotterien und Ausspielungen können mit dem Verkauf ihrer Lose selbst regelmäßig nicht den gemeinnützigen Zweck eines Zweckbetriebs nach § 68 Nr. 6 AO verwirklichen, da sie lediglich den Reinertrag dafür zu verwenden haben. [2]Aus Vereinfachungsgründen kann jedoch auch bei Überschreiten der Besteuerungsgrenze des § 64 Abs. 3 AO davon ausgegangen werden, dass der Zweckbetrieb nicht in erster Linie der Erzielung zusätzlicher Einnahmen dient, wenn der Gesamtpreis der Lose je genehmigter Lotterie oder Ausspielung zu ausschließlich gemeinnützigen, mildtätigen oder kirchlichen Zwecken 40.000 € (§ 18 RennwLottG) nicht überschreitet. [3]Die nicht nach § 4 Nr. 9 Buchstabe b UStG steuerfreien Leistungen nicht gemeinnütziger Lotterieveranstalter unterliegen auch dann dem allgemeinen Steuersatz, wenn die Reinerlöse für steuerbegünstigte Zwecke verwendet werden.

(15) [1]Für die Anwendung der Absätze 8ff. ist das Gesamtbild der Verhältnisse im Einzelfall maßgebend. [2]Bei der Prüfung der betragsmäßigen Nichtaufgriffsgrenzen sowie bei der Gegenüberstellung der zusätzlichen Einnahmen zu den übrigen Einnahmen ist dabei auf die Verhältnisse des abgelaufenen Kalenderjahres sowie auf die voraussichtlichen Verhältnisse des laufenden Kalenderjahres abzustellen.

12.10. Zusammenschlüsse steuerbegünstigter Einrichtungen (§ 12 Abs. 2 Nr. 8 Buchstabe b UStG)
[1]Die Steuerermäßigung nach § 12 Abs. 2 Nr. 8 Buchstabe b UStG für Leistungen von nichtrechtsfähigen Personenvereinigungen oder Gemeinschaften steuerbegünstigter Körperschaften wird unter folgenden Voraussetzungen gewährt:

1. Alle Mitglieder der nichtrechtsfähigen Personenvereinigung oder Gemeinschaft müssen steuerbegünstigte Körperschaften im Sinne der §§ 51ff. AO sein.
2. Alle Leistungen müssten, falls sie anteilig von den Mitgliedern der Personenvereinigung oder der Gemeinschaft ausgeführt würden, nach § 12 Abs. 2 Nr. 8 Buchstabe a UStG ermäßigt zu besteuern sein.

[2]Eine Personenvereinigung oder Gemeinschaft kann somit für ihre Leistungen nur dann die Umsatzsteuerermäßigung nach § 12 Abs. 2 Nr. 8 Buchstabe b UStG beanspruchen, wenn sie sich auf steuerbegünstigte Bereiche, z.B. Zweckbetriebe, erstreckt. [3]Daneben kann jedoch mit den wirtschaftlichen Geschäftsbetrieben, die nicht Zweckbetriebe sind, z.B. Vereinsgaststätten, jeweils eine gesonderte Personenvereinigung oder Gemeinschaft gebildet werden, deren Leistungen der Umsatzsteuer nach dem allgemeinen Steuersatz unterliegen. [4]Bestehen begünstigte und nicht begünstigte Personenvereinigungen oder Gemeinschaften nebeneinander, müssen u.a. die für Umsatzsteuerzwecke erforderlichen Aufzeichnungen dieser Zusammenschlüsse voneinander getrennt geführt werden. [5]Die Steuerermäßigung ist ausgeschlossen, wenn eine Personenvereinigung oder Gemeinschaft auch Zweckbetriebe, für deren Leistungen der ermäßigte Steuersatz nach § 12 Abs. 2 Nr. 8 Buchstabe a Satz 3 UStG auch nur teilweise ausgeschlossen ist, oder wirtschaftliche Geschäftsbetriebe umfasst, die keine Zweckbetriebe sind, z.B. Gemeinschaft aus der kulturellen Veranstaltung des einen und dem Bewirtungsbetrieb des anderen gemeinnützigen Vereins. [6]Auch bei gemeinschaftlichen Sportveranstaltungen darf durch die Zurechnung der anteiligen Einnahmen der Personenvereinigung oder der Gemeinschaft bei keinem Vereinigungs- oder Gemeinschaftsmitglied ein wirtschaftlicher Geschäftsbetrieb entstehen, der nicht Zweckbetrieb ist.

Zu § 12 Absatz 2 Nr. 9 UStG

12.11. Schwimm- und Heilbäder, Bereitstellung von Kureinrichtungen
(1) [1]Unmittelbar mit dem Betrieb der Schwimmbäder verbundene Umsätze liegen insbesondere vor bei
1. der Benutzung der Schwimmbäder, z.B. durch Einzelbesucher, Gruppen oder Vereine (gegen Eintrittsberechtigung oder bei Vermietung des ganzen Schwimmbads an einen Verein);
2. ergänzenden Nebenleistungen, z.B. Benutzung von Einzelkabinen;
3. der Erteilung von Schwimmunterricht;
4. notwendigen Hilfsleistungen, z.B. Vermietung von Schwimmgürteln, Handtüchern und Badekleidung, Aufbewahrung der Garderobe, Benutzung von Haartrocknern.

²Die Steuerermäßigung nach § 12 Abs. 2 Nr. 9 UStG scheidet aus, wenn die Überlassung des Schwimmbads eine unselbständige Nebenleistung zu einer nicht begünstigten Hauptleistung ist. ³Das ist z.B. der Fall, wenn in einem Sport- und Freizeitzentrum außer einem Schwimmbad oder einer Sauna noch weitere, nicht begünstigte Einrichtungen im Rahmen einer eigenständigen Leistung besonderer Art überlassen werden (vgl. BFH-Urteile vom 8.9.1994, V R 88/92, BStBl. II S. 959, und vom 28.9.2000, V R 14, 15/99, BStBl. 2001 II S. 78).

(2) ¹Nicht unmittelbar mit dem Betrieb eines Schwimmbads verbunden und deshalb nicht begünstigt sind u.a. die Abgabe von Reinigungsbädern, die Lieferungen von Seife und Haarwaschmitteln, die Vermietung von Liegestühlen und Strandkörben, die Zurverfügungstellung von Unterhaltungseinrichtungen – Minigolf, Tischtennis und dgl. – und die Vermietung oder Verpachtung einzelner Betriebsteile, wie z.B. die Vermietung eines Parkplatzes, einer Sauna oder von Reinigungsbädern. ²Das Gleiche gilt für die Parkplatzüberlassung, die Fahrradaufbewahrung sowie für die Umsätze in Kiosken, Milchbars und sonstigen angegliederten Wirtschaftsbetrieben.

(3) ¹Heilbäder sind:

1. ¹Heilbäder aus anerkannten, natürlichen Heilquellen (Mineral-, Thermal-, Gasquellen) und Peloidbäder (Heilmoore, Fango, Schlick, Lehm, Sand). ²Sie werden abgegeben als Wannenbäder, Packungen, Teilbäder und Duschen (z.B. Wechselduschen, Nasen-, Rachen- und Vaginalduschen), als Inhalationen (Raum- und Einzelinhalationen), als Trinkkuren und in Bewegungsbädern;
2. Heilbäder nach Kneippscher Therapie (z.B. Arm- und Fußbäder, Güsse, Abwaschungen, Wickel und Abbürstungen) und Heilmittel des Meeres, zu denen warme und kalte Meerwasserbäder, Meerwassertrinkkuren, Inhalationen und Meerwasserbewegungsbäder zählen;
3. medizinische Zusatzbäder, Saunabäder, Dampf- und Heißlufttraumbäder, Lichtbäder (z.B. Infra- oder Ultrarot, Glühlicht und UV-Licht), Physio- und Elektrotherapie (z.B. Hauffesche Arm- und Fußbäder, Überwärmungsbad, Heilmassage, Heilgymnastik und Stangerbad), Unterwasserdruckstrahl-Massagen, Darmbäder sowie die Behandlung in pneumatischen und Klima-Kammern.

²Keine Heilbäder sind z.B. sog. Floating-Bäder, Heubäder, Schokobäder, Kleopatrabäder und Aromabäder.

(4) ¹Bei der Verabreichung von Heilbädern, die ihrer Art nach allgemeinen Heilzwecken dienen, z.B. von Saunabädern, ist nicht erforderlich, dass im Einzelfall ein bestimmter Heilzweck nachgewiesen wird. ²Insbesondere bedarf es nicht einer ärztlichen Verordnung des Heilbads. ³Dies gilt jedoch nicht für Leistungen, die anderen – z.B. kosmetischen – Zwecken dienen und bei denen Heilzwecke von vornherein ausgeschlossen sind. ⁴UV-Lichtbehandlungen ohne ärztliche Verordnung in Bräunungs- und Sonnenstudios stellen daher keine begünstigte Verabreichung eines Heilbads dar (vgl. BFH-Urteil vom 18.6.1993, V R 1/89, BStBl. II S. 853). ⁵Die Verabreichung von Heilbädern setzt eine Abgabe des Heilbades unmittelbar an den Kurgast voraus. ⁵An dieser Voraussetzung fehlt es, wenn Kurbetriebe Heilwasser nicht an Kurgäste, sondern an Dritte – z.B. an Sozialversicherungsträger – liefern, die das Wasser zur Verabreichung von Heilbädern in ihren eigenen Sanatorien verwenden. ⁷Das Gleiche gilt, wenn Heilwässer nicht unmittelbar zur Anwendung durch den Kurgast abgegeben werden. ⁸Für die Abgrenzung gegenüber den nicht begünstigten Leistungen der Heilbäder gelten im Übrigen die Absätze 1 und 2 entsprechend.

(5) ¹Bei der Bereitstellung von Kureinrichtungen handelt es sich um eine einheitliche Gesamtleistung, die sich aus verschiedenartigen Einzelleistungen (z.B. die Veranstaltung von Kurkonzerten, das Gewähren von Trinkkuren sowie das Überlassen von Kurbädern, Kurstränden, Kurparks und anderen Kuranlagen oder -einrichtungen zur Benutzung) zusammensetzt. ²Eine auf Grund der Kommunalabgabengesetze der Länder oder vergleichbarer Regelungen erhobene Kurtaxe kann aus Vereinfachungsgründen als Gegenleistung für eine in jedem Fall nach § 12 Abs. 2 Nr. 9 UStG ermäßigt zu besteuernde Leistung angesehen werden. ³Eine andere Bezeichnung als „Kurtaxe" (z.B. Kurbeitrag oder -abgabe) ist unschädlich. ⁴Voraussetzung für die Anwendung der Steuerermäßigung ist, dass die Gemeinde als Kur-, Erholungs- oder Küstenbadeort anerkannt ist. ⁵Nicht begünstigt sind Einzelleistungen, wie z.B. die Gebrauchsüberlassung einzelner Kureinrichtungen oder -anlagen und die Veranstaltung von Konzerten, Theatervorführungen oder Festen, für die neben der Kurtaxe ein besonderes Entgelt zu zahlen ist.

Zu § 12 Absatz 2 Nr. 10 UStG

12.12. Übergangsregelung bei Personenbeförderungen mit Schiffen

(1) ¹Nach § 12 Abs. 2 Nr. 10 Buchstabe a UStG in der Fassung des § 28 Abs. 4 UStG unterliegen die Personenbeförderungen mit Schiffen dem ermäßigten Steuersatz. ²Folgende dieser Beförderungen sind insgesamt steuerbar:

§ 12 zu § 12 Abs. 2 Nr. 10 UStAE 12.12., 12.13.

1. Beförderungen, die sich ausschließlich auf das Inland erstrecken,
2. Beförderungen, die ausschließlich in den in § 1 Abs. 3 UStG bezeichneten Gebieten ausgeführt werden, wenn diese Beförderungen wie Umsätze im Inland zu behandeln sind (§ 1 Abs. 3 Satz 1 Nr. 2 UStG), und
3. grenzüberschreitende Beförderungen, bei denen die ausländischen Streckenanteile als inländische Beförderungsstrecken anzusehen sind (§ 7 Abs. 1 und Abs. 2 Satz 1 Nr. 1 UStDV).

(2) ¹Bei grenzüberschreitenden Beförderungen von Personen mit Schiffen, die nicht in Absatz 1 Satz 2 Nr. 3 bezeichnet sind, bemisst sich die Steuer nach dem Entgelt für den Teil der Beförderungsleistung, der steuerbar ist. ²Dies ist der Fall bei dem Teil einer grenzüberschreitenden Beförderung, der auf das Inland entfällt oder der nach § 1 Abs. 3 Satz 1 Nr. 2 UStG wie ein Umsatz im Inland zu behandeln ist. ³Abweichend davon ist jedoch die gesamte Beförderungsleistung nicht steuerbar, wenn der inländische Streckenanteil als ausländische Beförderungsstrecke anzusehen ist und der Teil der Beförderungsleistung in den in § 1 Abs. 3 UStG bezeichneten Gebieten nicht wie ein Umsatz im Inland zu behandeln ist (§§ 2 und 7 Abs. 2 Satz 1 Nr. 2, Abs. 3 und 5 UStDV).

(3) ¹Wird für eine grenzüberschreitende Beförderung ein Preis für die gesamte Beförderung vereinbart oder vereinnahmt, ist der auf den steuerbaren Teil der Leistung entfallende Entgeltanteil anhand dieses Gesamtpreises zu ermitteln. ²Die Ausführungen in Abschnitt 3b.1 Abs. 6 gelten entsprechend.

(4) ¹Personenbeförderungen mit Schiffen können mit der Unterbringung und der Verpflegung der beförderten Personen verbunden sein. ²Soweit Unterbringung und Verpflegung erforderlich sind, um die Personenbeförderung planmäßig durchführen zu können, sind sie als Nebenleistungen zur Beförderungsleistung anzusehen. ³Ihre Besteuerung richtet sich deshalb nach den Absätzen 1 bis 3.

(5) ¹Bei Pauschalreisen mit Kabinenschiffen auf Binnenwasserstraßen sind die Unterbringung und Verpflegung der Reisenden auf den Schiffen ebenfalls erforderlich, um die Personenbeförderung entsprechend den vertraglichen Vereinbarungen durchführen zu können. ²Unterbringung und Verpflegung sind deshalb auch hier als Nebenleistungen zur Beförderungsleistung anzusehen (vgl. BFH-Urteil vom 1.8.1996, V R 58/94, BStBl. 1997 II S. 160). ³Soweit die Personenbeförderungen im Inland ausgeführt werden oder nach § 1 Abs. 3 UStG wie Umsätze im Inland zu behandeln sind, unterliegen die Leistungen einschließlich der Unterbringung und Verpflegung dem ermäßigten Steuersatz. ⁴Auch die Beförderung eines Personenkraftwagens bei Mitnahme durch den Reisenden unterliegt als Nebenleistung zur Beförderungsleistung dem ermäßigten Steuersatz.

(6) ¹Werden jedoch bei den in Absatz 5 bezeichneten Schiffsreisen Leistungen an die Reisenden erbracht, die nicht mit dem Pauschalentgelt für Beförderung, Unterbringung und Verpflegung abgegolten sind, ist davon auszugehen, dass diese Leistungen nicht erforderlich sind, um die Beförderungsleistung planmäßig durchführen zu können. ²Es handelt sich hier z.B. um die Lieferung von Getränken, Süßwaren, Tabakwaren und Andenken. ³Soweit diese Lieferungen im Inland ausgeführt werden oder nach § 1 Abs. 3 UStG wie Umsätze im Inland zu behandeln sind, fallen sie nicht unter die Steuerermäßigung für die Beförderung von Personen mit Schiffen.

12.13. Begünstigte Verkehrsarten

(1) Die einzelnen Verkehrsarten sind grundsätzlich nach dem Verkehrsrecht abzugrenzen.

Verkehr mit Schienenbahnen

(2) ¹Schienenbahnen sind die Vollbahnen – Haupt- und Nebenbahnen – und die Kleinbahnen sowie die sonstigen Eisenbahnen, z.B. Anschlussbahnen und Straßenbahnen. ²Als Straßenbahnen gelten auch Hoch- und Untergrundbahnen, Schwebebahnen und ähnliche Bahnen besonderer Bauart (§ 4 Abs. 2 PBefG). ³Zu den Schienenbahnen gehören auch Kleinbahnen in Tierparks und Ausstellungen (BFH-Urteil vom 14.12.1951, II 176/51 U, BStBl. 1952 III S. 22) sowie Bergbahnen.

Verkehr mit Oberleitungsomnibussen

(3) Oberleitungsomnibusse sind nach § 4 Abs. 3 PBefG elektrisch angetriebene, nicht an Schienen gebundene Straßenfahrzeuge, die ihre Antriebsenergie einer Fahrleitung entnehmen.

Genehmigter Linienverkehr mit Kraftfahrzeugen

(4) ¹Linienverkehr mit Kraftfahrzeugen ist eine zwischen bestimmten Ausgangs- und Endpunkten eingerichtete regelmäßige Verkehrsverbindung, auf der Fahrgäste an bestimmten Haltestellen ein- und aussteigen können. ²Er setzt nicht voraus, dass ein Fahrplan mit bestimmten Abfahrts- und Ankunftszeiten besteht oder Zwischenhaltestellen eingerichtet sind (§ 42 PBefG). ³Als Linienverkehr gilt auch die Beförderung von

1. Berufstätigen zwischen Wohnung und Arbeitsstelle (Berufsverkehr);
2. Schülern zwischen Wohnung und Lehranstalt (Schülerfahrten; hierzu gehören z.B. Fahrten zum Schwimmunterricht, nicht jedoch Klassenfahrten);
3. Kindern zwischen Wohnung und Kindergarten (Kindergartenfahrten);
4. Personen zum Besuch von Märkten (Marktfahrten);
5. Theaterbesuchern.

[4]Linienverkehr kann mit Kraftomnibussen und mit Personenkraftwagen sowie in besonderen Ausnahmefällen auch mit Lastkraftwagen betrieben werden.

(5) [1]Beförderungen im Linienverkehr mit Kraftfahrzeugen sind jedoch nur dann begünstigt, wenn der Linienverkehr genehmigt ist oder unter die Freistellungsverordnung zum PBefG fällt oder eine genehmigungsfreie Sonderform des Linienverkehrs im Sinne der Verordnung (EWG) Nr. 684/92 vom 16.3.1992 (ABl. EG 1992 Nr. L 74 S. 1) darstellt. [2]Über die Genehmigung muss eine entsprechende Genehmigungsurkunde oder eine einstweilige Erlaubnis der zuständigen Genehmigungsstelle vorliegen. [3]Im Falle der Betriebsübertragung nach § 2 Abs. 2 PBefG gelten die vom Betriebsführungsberechtigten ausgeführten Beförderungsleistungen als solche im genehmigten Linienverkehr, sofern die Betriebsübertragung von der zuständigen Behörde (§ 11 PBefG) genehmigt worden ist. [4]Für bestimmte Beförderungen im Linienverkehr sieht die Freistellungsverordnung zum PBefG von dem Erfordernis einer Genehmigung für den Linienverkehr ab. [5]Hierbei handelt es sich um Beförderungen durch die Streitkräfte oder durch die Polizei mit eigenen Kraftfahrzeugen sowie um die folgenden Beförderungen, wenn von den beförderten Personen selbst ein Entgelt nicht zu entrichten ist:

1. Beförderungen von Berufstätigen mit Kraftfahrzeugen zu und von ihrer Eigenart nach wechselnden Arbeitsstellen, insbesondere Baustellen, sofern nicht ein solcher Verkehr zwischen gleichbleibenden Ausgangs- und Endpunkten länger als ein Jahr betrieben wird;
2. Beförderungen von Berufstätigen mit Kraftfahrzeugen zu und von Arbeitsstellen in der Land- und Forstwirtschaft;
3. Beförderungen mit Kraftfahrzeugen durch oder für Kirchen oder sonstigen Religionsgesellschaften zu und von Gottesdiensten;
4. Beförderungen mit Kraftfahrzeugen durch oder für Schulträger zum und vom Unterricht;
5. Beförderungen von Kranken wegen einer Beschäftigungstherapie oder zu sonstigen Behandlungszwecken durch Krankenhäuser oder Heilanstalten mit eigenen Kraftfahrzeugen;
6. Beförderungen von Berufstätigen mit Personenkraftwagen von und zu ihren Arbeitsstellen;
7. Beförderungen von körperlich, geistig oder seelisch behinderten Personen mit Kraftfahrzeugen zu und von Einrichtungen, die der Betreuung dieser Personenkreise dienen;
8. Beförderungen von Arbeitnehmern durch den Arbeitgeber zu betrieblichen Zwecken zwischen Arbeitsstätten desselben Betriebes;
9. Beförderungen mit Kraftfahrzeugen durch oder für Kindergartenträger zwischen Wohnung und Kindergarten.

[6]Diese Beförderungen sind wie genehmigter Linienverkehr zu behandeln. [7]Ebenso zu behandeln sind die nach der Verordnung (EWG) Nr. 684/92 genehmigungsfreien Sonderformen des grenzüberschreitenden Linienverkehrs, der der regelmäßigen ausschließlichen Beförderung bestimmter Gruppen von Fahrgästen dient, wenn der besondere Linienverkehr zwischen dem Veranstalter und dem Verkehrsunternehmer vertraglich geregelt ist. [8]Zu den Sonderformen des Linienverkehrs zählen insbesondere:

1. die Beförderung von Arbeitnehmern zwischen Wohnort und Arbeitsstätte;
2. die Beförderung von Schülern und Studenten zwischen Wohnort und Lehranstalt;
3. die Beförderung von Angehörigen der Streitkräfte und ihren Familien zwischen Herkunftsland und Stationierungsort.

[9]Der Verkehrsunternehmer muss neben der in Satz 7 genannten vertraglichen Regelung die Genehmigung für Personenbeförderungen im Linien-, Pendel- oder Gelegenheitsverkehr mit Kraftomnibussen durch den Niederlassungsstaat erhalten haben, die Voraussetzungen der gemeinschaftlichen Rechtsvorschriften über den Zugang zum Beruf des Personenkraftverkehrsunternehmers im innerstaatlichen und grenzüberschreitenden Verkehr sowie die Rechtsvorschriften über die Sicherheit im Straßenverkehr für Fahrer und Fahrzeuge erfüllen. [10]Der Nachweis über das Vorliegen einer genehmigungsfreien Sonderform des Linienverkehrs nach der Verordnung (EWG) Nr. 684/92 kann durch die Vorlage des zwischen dem Veranstalter und dem Verkehrsunternehmer abgeschlossenen Beförderungsvertrags erbracht werden.

§ 12 zu § 12 Abs. 2 Nr. 10 UStAE 12.13., 12.14.

(6) ¹Keine Beförderungsleistung liegt vor, wenn ein Kraftfahrzeug unbemannt – auf Grund eines Miet- oder Leihvertrags – zur Durchführung von Beförderungen im genehmigten Linienverkehr zur Verfügung gestellt wird. ²Diese Leistung ist deshalb nicht begünstigt.

Verkehr mit Taxen

(7) ¹Verkehr mit Taxen ist nach § 47 Abs. 1 PBefG die Beförderung von Personen mit Personenkraftwagen, die der Unternehmer an behördlich zugelassenen Stellen bereithält und mit denen er Fahrten zu einem vom Fahrgast bestimmten Ziel ausführt. ²Der Unternehmer kann Beförderungsaufträge auch während einer Fahrt oder am Betriebssitz entgegennehmen. ³Personenkraftwagen sind Kraftfahrzeuge, die nach ihrer Bauart und Ausstattung zur Beförderung von nicht mehr als 9 Personen – einschließlich Führer – geeignet und bestimmt sind (§ 4 Abs. 4 Nr. 1 PBefG). ⁴Der Verkehr mit Taxen bedarf der Genehmigung. ⁵Über die Genehmigung wird eine besondere Urkunde erteilt. ⁶Eine begünstigte Personenbeförderungsleistung setzt voraus, dass sie durch den Genehmigungsinhaber mit eigenbetriebenen Taxen erbracht wird.

(8) ¹Nicht begünstigt ist der Verkehr mit Mietwagen (BFH-Urteil vom 30.10.1969, V R 99/69, BStBl. 1970 II S. 78, und BVerfG-Beschluss vom 11.2.1992, 1 BvL 29/87, BVerfGE 85, 238). ²Der Mietwagenverkehr unterscheidet sich im Wesentlichen vom Taxenverkehr dadurch, dass nur Beförderungsaufträge ausgeführt werden dürfen, die am Betriebssitz oder in der Wohnung des Unternehmers eingegangen sind (§ 49 Abs. 4 PBefG). ³Auch die entgeltliche Überlassung von Kfz durch einen Carsharing-Verein an seine Mitglieder ist nicht begünstigt (BFH-Urteil vom 12.6.2008, V R 33/05, BStBl. 2009 II S. 221).

Verkehr mit Drahtseilbahnen und sonstigen mechanischen Aufstiegshilfen

(9) ¹Zu den Drahtseilbahnen gehören Standseilbahnen und andere Anlagen, deren Fahrzeuge von Rädern oder anderen Einrichtungen getragen und durch ein oder mehrere Seile bewegt werden, Seilschwebebahnen, deren Fahrzeuge von einem oder mehreren Seilen getragen und/oder bewegt werden (einschließlich Kabinenbahnen und Sesselbahnen) und Schleppaufzüge, bei denen mit geeigneten Geräten ausgerüstete Benutzer durch ein Seil fortbewegt werden (vgl. Artikel 1 Abs. 3 der Richtlinie 2000/9/EG vom 20.3.2000, ABl. EG 2000 Nr. L 106, S. 21). ²Zu den sonstigen mechanischen Aufstiegshilfen gehören auch Seilschwebebahnen, Sessellifte und Skilifte.

(10) Nicht begünstigt ist grundsätzlich der Betrieb einer Sommer- oder Winterrodelbahn.

Nebenleistungen

(11) ¹Der ermäßigte Steuersatz erstreckt sich auch auf die Nebenleistungen zu einer begünstigten Hauptleistung. ²Als Nebenleistung zur Personenbeförderung ist insbesondere die Beförderung des Reisegepäcks des Reisenden anzusehen. ³Zum Reisegepäck gehören z.B. die Gegenstände, die nach der EVO und nach den Einheitlichen Rechtsvorschriften für den Vertrag über die internationale Eisenbahnbeförderung von Personen (CIV), Anhang A zum Übereinkommen über den internationalen Eisenbahnverkehr (COTIF) vom 9.5.1980 in der Fassung vom 3.6.1999 (BGBl. 2002 II S. 2140), als Reisegepäck befördert werden.

12.14. Begünstigte Beförderungsstrecken

(1) Unter Gemeinde im Sinne des § 12 Abs. 2 Nr. 10 Buchstabe b Doppelbuchstabe aa UStG ist die politische Gemeinde zu verstehen.

(2) ¹Beförderungsstrecke (§ 12 Abs. 2 Nr. 10 Buchstabe b Doppelbuchstabe bb UStG) ist die Strecke, auf der der Beförderungsunternehmer einen Fahrgast oder eine Mehrzahl von Fahrgästen auf Grund eines Beförderungsvertrags oder mehrerer Beförderungsverträge befördert oder, z.B. durch einen Subunternehmer, befördern lässt. ²Werden mehrere Beförderungsverträge abgeschlossen, erbringt der Beförderungsunternehmer eine entsprechende Zahl von Beförderungsleistungen, über denen jede für sich zu beurteilen ist. ³Nur eine Beförderungsleistung liegt vor, wenn der Beförderungsunternehmer mit einer Mehrzahl von Personen bzw. zur Beförderung einer Mehrzahl von Personen einen Beförderungsvertrag abgeschlossen hat. ⁴Maßgebliche Beförderungsstrecke ist in diesem Fall die vom Beförderungsunternehmer auf Grund des Beförderungsvertrages zurückgelegte Strecke. ⁵Sie beginnt mit dem Einstieg der ersten und endet mit dem Ausstieg der letzten beförderten Person innerhalb einer Fahrtrichtung. ⁶Bei grenzüberschreitenden Beförderungen ist nur die Länge des auf das Inland entfallenden Teils der Beförderungsstrecke maßgebend. ⁷Bei der Bemessung dieses Streckenanteils sind die §§ 2 bis 7 UStDV zu beachten.

(3) ¹Maßgebliche Beförderungsstrecke ist bei Ausgabe von Fahrausweisen grundsätzlich die im Fahrausweis ausgewiesene Tarifentfernung, sofern die Beförderungsleistung nur auf Beförderungsstrecken im Inland durchgeführt wird. ²Bei Fahrausweisen für grenzüberschreitende Beförderungen ist die Tarifentfernung der auf das Inland entfallenden Beförderungsstrecke unter Berücksichtigung der §§ 2 bis 7 UStDV maßgebend. ³Vorstehende Grundsätze gelten auch für die Fälle, in denen der Fahrgast

die Fahrt unterbricht oder auf ein anderes Verkehrsmittel desselben Beförderers umsteigt. ⁴Wird eine Umwegkarte gelöst, ist der gefahrene Umweg bei Ermittlung der Länge der Beförderungsstrecke zu berücksichtigen. ⁵Bei Bezirkskarten, Netzkarten, Streifenkarten usw. ist als maßgebliche Beförderungsstrecke die längste Strecke anzusehen, die der Fahrgast mit dem Fahrausweis zurücklegen kann. ⁶Zwei getrennte Beförderungsstrecken liegen vor, wenn ein Fahrausweis ausgegeben wird, der zur Hin- und Rückfahrt berechtigt.

(4) ¹Verkehrsunternehmer haben sich vielfach zu einem Verkehrsverbund zusammengeschlossen. ²Ein solcher Verbund bezweckt die Ausgabe von durchgehenden Fahrausweisen, die den Fahrgast zur Inanspruchnahme von Beförderungsleistungen verschiedener, im Verkehrsverbund zusammengeschlossener Beförderungsunternehmer berechtigen (Wechselverkehr). ³In diesen Fällen bewirkt jeder Beförderungsunternehmer mit seinem Verkehrsmittel eine eigene Beförderungsleistung unmittelbar an den Fahrgast, wenn folgende Voraussetzungen vorliegen:

1. In den Tarifen der beteiligten Beförderungsunternehmer bzw. des Verkehrsverbundes muss festgelegt sein, dass der Fahrgast den Beförderungsvertrag jeweils mit dem Beförderungsunternehmer abschließt, mit dessen Verkehrsmittel er befördert wird; ferner muss sich aus ihnen ergeben, dass die Fahrausweise im Namen und für Rechnung des jeweiligen Beförderungsunternehmers verkauft werden und dass für die von ihm durchfahrene Beförderungsstrecke seine Beförderungsbedingungen gelten.

2. Die praktische Durchführung der Beförderungen muss den Tarifbedingungen entsprechen.

(5) ¹Bei Taxifahrten sind Hin- und Rückfahrt eine einheitliche Beförderungsleistung, wenn vereinbarungsgemäß die Fahrt nur kurzfristig unterbrochen wird und der Fahrer auf den Fahrgast wartet (Wartefahrt). ²Keine einheitliche Beförderungsleistung liegt jedoch vor, wenn das Taxi nicht auf den Fahrgast wartet, sondern später – sei es auf Grund vorheriger Vereinbarung über den Abholzeitpunkt oder auf Grund erneuter Bestellung – wieder abholt und zum Ausgangspunkt zurückbefördert (Doppelfahrt). ³In diesem Fall ist die Gesamtfahrtstrecke nicht zusammenzurechnen und die beiden Fahrten sind als Nahverkehrsleistungen mit dem begünstigten Steuersatz abzurechnen, wenn die als einheitliche Nahverkehrsleistung zu wertende Hinfahrt 50 km nicht überschreitet. ⁴Bemessungsgrundlage für diese Taxifahrten ist das für die jeweilige Fahrt vereinbarte Entgelt; dabei ist ohne Bedeutung, ob der Fahrpreis unter Berücksichtigung unterschiedlicher Tarife für die „Leerfahrt" berechnet wird (vgl. BFH-Urteil vom 19.7.2007, V R 68/05, BStBl. 2008 II S. 208).

12.15. Beförderung von Arbeitnehmern zwischen Wohnung und Arbeitsstelle

(1) ¹Für die Beförderung von Arbeitnehmern zwischen Wohnung und Arbeitsstelle kann der ermäßigte Steuersatz nach § 12 Abs. 2 Nr. 10 Buchstabe b UStG nur dann in Betracht kommen, wenn es sich bei den Beförderungen verkehrsrechtlich um Beförderungen im genehmigten Linienverkehr handelt (vgl. Abschnitt 12.13 Abs. 4 bis 6). ²Bei den in Abschnitt 12.13 Abs. 5 Satz 5 bezeichneten Beförderungen ist auf Grund der Freistellung keine personenbeförderungsrechtliche Genehmigung erforderlich. ³Gleichwohl sind diese Beförderungen umsatzsteuerrechtlich wie Beförderungen im genehmigten Linienverkehr zu behandeln (vgl. BFH-Urteil vom 11.3.1988, V R 114/83, BStBl. II S. 651). ⁴Im Zweifel ist eine Stellungnahme der für die Erteilung der Genehmigung zuständigen Verkehrsbehörde einzuholen. ⁵Zur genehmigungsfreien Sonderform des Linienverkehrs im Sinne der Verordnung (EWG) Nr. 684/92 vom 16.3.1992 vgl. Abschnitt 12.13 Abs. 5 Satz 7ff.

(2) In den Fällen, in denen der Arbeitgeber selbst seine Arbeitnehmer zwischen Wohnung und Arbeitsstelle befördert, muss er in eigener Person die in Absatz 1 bezeichneten Voraussetzungen erfüllen, wenn er für die Beförderung den ermäßigten Steuersatz nach § 12 Abs. 2 Nr. 10 Buchstabe b UStG in Anspruch nehmen will.

(3) ¹Hat der Arbeitgeber einen Beförderungsunternehmer mit der Beförderung beauftragt, liegen umsatzsteuerrechtlich einerseits eine Leistung des Beförderungsunternehmers an den Arbeitgeber, andererseits Leistungen des Arbeitgebers an jeden Arbeitnehmer vor. ²Erfüllt der Beförderungsunternehmer die in Absatz 1 bezeichneten Voraussetzungen, ist seine Leistung als Beförderungsleistung im Sinne des § 12 Abs. 2 Nr. 10 Buchstabe b UStG anzusehen. ³Dabei ist davon auszugehen, dass der Beförderungsunternehmer als Genehmigungsinhaber den Verkehr auch dann im eigenen Namen, unter eigener Verantwortung und für eigene Rechnung betreibt, wenn der Arbeitgeber den Einsatz allgemein regelt, insbesondere Zweck, Ziel und Ablauf der Fahrt bestimmt. ⁴Die Steuerermäßigung nach § 12 Abs. 2 Nr. 10 Buchstabe b UStG kommt für die Beförderungsleistung des Arbeitgebers, der den Linienverkehr nicht selbst betreibt, dagegen nicht in Betracht (BFH-Urteil vom 11.3.1988, V R 30/84, BStBl. II S. 643).

§ 12 zu § 12 Abs. 2 Nr. 10 **UStAE 12.16.**

12.16. Umsätze aus der kurzfristigen Vermietung von Wohn- und Schlafräumen sowie aus der kurzfristigen Vermietung von Campingflächen (§ 12 Abs. 2 Nr. 11 UStG)

(1) ¹Die in § 12 Abs. 2 Nr. 11 Satz 1 UStG bezeichneten Umsätze gehören zu den nach § 4 Nr. 12 Satz 2 UStG von der Steuerbefreiung ausgenommenen Umsätzen. ²Hinsichtlich des Merkmals der Kurzfristigkeit gelten daher die in den Abschnitten 4.12.3 Abs. 2 und 4.12.9 Abs. 1 dargestellten Grundsätze. ³Die Anwendung des ermäßigten Steuersatzes setzt neben der Kurzfristigkeit voraus, dass die Umsätze unmittelbar der Beherbergung dienen.

(2) Sonstige Leistungen eigener Art, bei denen die Beherbergung nicht charakterbestimmend ist (z.B. Leistungen des Prostitutionsgewerbes), unterliegen auch hinsichtlich ihres Beherbergungsanteils nicht der Steuerermäßigung nach § 12 Abs. 2 Nr. 11 UStG.

Vermietung von Wohn- und Schlafräumen, die ein Unternehmer zur kurzfristigen Beherbergung von Fremden bereithält

(3) ¹Begünstigt sind Leistungen, die in der Aufnahme von Personen zur Gewährung von Unterkunft bestehen. ²Die Steuermäßigung für Beherbergungsleistungen umfasst sowohl die Umsätze des klassischen Hotelgewerbes als auch kurzfristige Beherbergungen in Pensionen, Fremdenzimmern, Ferienwohnungen und vergleichbaren Einrichtungen. ³Für die Inanspruchnahme der Steuerermäßigung ist es jedoch nicht Voraussetzung, dass der Unternehmer einen hotelartigen Betrieb führt oder Eigentümer der überlassenen Räumlichkeiten ist. ⁴Begünstigt ist daher beispielsweise auch die Unterbringung von Begleitpersonen in Krankenhäusern, sofern diese Leistung nicht nach § 4 Nr. 14 Buchstabe b UStG (z.B. bei Aufnahme einer Begleitperson zu therapeutischen Zwecken) steuerfrei ist. ⁵Die Weiterveräußerung von eingekauften Zimmerkontingenten im eigenen Namen und für eigene Rechnung an einen anderen Unternehmer (z.B. Reiseveranstalter), unterliegt ebenfalls der Steuerermäßigung.

(4) ¹Die erbrachte Leistung muss unmittelbar der Beherbergung dienen. ²Diese Voraussetzung ist insbesondere hinsichtlich der folgenden Leistungen erfüllt, auch wenn die Leistungen gegen gesondertes Entgelt erbracht werden:

– Überlassung von möblierten und mit anderen Einrichtungsgegenständen (z.B. Fernsehgerät, Radio, Telefon, Zimmersafe) ausgestatteten Räumen;
– Stromanschluss;
– Überlassung von Bettwäsche, Handtüchern und Bademänteln;
– Reinigung der gemieteten Räume;
– Bereitstellung von Körperpflegeutensilien, Schuhputz- und Nähzeug;
– Weckdienst;
– Bereitstellung eines Schuhputzautomaten;
– Mitunterbringung von Tieren in den überlassenen Wohn- und Schlafräumen.

(5) Insbesondere folgende Leistungen sind keine Beherbergungsleistungen im Sinne von § 12 Abs. 2 Nr. 11 UStG und daher nicht begünstigt:

– Überlassung von Tagungsräumen;
– Überlassung von Räumen zur Ausübung einer beruflichen oder gewerblichen Tätigkeit;
– Gesondert vereinbarte Überlassung von Plätzen zum Abstellen von Fahrzeugen;
– Überlassung von nicht ortsfesten Wohnmobilen, Caravans, Wohnanhängern, Hausbooten und Yachten;
– Beförderungen in Schlafwagen der Eisenbahnen;
– Überlassung von Kabinen auf der Beförderung dienenden Schiffen;
– Vermittlung von Beherbergungsleistungen;
– Umsätze von Tierpensionen;
– Unentgeltliche Wertabgaben (z.B. Selbstnutzung von Ferienwohnungen).

(6) Stornokosten stellen grundsätzlich nichtsteuerbaren Schadensersatz dar.

Kurzfristige Vermietung von Campingflächen

(7) ¹Die kurzfristige Vermietung von Campingflächen betrifft Flächen zum Aufstellen von Zelten und Flächen zum Abstellen von Wohnmobilen und Wohnwagen. ²Ebenso ist die kurzfristige Vermietung von ortsfesten Wohnmobilen, Wohncaravans und Wohnanhängern begünstigt. ³Für die Steuerermäßigung ist es unschädlich, wenn auf der überlassenen Fläche auch das zum Transport des Zelts bzw. zum Ziehen des Wohnwagens verwendete Fahrzeug abgestellt werden kann. ⁴Zur begünstigten Vermietung gehört auch die Lieferung von Strom (vgl. Abschnitt 4.12.1 Abs. 5 Satz 3).

Leistungen, die nicht unmittelbar der Vermietung dienen

(8) ¹Nach § 12 Abs. 2 Nr. 11 Satz 2 UStG gilt die Steuerermäßigung nicht für Leistungen, die nicht unmittelbar der Vermietung dienen, auch wenn es sich um Nebenleistungen zur Beherbergung handelt und diese Leistungen mit dem Entgelt für die Vermietung abgegolten sind (Aufteilungsgebot). ²Hierzu zählen insbesondere:

- Verpflegungsleistungen (z.B. Frühstück, Halb- oder Vollpension, „All inclusive");
- Getränkeversorgung aus der Minibar;
- Nutzung von Kommunikationsnetzen (insbesondere Telefon und Internet);
- Nutzung von Fernsehprogrammen außerhalb des allgemein und ohne gesondertes Entgelt zugänglichen Programms („pay per view");
- ¹Leistungen, die das körperliche, geistige und seelische Wohlbefinden steigern („Wellnessangebote"). ²Die Überlassung von Schwimmbädern oder die Verabreichung von Heilbädern im Zusammenhang mit einer begünstigten Beherbergungsleistung kann dagegen nach § 12 Abs. 2 Nr. 9 Satz 1 UStG dem ermäßigten Steuersatz unterliegen;
- Überlassung von Fahrberechtigungen für den Nahverkehr, die jedoch nach § 12 Abs. 2 Nr. 10 UStG dem ermäßigten Steuersatz unterliegen können;
- Überlassung von Eintrittsberechtigungen für Veranstaltungen, die jedoch nach § 4 Nr. 20 UStG steuerfrei sein oder nach § 12 Abs. 2 Nr. 7 Buchstabe a oder d UStG dem ermäßigten Steuersatz unterliegen können;
- Transport von Gepäck außerhalb des Beherbergungsbetriebs;
- Überlassung von Sportgeräten und -anlagen;
- Ausflüge;
- Reinigung und Bügeln von Kleidung, Schuhputzservice;
- Transport zwischen Bahnhof/Flughafen und Unterkunft.

Anwendung der Steuerermäßigung in den Fällen des § 25 UStG

(9) ¹Soweit Reiseleistungen der Margenbesteuerung nach § 25 UStG unterliegen, gelten sie nach § 25 Abs. 1 Satz 3 UStG als eine einheitliche sonstige Leistung. ²Eine Reiseleistung unterliegt als sonstige Leistung eigener Art auch hinsichtlich ihres Beherbergungsanteils nicht der Steuerermäßigung nach § 12 Abs. 2 Nr. 11 UStG. ³Das gilt auch, wenn die Reiseleistung nur aus einer Übernachtungsleistung besteht.

Angaben in der Rechnung

(10) ¹Der Unternehmer ist nach § 14 Abs. 2 Satz 1 Nr. 1 UStG grundsätzlich verpflichtet, innerhalb von 6 Monaten nach Ausführung der Leistung eine Rechnung mit den in § 14 Abs. 4 UStG genannten Angaben auszustellen. ²Für Umsätze aus der Vermietung von Wohn- und Schlafräumen zur kurzfristigen Beherbergung von Fremden sowie die kurzfristige Vermietung von Campingflächen besteht eine Rechnungserteilungspflicht jedoch nicht, wenn die Leistung weder an einen anderen Unternehmer für dessen Unternehmen noch an eine juristische Person erbracht wird (vgl. Abschnitt 14.1 Abs. 3 Satz 5).

(11) ¹Wird für Leistungen, die nicht von der Steuerermäßigung nach § 12 Abs. 2 Nr. 11 Satz 1 UStG erfasst werden, kein gesondertes Entgelt berechnet, ist deren Entgeltanteil zu schätzen. ²Schätzungsmaßstab kann hierbei beispielsweise der kalkulatorische Kostenanteil zuzüglich eines angemessenen Gewinnaufschlags sein.

(12) ¹Aus Vereinfachungsgründen wird es – auch für Zwecke des Vorsteuerabzugs des Leistungsempfängers – nicht beanstandet, wenn folgende in einem Pauschalangebot enthaltene nicht begünstigte Leistungen in der Rechnung zu einem Sammelposten (z.B. „Business-Package", „Servicepauschale") zusammengefasst und der darauf entfallende Entgeltanteil in einem Betrag ausgewiesen werden:

- Abgabe eines Frühstücks;
- Nutzung von Kommunikationsnetzen;
- Reinigung und Bügeln von Kleidung, Schuhputzservice;
- Transport zwischen Bahnhof/Flughafen und Unterkunft;
- Transport von Gepäck außerhalb des Beherbergungsbetriebs;
- Überlassung von Fitnessgeräten;
- Überlassung von Plätzen zum Abstellen von Fahrzeugen.

§ 12
zu § 12 Abs. 2 Nr. 10   **UStAE 12.16.**

[2]Es wird ebenfalls nicht beanstandet, wenn der auf diese Leistungen entfallende Entgeltanteil mit 20% des Pauschalpreises angesetzt wird. [3]Für Kleinbetragsrechnungen (§ 33 UStDV) gilt dies für den in der Rechnung anzugebenden Steuerbetrag entsprechend. [4]Die Vereinfachungsregelung gilt nicht für Leistungen, für die ein gesondertes Entgelt vereinbart wird.

Verwaltungsregelungen zu § 12

Datum	Anlage	Quelle	Inhalt
Zu § 12 Abs. 1			
19.03.93	§ 012 (1)-01	BMF	Umsatzsteuerliche Behandlung der Entsorgungskostenbeteiligung des Lieferers bei der Entsorgung von Transportverpackungen (§ 1 Abs. 1 Nr. 1, § 12 UStG)
31.07.00	§ 012 (1)-02	BMF	Steuersatz für tierärztliche Leistungen
Zu § 12 Abs. 2 Nr. 1-2			
05.08.04	§ 012 (2) 1-01	BMF	Ermäßigter Steuersatz für die in der Anlage des Umsatzsteuergesetzes bezeichneten Gegenstände
24.01.86	§ 012 (2) 1-02	OFD Han	Ermäßigter Steuersatz für Leistungen der Garten- und Landschaftsbaubetriebe
23.06.88	§ 012 (2) 1-03	OFD Kln	Steuersatz für die Umsätze mit Daten- und sonstigen Aufzeichnungsträgern
14.06.89	§ 012 (2) 1-04	OFD Han	Umsatzsteuersatz für Leistungen von Kunsthandwerkern
	§ 012 (2) 1-05		nicht belegt
01.09.89	§ 012 (2) 1-06	OFD Kob	Steuersatz für die Vermittlung und das Training von Reitpferden
	§ 012 (2) 1-07		nicht belegt
	§ 012 (2) 1-08		nicht belegt
30.01.90	§ 012 (2) 1-09	OFD Düs	Steuersatz für die Lieferung von Grabdenkmälern
31.01.92	§ 012 (2) 1-10	BMF	Steuersatz für Umsätze von Telefonkarten als Sammelobjekte
01.07.92	§ 012 (2) 1-11	OFD Mdb	Restaurationsumsätze in sog. Verzehrtheatern
05.07.93	§ 012 (2) 1-12	BMF	Umsatzsteuerliche Behandlung der künstlerischen Siebdrucke
	§ 012 (2) 1-13		nicht belegt
25.10.93	§ 012 (2) 1-14	BMF	Pfandgeld für Leihkästen bei Fleischlieferungen
	§ 012 (2) 1-15		nicht belegt
11.01.96	§ 012 (2) 1-16	FM NRW	Umsatzbesteuerung von Telefonkarten
	§ 012 (2) 1-17		nicht belegt
	§ 012 (2) 1-18		nicht belegt
	§ 012 (2) 1-19		nicht belegt
19.12.02	§ 012 (2) 1-20	BMF	Ermäßigter Umsatzsteuersatz für Umsätze von Sammelmünzen
29.05.02	§ 012 (2) 1-21	BMF	Leistungen im Zusammenhang mit der Herstellung von Fütterungsarzneimitteln; Anwendung des ermäßigten Steuersatzes
21.03.03	§ 012 (2) 1-22	OFD Fra	Elektroscooter – Kein Gegenstand der Nr. 51 der Anlage zu § 12 Abs. 2 Nr. 1 und 2 UStG
07.01.05	§ 012 (2) 1-23	BMF	Anwendung des ermäßigten Steuersatzes auf die Lieferung von Münzen aus unedlen Metallen
09.05.05	§ 012 (2) 1-24	BMF	Steuersatz für die Lieferungen von Kombinationsartikeln
21.03.06	§ 012 (2) 1-25	BMF	Steuersatz für die Lieferung sog. Kombinationsartikel
16.10.06	§ 012 (2) 1-26	BMF	Steuersatz für Umsätze mit getrockneten Schweineohren

§ 12

Datum	Anlage	Quelle	Inhalt
23.10.06	§ 012 (2) 1-27	BMF	Antrag auf Erteilung einer unverbindlichen Zolltarifauskunft für Umsatzsteuerzwecke
07.04.09	§ 012 (2) 1-28	BMF	Umsatzsteuerrechtliche Behandlung des Legens von Hauswasseranschlüssen; Konsequenzen der BFH-Urteile vom 8.10.2008 – V R 61/03 und V R 27/06
25.06.09	§ 012 (2) 1-29	BayLfSt	Umsatzsteuerrechtliche Behandlung des Legens von Hauswasseranschlüssen; Konsequenzen der BFH-Urteile vom 8.10.2008 – V R 61/03 und V R 27/06
04.02.10	§ 012 (2) 1-30	BMF	Steuersatz für die Lieferungen von Pflanzen und damit in Zusammenhang stehende sonstige Leistungen; Konsequenzen des BFH-Urteils vom 25.6.2009 – V R 25/07
11.08.11	§ 012 (2) 1-31	BMF	Umsatzsteuerermäßigung nach § 12 Abs. 2 Nr. 1 UStG i.V.m. Nr. 52 Buchst. b der Anlage 2 zum UStG auf Umsätze mit Gehhilfe-Rollatoren; Konsequenzen des EuGH-Urteils vom 22.12.2010 – C-273/09 – (ABl. EU 2011 Nr. C 63 S. 5)

Zu § 12 Abs. 2 Nr. 3-4

	§ 012 (2) 3-01		nicht belegt
09.08.04	§ 012 (2) 3-02	BMF	Umsatzsteuerliche Behandlung von Umsätzen der Pferdepensionen und aus der Vermietung von Reitpferden
20.10.93	§ 012 (2) 4-01	FM Th	Steuerermäßigung für prophylaktische und therapeutische Maßnahmen nach tierseuchenrechtlichen Vorschriften bei Zuchttieren
29.06.11	§ 012 (2) 4-02	BMF	Umfang der Steuerermäßigung nach § 12 Abs. 4 Nr. 4 UStG Abschnitt 12.3 Abs. 3 des Umsatzsteuer-Anwendungserlasses

Zu § 12 Abs. 2 Nr. 6

19.09.94	§ 012 (2) 6-01	BMF	Steuerermäßigung nach § 12 Abs. 2 Nr. 6 UStG für Leistungen aus der Tätigkeit als Zahntechniker

Zu § 12 Abs. 2 Nr. 7

19.01.83	§ 012 (2) 7-01	BMF	Steuersatz für die Leistungen der Graphik-Designer ab 01.01.1982
04.10.85	§ 012 (2) 7-02	BMF	Steuersatz für die Leistungen von Artisten
01.09.89	§ 012 (2) 7-03	OFD Kob	Steuersatz für die Darbietungen eines Zauberkünstlers
09.02.90	§ 012 (2) 7-04	BMF	Steuersatz bei der Veröffentlichung der Ergebnisse von Forschungs- und Entwicklungsarbeiten
22.12.93	§ 012 (2) 7-05	BMF	Steuersatz für die Überlassung von Computerprogrammen (Software)
15.03.96	§ 012 (2) 7-06	FM Bay	Ermäßigter Steuersatz bei Zurverfügungstellung von Künstlern durch eine Agentur
29.11.96	§ 012 (2) 7-07	OFD Fra	Umsatzsteuersatz bei Biotop- bzw. Standortkartierungen
06.01.04	§ 012 (2) 7-08	BMF	Steuersatz aus der Tätigkeit als Schausteller bei einem Veranstalter von Jahrmärkten, Volksfesten, etc.
30.09.11	§ 012 (2) 7-09	BMF	Umfang der Steuerermäßigung nach § 12 Abs. 2 Nr. 7 Buchst. a UStG Abschnitt 12.5 Absatz 5 des Umsatzsteuer-Anwendungserlasses

Zu § 12 Abs. 2 Nr. 8

05.10.90	§ 004 Nr. 22-01	BMF	Umsatzsteuerbefreiung nach § 4 Nr. 22 Buchst. b UStG und Umsatzsteuerermäßigung nach § 12 Abs. 2 Nr. 8 Buchst. a UStG; Genehmigung von Sportveranstaltungen und Ausstellung von Sportausweisen durch Sportverbände

§ 12

Datum	Anlage	Quelle	Inhalt
08.04.91	§ 012 (2) 8-01	BMF	Behandlung der Speisen- und Getränkelieferungen in Mensa- und Cafeteria-Betrieben von Studentenwerken
Zu § 12 Abs. 2 Nr. 9			
	§ 012 (2) 9-01		nicht belegt
13.03.91	§ 012 (2) 9-02	OFD Sb	Maßstab für die Aufteilung der einheitlichen Eintrittspreise bei Thermen, Thermal- und Freizeitbäder und ähnliche Einrichtungen
17.01.01	§ 012 (2) 9-03	OFD Ef	Umsatzsteuerliche Behandlung von Umsätzen in Fitness-Studios, insbesondere Saunaleistungen
20.03.07	§ 012 (2) 9-04	BMF	Steuersatz auf Umsätze aus der Verabreichung von Heilbädern; Konsequenzen aus dem BFH-Urteil vom 12.05.2005 – V R 54/02 (BStBl. 2007 II S. 283)
02.08.11	§ 012 (2) 9-05	BMF	Ermäßigter Steuersatz nach § 12 Abs. 2 Nr. 9 UStG für Leistungen aus der Bereitstellung von Kureinrichtungen
Zu § 12 Abs. 2 Nr. 10			
29.08.08	§ 012 (2) 10-01	BMF	Ermäßigter Steuersatz für Personenbeförderungen, § 12 Abs. 2 Nr. 10 UStG; Konsequenzen aus den Regelungen im Jahressteuergesetz 2008
Zu § 12 Abs. 2 Nr. 11			
05.03.10	§ 012 (2) 11-01	BMF	Anwendung des ermäßigten Umsatzsteuersatzes für Beherbergungsleistungen (§ 12 Abs. 2 Nr. 11 UStG) ab dem 1.1.2010; Folgen für die Umsatz- und Lohnbesteuerung

Rechtsprechungsauswahl

Zu § 12 Abs. 1

BFH vom 04.05.2011 – XI R 44/08, UR 2011 S. 659: Weder Umsatzsteuerbefreiung noch ermäßigter Steuersatz für die Inszenierung einer Oper.

Die Inszenierung einer Oper durch einen selbständig tätigen Regisseur gegen Honorar ist weder nach dem Umsatzsteuergesetz noch nach Unionsrecht steuerbefreit und unterliegt dem Regelsteuersatz.

BFH vom 10.11.2010 – XI R 79/07, BStBl. 2011 II S. 311: Keine Steuerbefreiung für Umsätze eines gewerblichen Betreibers von Geldspielautomaten – Beteiligtenwechsel durch den Erlass eines Änderungsbescheids von einem anderen Finanzamt während des Revisionsverfahrens.

1. Die Umsätze eines gewerblichen Betreibers von Geldspielautomaten sind aufgrund der am 6.5.2006 in Kraft getretenen Neuregelung des § 4 Nr. 9 Buchst. b UStG steuerpflichtig.
2. Die in dieser Vorschrift getroffene Regelung, nach der nur bestimmte (Renn-)Wetten und Lotterien von der Steuer befreit und sämtliche „sonstige Glücksspiele mit Geldeinsatz" von der Steuerbefreiung ausgenommen sind, verstößt weder gegen Unionsrecht noch gegen das Grundgesetz.

EuGH vom 06.05.2010 – Rs. C-94/09, Kommission/Frankreich, DStR 2010 S. 977: Zulässigkeit der selektiven Anwendung des ermäßigten Steuersatzes auf Aspekte einer Leistung durch die Mitgliedstaaten.

1. Die Klage der Europäischen Kommission auf Feststellung, dass die Französische Republik, dadurch gegen ihre Pflichten aus den Art. 96 bis 99 Abs. 1 der Richtlinie 2006/112/EG des Rates vom 28.11.2006 über das gemeinsame Mehrwertsteuersystem (ABl. L 347, 1) verstoßen hat, dass sie nicht auf alle Dienstleistungen von Bestattungsunternehmen einen einheitlichen Mehrwertsteuersatz, sondern selektiv nur auf einen Aspekt dieser Dienstleistungen den ermäßigten und im Übrigen den normalen Steuersatz angewandt hat, wird abgewiesen.
2. Die Europäische Kommission trägt die Kosten.

§ 12

BFH vom 30.03.2010 – VII R 35/09, BStBl. 2011 II S. 74: Kein ermäßigter Umsatzsteuersatz für trinkbare Nahrungsergänzungsmittel.

1. Die Einreihung eines Erzeugnisses in die Position 2202 KN („andere nichtalkoholhaltige Getränke") setzt voraus, dass es sich um eine Flüssigkeit handelt, die zum unmittelbaren menschlichen Genuss geeignet und auch bestimmt ist.
2. Lebensmittelzubereitungen, die als Nahrungsergänzungsmittel gekennzeichnet sind, in flüssiger Form in Trinkfläschchen vertrieben werden und sich unmittelbar zum Trinken eignen, sind in die Position 2202 KN einzureihen, auch wenn sie nach den Empfehlungen des Herstellers nur in kleinen Mengen oder mit einer bestimmten Menge Wasser verdünnt einzunehmen sind.
3. In Bezug auf solche Lebensmittelzubereitungen ist die Position 2202 KN im Sinne der Allgemeinen Vorschrift 3a genauer als die Position 2106 KN.

BVerfG vom 06.12.2007 – 1 Bv R 2129/07, UR 2008 S. 159[1]: Keine Verletzung der Belastungsgerechtigkeit durch die Erhöhung des Umsatzsteuernormalsatzes.

1. Eine Berücksichtigung der Familienverhältnisse ist bei der Einkommensteuer möglich und nach dem gegenwärtigen System des Familienlastenausgleichs auch geboten, nicht hingegen bei der indirekt das Steuergut erfassenden Umsatzsteuer. Die relativ stärkere Belastung der Familien ist im System der indirekten Steuern notwendig angelegt und gesetzessystematisch folgerichtig.
2. Art. 6 Abs. 1 GG gebietet, bei der Besteuerung einer Familie das Existenzminimum sämtlicher Familienmitglieder steuerfrei zu belassen. Das sozialhilferechtlich definierte Existenzminimum bildet die Grenze für das einkommensteuerliche Existenzminimum und wird verbrauchsbezogen ermittelt. Es berücksichtigt den existenznotwendigen Mindestbedarf, der auch die in die Verbraucherpreise eingegangene Umsatzsteuer umfasst.
3. Dem nationalen Gesetzgeber steht nach der gemeinschaftsrechtlichen Mehrwertsteuersystemrichtlinie kein Spielraum zu, zu Kindererziehungszwecken verbrauchte Güter von der Umsatzsteuer gänzlich freizustellen oder zumindest generell mit einem ermäßigten Steuersatz zu versehen. Soweit der Gesetzgeber damit im Umsatzsteuerrecht Gemeinschaftsrecht umsetzt, das ihm keinen eigenen Gestaltungsspielraum lässt, prüft das BVerfG die Bestimmungen des Umsatzsteuergesetzes grundsätzlich nicht am Maßstab der Grundrechte des Grundgesetzes.

Zu § 12 Abs. 2 Nr. 1–2

EuGH vom 12.05.2011 – Rs. C-453/09, Kommmission gegen Deutschland, UR 2011 S. 627: Unionsrechtswidrige Anwendung des ermäßigten Steuersatzes auf die Lieferung, die Einfuhr und den innergemeinschaftlichen Erwerb von Pferden.

Die Bundesrepublik Deutschland hat durch die Anwendung eines ermäßigten Mehrwertsteuersatzes auf sämtliche Lieferungen, Einfuhren und innergemeinschaftlichen Erwerbe von Pferden gegen ihre Verpflichtungen aus den Art. 96 und 98 iVm. Anhang III MwStSystRL 2006/ 112/EG verstoßen.

BFH vom 25.06.2009 – V R 25/07, BStBl. 2010 II S. 239: Steuersatz bei Lieferung von Pflanzen und Einpflanzen.[2]

Übernimmt der Betreiber einer Baumschule auf Wunsch eines Teils seiner Kunden auch das Einpflanzen der dort gekauften Pflanzen, können die (dem ermäßigten Steuersatz unterliegende) Lieferung der Pflanzen und das (dem Regelsteuersatz unterliegende) Einpflanzen umsatzsteuerrechtlich jeweils selbständige Leistungen sein (entgegen BMF in BStBl. I 2004, 638, 646f. Rz 35 Nr. 1 Abs. 1 und Rz 41).

BFH vom 13.05.2009 – XI R 75/07, BStBl. 2009 II S. 865: Ermäßigter Steuersatz für gedruckte Kontaktlisten.

Umsätze aus dem Verkauf von Listen mit persönlichen Angaben von kontaktsuchenden Personen (sog. Kontaktlisten), die für eine unbestimmte Anzahl von Interessenten hergestellt werden, unterliegen als Lieferungen von Druckerzeugnissen dem ermäßigten Steuersatz.

BFH vom 18.02.2009 – V R 90/07, DStR 2009 S. 1005: Abgabe erwärmter Speisen als Lieferung.

1. Die Aufbereitung von Lebensmitteln zu einem bestimmten Zeitpunkt in einen verzehrfertigen Gegenstand ist nicht notwendig mit ihrer Vermarktung verbunden und deshalb bei der für die Abgrenzung von Dienstleistungen und Lieferungen erforderlichen Gesamtbetrachtung dem Dienstleistungsbereich zuzurechnen.

---

1) Leitsatz nicht amtlich (aus UR)
2) Siehe BMF vom 04.02.2010, Anlage § 12 (2) 1-30

§ 12

2. Ein qualitatives Überwiegen der Dienstleistungen setzt über die Aufbereitung von Lebensmitteln hinaus wenigstens ein weiteres Dienstleistungselement – wie z.b. das Zurverfügungstellen von Verzehrmöglichkeiten – voraus.

BFH vom 10.02.2009 – VII R 16/08, BFH/NV 2009 S. 979: Steuersatz für getrocknete Schweineohren.[1]

Als Tierfutter verwendete getrocknete Schweineohren, die vor dem Trocknen für den menschlichen Verzehr geeignet waren, und allein durch das Trocknen ihre Eignung zum menschlichen Verzehr verloren haben, sind als zubereitetes Futter in die Pos. 2309 KN einzureihen. Ihre Lieferung unterliegt dem ermäßigten Steuersatz.

Unter der Annahme, dass das Trocknen die Eignung der Schweineohren zum menschlichen Verzehr nicht beeinträchtigt, handelt es sich um genießbare Schlachtnebenerzeugnisse des Kap. 2 KN, für die ebenfalls der ermäßigte Steuersatz gilt.

BFH vom 18.12.2008 – V R 55/06, DStR 2009 S. 527: Kein ermäßigter Steuersatz bei Leistungen eines Party-Service.

1. Dienstleistungen und Vorgänge, die nicht notwendig mit der Vermarktung von Lebensmitteln verbunden sind, sind kennzeichnend für eine Bewirtungstätigkeit.
2. Nicht notwendig mit der Vermarktung von Lebensmitteln verbunden ist deren Zubereitung zu einem bestimmten Zeitpunkt in einen verzehrfertigen Gegenstand.
3. Die Auslegung der Anlage zu § 12 Abs. 2 Nr. 1 UStG 1999 richtet sich allein nach zolltariflichen Vorschriften und Begriffen, wenn sie vollumfänglich auf den Zolltarif Bezug nimmt.

BFH vom 08.10.2008 – V R 61/03, BStBl. 2009 II S. 321: Legen einer Wasseranschlussleitung als gem. § 12 Abs. 2 Nr. 1 UStG begünstigter Umsatz.[2]

Die Verbindung des Wasser-Verteilungsnetzes mit der Anlage des Grundstückseigentümers (sog. Legen eines Hausanschlusses) durch ein Wasserversorgungsunternehmen gegen gesondert berechnetes Entgelt fällt unter den Begriff „Lieferungen von Wasser" i.S. von § 12 Abs. 2 Nr. 1 UStG i.V.m. Nr. 34 der Anlage zum UStG und ist deshalb mit dem ermäßigten Steuersatz zu versteuern, wenn die Anschlussleistung an den späteren Wasserbezieher erbracht wird.

BFH vom 08.10.2008 – V R 27/06, BStBl. 2009 II S. 325: Legen eines Hausanschlusses durch ein Wasserversorgungsunternehmen.[3]

Die Verbindung des Wasser-Verteilungsnetzes mit der Anlage des Grundstückseigentümers (sog. Legen eines Hausanschlusses) durch ein Wasserversorgungsunternehmen gegen gesondert berechnetes Entgelt fällt auch dann unter den Begriff „Lieferungen von Wasser" i.S. von § 12 Abs. 2 Nr. 1 UStG i.V.m. Nr. 34 der Anlage zum UStG und ist deshalb mit dem ermäßigten Steuersatz zu versteuern, wenn die Anschlussleistung nicht an den späteren Wasserbezieher, sondern an einen Bauunternehmer oder Bauträger erbracht wird.

EuGH vom 03.04.2008 – Rs. C-442/05 – Zweckverband zur Trinkwasserversorgung und Abwasserbeseitigung Torgau-Westelbien, BStBl. 2009 II S. 328: Ermäßigter Steuersatz für Legen eines Wasseranschlusses durch Zweckverband.[4]

1. Art. 4 Abs. 5 und Anhang D Nr. 2 der Sechsten MwSt-Richtlinie 77/388/EWG sind dahin auszulegen, dass unter den Begriff „Lieferungen von Wasser" im Sinne dieses Anhangs das Legen eines Hausanschlusses fällt, das wie im Ausgangsverfahren in der Verlegung einer Leitung besteht, die die Verbindung des Wasserverteilungsnetzes mit der Wasseranlage eines Grundstücks ermöglicht, so dass eine Einrichtung des öffentlichen Rechts, die im Rahmen der öffentlichen Gewalt tätig wird, für diese Leistung als Steuerpflichtiger gilt.
2. Art. 12 Abs. 3 Buchst. a und Anhang H Kategorie 2 der Sechsten MwSt-Richtlinie 77/388/EWG sind dahin auszulegen, dass unter den Begriff „Lieferungen von Wasser" das Legen eines Hausanschlusses fällt, das wie im Ausgangsverfahren in der Verlegung einer Leitung besteht, die die Verbindung des Wasserverteilungsnetzes mit der Wasseranlage eines Grundstücks ermöglicht. Zudem können die Mitgliedstaaten konkrete und spezifische Aspekte der „Lieferungen von Wasser" – wie das im Ausgangsverfahren fragliche Legen eines Hausanschlusses – mit einem ermäßigten Mehrwertsteu-

---
1) Siehe auch Anlage § 012 (2) 1-26
2) Nachfolgeentscheidung zu EuGH Rs. C-442/05; siehe dazu BMF vom 07.04.2009, Anlage § 012 (2) 1-28
3) Siehe dazu BMF vom 07.04.2009, Anlage § 012 (2) 1-28
4) Siehe BFH-Nachfolgeurteil vom 08.10.2008 – V R 61/03, BStBl. 2009 II S. 321

ersatz belegen, vorausgesetzt, sie beachten den Grundsatz der steuerlichen Neutralität, der dem Gemeinsamen Mehrwertsteuersystem zugrunde liegt.

BFH vom 01.04.2008 – VII R 81/07, BStBl. 2008 II S. 898: Ermäßigter Steuersatz für künstliche Gelenke.

Zu sog. Schraubpfannen-Systemen, die als Hüftgelenkimplantate verwendet werden, gehörende Schraubpfanneneinsätze und Schraubpfannendeckel sind, wenn sie Gegenstand einer selbstständigen Leistung sind, dem Regelsteuersatz unterliegende Teile künstlicher Gelenke.

Niedersächsisches Finanzgericht vom 31.01.2008 – 16 K 355/06 – rechtskräftig, DStR 2008 S. 1688: Elektroscooter sind nicht steuerbegünstigt.

Als „anderes Fahrzeug für Behinderte" i.S. des § 12 Abs. 2 Nr. 1 UStG i.V.m. lfd. Nr. 51 der Anlage 2 zum UStG sind nur solche Fahrzeuge begünstigt, die mit besonderen Vorkehrungen zur Nutzung durch Behinderte versehen sind. Sog. Elektroscooter fallen regelmäßig nicht unter die Tarifbegünstigung.

BFH vom 24.08.2006 – V R 17/04, BStBl. 2007 II S. 146: Steuersatz für Lieferung von Trinkwasser in verschlossenen 22,5 l-Behältnissen.

Die Lieferung von Trinkwasser in verschlossenen 22,5 l-Behältnissen zum menschlichen Konsum in Betrieben unterliegt dem Regelsteuersatz.

BFH vom 09.02.2006 – V R 49/04, BStBl. 2006 II S. 694: Steuersatz für Milchersatzprodukte.

Sog. „Milchersatzprodukte" pflanzlichen Ursprungs sind keine Milch oder Milchmischgetränke i.S. des § 12 Abs. 2 Nr. 1 UStG 1999, Nrn. 4 oder 35 der Anlage (jetzt: Anlage 2) zu § 12 Abs. 2 Nr. 1 und Nr. 2 UStG 1999.

BFH vom 03.11.2005 – V R 61/03, BStBl. 2006 II S. 149: Vorlage an EuGH: Besteuerung der Wasserlieferungen und des Hausanschlusses durch Person des öffentlichen Rechts[1].

Dem EuGH wird folgende Frage zur Vorabentscheidung vorgelegt:

Fällt die Verbindung des Wasserverteilungsnetzes mit der Anlage des Grundstückseigentümers (sog. Hausanschluss) durch ein Wasserversorgungsunternehmen gegen gesondert berechnetes Entgelt unter den Begriff „Lieferungen von Wasser" im Sinne der Richtlinie 77/388/EWG (Anhang D Nr. 2 und Anhang H Kategorie 2)?

BFH vom 08.01.2003 – VII R 11/02, UR 2003 S. 351: Größere limitierte Anzahl signierter und nummerierter, unter Anleitung des Künstlers im Reproduktionsverfahren hergestellter Skulpturen als Originalerzeugnis der Bildhauerkunst.

1. Originalerzeugnisse der Bildhauerkunst können auch vorliegen, wenn von demselben Bildwerk eines Künstlers mehrere Nachbildungen von ihm oder unter seiner Anleitung angefertigt werden. Der Umstand allein, dass Erzeugnisse der Bildhauerkunst in größerer Anzahl in einem Reproduktionsverfahren von einem Künstler oder unter seiner Anleitung hergestellt werden, steht noch nicht der Annahme des Originalcharakters entgegen.
2. Ob Originalerzeugnisse der Bildhauerkunst oder Handelswaren vorliegen, ist weitgehend eine Frage der tatsächlichen Würdigung, die, falls verfahrensrechtlich einwandfrei zustande gekommen und denkgesetzlich möglich, für das Revisionsgericht bindend ist.

BFH vom 09.10.2002 – V R 5/02, BStBl. 2004 II S. 470: Saatgutlieferung mit Einsaat.

Ein Unternehmer, der einem Landwirt Saatgut liefert und es einsät, darf die (dem ermäßigten Steuersatz unterliegende) Lieferung des Getreides und die (dem Regelsteuersatz unterliegende) Einsaat getrennt abrechnen.

BFH vom 07.07.1998 – VII R 119/96, BStBl. 1998 II S: 768: Umsatzsteuerermäßigung für Sammlungsstücke von geschichtlichem Wert.

Bei den Anforderungen, die die Rechtsprechung an das Vorliegen eines geschichtlichen oder völkerkundlichen Werts eines Sammlungsstücks stellt, nämlich daß dieses einen charakteristischen Schritt in der Entwicklung der menschlichen Errungenschaft dokumentieren oder einen Abschnitt dieser Entwicklung veranschaulichen muß, handelt es sich nicht um zwei selbständige, unabhängig voneinander zu prüfende Alternativen. Vielmehr ist die zweite Alternative im Lichte der ersten Alternative, also im Hinblick auf die Existenz eines neuen Abschnitts der menschlichen Errungenschaften, der durch den betreffenden Gegenstand exemplarisch veranschaulicht werden muß, zu verstehen und anzuwenden. Der geschichtliche oder völkerkundliche Wert muß sich demnach aus besonderen, kennzeichnenden

---

1) Siehe Antwort des EuGH vom 03.04.2008

§ 12

Merkmalen oder Umständen ergeben, die einen charakteristischen Entwicklungsschritt belegen oder den dadurch eingeleiteten neuen Entwicklungsabschnitt verdeutlichen.

BFH vom 02.04.1996 – VII R 119/94, UR 1996 S. 338: Steuerermäßigung für Annoncenzeitschriften.

1. – 3 ...
4. Es wird an der Auffassung festgehalten, daß sog. Annoncenzeitschriften, auch wenn sie überwiegend Kleinanzeigen in der Form von Verkaufsanzeigen durch nichtgewerblich tätige Privatpersonen enthalten, zu den nichtbegünstigten Druckschriften gehören.

BFH vom 14.06.1994 – VII R 104/94, BStBl. 1994 II S. 777[1]**:** Tarifierung von Siebdrucken; keine Umsatzsteuerbegünstigung; Begünstigungsausschluß nicht verfassungswidrig.

1. Siebdrucke gehören nicht zu den „Kataloggraphiken" des Zolltarifs. Die Umsätze von Siebdrucken sind nicht umsatzsteuerermäßigt.
2. Die Beschränkung der Umsatzsteuerermäßigung für Graphiken auf Erzeugnisse der ZT-Nr. 99.02 ist nicht verfassungswidrig. Insbesondere liegt kein gleichheitswidriger Begünstigungsausschluß vor.

FG Nürnberg vom 26.01.1993 – II 213/91 – rechtskräftig, EFG 1993 S. 547: Ermäßigter Steuersatz für künstlerisch tätigen Kachelofenbauer?

Einem künstlerisch tätigen Kachelofenbauer steht der ermäßigte Steuersatz nicht zu, wenn seine Kachelöfen industriell oder handwerklich hergestellten Produkten ähnlich sind.

BFH vom 25.06.1992 – VII R 45/91, BFH/NV 1992 S. 847; UR 1993 S. 128: Keine Umsatzsteuerbegünstigung für Kunstfotografien.

1. Kunstfotografien sind zolltariflich nicht wie Originalstiche usw. zu behandeln. Ihre Umsätze unterliegen dem vollen Umsatzsteuersatz.
2. Die Umsatzsteuerregelung für die Umsätze von Kunstfotografien (1.) begegnet keinen verfassungsrechtlichen Bedenken.

Niedersächsisches FG vom 25.06.1992 – V 474/91 – rechtskräftig, EFG 1992 S. 697: Zeitgleiches Einbringen von Saatgut, Dünge- und Pflanzenschutzmitteln in Acker keine begünstigte Werklieferung.

Das zeitgleiche Einbringen von Saatgut, Dünge- und Pflanzenschutzmitteln in einem Arbeitsgang in den Ackerboden führt nicht zu einer einheitlich nach § 12 Abs. 2 Nr. 1 UStG i. V. m. Nr. 13 der Anlage zum UStG begünstigten Werklieferung.

FG Nürnberg vom 12.05.1992 – I 42/89 – rechtskräftig, EFG 1992 S. 696: Grabpflege und Grabbepflanzung unterliegen als einheitliche Leistung Regelsteuersatz.

Die Steuerermäßigung nach § 12 Abs. 2 Nr. 1 UStG i. V. m. Nr. 6 und 7 der Anlage zum UStG kann für Grabbepflanzungsleistungen nicht gewährt werden, wenn aufgrund eines einheitlichen Auftrages die Grabbestellung in Form von Bepflanzung und Pflege Vertrags- und Leistungsgegenstand ist.

BFH vom 12.05.1992 – VII R 83/89, UR 1993 S. 127: Glaswaren gehobenen Gebrauchswerts mit steigendem Sammlerinteresse keine Sammlungsstücke i. S. des § 12 Abs. 2 Nr. 1 UStG 1980.

Schwedische Glaswaren, die im Jahre 1983 als gehobene Gebrauchsgegenstände im üblichen Handel zu üblichen Preisen erworben worden sind, werden nicht dadurch zu Sammlungsstücken von Seltenheitswert, daß sie inzwischen wegen gestiegenen Sammlerinteresses auf Auktionen angeboten werden und hohe Preise erzielen. (Leitsatz nicht amtlich.)

BFH vom 26.09.1991 – V R 33/87, BStBl. 1992 II S. 313: Herstellung von Fotokopien als sonstige Leistung (UStG 1980 § 3 Abs. 1 und 9, § 12 Abs. 2 Nr. 1 i. V. m. Anlage Nr. 43 a. F.).

Der Inhaber eines „Kopiercentrums" erbringt gegenüber den Kunden nicht eine Lieferung, sondern eine sonstige Leistung, wenn er eine Fotokopie von einer Vorlage herstellt.[2]

BFH vom 20.02.1990 – VII R 126/ 89, BStBl. 1990 II S. 763: Steuersatz für individuell gefertigte Schmuckstücke.

Von einem Goldschmied individuell gefertigte Schmuckteile sind keine Originalerzeugnisse der Bildhauerkunst, sondern Schmuckwaren im zolltariflichen Sinne. Die Umsätze solcher Schmuckteile sind nicht umsatzsteuerermäßigt.

---

[1] Bestätigt durch BVerfG vom 14.09.1995 – 1 BvR 1787/94, HFR 1996 S. 36
[2] Damit kommt der ermäßigte Steuersatz gem. § 12 Abs. 2 Nr. 1 UStG i. V. m. Anlage Nr. 49 nicht in Betracht.

§ 12

BFH vom 24.11.1988 – V R 30/83, BStBl. 1989 II S. 210: Bemessungsgrundlage und Steuerersatz bei Personalverpflegung (§ 12 Abs. 2 Nr. 1 UStG).

Die Verpflegung des Personals durch den Arbeitgeber in dessen Haushalt unterliegt dem allgemeinen Steuersatz.

BFH vom 29.10.1986 – VII R 110/82, UR 1987 S. 18: Steuerermäßigung für Sammlungsstücke von geschichtlichem oder völkerkundlichem Wert (§ 12 Abs. 2 Nr. 1 UStG).

1. Zur umsatzsteuerrechtlichen Verweisung auf zolltarifliche Begriffe.
2. Zur Tarifierung von „Veteranenfahrzeugen" („Oldtimer").

FG Hamburg vom 21.05.1986 – IV 124/84 SH – rechtskräftig, EFG 1987 S. 95: Schmuck als Sammlungsstück von geschichtlichem Wert.

Ein Schmuckstück (goldener Anhänger) stellt einen geschichtlichen Wert i. S. der Tarif-Nr. 99.05 GZT dar, wenn es die Schmuckkultur seiner Zeit in ihren wesentlichen Merkmalen widergibt und diese Stilepoche in besonderer Weise veranschaulicht. Nicht erforderlich ist, daß der Schmuck einer bedeutenden Person der Geschichte gehörte oder von einem berühmten Meister stammt.

Zu § 12 Abs. 2 Nr. 3–4

Sächs. FG vom 10.05.2005 – 3 K 2406/03, rechtskräftig, EFG 2005 S. 1095: Ermäßigte USt bei Leistungen, die unmittelbar der Leistungs- und Qualitätskontrolle in der Milchwirtschaft dienen.

Das unmittelbare Dienen einer Leistung zur Leistungs- und Qualitätsprüfung in der Milchwirtschaft ist nicht nur bei einer Analyse der erzeugten Milch gegeben, sondern liegt auch dann vor, wenn sich die Kontrolle auf die Verfahrensabschnitte erstreckt, die sich direkt auf die Milcherzeugung und deren Qualität beziehen.

An der nötigen Unmittelbarkeit fehlt es jedoch dann, wenn die Leistung lediglich in einer Beratung des Milcherzeugers besteht.

BFH vom 22.01.2004 – V R 41/02, BStBl. 2004 II S. 757: Einstellen und Betreuen von Reitpferden fällt nicht unter § 12 Abs. 2 Nr. 3 UStG.[1]

Das Einstellen und Betreuen von Reitpferden, die von ihren Eigentümern zur Ausübung von Freizeitsport genutzt werden, fällt nicht unter den Begriff „Halten von Vieh" i. S. des § 12 Abs. 2 Nr. 3 UStG 1993 und ist deshalb nicht mit dem ermäßigten, sondern mit dem allgemeinen Steuersatz zu versteuern.

BFH vom 18.12.1996 – XI R 19/96, BStBl. 1997 II S. 334: Verkaufsveranstaltungen für Wallache können unter § 12 Abs. 2 Nr. 4 UStG fallen.

Veranstaltungen, auf denen auch Wallache präsentiert und verkauft werden, können unmittelbar der Förderung der Tierzucht dienen, soweit die Wallache Zuchttiere i. S. des § 2 Nr. 1 TierZG sind.

Zu § 12 Abs. 2 Nr. 7

EuGH vom 18.03.2010 – Rs. C-3/09, Erotic Center BVBA, UR 2010 S. 315: Regelsteuersatz für die Nutzungsüberlassung einer Filmkabine in einem Erotic Center.

Die Wendung „Eintrittsberechtigung für Kinos" in Anhang H Kategorie 7 Abs. 1 der 6. EG-Richtlinie 77/388/EWG in der durch die Richtlinie 2001/4/EG des Rates vom 19.1.2001 geänderten Fassung ist dahin auszulegen, dass sie nicht auf die Zahlung eines Verbrauchers zu dem Zweck bezieht, allein in einem zur alleinigen Nutzung überlassenen Raum, wie den im Ausgangsverfahren in Rede stehenden Kabinen, einen oder mehrere Filme oder Filmausschnitte betrachten zu können.

FG Köln vom 18.10.2006 – 4 K 3006/04 – rechtskräftig, DStRE 2007 S. 1268: Ermäßigter Umsatzsteuersatz nach § 12 Abs. 2 Nr. 7 Buchst. c UStG für Umsätze eines Rundfunkmoderators.

1. Trägt eine wöchentlich ausgestrahlte Rundfunksendung aufgrund der Stimme des Moderators und seiner charakteristischen Sprechweise eine individuelle Handschrift, kommt den einzelnen Redebeiträgen im Rahmen der Sendung Urheberrechtsschutz für selbst geschaffene Sprachwerke nach § 2 Nr. 1 UrhG zu.

---

[1] Hinweis auf BMF vom 09.08.2004, Anlage § 012 (2) 3-02

§ 12

2. Die vorbereitenden Tätigkeiten des Moderators zur jeweiligen Sendung, die Moderation der Sendung und die Rechtseinräumung an den einzelnen Sprachwerken stellen eine einheitliche Leistung des Moderators an den Sender dar.
3. Die einheitliche Leistung wird durch die Einräumung der Nutzungsrechte geprägt, so dass nach § 12 Abs. 2 Nr. 7 Buchst. c UStG der ermäßigte Steuersatz anzuwenden ist.

BFH vom 26.01.2006 – V R 70/03, BStBl. 2006 II S. 387: § 12 Abs. 2 Nr. 7 UStG gilt nicht für das Ausstrahlen eines Fernsehprogramms.

Die Ausstrahlung eines Fernsehprogramms ist keine Filmvorführung i.S. des § 12 Abs. 2 Nr. 7 Buchst. b UStG 1980 (Bestätigung von Abschn. 167 Abs. 2 Satz 2 UStR 1996/2005).

BFH vom 18.08.2005 – V R 50/04, BStBl. 2006 II S. 101: Steuerermäßigung gem. § 12 Abs. 2 Nr. 7 UStG auch für „Techno-Veranstaltungen".

1. Konzerte i.S. des § 12 Abs. 2 Nr. 7 Buchst. a UStG 1993 sind Aufführungen von Musikstücken, bei denen Instrumente und/oder die menschliche Stimme eingesetzt werden. Hingegen ist das bloße Abspielen eines Tonträgers kein Konzert.
2. Bei Musik, die durch Verfremden und Mischen bestehender Musik entsteht, können Plattenteller, Mischpulte und CD-Player „Instrumente" sein, wenn sie (wie konventionelle Musikinstrumente) zum Vortrag eines Musikstücks und nicht nur zum Abspielen eines Tonträgers genutzt werden.
3. Eine „Techno"-Veranstaltung kann ein Konzert i.S. des § 12 Abs. 2 Nr. 7 Buchst. a UStG 1993 sein.

BFH vom 18.08.2005 – V R 48/03, BStBl. 2006 II S. 44: Ermäßigter Steuersatz für die Übertragung von Senderechten an Übersetzungen von Nachrichtensendungen in die Gebärdensprache.

Die Übertragung von Senderechten an Übersetzungen von Nachrichtensendungen in die Deutsche Gebärdensprache unterliegt nach § 12 Abs. 2 Nr. 7 Buchst. c UStG 1999 dem ermäßigten Umsatzsteuersatz.

BFH vom 25.11.2004 – V R 25/04, BStBl. 2004 II S. 419: Ermäßigter Steuersatz für die Überlassung von Computerprogrammen.

1. Die entgeltliche Überlassung von urheberrechtlich geschützten Computerprogrammen unterliegt nach § 12 Abs. 2 Nr. 7 Buchst. c UStG 1993/1999 dem ermäßigten Steuersatz, wenn der Urheber oder Nutzungsberechtigte dem Leistungsempfänger die in § 69c UrhG bezeichneten Rechte auf Vervielfältigung und Verbreitung nicht nur als Nebenfolge einräumt.
2. Bei der Prüfung, ob die in § 69c UrhG bezeichneten Rechte nicht nur als Nebenfolge eingeräumt worden sind, ist von den vertraglichen Vereinbarungen und den tatsächlichen Leistungen auszugehen. Ergänzend ist auf objektive Beweisanzeichen (z.B. die Tätigkeit des Leistungsempfängers, die vorhandenen Vertriebsvorbereitungen und Vertriebswege, die wirkliche Durchführung der Vervielfältigung und Verbreitung sowie die Vereinbarungen über die Bemessung und Aufteilung des Entgelts) abzustellen.
3. Der Weitervertrieb von Computerprogrammen an rechtlich selbständige Konzernunternehmen und an Kooperationspartner kann eine Verbreitung i. S. der § 17, § 69c Nr. 3 UrhG sein.

EuGH vom 23.10.2003 – Rs. C-109/02, Kommission gegen Deutschland, BStBl. 2004 II S. 337: Auch Solisten fallen unter § 12 Abs. 2 Nr. 7 UStG[1].

Die Bundesrepublik Deutschland hat dadurch ihre Verpflichtungen aus Artikel 12 Abs. 3 Buchst. a Unterabs. 3 der Sechsten Mehrwertsteuerrichtlinie 77/388/EWG des Rates vom 17. Mai 1977 zur Harmonisierung der Rechtsvorschriften der Mitgliedstaaten über die Umsatzsteuern – Gemeinsames Mehrwertsteuersystem: einheitliche steuerpflichtige Bemessungsgrundlage in der Fassung der Richtlinie 77/388 über das gemeinsame Mehrwertsteuersystem im Hinblick auf den Normalsteuersatz verstoßen, dass sie einen ermäßigten Mehrwertsteuersatz auf Leistungen, die Musikensembles direkt für die Öffentlichkeit oder für einen Konzertveranstalter erbringen, sowie auf Leistungen anwendet, die von Solisten direkt für die Öffentlichkeit erbracht werden, hingegen auf die Leistungen von Solisten, die für einen Veranstalter tätig sind, den Normalsatz anwendet.

BFH vom 09.10.2003 – V R 86/01, DStRE 2004 S. 907: Ermäßigter Steuersatz gem. § 12 Abs. 2 Nr. 7 UStG für die Veranstaltung einer Budo-Gala.

Entgelte aus dem Eintrittskartenverkauf für eine sog. Budo-Gala, eine Kampf-Kunst-Show, sind mit dem ermäßigten Umsatzsteuersatz nach § 12 Abs. 2 Nr. 7 Buchst. a UStG zu besteuern.

---

1) Vgl. BMF vom 26.03.2004, BStBl. 2004 I S. 449; beachte Neufassung von § 12 Abs. 2 Nr. 7 UStG ab 16.12.2004

§ 12

FG Baden-Württemberg – Außensenate Freiburg vom 05.06.2003 – 14 K 216/98 – rechtskräftig, EFG 2003 S. 1657: Umsatzsteuersatz für Gutachten für Naturschutzbehörden.

Die Entgelte eines selbstständigen Diplom-Biologen für Gutachten für Naturschutzbehörden unterliegen nur dann gem. § 12 Abs. 2 Nr. 7c UStG dem ermäßigten Steuersatz, wenn die vertraglich vorgesehene Einräumung von Nutzungsrechten an Urheberrechten an den Gutachten Hauptzweck der vertraglich geschuldeten Leistung ist. Indiz hierfür ist, ob für die Einräumung von Nutzungsrechten an Urheberrechten ein gesondertes Entgelt vereinbart und bezahlt wird.

BFH vom 18.07.2002 – V R 89/01, BStBl. 2004 II S. 88, DStR 2002 S. 1903: Ermäßigter Umsatzsteuersatz für Veranstaltung von mittelalterlichen Märkten. [1]

Die Steuerermäßigung nach § 12 Abs. 2 Nr. 7 Buchst. d UStG 1993 hat nicht zur Voraussetzung, dass der Schausteller in eigener Person von Ort zu Ort ziehend auf Jahrmärkten, Volksfesten, Schützenfesten oder ähnlichen Veranstaltungen Schaustellungen, Musikaufführungen, unterhaltende Vorstellungen oder sonstige Lustbarkeiten erbringt; vielmehr reicht es aus, dass er diese Leistungen im eigenen Namen mit Hilfe seiner Arbeitnehmer oder sonstiger Erfüllungsgehilfen an die Besucher der Veranstaltungen ausführt.

BFH vom 27.09.2001 – V R 14/01, BStBl. 2002 II S. 114: Steuersatz bei der Überlassung von Computerprogrammen.

Die Überlassung eines urheberrechtlich geschützten Computerprogramms unterliegt nach § 12 Abs. 2 Nr. 7 Buchst. c UStG 1993 dem ermäßigten Steuersatz, wenn der Urheber oder Nutzungsberechtigte dem Leistungsempfänger die in § 69c Satz 1 Nr. 1 bis 3 UrhG bezeichneten Rechte auf Vervielfältigung und Verbreitung nicht nur als Nebenfolge einräumt.

Wenn der wirtschaftliche Gehalt des Vorgangs nicht auf die Verbreitung des Computerprogramms, sondern überwiegend auf seine Anwendung für die Bedürfnisse des Leistungsempfängers gerichtet ist, unterliegt der Umsatz dem regelmäßigen Steuersatz.

BFH vom 19.11.1998 – V R 19/98, BFH/NV 1999 S. 836[2]: Umsätze eines Biotopkartierers, der im Auftrag eines Bundeslandes tätig wird, unterliegen dem Regelsteuersatz.

BFH vom 23.07.1998 – V R 87/97, BStBl. 1998 II S. 641: Ein Tätowierer führt sonstige Leistungen aus, die mit dem allgemeinen Steuersatz besteuert werden. Eine Einräumung von Nutzungsrechten an einem Urheberrecht, für die nach § 12 Abs. 2 Nr. 7 Buchst. c UStG der ermäßigte Steuersatz gilt, erfordert eine entsprechende Vereinbarung.

BFH vom 10.12.1997 – XI R 73/96, BStBl. 1998 II S. 222: Dia-Multivisionsvorführungen unterliegen nicht dem ermäßigten Steuersatz.

Die für Filmvorführungen vorgesehene Steuerermäßigung kann weder unmittelbar noch analog auf Dia-Multivisionsvorführungen erstreckt werden.

BFH vom 13.03.1997 – V R 13/96, BStBl. 1997 II S. 372: Veräußerung von Standardsoftware unterliegt dem Regelsteuersatz.

Die Veräußerung von Standardsoftware durch einen Händler ist keine Einräumung, Übertragung oder Wahrnehmung von Rechten, die sich aus dem Urheberrechtsgesetz ergeben.

BFH vom 14.12.1995 – V R 13/95, BStBl. 1996 II S. 386: Die Leistungen, die eine stelbständige Chorsängerin an den Veranstalter eines Musicals ausführt, sind weder steuerfrei noch steuerbegünstigt.

BFH vom 26.04.1995 – XI R 20/94, BStBl. 1995 II S. 519: Umsätze eines Solisten.

Umsätze aus Auftritten als Solist mit selbst gestaltetem Programm unterliegen nur dann der Steuerermäßigung für die Veranstaltung von Theatervorführungen und Konzerten, wenn der Leistungsaustausch zwischen dem Solisten und dem Publikum stattfindet.

BFH vom 07.03.1995 – XI R 46/93, BStBl. 1995 II S. 429: Getränkeverkauf in einem Verzehrkino unterliegt dem Regelsteuersatz[3].

Der Verkauf von Getränken an die Besucher eines sog. Verzehrkinos ist keine unselbständige Nebenleistung zur Filmvorführung.

---

1) Siehe Anlage § 012 (2) 7-08
2) Siehe auch Anlage § 012 (2) 7-07
3) Für Lichtspieltheater ebenso: BFH-Urteil vom 01.06.1995 – V R 90/93, BStBl. 1995 II S. 914

§ 12

BFH vom 18.01.1995 – V R 60/93, BStBl. 1995 II S. 348: Ermäßigter Steuersatz für Umsätze aus Konzertveranstaltungen eines Solisten.

Veranstaltet ein Solist ein Konzert, unterliegen diese Umsätze dem ermäßigten Steuersatz.

FG Hamburg vom 12.10.1994 – V 146/92 – rechtskräftig, EFG 1995 S. 642: Theatervorführung einer Ballettschule als selbständige Leistung.

Die Ballettvorführungen einer Ballettschule mit ihren Schülern für deren Angehörige und Freunde ist eine selbständige – nach § 12 Abs. 2 Nr. 7a UStG begünstigte – Leistung, die nicht Teil der unterrichtenden Tätigkeit ist.

FG Baden-Württemberg, Außensenate Freiburg vom 30.06.1994 – 3 K 83/89 – rechtskräftig, EFG 1995 S. 143: Individual-Computerprogramm ermäßigt zu besteuern.

Die Bereitstellung eines Computerprogramms kann dann als Einräumung von urheberrechtlich geschützten Rechten dem ermäßigten USt-Satz unterliegen, wenn es sich um ein individuell für den Abnehmer entwickeltes Programm handelt, das allein dieser benutzen und anderweitig wirtschaftlich verwerten soll, während der Leistende nur das Urheberrecht als solches zurückbehält.

BFH vom 25.11.1993 – V R 59/91, BStBl. 1994 II S. 336: Leistungen eines Schaustellers.

1. Betreibt ein Unternehmer bei ständigem Ortswechsel im Rahmen größerer Veranstaltungen und in eigener Regie eine Schau für Auto- und Motorradakrobatik, so ist er mit diesen Leistungen als Schausteller i. S. des § 12 Abs. 2 Nr. 7 Buchst. d UStG 1980 tätig.
2. Als tätigkeitsbezogene Steuervergünstigung erfaßt § 12 Abs. 2 Nr. 7 Buchst. d UStG 1980 nur ambulante, nicht ortsfest ausgeführte Leistungen.
3. „Ähnliche Veranstaltungen" i. S. des § 30 UStDV 1980 können auch durch den Schausteller selbst organisierte und unter seiner Regie stattfindende Eigenveranstaltungen sein.

BFH vom 18.06.1993 – V R 19/89, BFH/NV 1994 S. 587: Umsatzsteuerliche Behandlung von Einzelfilmkabinen in sog. „Pornoläden".

1. Ermöglicht es ein Unternehmer seinen Kunden, in Einzelkabinen mittels Geldeinwurfs Videofilme pornographischen Inhalts zu betrachten, so kann diese Leistung eine gemäß § 12 Abs. 2 Nr. 7 Buchst. b UStG 1980 begünstigte Filmvorführung darstellen.
2. Eine Filmvorführung ist anknüpfend an die Begriffsbestimmung in § 19 Abs. 4 Satz 1 UrhG gegeben, wenn ein Filmwerk durch technische Einrichtungen öffentlich wahrgenommen werden kann.[1]

BFH vom 20.04.1988 – X R 20/82, BStBl. 1988 II S. 796: Umsatzsteuerpflicht von Delphinarien – keine Vergleichbarkeit mit Zirkus oder Schaustellern.

Betreibt ein Unternehmer in eigener Regie auf dem Gelände eines von einem anderen Unternehmer geführten zoologischen Gartens in einem festen Gebäude ein sogenanntes Delphinarium, in dem sich nur dressierte Delphine und Seelöwen befinden, sind die hieraus erzielten Umsätze nicht solche eines zoologischen Gartens oder eines Tierparks. Die Leistungen sind auch nicht als Zirkusvorführungen oder als solche aus der Tätigkeit eines Schaustellers zu beurteilen.

BGH vom 09.05.1985 – I ZR 52/83, DB 1985 S. 2397; NJW 1986 S. 192:

a) Computer-Programme sind grundsätzlich einem Urheberrechtsschutz als Schriftwerke nach § 2 Abs. 1 Nr. 1 UrhG oder als Darstellung wissenschaftlicher oder technischer Art nach § 2 Abs. 1 Nr. 7 UrhG zugänglich.

b) Zu den Anforderungen an das Erfordernis der persönlich geistigen Schöpfung (§ 2 Abs. 2 UrhG) bei Computer-Programmen.

Zu § 12 Abs. 2 Nr. 8

BFH vom 29.01.2009 – V R 46/06, BStBl. 2009 II S. 560: Kein ermäßigter Steuersatz bei Geschäftsführungsleistungen und Verwaltungsleistungen eines eingetragenen Vereins für angeschlossene Mitgliedsvereine.

§ 68 Abs. 2 Buchst. b AO umfasst nach seinem Sinn und Zweck nur Einrichtungen, die nicht regelmäßig ausgelastet sind und deshalb gelegentlich auch Leistungen an Dritte erbringen, nicht aber solche, die über Jahre hinweg Leistungen an Dritte ausführen und hierfür auch personell entsprechend ausgestattet sind.

---

1) Siehe dazu *Weiß*, UR 1994 S. 437

§ 12

BFH vom 12.06.2008 – V R 33/05, BStBl. 2009 II S. 221: Keine Umsatzsteuerermäßigung für Carsharing.

Die entgeltliche Überlassung von Kfz durch einen „Carsharing"-Verein an seine Mitglieder unterliegt dem Regelsteuersatz nach § 12 Abs. 1 und nicht dem ermäßigten Steuersatz nach § 12 Abs. 2 Nr. 8 Buchst. a UStG.

BFH vom 02.02.2007 – V B 90/05, BFH/NV 2007 S. 986: Entnahmen von gemeinnützigen Körperschaften sind nicht begünstigt nach § 12 Abs. 2 Nr. 8 UStG.

1. Leistungen einer gemeinnützigen Körperschaft an ihre Gesellschafter sind weder nach § 4 UStG steuerbefreit noch nach § 12 Abs. 2 Nr. 8a UStG begünstigt.

2. Bei dem von einem fach- und sachkundigen Prozessbevollmächtigten vertretenen Beteiligten stellt das Unterlassen eines Hinweises auf entscheidungserhebliche rechtliche und tatsächliche Gesichtspunkte in der Regel keine Verletzung der Pflichten aus § 76 Abs. 2 FGO dar, es sei denn, es würden besondere Umstände, die eine Ausnahme von dieser Regel erforderten, dargelegt.

BFH vom 19.05.2005 – V R 32/03, BStBl. 2005 II S. 900: Vermietung von Zimmern durch Studentenwerk[1].

1. Vermietet eine Einrichtung des öffentlichen Rechts, der die soziale Betreuung und Förderung der Studenten obliegt (Studentenwerk), Wohnraum an Bedienstete, die in Studentenwohnheimen tätig sind, um die Unterbringung von Studenten am Hochschulort zu gewährleisten, und liegen die Voraussetzungen des § 4 Nr. 23 UStG nicht vor, sind die Vermietungsleistungen nach Art. 13 Teil A Abs. 1 Buchst. i der Richtlinie 77/388/EWG steuerfrei.

2. Die kurzfristige Vermietung von Wohnräumen und Schlafräumen an Nichtstudierende durch ein Studentenwerk ist ein selbständiger wirtschaftlicher Geschäftsbetrieb, wenn sie sich aus tatsächlichen Gründen von den satzungsmäßigen Leistungen abgrenzen lässt. Dieser wirtschaftliche Geschäftsbetrieb ist kein Zweckbetrieb; dessen Umsätze unterliegen der Besteuerung nach dem Regelsteuersatz.

BMF vom 19.02.2004 – V R 39/02, BStBl. 2004 II S. 672: Einstellen und Betreuen von Pferden durch gemeinnützigen Verein.

1. Das Einstellen und Betreuen von Pferden durch einen gemeinnützigen Verein ist nach § 12 Abs. 2 Nr. 8 Buchst. a UStG 1991/1993 ermäßigt zu besteuern, wenn die Umsätze im Rahmen eines Zweckbetriebs nach § 65 Abs. 1 AO 1977 erbracht werden und nicht umsatzsteuerfrei sind.

2. Der Steuerpflichtige kann sich vor dem FG unmittelbar auf Art. 13 Teil A Abs. 1 Buchst. m der Richtlinie 77/388/EWG berufen.

BFH vom 01.08.2002 – V R 21/01, BStBl. 2003 II S. 438: Umsatzsteuerpflicht der mit Ballonfahrten erbrachten Werbeleistungen eines Luftsportvereins – Bemessungsgrundlage tauschähnlicher Umsätze – keine Geltung des ermäßigten Steuersatzes.

Ein gemeinnütziger Luftsportverein, dem Unternehmer „unentgeltlich" Freiballone mit Firmenaufschriften zur Verfügung stellen, die er zu Sport- und Aktionsluftfahrten einzusetzen hat, erbringt mit diesen Luftfahrten steuerbare und mit dem allgemeinen Steuersatz steuerpflichtige Werbeumsätze. Bemessungsgrundlage sind die Kosten, die die Unternehmer dafür getragen haben.

BFH vom 27.09.2001 – V R 17/99, BStBl. 2002 II S. 169: Verstöße gegen die Rechtsordnung sind gemeinnützigkeitsschädlich.

1. Eine Körperschaft verfolgt dann keine gemeinnützigen Zwecke, wenn sie Tätigkeiten nachgeht, die gegen die Rechtsordnung verstoßen. Dies kann eine der Körperschaft als tatsächliche Geschäftsführung zurechenbare Lohnsteuerverkürzung sein. Die Zurechenbarkeit eines eigenmächtigen Handelns einer für die Körperschaft tätigen Person ist bereits bei grober Vernachlässigung der dem Vertretungsorgan obliegenden Überwachungspflichten zu bejahen; insoweit kommt auch ein Organisationsverschulden in Betracht (Fortführung des BFH-Urteils vom 31. Juli 1963 I 319/60, HFR 1963, 407).

2. Eine Verletzung des Rechts auf Gehör liegt regelmäßig vor, wenn die Entscheidung auf einen Gesichtspunkt gestützt wird, zu dem sich der Verfahrensbeteiligte nicht äußern konnte (Überraschungsentscheidung).

---
1) Siehe Anlage § 004 Nr. 23-03

§ 12

BFH vom 30.03.2000 – V R 30/99, BStBl. 2000 II S. 705: Ermäßigter Steuersatz für Zweckbetriebe.

1. Gestattet ein als gemeinnützig anerkannter Eislaufverein sowohl Mitgliedern als auch Nichtmitgliedern die Benutzung seiner Eisbahn gegen Entgelt und vermietet er in diesem Zusammenhang Schlittschuhe, unterliegen diese entgeltlichen Leistungen gemäß § 12 Abs. 2 Nr. 8 UStG 1980 dem ermäßigten Umsatzsteuersatz, wenn sie im Rahmen eines Zweckbetriebes ausgeführt werden.
2. Dies setzt u. a. voraus, dass der Eislaufverein mit den Leistungen zu nicht begünstigten Betrieben derselben oder ähnlicher Art nicht in größerem Umfang in Wettbewerb tritt, als es bei Erfüllung seiner steuerbegünstigten Zwecke unvermeidbar ist.
3. Ein Wettbewerb in diesem Sinne liegt vor, wenn im Einzugsbereich des Eislaufvereins ein nicht steuerbegünstigter Unternehmer den Nutzern der Eisbahn gleiche Leistungen wie der Eislaufverein anbietet oder anbieten könnte.[1]

Niedersächsiches FG vom 08.07.1999 – V 362/97, EFG 1999 S. 1256: USt-Tarif bei einem mit hoheitlichen Aufgaben Beliehenen (hier: einem eingetragenen Verein).

Bei Gewährung von Zuwendungen durch einen Verein, der mit dieser Befugnis durch eine staatliche Behörde beliehen worden ist, unterfallen die dem Verein dabei erstatteten Personal- und Sachkosten nicht dem ermäßigten Steuersatz nach § 12 Abs. 2 Nr. 8 UStG.

BFH vom 30.11.1995 – V R 29/91, BStBl. 1997 II S. 189: Entgeltliche Umsätze einer als gemeinnützig anerkannten Großforschungseinrichtung an Auftraggeber nicht begünstigt.

Umsätze eines als gemeinnützige Körperschaft anerkannten eingetragenen Vereins aus der Tätigkeit als Projektträger und aus der Durchführung von Auftragsforschung sind nicht steuerbegünstigt gem. § 12 Abs. 2 Nr. 8 UStG 1980.

BFH vom 04.05.1994 – XI R 109/90, BStBl. 1994 II S. 886: Schauauftritte eines Formationstanzclubs als Zweckbetrieb.

Eine sportliche Veranstaltung i.S. des § 68 Nr. 7 Buchst. b AO 1977 a. F. kann auch dann vorliegen, wenn ein Sportverein im Rahmen einer anderen Veranstaltung eine sportliche Darbietung präsentiert.

Die andere Veranstaltung braucht nicht notwendigerweise die sportliche Veranstaltung eines Sportvereins zu sein.

BFH vom 15.12.1993 – X R 115/91, BStBl. 1994 II S. 314: Keine Gemeinnützigkeit einer GmbH, die gegen Entgelt Abfälle verwertet und beseitigt. Der wirtschaftliche Geschäftsbetrieb einer von entsorgungspflichtigen öffentlich-rechtlichen Körperschaften gegründeten GmbH, die nach ihrer Satzung die Beseitigung und Verwertung von Abfällen im „Dienst des öffentlichen Gesundheitswesens" betreibt, ist kein Zweckbetrieb i. S. des § 65 AO.

BFH vom 27.10.1993 – I R 60/91, BStBl. 1994 II S. 573: Der Betrieb eines Müllheizkraftwerks, das der umweltfreundlichen Beseitigung von Müll dienen soll, ist kein Zweckbetrieb gemäß § 65 AO 1977.

BFH vom 05.08.1992 – X R 165/88, BStBl. 1992 II S. 1048: Keine Gemeinnützigkeit eines Motorsportclubs, in dessen Satzung auf Regelungen einer anderen Organisation verwiesen wird (UStG 1980 § 12 Abs. 2 Nr. 8; AO 1977 §§ 51ff.).

1. Zur Gemeinnützigkeit eines Motorsportclubs.
2. Die für die Anerkennung eines Rechtsgebildes als gemeinnützig erforderlichen Satzungsbestimmungen (Satzungszwecke und Art ihrer Erfüllung) müssen so genau bestimmt sein, daß allein aufgrund der Satzung geprüft werden kann, ob die Voraussetzungen für steuerliche Vergünstigungen vorliegen (formelle Satzungsmäßigkeit). Die Bezugnahme auf Satzungen oder Regelungen anderer Organisationen genügt nicht.

BFH vom 18.10.1990 – V R 76/89, BStBl. 1991 II S. 268: Arzneimittellieferungen einer Krankenhausapotheke (§ 4 Nr. 16 und 18, § 12 Abs. 2 Nr. 8 UStG).

1. Arzneimittellieferungen einer Krankenhausapotheke an andere Krankenhäuser sind keine „mit dem Betrieb der Krankenhäuser eng verbundenen Umsätze" i. S. von § 4 Nr. 16 UStG 1980.
2. Diese Lieferungen an Krankenhäuser anderer Krankenhausträger kommen auch nicht „unmittelbar" dem nach der Satzung, Stiftung oder sonstigen Verfassung (des Trägers der Apotheke) begünstigten Personenkreis zugute (§ 4 Nr. 18 Buchst. b UStG 1980).

---

[1] Auf das BMF-Schreiben vom 27.11.2000 – IV C 6 – S 0183 – 22/00 (BStBl. I S. 1548) zur Wettbewerbsklausel des § 65 Nr. 3 AO wird hingewiesen.

§ 12

3. Die Arzneimittellieferungen der Krankenhausapotheke eines gemeinnützigen Krankenhausträgers an andere Krankenhäuser sind keine Tätigkeit, die zu einem Zweckbetrieb i. S. von § 66 AO 1977 führt. Die Steuervergünstigungen nach § 12 Abs. 2 Nr. 8 UStG 1980, § 5 Abs. 1 Nr. 9 KStG, § 3 Nr. 6 GewStG und § 97 Abs. 2 BewG sind insoweit gemäß § 64 AO 1977 nicht anwendbar.

BFH vom 11.05.1988 – V R 76/83, BStBl. 1988 II S. 908: Abgrenzung der freien Wohlfahrtspflege dienender Leistungen (§ 4 Nr. 18, § 12 Abs. 2 Nr. 8 UStG)[1].

Ein sog. Studentenwerk kann der freien Wohlfahrtspflege (§ 4 Nr. 18 UStG 1973) auch mit dem Betrieb einer Cafeteria (wie mit dem Betrieb einer Mensa, vgl. BMF-Erlaß vom 3.1.1969, UR 1969, 46) dienen, wenn mit der Cafeteria kein anderer Satzungszweck verfolgt wird.

BFH vom 09.04.1987 – V R 150/78, BStBl. 1987 II S. 659: Benutzung einer Golfanlage durch Gäste.

Soweit ein gemeinnütziger Golfclub seine Anlage auch clubfremden Spielern gegen sog. Greenfee zur Verfügung stellt, erbringt er entgeltliche steuerpflichtige Leistungen. Die Leistungen unterliegen dem Regelsteuersatz; sie werden nicht im Rahmen eines steuerunschädlichen wirtschaftlichen Geschäftsbetriebs (nunmehr Zweckbetrieb) ausgeführt.

Zu § 12 Abs. 2 Nr. 9

BFH vom 12.05.2005 – V R 54/02, BStBl. 2007 II S. 283: Sauna in einem Fitnessstudio.[2]

Die Verabreichung eines Heilbads muss der Behandlung einer Krankheit oder einer anderen Gesundheitsstörung und damit dem Schutz der menschlichen Gesundheit dienen. Hiervon kann bei der Nutzung einer Sauna in einem Fitnessstudio regelmäßig keine Rede sein; sie dient regelmäßig lediglich dem allgemeinen Wohlbefinden (Abgrenzung zu Abschn. 171 Abs. 3 UStR 2005).

FG München vom 16.05.2002 – 14 K 4165/01 – rechtskräftig, EFG 2002 S. 1415: Ermäßigter Steuersatz beim Betrieb von Schwimmbädern.

1. Unmittelbar mit dem Betrieb der Schwimmbäder verbundene Umsätze i. S. des § 12 Abs. 2 Nr. 9 UStG sind nur solche des Betreibers des Schwimmbades selbst. Die diesem gegenüber erbrachte Betriebsführung von Schwimmbädern unterliegt daher nicht dem ermäßigten Steuersatz.
2. Allein mit der Überlassung einer Wasserrutsche betreibt der Unternehmer kein Schwimmbad.

BFH vom 28.09.2000 – V R 14, 15/99, BStBl. 2001 II S. 78: Umfang der Steuerbefreiung gem. § 12 Abs. 2 Nr. 9 UStG.

Der Betreiber eines Sportzentrums, der den Besuchern gegen Pauschalentgelt nicht nur die Möglichkeit eröffnet, die Anlagen im Sportzentrum zu benutzen, sondern auch die Nutzung einer Sauna gestattet, erbringt eine Leistung eigener Art. Diese ist nicht nach § 12 Abs. 2 Nr. 9 UStG 1993 (Verabreichung von Heilbädern) begünstigt.

BFH vom 29.04.1999 – V R 72/98, HFR 1999 S. 928: Thermalschwimmbad eines Kurhotels.

1. Die Nutzungsüberlassung eines Thermalschwimmbades eines Kurhotels ist keine unselbständige Nebenleistung, sondern als eine selbständige, dem ermäßigten Steuersatz unterliegende sonstige Leistung zu beurteilen.
2. Eine Nebenleistung liegt nach gemeinschaftsrechtlicher Beurteilung vor, wenn die Leistung für den Leistungsempfänger keinen eigenen Zweck erfüllt, sondern nur ein Mittel darstellt, um die Hauptleistung des Unternehmers unter optimalen Bedingungen in Anspruch zu nehmen, und wenn die Leistung keinen oder nur einen geringen Anteil an der Gegenleistung hat.

BFH vom 08.09.1994 – V R 88/92, DStR 1994 S. 1848; BStBl. 1994 II S. 959: Einheitliche Besteuerung eines Sport- und Freizeitzentrums mit dem Regelsteuersatz.

Der Betreiber eines Sport- und Freizeitzentrums, der seine Einrichtungen und Leistungen sog. Clubmitgliedern gegen ein monatliches Pauschalentgelt – unabhängig von der tatsächlichen Inanspruchnahme – zur Verfügung stellt, verabreicht keine Heilbäder und erbringt keine unmittelbar mit dem Betrieb eines Schwimmbads verbundenen Umsätze, wenn zu der Anlage außer einem Schwimmbad und einer Sauna noch weitere nicht von § 12 Abs. 2 Nr. 9 UStG 1980 erfaßte Einrichtungen gehören. Diese eigenständige Leistung fällt unter keine Begünstigungsvorschrift.

---
1) Siehe dazu BFH vom 28.09.2006 – V R 57/06, BStBl. 2007 II S. 846 und Anlage § 004 Nr. 23-03
2) Siehe dazu Anlage § 012 (2) 9-04

§ 12

BFH vom 18.06.1993 – V R 1/89, BStBl. 1993 II S. 853[1]: Ein gewerbliches Bestrahlungsinstitut verabreicht keine Heilbäder i. S. des § 12 Abs. 2 Nr. 9 UStG 1980, wenn die Bestrahlungen weder zur Heilung einer Krankheit durchgeführt werden noch der Vorbeugung von Krankheiten (Gesundheitsvorsorge) zu dienen bestimmt sind. Der Nachweis des Heilzwecks im Einzelfall reicht für eine generelle Steuerbegünstigung nicht aus.

FG Münster vom 23.06.1992 – 15 K 3521/87 U – rechtskräftig, EFG 1993 S. 112: Wärmebehandlung in Schlankheitsstudios nicht steuerbegünstigt.

Sog. Tiefenwärmebehandlungen in Schlankheitsstudios stellen ebenso wie Bräunungsbestrahlungen keine steuerbegünstigte Verabreichung von Heilbädern dar.

Zu § 12 Abs. 2 Nr. 10

BFH vom 30.06.2011 – V R 44/10, UR 2011 S. 863: Ermäßigter Steuersatz für Stadtrundfahrten – Aufteilung eines einheitlichen Entgelts auf mehrere selbständige Leistungen – Bandansage während einer Stadtrundfahrt als Nebenleistung.

1. Die Steuerermäßigung des § 12 Abs. 2 Nr. 10 UStG für die Beförderung von Personen im genehmigten Linienverkehr ist auch dann gegeben, wenn die Beförderung – wie bei Stadtrundfahrten – dem Freizeit- oder Tourismusverkehr dient.
2. Wurde dem Betreiber von Stadtrundfahrten von der zuständigen Verwaltungsbehörde eine straßenverkehrsrechtliche Genehmigung als Linienverkehr nach den §§ 42 oder 43 PersBefG erteilt, ist diese auch von den Finanzbehörden zu beachten, solange sie nicht nichtig ist.
3. Umfasst das Beförderungsentgelt für eine Stadtrundfahrt auch Entgelte für die Teilnahme an Führungen zu Sehenswürdigkeiten, handelt es sich um zwei selbständige Leistungen, von denen nur die Beförderung dem ermäßigten Steuersatz unterliegt. Der auf die Führungen mit dem Regelsteuersatz zu besteuernde Anteil ist ggf. im Schätzungswege zu ermitteln.

BFH vom 19.07.2007 – V R 68/05, BStBl. 2008 II S. 208: Verfassungsgemäße Typisierung bei der ermäßigten Umsatzbesteuerung bestimmter Taxifahrten – Einheitlichkeit der Beförderungsleistung.

1. Soweit nach § 12 Abs. 2 Nr. 10 Buchst. b UStG 1993/1999 Taxifahrten unterschiedlich behandelt werden, als Fahrten innerhalb einer Gemeinde unabhängig von der konkreten Fahrtstrecke immer als Nahverkehrsfahrt ermäßigt zu besteuern sind, während dies für Taxifahrten außerhalb einer Gemeinde nur dann gilt, wenn die einzelne Fahrt 50 km nicht überschreitet, ist dies als gesetzgeberische Typisierung verfassungsgemäß.
2. Hin- und Rückfahrt sind eine (einheitliche) Beförderungsleistung i.S.d. § 12 Abs. 2 Nr. 10 Buchst. b UStG 1993/1999, wenn vereinbarungsgemäß die Fahrt nur kurzfristig unterbrochen wird und der Fahrer auf den Fahrgast wartet („Wartefahrt"). Keine einheitliche Beförderungsleistung liegt jedoch vor, wenn das Taxi nicht auf den Fahrgast wartet, sondern später – sei es aufgrund vorheriger Vereinbarung über den Abholzeitpunkt oder aufgrund erneuter Bestellung – wieder abholt und zum Ausgangspunkt zurückbefördert („Doppelfahrt").
3. Bemessungsgrundlage für diese Taxifahrten ist das für die jeweilige Fahrt vereinbarte Entgelt. Dass dies zum Teil unter Berücksichtigung unterschiedlicher Tarife für die „Leerfahrt" berechnet wird, ist umsatzsteuerrechtlich ohne Bedeutung.

BFH vom 31.05.2007 – V R 18/05, BStBl. 2008 II S. 206: Hin- und Rückfahrt mit Taxi als zwei getrennte Leistungen.

1. Umsatzsteuerrechtlich liegt eine einheitliche Leistung nicht allein deshalb vor, weil Leistungen aufgrund einer einzigen Vertragsgrundlage erbracht werden.
2. Die Beförderung eines Fahrgastes von dessen Wohnung zum Bestimmungsort und zurück durch denselben Taxiunternehmer ist umsatzsteuerrechtlich keine einheitliche (einzige) Beförderungsleistung mit einer Gesamtbeförderungsstrecke, sondern ist in zwei getrennte Beförderungsleistungen aufzuteilen, wenn das Taxi nach Durchführung der Hinfahrt am Bestimmungsort nicht auf den Kunden wartet, sondern der Kunde später – sei es aufgrund vorheriger Vereinbarung über den Abholzeitpunkt oder aufgrund erneuter telefonischer Bestellung – erneut mit einem Taxi am Bestimmungsort abgeholt und zum Ausgangsort zurückbefördert wird (Abgrenzung zum BFH-Beschluss vom 24.10.1990 V B 60/89, BFH/NV 1991, 562).

---

[1] In dem Urteil vom 18.06.1993 – V R 101/88, BFH/NV 1994 S. 746 hat der BFH den gleichen Leitsatz gebildet.

§ 12

BFH vom 05.03.1992 – V R 97/88, BFH/NV 1992 S. 775: Besteuerung des Kraftdroschkenverkehrs.

Die unterschiedliche umsatzsteuerrechtliche Behandlung der Personenbeförderungsumsätze im Mietwagenverkehr und im Kraftdroschkenverkehr verstößt nicht gegen den Gleichheitssatz (ständige Rechtsprechung).

BVerfG vom 11.02.1992 – 1 BvL 29/87, HFR 1992 S. 257: Umsatzsteuerliche Begünstigung des Kraftdroschkenverkehrs gegenüber dem Mietwagenverkehr ist verfassungsgemäß.

Es ist mit Art. 3 Abs. 1 und Art. 12 Abs. 1 GG vereinbar, daß der Personenverkehr mit Kraftdroschken umsatzsteuerrechtlich besser behandelt wird als der Personenverkehr mit Mietwagen (§ 12 Abs. 2 Nr. 10 UStG).

§ 13

§ 13 Entstehung der Steuer

(1) Die Steuer entsteht

1. für Lieferungen und sonstige Leistungen
   a) bei der Berechnung der Steuer nach vereinbarten Entgelten (§ 16 Abs. 1 Satz 1) mit Ablauf des Voranmeldungszeitraums, in dem die Leistungen ausgeführt worden sind. Das gilt auch für Teilleistungen. Sie liegen vor, wenn für bestimmte Teile einer wirtschaftlich teilbaren Leistung das Entgelt gesondert vereinbart wird. Wird das Entgelt oder ein Teil des Entgelts vereinnahmt, bevor die Leistung oder Teilleistung ausgeführt worden ist, so entsteht insoweit die Steuer mit Ablauf des Voranmeldungszeitraums, in dem das Entgelt oder das Teilentgelt vereinnahmt worden ist;
   b) bei der Berechnung der Steuer nach vereinnahmten Entgelten (§ 20) mit Ablauf des Voranmeldungszeitraums, in dem die Entgelte vereinnahmt worden sind;
   c) in den Fällen der Einzelbesteuerung nach § 16 Abs. 5 in dem Zeitpunkt, in dem der Kraftomnibus in das Inland gelangt;
   d) [1)]in den Fällen des § 18 Abs. 4c mit Ablauf des Besteuerungszeitraums nach § 16 Abs. 1a Satz 1, in dem die Leistungen ausgeführt worden sind;
2. für Leistungen im Sinne des § 3 Abs. 1b und 9a mit Ablauf des Voranmeldungszeitraums, in dem diese Leistungen ausgeführt worden sind;
3. [2)]im Fall des § 14c Abs. 1 in dem Zeitpunkt, in dem die Steuer für die Lieferung oder sonstige Leistung nach Nummer 1 Buchstabe a oder Buchstabe b Satz 1 entsteht, spätestens jedoch im Zeitpunkt der Ausgabe der Rechnung;
4. [2)]im Fall des § 14c Abs. 2 im Zeitpunkt der Ausgabe der Rechnung;
5. [3)]im Fall des § 17 Abs. 1 Satz 6 mit Ablauf des Voranmeldungszeitraums, in dem die Änderung der Bemessungsgrundlage eingetreten ist;
6. für den innergemeinschaftlichen Erwerb im Sinne des § 1a mit Ausstellung der Rechnung, spätestens jedoch mit Ablauf des dem Erwerb folgenden Kalendermonats;
7. für den innergemeinschaftlichen Erwerb von neuen Fahrzeugen im Sinne des § 1b am Tag des Erwerbs;
8. im Falle des § 6a Abs. 4 Satz 2 in dem Zeitpunkt, in dem die Lieferung ausgeführt wird;
9. [2)]im Fall des § 4 Nr. 4a Satz 1 Buchstabe a Satz 2 mit Ablauf des Voranmeldungszeitraums, in dem der Gegenstand aus einem Umsatzsteuerlager ausgelagert wird.

(2) Für die Einfuhrumsatzsteuer gilt § 21 Absatz 2.

Vorgaben im EG-Recht

USt-Recht	MwStSystRL
§ 13 Abs. 1 Nr. 1 Buchst. a Satz 1	Artikel 63
§ 13 Abs. 1 Nr. 1 Buchst. a Satz 2 und 3	Artikel 64 Abs. 1
§ 13 Abs. 1 Nr. 1 Buchst. a Satz 4	Artikel 65
§ 13 Abs. 1 Nr. 1 Buchst. b	Artikel 66 Buchst. b
§ 13 Abs. 1 Nr. 1 Buchst. c	Artikel 63
§ 13 Abs. 1 Nr. 1 Buchst. d	Artikel 63 i.V.m. Artikel 365
§ 13 Abs. 1 Nr. 2	Artikel 63
§ 13 Abs. 1 Nr. 3	Artikel 63 und 66 Buchst. a und b
§ 13 Abs. 1 Nr. 4	Artikel 66 Buchst. a
§ 13 Abs. 1 Nr. 5	Artikel 90
§ 13 Abs. 1 Nr. 6 und 7	Artikel 63
§ 13 Abs. 1 Nr. 8	Artikel 63
§ 13 Abs. 1 Nr. 9	Artikel 155
§ 13 Abs. 2	Artikel 70 und 71

---

1) Eingefügt ab 01.07.2003
2) Fassung ab 01.01.2004
3) Fassung ab 16.12.2004

UStAE

Zu § 13 UStG

13.1. Entstehung der Steuer bei der Besteuerung nach vereinbarten Entgelten

(1) ¹Bei der Besteuerung nach vereinbarten Entgelten (Sollversteuerung) entsteht die Steuer grundsätzlich mit Ablauf des Voranmeldungszeitraums, in dem die Lieferung oder sonstige Leistung ausgeführt worden ist. ²Das gilt auch für unentgeltliche Wertabgaben im Sinne des § 3 Abs. 1b und 9a UStG. ³Die Steuer entsteht in der gesetzlichen Höhe unabhängig davon, ob die am Leistungsaustausch beteiligten Unternehmer von den ihnen vom Gesetz gebotenen Möglichkeiten der Rechnungserteilung mit gesondertem Steuerausweis und des Vorsteuerabzugs Gebrauch machen oder nicht. ⁴Für Umsätze, die ein Unternehmer in seinen Voranmeldungen nicht angibt (auch bei Rechtsirrtum über deren Steuerbarkeit), entsteht die Umsatzsteuer ebenso wie bei ordnungsgemäß erklärten Umsätzen (vgl. BFH-Urteil vom 20.1.1997, V R 28/95, BStBl. II S. 716). ⁵Der Zeitpunkt der Leistung ist entscheidend, für welchen Voranmeldungszeitraum ein Umsatz zu berücksichtigen ist (vgl. BFH-Urteil vom 13.10.1960, V 294/58 U, BStBl. III S. 478). ⁶Dies gilt nicht für die Istversteuerung von Anzahlungen im Sinne des § 13 Abs. 1 Nr. 1 Buchstabe a Satz 4 UStG (vgl. Abschnitt 13.5).

(2) ¹Lieferungen – einschließlich Werklieferungen – sind grundsätzlich dann ausgeführt, wenn der Leistungsempfänger die Verfügungsmacht über den zu liefernden Gegenstand erlangt. ²Bei Sukzessivlieferungsverträgen ist der Zeitpunkt jeder einzelnen Lieferung maßgebend. ³Lieferungen von elektrischem Strom, Gas, Wärme, Kälte und Wasser sind jedoch erst mit Ablauf des jeweiligen Ablesezeitraums als ausgeführt zu behandeln. ⁴Die während des Ablesezeitraums geleisteten Abschlagszahlungen der Tarifabnehmer sind nicht als Entgelt für Teilleistungen (vgl. Abschnitt 13.4) anzusehen; sie führen jedoch nach § 13 Abs. 1 Nr. 1 Buchstabe a Satz 4 UStG zu einer früheren Entstehung der Steuer (vgl. Abschnitt 13.5). ⁵Für Lieferungen, bei denen der Lieferort nach § 3 Abs. 6 UStG bestimmt wird, ist der Tag der Lieferung der Tag des Beginns der Beförderung oder Versendung des Gegenstands der Lieferung (vgl. BFH-Urteil vom 6.12.2007, V R 24/05, BStBl. 2009 II S. 490).

(3) ¹Sonstige Leistungen, insbesondere Werkleistungen, sind grundsätzlich im Zeitpunkt ihrer Vollendung ausgeführt. ²Bei zeitlich begrenzten Dauerleistungen, z.B. Duldungs- oder Unterlassungsleistungen (vgl. Abschnitt 3.1 Abs. 4) ist die Leistung mit Beendigung des entsprechenden Rechtsverhältnisses ausgeführt, es sei denn, die Beteiligten hatten Teilleistungen (vgl. Abschnitt 13.4) vereinbart. ³Anzahlungen sind stets im Zeitpunkt ihrer Vereinnahmung zu versteuern (vgl. Abschnitt 13.5).

(4) ¹Eine Leasinggesellschaft, die ihrem Kunden (Mieter) eine Sache gegen Entrichtung monatlicher Leasingraten überlässt, erbringt eine Dauerleistung, die entsprechend der Vereinbarung über die monatlich zu zahlenden Leasingraten in Form von Teilleistungen (vgl. Abschnitt 13.4) bewirkt wird. ²Die Steuer entsteht jeweils mit Ablauf des monatlichen Voranmeldungszeitraums, für den die Leasingrate zu entrichten ist. ³Tritt die Leasinggesellschaft ihre Forderung gegen den Mieter auf Zahlung der Leasingraten an eine Bank ab, die das Risiko des Ausfalls der erworbenen Forderung übernimmt, führt die Vereinnahmung des Abtretungsentgelts nicht zur sofortigen Entstehung der Steuer für die Vermietung nach § 13 Abs. 1 Nr. 1 Buchstabe a Satz 4 UStG, weil das Abtretungsentgelt nicht zugleich Entgelt für die der Forderung zu Grunde liegende Vermietungsleistung ist. ⁴Die Bank zahlt das Abtretungsentgelt für den Erwerb der Forderung, nicht aber als Dritter für die Leistung der Leasinggesellschaft an den Mieter. ⁵Die Leasinggesellschaft vereinnahmt das Entgelt für ihre Vermietungsleistung vielmehr jeweils mit der Zahlung der Leasingraten durch den Mieter an die Bank, weil sie insoweit gleichzeitig von ihrer Gewährleistungspflicht für den rechtlichen Bestand der Forderung gegenüber der Bank befreit wird. ⁶Dieser Vereinnahmungszeitpunkt wird in der Regel mit dem Zeitpunkt der Ausführung der einzelnen Teilleistung übereinstimmen.

(5) Nach den Grundsätzen des Absatzes 4 ist auch in anderen Fällen zu verfahren, in denen Forderungen für noch zu erbringende Leistungen oder Teilleistungen verkauft werden.

(6) ¹Bei einem Kauf auf Probe (§ 454 BGB) im Versandhandel kommt der Kaufvertrag noch nicht mit der Zusendung der Ware, sondern erst nach Ablauf der vom Verkäufer eingeräumten Billigungsfrist oder durch Überweisung des Kaufpreises zustande. ²Erst zu diesem Zeitpunkt ist umsatzsteuerrechtlich die Lieferung ausgeführt (vgl. BFH-Urteil vom 6.12.2007, V R 24/05, BStBl. 2009 II S. 490). ³Dagegen ist bei einem Kauf mit Rückgaberecht bereits mit der Zusendung der Ware der Kaufvertrag zustande gekommen und die Lieferung ausgeführt.

13.2. Sollversteuerung in der Bauwirtschaft

¹Die Bauwirtschaft führt Werklieferungen und Werkleistungen auf dem Grund und Boden der Auftraggeber im Allgemeinen nicht in Teilleistungen (vgl. Abschnitt 13.4), sondern als einheitliche Leistungen aus. ²Diese Leistungen sind ausgeführt:

1. ¹Werklieferungen, wenn dem Auftraggeber die Verfügungsmacht verschafft wird. ²Das gilt auch dann, wenn das Eigentum an den verwendeten Baustoffen nach §§ 946, 93, 94 BGB zur Zeit der Verbindung mit dem Grundstück auf den Auftraggeber übergeht. ³Der Werklieferungsvertrag wird mit der Übergabe und Abnahme des fertig gestellten Werks erfüllt. ⁴Der Auftraggeber erhält die Verfügungsmacht mit der Übergabe des fertig gestellten Werks (vgl. BFH-Urteil vom 26.2.1976, V R 132/73, BStBl. II S. 309). ⁵Auf die Form der Abnahme kommt es dabei nicht an. ⁶Insbesondere ist eine Verschaffung der Verfügungsmacht bereits dann anzunehmen, wenn der Auftraggeber das Werk durch schlüssiges Verhalten, z.B. durch Benutzung, abgenommen hat und eine förmliche Abnahme entweder gar nicht oder erst später erfolgen soll. ⁷Wird das vertraglich vereinbarte Werk nicht fertig gestellt und ist eine Vollendung des Werks durch den Werkunternehmer nicht mehr vorgesehen, entsteht ein neuer Leistungsgegenstand. ⁸Dieser beschränkt sich bei der Eröffnung eines Insolvenzverfahrens auf den vom Werkunternehmer bis zu diesem Zeitpunkt gelieferten Teil des Werks, wenn der Insolvenzverwalter die weitere Erfüllung des Werkvertrags nach § 103 InsO ablehnt (vgl. Abschnitt 3.9). ⁹In diesen Fällen ist die Lieferung im Zeitpunkt der Insolvenzeröffnung bewirkt. ¹⁰Wählt der Insolvenzverwalter die Erfüllung eines bei Eröffnung des Insolvenzverfahrens noch nicht oder nicht vollständig erfüllten Werkvertrags, wird die Werklieferung – wenn keine Teilleistung im Sinne des § 13 Abs. 1 Nr. 1 Buchstabe a Sätze 2 und 3 UStG gesondert vereinbart worden sind – erst mit der Leistungserbringung nach Verfahrenseröffnung ausgeführt (BFH-Urteil vom 30.4.2009, V R 1/06, BStBl. 2010 II S. 138). ¹¹Im Falle der Kündigung des Werkvertrags wird die Leistung mit dem Tag des Zugangs der Kündigung ausgeführt. ¹²Stellt der Werkunternehmer die Arbeiten an dem vereinbarten Werk vorzeitig ein, weil der Besteller – ohne eine eindeutige Erklärung abzugeben – nicht willens und in der Lage ist, seinerseits den Vertrag zu erfüllen, wird das bis dahin errichtete halbfertige Werk zum Gegenstand der Werklieferung. ¹³Es wird in dem Zeitpunkt geliefert, in dem für den Werkunternehmer nach den gegebenen objektiven Umständen feststeht, dass er wegen fehlender Aussicht auf die Erlangung weiteren Werklohns nicht mehr leisten wird (vgl. BFH-Urteil vom 28.2.1980, V R 90/75, BStBl. II S. 535).

2. Sonstige Leistungen, insbesondere Werkleistungen, grundsätzlich im Zeitpunkt ihrer Vollendung, der häufig mit dem Zeitpunkt der Abnahme zusammenfallen wird.

³Die in der Bauwirtschaft regelmäßig vor Ausführung der Leistung vereinnahmten Vorauszahlungen, Abschlagszahlungen usw. führen jedoch nach § 13 Abs. 1 Nr. 1 Buchstabe a Satz 4 UStG (vgl. Abschnitt 13.5) zu einer früheren Entstehung der Steuer. ⁴Wird über die bereits erbrachten Bauleistungen erst einige Zeit nach Ausführung der Leistungen abgerechnet, ist das Entgelt – sofern es noch nicht feststeht – sachgerecht zu schätzen, z.B. an Hand des Angebots (vgl. auch BMF-Schreiben vom 12.10.2009, BStBl. I S. 1292). ⁴Weitere Hinweise enthält das Merkblatt zur Umsatzbesteuerung in der Bauwirtschaft, Stand Oktober 2009, (BMF-Schreiben vom 12.10.2009, a.a.O.).

13.3. Sollversteuerung bei Architekten und Ingenieuren

Leistungen nach der HOAI

(1) ¹Die Leistungen der Architekten und Ingenieure, denen Leistungsbilder nach der HOAI zu Grunde liegen, werden grundsätzlich als einheitliche Leistung erbracht, auch wenn die Gesamtleistung nach der Beschreibung der HOAI, insbesondere durch die Aufgliederung der Leistungsbilder in Leistungsphasen, teilbar ist. ²Allein die Aufgliederung der Leistungsbilder zur Ermittlung des (Teil-) Honorars führt nicht zur Annahme von Teilleistungen im Sinne des § 13 Abs. 1 Nr. 1 Buchstabe a Satz 3 UStG (vgl. Abschnitt 13.4). ³Nur wenn zwischen den Vertragspartnern im Rahmen des Gesamtauftrags über ein Leistungsbild zusätzliche Vereinbarungen über die gesonderte Ausführung und Honorierung einzelner Leistungsphasen getroffen werden, sind insoweit Teilleistungen anzunehmen.

(2) Absatz 1 gilt sinngemäß auch für Architekten- und Ingenieurleistungen, die nicht nach der HOAI abgerechnet werden.

Leistungen nach den Richtlinien für die Durchführung von Bauaufgaben des Bundes
im Zuständigkeitsbereich der Finanzbauverwaltungen (RBBau)

(3) ¹Architekten- und Ingenieurleistungen werden entsprechend den Vertragsmustern (Anhang 9ff. RBBau) vergeben. ²Nach § 3.1 dieser Vertragsmuster wird der Auftragnehmer zunächst nur mit der Aufstellung der Entscheidungsunterlage – Bau – beauftragt. ³Für diese Leistung wird das Honorar auch gesondert ermittelt. ⁴Im Vertrag wird die Absichtserklärung abgegeben, dem Auftragnehmer weitere

Leistungen zu übertragen, wenn die Voraussetzungen dazu gegeben sind. ⁵Die Übertragung dieser weiteren Leistungen erfolgt durch gesondertes Schreiben. ⁶Bei dieser Abwicklung ist das Aufstellen der Entscheidungsunterlage – Bau – als eine selbständige Leistung des Architekten oder Ingenieurs anzusehen. ⁷Mit der Ausführung der ihm gesondert übertragenen weiteren Leistungen erbringt er ebenfalls eine selbständige einheitliche Gesamtleistung, es sei denn, dass die unter Absatz 1 bezeichneten Voraussetzungen für die Annahme von Teilleistungen vorliegen.

13.4. Teilleistungen

¹Teilleistungen setzen voraus, dass eine nach wirtschaftlicher Betrachtungsweise teilbare Leistung nicht als Ganzes, sondern in Teilen geschuldet und bewirkt wird. ²Eine Leistung ist in Teilen geschuldet, wenn für bestimmte Teile das Entgelt gesondert vereinbart wird (§ 13 Abs. 1 Nr. 1 Buchstabe a Satz 3 UStG). ³Vereinbarungen dieser Art werden im Allgemeinen anzunehmen sein, wenn für einzelne Leistungsteile gesonderte Entgeltabrechnungen durchgeführt werden. ⁴Das Entgelt ist auch in diesen Fällen nach den Grundsätzen des § 10 Abs. 1 UStG zu ermitteln. ⁵Deshalb gehören Vorauszahlungen auf spätere Teilleistungen zum Entgelt für diese Teilleistungen (vgl. BFH-Urteil vom 19.5.1988, V R 102/83, BStBl. II S. 848), führen jedoch nach § 13 Abs. 1 Nr. 1 Buchstabe a Satz 4 UStG zu einer früheren Entstehung der Steuer (vgl. Abschnitt 13.5).

Beispiel 1:

In einem Mietvertrag über 2 Jahre ist eine monatliche Mietzahlung vereinbart.

Beispiel 2:

¹Ein Bauunternehmer hat sich verpflichtet, zu Einheitspreisen (§ 4 Abs. 1 Nr. 1 VOB/A) die Maurer- und Betonarbeiten sowie den Innen- und Außenputz an einem Bauwerk auszuführen. ²Die Maurer- und Betonarbeiten werden gesondert abgenommen und abgerechnet. ³Der Innen- und der Außenputz werden später ausgeführt, gesondert abgenommen und abgerechnet.

⁶In den Beispielen 1 und 2 werden Leistungen in Teilen geschuldet und bewirkt.

Beispiel 3:

¹Eine Fahrschule schließt mit ihren Fahrschülern Verträge über die praktische und theoretische Ausbildung zur Erlangung des Führerscheins ab und weist darin die Grundgebühr, den Preis je Fahrstunde und die Gebühr für die Vorstellung zur Prüfung gesondert aus. ²Entsprechend werden die Abrechnungen durchgeführt.

³Die einzelnen Fahrstunden und die Vorstellung zur Prüfung sind als Teilleistungen zu behandeln, weil für diese Teile das Entgelt gesondert vereinbart worden ist. ⁴Die durch die Grundgebühr abgegoltenen Ausbildungsleistungen können mangels eines gesondert vereinbarten Entgelts nicht in weitere Teilleistungen zerlegt werden (vgl. BFH-Urteil vom 21.4.1994, V R 59/92, UR 1995 S. 306).

Beispiel 4:

¹Ein Unternehmer wird beauftragt, in einem Wohnhaus Parkettfußböden zu legen. ²In der Auftragsbestätigung sind die Materialkosten getrennt ausgewiesen. ³Der Unternehmer versendet die Materialien zum Bestimmungsort und führt dort die Arbeiten aus.

⁴Gegenstand der vom Auftragnehmer auszuführenden Werklieferung ist der fertige Parkettfußboden. ⁵Die Werklieferung bildet eine Einheit, die nicht in eine Materiallieferung und in eine Werkleistung zerlegt werden kann (vgl. Abschnitte 3.8 und 3.10).

Beispiel 5:

¹Eine Gebietskörperschaft überträgt einem Bauunternehmer nach Maßgabe der VOB als Gesamtleistung die Maurer- und Betonarbeiten an einem Hausbau. ²Sie gewährt dem Bauunternehmer auf Antrag nach Maßgabe des § 16 Abs. 1 Nr. 1 VOB/B „in Höhe des Wertes der jeweils nachgewiesenen vertragsgemäßen Leistungen" Abschlagszahlungen.

³Die Abschlagszahlungen sind ohne Einfluss auf die Haftung und gelten nicht als Abnahme von Teilleistungen. ⁴Der Bauunternehmer erteilt die Schlussrechnung erst, wenn die Gesamtleistung ausgeführt ist. ⁵Die Abschlagszahlungen unterliegen der Istversteuerung (vgl. Abschnitt 13.5). ⁶Soweit das Entgelt laut Schlussrechnung die geleisteten Abschlagszahlungen übersteigt, entsteht die Steuer mit Ablauf des Voranmeldungszeitraums, in dem der Bauunternehmer die gesamte, vertraglich geschuldete Werklieferung bewirkt hat. ⁷Weitere Hinweise zu Teilleistungen enthält das Merkblatt zur Umsatzbesteuerung in der Bauwirtschaft, Stand Oktober 2009, (BMF-Schreiben vom 12.10.2009, BStBl. I S. 1292).

§ 13

UStAE 13.5., 13.6.

13.5. Istversteuerung von Anzahlungen

(1) ¹Nach § 13 Abs. 1 Nr. 1 Buchstabe a Satz 4 UStG entsteht die Steuer in den Fällen, in denen das Entgelt oder ein Teil des Entgelts (z.B. Anzahlungen, Abschlagszahlungen, Vorauszahlungen) vor Ausführung der Leistung oder Teilleistung gezahlt wird, bereits mit Ablauf des Voranmeldungszeitraums, in dem das Entgelt oder Teilentgelt vereinnahmt worden ist. ²Zum Zeitpunkt der Vereinnahmung vgl. Abschnitt 13.6 Abs. 1.

(2)¹⁾ ¹Anzahlungen können außer in Barzahlungen auch in Lieferungen oder sonstigen Leistungen bestehen, die im Rahmen eines Tauschs oder tauschähnlichen Umsatzes als Entgelt oder Teilentgelt hingegeben werden. ²Eine Vereinnahmung der Anzahlung durch den Leistungsempfänger wird in diesen Fällen nicht dadurch ausgeschlossen, dass diese Leistung selbst noch nicht als ausgeführt gilt und die Steuer hierfür nach § 13 Abs. 1 Nr. 1 Buchstabe a Satz 1 UStG noch nicht entstanden ist.

(3) ¹Anzahlungen führen zur Entstehung der Steuer, wenn sie für eine bestimmte Lieferung oder sonstige Leistung entrichtet werden. ²Bezieht sich eine Anzahlung auf mehrere Lieferungen oder sonstige Leistungen, ist sie entsprechend aufzuteilen. ³Was Gegenstand der Lieferung oder sonstigen Leistung ist, muss nach den Gegebenheiten des Einzelfalls beurteilt werden. ⁴Wird eine Leistung in Teilen geschuldet und bewirkt (Teilleistung), sind Anzahlungen der jeweiligen Teilleistung zuzuordnen, für die sie geleistet werden (vgl. BFH-Urteil vom 19.5.1988, V R 102/83, BStBl. II S. 848). ⁵Fehlt es bei der Vereinnahmung der Zahlung noch an einer konkreten Leistungsvereinbarung, ist zu prüfen, ob die Zahlung als bloße Kreditgewährung zu betrachten ist; aus den Umständen des Einzelfalles, z.B. bei dauernder Geschäftsverbindung mit regelmäßig sich wiederholenden Aufträgen, kann sich ergeben, dass es sich dennoch um eine Anzahlung für eine künftige Leistung handelt, die zur Entstehung der Steuer führt.

(4) ¹Eine Anzahlung für eine Leistung, die voraussichtlich unter eine Befreiungsvorschrift des § 4 UStG fällt, braucht nicht der Steuer unterworfen zu werden. ²Dagegen ist die Anzahlung zu versteuern, wenn bei ihrer Vereinnahmung noch nicht abzusehen ist, ob die Voraussetzungen für die Steuerfreiheit der Leistung erfüllt werden.

(5) Zur Behandlung von Anzahlungen für steuerpflichtige Reiseleistungen, für die die Bemessungsgrundlage nach § 25 Abs. 3 UStG zu ermitteln ist, vgl. Abschnitt 25.1 Abs. 15.

(6) Zur Rechnungserteilung bei der Istversteuerung von Anzahlungen vgl. Abschnitt 14.8, zum Vorsteuerabzug bei Anzahlungen vgl. Abschnitt 15.3 und zur Minderung der Bemessungsgrundlage bei Rückgewährung einer Anzahlung vgl. Abschnitt 17.1 Abs. 7.

(7) Werden Anzahlungen in fremder Währung geleistet, ist die einzelne Anzahlung nach dem im Monat der Vereinnahmung geltenden Durchschnittskurs umzurechnen (§ 16 Abs. 6 UStG); bei dieser Umrechnung verbleibt es, auch wenn im Zeitpunkt der Leistungsausführung ein anderer Durchschnittskurs gilt.

13.6. Entstehung der Steuer bei der Besteuerung nach vereinnahmten Entgelten

(1) ¹Bei der Besteuerung nach vereinnahmten Entgelten (vgl. Abschnitt 20.1) entsteht die Steuer für Lieferungen und sonstige Leistungen mit Ablauf des Voranmeldungszeitraums, in dem die Entgelte vereinnahmt worden sind. ²Anzahlungen (vgl. Abschnitt 13.5) sind stets im Voranmeldungszeitraum ihrer Vereinnahmung zu versteuern. ³Als Zeitpunkt der Vereinnahmung gilt bei Überweisungen auf ein Bankkonto grundsätzlich der Zeitpunkt der Gutschrift. ⁴Zur Frage der Vereinnahmung bei Einzahlung auf ein gesperrtes Konto vgl. BFH-Urteile vom 27.11.1958, V 284/57 U, BStBl. 1959 III S. 64, und vom 23.4.1980, VIII R 156/75, BStBl. II S. 643. ⁵Vereinnahmt sind auch Beträge, die der Schuldner dem Gläubiger am Fälligkeitstag gutschreibt, wenn die Beträge dem Berechtigten von nun an zur Verwendung zur Verfügung stehen (vgl. BFH-Urteil vom 24.3.1993, X R 55/91, BStBl. II S. 499). ⁶Dies gilt jedoch nicht, wenn die Beträge im Zeitpunkt der Gutschrift nicht fällig waren und das Guthaben nicht verzinst wird (vgl. BFH-Urteil vom 12.11.1997, XI R 30/97, BStBl. 1998 II S. 252). ⁷Beim Kontokorrentverkehr ist das Entgelt mit der Anerkennung des Saldos am Ende eines Abrechnungszeitraums vereinnahmt. ⁸Wird für eine Leistung ein Wechsel in Zahlung genommen, gilt das Entgelt erst mit dem Tag der Einlösung oder – bei Weitergabe – mit dem Tag der Gutschrift oder Wertstellung als vereinnahmt. ⁹Ein Scheckbetrag ist grundsätzlich nicht erst mit Einlösung des Schecks, sondern bereits mit dessen Hingabe zugeflossen, wenn der sofortigen Vorlage des Schecks keine zivilrechtlichen Abreden entgegenstehen und wenn davon ausgegangen werden kann, dass die bezogene Bank im Falle der sofortigen Vorlage des Schecks den Scheckbetrag auszahlen oder gutschreiben wird (vgl. BFH-Urteil vom 20.3.2001, IX R 97/97, BStBl. II S. 482). ¹⁰Die Abtretung einer Forderung an Zahlungs statt (§ 364 Abs. 1 BGB) führt im Zeitpunkt der Abtretung in Höhe des wirtschaftlichen Wertes, der der Forderung

---

1) Hinweis auf Anlage § 013-04

im Abtretungszeitpunkt zukommt, zu einem Zufluss. [11]Das Gleiche gilt bei einer zahlungshalber erfolgten Zahlungsabtretung (§ 364 Abs. 2 BGB), wenn eine fällige, unbestrittene und einziehbare Forderung vorliegt (vgl. BFH-Urteil vom 30.10.1980, IV R 97/78, BStBl. 1981 II S. 305). [12]Eine Aufrechnung ist im Zeitpunkt der Aufrechnungserklärung einer Zahlung gleichzusetzen (vgl. BFH-Urteil vom 19.4.1977, VIII R 119/75, BStBl. II S. 601).

(2) Führen Unternehmer, denen die Besteuerung nach vereinnahmten Entgelten gestattet worden ist, Leistungen an ihr Personal aus, für die kein besonderes Entgelt berechnet wird, entsteht die Steuer insoweit mit Ablauf des Voranmeldungszeitraums, in dem diese Leistungen ausgeführt worden sind.

(3) [1]Die im Zeitpunkt der Ausführung der Lieferung oder sonstigen Leistung geltenden Voraussetzungen für die Entstehung der Steuer bleiben auch dann maßgebend, wenn der Unternehmer von der Berechnung der Steuer nach vereinnahmten Entgelten zur Berechnung der Steuer nach vereinbarten Entgelten wechselt. [2]Für Umsätze, die in einem Besteuerungszeitraum ausgeführt wurden, für den dem Unternehmer die Berechnung der Steuer nach vereinnahmten Entgelten erlaubt war, gilt diese Besteuerung weiter, auch wenn in späteren Besteuerungszeiträumen ein Wechsel zur Sollversteuerung eintritt. [3]Danach entsteht die Steuer insoweit bei Vereinnahmung des Entgelts (vgl. BFH-Urteil vom 30.1.2003, V R 58/01, BStBl. II S. 817). [4]Im Falle eines bereits sollversteuerten Umsatzes bleibt der Zeitpunkt des Entstehens der Steuer auch dann unverändert, wenn der Unternehmer zur Ist-Versteuerung wechselt und das Entgelt noch nicht vereinnahmt hat.

Verwaltungsregelungen zu § 13

Datum	Anlage	Quelle	Inhalt
14.05.96	§ 001-27	OFD Fra	Umsatzsteuerliche Behandlung der Abgabe von Multifunktionskarten (Chipkarten) und Telefonkarten
15.09.80	§ 013-01	BMF	Entstehung der Steuer für die Tätigkeit als Aufsichtsratsmitglied
04.10.82	§ 013-02	BMF	Zeitpunkt der Entstehung der Steuer und der Vorsteuerabzugsberechtigung bei der Abtretung von Forderungen
10.09	§ 013-03	BMF	Merkblatt zur Umsatzbesteuerung in der Bauwirtschaft (Stand: Oktober 2009)
15.04.11	§ 013-04	BMF	Umsatzbesteuerung von Anzahlungen (§ 13 Abs. 1 Nr. 1 Buchst. a Satz 4 UStG); Neufassung von Abschnitt 13.5 Abs. 2 des Umsatzsteuer-Anwendungserlasses

Rechtsprechungsauswahl

EuGH vom 21.12.2011 – Rs. C-499/10 – Vlaamse Oliemaatschappij, DB 2012.32: (Keine) gesamtschuldnerische Haftung des Lagerinhabers und des steuerpflichtigen Eigentümers der Güter.
Art. 21 Abs. 3 6. EG-RL in der durch die RL 2001/115/EG des Rates vom 20.12.2001 geänderten Fassung ist dahin auszulegen, dass die Mitgliedstaaten danach nicht bestimmen können, dass der Inhaber eines anderen Lagers als eines Zolllagers für die MwSt, die auf eine Lieferung von Waren aus diesem Lager gegen Entgelt durch den mehrwertsteuerpflichtigen Eigentümer der Waren anfällt, selbst dann gesamtschuldnerisch haftet, wenn er gutgläubig ist oder ihm weder ein Fehler noch eine Nachlässigkeit vorgeworfen werden kann.

BFH vom 30.04.2009 – V R 1/06, BStBl. 2010 II S. 138: Insolvenzverwalter wählt nach § 103 InsO die vollständige Erfüllung eines bei Insolvenzeröffnung nicht oder nur teilweise erfüllten Werkvertrags.

1. Wählt der Insolvenzverwalter die Erfüllung eines bei Eröffnung des Insolvenzverfahrens noch nicht oder nicht vollständig erfüllten Werkvertrages, wird die Werklieferung – wenn keine Teilleistungen i.S. des § 13 Abs. 1 Nr. 1 Buchst. a Sätze 2 und 3 UStG gesondert vereinbart worden sind – erst mit der Leistungserbringung nach Verfahrenseröffnung ausgeführt.
2. Bei der hierauf entfallenden Umsatzsteuer handelt es sich um eine Masseverbindlichkeit, soweit das vereinbarte Entgelt nicht bereits vor Verfahrenseröffnung vereinnahmt wurde.

BFH vom 29.01.2009 – V R 64/07, BStBl. 2009 II S. 682: Masseverbindlichkeit bei Istversteuerung.
Vereinnahmt der Insolvenzverwalter nach Eröffnung des Insolvenzverfahrens im Rahmen der Istbesteuerung gemäß § 13 Abs. 1 Nr. 1 Buchst. b UStG Entgelte für Leistungen, die bereits vor Verfahrenseröffnung erbracht wurden, handelt es sich bei der für die Leistung entstehenden Umsatzsteuer um eine Masseverbindlichkeit nach § 55 Abs. 1 InsO.

§ 13

EuGH vom 21.02.2006 – Rs. C-419/02 – BUPA Hospitals Ltd, Goldsborough Development Ltd, UR 2006 S. 289[1]**:** Pauschale Vorauszahlungen für gattungsmäßig bestimmte künftige Lieferungen von pharmazeutischen Erzeugnissen und Prothesen.

Art. 10 Abs. 2 Unterabs. 2 der 6. EG-Richtlinie 77/388/ EWG in ihrer durch die Richtlinie 95/7/EG des Rates vom 10.4.1995 geänderten Fassung erfasst nicht pauschale Vorauszahlungen wie die im Ausgangsverfahren fraglichen, die für Gegenstände geleistet werden, die gattungsmäßig in einer Liste angeführt werden, die jederzeit im gegenseitigen Einvernehmen zwischen Käufer und Verkäufer geändert werden kann und von der der Käufer gegebenenfalls Artikel auf der Grundlage einer Vereinbarung wählen kann, die er jederzeit einseitig mit der Folge kündigen kann, dass ihm der nicht verwendete Teil der Vorauszahlung in voller Höhe erstattet wird.

BFH vom 30.01.2003 – V R 58/01, BStBl. 2003 II S. 310, UR 2003 S. 354: Steuerentstehung beim Wechsel von der Berechnung der Steuer nach vereinnahmten Entgelten zur Berechnung der Steuer nach vereinbarten Entgelten.

Die Voraussetzungen für die Entstehung der Steuer im Zeitpunkt der Ausführung der Lieferung oder sonstigen Leistung bleiben auch maßgebend, wenn der Unternehmer von der Berechnung der Steuer nach vereinnahmten Entgelten zur Berechnung der Steuer nach vereinbarten Entgelten wechselt. Die Vorschrift des § 20 Abs. 1 Satz 3 UStG enthält keine davon abweichende Regelung über die Entstehung der Steuer.

BFH vom 21.06.2001 – V R 80/99, BStBl. 2003 II S. 310, DB 2001 S. 2123: Grabpflegeleistungsverträge auf 25 Jahre gegen einmalige Zahlung – Grabpflegeleistungen als sonstige Leistungen – Entstehung der Steuer.

1. Grabpflegeleistungen sind sonstige Leistungen, die dem allgemeinen Steuersatz unterliegen. Die dabei ausgeführten Lieferungen von Pflanzen haben umsatzsteuerrechtlich regelmäßig keine selbständige Bedeutung.
2. Wenn Grabpflege für 25 Jahre gegen Einmalzahlung vereinbart wird, kann dies nach den jeweiligen Besonderheiten zur Annahme einer Vorauszahlung (§ 13 Abs. 1 Nr. 1 Buchst. a Satz 4 UStG) oder eines verzinslichen Darlehens führen.

BFH vom 21.06.2001 – V R 68/00, BStBl. 2002 II S. 255: Organschaft – Konkurs – Ende der Organschaft – Entstehung der Steuer bei Berechnung nach vereinbartem Entgelt – Leistungsaustausch erst nach Voranmeldungszeitraum – Absetzung der Umsatzsteuerzahlungen des Organträgers – Vereinnahmung der Entgelts vor der Leistung.

1. Die Regelung über die Entstehung der Steuer für vereinnahmte Anzahlungen nach § 13 Abs. 1 Nr. 1 Buchst. a Satz 4 UStG enthält einen selbständigen und abschließenden Steuerentstehungstatbestand.
2. Von einem Organträger versteuerte Anzahlungen für Leistungen, die erst nach Beendigung der Organschaft abschließend erbracht werden, sind bei der Steuerfestsetzung gegenüber der vormaligen Organgesellschaft steuermindernd zu berücksichtigen.

BFH vom 20.01.1997 – V R 28/95, BStBl. 1997 II S. 716: Verzinsung nachträglich festgesetzter Umsatzsteuer; Entstehung von Umsatzsteuer.

1. Die Verzinsung nachträglich festgesetzter Umsatzsteuer beim Leistenden ist nicht deshalb unbillig, weil sich per Saldo ein Ausgleich mit den vom Leistungsempfänger abgezogenen Vorsteuerbeträgen ergibt.
2. Umsatzsteuer für steuerbare und steuerpflichtige Leistungen entsteht unabhängig davon, ob der leistende Unternehmer sie in einer Rechnung gesondert ausweist oder beim FA voranmeldet.

EuGH vom 26.10.1995 – Rs. C-144/94, UR 1996 S. 19[2]**:** Nationale Regelungsbefugnisse zur Festlegung des Steuerentstehungszeitpunktes bei Versteuerung nach vereinnahmten Entgelten.

1. Artikel 10 Absatz 2 Unterabsatz 3 der Richtlinie 77/388/EWG erlaubt den Mitgliedstaaten, als Zeitpunkt der Entstehung des Steueranspruchs für alle Dienstleistungen die Vereinnahmung des Preises festzusetzen.
2. Ein Mitgliedstaat, der von der Abweichungsbefugnis in Artikel 10 Absatz 2 Unterabsatz 3 der Richtlinie 77/388 Gebrauch macht, ist nicht verpflichtet, eine bestimmte Frist vom Zeitpunkt der Verwirklichung des Steuertatbestands an festzulegen, binnen deren die Rechnung oder das an ihre Stelle tretende Dokument ausgestellt sein muß, selbst wenn der Preis noch nicht vereinnahmt ist.

---

1) Siehe dazu *Widmann,* DStR 2006 S. 736
2) Siehe dazu *Huschens,* UR 1996 S. 21

§ 13

3. Ein Mitgliedstaat, der von der Abweichungsbefugnis in Artikel 10 Absatz 2 Unterabsatz 3 der Richtlinie 77/388 Gebrauch macht, ist nicht verpflichtet, Bestimmungen über die Errichtung von Dokumenten oder Aufstellungen über die Erbringung von Dienstleistungen und das geschuldete Entgelt zu erlassen, wenn die Rechnung oder das an ihre Stelle tretende Dokument nicht ausgestellt oder der Preis nicht vereinnahmt wird.

BFH vom 09.09.1993 – V R 42/91, BStBl. 1994 II S. 269: Teilleistungen bei Mietverträgen.

1. Bei Mietverträgen über eine bestimmte (Mindest-)Laufzeit, die in monatliche Zahlungs- und Leistungsabschnitte untergliedert sind, liegen Teilleistungen i. S. des § 13 Abs. 1 Nr. 1 Buchst. a Sätze 2 und 3 UStG 1980 vor, die durch die monatlichen Zahlungsaufforderungen oder -belege konkretisiert werden.
2. Bezieht ein Unternehmer derartige Mietleistungen für sein Unternehmen, ist sowohl für den Leistungsbezug (§ 15 Abs. 1 Nr. 1 UStG 1980) als auch für die Frage der Verwendung dieser Leistungen (§ 15 Abs. 2 UStG 1980) auf die monatlichen (Teil-)Leistungsabschnitte abzustellen.
3. Vermietet ein Bauunternehmer ein Haus an einen privaten Mieter unter dem Vorbehalt, zur Förderung eigener steuerpflichtiger Umsätze das Haus bei Bedarf zu Besichtigungszwecken (als sog. Musterhaus) zu nutzen, tritt neben die Verwendung zur Ausführung steuerfreier Vermietungsumsätze die Verwendung zur Ausführung steuerpflichtiger (Bau-)Umsätze (sog. gemischte Verwendung i. S. des § 15 Abs. 4 UStG 1980).

BFH vom 19.05.1988 – V R 102/83, BStBl. 1988 II S. 848: Baukostenzuschüsse Teil des Mietentgelts.

Verlorene Baukostenzuschüsse bei Mietverträgen mit vereinbarter Mindestlaufzeit sind regelmäßig vorausgezahltes Entgelt für die Vermietungsleistung.
Die Bemessungsgrundlage (auch) für Teilleistungen (§ 13 Abs. 1 Buchst. a Satz 3 UStG 1967/1973) ergibt sich aus § 10 Abs. 1 UStG 1967/1973. Mietvorauszahlungen sind danach anteilig neben dem verlaufenden laufenden Mietzins als Entgelt für die (monatlichen/jährlichen) Teile einer auf bestimmte Zeit vereinbarten Vermietungsleistung zu erfassen.

BGH vom 25.02.1982 – VII ZR 116/81, UR 1982 S. 141: Honorarvereinbarung unter Anwendung der HOAI erfordert zusätzliche Vereinbarung über USt.

Der Auftragnehmer kann die Mehrwertsteuer auch dann nur bei entsprechender ausdrücklicher Vereinbarung mit dem Auftraggeber erstattet verlangen, wenn ihm gemäß § 4 Abs. 4 HOAI lediglich die jeweiligen Mindestsätze zustehen.

BFH vom 28.02.1980 – V R 90/75, BB 1980 S. 1412:

Stellt ein Unternehmer, der sich zur Durchführung bestimmter Baumaßnahmen unter Verwendung selbstbeschaffter Hauptstoffe verpflichtet hat, die Arbeiten vorzeitig und endgültig ein, kann das bis dahin errichtete halbfertige Werk Gegenstand einer anderweitigen, hinter der ursprünglichen Vereinbarung zurückbleibenden Leistung sein.

BFH vom 02.02.1978 – V R 128/76, BStBl. 1978 II S. 483[1]**:**

1. Fällt ein Unternehmer vor Lieferung des auf einem fremden Grundstück errichteten Bauwerks in Konkurs und lehnt der Konkursverwalter die weitere Erfüllung des Werkvertrages nach § 17 KO ab, so ist neu bestimmter Gegenstand der Werklieferung das nicht fertiggestellte Bauwerk. Diese Lieferung ist im Zeitpunkt der Konkurseröffnung bewirkt.
2. Im Falle der Besteuerung nach vereinbarten Entgelten kann die auf diese Lieferung entfallende Umsatzsteuer nur als Konkursforderung zur Konkurstabelle angemeldet werden.

---

[1] Hinweis auf Abschnitt 3.9 UStAE

§ 13a

§ 13a[1] **Steuerschuldner**

(1) Steuerschuldner ist in den Fällen
1. **des § 1 Abs. 1 Nr. 1 und des § 14c Abs. 1 der Unternehmer;**
2. **des § 1 Abs. 1 Nr. 5 der Erwerber;**
3. **des § 6a Abs. 4 der Abnehmer;**
4. **des § 14c Abs. 2 der Aussteller der Rechnung;**
5. **des § 25b Abs. 2 der letzte Abnehmer;**
6. **des § 4 Nr. 4a Satz 1 Buchstabe a Satz 2 der Unternehmer, dem die Auslagerung zuzurechnen ist (Auslagerer); daneben auch der Lagerhalter als Gesamtschuldner, wenn er entgegen § 22 Abs. 4c Satz 2 die inländische Umsatzsteuer-Identifikationsnummer des Auslagerers oder dessen Fiskalvertreters nicht oder nicht zutreffend aufzeichnet.**

(2) Für die Einfuhrumsatzsteuer gilt § 21 Abs. 2.

Vorgaben im EG-Recht

USt-Recht	MwStSystRL
§ 13a Abs. 1 Nr. 1	Artikel 193
§ 13a Abs. 1 Nr. 2	Artikel 200
§ 13a Abs. 1 Nr. 3	Protokollerklärung Nr. 1
§ 13a Abs. 1 Nr. 4	Artikel 203
§ 13a Abs. 1 Nr. 5	Artikel 197
§ 13a Abs. 1 Nr. 6	Artikel 202
§ 13a Abs. 2	Artikel 201

---

[1] Fassung ab 01.01.2004

§ 13b

§ 13b Leistungsempfänger als Steuerschuldner[1]

(1) Für nach § 3a Abs. 2 im Inland steuerpflichtige sonstige Leistungen eines im übrigen Gemeinschaftsgebiet ansässigen Unternehmers entsteht die Steuer mit Ablauf des Voranmeldungszeitraums, in dem die Leistungen ausgeführt worden sind.

(2) Für folgende steuerpflichtige Umsätze entsteht die Steuer mit Ausstellung der Rechnung, spätestens jedoch mit Ablauf des der Ausführung der Leistung folgenden Kalendermonats:

1. Werklieferungen und nicht unter Abs. 1 fallende sonstige Leistungen eines im Ausland ansässigen Unternehmers;
2. Lieferungen sicherungsübereigneter Gegenstände durch den Sicherungsgeber an den Sicherungsnehmer außerhalb des Insolvenzverfahrens;
3. Umsätze, die unter das Grunderwerbsteuergesetz fallen;
4. Werklieferungen und sonstige Leistungen, die der Herstellung, Instandsetzung, Instandhaltung, Änderung oder Beseitigung von Bauwerken dienen, mit Ausnahme von Planungs- und Überwachungsleistungen. Nr. 1 bleibt unberührt;
5. Lieferungen der in § 3g Abs. 1 Satz 1 genannten Gegenstände eines im Ausland ansässigen Unternehmers unter den Bedingungen des § 3g;
6. [2]Übertragung von Berechtigungen nach § 3 Abs. 4 des Treibhausgas-Emissionshandelsgesetzes vom 8. Juli 2004 (BGBl. I S. 1578), das zuletzt durch Artikel 1 des Gesetzes vom 16. Juli 2009 (BGBl. I S. 1954) geändert worden ist, Emissionsreduktionseinheiten im Sinne von § 3 Abs. 5 des Treibhausgas-Emissionshandelsgesetzes und zertifizierten Emissionsreduktionen im Sinne von § 3 Abs. 6 des Treibhausgas-Emissionshandelsgesetzes;
7. Lieferungen der in der Anlage 3 bezeichneten Gegenstände;
8. Reinigen von Gebäuden und Gebäudeteilen. Nr. 1 bleibt unberührt;
9. Lieferungen von Gold mit einem Feingehalt von mindestens 325 Tausendstel, in Rohform oder als Halbzeug (aus Position 7108 des Zolltarifs) und von Goldplattierungen mit einem Goldfeingehalt von mindestens 325 Tausendstel (aus Position 7109);
10. [3]Lieferungen von Mobilfunkgeräten sowie von integrierten Schaltkreisen vor Einbau in einen zur Lieferung auf der Einzelhandelsstufe geeigneten Gegenstand, wenn die Summe der für sie in Rechnung zu stellenden Entgelte im Rahmen eines wirtschaftlichen Vorgangs mindestens 5.000 Euro beträgt; nachträgliche Minderungen des Entgelts bleiben dabei unberücksichtigt.

(3) Abweichend von den Abs. 1 und 2 Nr. 1 entsteht die Steuer für sonstige Leistungen, die dauerhaft über einen Zeitraum von mehr als einem Jahr erbracht werden, spätestens mit Ablauf eines jeden Kalenderjahres, in dem sie tatsächlich erbracht werden.

(4) Bei der Anwendung der Absätze 1 bis 3 gilt § 13 Absatz 1 Nummer 1 Buchstabe a Satz 2 und 3 entsprechend. Wird in den in den Absätzen 1 bis 3 sowie in den in Satz 1 genannten Fällen das Entgelt oder ein Teil des Entgelts vereinnahmt, bevor die Leistung oder die Teilleistung ausgeführt worden ist, entsteht insoweit die Steuer mit Ablauf des Voranmeldungszeitraums, in dem das Entgelt oder das Teilentgelt vereinnahmt worden ist.

---

1) Fassung ab 01.01.2011
2) Ab dem 28.07.2011 lautet § 13b Abs. 2 Nr. 6 UStG wie folgt (vgl. Gesetz vom 21.07.2011, BGBl. I 2011 S. 1475): „6. Übertragung von Berechtigungen nach § 3 Nummer 3 des Treibhausgas-Emissionshandelsgesetzes, Emissionsreduktionseinheiten nach § 2 Nummer 20 des Projekt-Mechanismen-Gesetzes und zertifizierten Emissionsreduktionen nach § 2 Nummer 21 des Projekt-Mechanismen-Gesetzes."
3) Gilt ab 01.07.2011, vgl. Gesetz vom 16.06.2011, BGBl. I 2011 S. 1090

§ 13b

(5) In den in Abs. 1 und 2 Nr. 1 bis 3 genannten Fällen schuldet der Leistungsempfänger die Steuer, wenn er ein Unternehmer oder eine juristische Person ist; in den in Abs. 2 Nr. 5 bis 7 und 9 genannten Fällen schuldet der Leistungsempfänger die Steuer, wenn er ein Unternehmer ist.[1)] In den in Abs. 2 Nr. 4 Satz 1 genannten Fällen schuldet der Leistungsempfänger die Steuer, wenn er ein Unternehmer ist, der Leistungen im Sinne des Abs. 2 Nr. 4 Satz 1 erbringt; in den in Abs. 2 Nr. 8 Satz 1 genannten Fällen schuldet der Leistungsempfänger die Steuer, wenn er ein Unternehmer ist, der Leistungen im Sinne des Abs. 2 Nr. 8 Satz 1 erbringt. Die Sätze 1 und 2 gelten auch, wenn die Leistung für den nichtunternehmerischen Bereich bezogen wird. Die Sätze 1 bis 3 gelten nicht, wenn bei dem Unternehmer, der die Umsätze ausführt, die Steuer nach § 19 Abs. 1 nicht erhoben wird.

(6) Die Absätze 1 bis 5 finden keine Anwendung, wenn die Leistung des im Ausland ansässigen Unternehmers besteht

1. in einer Personenbeförderung, die der Beförderungseinzelbesteuerung (§ 16 Absatz 5) unterlegen hat,
2. in einer Personenbeförderung, die mit einem Taxi durchgeführt worden ist,
3. in einer grenzüberschreitenden Personenbeförderung im Luftverkehr,
4. in der Einräumung der Eintrittsberechtigung für Messen, Ausstellungen und Kongresse im Inland,
5. in einer sonstigen Leistung einer Durchführungsgesellschaft an im Ausland ansässige Unternehmer, soweit diese Leistung im Zusammenhang mit der Veranstaltung von Messen und Ausstellungen im Inland steht, oder
6. in der Abgabe von Speisen und Getränken zum Verzehr an Ort und Stelle (Restaurationsleistung), wenn diese Abgabe an Bord eines Schiffs, in einem Luftfahrzeug oder in einer Eisenbahn erfolgt.

(7) Ein im Ausland ansässiger Unternehmer im Sinne des Absatzes 2 Nummer 1 und 5 ist ein Unternehmer, der weder im Inland noch auf der Insel Helgoland oder in einem der in § 1 Absatz 3 bezeichneten Gebiete einen Wohnsitz, seinen Sitz, seine Geschäftsleitung oder eine Betriebsstätte hat; ein im übrigen Gemeinschaftsgebiet ansässiger Unternehmer ist ein Unternehmer, der in den Gebieten der übrigen Mitgliedstaaten der Europäischen Gemeinschaft, die nach dem Gemeinschaftsrecht als Inland dieser Mitgliedstaaten gelten, einen Wohnsitz, einen Sitz, eine Geschäftsleitung oder eine Betriebsstätte hat. Hat der Unternehmer im Inland eine Betriebsstätte und führt er einen Umsatz nach Absatz 1 oder Absatz 2 Nummer 1 oder Nummer 5 aus, gilt er hinsichtlich dieses Umsatzes als im Ausland oder im übrigen Gemeinschaftsgebiet ansässig, wenn der Umsatz nicht von der Betriebsstätte ausgeführt wird. Maßgebend ist der Zeitpunkt, in dem die Leistung ausgeführt wird. Ist es zweifelhaft, ob der Unternehmer diese Voraussetzungen erfüllt, schuldet der Leistungsempfänger die Steuer nur dann nicht, wenn ihm der Unternehmer durch eine Bescheinigung des nach den abgabenrechtlichen Vorschriften für die Besteuerung seiner Umsätze zuständigen Finanzamts nachweist, dass er kein Unternehmer im Sinne des Satzes 1 ist.

(8) Bei der Berechnung der Steuer sind die §§ 19 und 24 nicht anzuwenden.

(9) Das Bundesministerium der Finanzen kann mit Zustimmung des Bundesrates durch Rechtsverordnung bestimmen, unter welchen Voraussetzungen zur Vereinfachung des Besteuerungsverfahrens in den Fällen, in denen ein anderer als der Leistungsempfänger ein Entgelt gewährt (§ 10 Absatz 1 Satz 3), der andere an Stelle des Leistungsempfängers Steuerschuldner nach Absatz 5 ist.

---

1) Ab 01.07.2011 lautet § 13b Abs. 5 Satz 1 UStG wie folgt (vgl. Gesetz vom 16.06.2011, BGBl. I 2011 S. 1090):
„In den in den Absätzen 1 und 2 Nummer 1 bis 3 genannten Fällen schuldet der Leistungsempfänger die Steuer, wenn er ein Unternehmer oder eine juristische Person ist; in den in Absatz 2 Nummer 5 bis 7 sowie 9 und 10 genannten Fällen schuldet der Leistungsempfänger die Steuer, wenn er ein Unternehmer ist."

Vorgaben im EG-Recht

USt-Recht	MwStSystRL
§ 13b Abs. 1 Satz 1 UStG	Artikel 66 Buchst. a und c
§ 13b Abs. 1 Satz 2 UStG	Artikel 64 Abs. 1
§ 13b Abs. 1 Satz 3 UStG	Artikel 65
§ 13b Abs. 2 Satz 1 i.V.m. Abs. 1 Satz 1 Nr. 1 UStG	Artikel 194 und 196
§ 13b Abs. 2 Satz 1 i.V.m. Abs. 1 Satz 1 Nr. 2 UStG	Artikel 199 Abs. 1 Buchst. e, Abs. 2 und 3
§ 13b Abs. 2 Satz 1 i.V.m. Abs. 1 Satz 1 Nr. 3 UStG	Artikel 199 Abs. 1 Buchst. c, Abs. 2 und 3
§ 13b Abs. 2 Satz 1 i.V.m. Abs. 1 Satz 1 Nr. 5 UStG	Artikel 195
§ 13b Abs. 2 Satz 2 i.V.m. Abs. 1 Satz 1 Nr. 4 UStG	Artikel 199 Abs. 1 Buchst. a und Abs. 2
§ 13b Abs. 2 Satz 3 und 4 UStG	Artikel 199 Abs. 3
§ 13b Abs. 3 UStG	Artikel 199 Abs. 2
§ 13b Abs. 4 UStG	Artikel 194 und 196
§ 13b Abs. 5 und 6 UStG, § 30a UStDV	Artikel 199 Abs. 2

UStDV
Zu § 13b des Gesetzes

§ 30a Steuerschuldnerschaft bei unfreien Versendungen

Lässt ein Absender einen Gegenstand durch einen im Ausland ansässigen Frachtführer oder Verfrachter unfrei zum Empfänger der Frachtsendung befördern oder eine solche Beförderung durch einen im Ausland ansässigen Spediteur unfrei besorgen, ist der Empfänger der Frachtsendung an Stelle des Leistungsempfängers Steuerschuldner nach § 13b Abs. 5[1) des Gesetzes, wenn

1. *er ein Unternehmer oder eine juristische Person des öffentlichen Rechts ist,*
2. *er die Entrichtung des Entgelts für die Beförderung oder für ihre Besorgung übernommen hat und*
3. *aus der Rechnung über die Beförderung oder ihre Besorgung auch die in Nummer 2 bezeichnete Voraussetzung zu ersehen ist.*

Dies gilt auch, wenn die Leistung für den nichtunternehmerischen Bereich bezogen wird.

UStAE
Zu § 13b UStG (§ 30a UStDV)

13b.1. Leistungsempfänger als Steuerschuldner

(1) ¹Unternehmer und juristische Personen schulden als Leistungsempfänger für bestimmte an sie im Inland ausgeführte steuerpflichtige Umsätze die Steuer. ²Dies gilt sowohl für im Inland ansässige als auch für im Ausland ansässige Leistungsempfänger. ³Auch Kleinunternehmer (§ 19 UStG), pauschalversteuernde Land- und Forstwirte (§ 24 UStG) und Unternehmer, die ausschließlich steuerfreie Umsätze tätigen, schulden die Steuer. ⁴Die Steuerschuldnerschaft erstreckt sich sowohl auf die Umsätze für den unternehmerischen als auch auf die Umsätze für den nichtunternehmerischen Bereich des Leistungsempfängers. ⁵Zuständig für die Besteuerung dieser Umsätze ist das Finanzamt, bei dem der Leistungsempfänger als Unternehmer umsatzsteuerlich erfasst ist. ⁶Für juristische Personen ist das Finanzamt zuständig, in dessen Bezirk sie ihren Sitz haben.

(2) ¹Für folgende steuerpflichtige Umsätze schuldet der Leistungsempfänger die Steuer:

1. Nach § 3a Abs. 2 UStG im Inland steuerpflichtige sonstige Leistungen eines im übrigen Gemeinschaftsgebiet ansässigen Unternehmers (§ 13b Abs. 1 UStG).
2. Werklieferungen im Ausland ansässiger Unternehmer (§ 13b Abs. 2 Nr. 1 UStG).

   Beispiel:

   ¹*Der in Kiel ansässige Bauunternehmer U hat den Auftrag erhalten, in Flensburg ein Geschäftshaus zu errichten.* ²*Lieferung und Einbau der Fenster lässt U von seinem dänischen Subunternehmer D aus Kopenhagen ausführen.*

---
1) Ab 01.07.2010

§ 13b   **UStAE 13b.1.**

³Der im Ausland ansässige Unternehmer D erbringt im Inland eine steuerpflichtige Werklieferung an U (§ 3 Abs. 4 und 7 Satz 1 UStG). ⁴Die Umsatzsteuer für diese Werklieferung schuldet U (§ 13b Abs. 5 Satz 1 in Verbindung mit Abs. 2 Nr. 1 UStG).

3. Sonstige Leistungen im Ausland ansässiger Unternehmer (§ 13b Abs. 2 Nr. 1 UStG).

   Beispiel:

   ¹Der in Frankreich ansässige Architekt F plant für den in Stuttgart ansässigen Unternehmer U die Errichtung eines Gebäudes in München.

   ²Der im Ausland ansässige Unternehmer F erbringt im Inland steuerpflichtige Leistungen an U (§ 3a Abs. 3 Nr. 1 UStG). ³Die Umsatzsteuer für diese Leistung schuldet U (§ 13b Abs. 5 Satz 1 in Verbindung mit Abs. 2 Nr. 1 UStG).

4. Lieferungen von sicherungsübereigneten Gegenständen durch den Sicherungsgeber an den Sicherungsnehmer außerhalb des Insolvenzverfahrens (§ 13b Abs. 2 Nr. 2 UStG).

   Beispiel:

   ¹Für den Unternehmer U in Leipzig finanziert eine Bank B in Dresden die Anschaffung eines PKW. ²Bis zur Rückzahlung des Darlehens lässt sich B den PKW zur Sicherheit übereignen. ³Da U seinen Zahlungsverpflichtungen nicht nachkommt, verwertet B den PKW durch Veräußerung an einen privaten Abnehmer A.

   ⁴Mit der Veräußerung des PKW durch B liegen eine Lieferung des U (Sicherungsgeber) an B (Sicherungsnehmer) sowie eine Lieferung von B an A vor (vgl. Abschnitt 1.2 Abs. 1). ⁵Für die Lieferung des U schuldet B als Leistungsempfänger die Umsatzsteuer (§ 13b Abs. 5 Satz 1 in Verbindung mit Abs. 2 Nr. 2 UStG).

5. ¹Umsätze, die unter das GrEStG fallen (§ 13b Abs. 2 Nr. 3 UStG). ²Zu den Umsätzen, die unter das GrEStG fallen, vgl. Abschnitt 4.9.1. ³Hierzu gehören insbesondere:
   – Die Umsätze von unbebauten und bebauten Grundstücken und
   – die Bestellung und Übertragung von Erbbaurechten gegen Einmalzahlung oder regelmäßig wiederkehrende Erbbauzinsen.

   ⁴Da die Umsätze, die unter das GrEStG fallen, nach § 4 Nr. 9 Buchstabe a UStG steuerfrei sind, ist für die Anwendung der Steuerschuldnerschaft des Leistungsempfängers (Abnehmers) erforderlich, dass ein wirksamer Verzicht auf die Steuerbefreiung (Option) durch den Lieferer vorliegt (vgl. Abschnitte 9.1 und 9.2 Abs. 8 und 9).

   Beispiel:

   ¹Der Unternehmer U in Berlin ist Eigentümer eines Werkstattgebäudes, dessen Errichtung mit Darlehen einer Bank B finanziert wurde. ²Da U seine Zahlungsverpflichtungen nicht erfüllt, betreibt B die Zwangsversteigerung des Grundstückes. ³Den Zuschlag erhält der Unternehmer E. ⁴Auf die Steuerbefreiung der Grundstückslieferung (§ 4 Nr. 9 Buchstabe a UStG) verzichtet U rechtzeitig (§ 9 Abs. 3 Satz 1 UStG).

   ⁵Mit dem Zuschlag in der Zwangsversteigerung erbringt U an E eine steuerpflichtige Lieferung. ⁶E schuldet als Leistungsempfänger die Umsatzsteuer (§ 13b Abs. 5 Satz 1 in Verbindung mit Abs. 2 Nr. 3 UStG).

6. ¹Werklieferungen und sonstige Leistungen, die der Herstellung, Instandsetzung, Instandhaltung, Änderung oder Beseitigung von Bauwerken dienen (Bauleistungen), mit Ausnahme von Planungs- und Überwachungsleistungen (§ 13b Abs. 2 Nr. 4 Satz 1 UStG). ²§ 13b Abs. 2 Nr. 1 UStG bleibt unberührt.

7. Lieferungen der in § 3g Abs. 1 Satz 1 UStG genannten Gegenstände eines im Ausland ansässigen Unternehmers unter den Bedingungen des § 3g UStG (vgl. Abschnitt 3g.1.).

8. Übertragung von Berechtigungen nach § 3 Nr. 3 des Treibhausgas-Emissionshandelsgesetzes vom 21.7.2011 (BGBl. I S. 1475), Emissionsreduktionseinheiten nach § 2 Nr. 20 des Projekt-Mechanismen-Gesetzes und zertifizierten Emissionsreduktionen nach § 2 Nr. 21 des Projekt-Mechanismen-Gesetzes (§ 13b Abs. 2 Nr. 6 UStG).

9. Lieferungen der in der Anlage 3 des UStG bezeichneten Gegenstände (§ 13b Abs. 2 Nr. 7 UStG).

10. ¹Reinigen von Gebäuden und Gebäudeteilen (§ 13b Abs. 2 Nr. 8 UStG). ²§ 13b Abs. 2 Nr. 1 bleibt unberührt.

11. Lieferungen von Gold mit einem Feingehalt von mindestens 325 Tausendstel, in Rohform oder als Halbzeug (aus Position 7108 des Zolltarifs) und von Goldplattierungen mit einem Goldfeingehalt von mindestens 325 Tausendstel (aus Position 7109) (§ 13b Abs. 2 Nr. 9 UStG).

12. Lieferungen von Mobilfunkgeräten sowie von integrierten Schaltkreisen vor Einbau in einen zur Lieferung auf der Einzelhandelsstufe geeigneten Gegenstand, wenn die Summe der für sie in Rechnung zu stellenden Entgelte im Rahmen eines wirtschaftlichen Vorgangs mindestens 5.000 € beträgt; nachträgliche Minderungen des Entgelts bleiben dabei unberücksichtigt (§ 13b Abs. 2 Nr. 10 UStG).

²Der Leistungsempfänger schuldet die Steuer auch beim Tausch und bei tauschähnlichen Umsätzen.

13b.2. Bauleistungen

(1) Der Begriff des Bauwerks (vgl. Absatz 2 Nr. 6) ist weit auszulegen und umfasst nicht nur Gebäude, sondern darüber hinaus sämtliche irgendwie mit dem Erdboden verbundene oder infolge ihrer eigenen Schwere auf ihm ruhende, aus Baustoffen oder Bauteilen hergestellte Anlagen (z.B. Brücken, Straßen oder Tunnel, Versorgungsleitungen).

(2) ¹Der Begriff der Bauleistung ist bei der Anwendung des § 13b Abs. 2 Nr. 4 Satz 1 UStG und beim Steuerabzug nach § 48ff. EStG weitgehend gleich auszulegen. ²Danach orientieren sich die Begriffe der Bauleistung bzw. des Bauwerks an §§ 1 und 2 der Baubetriebe-Verordnung (vgl. Tz. 5 des BMF-Schreibens vom 27.12.2002 zur Bauabzugsteuer, BStBl. I S. 1399). ³Entsprechend sind die in § 1 Abs. 2 und § 2 der Baubetriebe-Verordnung genannten Leistungen regelmäßig Bauleistungen im Sinne des § 13b Abs. 2 Nr. 4 Satz 1 UStG, wenn sie im Zusammenhang mit einem Bauwerk durchgeführt werden.

(3) ¹Die Leistung muss sich unmittelbar auf die Substanz des Bauwerks auswirken, d.h. es muss eine Substanzerweiterung, Substanzverbesserung, Substanzbeseitigung oder Substanzerhaltung bewirkt werden. ²Hierzu zählen auch Erhaltungsaufwendungen (z.B. Reparaturleistungen); vgl. hierzu aber Absatz 9 Nr. 15.

(4) ¹Werden im Rahmen eines Vertragsverhältnisses mehrere Leistungen erbracht, bei denen es sich teilweise um Bauleistungen handelt, kommt es darauf an, welche Leistung im Vordergrund steht, also der vertraglichen Beziehung das Gepräge gibt. ²Die Leistung fällt nur dann – insgesamt – unter § 13b Abs. 2 Nr. 4 Satz 1 UStG, wenn die Bauleistung als Hauptleistung anzusehen ist. ³Ein auf einem Gesamtvertrag beruhendes Leistungsverhältnis ist jedoch aufzuteilen, wenn hierin mehrere ihrem wirtschaftlichen Gehalt nach selbständige und voneinander unabhängige Einzelleistungen zusammengefasst werden (vgl. BFH-Urteil vom 24.11.1994, V R 30/92, BStBl. 1995 II S. 151).

(5) Zu den Bauleistungen gehören insbesondere auch:

1. Der Einbau von Fenstern und Türen sowie Bodenbelägen, Aufzügen, Rolltreppen und Heizungsanlagen;
2. der Einbau von Einrichtungsgegenständen, wenn sie mit einem Gebäude fest verbunden sind und der gelieferte Gegenstand nicht ohne größeren Aufwand mit dem Bauwerk verbunden oder vom Bauwerk getrennt werden kann, z.B. Ladeneinbauten, Schaufensteranlagen, Gaststätteneinrichtungen;
3. Werklieferungen großer Maschinenanlagen, die zu ihrer Funktionsfähigkeit aufgebaut werden müssen;
4. Werklieferungen von Gegenständen, die aufwändig in oder an einem Bauwerk installiert werden müssen;
5. Erdarbeiten im Zusammenhang mit der Erstellung eines Bauwerks;
6. ¹EDV- oder Telefonanlagen, die fest mit dem Bauwerk verbunden sind, in das sie eingebaut werden. ²Die Lieferung von Endgeräten allein ist dagegen keine Bauleistung;
7. die Dachbegrünung eines Bauwerks;
8. der Hausanschluss durch Versorgungsunternehmen (die Hausanschlussarbeiten umfassen regelmäßig Erdarbeiten, Mauerdurchbruch, Installation der Hausanschlüsse und Verlegung der Hausanschlussleitungen vom Netz des Versorgungsunternehmens zum Hausan-schluss), wenn es sich um eine eigenständige Leistung handelt;
9. ¹künstlerische Leistungen an Bauwerken, wenn sie sich unmittelbar auf die Substanz auswirken und der Künstler auch die Ausführung des Werks als eigene Leistung schuldet. ²Stellt der Künstler lediglich Ideen oder Planungen zur Verfügung oder überwacht er die Ausführung des von einem Dritten geschuldeten Werks durch einen Unternehmer, liegt keine Bauleistung vor;
10. ¹ein Reinigungsvorgang, bei dem die zu reinigende Oberfläche verändert wird. ²Dies gilt z.B. für eine Fassadenreinigung, bei der die Oberfläche abgeschliffen oder mit Sandstrahl bearbeitet wird.

(6) ¹Von den Bauleistungen ausgenommen sind nach § 13b Abs. 2 Nr. 4 Satz 1 UStG ausdrücklich Planungs- und Überwachungsleistungen. ²Hierunter fallen ausschließlich planerische Leistungen (z.B. von Statikern, Architekten, Garten- und Innenarchitekten, Vermessungs-, Prüf- und Bauingenieuren),

§ 13b   UStAE 13b.2.

Labordienstleistungen (z.b. chemische Analyse von Baustoffen) oder reine Leistungen zur Bauüberwachung, zur Prüfung von Bauabrechnungen und zur Durchführung von Ausschreibungen und Vergaben.

(7) Insbesondere folgende Leistungen fallen nicht unter die in § 13b Abs. 2 Nr. 4 Satz 1 UStG genannten Umsätze:

1. Materiallieferungen (z.B. durch Baustoffhändler oder Baumärkte), auch wenn der liefernde Unternehmer den Gegenstand der Lieferung im Auftrag des Leistungsempfängers herstellt, nicht aber selbst in ein Bauwerk einbaut;
2. [1]Lieferungen einzelner Maschinen, die vom liefernden Unternehmer im Auftrag des Abnehmers auf ein Fundament gestellt werden. [2]Stellt der liefernde Unternehmer das Fundament oder die Befestigungsvorrichtung allerdings vor Ort selbst her, ist nach den Grundsätzen in Absatz 6 zu entscheiden, ob es sich um eine Bauleistung handelt;
3. [1]Anliefern von Beton. [2]Wird Beton geliefert und durch Personal des liefernden Unternehmers an der entsprechenden Stelle des Bauwerks lediglich abgelassen oder in ein gesondertes Behältnis oder eine Verschalung eingefüllt, liegt eine Lieferung, aber keine Werklieferung, und somit keine Bauleistung vor. [3]Dagegen liegt eine Bauleistung vor, wenn der liefernde Unternehmer den Beton mit eigenem Personal fachgerecht verarbeitet;
4. Lieferungen von Wasser und Energie;
5. [1]Zurverfügungstellen von Betonpumpen und anderen Baugeräten. [2]Das Zurverfügungstellen von Baugeräten ist dann eine Bauleistung, wenn gleichzeitig Personal für substanzverändernde Arbeiten zur Verfügung gestellt wird.

   [3]Zu den Baugeräten gehören auch Großgeräte wie Krane oder selbstfahrende Arbeitsmaschinen. [4]Das reine Zurverfügungstellen (Vermietung) von Kranen – auch mit Personal – stellt keine Bauleistung dar. [5]Eine Bauleistung liegt auch dann nicht vor, wenn Leistungsinhalt ist, einen Kran an die Baustelle zu bringen, diesen aufzubauen und zu bedienen und nach Weisung des Anmietenden bzw. dessen Erfüllungsgehilfen Güter am Haken zu befördern. [6]Ebenso liegt keine Bauleistung vor, wenn ein Baukran mit Personal vermietet wird und die mit dem Kran bewegten Materialien vom Personal des Auftraggebers befestigt oder mit dem Bauwerk verbunden werden, da nicht vom Personal des Leistungserbringers in die Substanz des Bauwerks eingegriffen wird;
6. Aufstellen von Material- und Bürocontainern, mobilen Toilettenhäusern;
7. Entsorgung von Baumaterialien (Schuttabfuhr durch Abfuhrunternehmen);
8. Aufstellen von Messeständen;
9. Gerüstbau;
10. [1]Anlegen von Bepflanzungen und deren Pflege (z.B. Bäume, Gehölze, Blumen, Rasen) mit Ausnahme von Dachbegrünungen. [2]Nicht zu den Bauleistungen im Zusammenhang mit einem Bauwerk gehören das Anlegen von Gärten und von Wegen in Gärten, soweit dabei keine Bauwerke hergestellt, instand gesetzt, geändert oder beseitigt werden, die als Hauptleistung anzusehen sind. [3]Das Anschütten von Hügeln und Böschungen sowie das Ausheben von Gräben und Mulden zur Landschaftsgestaltung sind ebenfalls keine Bauleistungen;
11. [1]Aufhängen und Anschließen von Beleuchtungen sowie das Anschließen von Elektrogeräten. [2]Dagegen ist die Installation einer Lichtwerbeanlage und die Montage und das Anschließen von Beleuchtungssystemen, z.B. in Kaufhäusern oder Fabrikhallen, eine Bauleistung;
12. [1]als Verkehrssicherungsleistungen bezeichnete Leistungen (Auf- und Abbau, Vorhaltung, Wartung und Kontrolle von Verkehrseinrichtungen, unter anderem Absperrgeräte, Leiteinrichtungen, Blinklicht- und Lichtzeichenanlagen, Aufbringung von vorübergehenden Markierungen, Lieferung und Aufstellen von transportablen Verkehrszeichen, Einsatz von fahrbaren Absperrtafeln und die reine Vermietung von Verkehrseinrichtungen und Bauzäunen). [2]Dagegen sind das Aufbringen von Endmarkierungen (sog. Weißmarkierungen) sowie das Aufstellen von Verkehrszeichen und Verkehrseinrichtungen, die dauerhaft im öffentlichen Verkehrsraum verbleiben, Bauleistungen, wenn es sich um jeweils eigenständige Leistungen handelt;
13. die Arbeitnehmerüberlassung, auch wenn die überlassenen Arbeitnehmer für den Entleiher Bauleistungen erbringen, unabhängig davon, ob die Leistungen nach dem Arbeitnehmerüberlassungsgesetz erbracht werden oder nicht;
14. die bloße Reinigung von Räumlichkeiten oder Flächen, z.B. von Fenstern;
15. [1]Reparatur- und Wartungsarbeiten an Bauwerken oder Teilen von Bauwerken, wenn das (Netto-) Entgelt für den einzelnen Umsatz nicht mehr als 500 € beträgt. [2]Wartungsleistungen an Bauwerken

oder Teilen von Bauwerken, die einen Nettowert von 500 € übersteigen, sind nur dann als Bauleistungen zu behandeln, wenn Teile verändert, bearbeitet oder ausgetauscht werden;
16. Luftdurchlässigkeitsmessungen an Gebäuden, die für die Erfüllung von § 6 EnEV und Anlage 4 zur EnEV durchgeführt werden, da sich diese Leistungen nicht auf die Substanz eines Gebäudes auswirken.

13b.3. Bauleistender Unternehmer als Leistungsempfänger

(1) ¹Werden Bauleistungen von einem im Inland ansässigen Unternehmer im Inland erbracht, ist der Leistungsempfänger nur dann Steuerschuldner, wenn er Unternehmer ist und selbst Bauleistungen erbringt (§ 13b Abs. 5 Satz 2 UStG). ²Der Leistungsempfänger muss derartige Bauleistungen nachhaltig erbringen oder erbracht haben. ³Unternehmer, die im Zeitpunkt der an sie ausgeführten Bauleistungen nicht nachhaltig Bauleistungen erbracht haben, sind als Leistungsempfänger grundsätzlich nicht Steuerschuldner, selbst wenn sie im weiteren Verlauf des Kalenderjahres derartige Umsätze erbringen.

(2) ¹Es ist davon auszugehen, dass der Leistungsempfänger nachhaltig Bauleistungen erbringt, wenn er im vorangegangenen Kalenderjahr Bauleistungen erbracht hat, deren Bemessungsgrundlage mehr als 10% der Summe seiner steuerbaren und nicht steuerbaren Umsätze (Weltumsatz) betragen hat. ²Die 10%-Grenze ist eine Ausschlussgrenze. ³Unternehmer, die Bauleistungen unterhalb dieser Grenze erbringen, sind danach grundsätzlich keine bauleistenden Unternehmer. ⁴Hat der Unternehmer zunächst keine Bauleistungen ausgeführt und beabsichtigt er, derartige Leistungen zu erbringen, ist er – abweichend von Absatz 10 – auch schon vor der erstmaligen Erbringung von Bauleistungen als bauleistender Unternehmer anzusehen, wenn er nach außen erkennbar mit ersten Handlungen zur nachhaltigen Erbringung von Bauleistungen begonnen hat und die Bauleistungen voraussichtlich mehr als 10% seines Weltumsatzes im Sinnes des Satzes 1 betragen werden.

(3) ¹Daneben ist davon auszugehen, dass der Leistungsempfänger nachhaltig Bauleistungen erbringt, wenn er dem leistenden Unternehmer eine im Zeitpunkt der Ausführung des Umsatzes gültige Freistellungsbescheinigung nach § 48b EStG vorlegt. ²Die Verwendung dieser Freistellungsbescheinigung muss durch den Leistungsempfänger ausdrücklich für umsatzsteuerliche Zwecke erfolgen. ³Der leistende Unternehmer kann nicht zwingend davon ausgehen, dass sein Leistungsempfänger (Auftraggeber) Unternehmer ist, der nachhaltig Bauleistungen erbringt, wenn dieser ihm zu einem früheren Zeitpunkt als leistender Unternehmer für ertragsteuerliche Zwecke eine Freistellungsbescheinigung nach § 48b EStG vorgelegt hat.

(4) ¹Hat der Leistungsempfänger dem leistenden Unternehmer bereits für einen Umsatz eine Freistellungsbescheinigung nach § 48b EStG für umsatzsteuerliche Zwecke vorgelegt, kann der leistende Unternehmer in der Folgezeit davon ausgehen, dass dieser Leistungsempfänger nachhaltig Bauleistungen erbringt. ²Einer erneuten Vorlage der Freistellungsbescheinigung nach § 48b EStG durch den Leistungsempfänger bedarf es insoweit nicht. ³Dies gilt nicht, wenn die Freistellungsbescheinigung nicht mehr gültig ist. ⁴Für diesen Fall muss der Leistungsempfänger erneut darlegen, ob er nachhaltig Bauleistungen erbringt oder nicht.

(5) ¹Verwendet der Leistungsempfänger eine Freistellungsbescheinigung im Sinne von § 48b EStG, ist er als Leistungsempfänger Steuerschuldner, auch wenn er tatsächlich kein bauleistender Unternehmer ist. ²Dies gilt nicht, wenn der Leistungsempfänger eine gefälschte Freistellungsbescheinigung verwendet und der leistende Unternehmer hiervon Kenntnis hatte.

(6) ¹Arbeitsgemeinschaften (ARGE) sind auch dann als Leistungsempfänger Steuerschuldner, wenn sie nur eine Gesamtleistung erbringen. ²Dies gilt bereits für den Zeitraum, in dem sie noch keinen Umsatz erbracht haben. ³Soweit Gesellschafter einer ARGE Bauleistungen an die ARGE erbringen, ist die ARGE als Leistungsempfänger Steuerschuldner. ⁴Bestehen Zweifel, ob die Leistung an die ARGE eine Bauleistung ist, kann Absatz 23 angewendet werden.

(7) ¹Erbringt bei einem Organschaftsverhältnis nur ein Teil des Organkreises (z.B. der Organträger oder eine Organgesellschaft) nachhaltig Bauleistungen, ist der Organträger nur für die Bauleistungen Steuerschuldner, die an diesen Teil des Organkreises erbracht werden. ²Die Absätze 10 bis 14 sind auf den jeweiligen Unternehmensteil anzuwenden. ³Bei der Berechnung der 10%-Grenze sind nur die Bemessungsgrundlagen der Umsätze zu berücksichtigen, die dieser Teil des Organkreises erbracht hat.

(8) ¹Der Leistungsempfänger ist für an ihn erbrachte, in § 13b Abs. 2 Nr. 4 Satz 1 UStG genannte Leistungen nicht Steuerschuldner, wenn er nicht nachhaltig Bauleistungen selbst erbringt. ²Die Steuerschuldnerschaft des Leistungsempfängers gilt deshalb vor allem nicht für Nichtunternehmer sowie für Unternehmer mit anderen als den vorgenannten Umsätzen, z.B. Baustoffhändler, die ausschließlich Baumaterial liefern oder Unternehmer, wenn sie ausschließlich Lieferungen – und keine Werklieferungen im Sinne des § 3 Abs. 4 UStG – erbringen, die unter das GrEStG fallen. ³Bei Unternehmern

§ 13b — UStAE 13b.3., 13b.4.

(Bauträgern), die sowohl Umsätze erbringen, die unter das GrEStG fallen, als auch Bauleistungen im Sinne von § 13b Abs. 2 Nr. 4 Satz 1 UStG, sind die allgemeinen Grundsätze der Absätze 10 bis 16 anzuwenden. [4]Unternehmer, die eigene Grundstücke zum Zweck des Verkaufs bebauen (z.B. Bauträger), sind nur dann für die von anderen Unternehmern an sie erbrachten Bauleistungen nicht Steuerschuldner nach § 13b Abs. 5 Satz 2 UStG, wenn die Bemessungsgrundlage der von ihnen getätigten Bauleistungen – einschließlich Grundstücksgeschäfte, soweit es sich um Werklieferungen (§ 3 Abs. 4 UStG) im Sinne von § 13b Abs. 2 Nr. 4 Satz 1 UStG handelt – nicht mehr als 10% der Summe ihrer steuerbaren und nicht steuerbaren Umsätze beträgt (vgl. Absatz 11).

(9) [1]Wohnungseigentümergemeinschaften sind für Bauleistungen als Leistungsempfänger nicht Steuerschuldner, wenn diese Leistungen als nach § 4 Nr. 13 UStG steuerfreie Leistungen der Wohnungseigentümergemeinschaften an die einzelnen Wohnungseigentümer weiter gegeben werden. [2]Dies gilt auch dann, wenn die Wohnungseigentümergemeinschaft derartige Umsätze nach § 9 Abs. 1 UStG als steuerpflichtig behandelt.

(10) Es ist nicht erforderlich, dass die an den Leistungsempfänger erbrachten Umsätze, für die er als Leistungsempfänger Steuerschuldner ist, mit von ihm erbrachten Bauleistungen unmittelbar zusammenhängen.

Beispiel:

[1]Der Bauunternehmer A beauftragt den Unternehmer B mit dem Einbau einer Heizungsanlage in sein Bürogebäude. [2]A bewirkt nachhaltig Bauleistungen.

[3]Der Einbau der Heizungsanlage durch B ist eine unter § 13b Abs. 2 Nr. 4 Satz 1 UStG fallende Werklieferung. [4]Für diesen Umsatz ist A Steuerschuldner, da er selbst nachhaltig Bauleistungen erbringt. [5]Unbeachtlich ist, dass der von B erbrachte Umsatz nicht mit den Ausgangsumsätzen des A in unmittelbarem Zusammenhang steht.

(11) Die Steuerschuldnerschaft des Leistungsempfängers nach § 13b Abs. 2 Nr. 4 Satz 1 UStG ist von Personengesellschaften (z.B. KG, GbR) und Kapitalgesellschaften (AG, GmbH) nicht anzuwenden, wenn ein Unternehmer eine Bauleistung für den privaten Bereich eines (Mit-)Gesellschafters oder Anteilseigners erbringt, da es sich hierbei um unterschiedliche Personen handelt.

(12) [1]Erfüllt der Leistungsempfänger die Voraussetzungen des § 13b Abs. 5 Satz 2 UStG, ist er auch dann Steuerschuldner, wenn die Leistung für den nichtunternehmerischen Bereich erbracht wird (§ 13b Abs. 5 Satz 3 UStG). [2]Ausgenommen hiervon sind Bauleistungen, die ausschließlich an den hoheitlichen Bereich von juristischen Personen des öffentlichen Rechts erbracht werden, auch wenn diese im Rahmen von Betrieben gewerblicher Art unternehmerisch tätig sind und nachhaltig Bauleistungen erbringen. [3]Absatz 10 Sätze 2 und 3 ist auf den jeweiligen Betrieb gewerblicher Art einer juristischen Person des öffentlichen Rechts entsprechend anzuwenden, der Bauleistungen erbringt.

(13) Erbringt ein Unternehmer eine Leistung, die keine Bauleistung ist, und bezeichnet er sie dennoch in der Rechnung als Bauleistung, ist der Leistungsempfänger für diesen Umsatz nicht Steuerschuldner nach § 13b Abs. 5 UStG.

13b.4. Lieferungen von Industrieschrott, Altmetallen und sonstigen Abfallstoffen[1)]

(1) [1]Zu den in der Anlage 3 des UStG bezeichneten Gegenständen gehören:

1. [1]Unter Nummer 1 der Anlage 3 des UStG fallen nur granulierte Schlacken (Schlackensand) aus der Eisen- und Stahlherstellung im Sinne der Unterposition 2618 00 00 des Zolltarifs. [2]Hierzu gehört granulierte Schlacke (Schlackensand), die zum Beispiel durch rasches Eingießen flüssiger, aus dem Hochofen kommender Schlacken in Wasser gewonnen wird. [3]Nicht hierzu gehören dagegen mit Dampf oder Druckluft hergestellte Schlackenwolle sowie Schaumschlacke, die man erhält, wenn man schmelzflüssiger Schlacke etwas Wasser zusetzt, und Schlackenzement.

2. [1]Unter Nummer 2 der Anlage 3 des UStG fallen nur Schlacken (ausgenommen granulierte Schlacke), Zunder und andere Abfälle der Eisen- und Stahlherstellung im Sinne der Unterposition 2619 00 des Zolltarifs. [2]Die hierzu gehörenden Schlacken bestehen entweder aus Aluminium- oder Calciumsilicaten, die beim Schmelzen von Eisenerz (Hochofenschlacke), beim Raffinieren von Roheisen oder bei der Stahlherstellung (Konverterschlacke) entstehen. [3]Diese Schlacken gehören auch dann hierzu, wenn ihr Eisenanteil zur Wiedergewinnung des Metalls ausreicht. [4]Außerdem gehören Hochofenstaub und andere Abfälle oder Rückstände der Eisen- oder Stahlherstellung hierzu, sofern sie nicht bereits von Nummer 8 der Anlage 3 des UStG (vgl. nachfolgende Nummer 8) umfasst sind. [5]Nicht hierzu gehören dagegen phosphorhaltige Schlacken (Thomasphosphat-Schlacke). [6]Bei der Lieferung von nach Düngemittelverordnung hergestellten Konverter- und Hüttenkalken

---

1) Hinweis auf Anlage § 013b-12

UStAE 13b.4. § 13b

wird es aus Vereinfachungsgründen nicht beanstandet, wenn die Unternehmer übereinstimmend § 13a Abs. 1 Nr. 1 UStG angewendet haben und der Umsatz in zutreffender Höhe versteuert wurde.

3. [1]Unter Nummer 3 der Anlage 3 des UStG fallen nur Schlacken, Aschen und Rückstände (ausgenommen solche der Eisen- und Stahlherstellung), die Metalle, Arsen oder deren Verbindungen enthalten, im Sinne der Position 2620 des Zolltarifs. [2]Hierzu gehören Schlacken, Aschen und Rückstände (andere als solche der Nummern 1, 2 und 7 der Anlage 3 des UStG, vgl. Nummern 1, 2 und 7), die Arsen und Arsenverbindungen (auch Metalle enthaltend), Metalle oder deren Verbindungen enthalten und die eine Beschaffenheit aufweisen, wie sie zum Gewinnen von Arsen oder Metall oder zum Herstellen von Metallverbindungen verwendet werden. [3]Derartige Schlacken, Aschen und Rückstände fallen bei der Aufarbeitung von Erzen oder von metallurgischen Zwischenerzeugnissen (z.B. Matten) an oder stammen aus elektrolytischen, chemischen oder anderen industriellen Verfahren, die keine mechanischen Bearbeitungen einschließen. [4]Nicht hierzu gehören Aschen und Rückstände vom Verbrennen von Siedlungsabfällen, Schlämme aus Lagertanks für Erdöl (überwiegend aus solchen Ölen bestehend), chemisch einheitliche Verbindungen sowie Zinkstaub, der durch Kondensation von Zinkdämpfen gewonnen wird.

4. [1]Unter Nummer 4 der Anlage 3 des UStG fallen nur Abfälle, Schnitzel und Bruch von Kunststoffen der Position 3915 des Zolltarifs. [2]Diese Waren können entweder aus zerbrochenen oder gebrauchten Kunststoffwaren, die in diesem Zustand eindeutig für den ursprünglichen Verwendungszweck unbrauchbar sind, bestehen oder es sind Bearbeitungsabfälle (Späne, Schnitzel, Bruch usw.). [3]Gewisse Abfälle können als Formmasse, Lackrohstoffe, Füllstoffe usw. wieder verwendet werden. [4]Außerdem gehören hierzu Abfälle, Schnitzel und Bruch aus einem einzigen duroplastischen Stoff oder aus Mischungen von zwei oder mehr thermoplastischen Stoffen, auch wenn sie in Primärformen umgewandelt worden sind. [5]Hierunter fallen auch Styropor sowie gebrauchte (leere) Tonerkartuschen und Tintenpatronen, soweit diese nicht von Position 8443 des Zolltarifs erfasst sind. [6]Nicht hierzu gehören jedoch Abfälle, Schnitzel und Bruch aus einem einzigen thermoplastischen Stoff, in Primärformen umgewandelt.

5. [1]Unter Nummer 5 der Anlage 3 des UStG fallen nur Abfälle, Bruch und Schnitzel von Weichkautschuk, auch zu Pulver oder Granulat zerkleinert, der Unterposition 4004 00 00 des Zolltarifs. [2]Hierzu gehören auch zum Runderneuern ungeeignete gebrauchte Reifen sowie Granulate daraus. [3]Nicht dazu gehören zum Runderneuern geeignete gebrauchte Reifen sowie Abfälle, Bruch, Schnitzel, Pulver und Granulat aus Hartkautschuk.

6. [1]Unter Nummer 6 der Anlage 3 des UStG fallen nur Bruchglas und andere Abfälle und Scherben von Glas der Unterposition 7001 00 10 des Zolltarifs. [2]Der Begriff „Bruchglas" bezeichnet zerbrochenes Glas zur Wiederverwertung bei der Glasherstellung.

7. [1]Unter Nummer 7 der Anlage 3 des UStG fallen nur Abfälle und Schrott von Edelmetallen oder Edelmetallplattierungen sowie andere Abfälle und Schrott, Edelmetalle oder Edelmetallverbindungen enthaltend, von der hauptsächlich zur Wiedergewinnung von Edelmetallen verwendeten Art, im Sinne der Position 7112 des Zolltarifs. [2]Hierzu gehören Abfälle und Schrott, die Edelmetalle enthalten und ausschließlich zur Wiedergewinnung des Edelmetalls oder als Base zur Herstellung chemischer Erzeugnisse geeignet sind. [3]Hierher gehören auch Abfälle und Schrott aller Materialien, die Edelmetalle oder Edelmetallverbindungen von der hauptsächlich zur Wiedergewinnung von Edelmetallen verwendeten Art enthalten. [4]Hierunter fallen ebenfalls durch Zerbrechen, Zerschlagen oder Abnutzung für ihren ursprünglichen Verwendungszweck unbrauchbar gewordene alte Waren (Tischgeräte, Gold- und Silberschmiedewaren, Katalysatoren in Form von Metallgeweben usw.); ausgenommen sind daher Waren, die – mit oder ohne Reparatur oder Aufarbeiten – für ihren ursprünglichen Zweck brauchbar sind oder – ohne Anwendung eines Verfahrens zum Wiedergewinnen des Edelmetalls – zu anderen Zwecken gebraucht werden können. [5]Eingeschmolzener und zu Rohblöcken, Masseln oder ähnlichen Formen gegossener Abfall und Schrott von Edelmetallen ist als unbearbeitetes Metall einzureihen und fällt deshalb nicht unter Nummer 7 der Anlage 3 des UStG. [6]Sofern es sich um Gold handelt, kann § 13b Abs. 2 Nr. 9 UStG in Betracht kommen (vgl. Absatz 13b.6).

8. [1]Unter Nummer 8 der Anlage 3 des UStG fallen nur Abfälle und Schrott aus Eisen oder Stahl sowie Abfallblöcke aus Eisen oder Stahl der Position 7204 des Zolltarifs. [2]Hierzu gehören Abfälle und Schrott, die beim Herstellen oder beim Be- und Verarbeiten von Eisen oder Stahl anfallen, und Waren aus Eisen oder Stahl, die durch Bruch, Verschnitt, Verschleiß oder aus anderen Gründen als solche endgültig unbrauchbar sind. [3]Als Abfallblöcke aus Eisen oder Stahl gelten grob in Masseln oder Rohblöcke ohne Gießköpfe gegossene Erzeugnisse mit deutlich sichtbaren Oberflächenfehlern, die hinsichtlich ihrer chemischen Zusammensetzung nicht den Begriffsbestimmungen für Roheisen, Spiegeleisen oder Ferrolegierungen entsprechen.

§ 13b UStAE 13b.4.

9. ¹Unter Nummer 9 der Anlage 3 des UStG fallen nur Abfälle und Schrott aus Kupfer der Position 7404 des Zolltarifs. ²Hierzu gehören Abfälle und Schrott, die beim Herstellen oder beim Be- und Verarbeiten von Kupfer anfallen, und Waren aus Kupfer, die durch Bruch, Verschnitt, Verschleiß oder aus anderen Gründen als solche endgültig unbrauchbar sind. ³Außerdem gehört hierzu der beim Ziehen von Kupfer entstehende Schlamm, der hauptsächlich aus Kupferpulver besteht, das mit den beim Ziehvorgang verwendeten Schmiermitteln vermischt ist.

10. ¹Unter Nummer 10 der Anlage 3 des UStG fallen nur Abfälle und Schrott aus Nickel der Position 7503 des Zolltarifs. ²Hierzu gehören Abfälle und Schrott, die beim Herstellen oder beim Be- und Verarbeiten von Nickel anfallen, und Waren aus Nickel, die durch Bruch, Verschnitt, Verschleiß oder aus anderen Gründen als solche endgültig unbrauchbar sind.

11. ¹Unter Nummer 11 der Anlage 3 des UStG fallen nur Abfälle und Schrott aus Aluminium der Position 7602 des Zolltarifs. ²Hierzu gehören Abfälle und Schrott, die beim Herstellen oder beim Be- und Verarbeiten von Aluminium anfallen, und Waren aus Aluminium, die durch Bruch, Verschnitt, Verschleiß oder aus anderen Gründen als solche endgültig unbrauchbar sind.

12. ¹Unter Nummer 12 der Anlage 3 des UStG fallen nur Abfälle und Schrott aus Blei der Position 7802 des Zolltarifs. ²Hierzu gehören Abfälle und Schrott, die beim Herstellen oder beim Be- und Verarbeiten von Blei anfallen, und Waren aus Blei, die durch Bruch, Verschnitt, Verschleiß oder aus anderen Gründen als solche endgültig unbrauchbar sind.

13. ¹Unter Nummer 13 der Anlage 3 des UStG fallen nur Abfälle und Schrott aus Zink der Position 7902 des Zolltarifs. ²Hierzu gehören Abfälle und Schrott, die beim Herstellen oder beim Be- und Verarbeiten von Zink anfallen, und Waren aus Zink, die durch Bruch, Verschnitt, Verschleiß oder aus anderen Gründen als solche endgültig unbrauchbar sind.

14. ¹Unter Nummer 14 der Anlage 3 des UStG fallen nur Abfälle und Schrott aus Zinn der Position 8002 des Zolltarifs. ²Hierzu gehören Abfälle und Schrott, die beim Herstellen oder beim Be- und Verarbeiten von Zinn anfallen, und Waren aus Zinn, die durch Bruch, Verschnitt, Verschleiß oder aus anderen Gründen als solche endgültig unbrauchbar sind.

15. ¹Unter Nummer 15 der Anlage 3 des UStG fallen nur Abfälle und Schrott der in den Positionen 8101 bis 8113 des Zolltarifs genannten anderen unedlen Metallen. ²Hierzu gehören Abfälle und Schrott, die beim Herstellen oder beim Be- und Verarbeiten der genannten unedlen Metallen anfallen, sowie Waren aus diesen unedlen Metallen, die durch Bruch, Verschnitt, Verschleiß oder aus anderen Gründen als solche endgültig unbrauchbar sind. ³Zu den unedlen Metallen zählen hierbei Wolfram, Molybdän, Tantal, Magnesium, Cobalt, Bismut (Wismut), Cadmium, Titan, Zirconium, Antimon, Mangan, Beryllium, Chrom, Germanium, Vanadium, Gallium, Hafnium, Indium, Niob (Columbium), Rhenium, Thallium und Cermet.

16. ¹Unter Nummer 16 der Anlage 3 des UStG fallen nur Abfälle und Schrott von elektrischen Primärelementen, Primärbatterien und Akkumulatoren; ausgebrauchte elektrische Primärelemente, Primärbatterien und Akkumulatoren im Sinne der Unterposition 8548 10 des Zolltarifs. ²Diese Erzeugnisse sind im Allgemeinen als Fabrikationsabfälle erkennbar, oder sie bestehen entweder aus elektrischen Primärelementen, Primärbatterien oder Akkumulatoren, die durch Bruch, Zerstörung, Abnutzung oder aus anderen Gründen als solche nicht mehr verwendet werden können oder nicht wiederaufladbar sind, oder aus Schrott davon. ³Ausgebrauchte elektrische Primärelemente und Akkumulatoren dienen im Allgemeinen zur Rückgewinnung von Metallen (Blei, Nickel, Cadmium usw.), Metallverbindungen oder Schlacken. ⁴Unter Nummer 16 der Anlage 3 des UStG fallen insbesondere nicht mehr gebrauchsfähige Batterien und nicht mehr aufladbare Akkus.

²Bestehen Zweifel, ob ein Gegenstand unter die Anlage 3 des UStG fällt, haben der Lieferer und der Abnehmer die Möglichkeit, bei dem zuständigen Bildungs- und Wissenschaftszentrum der Bundesfinanzverwaltung eine unverbindliche Zolltarifauskunft für Umsatzsteuerzwecke (uvZTA) mit dem Vordruckmuster 0310 einzuholen. ³Das Vordruckmuster mit Hinweisen zu den Zuständigkeiten für die Erteilung von uvZTA steht auf den Internetseiten der Zollabteilung des Bundesministeriums der Finanzen (http://www.zoll.de) unter der Rubrik Vorschriften und Vordrucke – Formularcenter – Gesamtliste aller Vordrucke zum Ausfüllen und Herunterladen bereit. ⁴UvZTA können auch von den Landesfinanzbehörden (z.B. den Finanzämtern) beantragt werden.

(2) ¹Werden sowohl Gegenstände geliefert, die unter die Anlage 3 des UStG fallen, als auch Gegenstände, die nicht unter die Anlage 3 des UStG fallen, ergeben sich unterschiedliche Steuerschuldner. ²Dies ist auch bei der Rechnungsstellung zu beachten.

Beispiel 1:

¹Der in München ansässige Aluminiumhersteller U liefert Schlackenzement und Schlackensand in zwei getrennten Partien an den auf Landschafts-, Tief- und Straßenbau spezialisierten Unternehmer B in Köln.

²Es liegen zwei Lieferungen vor. ³Die Umsatzsteuer für die Lieferung des Schlackenzements wird vom leistenden Unternehmer U geschuldet (§ 13a Abs. 1 Nr. 1 UStG), da Schlackenzement in der Anlage 3 des UStG nicht aufgeführt ist (insbesondere fällt Schlackenzement nicht unter die Nummer 1 der Anlage 3 des UStG).

⁴Für die Lieferung des Schlackensands schuldet der Empfänger B die Umsatzsteuer (§ 13b Abs. 5 Satz 1 in Verbindung mit Abs. 2 Nr. 7 UStG).

⁵In der Rechnung ist hinsichtlich des gelieferten Schlackenzements u.a. das Entgelt sowie die hierauf entfallende Umsatzsteuer gesondert auszuweisen (§ 14 Abs. 4 Satz 1 Nr. 7 und 8 UStG). ⁶Hinsichtlich des gelieferten Schlackensands ist eine Steuer nicht gesondert auszuweisen (§ 14a Abs. 5 Satz 3 UStG). ⁷Auf die Steuerschuldnerschaft des Leistungsempfängers insoweit ist hinzuweisen (§ 14a Abs. 5 Satz 2 UStG).

³Erfolgt die Lieferung von Gegenständen der Anlage 3 des UStG im Rahmen eines Tauschs oder eines tauschähnlichen Umsatzes gilt als Entgelt für jede einzelne Leistung der gemeine Wert der vom Leistungsempfänger erhaltenen Gegenleistung, beim Tausch oder tauschähnlichen Umsatz mit Baraufgabe ggf. abzüglich bzw. zuzüglich einer Baraufgabe (vgl. Abschnitt 10.5 Abs. 1 Sätze 6 bis 9). ⁴Zum Entgelt bei Werkleistungen, bei denen zum Entgelt neben der vereinbarten Barvergütung auch der bei der Werkleistung anfallende Materialabfall gehört, vgl. Abschnitt 10.5 Abs. 2.

Beispiel 2:

¹Der Metallverarbeitungsbetrieb B stellt Spezialmuttern für das Maschinenbauunternehmen M im Werklohn her. ²Der erforderliche Stahl wird von M gestellt. ³Dabei wird für jeden Auftrag gesondert festgelegt, aus welcher Menge Stahl welche Menge Muttern herzustellen ist. ⁴Der anfallende Schrott verbleibt bei B und wird auf den Werklohn angerechnet.

⁵Es liegt ein tauschähnlicher Umsatz vor, bei dem die Gegenleistung für die Herstellung der Muttern in der Lieferung des Stahlschrotts zuzüglich der Baraufgabe besteht (vgl. Abschnitt 10.5 Abs. 2 Sätze 1 und 8). ⁶Neben der Umsatzsteuer für das Herstellen der Spezialmuttern (§ 13a Abs. 1 Nr. 1 UStG) schuldet B als Leistungsempfänger auch die Umsatzsteuer für die Lieferung des Stahlschrotts (§ 13b Abs. 5 Satz 1 in Verbindung mit Abs. 2 Nr. 7 UStG).

⁵Zur Bemessungsgrundlage bei tauschähnlichen Umsätzen bei der Abgabe von werthaltigen Abfällen, für die gesetzliche Entsorgungspflichten bestehen, vgl. Abschnitt 10.5 Abs. 2 Satz 9.

(3) ¹Werden Mischungen oder Warenzusammensetzungen geliefert, die sowohl aus in der Anlage 3 des UStG bezeichneten als auch dort nicht genannten Gegenständen bestehen, sind die Bestandteile grundsätzlich getrennt zu beurteilen. ²Ist eine getrennte Beurteilung nicht möglich, werden Waren nach Satz 1 nach dem Stoff oder Bestandteil beurteilt, der ihnen ihren wesentlichen Charakter verleiht; die Steuerschuldnerschaft des Leistungsempfängers nach § 13b Abs. 2 Nr. 7 UStG ist demnach auf Lieferungen von Gegenständen anzuwenden, sofern der Stoff oder der Bestandteil, der den Gegenständen ihren wesentlichen Charakter verleiht, in der Anlage 3 des UStG bezeichnet ist; Absatz 23 bleibt unberührt. ³Bei durch Bruch, Verschleiß oder aus ähnlichen Gründen nicht mehr gebrauchsfähigen Maschinen, Elektro- und Elektronikgeräten und Heizkesseln und Fahrzeugwracks ist aus Vereinfachungsgründen davon auszugehen, dass sie unter die Steuerschuldnerschaft des Leistungsempfängers nach § 13b Abs. 2 Nr. 7 UStG fallen; dies gilt auch für Gegenstände, für die es eine eigene Zolltarifposition gibt. ⁴Unterliegt die Lieferung unbrauchbar gewordener landwirtschaftlicher Geräte der Durchschnittssatzbesteuerung nach § 24 UStG (vgl. Abschnitt 24.2 Abs. 6), findet § 13b Abs. 2 Nr. 7 UStG keine Anwendung.

13b.5. Reinigung von Gebäuden und Gebäudeteilen[1)]

(1) ¹Zu den Gebäuden gehören Baulichkeiten, die auf Dauer fest mit dem Grundstück verbunden sind. ²Zu den Gebäudeteilen zählen insbesondere Stockwerke, Wohnungen und einzelne Räume. ³Nicht zu den Gebäuden oder Gebäudeteilen gehören Baulichkeiten, die nur zu einem vorübergehenden Zweck mit dem Grund und Boden verbunden und daher keine Bestandteile eines Grundstücks sind, insbesondere Büro- oder Wohncontainer, Baubuden, Kioske, Tribünen oder ähnliche Einrichtungen.

---

1) Hinweis auf Anlage § O13b-12

§ 13b UStAE 13b.5., 13b.6.

(2) Unter die Reinigung von Gebäuden und Gebäudeteilen fällt insbesondere:
1. Die Reinigung sowie die pflegende und schützende (Nach-)Behandlung von Gebäuden und Gebäudeteilen (innen und außen);
2. ¹die Hausfassadenreinigung (einschließlich Graffitientfernung). ²Dies gilt nicht für Reinigungsarbeiten, die bereits unter § 13b Abs. 2 Nr. 4 Satz 1 UStG fallen (vgl. Absatz 7 Nr. 10);
3. die Fensterreinigung;
4. die Reinigung von Dachrinnen und Fallrohren;
5. die Bauendreinigung;
6. die Reinigung von haustechnischen Anlagen, soweit es sich nicht um Wartungsarbeiten handelt;
7. die Hausmeisterdienste und die Objektbetreuung, wenn sie auch Gebäudereinigungsleistungen beinhalten.

(3) Insbesondere folgende Leistungen fallen nicht unter die in § 13b Abs. 2 Nr. 8 Satz 1 UStG genannten Umsätze:
1. Die Schornsteinreinigung;
2. die Schädlingsbekämpfung;
3. der Winterdienst, soweit es sich um eine eigenständige Leistung handelt;
4. die Reinigung von Inventar, wie Möbel, Teppiche, Matratzen, Bettwäsche, Gardinen und Vorhänge, Geschirr, Jalousien und Bilder, soweit es sich um eine eigenständige Leistung handelt;
5. die Arbeitnehmerüberlassung, auch wenn die überlassenen Arbeitnehmer für den Entleiher Gebäudereinigungsleistungen erbringen, unabhängig davon, ob die Leistungen nach dem Arbeitnehmerüberlassungsgesetz erbracht werden oder nicht.

(4) ¹Werden Gebäudereinigungsleistungen von einem im Inland ansässigen Unternehmer im Inland erbracht, ist der Leistungsempfänger nur dann Steuerschuldner, wenn er Unternehmer ist und selbst Gebäudereinigungsleistungen erbringt (§ 13b Abs. 5 Satz 2 UStG). ²Der Leistungsempfänger muss derartige Gebäudereinigungsleistungen nachhaltig erbringen oder erbracht haben; Absätze 10 und 11 gelten sinngemäß. ³Daneben ist davon auszugehen, dass der Leistungsempfänger nachhaltig Gebäudereinigungsleistungen erbringt, wenn er dem leistenden Unternehmer einen im Zeitpunkt der Ausführung des Umsatzes gültigen Nachweis nach dem Vordruckmuster USt 1 TG im Original oder in Kopie vorlegt. ⁴Hinsichtlich dieses Musters wird auf das BMF-Schreiben vom 4.1.2011, BStBl. I S. 48, hingewiesen. ⁵Verwendet der Leistungsempfänger einen Nachweis nach dem Vordruckmuster USt 1 TG, ist er als Leistungsempfänger Steuerschuldner, auch wenn er tatsächlich kein Unternehmer ist, der selbst Gebäudereinigungsleistungen erbringt. ⁶Dies gilt nicht, wenn der Leistungsempfänger einen gefälschten Nachweis nach dem Vordruckmuster USt 1 TG verwendet und der leistende Unternehmer hiervon Kenntnis hatte. ⁷Absätze 6, 13, 16 und 18 bis 22 gelten sinngemäß.

13b.6. Lieferungen von Gold

(1) ¹Unter die Umsätze nach § 13b Abs. 2 Nr. 9 UStG (vgl. Absatz 2 Nr. 11) fallen die Lieferung von Gold (einschließlich von platiniertem Gold) oder Goldlegierungen in Rohform oder als Halbzeug mit einem Feingehalt von mindestens 325 Tausendstel und Goldplattierungen mit einem Feingehalt von mindestens 325 Tausendstel und die steuerpflichtigen Lieferungen von Anlagegold mit einem Feingehalt von mindestens 995 Tausendstel nach § 25c Abs. 3 UStG. ²Goldplattierungen sind Waren, bei denen auf einer Metallunterlage auf einer Seite oder auf mehreren Seiten Gold in beliebiger Dicke durch Schweißen, Löten, Warmwalzen oder ähnliche mechanische Verfahren aufgebracht worden ist. ³Zum Umfang der Lieferungen von Anlagegold vgl. Abschnitt 25c.1 Abs. 1 Satz 2, Abs. 2 und 4, zur Möglichkeit der Option zur Umsatzsteuerpflicht bei der Lieferung von Anlagegold vgl. Abschnitt 25c.1 Abs. 5.

Beispiel:

¹Der in Bremen ansässige Goldhändler G überlässt der Scheideanstalt S in Hamburg verunreinigtes Gold mit einem Feingehalt von 500 Tausendstel. ²S trennt vereinbarungsgemäß das verunreinigte Gold in Anlagegold und unedle Metalle und stellt aus dem Anlagegold einen Goldbarren mit einem Feingehalt von 995 Tausendstel her; das hergestellte Gold fällt unter die Position 7108 des Zolltarifs. ³Der entsprechende Goldgewichtsanteil wird G auf einem Anlagegoldkonto gutgeschrieben; G hat nach den vertraglichen Vereinbarungen auch nach der Bearbeitung des Goldes und der Gutschrift auf dem Anlagegoldkonto noch die Verfügungsmacht an dem Gold. ⁴Danach verzichtet G gegen Entgelt auf seinen Herausgabeanspruch des Anlagegolds. ⁵G hat nach § 25c Abs. 3 Satz 2 UStG zur Umsatzsteuerpflicht optiert.

⁶Der Verzicht auf Herausgabe des Anlagegolds gegen Entgelt stellt eine Lieferung des Anlagegolds von G an S dar. ⁷Da G nach § 25c Abs. 3 Satz 2 UStG zur Umsatzsteuerpflicht optiert hat, schuldet S als Leistungsempfänger die Umsatzsteuer für diese Lieferung (§ 13b Abs. 5 Satz 1 in Verbindung mit Abs. 2 Nr. 9 UStG).

13b.7. Lieferungen von Mobilfunkgeräten und integrierten Schaltkreisen[1)]

(1) ¹Mobilfunkgeräte sind Geräte, die zum Gebrauch mittels eines zugelassenen Mobilfunk-Netzes und auf bestimmten Frequenzen hergestellt oder hergerichtet wurden, unabhängig von etwaigen weiteren Nutzungsmöglichkeiten. ²Hiervon werden insbesondere alle Geräte erfasst, mit denen Telekommunikationsleistungen in Form von Sprachübertragung über drahtlose Mobilfunk-Netzwerke in Anspruch genommen werden können, z.B. Telefone zur Verwendung in beliebigen drahtlosen Mobilfunk-Netzwerken (insbesondere für den zellularen Mobilfunk – Mobiltelefone – und Satellitentelefone); hierzu gehören nicht CB-Funkgeräte und Walkie-Talkies. ³Ebenso fällt die Lieferung von kombinierten Produkten (sog. Produktbundle), d.h. gemeinsame Lieferungen von Mobilfunkgeräten und Zubehör zu einem einheitlichen Entgelt, unter die Regelung, wenn die Lieferung des Mobilfunkgeräts die Hauptleistung darstellt. ⁴Die Lieferung von Geräten, die reine Daten übertragen, ohne diese in akustische Signale umzusetzen, fällt dagegen nicht unter die Regelung. ⁵Zum Beispiel gehören daher folgende Gegenstände nicht zu den Mobilfunkgeräten im Sinne von § 13b Abs. 2 Nr. 10 UStG:

1. Navigationsgeräte;
2. Computer, soweit sie eine Sprachübertragung über drahtlose Mobilfunk-Netzwerke nicht ermöglichen (z.B. Tablet-PC);
3. mp3-Player;
4. Spielekonsolen;
5. On-Board-Units.

(2) ¹Ein integrierter Schaltkreis ist eine auf einem einzelnen (Halbleiter-)Substrat (sog. Chip) untergebrachte elektronische Schaltung (elektronische Bauelemente mit Verdrahtung). ²Zu den integrierten Schaltkreisen zählen insbesondere Mikroprozessoren und CPUs (Central Processing Unit, Hauptprozessor einer elektronischen Rechenanlage). ³Die Lieferungen dieser Gegenstände fallen unter die Umsätze im Sinne von § 13b Abs. 2 Nr. 10 UStG (vgl. Absatz 2 Nr. 12), sofern sie (noch) nicht in einen zur Lieferung auf der Einzelhandelsstufe geeigneten Gegenstand (Endprodukt) eingebaut wurden; ein Gegenstand ist für die Lieferung auf der Einzelhandelsstufe insbesondere dann geeignet, wenn er ohne weitere Be- oder Verarbeitung an einen Endverbraucher geliefert werden kann. ⁴Die Voraussetzungen des Satzes 3 erster Halbsatz sind immer dann erfüllt, wenn integrierte Schaltkreise unverbaut an Unternehmer geliefert werden; dies gilt auch dann, wenn unverbaute integrierte Schaltkreise auch an Letztverbraucher abgegeben werden können. ⁵Wird ein integrierter Schaltkreis in einen anderen Gegenstand eingebaut oder verbaut, handelt es sich bei dem weiter gelieferten Wirtschaftsgut nicht mehr um einen integrierten Schaltkreis; in diesem Fall ist es unbeachtlich, ob der weiter gelieferte Gegenstand ein Endprodukt ist und auf der Einzelhandelsstufe gehandelt werden kann.

Beispiel:

¹Der in Halle ansässige Chiphersteller C liefert dem in Erfurt ansässigen Computerhändler A CPUs zu einem Preis von insgesamt 20.000 €. ²Diese werden von C an A unverbaut, d.h. ohne Einarbeitung in ein Endprodukt, übergeben. ³A baut einen Teil der CPUs in Computer ein und bietet den Rest in seinem Geschäft zum Einzelverkauf an. ⁴Im Anschluss liefert A unverbaute CPUs in seinem Geschäft an den Unternehmer U für insgesamt 6.000 €. ⁵Außerdem liefert er Computer mit den eingebauten CPUs an den Einzelhändler E für insgesamt 7.000 €.

⁶A schuldet als Leistungsempfänger der Lieferung des C die Umsatzsteuer nach § 13b Abs. 5 Satz 1 in Verbindung mit Abs. 2 Nr. 10 UStG, weil es sich insgesamt um die Lieferung unverbauter integrierter Schaltkreise handelt; auf die spätere Verwendung durch A kommt es nicht an.

⁷Für die sich anschließende Lieferung der CPUs von A und U schuldet U als Leistungsempfänger die Umsatzsteuer nach § 13b Abs. 5 Satz 1 in Verbindung mit Abs. 2 Nr. 10 UStG, weil es sich insgesamt um die Lieferung unverbauter integrierter Schaltkreise handelt; auf die spätere Verwendung durch U kommt es nicht an.

⁸Für die Lieferung der Computer mit den eingebauten CPUs von A an E schuldet A als leistender Unternehmer die Umsatzsteuer (§ 13a Abs. 1 Nr. 1 UStG), weil Lieferungsgegenstand nicht mehr integrierte Schaltkreise, sondern Computer sind.

---

1) Hinweis auf Anlage § 013b-13 und 14

§ 13b UStAE 13b.7.

[6]Aus Vereinfachungsgründen können bei der Abgrenzung die Gegenstände als integrierte Schaltkreise angesehen werden, die unter die Unterposition 8542 31 90 des Zolltarifs fallen;dies sind insbesondere monolithische und hybride elektronische integrierte Schaltungen mit in großer Dichte angeordneten und als eine Einheit anzusehenden passiven und aktiven Bauelementen, die sich als Prozessoren bzw. Steuer- und Kontrollschaltungen darstellen.

[7]Die Lieferungen folgender Gegenstände fallen beispielsweise nicht unter die in § 13b Abs. 2 Nr. 10 UStG genannten Umsätze, auch wenn sie elektronische Komponenten im Sinne der Sätze 1 und 2 enthalten:

1. Antennen;
2. elektrotechnische Filter;
3. Induktivitäten (passive elektrische oder elektronische Bauelemente mit festem oder einstellbarem Induktivitätswert);
4. Kondensatoren;
5. Sensoren (Fühler).

[8]Als verbaute integrierte Schaltkreise im Sinne des Satzes 5 sind insbesondere die folgenden Gegenstände anzusehen, bei denen der einzelne integrierte Schaltkreis bereits mit anderen Bauteilen verbunden wurde:

1. Platinen, die mit integrierten Schaltkreisen und ggf. mit verschiedenen anderen Bauelementen bestückt sind;
2. Bauteile, in denen mehrere integrierte Schaltkreise zusammengefasst sind;
3. zusammengesetzte elektronische Schaltungen;
4. Platinen, in die integrierte Schaltkreise integriert sind (sog. Chips on board);
5. Speicherkarten mit integrierten Schaltungen (sog. Smart Cards);
6. Grafikkarten, Flashspeicherkarten, Schnittstellenkarten, Soundkarten, Memory-Sticks.

[9]Ebenfalls nicht unter § 13b Abs. 2 Nr. 10 UStG fallen:

1. Verarbeitungseinheiten für automatische Datenverarbeitungsmaschinen, auch mit einer oder zwei der folgenden Arten von Einheiten in einem gemeinsamen Gehäuse: Speichereinheit, Eingabe- und Ausgabeeinheit (Unterposition 8471 50 00 des Zolltarifs);
2. Baugruppen zusammengesetzter elektronischer Schaltungen für automatische Datenverarbeitungsmaschinen oder für andere Maschinen der Position 8471 (Unterposition 8473 30 20 des Zolltarifs);
3. Teile und Zubehör für automatische Datenverarbeitungsmaschinen oder für andere Maschinen der Position 8471 (Unterposition 8473 30 80 des Zolltarifs).

(3) [1]Lieferungen von Mobilfunkgeräten und integrierten Schaltkreisen fallen nur unter die Regelung zur Steuerschuldnerschaft des Leistungsempfängers nach § 13b Abs. 2 Nr. 10 UStG, wenn der Leistungsempfänger ein Unternehmer ist und die Summe der für die steuerpflichtigen Lieferungen dieser Gegenstände in Rechnung zu stellenden Bemessungsgrundlagen mindestens 5.000 € beträgt. [2]Abzustellen ist dabei auf alle im Rahmen eines zusammenhängenden wirtschaftlichen Vorgangs gelieferten Gegenstände der genannten Art. [3]Als Anhaltspunkt für einen wirtschaftlichen Vorgang dient insbesondere die Bestellung, der Auftrag, der Vertrag oder der (Rahmen-)Vertrag mit konkretem Auftragsvolumen. [4]Lieferungen bilden stets einen einheitlichen wirtschaftlichen Vorgang, wenn sie im Rahmen eines einzigen Erfüllungsgeschäfts geführt werden, auch wenn hierüber mehrere Aufträge vorliegen oder mehrere Rechnungen ausgestellt werden.

Beispiel:

[1]Der in Stuttgart ansässige Großhändler G bestellt am 1.7.01 bei dem in München ansässigen Handyhersteller H 900 Mobilfunkgeräte zu einem Preis von insgesamt 45.000 €. [2]Vereinbarungsgemäß liefert H die Mobilfunkgeräte in zehn Tranchen mit je 90 Stück zu je 4.500 € an G aus.

[3]Die zehn Tranchen Mobilfunkgeräte stellen einen zusammenhängenden wirtschaftlichen Vorgang dar, denn die Lieferung der Geräte erfolgte auf der Grundlage einer Bestellung über die Gesamtmenge von 900 Stück. [4]G schuldet daher als Leistungsempfänger die Umsatzsteuer für diese zusammenhängenden Lieferungen (§ 13b Abs. 5 Satz 1 in Verbindung mit Abs. 2 Nr. 10 UStG).

[5]Keine Lieferungen im Rahmen eines zusammenhängenden wirtschaftlichen Vorgangs liegen in folgenden Fällen vor:

1. Lieferungen aus einem Konsignationslager, das der liefernde Unternehmer in den Räumlichkeiten des Abnehmers unterhält, wenn der Abnehmer Mobilfunkgeräte oder integrierte Schaltkreise jederzeit in beliebiger Menge entnehmen kann;

2. Lieferungen auf Grund eines Rahmenvertrags, in dem lediglich Lieferkonditionen und Preise der zu liefernden Gegenstände, nicht aber deren Menge festgelegt wird;
3. Lieferungen im Rahmen einer dauerhaften Geschäftsbeziehung, bei denen Aufträge – ggf. mehrmals täglich – schriftlich, per Telefon, per Telefax oder auf elektronischem Weg erteilt werden, die zu liefernden Gegenstände ggf. auch zusammen ausgeliefert werden, es sich aber bei den Lieferungen um voneinander unabhängige Erfüllungsgeschäfte handelt.

⁶Bei der Anwendung des Satzes 1 bleiben nachträgliche Entgeltminderungen für die Beurteilung der Betragsgrenze von 5.000 € unberücksichtigt; dies gilt auch für nachträgliche Teilrückabwicklungen. ⁷Ist auf Grund der vertraglichen Vereinbarungen nicht absehbar oder erkennbar, ob die Betragsgrenze von 5.000 € für Lieferungen erreicht oder überschritten wird, wird es aus Vereinfachungsgründen nicht beanstandet, wenn die Steuerschuldnerschaft des Leistungsempfängers nach § 13b Abs. 2 Nr. 10 und Abs. 5 Satz 1 UStG angewendet wird, sofern sich beide Vertragspartner über die Anwendung von § 13b UStG einig waren und der Umsatz vom Leistungsempfänger in zutreffender Höhe versteuert wird. ⁸Dies gilt auch dann, wenn sich im Nachhinein herausstellt, dass die Betragsgrenze von 5.000 € nicht überschritten wird.

13b.8. Vereinfachungsregelung

(1) Hat ein Leistungsempfänger für einen an ihn erbrachten Umsatz § 13b Abs. 2 Nr. 4 Satz 1, Nr. 7, Nr. 8 Satz 1 Nr. 9 und Nr. 10 in Verbindung mit Abs. 5 Satz 1 zweiter Halbsatz und Sätze 2 und 3 UStG angewandt, obwohl die Voraussetzungen hierfür fraglich waren oder sich später herausstellt, dass die Voraussetzungen hierfür nicht vorgelegen haben, ist diese Handhabung beim Leistenden und beim Leistungsempfänger nicht zu beanstanden, wenn sich beide Vertragspartner über die Anwendung von § 13b UStG einig waren und der Umsatz vom Leistungsempfänger in zutreffender Höhe versteuert wird.

13b.9. Unfreie Versendungen

(1) ¹Zu den sonstigen Leistungen, für die der Leistungsempfänger die Steuer schuldet (vgl. Abs. 2 Nr. 3), können auch die unfreie Versendung oder die Besorgung einer solchen gehören (§§ 453ff. HGB). ²Eine unfreie Versendung liegt vor, wenn ein Absender einen Gegenstand durch einen Frachtführer oder Verfrachter unfrei zum Empfänger der Frachtsendung befördern oder eine solche Beförderung durch einen Spediteur unfrei besorgen lässt. ³Die Beförderungsleistung wird nicht gegenüber dem Absender, sondern gegenüber dem Empfänger der Frachtsendung abgerechnet. ⁴Nach § 30a UStDV wird der Rechnungsempfänger aus Vereinfachungsgründen unter folgenden Voraussetzungen an Stelle des Absenders zum Steuerschuldner für die Beförderungsleistung bestimmt:

1. Der Gegenstand wird durch einen im Ausland ansässigen Unternehmer befördert oder eine solche Beförderung durch einen im Ausland ansässigen Spediteur besorgt;
2. der Empfänger der Frachtsendung (Rechnungsempfänger) ist ein Unternehmer oder eine juristische Person des öffentlichen Rechts;
3. der Empfänger der Frachtsendung (Rechnungsempfänger) hat die Entrichtung des Entgelts für die Beförderung oder für ihre Besorgung übernommen und
4. aus der Rechnung über die Beförderung oder ihre Besorgung ist auch die in der Nummer 3 bezeichnete Voraussetzung zu ersehen.

⁵Der Rechnungsempfänger erkennt seine Steuerschuldnerschaft anhand der Angaben in der Rechnung (§ 14a UStG und § 30a Satz 1 Nr. 3 UStDV).

Beispiel:

¹Der in Frankreich ansässige Unternehmer F versendet vereinbarungsgemäß einen Gegenstand per Frachtnachnahme durch den ebenfalls in Frankreich ansässigen Beförderungsunternehmer B von Paris nach Stuttgart an den dort ansässigen Unternehmer U. ²B stellt dem U die Beförderungsleistung in Rechnung. ³U verwendet gegenüber B seine deutsche USt-IdNr.

⁴B erbringt eine in Deutschland steuerpflichtige innergemeinschaftliche Güterbeförderung, weil U, der als Leistungsempfänger anzusehen ist (vgl. Abschnitt 3a.2 Abs. 2) ein Unternehmer ist, der die Leistung für sein Unternehmen bezieht (§ 3a Abs. 2 Satz 1 UStG). ⁵U schuldet damit auch die Umsatzsteuer für diese Beförderungsleistung (§ 13b Abs. 9 UStG, § 30a UStDV).

13b.10. Ausnahmen

(1) ¹§ 13b Abs. 1 bis 5 UStG findet keine Anwendung, wenn die Leistung des im Ausland ansässigen Unternehmers in einer Personenbeförderung im Gelegenheitsverkehr mit nicht im Inland zugelassenen Kraftomnibussen besteht und bei der eine Grenze zum Drittland überschritten wird (§ 13b Abs. 6 Nr. 1 UStG). ²Dies gilt auch, wenn die Personenbeförderung mit einem Taxi durchgeführt worden ist (§ 13b

Abs. 6 Nr. 2 UStG). ³Der Unternehmer hat diese Beförderungen im Wege der Beförderungseinzelbesteuerung (§ 16 Abs. 5 UStG, § 18 Abs. 5 UStG) oder im allgemeinen Besteuerungsverfahren zu versteuern. ⁴§ 13b Abs. 1 bis 5 UStG findet ebenfalls keine Anwendung, wenn die Leistung des im Ausland ansässigen Unternehmers in einer grenzüberschreitenden Personenbeförderung im Luftverkehr besteht (§ 13b Abs. 6 Nr. 3 UStG).

(2) ¹§ 13b Abs. 1 bis 5 UStG findet auch keine Anwendung, wenn die Leistung des im Ausland ansässigen Unternehmers in der Einräumung der Eintrittsberechtigung für Messen, Ausstellungen und Kongresse im Inland besteht (§ 13b Abs. 6 Nr. 4 UStG). ²Unter die Umsätze, die zur Einräumung der Eintrittsberechtigung für Messen, Ausstellungen und Kongresse gehören, fallen insbesondere Leistungen, für die der Leistungsempfänger Kongress-, Teilnehmer- oder Seminarentgelte entrichtet, sowie damit im Zusammenhang stehende Nebenleistungen, wie z.B. Beförderungsleistungen, Vermietung von Fahrzeugen oder Unterbringung, wenn diese Leistungen vom Veranstalter der Messe, der Ausstellung oder des Kongresses zusammen mit der Einräumung der Eintrittsberechtigung als einheitliche Leistung (vgl. Abschnitt 3.10) angeboten werden.

(3) ¹Im Rahmen von Messen und Ausstellungen werden auch Gemeinschaftsausstellungen durchgeführt, z.B. von Ausstellern, die in demselben ausländischen Staat ansässig sind. ²Vielfach ist in diesen Fällen zwischen dem Veranstalter und den Ausstellern ein Unternehmen eingeschaltet, das im eigenen Namen die Gemeinschaftsausstellung organisiert (Durchführungsgesellschaft). ³In diesen Fällen erbringt der Veranstalter sonstige Leistungen an die zwischengeschaltete Durchführungsgesellschaft. ⁴Diese erbringt die sonstigen Leistungen an die an der Gemeinschaftsausstellung beteiligten Aussteller. ⁵§ 13b Abs. 1 bis 5 UStG findet keine Anwendung, wenn die im Ausland ansässige Durchführungsgesellschaft sonstige Leistungen an im Ausland ansässige Unternehmer erbringt, soweit diese Leistung im Zusammenhang mit der Veranstaltung von Messen und Ausstellungen im Inland steht (§ 13b Abs. 6 Nr. 5 UStG). ⁶Für ausländische staatliche Stellen, die mit der Organisation von Gemeinschaftsausstellungen im Rahmen von Messen und Ausstellungen beauftragt worden sind, gelten die Ausführungen in den Sätzen 1 bis 5 entsprechend, sofern die betreffende ausländische staatliche Stelle von den einzelnen Ausstellern ihres Landes Entgelte in der Regel in Abhängigkeit von der beanspruchten Ausstellungsfläche erhebt und deshalb insoweit als Unternehmer anzusehen ist.

(4) § 13b Abs. 1 bis 5 UStG findet ebenfalls keine Anwendung, wenn die Leistung des im Ausland ansässigen Unternehmers in der Abgabe von Speisen und Getränken zum Verzehr an Ort und Stelle (Restaurationsleistung) besteht, wenn diese Abgabe an Bord eines Schiffs, in einem Luftfahrzeug oder in einer Eisenbahn erfolgt (§ 13b Abs. 6 Nr. 6 UStG).

13b.11. Im Ausland bzw. im übrigen Gemeinschaftsgebiet ansässiger Unternehmer

(1) ¹Ein im Ausland ansässiger Unternehmer im Sinne des § 13b Abs. 7 UStG ist ein Unternehmer, der weder im Inland (§ 1 Abs. 2 UStG) noch auf der Insel Helgoland oder in einem der in § 1 Abs. 3 UStG bezeichneten Gebiete einen Wohnsitz, seinen Sitz, seine Geschäftsleitung oder eine Betriebsstätte hat (§ 13b Abs. 7 Satz 1 erster Halbsatz UStG). ²Ein im übrigen Gemeinschaftsgebiet ansässiger Unternehmer ist ein Unternehmer, der in den Gebieten der übrigen Mitgliedstaaten der Europäischen Gemeinschaft, die nach dem Gemeinschaftsrecht als Inland dieser Mitgliedstaaten gelten, einen Wohnsitz, einen Sitz, eine Geschäftsleitung oder eine Betriebsstätte hat (§ 13b Abs. 7 Satz 1 zweiter Halbsatz UStG). ³Hat der Unternehmer im Inland eine Betriebsstätte (vgl. Abschnitt 3a.1 Abs. 3) und führt er einen Umsatz nach § 13b Abs. 1 oder Abs. 2 Nr. 1 oder Nr. 5 UStG aus, gilt er hinsichtlich dieses Umsatzes als im Ausland oder im übrigen Gemeinschaftsgebiet ansässig, wenn der Umsatz nicht von dieser Betriebsstätte ausgeführt wird (§ 13b Abs. 7 Satz 2 UStG). ⁴Dies ist regelmäßig dann der Fall, wenn der Unternehmer hierfür nicht die technische und personelle Ausstattung dieser Betriebsstätte nutzt. ⁵Nicht als Nutzung der technischen und personellen Ausstattung der Betriebsstätte gelten unterstützende Arbeiten durch die Betriebsstätte wie Buchhaltung, Rechnungsausstellung oder Einziehung von Forderungen. ⁶Stellt der leistende Unternehmer die Rechnung aber unter Angabe der der Betriebsstätte erteilten USt-IdNr. aus, gilt die Betriebsstätte als an dem Umsatz beteiligt, so dass der Unternehmer als im Inland ansässig anzusehen ist (vgl. Artikel 53 der MwStVO). ⁷Hat der Unternehmer seinen Sitz im Inland und wird ein im Inland steuerbarer und steuerpflichtiger Umsatz vom Ausland aus, z.B. von einer Betriebsstätte, erbracht, ist der Unternehmer als im Inland ansässig zu betrachten, selbst wenn der Sitz des Unternehmens an diesem Umsatz nicht beteiligt war (vgl. Artikel 54 der MwStVO).

(2) ¹Für die Frage, ob ein Unternehmer im Ausland bzw. im übrigen Gemeinschaftsgebiet ansässig ist, ist der Zeitpunkt maßgebend, in dem die Leistung ausgeführt wird (§ 13b Abs. 7 Satz 3 UStG); dieser Zeitpunkt ist auch dann maßgebend, wenn das Merkmal der Ansässigkeit im Ausland bzw. im übrigen Gemeinschaftsgebiet bei Vertragsabschluss noch nicht vorgelegen hat. ²Unternehmer, die ein im Inland

gelegenes Grundstück besitzen und steuerpflichtig vermieten, sind insoweit als im Inland ansässig zu behandeln. ³Sie haben diese Umsätze im allgemeinen Besteuerungsverfahren zu erklären. ⁴Der Leistungsempfänger schuldet nicht die Steuer für diese Umsätze. ⁵Die Tatsache, dass ein Unternehmer bei einem Finanzamt im Inland umsatzsteuerlich geführt wird, ist kein Merkmal dafür, dass er im Inland ansässig ist. ⁶Das Gleiche gilt grundsätzlich, wenn dem Unternehmer eine deutsche USt-IdNr. erteilt wurde. ⁷Zur Frage der Ansässigkeit bei Organschaftsverhältnissen vgl. Abschnitt 2.9.

(3) ¹Ist es für den Leistungsempfänger nach den Umständen des Einzelfalls ungewiss, ob der leistende Unternehmer im Zeitpunkt der Leistungserbringung im Inland ansässig ist – z.B. weil die Standortfrage in rechtlicher oder tatsächlicher Hinsicht unklar ist oder die Angaben des leistenden Unternehmers zu Zweifeln Anlass geben –, schuldet der Leistungsempfänger die Steuer nur dann nicht, wenn ihm der leistende Unternehmer durch eine Bescheinigung des nach den abgabenrechtlichen Vorschriften für die Besteuerung seiner Umsätze zuständigen Finanzamts nachweist, dass er kein Unternehmer im Sinne des § 13b Abs. 7 Satz 1 UStG ist (§ 13b Abs. 7 Satz 4 UStG). ²Die Bescheinigung hat der leistende Unternehmer bei dem für ihn zuständigen Finanzamt zu beantragen. ³Soweit erforderlich hat er hierbei in geeigneter Weise darzulegen, dass er im Inland ansässig ist. ⁴Die Bescheinigung nach § 13b Abs. 7 Satz 4 UStG ist vom zuständigen Finanzamt nach dem Muster USt 1 TS zu erteilen. ⁵Hinsichtlich dieses Musters wird auf das BMF-Schreiben vom 21.7.2010, BStBl. I S. 626, sowie auf ggf. spätere hierzu im BStBl. Teil I veröffentlichte BMF-Schreiben hingewiesen.

(4) ¹Die Gültigkeitsdauer der Bescheinigung (Absatz 30) ist auf ein Jahr beschränkt. ²Ist nicht auszuschließen, dass der leistende Unternehmer für eine kürzere Dauer als ein Jahr im Inland ansässig bleibt, hat das Finanzamt die Gültigkeit der Bescheinigung entsprechend zu befristen.

13b.12. Entstehung der Steuer

(1) ¹Für die in Absatz 2 Nr. 1 bezeichneten steuerpflichtigen Umsätze entsteht die Steuer mit Ablauf des Voranmeldungszeitraums, in dem die Leistungen ausgeführt worden sind (§ 13b Abs. 1 UStG). ²§ 13 Abs. 1 Nr. 1 Buchstabe a Sätze 2 und 3 UStG gilt entsprechend (§ 13b Abs. 4 Satz 1 UStG).

(2) ¹Für die in Absatz 2 Nr. 2 bis 12 bezeichneten steuerpflichtigen Umsätze entsteht die Steuer mit Ausstellung der Rechnung, spätestens jedoch mit Ablauf des der Ausführung der Leistung folgenden Kalendermonats (§ 13b Abs. 2 UStG). ²§ 13 Abs. 1 Nr. 1 Buchstabe a Sätze 2 und 3 UStG gilt entsprechend (§ 13b Abs. 4 Satz 1 UStG).

Beispiel:

¹Der in Belgien ansässige Unternehmer B führt am 18.3. des Jahres 1 in Köln eine Werklieferung (Errichtung und Aufbau eines Messestandes) an seinen deutschen Abnehmer D aus. ²Die Rechnung über diesen im Inland steuerpflichtigen Umsatz, für den D als Leistungsempfänger die Steuer schuldet, erstellt B am 15.4. des Jahres 1. ³Sie geht D am 17.4. des Jahres 1 zu. ⁴D hat monatliche Umsatzsteuer-Voranmeldungen abzugeben.

⁵Die Steuer entsteht mit Ablauf des Monats, in dem die Rechnung ausgestellt worden ist, das ist mit Ablauf des Monats April des Jahres 1. ⁶D hat den Umsatz in seiner Umsatzsteuer-Voranmeldung April des Jahres 1 anzumelden. ⁷Dies würde auch dann gelten, wenn die Rechnung erst im Mai des Jahres 1 erstellt oder erst in diesem Monat bei D angekommen wäre.

(3) Abweichend von § 13b Abs. 1 und 2 Nr. 1 UStG entsteht die Steuer für sonstige Leistungen, die dauerhaft über einen Zeitraum von mehr als einem Jahr erbracht werden, spätestens mit Ablauf eines jeden Kalenderjahres, in dem sie tatsächlich erbracht werden (§ 13b Abs. 3 UStG).

(4) ¹Wird das Entgelt oder ein Teil des Entgelts vereinnahmt, bevor die Leistung oder Teilleistung ausgeführt worden ist, entsteht insoweit die Steuer mit Ablauf des Voranmeldungszeitraums, in dem das Entgelt oder das Teilentgelt vereinnahmt worden ist (§ 13b Abs. 4 Satz 2 UStG). ²Aus Vereinfachungsgründen ist es nicht zu beanstanden, wenn der Leistungsempfänger die Steuer auf das Entgelt oder Teilentgelt bereits in dem Voranmeldungszeitraum anmeldet, in dem die Beträge von ihm verausgabt werden. ³In den Fällen des Absatzes 2 Nr. 12 ist auch im Fall einer Anzahlungsrechnung für die Prüfung der Betragsgrenze von 5.000 € auf den gesamten wirtschaftlichen Vorgang und nicht auf den Betrag in der Anzahlungsrechnung abzustellen.

13b.13. Bemessungsgrundlage und Berechnung der Steuer

(1) ¹In den Fällen, in denen der Leistungsempfänger die Steuer schuldet, ist Bemessungsgrundlage der in der Rechnung oder Gutschrift ausgewiesene Betrag (Betrag ohne Umsatzsteuer); zur Bemessungsgrundlage für steuerpflichtige Umsätze, die unter das GrEStG fallen, vgl. Abschnitt 10.1 Abs. 7 Sätze 6 und 7. ²Die Umsatzsteuer ist von diesem Betrag vom Leistungsempfänger zu berechnen (vgl. Absätze 39 und 40). ³Bei tauschähnlichen Umsätzen mit oder ohne Baraufgabe ist § 10 Abs. 2 Sätze 2 und 3 UStG anzuwenden. ⁴Die Mindestbemessungsgrundlage nach § 10 Abs. 5 UStG ist auch bei Leistungen eines im

Ausland bzw. im übrigen Gemeinschaftsgebiet ansässigen Unternehmers zu beachten. ⁵Ist der Leistungsempfänger Steuerschuldner nach § 13b Abs. 5 UStG, hat er die Bemessungsgrund-lage für den Umsatz nach § 10 Abs. 5 UStG zu ermitteln.

(2) Im Zwangsversteigerungsverfahren ist das Meistgebot der Berechnung als Nettobetrag zu Grunde zu legen.

(3) Werden sicherungsübereignete Gegenstände durch den Sicherungsgeber an den Sicherungsnehmer außerhalb des Insolvenzverfahrens geliefert und sind bei dieser Lieferung die Voraussetzungen des § 25a UStG erfüllt, hat der Sicherungsnehmer die Bemessungsgrundlage nach § 25a Abs. 3 UStG und die Steuer nach § 12 Abs. 1 UStG zu berechnen.

(4) ¹Der Leistungsempfänger hat bei der Steuerberechnung den Steuersatz zu Grunde zu legen, der sich für den maßgeblichen Umsatz nach § 12 UStG ergibt. ²Das gilt auch in den Fällen, in denen der Leistungsempfänger die Besteuerung nach § 19 Abs. 1 oder § 24 Abs. 1 UStG anwendet (§ 13b Abs. 8 UStG). ³Ändert sich die Bemessungsgrundlage, gilt § 17 Abs. 1 Sätze 1 bis 4 UStG in den Fällen des § 13b UStG sinngemäß.

13b.14. Rechnungserteilung

(1) ¹Führt der Unternehmer Umsätze im Sinne des § 13b Abs. 1 und 2 UStG aus, für die der Leistungsempfänger nach § 13b Abs. 5 UStG die Steuer schuldet, ist er zur Ausstellung von Rechnungen verpflichtet (§ 14a Abs. 5 Satz 1 UStG), in denen die Steuer nicht gesondert ausgewiesen ist (§ 14a Abs. 5 Satz 3 UStG). ²Auch eine Gutschrift ist eine Rechnung (§ 14 Abs. 2 Satz 3 UStG). ³Neben den übrigen Angaben nach § 14 Abs. 4 UStG ist in den Rechnungen auf die Steuerschuldnerschaft des Leistungsempfängers hinzuweisen (§ 14a Abs. 5 Satz 2 UStG). ⁴Fehlt dieser Hinweis in der Rechnung, wird der Leistungsempfänger von der Steuerschuldnerschaft nicht entbunden. ⁵Weist der leistende Unternehmer die Steuer in der Rechnung gesondert aus, wird diese Steuer von ihm nach § 14c Abs. 1 UStG geschuldet.

(4¹) ¹Der leistende Unternehmer und der Leistungsempfänger haben ein Doppel der Rechnung zehn Jahre aufzubewahren. ²Die Aufbewahrungsfrist beginnt mit dem Schluss des Kalenderjahres, in dem die Rechnung ausgestellt worden ist (§ 14b Abs. 1 UStG).

13b.15. Vorsteuerabzug des Leistungsempfängers

(1) ¹Der Leistungsempfänger kann die von ihm nach § 13b Abs. 5 UStG geschuldete Umsatzsteuer als Vorsteuer abziehen, wenn er die Lieferung oder sonstige Leistung für sein Unternehmen bezieht und zur Ausführung von Umsätzen verwendet, die den Vorsteuerabzug nicht ausschließen. ²Soweit die Steuer auf eine Zahlung vor Ausführung dieser Leistung entfällt, ist sie bereits abziehbar, wenn die Zahlung geleistet worden ist (§ 15 Abs. 1 Satz 1 Nr. 4 UStG).

(2) Erteilt der leistende Unternehmer dem Leistungsempfänger eine Rechnung, in der er entgegen § 14a Abs. 5 UStG keinen Hinweis auf die Steuerschuldnerschaft des Leistungsempfängers aufnimmt (vgl. Absatz 40), ist dem Leistungsempfänger dennoch der Vorsteuerabzug unter den weiteren Voraussetzungen des § 15 UStG zu gewähren, da nach § 15 Abs. 1 Satz 1 Nr. 4 UStG das Vorliegen einer Rechnung nach §§ 14, 14a UStG nicht Voraussetzung für den Abzug der nach § 13b Abs. 5 UStG geschuldeten Steuer als Vorsteuer ist.

(3) ¹Liegt dem Leistungsempfänger im Zeitpunkt der Erstellung der Voranmeldung bzw. Umsatzsteuererklärung für das Kalenderjahr, in der der Umsatz anzumelden ist, für den der Leistungsempfänger die Steuer schuldet, keine Rechnung vor, muss er die Bemessungsgrundlage ggf. schätzen. ²Die von ihm angemeldete Steuer kann er im gleichen Besteuerungszeitraum unter den weiteren Voraussetzungen des § 15 UStG als Vorsteuer abziehen.

(4) ¹Soweit an nicht im Inland ansässige Unternehmer Umsätze ausgeführt werden, für die diese die Steuer nach § 13b Abs. 5 UStG schulden, haben sie die für Vorleistungen in Rechnung gestellte Steuer im allgemeinen Besteuerungsverfahren und nicht im Vorsteuer-Vergütungsverfahren als Vorsteuer geltend zu machen.

Beispiel:

¹Der in Frankreich ansässige Unternehmer A wird von dem ebenfalls in Frankreich ansässigen Unternehmer B beauftragt, eine Maschine nach Frankfurt zu liefern und dort zu montieren. ²Der Lieferort soll sich nach § 3 Abs. 7 UStG richten.

³In diesem Fall erbringt A im Inland eine steuerpflichtige Werklieferung an B (§ 13b Abs. 2 Nr. 1 UStG). ⁴Die Umsatzsteuer für diese Werklieferung schuldet B (§ 13b Abs. 5 Satz 1 UStG). ⁵Unter den weiteren Voraussetzungen des § 15 UStG kann B im allgemeinen Besteuerungsverfahren die nach § 13b Abs. 5 Satz 1 UStG geschuldete Steuer und die für Vorleistungen an ihn in Rechnung gestellte Steuer als Vorsteuer abziehen (§ 15 Abs. 1 Satz 1 Nr. 1 und 4 UStG).

²Für Unternehmer, die nicht im Gemeinschaftsgebiet ansässig sind, und nur Steuer nach § 13b UStG schulden, gelten die Einschränkungen des § 18 Abs. 9 Sätze 4 und 5 UStG entsprechend (§ 15 Abs. 4b UStG). ³Satz 2 gilt nicht, wenn Unternehmer, die nicht im Gemeinschaftsgebiet ansässig sind, auch steuerpflichtige Umsätze im Inland ausführen, für die sie oder ein anderer die Steuer schulden.

(5) Der Unternehmer kann bei Vorliegen der weiteren Voraussetzungen des § 15 UStG den Vorsteuerabzug in der Voranmeldung oder in der Umsatzsteuererklärung für das Kalenderjahr geltend machen, in der er den Umsatz zu versteuern hat (vgl. § 13b Abs. 1 und 2 UStG).

13b.16. Steuerschuldnerschaft des Leistungsempfängers und allgemeines Besteuerungsverfahren

(1) ¹Voranmeldungen (§ 18 Abs. 1 und 2 UStG) und eine Umsatzsteuererklärung für das Kalenderjahr (§ 18 Abs. 3 und 4 UStG) haben auch Unternehmer und juristische Personen abzugeben, soweit sie als Leistungsempfänger ausschließlich eine Steuer nach § 13b Abs. 5 UStG zu entrichten haben (§ 18 Abs. 4a Satz 1 UStG). ²Voranmeldungen sind nur für die Voranmeldungszeiträume abzugeben, in denen die Steuer für die Umsätze im Sinne des § 13b Abs. 1 und 2 UStG zu erklären ist (§ 18 Abs. 4a Satz 2 UStG). ³Die Anwendung des § 18 Abs. 2a UStG ist ausgeschlossen.

(2) ¹Hat der im Ausland bzw. im übrigen Gemeinschaftsgebiet ansässige Unternehmer im Besteuerungszeitraum oder Voranmeldungszeitraum nur Umsätze ausgeführt, für die der Leistungsempfänger die Steuer schuldet (§ 13b Abs. 5 UStG), sind von ihm nur dann Steueranmeldungen abzugeben, wenn er selbst als Leistungsempfänger eine Steuer nach § 13b UStG schuldet, er eine Steuer nach § 14c UStG schuldet oder wenn ihn das Finanzamt hierzu besonders auffordert. ²Das Finanzamt hat den Unternehmer insbesondere in den Fällen zur Abgabe von Steueranmeldungen aufzufordern, in denen es zweifelhaft ist, ob er tatsächlich nur Umsätze ausgeführt hat, für die der Leistungsempfänger die Steuer schuldet. ³Eine Besteuerung des im Ausland bzw. im übrigen Gemeinschaftsgebiet ansässigen Unternehmers nach § 16 und § 18 Abs. 1 bis 4 UStG ist jedoch nur dann durchzuführen, wenn er im Inland steuerpflichtige Umsätze ausgeführt hat, für die der Leistungsempfänger die Steuer nicht schuldet.

(3) ¹Bei der Besteuerung des im Ausland bzw. im übrigen Gemeinschaftsgebiet ansässigen Unternehmers nach § 16 und § 18 Abs. 1 bis 4 UStG sind die Umsätze, für die der Leistungsempfänger die Steuer schuldet, nicht zu berücksichtigen. ²Ferner bleiben die Vorsteuerbeträge unberücksichtigt, die im Vorsteuer-Vergütungsverfahren (§ 18 Abs. 9 UStG, §§ 59 bis 61a UStDV) vergütet wurden. ³Die danach verbleibenden Vorsteuerbeträge sind ggf. durch Vorlage der Rechnungen und Einfuhrbelege nachzuweisen. ⁴Abschnitt 15.11 Abs. 1 gilt sinngemäß. ⁵Das Finanzamt hat die vorgelegten Rechnungen und Einfuhrbelege durch Stempelaufdruck oder in anderer Weise zu entwerten und dem Unternehmer zurückzusenden.

(4) Hat der im Ausland bzw. im übrigen Gemeinschaftsgebiet ansässige Unternehmer im Besteuerungszeitraum oder im Voranmeldungszeitraum nur Umsätze ausgeführt, für die der Leistungsempfänger die Steuer schuldet, und kommt deshalb das allgemeine Besteuerungsverfahren nach § 16 und § 18 Abs. 1 bis 4 UStG nicht zur Anwendung, können die nach § 15 UStG abziehbaren Vorsteuerbeträge unter den weiteren Voraussetzungen nur im Vorsteuer-Vergütungsverfahren (§ 18 Abs. 9 UStG, §§ 59 bis 61a UStDV) vergütet werden.

13b.17. Aufzeichnungspflichten

(1) ¹Neben den allgemeinen Aufzeichnungspflichten nach § 22 UStG müssen in den Fällen des § 13b Abs. 1 bis 5 UStG beim Leistungsempfänger die in § 22 Abs. 2 Nr. 1 und 2 UStG enthaltenen Angaben über die an ihn ausgeführten oder noch nicht ausgeführten Lieferungen und sonstigen Leistungen aus den Aufzeichnungen zu ersehen sein. ²Auch der leistende Unternehmer hat diese Angaben gesondert aufzuzeichnen (§ 22 Abs. 2 Nr. 8 UStG). ³Die Verpflichtung, zur Feststellung der Steuer und der Grundlagen ihrer Berechnung Aufzeichnungen zu machen, gilt in den Fällen der Steuerschuldnerschaft des Leistungsempfängers auch für Personen, die nicht Unternehmer sind (§ 22 Abs. 1 Satz 2 UStG); z.B. Bezug einer Leistung für den nichtunternehmerischen Bereich des Unternehmers oder den Hoheitsbereich einer juristischen Person des öffentlichen Rechts.

13b.18. Übergangsregelungen

(1) ¹Zur Übergangsregelung in § 27 Abs. 4 UStG vgl. BMF-Schreiben vom 5.12.2001, BStBl. I S. 1013. ²Zur Übergangsregelung bei der Anwendung der Erweiterung des § 13b UStG ab 1.4.2004 auf alle Umsätze, die unter das GrEStG fallen, und auf bestimmte Bauleistungen vgl. BMF-Schreiben vom 31.3.2004, BStBl. I S. 453, und vom 2.12.2004, BStBl. I S. 1129. ³Zur Übergangsregelung bei der Anwendung der Erweiterung der Ausnahmen, in denen die Steuerschuldnerschaft des Leistungsempfängers nicht anzuwenden ist, ab 1.1.2007 bei Messen, Ausstellungen und Kongressen vgl. BMF-Schreiben vom 20.12.2006, BStBl. I S. 796. ⁴Zur Übergangsregelung bei der Abgrenzung des Begriffs des Unter-

§ 13b UStAE 13b.18.

nehmers, der selbst Bauleistungen erbringt, vgl. BMF-Schreiben vom 16.10.2009, BStBl. I S. 1298. [5]Zum Übergang auf die Anwendung der Erweiterung des § 13b UStG ab 1.1.2011 auf Lieferungen von Kälte und Wärme, Lieferungen der in der Anlage 3 des UStG bezeichneten Gegenstände und bestimmte Lieferungen von Gold sowie zur Übergangsregelung bei der Anwendung der Erweiterung des § 13b UStG ab 1.1.2011 auf Gebäudereinigungsleistungen vgl. BMF-Schreiben vom 4.2.2011, BStBl. I S. 156. [6]Zum Übergang auf die Anwendung der Erweiterung des § 13b UStG ab 1.7.2011 auf bestimmte Lieferungen von Mobilfunkgeräten und integrierten Schaltkreisen vgl. BMF-Schreiben vom 24.6.2011, BStBl. I S. 687, und Teil II des BMF-Schreibens vom 22.9.2011, BStBl. I S. 910.

Verwaltungsregelungen zu § 13b

Datum	Anlage	Quelle	Inhalt
	§ 13b-01		nicht belegt
25.04.02	§ 13b-02	OFD Fra	Inländische Kanzlei einer ausländischen Rechtsanwaltssozietät als inländischer Unternehmer
01.04.03	§ 13b-03	OFD Fra	Inländische Leistungen ausländischer Betriebsstätten; keine Anwendung der Steuerschuldnerschaft des Leistungsempfängers (§ 13b UStG)
	§ 13b-04		nicht belegt
02.12.04	§ 13b-05	BMF	Erweiterung der Steuerschuldnerschaft des Leistungsempfängers (§ 13b UStG) auf bestimmte Bauleistungen
21.07.10	§ 13b-06	BMF	Steuerschuldnerschaft des Leistungsempfängers (§ 13b UStG); Vordruckmuster USt 1 TS – Bescheinigung über die Ansässigkeit im Inland (§ 13b Abs. 7 Satz 4 UStG)
28.07.05	§ 13b-07	OFD Fra	Steuerschuldnerschaft bei Bauleistungen an Erschließungsträger; Prüfung der Nachhaltigkeit bei der Erbringung von Bauleistungen durch den Leistungsempfänger
23.01.06	§ 13b-08	BMF	Steuerschuldnerschaft des Leistungsempfängers bei Wartungsarbeiten
20.12.06	§ 13b-09	BMF	Steuerschuldnerschaft bei Messen, Ausstellungen und Kongressen (§ 13b Abs. 3 Nr. 4 und 5 UStG)
16.10.09	§ 13b-10	BMF	Steuerschuldnerschaft eines Leistungsempfängers nach § 13b Abs. 2 Satz 2 UStG, der selbst Bauleistungen erbringt
04.01.11	§ 13b-11	BMF	Vordruckmuster für den Nachweis zur Steuerschuldnerschaft des Leistungsempfängers bei der Reinigung von Gebäuden und Gebäudeteilen
04.02.11	§ 13b-12	BMF	Änderungen der Steuerschuldnerschaft des Leistungsempfängers (§ 13b UStG) durch das Jahressteuergesetz 2010 – Anpassung des Abschnitts 13b.1 UStAE
24.07.11	§ 13b-13	BMF	Erweiterung der Steuerschuldnerschaft des Leistungsempfängers (§ 13b UStG) auf bestimmte Lieferungen von Mobilfunkgeräten und integrierten Schaltkreisen – Anpassung des Abschnitts 13b.1 UStAE
22.09.11	§ 13b-14	BMF	Erweiterung der Steuerschuldnerschaft des Leistungsempfängers (§ 13b UStG) auf bestimmte Lieferungen von Mobilfunkgeräten und integrierten Schaltkreisen – Überarbeitung insbesondere von Abschnitt 13b.1 Abs. 22j und 22k UStAE
02.12.11	§ 13b-15	BMF	Steuerschuldnerschaft des Leistungsempfängers (§ 13b UStG); Vordruckmuster USt 1 TS – Bescheinigung über die Ansässigkeit im Inland (§ 13b Abs. 7 Satz 4 UStG)
13.01.12	§ 13b-16	BMF	Steuerschuldnerschaft eines Leistungsempfängers nach § 13b Abs. 2 Satz 2 UStG, der selbst Bauleistungen erbringt – BFH-Vorlagebeschluss vom 30. Juni 2011, V R 37/10 (BStBl. II S. 842)

§ 13b

Rechtsprechungsauswahl

BFH vom 30.06.2011 – V R 37/10, BStBl. 2011 II S. 842: EuGH-Vorlage zu den Voraussetzungen des Übergangs der Steuerschuld nach § 13b UStG – Vereinbarkeit mit der Ermächtigung des Rates vom 30. März 2004 2004/290/EG.[1)]

Dem EuGH werden folgende Fragen zur Vorabentscheidung vorgelegt:
1. Umfasst der Begriff der Bauleistungen i.S. von Art. 2 Nr. 1 der Ermächtigung 2004/290/EG neben Dienstleistungen auch Lieferungen?
2. Falls sich die Ermächtigung zur Bestimmung des Leistungsempfängers als Steuerschuldner auch auf Lieferungen erstreckt:

    Ist der ermächtigte Mitgliedstaat berechtigt, die Ermächtigung nur teilweise für bestimmte Untergruppen wie einzelne Arten von Bauleistungen und für Leistungen an bestimmte Leistungsempfänger auszuüben?
3. Falls der Mitgliedstaat zu einer Untergruppenbildung berechtigt ist: Bestehen für den Mitgliedstaat Beschränkungen bei der Untergruppenbildung?
4. Falls der Mitgliedstaat zu einer Untergruppenbildung allgemein (siehe oben Frage 2) oder aufgrund nicht beachteter Beschränkungen (siehe oben Frage 3) nicht berechtigt ist:
    a) Welche Rechtsfolgen ergeben sich aus einer unzulässigen Untergruppenbildung?
    b) Führt eine unzulässige Untergruppenbildung dazu, dass die Vorschrift des nationalen Rechts nur zugunsten einzelner Steuerpflichtiger oder allgemein nicht anzuwenden ist?

BFH vom 30.06.2010 – XI R 5/08, BStBl. 2011 II S. 144: EuGH-Vorlage zum unionsrechtlichen Begriff der „Ansässigkeit" des Steuerpflichtigen.

Dem EuGH wird folgende Frage zur Vorabentscheidung vorgelegt:

Ist ein Steuerpflichtiger bereits dann ein „im Ausland ansässiger Steuerpflichtiger" i.S. des Art. 21 Abs. 1 Buchst. b der Richtlinie 77/388/EWG, wenn er den Sitz seiner wirtschaftlichen Tätigkeit im Ausland hat, oder muss als weitere Voraussetzung hinzukommen, dass er seinen privaten Wohnsitz nicht im Inland hat?

BFH vom 19.07.2007 – V B 222/06, BStBl. 2008 II S. 163: Voraussetzungen des § 13b Abs. 1 Satz 1 Nr. 2 UStG: „Lieferung außerhalb des Insolvenzverfahrens".
1. Die Veräußerung eines sicherungsübereigneten Gegenstands durch den Sicherungsnehmer an einen Dritten führt zu einem sog. Doppelumsatz, nämlich zu einer Lieferung des Sicherungsnehmers an den Erwerber (Dritten) und zugleich zu einer Lieferung des Sicherungsgebers an den Sicherungsnehmer.
2. Hat der Sicherungsnehmer einen sicherungsübereigneten Gegenstand vor Eröffnung des Insolvenzverfahrens in Besitz genommen, aber erst nach der Eröffnung verwertet, liegt keine „Lieferung eines sicherungsübereigneten Gegenstands durch den Sicherungsgeber an den Sicherungsnehmer außerhalb des Insolvenzverfahrens" i.S. des § 13b Abs. 1 Satz 1 Nr. 2 UStG vor.

[1)] Hinweis auf Anlage § 013b-16

§ 13c

§ 13c[1]) **Haftung bei Abtretung, Verpfändung oder Pfändung von Forderungen**

(1) Soweit der leistende Unternehmer den Anspruch auf die Gegenleistung für einen steuerpflichtigen Umsatz im Sinne des § 1 Abs. 1 Nr. 1 an einen anderen Unternehmer abgetreten und die festgesetzte Steuer, bei deren Berechnung dieser Umsatz berücksichtigt worden ist, bei Fälligkeit nicht oder nicht vollständig entrichtet hat, haftet der Abtretungsempfänger nach Maßgabe des Absatzes 2 für die in der Forderung enthaltene Umsatzsteuer, soweit sie im vereinnahmten Betrag enthalten ist. Ist die Vollziehung der Steuerfestsetzung in Bezug auf die in der abgetretenen Forderung enthaltene Umsatzsteuer gegenüber dem leistenden Unternehmer ausgesetzt, gilt die Steuer insoweit als nicht fällig. Soweit der Abtretungsempfänger die Forderung an einen Dritten abgetreten hat, gilt sie in voller Höhe als vereinnahmt.

(2) Der Abtretungsempfänger ist ab dem Zeitpunkt in Anspruch zu nehmen, in dem die festgesetzte Steuer fällig wird, frühestens ab dem Zeitpunkt der Vereinnahmung der abgetretenen Forderung. Bei der Inanspruchnahme nach Satz 1 besteht abweichend von § 191 der Abgabenordnung kein Ermessen. Die Haftung ist der Höhe nach begrenzt auf die im Zeitpunkt der Fälligkeit nicht entrichtete Steuer. Soweit der Abtretungsempfänger auf die nach Absatz 1 Satz 1 festgesetzte Steuer Zahlungen im Sinne des § 48 der Abgabenordnung geleistet hat, haftet er nicht.

(3) Die Absätze 1 und 2 gelten bei der Verpfändung oder der Pfändung von Forderungen entsprechend. An die Stelle des Abtretungsempfängers tritt im Fall der Verpfändung der Pfandgläubiger und im Fall der Pfändung der Vollstreckungsgläubiger.

Vorgaben im EG-Recht

USt-Recht	MwStSystRL
§ 13c	Artikel 205, 273

UStAE

Zu § 13c UStG

13c.1. Haftung bei Abtretung, Verpfändung oder Pfändung von Forderungen

(1) [1]§ 13c UStG regelt eine Haftung für die Fälle, in denen ein leistender Unternehmer (Steuerschuldner) seinen Anspruch auf die Gegenleistung für einen steuerpflichtigen Umsatz (Forderung) abtritt, der Abtretungsempfänger die Forderung einzieht oder an einen Dritten überträgt und der Steuerschuldner die in der Forderung enthaltene Umsatzsteuer bei Fälligkeit nicht oder nicht rechtzeitig entrichtet. [2]§ 13c UStG umfasst auch die Fälle, in denen Forderungen des leistenden Unternehmers verpfändet oder gepfändet werden.

Tatbestandsmerkmale

(2) [1]§ 13c UStG erfasst nur die Abtretung, Verpfändung oder Pfändung von Forderungen aus steuerbaren und steuerpflichtigen Umsätzen eines Unternehmers. [2]Der steuerpflichtige Umsatz muss nicht an einen anderen Unternehmer erbracht worden sein, es kann sich auch um einen steuerpflichtigen Umsatz an einen Nichtunternehmer handeln.

(3) [1]Der Haftungstatbestand umfasst grundsätzlich alle Formen der Abtretung, Verpfändung oder Pfändung von Forderungen aus diesen Umsätzen. [2]Insbesondere fällt unter § 13c UStG die Abtretung bestimmter künftiger Forderungen aus bestehenden Geschäftsverbindungen zugunsten eines Dritten im Zusammenhang mit Waren- oder Bankkrediten. [3]Hauptfälle dieser Abtretungen künftiger Forderungen sind u.a. die Sicherungsabtretung zugunsten eines Kreditgebers, einschließlich der sog. Globalzession.

(4) [1]Die Abtretung (§ 398 BGB) ist grundsätzlich nicht formbedürftig. [2]Unmittelbare Folge der Abtretung ist der Wechsel der Gläubigerstellung.

(5) Die Rechtsfolgen des § 13c UStG für die Forderungsabtretung treten auch bei der Verpfändung oder Pfändung von Forderungen ein.

---
1) Gilt ab 07.11.2003, vgl. § 27 Abs. 7 UStG

UStAE 13c.1. § **13c**

(6) ¹Bei der Pfändung von Forderungen kommt eine Haftung des Vollstreckungsgläubigers in Betracht. ²Durch die Pfändung wird eine Geldforderung beschlagnahmt (z.B. § 829 ZPO). ³Die Pfändung ist mit der Zustellung des Beschlusses an den Drittschuldner als bewirkt anzusehen (§ 829 Abs. 3 ZPO).

(7) ¹Die Abtretung, Verpfändung oder Pfändung von Forderungen kann auf einen Teilbetrag der Gesamtforderung beschränkt werden. ²Dabei ist die Umsatzsteuer zivilrechtlich unselbständiger Teil des abgetretenen, verpfändeten oder gepfändeten Forderungsbetrags. ³Die Abtretung kann nicht auf einen (fiktiven) Nettobetrag ohne Umsatzsteuer beschränkt werden, vielmehr erstreckt sich die Haftung auf die im abgetretenen, verpfändeten oder gepfändeten Betrag enthaltene Umsatzsteuer. ⁴Die Umsatzsteuer, für die gehaftet wird, ist somit aus dem abgetretenen, verpfändeten oder gepfändeten Forderungsbetrag heraus zu rechnen.

(8) ¹Voraussetzung für die Haftung ist, dass der Leistende ein Unternehmer im Sinne des § 2 UStG ist. ²Zur Anwendung des § 13c UStG bei Kleinunternehmern im Sinne des § 19 UStG und land- und forstwirtschaftlichen Unternehmern, die die Durchschnittssatzbesteuerung nach § 24 UStG anwenden, vgl. Absatz 11.

(9) ¹Der Abtretungsempfänger, Pfandgläubiger oder Vollstreckungsgläubiger muss nach § 13c Abs. 1 Satz 1 in Verbindung mit Abs. 3 UStG Unternehmer im Sinne des § 2 UStG sein. ²Kleinunternehmer im Sinne des § 19 UStG oder land- und forstwirtschaftliche Unternehmer, die die Durchschnittssatzbesteuerung nach § 24 UStG anwenden, können auch Haftungsschuldner im Sinne des § 13c UStG sein. ³Nicht Voraussetzung für die Haftung nach § 13c UStG ist, dass die Abtretung, Verpfändung oder Pfändung der Forderung für den unternehmerischen Bereich des Abtretungsempfängers, Pfandgläubigers oder Vollstreckungsgläubigers erfolgt. ⁴Pfändet z.B. ein Unternehmer eine Forderung für seinen nichtunternehmerischen Bereich, kann er als Haftungsschuldner nach § 13c UStG in Anspruch genommen werden.

(10) ¹Bei Abtretungen und Verpfändungen an Nichtunternehmer oder Pfändungen durch Nichtunternehmer kommt die Haftung nach § 13c UStG nicht in Betracht. ²Zu den Nichtunternehmern gehören auch juristische Personen des öffentlichen Rechts, soweit nicht ein Betrieb gewerblicher Art (vgl. § 2 Abs. 3 UStG) vorliegt.

(11) ¹§ 13c UStG setzt voraus, dass der leistende Unternehmer die Steuer, bei deren Ermittlung der steuerpflichtige Umsatz ganz oder teilweise berücksichtigt wurde, für den der Anspruch auf Gegenleistung (Forderung) abgetreten, verpfändet oder gepfändet wird, zum Zeitpunkt der Fälligkeit nicht oder nicht vollständig entrichtet hat. ²§ 13c UStG kann deshalb nicht angewendet werden, wenn sich keine zu entrichtende Steuer ergibt (z.B. bei Vorsteuerüberschüssen; bei leistenden Unternehmern, die die sog. Kleinunternehmerregelung im Sinne des § 19 UStG anwenden). ³Bei der Abtretung, Verpfändung oder Pfändung von Forderungen eines land- und forstwirtschaftlichen Unternehmers, der die Durchschnittssatzbesteuerung nach § 24 UStG anwendet, kommt eine Haftung in Betracht, soweit bei diesem eine Zahllast entsteht.

(12) ¹War die Umsatzsteuer, für die eine Haftung in Betracht kommen würde, in der Vorauszahlung für den maßgeblichen Voranmeldungszeitraum nicht enthalten, kommt eine Haftung nicht in Betracht. ²Ist die in der abgetretenen, verpfändeten oder gepfändeten Forderung enthaltene Umsatzsteuer erstmals in der zu entrichtenden Steuer für das Kalenderjahr enthalten, greift die Haftung ein, wenn der leistende Unternehmer den Unterschiedsbetrag im Sinne des § 18 Abs. 4 UStG bei Fälligkeit nicht oder nicht vollständig entrichtet hat.

(13) ¹Hat der leistende Unternehmer die Vorauszahlung für den maßgeblichen Voranmeldungszeitraum vollständig entrichtet und war die in der abgetretenen, verpfändeten oder gepfändeten Forderung enthaltene Umsatzsteuer in der Vorauszahlung enthalten, haftet der Abtretungsempfänger, Pfandgläubiger oder Vollstreckungsgläubiger nicht. ²Dies gilt auch dann, wenn sich für das entsprechende Kalenderjahr eine zu entrichtende Steuer im Sinne des § 18 Abs. 3 UStG zugunsten des Finanzamts ergibt und der Unternehmer den Unterschiedsbetrag nach § 18 Abs. 4 UStG bei Fälligkeit nicht oder nicht vollständig entrichtet hat.

(14) ¹Die Haftung greift dem Grunde nach, wenn die Steuer nicht bis zum Ablauf des Fälligkeitstags entrichtet wird. ²Die Fälligkeit richtet sich nach § 220 Abs. 1 AO in Verbindung mit § 18 Abs. 1 und 4 UStG. ³Die Anwendung von § 13c UStG kommt nicht in Betracht, wenn die Steuer innerhalb der Zahlungs-Schonfrist nach § 240 Abs. 3 AO entrichtet wird. ⁴Ein bis zum Ablauf der Zahlungs-Schonfrist entrichteter Betrag ist bei der Berechnung des Haftungsbetrags zu berücksichtigen. ⁵Soweit die Steuer nach diesem Zeitpunkt entrichtet wird, fallen die Voraussetzungen für den Erlass eines Haftungsbescheids (vgl. Absatz 40) ab diesem Zeitpunkt weg.

(15) Ist die umsatzsteuerrechtliche Behandlung des der Forderung zu Grunde liegenden steuerpflichtigen Umsatzes streitig und wurde in Bezug darauf bei der entsprechenden Steuerfestsetzung Aussetzung der Vollziehung gewährt, ist insoweit keine Fälligkeit gegeben (§ 13c Abs. 1 Satz 2 UStG).

(16) [1]Für die Begründung der Haftung reicht es aus, wenn der der abgetretenen, verpfändeten oder gepfändeten Forderung zu Grunde liegende Umsatz bei der Steuer berücksichtigt wurde. [2]Eine weitere Zuordnung der in der abgetretenen, verpfändeten oder gepfändeten Forderung enthaltenen Umsatzsteuer ist nicht erforderlich. [3]Deshalb kann die Haftung nicht dadurch ausgeschlossen werden, dass der leistende Unternehmer Zahlungen an das Finanzamt speziell der in den abgetretenen, verpfändeten oder gepfändeten Forderungen enthaltenen Umsatzsteuer zuordnet.

(17) [1]Wird über das Vermögen des leistenden Unternehmers das Insolvenzverfahren eröffnet, können Steuerbeträge nicht mehr festgesetzt werden, das Steuerfestsetzungsverfahren wird unterbrochen. [2]Ist die Umsatzsteuer, für die die Haftung in Betracht kommt, durch den Insolvenzverwalter bzw. den Insolvenzschuldner für Zeiträume vor Eröffnung des Insolvenzverfahrens angemeldet worden, gilt die Umsatzsteuer nach § 41 Abs. 1 InsO insoweit als fällig im Sinne des § 13c UStG. [3]Entsprechendes gilt, wenn die Umsatzsteuer von Amts wegen zur Insolvenztabelle angemeldet worden ist. [4]Hierbei ist es unerheblich, ob der Insolvenzverwalter der Anmeldung widerspricht. [5]Nur in Fällen der Aussetzung der Vollziehung (vgl. Absatz 15) ist keine Fälligkeit im Sinne des § 13c UStG gegeben. [6]Von einer Nichtentrichtung der Steuer ist auch dann auszugehen, wenn eine Insolvenzquote zu erwarten ist. [7]Wird tatsächlich eine Zahlung durch den Insolvenzverwalter auf die angemeldete Umsatzsteuer geleistet, ist ein rechtmäßiger Haftungsbescheid zugunsten des Haftungsschuldners insoweit zu widerrufen (vgl. Absatz 40).

Vereinnahmung

(18) [1]Die Haftung setzt voraus, dass der Abtretungsempfänger, Pfandgläubiger oder Vollstreckungsgläubiger die abgetretene, verpfändete oder gepfändete Forderung ganz oder teilweise vereinnahmt hat. [2]Wurde die Forderung teilweise vereinnahmt, erstreckt sich die Haftung nur auf die Umsatzsteuer, die im tatsächlich vereinnahmten Betrag enthalten ist.

(19) [1]In den Fällen der Sicherungsabtretung gilt die Forderung durch den Abtretungsempfänger auch dann als vereinnahmt, soweit der leistende Unternehmer die Forderung selbst einzieht und den Geldbetrag an den Abtretungsempfänger weiterleitet oder soweit der Abtretungsempfänger die Möglichkeit des Zugriffs auf den Geldbetrag hat. [2]Bei der Vereinnahmung des Forderungsbetrags durch den Abtretungsempfänger selbst ist dessen Einziehungs- oder Verfügungsbefugnis an einer Forderung zu berücksichtigen.

(20) [1]Macht der Abtretungsempfänger von seiner Einziehungsbefugnis Gebrauch ist maßgebender Rechtsgrund die mit der Abtretung verbundene Sicherungsabrede. [2]Eine Vereinnahmung durch das kontoführende Unternehmen (z.B. ein Kreditinstitut) als Abtretungsempfänger liegt in den Fällen der Sicherungsabtretung (insbesondere der Globalzession) vor, wenn dieses die Forderung unter Offenlegung der Sicherungsabrede selbst beim Schuldner der Forderung einzieht. [3]In diesem Fall entzieht es dem leistenden Unternehmer dessen Einziehungsbefugnis auf Grund der im Rahmen der Globalzession getroffenen Vereinbarungen.

(21) Eine Vereinnahmung durch den Abtretungsempfänger bzw. Gläubiger liegt darüber hinaus auch dann vor, wenn die Einziehung der Forderung durch den Abtretungsempfänger auf der Grundlage anderer Ansprüche, wie z.B. einer Einzelabrede, eines Pfandrechts oder ohne Rechtsgrundlage erfolgt.

(22) [1]Macht der Abtretungsempfänger von seiner Verfügungsbefugnis Gebrauch, ist insoweit die Abtretung für die Inhaberschaft an der Forderung maßgebend. [2]Diese begründet auch bei mittelbarer Vereinnahmung (z.B. mittels Bareinzahlung oder Überweisung von einem anderen Konto des Gläubigers nach Vereinnahmung durch den Gläubiger) das Recht auf Entzug der Verfügungsbefugnis.

(23) [1]Der Abtretungsempfänger soll nach Sinn und Zweck des § 13c UStG haften, soweit nicht mehr der leistende Unternehmer, sondern der Abtretungsempfänger über den eingegangenen Geldbetrag verfügen kann und daher die Verfügungsmacht über die in der abgetretenen Forderung enthaltene Umsatzsteuer hat. [2]In den Fällen der Sicherungsabtretung gilt demnach die Forderung auch dann durch den Abtretungsempfänger als vereinnahmt, wenn und soweit der leistende Unternehmer die Forderung zwar selbst einzieht, den Geldbetrag jedoch an den Abtretungsempfänger weiterleitet oder dieser der Möglichkeit des Zugriffs auf diesen Betrag hat (vgl. Absatz 19). [3]Dies betrifft insbesondere die Fälle, in denen Forderungsbeträge auf einem beim Abtretungsempfänger geführten Konto des leistenden Unternehmers eingehen. [4]Die Vereinnahmung des Forderungsbetrags durch den Abtretungsempfänger wird jedoch nicht bereits bei jedem Geldeingang auf einem bei dem Abtretungsempfänger geführten Konto des leistenden Unternehmers fingiert, dies grundsätzlich auch dann nicht, wenn sich das Konto

UStAE 13c.1. § 13c

des leistenden Unternehmers im Debet befindet, sondern nur soweit der Abtretungsempfänger die Verfügungsbefugnis erhält.

(24) ¹Die Verfügungsbefugnis am Forderungsbetrag liegt in folgenden Fällen beim Abtretungsempfänger, so dass insoweit eine Vereinnahmung durch diesen fingiert wird:

1. Das beim Abtretungsempfänger geführte Konto des leistenden Unternehmers befindet sich auch nach der Gutschrift des Forderungseingangs im Debet und es besteht keine Kreditvereinbarung („Kreditlinie", „Kreditrahmen").

   Beispiel:

   ¹Unternehmer A unterhält ein Kontokorrentkonto bei dem kontoführenden Unternehmen B. ²B hat sich die Forderungen aus der Geschäftstätigkeit des A im Wege der Globalzession abtreten lassen. ³Es besteht keine Kreditvereinbarung für das Konto des A bei B. ⁴Ein Kunde des A begleicht eine Forderung in Höhe von 34.800 € durch Barzahlung; A zahlt den Betrag auf sein Konto bei B ein, welches nach der Gutschrift noch einen Saldo von 5.000 € im Debet aufweist.

   ⁵B hat das Recht, den Betrag ausschließlich zum Ausgleich der eigenen Forderung zu verwenden und dem A insoweit eine anderweitige Verfügung zu versagen. ⁶Die Forderung gilt in voller Höhe als durch B vereinnahmt.

2. Das beim Abtretungsempfänger geführte Konto des leistenden Unternehmers befindet sich auch nach der Gutschrift des Forderungseingangs im Debet und eine bestehende Kreditvereinbarung („vereinbarte Überziehung") ist ausgeschöpft.

   Beispiel:

   ¹Unternehmer A unterhält ein Kontokorrentkonto bei dem kontoführenden Unternehmen B. ²B hat sich die Forderungen aus der Geschäftstätigkeit des A im Wege der Globalzession abtreten lassen. ³Für das Konto des A bei B besteht ein Kreditrahmen von 100.000 € (sog. „vereinbarte Überziehung"). ⁴Ein Kunde des A begleicht eine Forderung in Höhe von 34.800 € durch Überweisung auf das Konto des A bei B, welches nach der Gutschrift noch einen Saldo von 120.000 € im Debet aufweist.

   ⁵B hat das Recht, den Betrag ausschließlich zum Ausgleich der eigenen Forderung zu verwenden und dem A insoweit eine anderweitige Verfügung zu versagen. ⁶Die Forderung gilt in voller Höhe als durch B vereinnahmt.

3. ¹Das beim Abtretungsempfänger geführte Konto des leistenden Unternehmers befindet sich auch nach der Gutschrift des Forderungseingangs im Debet und ein bestehender Kreditrahmen ist zwar noch nicht ausgeschöpft, wird jedoch im unmittelbaren Zusammenhang mit dem Geldeingang eingeschränkt. ²Das Konto des leistenden Unternehmers ist nach dieser Einschränkung (z.B. durch Kündigung oder Reduzierung des Kreditrahmens) über das vereinbarte Maß in Anspruch genommen.

   Beispiel:

   ¹Unternehmer A unterhält ein Kontokorrentkonto bei dem kontoführenden Unternehmen B. ²B hat sich die Forderungen aus der Geschäftstätigkeit des A im Wege der Globalzession abtreten lassen. ³Für das Konto des A bei B besteht ein Kreditrahmen von 100.000 € (sog. „vereinbarte Überziehung"). ⁴Ein Kunde des A begleicht eine Forderung in Höhe von 34.800 € durch Überweisung auf das Konto des A bei B, welches nach der Gutschrift noch einen Saldo von 70.000 € im Debet aufweist. ⁵B reduziert den vereinbarten Kreditrahmen unmittelbar nach Gutschrift des Forderungseingangs auf 50.000 €.

   ⁶A kann über den gutgeschriebenen Forderungsbetrag nicht mehr verfügen, da er von B zum Ausgleich der eigenen (durch die Reduzierung des Kontokorrentkredits entstandenen) Forderung verwendet worden ist und dem A kein weiterer Verfügungsrahmen auf seinem Konto verblieben ist. ⁷Die Forderung gilt in voller Höhe als durch B vereinnahmt.

4. Der Abtretungsempfänger separiert den Geldbetrag nach Eingang auf dem Konto des leistenden Unternehmers auf ein anderes Konto, z.B. ein Sicherheitenerlöskonto.

   Beispiel:

   ¹Unternehmer A unterhält ein Kontokorrentkonto bei dem kontoführenden Unternehmen B. ²B hat sich die Forderungen aus der Geschäftstätigkeit des A im Wege der Globalzession abtreten lassen. ³Für das Konto des A bei B besteht ein Kreditrahmen von 100.000 € (sog. „vereinbarte Überziehung"). ⁴Ein Kunde des A begleicht eine Forderung in Höhe von 34.800 € durch Überweisung auf das Konto des A bei B, welches nach der Gutschrift zunächst noch einen Saldo von 80.000 € im Debet

§ 13c | UStAE 13c.1.

aufweist. ⁵B bucht den zunächst gutgeschriebenen Betrag auf ein Darlehnskonto des A um, welches von diesem nicht bedient worden war.

⁶A kann über den gutgeschriebenen Forderungsbetrag nach Separierung durch B nicht mehr verfügen, da er von B zum Ausgleich der eigenen (neben dem Kontokorrent bestehenden Darlehns-) Forderung verwendet worden ist. ⁷Dies gilt unabhängig davon, ob dem A ein Verfügungsrahmen auf seinem Konto verblieben ist. ⁸Die Forderung gilt in voller Höhe als durch B vereinnahmt.

⁹Gleiches gilt bei Umbuchung auf ein gesondertes Sicherheitenerlöskonto.

(25) ¹Bei einem Kontokorrentkonto widerspricht das kontoführende Unternehmen Verfügungen des leistenden Unternehmers regelmäßig nicht bereits bei jedem Überschreiten des vereinbarten Kreditrahmens. ²In der Regel erfolgt ein Widerspruch erst dann, wenn die vorgenommene Anweisung den vereinbarten Kreditrahmen um mehr als 15 % überschreitet. ³In diesem Rahmen kann der leistende Unternehmer die Erfüllung seiner Kontoanweisungen vom kontoführenden Unternehmen regelmäßig noch erwarten. ⁴Es ist daher nur insoweit von einem Entzug der Verfügungsbefugnis über eingehende Beträge durch das kontoführende Unternehmen auszugehen, als das Konto des leistenden Unternehmers den vereinbarten Kreditrahmen auch nach der Gutschrift des Forderungseingangs um 15 % überschreitet; nur insoweit muss der leistende Unternehmer davon ausgehen, dass er über den gutgeschriebenen Betrag nicht mehr verfügen können wird.

Beispiel:

¹Unternehmer A unterhält ein Kontokorrentkonto bei dem kontoführenden Unternehmen B. ²B hat sich die Forderungen aus der Geschäftstätigkeit des A im Wege der Globalzession abtreten lassen. ³Für das Konto des A bei B besteht ein Kreditrahmen von 100.000 € (sog. „vereinbarte Überziehung"). ⁴Ein Kunde des A begleicht eine Forderung in Höhe von 34.800 € durch Überweisung auf das Konto des A bei B, welches nach der Gutschrift noch einen Saldo von 110.000 € im Debet aufweist.

⁵Obwohl der Kreditrahmen des A keine weiteren Verfügungen zulässt und die Forderung damit als in voller Höhe als durch B vereinnahmt gelten könnte, ist davon auszugehen, dass A über einen Teilbetrag der gutgeschriebenen Forderung in Höhe von 5.000 € noch verfügen kann, da die kontoführenden Unternehmen im Allgemeinen nur den die Kreditlinie um 15 % übersteigenden Forderungseingang zum Ausgleich der eigenen (durch ausnahmsweise geduldete Überziehung des Kontokorrentkredits entstandenen) Forderung verwenden wird und den A insoweit von einer Verfügung ausschließen. ⁶Die Forderung gilt daher in Höhe von 29.800 € als durch B vereinnahmt.

(26) ¹Kündigt oder reduziert das kontoführende Unternehmen die Kreditlinie zwar ganz oder teilweise, ggf. auf einen geringeren Betrag, räumt es dem leistenden Unternehmer jedoch einen gewissen Zeitraum ein, um dieses Kreditziel (vereinbarte Überziehung) zu erreichen, wird es während dieses Zeitraums auch weiterhin Verfügungen des Unternehmers zu Lasten seines Kontokorrents innerhalb des bisherigen Kreditrahmens zulassen (geduldete Überziehung). ²In diesem Fall ist von einer Vereinnahmung durch das kontoführende Unternehmen für eigene Zwecke der Rückführung eingeräumter Kredite nur insoweit auszugehen, als die geduldete Überziehung insgesamt zu einer Verringerung des in Anspruch genommenen Kredits geführt hat. ³Bei dieser Betrachtung ist auf den Unterschiedsbetrag abzustellen, der sich nach Gutschrift des Geldeingangs zum Kreditbetrag im Kündigungszeitpunkt ergibt.

Beispiel:

¹Unternehmer A unterhält ein Kontokorrentkonto bei dem kontoführenden Unternehmen B. ²B hat sich die Forderungen aus der Geschäftstätigkeit des A im Wege der Globalzession abtreten lassen. ³Für das Konto des A bei B besteht ein Kreditrahmen von 100.000 € (sog. „vereinbarte Überziehung"), der auch vollständig ausgeschöpft ist. ³B kündigt diesen Kreditrahmen auf 40.000 € herab, räumt dem A jedoch eine Zeitspanne von drei Monaten ein, um dieses Kreditziel zu erreichen und sagt dem A zu, Verfügungen zu Lasten dieses Kontos innerhalb des bisherigen Kreditrahmens zunächst nicht zu widersprechen. ⁴Innerhalb dieses Zeitraums verzeichnet B insgesamt 348.000 € Zahlungseingänge und führt Verfügungen von insgesamt 298.000 € zu Lasten des A aus.

⁵A hat bei einem Debet von 50.000 € nach Ablauf der drei Monate nicht mehr die Möglichkeit, über die seinem Konto gutgeschriebenen Forderungseingänge zu verfügen, da sowohl der (nun in Höhe von 40.000 €) vereinbarte, als auch der üblicherweise zusätzlich geduldete Kreditrahmen (in Höhe von weiteren 15 %, hier 6.000 €) ausgeschöpft ist und B diese Beträge zum Ausgleich der eigenen (durch die teilweise Kündigung des Kontokorrentkredits entstandenen) Forderung verwendet hat. ⁶Wegen der Zusage von B, zunächst die Verfügungsmöglichkeit des A im bisherigen Umfang zu belassen, gelten die Forderungen nicht in Höhe von 348.000 € als durch B vereinnahmt, sondern nur im Umfang der tatsächlichen Verwendung zur Darlehensrückführung von 50.000 €. ⁷Eine Haftung

UStAE 13c.1. § 13c

des B besteht dementsprechend für die in den durch B als vereinnahmt geltenden Forderungen enthaltene Umsatzsteuer von 7.983 €.

(27) [1]In den Fällen des Forderungsverkaufs gilt die Forderung nicht durch den Abtretungsempfänger als vereinnahmt, soweit der leistende Unternehmer für die Abtretung der Forderung eine Gegenleistung in Geld vereinnahmt (z.B. bei entsprechend gestalteten Asset-Backed-Securities (ABS)-Transaktionen). [2]Voraussetzung ist, dass dieser Geldbetrag tatsächlich in den Verfügungsbereich des leistenden Unternehmers gelangt. [3]Davon ist nicht auszugehen, soweit dieser Geldbetrag auf ein Konto gezahlt wird, auf das der Abtretungsempfänger die Möglichkeit des Zugriffs hat. [4]Hinsichtlich der Vereinnahmung eines Kaufpreises für eine abgetretene Forderung durch den Forderungskäufer bzw. Abtretungsempfänger gelten die Absätze 20 bis 26 entsprechend, soweit der Kaufpreis auf einem beim Forderungskäufer bzw. Abtretungsempfänger geführten Konto des leistenden Unternehmers eingeht.

(28) [1]§ 13c UStG ist anzuwenden, wenn im Rahmen von Insolvenzverfahren beim leistenden Unternehmer anstelle des Abtretungsempfängers der Insolvenzverwalter die abgetretene Forderung einzieht oder verwertet (§ 166 Abs. 2 InsO). [2]Der Abtretungsempfänger vereinnahmt den vom Insolvenzverwalter eingezogenen Geldbetrag nach Abzug der Feststellungs- und Verwertungskosten (§ 170 InsO) auf Grund des durch die Abtretung begründeten Absonderungsrechts. [3]Die Absätze 18, 30 und 41ff. sind hinsichtlich des Umfangs der Haftung entsprechend anzuwenden.

(29) [1]Vereinnahmt der Abtretungsempfänger, Pfandgläubiger oder Vollstreckungsgläubiger die Forderung und zahlt er den eingezogenen Geldbetrag ganz oder teilweise an den leistenden Unternehmer zurück, beschränkt sich die Haftung auf die im einbehaltenen Restbetrag enthaltene Umsatzsteuer. [2]Die Haftung kann nicht dadurch ausgeschlossen werden, dass der Abtretungsempfänger, Pfandgläubiger oder Vollstreckungsgläubiger an den leistenden Unternehmer einen Betrag in Höhe der auf die Forderung entfallenden Umsatzsteuer entrichtet, vielmehr beschränkt sich auch in diesem Fall die Haftung auf die im einbehaltenen Restbetrag enthaltene Umsatzsteuer.

(30) [1]Hat der Abtretungsempfänger die abgetretene Forderung ganz oder teilweise an einen Dritten abgetreten, gilt dieses Rechtsgeschäft insoweit als Vereinnahmung, d.h. der Abtretungsempfänger kann für die im Gesamtbetrag der weiter übertragenen Forderung enthaltene Umsatzsteuer in Haftung genommen werden. [2]Dies gilt unabhängig davon, welche Gegenleistung er für die Übertragung der Forderung erhalten hat. [3]Entsprechendes gilt für die Pfandgläubiger und Vollstreckungsgläubiger in den Fällen der Verpfändung und Pfändung von Forderungen.

Inanspruchnahme des Haftenden

(31) [1]Die Haftungsinanspruchnahme ist frühestens in dem Zeitpunkt zulässig, in dem die Steuer fällig war und nicht oder nicht vollständig entrichtet wurde (unter Beachtung von § 240 Abs. 3 AO). [2]Hat der Abtretungsempfänger, Pfandgläubiger oder Vollstreckungsgläubiger die Forderung zu diesem Zeitpunkt noch nicht vereinnahmt, ist der Zeitpunkt der nachfolgenden Vereinnahmung maßgebend.

(32) [1]Der Abtretungsempfänger, Pfandgläubiger oder Vollstreckungsgläubiger ist bei Vorliegen der gesetzlichen Voraussetzungen durch Haftungsbescheid in Anspruch zu nehmen. [2]Die Haftungsinanspruchnahme nach anderen Haftungstatbeständen (z.B. auf Grund §§ 69 AO, 128 HGB) bleibt unberührt.

(33) [1]Für den Erlass des Haftungsbescheids gelten die allgemeinen Regeln des § 191 AO, ohne dass dabei ein Ermessen besteht. [2]Auf ein Verschulden des leistenden Unternehmers oder des Abtretungsempfängers kommt es nicht an. [3]Bei der Inanspruchnahme des Haftungsschuldners durch Zahlungsaufforderung (Leistungsgebot) ist § 219 AO zu beachten.

(34) Der Haftungsbescheid ist durch das Finanzamt zu erlassen, das für die Umsatzsteuer des leistenden Unternehmers örtlich zuständig ist (vgl. §§ 21, 24 AO).

(35) [1]Stellt das Finanzamt fest, dass der Anspruch des leistenden Unternehmers auf Gegenleistung für einen steuerpflichtigen Umsatz im Sinne des § 1 Abs. 1 Nr. 1 UStG an einen anderen Unternehmer abgetreten, verpfändet oder gepfändet wurde, ist zu prüfen, ob die Steuer, bei deren Berechnung der Umsatz berücksichtigt worden ist, bei Fälligkeit nicht oder nicht vollständig entrichtet wurde. [2]Es ist insbesondere in Vollstreckungsverfahren und im Rahmen von Außenprüfungen auf entsprechende Haftungstatbestände zu achten und ggf. zeitnah der Erlass eines Haftungsbescheids anzuregen.

(36) [1]Das für den leistenden Unternehmer zuständige Finanzamt ist berechtigt, den Abtretungsempfänger, Pfandgläubiger oder Vollstreckungsgläubiger über den Zeitpunkt und die Höhe der vereinnahmten abgetretenen, verpfändeten oder gepfändeten Forderung zu befragen und Belege anzufordern, weil es für den Erlass des Haftungsbescheids zuständig ist. [2]Diese Befragung soll in der Regel in schriftlicher Form durchgeführt werden. [3]Es gelten die Mitwirkungspflichten im Sinne des §§ 90ff. AO.

(37) [1]Der leistende Unternehmer hat nach § 93 AO Auskunft über den der Abtretung, Verpfändung oder Pfändung zu Grunde liegenden Umsatz (Höhe des Umsatzes und den darauf entfallenden Steuer-

betrag) sowie über den Abtretungsempfänger, Pfandgläubiger oder Vollstreckungsgläubiger zu geben. [2]Es gelten die Mitwirkungspflichten im Sinne des §§ 90ff. AO. [3]Der Abtretungsempfänger, Pfandgläubiger oder Vollstreckungsgläubiger muss vom leistenden Unternehmer so eindeutig bezeichnet werden, dass er durch das anfragende Finanzamt eindeutig und leicht identifiziert werden kann. [4]Wird keine oder keine hinreichende Antwort erteilt, kann diese mit Zwangsmitteln (§§ 328ff. AO) durchgesetzt oder eine Außenprüfung, bzw. eine Umsatzsteuer-Nachschau (§ 27b UStG) durchgeführt werden.

(38) [1]Dem Abtretungsempfänger, Pfandgläubiger oder Vollstreckungsgläubiger soll vor Erlass eines Haftungsbescheids rechtliches Gehör gewährt werden (vgl. § 91 AO). [2]Er hat nach § 93 AO Auskunft zu geben. [3]Wird keine oder keine hinreichende Antwort erteilt, kann das für den Abtretungsempfänger zuständige Finanzamt z.B. ein Ersuchen auf Amtshilfe bei dem für den Abtretungsempfänger, Pfandgläubiger oder Vollstreckungsgläubiger örtlich zuständigen Finanzamt stellen. [4]Die Ermittlungen können auch im Rahmen einer Außenprüfung oder einer Umsatzsteuer-Nachschau nach § 27b UStG durchgeführt werden.

(39) Mit der Festsetzung der Haftungsschuld wird ein Gesamtschuldverhältnis im Sinne des § 44 AO begründet.

(40) [1]Die Rechtmäßigkeit des Haftungsbescheids richtet sich nach den Verhältnissen im Zeitpunkt seines Erlasses bzw. der entsprechenden Einspruchsentscheidung. [2]Minderungen der dem Haftungsbescheid zu Grunde liegenden Steuerschuld durch Zahlungen des Steuerschuldners nach Ergehen einer Einspruchsentscheidung berühren die Rechtmäßigkeit des Haftungsbescheids nicht. [3]Ein rechtmäßiger Haftungsbescheid ist aber zugunsten des Haftungsschuldners zu widerrufen, soweit die ihm zu Grunde liegende Steuerschuld später gemindert worden ist.

(41) Die Haftung ist der Höhe nach auf den Betrag der im Fälligkeitszeitpunkt nicht entrichteten Steuer und auf die im vereinnahmten Betrag der abgetretenen, verpfändeten oder gepfändeten Forderung enthaltene Umsatzsteuer begrenzt (zweifache Begrenzung).

Beispiel 1:
[1]Der Unternehmer U hat auf Grund der Angaben in seiner Umsatzsteuer-Voranmeldung eine Vorauszahlung in Höhe von 20.000 € an das Finanzamt zu entrichten. [2]In der Bemessungsgrundlage für die Umsatzsteuer ist auch ein Betrag in Höhe von 100.000 € enthalten, der zivilrechtlich zuzüglich 19.000 € Umsatzsteuer an den Abtretungsempfänger A, der Unternehmer im Sinne des § 2 UStG ist, abgetreten worden ist. [3]A hat 119.000 € vereinnahmt. [4]U entrichtet bei Fälligkeit der Vorauszahlung nur einen Betrag in Höhe von 15.000 € an das Finanzamt.
[5]Eine Haftungsinanspruchnahme des A ist in Höhe von 5.000 € zulässig. [6]Die Differenz zwischen der Vorauszahlung (20.000 €) und dem von U entrichteten Betrag (15.000 €) ist geringer als der in der abgetretenen Forderung enthaltene Umsatzsteuerbetrag (19.000 €).

Beispiel 2:
[1]Wie Beispiel 1. [2]U entrichtet die Vorauszahlung bei Fälligkeit nicht. [3]Das Finanzamt stellt fest, dass A die abgetretene Forderung an einen Dritten für 80.000 € zuzüglich 15.200 € Umsatzsteuer übertragen hat.
[4]Die Haftungsinanspruchnahme des A ist in Höhe von 19.000 € zulässig. [5]Die abgetretene Forderung gilt infolge der Übertragung an den Dritten als in voller Höhe vereinnahmt.

Beispiel 3:
[1]Der Unternehmer U hat auf Grund der Angaben in seiner Umsatzsteuer-Voranmeldung für den Monat Juli eine Vorauszahlung in Höhe von 20.000 € an das Finanzamt zu entrichten. [2]In der Bemessungsgrundlage für die Umsatzsteuer ist auch ein Betrag in Höhe von 100.000 € enthalten, der zivilrechtlich zuzüglich 19.000 € Umsatzsteuer an den Abtretungsempfänger A, der Unternehmer im Sinne des § 2 UStG ist, abgetreten worden ist. [3]U entrichtet bei Fälligkeit nur einen Betrag in Höhe von 5.000 € an das Finanzamt. [4]Das Finanzamt stellt fest, dass A am 20. August aus der abgetretenen Forderung einen Teilbetrag in Höhe von 59.500 € erhalten hat.
[5]Der Haftungstatbestand ist frühestens zum 20. August erfüllt. [6]Der Haftungsbetrag ist der Höhe nach auf 15.000 € (20.000 € – 5.000 €) begrenzt. [7]Wegen der nur teilweisen Vereinnahmung der Forderung ist A nur in Höhe von 9.500 € (in dem vereinnahmten Betrag enthaltene Steuer) in Anspruch zu nehmen.

Haftungsausschluss

(42) Der Abtretungsempfänger, Pfandgläubiger oder Vollstreckungsgläubiger kann sich der Haftungsinanspruchnahme entziehen, soweit er als Dritter Zahlungen im Sinne des § 48 AO zugunsten des leistenden Unternehmers bewirkt.

(43) ¹Derartige Zahlungen soll der Abtretungsempfänger, Pfandgläubiger oder Vollstreckungsgläubiger an das für den leistenden Unternehmer örtlich zuständige Finanzamt unter Angabe der Steuernummer des Steuerschuldners leisten. ²Insbesondere soll der Anlass der Zahlung angegeben werden sowie der Name desjenigen, für den die Zahlung geleistet wird. ³Zusätzlich soll der Abtretungsempfänger, Pfandgläubiger oder Vollstreckungsgläubiger die Zahlung zeitraumbezogen der Vorauszahlung oder dem Unterschiedsbetrag zuordnen, in der/dem die Umsatzsteuer aus dem der abgetretenen, verpfändeten oder gepfändeten Forderung zu Grunde liegenden Umsatz enthalten ist. ⁴Die Steuerschuld des leistenden Unternehmers verringert sich um die vom Abtretungsempfänger, Pfandgläubiger oder Vollstreckungsschuldner geleisteten Zahlungen. ⁵Wird die Steuer vom leistenden Unternehmer im Fälligkeitszeitpunkt entrichtet, kann der vom Abtretungsempfänger, Pfandgläubiger oder Vollstreckungsgläubiger geleistete Betrag an den leistenden Unternehmer erstattet oder mit anderen Steuerrückständen des leistenden Unternehmers verrechnet werden.

Übergangsregelung

(44) § 27 Abs. 7 UStG regelt, dass § 13c UStG auf Forderungen anzuwenden ist, die nach dem 7.11.2003 abgetreten, verpfändet oder gepfändet worden sind.

Verwaltungsregelungen zu § 13c

Datum	Anlage	Quelle	Inhalt
30.01.06	§ 13c-01	BMF	Haftung bei Abtretung, Verpfändung oder Pfändung von Forderungen (§ 13c UStG); Vereinnahmung abgetretener Forderungen durch den Abtretungsempfänger

Rechtsprechungsauswahl

BFH vom 30.06.2010 – XI R 5/08, BStBl. 2011 II S. 144: Inländischer Wohnsitz des Leistungsempfängers als Voraussetzung § 13c UStG?

Dem EuGH wird folgende Frage zur Vorabentscheidung vorgelegt[1]:

Ist ein Steuerpflichtiger bereits dann ein „im Ausland ansässiger Steuerpflichtiger" i.S.d. Art 21 Abs. 1 Buchst. b der 6. EG-Richtlinie 77/388/EWG, wenn er den Sitz seiner wirtschaftlichen Tätigkeit im Ausland hat, oder muss als weitere Voraussetzung hinzukommen, dass er seinen privaten Wohnsitz nicht im Inland hat?

BFH vom 03.06.2009 – XI R 57/07, BStBl. 2010 II S. 520: Haftung gem. § 13c UStG bei Abtretung.

Eine Bank haftet nicht als Abtretungsempfängerin nach § 13c Abs. 1 Satz 1 UStG 2005 i.V.m. § 27 Abs. 7 Satz 1 UStG 2005 für die in der Forderung enthaltene Umsatzsteuer, wenn ihr die Forderung vor dem 8. November 2003 abgetreten worden ist (Abweichung von Abschn. 182b Abs. 38 UStR 2005[2]).

---

1) Az. beim EuGH C-421/10
2) Abschnitt 182b Abs. 45 UStR 2008

§ 14

§ 14 Ausstellung von Rechnungen

(1)[1] Rechnung ist jedes Dokument, mit dem über eine Lieferung oder sonstige Leistung abgerechnet wird, gleichgültig, wie dieses Dokument im Geschäftsverkehr bezeichnet wird. Rechnungen sind auf Papier oder vorbehaltlich der Zustimmung des Empfängers auf elektronischem Weg zu übermitteln.

(2) Führt der Unternehmer eine Lieferung oder eine sonstige Leistung nach § 1 Abs. 1 Nr. 1 aus, gilt Folgendes:

1. führt der Unternehmer eine steuerpflichtige Werklieferung (§ 3 Abs. 4 Satz 1) oder sonstige Leistung im Zusammenhang mit einem Grundstück aus, ist er verpflichtet, innerhalb von sechs Monaten nach Ausführung der Leistung eine Rechnung auszustellen;

2. [2]führt der Unternehmer eine andere als die in Nummer 1 genannte Leistung aus, ist er berechtigt, eine Rechnung auszustellen. Soweit er einen Umsatz an einen anderen Unternehmer für dessen Unternehmen oder an eine juristische Person ausführt, ist er verpflichtet, innerhalb von sechs Monaten nach Ausführung der Leistung eine Rechnung auszustellen. Eine Verpflichtung zur Ausstellung einer Rechnung besteht nicht, wenn der Umsatz nach § 4 Nr. 8 bis 28 steuerfrei ist. § 14a bleibt unberührt.

Unbeschadet der Verpflichtungen nach Satz 1 Nr. 1 und 2 Satz 2 kann eine Rechnung von einem in Satz 1 Nr. 2 bezeichneten Leistungsempfänger für eine Lieferung oder sonstige Leistung des Unternehmers ausgestellt werden, sofern dies vorher vereinbart wurde (Gutschrift). Die Gutschrift verliert die Wirkung einer Rechnung, sobald der Empfänger der Gutschrift dem ihm übermittelten Dokument widerspricht. Eine Rechnung kann im Namen und für Rechnung des Unternehmers oder eines in Satz 1 Nr. 2 bezeichneten Leistungsempfängers von einem Dritten ausgestellt werden.

(3)[3] Bei einer auf elektronischem Weg übermittelten Rechnung müssen die Echtheit der Herkunft und die Unversehrtheit des Inhalts gewährleistet sein durch

1. eine qualifizierte elektronische Signatur oder eine qualifizierte elektronische Signatur mit Anbieter-Akkreditierung nach dem Signaturgesetz vom 16. Mai 2001 (BGBl. I S. 876), das durch Artikel 2 des Gesetzes vom 16. Mai 2001 (BGBl.I S. 876) geändert worden ist, in der jeweils geltenden Fassung, oder

2. [4]elektronischen Datenaustausch (EDI) nach Artikel 2 der Empfehlung 94/820/EG der Kommission vom 19.Oktober 1994 über die rechtlichen Aspekte des elektronischen

---

1) Ab 01.07.2011 gilt § 14 Abs. 1 UStG in folgender Fassung (vgl. Gesetz vom 01.11.2011, BGBl. I 2011 S. 2131). Zur Anwendung siehe § 27 Abs. 18 UStG:
„(1) Rechnung ist jedes Dokument, mit dem über eine Lieferung oder sonstige Leistung abgerechnet wird, gleichgültig, wie dieses Dokument im Geschäftsverkehr bezeichnet wird. Die Echtheit der Herkunft der Rechnung, die Unversehrtheit ihres Inhalts und ihre Lesbarkeit müssen gewährleistet werden. Echtheit der Herkunft bedeutet die Sicherheit der Identität des Rechnungsausstellers. Unversehrtheit des Inhalts bedeutet, dass die nach diesem Gesetz erforderlichen Angaben nicht geändert wurden. Jeder Unternehmer legt fest, in welcher Weise die Echtheit der Herkunft, die Unversehrtheit des Inhalts und die Lesbarkeit der Rechnung gewährleistet werden. Dies kann durch jegliche innerbetriebliche Kontrollverfahren erreicht werden, die einen verlässlichen Prüfpfad zwischen Rechnung und Leistung schaffen können. Rechnungen sind auf Papier oder vorbehaltlich der Zustimmung des Empfängers elektronisch zu übermitteln. Eine elektronische Rechnung ist eine Rechnung, die in einem elektronischen Format ausgestellt und empfangen wird."

2) Fassung ab 01.01.2009. Zur Anwendung siehe § 27 Abs. 15 UStG

3) Ab 01.07.2011 gilt § 14 Abs. 3 UStG in folgender Fassung (vgl. Gesetz vom 01.11.2011, BGBl. I 2011 S. 2131). Zur Anwendung siehe § 27 Abs. 18 UStG:
„(3) Unbeschadet anderer nach Absatz 1 zulässiger Verfahren gelten bei einer elektronischen Rechnung die Echtheit der Herkunft und die Unversehrtheit des Inhalts als gewährleistet durch
1. eine qualifizierte elektronische Signatur oder eine qualifizierte elektronische Signatur mit Anbieter-Akkreditierung nach dem Signaturgesetz vom 16. Mai 2001 (BGBl. I S. 876), das zuletzt durch Artikel 4 des Gesetzes vom 17. Juli 2009 (BGBl. I S. 2091) geändert worden ist, in der jeweils geltenden Fassung oder
2. elektronischen Datenaustausch (EDI) nach Artikel 2 der Empfehlung 94/820/EG der Kommission vom 19. Oktober 1994 über die rechtlichen Aspekte des elektronischen Datenaustausches (ABl. L 338 vom 28.12.1994, S. 98), wenn in der Vereinbarung über diesen Datenaustausch der Einsatz von Verfahren vorgesehen ist, die die Echtheit der Herkunft und die Unversehrtheit der Daten gewährleisten."

4) Fassung ab 01.01.2009. Zur Anwendung siehe § 27 Abs. 15 UStG

§ 14

Datenaustausches (ABl. EG Nr. L 338 S. 98), wenn in der Vereinbarung über diesen Datenaustausch der Einsatz von Verfahren vorgesehen ist, die die Echtheit der Herkunft und die Unversehrtheit der Daten gewährleisten.

(4) Eine Rechnung muss folgende Angaben enthalten:

1. den vollständige Namen und die vollständige Anschrift des leistenden Unternehmers und des Leistungsempfängers,

2. die dem leistenden Unternehmer vom Finanzamt erteilte Steuernummer oder die ihm vom Bundeszentralamt für Steuern erteilte Umsatzsteuer-Identifikationsnummer,

3. das Ausstellungsdatum,

4. eine fortlaufende Nummer mit einer oder mehreren Zahlenreihen, die zur Identifizierung der Rechnung vom Rechnungsaussteller einmalig vergeben wird (Rechnungsnummer),

5. die Menge und die Art (handelsübliche Bezeichnung) der gelieferten Gegenstände oder den Umfang und die Art der sonstigen Leistung,

6. den Zeitpunkt der Lieferung oder sonstigen Leistung; in den Fällen des Absatzes 5 Satz 1 den Zeitpunkt der Vereinnahmung des Entgelts oder eines Teils des Entgelts, sofern der Zeitpunkt der Vereinnahmung feststeht und nicht mit dem Ausstellungsdatum der Rechnung übereinstimmt,

7. das nach Steuersätzen und einzelnen Steuerbefreiungen aufgeschlüsselte Entgelt für die Lieferung oder sonstige Leistung (§ 10) sowie jede im Voraus vereinbarte Minderung des Entgelts, sofern sie nicht bereits im Entgelt berücksichtigt ist,

8. den anzuwendenden Steuersatz sowie den auf das Entgelt entfallenden Steuerbetrag oder im Fall einer Steuerbefreiung einen Hinweis darauf, dass für die Lieferung oder sonstige Leistung eine Steuerbefreiung gilt und

9. [1)]in den Fällen des § 14b Abs. 1 Satz 5 einen Hinweis auf die Aufbewahrungspflicht des Leistungsempfängers.

In den Fällen des § 10 Abs. 5 sind die Nummern 7 und 8 mit der Maßgabe anzuwenden, dass die Bemessungsgrundlage für die Leistung (§ 10 Abs. 4) und der darauf entfallende Steuerbetrag anzugeben sind. Unternehmer, die § 24 Abs. 1 bis 3 anwenden, sind jedoch auch in diesen Fällen nur zur Angabe des Entgelts und des darauf entfallenden Steuerbetrags berechtigt.

(5) Vereinnahmt der Unternehmer das Entgelt oder einen Teil des Entgelts für eine noch nicht ausgeführte Lieferung oder sonstige Leistung, gelten die Absätze 1 bis 4 sinngemäß. Wird eine Endrechnung erteilt, sind in ihr die vor Ausführung der Lieferung oder sonstigen Leistung vereinnahmten Teilentgelte und die auf sie entfallenden Steuerbeträge abzusetzen, wenn über die Teilentgelte Rechnungen im Sinne der Absätze 1 bis 4 ausgestellt worden sind.

(6) Das Bundesministerium der Finanzen kann mit Zustimmung des Bundesrates zur Vereinfachung des Besteuerungsverfahrens durch Rechtsverordnung bestimmen, in welchen Fällen und unter welchen Voraussetzungen

1. Dokumente als Rechnungen anerkannt werden können,

2. die nach Absatz 4 erforderlichen Angaben in mehreren Dokumenten enthalten sein können,

3. Rechnungen bestimmte Angaben nach Absatz 4 nicht enthalten müssen,

4. eine Verpflichtung des Unternehmers zur Ausstellung von Rechnungen mit gesondertem Steuerausweis (Absatz 4) entfällt oder

5. Rechnungen berichtigt werden können.

---

1) Gilt ab 01.08.2004

Vorgaben im EG-Recht

USt-Recht	MwStSystRL
§ 14 Abs. 1 Satz 1 UStG	Artikel 218
§ 14 Abs. 1 Satz 2 UStG	Artikel 232
§ 14 Abs. 2 Satz 1 Nr. 1 und 2 UStG	Artikel 220 Nr. 1, Artikel 221 Abs. 1, Artikel 222
§ 14 Abs. 2 Satz 2 und 3 UStG	Artikel 224
§ 14 Abs. 2 Satz 4 UStG	Artikel 220 Nr. 1
§ 14 Abs. 3 UStG	Artikel 233
§ 14 Abs. 4 UStG	Artikel 226
§ 14 Abs. 5 UStG	Artikel 220 Nr. 4 und 5
§ 14 Abs. 6 UStG, §§ 31 bis 34 UStDV	Artikel 238

UStDV

Zu § 14 des Gesetzes

§ 31 Angaben in der Rechnung[1]

(1) Eine Rechnung kann aus mehreren Dokumenten bestehen, aus denen sich die nach § 14 Abs. 4 des Gesetzes geforderten Angaben insgesamt ergeben. In einem dieser Dokumente sind das Entgelt und der darauf entfallende Steuerbetrag jeweils zusammengefasst anzugeben und alle anderen Dokumente zu bezeichnen, aus denen sich die übrigen Angaben nach § 14 Abs. 4 des Gesetzes ergeben. Die Angaben müssen leicht und eindeutig nachprüfbar sein.

(2) Den Anforderungen des § 14 Abs. 4 Satz 1 Nr. 1 des Gesetzes ist genügt, wenn sich auf Grund der in die Rechnung aufgenommenen Bezeichnungen der Name und die Anschrift sowohl des leistenden Unternehmers als auch des Leistungsempfängers eindeutig feststellen lassen.

(3) Für die in § 14 Abs. 4 Satz 1 Nr. 1 und 5 des Gesetzes vorgeschriebenen Angaben können Abkürzungen, Buchstaben, Zahlen oder Symbole verwendet werden, wenn ihre Bedeutung in der Rechnung oder in anderen Unterlagen eindeutig festgelegt ist. Die erforderlichen anderen Unterlagen müssen sowohl beim Aussteller als auch beim Empfänger der Rechnung vorhanden sein.

(4) Als Zeitpunkt der Lieferung oder sonstigen Leistung (§ 14 Abs. 4 Satz 1 Nr. 6 des Gesetzes) kann der Kalendermonat angegeben werden, in dem die Leistung ausgeführt wird.

(5) Eine Rechnung kann berichtigt werden, wenn

a) sie nicht alle Angaben nach § 14 Abs. 4 oder § 14a des Gesetzes enthält oder

b) Angaben in der Rechnung unzutreffend sind.

Es müssen nur die fehlenden oder unzutreffenden Angaben durch ein Dokument, das spezifisch und eindeutig auf die Rechnung bezogen ist, übermittelt werden. Es gelten die gleichen Anforderungen an Form und Inhalt wie in § 14 des Gesetzes.

§ 32 Rechnungen über Umsätze, die verschiedenen Steuersätzen unterliegen[2]

Wird in einer Rechnung über Lieferungen oder sonstige Leistungen, die verschiedenen Steuersätzen unterliegen, der Steuerbetrag durch Maschinen automatisch ermittelt und durch diese in der Rechnung angegeben, ist der Ausweis des Steuerbetrages in einer Summe zulässig, wenn für die einzelnen Posten der Rechnung der Steuersatz angegeben wird.

§ 33 Rechnungen über Kleinbeträge[3]

Eine Rechnung, deren Gesamtbetrag 150 Euro nicht übersteigt, muss mindestens folgende Angaben enthalten:

---

1) Fassung ab 01.01.2004
2) Fassung ab 01.01.2004
3) Fassung ab 01.01.2007, davor 100 €; siehe BMF vom 18.10.2006, BStBl. 2006 I S. 621

1. *den vollständigen Namen und die vollständige Anschrift des leistenden Unternehmers,*
2. *das Ausstellungsdatum,*
3. *die Menge und die Art der gelieferten Gegenstände oder den Umfang und die Art der sonstigen Leistung und*
4. *das Entgelt und den darauf entfallenden Steuerbetrag für die Lieferung oder sonstige Leistung in einer Summe sowie den anzuwendenden Steuersatz oder im Fall einer Steuerbefreiung einen Hinweis darauf, dass für die Lieferung oder sonstige Leistung eine Steuerbefreiung gilt.*

Die §§ 31 und 32 sind entsprechend anzuwenden. Die Sätze 1 und 2 gelten nicht für Rechnungen über Leistungen im Sinne des §§ 3c, 6a und 13b des Gesetzes.

§ 34 Fahrausweise als Rechnungen[1)]

(1) Fahrausweise, die für die Beförderung von Personen ausgegeben werden, gelten als Rechnungen im Sinne des § 14 des Gesetzes, wenn sie mindestens die folgenden Angaben enthalten:

1. *den vollständigen Namen und die vollständige Anschrift des Unternehmers, der die Beförderungsleistung ausführt. § 31 Abs. 2 ist entsprechend anzuwenden;*
2. *das Ausstellungsdatum;*
3. *das Entgelt und den darauf entfallenden Steuerbetrag in einer Summe;*
4. *den anzuwendenden Steuersatz, wenn die Beförderungsleistung nicht dem ermäßigten Steuersatz nach § 12 Abs. 2 Nr. 10 des Gesetzes unterliegt und*
5. *im Fall der Anwendung des § 26 Abs. 3 des Gesetzes einen Hinweis auf die grenzüberschreitende Beförderung von Personen im Luftverkehr.*

Auf Fahrausweisen der Eisenbahnen, die dem öffentlichen Verkehr dienen, kann an Stelle des Steuersatzes die Tarifentfernung angegeben werden.

(2) Fahrausweise für eine grenzüberschreitende Beförderung im Personenverkehr und im internationalen Eisenbahn-Personenverkehr gelten nur dann als Rechnung im Sinne des § 14 des Gesetzes, wenn eine Bescheinigung des Beförderungsunternehmers oder seines Beauftragten darüber vorliegt, welcher Anteil des Beförderungspreises auf die Strecke im Inland entfällt. In der Bescheinigung ist der Steuersatz anzugeben, der auf den auf das Inland entfallenden Teil der Beförderungsleistung anzuwenden ist.

(3) Die Absätze 1 und 2 gelten für Belege im Reisegepäckverkehr entsprechend.

UStAE

Zu § 14 UStG (§§ 31 bis 34 UStDV)

14.1. Zum Begriff der Rechnung

(1) [1]Nach § 14 Abs. 1 Satz 1 UStG in Verbindung mit § 31 Abs. 1 UStDV ist eine Rechnung jedes Dokument oder eine Mehrzahl von Dokumenten, mit denen über eine Lieferung oder sonstige Leistung abgerechnet wird. [2]Rechnungen im Sinne des § 14 UStG brauchen nicht ausdrücklich als solche bezeichnet zu werden. [3]Es reicht aus, wenn sich aus dem Inhalt des Dokuments ergibt, dass der Unternehmer über eine Leistung abrechnet. [4]Keine Rechnungen sind Schriftstücke, die nicht der Abrechnung einer Leistung dienen, sondern sich ausschließlich auf den Zahlungsverkehr beziehen (z.B. Mahnungen), auch wenn sie alle in § 14 Abs. 4 UStG geforderten Angaben enthalten. [5]Soweit ein Kreditinstitut mittels Kontoauszug über eine von ihm erbrachte Leistung abrechnet, kommt diesem Kontoauszug Abrechnungscharakter zu mit der Folge, dass dieser Kontoauszug eine Rechnung im Sinne des § 14 Abs. 1 Satz 1 UStG darstellt. [6]Rechnungen können auf Papier oder, vorbehaltlich der Zustimmung des Empfängers, auf elektronischem Weg übermittelt werden (vgl. Abschnitt 14.4).

(2) [1]Als Rechnung ist auch ein Vertrag anzusehen, der die in § 14 Abs. 4 UStG geforderten Angaben enthält. [2]Im Vertrag fehlende Angaben müssen in anderen Unterlagen enthalten sein, auf die im Vertrag hinzuweisen ist (§ 31 Abs. 1 UStDV). [3]Ist in einem Vertrag – z.B. in einem Miet- oder Pachtvertrag,

---
1) Fassung ab 01.01.2004

Wartungsvertrag oder Pauschalvertrag mit einem Steuerberater – der Zeitraum, über den sich die jeweilige Leistung oder Teilleistung erstreckt, nicht angegeben, reicht es aus, wenn sich dieser aus den einzelnen Zahlungsbelegen, z.B. aus den Ausfertigungen der Überweisungsaufträge, ergibt (vgl. BFH-Beschluss vom 7.7.1988, V B 72/86, BStBl. II S. 913). ⁴Die in einem Vertrag enthaltene gesonderte Inrechnungstellung der Steuer muss jedoch wie bei jeder anderen Abrechnungsform eindeutig, klar und unbedingt sein. ⁵Das ist nicht der Fall, wenn z.B. die in einem Vertrag enthaltene Abrechnung offen lässt, ob der leistende Unternehmer den Umsatz versteuern oder als steuerfrei behandeln will, und demnach die Abrechnungsvereinbarung für jeden der beiden Fälle eine wahlweise Ausgestaltung enthält (vgl. BFH-Urteil vom 4.3.1982, V R 55/80, BStBl. II S. 317).

(3) ¹Nach § 14 Abs. 2 Satz 1 Nr. 1 UStG ist der Unternehmer bei Ausführung einer steuerpflichtigen Werklieferung oder sonstigen Leistung im Zusammenhang mit einem Grundstück stets verpflichtet, innerhalb von sechs Monaten nach Ausführung der Leistung eine Rechnung auszustellen. ²Wird in diesen Fällen das Entgelt oder ein Teil des Entgelts vor Ausführung der Leistung vereinnahmt, ist die Rechnung innerhalb von sechs Monaten nach Vereinnahmung des Entgelts oder des Teilentgelts auszustellen. ³Die Verpflichtung zur Erteilung einer Rechnung besteht auch dann, wenn es sich beim Leistungsempfänger nicht um einen Unternehmer handelt, der die Leistung für sein Unternehmen bezieht, und ist nicht davon abhängig, ob der Empfänger der steuerpflichtigen Werklieferung oder sonstigen Leistung der Eigentümer des Grundstücks ist. ⁴Die Verpflichtung zur Erteilung einer Rechnung bei steuerpflichtigen Werklieferungen oder sonstigen Leistungen im Zusammenhang mit einem Grundstück gilt auch für Kleinunternehmer im Sinne des § 19 Abs. 1 UStG und Land- und Forstwirte, die die Durchschnittssatzbesteuerung nach § 24 UStG anwenden. ⁵Für steuerpflichtige sonstige Leistungen der in § 4 Nr. 12 Satz 1 und 2 UStG bezeichneten Art, die weder an einen anderen Unternehmer für dessen Unternehmen noch an eine juristische Person erbracht werden, besteht keine Rechnungserteilungspflicht. ⁶Nach § 14 Abs. 2 Satz 1 Nr. 2 UStG ist der Unternehmer bei Ausführung von Lieferungen oder sonstigen Leistungen an einen anderen Unternehmer für dessen Unternehmen oder an eine juristische Person, soweit sie nicht Unternehmer ist, grundsätzlich verpflichtet, innerhalb von sechs Monaten nach Ausführung der Leistung eine Rechnung auszustellen. ⁷Die Verpflichtung zur Rechnungserteilung in den Fällen des Satzes 6 entfällt, wenn die Leistungen nach § 4 Nr. 8 bis 28 UStG steuerfrei sind und den Leistungsempfänger grundsätzlich nicht zum Vorsteuerabzug berechtigen. ⁸Die zusätzlichen Pflichten bei der Ausstellung von Rechnungen in besonderen Fällen nach § 14a UStG bleiben hiervon unberührt. ⁹Eine Rechnung kann durch den leistenden Unternehmer selbst oder durch einen von ihm beauftragten Dritten, der im Namen und für Rechnung des Unternehmers abrechnet (§ 14 Abs. 2 Satz 4 UStG), ausgestellt werden. ¹⁰Der Leistungsempfänger kann nicht Dritter sein. ¹¹Zur Rechnungsausstellung durch den Leistungsempfänger vgl. Abschnitt 14.3. ¹²Bedient sich der leistende Unternehmer zur Rechnungserstellung eines Dritten, hat der leistende Unternehmer sicher zu stellen, dass der Dritte die Einhaltung der sich aus §§ 14 und 14a UStG ergebenden formalen Voraussetzungen gewährleistet.

(4) ¹Sog. Innenumsätze, z.B. zwischen Betriebsabteilungen desselben Unternehmens oder innerhalb eines Organkreises, sind innerbetriebliche Vorgänge. ²Werden für sie Belege mit gesondertem Steuerausweis ausgestellt, handelt es sich umsatzsteuerrechtlich nicht um Rechnungen, sondern um unternehmensinterne Buchungsbelege. ³Die darin ausgewiesene Steuer wird nicht nach § 14c Abs. 2 UStG geschuldet (vgl. BFH-Urteil vom 28.10.2010, V R 7/10, BStBl. 2011 II S. 391, und Abschnitt 14c.2 Abs. 2a).

(5) ¹Der Anspruch nach § 14 Abs. 2 UStG auf Erteilung einer Rechnung mit gesondert ausgewiesener Steuer steht dem umsatzsteuerrechtlichen Leistungsempfänger zu, sofern er eine juristische Person oder ein Unternehmer ist, der die Leistung für sein Unternehmen bezogen hat. ²Hierbei handelt es sich um einen zivilrechtlichen Anspruch, der nach § 13 GVG vor den ordentlichen Gerichten geltend zu machen ist (vgl. BGH-Urteil vom 11.12.1974, VIII ZR 186/73, NJW 1975 S. 310). ³Dieser Anspruch (Erfüllung einer aus § 242 BGB abgeleiteten zivilrechtlichen Nebenpflicht aus dem zu Grunde liegenden Schuldverhältnis) setzt voraus, dass der leistende Unternehmer zur Rechnungsausstellung mit gesondertem Steuerausweis berechtigt ist und ihn zivilrechtlich die Abrechnungslast trifft (vgl. BFH-Urteil vom 4.3.1982, V R 107/79, BStBl. II S. 309). ⁴Die Verjährung richtet sich nach § 195 BGB; weiterhin gelten die allgemeinen Vorschriften des BGB über die Verjährung. ⁵Ist es ernstlich zweifelhaft, ob eine Leistung der Umsatzsteuer unterliegt, kann der Leistungsempfänger die Erteilung einer Rechnung mit gesondert ausgewiesener Steuer nur verlangen, wenn der Vorgang bestandskräftig der Umsatzsteuer unterworfen wurde (vgl. BGH-Urteile vom 24.2.1988, VIII ZR 64/87, UR 1988 S. 183, und vom 10.11.1988, VII ZR 137/87 UR 1989 S. 121, und BFH-Urteil vom 30.3.2011, XI R 12/08, BStBl. II S. 819). ⁶Zu der Möglichkeit des Leistungsempfängers, die Steuerpflicht des Vorgangs auch durch eine Feststellungsklage nach § 41 FGO klären zu lassen, vgl. BFH-Urteil vom 10.7.1997, V R 94/96, BStBl. II S. 707. ⁷Nach Eröffnung des Insolvenzverfahrens ist der Anspruch auf Ausstellung einer Rechnung nach § 14 Abs. 1 UStG vom

Insolvenzverwalter auch dann zu erfüllen, wenn die Leistung vor Eröffnung des Insolvenzverfahrens bewirkt wurde (vgl. BGH-Urteil vom 6.5.1981, VIII ZR 45/80, UR 1982 S. 55, DB 1981 S. 1770, zum Konkursverfahren).

14.2. Rechnungserteilungspflicht bei Leistungen im Zusammenhang mit einem Grundstück
(1) ¹Der Begriff der steuerpflichtigen Werklieferungen oder sonstigen Leistungen im Zusammenhang mit einem Grundstück umfasst die Bauleistungen des § 13b Abs. 2 Nr. 4 UStG und darüber hinaus die sonstigen Leistungen im Zusammenhang mit einem Grundstück im Sinne des § 3a Abs. 3 Nr. 1 UStG. ²Hinsichtlich des Begriffs der steuerpflichtigen sonstigen Leistungen im Zusammenhang mit einem Grundstück wird auch auf Abschnitt 3a.3 verwiesen.
(2) ¹Demnach gehören zu den Leistungen, bei denen nach § 14 Abs. 2 Satz 1 Nr. 1 UStG eine Verpflichtung zur Rechnungserteilung besteht, zunächst alle Bauleistungen, bei denen die Steuerschuld unter den weiteren Voraussetzungen des § 13b Abs. 2 Nr. 4 UStG auf den Leistungsempfänger übergehen kann (vgl. Abschnitt 13b.1). ²Weiter gehören dazu die steuerpflichtigen Werklieferungen oder sonstigen Leistungen, die der Erschließung von Grundstücken oder der Vorbereitung von Bauleistungen dienen. ³Damit sind z.B. auch die folgenden Leistungen von der Rechnungserteilungspflicht erfasst:
– Planerische Leistungen (z.B. von Statikern, Architekten, Garten- und Innenarchitekten, Vermessungs-, Prüf- und Bauingenieuren);
– Labordienstleistungen (z.B. die chemische Analyse von Baustoffen oder Bodenproben);
– reine Leistungen der Bauüberwachung;
– Leistungen zur Prüfung von Bauabrechnungen;
– Leistungen zur Durchführung von Ausschreibungen und Vergaben;
– Abbruch- oder Erdarbeiten.

(3) ¹Die steuerpflichtige Werklieferung oder sonstige Leistung muss in engem Zusammenhang mit einem Grundstück stehen. ²Ein enger Zusammenhang ist gegeben, wenn sich die Werklieferung oder sonstige Leistung nach den tatsächlichen Umständen überwiegend auf die Bebauung, Verwertung, Nutzung oder Unterhaltung, aber auch Veräußerung oder den Erwerb des Grundstücks selbst bezieht. ³Daher besteht auch bei der Erbringung u.a. folgender Leistungen eine Verpflichtung zur Erteilung einer Rechnung:
– Zur Verfügung stellen von Betonpumpen oder von anderem Baugerät;
– Aufstellen von Material- oder Bürocontainern;
– Aufstellen von mobilen Toilettenhäusern;
– Entsorgung von Baumaterial (z.B. Schuttabfuhr durch ein Abfuhrunternehmen);
– Gerüstbau;
– bloße Reinigung von Räumlichkeiten oder Flächen (z.B. Fensterreinigung);
– Instandhaltungs-, Reparatur-, Wartungs- oder Renovierungsarbeiten an Bauwerken oder Teilen von Bauwerken (z.B. Klempner- oder Malerarbeiten);
– Anlegen von Grünanlagen und Bepflanzungen und deren Pflege (z.B. Bäume, Gehölze, Blumen, Rasen);
– Beurkundung von Grundstückskaufverträgen durch Notare;
– Vermittlungsleistungen der Makler bei Grundstücksveräußerungen oder Vermietungen.

(4) Sofern selbständige Leistungen vorliegen, sind folgende Leistungen keine Leistungen im Zusammenhang mit einem Grundstück, bei denen nach § 14 Abs. 2 Satz 1 Nr. 1 UStG die Verpflichtung zur Erteilung einer Rechnung besteht:
– Veröffentlichung von Immobilienanzeigen, z.B. durch Zeitungen;
– Rechts- und Steuerberatung in Grundstückssachen.

(5) ¹Alltägliche Geschäfte, die mit einem Kaufvertrag abgeschlossen werden (z.B. der Erwerb von Gegenständen durch einen Nichtunternehmer in einem Baumarkt), unterliegen nicht der Verpflichtung zur Rechnungserteilung. ²Auch die Lieferung von Baumaterial auf eine Baustelle eines Nichtunternehmers oder eines Unternehmers, der das Baumaterial für seinen nichtunternehmerischen Bereich bezieht, wird nicht von der Verpflichtung zur Erteilung einer Rechnung umfasst.

14.3. Rechnung in Form der Gutschrift
(1) ¹Eine Gutschrift ist eine Rechnung, die vom Leistungsempfänger ausgestellt wird (§ 14 Abs. 2 Satz 2 UStG). ²Eine Gutschrift kann auch durch juristische Personen, die nicht Unternehmer sind, ausgestellt

werden. ³Der Leistungsempfänger kann mit der Ausstellung einer Gutschrift auch einen Dritten beauftragen, der im Namen des Leistungsempfängers abrechnet (§ 14 Abs. 2 Satz 4 UStG). ⁴Eine Gutschrift kann auch ausgestellt werden, wenn über steuerfreie Umsätze abgerechnet wird oder wenn beim leistenden Unternehmer nach § 19 Abs. 1 UStG die Steuer nicht erhoben wird. ⁵Dies kann dazu führen, dass der Empfänger der Gutschrift unrichtig oder unberechtigt ausgewiesene Steuer nach § 14c UStG schuldet. ⁶Keine Gutschrift ist die im allgemeinen Sprachgebrauch ebenso bezeichnete Korrektur einer zuvor ergangenen Rechnung.

(2) ¹Die am Leistungsaustausch Beteiligten können frei vereinbaren, ob der leistende Unternehmer oder der in § 14 Abs. 2 Satz 1 Nr. 2 UStG bezeichnete Leistungsempfänger abrechnet. ²Die Vereinbarung hierüber muss vor der Abrechnung getroffen sein und kann sich aus Verträgen oder sonstigen Geschäftsunterlagen ergeben. ³Sie ist an keine besondere Form gebunden und kann auch mündlich getroffen werden. ⁴Die Gutschrift ist innerhalb von sechs Monaten zu erteilen (vgl. Abschnitt 14.1 Abs. 3).

(3) ¹Voraussetzung für die Wirksamkeit einer Gutschrift ist, dass die Gutschrift dem leistenden Unternehmer übermittelt worden ist und dieser dem ihm zugeleiteten Dokument nicht widerspricht (§ 14 Abs. 2 Satz 3 UStG). ²Die Gutschrift ist übermittelt, wenn sie dem leistenden Unternehmer so zugänglich gemacht worden ist, dass er von ihrem Inhalt Kenntnis nehmen kann (vgl. BFH-Urteil vom 15.9.1994, XI R 56/93, BStBl. 1995 II S. 275).

(4) ¹Der leistende Unternehmer kann der Gutschrift widersprechen. ²Der Widerspruch wirkt – auch für den Vorsteuerabzug des Leistungsempfängers – erst in dem Besteuerungszeitraum, in dem er erklärt wird (vgl. BFH-Urteil vom 19.5.1993, V R 110/88, BStBl. II S. 779, und Abschnitt 15.2 Abs. 13). ³Mit dem Widerspruch verliert die Gutschrift die Wirkung als Rechnung. ⁴Die Wirksamkeit des Widerspruchs setzt den Zugang beim Gutschriftsaussteller voraus.

14.4. Elektronisch übermittelte Rechnung[1)]

(1) ¹Rechnungen können – vorbehaltlich der Zustimmung des Empfängers – auch auf elektronischem Weg übermittelt werden (§ 14 Abs. 1 Satz 2 UStG). ²Die Zustimmung des Empfängers der elektronisch übermittelten Rechnung bedarf dabei keiner besonderen Form; es muss lediglich Einvernehmen zwischen Rechnungsaussteller und Rechnungsempfänger darüber bestehen, dass die Rechnung elektronisch übermittelt werden soll. ³Die Zustimmung kann z. B. in Form einer Rahmenvereinbarung erklärt werden. ⁴Sie kann auch nachträglich erklärt werden. ⁵Es genügt aber auch, dass die Beteiligten diese Verfahrensweise tatsächlich praktizieren und damit stillschweigend billigen.

(2) ¹Nach § 14 Abs. 3 UStG sind bei elektronischer Übermittlung der Rechnung die Echtheit der Herkunft und die Unversehrtheit des Inhalts zu gewährleisten. ²Dies kann auf zwei Arten erfolgen:

– mit qualifizierter elektronischer Signatur oder mit qualifizierter elektronischer Signatur mit Anbieter-Akkreditierung nach dem SigG (§ 14 Abs. 3 Nr. 1 UStG) oder

– im EDI-Verfahren (§ 14 Abs. 3 Nr. 2 UStG).

³Der Aufbau und der Ablauf des bei der elektronischen Übermittlung einer Rechnung angewandten Verfahrens müssen für das Finanzamt innerhalb angemessener Frist nachprüfbar sein (§ 145 AO). ⁴Dies setzt eine Dokumentation voraus, dass das Verfahren den Anforderungen der Grundsätze ordnungsgemäßer DV-gestützter Buchführungssysteme (GoBS) genügt (Anlage zum BMF-Schreiben vom 7.11.1995, BStBl. I S. 738). ⁵Bei der Prüfung elektronisch übermittelter Rechnungen im Sinne des § 14 Abs. 3 UStG sind die Grundsätze des BMF-Schreibens vom 16.7.2001, BStBl. I S. 415, über die Grundsätze zum Datenzugriff und zur Prüfbarkeit digitaler Unterlagen (GDPdU) zu beachten. ⁶Fordert das Finanzamt den Unternehmer zur Vorlage der Rechnung auf, ist es nicht zu beanstanden, wenn der Unternehmer als vorläufigen Nachweis einen Ausdruck der elektronisch übermittelten Rechnung vorlegt. ⁷Dies entbindet den Unternehmer allerdings nicht von der Verpflichtung, auf Anforderung nachzuweisen, dass die elektronisch übermittelte Rechnung die Voraussetzungen des § 14 Abs. 3 UStG erfüllt.

Qualifizierte elektronische Signatur

(3) ¹Nach § 14 Abs. 3 Nr. 1 UStG ist eine elektronisch übermittelte Rechnung mit einer qualifizierten elektronischen Signatur (§ 2 Nr. 3 SigG) oder mit einer qualifizierten elektronischen Signatur mit Anbieter-Akkreditierung (§ 2 Nr. 15 SigG) zu versehen. ²Zur Erstellung der Signatur wird ein qualifiziertes Zertifikat benötigt, das von einem Zertifizierungsdienstanbieter ausgestellt wird und mit dem die Identität des Zertifikatsinhabers bestätigt wird (§ 2 Nr. 7 SigG). ³Dieses Zertifikat kann nach § 2 Nr. 7 SigG nur auf natürliche Personen ausgestellt werden. ⁴Es ist zulässig, dass eine oder mehrere natürliche Per-

---
1) Beachte Neuregelung ab 01.07.2011

sonen im Unternehmen bevollmächtigt werden, für den Unternehmer zu signieren. [5]Eine Verlagerung der dem leistenden Unternehmer oder dem von diesem beauftragten Dritten obliegenden steuerlichen Verpflichtungen ist damit jedoch nicht verbunden. [6]Der Zertifikatsinhaber kann zusätzliche Attribute einsetzen (vgl. § 7 SigG). [7]Ein Attribut kann z.b. lauten „Frau Musterfrau ist Handlungsbevollmächtigte des Unternehmers A und berechtigt, für Unternehmer A Rechnungen bis zu einer Höhe von 100.000 € Gesamtbetrag zu unterzeichnen". [8]Auch Vertreterregelungen und ggf. erforderliche Zeichnungsberechtigungen, die an die Unterzeichnung durch mehrere Berechtigte gekoppelt sind, können durch Attribute abgebildet werden. [9]Nach § 5 Abs. 3 SigG kann in einem qualifizierten Zertifikat auf Verlangen des Zertifikatsinhabers anstelle seines Namens ein Pseudonym aufgeführt werden. [10]Das Finanzamt hat nach § 14 Abs. 2 SigG einen Anspruch auf Auskunft gegenüber dem Zertifizierungsdienstanbieter, soweit dies zur Erfüllung der gesetzlichen Aufgaben erforderlich ist. [11]Für die Erstellung qualifizierter elektronischer Signaturen sind alle technischen Verfahren (z.B. Smart-Card, „Kryptobox") zulässig, die den Vorgaben des SigG entsprechen. [12]Der Unternehmer hat die Voraussetzungen auf Anforderung nachzuweisen. [13]Der Rechnungsaussteller kann die Rechnungen auch in einem automatisierten Massenverfahren signieren. [14]Es ist zulässig, mehrere Rechnungen an einen Rechnungsempfänger in einer Datei zusammenzufassen und diese Datei mit nur einer qualifizierten elektronischen Signatur an den Empfänger zu übermitteln.

Elektronischer Datenaustausch (EDI-Rechnungen)

(4) [1]Nach § 14 Abs. 3 Nr. 2 UStG ist es zulässig, eine Rechnung im EDI-Verfahren zu übermitteln. [2]Voraussetzung für die Anerkennung der im EDI-Verfahren übermittelten Rechnungen ist, dass über den elektronischen Datenaustausch eine Vereinbarung nach Artikel 2 der Empfehlung 94/820/EG der Kommission vom 19.10.1994 über die rechtlichen Aspekte des elektronischen Datenaustausches, ABl. EG 1994 Nr. L 338 S. 98, besteht, in der der Einsatz von Verfahren vorgesehen ist, die die Echtheit der Herkunft und die Unversehrtheit der Daten gewährleisten.

Sonderregelungen

(5) [1]Auch bei Rechnungen, die per Telefax oder E-Mail übermittelt werden, und bei als Rechnungen geltenden Fahrausweisen im Sinne des § 34 UStDV, die im Online-Verfahren erstellt werden, handelt es sich um elektronisch übermittelte Rechnungen. [2]Hierfür gelten unter der Voraussetzung, dass die Echtheit der Herkunft und die Unversehrtheit des Inhalts der Rechnung im Einzelfall gegeben sind, folgende Sonderregelungen:

1. Per Telefax oder E-Mail übermittelte Rechnung

    [1]Bei der Übermittlung von Rechnungen per Telefax ist nur die Übertragung von Standard-Telefax an Standard-Telefax zulässig. [2]Voraussetzung für die Anerkennung zum Zweck des Vorsteuerabzugs ist, dass der Leistungsempfänger die eingehende Telefax-Rechnung in ausgedruckter Form aufbewahrt. [3]Zur Aufbewahrung des Ausdrucks vgl. auch Abschnitt 14b.1 Abs. 6. [4]Bei allen anderen Telefax-Übertragungsformen wie z.B. Übertragung von Standard-Telefax an Computer-Telefax/Fax-Server, Übertragung von Computer-Telefax/Fax-Server an Standard-Telefax und Übertragung von Computer-Telefax/Fax-Server an Computer-Telefax/Fax-Server sowie bei Übermittlung der Rechnung per E-Mail ist entsprechend § 14 Abs. 3 Nr. 1 UStG eine qualifizierte elektronische Signatur oder eine qualifizierte elektronische Signatur mit Anbieter-Akkreditierung erforderlich, um die Echtheit der Herkunft und die Unversehrtheit der Daten zu gewährleisten.

2. Online-Fahrausweise

    Bei Fahrausweisen (§ 34 UStDV) ist es für Zwecke des Vorsteuerabzugs nicht zu beanstanden, wenn der Fahrausweis im Online-Verfahren abgerufen wird und durch das Verfahren sichergestellt ist, dass eine Belastung auf einem Konto erfolgt.

(6) [1]Eine Gutschrift auf elektronischem Weg ist zulässig. [2]Dabei ist die Gutschrift durch den Leistungsempfänger mindestens mit einer qualifizierten elektronischen Signatur zu versehen. [3]Die Sonderregelungen nach Absatz 5 gelten entsprechend.

(7) [1]Eine Rechnung kann im Namen und für Rechnung des Unternehmers oder eines in § 14 Abs. 2 Satz 1 Nr. 2 UStG bezeichneten Leistungsempfängers von einem Dritten ausgestellt werden (§ 14 Abs. 2 Satz 4 UStG). [2]Dies gilt auch für elektronisch übermittelte Rechnungen. [3]Bei der Einschaltung von Dritten werden eine oder mehrere natürliche Personen beim Dritten bevollmächtigt, für den leistenden Unternehmer oder im Fall der Gutschrift für den Leistungsempfänger Rechnungen mindestens mit einer qualifizierten elektronischen Signatur zu versehen. [4]Die Anforderungen des § 14 Abs. 3 UStG gelten nicht für die Übermittlung der Daten vom leistenden Unternehmer oder vom Leistungsempfänger zum Zweck der Rechnungserstellung an den Dritten. [5]Der Dritte ist nach § 93ff. AO verpflichtet, dem

Finanzamt die Prüfung des Verfahrens durch Erteilung von Auskünften und Vorlage von Unterlagen in seinen Räumen zu gestatten. ⁶Der Empfänger einer elektronisch übermittelten Rechnung, die mit mindestens einer qualifizierten elektronischen Signatur versehen wurde, kann die ihm nach den GDPdU vorgeschriebenen Prüfungsschritte auch auf einen Dritten übertragen. ⁷Dies gilt insbesondere für die entsprechende Prüfung einer elektronisch übermittelten Rechnung in Form einer Gutschrift mit mindestens einer qualifizierten elektronischen Signatur.

14.5. Pflichtangaben in der Rechnung

(1) ¹§ 14 Abs. 4 und § 14a UStG gelten nur für Rechnungen an andere Unternehmer oder an juristische Personen, soweit sie nicht Unternehmer sind, sowie an andere Leistungsempfänger, die in § 14 UStG bezeichnet sind. ²Dabei ist es unerheblich, ob es sich um steuerpflichtige oder steuerfreie Leistungen oder um Teilleistungen handelt oder ob die Sonderregelungen nach den §§ 23 bis 25c UStG angewendet werden. ³Sofern eine Verpflichtung zur Erteilung einer Rechnung besteht, muss die Rechnung alle Pflichtangaben, die sich aus § 14 Abs. 4, § 14a UStG sowie aus den §§ 33 und 34 UStDV ergeben, enthalten und die übrigen formalen Voraussetzungen des § 14 UStG erfüllen. ⁴Die Gesamtheit aller Dokumente, die die nach § 14 Abs. 4 und § 14a UStG geforderten Angaben insgesamt enthalten, bildet die Rechnung. ⁵In einem Dokument fehlende Angaben müssen in anderen Dokumenten enthalten sein. ⁶In einem dieser Dokumente müssen mindestens das Entgelt und der Steuerbetrag angegeben werden. ⁷Außerdem sind in diesem Dokument alle anderen Dokumente zu bezeichnen, aus denen sich die nach § 14 Abs. 4 und § 14a UStG erforderlichen Angaben insgesamt ergeben (§ 31 Abs. 1 UStDV). ⁸Alle Dokumente müssen vom Rechnungsaussteller erstellt werden. ⁹Im Fall der Gutschrift muss deshalb der Gutschriftsaussteller alle Dokumente erstellen. ¹⁰Ist ein Dritter mit der Rechnungserstellung beauftragt (§ 14 Abs. 2 Satz 4 UStG), ist auch derjenige, der den Dritten mit der Rechnungserstellung beauftragt hat, zur Erstellung der fehlenden Dokumente berechtigt. ¹¹Hinsichtlich der Leistungsbeschreibung ist es zulässig, auf den vom leistenden Unternehmer erstellten Lieferschein Bezug zu nehmen.

Name und Anschrift des leistenden Unternehmers und des Leistungsempfängers

(2) ¹Nach § 14 Abs. 4 Satz 1 Nr. 1 UStG sind in der Rechnung der Name und die Anschrift des leistenden Unternehmers und des Leistungsempfängers jeweils vollständig anzugeben. ²Dabei ist es nach § 31 Abs. 2 UStDV ausreichend, wenn sich auf Grund der in die Rechnung aufgenommenen Bezeichnungen der Name und die Anschrift sowohl des leistenden Unternehmers als auch des Leistungsempfängers eindeutig feststellen lassen. ³Verfügt der Leistungsempfänger über ein Postfach oder über eine Großkundenadresse, ist es ausreichend, wenn diese Daten anstelle der Anschrift angegeben werden.

(3) ¹Auch in einer Rechnung, die unter Nennung nur des Namens des Leistungsempfängers mit „c/o" an einen Dritten adressiert ist, muss entsprechend § 14 Abs. 4 Satz 1 Nr. 1 UStG und den Vereinfachungen des § 31 Abs. 2 und 3 UStDV die Identität des Leistungsempfängers leicht und eindeutig feststellbar sein. ²Die Anschrift des Dritten gilt in diesen Fällen nicht als betriebliche Anschrift des Leistungsempfängers, wenn dieser unter der Anschrift des Dritten nicht gleichzeitig über eine Zweigniederlassung, eine Betriebsstätte oder einen Betriebsteil verfügt. ³Dies gilt auch dann, wenn der beauftragte Dritte mit der Bearbeitung des gesamten Rechnungswesens des Leistungsempfängers beauftragt ist. ⁴Die Sätze 1 bis 3 gelten in den Fällen der Rechnungserteilung durch einen vom leistenden Unternehmer beauftragten Dritten entsprechend.

(4) ¹Im Fall der umsatzsteuerlichen Organschaft kann der Name und die Anschrift der Organgesellschaft angegeben werden, wenn der leistende Unternehmer oder der Leistungsempfänger unter dem Namen und der Anschrift der Organgesellschaft die Leistung erbracht bzw. bezogen hat. ²Bei Unternehmern, die über mehrere Zweigniederlassungen, Betriebsstätten oder Betriebsteile verfügen, gilt jede betriebliche Anschrift als vollständige Anschrift.

Steuernummer oder USt-IdNr. des leistenden Unternehmers

(5) ¹Nach § 14 Abs. 4 Satz 1 Nr. 2 UStG muss der leistende Unternehmer in der Rechnung entweder die ihm vom inländischen Finanzamt erteilte Steuernummer oder die vom BZSt erteilte USt-IdNr. angeben (vgl. BFH-Urteil vom 2.9.2010, V R 55/09, BStBl. 2011 II S. 235). ²Wurde dem leistenden Unternehmer keine USt-IdNr. erteilt, ist zwingend die erteilte Steuernummer anzugeben. ³Wenn das Finanzamt eine gesonderte Steuernummer für Zwecke der Umsatzbesteuerung erteilt hat (z.B. bei von der Zuständigkeit nach dem Betriebssitz abweichender Zuständigkeit nach § 21 AO), ist diese anzugeben. ⁴Erteilt das Finanzamt dem leistenden Unternehmer eine neue Steuernummer (z.B. bei Verlagerung des Unternehmenssitzes), ist nur noch diese zu verwenden. ⁵Es ist nicht erforderlich, dass der Unternehmer die vom Finanzamt erteilte Steuernummer um zusätzliche Angaben (z.B. Name oder Anschrift des Finanzamts, Finanzamtsnummer oder Länderschlüssel) ergänzt. ⁶Im Fall der Gutschrift ist die Steuer-

nummer bzw. die USt-IdNr. des leistenden Unternehmers und nicht die des die Gutschrift erteilenden Leistungsempfängers anzugeben. [7]Zu diesem Zweck hat der leistende Unternehmer (Gutschriftsempfänger) dem Aussteller der Gutschrift seine Steuernummer oder USt-IdNr. mitzuteilen. [8]Dies gilt auch für einen ausländischen Unternehmer, dem von einem inländischen Finanzamt eine Steuernummer oder vom BZSt eine USt-IdNr. erteilt wurde. [9]Hinsichtlich des Anspruchs natürlicher Personen auf Erteilung einer Steuernummer für Umsatzsteuerzwecke vgl. BFH-Urteil vom 23.9.2009, II R 66/07, BStBl. 2010 II S. 712, und BMF-Schreiben vom 1.7.2010, BStBl. I S. 625.

(6) [1]Leistet ein Unternehmer im eigenen Namen (Eigengeschäft) und vermittelt er einen Umsatz in fremden Namen und für fremde Rechnung (vermittelter Umsatz), gilt für die Angabe der Steuernummer oder der USt-IdNr. Folgendes:

– [2]Für das Eigengeschäft gibt der leistende Unternehmer seine Steuernummer oder USt-IdNr. an.
– [3]Rechnet der Unternehmer über einen vermittelten Umsatz ab (z.B. Tankstellenbetreiber, Reisebüro), hat er die Steuernummer oder USt-IdNr. des leistenden Unternehmers (z.B. Mineralölgesellschaft, Reiseunternehmen) anzugeben.
– [4]Werden das Eigengeschäft und der vermittelte Umsatz in einer Rechnung aufgeführt (vgl. Abschnitt 14.10 Abs. 3), kann aus Vereinfachungsgründen der jeweilige Umsatz durch Kennziffern oder durch Symbole der jeweiligen Steuernummer oder USt-IdNr. zugeordnet werden. [5]Diese sind in der Rechnung oder in anderen Dokumenten (§ 31 UStDV) zu erläutern.

(7) Im Fall der umsatzsteuerlichen Organschaft muss die Organgesellschaft die ihr oder dem Organträger erteilte USt-IdNr. oder die Steuernummer des Organträgers angeben.

(8) Die Angabe der Steuernummer oder der USt-IdNr. ist vorbehaltlich der §§ 33 und 34 UStDV auch erforderlich, wenn

– beim leistenden Unternehmer die Umsatzsteuer nach § 19 Abs. 1 UStG nicht erhoben wird,
– ausschließlich über steuerfreie Umsätze abgerechnet wird,
– der Leistungsempfänger nach § 13b Abs. 5 UStG Steuerschuldner ist (vgl. auch § 14a Abs. 5 UStG).

(9) [1]Ein Vertrag erfüllt die Anforderung des § 14 Abs. 4 Satz 1 Nr. 2 UStG, wenn er die Steuernummer oder die USt-IdNr. des leistenden Unternehmers enthält. [2]Ist in dem Vertrag die Steuernummer angegeben und erteilt das Finanzamt dem leistenden Unternehmer eine neue Steuernummer (z.B. bei Verlagerung des Unternehmenssitzes), ist der Vertragspartner in geeigneter Weise darüber zu informieren. [3]Die leichte Nachprüfbarkeit dieser Angabe muss beim Leistungsempfänger gewährleistet sein. [4]Es ist nicht erforderlich, dass auf den Zahlungsbelegen die Steuernummer oder die USt-IdNr. des leistenden Unternehmers angegeben ist.

Fortlaufende Nummer (Rechnungsnummer)

(10) [1]Durch die fortlaufende Nummer (Rechnungsnummer) soll sichergestellt werden, dass die vom Unternehmer erstellte Rechnung einmalig ist. [2]Bei der Erstellung der Rechnungsnummer ist es zulässig, eine oder mehrere Zahlen- oder Buchstabenreihen zu verwenden. [3]Auch eine Kombination von Ziffern mit Buchstaben ist möglich. [4]Eine lückenlose Abfolge der ausgestellten Rechnungsnummern ist nicht zwingend. [5]Es ist auch zulässig, im Rahmen eines weltweiten Abrechnungssystems verschiedener, in unterschiedlichen Ländern angesiedelter Konzerngesellschaften nur einen fortlaufenden Nummernkreis zu verwenden.

(11) [1]Bei der Erstellung der Rechnungsnummer bleibt es dem Rechnungsaussteller überlassen, wie viele und welche separaten Nummernkreise geschaffen werden, in denen eine Rechnungsnummer jeweils einmalig vergeben wird. [2]Dabei sind Nummernkreise für zeitlich, geographisch oder organisatorisch abgegrenzte Bereiche zulässig, z.B. für Zeiträume (Monate, Wochen, Tage), verschiedene Filialen, Betriebsstätten einschließlich Organgesellschaften oder Bestandsobjekte. [3]Die einzelnen Nummernkreise müssen dabei nicht zwingend lückenlos sein. [4]Es muss jedoch gewährleistet sein (z.B. durch Vergabe einer bestimmten Klassifizierung für einen Nummernkreis), dass die jeweilige Rechnung leicht und eindeutig dem jeweiligen Nummernkreis zugeordnet werden kann und die Rechnungsnummer einmalig ist.

(12) [1]Bei Verträgen über Dauerleistungen ist es ausreichend, wenn diese Verträge eine einmalige Nummer enthalten (z.B. Wohnungs- oder Objektnummer, Mieternummer). [2]Es ist nicht erforderlich, dass Zahlungsbelege eine gesonderte fortlaufende Nummer erhalten.

(13) [1]Im Fall der Gutschrift ist die fortlaufende Nummer durch den Gutschriftsaussteller zu vergeben. [2]Wird die Rechnung nach § 14 Abs. 2 Satz 4 UStG von einem Dritten ausgestellt, kann dieser die fortlaufende Nummer vergeben.

§ 14 UStAE 14.5.

(14) Kleinbetragsrechnungen nach § 33 UStDV und Fahrausweise nach § 34 UStDV müssen keine fortlaufende Nummer enthalten.

Menge und Art der gelieferten Gegenstände oder Umfang und Art der sonstigen Leistung

(15) [1]Die Bezeichnung der Leistung muss eine eindeutige und leicht nachprüfbare Feststellung der Leistung ermöglichen, über die abgerechnet worden ist (BFH-Urteile vom 10.11.1994, V R 45/93, BStBl. 1995 II S. 395, und vom 8.10.2008, V R 59/07, BStBl. 2009 II S. 218). [2]Handelsüblich (§ 14 Abs. 4 Satz 1 Nr. 5 UStG) ist jede im Geschäftsverkehr für einen Gegenstand allgemein verwendete Bezeichnung, z.B. auch Markenartikelbezeichnungen. [3]Handelsübliche Sammelbezeichnungen sind ausreichend, wenn sie die Bestimmung des anzuwendenden Steuersatzes eindeutig ermöglichen, z.B. Baubeschläge, Büromöbel, Kurzwaren, Schnittblumen, Spirituosen, Tabakwaren, Waschmittel. [4]Bezeichnungen allgemeiner Art, die Gruppen verschiedenartiger Gegenstände umfassen, z.B. Geschenkartikel, reichen nicht aus. [5]Zur Verwendung der Geräteidentifikationsnummer als Bestandteil der handelsüblichen Bezeichnung des gelieferten Gegenstands vgl. BMF-Schreiben vom 1.4.2009, BStBl. I S. 525.

Zeitpunkt der Leistung und Vereinnahmung des Entgelts

(16) [1]Nach § 14 Abs. 4 Satz 1 Nr. 6 UStG ist in der Rechnung der Zeitpunkt der Lieferung oder sonstigen Leistung anzugeben. [2]Dies gilt auch dann, wenn das Ausstellungsdatum der Rechnung (§ 14 Abs. 4 Satz 1 Nr. 3 UStG) mit dem Zeitpunkt der Lieferung oder der sonstigen Leistung übereinstimmt; in diesen Fällen genügt eine Angabe wie z.B. „Leistungsdatum entspricht Rechnungsdatum" (vgl. BFH-Urteil vom 17.12.2008, XI R 62/07, BStBl. 2009 II S. 432). [3]Nach § 31 Abs. 4 UStDV kann als Zeitpunkt der Lieferung oder sonstigen Leistung der Kalendermonat angegeben werden, in dem die Leistung ausgeführt wird. [4]Die Verpflichtung zur Angabe des Zeitpunkts der Lieferung oder der sonstigen Leistung besteht auch in den Fällen, in denen die Ausführung der Leistung gegen Barzahlung erfolgt. [5]Im Einzelnen gilt hierbei Folgendes:

1. Angabe des Zeitpunkts der Lieferung in einem Lieferschein:

   [1]Nach § 31 Abs. 1 UStDV kann eine Rechnung aus mehreren Dokumenten bestehen, aus denen sich die nach § 14 Abs. 4 Satz 1 UStG erforderlichen Angaben insgesamt ergeben. [2]Demzufolge können sich Rechnungsangaben auch aus einem in dem Dokument, in dem Entgelt und Steuerbetrag angegeben sind, zu bezeichnenden Lieferschein ergeben. [3]Sofern sich der nach § 14 Abs. 4 Satz 1 Nr. 6 UStG erforderliche Leistungszeitpunkt aus dem Lieferschein ergeben soll, ist es erforderlich, dass der Lieferschein neben dem Lieferscheindatum eine gesonderte Angabe des Leistungsdatums enthält. [4]Sofern das Leistungsdatum dem Lieferscheindatum entspricht, kann an Stelle der gesonderten Angabe des Leistungsdatums ein Hinweis in die Rechnung aufgenommen werden, dass das Lieferscheindatum dem Leistungsdatum entspricht.

2. Angabe des Zeitpunkts der Lieferung in den Fällen, in denen der Ort der Lieferung nach § 3 Abs. 6 UStG bestimmt wird:

   [1]In den Fällen, in denen der Gegenstand der Lieferung durch den Lieferer, den Abnehmer oder einen vom Lieferer oder vom Abnehmer beauftragten Dritten befördert oder versendet wird, gilt die Lieferung nach § 3 Abs. 6 Satz 1 UStG dort als ausgeführt, wo die Beförderung oder Versendung an den Abnehmer oder in dessen Auftrag an einen Dritten beginnt (vgl. Abschnitt 3.12). [2]Soweit es sich um eine Lieferung handelt, für die der Ort der Lieferung nach § 3 Abs. 6 UStG bestimmt wird, ist in der Rechnung als Tag der Lieferung der Tag des Beginns der Beförderung oder Versendung des Gegenstands der Lieferung anzugeben. [3]Dieser Tag ist auch maßgeblich für die Entstehung der Steuer nach § 13 Abs. 1 Nr. 1 Buchstabe a Satz 1 UStG (vgl. Abschnitt 13.1 Abs. 1 und 2 Satz 5).

3. Angabe des Zeitpunkts der Lieferung in anderen Fällen:

   [1]In allen Fällen, in denen sich der Ort der Lieferung nicht nach § 3 Abs. 6 UStG bestimmt, ist als Tag der Lieferung in der Rechnung der Tag der Verschaffung der Verfügungsmacht anzugeben. [2]Zum Begriff der Verschaffung der Verfügungsmacht vgl. Abschnitt 3.1 Abs. 2.

4. Angabe des Zeitpunkts der sonstigen Leistung:

   [1]Nach § 14 Abs. 4 Satz 1 Nr. 6 UStG ist in der Rechnung der Zeitpunkt der sonstigen Leistung anzugeben. [2]Dies ist der Zeitpunkt, zu dem die sonstige Leistung ausgeführt ist. [3]Sonstige Leistungen sind grundsätzlich im Zeitpunkt ihrer Vollendung ausgeführt. [4]Bei zeitlich begrenzten Dauerleistungen ist die Leistung mit Beendigung des entsprechenden Rechtsverhältnisses ausgeführt, es sei denn, die Beteiligten hatten Teilleistungen vereinbart (vgl. Abschnitt 13.1 Abs. 3). [5]Bei sonstigen Leistungen, die sich über mehrere Monate oder Jahre erstrecken, reicht die Angabe des gesamten Leistungszeitraums (z.B. „1.1.01 bis 31.12.01") aus.

5. Noch nicht ausgeführte Lieferung oder sonstige Leistung:
   [1]Wird über eine noch nicht ausgeführte Lieferung oder sonstige Leistung abgerechnet, handelt es sich um eine Rechnung über eine Anzahlung, in der die Angabe des Zeitpunkts der Vereinnahmung des Entgelts oder des Teilentgelts entsprechend § 14 Abs. 4 Satz 1 Nr. 6 UStG nur dann erforderlich ist, wenn der Zeitpunkt der Vereinnahmung bei der Rechnungsstellung feststeht und nicht mit dem Ausstellungsdatum der Rechnung übereinstimmt. [2]Auch in diesem Fall reicht es aus, den Kalendermonat der Vereinnahmung anzugeben. [3]Auf der Rechnung ist kenntlich zu machen, dass über eine noch nicht erbrachte Leistung abgerechnet wird (vgl. Abschnitt 14.8 Abs. 4).

(17) [1]Ist in einem Vertrag – z.B. Miet- oder Pachtvertrag, Wartungsvertrag oder Pauschalvertrag mit einem Steuerberater – der Zeitraum, über den sich die jeweilige Leistung oder Teilleistung erstreckt, nicht angegeben, reicht es aus, wenn sich dieser Zeitraum aus den einzelnen Zahlungsbelegen, z.B. aus den Überweisungsaufträgen oder den Kontoauszügen, ergibt. [2]Soweit periodisch wiederkehrende Zahlungen im Rahmen eines Dauerschuldverhältnisses in der Höhe und zum Zeitpunkt der vertraglichen Fälligkeiten erfolgen und keine ausdrückliche Zahlungsbestimmung vorliegt, ergibt sich der Zeitpunkt der Leistung aus Vereinfachungsgründen durch die Zuordnung der Zahlung zu der Periode, in der sie geleistet wird. [3]Dabei wird es nicht beanstandet, wenn der Zahlungsbeleg vom Leistungsempfänger ausgestellt wird.

Entgelt

(18) Nach § 14 Abs. 4 Satz 1 Nr. 7 UStG ist in der Rechnung das nach Steuersätzen und einzelnen Steuerbefreiungen aufgeschlüsselte Entgelt anzugeben.

Im Voraus vereinbarte Minderung des Entgelts

(19) [1]Zusätzlich ist jede im Voraus vereinbarte Minderung des Entgelts, sofern sie nicht bereits im Entgelt berücksichtigt ist, anzugeben. [2]Dies bedeutet im Fall der Vereinbarung von Boni, Skonti und Rabatten, bei denen im Zeitpunkt der Rechnungserstellung die Höhe der Entgeltminderung nicht feststeht, dass in der Rechnung auf die entsprechende Vereinbarung hinzuweisen ist (§ 31 Abs. 1 UStDV). [3]Dies gilt sowohl im Fall des Steuerausweises in einer Rechnung als auch im Fall des Hinweises auf eine Steuerbefreiung. [4]Da Vereinbarungen über Entgeltminderungen ebenfalls Bestandteil einer Rechnung sind, gelten die sich aus § 14 Abs. 1 Satz 2 UStG ergebenden Formerfordernisse auch für diese. [5]Sofern die Entgeltminderungsvereinbarung in dem Dokument, in dem Entgelt und Steuerbetrag angegeben sind, nicht enthalten ist, muss diese als gesondertes Dokument schriftlich beim leistenden Unternehmer und beim Leistungsempfänger oder dem jeweils beauftragten Dritten vorliegen. [6]Allerdings sind in dem Dokument, in dem das Entgelt und der darauf entfallende Steuerbetrag zusammengefasst angegeben sind, die anderen Dokumente zu bezeichnen, aus denen sich die übrigen Angaben ergeben (§ 31 Abs. 1 UStDV). [7]Bei Rabatt- und Bonusvereinbarungen ist es deshalb ausreichend, wenn in dem Dokument, das zusammengefasst die Angabe des Entgelts und des darauf entfallenden Steuerbetrags enthält, auf die entsprechende Konditionsvereinbarung hingewiesen wird. [8]Für eine leichte und eindeutige Nachprüfbarkeit ist allerdings eine hinreichend genaue Bezeichnung erforderlich. [9]Dies ist gegeben, wenn die Dokumente über die Entgeltminderungsvereinbarung in Schriftform vorhanden sind und auf Nachfrage ohne Zeitverzögerung bezogen auf die jeweilige Rechnung vorgelegt werden können. [10]Ändert sich eine vor Ausführung der Leistung getroffene Vereinbarung nach diesem Zeitpunkt, ist es nicht erforderlich, die Rechnung zu berichtigen. [11]Die Verpflichtung zur Angabe der im Voraus vereinbarten Minderungen des Entgelts gilt nicht nur für solche Vereinbarungen, die der Leistungsempfänger gegenüber dem leistenden Unternehmer unmittelbar geltend machen kann. [12]Vereinbarungen des leistenden Unternehmers mit Dritten, die nicht Leistungsempfänger sind, müssen in der Rechnung nicht bezeichnet werden. [13]Bei Skontovereinbarungen genügt eine Angabe wie z.B. „2% Skonto bei Zahlung bis" den Anforderungen des § 14 Abs. 4 Satz 1 Nr. 7 UStG. [14]Das Skonto muss nicht betragsmäßig (weder mit dem Bruttobetrag noch mit dem Nettobetrag zzgl. USt) ausgewiesen werden. [15]Ein Belegaustausch ist bei tatsächlicher Inanspruchnahme der im Voraus vereinbarten Entgeltminderung nicht erforderlich (vgl. aber Abschnitt 17.1 Abs. 3 Satz 4).

Steuersatz und Steuerbetrag oder Hinweis auf eine Steuerbefreiung

(20) [1]Nach § 14 Abs. 4 Satz 1 Nr. 8 UStG ist in der Rechnung der Steuersatz sowie der auf das Entgelt entfallende Steuerbetrag oder im Fall der Steuerbefreiung ein Hinweis auf die Steuerbefreiung anzubringen. [2]Bei dem Hinweis auf eine Steuerbefreiung ist es nicht erforderlich, dass der Unternehmer die entsprechende Vorschrift des UStG oder der MwStSystRL nennt. [3]Allerdings soll in der Rechnung ein Hinweis auf den Grund der Steuerbefreiung enthalten sein. [4]Dabei reicht eine Angabe in umgangssprachlicher Form aus (z.B. „Ausfuhr", „innergemeinschaftliche Lieferung").

(21) [1]Die Regelung des § 32 UStDV für Rechnungen über Umsätze, die verschiedenen Steuersätzen unterliegen, gilt entsprechend, wenn in einer Rechnung neben steuerpflichtigen Umsätzen auch nicht

steuerbare oder steuerfreie Umsätze aufgeführt werden. ²Soweit Kosten für Nebenleistungen, z.B. für Beförderung, Verpackung, Versicherung, besonders berechnet werden, sind sie den unterschiedlich besteuerten Hauptleistungen entsprechend zuzuordnen. ³Die Aufteilung ist nach geeigneten Merkmalen, z.B. nach dem Verhältnis der Werte oder Gewichte, vorzunehmen.

(22) In Rechnungen für Umsätze, auf die die Durchschnittssätze des § 24 Abs. 1 UStG anzuwenden sind, ist außer dem Steuerbetrag der für den Umsatz maßgebliche Durchschnittssatz anzugeben (§ 24 Abs. 1 Satz 5 UStG).

Hinweis auf die Aufbewahrungspflicht des Leistungsempfängers

(23) ¹Nach § 14 Abs. 4 Satz 1 Nr. 9 UStG ist der leistende Unternehmer bei Ausführung einer steuerpflichtigen Werklieferung oder sonstigen Leistung im Zusammenhang mit einem Grundstück verpflichtet, in der Rechnung auf die einem nichtunternehmerischen Leistungsempfänger nach § 14b Abs. 1 Satz 5 UStG obliegenden Aufbewahrungspflichten hinzuweisen. ²Hierbei ist es ausreichend, wenn in der Rechnung z.B. ein allgemeiner Hinweis enthalten ist, dass ein nichtunternehmerischer Leistungsempfänger diese Rechnung zwei Jahre aufzubewahren hat. ³Ein Hinweis auf die Aufbewahrungspflicht des Leistungsempfängers nach § 14b Abs. 1 Satz 5 UStG ist nicht erforderlich, wenn es sich bei der steuerpflichtigen Werklieferung oder sonstigen Leistung um eine Bauleistung im Sinne des § 13b Abs. 2 Nr. 4 UStG an einen anderen Unternehmer handelt, für die dieser die Umsatzsteuer schuldet, oder mit einer Kleinbetragsrechnung im Sinne des § 33 UStDV abgerechnet wird.

14.6. Rechnungen über Kleinbeträge

(1) ¹Nach § 33 UStDV sind in Rechnungen, deren Gesamtbetrag 150 € nicht übersteigt (Kleinbetragsrechnungen), abweichend von § 14 Abs. 4 UStG nur folgende Angaben erforderlich:
– der vollständige Name und die vollständige Anschrift des leistenden Unternehmers;
– das Ausstellungsdatum;
– die Menge und die Art der gelieferten Gegenstände oder der Umfang und die Art der sonstigen Leistung und
– das Entgelt und der darauf entfallende Steuerbetrag in einer Summe sowie
– der anzuwendende Steuersatz oder
– im Fall einer Steuerbefreiung ein Hinweis darauf, dass für die Lieferung oder sonstige Leistung eine Steuerbefreiung gilt.

²Wird in einer Rechnung über verschiedene Leistungen abgerechnet, die verschiedenen Steuersätzen unterliegen, sind für die verschiedenen Steuersätzen unterliegenden Leistungen die jeweiligen Summen anzugeben.

(2) ¹Dabei sind die übrigen formalen Voraussetzungen des § 14 UStG zu beachten. ²Die Grundsätze der §§ 31 (Angaben in der Rechnung) und 32 (Rechnungen über Umsätze, die verschiedenen Steuersätzen unterliegen) UStDV sind entsprechend anzuwenden.

(3) Wird über Leistungen im Sinne der §§ 3c (Ort der Lieferung in besonderen Fällen), 6a (innergemeinschaftliche Lieferung) oder 13b (Leistungsempfänger als Steuerschuldner) UStG abgerechnet, gilt § 33 UStDV nicht.

14.7. Fahrausweise als Rechnungen

(1) ¹Fahrausweise (§ 34 UStDV) sind Dokumente, die einen Anspruch auf Beförderung von Personen gewähren. ²Dazu gehören auch Zuschlagkarten für zuschlagspflichtige Züge, Platzkarten, Bettkarten und Liegekarten. ³Mit Fahrscheindruckern ausgestellte Fahrscheine sind auch dann Fahrausweise im Sinne des § 34 UStDV, wenn auf ihnen der Steuersatz in Verbindung mit einem Symbol angegeben ist (z.B. „V" mit dem zusätzlichen Vermerk „V = 19% USt"). ⁴Keine Fahrausweise sind Rechnungen über die Benutzung eines Taxis oder Mietwagens.

(2) ¹Zeitfahrausweise (Zeitkarten) werden von den Verkehrsunternehmen in folgenden Formen ausgegeben:
1. Die Zeitkarte wird für jeden Gültigkeitszeitraum insgesamt neu ausgestellt,
2. ¹die Zeitkarte ist zweigeteilt in eine Stammkarte und eine Wertkarte oder Wertmarke. ²Hierbei gilt die Stammkarte, die lediglich der Identitätskontrolle dient, für einen längeren Zeitraum als die jeweilige Wertkarte oder Wertmarke.

²Beide Formen der Zeitkarten sind als Fahrausweise anzuerkennen, wenn sie die in § 34 Abs. 1 UStDV bezeichneten Angaben enthalten. ³Sind diese Angaben bei den unter Satz 1 Nummer 2 aufgeführten Zeitkarten insgesamt auf der Wertkarte oder der Wertmarke vermerkt, sind diese Belege für sich allein als Fahrausweise anzusehen.

(3) ¹Fahrausweise gelten nach § 34 UStDV als Rechnungen, wenn sie die folgenden Angaben enthalten:
– den vollständigen Namen und die vollständige Anschrift des Unternehmers, der die Beförderungsleistung ausführt (§ 31 Abs. 2 UStDV ist entsprechend anzuwenden);
– das Ausstellungsdatum;
– das Entgelt und den darauf entfallenden Steuerbetrag in einer Summe;
– den anzuwendenden Steuersatz, wenn die Beförderungsleistung nicht dem ermäßigten Steuersatz nach § 12 Abs. 2 Nr. 10 UStG unterliegt;
– im Fall der Anwendung des § 26 Abs. 3 UStG ein Hinweis auf die grenzüberschreitende Beförderung im Luftverkehr.

²Auf Fahrausweisen der Eisenbahnen, die dem öffentlichen Verkehr dienen, kann an Stelle des Steuersatzes die Tarifentfernung angegeben werden. ³Die übrigen formalen Voraussetzungen des § 14 UStG sind zu beachten. ⁴Zur Erstellung von Fahrausweisen im Online-Verfahren vgl. Abschnitt 14.4 Abs. 5. ⁵Fahrausweise für eine grenzüberschreitende Beförderung im Personenverkehr und im internationalen Eisenbahn-Personenverkehr gelten nur dann als Rechnung im Sinne des § 14 UStG, wenn eine Bescheinigung des Beförderungsunternehmers oder seines Beauftragten darüber vorliegt, welcher Anteil des Beförderungspreises auf das Inland entfällt. ⁶In der Bescheinigung ist der Steuersatz anzugeben, der auf den auf das Inland entfallenden Teil der Beförderungsleistung anzuwenden ist. ⁷Die Ausführungen gelten für Belege im Reisegepäckverkehr entsprechend.

14.8. Rechnungserteilung bei der Istversteuerung von Anzahlungen

(1) ¹Aus Rechnungen über Zahlungen vor Ausführung der Leistung muss hervorgehen, dass damit Voraus- oder Anzahlungen (vgl. Abschnitt 13.5) abgerechnet werden, z.B. durch Angabe des voraussichtlichen Zeitpunkts der Leistung. ²Unerheblich ist, ob vor Ausführung der Leistung über das gesamte Entgelt oder nur einen Teil des Entgelts abgerechnet wird. ³Die Regelung gilt auch für die Unternehmer, die die Steuer nach § 20 UStG nach vereinnahmten Entgelten berechnen.

(2) ¹Sofern die berechneten Voraus- oder Anzahlungen nicht geleistet werden, tritt eine Besteuerung nach § 14c Abs. 2 UStG nicht ein. ²Das gilt auch dann, wenn der Unternehmer die Leistung nicht ausführt, es sei denn, die Leistung war von vornherein nicht beabsichtigt (vgl. BFH-Urteil vom 21.2.1980, V R 146/73, BStBl. II S. 283).

(3) ¹Über Voraus- und Anzahlungen kann auch mit Gutschriften abgerechnet werden. ²In diesen Fällen gilt § 14 Abs. 2 Sätze 2 und 3 UStG (vgl. Abschnitt 14.3).

(4) ¹Für Rechnungen über Voraus- oder Anzahlungen ist § 14 Abs. 4 UStG sinngemäß anzuwenden (vgl. Abschnitt 14.5ff.). ²In Rechnungen über Lieferungen oder sonstige Leistungen, auf die eine Voraus- oder Anzahlung geleistet wurde, müssen die Gegenstände der Lieferung oder die Art der sonstigen Leistung zum Zeitpunkt der Voraus- oder Anzahlung genau bestimmt sein (vgl. BFH-Urteil vom 24.8.2006, V R 16/05, BStBl. 2007 II S. 340). ³Statt des Zeitpunkts der Lieferung oder sonstigen Leistung (§ 14 Abs. 4 Satz 1 Nr. 6 UStG) ist der voraussichtliche Zeitpunkt oder der Kalendermonat der Leistung anzugeben (§ 31 Abs. 4 UStDV). ⁴Haben die Beteiligten lediglich vereinbart, in welchem Zeitraum oder bis zu welchem Zeitpunkt die Leistung ausgeführt werden soll, ist dieser Zeitraum oder der betreffende Zeitpunkt in der Rechnung anzugeben. ⁵Ist der Leistungszeitpunkt noch nicht vereinbart worden, genügt es, dass dies aus der Rechnung hervorgeht. ⁶An die Stelle des Entgelts für die Lieferung oder sonstige Leistung tritt in einer Rechnung über eine Voraus- oder Anzahlung die Angabe des vor der Ausführung der Leistung vereinnahmten Entgelts oder Teilentgelts (§ 14 Abs. 4 Satz 1 Nr. 7 UStG). ⁷Außerdem ist in einer Rechnung über eine Voraus- oder Anzahlung der auf das Entgelt oder Teilentgelt entfallende Umsatzsteuerbetrag auszuweisen (§ 14 Abs. 4 Satz 1 Nr. 8 UStG).

(5) ¹In einer Rechnung über Zahlungen vor Ausführung der Leistung können mehrere oder alle Voraus- oder Anzahlungen zusammengefasst werden. ²Dabei genügt es, wenn der Unternehmer den Gesamtbetrag der vorausgezahlten Teilentgelte und die darauf entfallende Steuer angibt. ³Rechnungen mit gesondertem Steuerausweis können schon erteilt werden, bevor eine Voraus- oder Anzahlung vereinnahmt worden ist. ⁴Ist das im Voraus vereinnahmte Entgelt oder Teilentgelt niedriger als in der Rechnung angegeben, entsteht die Umsatzsteuer nur insoweit, als sie auf das tatsächlich vereinnahmte Entgelt oder Teilentgelt entfällt. ⁵Einer Berichtigung der Rechnung bedarf es in diesem Falle nicht.

(6) ¹Der Unternehmer kann über die Leistung im Voraus eine Rechnung erteilen, in der das gesamte Entgelt und die Steuer für diese Leistung insgesamt gesondert ausgewiesen werden. ²Zusätzliche Rechnungen über Voraus- oder Anzahlungen entfallen dann.

§ 14 UStAE 14.8.

(7) ¹In einer Endrechnung, mit der ein Unternehmer über die ausgeführte Leistung insgesamt abrechnet, sind die vor der Ausführung der Leistung vereinnahmten Entgelte oder Teilentgelte sowie die hierauf entfallenden Steuerbeträge abzusetzen, wenn über diese Entgelte oder Teilentgelte Rechnungen mit gesondertem Steuerausweis erteilt worden sind (§ 14 Abs. 5 Satz 2 UStG). ²Bei mehreren Voraus- oder Anzahlungen genügt es, wenn der Gesamtbetrag der vorausgezahlten Entgelte oder Teilentgelte und die Summe der darauf entfallenden Steuerbeträge abgesetzt werden. ³Statt der vorausgezahlten Entgelte oder Teilentgelte und der Steuerbeträge können auch die Gesamtbeträge der Voraus- oder Anzahlungen abgesetzt und die darin enthaltenen Steuerbeträge zusätzlich angegeben werden. ⁴Wird in der Endrechnung der Gesamtbetrag der Steuer für die Leistung angegeben, braucht der auf das verbleibende restliche Entgelt entfallende Steuerbetrag nicht angegeben zu werden.

Beispiel 1:
Absetzung der einzelnen im Voraus vereinnahmten Teilentgelte und der auf sie entfallenden Steuerbeträge
Endrechnung
Errichtung einer Lagerhalle
Ablieferung und Abnahme: 10.10.01

	Summe €	Preis €	Entgelt €	Umsatzsteuer €
		7.140.000	6.000.000	1.140.000
./. Abschlagszahlungen				
5.3.01	1.190.000		1.000.000	190.000
2.4.01	1.190.000		1.000.000	190.000
4.6.01	1.190.000		1.000.000	190.000
3.9.01	2.380.000	5.950.000	2.000.000	380.000
Verbleibende Restzahlung		1.190.000	1.000.000	190.000

Beispiel 2:
Absetzung des Gesamtbetrags der vorausgezahlten Teilentgelte und der Summe der darauf entfallenden Steuerbeträge
Endrechnung
Lieferung und Einbau eines Fahrstuhls
Ablieferung und Abnahme: 10.9.01

	Preis €	Entgelt €	Umsatzsteuer €
	1.428.000	1.200.000	228.000
./. Abschlagszahlungen am			
2.4. und 4.6.01	1.190.000	1.000.000	190.000
Verbleibende Restzahlung	238.000	200.000	38.000

Beispiel 3:
Absetzung des Gesamtbetrags der Abschlagszahlungen (Vorauszahlungen)
Endrechnung
Lieferung und Montage einer Heizungsanlage
Ablieferung und Abnahme: 10.7.01

Entgelt insgesamt	€ 1.500.000
+ Umsatzsteuer	€ 285.000
Gesamtpreis	€ 1.785.000
./. Abschlagszahlungen am 1.2. und 7.5.01	€ 1.428.000
Verbleibende Restzahlung	€ 357.000
Darin enthaltene Umsatzsteuer	€ 57.000
In den Abschlagszahlungen enthaltene Umsatzsteuer	€ 228.000

UStAE 14.8. **§ 14**

Beispiel 4:
Verzicht auf die Angabe des auf das restliche Entgelt entfallenden Steuerbetrags

Endrechnung
Lieferung eines Baukrans am 20.8.01

1 Baukran	Entgelt	€ 1.600.000
	+ Umsatzsteuer	€ 304.000
	Preis	€ 1.904.000
./. Abschlagszahlungen, geleistet am 12.3., 14.5. und 10.7.01:		
Entgelt	€ 1.300.000	
+ Umsatzsteuer	€ 247.000	€ 1.547.000
Verbleibende Restzahlung		€ 357.000

(8) Für die Erteilung der Endrechnung gelten folgende Vereinfachungen:
1. ¹Die vor der Ausführung der Leistung vereinnahmten Teilentgelte und die darauf entfallenden Steuerbeträge werden nicht vom Rechnungsbetrag abgesetzt, sondern auf der Endrechnung zusätzlich angegeben. ²Auch hierbei können mehrere Voraus- oder Anzahlungen zusammengefasst werden.

Beispiel 1:
Angabe der einzelnen Anzahlungen
Endrechnung
Lieferung einer Entlüftungsanlage am 23.7.01

	Entgelt	€ 800.000
	+ Umsatzsteuer	€ 152.000
	Preis	€ 952.000

Geleistete Anzahlungen:

	Gesamtbetrag €	Entgelt €	Umsatzsteuer €
1.2.01:	238.000	200.000	38.000
5.3.01:	238.000	200.000	38.000
7.5.01:	238.000	200.000	38.000
	714.000	600.000	114.000

Beispiel 2:
Angabe der Gesamt-Anzahlungen
Endrechnung
Lieferung eines Baggers am 18.6.01

	Preis €	Entgelt €	Umsatzsteuer €
1 Bagger	535.500	450.000	85.500

Geleistete Anzahlungen am 13.3. und 21.5.01:

	Entgelt	€ 350.000
	+ Umsatzsteuer	€ 66.500
	Gesamtbetrag	€ 416.500

2. ¹Die vor der Ausführung der Leistung vereinnahmten Teilentgelte und die darauf entfallenden Steuerbeträge werden in einem Anhang der Endrechnung aufgeführt. ²Auf diesen Anhang ist in der Endrechnung ausdrücklich hinzuweisen.

Beispiel
Angabe der einzelnen Anzahlungen in einem Anhang zur Endrechnung
Endrechnung Nr. ...., 19.11.01

Errichtung einer Montagehalle
Ablieferung und Abnahme: 12.11.01

Montagehalle	Gesamtentgelt	€ 6.500.000
	+ Umsatzsteuer	€ 1.235.000
	Gesamtpreis	€ 7.735.000

Die geleisteten Anzahlungen sind in der angefügten Zahlungsübersicht zusammengestellt.

Anhang der Rechnung Nr. ...... vom 19.11.01

Zahlungsübersicht	Gesamtbetrag €	Entgelt €	Umsatzsteuer €
Anzahlung am 1.2.01	2.380.000	2.000.000	380.000
Anzahlung am 2.4.01	1.190.000	1.000.000	190.000
Anzahlung am 4.6.01	1.190.000	1.000.000	190.000
Anzahlung am 1.8.01	1.190.000	1.000.000	190.000
	5.950.000	5.000.000	950.000

3. [1]Der Leistungsempfänger erhält außer der Endrechnung eine besondere Zusammenstellung der Anzahlungen, über die Rechnungen mit gesondertem Steuerausweis erteilt worden sind. [2]In der Endrechnung muss ausdrücklich auf die Zusammenstellung der Anzahlungen hingewiesen werden. [3]Die Zusammenstellung muss einen entsprechenden Hinweis auf die Endrechnung enthalten.

(9) [1]Wenn der Unternehmer ordnungsgemäß erteilte Rechnungen über Voraus- oder Anzahlungen, in denen die Steuer gesondert ausgewiesen ist, nachträglich bei der Abrechnung der gesamten Leistung widerruft oder zurücknimmt, ist er gleichwohl nach § 14 Abs. 5 Satz 2 UStG verpflichtet, in der Endrechnung die vorausgezahlten Entgelte oder Teilentgelte und die darauf entfallenden Steuerbeträge abzusetzen. [2]Dementsprechend ändert sich in diesem Falle auch an der Berechtigung des Leistungsempfängers zum Vorsteuerabzug auf Grund von Voraus- oder Anzahlungsrechnungen nichts.

(10) [1]Werden – entgegen der Verpflichtung nach § 14 Abs. 5 Satz 2 UStG – in einer Endrechnung oder der zugehörigen Zusammenstellung die vor der Leistung vereinnahmten Teilentgelte und die auf sie entfallenden Steuerbeträge nicht abgesetzt oder angegeben, hat der Unternehmer den in dieser Rechnung ausgewiesenen gesamten Steuerbetrag an das Finanzamt abzuführen. [2]Entsprechendes gilt, wenn in der Endrechnung oder der zugehörigen Zusammenstellung nur ein Teil der im Voraus vereinnahmten Teilentgelte und der auf sie entfallenden Steuerbeträge abgesetzt wird. [3]Der Teil der in der Endrechnung ausgewiesenen Steuer, der auf die vor der Leistung vereinnahmten Teilentgelte entfällt, wird in diesen Fällen zusätzlich nach § 14c Abs. 1 UStG geschuldet. [4]Der Leistungsempfänger kann jedoch nur den Teil des in der Endrechnung ausgewiesenen Steuerbetrags als Vorsteuer abziehen, der auf das nach der Ausführung der Leistung zu entrichtende restliche Entgelt entfällt. [5]Erteilt der Unternehmer dem Leistungsempfänger nachträglich eine berichtigte Endrechnung, die den Anforderungen des § 14 Abs. 5 Satz 2 UStG genügt, kann er die von ihm geschuldete Steuer in entsprechender Anwendung des § 17 Abs. 1 UStG berichtigen.

(11) [1]Statt einer Endrechnung kann der Unternehmer über das restliche Entgelt oder den verbliebenen Restpreis eine Rechnung erteilen (Restrechnung). [2]In ihr sind die im Voraus vereinnahmten Teilentgelte und die darauf entfallenden Steuerbeträge nicht anzugeben. [3]Es ist jedoch nicht zu beanstanden, wenn zusätzlich das Gesamtentgelt (ohne Steuer) angegeben wird und davon die im Voraus vereinnahmten Teilentgelte (ohne Steuer) abgesetzt werden.

14.9. Rechnungserteilung bei verbilligten Leistungen (§ 10 Absatz 5 UStG)

(1) [1]Grundsätzlich können in einer Rechnung nur das Entgelt und der darauf entfallende Umsatzsteuerbetrag ausgewiesen werden. [2]Hiervon abweichend sind Unternehmer berechtigt und bei Ausführung einer Leistung an einen unternehmerischen Leistungsempfänger oder an eine juristische Person verpflichtet, in den folgenden Fällen die Mindestbemessungsgrundlage des § 10 Abs. 5 in Verbindung mit § 10 Abs. 4 UStG sowie den darauf entfallenden Steuerbetrag in einer Rechnung auszuweisen:

1. Körperschaften und Personenvereinigungen im Sinne des § 1 Abs. 1 Nr. 1 bis 5 KStG, nichtrechtsfähige Personenvereinigungen sowie Gemeinschaften führen im Inland verbilligte Lieferungen oder sonstige Leistungen an ihre Anteilseigner, Gesellschafter, Mitglieder, Teilhaber oder diesen nahe stehenden Personen aus (§ 10 Abs. 5 Nr. 1 UStG).

2. Einzelunternehmer führen verbilligte Leistungen an ihnen nahe stehende Personen aus (§ 10 Abs. 5 Nr. 1 UStG).
3. Unternehmer führen verbilligte Leistungen an ihr Personal oder dessen Angehörige auf Grund des Dienstverhältnisses aus (§ 10 Abs. 5 Nr. 2 UStG).

Beispiel:
¹Eine Gesellschaft liefert an ihren unternehmerisch tätigen Gesellschafter eine gebrauchte Maschine, deren Wiederbeschaffungskosten netto 50.000 € betragen, zu einem Kaufpreis von 30.000 €.
²In diesem Fall muss die Rechnung neben den übrigen erforderlichen Angaben enthalten:

Mindestbemessungsgrundlage	50.000 €
19% Umsatzsteuer	9.500 €

³Der die Maschine erwerbende Gesellschafter kann unter den weiteren Voraussetzungen des § 15 UStG 9.500 € als Vorsteuer abziehen.

(2) Für Land- und Forstwirte, die nach den Durchschnittssätzen des § 24 Abs. 1 bis 3 UStG besteuert werden, gilt die Regelung nicht.

14.10. Rechnungserteilung in Einzelfällen

(1) ¹Erhält ein Unternehmer für seine Leistung von einem anderen als dem Leistungsempfänger ein zusätzliches Entgelt im Sinne des § 10 Abs. 1 Satz 3 UStG (Entgelt von dritter Seite), entspricht die Rechnung den Anforderungen des § 14 Abs. 4 Satz 1 Nr. 7 und 8 UStG, wenn in ihr das Gesamtentgelt – einschließlich der Zuzahlung – und der darauf entfallende Steuerbetrag angegeben sind. ²Gibt der Unternehmer in der Rechnung den vollen Steuerbetrag, nicht aber das Entgelt von dritter Seite an, ist die Rechnung für Zwecke des Vorsteuerabzugs durch den Leistungsempfänger ausreichend, wenn der angegebene Steuerbetrag die für den Umsatz geschuldete Steuer nicht übersteigt.

(2) Auf folgende Regelungen wird hingewiesen:

1. Pfandgeld für Warenumschließungen,
   vgl. Abschnitt 10.1 Abs. 8;
2. Austauschverfahren in der Kraftfahrzeugwirtschaft,
   vgl. Abschnitt 10.5 Abs. 3;
3. Briefmarkenversteigerungsgeschäft, Versteigerungsgewerbe,
   vgl. Abschnitt 3.7 Abs. 6, BMF-Schreiben vom 7.5.1971, UR 1971 S. 173, und BMWF-Schreiben vom 24.10.1972, UR 1972 S. 351;
4. Kraft- und Schmierstofflieferungen für den Eigenbedarf der Tankstellenagenten,
   vgl. Abschnitt 3.7 Abs. 5;
5. Garantieleistungen in der Reifenindustrie,
   vgl. BMF-Schreiben vom 21.11.1974, BStBl. I S. 1021;
6. Garantieleistungen und Freiinspektionen in der Kraftfahrzeugwirtschaft,
   vgl. BMF-Schreiben vom 3.12.1975, BStBl. I S. 1132.

(3) ¹Leistungen verschiedener Unternehmer können in einer Rechnung aufgeführt werden, wenn darin über die Leistungen eines jeden Unternehmers getrennt abgerechnet wird, z.B. die Rechnung einer Tankstelle über eine eigene Reparaturleistung und über eine Kraftstofflieferung einer Mineralölgesellschaft. ²Zur Angabe der Steuernummer oder USt-IdNr. in der Rechnung vgl. Abschnitt 14.5 Abs. 6. ³Erfolgt die Trennung nicht zutreffend, entsteht auch Steuer nach § 14c Abs. 2 UStG.

14.11. Berichtigung von Rechnungen

(1) ¹Nach § 14 Abs. 6 Nr. 5 UStG, § 31 Abs. 5 UStDV kann eine Rechnung berichtigt werden, wenn sie nicht alle Angaben nach § 14 Abs. 4 und § 14a UStG enthält oder wenn Angaben in der Rechnung unzutreffend sind. ²Dabei müssen nur die fehlenden oder unzutreffenden Angaben ergänzt oder berichtigt werden. ³Die Berichtigung muss durch ein Dokument erfolgen, das spezifisch und eindeutig auf die Rechnung bezogen ist. ⁴Dies ist regelmäßig der Fall, wenn in diesem Dokument die fortlaufende Nummer der ursprünglichen Rechnung angegeben ist; eine neue Rechnungsnummer für dieses Dokument ist nicht erforderlich. ⁵Das Dokument, mit dem die Berichtigung durchgeführt werden soll, muss die formalen Anforderungen der §§ 14 und 14a UStG erfüllen. ⁶Dies bedeutet insbesondere bei elektronischer Übermittlung, dass die Voraussetzungen des § 14 Abs. 3 UStG gegeben sein müssen. ⁷Für die Berichtigung einer Rechnung genügt die einfache Schriftform auch dann, wenn in einem notariell beurkundeten Kaufvertrag mit Umsatzsteuerausweis abgerechnet worden ist (BFH-Urteil vom 11.10.2007, V R 27/05, BStBl. 2008 II S. 438).

§ 14 — UStAE 14.11.

(2) ¹Die Berichtigung einer Rechnung kann nur durch den Rechnungsaussteller selbst vorgenommen werden. ²Lediglich in dem Fall, in dem ein Dritter mit der Ausstellung der Rechnung beauftragt wurde (§ 14 Abs. 2 Satz 4 UStG), kann die Berichtigung durch den leistenden Unternehmer selbst oder im Fall der Gutschrift durch den Gutschriftsaussteller vorgenommen werden. ³Der Abrechnungsempfänger kann von sich aus den Inhalt der ihm erteilten Abrechnung nicht mit rechtlicher Wirkung verändern. ⁴Insbesondere kann der gesonderte Ausweis der Steuer nur vom Abrechnenden vorgenommen werden. ⁵Der Leistungsempfänger kann den in einer ihm erteilten Rechnung enthaltenen Gesamtkaufpreis selbst dann nicht mit rechtlicher Wirkung in Entgelt und darauf entfallende Steuer aufteilen, wenn diese Änderung der Rechnung im Beisein des leistenden Unternehmers vorgenommen wird. ⁶Eine Berichtigung oder Ergänzung des Abrechnungspapiers durch den Abrechnungsempfänger ist jedoch anzuerkennen, wenn sich der Abrechnende die Änderung zu Eigen macht und dies aus dem Abrechnungspapier oder anderen Unterlagen hervorgeht, auf die im Abrechnungspapier hingewiesen ist (vgl. BFH-Beschluss vom 17.4.1980, V S 18/79, BStBl. II S. 540). ⁷Zu der Möglichkeit des Rechnungsempfängers, in § 14 Abs. 4 Satz 1 Nr. 5 und 6 UStG bezeichnete Angaben für Zwecke des Vorsteuerabzugs selbst zu ergänzen, vgl. Abschnitt 15.11 Abs. 3.

(3) ¹Da der Leistungsempfänger nach § 15 Abs. 1 Satz 1 Nr. 1 UStG im Besitz einer nach §§ 14, 14a UStG ausgestellten Rechnung sein muss, kann er vom Rechnungsaussteller eine Berichtigung verlangen, wenn die Rechnung nicht diesen Anforderungen genügt und dadurch der Vorsteuerabzug beim Leistungsempfänger gefährdet würde. ²Zum zivilrechtlichen Anspruch vgl. Abschnitt 14.1 Abs. 5.

Verwaltungsregelungen zu § 14

Datum	Anlage	Quelle	Inhalt
29.07.68	§ 014-01	BMF	Rechnungserteilung beim FLEUROP-Blumenlieferungsgeschäft
07.05.71	§ 014-02	BMF	Umsatzsteuerliche Behandlung des Briefmarken-Versteigerungsgeschäfts
11.02.87	§ 014-03	BMF	Gesonderter USt-Ausweis in den Gebührenrechnungen der Prüfingenieure für Baustatik
	§ 014-04		nicht belegt
22.04.88	§ 014-05	BMF	Leistungsaustausch und Vorsteuerabzug bei Jahresabschlußprüfungen und Betrieben gewerblicher Art kommunaler Körperschaften
02.01.89	§ 014-06	BMF	Ausstellung von Abrechnungen mit gesondertem Steuerausweis nach Ablauf der Festsetzungsfrist für den Steueranspruch
25.05.92	§ 014-07	BMF	Anerkennung der Rechnungstellung bei Datenfernübertragung bzw. Datenträgeraustausch als Rechnung im Sinne des § 14 UStG
	§ 014-08		nicht belegt
24.08.92	§ 014-09	OFD Fra	Rechnungstellung durch Telefax; Sicherstellung der Lesbarkeit von Telekopien bei Verwendung von thermosensitivem Papier
	§ 014-10		nicht belegt
01.04.96	§ 014-11	BMF	Verzinsung von Umsatzsteuernachforderungen nach § 233a AO aufgrund fehlerhafter Endrechnungen; Billigkeitsmaßnahmen
20.06.96	§ 014-12	FM Hes	Vorsteuerabzug aus Sammelrechnungen der Gesellschaft für Zahlungssysteme – GZS – (§§ 14 und 15 UStG)
	§ 014-13		nicht belegt
	§ 014-14		nicht belegt
25.05.00	§ 014-15	BMF	Rechnungsausstellung und -berichtigung im nichtkommerziellen Reiseverkehr
	§ 014-16		nicht belegt
16.07.01	§ 014-17	BMF	Grundsätze zum Datenzugriff und zur Prüfbarkeit digitaler Unterlagen (GDPdU)

§ 14

Datum	Anlage	Quelle	Inhalt
	§ 014-18		nicht belegt
	§ 014-19		nicht belegt
03.08.04	§ 014-20	BMF	§ 14 Abs. 4 Satz 1 Nr. 6 und Nr. 7 UStG, Angabe des Zeitpunkts der Leistung und der im Voraus vereinbarten Minderungen des Entgelts
24.11.04	§ 014-21	BMF	§ 14 Abs. 2 Satz 1 UStG – Ausstellung von Rechnungen – § 14b Abs. 1 Satz 5 UStG – Aufbewahrungspflichten des nichtunternehmerischen Leistungsempfängers
13.12.04	§ 014-22	BMF	§ 14 Abs. 4 Satz 1 Nr. 6 UStG – Angabe des Zeitpunkts der Leistung in der Rechnung
03.05.05	§ 014-23	BMF	Berichtigung von Rechnungen (§ 14 Abs. 6 Nr. 5 UStG, § 31 Abs. 5 UStDV)
26.09.05	§ 014-24	BMF	§ 14 Abs. 4 Satz 1 Nr. 6 UStG – Angabe des Zeitpunkts der Lieferung oder sonstigen Leistung in der Rechnung
21.02.06	§ 014-25	OFD Kob	Elektronische Aufbewahrung von Fax-Rechnungen
28.03.06	§ 014-26	BMF	§ 14 Abs. 4 Satz 1 Nr. 1 UStG – Angabe des vollständigen Namens und der vollständigen Anschrift des Leistungsempfängers in der Rechnung bei Empfang der Rechnung durch einen beauftragten Dritten
01.04.09	§ 014-27	BMF	§ 14 Abs. 4 Satz 1 Nr. 5 UStG – Geräteidentifikationsnummer als Bestandteil der handelsüblichen Bezeichnung des gelieferten Gegenstands; BFH-Urteil vom 19.4.2007 – V R 48/4 (BStBl. 2009 II S. 315)
01.07.10	§ 014-28	BMF	BFH-Urteil vom 23.9.2009 II R 66/07; Anspruch natürlicher Personen auf die Erteilung einer Steuernummer für Umsatzsteuerzwecke

Rechtsprechungsauswahl

(Einige der folgenden Urteile betreffen noch § 14 Abs. 1 und Abs. 4 UStG i.d.F. vor dem 01.01.2004; sie sind aber auch von Bedeutung für § 14 UStG i.d.F. ab dem 01.01.2004)

BGH vom 10.03.2010 – VIII ZR 65/09, UR 2010 S. 627: Verpflichtung zur Rechnungserteilung mit Steuerausweis beim Strohmanngeschäft.

a) Bei einer Verurteilung zur Erteilung einer Rechnung mit Umsatzsteuerausweis ist der Rechtsmittelkläger in Höhe der auszuweisenden Umsatzsteuer beschwert (Abgrenzung zu BGH, Beschluss vom 24.11.1994 – GSZ 1/94, BGHZ 128, 85ff.).

b) Zur Frage der Verpflichtung zur Erteilung von Rechnungen mit Umsatzsteuerausweis bei Strohmanngeschäften.

BFH vom 05.02.2010 – XI B 31/09, BFH/NV 2010 S. 962: Verpflichtung von unter § 19 UStG fallenden Unternehmern zur Erteilung ordnungsmäßer Rechnungen.

1. Auch „Kleinstunternehmer" müssen – und können – in den von ihnen ausgestellten Rechnungen Angaben machen, die eine eindeutige und leicht nachprüfbare Feststellung der von ihnen erbrachten Leistungen ermöglichen.

2. Allgemeine Bezeichnungen wie „Trockenbauarbeiten", „Fliesenarbeiten" und „Außenputzarbeiten" reichen hierzu nicht aus.

BFH vom 23.09.2009 – II R 66/07, BStBl. 2010 II S. 712: Anspruch natürlicher Personen auf Erteilung einer Steuernummer für Umsatzsteuerzwecke.

Hat eine natürliche Person durch Anmeldung eines Gewerbes ernsthaft die Absicht bekundet, unternehmerisch i.S. des § 2 UStG tätig zu werden, ist ihr außer in Fällen eines offensichtlichen, auf die Umsatzsteuer bezogenen Missbrauchs auf Antrag eine Steuernummer für Umsatzsteuerzwecke zu erteilen.

BFH vom 17.12.2008 – XI R 62/07, BStBl. 2009 II S. 432[1]: Zwingende Angabe des Lieferungszeitpunktes in einer Rechnung.

---

1) Siehe dazu *Widmann*, UR 2009 S. 247

§ 14

In einer Rechnung ist der Zeitpunkt der Lieferung (§ 14 Abs. 4 Satz 1 Nr. 6 UStG 2005) außer in den Fällen des § 14 Abs. 5 Satz 1 UStG 2005 auch dann zwingend anzugeben, wenn er mit dem Ausstellungsdatum der Rechnung identisch ist.

BFH vom 08.10.2008 – V R 59/07, BStBl. 2009 II S. 218: Anforderungen an die Leistungsbeschreibung in der Rechnung für Zwecke des Vorsteuerabzugs.

Die Leistungsbeschreibung „für technische Beratung und Kontrolle im Jahr 1996" reicht nicht dazu aus, die damit abgerechnete Leistung zu identifizieren, wenn diese sich weder aus den weiteren Angaben in der Rechnung noch aus ggf. in Bezug genommenen Geschäftsunterlagen weiter konkretisieren lässt.

FG Hessen vom 09.12.2002 – 7 V 3847/02, UR 2003 S. 147: Kein Erlass einer einstweiligen Anordnung zur vorläufigen Verpflichtung eines Finanzamts zur Unterlassung der Erteilung telefonischer Auskünfte in Bezug auf die Steuernummer eines Steuerpflichtigen.

1. Die bloße Möglichkeit beeinträchtigender Maßnahmen begründet noch keine Gefahr i. S. d. § 114 Abs. 1 FGO, vielmehr muss die Durchsetzbarkeit des Rechts in der Hauptsache ernstlich gefährdet sein.
2. Durch die sich aus § 14 Abs. 1a UStG ergebende Verpflichtung zur Angabe der Steuernummer auf Rechnungen besteht keine konkrete unmittelbare Gefährdung der Verletzung des Steuergeheimnisses oder des Datenschutzes, die die Erteilung eines Legitimationsnachweises in Form eines Kennwortschutzes für die Einholung von telefonischen Auskünften bei der Finanzbehörde durch eine einstweilige Anordnung rechtfertigt.

BFH vom 29.11.2002 – V B 119/02, UR 2003 S. 300: Anforderungen an die Bezeichnung des Liefergegenstands in einer Rechnung bei hochpreisiger Ware.

Zum Vorsteuerabzug berechtigende Rechnungen müssen alle dafür erforderlichen Angaben enthalten, die eine eindeutige und leicht nachprüfbare Identifizierung der abgerechneten Leistung ermöglichen. Diesen Anforderungen entspricht eine Rechnung nicht, wenn sie über eine hochpreisige Ware (hier: Armbanduhren und Armbänder) ohne Bezugnahme auf bestimmte Lieferscheine unter bloßer Verwendung der Gattungsbezeichnung abrechnet und nicht die handelsübliche Gegenstandsbezeichnung verwendet.

BFH vom 07.11.2000 – V R 49/99, DB 2001 S. 740: Pacht einer Gaststätte durch Eheleute – Betrieb durch Ehemann – Vorsteuerabzug durch Ehemann zur Hälfte – Pachtvertrag allein erfüllt die Rechnungsvoraussetzungen nicht und reicht für Vorsteuerabzug nicht aus.

1. Pachten Eheleute Räume zum Betrieb einer vom Ehemann allein geführten Gaststätte, so sind die Eheleute die Leistungsempfänger, wenn sie nicht gemeinsam (z. B. als GbR) unternehmerisch tätig sind.
2. In diesem Fall kann dem Ehemann als alleinigem Unternehmer der Vorsteuerabzug zur Hälfte zustehen.
3. Ein Pachtvertrag, in dem ein monatliches Pachtentgelt zzgl. Umsatzsteuer vereinbart ist, erfüllt nur in Verbindung mit entsprechenden monatlichen Abrechnungsbelegen (z. B. Bankbelegen) die Rechnungsvoraussetzungen für den Vorsteuerabzug.

AG Rastatt vom 28.02.1995 – 1 C 558/94, BB 1996 S. 1753: Ausstellung von Rechnungen mit Ausweisung der Mehrwertsteuer.

1. Auch ein Discount-Markt ist zur Ausstellung von Rechnungen gemäß § 14 UStG (mit Ausweisung der Mehrwertsteuer) verpflichtet.
2. Ein genereller Hinweis des Verkäufers, wonach der Kunde keinen Anspruch auf eine Bescheinigung gemäß § 14 UStG haben solle, verstößt gegen § 134 BGB (gesetzliches Verbot) und ist daher ohne Wirkung.

BFH vom 15.09.1994 – XI R 56/93, BStBl. 1995 II S. 275: Einschaltung eines Strohmannes; Gutschriftserteilung.

Im Fall eines Strohmannverhältnisses sind die von dem (weisungsabhängigen) Strohmann bewirkten Leistungen trotz selbständigen Auftretens im Außenverhältnis dem Hintermann als Leistendem zuzurechnen (Anschluß an das BFH-Urteil vom 15. Juli 1987 X R 19/80, BFHE 150, 459, BStBl. 1987 II, 746, unter II 2 d; Abgrenzung zu dem BFH-Urteil vom 28. November 1990 V R 31/85, BFHE 164, 134, BStBl. 1991 II, 381).

Die Zuleitung einer Gutschrift gemäß § 14 Abs. 5 Satz 2 Nr. 4 UStG 1980 setzt voraus, daß der Empfänger von dem Inhalt der Gutschrift Kenntnis nehmen kann; allein die Aufgabe zur Post reicht nicht aus.

§ 14

BFH vom 27.01.1994 – V R 113/91, BStBl. 1994 II S. 342: Begriff der Rechnung.
Rechnung i. S. des § 14 Abs. 3, 2. Alt. UStG 1973 setzt ebenso wie der Rechnungsbegriff in § 15 Abs. 1 Nr. 1 UStG 1973 die Angabe des Entgelts als Grundlage des gesondert ausgewiesenen Steuerbetrages voraus.

BFH vom 02.10.1990 – VIII R 62/86, BStBl. 1991 II S. 174: Namensangabe in einer Bewirtungsrechnung (§ 14 Abs. 1 Satz 2 Nr. 2 UStG).
Der VIII. Senat schließt sich dem Urteil des I. Senats vom 27.6.1990 I R 168/85 (BFHE 161, 125, BStBl. II 1990, 903) an, wonach die über Bewirtungen in einer Gaststätte ausgestellten Rechnungen i. S. des § 4 Abs. 5 Nr. 2 Satz 2 EStG 1975, sofern es sich nicht um Rechnungen über Kleinbeträge im Sinne der UStDV handelt, den Namen des bewirtenden Steuerpflichtigen enthalten müssen.
Eine fehlende Namensangabe darf vom Rechnungsaussteller auf der Rechnung oder durch eine sie ergänzende Urkunde nachgeholt werden.

BFH vom 27.06.1990 – I R 168/85, BStBl. 1990 II S. 903: Merkmale und Änderungen von Bewirtungsrechnungen.
1. Die über Bewirtungen in einer Gaststätte ausgestellten Rechnungen i. S. des § 4 Abs. 5 Nr. 2 Satz 2 EStG 1975 müssen, sofern es sich nicht um Rechnungen über Kleinbeträge i. S. der UStDV handelt, den Namen des bewirtenden Steuerpflichtigen enthalten.
2. Die Namensangabe darf vom Rechnungsaussteller auf der Rechnung oder durch eine sie ergänzende Urkunde nachgeholt werden.
3. Die Ergänzung der Rechnung schließt nicht aus, daß die betriebliche Veranlassung der durch die Rechnung nachgewiesenen Bewirtungsaufwendungen bei begründeten Zweifeln geprüft wird.

BGH vom 10.11.1988 – VII ZR 137/87, UR 1989 S. 121: Grenzen der gerichtlichen Durchsetzung eines Rechnungserteilungsanspruchs (§ 14 Abs. 1 UStG)[1].
Bei jeder zweifelhaften Steuerrechtslage ist es dem Leistenden regelmäßig nicht zuzumuten, eine Rechnung nach § 14 Abs. 1 UStG auszustellen, die unter Umständen nach der Beurteilung des zuständigen FA unberechtigt ist und ihn der Steuer nur aufgrund der Sanktion des § 14 Abs. 3 UStG unterwirft (Anschluß an BGHZ 103, 283 = NJW 1988, 2042 = UR 1988, 183).

BGH vom 24.02.1988 – VIII ZR 64/87, UR 1988 S. 183; HFR 1989 S. 507: Grenzen der gerichtlichen Durchsetzung eines Rechnungserteilungsanspruchs (§ 14 Abs. 1 UStG).
1. Ist ernstlich zweifelhaft, ob eine Leistung der Umsatzsteuer unterliegt, so kann der Leistungsempfänger die Erteilung einer Rechnung mit gesondert ausgewiesener Steuer nur verlangen, wenn die zuständige Finanzbehörde den Vorgang bestandskräftig der Umsatzsteuer unterworfen hat.
2. In diesem Fall hat der Leistende die Rechnung unabhängig von der Frage der objektiven Steuerpflichtigkeit des Vorgangs aufgrund kaufvertraglicher Nebenpflicht zu erteilen.

Bayerisches OLG vom 26.10.1987 – 4 St 164/87, UR 1988 S. 190: Strafbarkeit der Rechnungsergänzung durch Steuerberater (§§ 14, 15 UStG, § 267 StGB, § 370 AO 1977).
Ein Steuerberater, der unvollständige Rechnungen i. S. des § 14 Abs. 1 UStG, die seine Mandanten aus Anlaß von Leistungsbezügen erhalten haben, um Angaben ergänzt, von denen die Gewährung des Vorsteuerabzugs abhängt, begeht Urkundenfälschung und (in mittelbarer Täterschaft) Steuerhinterziehung[2].

BFH vom 07.10.1987 – X R 60/82, BStBl. 1988 II S. 34: Bezeichnung des Lieferanten im Abrechnungspapier.
Wird für den Lieferanten einer Ware im Abrechnungspapier eine Scheinfirma oder ein Scheinname verwandt, so steht dies dem Vorsteuerabzug nach § 15 Abs. 1 Nr. 1 UStG 1967 nicht entgegen, wenn die sonstigen Angaben im Abrechnungspapier eine eindeutige und leicht nachprüfbare Feststellung des Lieferanten erlauben.

---

1) Vgl. dazu *Weiß,* Rechnungserteilung und Vorsteuerabzug, UR 1989 S. 105 und Abschnitt 183 Abs. 5 UStR 2005/2008
2) Leitsatz nicht amtlich (aus UR)

§ 14a

§ 14a Zusätzliche Pflichten bei der Ausstellung von Rechnungen in besonderen Fällen

(1)[1] Führt der Unternehmer eine sonstige Leistung im Sinne des § 3a Abs. 2 im Inland aus und schuldet für diese Leistung der Leistungsempfänger die Steuer nach § 13b Abs. 1 und 5 Satz 1, ist er zur Ausstellung einer Rechnung verpflichtet, in der auch die Umsatzsteuer-Identifikationsnummer des Unternehmers und die des Leistungsempfängers anzugeben sind.

(2) Führt der Unternehmer eine Lieferung im Sinne des § 3c im Inland aus, ist er zur Ausstellung einer Rechnung verpflichtet.

(3) Führt der Unternehmer eine innergemeinschaftliche Lieferung aus, ist er zur Ausstellung einer Rechnung verpflichtet. Darin sind auch die Umsatzsteuer-Identifikationsnummer des Unternehmers und die des Leistungsempfängers anzugeben. Satz 1 gilt auch für Fahrzeuglieferer (§ 2a). Satz 2 gilt nicht in den Fällen der §§ 1b und 2a.

(4) Eine Rechnung über die innergemeinschaftliche Lieferung eines neuen Fahrzeugs muss auch die in § 1b Abs. 2 und 3 bezeichneten Merkmale enthalten. Das gilt auch in den Fällen des § 2a.

(5)[2] Führt der Unternehmer eine Leistung im Sinne des § 13b Abs. 1 und 2 aus, für die der Leistungsempfänger nach § 13b Abs. 5 die Steuer schuldet, ist er zur Ausstellung einer Rechnung verpflichtet. In der Rechnung ist auch auf die Steuerschuldnerschaft des Leistungsempfängers hinzuweisen. Die Vorschrift über den gesonderten Steuerausweis in einer Rechnung (§ 14 Abs. 4 Satz 1 Nr. 8) findet keine Anwendung.

(6) In den Fällen der Besteuerung von Reiseleistungen (§ 25) und der Differenzbesteuerung (§ 25a) ist in der Rechnung auch auf die Anwendung dieser Sonderregelungen hinzuweisen. In den Fällen des § 25 Abs. 3 und des § 25a Abs. 3 und 4 findet die Vorschrift über den gesonderten Steuerausweis in einer Rechnung (§ 14 Abs. 4 Satz 1 Nr. 8) keine Anwendung.

(7) Wird in einer Rechnung über eine Lieferung im Sinne des § 25b Abs. 2 abgerechnet, ist auch auf das Vorliegen eines innergemeinschaftlichen Dreiecksgeschäfts und die Steuerschuldnerschaft des letzten Abnehmers hinzuweisen. Dabei sind die Umsatzsteuer-Identifikationsnummer des Unternehmers und die des Leistungsempfängers anzugeben. Die Vorschrift über den gesonderten Steuerausweis in einer Rechnung (§ 14 Abs. 4 Satz 1 Nr. 8) findet keine Anwendung.

Vorgaben im EG-Recht

USt-Recht	MwStSystRL
§ 14a Abs. 1	Artikel 227
§ 14a Abs. 2	Artikel 220 Nr. 2
§ 14a Abs. 3	Artikel 220 Nr. 3, Artikel 226 Nr. 3 und 4
§ 14a Abs. 4	Artikel 226 Nr. 12
§ 14a Abs. 5	Artikel 226 Nr. 11
§ 14a Abs. 6	Artikel 226 Nr. 13 und 14, Artikel 325
§ 14a Abs. 7	Artikel 227

UStAE

Zu § 14a UStG

14a.1. Zusätzliche Pflichten bei der Ausstellung von Rechnungen in besonderen Fällen

(1) [1]§ 14a UStG regelt die zusätzlichen Pflichten bei der Ausstellung von Rechnungen in besonderen Fällen. [2]§ 14a UStG ergänzt § 14 UStG. [3]Soweit nichts anderes bestimmt ist, bleiben die Regelungen des § 14 UStG unberührt. [4]Dies schließt die nach § 14 Abs. 4 UStG geforderten Angaben ein. [5]Entsprechend

---
1) Fassung ab 01.07.2010
2) Fassung ab 01.07.2010

§ 14 Abs. 2 Satz 2 UStG kann auch mit einer Gutschrift abgerechnet werden. ⁶Zu den besonderen Fällen gehören:
- sonstige Leistungen im Sinne des § 3a Abs. 2 UStG, für die der Leistungsempfänger die Steuer nach § 13b Abs. 1 und Abs. 5 Satz 1 UStG schuldet;
- Lieferungen im Sinne des § 3c UStG;
- innergemeinschaftliche Lieferungen (§ 6a UStG);
- innergemeinschaftliche Lieferungen neuer Fahrzeuge (§§ 2a, 6a UStG);
- Fälle der Steuerschuldnerschaft des Leistungsempfängers (§ 13b UStG);
- Besteuerung von Reiseleistungen (§ 25 UStG);
- Differenzbesteuerung (§ 25a UStG) und
- innergemeinschaftliche Dreiecksgeschäfte (§ 25b UStG).

(2) ¹Der Unternehmer, der steuerfreie innergemeinschaftliche Lieferungen im Sinne der § 4 Nr. 1 Buchstabe b, § 6a UStG ausführt, ist zur Ausstellung von Rechnungen verpflichtet, in denen er auf die Steuerfreiheit hinweist und seine USt-IdNr. und die des Abnehmers angibt. ²In den Fällen des § 6a UStG besteht die Verpflichtung zur Ausstellung einer Rechnung nicht nur, wenn der Abnehmer ein Unternehmer ist, der den Gegenstand der Lieferung für unternehmerische Zwecke erworben hat. ³Sie besteht auch dann, wenn die innergemeinschaftliche Lieferung an eine juristische Person (z.B. eingetragener Verein oder Körperschaft des öffentlichen Rechts) erfolgt, die entweder kein Unternehmer ist oder den Gegenstand der Lieferung für ihren nichtunternehmerischen Bereich erworben hat.

(3) ¹Die Verpflichtung zur Ausstellung von Rechnungen über steuerfreie Lieferungen im Sinne des § 6a UStG greift beim innergemeinschaftlichen Verbringen von Gegenständen nicht ein, weil Belege in Verbringensfällen weder als Abrechnungen anzusehen sind noch eine Außenwirkung entfalten (vgl. auch Abschnitt 14.1 Abs. 4) und deshalb keine Rechnungen im Sinne des § 14 Abs. 1 UStG sind. ²Zur Abwicklung von Verbringensfällen hat der inländische Unternehmensteil gleichwohl für den ausländischen Unternehmensteil einen Beleg auszustellen, in dem die verbrachten Gegenstände aufgeführt sind und der die Bemessungsgrundlagen, die USt-IdNr. des inländischen Unternehmensteils und die USt-IdNr. des ausländischen Unternehmensteils enthält (sog. pro-forma-Rechnung). ³Ausländische Unternehmer, bei denen in entsprechender Anwendung des § 3 Abs. 8 UStG aus Vereinfachungsgründen ein innergemeinschaftliches Verbringen von Gegenständen anzunehmen ist, haben in der Rechnung an den Abnehmer ihre inländische USt-IdNr. zu vermerken.

(4) Erbringt der Unternehmer im Inland eine sonstige Leistung im Sinne des § 3a Abs. 2 UStG und schuldet der Leistungsempfänger die Steuer nach § 13b Abs. 1 und 5 Satz 1 UStG, besteht nach § 14a Abs. 1 UStG die Verpflichtung zur Rechnungsausstellung mit Angabe der USt-IdNr. des leistenden Unternehmers und des Leistungsempfängers.

(5) Der gesonderte Ausweis der Steuer ist auch in den Rechnungen des Unternehmers erforderlich, in denen er über die im Inland ausgeführten innergemeinschaftlichen Lieferungen im Sinne des § 3c UStG abrechnet.

(6) Ein Abrechnungspapier über die innergemeinschaftliche Lieferung von neuen Fahrzeugen muss neben den Angaben des § 14 Abs. 4 UStG alle für die ordnungsgemäße Durchführung der Erwerbsbesteuerung benötigten Merkmale (§ 1b Abs. 2 und 3 UStG) enthalten.

(7) Zu den Besonderheiten bei der Rechnungserteilung im Rahmen
  1. des innergemeinschaftlichen Dreiecksgeschäfts nach § 25b UStG vgl. Abschnitt 25b.1 Abs. 8,
  2. der Steuerschuldnerschaft des Leistungsempfängers nach § 13b UStG vgl. Abschnitt 13b.14.

(8) ¹In den Fällen der Besteuerung von Reiseleistungen (§ 25 UStG) und der Differenzbesteuerung (§ 25a UStG) ist nach § 14a Abs. 6 UStG in der Rechnung auf die Anwendung der entsprechenden Sonderregelungen hinzuweisen. ²Dabei reicht regelmäßig eine Angabe in umgangssprachlicher Form aus (z.B. „Reiseleistung", „Differenzbesteuerung").

§ 14b

§ 14b Aufbewahrung von Rechnungen

(1) Der Unternehmer hat ein Doppel der Rechnung, die er selbst oder ein Dritter in seinem Namen und für seine Rechnung ausgestellt hat, sowie alle Rechnungen, die er erhalten oder die ein Leistungsempfänger oder in dessen Namen und für dessen Rechnung ein Dritter ausgestellt hat, zehn Jahre aufzubewahren. Die Rechnungen müssen für den gesamten Zeitraum lesbar sein.[1)] Die Aufbewahrungsfrist beginnt mit dem Schluss des Kalenderjahres, in dem die Rechnung ausgestellt worden ist; § 147 Abs. 3 der Abgabenordnung bleibt unberührt. Die Sätze 1 bis 3 gelten auch:

1. für Fahrzeuglieferer (§ 2a);
2. in den Fällen, in denen der letzte Abnehmer die Steuer nach § 13a Abs. 1 Nr. 5 schuldet, für den letzten Abnehmer;
3. in den Fällen, in denen der Leistungsempfänger die Steuer nach § 13b Abs. 5[2)] schuldet, für den Leistungsempfänger.

In den Fällen des § 14 Abs. 2 Satz 1 Nr. 1 hat der Leistungsempfänger die Rechnung, einen Zahlungsbeleg oder eine andere beweiskräftige Unterlage zwei Jahre gemäß den Sätzen 2 und 3 aufzubewahren, soweit er

1. nicht Unternehmer ist oder
2. Unternehmer ist, aber die Leistung für seinen nichtunternehmerischen Bereich verwendet.[3)]

(2) Der im Inland oder in einem der in § 1 Abs. 3 bezeichneten Gebiete ansässige Unternehmer hat alle Rechnungen im Inland oder in einem der in § 1 Abs. 3 bezeichneten Gebiete aufzubewahren. Handelt es sich um eine elektronische Aufbewahrung, die eine vollständige Fernabfrage (Online-Zugriff) der betreffenden Daten und deren Herunterladen und Verwendung gewährleistet, darf der Unternehmer die Rechnungen auch im übrigen Gemeinschaftsgebiet, in einem der in § 1 Abs. 3 bezeichneten Gebiete, im Gebiet von Büsingen oder auf der Insel Helgoland aufbewahren. Der Unternehmer hat dem Finanzamt den Aufbewahrungsort mitzuteilen, wenn er die Rechnungen nicht im Inland oder in einem der in § 1 Abs. 3 bezeichneten Gebiete aufbewahrt. Der nicht im Inland oder in einem der in § 1 Abs. 3 bezeichneten Gebiete ansässige Unternehmer hat den Aufbewahrungsort der nach Absatz 1 aufzubewahrenden Rechnungen im Gemeinschaftsgebiet, in den in § 1 Abs. 3 bezeichneten Gebieten, im Gebiet von Büsingen oder auf der Insel Helgoland zu bestimmen. In diesem Fall ist er verpflichtet, dem Finanzamt auf dessen Verlangen alle aufzubewahrenden Rechnungen und Daten oder die an deren Stelle tretenden Bild- und Datenträger unverzüglich zur Verfügung zu stellen. Kommt er dieser Verpflichtung nicht oder nicht rechtzeitig nach, kann das Finanzamt verlangen, dass er die Rechnungen im Inland oder in einem der in § 1 Abs. 3 bezeichneten Gebiete aufbewahrt.

(3) Ein im Inland oder in einem der in § 1 Abs. 3 bezeichneten Gebiete ansässiger Unternehmer ist ein Unternehmer, der in einem dieser Gebiete einen Wohnsitz, seinen Sitz, seine Geschäftsleitung oder eine Zweigniederlassung hat.

(4) Bewahrt ein Unternehmer die Rechnungen im übrigen Gemeinschaftsgebiet elektronisch auf, können die zuständigen Finanzbehörden die Rechnungen für Zwecke der Umsatzsteuerkontrolle über Online-Zugriff einsehen, herunterladen und verwenden. Es muss sichergestellt sein, dass die zuständigen Finanzbehörden die Rechnungen unverzüglich über Online-Zugriff einsehen, herunterladen und verwenden können.

(5)[4)] Will der Unternehmer die Rechnungen außerhalb des Gemeinschaftsgebiets elektronisch aufbewahren, gilt § 146 Abs. 2a der Abgabenordnung.

---

1) Beachte Fassung ab 01.07.2011 (vgl. Gesetz vom 01.11.2011, BGBl. I 2011 S. 2131):
   Die Rechnungen müssen für den gesamten Zeitraum die Anforderungen des § 14 Absatz 1 Satz 2 erfüllen.
2) Gilt ab 01.07.2011
3) § 14b Abs. 1 Satz 5 gilt ab 01.08.2004; vgl. BMF vom 24.11.2004, Anlage § 014-21
4) § 14b Abs. 5 UStG gilt ab 25.12.2008

UStAE 14b.1.

Vorgaben im EG-Recht

USt-Recht	MwStSystRL
§ 14b Abs. 1 Satz 1, 3 und 4	Artikel 244, 247 Abs. 1
§ 14b Abs. 1 Satz 2	Artikel 246
§ 14b Abs. 1 Satz 5	Artikel 248
§ 14b Abs. 2 Satz 1	Artikel 245 Abs. 2 Unterabs. 2
§ 14b Abs. 2 Satz 2	Artikel 245 Abs. 1
§ 14b Abs. 2 Satz 3	Artikel 245 Abs. 2 Unterabs. 1
§ 14b Abs. 2 Satz 4 bis 6	Artikel 247 Abs. 3
§ 14b Abs. 3	Artikel 245 Abs. 2, Artikel 247 Abs. 1
§ 14b Abs. 4	Artikel 241 und 249

UStAE

Zu § 14b UStG

14b.1. Aufbewahrung von Rechnungen

(1) ¹Nach § 14b Abs. 1 UStG hat der Unternehmer aufzubewahren:
– ein Doppel der Rechnung, die er selbst oder ein Dritter in seinem Namen und für seine Rechnung ausgestellt hat,
– alle Rechnungen, die er erhalten oder die ein Leistungsempfänger oder in dessen Namen und für dessen Rechnung ein Dritter ausgestellt hat.

²Soweit der Unternehmer Rechnungen mithilfe elektronischer Registrierkassen erteilt, ist es hinsichtlich der erteilten Rechnungen im Sinne des § 33 UStDV ausreichend, wenn Tagesendsummenbons aufbewahrt werden, die die Gewähr der Vollständigkeit bieten und den Namen des Geschäfts, das Ausstellungsdatum und die Tagesendsumme enthalten; im Übrigen sind die in den BMF-Schreiben vom 9.1.1996, BStBl. I S. 34, und vom 26.11.2010, BStBl. I S. 1342, genannten Voraussetzungen zu erfüllen. ³Sind bei gemeinsamer Auftragserteilung durch mehrere Personen für Zwecke des Vorsteuerabzugs ein oder mehrere Gemeinschafter als Leistungsempfänger anzusehen (vgl. Abschnitt 15.2 Abs. 16), hat einer dieser Gemeinschafter das Original der Rechnung und jeder andere dieser Gemeinschafter zumindest eine Ablichtung der Rechnung aufzubewahren.

(2) ¹Die Aufbewahrungsfrist beträgt zehn Jahre und beginnt mit dem Ablauf des Kalenderjahres, in dem die Rechnung ausgestellt wird. ²Die Aufbewahrungsfrist läuft jedoch nicht ab, soweit und solange die Unterlagen für Steuern von Bedeutung sind, für welche die Festsetzungsfrist noch nicht abgelaufen ist (§ 147 Abs. 3 Satz 3 AO).

(3) Die Aufbewahrungspflichten gelten auch:
– für Fahrzeuglieferer (§ 2a UStG);
– in den Fällen, in denen der letzte Abnehmer die Steuer nach § 13a Abs. 1 Nr. 5 UStG schuldet, für den letzten Abnehmer und
– in den Fällen, in denen der Leistungsempfänger die Steuer nach § 13b Abs. 5 UStG schuldet, für den Leistungsempfänger (unabhängig davon, ob die Leistung für den unternehmerischen oder nichtunternehmerischen Bereich bezogen wurde).

(4) ¹In den Fällen des § 14 Abs. 2 Satz 1 Nr. 1 UStG hat der Leistungsempfänger die Rechnung, einen Zahlungsbeleg oder eine andere beweiskräftige Unterlage zwei Jahre aufzubewahren soweit er
– nicht Unternehmer ist oder
– Unternehmer ist, aber die Leistung für seinen nichtunternehmerischen Bereich verwendet.

²Als Zahlungsbelege kommen z.B. Kontobelege und Quittungen in Betracht. ³Andere beweiskräftige Unterlagen im Sinne des § 14b Abs. 1 Satz 5 UStG können z.B. Bauverträge, Abnahmeprotokolle nach VOB oder Unterlagen zu Rechtsstreitigkeiten im Zusammenhang mit der Leistung sein, mittels derer sich der Leistende, Art und Umfang der ausgeführten Leistung sowie das Entgelt bestimmen lassen. ⁴Die Verpflichtung zur Aufbewahrung gilt auch dann, wenn der leistende Unternehmer entgegen § 14 Abs. 4 Satz 1 Nr. 9 UStG in der Rechnung nicht auf die Aufbewahrungspflichten nach § 14b Abs. 1 Satz 5 UStG hingewiesen hat bzw. wenn ein Hinweis auf die Aufbewahrungspflichten des Leistungsempfängers nicht erforderlich war, weil es sich um eine Kleinbetragsrechnung im Sinne des § 33 UStDV handelt

§ 14b

UStAE 14b.1.

(vgl. Abschnitt 14.5 Abs. 23). [5]Für steuerpflichtige sonstige Leistungen der in § 4 Nr. 12 Sätze 1 und 2 UStG bezeichneten Art, die weder an einen anderen Unternehmer für dessen Unternehmen noch an eine juristische Person erbracht werden, besteht keine Verpflichtung des Leistungsempfängers zur Aufbewahrung von Rechnungen, Zahlungsbelegen oder anderen beweiskräftigen Unterlagen. [6]§ 14b Abs. 1 Satz 4 Nr. 3 UStG geht § 14b Abs. 1 Satz 5 UStG vor.

(5) [1]Die Rechnungen müssen über den gesamten Aufbewahrungszeitraum lesbar sein. [2]Nachträgliche Änderungen sind nicht zulässig. [3]Sollte die Rechnung auf Thermopapier ausgedruckt sein, ist sie durch einen nochmaligen Kopiervorgang auf Papier zu konservieren, das für den gesamten Aufbewahrungszeitraum nach § 14b Abs. 1 UStG lesbar ist. [4]Dabei ist es nicht erforderlich, die ursprüngliche, auf Thermopapier ausgedruckte Rechnung aufzubewahren.

(6) [1]Die Rechnungen können unter bestimmten Voraussetzungen als Wiedergaben auf einem Bildträger (z.B. Mikrofilm) oder auf anderen Datenträgern (z.B. Magnetband, Diskette, CD-Rom) aufbewahrt werden (vgl. § 147 Abs. 2 AO und Abschnitt 22.1 Abs. 2). [2]Das bei der Aufbewahrung angewandte Verfahren muss den Grundsätzen ordnungsgemäßer Buchführung, insbesondere den Anforderungen des BMF-Schreibens vom 1.2.1984, BStBl. I S. 155, und den diesem Schreiben beigefügten „Mikrofilm-Grundsätzen" sowie den „Grundsätzen ordnungsmäßiger DV-gestützter Buchführungssysteme – GoBS" (Anlage zum BMF-Schreiben vom 7.11.1995, BStBl. I S. 738), entsprechen. [3]Unter dieser Voraussetzung können die Originale der Rechnungen grundsätzlich vernichtet werden. [4]Bei elektronisch übermittelten Rechnungen hat der Unternehmer neben der Rechnung auch die Nachweise über die Echtheit und die Unversehrtheit der Daten aufzubewahren (z.B. qualifizierte elektronische Signatur), selbst wenn nach anderen Vorschriften die Gültigkeit dieser Nachweise bereits abgelaufen ist. [5]Die Speicherung der elektronischen Rechnung hat nach dem in Satz 2 genannten Verfahren auf einem Datenträger zu erfolgen, der Änderungen nicht mehr zulässt (§ 146 AO).

(7) [1]Im Inland oder in einem der in § 1 Abs. 3 UStG bezeichneten Gebiete ansässige Unternehmer sind verpflichtet, die Rechnungen im Inland oder in einem der in § 1 Abs. 3 UStG genannten Gebiete aufzubewahren (§ 14b Abs. 2 Satz 1 UStG). [2]Ein im Inland oder in einem der in § 1 Abs. 3 UStG bezeichneten Gebiete ansässiger Unternehmer ist ein Unternehmer, der in einem dieser Gebiete einen Wohnsitz, seinen Sitz, seine Geschäftsleitung oder eine Zweigniederlassung hat (§ 14b Abs. 3 UStG).

(8) [1]Bei elektronisch aufbewahrten Rechnungen (dabei muss es sich nicht um elektronisch übermittelte Rechnungen handeln) kann der im Inland oder der in einem der in § 1 Abs. 3 UStG genannten Gebiete ansässige Unternehmer die Rechnungen im Gemeinschaftsgebiet, in einem der in § 1 Abs. 3 UStG genannten Gebiete, im Gebiet von Büsingen oder auf der Insel Helgoland aufbewahren, soweit eine vollständige Fernabfrage (Online-Zugriff) der betreffenden Daten und deren Herunterladen und Verwendung durch das Finanzamt gewährleistet ist. [2]Bewahrt der Unternehmer in diesem Fall die Rechnungen nicht im Inland oder in einem der in § 1 Abs. 3 UStG genannten Gebiete auf, hat er dem für die Umsatzbesteuerung zuständigen Finanzamt den Aufbewahrungsort unaufgefordert und schriftlich mitzuteilen. [3]Will der Unternehmer die Rechnungen außerhalb des Gemeinschaftsgebiets elektronisch aufbewahren, gilt § 146 Abs. 2a AO (§ 14b Abs. 5 UStG).

(9) [1]Ein nicht im Inland oder in einem der in § 1 Abs. 3 UStG bezeichneten Gebiete ansässiger Unternehmer hat die Rechnungen im Gemeinschaftsgebiet, in einem der in § 1 Abs. 3 UStG bezeichneten Gebiete, im Gebiet von Büsingen oder auf der Insel Helgoland aufzubewahren. [2]Er ist verpflichtet, dem Finanzamt auf dessen Verlangen alle aufzubewahrenden Rechnungen und Daten oder die an deren Stelle tretenden Bild- und Datenträger unverzüglich zur Verfügung zu stellen. [3]Kommt der Unternehmer dieser Verpflichtung nicht oder nicht rechtzeitig nach, kann das Finanzamt verlangen, dass er die Rechnungen im Inland oder in einem der in § 1 Abs. 3 UStG bezeichneten Gebiete aufbewahrt. [4]Ist ein nicht im Gemeinschaftsgebiet ansässiger Unternehmer nach den Bestimmungen des Staates, in dem er ansässig ist, verpflichtet, die Rechnungen im Staat der Ansässigkeit aufzubewahren, ist es ausreichend, wenn dieser Unternehmer im Gemeinschaftsgebiet Ablichtungen der aufzubewahrenden Rechnungen aufbewahrt.

(10) Für die Archivierung und Prüfbarkeit von Rechnungen sind die Vorschriften der AO (insbesondere §§ 146, 147, 200 AO) sowie das BMF-Schreiben vom 16.7.2001 über die Grundsätze zum Datenzugriff und zur Prüfbarkeit digitaler Unterlagen (GDPdU), BStBl. I S. 415, zu beachten.

§ 14c

§ 14c[1]) Unrichtiger oder unberechtigter Steuerausweis

(1) Hat der Unternehmer in einer Rechnung für eine Lieferung oder sonstige Leistung einen höheren Steuerbetrag, als er nach diesem Gesetz für den Umsatz schuldet, gesondert ausgewiesen (unrichtiger Steuerausweis), schuldet er auch den Mehrbetrag. Berichtigt er den Steuerbetrag gegenüber dem Leistungsempfänger, ist § 17 Abs. 1 entsprechend anzuwenden. In den Fällen des § 1 Abs. 1a und in den Fällen der Rückgängigmachung des Verzichts auf die Steuerbefreiung nach § 9 gilt Absatz 2 Satz 3 bis 5 entsprechend.

(2) Wer in einer Rechnung einen Steuerbetrag gesondert ausweist, obwohl er zum gesonderten Ausweis der Steuer nicht berechtigt ist (unberechtigter Steuerausweis), schuldet den ausgewiesenen Betrag. Das gleiche gilt, wenn jemand wie ein leistender Unternehmer abrechnet und einen Steuerbetrag gesondert ausweist, obwohl er nicht Unternehmer ist oder eine Lieferung oder sonstige Leistung nicht ausführt. Der nach den Sätzen 1 und 2 geschuldete Steuerbetrag kann berichtigt werden, soweit die Gefährdung des Steueraufkommens beseitigt worden ist. Die Gefährdung des Steueraufkommens ist beseitigt, wenn ein Vorsteuerabzug beim Empfänger der Rechnung nicht durchgeführt oder die geltend gemachte Vorsteuer an die Finanzbehörde zurückgezahlt worden ist. Die Berichtigung des geschuldeten Steuerbetrages ist beim Finanzamt gesondert schriftlich zu beantragen und nach dessen Zustimmung in entsprechender Anwendung des § 17 Abs. 1 für den Besteuerungszeitraum vorzunehmen, in dem die Voraussetzungen des Satzes 4 eingetreten sind.

Vorgaben im EG-Recht

USt-Recht	MwStSystRL
§ 14c	Artikel 203

UStAE

Zu § 14c UStG

14c.1. Unrichtiger Steuerausweis

Zu hoher Steuerausweis (§ 14c Absatz 1 Satz 1 UStG)

(1) [1]Weist der leistende Unternehmer oder der von ihm beauftragte Dritte in einer Rechnung einen höheren Steuerbetrag aus, als der leistende Unternehmer nach dem Gesetz schuldet (unrichtiger Steuerausweis), schuldet der leistende Unternehmer auch den Mehrbetrag (§ 14c Abs. 1 UStG). [2]Die Rechtsfolgen treten unabhängig davon ein, ob die Rechnung alle in § 14 Abs. 4 und § 14a UStG aufgeführten Angaben enthält (vgl. BFH-Urteil vom 17.2.2011, V R 39/09, BStBl. II S. 734). [3]Die Angabe des Entgelts als Grundlage des gesondert ausgewiesenen Steuerbetrages ist jedoch unverzichtbar. [4]Die Vorschrift des § 14c Abs. 1 UStG gilt für Unternehmer, die persönlich zum gesonderten Steuerausweis berechtigt sind und für eine Lieferung oder sonstige Leistung einen Steuerbetrag in der Rechnung gesondert ausgewiesen haben, obwohl sie für diesen Umsatz keine oder eine niedrigere Steuer schulden. [5]Hiernach werden von § 14c Abs. 1 UStG Rechnungen mit gesondertem Steuerausweis erfasst (vgl. BFH-Urteil vom 7.5.1981, V R 126/75, BStBl. II S. 547):

1. für steuerpflichtige Leistungen, wenn eine höhere als die dafür geschuldete Steuer ausgewiesen wurde;

2. für steuerfreie Leistungen;

3. für nicht steuerbare Leistungen (unentgeltliche Leistungen, Leistungen im Ausland und Geschäftsveräußerungen im Sinne des § 1 Abs. 1a UStG) und außerdem

4. für nicht versteuerte steuerpflichtige Leistungen, wenn die Steuer für die Leistung wegen des Ablaufs der Festsetzungsfrist (§§ 169 bis 171 AO) nicht mehr erhoben werden kann (vgl. BFH-Urteil vom 13.11.2003, V R 79/01, BStBl. 2004 II S. 375).

[6]Die zu hoch ausgewiesene Steuer wird vom Unternehmer geschuldet, obwohl der Leistungsempfänger diese Steuer nicht als Vorsteuer abziehen kann (vgl. BFH-Urteil vom 6.12.2007, V R 3/06, BStBl. 2009 II S. 203, Abschnitt 15.2 Abs. 1 Sätze 1 bis 3).

---

1) Gilt ab 01.01.2004

§ 14c

UStAE 14c.1.

(2) Ein zu hoher Steuerausweis im Sinne des § 14c Abs. 1 UStG liegt auch vor, wenn in Rechnungen über Kleinbeträge (§ 33 UStDV) ein zu hoher Steuersatz oder in Fahrausweisen (§ 34 UStDV) ein zu hoher Steuersatz oder fälschlich eine Tarifentfernung von mehr als 50 Kilometern angegeben ist.

(3) Die Regelung des § 14c Abs. 1 UStG ist auch auf Gutschriften (§ 14 Abs. 2 Satz 2 UStG) anzuwenden, soweit der Gutschriftsempfänger einem ausgewiesenen zu hohen Steuerbetrag nicht widerspricht (vgl. BFH-Urteil vom 23.4.1998, V R 13/92, BStBl. II S. 418).

(4) § 14c Abs. 1 UStG gilt auch, wenn der Steuerbetrag von einem zu hohen Entgelt berechnet wurde (bei verdecktem Preisnachlass vgl. Abschnitt 10.5 Abs. 4) oder für ein und dieselbe Leistung mehrere Rechnungen ausgestellt worden sind (vgl. BFH-Urteil vom 27.4.1994, XI R 54/93, BStBl. II S. 718).

Berichtigung eines zu hohen Steuerausweises (§ 14c Abs. 1 Satz 1 UStG)

(5) [1]Der leistende Unternehmer oder der von ihm beauftragte Dritte kann den Steuerbetrag gegenüber dem Leistungsempfänger berichtigen. [2]In diesem Fall ist § 17 Abs. 1 UStG entsprechend anzuwenden. [3]Die Berichtigung des geschuldeten Mehrbetrags ist folglich für den Besteuerungszeitraum vorzunehmen, in welchem dem Leistungsempfänger die berichtigte Rechnung erteilt wurde (vgl. BFH-Urteil vom 19.3.2009, V R 48/07, BStBl. 2010 II S. 92). [4]Zur Berichtigung von Rechnungen im Übrigen vgl. Abschnitt 14.11.

Beispiel:

[1]Ein Unternehmer berechnet für eine Lieferung die Umsatzsteuer mit 19%, obwohl hierfür nach § 12 Abs. 2 UStG nur 7% geschuldet werden.

Entgelt	1.000,00 €
+ 19% Umsatzsteuer	190,00 €
Rechnungsbetrag	1.190,00 €

[2]Wird der Rechnungsbetrag um die zu hoch ausgewiesene Steuer herabgesetzt, ergibt sich folgende berichtigte Rechnung:

Entgelt	1.000,00 €
+ 7% Umsatzsteuer	70,00 €
Rechnungsbetrag	1.070,00 €

[3]Bleibt der Rechnungsbetrag in der berichtigten Rechnung unverändert, ergibt sich die richtige Steuer durch Herausrechnen aus dem bisherigen Rechnungsbetrag:

Rechnungsbetrag mit Steuer	1.190,00 €
darin enthaltene Steuer auf der Grundlage des ermäßigten Steuersatzes von 7% = 7/107	77,85 €
Rechnungsbetrag ohne Steuer	1.112,15 €

Berichtigte Rechnung:

Entgelt	1.112,15 €
+ 7% Umsatzsteuer	77,85 €
Rechnungsbetrag	1.190,00 €

(6) [1]Im Rahmen eines Organschaftsverhältnisses ist eine von der Organgesellschaft mit einem zu hohen Steuerausweis ausgestellte Rechnung durch sie oder einen von ihr beauftragten Dritten gegenüber dem Leistungsempfänger zu berichtigen. [2]Die Steuerschuldnerschaft des Organträgers für den zu hohen Steuerausweis bleibt unberührt.

(7) [1]Die Folgen des § 14c Abs. 1 UStG treten nicht ein, wenn in Rechnungen für nicht steuerpflichtige Lieferungen lediglich der Gesamtpreis einschließlich Umsatzsteuer in einem Betrag angegeben wird. [2]Ist die Steuer für einen nicht steuerpflichtigen Umsatz in der Rechnung gesondert ausgewiesen worden, z.B. für eine Ausfuhrlieferung, eine innergemeinschaftliche Lieferung oder eine nicht steuerbare Lieferung im Ausland, kann der leistende Unternehmer den ausgewiesenen Steuerbetrag berichtigen (vgl. BFH-Urteil vom 19.9.1996, V R 41/94, BStBl. 1999 II S. 249). [3]Die Berichtigung der zu hoch ausgewiesenen Umsatzsteuer im Sinne des § 14c Abs. 1 UStG erfolgt durch Berichtigungserklärung gegenüber dem Leistungsempfänger (vgl. BFH-Urteil vom 10.12.1992, V R 73/90, BStBl. 1993 II S. 383). [4]Dem Leistungsempfänger muss eine hinreichend bestimmte, schriftliche Berichtigung tatsächlich zugehen. [5]Es können mehrere Berichtigungen in einer einzigen Korrekturmeldung zusammengefasst

werden, wenn sich daraus erkennen lässt, auf welche Umsatzsteuerbeträge im Einzelnen sich die Berichtigung beziehen soll (vgl. BFH-Urteil vom 25.2.1993, V R 112/91, BStBl. II S. 643). [6]Wird der für eine Leistung geschuldete Kaufpreis auf Grund einer nachträglichen Vereinbarung wirksam herabgesetzt, bedarf es keiner Berichtigung der ursprünglichen Rechnung.

(8) [1]Hat ein Unternehmer – insbesondere im Einzelhandel – über eine Lieferung an einen Abnehmer aus einem Drittland eine Rechnung mit gesondertem Steuerausweis (§ 14 Abs. 4 UStG) bzw. eine Kleinbetragsrechnung im Sinne des § 33 UStDV (z.B. einen Kassenbon mit Angabe des Steuersatzes) erteilt, schuldet er die Steuer nach § 14c Abs. 1 UStG, wenn nachträglich die Voraussetzungen für die Steuerbefreiung als Ausfuhrlieferung im nichtkommerziellen Reiseverkehr (sog. Export über den Ladentisch) erfüllt werden (vgl. im Einzelnen Abschnitt 6.11). [2]Die Steuerschuld nach § 14c Abs. 1 UStG erlischt erst, wenn der Lieferer die Rechnung wirksam berichtigt (vgl. Absatz 7). [3]Aus Vereinfachungsgründen ist die Rechnungsberichtigung entbehrlich, wenn der ausländische Abnehmer die ursprüngliche Rechnung bzw. den ursprünglichen Kassenbon an den Unternehmer zurückgibt und dieser den zurückerhaltenen Beleg aufbewahrt.

Zu niedriger Steuerausweis

(9) [1]Bei zu niedrigem Steuerausweis schuldet der Unternehmer die gesetzlich vorgeschriebene Steuer. [2]Der Unternehmer hat in diesem Fall die Steuer unter Zugrundelegung des maßgeblichen Steuersatzes aus dem Gesamtrechnungsbetrag herauszurechnen.

Beispiel:

[1]Ein Unternehmer berechnet für eine Lieferung die Steuer mit 7%, obwohl hierfür nach § 12 Abs. 1 UStG eine Steuer von 19% geschuldet wird.

Berechnetes Entgelt	400,00 €
+ 7 % Umsatzsteuer	28,00 €
Gesamtrechnungbetrag	428,00 €
Herausrechnung der Steuer mit 19/119	./. 68,34 €
Entgelt	359,66 €

Vom Unternehmer gesetzlich geschuldete Steuer:

19% von 359,66 € =	68,34 €

[2]Der Leistungsempfänger darf als Vorsteuer nur den in der Rechnung ausgewiesenen Steuerbetrag abziehen. [3]Es bleibt aber dem leistenden Unternehmer unbenommen, den zu niedrig ausgewiesenen Steuerbetrag zu berichtigen.

(10) [1]Hat der Leistungsempfänger entgegen § 15 Abs. 1 Satz 1 Nr. 1 UStG einen höheren Betrag als die für die Lieferung oder sonstige Leistung gesetzlich geschuldete Steuer als Vorsteuer geltend gemacht, hat er den Mehrbetrag an das Finanzamt zurückzuzahlen. [2]Die Rückzahlung ist für den Besteuerungszeitraum vorzunehmen, für den der Mehrbetrag als Vorsteuer abgezogen wurde.

(11) [1]In den Fällen eines unrichtigen Steuerausweises bei Umsätzen im Rahmen einer Geschäftsveräußerung an einen anderen Unternehmer für dessen Unternehmen (§ 1 Abs. 1a UStG) und bei Rückgängigmachung des Verzichts auf die Steuerbefreiung nach § 9 UStG ist die Berichtigung des geschuldeten Betrages jedoch nur zulässig, wenn die Rechnung berichtigt wird und soweit die Gefährdung des Steueraufkommens beseitigt ist (§ 14c Abs. 1 Satz 3 UStG). [2]Zur Beseitigung der Gefährdung des Steueraufkommens und zum besonderen Berichtigungsverfahren vgl. Abschnitt 14c.2.

14c.2. Unberechtigter Steuerausweis (§ 14c Absatz 2 UStG)

(1) [1]Wer in einer Rechnung einen Steuerbetrag ausweist, obwohl er dazu nicht berechtigt ist (unberechtigter Steuerausweis), schuldet den ausgewiesenen Betrag (§ 14c Abs. 2 Sätze 1 und 2 UStG). [2]Dies betrifft vor allem Kleinunternehmer, bei denen die Umsatzsteuer nach § 19 Abs. 1 UStG nicht erhoben wird, gilt aber auch, wenn jemand wie ein leistender Unternehmer abrechnet und einen Steuerbetrag ausweist, obwohl er nicht Unterneh-mer ist oder eine Lieferung oder sonstige Leistung nicht ausführt. [3]Die Rechtsfolgen treten unabhängig davon ein, ob die Rechnung alle in § 14 Abs. 4 und § 14a UStG aufgeführten Angaben enthält (vgl. BFH-Urteil vom 17.2.2011, V R 39/09, BStBl. 2011 II S. 734). [4]Die Angabe des Rechnungsausstellers und des Entgelts als Grundlage des gesondert ausgewiesenen Steuerbetrags sind jedoch unverzichtbar (vgl. BFH-Urteil vom 27.7.2000, V R 55/99, BStBl. 2001 II S. 426). [5]Bei Kleinbetragsrechnungen (§ 33 UStDV) hat der angegebene Steuersatz die Wirkung des gesonderten Ausweises einer Steuer. [6]Entsprechendes gilt für Fahrausweise (§ 34 UStDV).

(2) Von § 14c Abs. 2 UStG werden die folgenden Fälle erfasst:

1. ¹Ein Unternehmer weist in der Rechnung einen Steuerbetrag aus, obwohl er nach § 19 Abs. 1 UStG dazu nicht berechtigt ist (§ 14c Abs. 2 Satz 1 UStG). ²Ein gesonderter Steuerausweis liegt auch vor, wenn der Rechnungsaussteller in einer Umlagenabrechnung über eine (Neben-)Leistung, z.B. Heizkostenabrechnung, den auf den jeweiligen Leistungsempfänger entfallenden Anteil am Gesamtbetrag der Kosten nicht ausschließlich als Bruttobetrag darstellt, sondern auch die anteilige Umsatzsteuer aufführt (vgl. BFH-Urteil vom 18.5.1988, X R 43/81, BStBl. II S. 752).

2. ¹Ein Unternehmer erteilt eine Rechnung mit gesondertem Steuerausweis, obwohl er eine Leistung nicht ausführt, z.B. eine Schein- oder Gefälligkeitsrechnung oder in den Fällen des Schadensersatzes. ²Hierunter fallen nicht Rechnungen, die vor Ausführung der Leistung erteilt werden und die ihrer Aufmachung (z.B. durch die Bezeichnung) oder ihrem Inhalt nach (z.B. durch Hinweis auf einen erst in der Zukunft liegenden Zeitpunkt der Leistung) eindeutig als Vorausrechnungen erkennbar sind (vgl. BFH-Urteil vom 20.3.1980, V R 131/74, BStBl. II S. 287). ³Steht der Leistungszeitpunkt noch nicht fest, muss dies aus der Rechnung oder aus anderen Unterlagen, auf die in der Rechnung hingewiesen wird, hervorgehen. ⁴Unterbleibt nach Erteilung einer Vorausrechnung mit Steuerausweis die zunächst beabsichtigte Leistung, z.B. bei Rückgängigmachung eines Kaufvertrags, ist § 14c Abs. 2 UStG nicht anzuwenden (vgl. BFH-Urteil vom 21.2.1980, V R 146/73, BStBl. II S. 283). ⁵Das gilt unabhängig davon, ob die angeforderten Voraus- oder Anzahlungen geleistet werden (vgl. Abschnitt 14.8 Abs. 2). ⁶Wer dagegen eine Vorausrechnung mit gesondertem Steuerausweis erteilt, obwohl bereits feststeht, dass er die darin aufgeführte Leistung nicht mehr ausführen wird, schuldet diese Steuer nach § 14c Abs. 2 UStG (vgl. BFH-Urteil vom 5.2.1998, V R 65/97, BStBl. II S. 415).

3. ¹Ein Unternehmer erteilt eine Rechnung mit gesondertem Steuerausweis, in der er statt des tatsächlich gelieferten Gegenstands einen anderen, von ihm nicht gelieferten Gegenstand aufführt, oder statt der tatsächlich ausgeführten sonstigen Leistung eine andere, von ihm nicht erbrachte Leistung angibt (unrichtige Leistungsbezeichnung). ²Der leistende Unternehmer schuldet die gesondert ausgewiesene Steuer nach § 14c Abs. 2 UStG neben der Steuer für die tatsächlich ausgeführte Leistung (vgl. BFH-Urteil vom 8.9.1994, V R 70/91, BStBl. 1995 II S. 32).

Beispiele:

a) Es wird eine Büromaschine aufgeführt, während tatsächlich ein Fernsehgerät geliefert worden ist.

b) Es werden Antriebsmotoren angegeben, während tatsächlich der Schrott solcher Motoren geliefert worden ist (vgl. BFH-Beschluss vom 21.5.1987, V R 129/78, BStBl. II S. 652).

c) Es wird hergestelltes Mauerwerk abgerechnet, während tatsächlich ein Kranführer überlassen worden ist (vgl. BFH-Beschluss vom 9.12.1987, V B 54/85, BStBl. 1988 II S. 700).

d) Es werden „Malerarbeiten in Büroräumen" in Rechnung gestellt, während die Malerarbeiten tatsächlich in der Wohnung des Leistungsempfängers ausgeführt worden sind.

³Die in Rechnungen mit ungenauer Angabe der Leistungsbezeichnung gesondert ausgewiesenen Steuerbeträge werden dagegen nicht nach § 14c Abs. 2 UStG geschuldet. ⁴Ungenaue Angaben liegen vor, wenn die Rechnungsangaben nicht so eingehend und eindeutig sind, dass sie ohne weiteres völlige Gewissheit über Art und Umfang des Leistungsgegenstands verschaffen.

Beispiel:

Es werden ausgeführte Bauarbeiten lediglich durch Angabe einer Baustelle und „Arbeiten wie gesehen und besichtigt" beschrieben (vgl. BFH-Beschluss vom 4.12.1987, V S 9/85, BStBl. 1988 II S. 702).

4. Ein Unternehmer erteilt eine Rechnung mit gesondertem Steuerausweis für eine Leistung, die er nicht im Rahmen seines Unternehmens ausführt, z.B. Verkauf eines Gegenstands aus dem Privatbereich.

5. ¹Ein Nichtunternehmer, z.B. eine Privatperson oder ein Hoheitsbetrieb einer juristischen Person des öffentlichen Rechts, weist in einem Dokument einen Steuerbetrag gesondert aus. ²Das gilt auch für denjenigen, der Abrechnungen dadurch in den Verkehr bringt, dass er sie einem anderen zur beliebigen Verwendung überlässt oder ein blanko unterschriebenes Papier zum Ausfüllen als Kaufvertrag aushändigt, ohne ausdrücklich den gesonderten Steuerausweis zu untersagen (vgl. auch BFH-Urteil vom 5.8.1988, X R 66/82, BStBl. II S. 1019). ³Der Nichtunternehmer schuldet den Steuerbetrag, gleichgültig ob er eine Leistung ausführt oder nicht.

(2a) ¹Bei Umsätzen zwischen Betriebsabteilungen desselben Unternehmens oder innerhalb eines Organkreises handelt es sich nicht um steuerbare Lieferungen oder sonstige Leistungen, sondern um innerbetriebliche Vorgänge (sog. Innenumsätze). ²Werden für sie Belege mit gesondertem Steuerausweis erteilt, sind diese Belege nicht als Rechnungen im Sinne des § 14c UStG, sondern als unternehmensinterne Buchungsbelege zu beurteilen. ³Die darin ausgewiesene Steuer wird nicht nach § 14c Abs. 2 UStG geschuldet (vgl. BFH-Urteil vom 28.10.2010, V R 7/10, BStBl. 2011 II S. 391, und Abschnitt 14.1. Abs. 4).

(3) ¹Soweit der Aussteller der Rechnung den unberechtigten Steuerausweis gegenüber dem Belegempfänger für ungültig erklärt hat und die Gefährdung des Steueraufkommens beseitigt wurde, ist dem Schuldner des Steuerbetrags die Möglichkeit zur Berichtigung einzuräumen (§ 14c Abs. 2 Satz 3ff. UStG). ²Im Rahmen eines Organschaftsverhältnisses ist die Organgesellschaft oder ein von ihr beauftragter Dritter berechtigt, eine von ihr ausgestellte Rechnung mit unberechtigtem Steuerausweis gegenüber dem Belegempfänger für ungültig zu erklären. ³Bei der Berichtigung des unberechtigten Steuerausweises ist § 17 Abs. 1 UStG entsprechend anzuwenden. ⁴Auf den guten Glauben des Ausstellers der betreffenden Rechnung kommt es nicht an (vgl. BFH-Urteil vom 22.2.2001, V R 5/99, BStBl. 2004 II S. 143). ⁵Die Gefährdung des Steueraufkommens ist beseitigt, wenn ein Vorsteuerabzug beim Empfänger der Rechnung nicht durchgeführt oder die geltend gemachte Vorsteuer an das Finanzamt zurückgezahlt worden ist.

(4) ¹Steuerschuldner nach § 14c Abs. 2 UStG ist der Aussteller der Rechnung (§ 13a Abs. 1 Nr. 4 UStG). ²Im Rahmen eines Organschaftsverhältnisses schuldet hingegen der Organträger die durch eine Organgesellschaft unberechtigt ausgewiesene Steuer. ³Eine GmbH schuldet die Steuer nach § 14c Abs. 2 UStG, wenn ein nur zur Gesamtvertretung berechtigter Geschäftsführer ohne Mitwirkung des anderen Geschäftsführers das Abrechnungspapier mit unberechtigtem Steuerausweis erstellt, ohne den allgemeinen Rahmen des ihm übertragenen Geschäftskreises zu überschreiten (vgl. BFH-Urteil vom 28.1.1993, V R 75/88, BStBl. II S. 357). ⁴Wirkt dagegen der in der Rechnung als Aussteller Bezeichnete in keiner Weise bei der Erstellung des Dokuments mit, kommt eine Inanspruchnahme nach § 14c Abs. 2 UStG nicht in Betracht (vgl. BFH-Urteil vom 16.3.1993, XI R 103/90, BStBl. II S. 531). ⁵Zur Frage der Mitwirkung sind die Grundsätze der Stellvertretung, zu denen auch die Grundsätze der Anscheins- und Duldungsvollmacht gehören, zu berücksichtigen (vgl. BFH-Urteil vom 7.4.2011, V R 44/09, BStBl. II S. 954). ⁶Zur Frage, wem die Rechnung zuzurechnen ist, die ein Vermittler auf den Namen seines Auftraggebers ausgestellt hat, vgl. BFH-Urteil vom 4.3.1982, V R 59/81, BStBl. II S. 315.

(5) ¹Der Schuldner des unberechtigt ausgewiesenen Betrages hat die Berichtigung des geschuldeten Steuerbetrags bei dem für seine Besteuerung zuständigen Finanzamt gesondert schriftlich zu beantragen. ²Diesem Antrag hat er ausreichende Angaben über die Identität des Rechnungsempfängers beizufügen. ³Das Finanzamt des Schuldners des unberechtigt ausgewiesenen Betrags hat durch Einholung einer Auskunft beim Finanzamt des Rechnungsempfängers zu ermitteln, in welcher Höhe und wann ein unberechtigt in Anspruch genommener Vorsteuerabzug durch den Rechnungsempfänger zurückgezahlt wurde. ⁴Nach Einholung dieser Auskunft teilt das Finanzamt des Schuldners des unberechtigt ausgewiesenen Betrags diesem mit, für welchen Besteuerungszeitraum und in welcher Höhe die Berichtigung des geschuldeten Steuerbetrags vorgenommen werden kann. ⁵Die Berichtigung des geschuldeten Steuerbetrags ist in entsprechender Anwendung des § 17 Abs. 1 UStG für den Besteuerungszeitraum vorzunehmen, in dem die Gefährdung des Steueraufkommens beseitigt worden ist (§ 14c Abs. 2 Satz 5 UStG). ⁶Wurde der Empfänger der Rechnung kein Vorsteuerabzug vorgenommen, ist der wegen unberechtigten Steuerausweises geschuldete Betrag beim Aussteller der Rechnung für den Zeitraum zu berichtigen, in dem die Steuer nach § 13 Abs. 1 Nr. 4 UStG entstanden ist.

(6) Hat ein Kleinunternehmer eine Erklärung nach § 19 Abs. 2 Satz 1 UStG abgegeben, aber vor Eintritt der Unanfechtbarkeit der Steuerfestsetzung (vgl. Abschnitt 19.2 Abs. 2) zurückgenommen, muss er die in der Zwischenzeit erteilten Rechnungen mit gesondertem Steuerausweis berichtigen und kann den geschuldeten unberechtigt ausgewiesenen Steuerbetrag unter den in Absatz 5 bezeichneten Voraussetzungen berichtigen.

(7) Der Steueranspruch aus § 14c Abs. 2 UStG besteht vorbehaltlich Absatz 5 unabhängig davon, ob der Rechnungsempfänger die gesondert ausgewiesene Umsatzsteuer unberechtigt als Vorsteuer abgezogen hat oder nicht.

(8) Für die Berichtigung der auf Grund des unberechtigt ausgewiesenen Steuerbetrags nach § 14c Abs. 2 UStG ergangenen Steuerbescheide gelten die allgemeinen verfahrensrechtlichen Vorschriften der AO.

§ 14c

Rechtsprechungsauswahl

(Die folgenden BFH-Urteile beziehen sich zumeist noch auf § 14 Abs. 2 und 3 UStG i.d.F. vor dem 01.01.2004; sie sind aber auch von Bedeutung für § 14c UStG i.d.F. ab dem 01.01.2004)

BFH vom 07.04.2011 – V R 44/09, BStBl. 2011 II S. 954: Inanspruchnahme wegen unberechtigten Steuerausweises.

1. Die Inanspruchnahme der in einer Rechnung als Aussteller bezeichneten Person nach § 14 Abs. 3 Satz 2 UStG setzt voraus, dass diese an der Erstellung der Urkunde mitgewirkt hat. Die Grundsätze der Stellvertretung, zu denen auch die Grundsätze der Anscheins- und Duldungsvollmacht gehören, sind dabei zu berücksichtigen (Fortführung von BFH-Urteil vom 28. Januar 1993 V R 75/88, BFHE 171, 94, BStBi II 1993, 357).
2. Dies gilt auch, wenn jemand in seinem eigenen Namen ein Gewerbe im Interesse eines Dritten, der es tatsächlich betreibt, anmeldet (insoweit Aufgabe von BFH-Urteil vom 24. September 1998 V R 18/98, BFH/NV 1999, 525).

BFH vom 17.02.2011 – V R 39/09, BStBl. 2011 II S. 734: Unberechtigter Steuerausweis nach § 14c UStG.

1. Ein unberechtigter Steuerausweis i.S. des § 14c Abs. 2 UStG setzt nicht voraus, dass die Rechnung alle in § 14 Abs. 4 UStG aufgezählten Pflichtangaben aufweist.
2. Die an den Rechnungsbegriff des § 15 Abs. 1 UStG und den des § 14c UStG zu stellenden Anforderungen sind nicht identisch.

BFH vom 28.10.2010 – V R 7/10, BStBl. 2011 II S. 391: Keine Steuerschuld einer Organgesellschaft aufgrund Rechnungserteilung an Organträger.

1. Erteilt eine Organgesellschaft für Innenleistungen (§ 2 Abs. 2 Nr. 2 Satz 2 UStG) Rechnungen mit gesondertem Steuerausweis an den Organträger, begründet dies für die Organgesellschaft weder nach § 14 Abs. 2 UStG 1993 noch nach § 14 Abs. 3 UStG 1993 eine Steuerschuld.
2. Zu den Voraussetzungen der organisatorischen Eingliederung.

EuGH vom 18.06.2009 – Rs. C-566/07 – Stadeco BV, DStR 2009 S. 1366: Zu Unrecht ausgewiesene Steuer wird dem Staat geschuldet, dessen Steuer ausgewiesen wird; Rechnungsberichtigung kann verlangt werden.

1. Art. 21 Abs. 1 Buchst. c der Sechsten Richtlinie ist dahin auszulegen, dass nach dieser Bestimmung die Mehrwertsteuer in dem Mitgliedstaat geschuldet wird, dessen Mehrwertsteuer in einer Rechnung oder einem ähnlichen Dokument ausgewiesen ist, selbst wenn der fragliche Vorgang in diesem Mitgliedstaat nicht steuerpflichtig war. Es ist Sache des vorlegenden Gerichts, unter Berücksichtigung aller maßgeblichen Umstände zu prüfen, der Mehrwertsteuer welchen Mitgliedstaats die in der fraglichen Rechnung ausgewiesene Mehrwertsteuer entspricht. Insoweit können u.a. der ausgewiesene Mehrwertsteuersatz, die Währung des angegebenen Rechnungsbetrags, die Sprache, in der die Rechnung ausgestellt ist, der Inhalt und der Kontext der fraglichen Rechnung, die Orte, an denen der Aussteller der Rechnung und der Empfänger der Dienstleistung niedergelassen sind, sowie deren Verhalten maßgeblich sein.
2. Der Grundsatz der steuerlichen Neutralität schließt es grundsätzlich nicht aus, dass ein Mitgliedstaat die Berichtigung der Mehrwertsteuer, die in diesem Mitgliedstaat allein deshalb geschuldet wird, weil sie irrtümlich in der versandten Rechnung ausgewiesen wurde, davon abhängig macht, dass der Steuerpflichtige dem Empfänger der Dienstleistungen eine berichtigte Rechnung zugesandt hat, in der Mehrwertsteuer nicht ausgewiesen ist, wenn dieser Steuerpflichtige die Gefährdung des Steueraufkommens nicht rechtzeitig und vollständig beseitigt hat.

BFH vom 19.03.2009 – V R 48/07, BStBl. 2010 II S. 92: Erlass von Nachzahlungszinsen zur Umsatzsteuer bei unrichtigen Endrechnungen.

1. Eine aufgrund unzutreffenden Steuerausweises in einer Rechnung gemäß § 14 Abs. 2 UStG entstandene nicht entrichtete Steuer ist gemäß § 233a AO zu verzinsen. Die aufgrund des Steuerausweises entstandene Umsatzsteuerschuld besteht bis zur – ohne Rückwirkung eintretenden – Berichtigung des Steuerbetrags.
2. Eine rückwirkende Berichtigung unzutreffend ausgewiesener Steuer widerspricht dem Regelungszweck des § 14 Abs. 2 Satz 2 UStG i.V.m. § 17 Abs. 1 UStG. Für eine sachliche Unbilligkeit der Verzinsung von derartigen Umsatzsteuernachforderungen ist deshalb kein Anhaltspunkt ersichtlich.
3. Eine ermessenslenkende Billigkeitsregelung der Verwaltung, wonach Nachzahlungszinsen aus sachlichen Billigkeitsgründen zu erlassen sind, wenn ein Unternehmer eine unrichtige Endrechnung, die

§ 14c

eine Steuerschuld nach § 14 Abs. 2 UStG auslöst, in einem auf das Kalenderjahr der ursprünglichen Rechnungserteilung folgenden Kalenderjahr nach Aufdeckung seines Fehlers sogleich berichtigt hat, bindet die Gerichte nicht.

4. Ein aus Art. 3 Abs. 1 GG herzuleitender Anspruch gegenüber einer Behörde auf Fortführung einer gesetzwidrigen Verwaltungspraxis besteht nicht.

BFH vom 06.12.2007 – V R 3/06, BStBl. 2009 II S. 203: Nichtabziehbarkeit der nach § 14 Abs. 2 UStG 1993 geschuldeten Umsatzsteuer.

Die nach § 14 Abs. 2 UStG 1993 geschuldete Umsatzsteuer ist nicht abziehbar. Die Berichtigung der Rechnung durch den Leistenden rechtfertigt deshalb keine Berichtigung der Umsatzsteuer des Leistungsempfängers im Zeitpunkt der Rechnungsberichtigung; der Verweisung in § 14 Abs. 2 Satz 2 UStG 1993 auf die entsprechende Anwendung des § 17 Abs. 1 UStG 1993 kommt insoweit keine Wirkung mehr zu (Änderung der Rechtsprechung).

BFH vom 11.10.2007 – V R 27/05, BStBl. 2008 II S. 438: Form der Rechnungsberichtigung.

1. Für die Berichtigung einer Rechnung i.S. des § 14 UStG 1993 genügt die einfache Schriftform auch dann, wenn in einem notariell beurkundeten Kaufvertrag mit Umsatzsteuerausweis abgerechnet worden ist.
2. Die zivilrechtliche Befugnis zur Rechnungsberichtigung ist umsatzsteuerlich grundsätzlich nicht zu prüfen.

BFH vom 13.11.2003 – V R 79/01, BStBl. 2004 II S. 375[1]: Ausweis von Umsatzsteuer in einer Rechnung und Ablauf der Festsetzungsfrist für den Umsatz.

1. Weist ein Unternehmer in einer Rechnung Umsatzsteuer gesondert erst zu einem Zeitpunkt aus, in dem die ursprünglich entstandene Steuer für seine Leistung wegen Ablaufs der Festsetzungsfrist nicht mehr erhoben werden kann, so schuldet er die ausgewiesene Steuer nach § 14 Abs. 2 Satz 1 UStG.
2. In diesem Fall liegt ein rückwirkendes Ereignis i.S. des § 175 Abs. 1 Satz 1 Nr. 2 AO 1977 vor.

EuGH vom 06.11.2003 – Rs. C-78/02 – Karageorgu, Petrova und Vlachos, UR 2003 S. 595[2]: Keine Qualifizierung eines in einer Rechnung ausgewiesenen Steuerbetrags als Umsatzsteuer für eine an den Staat erbrachte Dienstleistung des Rechnungsausstellers bei seiner irrtümlichen Annahme der Unternehmereigenschaft.

1. Ein Betrag, der als Mehrwertsteuer in einer Rechnung ausgewiesen wird, die eine Person ausstellt, die Dienstleistungen an den Staat erbringt, ist dann nicht als Mehrwertsteuer zu qualifizieren, wenn diese Person irrtümlich annimmt, dass sie diese Dienstleistungen als Selbstständiger erbringt, obwohl in Wirklichkeit ein Verhältnis der Unterordnung besteht.
2. Art. 21 Nr. 1 Buchst. c der 6. EG-Richtlinie 77/388/EWG verbietet nicht die Rückerstattung eines Betrages, der in einer Rechnung oder einem ähnlichen Dokument irrtümlich als Mehrwertsteuer ausgewiesen ist, wenn die fraglichen Dienstleistungen nicht der Mehrwertsteuer unterliegen und der in Rechnung gestellte Betrag daher nicht als Mehrwertsteuer qualifiziert werden kann.

BFH vom 30.01.2003 – V R 98/01, BStBl. 2003 II S. 498: Haftung gem. § 14 Abs. 3 UStG auch bei Geschäftsunfähigkeit.

Der Aussteller einer Rechnung schuldet die zu Unrecht ausgewiesene Umsatzsteuer nach § 14 Abs. 3 UStG bis zur Berichtigung der Rechnung auch dann, wenn er bei Ausstellung der Rechnung nicht geschäftsfähig war (Änderung der Rechtsprechung, vgl. BFH-Urteil vom 21. Februar 1980 V R 146/73, BFHE 129, 569, BStBl. II 1980, 283).

BFH vom 18.01.2001 – V R 83/97, DStRE 2001 S. 667: Keine Steuerschuld nach § 14 Abs. 3 UStG wegen unberechtigtem Ausweis der Umsatzsteuer in Rechnung ohne Angabe des (Netto-) Entgelts.

Macht ein Bildungszentrum ihm abgetretene Kostenerstattungsansprüche von Betriebsräten für Schulungen gemäß § 40 i. V. m. § 37 Abs. 6 BetrVerfG gegenüber den Arbeitgebern geltend, so sind die Abrechnungen jedenfalls dann keine Rechnungen i. S. von § 14 Abs. 3 UStG, wenn sie zwar die Umsatzsteuerbeträge gesondert angeben, die in den Kosten für Unterkunft und Verpflegung enthalten sind, im Übrigen aber diese Kosten nur als Bruttobetrag (einschließlich Umsatzsteuer) und nicht als (Netto-) Entgelt angeben. Die Grundsätze des zum Vorsteuerabzug ergangenen Urteils vom 27.7.2000 (V R 55/99, DStR 2000, 2083[3]) gelten für § 14 Abs. 3 UStG entsprechend.

---

[1] Bestätigung des Abschnitts 190c Abs. 1 Nr. 4 UStR 2005 (Abschnitt 189 Abs. 1 Nr. 4 UStR 2000)
[2] Siehe dazu *Stadie*, UR 2003 S. 600
[3] Siehe Rechtsprechung zu § 15

§ 14c

EuGH vom 19.09.2000 – Rs. C-454/98 – Schmeink u. Cofreth und Manfred Strobel, UR 2000 S. 470: Verpflichtung der Mitgliedstaaten zur Regelung der Rechnungsberichtigung bei unberechtigt in Rechnung gestellter Umsatzsteuer unabhängig vom guten Glauben des Rechnungsausstellers.

1. Hat der Aussteller der Rechnung die Gefährdung des Steueraufkommens rechtzeitig und vollständig beseitigt, so verlangt der Grundsatz der Neutralität der Mehrwertsteuer, dass zu Unrecht in Rechnung gestellte Mehrwertsteuer berichtigt werden kann, ohne dass eine solche Berichtigung vom guten Glauben des Ausstellers der betreffenden Rechnung abhängig gemacht werden darf.
2. Es ist Sache der Mitgliedstaaten, das Verfahren festzulegen, in dem zu Unrecht in Rechnung gestellte Mehrwertsteuer berichtigt werden kann, wobei diese Berichtigung nicht im Ermessen der Finanzverwaltung stehen darf.

BFH vom 05.02.1998 – V R 65/97, BStBl. 1998 II S. 415: Steuerschuld vom § 14 Abs. 3 UStG bei Ausgabe einer Rechnung über eine Leistung, die nicht mehr ausgeführt wird.

Bei Ausgabe einer Rechnung mit Steuerausweis vor Ausführung der vereinbarten Lieferung – ohne Eingang des Entgelts – ist der Tatbestand des § 14 Abs. 3 Satz 2, 2. Alternative UStG 1993 jedenfalls dann erfüllt, wenn für den Rechnungsaussteller feststeht, daß er die vereinbarte Lieferung nicht mehr ausführen wird.

EuGH vom 17.09.1997 – Rs. C-141/96 – Langhorst, UVR 1997 S. 390: Gutschrift als Rechnung – Gutschriftsempfänger als Schuldner der zu hoch ausgewiesenen Steuer.[1]

1. Artikel 22 Absatz 3 Buchstabe c der Sechsten Richtlinie 77/388/EWG des Rates vom 17.5.1977 zur Harmonisierung der Rechtsvorschriften der Mitgliedstaaten über die Umsatzsteuern – Gemeinsames Mehrwertsteuersystem: einheitliche steuerpflichtige Bemessungsgrundlage ermächtigt die Mitgliedstaaten, eine vom Empfänger der Gegenstände oder Dienstleistungen ausgestellte Gutschrift als „Rechnung oder ähnliches Dokument" zu betrachten, wenn sie die nach dieser Richtlinie für die Rechnungen vorgeschriebenen Angaben enthält, mit Einverständnis des Steuerpflichtigen, der die Gegenstände liefert oder die Dienstleistungen erbringt, ausgestellt wird und dieser dem in ihr ausgewiesenen Mehrwertsteuerbetrag widersprechen kann.
2. Der Steuerpflichtige, der dem in einer als Rechnung zu betrachtenden Gutschrift ausgewiesenen Mehrwertsteuerbetrag, der höher ist als der aufgrund von steuerpflichtigen Umsätzen geschuldete Betrag, nicht widersprochen hat, kann als die Person angesehen werden, die diesen Betrag ausgewiesen hat und ihn deshalb im Sinne von Artikel 21 Nr. 1 Buchstabe c der Sechsten Richtlinie 77/388 schuldet.

BFH vom 13.11.1996 – XI R 69/95, BStBl. 1997 II S. 579: Berichtigung einer entgegen § 25a UStG 1991 ausgewiesenen Steuer.

Die entgegen § 25a Abs. 3 UStG 1991 ausgewiesene Umsatzsteuer wird nicht gemäß § 14 Abs. 3 UStG 1991 geschuldet und kann ggf. gemäß § 14 Abs. 2 UStG 1991 berichtigt werden.[2]

BFH vom 27.04.1994 – XI R 54/93, BStBl. 1994 II S. 718: Mehrere Rechnungen für ein und dieselbe Leistung kein Fall des § 14 Abs. 3 UStG.

Erteilt ein Unternehmer für ein und dieselbe Leistung mehrere Rechnungen, schuldet er die hierin gesondert ausgewiesene Umsatzsteuer nicht gem. § 14 Abs. 3 UStG 1980/1991.

BFH vom 27.10.1993 – XI R 99/90, BStBl. 1994 II S. 277: § 14 Abs. 3 UStG als abstrakter Gefährdungstatbestand.

1. Eine Rechnung kann auch durch Übergabe des Papiers an einen Dritten, der nicht Adressat ist, in den Verkehr gebracht werden.
2. § 14 Abs. 3 UStG 1980 ist ein abstrakter Gefährdungstatbestand, der nicht einschränkend ausgelegt werden kann.

---

1) Siehe dazu das BFH-Vorabentscheidungsersuchen vom 14.03.1996 – V R 13/92, HFR 1996 S. 425 sowie das BFH-Urteil vom 23.04.1998 – V R 13/92
2) Siehe aber BMF vom 18.10.1997, BStBl. 1997 I S. 806

§ 15

§ 15 Vorsteuerabzug

(1) Der Unternehmer kann die folgenden Vorsteuerbeträge abziehen:

1. [1)]die gesetzlich geschuldete Steuer für Lieferungen und sonstige Leistungen, die von einem anderen Unternehmer für sein Unternehmen ausgeführt worden sind. Die Ausübung des Vorsteuerabzugs setzt voraus, dass der Unternehmer eine nach den §§ 14, 14a ausgestellte Rechnung besitzt[2)]. Soweit der gesondert ausgewiesene Steuerbetrag auf eine Zahlung vor Ausführung dieser Umsätze entfällt, ist er bereits abziehbar, wenn die Rechnung vorliegt und die Zahlung geleistet worden ist;

2. [3)]die entrichtete Einfuhrumsatzsteuer für Gegenstände, die für sein Unternehmen nach § 1 Abs. 1 Nr. 4 eingeführt worden sind;

3. die Steuer für den innergemeinschaftlichen Erwerb von Gegenständen für sein Unternehmen;

4. [4)]die Steuer für Leistungen im Sinne des § 13b Abs. 1 und 2, die für sein Unternehmen ausgeführt worden sind. Soweit die Steuer auf eine Zahlung vor Ausführung dieser Leistungen entfällt, ist sie abziehbar, wenn die Zahlung geleistet worden ist;

5. die nach § 13a Abs. 1 Nr. 6 geschuldete Steuer für Umsätze, die für sein Unternehmen ausgeführt worden sind.

Nicht als für das Unternehmen ausgeführt gilt die Lieferung, die Einfuhr oder der innergemeinschaftliche Erwerb eines Gegenstandes, den der Unternehmer zu weniger als 10 vom Hundert für sein Unternehmen nutzt.[5)]

(1a) [6)]Nicht abziehbar sind Vorsteuerbeträge, die auf Aufwendungen, für die das Abzugsverbot des § 4 Abs. 5 Satz 1 Nr. 1 bis 4, 7 oder des § 12 Nr. 1 des Einkommensteuergesetzes gilt, entfallen. Dies gilt nicht für Bewirtungsaufwendungen, soweit § 4 Abs. 5 Satz 1 Nr. 2 des Einkommensteuergesetzes einen Abzug angemessener und nachgewiesener Aufwendungen ausschließt.

(1b) [7)]Verwendet der Unternehmer ein Grundstück sowohl für Zwecke seines Unternehmens als auch für Zwecke, die außerhalb des Unternehmens liegen, oder für den privaten Bedarf seines Personals, ist die Steuer für die Lieferungen, die Einfuhr und den innergemeinschaftlichen Erwerb sowie für die sonstigen Leistungen im Zusammenhang mit diesem Grundstück vom Vorsteuerabzug ausgeschlossen, soweit sie nicht auf die Verwendung des Grundstücks für Zwecke des Unternehmens entfällt. Bei Berechtigungen, für die die Vorschriften des bürgerlichen Rechts über Grundstücke gelten, und bei Gebäuden auf fremdem Grund und Boden ist Satz 1 entsprechend anzuwenden.

(2) Vom Vorsteuerabzug ausgeschlossen ist die Steuer für die Lieferungen, die Einfuhr und den innergemeinschaftlichen Erwerb von Gegenständen sowie für die sonstigen Leistungen, die der Unternehmer zur Ausführung folgender Umsätze verwendet:

1. steuerfreie Umsätze,

2. Umsätze im Ausland, die steuerfrei wären, wenn sie im Inland ausgeführt würden.

Gegenstände oder sonstige Leistungen, die der Unternehmer zur Ausführung einer Einfuhr oder eines innergemeinschaftlichen Erwerbs verwendet, sind den Umsätzen zuzurechnen, für die der eingeführte oder innergemeinschaftlich erworbene Gegenstand verwendet wird.

---

1) Fassung ab 01.01.2004, siehe *Lange*, DStR 2004 S. 1773
2) Zur Übergangsregelung vom 01.01. bis 30.6.2004 siehe BMF vom 19.12.2003, BStBl. 2004 I S. 62
3) Fassung ab 01.01.2004
4) Fassung ab 01.07.2010
5) Die Ermächtigung für diese 10 v.H.-Grenze gem. Art. 27 der 6. EG-Richtlinie war am 30.06.2004 ausgelaufen; eine neue Ermächtigung wurde erst am 19.11.2004 erteilt, siehe ABl. EU Nr. L 357 vom 02.12.2004 S. 33; siehe auch UR 2005 S. 19. Damit gilt die neue Ermächtigung erst ab dem 03.12.2004, vgl. *Widmann*, UR 2004 S. 607; derzeitige Befristung bis zum 31.12.2012 gemäß Entscheidung des Rates vom 20.10.2009 – 2009/791/EG, ABl. EU 2009 Nr. L 283 S. 55
6) Gilt ab 19.12.2006
7) Gilt ab 01.01.2011; zur Anwendung siehe § 27 Abs. 16 UStG

§ 15

(3) Der Ausschluß vom Vorsteuerabzug nach Absatz 2 tritt nicht ein, wenn die Umsätze

1. in den Fällen des Absatzes 2 Satz 1 Nr. 1
   a) nach § 4 Nr. 1 bis 7, § 25 Abs. 2 oder nach den in § 26 Abs. 5 bezeichneten Vorschriften steuerfrei sind oder
   b) nach § 4 Nr. 8 Buchstabe a bis g oder Nr. 10 Buchstabe a steuerfrei sind und sich unmittelbar auf Gegenstände beziehen, die in das Drittlandsgebiet ausgeführt werden;

2. in den Fällen des Absatzes 2 Satz 1 Nr. 2
   a) nach § 4 Nr. 1 bis 7, § 25 Abs. 2 oder nach den in § 26 Abs. 5 bezeichneten Vorschriften steuerfrei wären oder
   b) nach § 4 Nr. 8 Buchstabe a bis g oder Nr. 10 Buchstabe a steuerfrei wären und der Leistungsempfänger im Drittlandsgebiet ansässig ist.

(4) [1)]Verwendet der Unternehmer einen für sein Unternehmen gelieferten, eingeführten oder innergemeinschaftlich erworbenen Gegenstand oder eine von ihm in Anspruch genommene sonstige Leistung nur zum Teil zur Ausführung von Umsätzen, die den Vorsteuerabzug ausschließen, so ist der Teil der jeweiligen Vorsteuerbeträge nicht abziehbar, der den zum Ausschluß vom Vorsteuerabzug führenden Umsätzen wirtschaftlich zuzurechnen ist. Der Unternehmer kann die nicht abziehbaren Teilbeträge im Wege einer sachgerechten Schätzung ermitteln. Eine Ermittlung des nicht abziehbaren Teils der Vorsteuerbeträge nach dem Verhältnis der Umsätze, die den Vorsteuerabzug ausschließen, zu den Umsätzen, die zum Vorsteuerabzug berechtigten, ist nur zulässig, wenn keine andere wirtschaftliche Zurechnung möglich ist. In den Fällen des Abs. 1b gelten die Sätze 1 bis 3 entsprechend.

(4a) Für Fahrzeuglieferer (§ 2a) gelten folgende Einschränkungen des Vorsteuerabzugs:

1. Abziehbar ist nur die auf die Lieferung, die Einfuhr oder den innergemeinschaftlichen Erwerb des neuen Fahrzeugs entfallende Steuer.

2. Die Steuer kann nur bis zu dem Betrag abgezogen werden, der für die Lieferung des neuen Fahrzeugs geschuldet würde, wenn die Lieferung nicht steuerfrei wäre.

3. Die Steuer kann erst in dem Zeitpunkt abgezogen werden, in dem der Fahrzeuglieferer die innergemeinschaftliche Lieferung des neuen Fahrzeugs ausführt.

(4b)[2)] Für Unternehmer, die nicht im Gemeinschaftsgebiet ansässig sind und die nur Steuer nach § 13b Abs. 2 schulden, gelten die Einschränkungen des § 18 Abs. 9 Sätze 4 und 5 entsprechend.

(5) Das Bundesministerium der Finanzen kann mit Zustimmung des Bundesrates durch Rechtsverordnung nähere Bestimmungen darüber treffen,

1. in welchen Fällen und unter welchen Voraussetzungen zur Vereinfachung des Besteuerungsverfahrens für den Vorsteuerabzug auf eine Rechnung im Sinne des § 14 oder auf einzelne Angaben in der Rechnung verzichtet werden kann.

2. [3)]unter welchen Voraussetzungen, für welchen Besteuerungszeitraum und in welchem Umfang zur Vereinfachung oder zur Vermeidung von Härten in den Fällen, in denen ein anderer als der Leistungsempfänger ein Entgelt gewährt (§ 10 Abs. 1 Satz 3), der andere den Vorsteuerabzug in Anspruch nehmen kann, und

3. wann in Fällen von geringer steuerlicher Bedeutung zur Vereinfachung oder zur Vermeidung von Härten bei der Aufteilung der Vorsteuerbeträge (Absatz 4) Umsätze, die den Vorsteuerabzug ausschließen, unberücksichtigt bleiben können oder von der Zurechnung von Vorsteuerbeträgen zu diesen Umsätzen abgesehen werden kann.

---

1) Fassung ab 01.01.2011; zur Anwendung siehe § 27 Abs. 16 UStG
2) Fassung ab 01.01.2010; beachte Fassung ab 01.07.2010: § 13b Abs. 2 wird ersetzt durch § 13b Abs. 5
3) Fassung ab 01.01.2004; siehe Tz. 86 der Anlage § 004 Nr. 4a-01

Vorgaben im EG-Recht

USt-Recht	MwStSystRL
§ 15 Abs. 1 Satz 1 UStG	Artikel 167 bis 171, Protokollerklärung Nr. 1, Artikel 178
§ 15 Abs. 1 Satz 2 UStG	Artikel 395
§ 15 Abs. 1a UStG	Artikel 176
§ 15 Abs. 2 und 3 UStG	Artikel 169
§ 15 Abs. 4 UStG, § 43 UStDV	Artikel 173 Abs. 1 und 2 Buchst. c und e
§ 15 Abs. 4a UStG	Artikel 172
§ 15 Abs. 4b UStG	Artikel 171 Abs. 2 i.V.m. der Richtlinie 86/560/EWG (13. EG-Richtlinie), abgedruckt in Teil C 130
§ 15 Abs. 5 UStG, §§ 35 und 40 UStDV	Artikel 180

UStDV
Zu § 15 des Gesetzes

§ 35 Vorsteuerabzug bei Rechnungen über Kleinbeträge und bei Fahrausweisen

(1) Bei Rechnungen im Sinne des § 33 kann der Unternehmer den Vorsteuerabzug in Anspruch nehmen, wenn er den Rechnungsbetrag in Entgelt und Steuerbetrag aufteilt.

(2) Absatz 1 ist für Rechnungen im Sinne des § 34 entsprechend anzuwenden. Bei der Aufteilung in Entgelt und Steuerbetrag ist der Steuersatz nach § 12 Abs. 1 des Gesetzes anzuwenden, wenn in der Rechnung

1. dieser Steuersatz oder

2. eine Tarifentfernung von mehr als fünfzig Kilometern

angegeben ist. Bei den übrigen Rechnungen ist der Steuersatz nach § 12 Abs. 2 des Gesetzes anzuwenden. Bei Fahrausweisen im Luftverkehr kann der Vorsteuerabzug nur in Anspruch genommen werden, wenn der Steuersatz nach § 12 Abs. 1 des Gesetzes im Fahrausweis angegeben ist.

§§ 36–39a (weggefallen)

§ 40 Vorsteuerabzug bei unfreien Versendungen

(1) Läßt ein Absender einen Gegenstand durch einen Frachtführer oder Verfrachter unfrei zu einem Dritten befördern oder eine solche Beförderung durch einen Spediteur unfrei besorgen, so ist für den Vorsteuerabzug der Empfänger der Frachtsendung als Auftraggeber dieser Leistungen anzusehen. Der Absender darf die Steuer für diese Leistungen nicht als Vorsteuer abziehen. Der Empfänger der Frachtsendung kann diese Steuer unter folgenden Voraussetzungen abziehen:

1. *Er muß im übrigen hinsichtlich der Beförderung oder ihrer Besorgung zum Abzug der Steuer berechtigt sein (§ 15 Abs. 1 Nr. 1 des Gesetzes).*

2. *Er muß die Entrichtung des Entgelts zuzüglich der Steuer für die Beförderung oder für ihre Besorgung übernommen haben.*

3. *Die in Nummer 2 bezeichnete Voraussetzung muß aus der Rechnung über die Beförderung oder ihre Besorgung zu ersehen sein. Die Rechnung ist vom Empfänger der Frachtsendung aufzubewahren.*

(2) Die Vorschriften des § 22 des Gesetzes sowie des § 35 Abs. 1 und § 63 dieser Verordnung gelten für den Empfänger der Frachtsendung entsprechend.

§§ 41–42 (weggefallen)

§ 43 Erleichterungen bei der Aufteilung der Vorsteuern

Die den folgenden steuerfreien Umsätzen zuzurechnenden Vorsteuerbeträge sind nur dann vom Vorsteuerabzug ausgeschlossen, wenn sie diesen Umsätzen ausschließlich zuzurechnen sind:

1. *Umsätze von Geldforderungen, denen zum Vorsteuerabzug berechtigende Umsätze des Unternehmers zugrunde liegen;*
2. *Umsätze von Wechseln, die der Unternehmer von einem Leistungsempfänger erhalten hat, weil er den Leistenden als Bürge oder Garantiegeber befriedigt. Das gilt nicht, wenn die Vorsteuern, die dem Umsatz dieses Leistenden zuzurechnen sind, vom Vorsteuerabzug ausgeschlossen sind;*
3. *Lieferungen von gesetzlichen Zahlungsmitteln und im Inland gültigen amtlichen Wertzeichen sowie Einlagen bei Kreditinstituten, wenn diese Umsätze als Hilfsumsätze anzusehen sind.*

UStAE

Zu § 15 UStG (§§ 35 bis 43 UStDV)

15.1. Zum Vorsteuerabzug berechtigter Personenkreis

(1) ¹Zum Vorsteuerabzug sind ausschließlich Unternehmer im Sinne der §§ 2 und 2a UStG im Rahmen ihrer unternehmerischen Tätigkeit berechtigt. ²Abziehbar sind hierbei auch Vorsteuerbeträge, die vor der Ausführung von Umsätzen (vgl. BFH-Urteile vom 6.5.1993, V R 45/88, BStBl. II S. 564, und vom 16.12.1993, V R 103/88, BStBl. 1994 II S. 278) oder die nach Aufgabe des Unternehmens anfallen, sofern sie die unternehmerischen Tätigkeit zuzurechnen sind. ³Zum Beginn und Ende der Unternehmereigenschaft vgl. Abschnitt 2.6.

(2) ¹Im Ausland ansässige Unternehmer können den Vorsteuerabzug grundsätzlich auch dann beanspruchen, wenn sie im Inland keine Lieferungen oder sonstige Leistungen ausgeführt haben (vgl. aber Abschnitt 18.11 Abs. 4). ²Auch ihnen steht der Vorsteuerabzug nur insoweit zu, als die Vorsteuerbeträge ihrer unternehmerischen Tätigkeit zuzurechnen sind. ³Das gilt auch für die Vorsteuern, die im Zusammenhang mit den im Ausland bewirkten Umsätzen stehen. ⁴Zur Frage, ob die im Ausland ansässigen Unternehmer ihre abziehbaren Vorsteuerbeträge im Vorsteuer-Vergütungsverfahren (§§ 59 bis 61 UStDV) oder im allgemeinen Besteuerungsverfahren (§ 16 und § 18 Abs. 1 bis 4 UStG) geltend zu machen haben, vgl. Abschnitt 18.15.

(3) Folgende Unternehmer können ihre abziehbaren Vorsteuern ganz oder teilweise nach Durchschnittssätzen ermitteln:

1. Unternehmer bestimmter Berufs- und Gewerbezweige mit einem Vorjahresumsatz bis zu 61.356 € (§ 23 UStG, §§ 69, 70 und Anlage der UStDV);
2. Körperschaften, Personenvereinigungen und Vermögensmassen im Sinne des § 5 Abs. 1 Nr. 9 KStG mit einem Vorjahresumsatz bis zu 35.000 € (§ 23a UStG) und
3. land- und forstwirtschaftliche Betriebe (§ 24 UStG).

(4) Kleinunternehmer sind nicht zum Vorsteuerabzug berechtigt, wenn sie der Sonderregelung des § 19 Abs. 1 UStG unterliegen (§ 19 Abs. 1 Satz 4 UStG); dies gilt auch, wenn sie bei einem unzulässigen Ausweis der Steuer für ihre eigenen Umsätze diese Steuer nach § 14c Abs. 2 UStG schulden.

(5) ¹Unternehmer, die von der Besteuerung nach § 19 Abs. 1, §§ 23, 23a oder 24 UStG zur allgemeinen Besteuerung des UStG übergegangen sind, können den Vorsteuerabzug nach § 15 UStG für folgende Beträge vornehmen:

1. gesondert in Rechnung gestellte Steuerbeträge für Lieferungen und sonstige Leistungen, die nach dem Zeitpunkt an sie ausgeführt worden sind, zu dem sie zur allgemeinen Besteuerung übergingen;
2. Einfuhrumsatzsteuer für Gegenstände, die nach dem Zeitpunkt, zu dem sie zur allgemeinen Besteuerung übergingen, für ihr Unternehmen eingeführt worden sind;
3. die Steuer für den innergemeinschaftlichen Erwerb von Gegenständen, die nach dem Zeitpunkt für ihr Unternehmen erworben wurden, zu dem sie zur allgemeinen Besteuerung übergingen;
4. die vom Leistungsempfänger nach § 13b UStG und § 25b UStG geschuldete Steuer für Leistungen, die nach dem Zeitpunkt an sie ausgeführt worden sind, zu dem sie zur allgemeinen Besteuerung übergingen.

²Vom Vorsteuerabzug ausgeschlossen sind die Steuerbeträge für Umsätze, die vor dem Zeitpunkt des Übergangs zur allgemeinen Besteuerung ausgeführt worden sind. ³Das gilt auch für Bezüge, die erst-

malig nach dem Übergang zur allgemeinen Besteuerung verwendet werden. [4]Wechselt ein Landwirt, der einen Stall errichtet, vor dessen Fertigstellung von der Besteuerung nach § 24 UStG zur allgemeinen Besteuerung, können die Vorsteuerbeträge, die vor dem Wechsel angefallen sind, erst ab dem Zeitpunkt der erstmaligen Verwendung nach § 15a UStG (anteilig) geltend gemacht werden (vgl. BFH-Urteil vom 12.6.2008, V R 22/06, BStBl. 2009 II S. 165, sowie Abschnitt 15a.9 Abs. 2). [5]Auf den Zeitpunkt des Eingangs der Rechnung oder der Entrichtung der Einfuhrumsatzsteuer kommt es nicht an (vgl. BFH-Urteile vom 6.12.1979, V R 87/72, BStBl. 1980 II S. 279, und vom 17.9.1981, V R 76/75, BStBl. 1982 II S. 198). [6]Wegen des Vorsteuerabzugs bei Zahlungen vor Ausführung des Umsatzes vgl. Abschnitt 15.3.

(6) [1]Bei einem Übergang von der allgemeinen Besteuerung zur Besteuerung nach § 19 Abs. 1, §§ 23, 23a oder 24 UStG sind umgekehrt die in Absatz 5 bezeichneten Vorsteuerbeträge nicht nach § 15 UStG abziehbar. [2]Bei Anwendung des § 23 UStG gilt dies jedoch nur für die Vorsteuerbeträge, auf die sich die Durchschnittssätze nach § 70 UStDV erstrecken.

(7) Zum Verfahren bei der Geltendmachung von Vorsteuerbeträgen aus der Beteiligung an Gesamtobjekten vgl. BMF-Schreiben vom 24.4.1992, BStBl. I S. 291.

15.2. Abzug der gesondert in Rechnung gestellten Steuerbeträge als Vorsteuer

Allgemeines

(1) [1]Nach § 15 Abs. 1 Satz 1 Nr. 1 UStG ist nur die gesetzlich geschuldete Steuer für Lieferungen und sonstige Leistungen, die von einem anderen Unternehmer für das Unternehmen des Leistungsempfängers ausgeführt worden sind, als Vorsteuer abziehbar. [2]Ein Vorsteuerabzug ist damit nicht zulässig, soweit der die Rechnung ausstellende Unternehmer die Steuer nach § 14c UStG schuldet. [3]Abziehbar sind nur die Steuerbeträge, die nach dem deutschen UStG geschuldet werden (vgl. BFH-Urteile vom 2.4.1998, V R 34/97, BStBl. II S. 695, und vom 6.12.2007, V R 3/06, BStBl. 2009 II S. 203). [4]Unternehmer, die mit ausländischen Vorsteuerbeträgen belastet wurden, haben sich wegen eines eventuellen Abzugs an den Staat zu wenden, der die Steuer erhoben hat. [5]Die EU-Mitgliedstaaten vergüten nach Maßgabe der Richtlinie 2008/9/EG des Rates vom 12.2.2008 den in einem anderen Mitgliedstaat ansässigen Unternehmern die Vorsteuern in einem besonderen Verfahren und haben hierfür zentrale Erstattungsbehörden bestimmt.

(2) [1]Die Berechtigung zum Vorsteuerabzug aus Lieferungen und sonstigen Leistungen ist unter folgenden Voraussetzungen gegeben:

1. Die Steuer muss für eine Lieferung oder sonstige Leistung gesondert in Rechnung gestellt worden sein (vgl. Absätze 7 bis 14);
2. die Lieferung oder sonstige Leistung muss von einem Unternehmer ausgeführt worden sein (vgl. Absatz 15);
3. der Leistungsempfänger muss Unternehmer und die Lieferung oder sonstige Leistung für sein Unternehmen ausgeführt worden sein (vgl. Absätze 16 bis 20);
4. der Leistungsempfänger ist im Besitz einer nach den §§ 14, 14a UStG ausgestellten Rechnung, in der die Angaben vollständig und richtig sind.

[2]Diese Voraussetzungen müssen insgesamt erfüllt werden. [3]Das gilt auch für Leistungsempfänger, die die Steuer für ihre Umsätze nach vereinnahmten Entgelten berechnen (§ 20 UStG). [4]Der den Vorsteuerabzug begehrende Unternehmer trägt die Feststellungslast für die Erfüllung der Anspruchsvoraussetzungen. [5]Ein Unternehmer, der alle Maßnahmen getroffen hat, die vernünftigerweise von ihm verlangt werden können, um sicherzustellen, dass seine Umsätze nicht in einen Betrug – sei es eine Umsatzsteuerhinterziehung oder ein sonstiger Betrug – einbezogen sind, kann auf die Rechtmäßigkeit dieser Umsätze vertrauen, ohne Gefahr zu laufen, sein Recht auf Vorsteuerabzug zu verlieren. [6]Der Umstand, dass eine Lieferung an einem Unternehmer vorgenommen wird, der weder wusste noch wissen konnte, dass der betreffende Umsatz in einen vom Verkäufer begangenen Betrug einbezogen war, steht dem Vorsteuerabzug nicht entgegen (vgl. BFH-Urteil vom 19.4.2007, V R 48/04, BStBl. 2009 II S. 315). [7]Fallen Empfang der Leistung und Empfang der Rechnung zeitlich auseinander, ist der Vorsteuerabzug für den Besteuerungszeitraum zulässig, in dem erstmalig beide Voraussetzungen erfüllt sind (vgl. BFH-Urteil vom 1.7.2004, V R 33/01, BStBl. II S. 861). [8]Die Berechtigung des Organträgers zum Vorsteuerabzug als Eingangsleistungen auf Ebene der Organgesellschaft richtet sich nach dem Verhältnissen im Zeitpunkt des Leistungsbezugs, nicht der Rechnungserteilung (vgl. BFH-Urteil vom 13.5.2009, XI R 84/07, BStBl. II S. 868). [9]Bei Zahlungen vor Empfang der Leistung vgl. aber Abschnitt 15.3. [10]Bezieht ein Unternehmer Teilleistungen (z.B. Mietleistungen) für sein Unternehmen, ist sowohl für den Leistungsbezug (§ 15 Abs. 1 Satz 1 Nr. 1 UStG) als auch für die Frage der Verwendung dieser Leistungen (§ 15 Abs. 2 UStG, vgl. Abschnitt 15.12) auf die monatlichen (Teil-)Leistungsabschnitte abzustellen (BFH-Urteil vom 9.9.1993, V R 42/91, BStBl. 1994 II S. 269).

§ 15 — UStAE 15.2.

(3) ¹Der Leistungsempfänger hat die in der Rechnung enthaltenen Angaben auf ihre Vollständigkeit und Richtigkeit zu überprüfen (vgl. BFH-Urteil vom 6.12.2007, V R 61/05, BStBl. 2008 II S. 695) ²Dabei ist allerdings der Grundsatz der Verhältnismäßigkeit zu wahren. ³Die Überprüfung der Richtigkeit der Steuernummer oder der inländischen USt-IdNr. und der Rechnungsnummer ist dem Rechnungsempfänger regelmäßig nicht möglich (vgl. BFH-Urteil vom 2.9.2010, V R 55/09, BStBl. 2011 II S. 235). ⁴Ist eine dieser Angaben unrichtig und konnte der Unternehmer dies nicht erkennen, bleibt der Vorsteuerabzug erhalten, wenn im Übrigen die Voraussetzungen für den Vorsteuerabzug gegeben sind. ⁵Unberührt davon bleibt, dass der Unternehmer nach § 15 Abs. 1 Satz 1 Nr. 1 UStG nur die gesetzlich geschuldete Steuer für Lieferungen und sonstige Leistungen eines anderen Unternehmers für sein Unternehmen als Vorsteuer abziehen kann. ⁶Deshalb ist z.B. der Vorsteuerabzug zu versagen, wenn die Identität des leistenden Unternehmers mit den Rechnungsangaben nicht übereinstimmt oder über eine nicht ausgeführte Lieferung oder sonstige Leistung abgerechnet wird. ⁷Hinsichtlich der übrigen nach den §§ 14, 14a UStG erforderlichen Angaben hat der Rechnungsempfänger dagegen die inhaltliche Richtigkeit der Angaben zu überprüfen. ⁸Dazu gehört insbesondere, ob es sich bei der ausgewiesenen Steuer um gesetzlich geschuldete Steuer für eine Lieferung oder sonstige Leistung handelt. ⁹Bei unrichtigen Angaben entfällt der Vorsteuerabzug. ¹⁰Zu den unrichtigen Angaben, die eine Versagung des Vorsteuerabzugs zur Folge haben, zählen in einer Rechnung enthaltene Rechenfehler oder die unrichtige Angabe des Entgelts, des Steuersatzes oder des Steuerbetrags. ¹¹Im Fall des § 14c Abs. 1 UStG kann der Vorsteuerabzug jedoch unter den übrigen Voraussetzungen in Höhe der für die bezogene Leistung geschuldeten Steuer vorgenommen werden.

(4) Ungenauigkeiten führen unter den übrigen Voraussetzungen nicht zu einer Versagung des Vorsteuerabzugs, wenn z.B. bei Schreibfehlern im Namen oder der Anschrift des leistenden Unternehmers oder des Leistungsempfängers oder in der Leistungsbeschreibung ungeachtet dessen eine eindeutige und unzweifelhafte Identifizierung der am Leistungsaustausch Beteiligten, der Leistung und des Leistungszeitpunkts möglich ist und die Ungenauigkeiten nicht sinnentstellend sind.

(5) Der Vorsteuerabzug kann erst zu dem Zeitpunkt in Anspruch genommen werden, in dem der Rechnungsaussteller die Rechnung nach § 31 Abs. 5 UStDV berichtigt hat und die zu berichtigenden Angaben an den Rechnungsempfänger übermittelt hat.

(6)[1] Folgende Sonderregelungen für den Vorsteuerabzug sind zu beachten:

1. ¹Nach § 15 Abs. 1a UStG sind Vorsteuerbeträge nicht abziehbar, die auf Aufwendungen entfallen, für die das Abzugsverbot des § 4 Abs. 5 Satz 1 Nr. 1 bis 4, 7 oder des § 12 Nr. 1 EStG gilt. ²Ausgenommen von der Vorsteuerabzugsbeschränkung sind Bewirtungsaufwendungen, soweit § 4 Abs. 5 Satz 1 Nr. 2 EStG einen Abzug angemessener und nachgewiesener Aufwendungen ausschließt (vgl. auch Abschnitt 15.6 Abs. 6).
2. Nach § 15 Abs. 1b UStG sind Vorsteuerbeträge für ein dem Unternehmen zugeordnetes teilunternehmerisch genutztes Grundstück nicht abziehbar, soweit sie nicht auf die Verwendung des Grundstücks für Zwecke des Unternehmens entfallen (vgl. Abschnitt 15.6a).
3. Ermitteln Unternehmer ihre abziehbaren Vorsteuern nach den Durchschnittssätzen der §§ 23 oder 23a UStG, ist insoweit ein weiterer Vorsteuerabzug ausgeschlossen (§ 70 Abs. 1 UStDV, § 23a Abs. 1 UStG).
4. Bewirkt der Unternehmer Reiseleistungen im Sinne des § 25 Abs. 1 UStG, ist er nicht berechtigt, die ihm in diesen Fällen für die Reisevorleistungen gesondert in Rechnung gestellten Steuerbeträge als Vorsteuern abzuziehen (§ 25 Abs. 4 UStG, vgl. Abschnitt 25.4).
5. Ein Wiederverkäufer, der für die Lieferung beweglicher körperlicher Gegenstände die Differenzbesteuerung des § 25a Abs. 2 UStG anwendet, kann die entrichtete Einfuhrumsatzsteuer sowie die Steuer für die an ihn ausgeführte Lieferung nicht als Vorsteuer abziehen (§ 25a Abs. 5 UStG).

Rechnung mit gesondertem Steuerausweis

(7) ¹Nach § 15 Abs. 1 Satz 1 Nr. 1 Satz 2 in Verbindung mit § 14 Abs. 4 Satz 1 Nr. 8 UStG muss die Steuer in einer nach den §§ 14, 14a UStG ausgestellten Rechnung gesondert ausgewiesen sein. ²Der Begriff der Rechnung ergibt sich aus § 14 Abs. 1 UStG (vgl. auch Abschnitt 14.1). ³Für den Vorsteuerabzug muss eine Rechnung das Entgelt und den Steuerbetrag getrennt ausweisen; die Angabe des Entgelts als Grundlage des gesondert ausgewiesenen Steuerbetrags ist damit zwingend erforderlich (vgl. Abschnitt 15.11 Abs. 4). ⁴Ein gesonderter Steuerausweis liegt nicht vor, wenn die in einem Vertrag enthaltene Abrechnung offen lässt, ob der leistende Unternehmer den Umsatz steuerfrei oder steuerpflichtig (§ 9 UStG) behandeln will (vgl. Abschnitt 14.1 Abs. 2 Satz 5), oder in dem Dokument nicht durch Angaben

---

1) Siehe Anlage § 015-51 (Abschnitt 15.2 Abs. 6 UStAE ist ab dem 01.01.2011 in allen Fällen anzuwenden, die nicht unter die Übergangsregelung nach § 27 Abs. 16 UStG fallen.)

UStAE 15.2. § 15

tatsächlicher Art zum Ausdruck kommt, dass die gesondert ausgewiesene Steuer auf Lieferungen oder sonstigen Leistungen des Rechnungsausstellers an den Leistungsempfänger beruht (BFH-Urteil vom 12.6.1986, V R 75/78, BStBl. II S. 721). [5]Nach § 14 Abs. 4 Satz 1 Nr. 5 UStG sind in der Rechnung auch die Menge und die Art (handelsübliche Bezeichnung) der gelieferten Gegenstände anzugeben. [6]Enthält die Rechnung entgegen § 14 Abs. 4 Satz 1 Nr. 2 UStG nur eine Zahlen- und Buchstabenkombination, bei der es sich nicht um die dem leistenden Unternehmer erteilte Steuernummer handelt, ist der Leistungsempfänger nach § 15 Abs. 1 Satz 1 Nr. 1 Satz 2 UStG – vorbehaltlich einer Rechnungsberichtigung – nicht zum Vorsteuerabzug berechtigt (BFH-Urteil vom 2.9.2010, V R 55/09, BStBl. 2011 II S. 235). [7]Eine nach den §§ 14, 14a UStG ausgestellte Rechnung ist auch bei der Abrechnung der Leistung des Insolvenzverwalters an den Gemeinschuldner erforderlich. [8]Der Beschluss des Insolvenzgerichts über die Festsetzung der Vergütung ist für den Vorsteuerabzug nicht ausreichend (vgl. BFH-Urteil vom 20.2.1986, V R 16/81, BStBl. II S. 579).

(8) [1]Entsprechend dem Sinn und Zweck des § 15 UStG umfasst der Vorsteuerabzug grundsätzlich nur die Vorsteuerbeträge, die für im Inland bewirkte Lieferungen oder sonstige Leistungen gesondert ausgewiesen wurden. [2]Abziehbar ist auch die Steuer für die Lieferungen und sonstigen Leistungen, die nach § 1 Abs. 3 UStG wie Umsätze im Inland zu behandeln sind.

(9) Hat der leistende Unternehmer in einer Endrechnung die vor Ausführung der Lieferung oder sonstigen Leistung vereinnahmten Teilentgelte und die auf sie entfallenden Steuerbeträge nicht nach § 14 Abs. 5 Satz 2 UStG abgesetzt, ist die zu hoch ausgewiesene Umsatzsteuer nicht als Vorsteuer abziehbar (BFH-Urteil vom 11.4.2002, V R 26/01, BStBl. 2004 II S. 317).

(10) [1]Hat der Rechnungsaussteller die Steuer unzutreffend berechnet, bleibt es dem Rechnungsempfänger überlassen, eine berichtigte Rechnung anzufordern. [2]In den Fällen eines Entgelts von dritter Seite (§ 10 Abs. 1 Satz 3 UStG) ist nicht der Dritte, sondern nur der Leistungsempfänger zum Vorsteuerabzug berechtigt (vgl. auch Abschnitt 14.10 Abs. 1).

(11) [1]Wird über die Lieferung oder sonstige Leistung mit einer Gutschrift abgerechnet, kommt der Vorsteuerabzug für den Leistungsempfänger nur in Betracht, wenn der leistende Unternehmer zum gesonderten Ausweis der Steuer in einer Rechnung berechtigt ist. [2]Daher kann in diesen Fällen der Vorsteuerabzug nicht in Anspruch genommen werden, wenn der leistende Unternehmer § 19 Abs. 1 UStG anwendet.

(12) [1]Der Vorsteuerabzug aus einer Gutschrift entfällt auch, wenn die Lieferung oder sonstige Leistung nicht steuerpflichtig ist (vgl. auch BFH-Urteil vom 31.1.1980, V R 60/74, BStBl. II S. 369). [2]Hat der Aussteller der Gutschrift die Steuer zu hoch ausgewiesen, kann er den zu hoch ausgewiesenen Steuerbetrag nicht als Vorsteuer abziehen (vgl. Absatz 9). [3]Ein Vorsteuerabzug ist ebenfalls nicht zulässig, wenn eine Gutschrift ohne das Einverständnis des Gutschriftempfängers erteilt wird oder wenn der Leistungsempfänger eine unvollständige und daher zum Vorsteuerabzug nicht berechtigende Rechnung (z.B. bei fehlendem gesonderten Steuerausweis) ohne ausdrückliche Anerkennung des Lieferers oder Leistenden durch eine Gutschrift ersetzt (vgl. auch Abschnitt 14.3 Abs. 1).

(13) [1]Der Vorsteuerabzug entfällt, soweit der Gutschriftempfänger dem in der Gutschrift angegebenen Steuerbetrag widerspricht (vgl. § 14 Abs. 2 Satz 3 UStG). [2]Dieser Widerspruch wirkt auch für den Vorsteuerabzug des Gutschriftausstellers erst in dem Besteuerungszeitraum, in dem er erklärt wird (vgl. BFH-Urteil vom 19.5.1993, V R 110/88, BStBl. II S. 779).

(14) [1]Steuerbeträge, die für einen Innenumsatz (z.B. zwischen Betriebsabteilungen desselben Unternehmers oder innerhalb eines Organkreises) gesondert ausgewiesen werden, berechtigen nicht zum Vorsteuerabzug (vgl. auch Abschnitt 14.1 Abs. 4). [2]Bei Sacheinlagen aus der Privatsphäre oder dem Hoheitsbereich des Unternehmers ist ein Vorsteuerabzug ebenfalls nicht zulässig.

Leistung eines Unternehmers

(15) [1]Die Rechnung muss grundsätzlich vom leistenden Unternehmer oder vom Leistungsempfänger (Gutschrift) ausgestellt sein. [2]Ein Vorsteuerabzug ist deshalb nicht zulässig, wenn ein anderer im Namen des Leistenden oder des Leistungsempfängers eine Rechnung mit gesondertem Steuerausweis erteilt, ohne vom Leistenden oder vom Leistungsempfänger dazu beauftragt zu sein. [3]Zur Abrechnung durch den Vermittler vgl. BFH-Urteil vom 4.3.1982, V R 59/81, BStBl. II S. 315. [4]Der Abzug der in der Rechnung ausgewiesenen Steuer ist nur möglich, wenn der in der Rechnung angegebene Sitz einer GmbH bei Ausführung der Leistung und bei Rechnungsstellung tatsächlich bestanden hat (vgl. BFH-Urteil vom 27.6.1996, V R 51/93, BStBl. II S. 620). [5]Hierfür trägt der den Vorsteuerabzug begehrende Unternehmer die Feststellungslast (vgl. BFH-Urteil vom 6.12.2007, V R 61/05, BStBl. 2008 II S. 695). [6]Der Unternehmer, der die Lieferung oder sonstige Leistung ausgeführt hat, muss in der Rechnung (Abrechnungspapier) grundsätzlich mit seinem wirklichen Namen bzw. mit der wirklichen Firma angegeben sein (vgl. auch § 31 Abs. 2 UStDV). [7]Bei der Verwendung eines unzutreffenden und ungenauen Namens (z.B. Scheinname oder Scheinfirma) kann der Vorsteuerabzug ausnahmsweise zugelassen werden, wenn

der tatsächlich leistende Unternehmer eindeutig und leicht nachprüfbar aus dem Abrechnungspapier ersichtlich ist (vgl. BFH-Urteil vom 7.10.1987, X R 60/82, BStBl. 1988 II S. 34). [8]Diese Ausnahmekriterien sind eng auszulegen, so dass z.b. der Vorsteuerabzug unter folgenden Umständen unzulässig ist:

1. [1]Bei Verwendung einer Scheinfirma oder eines Scheinnamens ergibt sich aus dem Abrechnungspapier kein Hinweis auf den tatsächlich leistenden Unternehmer (vgl. BFH-Urteil vom 19.10.1978, V R 39/75, BStBl. 1979 II S. 345). [2]Hinweise auf den tatsächlich leistenden Unternehmer fehlen in der Regel in Rechnungen mit willkürlich ausgesuchten Firmenbezeichnungen und/oder unzutreffenden Anschriften sowie bei Rechnungen von zwar existierenden Firmen, die aber die Leistung nicht ausgeführt haben (z.B. bei Verwendung von echten Rechnungsformularen dieser Firmen ohne ihr Wissen oder bei gefälschten Rechnungsformularen). [3]Das gilt auch, wenn der Abrechnende bereits bei der Leistungsbewirkung unter dem fremden Namen aufgetreten ist (BFH-Urteil vom 17.9.1992, V R 41/89, BStBl. 1993 II S. 205).

2. [1]Aus dem Abrechnungspapier geht der tatsächlich leistende Unternehmer nicht eindeutig hervor. [2]Dies ist beispielsweise anzunehmen, wenn nach der Abrechnung mehrere leistende Unternehmer in Betracht kommen und sich der tatsächlich leistende Unternehmer nicht zweifelsfrei ergibt. [3]Die Feststellung, welcher Leistungsbeziehung die Verschaffung der Verfügungsmacht zuzurechnen ist, ist im Wesentlichen tatsächliche Würdigung (vgl. BFH-Urteil vom 4.9.2003, V R 9, 10/02, BStBl. 2004 II S. 627). [4]Im Fall eines Strohmannverhältnisses sind die von dem (weisungsabhängigen) Strohmann bewirkten Leistungen trotz selbständigen Auftretens im Außenverhältnis dem Hintermann als Leistendem zuzurechnen (vgl. BFH-Urteil vom 15.9.1994, XI R 56/93, BStBl. 1995 II S. 275). [5]Ein Strohmann, der im eigenen Namen Gegenstände verkauft und bewirkt, dass dem Abnehmer die Verfügungsmacht daran eingeräumt wird, kann aber umsatzsteuerrechtlich Leistender sein (vgl. BFH-Urteil vom 28.1.1999, V R 4/98, BStBl. II S. 628, und BFH-Beschluss vom 31.1.2002, V B 108/01, BStBl. 2004 II S. 622). [6]Ein Unternehmer, der unter fremdem Namen auftritt, liefert dagegen selbst, wenn nach den erkennbaren Umständen durch sein Handeln unter fremdem Namen lediglich verdeckt wird, dass er und nicht der „Vertretene" die Lieferung erbringt (vgl. BFH-Urteil vom 4.9.2003, V R 9, 10/02, a.a.O.). [7]Im Übrigen vgl. Abschnitt 2.1 Abs. 3.

3. Aus dem Abrechnungspapier ist der tatsächlich leistende Unternehmer nur schwer zu ermitteln, also nicht leicht nachprüfbar festzustellen.

4. Der tatsächlich leistende Unternehmer ist zwar bekannt, seine Identität ergibt sich jedoch nicht aus dem Abrechnungspapier oder aus solchen Unterlagen, auf die in dem Abrechnungspapier verwiesen wird (vgl. hierzu die zur zutreffenden Leistungsbezeichnung in Rechnungen ergangenen BFH-Beschlüsse vom 4.12.1987, V S 9/85, BStBl. 1988 II S. 702, und vom 9.12.1987, V B 54/85, BStBl. 1988 II S. 700).

[9]Steuern, die dem Unternehmer von einem Lieferer oder Leistenden in Rechnung gestellt werden, der nicht Unternehmer ist, sind – obwohl sie von diesem nach § 14c Abs. 2 UStG geschuldet werden – nicht abziehbar (vgl. BFH-Urteile vom 8.12.1988, V R 28/84, BStBl. 1989 II S. 250, und vom 2.4.1998, V R 34/97, BStBl. II S. 695).

Leistung für das Unternehmen

(16) [1]Eine Lieferung oder sonstige Leistung wird grundsätzlich an diejenige Person ausgeführt, die aus dem schuldrechtlichen Vertragsverhältnis, das dem Leistungsaustausch zu Grunde liegt, berechtigt oder verpflichtet ist (BFH-Beschluss vom 13.9.1984, V B 10/84, BStBl. 1985 II S. 21). [2]Leistungsempfänger ist somit regelmäßig der Auftraggeber oder Besteller einer Leistung. [3]Saniert ein Treuhänder ein Gebäude für Zwecke einer umsatzsteuerpflichtigen Vermietung, ist der Treuhänder und nicht der Treugeber auf Grund der im Namen des Treuhänders bezogenen Bauleistungen zum Vorsteuerabzug berechtigt (BFH-Urteil vom 18.2.2009, V R 82/07, BStBl. II S. 876). [4]Wird auf einem Grundstück, an dem die Ehegatten gemeinschaftlich Miteigentümer sind, ein Bauwerk errichtet, kann statt der Ehegattengemeinschaft auch einer der Ehegatten allein Leistungsempfänger sein. [5]In derartigen Fällen muss sich schon aus der Auftragserteilung klar ergeben, wer Auftraggeber und damit Leistungsempfänger ist. [6]Bei gemeinsamer Auftragserteilung durch mehrere Personen ist es für die Annahme einer Leistungsempfängerschaft durch die Gemeinschaft ausreichend, dass die Gemeinschaft als solche einem Gemeinschafter den Gegenstand oder Teile des Gegenstands unentgeltlich überlässt, weil dann von der Gemeinschaft Leistungen erbracht werden und die Gemeinschaft damit als solche als wirtschaftlich und umsatzsteuerrechtlich relevantes Gebilde auftritt. [7]Umsatzsteuerrechtlich ist in diesen Fällen von einer einheitlichen Leistung an die Gemeinschaft auszugehen. [8]Lediglich für Zwecke des Vorsteuerabzugs ist jeder unternehmerische Gemeinschafter als Leistungsempfänger anzusehen. [9]Zur Anwendung der BFH-Urteile vom 1.10.1998, V R 31/98, BStBl. 2008 II S. 497, vom 7.11.2000, V R 49/99, BStBl. 2008 II S. 493, und vom 1.2.2001, V R 79/99, BStBl. 2008 II S. 495 vgl. BMF-Schreiben vom 9.5.2008, BStBl. I

S. 675. [10]Einem Unternehmer, der nach den vorstehenden Grundsätzen für Zwecke des Vorsteuerabzugs als Leistungsempfänger anzusehen ist, steht nach § 15 Abs. 1 UStG der Vorsteuerabzug zu, wenn und soweit die Leistung für sein Unternehmen ausgeführt wurde (vgl. Absatz 21). [11]Ist bei einer solchen Gemeinschaft nur ein Gemeinschafter unternehmerisch tätig und verwendet dieser einen Teil des Gegenstands ausschließlich für seine unternehmerischen Zwecke, steht ihm das Vorsteuerabzugsrecht aus den bezogenen Leistungen anteilig zu, soweit der seinem Unternehmen zugeordnete Anteil am Gegenstand seinen Miteigentumsanteil nicht übersteigt (vgl. BMF-Schreiben vom 1.12.2006, BStBl. 2007 I S. 90 sowie Abschnitt 15a.2 Abs. 4). [12]Die tatsächliche Durchführung muss den getroffenen Vereinbarungen entsprechen (vgl. BFH-Urteile vom 11.12.1986, V R 57/76, BStBl. 1987 II S. 233, vom 26.11.1987, V R 85/83, BStBl. 1988 II S. 158, und vom 5.10.1995, V R 113/92, BStBl. 1996 II S. 111). [13]Wird unter Missachtung des sich aus dem schuldrechtlichen Vertragsverhältnis ergebenden Anspruchs die Leistung tatsächlich an einen Dritten erbracht, kann der Dritte unabhängig von den zu Grunde liegenden Rechtsbeziehungen Leistungsempfänger sein (BFH-Urteil vom 1.6.1989, V R 72/84, BStBl. II S. 677). [14]Zur Bestimmung des Leistungsempfängers bei Leistungen im Sinne des § 3a Abs. 2 UStG vgl. Abschnitt 3a.2 Abs. 2.

(17) [1]Die Leistung muss in die unternehmerische Sphäre des Unternehmers eingehen (vgl. BFH-Urteile vom 20.12.1984, V R 25/76, BStBl. 1985 II S. 176, vom 4.7.1985, V R 82/77, BStBl. II S. 538, und vom 18.12.1986, V R 176/75, BStBl. 1987 II S. 350). [2]Ob dies zutrifft, ist nach dem Innenverhältnis zu beurteilen. [3]Danach muss die Verwendung der bezogenen Leistung in der unternehmerischen Sphäre objektiv möglich und auch durchgeführt sein (vgl. auch Absatz 18). [4]Für die Frage, ob eine Leistung für das Unternehmen vorliegt, sind grundsätzlich die Verhältnisse im Zeitpunkt des Umsatzes an den Unternehmer maßgebend (vgl. BFH-Urteil vom 6.5.1993, V R 45/88, BStBl. II S. 564). [5]Eine erstmalige vorübergehende nichtunternehmerische Verwendung steht dem Leistungsbezug für das Unternehmen nicht entgegen, wenn der erworbene Gegenstand anschließend bestimmungsgemäß unternehmerisch genutzt wird (vgl. BFH-Urteil vom 20.7.1988, X R 8/80, BStBl. II S. 1012, und BFH-Beschluss vom 21.6.1990, V B 27/90, BStBl. II S. 801). [6]Bei der Anschaffung von sog. Freizeitgegenständen (z.B. von Segelbooten, Segelflugzeugen und Wohnwagen) ist davon auszugehen, dass diese Gegenstände dem nichtunternehmerischen Bereich zuzuordnen sind (vgl. Abschnitt 2.6 Abs. 3). [7]Zum Vorsteuerabzug aus dem Erwerb eines Flugzeugs durch die Ehefrau, das weitaus überwiegend vom Ehemann genutzt wird, vgl. BFH-Urteil vom 19.5.1988, V R 115/83, BStBl. II S. 916. [8]Liefert ein Unternehmer unter der Anschrift und Bezeichnung, unter der er seine Umsatztätigkeit ausführt, einen ihm gelieferten für sein Unternehmen objektiv nützlichen Gegenstand sogleich weiter und rechnet darüber mit gesondertem Steuerausweis ab, behandelt er den Gegenstand als für sein Unternehmen bezogen (vgl. BFH-Urteil vom 27.7.1995, V R 44/94, BStBl. II S. 853). [9]Eine zur Gründung einer Kapitalgesellschaft errichtete Personengesellschaft (sog. Vorgründungsgesellschaft), die nach Gründung der Kapitalgesellschaft die bezogenen Leistungen in einem Akt gegen Entgelt an diese veräußert und andere Ausgangsumsätze von vornherein nicht beabsichtigt hatte, ist zum Abzug der Vorsteuer für den Bezug von Dienstleistungen und Gegenständen ungeachtet dessen berechtigt, dass die Umsätze im Rahmen einer Geschäftsveräußerung nach § 1 Abs. 1a UStG nicht der Umsatzsteuer unterliegen. [10]Maßgebend sind insoweit die beabsichtigten Umsätze der Kapitalgesellschaft (vgl. BFH-Urteil vom 15.7.2004, V R 84/99, BStBl. 2005 II S. 155). [11]Eine Personengesellschaft kann die ihr in Rechnung gestellte Umsatzsteuer für von ihr bezogene Dienstleistungen, die der Erfüllung einkommensteuerrechtlicher Verpflichtungen ihrer Gesellschafter dienen, nicht als Vorsteuer abziehen (BFH-Urteil vom 8.9.2010, XI R 31/08, BStBl. 2011 II S. 197).

(18) [1]Als Nachweis dafür, dass die Leistung für das Unternehmen bezogen wurde, sind zutreffende Angaben des leistenden Unternehmers über Art und Umfang der von ihm ausgeführten Leistung in der Rechnung erforderlich (vgl. Abschnitt 14.5). [2]Bei Lieferungen bestehen die erforderlichen Angaben tatsächlicher Art grundsätzlich in der zutreffenden handelsüblichen Bezeichnung der einzelnen Liefergegenstände. [3]In besonderen Einzelfällen (z.B. wenn bei der Lieferung von ausschließlich gewerblich nutzbaren Erzeugnissen hinsichtlich des Bezugs für das Unternehmen keine Zweifel bestehen) können die gelieferten Gegenstände in Warengruppen zusammengefasst werden (vgl. BFH-Urteil vom 24.4.1986, V R 138/78, BStBl. II S. 581). [4]Bei den übrigen Leistungen hat der leistende Unternehmer in der Rechnung grundsätzlich tatsächliche Angaben über seine Leistungshandlung zu machen. [5]Es bestehen jedoch insbesondere bei der Ausführung sonstiger Leistungen keine Bedenken, wenn der Rechnungsaussteller statt seiner Leistungshandlung den beim Leistungsempfänger eintretenden Erfolg seiner Leistungshandlung bezeichnet. [6]Danach genügt bei der Inrechnungstellung von Arbeitnehmerüberlassungen regelmäßig die Angabe der Gewerke, die mit Hilfe der überlassenen Arbeitskräfte erstellt werden (vgl. BFH-Urteil vom 21.1.1993, V R 30/88, BStBl. II S. 384). [7]Durch die Angaben in der Rechnung muss zum Ausdruck kommen, dass die gesondert ausgewiesene Steuer auf Lieferungen oder sonstigen Leistungen des Rechnungsausstellers an den Leistungsempfänger beruht. [8]Dafür genügt eine

bloße Auflistung von Umsätzen – aufgeteilt in Entgelt und Umsatzsteuer – nicht (vgl. BFH-Urteil vom 12.6.1986, V R 75/78, BStBl. II S. 721).

(19) ¹Der Vorsteuerabzug kann nur auf Grund einer Rechnung geltend gemacht werden, die eine eindeutige und leicht nachprüfbare Feststellung der Leistung ermöglicht, über die abgerechnet worden ist (BFH-Urteil vom 10.11.1994, V R 45/93, BStBl. 1995 II S. 395). ²Eine für die Gewährung des Vorsteuerabzugs ausreichende Leistungsbezeichnung ist dann nicht gegeben, wenn die Angaben tatsächlicher Art im Abrechnungspapier unrichtig oder so ungenau sind, dass sie eine Identifizierung des Leistungsgegenstands nicht ermöglichen. ³Den Vorsteuerabzug ausschließende

1. unrichtige Angaben liegen vor, wenn eine in der Rechnung aufgeführte Leistung tatsächlich nicht erbracht ist und auch nicht erbracht werden soll (z.B. bei Gefälligkeitsrechnungen), oder zwar eine Leistung ausgeführt ist oder ausgeführt werden soll, jedoch in der Rechnung nicht auf die tatsächliche Leistung, sondern auf eine andere hingewiesen wird (vgl. Beispielsfälle in Abschnitt 14c.2 Abs. 2 Nr. 3);

2. ¹ungenaue Angaben liegen vor, wenn die Rechnungsangaben zwar nicht unrichtig, aber nicht so eingehend und präzise sind, dass sie ohne weiteres völlige Gewissheit über Art und Umfang des Leistungsgegenstands verschaffen. ²Dies ist regelmäßig der Fall, wenn sich anhand der Rechnung nachträglich nicht genau feststellen lässt, auf welchen gelieferten Gegenstand bzw. auf welchen beim Leistungsempfänger eingetretenen Erfolg einer sonstigen Leistung sich die gesondert ausgewiesene Steuer beziehen soll (vgl. Beispielsfälle in Abschnitt 14c.2 Abs. 2 Nr. 3). ³Die erforderlichen Angaben müssen aus der vom leistenden Unternehmer erstellten Rechnung hervorgehen. ⁴Andere Unterlagen oder Nachweise sowie Rechnungsergänzungen durch den Leistungsempfänger können nicht berücksichtigt werden (vgl. BFH-Beschlüsse vom 4.12.1987, V S 9/85, BStBl. 1988 II S. 702, und vom 9.12.1987, V B 54/85, BStBl. 1988 II S. 700 sowie BFH-Urteil vom 8.10.2008, V R 59/07, BStBl. 2009 II S. 218).

(20) ¹Der Vorsteuerabzug setzt grundsätzlich eine auf den Namen des umsatzsteuerlichen Leistungsempfängers lautende Rechnung mit gesondert ausgewiesener Steuer voraus. ²Es ist jede Bezeichnung des Leistungsempfängers ausreichend, die eine eindeutige und leicht nachprüfbare Feststellung seines Namens und seiner Anschrift ermöglicht (vgl. BFH-Urteil vom 2.4.1997, V B 26/96, BStBl. II S. 443). ³Eine andere Rechnungsadresse ist nicht zu beanstanden, wenn aus dem übrigen Inhalt der Rechnung oder aus anderen Unterlagen, auf die in der Rechnung hingewiesen wird (§ 31 Abs. 1 UStDV), Name und Anschrift des umsatzsteuerlichen Leistungsempfängers eindeutig hervorgehen (z.B. bei einer Rechnungsausstellung auf den Namen eines Gesellschafters für Leistungen an die Gesellschaft). ⁴Eine Gesellschaft kann jedoch aus einer Rechnung, die nur auf einen Gesellschafter ausgestellt ist, keinen Vorsteuerabzug vornehmen, wenn die Rechnung keinen Hinweis auf die Gesellschaft als Leistungsempfänger enthält (vgl. BFH-Urteile vom 5.10.1995, V R 113/92, BStBl. 1996 II S. 111). ⁵Entsprechendes gilt für Gemeinschaften (vgl. BFH-Urteil vom 23.9.2009, XI R 14/08, BStBl. 2010 II S. 243). ⁶Der in einer Rechnung an die Bauherren eines Gesamtobjekts (z.B. Wohnanlage mit Eigentumswohnungen) gesondert ausgewiesene Steuerbetrag kann nach § 1 Abs. 2 der Verordnung über die gesonderte Feststellung von Besteuerungsgrundlagen nach § 180 Abs. 2 AO auf die Beteiligten verteilt und ihnen zugerechnet werden. ⁷Die Bezeichnung der einzelnen Leistungsempfänger und der für sie abziehbare Steuerbetrag kann aus einer Abrechnung über das bezeichnete Gesamtobjekt abgeleitet werden (BFH-Urteil vom 27.1.1994, V R 31/91, BStBl. II S. 488). ⁸Liegt bei gemeinschaftlicher Auftragserteilung durch mehrere Personen eine einheitliche Leistung an die Gemeinschaft vor, kann für Zwecke des Vorsteuerabzugs eines unternehmerischen Gemeinschafters in der Rechnung über die Leistung an die Gemeinschaft nach § 14 Abs. 4 Satz 1 Nr. 1 UStG nur die Angabe des vollständigen Namens und der vollständigen Anschrift der Gemeinschaft als Leistungsempfänger verlangt werden. ⁹Aus den durch die den Vorsteuerabzug begehrenden Gemeinschafter nach § 22 UStG zu führenden Aufzeichnungen müssen sich die Namen und die Anschriften der übrigen Gemeinschafter sowie die auf die Gemeinschafter entfallenden Anteile am Gemeinschaftsvermögen ergeben.

Leistung für den unternehmerischen und den nicht unternehmerischen Bereich

(21) Wird ein Umsatz sowohl für das Unternehmen als auch für Zwecke ausgeführt, die außerhalb des Unternehmens liegen, ist hinsichtlich des Vorsteuerabzugs wie folgt zu verfahren:

1. ¹Bei der Lieferung vertretbarer Sachen sowie bei sonstigen Leistungen ist, abgesehen von den unter Nummer 2 bezeichneten Fällen, die darauf entfallende Steuer entsprechend dem Verwendungszweck in einen abziehbaren und einen nicht abziehbaren Anteil aufzuteilen. ²Telefondienstleistungen bezieht ein Unternehmer nur insoweit für sein Unternehmen, als er das Telefon unternehmerisch nutzt.

2. ¹Bei einem einheitlichen Gegenstand hat der Unternehmer ein Wahlrecht. ²Er kann z.B. einerseits ein Gebäude mit dem dazugehörenden Grund und Boden insgesamt dem nichtunternehmerischen Bereich zuordnen, auch wenn das Gebäude teilweise unternehmerisch genutzt wird. ³Andererseits kann er ein Gebäude auch insgesamt seinem Unternehmen zuordnen, wenn die unternehmerische Nutzung

UStAE 15.2. § **15**

mindestens 10% beträgt (§ 15 Abs. 1 Satz 2 UStG). ⁴Nach dem EuGH-Urteil vom 4.10.1995, C-291/92, BStBl. 1996 II S. 392, kann der Unternehmer einen nichtunternehmerisch (privat) genutzten Gebäudeteil (z.B. eine eigengenutzte Wohnung) auch von vornherein ganz oder teilweise seinem nichtunternehmerischen Bereich zuordnen. ⁵Ein Zuordnungswahlrecht besteht jedoch nicht, wenn ein getrenntes Wirtschaftsgut im umsatzsteuerrechtlichen Sinn neu hergestellt wird. ⁶Errichtet der Unternehmer daher ein ausschließlich für private Wohnzwecke zu nutzendes Einfamilienhaus als Anbau an eine Werkshalle auf seinem Betriebsgrundstück, darf er den Anbau nicht seinem Unternehmen zuordnen, wenn beide Bauten räumlich voneinander abgrenzbar sind (vgl. BFH-Urteil vom 23.9.2009, XI R 18/08, BStBl. 2010 II S. 313). ⁷Die Zuordnung eines Gegenstands zum Unternehmen erfordert eine durch Beweisanzeichen gestützte Zuordnungsentscheidung des Unternehmers bei Anschaffung, Herstellung oder Einlage des Gegenstands. ⁸Die Geltendmachung des Vorsteuerabzugs ist regelmäßig ein gewichtiges Indiz für, die Unterlassung des Vorsteuerabzugs ein ebenso gewichtiges Indiz gegen die Zuordnung eines Gegenstands zum Unternehmen. ⁹Ist ein Vorsteuerabzug nicht möglich, müssen andere Beweisanzeichen herangezogen werden (BFH-Urteil vom 31.1.2002, V R 61/96, BStBl. 2003 II S. 813). ¹⁰Gibt es keine Beweisanzeichen für eine Zuordnung zum Unternehmen, kann diese nicht unterstellt werden (BFH-Urteil vom 28.2.2002, V R 25/96, BStBl. 2003 II S. 815). ¹¹Soweit bei gemeinschaftlicher Auftragserteilung durch mehrere Personen ein Gemeinschafter für Zwecke des Vorsteuerabzugs als Leistungsempfänger anzusehen ist und Miteigentum an einem Gegenstand erwirbt, steht dem Gemeinschafter das Zuordnungswahlrecht bezogen auf seinen Anteil am Miteigentum zu. ¹²Dem Unternehmer steht es frei, seinen Miteigentumsanteil vollständig, teilweise (im Umfang der unternehmerischen Nutzung) oder gar nicht seinem Unternehmen zuzuordnen. ¹³Voraussetzung für die Zuordnung des Miteigentumsanteils ist allerdings, dass dieser zu mindestens 10% für das Unternehmen genutzt wird (§ 15 Abs. 1 Satz 2 UStG).

a) [1] ¹Umsatzsteuerbeträge, die durch den Erwerb, die Herstellung sowie die Verwendung oder Nutzung eines solchen Gegenstands anfallen (z.B. durch den Kauf oder die Miete sowie den laufenden Unterhalt eines Computers oder Kraftfahrzeugs), können grundsätzlich in vollem Umfang abgezogen werden, wenn der Gegenstand dem Unternehmen insgesamt zugeordnet wird; zum Ausgleich dafür unterliegt die Verwendung des Gegenstands für unternehmensfremde Zwecke nach § 3 Abs. 9a Nr. 1 UStG der Umsatzsteuer. ²Zum Vorsteuerausschluss nach § 15 Abs. 1b UStG bei teilunternehmerisch genutzten Grundstücken siehe Abschnitte 3.4 Abs. 2 Sätze 4 und 5 sowie 15.6a. ³Die Entscheidung über die Zuordnung zum Unternehmen hat der Unternehmer zu treffen (BFH-Urteile vom 25.3.1988, V R 101/83, BStBl. II S. 649, und vom 27.10.1993, XI R 86/90, BStBl. 1994 II S. 274). ⁴Hierbei reicht es aus, dass der Gegenstand im Umfang des vorgesehenen Einsatzes für unternehmerische Zwecke in einem objektiven und erkennbaren wirtschaftlichen Zusammenhang mit der gewerblichen oder beruflichen Tätigkeit steht und diese fördern soll (BFH-Urteil vom 12.12.1985, V R 25/78, BStBl. 1986 II S. 216). ⁵Der Zuordnungsentscheidung gibt der Unternehmer im Regelfall mit der Inanspruchnahme des Vorsteuerabzugs Ausdruck (vgl. BFH-Urteil vom 20.12.1984, V R 25/76, BStBl. 1985 II S. 176). ⁶Wird ein nicht zum Unternehmen gehörender Gegenstand gelegentlich dem Unternehmen überlassen, können die im Zusammenhang mit dem Betrieb des Gegenstands anfallenden Vorsteuern (z.B. Vorsteuerbeträge aus Betrieb und Wartung eines nicht dem Unternehmen zugeordneten Kraftfahrzeugs) im Verhältnis der unternehmerischen zur nichtunternehmerischen Nutzung abgezogen werden. ⁷Vorsteuerbeträge, die unmittelbar und ausschließlich auf die unternehmerische Verwendung des Kraftfahrzeugs entfallen (z.B. die Steuer für den Bezug von Kraftstoff anlässlich einer betrieblichen Fahrt mit einem privaten Kraftfahrzeug oder Vorsteuerbeträge aus Reparaturaufwendungen in Folge eines Unfalls während einer unternehmerisch veranlassten Fahrt), können unter den übrigen Voraussetzungen des § 15 UStG in voller Höhe abgezogen werden.

b) [2] ¹Ist bei der Anschaffung oder Herstellung eines Gebäudes ein Vorsteuerabzug nicht möglich, muss der Unternehmer gegenüber dem Finanzamt durch eine schriftliche Erklärung spätestens bis zur Übermittlung der Umsatzsteuererklärung des Jahres, in dem die jeweilige Leistung bezogen worden ist, dokumentieren, in welchem Umfang er das Gebäude dem Unternehmen zugeordnet hat. ²Entsprechendes gilt, wenn ein Vorsteuerabzug nur teilweise möglich ist und sich aus dem Umfang des geltend gemachten Vorsteuerabzugs nicht ergibt, mit welchem Anteil das Gebäude dem Unternehmen zugeordnet wurde, oder wenn § 15 Abs. 1b UStG Anwendung findet (vgl. Abschnitt 15.6a). ³Im Fall der Zuordnung des nichtunternehmerisch genutzten Teils

---

1) Siehe Anlage § 015-51 (Abschnitt 15.2 Abs. 21 Nr. 2 Buchstabe a) Sätze 1 und 2 UStAE ist ab dem 01.01.2011 in allen Fällen anzuwenden, die nicht unter die Übergangsregelung nach § 27 Abs. 16 UStG fallen.)
2) Siehe Anlage § 015-51 (Abschnitt 15.2 Abs. 21 Nr. 2 Buchstabe b) Satz 2 UStAE ist ab dem 01.01.2011 in allen Fällen anzuwenden, die nicht unter die Übergangsregelung nach § 27 Abs. 16 UStG fallen.)

§ 15

UStAE 15.2.

zum nichtunternehmerischen Bereich wird der nichtunternehmerisch genutzte Teil als separater Gegenstand angesehen, der nicht „für das Unternehmen" im Sinne des § 15 Abs. 1 Satz 1 Nr. 1 UStG bezogen wird. ⁴Somit entfällt der Vorsteuerabzug aus den Kosten, die auf diesen Gegenstand entfallen. ⁵Zur Ermittlung des Anteils der abziehbaren Vorsteuerbeträge vgl. Abschnitt 15.17 Abs. 5 bis 8. ⁶Wird dieser Gegenstand später unternehmerisch genutzt (z.B. durch Umwandlung von Wohnräumen in Büroräume), ist eine Vorsteuerberichtigung zugunsten des Unternehmers nach § 15a UStG nicht zulässig (vgl. Abschnitt 15a.1 Abs. 6). ⁷Bei einer späteren Veräußerung des bebauten Grundstücks kann der Unternehmer unter den Voraussetzungen des § 9 UStG lediglich auf die Steuerbefreiung des § 4 Nr. 9 Buchstabe a UStG für die Lieferung des zu diesem Zeitpunkt unternehmerisch genutzten Teils verzichten. ⁸Die Lieferung des zu diesem Zeitpunkt nichtunternehmerisch genutzten Teils erfolgt nicht im Rahmen des Unternehmens und ist somit nicht steuerbar. ⁹Ein Gesamtkaufpreis ist entsprechend aufzuteilen. ¹⁰Weist der Unternehmer für die Lieferung des nichtunternehmerisch genutzten Teils dennoch in der Rechnung Umsatzsteuer aus, schuldet er diese nach § 14c Abs. 2 UStG.

c) ¹⁾ ¹Das EuGH-Urteil vom 4.10.1995, C-291/92, BStBl. 1996 II S. 392, zur Aufteilbarkeit bei einheitlichen Gegenständen kann nicht nur auf Grundstücke, sondern grundsätzlich auch auf gemischt genutzte bewegliche Wirtschaftsgüter (z.B. sowohl unternehmerisch als auch nichtunternehmerisch genutzter Computer) angewendet werden. ²Ordnet der Unternehmer den Gegenstand dem Unternehmen voll zu und findet § 15 Abs. 1b UStG keine Anwendung, kann er die Vorsteuer aus den Anschaffungskosten in voller Höhe abziehen. ³Die nichtunternehmerische Nutzung wird nach § 3 Abs. 9a Nr. 1 UStG erfasst. ⁴Will der Unternehmer ein bewegliches Wirtschaftsgut ausnahmsweise lediglich hinsichtlich des unternehmerisch genutzten Teils dem Unternehmen zuordnen, darf er nur die auf diesen Teil entfallende Vorsteuer aus den Anschaffungskosten abziehen.

Regelungen in Einzelfällen

(22) Zum Vorsteuerabzug in besonderen Fällen wird auf folgende Regelungen hingewiesen:

1. Errichtung von Gebäuden auf fremdem Boden,
   vgl. BMF-Schreiben vom 23.7.1986, BStBl. I S. 432;
2. Einrichtungen, bei denen neben dem unternehmerischen auch ein nichtunternehmerischer Bereich besteht (z.B. bei juristischen Personen des öffentlichen Rechts, Vereinen),
   vgl. Abschnitte 2.10 und 15.19;
3. Garantieleistungen in der Reifenindustrie,
   vgl. BMF-Schreiben vom 21.11.1974, BStBl. I S. 1021;
4. Garantieleistungen und Freiinspektionen in der Kraftfahrzeugwirtschaft,
   vgl. BMF-Schreiben vom 3.12.1975, BStBl. I S. 1132;
5. Austauschverfahren in der Kraftfahrzeugwirtschaft,
   vgl. Abschnitt 10.5 Abs. 3;
6. Einschaltung von Personengesellschaften beim Erwerb oder der Errichtung von Betriebsgebäuden der Kreditinstitute,
   vgl. BMF-Schreiben vom 29.5.1992, BStBl. I S. 378;
7. Einschaltung von Unternehmern in die Erfüllung hoheitlicher Aufgaben,
   vgl. BMF-Schreiben vom 27.12.1990, BStBl. 1991 I S. 81;
8. Essensabgabe an das Personal durch eine vom Arbeitgeber nicht selbst betriebene Kantine oder Gaststätte,
   vgl. Abschnitt 1.8 Abs. 12;
9. Vorsteuerabzug und Umsatzbesteuerung bei gemischt genutzten Fahrzeugen,
   vgl. BMF-Schreiben vom 27.8.2004, BStBl. I S. 864;
10. Public-Private-Partnerships (PPP) im Bundesfernstraßenbau,
    vgl. BMF-Schreiben vom 3.2.2005, BStBl. I S. 414;
11. Vorsteuerabzug bei gemeinschaftlicher Auftragserteilung durch mehrere Personen,
    vgl. BMF-Schreiben vom 1.12.2006, BStBl. 2007 I S. 90, und vom 9.5.2008, BStBl. I S. 675;
12. Vorsteuerabzug beim Betrieb von Kraft-Wärme-Kopplungsanlagen (KWK-Anlagen), insbesondere von Blockheizkraftwerken (BHKW),
    vgl. Abschnitt 2.5 Abs. 11.

---

1) Siehe Anlage § 015-51 (Abschnitt 15.2 Abs. 21 Nr. 2 Buchstabe c) Satz 2 UStAE ist ab dem 01.01.2011 in allen Fällen anzuwenden, die nicht unter die Übergangsregelung nach § 27 Abs. 16 UStG fallen.)

(23) ¹Erwachsen dem Unternehmer Aufwendungen durch Beköstigung des im Unternehmen beschäftigten Personals in seinem Haushalt, gilt folgende Vereinfachungsregelung: Für die auf diese Aufwendungen entfallenden Vorsteuern kann ohne Einzelnachweis ein Betrag abgezogen werden, der sich unter Anwendung eines durchschnittlichen Steuersatzes von 7,9% auf den Wert errechnet, der bei der Einkommensteuer für die außerbetrieblichen Zukäufe als Betriebsausgabe anerkannt wird. ²Dementsprechend kann in diesen Fällen die abziehbare Vorsteuer von 7,32% dieses Werts (Bruttobetrag) errechnet werden.

(24) Zur Minderung des Vorsteuerabzugs beim Leistungsempfänger im Zusammenhang mit der Einlösung von Gutscheinen vgl. Abschnitt 17.2 Abs. 4.

15.3. Vorsteuerabzug bei Zahlungen vor Empfang der Leistung

(1) ¹Der vorgezogene Vorsteuerabzug setzt in den Fällen des § 15 Abs. 1 Satz 1 Nr. 1 UStG bei Zahlungen vor Empfang der Leistung (§ 15 Abs. 1 Satz 1 Nr. 1 Satz 3 UStG) voraus, dass

1. eine nach §§ 14, 14a UStG ausgestellte Rechnung vorliegt und
2. die Zahlung geleistet worden ist.

²Der Vorsteuerabzug kommt für den Voranmeldungs- bzw. Besteuerungszeitraum in Betracht, in dem erstmalig beide Voraussetzungen erfüllt sind. ³Voraussetzung für den Vorsteuerabzug aus Rechnungen über Lieferungen, auf die eine Anzahlung geleistet wurde, ist, dass alle maßgeblichen Elemente des Steuertatbestands, d.h. der künftigen Lieferung, bereits bekannt und somit insbesondere die Gegenstände der Lieferung zum Zeitpunkt der Anzahlung genau bestimmt sind (vgl. BFH-Urteil vom 24.8.2006, V R 16/05, BStBl. 2007 II S. 340, vgl. Abschnitt 14.8 Abs. 4 Satz 2).

(2) Hat ein Kleinunternehmer, der von der Sonderregelung des § 19 Abs. 1 UStG zur allgemeinen Besteuerung übergegangen ist, bereits vor dem Übergang Zahlungen für einen nach dem Übergang an ihn bewirkten Umsatz geleistet, kann er den vorgezogenen Vorsteuerabzug in der Voranmeldung für den ersten Voranmeldungszeitraum nach dem Übergang zur allgemeinen Besteuerung geltend machen.

(3) Für den vorgezogenen Vorsteuerabzug ist es ohne Bedeutung, ob die vor Ausführung des Umsatzes geleistete Zahlung das volle Entgelt oder nur einen Teil des Entgelts einschließt.

(4) ¹Ist der gesondert ausgewiesene Steuerbetrag höher als die Steuer, die auf die Zahlung vor der Umsatzausführung entfällt, kann nur der Steuerbetrag abgezogen werden, der in der im Voraus geleisteten Zahlung enthalten ist. ²Das gilt auch, wenn vor der Ausführung des Umsatzes über die gesamte Leistung abgerechnet wird, die Gegenleistung aber in Teilbeträgen gezahlt wird. ³In diesen Fällen hat daher der Unternehmer den insgesamt ausgewiesenen Steuerbetrag auf die einzelnen Teilbeträge aufzuteilen.

Beispiel:

¹Der Unternehmer hat bereits im Januar eine Gesamtrechnung für einen im Juli zu liefernden Gegenstand über 100.000 € zuzüglich gesondert ausgewiesener Umsatzsteuer in Höhe von 19.000 €, insgesamt 119.000 €, erhalten. ²Er leistet in den Monaten März, April und Mai Anzahlungen von jeweils 23.800 €. ³Die Restzahlung in Höhe von 47.600 € überweist er einen Monat nach Empfang der Leistung.

⁴Der Unternehmer kann für die Voranmeldungszeiträume März, April und Mai den in der jeweiligen Anzahlung enthaltenen Steuerbetrag von 3.800 € als Vorsteuer abziehen. ⁵Die in der Restzahlung von 47.600 € enthaltene Vorsteuer von 7.600 € kann für den Voranmeldungszeitraum Juli (zum Zeitpunkt der Umsatzausführung) abgezogen werden.

(5) ¹Aus einer Endrechnung (§ 14 Abs. 5 Satz 2 UStG) kann der Leistungsempfänger nur den Steuerbetrag als Vorsteuer abziehen, der auf die verbliebene Restzahlung entfällt. ²Das Gleiche gilt bei der Abrechnung mit Gutschriften. ³Ein höherer Vorsteuerabzug ist auch dann nicht zulässig, wenn in der Endrechnung die im Voraus gezahlten Teilentgelte und die darauf entfallenden Steuerbeträge nicht oder nicht vollständig abgesetzt wurden (vgl. Abschnitt 14.8 Abs. 10). ⁴Sind die Rechnungen oder Gutschriften für die im Voraus geleisteten Zahlungen im Zusammenhang mit der Erteilung der Endrechnung widerrufen oder zurückgenommen worden, ist aus der Endrechnung ebenfalls nur der auf die Restzahlung entfallende Steuerbetrag als Vorsteuer abziehbar (vgl. Abschnitt 14.8 Abs. 9).

15.4. Vorsteuerabzug bei Rechnungen über Kleinbeträge

(1) Für die Berechnung des Steuerbetrages aus Rechnungen bis zu einem Gesamtbetrag von 150 € (vgl. § 35 Abs. 1 UStDV) können die auf einen Voranmeldungszeitraum entfallenden Rechnungen zusammengefasst werden, soweit derselbe Steuersatz anzuwenden ist.

§ 15 UStAE 15.4.

(2) Die Vorsteuer kann aus dem Rechnungsbetrag durch Anwendung der folgenden Formel ermittelt werden:

$$\frac{\text{Rechnungspreis} \times \text{Steuersatz}}{(100 + \text{Steuersatz})}$$

Beispiel:
Rechnungspreis 149,95 €, Steuersatz 19%

$$\frac{149,95\ \text{€} \times 19}{(100 + 19)} = 23,94\ \text{€ Vorsteuer}$$

(3) Der auf die Rechnung entfallende Steuerbetrag kann auch mittels eines Faktors oder eines Divisors ermittelt werden.

1. ¹Bei Verwendung eines Faktors ist folgende Formel anzuwenden:

$$\frac{\text{Rechnungspreis} \times \text{Faktor}}{100}$$

²Der Faktor beträgt bei einem Steuersatz von

5 %	=	4,76	(4,7619)
6,5 %	=	6,10	(6,1033)
7 %	=	6,54	(6,5421)
7,5 %	=	6,98	(6,9767)
8 %	=	7,41	(7,4074)
8,5 %	=	7,83	(7,8341)
9 %	=	8,26	(8,2569)
11 %	=	9,91	(9,9099)
13 %	=	11,50	(11,5044)
14 %	=	12,28	(12,2807)
15 %	=	13,04	(13,0435)
16 %	=	13,79	(13,7931)
19 %	=	15,97	(15,9664).

Beispiel:
Rechnungspreis 149,95 €, Steuersatz 19%

$$\frac{149,95\ \text{€} \times 15,97}{100} = 23,94\ \text{€ Vorsteuer}$$

2. ¹Mit einem Divisor kann zunächst das auf den Rechnungspreis entfallende Entgelt berechnet und sodann der abziehbare Vorsteuerbetrag durch Abzug des Entgelts vom Rechnungspreis ermittelt werden. ²Das Entgelt wird nach folgender Formel berechnet:

$$\frac{\text{Rechnungspreis}}{\text{Divisor}}$$

³Der Divisor beträgt bei einem in der Rechnung angegebenen Steuersatz von

5 %	=	1,05
6,5 %	=	1,065
7 %	=	1,07
7,5 %	=	1,075
8 %	=	1,08
8,5 %	=	1,085
9 %	=	1,09
11 %	=	1,11
13 %	=	1,13
14 %	=	1,14
15 %	=	1,15
16 %	=	1,16
19 %	=	1,19.

Beispiel:

Rechnungspreis 149,95 €, Steuersatz 19%

$$\frac{149,95\ €}{1,19} = 126,01\ €\ \text{Entgelt}$$

149,95 € ./. 126,01 € = 23,94 € Vorsteuern.

15.5. Vorsteuerabzug bei Fahrausweisen

(1) [1]Fahrausweise und Belege im Sinne des § 34 UStDV, die für die Beförderung im Personenverkehr und im Reisegepäckverkehr ausgegeben werden, berechtigen nach § 35 Abs. 2 UStDV zum Vorsteuerabzug, soweit sie auf das Inland entfallende Beförderungsleistungen für das Unternehmen betreffen. [2]Stellt der Unternehmer seinen Arbeitnehmern Fahrausweise für die Fahrten zwischen Wohnung und regelmäßiger Arbeitsstätte zur Verfügung, sind die von den Arbeitnehmern in Anspruch genommenen Beförderungsleistungen nicht als Umsätze für das Unternehmen anzusehen. [3]Die dafür vom Unternehmer beschafften Fahrausweise berechtigen ihn daher nicht zur Vornahme des Vorsteuerabzugs.

(2) [1]Bei Zuschlagkarten ist für den Vorsteuerabzug der Steuersatz zu Grunde zu legen, der nach § 35 Abs. 2 UStDV für den dazugehörigen Fahrausweis gilt. [2]Bei Fahrausweisen mit Umwegkarten ist für den Vorsteuerabzug der Steuersatz maßgebend, der für die Summe der im Fahrausweis und in der Umwegkarte angegebenen Tarifentfernungen gilt. [3]Bei Fahrausweisen für Beförderungsleistungen im grenzüberschreitenden Personenverkehr und im internationalen Eisenbahnpersonenverkehr ist die Vorsteuer aus den Angaben der in § 34 Abs. 2 UStDV bezeichneten Bescheinigung zu ermitteln. [4]Fahrausweise für Beförderungsleistungen auf ausländischen Strecken, die nach §§ 3, 4, 6 und 7 UStDV als Strecken im Inland gelten, berechtigen insoweit zum Vorsteuerabzug. [5]Umgekehrt kann auf Grund von Fahrausweisen für Beförderungsleistungen auf Strecken im Inland, die nach §§ 2, 4, 5 und 7 UStDV als ausländische Strecken gelten, ein Vorsteuerabzug nicht vorgenommen werden.

(3) [1]Im Wechselverkehr zwischen den Eisenbahnen des Bundes und anderen Eisenbahnunternehmen sowie zwischen den anderen Eisenbahnunternehmen sind auf dem gemeinsamen Fahrausweis die einzelnen Teilentfernungen angegeben (z.B. 400/75 km). [2]In diesen Fällen ist für die Ermittlung der abziehbaren Vorsteuerbeträge der für die einzelnen Teilentfernungen maßgebliche Steuersatz zu Grunde zu legen. [3]Betragen die angegebenen Teilentfernungen teils nicht mehr, teils jedoch mehr als 50 km, kann aus Vereinfachungsgründen der Gesamtfahrpreis für die Ermittlung der abziehbaren Vorsteuerbeträge nach dem Anteil der einzelnen Teilentfernungen, auf die unterschiedliche Steuersätze anzuwenden sind, aufgeteilt werden. [4]Enthalten gemeinsame Fahrausweise für Beförderungsleistungen durch mehrere in einem Verkehrs- und Tarifverbund zusammengeschlossene Unternehmer keine Angaben über den Steuersatz und die Entfernung, ist für die Berechnung der abziehbaren Vorsteuerbeträge der ermäßigte Steuersatz zu Grunde zu legen.

(4) Absatz 3 gilt entsprechend bei gemeinsamen Fahrausweisen für Beförderungsleistungen auf Eisenbahn- und Schiffsstrecken.

(5) [1]Bei Fahrausweisen im Luftverkehr kommt ein Vorsteuerabzug unter Zugrundelegung des ermäßigten Steuersatzes nicht in Betracht. [2]Der Abzug auf der Grundlage des allgemeinen Steuersatzes ist nur zulässig, wenn dieser Steuersatz auf dem Fahrausweis ausdrücklich angegeben ist.

(6) [1]Bei Belegen im Reisegepäckverkehr sind die Vorschriften für den Vorsteuerabzug bei Fahrausweisen entsprechend anzuwenden. [2]Zum Vorsteuerabzug berechtigen die Belege, die für die Beförderung von Reisegepäck im Zusammenhang mit einer Personenbeförderung ausgegeben werden.

(7) Keine Fahrausweise im Sinne des § 34 UStDV sind Belege über die Benutzung von Taxen, von Mietwagen oder von Kraftomnibussen außerhalb des Linienverkehrs.

(8) Zur Herausrechnung des Steuerbetrags aus dem Fahrpreis vgl. Abschnitt 15.4.

15.6. Vorsteuerabzug bei Repräsentationsaufwendungen

Allgemeines

(1) [1]Nach § 15 Abs. 1a UStG sind Vorsteuerbeträge nicht abziehbar, die auf Aufwendungen entfallen, für die das Abzugsverbot des § 4 Abs. 5 Satz 1 Nr. 1 bis 4, 7 oder des § 12 Nr. 1 EStG gilt. [2]Vom Vorsteuerausschluss ausgenommen sind Bewirtungsaufwendungen, soweit § 4 Abs. 5 Satz 1 Nr. 2 EStG einen Abzug angemessener und nachgewiesener Aufwendungen ausschließt (vgl. Absätze 6 und 7). [3]Die Regelung des § 15 Abs. 1a UStG bezieht sich nicht auf die Tatbestände des § 4 Abs. 5 Satz 1 Nr. 5, 6, und 6b EStG. [4]Aus Aufwendungen im Sinne des § 4 Abs. 5 Satz 1 Nr. 6, und 6b EStG für Fahrten zwischen

§ 15 UStAE 15.6.

Wohnung und Betriebsstätte, für Familienheimfahrten wegen einer aus betrieblichem Anlass begründeten doppelten Haushaltsführung sowie für ein häusliches Arbeitszimmer kann der Unternehmer beim Vorliegen der übrigen Voraussetzungen des § 15 UStG den Vorsteuerabzug beanspruchen.

(2) [1]Für die Abgrenzung der nicht abziehbaren Aufwendungen gelten die ertragsteuerrechtlichen Grundsätze in R 4.10 EStR 2008. [2]Maßgeblich ist, ob der Aufwand seiner Art nach von § 4 Abs. 5 Satz 1 Nr. 1 bis 7 EStG erfasst wird (vgl. BFH-Urteil vom 2.7.2008, XI R 66/06, BStBl. 2009 II S. 206). [3]Die tatsächliche ertragsteuerrechtliche Behandlung ist für den Bereich der Umsatzsteuer nicht bindend. [4]So führen z.B. Aufwendungen im Sinne des § 4 Abs. 5 Satz 1 Nr. 1 bis 4 und Nr. 7 EStG auch dann zum Ausschluss des Vorsteuerabzugs, wenn ihr Abzug ertragsteuerrechtlich zu Unrecht zugelassen worden ist. [5]Die Versagung des Vorsteuerabzugs für ertragsteuerrechtlich angemessene Bewirtungsaufwendungen allein wegen nicht eingehaltener Formvorschriften für den Nachweis für Betriebsausgaben (einzelne und getrennte Aufzeichnung nach § 4 Abs. 7 EStG, vgl. R 4.11 EStR 2008) ist aber nicht zulässig. [6]Für den Vorsteuerabzug gelten die allgemeinen Voraussetzungen des § 15 UStG.

(3) [1]Bei Unternehmern, für die § 4 Abs. 5 EStG ertragsteuerrechtlich keine Bedeutung hat, weil sie keinen Gewinn zu ermitteln haben (z.B. gemeinnützige Einrichtungen, die nach § 5 Abs. 1 Nr. 9 KStG von der Körperschaftsteuer befreit sind), ist für Umsatzsteuerzwecke darauf abzustellen, ob die Aufwendungen ihrer Art nach unter das Abzugsverbot des § 4 Abs. 5 Satz 1 Nr. 1 bis 4 und Nr. 7 EStG fallen. [2]Dabei ist grundsätzlich der gleiche Nachweis zu verlangen, der ertragsteuerrechtlich zu führen wäre (z.B. bei Bewirtungsaufwendungen).

Geschenke

(4) [1]Durch die Bezugnahme auf § 4 Abs. 5 Satz 1 Nr. 1 EStG wird die Umsatzsteuer für Aufwendungen für Geschenke an Personen, die nicht Arbeitnehmer des Unternehmers sind, vom Vorsteuerabzug ausgeschlossen, wenn die Anschaffungs- oder Herstellungskosten der Zuwendungen an einen Empfänger zusammengerechnet 35 € übersteigen. [2]Für die Ermittlung der Anschaffungs- und Herstellungskosten gelten die Grundsätze in R 4.10 Abs. 3 in Verbindung mit R 9b Abs. 2 Satz 3 EStR 2008. [3]Die Freigrenze ist für Umsatzsteuerzwecke auf das Kalenderjahr zu beziehen. [4]Bei der Prüfung des Überschreitens der 35 €-Grenze sind Geldgeschenke einzubeziehen. [5]Für die Abgrenzung der Geschenke von anderen Zuwendungen gelten die ertragsteuerrechtlichen Grundsätze (vgl. R 4.10 Abs. 4 EStR 2008). [6]Der Vorsteuerausschluss und die Freigrenze gelten nicht nur für Sachgeschenke, sondern auch für Geschenke in Form anderer geldwerter Vorteile (z.B. Eintrittsberechtigungen zu kulturellen oder sportlichen Veranstaltungen).

(5) [1]Steht im Zeitpunkt des Erwerbs oder der Herstellung eines Gegenstands seine Verwendung als Geschenk noch nicht fest, kann der Vorsteuerabzug zunächst unter den allgemeinen Voraussetzungen des § 15 UStG beansprucht werden. [2]Im Zeitpunkt der Hingabe des Geschenks ist eine Vorsteuerkorrektur nach § 17 Abs. 2 Nr. 5 UStG vorzunehmen, wenn die Freigrenze von 35 € überschritten wird.

Beispiel:

[1]Der Unternehmer A schenkt seinem Geschäftskunden B im April 01 eine Uhr aus seinem Warenbestand. [2]Die Uhr hatte A im Dezember 00 für 25 € zuzüglich 4,75 € Umsatzsteuer eingekauft. [3]Im Dezember 01 erhält B von A aus Anlass des Weihnachtsfestes ein Weinpräsent, das A im Dezember 01 für 35 € zuzüglich 6,65 € Umsatzsteuer gekauft hatte.

[4]Durch das zweite Geschenk werden auch die Aufwendungen für das erste Geschenk nicht abziehbar im Sinne des § 4 Abs. 5 EStG. [5]A hat in der Voranmeldung für Dezember 01 eine Vorsteuerberichtigung nach § 17 Abs. 2 Nr. 5 UStG vorzunehmen (Minderung der Vorsteuern um 4,75 €). [6]Die Umsatzsteuer für das zweite Geschenk ist nach § 15 Abs. 1a UStG nicht abziehbar.

Bewirtungskosten

(6) [1]Angemessene und nachgewiesene Bewirtungsaufwendungen berechtigen auch insoweit zum Vorsteuerabzug, als § 4 Abs. 5 Satz 1 Nr. 2 EStG einen Abzug als Betriebsausgaben ausschließt. [2]Voraussetzung für den Vorsteuerabzug ist damit neben den allgemeinen Voraussetzungen des § 15 UStG, dass die Bewirtungsaufwendungen nach der allgemeinen Verkehrsauffassung als angemessen zu beurteilen sind. [3]Soweit es sich nicht um angemessene Bewirtungsaufwendungen handelt, ist der Vorsteuerabzug mangels unternehmerischer Veranlassung des Leistungsbezugs nicht möglich.

(7) [1]Der Vorsteuerabzug aus den angemessenen Aufwendungen ist auch zulässig bei Bewirtungen von Geschäftsfreunden in unternehmenseigenen Kantinen, Casinos und Restaurants. [2]Es bestehen keine Bedenken gegen eine sachgerechte Schätzung in Anlehnung an die ertragsteuerrechtliche Vereinfachungsregelung in R 4.10 Abs. 6 EStR 2008.

§ 15

UStAE 15.6., 15.6a.

Repräsentationsaufwendungen

(8) ¹Der Ausschluss des Vorsteuerabzugs setzt nicht voraus, dass die in § 4 Abs. 5 Satz 1 Nr. 4 EStG genannten Aufwendungen im Rahmen eines andere Zwecke verfolgenden Unternehmens getätigt werden (vgl. BFH-Urteil vom 2.7.2008, XI R 66/06, BStBl. 2009 II S. 206). ²Vorsteuerbeträge, die auf laufende Aufwendungen für Segeljachten entfallen, sind nicht abziehbar, wenn der Unternehmer die Segeljachten zwar nachhaltig und zur Erzielung von Einnahmen, jedoch ohne Gewinn-/Überschusserzielungsabsicht vermietet (BFH-Urteil vom 2.7.2008, XI R 60/06, BStBl. 2009 II S. 167). ³Das Halten von Rennpferden aus Repräsentationsgründen ist ein ähnlicher Zweck im Sinne des § 4 Abs. 5 Satz 1 Nr. 4 EStG (BFH-Urteil vom 2.7.2008, a.a.O.); hiermit zusammenhängende Vorsteuerbeträge sind nicht abziehbar. ⁴Hingegen dient der Betrieb einer Pferdezucht in größerem Umfang mit erheblichen Umsätzen bei typisierender Betrachtung nicht in vergleichbarer Weise wie die ausdrücklich in § 4 Abs. 5 Satz 1 Nr. 4 EStG genannten Gegenstände (Jagd, Fischerei, Segel- oder Motorjacht) einer überdurchschnittlichen Repräsentation, der Unterhaltung von Geschäftsfreunden, der Freizeitgestaltung oder der sportlichen Betätigung (BFH-Urteil vom 12.2.2009, V R 61/06, BStBl. II S. 828).

15.6a. Vorsteuerabzug bei teilunternehmerisch genutzten Grundstücken[1]

(1) ¹Teilunternehmerisch genutzte Grundstücke im Sinne des § 15 Abs. 1b UStG sind Grundstücke, die sowohl unternehmerisch als auch nichtunternehmerisch oder für den privaten Bedarf des Personals genutzt werden. ²Den Grundstücken gleichgestellt sind nach § 15 Abs. 1b Satz 2 UStG Gebäude auf fremdem Grund und Boden sowie Berechtigungen, für die die Vorschriften des bürgerlichen Rechts über Grundstücke gelten (z.B. Erbbaurechte). ³§ 15 Abs. 1b UStG stellt eine Vorsteuerabzugsbeschränkung dar und berührt nicht das Zuordnungswahlrecht des Unternehmers nach § 15 Abs. 1 UStG (vgl. Abschnitt 15.2 Abs. 21).

(2) ¹Eine teilunternehmerische Verwendung im Sinne des § 15 Abs. 1b UStG liegt vor, wenn das dem Unternehmen zugeordnete Grundstück teilweise für Zwecke außerhalb des Unternehmens oder für den privaten Bedarf des Personals verwendet wird. ²Hierzu gehören nur solche Grundstücksverwendungen, die ihrer Art nach zu einer unentgeltlichen Wertabgabe im Sinne des § 3 Abs. 9a Nr. 1 UStG führen können. ³Eine Anwendung des § 15 Abs. 1b UStG scheidet deshalb aus bei der Mitbenutzung von Parkanlagen, die eine Gemeinde ihrem unternehmerischen Bereich – Kurbetrieb als Betrieb gewerblicher Art – zugeordnet hat, durch Personen, die nicht Kurgäste sind, weil es sich hierbei nicht um eine Nutzung für Zwecke außerhalb des Unternehmens handelt (vgl. BFH-Urteil vom 18.8.1988, V R 18/83, BStBl. II S. 971). ⁴Das Gleiche gilt, wenn eine Gemeinde ein Parkhaus den Benutzern zeitweise (z.B. in der Weihnachtszeit) gebührenfrei zur Verfügung stellt, wenn damit neben dem Zweck der Verkehrsberuhigung auch dem Parkhausunternehmen dienende Zwecke (z.B. Kundenwerbung) verfolgt werden (vgl. BFH-Urteil vom 10.12.1992, V R 3/88, BStBl. 1993 II S. 380). ⁵Ist die Verwendung eines dem Unternehmen zugeordneten Grundstücks für den privaten Bedarf des Personals ausnahmsweise überwiegend durch das betriebliche Interesse des Arbeitgebers veranlasst oder als Aufmerksamkeit zu beurteilen, ist der Vorsteuerabzug ebenfalls nicht nach § 15 Abs. 1b UStG eingeschränkt, weil die in der Nutzungsüberlassung liegenden unternehmerischen Zwecke den privaten Bedarf des Personals überlagern (vgl. dazu Abschnitt 1.8 Abs. 3 und 4). ⁶Eine teilunternehmerische Verwendung im Sinne des § 15 Abs. 1b UStG liegt nicht nur vor, wenn die verschiedenen Nutzungen räumlich voneinander abgegrenzt sind, sondern auch, wenn sie – wie z.B. bei Ferienwohnungen oder Mehrzweckhallen – zeitlich wechselnd stattfinden.

(3) ¹Nach § 15 Abs. 1b Satz 1 UStG ist die Steuer für die Lieferungen, die Einfuhr und den innergemeinschaftlichen Erwerb sowie für die sonstigen Leistungen im Zusammenhang mit einem Grundstück vom Vorsteuerabzug ausgeschlossen, soweit sie nicht auf die Verwendung des Grundstücks für Zwecke des Unternehmens entfällt. ²Dem Vorsteuerausschluss unterliegen auch die wesentlichen Bestandteile des Grundstücks, z.B. Gebäude und Außenanlagen. ³Hiervon unberührt bleiben Gegen-stände, die umsatzsteuerrechtlich selbständige Zuordnungsobjekte im Sinne des § 15 Abs. 1 UStG darstellen (z.B. Photovoltaikanlage und Blockheizkraftwerk). ⁴Auf Grund der Vorsteuerab-zugsbeschränkung nach § 15 Abs. 1b UStG unterliegt die Verwendung eines Grundstücks für Zwecke, die außerhalb des Unternehmens liegen, oder für den privaten Bedarf des Personals, nicht der unentgeltlichen Wertabgabenbesteuerung nach § 3 Abs. 9a Nr. 1 UStG (vgl. Abschnitt 3.4 Abs. 2).

(4) ¹Für die Aufteilung von Vorsteuerbeträgen für Zwecke des § 15 Abs. 1b UStG gelten die Grundsätze des § 15 Abs. 4 UStG entsprechend. ²Zur Vorsteueraufteilung bei Gebäuden vgl. Abschnitt 15.17 Abs. 5 bis 8.

---

1) Hinweis auf Anlage § 015-51 (Abschnitt 15.6a UStAE ist ab dem 01.01.2011 in allen Fällen anzuwenden, die nicht unter die Übergangsregelung nach § 27 Abs. 16 UStG fallen.)

(5) ¹Sofern sich die Verwendung des teilunternehmerisch genutzten Grundstücks ändert, liegt eine Änderung der Verhältnisse im Sinne des § 15a UStG vor (§ 15a Abs. 6a UStG, vgl. Abschnitt 15a.2). ²Unter Beachtung der Bagatellgrenzen des § 44 UStDV ist eine Vorsteuerberichtigung nach § 15a UStG durchzuführen. ³Eine Vorsteuerberichtigung nach § 15a UStG ist nur möglich, soweit das Grundstück dem Unternehmensvermögen zugeordnet worden ist (vgl. Abschnitt 15a.1 Abs. 6 Nr. 2, 4 und 5).

(6) ¹Wird ein insgesamt dem Unternehmensvermögen zugeordnetes teilunternehmerisch genutztes Grundstück, das nach § 15 Abs. 1b UStG nur teilweise zum Vorsteuerabzug berechtigt hat, veräußert, unterliegt der Umsatz im vollen Umfang der Umsatzsteuer, wenn auf die Steuerbefreiung nach § 4 Nr. 9 Buchstabe a UStG wirksam verzichtet wird (§ 9 UStG, vgl. Abschnitt 9.1). ²Es liegt insoweit eine Änderung der Verhältnisse vor, die zu einer Vorsteuerberichtigung nach § 15a UStG führt (§ 15a Abs. 8 Satz 2 UStG, vgl. Abschnitt 15a.2).

(7) Beispiele zum Vorsteuerabzug bei teilunternehmerisch genutzten Grundstücken im Sinne des § 15 Abs. 1b UStG; die Übergangsregelung nach § 27 Abs. 16 UStG findet keine Anwendung:

Beispiel 1:

¹Unternehmer U, der nur vorsteuerunschädliche Ausgangsumsätze ausführt, lässt zum 1.1.02 ein Einfamilienhaus (EFH) fertig stellen. ²Die Herstellungskosten betragen insgesamt 300.000 € zzgl. 57.000 € Umsatzsteuer. ³U nutzt das Gebäude ab Fertigstellung planungsgemäß zu 40% für seine vorsteuerunschädlichen Ausgangsumsätze und zu 60% für private Wohnzwecke. ⁴U macht einen Vorsteuerabzug in Höhe von 22.800 € (40% von 57.000 €) bei dem zuständigen Finanzamt geltend, ohne schriftlich mitzuteilen, in welchem Umfang er das Grundstück seinem Unternehmen zugeordnet hat.

⁵U hat durch die Geltendmachung des Vorsteuerabzugs in Höhe von 40% dokumentiert, dass er in dieser Höhe das Grundstück seinem Unternehmen zugeordnet hat (vgl. Abschnitt 15.2 Abs. 21 Nr. 2 Satz 8). ⁶Da U gegenüber dem Finanzamt nicht schriftlich erklärt hat, dass er das Grundstück insgesamt seinem Unternehmen zugeordnet hat, kann diese Zuordnung zum Unternehmen nicht unterstellt werden (vgl. Abschnitt 15.2 Abs. 21 Nr. 2 Satz 10 und Nr. 2 Buchstabe b). ⁷Nach § 15 Abs. 1 Satz 1 Nr. 1 UStG sind 22.800 € (57.000 € x 40%) als Vorsteuer abziehbar. ⁸§ 15 Abs. 1b UStG findet keine Anwendung, da U für die privaten Wohnzwecke genutzten Grundstücksanteil nicht seinem Unternehmen zugeordnet hat.

⁹Sofern der für private Wohnzwecke genutzte Grundstücksanteil später unternehmerisch genutzt wird, ist eine Vorsteuerberichtigung zugunsten des U nach § 15a UStG nicht zulässig, da U diesen Grundstücksanteil nicht nachweisbar seinem Unternehmen zugeordnet hat (vgl. Abschnitt 15a.1 Abs. 6). ¹⁰Verringert sich hingegen später der Umfang der unternehmerischen Nutzung des dem Unternehmen zugeordneten Grundstücksanteils (z.B. Nutzung des gesamten Grundstücks zu 80% für private Wohnzwecke und zu 20% für unternehmerische Zwecke), ist unter Beachtung der Bagatellgrenzen des § 44 UStDV eine Vorsteuerberichtigung nach § 15a UStG durchzuführen. ¹¹Eine Wertabgabenbesteuerung nach § 3 Abs. 9a Nr. 1 UStG erfolgt nicht.

Beispiel 2:

¹Unternehmer U, der nur vorsteuerunschädliche Ausgangsumsätze ausführt, lässt zum 1.1.02 ein Einfamilienhaus fertig stellen. ²Die Herstellungskosten betragen insgesamt 300.000 € zzgl. 57.000 € Umsatzsteuer. ³Die Nutzfläche des Einfamilienhauses beträgt 200 qm. ⁴U nutzt das Gebäude ab Fertigstellung planungsgemäß zu 40% für seine vorsteuerunschädlichen Ausgangsumsätze und zu 60% für private Wohnzwecke. ⁵Die laufenden Aufwendungen, die auf das gesamte Grundstück entfallen, betragen in dem Jahr 02 1.500 € zzgl. 285 € Umsatzsteuer. ⁶U hat dem zuständigen Finanzamt schriftlich mitgeteilt, dass er das Grundstück im vollen Umfang seinem Unternehmen zugeordnet hat.

⁷U hat das Grundstück insgesamt seinem Unternehmen zugeordnet und seine Zuordnungsentscheidung dokumentiert. ⁸Da U 60% des Gebäudes für seine privaten nichtunternehmerischen Zwecke verwendet, ist der Vorsteuerabzug nach § 15 Abs. 1b UStG nur in Höhe von 22.800 € (57.000 € x 40%) zulässig. ⁹Da die laufenden Kosten nicht direkt der unternehmerischen bzw. privaten Nutzung des Grundstücks zugeordnet werden können, beträgt der Vorsteuerabzug aus den laufenden Aufwendungen nach dem Verhältnis der Nutzflächen nach Aufteilung 114 € (§ 15 Abs. 4 Satz 4 UStG).

Beispiel 3:

¹Sachverhalt wie Beispiel 2. ²Zum 1.1.05 erhöht sich

  a) ¹die unternehmerische Nutzung des Gebäudes (EFH) um 12 Prozentpunkte auf 52%. ²U führt wie bisher nur vorsteuerunschädliche Ausgangsumsätze aus.

  b) die private Nutzung des Gebäudes (EFH) um 15 Prozentpunkte auf 75%.

Zu a)

¹Es liegt zum 1.1.05 eine Änderung der Verhältnisse im Sinne des § 15a Abs. 6a UStG vor, da sich die unternehmerische Nutzung erhöht hat. ²Die Bagatellgrenzen des § 44 UStDV sind überschritten.

Jahr 05:

Insgesamt in Rechnung gestellte Umsatzsteuer: 57.000 €

Ursprünglicher Vorsteuerabzug: 22.800 € (entspricht 40% von 57.000 €)

Zeitpunkt der erstmaligen Verwendung: 1.1.02

Dauer des Berichtigungszeitraums: 1.1.02 bis 31.12. 11

Tatsächliche zum Vorsteuerabzug berechtigende Verwendung in 05: 52%

Vorsteuerberichtigung wegen Änderung der Verhältnisse im Vergleich zum ursprünglichen Vorsteuerabzug: Vorsteuer zu 52% statt zu 40%

Berichtigungsbetrag: 12 Prozentpunkte von 1/10 von 57.000 € = 684 € sind zugunsten des U zu korrigieren

Zu b)

¹Es liegt zum 1.1.05 eine Änderung der Verhältnisse im Sinne des § 15a Abs. 6a UStG vor, da sich die private Nutzung erhöht hat. ²Die Bagatellgrenzen des § 44 UStDV sind überschritten

Jahr 05:

Insgesamt in Rechnung gestellte Umsatzsteuer: 57.000 €

Ursprünglicher Vorsteuerabzug: 22.800 € (entspricht 40% von 57.000 €)

Zeitpunkt der erstmaligen Verwendung: 1.1.02

Dauer des Berichtigungszeitraums: 1.1.02 bis 31.12. 11

Tatsächliche zum Vorsteuerabzug berechtigende Verwendung in 05: 25%

Vorsteuerberichtigung wegen Änderung der Verhältnisse im Vergleich zum ursprünglichen Vorsteuerabzug: Vorsteuer zu 25% statt zu 40%

Berichtigungsbetrag: 15 Prozentpunkte von 1/10 von 57.000 € = 855 € sind zu Ungunsten des U zu korrigieren

Beispiel 4:

¹Sachverhalt wie Beispiel 2. ²Im Jahr 06 lässt U das Einfamilienhaus um ein Dachgeschoss erweitern, welches für fremde unternehmerische Zwecke, die nicht mit der Nutzung der eigenen unternehmerisch genutzten Flächen in Zusammenhang stehen, steuerpflichtig vermietet wird. ³Die Herstellungskosten hierfür betragen 100.000 € zzgl. 19.000 € Umsatzsteuer. ⁴Das Dachgeschoss ist zum 1.7.06 bezugsfertig und hat eine Nutzfläche von 100 qm. ⁵Zusätzlich lässt U im gleichen Jahr die Außenfassade neu streichen. ⁶Die Aufwendungen hierfür betragen 10.000 € zzgl. 1.900 € Umsatzsteuer.

⁷Der Ausbau des Dachgeschosses steht nicht in einem einheitlichem Nutzungs- und Funktionszusammenhang mit den bereits vorhandenen Flächen. ⁸Es liegt deshalb ein eigenständiges Zuordnungsobjekt vor. ⁹Unabhängig von der bereits bei Herstellung des Gebäudes getroffenen Zuordnungsentscheidung kann das Dachgeschoss dem Unternehmen zugeordnet werden. ¹⁰Da U das Dachgeschoss steuerpflichtig vermietet, ist er zum Vorsteuerabzug in Höhe von 19.000 € berechtigt; es erfolgt keine Vorsteuerkürzung nach § 15 Abs. 1b UStG.

¹¹Der Anstrich der Außenfassade entfällt auf alle Stockwerke. ¹²Nach § 15 Abs. 1b UStG berechtigt nur der Teil der Aufwendungen zum Vorsteuerabzug, der auf die unternehmerische Nutzung des Gebäudes entfällt. ¹³Die Aufteilung nach § 15 Abs. 4 Satz 4 UStG erfolgt nach dem Verhältnis der Nutzflächen:

40% von 200 qm (bisherige Nutzfläche) + 100% von 100 qm (Dachgeschoss) = 180 qm von 300 qm (60%)

60% von 1.900 € = 1.140 € Vorsteuer

Beispiel 5:

¹Sachverhalt wie Beispiel 2. ²U verkauft das Grundstück zum 1.1.09 an
a) eine Privatperson steuerfrei für 400.000 €.
b) ¹einen anderen Unternehmer und optiert nach § 9 Abs. 1 UStG zur Steuerpflicht. ²Der Verkaufspreis beträgt 400.000 € (netto). ³Eine Geschäftsveräußerung im Ganzen im Sinne des § 1 Abs. 1a UStG liegt nicht vor.

Zu a)

¹Die nach § 4 Nr. 9 Buchstabe a UStG steuerfreie Veräußerung führt zu einer Änderung der Verhältnisse nach § 15a Abs. 8 UStG, da das Gebäude teilweise zum Vorsteuerabzug berechtigt hat. ²Die Bagatellgrenzen des § 44 UStDV sind überschritten.

Insgesamt in Rechnung gestellte Umsatzsteuer: 57.000 €
Ursprünglicher Vorsteuerabzug: 22.800 € (entspricht 40% von 57.000 €)
Zeitpunkt der erstmaligen Verwendung: 1.1.02
Dauer des Berichtigungszeitraums: 1.1.02 bis 31.12. 11
Tatsächliche zum Vorsteuerabzug berechtigende Verwendung im Berichtigungszeitraum: Jahr 02 bis 08 = 40%
Änderung der Verhältnisse:
ab Jahr 09 = 40 Prozentpunkte (0% statt 40%)
Vorsteuerberichtigung pro Jahr:
(57.000 € / 10 Jahre = 5.700 €)
Jahre 09 bis 11 = je 2.280 € (5.700 € x 40%)

³Die Berichtigung des Vorsteuerabzugs ist für die Jahre 09 bis 11 zusammengefasst in der ersten Voranmeldung für das Kalenderjahr 09 vorzunehmen (§ 44 Abs. 4 Satz 3 UStDV).

Zu b)

¹Die steuerpflichtige Veräußerung führt zu einer Änderung der Verhältnisse nach § 15a Abs. 8 UStG, da das Gebäude nur teilweise zum Vorsteuerabzug berechtigt hat. ²Die Bagatellgrenzen des § 44 UStDV sind überschritten. ³Die Umsatzsteuer für die steuerpflichtige Lieferung schuldet der Erwerber (§ 13b Abs. 2 Nr. 3 UStG).

Insgesamt in Rechnung gestellte Umsatzsteuer: 57.000 €
Ursprünglicher Vorsteuerabzug: 22.800 € (entspricht 40% von 57.000 €)
Zeitpunkt der erstmaligen Verwendung: 1.1.02
Dauer des Berichtigungszeitraums: 1.1.02 bis 31.12. 11
Tatsächliche zum Vorsteuerabzug berechtigende Verwendung im Berichtigungszeitraum: Jahr 02 bis 08 = 40%
Änderung der Verhältnisse:
ab Jahr 09 = 60 Prozentpunkte (100% statt 40%)
Vorsteuerberichtigung pro Jahr:
(57.000 € / 10 Jahre = 5.700 €)
Jahre 09 bis 11 = je 3.420 € (5.700 € x 60%)

⁴Die Berichtigung des Vorsteuerabzugs ist für die Jahre 09 bis 11 zusammengefasst in der ersten Voranmeldung für das Kalenderjahr 09 vorzunehmen (§ 44 Abs. 4 Satz 3 UStDV).

15.7. Vorsteuerabzug bei unfreien Versendungen und Güterbeförderungen

Unfreie Versendungen

(1) ¹Nach § 40 UStDV wird die Berechtigung zum Vorsteuerabzug vom Absender der Frachtsendung auf den Empfänger übertragen. ²Die Regelung lässt keine Wahlmöglichkeit zu. ³Liegt frachtrechtlich eine unfreie Versendung vor, ist deshalb der Absender als der eigentliche Leistungsempfänger vom Vorsteuerabzug allgemein ausgeschlossen. ⁴§ 40 UStDV gilt außer bei Frachtsendungen im Rahmen von Lieferungen auch bei Versendungsaufträgen im Zusammenhang mit Materialgestellungen und Materialbeistellungen.

(2) Wird bei unfreien Versendungen das Frachtgut von dem beauftragten Spediteur nicht unmittelbar, sondern über einen Empfangsspediteur an den endgültigen Frachtempfänger versendet, gilt Folgendes:

1. ¹Zieht der Empfangsspediteur die ihm berechneten Frachtkosten (Vorkosten) in eigenem Namen ein, ist er als Empfänger der diesen Kosten zu Grunde liegenden Frachtleistungen anzusehen. ²Er kann daher die ihm dafür gesondert in Rechnung gestellte Steuer nach § 40 Abs. 1 UStDV als Vorsteuer abziehen. ³Der Inanspruchnahme des Vorsteuerabzugs steht nicht entgegen, dass der Empfangsspediteur die Vorkosten weiterberechnet. ⁴§ 40 Abs. 1 Satz 3 Nr. 2 UStDV setzt nur voraus, dass der Frachtempfänger die Entrichtung der Frachtkosten an den Versandspediteur oder Frachtführer übernommen hat, nicht aber, dass er diese Kosten auch wirtschaftlich trägt. ⁵Bei dieser Ge-

staltung sind die verauslagten Frachtkosten beim Empfangsspediteur Teil der Bemessungsgrundlage für seine Leistung. [6]Der endgültige Frachtempfänger ist zum Abzug der Steuer auf die gesamte Bemessungsgrundlage beim Vorliegen der Voraussetzungen des § 15 UStG berechtigt.

2. [1]Tritt der Empfangsspediteur als Vermittler auf und behandelt er dementsprechend die Vorkosten als durchlaufende Posten, werden die diesen Kosten zu Grunde liegenden Frachtleistungen an den endgültigen Frachtempfänger erbracht. [2]In diesen Fällen ist § 40 Abs. 1 UStDV auf den Empfangsspediteur nicht anwendbar. [3]Der Vorsteuerabzug steht allein dem endgültigen Frachtempfänger zu.

Güterbeförderungen

(3) [1]Als Leistungsempfänger im umsatzsteuerrechtlichen Sinn ist grundsätzlich derjenige zu behandeln, in dessen Auftrag die Leistung ausgeführt wird (vgl. Abschnitt 15.2 Abs. 16). [2]Aus Vereinfachungsgründen ist bei steuerpflichtigen Güterbeförderungen (Abschnitt 3a.2 Abs. 2), bei denen sich der Leistungsort nach § 3a Abs. 2 UStG richtet, der Rechnungsempfänger als ggf. zum Vorsteuerabzug berechtigter Leistungsempfänger anzusehen.

Beispiel:

[1]Der in Frankreich ansässige Unternehmer U versendet Güter per Frachtnachnahme an den Unternehmer A in Deutschland. [2]Bei Frachtnachnahmen wird regelmäßig vereinbart, dass der Beförderungsunternehmer dem Empfänger der Sendung die Beförderungskosten in Rechnung stellt und dieser die Beförderungskosten zahlt.

[3]Der Rechnungsempfänger A der innergemeinschaftlichen Güterbeförderung ist als Empfänger der Beförderungsleistung (Leistungsempfänger) im Sinne des § 3a Abs. 2 UStG anzusehen. [4]A ist ggf. zum Vorsteuerabzug berechtigt.

15.8. Abzug der Einfuhrumsatzsteuer bei Einfuhr im Inland

(1) [1]Die Einfuhrumsatzsteuer kann vom Unternehmer als Vorsteuer abgezogen werden, wenn sie tatsächlich entrichtet wird und die Gegenstände für sein Unternehmen im Inland oder in den österreichischen Gebieten Jungholz und Mittelberg eingeführt worden sind. [2]Die Entrichtung ist durch einen zollamtlichen Beleg nachzuweisen (vgl. Abschnitt 15.11 Abs. 1 Satz 2 Nr. 2). [3]Zum Nachweis bei Mikroverfilmung vgl. Abschnitt 22.1 Abs. 3. [4]Ein Beleg, in dem die gesamten Einfuhrabgaben nach einem pauschalierten Satz in einer Summe angegeben sind, reicht für die Vornahme des Vorsteuerabzugs nicht aus. [5]Wird die Einfuhrumsatzsteuer bei Fälligkeit nicht entrichtet, ist ein bereits vorgenommener Vorsteuerabzug (§ 16 Abs. 2 Satz 4 UStG) zu berichtigen (vgl. Abschnitt 15.11 Abs. 1 Satz 2 Nr. 2).

(2) [1]Die Verwirklichung des umsatzsteuerrechtlichen Einfuhrtatbestands setzt voraus, dass ein Drittlandsgegenstand in das Inland verbracht wird und dieser Vorgang hier steuerbar ist, d.h., der Drittlandsgegenstand in den zoll- und steuerrechtlich freien Verkehr übergeführt wird. [2]Für den einfuhrumsatzsteuerrechtlichen Einfuhrtatbestand ist damit nicht allein entscheidend, dass der Gegenstand aus dem Drittland in das Inland gelangt, sondern hier auch grundsätzlich der Besteuerung unterliegt, d.h. im Regelfall eine Einfuhrumsatzsteuerschuld entsteht. [3]Danach liegt z.B. keine Einfuhr im umsatzsteuerrechtlichen Sinne vor, wenn sich die Drittlandsware in einem zollrechtlichen Versandverfahren befindet.

(3) [1]Bei Einfuhren über die in § 1 Abs. 3 UStG bezeichneten Gebiete ist der Gegenstand ebenfalls erst beim Übergang in das umsatzsteuerrechtliche Inland und Überführung in den zoll- und steuerrechtlich freien Verkehr eingeführt. [2]In diesen Fällen ist jedoch die Einfuhr im Inland für den Abzug der Einfuhrumsatzsteuer nur dann bedeutsam, wenn der eingeführte Gegenstand nicht zur Ausführung der in § 1 Abs. 3 UStG bezeichneten Umsätze verwendet wird (vgl. hierzu Abschnitt 15.9). [3]Im Allgemeinen kommt es daher hierbei nur dann auf den Übergang des Gegenstands in das umsatzsteuerrechtliche Inland an, wenn der eingeführte Gegenstand nicht schon in den in § 1 Abs. 3 UStG bezeichneten Gebieten (insbesondere im Freihafen), sondern erst im Inland einfuhrumsatzsteuerrechtlich abgefertigt wird.

(4) [1]Eine Einfuhr für das Unternehmen ist gegeben, wenn der Unternehmer den eingeführten Gegenstand im Inland zum zoll- und steuerrechtlich freien Verkehr abfertigt und danach im Rahmen seiner unternehmerischen Tätigkeit zur Ausführung von Umsätzen einsetzt. [2]Diese Voraussetzung ist bei dem Unternehmer gegeben, der im Zeitpunkt der Überführung in den zoll- und steuerrechtlich freien Verkehr die Verfügungsmacht über den Gegenstand besitzt (vgl. auch BFH-Urteil vom 24.4.1980, V R 52/73, BStBl. II S. 615). [3]Nicht entscheidend ist, wer Schuldner der entrichteten Einfuhrumsatzsteuer war, wer diese entrichtet hat und wer den für den vorsteuerabzugsberechtigten Unternehmer eingeführten Gegenstand tatsächlich über die Grenze gebracht hat. [4]Überlässt ein ausländischer Unternehmer einem inländischen Unternehmer einen Gegenstand zur Nutzung, ohne ihm die Ver-

fügungsmacht an dem Gegenstand zu verschaffen, ist daher der inländische Unternehmer nicht zum Abzug der Einfuhrumsatzsteuer als Vorsteuer berechtigt (vgl. BFH-Urteil vom 16.3.1993, V R 65/89, BStBl. II S. 473).

(5) ¹Der Abzug der Einfuhrumsatzsteuer steht auch dann nur dem Lieferer zu, wenn er den Gegenstand zur eigenen Verfügung im Inland zum zoll- und steuerrechtlich freien Verkehr abfertigt und danach an seinen Abnehmer liefert. ²Hingegen kann nur der Abnehmer von der Abzugsberechtigung Gebrauch machen, wenn er zum Zeitpunkt der Überführung in den zoll- und steuerrechtlich freien Verkehr die Verfügungsmacht innehat. ³Personen, die lediglich an der Einfuhr mitgewirkt haben, ohne über den Gegenstand verfügen zu können (z.B. Spediteure, Frachtführer, Handelsvertreter), sind auch dann nicht abzugsberechtigt, wenn sie den eingeführten Gegenstand vorübergehend entsprechend den Weisungen ihres Auftraggebers auf Lager nehmen.

(6) ¹In den Fällen des § 3 Abs. 8 UStG ist davon auszugehen, dass dem Abnehmer die Verfügungsmacht an dem Gegenstand erst im Inland verschafft wird. ²Dementsprechend ist in diesen Fällen der Lieferer zum Abzug der Einfuhrumsatzsteuer berechtigt. ³Beim Reihengeschäft gilt dies für den Lieferer in der Reihe, der die Einfuhrumsatzsteuer entrichtet.

(7) ¹Nicht erforderlich ist, dass der Unternehmer die Einfuhrumsatzsteuer selbst entrichtet hat. ²Er kann sie als Vorsteuer auch dann abziehen, wenn sein Beauftragter (z.B. der Spediteur, der Frachtführer oder der Handelsvertreter) Schuldner der Einfuhrumsatzsteuer ist. ³In diesen Fällen ist der Abzug davon abhängig, dass sich der Unternehmer den betreffenden zollamtlichen Beleg oder einen zollamtlich bescheinigten Ersatzbeleg für den Vorsteuerabzug aushändigen lässt.

(8) ¹Überlässt ein ausländischer Auftraggeber einem im Inland ansässigen Unternehmer einen Gegenstand zur Ausführung einer Werkleistung (z.B. einer Lohnveredelung) oder stellt der ausländische Auftraggeber einem im Inland ansässigen Unternehmer einen Gegenstand zur Ausführung einer Werklieferung bei, kann die auf die Einfuhr des Gegenstands entfallende Einfuhrumsatzsteuer von dem im Inland ansässigen Unternehmer abgezogen werden, wenn der Gegenstand nach Ausführung der Werkleistung oder Werklieferung in das Drittlandsgebiet zurückgelangt. ²Entsprechend kann verfahren werden, wenn der ausländische Auftraggeber den Gegenstand nach Ausführung der Werkleistung oder Werklieferung im Inland weiterliefert und diese Lieferung nicht nach § 4 Nr. 8ff. UStG steuerfrei ist. ³Diese Voraussetzungen sind vom Unternehmer nachzuweisen. ⁴Wird der Gegenstand nach Ausführung der Werkleistung oder Werklieferung vom ausländischen Auftraggeber im Inland für eigene Zwecke verwendet oder genutzt, kann der im Inland ansässige Unternehmer den Abzug der Einfuhrumsatzsteuer nicht vornehmen. ⁵Ein von ihm bereits vorgenommener Vorsteuerabzug ist rückgängig zu machen. ⁶In diesem Falle bleibt es somit bei der durch die Einfuhr entstandenen Belastung, sofern nicht der ausländische Auftraggeber hinsichtlich des eingeführten Gegenstands zum Vorsteuerabzug berechtigt ist.

(9) ¹Bei der Einfuhr eines Gegenstands, den der Unternehmer im Inland vermietet, ist nicht der Mieter, sondern der Vermieter zum Abzug der Einfuhrumsatzsteuer berechtigt (vgl. auch BFH-Urteil vom 24.4.1980, V R 52/73, BStBl. II S. 615). ²Gleiches gilt, wenn der Gegenstand geliehen oder auf Grund eines ähnlichen Rechtsverhältnisses zur Nutzung überlassen wird (BFH-Urteil vom 16.3.1993, V R 65/89, BStBl. II S. 473).

(10) ¹Die Vorschriften des § 15 Abs. 1 Satz 1 Nr. 1 UStG und des § 15 Abs. 1 Satz 1 Nr. 2 UStG schließen sich gegenseitig aus. ²Der Unternehmer kann somit grundsätzlich im Zusammenhang mit dem Bezug eines Gegenstands entweder die in Rechnung gestellte Steuer oder die Einfuhrumsatzsteuer als Vorsteuer abziehen. ³Lediglich in den Fällen, in denen der Leistungsempfänger den Gegenstand zum zoll- und steuerrechtlich freien Verkehr abfertigt und die Lieferung an ihn steuerpflichtig ist, weil der Lieferant die Voraussetzungen der Steuerbefreiung für die der Einfuhr vorangehende Lieferung nicht nachweist (vgl. § 4 Nr. 4b Sätze 1 und 3 UStG), kann dieser Leistungsempfänger zugleich die in Rechnung gestellte Steuer und die geschuldete Einfuhrumsatzsteuer als Vorsteuer abziehen (vgl. auch Abschnitt 3.14 Abs. 16). ⁴Auch in den Fällen, in denen nicht der Unternehmer, der im Zeitpunkt der Einfuhr die Verfügungsmacht hat, sondern ein späterer Abnehmer den eingeführten Gegenstand beim Zollamt zum freien Verkehr abfertigen lässt, kann nur der Unternehmer den Abzug der Einfuhrumsatzsteuer geltend machen, der bei der Einfuhr verfügungsberechtigt war. ⁵Zur Vermeidung von Schwierigkeiten kann der Unternehmer in diesen Fällen den eingeführten Gegenstand unmittelbar nach der Einfuhr einfuhrumsatzsteuerrechtlich zum freien Verkehr abfertigen lassen.

(11) ¹Wird ein Gegenstand im Rahmen einer beabsichtigten Lieferung (§ 3 Abs. 6 oder 8 UStG) im Inland eingeführt, von dem vorgesehenen Abnehmer jedoch nicht angenommen, ist entsprechend den allgemeinen Grundsätzen der Unternehmer zum Abzug der Einfuhrumsatzsteuer berechtigt, der im

Zeitpunkt der Einfuhr die Verfügungsmacht über den Gegenstand besitzt (vgl. Absatz 4). ²Hierbei sind folgende Fälle zu unterscheiden:

1. Abfertigung des Gegenstands zum zoll- und steuerrechtlich freien Verkehr auf Antrag des Abnehmers oder seines Beauftragten

   ¹Bei dieser Gestaltung ist vorgesehen, den Gegenstand im Rahmen einer Beförderungs- oder Versendungslieferung im Sinne des § 3 Abs. 6 UStG einzuführen. ²Ob hierbei der Absender oder der vorgesehene Abnehmer im Zeitpunkt der Einfuhr als Verfügungsberechtigter anzusehen ist, hängt davon ab, wann der eingeführte Gegenstand zurückgewiesen wurde.

   a) ¹Nimmt der vorgesehene Abnehmer den Gegenstand von vornherein nicht an (z.B. wegen offensichtlicher Mängel, verspäteter Lieferung oder fehlenden Lieferauftrags), ist der Gegenstand nicht im Rahmen einer Lieferung eingeführt worden. ²Wegen der sofortigen Annahmeverweigerung ist eine Lieferung nicht zu Stande gekommen. ³In diesen Fällen ist somit der Absender während des gesamten Zeitraums der Anlieferung im Besitz der Verfügungsmacht geblieben und deshalb allein zum Abzug der Einfuhrumsatzsteuer berechtigt.

   b) ¹Hat der vorgesehene Abnehmer den eingeführten Gegenstand vorerst angenommen, später jedoch zurückgewiesen (z.B. wegen erst nachher festgestellter Mängel), ist zunächst eine Lieferung zu Stande gekommen. ²Durch die spätere Zurückweisung wird sie zwar wieder rückgängig gemacht. ³Das ändert jedoch nichts daran, dass der Abnehmer im Zeitpunkt der Einfuhr, die als selbständiger umsatzsteuerrechtlicher Tatbestand bestehen bleibt, noch als Verfügungsberechtigter anzusehen war. ⁴Die Berechtigung zum Abzug der Einfuhrumsatzsteuer steht deshalb in diesen Fällen dem vorgesehenen Abnehmer zu (vgl. auch Absatz 5). ⁵Der Nachweis, dass der Gegenstand erst später zurückgewiesen wurde, kann durch einen Vermerk auf den Versandunterlagen und die Buchung als Wareneingang geführt werden.

2. Abfertigung des Gegenstands zum zoll- und steuerrechtlich freien Verkehr auf Antrag des Absenders oder seines Beauftragten

   ¹Bei dieser Abwicklung beabsichtigen die Beteiligten eine Beförderungs- oder Versendungslieferung im Sinne des § 3 Abs. 8 UStG. ²Hierbei hat der Absender im Zeitpunkt der Einfuhr die Verfügungsmacht über den Gegenstand, gleichgültig ob der vorgesehene Abnehmer den Gegenstand von vornherein oder erst später zurückweist (vgl. Absatz 6). ³Deshalb kann stets nur der Absender die Einfuhrumsatzsteuer abziehen.

³Nach Satz 2 Nummer 1 und 2 ist grundsätzlich auch dann zu verfahren, wenn der Absender den eingeführten Gegenstand nach der Annahmeverweigerung durch den vorgesehenen Abnehmer im Inland an einen anderen Abnehmer liefert. ⁴Ist der vorgesehene Abnehmer ausnahmsweise nicht oder nicht in vollem Umfang -zum Vorsteuerabzug berechtigt (z.B. weil er kein Unternehmer ist oder vom Vorsteuerabzug ausgeschlossene Umsätze ausführt), bestehen keine Bedenken, wenn zur Vermeidung einer vom Gesetzgeber nicht gewollten Belastung die Berechtigung zum Abzug der Einfuhrumsatzsteuer dem Absender zugestanden wird.

(12) ¹Geht der eingeführte Gegenstand während des Transports an den vorgesehenen Abnehmer im Inland verloren oder wird er vernichtet, bevor eine Lieferung ausgeführt worden ist, kommt der Abzug der Einfuhrumsatzsteuer nur bei dem Absender in Betracht. ²Das Gleiche gilt, wenn der Gegenstand aus einem anderen Grund nicht an den vorgesehenen Abnehmer gelangt.

(13) Werden eingeführte Gegenstände sowohl für unternehmerische als auch für unternehmensfremde Zwecke verwendet, gilt für den Abzug der Einfuhrumsatzsteuer Abschnitt 15.2 Abs. 21 entsprechend.

15.9. Abzug der Einfuhrumsatzsteuer in den Fällen des § 1 Absatz 3 UStG

(1) ¹Abziehbar ist auch die Einfuhrumsatzsteuer für die Gegenstände, die zur Ausführung bestimmter Umsätze in den in § 1 Abs. 3 UStG bezeichneten Gebieten verwendet werden (§ 15 Abs. 1 Satz 1 Nr. 2 UStG). ²Der Vorsteuerabzug setzt voraus, dass der Unternehmer den einfuhrumsatzsteuerrechtlich abgefertigten Gegenstand mittelbar oder unmittelbar zur Ausführung in § 1 Abs. 3 UStG bezeichneten Umsätze einsetzt. ³Die Abzugsberechtigung erstreckt sich nicht nur auf die Einfuhrumsatzsteuer für die Gegenstände, die in die in § 1 Abs. 3 UStG bezeichneten Umsätze eingehen. ⁴Vielmehr ist auch die Einfuhrumsatzsteuer für solche Gegenstände abziehbar, die der Unternehmer in seinem Unternehmen einsetzt, um diese Umsätze auszuführen (z.B. für betriebliche Investitionsgüter oder Hilfsstoffe, die zur Ausführung dieser Umsätze genutzt oder verwendet werden).

(2) ¹Bewirkt der Unternehmer außer Umsätzen, die unter § 1 Abs. 3 UStG fallen, auch Umsätze der gleichen Art, die nicht steuerbar sind, kann er dafür den Abzug der Einfuhrumsatzsteuer aus Verein-

fachungsgründen ebenfalls in Anspruch nehmen. ²Voraussetzung ist jedoch, dass die nicht steuerbaren Umsätze auch im Falle der Steuerbarkeit zum Vorsteuerabzug berechtigen würden.

Beispiel:

¹Ein im Freihafen ansässiger Unternehmer beliefert einen Abnehmer mit Gegenständen, die bei diesem zum Ge- und Verbrauch im Freihafen bestimmt sind. ²Hierbei wird ein Teil dieser Lieferung für das Unternehmen des Abnehmers, ein Teil für den nichtunternehmerischen Bereich des Abnehmers ausgeführt (§ 1 Abs. 3 Satz 1 Nr. 1 UStG). ³Obwohl nur die für den nichtunternehmerischen Bereich ausgeführten Lieferungen sowie die Lieferungen, die vom Abnehmer ausschließlich oder zum wesentlichen Teil für eine nach § 4 Nr. 8 bis 27 UStG steuerfreie Tätigkeit verwendet werden, unter § 1 Abs. 3 UStG fallen, kann der Lieferer auch die Einfuhrumsatzsteuer für die Gegenstände abziehen, die den für das Unternehmen des Abnehmers bestimmten Lieferungen zuzuordnen sind. ⁴Die gleiche Vereinfachung gilt bei sonstigen Leistungen, die der Unternehmer teils für das Unternehmen des Auftraggebers, teils für den nichtunternehmerischen Bereich des Auftraggebers (§ 1 Abs. 3 Satz 1 Nr. 2 UStG) ausführt.

(3) ¹Hat ein Unternehmer Gegenstände einfuhrumsatzsteuerrechtlich abfertigen lassen, um sie nach einer Be- oder Verarbeitung vom Freihafen aus teils in das übrige Ausland, teils im Rahmen einer zollamtlich bewilligten Freihafen-Veredelung (§ 1 Abs. 3 Satz 1 Nr. 4 Buchstabe a UStG) in das Inland zu liefern, kann er die Einfuhrumsatzsteuer in beiden Fällen abziehen. ²Das Gleiche gilt für Gegenstände, die der Unternehmer im Freihafen zur Ausführung dieser Umsätze im eigenen Unternehmen gebraucht oder verbraucht. ³Entsprechend kann in den Fällen einer zollamtlich besonders zugelassenen Freihafenlagerung verfahren werden.

(4) ¹Zum Abzug der Einfuhrumsatzsteuer für Gegenstände, die sich im Zeitpunkt der Lieferung einfuhrumsatzsteuerrechtlich im freien Verkehr befinden (§ 1 Abs. 3 Satz 1 Nr. 4 Buchstabe b UStG), ist der Unternehmer unabhängig davon berechtigt, ob die Gegenstände aus dem Freihafen in das übrige Ausland oder in das Inland gelangen. ²Auch bei einem Verbleiben der Gegenstände im Freihafen oder in den anderen in § 1 Abs. 3 UStG bezeichneten Gebieten steht dem Unternehmer der Vorsteuerabzug zu. ³Bedeutung hat diese Regelung für die Lieferungen, bei denen der Liefergegenstand nach der einfuhrumsatzsteuerrechtlichen Abfertigung vom Freihafen aus in das übrige Ausland gelangt oder von einem im Inland ansässigen Abnehmer im Freihafen abgeholt wird. ⁴In den Fällen, in denen der Lieferer den Gegenstand im Rahmen einer Lieferung vom Freihafen aus in das Inland befördert oder versendet, überschneiden sich die Vorschriften des § 1 Abs. 3 Satz 1 Nr. 4 Buchstabe b UStG und des § 3 Abs. 8 UStG. ⁵Für den Abzug der Einfuhrumsatzsteuer ist die Überschneidung ohne Bedeutung, da nach beiden Vorschriften allein dem Lieferer die Abzugsberechtigung zusteht (vgl. auch Abschnitt 15.8 Abs. 6).

(5) ¹Auch bei den in § 1 Abs. 3 UStG bezeichneten Umsätzen ist der Abzug der Einfuhrumsatzsteuer davon abhängig, dass die Steuer tatsächlich entrichtet wird. ²Der Abzug ist daher zu berichtigen, wenn sie bei Eintritt der Fälligkeit nicht abgeführt worden ist. ³Im Übrigen bestimmt sich der Abzug nach dem Zeitpunkt der einfuhrumsatzsteuerrechtlichen Abfertigung des Gegenstands. ⁴Das gilt auch, wenn der Gegenstand nach der Abfertigung in das Inland gelangt (z.B. wenn der Unternehmer den Gegenstand in den Fällen des § 1 Abs. 3 Satz 1 Nr. 4 UStG vom Freihafen aus an einen Abnehmer im Inland liefert oder der Abnehmer den Gegenstand in den Fällen des § 1 Abs. 3 Satz 1 Nr. 4 Buchstabe b UStG im Freihafen abholt) oder wenn der Unternehmer den Gegenstand nach einer zollamtlich bewilligten Freihafen-Veredelung ausnahmsweise nicht vom Freihafen, sondern vom Inland aus an einen Abnehmer liefert (z.B. ab einem Lagerplatz im Inland).

(6) ¹Sind die Voraussetzungen der Absätze 1 bis 5 nicht gegeben und liegt auch keine Einfuhr im Inland vor (vgl. Abschnitt 15.8), kann die Einfuhrumsatzsteuer für Gegenstände, die auf einem Abfertigungsplatz in einem Freihafen einfuhrumsatzsteuerrechtlich abgefertigt wurden, nicht als Vorsteuer abgezogen werden. ²In diesen Fällen kommt daher als Entlastungsmaßnahme nur ein Erlass oder eine Erstattung der Einfuhrumsatzsteuer durch die zuständige Zollstelle in Betracht. ³Das trifft z.B. auf Unternehmer zu, die einen einfuhrumsatzsteuerrechtlich abgefertigten Gegenstand nur zum unternehmerischen Ge- und Verbrauch im Freihafen und in dem übrigen Ausland bezogen haben. ⁴Das Gleiche gilt beim Bezug von Gegenständen aus dem übrigen Ausland, wenn sie nach der einfuhrumsatzsteuerrechtlichen Abfertigung zum freien Verkehr vom Abnehmer nicht ausschließlich oder zum wesentlichen Teil für eine nach § 4 Nr. 8 bis 27 UStG steuerfreie Tätigkeit verwendet werden, sondern vom Freihafen aus wieder in das übrige Ausland verbracht werden. ⁵Voraussetzung für den Erlass oder die Erstattung ist, dass die Einfuhrumsatzsteuer als Vorsteuer abgezogen werden könnte, wenn entweder eine Einfuhr in das Inland oder eine Verwendung für die in § 1 Abs. 3 UStG bezeichneten Umsätze vorgelegen hätte.

§ 15

UStAE 15.10., 15.11.

15.10. Vorsteuerabzug ohne gesonderten Steuerausweis in einer Rechnung

(1) Für den Vorsteuerabzug nach § 15 Abs. 1 Satz 1 Nr. 3 bis 5 UStG ist nicht Voraussetzung, dass der Leistungsempfänger im Besitz einer nach §§ 14, 14a UStG ausgestellten Rechnung ist (vgl. EuGH-Urteil vom 1.4.2004, C-90/02, EuGHE I S. 3303).

Abzug der Steuer für den innergemeinschaftlichen Erwerb von Gegenständen[1)]

(2) ¹Der Erwerber kann die für den innergemeinschaftlichen Erwerb geschuldete Umsatzsteuer als Vorsteuer abziehen, wenn er den Gegenstand für sein Unternehmen bezieht und zur Ausführung von Umsätzen verwendet, die den Vorsteuerabzug nicht ausschließen. ²Dies gilt nicht für die Steuer, die der Erwerber schuldet, weil er gegenüber dem Lieferer eine ihm von einem anderen Mitgliedstaat als dem, in dem sich der erworbene Gegenstand am Ende der Beförderung oder Versendung befindet, erteilte USt-IdNr. verwendet und der innergemeinschaftliche Erwerb nach § 3d Satz 2 UStG deshalb im Gebiet dieses Mitgliedstaates als bewirkt gilt (vgl. BFH-Urteile vom 1.9.2010, V R 39/08, BStBl. 2011 II S. 658, und vom 8.9.2010, XI R 40/08, BStBl. 2010 II S. 661). ³Bei Land- und Forstwirten, die der Durchschnittssatzbesteuerung unterliegen und die auf die Anwendung von § 1a Abs. 3 UStG verzichtet haben, ist der Abzug der Steuer für den innergemeinschaftlichen Erwerb als Vorsteuer durch die Pauschalierung abgegolten (vgl. BFH-Urteil vom 24.9.1998, V R 17/98, BStBl. 1999 II S. 39).

(3) ¹Das Recht auf Vorsteuerabzug der Erwerbssteuer entsteht in dem Zeitpunkt, in dem die Erwerbssteuer entsteht (§ 13 Abs. 1 Nr. 6 UStG). ²Der Unternehmer kann damit den Vorsteuerabzug in der Voranmeldung oder Umsatzsteuererklärung für das Kalenderjahr geltend machen, in der er den innergemeinschaftlichen Erwerb zu versteuern hat.

Vorsteuerabzug bei Steuerschuldnerschaft des Leistungsempfängers

(4) Zum Vorsteuerabzug bei der Steuerschuldnerschaft des Leistungsempfängers nach § 13b UStG vgl. Abschnitt 13b.15.

Vorsteuerabzug im Rahmen eines innergemeinschaftlichen Dreiecksgeschäfts

(5) ¹Im Rahmen eines innergemeinschaftlichen Dreiecksgeschäfts wird die Steuer für die Lieferung des ersten Abnehmers an den letzten Abnehmer von diesem geschuldet (§ 25b Abs. 2 UStG, vgl. Abschnitt 25b.1 Abs. 6). ²Der letzte Abnehmer kann diese Steuer als Vorsteuer abziehen, wenn er den Gegenstand für sein Unternehmen bezieht und soweit er ihn zur Ausführung von Umsätzen verwendet, die den Vorsteuerabzug nicht ausschließen (§ 25b Abs. 5 UStG).

15.11. Nachweis der Voraussetzungen für den Vorsteuerabzug

Aufzeichnungen und Belege

(1) ¹Die Voraussetzungen für den Vorsteuerabzug hat der Unternehmer aufzuzeichnen und durch Belege nachzuweisen. ²Als ausreichender Beleg ist anzusehen:

1. für die von einem anderen Unternehmer gesondert in Rechnung gestellten Steuern eine nach den §§ 14, 14a UStG ausgestellte Rechnung in Verbindung mit §§ 31 bis 34 UStDV;
2. ¹für die entrichtete Einfuhrumsatzsteuer ein zollamtlicher Beleg (z.B. der Abgabenbescheid) oder ein vom zuständigen Zollamt bescheinigter Ersatzbeleg (z.B. eine Abschrift der Zollquittung oder ein Ersatzbeleg für den Vorsteuerabzug nach amtlich vorgeschriebenem Muster). ²Bei Einfuhren, die über das IT-Verfahren ATLAS abgewickelt werden, bestehen keine Bedenken, den Nachweis elektronisch oder bei Bedarf durch einen Ausdruck des elektronisch übermittelten Bescheids über die Einfuhrabgaben in Verbindung mit einem Beleg über die Zahlung der Einfuhrumsatzsteuer entweder an die Zollbehörde oder einen Beauftragten (z.B. einen Spediteur) zu führen (vgl. Artikel 52 der MwStVO). ³Zu den Kontrollmöglichkeiten der Steuerverwaltung in diesen Fällen vgl. BMF-Schreiben vom 8.2.2001, BStBl. I S. 156. ⁴In den Fällen des § 16 Abs. 2 Satz 4 UStG (vgl. Abschnitt 16.1 Abs. 2), der von Bedeutung ist in Fällen des laufenden Zahlungsaufschubs nach Artikel 226 Buchstabe b ZK sowie des Zahlungsaufschubs bei Verfahren mit zusammenfassender Anmeldung nach Artikel 226 Buchstabe c ZK (z.B. bei Inanspruchnahme des Vereinfachten Anmeldeverfahrens, des Anschreibeverfahrens oder bei Überführung aus dem Zolllagerverfahren in den freien Verkehr), ist die zu entrichtende Einfuhrumsatzsteuer durch einen zollamtlichen Beleg über die Entstehung der Einfuhrumsatzsteuer nachzuweisen (§ 64 UStDV). ⁵Bei der Abfertigung von Waren zum Vereinfachten Anmeldeverfahren sowie zum Anschreibeverfahren ist das die Zollanmeldung, zu deren Abgabe der Anmelder verpflichtet ist oder bei ggf. abweichender Abgabenfestsetzung der Beleg der Abrechnungszollstelle. ⁶Entsprechendes gilt bei der Überführung von Waren aus dem Zolllagerverfahren in den zollrechtlich freien Verkehr unter Inanspruchnahme des Vereinfachten Anmeldeverfahrens oder des Anschreibeverfahrens. ⁷Wird die Einfuhrumsatzsteuer

---

1) Hinweis auf Anlage § 015-52

bei Fälligkeit nicht entrichtet, ist der Vorsteuerabzug für den Voranmeldungs- oder Besteuerungszeitraum zu berichtigen, in dem er geltend gemacht worden ist (vgl. Abschnitt 15.8 Abs. 1 Satz 5).
³Geht die Originalrechnung verloren, kann der Unternehmer den Nachweis darüber, dass ihm ein anderer Unternehmer Steuer für Lieferungen oder sonstige Leistungen gesondert in Rechnung gestellt hat, nicht allein durch Vorlage der Originalrechnung, sondern mit allen verfahrensrechtlich zulässigen Mitteln führen (BFH-Urteile vom 5.8.1988, X R 55/81, BStBl. 1989 II S. 120, und vom 16.4.1997, XI R 63/93, BStBl. II S. 582). ⁴In Einzelfällen ist auch die Zweitschrift einer Rechnung oder eines Einfuhrbelegs ausreichend (vgl. BFH-Urteile vom 20.8.1998, V R 55/96, BStBl. 1999 II S. 324, und vom 19.11.1998, V R 102/96, BStBl. 1999 II S. 255, sowie Abschnitt 18.13 Abs. 4).

(2) Der Umfang der Aufzeichnungspflichten, die für den Unternehmer zum Vorsteuerabzug und zur Aufteilung der Vorsteuerbeträge bestehen, ergibt sich aus § 22 UStG und den §§ 63 bis 67 UStDV.

Mängel

(3) ¹Mängel im Nachweis über das Vorliegen der Voraussetzungen für den Vorsteuerabzug hat grundsätzlich der Unternehmer zu vertreten. ²Rechnungen, die die in § 14 Abs. 4 Satz 1 Nr. 1 bis 8 UStG bezeichneten Angaben nicht vollständig enthalten, berechtigen den Unternehmer nicht zum Vorsteuerabzug, es sei denn, die Rechnungen werden vom Rechnungsaussteller nachträglich vervollständigt. ³Enthält die Rechnung ungenaue oder unzutreffende Angaben über den leistenden Unternehmer (vgl. § 14 Abs. 4 Satz 1 Nr. 1 UStG), ist nach Abschnitt 15.2 Abs. 15 zu verfahren. ⁴Bei fehlerhafter Rechnungsadresse (vgl. § 14 Abs. 4 Satz 1 Nr. 1 UStG) gelten die Ausführungen in Abschnitt 15.2 Abs. 20. ⁵Sind die Angaben über den Liefergegenstand oder über Art und Umfang der ausgeführten sonstigen Leistung in einer Rechnung (§ 14 Abs. 4 Satz 1 Nr. 5 UStG) unrichtig oder ungenau, ist der Vorsteuerabzug grundsätzlich ausgeschlossen (vgl. wegen der Einzelheiten Abschnitt 15.2 Abs. 18 und 19). ⁶Beim Fehlen der in § 14 Abs. 4 Satz 1 Nr. 5 und 6 UStG bezeichneten Angaben über die Menge der gelieferten Gegenstände oder den Zeitpunkt des Umsatzes bestehen keine Bedenken, wenn der Unternehmer diese Merkmale anhand der sonstigen Geschäftsunterlagen (z.B. des Lieferscheins) ergänzt oder nachweist. ⁷Die Erleichterungen nach §§ 31 bis 34 UStDV bleiben unberührt.

(4) ¹Eine Rechnung, in der zwar der Bruttopreis, der Steuersatz und der Umsatzsteuerbetrag, nicht aber das Entgelt ausgewiesen sind, berechtigt grundsätzlich nicht zum Vorsteuerabzug (BFH-Urteil vom 27.7.2000, V R 55/99, BStBl. 2001 II S. 426). ²Aus Rechnungen über Kleinbeträge (§ 33 UStDV) kann der Vorsteuerabzug vorgenommen werden, wenn der Rechnungsempfänger den Rechnungsbetrag unter Berücksichtigung des in der Rechnung angegebenen Steuersatzes selbst in Entgelt und Steuerbetrag aufteilt (§ 35 UStDV).

Schätzung und Billigkeitsmaßnahmen

(5) ¹§ 15 UStG schützt nicht den guten Glauben an die Erfüllung der Voraussetzungen für den Vorsteuerabzug (BFH-Urteil vom 30.4.2009, V R 15/07, BStBl. II S. 744). ²Sind die Unterlagen für den Vorsteuerabzug (Rechnungen, EUSt-Belege) unvollständig oder nicht vorhanden, kann zwar der Unternehmer den Vorsteuerabzug nicht vornehmen. ³Gleichwohl kann das Finanzamt den Vorsteuerabzug unter bestimmten Voraussetzungen schätzen (vgl. Absatz 6) oder aus Billigkeitsgründen anerkennen (vgl. Absatz 7), sofern im Übrigen die Voraussetzungen für den Vorsteuerabzug vorliegen. ⁴Ist jedoch zu vermuten, dass der maßgebliche Umsatz an den Unternehmer nicht steuerpflichtig gewesen oder von einem unter § 19 Abs. 1 UStG fallenden Unternehmer ausgeführt worden ist, ist ein Vorsteuerabzug zu versagen.

(6) ¹Der Vorsteuerabzug ist materiell-rechtlich eine Steuervergütung. ²Auf ihn sind daher die für die Steuerfestsetzung geltenden Vorschriften sinngemäß anzuwenden. ³Die abziehbaren Vorsteuern sind eine Besteuerungsgrundlage im Sinne von § 199 Abs. 1, § 157 Abs. 2 und § 162 Abs. 1 AO. ⁴Dem Grunde nach bestehen somit gegen eine Schätzung keine Bedenken (vgl. auch BFH-Urteil vom 12.6.1986, V R 75/78, BStBl. II S. 721). ⁵Sie ist jedoch nur insoweit zulässig, als davon ausgegangen werden kann, dass vollständige Unterlagen für den Vorsteuerabzug vorhanden waren.

(7) ¹Soweit Unterlagen für den Vorsteuerabzug nicht vorhanden sind und auch nicht vorhanden waren oder soweit die Unterlagen unvollständig sind, kommt eine Anerkennung des Vorsteuerabzugs nur aus Billigkeitsgründen in Betracht (§ 163 AO; vgl. BFH-Urteil vom 30.4.2009, V R 15/07, BStBl. II S. 744). ²Dabei sind folgende Grundsätze zu beachten:

1. ¹Die Gewährung von Billigkeitsmaßnahmen wegen sachlicher Härte setzt voraus, dass die Versagung des Vorsteuerabzugs im Einzelfall mit dem Sinn und Zweck des UStG nicht vereinbar wäre. ²Eine Billigkeitsmaßnahme ist daher zu gewähren, wenn die Versagung des Vorsteuerabzugs in diesen Fällen einen Überhang des gesetzlichen Tatbestandes über die Wertungen des Gesetzgebers bei der Festlegung der Voraussetzungen für den Vorsteuerabzug darstellen würde (vgl. auch BFH-Urteile vom 25.7.1972, VIII R 59/68, BStBl. II S. 918, vom 26.10.1972, I R 125/70, BStBl. 1973 II

S. 271, vom 15.2.1973, V R 152/69, BStBl. II S. 466, und vom 19.10.1978, V R 39/75, BStBl. 1979 II S. 345). ³Die Nichtgewährung eines Vorsteuerabzugs kann auch sachlich unbillig sein, wenn dies den Geboten der Gleichheit und des Vertrauensschutzes, den Grundsätzen von Treu und Glauben oder dem Erfordernis der Zumutbarkeit widerspricht (vgl. BFH-Urteil vom 26.4.1995, XI R 81/93, BStBl. II S. 754). ⁴Dem Unternehmer ist grundsätzlich zuzumuten, von sich aus alles zu tun, um die Mangelhaftigkeit der Unterlagen zu beseitigen. ⁵An die Zumutbarkeit ist ein strenger Maßstab anzulegen. ⁶Eine Billigkeitsmaßnahme ist daher erst in Betracht zu ziehen, wenn eine Vervollständigung oder nachträgliche Beschaffung der Unterlagen nicht möglich ist oder für den Unternehmer mit unzumutbaren Schwierigkeiten verbunden wäre. ⁷Aber auch in einem solchen Fall ist der Unternehmer verpflichtet, an einer möglichst vollständigen Sachaufklärung mitzuwirken. ⁸Unsicherheiten bei der Feststellung des Sachverhalts gehen zu seinen Lasten. ⁹Die Voraussetzungen für eine Billigkeitsmaßnahme liegen nicht vor, wenn der Unternehmer über die empfangene Leistung keine ordnungsgemäße Rechnung erhalten hat (vgl. BFH-Urteil vom 12.6.1986, V R 75/78, BStBl. II S. 721).

2. ¹Im Rahmen einer Billigkeitsmaßnahme kann die Höhe des anzuerkennenden Vorsteuerabzugs durch Schätzung ermittelt werden. ²Sind ungerechtfertigte Steuervorteile nicht auszuschließen, ist ein ausreichender Sicherheitsabschlag zu machen.

15.12. Allgemeines zum Ausschluss vom Vorsteuerabzug

(1) ¹Der allgemeine Grundsatz, dass die in § 15 Abs. 1 Satz 1 Nr. 1 bis 5 UStG bezeichneten Vorsteuern abgezogen werden können, gilt nicht, wenn der Unternehmer bestimmte steuerfreie oder bestimmte nicht steuerbare Umsätze ausführt. ²Zu diesen Umsätzen gehören auch die entsprechenden unentgeltlichen Wertabgaben nach § 3 Abs. 1b und Abs. 9a UStG, nicht jedoch die nichtunternehmerische Verwendung eines dem Unternehmen zugeordneten Grundstücks. ³Der Ausschluss vom Vorsteuerabzug erstreckt sich nach § 15 Abs. 2 und 3 UStG auf die Steuer für die Lieferungen, die Einfuhr und den innergemeinschaftlichen Erwerb von Gegenständen, der der Unternehmer zur Ausführung der dort bezeichneten Umsätze verwendet, sowie auf die Steuer für sonstige Leistungen, die er für diese Umsätze in Anspruch nimmt. ⁴Der Begriff der Verwendung einer Lieferung oder sonstigen Leistung umfasst auch die Verwendungsabsicht. ⁵Das Recht zum Vorsteuerabzug des Unternehmers entsteht dem Grunde und der Höhe nach bereits im Zeitpunkt des Leistungsbezugs. ⁶Im Rahmen des § 15 Abs. 2 und 3 UStG kommt es entscheidend darauf an, ob der Unternehmer im Zeitpunkt des Leistungsbezugs die Absicht hat, die Eingangsumsätze für solche Ausgangsumsätze zu verwenden, die den Vorsteuerabzug nicht ausschließen (BFH-Urteil vom 22.3.2001, V R 46/00, BStBl. 2003 II S. 433). ⁷Bei jedem Leistungsbezug muss der Unternehmer über die beabsichtigte Verwendung der bezogenen Leistung sofort entscheiden. ⁸Maßgeblich ist regelmäßig die erste Leistung oder die erste unentgeltliche Wertabgabe, in die die bezogene Leistung Eingang findet. ⁹Bei der Zurechnung sind grundsätzlich nur Umsätze zu berücksichtigen, die nach Inanspruchnahme der vorsteuerbelasteten Leistungen ausgeführt werden sollen. ¹⁰Die Verwendungsabsicht muss objektiv belegt (vgl. Absatz 2) und in gutem Glauben erklärt werden. ¹¹Es darf kein Fall von Betrug oder Missbrauch vorliegen. ¹²Der Anspruch auf Vorsteuerabzug bleibt auch dann bestehen, wenn es später nicht zu den beabsichtigten Verwendungsumsätzen kommt (vgl. BFH-Urteil vom 17.5.2001, V R 38/00, BStBl. 2003 II S. 434). ¹³Bei Anzahlungen für Leistungen ist die Verwendungsabsicht im Zeitpunkt der Anzahlung maßgeblich (vgl. BFH-Urteil vom 17.5.2001, a.a.O.). ¹⁴Änderungen in der Verwendungsabsicht wirken sich nicht auf nachfolgende Leistungsbezüge bzw. Anzahlungen und den sich daraus ergebenden Vorsteuerabzug aus. ¹⁵Absichtsänderungen wirken nicht zurück und führen deshalb z.B. nicht dazu, dass Steuerbeträge nachträglich als Vorsteuer abziehbar sind (vgl. BFH-Urteil vom 25.11.2004, V R 38/03, BStBl. 2005 II S. 414).

(2) ¹Die objektiven Anhaltspunkte (z.B. Mietverträge, Zeitungsinserate, Beauftragung eines Maklers, Schriftwechsel mit Interessenten, Vertriebskonzepte, Kalkulationsunterlagen), die die Verwendungsabsicht belegen, sind regelmäßig einzelfallbezogen zu betrachten. ²Dabei ist das Gesamtbild der Verhältnisse entscheidend. ³Behauptungen reichen nicht aus. ⁴Es sind vielmehr konkrete Nachweise erforderlich, die einem strengen Prüfungsmaßstab unterliegen. ⁵Dabei gehen Unklarheiten zu Lasten des Unternehmers. ⁶Zur Behandlung von Fällen, bei denen die tatsächliche Verwendung im Zeitpunkt des Leistungsbezuges ungewiss ist, vgl. Absatz 5.

(3) ¹Vom Abzug ausgeschlossen sind nicht nur die Vorsteuerbeträge, bei denen ein unmittelbarer wirtschaftlicher Zusammenhang mit den zum Ausschluss vom Vorsteuerabzug führenden Umsätzen des Unternehmers besteht. ²Der Ausschluss umfasst auch die Vorsteuerbeträge, die in einer mittelbaren wirtschaftlichen Verbindung zu diesen Umsätzen stehen.

Beispiel 1:
Bezieht eine Bank Werbeartikel bis 35 € je Gegenstand, für die ihr Umsatzsteuer in Rechnung gestellt wird, sind diese Vorsteuerbeträge insoweit vom Abzug ausgeschlossen, als sie den nach § 4

Nr. 8 UStG steuerfreien Umsätzen zuzuordnen sind (vgl. BFH-Urteile vom 26.7.1988, X R 50/82, BStBl. II S. 1015, und vom 4.3.1993, V R 68/89, BStBl. II S. 527).

Beispiel 2:

[1]Hat sich der Veräußerer eines unternehmerisch genutzten Grundstücks dem Erwerber gegenüber zur Demontage und zum Abtransport betrieblicher Einrichtungen verpflichtet, werden die für die Demontage bezogenen Leistungen zur Ausführung des steuerfreien Grundstücksumsatzes verwendet. [2]Die für die Transportleistungen in Rechnung gestellte Steuer ist nur mit dem gegebenenfalls geschätzten Betrag vom Vorsteuerabzug ausgeschlossen, der durch die bloße Räumung verursacht ist (vgl. BFH-Urteil vom 27.7.1988, X R 52/81, BStBl. 1989 II S. 65).

Beispiel 3:

[1]Ist eine Grundstücksvermietung beabsichtigt, kommt es darauf an, ob der Unternehmer das Grundstück steuerfrei vermieten oder auf die Steuerfreiheit der Grundstücksvermietung (§ 4 Nr. 12 Satz 1 Buchstabe a UStG) nach § 9 UStG verzichten will. [2]Im ersten Fall ist der Vorsteuerabzug nach § 15 Abs. 2 Satz 1 Nr. 1 UStG ausgeschlossen, im zweiten Fall ist die Vorsteuer abziehbar, wenn der Unternehmer die Verwendungsabsicht objektiv belegt und in gutem Glauben erklärt hat (BFH-Urteil vom 17.5.2001, V R 38/00, BStBl. 2003 II S. 434) und auch die weiteren Voraussetzungen des § 15 UStG erfüllt sind.

Beispiel 4:

Stellt eine Bank ihren Kunden und – um weitere Kunden zu gewinnen – anderen Autofahrern unentgeltlich Stellplätze zum Parken zur Verfügung, sind die Umsatzsteuern, die ihr für die Leistungen zur Errichtung und den Unterhalt des Parkhauses in Rechnung gestellt worden sind, im Verhältnis ihrer steuerfreien Umsätze an den gesamten Umsätzen im Sinne des § 1 Abs. 1 Nr. 1 UStG vom Vorsteuerabzug ausgeschlossen (BFH-Urteil vom 4.3.1993, V R 73/87, BStBl. II S. 525). [3]Im Einzelfall können Vorsteuerbeträge mehreren gleichwertig nebeneinanderstehenden Ausgangsumsätzen wirtschaftlich zugeordnet werden.

Beispiel 5:

Vermietet ein Bauunternehmer ein Haus an einen privaten Mieter unter dem Vorbehalt, zur Förderung eigener steuerpflichtiger Umsätze das Haus bei Bedarf zu Besichtigungszwecken (als sog. Musterhaus) zu nutzen, tritt neben die Verwendung zur Ausführung steuerfreier Vermietungsumsätze die Verwendung zur Ausführung steuerpflichtiger (Bau-)Umsätze (sog. gemischte Verwendung im Sinne des § 15 Abs. 4 UStG, BFH-Urteil vom 9.9.1993, V R 42/91, BStBl. 1994 II S. 269).

Beispiel 6:

Veräußert ein Unternehmer mit seinem Namen versehene Werbeartikel an seine selbständigen Handelsvertreter zu einem Entgelt weiter, das die Anschaffungskosten erheblich unterschreitet, sind die Werbeartikel nicht ausschließlich den Ausgangslieferungen zuzuordnen, in die sie gegenständlich eingehen, sondern auch den übrigen Umsätzen des Unternehmers, für die geworben wird (BFH-Urteil vom 16.9.1993, V R 82/91, BStBl. 1994 II S. 271).

(4) Umsätze, die dem Unternehmer zur Vornahme einer Einfuhr dienen, sind für die Frage des Vorsteuerabzugs den Umsätzen zuzurechnen, für die der eingeführte Gegenstand verwendet wird.

Beispiel 1:

[1]Ein Arzt nimmt wegen rechtlicher Schwierigkeiten, die bei der Einfuhr eines medizinischen Geräts eingetreten sind, einen Rechtsanwalt in Anspruch. [2]Obwohl die Einfuhr der Einfuhrumsatzsteuer unterlegen hat, kann der Arzt die ihm vom Rechtsanwalt in Rechnung gestellte Steuer nicht als Vorsteuer abziehen. [3]Die Rechtsberatung ist ebenso wie das eingeführte medizinische Gerät der steuerfreien ärztlichen Tätigkeit zuzurechnen.

Beispiel 2:

[1]Eine Arzneimittelfabrik, die ausschließlich steuerpflichtige Umsätze bewirkt, führt mit einem eigenen Fahrzeug Blutkonserven ein, die sie für Forschungszwecke benötigt. [2]Die mit dem Transport zusammenhängenden Vorsteuern sind trotz der steuerfreien Einfuhr abziehbar. [3]Sie stehen in wirtschaftlichem Zusammenhang mit den steuerpflichtigen Umsätzen.

(5) [1]Beim Bezug von Eingangsleistungen, deren tatsächliche Verwendung ungewiss ist, weil die Verwendungsabsicht nicht durch objektive Anhaltspunkte belegt wird, ist kein Vorsteuerabzug möglich. [2]Für den Vorsteuerabzug sind ausschließlich die Erkenntnisse im Zeitpunkt des Leistungsbezugs zu Grunde zu legen. [3]Spätere Erkenntnisse über diesen Leistungsbezug haben auf die ursprüngliche Entscheidung keine Auswirkung. [4]Ein zunächst vorgenommener Vorsteuerabzug ist deshalb nach § 164 Abs. 2, § 165 Abs. 2 oder § 173 Abs. 1 AO durch Änderung der ursprünglichen Steuerfestsetzung

rückgängig zu machen, wenn später festgestellt wird, dass objektive Anhaltspunkte für die Verwendungsabsicht im Zeitpunkt des Leistungsbezugs nicht vorlagen. [5]Dies gilt auch, wenn die Verwendungsabsicht nicht in gutem Glauben erklärt wurde oder ein Fall von Betrug oder Missbrauch vorliegt.

15.13. Ausschluss des Vorsteuerabzugs bei steuerfreien Umsätzen

(1) [1]Vorsteuerbeträge für steuerfreie Umsätze sind nach § 15 Abs. 2 Satz 1 Nr. 1 UStG grundsätzlich vom Abzug ausgeschlossen. [2]Der Ausschluss erstreckt sich nicht auf die Vorsteuerbeträge, die den in § 15 Abs. 3 Nr. 1 Buchstaben a und b UStG bezeichneten steuerfreien Umsätzen zuzurechnen sind. [3]Ebenfalls nicht vom Vorsteuerabzug ausgeschlossen sind Steuerbeträge, die für bestimmte Leistungsbezüge von Unternehmern anfallen, die steuerfreie Umsätze mit Anlagegold ausführen (vgl. § 25c Abs. 4 und 5 UStG). [4]Zum Vorsteuerabzug bei einem Gebäude, das der Ausführung steuerfreier Umsätze, die den Vorsteuerabzug ausschließen, und privaten Wohnzwecken dient, vgl. Abschnitt 3.4 Abs. 7 Satz 3 Beispiel 2.

(2) [1]Unter Buchstabe a des § 15 Abs. 3 Nr. 1 UStG fallen insbesondere die Ausfuhrlieferungen (§ 4 Nr. 1 Buchstabe a, § 6 UStG), die innergemeinschaftlichen Lieferungen (§ 4 Nr. 1 Buchstabe b, § 6a UStG), die Lohnveredelungen an Gegenständen der Ausfuhr (§ 4 Nr. 1 Buchstabe a, § 7 UStG), die Umsätze für die Seeschifffahrt und für die Luftfahrt (§ 4 Nr. 2, § 8 UStG), die sonstigen Leistungen im Zusammenhang mit der Einfuhr, Ausfuhr und Durchfuhr (§ 4 Nr. 3 und 5 UStG), die Goldlieferungen an die Zentralbanken (§ 4 Nr. 4 UStG), bestimmte Umsätze im Zusammenhang mit einem Umsatzsteuerlager (§ 4 Nr. 4a UStG), bestimmte Umsätze der Eisenbahnen des Bundes (§ 4 Nr. 6 UStG), bestimmte Umsätze an im Gebiet eines anderen Mitgliedstaates ansässige NATO-Streitkräfte, ständige diplomatische Missionen und berufskonsularische Vertretungen sowie zwischenstaatliche Einrichtungen (§ 4 Nr. 7 UStG), die steuerfreien Reiseleistungen (§ 25 Abs. 2 UStG) sowie die Umsätze, die nach den in § 26 Abs. 5 UStG bezeichneten Vorschriften steuerfrei sind. [2]Wegen des Vorsteuerabzugs bei den nach § 25 Abs. 2 UStG steuerfreien sonstigen Leistungen vgl. Abschnitt 25.4.

(3) [1]Buchstabe b des § 15 Abs. 3 Nr. 1 UStG betrifft die Umsätze, die nach § 4 Nr. 8 Buchstaben a bis g oder Nr. 10 Buchstabe a UStG steuerfrei sind. [2]Für diese Finanz- und Versicherungsumsätze tritt der Ausschluss vom Vorsteuerabzug jedoch nur dann nicht ein, wenn sie sich unmittelbar auf Gegenstände beziehen, die in das Drittlandsgebiet ausgeführt werden. [3]Die Voraussetzung „unmittelbar" bedeutet, dass die vorbezeichneten Umsätze in direktem Zusammenhang mit dem Gegenstand der Ausfuhr stehen müssen. [4]Nicht ausreichend ist es, wenn diese Umsätze in Verbindung mit solchen betrieblichen Vorgängen des Unternehmers stehen, die ihrerseits erst dazu dienen, die Ausfuhr zu bewirken.

Beispiel 1:

[1]Der Unternehmer lässt einen Gegenstand, den er in das Drittlandsgebiet ausführt, gegen Transportschäden versichern.

[2]Der unmittelbare Zusammenhang mit dem Gegenstand der Ausfuhr ist gegeben. [3]Die nach § 4 Nr. 10 Buchstabe a UStG steuerfreie Leistung des Versicherungsunternehmers schließt daher den Vorsteuerabzug nicht aus.

Beispiel 2:

[1]Der Unternehmer nimmt einen Kredit zur Anschaffung einer Maschine in Anspruch, die er ausschließlich zur Herstellung von Exportgütern einsetzt.

[2]Der unmittelbare Zusammenhang mit dem Gegenstand der Ausfuhr ist nicht gegeben. [3]Das Kreditinstitut kann deshalb die Vorsteuerbeträge, die der nach § 4 Nr. 8 Buchstabe a UStG steuerfreien Kreditgewährung zuzurechnen sind, nicht abziehen.

[5]Eine Ausfuhr im Sinne des § 15 Abs. 3 Nr. 1 Buchstabe b UStG ist anzunehmen, wenn der Gegenstand endgültig in das Drittlandsgebiet gelangt. [6]Es braucht keine Ausfuhrlieferung nach § 6 UStG vorzuliegen. [7]Außerdem kann der Gegenstand vor der Ausfuhr bearbeitet oder verarbeitet werden. [8]Die Ausflaggung eines Seeschiffs ist keine Ausfuhr, gleichgültig in welcher Form sich dieser Vorgang vollzieht.

(4) Zum Ausschluss des Vorsteuerabzugs bei Krediten, die im Zusammenhang mit anderen Umsätzen eingeräumt werden, vgl. Abschnitt 3.11.

(5) [1]Fällt ein Umsatz sowohl unter eine der in § 15 Abs. 3 Nr. 1 Buchstabe a und Nr. 2 Buchstabe a UStG bezeichneten Befreiungsvorschriften als auch unter eine Befreiungsvorschrift, die den Vorsteuerabzug ausschließt, z.B. die Ausfuhrlieferung von Blutkonserven, geht die Steuerbefreiung, die den Vorsteuerabzug ausschließt, der in § 15 Abs. 3 Nr. 1 Buchstabe a und Nr. 2 Buchstabe a UStG aufgeführten Befreiungsvorschrift vor. [2]Daher kann für diese Umsätze kein Vorsteuerabzug beansprucht werden.

§ 15 UStAE 15.14., 15.15.

15.14. Ausschluss des Vorsteuerabzugs bei Umsätzen im Ausland

(1) ¹Umsätze im Ausland, die steuerfrei wären, wenn sie im Inland ausgeführt würden, schließen den Vorsteuerabzug aus inländischen Leistungsbezügen grundsätzlich aus (§ 15 Abs. 2 Satz 1 Nr. 2 UStG). ²Der Abzug entfällt unabhängig davon, ob der maßgebliche Umsatz nach dem Umsatzsteuerrecht des Staates, in dem er bewirkt wird, steuerpflichtig ist oder als steuerfreier Umsatz zum Vorsteuerabzug berechtigt, da sich der Ausschluss vom Vorsteuerabzug ausschließlich nach dem deutschen Umsatzsteuerrecht beurteilt. ³Bei einer Grundstücksvermietung im Ausland ist nach § 15 Abs. 2 Satz 1 Nr. 2 UStG zu prüfen, ob diese steuerfrei (vorsteuerabzugsschädlich) wäre, wenn sie im Inland ausgeführt würde. ⁴Dies bestimmt sich nach den Vorschriften des § 4 Nr. 12 Satz 1 Buchstabe a und des § 9 UStG. ⁵Die Grundstücksvermietung wäre im Inland nicht steuerfrei gewesen, wenn der Grundstücksvermieter die Grundstücksvermietung im Ausland tatsächlich als steuerpflichtig behandelt hat und die Voraussetzungen des § 9 UStG für den Verzicht auf die Steuerbefreiung einer Grundstücksvermietung vorlagen (vgl. BFH-Urteil vom 6.5.2004, V R 73/03, BStBl. II S. 856).

(2) ¹Ausgenommen vom Ausschluss des Vorsteuerabzugs sind die Umsätze, die nach den in § 15 Abs. 3 Nr. 2 UStG bezeichneten Vorschriften steuerfrei wären. ²Zu den in Nummer 2 Buchstabe a dieser Vorschrift aufgeführten Steuerbefreiungen vgl. Abschnitt 15.13 Abs. 2.

(3) ¹Die Umsätze, die nach § 4 Nr. 8 Buchstaben a bis g oder Nr. 10 Buchstabe a UStG steuerfrei wären, berechtigen dann zum Vorsteuerabzug, wenn der Leistungsempfänger im Drittlandsgebiet ansässig ist (§ 15 Abs. 3 Nr. 2 Buchstabe b UStG). ²Die Frage, ob diese Voraussetzung erfüllt ist, beurteilt sich wie folgt:

1. ¹Ist der Leistungsempfänger ein Unternehmer und die Leistung für das Unternehmen bestimmt, ist der Ort maßgebend, von dem aus der Leistungsempfänger sein Unternehmen betreibt. ²Ist die Leistung ausschließlich oder überwiegend für eine Betriebsstätte des Leistungsempfängers bestimmt, ist auf den Ort der Betriebsstätte abzustellen.
2. ¹Ist der Leistungsempfänger kein Unternehmer, kommt es für die Ansässigkeit darauf an, wo er seinen Wohnsitz oder Sitz hat. ²Das Gleiche gilt, wenn der Leistungsempfänger zwar unternehmerisch tätig ist, die Leistung aber für seinen nichtunternehmerischen Bereich bestimmt ist.

Beispiel:

¹Ein Kreditinstitut in Stuttgart gewährt der in Genf gelegenen Betriebsstätte eines Unternehmens, dessen Geschäftsleitung sich in Paris befindet, ein Darlehen. ²Das Darlehen ist zur Renovierung des Betriebsgebäudes der Genfer Betriebsstätte bestimmt.

³Für die Ansässigkeit des Leistungsempfängers ist der Ort der Betriebsstätte maßgebend. ⁴Er liegt im Drittlandsgebiet. ⁵Das Kreditinstitut kann daher die Vorsteuern abziehen, die der nicht steuerbaren Darlehensgewährung (§ 3a Abs. 2 UStG) zuzurechnen sind.

⁶Wäre das Darlehen für den in Paris gelegenen Teil des Unternehmens bestimmt, entfiele der Vorsteuerabzug.

(4) ¹Für die in § 15 Abs. 3 Nr. 2 Buchstabe b UStG bezeichneten Finanz- und Versicherungsumsätze kann der Vorsteuerabzug auch in folgenden Fällen in Anspruch genommen werden:

²Der Leistungsempfänger ist zwar nicht im Drittlandsgebiet, sondern im Gemeinschaftsgebiet ansässig, die an ihn ausgeführte Leistung bezieht sich aber unmittelbar auf einen Gegenstand, der in das Drittlandsgebiet ausgeführt wird (vgl. hierzu Abschnitt 15.13 Abs. 3).

Beispiel:

¹Ein Unternehmer in Kopenhagen lässt bei einem Versicherungsunternehmen in Hamburg einen Gegenstand gegen Diebstahl versichern. ²Den Gegenstand liefert der Unternehmer an einen Abnehmer in Russland.

³Die Versicherungsleistung ist nicht steuerbar (§ 3a Abs. 2 UStG). ⁴Das Versicherungsunternehmen kann die dieser Leistung zuzurechnenden Vorsteuern abziehen.

15.15. Vorsteuerabzug bei Eingangsleistungen im Zusammenhang mit unentgeltlichen Leistungen[1]

(1) ¹Zum Vorsteuerabzug nach § 15 Abs. 1 UStG berechtigen auch unentgeltliche Lieferungen oder sonstige Leistungen, die im unternehmerischen Interesse ausgeführt werden (vgl. BFH vom 11.12.2003, V R 48/02, BStBl. 2006 II S. 384). ²Ist keine unternehmerische Veranlassung des Leistungsbezugs gegeben, scheidet ein Vorsteuerabzug aus. ³Es ist deshalb bei jedem Leistungsbezug zu prüfen, ob er für das Unternehmen erfolgt und der Unternehmer beabsichtigt, die Eingangsleistung zur Erzielung von

---

1) Hinweis auf Anlage § 015-53

zum Vorsteuerabzug berechtigenden Ausgangsumsätzen zu verwenden. ⁴Dabei ist auf die gesamte, im Zeitpunkt des Leistungsbezugs bekannte Verwendungsprognose abzustellen.

(2) ¹Eine Verwendung für zunächst unentgeltlich zu erbringende Ausgangsumsätze ist insoweit unschädlich; Abschnitt 15.12 Abs. 1 Satz 8 steht dem nicht entgegen. ²Zum Nachweis der Voraussetzungen für den Vorsteuerabzug vgl. Abschnitt 15.12 Abs. 1 und 2.

Beispiel 1:

¹Unternehmer V errichtet ein Gebäude. ²Nach der Fertigstellung des Gebäudes soll es an den Hotelunternehmer H überlassen werden, wobei nach der vertraglichen Vereinbarung das Gebäude zunächst für ein Jahr unentgeltlich und danach für weitere 20 Jahre steuerpflichtig verpachtet werden soll.

³V kann aus den Herstellungskosten des Gebäudes den Vorsteuerabzug in Anspruch nehmen, da bei Leistungsbezug feststeht, dass die Eingangsleistungen ausschließlich zur Erzielung von zum Vorsteuerabzug berechtigenden Ausgangsumsätzen verwendet werden sollen.

Beispiel 2:

¹Unternehmer V errichtet ein Gebäude. ²Nach der Fertigstellung des Gebäudes soll es an den Hotelunternehmer H überlassen werden, wobei nach der vertraglichen Vereinbarung das Gebäude zunächst für ein Jahr unentgeltlich und danach für weitere 20 Jahre steuerfrei verpachtet werden soll.

³V kann aus den Herstellungskosten des Gebäudes keinen Vorsteuerabzug in Anspruch nehmen, da bei Leistungsbezug feststeht, dass die Eingangsleistungen ausschließlich zur Erzielung von nicht zum Vorsteuerabzug berechtigenden Ausgangsumsätzen verwendet werden sollen.

(3) Liegt kein steuerbarer Ausgangsumsatz vor, dem der Leistungsbezug direkt zugerechnet werden kann, ist zu prüfen, ob der Leistungsbezug unternehmerisch veranlasst ist und (mittelbar) einer bestimmten Gruppe von Ausgangsumsätzen wirtschaftlich zugeordnet werden kann (vgl. auch Abschnitt 15.12 Abs. 3).

Beispiel:

¹Unternehmer U betreibt einen Kfz-Handel und eine Versicherungsvermittlungsagentur. ²Aus der Versicherungsagentur erzielt der Unternehmer ausschließlich nach § 4 Nr. 11 UStG steuerfreie Ausgangsumsätze. ³U lässt sich gegen Honorar eine Internet-Homepage gestalten, auf der er zu Werbezwecken und zur Kundengewinnung für seine Versicherungsagentur kostenlose Versicherungstipps gibt. ⁴Auf der Internetseite findet sich auch ein Kontaktformular für Anfragen zu Versicherungsbelangen. ⁵Die über das Internet kostenlos durchgeführten Beratungen sind mangels Entgelt nicht steuerbar.

⁶U ist nicht zum Vorsteuerabzug aus der Gestaltung der Internet-Homepage berechtigt, da der Leistungsbezug insoweit ausschließlich Umsätzen zuzurechnen ist, die den Vorsteuerabzug ausschließen. ⁷Auch wenn die Gestaltung der Internet-Homepage nicht direkt mit den Umsätzen aus der Vermittlung von Versicherungen zusammenhängt, dient der Internetauftritt der Förderung dieses Unternehmensbereichs.

(4) In den Fällen, in denen keine direkte wirtschaftliche Zuordnung einer unternehmerisch verwendeten Eingangsleistung möglich ist, ist die Aufteilung des Vorsteuerabzugs nach der Gesamtschau des Unternehmens vorzunehmen.

Beispiel:

¹Ein Hautarzt führt sowohl nicht zum Vorsteuerabzug berechtigende (80% Anteil am Gesamtumsatz) als auch zum Vorsteuerabzug berechtigende Umsätze (z.B. kosmetische Behandlungen; 20% Anteil am Gesamtumsatz) aus. ²Um für sein unternehmerisches Leistungsspektrum zu werben, lässt er eine Internet-Homepage erstellen, auf der er über die Vorbeugung und Behandlung der wichtigsten Hauterkrankungen informiert, aber auch Hautpflegetipps gibt.

3Die Eingangsleistung wird unternehmerisch bezogen, kann aber nach wirtschaftlichen Kriterien nicht ausschließlich bestimmten Umsätzen zugeordnet werden. 4Soweit die Eingangsleistung auch zur Ausführung von steuerfreien Umsätzen verwendet wird, besteht nach § 15 Abs. 2 Satz 1 Nr. 1 UStG keine Berechtigung zum Vorsteuerabzug. 5Die abziehbaren Vorsteuerbeträge sind nach § 15 Abs. 4 UStG zu ermitteln (vgl. Abschnitt 15.17). 6Die Aufteilung der Vorsteuern hat nach Kostenzurechnungsgesichtspunkten zu erfolgen. 7Da keine andere Form der wirtschaftlichen Zurechnung erkennbar ist, ist der Umsatzschlüssel als sachgerechte Schätzmethode anzuerkennen (§ 15 Abs. 4 Satz 3 UStG).

§ 15 UStAE 15.16., 15.17.

15.16. Grundsätze zur Aufteilung der Vorsteuerbeträge

(1) [1]Verwendet der Unternehmer die für sein Unternehmen gelieferten oder eingeführten Gegenstände und die in Anspruch genommenen sonstigen Leistungen sowohl für Umsätze, die zum Vorsteuerabzug berechtigen, als auch für Umsätze, die den Vorsteuerabzug nach § 15 Abs. 2 und 3 UStG ausschließen, hat er die angefallenen Vorsteuerbeträge in einen abziehbaren und einen nicht abziehbaren Teil aufzuteilen. [2]Die Aufteilung richtet sich allein nach der Verwendung des bezogenen Gegenstands oder der in Anspruch genommenen sonstigen Leistung (vgl. Abschnitt 15.12 Abs. 1), nicht aber nach dem Anlass, aus dem der Unternehmer den Gegenstand oder die sonstige Leistung bezogen hat (BFH-Urteile vom 18.12.1986, V R 18/80, BStBl. 1987 II S. 280, und vom 10.4.1997, V R 26/96, BStBl. II S. 552). [3]Von der Aufteilung in einen abziehbaren und einen nicht abziehbaren Teil sind die Vorsteuerbeträge ausgenommen, die zwar der Verwendung nach für eine Aufteilung in Frage kämen, bei denen jedoch die sonstigen Voraussetzungen des § 15 UStG für den Abzug nicht vorliegen (z.B. bei fehlendem Steuerausweis in der Rechnung). [4]Außerdem scheiden die Steuerbeträge für eine Aufteilung aus, die dem Unternehmer für in Anspruch genommene Reisevorleistungen gesondert in Rechnung gestellt wurden (vgl. auch Abschnitt 15.2 Abs. 6). [5]Diese Vorsteuerbeträge bleiben insgesamt vom Abzug ausgeschlossen.

(2) [1]Die Aufteilung der Vorsteuern ist nach § 15 Abs. 4 UStG vorzunehmen. [2]Dies bedeutet, dass die Vorsteuern nach ihrer wirtschaftlichen Zuordnung aufzuteilen sind (vgl. Abschnitt 15.17). [3]Die Aufteilung schließt an die Grundsätze an, die sich aus § 15 Abs. 2 und 3 UStG für die Zuordnung der Vorsteuern zu den einzelnen Umsätzen des Unternehmers herleiten. [4]Dementsprechend erstreckt sich § 15 Abs. 4 UStG nicht auf die Vorsteuerbeträge, die entweder allein den zum Abzug berechtigenden Umsätzen oder allein den zum Ausschluss des Vorsteuerabzugs führenden Umsätzen zuzurechnen sind. [5]Die Abziehbarkeit der einer Umsatzart ausschließlich zurechenbaren Vorsteuerbeträge beurteilt sich daher stets nach den Vorschriften des § 15 Abs. 1 bis 3 UStG. [6]Die Aufteilung nach § 15 Abs. 4 UStG betrifft somit nur die Vorsteuerbeträge, die teils der einen und teils der anderen Umsatzart zuzuordnen sind (vgl. BFH-Urteil vom 16.9.1993, V R 82/91, BStBl. 1994 II S. 271). [7]Im Fall der Anschaffung oder Herstellung eines Gebäudes vgl. Abschnitt 15.17 Abs. 5 bis 8.

(3) Ändern sich bei einem Wirtschaftsgut ab dem Zeitpunkt der erstmaligen Verwendung die für den ursprünglichen Vorsteuerabzug maßgebenden Verhältnisse, ist für die Berichtigung des Vorsteuerabzugs § 15a UStG maßgebend (vgl. Abschnitt 15a.2).

15.17. Aufteilung der Vorsteuerbeträge nach § 15 Absatz 4 UStG

Allgemeines

(1) [1]Eine Aufteilung der Vorsteuerbeträge nach der in § 15 Abs. 4 UStG bezeichneten Methode bezweckt eine genaue Zuordnung der Vorsteuerbeträge zu den Umsätzen, denen sie wirtschaftlich zuzurechnen sind. [2]Folgende drei Gruppen von Vorsteuerbeträgen sind zu unterscheiden:

1. [1]Vorsteuerbeträge, die in voller Höhe abziehbar sind, weil sie ausschließlich Umsätzen zuzurechnen sind, die zum Vorsteuerabzug berechtigten. [2]Das sind z.B. in einem Fertigungsbetrieb die Vorsteuerbeträge, die bei der Anschaffung von Material oder Anlagegütern anfallen. [3]Bei einem Handelsbetrieb kommen vor allem die Vorsteuerbeträge aus Warenbezügen in Betracht.

2. [1]Vorsteuerbeträge, die in voller Höhe vom Abzug ausgeschlossen sind, weil sie ausschließlich Umsätzen zuzurechnen sind, die nicht zum Vorsteuerabzug berechtigen. [2]Hierzu gehören z.B. bei steuerfreien Grundstücksverkäufen die Vorsteuerbeträge für die Leistungen des Maklers und des Notars sowie für Inserate. [3]Bei steuerfreien Vermietungen und Verpachtungen kommen vor allem die Vorsteuerbeträge in Betracht, die bei der Anschaffung oder Herstellung eines Wohngebäudes, beim Herstellungs- und Erhaltungsaufwand, bei Rechtsberatungen und der Grundstücksverwaltung anfallen.

3. [1]Übrige Vorsteuerbeträge. [2]In diese Gruppe fallen alle Vorsteuerbeträge, die sowohl mit Umsätzen, die zum Vorsteuerabzug berechtigen, als auch mit Umsätzen, die den Vorsteuerabzug ausschließen, in wirtschaftlichem Zusammenhang stehen. [3]Hierzu gehören z.B. die Vorsteuerbeträge, die mit dem Bau, der Einrichtung und der Unterhaltung eines Verwaltungsgebäudes in Verbindung stehen, das auch der Ausführung steuerfreier Umsätze im Sinne des § 4 Nr. 12 UStG dient. [4]Wegen der zugelassenen Erleichterungen bei der Aufteilung vgl. Abschnitt 15.18.

(2) [1]Für eine Aufteilung kommen nur die in Absatz 1 Satz 2 Nr. 3 bezeichneten Vorsteuerbeträge in Betracht. [2]Vor Anwendung des § 15 Abs. 4 UStG muss der Unternehmer zunächst die Vorsteuerbeträge den zum Vorsteuerabzug berechtigenden und den nicht zum Vorsteuerabzug berechtigenden Ausgangsumsätzen unmittelbar und wirtschaftlich zuordnen (Absatz 1 Satz 2 Nr. 1 und 2) sowie getrennte

UStAE 15.17. **§ 15**

Aufzeichnungen führen (§ 22 Abs. 3 Satz 2 und 3 UStG; Abschnitt 22.4). ³Jeder einzelne Leistungsbezug und jede Anzahlung ist zuzuordnen. ⁴Kommt der Unternehmer dieser Zuordnungsverpflichtung nicht nach, sind die den einzelnen Bereichen zuzuordnenden Leistungsbezüge und die darauf entfallenden Vorsteuerbeträge nach § 162 AO im Wege der Schätzung zu ermitteln (vgl. Absatz 3). ⁵Eine Einbeziehung auf derartige Leistungsbezüge entfallender Vorsteuern in die nach § 15 Abs. 4 UStG aufzuteilenden Vorsteuerbeträge kommt nicht in Betracht. ⁶Die Aufteilung dieser Vorsteuern ist nach dem Prinzip der wirtschaftlichen Zurechnung durch die sog. gegenständliche Zuordnung oder nach Kostenzurechnungsgesichtspunkten vorzunehmen (vgl. BFH-Urteile vom 16.9.1993, V R 82/91, BStBl. 1994 II S. 271, und vom 10.4.1997, V R 26/96, BStBl. II S. 552). ⁷Hierbei ist die betriebliche Kostenrechnung (Betriebsabrechnungsbogen, Kostenträgerrechnung) oder die Aufwands- und Ertragsrechnung in der Regel als geeigneter Anhaltspunkt heranzuziehen. ⁸Zu beachten ist jedoch, dass die verrechneten Kosten und der verrechnete Aufwand nicht mit den Werten (Vorumsätzen) übereinstimmen, über deren Vorsteuern zu entscheiden ist. ⁹Denn die Kostenrechnung erfasst nur die für die Erstellung einer Leistung notwendigen Kosten und die Aufwands- und Ertragsrechnung nur den in einer Abrechnungsperiode entstandenen Aufwand. ¹⁰Das betrifft insbesondere die Wirtschaftsgüter des Anlagevermögens, die in der Kostenrechnung wie in der Aufwands- und Ertragsrechnung nur mit den Abschreibungen angesetzt werden. ¹¹Der Unternehmer kann diese Unterlagen daher nur als Hilfsmittel verwenden.

(3) ¹Bei der nach § 15 Abs. 4 Satz 2 UStG zugelassenen Schätzung ist auf die im Einzelfall bestehenden wirtschaftlichen Verhältnisse abzustellen. ²Hierbei ist es erforderlich, dass der angewandte Maßstab systematisch von der Aufteilung nach der wirtschaftlichen Zuordnung ausgeht. ³Die Ermittlung der abziehbaren Vorsteuer nach dem Umsatzschlüssel ist nur zulässig, wenn keine andere Methode der wirtschaftlichen Zuordnung möglich ist (§ 15 Abs. 4 Satz 3 UStG). ⁴Nur in diesen Fällen kann der nicht abziehbare Teil einer Umsatzgruppe nicht ausschließlich zurechenbarer Vorsteuerbeträge (vgl. Absatz 1 Satz 2 Nr. 3) einheitlich nach dem Verhältnis der Umsätze, die den Vorsteuerabzug ausschließen, zu den anderen Umsätzen ermittelt werden. ⁵Einfuhren und innergemeinschaftliche Erwerbe sind keine Umsätze in diesem Sinne und daher nicht in den Umsatzschlüssel einzubeziehen.

(4) Ist die Umsatzsteuerfestsetzung für das Jahr der Anschaffung oder Herstellung eines gemischt genutzten Gegenstands formell bestandskräftig und hat der Unternehmer ein im Sinne des § 15 Abs. 4 UStG sachgerechtes Aufteilungsverfahren angewandt, ist dieser Maßstab auch für die nachfolgenden Kalenderjahre bindend (BFH-Urteil vom 2.3.2006, V R 49/05, BStBl. II S. 729).

Vorsteuerabzug bei Gebäuden

(5) ¹Für den Umfang des Vorsteuerabzugs bei Erwerb und erheblichem Umbau eines Gebäudes, das anschließend vom Erwerber für vorsteuerunschädliche und vorsteuerschädliche Verwendungsumsätze genutzt werden soll, ist vorgreiflich zu entscheiden, ob es sich bei den Umbaumaßnahmen um Erhaltungsaufwand am Gebäude oder um anschaffungsnahen Aufwand zur Gebäudeanschaffung handelt oder ob insgesamt die Herstellung eines neuen Gebäudes anzunehmen ist (vgl. BFH-Urteil vom 28.9.2006, V R 43/03, BStBl. 2007 II S. 417). ²Vorsteuerbeträge, die einerseits den Gegenstand selbst oder aber andererseits die Erhaltung, Nutzung oder Gebrauch des Gegenstands betreffen, sind danach jeweils gesondert zu beurteilen. ³Handelt es sich um Aufwendungen für den Gegenstand selbst (aus der Anschaffung oder Herstellung), kommt nur eine Aufteilung der gesamten auf den einheitlichen Gegenstand entfallenden Vorsteuerbeträge nach einem sachgerechten Aufteilungsmaßstab (§ 15 Abs. 4 UStG) in Betracht. ⁴Der Umfang der abzugsfähigen Vorsteuerbeträge auf sog. Erhaltungsaufwendungen an dem Gegenstand kann sich hingegen danach richten, für welchen Nutzungsbereich des gemischt genutzten Gegenstands die Aufwendungen vorgenommen werden. ⁵Selbst wenn Herstellungskosten eines Gebäudes aus einer Vielzahl von einzelnen Leistungsbezügen bestehen können, die für sich betrachtet einzelnen Gebäudeteilen zugeordnet werden oder auf mehrere unterschiedliche Nutzungen aufgeteilt werden könnten, muss einerseits zwischen der Verwendung des Gegenstands selbst und andererseits der Verwendung von Gegenständen und Dienstleistungen zur Erhaltung oder zum Gebrauch dieses Gegenstands unterschieden werden. ⁶Anschaffungs- oder Herstellungskosten betreffen jeweils die Anschaffung oder Herstellung eines bestimmten Gegenstands (bei einem Gebäude das einheitliche Gebäude) und nicht bestimmte Gebäudeteile. ⁷Werden jedoch lediglich bestimmte Gebäudeteile angeschafft oder hergestellt, sind diese der jeweilige Gegenstand (vgl. BFH-Urteil vom 22.11.2007, V R 43/06, BStBl. 2008 II S. 770).

(6) ¹Die Begriffe der Anschaffungs- oder Herstellungskosten, der nachträglichen Anschaffungs- oder Herstellungskosten und der Erhaltungsaufwendungen sind nach den für das Einkommensteuerrecht geltenden Grundsätzen auszulegen. ²Dies gilt jedoch nicht, soweit nach § 6 Abs. 1 Nr. 1a EStG Erhaltungsaufwendungen zu Herstellungskosten (anschaffungsnahe Herstellungskosten) umqualifiziert werden.

(7) ¹Wird ein Gebäude durch einen Unternehmer angeschafft oder hergestellt und soll dieses Gebäude sowohl für vorsteuerunschädliche als auch für vorsteuerschädliche Ausgangsumsätze verwendet werden, sind die gesamten auf die Anschaffungs- oder Herstellungskosten des Gebäudes entfallenden Vorsteuerbeträge nach § 15 Abs. 4 UStG aufzuteilen. ²Für die Zurechnung dieser Vorsteuerbeträge ist die „prozentuale" Aufteilung der Verwendung des gesamten Gebäudes zu vorsteuerunschädlichen bzw. vorsteuerschädlichen Umsätzen maßgebend (vgl. BFH-Urteil vom 28.9.2006, V R 43/03, BStBl. 2007 II S. 417). ³Daraus folgt regelmäßig eine Ermittlung der nicht abziehbaren Vorsteuerbeträge nach § 15 Abs. 4 UStG im Wege einer sachgerechten Schätzung. ⁴Als sachgerechter Aufteilungsmaßstab kommt bei Gebäuden in der Regel die Aufteilung nach dem Verhältnis der Nutzflächen in Betracht (vgl. BFH-Urteil vom 12.3.1992, V R 70/87, BStBl. II S. 755). ⁵Weicht jedoch die Ausstattung der unterschiedlich genutzten Räume erheblich voneinander ab, ist es erforderlich, den Bauaufwand den einzelnen Verwendungsumsätzen zuzuordnen (vgl. BFH-Urteil vom 20.7.1988, X R 8/80, BStBl. II S. 1012). ⁶Entsprechendes gilt zum Beispiel bei Abweichungen in der Geschosshöhe. ⁷Beim Erwerb, nicht jedoch bei der Herstellung von Gebäuden kommt auch eine Vorsteueraufteilung nach dem Verhältnis der Ertragswerte zur Verkehrswertermittlung in Betracht (vgl. BFH-Urteile vom 5.2.1998, V R 101/96, BStBl. II S. 492, und vom 12.3.1998, V R 50/97, BStBl. II S. 525).

⁸Die Ermittlung des nicht abziehbaren Teils der Vorsteuerbeträge nach dem Verhältnis der vorsteuerschädlichen Umsätze zu den vorsteuerunschädlichen Umsätzen ist dabei nach § 15 Abs. 4 Satz 3 UStG nur zulässig, wenn keine andere wirtschaftliche Zurechnung möglich ist. ⁹Eine Zurechnung der Aufwendungen zu bestimmten Gebäudeteilen nach einer räumlichen (sog. „geografischen") oder zeitlichen Anbindung oder nach einem Investitionsschlüssel (vgl. BFH-Urteil vom 18.11.2004, V R 16/03, BStBl. 2005 II S. 503) ist nicht zulässig.

Beispiel 1:

¹U errichtet ein Wohn- und Geschäftshaus. ²Er beabsichtigt, die Fläche des Hauses zu jeweils 50% vorsteuerunschädlich bzw. vorsteuerschädlich zu vermieten. ³Aus der Erstellung des Fußbodenbelags im vorsteuerunschädlich verwendeten Gebäudeteil entstehen U Aufwendungen von 100.000 € zzgl. 19.000 € Umsatzsteuer.

⁴Es handelt sich um Aufwendungen für die (Neu-)Herstellung des Gebäudes („ursprüngliche" Herstellungskosten). ⁵U ist unter den weiteren Voraussetzungen des § 15 UStG berechtigt, den Vorsteuerabzug aus den Aufwendungen für den Fußbodenbelag zu 50% (= 9.500 €) geltend zu machen.

¹⁰Entsprechend ist bei nachträglichen Anschaffungs- oder Herstellungskosten zu verfahren. ¹¹Maßgeblich für die Vorsteueraufteilung ist in diesem Fall die beabsichtigte Verwendung des Gegenstands, der durch die nachträglichen Anschaffungs- oder Herstellungskosten entsteht. ¹²Dabei muss die Erweiterung des bestehenden Gebäudes auf Grund der nachträglichen Anschaffungs- oder Herstellungskosten im Sinne von § 255 Abs. 2 HGB ein eigenständig genutztes Aufteilungsobjekt sein. ¹³Wird dagegen die Erweiterung nur im Zusammenhang mit den bereits bestehenden Gebäudeflächen (Altflächen) verwendet, ist auf die Verwendungsabsicht bzw. Verwendung des gesamten Gebäudes abzustellen (vgl. BFH-Urteil vom 25.3.2009, V R 9/08, BStBl. 2010 II S. 651).

Beispiel 2:

¹U errichtet ein Gebäude, bestehend aus einer vorsteuerunschädlich gewerblich genutzten (EG; Anteil 50%) und einer vorsteuerschädlich zu Wohnzwecken vermieteten Einheit (1. OG; Anteil 50%). ²Das Dachgeschoss ist noch nicht ausgebaut. ³U ordnet das Gebäude vollständig seinem Unternehmen zu.

⁴Ein Jahr nach Errichtung des Gebäudes baut U das Dachgeschoss aus. ⁵Es entstehen dabei drei separat zugängliche gleich große Einheiten, von denen zwei als Wohnungen und eine als Büroteil genutzt werden (sollen). ⁶Eine Wohnung wird zu eigenen Wohnzwecken (umsatzsteuerpflichtig) genutzt, die zweite Wohnung wird umsatzsteuerfrei und der Büroteil wird umsatzsteuerpflichtig vermietet. ⁷Gleichzeitig lässt U das Treppenhaus zum Dachgeschoss erweitern.

⁸Des Weiteren lässt U eine Alarmanlage installieren, die das gesamte Gebäude sichert. ⁹Zudem lässt U einen Aufzug anbauen, mit dem jede Etage erreicht werden kann. ¹⁰Mit dem Zugewinn an Nutzfläche erhöht sich der Anteil der vorsteuerunschädlich genutzten zum vorsteuerschädlich genutzten Teil an der Gesamtfläche des ausgebauten Gebäudes von 50% auf 60%. ¹¹Das neu ausgebaute Gebäude ist vollständig dem Unternehmen des U zugeordnet.

¹²Die Aufwendungen für den Ausbau des Dachgeschosses, die Erweiterung des Treppenhauses, den Einbau der Alarmanlage und den Einbau des Aufzugs sind jeweils (nachträgliche) Herstellungskosten.

[13]Der Ausbau des Dachgeschosses ist eine eigenständig genutzte Erweiterung des bestehenden Gebäudes (Altflächen) und ist damit eigenständiges Aufteilungsobjekt. [14]Entsprechend der vorsteuerunschädlichen Verwendung des Dachgeschosses i.H.v. 2/3 sind die Vorsteuern aus dem Dachausbau zu 2/3 abziehbar.

[15]Die Aufwendungen für die Erweiterung des Treppenhauses sind dem Dachgeschoss zuzuordnen, da sie ausschließlich durch den Ausbau des Dachgeschosses verursacht sind. [16]Die Vorsteuern sind daher nach den Nutzungsverhältnissen des Dachgeschosses aufzuteilen.

[17]Die Aufwendungen für den Einbau der Alarmanlage sind dem gesamten Gebäude in seinen neuen Nutzungsverhältnissen zuzuordnen, da sie das gesamte Gebäude sichert. [18]Folglich sind die Vorsteuern zu 60% abziehbar.

[19]Die Aufwendungen für den Einbau des Aufzugs sind dem gesamten Gebäude mit seinen neuen Nutzungsverhältnissen zuzuordnen und nicht ausschließlich dem Dachgeschoss zuzuordnen, da mit dem Aufzug jede Etage erreicht werden kann. [20]Die Vorsteuern sind daher zu 60% abziehbar.

[21]Die jeweiligen (nachträglichen) Herstellungskosten stellen gesonderte Berichtigungsobjekte im Sinne von § 15a Abs. 6 UStG dar.

Beispiel 3:

[1]U ist Zahnarzt und nutzt die Flächen seines zum Unternehmen zugeordneten Gebäudes zu 70% (140 qm) für vorsteuerschädliche Umsätze im Sinne von § 4 Nr. 14 UStG und zu 30% (60 qm) für vorsteuerunschädliche Laborumsätze. [2]Da U für seine Tätigkeit weitere Räumlichkeiten benötigt, baut er das Dachgeschoss aus. [3]Die Flächen des Dachgeschosses werden zu jeweils 50% (50 qm) für seine vorsteuerschädlichen und vorsteuerunschädlichen Umsätze genutzt.

[4]Die Aufwendungen für den Ausbau des Dachgeschosses sind nachträgliche Herstellungskosten. [5]Da die Verwendung des Dachgeschosses im Zusammenhang mit der Verwendung der Altflächen steht, ist für die Vorsteueraufteilung die Verwendung des gesamten Gebäudes maßgeblich. [6]Die Vorsteuern aus den Aufwendungen sind somit zu 37% (110/300 qm) abziehbar. [7]Hinsichtlich der Altflächen ist § 15a UStG zu beachten.

(8) [1]Handelt es sich bei den bezogenen Leistungen um Aufwendungen, die ertragsteuerrechtlich als Erhaltungsaufwand anzusehen sind, oder um solche, die mit dem Gebrauch oder der Nutzung des Gebäudes zusammenhängen, ist vorrangig zu prüfen, ob die bezogenen Leistungen vorsteuerunschädlich oder vorsteuerschädlich verwendeten Gebäudeteilen zugeordnet werden können.

Beispiel 1:

[1]U besitzt ein Wohn- und Geschäftshaus, dessen Fläche er zu jeweils 50% vorsteuerunschädlich bzw. vorsteuerschädlich vermietet hat. [2]In den vorsteuerunschädlich vermieteten Räumen lässt U durch den Maler M sämtliche Wände neu anstreichen.

[3]U ist aus den Aufwendungen zum Anstrich der Wände unter den weiteren Voraussetzungen des § 15 UStG in vollem Umfang zum Vorsteuerabzug berechtigt.

[2]Ist eine direkte Zurechnung des Erhaltungsaufwands oder der Aufwendungen im Zusammenhang mit dem Gebrauch zu bestimmten Gebäudeteilen nicht möglich, ist die Aufteilung der Vorsteuerbeträge nach § 15 Abs. 4 UStG vorzunehmen.

Beispiel 2:

[1]U lässt an seinem Wohn- und Geschäftshaus, dessen Fläche er zu jeweils 50% vorsteuerunschädlich bzw. vorsteuerschädlich vermietet, die Fassade neu anstreichen.

[2]Der Fassadenanstrich kann keinem zur Erzielung von vorsteuerunschädlichen bzw. vorsteuerschädlichen Ausgangsumsätzen verwendeten Gebäudeteil zugeordnet werden. [3]U kann daher unter den weiteren Voraussetzungen des § 15 UStG zu 50% aus den Aufwendungen den Vorsteuerabzug vornehmen.

15.18. Erleichterungen bei der Aufteilung der Vorsteuerbeträge

Allgemeines

(1) [1]Die Erleichterungen des § 43 UStDV erstrecken sich auf die Fälle, in denen die dort bezeichneten Umsätze den Vorsteuerabzug ausschließen würden. [2]Sie betreffen nur die Vorsteuerbeträge, die den in § 43 UStDV bezeichneten Umsätzen lediglich teilweise zuzurechnen sind. [3]Vorsteuerbeträge, die sich ausschließlich auf diese Umsätze beziehen, bleiben vom Abzug ausgeschlossen.

(2) [1]Die Erleichterungen des § 43 UStDV bestehen darin, dass die Vorsteuerbeträge, die den dort bezeichneten Umsätzen nur teilweise zuzuordnen sind, nicht in einen abziehbaren und einen nicht abziehbaren Anteil aufgeteilt werden müssen. [2]Sie sind somit voll abziehbar.

Bestimmte Umsätze von Geldforderungen

(3) § 43 Nr. 1 UStDV betrifft solche Umsätze von Geldforderungen (z.B. Wechselumsätze oder Forderungsabtretungen), denen zum Vorsteuerabzug berechtigende Umsätze des Unternehmers zu Grunde liegen.

Beispiel:

¹Ein Unternehmer tritt eine Geldforderung, die er an einen Kunden für eine steuerpflichtige Warenlieferung hat, an einen Dritten ab, der aber den tatsächlichen Forderungseinzug nicht übernimmt. ²Dieser Umsatz ist nach § 4 Nr. 8 UStG unter Ausschluss des Vorsteuerabzugs steuerfrei (vgl. Abschnitt 2.4 Abs. 3 Satz 5). ³Der Forderungsabtretung liegt jedoch die zum Vorsteuerabzug berechtigende Warenlieferung zu Grunde. ⁴Der Unternehmer braucht daher die Vorsteuern, die der Forderungsabtretung nicht ausschließlich zuzurechnen sind (z.B. Vorsteuern, die im Bereich der Verwaltungsgemeinkosten angefallen sind), nicht in einen abziehbaren und einen nicht abziehbaren Anteil aufzuteilen. ⁵Sie sind voll abziehbar.

⁶Der Unternehmer könnte in gleicher Weise verfahren, wenn er von seinem Kunden für die Warenlieferung einen Wechsel erhalten hätte, den er anschließend an einen Dritten weitergibt.

Bestimmte Umsätze von Wechseln

(4) ¹Unter § 43 Nr. 2 UStDV fallen nur Wechselumsätze. ²Den Wechsel muss der Unternehmer für einen zum Vorsteuerabzug berechtigenden Umsatz eines Dritten von dessen Leistungsempfänger erhalten haben. ³Außerdem muss der Unternehmer den Wechsel dafür erhalten haben, dass er den leistenden Unternehmer als Bürge oder Garantiegeber an Stelle des Leistungsempfängers befriedigt hat. ⁴Schließt der Umsatz des leistenden Unternehmers den Vorsteuerabzug nach § 15 Abs. 2 und 3 UStG aus, kann die Erleichterung des § 43 UStDV für den Wechselumsatz nicht in Anspruch genommen werden (§ 43 Nr. 2 Satz 2 UStDV).

Beispiel:

¹Der Zentralregulierer A gibt einer Bank oder einem sonstigen Empfänger einen Wechsel. ²Dieser nach § 4 Nr. 8 UStG steuerfreie Umsatz schließt den Vorsteuerabzug aus. ³Den Wechsel hat A von dem Leistungsempfänger B dafür erhalten, dass er dessen Zahlungsverpflichtung an den Lieferer C als Bürge beglichen hat. ⁴Der Umsatz des C an B berechtigte C zum Vorsteuerabzug.

⁵A kann für seinen Wechselumsatz von der Erleichterung des § 43 UStDV Gebrauch machen. ⁶Die Auswirkungen sind die gleichen wie im Beispiel in Absatz 3.

⁷Würde der Umsatz des C an B den Vorsteuerabzug nach § 15 Abs. 2 und 3 UStG ausschließen, käme für A die Erleichterung des § 43 UStDV nicht in Betracht.

Bestimmte Hilfsumsätze

(5)[1)] ¹Für die in § 43 Nr. 3 UStDV bezeichneten Umsätze darf die Erleichterung des § 43 UStDV nur unter der Voraussetzung angewendet werden, dass es sich bei ihnen um Hilfsumsätze handelt. ²Das ist dann der Fall, wenn diese Umsätze zur unternehmerischen Tätigkeit des Unternehmens gehören, jedoch nicht den eigentlichen Gegenstand des Unternehmens bilden. ³Die Erleichterung ist insbesondere für folgende Hilfsumsätze von Bedeutung:

1. ¹Eintausch ausländischer Zahlungsmittel durch einen Unternehmer, der diese Beträge für seine Waren- und Dienstleistungsumsätze von seinen Kunden erhalten hat. ²Dies gilt auch dann, wenn dieser Umsatz eine sonstige Leistung darstellt (vgl. BFH-Urteil vom 19.5.2010, XI R 6/09, BStBl. 2011 II S. 831).
2. Die Abgabe von Briefmarken im Zusammenhang mit dem Verkauf von Ansichtskarten durch Schreibwarenhändler oder Kioske.
3. Geschäftseinlagen bei Kreditinstituten von Unternehmern, bei denen Geldgeschäfte nicht den Gegenstand des Unternehmens bilden.

⁴Die Auswirkungen sind die gleichen wie im Beispiel in Absatz 3.

Verwaltungsgemeinkosten

(6) Aus Vereinfachungsgründen können bei der Aufteilung von Vorsteuerbeträgen alle Vorsteuerbeträge, die sich auf die sog. Verwaltungsgemeinkosten beziehen (z.B. die Vorsteuerbeträge für die Beschaffung des Büromaterials), nach einem einheitlichen Verhältnis ggf. schätzungsweise aufgeteilt werden, auch wenn einzelne Vorsteuerbeträge dieses Bereichs an sich bestimmten Umsätzen ausschließlich zuzurechnen wären.

---

1) Siehe Nichtbeanstandungsregelung durch BMF-Schreiben vom 05.10.2011, Anlage § 003-35

15.19. Vorsteuerabzug bei juristischen Personen des öffentlichen Rechts

Allgemeines

(1) ¹Bei juristischen Personen des öffentlichen Rechts ist zwischen der umsatzsteuerrechtlich relevanten Betätigung im Unternehmen und der nichtunternehmerischen Tätigkeit zu unterscheiden (vgl. BFH-Urteil vom 3.7.2008, V R 51/06, BStBl. 2009 II S. 213). ²Abziehbar sind Vorsteuerbeträge für Umsätze, die für den unternehmerischen Bereich der juristischen Person des öffentlichen Rechts ausgeführt werden (z.B. Lieferungen von Büromaterial für die Versorgungsbetriebe einer Stadtgemeinde) und in diesem Bereich nicht der Ausführung von Umsätzen dienen, die nach § 15 Abs. 2 und 3 UStG den Vorsteuerabzug ausschließen (Abschnitte 15.12 bis 15.15). ³Werden dem Unternehmensbereich dienende Gegenstände später für den nichtunternehmerischen Bereich entnommen oder verwendet, liegt eine unentgeltliche Wertabgabe vor. ⁴Die Einschränkung des Vorsteuerabzugs bei Repräsentationsaufwendungen nach § 15 Abs. 1a UStG (vgl. Abschnitt 15.6) gilt auch für juristische Personen des öffentlichen Rechts.

(2) ¹Der Vorsteuerabzug entfällt, wenn sich der Umsatz auf den nichtunternehmerischen Bereich bezieht (z.B. Lieferungen von Büromaschinen für die öffentliche Verwaltung einer Stadtgemeinde). ²Ein Kurort kann Spazier- und Wanderwege, die durch Widmung die Eigenschaft einer öffentlichen Straße erhalten haben, nicht seinem unternehmerischen Bereich zuordnen, der im Bereitstellen von „Einrichtungen des Fremdenverkehrs" gegen Kurbeitrag besteht. ³Die betreffende Gemeinde kann daher ihr bei der Errichtung dieser Wege in Rechnung gestellte Umsatzsteuer nicht als Vorsteuer abziehen (BFH-Urteil vom 26.4.1990, V R 166/84, BStBl. II S. 799). ⁴Werden die dem nichtunternehmerischen Bereich dienenden Gegenstände später in den unternehmerischen Bereich überführt oder dort verwendet, ist ein nachträglicher Vorsteuerabzug nicht zulässig.

Leistung für den unternehmerischen und den nichtunternehmerischen Bereich

(3) Wird ein Umsatz sowohl für den unternehmerischen als auch für den nichtunternehmerischen Bereich ausgeführt, ist wie folgt zu verfahren (vgl. auch Abschnitt 15.2 Abs. 21):

1. ¹Bei dem Bezug vertretbarer Sachen sowie bei der Inanspruchnahme sonstiger Leistungen ist die darauf entfallende Steuer entsprechend dem Verwendungszweck in einen abziehbaren und einen nicht abziehbaren Anteil aufzuteilen (z.B. bei einem gemeinsamen Bezug von Heizmaterial oder bei Inanspruchnahme eines Rechtsanwalts, der auf Grund eines einheitlichen Vertrages ständig Rechtsberatungen für beide Bereiche erbringt). ²Maßgebend für die Aufteilung sind die Verhältnisse bei Ausführung des betreffenden Umsatzes an die juristische Person des öffentlichen Rechts.

2. [1)] ¹Vorsteuerbeträge, die auf den Bezug einheitlicher Gegenstände entfallen, sind grundsätzlich in vollem Umfang abziehbar. ²Zum Ausgleich unterliegt die Nutzung für den nichtunternehmerischen Bereich als unentgeltliche Wertabgabe nach § 3 Abs. 9a Nr. 1 UStG der Steuer. ³Das gilt auch, wenn der auf den nichtunternehmerischen Bereich entfallende Anteil der Verwendung überwiegt. ⁴Zum Vorsteuerausschluss nach § 15 Abs. 1b UStG bei teilunternehmerisch genutzten Grundstücken siehe Abschnitte 3.4 Abs. 2 Sätze 4 und 5 sowie 15.6a.

Materialbeschaffungsstellen

(4) ¹Juristische Personen des öffentlichen Rechts haben vielfach zentrale Stellen zur Beschaffung von Material für den unternehmerischen und den nichtunternehmerischen Bereich eingerichtet (z.B. für Büromaterial, Heizmittel). ²Beim Bezug des Materials ist häufig noch nicht bekannt, in welchem Bereich es verwendet wird. ³In diesen Fällen sind die Beschaffungsstellen dem unternehmerischen Bereich zuzurechnen, sofern der auf diesen Bereich entfallende Anteil der Beschaffungen nicht unter 10 % der Gesamtbezüge liegt. ⁴Gehören danach die Beschaffungsstellen zu dem unternehmerischen Bereich, kann für den Bezug des gesamten Materials der Vorsteuerabzug in Anspruch genommen werden. ⁵Die spätere Überführung von Gegenständen in den nichtunternehmerischen Bereich ist nach § 3 Abs. 1b Satz 1 Nr. 1 UStG steuerpflichtig. ⁶Eine spätere teilweise Verwendung im nichtunternehmerischen Bereich ist nach § 3 Abs. 9a Nr. 1 UStG zu versteuern (vgl. Absatz 3). ⁷Für Gegenstände, die zwar im unternehmerischen Bereich verbleiben, aber dort zur Ausführung von Umsätzen verwendet werden, die nach § 15 Abs. 2 und 3 UStG den Vorsteuerabzug ausschließen, ist der Vorsteuerabzug beim Verlassen der Beschaffungsstelle rückgängig zu machen. ⁸Ist die zentrale Beschaffungsstelle dem nichtunternehmerischen Bereich zuzurechnen, entfällt der Vorsteuerabzug für das von ihr bezogene Material in vollem Umfang, und zwar auch für Gegenstände, die später im unternehmerischen Bereich verwendet werden.

---

1) Siehe Anlage § 015-51 (Abschnitt 15.19 Abs. 3 Nr. 2 UStAE ist ab dem 01.01.2011 in allen Fällen anzuwenden, die nicht unter die Übergangsregelung nach § 27 Abs. 16 UStG fallen).

§ 15 UStAE 15.20., 15.21.

15.20. Vorsteuerabzug bei Überlassung von Gegenständen durch Gesellschafter an die Gesellschaft

(1) ¹Erwirbt ein Gesellschafter, der bisher nur als Gesellschafter tätig ist, einen Gegenstand und überlässt er ihn der Gesellschaft entgeltlich zur Nutzung, wird er unternehmerisch tätig. ²Er kann die ihm beim Erwerb des Gegenstands in Rechnung gestellte Steuer unter den übrigen Voraussetzungen des § 15 UStG als Vorsteuer abziehen (vgl. Abschnitt 1.6 Abs. 7 Nr. 1). ³Ein Abzug der auf den Erwerb des Gegenstands entfallenden Vorsteuer durch die Gesellschaft ist ausgeschlossen, weil der Gegenstand nicht für das Unternehmen der Gesellschaft geliefert worden ist. ⁴Die Gesellschaft kann gegebenenfalls die Vorsteuern abziehen, die bei der Verwendung des Gegenstands in ihrem Unternehmen anfallen (z.B. der Gesellschaft in Rechnung gestellte Steuer für Reparaturen usw.). ⁵Überlässt der Gesellschafter dagegen den Gegenstand unentgeltlich zur Nutzung, handelt er insoweit nicht als Unternehmer. ⁶Das Gleiche gilt, wenn die Gebrauchsüberlassung einen auf Leistungsvereinigung gerichteten Vorgang darstellt (vgl. BFH-Urteil vom 24.8.1994, XI R 74/93, BStBl. 1995 II S. 150). ⁷In diesen Fällen ist weder der Gesellschafter noch die Gesellschaft berechtigt, die dem Gesellschafter beim Erwerb des Gegenstands in Rechnung gestellte Steuer als Vorsteuer abzuziehen (vgl. auch BFH-Urteile vom 26.1.1984, V R 65/76, BStBl. II S. 231, und vom 18.3.1988, V R 178/83, BStBl. II S. 646, sowie BFH-Beschluss vom 9.3.1989, V B 48/88, BStBl. II S. 580).

(2) ¹Ist ein Gesellschafter bereits als Unternehmer tätig und überlässt er der Gesellschaft einen Gegenstand seines Unternehmens zur Nutzung, kann er sowohl bei entgeltlicher als auch bei unentgeltlicher Überlassung die ihm bei der Anschaffung des überlassenen Gegenstands in Rechnung gestellte Steuer als Vorsteuer abziehen (vgl. Abschnitt 1.6 Abs. 7 Nr. 2). ²Ein Vorsteuerabzug der Gesellschaft ist insoweit ausgeschlossen.

(3) ¹Der Vorsteuerabzug nach den Absätzen 1 und 2 ist beim Gesellschafter nicht zulässig, wenn die Überlassung des Gegenstands nach § 15 Abs. 2 und 3 UStG den Abzug ausschließt. ²Ist der Überlassung eine Verwendung des Gegenstands im Unternehmen des Gesellschafters vorausgegangen, kann eine Vorsteueraufteilung oder eine Berichtigung des Vorsteuerabzugs nach § 15a UStG in Betracht kommen (vgl. Abschnitt 15.16).

15.21. Vorsteuerabzug aus Aufwendungen im Zusammenhang mit der Ausgabe von gesellschaftsrechtlichen Anteilen

(1) ¹Eine Personengesellschaft erbringt bei Aufnahme eines Gesellschafters gegen Bareinlage an diesen keinen steuerbaren und mithin auch keinen nach § 4 Nr. 8 Buchstabe f UStG steuerfreien Umsatz (vgl. BFH-Urteil vom 1.7.2004, V R 32/00, BStBl. II S. 1022). ²Auch bei der Gründung einer Gesellschaft durch die ursprünglichen Gesellschafter liegt kein steuerbarer Umsatz der Gesellschaft an die Gesellschafter vor. ³Die Ausgabe neuer Aktien zur Aufbringung von Kapital stellt keinen Umsatz dar, der in den Anwendungsbereich von Artikel 2 Abs. 1 MwStSystRL fällt. ⁴Dabei kommt es nicht darauf an, ob die Ausgabe der Aktien durch den Unternehmer im Rahmen einer Börseneinführung erfolgt oder von einem nicht börsennotierten Unternehmen ausgeführt wird (vgl. EuGH-Urteil vom 26.5.2005, C-465/03, EuGHE I S. 4357).

(2) Beim Vorsteuerabzug aus Aufwendungen, die im Zusammenhang mit der Ausgabe gesellschaftsrechtlicher Beteiligungen gegen Bareinlage stehen, ist zu beachten, dass Voraussetzung für den Vorsteuerabzug nach § 15 Abs. 1 UStG u.a. ist, dass der Unternehmer eine Leistung für sein Unternehmen von einem anderen Unternehmer bezogen hat und die Eingangsleistung nicht mit Umsätzen im Zusammenhang steht, die den Vorsteuerabzug nach § 15 Abs. 2 UStG ausschließen.

(3) Da die unternehmerische Tätigkeit mit dem ersten nach außen erkennbaren, auf eine Unternehmertätigkeit gerichteten Tätigwerden beginnt, wenn die spätere Ausführung entgeltlicher Leistungen beabsichtigt ist (vgl. Abschnitt 2.6 Abs. 1 Satz 1), können auch Beratungsleistungen im Zusammenhang mit der Gründung einer Gesellschaft und der Aufnahme von Gesellschaftern für das Unternehmen der Gesellschaft bezogen werden.

(4) ¹Das Recht auf Vorsteuerabzug aus den bezogenen Lieferungen und sonstigen Leistungen ist nur gegeben, wenn die hierfür getätigten Aufwendungen zu den Kostenelementen der „versteuerten", zum Vorsteuerabzug berechtigenden Ausgangsumsätze gehören (vgl. EuGH-Urteile vom 26.5.2005, C-465/03, EuGHE I S. 4357, und vom 13.3.2008, C-437/06, EuGHE I S. 1597). ²In den Fällen der Aufnahme eines Gesellschafters gegen Bareinlage oder der Ausgabe neuer Aktien ist diese Voraussetzung ungeachtet der Nichtsteuerbarkeit dieser Vorgänge vor dem Hintergrund des EuGH-Urteils vom 26.5.2005, a.a.O., für die mit den Vorgängen im Zusammenhang stehenden Eingangsleistungen erfüllt, wenn

1. die Aufnahme des Gesellschafters oder die Ausgabe neuer Aktien erfolgte, um das Kapital des Unternehmers zugunsten seiner wirtschaftlichen Tätigkeit im Allgemeinen zu stärken, und

2. die Kosten der Leistungen, die der Unternehmer in diesem Zusammenhang bezogen hat, Teil seiner allgemeinen Kosten sind und somit zu den Preiselementen seiner Produkte gehören.

(5) [1]Kosten für die Aufnahme eines Gesellschafters gegen Bareinlage, die Ausgabe von Aktien oder die Begebung von Inhaberschuldverschreibungen (vgl. BFH-Urteil vom 6.5.2010, V R 29/09, BStBl. II S. 885), die zu den allgemeinen Kosten des Unternehmers gehören, hängen somit grundsätzlich direkt und unmittelbar mit dessen wirtschaftlicher Tätigkeit zusammen. [2]Dies gilt auch für Aufwendungen des Unternehmers, die mit seiner rechtlichen Beratung im Zusammenhang mit der Aufnahme der unternehmerischen Tätigkeit oder mit einem Unternehmenskonzept entstehen.

(6) [1]Der Vorsteuerabzug ist nach den allgemeinen Grundsätzen des § 15 UStG zu gewähren. [2]In Bezug auf die mit der Ausgabe der Beteiligungen entstandenen Kosten ist daher hinsichtlich der Berechtigung zum Vorsteuerabzug Folgendes zu beachten:

1. [1]Dient die Ausgabe der Beteiligung der allgemeinen wirtschaftlichen Stärkung des Unternehmens und sind die dabei entstandenen Kosten zu Preisbestandteilen der Ausgangsumsätze geworden, gehören die Aufwendungen zu den allgemeinen Kosten, für die sich der Vorsteuerabzug nach den Verhältnissen des Besteuerungszeitraums des Leistungsbezugs bestimmt. [2]Führt der Unternehmer nicht ausschließlich zum Vorsteuerabzug berechtigende Umsätze aus, sind die abziehbaren Vorsteuern aus den im Zusammenhang mit der Gründung einer Gesellschaft, der Aufnahme eines Gesellschafters gegen Bareinlage oder die Ausgabe neuer Aktien im Zusammenhang stehenden Aufwendungen nach § 15 Abs. 4 UStG zu ermitteln (vgl. Abschnitt 15.17).

2. [1]Dienen die aus der Ausgabe der Beteiligungen zugeflossenen Mittel hingegen der Erweiterung oder Stärkung eines bestimmten Geschäftsbetriebs und sind die dabei entstandenen Kosten zu Preisbestandteilen nur bestimmter Ausgangsumsätze geworden (z.B. konkretes, aus dem Prospekt zur Ausgabe der Anteile ersichtliches Projekt), ist auf die insoweit beabsichtigte Verwendung abzustellen. [2]Maßgeblich für den Vorsteuerabzug sind die im Zeitpunkt des Leistungsbezugs für den Besteuerungszeitraum der Verwendung beabsichtigten Ausgangsumsätze (siehe BFH-Urteil vom 8.3.2001, V R 24/98, BStBl. 2003 II S. 430).

3. [1]Soweit das durch die Ausgabe von Beteiligungen beschaffte Kapital dem nichtunternehmerischen Bereich zufließt (z.B. Kapitalerhöhung durch eine Finanzholding), ist ein Vorsteuerabzug aus den damit verbundenen Aufwendungen nicht zulässig. [2]In den Fällen, in denen eine Gesellschaft neben dem unternehmerischen auch einen nichtunternehmerischen Bereich unterhält, und in denen die Mittel aus der Ausgabe der Beteiligung nicht ausschließlich dem unternehmerischen Bereich zufließen, sind die aus den mit der Ausgabe der Beteiligung zusammenhängenden Aufwendungen angefallenen Vorsteuerbeträge nach Abschnitt 15.2 Abs. 21 Nr. 1 aufzuteilen.

(7) [1]Die Grundsätze dieses Abschnitts sind in den Fällen der Ausgabe von Beteiligungen gegen Sacheinlage sinngemäß anzuwenden. [2]Zur umsatzsteuerrechtlichen Behandlung der Ausgabe von Beteiligungen gegen Sacheinlage beim einbringenden Gesellschafter vgl. BFH-Urteil vom 13.11.2003, V R 79/01, BStBl. 2004 II S. 375.

15.22. Vorsteuerabzug im Zusammenhang mit dem Halten von gesellschaftsrechtlichen Beteiligungen[1)]

[1]Wird ein Anteilseigner (insbesondere auch eine Holding) beim Erwerb einer gesellschaftsrechtlichen Beteiligung als Unternehmer tätig (vgl. Abschnitt 2.3 Abs. 2), muss er die Beteiligung seinem Unternehmen zuordnen. [2]Vorsteuern, die im Zusammenhang mit den im unternehmerischen Bereich gehaltenen gesellschaftsrechtlichen Beteiligungen anfallen, sind unter den allgemeinen Voraussetzungen des § 15 UStG abziehbar. [3]Hält der Unternehmer (z.B. eine gemischte Holding) daneben auch gesellschaftsrechtliche Beteiligungen im nichtunternehmerischen Bereich, sind Eingangsleistungen, die sowohl für den unternehmerischen Bereich als auch für den nichtunternehmerischen Bereich bezogen werden (z.B. allgemeine Verwaltungskosten der Holding, allgemeine Beratungskosten, Steuerberatungskosten usw.), für Zwecke des Vorsteuerabzugs aufzuteilen (Abschnitt 15.2 Abs. 21).

Verwaltungsregelungen zu § 15

Datum	Anlage	Quelle	Inhalt
04.09.96	§ 001-31	OFD Mst	Umsatzsteuerliche Behandlung der Übertragung von Wirtschaftsgütern (insbes. Milchquoten) im Rahmen von Gesellschaftsgründungen

---

1) Zum Vorsteuerabzug bei der Veräußerung von Gesellschaftsanteilen siehe BFH vom 27.01.2011; Anlage § 015-53

§ 15

Datum	Anlage	Quelle	Inhalt
07.07.99	§ 001-39	OFD Fra	Überlassung von Fahrzeugen (Werbemobilen) an soziale Institutionen, Sportvereine und Kommunen
05.03.01	§ 001-48	OFD Ka	Vorsteuerabzug bei der Geschäftsveräußerung nach dem 31.03.1999 mit erworbenem Kfz
10.12.03	§ 001-52	BMF	Umsatzsteuerrechtliche Beurteilung der Einschaltung von Unternehmern in die Erfüllung hoheitlicher Aufgaben
09.09.96	§ 002-11	OFD Cot	Umsatzsteuerliche Behandlung der Bauabfallentsorgung in den Ländern Brandenburg und Berlin
20.06.96	§ 014-11	FM Hes	Vorsteuerabzug aus Sammelrechnungen der Gesellschaft für Zahlungssysteme – GZS – (§§ 14 und 15 UStG)
14.11.85	§ 015-01	BMF	Prüfung von Ersatzbelegen für den Abzug der Einfuhrumsatzsteuer als Vorsteuer
21.11.85	§ 015-02	BMF	Erlaß von Umsatzsteuerschulden aus berichtigtem Vorsteuerabzug
11.12.86	§ 015-03	OFD Kln	Abzug der Einfuhrumsatzsteuer als Vorsteuer: Umschreibung von Ersatzbelegen auf den vorsteuerabzugsberechtigten Unternehmer
28.06.89	§ 015-04	OFD Hbg	Belegsicherung bei Abzug der Einfuhrumsatzsteuer als Vorsteuer
	§ 015-05		nicht belegt
21.05.90	§ 015-06	OFD Nbg	Vorsteuerabzug bei Errichtung eines Parkhauses unter Übernahme von Stellplatzverpflichtungen
27.12.90	§ 015-07	BMF	Umsatzsteuerrechtliche Beurteilung der Einschaltung von Unternehmern in die Erfüllung hoheitlicher Aufgaben
	§ 015-08		nicht belegt
	§ 015-09		nicht belegt
29.05.92	§ 015-10	BMF	Umsatzsteuerrechtliche Beurteilung der Einschaltung von Personengesellschaften beim Erwerb oder der Errichtung von Betriebsgebäuden der Kreditinstitute
11.03.93	§ 015-11	BMF	Aufteilung der Vorsteuer nach dem sog. Bankenschlüssel (Abschnitt 208 Abs. 4 UStR 1988)
31.03.93	§ 015-12	OFD Han	Erlangen von Steuervorteilen durch die Einschaltung naher Angehöriger – Mißbrauch rechtlicher Gestaltungsmöglichkeiten
	§ 015-13		nicht belegt
11.12.95	§ 015-14	OFD Ef	Anforderungen an zollamtliche Belege als Nachweis für Abzug der Einfuhrumsatzsteuer als Vorsteuer – Nichtanwendung des BFH-Urteils vom 09.02.1995
25.04.96	§ 015-15	OFD Ef	Vorsteuerabzug aus den Veräußerungskosten bei einer Geschäftsveräußerung
	§ 015-16		nicht belegt
13.01.97	§ 015-17	OFD Han	Vorsteuerabzug aus Rechnungen der Deutschen Telekom AG über Btx/Datex-J/T-Online Anbietervergütungen
22.04.97	§ 015-18	BMF	Verfahren zur Kontrolle des Vorsteuerabzugs
	§ 015-19		nicht belegt
	§ 015-20		nicht belegt
	§ 015-21		nicht belegt
16.06.99	§ 015-22	OFD Han	Behandlung von Vertragsübernahmen bei noch nicht erfüllten Werklieferungsverträgen
	§ 015-23		nicht belegt
04.11.99	§ 015-24	BMF	Vorsteuerabzug bei der Nutzung sog. Privatfahrzeuge von Unternehmern für unternehmerische Fahrten

§ 15

Datum	Anlage	Quelle	Inhalt
	§ 015-25		nicht belegt
	§ 015-26		nicht belegt
	§ 015-27		nicht belegt
	§ 015-28		nicht belegt
05.10.00	§ 015-29	BMF	Vorsteuerabzug bei Kleinbetragsrechnungen
08.02.01	§ 015-30	BMF	Vorsteuerabzug der Einfuhrumsatzsteuer (§ 15 Abs. 1 Nr. 2 UStG) bei papierloser Festsetzung der Einfuhrumsatzsteuer im IT-Verfahren ATLAS
	§ 015-31		nicht belegt
	§ 015-32		nicht belegt
02.10.01	§ 015-33	FM Bln	Vorsteuerabzug bei Dauerleistungen nach der neueren Rechtsprechung des BFH sowie Auswirkungen der Euro-umstellung
	§ 015-34		nicht belegt
	§ 015-35		nicht belegt
27.03.03	§ 015-36	OFD Han	Umsatzsteuerliche Behandlung des Pkw-Gemeinschafts-leasing durch Unternehmer und Arbeitnehmer
	§ 015-37		nicht belegt
	§ 015-38		nicht belegt
27.08.04	§ 015-39	BMF	Vorsteuerabzug und Umsatzbesteuerung bei unternehme-risch genutzten Fahrzeugen ab 01.04.1999
24.11.04	§ 015-40	BMF	Vorsteuerabzug bei gemischt genutzten Grundstücken
	§ 015-41		nicht belegt
28.03.06	§ 015-42	BMF	§ 15 Abs. 2 Satz 1 Nr. 3 UStG – Ausschluss des Vorsteuer-abzugs für Eingangsleistungen, die mit unentgeltlichen Lieferungen und sonstigen Leistungen in Zusammenhang stehen, die steuerfrei wären, wenn sie gegen Entgelt aus-geführt würden
	§ 015-43		nicht belegt
	§ 015-44		nicht belegt
	§ 015-45		nicht belegt
	§ 015-46		nicht belegt
09.05.08	§ 015-47	BMF	Vorsteuerabzug, Verzicht auf die Steuerbefreiung und ge-sonderte und einheitliche Feststellung der auf die Gemein-schafter entfallenden Vorsteuern bei gemeinschaftlicher Auftragserteilung
30.09.08	§ 015-48	BMF	§ 15 Abs. 4 UStG – Vorsteuerabzug bei der Anschaffung oder Herstellung von Gebäuden, die sowohl zur Erzielung vorsteuerunschädlicher als auch vorsteuerschädlicher Um-sätze verwendet werden
12.12.08	§ 015-49	BMF	Preisnachlässe durch Verkaufsagenten; Vertrauensschutz-regelung für die Korrektur des Vorsteuerabzugs beim End-verbraucher
11.04.11	§ 015-50	BMF	Auswirkungen des EuGH-Urteils vom 7.12.2006, C-240/05, Eurodental; Änderungen der Abschnitte 4.3.5, 4.4.1, 4.11b.1, 4.17.1, 4.19.1, 4.19.2, 4.25.1, 4.28.1, 6.1, 6a.1, 15.13, 25.2, und 25c.1
22.06.11	§ 015-51	BMF	Neuregelung des Vorsteuerabzugs bei teilunternehmerisch genutzten Grundstücken ab dem 1.1.2011, § 15 Abs. 1b UStG
07.07.11	§ 015-52	BMF	BFH-Urteile vom 1.9.2010, V R 39/08, und vom 8.9.2010, XI R 40/08; Vorsteuerabzug aus innergemeinschaftlichen Erwerben, § 15 Abs. 1 Satz 1 Nr. 3 UStG

§ 15

Datum	Anlage	Quelle	Inhalt
02.01.12	§ 015-53	BMF	Vorsteuerabzug nach § 15 UStG und Berichtigung des Vorsteuerabzugs nach § 15a UStG unter Berücksichtigung der BFH-Urteile vom 9.12.2010, V R 17/10, vom 12.1.2011, XI R 9/08, vom 13.1.2011, V R 12/08, vom 27.1.2011, V R 38/09, und vom 3.3.2011, V R 23/10

Rechtsprechungsauswahl

EuGH vom 16.02.2012 – Rs. C-118/11, Eon Aset Menidjmunt, DB 2012 S. 500: Private Nutzung unterliegt der Besteuerung als unentgeltliche Wertabgabe – Kein Vorsteuerabzug bei nicht dem Unternehmen zugeordnetem Wirtschaftsgut.
1. Art. 168 Buchst. a MwStSystRL ist dahin auszulegen, dass
   - ein gemietetes Kraftfahrzeug als für die Zwecke der besteuerten Umsätze des Steuerpflichtigen verwendet angesehen wird, wenn ein direkter und unmittelbarer Zusammenhang zwischen der Verwendung dieses Fahrzeugs und der wirtschaftlichen Tätigkeit des Steuerpflichtigen besteht, und dass das Recht auf Vorsteuerabzug mit Ablauf des Zeitraums entsteht, auf den sich die jeweilige Zahlung bezieht, und für das Bestehen eines solchen Zusammenhangs auf diesen Zeitpunkt abzustellen ist;
   - ein aufgrund eines Leasingvertrags gemietetes und als Investitionsgut eingestuftes Kraftfahrzeug als für die Zwecke der besteuerten Umsätze verwendet angesehen wird, wenn der Steuerpflichtige es als solcher erwirbt und vollständig dem Vermögen seines Unternehmens zuordnet, wobei die Vorsteuer grundsätzlich vollständig und sofort abziehbar ist und jede Verwendung des genannten Gegenstands für den privaten Bedarf des Steuerpflichtigen, für den Bedarf seines Personals oder für unternehmensfremde Zwecke einer Dienstleistung gegen Entgelt gleichgestellt ist.
2. Die Art. 168 und 176 MwStSystRL stehen einer nationalen Regelung nicht entgegen, die den Vorsteuerabzug für Gegenstände und Dienstleistungen ausschließt, die für unentgeltliche Umsätze oder für andere Tätigkeiten als die wirtschaftliche Tätigkeit des Steuerpflichtigen bestimmt sind, sofern die als Investitionsgüter eingestuften Gegenstände nicht dem Unternehmensvermögen zugeordnet sind.

EuGH vom 16.02.2012 – Rs. C-594/10, Van Caarhoven, DB 2012 S. 500: Besteuerung der privaten Nutzung nur auf der Grundlage von angemessenen Pauschalen zulässig nach vorherigem Vorsteuerabzug.
Art. 6 Abs. 2 Unterabs. 1 Buchst. a der 6. EG-Richtlinie in der durch die Richtlinie 95/7/EG des Rates vom 10.4.1995 geänderten Fassung ist i.V. mit Art. 11 Teil A Abs. 1 Buchst. c der 6. EG-Richtlinie dahin auszulegen, dass er einer nationalen Steuerregelung entgegensteht, die einen Steuerpflichtigen, dessen Fahrzeuge sowohl zu beruflichen als auch zu privaten Zwecken verwendet werden, zunächst berechtigt, die entrichtete Vorsteuer sofort und vollständig abzuziehen, aber sodann in Bezug auf die private Verwendung dieser Fahrzeuge eine jährliche Besteuerung vorsieht, die sich für die Bestimmung der Besteuerungsgrundlage der für ein bestimmtes Veranlagungsjahr geschuldeten Mehrwertsteuer auf eine Methode der pauschalen Berechnung der mit einer solchen Verwendung verbundenen Ausgaben stützt, die dem tatsächlichen Umfang dieser Verwendung nicht angemessen Rechnung trägt.

BFH vom 08.09.2011 – V R 43/10, DB 2012 S. 442: Vorsteuerabzug trotz Betrugsabsicht des Lieferers.
Dem Vorsteuerabzug aus einer Lieferung i.S. von § 15 Abs. 1, § 3 Abs. 1 UStG steht nicht entgegen, dass der Lieferer zivilrechtlich nicht Eigentümer des Liefergegenstands ist und darüber hinaus beabsichtigt, den gelieferten Gegenstand vertragswidrig nochmals an einen anderen Erwerber zu liefern.

BFH vom 07.07.2011 – V R 36/10, DB 2012 S. 386: Vorsteueraufteilung bei einer Spielhalle.
1. Beruft sich der Unternehmer aufgrund des Anwendungsvorrangs des Unionsrechts für die Steuerfreiheit eines Teils seiner Leistungen auf eine im Umsatzsteuergesetz (UStG) nicht zutreffend umgesetzte Steuerbefreiung der Richtlinie 77/388/EWG, ist auch über die Frage der Vorsteueraufteilung nach dieser Richtlinie zu entscheiden.
2. Unabhängig davon, ob Art. 17 Abs. 5 Unterabs. 3 der Richtlinie 77/388/EWG eine hinreichende Rechtsgrundlage für § 15 Abs. 4 UStG ist, kann der Unternehmer eine flächenbezogene Vorsteueraufteilung nur beanspruchen, wenn diese sachgerecht ist. Hieran fehlt es, wenn der Unternehmer einzelne Standflächen einer Spielhalle teilweise für den Betrieb umsatzsteuerpflichtiger und teilweise für den Betrieb umsatzsteuerfreier Spielgeräte verwendet.

§ 15

BFH vom 07.07.2011 – V R 42/09, UR 2011 S. 870: Zeitpunkt der Zuordnungsentscheidung bei gemischtgenutzten Gegenständen.

1. Ist ein Gegenstand sowohl für unternehmerische Zwecke als auch für nichtunternehmerische Zwecke vorgesehen (gemischte Nutzung), kann der Steuerpflichtige (Unternehmer) den Gegenstand
   a) insgesamt seinem Unternehmen zuordnen,
   b) ihn in vollem Umfang in seinem Privatvermögen belassen oder
   c) ihn im Umfang der tatsächlichen unternehmerischen Verwendung seinem Unternehmensvermögen zuordnen (Zuordnungswahlrecht).
2. Die sofort bei Leistungsbezug zu treffende Zuordnungsentscheidung ist „zeitnah", d.h. bis spätestens im Rahmen der Jahressteuererklärung zu dokumentieren.
3. Keine „zeitnahe" Dokumentation der Zuordnungsentscheidung liegt vor, wenn die Zuordnungsentscheidung dem Finanzamt erst nach Ablauf der gesetzlichen Abgabefrist von Steuererklärungen (31. Mai des Folgejahres) mitgeteilt wird.

BFH vom 30.03.2011 – XI R 12/08, UR 2011 S. 792: Bestimmung des Leistungsempfängers bei der Durchführung von TÜV-Hauptuntersuchungen von Fahrzeugen.

Eine Klage, mit der eine Kfz-Werkstatt gegenüber dem für sie nicht zuständigen Finanzamt des TÜV die Feststellung begehrt, dass sie und nicht der Halter des jeweiligen Kfz-Leistungsempfängerin i.S.d. § 15 Abs. 1 Satz 1 Nr. 1 UStG von im Einzelnen aufgezählten und vom TÜV durchgeführten gesetzlichen Hauptuntersuchungen i.S.d. § 29 StVZO ist, ist unzulässig, wenn weder über die Steuerbarkeit und Steuerpflicht der Leistung noch über die Höhe des Steuersatzes Streit besteht.

BFH vom 03.03.2011 – V R 23/10, UR 2011 S. 618: Anteiliger Vorsteuerabzug einer Gemeinde aus den Kosten einer Marktplatzsanierung.[1]

1. Eine juristische Person des öffentlichen Rechts ist Unternehmer, wenn sie eine wirtschaftliche Tätigkeit ausübt, die sich aus ihrer Gesamtbetätigung heraushebt (richtlinienkonforme Auslegung des § 2 Abs. 3 Satz 1 UStG 1999 i.V.m. § 4 KStG entsprechend ArL4 Abs. 5 der 6. EG-Richtlinie 77/388/EWG).
2. Handelt sie dabei auf privatrechtlicher Grundlage durch Vertrag, kommt es für ihre Unternehmereigenschaft auf weitere Voraussetzungen nicht an. Übt sie ihre Tätigkeit auf öffentlich-rechtlicher Grundlage z.B. durch Verwaltungsakt aus, ist sie Unternehmer, wenn eine Behandlung als Nichtunternehmer zu größeren Wettbewerbsverzerrungen führen würde.
3. Eine Gemeinde, die einen Marktplatz sowohl für eine steuerpflichtige wirtschaftliche Tätigkeit als auch als Straßenbaulastträger für hoheitliche Zwecke verwendet, ist aus den von ihr bezogenen Leistungen für die Sanierung des Marktplatzes zum anteiligen Vorsteuerabzug berechtigt.
4. Auf die Vorsteueraufteilung für Leistungsbezüge, die einer wirtschaftlichen und einer nichtwirtschaftlichen Tätigkeit des Unternehmers dienen, ist § 15 Abs. 4 UStG 1999 analog anzuwenden.

BFH vom 27.01.2011 – V R 38/09, DB 2011 S. 565: Kein Vorsteuerabzug beim steuerfreien Beteiligungsverkauf.

1. Beratungsleistungen, die ein Industrieunternehmen bezieht, um eine Beteiligung steuerfrei zu übertragen, stehen im direkten und unmittelbaren Zusammenhang zur steuerfreien Anteilsübertragung und berechtigen auch dann nicht zum Vorsteuerabzug, wenn das Unternehmen mittelbar beabsichtigt, den Veräußerungserlös für seine zum Vorsteuerabzug berechtigende wirtschaftliche Gesamttätigkeit zu verwenden.
2. Die Übertragung von Gesellschaftsanteilen begründet eine Geschäftsveräußerung hinsichtlich des Unternehmensvermögens der Gesellschaft, an der die Anteile bestehen, wenn alle Anteile an der Gesellschaft übertragen werden.
3. Werden nicht alle Gesellschaftsanteile, aber Anteile an einer Organgesellschaft veräußert, kommt eine Geschäftsveräußerung in Betracht, wenn zumindest eine die finanzielle Eingliederung ermöglichende Mehrheitsbeteiligung übertragen wird und der Erwerber seinerseits beabsichtigt, eine Organschaft zu der Gesellschaft, an der die Beteiligung besteht, zu begründen.

BFH vom 13.01.2011 – V R 12/08, DB 2011 S. 569[2]: Kein Vorsteuerabzug bei Zuwendung von Erschließungsanlagen – Sofortentscheidung über die Berechtigung zum Vorsteuerabzug – Unmittelbarer Zu-

---
1) Siehe dazu *Widmann*, BB 2011 S. 2021; *Küffner*, UR 2011 S. 621
2) Siehe dazu *Filtringer*, UR 2011 S. 295 und Anlage § 015-53

§ 15

sammenhang zwischen Eingangsumsatz und Ausgangsumsatz – Zuordnungswahlrecht – Lieferung von Erschließungsanlagen durch Zustimmung zur öffentlich-rechtlichen Widmung – Betriebsvorrichtungen – Kein Drittentgelt von Grundstückserwerbern für die Errichtung von Erschließungsanlagen – Nichtigkeit des Erschließungsvertrags.

1. Beabsichtigt der Unternehmer bereits bei Leistungsbezug, die bezogene Leistung nicht für seine wirtschaftliche Tätigkeit, sondern ausschließlich und unmittelbar für eine unentgeltliche Entnahme i.S. von § 3 Abs. 1b UStG 1999 zu verwenden, ist er nicht zum Vorsteuerabzug berechtigt (Änderung der Rechtsprechung). Dies gilt auch, wenn er mit dieser Entnahme mittelbar Ziele verfolgt, die ihn nach seiner wirtschaftlichen Gesamttätigkeit zum Vorsteuerabzug berechtigen würde.
2. Der Unternehmer ist nicht zum Vorsteuerabzug berechtigt, wenn er bei Errichtung von Erschließungsanlagen beabsichtigt, diese einer Gemeinde durch Zustimmung zur öffentlich-rechtlichen Widmung der Anlagen unentgeltlich i.S. von § 3 Abs. 1b Satz 1 Nr. 3 UStG 1999 zuzuwenden. Dies gilt auch, wenn er bei der Herstellung und Zustimmung zur Widmung der Erschließungsanlagen – mittelbar – beabsichtigt, Grundstücke im Erschließungsgebiet steuerpflichtig zu liefern.

BFH vom 12.01.2011, XI R 9/08: Vorsteuerabzugsrecht einer GmbH aus den Bauerrichtungskosten eines ihren Gesellschafter-Geschäftsführern für private Wohnzwecke überlassenen Gebäudes – Zuordnungswahlrecht bei gemischt-genutztem Grundstück.

1. Hat eine GmbH in den Jahren 1998 bis 2000 auf ihrem Betriebsgrundstück ein Gebäude errichtet, das sie teilweise unternehmerisch nutzt und teilweise ihren Gesellschafter-Geschäftsführern unentgeltlich für deren private Wohnzwecke überlässt, kann der GmbH ein Vorsteuerabzugsrecht aus den Bauerrichtungskosten zustehen.
2. Die Vereinbarung einer Nutzungsüberlassung von Wohnraum im Rahmen eines Mietvertrages oder eines Anstellungsvertrages gilt dagegen umsatzsteuerrechtlich regelmäßig als steuerfreie Vermietung und schließt den Vorsteuerabzug aus den entsprechenden Bauerrichtungskosten aus.

EuGH vom 22.12.2010 – Rs. C-438/09, Bogoslaw Juliusz Dankowski, UR 2011 S. 436: Gemeinschaftsrechtswidriger Ausschluss des Rechts auf Vorsteuerabzug bei fehlender Eintragung des Dienstleistenden in das Mehrwertsteuerregister.

1. Art. 18 Abs. 1 Buchst. a und Art. 22 Abs. 3 Buchst. b der 6. EG-Richtlinie 77/388/EWG in der durch die Richtlinie 2006/18/EG des Rates vom 14.2.2006 geänderten Fassung sind dahin auszulegen, dass einem Steuerpflichtigen das Recht auf Abzug der Mehrwertsteuer zusteht, die er auf Dienstleistungen entrichtet hat, die von einem anderen Steuerpflichtigen, der nicht als Mehrwertsteuerpflichtiger registriert ist, erbracht wurden, wenn die entsprechenden Rechnungen alle nach Art. 22 Abs. 3 Buchst. b der 6. EG-Richtlinie vorgeschriebenen Angaben enthalten, insbesondere diejenigen, die notwendig sind, um die Person, die die Rechnungen ausgestellt hat, und die Art der erbrachten Dienstleistungen zu identifizieren.
2. Art. 17 Abs. 6 der 6. EG-Richtlinie in der Fassung der Richtlinie 2006/18/EG ist dahin auszulegen, dass er einer nationalen Regelung entgegensteht, die das Recht auf Abzug der Mehrwertsteuer, die von einem Steuerpflichtigen an einen anderen Steuerpflichtigen – den Dienstleistungserbringer – gezahlt wurde, ausschließt, wenn der Dienstleistungserbringer nicht als Mehrwertsteuerpflichtiger registriert ist.

EuGH vom 22.12.2010 – Rs. C-277/09 – RBS Deutschland Holdings GmbH, DStR 2011 S. 66: Doppelte Nichtbesteuerung grenzüberschreitender Umsätze wegen unterschiedlicher Qualifizierung in zwei Mitgliedsstaaten nicht rechtsmissbräuchlich.

1. Unter Umständen wie denen des Ausgangsverfahrens ist Art. 17 Abs. 3 Buchst. a der Sechsten Richtlinie 77/388/EWG des Rates vom 17.5.1977 zur Harmonisierung der Rechtsvorschriften der Mitgliedstaaten über die Umsatzsteuern – Gemeinsames Mehrwertsteuersystem: einheitliche steuerpflichtige Bemessungsgrundlage dahin auszulegen, dass ein Mitgliedstaat einem Steuerpflichtigen den Abzug der beim Erwerb von Gegenständen in diesem Mitgliedstaat entrichteten Vorsteuer nicht verweigern kann, wenn diese Gegenstände für Leasinggeschäfte in einem anderen Mitgliedstaat verwendet wurden, die als Ausgangsumsätze in diesem zweiten Mitgliedstaat nicht der Mehrwertsteuer unterlagen.
2. Der Grundsatz des Verbots missbräuchlicher Praktiken steht unter Umständen wie denen des Ausgangsverfahrens, wenn also ein in einem Mitgliedstaat ansässiges Unternehmen beschließt, von seiner in einem anderen Mitgliedstaat ansässigen Tochtergesellschaft Gegenstände an ein im ersten Mitgliedstaat ansässiges Drittunternehmen verleasen zu lassen, um zu vermeiden, dass auf die Entgeltzahlungen für diese Umsätze, die im ersten Mitgliedstaat als im zweiten Mitgliedstaat erbrachte Vermietungsdienstleistungen und im zweiten Mitgliedstaat als im ersten Mitgliedstaat erfolgte Lie-

ferungen von Gegenständen gelten, Mehrwertsteuer erhoben wird, dem in Art. 17 Abs. 3 Buchst. a der Richtlinie verankerten Recht auf Vorsteuerabzug nicht entgegen.

BFH vom 09.12.2010 – V R 17/10, DStR 2011 S. 460: Kein Vorsteuerabzug beim Betriebsausflug, soweit keine Aufmerksamkeit (Grenze 110 EUR) vorliegt – Sofortentscheidung über die Berechtigung zum Vorsteuerabzug – Unmittelbarer Zusammenhang zwischen Eingangsumsatz und Ausgangsumsatz – Zuordnungswahlrecht – Leistungen an Arbeitnehmer – Zweck der Besteuerung der Verwendungsentnahme und Leistungsentnahme.

1. Beabsichtigt der Unternehmer bereits bei Leistungsbezug, die bezogene Leistung nicht für seine wirtschaftliche Tätigkeit, sondern ausschließlich und unmittelbar für eine unentgeltliche Entnahme i.S. von § 3 Abs. 9a UStG 1999 zu verwenden, ist er nicht zum Vorsteuerabzug berechtigt (Änderung der Rechtsprechung). Dies gilt auch, wenn er mit dieser Entnahme mittelbar Ziele verfolgt, die ihn zum Vorsteuerabzug berechtigen.
2. Der Unternehmer ist aus Leistungen für Betriebsausflüge, die ausschließlich und unmittelbar dem privaten Bedarf des Personals i.S. von § 3 Abs. 9a UStG 1999 dienen, im Regelfall auch dann nicht zum Vorsteuerabzug berechtigt, wenn er mittelbar beabsichtigt, durch den Betriebsausflug das Betriebsklima zu verbessern. Anders ist es nur, wenn es sich im Verhältnis des Unternehmers zum Betriebsangehörigen um eine sog. Aufmerksamkeit handelt.

BFH vom 02.11.2010 – VII R 62/10: Unzulässigkeit der Aufrechnung gegen in kritischer Zeit vor Eröffnung eines Insolvenzverfahrens erworbenen Vorsteuervergütungsanspruch.

Die Verrechnung von Insolvenzforderungen des Finanzamts mit einem aus der Honorarzahlung an einen vorläufigen Insolvenzverwalter resultierenden Vorsteuervergütungsanspruch des Insolvenzschuldners ist, sofern bei Erbringung der Leistungen des vorläufigen Insolvenzverwalters die Voraussetzungen des § 130 InsO oder des § 131 InsO vorgelegen haben, unzulässig (Änderung der Rechtsprechung).

BFH vom 29.10.2010 – V B 48/10, UR 2011 S. 616: Vollverzinsung bei rechtswidriger Inanspruchnahme von Vorsteuerabzug aus nicht steuerbarer Geschäftsveräußerung – Unbeachtlichkeit der Rechnungsberichtigung.

1. Durch die BFH-Rechtsprechung ist geklärt, dass der Empfänger einer nicht steuerbaren Geschäftsveräußerung im Ganzen aus einer hierüber mit gesondertem Steuerausweis erteilten Rechnung nicht zum Vorsteuerabzug berechtigt ist und im Fall einer rechtswidrigen Inanspruchnahme des Vorsteuerabzugs der Vollverzinsung nach § 233a AO unterliegt.
2. Eine Rechnungsberichtigung durch den Leistenden ist für den in der Vergangenheit tatsächlich in Anspruch genommenen Vorsteuerabzug ohne Bedeutung und vermag die Zinsfolgen nicht zu beeinflussen.

BFH vom 08.09.2010 – XI R 40/08, BStBl. 2011 II S. 661: Kein Vorsteuerabzug bei durch Verwendung der USt-IdNr. ortsverlagerten innergemeinschaftlichen Erwerben.[1]

Die Vorschrift des § 15 Abs. 1 Satz 1 Nr. 3 UStG, nach der der Unternehmer die Steuer für den innergemeinschaftlichen Erwerb von Gegenständen für sein Unternehmen als Vorsteuer abziehen kann, gilt bei richtlinienkonformer Auslegung nicht für den Fall, dass der Unternehmer im Mitgliedstaat der Identifizierung mehrwertsteuerpflichtig ist, weil er die Besteuerung des fraglichen innergemeinschaftlichen Erwerbs im Mitgliedstaat der Beendigung des Versands oder der Beförderung nicht nachgewiesen hat.

BFH vom 08.09.2010 – XI R 31/08, BStBl. 2011 II S. 197: Kein Vorsteuerabzug aus Rechnungen für Dienstleistungen zur Erfüllung einkommensteuerrechtlicher Pflichten der Gesellschafter.

Eine Personengesellschaft kann die ihr in Rechnung gestellte Umsatzsteuer für von ihr bezogene Dienstleistungen, die der Erfüllung einkommensteuerrechtlicher Verpflichtungen ihrer Gesellschafter dienen, nicht als Vorsteuer abziehen.

BFH vom 02.09.2010 – V R 55/09, BStB. 2011 II S. 235: Versagung des Vorsteuerabzugs bei unzutreffender Angabe der Steuernummer.

Enthält die Rechnung entgegen § 14 Abs. 4 Satz 1 Nr. 2 UStG nur eine Zahlen- und Buchstabenkombination, bei der es sich nicht um die dem leistenden Unternehmer erteilte Steuernummer handelt, ist der Leistungsempfänger nach § 15 Abs. 1 Satz 1 Nr. 1 Satz 2 UStG – vorbehaltlich einer Rechnungsberichtigung – nicht zum Vorsteuerabzug berechtigt.

---
[1] Ebenso BFH vom 01.09.2010 – V R 39/08; Hinweis auf Anlage § 015-52

§ 15

BFH vom 05.08.2010 – V R 13/09, BFH/NV 2011 S. 81: Versagung des Vorsteuerabzugs bei Beteiligung an einem Umsatzsteuerkarussell.

1. Soweit der Gerichtshof der Europäischen Union in seiner Rechtssprechung davon ausgeht, dass die objektiven Kriterien einer Lieferung im Fall einer Steuerhinterziehung nicht vorliegen, handelt es sich um einen eigenständigen Vorsteuerversagungsgrund. Für die Besteuerung von Ausgangsumsätzen ist dies aber ohne Bedeutung.
2. Für die Haftung des Lieferers in einem Umsatzsteuerkarussell gemäß § 71 AO bestimmt sich der Vermögensschaden des Fiskus grundsätzlich nach den verkürzten (vorsätzlich nicht angemeldeten) nominalen Steuerbeträgen für die Lieferungen und nicht nach den beim Leistungsempfänger zu dessen Gunsten unberechtigt verrechneten oder an diesen ausgezahlten Vorsteuerbeträgen.

BFH vom 22.07.2010 – V R 19/09, BStBl. 2010 II S. 1090: EuGH-Vorlage zur Zulässigkeit der Einschränkung des Umsatzschlüssels bei der Aufteilung von Vorsteuern aus der Errichtung eines gemischt-genutzten Gebäudes durch das Steueränderungsgesetz 2003.

Dem EuGH wird folgende Frage zur Vorabentscheidung vorgelegt[1]:

Ist Art. 17 Abs. 5 Unterabs. 3 der 6. EG-Richtlinie 77/388/EWG dahingehend auszulegen, dass er die Mitgliedstaaten ermächtigt, für die Aufteilung der Vorsteuern aus der Errichtung eines gemischt-genutzten Gebäudes vorrangig einen anderen Aufteilungsmaßstab als den Umsatzschlüssel vorzuschreiben?

EuGH vom 15.07.2010 – Rs. C-368/09 – Pannon Gep Centrum kft, DStR 2010 S. 1475[2]: Recht auf Vorsteuerabzug – Nationale Regelung, die eine falsche Angabe auf der Rechnung mit dem Verlust des Rechts auf Vorsteuerabzug ahndet.

Die Art. 167, 178 Buchst. a, 220 Nr. 1 und 226 der Richtlinie 2006/112/EG des Rates vom 28.11.2006 über das gemeinsame Mehrwertsteuersystem sind dahin auszulegen, dass sie einer nationalen Regelung oder Praxis, nach der die nationalen Behörden einem Steuerpflichtigen das Recht, den für ihn erbrachte Dienstleistungen geschuldeten oder entrichteten Mehrwertsteuerbetrag von der von ihm geschuldeten Mehrwertsteuer als Vorsteuer abzuziehen, mit der Begründung absprechen, dass die ursprüngliche Rechnung, die zum Zeitpunkt der Vornahme des Vorsteuerabzugs in seinem Besitz war, ein falsches Datum des Abschlusses der Dienstleistung aufgewiesen habe und dass die später berichtigte Rechnung und die die ursprüngliche Rechnung aufhebende Gutschrift nicht fortlaufend nummeriert gewesen seien, dann entgegenstehen, wenn die materiell-rechtlichen Voraussetzungen für den Vorsteuerabzug erfüllt sind und der Steuerpflichtige der betreffenden Behörde vor Erlass ihrer Entscheidung eine berichtigte Rechnung zugeleitet hat, in der das zutreffende Datum des Abschlusses der genannten Dienstleistung vermerkt war, auch wenn diese Rechnung und die die ursprüngliche Rechnung aufhebende Gutschrift keine fortlaufende Nummerierung aufweisen.

BFH vom 06.07.2010 – XI B 91/09, UR 2010 S. 826: Anforderungen an die Leistungsbeschreibung in einer zum Vorsteuerabzug berechtigenden Rechnung.

Die Angaben in einer Rechnung i.S.d. § 15 Abs. 1 Nr. 1 Satz 1 i.V.m. § 14 Abs. 4 UStG müssen nach ständiger Rechtsprechung eine eindeutige und leicht nachprüfbare Feststellung der Voraussetzungen für den Vorsteuerabzug ermöglichen. Der Aufwand zur Identifizierung der Leistung muss dahingehend begrenzt sein, dass die Rechnungsangaben eine eindeutige und leicht nachprüfbare Feststellung der Leistung ermöglichen, über die abgerechnet worden ist. Was zur Erfüllung dieser Voraussetzungen erforderlich ist, richtet sich nach den Umständen des Einzelfalls.

EuGH vom 02.07.2010 – Rs. C-377/08 – EGN BV – Filiale Italiana, DStRE 2010 S. 881: Vorsteuerabzug eines Erbringers von Telekommunikationsleistungen an einen in anderem Mitgliedstaat ansässigen Unternehmer.

Art. 17 Abs. 3 Buchst. a der Sechsten Richtlinie 77/388/EWG des Rates vom 17.5.1977 zur Harmonisierung der Rechtsvorschriften der Mitgliedstaaten über die Umsatzsteuern – Gemeinsames Mehrwertsteuersystem: einheitliche steuerpflichtige Bemessungsgrundlage in der durch die Richtlinie 95/7/EG des Rates vom 10.4.1995 geänderten Fassung ist dahin auszulegen, dass ein in einem Mitgliedstaat ansässiger Erbringer von Telekommunikationsdienstleistungen wie der am Ausgangsverfahren beteiligte danach berechtigt ist, in diesem Mitgliedstaat die Mehrwertsteuer abzuziehen oder erstattet zu bekommen, die im Zusammenhang mit Telekommunikationsdienstleistungen, die gegenüber einem in einem anderen Mitgliedstaat ansässigen Unternehmen erbracht wurden, als Vorsteuer entrichtet wurde,

---

1) Az. des EuGH C-511/10
2) Siehe dazu *Wäger*, DStR 2010 S. 1475; *Wagner*, UVR 2010 S. 311; *Huschens*, UVR 2010 S. 333; *Sterzinger*, UR 2010 S. 700

§ 15

wenn einem solchen Dienstleistungserbringer dieses Recht für den Fall zustünde, dass die fraglichen Dienstleistungen innerhalb des erstgenannten Mitgliedstaats erbracht worden wären.

BFH vom 19.05.2010 – XI R 78/07, BFH/NV 2010 S. 2132: Versagung des Vorsteuerabzugs im Umsatzsteuerkarussell beim sog. Buffer II.

1. Der Begriff der Lieferung ist bei einem mit einem Mehrwertsteuerbetrug behafteten Umsatz nicht erfüllt. Es ist aber zu berücksichtigen, dass jeder Umsatz in einer Lieferkette für sich zu betrachten ist; Umsätze, die nicht selbst mit einem Mehrwertsteuerbetrug behaftet sind, sind eine wirtschaftliche Tätigkeit eines Steuerpflichtigen und stellen Lieferungen dar.
2. Der Vorsteuerabzug ist zu versagen, wenn aufgrund objektiver Umstände feststeht, dass der Steuerpflichtige wusste oder wissen konnte bzw. hätte wissen müssen, dass er sich mit seinem Erwerb an einem Umsatz beteiligte, der in eine Mehrwertsteuerhinterziehung einbezogen war. Dies gilt im Rahmen eines Karussellbetrugs auch für Eingangsbezüge des sog. „Buffer II", der nicht in einer unmittelbaren Lieferbeziehung zum sog. „Missingtraders" steht.
3. Für die entsprechende Anwendung von § 166 BGB ist das Bestehen eines Vertretungsverhältnisses nicht maßgeblich. Eine Wissenszurechnung kommt jedoch nach wertender Beurteilung nur für die Kenntnisse in Betracht, welche die Mitarbeiter infolge der vorgesehenen Arbeitsteilung und Organisation des Betriebs im Rahmen ihrer jeweiligen Zuständigkeit erlangt haben oder hätten erlangen müssen.
4. Eine Ausnahme von dem Grundsatz, dass neues tatsächliches Vorbringen zu den materiell-rechtlichen Voraussetzungen des geltend gemachten Rechts im Revisionsverfahren nicht berücksichtigt werden kann, gilt u.a. im Hinblick auf Tatsachen, deren Beachtung sonst im Wege der Restitutionsklage gegen das Urteil des FG durchgesetzt werden könnte.

BFH vom 06.05.2010 – V R 29/09, BStBl. 2010 II S. 885: „Sphärentheorie": Vorsteuerabzug eines Unternehmers aus der Begebung von Inhaberschuldverschreibungen.

1. Dient eine vom Unternehmer begebene Inhaberschuldverschreibung dazu, seine umsatzsteuerpflichtige Unternehmenstätigkeit zu finanzieren, ist der Unternehmer aus den bei der Ausgabe der Inhaberschuldverschreibung entstehenden Kosten zum Vorsteuerabzug berechtigt.
2. Zur richtlinienkonformen Auslegung von § 15 Abs. 1 Satz 1 Nr. 1 und Abs. 2 Satz 1 Nr. 1 UStG nach Art. 17 Abs. 2 Buchst. a der Richtlinie 77/388/EWG.

EuGH vom 22.04.2010 – Rs. C-536/08 – X und fiscale eenheid Facet Trading BV, IStR 2010 S. 367 (verbundene Rechtssache C-539/08): Recht auf Vorsteuerabzug bei innergemeinschaftlichem Erwerb von Gegenständen.[1)]

Art. 17 Abs. 2 und 3 sowie Art. 28b Teil A Abs. 2 der Sechsten Richtlinie 77/388/EWG des Rates vom 17.5.1977 zur Harmonisierung der Rechtsvorschriften der Mitgliedstaaten über die Umsatzsteuern – Gemeinsames Mehrwertsteuersystem: einheitliche steuerpflichtige Bemessungsgrundlage in der Fassung der Richtlinie 92/111/EWG des Rates vom 14.12.1992 sind dahin auszulegen, dass der Erwerber in dem in Art. 28b Teil A Abs. 2 Unterabs. 1 genannten Fall nicht zum sofortigen Abzug der auf einen innergemeinschaftlichen Erwerb entrichteten Mehrwertsteuer als Vorsteuer berechtigt ist.

BFH vom 10.12.2009 – V R 13/08, BFH/NV 2010 S. 960: Vorsteueraufteilung gem. § 15 Abs. 4 UStG.

1. Bei Baumaßnahmen ist zwischen der Herstellung eines neuen Gebäudes und anschaffungsnahem Aufwand einerseits und Erhaltungsaufwendungen andererseits zu differenzieren. Liegen Herstellungskosten oder anschaffungsnaher Aufwand vor, ist für den Vorsteuerabzug unter Berücksichtigung von § 15 Abs. 4 UStG auf die Verwendungsverhältnisse des gesamten Gebäudes abzustellen. Für den Vorsteuerabzug aus Erhaltungsaufwendungen kommt es demgegenüber darauf an, wie der Gebäudeteil genutzt wird, für den die Erhaltungsaufwendungen entstehen.
2. Hat der Steuerpflichtige in einer Steuererklärung für das Kalenderjahr des Leistungsbezugs einen sachgerechten Maßstab für die Aufteilung von Vorsteuern gewählt und wird diese als Steuerfestsetzung formell bestandskräftig, ist er sowohl für das Erstjahr als auch für die Folgejahre an diese Wahl gebunden.

BFH vom 19.11.2009 – V R 41/08, UR 2010 S. 159: Vorsteuerabzug bei Ausweis eines überhöhten Steuerbetrags und bei nachträglicher Erhöhung der Bemessungsgrundlage.

1. Bei Ausweis eines überhöhten Steuerbetrags steht dem Leistungsempfänger der darin enthaltene – gesetzlich geschuldete – Betrag als Vorsteuer zu.

[1)] Siehe auch oben BFH vom 08.09.2010 – XI R 40/08

§ 15

2. Ein Vorsteuerabzug wegen Erhöhung der Bemessungsgrundlage erfordert die nachträgliche Vereinbarung eines Entgelts und die tatsächliche Zahlung des vereinbarten Entgelts.

EuGH vom 29.10.2009 – Rs. C-174/08 – NCC Construction Danmark A/S, UR 2010 S. 233: Berechnung des Pro-rata-Satzes des Vorsteuerabzugs eines Steuerpflichtigen mit steuerfreien und steuerpflichtigen Ausgangsumsätzen – steuerbefreiter Verkauf von für eigene Rechnung erstellten Immobilien keine Hilfsumsätze im Bereich der Grundstücksgeschäfte eines Bauunternehmens.

1. Art. 19 Abs. 2 Satz 2 der 6. EG-Richtlinie 77/388/EWG ist dahin auszulegen, dass im Fall eines Bauunternehmens der von diesem für eigene Rechnung durchgeführte Verkauf von Immobilien nicht als „Hilfsumsätze im Bereich der Grundstücksgeschäfte" eingestuft werden kann, da diese Tätigkeit die unmittelbare, dauerhafte und notwendige Erweiterung der steuerbaren Tätigkeit dieses Unternehmens darstellt. Daher braucht nicht konkret beurteilt zu werden, in welchem Umfang diese Verkaufstätigkeit für sich betrachtet eine Verwendung von Gegenständen und Dienstleistungen erfordert, für die die Mehrwertsteuer zu entrichten ist.
2. Der Grundsatz der steuerlichen Neutralität steht dem nicht entgegen, dass ein Bauunternehmen, das Mehrwertsteuer auf die Bauleistungen entrichtet, die es für eigene Rechnung *durchführt* (Lieferungen an sich selbst), die Vorsteuer für die durch die Erbringung dieser Dienstleistungen entstandenen Gemeinkosten nicht abziehen kann, wenn der Umsatz aus dem Verkauf der auf diese Weise erstellten Bauwerke von der Mehrwertsteuer befreit ist.

EuGH vom 29.10.2009 – Rs. C-29/08 – AB SKF, UR 2010 S. 107: Vorsteuerabzug aus bezogenen Dienstleistungen zum Zwecke der Veräußerung einer Tochtergesellschaft und einer Beteiligung an einer beherrschten Gesellschaft durch eine Muttergesellschaft.

1. Art. 2 Abs. 1 und Art. 4 Abs. 1 und 2 der 6. EG-Richtlinie 77/388/EWG in der durch die Richtlinie 95/7/EG des Rates vom 10.4.1995 geänderten Fassung sowie Art. 2 Abs. 1 und Art. 9 Abs. 1 MwStSystRL 2006/112/EG sind dahin auszulegen, dass eine von einer Muttergesellschaft vorgenommene Veräußerung sämtlicher Aktien an einer zu 100% gehaltenen Tochtergesellschaft sowie der verbleibenden Beteiligung der Muttergesellschaft an einer beherrschten Gesellschaft, an der sie früher zu 100% beteiligt war, denen die Muttergesellschaft mehrwertsteuerpflichtige Dienstleistungen erbracht hat, eine in den Anwendungsbereich der genannten Richtlinien fallende wirtschaftliche Tätigkeit ist. Soweit jedoch die Aktienveräußerung der Übertragung des Gesamtvermögens oder eines Teilvermögens eines Unternehmens i.S.v. Art. 5 Abs. 8 der 6. EG-Richtlinie in der durch die Richtlinie 95/7/EG geänderten Fassung oder von Art. 19 Abs. 1 MwStSystRL gleichgestellt werden kann und sofern der betroffene Mitgliedstaat sich für die in diesen Bestimmungen vorgesehene Befugnis entschieden hat, stellt dieser Umsatz keine der Mehrwertsteuer unterliegende wirtschaftliche Tätigkeit dar.
2. Eine Aktienveräußerung wie die im Ausgangsverfahren in Rede stehende ist von der Mehrwertsteuer gem. Art. 13 Teil B Buchst. d Nr. 5 der 6. EG-Richtlinie in der durch die Richtlinie 95/7/EG geänderten Fassung und Art. 135 Abs. 1 Buchst. f MwStSystRL zu befreien.
3. Das Recht auf den Abzug der Vorsteuer auf Leistungen, die für Zwecke einer Aktienveräußerung erbracht wurden, besteht gem. Art. 17 Abs. 1 und 2 der 6. EG-Richtlinie in der durch die Richtlinie 95/7/EG geänderten Fassung sowie gem. Art. 168 MwStSystRL, wenn zwischen den mit den Eingangsleistungen verbundenen Ausgaben und der wirtschaftlichen Gesamttätigkeit des Steuerpflichtigen ein direkter und unmittelbarer Zusammenhang besteht. Es obliegt dem vorlegenden Gericht, unter Berücksichtigung aller Umstände, unter denen die im Ausgangsverfahren in Rede stehenden Umsätze getätigt wurden, festzustellen, ob die getätigten Ausgaben Eingang in den Preis der verkauften Aktien finden können oder allein zu den Kostenelementen der auf die wirtschaftlichen Tätigkeiten des Steuerpflichtigen entfallenden Umsätze gehören.
4. Der Umstand, dass die Aktienveräußerung sich in mehreren Schritten vollzieht, wirkt sich auf die Beantwortung der vorstehenden Fragen nicht aus.

BFH vom 15.10.2009 – XI R 82/07, BStBl. 2010 II S. 247: Vorsteuerabzug setzt direkten und unmittelbaren Zusammenhang mit steuerpflichtigen Ausgangsumsätzen voraus.

Zwischen den Aufwendungen für die Errichtung eines Gebäudes, das an Arztpraxen vermietet wird, und Zahlungen eines Apothekers an den Vermieter, damit dieser das Gebäude an Ärzte vermietet, besteht kein zum Vorsteuerabzug nach § 15 Abs. 1 Satz 1 Nr. 1 UStG 1999 berechtigender direkter und unmittelbarer Zusammenhang. Diese Zahlungen sind deshalb bei der Aufteilung der Vorsteuerbeträge nach Maßgabe eines Umsatzschlüssels nicht zu berücksichtigen.

BFH vom 23.09.2009 – XI R 18/08, BStBl. 2010 II S. 313: Kein Abzug von Vorsteuerbeträgen aus Kosten für die Errichtung eines ausschließlich privat genutzten Anbaus.

Errichtet ein Unternehmer ein ausschließlich für private Wohnzwecke zu nutzendes Einfamilienhaus als Anbau an eine Werkshalle auf seinem Betriebsgrundstück, darf er den Anbau nicht seinem Unternehmen zuordnen, wenn beide Bauten räumlich voneinander abgrenzbar sind. In diesem Fall steht ihm kein Vorsteuerabzug aus den Kosten für die Errichtung des Anbaus zu.

BFH vom 23.09.2009 – XI R 14/08, BStBl. 2010 II S. 243[1]**:** Kein Vorsteuerabzug einer Grundstücksgemeinschaft, wenn nur einer ihrer Gemeinschafter Leistungsempfänger und die Rechnung nur an ihn adressiert ist.

Einer Grundstücksgemeinschaft steht der Vorsteuerabzug aus Rechnungen für Modernisierungs- und Instandhaltungsmaßnahmen eines Wohn- und Geschäftshauses nicht zu, wenn nach außen nur einer der Gemeinschafter als Vertragspartner auftritt, ohne offen zu legen, dass er auch im Namen des anderen Gemeinschafters handelt, und wenn die Rechnungen nur an ihn adressiert sind.

BFH vom 13.05.2009 – XI R 84/07, BStBl. 2009 II S. 868: Vorsteuerabzugsberechtigung nach Wechsel des Organträgers.

1. Wechselt der Organträger infolge einer Veräußerung der Anteile an der Organgesellschaft zeitlich nach dem Bezug einer Leistung durch die Organgesellschaft, aber noch vor Erhalt der Rechnung, steht das Recht zum Vorsteuerabzug aus diesem Leistungsbezug nicht dem neuen Organträger zu.
2. Die Berechtigung des Organträgers zum Vorsteuerabzug aus Eingangsleistungen der Organgesellschaft richtet sich nach den Verhältnissen im Zeitpunkt des Leistungsbezugs, nicht der Rechnungserteilung.

BFH vom 30.04.2009 – V R 15/07, BStBl. 2009 II S. 744: Kein Gutglaubensschutz beim Vorsteuerabzug.

1. § 15 UStG 1993 schützt nicht den guten Glauben an die Erfüllung der Voraussetzungen für den Vorsteuerabzug.
2. Liegen die materiellen Voraussetzungen für den Vorsteuerabzug wegen unzutreffender Rechnungsangaben nicht vor, kommt unter Berücksichtigung des Grundsatzes des Vertrauensschutzes ein Vorsteuerabzug im Billigkeitsverfahren (§§ 163, 227 AO) in Betracht.
3. Macht der Steuerpflichtige im Festsetzungsverfahren geltend, ihm sei der Vorsteuerabzug trotz Nichtvorliegens der materiell-rechtlichen Voraussetzungen zu gewähren, ist die Entscheidung über die Billigkeitsmaßnahme nach § 163 Satz 3 AO regelmäßig mit der Steuerfestsetzung zu verbinden.

EuGH vom 23.04.2009 – Rs. C-74/08 – PARAT Automotive Cabrio, IStR 2009 S. 392: Festlegung des Anwendungsbereichs des nationalen Steuerrechts betreffend das Recht auf Abzug der Mehrwertsteuer auf den Kauf subventionierter Gegenstände.

1. Art. 17 Abs. 2 und 6 der Sechsten Richtlinie 77/388/EWG des Rates vom 17.5.1977 zur Harmonisierung der Rechtsvorschriften der Mitgliedstaaten über die Umsatzsteuern – Gemeinsames Mehrwertsteuersystem: einheitliche steuerpflichtige Bemessungsgrundlage ist dahin auszulegen, dass er einer nationalen Regelung entgegensteht, die im Fall des Erwerbs von mit Geldern aus dem Staatshaushalt subventionierten Gegenständen einen Abzug der darauf angefallenen Mehrwertsteuer nur für den nicht subventionierten Teil dieses Erwerbs erlaubt.
2. Art. 17 Abs. 2 der Sechsten Richtlinie 77/388 begründet für die Steuerpflichtigen Rechte, auf die sie sich vor den nationalen Gerichten berufen können, um einer mit dieser Vorschrift unvereinbaren nationalen Regelung entgegenzutreten.

EuGH vom 23.04.2009 – Rs. C-460/07 – Sandra Puffer, DStR 2009 S. 903[2]**:** Liquiditätsvorteile aus der Seeling-Rechtsprechung verstoßen nicht gegen den Gleichbehandlungsgrundsatz oder das Beihilfeverbot.

1. Art. 17 Abs. 2 Buchst. a und Art. 6 Abs. 2 Buchst. a der Sechsten Richtlinie 77/388/EWG des Rates vom 17.5.1977 zur Harmonisierung der Rechtsvorschriften der Mitgliedstaaten über die Umsatzsteuern – Gemeinsames Mehrwertsteuersystem: einheitliche steuerpflichtige Bemessungsgrundlage verstoßen nicht dadurch gegen den allgemeinen gemeinschaftsrechtlichen Grundsatz der Gleichbehandlung, dass sie mittels des Rechts auf vollen und sofortigen Abzug der Vorsteuer für die Herstellung eines gemischt genutzten Gebäudes und durch die gestaffelte Nacherhebung der Mehr-

---

1) Siehe dazu *Widmann*, UR 2010 S. 115
2) Siehe dazu *Widmann*, UR 2009 S. 410

§ 15

wertsteuer auf die private Verwendung dieses Gebäudes den Steuerpflichtigen gegenüber Nichtsteuerpflichtigen und gegenüber Steuerpflichtigen, die ihr Gebäude nur zu privaten Wohnzwecken verwenden, einen finanziellen Vorteil einräumen können.

2. Art. 87 Abs. 1 EG ist dahin auszulegen, dass er einer nationalen Maßnahme zur Umsetzung von Art. 17 Abs. 2 Buchst. a der Sechsten Richtlinie 77/388, nach der das Vorsteuerabzugsrecht nur den Steuerpflichtigen zusteht, die besteuerte Umsätze tätigen, nicht aber jenen, die nur steuerbefreite Umsätze tätigen, nicht insofern entgegensteht, als diese nationale Maßnahme nur den erstgenannten Steuerpflichtigen einen finanziellen Vorteil verschaffen kann.

3. Art. 17 Abs. 6 der Sechsten Richtlinie 77/388 ist dahin auszulegen, dass die dort vorgesehene Ausnahme nicht für eine nationale Bestimmung gilt, die eine zum Zeitpunkt des Inkrafttretens dieser Richtlinie bestehende Rechtsvorschrift ändert, auf einem anderen Grundgedanken als das frühere Recht beruht und neue Verfahren schafft. Insoweit ist es unerheblich, ob der nationale Gesetzgeber die Änderung des früheren nationalen Rechts aufgrund einer zutreffenden oder unzutreffenden Auslegung des Gemeinschaftsrechts vornahm. Die Beantwortung der Frage, ob sich eine solche Änderung einer nationalen Bestimmung auch auf die Anwendbarkeit von Art. 17 Abs. 6 Unterabs. 2 der Sechsten Richtlinie 77/388 auf eine andere nationale Bestimmung auswirkt, hängt davon ab, ob diese nationalen Bestimmungen in einer Wechselbeziehung stehen oder autonom sind; dies zu ermitteln ist Sache des nationalen Gerichts.

BFH vom 25.03.2009 – V R 9/08, BStBl. 2010 II S. 651: Vorsteueraufteilung gem. § 15 Abs. 4 UStG.

1. Für die Vorsteueraufteilung nach § 15 Abs. 4 UStG sind Ausbauflächen eines Dachgeschosses als eigenständiges Aufteilungsobjekt anzusehen, wenn die Ausbauflächen eigenständig genutzt werden.

2. Erfolgt die Verwendung der Dachgeschossflächen demgegenüber nur im Zusammenhang mit den Altflächen, kommt es für die Vorsteueraufteilung aus den Ausbaukosten auf die hinsichtlich des gesamten Gebäudes bestehende Verwendung (Verwendungsabsicht) an.

BFH vom 11.03.2009 – XI R 69/07, BStBl. 2009 II S. 496: Kein Vorsteuerabzug bei steuerfreien Umsätzen und Selbstnutzung eines Gebäudes.

Ein Unternehmer, der ein gemischtgenutztes Gebäude zum Teil für steuerfreie Umsätze aus der Tätigkeit als Arzt und zum Teil für private Wohnzwecke verwendet, hat auch für die Zeit ab dem 1.4.1999 keinen Anspruch auf Vorsteuerabzug aus den Anschaffungskosten des Gebäudes (vgl. für die Zeit bis zum 1.4.1999 BFH-Urteil vom 8.10.2008 XI R 58/07).

BFH vom 18.02.2009 – V R 82/07, DStR 2009 S. 739, BStBl. 2009 II S. 876: Vorsteuerabzug bei Treuhandverhältnis – Voraussetzungen der Hinzuziehung nach § 174 Abs. 4 und Abs. 5 AO.

1. Saniert ein Treuhänder ein Gebäude für Zwecke einer umsatzsteuerpflichtigen Vermietung, ist der Treuhänder und nicht der Treugeber aufgrund der im Namen des Treuhänders bezogenen Bauleistungen zum Vorsteuerabzug berechtigt.

2. Die Hinzuziehung eines Dritten nach § 174 Abs. 4 und 5 AO muss vor Ablauf der für den Dritten geltenden Festsetzungsfrist erfolgen.

EuGH vom 12.02.2009 – Rs. C-515/07 – Vereniging Noordelijke Land- en Tuinbouw Organisatie, IStR 2009 S. 207: Vorsteuerabzug bei Bezügen für Zwecke der besteuerten und der nicht besteuerten Tätigkeit.

Art. 6 Abs. 2 Buchst. a und Art. 17 Abs. 2 der Sechsten Richtlinie 77/388/EWG des Rates vom 17.5.1977 zur Harmonisierung der Rechtsvorschriften der Mitgliedstaaten über die Umsatzsteuern – Gemeinsames Mehrwertsteuersystem: einheitliche steuerpflichtige Bemessungsgrundlage sind dahin auszulegen, dass sie auf die Verwendung von Gegenständen und Dienstleistungen nicht anwendbar sind, die dem Unternehmen für die Zwecke anderer als der besteuerten Umsätze des Steuerpflichtigen zugeordnet sind, so dass die Mehrwertsteuer, die aufgrund des Bezugs dieser für solche Umsätze verwendeten Gegenstände und Dienstleistungen geschuldet wird, nicht abziehbar ist.

FG Rheinland-Pfalz vom 29.01.2009 – 6 K 1340/07 – rechtskräftig, DStRE 2009 S. 815: Bekanntmachung der Zuordnungsentscheidung bei gemischt genutzten Gebäuden gegenüber dem Finanzamt durch Umsatzsteuer-Jahreserklärung.

Bei einem gemischt genutzten Gebäude kann die Entscheidung, das gesamte Gebäude dem Unternehmen zuzuordnen, dem Finanzamt mit der Umsatzsteuer-Jahreserklärung bekannt gemacht werden, sofern nicht aus vorausgegangener unternehmerischer Tätigkeit die Verpflichtung zur Abgabe von Umsatzsteuer-Voranmeldungen besteht.

§ 15

EuGH vom 18.12.2008 – Rs. C-488/07, DB 2009 S. 158: Zur Anwendung der Rundungsregelung beim Pro-rata-Satz des Vorsteuerabzugs.

Die Mitgliedstaaten sind nicht verpflichtet, die Rundungsregel des Art. 19 Abs. 1 Unterab. 2 der 6. EG-Richtlinie anzuwenden, wenn der Pro-rata-Satz des Vorsteuerabzugs nach einer der besonderen Methoden des Art. 17 Abs. 5 Unterabs. 3 Buchst. a, b, c oder d dieser Richtlinie berechnet wird.

BFH vom 08.10.2008 – XI R 58/07, BStBl. 2009 II S. 394: Kein Vorsteuerabzug bei steuerfreier Vermietung und Selbstnutzung eines Gebäudes.

Eine Grundstücksgemeinschaft, die ein Gebäude zum Teil steuerfrei an eine Arztpraxis vermietet und es im Übrigen den Gemeinschaltern für private Wohnzwecke überlässt, hat keinen Anspruch auf Vorsteuerabzug aus den Herstellungskosten des Gebäudes.

BFH vom 02.07.2008 – XI R 60/06, BStBl. 2009 II S. 167; DStR 2008 S. 2159: Vorsteuerabzug und Vorsteuerberichtigung bei einer Segeljachtvercharterung ohne Überschusserzielungsabsicht.

1. Vorsteuerbeträge, die auf laufende Aufwendungen für Segeljachten entfallen, sind ab dem 1.4.1999 gemäß § 15 Abs. 1a Nr. 1 UStG 1999 i.V.m. § 4 Abs. 5 Satz 1 Nr. 4 EStG nicht abziehbar, wenn der Unternehmer die Segeljachten zwar nachhaltig und zur Erzielung von Einnahmen, jedoch ohne Gewinn-/Überschusserzielungsabsicht vermietet.
2. Hat der Unternehmer die Segeljachten bereits vor dem 1.4.1999 erworben und die Vorsteuer für die Kosten des Erwerbs abgezogen, ist der Vorsteuerabzug nach § 17 Abs. 2 Nr. 5 UStG 1999 zu berichtigen, soweit er auf die AfA in der Zeit ab dem 1. 4.1999 entfällt.

EuGH vom 08.05.2008 – Rs. C-95/07, C-96/07 – Ecotrade SpA/Agenzia delle Entrate, DStRE 2008 S. 959: Zur Zulässigkeit von Ausschlussfristen für Recht auf Vorsteuerabzug.

1. Die Art. 17, Art. 18 Abs. 2 und 3 und Art. 21 Nr. 1 Buchst. b der Sechsten MwSt-Richtlinie 77/388/EWG in der durch Richtlinie 2000/17/EG des Rates vom 30.3.2000 geänderten Fassung stehen einer nationalen Regelung, die eine Ausschlussfrist für die Ausübung des Vorsteuerabzugsrechts wie die in den Ausgangsverfahren in Rede stehende vorsieht, nicht entgegen, sofern die Grundsätze der Äquivalenz und der Effektivität beachtet werden. Der Effektivitätsgrundsatz wird nicht schon dadurch missachtet, dass die Steuerverwaltung für die Erhebung der nicht entrichteten Mehrwertsteuer über eine längere Frist verfügt als der Steuerpflichtige für die Ausübung seines Vorsteuerabzugsrechts.
2. Allerdings stehen Art. 18 Abs. 1 Buchst. d und Art. 22 der Sechsten MwSt-Richtlinie 77/388 in der durch Richtlinie 2000/17 geänderten Fassung einer Praxis der Berichtigung von Steuererklärungen und der Erhebung der Mehrwertsteuer entgegen, nach der eine Nichterfüllung – wie in den Ausgangsverfahren – zum einen der Verpflichtungen, die sich aus den von der nationalen Regelung in Anwendung von Art. 18 Abs. 1 Buchst. d vorgeschriebenen Förmlichkeiten ergeben, und zum anderen der Aufzeichnungs- und Erklärungspflichten nach Art. 22 Abs. 2 und 4 im Fall der Anwendung des Reverse-Charge-Verfahrens mit der Verwehrung des Abzugsrechts geahndet wird.

Nieders. FG vom 24.04.2008 – 16 K 335/07 – rechtskräftig, DStRE 2009 S. 874: Art der Spielgeräte einer Spielhalle kein sachgerechter Aufteilungsmaßstab für Vorsteuer.

Die Aufteilung der Vorsteuern einer Spielhalle, die steuerfreie (Geldspielautomaten) und steuerpflichtige (Unterhaltungsgeräte) Umsätze erzielt, nach der Anzahl der jeweiligen Geräte ist im Gegensatz zur Aufteilung nach Höhe der Umsätze kein sachgerechter Aufteilungsmaßstab.

BFH vom 11.04.2008 – V R 10/07, BStBl. 2009 II S. 741: Kein Vorsteuerabzug aus der Anschaffung einer Photovoltaikanlage bei nicht zeitnaher Zuordnung zum Unternehmensvermögen.

1. Ob eine sonst nicht unternehmerisch tätige Person, die im Jahr 1997 auf dem Dach ihres selbstgenutzten Eigenheims eine Photovoltaikanlage betrieb und den erzeugten Strom teilweise gegen Vergütung in das öffentliche Stromnetz eingespeist hat, als Unternehmer im Sinne des Umsatzsteuerrechts anzusehen war, bleibt offen.
2. Ein Vorsteuerabzug aus einer 1997 vorgenommenen Anschaffung einer Photovoltaikanlage, der erstmals in einer im Jahr 2002 abgegebenen Umsatzsteuererklärung für das Jahr 1997 geltend gemacht wird, ist nicht möglich.

EuGH vom 13.03.2008 – Rs. C-437/06 – Securenta Göttinger Immobilienanlagen und Vermögensmanagement AG, BStBl. 2008 II S. 727; IStR 2008 S. 293: Abzug der Mehrwertsteuer bei Aufwendungen im Zusammenhang mit der Ausgabe von Aktien und atypischen stillen Beteiligungen.

§ 15

1. Für den Fall, dass ein Steuerpflichtiger zugleich steuerpflichtigen oder steuerfreien wirtschaftlichen Tätigkeiten und nichtwirtschaftlichen, nicht in den Anwendungsbereich der Sechsten Richtlinie 77/388/EWG des Rates vom 17.5.1977 zur Harmonisierung der Rechtsvorschriften der Mitgliedstaaten über die Umsatzsteuern – Gemeinsames Mehrwertsteuersystem: einheitliche steuerpflichtige Bemessungsgrundlage fallenden Tätigkeiten nachgeht, ist der Abzug der Vorsteuer auf Aufwendungen im Zusammenhang mit der Ausgabe von Aktien und atypischen stillen Beteiligungen nur insoweit zulässig, als diese Aufwendungen der wirtschaftlichen Tätigkeit des Steuerpflichtigen i.S. des Art. 2 Nr. 1 der Sechsten Richtlinie zuzurechnen sind.

2. Die Festlegung der Methoden und Kriterien zur Aufteilung der Vorsteuerbeträge zwischen wirtschaftlichen und nichtwirtschaftlichen Tätigkeiten im Sinne der Sechsten Richtlinie 77/388 steht im Ermessen der Mitgliedstaaten, die bei der Ausübung ihres Ermessens Zweck und Systematik dieser Richtlinie berücksichtigen und daher eine Berechnungsweise vorsehen müssen, die objektiv widerspiegelt, welcher Teil der Eingangsaufwendungen jeder dieser beiden Tätigkeiten tatsächlich zuzurechnen ist.

EuGH vom 18.12.2007 – Rs. C-368/06 – Cedilac SA, UR 2008 S. 160: Keine Verletzung der Grundsätze des sofortigen Abzugs der Vorsteuer und der steuerlichen Neutralität durch französische Übergangsbestimmungen zur Abschaffung der sog. Regel des einmonatigen Aufschubs.

Die Art. 17 und 18 Abs. 4 der 6. EG-Richtlinie 77/388/ EWG sind dahin auszulegen, dass sie einer nationalen Bestimmung wie der durch das Gesetz Nr. 93-859 vom 22.6.1993, Haushaltsberichtigungsgesetz für 1993, eingeführten Übergangsbestimmung, die die Aufhebung einer nach Art. 28 Abs. 3 Buchst. d der 6. EG-Richtlinie erlaubten nationalen Ausnahme begleiten soll, nicht entgegenstehen, sofern vom nationalen Gericht überprüft wird, ob diese Maßnahme im Einzelfall die Wirkungen der nationalen Ausnahmevorschrift einschränkt.

BFH vom 06.12.2007 – V R 61/05, BStBl. 2008 II S. 695: Anforderungen an eine zum Vorsteuerabzug berechtigende Rechnung.

1. Der den Vorsteuerabzug begehrende Unternehmer trägt die Feststellungslast dafür, dass der in der Rechnung einer GmbH angegebene Sitz tatsächlich bestanden hat.

2. Es besteht eine Obliegenheit des Leistungsempfängers, sich über die Richtigkeit der Angaben in der Rechnung zu vergewissern.

3. Die Anforderungen an eine zum Vorsteuerabzug berechtigende Rechnung sind für alle Unternehmer, unabhängig von der Rechtsform, dieselben.

BFH vom 22.11.2007 – V R 43/06, BStBl. 2008 II S. 770[1]: Vorsteuerabzug bei Erwerb und erheblichem Umbau gemischt genutzter Gebäude.

1. Der Senat hält für den Umfang des Vorsteuerabzugs bei Erwerb und erheblichem Umbau eines Gebäudes, das anschließend vom Erwerber für steuerpflichtige und steuerfreie Verwendungsumsätze vorgesehen ist, an seiner Rechtsprechung im Urteil vom 28.9.2006, VR 43/03 (BFHE 215, 335, BStBl. II 2007, 417) fest.

2. Er folgt nicht der Auffassung des BMF in dessen Schreiben vom 24.11.2004 (BStBl. I 2004, 1125)[2] und vom 22.5.2007 (BStBl. I 2007, 482).[3]

BFH vom 03.08.2007 – V B 73/07, UR 2007 S. 944: Beweislast für die Voraussetzungen des Vorsteuerabzugs.

Bei Zweifeln über die Identität des Rechnungsausstellers trägt der Unternehmer für das Vorliegen der den Rechtsanspruch auf Vorsteuerabzug begründenden Tatsachen die Feststellungslast, denn es ist vor allem seine Sache und nicht das Risiko der Allgemeinheit, sich vor Leistungserbringung (und nicht erst bei Bezahlung) um die Identität seines Vertragspartners zu kümmern. An die Nachweispflichten sind besonders hohe Anforderungen zu stellen, wenn umfangreiche Leistungen (im Streitfall: Bauleistungen für zusammen 126.543,10 €) in einer Gaststätte in bar abgewickelt worden sein sollen.[4]

---

1) Siehe dazu BMF vom 30.09.2008, Anlage § 015-48
2) Siehe Anlage § 015-40
3) Aufgehoben; siehe BMF vom 30.09.2008, Anlage § 015-48
4) Leitsatz nicht amtlich (aus UR)

§ 15

BFH vom 19.04.2007 – V R 48/04, BStBl. 2009 II S. 315: Vertrauensschutz für redliche Unternehmer beim Vorsteuerabzug.[1]

1. Wird nach erfolglosem Untätigkeitseinspruch eine Untätigkeitsklage erhoben und ergeht daraufhin ein Steuerbescheid, der dem Antrag des Steuerpflichtigen ganz oder teilweise nicht entspricht, kann die Untätigkeitsklage als Anfechtungsklage fortgeführt werden.
2. Ein Unternehmer, der alle Maßnahmen getroffen hat, die vernünftigerweise von ihm verlangt werden können, um sicherzustellen, dass seine Umsätze nicht in einen Betrug – sei es Mehrwertsteuerhinterziehung oder ein sonstiger Betrug – einbezogen sind, kann auf die Rechtmäßigkeit dieser Umsätze vertrauen, ohne Gefahr zu laufen, sein Recht auf Vorsteuerabzug zu verlieren.
3. Der Umstand, dass eine Lieferung an einen Steuerpflichtigen vorgenommen wird, der weder wusste noch wissen konnte, dass der betreffende Umsatz in einen vom Verkäufer begangenen Betrug einbezogen war, steht dem Vorsteuerabzug nicht entgegen.
4. Ob ein Steuerpflichtiger wissen konnte oder hätte wissen müssen, dass er sich mit seinem Erwerb an einem Umsatz beteiligte, der in eine Mehrwertsteuerhinterziehung einbezogen war, ist im Wesentlichen tatsächliche Würdigung, die dem FG obliegt. Nach den maßgebenden Beweisregeln trägt der den Vorsteuerabzug begehrende Unternehmer die Feststellungslast für die Erfüllung der Anspruchsvoraussetzungen. Das gilt grundsätzlich auch für das Wissen oder Wissenkönnen vom Tatplan eines Vor- oder Nachlieferanten.

EuGH vom 07.12.2006 – Rs. C-240/05 – Eurodental Sarl, IStR 2007 S. 31: Vorsteuerabzug auf Umsätze betreffend die Anfertigung und Reparatur von Zahnersatz für in einem anderen Mitgliedstaat niedergelassene Empfänger.

Ein Umsatz, der nach Art. 13 Teil A Abs. 1 Buchst. e der Sechsten Richtlinie 77/388/EWG des Rates vom 17.5.1977 zur Harmonisierung der Rechtsvorschriften der Mitgliedstaaten über die Umsatzsteuern – Gemeinsames Mehrwertsteuersystem: einheitliche steuerpflichtige Bemessungsgrundlage in der durch die Richtlinien 91/680/EWG des Rates vom 16.12.1991 zur Ergänzung des gemeinsamen Mehrwertsteuer-Systems und zur Änderung der Richtlinie 77/388/EWG im Hinblick auf die Beseitigung der Steuergrenzen und 92/111/EWG des Rates vom 14.12.1992 zur Einführung von Vereinfachungsmaßnahmen im Bereich der Mehrwertsteuer geänderten Fassung innerhalb eines Mitgliedstaats von der Mehrwertsteuer befreit ist, eröffnet ungeachtet der im Bestimmungsmitgliedstaat anwendbaren Mehrwertsteuerregelung kein Recht auf Vorsteuerabzug nach Art. 17 Abs. 3 Buchst. b dieser Richtlinie, selbst wenn es sich um einen innergemeinschaftlichen Umsatz handelt.

FG Münster vom 05.12.2006 – 15 K 2813/03 U – rechtskräftig, EFG 2007 S. 1114: Vorsteuerabzug aus einer gemischt genutzten Photovoltaikanlage.

Eine Photovoltaikanlage, die teilweise für die Stromversorgung des eigengenutzten Einfamilienhauses und teilweise für die entgeltliche Einspeisung von Strom in ein Netz eines örtlichen Energieversorgers genutzt wird, wird – auch bei nur geringen Ausgangsumsätzen – unternehmerisch genutzt. Der Vorsteuerabzug aus der Herstellung der Anlage kann daher nicht versagt werden.

BFH vom 09.11.2006 – V R 43/04, BStBl. 2007 II S. 344; DB 2007 S. 91: Einschaltung einer Personengesellschaft in die Errichtung und Vermietung eines Bankgebäudes als missbräuchliche Gestaltung; Anwendung von § 42 AO im Umsatzsteuerrecht.

1. Zur Anwendbarkeit von § 42 AO 1977 im Mehrwertsteuerrecht.
2. Schaltet ein Kreditinstitut bei der Erstellung eines Betriebsgebäudes eine Personengesellschaft vor, die das Gebäude errichtet und anschließend unter Verzicht auf die Steuerfreiheit an das Kreditinstitut vermietet, kann darin ein Rechtsmissbrauch vorliegen, der bei der Personengesellschaft zur Versagung des Vorsteuerabzugs aus den Herstellungskosten des Gebäudes führt.
3. Die Gestaltung kann aber auch durch wirtschaftliche oder sonst beachtliche nichtsteuerliche Gründe gerechtfertigt sein. Ertragsteuerliche Gründe gehören nicht dazu.

BFH vom 09.11.2006 – V R 9/04, BStBl. 2007 II S. 285: Zurechnung von Vorsteuern.

Leistungen, die ein Erschließungsträger in der Rechtsform einer GmbH zur Herstellung von öffentlichen Erschließungsanlagen bezieht, werden für die durch Erschließungsvertrag gemäß § 124 BauGB geschuldete Erschließungsleistung dieser GmbH verwendet.

---
[1] Siehe dazu BMF vom 01.04.2009, Anlage § 014-27

§ 15

BFH vom 28.09.2006 – V R 43/03, BStBl. 2007 II S. 417; DStR 2006 S. 2172: Erwerb und (erheblicher) Umbau eines gemischt genutzten Gebäudes: Gesonderte Beurteilung der Vorsteuerbeträge auf das Gebäude sowie die Erhaltung, Nutzung oder den Gebrauch; sachgerecht gewählter Aufteilungsschlüssel bindet für die Folgejahre.

1. Für den Umfang des Vorsteuerabzugs bei Erwerb und erheblichem Umbau eines Gebäudes, das anschließend vom Erwerber für steuerpflichtige und steuerfreie Verwendungsumsätze vorgesehen ist, ist vorgreiflich zu entscheiden, ob es sich bei den Umbaumaßnahmen nur um Erhaltungsaufwand am Gebäude oder um anschaffungsnahen Aufwand zur Gebäudeanschaffung handelt oder ob insgesamt die Herstellung eines neuen Gebäudes anzunehmen ist.
2. Vorsteuerbeträge, die den Gegenstand selbst (Gebäude) oder die Erhaltung, Nutzung oder Gebrauch des Gegenstandes betreffen, sind gesondert zu beurteilen.
3. Handelt es sich insgesamt um Aufwendungen für das Gebäude selbst, kommt nur eine Aufteilung der gesamten Vorsteuerbeträge nach einem sachgerechten Aufteilungsmaßstab in Betracht (§ 15 Abs. 4 UStG 1991). Dieser kann ein Flächenschlüssel oder ein Umsatzschlüssel sein. Ein sog. Investitionsschlüssel ist nicht zulässig.
4. Der Umfang der abziehbaren Vorsteuerbeträge auf sog. Erhaltungsaufwendungen an dem Gebäude kann sich danach richten, für welchen Nutzungsbereich des gemischt genutzten Gebäudes die Aufwendungen vorgenommen werden.
5. Ein sachgerechter Aufteilungsmaßstab i.S. des § 15 Abs. 4 UStG 1991 für die Vorsteuerbeträge auf den Erwerb (bzw. die Herstellung) eines gemischt genutzten Gegenstands, der einem bestandskräftigen Umsatzsteuerbescheid für den entsprechenden Besteuerungszeitraum zugrunde liegt, ist – auch für nachfolgende Besteuerungszeiträume – bindend und der Besteuerung zugrunde zu legen. Das gilt auch dann, wenn ggf. noch andere „sachgerechte" Ermittlungsmethoden in Betracht kommen, wie z.B. die Aufteilung der Vorsteuerbeträge nach dem Verhältnis der mit dem Gegenstand ausgeführten Umsätze (gegenstandsbezogener Umsatzschlüssel).
6. Der gewählte (sachgerechte) Aufteilungsmaßstab ist auch maßgebend für eine mögliche Vorsteuerberichtigung nach § 15a UStG 1991; die Bestandskraft der Steuerfestsetzung für das Erstjahr gestaltet die für das Erstjahr „maßgebende" Rechtslage für die Verwendungsumsätze.

EuGH vom 06.07.2006 – Rs. C-439/04 und C-440/04 – Axel Kittel und Recolta Recycling SPRL, UR 2006 S. 594[1]: Versagung des Vorsteuerabzugs eines Leistungsempfängers bei seiner möglichen Kenntnis von der Einbeziehung des Eingangsumsatzes in eine Mehrwertsteuerhinterziehung des Leistenden.

Art. 17 der 6. EG-Richtlinie 77/388/EWG in der Fassung der Richtlinie 95/7/EG des Rates vom 10.4.1995 ist dahin auszulegen, dass er in dem Fall, dass eine Lieferung an einen Steuerpflichtigen vorgenommen wird, der weder wusste noch wissen konnte, dass der betreffende Umsatz in einen vom Verkäufer begangenen Betrug einbezogen war, einer nationalen Rechtsvorschrift entgegensteht, wonach die Nichtigkeit des Kaufvertrags aufgrund einer zivilrechtlichen Bestimmung, nach der dieser Vertrag unheilbar nichtig ist, weil er wegen eines in der Person des Verkäufers unzulässigen Grundes gegen die öffentliche Ordnung verstößt, zum Verlust des Rechts auf Abzug der von diesem Steuerpflichtigen entrichteten Vorsteuer führt. Dabei spielt es keine Rolle, ob diese Nichtigkeit auf einer Mehrwertsteuerhinterziehung oder einem sonstigen Betrug beruht.

Steht dagegen aufgrund objektiver Umstände fest, dass die Lieferung an einen Steuerpflichtigen vorgenommen wird, der wusste oder hätte wissen müssen, dass er sich mit seinem Erwerb an einem Umsatz beteiligte, der in eine Mehrwertsteuerhinterziehung einbezogen war, so hat das nationale Gericht diesem Steuerpflichtigen den Vorteil des Rechts auf Vorsteuerabzug zu verweigern.

BFH vom 02.03.2006 – V R 49/05, BStBl. 2006 II S. 729: Bindung des Unternehmens an den Vorsteueraufteilungsschlüssel gem. § 15 Abs. 4 UStG.

Ist die Umsatzsteuerfestsetzung für das Jahr der Anschaffung oder Herstellung eines gemischt genutzten Gegenstandes formell bestandskräftig und hat der Unternehmer oder – bei Fehlen oder Abweichung von der Umsatzsteuererklärung – das FA ein i.S. des § 15 Abs. 4 UStG sachgerechtes Aufteilungsverfahren angewendet, ist dieser Maßstab (auch für die nachfolgenden Kalenderjahre des Berichtigungszeitraumes) bindend.

EuGH vom 21.02.2006 – Rs. C-255/02 – Halifax plc, Leeds Permanent Development Services Ltd. und County Wide Property Investments Ltd., UR 2006 S. 232:[2] Kein Vorsteuerabzug bei Rechtsmissbrauch.

---

1) Siehe dazu *Geiger*, UR 2006 S. 599
2) Siehe dazu *Lange*, DB 2006 S. 519; *Widmann*, DStR 2006 S. 736; *Wäger*, UR 2006 S. 240

§ 15

1. Umsätze wie die im Ausgangsverfahren fraglichen sind, selbst wenn sie ausschließlich in der Absicht getätigt werden, einen Steuervorteil zu erlangen, und sonst keinen wirtschaftlichen Zweck verfolgen, Lieferungen von Gegenständen oder Dienstleistungen und eine wirtschaftliche Tätigkeit i.S.d. Art. 2 Nr. 1, Art. 4 Abs. 1 und 2, Art. 5 Abs. 1 und Art. 6 Abs. 1 der 6. EG-Richtlinie 77/388/EWG in ihrer durch die Richtlinie 95/7/EG des Rates vom 10.4.1995 geänderten Fassung, wenn sie die objektiven Kriterien erfüllen, auf denen diese Begriffe beruhen.

2. Die 6. EG-Richtlinie ist dahin auszulegen, dass sie dem Recht des Steuerpflichtigen auf Vorsteuerabzug entgegensteht, wenn die Umsätze, die dieses Recht begründen, eine missbräuchliche Praxis darstellen.

    Die Feststellung einer missbräuchlichen Praxis erfordert zum einen, dass die fraglichen Umsätze trotz formaler Anwendung der Bedingungen der einschlägigen Bestimmungen der 6. EG-Richtlinie und des zu ihrer Umsetzung erlassenen nationalen Rechts einen Steuervorteil zum Ergebnis haben, dessen Gewährung mit diesen Bestimmungen verfolgten Ziel zuwiderlaufen würde. Zum anderen muss auch aus einer Reihe objektiver Anhaltspunkte ersichtlich sein, dass mit den fraglichen Umsätzen im Wesentlichen ein Steuervorteil bezweckt wird.

3. Ist eine missbräuchliche Praxis festgestellt worden, so sind die diese Praxis bildenden Umsätze in der Weise neu zu definieren, dass auf die Lage abgestellt wird, die ohne die diese missbräuchliche Praxis begründenden Umsätze bestanden hätte.

BFH vom 06.10.2005 – V R 40/01, BStBl. 2007 II S. 13: Vorsteuerabzug bei Bau auf Ehegatten-Grundstück.[1)]

1. Ehegatten, die auf einem in ihrem Miteigentum stehenden Grundstück ein Wohngebäude errichten, sind als Empfänger der Bauleistungen anzusehen, wenn die Ehegattengemeinschaft ohne eigene Rechtspersönlichkeit handelt und als solche keine unternehmerische Tätigkeit ausübt.

2. Ist bei einer solchen Ehegattengemeinschaft nur ein Ehegatte unternehmerisch tätig und verwendet dieser einen Teil des Gebäudes ausschließlich für seine unternehmerischen Zwecke (z.B. als Arbeitszimmer), so steht ihm das Vorsteuerabzugsrecht aus den bezogenen Bauleistungen anteilig zu, soweit der seinem Unternehmen zugeordnete Anteil am Gebäude seinen Miteigentumsanteil nicht übersteigt.

3. Nach den Vorschriften der § 15 Abs. 1 und § 14 UStG 1991/1993 reicht für die Ausübung des Rechts auf Vorsteuerabzug des unternehmerisch tätigen Ehegatten eine an beide Ehegatten ausgestellte Rechnung aus, auch wenn sie keine Angaben zu den Anteilen der Ehegatten und keine entsprechenden Teilbeträge ausweist, wenn nach den Umständen des Falles keine Gefahr besteht, dass es zu Steuerhinterziehung oder Missbrauch kommt.

BFH vom 07.07.2005 – V R 4/03, BStBl. 2005 II S. 903: Kein pauschaler Vorsteuerabzug aus Reisekosten.

Die Aufhebung von § 36 UStDV 1993 durch Art. 8 Nr. 1 StEntlG 1999/2000/2002 mit Wirkung ab 1.4.1999 und die damit verbundene Abschaffung des pauschalen Vorsteuerabzugs aus Reisekosten steht nicht in Widerspruch zum Gemeinschaftsrecht.

EuGH vom 07.07.2005 – Rs. C-434/03 – P. Charles, T. S. Charles/Tijmens, DStRE 2005 S. 1025[2)]:

Die Art. 6 Abs. 2 und Art. 17 Abs. 2 und 6 der Sechsten Richtlinie 77/388/EWG des Rates vom 17.5.1977 zur Harmonisierung der Rechtsvorschriften der Mitgliedstaaten über die Umsatzsteuern – Gemeinsames Mehrwertsteuersystem: einheitliche steuerpflichtige Bemessungsgrundlage sind dahin auszulegen, dass sie einer vor In-Kraft-Treten dieser Richtlinie erlassenen nationalen Regelung wie der des Ausgangsverfahrens entgegenstehen, die es ausschließt, dass ein Steuerpflichtiger ein Investitionsgut, das zum Teil für Zwecke des Unternehmens und zum Teil für andere Zwecke verwendet wird, insgesamt seinem Unternehmen zuordnet und gegebenenfalls die beim Erwerb dieses Gegenstands geschuldete Mehrwertsteuer vollständig und sofort abzieht.

FG Düsseldorf vom 29.04.2005 – 1 K 5587/01 U, rechtskräftig, DStRE 2006 S. 94: Vorsteuerabzug bei unentgeltlicher Überlassung von Wohnraum an nur vorübergehend beschäftigte Arbeitnehmer.

1. Errichtet ein Unternehmer ein Wohngebäude und überlässt er den dort geschaffenen Wohnraum unentgeltlich nur zeitweilig im Inland befindliche Arbeitnehmer, kann er den Vorsteuerabzug aus den Bauleistungen in Anspruch nehmen.

---
1) Siehe auch BFH vom 22.10.2007 – V R 5/06, BStBl. 2008 II S. 448
2) Siehe dazu *Dziadkowski*, UVR 2005 S. 340

§ 15

2. Die Wohnraumüberlassung dient nicht der Befriedigung des generellen Wohnbedarfs der Arbeitnehmer, sondern betrieblichen Zwecken, so dass als Vorbezug zu den Bauleistungen ein Vorsteuerabzug möglich ist.

EuGH vom 21.04.2005 – Rs. C-25/03 – HE, BStBl. 2007 II S. 23; UR 2005 S. 324[1]: Anteiliger Vorsteuerabzug aus Anschaffungskosten eines im Miteigentum einer Ehegattengemeinschaft stehenden Wohnhauses im Falle der selbständigen nebenberuflichen Nutzung eines häuslichen Arbeitszimmers durch einen der Ehegatten.

Die 6. EG-Richtlinie 77/388/EWG in ihrer ursprünglichen Fassung und in der Fassung der Richtlinie 91/680/EWG des Rates vom 16.12.1991 zur Ergänzung des gemeinsamen Mehrwertsteuersystems und zur Änderung der Sechsten Richtlinie im Hinblick auf die Beseitigung der Steuergrenzen ist wie folgt auszulegen:

– Jemand, der ein Wohnhaus erwirbt oder errichtet, um es mit seiner Familie zu bewohnen, handelt als Steuerpflichtiger und ist damit gem. Art. 17 der 6. EG-Richtlinie zum Vorsteuerabzug berechtigt, wenn er einen Raum des Gebäudes als Arbeitszimmer für eine sei es auch nur nebenberuflich ausgeübte wirtschaftliche Tätigkeit i.S.d. Art. 2 und 4 der 6. EG-Richtlinie verwendet und soweit er diesen Teil des Gebäudes dem Unternehmensvermögen zuordnet;

– im Fall der Bestellung eines Investitionsguts durch eine Ehegattengemeinschaft, die keine Rechtspersönlichkeit besitzt und selbst keine wirtschaftliche Tätigkeit im Sinne der 6. EG-Richtlinie ausübt, sind die Miteigentümer, die diese Gemeinschaft bilden, für die Zwecke der Anwendung dieser Richtlinie als Leistungsempfänger anzusehen;

– bei Erwerb eines Investitionsguts durch zwei eine Gemeinschaft bildende Ehegatten, von denen einer einen Teil des Gegenstands ausschließlich für unternehmerische Zwecke verwendet, steht diesem Ehegatten und Miteigentümer das Recht auf Vorsteuerabzug für die gesamte Mehrwertsteuerbelastung des von ihm für unternehmerische Zwecke verwendeten Teils des Gegenstands zu, sofern der Abzugsbetrag nicht über den Miteigentumsanteil des Steuerpflichtigen an dem Gegenstand hinausgeht;

– der Steuerpflichtige muss nach den Art. 18 Abs. 1 Buchst. a i.V.m. Art. 22 Abs. 3 der 6. EG-Richtlinie zur Ausübung des Rechts auf Vorsteuerabzug unter Umständen wie den im Ausgangsverfahren gegebenen nicht über eine auf seinen Namen ausgestellte Rechnung verfügen, in der die auf seinen Miteigentumsanteil entfallenden Teilbeträge des Preises und der Mehrwertsteuer ausgewiesen sind. Eine Rechnung, die ohne Unterscheidung an die Ehegatten, die die Gemeinschaft bilden, ausgestellt ist und in der keine solchen Teilbeträge ausgewiesen sind, reicht zu diesem Zweck aus.

EuGH vom 03.03.2005 – Rs. C-32/03 – I/S Fini, DStRE 2005 S. 234: Eigenschaft als Steuerpflichtiger und Recht auf Vorsteuerabzug bei Liquidation der wirtschaftlichen Tätigkeit.

Art. 4 Abs. 1 bis 3 der Sechsten Richtlinie 77/388/EWG des Rates vom 17.5.1977 zur Harmonisierung der Rechtsvorschriften der Mitgliedstaaten über die Umsatzsteuer – Gemeinsames Mehrwertsteuersystem: einheitliche steuerpflichtige Bemessungsgrundlage i. d. F. der Richtlinie 95/7/EG des Rates vom 10.4.1995 ist dahin auszulegen, dass derjenige, der seine wirtschaftliche Tätigkeit eingestellt hat, aber für die Räume, die er für diese Tätigkeit genutzt hatte, wegen einer Unkündbarkeitsklausel im Mietvertag weiterhin Miete und Nebenkosten zahlt, als Steuerpflichtiger im Sinne dieser Vorschrift anzusehen ist und die Vorsteuer auf die entsprechenden Beträge abziehen kann, soweit zwischen den geleisteten Zahlungen und der wirtschaftlichen Tätigkeit ein direkter und unmittelbarer Zusammenhang besteht und feststeht, dass keine betrügerische oder missbräuchliche Absicht vorliegt.

BFH vom 10.02.2005 – V R 76/03, BStBl. 2005 II S. 509[2]: Keine Beschränkung des Vorsteuerabzugs für angemessene Bewirtungsaufwendungen gem. § 15 Abs. 1a Nr. 1 UStG.

1. Betrieblich veranlasste Bewirtungskosten berechtigen unter den allgemeinen Voraussetzungen des Art. 17 Abs. 2 der Richtlinie 77/388/EWG (§ 15 Abs. 1 UStG 1999) zum Vorsteuerabzug.

2. Die Einschränkung des Rechts auf Vorsteuerabzug durch § 15 Abs. 1a Nr. 1 UStG 1999 ist mit Art. 17 Abs. 6 der Richtlinie 77/388/EWG nicht vereinbar.

3. Der Steuerpflichtige kann sich auf das ihm günstigere Gemeinschaftsrecht berufen.

---
[1] Siehe dazu *Widmann*, UR 2005 S. 332
[2] Siehe dazu BMF vom 23.06.2005, BStBl. 2005 I S. 816; beachte Neufassung von § 15 Abs. 1a UStG ab 19.12.2006

§ 15

BFH vom 29.11.2004 – V B 78/04, BStBl. 2005 II S. 535: Lieferungen und Vorsteuerabzug in „Umsatzsteuerkarussellen" zweifelhaft.[1)]

Wird der Vorsteuerabzug von einem Leistungsempfänger aus Lieferungen in sog. „Karussellen" geltend gemacht, in denen Waren nach einem Gesamtplan eine Lieferkette durchlaufen und ggf. an den vorbezeichneten Lieferungsempfänger zurück-„geliefert" werden, ist zweifelhaft, ob diese Warenbewegungen innerhalb des Kreises der Umsatzbesteuerung unterliegen.

BFH vom 25.11.2004 – V R 38/03, BStBl. 2005 II S. 414: Vorsteuerabzug nur bei objektiv belegbarer Absicht, steuerpflichtige Umsätze zu erzielen.

1. Vorsteuerbeträge können nicht abgezogen werden, wenn es an objektiven Anhaltspunkten dafür fehlt, dass der Stpfl. beabsichtigt hatte, die Eingangsleistungen zur Ausführung von steuerpflichtigen Umsätzen zu verwenden.
2. Absichtsänderungen wirken nicht zurück und führen deshalb nicht dazu, dass Steuerbeträge nachträglich als Vorsteuer abziehbar sind.

BFH vom 18.11.2004 – V R 16/03, BStBl. 2005 II S. 503: Vorsteuerabzug aus Aufwendungen im Zusammenhang mit der Ausgabe stiller Beteiligungen.

1. Leistungen, die eine AG (Publikumsgesellschaft) mit dem Unternehmensgegenstand „Erwerb, Verwaltung und Verwertung von Immobilien, Wertpapieren, Beteiligungen sowie Vermögensanlagen" im Zusammenhang mit der Ausgabe stiller Beteiligungen bezieht, werden nur insoweit i. S. des § 15 Abs. 1 Nr. 1 Satz 1 UStG „für das Unternehmen" der AG – und nicht für ihren nichtunternehmerischen Bereich – ausgeführt, als die AG unternehmerisch (wirtschaftlich) tätig ist.
2. Erbringt die AG sowohl steuerpflichtige als auch steuerfreie Ausgangsumsätze, sind die in ihren unternehmerischen Bereich entfallenden Vorsteuerbeträge nach § 15 Abs. 4 UStG entsprechend dem Verhältnis der ausgeführten steuerfreien Ausgangsumsätze zu ihren steuerpflichtigen Ausgangsumsätzen (Umsatzschlüssel) aufzuteilen.
3. Eine Vorsteueraufteilung nach einem „Investitionsschlüssel" ist nicht statthaft.

BFH vom 15.07.2004 – V R 84/99, BStBl. 2005 II S. 155: Vorsteuerabzug aus Kosten der Vorgründungsgesellschaft.[2)]

Eine zur Gründung einer Kapitalgesellschaft errichtete Personengesellschaft (sog. Vorgründungsgesellschaft), die nach Gründung der Kapitalgesellschaft die bezogenen Leistungen in einem Akt gegen Entgelt an diese veräußert und andere Ausgangsumsätze von vornherein nicht beabsichtigt hatte, ist zum Abzug der Vorsteuer für den Bezug von Dienstleistungen und Gegenständen ungeachtet dessen berechtigt, dass die Umsätze im Rahmen einer Geschäftsveräußerung nach § 1 Abs. 1a UStG nicht der Umsatzsteuer unterliegen. Maßgebend sind insoweit die beabsichtigen Umsätze der Kapitalgesellschaft.

BFH vom 15.07.2004 – V R 30/00, BStBl. 2004 II S. 1025: Vorsteuerabzug für gemischt genutzte Fahrzeuge ab dem 01.04.1999.[3)]

1. Ein Unternehmer, der einen PKW zur gemischten (teils unternehmerischen und teils nichtunternehmerischen) Nutzung erwirbt, und diesen seinem Unternehmen zuordnet, kann im Besteuerungszeitraum 1999 den vollen Vorsteuerabzug beanspruchen.
2. Der Steuerpflichtige kann sich im Besteuerungszeitraum 1999 gegenüber den Vorschriften des § 15 Abs. 1b i.V.m. § 27 Abs. 3 UStG i.d.F. des StEntlG 1999/2000/2002 unmittelbar auf Art. 17 der Richtlinie 77/388/EWG berufen, weil Art. 3 der Entscheidung des Rates vom 28.02.2000 (2000/186/EG) zur Ermächtigung der Bundesrepublik Deutschland, von Art. 6 und Art. 17 der Richtlinie 77/388/EWG abweichende Regelungen einzuführen, ungültig ist, soweit er die rückwirkende Geltung der Ermächtigung ab dem 01.04.1999 vorsieht.

BFH vom 01.07.2004 – V R 33/01, BStBl. 2004 II S. 861:[4)] Zeitpunkt des Vorsteuerabzugs.

Der Unternehmer kann Vorsteuerbeträge erst in dem Besteuerungszeitraum abziehen, in dem die materiell-rechtlichen Anspruchsvoraussetzungen i.S. des § 15 Abs. 1 Nr. 1 Satz 1 UStG insgesamt vorliegen. Zu diesen Voraussetzungen gehört eine Rechnung mit gesondertem Umsatzsteuerausweis.

---

1) Beachte jetzt EuGH vom 12.01.2006, siehe Rechtsprechung zu § 1 UStG
2) Nachfolgeurteil zu EuGH vom 29.04.2004 – Rs. C-137/02 – Faxworld Vorgründungsgesellschaft
3) Nachfolgeentscheidung zum EuGH-Urteil vom 29.04.2004 – Rs. C-17/01. Siehe dazu BMF vom 27.08.2004, Anlage § 015-39; siehe auch *Langer*, DB 2004 S. 1803; *Widmann*, UStB 2004 S. 244
4) Nachfolgeentscheidung zum EuGH-Urteil vom 29.04.2004 – Rs. C-152/02

§ 15

BFH vom 01.07.2004 – V R 32/00, BStBl. 2004 II S. 1022: Vorsteuerabzug anlässlich einer Gesellschaftsgründung.[1)]

1. Eine Personengesellschaft, deren alleiniger Zweck es ist, ein Gebäude zu errichten und zu vermieten, und die im Zusammenhang mit ihrer Gründung und der Aufnahme von Gesellschaftern rechtlich beraten wird, bezieht die Beratungsleistungen gemäß § 15 Abs. 1 Nr. 1 UStG für ihr Unternehmen.
2. Eine Personengesellschaft erbringt bei der Aufnahme eines Gesellschafters gegen Bareinlage an diesen keinen steuerbaren Umsatz und damit auch keinen nach § 4 Nr. 8 Buchst. f UStG steuerfreien Umsatz.
3. Der Vorsteuerabzug für die rechtliche Beratung der Gesellschaft anlässlich ihrer Gründung ist nicht nach § 15 Abs. 2 UStG oder Art. 17 der Richtlinie 77/388/EWG ausgeschlossen. Entscheidend ist, dass die Kosten der bezogenen Beratungsleistungen allgemeine Kosten des Unternehmens sind und deshalb grundsätzlich direkt und unmittelbar mit der wirtschaftlichen Tätigkeit des Unternehmers zusammenhängen.

Hess. FG vom 30.06.2004 – 6 K 4328/01, Rev. eingelegt (Az. des BFH: V R 48/04), EFG 2004 S. 1558:[2)] Vorsteuerabzug bei Verdacht auf das Vorliegen eines Umsatzsteuerkarussells.

1. Bei Einbindung des Leistungsempfängers in ein Umsatzsteuerkarussell kommt ein Vorsteuerabzug nicht in Betracht, wenn es an der Verschaffung der Verfügungsmacht fehlt, weil entweder keine Ware ausgeliefert wurde (Scheinlieferungen) oder zwar Warenbewegungen ausgeführt wurden, diese aber nur der Vortäuschung von Lieferungen dienen, weil der Empfänger mit der Ware in vorherbestimmter Weise verfahren muss, insbesondere derart, dass gewährleistet ist, dass die Ware unmittelbar oder über weitere Händler an den Ausgangspunkt zurückkehrt.
2. Indiz für derartige Scheinlieferungen, denen kein eigenständiger wirtschaftlicher Gehalt zu Grunde liegt, ist z.B., dass große Warenmengen in kürzester Zeit als Reihengeschäft unter Marktpreisen eine Händlerkette durchlaufen (im Streitfall 6 Händler an einem Tage) und nachweisbar ist, dass dieselbe, identifizierbare Ware bereits mehrfach beim selben Händler durchgelaufen ist.
3. Bleibt wegen fehlender Nachweise einer Unrechtsabsprache nicht feststellbar, ob ein Unternehmer an einem Umsatzsteuerkarussell beteiligt ist oder nicht, sprechen jedoch gewichtige Indizien hierfür, so ist nach den Grundsätzen der Feststellungslast
    a) zu Lasten des Kl. der Vorsteuerabzug zu versagen und
    b) zu Lasten des FA ein Leistungsaustausch wegen behaupteter Erstellung eines Rechnungswerkes gegen Entgelt als sonstige Leistung (sog. „paperworks") aufzuheben.
    c) Bleibt unerwiesen, ob Lieferungen oder Scheinlieferungen erfolgt sind, hat der Kl. jedoch Rechnungen mit offenem USt-Ausweis erstellt, so dass entweder eine Besteuerung nach § 1 UStG oder nach § 14 Abs. 3 UStG in Betracht kommt, ist die für den Kl. günstigere Variante zu Grunde zu legen.
4. Bei der Pflicht nach §§ 14, 14a UStG i.V.m. §§ 6a Abs. 3, 17a Abs. 2 UStDV in Rechnungen über innergemeinschaftliche Lieferungen auf die Steuerfreiheit hinzuweisen, handelt es sich lediglich um eine Ordnungsvorschrift, deren Verletzung nicht die Steuerpflicht der Lieferungen zur Folge hat (entgegen FG Nürnberg, Urteil vom 22.07.2003 II 491/2001, EFG 2003, 15).

BFH vom 06.05.2004 – V R 73/03, BStBl. 2004 II S. 856: Einschränkende Auslegung von § 15 Abs. 2 Nr. 2 UStG.

Bezieht ein Unternehmer im Inland Leistungen, die er im Ausland für eine Grundstücksvermietung verwendet, ist nach § 15 Abs. 2 Nr. 2 UStG zu prüfen, ob die Grundstücksvermietung steuerfrei (vorsteuerabzugschädlich) wäre, wenn sie im Inland ausgeführt würde. Dies bestimmt sich nach den Vorschriften des § 4 Nr. 12 Buchst. a UStG und des § 9 UStG. Die Grundstücksvermietung wäre im Inland nicht steuerfrei gewesen, wenn der Grundstücksvermieter die Grundstücksvermietung im Ausland tatsächlich als steuerpflichtig behandelt hat und die Voraussetzungen des § 9 UStG für den Verzicht auf die Steuerbefreiung einer Grundstücksvermietung vorlagen (entgegen Abschn. 205 Abs. 1 UStR).[3)]

---

1) Nachfolgeentscheidung zum EuGH-Urteil vom 20.06.2003 – Rs. C-442/01 – KapHag Renditefonds, siehe Rechtspr. zu § 1 UStG
2) Mit Anmerkung von *Büchter-Hohle*
3) Überholt sind Abschn. 205 Abs. 1 Sätze 4 und 5 UStR 2000, die in der UStR 2005 nicht übernommen worden sind

§ 15

EuGH vom 29.04.2004 – Rs. C-77/01 – Emprere de Desenvolvimento Mineiro SGPS SA (EDM), UVR 2004 S. 304:[1] Umsätze von Holdinggesellschaften.

1. In einer Situation wie der des Ausgangsrechtsstreits gilt Folgendes:

    Tätigkeiten, die im bloßen Verkauf von Aktien und sonstigen Wertpapieren wie etwa Beteiligung an Investmentfonds bestehen, stellen keine wirtschaftlichen Tätigkeiten im Sinne von Artikel 4 Absatz 2 der Sechsten Richtlinie 77/388/EWG des Rats vom 17. Mai 1977 zur Harmonisierung der Rechtsvorschriften der Mitgliedstaaten über die Umsatzsteuern – Gemeinsames Mehrwertsteuersystem: einheitliche steuerpflichtige Bemessungsgrundlage dar und fallen somit nicht in deren Anwendungsbereich;

    Anlagen in Investmentfonds sind keine Dienstleistung „gegen Entgelt" im Sinne von Artikel 2 Nummer 1 der Sechsten Richtlinie 77/388 und fallen deshalb ebenfalls nicht in den Anwendungsbereich der Mehrwertsteuer;

    der auf diese Umsätze entfallende Betrag muss folglich bei der Berechnung des Pro-rata-Satzes des Vorsteuerabzugs im Sinne der Artikel 17 und 19 der Sechsten Richtlinie 77/388 unberücksichtigt bleiben.

    Die jährliche Gewährung verzinslicher Darlehen durch eine Holdinggesellschaft an ihre Beteiligungsgesellschaften und die Anlagen der Holdinggesellschaft in Form von Bankeinlagen oder in Titel wie Schatzanweisungen oder Zertifikate stellen dagegen wirtschaftliche Tätigkeiten, die ein Steuerpflichtiger als solcher ausführt, im Sinne von Artikel 2 Nummer 1 und 4 Absatz 2 der Sechsten Richtlinie 77/388 dar;

    diese Umsätze sind jedoch gemäß Artikel 13 Teil B Buchstabe d Nummern 1 und 5 der Sechsten Richtlinie 77/388 von der Mehrwertsteuer befreit;

    bei der Berechnung des Pro-rata-Satzes des Vorsteuerabzugs im Sinne der Artikel 17 und 19 der Sechsten Richtlinie 77/388 sind diese Umsätze als Hilfsumsätze im Sinne von Artikel 19 Absatz 2 Satz 2 dieser Richtlinie anzusehen, soweit Gegenstände oder Dienstleistungen, die der Mehrwertsteuer unterliegen, nur in sehr geringem Umfang für diese Geschäfte verwendet werden; zwar kann der Umfang der durch die Finanzgeschäfte, die in den Anwendungsbereich der Sechsten Richtlinie 77/388 fallen, erzielten Einkünfte ein Indiz dafür sein, dass diese Umsätze nicht als Hilfsumsätze im Sinne dieser Bestimmung anzusehen sind, doch reicht der Umstand, dass die Einkünfte aus diesen Umsätzen höher sind als die Einkünfte aus der Tätigkeit, die nach Angabe des betreffenden Unternehmens seine Haupttätigkeit darstellt, allein nicht aus, um ihre Einordnung als „Hilfsumsätze" auszuschließen;

    es ist Sache des vorlegenden Gerichts, festzustellen, ob Gegenstände oder Dienstleistungen, die der Mehrwertsteuer unterliegen, nur in sehr geringem Umfang für die im Ausgangsrechtsstreit fraglichen Geschäfte verwendet werden, und gegebenenfalls die Zinsen aus diesen Umsätzen im Nenner des Bruches für die Berechnung des Pro-rata-Satzes des Vorsteuerabzugs unberücksichtigt zu lassen.

2. Arbeiten wie die im Ausgangsverfahren streitigen, die die Mitglieder eines Konsortiums gemäß den Klauseln eines Konsortialvertrags entsprechend ihrem jeweiligen in diesem Vertrag festgelegten Arbeitsanteil durchführen, stellen keine „gegen Entgelt ausgeführte" Lieferung von Gegenständen oder Dienstleistung im Sinne von Artikel 2 Nummer 1 der Sechsten Richtlinie 77/388 und damit auch keinen gemäß dieser Richtlinie steuerbaren Umsatz dar. Der Umstand, dass das Mitglied des Konsortiums, das die Arbeiten durchführt, zugleich dessen Geschäftsführer ist, ist insoweit unerheblich. Wenn dagegen die Arbeiten über den im Vertrag festgelegten Arbeitsanteil eines Mitglieds des Konsortiums hinaus gehen und dies dazu führt, dass die anderen Mitglieder des Konsortiums eine Gegenleistung für die über diesen Arbeitsanteil hinaus gehenden Arbeiten zahlen, so stellen diese eine Lieferung von Gegenständen oder eine Dienstleistung im Sinne von Artikel 2 Nummer 1 der Sechsten Richtlinie 77/388 dar.

EuGH vom 29.04.2004 – Rs. C-137/02 – Faxworld Vorgründungsgesellschaft Peter Huninghauser und Wolfgang Klein GbR, DStRE 2004 S. 772: Vorsteuerabzug einer Vorgründungsgesellschaft.

Eine allein mit dem Ziel der Gründung einer Kapitalgesellschaft errichtete Personengesellschaft ist zum Abzug der Vorsteuer für den Bezug von Dienstleistungen und Gegenständen berechtigt, wenn entsprechend ihrem Gesellschaftszweck ihr einziger Ausgangsumsatz die Übertragung der bezogenen Leistungen mittels eines Aktes gegen Entgelt an die Kapitalgesellschaft nach deren Gründung war und wenn, weil der betreffende Mitgliedstaat von der in den Art. 5 Abs. 8 und Art. 6 Abs. 5 der Sechsten

---

1) Siehe dazu *Wagner*, UVR 2004 S. 310

§ 15

Richtlinie 77/388/EWG des Rates vom 17.5.1977 zur Harmonisierung der Rechtsvorschriften der Mitgliedstaaten über die Umsatzsteuern – Gemeinsames Mehrwertsteuersystem: einheitliche steuerpflichtige Bemessungsgrundlage in der Fassung der Richtlinie 95/7/EG des Rates vom 10.4.1995 vorgesehenen Möglichkeit Gebrauch gemacht hat, die Übertragung des Gesamtvermögens so behandelt wird, als ob keine Lieferung oder Dienstleistung vorliegt.

EuGH vom 29.04.2004 – Rs. C-152/02 – Terra Baubedarfs-Handel, BB 2004 S. 1662:[1] Vorsteuerabzug verlangt Besitz einer Rechnung nach ausgeführter Leistung.

Für den Vorsteuerabzug nach Art. 17 Abs. 2 Buchst. a der Sechsten Richtlinie 77/388/EWG ist Art. 18 Abs. 2 Unterabs. 1 dieser Richtlinie dahin auszulegen, dass das Vorsteuerabzugsrecht für den Erklärungszeitraum auszuüben ist, in dem die beiden nach dieser Bestimmung erforderlichen Voraussetzungen erfüllt sind, dass die Lieferung der Gegenstände oder die Dienstleistung bewirkt wurde und dass der Steuerpflichtige die Rechnung oder das Dokument besitzt, das nach den von den Mitgliedstaaten festgelegten Kriterien als Rechnung betrachtet werden kann.

EuGH vom 29.04.2004 – Rs. C-17/01 – Walter Sudholz, UR 2004 S. 315 mit Anm. von Burgmaier: Rückwirkende gemeinschaftsrechtliche Genehmigung der pauschalen Begrenzung des Rechts auf Vorsteuerabzug für nicht ausschließlich für unternehmerische Zwecke genutzte Fahrzeuge.

1. Die Prüfung des Verfahrens, das zum Erlass der Entscheidung 2000/186/EG des Rates vom 28.2.2000 zur Ermächtigung der Bundesrepublik Deutschland, von den Art. 6 und 17 der 6. EG-Richtlinie 77/388/EWG abweichende Regelungen anzuwenden, geführt hat, hat keinen Mangel erkennen lassen, der die Gültigkeit dieser Entscheidung beeinträchtigen könnte.
2. Art. 3 Entscheidung 2000/186/EG ist ungültig, soweit er die rückwirkende Geltung der Ermächtigung der Bundesrepublik Deutschland durch den Rat der Europäischen Union ab dem 1.4.1999 vorsieht.
3. Art. 2 Entscheidung 2000/186/EG entspricht den inhaltlichen Anforderungen des Art. 27 Abs.1 der 6. EG-Richtlinie 77/388/EWG in der durch die Richtlinie 95/7/EG des Rates vom 10.4.1995 geänderten Fassung und ist nicht ungültig.

EuGH vom 01.04.2004 – Rs. C-90/02 – Bockemühl, BB 2004 S. 1663:[2] Wenn die Steuerschuld auf den Leistungsempfänger verlagert wird, benötigt dieser für den Vorsteuerabzug keine ordnungsgemäße Rechnung.

Ein Steuerpflichtiger, der nach Art. 21 Nr. 1 der Sechsten Richtlinie 77/388/EWG in der Fassung der Richtlinien 91/680/EWG und 92/111/EWG als Empfänger einer Dienstleistung die darauf entfallende Mehrwertsteuer schuldet, braucht für die Ausübung seines Vorsteuerabzugsrechts keine nach Art. 22 Abs. 3 der Sechsten Richtlinie ausgestellte Rechnung zu besitzen.

BFH vom 31.01.2002 – V B 108/01, BStBl. 2004 II S. 622: Strohmann als Leistender kann den Vorsteuerabzug vermitteln.

1. Auch ein „Strohmann" kommt als leistender Unternehmer in Betracht. Dementsprechend können auch dem Strohmann die Leistungen zuzurechnen sein, die der sog. Hintermann als Subunternehmer im Namen des Strohmanns tatsächlich ausgeführt hat (Abgrenzung zum BFH-Urteil vom 13. Juli 1994 XI R 97/92, BFH/NV 1995, 168).
2. Unbeachtlich ist das „vorgeschobene" Strohmanngeschäft dann, wenn es zwischen dem Leistungsempfänger und dem Strohmann nur zum Schein abgeschlossen worden ist und der Leistungsempfänger weiß oder davon ausgehen muss, dass der Strohmann keine eigene – ggf. auch durch Subunternehmer auszuführende – Verpflichtung aus dem Rechtsgeschäft übernehmen will und dementsprechend auch keine eigenen Leistungen versteuern will.

BFH vom 11.12.2003 – V R 48/02, BStBl. 2006 II S. 384: EU-Rechtswidrigkeit von § 15 Abs. 2 Nr. 3 UStG.[3]

1. Das Unternehmen i.S. des § 15 Abs. 1 Nr. 1 Satz 1 i.V.m. § 2 Abs. 1 UStG 1993 wird durch die „wirtschaftliche Tätigkeit" des Unternehmens i.S. des Art. 4 der Richtlinie 77/388/EWG geprägt. Die dort genannten wirtschaftlichen Tätigkeiten können mehrere aufeinander folgende Handlungen umfassen. Eine derartige Tätigkeit kann auch beim Umbau eines Gebäudes in ein Hotelgrundstück

---

1) Siehe dazu *Lohse*, BB 2004 S. 1663
2) Siehe dazu *Lohse*, BB 2004 S. 1663. Siehe auch das Nachfolgeurteil des BFH vom 17.06.2004 – V R 61/00, BStBl. 2004 II S. 970. Die Urteile betreffen noch die Rechtslage nach dem Ende 2001 abgeschafften Umsatzsteuer-Abzugsverfahren gem. §§ 51ff. UStDV i.d.F. bis Ende 2001, haben aber auch Bedeutung für § 13b UStG
3) § 15 Abs. 2 Nr. 3 UStG wurde durch das Jahressteuergesetz 2007 mit Wirkung ab 19.12.2006 aufgehoben. Zur Unanwendbarkeit der Vorschrift siehe BMF vom 28.03.2006 – Anlage § 015-42

vorliegen, wenn der Eigentümer beabsichtigt, es an einen Hotelier zu verpachten und dieser das Grundstück zunächst nutzen darf, ohne eine Pacht zu zahlen. Entscheidend ist, dass der Unternehmer die Aufwendungen für das Grundstück in der ernsthaften Absicht tätigt, das Grundstück unternehmerisch zu nutzen.
2. Im Verhältnis zwischen nahen Angehörigen ist eine unternehmerische Tätigkeit nicht bereits dann zu verneinen, wenn über Leistung und Gegenleistung zwar Vereinbarungen vorliegen, diese aber nicht vertragsgemäß vollzogen werden, oder wenn die Vereinbarungen nicht dem entsprechen, was unter Fremden üblich ist.
3. Der Steuerpflichtige kann sich wegen der Unvereinbarkeit der Vorschrift des § 15 Abs. 2 Nr. 3 UStG 1993 mit Art. 6 Abs. 2 und Art. 17 der Richtlinie 77/388/EWG unmittelbar auf das ihm günstigere Gemeinschaftsrecht berufen.

FG Köln vom 20.02.2003 – 3 K 3300/02 – rechtskräftig, DStRE 2003 S. 1238: Kein Vorsteuerabzug aus Mietverhältnissen ohne gesonderten Steuerausweis auf monatlichen Zahlungsbelegen.

Für den Vorsteuerabzug aus Mietverhältnissen ist es erforderlich, dass neben dem Umsatzsteuerausweis im Mietvertrag auch in den monatlichen Zahlungsbelegen ein gesonderter Steuerausweis erfolgt. Ein Vorsteuerabzug ist deshalb nicht möglich, wenn der Mieter für die monatlichen Zahlungen nur Barquittungen vorlegen kann, in denen die Umsatzsteuer nicht gesondert ausgewiesen ist.

BFH vom 16.01.2003 – V R 45/01, HFR 2003 S. 714: Vorsteuerabzug aus der Rechnung einer „Domizilgesellschaft".
1. Eine Rechnung ist zum Vorsteuerabzug geeignet, wenn Rechnungsaussteller und leistender Unternehmer identisch sind.
2. Es bedarf besonderer, detaillierter Feststellungen, um die Annahme eines „Scheinsitzes" eines Rechnungsausstellers zu rechtfertigen.

BFH vom 01.08.2002 – V R 19/00, DStRE 2003 S. 178: Vorsteuerabzug bei Errichtung eines Gebäudes auf gemeinschaftlichem Ehegattengrundstück bei hälftiger unternehmerischer Gebäudenutzung durch einen Ehegatten.

Errichten Ehegatten auf einem gemeinsamen Grundstück ein Gebäude, das von einem der Ehegatten zur Hälfte unternehmerisch genutzt wird, kann insoweit vom Unternehmer-Ehegatten auch dann ein anteiliger Vorsteuerabzug auf den unternehmerisch genutzten Gebäudeteil geltend gemacht werden, als die Rechnungen über Baukosten an beide Ehegatten adressiert sind.

BFH vom 27.07.2002 – V B 25/02, DStRE 2002 S. 1258: Vorsteuerabzug: Grundsätze für die Bestimmung des leistenden Unternehmers sind geklärt.

Durch die Rechtsprechung ist geklärt, dass die Frage, ob eine Leistung dem Handelnden oder einem anderen zuzurechnen ist, grundsätzlich davon abhängt, ob der Handelnde gegenüber dem Leistungsempfänger bei Ausführung der Leistung im eigenen Namen oder – berechtigterweise – im Namen eines anderen aufgetreten ist, sowie, dass die Feststellungslast für das Vorliegen der den Rechtsanspruch auf Vorsteuerabzug begründenden Tatsachen (wie u.a. die Identität von Leistendem und Rechnungsaussteller) der den Vorsteuerabzug begehrende Unternehmer trägt.

BFH vom 06.06.2002 – V R 59/00, BStBl. 2003 II S. 215: Umsatzabhängige Rückvergütung an Mitglieder für deren Lieferung berechtigt Genossenschaft zum Vorsteuerabzug.

Gewährt eine Genossenschaft ihren Mitgliedern mit Gutschriften eine umsatzabhängige Rückvergütung für die an die Genossenschaft erbrachten Lieferungen, handelt es sich um eine nachträgliche Erhöhung des Entgelts mit der Folge, dass die Genossenschaft insoweit zum Vorsteuerabzug berechtigt ist.

BFH vom 16.05.2002 – V R 56/00, BStBl. 2006 II S. 725: Vorsteuerabzug bei nachträglicher Änderung der Verwendungsabsicht.
1. Wenn ein Unternehmer nachweisbar beabsichtigt, Bauleistungen für steuerpflichtige Vermietungsumsätze zu verwenden, entsteht das Recht auf sofortigen Abzug der ihm dafür gesondert berechneten Umsatzsteuer als Vorsteuer im Besteuerungszeitraum des Bezugs der Bauleistungen.
2. Die Aufgabe der Absicht, die empfangenen Bauleistungen für steuerpflichtige Vermietungsumsätze zu verwenden, im folgenden Besteuerungszeitraum, führt nicht rückwirkend zum Wegfall des Vorsteuerabzugsanspruchs. Vielmehr kann die Absichtsänderung zur Vorsteuerberichtigung führen.

BFH vom 28.02.2002 – V R 25/96, BStBl. 2003 II S. 815: Vorsteuerabzug als Zuordnungsindiz.
1. Ein Unternehmer, der einen Gegenstand (im Streitfall: Pkw) zur gemischten (teils unternehmerischen und teils nichtunternehmerischen) Nutzung erwirbt, kann den Gegenstand insgesamt seinem

§ 15

Unternehmen zuordnen; er kann ihn insgesamt seinem nichtunternehmerischen Bereich zuordnen; schließlich kann er ihn entsprechend dem – geschätzten – unternehmerischen Nutzungsanteil seinem Unternehmen und im Übrigen seinem nichtunternehmerischen Bereich zuordnen.

2. Die Geltendmachung des Vorsteuerabzugs ist regelmäßig ein gewichtiges Indiz für, die Unterlassung des Vorsteuerabzugs ein ebenso gewichtiges Indiz gegen die Zuordnung eines Gegenstands zum Unternehmen. Ist ein Vorsteuerabzug nicht möglich, müssen andere Beweisanzeichen herangezogen werden. Gibt es keine Beweisanzeichen für eine Zuordnung zum Unternehmen, kann diese nicht unterstellt werden.

3. Bei einem Pkw, der überwiegend betrieblich genutzt wird, kann aus dem Umstand, dass er ertragsteuerlich notwendig dem Betriebsvermögen zuzurechnen ist und vom Unternehmer entsprechend behandelt wird, nicht geschlossen werden, dass der Unternehmer ihn auch seinem Unternehmen zugeordnet hat.

BFH vom 17.01.2002 – V R 64/01, DStRE 2002 S. 1257: Zum Vorsteuerabzug aus Lieferungen an eine GmbH vor ihrer Errichtung.

Einer GmbH kann der Vorsteuerabzug aus einer Lieferung vor der notariellen Errichtung der GmbH zustehen, wenn der der Lieferung zu Grunde liegende, zunächst nach § 177 Abs. 1 BGB schwebend unwirksame Kaufvertrag von der GmbH – ggf. stillschweigend – rückwirkend nach § 184 Abs. 1 BGB genehmigt wird.

EuGH vom 08.11.2001 – Rs. C-338/98 – Kommission/Niederlande, UR 2001 S. 544: Vorsteuerabzug in Höhe eines Prozentsatzes von der einem Arbeitnehmer für die Benutzung seines Privatfahrzeugs für berufliche Zwecke gewährten Kostenerstattung.

Das Königreich der Niederlande hat dadurch gegen seine Verpflichtungen aus dem EG-Vertrag verstoßen, dass es unter Verstoß gegen Art. 17 Abs. 2 Buchst. a und Art. 18 Abs. 1 Buchst. a der 6. EG-Richtlinie 77/388/EWG in der Fassung der Richtlinie 95/7/EG des Rates vom 10.04.1995 vorsieht, dass ein mehrwertsteuerpflichtiger Arbeitgeber einen Teil der einem Arbeitnehmer für die Benutzung eines Privatfahrzeugs zu beruflichen Zwecken gewährten Erstattung abziehen kann.

EuGH vom 27.09.2001 – Rs. C-16/00 – Cibo Participations SA, UR 2001 S. 500: Vorsteuerabzug einer Holdinggesellschaft aus bezogenen Dienstleistungen zum Erwerb einer Beteiligung an einer Tochtergesellschaft.

1. Eingriffe einer Holding in die Verwaltung von Unternehmen, an denen sie Beteiligungen erworben hat, sind eine wirtschaftliche Tätigkeit i. S. d. Art. 4 Abs. 2 der 6. EG-Richtlinie 77/388/EWG, wenn sie Tätigkeiten darstellen, die gem. Art. 2 der 6. EG-Richtlinie der Mehrwertsteuer unterliegen, wie etwa das Erbringen von administrativen, finanziellen, kaufmännischen und technischen Dienstleistungen der Holding an ihre Tochtergesellschaften.

2. Die Kosten, die einer Holding für die bei Erwerb einer Beteiligung an einer Tochtergesellschaft erworbenen Dienstleistungen entstanden sind, gehören zu ihren allgemeinen Kosten und hängen deshalb grundsätzlich direkt und unmittelbar mit ihrer wirtschaftlichen Tätigkeit zusammen. Wenn die Holding deshalb sowohl Umsätze tätigt, für die ein Recht auf Vorsteuerabzug besteht, als auch Umsätze, für die dieses Recht nicht besteht, ergibt sich aus Art. 17 Abs. 5 Unterabs. 1 der 6. EG-Richtlinie, dass sie den Vorsteuerabzug nur für den Teil der Mehrwertsteuer vornehmen kann, der dem Betrag der erstgenannten Umsätze entspricht.

3. Der Bezug von Dividenden fällt nicht in den Anwendungsbereich der Mehrwertsteuer.

BFH vom 17.08.2001 – V R 1/01, BStBl. 2002 II S. 833: Aufteilung der Vorsteuerbeträge für ein gemischt genutztes Gebäude nach dem Verhältnis der Ausgangsumsätze als sachgerechte Schätzung.[1]

Bezieht ein Unternehmer Leistungen für ein Gebäude mit Wohn- und Gewerbeflächen, ist die Aufteilung der Vorsteuerbeträge durch den Unternehmer nach dem Verhältnis der Ausgangsumsätze als sachgerechte Schätzung i. S. v. § 15 Abs. 4 UStG anzuerkennen.

BFH vom 17.05.2001 – V R 38/00, BStBl. 2003 II S. 434: Vorsteuerabzug für Anzahlung bei Ausbleiben des Leistungsbezugs.[2]

1. Bei richtlinienkonformer Auslegung des § 15 UStG gilt als (vorsteuerabzugsberechtigter) Unternehmer bereits, wer die durch objektive Anhaltspunkte belegte Absicht hat, eine unternehmerische Tätigkeit auszuüben und erste Investitionsausgaben für diesen Zweck tätigt.

---

1) Die Verwaltung wendet dieses Urteil über den entschiedenen Einzelfall hinaus nicht an: BMF vom 19.11.2002, BStBl. 2002 I S. 1368. Beachte Neufassung von § 15 Abs. 4 UStG ab 01.01.2004
2) Siehe dazu BMF vom 24.04.2003, BStBl. 2003 I S. 313

§ 15

2. Leistet der Unternehmer für die Lieferung von Gegenständen oder eine Dienstleistung eine Anzahlung, bevor die angezahlte Leistung an ihn bewirkt ist, so ist für den Vorsteuerabzug auf seine Verwendungsabsicht im Zeitpunkt der Anzahlung abzustellen.
3. Ist eine Grundstücksvermietung beabsichtigt, kommt es darauf an, ob der Unternehmer das Grundstück steuerfrei vermieten oder auf die Steuerfreiheit der Grundstücksvermietung (§ 4 Nr. 12 Buchst. a UStG) gemäß § 9 UStG verzichten will. Im erstgenannten Fall ist der Vorsteuerabzug nach § 15 Abs. 2 Nr. 1 UStG ausgeschlossen, im letztgenannten Falle nicht.

BFH vom 22.03.2001 – V R 46/00, BStBl. 2003 II S. 433: Vorsteuerabzug bei Fehlmaßnahme.

Dem Unternehmer steht unter den übrigen Voraussetzungen des § 15 UStG der Vorsteuerabzug zu, wenn er zur Zeit des Leistungsbezugs die durch objektive Anhaltspunkte belegte Absicht hat, die Eingangsumsätze für solche Ausgangsumsätze zu verwenden, die den Vorsteuerabzug nicht gemäß § 15 Abs. 2 UStG ausschließen. Es reicht aus, dass der Unternehmer die – durch objektive Anhaltspunkte belegte – Absicht hat, auf die Steuerfreiheit der Verwendungsumsätze zu verzichten. Dies gilt auch für Leistungsbezüge, die – z. B. wegen Verlusts, Beschädigung oder Projektaufgabe – gegenständlich in keine Ausgangsumsätze eingehen (sog. Fehlmaßnahmen; Anschluss an Urt. des EuGH vom 8.6.2000 – Rs. C-396/98, Schloßstraße, und vom 8.6.2000 – Rs. C-400/98, Breitsohl, und des BFH vom 22.2.2001 – V R 77/96 und vom 8.3.2001 – V R 24/98).

BFH vom 08.03.2001 – V R 24/98, BStBl. 2003 II S. 430: Vorsteuerabzug bei nachträglicher Änderung der Verwendungsabsicht.[1]

1. Bei richtlinienkonformer Auslegung des § 15 UStG gilt als (vorsteuerabzugsberechtigter) Unternehmer bereits, wer die durch objektive Anhaltspunkte belegte Absicht hat, eine unternehmerische Tätigkeit auszuüben und erste Investitionsausgaben für diesen Zweck tätigt. Zu prüfen ist, ob die Erklärung, zu besteuerten Umsätzen führende unternehmerische Tätigkeiten aufnehmen zu wollen, in gutem Glauben abgegeben worden ist und durch objektive Anhaltspunkte belegt wird. Insoweit ist jeweils der Zeitpunkt der jeweiligen Leistungsbezugs maßgeblich, in dem das Recht auf Vorsteuerabzug entsteht (vgl. Art. 17 Abs. 1 i. V. m. Art. 10 Abs. 2 der Richtlinie 77/388/EWG).
2. Wird bereits während der Bauphase eines Gebäudes anstelle der zunächst beabsichtigten steuerpflichtigen eine steuerfreie Vermietung angestrebt, kann dies gegen die Möglichkeit des Abzugs der Steuer auf die nach Absichtsänderung bezogenen Bauleistungen als Vorsteuer jedenfalls dann sprechen, wenn diese geänderte Absicht anschließend realisiert wird. Wird dagegen später eine steuerfreie Veräußerung des Mietgebäudes angestrebt (und durchgeführt), ergibt sich daraus kein (beabsichtiger) Verwendungsumsatz i. S. von § 15 Abs. 2 Nr. 1 UStG, wenn eine Geschäftsveräußerung i. S. von § 1 Abs. 1a UStG vorliegt.

BFH vom 22.02.2001 – V R 77/96, BStBl. 2003 II S. 426[2]: Entstehung und Umfang des Rechts auf Vorsteuerabzug – Vorsteuerabzug aus Leistungsbezügen für geplante Vermietungstätigkeit bei nachträglicher Abschaffung des Optionsrechts.

1. Als vorsteuerabzugsberechtigter Unternehmer (Steuerpflichtiger) gilt, wer die durch objektive Anhaltspunkte belegte Absicht hat, i. S. von § 2 UStG eine Umsatztätigkeit gegen Entgelt (wirtschaftliche Tätigkeit i. S. von Art. 4 Richtlinie 77/388/EWG) selbständig auszuüben, und erste Investitionsausgaben für diese Zwecke hat.
2. Die tatsächliche oder bei Leistungsbezug beabsichtigte Verwendung des Gegenstands oder der sonstigen Leistung zur Ausführung besteuerter Umsätze (vgl. § 15 Abs. 2 UStG) bestimmt den Umfang des Vorsteuerabzugs und ist Grundlage für eine Vorsteuerberichtigung in sog. Folgejahren.
3. Das so entstandene Recht auf sofortigen Vorsteuerabzug bleibt – vorbehaltlich einer etwaigen Vorsteuerberichtigung – erhalten, auch wenn der Steuerpflichtige auf Grund einer nach dem Bezug dieser Gegenstände oder Dienstleistungen aber vor Aufnahme der Umsatztätigkeit eingetretenen Gesetzesänderung nicht mehr zum Verzicht auf die Steuerbefreiung dieser Umsätze berechtigt ist; dies gilt auch dann, wenn die Umsatzsteuer unter dem Vorbehalt der Nachprüfung festgesetzt wurde.

EuGH vom 22.02.2001 – Rs. C-408/98 – Abbey National plc., IStR 2001 S. 180: Vorsteuerabzug für die Honorare für Dienstleistungen, die zur Durchführung einer Grundstücksübertragung mit Fortsetzung der Nutzung (as a going concern) in Anspruch genommen wurden.

Hat ein Mitgliedstaat von der in Art. 5 Abs. 8 der 6. Richtlinie 77/388/EWG des Rates vom 17.5.1977 zur Harmonisierung der Rechtsvorschriften der Mitgliedstaaten über die Umsatzsteuern – Gemeinsames

---
1) Siehe dazu BMF vom 24.04.2003, BStBl. 2003 I S. 313
2) Folgeurteil zu EuGH vom 08.06.2000 – Rs. C-396/98. Siehe dazu BMF vom 24.04.2003, BStBl. 2003 I S. 313

§ 15

Mehrwertsteuersystem: einheitliche steuerpflichtige Bemessungsgrundlage vorgesehene Möglichkeit Gebrauch gemacht, so dass die Übertragung eines Gesamtvermögens oder eines Teilvermögens so behandelt wird, als ob keine Lieferung von Gegenständen vorliegt, so gehören die Ausgaben des Übertragenden für die Dienstleistungen, die er zur Durchführung der Übertragung in Anspruch nimmt, zu seinen allgemeinen Kosten; sie weisen damit grundsätzlich einen direkten und unmittelbaren Zusammenhang mit seiner gesamten wirtschaftlichen Tätigkeit auf. Führt der Übertragende sowohl Umsätze aus, für die ein Recht auf Vorsteuerabzug besteht, als auch Umsätze, für die dieses Recht nicht besteht, kann er deshalb gemäß Art. 17 Abs. 5 der 6. Richtlinie 77/388 nur den Teil der Mehrwertsteuer abziehen, der auf den Betrag der erstgenannten Umsätze entfällt. Weisen jedoch die verschiedenen Dienstleistungen, die der Übertragende für die Durchführung der Übertragung in Anspruch genommen hat, einen direkten und unmittelbaren Zusammenhang mit einem klar abgegrenzten Teil seiner wirtschaftlichen Tätigkeit auf, so dass die Kosten dieser Dienstleistungen zu den allgemeinen Kosten dieses Unternehmensteils gehören, und unterliegen alle Umsätze dieses Unternehmensteils der Mehrwertsteuer, so kann der Steuerpflichtige die gesamte Mehrwertsteuer abziehen, die seine Ausgaben für die Vergütung dieser Dienstleistungen belastet.

BFH vom 01.02.2001 – V R 79/99, BStBl. 2008 II S. 495[1]: Vorsteuerabzug bei Anmietungen durch Eheleute.

1. Mieten Ehegatten Räume zum Betrieb eines Ladenlokals, das nur von einem der Ehegatten als Unternehmer geführt wird, so sind sie – mangels anderer Anhaltspunkte zu jeweils 50 v. H. – die Leistungsempfänger, wenn sie nicht gemeinsam (z.B. als GbR) unternehmerisch tätig sind (vgl. Senatsurteil vom 7. November 2000 V R 49/99, BFHE 194, 270).
2. In diesem Fall ist eine Option des Vermieters zur Steuerpflicht seiner Vermietungsumsätze insoweit wirksam, als die Vermietungsumsätze an den Ladenbetreiber ausgeführt werden, also zu 50 v.H.

FG Rheinland-Pfalz vom 28.11.2000 – 2 K 3378/98, DStRE 2001 S. 938: Vorsteuerabzug aus Bauleistungen an eine Ehegattengemeinschaft, wenn nur Ehemann Unternehmer.

Betreibt der Ehemann auf einem gemeinsamen Ehegatten-Grundstück ein Unternehmen, kann er keine Vorsteuer aus Bauleistungen auf dem Grundstück in Anspruch nehmen, soweit nach den vertraglichen Gestaltungen die Eigentümergemeinschaft als Leistungsempfänger anzusehen ist.

Nieders. FG vom 16.11.2000 – 5 K 294/95, EFG 2001 S. 323: Zur Vorsteuerabzugsberechtigung eines Sportvereins.

Einem nicht gemeinnützigen Sportverein steht der Vorsteuerabzug aus Leistungen zu, die er für seine Hochleistungssportgruppe, mit der er Werbeumsätze erzielt, bezogen hat. Das gilt selbst dann, wenn die Hochleistungssportgruppe zugleich den ideellen Zwecken des Vereins dient.
Die Regelungen des BMF-Erlasses vom 24. September 1987 (BStBl. I 1987, 644 ff.) zu § 67a AO finden nur auf gemeinnützige Sportvereine Anwendung.

EuGH vom 14.11.2000 – Rs. C-142/99 – Floridienne SA, Berginvest SA/Belgien, IStR 2001 S. 15[2]: Berechnung des Pro-rata-Satzes beim Vorsteuerabzug – Einbeziehung von Dividenden und Zinsen. Dividenden und Zinsen als Gegenleistungen bei Holdinggesellschaften.

Nach Art. 19 der Sechsten Richtlinie 77/388/EWG des Rates vom 17.5.1977 zur Harmonisierung der Rechtsvorschriften der Mitgliedstaaten über die Umsatzsteuern – Gemeinsames Mehrwertsteuersystem: einheitliche steuerpflichtige Bemessungsgrundlage müssen im Nenner des Bruchs, der zur Berechnung des Pro-rata-Satzes des Vorsteuerabzugs dient, unberücksichtigt bleiben – zum einen Dividenden, die Tochtergesellschaften an eine Holdinggesellschaft ausschütten, die wegen anderer Tätigkeiten mehrwertsteuerpflichtig sind und die für diese Tochtergesellschaften Verwaltungsdienstleistungen erbringt, und – zum anderen Zinsen, die Tochtergesellschaften dieser Holdinggesellschaft für ihnen gewährte Darlehen zahlen, wenn diese Darlehensumsätze keine wirtschaftliche Tätigkeit der Holdinggesellschaft i. S. des Art. 4 Abs. 2 der Sechsten Richtlinie darstellen.

BFH vom 07.11.2000 – V R 49/99, BStBl. 2008 II S. 493[3]: Vorsteuerabzug bei gemeinsamem Bezug von Vorleistungen durch Eheleute.

1. Pachten Eheleute Räume zum Betrieb einer vom Ehemann allein geführten Gaststätte, so sind die Eheleute die Leistungsempfänger, wenn sie nicht gemeinsam (z.B. als GbR) unternehmerisch tätig sind.

---

1) Siehe dazu BMF vom 09.05.2008, Anlage § 015-47
2) Siehe dazu *Klenk*, IStR 2001 S. 18
3) Siehe dazu BMF vom 09.05.2008, Anlage § 015-47

§ 15

2. In diesem Fall kann dem Ehemann als alleinigem Unternehmer der Vorsteuerabzug zur Hälfte zustehen.
3. Ein Pachtvertrag, in dem ein monatliches Pachtentgelt zzgl. Umsatzsteuer vereinbart ist, erfüllt nur in Verbindung mit entsprechenden monatlichen Abrechnungsbelegen (z.b. Bankbelegen) die Rechnungsvoraussetzungen für den Vorsteuerabzug.

EuGH vom 19.09.2000 – verb. Rs. C-177/99 – Ampafrance SA und C-181/99 – Sanofi Synthelabo, IStR 2000 S. 655[1]**:** Ausschluss des Rechts auf Vorsteuerabzug für Repräsentationsaufwendungen.

Die Entscheidung 89/487/EWG des Rates vom 28.7.1989 zur Ermächtigung der Französischen Republik, eine von Art. 17 Abs. 6 Unterabs. 2 der Sechsten Richtlinie 77/388/EWG zur Harmonisierung der Rechtsvorschriften der Mitgliedstaaten über die Umsatzsteuern abweichende Sondermaßnahme zu treffen, ist ungültig.

BFH vom 27.07.2000 – V R 55/99, BStBl. 2001 II S. 426[2]**:** Anforderungen an eine Rechnung.

Eine Rechnung, in der zwar der Bruttopreis, der Steuersatz und der Umsatzsteuerbetrag, nicht aber das Entgelt ausgewiesen sind, berechtigt grundsätzlich nicht zum Vorsteuerabzug.

BFH vom 28.06.2000 – V R 45/99, BStBl. 2001 II S. 703: Zeitpunkt des Vorsteuerabzugs.

1. Werden Gegenstände an den (späteren) Gemeinschuldner vor Konkurseröffnung geliefert, steht diesem der Vorsteuerabzug gemäß § 15 Abs. 1 UStG 1993 bereits im Zeitpunkt der Lieferung und Rechnungserteilung zu, auch wenn der Konkursverwalter die Kaufpreisforderungen erst nach Konkurseröffnung bezahlt.
2. In diesem Fall kommt eine Vorsteuerberichtigung wegen Uneinbringlichkeit der Forderung (§ 17 Abs. 2 Nr. 1 Satz 1 UStG 1993) und nachträglicher Vereinnahmung des Entgelts (§ 17 Abs. 2 Nr. 1 Satz 2 UStG 1993) nicht in Betracht, wenn der Konkursverwalter gemäß § 17 KO an Stelle des Gemeinschuldners den bisher beiderseits noch nicht (vollständig) erfüllten zweiseitigen Vertrag erfüllt und die Erfüllung von dem anderen Teile verlangt (Abgrenzung gegenüber BFH-Urteil vom 13. November 1986 V R 59/79, BFHE 148, 346, BStBl. II 1987, 226).
3. Ein und dieselbe Vorsteuer kann nicht in demselben Besteuerungszeitraum gemäß § 17 Abs. 2 Nr. 1 Satz 1 UStG 1993 zu Lasten des Steuerpflichtigen und gemäß § 17 Abs. 2 Nr. 1 Satz 2 UStG 1993 zu Gunsten des Steuerpflichtigen „berichtigt" werden.

EuGH vom 08.06.2000 – Rs. C-400/98 – Ursula Breitsohl, BStBl. 2003 II S. 452[3]**:** Unternehmereigenschaft und Ausübung des Rechts auf Vorsteuerabzug im Fall des Scheiterns der beabsichtigten Tätigkeit vor der erstmaligen Festsetzung der Umsatzsteuer.

1. Die Art. 4 und 17 der 6. EG-Richtlinie 77/388/EWG sind dahin auszulegen, daß das Recht auf Abzug der Mehrwertsteuer, die für Umsätze entrichtet worden ist, die im Hinblick auf die Ausübung geplanter wirtschaftlicher Tätigkeiten getätigt wurden, selbst dann fortbesteht, wenn der Steuerverwaltung bereits bei der erstmaligen Festsetzung der Steuer bekannt ist, daß die beabsichtigte wirtschaftliche Tätigkeit, die zu steuerbaren Umsätzen führen sollte, nicht ausgeübt werden wird.
2. Nach Art. 4 Abs. 3 der 6. EG-Richtlinie 77/388 kann bei der Lieferung von Gebäuden oder Gebäudeteilen und dem dazugehörigen Grund und Boden die Option für eine Besteuerung nur zusammen für die Gebäude oder Gebäudeteile und den dazugehörigen Grund und Boden ausgeübt werden.

EuGH vom 08.06.2000 – Rs. C-396/98 – Grundstücksgemeinschaft Schloßstraße, BStBl. 2003 II S. 446[4]**:** Fortbestehen des Vorsteuerabzugsrechts bei nachfolgender Hinderung der Ausführung steuerpflichtiger Umsätze infolge Gesetzesänderung.

Nach Art. 17 der 6. EG-Richtlinie 77/388/EWG bleibt das Recht eines Steuerpflichtigen, die Mehrwertsteuer, die er für Gegenstände oder Dienstleistungen entrichtet hat, die ihm im Hinblick auf die Ausführung bestimmter Vermietungsumsätze geliefert bzw. erbracht wurden, als Vorsteuer abzuziehen, erhalten, wenn dieser Steuerpflichtige aufgrund einer nach dem Bezug dieser Gegenstände oder Dienstleistungen, aber vor Aufnahme dieser Umsatztätigkeiten eingetretenen Gesetzesänderung nicht

---
1) Siehe dazu *de Weerth*, IStR 2000 S. 659; *Wäger*, UR 2000 S. 480; *Widmann*, DStR 2000 S. 1988
2) Siehe dazu BMF vom 05.06.2001 – IV B 7 – S 7280 – 18/01, BStBl. 2001 I S. 360
3) Siehe dazu *Widmann*, UR 2000 S. 340; siehe auch BFH vom 27.08.1998 – V R 18/97, DStR 1998 S. 1870 (Vorabentscheidungsersuchen an den EuGH) und Folgeurteil vom 22.02.2001 – V R 77/96. Siehe BMF vom 24.04.2003, BStBl. 2003 I S. 313
4) Siehe dazu *Widmann*, UR 2000 S. 340 sowie das BFH-Vorabentscheidungsersuchen vom 27.08.1998 – V R 77/76, DStR 1998 S. 1874, sowie BFH vom 22.03.2001 – V R 46/00. Vgl. BMF vom 24.04.2003, BStBl. 2003 I S. 313

§ 15

mehr zum Verzicht auf die Steuerbefreiung dieser Umsätze berechtigt ist; dies gilt auch dann, wenn die Mehrwertsteuer unter dem Vorbehalt der Nachprüfung festgesetzt wurde.

EuGH vom 08.06.2000 – Rs. C-98/98 – Midland Bank, DStRE 2000 S. 927: Vorsteuerabzugsberechtigung für den Bezug von Dienstleistungen – direkter Zusammenhang zwischen Eingangsumsatz und Umsatz der nachfolgenden Stufe.

1. Art. 2 der Ersten Richtlinie 67/227/EWG des Rates vom 11.4.1967 zur Harmonisierung der Rechtsvorschriften der Mitgliedstaaten über die Umsatzsteuer und Art. 17 Abs. 2, 3 und 5 der Sechsten Richtlinie 77/388/EWG des Rates vom 17.5.1977 zur Harmonisierung der Rechtsvorschriften der Mitgliedstaaten über die Umsatzsteuern – Gemeinsames Mehrwertsteuersystem: Einheitliche steuerpflichtige Bemessungsgrundlagen sind so auszulegen, dass grundsätzlich ein direkter und unmittelbarer Zusammenhang zwischen einem bestimmten Eingangsumsatz und einem oder mehreren Umsätzen der nachfolgenden Stufe, die zum Vorsteuerabzug berechtigten, bestehen muss, damit der Steuerpflichtige zum Vorsteuerabzug berechtigt ist und der Umfang dieses Rechts bestimmt werden kann.

2. Es ist Sache des nationalen Gerichts, das Kriterium des direkten und unmittelbaren Zusammenhangs auf den Sachverhalt des bei ihm anhängigen Rechtsstreits anzuwenden. Ein Steuerpflichtiger, der sowohl Umsätze tätigt, die zum Vorsteuerabzug berechtigen, als auch solche, die nicht dazu berechtigen, kann die Mehrwertsteuer, mit der die bezogenen Gegenstände oder Dienstleistungen belastet sind, abziehen, sofern diese Lieferungen direkt und unmittelbar mit den zum Vorsteuerabzug berechtigenden Ausgangsumsätzen zusammenhängen, ohne dass es darauf ankommt, ob Abs. 2, 3 oder 5 des Art. 17 der Sechsten Richtlinie 77/388 anzuwenden ist. Ein solcher Steuerpflichtiger kann die auf Dienstleistungen lastende Vorsteuer jedoch nicht in voller Höhe abziehen, wenn diese Dienstleistungen nicht zur Ausführung eines zum Vorsteuerabzug berechtigten Umsatzes, sondern im Rahmen von Tätigkeiten verwendet worden sind, die nur die Folge eines solchen Umsatzes sind, es sei denn, der Steuerpflichtige weist anhand objektiver Umstände nach, dass die Aufwendungen für den Bezug dieser Dienstleistungen zu den verschiedenen Kostenelementen des Ausgangsumsatzes gehören.

BFH vom 25.05.2000 – V R 66/99, DStR 2000 S. 1346[1]: Vorsteuerabzug aus Ferienhausvermietung einer GbR.

1. Hat sich der Eigentümer eines Ferienhauses mit anderen Ferienhauseigentümern zu einer GbR zusammengeschlossen, die die Ferienhäuser im eigenen Namen für Rechnung der Gesellschafter vermieten soll, und sind die Zahlungen der Gesellschaft an den Gesellschafter von der tatsächlichen Inanspruchnahme des Hauses auf Grund der Überlassung der Nutzungsbefugnis abhängig, kann die Nutzungsüberlassung durch den Eigentümer an die Gesellschaft als entgeltlich beurteilt werden.

2. In Betracht kommt auch, dass schon deshalb von Vermietungsleistungen des Gesellschafters an die Gesellschaft auszugehen ist, weil in entsprechender Anwendung von § 3 Abs. 3 UStG i.V.m. § 3 Abs. 11 UStG die Gesellschaft, die im eigenen Namen, aber für Rechnung der Gesellschafter vermietet, so behandelt wird, als ob sie diese Vermietungsleistung selbst erhalten hätte.

BFH vom 30.03.2000 – V R 105/98, n.v., HFR 2000 S. 835: Vorsteuerabzug beim sog. Sparkassenmodell.

1. Ein Missbrauch von Gestaltungen des Rechts kann darin liegen, dass ein Kreditinstitut bei der Erstellung eines Betriebsgebäudes eine Gesellschaft einschaltet, die das Gebäude auf einem von dem Kreditinstitut erworbenen Grundstück errichtet und anschließend unter Verzicht auf die Steuerfreiheit an das Kreditinstitut vermietet und das Kreditinstitut der Gesellschaft ein zinsloses Darlehen zur Finanzierung der Baumaßnahmen gewährt. Die Gestaltung kann aber durch wirtschaftliche oder sonst beachtliche nichtsteuerliche Gründe gerechtfertigt sein.

2. Solange der Sachverhalt nicht geklärt ist, scheidet eine Vorlage an den Gerichtshof der Europäischen Gemeinschaften wegen Zweifeln, die die Auslegung von Gemeinschaftsrecht betreffen, aus.

Sächs. FG vom 08.02.2000 – 2 K 908/97, EFG 2000 S. 827: Zum Vorsteuerabzug bei Aufwendungen für eine Geschäftsveräußerung im ganzen.

1. Der Vorsteuerabzug aus Leistungsbezügen im Zusammenhang mit einer nicht steuerbaren Geschäftsveräußerung richtet sich danach, wie der Unternehmer die veräußerten Gegenstände vor der Veräußerung verwendet hat.

---

1) Siehe dazu FK, DStR 2000 S. 1348. Beachte die Neufassung des § 3 Abs. 11 UStG ab dem 01.01.2004 sowie Abschn. 32 UStR 2005/2008

2. Ein nur nach § 4 Nr. 14 UStG steuerfreie Umsätze ausführender Arzt hat keinen Vorsteuerabzug aus Aufwendungen für anwaltliche Beratung und die Erstellung eines Wertgutachtens im Zusammenhang mit der (geplanten) Veräußerung seiner Praxis.

EuGH vom 05.10.1999 – Rs. C-305/97 – Royscot Leasing, DB 1999 S. 2195: Vor Inkrafttreten der 6. EG-Richtlinie eingeführte Vorsteuerausschlüsse können beibehalten werden.

1. Die Mitgliedstaaten durften gem. Art. 11 Abs. 4 der 2. EG-RL Vorschriften, die das Recht zum Abzug der beim Erwerb von Kfz, die der Stpfl. für die Zwecke seiner steuerpflichtigen Umsätze verwendet, anfallenden Mehrwertsteuer allgemein ausschließen, selbst dann einführen oder beibehalten und dürfen sie gem. Art. 17 Abs. 6 der 6. EG-RL beibehalten, wenn
   – die Fahrzeuge unentbehrliche Arbeitsgeräte für die Ausübung der Tätigkeit des betreffenden Stpfl. gewesen sind oder wenn
   – die Fahrzeuge im Einzelfall von dem betreffenden Stpfl. nicht privat haben genutzt werden können.
2. Art. 17 Abs. 6 der 6. EG-RL ist in dem Sinn auszulegen, daß die Mitgliedstaaten die in Unterabs. 2 genannten Ausschlüsse vom Recht auf Vorsteuerabzug beibehalten dürfen, obwohl der Rat vor dem Ablauf der in Unterabs. 1 vorgesehenen Frist nicht festgelegt hat, bei welchen Ausgaben die Mehrwertsteuer nicht abziehbar ist.

BFH vom 19.11.1998 – V R 102/96, BStBl. 1999 II S. 256: Nachweis der Vorsteuern im Vergütungsverfahren gem. § 59 UStDV

Der Unternehmer kann den Nachweis, daß die Voraussetzungen des § 15 Abs. 1 Nr. 2 UStG 1991 vorliegen, im Vergütungsverfahren nach §§ 59 ff. UStDV 1991 ebenso wie im allgemeinen Veranlagungsverfahren durch Vorlage der Zweitschrift des Ersatzbelegs führen, wenn der dem Erstattungsantrag zugrunde liegende Vorgang stattgefunden hat und keine Gefahr besteht, daß weitere Erstattungsanträge gestellt werden. Es kommt dann nicht darauf an, aufgrund welcher Umstände die Erstschrift des Ersatzbelegs nicht vorgelegt werden kann.

BFH vom 01.10.1998 – V R 31/98, BStBl. 2008 II S. 497[1]**; DStR 1998 S. 2007:** Vorsteuerabzug für Teilhaber einer Bruchteilsgemeinschaft.

1. Erwerben mehrere Landwirte gemeinsam als Bruchteilsberechtigte einen Mähdrescher, um diesen in ihren eigenen landwirtschaftlichen Betrieben einzusetzen, so sind sie umsatzsteuerrechtlich Leistungsempfänger, wenn die Bruchteilsgemeinschaft selbst keine Umsätze ausführt.
2. In diesem Fall steht jedem der Landwirte der Vorsteuerabzug entsprechend seinem Anteil an der Bruchteilsgemeinschaft zu, wenn seine Umsätze nicht der Besteuerung nach Durchschnittssätzen unterliegen.
3. Ist in der an die Bruchteilsgemeinschaft gerichteten Rechnung über die Lieferung des Mähdreschers Umsatzsteuer in einem Gesamtbetrag gesondert ausgewiesen, können die auf die einzelnen Landwirte entfallenden Vorsteuerbeträge gesondert und einheitlich festgestellt werden.

BFH vom 14.05.1998 – V R 74/97, BStBl. 1998 II S. 634: Vorsteuerabzug aus Leistungen des Sequesters.

In einem an den Konkursverwalter gerichteten Umsatzsteuerbescheid kann die Vorsteuer nicht bereits deshalb unberücksichtigt bleiben, weil sie auf Leistungen vor Eröffnung des Konkursverfahrens (hier: des Sequesters) beruht.

BFH vom 22.04.1998 – XI R 61/97, BStBl. 1998 II S. 586: Die in Rechnung gestellte Umsatzsteuer für die entgeltliche Übernahme von Verwaltungsaufgaben durch einen Treuhand-Kommanditisten kann die Gesellschaft insoweit als Vorsteuer abziehen, als die Verwaltungsaufgaben zum Geschäftsführungsbereich der Gesellschaft gehören.

BFH vom 02.04.1998 – V R 34/97, BStBl. 1998 II S. 695: Vorsteuerabzug nur in Höhe der für den Umsatz geschuldeten Steuer.

1. Der Vorsteuerabzug nach § 15 Abs. 1 Nr. 1 Satz 1 UStG 1980 setzt bei richtlinienkonformer Auslegung voraus, daß eine Steuer für den berechneten Umsatz geschuldet wird.
2. Auf die Steuerbefreiung einer Grundstückslieferung kann nach Bestandskraft der Steuerfestsetzung für den Besteuerungszeitraum der Lieferung nicht mehr durch Ausgabe einer Rechnung mit gesondertem Steuerausweis verzichtet werden.

---
1) Siehe dazu BMF vom 09.05.2008, Anlage § 015-47

§ 15

BFH vom 12.03.1998 – V R 50/97, BStBl. 1998 II S. 525: Vorsteueraufteilung nach Kaufpreisanteilen.
1. Die Vorsteueraufteilungsvorschrift des § 15 Abs. 4 UStG 1993 ist nicht nur anwendbar, wenn ein gelieferter Gegenstand – z. B. ein bebautes Grundstück – in wechselnder Folge für sog. Abzugs- bzw. Ausschlußumsätze verwendet wird, sondern auch bei unterschiedlicher Verwendung einzelner Gebäudeteile zu solchen Umsätzen.
2. Die Ermittlung des Teils der nicht abziehbaren Vorsteuerbeträge eines solchen gemischt verwendeten Gegenstands nach „wirtschaftlicher Zurechnung" zu den Ausschlußumsätzen läßt dem Unternehmer einen gewissen Spielraum. Er kann bei der Aufteilung der Vorsteuerbeträge auf die Wertermittlung für die unterschiedlich verwendeten Gebäudeteile bei der Kaufpreisbildung zurückgreifen.
3. Die Ermittlung der nicht abziehbaren Vorsteuer-Teilbeträge durch den Unternehmer ist jedenfalls dann als sachgerechte Schätzung anzuerkennen, wenn sie auf einer identischen Wertermittlungsmethode für beide unterschiedlich verwendeten Gebäudeteile beruht und wenn nachgewiesen wird, daß der Gesamtkaufpreis für das bebaute Grundstück entsprechend gebildet wurde.

Hess. FG vom 26.02.1998 – 6 K 2275/97 – rechtskräftig, EFG 1998 S. 1034: Kein Vorsteuerabzug aus Ausbildungskosten einer Berufspilotin.

Eine Berufsausbildung (hier: Ausbildung zum Berufspilotin), bei der die Ausbildungskosten einkommensteuerrechtlich keine Betriebsausgaben, sonder beschränkt abzugsfähige Sonderausgaben i.S. des § 10 Abs. 1 Nr. 7 EStG darstellen, ist keine Vorbereitungshandlung für eine unternehmerische Tätigkeit und berechtigt daher nicht zum Vorsteuerabzug.

FG Hamburg vom 23.02.1998 – II 83/97 – rechtskräftig, EFG 1998 S. 1294: Kein Vorsteuerabzug aus nichtsteuerbarer Freihafenlieferung.
1. Der Vorsteuerabzug nach Art. 17 Abs. 2 Buchst. a 6. EG-Richtlinie erstreckt sich – im Unterschied zu Art. 11 Abs. 1 Buchst. a 2. Richtlinie – nicht auf eine unberechtigt oder zu hoch ausgewiesene USt.
2. Bei einer nicht wörtlich umgesetzten EG-Richtlinie kann sich der Stpfl. nicht auf für ihn günstigeres nationales Recht berufen, wenn eine Divergenz bei dessen richtlinienkonformer Auslegung entfällt.
3. Letztere kann sowohl bei einer Richtlinienänderung als auch bei einer geänderten Richtlinien-Auslegung eine Änderung der Auslegung des nationalen Rechts bewirken.
4. Ungeachtet der ausstehenden Anpassung des Wortlauts des § 15 Abs. 1 Nr. 1 UStG an Art. 17 Abs. 2 Buchst. a 6. EG-Richtlinie und unabhängig von der Frage des deutschen Vorsteuerabzugs bei überhöhtem Steuerausweis oder bei Steuerausweis trotz Steuerfreiheit oder trotz Nichtsteuerbarkeit im Inland ist § 15 UStG unter der 6. EG-Richtlinie zumindest dahin auszulegen, daß bei Nichtsteuerbarkeit außerhalb des Inlands oder im Freihafen keine Vorsteuer abgezogen werden kann.

BFH vom 05.02.1998 – V R 101/96, DB 1998 S. 1646: Vorsteueraufteilung und Ertragswertermittlung.

Erwirbt ein Unternehmer ein Gebäude mit Wohn- und Gewerbeflächen zu einem Kaufpreis, der nach Ertragswertermittlungen für die unterschiedlich verwendeten (steuerfrei und steuerpflichtig vermieteten) Gebäudeteile gebildet wurde, ist die Aufteilung der Vorsteuerbeträge durch den Unternehmer anhand des daraus folgenden Aufteilungsschlüssels als sachgerechte Schätzung i. S. von § 15 Abs. 4 UStG 1980 anzuerkennen.

Nieders. FG vom 12.06.1997 – V 453/96 – rechtskräftig, EFG 1997 S. 1147: Kein Vorsteuerabzug bei unternehmerischer Nutzung zuvor privat erworbener Wirtschaftsgüter.

Es liegt keine Berechtigung zum Vorsteuerabzug vor, wenn ein ursprünglich nichtunternehmerisch erworbenes und genutztes Wirtschaftsgut später für das Unternehmen verwendet wird.

BFH vom 11.06.1997 – XI R 65/95, BStBl. II 1999 S. 420: Zuordnung einer Strandpromenade zu einem Betrieb gewerblicher Art.

Eine dem öffentlichen Verkehr gewidmete Strandpromenade kann auch dann nicht dem Gewerbebetrieb einer Gemeinde „Verpachtung von Strandhäusern" zugeordnet werden, wenn die Gemeinde ihren Pächtern an Teilflächen der Promenade ein Sondernutzungsrecht einräumt.

BFH vom 07.05.1997 – V R 39/65, BFH/NV 1997 S. 910: An- und Verkauf eines PKW durch beauftragten Händler.

Ein Unternehmer, der Sattelzugmaschinen vermietet, Container und Trailer verkauft bzw. vermietet und mit Motorbooten handelt, bezieht infolge objektiven und erkennbaren wirtschaftliche Zusam-

§ 15

menhangs mit seiner gewerblichen Tätigkeit einen zur Weiterveräußerung erworbenen PKW für sein Unternehmen.

BFH vom 16.04.1997 – XI R 63/93, BStBl. II S. 582: Nachweis des Vorsteuerabzugs nicht nur durch Originalrechnung.

Die Ausübung des Rechts auf Vorsteuerabzug setzt voraus, daß der Steuerpflichtige im Besitz der Originalrechnung ist.

Den Nachweis, daß diese Voraussetzung erfüllt war, kann der Steuerpflichtige nicht nur durch Vorlage der Originalrechnung, sondern mit allen verfahrensrechtlich zulässigen Beweismitteln führen.

EuGH vom 05.12.1996 – Rs. C-85/95 – Reisdorf, DB 1997 S. 259: Vorsteuerabzug – Besitz der Originalrechnung erforderlich?

Die Art. 18 Abs. 1 Buchst. a und 22 Abs. 3 der Sechsten Richtlinie 77/388/EWG des Rates vom 17.5.1977 zur Harmonisierung der Rechtsvorschriften der Mitgliedstaaten über die Umsatzsteuern – Gemeinsames Mehrwertsteuersystem: einheitliche steuerpflichtige Bemessungsgrundlage – gestatten es den Mitgliedstaaten, unter „Rechnung" nicht nur die Originalrechnung, sondern an deren Stelle auch jedes andere Dokument zu verstehen, das den von ihnen festgelegten Kriterien entspricht, und geben ihnen die Befugnis, zum Nachweis des Rechts auf Vorsteuerabzug die Vorlage der Originalrechnung zu verlangen und, wenn der Stpfl. sie nicht mehr besitzt, andere Beweise zuzulassen, aus denen sich ergibt, daß der Umsatz, auf den sich der Antrag auf Vorsteuerabzug bezieht, tatsächlich stattgefunden hat.

EuGH vom 11.07.1996 – Rs. C-306/94 – Regie dauphinoise, UR 1996 S. 304: Fremdgeldanlagen eines Immobilienverwalters als Unternehmenstätigkeit – Berücksichtigung der Geldanlage-Umsätze bei Vorsteueraufteilung.

1. Erhält ein Immobilienverwalter von seinen Mandanten Gelder als Vorauszahlungen auf Verwaltungsleistungen, die er vereinbarungsgemäß als Eigengeld auf eigenem Konto anlegen darf, fällt diese Geldanlage (unter Vereinnahmung von Zinsen in seine unternehmerische Tätigkeit als Immobilienverwalter.
2. Diese Geldanlagen dienen der dauerhaften und notwendigen Erweiterung der unternehmerischen Tätigkeit als Immobilienverwalter und stellen daher keine Hilfsumsätze im Bereich der Grundstücks- und Finanzgeschäfte dar. Sie fallen daher nicht unter Art. 19 Abs. 2 der 6. Richtlinie.
3. Nach Artikel 19 Absatz 2 der 6. Richtlinie 77/388/EWG sind Gelderträge, die ein Unternehmen der Immobilienverwaltung als Entgelt für die auf eigene Rechnung erfolgt Anlage von Mitteln erhält, die es von den Eigentümern oder Mietern erhalten hat, in den Zähler und in den Nenner des für die Berechnung des Pro-rata-Satzes des Vorsteuerabzugs verwendeten Bruchs einzubeziehen.

FG Münster vom 28.03.1995 – 15 K 2082/94 U – rechtskräftig, EFG 1995 S. 861: Kein Vorsteuerabzug bei Verwendung einer Codebezeichnung für den Leistungsempfänger.

Wird im Abrechnungspapier anstelle des Namens und der Anschrift des Rechnungsempfängers eine Codebezeichnung verwandt und besitzt der Rechnungsempfänger keine Unterlagen zur Codeentschlüsselung, so ist ein Vorsteuerabzug auch dann nicht möglich, wenn die Finanzverwaltung durch Rückfrage beim Rechnungsaussteller den Namen des Lieferungs- und Rechnungsempfängers nachträglich ermittelt (Ergänzung zum Senatsurteil vom 22. Mai 1990 XV 6716/89 U, EFG 1991, 357).

BFH vom 10.11.1994 – V R 45/93, BStBl. 1995 II S. 395: Rechnungsanforderungen für den Vorsteuerabzug.

Der Vorsteuerabzug kann nur auf Grund einer Rechnung geltend gemacht werden, die eine eindeutige und leicht nachprüfbare Feststellung der Leistung ermöglicht, über die abgerechnet worden ist.

BFH vom 15.09.1994 – V R 12/93, BStBl. 1995 II S. 88: Vorsteuerabzug bei Fehlmaßnahmen.

Leistungsbezüge, die – z. B. wegen Verlusts, Beschädigung oder Projektaufgabe – in keine Ausgangsumsätze gegenständlich eingehen (sog. Fehlmaßnahmen), müssen denjenigen Ausgangsumsätzen zugerechnet werden, zu denen sie nach Kostenzurechnungsgesichtspunkten gehören.

BFH vom 13.07.1994 – XI R 55/93, BStBl. 1994 II S. 907: Vorsteuerabzug einer Personengesellschaft aus Steuerberatungskosten.

1. Läßt eine Personengesellschaft von einem Steuerberater Erklärungen zur einheitlichen und gesonderten Gewinnfeststellung und die Vermögensaufstellungen auf ihre Kosten erstellen, so ist die Gesellschaft nur hinsichtlich der Vermögensaufstellungen zum Abzug der in Rechnung gestellten Vorsteuern berechtigt.

§ 15

2. Die Kosten für die Vermögensaufstellungen sind im Hinblick auf ihre unentgeltliche Überlassung an die Gesellschafter (zum Zwecke der Erstellung der persönlichen Vermögensteuererklärungen) nicht anteilig als Eigenverbrauch zu erfassen.

BFH vom 24.02.1994 – V R 80/92, BStBl. 1994 II S. 487: Kein Rechtsmißbrauch bei Option zur Steuerpflicht durch insolventen Veräußerer.

Der Vorsteuerabzug durch einen Grundstückserwerber ist grundsätzlich nicht rechtsmißbräuchlich, wenn der insolvente Veräußerer die Grundstückslieferung als steuerpflichtig behandelt, aber die geschuldete Umsatzsteuer nicht entrichtet.[1]

BFH vom 27.01.1994 – V R 31/91, BStBl. 1994 II S. 488: Vorsteuerabzug bei Gesamtobjekten.

Der in einer Rechnung an die Bauherren eines Gesamtobjekts (Wohnanlage mit Eigentumswohnungen) gesondert ausgewiesene Steuerbetrag kann gemäß § 1 Abs. 2 der Verordnung über die gesonderte Feststellung von Besteuerungsgrundlagen nach § 180 Abs. 2 AO 1977 auf die Beteiligten verteilt und ihnen zugerechnet werden. Die Bezeichnung der einzelnen Leistungsempfänger und der für sie abziehbare Steuerbetrag kann aus einer Abrechnung über das bezeichnete Gesamtobjekt abgeleitet werden.

BFH vom 17.12.1993 – V B 126/93, BFH/NV 1995 S. 450: Vorsteuerabzug für die Anschaffung eines von einem Sozius gekauften Kraftwagens durch die Sozietät.

Es ist durch die Rechtsprechung geklärt, daß eine Rechnung, die nur an einen Gesellschafter ausgestellt worden ist, nicht eine Gesellschaft als Leistungsempfänger bezeichnet. Die Gesellschaft kann aus der beschriebenen Rechnung keinen Vorsteuerabzug vornehmen.

BFH vom 25.11.1993 – V B 120/93, UR 1994 S. 195: Keine Änderung der Rechtsprechung zur Mißbräuchlichkeit gewerblicher Zwischenvermietung von privatem Wohnraum (§ 15 Abs. 2 UStG; § 42 AO 1977).

Die Rechtsprechung des V. Senats des BFH zur Rechtsmißbräuchlichkeit der Einschaltung eines gewerblichen Zwischenmieters bei Wohnraum, der zum privaten Wohnen bestimmt ist, bedarf keiner neuerlichen grundsätzlichen Überprüfung durch die Revisionsinstanz; ebenso ist die Notwendigkeit einer Überprüfung dieser Rechtsprechung unter verfassungsrechtlichen Gesichtspunkten durch das BVerfG nicht erkennbar.

BFH vom 23.09.1993 – V R 3/93, BFH/NV 1994 S. 745: Vorsteuerabzug bei einer durch Option steuerpflichtigen Grundstückslieferung eines insolventen Veräußerers; Gestaltungsmißbrauch.

Der Vorsteuerabzug durch den Grundstückserwerber ist rechtsmißbräuchlich, wenn der insolvente Grundstücksveräußerer eine Grundstückslieferung als steuerpflichtig behandelt und der Erwerber den vereinbarten Kaufpreis (einschließlich Umsatzsteuer) dem Verkäufer gar nicht auszahlt, sondern mit eigenen – infolge der wirtschaftlichen Situation des Veräußerers notleidenden – Gegenforderungen verrechnet.

BFH vom 01.04. 1993 – V R 85/91, BFH/NV 1994 S. 64: Wechselseitige Vermietung von Arztpraxen als Gestaltungsmißbrauch.

Eine wechselseitige Vermietung von Praxisräumen durch Ärzte kann Mißbrauch von Gestaltungsmöglichkeiten des Rechts i. S. von § 42 AO sein.

BFH vom 04.03.1993 – V R 68/89, BStBl. 1993 II S. 527: Vorsteuerabzug bei Werbegeschenken einer Bank.

Gibt eine Sparkasse Werbeartikel unentgeltlich ab, sind die Umsatzsteuern, die ihr für die Lieferung der Werbeartikel berechnet worden sind, im Verhältnis ihrer steuerfreien Umsätze zu den gesamten Umsätzen i. S. von § 1 Abs. 1 Nrn. 1 bis 3 UStG 1980 vom Vorsteuerabzug ausgeschlossen.

BFH vom 16.01.1992 – V R 1/91, BStBl. 1992 II S. 541: Rechtsmißbrauch durch Einschaltung der Ehefrau bei der Praxiserrichtung.

Erwirbt oder errichtet die Ehefrau eines Zahnarztes eine Praxis und vermietet sie diese an den Zahnarzt, steht ihr wegen Mißbrauchs von rechtlichen Gestaltungsmöglichkeiten auch bei Option für die Umsatzsteuerpflicht der Vermietungsumsätze kein Vorsteuerabzug zu, wenn sie die laufenden Aufwendungen für das Grundstück und den Kapitaldienst nicht aus der Miete und sonstigem eigenen Einkommen decken kann und deshalb auf zusätzliche Zuwendungen ihres Ehemannes in nicht unwesentlichem Umfang angewiesen ist.

---

[1] Siehe aber BFH vom 07.03.1996 – V R 14/95, BStBl. 1996 II S. 491

§ 15

BFH vom 08.08.1991 – V R 106/88, BStBl. 1992 II S. 12: Steuererhöhende Änderung wegen neuer Tatsachen – Begrenzung zusammenhängender Vorsteuern.

Werden nachträglich steuerpflichtige Umsätze und Vorsteuerbeträge bekannt und trifft den Unternehmer ein grobes Verschulden an dem nachträglichen Bekanntwerden, können die Vorsteuerbeträge gemäß § 173 Abs. 1 Nr. 2 Satz 2 AO 1977 nur abgezogen werden, soweit die Lieferungen und sonstigen Leistungen, auf denen die Vorsteuerbeträge beruhen, zur Ausführung der nachträglich bekanntgewordenen Umsätze verwendet worden sind.

EuGH vom 11.07.1991 – Rs. C-97/90 – Lennartz, UR 1991 S. 291:[1]

Grundsatzurteil zum Vorsteuerabzug:
– 10 v. H.-Grenze des Abschn. 192 Abs. 17 UStR 1988 nicht richtlinienkonform
– keine Vorsteuergewährung bei Sacheinlagen aus Privatvermögen

1. Artikel 20 Absatz 2 der Sechsten Richtlinie findet Anwendung, wenn eine Person als Steuerpflichtiger Investitionsgüter erwirbt und sie Zwecken ihrer wirtschaftlichen Tätigkeiten im Sinne von Artikel 4 der Sechsten Richtlinie zuordnet.

2. Die Frage, ob ein Steuerpflichtiger im Einzelfall Gegenstände für Zwecke seiner wirtschaftlichen Tätigkeiten im Sinne von Artikel 4 der sechsten Richtlinie erworben hat, ist eine Tatfrage, die unter Berücksichtigung aller Gegebenheiten des Sachverhalts, zu denen die Art der betreffenden Gegenstände und der zwischen dem Erwerb der Gegenstände und ihrer Verwendung für Zwecke der wirtschaftlichen Tätigkeiten des Steuerpflichtigen liegenden Zeitraum gehören, zu beurteilen ist.

3. Ein Steuerpflichtiger, der Gegenstände für Zwecke einer wirtschaftlichen Tätigkeit verwendet, hat zum Zeitpunkt des Erwerbs dieser Gegenstände das Recht, die gezahlte Vorsteuer gemäß den Vorschriften des Artikel 17 abzuziehen, wie gering auch immer der Anteil der Verwendung für unternehmerische Zwecke sein mag. Eine Vorschrift oder eine Verwaltungspraxis, die das Recht auf Vorsteuerabzug im Falle einer begrenzten, gleichwohl aber tatsächlich unternehmerischen Verwendung allgemein einschränkt, stellt eine Abweichung von Artikel 17 der Sechsten Richtlinie dar und ist nur gültig, wenn sie den Anforderungen des Artikel 27 Absatz 1 oder des Artikels 27 Absatz 5 der Sechsten Richtlinie genügt.

EuGH vom 13.12.1989 – Rs. 342/87 – Genius Holding, UR 1991 S. 83[2]**:** Beschränkung des Vorsteuerabzugs auf gesetzlich geschuldete Steuer.

Das in Art. 17 Abs. 2 Buchst. a der Sechsten Richtlinie vorgesehene Recht auf Vorsteuerabzug erstreckt sich nicht auf eine Steuer, die ausschließlich deshalb geschuldet wird, weil sie in der Rechnung ausgewiesen ist. Das Recht auf Vorsteuerabzug besteht nur für diejenigen Steuern, die geschuldet werden – d. h. mit einem der Mehrwertsteuer unterworfenen Umsatz in Zusammenhang stehen – oder die entrichtet worden sind, soweit sie geschuldet wurden.

BFH vom 01.06.1989 – V R 72/84, BStBl. 1989 II S. 677: Dritter als Leistungsempfänger von Vorbezügen (Vorsteuerabzug).

Leistungsempfänger ist regelmäßig derjenige, der einen Anspruch auf die Leistung hat. Wird aber unter Mißachtung dieses Anspruchs die Leistung vom Leistenden tatsächlich einem Dritten erbracht, so kann der Dritte unabhängig von den zugrunde liegenden Rechtsbeziehungen Leistungsempfänger sein. Dies ist bei der Prüfung zu berücksichtigen, ob für den einen Vorsteuerabzug begehrenden Unternehmer Leistungen erbracht worden sind.

BFH vom 11.05.1989 – V R 128/-130/83, BFH/NV 1990 S. 739: Mangel einer unvollständigen Rechnung kann beim Vorsteuerabzug nicht durch Schätzung behoben werden.

1. Nach § 15 Abs. 1 Nr. 1 UStG 1967/73 ist maßgeblich, daß der Unternehmer tatsächlich steuerbelastete Leistungen eines anderen Unternehmens bezogen hat; zudem muß sich aus der Rechnung des Leistenden entnehmen lassen, gerade diese bestimmten Leistungen seien Gegenstand der Abrechnung mit Steuerausweis – und des entsprechenden Vorsteuerabzugs – (BFHE 153, 65 und 77, BStBl. II 1988, 688 und 694).

---

[1] Siehe dazu *Widmann*, UR 1991 S. 294; beachte 10 v.H.-Grenze gem. § 15 Abs. 1 UStG
[2] Das Urteil bedeutete eine Abweichung von der deutschen Rechtspraxis zu den §§ 14, 15 UStG. Die bereits vorgesehene Änderung der §§ 14, 15 und die Einfügung eines § 14a in das UStG (siehe BT-Drucks. 11/2157) war wegen des EuGH-Verfahrens zurückgestellt worden (vgl. dazu auch *Dziadkowski*, UR 1988 S. 237; *Widmann*, BB 1990 S. 2311). Siehe aber jetzt das BFH-Urteil vom 02.04.1998 – V R 34/97, BStBl. 1998 II S. 695 sowie § 15 Abs. 1 UStG ab 01.01.2004

§ 15

2. Der Mangel der (unvollständigen) Rechnungen kann nicht durch Schätzung behoben werden (BFHE 146, 569, BStBl. II 1986, 721).

EuGH vom 21.09.1988 – Rs. 50/87, UR 1990 S. 152: Grundstücksvermietung unter Option zur Steuerpflicht – Richtlinienverstoß bei Beschränkung des Vorsteuerabzuges.

Die Französische Republik hat dadurch ihr Verpflichtungen aus dem EWG-Vertrag verletzt, daß sie unter Verstoß gegen die Sechste Richtlinie des Rates vom 17.5.1977 eine steuerrechtliche Regelung eingeführt und beibehalten hat, wonach für Unternehmen, die von ihnen erworbene oder bebaute Grundstücke vermieten, das Recht auf Abzug der als Vorsteuer entrichteten Mehrwertsteuer eingeschränkt wird, wenn der Betrag der Einnahmen aus der Vermietung dieser Grundstücke ein Fünfzehntel des Grundstückswertes unterschreitet.

BFH vom 05.08.1988 – X R 55/81, DB 1989 S. 92; BStBl. 1989 II S. 120: Vorsteuerabzug bei Verlust der Originalrechnung (§ 15 Abs. 1 UStG).

Der Unternehmer kann den Nachweis darüber, daß ihm ein anderer Unternehmer Steuer für Lieferungen oder sonstige Leistungen gesondert in Rechnung gestellt hat, nicht allein durch Vorlage der Originalrechnung, sondern mit allen verfahrensrechtlich zulässigen Beweismitteln führen.

BFH vom 26.07.1988 – X R 50/82, BStBl. 1988 II S. 1015: Vorsteuerabzug für Werbegeschenke, die durch Bank verteilt werden – Maßgeblicher Verwendungsumsatz[1].

Eine Bank oder Sparkasse, die steuerfreie Umsätze nach § 4 Nr. 8 UStG tätigt, ist im Verhältnis dieser Umsätze zu steuerpflichtigen Umsätzen mit den Umsatzsteuern, die ihr für den Bezug von Werbeartikeln in Rechnung gestellt wurden, gemäß § 15 Abs. 2 UStG vom Vorsteuerabzug ausgeschlossen.

EuGH vom 14.07.1988 – Rs. 123 und 330/87 – Jeune homme, ABl. EG Nr. C 222/3 vom 26.8.1988; UR 1989 S. 380: Recht auf Vorsteuerabzug von Vorlage einer Rechnung mit bestimmten Angaben abhängig (formelle Anforderungen an die Rechnung).

Die Artikel 18 Absatz 1 Buchstabe a) und 22 Absatz 3 Buchstaben a) und b) der Sechsten Richtlinie 77/388/EWG des Rates vom 17. Mai 1977 erlauben es den Mitgliedstaaten, die *Ausübung des Rechts auf Vorsteuerabzug vom Besitz einer Rechnung abhängig zu machen, die bestimmte Angaben enthalten muß*, die für die Erhebung der Mehrwertsteuer und ihre Kontrolle durch die Finanzverwaltung erforderlich sind. Solche Angaben dürfen nicht durch ihre Anzahl oder ihre Technizität die Ausübung des Abzugsrechts praktisch unmöglich machen oder übermäßig erschweren.

BFH vom 21.04.1988 – V R 135/83, BStBl. 1988 II S. 747: Die Zugehörigkeit von Gegenständen zum Unternehmen – Zuordnungsentscheidung des Unternehmers – Gegenstand des Entnahmeeigenverbrauchs.

1. Der BFH folgt auch für das UStG 1967 der im Urteil vom 3. November 1983, V R 4/73 (BStBl. 1984 II, 169) zum UStG 1951 vertretenen Auffassung, daß sich der Gegenstand des Entnahmeeigenverbrauchs (§ 1 Abs. 1 Nr. 2 Buchst. a UStG 1967) nicht danach richtet, was der Unternehmer in der Regel im Rahmen seines Unternehmens herstellt, sondern danach, was im konkreten Fall Gegenstand der Wertabgabe des Unternehmens ist.
2. Voraussetzung des Eigenverbrauchs nach § 1 Abs. 1 Nr. 2 Buchst. a und b UStG 1967 ist die Zugehörigkeit der entnommenen oder verwendeten Gegenstände zum Unternehmen; diese richtet sich regelmäßig nach der Zuordnungsentscheidung des Unternehmers.

BFH vom 18.03.1988 – V R 178/83, BStBl. 1988 II S. 646: Verwendung eines Leistungsbezugs als Gesellschafterbeitrag (§ 15 Abs. 1 UStG 1967).

Der Eigentümer eines Ferienhauses, der sich mit anderen Ferienhauseigentümern zu einer Gesellschaft bürgerlichen Rechts zusammenschließt, verwendet das Haus nicht selbst als Unternehmer zur Ausführung von Umsätzen, wenn die Gesellschaft die Ferienhäuser in eigenem Namen vermietet. Er ist damit auch nicht zum Abzug der Vorsteuerbeträge aus der Gebäudeerrichtung berechtigt.

EuGH vom 08.03.1988 – Rs. 165/86 – Intiem, UR 1989 S. 190: Vorsteuerabzug bei Benzinlieferungen an Arbeitnehmer für Rechnung des Arbeitgebers (§ 15 Abs. 1 UStG, Art. 17 der 2. USt-RL).[2]

Wenn ein Arbeitgeber, der nach der Regelung über die Mehrwertsteuer steuerpflichtig ist, aufgrund einer Vereinbarung mit einem seiner Arbeitnehmer und mit einem anderen Steuerpflichtigen, dem Lieferer, für eigene Rechnung Gegenstände an diesen Arbeitnehmer liefern läßt, die der Arbeitnehmer ausschließlich für geschäftliche Zwecke des Arbeitgebers gebraucht, und wenn der Arbeitgeber vom

---
1) Vgl. *List*, BB 1989 S. 2228, zum Vorsteuerabzug bei Werbegeschenken von Banken
2) Siehe auch EuGH vom 08.11.2001 – Rs. C-338/98, UR 2001 S. 544

§ 15

Lieferer für diese Lieferungen Rechnungen erhält, mit denen ihm die Mehrwertsteuer für die gelieferten Gegenstände in Rechnung gestellt wird, sind Art. 11 Abs. 1 Buchst. a der Zweiten Mehrwertsteuerrichtlinie und Art. 17 Abs. 2 Buchst. a der Sechsten Mehrwertsteuerrichtlinie dahin auszulegen, daß der Arbeitgeber die ihm so in Rechnung gestellte Mehrwertsteuer von der von ihm geschuldeten Mehrwertsteuer abziehen kann.

FG Nürnberg vom 15.12.1987 – II 185/85 – rechtskräftig, UR 1989 S. 322: Gestaltungsmißbrauch bei Verträgen zwischen Eltern und Kindern – Pkw-Vermietung (§ 42 AO 1977, § 1 Abs. 1 Nr. 1, § 15 Abs. 1 UStG).

Erwerben die vier Kinder eines Notars mit Geldmitteln ihrer Eltern einen Pkw und vermieten diesen als GbR an die Notarsozietät, der ihr Vater angehört, ist weder der Vermietungsumsatz der GbR noch der von ihr geltend gemachte Vorsteuerabzug anzuerkennen.

BFH vom 26.11.1987 – V R 85/83, BStBl. 1988 II S. 158: Leistungsempfänger bei Gebäudeerrichtung durch Grundstücksgemeinschaft aus Ehegatten (§ 15 Abs. 1 UStG).

Leistungsempfänger ist grundsätzlich derjenige, der aus dem der Leistung zugrunde liegenden Schuldverhältnis als Auftraggeber berechtigt und verpflichtet ist. Um Nachteile bei der Geltendmachung des Vorsteuerabzugsanspruchs – z.b. bei Auseinanderfallen von Leistungsempfänger und Rechnungsadressat – zu vermeiden, muß insbesondere bei Leistungsvergabe durch Ehegatten klar vereinbart und durchgeführt werden, ob einer der Ehegatten oder die Ehegattengemeinschaft Leistungsempfänger ist.

BFH vom 24.09.1987 – V R 125/86, BStBl. 1988 II S. 694: Vorsteuerabzug, wenn in Betracht kommt, daß die bezogene Leistung in einer Arbeitnehmerüberlassung besteht.

1. Nach § 15 Abs. 1 Nr. 1 Satz 1 UStG 1980 setzt der Vorsteuerabzug bezüglich der Bezeichnung des Leistungsgegenstandes im Abrechnungspapier voraus, daß das die bezogene Leistung betreffende Abrechnungspapier Angaben tatsächlicher Art enthält, welche – ggf. unter Heranziehung weiterer Erkenntnismittel – die Identifizierung der Leistung ermöglichen, über welche abgerechnet worden ist (vgl. auch das BFH-Urteil vom 24. September 1987 V R 50/85).
2. Die Bezeichnung eines Leistungsgegenstandes als „geleistete Ein- und Ausschalarbeiten in der Zeit v. ..." kann ausreichend sein, wenn festgestellt ist, daß kein anderer Leistungsgegenstand in Betracht kommt als entweder Ein- und Ausschalarbeiten oder die Überlassung von Arbeitnehmern für entsprechende Tätigkeiten.

BFH vom 24.09.1987 – V R 50/85, BStBl. 1988 II S. 688: Anforderungen an das Abrechnungspapier für den Vorsteuerabzug (§§ 14, 15 UStG 1980)[2].

1. Die Worte: „im Sinne des § 14" (§ 15 Abs. 1 Nr. 1 Satz 1 UStG 1980) beziehen sich auf das vorangestellte Substantiv „Rechnungen", nicht auf den nachfolgenden Satzteil: „gesondert ausgewiesene Steuer".
2. Mit den Worten: „Rechnungen im Sinne des § 14" knüpft § 15 Abs. 1 Nr. 1 Satz 1 UStG 1980 an die Regelung der Rechnung in § 14 Abs. 4 UStG 1980 an, nicht an § 14 Abs. 1 UStG 1980.
3. Soweit es um die Bezeichnung des Leistungsgegenstandes geht, stellt § 15 Abs. 1 Nr. 1 Satz 1 UStG 1980 keine strengeren Anforderungen als § 15 Abs. 1 Nr. 1 UStG 1967/1973, sondern besagt lediglich (wie bisher), daß der den Vorsteuerabzug begehrende Unternehmer über einen Belegnachweis in Gestalt des Abrechnungspapiers verfügen müsse. Erforderlich ist, daß das Abrechnungspapier Angaben tatsächlicher Art enthält, welche – ggf. unter Heranziehung weiterer Erkenntnismittel – die Identifizierung der Leistung ermöglichen, über die abgerechnet worden ist.
4. Es ist insoweit nicht erforderlich, daß ein Abrechnungspapier eine zivilrechtliche oder umsatzsteuerrechtliche Qualifizierung des Leistungsgegenstandes enthält oder gar den Leistungsgegenstand zutreffend qualifiziert. Eine im Abrechnungspapier enthaltene Qualifizierung kann dahin zu verstehen sein, daß mit ihr die erforderlichen Angaben tatsächlicher Art gemacht worden sind.
5. Die Angaben tatsächlicher Art (vgl. Nr. 3 und 4) müssen nicht eine vollständige Überprüfung in der Hinsicht ermöglichen, ob die Umsatzsteuer in der Rechnung vom Rechnungsaussteller zu Recht gesondert ausgewiesen ist oder ob der entsprechende Vorsteuerabzug zu Recht geltend gemacht wird.
6. Ein Rechnungsaussteller kann grundsätzlich, statt die Leistungshandlung zu beschreiben, mit Angaben tatsächlicher Art den beim Leistungsempfänger eintretenden Erfolg der Leistungshandlung bezeichnen.

§ 15

7. Der urkundenmäßige Nachweis (§ 15 Abs. 1 Nr. 1 Satz 1 UStG 1980) kann scheitern, wenn die Angaben tatsächlicher Art zum Gegenstand der Leistung unrichtig oder so ungenau sind, daß sie eine Identifizierung des Leistungsgegenstandes nicht ermöglichen.

8. Die Bezeichnung eines Leistungsgegenstandes als „Montage von Einbauschränken" kann ausreichend sein, wenn festgestellt ist, daß kein anderer Leistungsgegenstand in Betracht kommt als entweder die Montage von Einbauschränken oder die Überlassung von Arbeitnehmern für entsprechende Arbeiten.

BFH vom 26.02.1987 – V R 71/77, BStBl. 1987 II S. 685: Zuordnung von Vorsteuerbeträgen bei einem gewerblichen und einem landwirtschaftlichen Unternehmensteil.[1]

1. Bezieht ein Unternehmer, der neben einem – unter die Regelbesteuerung fallenden – Landhandel eine – unter § 24 UStG 1967/73 fallende – Landwirtschaft betreibt, Sachen i. S. der §§ 91 f. BGB (Düngemittel) im Rahmen des Landhandels, die später teilweise im landwirtschaftlichen Betriebsteil verwendet werden, so sind die betreffenden Vorsteuerbeträge nach Maßgabe einer der Zuordnungsentscheidung gemäß § 15 Abs. 1 UStG 1967/73 entsprechenden Zuordnungsentscheidung des Unternehmers, ggf. auch den Schätzungswege, aufzuteilen.

2. Es ist nicht ausgeschlossen, daß im Einzelfall der gesamte Bezug dem Landhandel zugeordnet wird.

3. Eine spätere Korrektur zum Zeitpunkt des erstmaligen bestimmungsgemäßen Einsatzes ist nicht vorzunehmen.

BFH vom 24.04.1986 – V R 110/76, UR 1988 S. 188: Nachweis der Unternehmereigenschaft des Leistenden (§ 15 Abs. 1 UStG).

Der Leistungsempfänger trägt die Feststellungslast auch bezüglich der Unternehmereigenschaft des Leistenden. Der gute Glaube an die Unternehmereigenschaft wird von § 15 UStG nicht geschützt. Auch kann der Vorsteuerabzug nicht aus dem Umstand hergeleitet werden, daß der Leistende für die gesondert in Rechnung gestellte Umsatzsteuer nach § 14 Abs. 3 UStG in Anspruch genommen worden ist.[2]

BFH vom 20.02.1986 – V R 16/81, BStBl. 1986 II S. 579: Der Konkursverwalter ist berechtigt, über die von ihm für das Unternehmen des Gemeinschuldners erbrachte Leistung eine Rechnung mit gesondertem Steuerausweis zu erteilen. Der Gemeinschuldner kann die in der Vergütung des Konkursverwalters enthaltene Umsatzsteuer als Vorsteuer abziehen, wenn der Konkursverwalter eine Rechnung mit gesondert ausgewiesener Steuer erteilt hat.

EuGH vom 14.02.1985 – Rs. 268/83 – Rompelman, UR 1985 S. 199, m. Anm. von Weiß: Vorsteuerabzug bei Leistungsbezügen in der Gründungsphase eines Unternehmens.

Der Erwerb eines Anspruchs auf Übertragung eines Teilerbbaurechts an einem noch zu errichtenden Gebäude in der Absicht, den erworbenen Gegenstand zu gegebener Zeit zu vermieten, ist als wirtschaftliche Tätigkeit i. S. von Art. 4 Abs. 1 der 6. Richtlinie anzusehen; der Abgabenverwaltung steht es jedoch frei, objektive Belege für die erklärte Nutzungsabsicht, z.B. den Nachweis der besonderen Eignung der zu errichtenden Räumlichkeiten für eine gewerblich Nutzung, zu verlangen.

BFH vom 13.09.1984 – V B 10/84, BStBl. 1985 II S. 20: Berechtigung zum Vorsteuerabzug bei Unklarheit über die Person des Empfängers der Lieferung.

Eine Lieferung oder sonstige Leistung wird grundsätzlich an diejenige Person im Sinne des § 15 Abs. 1 Nr. 1 UStG 1967 ausgeführt, die aus dem schuldrechtlichen Vertragsverhältnis, welches dem Leistungsaustausch zugrundeliegt, berechtigt und verpflichtet ist[3].

---

1) Vgl. auch BFH-Urteil vom 25.6.1987 – V R 121/86, HFR 1988 S. 297 zur Vorsteueraufteilung zwischen § 15 und § 24 UStG.

2) Leitsatz nicht amtlich (aus UR)

3) Vgl. auch BFH-Urteil vom 29.01.1987 – V R 7/78, UR 1987 S. 364: Die persönliche Berechtigung zum Vorsteuerabzug ergibt sich aus der wirklichen Vertragslage. Rechnungen können hierzu keine verbindlichen Angaben enthalten, müssen vielmehr der wirklichen Vertragslage entsprechen, wenn der Zugang zum Vorsteuerabzug für den vorsteuerabzugsberechtigten Leistungsempfänger eröffnet werden soll.

§ 15a

§ 15a Berichtigung des Vorsteuerabzugs[1]

(1) Ändern sich bei einem Wirtschaftsgut, das nicht nur einmalig zur Ausführung von Umsätzen verwendet wird, innerhalb von fünf Jahren ab dem Zeitpunkt der erstmaligen Verwendung die für den ursprünglichen Vorsteuerabzug maßgebenden Verhältnisse, ist für jedes Kalenderjahr der Änderung ein Ausgleich durch eine Berichtigung des Abzugs der auf die Anschaffungs- oder Herstellungskosten entfallenden Vorsteuerbeträge vorzunehmen. Bei Grundstücken einschließlich ihrer wesentlichen Bestandteile, bei Berechtigungen, für die die Vorschriften des bürgerlichen Rechts über Grundstücke gelten, und bei Gebäuden auf fremdem Grund und Boden tritt an die Stelle des Zeitraums von fünf Jahren ein Zeitraum von zehn Jahren.

(2) Ändern sich bei einem Wirtschaftsgut, das nur einmalig zur Ausführung eines Umsatzes verwendet wird, die für den ursprünglichen Vorsteuerabzug maßgebenden Verhältnisse, ist eine Berichtigung des Vorsteuerabzugs vorzunehmen. Die Berichtigung ist für den Besteuerungszeitraum vorzunehmen, in dem das Wirtschaftsgut verwendet wird.

(3) Geht in ein Wirtschaftsgut nachträglich ein anderer Gegenstand ein und verliert dieser Gegenstand dabei seine körperliche und wirtschaftliche Eigenart endgültig oder wird an einem Wirtschaftsgut eine sonstige Leistung ausgeführt, gelten im Fall der Änderung der für den ursprünglichen Vorsteuerabzug maßgebenden Verhältnisse die Absätze 1 und 2 entsprechend. Soweit im Rahmen einer Maßnahme in ein Wirtschaftsgut mehrere Gegenstände eingehen oder an einem Wirtschaftsgut mehrere sonstige Leistungen ausgeführt werden, sind diese zu einem Berichtigungsobjekt zusammenzufassen.[2] Eine Änderung der Verhältnisse liegt dabei auch vor, wenn das Wirtschaftsgut für Zwecke, die außerhalb des Unternehmens liegen, aus dem Unternehmen entnommen wird, ohne dass dabei nach § 3 Abs. 1b eine unentgeltliche Wertabgabe zu besteuern ist.

(4) [3]Die Absätze 1 und 2 sind auf sonstige Leistungen, die nicht unter Absatz 3 Satz 1 fallen, entsprechend anzuwenden. Die Berichtigung ist auf solche sonstigen Leistungen zu beschränken, für die in der Steuerbilanz ein Aktivierungsgebot bestünde. Dies gilt jedoch nicht, soweit es sich um sonstige Leistungen handelt, für die der Leistungsempfänger bereits für einen Zeitraum vor Ausführung der sonstigen Leistung den Vorsteuerabzug vornehmen konnte. Unerheblich ist, ob der Unternehmer nach den §§ 140, 141 der Abgabenordnuog tatsächlich zur Buchführung verpflichtet ist.

(5) Bei der Berichtigung nach Absatz 1 ist für jedes Kalenderjahr der Änderung in den Fällen des Satzes 1 von einem Fünftel und in den Fällen des Satzes 2 von einem Zehntel der auf das Wirtschaftsgut entfallenden Vorsteuerbeträge auszugehen. Eine kürzere Verwendungsdauer ist entsprechend zu berücksichtigen. Die Verwendungsdauer wird nicht dadurch verkürzt, dass das Wirtschaftsgut in ein anderes einbezogen wird.

(6) Die Absätze 1 bis 5 sind auf Vorsteuerbeträge, die auf nachträgliche Anschaffungs- oder Herstellungskosten entfallen, sinngemäß anzuwenden.

(6a) [4]Eine Änderung der Verhältnisse liegt auch bei einer Änderung der Verwendung im Sinne des § 15 Absatz 1b vor.

(7) Eine Änderung der Verhältnisse im Sinne der Absätze 1 bis 3 ist auch beim Übergang von der allgemeinen Besteuerung zur Nichterhebung der Steuer nach § 19 Abs. 1 und umgekehrt und beim Übergang von der allgemeinen Besteuerung zur Durchschnittssatzbesteuerung nach den §§ 23, 23a oder 24 und umgekehrt gegeben.

(8) [5]Eine Änderung der Verhältnisse liegt auch vor, wenn das noch verwendungsfähige Wirtschaftsgut, das nicht nur einmalig zur Ausführung eines Umsatzes verwendet wird, vor Ablauf des nach den Absätzen 1 und 5 maßgeblichen Berichtigungszeitraums veräußert

---

1) Gilt ab 01.01.2005. Beachte Übergangsregelung gem. § 27 Abs. 11 UStG. Fassung vor dem 01.01.2005 siehe zu § 27 Abs. 11 UStG.
2) Gilt ab 01.01.2007, vgl. § 27 Abs. 12 UStG.
3) Gilt ab 01.01.2007, vgl. § 27 Abs. 12 UStG.
4) Gilt ab 01.01.2011; siehe auch § 27 Abs. 16 UStG.
5) Fassung ab 01.01.2011; siehe auch § 27 Abs. 16 UStG.

§ 15a UStDV § 44

oder nach § 3 Abs. 1b geliefert wird und dieser Umsatz anders zu beurteilen ist als die für den ursprünglichen Vorsteuerabzug maßgebliche Verwendung. Dies gilt auch für Wirtschaftsgüter, für die der Vorsteuerabzug nach § 15 Absatz 1b teilweise ausgeschlossen war.

(9) Die Berichtigung nach Absatz 8 ist so vorzunehmen, als wäre das Wirtschaftsgut in der Zeit von der Veräußerung oder Lieferung im Sinne des § 3 Abs. 1b bis zum Ablauf des maßgeblichen Berichtigungszeitraums unter entsprechend geänderten Verhältnissen weiterhin für das Unternehmen verwendet worden.

(10) Bei einer Geschäftsveräußerung (§ 1 Abs. 1a) wird der nach den Absätzen 1 und 5 maßgebliche Berichtigungszeitraum nicht unterbrochen. Der Veräußerer ist verpflichtet, dem Erwerber die für die Durchführung der Berichtigung erforderlichen Angaben zu machen.

(11) Das Bundesministerium der Finanzen kann mit Zustimmung des Bundesrates durch Rechtsverordnung nähere Bestimmungen darüber treffen,

1. wie der Ausgleich nach den Absätzen 1 bis 9 durchzuführen ist und in welchen Fällen zur Vereinfachung des Besteuerungsverfahrens, zur Vermeidung von Härten oder nicht gerechtfertigten Steuervorteilen zu unterbleiben hat;
2. dass zur Vermeidung von Härten oder eines nicht gerechtfertigten Steuervorteils bei einer unentgeltlichen Veräußerung oder Überlassung eines Wirtschaftsguts
    a) eine Berichtigung des Vorsteuerabzugs in entsprechender Anwendung der Absätze 1 bis 9 auch dann durchzuführen ist, wenn eine Änderung der Verhältnisse nicht vorliegt,
    b) der Teil des Vorsteuerbetrags, der bei einer gleichmäßigen Verteilung auf den in Absatz 9 bezeichneten Restzeitraum entfällt, vom Unternehmer geschuldet wird,
    c) der Unternehmer den nach den Absätzen 1 bis 9 oder Buchstabe b geschuldeten Betrag dem Leistungsempfänger wie eine Steuer in Rechnung stellen und dieser den Betrag als Vorsteuer abziehen kann.

Vorgaben im EG-Recht

USt-Recht	MwStSystRL
§ 15a Abs. 1 bis 3 UStG	Artikel 187 und 189
§ 15a Abs. 4 UStG	Artikel 190
§ 15a Abs. 5 und 6 UStG	Artikel 187 und 189
§ 15a Abs. 7 UStG	Artikel 192
§ 15a Abs. 8 und 9 UStG	Artikel 188
§ 15a Abs. 10 UStG	Artikel 19 und 189
§ 15a Abs. 11 UStG, §§ 44 und 45 UStDV	Artikel 189

UStDV

Zu § 15a des Gesetzes

§ 44 Vereinfachungen bei der Berichtigung des Vorsteuerabzugs

(1) Eine Berichtigung des Vorsteuerabzugs nach § 15a des Gesetzes entfällt, wenn die auf die Anschaffungs- oder Herstellungskosten eines Wirtschaftsguts entfallende Vorsteuer 1000 Euro[1] *nicht übersteigt.*

(2)[2] *Haben sich bei einem Wirtschaftsgut in einem Kalenderjahr die für den ursprünglichen Vorsteuerabzug maßgebenden Verhältnisse um weniger als zehn Prozentpunkte geändert, entfällt bei diesem Wirtschaftsgut für dieses Kalenderjahr die Berichtigung des Vorsteuerabzugs. Das gilt nicht, wenn der Betrag, um den der Vorsteuerabzug für dieses Kalenderjahr zu berichtigen ist, 1000 Euro*[1] *übersteigt.*

---
1) Gilt ab 01.01.2005, davor 250 Euro
2) Fassung ab 01.01.2002

(3) Beträgt die auf die Anschaffungs- oder Herstellungskosten eines Wirtschaftsguts entfallende Vorsteuer nicht mehr als 2500 Euro[1]*), so ist die Berichtigung des Vorsteuerabzugs für alle in Betracht kommenden Kalenderjahre einheitlich bei der Berechnung der Steuer für das Kalenderjahr vorzunehmen, in dem der maßgebliche Berichtigungszeitraum endet.*

(4)[2]*) Übersteigt der Betrag, um den der Vorsteuerabzug bei einem Wirtschaftsgut für das Kalenderjahr zu berichtigen ist, nicht 6000 Euro*[2]*), so ist die Berichtigung des Vorsteuerabzugs nach § 15a des Gesetzes abweichend von § 18 Abs. 1 und 2 des Gesetzes erst im Rahmen der Steuerfestsetzung für den Besteuerungszeitraum durchzuführen, in dem sich die für den ursprünglichen Vorsteuerabzug maßgebenden Verhältnisse geändert haben. Absatz 3 bleibt unberührt. Wird das Wirtschaftsgut während des maßgeblichen Berichtigungszeitraums veräußert oder nach § 3 Abs. 1b des Gesetzes geliefert, so ist die Berichtigung des Vorsteuerabzugs für das Kalenderjahr der Lieferung und die folgenden Kalenderjahre des Berichtigungszeitraums abweichend von den Sätzen 1 und 2 bereits bei der Berechnung der Steuer für den Voranmeldungszeitraum (§ 18 Abs. 1 und 2 des Gesetzes) durchzuführen, in dem die Lieferung stattgefunden hat.*

(5)[3]*) Die Absätze 1 bis 4 sind bei einer Berichtigung der auf nachträgliche Anschaffungs- oder Herstellungskosten und auf die im § 15a Abs. 3 und 4 des Gesetzes bezeichneten Leistungen entfallenden Vorsteuerbeträge entsprechend anzuwenden.*

§ 45 Maßgebliches Ende des Berichtigungszeitraums

Endet der Zeitraum, für den eine Berichtigung des Vorsteuerabzugs nach § 15a des Gesetzes durchzuführen ist, vor dem 16. eines Kalendermonats, so bleibt dieser Kalendermonat für die Berichtigung unberücksichtigt. Endet er nach dem 15. eines Kalendermonats, so ist dieser Kalendermonat voll zu berücksichtigen.

UStAE
Zu § 15a UStG (§§ 44 und 45 UStDV)

15a.1. Anwendungsgrundsätze

(1) ¹Nach § 15 UStG entsteht das Recht auf Vorsteuerabzug bereits im Zeitpunkt des Leistungsbezugs (vgl. Abschnitt 15.12) oder im Fall der Voraus- oder Anzahlung im Zeitpunkt der Zahlung. ²Ändern sich bei den in Abs. 2 genannten Berichtigungsobjekten die für den ursprünglichen Vorsteuerabzug maßgebenden Verhältnisse, ist der Vorsteuerabzug zu berichtigen, wenn die Grenzen des § 44 UStDV überschritten werden (vgl. Abschnitt 15a.11). ³Durch § 15a UStG wird der Vorsteuerabzug so berichtigt, dass er den tatsächlichen Verhältnissen bei der Verwendung des Wirtschaftsguts oder der sonstigen Leistung entspricht. ⁴Als Wirtschaftsgüter im Sinne des § 15a UStG gelten die Gegenstände, an denen nach § 3 Abs. 1 UStG die Verfügungsmacht verschafft werden kann. ⁵Gegenstände im Sinne des § 3 Abs. 1 UStG sind körperliche Gegenstände, Sachgesamtheiten und solche Wirtschaftsgüter, die im Wirtschaftsverkehr wie körperliche Sachen behandelt werden (Abschnitt 3.1 Abs. 1 Sätze 1 und 2). ⁶Wird das Wirtschaftsgut bzw. die sonstige Leistung nicht nur einmalig zur Ausführung von Umsätzen verwendet, kommt es auf die tatsächlichen Verwendungsverhältnisse während des gesamten im Einzelfall maßgeblichen Berichtigungszeitraums an. ⁷Der Ausgleich des Vorsteuerabzugs ist grundsätzlich bei der Steuerfestsetzung für den Voranmeldungszeitraum vorzunehmen, in dem sich die Verhältnisse gegenüber den für den ursprünglichen Vorsteuerabzug maßgebenden Verhältnissen geändert haben (vgl. jedoch Abschnitt 15a.11).

(2) Berichtigungsobjekte im Sinne des § 15a UStG sind:

1. Wirtschaftsgüter, die nicht nur einmalig zur Ausführung von Umsätzen verwendet werden (§ 15a Abs. 1 UStG)

    ¹Das sind in der Regel die Wirtschaftsgüter, die ertragsteuerrechtlich abnutzbares oder nicht abnutzbares (z.B. Grund und Boden) Anlagevermögen darstellen oder – sofern sie nicht zu einem Betriebsvermögen gehören – als entsprechende Wirtschaftsgüter anzusehen sind. ²Dies können auch immaterielle Wirtschaftsgüter, die Gegenstand einer Lieferung sind (z.B. bestimmte Computerprogramme oder Mietereinbauten im Sinne des BMF-Schreibens vom 15.1.1976, BStBl. I S. 66), sein.

---
1) Gilt ab 01.01.2005, davor 1000 Euro
2) Gilt ab 01.01.2002, davor 12 000 DM
3) Fassung ab 01.01.2005

§ 15a

UStAE 15a.1.

[3]Die ertragsteuerliche Beurteilung als Anlagevermögen oder Umlaufvermögen ist umsatzsteuerrechtlich nicht entscheidend (BFH-Urteil vom 24.9.2009, V R 6/08, BStBl. 2010 II S. 315).

2. Wirtschaftsgüter, die nur einmalig zur Ausführung von Umsätzen verwendet werden (§ 15a Abs. 2 UStG)

[1]Das sind im Wesentlichen die Wirtschaftsgüter, die ertragsteuerrechtlich Umlaufvermögen darstellen, wie z.B. die zur Veräußerung oder Verarbeitung bestimmten Wirtschaftsgüter. [2]Ertragsteuerrechtliches Anlagevermögen kann ebenfalls betroffen sein, wenn es veräußert oder entnommen wird, bevor es zu anderen Verwendungsumsätzen gekommen ist.

3. Nachträglich in ein Wirtschaftsgut eingehende Gegenstände, wenn diese Gegenstände dabei ihre körperliche und wirtschaftliche Eigenart endgültig verlieren (§ 15a Abs. 3 UStG)

[1]Das ist der Fall, wenn diese Gegenstände nicht selbstständig nutzbar sind und mit dem Wirtschaftsgut in einem einheitlichen Nutzungs- und Funktionszusammenhang stehen. [2]Auf eine Werterhöhung bei dem Wirtschaftsgut, in das die Gegenstände eingehen, kommt es nicht an. [3]Kein Gegenstand im Sinne des § 15a Abs. 3 UStG ist ein Gegenstand, der abtrennbar ist, seine körperliche oder wirtschaftliche Eigenart behält und damit ein selbstständiges Wirtschaftsgut bleibt. [4]Werden im Rahmen einer Maßnahme mehrere Gegenstände in ein Wirtschaftsgut eingefügt bzw. sonstige Leistungen an einem Wirtschaftsgut ausgeführt, sind diese Leistungen zu einem Berichtigungsobjekt zusammenzufassen. [5]Bei der Bestimmung der 1.000 €-Grenze nach § 44 Abs. 1 UStDV ist von den gesamten Vorsteuerbeträgen auszugehen, die auf die Anschaffung oder Herstellung des durch die Zusammenfassung entstandenen Berichtigungsobjekts entfallen.

4. Sonstige Leistungen an einem Wirtschaftsgut (§ 15a Abs. 3 UStG)

[1]Es kommt nicht darauf an, ob die sonstige Leistung zu einer Werterhöhung des Wirtschaftsguts führt. [2]Maßnahmen, die lediglich der Werterhaltung dienen, fallen demnach auch unter die Berichtigungspflicht nach § 15a Abs. 3 UStG. [3]Nicht unter die Verpflichtung zur Berichtigung des Vorsteuerabzugs nach § 15a Abs. 3 UStG fallen sonstige Leistungen, die bereits im Zeitpunkt des Leistungsbezugs wirtschaftlich verbraucht werden. [4]Eine sonstige Leistung ist im Zeitpunkt des Leistungsbezugs dann nicht wirtschaftlich verbraucht, wenn ihr über den Zeitpunkt des Leistungsbezugs hinaus eine eigene Werthaltigkeit inne wohnt. [5]Zur Zusammenfassung bei der Ausführung mehrerer Leistungen im Rahmen einer Maßnahme siehe Nr. 3.

5. Sonstige Leistungen, die nicht unter § 15a Abs. 3 Satz 1 UStG fallen (§ 15a Abs. 4 UStG)

[1]Dies sind solche sonstigen Leistungen, die nicht an einem Wirtschaftsgut ausgeführt werden. [2]Die Berichtigung des Vorsteuerabzugs ist auf solche sonstigen Leistungen beschränkt, für die in der Steuerbilanz ein Aktivposten gebildet werden müsste. [3]Dies gilt jedoch nicht, soweit es sich um sonstige Leistungen handelt, für die der Leistungsempfänger bereits für einen Zeitraum vor Ausführung der sonstigen Leistung den Vorsteuerabzug vornehmen konnte (Voraus- und Anzahlung). [4]Unerheblich ist, ob der Unternehmer nach den §§ 140, 141 AO tatsächlich zur Buchführung verpflichtet ist.

6. Nachträgliche Anschaffungs- oder Herstellungskosten (§ 15a Abs. 6 UStG)

[1]Der Begriff der nachträglichen Anschaffungs- oder Herstellungskosten ist nach den für das Einkommensteuerrecht geltenden Grundsätzen abzugrenzen. [2]Voraussetzung ist, dass die nachträglichen Aufwendungen für Berichtigungsobjekte nach § 15a Abs. 1 bis 4 UStG angefallen sind. [3]Aufwendungen, die ertragsteuerrechtlich Erhaltungsaufwand sind, unterliegen der Vorsteuerberichtigung nach § 15a Abs. 3 UStG.

(3) [1]Bei der Berichtigung des Vorsteuerabzugs ist von den gesamten Vorsteuerbeträgen auszugehen, die auf die in Absatz 2 bezeichneten Berichtigungsobjekte entfallen. [2]Dabei ist ein prozentuales Verhältnis des ursprünglichen Vorsteuerabzugs zum Vorsteuervolumen insgesamt zu Grunde zu legen.

Beispiel 1:

[1]Ein Unternehmer errichtet ein Bürogebäude. [2]Die im Zusammenhang mit der Herstellung des Gebäudes in Rechnung gestellte Umsatzsteuer beträgt in den Jahren 01 150.000 € und 02 450.000 € (insgesamt 600.000 €). [3]Die abziehbaren Vorsteuerbeträge nach § 15 UStG belaufen sich vor dem Zeitpunkt der erstmaligen Verwendung (Investitionsphase) auf 150.000 €, da der Unternehmer im Jahr 01 beabsichtigte, das Gebäude zu 100% für zum Vorsteuerabzug berechtigende Zwecke zu verwenden, während er im Jahr 02 beabsichtigte, das Gebäude nach der Fertigstellung zu 0% für zum Vorsteuerabzug berechtigende Zwecke zu verwenden. [4]Diese Verwendungsabsicht wurde durch den Unternehmer jeweils schlüssig dargelegt.

Ingesamt in Rechnung gestellte Umsatzsteuer:	600.000 €
Ursprünglicher Vorsteuerabzug:	150.000 €

Ermittlung eines prozentualen Verhältnisses des ursprünglichen Vorsteuerabzugs zum Vorsteuervolumen insgesamt, das für eine Berichtigung nach § 15a UStG maßgebend ist:

$$150.000 \text{ €} : 600.000 \text{ €} = 25\%$$

Beispiel 2:
[1]Unternehmer U schließt mit dem Fahrzeughändler H im Januar 01 einen Vertrag über die Lieferung eines Pkw ab. [2]Der Pkw soll im Juli 01 geliefert werden. [3]U leistet bei Vertragsschluss eine Anzahlung in Höhe von 20.000 € zzgl. 3.800 € Umsatzsteuer. [4]Bei Lieferung des Pkw im Juli 01 leistet U die Restzahlung von 60.000 € zzgl. 11.400 € Umsatzsteuer. [5]Im Zeitpunkt der Anzahlung beabsichtigte U, den Pkw ausschließlich zur Ausführung von zum Vorsteuerabzug berechtigenden Umsätzen zu nutzen. [6]U kann die Verwendungsabsicht durch entsprechende Unterlagen nachweisen. [7]Im Zeitpunkt der Lieferung steht hingegen fest, dass U den Pkw nunmehr ausschließlich zur Erzielung von nicht zum Vorsteuerabzug berechtigenden Umsätzen verwenden will.

[8]U steht aus der Anzahlung der Vorsteuerabzug nach § 15 Abs. 1 Satz 1 Nr. 1 UStG zu, da er im Zeitpunkt der Anzahlung beabsichtigte, den Pkw für zum Vorsteuerabzug berechtigende Umsätze zu nutzen. [9]Für die Restzahlung hingegen steht U der Vorsteuerabzug nicht zu.

Ingesamt in Rechnung gestellte Umsatzsteuer: 15.200 €
Ursprünglicher Vorsteuerabzug: 3.800 €

Ermittlung eines prozentualen Verhältnisses des ursprünglichen Vorsteuerabzugs zum Vorsteuervolumen insgesamt, das für eine Berichtigung nach § 15a UStG maßgebend ist:

$$3.800 \text{ €} : 15.200 \text{ €} = 25\%$$

(4) In die Vorsteuerberichtigung sind alle Vorsteuerbeträge einzubeziehen ohne Rücksicht auf besondere ertragsteuerrechtliche Regelungen, z.B. sofort absetzbare Beträge oder Zuschüsse, die der Unternehmer erfolgsneutral behandelt, oder AfA, die auf die Zeit bis zur tatsächlichen Verwendung entfällt.

(5) [1]Führt die Berichtigung nach § 15a UStG zu einem erstmaligen Vorsteuerabzug, weil der Vorsteuerabzug beim Leistungsbezug nach § 15 Abs. 2 und 3 UStG ausgeschlossen war, dürfen nur die Vorsteuerbeträge angesetzt werden, für die die allgemeinen Voraussetzungen des § 15 Abs. 1 UStG vorliegen. [2]Daher sind in diesen Fällen Vorsteuerbeträge, für die der Abzug zu versagen ist, weil keine ordnungsgemäße Rechnung oder kein zollamtlicher Einfuhrbeleg vorliegt, von der Berichtigung ausgenommen (vgl. BFH-Urteil vom 12.10.2006, V R 36/04, BStBl. 2007 II S. 485). [3]Zur Frage, wie zu verfahren ist, wenn die Voraussetzungen für den Vorsteuerabzug nach § 15 UStG erst nachträglich eintreten oder sich nachträglich ändern, vgl. Abschnitt 15a.4 Abs. 2 UStAE.

(6) [1]Eine Berichtigung des Vorsteuerabzugs ist nur möglich, wenn und soweit die bezogenen Leistungen im Zeitpunkt des Leistungsbezugs dem Unternehmen zugeordnet wurden. [2]§ 15a UStG ist daher insbesondere nicht anzuwenden, wenn

1. ein Nichtunternehmer Leistungen bezieht und diese später unternehmerisch verwendet (vgl. EuGH-Urteil vom 2.6.2005, C-378/02, EuGHE I S. 4685),
2. der Unternehmer ein Wirtschaftsgut oder eine sonstige Leistung im Zeitpunkt des Leistungsbezugs seinem nichtunternehmerischen Bereich zuordnet (Abschnitt 15.2 Abs. 21 Nr. 2) und das Wirtschaftsgut oder die sonstige Leistung später für unternehmerische Zwecke verwendet (vgl. EuGH-Urteil vom 11.7.1991, C-97/90, EuGHE I S. 730),
3. an einem Wirtschaftsgut, das nicht dem Unternehmen zugeordnet wurde, eine Leistung im Sinne des § 15a Abs. 3 UStG ausgeführt wird, die ebenfalls nicht für das Unternehmen bezogen wird, und das Wirtschaftsgut später unternehmerisch verwendet wird,
4. nichtunternehmerisch genutzte Gebäudeteile als separater Gegenstand beim Leistungsbezug dem nichtunternehmerischen Bereich zugeordnet und später unternehmerisch genutzt werden (z.B. bei Umwandlung bisheriger Wohnräume in Büroräume) oder
5. der Unternehmer einen bezogenen Gegenstand zunächst zu weniger als 10% für sein Unternehmen nutzt und die Leistung deshalb nach § 15 Abs. 1 Satz 2 UStG als nicht für sein Unternehmen ausgeführt gilt und diese Grenze später überschritten wird.

15a.2. Änderung der Verhältnisse

(1)[1]) [1]Verwendung im Sinne des § 15a UStG ist die tatsächliche Nutzung des Berichtigungsobjekts zur Erzielung von Umsätzen. [2]Als Verwendung sind auch die Veräußerung, die unentgeltliche Wertabgabe nach § 3 Abs. 1b und 9a UStG (vgl. BFH-Urteil vom 2.10.1986, V R 91/78, BStBl. 1987 II S. 44) und die teilunternehmerische Nutzung eines Grundstücks im Sinne des § 15 Abs. 1b UStG (§ 15a Abs. 6a UStG,

---
1) Siehe Anlage § 015-51 (Abschnitt 15a.2 Abs. 1 UStAE ist ab dem 01.01.2011 in allen Fällen anzuwenden, die nicht unter die Übergangsregelung nach § 27 Abs. 16 UStG fallen).

vgl. Abschnitt 15.6a) anzusehen. ³Unter Veräußerung ist sowohl die Lieferung im Sinne des § 3 Abs. 1 UStG, z.B. auch die Verwertung in der Zwangsvollstreckung, als auch die Übertragung immaterieller Wirtschaftsgüter zu verstehen. ⁴Voraussetzung ist jedoch, dass das Wirtschaftsgut im Zeitpunkt dieser Umsätze objektiv noch verwendungsfähig ist.

(2) ¹Für die Frage, ob eine Änderung der Verhältnisse vorliegt, sind die Verhältnisse im Zeitpunkt der tatsächlichen Verwendung im Vergleich zum ursprünglichen Vorsteuerabzug entscheidend. ²Für den ursprünglichen Vorsteuerabzug ist die Verwendungsabsicht im Zeitpunkt des Leistungsbezugs entscheidend, im Fall der Anzahlung oder Vorauszahlung die im Zeitpunkt der Anzahlung oder Vorauszahlung gegebene Verwendungsabsicht (Abschnitt 15.12 Abs. 1). ³Eine Änderung der Verhältnisse im Sinne des § 15a UStG liegt z.B. vor,

1. wenn sich auf Grund der tatsächlichen Verwendung nach § 15 Abs. 2 und 3 UStG ein höherer oder niedrigerer Vorsteuerabzug im Vergleich zum ursprünglichen Vorsteuerabzug ergibt, z.B.
   a) wenn der Unternehmer ein Berichtigungsobjekt innerhalb des Unternehmens für Ausgangsumsätze nutzt, welche den Vorsteuerabzug anders als ursprünglich ausschließen oder zulassen,
   b) wenn der Unternehmer einen ursprünglich ausgeübten Verzicht auf eine Steuerbefreiung (§ 9 UStG) später nicht fortführt, oder
   c) wenn sich das prozentuale Verhältnis ändert, nach dem die abziehbaren Vorsteuern ursprünglich nach § 15 Abs. 4 UStG aufgeteilt worden sind,
2. wenn das Wirtschaftsgut veräußert oder entnommen wird und dieser Umsatz hinsichtlich des Vorsteuerabzugs anders zu beurteilen ist als der ursprüngliche Vorsteuerabzug (§ 15a Abs. 8 UStG),
3. wenn der Unternehmer von der allgemeinen Besteuerung zur Nichterhebung der Steuer nach § 19 Abs. 1 UStG oder umgekehrt übergeht (§ 15a Abs. 7 UStG), ohne dass sich die Nutzung der Wirtschaftsgüter oder sonstigen Leistungen selbst geändert haben muss,
4. wenn der Unternehmer von der allgemeinen Besteuerung zur Durchschnittssatzbesteuerung nach den §§ 23, 23a und 24 UStG oder umgekehrt übergeht (§ 15a Abs. 7 UStG), ohne dass sich die Nutzung der Wirtschaftsgüter oder sonstigen Leistungen selbst geändert haben muss (zur Vorsteuerberichtigung bei Wirtschaftsgütern, die sowohl in einem gewerblichen Unternehmensteil als auch in einem landwirtschaftlichen Unternehmensteil (§ 24 UStG) eingesetzt werden, und zum Übergang von der allgemeinen Besteuerung zur Durchschnittssatzbesteuerung nach § 24 UStG oder umgekehrt siehe Abschnitt 15a.9 Abs. 5ff.),
5. wenn eine Rechtsänderung nach dem Leistungsbezug auf die Beurteilung des Vorsteuerabzugs auswirkt, z.B. bei Wegfall oder Einführung einer den Vorsteuerabzug ausschließenden Steuerbefreiung (vgl. BFH-Urteil vom 14.5.1992, V R 79/87, BStBl. II S. 983),
6. wenn sich die rechtliche Beurteilung des ursprünglichen Vorsteuerabzugs später als unzutreffend erweist, sofern die Steuerfestsetzung für das Jahr des Leistungsbezugs bestandskräftig und unabänderbar ist (Abschnitt 15a.4 Abs. 3),
7. ¹⁾wenn sich die Verwendung eines Grundstücks im Sinne des § 15 Abs. 1b UStG ändert (§ 15a Abs. 6a UStG, vgl. Abschnitt 15.6a).

(3) Eine Geschäftsveräußerung im Sinne des § 1 Abs. 1a UStG stellt keine Änderung der Verhältnisse dar, weil der Erwerber nach § 1 Abs. 1a Satz 3 UStG an die Stelle des Veräußerers tritt (vgl. BFH-Urteile vom 6.9.2007, V R 41/05, BStBl. 2008 II S. 65, und vom 30.4.2009, V R 4/07, BStBl. II S. 863).

(4) Die Einräumung eines Miteigentumsanteils an einem zu eigenunternehmerischen Zwecken genutzten Grundstücksteil führt zu einer Änderung der Verhältnisse, wenn der bisherige Alleineigentümer auch als Miteigentümer in Bruchteilsgemeinschaft insoweit zum Vorsteuerabzug berechtigt bleibt, als seine eigenunternehmerische Nutzung seinen quotalen Miteigentumsanteil am Grundstück nicht übersteigt (vgl. BFH-Urteil vom 22.11.2007, V R 5/06, BStBl. 2008 II S. 448).

Besonderheiten bei der Änderung der Verhältnisse bei Wirtschaftsgütern, die nicht nur einmalig zur Ausführung von Umsätzen verwendet werden

(5) Ändern sich im Laufe eines Kalenderjahres die Verhältnisse gegenüber den für den ursprünglichen Vorsteuerabzug maßgeblichen Verhältnissen, ist maßgebend, wie das Wirtschaftsgut während des gesamten Kalenderjahres verwendet wird.

Beispiel:
¹Ein Unternehmer erwirbt am 1.3.01 eine Maschine. ²Er beabsichtigt, sie bis zum 30.6.01 nur zur Ausführung von zum Vorsteuerabzug berechtigenden Umsätzen und ab 1.7.01 ausschließlich zur

---

1) Siehe Anlage § O15-51 (Abschnitt 15a.2 Abs. 2 Nr. 7 UStAE ist ab dem 01.01.2011 in allen Fällen anzuwenden, die nicht unter die Übergangsregelung nach § 27 Abs. 16 UStG fallen.)

Ausführung von Umsätzen, die den Vorsteuerabzug ausschließen, zu verwenden. ³Am 1.10.03 veräußert der Unternehmer die Maschine steuerpflichtig.

⁴Im Jahr 01 kann der Unternehmer im Zeitpunkt des Leistungsbezuges 40% der auf die Anschaffung der Maschine entfallenden Vorsteuern abziehen (von den 10 Monaten des Jahres 01 soll die Maschine 4 Monate, d.h. zu 40%, für zum Vorsteuerabzug berechtigende und 6 Monate, d.h. zu 60%, für den Vorsteuerabzug ausschließende Umsätze verwendet werden). ⁵Da die Maschine im Jahr 01 planmäßig verwendet wurde, ist der Vorsteuerabzug nicht zu berichtigen.

⁶Im Jahr 02 wird die Maschine nur für Umsätze verwendet, die den Vorsteuerabzug ausschließen. ⁷Damit liegt eine Änderung der Verhältnisse um 40 Prozentpunkte vor. ⁸Der Unternehmer muss die Vorsteuern entsprechend an das Finanzamt zurückzahlen.

⁹Im Jahr 03 wird die Maschine 9 Monate für Umsätze verwendet, die den Vorsteuerabzug ausschließen. ¹⁰Die steuerpflichtige Veräußerung am 1.10.03 ist so zu behandeln, als ob die Maschine vom 1.10. bis 31.12. für zum Vorsteuerabzug berechtigende Umsätze verwendet worden wäre. ¹¹Auf das ganze Kalenderjahr bezogen sind 25% der Vorsteuern abziehbar (von den 12 Monaten des Jahres 03 berechtigt die Verwendung in 3 Monaten zum Vorsteuerabzug). ¹²Gegenüber dem ursprünglichen Vorsteuerabzug haben sich somit die Verhältnisse um 15 Prozentpunkte zu Lasten geändert. ¹³Der Unternehmer muss die Vorsteuern entsprechend an das Finanzamt zurückzahlen.

¹⁴Für die restlichen Kalenderjahre des Berichtigungszeitraums ist die Veräußerung ebenfalls wie eine Verwendung für zu 100% zum Vorsteuerabzug berechtigende Umsätze anzusehen. ¹⁵Die Änderung der Verhältnisse gegenüber dem ursprünglichen Vorsteuerabzug beträgt somit für diese Kalenderjahre jeweils 60 Prozentpunkte. ¹⁶Der Unternehmer hat einen entsprechenden nachträglichen Vorsteuerabzug (zum Berichtigungsverfahren in diesem Fall vgl. Abschnitt 15a.11 Abs. 5).

(6) Bei bebauten und unbebauten Grundstücken können sich die Verhältnisse insbesondere in folgenden Fällen ändern:

1. Nutzungsänderungen, insbesondere durch
   a) Übergang von einer durch Option nach § 9 UStG steuerpflichtigen Vermietung zu einer nach § 4 Nr. 12 Satz 1 Buchstabe a UStG steuerfreien Vermietung oder umgekehrt;
   b) Übergang von der Verwendung eigengewerblich genutzter Räume, die zur Erzielung zum Vorsteuerabzug berechtigender Umsätze verwendet werden, zu einer nach § 4 Nr. 12 Satz 1 Buchstabe a UStG steuerfreien Vermietung oder umgekehrt;
   c) Übergang von einer steuerfreien Vermietung nach Artikel 67 Abs. 3 NATO-ZAbk zu einer nach § 4 Nr. 12 Satz 1 Buchstabe a UStG steuerfreien Vermietung oder umgekehrt;
   d) Änderung des Vorsteueraufteilungsschlüssels bei Grundstücken, die sowohl zur Ausführung von Umsätzen, die zum Vorsteuerabzug berechtigen, als auch für Umsätze, die den Vorsteuerabzug ausschließen, verwendet werden (vgl. Abschnitte 15.16, 15.17 und 15a.4 Abs. 2);
   e) ¹⁾Änderung des Umfangs der teilunternehmerischen Nutzung eines Grundstücks im Sinne des § 15 Abs. 1b UStG;

2. Veräußerungen, die nicht als Geschäftsveräußerungen im Sinne des § 1 Abs. 1a UStG anzusehen sind, insbesondere
   a) nach § 4 Nr. 9 Buchstabe a UStG steuerfreie Veräußerung ganz oder teilweise eigengewerblich und vorsteuerunschädlich genutzter, ursprünglich steuerpflichtig vermieteter oder auf Grund des Artikels 67 Abs. 3 NATO-ZAbk steuerfrei vermieteter Grundstücke (vgl. auch Absatz 1);
   b) durch wirksame Option nach § 9 UStG steuerpflichtige Veräußerung ursprünglich ganz oder teilweise nach § 4 Nr. 12 Satz 1 Buchstabe a UStG steuerfrei vermieteter Grundstücke;
   c) die entgeltliche Übertragung eines Miteigentumsanteils an einem ursprünglich teilweise steuerfrei vermieteten Grundstück auf einen Familienangehörigen, wenn die Teiloption beim Verkauf nicht in dem Verhältnis der bisherigen Nutzung ausgeübt wird (vgl. Abschnitt 9.1 Abs. 6);

3. unentgeltliche Wertabgaben, die nicht im Rahmen einer Geschäftsveräußerung nach § 1 Abs. 1a UStG erfolgen, und die steuerfrei sind, insbesondere
   a) unentgeltliche Übertragung ganz oder teilweise eigengewerblich vorsteuerunschädlich genutzter, ursprünglich steuerpflichtig vermieteter oder auf Grund des Artikels 67 Abs. 3 NATO-ZAbk steuerfrei vermieteter Grundstücke, z.B. an Familienangehörige (vgl. BFH-Urteil vom 25.6.1987, V R 92/78, BStBl. II S. 655);

---

1) Siehe Anlage § 015-51 (Abschnitt 15a.2 Abs. 6 Nr. 1 Buchstabe e) UStAE ist ab dem 01.01.2011 in allen Fällen anzuwenden, die nicht unter die Übergangsregelung nach § 27 Abs. 16 UStG fallen.)

b) unentgeltliche Nießbrauchsbestellung an einem entsprechend genutzten Grundstück, z.B. an Familienangehörige (vgl. BFH-Urteil vom 16.9.1987, X R 51/81, BStBl. 1988 II S. 205);

c) unentgeltliche Übertragung des Miteigentumsanteils an einem entsprechend genutzten Grundstück, z.B. an Familienangehörige (vgl. BFH-Urteil vom 27.4.1994, XI R 85/92, BStBl. 1995 II S. 30).

(7) ¹Die Lieferung eines Gegenstands (Verschaffung der Verfügungsmacht) setzt die Übertragung von Substanz, Wert und Ertrag voraus. ²Die Verfügungsmacht an einem Mietgrundstück ist mangels Ertragsübergangs noch nicht verschafft, solange der Lieferer dieses auf Grund seines Eigentums wie bislang für Vermietungsumsätze verwendet. ³Das gilt auch für eine unentgeltliche Lieferung des Mietwohngrundstücks. ⁴Solange die Verfügungsmacht nicht übergegangen ist, liegen keine unentgeltliche Wertabgabe und keine durch sie verursachte Änderung der Verwendungsverhältnisse im Sinne des § 15a UStG vor (BFH-Urteil vom 18.11.1999, V R 13/99, BStBl. 2000 II S. 153).

(8) ¹Steht ein im Anschluss an eine erstmalige Verwendung für eine bestimmte Zeit ganz oder teilweise leer, ist bis zur tatsächlichen erneuten Verwendung des Wirtschaftsgutes anhand der Verwendungsabsicht (vgl. Abschnitt 15.12) zu entscheiden, ob sich die für den ursprünglichen Vorsteuerabzug maßgebenden Verhältnisse ändern. ²Keine Änderung der Verhältnisse liegt dabei vor, wenn im Anschluss an eine zum Vorsteuerabzug berechtigende Verwendung auch künftig zum Vorsteuerabzug berechtigende Umsätze ausgeführt werden sollen (vgl. BFH-Urteil vom 25.4.2002, V R 58/00, BStBl. 2003 II S. 435). ³Dagegen kann die Änderung der Verwendungsabsicht oder die spätere tatsächliche Verwendung zu einer Vorsteuerberichtigung führen.

(9) Veräußerung und unentgeltliche Wertabgabe nach § 3 Abs. 1b UStG eines Wirtschaftsguts, das nicht nur einmalig zur Ausführung von Umsätzen verwendet wird, nach Beginn des nach § 15a Abs. 1 UStG maßgeblichen Berichtigungszeitraums sind so anzusehen, als ob das Wirtschaftsgut bis zum Ablauf des maßgeblichen Berichtigungszeitraums (vgl. Abschnitt 15a.3) entsprechend der umsatzsteuerrechtlichen Behandlung dieser Umsätze weiterhin innerhalb des Unternehmens verwendet worden wäre.

Beispiel:

¹Ein Betriebsgrundstück, das vom 1.1.01 bis zum 31.10.01 innerhalb des Unternehmens zur Ausführung zum Vorsteuerabzug berechtigender Umsätze verwendet worden ist, wird am 1.11.01 nach § 4 Nr. 9 Buchstabe a UStG steuerfrei veräußert.

²Für die Berichtigung ist die Veräußerung so anzusehen, als ob das Grundstück ab dem Zeitpunkt der Veräußerung bis zum Ablauf des Berichtigungszeitraums nur noch zur Ausführung von Umsätzen verwendet würde, die den Vorsteuerabzug ausschließen. ³Entsprechendes gilt bei einer steuerfreien unentgeltlichen Wertabgabe nach § 3 Abs. 1b Satz 1 Nr. 3 UStG.

15a.3. Berichtigungszeitraum nach § 15a Abs. 1 UStG

Beginn und Dauer des Berichtigungszeitraums

(1) ¹Der Zeitraum, für den eine Berichtigung des Vorsteuerabzugs durchzuführen ist, beträgt grundsätzlich volle fünf Jahre ab dem Beginn der erstmaligen tatsächlichen Verwendung. ²Er verlängert sich bei Grundstücken einschließlich ihrer wesentlichen Bestandteile, bei Berechtigungen, für die die Vorschriften des bürgerlichen Rechts über Grundstücke gelten, und bei Gebäuden auf fremdem Grund und Boden auf volle zehn Jahre (§ 15a Abs. 1 Satz 2 UStG). ³Der Berichtigungszeitraum von zehn Jahren gilt auch für Betriebsvorrichtungen, die als wesentliche Bestandteile auf Dauer in ein Gebäude eingebaut werden (vgl. BFH-Urteil vom 14.7.2010, XI R 9/09, BStBl. II S. 1086). ⁴Bei Wirtschaftsgütern mit einer kürzeren Verwendungsdauer ist der entsprechend kürzere Berichtigungszeitraum anzusetzen (§ 15a Abs. 5 Satz 2 UStG). ⁵Ob von einer kürzeren Verwendungsdauer auszugehen ist, beurteilt sich nach der betriebsgewöhnlichen Nutzungsdauer, die nach ertragsteuerrechtlichen Grundsätzen für das Wirtschaftsgut anzusetzen ist. ⁶§ 45 UStDV ist zur Ermittlung des Beginns des Berichtigungszeitraums analog anzuwenden (vgl. Absatz 6).

(2) ¹Wird ein Wirtschaftsgut, z.B. ein Gebäude, bereits entsprechend dem Baufortschritt verwendet, noch bevor es insgesamt fertig gestellt ist, ist für jeden gesondert in Verwendung genommenen Teil des Wirtschaftsguts im besonderer Berichtigungszeitraum anzunehmen. ²Diese Berichtigungszeiträume beginnen jeweils zu dem Zeitpunkt, zu dem der einzelne Teil des Wirtschaftsguts erstmalig verwendet wird. ³Der einzelnen Berichtigung sind jeweils die Vorsteuerbeträge zu Grunde zu legen, die auf den entsprechenden Teil des Wirtschaftsguts entfallen. ⁴Wird dagegen ein fertiges Wirtschaftsgut nur teilweise gebraucht oder, gemessen an seiner Einsatzmöglichkeit, nicht voll genutzt, besteht ein einheitlicher Berichtigungszeitraum für das ganze Wirtschaftsgut, der mit dessen erstmaliger Verwendung beginnt. ⁵Dabei ist für die nicht genutzten Teile des Wirtschaftsguts (z.B. eines Gebäudes) die Verwendungsabsicht maßgebend.

(3) ¹Steht ein Gebäude vor der erstmaligen Verwendung leer, beginnt der Berichtigungszeitraum nach § 15a Abs. 1 UStG erst mit der erstmaligen tatsächlichen Verwendung.

UStAE 15a.3. § 15a

Beispiel:

[1]Ein Unternehmer errichtet ein Bürogebäude. [2]Die im Zusammenhang mit der Herstellung des Gebäudes in Rechnung gestellte Umsatzsteuer beträgt in den Jahren 01 100.000 € und 02 300.000 € (insgesamt 400.000 €). [3]Die abziehbaren Vorsteuerbeträge nach § 15 UStG belaufen sich vor dem Zeitpunkt der erstmaligen Verwendung auf 100.000 €, da der Unternehmer im Jahr 01 beabsichtigte und dies schlüssig dargelegt hat, das Gebäude nach Fertigstellung zu 100% für zum Vorsteuerabzug berechtigende Zwecke zu verwenden, während er im Jahr 02 beabsichtigte, das Gebäude nach Fertigstellung zu 0% für zum Vorsteuerabzug berechtigende Zwecke zu verwenden. [4]Das Gebäude steht nach der Investitionsphase ein Jahr leer (Jahr 03). [5]Ab dem Jahr 04 wird das Gebäude zu 100% für zum Vorsteuerabzug berechtigende Umsätze verwendet.

Ingesamt in Rechnung gestellte Umsatzsteuer: 400.000 €

Ursprünglicher Vorsteuerabzug (Ermittlung eines prozentualen Verhältnisses des ursprünglichen Vorsteuerabzugs zum Vorsteuervolumen insgesamt): 100.000 € (25% von 400.000 €).

Zeitpunkt der erstmaligen Verwendung: 1.1.04

Dauer des Berichtigungszeitraums: 1.1.04 bis 31.12.13

ab Jahr 04: 100%

Änderung der Verhältnisse:

ab Jahr 04: 75 Prozentpunkte (100% statt 25%)

Vorsteuerberichtigung pro Jahr:

(400.000 € / 10 Jahre = 40.000 € pro Jahr)

ab Jahr 04: jährlich 30.000 € (40.000 € x 75%) nachträglicher Vorsteuererstattungsanspruch

[2]Auch für Leistungsbezüge während des Leerstands vor der erstmaligen Verwendung richtet sich der Vorsteuerabzug nach der im Zeitpunkt des jeweiligen Leistungsbezugs gegebenen Verwendungsabsicht (vgl. Abschnitt 15.12).

(4) Wird ein dem Unternehmen zugeordnetes Wirtschaftsgut zunächst unentgeltlich überlassen, beginnt der Berichtigungszeitraum mit der unentgeltlichen Überlassung, unabhängig davon, ob die unentgeltliche Überlassung zu einer steuerbaren unentgeltlichen Wertabgabe führt.

Ende des Berichtigungszeitraums

(5) Endet der maßgebliche Berichtigungszeitraum während eines Kalenderjahres, sind nur die Verhältnisse zu berücksichtigen, die bis zum Ablauf dieses Zeitraums eingetreten sind.

Beispiel:

[1]Der Berichtigungszeitraum für ein Wirtschaftsgut endet am 31.8.01. [2]In diesem Kalenderjahr hat der Unternehmer das Wirtschaftsgut bis zum 30.6. nur zur Ausführung zum Vorsteuerabzug berechtigender Umsätze und vom 1.7. bis zum 9.10. ausschließlich zur Ausführung nicht zum Vorsteuerabzug berechtigender Umsätze verwendet. [3]Am 10.10.01 veräußert er das Wirtschaftsgut steuerpflichtig.

[4]Bei der Berichtigung des Vorsteuerabzugs für das Jahr 01 sind nur die Verhältnisse bis zum 31.8. zu berücksichtigen. [5]Da das Wirtschaftsgut in diesem Zeitraum 6 Monate für zum Vorsteuerabzug berechtigende und 2 Monate für nicht zum Vorsteuerabzug berechtigende Umsätze verwendet wurde, sind 25% des auf das Jahr 01 entfallenden Vorsteueranteils nicht abziehbar.

[6]Die auf die Zeit ab 1.9.01 entfallende Verwendung und die Veräußerung liegen außerhalb des Berichtigungszeitraums und bleiben deshalb bei der Prüfung, inwieweit eine Änderung der Verhältnisse gegenüber dem ursprünglichen Vorsteuerabzug vorliegt, außer Betracht.

(6) Endet der Berichtigungszeitraum innerhalb eines Kalendermonats, ist das für die Berichtigung maßgebliche Ende nach § 45 UStDV zu ermitteln.

Beispiel 1:

[1]Unternehmer U hat am 10.1.01 eine Maschine angeschafft, die er zunächst wie geplant ab diesem Zeitpunkt zu 90% zur Erzielung von zum Vorsteuerabzug berechtigenden Umsätzen und zu 10% zur Erzielung von nicht zum Vorsteuerabzug berechtigenden Umsätzen verwendet. [2]Die Vorsteuern aus der Anschaffung betragen 80.000 €. [3]Ab dem 1.8.01 nutzt U die Maschine nur noch zu 10% für zum Vorsteuerabzug berechtigende Umsätze.

Insgesamt in Rechnung gestellte Umsatzsteuer: 80.000 €

Ursprünglicher Vorsteuerabzug (Ermittlung eines prozentualen Verhältnisses des ursprünglichen Vorsteuerabzugs zum Vorsteuervolumen insgesamt): 72.000 € (90% von 80.000 €)

Zeitpunkt der erstmaligen Verwendung: 10.1.01

§ 15a   UStAE 15a.3., 15a.4.

Dauer des Berichtigungszeitraums: 1.1.01 bis 31.12.05 (nach § 45 UStDV bleibt der Januar 06 für die Berichtigung unberücksichtigt, da der Berichtigungszeitraum vor dem 16.1.06 endet; entsprechend beginnt der Berichtigungszeitraum dann mit dem 1.1.01)

Tatsächliche zum Vorsteuerabzug berechtigende Verwendung im Berichtigungszeitraum:

Jahr 01	Nutzung Januar bis Juli 01	$7 \times 90\% = 630$
	Nutzung August bis Dezember 01	$5 \times 10\% = 50$
		$680 : 12\ \text{Monate} = 56{,}7$

Änderung der Verhältnisse:

Jahr 01: 33,3 Prozentpunkte (56,7% statt 90%)

ab Jahr 02: jeweils 80 Prozentpunkte (10% statt 90%)

Vorsteuerberichtigung pro Jahr:

(80.000 € / 5 Jahre = 16.000 € pro Jahr)

Jahr 01 =   ./. 5.328 € (16.000 € × 33,3%)
ab Jahr 02 jeweils =   ./. 12.800 € (16.000 € × 80%)

Beispiel 2:

Wie Beispiel 1, nur Anschaffung und Verwendungsbeginn der Maschine am 20.1.01.

Insgesamt in Rechnung gestellte Umsatzsteuer: 80.000 €

Ursprünglicher Vorsteuerabzug (Ermittlung eines prozentualen Verhältnisses des ursprünglichen Vorsteuerabzugs zum Vorsteuervolumen insgesamt): 72.000 € (90% von 80.000 €)

Zeitpunkt der erstmaligen Verwendung: 20.1.01

Dauer des Berichtigungszeitraums: 1.2.01 bis 31.1.06 (nach § 45 UStDV ist der Januar 06 für die Berichtigung voll zu berücksichtigen, da der Berichtigungszeitraum nach dem 15.1.06 endet; entsprechend beginnt der Berichtigungszeitraum dann mit dem 1.2.01)

Tatsächliche zum Vorsteuerabzug berechtigende Verwendung im Berichtigungszeitraum:

Jahr 01	Nutzung Februar bis Juli 01	$6 \times 90\% = 540$
	Nutzung August bis Dezember 01	$5 \times 10\% = 50$
		$590 : 11\ \text{Monate} = 53{,}6$

Änderung der Verhältnisse:

Jahr 01 =   36,4 Prozentpunkte (53,6% statt 90%)
ab Jahr 02 =   jeweils 80 Prozentpunkte (10% statt 90%)

Vorsteuerberichtigung pro Jahr:

(80.000 € / 5 Jahre = 16.000 € pro Jahr)

Jahr 01 =   ./. 5.338 € (16.000 € × 36,4% × 11/12)
Jahre 02 bis 05 jeweils =   ./. 12.800 € (16.000 € × 80%)
Jahr 06 =   ./. 1.066 € (16.000 € × 80% × 1/12)

(7) [1]Kann ein Wirtschaftsgut vor Ablauf des Berichtigungszeitraums wegen Unbrauchbarkeit vom Unternehmer nicht mehr zur Ausführung von Umsätzen verwendet werden, endet damit der Berichtigungszeitraum. [2]Das gilt auch für die Berichtigungszeiträume, die für eventuell angefallene nachträgliche Anschaffungs- oder Herstellungskosten bestehen. [3]Eine Veräußerung des nicht mehr verwendungsfähigen Wirtschaftsguts als Altmaterial bleibt für die Berichtigung des Vorsteuerabzuges unberücksichtigt.

(8) [1]Wird das Wirtschaftsgut vor Ablauf des Berichtigungszeitraums veräußert oder nach § 3 Abs. 1b UStG geliefert, verkürzt sich hierdurch der Berichtigungszeitraum nicht. [2]Zur Änderung der Verhältnisse in diesen Fällen vgl. Abschnitt 15a.2 Abs. 9.

15a.4. Berichtigung nach § 15a Abs. 1 UStG

(1) [1]Die Berichtigung des Vorsteuerabzugs ist jeweils für den Voranmeldungszeitraum bzw. das Kalenderjahr vorzunehmen, in dem sich die für den ursprünglichen Vorsteuerabzug maßgebenden Verhältnisse geändert haben (vgl. Abschnitt 15a.2). [2]Dabei sind die Vereinfachungsregelungen des § 44 UStDV zu beachten (vgl. Abschnitt 15a.11). [3]Weicht die tatsächliche Verwendung von den für den ursprünglichen Vorsteuerabzug maßgebenden Verhältnissen ab, wird die Berichtigung des Vorsteuerabzugs nicht durch eine Änderung der Steuerfestsetzung des Jahres der Inanspruchnahme des Vorsteuerabzugs nach

UStAE 15a.4. § 15a

den Vorschriften der AO, sondern verteilt auf den Berichtigungszeitraum von fünf bzw. zehn Jahren pro rata temporis vorgenommen. [4]Dabei ist für jedes Kalenderjahr des Berichtigungszeitraums von den in § 15a Abs. 5 UStG bezeichneten Anteilen der Vorsteuerbeträge auszugehen. [5]Beginnt oder endet der Berichtigungszeitraum innerhalb eines Kalenderjahres, ist für diese Kalenderjahre jeweils nicht der volle Jahresanteil der Vorsteuerbeträge, sondern nur der Anteil anzusetzen, der den jeweiligen Kalendermonaten entspricht.

Beispiel:

[1]Auf ein Wirtschaftsgut mit einem Berichtigungszeitraum von fünf Jahren entfällt eine Vorsteuer von insgesamt 5.000 €. [2]Der Berichtigungszeitraum beginnt am 1.4.01 und endet am 31.3.06. [3]Bei der Berichtigung ist für die einzelnen Jahre jeweils von einem Fünftel der gesamten Vorsteuer (= 1.000 €) auszugehen. [4]Der Berichtigung des Jahres 01 sind 9 Zwölftel dieses Betrages (= 750 €) und der des Jahres 06 3 Zwölftel dieses Betrages (= 250 €) zu Grunde zu legen.

(2) [1]Sind die Voraussetzungen für den Vorsteuerabzug nicht schon im Zeitpunkt des Leistungsbezugs, sondern erst nach Beginn der tatsächlichen erstmaligen Verwendung erfüllt, z.B. weil die zum Vorsteuerabzug berechtigende Rechnung vor Beginn der tatsächlichen erstmaligen Verwendung noch nicht vorgelegen hat, kann die Vorsteuer erst abgezogen werden, wenn die Voraussetzungen des § 15 Abs. 1 UStG insgesamt vorliegen. [2]Auch hierbei beurteilt sich die Berechtigung zum Vorsteuerabzug nach der Verwendung im Zeitpunkt des Leistungsbezugs (vgl. Abschnitt 15.12). [3]Von diesen Verhältnissen ist auch bei der Berichtigung auszugehen. [4]Folglich ist im Zeitpunkt des erstmaligen Vorsteuerabzugs gleichzeitig eine eventuell notwendige Berichtigung für die bereits abgelaufenen Teile des Berichtigungszeitraums vorzunehmen.

Beispiel 1:

[1]Ein im Jahr 01 neu errichtetes Gebäude, auf das eine Vorsteuer von 50.000 € entfällt, wird im Jahr 02 erstmalig tatsächlich verwendet. [2]Die Rechnung mit der gesondert ausgewiesenen Steuer erhält der Unternehmer aber erst im Jahr 04. [3]Der Unternehmer hat bereits während der Bauphase schlüssig dargelegt, dass er das Gebäude zum Vorsteuerabzug berechtigend vermieten will. [4]Das Gebäude wurde tatsächlich wie folgt verwendet:

– im Jahr 02 nur zur Ausführung zum Vorsteuerabzug berechtigender Umsätze;
– im Jahr 03 je zur Hälfte zur Ausführung zum Vorsteuerabzug berechtigender und nicht zum Vorsteuerabzug berechtigender Umsätze;
– im Jahr 04 nur zur Ausführung nicht zum Vorsteuerabzug berechtigender Umsätze.

[5]Da der Unternehmer schlüssig dargelegt hat, dass er beabsichtigt, das Gebäude nach der Fertigstellung im Jahr 02 ausschließlich für zum Vorsteuerabzug berechtigende Umsätze zu verwenden, kann er nach § 15 Abs. 1 UStG die Vorsteuer von 50.000 € voll abziehen. [6]Der Abzug ist jedoch erst im Jahr 04 zulässig. [7]Bei der Steuerfestsetzung für dieses Jahr ist dieser Abzug aber gleichzeitig insoweit zu berichtigen, als für die Jahre 03 und 04 eine Änderung der Verhältnisse gegenüber der im Zeitpunkt des Leistungsbezuges dargelegten Verwendungsabsicht eingetreten ist. [8]Diese Änderung beträgt für das Jahr 03 50% und für das Jahr 04 100%. [9]Entsprechend dem zehnjährigen Berichtigungszeitraum ist bei der Berichtigung für das Jahr von einem Zehntel der Vorsteuer von 50.000 € = 5.000 € auszugehen. [10]Es sind für das Jahr 03 die Hälfte dieses Vorsteueranteils, also 2.500 €, und für das Jahr 04 der volle Vorsteueranteil von 5.000 € vom Abzug ausgeschlossen. [11]Im Ergebnis vermindert sich somit die bei der Steuerfestsetzung für das Jahr 04 abziehbare Vorsteuer von 50.000 € um (2.500 € + 5.000 € =) 7.500 € auf 42.500 €.

Beispiel 2:

[1]Ein Unternehmer (Immobilienfonds) errichtet ein Bürogebäude. [2]Die im Zusammenhang mit der Herstellung des Gebäudes in Rechnung gestellte Umsatzsteuer beträgt in den Jahren 01 150.000 € und 02 150.000 € (insgesamt 300.000 €). [3]Für einen weiteren Leistungsbezug des Jahres 01 liegt eine nach § 14 UStG ausgestellte Rechnung mit gesondertem Ausweis der Umsatzsteuer in Höhe von 100.000 € erst in 04 vor. [4]Die insgesamt in Rechnung gestellte Umsatzsteuer beträgt somit 400.000 €.

[5]Der Unternehmer beabsichtigte im Jahr 01 eine zu 100% und im Jahr 02 eine zu 0% zum Vorsteuerabzug berechtigende Verwendung des Gebäudes. [6]Die Verwendungsabsicht wurde durch den Unternehmer jeweils schlüssig dargelegt. [7]Das Gebäude wird erstmals ab dem Jahr 03 verwendet, und zwar zu 0% für zum Vorsteuerabzug berechtigende Umsätze.

[8]Die abziehbaren Vorsteuerbeträge nach § 15 UStG belaufen sich vor dem Zeitpunkt der erstmaligen Verwendung (Investitionsphase) auf 150.000 € für die in 01 bezogenen Leistungen.

Jahr 03:

Insgesamt in Rechnung gestellte Umsatzsteuer: 300.000 €

Ursprünglicher Vorsteuerabzug: 150.000 € (entspricht 50% von 300.000 €)

Zeitpunkt der erstmaligen Verwendung: 1.1.03

Dauer des Berichtigungszeitraums: 1.1.03 bis 31.12.12

Tatsächliche zum Vorsteuerabzug berechtigende Verwendung in 03: 0%

Vorsteuerberichtigung wegen Änderung der Verhältnisse im Vergleich zum ursprünglichen Vorsteuerabzug: Vorsteuer zu 0% abziehbar statt zu 50%

Berichtigungsbetrag: 50% von 1/10 von 300.000 € = 15.000 € sind zurückzuzahlen

Jahr 04:

[9]Da der Unternehmer das Gebäude im Jahr 01 ausschließlich für zum Vorsteuerabzug berechtigende Umsätze verwenden wollte, kann er nach § 15 Abs. 1 UStG die Vorsteuer für den weiteren Leistungsbezug von 100.000 € voll abziehen. [10]Der Abzug ist erst im Jahr 04 zulässig. [11]Bei der Steuerfestsetzung für dieses Jahr ist dieser Abzug aber gleichzeitig insoweit zu berichtigen, als für die Jahre 03 und 04 eine Änderung der Verhältnisse gegenüber der im Zeitpunkt des Leistungsbezuges dargelegten Verwendungsabsicht eingetreten ist.

Berichtigung im Jahr 04:

Insgesamt in Rechnung gestellte Umsatzsteuer: 400.000 €

Ursprünglicher Vorsteuerabzug: 250.000 € (62,5% x 400.000 €)

Tatsächliche zum Vorsteuerabzug berechtigende Verwendung in 03 und 04: 0%

Vorsteuerberichtigung wegen Änderung der Verhältnisse im Vergleich zum ursprünglichen Vorsteuerabzug: Vorsteuer zu 0% abziehbar statt zu 62,5%

Berichtigungsbetrag für 03 und 04 je: 62,5% x 1/10 x 400.000 € = 25.000 €.

[12]Für 03 erfolgte bereits eine Rückzahlung von 15.000 €. [13]Daher ist in 04 noch eine Vorsteuerberichtigung für 03 in Höhe von 10.000 € zuungunsten des Unternehmers vorzunehmen. [14]Im Ergebnis vermindert sich somit die bei der Steuerfestsetzung für das Jahr 04 abziehbare Vorsteuer von 100.000 € um (10.000 € für 03 + 25.000 € für 04 =) 35.000 € auf 65.000 €.

[5]Entsprechend ist zu verfahren, wenn der ursprünglich in Betracht kommende Vorsteuerabzug nach § 17 UStG oder deswegen zu berichtigen ist, weil später festgestellt wird, dass objektive Anhaltspunkte für die vorgetragene Verwendungsabsicht im Zeitpunkt des Leistungsbezugs nicht vorlagen, die Verwendungsabsicht nicht in gutem Glauben erklärt wurde oder ein Fall von Betrug oder Missbrauch vorliegt (vgl. Abschnitt 15.12 Abs. 5).

(3)[1] [1]War der ursprünglich vorgenommene Vorsteuerabzug aus der Sicht des § 15 Abs. 1b bis 4 UStG sachlich unrichtig, weil der Vorsteuerabzug ganz oder teilweise zu Unrecht vorgenommen wurde oder unterblieben ist, ist die unrichtige Steuerfestsetzung nach den Vorschriften der AO zu ändern. [2]Ist eine Änderung der unrichtigen Steuerfestsetzung hiernach nicht mehr zulässig, bleibt die ihr zu Grunde liegende unzutreffende Beurteilung des Vorsteuerabzugs für alle Kalenderjahre maßgebend, in denen nach verfahrensrechtlichen Vorschriften eine Änderung der Festsetzung, in der über den Vorsteuerabzug entschieden wurde, noch möglich war. [3]Zur Unabänderbarkeit von Steuerfestsetzungen der Abzugsjahre bei der Errichtung von Gebäuden vgl. BFH-Urteil vom 5.2.1998, V R 66/94, BStBl. II S. 361. [4]Führt die rechtlich richtige Würdigung des Verwendungsumsatzes in einem noch nicht bestandskräftigen Jahr des Berichtigungszeitraums – gemessen an der tatsächlichen und nicht mehr änderbaren Beurteilung des ursprünglichen Vorsteuerabzugs – zu einer anderen Beurteilung des Vorsteuerabzugs, liegt keine Änderung der Verhältnisse vor (vgl. BFH-Urteile vom 12.6.1997, V R 36/95, BStBl. II S. 589, vom 13.11.1997, V R 140/93, BStBl. 1998 II S. 36, und vom 5.2.1998, V R 66/94, BStBl. II S. 361). [5]Der Vorsteuerabzug kann in allen noch änderbaren Steuerfestsetzungen für die Kalenderjahre des Berichtigungszeitraums, in denen eine Änderung der Steuerfestsetzung des Vorsteuerabzugs nach verfahrensrechtlichen Vorschriften nicht mehr möglich war, sowohl zugunsten als auch zuungunsten des Unternehmers nach § 15a UStG berichtigt werden.

Beispiel 1:

[1]Im Kalenderjahr 01 (Jahr des Leistungsbezugs) wurde der Vorsteuerabzug für ein gemischt genutztes Gebäude zu 100% (= 100.000 €) gewährt, obwohl im Zeitpunkt des Leistungsbezugs beabsichtigt war, das Gebäude nach Fertigstellung zu 50% zur Ausführung nicht zum Vorsteuerabzug

---

1) Siehe Anlage § 015-51 (Abschnitt 15a.4 Abs. 3 Satz 1 UStAE ist ab dem 01.01.2011 in allen Fällen anzuwenden, die nicht unter die Übergangsregelung nach § 27 Abs. 16 UStG fallen.)

berechtigender Umsätze zu verwenden und somit nur ein anteiliger Vorsteuerabzug von 50.000 € hätte gewährt werden dürfen. ²Die Steuerfestsetzung für das Kalenderjahr des Leistungsbezugs ist bereits zu Beginn des Kalenderjahres 03 abgabenrechtlich nicht mehr änderbar. ³In den Kalenderjahren 02 bis 11 wird das Gebäude zu 50% zur Ausführung zum Vorsteuerabzug berechtigender Umsätze verwendet.

⁴Obwohl sich die tatsächliche Verwendung des Gebäudes nicht von der im Zeitpunkt des Leistungsbezugs gegebenen Verwendungsabsicht unterscheidet, sind ab dem Kalenderjahr 03 jeweils 50% von einem Zehntel des gewährten Vorsteuerabzugs von 100.000 € (= 5.000 € pro Jahr) zurückzuzahlen.

Beispiel 2:

¹Wie Beispiel 1, nur ist die Steuerfestsetzung des Kalenderjahres 01 erst ab Beginn des Kalenderjahres 05 abgabenrechtlich nicht mehr änderbar.

²Obwohl sich die tatsächliche Verwendung des Gebäudes nicht von der im Zeitpunkt des Leistungsbezugs gegebenen Verwendungsabsicht unterscheidet, sind ab dem Kalenderjahr 05 jeweils 50% von einem Zehntel des zu Unrecht gewährten Vorsteuerabzugs von 100.000 € (= 5.000 € pro Jahr) zurückzuzahlen. ³Eine Berichtigung des zu Unrecht gewährten Vorsteuerabzugs für die Kalenderjahre 02 bis 04 unterbleibt.

(4) ¹Ein gewählter sachgerechter Aufteilungsmaßstab im Sinne des § 15 Abs. 4 UStG, der einem bestandskräftigen Umsatzsteuerbescheid für den entsprechenden Besteuerungszeitraum zu Grunde liegt, ist für eine mögliche Vorsteuerberichtigung nach § 15a UStG maßgebend, auch wenn ggf. noch andere sachgerechte Ermittlungsmethoden in Betracht kommen. ²Die Bestandskraft der Steuerfestsetzung für das Erstjahr gestaltet die für das Erstjahr maßgebende Rechtslage für die Verwendungsumsätze (vgl. BFH-Urteil vom 28.9.2006, V R 43/03, BStBl. 2007 II S. 417).

15a.5. Berichtigung nach § 15a Abs. 2 UStG

(1) ¹Die Berichtigung nach § 15a Abs. 2 UStG unterliegt keinem Berichtigungszeitraum. ²Eine Vorsteuerberichtigung ist im Zeitpunkt der tatsächlichen Verwendung durchzuführen, wenn diese von der ursprünglichen Verwendungsabsicht beim Erwerb abweicht. ³Es ist unbeachtlich, wann das Wirtschaftsgut tatsächlich verwendet wird.

(2) Die Berichtigung ist für den Voranmeldungszeitraum bzw. das Kalenderjahr vorzunehmen, in dem das Wirtschaftsgut abweichend von der ursprünglichen Verwendungsabsicht verwendet wird.

Beispiel 1:

¹Unternehmer U erwirbt am 1.7.01 ein Grundstück zum Preis von 2.000.000 €. ²Der Verkäufer des Grundstücks hat im notariell beurkundeten Kaufvertrag auf die Steuerbefreiung verzichtet (§ 9 Abs. 3 Satz 2 UStG). ³U möchte das Grundstück unter Verzicht auf die Steuerbefreiung nach § 4 Nr. 9 Buchstabe a UStG weiterveräußern, so dass er die von ihm geschuldete Umsatzsteuer nach § 15 Abs. 1 Satz 1 Nr. 4 in Verbindung mit § 13b Abs. 2 Nr. 3 UStG als Vorsteuer abzieht. ⁴Am 1.7.03 veräußert er das Grundstück entgegen seiner ursprünglichen Planung an eine hoheitlich tätige juristische Person des öffentlichen Rechts, so dass die Veräußerung des Grundstücks nicht nach § 9 Abs. 1 UStG als steuerpflichtig behandelt werden kann und nach § 4 Nr. 9 Buchstabe a UStG steuerfrei ist.

⁵Die tatsächliche steuerfreie Veräußerung schließt nach § 15 Abs. 2 UStG den Vorsteuerabzug aus und führt damit zu einer Änderung der Verhältnisse im Vergleich zu den für den ursprünglichen Vorsteuerabzug maßgebenden Verhältnissen. ⁶Da das Grundstück nur einmalig zur Ausführung eines Umsatzes verwendet wird, ist der gesamte ursprüngliche Vorsteuerabzug in Höhe von 380.000 € nach § 15a Abs. 2 UStG im Zeitpunkt der Verwendung für den Besteuerungszeitraum der Veräußerung zu berichtigen. ⁷Der Vorsteuerbetrag ist demnach für den Monat Juli 03 zurückzuzahlen.

Beispiel 2:

¹Wie Beispiel 1, nur erfolgt die tatsächliche steuerfreie Veräußerung erst 18 Jahre nach dem steuerpflichtigen Erwerb des Grundstücks. ²Das Grundstück ist zwischenzeitlich tatsächlich nicht genutzt worden.

³Da § 15a Abs. 2 UStG keinen Berichtigungszeitraum vorsieht, muss auch hier die Vorsteuer nach § 15a Abs. 2 UStG berichtigt werden. ⁴U hat den Vorsteuerbetrag in Höhe von 380.000 € für den Voranmeldungszeitraum der Veräußerung zurückzuzahlen.

15a.6. Berichtigung nach § 15a Abs. 3 UStG

Bestandteile

(1) ¹Unter der Voraussetzung, dass in ein Wirtschaftsgut (das ertragsteuerrechtlich entweder Anlagevermögen oder Umlaufvermögen ist) nachträglich ein anderer Gegenstand eingeht und dieser Gegen-

§ 15a UStAE 15a.6.

stand dabei seine körperliche und wirtschaftliche Eigenart endgültig verliert (Bestandteil), ist der Vorsteuerabzug bei Änderung der Verwendungsverhältnisse nach Maßgabe von § 15a Abs. 1 oder Abs. 2 UStG zu berichtigen. ²Bestandteile sind alle nicht selbstständig nutzbaren Gegenstände, die mit dem Wirtschaftsgut in einem einheitlichen Nutzungs- und Funktionszusammenhang stehen (vgl. auch Abschnitt 3.3 Abs. 2). ³Es kommt nicht darauf an, dass der Bestandteil zu einer Werterhöhung dieses Wirtschaftsguts geführt hat. ⁴Kein Bestandteil ist ein eingebauter Gegenstand, der abtrennbar ist, seine körperliche oder wirtschaftliche Eigenart behält und damit ein selbstständiger – entnahmefähiger – Gegenstand bleibt. ⁵Zum Begriff der Betriebsvorrichtungen als selbständige Wirtschaftsgüter vgl. Abschnitt 4.12.10. ⁶Bestandteile können beispielsweise sein

1. Klimaanlage, fest eingebautes Navigationssystem, Austauschmotor in einem Kraftfahrzeug;
2. Klimaanlage, Einbauherd, Einbauspüle, Fenster, angebaute Balkone oder Aufzüge in einem Gebäude.

⁷In der Regel keine Bestandteile eines Kraftfahrzeugs werden beispielsweise

1. Funkgerät;
2. nicht fest eingebautes Navigationsgerät;
3. Autotelefon;
4. Radio.

(2) Maßnahmen, die auf nachträgliche Anschaffungs- oder Herstellungskosten im Sinne des § 15a Abs. 6 UStG entfallen und bei denen es sich um Bestandteile handelt, unterliegen vorrangig der Berichtigungspflicht nach § 15a Abs. 6 UStG.

(3) ¹Eine Berichtigung pro rata temporis ist nur dann vorzunehmen, wenn es sich bei dem Wirtschaftsgut, in das der Bestandteil eingegangen ist, um ein solches handelt, das nicht nur einmalig zur Erzielung von Umsätzen verwendet wird. ²Für den Bestandteil gilt dabei ein eigenständiger Berichtigungszeitraum, dessen Dauer sich danach bestimmt, in welches Wirtschaftsgut nach § 15a Abs. 1 UStG der Bestandteil eingeht. ³Die Verwendungsdauer des Bestandteils wird nicht dadurch verkürzt, dass der Gegenstand als Bestandteil in ein anderes Wirtschaftsgut einbezogen wird (§ 15a Abs. 5 Satz 3 UStG).

Beispiel 1:

¹Unternehmer U lässt am 1.1.04 für 20.000 € zzgl. 3.800 € gesondert ausgewiesener Umsatzsteuer einen neuen Motor in einen im Jahr 01 ins Unternehmensvermögen eingelegten Pkw einbauen. ²Die ihm berechnete Umsatzsteuer zieht er nach § 15 Abs. 1 Satz 1 Nr. 1 UStG als Vorsteuer ab, da die Nutzung des Pkw im Zusammenhang mit steuerpflichtigen Ausgangsumsätzen erfolgt. ³Ab Januar 05 verwendet U den Pkw nur noch im Zusammenhang mit steuerfreien Ausgangsumsätzen, die den Vorsteuerabzug nach § 15 Abs. 2 Satz 1 Nr. 1 UStG ausschließen.

⁴Ab Januar 05 haben sich die Verwendungsverhältnisse geändert, weil der Pkw nun nicht mehr mit steuerpflichtigen, sondern mit steuerfreien Ausgangsumsätzen im Zusammenhang steht. ⁵Für die Aufwendungen für den als Bestandteil des Pkw eingebauten Motor ist eine Vorsteuerberichtigung nach § 15a Abs. 3 in Verbindung mit Abs. 1 UStG vorzunehmen. ⁶Hierfür sind die Aufwendungen unabhängig von der betriebsgewöhnlichen Nutzungsdauer des Pkw auf einen fünfjährigen Berichtigungszeitraum zu verteilen. ⁷Es ergibt sich folgender Betrag, der bis zum Ablauf des Berichtigungszeitraums jährlich als Berichtigungsbetrag zurückzuzahlen ist:

Insgesamt in Rechnung gestellte Umsatzsteuer: 3.800 €

Ursprünglicher Vorsteuerabzug: 3.800 €

Dauer des Berichtigungszeitraums: 1.1.04 bis 31.12.08

Tatsächliche zum Vorsteuerabzug berechtigende Verwendung im Berichtigungszeitraum:

Jahr 04: 100%

ab Jahr 05: 0%

Änderung der Verhältnisse:

ab Jahr 05 = 100 Prozentpunkte (0% statt 100%)

Vorsteuerberichtigung pro Jahr ab Jahr 05:

(3.800 € / 5 Jahre = 760 € pro Jahr)

ab Jahr 05 = 760 € zurückzuzahlende Vorsteuer

Beispiel 2:

¹Unternehmer U lässt am 1.1.01 für 100.000 € zzgl. 19.000 € gesondert ausgewiesener Umsatzsteuer ein neues Hallentor in ein Fabrikgebäude einbauen. ²Die ihm in Rechnung gestellte Umsatzsteuer

zieht er nach § 15 Abs. 1 Satz 1 Nr. 1 UStG als Vorsteuer ab, da die Nutzung des Gebäudes im Zusammenhang mit steuerpflichtigen Ausgangsumsätzen erfolgt. [3]Ab Januar 02 verwendet U das Gebäude nur noch im Zusammenhang mit steuerfreien Ausgangsumsätzen, die den Vorsteuerabzug nach § 15 Abs. 2 Satz 1 Nr. 1 UStG ausschließen. [4]Der Berichtigungszeitraum des Gebäudes endet am 30.6.02.

[5]Damit haben sich ab Januar 02 die Verwendungsverhältnisse sowohl für das Hallentor als auch für das Fabrikgebäude geändert. [6]Für die Aufwendungen für das als Bestandteil des Gebäudes eingebaute Hallentor ist eine Vorsteuerberichtigung nach § 15a Abs. 3 UStG vorzunehmen. [7]Hierfür sind die Aufwendungen unabhängig von der betriebsgewöhnlichen Nutzungsdauer des Gebäudes und unabhängig von der Dauer des Restberichtigungszeitraums des Gebäudes auf einen zehnjährigen Berichtigungszeitraum, der am 1.1.01 beginnt und am 31.12.10 endet, zu verteilen. [8]Unabhängig davon ist für das Fabrikgebäude der Vorsteuerabzug für den am 30.6.02 endenden Berichtigungszeitraum zu berichten.

[4]Eine kürzere Verwendungsdauer des Bestandteils ist zu berücksichtigen (§ 15a Abs. 5 Satz 2 UStG).
[5]Soweit mehrere Leistungen Eingang in ein Wirtschaftsgut finden, sind diese Leistungen für Zwecke der Berichtigung des Vorsteuerabzugs zusammenzufassen, sofern sie innerhalb einer Maßnahme bezogen wurden (vgl. Absatz 11).

(4) Handelt es sich bei dem Wirtschaftsgut, in das der Bestandteil eingegangen ist, um ein solches, das nur einmalig zur Erzielung eines Umsatzes verwendet wird, ist die Berichtigung des Vorsteuerabzugs nach den Grundsätzen des § 15a Abs. 2 UStG vorzunehmen.

Sonstige Leistungen an einem Wirtschaftsgut

(5) [1]Unter der Voraussetzung, dass an einem Wirtschaftsgut eine sonstige Leistung ausgeführt wird, ist der Vorsteuerabzug bei Änderung der Verwendungsverhältnisse nach Maßgabe von § 15a Abs. 1 oder Abs. 2 UStG zu berichtigen. [2]Unter die Berichtigungspflicht nach § 15a Abs. 3 UStG fallen nur solche sonstigen Leistungen, die unmittelbar an einem Wirtschaftsgut ausgeführt werden. [3]Es kommt nicht darauf an, ob die sonstige Leistung zu einer Werterhöhung des Wirtschaftsguts führt. [4]Auch Maßnahmen, die lediglich der Werterhaltung dienen, fallen demnach unter die Berichtigungspflicht nach § 15a Abs. 3 UStG.

(6) [1]Nicht unter die Verpflichtung zur Berichtigung des Vorsteuerabzugs nach § 15a Abs. 3 UStG fallen sonstige Leistungen, die bereits im Zeitpunkt des Leistungsbezugs wirtschaftlich verbraucht sind. [2]Eine sonstige Leistung ist im Zeitpunkt des Leistungsbezugs dann nicht wirtschaftlich verbraucht, wenn ihr über den Zeitpunkt des Leistungsbezugs hinaus eine eigene Werthaltigkeit inne wohnt. [3]Leistungen, die bereits im Zeitpunkt des Leistungsbezugs wirtschaftlich verbraucht sind, werden sich insbesondere auf die Unterhaltung und den laufenden Betrieb des Wirtschaftsguts beziehen. [4]Hierzu gehören z.B. bei Grundstücken Reinigungsleistungen (auch Fensterreinigung) oder laufende Gartenpflege sowie Wartungsarbeiten z.B. an Aufzugs- oder Heizungsanlagen.

(7) [1]Soweit es sich um eine sonstige Leistung handelt, die nicht bereits im Zeitpunkt des Leistungsbezugs wirtschaftlich verbraucht ist, unterliegt diese der Berichtigungspflicht nach § 15a Abs. 3 UStG. [2]Dazu gehören auch sonstige Leistungen, die dem Gebrauch oder der Erhaltung des Gegenstands dienen. [3]Solche Leistungen sind z.B.

1. der Fassadenanstrich eines Gebäudes;
2. Fassadenreinigungen an einem Gebäude;
3. die Neulackierung eines Kraftfahrzeugs;
4. Renovierungsarbeiten (auch in gemieteten Geschäftsräumen);
5. der Neuanstrich eines Schiffs;
6. die Generalüberholung einer Aufzugs- oder einer Heizungsanlage.

(8) [1]Eine Berichtigung pro rata temporis ist nur dann vorzunehmen, wenn es sich bei dem Wirtschaftsgut im Sinne des § 15a Abs. 3 UStG um ein solches handelt, das nicht nur einmalig zur Erzielung von Umsätzen verwendet wird. [2]Dabei gilt für die an dem Wirtschaftsgut ausgeführten sonstigen Leistungen ein eigenständiger Berichtigungszeitraum, dessen Dauer sich danach bestimmt, an welchem Wirtschaftsgut nach § 15a Abs. 1 UStG die sonstige Leistung ausgeführt wird. [3]Eine kürzere Verwendungsdauer der sonstigen Leistung ist jedoch zu berücksichtigen (§ 15a Abs. 5 Satz 2 UStG).

(9) Wird ein Wirtschaftsgut, an dem eine sonstige Leistung ausgeführt wurde, veräußert oder entnommen, liegt unter den Voraussetzungen des § 15a Abs. 8 UStG eine Änderung der Verwendungsverhältnisse vor mit der Folge, dass auch der Vorsteuerabzug für die an dem Wirtschaftsgut ausgeführte sonstige Leistung nach § 15a Abs. 3 UStG zu berichtigen ist.

Beispiel 1:

[1]Unternehmer U führt als Arzt zu 50% zum Vorsteuerabzug berechtigende und zu 50% nicht zum Vorsteuerabzug berechtigende Umsätze aus. [2]Am 1.1.01 erwirbt U einen Pkw, für den er den Vorsteuerabzug entsprechend der beabsichtigten Verwendung zu 50% vornimmt. [3]Am 1.1.03 lässt U an dem Pkw eine Effektlackierung anbringen. [4]Die darauf entfallende Vorsteuer zieht U ebenfalls zu 50% ab. [5]Am 1.1.04 veräußert U den Pkw.

[6]Die Veräußerung des Pkw ist steuerpflichtig. [7]In der Lieferung liegt eine Änderung gegenüber den für den ursprünglichen Vorsteuerabzug maßgeblichen Verhältnissen (§ 15a Abs. 8 UStG). [8]Der Vorsteuerabzug für den Pkw ist für die zwei restlichen Jahre des Berichtigungszeitraums zugunsten von U für den Monat der Veräußerung zu berichtigen.

[9]Die Veräußerung des Pkw stellt in Bezug auf die an dem Pkw ausgeführte Effektlackierung ebenfalls eine Änderung gegenüber den für den ursprünglichen Vorsteuerabzug maßgeblichen Verhältnissen dar (§ 15a Abs. 8 UStG). [10]Der Vorsteuerabzug für die sonstige Leistung ist für die restlichen vier Jahre des Berichtigungszeitraums zugunsten von U für den Monat der Veräußerung zu berichtigen (§ 15a Abs. 3 UStG, § 44 Abs. 4 Satz 3 in Verbindung mit Abs. 5 UStDV).

Beispiel 2:

[1]Unternehmer U nutzt ein Gebäude ausschließlich zur Erzielung von zum Vorsteuerabzug berechtigenden Umsätzen. [2]Am 1.1.01 lässt U die Fassade des Gebäudes streichen. [3]U nimmt entsprechend der weiter beabsichtigten Verwendung des Gebäudes den Vorsteuerabzug zu 100% vor. [4]Am 1.1.02 veräußert U das Gebäude steuerfrei.

[5]Die Veräußerung des Gebäudes stellt in Bezug auf die an dem Gebäude ausgeführte sonstige Leistung eine Änderung gegenüber den für den ursprünglichen Vorsteuerabzug maßgeblichen Verhältnissen dar (§ 15a Abs. 8 UStG). [6]Der Vorsteuerabzug für die sonstige Leistung ist für die restlichen neun Jahre des Berichtigungszeitraums zulasten von U für den Monat der Veräußerung zu berichtigen (§ 15a Abs. 3 UStG, § 44 Abs. 4 Satz 3 in Verbindung mit Abs. 5 UStDV).

(10) Handelt es sich um ein Wirtschaftsgut, das nur einmalig zur Erzielung eines Umsatzes verwendet wird, ist die Berichtigung nach den Grundsätzen des § 15a Abs. 2 UStG vorzunehmen.

(11) [1]Nach § 15a Abs. 3 Satz 2 UStG sind mehrere im Rahmen einer Maßnahme in ein Wirtschaftsgut eingegangene Gegenstände und/oder mehrere im Rahmen einer Maßnahme an einem Wirtschaftsgut ausgeführte sonstige Leistungen zu einem Berichtigungsobjekt zusammenzufassen. [2]Dies bedeutet, dass sämtliche im zeitlichen Zusammenhang bezogenen Leistungen, die ein Wirtschaftsgut betreffen und deren Bezug nach wirtschaftlichen Gesichtspunkten dem Erhalt oder der Verbesserung des Wirtschaftsguts dient, zu einem Berichtigungsobjekt zusammenzufassen sind. [3]Hiervon kann vorbehaltlich anderer Nachweise ausgegangen werden, wenn die verschiedenen Leistungen für ein bewegliches Wirtschaftsgut innerhalb von drei Kalendermonaten und für ein unbewegliches Wirtschaftsgut innerhalb von sechs Monaten bezogen werden. [4]Dabei sind auch Leistungen, die von verschiedenen leistenden Unternehmern bezogen worden sind, zu berücksichtigen.

Beispiel 1:

[1]Unternehmer U will eine Etage seines Geschäftshauses renovieren lassen. [2]Zu diesem Zweck beauftragt er Malermeister M mit der malermäßigen Instandhaltung der Büroräume. [3]Gleichzeitig beauftragt er Klempnermeister K mit der Renovierung der Sanitärräume auf dieser Etage, bei der auch die vorhandenen Armaturen und Sanitäreinrichtungen ausgetauscht werden sollen. [4]Die malermäßige Instandhaltung der Büroräume und die Klempnerarbeiten werden im gleichen Kalendermonat beendet.

[5]Bei der Renovierung der Etage des Geschäftshauses handelt es sich um eine Maßnahme. [6]Die im Rahmen der Maßnahme ausgeführten Leistungen sind nach § 15a Abs. 3 UStG zu einem Berichtigungsobjekt zusammenzufassen.

Beispiel 2:

[1]Unternehmer U beauftragt die Kfz-Werkstatt K, an seinem Pkw eine neue Lackierung anzubringen und einen neuen Motor einzubauen. [2]Beide Leistungen werden gleichzeitig ausgeführt.

[3]Beide Leistungen werden im Rahmen einer Maßnahme bezogen und sind daher zu einem Berichtigungsobjekt zusammenzufassen.

[5]Können bei einem gemischt genutzten Gebäude die innerhalb von sechs Monaten bezogenen Leistungen im Sinne des § 15a Abs. 3 UStG einem bestimmten Gebäudeteil, mit dem entweder ausschließlich vorsteuerschädliche oder vorsteuerunschädliche Ausgangsumsätze erzielt werden, direkt zugerechnet werden, bilden diese dem Gebäudeteil zuzurechnenden Leistungen jeweils ein Berichtigungsobjekt.

Beispiel 3:
¹Unternehmer U will sein Wohn- und Geschäftshaus renovieren lassen. ²Zu diesem Zweck beauftragt er Malermeister U mit der malermäßigen Instandsetzung der steuerpflichtig vermieteten Büroräume auf der Büroetage. ³Gleichzeitig beauftragt er Klempnermeister K mit der Renovierung der Sanitärräume auf der steuerfrei vermieteten Wohnetage, bei der auch die vorhandenen Armaturen und Sanitäreinrichtungen ausgetauscht werden sollen. ⁴Die malermäßige Instandhaltung der Büroräume und die Klempnerarbeiten werden im gleichen Kalendermonat beendet.
⁵Bei der Renovierung der Wohnetage und der Büroetage handelt es sich um jeweils eine Maßnahme. ⁶Die im Rahmen der malermäßigen Instandhaltung und der Klempnerarbeiten bezogenen Leistungen stellen jeweils ein Berichtigungsobjekt dar.

⁶Für die Zusammenfassung zu einem Berichtigungsobjekt kommen hinsichtlich der an einem Gegenstand ausgeführten sonstigen Leistungen nur solche sonstigen Leistungen in Betracht, denen über den Zeitpunkt des Leistungsbezugs hinaus eine eigene Werthaltigkeit innewohnt (vgl. Absatz 6). ⁷Die Grenzen des § 44 UStDV sind auf das so ermittelte Berichtigungsobjekt anzuwenden. ⁸Der Berichtigungszeitraum beginnt zu dem Zeitpunkt, zu dem der Unternehmer das Wirtschaftsgut nach Durchführung der Maßnahme erstmalig zur Ausführung von Umsätzen verwendet.

Entnahme eines Wirtschaftsguts aus dem Unternehmen

(12) Wird dem Unternehmensvermögen ein Wirtschaftsgut entnommen, das bei seiner Anschaffung oder Herstellung nicht zum Vorsteuerabzug berechtigt hatte, für das aber nachträglich Aufwendungen im Sinne des § 15a Abs. 3 UStG getätigt wurden, die zum Vorsteuerabzug berechtigten, kann für diese Aufwendungen eine Vorsteuerberichtigung vorzunehmen sein.

(13) ¹Hat der Unternehmer in das Wirtschaftsgut einen anderen Gegenstand eingefügt, der dabei seine körperliche und wirtschaftliche Eigenart endgültig verloren hat und für den der Unternehmer zum Vorsteuerabzug berechtigt war, und hat dieser Gegenstand zu einer im Zeitpunkt der Entnahme nicht vollständig verbrauchten Werterhöhung geführt (Bestandteil nach Abschnitt 3.3 Abs. 2 Satz 3), unterliegt bei einer Entnahme des Wirtschaftsguts nur dieser Gegenstand der Umsatzbesteuerung nach § 3 Abs. 1b UStG. ²Für eine Vorsteuerberichtigung nach § 15a Abs. 3 Satz 3 UStG ist insoweit kein Raum. ³Eine Vorsteuerberichtigung nach § 15a Abs. 8 UStG bleibt unberührt.

(14) ¹Ist die durch den Bestandteil verursachte Werterhöhung im Zeitpunkt der Entnahme vollständig verbraucht, ist die Entnahme insgesamt nicht steuerbar. ²In diesem Fall liegt in der Entnahme eine Änderung der Verhältnisse im Sinne des § 15a Abs. 3 Satz 3 UStG.

Beispiel:
¹Unternehmer U erwirbt in 01 einen Pkw von einer Privatperson für 50.000 €. ²Am 1.4.02 lässt er von einer Werkstatt für 2.000 € eine Windschutzscheibe einbauen. ³Die Vorsteuer in Höhe von 380 € macht er geltend. ⁴Als er den Pkw am 31.12.04 entnimmt, hat der Wert der Windschutzscheibe den aktuellen Wert des Pkw nach der sog. Schwacke-Liste im Zeitpunkt der Entnahme nicht erhöht.
⁵Die Windschutzscheibe, für die U der Vorsteuerabzug nach § 15 Abs. 1 Satz 1 Nr. 1 UStG zustand, ist in den Pkw eingegangen und hat dabei ihre körperliche und wirtschaftliche Eigenart endgültig verloren. ⁶Nur die Entnahme der Windschutzscheibe könnte steuerbar nach § 3 Abs. 1b Satz 1 Nr. 1 UStG sein, da U für einen in das Wirtschaftsgut eingegangenen Gegenstand den Vorsteuerabzug in Anspruch genommen hat. ⁷Da jedoch im Zeitpunkt der Entnahme keine Werterhöhung durch den Gegenstand mehr vorhanden ist, ist die Entnahme nicht steuerbar (vgl. Abschnitt 3.3 Abs. 2 Satz 3). ⁸U hat grundsätzlich eine Berichtigung des Vorsteuerabzugs nach § 15a Abs. 3 Satz 3 UStG vorzunehmen. ⁹Nach § 44 Abs. 1 in Verbindung mit Abs. 5 UStDV unterbleibt jedoch eine Berichtigung, da der auf die Windschutzscheibe entfallende Vorsteuerbetrag 1.000 € nicht übersteigt.

(15) ¹Hat der Unternehmer dem Wirtschaftsgut keinen Bestandteil zugefügt, hat also der eingebaute Gegenstand seine Eigenständigkeit behalten, liegen für umsatzsteuerrechtliche Zwecke zwei getrennt zu beurteilende Entnahmen vor. ²In diesen Fällen kann die Entnahme des eingebauten Gegenstands auch zu einer Vorsteuerberichtigung führen, wenn die Entnahme anders zu beurteilen ist als die für den ursprünglichen Vorsteuerabzug maßgebliche Verwendung (§ 15a Abs. 8 UStG). ³Eine Berichtigung nach § 15a Abs. 3 UStG scheidet insoweit aus.

(16) Soweit an dem Wirtschaftsgut eine sonstige Leistung ausgeführt wird und das Wirtschaftsgut später entnommen wird, ohne dass eine unentgeltliche Wertabgabe nach § 3 Abs. 1b Satz 1 Nr. 1 UStG zu besteuern ist, liegt ebenfalls eine Änderung der Verhältnisse vor (§ 15a Abs. 3 Satz 3 UStG).

Beispiel:
¹U kauft am 1.5.01 einen Pkw von einer Privatperson zu einem Preis von 50.000 €. ²Am 1.7.01 lässt er in einer Vertragswerkstatt eine Inspektion durchführen (200 € zuzüglich 38 € Umsatzsteuer), in den

§ 15a   UStAE 15a.6.

dafür vorgesehenen Standardschacht ein Autoradio einbauen (1.500 € zuzüglich 285 € Umsatzsteuer) und den Pkw neu lackieren (7.500 € zuzüglich 1.425 € Umsatzsteuer). [3]U macht diese Vorsteuerbeträge ebenso wie den Vorsteuerabzug aus den laufenden Kosten geltend. [4]Am 31.12.03 entnimmt U den Pkw.

[5]Die Neulackierung des Pkw ist eine sonstige Leistung, die im Zeitpunkt des Leistungsbezugs nicht wirtschaftlich verbraucht ist (vgl. Absatz 7). [6]Die Inspektion ist bei Leistungsbezug wirtschaftlich verbraucht. [7]Das eingebaute Autoradio stellt, weil es ohne Funktionsverlust wieder entfernt werden kann, keinen Bestandteil des Pkw dar, sondern bleibt eigenständiges Wirtschaftsgut (vgl. Absatz 1).

[8]Da der Pkw nicht zum vollen oder teilweisen Vorsteuerabzug berechtigt hatte und in den Pkw kein Bestandteil eingegangen ist, ist die Entnahme des Pkw am 31.12.03 nicht nach § 3 Abs. 1b Satz 1 Nr. 1 UStG steuerbar (§ 3 Abs. 1b Satz 2 UStG). [9]Bezüglich der sonstigen Leistung „Neulackierung" ist jedoch nach § 15a Abs. 3 UStG eine Vorsteuerberichtigung durchzuführen, da der Wert der Neulackierung im Zeitpunkt der Entnahme noch nicht vollständig verbraucht ist. [10]Das Autoradio unterliegt als selbstständiges Wirtschaftsgut, für das der Vorsteuerabzug in Anspruch genommen wurde, der Besteuerung nach § 3 Abs. 1b Satz 1 Nr. 1 UStG. [11]Bemessungsgrundlage ist nach § 10 Abs. 4 Satz 1 Nr. 1 UStG der Einkaufspreis zuzüglich Nebenkosten zum Zeitpunkt der Entnahme. [12]Eine Vorsteuerberichtigung nach § 15a UStG hinsichtlich der laufenden Kosten kommt nicht in Betracht.

Für die Lackierung in Rechnung gestellte Umsatzsteuer: 1.425 €

Ursprünglicher Vorsteuerabzug: 1.425 €

Zeitpunkt der erstmaligen Verwendung: 1.7.01

Dauer des Berichtigungszeitraums: 1.7.01 bis 30.6.06

Tatsächliche zum Vorsteuerabzug berechtigende Verwendung im Berichtigungszeitraum:

Jahr 01 bis 03 = 100%

Änderung der Verhältnisse:

ab Jahr 04 = 100 Prozentpunkte (0% statt 100%)

Vorsteuerberichtigung pro Jahr:

(1.425 € / 5 Jahre = 285 € pro Jahr)

Jahre 04 und 05 = je 285 € (285 € x 100%),

Jahr 06 = 142,50 € (285 € x 100% x 6/12)

[13]Die Berichtigung des Vorsteuerabzugs ist für die Jahre 04 bis 06 zusammengefasst in der Voranmeldung für Dezember 03 vorzunehmen (§ 44 Abs. 4 Satz 3 UStDV).

(17) [1]Im Fall der Entnahme eines Wirtschaftsguts, in das Bestandteile eingegangen oder an dem sonstige Leistungen ausgeführt worden sind, sind bei Prüfung der Vorsteuerberichtigung solche in das Wirtschaftsgut eingegangene Gegenstände aus dem Berichtigungsobjekt auszuscheiden, die bei der Entnahme der Umsatzbesteuerung nach § 3 Abs. 1b UStG unterliegen. [2]Die Grenzen des § 44 UStDV sind auf den entsprechend verminderten Vorsteuerbetrag anzuwenden.

Beispiel:

[1]Unternehmer U erwirbt am 1.7.01 aus privater Hand einen gebrauchten Pkw und ordnet ihn zulässigerweise seinem Unternehmen zu. [2]Am 1.3.02 lässt er in den Pkw nachträglich eine Klimaanlage einbauen (Entgelt 2.500 €), am 1.4.02 die Scheiben verspiegeln (Entgelt 500 €) und am 15.8.02 eine Effektlackierung auftragen (Entgelt 4.500 €). [3]Für alle drei Leistungen nimmt der Unternehmer zulässigerweise den vollen Vorsteuerabzug in Anspruch. [4]Als U am 1.3.03 den Pkw in sein Privatvermögen entnimmt, haben die vorstehend aufgeführten Arbeiten den aktuellen Wert des Pkw nach der sog. „Schwacke-Liste" für die Klimaanlage um 1.500 €, für die Scheibenverspiegelung um 100 € und für die Effektlackierung um 3.500 € erhöht.

[5]Die Entnahme des Pkw selbst unterliegt mangels Vorsteuerabzug bei der Anschaffung nicht der Besteuerung (§ 3 Abs. 1b Satz 2 UStG); auch eine Vorsteuerberichtigung kommt insoweit nicht in Betracht. [6]Mit dem Einbau der Klimaanlage in den Pkw hat diese ihre körperliche und wirtschaftliche Eigenart endgültig verloren und zu einer dauerhaften, im Zeitpunkt der Entnahme nicht vollständig verbrauchten Werterhöhung des Gegenstands geführt. [7]Die Entnahme der Klimaanlage unterliegt daher insoweit nach § 3 Abs. 1b Satz 1 Nr. 1 in Verbindung mit Satz 2 UStG mit einer Bemessungsgrundlage in Höhe von 1.500 € der Umsatzsteuer.

748

[8]Hinsichtlich der Scheibenverspiegelung und der Effektlackierung entfällt eine Besteuerung nach § 3 Abs. 1b UStG, da sonstige Leistungen nicht zu Bestandteilen eines Gegenstands führen (vgl. Abschnitt 3.3 Abs. 2 Satz 4). [9]Für diese Leistungen ist allerdings zu prüfen, in wieweit eine Vorsteuerberichtigung nach § 15a Abs. 3 in Verbindung mit Abs. 8 UStG durchzuführen ist.

[10]Der Einbau der Klimaanlage, die Scheibenverspiegelung und die Effektlackierung werden im Rahmen einer Maßnahme bezogen und sind daher zu einem Berichtigungsobjekt zusammenzufassen. [11]Da die Entnahme der Klimaanlage jedoch nach § 3 Abs. 1b Satz 1 Nr. 1 UStG als eine unentgeltliche Wertabgabe zu versteuern ist, scheidet diese für Zwecke der Vorsteuerberichtigung aus dem Berichtigungsobjekt aus. [12]Die Grenze des § 44 Abs. 1 UStDV von 1.000 € ist auf das verbleibende Berichtigungsobjekt anzuwenden, für die das Vorsteuerbeträge nach der Scheibenverspiegelung in Höhe von 95 € und der Effektlackierung in Höhe von 855 € insgesamt nur 950 € betragen. [13]Eine Vorsteuerberichtigung nach § 15a Abs. 3 UStG für das verbleibende Berichtigungsobjekt unterbleibt daher.

15a.7. Berichtigung nach § 15a Abs. 4 UStG

(1) [1]Eine Vorsteuerberichtigung nach § 15a Abs. 4 UStG ist vorzunehmen, wenn der Unternehmer eine sonstige Leistung bezieht, die nicht in einen Gegenstand eingeht oder an diesem ausgeführt wird und deren Verwendung anders zu beurteilen ist, als dies zum Zeitpunkt des Leistungsbezugs beabsichtigt war. [2]Sonstige Leistungen, die unter die Berichtigungspflicht nach § 15a Abs. 4 UStG fallen, sind z.B.:

1. Beratungsleistungen (z.B. für ein Unternehmenskonzept, eine Produktkonzeption);
2. gutachterliche Leistungen;
3. Anmietung eines Wirtschaftsguts;
4. Patente, Urheberrechte, Lizenzen;
5. bestimmte Computerprogramme;
6. Werbeleistungen;
7. Anzahlung für längerfristiges Mietleasing.

(2) [1]Wird die sonstige Leistung mehrfach zur Erzielung von Einnahmen verwendet, erfolgt die Vorsteuerberichtigung pro rata temporis (§ 15a Abs. 4 in Verbindung mit Abs. 5 UStG). [2]Wird die bezogene sonstige Leistung hingegen nur einmalig zur Erzielung von Umsätzen verwendet, erfolgt die Berichtigung des gesamten Vorsteuerbetrags unmittelbar für den Zeitpunkt der Verwendung.

(3) [1]Nach § 15a Abs. 4 Satz 2 UStG ist die Berichtigung des Vorsteuerabzugs bei sonstigen Leistungen, die nicht unter § 15a Abs. 3 UStG fallen, auf solche sonstigen Leistungen zu beschränken, für die in der Steuerbilanz ein Aktivierungsgebot bestünde. [2]Unerheblich ist, ob der Unternehmer nach den §§ 140, 141 AO tatsächlich zur Buchführung verpflichtet ist oder freiwillig Bücher führt oder einkommensteuerrechtlich insoweit Einkünfte erzielt, die als Überschuss der Einnahmen über die Werbungskosten ermittelt werden. [3]Eine Berichtigung des Vorsteuerabzugs kommt nach § 15a Abs. 4 Satz 3 UStG jedoch stets in Betracht, wenn der Leistungsempfänger für einen Zeitraum vor Ausführung der Leistung den Vorsteuerabzug vornehmen konnte (An- oder Vorauszahlungen).

(4) [1]Sonstige Leistungen sind umsatzsteuerrechtlich grundsätzlich erst im Zeitpunkt ihrer Vollendung ausgeführt (Abschnitt 13.1 Abs. 3 Satz 1). [2]Werden sonstige Leistungen im Sinne des § 15a Abs. 4 in Verbindung mit Abs. 1 UStG bereits vor ihrer Vollendung im Unternehmen des Leistungsempfängers verwendet, kommt eine Berichtigung des Vorsteuerabzugs bereits vor Leistungsbezug (Vollendung) in denjenigen Fällen in Betracht, in denen bereits vor Leistungsbezug die Voraussetzungen für den Vorsteuerabzug nach § 15 UStG gegeben sind (Zahlung vor Ausführung der Leistung). [3]Auch hier ist die Berichtigung des Vorsteuerabzugs durchzuführen, wenn sich im Zeitpunkt der Verwendung die Verhältnisse gegenüber den für den ursprünglichen Vorsteuerabzug maßgebenden Verhältnissen ändern.

Beispiel 1:

[1]Unternehmer U schließt mit dem Vermieter V einen Vertrag über die Anmietung eines Bürogebäudes (Fertigstellung vor dem 1.1.1998 und Baubeginn vor dem 1.1.1993) über eine Laufzeit von fünf Jahren beginnend am 1.1.01. [2]Da U beabsichtigt, in den Büroräumen zum Vorsteuerabzug berechtigende Umsätze auszuführen, vermietet V das Gebäude unter Verzicht auf die Steuerbefreiung (§ 4 Nr. 12 Satz 1 Buchstabe a in Verbindung mit § 9 Abs. 1 und 2 UStG) zum Pauschalpreis von 1.000.000 € zzgl. 190.000 € Umsatzsteuer für die gesamte Mietlaufzeit. [3]Vereinbarungsgemäß zahlt U die vertraglich vereinbarte Miete zum Beginn der Vertragslaufzeit und macht entsprechend den Vorsteuerabzug geltend. [4]Ab dem 1.1.02 nutzt U das Gebäude bis zum Vertragsende am 31.12.05 nur noch zur Erzielung von nicht zum Vorsteuerabzug berechtigenden Umsätzen.

§ 15a UStAE 15a.7., 15a.8.

⁵U wäre bei bestehender Buchführungspflicht verpflichtet, für die vorausbezahlte Miete für die Jahre 02 bis 05 in der Steuerbilanz einen Rechnungsabgrenzungsposten zu bilanzieren.
⁶Bei der von V erbrachten Leistung handelt es sich nicht um Teilleistungen. ⁷U ist nach § 15a Abs. 4 in Verbindung mit Abs. 1 UStG verpflichtet, die Vorsteuer in den Jahren 02 bis 05 um jeweils 38.000 € (190.000 € / 5 Jahre) zu berichtigen.

Beispiel 2:
¹Unternehmer U ist Chirurg und schließt mit A einen für die Zeit vom 1.1.01 bis zum 31.12.07 befristeten Leasingvertrag für ein medizinisches Gerät ab. ²Als Leasingvorauszahlung wird ein Betrag von 100.000 € zzgl. 19.000 € Umsatzsteuer vereinbart; Teilleistungen liegen nach der vertraglichen Vereinbarung nicht vor. ³U leistet im Januar 01 die gesamte Leasingvorauszahlung. ⁴U beabsichtigt bei Zahlung, das Gerät zur Ausführung zum Vorsteuerabzug berechtigender Ausgangsumsätze (Schönheitsoperationen) zu verwenden. ⁵Er macht für den Januar 01 deshalb den Vorsteuerabzug in voller Höhe geltend und nutzt das Gerät ab 1.1.01. ⁶Tatsächlich kommt es ab dem 1.1.03 jedoch nur noch zur Erzielung nicht zum Vorsteuerabzug berechtigender Ausgangsumsätze. ⁷Bei der Leasingvorauszahlung handelt es sich um eine Ausgabe, die nach ertragsteuerrechtlichen Grundsätzen als Rechnungsabgrenzungsposten zu bilanzieren wäre.
⁸Umsatzsteuerrechtlich ist davon auszugehen, dass es sich um eine Zahlung für eine sonstige Leistung handelt, die nicht mit der erstmaligen Verwendung verbraucht ist. ⁹Der Vorsteuerabzug ist nach § 15a Abs. 4 in Verbindung mit Abs. 1 UStG pro rata temporis zu berichtigen. ¹⁰Der Berichtigungszeitraum beträgt fünf Jahre, beginnt am 1.1.01 und endet am 31.12.05, obwohl der Leasingvertrag bis zum 31.12.07 befristet ist.
¹¹U muss für die Jahre 03 bis 05 jeweils 3.800 € im Rahmen der Berichtigung des Vorsteuerabzugs zurückzahlen.

Beispiel 3:
¹Unternehmer U schließt am 1.2.01 mit Vermieter V einen Vertrag über die Anmietung eines Pavillons für die Dauer vom 1.9.01 bis zum 15.9.01 zum Preis von 7.500 € zzgl. 1.425 € USt. ²Vereinbarungsgemäß zahlt U bereits bei Vertragsschluss das vereinbarte Mietentgelt und macht für den Februar 01 den Vorsteuerabzug geltend, da er beabsichtigt, in dem Pavillon zum Vorsteuerabzug berechtigende Umsätze (Veräußerung von Kraftfahrzeugen) auszuführen. ³Tatsächlich nutzt er den Pavillon aber dann für eine Präsentation der von ihm betriebenen Versicherungsagentur.
⁴U muss den Vorsteuerabzug nach § 15a Abs. 4 in Verbindung mit Abs. 1 UStG berichtigen, weil die tatsächliche Verwendung von der Verwendungsabsicht abweicht. ⁵U muss für das Kalenderjahr 01 1.425 € Vorsteuer zurückzahlen. ⁶Nach § 15a Abs. 5 Satz 2 UStG ist die kürzere Verwendungsdauer zu berücksichtigen.

15a.8. Berichtigung nach § 15a Abs. 6 UStG

(1) ¹Für nachträgliche Anschaffungs- oder Herstellungskosten, die an einem Wirtschaftsgut anfallen, das nicht nur einmalig zur Ausführung von Umsätzen verwendet wird, gilt ein gesonderter Berichtigungszeitraum (§ 15a Abs. 6 UStG). ²Der Berichtigungszeitraum beginnt zu dem Zeitpunkt, zu dem der Unternehmer das in seiner Form geänderte Wirtschaftsgut erstmalig zur Ausführung von Umsätzen verwendet. ³Die Dauer bestimmt sich nach § 15a Abs. 1 UStG und beträgt fünf bzw. zehn Jahre. ⁴Der Berichtigungszeitraum endet jedoch spätestens, wenn das Wirtschaftsgut, für das die nachträglichen Anschaffungs- oder Herstellungskosten angefallen sind, wegen Unbrauchbarkeit vom Unternehmer nicht mehr zur Ausführung von Umsätzen verwendet werden kann (§ 15a Abs. 5 Satz 2 UStG).

Beispiel:
¹Ein am 1.7.01 erstmalig verwendetes bewegliches Wirtschaftsgut hat eine betriebsgewöhnliche Nutzungsdauer von 4 Jahren. ²Am 31.1.03 fallen nachträgliche Herstellungskosten an, durch die aber die betriebsgewöhnliche Nutzungsdauer des Wirtschaftsguts nicht verlängert wird.
³Der Berichtigungszeitraum für das Wirtschaftsgut selbst beträgt 4 Jahre, endet also am 30.6.05. ⁴Für die nachträglichen Herstellungskosten beginnt der Berichtigungszeitraum erst am 1.2.03. ⁵Er endet am 31.1.08 und dauert somit unabhängig von der betriebsgewöhnlichen Nutzungsdauer des Wirtschaftsguts 5 Jahre.

⁵Die Berichtigung ist gesondert nach den dafür vorliegenden Verhältnissen und entsprechend dem dafür geltenden Berichtigungszeitraum durchzuführen (vgl. Abschnitt 15a.4). ⁶Auch hier ist von den gesamten Vorsteuerbeträgen auszugehen, die auf die nachträglichen Anschaffungs- oder Herstellungskosten entfallen (zur Ermittlung eines prozentualen Verhältnisses des ursprünglichen Vorsteuerabzugs zum Vorsteuervolumen insgesamt vgl. Abschnitt 15a.1 Abs. 3).

(2) Für nachträgliche Anschaffungs- oder Herstellungskosten, die für ein Wirtschaftsgut anfallen, das nur einmalig zur Erzielung eines Umsatzes verwendet wird, ist die Berichtigung des Vorsteuerabzugs für den Besteuerungszeitraum vorzunehmen, in dem das Wirtschaftsgut verwendet wird (vgl. Abschnitt 15a.5).

15a.9. Berichtigung nach § 15a Abs. 7 UStG

(1) Eine Änderung der Verhältnisse ist auch beim Übergang von der allgemeinen Besteuerung zur Nichterhebung der Steuer nach § 19 Abs. 1 UStG oder umgekehrt und beim Übergang von der allgemeinen Besteuerung zur Durchschnittssatzbesteuerung nach den §§ 23, 23a und 24 UStG oder umgekehrt gegeben (§ 15a Abs. 7 UStG).

(2) Vorsteuerbeträge, die vor dem Wechsel der Besteuerungsform für ein noch nicht fertig gestelltes Wirtschaftsgut angefallen sind, sind erst ab dem Zeitpunkt der erstmaligen Verwendung dieses Wirtschaftsguts nach § 15a Abs. 7 UStG zu berichtigen (vgl. BFH-Urteil vom 12.6.2008, V R 22/06, BStBl. 2009 II S. 165).

Übergang von der Regelbesteuerung zur Nichterhebung der Steuer nach § 19 Abs. 1 UStG oder umgekehrt

(3) Bei Wirtschaftsgütern und sonstigen Leistungen, die nicht nur einmalig zur Ausführung von Umsätzen verwendet werden, ist eine Berichtigung nach § 15a Abs. 1 UStG vorzunehmen, wenn im Berichtigungszeitraum auf Grund des Wechsels der Besteuerungsform eine Änderung gegenüber den für den ursprünglichen Vorsteuerabzug maßgeblichen Verhältnissen vorliegt.

Beispiel:

^{1}Unternehmer U ist im Jahr 01 Regelbesteuerer. ^{2}Für das Jahr 02 und die Folgejahre findet die Kleinunternehmerbesteuerung Anwendung, da die Umsatzgrenzen nicht überschritten werden und U nicht optiert. ^{3}Im Jahr 01 schafft U eine Maschine für 100.000 € zuzüglich 19.000 € Umsatzsteuer an. ^{4}Aus der Anschaffung der Maschine macht U den Vorsteuerabzug geltend, da er im Zeitpunkt der Anschaffung beabsichtigt, die Maschine für steuerpflichtige Ausgangsumsätze zu verwenden. ^{5}Erst am 1.7.03 kommt es zu dieser Verwendung der Maschine.

^{6}Da die Maschine nicht nur einmalig zur Ausführung von Umsätzen verwendet wird, ist für die Vorsteuerberichtigung § 15a Abs. 1 UStG maßgeblich. ^{7}Nach § 15a Abs. 7 UStG stellt der Übergang von der Regelbesteuerung zur Kleinunternehmerbesteuerung zum 1.1.02 eine Änderung der Verhältnisse dar.

^{8}Bei Beginn der Verwendung der Maschine (Beginn des Berichtigungszeitraums) am 1.7.03 ist U Kleinunternehmer, der nicht zum Vorsteuerabzug berechtigt ist. ^{9}Er muss daher eine Berichtigung pro rata temporis zu seinen Lasten vornehmen, obwohl er die Maschine tatsächlich entsprechend seiner Verwendungsabsicht im Zeitpunkt des Leistungsbezugs verwendet. ^{10}Es ergibt sich gegenüber dem ursprünglichen Vorsteuerabzug von 100% eine Abweichung von 100 Prozentpunkten (0% statt 100%).

(4) Bei Wirtschaftsgütern oder sonstigen Leistungen, die nur einmalig zur Ausführung eines Umsatzes verwendet werden, ist die durch den Wechsel der Besteuerungsform ausgelöste Vorsteuerberichtigung in dem Besteuerungszeitraum vorzunehmen, in dem das Wirtschaftsgut verwendet wird (§ 15a Abs. 2 Satz 2 in Verbindung mit Abs. 7 UStG).

Beispiel:

^{1}Unternehmer U ist im Jahr 01 Kleinunternehmer. ^{2}Er erwirbt im Jahr 01 Waren, die zur Veräußerung bestimmt sind (Umlaufvermögen). ^{3}Im Jahr 02 findet wegen Überschreitens der Umsatzgrenze die Kleinunternehmerregelung keine Anwendung. ^{4}Im Jahr 03 liegen die Voraussetzungen der Kleinunternehmerbesteuerung wieder vor und U wendet ab 03 wieder die Kleinunternehmerregelung an. ^{5}U veräußert die im Jahr 01 erworbenen Waren im Jahr 03.

^{6}Für die Vorsteuerberichtigung der Waren ist § 15a Abs. 2 UStG maßgeblich, da diese nur einmalig zur Ausführung eines Umsatzes verwendet werden. ^{7}Nach § 15a Abs. 7 UStG stellt der Übergang zur Regelbesteuerung grundsätzlich eine Änderung der Verhältnisse dar. ^{8}Maßgeblich für die Vorsteuerberichtigung sind jedoch die Verhältnisse im Zeitpunkt der tatsächlichen Verwendung der Waren. ^{9}Die Verwendung ist mit der Veräußerung der Waren im Jahr 03 erfolgt. ^{10}Im Jahr 02 findet keine Verwendung statt. ^{11}Daher ist die in diesem Jahr eingetretene Änderung der Besteuerungsform ohne Belang. ^{12}Eine Änderung der Verhältnisse gegenüber den ursprünglichen für den Vorsteuerabzug maßgebenden Verhältnissen liegt nicht vor, da U wie im Jahr 01 auch in 03 Kleinunternehmer ist. ^{13}Daher ist weder im Jahr 02 noch im Jahr 03 eine Berichtigung des Vorsteuerabzugs vorzunehmen.

§ 15a UStAE 15a.9.

Übergang von der Regelbesteuerung zur Durchschnittssatzbesteuerung nach den §§ 23, 23a oder 24 UStG oder umgekehrt

(5) ¹Vorsteuern aus der Anschaffung einheitlicher Gegenstände, die sowohl in einem gewerblichen Unternehmensteil (Lohnunternehmen) als auch in einem landwirtschaftlichen Unternehmensteil (§ 24 UStG) verwendet werden, sind nicht nach § 15 UStG abziehbar, soweit sie den nach § 24 UStG versteuerten Umsätzen zuzurechnen sind (§ 24 Abs. 1 Satz 4 UStG, Abschnitt 24.7 Abs. 2). ²Werden diese Gegenstände abweichend von der bei Leistungsbezug gegebenen Verwendungsabsicht in einem anderen Umfang im jeweils anderen Unternehmensteil verwendet, kommt eine Berichtigung des Vorsteuerabzugs nach § 15a UStG in Betracht.

Beispiel:

¹Unternehmer U erwirbt Anfang Januar des Jahres 01 einen Mähdrescher für 200.000 € zuzüglich 38.000 € Umsatzsteuer, der zunächst zu 90 % im gewerblichen und zu 10 % im landwirtschaftlichen Unternehmensteil (§ 24 UStG) verwendet wird. ²Ab dem Jahr 02 ändert sich dauerhaft das Nutzungsverhältnis in 50 % (Landwirtschaft) zu 50 % (Gewerbe).

³Im Jahr 01 sind die auf die Verwendung im gewerblichen Unternehmensteil entfallenden Vorsteuerbeträge in Höhe von 34.200 € (90 % von 38.000 €) als Vorsteuer abziehbar. ⁴In den Jahren 02 bis 05 sind jeweils 3.040 € (40 % von 7.600 €) nach § 15a UStG zurückzuzahlen.

(6) ¹Eine Vorsteuerberichtigung nach § 15a UStG ist auch vorzunehmen, wenn im Zeitpunkt des Leistungsbezugs nur ein Unternehmensteil besteht, im Zeitpunkt der späteren Verwendung dann jedoch zwei Unternehmensteile bestehen und das Wirtschaftsgut in beiden Unternehmensteilen verwendet wird. ²Ebenfalls ist die Vorsteuer zu berichtigen, wenn bei zwei Unternehmensteilen das Wirtschaftsgut erst ausschließlich in einem Teil verwendet wird und sich die Nutzung in einem Folgejahr ändert.

Beispiel 1:

¹Unternehmer U erwirbt Anfang Januar des Jahres 01 einen Mähdrescher für 200.000 € zuzüglich 38.000 € Umsatzsteuer, der zunächst ausschließlich im gewerblichen Unternehmensteil (Lohnunternehmen) verwendet wird. ²Ab dem Jahr 02 wird der Mähdrescher dauerhaft zu 50 % im landwirtschaftlichen Unternehmensteil (§ 24 UStG) genutzt.

³Im Jahr 01 sind sämtliche Vorsteuern (38.000 €) abziehbar. ⁴In den Jahren 02 bis 05 sind jeweils 3.800 € (50 % von 7.600 €) nach § 15a UStG an das Finanzamt zurückzuzahlen.

Beispiel 2:

¹Unternehmer U erwirbt Anfang Januar des Jahres 01 einen Mähdrescher für 200.000 € zuzüglich 38.000 € Umsatzsteuer, der zunächst ausschließlich im landwirtschaftlichen Unternehmensteil (§ 24 UStG) verwendet wird. ²Ab dem Jahr 02 wird der Mähdrescher dauerhaft ausschließlich im gewerblichen Unternehmensteil (Lohnunternehmen) genutzt.

³Im Jahr 01 entfällt der Vorsteuerabzug (§ 24 Abs. 1 Satz 4 UStG). ⁴In den Jahren 02 bis 05 erhält der Unternehmer eine Vorsteuererstattung nach § 15a UStG von jeweils 7.600 € (1/5 von 38.000 €).

(7) ¹Bei der Aufgabe oder Veräußerung eines land- und forstwirtschaftlichen Betriebs kann die Vermietung/Verpachtung von zurückbehaltenen Wirtschaftsgütern, die nicht nur einmalig zur Ausführung von Umsätzen verwendet werden und deren Berichtigungszeitraum nach § 15a Abs. 1 UStG noch nicht abgelaufen ist, zu einer Änderung der Verhältnisse führen. ²In diesen Fällen ist der Vorsteuerabzug für derartige Wirtschaftsgüter nach § 15a Abs. 1 UStG zu berichtigen.

Beispiel 1:

¹Unternehmer U, der Landwirt ist und der nach § 24 Abs. 4 UStG zur Regelbesteuerung optiert hat, errichtet ein Stallgebäude für 500.000 € zzgl. 95.000 € Umsatzsteuer, das Anfang Januar des Jahres 01 erstmals verwendet wird. ²Zum 1.1.02 veräußert er seinen Betrieb unter Zurückbehaltung dieses Stallgebäudes, das er nun nach § 4 Nr. 12 Satz 1 Buchstabe a UStG steuerfrei an den Käufer vermietet.

³Die auf die Errichtung des Gebäudes entfallende Vorsteuer in Höhe von 95.000 € ist abziehbar, da der Landwirt bei Errichtung des Gebäudes beabsichtigte, dieses zur Erzielung von zum Vorsteuerabzug berechtigenden Umsätzen zu verwenden. ⁴Die nach § 4 Nr. 12 Satz 1 Buchstabe a UStG steuerfreie Vermietung stellt eine Änderung der Verhältnisse dar. ⁵In den Jahren 02 bis 10 sind jeweils 9.500 € (1/10 von 95.000 €) nach § 15a Abs. 1 UStG zurückzuzahlen.

Beispiel 2:

¹Unternehmer U, der Landwirt ist und der die Durchschnittssatzbesteuerung nach § 24 UStG anwendet, erwirbt Anfang Januar des Jahres 01 einen Mähdrescher für 200.000 € zuzüglich 38.000 €

Umsatzsteuer. ²Zum 1.1.02 veräußert er seinen Betrieb unter Zurückbehaltung des Mähdreschers, den er steuerpflichtig an den Käufer vermietet.

³Im Zeitpunkt des Leistungsbezugs (Jahr 01) ist der Vorsteuerabzug nach § 24 Abs. 1 Satz 4 UStG ausgeschlossen. ⁴In den Folgejahren wird der Mähdrescher zur Ausführung steuerpflichtiger Vermietungsumsätze verwendet. ⁵Es liegt eine Änderung der Verhältnisse vor. ⁶In den Jahren 02 bis 05 erhält der Unternehmer eine Vorsteuererstattung nach § 15a UStG von jeweils 7.600 € (1/5 von 38.000 €).

15a.10. Geschäftsveräußerung im Sinne des § 1 Abs. 1a UStG und andere Formen der Rechtsnachfolge
¹Keine Änderung der Verhältnisse im Sinne des § 15a UStG liegt z.B. in folgenden Fällen der Rechtsnachfolge vor:

1. Geschäftsveräußerung im Sinne des § 1 Abs. 1a UStG (§ 1 Abs. 1a Satz 3, § 15a Abs. 10 UStG),
2. ¹Gesamtrechtsnachfolge, da der Rechtsnachfolger in die gesamte Rechtsposition des Rechtsvorgängers eintritt. ²Der Berichtigungszeitraum des Erblassers geht nur auf den Erben über, wenn dieser die Unternehmereigenschaft durch eine eigene Tätigkeit begründet,
3. Anwachsung beim Ausscheiden eines Gesellschafters aus einer zweigliedrigen Personengesellschaft,
4. ¹Begründung oder Wegfall eines Organschaftsverhältnisses. ²Eine Vorsteuerberichtigung nach § 15a UStG hat aber dann zu erfolgen, wenn eine Gesellschaft mit steuerpflichtigen Umsätzen für ein Wirtschaftsgut den vollen Vorsteuerabzug erhalten hat und später auf Grund der Vorschrift des § 2 Abs. 2 Nr. 2 UStG ihre Selbstständigkeit zugunsten eines Organträgers mit nach § 15 Abs. 2 Satz 1 Nr. 1 UStG steuerfreien Umsätzen verliert und das Wirtschaftsgut im Gesamtunternehmen des Organträgers zur Ausführung von steuerpflichtigen und steuerfreien Umsätzen verwendet wird (BFH-Beschluss vom 12.5.2003, V B 211, 220/02, BStBl. II S. 784).

²Der maßgebliche Berichtigungszeitraum wird nicht unterbrochen. ³Eine Vorsteuerberichtigung wegen Änderung der Verhältnisse beim Rechtsnachfolger hat nur zu erfolgen, wenn sich die Verhältnisse im Vergleich zu den beim Vorsteuerabzug des Rechtsvorgängers ursprünglich maßgebenden Verhältnissen ändern.

15a.11. Vereinfachungen bei der Berichtigung des Vorsteuerabzugs
(1) ¹§ 44 UStDV enthält Regelungen zur Vereinfachung bei der Berichtigung des Vorsteuerabzugs. ²Bei der Prüfung, ob die in § 44 UStDV aufgeführten Betragsgrenzen erreicht sind, ist jeweils auf den Gegenstand oder die bezogene sonstige Leistung abzustellen. ³Dies gilt auch dann, wenn mehrere Gegenstände gleicher Art und Güte geliefert wurden. ⁴Bei der Lieferung vertretbarer Sachen ist hingegen auf die zwischen leistendem Unternehmer und Leistungsempfänger geschlossene vertragliche Vereinbarung abzustellen.

(2) ¹Die Regelung des § 44 Abs. 1 UStDV, nach der eine Berichtigung des Vorsteuerabzugs entfällt, wenn die auf die Anschaffungs- oder Herstellungskosten eines Wirtschaftsguts entfallende Vorsteuer 1.000 € nicht übersteigt, gilt für alle Berichtigungsobjekte unabhängig davon, nach welcher Vorschrift die Berichtigung des Vorsteuerabzugs vorzunehmen ist und in welchem Umfang sich die für den Vorsteuerabzug maßgebenden Verhältnisse später ändern. ²Bei der Bestimmung der 1.000 €-Grenze ist von den gesamten Vorsteuerbeträgen auszugehen, die auf die Anschaffung oder Herstellung bzw. den Bezug des einzelnen Berichtigungsobjekts entfallen. ³Nachträgliche Anschaffungs- oder Herstellungskosten sind nicht einzubeziehen, da sie eigenständige Berichtigungsobjekte darstellen und selbstständig der 1.000 €-Grenze unterliegen.

(3) ¹Nach der Vereinfachungsregelung des § 44 Abs. 2 UStDV entfällt eine Vorsteuerberichtigung, wenn die dort genannten Grenzen nicht überschritten sind. ²Die Grenze von 10% ist in der Weise zu berechnen, dass das Aufteilungsverhältnis, das sich für das betreffende Jahr des Berichtigungszeitraums ergibt, dem Verhältnis gegenübergestellt wird, das für den ursprünglichen Vorsteuerabzug für das Berichtigungsobjekt nach § 15 UStG maßgebend war. ³Für die absolute Grenze nach § 44 Abs. 2 UStDV von 1.000 € ist der Betrag maßgebend, um den der Vorsteuerabzug für das Berichtigungsobjekt auf Grund der Verhältnisse des betreffenden Jahres des Berichtigungszeitraums tatsächlich zu berichtigen wäre. ⁴Bei Berichtigungsobjekten, die nur einmalig zur Aus-führung eines Umsatzes verwendet werden, gilt entsprechendes für den Zeitpunkt der tatsächlichen Verwendung des Berichtigungsobjekts.

(4) ¹Beträgt die auf die Anschaffungs- oder Herstellungskosten bzw. Bezugskosten eines Berichtigungsobjekts, das nicht nur einmalig zur Ausführung von Umsätzen verwendet wird, entfallende Vorsteuer nicht mehr als 2.500 €, ist die Berichtigung erst bei der Steuerfestsetzung für das letzte Kalenderjahr des im Einzelfall maßgeblichen Berichtigungszeitraums durchzuführen (§ 44 Abs. 3 UStDV).

²Dabei sind alle Änderungen, die sich für die einzelnen Jahre des Berichtigungszeitraums ergeben, zu berücksichtigen. ³§ 44 Abs. 2 UStDV ist hierbei zu beachten.

(5) ¹Wird ein Wirtschaftsgut, das nicht nur einmalig zur Ausführung von Umsätzen verwendet wird, während des nach § 15a Abs. 1 UStG maßgeblichen Berichtigungszeitraums veräußert oder nach § 3 Abs. 1b UStG geliefert, stehen damit die Verhältnisse bis zum Ablauf des Berichtigungszeitraums fest. ²Daher ist die Berichtigung stets für den Voranmeldungszeitraum durchzuführen, in dem die Veräußerung oder unentgeltliche Wertabgabe nach § 3 Abs. 1b UStG stattgefunden hat (§ 44 Abs. 4 Satz 3 UStDV). ³Hierbei sind die Berichtigung für das Kalenderjahr der Veräußerung oder unentgeltlichen Wertabgabe nach § 3 Abs. 1b UStG und die Berichtigung für die noch folgenden Kalenderjahre des Berichtigungszeitraums gleichzeitig vorzunehmen. ⁴In den Fällen des § 44 Abs. 3 UStDV sind außerdem die Berichtigungen für die vorausgegangenen Jahre des Berichtigungszeitraums durchzuführen. ⁵Entsprechend ist zu verfahren, wenn eine sonstige Leistung entgeltlich oder durch eine Zuwendung im Sinne des § 3 Abs. 9a UStG aus dem Unternehmen ausscheidet (z.B. Veräußerung einer Lizenz).

(6) ¹Verkürzt sich der Berichtigungszeitraum deswegen, weil ein nicht nur einmalig zur Ausführung von Umsätzen dienendes Wirtschaftsgut wegen Unbrauchbarkeit vorzeitig nicht mehr zur Ausführung von Umsätzen verwendbar ist (vgl. Abschnitt 15a.3 Abs. 7), kann für die vorausgegangenen Abschnitte des Berichtigungszeitraums eine Neuberechnung des jeweiligen Berichtigungsbetrages erforderlich werden. ²Die Unterschiede, die sich in einem solchen Fall ergeben, können aus Vereinfachungsgründen bei der Steuerfestsetzung für das letzte Kalenderjahr des verkürzten Berichtigungszeitraums berücksichtigt werden.

(7) ¹Die Vorsteuerberichtigung nach § 15a UStG ist grundsätzlich im Voranmeldungszeitraum durchzuführen, in dem die Änderung der Verhältnisse eingetreten ist. ²Übersteigt allerdings der Betrag, um den der Vorsteuerabzug bei einem Wirtschaftsgut für das Kalenderjahr zu berichtigen ist, nicht 6.000 €, ist nach § 44 Abs. 4 Satz 1 UStDV die Berichtigung erst im Rahmen der Steuerfestsetzung für den Besteuerungszeitraum vorzunehmen, in dem die Änderung der Verhältnisse eingetreten ist.

15a.12. Aufzeichnungspflichten für die Berichtigung des Vorsteuerabzugs

(1) ¹Nach § 22 Abs. 4 UStG hat der Unternehmer in den Fällen des § 15a UStG die Berechnungsgrundlagen für den Ausgleich aufzuzeichnen, der von ihm in den in Betracht kommenden Kalenderjahren vorzunehmen ist. ²Die Aufzeichnungspflichten des § 22 Abs. 4 UStG sind erfüllt, wenn der Unternehmer die folgenden Angaben eindeutig und leicht nachprüfbar aufzeichnet:

1. ¹die Anschaffungs- oder Herstellungskosten bzw. Aufwendungen für das betreffende Berichtigungsobjekt und die darauf entfallenden Vorsteuerbeträge. ²Falls es sich hierbei um mehrere Einzelbeträge handelt, ist auch jeweils die Gesamtsumme aufzuzeichnen. ³Insoweit sind auch die Vorsteuerbeträge aufzuzeichnen, die den nicht zum Vorsteuerabzug berechtigenden Umsätzen zuzurechnen sind;

2. den Zeitpunkt der erstmaligen Verwendung des Berichtigungsobjekts;

3. in den Fällen des § 15a Abs. 1 UStG die Verwendungsdauer (betriebsgewöhnliche Nutzungsdauer) im Sinne der einkommensteuerrechtlichen Vorschriften und den maßgeblichen Berichtigungszeitraum für das Berichtigungsobjekt;

4. ¹die Anteile, zu denen das Berichtigungsobjekt zur Ausführung der den Vorsteuerabzug ausschließenden Umsätze und zur Ausführung der zum Vorsteuerabzug berechtigenden Umsätze verwendet wurde. ²In den Fällen des § 15a Abs. 1 UStG sind die Anteile für jedes Kalenderjahr des Berichtigungszeitraums aufzuzeichnen;

5. ¹bei einer Veräußerung oder unentgeltlichen Wertabgabe des Berichtigungsobjekts den Zeitpunkt und die umsatzsteuerrechtliche Behandlung dieses Umsatzes. ²In den Fällen des § 15a Abs. 1 UStG gilt dies nur, wenn die Veräußerung oder die unentgeltliche Wertabgabe in den Berichtigungszeitraum fallen;

6. in den Fällen des § 15a Abs. 1 UStG bei einer Verkürzung des Berichtigungszeitraums wegen vorzeitiger Unbrauchbarkeit des Wirtschaftsguts die Ursache unter Angabe des Zeitpunkts und unter Hinweis auf die entsprechenden Unterlagen.

(2) Die Aufzeichnungen für das einzelne Berichtigungsobjekt sind von dem Zeitpunkt an zu führen, für den der Vorsteuerabzug vorgenommen worden ist.

(3) Die besondere Aufzeichnungspflicht nach § 22 Abs. 4 UStG entfällt insoweit, als sich die erforderlichen Angaben aus den sonstigen Aufzeichnungen oder der Buchführung des Unternehmers eindeutig und leicht nachprüfbar entnehmen lassen.

§ 15a

Verwaltungsregelungen zu § 15a

Datum	Anlage	Quelle	Inhalt
22.10.96	§ 002-12	OFD Fra	Umsatzsteuerbefreiung bei Erbfällen (§ 2 Abs. 1, § 15a UStG)
29.12.95	§ 015a-01	BMF	Vorsteuerberichtigung nach § 15a UStG bei Land- und Forstwirten; Auswirkungen des sog. Mähdrescher-Urteils des BFH vom 16.12.1993 (BStBl. 1994 II S. 339)
03.02.99	§ 015a-02	OFD Kob	Vorsteuerberichtigung einer Grundstücksübertragung bei gleichzeitiger Einräumung eines Vorbehaltsnießbrauchs – Nichtanwendung des BFH-Urteils vom 13.11.1997
06.12.05	§ 015a-03	BMF	Neufassung des § 15a UStG durch das Richtlinien-Umsetzungsgesetz vom 09.12.2004
11.04.06	§ 015a-04	OFD Ka	Vorsteuerberichtigung bei Anwendung von Urteilen des EuGH (z.B. bei Geldspielgeräten)

Rechtsprechungsauswahl

BFH vom 15.09.2011 – V R 8/11, DStR 2012 S. 234: Vorsteuerberichtigung bei Berufung auf eine Steuerfreiheit nach dem Unionsrecht.

Die für den ursprünglichen Vorsteuerabzug maßgeblichen Verhältnisse ändern sich i.S. des § 15a Abs. 1 Satz 1 UStG, wenn sich der Steuerpflichtige während des Berichtigungszeitraums auf die Steuerfreiheit der gleichbleibenden Verwendungsumsätze gemäß Art. 13 Teil B Buchst. f der Richtlinie 77/388/EWG beruft.

BFH vom 09.02.2011 – XI R 35/09, UR 2011 S. 538: Vorsteuerberichtigungsanspruch des Finanzamts als Masseverbindlichkeit.

Ein Vorsteuerberichtigungsanspruch des Finanzamts nach § 15a UStG, der dadurch entsteht, dass der Insolvenzverwalter ein Wirtschaftsgut abweichend von den für den ursprünglichen Vorsteuerabzug maßgebenden Verhältnissen verwendet, gehört zu den Masseverbindlichkeiten und kann durch Steuerbescheid gegenüber dem Insolvenzverwalter geltend gemacht werden.

BFH vom 24.09.2009 – V R 6/08, BStBl. 2010 II S. 315: Vorsteuerberichtigung: Ertragsteuerrechtliche Beurteilung als Umlaufvermögen umsatzsteuerrechtlich nicht maßgebend.

Die Vorsteuerberichtigung nach § 15a Abs. 1 UStG für vor dem 1.1.2005 ausgeführte Umsätze, die zur Anschaffung oder Herstellung von Wirtschaftsgütern führen, setzt voraus, dass diese nicht nur einmalig zur Ausführung eines Umsatzes verwendet werden. Die ertragsteuerrechtliche Beurteilung als Umlaufvermögen oder Anlagevermögen ist umsatzsteuerrechtlich nicht entscheidend.

BFH vom 12.06.2009 – V R 22/06, BStBl. 2009 II S. 165: Vorsteuerberichtigung beim Wechsel zur Regelbesteuerung durch Landwirt.

Wechselt ein Landwirt, der einen Stall errichtet, vor dessen Fertigstellung von der Besteuerung nach Durchschnittssätzen zur Regelbesteuerung, können die Vorsteuerbeträge, die vor dem Wechsel angefallen sind, erst ab dem Zeitpunkt der erstmaligen Verwendung nach § 15a UStG 1993/1999 (anteilig) geltend gemacht werden.

BFH vom 12.02.2009 – V R 85/07, BStBl. 2010 II S. 76: Kein Anspruch auf Vorsteuerberichtigung nach § 15a UStG für vor 2005 erworbenes Umlaufvermögen.

Für vor dem 1. Januar 2005 ausgeführte Umsätze, die zur Anschaffung oder Herstellung von Wirtschaftsgütern führen, die nur einmalig zur Ausführung eines Umsatzes verwendet werden („Umlaufvermögen"), besteht auch unter Berücksichtigung von Art. 20 der Richtlinie 77/388/EWG kein Anspruch auf Vorsteuerberichtigung nach § 15a UStG.

BFH vom 22.11.2007 – V R 5/06, BStBl. 2008 II S. 448: Keine Vorsteuerberichtigung bei der Einräumung eines Miteigentumsanteils im Rahmen einer Geschäftsveräußerung.

1. Eine Geschäftsveräußerung i.S. von § 1 Abs. 1a UStG 1993 liegt auch dann vor, wenn der bisherige Alleineigentümer eines Grundstücks, das er bisher teilweise steuerpflichtig vermietete und teilweise für eigenunternehmerische Zwecke nutzte, einen Miteigentumsanteil auf seinen Sohn überträgt (Fortführung von BFH-Urteil vom 6.9.2007 V R 41/05, BFH/NV 2007, 2436).
2. Der Gegenstand der Geschäftsveräußerung beschränkt sich auf den vermieteten Grundstücksteil.

§ 15a

3. Eine Vorsteuerberichtigung nach § 15a UStG 1993 kommt hinsichtlich des für eigenunternehmerische Zwecke genutzten Grundstücksteils nicht bereits aufgrund der Einräumung des Miteigentumsanteils in Betracht. Der bisherige Alleineigentümer bleibt auch als Miteigentümer in Bruchteilsgemeinschaft insoweit zum Vorsteuerabzug berechtigt, als seine eigenunternehmerische Nutzung seinen quotalen Miteigentumsanteil am Grundstück nicht übersteigt (Fortführung von BFH-Urteil vom 6.10.2005 V R 40/01, BStBl. II 2007,13, BFH/NV 2006, 219).
4. Anders als bei Personengesellschaften kommt es bei einer Bruchteilsgemeinschaft auf das Vorliegen gesonderter Nutzungsvereinbarungen nicht an.

EuGH vom 30.03.2006 – Rs. C-184/04 – Uudenkaupungin kaupunki, UR 2006 S. 530: Berichtigung des Vorsteuerabzugs bei Option zur steuerpflichtigen Verwendung einer zunächst für eine steuerfreie Tätigkeit genutzten Immobilie.

1. Art. 20 der 6. EG-Richtlinie 77/388/EWG ist dahin auszulegen, dass er die Mitgliedstaaten verpflichtet, eine Berichtigung der Vorsteuerabzüge bei Investitionsgütern vorzusehen, sofern sich aus Art. 20 Abs. 5 der 6. EG-Richtlinie nichts anderes ergibt.
2. Art. 20 der 6. EG-Richtlinie ist dahin auszulegen, dass die in dieser Bestimmung vorgesehene Berichtigung auch auf einen Sachverhalt Anwendung findet, bei dem ein Investitionsgut zunächst einer steuerbefreiten Tätigkeit zugeordnet war, die kein Recht auf Vorsteuerabzug eröffnete, und dann während des Berichtigungszeitraums für die Zwecke einer der Mehrwertsteuer unterliegenden Tätigkeit verwendet wurde.
3. Art. 13 Teil C Abs. 2 der 6. EG-Richtlinie ist dahin auszulegen, dass ein Mitgliedstaat, der seinen Steuerpflichtigen das Recht auf Option für die Besteuerung der Vermietung oder Verpachtung einer Immobilie einräumt, nach dieser Bestimmung nicht befugt ist, den Abzug der Mehrwertsteuer für Immobilieninvestitionen, die vor Ausübung des Optionsrechts getätigt worden sind, auszuschließen, wenn der Antrag, mit dem diese Option ausgeübt wird, nicht binnen sechs Monaten ab Ingebrauchnahme dieser Immobilie eingereicht worden ist.
4. Art. 17 Abs. 6 der 6. EG-Richtlinie ist dahin auszulegen, dass ein Mitgliedstaat, der seinen Steuerpflichtigen das Recht auf Option für die Besteuerung der Vermietung oder Verpachtung einer Immobilie einräumt, nach dieser Bestimmung nicht befugt ist, den Abzug der Mehrwertsteuer für Immobilieninvestitionen, die vor Ausübung dieses Optionsrechts getätigt worden sind, auszuschließen, wenn der Antrag, mit dem diese Option ausgeübt wird, nicht binnen sechs Monaten ab Ingebrauchnahme dieser Immobilie eingereicht worden ist.

EuGH vom 15.12.2005 – Rs. C-63/04 – Centralan Property Ltd., IStR 2006 S. 52: Umsatzsteuer bei Dauer-Vermietung und Übertragung des „Rest-Eigentums" einer Immobilie.

Art. 20 Abs. 3 der Sechsten Richtlinie 77/388/EWG des Rates vom 17.5.1977 zur Harmonisierung der Rechtsvorschriften der Mitgliedstaaten über die Umsatzsteuern – Gemeinsames Mehrwertsteuersystem: einheitliche steuerpflichtige Bemessungsgrundlage in der Fassung der Richtlinie 95/7/EG des Rates vom 10.4.1995 ist dahin auszulegen, dass dann, wenn ein Investitionsgut gegen Zahlung einer hohen Abstandszahlung für 999 Jahre an eine Person vermietet wird und das Resteigentumsrecht an diesem Gegenstand drei Tage später zu einem weitaus geringeren Preis an eine andere Person veräußert wird und wenn diese beiden Umsätze

– unlöslich miteinander verbunden sind und
– aus einem ersten, steuerfreien, und einem zweiten, besteuerten, Umsatz bestehen
– und wenn diese Umsätze aufgrund der Übertragung der Befugnis, über dieses Investitionsgut wie ein Eigentümer zu verfügen, Lieferungen i. S. des Art. 5 Abs. 1 dieser Richtlinie darstellen,

der fragliche Gegenstand bis zum Ablauf des Berichtigungszeitraums so behandelt wird, als ob er für gewerbliche Tätigkeiten verwendet worden ist, die je nach dem Anteil der jeweiligen Werte der beiden Umsätze teilweise besteuert und teilweise von der Steuer befreit sind.

BFH vom 24.11.2005 – V R 37/04, UR 2006 S. 294: Vorsteuerberichtigung der Land- und Forstwirte bei Wechsel von der Regelbesteuerung zur Durchschnittssatzbesteuerung.

1. Hat die Verwaltung in Ausfüllung des ihr zustehenden Ermessensspielraums Richtlinien erlassen, so haben die Gerichte grundsätzlich nur zu prüfen, ob sich die Behörden an die Richtlinien gehalten haben und ob die Richtlinien selbst einer sachgerechten Ermessensausübung entsprechen.[1]
2. Dabei ist für die Auslegung einer Verwaltungsvorschrift nicht maßgeblich, wie das FG eine solche Verwaltungsanweisung versteht, sondern wie die Verwaltung sie verstanden hat und verstanden

---
1) Das Urteil betrifft das BMF-Schreiben vom 29.12.1995 – IV C 3 – S 7316 – 31/95, BStBl. 1995 I S. 831

§ 15a

wissen wollte. Das FG darf daher Verwaltungsanweisungen nicht selbst auslegen, sondern nur darauf prüfen, ob die Auslegung durch die Behörde möglich ist.

BFH vom 07.07.2005 – V R 32/04, DStRE 2005 S. 1352: Rückwirkung der Neufassung des § 15a Abs. 1 Satz 1 UStG bei vorsteuerabzugsschädlicher Verwendung.

Die Übergangsvorschrift in § 27 Abs. 8 UStG 1999 in der Fassung des StÄndG 2003, nach der § 15a Abs. 1 Satz 1 UStG in der ab dem 1.1.2002 geltenden Fassung unter bestimmten Voraussetzungen auch für Zeiträume vor dem 1.1.2002 anzuwenden ist, enthält keine verfassungsrechtlich unzulässige Rückwirkung.

EuGH vom 02.06.2005 – Rs. C-378/02 – Waterschap Zeeuws Vlanderen, DStRE 2005 S. 902: Keine Entlastung beim Übergang von der nichtunternehmerischen Tätigkeit zur unternehmerischen Betätigung.

Eine Einrichtung des öffentlichen Rechts, die im Rahmen der öffentlichen Gewalt im Sinne von Art. 4 Abs. 5 Unterabs. 1 der Sechsten Richtlinie 77/388/EWG des Rates vom 17.5.1977 zur Harmonisierung der Rechtsvorschriften der Mitgliedstaaten über die Umsatzsteuern – Gemeinsames Mehrwertsteuersystem: einheitliche steuerpflichtige Bemessungsgrundlage und infolgedessen als Nichtsteuerpflichtiger Investitionsgüter erwirbt und diese später als Steuerpflichtiger veräußert, hat im Rahmen dieses Verkaufs kein Recht auf Berichtigung nach Art. 20 dieser Richtlinie, um die beim Erwerb dieser Güter entrichtete Mehrwertsteuer in Abzug zu bringen.

FG Nürnberg vom 22.03.2005 – II 106/2002 – rechtskräftig, EFG 2005 S. 1980: Vereinfachungsregelung des § 44 UStDV gilt auch zu Ungunsten des Stpfl.

Die Vereinfachungsregelungen nach § 44 UStDV bei der Berichtigung des Vorsteuerabzugs sind auch dann anzuwenden, wenn auf Grund dessen eine Berichtigung zu Gunsten des Stpfl. unterbleibt.

BFH vom 17.06.2004 – V R 31/02, BStBl. 2004 II S. 858: Vorsteuerberichtigung beim Übergang zur Regelbesteuerung durch einen Kleinunternehmer.

Der Wechsel von der Besteuerung als Kleinunternehmer nach § 19 UStG zur Besteuerung nach den allgemeinen Vorschriften des UStG ist eine Änderung der Verhältnisse i.S. des § 15a UStG.

BFH vom 12.05.2003 – V B 211/02, 220/02, BStBl. 2003 II S. 784; UR 2003 S. 453: Vorsteuerberichtigung für ein vorsteuerentlastetes Wirtschaftsgut einer Gesellschaft nach Verlust ihrer Selbstständigkeit zu Gunsten eines Organträgers mit gemischten Umsätzen.

Die Vorsteuerberichtigung nach § 15a UStG 1993 findet auch dann statt, wenn eine Gesellschaft (mit steuerpflichtigen Umsätzen) für ein Wirtschaftsgut den vollen Vorsteuerabzug erhalten hat und später aufgrund der Vorschrift des § 2 Abs. 2 Nr. 2 UStG 1993 ihre Selbstständigkeit zu Gunsten eines Organträgers mit nach § 15 Abs. 2 UStG 1993 steuerfreien Umsätzen verliert und ihr Unternehmen deshalb in dem Gesamtunternehmen des Organträgers (mit steuerpflichtigen und steuerfreien Umsätzen) aufgeht.

FG Rheinland-Pfalz vom 18.03.2003 – 2 K 2550/00 – rechtskräftig, DStRE 2003 S. 1467: Vorsteuerkorrektur nach § 15a UStG beim Erben wegen Kleinunternehmereigenschaft.

Die Vorsteuer ist nach § 15a UStG auch dann zu berichtigen, wenn die Nutzungsänderung im Vergleich zur erstmaligen Verwendung eines Wirtschaftsgutes durch den Erben als Rechtsnachfolger des Erblassers vorgenommen wird.

BFH vom 25.04.2002 – V R 58/00, BStBl. 2003 II S. 435: Maßgeblichkeit der Verwendungsabsicht für den Vorsteuerabzug und die Vorsteuerberichtigung.[1]

1. Die (durch objektive Anhaltspunkte belegte) Verwendungsabsicht bei Anschaffung eines Wirtschaftsguts ist für den Umfang bzw. die Berichtigung des Vorsteuerabzugs nicht nur maßgebend, wenn die erstmalige Verwendung des Wirtschaftsguts noch aussteht, sondern auch, wenn zunächst mit dem Wirtschaftsgut tatsächlich ausgeführte Umsätze nicht fortgeführt werden.
2. Die bisherige BFH-Rechtsprechung, die auch bei zwischenzeitlichem „Leerstand" eines Gebäudes auf die künftige tatsächliche Verwendung abstellte (vgl. BFH-Urteil vom 9.12.1993 V R 98/91, BFH/NV 1997, 380, m. w. Nachw.), ist mit der richtlinienkonformen Auslegung der Vorsteuerabzugsvorschrift des § 15 UStG (vgl. BFH-Urteil vom 22.2.2001 V R 77/96, BFHE 194, 498, BFH/NV 2001, 994) nicht vereinbar und daher aufzugeben.

---

1) Siehe dazu BMF vom 24.04.2003, BStBl. 2003 I S. 313

§ 15a

BFH vom 27.02.2003 – V B 166/02, UR 2003 S. 454: Ernstliche Zweifel an der Vorsteuerberichtigung der für 1992 bis 1996 anerkannten Vorsteuerbeträge bei Umsatzsteuerveranlagungen für 1997 bis 1999 nach Aufgabe der ursprünglichen ernsthaften Absicht unternehmerischer Tätigkeit.[1]

1. Bei einem Gebäudeeigentümer, der in den Jahren 1992 bis 1996 an seinem Gebäude umfangreiche Modernisierungs- und Baumaßnahmen durchführte und beabsichtigte, das Gebäude an Gewerbetreibende zu vermieten und auf die Steuerfreiheit der Vermietungsumsätze zu verzichten, kam ein Vorsteuerabzug aus den Bauaufwendungen in den Jahren 1992 bis 1996 auch dann in Betracht, wenn er das Gebäude entgegen seiner ursprünglichen Absicht in den Jahren 1997 bis 1999 steuerfrei vermietete.
2. Es ist ernstlich zweifelhaft, ob die für die Jahre 1992 bis 1996 anerkannten Vorsteuerbeträge bei den Umsatzsteuerveranlagungen für die Jahre 1997 bis 1999 nach § 15a UStG 1993/1999 a. F. berichtigt werden können, oder ob damit unzulässigerweise der Regelung des Art. 20 Abs. 2 der 6. EG-Richtlinie 77/388/EWG, § 15a UStG 1999 n. F. bereits in den Streitjahren 1997 bis 1999 Geltung verschafft wird, obwohl die Richtlinienbestimmung für Fälle der streitigen Art erst durch § 15a UStG 1999 n. F. mit Wirkung ab dem 1. 1. 2002 ordnungsgemäß in das innerstaatliche Recht umgesetzt worden ist und der Gesetzgeber eine Rückwirkung nicht angeordnet hat.

Nieders. FG vom 13.09.2000 – 5 K 360/97, EFG 2001 S. 322: Maßgebende Verhältnisse bei tatsächlich gleichbleibenden Verwendungsumsätzen.

1. Die Rechtsprechung des BFH, derzufolge eine Änderung der für die Vorsteuerberichtigung nach § 15a Abs. 1 UStG „maßgebenden Verhältnisse" auch dadurch eintritt, daß sich bei tatsächlich gleichbleibenden Verwendungsumsätzen die rechtliche Beurteilung der Verwendung im Erstjahr als unzutreffend erweist, findet nur in Fällen der sog. Zwischenvermietung Anwendung.
2. Eine Anwendung des § 15a Abs. 1 UStG kommt nur bei Feststellung einer rechtsirrtümlichen Beurteilung des Erstjahres in Betracht, nicht aber, wenn andere Gründe für die Anerkennung der Vorsteuern im Erstjahr entscheidend gewesen sein können.

BFH vom 18.11.1999 – V R 13/99, BStBl. 2000 II S. 153: Zeitpunkt der Lieferung (Entnahme) eines Grundstücks im Rahmen einer unentgeltlichen Geschäftsveräußerung.

1. Ein Unternehmer, der Gegenstände aus seinem Unternehmen an Angehörige aus unternehmensfremden Gründen unentgeltlich liefert, verwirklicht dadurch einen Eigenverbrauch durch Gegenstandsentnahme (§ 1 Abs. 1 Nr. 2 Buchst. a UStG 1993).
2. An der Steuerbarkeit der Entnahme ändert sich – bis zum In-Kraft-Treten des § 1 Abs. 1a UStG 1993 am 1. Januar 1994 – auch dann nichts, wenn die Lieferung im Rahmen einer Geschäftsveräußerung im Ganzen erfolgte.
3. Eine Lieferung eines Gegenstands (Verschaffung der Verfügungsmacht) setzt die Übertragung von Substanz, Wert und Ertrag voraus. Die Verfügungsmacht an einem Mietgrundstück ist mangels Ertragsübergangs noch nicht verschafft, solange der Lieferer dieses aufgrund seines Eigentums wie bislang für Vermietungsumsätze verwendet.
4. Das gilt auch für eine unentgeltliche Lieferung des Mietgrundstücks. Solange die Verfügungsmacht nicht übergegangen ist, liegt keine Entnahme und keine durch sie verursachte Änderung der Verwendungsverhältnisse i. S. des § 15a UStG 1993 vor.

BFH vom 05.02.1998 – V R 66/94, BStBl. 1998 II S. 361: Vorsteuerberichtigung und abgabenrechtliche Änderung.

1. Soweit hinsichtlich des Vorsteuerabzugs eine Änderung des Steuerbescheids für das Abzugsjahr, dem eine Fehlbeurteilung des Verwendungsumsatzes zugrunde liegt, nach den Vorschriften der AO 1977 möglich ist, scheidet eine Vorsteuerberichtigung nach § 15a UStG 1980 aus.
2. Eine Vorsteuerberichtigung nach § 15a UStG 1980 kommt erst für die Folgejahre in Betracht, in denen eine Änderung des bestandskräftigen Steuerbescheids für das Abzugsjahr mit der Fehlbeurteilung des Vorsteuerabzugs nach den Vorschriften der AO 1977 ausscheidet.

EuGH vom 15.01.1998 – Rs. C-37/95 – Ghent Coal Terminal, DStRE 1998 S. 106: Vorsteuerberichtigung bei unvorhersehbar nicht zu steuerbaren Umsätzen führenden Investitionsarbeiten?

Art. 17 der Sechsten Richtlinie (77/388/EWG) des Rates vom 17.5.1977 zur Harmonisierung der Rechtsvorschriften der Mitgliedstaaten über die Umsatzsteuern – Gemeinsames Mehrwertsteuersystem: einheitliche steuerliche Bemessungsgrundlage ist so auszulegen, daß er es einem Steuerpflichtigen, der als solcher handelt, erlaubt, die Mehrwertsteuer, die er für Gegenstände oder Dienst-

---

[1] Siehe aber jetzt § 27 Abs. 8 UStG, der durch das StÄndG 2003 zur Behebung der Zweifel des BFH eingefügt wurde. Zu § 27 Abs. 8 UStG i.d. Fassung des StÄndG 2003 siehe BFH vom 07.07.2005 – V R 32/04.

§ 15a

leistungen schuldet, die ihm für Investitionsarbeiten geliefert oder erbracht wurden, die im Rahmen steuerbarer Umsätze verwendet werden sollen, in Abzug zu bringen. Das Recht auf Vorsteuerabzug bleibt erhalten, wenn der Steuerpflichtige aufgrund von Umständen, die von seinem Willen unabhängig waren, diese Gegenstände oder Dienstleistungen nie verwendet hat, um steuerbare Umsätze zu bewirken. Gegebenenfalls kann die Lieferung eines Investitionsgutes innerhalb des Berichtigungszeitraums zu einer Berichtigung des Vorsteuerabzugs unter den in Art. 20 Abs. 3 der Richtlinie 77/388 vorgesehenen Voraussetzungen führen.

BFH vom 13.11.1997 – V R 66/96, DB 1998 S. 243: Veräußerung eines Grundstücks unter Nießbrauchsvorbehalt – Keine Lieferung – Keine Vorsteuerberichtigung.[1]

Ein Grundstück wird noch nicht geliefert, wenn der Stpfl. zwar das Eigentum daran überträgt, es aber aufgrund eines gleichzeitig vorbehaltenen Nießbrauchs wie bisher besitzt und den Ertrag durch Fortsetzung der bestehenden Mietverhältnisse zieht. Unter diesen Umständen sind auch die Voraussetzungen für eine Vorsteuerberichtigung nach § 15a Abs. 4 UStG 1980 nicht gegeben.

BFH vom 13.11.1997 – V R 140/93, BStBl. 1998 II S. 36: Änderung i.S.v. § 15a UStG auch bei anderer rechtlicher Würdigung.

Eine Änderung der für den Vorsteuerabzug maßgebenden Verhältnisse i. S. des § 15a Abs. 1 Satz 1 UStG 1980 liegt auch dann vor, wenn in einem Folgejahr die rechtliche Beurteilung der Verwendungsumsätze im Erstjahr als unzutreffend erkannt worden ist, die Steuerfestsetzung des Abzugsjahres jedoch unabänderbar ist. Es können nur solche Änderungsgründe berücksichtigt werden, deren Voraussetzungen mit Ablauf dieses Folgejahres verwirklicht waren.

BFH vom 12.06.1997 – V R 36/95, BStBl. 1998 II S. 589: Vorsteuerberichtigung bei unzutreffender Anwendung des § 15 UStG im Erstjahr.

Eine Änderung der für eine Vorsteuerberichtigung nach § 15a Abs. 1 UStG 1980/1991 „maßgebenden Verhältnisse" tritt auch dadurch ein, daß bei tatsächlich gleichbleibenden Verwendungsumsätzen die rechtliche Beurteilung der Verwendung im Erstjahr, die der Gewährung des Vorsteuerabzugs im Abzugsjahr zugrunde lag, sich in einem der Folgejahre als unzutreffend erweist, sofern die Steuerfestsetzung für das Abzugsjahr bestandskräftig und unabänderbar ist. Der Senat führt die Rechtsprechung in den Urteilen vom 16. Dezember 1993 V R 65/92 (BFHE 173, 270, BStBl. II 1994, 485) und vom 19. Februar 1997 XI R 51/93 BStBl. II 1997, 370) fort.

BFH vom 07.05.1997 – V R 145/92, BFH/NV 1998 S. 221: Vorsteuerberichtigung bei fehlerhafter Beurteilung der Voraussetzungen.

Verfassungsrechtliche Bedenken gegen die Rechtsprechung des BFH zur Änderung der Verhältnisse für den Vorsteuerabzug bei rechtsfehlerhafter Beurteilung der Voraussetzungen für den Vorsteuerabzug im Abzugsjahr bestehen nicht.

BFH vom 19.02.1997 – XI R 51/93, BStBl. II S. 370: Vorsteuerberichtigung bei unzutreffender Anwendung des § 15 UStG im Erstjahr.

Eine Änderung der für den Vorsteuerabzug maßgebenden Verhältnisse i. S. des § 15a Abs. 1 Satz 1 UStG 1980 liegt auch dann vor, wenn in einem Folgejahr die rechtliche Beurteilung der Verwendungsumsätze im Erstjahr als unzutreffend erkannt wird, die Steuerfestsetzung des Erstjahres jedoch nicht mehr änderbar ist.

BFH vom 26.04.1995 – XI R 5/94, DStR 1995 S. 1958: Keine Änderung der Verhältnisse i. S. d. § 15a UStG bei einer Grundstücksübertragung unter Vorbehaltsnießbrauch.

Baut ein Unternehmer ein in seinem Miteigentum stehendes Gebäude im Einverständnis mit dem Miteigentümer auf seine Kosten um und überträgt die Miteigentümergemeinschaft das Grundstück anschließend unentgeltlich auf einen Dritten, so wird dadurch das Wirtschaftsgut „Gebäudeumbau" nicht zum Eigenverbrauch entnommen, wenn der Unternehmer das Gebäude ununterbrochen weiterhin für sein Unternehmen nutzt.

BFH vom 29.11.1993 – V B 93/93, BFH/NV 1995 S. 351: Vorsteuerberichtigungsanspruch als Massekosten.

Es ist höchstrichterlich geklärt, daß der Vorsteuerberichtigungsanspruch des FA nach § 15a UStG 1980, der dadurch entsteht, daß ein absonderungsberechtigter Grundschuldgläubiger ein zur Konkursmasse gehörendes Grundstück zwangsversteigern läßt, den Massekosten i. S. des § 58 Nr. 2 KO zuzurechnen ist.

---
[1] Die Verwaltung folgt diesem Urteil nicht, siehe Anlage § 015a-02

§ 15a

BFH vom 11.11.1993 – XI R 51/90, BStBl. 1994 II S. 582: Der Vorsteuerabzug ist auch dann nach § 15a UStG 1973/1980 wegen Änderung der Verhältnisse zu berichtigen, wenn ein Kleinunternehmer, der gemäß § 19 Abs. 1 Satz 2 UStG 1967/1973 vom Vorsteuerabzug ausgeschlossen war, das Wirtschaftsgut im Jahr der erstmaligen Verwendung zur Ausführung steuerfreier und nach Option für die Regelbesteuerung (§ 19 Abs. 4 UStG 1967/1973) zur Ausführung steuerpflichtiger Umsätze einsetzt.

BFH vom 16.12.1993 – V R 65/92, BStBl. 1994 II S. 485: Vorsteuerberichtigung; unanfechtbare Steuerfestsetzung für das Erstjahr maßgebend.

Für die Vorsteuerberichtigung nach § 15a Abs. 1 UStG 1980 ist die einer unanfechtbaren und nicht mehr änderbaren Steuerfestsetzung für das Erstjahr zugrunde liegende Beurteilung des Vorsteuerabzugs selbst dann maßgebend, wenn sie unzutreffend war. Führt die rechtlich richtige Würdigung des Verwendungsumsatzes in einem Folgejahr – gemessen an der „maßgebenden" Beurteilung für das Erstjahr – zu einer anderen Beurteilung des Vorsteuerabzugs, ist eine Änderung der Verhältnisse i. S. von § 15a Abs. 1 UStG 1980 gegeben (Begrenzung des BFH-Urteils vom 3. Dezember 1992 – V R 87/90, BFHE 170, 472, BStBl. II 1993, 411).[1]

BFH vom 12.05.1993 – XI R 64/65/90, BStBl. 1993 II S. 849: Vorsteuerberichtigung und Leerstand eines Gebäudes.

Eine Änderung der Verhältnisse, die gemäß § 15a UStG 1973/1980 zur Berichtigung des Vorsteuerabzugs führt, kann auch anzunehmen sein, wenn ein Gebäude nach seiner Fertigstellung zunächst steuerpflichtig vermietet wird, anschließend aber (ggf. teilweise) leersteht. In solchen Fällen ist die wirtschaftliche Zuordnung der Vorbezüge zu den Umsätzen des Unternehmers unter Kostenzurechnungsgesichtspunkten vorzunehmen. Im allgemeinen wird dies dazu führen, daß erst die spätere tatsächliche (Weiter-) Verwendung darüber entscheidet, ob die Vorsteuer auch für die Zeit des Leerstehens des Gebäudes zu berichtigen ist.

BFH vom 14.05.1992 – V R 79/87, BStBl. 1992 II S. 983: Berichtigung des Vorsteuerabzuges bei Gesetzesänderung.

Der Vorsteuerabzug ist auch dann nach § 15a UStG 1980 wegen Änderung der Verhältnisse zu berichtigen, wenn innerhalb des Berichtigungszeitraums durch Gesetzesänderung die maßgeblichen Verwendungsumsätze von der Umsatzsteuer befreit werden und die Steuerbefreiung den Vorsteuerabzug ausschließt.

BFH vom 27.06.1991 – V R 106/86, BStBl. 1991 II S. 860; UR 1991 S. 317: Fehlerhafte Vorsteuergewährung – keine Fehlerbeseitigung durch Anwendung des § 15a UStG.[2]

1. Die Vorschrift des § 15a UStG 1973 zur Berichtigung des Vorsteuerabzugs setzt voraus, daß das jeweilige Wirtschaftsgut gemäß § 15 Abs. 1 Nr. 1 UStG 1973 von einem Unternehmer „für sein Unternehmen" erworben wurde.
2. Eine unzutreffende Beurteilung der Voraussetzungen für den Vorsteuerabzug nach § 15 Abs. 1 Nr. 1 UStG 1973 ist durch rückwirkende Änderung der fehlerhaften Steuerfestsetzung aufgrund von Vorschriften der AO 1977 zu korrigieren. Insoweit liegt keine Änderung der Verhältnisse nach § 15a Abs. 1 und 4 UStG 1973 im Besteuerungszeitraum der Aufdeckung der Fehlbeurteilung vor[3].

BFH vom 06.06.1991 – V R 115/87, BStBl. 1991 II S. 817; UR 1991 S. 298: Vorsteuerberichtigungsanspruch aufgrund Gläubiger-Verwertungshandlung gehört zu den Massekosten.

Der Vorsteuerberichtigungsanspruch des FA nach § 15a UStG 1980, der dadurch entsteht, daß ein absonderungsberechtigter Grundschuldgläubiger ein zur Konkursmasse gehörendes Grundstück zwangsversteigern läßt, ist den Massekosten i. S. des § 58 Nr. 2 KO zuzurechnen.

BFH vom 10.05.1991 – V R 69/86, UR 1991 S. 295: Verteilung berichtigungsbedürftiger Vorsteuerbeträge über Berichtigungszeitraum (§ 15a Abs. 6 UStG 1973).

1. Die in § 15a Abs. 6 UStG 1973 getroffene Regelung über die Art und Weise der Berichtigung des in Anspruch genommenen Vorsteuerabzugs verbietet es, das gesamte berichtigungsbedürftige Vor-

---

[1] Siehe dazu: *Nieskens*, UR 1994 S. 228; *Korps*, BB 1994 S. 1920; *Heidner*, UR 1994 S. 298; *Weimann*, DStR 1994 S. 1365; *Wagner/Wahl*, BB 1996 S. 1637
[2] Siehe dazu: *Nieskens*, UR 1994 S. 228; *Korps*, BB 1994 S. 1920; *Heidner*, UR 1994 S. 298; *Weimann*, DStR 1994 S. 1365; *Wagner/Wahl*, BB 1996 S. 1637
[3] Hinweis auf BFH-Urteil vom 16.12.1993

§ 15a

steuervolumen im Jahr des Eintritts der maßgeblichen Veränderung anzusetzen; das Berichtigungsvolumen ist pro rata temporis über den Berichtigungszeitraum zu verteilen.[1]

2. Entgegenstehende Regelungen in den Vorschriften der 10. UStDV sind nicht anzuwenden.

BFH vom 11.01.1990 – V R 156/84, BFH/NV 1990 S. 741: Zeitpunkt der Lieferung eines bebauten Grundstücks – Begriff „veräußern" i. S. des § 15a Abs. 4 UStG.

1. Wird ein unter Vorsteuerabzug errichtetes Betriebsgebäude nach Auflösung der Organschaft von dem ehemaligen Organträger an die ehemalige Organgesellschaft steuerfrei geliefert, ist eine zur Vorsteuerberichtigung verpflichtende Änderung der Verhältnisse im Sinne von § 15a Abs. 4 UStG gegeben.
2. Der Unternehmer kann dem Abnehmer die Verfügungsmacht über ein bebautes Grundstück schon vor Eigentumsübertragung verschaffen, wenn der Abnehmer unmittelbarer Besitzer des Grundstücks ist und seine Rechtsstellung durch eine formwirksame Auflassung sowie durch Bewilligung und Antrag auf Eigentumsänderung im Grundbuch gesichert wird.

BFH vom 16.09.1987 – X R 51/81, BStBl. 1988 II S. 205: Entnahmeeigenverbrauch bei Bestellung eines Nießbrauchs und Berichtigung nach § 15a UStG.

Die Bestellung eines lebenslänglichen unentgeltlichen Nießbrauchs an einem unternehmerisch genutzten bebauten Grundstück zugunsten eines 65 Jahre alten Berechtigten ist im Regelfall ein steuerfreier Entnahmeeigenverbrauch, der wegen Änderung der Verhältnisse zur Berichtigung des Vorsteuerabzugs auf die Herstellungskosten des Gebäudes führt.

BFH vom 09.04.1987 – V R 23/80, BStBl. 1987 II S. 527; UR 1987 S. 166: Vorsteuerberichtigungsanspruch aufgrund von Konkursverwalter-Verwertungshandlungen gehört zu Massekosten (§ 15a UStG, § 58 Nr. 2 KO).

Der Vorsteuerberichtigungsanspruch des FA nach § 15a Abs. 1 i. V. m. Abs. 4 UStG 1973, der durch die Verwertung des zur Konkursmasse gehörenden Vermögens des Gemeinschuldners durch den Konkursverwalter ausgelöst wird, zählt zu den Massekosten i. S. des § 58 Nr. 2 KO. Er ist als Masseanspruch vorweg aus der Konkursmasse zu berichtigen (§ 57 KO) und durch einen an den Konkursverwalter zu richtenden Steuerbescheid geltend zu machen (Anschluß an das BFH-Urteil vom 13.11.1986 – V R 59/79, BFHE 148, 346 = BStBl. 1987 II, 226 = StRK UStG 1967 § 17 R. 8).

BGH vom 22.01.1986 – IV a ZR 105/84, UR 1986 S. 210: Beratungspflichten bei steuerfreiem Weiterverkauf eines mit Vorsteuerabzug erworbenen Grundstücks (§ 15a UStG).

1. Werden bei einem Grundstücksverkauf die steuerlichen Folgen des § 15a UStG übersehen, trifft den steuerlichen Berater eine Schadensersatzpflicht, falls er im Rahmen des bestehenden Beratungsverhältnisses seiner Belehrungspflicht nicht genügt hat. Die Belehrungspflicht gehört zu den Hauptpflichten des Steuerberatervertrages; sie ist eine Leistungspflicht.
2. Grundsätzlich trägt der Berater die Beweislast für die Erfüllung der Belehrungspflicht. Er genügt ihr, wenn er konkrete Angaben darüber macht, welche Ratschläge und Belehrungen er erteilt hat und wie der Mandant darauf reagiert hat.
3. Ist unstreitig oder erwiesen, daß wegen einer bestimmten Angelegenheit ein Beratungsgespräch stattgefunden hat (hier: Grundstücksverkauf), kommt es zu einer Beweislastumkehr zu Lasten des Mandanten, wenn dieser seinen Schadensersatzanspruch darauf stützt, daß innerhalb des Beratungsgesprächs ein bestimmter rechtlicher Gesichtspunkt (hier: Vorsteuerberichtigungspflicht nach § 15a UStG) vom Steuerberater nicht angesprochen sein soll; hierfür ist der Mandant beweispflichtig[2].

---

1) Leitsatz nicht amtlich (aus UR)
2) Leitsätze nicht amtlich

§ 16

Fünfter Abschnitt
Besteuerung

§ 16 Steuerberechnung, Besteuerungszeitraum und Einzelbesteuerung

(1) [1] Die Steuer ist, soweit nicht § 20 gilt, nach vereinbarten Entgelten zu berechnen. Besteuerungszeitraum ist das Kalenderjahr. Bei der Berechnung der Steuer ist von der Summe der Umsätze nach § 1 Abs. 1 Nr. 1 und 5 auszugehen, soweit für sie die Steuer in dem Besteuerungszeitraum entstanden ist und die Steuerschuldnerschaft gegeben ist. Der Steuer sind die nach § 6a Abs. 4 Satz 2, nach § 14c sowie nach § 17 Abs. 1 Satz 6 geschuldeten Steuerbeträge hinzuzurechnen.

(1a) [2] Macht ein nicht im Gemeinschaftsgebiet ansässiger Unternehmer von § 18 Abs. 4c Gebrauch, ist Besteuerungszeitraum das Kalendervierteljahr. Bei der Berechnung der Steuer ist von der Summe der Umsätze nach § 3a Abs. 5 auszugehen, die im Gemeinschaftsgebiet steuerbar sind, soweit für sie in dem Besteuerungszeitraum die Steuer entstanden und die Steuerschuldnerschaft gegeben ist. Absatz 2 ist nicht anzuwenden.

(2) Von der nach Absatz 1 berechneten Steuer sind die in den Besteuerungszeitraum fallenden, nach § 15 abziehbaren Vorsteuerbeträge abzusetzen. § 15a ist zu berücksichtigen. Die Einfuhrumsatzsteuer ist von der Steuer für den Besteuerungszeitraum abzusetzen, in dem sie entrichtet worden ist. Die bis zum 16. Tag nach Ablauf des Besteuerungszeitraums zu entrichtende Einfuhrumsatzsteuer kann bereits von der Steuer für diesen Besteuerungszeitraum abgesetzt werden, wenn sie in ihm entstanden ist.

(3) Hat der Unternehmer seine gewerbliche oder berufliche Tätigkeit nur in einem Teil des Kalenderjahres ausgeübt, so tritt dieser Teil an die Stelle des Kalenderjahres.

(4) [3] Abweichend von den Absätzen 1, 2 und 3 kann das Finanzamt einen kürzeren Besteuerungszeitraum bestimmen, wenn der Eingang der Steuer gefährdet erscheint oder der Unternehmer damit einverstanden ist.

(5) Bei Beförderungen von Personen im Gelegenheitsverkehr mit Kraftomnibussen, die nicht im Inland zugelassen sind, wird die Steuer, abweichend von Absatz 1, für jeden einzelnen steuerpflichtigen Umsatz durch die zuständige Zolldienststelle berechnet (Beförderungseinzelbesteuerung), wenn eine Grenze zum Drittlandsgebiet überschritten wird. Zuständige Zolldienststelle ist die Eingangszollstelle oder Ausgangszollstelle, bei der der Kraftomnibus in das Inland gelangt oder das Inland verläßt. Die zuständige Zolldienststelle handelt bei der Beförderungseinzelbesteuerung für das Finanzamt, in dessen Bezirk sie liegt (zuständiges Finanzamt), Absatz 2 und § 19 Abs. 1 sind bei der Beförderungseinzelbesteuerung nicht anzuwenden.

(5a) Beim innergemeinschaftlichen Erwerb neuer Fahrzeuge durch andere Erwerber als die in § 1a Abs. 1 Nr. 2 genannten Personen ist die Steuer abweichend von Absatz 1 für jeden einzelnen steuerpflichtigen Erwerb zur berechnen (Fahrzeugeinzelbesteuerung).

(5b) Auf Antrag des Unternehmers ist nach Ablauf des Besteuerungszeitraums an Stelle der Beförderungseinzelbesteuerung (Absatz 5) die Steuer nach den Absätzen 1 und 2 zu berechnen. Absätze 3 und 4 gelten entsprechend.

(6) [4] Werte in fremder Währung sind zur Berechnung der Steuer und der abziehbaren Vorsteuerbeträge auf Euro nach den Durchschnittskursen umzurechnen, die das Bundesministerium der Finanzen für den Monat öffentlich bekanntgibt, in dem die Leistung ausgeführt oder das Entgelt oder ein Teil des Entgelts vor Ausführung der Leistung (§ 13 Abs. 1 Nr. 1 Buchstabe a Satz 4) vereinnahmt wird. Ist dem leistenden Unternehmer die Berechnung der Steuer nach vereinnahmten Entgelten gestattet (§ 20), so sind die Entgelte nach den Durchschnittskursen des Monats umzurechnen, in dem sie vereinnahmt werden.

---

1) Fassung ab 16.12.2004
2) Fassung ab 01.01.2010
3) Fassung ab 01.07.2003
4) § 16 Abs. 6 Sätze 5 und 6 gelten ab 01.07.2003

Das Finanzamt kann die Umrechnung nach dem Tageskurs, der durch Bankmitteilung oder Kurszettel nachzuweisen ist, gestatten. Macht ein nicht im Gemeinschaftsgebiet ansässiger Unternehmer von § 18 Abs. 4c Gebrauch, hat er zur Berechnung der Steuer Werte in fremder Währung nach den Kursen umzurechnen, die für den letzten Tag des Besteuerungszeitraums nach Absatz 1a Satz 1 von der Europäischen Zentralbank festgestellt worden sind. Sind für diesen Tag keine Umrechnungskurse festgestellt worden, hat der Unternehmer die Steuer nach den für den nächsten Tag nach Ablauf des Besteuerungszeitraums nach Absatz 1a Satz 1 von der Europäischen Zentralbank festgestellten Umrechnungskursen umzurechnen.

(7) Für die Einfuhrumsatzsteuer gelten § 11 Abs. 5 und § 21 Abs. 2.

Vorgaben im EG-Recht

USt-Recht	MwStSystRL
§ 16 Abs. 1	Artikel 250 bis 252
§ 16 Abs. 1a	Artikel 364
§ 16 Abs. 2	Artikel 179 und 250
§ 16 Abs. 3 und 4	Artikel 252
§ 16 Abs. 5 und 5b	Artikel 250 bis 252
§ 16 Abs. 5a	Artikel 210 und 258
§ 16 Abs. 6 Satz 1 bis 3	Artikel 91 Abs. 2, Artikel 394
§ 16 Abs. 6 Satz 4 und 5	Artikel 366
§ 16 Abs. 7	Artikel 91 Abs. 1, Artikel 211

UStAE

Zu § 16 UStG

16.1. Steuerberechnung

(1) ¹Der Unternehmer hat alle im Rahmen seines Unternehmens ausgeführten Umsätze zusammenzurechnen. ²Dem Unternehmer sind im Fall der Zwangsverwaltung über ein Grundstück des Unternehmers auch die Umsätze zuzurechnen, die der Zwangsverwalter im Rahmen seiner Verwaltungstätigkeit ausführt (vgl. BFH-Urteil vom 10.4.1997, V R 26/96, BStBl. II S. 552); zur Abgabe von Voranmeldungen in diesen Fällen vgl. Abschnitt 18.6 Abs. 4.

(2) ¹Nach § 16 Abs. 2 Satz 4 UStG in Verbindung mit § 18 Abs. 1 Satz 2 UStG kann die bereits im abgelaufenen Monat entstandene, aber erst am 16. Tage nach Ablauf des Monats fällige Einfuhrumsatzsteuer zum gleichen Zeitpunkt von der Steuer des abgelaufenen Monats als Vorsteuer abgezogen werden.

Beispiel:

¹Entstehung der Einfuhrumsatzsteuer (Einfuhr) im Januar, Fälligkeit auf Grund eines Zahlungsaufschubs am 16. Februar.

²Die Einfuhrumsatzsteuer kann bereits als Vorsteuer in der Voranmeldung für Januar abgezogen werden.

²Zum Nachweis der zu entrichtenden Einfuhrumsatzsteuer in diesen Fällen vgl. Abschnitt 15.11 Abs. 1 Satz 2 Nr. 2. ³Wird die Einfuhrumsatzsteuer bei Fälligkeit nicht entrichtet, ist der Vorsteuerabzug für den Voranmeldungs- oder Besteuerungszeitraum zu berichtigen, in dem er geltend gemacht worden ist.

16.2. Beförderungseinzelbesteuerung

(1) ¹Die Beförderungseinzelbesteuerung (§ 16 Abs. 5 UStG) setzt voraus, dass Kraftomnibusse, mit denen die Personenbeförderungen im Gelegenheitsverkehr durchgeführt werden, nicht im Inland (§ 1 Abs. 2 Satz 1 UStG) zugelassen sind. ²Es ist nicht erforderlich, dass der Beförderer ein ausländischer Unternehmer ist. ³Für die Besteuerung der Beförderungsleistung kommt es nicht darauf an, ob der Unternehmer Eigentümer des Kraftomnibusses ist oder ob er ihn gemietet hat. ⁴(Beförderungs-) Unternehmer im verkehrsrechtlichen und im umsatzsteuerrechtlichen Sinne ist derjenige, der die Beförderung im eigenen Namen, unter eigener Verantwortung und für eigene Rechnung durchführt (§ 3 Abs. 2 PBefG). ⁵Führt ein Omnibusunternehmer die Beförderung mit einem gemieteten Kraftomnibus durch, geht der Beförderungsleistung eine Leistung voraus, die in der Vermietung des Kraft-

§ 16   **UStAE 16.2.**

omnibusses besteht. ⁶Es ist deshalb neben der Beförderungsleistung im Inland auch die Vermietungsleistung zu besteuern, sofern sie im Inland ausgeführt wird (vgl. Abschnitte 3a.2 und 3a.5). ⁷Betreibt der Vermieter sein Unternehmen im Drittlandsgebiet, wird eine kurzfristige Vermietungsleistung als im Inland ausgeführt behandelt, soweit der Kraftomnibus im Inland genutzt wird (§ 3a Abs. 6 Satz 1 Nr. 1 UStG). ⁸Ist der Vermieter im Ausland ansässig, obliegt die Besteuerung der Vermietungsleistung im Inland dem Beförderungsunternehmer als Leistungsempfänger (§ 13b Abs. 2 Nr. 1 und Abs. 5 Satz 1 UStG).

(2) ¹Personenbeförderungen im Gelegenheitsverkehr mit nicht im Inland zugelassenen Kraftomnibussen unterliegen der Beförderungseinzelbesteuerung, wenn bei der Ein- oder Ausreise eine Grenze zwischen dem Inland und dem Drittlandsgebiet (z.B. Grenze zur Schweiz) überschritten wird. ²Führt der Unternehmer im Zusammenhang mit einer grenzüberschreitenden Beförderung von Personen weitere Personenbeförderungen im Inland durch (z.B. Sonderfahrten während des Aufenthalts einer Reisegruppe in Deutschland), unterliegen diese ebenfalls der Beförderungseinzelbesteuerung.

(3) Kraftomnibusse sind Kraftfahrzeuge, die nach ihrer Bauart und Ausstattung zur Beförderung von mehr als neun Personen – einschließlich Führer – geeignet und bestimmt sind (§ 4 Abs. 4 Nr. 2 PBefG).

(4) ¹Der Gelegenheitsverkehr mit Kraftomnibussen umfasst die Ausflugsfahrten, die Ferienziel-Reisen und den Verkehr mit Mietomnibussen (§ 46 PBefG). ²Ausflugsfahrten sind Fahrten, die der Unternehmer nach einem bestimmten, von ihm aufgestellten Plan und zu einem für alle Teilnehmer gleichen und gemeinsam verfolgten Ausflugszweck anbietet und ausführt (§ 48 Abs. 1 PBefG). ³Ferienziel-Reisen sind Reisen zu Erholungsaufenthalten, die der Unternehmer nach einem bestimmten, von ihm aufgestellten Plan zu einem Gesamtentgelt für Beförderung und Unterkunft mit oder ohne Verpflegung anbietet und ausführt (§ 48 Abs. 2 PBefG). ⁴Verkehr mit Mietomnibussen ist die Beförderung von Personen mit Kraftomnibussen, die nur im Ganzen zur Beförderung angemietet werden und mit denen der Unternehmer Fahrten ausführt, deren Zweck, Ziel und Ablauf der Mieter bestimmt. ⁵Die Teilnehmer müssen ein zusammengehöriger Personenkreis und über Ziel und Ablauf der Fahrt einig sein (§ 49 Abs. 1 PBefG). ⁶Bei den in bilateralen Abkommen mit Drittstaaten als Pendelverkehr bezeichneten Personenbeförderungen handelt es sich um Gelegenheitsverkehr.

(5) ¹Der Beförderungseinzelbesteuerung unterliegt nur der inländische Streckenanteil. ²Inländische Streckenanteile, die nach den §§ 2 oder 5 UStDV als ausländische Beförderungsstrecken anzusehen sind, bleiben unberücksichtigt. ³Streckenanteile, die nach den §§ 3 oder 6 UStDV als inländische Beförderungsstrecken anzusehen sind, sind in die Besteuerung einzubeziehen.

(6) ¹Personenbeförderungen, die unentgeltlich oder nicht im Rahmen eines Unternehmens durchgeführt werden, unterliegen bei entsprechendem Nachweis nicht der Umsatzsteuer. ²Werden Schülergruppen, Studentengruppen, Jugendgruppen, kulturelle Gruppen – z.B. Theater- und Musikensembles, Chöre – oder Mitglieder von Vereinen in Kraftomnibussen befördert, die dem Schulträger, dem Träger der kulturellen Gruppe oder dem Verein gehören, kann grundsätzlich angenommen werden, dass diese Beförderungsleistungen nicht im Rahmen eines Unternehmens erbracht werden. ³Dies gilt entsprechend, wenn der Verein, die Gruppe oder die Schule einen Kraftomnibus anmietet und anschließend die Personen mit eigenem Fahrer, im eigenen Namen, unter eigener Verantwortung und für eigene Rechnung befördert. ⁴Ist der Busfahrer Angestellter des den Omnibus vermietenden Unternehmers und wird er von diesem bezahlt, ist für Zwecke der Beförderungseinzelbesteuerung von einer Personenbeförderung durch den Busunternehmer auszugehen.

(7) ¹Die maßgebliche Zahl der Personenkilometer ergibt sich durch Vervielfachung der Anzahl der beförderten Personen mit der Anzahl der Kilometer im Inland zurückgelegten Beförderungsstrecke (tatsächlich im Inland durchfahrene Strecke). ²Bei der Ermittlung der Zahl der beförderten Personen bleiben der Fahrer, der Beifahrer, Begleitpersonen, die Angestellte des Beförderers sind – z.B. Reiseleiter, Dolmetscher und Stewardessen –, sowie unentgeltlich mitbeförderte Kleinkinder (unter 4 Jahren) außer Betracht. ³Personen, die der Beförderer aus privaten Gründen unentgeltlich mitbefördert, z.B. Angehörige, sind demgegenüber mitzuzählen, soweit eine sonstige Leistung im Sinne von § 3 Abs. 9a Nr. 2 UStG vorliegt, die nach § 3f UStG im Inland ausgeführt wird.

(8) ¹Bei der Beförderungseinzelbesteuerung dürfen Vorsteuerbeträge nicht abgesetzt werden. ²Der Beförderungsunternehmer kann jedoch die Vergütung der Vorsteuerbeträge, die der Beförderungseinzelbesteuerung unterliegenden Beförderungsleistungen zuzurechnen sind, im Vorsteuer-Vergütungsverfahren beantragen (§§ 59 bis 61a UStDV). ³Ist beim Unternehmer das allgemeine Besteuerungsverfahren nach § 16 und § 18 Abs. 1 bis 4 UStG durchzuführen, kann er die Vorsteuerbeträge in diesem Verfahren geltend machen. ⁴Durch die Besteuerung nach § 16 und § 18 Abs. 1 bis 4 UStG wird die Beförderungseinzelbesteuerung nicht berührt. ⁵Die hierbei bereits versteuerten Umsätze sind daher, abgesehen vom Fall des Absatzes 9, nicht in das allgemeine Besteuerungsverfahren einzubeziehen.

(9) ¹Anstelle der Beförderungseinzelbesteuerung kann der Unternehmer nach Ablauf des Besteuerungszeitraumes die Besteuerung nach § 16 Abs. 1 und 2 UStG beantragen. ²Wegen der Anrechnung der im Wege der Beförderungseinzelbesteuerung festgesetzten Steuern und des Verfahrens vgl. Abschnitt 18.8 Abs. 3.

16.3. Fahrzeugeinzelbesteuerung

(1) ¹Die Fahrzeugeinzelbesteuerung (§ 16 Abs. 5a UStG) setzt voraus, dass andere als die in § 1a Abs. 1 Nr. 2 UStG genannten Personen einen innergemeinschaftlichen Erwerb neuer Fahrzeuge bewirken. ²Sie ist daher durchzuführen von Privatpersonen, nichtunternehmerisch tätigen Personenvereinigungen und Unternehmern, die das Fahrzeug für ihren nichtunternehmerischen Bereich beziehen. ³Zum Begriff des neuen Fahrzeugs vgl. Abschnitt 1b.1 Sätze 2 bis 5. ⁴Bei der Fahrzeugeinzelbesteuerung dürfen Vorsteuerbeträge nicht abgesetzt werden.

(2) ¹Für den innergemeinschaftlichen Erwerb neuer Fahrzeuge durch Unternehmer, die das Fahrzeug für ihren unternehmerischen Bereich erwerben, oder durch juristische Personen, die nicht Unternehmer sind oder die das Fahrzeug nicht für ihr Unternehmen erwerben (§ 1a Abs. 1 Nr. 2 UStG), ist die Fahrzeugeinzelbesteuerung nicht durchzuführen. ²Diese Unternehmer oder juristischen Personen haben den innergemeinschaftlichen Erwerb neuer Fahrzeuge in der Voranmeldung und in der Umsatzsteuererklärung für das Kalenderjahr anzumelden.

16.4. Umrechnung von Werten in fremder Währung

(1) ¹Die Umrechnung der Werte in fremder Währung (§ 16 Abs. 6 UStG) dient der Berechnung der Umsatzsteuer und der abziehbaren Vorsteuerbeträge. ²Kursänderungen zwischen der Ausführung der Leistung und der Vereinnahmung des Entgelts bleiben unberücksichtigt.

(2) ¹Bei der Umrechnung nach dem Tageskurs ist der Nachweis durch Bankmitteilung oder Kurszettel zu führen, weil die Bankabrechnung im Zeitpunkt der Leistung noch nicht vorliegt. ²Aus Vereinfachungsgründen kann das Finanzamt gestatten, dass die Umrechnung regelmäßig nach den Durchschnittskursen vorgenommen wird, die das Bundesministerium der Finanzen für den Monat bekannt gegeben hat, der dem Monat vorangeht, in dem die Leistung ausgeführt oder das Entgelt vereinnahmt wird.

(3) Zur Umrechnung der Werte in fremder Währung zur Berechnung der Umsatzsteuer im Besteuerungsverfahren nach § 18 Abs. 4c UStG vgl. Abschnitt 3a.16 Abs. 10.

Verwaltungsregelungen zu § 16

Datum	Anlage	Quelle	Inhalt
24.05.88	§ 016-01	BMF	Zeitpunkt des Vorsteuerabzugs aus den monatlichen Milchgeldabrechnungen (§ 15 Abs. 1 Nr. 1, § 16 Abs. 2 UStG)
	§ 016-02		nicht belegt
10.02.94	§ 016-03	BMF	Beförderungseinzelbesteuerung bei der Umsatzsteuer (§§ 16 Abs. 5, 18 Abs. 5 UStG); Durchführung der Erstattung oder Nacherhebung nach Einspruchsentscheidungen
	§ 016-04	BMF	Merkblatt zur Umsatzbesteuerung von grenzüberschreitenden Personenbeförderungen mit Omnibussen, die nicht in der Bundesrepublik Deutschland zugelassen sind Stand: 01.01.2011
07.02.12	§ 016-05	BMF	Umsatzsteuer-Umrechnungskurse; Gesamtübersicht für das Jahr 2011
28.05.04	§ 016-06	OFD Han	Bearbeitung der Umsatzsteuer in Insolvenzfällen

Rechtsprechungsauswahl

BFH vom 16.12.2008 – VII R 17/08, DStRE 2009 S. 617: Keine Erstattung der Sondervorauszahlung bei Widerruf der Dauerfristverlängerung.

Wird die Dauerfristverlängerung für die Abgabe der Umsatzsteuervoranmeldungen widerrufen und die Sondervorauszahlung auf die Vorauszahlung für den letzten Voranmeldungszeitraum, für den die Fristverlängerung gilt, angerechnet, ist der insoweit nicht verbrauchte Betrag der Sondervorauszahlung nicht

§ 16

zu erstatten, sondern mit der Jahressteuer zu verrechnen. Nur soweit die Sondervorauszahlung auch durch diese Verrechnung nicht verbraucht ist, entsteht ein Erstattungsanspruch.

BFH vom 16.01.2007 – VII R 4/06, BStBl. 2007 II S. 747: Einzelne Vorsteuerbeträge begründen keinen Vergütungsanspruch, der unabhängig von der Berechnung der Umsatzsteuer geltend gemacht werden kann.

Einzelne Vorsteuerbeträge begründen keinen Vergütungsanspruch, sondern sind unselbständige Besteuerungsgrundlagen, die bei der Berechnung der Umsatzsteuer mitberücksichtigt werden und in die Festsetzung der Umsatzsteuer eingehen. Aus einer Umsatzsteuer-Voranmeldung für einen Besteuerungszeitraum nach Eröffnung des Insolvenzverfahrens, die zu einer Steuerschuld führt, können daher einzelne Vorsteuerabzugsbeträge aus Leistungen, die vor Insolvenzeröffnung erbracht worden sind, nicht ausgeschieden und durch Aufrechnung zum Erlöschen gebracht werden.

EuGH vom 28.09.2006 – Rs. C-128/05 – Kommission gegen Österreich, DB 2006 S. 2556: Nichtabgabe von Steuererklärungen durch ausländische Busunternehmer in Österreich entspricht nicht dem Gemeinschaftsrecht.

Österreich hat dadurch gegen seine Verpflichtungen aus den Art. 18 Abs. 1 Buchst. a und 2 sowie 22 Abs. 3 bis 5 der 6. EG-RL verstoßen, dass es nicht in Österreich ansässigen Stpfl., die Personenbeförderungen in Österreich durchführen, gestattet, keine Steuererklärungen einzureichen und den Netto-Mehrwertsteuerbetrag nicht zu zahlen, wenn ihr in Österreich erzielter Jahresumsatz unter 22.000 Euro liegt, in diesem Fall davon ausgeht, dass der Betrag der geschuldeten Mehrwertsteuer gleich dem der abziehbaren Mehrwertsteuer ist, und die Anwendung der vereinfachten Regelung dadurch bedingt hat, dass diese Steuer in den Rechnungen oder in den an ihre Stelle tretenden Dokumenten nicht ausgewiesen wird.[1)]

BFH vom 18.10.2001 – V R 44/00, BStBl. 2002 II S. 171: Umsätze mit mehreren Grundstücken in der Zwangsverwaltung.

Unterliegen mehrere Grundstücke der Zwangsverwaltung, sind die Nutzungen des Grundstücks und die Ausgaben der Verwaltung gemäß § 155 ZVG grundsätzlich für jedes Grundstück gesondert zu ermitteln. Die Umsatzsteuer ist deshalb ebenfalls für jedes Grundstück gesondert zu ermitteln und anzumelden.

BFH vom 24.03.1983 – V R 8/81, BStBl. 1983 II S. 612: Der dem Unternehmer aus § 15 UStG erwachsende Vorsteuerabzugsanspruch geht in die Steuerberechnung gemäß § 16 Abs. 2 UStG ein und ist deshalb kein eigenständig abtretbarer Anspruch.

BFH vom 30.09.1976 – V R 109/73, BStBl. 1977 II S. 227:
1. Bei der Berechnung und Festsetzung der Umsatzsteuer bilden die nach § 16 Abs. 1 UStG 1967 berechnete Steuer und die Summe der Vorsteuerabzugsansprüche i. S. des § 16 Abs. 2 UStG 1967 unselbständige Besteuerungsgrundlagen, deren Saldo die für den Besteuerungszeitraum zu berechnende Steuer i. S. des § 18 Abs. 1 UStG 1967 darstellt.
2. Gegen die Steuerfestsetzung ist auch dann die Anfechtungsklage gegeben, wenn die Festsetzung einer negativen Steuer bzw. deren Erhöhung erstrebt wird.

BFH vom 28.11.1974 – V B 44/74, BStBl. 1975 II S. 240: Im Verfahren nach § 69 Abs. 3 FGO ist ein Antrag des Steuerpflichtigen, die Vollziehung eines auf eine negative Steuerzahlungsschuld lautenden Steuerbescheides in der Weise auszusetzen, daß das Gericht eine höhere negative Steuerzahlungsschuld festsetzt, nicht statthaft.

BFH vom 28.11.1974 – V B 52/73, BStBl. 1975 II S. 239: Hat das FA zunächst durch einen vorläufigen Umsatzsteuerbescheid eine negative Steuerzahlungsschuld festgesetzt und setzt es im endgültigen Umsatzsteuerbescheid die Umsatzsteuer auf 0,– DM fest, so handelt es sich bei dem endgültigen Umsatzsteuerbescheid hinsichtlich der Differenz um einen vollziehbaren Verwaltungsakt, dessen Vollziehung bei Vorliegen der Voraussetzungen des § 69 Abs. 3 FGO insoweit ausgesetzt werden kann.

---

1) In Deutschland gilt § 16 Abs. 6 UStG

§ 17 Änderung der Bemessungsgrundlage

(1) ¹Hat sich die Bemessungsgrundlage für einen steuerpflichtigen Umsatz im Sinne des § 1 Abs. 1 Nr. 1 geändert, hat der Unternehmer, der diesen Umsatz ausgeführt hat, den dafür geschuldeten Steuerbetrag zu berichtigen. Ebenfalls ist der Vorsteuerabzug bei dem Unternehmer, an den dieser Umsatz ausgeführt wurde, zu berichtigen. Dies gilt nicht, soweit er durch die Änderung der Bemessungsgrundlage wirtschaftlich nicht begünstigt wird. Wird in diesen Fällen ein anderer Unternehmer durch die Änderung der Bemessungsgrundlage wirtschaftlich begünstigt, hat dieser Unternehmer seinen Vorsteuerabzug zu berichtigen. Die Sätze 1 bis 4 gelten in den Fällen des § 1 Abs. 1 Nr. 5 und des § 13b sinngemäß. Die Berichtigung des Vorsteuerabzugs kann unterbleiben, soweit ein dritter Unternehmer den auf die Minderung des Entgelts entfallenden Steuerbetrag an das Finanzamt entrichtet; in diesem Fall ist der dritte Unternehmer Schuldner der Steuer. Die Berichtigungen nach den Sätzen 1 und 2 sind für den Besteuerungszeitraum vorzunehmen, in dem die Änderung der Bemessungsgrundlage eingetreten ist. Die Berichtigung nach Satz 4 ist für den Besteuerungszeitraum vorzunehmen, in dem der andere Unternehmer wirtschaftlich begünstigt wird.

(2) Absatz 1 gilt sinngemäß, wenn

1. das vereinbarte Entgelt für eine steuerpflichtige Lieferung, sonstige Leistung oder einen steuerpflichtigen innergemeinschaftlichen Erwerb uneinbringlich geworden ist. Wird das Entgelt nachträglich vereinnahmt, sind Steuerbetrag und Vorsteuerabzug erneut zu berichtigen;
2. für eine vereinbarte Lieferung oder sonstige Leistung ein Entgelt entrichtet, die Lieferung oder sonstige Leistung jedoch nicht ausgeführt worden ist;
3. eine steuerpflichtige Lieferung, sonstige Leistung oder ein steuerpflichter innergemeinschaftlicher Erwerb rückgängig gemacht worden ist;
4. der Erwerber den Nachweis im Sinne des § 3d Satz 2 führt;
5. [1)]Aufwendungen im Sinne des § 15 Abs. 1a Nr. 1 getätigt werden.

(3)[2)] Ist Einfuhrumsatzsteuer, die als Vorsteuer abgezogen worden ist, herabgesetzt, erlassen oder erstattet worden, so hat der Unternehmer den Vorsteuerabzug entsprechend zu berichtigen. Absatz 1 Satz 7 gilt sinngemäß.

(4) Werden die Entgelte für unterschiedlich besteuerte Lieferungen oder sonstige Leistungen eines bestimmten Zeitabschnitts gemeinsam geändert (z.B. Jahresboni, Jahresrückvergütungen), so hat der Unternehmer dem Leistungsempfänger einen Beleg zu erteilen, aus dem zu ersehen ist, wie sich die Änderung der Entgelte auf die unterschiedlich besteuerten Umsätze verteilt.

Vorgaben im EG-Recht

USt-Recht	MwStSystRL
§ 17 Abs. 1 und 2 Nr. 1 bis 3	Artikel 90, 84 Abs. 2, 184, 185, 186
§ 17 Abs. 2 Nr. 4	Artikel 41 Abs. 2
§ 17 Abs. 4	Artikel 184, 185, 186

UStAE

Zu § 17 UStG

17.1. Steuer- und Vorsteuerberichtigung bei Änderung der Bemessungsgrundlage

(1) ¹Die Frage, ob sich die Bemessungsgrundlage für einen steuerpflichtigen Umsatz geändert hat, beurteilt sich nach § 10 Abs. 1 bis 5 UStG. ²Auf die Abschnitte 10.1 bis 10.7 wird verwiesen. ³Zur Steuer- und Vorsteuerberichtigung bei Entgeltminderungen durch Gewährung von verdeckten Preisnachlässen vgl. Abschnitt 10.5 Abs. 4.

---
1) Fassung ab 25.12.2008
2) Fassung ab 16.12.2004

§ 17   UStAE 17.1.

(2) ¹Die erforderlichen Berichtigungen sind für den Besteuerungszeitraum vorzunehmen, in dem die Änderung der Bemessungsgrundlage eingetreten ist. ²Die Berichtigungspflicht ist bereits bei der Berechnung der Vorauszahlungen zu beachten (§ 18 Abs. 1 Satz 2 UStG). ³Vereinbaren der leistende Unternehmer und der Leistungsempfänger die vollständige oder teilweise Rückzahlung des entrichteten Entgelts, mindert sich die Bemessungsgrundlage nur, soweit das Entgelt tatsächlich zurückgezahlt wird, und zwar in dem Besteuerungszeitraum, in dem die Rückgewähr erfolgt (BFH-Urteil vom 18.9.2008, V R 56/06, BStBl. 2009 II S. 250). ⁴Dies gilt entsprechend für den Fall der nachträglichen Erhöhung des Entgelts. ⁵Mindert sich der Kaufpreis auf Grund einer Mängelrüge, ändert sich die Bemessungsgrundlage im Zeitpunkt der tatsächlichen Realisierung der Ansprüche (Erfüllungsgeschäft – vgl. EuGH-Urteil vom 29.5.2001, C-86/99, EuGHE I S. 4167).

(3) ¹Die Berichtigungspflicht besteht auch dann, wenn sich die Berichtigung der Steuer und die Berichtigung des Vorsteuerabzugs im Ergebnis ausgleichen. ²Berechnet der Leistungsempfänger z.B. Lieferantenskonti nicht vom Gesamtpreis einschließlich Umsatzsteuer, sondern nur vom Entgelt (ohne Umsatzsteuer), hat er unabhängig von der Behandlung der Skontobeträge durch den Lieferanten den in Anspruch genommenen Vorsteuerabzug nach § 17 Abs. 1 Satz 2 UStG zu berichtigen. ³Die Berichtigungspflicht ist bei einer Änderung der Bemessungsgrundlage nicht von einer Änderung des Steuerbetrags in der ursprünglichen Rechnung abhängig. ⁴Ein Belegaustausch ist nur für die in § 17 Abs. 4 UStG bezeichneten Fälle vorgeschrieben. ⁵Gewährt eine Genossenschaft ihren Mitgliedern eine umsatzabhängige Zusatzvergütung für die an die Genossenschaft erbrachten Lieferungen, handelt es sich um eine nachträgliche Erhöhung des Entgelts (vgl. BFH-Urteil vom 6.6.2002, V R 59/00, BStBl. 2003 II S. 214).

(4) Die Berichtigung des Vorsteuerabzugs kann unterbleiben, soweit der auf die Entgeltminderung entfallende Steuerbetrag von einem dritten Unternehmer entrichtet wird (§ 17 Abs. 1 Satz 6 UStG).

Beispiel:
¹Die Einkaufsgenossenschaft E (Zentralregulierer) vermittelt eine Warenlieferung von A an B. ²E wird auch in den Abrechnungsverkehr eingeschaltet. ³Sie zahlt für B den Kaufpreis an A unter Inanspruchnahme von Skonto. ⁴B zahlt an E den Kaufpreis ohne Inanspruchnahme von Skonto.

⁵Nach § 17 Abs. 1 Satz 1 UStG hat A seine Steuer zu berichtigen. ⁶B braucht nach § 17 Abs. 1 Satz 6 UStG seinen Vorsteuerabzug nicht zu berichtigen, soweit E die auf den Skontoabzug entfallende Steuer an das Finanzamt entrichtet.

(5) ¹Die Pflicht zur Berichtigung der Steuer und des Vorsteuerabzugs nach § 17 Abs. 1 UStG besteht auch dann, wenn das Entgelt für eine steuerpflichtige Lieferung oder sonstige Leistung uneinbringlich geworden ist (§ 17 Abs. 2 Nr. 1 UStG). ²Uneinbringlichkeit im Sinne des § 17 Abs. 2 UStG liegt insbesondere vor, wenn der Schuldner zahlungsunfähig ist, wenn den Forderungen die Einrede des Einforderungsverzichts entgegengehalten werden kann (vgl. BFH-Beschluss vom 10.3.1983, V B 46/80, BStBl. II S. 389) oder wenn der Anspruch auf Entrichtung des Entgelts nicht erfüllt wird und bei objektiver Betrachtung damit zu rechnen ist, dass der Leistende die Entgeltforderung ganz oder teilweise jedenfalls auf absehbare Zeit rechtlich oder tatsächlich nicht durchsetzen kann (vgl. BFH-Urteil vom 20.7.2006, V R 13/04, BStBl. 2007 II S. 22). ³Auch soweit der Leistungsempfänger das Bestehen oder die Höhe des vereinbarten Entgelts substantiiert bestreitet, kommt – übereinstimmend mit der Berichtigung des Vorsteuerabzugs beim Leistungsempfänger – beim Leistenden eine Berichtigung der Umsatzsteuer wegen Uneinbringlichkeit in Betracht (vgl. BFH-Urteile vom 31.5.2001, V R 71/99, BStBl. 2003 II S. 206, und vom 22.4.2004, V R 72/03, BStBl. II S. 684). ⁴Eine Berichtigung kommt auch in Betracht, wenn der Leistungsempfänger zwar nicht die Entgeltforderung selbst bestreitet, sondern mit einer vom Leistenden substantiiert bestrittenen Gegenforderung aufrechnet, und wenn bei objektiver Betrachtung damit zu rechnen ist, dass der Leistende die Entgeltforderung ganz oder teilweise jedenfalls auf absehbare Zeit nicht durchsetzen kann (vgl. BFH-Urteil vom 20.7.2006, a.a.O.). ⁵Die Feststellung einer vom Finanzamt angemeldeten, einen früheren Vorsteuerabzug berichtigenden Umsatzsteuer zur Insolvenztabelle hat die gleiche Wirkung wie ein inhaltsgleicher Berichtigungsbescheid im Sinne des § 17 UStG (BFH-Urteil vom 19.8.2008, VII R 36/07, BStBl. 2009 II S. 250). ⁶Zur Frage der Uneinbringlichkeit beim sog. Akzeptantenwechselgeschäft vgl. BFH-Urteil vom 8.12.1993, XI R 81/90, BStBl. 1994 II S. 338. ⁷Ertragsteuerrechtlich zulässige pauschale Wertberichtigungen führen nicht zu einer Berichtigung nach § 17 Abs. 2 UStG. ⁸Der Gläubiger, der eine Forderung als uneinbringlich behandelt hat, ist nicht verpflichtet, dem Schuldner hiervon Mitteilung zu machen. ⁹Das Finanzamt des Gläubigers ist jedoch berechtigt, das Finanzamt des Schuldners auf die Ausbuchung der Forderung hinzuweisen. ¹⁰Der Vorsteuerrückzahlungsanspruch dieses Finanzamts entsteht mit Ablauf des Voranmeldungszeitraums, in dem die Uneinbringlichkeit eingetreten ist (vgl. BFH-Urteil vom 8.10.1997, XI R 25/97, BStBl. 1998 II S. 69). ¹¹Der Schuldner hat nach § 17 Abs. 2 Nr. 1 in Verbindung mit Abs. 1 Satz 2 UStG seinen Vorsteuerabzug bereits dann entsprechend zu berichtigen, wenn sich aus den Gesamtumständen, insbe-

sondere aus einem längeren Zeitablauf nach Eingehung der Verbindlichkeit ergibt, dass er seiner Zahlungsverpflichtung gegenüber seinem Gläubiger nicht mehr nachkommen wird. [12]Wird der Anspruch des Gläubigers später ganz oder teilweise befriedigt, ist § 17 Abs. 2 Nr. 1 Satz 2 UStG anzuwenden. [13]Wird das Entgelt für eine während des Bestehens einer Organschaft bezogene Leistung nach Beendigung der Organschaft uneinbringlich, ist der Vorsteuerabzug nicht gegenüber dem bisherigen Organträger, sondern gegenüber dem im Zeitpunkt des Uneinbringlichwerdens bestehenden Unternehmen, dem früheren Organ, zu berichtigen (BFH-Urteil vom 7.12.2006, V R 2/05, BStBl. 2007 II S. 848).

(6) Bei der Abtretung einer Forderung unter dem Nennwert bestimmt sich das Entgelt nach den tatsächlichen Aufwendungen des Leistungsempfängers (vgl. Abschnitt 10.1 Abs. 4).

Beispiel:

[1]Ein Unternehmer hat auf Grund einer Lieferung eine Forderung in Höhe von 11.900 € gegen seinen zum Vorsteuerabzug berechtigten Abnehmer. [2]Er tritt diese Forderung zum Festpreis von 5.750 € an ein Inkassobüro ab. [3]Das Inkassobüro kann noch 8.925 € einziehen.

[4]Die Steuer des Lieferers richtet sich zunächst nach dem für die Lieferung vereinbarten Entgelt von 10.000 € (Steuer bei einem Steuersatz von 19 % = 1.900 €). [5]Die endgültige Steuer des Lieferers beträgt allerdings nur 1.425 €, da der Abnehmer nur 8.925 € aufgewandt hat (§ 10 Abs. 1 Satz 2 UStG), während die restlichen 2.975 € uneinbringlich sind. [6]Eine entsprechende Minderung der Steuer nach § 17 Abs. 2 Nr. 1 in Verbindung mit § 17 Abs. 1 Satz 1 UStG von 1.900 € auf 1.425 € setzt jedoch voraus, dass der Lieferer die teilweise Uneinbringlichkeit der Forderung nachweist. [7]Er muss sich also Kenntnis davon verschaffen, welchen Betrag das Inkassobüro tatsächlich noch einziehen konnte. [8]Der Abnehmer hat zunächst auf Grund der ihm vom Lieferer erteilten Rechnung den Vorsteuerabzug in voller Höhe. [9]Er muss ihn jedoch von sich aus nach § 17 Abs. 2 Nr. 1 in Verbindung mit Abs. 1 Satz 2 UStG auf der Grundlage seiner tatsächlichen Zahlung an das Inkassobüro (im Beispielsfall auf 1.425 €) berichtigen, da er die teilweise Uneinbringlichkeit der Forderung kennt. [10]Dies gilt entsprechend, wenn der Abnehmer weniger an das Inkassobüro zahlt, als der Lieferer für die Forderung erhalten hat. [11]Zahlt der Abnehmer den vollen Rechnungsbetrag an das Inkassobüro, bleiben die Steuer des Lieferers und der Vorsteuerabzug des Abnehmers in voller Höhe bestehen.

(7) [1]Steuer- und Vorsteuerberichtigungen sind auch erforderlich, wenn für eine Leistung ein Entgelt entrichtet, die Leistung jedoch nicht ausgeführt worden ist (§ 17 Abs. 2 Nr. 2 UStG). [2]Diese Regelung steht im Zusammenhang mit der in § 13 Abs. 1 Nr. 1 Buchstabe a Satz 4 UStG vorgeschriebenen Besteuerung von Zahlungen vor Ausführung der Leistungen. [3]Die Minderung der Bemessungsgrundlage nach § 17 Abs. 2 Nr. 2 UStG erfolgt erst in dem Besteuerungszeitraum, in dem die Anzahlung zurückgewährt worden ist (vgl. BFH-Urteil vom 2.9.2010, V R 34/09, BStBl. 2011 II S. 551).

Beispiel:

[1]Über das Vermögen eines Unternehmers, der Anzahlungen erhalten und versteuert hat, wird das Insolvenzverfahren eröffnet, bevor er eine Leistung erbracht hat. [2]Der Insolvenzverwalter lehnt die Erfüllung des Vertrags ab und gewährt die Anzahlungen zurück. [3]Der Unternehmer, der die vertraglich geschuldete Leistung nicht erbracht hat, hat die Steuer auf die Anzahlung im Besteuerungszeitraum der Rückgewähr nach § 17 Abs. 2 Nr. 2 UStG zu berichtigen. [4]Unabhängig davon hat der Unternehmer, an den die vertraglich geschuldete Leistung erbracht werden sollte, den Vorsteuerabzug in sinngemäßer Anwendung des § 17 Abs. 1 Satz 2 UStG im Besteuerungszeitraum der Rückgewähr zu berichtigen.

(8) [1]Ob eine Rückgängigmachung einer Lieferung nach § 17 Abs. 2 Nr. 3 UStG oder eine selbständige Rücklieferung vorliegt, ist aus der Sicht des Empfängers und nicht aus der Sicht des ursprünglichen Lieferers zu beurteilen. [2]Eine Rückgängigmachung ist anzunehmen, wenn der Lieferer oder der Lieferungsempfänger das der Hinlieferung zu Grunde liegende Umsatzgeschäft beseitigt oder sich auf dessen Unwirksamkeit beruft, die zuvor begründete Erwartung des Lieferers auf ein Entgelt dadurch entfällt und der Lieferungsempfänger den empfangenen Gegenstand in Rückabwicklung des Umsatzgeschäfts zurückgibt. [3]Dagegen liegt eine einen selbständigen Umsatz auslösende Rücklieferung vor, wenn die Beteiligten ein neues Umsatzgeschäft eingehen und der Empfänger der Hinlieferung dieses dadurch erfüllt, dass er dem ursprünglichen Lieferer die gelieferte Gegenstände in Erwartung einer Gegenleistung überträgt (vgl. BFH-Urteil vom 12.11.2008, XI R 46/07, BStBl. 2009 II S. 558). [4]Wenn der Insolvenzverwalter die Erfüllung eines zurzeit der Eröffnung des Insolvenzverfahrens vom Schuldner und seinem Vertragspartner noch nicht oder nicht vollständig erfüllten Vertrags ablehnt (§ 103 InsO) und der Lieferer infolgedessen die Verfügungsmacht an dem gelieferten Gegenstand zurückerhält, wird die Lieferung rückgängig gemacht (vgl. BFH-Urteil vom 8.5.2003, V R 20/02, BStBl. II S. 953, zum Konkursverfahren). [5]Wird die Leistung nach Vereinnahmung des Ent-

gelts rückgängig gemacht, entsteht der Berichtigungsanspruch nach § 17 Abs. 2 Nr. 3 UStG erst mit der Rückgewähr des Entgelts (vgl. BFH-Urteil vom 2.9.2010, V R 34/09, BStBl. 2011 II S. 991).

(9) [1]Zu den Aufwendungen im Sinne des § 17 Abs. 2 Nr. 5 UStG können auch AfA für abnutzbare Wirtschaftsgüter gehören, für deren Anschaffungskosten der Vorsteuerabzug gewährt wurde (vgl. BFH-Urteil vom 2.7.2008, XI R 60/06, BStBl. 2009 II S. 167). [2]§ 17 Abs. 2 Nr. 5 UStG setzt – anders als § 15a UStG – nicht zwingend voraus, dass sich die Verhältnisse in Bezug auf die Verwendungsumsätze geändert haben.

(10) [1]Die Vorschrift des § 17 Abs. 1 UStG ist entsprechend anzuwenden, wenn in einer Rechnung der Steuerbetrag nach § 14c Abs. 1 UStG berichtigt wird. [2]Die Berichtigung der vom Rechnungsaussteller wegen unrichtigen Steuerausweises geschuldeten Umsatzsteuer ist in dem Besteuerungszeitraum vorzunehmen, in dem er eine Rechnung mit geändertem Steuerausweis erteilt. [3]Der Widerspruch gegen den in einer Gutschrift enthaltenen Steuerausweis wirkt deshalb in dem Besteuerungszeitraum, in dem er erklärt wird (vgl. BFH-Urteil vom 19.5.1993, V R 110/88, BStBl. II S. 779). [4]Die Berichtigung der Vorsteuer durch den Leistungsempfänger hingegen ist für den Besteuerungszeitraum vorzunehmen, in dem diese abgezogen wurde. [5]§ 14c Abs. 1 Sätze 2 und 3 UStG betreffen nicht den Leistungsempfänger, sondern regeln nur die Voraussetzungen für die Erstattung der wegen unrichtigen Steuerausweises geschuldeten Umsatzsteuer des Steuerschuldners (vgl. BFH-Urteil vom 6.12.2007, V R 3/06, BStBl. 2009 II S. 203).

Uneinbringlichkeit im Insolvenzverfahren[1)]

(11) [1]Durch die Eröffnung des Insolvenzverfahrens über das Vermögen des leistenden Unternehmers geht nach § 80 Abs. 1 InsO die gesamte Verwaltungs- und Verfügungsbefugnis und damit auch die Empfangszuständigkeit für die offenen Forderungen auf den Insolvenzverwalter über. [2]Demzufolge kommt es zu einer Aufspaltung des Unternehmens in mehrere Unternehmensteile, zwischen denen einzelne umsatzsteuerrechtliche Berechtigungen und Verpflichtungen nicht miteinander verrechnet werden können. [3]Dabei handelt es sich um die Insolvenzmasse und das vom Insolvenzverwalter freigegebene Vermögen sowie einen vorinsolvenzrechtlichen Unternehmensteil. [4]Der Unternehmer ist auf Grund des Übergangs der Empfangszuständigkeit für die offenen Forderungen auf den Insolvenzverwalter nach § 80 Abs. 1 InsO selbst nicht mehr in der Lage, rechtswirksam Entgeltforderungen in seinem vorinsolvenzrechtlichen Unternehmensteil zu vereinnahmen. [5]Erbringt der Unternehmer, über dessen Vermögen das Insolvenzverfahren eröffnet wird, eine Leistung vor Verfahrenseröffnung, ohne das hierfür geschuldete Entgelt bis zu diesem Zeitpunkt zu vereinnahmen, tritt daher spätestens mit Eröffnung des Insolvenzverfahrens Uneinbringlichkeit im vorinsolvenzrechtlichen Unternehmensteil ein (Uneinbringlichkeit aus Rechtsgründen). [6]Der Steuerbetrag ist deshalb nach § 17 Abs. 2 Nr. 1 Satz 1 i.V.m. Absatz 1 Satz 1 UStG zu berichtigen. [7]Vereinnahmt der Insolvenzverwalter später das zunächst uneinbringlich gewordene Entgelt, ist der Umsatzsteuerbetrag nach § 17 Abs. 2 Nr. 1 Satz 2 UStG erneut zu berichtigen. [8]Diese auf Grund der Vereinnahmung entstehende Steuerberichtigung begründet eine sonstige Masseverbindlichkeit im Sinne von § 55 Abs. 1 Nr. 1 InsO (vgl. BFH-Urteil vom 9.12.2010, V R 22/10, BStBl. 2011 II S. 551[2)]). [9]Denn der sich aus § 17 Abs. 2 Nr. 1 Satz 2 UStG ergebende Steueranspruch ist erst mit der Vereinnahmung vollständig verwirklicht und damit abgeschlossen.

Beispiel:

[1]Über das Vermögen des U wurde am 15.7.01 das Insolvenzverfahren eröffnet. [2]Nach dem Gutachten des vorläufigen Insolvenzverwalters hatte U zu diesem Zeitpunkt Forderungen aus umsatzsteuerpflichtigen Lieferungen und sonstigen Leistungen in Höhe von 119.000 €. [3]Hierin ist die Umsatzsteuer in Höhe von 19.000 € enthalten. [4]U hatte diese Umsätze in den entsprechenden Voranmeldungszeiträumen vor der Eröffnung des Insolvenzverfahrens angemeldet. [5]Der Insolvenzverwalter vereinnahmt im März 02 (nach Eröffnung des Insolvenzverfahrens) Forderungen in Höhe von 59.500 €. [6]Die restlichen Forderungen kann der Insolvenzverwalter nicht realisieren.

[7]U kann seine Forderungen zum Zeitpunkt der Eröffnung des Insolvenzverfahrens nicht mehr selbst realisieren. [8]Die Forderungen sind aus rechtlichen Gründen uneinbringlich (§ 17 Abs. 2 Nr. 1 Satz 1 i.V.m. Absatz 1 Satz 1 UStG). [9]Im Voranmeldungszeitraum der Insolvenzeröffnung ist daher eine Berichtigung der Bemessungsgrundlage um 100.000 € vorzunehmen. [10]Nach Vereinnahmung eines Teils der Forderungen durch den Insolvenzverwalter muss dieser eine – erneute – Berichtigung der Bemessungsgrundlage nach § 17 Abs. 2 Nr. 1 Satz 2 i.V.m. Absatz 1 Satz 1 UStG von 50.000 € für den Voranmeldungszeitraum der Vereinnahmung (März 02) vornehmen. [11]Die hieraus resultierende Umsatzsteuer ist als Masseverbindlichkeit vom Insolvenzverwalter zu entrichten.

---

1) Hinweis auf Anlage § O17-08
2) Siehe dazu *Widmann*, UR 2011 S. 555

(12) ¹Wird vom Insolvenzgericht ein sog. starker vorläufiger Insolvenzverwalter nach § 22 Abs. 1 InsO bestellt, ist dieser Vermögensverwalter im Sinne des § 34 Abs. 3 AO. ²Da auf ihn die gesamte Verwaltungs- und Verfügungsbefugnis über das Vermögen des Schuldners übergeht, tritt bereits mit seiner Bestellung die Uneinbringlichkeit der Entgelte und die Aufspaltung des Unternehmens in mehrere Unternehmensteile ein und der Steuerbetrag ist nach § 17 Abs. 2 Nr. 1 Satz 1 i.V.m. Absatz 1 Satz 1 UStG zu berichtigen. ³Vereinnahmt später der sog. starke vorläufige Insolvenzverwalter im vorläufigen Insolvenzverfahren oder der Insolvenzverwalter im eröffneten Insolvenzverfahren das uneinbringlich gewordene Entgelt für eine Leistung, die vor Bestellung des starken vorläufigen Insolvenzverwalters erbracht worden ist, ist der Umsatzsteuerbetrag nach § 17 Abs. 2 Nr. 1 Satz 2 UStG im Zeitpunkt der Vereinnahmung erneut zu berichtigen. ⁴Diese auf Grund der Vereinnahmung entstehende Steuerberichtigung begründet eine sonstige Masseverbindlichkeit im Sinne von § 55 Abs. 2 Satz 1 InsO bei Vereinnahmung durch den sog. starken vorläufigen Insolvenzverwalter bzw. eine sonstige Masseverbindlichkeit im Sinne von § 55 Abs. 1 Nr. 1 InsO bei Vereinnahmung durch den Insolvenzverwalter. ⁵Wird das Insolvenzverfahren nicht eröffnet, ist die nach Satz 2 durchgeführte Berichtigung rückgängig zu machen.

(13) ¹Steuerbeträge aus Umsätzen, die von einem sog. schwachen vorläufigen Insolvenzverwalter oder vom Schuldner mit Zustimmung eines sog. schwachen vorläufigen Insolvenzverwalters im vorläufigen Insolvenzverfahren begründet werden und bei denen das Entgelt zum Zeitpunkt der Insolvenzeröffnung noch nicht vereinnahmt wurde, sind nicht nach § 17 Abs. 2 Nr. 1 Satz 1 i.V.m. Absatz 1 Satz 1 UStG zu berichtigen. ²Diese Umsatzsteuerbeträge stellen mit Eröffnung des Insolvenzverfahrens sonstige Masseverbindlichkeiten nach § 55 Abs. 4 InsO dar und sind daher aus der Insolvenzmasse des dreigeteilten Unternehmens zu entrichten. ³Für Steuerbeträge aus Umsätzen, die nach der Bestellung als sog. starker vorläufiger Insolvenzverwalter erbracht worden sind, kommt ebenfalls keine Berichtigung des Umsatzsteuerbetrags nach § 17 Abs. 2 Nr. 1 Satz 2 UStG in Betracht. ⁴Diese Umsätze stellen mit der Eröffnung des Insolvenzverfahrens sonstige Masseverbindlichkeiten nach § 55 Abs. 2 Satz 1 InsO dar.

(14) ¹Der Empfänger einer steuerpflichtigen Leistung, die vom Unternehmer vor Eröffnung des Insolvenzverfahrens erbracht und für die das Entgelt wegen der Eröffnung des Insolvenzverfahrens aus Rechtsgründen uneinbringlich wurde, hat zu diesem Zeitpunkt die auf die steuerpflichtige Leistung entfallenden Vorsteuerbeträge nicht nach § 17 Abs. 2 Nr. 1 Satz 1 i.V.m. Absatz 1 Satz 1 UStG zu berichtigen. ²Denn Zahlungsverpflichtung und Zahlungsbereitschaft des Leistungsempfängers bestehen fort und sind unabhängig von der Uneinbringlichkeit des Entgelts im vorinsolvenzrechtlichen Unternehmensteil des leistenden Unternehmers zu beurteilen.

(15) ¹Entgeltforderungen aus Lieferungen und sonstigen Leistungen, die vor Insolvenzeröffnung an den späteren Insolvenzschuldner erbracht wurden, werden im Augenblick der Insolvenzeröffnung unbeschadet einer möglichen Insolvenzquote in voller Höhe im Sinne des § 17 Abs. 2 Nr. 1 UStG uneinbringlich. ²Spätestens zu diesem Zeitpunkt ist die Umsatzsteuer beim leistenden Unternehmer und dementsprechend der Vorsteuerabzug beim Leistungsempfänger nach § 17 Abs. 1 UStG zu berichtigen. ³Wird das uneinbringlich gewordene Entgelt nachträglich vereinnahmt, ist der Umsatzsteuerbetrag erneut zu berichtigen (§ 17 Abs. 2 Nr. 1 Satz 2 UStG). ⁴Das gilt auch für den Fall, dass der Insolvenzverwalter die durch die Eröffnung uneinbringlich gewordene Forderung erfüllt (vgl. BFH-Urteil vom 22.10.2009, V R 14/08, BStBl. 2011 II S. 988).

17.2. Änderung der Bemessungsgrundlage bei der Ausgabe von Gutscheinen und Maßnahmen zur Verkaufsförderung

(1) ¹Die Ausgabe eines Gutscheins im Rahmen einer Werbemaßnahme, der einen Endabnehmer in die Lage versetzt, eine Leistung um den Nennwert des Gutscheins verbilligt zu erwerben, kann zu einer Minderung der Bemessungsgrundlage führen. ²Dies gilt unabhängig davon, ob die mit dem Gutschein verbundene Vergütung auf allen Stufen der Leistungskette vom Hersteller bis zum Endabnehmer erfolgt. ³Die Minderung der Bemessungsgrundlage ist von dem Unternehmer geltend zu machen, der den Umsatz ausführt und den finanziellen Aufwand für die Vergütung des Gutscheins trägt (z.B. Hersteller), während bei dem Unternehmer, an den dieser Umsatz ausgeführt worden ist, der Vorsteuerabzug unverändert bleibt. ⁴Eine solche Minderung der Bemessungsgrundlage setzt voraus, dass der Gutschein von einem Unternehmer ausgegeben wird, der mit einem eigenen Umsatz an der Fördermaßnahme beteiligt ist.

Beispiel 1:

¹Hersteller A verkauft Ware an Zwischenhändler B. ²A ist an einer Ausweitung des Absatzes seiner Waren interessiert und gibt Gutscheine aus, die Endverbraucher in die Lage versetzen, die Ware verbilligt zu erwerben.

[3]Da A mit eigenen Umsätzen an der Fördermaßnahme beteiligt ist, kann A die Bemessungsgrundlage seiner Lieferung an B mindern.

[5]Eine Minderung der Bemessungsgrundlage kommt nicht in Betracht, wenn der mit dem eingelösten Gutschein verbundene finanzielle Aufwand von dem Unternehmer aus allgemeinem Werbeinteresse getragen wird und nicht einem nachfolgenden Umsatz in der Leistungskette (Hersteller – Endabnehmer) zugeordnet werden kann (vgl. BFH-Urteil vom 11.5.2006, V R 33/03, BStBl. II S. 699, und Abschnitt 10.3 Abs. 3).

Beispiel 2:

[1]Das Kaufhaus K verteilt Gutscheine an Kunden zum Besuch eines in dem Kaufhaus von einem fremden Unternehmer F betriebenen Frisiersalons. [2]K will mit der Maßnahme erreichen, dass Kunden aus Anlass der Gutscheineinlösung bei F das Kaufhaus aufsuchen und dort Waren erwerben.

[3]K kann keine Minderung der Bemessungsgrundlage seiner Umsätze vornehmen.

Beispiel 3:

[1]Der Automobilhersteller A erwirbt bei einem Mineralölkonzern M Gutscheine, die zum Bezug sämtlicher Waren und Dienstleistungen berechtigen, die in den Tankstellen des M angeboten werden. [2]Diese Gutscheine gibt A über Vertragshändler an seine Kunden beim Erwerb eines neuen Autos als Zugabe weiter.

[3]A kann keine Minderung der Bemessungsgrundlage seiner Umsätze vornehmen. [4]Der Kunde erhält das Auto nicht billiger, sondern lediglich die Möglichkeit, bei einem dritten Unternehmer – hier M – Leistungen zu beziehen, deren Entgelt bereits von dritter Seite entrichtet wurde.

(2) [1]Als Gutscheine gelten allgemein schriftlich zugesicherte Rabatt- oder Vergütungsansprüche, z.B. in Form von Kupons, die ein Unternehmer zur Förderung seiner Umsätze ausgibt und die auf der gleichen oder nachfolgenden Umsatzstufe den Leistungsempfänger berechtigen, die Leistung im Ergebnis verbilligt um den Nennwert des Gutscheins in Anspruch zu nehmen. [2]Der Nennwert des Gutscheins entspricht einem Bruttobetrag, d.h. er schließt die Umsatzsteuer ein (vgl. Abschnitt 10.3 Abs. 1).

(3) Das Einlösen des Gutscheins kann in der Weise erfolgen, dass der Endabnehmer den Gutschein beim Erwerb der Leistung an Zahlungs statt einsetzt und der Zwischenhändler sich den Nennwert des Gutscheins vom Unternehmer, der den Gutschein ausgegeben hat, oder in dessen Auftrag von einem anderen vergüten lässt (Preisnachlassgutschein) oder dass der Endabnehmer direkt vom Unternehmer, der den Gutschein ausgegeben hat, oder in dessen Auftrag von einem anderen eine nachträgliche Vergütung erhält (Preiserstattungsgutschein).

(4) [1]Wird die Leistung an einen voll oder teilweise zum Vorsteuerabzug berechtigten Unternehmer als Endabnehmer bewirkt, der den Gutschein einlöst, mindert sich bei diesem Endabnehmer der Vorsteuerabzug aus der Leistung um den im Nennwert des Gutscheins enthaltenen Umsatzsteuerbetrag, ohne dass es bei dem Unternehmer, der diesen Umsatz ausgeführt hat, zu einer Berichtigung seiner Bemessungsgrundlage kommt. [2]Die Minderung der Bemessungsgrundlage beim Unternehmer, der den Gutschein ausgegeben und vergütet hat, kommt auch in diesen Fällen in Betracht.

(5) [1]Für die Minderung der Bemessungsgrundlage beim Unternehmer, der den Gutschein ausgegeben und vergütet hat (z.B. Hersteller), ist Voraussetzung, dass

1. der Hersteller eine im Inland steuerpflichtige Leistung erbracht hat,
2. der Hersteller einem Abnehmer, der nicht unmittelbar in der Leistungskette nachfolgen muss, den Nennwert eines ausgegebenen Gutscheins vergütet hat,
3. die Leistung an den Abnehmer, der den Gutschein einlöst, im Inland steuerpflichtig ist und
4. der Hersteller das Vorliegen der vorstehenden Voraussetzungen nachgewiesen hat.

[2]Die Minderung der Bemessungsgrundlage hängt nicht davon ab, ob der Unternehmer seine Leistung unmittelbar an den Einzelhändler oder an einen Großhändler oder Zwischenhändler bewirkt.

(6) [1]Die Bemessungsgrundlage beim Unternehmer, der den Gutschein ausgegeben und vergütet hat, wird um den Vergütungsbetrag abzüglich der Umsatzsteuer gemindert, die sich nach dem Umsatzsteuersatz berechnet, der auf den Umsatz Anwendung findet, für den der Gutschein eingelöst wird. [2]Der Unternehmer kann entsprechend § 17 Abs. 1 Satz 7 UStG die Minderung der Bemessungsgrundlage für den Besteuerungszeitraum vornehmen, in dem die Änderung der Bemessungsgrundlage eingetreten ist, d.h. für den Besteuerungszeitraum, in dem der Unternehmer den Gutschein vergütet hat. [3]Aus der Minderung der Bemessungsgrundlage folgt nicht, dass die Rechnung des Unternehmers an seinen Abnehmer und ein etwaiger Vorsteuerabzug dieses Abnehmers zu berichtigen wären. [4]§ 14c Abs. 1 UStG findet in diesen Fällen keine Anwendung.

UStAE 17.2.

(7) ¹In den Fällen des Preisnachlassgutscheins soll der Unternehmer, der diesen Gutschein ausgegeben und vergütet hat, den Nachweis regelmäßig wie folgt führen:
1. Durch einen Beleg über die ihn belastende Vergütung des Nennwerts des Gutscheins gegenüber dem Zwischenhändler; der Beleg soll außerdem folgende Angaben enthalten:
   a) Bezeichnung (z.B. Registriernummer) des Gutscheins;
   b) Name und Anschrift des Endabnehmers;
   c) Angaben zur Vorsteuerabzugsberechtigung des Endabnehmers, und
2. durch Vorlage eines Belegs des Zwischenhändlers, aus dem sich ergibt, dass die Leistung an den Endabnehmer im Inland steuerpflichtig ist; aus dem Beleg müssen sich der maßgebliche Steuersatz und der Preis, aufgegliedert nach dem vom Endabnehmer aufgewendeten Betrag und Nennwert des Gutscheins, den der Endabnehmer an Zahlungs statt hingibt, ergeben.

²Die Nachweise können sich auch aus der Gesamtheit anderer beim Unternehmer, der den Gutschein ausgegeben und vergütet hat, vorliegender Unterlagen ergeben, wenn sich aus ihnen leicht und eindeutig nachprüfen lässt, dass die Voraussetzungen für eine Minderung der Bemessungsgrundlage vorgelegen haben.

(8) ¹In den Fällen des Preiserstattungsgutscheins soll der Unternehmer, der diesen Gutschein ausgegeben und vergütet hat, den Nachweis regelmäßig wie folgt führen:
1. Durch eine Kopie der Rechnung des Zwischenhändlers, aus der sich eindeutig der steuerpflichtige Umsatz ergibt, für den die Vergütung geleistet wurde, und
2. durch einen Beleg über die ihn belastende Vergütung (z.B. Überweisung oder Barzahlung) des Nennwerts des Gutscheins gegenüber dem Endabnehmer; der Beleg soll außerdem folgende Angaben enthalten:
   a) Bezeichnung (z.B. Registriernummer) des Gutscheins;
   b) Name und Anschrift des Endabnehmers;
   c) Angaben zur Vorsteuerabzugsberechtigung des Endabnehmers.

²Die Nachweise können sich auch aus der Gesamtheit anderer beim Unternehmer, der den Gutschein ausgegeben und vergütet hat, vorliegender Unterlagen ergeben, wenn sich aus ihnen leicht und eindeutig nachprüfen lässt, dass die Voraussetzungen für eine Minderung der Bemessungsgrundlage vorgelegen haben.

(9) ¹Aus allen Umsatzgeschäften in der Kette dürfen insgesamt nur die Umsatzsteuerbeträge berücksichtigt werden, die dem vom Endabnehmer wirtschaftlich aufgewendeten Umsatzsteuerbetrag entsprechen. ²Für Unternehmer, die auf den Produktions- und Vertriebsstufen vor der Endverbrauchsstufe tätig sind, muss die Umsatzbesteuerung neutral sein.

Beispiel 1:

¹Hersteller A verkauft an den Zwischenhändler B ein Möbelstück für 1.000 € zuzüglich 190 € gesondert ausgewiesener Umsatzsteuer. ²B verkauft dieses Möbelstück an den Einzelhändler C für 1.500 € zuzüglich 285 € gesondert ausgewiesener Umsatzsteuer. ³C verkauft dieses Möbelstück an den Endabnehmer D für 2.000 € zuzüglich 380 € gesondert ausgewiesener Umsatzsteuer. ⁴D zahlt C einen Barbetrag in Höhe von 2.261 € und übergibt C einen von A ausgegebenen Warengutschein mit einem Nennwert von 119 € an Zahlungs statt. ⁵C legt den Warengutschein A vor und erhält von diesem eine Vergütung in Höhe von 119 € (Preisnachlassgutschein).

⁶Hersteller A kann die Bemessungsgrundlage seiner Lieferung um 100 € mindern (119 €: 1,19). ⁷Die geschuldete Umsatzsteuer des A vermindert sich um 19 €. ⁸Einer Rechnungsberichtigung bedarf es nicht.

⁹Zwischenhändler B hat in Höhe des in der Rechnung des A ausgewiesenen Umsatzsteuerbetrags – unter den weiteren Voraussetzungen des § 15 UStG – einen Vorsteuerabzug in Höhe von 190 €.

¹⁰Die Bemessungsgrundlage für die Lieferung des C an D setzt sich aus der Barzahlung des D in Höhe von 2.261 € und dem von A gezahlten Erstattungsbetrag in Höhe von 119 €, abzüglich der in diesen Beträgen enthaltenen Umsatzsteuer (2.261 € + 119 € = 2.380 €: 1,19) zusammen. ¹¹Dem Fiskus fließen demnach insgesamt 361 € Umsatzsteuer zu (Abführung von 380 € durch C abzüglich der Minderung in Höhe von 19 € bei A); dies entspricht dem Umsatzsteuerbetrag, der in dem vom Endabnehmer D tatsächlich aufgewendeten Betrag enthalten ist, mit dem D also tatsächlich wirtschaftlich belastet ist (2.261 €: 1,19 x 19%).

Beispiel 2:
¹Wie Beispiel 1, aber D zahlt C den gesamten Kaufpreis in Höhe von 2.380 € und legt den Warengutschein A vor. ²D erhält von A eine Erstattung in Höhe von 119 € (Preiserstattungsgutschein). ³Hersteller A kann die Bemessungsgrundlage seiner Lieferung um 100 € mindern (119 €: 1,19). ⁴Die geschuldete Umsatzsteuer des A vermindert sich um 19 €. ⁵Einer Rechnungsberichtigung bedarf es nicht.
⁶Zwischenhändler B hat in Höhe des in der Rechnung des A ausgewiesenen Umsatzsteuerbetrags – unter den weiteren Voraussetzungen des § 15 UStG – einen Vorsteuerabzug in Höhe von 190 €. ⁷Die Bemessungsgrundlage für die Lieferung des C an D setzt sich aus der Barzahlung des D abzüglich der darin enthaltenen Umsatzsteuer zusammen. ⁸Dem Fiskus fließen demnach insgesamt 361 € Umsatzsteuer zu (Abführung von 380 € durch C abzüglich der Minderung in Höhe von 19 € bei A); dies entspricht dem Umsatzsteuerbetrag, der in dem vom Endabnehmer D tatsächlich aufgewendeten Betrag enthalten ist, mit dem D also tatsächlich wirtschaftlich belastet ist (2.261 €: 1,19 x 19%).

(10) ¹Erstattet der erste Unternehmer in einer Leistungskette dem Endabnehmer einen Teil des von diesem gezahlten Leistungsentgelts oder gewährt er ihm einen Preisnachlass, mindert sich dadurch die Bemessungsgrundlage für den Umsatz des ersten Unternehmers (an seinen Abnehmer der nächsten Stufe). ²Der erste Unternehmer hat deshalb den für seinen Umsatz geschuldeten Steuerbetrag zu berichtigen. ³Danach mindern Preisnachlässe, die dem Abnehmer von Reiseleistungen vom Reisebüro für eine von ihm lediglich vermittelte Reise gewährt werden, die Bemessungsgrundlage des Umsatzes der vom Reisebüro dem Reiseveranstalter gegenüber erbrachten Vermittlungsleistung (vgl. BFH-Urteil vom 12.1.2006, V R 3/04, BStBl. II S. 479). ⁴Auch Preisnachlässe, die dem Telefonkunden vom Vermittler des Telefonanbietervertrags gewährt werden, mindern die Bemessungsgrundlage des Umsatzes der vom Vermittler dem Telefonunternehmen gegenüber erbrachten Vermittlungsleistung (vgl. BFH-Urteil vom 13.7.2006, V R 46/05, BStBl. 2007 II S. 186). ⁵Die Bemessungsgrundlage für den Vermittlungsumsatz des Verkaufsagenten ist zu mindern, wenn

1. der Verkaufsagent eine im Inland steuerpflichtige Vermittlungsleistung erbracht hat;
2. der Verkaufsagent einem Endabnehmer einen Teil des von diesem gezahlten Leistungsentgelts erstattet oder einen Preisnachlass für die von ihm vermittelte Leistung gewährt hat;
3. die vermittelte Leistung an den Endabnehmer im Inland steuerpflichtig ist und
4. der Verkaufsagent das Vorliegen der vorstehenden Voraussetzungen nachgewiesen hat.

⁶Durch die Minderung der Bemessungsgrundlage der Leistung des Verkaufsagenten wird die von ihm erteilte Rechnung bzw. die vom Leistungsempfänger erteilte Gutschrift im Sinne des § 14 Abs. 2 UStG für die vom Verkaufsagenten erbrachte Leistung nicht unrichtig. ⁷Insbesondere findet in diesen Fällen § 14c Abs. 1 UStG keine Anwendung. ⁸Auch ein möglicher Vorsteuerabzug des Leistungsempfängers ändert sich dadurch nicht (vgl. § 17 Abs. 1 Satz 3 UStG). ⁹Ist der Endabnehmer ein in vollem Umfang oder teilweise zum Vorsteuerabzug berechtigter Unternehmer und bezieht er die vermittelte Leistung für sein Unternehmen, mindert sich sein Vorsteuerabzug aus der vermittelten Leistung um den in der Erstattung oder in dem Preisnachlass des Verkaufsagenten enthaltenen Steuerbetrag (vgl. § 17 Abs. 1 Satz 4 UStG). ¹⁰Bei dem Unternehmer, der den vermittelten Umsatz an den unternehmerischen Endabnehmer ausgeführt hat, kommt es zu keiner Änderung der Bemessungsgrundlage und keiner Rechnungsberichtigung. ¹¹Nur der Unternehmer, der den Preisnachlass gewährt hat, kann eine Änderung der Bemessungsgrundlage geltend machen.

Beispiel 1:
¹Ein Kraftfahrzeughändler V vermittelt für einen LKW-Hersteller H auf Provisionsbasis den Verkauf von Kraftfahrzeugen zu den von H bestimmten Preisen. ²V ist nicht berechtigt, Preisnachlässe auf die festgesetzten Listenpreise zu gewähren. ³V erstattet einen Teil der ihm zustehenden Provision an den Käufer K, der einen LKW für sein Unternehmen erwirbt. ⁴H erteilt K eine Rechnung über den vollen Listenpreis und schreibt V die volle Provision nach dem Listenpreis gut. ⁵V gewährt K den zugesagten Preisnachlass in bar.

⁶K muss seinen aus der Anschaffung des LKW zustehenden Vorsteuerbetrag um den im Preisnachlass enthaltenen Steuerbetrag mindern. ⁷H braucht die an K erteilte Rechnung und die an V erteilte Gutschrift nicht zu berichtigen. ⁸V kann eine Minderung der Bemessungsgrundlage für seine Vermittlungsleistung an H in Höhe des gewährten Preisnachlasses, abzüglich der darin enthaltenen Umsatzsteuer, geltend machen.

¹²Nach dem Grundsatz der Neutralität der Mehrwertsteuer darf dem Fiskus aus allen Umsatzgeschäften (von der Herstellung bis zum Endverbrauch) nur der Umsatzsteuerbetrag zufließen, der dem Betrag

UStAE 17.2. § 17

entspricht, den der Endabnehmer letztlich wirtschaftlich aufwendet (vgl. EuGH-Urteil vom 15.10.2002, C-427/98, BStBl. 2004 II S. 328, Rdnr. 53). [13]Daher führen Preisnachlässe an Endabnehmer von einem Unternehmer auf einer der Vorstufen dann nicht zu einer Entgeltminderung bei diesem, wenn der Umsatz an den Endabnehmer von der Umsatzsteuer befreit ist, wobei es unerheblich ist, ob es sich um eine Steuerbefreiung mit oder ohne Vorsteuerabzug handelt (vgl. EuGH-Urteil vom 15.10.2002, a.a.O., Randnr. 64). [14]Verkaufsagenten können deshalb für die von ihnen gewährten Preisnachlässe keine Entgeltminderung beanspruchen, soweit der vermittelte Umsatz von der Umsatzsteuer befreit ist.

Beispiel 2:

[1]Ein Verkaufsagent vermittelt im Auftrag von verschiedenen Bauunternehmern und Bauträgern Lieferungen von Eigentumswohnungen im Inland. [2]Er gewährt den Grundstückskäufern, bei denen es sich ausnahmslos um private Erwerber handelt, sog. Eigenprovisionen, die er aus den von ihm vereinnahmten Vermittlungsentgelten finanziert.

[3]Der Verkaufsagent kann keine Minderung der Bemessungsgrundlage für seine steuerpflichtigen Vermittlungsleistungen an die Bauunternehmer bzw. Bauträger geltend machen, da die vermittelten Umsätze nach § 4 Nr. 9 Buchstabe a UStG umsatzsteuerfrei sind (Umsätze, die unter das GrEStG fallen).

Beispiel 3:

[1]Ein Reisebüro räumt einem privaten Endabnehmer einen Preisnachlass für eine Hotelunterkunft in Mexiko ein. [2]Das Reisebüro gewährt dem Endabnehmer den zugesagten Preisnachlass in bar ohne Beteiligung des Reiseveranstalters zu Lasten seiner Provision. [3]Der Reiseveranstalter hat lediglich die Hotelunterkunft in Mexiko eingekauft. [4]Der Reiseveranstalter erteilt dem Endabnehmer eine Rechnung über den vollen Reisepreis und schreibt dem Reisebüro die volle Provision gut.

[5]Das Reisebüro kann keine Minderung der Bemessungsgrundlage für seine steuerpflichtige Vermittlungsleistung an den Reiseveranstalter geltend machen, da der vermittelte Umsatz nach § 25 Abs. 2 UStG umsatzsteuerfrei ist. [6]Die Reiseleistung des Reiseveranstalters an den Endabnehmer ist steuerfrei, da die ihr zuzurechnende Reisevorleistung im Drittlandsgebiet bewirkt wird.

[15]Die Bemessungsgrundlage bei dem Unternehmer, der den Preisnachlass gewährt hat, wird um den Vergütungsbetrag abzüglich der Umsatzsteuer gemindert, die sich nach dem Umsatzsteuersatz berechnet, der auf den vermittelten Umsatz Anwendung findet (vgl. Absatz 6 Satz 1). [16]Unter Berücksichtigung des Grundsatzes der Neutralität der Mehrwertsteuer kann auch nur dieser Umsatzsteuerbetrag mindernd gegenüber dem Finanzamt geltend gemacht werden. [17]Dies kann ggf. zur Folge haben, dass der Unternehmer, der den Preisnachlass gewährt hat, diese Minderung der Bemessungsgrundlage zu einem anderen Steuersatz anmelden muss, als den Umsatz, den er selbst ausgeführt hat. [18]Ansonsten würde dem Fiskus aus allen Umsatzgeschäften nicht der Umsatzsteuerbetrag zufließen, der dem Betrag entspricht, den der Endabnehmer letztlich wirtschaftlich aufwendet.

Beispiel 4:

[1]Der Antiquitätenhändler A vermittelt für einen Kunsthändler K die Lieferung eines Kunstgegenstands im Sinne der Nr. 53 der Anlage 2 des UStG an einen privaten Endabnehmer E. [2]K erteilt E eine Rechnung über die Lieferung eines Kunstgegenstands in Höhe von 1.000 € zzgl. 70 € USt und schreibt A eine Provision in Höhe von 100 € zzgl. 19 € USt gut. [3]A erstattet E einen Betrag in Höhe von 21,40 € für den Erwerb dieses Kunstgegenstands. [4]K wendet nicht die Differenzbesteuerung nach § 25a UStG an.

[5]K hat aus der Lieferung an E einen Umsatz zum ermäßigten Steuersatz in Höhe von 1.000 € zzgl. 70 € USt zu erklären. [6]Gleichzeitig steht ihm in Höhe des in der Gutschrift über die Vermittlungsleistung des A ausgewiesenen Betrags – unter den weiteren Voraussetzungen des § 15 UStG – ein Vorsteuerabzug in Höhe von 19 € zu. [7]Hieraus ergibt sich eine Zahllast von 51 €, die K an das Finanzamt abzuführen hat.

[8]A hat aus der Vermittlungsleistung an K einen Umsatz zum Regelsteuersatz in Höhe von 100 € zzgl. 19 € USt zu erklären. [9]Infolge des gegenüber E gewährten Preisnachlasses in Höhe von 21,40 € hat er zudem eine Minderung der Bemessungsgrundlage zum ermäßigten Steuersatz in Höhe von 20 € zu erklären und eine Umsatzsteuerminderung in Höhe von 1,40 € geltend zu machen. [10]Für ihn ergibt sich demnach eine Zahllast von 17,60 €.

[11]Dem Fiskus fließen demnach insgesamt 68,60 € USt zu (Abführung von 51 € durch K und von 17,60 € durch A); dies entspricht dem Umsatzsteuerbetrag, der in dem vom Endabnehmer E tat-

sächlich aufgewendeten Betrag in Höhe von 1.048,60 € (1.070 € abzgl. 21,40 €) enthalten ist, mit dem E also tatsächlich wirtschaftlich belastet ist (7% aus 1.048,60 € = 68,60 €).

[19]Der Unternehmer, der dem Endabnehmer einen Teil des von diesem gezahlten Leistungsentgelts erstattet oder einen Preisnachlass gewährt, und dafür eine Minderung der Bemessungsgrundlage geltend macht, hat das Vorliegen der Voraussetzungen nachzuweisen. [20]Die Nachweisregelungen in den Absätzen 7 und 8 sind analog für die Verkaufsagenten anzuwenden.

Verwaltungsregelungen zu § 17

Datum	Anlage	Quelle	Inhalt
05.07.84	§ 017-01	OFD Sb	Umsatzsteuerrechtliche Beurteilung der Gewährung von Umsatzvergütungen an Abnehmer
	§ 017-02		nicht belegt
	§ 017-03		nicht belegt
	§ 017-04		nicht belegt
03.05.91	§ 017-05	BMF	Umsatzsteuer bei Zentralregulierungsgeschäften
08.12.06	§ 017-06	BMF	Preisnachlässe durch Verkaufsagenten
27.06.07	§ 017-07	Bay LSt	Preisnachlässe durch Verkaufsagenten
09.12.11	§ 017-08	BMF	Änderung der Bemessungsgrundlage nach Rückgewähr der Anzahlung bzw. des Entgelts, § 17 Abs. 2 Nr. 2 und Nr. 3 UStG; BFH-Urteil vom 2.9.2010, V R 34/09

Rechtsprechungsauswahl

EuGH vom 26.01.2012 – Rs. C-588/10, Kraft Food Polska, DB 2012 S. 330: Nachweiserfordernisse bei Berichtigung der Bemessungsgrundlage.

Ein Erfordernis, wonach die Minderung der sich aus der ursprünglichen Rechnung ergebenden Bemessungsgrundlage davon abhängt, dass der Steuerpflichtige im Besitz einer vom Erwerber der Gegenstände oder Dienstleistungen übermittelten Bestätigung des Erhalts einer berichtigten Rechnung ist, fällt unter den Begriff der Bedingung i.S. von Art. 90 Abs. 1 MwStSystRL.

Die Grundsätze der Neutralität der Mehrwertsteuer und der Verhältnismäßigkeit stehen einem solchen Erfordernis grundsätzlich nicht entgegen. Erweist es sich jedoch für den Steuerpflichtigen, den Lieferer der Gegenstände oder Dienstleistungen, als unmöglich oder übermäßig schwer, binnen angemessener Frist eine solche Empfangsbestätigung zu erhalten, kann ihm nicht verwehrt werden, vor den Steuerbehörden des betreffenden Mitgliedstaats mit anderen Mitteln nachzuweisen, dass er zum einen die unter den Umständen des konkreten Falles erforderliche Sorgfalt hat walten lassen, um sich zu vergewissern, dass der Erwerber der Gegenstände oder Dienstleistungen im Besitz der berichtigten Rechnung ist und von ihr Kenntnis genommen hat, und dass zum anderen der fragliche Umsatz tatsächlich entsprechend den in der berichtigten Rechnung angegebenen Bedingungen getätigt worden ist.

BFH vom 02.09. 2010 – V R 34/09, BStBl. 2011 II S. 991: Keine Änderung der Bemessungsgrundlage vor Rückgewähr vereinnahmter Anzahlung.

1. Vereinnahmt der Unternehmer eine Anzahlung, ohne die hierfür geschuldete Leistung zu erbringen, kommt es erst mit der Rückgewähr der Anzahlung zur Minderung der Bemessungsgrundlage nach § 17 Abs. 2 Nr. 2 UStG (Fortführung von BFH-Urteil vom 18.9.2008, V R 56/06, BFHE 222, 162, BStBl. II 2009, 250, DStRE 2009, 161, entgegen BFH-Urteil vom 24.8.1995, V R 55/94, BFHE 178, 485, BStBl. II 1995, 808, DStR 1995,1674).

2. Wird die Leistung nach Vereinnahmung des Entgelts rückgängig gemacht, entsteht der Berichtigungsanspruch nach § 17 Abs. 2 Nr. 3 UStG erst mit der Rückgewähr des Entgelts (Fortführung von BFH-Urteil in BFHE 222, 162, BStBl. II 2009, 250, DStRE 2009, 161, entgegen BFH-Beschluss vom 20.8.1999, V B 74/99, BFH/NV 2000, 243).

Nieders. FG vom 04.03.2010 – 16 K 305/08, rechtskräftig, DStRE 2011 S. 108: Vorsteuerberichtigungsanspruch richtet sich bis zur Bestellung des Insolvenzverwalters gegen den Organträger.

Wird eine gegen die Organgesellschaft gerichtete Forderung des Organträgers uneinbringlich, so richtet sich der Vorsteuerberichtigungsanspruch bis zur Bestellung des Insolvenzverwalters gegen den Organträger.

§ 17

BFH vom 11.02.2010 – V R 2/09, BStBl. 2010 II S. 765: Änderung der Bemessungsgrundlage beim Verkauf einer Gewerbeimmobilie.

1. Die Minderung der Bemessungsgrundlage setzt einen unmittelbaren Zusammenhang einer Zahlung mit der erbrachten Leistung voraus.
2. Hat der Verkäufer einer vermieteten Gewerbeimmobilie dem Käufer im Kaufvertrag aus den bereits abgeschlossenen Mietverträgen Mieterträge garantiert, deren Höhe durch die tatsächlich erzielten Mieten nicht erreicht werden, und zahlt er hierfür an den Käufer einen Ausgleich, steht diese Zahlung in unmittelbarem Zusammenhang mit der Lieferung der Immobilie und mindert deren Bemessungsgrundlage.

BFH vom 28.05.2009 – V R 2/08, BStBl. 2009 II S. 870: Aufteilung eines Rückzahlungsbetrages in Entgelt und Steuer.

1. Zahlt der Unternehmer dem Abnehmer einen Teil der für die Lieferung vereinnahmten Gegenleistung zurück – hier aufgrund § 130a SGB V –, ist die nach der Rückzahlung verbleibende Gegenleistung gemäß §§ 10, 17 UStG in Entgelt und Umsatzsteuer aufzuteilen. Dementsprechend ist auch der Rückzahlungsbetrag aufzuteilen.
2. § 130a SGB V enthält keine Regelung zu den umsatzsteuerrechtlichen Auswirkungen, die sich aus dem aufgrund dieser Vorschrift tatsächlich zurückgezahlten „Abschlag" ergeben.

BFH vom 18.09.2008 – V R 56/06, BStBl. 2009 II S. 250: Minderung der Bemessungsgrundlage.

1. Vereinbaren der leistende Unternehmer und der Leistungsempfänger die vollständige oder teilweise Rückzahlung des bereits entrichteten Entgelts, mindert sich die Bemessungsgrundlage i.S. des § 17 Abs. 1 Satz 1 UStG 1993 nur, soweit das Entgelt tatsächlich zurückgezahlt wird, und zwar in dem Besteuerungszeitraum, in dem die Rückgewähr erfolgt (Änderung der Rechtsprechung).
2. Eine erbrachte und bezahlte Maklerleistung kann nicht i.S. von § 17 Abs. 2 Nr. 3 UStG 1993 „rückgängig gemacht" werden.

BFH vom 19.08.2008 – VII R 36/07, BStBl. 2009 II S. 90: Rückgängigmachung einer Lieferung.

1. Wird eine Lieferung, für die der Vorsteuerabzug in Anspruch genommen worden ist, rückgängig gemacht und dadurch die Berichtigungspflicht des Unternehmers nach § 17 Abs. 2 Nr. 3 i.V.m. Abs. 1 Satz 3 UStG 1999 ausgelöst, bewirkt die vom FA in einem nachfolgenden Voranmeldungszeitraum vollzogene Berichtigung eine (Teil-)Erledigung der vorangegangenen (negativen) Umsatzsteuerfestsetzung „auf andere Weise" i.S. des § 124 AO. War ein Vergütungsanspruch aus dieser Festsetzung abgetreten, so entsteht der Rückforderungsanspruch des Fiskus aus § 37 Abs. 2 AO gegenüber dem Zessionar im Umfang der ursprünglich zu hoch ausgezahlten Steuervergütung (Bestätigung der Senatsrechtsprechung).
2. Die Feststellung einer vom FA angemeldeten, einen früheren Vorsteuerabzug berichtigenden Umsatzsteuer zur Insolvenztabelle hat die gleiche Wirkung wie ein inhaltsgleicher Berichtigungsbescheid i.S. des § 17 UStG 1999. Ein Zessionar als Rechtsnachfolger im Zahlungsanspruch aus dem ursprünglichen Vorauszahlungsbescheid und Leistungsempfänger ist einem Rückforderungsanspruch in beiden Fällen gleichermaßen ausgesetzt (Fortentwicklung der Rechtsprechung).

BFH vom 02.07.2008 – XI R 60/06, BStBl. 2009 II S. 167: Vorsteuerabzug und Vorsteuerberichtigung bei einer Segeljachtvercharterung ohne Überschusserzielungsabsicht.

Siehe Rechtsprechung zu § 15 UStG.

BFH vom 13.03.2008 – V R 70/06, BStBl. 2008 II S. 997: Minderung der Bemessungsgrundlage durch Preisnachlässe.

Preisnachlässe, die eine Einkaufsgenossenschaft (Zentralregulierer) ihren Mitgliedern – zusätzlich zu dem von den Warenlieferanten an die Mitglieder eingeräumten Skonto – für den Warenbezug gewährt („Zusatzskonto"), mindern die Bemessungsgrundllage des Umsatzes der von der Einkaufsgenossenschaft gegenüber den Warenlieferanten erbrachten Leistungen (Zentralregulierung, Bürgschaftsübernahme etc.).

Fortführung des BFH-Urteils vom 12.1.2006 V R 3/04 (BFHE 213, 69, BStBl. II 2006, 479).

BFH vom 04.06.2007 – V B 76/06, UR 2007 S. 946: Uneinbringlichkeit einer Forderung bei auf absehbare Zeit objektiv vollständig oder teilweise fehlender Durchsetzbarkeit.

1. Die Auslegung des Merkmals der „Uneinbringlichkeit" in § 17 Abs. 2 Nr. 1 Satz 1 UStG ist geklärt. Eine Forderung ist danach uneinbringlich, wenn bei objektiver Betrachtung damit zu rechnen ist,

§ 17

dass der Leistende die Entgeltsforderung (ganz oder teilweise) jedenfalls auf absehbare Zeit nicht durchsetzen kann.[1]

2. Der Umsatzsteuerjahresbescheid ersetzt i.S.d. § 68 FGO den Umsatzsteuervorauszahlungsbescheid.[2]

BFH vom 07.12.2006 – V R 2/05, BStBl. 2007 II S. 848: Berichtigung des Vorsteuerabzugs beim Organ nach Beendigung der Organschaft.

Wird das Entgelt für eine während des Bestehens einer Organschaft bezogene Leistung nach Beendigung der Organschaft uneinbringlich, ist der Vorsteuerabzug nicht gegenüber dem bisherigen Organträger, sondern gegenüber dem im Zeitpunkt des Uneinbringlichwerdens bestehenden Unternehmen – dem früheren Organ – zu berichtigen.

BFH vom 20.07.2006 – V R 13/04, BStBl. 2007 II S. 22: Uneinbringlichkeit von Forderungen.

1. Eine Entgeltsforderung ist uneinbringlich i.S. des § 17 Abs. 2 Nr. 1 Satz 1 UStG, wenn der Anspruch auf Entrichtung des Entgelts nicht erfüllt wird und bei objektiver Betrachtung damit zu rechnen ist, dass der Leistende die Entgeltsforderung (ganz oder teilweise) jedenfalls auf absehbare Zeit rechtlich oder tatsächlich nicht durchsetzen kann.

2. Eine Berichtigung kommt in Betracht, wenn der Leistungsempfänger zwar nicht die Entgeltsforderung selbst bestreitet, sondern mit einer vom Gläubiger (dem leistenden Unternehmer) substantiiert bestrittenen Gegenforderung aufrechnet, und wenn bei objektiver Betrachtung damit zu rechnen ist, dass der Leistende die Entgeltsforderung (ganz oder teilweise) jedenfalls auf absehbare Zeit nicht durchsetzen kann (Fortführung des BFH-Urteils vom 22. April 2004 V R 72/03, BFHE 205, 525, BStBl II 2004, 684).

BFH vom 13.07.2006 – V R 46/05, BStBl. 2007 II S. 186: Vergütungen des Vermittlers eines Telefonanbietervertrages an den Endkunden mindern die Bemessungsgrundlage der Vermittlungsumsätze.[3]

1. Erstattet der erste Unternehmer in einer Leistungskette dem Endverbraucher einen Teil des von diesem gezahlten Leistungsentgelts oder gewährt er ihm einen Preisnachlass, mindert sich dadurch die Bemessungsgrundlage für den Umsatz des ersten Unternehmers (an seinen Abnehmer der nächsten Stufe). Der erste Unternehmer hat deshalb den für seinen Umsatz geschuldeten Steuerbetrag zu berichtigen (Bestätigung des BFH-Urt. vom 12.1.2006, V R 3/04, BStBl. II 2006, 479).

2. Preisnachlässe, die dem Telefonkunden vom Vermittler des Telefonanbietervertrages gewährt werden, mindern die Bemessungsgrundlage des Umsatzes der vom Vermittler dem Telefonunternehmen gegenüber erbrachten Vermittlungsleistung.

BFH vom 13.07.2006 – V B 70/06, BStBl. 2007 II S. 415; BB 2006 S. 2452: Verhältnis von § 17 UStG zu § 37 Abs. 2 AO.

Es ist ernstlich zweifelhaft, ob die auf der Änderung der Bemessungsgrundlage beruhende Berichtigung des Umsatzsteuerbetrages und korrespondierend des Vorsteuerabzugs nach § 17 Abs. 1 UStG 1999 zu einer Änderung der ursprünglichen Steuerfestsetzung in dem Sinne führt, dass ein abgetretener Erstattungsanspruch nach § 37 Abs. 2 AO 1977 zurückgefordert werden kann (vgl. BFH-Urteil vom 9.4.2002 VII R 108/00, BFHE 198, 294, BStBl. II 2002, 562, BB 2002, 1630).

BFH vom 11.05.2006 – V R 33/03, BStBl. 2006 II S. 699: Keine Minderung des Kaufpreises bei Ausgabe eines Chips zum verbilligtem Parken bei einem Dritten.

Eine Minderung des Kaufpreises einer Ware liegt nicht vor, wenn der Käufer vom Verkäufer zur Ware einen Chip erhält, der zum verbilligten Bezug von Leistungen eines Dritten berechtigt, und der Kunde den vereinbarten Kaufpreis für die Ware unabhängig davon, ob er den Chip annimmt, zu zahlen hat und die Rechnung über den Warenkauf diesen Kaufpreis ausweist.

BFH vom 12.01.2006 – V R 3/04, BStBl. 2006 II S. 479[4]: Minderung der Bemessungsgrundlage bei Preisnachlass durch den ersten Unternehmer in einer Lieferkette zugunsten des Endverbrauchers.

1. Erstattet der erste Unternehmer in einer Leistungskette dem Endverbraucher einen Teil des von diesem gezahlten Leistungsentgelts oder gewährt er ihm einen Preisnachlass, mindert sich dadurch die Bemessungsgrundlage für den Umsatz des ersten Unternehmers (an seinen Abnehmer der

---

1) Leitsatz nicht amtlich (aus UR)
2) Leitsatz nicht amtlich (aus UR)
3) Hinweis auf BFH vom 19.08.2008 – VII R 36/07
4) Siehe Anlage § 017-06; siehe auch BFH vom 13.03.2008 – V R 70/06, BStBl. 2008 II S. 997

§ 17

nächsten Stufe). Der erste Unternehmer hat deshalb den für seinen Umsatz geschuldeten Steuerbetrag zu berichtigen.

2. Preisnachlässe, die dem Abnehmer von Reiseleistungen vom Reisebüro für eine von ihm lediglich vermittelte Reise gewährt werden, mindern die Bemessungsgrundlage des Umsatzes der vom Reisebüro dem Reiseveranstalter gegenüber erbrachten Vermittlungsleistung.

Hessisches FG vom 10.08.2005 – 6 K 1413/04 – rechtskräftig, DStRE 2006 S. 106: Vorsteuerberichtigung bei Umwandlung einer Schuld erfüllungshalber.

1. Wandeln die Vertragsparteien eine Werkvertragsforderung in eine Darlehensverbindlichkeit um, geht der Schuldner zum Zwecke der Befriedigung des Gläubigers eine neue Verbindlichkeit ein. Mangels gegenteiliger Anhaltspunkte übernimmt der Schuldner in diesem Fall die Verbindlichkeit erfüllungshalber und nicht an Erfüllungs statt, so dass das Schuldverhältnis nicht erloschen ist.
2. Erfolgt die Umwandlung einer Forderung in eine Darlehensschuld nur erfüllungshalber und verzichtet der Gläubiger später auf seine Darlehensforderung, ist die Vorsteuer im Zeitpunkt des Verzichts (gem. § 17 UStG) zu berichtigen.

BFH vom 22.04.2004 – V R 72/03, BStBl. 2004 II S. 684: Substantiiertes Bestreiten der Forderung durch den Schuldner als Voraussetzung für § 17 UStG.

1. Bestreitet der Leistungsempfänger substantiiert Bestehen und Höhe des vereinbarten Entgelts, kommt eine Berichtigung der Umsatzsteuer nach §1 7 Abs. 2 Nr.1 Satz 1 UStG 1999 in Betracht. Eine Forderung ist aber nicht schon dann uneinbringlich, wenn der Leistungsempfänger die Zahlung nach Fälligkeit verzögert, sondern erst, wenn der Anspruch auf Entrichtung des Entgelts nicht erfüllt wird und bei objektiver Betrachtung damit zu rechnen ist, dass der Leistende die Entgeltsforderung (ganz oder teilweise) jedenfalls auf absehbare Zeit nicht durchsetzen kann.
2. § 137 Satz 1 FGO ist dahin auszulegen, dass die Entscheidung auf dem verspäteten Tatsachenvortrag oder Beweis beruhen muss; die Vorschrift findet keine Anwendung, wenn die Entscheidung bei rechtzeitigem Tatsachenvortrag oder Beweis genauso ausgefallen wäre.

BFH vom 08.05.2003 – V R 20/02, BStBl. 2003 II S. 953: Rückgängigmachen einer Lieferung durch Ablehnung der Erfüllung eines zum Zeitpunkt der Konkurseröffnung noch nicht vollständig erfüllten Vertrags.

Eine Lieferung ist auch dann i. S. v. § 17 Abs. 2 Nr. 3 UStG rückgängig gemacht worden, wenn der Konkursverwalter die Erfüllung eines zur Zeit der Eröffnung des Konkursverfahrens vom Gemeinschuldner und seinem Vertragspartner noch nicht oder noch nicht vollständig erfüllten Vertrags ablehnt (§ 17 KO) und der Lieferer infolgedessen die Verfügungsmacht an dem gelieferten Gegenstand zurückerhält.

BFH vom 16.01.2003 – V R 72/01, BStBl. 2003 II S. 620: Wirklich vereinnahmte Gegenleistung als Bemessungsgrundlage.

Eine Lieferung oder sonstige Leistung eines Unternehmers wird „letztendlich" nur mit der Bemessungsgrundlage besteuert, die sich aufgrund der von ihm wirklich vereinnahmten Gegenleistung ergibt. Umsatzsteuerrechtlich macht es keinen Unterschied, ob der Besteller eines Werks, das sich als mangelhaft erweist, das Werk behält und statt der Minderung Schadensersatz wegen Nichterfüllung gemäß § 635 BGB verlangt.

BFH vom 16.08.2001 – V R 59/99, BStBl. 2003 II S. 208: Umsatzsteuer als Massekosten.

Die Umsatzsteuer für die steuerpflichtige Lieferung eines mit Grundpfandrechten belasteten Grundstücks im Konkurs durch den Gemeinschuldner nach „Freigabe" durch den Konkursverwalter, gehört zu den Massekosten und ist durch Steuerbescheid gegen den Konkursverwalter festzusetzen.

BFH vom 31.05.2001 – V R 71/99, BStBl. 2003 II S. 206: Berichtigung der Umsatzsteuer bei substantiiertem Bestreiten der Entgeltsforderung.

Bestreitet der Leistungsempfänger substantiiert Bestehen und Höhe des vereinbarten Entgelts, kommt – übereinstimmend mit der Berichtigung des Vorsteuerabzuge beim Leistungsempfänger – beim Leistenden eine Berichtigung der Umsatzsteuer nach § 17 Abs. 2 Nr. 1 Satz 1 UStG 1993 in Betracht.

BFH vom 28.06.2000 – V R 45/99, BStBl. 2000 II S. 703: Anspruch auf erneute Vorsteuerberichtigung gemäß § 17 Abs. 2 Nr. 1 Satz 2 UStG.

1. Werden Gegenstände an den (späteren) Gemeinschuldner vor Konkurseröffnung geliefert, steht diesem der Vorsteuerabzug gemäß § 15 Abs. 1 UStG 1993 bereits im Zeitpunkt der Lieferung und Rechnungserteilung zu, auch wenn der Konkursverwalter die Kaufpreisforderungen erst nach Konkurseröffnung bezahlt.

§ 17

2. In diesem Fall kommt eine Vorsteuerberichtigung wegen Uneinbringlichkeit der Forderung (§ 17 Abs. 2 Nr. 1 Satz 1 UStG 1993) und nachträglicher Vereinnahmung des Entgelts (§ 17 Abs. 2 Nr. 1 Satz 2 UStG 1993) nicht in Betracht, wenn der Konkursverwalter gemäß § 17 KO an Stelle des Gemeinschuldners den bisher beiderseits noch nicht (vollständig) erfüllten zweiseitigen Vertrag erfüllt und die Erfüllung von dem anderen Teile verlangt (Abgrenzung gegenüber BFH-Urteil vom 13.11.1986 V R 59/79, BFHE 148, 346, BStBl. 1987 II, 226).
3. Ein und dieselbe Vorsteuer kann nicht in demselben Besteuerungszeitraum gemäß § 17 Abs. 2 Nr. 1 Satz 1 UStG 1993 zu Lasten des Steuerpflichtigen und gemäß § 17 Abs. 2 Nr. 1 Satz 2 UStG 1993 zu Gunsten des Steuerpflichtigen „berichtigt" werden.

BFH vom 13.12.1995 – XI R 16/95, BStBl. 1996 II S. 208: Berichtigung gem. § 17 UStG bei nicht in Anspruch genommener Gutschrift.

1. Bezahlt der Kunde eines Versandhandelsunternehmens die ihm gelieferte Ware irrtümlich doppelt, so ist der Gesamtbetrag Entgelt i. S. des § 10 Abs. 1 Satz 2 UStG 1980.
2. Erteilt das Versandhandelsunternehmen einem Kunden aufgrund einer Mängelrüge eine Gutschrift, so kann darin eine Änderung der Bemessungsgrundlage i. S. des § 17 Abs. 1 UStG 1980 liegen.
3. Die infolge Erteilung der Gutschrift berichtigte Bemessungsgrundlage ist gemäß § 17 Abs. 1 UStG 1980 erneut zu berichtigen, wenn feststeht, daß der Kunde die Gutschrift nicht in Anspruch nimmt.

BFH vom 30.11.1995 – V R 57/94, BStBl. 1996 II S. 206: Zeitpunkt der Berichtigung des Steuerbetrages.

1. Der für eine Lieferung geschuldete Steuerbetrag ist in dem Besteuerungszeitraum zu berichtigen, in dem die Vereinbarung über die Herabsetzung des Kaufpreises geschlossen worden ist.
2. Die Berichtigung wirkt unabhängig von einer Änderung des Steuerbetrages in der ursprünglichen Rechnung.

BFH vom 12.10.1994 – XI R 73/93, BStBl. 1995 II S. 33: Berichtigung der Vorsteuer erst nach Rechnungsberichtigung.

Die Voraussetzungen für den Anspruch des FA auf Berichtigung der Vorsteuer gegen den Leistungsempfänger sind gemäß § 14 Abs. 2 Satz 2, § 17 Abs. 1 Satz 1 Nr. 2, Satz 3 UStG 1980 – auch wirtschaftlich – erst erfüllt, wenn der Unternehmer den gesondert (zu hoch) ausgewiesenen Steuerbetrag gegenüber dem Leistungsempfänger berichtigt hat.

BFH vom 08.12.1993 – XI R 81/90, BStBl. 1994 II S. 338: Uneinbringlichkeit der Forderung bei Einlösung eines Schecks.

Gibt ein Käufer anstelle der Zahlung des Kaufpreises einen Scheck hin und stellt der Verkäufer einen Akzeptantenwechsel aus, den der Käufer bei seiner Bank diskontieren läßt, um die Einlösung des Schecks zu gewährleisten, tritt bei Inanspruchnahme des Verkäufers aus dem Wechsel Uneinbringlichkeit des vereinbarten Entgelts aus dem Kauf ein, wenn die Beteiligten einvernehmlich davon ausgingen, daß die Kaufpreisforderung erst bei Einlösung des Wechsels durch den Käufer erlöschen sollte (Anschluß an das BFH-Urteil vom 9. August 1990 – V R 134/85, BFHE 161, 252, BStBl. II 1990, 1098).

FG München vom 06.10.1993 – 3 K 432/91 – rechtskräftig, EFG 1994 S. 855: Keine Uneinbringlichkeit einer Forderung ohne Zahlungsunfähigkeit des Schuldners.

„Uneinbringlichkeit" i. S. des § 17 Abs. 2 Nr. 1 UStG liegt nicht vor, wenn laufende Zahlungen dokumentieren, daß der Leistungsempfänger im Streitjahr nicht zahlungsunfähig war. Auf den Rechtsgrund der Zahlungen kommt es nicht an.

BFH vom 09.08.1990 – V R 134/85, BStBl. 1990 II S. 1043; DB 1990 S. 2405; BB 1990 S. 2325: Uneinbringlichkeit des Entgelts bei nicht eingelöstem Akzeptantenwechsel.

Gibt der Käufer anstelle der Zahlung des Kaufpreises erfüllungshalber einen Wechsel hin, den der Verkäufer diskontieren läßt, und löst der Käufer als Bezogener diesen Wechsel bei Fälligkeit mit Mitteln ein, die er aus der Diskontierung eines weiteren (Akzeptanten-) Wechsels erhält, so tritt bei Inanspruchnahme des Verkäufers (Aussteller) aus dem Wechsel Uneinbringlichkeit des vereinbarten Entgelts ein, wenn die Beteiligten vereinbart hatten, daß die Kaufpreisforderung erst bei Einlösung des Akzeptantenwechsels durch den Käufer erlöschen sollte.

BFH vom 21.12.1988 – V R 29/86, BStBl. 1989 II S. 434: Vorkonkursliche Vermögensverwertung durch Sequester (§ 58 Nr. 2, § 106 KO).

Die während des Zeitraums der Sequestration bis zur Konkurseröffnung durch die Handlungen des Sequesters begründeten Umsatzsteuerforderungen des FA sind Konkursforderungen. Sie sind nicht deshalb als Masseansprüche gegen den Konkursverwalter geltend zu machen, weil der Sequester (und spätere Konkursverwalter) sich bereits während der Sequestration „wie ein Konkursverwalter" verhalten hat. Eine Beurteilung als Masseschulden in analoger Anwendung von § 224 Abs. 1 Nr. 5 KO und § 106 VerglO kommt nicht in Betracht.

BFH vom 26.11.1987 – V R 130/82, BStBl. 1988 II S. 124: Rechtswirkungen der Anmeldung und der Feststellung von USt-Forderungen im Konkursverfahren (§ 251 Abs. 3 AO, § 139 KO).

Meldet das FA nichttitulierte Umsatzsteuerforderungen in einer Summe zur Konkurstabelle an, so ist die Anmeldung wirksam erfolgt, wenn durch den Inhalt der Anmeldung sichergestellt ist, daß nur bestimmte Sachverhalte erfaßt sind, die zur Verwirklichung der gesetzlichen Tatbestände des UStG geführt haben, auf denen die Umsatzsteuerforderungen beruhen (Fortführung des BFH-Urteils vom 26.2.1987 – V R 114/79 –, BFHE 149, 98 = BStBl. II 1987, 471). Dies ist bei einer durch Betrag und Zeitraum bezeichneten Umsatzsteuerforderung regelmäßig der Fall.

BFH vom 04.08.1987 – VII R 11/84, UR 1988 S. 51: Aufrechnung mit vorkonkurslichen Steuerforderungen gegen nach Konkurseröffnung entstandenen Erstattungsanspruch aus § 17 Abs. 2 Nr. 1 UStG 1980.

Das FA kann unbeschadet des § 55 KO mit vorkonkurslichen Steuerforderungen gegenüber einem Umsatzsteuer-Erstattungsanspruch aufrechnen, der sich aus der Rückgängigmachung der Versteuerung vorkonkurslicher Leistungen wegen Uneinbringlichkeit der Entgelte ergibt (§ 17 Abs. 2 Nr. 1 UStG 1980), auch wenn dieser Anspruch erst nach Konkurseröffnung entsteht.[1]

BFH vom 16.07.1987 – V R 2/82, BStBl. 1988 II S. 190: Wird ein gegen den Konkursverwalter gerichteter **Steuerbescheid,** mit dem Steuerforderungen als Masseansprüche geltend gemacht werden, **auf den Zeitraum nach der Konkurseröffnung beschränkt,** so handelt es sich nicht um eine (unzulässige) Besteuerung für einen im Gesetz nicht vorgesehenen abgekürzten Besteuerungszeitraum, sondern um die (zulässige) Kenntlichmachung, daß sich der Steuerbescheid auf Masseansprüche beschränkt.

BFH vom 16.07.1987 – V R 80/82, BStBl. 1987 II S. 691; HFR 1987 S. 535 mit Anm.: Kein Konkursvorrecht für Vorsteuerrückforderungsanspruch (§ 17 Abs. 2 UStG 1967, § 61 Abs. 1 Nr. 2 KO).

1. Der Anspruch des FA auf Rückforderung von vom Gemeinschuldner vor Konkurseröffnung abgezogener Vorsteuerbeträge nach § 17 Abs. 1 Satz 1 Nr. 2 i. V. m. Abs. 2 Satz 1 UStG 1973, der auf der Uneinbringlichkeit der Entgelte infolge der Konkurseröffnung beruht, ist eine Konkursforderung (BFH-Urteil vom 13.11.1986 – V R 59/79, BFHE 148, 346 = BStBl. II 1987, 226), der das Vorrecht nach § 61 Abs. 1 Nr. 2 KO nicht zukommt.[2]
2. Der laufende Voranmeldungszeitraum endet nicht mit der Konkurseröffnung.

BFH vom 27.05.1987 – X R 2/81, UR 1987 S. 330; DStR 1987 S. 729: USt-Bemessungsgrundlage beim Factoringgeschäft.

Tritt ein Unternehmer eine Forderung aus einem Umsatzgeschäft gegen ein unter dem Nennwert der Forderung liegendes Entgelt ab (Factoringgeschäft), wird hierdurch die Bemessungsgrundlage für die an den Schuldner ausgeführte Lieferung oder sonstige Leistung nicht gemindert.

BFH vom 09.04.1987 – V R 23/80, BStBl. 1987 II S. 527: Der Vorsteuerberichtigungsanspruch des FA nach § 15a Abs. 1 i. V. m. Abs. 4 UStG 1973, der durch die Verwertung des zur Konkursmasse gehörenden Vermögens des Gemeinschuldners durch den Konkursverwalter ausgelöst wird, zählt zu den Massekosten i. S. des § 58 Nr. 2 KO. Er ist als Masseanspruch vorweg aus der Konkursmasse zu berichtigen (§ 57 KO) und durch einen an den Konkursverwalter zu richtenden Steuerbescheid geltend zu machen (Anschluß an das BFH-Urteil vom 13. November 1986 V R 59/79, BFHE 148, 346, BStBl. II 1987, 226).

BFH vom 26.02.1987 – V R 114/79, BStBl. 1987 II S. 471: Eine im Konkursverfahren nach Grund und Höhe angemeldete, jedoch bestritten gebliebene Umsatzsteuerforderung kann in dem Feststellungsbescheid des FA nach § 226a AO (§ 251 Abs. 3 AO 1977) und in dem sich anschließenden Rechtsbehelfsverfahren nicht gegen eine andere – an sich unbestrittene – Umsatzsteuerforderung ausgetauscht werden.

Das FG darf deshalb die Rechtmäßigkeit eines Feststellungsbescheides im Sinne des § 226a AO (§ 251 Abs. 3 AO 1977), mit dem das FA bestritten gebliebene Vorsteuerrückforderungsansprüche nach § 17 Abs. 2 Satz 1 UStG 1973 geltend gemacht hat, nicht damit begründen, daß Umsatzsteuerforderungen nach § 1 Abs. 1 Nr. 1 UStG 1973 in gleicher Höhe bestünden.

---
[1] Leitsatz nicht amtlich (aus UR)
[2] Frühere Verwaltungsauffassung damit überholt; vgl. Abschnitt 224 UStR/Abschnitt 17.2 UStAE

§ 17

BVerfG vom 26.03.1986 – 1 BvR 1483/85, UR 1986 S. 119 mit Anm. von Weiß: Vorrang nationalen Rechts vor dem supernationalen EG-Recht.

Verfassungsmäßigkeit der BFH-Entscheidung zum Besteller-Konkurs.

1. Die Anwendung deutschen Umsatzsteuerrechts bleibt die Anwendung innerstaatlichen Rechts auch dann, wenn der Kläger unter Berufung auf eine EG-Richtlinie eine andere Auslegung des nationalen Rechts erstrebt und das Fachgericht dem nicht folgt. Stellt sich aus der allein maßgeblichen Sicht des Fachgerichts die Frage der Auslegung einer EG-Richtlinie nicht, bedarf es keiner Vorlage nach Art. 177 EGW-Vertrag.
2. Die Normen der EG binden nur die Mitgliedstaaten und sind somit keine allgemeinen Regeln des Völkerrechts i. S. des Art. 25 GG. Deswegen besteht für das Fachgericht keine Vorlagepflicht an das BVerfG gemäß Art. 100 Abs. 2 GG.
3. Die vom BFH vertretene umsatzsteuerrechtliche Beurteilung der Werkunternehmerleistungen für den Fall des Besteller-Konkurses (vgl. BFH-Beschluß vom 24.4.1980 – V S 14/79 –, BFHE 130, 470 = BStBl. II 1980, 541 = UR 1980, 223) verstößt nicht gegen das Willkürverbot des Art. 3 Abs. 1 GG[1]).

BGH vom 18.12.1985 – 2 StR 461/85, UR 1986 S. 213: Hat der Unternehmer aus einem abgeschlossenen Kaufvertrag die ihm gesondert in Rechnung gestellte Umsatzsteuer als Vorsteuer geltend gemacht und tritt der Verkäufer vom Vertrage zurück, trifft den Unternehmer die Berichtigungspflicht nach § 17 UStG. Der Irrtum über die gebotene Erfüllung dieser Berichtigungspflicht ist ein Verbotsirrtum i. S. des § 17 StGB[2]).

BFH vom 23.10.1985 – VII R 195/83, BStBl. 1986 II S. 158: Zur Inanspruchnahme eines Gesellschafters als Haftungsschuldner für den Rückzahlungsanspruch des FA nach Kürzung von Vorsteuerabzügen bei der Gesellschaft als Leistungsempfänger (§ 17 Abs. 1 Nr. 2 UStG).

BFH vom 10.03.1983 – V B 46/80, BStBl. 1983 II S. 389: Grundsatzentscheidung zum Begriff der Uneinbringlichkeit (§ 17 Abs. 2 UStG).

Sichert der Gläubiger dem Schuldner vertraglich zu, er werde seine Forderung nur noch im Umfang eines festgelegten Nachbesserungsfalles geltend machen, tritt wegen vereinbarten Einforderungsverzichts des Gläubigers (pactum de non petendo) Uneinbringlichkeit i. S. des § 17 Abs. 2 UStG 1967 ein.

---

1) Leitsätze nicht amtlich (UR)
2) Leitsatz nicht amtlich

§ 18

§ 18 Besteuerungsverfahren

(1)[1] Der Unternehmer hat bis zum 10. Tag nach Ablauf jedes Voranmeldungszeitraums eine Voranmeldung nach amtlich vorgeschriebenem Datensatz durch Datenfernübertragung nach Maßgabe der Steuerdaten-Übermittlungsverordnung zu übermitteln, in der er die Steuer für den Voranmeldungszeitraum (Vorauszahlung) selbst zu berechnen hat. Auf Antrag kann das Finanzamt zur Vermeidung von unbilligen Härten auf eine elektronische Übermittlung verzichten; in diesem Fall hat der Unternehmer eine Voranmeldung nach amtlich vorgeschriebenem Vordurck abzugeben. § 16 Abs. 1 und 2 und § 17 sind entsprechend anzuwenden. Die Vorauszahlung ist am 10. Tag nach Ablauf des Voranmeldungszeitraums fällig.

(2)[2] Voranmeldezeitraum ist das Kalendervierteljahr. Beträgt die Steuer für das vorangegangene Kalenderjahr mehr als 7.500 Euro, ist der Kalendermonat Voranmeldungszeitraum. Beträgt die Steuer für das vorangegangene Kalenderjahr nicht mehr als 1.000 Euro, kann das Finanzamt den Unternehmer von der Verpflichtung zur Abgabe der Voranmeldungen und Entrichtung der Vorauszahlungen befreien. Nimmt der Unternehmer seine gewerbliche oder berufliche Tätigkeit auf, ist im laufenden und folgenden Kalenderjahr Voranmeldungszeitraum der Kalendermonat.

(2a)[2] Der Unternehmer kann anstelle des Kalendervierteljahres den Kalendermonat als Voranmeldungszeitraum wählen, wenn sich für das vorangegangene Kalenderjahr ein Überschuß zu seinen Gunsten von mehr als 7.500 Euro ergibt. In diesem Fall hat der Unternehmer bis zum 10. Februar des laufenden Kalenderjahres eine Voranmeldung für den ersten Kalendermonat abzugeben. Die Ausübung des Wahlrechts bindet den Unternehmer für dieses Kalenderjahr.

(3)[3] Der Unternehmer hat für das Kalenderjahr oder für den kürzeren Besteuerungszeitraum eine Steuererklärung nach amtlich vorgeschriebenem Datensatz durch Datenfernübertragung nach Maßgabe der Steuerdaten-Übermittlungsverordnung zu übermitteln, in der er die zu entrichtende Steuer oder den Überschuss, der sich zu seinen Gunsten ergibt, nach § 16 Absatz 1 bis 4 und § 17 selbst zu berechnen hat (Steueranmeldung). In den Fällen des § 16 Abs. 3 und 4 ist die Steueranmeldung binnen einem Monat nach Ablauf des kürzeren Besteuerungszeitraums zu übermitteln. Auf Antrag kann das Finanzamt zur Vermeidung von unbilligen Härten auf eine elektronische Übermittlung verzichten; in diesem Fall hat der Unternehmer eine Steueranmeldung nach amtlich vorgeschriebenem Vordruck abzugeben und eigenhändig zu unterschreiben.

(4) Berechnet der Unternehmer die zu entrichtende Steuer oder den Überschuß in der Steueranmeldung für das Kalenderjahr abweichend von der Summe der Vorauszahlungen, so ist der Unterschiedsbetrag zugunsten des Finanzamts einen Monat nach dem Eingang der Steueranmeldung fällig. Setzt das Finanzamt die zu entrichtende Steuer oder den Überschuß abweichend von der Steueranmeldung für das Kalenderjahr fest, so ist der Unterschiedsbetrag zugunsten des Finanzamts einen Monat nach der Bekanntgabe des Steuerbescheids fällig. Die Fälligkeit rückständiger Vorauszahlungen (Absatz 1) bleibt von den Sätzen 1 und 2 unberührt.

(4a) Voranmeldungen (Absätze 1 und 2) und eine Steuererklärung (Absätze 3 und 4) haben auch die Unternehmer und juristischen Personen abzugeben, die ausschließlich Steuer für Umsätze nach § 1 Abs. 1 Nr. 5, 13b Abs. 5[4] oder § 25b Abs. 2 zu entrichten haben, sowie Fahrzeuglieferer (§ 2a). Voranmeldungen sind nur für die Voranmeldungszeiträume abzugeben, in denen die Steuer für diese Umsätze zu erklären ist. Die Anwendung des Absatzes 2a ist ausgeschlossen.

(4b)[5] Für Personen, die keine Unternehmer sind und Steuerbeträge nach § 6a Abs. 4 Satz 2 oder nach § 14c Abs. 2 schulden, gilt Absatz 4a entsprechend.

---

1) Fassung ab 01.01.2009
2) ab 01.01.2009: 7.500 € (zuvor 6.136 €) und 1.000 € (zuvor 512 €)
3) Fassung ab 01.01.2011; siehe auch § 27 Abs. 17 UStG
4) Ab 01.07.2010
5) Fassung ab 01.01.2004

§ 18

(4c)[1)] Ein nicht im Gemeinschaftsgebiet ansässiger Unternehmer, der als Steuerschuldner ausschließlich Umsätze nach § 3a Abs. 5 im Gemeinschaftsgebiet erbringt und in keinem anderen Mitgliedstaat für Zwecke der Umsatzsteuer erfasst ist, kann abweichend von den Absätzen 1 bis 4 für jeden Besteuerungszeitraum (§ 16 Abs. 1a Satz 1) eine Steuererklärung auf amtlich vorgeschriebenem Vordruck bis zum 20. Tag nach Ablauf jedes Besteuerungszeitraums abgeben, in der er die Steuer selbst zu berechnen hat; die Steuererklärung ist dem Bundeszentralamt für Steuern elektronisch zu übermitteln. Die Steuer ist am 20. Tag nach Ablauf des Besteuerungszeitraums fällig. Die Ausübung des Wahlrechts hat der Unternehmer auf dem amtlich vorgeschriebenen, elektronisch zu übermittelnden Dokument dem Bundeszentralamt für Steuern anzuzeigen, bevor er Umsätze nach § 3a Abs. 5 im Gemeinschaftsgebiet erbringt. Das Wahlrecht kann nur mit Wirkung vom Beginn eines Besteuerungszeitraums an widerrufen werden. Der Widerruf ist vor Beginn des Besteuerungszeitraums, für den er gelten soll, gegenüber dem Bundeszentralamt für Steuern auf elektronischem Weg zu erklären. Kommt der Unternehmer seinen Verpflichtungen nach den Sätzen 1 bis 3 oder § 22 Abs. 1 wiederholt nicht oder nicht rechtzeitig nach, schließt ihn das Bundeszentralamt für Steuern von dem Besteuerungsverfahren nach Satz 1 aus. Der Ausschluss gilt ab dem Besteuerungszeitraum, der nach dem Zeitpunkt der Bekanntgabe des Ausschlusses gegenüber dem Unternehmer beginnt.

(4d)[2)] Die Absätze 1 bis 4 gelten nicht für Unternehmer, die im Inland im Besteuerungszeitraum (§ 16 Abs. 1 Satz 2) als Steuerschuldner ausschließlich elektronische Dienstleistungen nach § 3a Abs. 5 erbringen und diese Umsätze in einem anderen Mitgliedstaat erklären sowie die darauf entfallende Steuer entrichten.

(5) In den Fällen der Beförderungseinzelbesteuerung (§ 16 Abs. 5) ist abweichend von den Absätzen 1 bis 4 wie folgt zu verfahren:

1. Der Beförderer hat für jede einzelne Fahrt eine Steuererklärung nach amtlich vorgeschriebenem Vordruck in zwei Stücken bei der zuständigen Zolldienststelle abzugeben.

2. Die zuständige Zolldienststelle setzt für das zuständige Finanzamt die Steuer auf beiden Stücken der Steuererklärung fest und gibt ein Stück dem Beförderer zurück, der die Steuer gleichzeitig zu entrichten hat. Der Beförderer hat dieses Stück mit der Steuerquittung während der Fahrt mit sich zu führen.

3. Der Beförderer hat bei der zuständigen Zolldienststelle, bei der er die Grenze zum Drittlandsgebiet überschreitet, eine weitere Steuererklärung in zwei Stücken abzugeben, wenn sich die Zahl der Personenkilometer (§ 10 Abs. 6 Satz 2), von der bei der Steuerfestsetzung nach Nummer 2 ausgegangen worden ist, geändert hat. Die Zolldienststelle setzt die Steuer neu fest. Gleichzeitig ist ein Unterschiedsbetrag zugunsten des Finanzamts zu entrichten oder ein Unterschiedsbetrag zugunsten des Beförderers zu erstatten. Die Sätze 2 und 3 sind nicht anzuwenden, wenn der Unterschiedsbetrag weniger als 2,50 Euro[3)] beträgt. Die Zolldienststelle kann in diesen Fällen auf eine schriftliche Steuererklärung verzichten.

(5a) In den Fällen der Fahrzeugeinzelbesteuerung (§ 16 Abs. 5a) hat der Erwerber, abweichend von den Absätzen 1 bis 4, spätestens bis zum 10. Tag nach Ablauf des Tages, an dem die Steuer entstanden ist, eine Steuererklärung nach amtlich vorgeschriebenem Vordruck abzugeben, in der er die zu entrichtende Steuer selbst zu berechnen hat (Steueranmeldung). Die Steueranmeldung muß vom Erwerber eigenhändig unterschrieben sein. Gibt der Erwerber die Steueranmeldung nicht ab oder hat er die Steuer nicht richtig berechnet, so kann das Finanzamt die Steuer festsetzen. Die Steuer ist am 10. Tag nach Ablauf des Tages fällig, an dem sie entstanden ist.

(5b) In den Fällen des § 16 Abs. 5b ist das Besteuerungsverfahren nach den Absätzen 3 und 4 durchzuführen. Die bei der Beförderungseinzelbesteuerung (§ 16 Abs. 5) entrichtete Steuer ist auf die nach Absatz 3 Satz 1 zu entrichtende Steuer anzurechnen.

---

1) Fassung ab 01.01.2010
2) Fassung ab 01.01.2010
3) Bis zum 31.12.2001: 5 DM

§ 18

(6) Zur Vermeidung von Härten kann das Bundesministerium der Finanzen mit Zustimmung des Bundesrates durch Rechtsverordnung die Fristen für die Voranmeldungen und Vorauszahlungen um einen Monat verlängern und das Verfahren näher bestimmen. Dabei kann angeordnet werden, daß der Unternehmer eine Sondervorauszahlung auf die Steuer für das Kalenderjahr zu entrichten hat.

(7) [1] Zur Vereinfachung des Besteuerungsverfahrens kann das Bundesministerium der Finanzen mit Zustimmung des Bundesrates durch Rechtsverordnung bestimmen, daß und unter welchen Voraussetzungen auf die Erhebung der Steuer für Lieferungen von Gold, Silber und Platin sowie sonstige Leistungen im Geschäft mit diesen Edelmetallen zwischen Unternehmern, die an einer Wertpapierbörse im Inland mit dem Recht zur Teilnahme am Handel zugelassen sind, verzichtet werden kann. Das gilt nicht für Münzen und Medaillen aus diesen Edelmetallen.

(8) (weggefallen) [2]

(9) [3] Zur Vereinfachung des Besteuerungsverfahrens kann das Bundesministerium der Finanzen mit Zustimmung des Bundesrates durch Rechtsverordnung die Vergütung der Vorsteuerbeträge (§ 15) an im Ausland ansässige Unternehmer, abweichend von § 16 und von den Absätzen 1 bis 4, in einem besonderen Verfahren regeln. Dabei kann auch angeordnet werden,

1. dass die Vergütung nur erfolgt, wenn sie eine bestimmte Mindesthöhe erreicht,

2. innerhalb welcher Frist der Vergütungsantrag zu stellen ist,

3. in welchen Fällen der Unternehmer den Antrag eigenhändig zu unterschreiben hat,

4. wie und in welchem Umfang Vorsteuerbeträge durch Vorlage von Rechnungen und Einfuhrbelegen nachzuweisen sind,

5. dass der Bescheid über die Vergütung der Vorsteuerbeträge elektronisch erteilt wird,

6. wie und in welchem Umfang der zu vergütende Betrag zu verzinsen ist.

Einem Unternehmer, der im Gemeinschaftsgebiet ansässig ist und Umsätze ausführt, die zum Teil den Vorsteuerabzug ausschließen, wird die Vorsteuer höchstens in der Höhe vergütet, in der er in dem Mitgliedstaat, in dem er ansässig ist, bei Anwendung eines Pro-rata-Satzes zum Vorsteuerabzug berechtigt wäre. Einem Unternehmer, der nicht im Gemeinschaftsgebiet ansässig ist, wird die Vorsteuer nur vergütet, wenn in dem Land, in dem der Unternehmer seinen Sitz hat, keine Umsatzsteuer oder ähnliche Steuer erhoben oder im Fall der Erhebung im Inland ansässigen Unternehmern vergütet wird. Von der Vergütung ausgeschlossen sind bei Unternehmern, die nicht im Gemeinschaftsgebiet ansässig sind, die Vorsteuerbeträge, die auf den Bezug von Kraftstoffen entfallen. Die Sätze 4 und 5 gelten nicht für Unternehmer, die nicht im Gemeinschaftsgebiet ansässig sind, soweit sie im Besteuerungszeitraum (§ 16 Abs. 1 Satz 2) als Steuerschuldner ausschließlich elektronische Leistungen nach § 3a Abs. 5 im Gemeinschaftsgebiet erbracht und für diese Umsätze von § 18 Abs. 4c Gebrauch gemacht haben oder diese Umsätze in einem anderen Mitgliedstaat erklärt sowie die darauf entfallende Steuer entrichtet haben; Voraussetzung ist, dass die Vorsteuerbeträge im Zusammenhang mit elektronischen Leistungen nach § 3a Abs. 5 stehen.

(10) Zur Sicherung des Steueranspruchs in Fällen des innergemeinschaftlichen Erwerbs neuer motorbetriebener Landfahrzeuge und neuer Luftfahrzeuge (§ 1b Abs. 2 und 3) gilt folgendes:

1. Die für die Zulassung oder die Registrierung von Fahrzeugen zuständigen Behörden sind verpflichtet, den für die Besteuerung des innergemeinschaftlichen Erwerbs neuer Fahrzeuge zuständigen Finanzbehörden ohne Ersuchen folgendes mitzuteilen:

---

1) Fassung ab 01.01.2004
2) Ab 01.01.2002, siehe jetzt § 13b UStG
3) Fassung ab 01.01.2010, siehe Anlage § 018-28, zur Anwendung siehe § 27 Abs. 14 UStG

§ 18

a) [1)]bei neuen motorbetriebenen Landfahrzeugen die erstmalige Ausgabe von Zulassungsbescheinigungen Teil II oder die erstmalige Zuteilung eines amtlichen Kennzeichens bei zulassungsfreien Fahrzeugen. Gleichzeitig sind die in Nummer 2 Buchstabe a bezeichneten Daten und das zugeteilte amtliche Kennzeichen oder, wenn dieses noch nicht zugeteilt worden ist, die Nummer der Zulassungsbescheinigung Teil II zu übermitteln;

b) bei neuen Luftfahrzeugen die erstmalige Registrierung dieser Luftfahrzeuge. Gleichzeitig sind die in Nummer 3 Buchstabe a bezeichneten Daten und das zugeteilte amtliche Kennzeichen zu übermitteln. Als Registrierung im Sinne dieser Vorschrift gilt nicht die Eintragung eines Luftfahrzeugs in das Register für Pfandrechte an Luftfahrzeugen.

2. [2)]In den Fällen des innergemeinschaftlichen Erwerbs neuer motorbetriebener Landfahrzeuge (§ 1b Absatz 2 Satz 1 Nummer 1 und Absatz 3 Nummer 1) gilt Folgendes:

   a) Bei der erstmaligen Ausgabe einer Zulassungsbescheinigung Teil II im Inland oder bei der erstmaligen Zuteilung eines amtlichen Kennzeichens für zulassungsfreie Fahrzeuge im Inland hat der Antragsteller die folgenden Angaben zur Übermittlung an die Finanzbehörden zu machen:

      aa) den Namen und die Anschrift des Antragstellers sowie das für ihn zuständige Finanzamt (§ 21 der Abgabenordnung),

      bb) den Namen und die Anschrift des Lieferers,

      cc) den Tag der Lieferung,

      dd) den Tag der ersten Inbetriebnahme,

      ee) den Kilometerstand am Tag der Lieferung,

      ff) die Fahrzeugart, den Fahrzeughersteller, den Fahrzeugtyp und die Fahrzeug-Identifizierungsnummer,

      gg) den Verwendungszweck.

      Der Antragsteller ist zu den Angaben nach den Doppelbuchstaben aa und bb auch dann verpflichtet, wenn er nicht zu den in § 1a Absatz 1 Nummer 2 und § 1b Absatz 1 genannten Personen gehört oder wenn Zweifel daran bestehen, dass die Eigenschaften als neues Fahrzeug im Sinne des § 1b Absatz 3 Nummer 1 vorliegen. Die Zulassungsbehörde darf die Zulassungsbescheinigung Teil II oder bei zulassungsfreien Fahrzeugen, die nach § 4 Absatz 2 und 3 der Fahrzeug-Zulassungsverordnung ein amtliches Kennzeichen führen, die Zulassungsbescheinigung Teil I erst aushändigen, wenn der Antragsteller die vorstehenden Angaben gemacht hat.

   b) Ist die Steuer für den innergemeinschaftlichen Erwerb nicht entrichtet worden, hat die Zulassungsbehörde auf Antrag des Finanzamts die Zulassungsbescheinigung Teil I für ungültig zu erklären und das amtliche Kennzeichen zu entstempeln. Die Zulassungsbehörde trifft die hierzu erforderlichen Anordnungen durch schriftlichen Verwaltungsakt (Abmeldungsbescheid). Das Finanzamt kann die Abmeldung von Amts wegen auch selbst durchführen, wenn die Zulassungsbehörde das Verfahren noch nicht eingeleitet hat. Satz 2 gilt entsprechend. Das Finanzamt teilt die durchgeführte Abmeldung unverzüglich der Zulassungsbehörde mit und händigt dem Fahrzeughalter die vorgeschriebene Bescheinigung über die Abmeldung aus. Die Durchführung der Abmeldung von Amts wegen richtet sich nach dem Verwaltungsverfahrensgesetz. Für Streitigkeiten über Abmeldungen von Amts wegen ist der Verwaltungsrechtsweg gegeben.

3. In den Fällen des innergemeinschaftlichen Erwerbs neuer Luftfahrzeuge (§ 1b Abs. 2 Satz 1 Nr. 3 und Abs. 3 Nr. 3) gilt folgendes:

---

1) Fassung ab 14.12.2010
2) Fassung ab 14.12.2010

§ 18

a) Bei der erstmaligen Registrierung in der Luftfahrzeugrolle hat der Antragsteller die folgenden Angaben zur Übermittlung an die Finanzbehörden zu machen:

    aa) den Namen und die Anschrift des Antragstellers sowie das für ihn zuständige Finanzamt (§ 21 der Abgabenordnung),

    bb) den Namen und die Anschrift des Lieferers,

    cc) den Tag der Lieferung,

    dd) das Entgelt (Kaufpreis),

    ee) den Tag der ersten Inbetriebnahme,

    ff) die Starthöchstmasse,

    gg) die Zahl der bisherigen Betriebsstunden am Tag der Lieferung,

    hh) den Flugzeughersteller und den Flugzeugtyp,

    ii) den Verwendungszweck.

[1)]Der Antragsteller ist zu den Angaben nach Satz 1 Doppelbuchstabe aa und bb auch dann verpflichtet, wenn er nicht zu den in § 1a Abs. 1 Nr. 2 und § 1b Abs. 1 genannten Personen gehört oder wenn Zweifel daran bestehen, ob die Eigenschaften als neues Fahrzeug im Sinne des § 1b Abs. 3 Nr. 3 vorliegen. Das Luftfahrt-Bundesamt darf die Eintragung in der Luftfahrzeugrolle erst vornehmen, wenn der Antragsteller die vorstehenden Angaben gemacht hat.

b) Ist die Steuer für den innergemeinschaftlichen Erwerb nicht entrichtet worden, so hat das Luftfahrt-Bundesamt auf Antrag des Finanzamts die Betriebserlaubnis zu widerrufen. Es trifft die hierzu erforderlichen Anordnungen durch schriftlichen Verwaltungsakt (Abmeldungsbescheid). Die Durchführung der Abmeldung von Amts wegen richtet sich nach dem Verwaltungsverfahrensgesetz. Für Streitigkeiten über Abmeldungen von Amts wegen ist der Verwaltungsrechtsweg gegeben.

(11) Die für die Steueraufsicht zuständigen Zolldienststellen wirken an der umsatzsteuerlichen Erfassung von Personenbeförderungen mit nicht im Inland zugelassenen Kraftomnibussen mit. Sie sind berechtigt, im Rahmen von zeitlich und örtlich begrenzten Kontrollen die nach ihrer äußeren Erscheinung nicht im Inland zugelassenen Kraftomnibusse anzuhalten und die tatsächlichen und rechtlichen Verhältnisse festzustellen, die für die Umsatzsteuer maßgebend sind, und die festgestellten Daten den zuständigen Finanzbehörden zu übermitteln.

(12)[2)] Im Ausland ansässige Unternehmer (§ 13b Abs. 7), die grenzüberschreitende Personenbeförderungen mit nicht im Inland zugelassenen Kraftomnibussen durchführen, haben dies vor der erstmaligen Ausführung derartiger auf das Inland entfallender Umsätze (§ 3b Abs. 1 Satz 2) bei dem für die Umsatzbesteuerung zuständigen Finanzamt anzuzeigen, soweit diese Umsätze nicht der Beförderungseinzelbesteuerung (§ 16 Abs. 5) unterliegen oder der Leistungsempfänger die Steuer für derartige Umsätze nicht nach § 13b Abs. 5 Satz 1 oder Satz 3 schuldet. Das Finanzamt erteilt hierüber eine Bescheinigung. Die Bescheinigung ist während jeder Fahrt mitzuführen und auf Verlangen den für die Steueraufsicht zuständigen Zolldienststellen vorzulegen. Bei Nichtvorlage der Bescheinigung können diese Zolldienststellen eine Sicherheitsleistung nach den abgabenrechtlichen Vorschriften in Höhe der für die einzelne Beförderungsleistung voraussichtlich zu entrichtenden Steuer verlangen. Die entrichtete Sicherheitsleistung ist auf die nach Absatz 3 Satz 1 zu entrichtende Steuer anzurechnen.

---

1) Fassung ab 25.12.2008
2) Fassung ab 01.07.2010, zuvor: § 13b Abs. 4 und § 13b Abs. 2 Satz 1 oder 3

Vorgaben im EG-Recht

USt-Recht	MwStSystRL
§ 18 Abs. 1 Satz 1 und 2 UStG	Artikel 250 und 252 Abs. 1
§ 18 Abs. 1 Satz 3 UStG	Artikel 206
§ 18 Abs. 2 und 2a UStG	Artikel 252
§ 18 Abs. 3 UStG	Artikel 261
§ 18 Abs. 4 UStG	Artikel 206
§ 18 Abs. 4a und 4b UStG	Artikel 209, 256 bis 258 und 273
§ 18 Abs. 4c und 4d UStG	Artikel 358, 363, 364 und 367
§ 18 Abs. 5 und 5b UStG	Artikel 250 und 252
§ 18 Abs. 5a UStG	Artikel 210 und 258
§ 18 Abs. 6 UStG, §§ 46 bis 48 UStDV	Artikel 252
§ 18 Abs. 7 UStG, § 49 UStDV	Artikel 394
§ 18 Abs. 9 Satz 1 bis 7 UStG, §§ 59 bis 62 UStDV	Artikel 170 und 171 i.V.m. Richtlinie 79/1072/EWG (8. EG-Richtlinie) und Richtlinie 86/560/EWG (13. EG-Richtlinie)
§ 18 Abs. 9 Satz 8 UStG	Artikel 368
§ 18 Abs. 10 UStG	Artikel 259 und 273
§ 18 Abs. 11 und 12 UStG	Artikel 273

UStDV

Zu den §§ 16 und 18 des Gesetzes

§ 46 Fristverlängerung

Dauerfristverlängerung

Das Finanzamt hat dem Unternehmer auf Antrag die Fristen für die Abgabe der Voranmeldungen und für die Entrichtung der Vorauszahlungen (§ 18 Abs. 1, 2 und 2a des Gesetzes) um einen Monat zu verlängern. Das Finanzamt hat den Antrag abzulehnen oder eine bereits gewährte Fristverlängerung zu widerrufen, wenn der Steueranspruch gefährdet erscheint.

§ 47 Sondervorauszahlung

(1) Die Fristverlängerung ist bei einem Unternehmer, der die Voranmeldungen monatlich abzugeben hat, unter der Auflage zu gewähren, daß dieser eine Sondervorauszahlung auf die Steuer eines jeden Kalenderjahres entrichtet. Die Sondervorauszahlung beträgt ein Elftel der Summe der Vorauszahlungen für das vorangegangene Kalenderjahr.

(2) Hat der Unternehmer seine gewerbliche oder berufliche Tätigkeit nur in einem Teil des vorangegangenen Kalenderjahres ausgeübt, so ist die Summe der Vorauszahlungen dieses Zeitraumes in eine Jahressumme umzurechnen. Angefangene Kalendermonate sind hierbei als volle Kalendermonate zu behandeln.

(3) Hat der Unternehmer seine gewerbliche oder berufliche Tätigkeit im laufenden Kalenderjahr begonnen, so ist die Sondervorauszahlung auf der Grundlage der zu erwartenden Vorauszahlungen dieses Kalenderjahres zu berechnen.

§ 48 Verfahren[1)]

(1) Der Unternehmer hat die Fristverlängerung für die Abgabe der Voranmeldungen bis zu dem Zeitpunkt zu beantragen, an dem die Voranmeldung, für die die Fristverlängerung erstmals gelten soll, nach § 18 Abs. 1, 2 und 2a des Gesetzes abzugeben ist. Der Antrag ist nach amtlich vorgeschriebenem Datensatz durch Datenfernübertragung nach Maßgabe der Steuerdaten-Übermittlungsverordnung zu übermitteln. Auf Antrag kann das Finanzamt zur

---
1) Fassung ab 01.01.2011

UStDV §§ 48–59 **§ 18**

Vermeidung von unbilligen Härten auf eine elektronische Übermittlung verzichten; in diesem Fall hat der Unternehmer einen Antrag nach amtlich vorgeschriebenem Vordruck zu stellen. In dem Antrag hat der Unternehmer, der die Voranmeldungen monatlich abzugeben hat, die Sondervorauszahlung (§ 47) selbst zu berechnen und anzumelden. Gleichzeitig hat er die angemeldete Sondervorauszahlung zu entrichten.

(2)[1]*) Während der Geltungsdauer der Fristverlängerung hat der Unternehmer, der die Voranmeldungen monatlich abzugeben hat, die Sondervorauszahlung für das jeweilige Kalenderjahr bis zum gesetzlichen Zeitpunkt der Abgabe der ersten Voranmeldung zu berechnen, anzumelden und zu entrichten. Absatz 1 Satz 2 und 3 gilt entsprechend.*

(3) Das Finanzamt kann die Sondervorauszahlung festsetzen, wenn sie vom Unternehmer nicht oder nicht richtig berechnet wurde oder wenn die Anmeldung zu einem offensichtlich unzutreffenden Ergebnis führt.

(4) Die festgesetzte Sondervorauszahlung ist bei der Festsetzung der Vorauszahlung für den letzten Voranmeldungszeitraum des Besteuerungszeitraums anzurechnen, für den die Fristverlängerung gilt.

Verzicht auf die Steuererhebung

§ 49 Verzicht auf die Steuererhebung im Börsenhandel mit Edelmetallen

Auf die Erhebung der Steuer für die Lieferungen von Gold, Silber und Platin sowie für die sonstigen Leistungen im Geschäft mit diesen Edelmetallen wird verzichtet, wenn

1. *die Umsätze zwischen Unternehmern ausgeführt werden, die an einer Wertpapierbörse im Inland mit dem Recht zur Teilnahme am Handel zugelassen sind,*

2. *die bezeichneten Edelmetalle zum Handel an einer Wertpapierbörse im Inland zugelassen sind und*

3. *keine Rechnungen mit gesondertem Ausweis der Steuer erteilt werden.*

§§ 50–58 (aufgehoben)

Vergütung der Vorsteuerbeträge in einem besonderen Verfahren

§ 59[2]**) Vergütungsberechtigte Unternehmer**

Die Vergütung der abziehbaren Vorsteuerbeträge (§ 15 des Gesetzes) an im Ausland ansässige Unternehmer ist abweichend von § 16 und § 18 Abs. 1 bis 4 des Gesetzes nach den §§ 60 und 61a durchzuführen, wenn der Unternehmer im Vergütungszeitraum

1. *im Inland keine Umsätze im Sinne des § 1 Abs. 1 Nr. 1 und 5 des Gesetzes oder nur steuerfreie Umsätze im Sinne des § 4 Nr. 3 des Gesetzes ausgeführt hat,*

2. *nur Umsätze ausgeführt hat, für die der Leistungsempfänger die Steuer schuldet (§ 13b des Gesetzes) oder die der Beförderungseinzelbesteuerung (§ 16 Abs. 5 und § 18 Abs. 5 des Gesetzes) unterlegen haben, oder*

3. *im Inland nur innergemeinschaftliche Erwerbe und daran anschließende Lieferungen im Sinne des § 25b Abs. 2 des Gesetzes ausgeführt hat, oder*

4. *im Inland als Steuerschuldner nur Umsätze im Sinne des § 3a Abs. 5 des Gesetzes erbracht hat und von dem Wahlrecht nach § 18 Abs. 4c des Gesetzes Gebrauch gemacht hat oder diese Umsätze in einem anderen Mitgliedstaat erklärt sowie die darauf entfallende Steuer entrichtet hat.*

Ein im Ausland ansässiger Unternehmer im Sinne des Satzes 1 ist ein Unternehmer, der weder im Inland noch auf der Insel Helgoland oder in einem der in § 1 Abs. 3 des Gesetzes bezeichneten Gebiete einen Wohnsitz, seinen Sitz, seine Geschäftsleitung oder eine Betriebsstätte hat;

---
1) Fassung ab 01.01.2011
2) Fassung ab 23.11.2010

maßgebend hierfür ist der jeweilige Vergütungszeitraum im Sinne des § 60, für den der Unternehmer eine Vergütung beantragt.

§ 60 Vergütungszeitraum

Vergütungszeitraum ist nach Wahl des Unternehmers ein Zeitraum von mindestens drei Monaten bis zu höchstens einem Kalenderjahr. Der Vergütungszeitraum kann weniger als drei Monate umfassen, wenn es sich um den restlichen Zeitraum des Kalenderjahres handelt. In den Antrag für diesen Zeitraum können auch abziehbare Vorsteuerbeträge aufgenommen werden, die in vorangegangene Vergütungszeiträume des betreffenden Kalenderjahres fallen.

§ 61 [1)]Vergütungsverfahren für im übrigen Gemeinschaftsgebiet ansässige Unternehmer

(1) Der im übrigen Gemeinschaftsgebiet ansässige Unternehmer hat den Vergütungsantrag nach amtlich vorgeschriebenem Datensatz durch Datenfernübertragung nach Maßgabe der Steuerdaten-Übermittlungsverordnung über das in dem Mitgliedstaat, in dem der Unternehmer ansässig ist, eingerichtete elektronische Portal dem Bundeszentralamt für Steuern zu übermitteln.

(2) Die Vergütung ist binnen neun Monaten nach Ablauf des Kalenderjahres, in dem der Vergütungsanspruch entstanden ist, zu beantragen.[2)] Der Unternehmer hat die Vergütung selbst zu berechnen. Dem Vergütungsantrag sind auf elektronischem Weg die Rechnungen und Einfuhrbelege in Kopie beizufügen, wenn das Entgelt für den Umsatz oder die Einfuhr mindestens 1.000 Euro, bei Rechnungen über den Bezug von Kraftstoffen mindestens 250 Euro beträgt. Bei begründeten Zweifeln an dem Recht auf Vorsteuerabzug in der beantragten Höhe kann das Bundeszentralamt für Steuern verlangen, dass die Vorsteuerbeträge durch Vorlage von Rechnungen und Einfuhrbelegen im Original nachgewiesen werden.

(3) Die beantragte Vergütung muss mindestens 400 Euro betragen. Das gilt nicht, wenn der Vergütungszeitraum das Kalenderjahr oder der letzte Zeitraum des Kalenderjahres ist. Für diese Vergütungszeiträume muss die beantragte Vergütung mindestens 50 Euro betragen.

(4) Der Bescheid über die Vergütung von Vorsteuerbeträgen ist in elektronischer Form zu übermitteln. § 87a Abs. 4 Satz 2 der Abgabenordnung ist nicht anzuwenden.

(5) Der nach § 18 Abs. 9 des Gesetzes zu vergütende Betrag ist zu verzinsen. Der Zinslauf beginnt mit Ablauf von vier Monaten und zehn Werktagen nach Eingang des Vergütungsantrags beim Bundeszentralamt für Steuern. Übermittelt der Antragsteller Kopien der Rechnungen oder Einfuhrbelege abweichend von Absatz 2 Satz 3 nicht zusammen mit dem Vergütungsantrag, sondern erst zu einem späteren Zeitpunkt, beginnt der Zinslauf erst mit Ablauf von vier Monaten und zehn Tagen nach Eingang dieser Kopien beim Bundeszentralamt für Steuern. Hat das Bundeszentralamt für Steuern zusätzliche oder weitere zusätzliche Informationen angefordert, beginnt der Zinslauf erst mit Ablauf von zehn Werktagen nach Ablauf der Fristen in Artikel 21 der Richtlinie 2008/9/EG des Rates vom 12. Februar 2008 zur Regelung der Erstattung der Mehrwertsteuer gemäß der Richtlinie 2006/112/EG an nicht im Mitgliedstaat der Erstattung, sondern in einem anderen Mitgliedstaat ansässige Steuerpflichtige (ABl. EU Nr. L 44 S. 23). Der Zinslauf endet mit erfolgter Zahlung des zu vergütenden Betrages; die Zahlung gilt als erfolgt mit dem Tag der Fälligkeit, es sei denn, der Unternehmer weist nach, dass er den zu vergütenden Betrag später erhalten hat. Wird die Festsetzung oder Anmeldung der Steuervergütung geändert, ist eine bisherige Zinsfestsetzung zu ändern; § 233a Abs. 5 der Abgabenordnung gilt entsprechend. Für die Höhe und Berechnung der Zinsen gilt § 238 der Abgabenordnung. Auf die Festsetzung der Zinsen ist § 239 der Abgabenordnung entsprechend anzuwenden.

(6) Ein Anspruch auf Verzinsung nach Absatz 5 besteht nicht, wenn der Unternehmer einer Mitwirkungspflicht nicht innerhalb einer Frist von einem Monat nach Zugang einer entsprechenden Aufforderung des Bundeszentralamtes für Steuern nachkommt.

---

1) Fassung ab 01.01.2010, siehe dazu § 74a UStDV
2) Für das Jahr 2010. Hinweis auf Anlage § 018g-01

§ 61a [1] Vergütungsverfahren für nicht im Gemeinschaftsgebiet ansässige Unternehmer

(1) Der nicht im Gemeinschaftsgebiet ansässige Unternehmer hat die Vergütung nach amtlich vorgeschriebenem Vordruck bei dem Bundeszentralamt für Steuern zu beantragen. Abweichend von Satz 1 kann der Unternehmer den Vergütungsantrag nach amtlich vorgeschriebenem Datensatz durch Datenfernübertragung nach Maßgabe der Steuerdaten-Übermittlungsverordnung dem Bundeszentralamt für Steuern übermitteln.

(2) Die Vergütung ist binnen sechs Monaten nach Ablauf des Kalenderjahres, in dem der Vergütungsanspruch entstanden ist, zu beantragen. Der Unternehmer hat die Vergütung selbst zu berechnen. Die Vorsteuerbeträge sind durch Vorlage von Rechnungen und Einfuhrbelegen im Original nachzuweisen. Der Vergütungsantrag ist vom Unternehmer eigenhändig zu unterschreiben.

(3) Die beantragte Vergütung muss mindestens 1.000 Euro betragen. Das gilt nicht, wenn der Vergütungszeitraum das Kalenderjahr oder der letzte Zeitraum des Kalenderjahres ist. Für diese Vergütungszeiträume muss die beantragte Vergütung mindestens 500 Euro betragen.

(4) Der Unternehmer muss der zuständigen Finanzbehörde durch behördliche Bescheinigung des Staates, in dem er ansässig ist, nachweisen, dass er als Unternehmer unter einer Steuernummer eingetragen ist.

Sondervorschriften für die Besteuerung bestimmter Unternehmer

§ 62 Berücksichtigung von Vorsteuerbeträgen, Belegnachweis

(1) Ist bei den in § 59 genannten Unternehmern die Besteuerung nach § 16 und § 18 Abs. 1 bis 4 des Gesetzes durchzuführen, so sind hierbei die Vorsteuerbeträge nicht zu berücksichtigen, die nach § 59 vergütet worden sind.

(2) Die abziehbaren Vorsteuerbeträge sind in den Fällen des Absatzes 1 durch Vorlage der Rechnungen und Einfuhrbelege im Original nachzuweisen.

UStAE

Zu § 18 Absatz 1 bis 7 UStG (§§ 46 bis 49 UStDV)

18.1. Verfahren bei der Besteuerung nach § 18 Abs. 1 bis 4 UStG

(1) [1]Voranmeldungen sind nach amtlich vorgeschriebenem Datensatz durch Datenfernübertragung nach Maßgabe der StDÜV zu übermitteln (vgl. BMF-Schreiben vom 15.1.2007, BStBl. I S. 95). [2]Informationen zur elektronischen Übermittlung sind unter der Internet-Adresse www.elster.de abrufbar. [3]Zur Vermeidung von unbilligen Härten kann das Finanzamt auf Antrag zulassen, dass die Voranmeldungen nach amtlich vorgeschriebenem Vordruck in herkömmlicher Form – auf Papier oder per Telefax – abgegeben werden, wenn eine elektronische Übermittlung für den Unternehmer wirtschaftlich oder persönlich unzumutbar ist. [4]Dies ist insbesondere der Fall, wenn die Schaffung der technischen Möglichkeiten für eine elektronische Übermittlung des amtlichen Datensatzes nur mit einem nicht unerheblichen finanziellen Aufwand möglich wäre oder wenn der Unternehmer nach seinen individuellen Kenntnissen und Fähigkeiten nicht oder nur eingeschränkt in der Lage ist, die Möglichkeiten der Datenfernübertragung zu nutzen (§ 150 Abs. 8 AO).

(2) [1]Die Umsatzsteuererklärung für das Kalenderjahr ist nach amtlich vorgeschriebenem Datensatz durch Datenfernübertragung nach Maßgabe der StDÜV zu übermitteln (vgl. BMF-Schreiben vom 15.1.2007, a.a.O.); Absatz 1 Sätze 2 bis 4 gilt sinngemäß. [2]Eine unbillige Härte liegt hierbei neben den Fällen des Absatzes 1 Satz 4 immer dann vor, wenn der Unternehmer seine gewerbliche oder berufliche Tätigkeit im Kalenderjahr eingestellt hat (§ 16 Abs. 3 UStG) oder das Finanzamt einen kürzeren Besteuerungszeitraum als das Kalenderjahr bestimmt hat, weil der Eingang der Steuer gefährdet erscheint oder der Unternehmer damit einverstanden ist (§ 16 Abs. 4 UStG).

(3) [1]Liegt eine unbillige Härte vor und gibt der Unternehmer daher die Umsatzsteuererklärung für das Kalenderjahr nach amtlich vorgeschriebenem Vordruck in herkömmlicher Form – auf Papier oder per Telefax – ab, muss er die Umsatzsteuererklärung für das Kalenderjahr eigenhändig unterschreiben (§ 18

---

1) Fassung ab 01.01.2010

Abs. 3 Satz 3 UStG). ²Ein Bevollmächtigter darf die Umsatzsteuererklärung für das Kalenderjahr nur dann unterschreiben, wenn die in § 150 Abs. 3 AO bezeichneten Hinderungsgründe vorliegen.

(4) ¹Die Umsatzsteuererklärung für das Kalenderjahr ist in der Regel bis zum 31. Mai des folgenden Kalenderjahres zu übermitteln (§ 149 Abs. 2 AO). ²Dieser Zeitpunkt gilt – abweichend von § 18 Abs. 3 Satz 2 UStG – auch in den Fällen, in denen der Unternehmer seine gewerbliche oder berufliche Tätigkeit im Laufe des Kalenderjahres begonnen hat.

18.2. Voranmeldungszeitraum

(1) ¹Der Voranmeldungszeitraum des laufenden Kalenderjahres bestimmt sich regelmäßig nach der Steuer des Vorjahres. ²Umsätze des Unternehmers, für die der Leistungsempfänger die Umsatzsteuer nach § 13b Abs. 5 Sätze 1 und 2 UStG schuldet, bleiben unberücksichtigt. ³Der Voranmeldungszeitraum umfasst grundsätzlich das Kalendervierteljahr. ⁴Abweichend hiervon ist Voranmeldungszeitraum der Kalendermonat, wenn die Steuer für das vorangegangene Kalenderjahr mehr als 7.500 € betragen hat. ⁵Der Unternehmer kann den Kalendermonat als Voranmeldungszeitraum wählen, wenn sich im vorangegangenen Kalenderjahr ein Überschuss zu seinen Gunsten von mehr als 7.500 € ergeben hat. ⁶Die Frist zur Ausübung des Wahlrechts nach § 18 Abs. 2a Satz 2 UStG ist nicht verlängerbar; die Möglichkeit der Dauerfristverlängerung bleibt unberührt. ⁷Die Vorschriften der AO über die Wiedereinsetzung in den vorigen Stand nach § 110 AO sind anzuwenden.

(2) ¹Der Unternehmer kann von der Verpflichtung zur Abgabe von Voranmeldungen befreit werden, wenn die Steuer für das vorangegangene Kalenderjahr nicht mehr als 1.000 € betragen hat und es sich nicht um einen Neugründungsfall (§ 18 Abs. 2 Satz 4 UStG) handelt. ²Hat sich im Vorjahr kein Überschuss zugunsten des Unternehmers ergeben, ist die Befreiung grundsätzlich von Amts wegen zu erteilen. ³Sie unterbleibt in diesen Fällen nur auf Antrag des Unternehmers in begründeten Einzelfällen (z.B. nachhaltige Veränderung in der betrieblichen Struktur). ⁴Hat das vorangegangene Kalenderjahr einen Überschuss zugunsten des Unternehmers ergeben, verbleibt es von Amts wegen bei dem Kalendervierteljahr als Voranmeldungszeitraum. ⁵Anträgen der Unternehmer auf Befreiung von der Verpflichtung zur Abgabe ist in diesen Fällen jedoch regelmäßig stattzugeben.

(3) ¹Eine Änderung der Steuer des vorangegangenen Kalenderjahres ist bei der Einordnung im laufenden Kalenderjahr zu berücksichtigen, soweit sich die Änderung für dieses Kalenderjahr noch auswirkt. ²Ergibt sich für das Vorjahr nachträglich ein Überschuss zugunsten des Unternehmers von mehr als 7.500 €, ist eine monatliche Abgabe der Voranmeldungen im laufenden Kalenderjahr nur möglich, wenn der Antragsfrist nach § 18 Abs. 2a Satz 2 UStG eingehalten wurde.

(4) ¹Für Unternehmer und juristische Personen, die ausschließlich Steuern für innergemeinschaftliche Erwerbe, für Umsätze nach § 13b Abs. 5 UStG oder § 25b Abs. 2 UStG zu entrichten haben, sowie für Fahrzeuglieferer nach § 2a UStG gelten die Ausführungen in den Absätzen 1 bis 3 entsprechend. ²Ein Wahlrecht zur monatlichen Abgabe von Voranmeldungen (Absatz 1 Satz 5) besteht jedoch nicht.

(5) Zur Abgabe von Voranmeldungen in Sonderfällen vgl. Abschnitt 18.6 und in Neugründungsfällen Abschnitt 18.7.

18.3. Vordrucke, die von den amtlich vorgeschriebenen Vordrucken abweichen

Für die Verwendung vom amtlichen Muster abweichender Vordrucke für Umsatzsteuererklärungen für das Kalenderjahr gelten die BMF-Schreiben vom 11.3.2011, BStBl. I S. 247, und 15.1.2007, BStBl. I S. 95.

18.4. Dauerfristverlängerung

(1) ¹Die Dauerfristverlängerung kann ohne schriftlichen Bescheid gewährt werden. ²Der Unternehmer kann deshalb die beantragte Dauerfristverlängerung in Anspruch nehmen, solange das Finanzamt den Antrag nicht ablehnt oder die Fristverlängerung nicht widerruft. ³Das Finanzamt hat den Antrag abzulehnen oder die Fristverlängerung zu widerrufen, wenn der Steueranspruch gefährdet erscheint, z.B. wenn der Unternehmer seine Voranmeldungen nicht oder nicht rechtzeitig abgibt oder angemeldete Vorauszahlungen nicht entrichtet. ⁴Die Regelungen zur Dauerfristverlängerung gelten auch für Unternehmer und juristische Personen, die ausschließlich Steuern für Umsätze nach § 1 Abs. 1 Nr. 5 UStG, § 13b Abs. 5 UStG oder § 25b Abs. 2 UStG zu entrichten haben, sowie für Fahrzeuglieferer nach § 2a UStG. ⁵Bei diesen Unternehmern ist die Sondervorauszahlung bei der Berechnung der Vorauszahlung für den letzten Voranmeldungszeitraum des Kalenderjahres anzurechnen, für die eine Voranmeldung abzugeben ist. ⁶Zur Anrechnung einer Sondervorauszahlung kann eine Voranmeldung für Dezember auch dann abgegeben werden, wenn keine Umsätze anzumelden sind.

(2) ¹Der Antrag auf Dauerfristverlängerung ist nach amtlich vorgeschriebenem Datensatz durch Datenfernübertragung nach Maßgabe der StDÜV zu übermitteln (vgl. BMF-Schreiben vom 15.1.2007, BStBl. I

UStAE 18.4. – 18.6. § 18

S. 95). ²Dieser Datensatz ist auch für die Anmeldung der Sondervorauszahlung zu verwenden. ³Zur Vermeidung von unbilligen Härten kann das Finanzamt auf Antrag auf eine elektronische Übermittlung verzichten (vgl. Abschnitt 18.1 Abs. 1). ⁴In diesem Fall hat der Unternehmer den Antrag auf Dauerfristverlängerung nach amtlich vorgeschriebenem Vordruck zu stellen.

(3) ¹Der Antrag auf Dauerfristverlängerung muss nicht jährlich wiederholt werden, da die Dauerfristverlängerung solange als gewährt gilt, bis der Unternehmer seinen Antrag zurücknimmt oder das Finanzamt die Fristverlängerung widerruft. ²Die Sondervorauszahlung muss dagegen von den Unternehmern, die ihre Voranmeldungen monatlich abzugeben haben, für jedes Kalenderjahr, für das die Dauerfristverlängerung gilt, bis zum 10. Februar berechnet, angemeldet und entrichtet werden. ³Auf die Sondervorauszahlung finden die für die Steuern geltenden Vorschriften der AO Anwendung, z.B. die Vorschriften über die Festsetzung von Verspätungszuschlägen nach § 152 AO (vgl. BFH-Urteil vom 7.7.2005, V R 63/03, BStBl. II S. 813) und über die Verwirkung von Säumniszuschlägen nach § 240 AO.

(4) Das Finanzamt kann die Sondervorauszahlung im Einzelfall abweichend von § 47 UStDV niedriger festsetzen, wenn

1. infolge von Rechtsänderungen die vorgeschriebene Berechnung zu einem offensichtlich unzutreffenden Ergebnis führt oder
2. die Vorauszahlungen des Vorjahres durch außergewöhnliche Umsätze beeinflusst worden sind, mit deren Wiederholung nicht zu rechnen ist.

(5) ¹Die festgesetzte Sondervorauszahlung ist bei der Festsetzung der Vorauszahlung für den letzten Voranmeldungszeitraum anzurechnen, für den die Fristverlängerung im jeweiligen Besteuerungszeitraum in Anspruch genommen werden konnte (§ 48 Abs. 4 UStDV). ²Die Sondervorauszahlung wird daher grundsätzlich bei der Berechnung der Vorauszahlung für den Monat Dezember angerechnet. ³Hat der Unternehmer seine gewerbliche oder berufliche Tätigkeit im Laufe eines Kalenderjahrs eingestellt, hat er die Anrechnung bereits in der Voranmeldung für den Voranmeldungszeitraum vorzunehmen, in dem der Betrieb eingestellt oder der Beruf aufgegeben worden ist. ⁴Bei einem Verzicht des Unternehmers auf die Dauerfristverlängerung und bei einem Widerruf durch das Finanzamt im Laufe des Kalenderjahres gilt Satz 1 entsprechend (vgl. BFH-Urteil vom 16.12.2008, VII R 17/08, BStBl. 2010 II S. 91).

18.5. Vereinfachte Steuerberechnung bei Kreditverkäufen

(1) Es ist nicht zu beanstanden, wenn Einzelhändler und Handwerker, die § 20 UStG nicht in Anspruch nehmen können und von der vereinfachten Verbuchung ihrer Kreditverkäufe nach R 5.2 Abs. 1 Satz 7 Buchstabe b EStR 2008 zulässigerweise Gebrauch machen, bei der Erfassung der Außenstände wie folgt verfahren:

1. ¹Bei der Berechnung der Umsatzsteuer für einen Voranmeldungszeitraum bleiben die ausstehenden Entgelte für ausgeführte steuerpflichtige Lieferungen und sonstige Leistungen unberücksichtigt. ²Die Zahlungseingänge aus diesen Kreditgeschäften sind wie Zahlungseingänge aus Bargeschäften in dem Voranmeldungszeitraum zu versteuern, in dem sie vereinnahmt worden sind.
2. ¹Zum 31. Dezember eines jeden Jahres hat der Unternehmer anhand der nach R 5.2 Abs. 1 Satz 7 Buchstabe b EStR 2008 geführten Kladde die ausstehenden Entgelte festzustellen und in der Voranmeldung für den Monat Dezember den Entgelten zuzurechnen. ²Der Forderungsbestand am 31. Dezember des Vorjahres ist in dieser Voranmeldung von den Entgelten abzusetzen.

(2) ¹Ändern sich die Steuersätze im Laufe eines Kalenderjahres, sind die Außenstände am Tage vor dem Inkrafttreten der geänderten Steuersätze zu ermitteln und in der nächsten Voranmeldung den Entgelten zuzurechnen, auf die die bisherigen Steuersätze Anwendung finden. ²In dieser Voranmeldung sind die ausstehenden Entgelte am 31. Dezember des Vorjahres von den Entgelten abzusetzen. ³Die Entgelte, die am Tage vor dem Inkrafttreten einer Änderung des Steuersatzes ausstehen, sind in der letzten Voranmeldung des Besteuerungszeitraums von den Entgelten abzusetzen, die den geänderten Steuersätzen unterliegen.

18.6. Abgabe der Voranmeldungen in Sonderfällen

(1) ¹Unabhängig von der Regelung des § 18 Abs. 2 Satz 3 UStG kann das Finanzamt den Unternehmer von der Abgabe der Voranmeldungen befreien, z.B. wenn und soweit in bestimmten Voranmeldungszeiträumen regelmäßig keine Umsatzsteuer entsteht.

Beispiel:

¹Ein Aufsichtsratsmitglied erhält im Monat Mai eines jeden Jahres vertragsgemäß eine Vergütung von 30.000 €.

²Das Finanzamt kann das Aufsichtsratsmitglied für die Monate, in denen es keine Entgelte erhält, von der Abgabe der Voranmeldungen befreien. ³Die Befreiung ist davon abhängig zu machen, dass in den betreffenden Voranmeldungszeiträumen tatsächlich keine Umsatzsteuer entstanden ist.

²Eine Befreiung von der Verpflichtung zur Abgabe von Voranmeldungen kommt in Neugründungsfällen (§ 18 Abs. 2 Satz 4 UStG) nicht in Betracht.

(2) Unternehmer, die die Durchschnittssätze nach § 24 UStG anwenden, haben über die Verpflichtung nach § 18 Abs. 4a UStG hinaus – sofern sie vom Finanzamt nicht besonders aufgefordert werden – insbesondere dann Voranmeldungen abzugeben und Vorauszahlungen zu entrichten, wenn

1. Umsätze von Sägewerkserzeugnissen bewirkt werden, für die der Durchschnittssatz nach § 24 Abs. 1 Satz 1 Nr. 2 UStG gilt, oder
2. Umsätze ausgeführt werden, die unter Berücksichtigung der Vereinfachungsregelung des Abschnittes 24.6 zu einer Umsatzsteuer-Vorauszahlung oder einem Überschuss führen und für die wegen der Abgabe der Voranmeldungen keine besondere Ausnahmeregelung gilt, oder
3. Steuerbeträge nach § 14c UStG geschuldet werden.

(3) ¹In den Fällen des Absatzes 2 müssen die Umsätze, die den Durchschnittssätzen nach § 24 UStG unterliegen und für die eine Steuer nicht zu entrichten ist, in den Voranmeldungen nicht aufgeführt werden. ²Sind die in Absatz 2 Nr. 1 und 2 bezeichneten Voraussetzungen erst im Laufe des Kalenderjahres eingetreten, sind von dem in Betracht kommenden Zeitpunkt an Voranmeldungen abzugeben und Vorauszahlungen zu entrichten. ³Auf vorausgegangene Vorauszahlungszeiträume entfallende Umsatzsteuerbeträge müssen erst binnen der in § 18 Abs. 4 Satz 1 UStG bezeichneten Frist nachentrichtet werden. ⁴In den Fällen des Absatzes 2 Nr. 2 erstreckt sich die Verpflichtung zur Abgabe der Voranmeldungen und zur Entrichtung der Vorauszahlungen auf die Voranmeldungszeiträume, für die diese Steuerbeträge geschuldet werden. ⁵Die Möglichkeit, den Unternehmer unter den Voraussetzungen des § 18 Abs. 2 Satz 3 UStG von der Abgabe der Voranmeldung zu entbinden, wird durch die vorstehende Regelung nicht berührt.

(4) Unterliegen mehrere Grundstücke der Zwangsverwaltung, ist die Umsatzsteuer grundsätzlich für jedes Grundstück gesondert zu berechnen und anzumelden (vgl. BFH-Urteil vom 18.10.2001, V R 44/00, BStBl. 2002 II S. 171).

(5) Zum Besteuerungsverfahren nach § 18 Abs. 4c UStG vgl. Abschnitt 3a.16 Abs. 8 bis 14.

18.7. Abgabe von Voranmeldungen in Neugründungsfällen

(1) ¹Die Verpflichtung zur Abgabe monatlicher Voranmeldungen besteht für das Jahr der Aufnahme der beruflichen oder gewerblichen Tätigkeit (Neugründungsfälle) und für das folgende Kalenderjahr (§ 18 Abs. 2 Satz 4 UStG). ²Neugründungsfälle, in denen auf Grund der beruflichen oder gewerblichen Tätigkeit keine Umsatzsteuer festzusetzen ist (z.B. Unternehmer mit ausschließlich steuerfreien Umsätzen ohne Vorsteuerabzug – § 4 Nr. 8ff. UStG –, Kleinunternehmer – § 19 Abs. 1 UStG –, Land- und Forstwirte – § 24 UStG –), fallen nicht unter die Regelung des § 18 Abs. 2 Satz 4 UStG.

(2) ¹Bei Umwandlungen durch Verschmelzung (§ 2 UmwG), Spaltung (§ 123 UmwG) oder Vermögensübertragung (§ 174 UmwG) liegt eine Aufnahme der beruflichen und gewerblichen Tätigkeit vor, wenn dadurch ein Rechtsträger neu entsteht oder seine unternehmerische Tätigkeit aufnimmt. ²Ein Formwechsel (§ 190 UmwG) führt nicht zu einem neuen Unternehmen, da der formwechselnde Rechtsträger weiter besteht (§ 202 Abs. 1 Nr. 1 UmwG). ³Der bei einer Betriebsaufspaltung neu entstehende Rechtsträger fällt unter § 18 Abs. 2 Satz 4 UStG, wenn durch die Betriebsaufspaltung keine Organschaft begründet wird. ⁴Ein Gesellschafterwechsel oder ein Gesellschafteraustritt bzw. -eintritt führt nicht zu einem Neugründungsfall.

(3) ¹Bei einem örtlichen Zuständigkeitswechsel liegt kein Neugründungsfall vor. ²Stellt ein bestehendes Unternehmen einen Antrag auf Erteilung einer USt-IdNr., liegt allein deshalb kein Neugründungsfall vor.

(4) Auch in Neugründungsfällen kann Dauerfristverlängerung (§ 18 Abs. 6 UStG in Verbindung mit §§ 46 bis 48 UStDV) gewährt werden.

18.8. Verfahren bei der Beförderungseinzelbesteuerung

(1) ¹Befördert ein Unternehmer Personen im Gelegenheitsverkehr mit einem Kraftomnibus, der nicht im Inland zugelassen ist, wird die Umsatzsteuer für jede einzelne Beförderungsleistung durch die zuständige Zolldienststelle berechnet und festgesetzt, wenn bei der Ein- oder Ausreise eine Grenze zwischen dem Inland und dem Drittlandsgebiet (z.B. Grenze zur Schweiz) überschritten wird (§ 16 Abs. 5, § 18 Abs. 5 UStG, Abschnitt 16.2). ²Wird im Einzelfall geltend gemacht, dass die Voraussetzungen für

eine Besteuerung nicht gegeben seien, muss dies in eindeutiger und leicht nachprüfbarer Form gegenüber der Zolldienststelle nachgewiesen werden. ³Anderenfalls setzt die Zolldienststelle die Umsatzsteuer durch Steuerbescheid fest (§ 155 Abs. 1 AO).

(2) ¹Gegen die Steuerfestsetzung durch die Zolldienststelle ist der Einspruch gegeben (§ 347 Abs. 1 Satz 1 AO). ²Die Zolldienststelle ist berechtigt, dem Einspruch abzuhelfen (§ 367 Abs. 3 Satz 2 AO, § 16 Abs. 5 Satz 3 UStG). ³Hilft sie ihm nicht in vollem Umfang ab, hat sie die Sache dem für sie örtlich zuständigen Finanzamt zur weiteren Entscheidung vorzulegen. ⁴Der Einspruch kann auch unmittelbar bei dem zuständigen Finanzamt eingelegt werden.

(3) ¹Anstelle der Beförderungseinzelbesteuerung kann der Unternehmer bei dem für ihn zuständigen Finanzamt die Besteuerung der Beförderungsleistungen im allgemeinen Besteuerungsverfahren (§ 18 Abs. 3 und 4 UStG) beantragen (§ 16 Abs. 5b UStG). ²Auf die Steuer, die sich danach ergibt, wird die bei den Zolldienststellen entrichtete Umsatzsteuer angerechnet, soweit sie auf diese Beförderungsleistungen entfällt (§ 18 Abs. 5b UStG). ³Die Höhe der anzurechnenden Umsatzsteuer ist durch Vorlage aller im Verfahren der Beförderungseinzelbesteuerung von den Zolldienststellen ausgehändigten Durchschriften der Umsatzsteuererklärung (Vordruckmuster 2603) mit allen Steuerquittungen nachzuweisen.

(4) ¹Ist das Verfahren der Beförderungseinzelbesteuerung nicht durchzuführen, weil bei der Ein- und Ausreise keine Grenze zum Drittlandsgebiet überschritten wird, ist das allgemeine Besteuerungsverfahren (§ 18 Abs. 1 bis 4 UStG) durchzuführen. ²Zur umsatzsteuerlichen Erfassung in diesen Fällen vgl. § 18 Abs. 12 UStG und Abschnitt 18.17.

18.9. Verfahren bei der Fahrzeugeinzelbesteuerung

(1) ¹Beim innergemeinschaftlichen Erwerb neuer Fahrzeuge (§ 1b UStG) durch andere Erwerber als die in § 1a Abs. 1 Nr. 2 UStG genannten Personen hat der Erwerber für jedes erworbene neue Fahrzeug eine Steuererklärung für die Fahrzeugeinzelbesteuerung nach amtlich vorgeschriebenem Vordruck abzugeben (§ 16 Abs. 5a, § 18 Abs. 5a UStG; Abschnitt 16.3). ²Der Erwerber hat die Steuererklärung eigenhändig zu unterschreiben und ihr die vom Lieferer ausgestellte Rechnung beizufügen. ³§§ 167 und 168 AO sind anzuwenden.

(2) ¹Der Erwerber hat die Steuererklärung für die Fahrzeugeinzelbesteuerung innerhalb von 10 Tagen nach dem Tag des innergemeinschaftlichen Erwerbs (§ 13 Abs. 1 Nr. 7 UStG) abzugeben und die Steuer zu entrichten. ²Gibt er keine Steuererklärung ab oder berechnet er die Steuer nicht richtig, kann das Finanzamt die Steuer – ggf. im Schätzungswege – festsetzen. ³Der Schätzung sind regelmäßig die Mitteilungen zu Grunde zu legen, die dem Finanzamt von den für die Zulassung oder Registrierung von Fahrzeugen zuständigen Behörden (§ 18 Abs. 10 Nr. 1 UStG) oder dem für die Besteuerung des Fahrzeuglieferers zuständigen EU-Mitgliedstaat zur Verfügung gestellt werden.

Zu § 18 Absatz 9 UStG (Vorsteuer-Vergütungsverfahren, §§ 59 bis 62 UStDV)

18.10. Unter das Vorsteuer-Vergütungsverfahren fallende Unternehmer und Vorsteuerbeträge

(1) ¹Das Vorsteuer-Vergütungsverfahren kommt nur für Unternehmer in Betracht, die im Ausland ansässig sind; die Ansässigkeit im Ausland richtet sich nach § 59 Satz 2 UStDV. ²Ein Unternehmer ist bereits dann im Inland ansässig, wenn er eine Betriebsstätte hat und von dieser Umsätze ausführt oder beabsichtigt, von dieser Umsätze auszuführen. ³Die Vorsteuerbeträge des im Ausland gelegenen Unternehmensteils sind in diesen Fällen im Rahmen des allgemeinen Besteuerungsverfahrens von der Betriebsstätte geltend zu machen. ⁴Unternehmer, die im Inland gelegenes Grundstück besitzen und vermieten oder beabsichtigen zu vermieten, sind als im Inland ansässig zu behandeln. ⁵Zur Abgrenzung des Vorsteuer-Vergütungsverfahrens vom allgemeinen Besteuerungsverfahren vgl. Abschnitt 18.15.

(2) ¹Das Vergütungsverfahren setzt voraus, dass der im Ausland ansässige Unternehmer in einem Vergütungszeitraum (vgl. Abschnitt 18.12) im Inland entweder keine Umsätze oder nur die Umsätze ausgeführt hat, die in § 59 UStDV genannt sind. ²Sind diese Voraussetzungen erfüllt, kann die Vergütung der Vorsteuerbeträge nur im Vorsteuer-Vergütungsverfahren durchgeführt werden.

Beispiel 1:

¹Ein im Ausland ansässiger Beförderungsunternehmer hat im Inland in den Monaten Januar bis April nur steuerfreie Beförderungen im Sinne des § 4 Nr. 3 UStG ausgeführt. ²In denselben Monaten ist ihm für empfangene Leistungen, z.B. für Beherbergungen, Umsatzsteuer in Höhe von insgesamt 300 € in Rechnung gestellt worden.

³Die Vergütung der abziehbaren Vorsteuerbeträge ist im Vorsteuer-Vergütungsverfahren durchzuführen (§ 59 Satz 1 Nr. 1 UStDV).

§ 18 UStAE 18.10., 18.11.

Beispiel 2:

¹Der im Ausland ansässige Unternehmer U hat in den Monaten Januar bis April Gegenstände aus dem Drittlandsgebiet an Abnehmer im Inland geliefert. ²U beförderte die Gegenstände mit eigenen Fahrzeugen an die Abnehmer. ³Bei den Beförderungen ist dem Unternehmer im Inland für empfangene Leistungen, z.B. für Beherbergungen, Umsatzsteuer in Höhe von insgesamt 300 € in Rechnung gestellt worden. ⁴Schuldner der Einfuhrumsatzsteuer für die eingeführten Gegenstände war jeweils der Abnehmer. ⁵U hat in den Monaten Januar bis April keine weiteren Umsätze im Inland erbracht.

⁶U erbringt in den Monaten Januar bis April keine Umsätze im Inland. ⁷Der Ort seiner Lieferungen liegt im Drittlandsgebiet (§ 3 Abs. 6 UStG). ⁸Die Vergütung der abziehbaren Vorsteuerbeträge ist im Vorsteuer-Vergütungsverfahren durchzuführen (§ 59 Satz 1 Nr. 1 UStDV).

Beispiel 3:

¹Der im Ausland ansässige Unternehmer A erbringt im Jahr 1 im Inland ausschließlich steuerpflichtige Werkleistungen an den Unternehmer U. ²Zur Ausführung der Werkleistungen ist A im Inland für empfangene Leistungen, z.B. Materialeinkauf, Umsatzsteuer in Höhe von insgesamt 1.000 € in Rechnung gestellt worden.

³Steuerschuldner für die Leistungen des A ist U (§ 13b Abs. 5 Satz 1 UStG). ⁴Die Vergütung der abziehbaren Vorsteuerbeträge des A ist im Vorsteuer-Vergütungsverfahren durchzuführen (§ 59 Satz 1 Nr. 2 UStDV).

³Der vergütungsberechtigte Unternehmer (Leistender) ist im Rahmen der gesetzlichen Mitwirkungspflicht (§ 90 Abs. 1 AO) verpflichtet, auf Verlangen die Leistungsempfänger zu benennen, wenn diese für seine Leistungen die Steuer nach § 13b Abs. 5 Satz 1 und 3 UStG schulden.

18.11. Vom Vorsteuer-Vergütungsverfahren ausgeschlossene Vorsteuerbeträge

(1) Sind die Voraussetzungen für die Anwendung des Vorsteuer-Vergütungsverfahrens nach § 59 UStDV nicht erfüllt, können Vorsteuerbeträge nur im allgemeinen Besteuerungsverfahren nach § 16 und § 18 Abs. 1 bis 4 UStG berücksichtigt werden.

Beispiel 1:

¹Einem im Ausland ansässigen Unternehmer ist im Vergütungszeitraum Januar bis März Umsatzsteuer für die Einfuhr oder den Kauf von Gegenständen und für die Inanspruchnahme von sonstigen Leistungen berechnet worden. ²Der Unternehmer führt im März im Inland steuerpflichtige Lieferungen aus.

³Die Vorsteuer kann nicht im Vorsteuer-Vergütungsverfahren vergütet werden. ⁴Das allgemeine Besteuerungsverfahren ist durchzuführen.

Beispiel 2:

¹Der im Ausland ansässige Unternehmer U führt an dem im Inland belegenen Einfamilienhaus eines Privatmannes Schreinerarbeiten (Werklieferungen) durch. ²Die hierfür erforderlichen Gegenstände hat U teils im Inland erworben, teils in das Inland eingeführt. ³Für den Erwerb der Gegenstände im Inland ist U Umsatzsteuer in Höhe von 500 € in Rechnung gestellt worden. ⁴Für die Einfuhr der Gegenstände hat U Einfuhrumsatzsteuer in Höhe von 250 € entrichtet.

⁵Auf die Umsätze des U findet § 13b UStG keine Anwendung, da der Leistungsempfänger als Privatmann nicht Steuerschuldner wird (§ 13b Abs. 5 Satz 1 UStG). ⁶Die Vorsteuerbeträge (Umsatzsteuer und Einfuhrumsatzsteuer) können daher nicht im Vorsteuer-Vergütungsverfahren vergütet werden. ⁷Das allgemeine Besteuerungsverfahren ist durchzuführen.

Beispiel 3:

¹Sachverhalt wie in Abschnitt 18.10 Abs. 2 Beispiel 2. ²Abweichend hiervon ist U Schuldner der Einfuhrumsatzsteuer.

³Der Ort der Lieferungen des U liegt im Inland (§ 3 Abs. 8 UStG). ⁴U schuldet die Steuer für die Lieferungen. ⁵Die Vorsteuerbeträge können daher nicht im Vorsteuer-Vergütungsverfahren vergütet werden. ⁶Das allgemeine Besteuerungsverfahren ist durchzuführen.

(2) ¹Reiseveranstalter sind nicht berechtigt, die ihnen für Reisevorleistungen gesondert in Rechnung gestellten Steuerbeträge als Vorsteuer abzuziehen (§ 25 Abs. 4 UStG). ²Insoweit entfällt deshalb auch das Vorsteuer-Vergütungsverfahren.

(3) Nicht vergütet werden Vorsteuerbeträge, die mit Umsätzen im Ausland in Zusammenhang stehen, die – wenn im Inland ausgeführt – den Vorsteuerabzug ausschließen würden (vgl. Abschnitt 15.14).

Beispiel:

¹Ein französischer Arzt besucht einen Ärztekongress im Inland. ²Da ärztliche Leistungen grundsätzlich steuerfrei sind und den Vorsteuerabzug ausschließen, können die angefallenen Vorsteuerbeträge nicht vergütet werden.

(4) ¹Einem Unternehmer, der nicht im Gemeinschaftsgebiet ansässig ist, wird die Vorsteuer nur vergütet, wenn in dem Land, in dem der Unternehmer seinen Sitz hat, keine Umsatzsteuer oder ähnliche Steuer erhoben oder im Fall der Erhebung im Inland ansässigen Unternehmern vergütet wird (sog. Gegenseitigkeit im Sinne von § 18 Abs. 9 Satz 4 UStG). ²Unternehmer, die ihren Sitz auf den Kanarischen Inseln, in Ceuta oder in Melilla haben, sind für die Durchführung des Vorsteuer-Vergütungsverfahrens wie Unternehmer mit Sitz im Gemeinschaftsgebiet zu behandeln. ³Hinsichtlich der Verzeichnisse der Drittstaaten, zu denen Gegenseitigkeit gegeben oder nicht gegeben ist, wird auf das BMF-Schreiben vom 23.7.2010, BStBl. I S. 636, sowie auf ggf. spätere hierzu im BStBl. Teil I veröffentlichte BMF-Schreiben hingewiesen. ⁴Bei fehlender Gegenseitigkeit ist das Vorsteuer-Vergütungsverfahren nur durchzuführen, wenn der nicht im Gemeinschaftsgebiet ansässige Unternehmer

1. nur Umsätze ausgeführt hat, für die der Leistungsempfänger die Steuer schuldet (§ 13b Abs. 5 Sätze 1 und 3 UStG) oder die der Beförderungseinzelbesteuerung (§ 16 Abs. 5 und § 18 Abs. 5 UStG) unterlegen haben,
2. im Inland nur innergemeinschaftliche Erwerbe und daran anschließende Lieferungen im Sinne des § 25b Abs. 2 UStG ausgeführt hat, oder
3. im Gemeinschaftsgebiet als Steuerschuldner ausschließlich sonstige Leistungen auf elektronischem Weg an im Gemeinschaftsgebiet ansässige Nichtunternehmer erbracht und von dem Wahlrecht der steuerlichen Erfassung in nur einem EU-Mitgliedstaat (§ 18 Abs. 4c und 4d UStG) Gebrauch gemacht hat (vgl. Abschnitt 3a.16 Abs. 14).

(5) Von der Vergütung ausgeschlossen sind bei Unternehmern, die nicht im Gemeinschaftsgebiet ansässig sind, die Vorsteuerbeträge, die auf den Bezug von Kraftstoffen entfallen (§ 18 Abs. 9 Satz 5 UStG).

18.12. Vergütungszeitraum

¹Der Vergütungszeitraum muss mindestens drei aufeinander folgende Kalendermonate in einem Kalenderjahr umfassen. ²Es müssen nicht in jedem Kalendermonat Vorsteuerbeträge angefallen sein. ³Für den restlichen Zeitraum eines Kalenderjahres können die Monate November und Dezember oder es kann auch nur der Monat Dezember Vergütungszeitraum sein. ⁴Wegen der Auswirkungen der Mindestbeträge auf den zu wählenden Vergütungszeitraum vgl. § 61 Abs. 3 und § 61a Abs. 3 UStDV.

18.13. Vorsteuer-Vergütungsverfahren für im übrigen Gemeinschaftsgebiet ansässige Unternehmer

Antragstellung

(1) ¹Ein im übrigen Gemeinschaftsgebiet ansässiger Unternehmer, dem im Inland von einem Unternehmer für einen steuerpflichtigen Umsatz Umsatzsteuer in Rechnung gestellt worden ist, kann über die zuständige Stelle in dem Mitgliedstaat, in dem der Unternehmer ansässig ist, bei der zuständigen Behörde im Inland einen Antrag auf Vergütung dieser Steuer stellen. ²Für die Vergütung der Vorsteuerbeträge im Vorsteuer-Vergütungsverfahren ist ausschließlich das BZSt zuständig (§ 5 Abs. 1 Nr. 8 FVG).

(2) ¹Der im übrigen Gemeinschaftsgebiet ansässige Unternehmer hat den Vergütungsantrag nach amtlich vorgeschriebenem Datensatz durch Datenfernübertragung nach Maßgabe der Steuerdaten-Übermittlungsverordnung über das in dem Mitgliedstaat, in dem der Unternehmer ansässig ist, eingerichtete elektronische Portal dem BZSt zu übermitteln (§ 61 Abs. 1 UStDV). ²Eine unmittelbare Übermittlung des Vergütungsantrags von dem im übrigen Gemeinschaftsgebiet ansässigen Unternehmer an das BZSt ist nicht mehr möglich. ³Eine schriftliche Bescheinigung des Mitgliedstaats, in dem der Unternehmer ansässig ist, zur Bestätigung der Unternehmereigenschaft ist durch im übrigen Gemeinschaftsgebiet ansässige Unternehmer nicht mehr beizufügen.

(3) ¹Die Vergütung ist binnen neun Monaten nach Ablauf des Kalenderjahres, in dem der Vergütungsanspruch entstanden ist, zu beantragen (§ 61 Abs. 2 UStDV). ²Es handelt sich hierbei um eine Ausschlussfrist, bei deren Versäumung unter den Voraussetzungen des § 110 AO Wiedereinsetzung in den vorigen Stand gewährt werden kann.

(4) ¹Der Unternehmer hat die Vergütung selbst zu berechnen. ²Dem Vergütungsantrag sind auf elektronischem Weg die Rechnungen und Einfuhrbelege in Kopie beizufügen, wenn das Entgelt für den Umsatz oder die Einfuhr mindestens 1.000 €, bei Rechnungen über den Bezug von Kraftstoffen mindestens 250 € beträgt. ³Bei begründeten Zweifeln an dem Recht auf Vorsteuerabzug in der beantrag-

§ 18   UStAE 18.13., 18.14.

ten Höhe kann das BZSt verlangen, dass die Vorsteuerbeträge – unbeschadet der Frage der Rechnungshöhe – durch Vorlage von Rechnungen und Einfuhrbelegen im Original nachgewiesen werden.

(5) ¹Die beantragte Vergütung muss mindestens 400 € betragen (§ 61 Abs. 3 UStDV). ²Das gilt nicht, wenn der Vergütungszeitraum das Kalenderjahr oder der letzte Zeitraum des Kalenderjahres ist. ³Für diese Vergütungszeiträume muss die beantragte Vergütung mindestens 50 € betragen.

(6) Einem Unternehmer, der im Gemeinschaftsgebiet ansässig ist und Umsätze ausführt, die zum Teil den Vorsteuerabzug ausschließen, wird die Vorsteuer höchstens in der Höhe vergütet, in der er in dem Mitgliedstaat, in dem er ansässig ist, bei Anwendung eines Pro-rata-Satzes zum Vorsteuerabzug berechtigt wäre (§ 18 Abs. 9 Satz 3 UStG).

Bescheiderteilung

(7) ¹Das BZSt hat den Vergütungsantrag eines im übrigen Gemeinschaftsgebiet ansässigen Unternehmers grundsätzlich innerhalb von vier Monaten und zehn Tagen nach Eingang aller erforderlichen Unterlagen abschließend zu bearbeiten und den Vergütungsbetrag auszuzahlen. ²Die Bearbeitungszeit verlängert sich bei Anforderung weiterer Informationen zum Vergütungsantrag durch das BZSt auf längstens acht Monate. ³Die Fristen nach den Sätzen 1 und 2 gelten auch bei Vergütungsanträgen von Unternehmern, die auf den Kanarischen Inseln, in Ceuta oder in Melilla ansässig sind.

(8) ¹Der Bescheid über die Vergütung von Vorsteuerbeträgen ist in elektronischer Form zu übermitteln. ²Eine qualifizierte elektronische Signatur nach dem Signaturgesetz ist dabei nicht erforderlich (§ 61 Abs. 4 Satz 2 UStDV).

Verzinsung

(9) ¹Der nach § 18 Abs. 9 UStG zu vergütende Betrag ist zu verzinsen (§ 61 Abs. 5 UStDV). ²Der Zinslauf beginnt grundsätzlich mit Ablauf von vier Monaten und zehn Werktagen nach Eingang des Vergütungsantrags beim BZSt. ³Übermittelt der Unternehmer Kopien der Rechnungen oder Einfuhrbelege abweichend von Absatz 4 Satz 2 nicht zusammen mit dem Vergütungsantrag, sondern erst zu einem späteren Zeitpunkt, beginnt der Zinslauf erst mit Ablauf von vier Monaten und zehn Tagen nach Eingang dieser Kopien beim BZSt. ⁴Hat das BZSt zusätzliche oder weitere zusätzliche Informationen angefordert, beginnt der Zinslauf erst mit Ablauf von zehn Werktagen nach Ablauf der Fristen in Artikel 21 der Richtlinie 2008/9/EG des Rates vom 12.2.2008 zur Regelung der Erstattung der Mehrwertsteuer nach der Richtlinie 2006/112/EG an nicht im Mitgliedstaat der Erstattung, sondern in einem anderen Mitgliedstaat ansässige Steuerpflichtige (ABl. EU 2008 Nr. L 44 S. 23). ⁵Der Zinslauf endet mit erfolgter Zahlung des zu vergütenden Betrages; die Zahlung gilt als erfolgt mit dem Tag der Fälligkeit, es sei denn, der Unternehmer weist nach, dass er den zu vergütenden Betrag später erhalten hat. ⁶Wird die Festsetzung oder Anmeldung der Steuervergütung geändert, ist eine bisherige Zinsfestsetzung zu ändern; § 233a Abs. 5 AO gilt sinngemäß entsprechend. ⁷Für die Höhe und Berechnung der Zinsen gilt § 238 AO. ⁸Auf die Festsetzung der Zinsen ist § 239 AO entsprechend anzuwenden.

(10) Ein Anspruch auf Verzinsung nach Absatz 9 besteht nicht, wenn der Unternehmer einer Mitwirkungspflicht nicht innerhalb einer Frist von einem Monat nach Zugang einer entsprechenden Aufforderung des BZSt nachkommt (§ 61 Abs. 6 UStDV).

18.14. Vorsteuer-Vergütungsverfahren für im Drittlandsgebiet ansässige Unternehmer
Antragstellung

(1) ¹Ein im Drittlandsgebiet ansässiger Unternehmer, dem im Inland von einem Unternehmer für einen steuerpflichtigen Umsatz Umsatzsteuer in Rechnung gestellt worden ist, kann bei der zuständigen Behörde im Inland einen Antrag auf Vergütung dieser Steuer stellen. ²Für die Vergütung der Vorsteuerbeträge im Vorsteuer-Vergütungsverfahren ist ausschließlich das BZSt zuständig (§ 5 Abs. 1 Nr. 8 FVG). ³Zum Vorliegen der Gegenseitigkeit sowie zum Ausschluss bestimmter Vorsteuerbeträge vgl. Abschnitt 18.11 Abs. 4 und 5.

(2) ¹Für den Antrag auf Vergütung der Vorsteuerbeträge ist ein Vordruck nach amtlich vorgeschriebenem Muster zu verwenden. ²Der Unternehmer hat die Möglichkeit, den Vergütungsantrag dem BZSt – ggf. vorab – elektronisch zu übermitteln. ³Informationen zur elektronischen Übermittlung sind auf den Internetseiten des BZSt (www.bzst.de) abrufbar. ⁴Zur Zulassung abweichender Vordrucke für das Vorsteuer-Vergütungsverfahren vgl. BMF-Schreiben vom 12.1.2007, BStBl. I S. 121. ⁵In jedem Fall muss der Vordruck in deutscher Sprache ausgefüllt werden. ⁶In dem Antragsvordruck sind die Vorsteuerbeträge, deren Vergütung beantragt wird, im Einzelnen aufzuführen (Einzelaufstellung). ⁷Es ist nicht erforderlich, zu jedem Einzelbeleg darzulegen, zu welcher unternehmerischen Tätigkeit die erworbenen Gegenstände oder empfangenen sonstigen Leistungen verwendet worden sind. ⁸Pauschale Erklärungen reichen aus, z.B. grenzüberschreitende Güterbeförderungen im Monat Juni.

(3) Aus Gründen der Arbeitsvereinfachung wird für die Einzelaufstellung das folgende Verfahren zugelassen:
1. Bei Rechnungen, deren Gesamtbetrag 150 € nicht übersteigt und bei denen das Entgelt und die Umsatzsteuer in einer Summe angegeben sind (§ 33 UStDV):
   a) Der Unternehmer kann die Rechnungen getrennt nach Kostenarten mit laufenden Nummern versehen und sie mit diesen Nummern, den Nummern der Rechnungen und mit den Bruttorechnungsbeträgen in gesonderten Aufstellungen zusammenfassen.
   b) [1]Die in den Aufstellungen zusammengefassten Bruttorechnungsbeträge sind aufzurechnen. [2]Aus dem jeweiligen Endbetrag ist die darin enthaltene Umsatzsteuer herauszurechnen und in den Antrag zu übernehmen. [3]Hierbei ist auf die gesonderte Aufstellung hinzuweisen.
   c) Bei verschiedenen Steuersätzen sind die gesonderten Aufstellungen getrennt für jeden Steuersatz zu erstellen.
2. Bei Fahrausweisen, in denen das Entgelt und der Steuerbetrag in einer Summe angegeben sind (§ 34 UStDV), gilt Nummer 1 entsprechend.
3. Bei Einfuhrumsatzsteuerbelegen:
   a) Der Unternehmer kann die Belege mit laufenden Nummern versehen und sie mit diesen Nummern, den Nummern der Belege und mit den in den Belegen angegebenen Steuerbeträgen in einer gesonderten Aufstellung zusammenfassen.
   b) [1]Die Steuerbeträge sind aufzurechnen und in den Antrag zu übernehmen. [2]Hierbei ist auf die gesonderte Aufstellung hinzuweisen.
4. Die gesonderten Aufstellungen sind dem Vergütungsantrag beizufügen.

(4) [1]Der Unternehmer hat die Vergütung selbst zu berechnen. [2]Dem Vergütungsantrag sind die Rechnungen und Einfuhrbelege im Original beizufügen (§ 61a Abs. 2 Satz 3 UStDV); sie können allenfalls bis zum Ende der Antragsfrist nachgereicht werden (vgl. BFH-Urteil vom 18.1.2007, V R 23/05, BStBl. II S. 430). [3]Kann ein Unternehmer in Einzelfällen den erforderlichen Nachweis der Vorsteuerbeträge nicht durch Vorlage von Originalbelegen erbringen, sind Zweitschriften als ausreichend anzuerkennen, wenn der Unternehmer den Verlust der Originalbelege nicht zu vertreten hat, der dem Vergütungsantrag zu Grunde liegende Vorgang stattgefunden hat und keine Gefahr besteht, dass weitere Vergütungsanträge gestellt werden (vgl. BFH-Urteil vom 20.8.1998, V R 55/96, BStBl. 1999 II S. 324). [4]Bei der Zweitausfertigung eines Ersatzbelegs für den Abzug der Einfuhrumsatzsteuer als Vorsteuer kommt es nicht darauf an, auf Grund welcher Umstände die Erstschrift des Ersatzbelegs nicht vorgelegt werden kann (vgl. BFH-Urteil vom 19.11.1998, V R 102/96, BStBl. 1999 II S. 255). [5]Hinsichtlich der Anerkennung von Rechnungen und Einfuhrbelegen, die auf elektronischem Weg übermittelt wurden, vgl. Abschnitte 14.4 und 15.11 Abs. 1 Satz 2 Nr. 2 Sätze 2 und 3.

(5) [1]Die Vergütung ist binnen sechs Monaten nach Ablauf des Kalenderjahres, in dem der Vergütungsanspruch entstanden ist, zu beantragen (§ 61a Abs. 2 UStDV). [2]Die Antragsfrist ist eine Ausschlussfrist, bei deren Versäumung unter den Voraussetzungen des § 110 AO Wiedereinsetzung in den vorigen Stand gewährt werden kann.

(6) [1]Die beantragte Vergütung muss mindestens 1.000 € betragen (§ 61a Abs. 3 UStDV). [2]Das gilt nicht, wenn der Vergütungszeitraum das Kalenderjahr oder der letzte Zeitraum des Kalenderjahres ist. [3]Für diese Vergütungszeiträume muss die beantragte Vergütung mindestens 500 € betragen.

(7) [1]Der Nachweis nach § 61a Abs. 4 UStDV ist nach dem Muster USt 1 TN zu führen. [2]Hinsichtlich dieses Musters wird auf das BMF-Schreiben vom 14.5.2010, BStBl. I S. 517, sowie auf ggf. spätere hierzu im BStBl. Teil I veröffentlichte BMF-Schreiben hingewiesen. [3]Die Bescheinigung muss den Vergütungszeitraum abdecken (vgl. BFH-Urteil vom 18.1.2007, V R 22/05, BStBl. II S. 426). [4]Für Vergütungsanträge, die später als ein Jahr nach dem Ausstellungsdatum der Bescheinigung gestellt werden, ist eine neue Bescheinigung vorzulegen. [5]Bei ausländischen staatlichen Stellen, die mit der Organisation von Gemeinschaftsausstellungen im Rahmen von Messen und Ausstellungen beauftragt worden und insoweit als Unternehmer anzusehen sind, ist auf die Vorlage einer behördlichen Bescheinigung (§ 61a Abs. 4 UStDV) zu verzichten. [6]Die Bindungswirkung der Unternehmerbescheinigung entfällt, wenn das BZSt bei Zweifeln an deren Richtigkeit auf Grund von Aufklärungsmaßnahmen (eigene Auskünfte des Unternehmers, Amtshilfe) Informationen erhält, aus denen hervorgeht, dass die in der Bescheinigung enthaltenen Angaben unrichtig sind (vgl. BFH-Urteil vom 14.5.2008, XI R 58/06, BStBl. II S. 831).

(8) [1]Der Vergütungsantrag ist vom Unternehmer eigenhändig zu unterschreiben (§ 61a Abs. 2 Satz 4 UStDV). [2]Der Unternehmer kann den Vergütungsanspruch abtreten (§ 46 Abs. 2 und 3 AO).

(9) Im Falle der Vergütung hat das BZSt die Originalbelege durch Stempelaufdruck oder in anderer Weise zu entwerten.

Verzinsung

(10) Der nach § 18 Abs. 9 UStG zu vergütende Betrag ist nach § 233a AO zu verzinsen (vgl. BFH-Urteil vom 17.4.2008, V R 41/06, BStBl. 2009 II S. 2, und Nr. 62 des Anwendungserlasses zur AO zu § 233a AO).

18.15. Vorsteuer-Vergütungsverfahren und allgemeines Besteuerungsverfahren[1)]

(1) ¹Für einen Voranmeldungszeitraum schließen sich das allgemeine Besteuerungsverfahren und das Vorsteuer-Vergütungsverfahren gegenseitig aus. ²Sind jedoch die Voraussetzungen des Vorsteuer-Vergütungsverfahrens erfüllt und schuldet der im Ausland ansässige Unternehmer die Steuer im allgemeinen Besteuerungsverfahren (z.B. nach § 14c Abs. 1 UStG), kann die Vergütung der Vorsteuerbeträge abweichend von § 16 Abs. 2 Satz 1 UStG nur im Vorsteuer-Vergütungsverfahren durchgeführt werden. ³Im Laufe eines Kalenderjahres kann zudem der Fall eintreten, dass die Vorsteuerbeträge eines im Ausland ansässigen Unternehmers abschnittsweise im Wege des Vorsteuer-Vergütungsverfahrens und im Wege des allgemeinen Besteuerungsverfahrens zu vergüten oder von der Steuer abzuziehen sind. ⁴In diesen Fällen ist für jedes Kalenderjahr wie folgt zu verfahren:

1. Vom Beginn des Voranmeldungszeitraums an, in dem erstmalig das allgemeine Besteuerungsverfahren durchzuführen ist, endet insoweit die Zuständigkeit des BZSt.
2. ¹Der im Ausland ansässige Unternehmer hat seine Vorsteuerbeträge für diesen Voranmeldungszeitraum und für die weiteren verbleibenden Voranmeldungszeiträume dieses Kalenderjahres im allgemeinen Besteuerungsverfahren geltend zu machen. ²Erfüllt der Unternehmer im Laufe des Kalenderjahres erneut die Voraussetzungen des Vorsteuer-Vergütungsverfahrens, bleibt es demnach für dieses Kalenderjahr bei der Zuständigkeit des Finanzamts; ein unterjähriger Wechsel vom allgemeinen Besteuerungsverfahren zum Vorsteuer-Vergütungsverfahren ist somit nicht möglich.
3. ¹Hat der im Ausland ansässige Unternehmer Vorsteuerbeträge, die in einem Voranmeldungszeitraum entstanden sind, für den das allgemeine Besteuerungsverfahren noch nicht durchzuführen war, nicht im Vorsteuer-Vergütungsverfahren geltend gemacht, kann er diese Vorsteuerbeträge ab dem Zeitpunkt, ab dem das allgemeine Besteuerungsverfahren anzuwenden ist, nur noch in diesem Verfahren geltend machen. ²Beim Abzug dieser Vorsteuerbeträge von der Steuer gelten die Einschränkungen des § 18 Abs. 9 Sätze 3 bis 5 UStG sowie § 61 Abs. 3 und § 61a Abs. 3 UStDV entsprechend.
4. ¹Ab dem Zeitraum, ab dem erstmalig die Voraussetzungen für das allgemeine Besteuerungsverfahren vorliegen, hat der Unternehmer unter den Voraussetzungen von § 18 Abs. 2 und 2a UStG eine Voranmeldung abzugeben. ²In diesem Fall sind die abziehbaren Vorsteuerbeträge durch Vorlage der Rechnung und Einfuhrbelege im Original nachzuweisen (§ 62 Abs. 2 UStDV).
5. ¹Nach Ablauf eines Kalenderjahres, in dem das allgemeine Besteuerungsverfahren durchzuführen ist, hat der im Ausland ansässige Unternehmer bei dem Finanzamt eine Umsatzsteuererklärung für das Kalenderjahr abzugeben. ²Das Finanzamt hat die Steuer für das Kalenderjahr festzusetzen. ³Hierbei sind die Vorsteuerbeträge nicht zu berücksichtigen, die bereits im Vorsteuer-Vergütungsverfahren vergütet worden sind (§ 62 Abs. 1 UStDV).

(2) ¹Ist bei einem im Ausland ansässigen Unternehmer das allgemeine Besteuerungsverfahren durchzuführen und ist dem Finanzamt nicht bekannt, ob der Unternehmer im laufenden Kalenderjahr bereits die Vergütung von Vorsteuerbeträgen im Vorsteuer-Vergütungsverfahren beantragt hat, hat das Finanzamt beim BZSt anzufragen. ²Wurde das Vorsteuer-Vergütungsverfahren beim BZSt in diesem Fall bereits durchgeführt, hat der Unternehmer die abziehbaren Vorsteuerbeträge auch im allgemeinen Besteuerungsverfahren durch Vorlage der Rechnungen und Einfuhrbelege im Original nachzuweisen (§ 62 Abs. 2 UStDV). ³Die Belege sind zu entwerten.

18.16. Unternehmerbescheinigung für Unternehmer, die im Inland ansässig sind

(1) ¹Unternehmern, die in der Bundesrepublik Deutschland ansässig sind und die für die Vergütung von Vorsteuerbeträgen in einem Drittstaat eine Bestätigung ihrer Unternehmereigenschaft benötigen, stellt das zuständige Finanzamt eine Bescheinigung nach dem Muster USt 1 TN (vgl. Abschnitt 18.14 Abs. 7) aus. ²Das gilt auch für Organgesellschaften und Zweigniederlassungen im Inland, die zum Unternehmen eines im Ausland ansässigen Unternehmers gehören.

(2) ¹Die Bescheinigung darf nur Unternehmern erteilt werden, die zum Vorsteuerabzug berechtigt sind. ²Sie darf nicht erteilt werden, wenn der Unternehmer nur steuerfreie Umsätze ausführt, die den Vorsteuerabzug ausschließen, oder die Besteuerung nach § 19 Abs. 1 oder § 24 Abs. 1 UStG anwendet.

(3) ¹Unternehmern, die die Vergütung von Vorsteuerbeträgen in einem anderen Mitgliedstaat beantragen möchten, wird keine Bescheinigung nach Absatz 1 erteilt. ²Die Bestätigung der Unternehmer-

---
1) Hinweis auf Anlage § 018-33

eigenschaft erfolgt in diesen Fällen durch das BZSt durch Weiterleitung des Vergütungsantrags an den Mitgliedstaat der Erstattung (vgl. Abschnitt 18g.1 Abs. 10).

Zu § 18 Absatz 12 UStG

18.17. Umsatzsteuerliche Erfassung von im Ausland ansässigen Unternehmern, die grenzüberschreitende Personenbeförderungen mit nicht im Inland zugelassenen Kraftomnibussen durchführen

Allgemeines

(1) Die Umsatzbesteuerung grenzüberschreitender Personenbeförderungen (§ 3b Abs. 1 Satz 2 UStG) mit nicht im Inland zugelassenen Kraftomnibussen ist entweder im Verfahren der Beförderungseinzelbesteuerung (§ 16 Abs. 5 UStG) durchzuführen, wenn eine Grenze zwischen dem Inland und dem Drittlandsgebiet (z.B. Grenze zur Schweiz) überschritten wird, oder im allgemeinen Besteuerungsverfahren (§ 18 Abs. 1 bis 4 UStG), wenn keine Grenze zwischen dem Inland und dem Drittlandsgebiet überschritten wird.

Anzeigepflicht

(2) Im Ausland ansässige Unternehmer (§ 13b Abs. 7 UStG), die grenzüberschreitende Personenbeförderungen mit nicht im Inland zugelassenen Kraftomnibussen durchführen, haben dies vor der erstmaligen Ausführung derartiger auf das Inland entfallender Umsätze bei dem für die Umsatzbesteuerung nach § 21 AO zuständigen Finanzamt anzuzeigen, soweit diese Umsätze nicht der Beförderungseinzelbesteuerung (§ 16 Abs. 5 UStG) unterliegen oder der Leistungsempfänger die Steuer für derartige Umsätze nach § 13b Abs. 5 Satz 1 oder 3 UStG schuldet (§ 18 Abs. 12 Satz 1 UStG).

(3) ¹Die Anzeige über die erstmalige Ausführung grenzüberschreitender Personenbeförderungen mit nicht im Inland zugelassenen Kraftomnibussen ist an keine Form gebunden. ²Für die Anzeige über die Ausführung derartiger Umsätze sollte der Unternehmer den Vordruck USt 1 TU verwenden. ³Hinsichtlich dieses Musters wird auf das BMF-Schreiben vom 9.7.2004, BStBl. I S. 622, sowie auf ggf. spätere hierzu im BStBl. Teil I veröffentlichte BMF-Schreiben hingewiesen. ⁴Wird das Muster USt 1 TU nicht verwendet, sind jedoch die hierin verlangten Angaben zu machen.

Bescheinigungsverfahren

(4) ¹Das für die Umsatzbesteuerung nach § 21 AO zuständige Finanzamt erteilt über die umsatzsteuerliche Erfassung des im Ausland ansässigen Unternehmers für jeden nicht im Inland zugelassenen Kraftomnibus, der für grenzüberschreitende Personenbeförderungen eingesetzt werden soll, eine gesonderte Bescheinigung (§ 18 Abs. 12 Satz 2 UStG) nach dem Muster USt 1 TV. ²Hinsichtlich dieses Musters wird auf das BMF-Schreiben vom 9.7.2004, BStBl. I S. 622, sowie auf ggf. spätere hierzu im BStBl. Teil I veröffentlichte BMF-Schreiben hingewiesen. ³Die Gültigkeit der Bescheinigung soll nicht länger als ein Jahr betragen.

(5) ¹Die Bescheinigung nach § 18 Abs. 12 Satz 2 UStG ist während jeder Fahrt im Inland mitzuführen und auf Verlangen den für die Steueraufsicht zuständigen Zolldienststellen vorzulegen (§ 18 Abs. 12 Satz 3 UStG). ²Bei Nichtvorlage der Bescheinigung können diese Zolldienststellen eine Sicherheitsleistung nach den abgabenrechtlichen Vorschriften in Höhe der für die einzelne Beförderungsleistung voraussichtlich zu entrichtenden Steuer verlangen (§ 18 Abs. 12 Satz 4 UStG). ³Die entrichtete Sicherheitsleistung ist im Rahmen der Umsatzsteuererklärung für das Kalenderjahr (§ 18 Abs. 3 Satz 1 UStG) auf die zu entrichtende Steuer anzurechnen (§ 18 Abs. 12 Satz 5 UStG). ⁴Für die Anrechnung sind die von den Zolldienststellen ausgehändigten Durchschriften der Anordnungen von Sicherheitsleistungen (Vordruckmuster 2605) mit Quittungen vorzulegen.

Verwaltungsregelungen zu § 18

Datum	Anlage	Quelle	Inhalt
18.05.79	§ 018-01	OFD Bln	Merkblatt über die Problematik sog. Vorsteuerabtretungen
	§ 018-02		nicht belegt
	§ 018-03		nicht belegt
23.03.84	§ 018-04	BMF	Vorsteuer-Vergütungsverfahren (§§ 59 bis 61 UStDV); Abtretung von Vergütungsansprüchen
	§ 018-05		nicht belegt
	§ 018-06		nicht belegt

§ 18

Datum	Anlage	Quelle	Inhalt
27.03.92	§ 018-07	BMF	Vordruckmuster für die gesonderte und einheitliche Feststellung von Besteuerungsgrundlagen für die Umsatzbesteuerung nach der Verordnung zu § 180 Abs. 2 AO
24.04.92	§ 018-08	BMF	Verfahren bei der Geltendmachung von Vorsteuerbeträgen aus der Beteiligung an Gesamtobjekten
	§ 018-09		nicht belegt
	§ 018-10		nicht belegt
	§ 018-11		nicht belegt
13.11.95	§ 018-12	BMF	Dauerfristverlängerung in den Fällen des § 18 Abs. 4a UStG
13.12.95	§ 018-13	BMF	Neuregelung des Umsatzsteuer-Voranmeldungsverfahren ab 1.1.1996
04.01.96	§ 018-14	BMF	Mitwirkung der Kraftfahrzeugzulassungsstellen bei der Besteuerung des innergemeinschaftlichen Erwerbs neuer Fahrzeuge
25.09.09	§ 018-15	BMF	Vorsteuer-Vergütungsverfahren (§ 18 Abs. 9 UStG, §§ 59 bis 62 UStDV); Gegenseitigkeit (§ 18 Abs. 9 Satz 6 UStG)
	§ 018-16		nicht belegt
25.11.98	§ 018-17	BMF	Muster der Umsatzsteuererklärung für die Fahrzeugeinzelbesteuerung
	§ 018-18		nicht belegt
	§ 018-19		nicht belegt
07.11.02	§ 018-20	BMF	Durchführung von Umsatzsteuer-Sonderprüfungen
20.01.03	§ 018-21	BMF	Übermittlung von Steuererklärungen per Telefax
24.01.03	§ 018-22	BMF	Abgabe von monatlichen Umsatzsteuer-Voranmeldungen in Neugründungsfällen (§ 18 Abs. 2 Satz 4 UStG)
09.07.04	§ 018-23	BMF	Umsatzsteuerliche Erfassung von im Ausland ansässigen Unternehmern, die grenzüberschreitende Personenbeförderungen mit nicht im Inland zugelassenen Kraftomnibussen durchführen; Einführung von § 18 Abs. 12 UStG durch das Steueränderungsgesetz 2003
29.11.04	§ 018-24	BMF	Abgabe von Umsatzsteuer-Voranmeldungen und Lohnsteuer-Anmeldungen auf elektronischem Weg ab 1.1.2005
	§ 018-25		nicht belegt
14.08.05	§ 018-26	BMF	Abgabe monatlicher Umsatzsteuer-Voranmeldungen
	§ 018-27		nicht belegt
03.12.09	§ 018-28	BMF	Vorsteuer-Vergütungsverfahren ab 1.1.2010
14.05.10	§ 018-29	BMF	Vordruckmuster für den Nachweis der Eintragung als Steuerpflichtiger (Unternehmer) im Vorsteuer-Vergütungsverfahren
08.12.10	§ 018-30	BMF	Abgabe von Umsatzsteuer-Voranmeldungen in Sonderfällen – Änderung von Abschnitt 18.6 UStAE
17.12.10	§ 018-31	BMF	Übermittlung des Antrags auf Dauerfristverlängerung/der Anmeldung der Sondervorauszahlung auf elektronischem Weg – Änderung des Abschnitts 18.4 UStAE
21.12.10	§ 018-32	BMF	Elektronische Übermittlung der Umsatzsteuererklärung; Anpassung des Umsatzsteuer-Anwendungserlasses
07.06.11	§ 018-33	BMF	Zusammentreffen vom allgemeinen Besteuerungsverfahren und Vorsteuer-Vergütungsverfahren in sog. Mischfällen ab 1.1.2010

§ 18

Rechtsprechungsauswahl

EuGH vom 28.07.2011 – Rs. C-274/10, Kommission gegen Ungarn, UR 2011 S. 755: Unionsrechtswidrige nationale Beschränkung der Erstattung eines Mehrwertsteuerüberschusses und Verpflichtung zur Übertragung des Überschusses auf einen folgenden Steuerzeitraum ohne zeitliche Begrenzung.

Die Republik Ungarn hat

– dadurch, dass sie Steuerpflichtige, deren Steuererklärung für einen bestimmten Steuerzeitraum einen Überschuss i.s.v. Art. 183 MwStSystRL ausweist, dazu verpflichtet, diesen Überschuss ganz oder teilweise auf den folgenden Steuerzeitraum vorzutragen, wenn sie dem Lieferer nicht den Gesamtbetrag für den entsprechenden Erwerb gezahlt haben, und

– aufgrund der Tatsache, dass angesichts dieser Verpflichtung bestimmte Steuerpflichtige, deren Steuererklärungen regelmäßig einen Überschuss ausweisen, diesen Überschuss mehr als einmal auf den folgenden Steuerzeitraum vortragen müssen,

gegen ihre Verpflichtungen aus dieser Richtlinie verstoßen.

BFH vom 14.04.2011 – V R 14/10, UR 2011 S. 834: Vorsteuervergütung im Regelbesteuerungs- oder Vergütungsverfahren.

1. Ein im Ausland ansässiger Unternehmer, der Steuerschuldner nach § 13b Abs. 2 UStG ist und gemäß § 18 Abs. 3 Satz 1 UStG eine Steuererklärung für das Kalenderjahr abzugeben hat, ist berechtigt, alle in diesem Kalenderjahr entstandenen Vorsteuerbeträge in der Jahreserklärung geltend zu machen.

2. Dies gilt auch für Vorsteuerbeträge, für die der Unternehmer einen unterjährigen Vergütungsantrag stellen könnte (entgegen Abschn. 244 Abs. 1 Satz 2 Nr. 2 und Nr. 3 UStR 2000 und Abschn. 18.15 Abs. 1 Satz 4 Nr. 2 und Nr. 3 UStAE).

EuGH vom 03.12.2009 – Rs. C-433/08 – Yaesu Europe BV, DStR 2009 S. 2593: Keine eigenhändige Unterschrift bei Vorsteuervergütungsantrag nötig.[1]

Der Begriff „Unterschrift" in dem in Anhang A der 8. Richtlinie 79/1072/EWG des Rates vom 6.12.1979 zur Harmonisierung der Rechtsvorschriften der Mitgliedstaaten über die Umsatzsteuern – Verfahren zur Erstattung der Mehrwertsteuer an nicht im Inland ansässige Steuerpflichtige enthaltenen Muster für den Antrag auf Vergütung der Umsatzsteuer ist ein gemeinschaftsrechtlicher Begriff, der einheitlich dahin auszulegen ist, dass ein solcher Vergütungsantrag nicht zwingend von dem Steuerpflichtigen selbst unterschrieben werden muss, sondern dass insoweit die Unterschrift eines Bevollmächtigten genügt.

BGH vom 17.03.2009 – 1 StR 62/08, UR 2009 S. 899: Umfang einer Steuerhinterziehung bei Abgabe unrichtiger Umsatzsteuer-Voranmeldungen.

Bei der Hinterziehung von Umsatzsteuern bemisst sich der Umfang der verkürzten Steuern oder erlangten Steuervorteile auch dann nach deren Nominalbetrag, wenn die Tathandlung in der pflichtwidrigen Nichtabgabe oder der Abgabe einer unrichtigen Umsatzsteuer-Voranmeldung i.s.v. § 18 Abs. 1 UStG liegt. Der Umstand, dass in solchen Fällen im Hinblick auf die Verpflichtung zur Abgabe einer Umsatzsteuerjahreserklärung i.s.v. § 18 Abs. 3 UStG zunächst nur eine Steuerhinterziehung „auf Zeit" gegeben ist, führt nicht dazu, dass der tatbestandsmäßige Erfolg lediglich in der Höhe der Hinterziehungszinsen zu erblicken wäre.

Nieders. FG vom 17.03.2009 – 5 K 303/08 – rechtskräftig, DStRE 2009 S. 1267: Pflicht zur elektronischen Übermittlung der Steueranmeldung trotz Sicherheitsbedenken.

Sicherheitsbedenken bei der elektronischen Übermittlung von Steueranmeldungen im ELSTER-Verfahren und ein geringfügiger zeitlicher Mehraufwand rechtfertigen keine Ausnahme von der Verpflichtung zur elektronischen Übermittlung.

BFH vom 16.12.2008 – VII R 17/08, BStBl. 2010 II S. 91: Erstattung der Sondervorauszahlung.

Wird die Dauerfristverlängerung für die Abgabe der Umsatzsteuervoranmeldungen widerrufen und die Sondervorauszahlung auf die Vorauszahlung für den letzten Voranmeldungszeitraum, für den die Fristverlängerung gilt, angerechnet, ist der insoweit nicht verbrauchte Betrag der Sondervorauszahlung nicht zu erstatten, sondern mit der Jahressteuer zu verrechnen. Nur soweit die Sondervorauszahlung, auch durch diese Verrechnung nicht verbraucht ist entsteht ein Erstattungsanspruch.

---

1) Antwort des EuGH auf den Vorlagebeschluss des BFH vom 13.08.2008 – XI R 19/08

§ 18

BFH vom 13.08.2008 – XI R 19/08, BStBl. 2009 II S. 497: Begriff der Unterschrift bei Vorsteuer-Vergütungsanträgen.

Dem EuGH werden folgende Fragen zur Vorabentscheidung vorgelegt:
1. Ist der Begriff der „Unterschrift", der in dem Muster lt. Anhang A der Richtlinie 79/1072/EWG zur Stellung eines Antrags auf Vergütung der Umsatzsteuer gemäß Art. 3 Buchst. a dieser Richtlinie verwendet wird, ein einheitlich auszulegender gemeinschaftsrechtlicher Begriff?
2. Falls die Frage zu 1. bejaht wird: Ist der Begriff der „Unterschrift" dahin zu verstehen, dass der Vergütungsantrag zwingend von dem Steuerpflichtigen persönlich oder bei einer juristischen Person von dem gesetzlichen Vertreter unterschrieben werden muss, oder genügt die Unterschrift eines Bevollmächtigten (z.B. eines steuerlichen Vertreters oder Arbeitnehmers des Steuerpflichtigen)?

BFH vom 14.05.2008 – XI R 58/06, BStBl. 2008 II S. 831: Bindungswirkung einer Unternehmerbescheinigung im Vorsteuervergütungsverfahren.

1. Die von einem anderen Mitgliedstaat für das Vorsteuervergütungsverfahren erteilte Unternehmerbescheinigung begründet die Vermutung, dass das betreffende Unternehmen in dem Mitgliedstaat, dessen Steuerverwaltung ihm die Bescheinigung ausgestellt hat, steuerpflichtig und ansässig ist. Die inländische Steuerverwaltung ist grundsätzlich in tatsächlicher und rechtlicher Hinsicht an die Angaben dieser Bescheinigung gebunden (EuGH vom 28.6.2007, C-73/06, Planzer Luxembourg Sarl, Slg. 2007, 1-5655).
2. Die Bindungswirkung der Unternehmerbescheinigung entfällt, wenn die inländische Steuerverwaltung bei Zweifeln an deren Richtigkeit aufgrund von Aufklärungsmaßnahmen (z.B. eigene Auskünfte des Steuerpflichtigen, Amtshilfe) Informationen erhält, aus denen hervorgeht, dass die in der Bescheinigung angegebene Anschrift weder dem Sitz der wirtschaftlichen Tätigkeit des Steuerpflichtigen entspricht noch die einer festen Niederlassung ist, von der aus der Steuerpflichtige seine Umsätze tätigt.

BFH vom 17.04.2008 – V R 41/06, BStBl. 2009 II S. 2; DStR 2008 S. 2162: Der Steuervergütungsanspruch gem. § 18 Abs. 9 UStG muss verzinst werden.

Der Steuervergütungsanspruch nach § 18 Abs. 9 UStG 1993 i.V.m. § 59ff. UStDV 1993 beruht auf einer Festsetzung der Umsatzsteuer i.S. des § 233a Abs. 1 Satz 1 AO und ist deshalb nach näherer Maßgabe des § 233a AO zu verzinsen.

EuGH vom 28.06.2007 – Rs. C-73/06 – Planzer Luxembourg Sarl, DStRE 2008 S. 827: Überprüfung des Sitzes der wirtschaftlichen Tätigkeit im Rahmen eines Vorsteuererstattungsverfahrens.

1. Die Art. 3 Buchst. b und 9 Abs. 2 der Achten Richtlinie 79/1072/EWG des Rates vom 6.12.1979 zur Harmonisierung der Rechtsvorschriften der Mitgliedstaaten über die Umsatzsteuern – Verfahren zur Erstattung der Mehrwertsteuer an nicht im Inland ansässige Steuerpflichtige sind dahin auszulegen, dass eine dem Muster in Anhang B dieser Richtlinie entsprechende Bescheinigung grundsätzlich die Vermutung begründet, dass der Betreffende nicht nur in dem Mitgliedstaat, dessen Steuerverwaltung ihm die genannte Bescheinigung ausgestellt hat, mehrwertsteuerpflichtig ist, sondern dass er dort auch ansässig ist.

   Diese Bestimmungen bedeuten allerdings nicht, dass es der Steuerverwaltung des Staates, in dem die Erstattung der Vorsteuer beantragt wird, verwehrt wäre, sich bei Zweifeln an der wirtschaftlichen Realität des Sitzes, dessen Anschrift in dieser Bescheinigung angegeben ist, zu vergewissern, ob diese Realität tatsächlich gegeben ist, indem sie auf die Verwaltungsmaßnahmen zurückgreift, die die Gemeinschaftsregelung auf dem Gebiet der Mehrwertsteuer hierzu vorsieht.

2. Art. 1 Nr. 1 der Dreizehnten Richtlinie 86/560/EWG des Rates vom 17.11.1986 zur Harmonisierung der Rechtsvorschriften der Mitgliedstaaten über die Umsatzsteuern – Verfahren der Erstattung der Mehrwertsteuer an nicht im Gebiet der Gemeinschaft ansässige Steuerpflichtige ist dahin auszulegen, dass der Sitz der wirtschaftlichen Tätigkeit einer Gesellschaft der Ort ist, an dem die wesentlichen Entscheidungen zur allgemeinen Leitung dieser Gesellschaft getroffen und die Handlungen zu deren zentraler Verwaltung vorgenommen werden.

BFH vom 01.08.2007 – XI R 48/05, UR 2007 S. 862: Umsatzsteuer-Vorauszahlung als regelmäßig wiederkehrende Ausgabe – Umsatzsteuer-Erstattung als regelmäßig wiederkehrende Einnahme gem. § 11 EStG.

Eine für das vorangegangene Kalenderjahr geschuldete und zu Beginn des Folgejahrs entrichtete Umsatzsteuer-Vorauszahlung ist als regelmäßig wiederkehrende Ausgabe im vorangegangenen Veranlagungszeitraum abziehbar.

§ 18

BFH vom 18.01.2007 – V R 22/05, BStBl. 2007 II S. 426: Unternehmerbescheinigung im Vorsteuer-Vergütungsverfahren.

Die behördliche Bescheinigung, die ein im Ausland ansässiger Unternehmer zur Vergütung von Vorsteuerbeträgen vorzulegen hat, muss zum einen den Vergütungszeitraum abdecken und zum anderen die Aussage enthalten, dass der Antragsteller Unternehmer im Sinne des Umsatzsteuerrechts ist.

BFH vom 18.01.2007 – V R 23/05, BStBl. 2007 II S. 430: Vorlage der Originalrechnung im Vorsteuer-Vergütungsverfahren.

Ein im Ausland ansässiger Unternehmer, der die Vergütung von Vorsteuerbeträgen beantragt, muss grundsätzlich bereits mit dem Vergütungsantrag die zugrunde liegenden Rechnungen im Original vorlegen.

FG Köln vom 24.08.2005 – 2 K 3126/04, UR 2005 S. 682: Teilnahme am Vorsteuervergütungsverfahren trotz fehlender Gegenseitigkeit infolge Berufens auf die Meistbegünstigungsklausel des GATS-Abkommens.

Dem EuGH wird gem. Art. 234 Abs. 2 EG folgende Frage zur Vorabentscheidung vorgelegt:

Ist Art. 2 Abs. 2 der 13. EG-Richtlinie des Rates vom 17.11.1986 zur Harmonisierung der Rechtsvorschriften der Mitgliedstaaten über die Umsatzsteuern (Richtlinie 86/560/EWG) einschränkend dahingehend auszulegen, dass die dort den Mitgliedstaaten eingeräumte Möglichkeit, die Mehrwertsteuererstattung von der Gewährung vergleichbarer Vorteile im Bereich der Umsatzsteuern durch Drittländer abhängig zu machen, sich nicht auf solche Staaten bezieht, die sich als Vertragsparteien des General Agreement on Trade in Services – GATS – (BGBl. II 1994, 1473; BGBl. II 1994, 1643) auf dessen Meistbegünstigungsklausel (Art. II Abs. 1 GATS) berufen können?

FG Hamburg vom 21.07.2005 – VII 104/05, rechtskräftig, EFG 2005 S. 1816: Einstweilige Anordnung mit dem Ziel der Zustimmung zur USt-Voranmeldung nach § 168 Satz 2 AO oder abweichender Steuerfestsetzung nach § 167 Abs. 1 AO, Verdacht auf Vorliegen von Karussellgeschäften.

1. Über eine monatliche USt-Voranmeldung ist innerhalb einer angemessenen Frist zu entscheiden und bei einem USt-Guthaben die Zustimmung nach § 168 Satz 2 AO zu erteilen oder die Steuer nach § 167 Abs. 1 AO in abweichender Höhe festzusetzen.
2. Es hängt von den konkreten Umständen des Einzelfalles ab, welche Frist für die Entscheidung noch angemessen ist. Es ist nicht zu beanstanden, dass eine Entscheidung nach § 168 Satz 2 AO bzw. § 167 Abs. 1 AO nach zwei Monaten noch nicht getroffen worden ist, wenn der aufzuklärende Sachverhalt umfangreich ist und die bisherigen Ermittlungen zu dem Ergebnis geführt haben, dass jedenfalls ein Teil der als innergemeinschaftliche Lieferungen angemeldeten Umsätze nicht in das EU-Ausland verbracht worden sind.

BFH vom 07.07.2005 – V R 63/03, DStR 2005 S. 1527: Verspätungszuschlag wegen verspäteter Anmeldung der Umsatzsteuer-Sondervorauszahlung.

1. Die Umsatzsteuer-Sondervorauszahlung, die ein zur Abgabe monatlicher Umsatzsteuer-Voranmeldungen verpflichteter Unternehmer zu berechnen, anzumelden und zu entrichten hat, wenn das FA ihm die Fristen für die Abgabe der Umsatzsteuer-Voranmeldungen und für die Entrichtung der Umsatzsteuer-Vorauszahlungen um einen Monat verlängert hat, ist eine Steueranmeldung.
2. Daher kann die Finanzbehörde als Sanktion gegen die verspätete Erfüllung der Verpflichtung zur Berechnung, Anmeldung und Entrichtung einer Umsatzsteuer-Sondervorauszahlung einen Verspätungszuschlag festsetzen.
3. Eine auf Antrag gewährte Dauerfristverlängerung gilt so lange fort, bis der Unternehmer seinen Antrag zurücknimmt oder das FA die Fristverlängerung widerruft; während der Geltungsdauer der Fristverlängerung muss der Unternehmer die Umsatzsteuer-Sondervorauszahlung für das jeweilige Kalenderjahr anmelden und entrichten.

BFH vom 08.04.2005 – V B 123/03, BStBl. 2005 II S. 585: Vorsteuer-Vergütungsverfahren ist europarechtlich unbedenklich.

1. Die Vorschrift des § 18 Abs. 9 Satz 3 UStG 1999 entspricht den zwingenden Vorgaben des Art. 3 Abs. 2 der Dreizehnten Richtlinie 86/560/EWG i.V.m. Art. 7 Abs. 1 Satz 4 der Achten Richtlinie 79/1072/EWG.
2. Die Antragsfrist von sechs Monaten verstößt weder gegen das Verbot der Diskriminierung aus Gründen der Staatsangehörigkeit gemäß Art. 12 EG noch gegen den gemeinschaftsrechtlichen Grundsatz der Verhältnismäßigkeit.
3. Da – jedenfalls in Deutschland – alle vom Vorsteuer-Vergütungsverfahren betroffenen Unternehmer, was die Antragsfrist des § 18 Abs. 9 Satz 3 UStG 1999, Art. 7 Abs. 1 Satz 4 der Achten Richtlinie

§ 18

79/1072/EWG anbetrifft, gleich behandelt werden, ist ein Verstoß gegen das Diskriminierungsverbot nicht ersichtlich.

4. Der Umstand, dass im Inland nichtansässige Personen aus praktischen Erwägungen in einem anderen Verfahren besteuert werden als hier ansässige Personen, ist keine unzulässige Diskriminierung i. S. des Art. 24 OECD-Mustabk 1992, Art. 24 Abs. 1 DBA-USA.

Nieders. FG vom 10.02.2005 – 11 K 628/02 – rechtskräftig, EFG 2005 S. 1313: Vereinbarkeit der §§ 52ff. UStDV mit höherrangigem Recht; Voraussetzungen für eine Haftungsinanspruchnahme.

§§ 18 Abs. 8 UStG, 52 UStDV verstoßen nicht gegen Art. 80 Abs. 1 GG. Sie sind mit den Vorgaben der 6. EG-Richtlinie vereinbar.

Ein Rückgriff auf Art. 13 Teil A Abs. 1 Buchst. o 6. EG-Richtlinie zur Begründung einer Steuerbefreiung ist unzulässig.

Die Festsetzungsverjährungsfrist zum Erlass eines Haftungsbescheids beginnt nicht mit dem Ende des Jahres, in dem eine USt-Erklärung abgegeben wird, wenn in dieser keine Angaben zum Abzugsverfahren gemacht worden sind.

Gehen beide Vertragsparteien rechtsirrig von der Steuerfreiheit der vom ausländischen Unternehmer erbrachten Leistung aus, ist das vereinbarte Honorar Entgelt i. S. des § 53 Abs. 1 Satz 1 UStDV.

BFH vom 22.01.2004 – V R 71/01, BStBl. 2004 II S. 630: Unternehmerbescheinigung gem. § 61 Abs. 3 UStDV beim USt-Vergütungsverfahren.

Ein Steuerpflichtiger, der eine von einem anderen Mitgliedstaat ausgestellte sog. Unternehmerbescheinigung i. S. des § 61 Abs. 3 UStDV 1993 vorlegt, ist nur dann nicht als in diesem Mitgliedstaat ansässig anzusehen, wenn gewichtige Anhaltspunkte gegen die Richtigkeit der Bescheinigung sprechen.

BFH vom 23.10.2003 – V R 48/01, BStBl. 2004 II S. 196: Die Frist gem. § 61 Abs. 1 UStDV im USt-Vergütungsverfahren ist eine nicht verlängerbare Ausschlußfrist.

1. Bei der in § 61 Abs. 1 Satz 2 UStDV 1980/1991/1993 bezeichneten Frist handelt es sich um eine nicht verlängerbare Ausschlussfrist.
2. Eine Verpflichtung zur rückwirkenden Verlängerung der Antragsfrist nach § 61 Abs. 1 Satz 2 UStDV 1980/1991/1993 ergibt sich auch nicht aus Abschn. 243 Abs. 5 Satz 1 UStR 1992.

BFH vom 22.10.2003 – V R 103/01, BStBl. 2004 II S. 30: Nachweisfunktion einer Unternehmerbescheinigung gem. § 61 Abs. 3 UStDV.

Die Würdigung durch das FG, eine Unternehmerbescheinigung i.S. des § 61 Abs. 3 UStDV sei nicht als Nachweis über die Ansässigkeit als Steuerpflichtiger anzusehen, wenn die ausstellende Behörde des betreffenden Mitgliedstaates nachträglich mitteilt, die bezeichnete Person sei in der Vergangenheit zu Unrecht als Steuerpflichtige beurteilt worden, bindet grundsätzlich das Revisionsgericht.

BFH vom 09.07.2003 – V R 29/02, BStBl. 2003 II S. 904, UR 2003 S. 601: Monatsfrist für Rechtsbehelf bei schriftlicher Zustimmung des Finanzamts zur Umsatzsteueranmeldung nur im Falle einer Rechtsbehelfsbelehrung.

Wird die nach § 168 AO 1977 i. V. m. § 18 Abs. 3 UStG erforderliche Zustimmung zu einer Umsatzsteueranmeldung schriftlich erteilt, beginnt die Rechtsbehelfsfrist nur, wenn eine Rechtsbehelfsbelehrung beigefügt worden ist.

BFH vom 22.05.2003 – V R 97/01, BStBl. 2003 II S. 819, DStR 2003 S. 1658: Begriff der Ansässigkeit i.S.v. § 18 Abs. 9 UStG, zur Auslegung der Begriffe „ansässig" und „Sitz der wirtschaftlichen Tätigkeit" (§ 18 Abs. 9 UStG 1993).

Mit dem Verfahren zur Vorsteuervergütung für nicht im Gemeinschaftsgebiet ansässige Steuerpflichtige nach § 18 Abs. 9 Satz 6 und 7 UStG 1993 i.V.m. §§ 59ff. UStDV 1993 hat der Gesetz- und Verordnungsgeber Art. 17 Abs. 4 der Richtlinie 77/388/EWG i.V.m. Art. 1 der Dreizehnten Richtlinie 86/560/EWG umgesetzt. Die in § 18 Abs. 9 UStG 1993 enthaltenen Begriffe „ansässig" bzw. „Sitz der wirtschaftlichen Tätigkeit" sind daher richtlinienkonform auszulegen.

BFH vom 10.04.2003 – V R 35/01, BStBl. 2003 II S. 782, IStR 2003 S. 638: Das Gegenseitigkeitserfordernis in § 18 Abs. 9 UStG beim Vorsteuervergütungsverfahren ist rechtmäßig.

1. Die Vergütung von Vorsteuerbeträgen setzt zunächst voraus, dass dem Unternehmer abziehbare Vorsteuerbeträge berechnet worden sind.
2. § 18 Abs. 9 Satz 6 UStG verstößt weder gegen das DBA-Brasilien noch gegen das GG.

§ 18

BFH vom 04.04.2003 – V B 183/02, UR 2003 S. 548: Verpflichtung zur Abgabe einer Steueranmeldung bei Istbesteuerung in Voranmeldungszeiträumen ohne vereinnahmtes Entgelt.

Die Berechnung der Steuer nach vereinnahmten Entgelten entbindet den Steuerpflichtigen auch für die Monate nicht von der Abgabe von Umsatzsteuer-Voranmeldungen, in denen er keine Entgelte vereinnahmt hat, wenn die Voraussetzungen für die Abgabe von monatlichen Umsatzsteuer-Voranmeldungen vorliegen.[1]

BFH vom 06.11.2002 – V R 21/02, BStBl. 2003 II S. 39: Anrechnung der Sondervorauszahlung gem. § 48 Abs. 4 UStDV.

1. Die Sondervorauszahlung ist gemäß § 48 Abs. 4 UStDV zunächst bei der Festsetzung der Vorauszahlung für den letzten Voranmeldungszeitraum des Besteuerungszeitraums (Kalenderjahr) anzurechnen. Dies gilt auch im Fall der Insolvenz.
2. Soweit die festgesetzte Vorauszahlung für den letzten Voranmeldungszeitraum die Sondervorauszahlung übersteigt, bleibt es bei der Anrechnung nach § 48 Abs. 4 UStDV.

BFH vom 18.07.2002 – V R 56/01, DStRE 2002 S. 1203: Berücksichtigung der Umsatzsteuer-Sondervorauszahlung im Abrechnungsbescheid zur Jahressteuer auch im Konkursfall.

1. Voraussetzung für einen Anspruch auf Rückerstattung von Vorauszahlungen ist, dass die Jahressteuer niedriger ist als die Summe der – an das Finanzamt abgeführten – Vorauszahlungen.
2. Zu diesen Vorauszahlungen gehört auch eine Sondervorauszahlung nach § 47 UStDV 1993. Nach Festsetzung der Jahressteuer kommt die Erstattung der Sondervorauszahlung nach § 37 Abs. 2 Satz 2 AO 1977 nur in Betracht, soweit sie nicht zur Tilgung der Jahressteuer benötigt wird.
3. Der Erstattungsanspruch ist nach Konkurseröffnung in dem an den Konkursverwalter gerichteten Abrechnungsbescheid zur Jahresumsatzsteuer zu berücksichtigen.

BFH vom 28.02.2002 – V R 42/01, BStBl. 2002 II S. 642: Fehlende Unterschrift auf Steuererklärung.

1. Eine Steuererklärung ohne die gesetzlich vorgeschriebene Unterschrift ist zwar unwirksam. Dieser Mangel ist aber unbeachtlich, wenn auf eine solche Steuererklärung ein wirksamer Steuerbescheid ergeht.[2]
2. Eine Zustimmung zu einer Steueranmeldung ist ein Verwaltungsakt, wenn sie dem Steuerpflichtigen durch eine Abrechnung bekannt gegeben wird.

EuGH vom 25.01.2001 – Rs. C-429/97, UVR 2001 S. 142[3]**:** Vorsteuervergütungsverfahren nach der Achten Richtlinie – Ort der Leistung des Einsammelns, des Sortierens, der Beförderung und der Beseitigung von Abfällen durch Hauptunternehmer mit Sitz in anderem Mitgliedstaat unter Einschaltung inländischer Subunternehmer – Vertragsverletzungsverfahren.

1. Die Französische Republik hat dadurch gegen ihre Verpflichtungen aus der Achten Richtlinie 79/1072/EWG des Rates vom 6. Dezember 1979 zur Harmonisierung der Rechtsvorschriften der Mitgliedstaaten über die Umsatzsteuern – Verfahren zur Erstattung der Mehrwertsteuer an nicht im Inland ansässige Steuerpflichtige, insbesondere aus deren Artikel 2, verstoßen, dass sie die Erstattung der Mehrwertsteuer an in einem anderen Mitgliedstaat ansässige Steuerpflichtige ablehnte, die diese als Hauptunternehmen im Rahmen eines Vertrages über eine komplexe Leistung auf dem Gebiet der Abfallbeseitigung an den französischen Staat entrichten mussten, wenn sie einen Teil der in diesem Vertrag bedungenen Arbeiten an ein in Frankreich ansässiges mehrwertsteuerpflichtiges Subunternehmen vergeben hatten.
2. Im Übrigen wird die Klage abgewiesen.

BFH vom 21.10.1999 – V R 76/98, BStBl. 2000 II S. 214: Vergütungsantrag gem. § 18 Abs. 9 UStG.

1. Ein Antrag auf Vergütung der Vorsteuerbeträge, der entgegen dem amtlich vorgeschriebenen Vordruck nicht die Verpflichtungserklärung des Steuerpflichtigen enthält, jeden unrechtmäßig empfangenen Betrag zurückzuzahlen, ist unwirksam.

---

1) Leitsatz nicht amtlich
2) Anmerkung der obersten Finanzbehörden des Bundes und der Länder:
Der erste Leitsatz betrifft nach den Ausführungen in der Urteilsbegründung nur die Frage, ob der Mangel der fehlenden Unterschrift in der Steuererklärung zur Unwirksamkeit einer Steuerfestsetzung führt. Trotz der Steuerfestsetzung bleibt das Recht der Finanzbehörden bestehen, zur Abgabe einer unterschriebenen Steuererklärung aufzufordern und diese Aufforderung ggf. nach den §§ 328 ff. AO zu erzwingen bzw. wegen der Nichterfüllung der Steuererklärungspflicht einen Verspätungszuschlag (§ 152 AO) festzusetzen.
3) Siehe dazu *Wagner*, UVR 2001 S. 147; *Widmann*, UR 2001 S. 265. Das Urteil enthält auch wichtige Aussagen zum Ort sog. komplexer Dienstleistungen gem. § 3a UStG.

§ 18

2. Die Frist für den Vergütungsantrag nach § 18 Abs. 9 Satz 3 UStG 1993 n. F. ist eine Ausschlussfrist und kann nicht rückwirkend verlängert werden.

BFH vom 20.08.1999 – V R 55/96, BStBl. 1999 S. 324: Zweitschrift der Rechnung genügt im Vergütungsverfahren. [1]

Ein nicht im Erhebungsgebiet ansässiger Unternehmer darf bei von ihm nicht zu vertretendem Abhandenkommen der ihm zugegangenen Originalrechnung auch im Vergütungsverfahren den Nachweis seines Anspruchs auf Erstattung der Umsatzsteuer durch Vorlage einer Zweitschrift oder Ablichtung der Rechnung führen, wenn der dem Erstattungsantrag zugrunde liegende Vorgang stattgefunden hat und keine Gefahr besteht, daß weitere Erstattungsanträge gestellt werden.

EuGH vom 11.06.1998 – Rs. C-361/96 – Société générale des grandes sources d'eaux minerale française, IStR 1998 S. 401 [2]:

Vorlage der Rechnungszweitschrift im Vorsteuer-Vergütungsverfahren.

1. Art. 3 Buchst. a der Achten Richtlinie 79/1072/EWG des Rates vom 6.12.1979 zur Harmonisierung der Rechtsvorschriften der Mitgliedstaaten über die Umsatzsteuern – Verfahren zur Erstattung der Mehrwertsteuer an nicht im Inland ansässige Steuerpflichtige ist dahin auszulegen, daß er es einem Mitgliedstaat nicht verwehrt, in seinem innerstaatlichen Recht die Möglichkeit vorzusehen, daß ein nicht im Inland ansässiger Steuerpflichtiger bei von ihm nicht zu vertretendem Abhandenkommen einer Rechnung oder eines Einfuhrdokuments den Nachweis seines Erstattungsanspruchs durch Vorlage einer Zweitschrift der Rechnung oder des fraglichen Einfuhrdokuments führt, wenn der dem Erstattungsantrag zugrunde liegende Vorgang stattgefunden hat und keine Gefahr besteht, daß weitere Erstattungsanträge gestellt werden.

2. Hat ein in einem Mitgliedstaat ansässiger Steuerpflichtiger die Möglichkeit, bei von ihm nicht zu vertretendem Abhandenkommen der ihm zugegangenen Originalrechnung den Nachweis seines Anspruchs auf Erstattung der Umsatzsteuer durch Vorlage einer Zweitschrift oder einer Ablichtung der Rechnung zu führen, so folgt aus dem Diskriminierungsverbot des Art. 6 des Vertrages, auf das in der fünften Begründungserwägung der Achten Richtlinie hingewiesen wird, daß diese Möglichkeit auch einem nicht in diesem Mitgliedstaat ansässigen Steuerpflichtigen einzuräumen ist, wenn der dem Erstattungsantrag zugrunde liegende Vorgang stattgefunden hat und keine Gefahr besteht, daß weitere Erstattungsanträge gestellt werden.

BFH vom 29.10.1993 – V B 38/93, BFH/NV 1994 S. 589: Dauerfristverlängerung.

Eine auf Antrag gewährte Fristverlängerung für die Abgabe der Voranmeldungen und für die Entrichtung der Vorauszahlungen (§ 46 UStDV 1980) gilt so lange fort, bis der Unternehmer seinen Antrag zurücknimmt oder das FA die Fristverlängerung widerruft.

BFH vom 30.05.1990 – I R 6/88, NWB F. 1 (1991) S. 63: Einkommensteuer; Einnahmen durch Befreiung von der Umsatzsteuerschuld (§§ 8, 50a EStG; § 52 Abs. 2 UStDV).

(1) Bei Anwendung der sog. Nullregelung nach § 52 Abs. 2 UStDV 1980 liegt die Einnahme des ausländischen Unternehmers (§ 8 Abs. 1 EStG) in der Befreiung von seiner USt-Schuld. Sie ist gem. § 8 Abs. 2 EStG in deren Höhe anzusetzen.

(2) Bei der Anwendung des § 8 Abs. 2 EStG ist danach zu unterscheiden, ob die vereinbarte Vergütung „brutto" oder „netto" geschuldet wird, d. h., ob die USt in dieser Vergütung enthalten ist oder nicht. Im Falle einer Bruttoabrede ist ferner zu prüfen, ob nicht der Wert der Einnahme wegen eines Rückforderungsanspruchs des inländischen Unternehmers zu mindern ist.

BFH vom 12.02.1990 – V R 183/84, BFH/NV 1990 S. 547: Vorbehalt der Nachprüfung nach USt-Sonderprüfung.

Ist eine Umsatzsteuer-Sonderprüfung auf die Prüfung der Voraussetzungen für den Abzug der Vorsteuern beschränkt, liegt keine abschließende Prüfung i. S. des § 164 Abs. 1 Satz 1 AO 1977 vor; das FA darf den nach dieser Prüfung ergehenden Umsatzsteuerbescheid unter dem Vorbehalt der Nachprüfung erlassen.

BGH vom 24.01.1990 – 3 StR 329/89, UR 1991 S. 227: Hinnahme von falschen USt-Voranmeldungen des Beraters durch den Mandanten (§ 18 Abs. 1 UStG, §§ 371, 378 AO 1977).

1. Wird dem Steuerpflichtigen aufgrund einer USt-Sonderprüfung gewärtig, daß sein Berater in den USt-Anmeldungen des Prüfungszeitraums ständig zu geringe Umsätze angegeben hat, kann er dem

---

[1] Folgeurteil zu EuGH vom 11.06.1998 – Rs. C-361/96
[2] Siehe dazu BFH-Vorabentscheidungsersuchen vom 02.10.1997 – V R 102/96, DStR 1998 S. 79

Berater nicht mehr länger vertrauen. Unterläßt er die ihm zumutbare Kontrolle des Beraters, dann macht er sich bezüglich erneuter USt-Verkürzungen einer leichtfertigen Steuerverkürzung i. S. des § 378 AO 1977 schuldig[1].

2. Die ständige Fristüberschreitung bei der Abgabe der USt-Voranmeldungen läßt keine Hinterziehungsabsicht erkennen, wenn der Steuerpflichtige erkennbar mit der Säumnis seines Beraters nicht einverstanden war.

BGH-Beschluß vom 03.03.1989 – 3 StR 552/88, UR 1990 S. 28: Tatbeendigung bei falschen Angaben in Voranmeldung und Jahreserklärung (§ 370 AO 1977, § 18 UStG).

Werden in einer Umsatzsteuerjahreserklärung falsche Angaben aus den monatlichen Umsatzsteuervoranmeldungen wiederholt, so ist die Umsatzsteuerhinterziehung in der Regel mit dem Eingang der Jahressteuererklärung beim Finanzamt beendet, wenn die Steueranmeldung nicht zu einer Steuerherabsetzung oder Steuervergütung führt.

BFH vom 18.08.1988 – V R 194/83, UR 1988 S. 382: Adressierung und Bekanntgabe von USt-Bescheiden bei Körperschaften des öffentlichen Rechts.

1. Ein an eine Körperschaft des öffentlichen Rechts zu richtender Steuerbescheid ist auch dann ordnungsgemäß bekanntgegeben, wenn er statt „zu Händen des gesetzlichen Vertreters" zu Händen eines für Steuerfragen zuständigen Mitarbeiters zugestellt wird.
2. Eine Körperschaft des öffentlichen Rechts hat nur ein Unternehmen im umsatzsteuerrechtlichen Sinn, das sämtliche Betriebe gewerblicher Art und die land- und forstwirtschaftlichen Betriebe der Körperschaft umfaßt.

BFH vom 28.04.1988 – V R 95/96/83, BStBl. 1988 II S. 748: Vergütungsverfahren für Vorsteuerbeträge (§§ 59-61 UStDV 1980).

1. Die Vergütung der Vorsteuerbeträge in dem besonderen Verfahren nach §§ 59 bis 61 UStDV setzt voraus, daß das Abzugsverfahren gemäß § 51 Abs. 1, § 54 UStDV durch Einbehaltung der Steuer und Abführung an das FA abgeschlossen ist oder daß feststeht, daß die Voraussetzungen des § 52 Abs. 2 UStDV vorliegen, unter denen der Leistungsempfänger von der Verpflichtung befreit ist, die Steuer von der Gegenleistung einzubehalten und an das Finanzamt abzuführen (sog. Nullregelung).
2. Das Bundesamt für Finanzen ist berechtigt, Ermittlungen darüber anzustellen, ob das Abzugsverfahren von den Leistungsempfängern durchgeführt worden ist oder ob die Voraussetzungen der sog. Nullregelung vorgelegen haben; verneinendenfalls kann es den Vergütungsantrag ablehnen. Das Bundesamt für Finanzen braucht nicht abzuwarten bis das zuständige FA entschieden hat, ob die Besteuerung des Leistenden nach den §§ 16 bis 18 UStG 1980 durchzuführen ist.
3. Der die Vergütung der Vorsteuerbeträge begehrende Unternehmer (Leistender) ist im Rahmen der gesetzlichen Mitwirkungspflicht (§ 90 Abs. 1 AO 1977) verpflichtet, dem Bundesamt für Finanzen die Leistungsempfänger zu benennen.

BGH vom 13.04.1988 – 3 StR 33/88, UR 1988 S. 394: Beihilfe zur Hinterziehung von Umsatzsteuer (§ 370 AO 1977).

Ist der Lebensgefährtin eines Unternehmers bekannt, daß dieser das Unternehmen allein zum Betreiben illegaler Goldgeschäfte gegründet hat und der zu erzielende Gewinn in der „Einsparung" der geschuldeten Umsatzsteuer besteht, ist die teilweise Mitwirkung bei der Abwicklung dieser Geschäfte nicht bloß als Gefälligkeit gegenüber dem Lebenspartner denkbar, sondern kann Beihilfe sein[2].

BFH vom 11.11.1987 – X R 54/82, BStBl. 1988 II S. 307: Zur Frage der Änderungssperre aufgrund einer Umsatzsteuer-Sonderprüfung AO 1977 § 173 Abs. 2.

Eine Umsatzsteuer-Sonderprüfung, durch welche auf der Grundlage eingereichter Umsatzsteuervoranmeldungen „insbesondere der Vorsteuerabzug" geprüft wird, bewirkt keine Änderungssperre nach § 173 Abs. 2 AO 1977.

BFH vom 16.07.1987 – V R 2/81, UR 1987 S. 295: Getrennte USt-Bescheide für Zeiträume vor und nach Konkurseröffnung (§§ 16, 18 UStG).

Wird ein gegen den Konkursverwalter gerichteter Steuerbescheid, mit dem Steuerforderungen als Masseansprüche geltend gemacht werden, auf den Zeitraum nach der Konkurseröffnung beschränkt, so

---

1) Leitsatz nicht amtlich
2) Leitsatz nicht amtlich (aus UR)

§ 18

handelt es sich nicht um eine (unzulässige) Besteuerung für einen im Gesetz nicht vorgesehenen abgekürzten Besteuerungszeitraum, sondern um die (zulässige) Kenntlichmachung, daß sich der Steuerbescheid auf Masseansprüche beschränkt.

BFH vom 30.04.1987 – V R 29/79, BStBl. 1987 II S. 486: Ist eine Umsatzsteuer-Sonderprüfung auf den Vorsteuerabzug beschränkt, darf das Finanzamt den nach dieser Prüfung ergehenden Umsatzsteuerbescheid weiterhin unter dem Vorbehalt der Nachprüfung stehen lassen.

BFH vom 29.04.1986 – VII R 184/83, BStBl. 1986 II S. 586; UR 1986 S. 205 mit Anm. von Weiß: Der vom Konkursgericht für die Zeit bis zur Entscheidung über den Konkursantrag zur Sicherung der zukünftigen Masse eingesetzte Sequester haftet nicht für Umsatzsteuern, die durch seine im Rahmen der Anordnungen des Gerichts getroffenen Maßnahmen entstehen.

BFH vom 23.10.1985 – VII R 196/82, BStBl. 1986 II S. 124: Der geschäftsmäßige Erwerb und die geschäftsmäßige Einziehung von Erstattungs- oder Vergütungsansprüchen ist auch in den Fällen der Sicherungsabtretung nur Bankunternehmen gestattet.

BFH vom 29.11.1984 – V R 146/83, BStBl. 1985 II S. 370: Der Rechtsstreit über die Anfechtung eines Umsatzsteuervorauszahlungsbescheides ist in der Hauptsache erledigt, sobald der Umsatzsteuerjahresbescheid wirksam wird (Aufgabe des BFH-Beschlusses vom 13.5.1971, BFHE S. 102 S. 31, BStBl. II 1971 S. 492).

BFH vom 18.08.1983 – V R 23/78, UR 1983 S. 210: Begleicht ein Dritter vermeintlich bestehende Steuerschulden, so können ihm hieraus nur zivilrechtliche Ansprüche gegen das Finanzamt auf Rückzahlung erwachsen, die im ordentlichen Rechtsweg geltend zu machen sind[1].

BGH vom 19.04.1983 – 1 StR 859/82, UR 1983 S. 193: Auch bei Abgabe unrichtiger USt-Voranmeldungen wird die vollendete Tat in der Regel erst durch Übernahme der unrichtigen Angaben in die USt-Jahreserklärung beendet und damit erst zu diesem Zeitpunkt die Verfolgungsverjährung nach § 78a StGB in Lauf gesetzt[1].

BGH vom 11.05.1982 – 5 StR 181/82, UR 1983 S. 193: Die Abgabe der unrichtigen USt-Jahreserklärung, mit der der Unternehmer bereits in den USt-Voranmeldungen gemachte unrichtige Angaben wiederholt, ist keine straflose Nachtat zur begangenen Steuerhinterziehung vermittels Abgabe unrichtiger USt-Voranmeldungen. Sie kann Einzelakt einer Fortsetzungstat sein, die die begangene Steuerhinterziehung beendet, oder aber auch eine selbständige Handlung von eigener strafrechtlicher Relevanz[2].

BFH vom 30.09.1976 – V R 109/73, BStBl. 1977 II S. 227:
1. Bei der Berechnung und Festsetzung der Umsatzsteuer bilden die nach § 16 Abs. 1 UStG 1967 berechnete Steuer und die Summe der Vorsteuerabzugsansprüche i. S. des § 16 Abs. 2 UStG 1967 unselbständige Besteuerungsgrundlagen, deren Saldo die für den Besteuerungszeitraum zu berechnende Steuer i. S. des § 18 Abs. 1 UStG 1967 darstellt.
2. Gegen die Steuerfestsetzung ist auch dann die Anfechtungsklage gegeben, wenn die Festsetzung einer negativen Steuer bzw. deren Erhöhung erstrebt wird.

BFH vom 12.06.1975 – V R 42/74, BStBl. 1975 II S. 755:
1. Der Anspruch auf Rückforderung abgezogener Vorsteuerbeträge entsteht mit dem Eintritt der Berichtigungspflicht nach Änderung der Bemessungsgrundlage für einen steuerpflichtigen Umsatz.
2. Die Fälligkeit dieses Anspruchs hat zur Voraussetzung, daß der Vorsteuerabzug durch Voranmeldung oder Jahreserklärung berichtigt wurde oder daß das Finanzamt unter Berücksichtigung der geänderten Bemessungsgrundlage die Vorauszahlungen festgesetzt oder die Jahresveranlagung durchgeführt hat.
3. Das Konkursvorrecht des angemeldeten Anspruchs auf Rückzahlung abgezogener Vorsteuerbeträge bleibt erhalten, auch wenn die Forderung schon zu einem früheren Zeitpunkt als ein Jahr vor Konkurseröffnung entstanden ist und das FA vor diesem Jahreszeitraum von der Möglichkeit keinen Gebrauch gemacht hat, die pflichtwidrig unterlassene Berichtigung durch Vorauszahlungsbescheid oder Jahresveranlagung zu ersetzen[3].

---

1) Leitsatz nicht amtlich (aus UR)
2) Leitsätze nicht amtlich (aus UR)
3) Hinweis auf § 17 UStG / BFH vom 16.07.1987, BStBl. 1987 II S. 691

§ 18a

§ 18a Zusammenfassende Meldung[1]

(1) Der Unternehmer im Sinne des § 2 hat bis zum 25. Tag nach Ablauf jedes Kalendermonats (Meldezeitraum), in dem er innergemeinschaftliche Warenlieferungen oder Lieferungen im Sinne des § 25b Absatz 2 ausgeführt hat, dem Bundeszentralamt für Steuern eine Meldung (Zusammenfassende Meldung) nach amtlich vorgeschriebenem Datensatz durch Datenfernübertragung nach Maßgabe der Steuerdaten-Übermittlungsverordnung zu übermitteln, in der er die Angaben nach Absatz 7 Satz 1 Nummer 1, 2 und 4 zu machen hat. Soweit die Summe der Bemessungsgrundlagen für innergemeinschaftliche Warenlieferungen und für Lieferungen im Sinne des § 25b Absatz 2 weder für das laufende Kalendervierteljahr noch für eines der vier vorangegangenen Kalendervierteljahre jeweils mehr als 50.000 Euro beträgt, kann die Zusammenfassende Meldung bis zum 25. Tag nach Ablauf des Kalendervierteljahres übermittelt werden. Übersteigt die Summe der Bemessungsgrundlage für innergemeinschaftliche Warenlieferungen und für Lieferungen im Sinne des § 25b Absatz 2 im Laufe eines Kalendervierteljahres 50.000 Euro, hat der Unternehmer bis zum 25. Tag nach Ablauf des Kalendermonats, in dem dieser Betrag überschritten wird, eine Zusammenfassende Meldung für diesen Kalendermonat und die bereits abgelaufenen Kalendermonate dieses Kalendervierteljahres zu übermitteln. Nimmt der Unternehmer die in Satz 2 enthaltene Regelung nicht in Anspruch, hat er dies gegenüber dem Bundeszentralamt für Steuern anzuzeigen. Vom 1. Juli 2010 bis zum 31. Dezember 2011 gelten die Sätze 2 und 3 mit der Maßgabe, dass an die Stelle des Betrages von 50.000 Euro der Betrag von 100.000 Euro tritt.

(2) Der Unternehmer im Sinne des § 2 hat bis zum 25. Tag nach Ablauf jedes Kalendervierteljahres (Meldezeitraum), in dem er im übrigen Gemeinschaftsgebiet steuerpflichtige sonstige Leistungen im Sinne des § 3a Absatz 2, für die der in einem anderen Mitgliedstaat ansässige Leistungsempfänger die Steuer dort schuldet, ausgeführt hat, dem Bundeszentralamt für Steuern eine Zusammenfassende Meldung nach amtlich vorgeschriebenem Datensatz durch Datenfernübertragung nach Maßgabe der Steuerdaten-Übermittlungsverordnung zu übermitteln, in der er die Angaben nach Absatz 7 Satz 1 Nummer 3 zu machen hat. Soweit der Unternehmer bereits nach Absatz 1 zur monatlichen Übermittlung einer Zusammenfassenden Meldung verpflichtet ist, hat er die Angaben im Sinne von Satz 1 in der Zusammenfassenden Meldung für den letzten Monat des Kalendervierteljahres zu machen.

(3) Soweit der Unternehmer im Sinne des § 2 die Zusammenfassende Meldung entsprechend Absatz 1 bis zum 25. Tag nach Ablauf jedes Kalendermonats übermittelt, kann er die nach Absatz 2 vorgesehenen Angaben in die Meldung für den jeweiligen Meldezeitraum aufnehmen. Nimmt der Unternehmer die in Satz 1 enthaltene Regelung in Anspruch, hat er dies gegenüber dem Bundeszentralamt für Steuern anzuzeigen.

(4) Die Absätze 1 bis 3 gelten nicht für Unternehmer, die § 19 Absatz 1 anwenden.

(5) Auf Antrag kann das Finanzamt zur Vermeidung unbilliger Härten auf eine elektronische Übermittlung verzichten; in diesem Fall hat der Unternehmer eine Meldung nach amtlich vorgeschriebenem Vordruck abzugeben. § 150 Absatz 8 der Abgabenordnung gilt entsprechend. Soweit das Finanzamt nach § 18 Absatz 1 Satz 2 auf eine elektronische Übermittlung der Voranmeldung verzichtet hat, gilt dies auch für die Zusammenfassende Meldung. Für die Anwendung dieser Vorschrift gelten auch nichtselbständige juristische Personen im Sinne des § 2 Absatz 2 Nummer 2 als Unternehmer. Die Landesfinanzbehörden übermitteln dem Bundeszentralamt für Steuern die erforderlichen Angaben zur Bestimmung der Unternehmer, die nach den Absätzen 1 und 2 zur Abgabe der Zusammenfassenden Meldung verpflichtet sind. Diese Angaben dürfen nur zur Sicherstellung der Abgabe der Zusammenfassenden Meldung verwendet werden. Das Bundeszentralamt für Steuern übermittelt den Landesfinanzbehörden die Angaben aus den Zusammenfassenden Meldungen, soweit diese für steuerliche Kontrollen benötigt werden.

---
[1] Fassung ab 01.07.2010

§ 18a

(6) Eine innergemeinschaftliche Warenlieferung im Sinne dieser Vorschrift ist

1. eine innergemeinschaftliche Lieferung im Sinne des § 6a Absatz 1 mit Ausnahme der Lieferungen neuer Fahrzeuge an Abnehmer ohne Umsatzsteuer-Identifikationsnummer;
2. eine innergemeinschaftliche Lieferung im Sinne des § 6a Absatz 2.

(7) Die Zusammenfassende Meldung muss folgende Angaben enthalten:

1. für innergemeinschaftliche Warenlieferungen im Sinne des Absatzes 6 Nummer 1:
   a) die Umsatzsteuer-Identifikationsnummer jedes Erwerbers, die ihm in einem anderen Mitgliedstaat erteilt worden ist und unter der die innergemeinschaftlichen Warenlieferungen an ihn ausgeführt worden sind, und
   b) für jeden Erwerber die Summe der Bemessungsgrundiagen der an ihn ausgeführten innergemeinschaftlichen Warenlieferungen;
2. für innergemeinschaftliche Warenlieferungen im Sinne des Absatzes 6 Nummer 2:
   a) die Umsatzsteuer-Identifikationsnummer des Unternehmers in den Mitgliedstaaten, in die er Gegenstände verbracht hat, und
   b) die darauf entfallende Summe der Bemessungsgrundlagen;
3. für im übrigen Gemeinschaftsgebiet ausgeführte steuerpflichtige sonstige Leistungen im Sinne des § 3a Absatz 2, für die der in einem anderen Mitgliedstaat ansässige Leistungsempfänger die Steuer dort schuldet:
   a) die Umsatzsteuer-Identifikationsnummer jedes Leistungsempfängers, die ihm in einem anderen Mitgliedstaat erteilt worden ist und unter der die steuerpflichtigen sonstigen Leistungen an ihn erbracht wurden,
   b) für jeden Leistungsempfänger die Summe der Bemessungsgrundlagen der an ihn erbrachten steuerpflichtigen sonstigen Leistungen und
   c) einen Hinweis auf das Vorliegen einer im übrigen Gemeinschaftsgebiet ausgeführten steuerpflichtigen sonstigen Leistung im Sinne des § 3a Absatz 2, für die der in einem anderen Mitgliedstaat ansässige Leistungsempfänger die Steuer dort schuldet;
4. für Lieferungen im Sinne des § 25b Absatz 2:
   a) die Umsatzsteuer-Identifikationsnummer eines jeden letzten Abnehmers, die diesem in dem Mitgliedstaat erteilt worden ist, in dem die Versendung oder Beförderung beendet worden ist,
   b) für jeden letzten Abnehmer die Summe der Bemessungsgrundlagen der an ihn ausgeführten Lieferungen und
   c) einen Hinweis auf das Vorliegen eines innergemeinschaftlichen Dreiecksgeschäfts.

§ 16 Absatz 6 und § 17 sind sinngemäß anzuwenden.

(8) Die Angaben nach Absatz 7 Satz 1 Nummer 1 und 2 sind für den Meldezeitraum zu machen, in dem die Rechnung für die innergemeinschaftliche Warenlieferung ausgestellt wird, spätestens jedoch für den Meldezeitraum, in dem der auf die Ausführung der innergemeinschaftlichen Warenlieferung folgende Monat endet. Die Angaben nach Absatz 7 Satz 1 Nummer 3 und 4 sind für den Meldezeitraum zu machen, in dem die im übrigen Gemeinschaftsgebiet steuerpflichtige sonstige Leistung im Sinne des § 3a Absatz 2, für die der in einem anderen Mitgliedstaat ansässige Leistungsempfänger die Steuer dort schuldet, und die Lieferungen nach § 25b Absatz 2 ausgeführt worden sind.

(9) Hat das Finanzamt den Unternehmer von der Verpflichtung zur Abgabe der Voranmeldungen und Entrichtung der Vorauszahlungen befreit (§ 18 Absatz 2 Satz 3), kann er die Zusammenfassende Meldung abweichend von den Absätzen 1 und 2 bis zum 25. Tag

§ 18a

nach Ablauf jedes Kalenderjahres abgeben, in dem er innergemeinschaftliche Warenlieferungen ausgeführt hat oder im übrigen Gemeinschaftsgebiet steuerpflichtige sonstige Leistungen im Sinne des § 3a Absatz 2 ausgeführt hat, für die der in einem anderen Mitgliedstaat ansässige Leistungsempfänger die Steuer dort schuldet, wenn

1. die Summe seiner Lieferungen und sonstigen Leistungen im vorangegangenen Kalenderjahr 200.000 Euro nicht überstiegen hat und im laufenden Kalenderjahr voraussichtlich nicht übersteigen wird,

2. die Summe seiner innergemeinschaftlichen Warenlieferungen oder im übrigen Gemeinschaftsgebiet ausgeführten steuerpflichtigen Leistungen im Sinne des § 3a Absatz 2, für die der in einem anderen Mitgliedstaat ansässige Leistungsempfänger die Steuer dort schuldet, im vorangegangenen Kalenderjahr 15.000 Euro nicht überstiegen hat und im laufenden Kalenderjahr voraussichtlich nicht übersteigen wird und

3. es sich bei den in Nummer 2 bezeichneten Warenlieferungen nicht um Lieferungen neuer Fahrzeuge an Abnehmer mit Umsatzsteuer-Identifikationsnummer handelt.

Absatz 8 gilt entsprechend.

(10) Erkennt der Unternehmer nachträglich, dass eine von ihm abgegebene Zusammenfassende Meldung unrichtig oder unvollständig ist, so ist er verpflichtet, die ursprüngliche Zusammenfassende Meldung innerhalb eines Monats zu berichtigen.

(11) Auf die Zusammenfassende Meldung sind ergänzend die für Steuererklärungen geltenden Vorschriften der Abgabenordnung anzuwenden. § 152 Absatz 2 der Abgabenordnung ist mit der Maßgabe anzuwenden, dass der Verspätungszuschlag 1 Prozent der Summe aller nach Absatz 7 Satz 1 Nummer 1 Buchstabe b, Nummer 2 Buchstabe b und Nummer 3 Buchstabe b zu meldenden Bemessungsgrundlagen für innergemeinschaftliche Warenlieferungen im Sinne des Absatzes 6 und im übrigen Gemeinschaftsgebiet ausgeführte steuerpflichtige sonstige Leistungen im Sinne des § 3a Absatz 2, für die der in einem anderen Mitgliedstaat ansässige Leistungsempfänger die Steuer dort schuldet, nicht übersteigen und höchstens 2.500 Euro betragen darf.

(12) Zur Erleichterung und Vereinfachung der Abgabe und Verarbeitung der Zusammenfassenden Meldung kann das Bundesministerium der Finanzen durch Rechtsverordnung mit Zustimmung des Bundesrates bestimmen, dass die Zusammenfassende Meldung auf maschinell verwertbaren Datenträgern oder durch Datenfernübertragung übermittelt werden kann. Dabei können insbesondere geregelt werden:

1. die Voraussetzungen für die Anwendung des Verfahrens;

2. das Nähere über Form, Inhalt, Verarbeitung und Sicherung der zu übermittelnden Daten;

3. die Art und Weise der Übermittlung der Daten;

4. die Zuständigkeit für die Entgegennahme der zu übermittelnden Daten;

5. die Mitwirkungspflichten Dritter bei der Erhebung, Verarbeitung und Übermittlung der Daten;

6. der Umfang und die Form der für dieses Verfahren erforderlichen besonderen Erklärungspflichten des Unternehmers.

Zur Regelung der Datenübermittlung kann in der Rechtsverordnung auf Veröffentlichungen sachverständiger Stellen verwiesen werden; hierbei sind das Datum der Veröffentlichung, die Bezugsquelle und eine Stelle zu bezeichnen, bei der die Veröffentlichung archivmäßig gesichert niedergelegt ist.

§ 18a

Vorgaben im EG-Recht

USt-Recht	MwStSystRL
§ 18a Abs. 1 und 2	Artikel 262, 263 und 272
§ 18a Abs. 4	Artikel 264 und 265
§ 18a Abs. 5	Artikel 264
§ 18a Abs. 6	Artikel 270
§ 18a Abs. 7	Artikel 264 Abs. 1 Buchst. f und Abs. 2 Unterabs. 2
§ 18a Abs. 8 und 9	Artikel 263

UStAE

Zu § 18a UStG

18a.1. Abgabe der Zusammenfassenden Meldung

(1) ¹Jeder Unternehmer im Sinne des § 2 UStG, der innergemeinschaftliche Warenlieferungen (§ 18a Abs. 6 UStG), im übrigen Gemeinschaftsgebiet steuerpflichtige sonstige Leistungen im Sinne von § 3a Abs. 2 UStG (vgl. Abschnitt 3a.2), für die der in einem anderen EU-Mitgliedstaat ansässige Leistungsempfänger die Steuer dort schuldet, oder Lieferungen im Sinne des § 25b Abs. 2 UStG im Rahmen innergemeinschaftlicher Dreiecksgeschäfte (vgl. Abschnitt 25b.1) ausgeführt hat, ist verpflichtet, dem BZSt bis zum 25. Tag nach Ablauf des Meldezeitraums eine ZM zu übermitteln. ²Kleinunternehmer im Sinne von § 19 Abs. 1 UStG müssen keine ZM abgeben (§ 18a Abs. 4 UStG). ³In Abhängigkeit von den jeweiligen Voraussetzungen ist Meldezeitraum für die ZM der Kalendermonat (§ 18a Abs. 1 Satz 1 UStG), das Kalendervierteljahr (§ 18a Abs. 1 Satz 2 und Abs. 2 UStG) oder das Kalenderjahr (§ 18a Abs. 9 UStG), vgl. Abschnitt 18a.2. ⁴Für einen Meldezeitraum, in dem keine der vorstehenden Lieferungen oder sonstigen Leistungen ausgeführt wurden, ist eine ZM nicht zu übermitteln.

(2) ¹Nichtselbständige juristische Personen im Sinne von § 2 Abs. 2 Nr. 2 UStG (Organgesellschaften) sind verpflichtet, eine eigene ZM für die von ihnen ausgeführten innergemeinschaftlichen Warenlieferungen (§ 18a Abs. 6 UStG), im übrigen Gemeinschaftsgebiet steuerpflichtige sonstige Leistungen im Sinne von § 3a Abs. 2 UStG (vgl. Abschnitt 3a.2), für die der in einem anderen EU-Mitgliedstaat ansässige Leistungsempfänger die Steuer dort schuldet, oder Lieferungen im Sinne des § 25b Abs. 2 UStG im Rahmen innergemeinschaftlicher Dreiecksgeschäfte zu übermitteln (§ 18a Abs. 5 Satz 4 UStG). ²Dies gilt unabhängig davon, dass diese Vorgänge umsatzsteuerrechtlich als Umsätze des Organträgers behandelt werden und in dessen Voranmeldung und Steuererklärung für das Kalenderjahr anzumelden sind. ³Die meldepflichtigen Organgesellschaften benötigen zu diesem Zweck eine eigene USt-IdNr. (§ 27a Abs. 1 Satz 3 UStG).

(3) ¹Zur Übermittlung einer ZM nach Absatz 1 sind auch pauschalversteuernde Land- und Forstwirte verpflichtet. ²Dies gilt unabhängig davon, dass nach § 24 Abs. 1 UStG die Steuerbefreiung für innergemeinschaftliche Warenlieferungen im Sinne von § 4 Nr. 1 Buchstabe b in Verbindung mit § 6a UStG keine Anwendung findet.

(4) ¹Die ZM ist nach amtlich vorgeschriebenem Datensatz durch Datenfernübertragung nach Maßgabe der StDÜV zu übermitteln (vgl. BMF-Schreiben vom 15.1.2007, BStBl. I S. 95). ²Informationen zur elektronischen Übermittlung sind unter den Internet-Adressen www.elster.de oder www.bzst.de abrufbar. ³Zur Vermeidung von unbilligen Härten kann das für die Besteuerung des Unternehmers zuständige Finanzamt auf Antrag zulassen, dass die ZM in herkömmlicher Form – auf Papier – nach amtlich vorgeschriebenem Vordruck abgegeben wird. ⁴Dem Antrag ist zuzustimmen, wenn für den Unternehmer die Übermittlung nach amtlich vorgeschriebenem Datensatz durch Datenfernübertragung wirtschaftlich oder persönlich unzumutbar ist. ⁵Dies ist insbesondere der Fall, wenn die Schaffung der technischen Möglichkeiten für eine elektronische Übermittlung des amtlichen Datensatzes nur mit einem nicht unerheblichen finanziellen Aufwand möglich wäre oder wenn der Unternehmer nach seinen individuellen Kenntnissen und Fähigkeiten nicht oder nur eingeschränkt in der Lage ist, die Möglichkeiten der Datenfernübertragung zu nutzen (§ 150 Abs. 8 AO). ⁶Soweit das Finanzamt nach § 18 Abs. 1 Satz 2 UStG auf eine elektronische Übermittlung der Voranmeldung verzichtet hat, gilt dies auch für die Abgabe der ZM.

18a.2. Abgabefrist

(1) ¹Die ZM ist bis zum 25. Tag nach Ablauf jedes Kalendermonats an das BZSt zu übermitteln, wenn die Summe der Bemessungsgrundlagen für innergemeinschaftliche Warenlieferungen (§ 18a Abs. 6 UStG) und Lieferungen im Sinne des § 25b Abs. 2 UStG im Rahmen von innergemeinschaftlichen Dreiecksgeschäften für das laufende Kalendervierteljahr oder für eines der vier vorangegangenen Kalendervierteljahre jeweils mehr als 50.000 € beträgt. ²Die Regelungen über die Dauerfristverlängerung nach § 18 Abs. 6 UStG und §§ 46 bis 48 UStDV gelten nicht für die ZM.

(2) ¹Übersteigt im Laufe eines Kalendervierteljahres die Summe der Bemessungsgrundlagen für innergemeinschaftliche Warenlieferungen (§ 18a Abs. 6 UStG) und Lieferungen im Sinne des § 25b Abs. 2 UStG im Rahmen von innergemeinschaftlichen Dreiecksgeschäften 50.000 €, ist die ZM bis zum 25. Tag nach Ablauf des Kalendermonats, in dem dieser Betrag überschritten wird, zu übermitteln. ²Wird die Betragsgrenze von 50.000 € im zweiten Kalendermonat eines Kalendervierteljahres überschritten, kann der Unternehmer eine ZM für diesen Kalendermonat des bereits abgelaufenen Kalendermonate dieses Kalendervierteljahres übermitteln, in der die Angaben für diese beiden Kalendermonate zusammengefasst werden, oder jeweils eine ZM für jeden der abgelaufenen Kalendermonate dieses Kalendervierteljahres. ³Überschreitet der Unternehmer die Betragsgrenze im dritten Kalendermonat eines Kalendervierteljahres, wird es nicht beanstandet, wenn er statt einer ZM für dieses Kalendervierteljahr jeweils gesondert eine ZM für jeden der drei Kalendermonate dieses Kalendervierteljahres übermittelt.

> *Beispiel:*
>
> ¹Der deutsche Maschinenhersteller M liefert im Januar des Jahres 01 eine Maschine für 20.000 € und im Februar des Jahres 01 eine weitere Maschine für 35.000 € an den belgischen Unternehmer U. ²Ferner liefert M im Februar des Jahres 01 eine Maschine für 50.000 € an den französischen Automobilhersteller A. 3Die Rechnungsstellung erfolgte jeweils zeitgleich mit der Ausführung der Lieferungen.
>
> ⁴M ist verpflichtet, die Umsätze bis zum 25. März 01 dem BZSt zu melden. ⁵Wahlweise kann er für die Monate Januar 01 und Februar 01 jeweils gesondert eine ZM übermitteln, oder er übermittelt eine ZM, in der er für die Summe der Bemessungsgrundlagen der an U und A ausgeführten innergemeinschaftlichen Warenlieferungen gemeinsam für die Monate Januar 01 und Februar 01 angibt.

(3) ¹Unternehmer können die ZM auch monatlich übermitteln, wenn die Summe der Bemessungsgrundlagen für innergemeinschaftliche Warenlieferungen (§ 18a Abs. 6 UStG) und Lieferungen im Sinne des § 25b Abs. 2 UStG im Rahmen von innergemeinschaftlichen Dreiecksgeschäften weder für das laufende Kalendervierteljahr noch für eines der vier vorangegangenen Kalendervierteljahre jeweils mehr als 50.000 € beträgt. ²Möchte der Unternehmer von dieser Möglichkeit Gebrauch machen, hat er dies dem BZSt anzuzeigen (§ 18a Abs. 1 Satz 4 UStG). ³Der Anzeigepflicht kommt der Unternehmer nach, wenn er bei der erstmaligen Inanspruchnahme das auf dem amtlich vorgeschriebenen Vordruck für die ZM dafür vorgesehene Feld ankreuzt. ⁴Die Ausübung des Wahlrechts bindet den Unternehmer bis zum Zeitpunkt des Widerrufs, mindestens aber für die Dauer von 12 Kalendermonaten. ⁵Der Widerruf wird dem BZSt durch Markieren des dafür vorgesehenen Feldes auf dem amtlich vorgeschriebenen Vordruck für die ZM angezeigt. ⁶Soweit in begründeten Einzelfällen ein Widerruf vor Ablauf der Ausschlussfrist von 12 Kalendermonaten notwendig werden sollte, ist dies dem BZSt schriftlich unter Angabe der Gründe mitzuteilen.

(4) Die ZM ist bis zum 25. Tag nach Ablauf jedes Kalendervierteljahres zu übermitteln, wenn steuerpflichtige sonstige Leistungen im Sinne von § 3a Abs. 2 UStG (vgl. Abschnitt 3a.2) im übrigen Gemeinschaftsgebiet ausgeführt wurden, für die der in einem anderen EU-Mitgliedstaat ansässige Leistungsempfänger die Steuer dort schuldet.

(5) Unternehmer, die hinsichtlich der Ausführung von innergemeinschaftlichen Warenlieferungen (§ 18a Abs. 6 UStG) und Lieferungen im Sinne des § 25b Abs. 2 UStG im Rahmen innergemeinschaftlicher Dreiecksgeschäfte zur monatlichen Übermittlung einer ZM verpflichtet sind, melden die im übrigen Gemeinschaftsgebiet ausgeführten steuerpflichtigen sonstigen Leistungen im Sinne von § 3a Abs. 2 UStG (vgl. Abschnitt 3a.2), für die der in einem anderen EU-Mitgliedstaat ansässige Leistungsempfänger die Steuer dort schuldet, in der ZM für den letzten Monat des Kalendervierteljahres.

(6) ¹Unternehmer, die die ZM hinsichtlich der Ausführung von innergemeinschaftlichen Warenlieferungen (§ 18a Abs. 6 UStG) und Lieferungen im Sinne des § 25b Abs. 2 UStG im Rahmen innergemeinschaftlicher Dreiecksgeschäfte monatlich übermitteln, können darin auch die steuerpflichtigen sonstigen Leistungen im Sinne von § 3a Abs. 2 UStG (vgl. Abschnitt 3a.2), die in dem entsprechenden Kalendermonat im übrigen Gemeinschaftsgebiet ausgeführt worden sind und für die der in einem

anderen EU-Mitgliedstaat ansässige Leistungsempfänger die Steuer dort schuldet, monatlich angeben (§ 18a Abs. 3 Satz 1 UStG). ²Die Ausübung dieser Wahlmöglichkeit wird dem BZSt durch die Angabe von im übrigen Gemeinschaftsgebiet ausgeführten steuerpflichtigen sonstigen Leistungen im vorstehenden Sinne, für die der in einem anderen EU-Mitgliedstaat ansässige Leistungsempfänger die Steuer dort schuldet, in der ZM für den ersten oder zweiten Kalendermonat eines Kalendervierteljahres angezeigt (§ 18a Abs. 3 Satz 2 UStG).

18a.3. Angaben für den Meldezeitraum

(1) ¹In der ZM sind nach § 18a Abs. 7 UStG in dem jeweiligen Meldezeitraum getrennt für jeden Erwerber oder Empfänger der dort bezeichneten Lieferungen oder sonstigen Leistungen die USt-IDNr. und die Summe der Bemessungsgrundlagen gesondert nach innergemeinschaftlichen Warenlieferungen (§ 18a Abs. 6 UStG), steuerpflichtigen sonstigen Leistungen im Sinne von § 3a Abs. 2 UStG (vgl. Abschnitt 3a.2), die im übrigen Gemeinschaftsgebiet ausgeführt worden sind und für die der in einem anderen EU-Mitgliedstaat ansässige Leistungsempfänger die Steuer dort schuldet, und Lieferungen im Sinne von § 25b Abs. 2 UStG im Rahmen von innergemeinschaftlichen Dreiecksgeschäften anzugeben und entsprechend zu kennzeichnen. ²Wird eine steuerpflichtige sonstige Leistung im vorstehenden Sinne dauerhaft über einen Zeitraum von mehr als einem Jahr erbracht, gilt § 13b Abs. 3 UStG entsprechend. ³Unbeachtlich ist, ob der Unternehmer seine Umsätze nach vereinbarten oder nach vereinnahmten Entgelten versteuert. ⁴Bei den steuerpflichtigen sonstigen Leistungen im vorstehenden Sinne und den Lieferungen im Sinne von § 25b Abs. 2 UStG im Rahmen von innergemeinschaftlichen Dreiecksgeschäften ist es zudem unbeachtlich, wann der Unternehmer die Rechnung ausgestellt hat.

(2) ¹Wegen der Umrechnung von Werten in fremder Währung vgl. Abschnitt 16.4. ²Hat der Unternehmer die Rechnung für eine innergemeinschaftliche Warenlieferung, die er im letzten Monat eines Meldezeitraums ausgeführt hat, erst nach Ablauf des Meldezeitraums ausgestellt, ist für die Umrechnung grundsätzlich der Durchschnittskurs des auf den Monat der Ausführung der Lieferung folgenden Monats heranzuziehen.

18a.4. Änderung der Bemessungsgrundlage für meldepflichtige Umsätze

(1) ¹Hat sich die umsatzsteuerliche Bemessungsgrundlage für die zu meldenden Umsätze nachträglich geändert (z.B. durch Rabatte), sind diese Änderungen in dem Meldezeitraum zu berücksichtigen, in dem sie eingetreten sind. ²Dies gilt entsprechend in den Fällen des § 17 Abs. 2 UStG (z.B. Uneinbringlichkeit der Forderung, Rückgängigmachung der Lieferung oder sonstigen Leistung). ³Gegebenenfalls ist der Änderungsbetrag mit der jeweiligen Summe der Bemessungsgrundlagen für innergemeinschaftliche Warenlieferungen (§ 18a Abs. 6 UStG), im übrigen Gemeinschaftsgebiet ausgeführte steuerpflichtige sonstige Leistungen im Sinne von § 3a Abs. 2 UStG (vgl. Abschnitt 3a.2), für die der in einem anderen EU-Mitgliedstaat ansässige Leistungsempfänger die Steuer dort schuldet, oder für Lieferungen im Sinne von § 25b Abs. 2 UStG im Rahmen innergemeinschaftlicher Dreiecksgeschäfte zu saldieren, die im maßgeblichen Zeitraum zu melden sind. ⁴Der Gesamtbetrag der zu meldenden Bemessungsgrundlagen kann negativ sein.

(2) ¹Der Gesamtbetrag der Bemessungsgrundlagen kann ausnahmsweise auf Grund von Saldierungen 0 € betragen. ²In diesem Fall ist „0" zu melden.

(3) Von nachträglichen Änderungen der Bemessungsgrundlage sind die Berichtigungen von Angaben zu unterscheiden, die bereits bei ihrer Meldung unrichtig oder unvollständig sind (vgl. Abschnitt 18a.5).

18a.5. Berichtigung der Zusammenfassenden Meldung

(1) ¹Eine unrichtige oder unvollständige ZM muss gesondert für den Meldezeitraum berichtigt werden, in dem die unrichtigen oder unvollständigen Angaben erklärt wurden. ²Wird eine unrichtige oder unvollständige ZM vorsätzlich oder leichtfertig nicht oder nicht rechtzeitig berichtigt, kann dies als Ordnungswidrigkeit mit einer Geldbuße bis zu 5.000 € geahndet werden (vgl. § 26a Abs. 1 Nr. 5 UStG). ³Rechtzeitig ist die Berichtigung, wenn sie innerhalb von einem Monat übermittelt wird (vgl. Abschnitt 18a.1 Abs. 4), nachdem der Unternehmer die Unrichtigkeit oder Unvollständigkeit erkannt hat. ⁴Für die Fristwahrung ist der Zeitpunkt des Eingangs der berichtigten ZM beim BZSt maßgeblich.

(2) Eine ZM ist zu berichtigen, soweit der in einem anderen Mitgliedstaat ansässige unternehmerische Leistungsempfänger, der die Steuer dort schuldet, seine USt-IdNr. dem leistenden Unternehmer erst nach dem Bezug einer im übrigen Gemeinschaftsgebiet steuerpflichtigen sonstigen Leistung im Sinne von § 3a Absatz 2 UStG (vgl. Abschnitt 3a.2) mitgeteilt hat, und daher deren Angabe in der ZM für den Meldezeitraum zunächst unterblieben ist.

§ 18a

Verwaltungsregelungen zu § 18a

Datum	Anlage	Quelle	Inhalt
	§ 018a-01		nicht belegt
21.07.94	§ 018a-02	OFD Han	Bevollmächtigung im Verfahren zur Abgabe von Zusammenfassenden Meldungen nach § 18a UStG
15.06.10	§ 018a-03	BMF	Zusammenfassende Meldung (§ 18a UStG)

§ 18b

§ 18b Gesonderte Erklärung innergemeinschaftlicher Lieferungen und bestimmter sonstiger Leistungen im Besteuerungsverfahren[1]

Der Unternehmer im Sinne des § 2 hat für jeden Voranmeldungs- und Besteuerungszeitraum in den amtlich vorgeschriebenen Vordrucken (§ 18 Abs. 1 bis 4) die Bemessungsgrundlagen folgender Umsätze gesondert zu erklären:

1. seiner innergemeinschaftlichen Lieferungen,
2. seiner im übrigen Gemeinschaftsgebiet ausgeführten steuerpflichtigen sonstigen Leistungen, im Sinne des § 3a Abs. 2, für die der in einem anderen Mitgliedstaat ansässige Leistungsempfänger die Steuer dort schuldet, und
3. seiner Lieferungen im Sinne des § 25b Abs. 2.

Die Angaben für einen in Satz 1 Nr. 1 genannten Umsatz sind in dem Voranmeldungszeitraum zu machen, in dem die Rechnung für diesen Umsatz ausgestellt wird, spätestens jedoch in dem Voranmeldungszeitraum, in dem der auf die Ausführung dieses Umsatzes folgende Monat endet. Die Angaben für Umsätze im Sinne des Satzes 1 Nr. 2 und 3 sind in dem Voranmeldungszeitraum zu machen, in dem diese Umsätze ausgeführt worden sind. § 16 Abs. 6 und § 17 sind sinngemäß anzuwenden. Erkennt der Unternehmer nachträglich vor Ablauf der Festsetzungsfrist, dass in einer von ihm abgegebenen Voranmeldung (§ 18 Abs. 1) die Angaben zu Umsätzen im Sinne des Satzes 1 unrichtig oder unvollständig sind, ist er verpflichtet, die ursprüngliche Voranmeldung unverzüglich zu berichtigen. Die Sätze 2 bis 5 gelten für die Steuererklärung (§ 18 Abs. 3 und 4) entsprechend.

Vorgaben im EG-Recht

USt-Recht	MwStSystRL
§ 18b	Artikel 251

---

[1] Fassung ab 01.07.2010

§ 18c Meldepflicht bei der Lieferung neuer Fahrzeuge[1]

Zur Sicherung des Steueraufkommens durch einen Austausch von Auskünften mit anderen Mitgliedstaaten auf der Grundlage der Gegenseitigkeit kann der Bundesminister der Finanzen mit Zustimmung des Bundesrates durch Rechtsverordnung bestimmen, daß Unternehmer (§ 2) und Fahrzeuglieferer (§ 2a) der Finanzbehörde ihre innergemeinschaftlichen Lieferungen neuer Fahrzeuge an Abnehmer ohne Umsatzsteuer-Identifikationsnummer melden müssen. Dabei können insbesondere geregelt werden:

1. die Art und Weise der Meldung;
2. der Inhalt der Meldung;
3. die Zuständigkeit der Finanzbehörden;
4. der Aufgabezeitpunkt der Meldung.
5. (weggefallen)

Vorgaben im EG-Recht

USt-Recht	MwStSystRL
§ 18c	Artikel 254

UStAE

Zu § 18c UStG

18c.1. Verfahren zur Abgabe der Meldungen nach der Fahrzeuglieferungs-Meldepflichtverordnung

(1) [1]Unternehmer im Sinne des § 2 UStG und Fahrzeuglieferer nach § 2a UStG, die neue Fahrzeuge im Sinne des § 1b Abs. 2 und 3 UStG innergemeinschaftlich geliefert haben, müssen bis zum 10. Tag nach Ablauf des Kalendervierteljahres, in dem die Lieferung ausgeführt worden ist (Meldezeitraum), dem BZSt eine Meldung übermitteln, sofern der Abnehmer der Lieferung keine USt-IdNr. eines anderen EU-Mitgliedstaates verwendet. [2]Ist dem Unternehmer die Frist für die Abgabe der Voranmeldungen um einen Monat verlängert worden (§§ 46 bis 48 UStDV), gilt dies auch für die Abgabe der Meldung nach der FzgLiefgMeldV.

(2) [1]Unternehmer im Sinne des § 2 UStG übermitteln dem BZSt die Meldung nach amtlich vorgeschriebenem Datensatz durch Datenfernübertragung nach Maßgabe der StDÜV (vgl. BMF-Schreiben vom 15.1.2007, BStBl. I S. 95). [2]Informationen zur elektronischen Übermittlung sind unter den Internet-Adressen www.elster.de oder www.bzst.de abrufbar. [3]Zur Vermeidung von unbilligen Härten kann das zuständige Finanzamt auf Antrag zulassen, dass die Meldung in herkömmlicher Form – auf Papier – nach amtlich vorgeschriebenem Vordruck abgegeben wird.

(3) [1]Fahrzeuglieferer (§ 2a UStG) können die Meldung nach amtlich vorgeschriebenem Datensatz durch Datenfernübertragung nach Maßgabe der StDÜV übermitteln (vgl. BMF-Schreiben vom 15.1.2007, BStBl. I S. 95) oder in herkömmlicher Form – auf Papier – nach amtlich vorgeschriebenem Vordruck abgeben. [2]Informationen sind unter den Internet-Adressen www.elster.de oder www.bzst.de abrufbar.

(4) [1]Für jedes gelieferte Fahrzeug ist ein Datensatz zu übermitteln bzw. ein Vordruck abzugeben. [2]Die Meldung muss folgende Angaben enthalten:

1. den Namen und die Anschrift des Lieferers;
2. die Steuernummer und bei Unternehmern im Sinne des § 2 UStG zusätzlich die USt-IdNr. des Lieferers;
3. den Namen und die Anschrift des Erwerbers;
4. das Datum der Rechnung;
5. den Bestimmungsmitgliedstaat;
6. das Entgelt (Kaufpreis);
7. die Art des Fahrzeugs (Land-, Wasser- oder Luftfahrzeug);
8. den Fahrzeughersteller;
9. den Fahrzeugtyp (Typschlüsselnummer);

---

[1] Fassung ab 01.01.2002. Siehe dazu die ab 01.07.2010 geltende Fahrzeuglieferungs-Meldepflichtverordnung, abgedruckt in Anhang 5

§ 18c UStAE 18c.1.

10. das Datum der ersten Inbetriebnahme, wenn dieses vor dem Rechnungsdatum liegt;
11. den Kilometerstand (bei motorbetriebenen Landfahrzeugen), die Zahl der bisherigen Betriebsstunden auf dem Wasser (bei Wasserfahrzeugen) oder die Zahl der bisherigen Flugstunden (bei Luftfahrzeugen), wenn diese am Tag der Lieferung über Null liegen, und
12. die Kraftfahrzeug-Identifizierungs-Nummer (bei motorbetriebenen Landfahrzeugen), die Schiffs-Identifikations-Nummer (bei Wasserfahrzeugen) oder die Werknummer (bei Luftfahrzeugen).

(5) ¹Ordnungswidrig im Sinne des § 26a Abs. 1 Nr. 6 UStG handelt, wer eine Meldung nach der FzgLiefgMeldV nicht, nicht richtig, nicht vollständig oder nicht rechtzeitig abgibt. ²Die Ordnungswidrigkeit kann mit einer Geldbuße bis zu 5.000 € geahndet werden (§ 26a Abs. 2 UStG).

Verwaltungsregelungen zu § 18c

Datum	Anlage	Quelle	Inhalt
23.04.03	§ 018c-01	BMF	Informationsaustausch zwischen den Mitgliedstaaten über den Erwerb neuer Fahrzeuge

§ 18d Vorlage von Urkunden[1)]

Die Finanzbehörden sind zur Erfüllung der Auskunftsverpflichtung nach der Verordnung (EG) Nr. 1798/2003 des Rates vom 7. Oktober 2003 über die Zusammenarbeit der Verwaltungsbehörden auf dem Gebiet der Mehrwertsteuer und zur Aufhebung der Verordnung (EWG) Nr. 218/92 (ABl. EU Nr. L 264 S. 1) berechtigt, von Unternehmern die Vorlage der jeweils erforderlichen Bücher, Aufzeichnungen, Geschäftspapiere und anderen Urkunden zur Einsicht und Prüfung zu verlangen. § 97 Abs. 3 der Abgabenordnung gilt entsprechend. Der Unternehmer hat auf Verlangen der Finanzbehörde die in Satz 1 bezeichneten Unterlagen vorzulegen.

Vorgaben im EG-Recht

USt-Recht	MwStSystRL
§ 18d	Artikel 5, 6, 7

UStAE
Zu § 18d UStG

18d.1. Zuständigkeit und Verfahren

(1) [1]Die für die Beantwortung von Ersuchen anderer EU-Mitgliedstaaten nach der Verordnung (EU) Nr. 904/2010 (ABl. EU 2010 Nr. L 268 S. 1) erforderlichen Ermittlungen werden von der Finanzbehörde durchgeführt, die nach § 21 AO auch für eine Umsatzbesteuerung des Vorgangs zuständig ist, auf den sich das Ersuchen bezieht. [2]Wenn diese Behörde nicht festgestellt werden kann, ist die Finanzbehörde zuständig, in deren Bezirk die Ermittlungshandlungen vorzunehmen sind (§ 24 AO).

(2) [1]Die Finanzbehörde kann die Vorlage der Bücher, Aufzeichnungen, Geschäftspapiere und anderer Urkunden an Amtsstelle verlangen. [2]Mit Einverständnis des Vorlagepflichtigen oder wenn die Unterlagen für eine Vorlage an Amtsstelle ungeeignet sind, können die Urkunden auch beim Vorlagepflichtigen eingesehen und geprüft werden.

---

1) Fassung ab 03.12.2004

§ 18e[1]) Bestätigungsverfahren

Das Bundeszentralamt für Steuern bestätigt auf Anfrage
1. dem Unternehmer im Sinne des § 2 die Gültigkeit einer Umsatzsteuer-Identifikationsnummer sowie den Namen und die Anschrift der Person, der die Umsatzsteuer-Identifikationsnummer von einem anderen Mitgliedstaat erteilt wurde;
2. dem Lagerhalter im Sinne des § 4 Nr. 4a die Gültigkeit der inländischen Umsatzsteuer-Identifikationsnummer sowie den Namen und die Anschrift des Auslagerers oder dessen Fiskalvertreters.

Vorgaben im EG-Recht

USt-Recht	MwStSystRL
§ 18e	Artikel 27 Abs. 4

UStAE

Zu § 18e UStG

18e.1. Bestätigung einer ausländischen Umsatzsteuer-Identifikationsnummer

(1) ¹Anfragen zur Bestätigung einer ausländischen USt-IdNr. kann jeder Inhaber einer deutschen USt-IdNr. stellen. ²Anfrageberechtigt ist auch, wer für Zwecke der Umsatzsteuer erfasst ist, aber noch keine USt-IdNr. erhalten hat. ³In diesem Fall wird die Anfrage gleichzeitig als Antrag auf Erteilung einer USt-IdNr. behandelt.

(2) ¹Unternehmer können einfache und qualifizierte Bestätigungsanfragen schriftlich, über das Internet (www.bzst.de) oder telefonisch an das BZSt – Dienstsitz Saarlouis –, 66740 Saarlouis (Telefon-Nr.: 0228/406-0), stellen. ²Bei Anfragen über das Internet besteht neben der Anfrage zu einzelnen USt-IdNrn. auch die Möglichkeit, gleichzeitige Anfragen zu mehreren USt-IdNrn. über eine XML-RPC-Schnittstelle durchzuführen.

(3) ¹Im Rahmen der einfachen Bestätigungsanfrage kann die Gültigkeit einer USt-IdNr., die von einem anderen EU-Mitgliedstaat erteilt wurde, überprüft werden. ²Die Anfrage muss folgende Angaben enthalten:
– die USt-IdNr. des anfragenden Unternehmers (oder ggf. die Steuernummer, unter der er für Zwecke der Umsatzsteuer geführt wird);
– die USt-IdNr. des Leistungsempfängers, die von einem anderen EU-Mitgliedstaat erteilt wurde.

(4) ¹Im Rahmen der qualifizierten Bestätigungsanfrage werden zusätzlich zu der zu überprüfenden USt-IdNr. der Name und die Anschrift des Inhabers der ausländischen USt-IdNr. überprüft. ²Das BZSt teilt in diesem Fall detailliert mit, inwieweit die angefragten Angaben von dem EU-Mitgliedstaat, der die USt-IdNr. erteilt hat, als zutreffend gemeldet werden. ³Die Informationen beziehen sich jeweils auf USt-IdNr./Name/Ort/Postleitzahl/Straße des ausländischen Leistungsempfängers. ⁴Anfragen zur Bestätigung mehrerer USt-IdNrn. sind schriftlich zu stellen.

(5) ¹Das BZSt teilt das Ergebnis der Bestätigungsanfrage grundsätzlich schriftlich mit, auch wenn vorab eine telefonische Auskunft erteilt wurde. ²Bestätigungsanfragen über das Internet werden unmittelbar beantwortet; eine zusätzliche schriftliche Mitteilung durch das BZSt kann angefordert werden.

(6) ¹Das Finanzamt kann Bestätigungsanfragen über das Internet (www.bzst.de), schriftlich oder telefonisch stellen. ²Anfragen über das Internet und telefonische Anfragen werden unmittelbar beantwortet. ³Eine schriftliche Mitteilung durch das BZSt ergeht in diesen Fällen nicht.

18e.2. Aufbau der Umsatzsteuer-Identifikationsnummern in den EU-Mitgliedstaaten

Informationen zum Aufbau der USt-IdNrn. in den EU-Mitgliedstaaten sind unter der Internet-Adresse www.bzst.de abrufbar.

Verwaltungsregelungen zu § 18e

Datum	Anlage	Quelle	Inhalt
20.12.2004	§ 018e-01	OFD Düs	Qualifizierte Bestätigungsverfahren gem. § 18e UStG über das Internet

---

1) Fassung ab 01.01.2004

§ 18f[1)] Sicherheitsleistung

Bei Steueranmeldungen im Sinne von § 18 Abs. 1 und 3 kann die Zustimmung nach § 168 Satz 2 der Abgabenordnung im Einvernehmen mit dem Unternehmer von einer Sicherheitsleistung abhängig gemacht werden. Satz 1 gilt entsprechend für die Festsetzung nach § 167 Abs. 1 Satz 1 der Abgabenordnung, wenn sie zu einer Erstattung führt.

Vorgaben im EG-Recht

USt-Recht	MwStSystRL
§ 18f	Artikel 183, 273

UStAE
Zu § 18f UStG

18f.1. Sicherheitsleistung

(1) ¹Das Finanzamt kann im Einvernehmen mit dem Unternehmer die nach § 168 Satz 2 AO erforderliche Zustimmung von einer Sicherheitsleistung abhängig machen, wenn Zweifel an der Richtigkeit der eingereichten Steueranmeldung bestehen. ²Die Regelung gibt dem Finanzamt die Möglichkeit, trotz Prüfungsbedürftigkeit des geltend gemachten Erstattungsanspruchs die Zustimmung nach § 168 Satz 2 AO zu erteilen, wenn der Unternehmer eine Sicherheit leistet.

(2) ¹Die Regelung kann angewendet werden für Voranmeldungen (§ 18 Abs. 1 UStG) und Umsatzsteuererklärungen für das Kalenderjahr (§ 18 Abs. 3 UStG), wenn sie zu einer Erstattung angemeldeter Vorsteuerbeträge oder zu einer Herabsetzung der bisher zu entrichtenden Umsatzsteuer (§ 168 Satz 2 AO) führen, und auf Fälle, in denen die Finanzverwaltung von der Voranmeldung oder der Umsatzsteuererklärung für das Kalenderjahr des Unternehmers abweicht und dies zu einer Erstattung führt (§ 167 Abs. 1 Satz 1 AO). ²Die Zustimmung wird erst mit der Stellung der Sicherheitsleistung wirksam (aufschiebende Bedingung).

(3) ¹Die Entscheidung des Finanzamtes, die Zustimmung nach § 168 Satz 2 AO gegen Stellung einer Sicherheitsleistung zu erteilen, ist eine Ermessensentscheidung, die dem Grundsatz der Verhältnismäßigkeit unterliegt. ²In Fällen, in denen die bestehenden Zweifel mit einer Umsatzsteuer-Nachschau oder einer Umsatzsteuer-Sonderprüfung kurzfristig ausgeräumt werden können, ist eine Sicherheitsleistung grundsätzlich nicht angezeigt. ³Die Vorschrift ist daher regelmäßig nur in Fällen anzuwenden, in denen die erforderliche Prüfung der Rechtmäßigkeit der geltend gemachten Erstattungsbeträge wegen der besonderen Schwierigkeiten des zu beurteilenden Sachverhalts voraussichtlich länger als sechs Wochen in Anspruch nimmt. ⁴Die Anwendung der Regelung darf nicht zu einer Verzögerung bei der Prüfung des Erstattungsanspruchs führen.

(4) ¹Art und Inhalt der Sicherheitsleistung richten sich nach den §§ 241 bis 248 AO. ²Wegen der einfacheren Handhabung soll der Bankbürgschaft eines allgemein als Steuerbürgen zugelassenen Kreditinstitutes (§ 244 Abs. 2 AO) in der Regel der Vorzug gegeben werden.

(5) ¹Die Sicherheitsleistung muss nicht zwingend in voller Höhe des zu sichernden Steueranspruchs erbracht werden. ²Bei der Festlegung der Höhe der Sicherheitsleistung sind sowohl das Ausfallrisiko zu Lasten des Fiskus als auch die Liquidität des Unternehmers zu berücksichtigen. ³Hinsichtlich der Einzelheiten zum Verfahren wird auf den Anwendungserlass zu den §§ 241 bis 248 AO hingewiesen.

(6) Die Sicherheitsleistung ist unverzüglich zurückzugeben, wenn der zu sichernde Anspruch aus dem Steuerschuldverhältnis erloschen ist.

---

1) Gilt ab 01.01.2002

§ 18g

§ 18g[1]) Abgabe des Antrags auf Vergütung von Vorsteuerbeträgen in einem anderen Mitgliedstaat

Ein im Inland ansässiger Unternehmer, der Anträge auf Vergütung von Vorsteuerbeträgen entsprechend der Richtlinie 2008/9/EG des Rates vom 12. Februar 2008 zur Regelung der Erstattung der Mehrwertsteuer gemäß der Richtlinie 2006/112/EG an nicht im Mitgliedstaat der Erstattung, sondern in einem anderen Mitgliedstaat ansässige Steuerpflichtige (ABl. EU Nr. L 44 S. 23) in einem anderen Mitgliedstaat stellen kann, hat diesen Antrag nach amtlich vorgeschriebenem Datensatz durch Datenfernübertragung nach Maßgabe der Steuerdaten-Übermittlungsverordnung dem Bundeszentralamt für Steuern zu übermitteln. In diesem hat er die Steuer für den Vergütungszeitraum selbst zu berechnen.

Vorgaben im EG-Recht

USt-Recht	MwStSystRL
§ 18g	Richtlinie vom 12.02.2008

UStAE

Zu § 18g UStG

18g.1. Vorsteuer-Vergütungsverfahren in einem anderen Mitgliedstaat für im Inland ansässige Unternehmer

Antragstellung

(1) ¹Ein im Inland ansässiger Unternehmer, dem in einem anderen Mitgliedstaat von einem Unternehmer Umsatzsteuer in Rechnung gestellt worden ist, kann über das BZSt bei der zuständigen Behörde dieses Mitgliedstaates einen Antrag auf Vergütung dieser Steuer stellen. ²Beantragt der Unternehmer die Vergütung für mehrere Mitgliedstaaten, ist für jeden Mitgliedstaat ein gesonderter Antrag zu stellen.

(2) ¹Anträge auf Vergütung von Vorsteuerbeträgen in einem anderen Mitgliedstaat sind nach amtlich vorgeschriebenem Datensatz durch Datenfernübertragung nach Maßgabe der Steuerdaten-Übermittlungsverordnung dem BZSt zu übermitteln (§ 18g UStG). ²Informationen zur elektronischen Übermittlung sind auf den Internetseiten des BZSt (www.bzst.de) abrufbar. ³Der Antragsteller muss authentifiziert sein. ⁴In dem Vergütungsantrag ist die Steuer für den Vergütungszeitraum zu berechnen.

(3) ¹Der Vergütungsantrag ist bis zum 30.9. des auf das Jahr der Ausstellung der Rechnung folgenden Kalenderjahres zu stellen. ²Für die Einhaltung der Frist nach Satz 1 genügt der rechtzeitige Eingang des Vergütungsantrags beim BZSt. ³Der Vergütungsbetrag muss mindestens 50 € betragen oder einem entsprechend in Landeswährung umgerechneten Betrag entsprechen. ⁴Der Unternehmer kann auch einen Antrag für einen Zeitraum von mindestens drei Monaten stellen, wenn der Vergütungsbetrag mindestens 400 € beträgt oder einem entsprechend in Landeswährung umgerechneten Betrag entspricht.

(4) Der Unternehmer hat in dem Vergütungsantrag Folgendes anzugeben:
– den Mitgliedstaat der Erstattung;
– Name und vollständige Anschrift des Unternehmers;
– eine Adresse für die elektronische Kommunikation;
– eine Beschreibung der Geschäftstätigkeit des Unternehmers, für die die Gegenstände bzw. Dienstleistungen erworben wurden, auf die sich der Antrag bezieht;
– den Vergütungszeitraum, auf den sich der Antrag bezieht;
– eine Erklärung des Unternehmers, dass er während des Vergütungszeitraums im Mitgliedstaat der Erstattung keine Lieferungen von Gegenständen bewirkt und Dienstleistungen erbracht hat, mit Ausnahme bestimmter steuerfreier Beförderungsleistungen (vgl. § 4 Nr. 3 UStG), von Umsätzen, für die ausschließlich der Leistungsempfänger die Steuer schuldet, oder innergemeinschaftlicher Erwerbe und daran anschließender Lieferungen im Sinne des § 25b Abs. 2 UStG;
– die USt-IdNr. oder StNr. des Unternehmers;
– seine Bankverbindung (inklusive IBAN und BIC).

---
1) Gilt ab 01.01.2010, vgl. § 27 Abs. 14 UStG

UStAE 18g.1. § **18g**

(5) Neben diesen Angaben sind in dem Vergütungsantrag für jeden Mitgliedstaat der Erstattung und für jede Rechnung oder jedes Einfuhrdokument folgende Angaben zu machen:
– Name und vollständige Anschrift des Lieferers oder Dienstleistungserbringers;
– außer im Falle der Einfuhr die USt-IdNr. des Lieferers oder Dienstleistungserbringers oder die ihm vom Mitgliedstaat der Erstattung zugeteilte Steuerregisternummer;
– außer im Falle der Einfuhr das Präfix des Mitgliedstaats der Erstattung;
– Datum und Nummer der Rechnung oder des Einfuhrdokuments;
– Bemessungsgrundlage und Steuerbetrag in der Währung des Mitgliedstaats der Erstattung;
– Betrag der abziehbaren Steuer in der Währung des Mitgliedstaats der Erstattung;
– ggf. einen (in bestimmten Branchen anzuwendenden) Pro-rata-Satz;
– Art der erworbenen Gegenstände und Dienstleistungen aufgeschlüsselt nach Kennziffern:
  1 Kraftstoff;
  2 Vermietung von Beförderungsmitteln;
  3 Ausgaben für Transportmittel (andere als unter Kennziffer 1 oder 2 beschriebene Gegenstände und Dienstleistungen);
  4 Maut und Straßenbenutzungsgebühren;
  5 Fahrtkosten wie Taxikosten, Kosten für die Benutzung öffentlicher Verkehrsmittel;
  6 Beherbergung;
  7 Speisen, Getränke und Restaurantdienstleistungen;
  8 Eintrittsgelder für Messen und Ausstellungen;
  9 Luxusausgaben, Ausgaben für Vergnügungen und Repräsentationsaufwendungen;
  10 [1]Sonstiges. [2]Hierbei ist die Art der gelieferten Gegenstände bzw. erbrachten Dienstleistungen anzugeben.
– Soweit es der Mitgliedstaat der Erstattung vorsieht, hat der Unternehmer zusätzliche elektronisch verschlüsselte Angaben zu jeder Kennziffer zu machen, soweit dies auf Grund von Einschränkungen des Vorsteuerabzugs im Mitgliedstaat der Erstattung erforderlich ist.

(6) [1]Beträgt die Bemessungsgrundlage in der Rechnung oder dem Einfuhrdokument mindestens 1.000 € (bei Rechnungen über Kraftstoffe mindestens 250 €), hat der Unternehmer – elektronische – Kopien der Rechnungen oder der Einfuhrdokumente dem Vergütungsantrag beizufügen, wenn der Mitgliedstaat der Erstattung dies vorsieht. [2]Die Dateianhänge zu dem Vergütungsantrag dürfen aus technischen Gründen die Größe von 5 MB nicht überschreiten.

(7) Der Unternehmer hat in dem Antrag eine Beschreibung seiner unternehmerischen Tätigkeit anhand des harmonisierten Codes vorzunehmen, wenn der Mitgliedstaat der Erstattung dies vorsieht.

(8) [1]Der Mitgliedstaat der Erstattung kann zusätzliche Angaben in dem Vergütungsantrag verlangen. [2]Informationen über die Antragsvoraussetzungen der einzelnen Mitgliedstaaten sind auf den Internetseiten des BZSt (www.bzst.de) abrufbar.

Prüfung der Zulässigkeit durch das BZSt

(9) [1]Die dem BZSt elektronisch übermittelten Anträge werden vom BZSt als für das Vorsteuer-Vergütungsverfahren zuständige Behörde auf ihre Zulässigkeit vorgeprüft. [2]Dabei hat das BZSt ausschließlich festzustellen, ob
– die vom Unternehmer angegebene USt-IdNr. bzw. StNr. zutreffend und ihm zuzuordnen ist und
– der Unternehmer ein zum Vorsteuerabzug berechtigter Unternehmer ist.

Weiterleitung an den Mitgliedstaat der Erstattung

(10) [1]Stellt das BZSt nach Durchführung der Vorprüfung fest, dass der Antrag insoweit zulässig ist (vgl. Absatz 9), leitet es diesen an den Mitgliedstaat der Erstattung über eine elektronische Schnittstelle weiter. [2]Mit der Weitergabe des Antrags bestätigt das BZSt, dass
– die vom Unternehmer angegebene USt-IdNr. bzw. StNr. zutreffend ist und
– der Unternehmer ein zum Vorsteuerabzug berechtigter Unternehmer ist.

(11) Die Weiterleitung an den Mitgliedstaat der Erstattung hat innerhalb von 15 Tagen nach Eingang des Antrags zu erfolgen.

§ 18g

Übermittlung einer Empfangsbestätigung

(12) Das BZSt hat dem Antragsteller eine elektronische Empfangsbestätigung über den Eingang des Antrags zu übermitteln.

Verwaltungsregelungen zu § 18g

Datum	Anlage	Quelle	Inhalt
01.11.10	§ 018g-01	BMF	Verlängerung der Frist für die Abgabe von Anträgen auf Vorsteuer-Vergütung für das Kalenderjahr 2009

§ 19

§ 19 Besteuerung der Kleinunternehmer

(1)[1] Die für Umsätze im Sinne des § 1 Abs. 1 Nr. 1 geschuldete Umsatzsteuer wird von Unternehmern, die im Inland oder in den in § 1 Abs. 3 bezeichneten Gebieten ansässig sind, nicht erhoben, wenn der in Satz 2 bezeichnete Umsatz zuzüglich der darauf entfallenden Steuer im vorangegangenen Kalenderjahr 17.500 Euro[2] nicht überstiegen hat und im laufenden Kalenderjahr 50.000 Euro voraussichtlich nicht übersteigen wird. Umsatz im Sinne des Satzes 1 ist der nach vereinnahmten Entgelten bemessene Gesamtumsatz, gekürzt um die darin enthaltenen Umsätze von Wirtschaftsgütern des Anlagevermögens. Satz 1 gilt nicht für die nach § 13a Abs. 1 Nr. 6, § 13b Abs. 5, § 14c Abs. 2 und § 25b Abs. 2 geschuldete Steuer. In den Fällen des Satzes 1 finden die Vorschriften über die Steuerbefreiung innergemeinschaftlicher Lieferungen (§ 4 Nr. 1 Buchstabe b, § 6a), über den Verzicht auf Steuerbefreiungen (§ 9), über den gesonderten Ausweis der Steuer in einer Rechnung (§ 14 Abs. 4), über die Angabe der Umsatzsteuer-Identifikationsnummern in einer Rechnung (§ 14a Abs. 1, 3 und 7) und über den Vorsteuerabzug (§ 15) keine Anwendung.

(2) Der Unternehmer kann dem Finanzamt bis zur Unanfechtbarkeit der Steuerfestsetzung (§ 18 Abs. 3 und 4) erklären, daß er auf die Anwendung des Absatzes 1 verzichtet. Nach Eintritt der Unanfechtbarkeit der Steuerfestsetzung bindet die Erklärung den Unternehmer mindestens für fünf Kalenderjahre. Sie kann nur mit Wirkung von Beginn eines Kalenderjahres an widerrufen werden. Der Widerruf ist spätestens bis zur Unanfechtbarkeit der Steuerfestsetzung des Kalenderjahres, für das er gelten soll, zu erklären.

(3) Gesamtumsatz ist die Summe der vom Unternehmer ausgeführten steuerbaren Umsätze im Sinne des § 1 Abs. 1 Nr. 1 abzüglich folgender Umsätze:

1. der Umsätze, die nach § 4 Nr. 8 Buchstabe i, Nr. 9 Buchstabe b und Nr. 11 bis 28 steuerfrei sind;

2. der Umsätze, die nach § 4 Nr. 8 Buchstabe a bis h, Nr. 9 Buchstabe a und Nr. 10 steuerfrei sind, wenn sie Hilfsumsätze sind.

Soweit der Unternehmer die Steuer nach vereinnahmten Entgelten berechnet (§ 13 Abs. 1 Nr. 1 Buchstabe a Satz 4 und 5 oder § 20), ist auch der Gesamtumsatz nach diesen Entgelten zu berechnen. Hat der Unternehmer seine gewerbliche oder berufliche Tätigkeit nur in einem Teil des Kalenderjahres ausgeübt, so ist der tatsächliche Gesamtumsatz in einen Jahresgesamtumsatz umzurechnen. Angefangene Kalendermonate sind bei der Umrechnung als volle Kalendermonate zu behandeln, es sei denn, daß die Umrechnung nach Tagen zu einem niedrigeren Jahresgesamtumsatz führt.

(4) Absatz 1 gilt nicht für die innergemeinschaftlichen Lieferungen neuer Fahrzeuge. § 15 Abs. 4a ist entsprechend anzuwenden.

Vorgaben im EG-Recht

USt-Recht	MwStSystRL
§ 19 Abs. 1 Satz 1	Artikel 282 und 285 i.V.m. Protokollerklärung Nr. 1
§ 19 Abs. 1 Satz 2	Artikel 288 Abs. 2
§ 19 Abs. 1 Satz 3	Artikel 283
§ 19 Abs. 1 Satz 4	Artikel 139 Abs. 1, Artikel 289
§ 19 Abs. 2	Artikel 290
§ 19 Abs. 3	Artikel 288 Abs. 1
§ 19 Abs. 4	Artikel 283 Abs. 1 Buchst. b

---

1) Fassung ab 01.07.2010, zuvor: § 13b Abs. 2
2) Gilt ab 01.01.2003, davor: 16 620 Euro

UStAE

Zu § 19 UStG

19.1. Nichterhebung der Steuer

(1) ¹Nach § 19 Abs. 1 UStG ist die Steuer, die ein im Inland oder in den in § 1 Abs. 3 UStG genannten Gebieten ansässiger Kleinunternehmer für seine steuerpflichtigen Umsätze schuldet, unter bestimmten Voraussetzungen nicht zu erheben. ²Die Beschränkung der Regelung auf im Inland oder in den in § 1 Abs. 3 UStG genannten Gebieten ansässige Kleinunternehmer und deren in diesen Gebieten erzielten Umsätze berührt nicht die Gültigkeit der unionsrechtlichen Vorgaben im Hinblick auf den EG-Vertrag (vgl. EuGH-Urteil vom 26.10.2010, C-97/09, HFR 2011 S. 117). ³Die Regelung bezieht sich auf die Steuer für die in § 1 Abs. 1 Nr. 1 UStG bezeichneten Lieferungen und sonstigen Leistungen (einschließlich unentgeltliche Wertabgaben – vgl. Abschnitte 3.2 bis 3.4). ⁴Die Steuer für die Einfuhr von Gegenständen (§ 1 Abs. 1 Nr. 4 UStG), für den innergemeinschaftlichen Erwerb (§ 1 Abs. 1 Nr. 5 UStG, vgl. auch Abschnitt 1a.1 Abs. 2) sowie die nach § 13a Abs. 1 Nr. 6, § 13b Abs. 5, § 14c Abs. 2 und § 25b Abs. 2 UStG geschuldete Steuer hat der Kleinunternehmer hingegen abzuführen. ⁵Das gilt auch für die Steuer, die nach § 16 Abs. 5 UStG von der zuständigen Zolldienststelle im Wege der Beförderungseinzelbesteuerung erhoben wird (vgl. Abschnitt 16.2).

(2) ¹Bei der Ermittlung der in § 19 Abs. 1 UStG bezeichneten Grenzen von 17.500 € und 50.000 € ist jeweils von dem Gesamtumsatz im Sinne des § 19 Abs. 3 UStG auszugehen (vgl. Abschnitt 19.3). ²Der Gesamtumsatz ist hier jedoch stets nach vereinnahmten Entgelten zu berechnen. ³Außerdem ist bei der Umsatzermittlung nicht auf die Bemessungsgrundlagen im Sinne des § 10 UStG abzustellen, sondern auf die vom Unternehmer vereinnahmten Bruttobeträge. ⁴In den Fällen des § 10 Abs. 4 und 5 UStG ist der jeweils in Betracht kommenden Bemessungsgrundlage ggf. die darauf entfallende Umsatzsteuer hinzuzurechnen.

(3) ¹Hat der Gesamtumsatz im Vorjahr die Grenze von 17.500 € überschritten, ist die Steuer für das laufende Kalenderjahr auch dann zu erheben, wenn der Gesamtumsatz in diesem Jahr die Grenze von 17.500 € voraussichtlich nicht überschreiten wird (vgl. BFH-Beschluss vom 18.10.2007, V B 164/06, BStBl. 2008 II S. 263). ²Bei der Grenze von 50.000 € kommt es darauf an, ob der Unternehmer diese Bemessungsgröße voraussichtlich nicht überschreiten wird. ³Maßgebend ist die zu Beginn eines Jahres vorzunehmende Beurteilung der Verhältnisse für das laufende Kalenderjahr. ⁴Dies gilt auch, wenn der Unternehmer in diesem Jahr sein Unternehmen erweitert (vgl. BFH-Urteil vom 7.3.1995, XI R 51/94, BStBl. II S. 562). ⁵Ist danach ein voraussichtlicher Umsatz zuzüglich der Steuer von nicht mehr als 50.000 € zu erwarten, ist dieser Betrag auch dann maßgebend, wenn der tatsächliche Umsatz zuzüglich der Steuer im Laufe des Kalenderjahres die Grenze von 50.000 € überschreitet (vgl. auch Absatz 4). ⁶Bei einer Änderung der Unternehmensverhältnisse während des laufenden Kalenderjahres durch Erbfolge ist Absatz 5 zu beachten. ⁷Der Unternehmer hat dem Finanzamt auf Verlangen die Verhältnisse darzulegen, aus denen sich ergibt, wie hoch der Umsatz des laufenden Kalenderjahres voraussichtlich sein wird.

(4) ¹Nimmt der Unternehmer seine gewerbliche oder berufliche Tätigkeit im Laufe eines Kalenderjahres neu auf, ist in diesen Fällen allein auf den voraussichtlichen Umsatz (vgl. Absatz 3) des laufenden Kalenderjahres abzustellen (vgl. auch BFH-Urteil vom 19.2.1976, V R 23/73, BStBl. II S. 400). ²Entsprechend der Zweckbestimmung des § 19 Abs. 1 UStG ist hierbei die Grenze von 17.500 € und nicht die Grenze von 50.000 € maßgebend. ³Es kommt somit nur darauf an, ob der Unternehmer nach den Verhältnissen des laufenden Kalenderjahres voraussichtlich die Grenze von 17.500 € nicht überschreitet (BFH-Urteil vom 22.11.1984, V R 170/83, BStBl. 1985 II S. 142).

(4a)¹⁾ ¹Bei einem Unternehmer, der seinen landwirtschaftlichen Betrieb verpachtet und dessen unternehmerische Betätigung im Bereich der Landwirtschaft sich in dieser Verpachtung erschöpft, so dass die Durchschnittsatzbesteuerung nach § 24 UStG nicht mehr angewendet werden kann, kann zu Beginn der Verpachtung für die Anwendung des § 19 Abs. 1 UStG aus Vereinfachungsgründen auf den voraussichtlichen Gesamtumsatz des laufenden Kalenderjahres abgestellt werden. ²Beginnt die Verpachtung im Laufe eines Jahres, werden ebenfalls zur Vereinfachung die vor der Verpachtung erzielten Umsätze, die unter die Durchschnittsbesteuerung nach § 24 UStG fallen, bei der Ermittlung des Gesamtumsatzes des laufenden Jahres nicht berücksichtigt.

(5) ¹Geht ein Unternehmen im Wege der Erbfolge auf den Unternehmer über, ist zu berücksichtigen, dass er keinen Einfluss auf den Zeitpunkt der Änderung seiner Unternehmensverhältnisse hatte. ²Zur Vermeidung einer unbilligen Härte kann daher der Unternehmer in diesen Fällen die Besteuerung für das laufende Kalenderjahr so fortführen, wie sie für den jeweiligen Teil des Unternehmens ohne

---

1) Hinweis auf Anlage § 019-03

Berücksichtigung der Gesamtumsatzverhältnisse anzuwenden wäre. ³Hat z.B. der Unternehmer für sein bisheriges Unternehmen die Besteuerung nach den allgemeinen Vorschriften angewendet, der Rechtsvorgänger aber für den anderen Unternehmensteil auf Grund der dafür bestehenden Verhältnisse von § 19 Abs. 1 UStG Gebrauch gemacht, kann der Unternehmer diese beiden Besteuerungsformen bis zum Ablauf des Kalenderjahres fortführen, in dem die Erbfolge eingetreten ist. ⁴Dem Unternehmer bleibt es allerdings überlassen, für das ganze Unternehmen einheitlich die Besteuerung nach den allgemeinen Vorschriften anzuwenden.

(6) ¹Bei der Ermittlung der maßgeblichen Grenzen von 17.500 € und 50.000 € bleiben die Umsätze von Wirtschaftsgütern des Anlagevermögens unberücksichtigt. ²Das gilt sowohl bei einer Veräußerung als auch bei einer Entnahme für nichtunternehmerische Zwecke. ³Ob ein Wirtschaftsgut des Anlagevermögens vorliegt, ist nach den für das Einkommensteuerrecht maßgebenden Grundsätzen zu beurteilen. ⁴Die Ausnahme erstreckt sich auch auf entsprechende Wirtschaftsgüter, die einkommensteuerrechtlich nicht zu einem Betriebsvermögen gehören, z.B. bei der Veräußerung von Einrichtungsgegenständen durch einen nichtgewerblichen Vermieter von Ferienwohnungen.

19.2. Verzicht auf die Anwendung des § 19 Abs. 1 UStG

(1) ¹Der Unternehmer kann dem Finanzamt erklären, dass er auf die Anwendung des § 19 Abs. 1 UStG verzichtet. ²Er unterliegt damit der Besteuerung nach den allgemeinen Vorschriften des Gesetzes. ³Die Erklärung nach § 19 Abs. 2 Satz 1 UStG kann der Unternehmer bis zur Unanfechtbarkeit der Steuerfestsetzung abgeben. ⁴Im Einzelnen gilt hierzu Folgendes:

1. ¹Die Erklärung gilt vom Beginn des Kalenderjahres an, für das der Unternehmer sie abgegeben hat. ²Beginnt der Unternehmer seine gewerbliche oder berufliche Tätigkeit während des Kalenderjahres, gilt die Erklärung vom Beginn dieser Tätigkeit an.

2. ¹Für die Erklärung ist keine bestimmte Form vorgeschrieben. ²Berechnet der Unternehmer in den Voranmeldungen oder in der Steuererklärung für das Kalenderjahr die Steuer nach den allgemeinen Vorschriften des UStG, ist darin grundsätzlich eine Erklärung im Sinne des § 19 Abs. 2 Satz 1 UStG zu erblicken (vgl. auch BFH-Urteile vom 19.12.1985, V R 167/82, BStBl. 1986 II S. 420, und vom 11.12.1997, V R 50/94, BStBl. 1998 II S. 420). ³In Zweifelsfällen ist der Unternehmer zu fragen, welcher Besteuerungsform er seine Umsätze unterwerfen will.

(2) ¹Vor Eintritt der Unanfechtbarkeit der Steuerfestsetzung kann der Unternehmer die Erklärung mit Wirkung für die Vergangenheit zurücknehmen. ²Nimmt der Unternehmer die Erklärung zurück, kann er die Rechnungen, in denen er die Umsatzsteuer gesondert ausgewiesen hat, nach § 14c Abs. 2 Sätze 3 bis 5 UStG berichtigen.

(3) ¹Nach Eintritt der Unanfechtbarkeit der Steuerfestsetzung bindet die Erklärung den Unternehmer mindestens für fünf Kalenderjahre (§ 19 Abs. 2 Satz 2 UStG). ²Die Fünfjahresfrist ist vom Beginn des ersten Kalenderjahres an zu berechnen, für das die Erklärung gilt.

(4) ¹Für die Zeit nach Ablauf der Fünfjahresfrist kann der Unternehmer die Erklärung mit Wirkung vom Beginn eines Kalenderjahres an widerrufen (§ 19 Abs. 2 Satz 3 UStG). ²Der Widerruf ist spätestens bis zur Unanfechtbarkeit der Steuerfestsetzung des Kalenderjahres, für das er gelten soll, zu erklären (§ 19 Abs. 2 Satz 4 UStG). ³Im Falle des Widerrufs kann der Unternehmer die Rechnungen, in denen er die Umsatzsteuer gesondert ausgewiesen hat, nach § 14c Abs. 2 Sätze 3 bis 5 UStG berichtigen.

(5) ¹Hinsichtlich der Steuerfestsetzung ist zu berücksichtigen, dass die Umsatzsteuer eine Anmeldungssteuer ist. ²Die nach § 18 Abs. 3 UStG zu übermittelnde Steuererklärung für das Kalenderjahr steht deshalb – erforderlichenfalls nach Zustimmung der Finanzbehörde – einer Steuerfestsetzung gleich (§ 168 AO). ³Eine Steuerfestsetzung ist ferner die Festsetzung der Umsatzsteuer durch Steuerbescheid (§ 155 AO). ⁴Keine Steuerfestsetzungen im Sinne des § 19 Abs. 2 Satz 1 UStG sind die Voranmeldung und die Festsetzung einer Umsatzsteuer-Vorauszahlung. ⁵Durch ihre Unanfechtbarkeit wird deshalb die Möglichkeit, eine Erklärung nach § 19 Abs. 2 Satz 1 UStG abzugeben, nicht ausgeschlossen.

(6) ¹Eine Steuerfestsetzung ist unanfechtbar, wenn auf die Einlegung eines Rechtsbehelfs wirksam verzichtet oder ein Rechtsbehelf wirksam zurückgenommen worden ist, wenn die Rechtsbehelfsfrist ohne Einlegung eines förmlichen Rechtsbehelfs abgelaufen oder wenn gegen den Verwaltungsakt oder die gerichtliche Entscheidung kein Rechtsbehelf mehr gegeben ist. ²Dabei ist unter Unanfechtbarkeit die formelle Bestandskraft der erstmaligen Steuerfestsetzung zu verstehen, die auch in einer Steuerfestsetzung unter Vorbehalt der Nachprüfung oder in einer Steueranmeldung bestehen kann (vgl. BFH-Urteile vom 19.12.1985, V R 167/82, BStBl. 1986 II S. 420, und vom 11.12.1997, V R 50/94, BStBl. 1998 II S. 420).

19.3. Gesamtumsatz

(1) ¹Zum Gesamtumsatz im Sinne des § 19 Abs. 3 UStG gehören auch die vom Unternehmer ausgeführten Umsätze, die nach § 1 Abs. 3 UStG wie Umsätze im Inland zu behandeln sind, sowie die Umsätze, für die ein Anderer als Leistungsempfänger Steuerschuldner nach § 13b Abs. 5 UStG ist. ²Zum Gesamtumsatz gehören nicht die Umsätze, für die der Unternehmer als Leistungsempfänger Steuerschuldner nach § 13b Abs. 5 UStG ist. ³Außerdem gehören die Lieferungen an den letzten Abnehmer in einem innergemeinschaftlichen Dreiecksgeschäft (§ 25b Abs. 2 UStG) nicht zum Gesamtumsatz beim letzten Abnehmer. ⁴Für die Ermittlung des Gesamtumsatzes ist grundsätzlich die für die Besteuerung in Betracht kommende Bemessungsgrundlage (Abschnitte 10.1 bis 10.8) anzusetzen. ⁵In den Fällen der Margenbesteuerung nach § 25 UStG sowie der Differenzbesteuerung nach § 25a UStG bestimmt sich der Gesamtumsatz abweichend von Satz 4 nach dem vereinnahmten Entgelt und nicht nach dem Differenzbetrag.

(2) ¹Von den steuerbaren Umsätzen sind für die Ermittlung des Gesamtumsatzes die in § 19 Abs. 3 UStG genannten steuerfreien Umsätze abzuziehen. ²Ob ein Umsatz als steuerfrei zu berücksichtigen ist, richtet sich nach den Vorschriften des laufenden Kalenderjahres. ³Der Abzug ist nicht vorzunehmen, wenn der Unternehmer die in Betracht kommenden Umsätze nach § 9 UStG wirksam als steuerpflichtig behandelt hat (vgl. BFH-Urteil vom 15.10.1992, V R 91/87, BStBl. 1993 II S. 209). ⁴Als Hilfsumsätze sind die Umsätze zu betrachten, die zwar zur unternehmerischen Tätigkeit des Unternehmens gehören, jedoch nicht den eigentlichen Gegenstand des Unternehmens bilden (BFH-Urteil vom 24.2.1988, X R 67/82, BStBl. II S. 622). ⁵Hierzu zählen z.B.:

1. die Gewährung und Vermittlung von Krediten sowie die Umsätze von fremden Zahlungsmitteln oder Geldforderungen, z.B. Wechseln, im Zusammenhang mit Warenlieferungen;
2. der Verkauf eines Betriebsgrundstücks;
3. die Verschaffung von Versicherungsschutz für die Arbeitnehmer.

(3) ¹Die nach § 19 Abs. 3 Satz 3 UStG vorzunehmende Umrechnung des tatsächlichen Gesamtumsatzes in einen Jahresgesamtumsatz ist auch durchzuführen, wenn die gewerbliche oder berufliche Tätigkeit von vornherein auf einen Teil des Kalenderjahrs begrenzt war (BFH-Urteil vom 27.10.1993, XI R 86/90, BStBl. 1994 II S. 274). ²Der Beginn der gewerblichen oder beruflichen Tätigkeit fällt mit dem Beginn des Unternehmens zusammen. ³Bei der Umrechnung des tatsächlichen Gesamtumsatzes in einen Jahresumsatz ist deshalb das Kalenderjahr in den Zeitraum bis zum Beginn des Unternehmens und den Zeitraum danach aufzuteilen. ⁴Eine Schulung des Unternehmers, die der Gründung des Unternehmens vorgeht, ist grundsätzlich noch keine gewerbliche oder berufliche Tätigkeit, die den Beginn des Unternehmens beeinflusst (vgl. BFH-Urteil vom 17.9.1998, V R 28/98, BStBl. 1999 II S. 146). ⁵Die Umsätze aus der Veräußerung oder Entnahme des Anlagevermögens sind nicht in einen Jahresgesamtumsatz umzurechnen. ⁶Sie sind deshalb vor der Umrechnung aus dem tatsächlichen Gesamtumsatz auszuscheiden und nach der Umrechnung des restlichen Umsatzes dem ermittelten Betrag hinzuzurechnen.

19.4. Verhältnis des § 19 zu § 24 UStG

Auf Abschnitt 19.1 Abs. 4a, Abschnitt 24.7 Abs. 4 und Abschnitt 24.8 Abs. 2 und 3 wird hingewiesen.

19.5. Wechsel der Besteuerungsform

Übergang von der Anwendung des § 19 Abs. 1 UStG zur Regelbesteuerung oder zur Besteuerung nach § 24 UStG

(1) Umsätze, die der Unternehmer vor dem Übergang zur Regelbesteuerung ausgeführt hat, fallen auch dann unter § 19 Abs. 1 UStG, wenn die Entgelte nach diesem Zeitpunkt vereinnahmt werden.

(2) Umsätze, die der Unternehmer nach dem Übergang ausführt, unterliegen der Regelbesteuerung.

(3) Zur Anwendung des § 15 UStG wird auf Abschnitt 15.1 Abs. 5, zur Anwendung des § 15a UStG wird auf Abschnitt 15a.2 Abs. 2 Satz 3 Nr. 3 und Abschnitt 15a.9 Abs. 1 bis 4 hingewiesen.

(4) Ändert sich nach dem Übergang die Bemessungsgrundlage für Umsätze, die vor dem Übergang ausgeführt worden sind, ist zu beachten, dass auf diese Umsätze § 19 Abs. 1 UStG anzuwenden ist.

(5) ¹Im Falle des Übergangs von der Anwendung des § 19 Abs. 1 UStG zur Besteuerung nach § 24 UStG gelten die Absätze 1, 2 und 4 sinngemäß. ²Der Vorsteuerabzug regelt sich vom Zeitpunkt des Übergangs an ausschließlich nach § 24 Abs. 1 Satz 4 UStG.

§ 19

Übergang von der Regelbesteuerung oder von der Besteuerung nach § 24 UStG zur Anwendung des § 19 Abs. 1 UStG

(6) ¹Umsätze, die der Unternehmer vor dem Übergang von der Regelbesteuerung zur Anwendung des § 19 Abs. 1 UStG ausgeführt hat, unterliegen der Regelbesteuerung. ²Werden Entgelte für diese Umsätze nach dem Übergang vereinnahmt (Außenstände), gilt Folgendes:

1. ¹Hat der Unternehmer die Steuer vor dem Übergang nach vereinbarten Entgelten berechnet, waren die Umsätze bereits vor dem Übergang zu versteuern, und zwar in dem Besteuerungs- oder Voranmeldungszeitraum, in dem sie ausgeführt wurden (§ 13 Abs. 1 Nr. 1 Buchstabe a UStG). ²Eine Besteuerung zum Zeitpunkt der Entgeltvereinnahmung entfällt.

2. Hat der Unternehmer die Steuer vor dem Übergang nach vereinnahmten Entgelten berechnet, sind die Umsätze nach dem Übergang der Regelbesteuerung zu unterwerfen, und zwar in dem Besteuerungs- oder Voranmeldungszeitraum, in dem die Entgelte vereinnahmt werden (§ 13 Abs. 1 Nr. 1 Buchstabe b UStG).

(7) ¹Umsätze, die der Unternehmer nach dem Übergang ausführt, fallen unter § 19 Abs. 1 UStG. ²Sind Anzahlungen für diese Umsätze vor dem Übergang vereinnahmt und der Umsatzsteuer unterworfen worden, ist die entrichtete Steuer zu erstatten, sofern keine Rechnungen ausgestellt wurden, die zum Vorsteuerabzug berechtigten.

(8) Zur Anwendung des § 15 UStG wird auf Abschnitt 15.1 Abs. 6, zur Anwendung des § 15a UStG auf Abschnitt 15a.2 Abs. 2 Satz 3 Nr. 3 und Abschnitt 15a.9 Abs. 1 bis 4 hingewiesen.

(9) ¹Ändert sich nach dem Übergang die Bemessungsgrundlage für Umsätze, die vor dem Übergang ausgeführt worden sind, ist bei der Berichtigung der für diese Umsätze geschuldeten Steuerbeträge (§ 17 Abs. 1 Nr. 1 und Abs. 2 UStG) zu beachten, dass die Umsätze der Regelbesteuerung unterlegen haben. ²Entsprechendes gilt für die Berichtigung von vor dem Übergang abgezogenen Steuerbeträgen nach § 17 Abs. 1 Nr. 2 und Abs. 2 und 3 UStG.

(10) ¹Im Falle des Übergangs von der Besteuerung nach § 24 UStG zur Anwendung des § 19 Abs. 1 UStG gelten die Absätze 6 und 7 sinngemäß. ²Der Vorsteuerabzug ist bis zum Zeitpunkt des Übergangs durch die Anwendung der Durchschnittssatzbesteuerung abgegolten. ³Nach dem Zeitpunkt des Übergangs ist ein Vorsteuerabzug nicht mehr möglich.

Verwaltungsregelungen zu § 19

Datum	Anlage	Quelle	Inhalt
09.12.02	§ 019-01	OFD St	Anwendung des § 19 Abs. 1 UStG bei stark schwankenden Umsätzen
16.06.09	§ 019-02	BMF	Ermittlung des Gesamtumsatzes i.S.d. § 19 UStG zu dem in den § 25 und § 25a UStG verwendeten Begriff des Umsatzes
09.12.11	§ 019-03	BMF	Umsatzsteuerliche Behandlung der Verpachtung landwirtschaftlicher Betriebe; Anwendung der Kleinunternehmerregelung nach § 19 Abs. 1 UStG

Rechtsprechungsauswahl

EuGH vom 26.10.2010 – Rs. C-97/09 – Ingrid Schmelz, IStR 2010 S. 878: Keine Mehrwertsteuerbefreiung für Kleinunternehmen, die in anderen Mitgliedstaaten ansässig sind.

1. Die Prüfung der Fragen hat nichts ergeben, was die Gültigkeit der Art. 24 Abs. 3 und 28i der Sechsten Richtlinie 77/388/EWG des Rates vom 17.5.1977 zur Harmonisierung der Rechtsvorschriften der Mitgliedstaaten über die Umsatzsteuern – Gemeinsames Mehrwertsteuersystem: einheitliche steuerpflichtige Bemessungsgrundlage in der durch die Richtlinie 2006/18/EG des Rates vom 14.2.2006 geänderten Fassung sowie des Art. 283 Abs. 1 Buchst. c der Richtlinie 2006/112/EG des Rates vom 28.11.2006 über das gemeinsame Mehrwertsteuersystem im Hinblick auf Art. 49 EG berühren könnte.

2. Die Art. 24 und 24a der Richtlinie 77/388 in der durch die Richtlinie 2006/18 geänderten Fassung sowie die Art. 284 bis 287 der Richtlinie 2006/112 sind dahin auszulegen, dass der Begriff „Jahresumsatz" den Jahresumsatz meint, den ein Unternehmen in einem Jahr in dem Mitgliedstaat erzielt, in dem es ansässig ist.

§ 19

BFH vom 18.10.2007 – V B 164/06, BStBl. 2008 II S. 263; UR 2008 S. 123: Umsatzbesteuerung von Kleinunternehmern mit schwankenden Umsätzen.

§ 19 Abs. 1 Satz 1 UStG 1999 gilt nach seinem Sinn und Zweck grundsätzlich auch dann, wenn bereits zu Beginn des Jahres voraussehbar ist, dass der Jahresumsatz wieder unter die Grenze von 17.500 € sinken wird.

FG München vom 09.07.2003 – 3 K 4787/01 – rechtskräftig, EFG 2003 S. 1580: Anwendung der Kleinunternehmerbesteuerung bei fehlenden Umsätzen im Gründungsjahr.

Die Anwendung der Kleinunternehmerbesteuerung i. S. des § 19 Abs. 1 UStG im Folgejahr ist möglich, wenn der Umsatz in diesem Jahr 100 000 DM (ab 1. Januar 2002: 50 000 Euro) nicht übersteigt und wenn der Umsatz im Jahr der Vorbereitung Null bis maximal 32 000 DM (ab 1. Januar 2002: 16 620 Euro) betragen hat.

BFH vom 04.04.2003 – V B 7/02, UR 2003 S. 551: Bruttoeinnahmen im vorangegangenen Kalenderjahr maßgebend für Kleinunternehmereigenschaft.

Die maßgebliche Grenze, bis zu der von einem Unternehmer Umsatzsteuer nicht erhoben wird, ist der im vorangegangenen Kalenderjahr von ihm vereinnahmte Bruttobetrag (Umsatz zuzüglich der darauf entfallenden Steuer). Es kommt nicht darauf an, ob der Unternehmer seine Umsätze mit dem Regelsteuersatz oder mit dem ermäßigten Steuersatz zu versteuern hat.

BFH vom 18.11.1999 – V R 22/99, BStBl. 2000 II S. 241: Beginn der unternehmerischen Betätigung: Umrechnung in einen Jahresgesamtumsatz gem. § 19 Abs. 3 UStG.

1. Eine unternehmerische Tätigkeit kann schon beginnen, wer nach der Aufforderung eines späteren Auftraggebers ein Angebot für eine Lieferung oder eine sonstige Leistung gegen Entgelt abgibt. Deshalb kann die Erarbeitung einer Aufgabenstellung für ein Forschungsobjekt eine unternehmerische Tätigkeit sein, wenn sie durch die über den Forschungsauftrag entscheidende Behörde veranlasst wird und die Grundlage für die folgende Forschungstätigkeit gegen Entgelt ist.
2. Die als unternehmerische Tätigkeit zu beurteilende Erarbeitung einer Aufgabenstellung für ein Forschungsvorhaben durch sechs Erziehungswissenschaftler kann einer von ihnen gegründeten Personengesellschaft (und nicht dem koordinierenden Gesellschafter) zugerechnet werden, wenn die Wissenschaftler die Aufgabenstellung gemeinsam erarbeitet, dazu Leistungen von Schreibkräften in Anspruch genommen und das Forschungsvorhaben nach Auftragserteilung gemeinsam erfüllt haben.
3. Bei der Umrechnung des tatsächlichen Gesamtumsatzes in einen Jahresgesamtumsatz nach § 19 Abs. 3 Satz 3 UStG 1980/1991 ist der Zeitraum seit dem Beginn der rechtserheblichen Handlungen zu berücksichtigen.

BFH vom 17.09.1998 – V R 28/98, BStBl. 1999 II S. 146: Umrechnung in einen Jahresgesamtumsatz gem. § 19 Abs. 3 UStG.

1. Bei der Umrechnung des tatsächlichen Gesamtumsatzes in einen Jahresgesamtumsatz nach § 19 Abs. 3 Satz 3 UStG 1980 n. F. ist das Kalenderjahr in den Zeitraum bis zum Beginn des Unternehmens und den Zeitraum danach aufzuteilen.
2. Zur gewerblichen oder beruflichen Tätigkeit eines Unternehmers zählen auch Vorbereitungshandlungen, die nach oder mit der Begründung des Unternehmens vorgenommen werden, insbesondere also Leistungsbezüge, die den Unternehmer zum Vorsteuerabzug berechtigen.
3. Hierzu können auch Leistungsbezüge im Zusammenhang mit einer Schulung gehören, die unmittelbar auf den Beruf eines selbständigen Rundfunkgebührenermittlers vorbereitet.

BFH vom 05.01.1996 – V B 64/95, BFH/NV 1996 S. 582: Rechtsanwalt als Kleinunternehmer.

Ein Rechtsanwalt, der Kleinunternehmer ist und nicht zur Regelbesteuerung optiert hat, schuldet Umsatzsteuer gemäß § 14 Abs. 3 i. V. m. § 19 Abs. 1 Sätze 3 und 4 UStG 1993, wenn er im Rahmen seiner Gebührenabrechnung Umsatzsteuer gesondert ausweist. Er kann nicht mit Erfolg geltend machen, die Einforderung des Umsatzsteuerbetrages sei keine Rechnung i. S. d. § 14 Abs. 1 UStG 1993, sondern lediglich eine Vorschussanforderung i. S. d. § 17 BRAGO wegen Auslagen, auf deren Ersatz er im Falle einer künftigen Option gemäß § 25 Abs. 2 BRAGO Anspruch hätte.

BFH vom 07.03.1995 – XI R 51/94, BStBl. 1995 II S. 562: Umsatzgrenze im Vorjahr und im laufenden Jahr gem. § 19 Abs. 1 UStG.

1. Die für die Besteuerung als Kleinunternehmer in § 19 Abs. 1 Satz 1 UStG 1980 bezeichnete Umsatzgrenze von 20 000 DM (25 000 DM) ist auch dann maßgeblich, wenn die von dem Unternehmer

§ 19

im vorangegangenen Kalenderjahr ausgeführten Umsätze nach § 4 Nr. 11 UStG 1980 steuerfrei waren.

2. Für die Frage, ob der Gesamtumsatz des Unternehmers im laufenden Kalenderjahr 100 000 DM voraussichtlich nicht übersteigen wird, kommt es auf die Verhältnisse zu Beginn des Kalenderjahres an. Dies gilt regelmäßig auch dann, wenn der Unternehmer seine bisherige unternehmerische Tätigkeit während des laufenden Kalenderjahres erweitert (Abweichung von Abschn. 246 Abs. 3 Satz 4 i. V. m. Abs. 5 Nr. 1 UStR 1985/1992).

BVerfG vom 16.12.1993 – 2 BvR 2635/93, StED 1994 S. 49: Verfassungsbeschwerde gegen die Abschaffung des Steuerabzugsbetrags gem. § 19 Abs. 3 UStG 1980 zum 1.1.1990 nicht zur Entscheidung angenommen, da offensichtlich unbegründet.

Ebenso: BVerfG-Beschluß vom 14.3.1995 – 1 BvR 402/95, UVR 1995 S. 178.

BFH vom 28.09.1993 – V B 90/93, BFH/NV 1994 S. 206: Zur Berücksichtigung des Existenzminimums bei der Umsatzsteuer.

1. Die Grundsätze des Beschlusses des BVerfG vom 25. September 1992 2 BvL 5/91, 2 BvL 8/91 und 2 BvL 14/91 (BVerfGE 87, 153, BStBl. II 1993, 413), nach denen dem Einkommensteuerpflichtigen nach Erfüllung seiner Einkommensteuerschuld das sog. Existenzminimum verbleiben muß, können auf die Umsatzsteuer nicht übertragen werden, da diese – im Gegensatz zur Einkommensteuer – auf Abwälzung angelegt ist und nicht personenbezogen, sondern umsatzbezogen ist.
2. Die Vorschrift des § 19 UStG 1991 bezweckt nicht die Existenzsicherung des Kleinunternehmers.

BFH vom 29.03.1990 – V R 55/87, BFH/NV 1991 S. 129: Vermietung zwischen nahen Angehörigen (§ 19 Abs. 3 UStG i. d. F. bis zum 31.12.1989).

1. Umsatzsteuerrechtlich können entgeltliche Vermietungsleistungen zwischen nahen Angehörigen nicht deswegen „nicht anerkannt" werden, weil sie zwischen Fremden anders vereinbart worden wären (sog. Fremdvergleich) oder weil der Vermieter sein Ziel auch auf einem anderen „natürlichen und direkten Weg" hätte erreichen können (§ 42 AO 1977).
2. Die Höhe des Entgelts in solchen Fällen ist gemäß § 10 Abs. 5 Nr. 1 i. V. m. § 10 Abs. 4 Satz 1 Nr. 1 UStG 1980 zu prüfen.

BFH vom 26.01.1990 – V B 169/88, BFH/NV 1990 S. 605: Pkw-Kauf durch Ehefrau und Vermietung an Ehemann.

Der BFH hat die Frage, ob die Gestaltung, daß die Ehefrau einen Pkw erwirbt und (als Unternehmerin) ihrem unternehmerisch tätigen Ehemann vermietet, nur unter Heranziehung des sog. Fremdvergleichs anerkannt werden kann, wie er im Ertragsteuerrecht zur Prüfung von Vereinbarungen zwischen nahen Angehörigen dient, bereits im Urteil vom 13.1.1989 entschieden.

BFH vom 13.07.1989 – V R 8/86, BStBl. 1990 II S. 100: Gestaltungsmißbrauch bei Verträgen zwischen Ehegatten – Pkw-Vermietung.[1]

Die Gestaltung, daß ein Ehegatte, der ein Kfz erwirbt und seinem Ehegatten für dessen Unternehmen vermietet, ist nicht deswegen unangemessen i. S. des § 42 AO, weil der „vorgeschaltete" Ehegatte den Steuerabzugsbetrag nach § 19 Abs. 3 UStG 1980 in Anspruch nehmen kann. Dieser Vorschrift kann dem Grunde nach keine Beschränkung auf bestimmte Begünstigungsvorstellungen des Gesetzgebers entnommen werden.

---

[1] Zu dem BFH-Urteil vgl. OFD Düsseldorf vom 23.07. 1990 – S 7360 A – St 141, DB 1990 S. 1745

§ 20

UStAE 20.1.

§ 20[1] **Berechnung der Steuer nach vereinnahmten Entgelten**

(1) Das Finanzamt kann auf Antrag gestatten, daß ein Unternehmer,

1. **dessen Gesamtumsatz (§ 19 Abs. 3) im vorangegangenen Kalenderjahr nicht mehr als 250.000 Euro**[2] **betragen hat, oder**
2. **der von der Verpflichtung, Bücher zu führen und aufgrund jährlicher Bestandsaufnahmen regelmäßig Abschlüsse zu machen, nach § 148 der Abgabenordnung befreit ist, oder**
3. **soweit er Umsätze aus einer Tätigkeit als Angehöriger eines freien Berufs im Sinne des § 18 Abs. 1 Nr. 1 des Einkommensteuergesetzes ausführt,**

die Steuer nicht nach den vereinbarten Entgelten (§ 16 Abs. 1 Satz 1), sondern nach den vereinnahmten Entgelten berechnet. Erstreckt sich die Befreiung nach Nummer 2 nur auf einzelne Betriebe des Unternehmers und liegt die Voraussetzung nach Nummer 1 nicht vor, so ist die Erlaubnis zur Berechnung der Steuer nach den vereinnahmten Entgelten auf diese Betriebe zu beschränken. Wechselt der Unternehmer die Art der Steuerberechnung, so dürfen Umsätze nicht doppelt erfaßt werden oder unversteuert bleiben.

(2)[3] **Vom 1. Juli 2009 bis zum 31. Dezember 2011 gilt Absatz 1 Satz 1 Nr. 1 mit der Maßgabe, dass an die Stelle des Betrags von 250.000 Euro**[4] **der Betrag von 500.000 Euro tritt.**

Vorgaben im EG-Recht

USt-Recht	MwStSystRL
§ 20	Artikel 66 Buchst. b

UStAE

Zu § 20 UStG

20.1. Berechnung der Steuer nach vereinnahmten Entgelten

(1) ¹Der Antrag auf Genehmigung der Besteuerung nach vereinnahmten Entgelten ist an keine Frist gebunden. ²Dem Antrag ist grundsätzlich unter dem Vorbehalt jederzeitigen Widerrufs zu entsprechen, wenn der Unternehmer eine der Voraussetzungen des § 20 Abs. 1 UStG erfüllt. ³Die Istversteuerung nach § 20 Abs. 1 Satz 1 Nr. 2 UStG kommt nur bei besonderen Härten, wie z.B. dem Überschreiten der nach § 20 Abs. 1 Satz 1 Nr. 1 UStG bestehenden Umsatzgrenze aufgrund außergewöhnlicher und einmaliger Geschäftsvorfälle, nicht aber allgemein auf Grund einer fehlenden Buchführungspflicht in Betracht (vgl. BFH-Urteil vom 11.2.2010, V R 38/08, BStBl. II S. 873). ⁴Einer Kapitalgesellschaft, zu der sich Freiberufler zusammengeschlossen haben, ist die Genehmigung der Istversteuerung nach § 20 Abs. 1 Satz 1 Nr. 3 UStG nicht zu erteilen (vgl. BFH-Urteil vom 22.7.1999, V R 51/98, BStBl. II S. 630). ⁵Die Genehmigung erstreckt sich wegen des Prinzips der Abschnittsbesteuerung stets auf das volle Kalenderjahr. ⁶Es handelt sich um einen begünstigenden Verwaltungsakt, der unter den Voraussetzungen der §§ 130, 131 AO zurückgenommen oder widerrufen werden kann.

(2) Zur Entstehung der Steuer bei der Besteuerung nach vereinnahmten Entgelten vgl. Abschnitt 13.6, zur Rechnungserteilung bei der Istversteuerung von Anzahlungen im Fall der Besteuerung nach vereinnahmten Entgelten vgl. Abschnitt 14.8.

(3) ¹§ 20 Abs. 1 Satz 3 UStG trifft keine von § 13 Abs. 1 Nr. 1 Buchstabe b UStG abweichende Regelung über die Entstehung der Steuer (vgl. BFH-Urteil vom 30.1.2003, V R 58/01, BStBl. II S. 817). ²Zur Entstehung der Steuer beim Wechsel der Art der Steuerberechnung vgl. Abschnitt 13.6 Abs. 3. ³Ein rückwirkender Wechsel von der Besteuerung nach vereinnahmten Entgelten zur Besteuerung nach vereinbarten Entgelten (§ 16 UStG) ist bis zur formellen Bestandskraft der jeweiligen Jahressteuerfestsetzung zulässig.

(4) ¹Dem Unternehmer kann die Besteuerung nach vereinnahmten Entgelten insbesondere dann gestattet werden, wenn der Gesamtumsatz (§ 19 Abs. 3 UStG) im vorangegangenen Kalenderjahr die Umsatzgrenze des § 20 Abs. 1 Satz 1 Nr. 1 UStG nicht überschritten hat. ²Im Jahr des Beginns der ge-

---

1) Beachte Änderung ab 01.01.2012 gem. Gesetz vom 06.12.2011, BGBl. I 2011 S. 2562
2) Vor dem 01.07.2006: 125.000 Euro
3) Fassung ab 01.07.2009
4) Vor dem 01.07.2006: 125.000 Euro

UStAE 20.1.   § 20

werblichen oder beruflichen Tätigkeit ist auf den voraussichtlichen Gesamtumsatz abzustellen. ³In diesem Fall und wenn die gewerbliche oder berufliche Tätigkeit nur in einem Teil des vorangegangenen Kalenderjahres ausgeübt wurde, ist der Gesamtumsatz in einen Jahresumsatz umzurechnen (vgl. Abschnitt 19.3 Abs. 3).

Verwaltungsregelungen zu § 20

Datum	Anlage	Quelle	Inhalt
21.12.95	§ 020-01	OFD Muc	Genehmigung der Besteuerung nach vereinnahmten Entgelten
10.07.09	§ 020-02	BMF	Berechnung der Umsatzsteuer nach vereinnahmten Entgelten; Änderung von § 20 Abs. 2 UStG durch das Gesetz zur verbesserten steuerlichen Berücksichtigung von Vorsorgeaufwendungen (Bürgerentlastungsgesetz Krankenversicherung)

Rechtsprechungsauswahl

BFH vom 09.12.2010 – V R 22/10, UR 2011 S. 551 mit Anm. Widmann: Masseverbindlichkeit bei Entgeltvereinnahmung durch Insolvenzverwalter – Gestattung, die Umsätze der Istbesteuerung zu unterwerfen.

Vereinnahmt der Insolvenzverwalter eines Unternehmers das Entgelt für eine vor der Eröffnung des Insolvenzverfahrens ausgeführte Leistung, begründet die Entgeltvereinnahmung nicht nur bei der Ist-, sondern auch bei der Sollbesteuerung eine Masseverbindlichkeit i.S. von § 55 Abs. 1 Nr. 1 InsO (Fortführung des BFH-Urteils vom 29. Januar 2009 V R 64/07, BFHE 224, 24, BStBl. II 2009, 682, zur Istbesteuerung).

BFH vom 22.07.2010 – V R 4/09, DStR 2010 S. 2349: § 20 Abs.1 UStG gilt nicht für GmbH mit buchführungspflichtigen Umsätzen.

Eine Steuerberatungs-GmbH mit buchführungspflichtigen Umsätzen ist nicht zur Steuerberechnung nach vereinnahmten Entgelten gem. § 20 Abs. 1 Satz 1 Nr. 3 UStG berechtigt.

BFH vom 11.02.2010 – V R 38/08, BStBl. 2010 II S. 673: Keine Steuerberechnung nach vereinnahmten Entgelten aufgrund fehlender Buchführungspflicht.

Die Steuerberechnung nach vereinnahmten Entgelten gemäß § 20 Abs. 1 Satz 1 Nr. 2 UStG kommt nur bei besonderen Härten wie z.B. dem Überschreiten der nach § 20 Abs. 1 Satz 1 Nr. 1 UStG bestehenden Umsatzgrenze aufgrund außergewöhnlicher und einmaliger Geschäftsvorfälle, nicht aber allgemein aufgrund einer fehlenden Buchführungsverpflichtung in Betracht.

BFH vom 10.12.2008 – XI R 1/08, BStBl. 2009 II S. 1026: Rückwirkender Wechsel von der Ist- zur Sollbesteuerung – keine Geltung der Rückwirkungsfiktion nach § 2 Abs. 1 UmwStG für die Umsatzsteuer.

Ein rückwirkender Wechsel von der Besteuerung nach vereinnahmten Entgelten (§ 20 UStG) zur Besteuerung nach vereinbarten Entgelten (§ 16 UStG) ist bis zur formellen Bestandskraft der jeweiligen Jahressteuerfestsetzung zulässig.

Nieders. FG vom 21.02.2008 – 16 K 385/06 – rechtskräftig, EFG 2008 S. 1077: Gestattung der Versteuerung nach vereinnahmten Entgelten.

1. Von einer konkludenten Gestattung der Ist-Versteuerung kann nur ausgegangen werden, wenn dem Verhalten des FA eindeutig ein entsprechender Erklärungswert zukommt. Ist auch der Antrag nur konkludent gestellt worden, liegt i.d.R. keine Gestattung vor.
2. Stellt der Stpfl. im Einspruchsverfahren, in dem es um die konkludente Erteilung der Gestattung geht, hilfsweise erneut einen Antrag auf Ist-Versteuerung und teilt der Bekl. darauf mit, dass er auch diesem Antrag nicht zu folgen beabsichtige, stellt dieses einen ablehnenden VA dar. Greift der Stpfl. diesen Bescheid nicht mit dem Rechtsbehelf des Einspruchs an, wird die Ablehnung bestandskräftig.
3. Die Ablehnung eines Antrags auf Ist-Versteuerung ist nicht ermessensfehlerhaft, wenn die Entgeltzahlung über einen Zeitraum von neun Jahren gestreckt wird.

§ 20

Schleswig-Holsteinisches FG vom 17.08.2005 – 4 K 233/04 – rechtskräftig, EFG 2005 S. 1985: Entstehung der Steuer von Hilfsgeschäften eines Freiberuflers, der seine Umsätze nach vereinnahmten Entgelten versteuert.

Von der Regelung des § 20 Abs. 1 Satz 1 Nr. 3 UStG werden auch Hilfsgeschäfte erfasst.

BFH vom 22.07.1999 – V R 51/98, BStBl. 1999 II S. 630: Einer Steuerberatungsgesellschaft in der Rechtsform einer GmbH kann nicht gemäß § 20 Abs. 1 Satz 1 Nr. 3 UStG gestattet werden, die Steuer nach den vereinnahmten Entgelten zu berechnen.

§ 21

§ 21 Besondere Vorschriften für die Einfuhrumsatzsteuer[1]

(1) Die Einfuhrumsatzsteuer ist eine Verbrauchsteuer im Sinne der Abgabenordnung.

(2) Für die Einfuhrumsatzsteuer gelten die Vorschriften für Zölle sinngemäß; ausgenommen sind die Vorschriften über den aktiven Veredelungsverkehr nach dem Verfahren der Zollrückvergütung und über den passiven Veredelungsverkehr.

(2a) Abfertigungsplätze im Ausland, auf denen dazu befugte deutsche Zollbedienstete Amtshandlungen nach Absatz 2 vornehmen, gehören insoweit zum Inland. Das gleiche gilt für ihre Verbindungswege mit dem Inland, soweit auf ihnen einzuführende Gegenstände befördert werden.

(3) Die Zahlung der Einfuhrumsatzsteuer kann ohne Sicherheitsleistung aufgeschoben werden, wenn die zu entrichtende Steuer nach § 15 Abs. 1 Satz 1 Nr. 2 in voller Höhe als Vorsteuer abgezogen werden kann.

(4) Entsteht für den eingeführten Gegenstand nach dem Zeitpunkt des Entstehens der Einfuhrumsatzsteuer eine Zollschuld oder eine Verbrauchsteuer oder wird für den eingeführten Gegenstand nach diesem Zeitpunkt eine Verbrauchsteuer unbedingt, so entsteht gleichzeitig eine weitere Einfuhrumsatzsteuer. Das gilt auch, wenn der Gegenstand nach dem in Satz 1 bezeichneten Zeitpunkt bearbeitet oder verarbeitet worden ist. Bemessungsgrundlage ist die entstandene Zollschuld oder die entstandene oder unbedingt gewordene Verbrauchsteuer. Steuerschuldner ist, wer den Zoll oder die Verbrauchsteuer zu entrichten hat. Die Sätze 1 bis 4 gelten nicht, wenn derjenige, der den Zoll oder die Verbrauchsteuer zu entrichten hat, hinsichtlich des eingeführten Gegenstandes nach § 15 Abs. 1 Satz 1 Nr. 2 zum Vorsteuerabzug berechtigt ist.

(5) Die Absätze 2 bis 4 gelten entsprechend für Gegenstände, die nicht Waren im Sinne des Zollrechts sind und für die keine Zollvorschriften bestehen.

Vorgaben im EG-Recht

USt-Recht	MwStSystRL
§ 21 Abs. 1 bis 3 und 5	Artikel 60, 61, 70, 71, 201, 211, 260, 274, 275

Rechtsprechungsauswahl

BFH vom 23.09.2009 – VII R 44/08, UR 2010 S. 120: Keine Verzinsung vor Fälligkeit für Einfuhrumsatzsteuer – Einfuhrumsatzsteuer als besondere Art der Umsatzsteuer.

Als Einfuhrabgabe unterliegt die Einfuhrumsatzsteuer den sinngemäß geltenden Vorschriften für Zölle, weshalb ein sich bei der Festsetzung von Einfuhrumsatzsteuer ergebender Unterschiedsbetrag nicht nach § 233a AO zu verzinsen ist.

EuGH vom 08.02.1996 – Rs. C-166/94 – Pezullo, UR 1996 S. 224: Steuerentstehungszeitpunkt im aktiven Veredelungsverkehr.

Die Sechste Richtlinie (77/388/EWG) läßt es nicht zu, daß ein Mitgliedstaat vorschreibt, daß für den Fall der Überführung von zuvor zum aktiven Veredelungsverkehr abgefertigten Waren in den freien Verkehr in der Gemeinschaft auf die zu entrichtende Mehrwertsteuer für den Zeitraum zwischen der vorübergehenden und der endgültigen Einfuhr Verzugszinsen erhoben werden.

BFH vom 14.12.1988 – VII R 25/86, UR 1990 S. 160: Haftung des Spediteurs für Einfuhrumsatzsteuer im gemeinschaftlichen Versandverfahren (§ 21 UStG, § 41 ZG, Art. 11, 13 VersandVO).

Wird eine Ware im Wege des gemeinschaftlichen Versandverfahrens durch einen Spediteur eingeführt und zahlt nachfolgend der Warenempfänger (und Auftraggeber des Spediteurs) die EUSt nicht, kann der Spediteur für die geschuldete EUSt auch dann als Hauptverpflichteter i. S. des Art. 13 VersandVO (EWG) im Haftungswege in Anspruch genommen werden, wenn der Warenempfänger die EUSt nicht als abziehbare Vorsteuer i. S. des § 15 Abs. 1 UStG geltend gemacht hat.[2]

---
1) Fassung ab 01.01.2004
2) Leitsatz nicht amtlich (aus UR)

§ 21

BFH vom 17.02.1987 – VII R 45/83, BStBl. 1987 II S. 504: Kein Verwaltungsakt ist die Ausstellung eines Ersatzbelegs über zu entrichtende oder entrichtete Einfuhrumsatzsteuer und die „Ungültigkeitserklärung" eines solchen Ersatzbelegs durch das HZA mit dem Hinweis, Einfuhrumsatzsteuer sei nicht entrichtet worden.

BFH vom 16.10.1986 – V B 64/86, BStBl. 1987 II S. 95: Im Sinne des allgemeinen Abgabenrechts gehört die Umsatzsteuer nicht zu den Verbrauchsteuern, sondern zu den anderen (übrigen) Steuern. Für sie beträgt die Festsetzungsfrist daher vier Jahre (§ 169 Abs. 2 Nr. 2 AO 1977).

§ 22

§ 22 Aufzeichnungspflichten

(1) Der Unternehmer ist verpflichtet, zur Feststellung der Steuer und der Grundlagen ihrer Berechnung Aufzeichnungen zu machen. Diese Verpflichtung gilt in den Fällen des § 13a Abs. 1 Nr. 2 und 5, des § 13b Abs. 2[1)] und § 14c Abs. 2 auch für Personen, die nicht Unternehmer sind. Ist ein land- und forstwirtschaftlicher Betrieb nach § 24 Abs. 3 als gesondert geführter Betrieb zu behandeln, so hat der Unternehmer Aufzeichnungspflichten für diesen Betrieb gesondert zu erfüllen. In den Fällen des § 18 Abs. 4c und 4d sind die erforderlichen Aufzeichnungen auf Anfrage des Bundeszentralamts für Steuern auf elektronischem Weg zur Verfügung zu stellen.

(2) Aus den Aufzeichnungen müssen zu ersehen sein:

1. die vereinbarten Entgelte für die vom Unternehmer ausgeführten Lieferungen und sonstigen Leistungen. Dabei ist ersichtlich zu machen, wie sich die Entgelte auf die steuerpflichtigen Umsätze, getrennt nach Steuersätzen, und auf die steuerfreien Umsätze verteilen. Dies gilt entsprechend für die Bemessungsgrundlagen nach § 10 Abs. 4, wenn Lieferungen im Sinne des § 3 Abs. 1b, sonstige Leistungen im Sinne des § 3 Abs. 9a sowie des § 10 Abs. 5 ausgeführt werden. Aus den Aufzeichnungen muß außerdem hervorgehen, welche Umsätze der Unternehmer nach § 9 als steuerpflichtig behandelt. Bei der Berechnung der Steuer nach vereinnahmten Entgelten (§ 20) treten an die Stelle der vereinbarten Entgelte die vereinnahmten Entgelte. Im Falle des § 17 Abs. 1 Satz 6[2)] hat der Unternehmer, der die auf die Minderung des Entgelts entfallende Steuer an das Finanzamt entrichtet, den Betrag der Entgeltsminderung gesondert aufzuzeichnen;

2. die vereinnahmten Entgelte und Teilentgelte für noch nicht ausgeführte Lieferungen und sonstige Leistungen. Dabei ist ersichtlich zu machen, wie sich die Entgelte und Teilentgelte auf die steuerpflichtigen Umsätze, getrennt nach Steuersätzen, und auf die steuerfreien Umsätze verteilen. Nummer 1 Satz 4 gilt entsprechend;

3. [3)]die Bemessungsgrundlage für Lieferungen im Sinne des § 3 Abs. 1b und für sonstige Leistungen im Sinne des § 3 Abs. 9a Nr. 1. Nummer 1 Satz 2 gilt entsprechend;

4. [4)]die wegen unrichtigen Steuerausweises nach § 14c Abs. 1 und wegen unberechtigten Steuerausweises nach § 14c Abs. 2 geschuldeten Steuerbeträge.

5. die Entgelte für steuerpflichtige Lieferungen und sonstige Leistungen, die an den Unternehmer für sein Unternehmen ausgeführt worden sind, und die vor Ausführung dieser Umsätze gezahlten Entgelte und Teilentgelte, soweit für diese Umsätze nach § 13 Abs. 1 Nr. 1 Buchstabe a Satz 4 die Steuer entsteht, sowie die auf die Entgelte und Teilentgelte entfallenden Steuerbeträge;

6. die Bemessungsgrundlagen für die Einfuhr von Gegenständen (§ 11), die für das Unternehmen des Unternehmers eingeführt worden sind, sowie die dafür entrichtete oder in den Fällen des § 16 Abs. 2 Satz 4 zu entrichtende Einfuhrumsatzsteuer;

7. die Bemessungsgrundlagen für den innergemeinschaftlichen Erwerb, von Gegenständen sowie die hierauf entfallenden Steuerbeträge;

8. in den Fällen des § 13b Abs. 1 bis 5[5)] beim Leistungsempfänger die Angaben entsprechend den Nummern 1 und 2. Der Leistende hat die Angaben nach den Nummern 1 und 2 gesondert aufzuzeichnen;

9. die Bemessungsgrundlage für Umsätze im Sinne des § 4 Nr. 4a Satz 1 Buchstabe a Satz 2 sowie die hierauf entfallenden Steuerbeträge.

(3) Die Aufzeichnungspflichten nach Absatz 2 Nr. 5 und 6 entfallen, wenn der Vorsteuerabzug ausgeschlossen ist (§ 15 Abs. 2 und 3). Ist der Unternehmer nur teilweise zum Vorsteuerabzug berechtigt, so müssen aus den Aufzeichnungen die Vorsteuerbeträge eindeutig

---
1) Ab 01.07.2010: § 13b Abs. 5
2) Gilt ab 16.12.2004
3) Fassung ab 01.01.2004
4) Fassung ab 01.01.2004
5) Ab 01.07.2010

§ 22

und leicht nachprüfbar zu ersehen sein, die den zum Vorsteuerabzug berechtigenden Umsätzen ganz oder teilweise zuzurechnen sind. Außerdem hat der Unternehmer in diesen Fällen die Bemessungsgrundlagen für die Umsätze, die nach § 15 Abs. 2 und 3 den Vorsteuerabzug ausschließen, getrennt von den Bemessungsgrundlagen der übrigen Umsätze, ausgenommen die Einfuhren und die innergemeinschaftlichen Erwerbe, aufzuzeichnen. Die Verpflichtung zur Trennung der Bemessungsgrundlagen nach Absatz 2 Nr. 1 Satz 2, Nr. 2 Satz 2 und Nr. 3 Satz 2 bleibt unberührt.

(4) In den Fällen des § 15a hat der Unternehmer die Berechnungsgrundlagen für den Ausgleich aufzuzeichnen, der von ihm in den in Betracht kommenden Kalenderjahren vorzunehmen ist.

(4a) Gegenstände, die der Unternehmer zu seiner Verfügung vom Inland in das übrige Gemeinschaftsgebiet verbringt, müssen aufgezeichnet werden, wenn

1. an den Gegenständen im übrigen Gemeinschaftsgebiet Arbeiten ausgeführt werden,
2. es sich um eine vorübergehende Verwendung handelt, mit den Gegenständen im übrigen Gemeinschaftsgebiet sonstige Leistungen ausgeführt werden und der Unternehmer in dem betreffenden Mitgliedstaat keine Zweigniederlassung hat, oder
3. es sich um eine vorübergehende Verwendung im übrigen Gemeinschaftsgebiet handelt und in entsprechenden Fällen die Einfuhr der Gegenstände aus dem Drittlandsgebiet vollständig steuerfrei wäre.

(4b)[1] Gegenstände, die der Unternehmer von einem im übrigen Gemeinschaftsgebiet ansässigen Unternehmer mit Umsatzsteuer-Identifikationsnummer zur Ausführung einer sonstigen Leistung im Sinne des § 3a Abs. 3 Nr. 3 Buchstabe c erhält, müssen aufgezeichnet werden.

(4c)[2] Der Lagerhalter, der ein Umsatzsteuerlager im Sinne des § 4 Nr. 4a betreibt, hat Bestandsaufzeichnungen über die eingelagerten Gegenstände und Aufzeichnungen über Leistungen im Sinne des § 4 Nr. 4a Satz 1 Buchstabe b Satz 1 zu führen. Bei der Auslagerung eines Gegenstandes aus dem Umsatzsteuerlager muss der Lagerhalter Name, Anschrift und die inländische Umsatzsteuer-Identifikationsnummer des Auslagerers oder dessen Fiskalvertreters aufzeichnen.

(4d)[3] Im Fall der Abtretung eines Anspruchs auf die Gegenleistung für einen steuerpflichtigen Umsatz an einen anderen Unternehmer (§ 13c) hat

1. der leistende Unternehmer den Namen und die Anschrift des Abtretungsempfängers sowie die Höhe des abgetretenen Anspruchs auf die Gegenleistung aufzuzeichnen;
2. der Abtretungsempfänger den Namen und die Anschrift des leistenden Unternehmers, die Höhe des abgetretenen Anspruchs auf die Gegenleistung sowie die Höhe der auf den abgetretenen Anspruch vereinnahmten Beträge aufzuzeichnen. Sofern der Abtretungsempfänger die Forderung oder einen Teil der Forderung an einen Dritten abtritt, hat er zusätzlich den Namen und die Anschrift des Dritten aufzuzeichnen.

Satz 1 gilt entsprechend bei der Verpfändung oder der Pfändung von Forderungen. An die Stelle des Abtretungsempfängers tritt im Fall der Verpfändung der Pfandgläubiger und im Fall der Pfändung der Vollstreckungsgläubiger.

(4e)[4] Wer im Fall des § 13c Zahlungen nach § 48 der Abgabenordnung leistet, hat Aufzeichnungen über die entrichteten Beträge zu führen. Dabei sind auch Name, Anschrift und die Steuernummer des Schuldners der Umsatzsteuer aufzuzeichnen.

(5) Ein Unternehmer, der ohne Begründung einer gewerblichen Niederlassung oder außerhalb einer solchen von Haus zu Haus oder auf öffentlichen Straßen oder an anderen öffentlichen Orten Umsätze ausführt oder Gegenstände erwirbt, hat ein Steuerheft nach amtlich vorgeschriebenem Vordruck zu führen.

---

1) Fassung ab 01.01.2010
2) Gilt ab 01.01.2004
3) Gilt ab 16.12.2004
4) Gilt ab 01.01.2008

(6) Das Bundesministerium der Finanzen kann mit Zustimmung des Bundesrates durch Rechtsverordnung

1. nähere Bestimmungen darüber treffen, wie die Aufzeichnungspflichten zu erfüllen sind und in welchen Fällen Erleichterungen bei der Erfüllung dieser Pflichten gewährt werden können, sowie
2. Unternehmer im Sinne des Absatzes 5 von der Führung des Steuerheftes befreien, sofern sich die Grundlagen der Besteuerung aus anderen Unterlagen ergeben, und diese Befreiung an Auflagen knüpfen.

Vorgaben im EG-Recht

USt-Recht	MwStSystRL
§ 22 Abs. 1 Satz 1 und 3 UStG	Artikel 242
§ 22 Abs. 1 Satz 4 UStG	Artikel 369
§ 22 Abs. 2 UStG	Artikel 242
§ 22 Abs. 3 UStG	Artikel 272 Abs. 1 Buchst. c
§ 22 Abs. 4a UStG	Artikel 243 Abs. 1
§ 22 Abs. 4b UStG	Artikel 243 Abs. 2
§ 22 Abs. 4c bis 5 UStG	Artikel 242
§ 22 Abs. 6 UStG, §§ 63 bis 68 UStDV	Artikel 242, 272 Abs. 1 Buchst. d und e und Abs. 3

UStDV

Zu § 22 des Gesetzes

§ 63 Aufzeichnungspflichten

(1) Die Aufzeichnungen müssen so beschaffen sein, daß es einem sachverständigen Dritten innerhalb einer angemessenen Zeit möglich ist, einen Überblick über die Umsätze des Unternehmers und die abziehbaren Vorsteuern zu erhalten und die Grundlagen für die Steuerberechnung festzustellen.

(2) Entgelte, Teilentgelte, Bemessungsgrundlagen nach § 10 Abs. 4 und 5 des Gesetzes, nach § 14c des Gesetzes geschuldete Steuerbeträge sowie Vorsteuerbeträge sind am Schluß jedes Voranmeldungszeitraums zusammenzurechnen. Im Falle des § 17 Abs. 1 Satz 6 des Gesetzes sind die Beträge der Entgeltsminderungen am Schluß jedes Voranmeldungszeitraums zusammenzurechnen.

(3) Der Unternehmer kann die Aufzeichnungspflichten nach § 22 Abs. 2 Nr. 1 Satz 1, 3, 5 und 6, Nr. 2 Satz 1 und Nr. 3 Satz 1 des Gesetzes in folgender Weise erfüllen:

1. *Das Entgelt oder Teilentgelt und der Steuerbetrag werden in einer Summe statt des Entgelts oder des Teilentgelts aufgezeichnet.*
2. *Die Bemessungsgrundlage nach § 10 Abs. 4 und 5 des Gesetzes und der darauf entfallende Steuerbetrag werden in einer Summe statt der Bemessungsgrundlage aufgezeichnet.*
3. *Bei der Anwendung des § 17 Abs. 1 Satz 6 des Gesetzes werden die Entgeltsminderung und die darauf entfallende Minderung des Steuerbetrags in einer Summe statt der Entgeltsminderung aufgezeichnet.*

§ 22 Abs. 2 Nr. 1 Satz 2, Nr. 2 Satz 2 und Nr. 3 Satz 2 des Gesetzes gilt entsprechend. Am Schluß jedes Voranmeldungszeitraums hat der Unternehmer die Summe der Entgelte und Teilentgelte, der Bemessungsgrundlagen nach § 10 Abs. 4 und 5 des Gesetzes sowie der Entgeltsminderungen im Falle des § 17 Abs. 1 Satz 6 des Gesetzes zu errechnen und aufzuzeichnen.

(4) Dem Unternehmer, dem wegen der Art und des Umfangs des Geschäfts eine Trennung der Entgelte und Teilentgelte nach Steuersätzen (§ 22 Abs. 2 Nr. 1 Satz 2 und Nr. 2 Satz 2 des Ge-

setzes) in den Aufzeichnungen nicht zuzumuten ist, kann das Finanzamt auf Antrag gestatten, daß er die Entgelte und Teilentgelte nachträglich auf der Grundlage der Wareneingänge oder, falls diese hierfür nicht verwendet werden können, nach anderen Merkmalen trennt. Entsprechendes gilt für die Trennung nach Steuersätzen bei den Bemessungsgrundlagen nach § 10 Abs. 4 und 5 des Gesetzes (§ 22 Abs. 2 Nr. 3 Satz 2 und Nr. 4 Satz 2 des Gesetzes). Das Finanzamt darf nur ein Verfahren zulassen, dessen steuerliches Ergebnis nicht wesentlich von dem Ergebnis einer nach Steuersätzen getrennten Aufzeichnung der Entgelte, Teilentgelte und sonstigen Bemessungsgrundlagen abweicht. Die Anwendung des Verfahrens kann auf einen in der Gliederung des Unternehmens gesondert geführten Betrieb beschränkt werden.

(5) Der Unternehmer kann die Aufzeichnungspflicht nach § 22 Abs. 2 Nr. 5 des Gesetzes in der Weise erfüllen, daß er die Entgelte oder Teilentgelte und die auf sie entfallenden Steuerbeträge (Vorsteuern) jeweils in einer Summe, getrennt nach den in den Eingangsrechnungen angewandten Steuersätzen, aufzeichnet. Am Schluß jedes Voranmeldungszeitraums hat der Unternehmer die Summe der Entgelte und Teilentgelte und die Summe der Vorsteuerbeträge zu errechnen und aufzuzeichnen.

§ 64 Aufzeichnung im Falle der Einfuhr

Der Aufzeichnungspflicht nach § 22 Abs. 2 Nr. 6 des Gesetzes ist genügt, wenn die entrichtete oder in den Fällen des § 16 Abs. 2 Satz 4 des Gesetzes zu entrichtende Einfuhrumsatzsteuer mit einem Hinweis auf einen entsprechenden zollamtlichen Beleg aufgezeichnet wird.

§ 65 Aufzeichnungspflichten der Kleinunternehmer

Unternehmer, auf deren Umsätze § 19 Abs. 1 Satz 1 des Gesetzes anzuwenden ist, haben an Stelle der nach § 22 Abs. 2 bis 4 des Gesetzes vorgeschriebenen Angaben Folgendes aufzuzeichnen:

1. die Werte der erhaltenen Gegenleistungen für die von ihnen ausgeführten Lieferungen und sonstigen Leistungen;

2. die sonstigen Leistungen im Sinne des § 3 Abs. 9a Nr. 2 des Gesetzes. Für ihre Bemessung gilt Nummer 1 entsprechend.

Die Aufzeichnungspflichten nach § 22 Abs. 2 Nr. 4, 7, 8 und 9 des Gesetzes bleiben unberührt.

§ 66 Aufzeichnungspflichten bei der Anwendung allgemeiner Durchschnittssätze

Der Unternehmer ist von den Aufzeichnungspflichten nach § 22 Abs. 2 Nr. 5 und 6 des Gesetzes befreit, soweit er die abziehbaren Vorsteuerbeträge nach einem Durchschnittssatz (§§ 69 und 70) berechnet.

§ 66a Aufzeichnungspflichten bei der Anwendung des Durchschnittssatzes für Körperschaften, Personenvereinigungen und Vermögensmassen im Sinne des § 5 Abs. 1 Nr. 9 des Körperschaftsteuergesetzes

Der Unternehmer ist von den Aufzeichnungspflichten nach § 22 Abs. 2 Nr. 5 und 6 des Gesetzes befreit, soweit er die abziehbaren Vorsteuerbeträge nach dem in § 23a des Gesetzes festgesetzten Durchschnittssatz berechnet.

§ 67 Aufzeichnungspflichten bei der Anwendung der Durchschnittssätze für land- und forstwirtschaftliche Betriebe

Unternehmer, auf deren Umsätze § 24 des Gesetzes anzuwenden ist, sind für den land- und forstwirtschaftlichen Betrieb von den Aufzeichnungspflichten nach § 22 des Gesetzes befreit. Ausgenommen hiervon sind die Bemessungsgrundlagen für die Umsätze im Sinne des § 24 Abs. 1 Satz 1 Nr. 2 des Gesetzes. Die Aufzeichnungspflichten nach § 22 Abs. 2 Nr. 4, 7 und 8 des Gesetzes bleiben unberührt.

§ 68 Befreiung von der Führung des Steuerheftes

(1) Unternehmer im Sinne des § 22 Abs. 5 des Gesetzes sind von der Verpflichtung, ein Steuerheft zu führen, befreit,

1. *wenn sie im Inland eine gewerbliche Niederlassung besitzen und ordnungsmäßige Aufzeichnungen nach § 22 des Gesetzes in Verbindung mit den §§ 63 bis 66 dieser Verordnung führen,*
2. *soweit ihre Umsätze nach den Durchschnittsätzen für land- und forstwirtschaftliche Betriebe (§ 24 Abs. 1 Satz 1 Nr. 1 und 3 des Gesetzes) besteuert werden,*
3. *soweit sie mit Zeitungen und Zeitschriften handeln,*
4. [1])*soweit sie aufgrund gesetzlicher Vorschriften verpflichtet sind, Bücher zu führen, oder ohne eine solche Verpflichtung Bücher führen.*

(2) In den Fällen des Absatzes 1 Nr. 1 stellt das Finanzamt dem Unternehmer eine Bescheinigung über die Befreiung von der Führung des Steuerheftes aus.

UStAE

Zu § 22 UStG (§§ 63 bis 68 UStDV)

22.1. Ordnungsgrundsätze

(1) [1]Die allgemeinen Vorschriften über das Führen von Büchern und Aufzeichnungen der §§ 140 bis 148 AO gelten in Übereinstimmung mit § 63 Abs. 1 UStDV auch für die Aufzeichnungen für Umsatzsteuerzwecke. [2]Die Aufzeichnungen sind grundsätzlich im Geltungsbereich des UStG zu führen (vgl. § 146 Abs. 2 Satz 1 AO, § 14b UStG und Abschnitt 14b.1 Abs. 8ff.); abweichend können elektronische Bücher und sonstige elektronische Aufzeichnungen unter den Voraussetzungen des § 146 Abs. 2a und Abs. 2b AO im Ausland geführt und aufbewahrt werden. [3]Sie sind mit den zugehörigen Belegen für die Dauer der Aufbewahrungsfrist (§ 147 Abs. 3 AO, § 14b UStG) geordnet aufzubewahren. [4]Für auf Thermopapier erstellte Belege gilt Abschnitt 14b.1 Abs. 6 entsprechend. [5]Das Finanzamt kann jederzeit verlangen, dass der Unternehmer die Unterlagen vorlegt. [6]Zur Führung der Aufzeichnungen bei Betriebsstätten und Organgesellschaften außerhalb des Geltungsbereichs des UStG vgl. § 146 Abs. 2 Sätze 2ff. AO.

(2) [1]Die Aufzeichnungen und die zugehörigen Belege können unter bestimmten Voraussetzungen als Wiedergaben auf einem Bildträger – z.B. Mikrofilm – oder auf anderen Datenträgern – z.B. Magnetband, Magnetplatte oder Diskette – aufbewahrt werden (vgl. § 147 Abs. 2 AO). [2]Das bei der Aufbewahrung von Bild- oder anderen Datenträgern angewendete Verfahren muss den Grundsätzen ordnungsmäßiger Buchführung, insbesondere den Anforderungen des BMF-Schreibens vom 1.2.1984, BStBl. I S. 155, und den diesem Schreiben beigefügten "Mikrofilm-Grundsätzen" sowie den "Grundsätzen ordnungsmäßiger DV-gestützter Buchführungssysteme – GoBS –" (Anlage zum BMF-Schreiben vom 7.11.1995, BStBl. I S. 738, entsprechen. [3]Unter dieser Voraussetzung können die Originale der Geschäftsunterlagen grundsätzlich vernichtet werden. [4]Diese Aufbewahrungsformen bedürfen keiner besonderen Genehmigung. [5]Für das Lesbarmachen der nicht im Original aufbewahrten Aufzeichnungen und Geschäftsunterlagen ist § 147 Abs. 5 AO zu beachten. [6]Zu den Grundsätzen zum Datenzugriff und zur Prüfbarkeit digitaler Unterlagen (GDPdU) vgl. BMF-Schreiben vom 16.7.2001, BStBl. I S. 415.

(3) [1]Die Mikroverfilmung kann auch auf zollamtliche Belege – z.B. Quittungen über die Entrichtung von Einfuhrumsatzsteuer – angewandt werden. [2]Mikrofilmaufnahmen der Belege über Einfuhrumsatzsteuer bzw. Mikrokopien dieser Belege sind als ausreichender Nachweis für den Vorsteuerabzug nach § 15 Abs. 1 Satz 1 Nr. 2 UStG anzuerkennen. [3]Dies gilt auch für die Anerkennung von mikroverfilmten Zollbelegen zur Ausstellung von Ersatzbelegen oder zur Aufteilung zum Zwecke des Vorsteuerabzugs, wenn die vollständige oder teilweise Ungültigkeit des Originalbelegs auf der Mikrofilmaufnahme bzw. der Mikrokopie erkennbar ist.

(4) [1]Die am Schluss eines Voranmeldungszeitraums zusammenzurechnenden Beträge (§ 63 Abs. 2 UStDV) müssen auch für den jeweiligen Besteuerungszeitraum zusammengerechnet werden. [2]Die Entgelte für empfangene Leistungen des Unternehmers (§ 22 Abs. 2 Nr. 5 UStG) und die Bemessungsgrundlagen für die Einfuhr von Gegenständen, die für das Unternehmen eingeführt worden sind (§ 22 Abs. 2 Nr. 6 UStG), brauchen für umsatzsteuerliche Zwecke nicht zusammengerechnet zu werden.

---

1) Ab 25.03.2009

(5) ¹In den Fällen des § 13a Abs. 1 Nr. 2 und 5, § 13b Abs. 5 und des § 14c Abs. 2 UStG gilt die Verpflichtung zur Führung von Aufzeichnungen auch für Personen, die nicht Unternehmer sind. ²Insoweit sind die Entgelte, Teilentgelte und die nach § 14c Abs. 2 UStG geschuldeten Steuerbeträge am Schluss eines jeden Voranmeldungszeitraums zusammenzurechnen (§ 63 Abs. 2 Satz 1 UStDV).

22.2. Umfang der Aufzeichnungspflichten

(1) ¹Der Umfang der Aufzeichnungspflichten ergibt sich aus § 22 Abs. 2ff. UStG in Verbindung mit §§ 63 bis 67 UStDV. ²Soweit die geforderten Angaben aus dem Rechnungswesen oder den Aufzeichnungen des Unternehmers für andere Zwecke eindeutig und leicht nachprüfbar hervorgehen, brauchen sie nicht noch gesondert aufgezeichnet zu werden.

(2) ¹Der Unternehmer ist sowohl bei der Sollversteuerung als auch bei der Istversteuerung verpflichtet, nachträgliche Minderungen oder Erhöhungen der Entgelte aufzuzeichnen. ²Die Verpflichtung des Unternehmers, in den Aufzeichnungen ersichtlich zu machen, wie sich die Entgelte auf die steuerpflichtigen Umsätze, getrennt nach Steuersätzen, und auf die steuerfreien Umsätze verteilen, gilt entsprechend für nachträgliche Entgeltänderungen.

(3) ¹In den Fällen des § 17 Abs. 1 Satz 6 UStG hat der Schuldner der auf die Entgeltminderungen entfallenden Steuer – sog. Zentralregulierer – die Beträge der jeweiligen Entgeltminderungen gesondert von seinen Umsätzen aufzuzeichnen (§ 22 Abs. 2 Nr. 1 Satz 6 UStG). ²Er hat dabei die Entgeltminderungen ggf. nach steuerfreien und steuerpflichtigen Umsätzen sowie nach Steuersätzen zu trennen.

(4) ¹Aus den Aufzeichnungen müssen die Umsätze hervorgehen, die der Unternehmer nach § 9 UStG als steuerpflichtig behandelt (§ 22 Abs. 2 Nr. 1 Satz 4 UStG). ²Wird eine solche Leistung zusammen mit einer steuerpflichtigen Leistung ausgeführt und für beide ein einheitliches Entgelt vereinbart, kann aus Vereinfachungsgründen darauf verzichtet werden, den auf die einzelne Leistung entfallenden Entgeltteil zu errechnen und den Entgeltteil, der auf die freiwillig versteuerte Leistung entfällt, gesondert aufzuzeichnen.

(5) ¹Unternehmer, die ihre Umsätze nach vereinbarten Entgelten versteuern, haben neben den vereinbarten Entgelten auch sämtliche vor der Ausführung von Leistungen vereinnahmten Entgelte und Teilentgelte aufzuzeichnen. ²Aufgezeichnet werden müssen nicht nur die vor der Ausführung der Leistung vereinnahmten Entgelte und Teilentgelte, für die die Steuer nach § 13 Abs. 1 Nr. 1 Buchstabe a Satz 4 UStG mit dem Ablauf des Voranmeldungszeitraums der Vereinnahmung entsteht, sondern auch die im Voraus vereinnahmten Entgelte und Teilentgelte, die auf steuerfreie Umsätze entfallen.

(6) ¹Soweit die für noch nicht ausgeführte steuerpflichtige Leistungen vereinnahmten Entgelte und Teilentgelte auf Umsätze entfallen, die verschiedenen Steuersätzen unterliegen, sind sie nach § 22 Abs. 2 Nr. 2 Satz 2 UStG entsprechend getrennt aufzuzeichnen. ²Entgelte und Teilentgelte, die im Voraus für Umsätze vereinnahmt werden, die der Unternehmer nach § 9 UStG als steuerpflichtig behandelt, müssen nach § 22 Abs. 2 Nr. 2 Satz 3 UStG gesondert aufgezeichnet werden (siehe auch Absatz 4).

(7) ¹Bei Lieferungen im Sinne des § 3 Abs. 1b UStG müssen als Bemessungsgrundlage nach § 10 Abs. 4 Satz 1 Nr. 1 UStG der Einkaufspreis zuzüglich der Nebenkosten für den Gegenstand oder für einen gleichartigen Gegenstand oder mangels eines Einkaufspreises die Selbstkosten jeweils zum Zeitpunkt des Umsatzes aufgezeichnet werden. ²Für sonstige Leistungen im Sinne des § 3 Abs. 9a UStG sind die jeweils entstandenen Ausgaben aufzuzeichnen. ³Dabei bleiben für sonstige Leistungen im Sinne des § 3 Abs. 9a Nr. 1 UStG Ausgaben unberücksichtigt, soweit sie nicht zum vollen oder teilweisen Vorsteuerabzug berechtigt haben (§ 22 Abs. 2 Nr. 1 Satz 3 UStG). ⁴Die Sätze 1 bis 3 gelten auch, sofern für die Besteuerung die Mindestbemessungsgrundlagen (§ 10 Abs. 5 UStG) in Betracht kommen. ⁵Soweit der Unternehmer bei Leistungen an sein Personal von lohnsteuerlichen Werten ausgeht (vgl. Abschnitt 1.8 Abs. 8), sind diese aufzuzeichnen.

(8) ¹Die Verpflichtung des Unternehmers, die Entgelte für steuerpflichtige Lieferungen und sonstige Leistungen, die an ihn für sein Unternehmen ausgeführt sind, und die darauf entfallende Steuer aufzuzeichnen (§ 22 Abs. 2 Nr. 5 UStG), erstreckt sich auch auf nachträgliche Entgeltminderungen und die entsprechenden Steuerbeträge. ²Werden dem Unternehmer Entgeltminderungen für steuerfreie und steuerpflichtige Umsätze gewährt, kann das Finanzamt auf Antrag gestatten, dass er sie nach dem Verhältnis dieser Umsätze aufteilt. ³Das Gleiche gilt, wenn die Umsätze an den Unternehmer verschiedenen Steuersätzen unterliegen. ⁴Eine Aufteilung nach dem Verhältnis der vom Unternehmer bewirkten Umsätze ist nicht zulässig.

(9) ¹Die Aufzeichnung der Entgelte für empfangene steuerpflichtige Leistungen (§ 22 Abs. 2 Satz 1 Nr. 5 UStG) und der Einfuhrumsatzsteuer (§ 22 Abs. 2 Nr. 6 UStG in Verbindung mit § 64 UStDV) ist nicht erforderlich, wenn der Vorsteuerabzug nach § 15 Abs. 2 und 3 UStG ausgeschlossen ist oder deshalb entfällt, weil die Steuer in den Rechnungen nicht gesondert ausgewiesen ist. ²Hiervon werden

die Aufzeichnungspflichten nach anderen Vorschriften (z.B. § 238 Abs. 1, §§ 266, 275, 276 Abs. 1 HGB, §§ 141, 143 AO) nicht berührt. ³Das Vorsteuerabzugsrecht ist wegen der Verletzung der Aufzeichnungspflichten nicht ausgeschlossen.

(10) Körperschaften, Personenvereinigungen und Vermögensmassen im Sinne des § 5 Abs. 1 Nr. 9 KStG, insbesondere Vereine, die ihre abziehbaren Vorsteuerbeträge nach dem Durchschnittssatz des § 23a UStG berechnen, sind von den Aufzeichnungspflichten nach § 22 Abs. 2 Nr. 5 und 6 UStG befreit (§ 66a UStDV).

(11) ¹Wird im Zusammenhang mit einer Einfuhr eine Lieferung an den Unternehmer bewirkt, sind entweder die Einfuhrumsatzsteuer – insbesondere in den Fällen des § 3 Abs. 6 UStG – oder das Entgelt und die darauf entfallende Steuer – in den Fällen des § 3 Abs. 8 UStG – aufzuzeichnen. ²Maßgebend ist, welchen Steuerbetrag der Unternehmer als Vorsteuer abziehen kann.

(12) Wegen der weiteren Aufzeichnungspflichten

1. in den Fällen der Berichtigung des Vorsteuerabzugs nach § 15a UStG vgl. Abschnitt 15a.12;
2. bei Reiseleistungen im Sinne des § 25 Abs. 1 UStG vgl. Abschnitt 25.5;
3. bei der Differenzbesteuerung vgl. § 25a Abs. 6 UStG, Abschnitt 25a.1;
4. bei der Verpflichtung zur Führung des Umsatzsteuerhefts vgl. BMF-Schreiben vom 2.2.2009, BStBl. I S. 370;
5. bei innergemeinschaftlichen Verbringensfällen (Abschnitt 1a.2) vgl. Abschnitt 22.3 Abs. 3 bis 5;
6. für ausländische Luftverkehrsunternehmer, denen die Umsatzsteuer für die grenzüberschreitende Beförderung von Personen im Luftverkehr nach § 26 Abs. 3 UStG erlassen wird, vgl. BMF-Schreiben vom 2.2.1998, BStBl. I S. 159;
7. bei innergemeinschaftlichen Dreiecksgeschäften vgl. § 25b Abs. 6 UStG, Abschnitt 25b.1 Abs. 10;
8. bei der Lieferung von Zahnprothesen, die mit Hilfe eines CEREC-Geräts hergestellt werden: Die abzurechnenden Leistungen, die auf den Einsatz eines CEREC-Geräts entfallen, sind zum Zweck der Abgrenzung nach steuerfreien und steuerpflichtigen Umsätzen unter Angabe insbesondere der Leistungsnummern des Gebührenverzeichnisses der GOZ oder anderer Angaben getrennt aufzuzeichnen;
9. bei der Steuerschuldnerschaft des Leistungsempfängers vgl. § 22 Abs. 2 Nr. 8 UStG, Abschnitte 13b.17 und 22.4 Abs. 1 Satz 2 Nr. 2;
10. bei auf elektronischem Weg erbrachten sonstigen Leistungen im Sinne des § 3a Abs. 4 Satz 2 Nr. 13 UStG vgl. Abschnitt 3a.12 Abs. 8;
11. des/der liefernden Unternehmer(s), des Auslagerers sowie des Lagerhalters in den Fällen des § 4 Nr. 4a UStG, vgl. Rz. 47 und 48 des BMF-Schreibens vom 28.1.2004, BStBl. I S. 242.
12. in den Fällen der steuerbefreiten Leistungen an hilfsbedürftige Personen vgl. Abschnitt 4.16.2.

22.3. Aufzeichnungspflichten bei innergemeinschaftlichen Warenlieferungen und innergemeinschaftlichen Erwerben

(1) ¹Die allgemeinen Aufzeichnungspflichten gelten auch für innergemeinschaftliche Warenlieferungen (§ 22 Abs. 2 Nr. 1 UStG) und innergemeinschaftliche Erwerbe (§ 22 Abs. 2 Nr. 7 UStG). ²Nach § 22 Abs. 2 Nr. 1 UStG hat der Unternehmer die Bemessungsgrundlage und die ggf. darauf entfallende Steuer für die innergemeinschaftlichen Lieferungen und für die fiktiven Lieferungen in den Fällen des innergemeinschaftlichen Verbringens von Gegenständen vom inländischen in den ausländischen Unternehmensteil aufzuzeichnen. ³Aufzuzeichnen sind auch die innergemeinschaftlichen Lieferungen von neuen Fahrzeugen. ⁴Nach § 22 Abs. 2 Nr. 7 UStG sind die innergemeinschaftlichen Erwerbe getrennt von den übrigen Aufzeichnungen der Bemessungsgrundlagen und Steuerbeträge aufzuzeichnen. ⁵Hierunter fallen die Lieferungen im Sinne des § 1a Abs. 1 UStG und die innergemeinschaftlichen Verbringensfälle zwischen dem ausländischen und dem inländischen Unternehmensteil, die als fiktive Lieferungen gelten (vgl. Abschnitt 1a.2). ⁶Zu den besonderen Aufzeichnungspflichten vgl. Absätze 3 bis 5. ⁷Zu den für den Buchnachweis erforderlichen Aufzeichnungen vgl. § 17c UStDV.

(2) ¹Der Unternehmer ist auch für innergemeinschaftliche Lieferungen und innergemeinschaftliche Erwerbe verpflichtet, nachträgliche Minderungen oder Erhöhungen der Bemessungsgrundlagen aufzuzeichnen. ²Die Verpflichtung des Unternehmers, in den Aufzeichnungen ersichtlich zu machen, wie sich die Bemessungsgrundlagen auf die steuerpflichtigen innergemeinschaftlichen Erwerbe, getrennt nach Steuersätzen, und auf die steuerfreien innergemeinschaftlichen Lieferungen verteilen, gilt entsprechend für nachträgliche Entgeltänderungen (vgl. Abschnitt 22.2 Abs. 2).

(3) ¹Der Unternehmer hat besondere Aufzeichnungspflichten in den Fällen zu beachten, in denen Gegenstände, die – ohne die Voraussetzungen für ein steuerbares Verbringen zu erfüllen – vom Inland zu seiner Verfügung (unternehmensintern) in das übrige Gemeinschaftsgebiet gelangen (§ 22 Abs. 4a UStG). ²Der Unternehmer muss die Gegenstände in den folgenden Fällen der ihrer Art nach vorübergehenden Verwendung und der befristeten Verwendung (vgl. Abschnitt 1a.2 Abs. 9 bis 12) aufzeichnen, die im übrigen Gemeinschaftsgebiet nicht zu einer Erwerbsbesteuerung führen:

1. An den Gegenständen werden im übrigen Gemeinschaftsgebiet Arbeiten, z.B. Reparaturarbeiten, ausgeführt (§ 22 Abs. 4a Nr. 1 UStG), vgl. dazu Abschnitt 1a.2 Abs. 10 Nr. 3.
2. Die Gegenstände werden zur vorübergehenden Verwendung in das übrige Gemeinschaftsgebiet zur Ausführung sonstiger Leistungen verbracht, und der Unternehmer hat in dem Mitgliedstaat keine Zweigniederlassung (§ 22 Abs. 4a Nr. 2 UStG), vgl. dazu Abschnitt 1a.2 Abs. 10 Nr. 2 und 4.
3. ¹Das Verbringen der Gegenstände zur befristeten Verwendung in das übrige Gemeinschaftsgebiet wäre im Fall der Einfuhr uneingeschränkt steuerfrei, z.B. Ausstellungsstücke für Messen im übrigen Gemeinschaftsgebiet (§ 22 Abs. 4a Nr. 3 UStG), vgl. dazu Abschnitt 1a.2 Abs. 12. ²Aufzuzeichnen sind auch die Fälle der vorübergehenden Verwendung eines Gegenstands bei einer Werklieferung, die im Bestimmungsmitgliedstaat steuerbar ist, wenn der Gegenstand wieder in das Inland zurückgelangt, vgl. dazu Beispiel 1 in Abschnitt 1a.2 Abs. 10 Nr. 1.

(4) Die besonderen Aufzeichnungspflichten gelten jeweils als erfüllt, wenn sich die aufzeichnungspflichtigen Angaben aus Buchführungsunterlagen, Versandpapieren, Karteien, Dateien und anderen im Unternehmen befindlichen Unterlagen eindeutig und leicht nachprüfbar entnehmen lassen.

(5) ¹Die besonderen Aufzeichnungen sind zu berichtigen, wenn der Gegenstand im Bestimmungsland untergeht oder veräußert wird oder wenn die Verwendungsfristen überschritten werden. ²An die Stelle der besonderen Aufzeichnungen treten die allgemeinen Aufzeichnungspflichten für innergemeinschaftliche Lieferungen, vgl. dazu Abschnitt 1a.2 Abs. 13.

(6) ¹Die in § 1a Abs. 3 Nr. 1 UStG genannten Erwerber sind zur Aufzeichnung nach § 22 Abs. 2 Nr. 7 UStG verpflichtet, wenn sie die Erwerbsschwelle überschritten, zur Erwerbsbesteuerung optiert oder Gegenstände im Sinne des § 1a Abs. 5 UStG erworben haben. ²Juristische Personen, die auch Unternehmer sind, haben die für das Unternehmen vorgenommenen Erwerbe grundsätzlich getrennt von den nicht für das Unternehmen bewirkten Erwerben aufzuzeichnen. ³Eine entsprechende Trennung in den Aufzeichnungen ist nicht erforderlich, soweit die Steuerbeträge, die auf die für das Unternehmen vorgenommenen innergemeinschaftlichen Erwerbe entfallen, vom Vorsteuerabzug ausgeschlossen sind.

22.4. Aufzeichnungen bei Aufteilung der Vorsteuern

(1) ¹Unternehmer, die nach § 15 Abs. 4 UStG nur teilweise zum Vorsteuerabzug berechtigt sind und die deshalb die angefallenen Vorsteuerbeträge aufzuteilen haben, brauchen außer den Vorsteuerbeträgen, die voll vom Vorsteuerabzug ausgeschlossen sind, auch die vom Vorsteuerabzug ausgeschlossenen anteiligen Vorsteuerbeträge nicht gesondert aufzuzeichnen. ²Aufgezeichnet werden müssen aber in den Fällen, in denen Vorsteuerbeträge nur teilweise abziehbar sind,

1. die Entgelte für die betreffenden steuerpflichtigen Leistungen an den Unternehmer, die für diese Leistungen gesondert in Rechnung gestellten gesamten Steuerbeträge und die als Vorsteuern abziehbaren Teilbeträge;
2. die Entgelte für die betreffenden steuerpflichtigen Leistungen an den Unternehmer, für die der Unternehmer die Steuer nach § 13b Abs. 5 UStG schuldet, und die als Vorsteuer abziehbaren Teilbeträge;
3. die vorausgezahlten Entgelte und Teilentgelte für die betreffenden steuerpflichtigen Leistungen an den Unternehmer, die dafür gesondert in Rechnung gestellten gesamten Steuerbeträge und die als Vorsteuern abziehbaren Teilbeträge;
4. die gesamten Einfuhrumsatzsteuerbeträge für die für das Unternehmen eingeführten Gegenstände und die als Vorsteuern abziehbaren Teilbeträge sowie die Bemessungsgrundlagen für die Einfuhren oder Hinweise auf die entsprechenden zollamtlichen Belege;
5. die Bemessungsgrundlage für den innergemeinschaftlichen Erwerb von Gegenständen und die als Vorsteuern abziehbaren Teilbeträge.

(2) In den Fällen der Vorsteueraufteilung sind die Bemessungsgrundlagen für die Umsätze, die nach § 15 Abs. 2 und 3 UStG den Vorsteuerabzug ausschließen, getrennt von den Bemessungsgrundlagen der übrigen Umsätze mit Ausnahme der Einfuhren, der innergemeinschaftlichen Erwerbe und der Leistungsbezüge, für die der Unternehmer die Steuer nach § 13b Abs. 5 UStG schuldet, aufzuzeichnen,

und zwar unabhängig von der allgemeinen Verpflichtung zur Trennung der Bemessungsgrundlagen nach § 22 Abs. 2 UStG.

22.5. Erleichterungen der Aufzeichnungspflichten

(1) [1]Durch § 63 Abs. 3 und 5 UStDV werden die Aufzeichnungspflichten nach § 22 Abs. 2 UStG allgemein erleichtert. [2]Den Unternehmern ist es hiernach gestattet, für ihre Umsätze und die an sie ausgeführten Umsätze die jeweiligen Bruttobeträge einschließlich der Steuer getrennt nach Steuersätzen aufzuzeichnen und am Schluss eines Voranmeldungszeitraums insgesamt in Bemessungsgrundlage und Steuer aufzuteilen. [3]Beträge für die an den Unternehmer ausgeführten Umsätze dürfen in das Verfahren der Bruttoaufzeichnung nur einbezogen werden, wenn in der jeweiligen Rechnung die Steuer in zutreffender Höhe gesondert ausgewiesen ist. [4]Die Bruttoaufzeichnung darf außerdem nicht für die Leistungen des Unternehmers vorgenommen werden, für die in den Rechnungen die Steuer zu Unrecht oder zu hoch ausgewiesen ist.

(2) Bei der Einfuhr genügt es, wenn die entrichtete oder in den Fällen des § 16 Abs. 2 Satz 4 UStG zu entrichtende Einfuhrumsatzsteuer aufgezeichnet und dabei auf einen entsprechenden zollamtlichen Beleg hingewiesen wird (§ 64 UStDV).

(3) [1]Kleinunternehmer im Sinne des § 19 Abs. 1 UStG müssen nur die Werte der Gegenleistungen aufzeichnen (§ 65 UStDV). [2]Als Wert der erhaltenen Gegenleistungen ist grundsätzlich der vereinnahmte Preis anzugeben.

(4) [1]Unternehmer, die ihre abziehbaren Vorsteuerbeträge nach Durchschnittssätzen (§§ 23, 23a UStG, §§ 66a, 69, 70 Abs. 1 UStDV) berechnen, brauchen die Entgelte oder Teilentgelte für die empfangenen Leistungen sowie die dafür in Rechnung gestellten Steuerbeträge nicht aufzuzeichnen. [2]Ebenso entfällt die Verpflichtung zur Aufzeichnung der Einfuhrumsatzsteuer. [3]Soweit neben den Durchschnittssätzen Vorsteuern gesondert abgezogen werden können (§ 70 Abs. 2 UStDV), gelten die allgemeinen Aufzeichnungspflichten.

(5) Land- und Forstwirte, die ihre Umsätze nach den Durchschnittssätzen des § 24 UStG versteuern, haben die Bemessungsgrundlagen für die Umsätze mit den in der Anlage 2 des UStG nicht aufgeführten Sägewerkserzeugnissen und Getränken sowie mit alkoholischen Flüssigkeiten aufzuzeichnen (§ 67 UStDV).

(6) Die Erleichterungen berühren nicht die Verpflichtung zur Aufzeichnung der Steuerbeträge, die nach § 14c UStG geschuldet werden.

22.6. Erleichterungen für die Trennung der Bemessungsgrundlagen

Grundsätze

(1) [1]Der Unternehmer kann eine erleichterte Trennung der Bemessungsgrundlagen nach Steuersätzen (§ 63 Abs. 4 UStDV) nur mit Genehmigung des Finanzamts vornehmen. [2]Das Finanzamt hat die Genehmigung schriftlich unter dem Vorbehalt des jederzeitigen Widerrufs zu erteilen. [3]In der Genehmigungsverfügung sind die zugelassenen Erleichterungen genau zu bezeichnen. [4]Eine vom Unternehmer ohne Genehmigung des Finanzamts vorgenommene erleichterte Trennung der Bemessungsgrundlagen kann aus Billigkeitsgründen anerkannt werden, wenn das angewandte Verfahren bei rechtzeitiger Beantragung hätte zugelassen werden können. [5]Eine solche Erleichterung der Aufzeichnungspflichten kommt allerdings nicht in Betracht, wenn eine Registrierkasse mit Zählwerken für mehrere Warengruppen oder eine entsprechende andere Speichermöglichkeit eingesetzt wird.

(2) [1]Entsprechende Erleichterungen können auf Antrag auch für die Trennung in steuerfreie und steuerpflichtige Umsätze sowie für nachträgliche Entgeltminderungen (vgl. Absatz 20) gewährt werden. [2]Die Finanzämter können auch andere als die in Absatz 9ff. bezeichneten Verfahren zulassen, wenn deren steuerliches Ergebnis nicht wesentlich von dem Ergebnis einer nach Steuersätzen getrennten Aufzeichnung abweicht. [3]Ob ein abweichendes Verfahren oder ein Wechsel des Verfahrens zugelassen werden kann und wie das Verfahren ausgestaltet sein muss, hat das Finanzamt in jedem Einzelfall zu prüfen. [4]Die Anwendung des Verfahrens kann auf einen in der Gliederung des Unternehmens gesondert geführten Betrieb beschränkt werden (§ 63 Abs. 4 Satz 4 UStDV).

Aufschlagsverfahren

(3) [1]Die Aufschlagsverfahren (Absätze 9 bis 16) kommen vor allem für Unternehmer in Betracht, die nur erworbene Waren liefern, wie z.B. Lebensmitteleinzelhändler, Drogisten, Buchhändler. [2]Sie können aber auch von Unternehmern angewendet werden, die – wie z.B. Bäcker oder Fleischer – neben erworbenen Waren in erheblichem Umfang hergestellte Erzeugnisse liefern. [3]Voraussetzung ist jedoch, dass diese Unternehmer, sofern sie für die von ihnen hergestellten Waren die Verkaufsentgelte oder die Verkaufspreise rechnerisch ermitteln, darüber entsprechende Aufzeichnungen führen.

§ 22 UStAE 22.6.

(4) ¹Eine Trennung der Bemessungsgrundlagen nach dem Verhältnis der Eingänge an begünstigten und an nicht begünstigten Waren kann nur in besonders gelagerten Einzelfällen zugelassen werden. ²Die Anwendung brancheneinheitlicher Durchschnittsaufschlagsätze oder eines vom Unternehmer geschätzten durchschnittlichen Aufschlagsatzes kann nicht genehmigt werden. ³Die Berücksichtigung eines Verlustabschlags für Verderb, Bruch, Schwund, Diebstahl usw. bei der rechnerischen Ermittlung der nicht begünstigten Umsätze auf Grund der Wareneingänge ist, sofern Erfahrungswerte oder andere Unterlagen über die Höhe der Verluste nicht vorhanden sind, von der Führung zeitlich begrenzter Aufzeichnungen über die eingetretenen Verluste abhängig zu machen (vgl. BFH-Urteil vom 18.11.1971, V R 85/71, BStBl. 1972 II S. 202).

(5) Die von den Unternehmern im Rahmen eines zugelassenen Verfahrens angewandten Aufschlagsätze unterliegen der Nachprüfung durch die Finanzämter.

(6) ¹In Fällen, in denen ein Unternehmen oder ein Betrieb erworben wird, sind bei der Anwendung eines Aufschlagverfahrens (Absätze 9 bis 16) die übertragenen Warenbestände als Wareneingänge in die rechnerische Ermittlung der begünstigten und nicht begünstigten Umsätze einzubeziehen (vgl. BFH-Urteil vom 11.6.1997, XI R 18/96, BStBl. II S. 633). ²Diese Berechnung ist für den Voranmeldungszeitraum vorzunehmen, der nach der Übertragung der Warenbestände endet. ³Der Unternehmer hat die bei dem Erwerb des Unternehmens oder Betriebs übernommenen Warenbestände aufzuzeichnen und dabei die Waren, deren Lieferungen nach § 12 Abs. 1 UStG dem allgemeinen Steuersatz unterliegen, von denen zu trennen, auf deren Lieferungen nach § 12 Abs. 2 Nr. 1 UStG der ermäßigte Steuersatz anzuwenden ist. ⁴Die Gliederung nach den auf die Lieferungen anzuwendenden Steuersätzen kann auch im Eröffnungsinventar vorgenommen werden.

(7) ¹Dies gilt auch, wenn ein Unternehmen gegründet wird. ²In diesem Falle sind bei einer erleichterten Trennung der Bemessungsgrundlagen nach den Wareneingängen die vor der Eröffnung angeschafften Waren (Warenanfangsbestand) in die rechnerische Ermittlung der begünstigten und der nicht begünstigten Umsätze für den ersten Voranmeldungszeitraum einzubeziehen. ³Nach den Grundsätzen des Absatzes 6 ist auch in den Fällen zu verfahren, in denen ein Verfahren zur Trennung der Bemessungsgrundlagen umgestellt wird (vgl. BFH-Urteil vom 11.6.1997, XI R 18/96, BStBl. II S. 633).

(8) Wechselt der Unternehmer mit Zustimmung des Finanzamts das Aufschlagverfahren oder innerhalb des genehmigten Aufschlagverfahrens die aufzuzeichnende Umsatzgruppe oder wird das Verfahren zur erleichterten Trennung der Entgelte auf der Grundlage des Wareneingangs ganz oder teilweise eingestellt, sind die Warenendbestände von der Bemessungsgrundlage des letzten Voranmeldungszeitraums abzuziehen.

Anwendung tatsächlicher und üblicher Aufschläge

(9) ¹Die erworbenen Waren, deren Lieferungen dem ermäßigten Steuersatz unterliegen, sind im Wareneingangsbuch oder auf dem Wareneinkaufskonto getrennt von den übrigen Waren aufzuzeichnen, deren Lieferungen nach dem allgemeinen Steuersatz zu versteuern sind. ²Auf der Grundlage der Wareneingänge sind entweder die Umsätze der Waren, die dem allgemeinen Steuersatz unterliegen, oder die steuerermäßigten Umsätze rechnerisch zu ermitteln. ³Zu diesem Zweck ist im Wareneingangsbuch oder auf dem Wareneinkaufskonto für diese Waren neben der Spalte "Einkaufsentgelt" eine zusätzliche Spalte mit der Bezeichnung "Verkaufsentgelt" einzurichten. ⁴Die Waren der Gruppe, für die die zusätzliche Spalte "Verkaufsentgelt" geführt wird, sind grundsätzlich einzeln und mit genauer handelsüblicher Bezeichnung im Wareneingangsbuch oder auf dem Wareneinkaufskonto einzutragen. ⁵Statt der handelsüblichen Bezeichnung können Schlüsselzahlen oder Symbole verwendet werden, wenn ihre eindeutige Bestimmung aus der Eingangsrechnung oder aus anderen Unterlagen gewährleistet ist. ⁶Bei der Aufzeichnung des Wareneingangs sind auf Grund der tatsächlichen oder üblichen Aufschlagsätze die tatsächlichen bzw. voraussichtlichen Verkaufsentgelte für die betreffenden Waren zu errechnen und in die zusätzliche Spalte des Wareneingangsbuchs oder des Wareneinkaufskontos einzutragen. ⁷Nach Ablauf eines Voranmeldungszeitraums sind die in der zusätzlichen Spalte aufgezeichneten tatsächlichen oder voraussichtlichen Verkaufsentgelte zusammenzurechnen. ⁸Die Summe bildet den Umsatz an begünstigten bzw. nicht begünstigten Waren und ist nach Hinzurechnung der Steuer unter Anwendung des in Betracht kommenden Steuersatzes von der Summe der im Voranmeldungszeitraum vereinbarten oder vereinnahmten Entgelte zuzüglich Steuer (Bruttopreise) abzusetzen. ⁹Der Differenzbetrag stellt die Summe der übrigen Entgelte zuzüglich der Steuer nach dem anderen Steuersatz dar.

(10) ¹Anstelle der Aufgliederung im Wareneingangsbuch oder auf dem Wareneinkaufskonto kann auch für eine der Warengruppen ein besonderes Buch geführt werden. ²Darin sind die begünstigten oder nicht begünstigten Waren unter ihrer handelsüblichen Bezeichnung mit Einkaufsentgelt und tatsächlichem oder voraussichtlichem Verkaufsentgelt aufzuzeichnen. ³Statt der handelsüblichen Bezeichnung

UStAE 22.6. § 22

können Schlüsselzahlen oder Symbole verwendet werden (vgl. Absatz 9). ⁴Die Aufzeichnungen müssen Hinweise auf die Eingangsrechnungen oder auf die Eintragungen im Wareneingangsbuch oder auf dem Wareneinkaufskonto enthalten.

(11) ¹Die Verkaufsentgelte, die beim Wareneingang besonders aufzuzeichnen sind, können bereits auf den Rechnungen nach Warenarten zusammengestellt werden. ²Dabei genügt es, im Wareneingangsbuch, auf dem Wareneinkaufskonto oder in einem besonderen Buch die Sammelbezeichnungen für diese Waren anzugeben und die jeweiligen Summen der errechneten Verkaufsentgelte einzutragen. ³Zur weiteren Vereinfachung des Verfahrens können die Einkaufsentgelte von Waren mit gleichen Aufschlagsätzen in gesonderten Spalten zusammengefasst werden. ⁴Die aufgezeichneten Einkaufsentgelte für diese Warengruppen sind am Schluss des Voranmeldungszeitraums zusammenzurechnen. ⁵Aus der Summe der Einkaufsentgelte für die einzelne Warengruppe sind durch Hinzurechnung der Aufschläge die Verkaufsentgelte und damit rechnerisch die Umsätze an diesen Waren zu ermitteln.

(12) ¹Das Verfahren kann in der Weise abgewandelt werden, dass der Unternehmer beim Wareneingang sowohl für die begünstigten als auch für die nicht begünstigten Waren die tatsächlichen bzw. voraussichtlichen Verkaufsentgelte gesondert aufzeichnet. ²Nach Ablauf des Voranmeldungszeitraums werden die gesondert aufgezeichneten Verkaufsentgelte für beide Warengruppen zusammengerechnet. ³Den Summen dieser Verkaufsentgelte wird die Steuer nach dem jeweils in Betracht kommenden Steuersatz hinzugesetzt. ⁴Der Gesamtbetrag der im Voranmeldungszeitraum vereinbarten oder vereinnahmten Entgelte zuzüglich Steuer (Bruttopreise) wird nach dem Verhältnis zwischen den rechnerisch ermittelten Verkaufspreisen beider Warengruppen aufgeteilt.

(13) ¹Macht der Unternehmer von der Möglichkeit des § 63 Abs. 5 UStDV Gebrauch, kann er anstelle der Einkaufsentgelte und Verkaufsentgelte die Einkaufspreise und Verkaufspreise (Entgelt und Steuerbetrag in einer Summe) aufzeichnen. ²Außerdem kann ein Unternehmer, der die Einkaufsentgelte aufzeichnet, durch Hinzurechnung der Aufschläge und der in Betracht kommenden Steuer die Verkaufspreise errechnen und diese in seinen Aufzeichnungen statt der Verkaufsentgelte angeben.

Anwendung eines gewogenen Durchschnittsaufschlags

(14) ¹Die erworbenen Waren, deren Lieferungen dem ermäßigten Steuersatz unterliegen, sind im Wareneingangsbuch oder auf dem Wareneinkaufskonto getrennt von den übrigen Waren aufzuzeichnen, deren Lieferungen nach dem allgemeinen Steuersatz zu versteuern sind. ²Die Umsätze der Waren, die dem allgemeinen Steuersatz unterliegen, oder die steuerermäßigten Umsätze sind auf der Grundlage der Einkaufsentgelte unter Berücksichtigung des gewogenen Durchschnittsaufschlagsatzes für die betreffende Warengruppe rechnerisch zu ermitteln. ³Diese rechnerische Ermittlung ist grundsätzlich für die Umsatzgruppe vorzunehmen, die den geringeren Anteil am gesamten Umsatz bildet. ⁴Zu der rechnerischen Umsatzermittlung sind am Schluss eines Voranmeldungszeitraums die Einkaufsentgelte der betreffenden Warengruppe zusammenzurechnen. ⁵Dem Gesamtbetrag dieser Einkaufsentgelte ist der gewogene Durchschnittsaufschlag hinzuzusetzen. ⁶Die Summe beider Beträge bildet den Umsatz der betreffenden Warengruppe und ist nach Hinzurechnung der Steuer unter Anwendung des in Betracht kommenden Steuersatzes von der Summe der im Voranmeldungszeitraum vereinbarten oder vereinnahmten Entgelte zuzüglich Steuer (Bruttopreise) abzusetzen. ⁷Der Differenzbetrag stellt die Summe der übrigen Entgelte zuzüglich der Steuer nach dem anderen Steuersatz dar.

(15) ¹Der gewogene Durchschnittsaufschlagsatz ist vom Unternehmer festzustellen. ²Dabei ist von den tatsächlichen Verhältnissen in mindestens drei für das Unternehmen repräsentativen Monaten eines Kalenderjahrs auszugehen. ³Der Unternehmer ist – sofern sich die Struktur seines Unternehmens nicht ändert – berechtigt, den von ihm ermittelten gewogenen Durchschnittsaufschlagsatz für die Dauer von 5 Jahren anzuwenden. ⁴Nach Ablauf dieser Frist oder im Falle einer Änderung der Struktur des Unternehmens ist der Durchschnittsaufschlagsatz neu zu ermitteln. ⁵Als Strukturänderung ist auch eine wesentliche Änderung des Warensortiments anzusehen. ⁶Absatz 13 gilt entsprechend.

Filialunternehmen

(16) ¹Von Filialunternehmen kann die Trennung der Bemessungsgrundlagen statt nach den vorbezeichneten Verfahren (Absätze 9 bis 15) auch in der Weise vorgenommen werden, dass die tatsächlichen Verkaufsentgelte der Waren, deren Lieferungen dem ermäßigten Steuersatz unterliegen oder nach dem allgemeinen Steuersatz zu versteuern sind, im Zeitpunkt der Auslieferung an den einzelnen Zweigbetrieb gesondert aufgezeichnet werden. ²Eine getrennte Aufzeichnung der Wareneingänge ist in diesem Falle entbehrlich. ³Nach Ablauf eines Voranmeldungszeitraums sind die Verkaufsentgelte für die in diesem Zeitraum an die Zweigbetriebe ausgelieferten Waren einer der gesondert aufgezeichneten Warengruppen zusammenzurechnen. ⁴Die Summe dieser Verkaufsentgelte ist nach Hinzurechnung der Steuer unter Anwendung des in Betracht kommenden Steuersatzes von der Summe der im Voran-

meldungszeitraum vereinbarten oder vereinnahmten Entgelte zuzüglich Steuer (Bruttopreise) abzusetzen. ⁵Aus dem verbleibenden Differenzbetrag ist die Steuer unter Zugrundelegung des anderen Steuersatzes zu errechnen. ⁶Absätze 12 und 13 gelten entsprechend.

Verfahren für Personen-Beförderungsunternehmen

(17) ¹Die Finanzämter können Beförderungsunternehmen, die neben steuerermäßigten Personenbeförderungen im Sinne des § 12 Abs. 2 Nr. 10 UStG auch Personenbeförderungen ausführen, die dem allgemeinen Steuersatz unterliegen, auf Antrag gestatten, die Entgelte nach dem Ergebnis von Repräsentativerhebungen dieser Unternehmen zu trennen. ²Die repräsentativen Verkehrszählungen müssen in angemessenen Zeiträumen bzw. bei Änderungen der Verhältnisse wiederholt werden.

Verfahren für Spediteure, Frachtführer, Verfrachter, Lagerhalter, Umschlagunternehmer und dergleichen

(18) ¹Spediteuren und anderen Unternehmern, die steuerfreie Umsätze im Sinne des § 4 Nr. 3 UStG ausführen – z.B. Frachtführern, Verfrachtern, Lagerhaltern und Umschlagunternehmern –, kann auf Antrag gestattet werden, folgendes Verfahren anzuwenden:

²In den Aufzeichnungen brauchen grundsätzlich nur die Entgelte für steuerpflichtige Umsätze von den gesamten übrigen in Rechnung gestellten Beträgen getrennt zu werden. ³Eine getrennte Aufzeichnung der durchlaufenden Posten sowie der Entgelte für nicht steuerbare Umsätze, die den Vorsteuerabzug nicht ausschließen, und für steuerfreie Umsätze nach § 4 Nr. 3 UStG ist grundsätzlich nicht erforderlich. ⁴Gesondert aufgezeichnet werden müssen aber die Entgelte

1. für steuerermäßigte Umsätze im Sinne des § 12 Abs. 2 UStG;
2. für die nach § 4 Nr. 1 und 2 UStG steuerfreien Umsätze;
3. für die nach § 4 Nr. 8ff. UStG steuerfreien Umsätze und für die nicht steuerbaren Umsätze, die den Vorsteuerabzug ausschließen sowie
4. für nach § 3a Abs. 2 UStG im übrigen Gemeinschaftsgebiet ausgeführte steuerpflichtige sonstige Leistungen, für die der in einem anderen Mitgliedstaat ansässige Leistungsempfänger die Steuer dort schuldet.

⁵Unberührt bleibt die Verpflichtung des Unternehmers zur Führung des Ausfuhr- und Buchnachweises für die nach § 4 Nr. 1 bis 3 und 5 UStG steuerfreien Umsätze.

(19) Die Genehmigung dieses Verfahrens ist mit der Auflage zu verbinden, dass der Unternehmer, soweit er Umsätze bewirkt, die nach § 15 Abs. 2 und 3 UStG den Vorsteuerabzug ausschließen, die Vorsteuerbeträge nach § 15 Abs. 4 UStG diesen und den übrigen Umsätzen genau zurechnet.

Nachträgliche Entgeltminderungen

(20) ¹Unternehmer, für die eine erleichterte Trennung der Bemessungsgrundlagen zugelassen worden ist, sind berechtigt, nachträgliche Minderungen der Entgelte z.B. durch Skonti, Rabatte und sonstige Preisnachlässe nach dem Verhältnis zwischen den Umsätzen, die verschiedenen Steuersätzen unterliegen, sowie den steuerfreien und nicht steuerbaren Umsätzen eines Voranmeldungszeitraums aufzuteilen. ²Einer besonderen Genehmigung bedarf es hierzu nicht.

(21) ¹Die Finanzämter können auch anderen Unternehmern, die in großem Umfang Umsätze ausführen, die verschiedenen Steuersätzen unterliegen, auf Antrag widerruflich Erleichterungen für die Trennung nachträglicher Entgeltminderungen gewähren. ²Diesen Unternehmern kann ebenfalls gestattet werden, die Entgeltminderungen eines Voranmeldungszeitraums in dem gleichen Verhältnis aufzuteilen, in dem die nicht steuerbaren, steuerfreien und die verschiedenen Steuersätzen unterliegenden Umsätze des gleichen Zeitraums zueinander stehen. ³Voraussetzung für die Zulassung dieses Verfahrens ist, dass die Verhältnisse zwischen den Umsatzgruppen innerhalb der einzelnen Voranmeldungszeiträume keine nennenswerten Schwankungen aufweisen. ⁴Bei der Anwendung dieses Verfahrens kann aus Vereinfachungsgründen grundsätzlich außer Betracht bleiben, ob bei einzelnen Umsätzen tatsächlich keine Entgeltminderungen eintreten oder ob die Höhe der Entgeltminderungen bei den einzelnen Umsätzen unterschiedlich ist. ⁵Soweit jedoch für bestimmte Gruppen von Umsätzen Minderungen der Entgelte in jedem Falle ausscheiden, sind diese Umsätze bei der Aufteilung der Entgeltminderungen nicht zu berücksichtigen.

Beispiel:

¹Landwirtschaftliche Bezugs- und Absatzgenossenschaften gewähren für ihre Umsätze im Bezugsgeschäft (Verkauf von Gegenständen des landwirtschaftlichen Bedarfs), nicht jedoch für ihre Umsätze im Absatzgeschäft (Verkauf der von Landwirten angelieferten Erzeugnisse) Warenrückvergütungen. ²Sie haben bei einer vereinfachten Aufteilung dieser Rückvergütungen nur von den Umsätzen im Bezugsgeschäft auszugehen.

UStAE 22.6. § 22

Merkblatt

(22) Weitere Hinweise enthält das Merkblatt zur erleichterten Trennung der Bemessungsgrundlagen (§ 63 Abs. 4 UStDV), Stand Mai 2009 (BMF-Schreiben vom 6.5.2009, BStBl. I S. 681).[1]

Verwaltungsregelungen zu § 22

Datum	Anlage	Quelle	Inhalt
	§ 022-01		nicht belegt
	§ 022-02		nicht belegt
30.04.81	§ 022-03	BMF	Führung des Umsatzsteuerhefts
22.09.88	§ 022-04	OFD Sb	Trennung der Entgelte – Gewogener Durchschnittsaufschlag i.S. des Abschn. 259 Abs. 13 UStR
	§ 022-05		nicht belegt
06.05.09	§ 022-06	BMF	Merkblatt zur erleichterten Trennung der Bemessungsgrundlagen (§ 63 Abs. 4 der Umsatzsteuer-Durchführungsverordnung – UStDV) – Stand: Mai 2009
15.09.09	§ 022-07	BMF	Erleichterungen für die Trennung der Bemessungsgrundlagen durch Unternehmer, die steuerfreie Umsätze nach § 4 Nr. 3 UStG ausführen (Abschnitt 259 Abs. 18 und 19 UStR)

Rechtsprechungsauswahl

BFH vom 11.06.1997 – XI R 18/96, BStBl. 1997 II S. 633: Berücksichtigung des Warenendbestandes bei einer Verfahrensumstellung nach § 22 UStG.

Bei Aufgabe oder Umstellung eines Verfahrens zur Trennung der Entgelte nach Steuersätzen auf der Grundlage des jeweiligen Wareneingangs ist der Warenbestand zu berücksichtigen.

---

[1] Abgedruckt als Anlage § 022-06

§ 22a

§ 22a Fiskalvertretung

(1) Ein Unternehmer, der weder im Inland noch in einem der in § 1 Abs. 3 genannten Gebiete seinen Wohnsitz, seinen Sitz, seine Geschäftsleitung oder eine Zweigniederlassung hat und im Inland ausschließlich steuerfreie Umsätze ausführt und keine Vorsteuerbeträge abziehen kann, kann sich im Inland durch einen Fiskalvertreter vertreten lassen.

(2) Zur Fiskalvertretung sind die in § 3 Nr. 1 bis 3 und § 4 Nr. 9 Buchstabe c des Steuerberatungsgesetzes genannten Personen befugt. [1]

(3) Der Fiskalvertreter bedarf der Vollmacht des im Ausland ansässigen Unternehmers.

Vorgaben im EG-Recht

USt-Recht	MwStSystRL
§ 22a	Artikel 204

Verwaltungsregelungen zu § 22a

Datum	Anlage	Quelle	Inhalt
23.04.97	§ 003a-04	FM NRW	Ort der sonstigen Leistung eines Fiskalvertreters i.S. der §§ 22a ff. UStG
11.05.99	§ 022a-01	BMF	Einführung eines Fiskalvertreters in das Umsatzsteuerrecht

---

[1] Vgl. Anhang 12; Fassung ab 01.07.2000; davor „... § 3 und § 4 Nr. 9 Buchstabe c ..."

§ 22b

§ 22b Rechte und Pflichten des Fiskalvertreters

(1) Der Fiskalvertreter hat die Pflichten des im Ausland ansässigen Unternehmers nach diesem Gesetz als eigene zu erfüllen. Er hat die gleichen Rechte wie der Vertretene.

(2) Der Fiskalvertreter hat unter der ihm nach § 22d Abs. 1 erteilten Steuernummer eine Steuererklärung (§ 18 Abs. 3 und 4) abzugeben, in der er die Besteuerungsgrundlagen für jeden von ihm vertretenen Unternehmer zusammenfaßt. Dies gilt für die Zusammenfassende Meldung entsprechend.

(3) Der Fiskalvertreter hat die Aufzeichnungen im Sinne des § 22 für jeden von ihm vertretenen Unternehmer gesondert zu führen. Die Aufzeichnungen müssen Namen und Anschrift der von ihm vertretenen Unternehmer enthalten.

Vorgaben im EG-Recht

USt-Recht	MwStSystRL
§ 22b	Artikel 207, 256, 267

Verwaltungsregelungen zu § 22b

Datum	Anlage	Quelle	Inhalt
23.04.97	§ 003a-04	FM NRW	Ort der sonstigen Leistung eines Fiskalvertreters i.S. der §§ 22a ff. UStG
11.05.99	§ 022a-01	BMF	Einführung eines Fiskalvertreters in das Umsatzsteuerrecht

§ 22c

§ 22c Ausstellung von Rechnungen im Falle der Fiskalvertretung
Die Rechnung hat folgende Angaben zu enthalten:
1. den Hinweis auf die Fiskalvertretung,
2. den Namen und die Anschrift des Fiskalvertreters,
3. die dem Fiskalvertreter nach § 22d Abs. 1 erteilte Umsatzsteuer-Identifikationsnummer.

Vorgaben im EG-Recht

USt-Recht	MwStSystRL
§ 22c	Artikel 226 Nr. 15

Verwaltungsregelungen zu § 22c

Datum	Anlage	Quelle	Inhalt
23.04.97	§ 003a-04	FM NRW	Ort der sonstigen Leistung eines Fiskalvertreters i.S. der §§ 22a ff. UStG
11.05.99	§ 022a-01	BMF	Einführung eines Fiskalvertreters in das Umsatzsteuerrecht

§ 22d

§ 22d Steuernummer und zuständiges Finanzamt

(1) Der Fiskalvertreter erhält für seine Tätigkeit eine gesonderte Steuernummer und eine gesonderte Umsatzsteuer-Identifikationsnummer nach § 27a, unter der er für alle von ihm vertretenen im Ausland ansässigen Unternehmen auftritt.

(2) Der Fiskalvertreter wird bei dem Finanzamt geführt, das für seine Umsatzbesteuerung zuständig ist.

Vorgaben im EG-Recht

USt-Recht	MwStSystRL
§ 22d	Artikel 204

Verwaltungsregelungen zu § 22d

Datum	Anlage	Quelle	Inhalt
23.04.97	§ 003a-04	FM NRW	Ort der sonstigen Leistung eines Fiskalvertreters i.S. der §§ 22a ff. UStG
11.05.99	§ 022a-01	BMF	Einführung eines Fiskalvertreters in das Umsatzsteuerrecht

§ 22e

§ 22e Untersagung der Fiskalvertretung

(1) Die zuständige Finanzbehörde kann die Fiskalvertretung der in § 22a Abs. 2 mit Ausnahme der in § 3 des Steuerberatungsgesetzes genannten Person untersagen, wenn der Fiskalvertreter wiederholt gegen die ihm auferlegten Pflichten nach § 22b verstößt oder ordnungswidrig im Sinne des § 26a handelt.

(2) Für den vorläufigen Rechtsschutz gegen die Untersagung gelten § 361 Abs. 4 der Abgabenordnung und § 69 Abs. 5 der Finanzgerichtsordnung.

Vorgaben im EG-Recht

USt-Recht	MwStSystRL
§ 22e	Artikel 204

Verwaltungsregelungen zu § 22e

Datum	Anlage	Quelle	Inhalt
23.04.97	§ 003a-04	FM NRW	Ort der sonstigen Leistung eines Fiskalvertreters i.S. der §§ 22a ff. UStG
11.05.99	§ 022a-01	BMF	Einführung eines Fiskalvertreters in das Umsatzsteuerrecht

Sechster Abschnitt
Sonderregelungen

§ 23 Allgemeine Durchschnittssätze

(1) Das Bundesministerium der Finanzen kann mit Zustimmung des Bundesrates zur Vereinfachung des Besteuerungsverfahrens für Gruppen von Unternehmern, bei denen hinsichtlich der Besteuerungsgrundlagen annähernd gleiche Verhältnisse vorliegen und die nicht verpflichtet sind, Bücher zu führen und auf Grund jährlicher Bestandsaufnahmen regelmäßig Abschlüsse zu machen, durch Rechtsverordnung Durchschnittssätze festsetzen für

1. die nach § 15 abziehbaren Vorsteuerbeträge oder die Grundlagen ihrer Berechnung oder
2. die zu entrichtende Steuer oder die Grundlagen ihrer Berechnung.

(2) Die Durchschnittssätze müssen zu einer Steuer führen, die nicht wesentlich von dem Betrage abweicht, der sich nach diesem Gesetz ohne Anwendung der Durchschnittssätze ergeben würde.

(3) Der Unternehmer, bei dem die Voraussetzungen für eine Besteuerung nach Durchschnittssätzen im Sinne des Absatzes 1 gegeben sind, kann beim Finanzamt bis zur Unanfechtbarkeit der Steuerfestsetzung (§ 18 Abs. 3 und 4) beantragen, nach den festgesetzten Durchschnittssätzen besteuert werden. Der Antrag kann nur mit Wirkung vom Beginn eines Kalenderjahres an widerrufen werden. Der Widerruf ist spätestens bis zur Unanfechtbarkeit der Steuerfestsetzung des Kalenderjahres, für das er gelten soll, zu erklären. Eine erneute Besteuerung nach Durchschnittssätzen ist frühestens nach Ablauf von fünf Kalenderjahren zulässig.

Vorgaben im EG-Recht

USt-Recht	MwStSystRL
§ 23	Artikel 281

UStDV
Zu § 23 des Gesetzes

§ 69 Festsetzung allgemeiner Durchschnittssätze

(1) Zur Berechnung der abziehbaren Vorsteuerbeträge nach allgemeinen Durchschnittssätzen (§ 23 des Gesetzes) werden die in der Anlage[1] bezeichneten Vomhundertsätze des Umsatzes als Durchschnittssätze festgesetzt. Die Durchschnittssätze gelten jeweils für die bei ihnen angegebenen Berufs- und Gewerbezweige.

(2) Umsatz im Sinne des Absatzes 1 ist der Umsatz, den der Unternehmer im Rahmen der in der Anlage[2] bezeichneten Berufs- und Gewerbezweige im Inland ausführt, mit Ausnahme der Einfuhr, des innergemeinschaftlichen Erwerbs und der in § 4 Nr. 8, Nr. 9 Buchstabe a und Nr. 10 und Nr. 21 des Gesetzes bezeichneten Umsätze.

(3) Der Unternehmer, dessen Umsatz (Absatz 2) im vorangegangenen Kalenderjahr 61.356 Euro überstiegen hat, kann die Durchschnittssätze nicht in Anspruch nehmen.

§ 70 Umfang der Durchschnittssätze

(1) Die in Abschnitt A der Anlage[3] bezeichneten Durchschnittssätze gelten für sämtliche Vorsteuerbeträge, die mit der Tätigkeit der Unternehmer in den in der Anlage[4] bezeichneten Berufs- und Gewerbezweigen zusammenhängen. Ein weiterer Vorsteuerabzug ist insoweit ausgeschlossen.

---
1) Anlage im Folgenden abgedruckt
2) Anlage im Folgenden abgedruckt
3) Anlage im Folgenden abgedruckt
4) Anlage im Folgenden abgedruckt

§ 23 *UStDV § 70, Anlage*

(2) Neben den Vorsteuerbeträgen, die nach den in Abschnitt B der Anlage[1] *bezeichneten Durchschnittssätzen berechnet werden, können unter den Voraussetzungen des § 15 des Gesetzes abgezogen werden:*

1. *die Vorsteuerbeträge für Gegenstände, die der Unternehmer zur Weiterveräußerung erworben oder eingeführt hat, einschließlich der Vorsteuerbeträge für Rohstoffe, Halberzeugnisse, Hilfsstoffe und Zutaten;*

2. *die Vorsteuerbeträge*

   a) *für Lieferungen von Gebäuden, Grundstücken und Grundstücksteilen,*

   b) *für Ausbauten, Einbauten und Instandsetzungen bei den in Buchstabe a bezeichneten Gegenständen,*

   c) *für Leistungen im Sinne des § 4 Nr. 12 des Gesetzes.*

Das gilt nicht für Vorsteuerbeträge, die mit Maschinen und sonstigen Vorrichtungen aller Art in Zusammenhang stehen, die zu einer Betriebsanlage gehören, auch wenn sie wesentliche Bestandteile eines Grundstücks sind.

Anlage[2]
(zu den §§ 69 und 70)

Abschnitt A

Durchschnittssätze für die Berechnung sämtlicher Vorsteuerbeträge (§ 70 Abs. 1)

I. Handwerk

1. *Bäckerei: 5,4 v. H. des Umsatzes*

   Handwerksbetriebe, die Frischbrot, Pumpernickel, Knäckebrot, Brötchen, sonstige Frischbackwaren, Semmelbrösel, Paniermehl und Feingebäck, darunter Kuchen, Torten, Tortenböden, herstellen und die Erzeugnisse überwiegend an Endverbraucher absetzen. Die Caféumsätze dürfen 10 vom Hundert des Umsatzes nicht übersteigen.

2. *Bau- und Möbeltischlerei: 9,0 v. H. des Umsatzes*

   Handwerksbetriebe, die Bauelemente und Bauten aus Holz, Parkett, Holzmöbel und sonstige Tischlereierzeugnisse herstellen und reparieren, ohne daß bestimmte Erzeugnisse klar überwiegen.

3. *Beschlag-, Kunst- und Reparaturschmiede: 7,5 v. H. des Umsatzes*

   Handwerksbetriebe, die Beschlag- und Kunstschmiedearbeiten einschließlich der Reparaturarbeiten ausführen.

4. *Buchbinderei: 5,2 v. H. des Umsatzes*

   Handwerksbetriebe, die Buchbindearbeiten aller Art ausführen.

5. *Druckerei: 6,4 v. H. des Umsatzes*

   Handwerksbetriebe, die folgende Arbeiten ausführen:

   1. *Hoch-, Flach-, Licht-, Sieb- und Tiefdruck,*

   2. *Herstellung von Weichpackungen, Bild-, Abreiß- und Monatskalendern, Spielen und Spielkarten, nicht aber von kompletten Gesellschafts- und Unterhaltungsspielen,*

   3. *Zeichnerische Herstellung von Landkarten, Bauskizzen, Kleidermodellen u.ä. für Druckzwecke.*

---

1) Anlage im Folgenden abgedruckt
2) Fassung ab 01.04.1998, BGBl. 1997 I S. 3121

UStDV Anlage **§ 23**

6. *Elektroinstallation: 9,1 v. H. des Umsatzes*

   Handwerksbetriebe, die die Installation von elektrischen Leitungen sowie damit verbundener Geräte einschließlich der Reparatur- und Unterhaltungsarbeiten ausführen.

7. *Fliesen- und Plattenlegerei, sonstige Fußbodenlegerei und -kleberei: 8,6 v. H. des Umsatzes*

   Handwerksbetriebe, die Fliesen, Platten, Mosaik und Fußböden aus Steinholz, Kunststoffen, Terrazzo und ähnlichen Stoffen verlegen, Estricharbeiten ausführen sowie Fußböden mit Linoleum und ähnlichen Stoffen bekleben, einschließlich der Reparatur- und Instandhaltungsarbeiten.

8. *Friseure: 4,5 v. H. des Umsatzes*

   Damenfriseure, Herrenfriseure sowie Damen- und Herrenfriseure.

9. *Gewerbliche Gärtnerei: 5,8 v. H. des Umsatzes*

   Ausführung gärtnerischer Arbeiten im Auftrage anderer, wie Veredeln, Landschaftsgestaltung, Pflege von Gärten und Friedhöfen, Binden von Kränzen und Blumen, wobei diese Tätigkeiten nicht überwiegend auf der Nutzung von Bodenflächen beruhen.

10. *Glasergewerbe: 9,2 v. H. des Umsatzes*

    Handwerksbetriebe, die Glaserarbeiten ausführen, darunter Bau-, Auto-, Bilder- und Möbelarbeiten.

11. *Hoch- und Ingenieurhochbau: 6,3 v. H. des Umsatzes*

    Handwerksbetriebe, die Hoch- und Ingenieurhochbauten, aber nicht Brücken- und Spezialbauten, ausführen, einschließlich der Reparatur- und Unterhaltungsarbeiten.

12. *Klempnerei, Gas- und Wasserinstallation: 8,4 v. H. des Umsatzes*

    Handwerksbetriebe, die Bauklempnerarbeiten und die Installation von Gas- und Flüssigkeitsleitungen sowie damit verbundener Geräte einschließlich der Reparatur- und Unterhaltungsarbeiten ausführen.

13. *Maler- und Lackierergewerbe, Tapezierer: 3,7 v. H. des Umsatzes*

    Handwerksbetriebe, die folgende Arbeiten ausführen:

    1. *Maler- und Lackiererarbeiten, einschließlich Schiffsmalerei und Entrostungsarbeiten. Nicht dazu gehört das Lackieren von Straßenfahrzeugen,*
    2. *Aufkleben von Tapeten, Kunststoffolien und ähnlichem.*

14. *Polsterei- und Dekorateurgewerbe: 9,5 v. H. des Umsatzes*

    Handwerksbetriebe, die Polsterer- und Dekorateurarbeiten einschließlich Reparaturarbeiten ausführen. Darunter fallen auch die Herstellung von Möbelpolstern und Matratzen mit fremdbezogenen Vollpolstereinlagen, Federkernen oder Schaumstoff- bzw. Schaumgummikörpern, die Polsterung fremdbezogener Möbelgestelle sowie das Anbringen von Dekorationen, ohne Schaufensterdekorationen.

15. *Putzmacherei: 12,2 v. H. des Umsatzes*

    Handwerksbetriebe, die Hüte aus Filz, Stoff und Stroh für Damen, Mädchen und Kinder herstellen und umarbeiten. Nicht dazu gehört die Herstellung und Umarbeitung von Huthalbfabrikaten aus Filz.

16. *Reparatur von Kraftfahrzeugen: 9,1 v. H. des Umsatzes*

    Handwerksbetriebe, die Kraftfahrzeuge, ausgenommen Ackerschlepper, reparieren.

17. *Schlosserei und Schweißerei: 7,9 v. H. des Umsatzes*

    Handwerksbetriebe, die Schlosser- und Schweißarbeiten einschließlich der Reparaturarbeiten ausführen.

§ 23 UStDV Anlage

18. *Schneiderei: 6,0 v. H. des Umsatzes*

    Handwerksbetriebe, die folgende Arbeiten ausführen:

    1. *Maßfertigung von Herren- und Knabenoberbekleidung, von Uniformen und Damen-, Mädchen- und Kinderoberbekleidung, aber nicht Maßkonfektion.*
    2. *Reparatur- und Hilfsarbeiten an Erzeugnissen des Bekleidungsgewerbes.*

19. *Schuhmacherei: 6,5 v. H. des Umsatzes*

    Handwerksbetriebe, die Maßschuhe, darunter orthopädisches Schuhwerk, herstellen und Schuhe reparieren.

20. *Steinbildhauerei und Steinmetzerei: 8,4 v. H. des Umsatzes*

    Handwerksbetriebe, die Steinbildhauer- und Steinmetzerzeugnisse herstellen, darunter Grabsteine, Denkmäler und Skulpturen einschließlich der Reparaturarbeiten.

21. *Stukkateurgewerbe: 4,4 v. H. des Umsatzes*

    Handwerksbetriebe, die Stukkateur-, Gipserei- und Putzarbeiten, darunter Herstellung von Rabitzwänden, ausführen.

22. *Winder und Scherer: 2,0 v. H. des Umsatzes*

    In Heimarbeit Beschäftigte, die in eigener Arbeitsstätte mit nicht mehr als zwei Hilfskräften im Auftrag von Gewerbetreibenden Garne in Lohnarbeit umspulen.

23. *Zimmerei: 8,1 v. H. des Umsatzes*

    Handwerksbetriebe, die Bauholz zurichten, Dachstühle und Treppen aus Holz herstellen sowie Holzbauten errichten und entsprechende Reparatur- und Unterhaltungsarbeiten ausführen.

II. Einzelhandel

1. *Blumen und Pflanzen: 5,7 v. H. des Umsatzes*

   Einzelhandelsbetriebe, die überwiegend Blumen, Pflanzen, Blattwerk, Wurzelstücke und Zweige vertreiben.

2. *Brennstoffe: 12,5 v. H. des Umsatzes*

   Einzelhandelsbetriebe, die überwiegend Brennstoffe vertreiben.

3. *Drogerien: 10,9 v. H. des Umsatzes*

   Einzelhandelsbetriebe, die überwiegend vertreiben:

   Heilkräuter, pharmazeutische Spezialitäten und Chemikalien, hygienische Artikel, Desinfektionsmittel, Körperpflegemittel, kosmetische Artikel, diätetische Nahrungsmittel, Säuglings- und Krankenpflegebedarf, Reformwaren, Schädlingsbekämpfungsmittel, Fotogeräte und Fotozubehör.

4. *Elektrotechnische Erzeugnisse, Leuchten, Rundfunk-, Fernseh- und Phonogeräte: 11,7 v. H. des Umsatzes*

   Einzelhandelsbetriebe, die überwiegend vertreiben:

   Elektrotechnische Erzeugnisse, darunter elektrotechnisches Material, Glühbirnen und elektrische Haushalts- und Verbrauchergeräte, Leuchten, Rundfunk-, Fernseh-, Phono-, Tonaufnahme- und -wiedergabegeräte, deren Teile und Zubehör, Schallplatten und Tonbänder.

5. *Fahrräder und Mopeds: 12,2 v. H. des Umsatzes*

   Einzelhandelsbetriebe, die überwiegend Fahrräder, deren Teile und Zubehör, Mopeds und Fahrradanhänger vertreiben.

UStDV Anlage **§ 23**

6. *Fische und Fischerzeugnisse: 6,6 v. H. des Umsatzes*

    Einzelhandelsbetriebe, die überwiegend Fische, Fischerzeugnisse, Krebse, Muscheln und ähnliche Waren vertreiben.

7. *Kartoffeln, Gemüse, Obst und Südfrüchte: 6,4 v. H. des Umsatzes*

    Einzelhandelsbetriebe, die überwiegend Speisekartoffeln, Gemüse, Obst, Früchte (auch Konserven) sowie Obst- und Gemüsesäfte vertreiben.

8. *Lacke, Farben und sonstiger Anstrichbedarf: 11,2 v. H. des Umsatzes*

    Einzelhandelsbetriebe, die überwiegend Lacke, Farben, sonstigen Anstrichbedarf, darunter Malerwerkzeuge, Tapeten, Linoleum, sonstigen Fußbodenbelag, aber nicht Teppiche, vertreiben.

9. *Milch, Milcherzeugnisse, Fettwaren und Eier: 6,4 v. H. des Umsatzes*

    Einzelhandelsbetriebe, die überwiegend Milch, Milcherzeugnisse, Fettwaren und Eier vertreiben.

10. *Nahrungs- und Genußmittel: 8,3 v. H. des Umsatzes*

    Einzelhandelsbetriebe, die überwiegend Nahrungs- und Genußmittel aller Art vertreiben, ohne daß bestimmte Warenarten klar überwiegen.

11. *Oberbekleidung: 12,3 v. H. des Umsatzes*

    Einzelhandelsbetriebe, die überwiegend vertreiben:

    Oberbekleidung für Herren, Knaben, Damen, Mädchen und Kinder, auch in sportlichem Zuschnitt, darunter Berufs- und Lederbekleidung, aber nicht gewirkte und gestrickte Oberbekleidung, Sportbekleidung, Blusen, Hausjacken, Morgenröcke und Schürzen.

12. *Reformwaren: 8,5 v. H. des Umsatzes*

    Einzelhandelsbetriebe, die überwiegend vertreiben:

    Reformwaren, darunter Reformnahrungsmittel, diätetische Lebensmittel, Kurmittel, Heilkräuter, pharmazeutische Extrakte und Spezialitäten.

13. *Schuhe und Schuhwaren: 11,8 v. H. des Umsatzes*

    Einzelhandelsbetriebe, die überwiegend Schuhe aus verschiedenen Werkstoffen sowie Schuhwaren vertreiben.

14. *Süßwaren: 6,6 v. H. des Umsatzes*

    Einzelhandelsbetriebe, die überwiegend Süßwaren vertreiben.

15. *Textilwaren verschiedener Art: 12,3 v. H. des Umsatzes*

    Einzelhandelsbetriebe, die überwiegend Textilwaren vertreiben, ohne daß bestimmte Warenarten klar überwiegen.

16. *Tiere und zoologischer Bedarf: 8,8 v. H. des Umsatzes*

    Einzelhandelsbetriebe, die überwiegend lebende Haus- und Nutztiere, zoologischen Bedarf, Bedarf für Hunde- und Katzenhaltung und dergleichen vertreiben.

17. *Unterhaltungszeitschriften und Zeitungen: 6,3 v. H. des Umsatzes*

    Einzelhandelsbetriebe, die überwiegend Unterhaltungszeitschriften, Zeitungen und Romanhefte vertreiben.

18. *Wild und Geflügel: 6,4 v. H. des Umsatzes*

    Einzelhandelsbetriebe, die überwiegend Wild, Geflügel und Wildgeflügel vertreiben.

III. Sonstige Gewerbebetriebe

1. *Eisdielen: 5,8 v. H. des Umsatzes*

   Betriebe, die überwiegend erworbenes oder selbsthergestelltes Speiseeis zum Verzehr auf dem Grundstück des Verkäufers abgeben.

2. *Fremdenheime und Pensionen: 6,7 v. H. des Umsatzes*

   Unterkunftsstätten, in denen jedermann beherbergt und häufig auch verpflegt wird.

3. *Gast- und Speisewirtschaften: 8,7 v. H. des Umsatzes*

   Gast- und Speisewirtschaften mit Ausschank alkoholischer Getränke (ohne Bahnhofswirtschaften).

4. *Gebäude- und Fensterreinigung: 1,6 v. H. des Umsatzes*

   Betriebe für die Reinigung von Gebäuden, Räumen und Inventar, einschließlich Teppichreinigung, Fensterputzen, Schädlingsbekämpfung und Schiffsreinigung. Nicht dazu gehören die Betriebe für Hausfassadenreinigung.

5. *Personenbeförderung mit Personenkraftwagen: 6,0 v. H. des Umsatzes*

   Betriebe zur Beförderung von Personen mit Taxis oder Mietwagen.

6. *Wäschereien: 6,5 v. H. des Umsatzes*

   Hierzu gehören auch Mietwaschküchen, Wäschedienst, aber nicht Wäscheverleih.

IV. Freie Berufe

1. a) *Bildhauer: 7,0 v. H. des Umsatzes*

   b) *Grafiker (nicht Gebrauchsgrafiker): 5,2 v. H. des Umsatzes*

   c) *Kunstmaler: 5,2 v. H. des Umsatzes*

2. *Selbständige Mitarbeiter bei Bühne, Film, Funk, Fernsehen und Schallplattenproduzenten: 3,6 v. H. des Umsatzes*

   Natürliche Personen, die auf den Gebieten der Bühne, des Films, des Hörfunks, des Fernsehens, der Schallplatten-, Bild- und Tonträgerproduktion selbständig Leistungen in Form von eigenen Darbietungen oder Beiträge zu Leistungen Dritter erbringen.

3. *Hochschullehrer: 2,9 v. H. des Umsatzes*

   Umsätze aus freiberuflicher Nebentätigkeit zur unselbständig ausgeübten wissenschaftlichen Tätigkeit.

4. *Journalisten: 4,8 v. H. des Umsatzes*

   Freiberuflich tätige Unternehmer, die in Wort und Bild überwiegend aktuelle politische, kulturelle und wirtschaftliche Ereignisse darstellen.

5. *Schriftsteller: 2,6 v. H. des Umsatzes*

   Freiberuflich tätige Unternehmer, die geschriebene Werke mit überwiegend wissenschaftlichem, unterhaltendem oder künstlerischem Inhalt schaffen.

Abschnitt B

Durchschnittsätze für die Berechnung eines Teils der Vorsteuerbeträge (§ 70 Abs. 2)

1. *Architekten: 1,9 v. H. des Umsatzes*

   Architektur-, Bauingenieur- und Vermessungsbüros, darunter Baubüros, statische Büros und Bausachverständige, aber nicht Film- und Bühnenarchitekten.

2. *Haushandweber: 3,2 v. H. des Umsatzes*

   In Heimarbeit Beschäftigte, die in eigener Arbeitsstätte mit nicht mehr als zwei Hilfskräften im Auftrag von Gewerbetreibenden Schmalbänder in Lohnarbeit weben oder wirken.

3. *Patentanwälte: 1,7 v. H. des Umsatzes*

   Patentanwaltspraxis, aber nicht die Lizenz- und Patentverwertung.

4. *Rechtsanwälte und Notare: 1,5 v. H. des Umsatzes*

   Rechtsanwaltspraxis mit und ohne Notariat sowie das Notariat, nicht aber die Patentanwaltspraxis.

5. *Schornsteinfeger: 1,6 v. H. des Umsatzes*

6. *Steuerberatung, Wirtschaftsprüfung, wirtschaftliche Unternehmensberatung: 1,7 v.H. des Umsatzes*

   Wirtschaftsprüfer, vereidigte Buchprüfer, Steuerberater und Steuerbevollmächtigte. Nicht dazu gehören Treuhandgesellschaften für Vermögensverwaltung.

UStAE

Zu § 23 UStG (§§ 69, 70 UStDV, Anlage der UStDV)

23.1. Anwendung der Durchschnittssätze

(1) [1]Die in der Anlage zur UStDV festgesetzten Durchschnittssätze sind für den Unternehmer und für das Finanzamt verbindlich. [2]Insbesondere ist nicht zu prüfen, ob und ggf. inwieweit die danach ermittelte Vorsteuer von der tatsächlich entstandenen Vorsteuer abweicht. [3]Die Anwendung des Durchschnittssatzes ist deshalb auch dann nicht zu beanstanden, wenn im Einzelfall eine erhebliche Abweichung festgestellt wird (vgl. BFH-Urteil vom 11.1.1990, V R 189/84, BStBl. II S. 405).

(2) [1]Die Durchschnittssätze können nur von solchen Unternehmern in Anspruch genommen werden, deren Umsatz im Sinne des § 69 Abs. 2 UStDV in den einzelnen in der Anlage der UStDV bezeichneten Berufs- und Gewerbezweigen im vorangegangenen Kalenderjahr 61.356 € nicht überstiegen hat und die außerdem nicht verpflichtet sind, Bücher zu führen und auf Grund jährlicher Bestandsaufnahmen regelmäßig Abschlüsse zu machen. [2]Zur Bemessungsgrundlage für die Berechnung des Vorsteuerabzuges nach Durchschnittssätzen zählen auch steuerfreie Umsätze, soweit sie nicht besonders ausgenommen sind. [3]Auf den Gesamtumsatz des Unternehmers wird nicht abgestellt.

(3) [1]Hat der Unternehmer, der einen Durchschnittssatz in Anspruch nehmen will, seine gewerbliche oder berufliche Tätigkeit nur in einem Teil des vorangegangenen Kalenderjahres ausgeübt, ist der tatsächliche Umsatz im Sinne des § 69 Abs. 2 UStDV in einen Jahresumsatz umzurechnen. [2]§ 19 Abs. 3 Sätze 3 und 4 UStG ist entsprechend anzuwenden. [3]Bei Betriebseröffnungen innerhalb des laufenden Kalenderjahres ist der voraussichtliche Umsatz im Sinne des § 69 Abs. 2 UStDV dieses Jahres maßgebend (vgl. BFH-Beschluss vom 27.6.2006, V B 143/05, BStBl. II S. 732). [4]Das gilt auch dann, wenn sich nachträglich herausstellen sollte, dass der tatsächliche vom voraussichtlichen Umsatz abweicht. [5]Erwirbt ein Unternehmer ein anderes Unternehmen im Wege der Gesamtrechtsnachfolge, kann für die Berechnung des Umsatzes des vorangegangenen Kalenderjahres von einer Zusammenrechnung der Umsätze des Unternehmers und seines Rechtsvorgängers abgesehen werden (vgl. Abschnitt 19.1 Abs. 5).

23.2. Berufs- und Gewerbezweige

(1) [1]Bei den Berufs- und Gewerbezweigen, für die Durchschnittssätze festgelegt werden, handelt es sich um Gruppen von Unternehmern, bei denen hinsichtlich der Besteuerungsgrundlagen annähernd gleiche Verhältnisse vorliegen. [2]Die jeweils festgesetzten Durchschnittssätze können daher nur solche Unternehmer in Anspruch nehmen, die die wesentlichen Leistungen des Berufs- und Gewerbezweiges erbringen (vgl. BFH-Urteil vom 18.5.1995, V R 7/94, BStBl. II S. 751). [3]Der Abgrenzung der einzelnen Berufs- und Gewerbezweige liegt in den Fällen des Abschnitts A Teile I bis III und des Abschnitts B Nr. 1, 3 bis 6 der Anlage der UStDV die "Systematik der Wirtschaftszweige" Ausgabe 1961 – herausgegeben vom Statistischen Bundesamt – zu Grunde. [4]Diese Systematik kann bei Zweifelsfragen zur Abgrenzung herangezogen werden. [5]Eine unternehmerische Tätigkeit, bei der hinsichtlich der Besteuerungsgrundlagen keine annähernd gleichen Verhältnisse zu den in der Anlage der UStDV be-

§ 23 UStAE 23.2., 23.3.

zeichneten Berufs- und Gewerbezweigen vorliegen, kann für Zwecke des Vorsteuerabzugs nicht schätzungsweise aufgeteilt werden.

(2) ¹Die Anwendung der Durchschnittssätze wird nicht dadurch ausgeschlossen, dass die Unternehmer der in der Anlage der UStDV bezeichneten Berufs- und Gewerbezweige auch Umsätze ausführen, die üblicherweise in das Gebiet anderer Berufs- oder Gewerbezweige fallen. ²Bei den Handelsbetrieben müssen jedoch die maßgeblichen Umsätze der in der Anlage der UStDV jeweils bezeichneten Gegenstände überwiegen. ³In allen anderen Fällen können die Durchschnittssätze eines Berufs- oder Gewerbezweigs dann angewendet werden, wenn die maßgeblichen Umsätze aus der zusätzlichen Tätigkeit 25% des gesamten Umsatzes aus dem jeweiligen Berufs- oder Gewerbezweig – einschließlich des Umsatzes aus der zusätzlichen Tätigkeit – nicht übersteigen. ⁴Werden diese Anteile überschritten, können die in Betracht kommenden Durchschnittssätze zwar auf die Umsätze im Sinne des § 69 Abs. 2 UStDV aus der Haupttätigkeit, nicht aber auf die Umsätze aus der Nebentätigkeit angewendet werden. ⁵Für die Nebentätigkeit besteht jedoch die Möglichkeit, einen anderen Durchschnittssatz in Anspruch zu nehmen, soweit die betreffende Nebentätigkeit unter einen der in der Anlage der UStDV bezeichneten Berufs- und Gewerbezweige fällt.

(3) ¹Bei den unter Abschnitt A Teil IV Nr. 2 der Anlage der UStDV genannten Berufen bedeutet die Aufnahme in die Verordnung nicht, dass die Angehörigen dieses Berufskreises stets als selbständige Unternehmer im Sinne des Umsatzsteuerrechts anzusehen sind. ²Diese Frage ist vielmehr nach den allgemeinen Grundsätzen zu entscheiden (vgl. Abschnitt 2.2). ³Zu den selbständigen Mitarbeitern bei Bühne, Film, Funk usw. können gehören: Aufnahmeleiter, Bühnenarchitekten, Bühnenbildner, Choreographen, Chorleiter, Conférenciers, Cutter, Dirigenten, Dramaturgen, Graphiker, Kabarettisten, Kameraleute, Kapellmeister, Kostümbildner, Lektoren, Maskenbildner, Musikarrangeure, Musikberater, Musiker, Produktionsassistenten, Produktionsleiter, Regisseure, Sänger, Schauspieler, Souffleusen, Sprecher, Standfotografen, Tänzer und Tonmeister.

(4) ¹Die Umsätze eines Hochschullehrers aus freiberuflicher Nebentätigkeit können, soweit sie nicht z.B. nach § 4 Nr. 21 UStG von der Umsatzsteuer befreit sind, nach Abschnitt A Teil IV Nr. 3 der Anlage der UStDV der Pauschalierung unterliegen. ²Eine Nebentätigkeit zur unselbständigen Tätigkeit ist anzunehmen, wenn sie sich als Ausfluss der Hochschullehrertätigkeit darstellt. ³Nicht als Nebentätigkeit angesehen werden kann eine Tätigkeit, die vom Arbeitgeber der Haupttätigkeit vergütet wird und mit dieser unmittelbar zusammenhängt (vgl. BFH-Urteil vom 29.1.1987, IV R 189/85, BStBl. II S. 783). ⁴Die Nebentätigkeit muss von der Haupttätigkeit eindeutig abgrenzbar sein. ⁵Die Beurteilung, ob es sich um eine freiberufliche Tätigkeit handelt, richtet sich nach § 18 EStG.

(5) ¹Die Grenzen zwischen den Berufen der Journalisten und Schriftsteller (Abschnitt A Teil IV Nr. 4 und 5 der Anlage der UStDV) sind nicht immer eindeutig, da auch die Grundlage des Journalistenberufs eine schriftstellerische oder dieser ähnliche Betätigung ist. ²Der Journalist ist im Hauptberuf regelmäßig für Zeitungen oder Zeitschriften tätig. ³Er kann jedoch auch in Nachrichten- und Korrespondenzbüros, bei Pressestellen, in der Werbung oder bei Film und Funk arbeiten. ⁴Der Journalist sammelt überwiegend aktuelle Informationen und Nachrichten entweder mit Hilfe von Nachrichtenbüros oder durch Reisen, Reportagen, Umfragen usw. und verarbeitet dieses Nachrichten- und Informationsmaterial in die für den Auftraggeber erforderliche überwiegend schriftstellerische Form.

(6) Die für Schriftsteller festgesetzten Durchschnittssätze können auch von Komponisten, Liederdichtern und Librettisten angewendet werden, nicht jedoch für Übersetzer (vgl. BFH-Urteil vom 23.7.2009, V R 66/07, BStBl. II S. 86).

(7) ¹Der für Patentanwälte (Abschnitt B Nr. 3 der Anlage der UStDV) festgesetzte Durchschnittssatz kann auch von Erlaubnisscheininhabern (Patentingenieure) in Anspruch genommen werden. ²Es handelt sich dabei um Personen, die eine freiberufliche Tätigkeit als Rechtsberater und -vertreter auf dem Gebiet des gewerblichen Rechtsschutzes auf Grund eines Erlaubnisscheins ausüben, den ihnen der Präsident des Deutschen Patentamtes erteilt hat.

23.3. Umfang der Durchschnittssätze

(1) ¹Die Vorschrift des § 70 UStDV bestimmt in Verbindung mit der Anlage der UStDV den Umfang der Durchschnittssätze. ²Der wesentliche Teil der festgesetzten Durchschnittssätze dient der Berechnung der gesamten abziehbaren Vorsteuer. ³Soweit die Durchschnittssätze der Berechnung nur eines Teils der abziehbaren Vorsteuer dienen, sind die zusätzlich abziehbaren Vorsteuerbeträge in § 70 Abs. 2 UStDV besonders aufgeführt.

(2) ¹Zum Vorsteuerabzug beim Wechsel der Besteuerungsform wird auf Abschnitt 15.1 Abs. 5 und 6 hingewiesen. ²Zur Berichtigung des Vorsteuerabzugs beim Wechsel der Besteuerungsform vgl. Abschnitt 15a.9.

23.4. Verfahren

(1) Zur Frage, wann eine Steuerfestsetzung unanfechtbar ist, wird auf Abschnitt 19.2 Abs. 6 verwiesen.

(2) ¹Der Antrag auf Besteuerung nach einem festgesetzten Durchschnittssatz, seine Rücknahme und sein Widerruf sind an keine bestimmte Form gebunden und können auch durch schlüssiges Verhalten vorgenommen werden (vgl. BFH-Urteil vom 11.12.1997, V R 50/94, BStBl. 1998 II S. 420). ²Berechnet der Unternehmer zum Beispiel in den Voranmeldungen oder in der Jahreserklärung die Vorsteuer nach einem Durchschnittssatz, ist darin ein Antrag zu sehen. ³Eines besonderen Bescheides bedarf es nur bei Ablehnung des Antrages.

(3) Ein Widerruf im Sinne des § 23 Abs. 3 Satz 2 UStG liegt nicht vor, wenn der Antrag auf Besteuerung nach Durchschnittssätzen zurückgenommen wird, bevor die Steuerfestsetzung zumindest eines Kalenderjahres, für das ein Durchschnittssatz in Anspruch genommen wurde, unanfechtbar geworden ist.

(4) ¹Der Wegfall von Voraussetzungen für die Anwendung von Durchschnittssätzen (Überschreiten der 61.356 €-Grenze oder Eintritt der Buchführungspflicht) gilt nicht als Widerruf, wenn der Unternehmer die Durchschnittssätze für das Kalenderjahr wieder in Anspruch nimmt, bei dessen Beginn die Voraussetzungen zuerst wieder vorliegen. ²Macht der Unternehmer von dieser Möglichkeit keinen Gebrauch, gilt dies als Widerruf mit Wirkung vom Beginn des Kalenderjahres ab, für das die Durchschnittssätze zuerst nicht mehr angewendet werden durften.

Rechtsprechungsauswahl

BFH vom 23.07.2009 – V R 66/07, BStBl. 2010 II S. 86: Vorsteuerpauschalierung nach § 23 UStG i.V.m. § 70 UStDV – Übersetzer sind keine „Schriftsteller" i.S.d. Anlage zu den §§ 69 und 70 UStDV Abschn. A IV. Nr. 5.

1. Die Vorsteuerpauschalierung zum Zwecke der Vereinfachung des Besteuerungsverfahrens nach § 23 UStG i.V.m. § 70 UStDV für bestimmte Berufsgruppen erfordert, dass das FA den Unternehmer leicht und eindeutig einer der in § 70 UStDV genannten Berufsgruppe zuordnen kann.

2. Übersetzer sind keine „Schriftsteller" im Sinne der Anlage zu den §§ 69 und 70 UStDV Abschn. A IV. Nr. 5. Eine einzelfallorientierte Zuordnung von Übersetzern zu dieser Berufsgruppe oder von Untergruppen der Übersetzer (Literaturübersetzer, Fachübersetzer), je nach der Übersetzungstiefe oder dem wissenschaftlichen Gehalt der Übersetzung, widerspricht dem Vereinfachungszweck.

BFH vom 11.12.1997 – V R 50/94, BStBl. 1998 II S. 420: Antrag gem. § 23 UStG.

1. Der Unternehmer kann einen Antrag, die abziehbaren Vorsteuerbeträge nach Durchschnittssätzen zu berechnen, (für die Vergangenheit) zurücknehmen oder (für die Zukunft) widerrufen.

2. Der Antrag kann dem FA gegenüber durch schlüssiges Verhalten gestellt werden. Entsprechendes gilt für dessen Rücknahme oder Widerruf.

3. Die Rücknahme eines Antrags auf Besteuerung nach Durchschnittssätzen ist nur bis zur Unanfechtbarkeit der Steuerfestsetzung möglich. Unter Unanfechtbarkeit ist die formelle Bestandskraft der erstmaligen Steuerfestsetzung zu verstehen; auf deren Unabänderbarkeit kommt es nicht an.

BFH vom 18.05.1995 – V R 7/94, BStBl. 1995 II S. 751: Vorsteuer-Durchschnittsatz bei Fremdenpensionen.

1. Die für Fremdenheime und Pensionen festgesetzten Durchschnittssätze zur Ermittlung der abziehbaren Vorsteuerbeträge können nur solche Unternehmer in Anspruch nehmen, die ihre Gäste nicht nur beherbergen, sondern zusätzlich auch verpflegen.

2. Eine unternehmerische Tätigkeit, bei der hinsichtlich der Besteuerungsgrundlagen keine annähernd gleichen Verhältnisse zu den in der Anlage zu §§ 69 und 70 UStDV 1980/1991 bezeichneten Berufs- und Gewerbezweigen vorliegen, kann nicht schätzungsweise aufgeteilt werden, um den Vorsteuerabzug sowohl nach § 15 UStG 1980/1991 als auch nach § 23 UStG 1980/1991 i. V. m. §§ 69 und 70 UStDV 1980/1991 zu ermitteln.

BFH vom 11.08.1994 – XI R 99/92, BStBl. 1995 II S. 346: Bemessungsgrundlage für Vorsteuerpauschalierung.

Bei einem unselbständig tätigen Hochschullehrer mit freiberuflicher Nebentätigkeit sind in die Bemessungsgrundlage für die Vorsteuerpauschalierung steuerfreie Umsätze auch dann einzubeziehen, wenn sie aus einer abgrenzbaren Nebentätigkeit stammen.

§ 23

BFH vom 11.01.1990 – V R 189/84, BStBl. 1990 II S. 405: Vorsteuerabzug nach Durchschnittssätzen.
1. § 23 Abs. 2 UStG 1980 wendet sich ausschließlich an den Verordnungsgeber. Die Vorschrift legt für den Vorsteuerabzug nach Durchschnittssätzen kein im Einzelfall zu beachtendes Tatbestandsmerkmal des Inhalts fest, daß keine wesentliche Abweichung von dem Betrag eintreten dürfe, der sich ohne Anwendung der Durchschnittssätze ergeben würde.
2. § 23 UStG 1980 i. V. mit §§ 69 f. UStDV 1980 ergeben nicht, daß die Vorsteuerbeträge nach Durchschnittssätzen nicht auf Grund von solchen Umsätzen berechnet werden dürfen, die Teil einer Geschäftsveräußerung im ganzen sind.

§ 23a

§ 23a Durchschnittssatz für Körperschaften, Personenvereinigungen und Vermögensmassen im Sinne des § 5 Abs. 1 Nr. 9 des Körperschaftsteuergesetzes

(1) Zur Berechnung der abziehbaren Vorsteuerbeträge (§ 15) wird für Körperschaften, Personenvereinigungen und Vermögensmassen im Sinne des § 5 Abs. 1 Nr. 9 des Körperschaftsteuergesetzes, die nicht verpflichtet sind, Bücher zu führen und auf Grund jährlicher Bestandsaufnahmen regelmäßig Abschlüsse zu machen, ein Durchschnittssatz von 7 vom Hundert des steuerpflichtigen Umsatzes, mit Ausnahme der Einfuhr, festgesetzt. Ein weiterer Vorsteuerabzug ist ausgeschlossen.

(2) Der Unternehmer, dessen steuerpflichtiger Umsatz, mit Ausnahme der Einfuhr und des innergemeinschaftlichen Erwerbs, im vorangegangenen Kalenderjahr 30.678 Euro[1] überstiegen hat, kann den Durchschnittssatz nicht in Anspruch nehmen.

(3) Der Unternehmer, bei dem die Voraussetzungen für die Anwendung des Durchschnittssatzes gegeben sind, kann dem Finanzamt spätestens bis zum zehnten Tage nach Ablauf des ersten Voranmeldungszeitraums eines Kalenderjahres erklären, daß er den Durchschnittssatz in Anspruch nehmen will. Die Erklärung bindet den Unternehmer mindestens für fünf Kalenderjahre. Sie kann nur mit Wirkung vom Beginn eines Kalenderjahres an widerrufen werden. Der Widerruf ist spätestens bis zum zehnten Tag nach Ablauf des ersten Voranmeldungszeitraums dieses Kalenderjahres zu erklären. Eine erneute Anwendung des Durchschnittssatzes ist frühestens nach Ablauf von fünf Kalenderjahren zulässig.

Vorgaben im EG-Recht

USt-Recht	MwStSystRL
§ 23a	Artikel 281

Rechtsprechungsauswahl

BFH vom 27.06.2006 – V B 143/05, BStBl. 2006 II S. 732: Voraussichtlicher Umsatz maßgeblich im Jahr der Betriebsaufnahme für die Anwendung von § 23a UStG.

Für die Anwendbarkeit der Regelung zur Berechnung der abziehbaren Vorsteuerbeträge nach Durchschnittssätzen gemäß § 23a UStG ist im ersten Kalenderjahr der unternehmerischen Betätigung der voraussichtliche Umsatz dieses Jahres maßgebend.

BFH vom 30.03.1995 – V R 22/94, BStBl. 1995 II S. 567: Erklärung gem. § 23a Abs. 3 UStG.

Ein von der Verpflichtung zur Abgabe der Voranmeldungen und Entrichtung der Vorauszahlungen befreiter Unternehmer muß dem FA gemäß § 23a Abs. 3 Satz 1 UStG 1980 spätestens bis zum 10. April eines Kalenderjahres erklären, daß er zur Berechnung der abziehbaren Vorsteuerbeträge den Durchschnittssatz gemäß § 23a Abs. 1 Satz 1 UStG 1980 in Anspruch nehmen will.

---

[1] Gilt ab 01.01.2002; davor: 60.000 DM; ab dem 01.01.2008: 35 000 €

§ 24

§ 24 Durchschnittssätze für land- und forstwirtschaftliche Betriebe

(1) Für die im Rahmen eines land- und forstwirtschaftlichen Betriebes ausgeführten Umsätze wird die Steuer vorbehaltlich der Sätze 2 bis 4 wie folgt festgesetzt:

1. für die Lieferungen von forstwirtschaftlichen Erzeugnissen, ausgenommen Sägewerkserzeugnisse, auf 5,5 Prozent[1],
2. [2]für die Lieferungen der in der Anlage 2 nicht aufgeführten Sägewerkserzeugnisse und Getränke sowie von alkoholischen Flüssigkeiten, ausgenommen die Lieferungen in das Ausland und die im Ausland bewirkten Umsätze, und für sonstige Leistungen, soweit in der Anlage 2 nicht aufgeführte Getränke abgegeben werden, auf 19 Prozent[3],
3. für die übrigen Umsätze im Sinne des § 1 Abs. 1 Nr. 1 auf 10,7 Prozent[4]

der Bemessungsgrundlage. Die Befreiungen nach § 4 mit Ausnahme der Nummern 1 bis 7 bleiben unberührt; § 9 findet keine Anwendung. Die Vorsteuerbeträge werden, soweit sie den in Satz 1 Nr. 1 bezeichneten Umsätzen zuzurechnen sind, auf 5,5 Prozent[5], in den übrigen Fällen des Satzes 1 auf 10,7 Prozent[6] der Bemessungsgrundlage für diese Umsätze festgesetzt. Ein weiterer Vorsteuerabzug entfällt. § 14 ist mit der Maßgabe anzuwenden, daß der für den Umsatz maßgebliche Durchschnittssatz in der Rechnung zusätzlich anzugeben ist.

(2) Als land- und forstwirtschaftlicher Betrieb gelten

1. die Landwirtschaft, die Forstwirtschaft, der Wein-, Garten-, Obst- und Gemüsebau, die Baumschulen, alle Betriebe, die Pflanzen und Pflanzenteile mit Hilfe der Naturkräfte gewinnen, die Binnenfischerei, die Teichwirtschaft, die Fischzucht für die Binnenfischerei und Teichwirtschaft, die Imkerei, die Wanderschäferei sowie die Saatzucht,
2. Tierzucht- und Tierhaltungsbetriebe, soweit ihre Tierbestände nach den §§ 51 und 51a des Bewertungsgesetzes zur landwirtschaftlichen Nutzung gehören.

Zum land- und forstwirtschaftlichen Betrieb gehören auch die Nebenbetriebe, die dem land- und forstwirtschaftlichen Betrieb zu dienen bestimmt sind. Ein Gewerbebetrieb kraft Rechtsform gilt auch dann nicht als land- und forstwirtschaftlicher Betrieb, wenn im übrigen die Merkmale eines land- und forstwirtschaftlichen Betriebes vorliegen.

(3) Führt der Unternehmer neben den in Absatz 1 bezeichneten Umsätzen auch andere Umsätze aus, so ist der land- und forstwirtschaftliche Betrieb als ein in der Gliederung des Unternehmens gesondert geführter Betrieb zu behandeln.

(4) Der Unternehmer kann spätestens bis zum 10. Tag eines Kalenderjahres gegenüber dem Finanzamt erklären, daß seine Umsätze vom Beginn des vorangegangenen Kalenderjahres an nicht nach den Absätzen 1 bis 3, sondern nach den allgemeinen Vorschriften dieses Gesetzes besteuert werden sollen. Die Erklärung bindet den Unternehmer mindestens für fünf Kalenderjahre; im Fall der Geschäftsveräußerung ist der Erwerber an diese Frist gebunden. Sie kann mit Wirkung vom Beginn eines Kalenderjahres an widerrufen werden. Der Widerruf ist spätestens bis zum 10. Tag nach Beginn dieses Kalenderjahres zu erklären. Die Frist nach Satz 4 kann verlängert werden. Ist die Frist bereits abgelaufen, so kann sie rückwirkend verlängert werden, wenn es unbillig wäre, die durch den Fristablauf eingetretenen Rechtsfolgen bestehen zu lassen.

Vorgaben im EG-Recht

USt-Recht	MwStSystRL
§ 24 Abs. 1 UStG	Artikel 296 Abs. 1, Artikel 297 bis 302
§ 24 Abs. 2 und 3 UStG	Artikel 295 Abs. 1 Nr. 2 und Abs. 2 i.V.m. Anhang VII
§ 24 Abs. 4 UStG, § 71 UStDV	Artikel 296 Abs. 3

---

1) Gilt ab 01.01.2007, davor 5%
2) Fassung ab 29.12.2007
3) Gilt ab 01.01.2007, davor 16%
4) Gilt ab 01.01.2007, davor 9%
5) Gilt ab 01.01.2007, davor 5%
6) Gilt ab 01.01.2007, davor 9%

UStDV

(zu § 24 Abs. 4 UStG)

§ 71 Verkürzung der zeitlichen Bindungen für land- und forstwirtschaftliche Betriebe

¹Der Unternehmer, der eine Erklärung nach § 24 Abs. 4 Satz 1 des Gesetzes abgegeben hat, kann von der Besteuerung des § 19 Abs. 1 des Gesetzes zur Besteuerung nach § 24 Abs. 1 bis 3 des Gesetzes mit Wirkung vom Beginn eines jeden folgenden Kalenderjahres an übergehen. ²Auf den Widerruf der Erklärung ist § 24 Abs. 4 Satz 4 des Gesetzes anzuwenden.

UStAE

Zu § 24 UStG (§ 71 UStDV)[1)]

24.1. Umsätze im Rahmen eines land- und forstwirtschaftlichen Betriebs

Richtlinienkonforme Auslegung

(1) ¹Die Durchschnittssätze sind nach § 24 Abs. 1 Satz 1 UStG nur auf Umsätze anzuwenden, die im Rahmen eines land- und forstwirtschaftlichen Betriebs ausgeführt werden. ²Unter Beachtung der Rechtsprechung des Europäischen Gerichtshofs ist § 24 UStG dahin auszulegen, dass solche Umsätze nur die Lieferungen selbst erzeugter landwirtschaftlicher Erzeugnisse und die landwirtschaftlichen Dienstleistungen sind, auf die die Pauschalregelung nach Artikel 295 bis 305 MwStSystRL Anwendung findet, vgl. Abschnitte 24.2 und 24.3. ³Andere Umsätze, die der Unternehmer im Rahmen des land- und forstwirtschaftlichen Betriebs sowie außerhalb dieses Betriebs tätigt, unterliegen der Besteuerung nach den allgemeinen Vorschriften des Gesetzes (EuGH-Urteile vom 15.7.2004, C-321/02, EuGHE I S. 7101, und vom 26.5.2005, C-43/04, EuGHE I S. 4491, sowie BFH-Urteile vom 25.11.2004, V R 8/01, BStBl. 2005 II S. 896, vom 22.9.2005, V R 28/03, BStBl. 2006 II S. 280, vom 12.10.2006, V R 36/04, BStBl. 2007 II S. 485 und vom 14.6.2007, V R 56/05, BStBl. 2008 II S. 158). ⁴Diese Auslegung gilt auch für die Umsätze im Rahmen eines land- und forstwirtschaftlichen Nebenbetriebs (§ 24 Abs. 2 Satz 2 UStG). ⁵Veräußert ein Landwirt, der neben seinem landwirtschaftlichen Erzeugerbetrieb einen nicht landwirtschaftlichen Absatzbetrieb unterhält, selbst erzeugte landwirtschaftliche Erzeugnisse (vgl. Abschnitt 24.2) an Dritte, sind auf diese Umsätze die Durchschnittssätze anzuwenden (vgl. BFH-Urteil vom 14.6.2007, V R 56/05, a.a.O.).

Land- und forstwirtschaftlicher Betrieb

(2) ¹Einen land- und forstwirtschaftlichen Betrieb unterhält ein Unternehmer, soweit er im Rahmen der in § 24 Abs. 2 Satz 1 UStG genannten Erzeugertätigkeiten unter planmäßiger Nutzung der natürlichen Kräfte des Bodens Pflanzen und Tiere sowie die dadurch selbst gewonnenen Erzeugnisse verwertet (vgl. BFH-Urteil vom 12.10.2006, V R 36/04, BStBl. 2007 II S. 485). ²Die Zierfischzucht in Teichen fällt nicht unter § 24 Abs. 2 Satz 1 Nr. 1 UStG. ³Zur Frage, inwieweit die Aufzucht von Köderfischen, Testfischen, Futterfischen und Besatzfischen in Teichen als landwirtschaftlicher Betrieb gilt, vgl. BFH-Urteil vom 13.3.1987, V R 55/77, BStBl. II S. 467. ⁴Ein Substanzbetrieb (z.B. Torf-, Ton-, Lehm-, Kies- und Sandabbaubetrieb) ist kein land- und forstwirtschaftlicher Betrieb im Sinne des § 24 Abs. 2 Satz 1 UStG. ⁵Die Abgrenzung der landwirtschaftlichen Tierzucht und Tierhaltung von der übrigen Tierzucht und Tierhaltung ist umsatzsteuerrechtlich nach den §§ 51 und 51a BewG vorzunehmen (§ 24 Abs. 2 Satz 1 Nr. 2 UStG). ⁶Gemeinschaftliche Tierhaltung gilt nur dann als landwirtschaftlicher Betrieb im Sinne des § 24 Abs. 2 Nr. 2 UStG, wenn sämtliche Voraussetzungen des § 51a BewG erfüllt sind (vgl. BFH-Urteil vom 26.4.1990, V R 90/87, BStBl. II S. 802). ⁷Ein Tierzucht- bzw. Tierhaltungsbetrieb ist kein landwirtschaftlicher Betrieb, wenn dem Unternehmer nicht in ausreichendem Umfang selbst bewirtschaftete Grundstücksflächen zur Verfügung stehen (vgl. BFH-Urteil vom 29.6.1988, X R 33/82, BStBl. II S. 922). ⁸Zur Frage, ob sich die Struktur eines landwirtschaftlichen Betriebs zu der eines nicht landwirtschaftlichen verändert hat, vgl. BFH-Urteil vom 9.5.1996, V R 118/92, BStBl. II S. 550.

Gewerbebetrieb kraft Rechtsform

(3) Zur Anwendung der Durchschnittssatzbesteuerung auf die Umsätze von Gewerbebetrieben kraft Rechtsform (§ 24 Abs. 2 Satz 3 UStG) vgl. BMF-Schreiben vom 1.12.2009, BStBl. I S. 1611.

---

1) Beachte Neufassung von Abschnitten 24.1. bis 24.8. und neuem Abschnitt 24.9. für nach dem 31.12.2010 ausgeführte Umsätze gem. BMF-Schreiben vom 27.10.2010, Anlage § 024-22

Aktiv bewirtschafteter Betrieb

(4) ¹Die Anwendung des § 24 UStG setzt grundsätzlich voraus, dass der landwirtschaftliche Betrieb noch bewirtschaftet wird (BFH-Urteil vom 21.4.1993, XI R 50/90, BStBl. II S. 696). ²Leistungen, die nach Einstellung der Erzeugertätigkeit erbracht werden, unterliegen daher grundsätzlich den allgemeinen Regelungen des Umsatzsteuergesetzes. ³Dies gilt nicht für nach Aufgabe des landwirtschaftlichen Betriebs ausgeführte Umsätze aus der Lieferung selbst erzeugter Produkte (vgl. BFH-Urteil vom 19.11.2009, V R 16/08, BStBl. 2010 II S. 319). ⁴Für die Umsätze aus der Veräußerung von Gegenständen des land- und forstwirtschaftlichen Unternehmensvermögens und von immateriellen Wirtschaftsgütern, die die rechtliche Grundlage der Erzeugertätigkeit des Unternehmers darstellen, sind die Vereinfachungsregelungen in Abschnitt 24.2 Abs. 6 und Abschnitt 24.3 Abs. 9 nach Betriebsaufgabe unter den weiteren Voraussetzungen anwendbar, dass die Veräußerung des einzelnen Wirtschaftsguts in engen sachlichen Zusammenhang mit der Betriebsaufgabe erfolgt und das Wirtschaftsgut nach Einstellung der Erzeugertätigkeit nicht zur Ausführung von Umsätzen verwendet wird, die der Regelbesteuerung unterliegen. ⁵Wird die landwirtschaftliche Erzeugertätigkeit in mehreren Schritten aufgegeben und werden dabei nur vorübergehend die Tierbestandsgrenzen des § 24 Abs. 2 Satz 1 Nr. 2 UStG überschritten, liegt insofern kein für die Besteuerung nach Durchschnittssätzen schädlicher Strukturwandel vor.

Verhältnis zu anderen Vorschriften des UStG

(5) ¹Nach § 1 Abs. 1a UStG unterliegen die Umsätze im Rahmen einer Geschäftsveräußerung an einen anderen Unternehmer für dessen Unternehmen nicht der Umsatzsteuer. ²Dies gilt auch bei der Veräußerung eines land- und forstwirtschaftlichen Betriebs oder Teilbetriebs sowie bei der Einbringung eines Betriebs oder Teilbetriebs in eine Gesellschaft, und zwar auch dann, wenn einzelne Wirtschaftsgüter von der Veräußerung ausgenommen werden (vgl. BFH-Urteil vom 15.10.1998, V R 69/97, BStBl. 1999 II S. 41). ³Eine Geschäftsveräußerung kann auch vorliegen, wenn verpachtete Gegenstände nach Beendigung der Pacht veräußert werden (vgl. BFH-Urteil vom 10.5.1961, V 222/58 U, BStBl. III S. 322); vgl. auch Abschnitt 1.5.

(6) Zum innergemeinschaftlichen Erwerb nach § 1a UStG bei Land- und Forstwirten, die die Durchschnittssatzbesteuerung nach § 24 UStG anwenden, vgl. Abschnitte 1a.1 Abs. 2 und 15.10 Abs. 2.

(7) Land- und Forstwirte, die die Durchschnittssatzbesteuerung nach § 24 UStG anwenden, können auch Steuerschuldner im Sinne des § 13b UStG sein (vgl. Abschnitt 13b.1 Abs. 1).

(8) Zur Anwendung der Kleinunternehmerregelung nach § 19 UStG vgl. Abschnitt 24.7 Abs. 4.

24.2. Erzeugnisse im Sinne des § 24 Abs. 1 Satz 1 UStG

(1) ¹Die Durchschnittssätze sind auf die Umsätze mit landwirtschaftlichen Erzeugnissen im Rahmen land- und forstwirtschaftlicher Betriebe anzuwenden. ²Voraussetzung ist, dass die Erzeugnisse im Rahmen dieses land- und forstwirtschaftlichen Betriebs erzeugt worden sind. ³Die Umsätze mit zugekauften Produkten sind von der Anwendung der Durchschnittssatzbesteuerung ausgeschlossen (vgl. BFH-Urteil vom 14.6.2007, V R 56/05, BStBl. II S. 158). ⁴Als zugekaufte Produkte gelten die zum Zwecke der Weiterveräußerung erworbenen Erzeugnisse. ⁵Werden nicht selbst erzeugte landwirtschaftliche Erzeugnisse im eigenen Betrieb durch urproduktive Tätigkeiten zu einem Produkt anderer Marktgängigkeit weiterverarbeitet, gelten diese hingegen als eigene Erzeugnisse. ⁶Solche eigenen Erzeugnisse liegen z.B. vor, wenn nicht selbst erzeugte land- und forstwirtschaftliche Erzeugnisse (z.B. zugekaufte Samen, Zwiebeln, Knollen, Stecklinge und Pflanzen) im eigenen Betrieb bis zur Verkaufsreife kultiviert werden oder spätestens nach Ablauf von 3 Monaten. ⁷Diese Grundsätze finden für den Bereich der Tierzucht und Tierhaltung entsprechende Anwendung. ⁸Der Erzeuger muss die Erzeugnisse im Zeitpunkt des Zukaufs den potentiell selbst erzeugten oder den zum baldigen Absatz bestimmten Waren zuordnen. ⁹Dem Vorsteuerabzug kommt hierbei eine indizielle Bedeutung zu. ¹⁰Werden die Produkte beispielsweise in einer Verkaufseinrichtung (z.B. Hofladen) präsentiert, spricht dies für eine Zuordnung zu den zum baldigen Absatz bestimmten Waren. ¹¹Verbleiben die ursprünglich zum baldigen Absatz bestimmten Waren länger als 3 Monate im Betrieb und werden sie in dieser Zeit weiter kultiviert, handelt es sich um selbst erzeugte Produkte, deren Lieferung der Durchschnittssatzbesteuerung unterliegt. ¹²Ein vorgenommener Vorsteuerabzug ist ggfs. zu berichtigen.

Verarbeitungstätigkeiten

(2) ¹Den Tätigkeiten der landwirtschaftlichen Erzeugung sind die Verarbeitungstätigkeiten gleichgestellt. ²Dabei ist Voraussetzung, dass der landwirtschaftliche Erzeuger im Wesentlichen aus seiner land- und forstwirtschaftlichen Produktion stammende Erzeugnisse verwendet und das Enderzeugnis seinen land- und forstwirtschaftlichen Charakter nicht verliert (sog. erste Verarbeitungsstufe). ³Führt die Verarbeitung zu einem Produkt der zweiten oder einer höheren Verarbeitungsstufe, unterliegen die

UStAE 24.2. §**24**

Umsätze mit diesen Erzeugnissen nicht der Durchschnittssatzbesteuerung. ⁴Die Ausführung von Verarbeitungstätigkeiten durch Lohnunternehmer steht in diesem Rahmen der Annahme eines selbst erzeugten landwirtschaftlichen Erzeugnisses nicht entgegen. ⁵Dies gilt in den Fällen der sog. Umtauschmüllerei (§ 3 Abs. 10 UStG) entsprechend.

Beispiel 1:

¹Ein Landwirt betreibt Schweinezucht. ²Er lässt die Schweine von einem gewerblichen Lohnunternehmer schlachten und in Hälften zerlegen. ³Die Schweinehälften liefert der Landwirt an einen fleischverarbeitenden Betrieb.

⁴Die Lieferung der Schweinehälften unterliegt der Durchschnittssatzbesteuerung. ⁵Die Ausführung der Schlacht- und Zerlegearbeiten durch einen Lohnunternehmer steht dem nicht entgegen.

Beispiel 2:

¹Ein Landwirt, der Getreide anbaut, bringt sein Getreide zu einer Mühle. ²Er erhält vom Müller Mehl, das aus fremdem Getreide gemahlen wurde und zahlt den Mahllohn. ³Der Landwirt veräußert das Mehl an einen Lebensmittelhersteller.

⁴Die Lieferung des Mehls an den Lebensmittelhersteller unterliegt der Durchschnittssatzbesteuerung. ⁵Unschädlich ist, dass das Mehl nicht tatsächlich aus dem vom Landwirt erzeugten Getreide gemahlen wurde.

(3) ¹Werden selbst erzeugte Produkte untrennbar mit zugekauften Produkten vermischt, unterliegt die Lieferung des Endprodukts aus Vereinfachungsgründen noch der Durchschnittssatzbesteuerung, wenn der Beimischung des zugekauften Produkts nicht mehr als 25% beträgt. ²Maßstab ist die im Handel übliche Maßeinheit (z.B. Kilogramm bei Honig, Liter bei Wein). ³Zugekaufte Zutaten und Nebenstoffe bleiben bei der Prüfung der 25%-Grenze nach Satz 1 außer Betracht. ⁴Als Zutaten und Nebenstoffe sind insbesondere Gewürze, Konservierungsmittel, Zusatzstoffe im Sinne des Weingesetzes, die Süßreserve sowie der Deckwein im Weinbau anzusehen. ⁵Gleiches gilt für die Warenumschließungen.

Beispiel 1:

¹Ein Imker hat sich verpflichtet, 400 kg Honig zu liefern. ²Da er nur über 350 kg selbst erzeugten Honig verfügt, kauft er 50 kg hinzu und vermischt beide Erzeugnisse.

³Beide Honigmengen werden untrennbar miteinander vermischt. ⁴Da der Anteil des zugekauften Honigs nicht mehr als 25% des Endprodukts ausmacht, unterliegt die Lieferung der Gesamtmenge der Durchschnittssatzbesteuerung.

Beispiel 2:

¹Ein Obstbauer hat sich verpflichtet, eine bestimmte Menge Apfelsaft in Flaschen zu liefern. ²Da die selbst erzeugte Menge von 700 kg Äpfeln für die Produktion nicht ausreicht, kauft er 300 kg hinzu und presst den Saft aus der Gesamtmenge.

³Bei der Beurteilung, ob es sich noch um ein selbst erzeugtes Produkt handelt, bleiben die Flaschen als Warenumschließungen außer Betracht. ⁴Da der Saft der zugekauften Äpfel untrennbar mit dem Saft der selbst erzeugten Äpfel vermischt wurde und mehr als 25% des Endprodukts beträgt, unterliegt die Lieferung des Apfelsafts nicht der Durchschnittssatzbesteuerung.

Beispiel 3:

¹Ein Kartoffelbauer verpflichtet sich zur Lieferung von 1.000 kg geschälten Kartoffeln. ²Da er nur über 700 kg selbst erzeugter Produkte verfügt, kauft er die entsprechende Menge ungeschälter Kartoffeln hinzu. ³Die selbst erzeugten und zugekauften Kartoffeln werden in der Schälmaschine vermischt und geschält.

⁴Da die Kartoffeln nicht untrennbar miteinander vermischt werden, unterliegt die Lieferung der selbst erzeugten Produkte ohne Rücksicht auf prozentuale Zusammensetzung der Gesamtmenge der Durchschnittssatzbesteuerung. ⁵Die zugekauften Kartoffeln unterliegen der Besteuerung nach allgemeinen Regelungen. ⁶Der Unternehmer trägt die Feststellungslast für die Anwendung der Durchschnittssatzbesteuerung hinsichtlich der selbst erzeugten Kartoffeln.

Beispiel 4:

¹Ein Landwirt baut Gurken an und stellt daraus Konserven her. ²Da er nicht über die erforderliche Menge Gurken verfügt, kauft er Gurken hinzu. ³Er vermischt die Gurken, viertelt sie und fügt bei der Konservenproduktion Wasser, Essig, Zucker und Gewürze bei.

⁴Da es sich bei dem Endprodukt um ein Produkt der sog. zweiten Verarbeitungsstufe handelt, unterliegt die Lieferung den allgemeinen Regelungen des Umsatzsteuergesetzes. ⁵Unerheblich ist, wie hoch der prozentuale Anteil der zugekauften Gurken am Endprodukt ist.

Erzeugnisse im Sinne des § 24 Abs. 1 Satz 1 Nr. 1 UStG

(4) ¹Als forstwirtschaftliche Erzeugnisse (§ 24 Abs. 1 Satz 1 Nr. 1 UStG) kommen insbesondere in Betracht: Stammholz (Stämme und Stammteile), Schwellenholz, Stangen, Schichtholz, Industrieholz, Brennholz, sonstiges Holz (z.B. Stockholz, Pfähle, Reisig) und forstliche Nebenerzeugnisse wie Forstsamen, Rinde, Baumharz, Weihnachtsbäume, Schmuckgrün, Waldstreu, Pilze und Beeren. ²Voraussetzung ist, dass diese Erzeugnisse im Rahmen der Forstwirtschaft anfallen. ³Bei Lieferungen von Erzeugnissen aus Sonderkulturen außerhalb des Waldes (z.B. Weidenbau, Baumschule, Obst- oder Weihnachtsbaumkultur, Schmuckreisig) handelt es sich nicht um Umsätze von forstwirtschaftlichen Erzeugnissen, sondern um eigenständige landwirtschaftliche Umsätze, die unter § 24 Abs. 1 Satz 1 Nr. 3 fallen. ⁴Zur Forstwirtschaft gehören Hoch-, Mittel- und Niederwald, Schutzwald (z.B. Wasser-, Boden-, Lawinen-, Klima-, Immissions-, Sicht- und Straßenschutzwald sowie Schutzwaldungen mit naturkundlichen Zielsetzungen und Waldungen für Forschung und Lehre), Erholungswald und Nichtwirtschaftswald (z.B. Naturparks, Nationalparks, Landschaftsschutzgebiete und Naturschutzgebiete), auch wenn die Erzeugung von Rohholz ausgeschlossen oder nicht beabsichtigt ist. ⁵Holz aus Parkanlagen sowie Flurholz außerhalb des Waldes und Alleebäume, Grenzbäume u.ä. rechnen nicht zur Forstwirtschaft.

Erzeugnisse im Sinne des § 24 Abs. 1 Satz 1 Nr. 2 UStG

(5) ¹In der Anlage 2 des UStG nicht aufgeführte Sägewerkserzeugnisse (§ 24 Abs. 1 Satz 1 Nr. 2 UStG) sind insbesondere Balken, Bohlen, Kanthölzer, besäumte und unbesäumte Bretter sowie Holzwolle und Holzmehl. ²Zu den Getränken und alkoholischen Flüssigkeiten im Sinne des § 24 Abs. 1 Satz 1 Nr. 2 UStG zählen insbesondere Wein, Obstwein und andere alkoholische Getränke, Traubenmost, Frucht- und Gemüsesäfte, Alkohol und Sprit sowie vergorene, nicht zum Verzehr bestimmte Kirschmaische (BFH-Urteil vom 12.3.2008, XI R 65/06, BStBl. II S. 532). ³Nicht darunter fallen Milch (aus Kapitel 4 des Zolltarifs), Milchmischgetränke mit einem Anteil an Milch von mindestens 75% des Fertigerzeugnisses sowie Wasser, nicht aber Mineralwasser.

Erzeugnisse im Sinne des § 24 Abs. 1 Satz 1 Nr. 3 UStG

(6) ¹Der Durchschnittssatz nach § 24 Abs. 1 Satz 1 Nr. 3 UStG gilt insbesondere für die Umsätze der wichtigsten landwirtschaftlichen Erzeugnisse wie z.B. Getreide, Getreideerzeugnisse, Vieh, Fleisch, Milch, Obst, Gemüse und Eier. ²Die Umsätze mit Gegenständen des land- und forstwirtschaftlichen Unternehmensvermögens (z.B. der Verkauf gebrauchter landwirtschaftlicher Geräte) unterliegen der Regelbesteuerung. ³Aus Vereinfachungsgründen wird die Anwendung der Durchschnittssatzbesteuerung auf diese Umsätze jedoch nicht beanstandet, wenn die Gegenstände während ihrer Zugehörigkeit zum land- und forstwirtschaftlichen Unternehmensvermögen nahezu ausschließlich, d.h. zu mindestens 95%, für Umsätze verwendet wurden, die den Vorsteuerabzug nach § 24 Abs. 1 Satz 4 UStG ausschließen. ⁴Zeiträume, in denen der Unternehmer nach § 24 Abs. 4 UStG zur Anwendung der allgemeinen Vorschriften des Umsatzsteuergesetzes optiert hatte, bleiben für Zwecke der Prüfung der 95%-Grenze außer Betracht. ⁵Voraussetzung für die Anwendung der Vereinfachungsregelung ist jedoch, dass der Unternehmer für diese Gegenstände darauf verzichtet, einen anteiligen Vorsteuerabzug vorzunehmen.

Rechtsmissbrauch

(7) Es ist rechtsmissbräuchlich, wenn ein Händler und ein Landwirt die Umsätze des Landwirts durch Verkauf und Rückkauf von Tieren oder anderen landwirtschaftlichen Erzeugnissen ohne Rücksicht auf den wirtschaftlichen Gehalt der vom Landwirt erbrachten Leistung künstlich erhöhen und der Händler in den Genuss eines hierdurch erhöhten Vorsteuerabzugs zu gelangen versucht (BFH-Urteil vom 9.7.1998, V R 68/96, BStBl. II S. 637).

24.3. Sonstige Leistungen

Allgemeines

(1) ¹Die Anwendung der Durchschnittssatzbesteuerung auf die im Rahmen eines land- und forstwirtschaftlichen Betriebs erbrachten sonstigen Leistungen setzt voraus,
- dass sie mit Hilfe der Arbeitskräfte des Betriebs erbracht werden und die dabei ggfs. verwendeten Wirtschaftsgüter der normalen Ausrüstung des Betriebs zuzurechnen sind und
- dass die sonstigen Leistungen normalerweise zur landwirtschaftlichen Erzeugung beitragen.

²Insbesondere folgende sonstige Leistungen können bei Vorliegen der in Satz 1 genannten Voraussetzungen der Durchschnittssatzbesteuerung unterliegen:

1. Anbau-, Ernte-, Dresch-, Press-, Lese- und Einsammelarbeiten, einschließlich Säen und Pflanzen;
2. Verpackung und Zubereitung, wie beispielsweise Trocknung, Reinigung, Zerkleinerung, Desinfektion und Einsilierung landwirtschaftlicher Erzeugnisse;

UStAE 24.3. § 24

3. Lagerung landwirtschaftlicher Erzeugnisse;
4. Hüten, Zucht und Mästen von Vieh;
5. Vermietung normalerweise in land-, forst- und fischwirtschaftlichen Betrieben verwendeter Mittel zu landwirtschaftlichen Zwecken;
6. technische Hilfe;
7. Vernichtung schädlicher Pflanzen und Tiere, Behandlung von Pflanzen und Böden durch Besprühen;
8. Betrieb von Be- und Entwässerungsanlagen;
9. Beschneiden und Fällen von Bäumen und andere forstwirtschaftliche Dienstleistungen.

(2) ¹Das Gemeinschaftsrecht sieht für die Anwendbarkeit der Durchschnittssatzbesteuerung auf derartige land- und forstwirtschaftliche Dienstleistungen an andere Land- und Forstwirte zwar keine betragsmäßige Beschränkung vor. ²Dennoch können Land- und Forstwirte solche Dienstleistungen nicht in unbegrenztem Umfang unter Anwendung der Durchschnittssatzbesteuerung erbringen. ³Die Anwendung der Durchschnittssatzbesteuerung setzt voraus, dass der Unternehmer mit seinen jeweiligen Umsätzen als landwirtschaftlicher Erzeuger handelt. ⁴Hierzu zählt in gewissem Umfang auch das Erbringen land- und forstwirtschaftlicher Dienstleistungen. ⁵Begründet wird die landwirtschaftliche Erzeugertätigkeit allerdings nur durch die eigene Urproduktion. ⁶Alleine mit der Erbringung land- und forstwirtschaftlicher Dienstleistungen wird ein Unternehmer nicht zum landwirtschaftlichen Erzeuger. ⁷Nehmen die land- und forstwirtschaftlichen Dienstleistungen daher im Vergleich zur eigenen Urproduktion einen überdurchschnittlich großen Anteil an den Umsätzen des land- und forstwirtschaftlichen Betriebs ein, sind diese einer neben dem land- und forstwirtschaftlichen Betrieb ausgeführten unternehmerischen Tätigkeit zuzuordnen.

(3) ¹Ein Anhaltspunkt für das Vorliegen einer Tätigkeit außerhalb der Land- und Forstwirtschaft kann eine im vorangegangenen Kalenderjahr überschrittene Umsatzgrenze von 51.500 € sein. ²Bei der Ermittlung dieser Umsatzgrenze sind die sonstigen Leistungen an Landwirte und Nichtlandwirte zusammenzufassen. ³Umsätze aus Vermietungs- und Verpachtungsleistungen sowie der Veräußerung von immateriellen Wirtschaftsgütern des Anlagevermögens (z.B. Milchquote, Zahlungsansprüche) bleiben bei der Prüfung dieser Umsatzgrenze für umsatzsteuerliche Zwecke außer Ansatz. ⁴Das Überschreiten der Umsatzgrenze alleine schließt die Anwendung der Durchschnittssatzbesteuerung allerdings noch nicht aus. ⁵In diesem Fall ist vielmehr anhand weiterer Kriterien zu prüfen, ob die Dienstleistungen nicht mehr dem land- und forstwirtschaftlichen Betrieb zuzurechnen sind. ⁶Hierfür spricht u.a. ein unverhältnismäßig hoher Anteil der auf die Erbringung der Dienstleistungen entfallenden Arbeitszeit oder ein Maschinen- und Ausrüstungsbestand, der über die Anforderungen des eigenen Betriebs hinausgeht.

(4) ¹Der Einsatz von Arbeitskräften schließt die im land- und forstwirtschaftlichen Betrieb des Steuerpflichtigen beschäftigten Arbeitnehmer ein. ²Ein Wirtschaftsgut ist der normalen Ausrüstung des land- und forstwirtschaftlichen Betriebs zuzurechnen, wenn es dem Grunde oder der vorhandenen Anzahl nach dem betriebsgewöhnlichen, d.h. normalen Ausrüstungsbestand des land- und forstwirtschaftlichen Betriebs des Steuerpflichtigen zuzurechnen ist und wenn es nach seiner objektiven Zweckbestimmung und der tatsächlichen Übung den vom Steuerpflichtigen ausgeübten Erzeugertätigkeiten dient. ³Die Erbringung von sonstigen Leistungen unter Verwendung von Wirtschaftsgütern, die

– im eigenen Betrieb nicht verwendet werden oder
– einem nicht betriebstypischen Überbestand zuzurechnen sind oder
– ausschließlich zur Erbringung von sonstigen Leistungen an Dritte vorgehalten werden

ist daher unabhängig von der Dauer oder dem Zweck der Verwendung aus dem Anwendungsbereich der Durchschnittssatzbesteuerung ausgeschlossen, da diese Mittel von vornherein nicht zum betriebsgewöhnlichen Ausrüstungsbestand des land- und forstwirtschaftlichen Betriebs gehören.

(5) ¹Ob eine sonstige Leistung normalerweise zur landwirtschaftlichen Erzeugung beiträgt, ist aus der Sicht des Leistungsempfängers zu beurteilen. ²Ein solcher Zweck liegt vor, wenn die sonstige Leistung in der Sphäre des Leistungsempfängers unter planmäßiger Nutzung der natürlichen Kräfte des Bodens zur Erzeugung von Pflanzen und Tieren sowie zur Vermarktung der daraus selbst gewonnenen Erzeugnisse verwertet wird. ³Zur landwirtschaftlichen Erzeugung gehören auch Tätigkeiten der ersten Verarbeitungsstufe, wenn im Wesentlichen selbst erzeugte landwirtschaftliche Produkte be- oder verarbeitet werden. ⁴Wird die sonstige Leistung nicht an einen anderen land- und forstwirtschaftlichen Betrieb erbracht, ist davon auszugehen, dass sie nicht zur landwirtschaftlichen Erzeugung beiträgt. ⁵Für die Frage, ob ein solcher land- und forstwirtschaftlicher Betrieb vorliegt, ist auf die wirtschaftliche Betätigung des

Leistungsempfängers abzustellen. ⁶Sonstige Leistungen, die beim Leistungsempfänger nicht landwirtschaftlichen Zwecken dienen, sind vom Anwendungsbereich der Durchschnittssatzbesteuerung ausgeschlossen.

Beispiel:

¹Ein pauschalierender Landwirt vermietet Wohnmobilbesitzern für die Wintermonate Stellplätze in einer ansonsten für eigenbetriebliche Zwecke genutzten Lagerhalle.

²Die Vermietung erfolgt zu außerlandwirtschaftlichen Zwecken. ³Die Umsätze fallen nicht unter die Durchschnittssatzbesteuerung.

⁷Ein Unternehmer bezieht Bauleistungen für die Errichtung einer Lagerhalle auf einem vorher landwirtschaftlich genutzten Grundstück nicht im Rahmen seines der Durchschnittssatzbesteuerung unterliegenden landwirtschaftlichen Betriebs, wenn die Halle – wie geplant – an einen außerlandwirtschaftlichen Unternehmer vermietet wird (vgl. BFH-Urteil vom 3.12.1998, V R 48/98, BStBl. 1999 II S. 150).

Vermietungsleistungen

(6) ¹Ein zur Erbringung einer Vermietungsleistung verwendetes Wirtschaftsgut, das bis zur Vermietung als zum betriebsgewöhnlichen Ausrüstungsbestand eines land- und forstwirtschaftlichen Betriebs gehörig anzusehen ist, scheidet für die Dauer der Vermietung aus diesem Kreis aus, wenn sich der Vermieter durch eine langfristige Vermietung einer Nutzungsmöglichkeit im eigenen Betrieb begibt. ²Eine Mietdauer von mindestens 12 Monaten ist stets als langfristig anzusehen. ³Solche Vermietungsumsätze unterliegen daher nicht der Durchschnittssatzbesteuerung.

Beispiel 1:

¹Ein Wirtschaftsgut wird auf unbestimmte Dauer vermietet. ²Der Vertrag kann monatlich gekündigt werden.

³Die Vermietung ist als langfristig anzusehen und unterliegt somit nicht der Durchschnittssatzbesteuerung. ⁴Endet die tatsächliche Gebrauchsüberlassung jedoch vor Ablauf von 12 Monaten, handelt es sich insgesamt nicht um eine langfristige Vermietung.

Beispiel 2:

¹Ein Wirtschaftsgut wird für drei Monate vermietet. ²Der Mietvertrag verlängert sich automatisch um je einen Monat, wenn er nicht vorher gekündigt wird.

³Die Vermietung ist nicht als langfristig anzusehen. ⁴Dauert die tatsächliche Gebrauchsüberlassung jedoch 12 Monate oder mehr, handelt es sich insgesamt um eine langfristige Vermietung.

Verpachtungsleistungen

(7) ¹Mit der Überlassung eines land- und forstwirtschaftlichen Betriebs, von Betriebsteilen oder einzelner Wirtschaftsgüter durch Verpachtung oder Einräumung eines Nießbrauchs wird dem Pächter bzw. Nießbrauchsberechtigten die Möglichkeit des Gebrauchs und der Fruchtziehung eingeräumt. ²Der Verpächter bzw. Nießbrauchsverpflichtete kann die überlassenen Gegenstände für die Dauer der Pacht bzw. der Einräumung des Nießbrauchs nicht mehr für Zwecke der eigenen Erzeugertätigkeit einsetzen. ³Mit Beginn der Überlassung scheiden die Wirtschaftsgüter aus dem normalen Ausrüstungsbestand des land- und forstwirtschaftlichen Betriebs aus. ⁴Auf entsprechende Umsätze findet die Durchschnittssatzbesteuerung nach § 24 UStG daher keine Anwendung. ⁵Diese sonstigen Leistungen unterliegen ohne Rücksicht darauf, ob und in welchem Umfang der Verpächter oder Nießbrauchsverpflichtete weiterhin als Land- und Forstwirt tätig ist, den allgemeinen Vorschriften des UStG.

(8) ¹Zur Verpachtung eines landwirtschaftlichen Betriebs oder Betriebsteils vgl. BFH-Urteile vom 6.12.2001, V R 6/01, BStBl. 2002 II S. 555, und vom 25.11.2004, V R 8/01, BStBl. 2005 II S. 896. ²Die Verpachtung eines Eigenjagdbezirks durch einen Land- und Forstwirt ist kein im Rahmen des land- und forstwirtschaftlichen Betriebs ausgeführter Umsatz. ³Sie unterliegt der Besteuerung nach den allgemeinen Vorschriften (vgl. BFH-Urteile vom 11.2.1999, V R 27/97, BStBl. II S. 378, und vom 22.9.2005, V R 28/03, BStBl. 2006 II S. 280).

Immaterielle Wirtschaftsgüter

(9) ¹Umsätze aus der zeitweiligen oder endgültigen Übertragung immaterieller Wirtschaftsgüter unterliegen nur dann der Durchschnittssatzbesteuerung, wenn sie im Rahmen der land- und forstwirtschaftlichen Erzeugertätigkeit entstanden sind. ²Danach kann weder die Verpachtung (zeitweilige Übertragung) noch der Verkauf (endgültige Übertragung) von Zahlungsansprüchen nach der EU-Agrarreform (GAP-Reform) in den Anwendungsbereich der Durchschnittssatzbesteuerung fallen (vgl. BFH-Urteil vom 30.3.2011, XI R 19/10, BStBl. II S. 772). ³Aus Vereinfachungsgründen wird es jedoch

nicht beanstandet, wenn Umsätze aus der Veräußerung von immateriellen Wirtschaftsgütern, die die rechtliche Grundlage der Erzeugertätigkeit des Unternehmers darstellen (z.b. Milchquoten, Brennrechte), der Durchschnittssatzbesteuerung unterworfen werden. ⁴Dies gilt nicht, soweit das einzelne Wirtschaftsgut im Zeitpunkt der Veräußerung zur Ausführung von Umsätzen verwendet wird, die der Regelbesteuerung unterliegen (z.b. anteilige Verpachtung einer Milchquote). ⁵Zur Veräußerung von immateriellen Wirtschaftsgütern im Zusammenhang mit der Abgabe von Saatgut vgl. BMF-Schreiben vom 14.2.2006, BStBl. I S. 240.

Entsorgungsleistungen

(10) ¹Die Erbringung von Entsorgungsleistungen an Nichtlandwirte unterliegt nicht der Durchschnittssatzbesteuerung. ²Dabei ist es unerheblich, ob und inwieweit die zu entsorgenden Stoffe im land- und forstwirtschaftlichen Betrieb des Entsorgers Verwendung finden.

Halten von fremdem Vieh

(11) ¹Die Aufzucht und das Halten von fremdem Vieh durch Land- und Forstwirte kann den im Rahmen eines land- und forstwirtschaftlichen Betriebs ausgeführten Umsätzen zuzurechnen sein, wenn dem Unternehmer nach § 24 Abs. 2 Nr. 2 UStG für die Tierhaltung in ausreichendem Umfang selbst bewirtschaftete Grundstücksflächen zur Verfügung stehen. ²Weitere Voraussetzung ist insbesondere, dass die Leistung in der Sphäre des Leistungsempfängers normalerweise zur landwirtschaftlichen Erzeugung beiträgt, d.h. an einen anderen Land- und Forstwirt erbracht wird.

Weitere Einzelfälle

(12) Folgende sonstige Leistungen unterliegen nicht der Durchschnittssatzbesteuerung:

– Umsätze aus der Pensionshaltung von Pferden, die von ihren Eigentümern zur Ausübung von Freizeitsport oder selbständigen oder gewerblichen, nicht land- und forstwirtschaftlichen Zwecken genutzt werden (vgl. BFH-Urteil vom 13.1.2011, V R 65/09, BStBl. II S. 465). Dies gilt entsprechend für die Vermietung von Pferden zu Reitzwecken.

– Im Zusammenhang mit Pflanzenlieferungen erbrachte Dienstleistungen, die über den Transport und das Einbringen der Pflanze in den Boden hinausgehen (z.B. Pflege-, Planungsleistungen, Gartengestaltung), führen regelmäßig zur Annahme einer einheitlichen sonstigen Leistung, die insgesamt nach den allgemeinen Vorschriften zu besteuern ist (vgl. BMF-Schreiben vom 4.2.2010, BStBl. I S. 214).

– Grabpflegeleistungen (vgl. BFH-Urteil vom 31.5.2007, V R 5/05, BStBl. 2011 II S. 289).

– Die Abgabe von Speisen und Getränken (z.B. in Strauß- und Besenwirtschaften).

– Die entgeltliche Unterbringung und Verpflegung von Arbeitnehmern des land- und forstwirtschaftlichen Betriebs, da diese Leistungen überwiegend deren privaten Bedürfnissen dienen.

– Die Gestattung der Teilnahme an Treibjagden oder der Einräumung der Möglichkeit des Einzelabschusses von Wildtieren (BFH-Urteil vom 13.8.2008, XI R 8/08, BStBl. 2009 II S. 216).

24.4. Steuerfreie Umsätze im Sinne des § 4 Nr. 8ff. UStG im Rahmen eines land- und forstwirtschaftlichen Betriebs

¹Die Durchschnittssatzbesteuerung des § 24 UStG umfasst alle im Rahmen eines land- und forstwirtschaftlichen Betriebs ausgeführten Umsätze und die diesen Umsätzen zuzurechnenden Vorsteuern. ²Die Steuerbefreiungen des § 4 Nr. 8ff. UStG bleiben jedoch unberührt. ³Die Vorschrift des § 9 UStG ist für sie nicht anzuwenden. ⁴Für diese Umsätze ist somit ein Durchschnittssatz nicht festgesetzt. ⁵Ein besonderer Abzug der diesen Umsätzen zuzurechnenden Vorsteuern entfällt. ⁶Diese Regelung ist insbesondere für die Verkäufe land- und forstwirtschaftlicher Grundstücke von Bedeutung, auf die auch im Rahmen des § 24 UStG die Steuerbefreiung des § 4 Nr. 9 Buchstabe a UStG anzuwenden ist.

24.5. Ausfuhrlieferungen und Umsätze im Ausland bei land- und forstwirtschaftlichen Betrieben

(1) ¹§ 24 UStG ist auch bei Umsätzen im Sinne des § 4 Nr. 1 bis 7 UStG und bei Umsätzen im Ausland anzuwenden. ²Dies bedeutet, dass z.B. auch innergemeinschaftliche Lieferungen im Sinne des § 6a Abs. 1 UStG durch pauschalversteuernde Land- und Forstwirte unter die Besteuerung des § 24 UStG fallen. ³Diese Umsätze sind daher steuerpflichtig. ⁴Vorsteuern, die mit diesen Umsätzen in wirtschaftlichem Zusammenhang stehen, sind durch die Pauschale abgegolten. ⁵Ein weiterer Vorsteuerabzug entfällt.

(2) Der für die Ausfuhrlieferungen und die Umsätze im Ausland geltende Durchschnittssatz ist auch auf solche Umsätze anzuwenden, für die ohne die Anwendung des § 24 UStG eine niedrigere oder keine Umsatzsteuer zu zahlen wäre.

24.6. Vereinfachungsregelung für bestimmte Umsätze von land- und forstwirtschaftlichen Betrieben[1]

(1) ¹Werden im Rahmen eines pauschalierenden land- und forstwirtschaftlichen Betriebs auch der Regelbesteuerung unterliegende Umsätze ausgeführt (z.b. Lieferungen zugekaufter Erzeugnisse, Erbringung sonstiger Leistungen, die nicht landwirtschaftlichen Zwecken dienen) können diese unter den Voraussetzungen des Absatzes 2 aus Vereinfachungsgründen in die Durchschnittssatzbesteuerung einbezogen werden. ²Unter den gleichen Voraussetzungen kann aus Vereinfachungsgründen von der Erhebung der Steuer auf die Umsätze mit Getränken und alkoholischen Flüssigkeiten verzichtet werden.

(2) Für die Anwendung des Absatzes 1 gelten folgende Voraussetzungen:
1. Die in Absatz 1 genannten Umsätze betragen voraussichtlich insgesamt nicht mehr als 4.000 € im laufenden Kalenderjahr.
2. Der Unternehmer führt in dem betreffenden Kalenderjahr daneben nur folgende Umsätze aus:
    a) Umsätze, die unter § 24 UStG fallen, sofern dafür eine Steuer nicht zu entrichten ist (also keine Umsätze von in der Anlage 2 des UStG nicht aufgeführten Sägewerkserzeugnissen);
    b) Umsätze, die unter § 19 Abs. 1 UStG fallen;
    c) Umsätze, die nach § 15 Abs. 2 in Verbindung mit Abs. 3 UStG den Vorsteuerabzug ausschließen.

(3) ¹Die Vereinfachungsregelung ist auch auf die Entrichtung der Vorauszahlungen anzuwenden, wenn zu erwarten ist, dass die Umsatzgrenze von 4.000 € im laufenden Kalenderjahr nicht überschritten wird (vgl. hierzu Abschnitt 18.6 Abs. 3). ²Die Pflicht zur Aufzeichnung der Umsätze, für die die Vereinfachungsregelung gilt, bleibt unberührt.

24.7. Zusammentreffen der Durchschnittssatzbesteuerung mit anderen Besteuerungsformen

(1) Führt der Unternehmer neben Umsätzen, die der Durchschnittssatzbesteuerung unterliegen, noch andere Umsätze aus, unterliegen diese grundsätzlich der Besteuerung nach den allgemeinen Vorschriften des Umsatzsteuergesetzes.

Vorsteuerabzug

(2) ¹Abziehbar im Sinne von § 15 Abs. 1 UStG sind nur die Vorsteuern, die den in die Regelbesteuerung fallenden Umsätzen zuzurechnen sind. ²Sind Vorsteuerbeträge teilweise diesen Umsätzen und teilweise den der Durchschnittssatzbesteuerung unterliegenden Umsätzen zuzurechnen, z.B. für den Erwerb eines einheitlichen Gegenstands, sind sie in entsprechender Anwendung des § 15 Abs. 4 UStG aufzuteilen.

Beispiel:

¹Ein Unternehmer erwirbt einen Gegenstand und verwendet ihn zu 30% für der Durchschnittssatzbesteuerung unterliegende Umsätze und zu 70% zur Ausführung regelbesteuerter Umsätze. ²Beträgt die beim Bezug des Gegenstands gesondert in Rechnung gestellte Steuer 2.500 €, ist ein Anteil von 30% = 750 € durch die Durchschnittssatzbesteuerung nach § 24 Abs. 1 Satz 3 und 4 UStG abgegolten. ³Der verbleibende Anteil von 70% = 1.750 € ist bei Vorliegen der Voraussetzungen des § 15 UStG abziehbar (vgl. BFH-Urteil vom 16.12.1993, V R 79/91, BStBl. 1994 II S. 339). ⁴Ändern sich in den folgenden Kalenderjahren die Nutzungsverhältnisse, ist eine Berichtigung des Vorsteuerabzugs nach § 15a Abs. 1 UStG zu prüfen.

(3) ¹Bezieht ein Unternehmer vertretbare Sachen im Sinne der §§ 91ff. BGB, die er später teilweise im landwirtschaftlichen als auch im nichtlandwirtschaftlichen Unternehmensteil verwendet, sind die auf die Eingangsumsätze entfallenden Vorsteuerbeträge nach der Verwendungsabsicht aufzuteilen. ²Weicht die spätere tatsächliche Verwendung von der ursprünglichen Absicht ab, ist eine Berichtigung des Vorsteuerabzugs nach § 15a UStG zu prüfen. ³Dabei kommt eine Schätzung der Berichtigungsbeträge nicht in Betracht. ⁴Die Aufteilung der Vorsteuerbeträge ist regelmäßig auch dann durchzuführen, wenn die für den landwirtschaftlichen Unternehmensteil angeschaffte Warenmenge relativ gering ist (vgl. BFH-Urteil vom 25.6.1987, V R 121/86, BStBl. 1988 II S. 150).

Kleinunternehmerregelung

(4) ¹Hat ein Land- und Forstwirt eine Erklärung nach § 24 Abs. 4 Satz 1 UStG nicht abgegeben, führt er aber neben den in § 24 Abs. 1 UStG bezeichneten Umsätzen auch andere Umsätze aus, sind für die Anwendung des § 19 Abs. 1 UStG bei der Ermittlung des jeweils maßgeblichen Gesamtumsatzes die land- und forstwirtschaftlichen Umsätze und die anderen Umsätze zu berücksichtigen. ²Soweit der Unternehmer die im land- und forstwirtschaftlichen Betrieb bewirkten Umsätze nicht aufgezeichnet hat (§ 67 UStDV), sind sie nach den Betriebsmerkmalen und unter Berücksichtigung der besonderen Verhältnisse zu schätzen. ³Die Anwendung des § 19 Abs. 1 UStG beschränkt sich auf die Umsätze

---
1) Hinweis auf Anlage § 024-23

außerhalb der Durchschnittssatzbesteuerung des § 24 Abs. 1 bis 3 UStG. ⁴Für die Umsätze des land- und forstwirtschaftlichen Betriebs verbleibt es bei der Durchschnittssatzbesteuerung.

24.8. Verzicht auf die Durchschnittssatzbesteuerung

(1) ¹Die Erklärung des Unternehmers, dass er auf die Durchschnittssatzbesteuerung verzichtet (§ 24 Abs. 4 Satz 1 UStG), ist nicht an eine bestimmte Form gebunden. ²Berechnet der Unternehmer in der ersten Voranmeldung des Kalenderjahres die Vorauszahlung unter Zugrundelegung der allgemeinen Vorschriften des Gesetzes, kann darin eine solche Erklärung gesehen werden. ³Hat ein Unternehmer mehrere land- und forstwirtschaftliche Betriebe, kann er die Erklärung nur einheitlich für alle Betriebe vornehmen, unabhängig davon, wie viele Teilbetriebe im Sinne des Ertragsteuerrechts der Unternehmer hat (vgl. BFH-Urteil vom 23.4.1998, V R 64/96, BStBl. II S. 494). ⁴Entsprechendes gilt für den Widerruf (§ 24 Abs. 4 Satz 3 UStG).

(2) ¹Für Umsätze im Rahmen eines land- und forstwirtschaftlichen Betriebs im Sinne des § 24 Abs. 2 UStG geht die Durchschnittssatzbesteuerung des § 24 Abs. 1 bis 3 UStG der Besteuerung nach den anderen Vorschriften des Gesetzes vor. ²Das gilt auch in Bezug auf die Anwendung des § 19 Abs. 1 UStG. ³Land- und Forstwirte können daher für ihre im Rahmen des land- und forstwirtschaftlichen Betriebs ausgeführten Umsätze die Regelung des § 19 Abs. 1 UStG nur in Anspruch nehmen, wenn sie nach § 24 Abs. 4 Satz 1 UStG auf die Durchschnittssatzbesteuerung des § 24 Abs. 1 bis 3 UStG verzichten. ⁴Will ein Land- und Forstwirt nach dem Ausscheiden aus der Durchschnittssatzbesteuerung des § 24 Abs. 1 bis 3 UStG von § 19 Abs. 1 UStG keinen Gebrauch machen, muss er eine weitere Erklärung nach § 19 Abs. 2 Satz 1 UStG abgeben.

(3) ¹Die Erklärung nach § 24 Abs. 4 Satz 1 UStG bindet den Unternehmer grundsätzlich mindestens für fünf Kalenderjahre. ²Bei der Veräußerung eines land- und forstwirtschaftlichen Betriebs (Geschäftsveräußerung nach § 1 Abs. 1a UStG, vgl. Abschnitt 1.5) ist der Betriebserwerber als Rechtsnachfolger des Veräußerers anzusehen und demnach an die Optionsfrist gebunden. ³In den Fällen, in denen der Unternehmer nach dem Ausscheiden aus der Durchschnittssatzbesteuerung des § 24 Abs. 1 bis 3 UStG die Vorschrift des § 19 Abs. 1 UStG anwendet, kann er jedoch die Erklärung mit Wirkung vom Beginn eines jeden folgenden Kalenderjahres an widerrufen (§ 71 UStDV). ⁴Das gilt nicht, wenn der Unternehmer nach dem Ausscheiden aus der Durchschnittssatzbesteuerung des § 24 Abs. 1 bis 3 UStG eine weitere Erklärung nach § 19 Abs. 2 Satz 1 UStG abgegeben hat. ⁵In diesem Fall gilt für ihn die Bindungsfrist des § 19 Abs. 2 Satz 2 UStG.

(4) ¹Zum Vorsteuerabzug beim Wechsel der Besteuerungsform wird auf Abschnitt 15.1 Abs. 5 und 6 hingewiesen. ²Zur Berichtigung des Vorsteuerabzugs beim Wechsel der Besteuerungsform vgl. Abschnitt 15a.9.

24.9. Ausstellung von Rechnungen bei land- und forstwirtschaftlichen Betrieben

¹Die Regelungen der §§ 14 und 14a UStG zur Rechnungserteilung gelten auch für die im Rahmen des land- und forstwirtschaftlichen Betriebs ausgeführten Lieferungen und sonstigen Leistungen. ²Als anzuwendender Steuersatz (§ 14 Abs. 4 Satz 1 Nr. 8 UStG) ist der für den Umsatz maßgebliche Durchschnittssatz anzugeben (§ 24 Abs. 1 Satz 5 UStG); dies gilt auch für Gutschriften. ³Weist der Unternehmer einen höheren Steuerbetrag aus, als er im Rahmen der Durchschnittssatzbesteuerung gesondert in Rechnung stellen darf, schuldet er nach § 14c Abs. 1 UStG diesen Mehrbetrag; er hat diesen Betrag an das Finanzamt abzuführen. ⁴Das Gleiche gilt, wenn in einer Gutschrift im Sinne des § 14 Abs. 2 Sätze 2 und 3 UStG ein höherer Steuerbetrag ausgewiesen worden ist. ⁵Im Rahmen des § 24 UStG kann auch § 14c Abs. 2 UStG zur Anwendung kommen (vgl. Abschnitt 14c.2).

Verwaltungsregelungen zu § 24

Datum	Anlage	Quelle	Inhalt
21.11.74	§ 001-01	BMF	Umsatzsteuer bei Garantieleistungen in der Reifenindustrie
14.10.99	§ 001a-05	BMF	Erwerbsbesteuerung und Vorsteuervergütung an pauschalierende Landwirte in anderen EU-Mitgliedstaaten
	§ 024-01		nicht belegt
01.09.89	§ 024-02	OFD Kob	Auswirkungen einer Organschaft auf land- und forstwirtschaftliche Betriebe (§ 2 Abs. 2 Nr. 2, § 24 UStG)

§ 24

Datum	Anlage	Quelle	Inhalt
10.01.90	§ 024-03	BMF	Umsatzsteuerliche Behandlung von Leistungen nach dem Gesetz zur Förderung der Einstellung der landwirtschaftlichen Erwerbstätigkeit (FELEG) vom 21.02.1989 (BGBl. I 1989, 233)
	§ 024-04		nicht belegt
	§ 024-05		nicht belegt
	§ 024-06		nicht belegt
03.08.92	§ 024-07	BMF	Umsatzsteuer bei Verpachtung landwirtschaftlicher Betriebe ab 1.1.1992
	§ 024-08		nicht belegt
11.12.92	§ 024-09	BMF	Übersicht über die Durchschnittsätze für land- und forstwirtschaftliche Betriebe (§ 24 UStG) ab 1.1.1993
05.01.93	§ 024-10	BMF	Rückwirkende Verlängerung der Optionsfrist nach § 24 Abs. 4 Satz 1 UStG
05.08.93	§ 024-11	BMF	Umfang der Optionserklärung nach § 24 Abs. 4 UStG
09.01.96	§ 024-12	FM SA	Umsatzsteuer bei Personengesellschaften, die sowohl Land- und Forstwirtschaft betreiben als auch gewerblich tätig sind
22.01.98	§ 024-13	FM Th	Vorsteuerabzug beim Übergang von der Durchschnittsatzbesteuerung nach § 24 UStG zur Besteuerung nach den allgemeinen Vorschriften
09.10.00	§ 024-14	BMF	Umsatzsteuerrechtliche Behandlung der Verpachtung eines Eigenjagdbezirks durch einen Land- und Forstwirt; Anwendung des BFH-Urteils vom 11.2.1999 – BStBl. II S. 378
26.03.02	§ 024-15	OFD Fra	Umsatzsteuerrechtliche Behandlung der Verpachtung eines landwirtschaftlichen Betriebs
28.11.05	§ 024-16	BMF	Anwendung der Durchschnittsatzbesteuerung nach § 24 UStG auf die Umsätze eines Hofladens; BFH-Urteil vom 6.12.2001 – BStBl. 2002 II S. 701
28.11.05	§ 024-17	BMF	Anwendung der Durchschnittsatzbesteuerung nach § 24 UStG auf Vermietungs- und Verpachtungsleistungen; Konsequenzen aus dem BFH-Urteil vom 25.11.2004
06.06.07	§ 024-18	BMF	Anwendung des BFH-Urteils vom 12.10.2006 – V R 36/4 (BStBl. 2007 II S. 485)
16.01.08	§ 024-19	BMF	Durchschnittsatzbesteuerung bei Umsätzen eines Land- und Forstwirts in Hofladen; Konsequenzen des BFH-Urteils vom 14.6.2007 – V R 56/05
01.12.09	§ 024-20	BMF	Anwendung der Durchschnittsatzbesteuerung auf die Umsätze von Gewerbebetrieben kraft Rechtsform (§ 24 Abs. 2 Satz 3 UStG); Konsequenzen des BFH-Urteils vom 16.4.2008 – XI R 73/07
15.03.10	§ 024-21	BMF	Anwendung der Durchschnittsatzbesteuerung (§ 24 UStG) nach Aufgabe des landwirtschaftlichen Betriebs; Konsequenzen des BFH-Urteils vom 19.11.2009 – V R 16/08
27.10.10	§ 024-22	BMF	Anwendung der Durchschnittsatzbesteuerung für land- und forstwirtschaftliche Betriebe (§ 24 UStG); Neufassung der Abschnitte 24.1 ff. des UStAE
08.04.11	§ 024-23	BMF	Anwendung der Vereinfachungsregelung für bestimmte Umsätze von land- und forstwirtschaftlichen Betrieben (Abschnitt 24.6 UStAE)

§ 24

Rechtsprechungsauswahl

BFH vom 30.03.2011 – XI R 19/10, UR 2011 S. 772: Umsatzbesteuerung der Veräußerung von Zahlungsansprüchen, die einem Landwirt aufgrund der Reform der Gemeinsamen Agrarpolitik der Europäischen Union (GAP-Reform) zugewiesen worden waren.

Die Veräußerung von Zahlungsansprüchen (ohne Fläche), die einem Landwirt aufgrund der Reform der Gemeinsamen Agrarpolitik der Europäischen Union (GAP-Reform) zugewiesen worden waren, unterliegt der Umsatzbesteuerung. Sie ist nicht gemäß § 24 UStG nach Durchschnittssätzen zu besteuern und ist auch nicht nach § 4 Nr. 8 Buchst. c UStG steuerfrei.

BFH vom 13.01.2011 – V R 43/09, UR 2011 S. 514: Erlass von Vorsteuerberichtigungsbeträgen beim Übergang eines Landwirts von der Regel- zur Durchschnittssatzbesteuerung – gerichtliche Überprüfung von Ermessensentscheidungen der Verwaltung.

1. Das FG darf Verwaltungsanweisungen nicht selbst auslegen, sondern nur darauf überprüfen, ob die Auslegung durch die Behörde möglich ist.
2. Die Übergangsregelung der Finanzverwaltung zur eingeschränkten Anwendung des BFH-Urteils vom 16.12.1993 (BFH, Urt. vom 16.12.1993 – V R 39/91, BFHE 173, 265 = BStBl II 1994, 339 = UR 1994, 280) kann nach dem BMF-Schreiben vom 13.2.1997 (BMF, Schr. vom 13.2.1997 – IV C 3 – 53316 – 3/97, UR 1997, 280 = DSM 1997, 372) dahingehend ausgelegt werden, dass ein Steuerpflichtiger den Erlass der beim Wechsel von der Regel- zur Durchschnittssatzbesteuerung anfallenden Berichtigungsbeträge (§ 15a UStG 1999) nur dann beanspruchen kann, wenn er eine Änderung der Steuerfestsetzungen erreicht, die wegen eines vorherigen Wechsels von der Durchschnittssatz- zur Regelbesteuerung Berichtigungsbeträge zu seinen Gunsten enthalten.

BFH vom 13.01.2011 – V R 65/09, BStBl. 2011 II S. 465: Keine Durchschnittssatzbesteuerung nach § 24 UStG für Umsätze aus sog. Pensionspferdehaltung.

Die Umsätze eines Landwirts aus dem Einstellen, Füttern und Betreuen von Reitpferden (sog. Pensionspferdehaltung) unterliegen nicht der Durchschnittssatzbesteuerung nach § 24 UStG.

BFH vom 19.11.2009 – V R 16/08, BStBl. 2010 II S. 319: Durchschnittssatzbesteuerung auch nach Betriebsverpachtung für die Lieferung der „letzten Ernte".[1]

Die Lieferung selbst (vor Verpachtung) erzeugter landwirtschaftlicher Erzeugnisse durch einen Landwirt unterliegt auch dann (noch) der Besteuerung nach Durchschnittssätzen, wenn sie nach Verpachtung seiner landwirtschaftlichen Nutzflächen erfolgt. (Einschränkung des BFH-Urteils vom 21. April 1993 – XI R 50/90, BFHE 171, 129, BStBl. II 1993, 696).

BFH vom 13.08.2008 – XI R 8/08, BStBl. 2009 II S. 216: Keine Durchschnittssatzbesteuerung für Jagdveranstaltungen eines Landwirts.

Ein Land- und Forstwirt, der aus seinem Eigenjagdrecht heraus Dritten gegen Entgelt die Teilnahme an Treibjagden gestattet oder sonst die Möglichkeit des Einzelabschusses von Wildtieren einräumt, erbringt insoweit keine land- und forstwirtschaftlichen Dienstleistungen i.S. von Art. 25 Abs. 2, 5. Gedankenstrich i.V.m. Anhang B der Sechsten MwSt-Richtlinie 77/388/EWG und damit keine Dienstleistungen, die der Durchschnittssatzbesteuerung nach § 24 UStG unterfallen.

BFH vom 12.06.2008 – V R 22/06, BStBl. 2009 II S. 165: Vorsteuerabzug bei Wechsel der Besteuerungsform.

Wechselt ein Landwirt, der einen Stall errichtet, vor dessen Fertigstellung von der Besteuerung nach Durchschnittssätzen zur Regelbesteuerung, können die Vorsteuerbeträge, die vor dem Wechsel angefallen sind, erst ab dem Zeitpunkt der erstmaligen Verwendung nach § 15a UStG 1993/1999 (anteilig) geltend gemacht werden.

BFH vom 11.06. 2008 – XI B 194/07, DStRE 2008 S. 1526: Vorsteuerzuordnung bei zwei Betrieben.

1. Ein Unternehmer, der einen – der Regelbesteuerung unterliegenden – gewerblichen Betrieb und daneben einen – der Vorsteuerpauschalierung unterliegenden – landwirtschaftlichen Betrieb unterhält, muss die einzelnen Leistungsbezüge je einem der beiden Unternehmensteile zuordnen und damit die entsprechenden Vorsteuerbeträge in die nach § 15 Abs. 1 Satz 1 Nr. 1 UStG abziehbaren und die im Rahmen der Vorsteuerpauschalierung berücksichtigen aufteilen.

---
1) Siehe BMF vom 15.03.2010, Anlage § 24-21

§ 24

2. Für den Vorsteuerabzug ist entscheidend, in welchem Betrieb die bezogenen Lieferungen verwendet werden.
3. Eine Abweichung i.S. von § 115 Abs. 2 Nr. 2 FGO setzt vergleichbare Sachverhalte voraus.

BFH vom 16.04.2008 – XI R 73/07, DStR 2008 S. 1375; BStBl. 2009 II S. 1024: Durchschnittssatzbesteuerung gemäß § 24 UStG auch für Gewerbebetriebe kraft Rechtsform.[1)]

§ 24 Abs. 2 Satz 3 UStG 1999, wonach Gewerbebetriebe kraft Rechtsform die für Land- und Forstwirte geltende Durchschnittssatzbesteuerung nicht in Anspruch nehmen können, auch wenn im Übrigen die Merkmale eines land- und forstwirtschaftlichen Betriebes vorliegen, verletzt das Gemeinschaftsrecht und ist daher nicht anzuwenden.

BFH vom 12.03.2008 – XI R 65/06, BStBl. 2008 II S. 532: Regelsteuersatz für Lieferung von Kirschmaische.

Die Lieferung alkoholischer Flüssigkeiten unterliegt dem Regelsteuersatz nach § 24 Abs. 1 Satz 1 Nr. 2 UStG 1999.

BFH vom 14.06.2007 – V R 56/05, BStBl. 2008 II S. 158: Ertragsteuerliche Kriterien für Durchschnittssatzbesteuerung nach § 24 UStG ohne Bedeutung.[2)]

1. Der (pauschalen) Umsatzbesteuerung nach Durchschnittssätzen gemäß § 24 UStG unterliegt nur die Veräußerung selbsterzeugter landwirtschaftlicher Produkte.
2. Dagegen ist die Veräußerung zugekaufter landwirtschaftlicher Produkte sowie die Veräußerung sog. Handelswaren nach den allgemeinen Vorschriften des UStG zu besteuern (teilweise Änderung der Rechtsprechung).
3. Wegen der Notwendigkeit, § 24 UStG richtlinienkonform auszulegen, haben die im Ertragsteuerrecht entwickelten „Zukaufsgrenzen" keine Bedeutung für die umsatzsteuerrechtliche Beurteilung, wenn ein Umsatz im Rahmen eines landwirtschaftlichen Betriebs ausgeführt wird.

BFH vom 31.05.2007 – V R 5/05, BStBl. 2011 II S. 289: Einkommensteuerrechtliche Beurteilung als landwirtschaftliche Leistung unerheblich für § 24 UStG.

1. § 24 UStG erfasst bei richtlinienkonformer Auslegung nur landwirtschaftliche Dienstleistungen i.S. des Art. 25 der Richtlinie 77/388/EWG. Deren einkommensteuerrechtliche Beurteilung ist umsatzsteuerrechtlich ohne Bedeutung (Fortführung von BFH vom 22.9.2005, V R 28/03, BFHE 211, 566, BStBl. II 2006, 280).
2. Grabpflegeleistungen unterliegen nicht der Durchschnittssatzbesteuerung nach § 24 UStG 1993, sondern der Regelbesteuerung.

BFH vom 12.10.2006 – V R 36/04, BStBl. 2007 I S. 485: Verkauf zurückbehaltener Ernte im Weinbau.[3)]

1. Welcher Ehegatte als Unternehmer zu erfassen ist, richtet sich grundsätzlich danach, in wessen Namen die maßgebenden Umsätze ausgeführt wurden.
2. Zur Frage, ob landwirtschaftliche Erzeugnisse, die nach Aufgabe des landwirtschaftlichen Betriebes noch vorhanden sind, noch im Rahmen eines landwirtschaftlichen Betriebes i.S. des § 24 UStG 1999 geliefert werden.

BFH vom 06.10.2005 – V R 64/00, BStBl. 2006 II S. 212: Vermietung/Verpachtung eines Betriebes fällt nicht unter § 24 UStG.

1. Ein Landwirt, der einen Teil der wesentlichen Elemente seines landwirtschaftlichen Betriebes langfristig verpachtet und/oder vermietet und mit dem Restbetrieb seine Tätigkeit als Landwirt fortsetzt, führt mit einer solchen Verpachtung und/oder Vermietung keine landwirtschaftlichen Umsätze aus, die gemäß § 24 UStG nach Durchschnittssätzen versteuert werden könnten.
2. Dabei ist unerheblich, ob die verpachteten und/oder vermieteten Teile des landwirtschaftlichen Betriebes einen (für sich lebensfähigen) Teilbetrieb bilden.

---
1) Siehe auch BMF vom 01.12.2009, Anlage § 024-20
2) Siehe dazu Anlage § 024-19
3) Siehe dazu Anlage § 024-18

§ 24

BFH vom 22.09.2005 – V R 28/03, BStBl. 2006 II S. 280: Umsätze im Rahmen der Land- und Forstwirtschaft.
1. Eine juristische Person des öffentlichen Rechts wird mit der Verpachtung ihrer Eigenjagd im Rahmen ihres land- und forstwirtschaftlichen Betriebs gemäß § 2 Abs. 3 UStG gewerblich oder beruflich tätig.
2. § 24 UStG ist richtlinienkonform dahin auszulegen, dass er nur die Lieferung landwirtschaftlicher Erzeugnisse und landwirtschaftliche Dienstleistungen i.S. des Art. 25 der Richtlinie 77/388/EWG erfasst.

BFH vom 25.11.2004 – V R 8/01, BStBl. 2005 II S. 896: Verpachtung eines landwirtschaftlichen Teilbetriebs.[1]

Der Inhaber eines landwirtschaftlichen Betriebes,
- der einen Teil seines Betriebes (die gesamte Milchviehwirtschaft) aufgibt und die dazu erforderlichen Wirtschaftsgüter an einen anderen Landwirt verpachtet und
- der auch nach der Verpachtung weiterhin in nicht geringfügigem Umfang als Landwirt tätig ist,

darf die Verpachtungsumsätze nicht – wie seine übrigen Umsätze – gemäß § 24 UStG nach Durchschnittssätzen versteuern.

Die Verpachtungsumsätze unterliegen vielmehr der Besteuerung nach den allgemeinen Vorschriften des UStG.

EuGH vom 15.07.2004 – Rs. C-321/02 – Harbs, UR 2004 S. 543: Verpachtung eines landwirtschaftlichen Betriebs fällt nicht unter die Pauschalregelung.

Artikel 25 der Sechsten Richtlinie 77/388/EWG des Rates vom 17. Mai 1977 zur Harmonisierung der Rechtsvorschriften der Mitgliedstaaten über die Umsatzsteuern – Gemeinsames Mehrwertsteuersystem: einheitliche steuerpflichtige Bemessungsgrundlage ist dahin auszulegen, dass ein landwirtschaftlicher Erzeuger, der einen Teil der wesentlichen Elemente seines landwirtschaftlichen Betriebes langfristig verpachtet und/oder vermietet hat und mit dem Restbetrieb seine Tätigkeit als Landwirt, hinsichtlich deren er unter die gemeinsame Pauschalregelung nach dieser Vorschrift fällt, fortsetzt, die Umsätze aus einer solchen Verpachtung und/oder Vermietung nicht nach dieser Pauschalregelung behandeln darf. Der damit erzielte Umsatz muss nach der normalen oder gegebenenfalls der vereinfachten Mehrwertsteuerregelung behandelt werden.

BFH vom 22.01.2004 – V R 60/01, BStBl. 2004 II S. 530: Vorabentscheidungsersuchen an den EuGH zur Reichweite von § 24 UStG.[2]

Dem EuGH wird folgende Frage zur Auslegung der Richtlinie 77/388/EWG vorgelegt:

Darf der Inhaber eines landwirtschaftlichen Betriebes ein Grundstück, das er bisher für Umsätze verwendet hat, die der Pauschalregelung für landwirtschaftliche Erzeuger (Art. 25 der Richtlinie 77/388/EWG) unterliegen, einer nach der normalen Mehrwertsteuerregelung steuerpflichtigen Tätigkeit durch Verpachtung zuordnen und die Vorsteuer für einen auf dem Grundstück errichteten Hähnchenmaststall abziehen?

BFH vom 04.07.2002 – V R 8/01, DStRE 2002 S. 1330: Durchschnittsatzbesteuerung der Verpachtung eines landwirtschaftlichen Teilbetriebs.

Dem EuGH wird folgende Frage zur Vorabentscheidung vorgelegt: Darf der Inhaber eines landwirtschaftlichen Betriebes,
- der einen Teil seines Betriebes (die gesamte Milchviehwirtschaft) aufgibt und die dazu erforderlichen Wirtschaftsgüter an einen anderen Landwirt verpachtet und
- der auch nach Verpachtung weiterhin in nicht geringfügigem Umfang als Landwirt tätig ist,

die Verpachtungsumsätze – wie seine übrigen Umsätze – nach der Pauschalregelung für landwirtschaftliche Erzeuger (Art. 25 der Richtlinie 77/388/EWG) behandeln oder unterliegen die Verpachtungsumsätze der Besteuerung nach den allgemeinen Vorschriften?

BFH vom 06.12.2001 – V R 6/01, BStBl. 2002 II S. 555: Verpachtung von Betriebsteilen fällt nicht unter § 24 UStG.
1. Verpachtet ein Land- und Forstwirt seinen gesamten landwirtschaftlichen Betriebsteil, so unterliegen die Verpachtungsumsätze nicht der pauschalen Umsatzbesteuerung nach Durchschnittssätzen, wenn er nach der Verpachtung in nur geringfügigem Umfang weiterhin als Forstwirt tätig ist.

---

[1] Nachfolgeentscheidung zu EuGH vom 15.07.2004; siehe BMF vom 28.11.2005, Anlage § 024-17
[2] Das Verfahren hat sich inzwischen erledigt.

§ 24

2. Wird ein Wirtschaftsgut zunächst für nach Durchschnittssätzen besteuerte Umsätze und später für Umsätze verwendet, die nicht der Besteuerung nach Durchschnittssätzen unterliegen, kommt eine nachträgliche Gewährung des Vorsteuerabzugs gemäß § 15a UStG in Betracht.

BFH vom 06.12.2001 – V R 43/00, BStBl. 2002 II S. 701: Umsätze in Hofläden.
1. Veräußert ein Landwirt Waren in einem sog. Hofladen, so unterliegt der (pauschalen) Umsatzbesteuerung nach Durchschnittssätzen nur die Veräußerung selbsterzeugter landwirtschaftlicher Produkte sowie – in begrenztem Umfang – zugekaufter landwirtschaftlicher Produkte.
2. Dagegen ist die Veräußerung zugekaufter nicht betriebstypischer Produkte (sog. Handelswaren) nach den allgemeinen Vorschriften des UStG zu besteuern.

FG Baden-Württemberg vom 19.11.1999 – 9 K 128/94 – rechtskräftig, EFG 2000 S. 523: Verfassungsmäßigkeit der Vorschrift des § 24 Abs. 4 Satz 1 UStG über die Optionsfrist.

Die Länge der Frist für die Option zur Regelbesteuerung nach § 24 Abs. 4 Satz 1 UStG unterliegt keinen verfassungsrechtlichen Bedenken.

BFH vom 11.02.1999 – V R 27/97, BStBl. 1999 II S. 378: Die Verpachtung eines Eigenjagdbezirks durch einen Forstwirt ist kein im Rahmen des forstwirtschaftlichen Betriebes ausgeführter Umsatz. Sie ist nach den allgemeinen Vorschriften des Umsatzsteuergesetzes zu versteuern.

BFH vom 03.12.1998 – R 48/98, BStBl. 1999 II S. 150: Bezüge für den landwirtschaftlichen Betrieb.

Ein Unternehmer bezieht Bauleistungen für die Errichtung einer Lagerhalle auf einem vorher landwirtschaftlich genutzten Grundstück nicht im Rahmen seines der Durchschnittsatzbesteuerung unterliegenden landwirtschaftlichen Betriebs, wenn die Halle – wie geplant – an einen außerlandwirtschaftlichen Unternehmer vermietet wird.

BFH vom 05.11.1998 – V R 81/97, BStBl. 1999 II S. 149: Keine Durchschnittsatzbesteuerung für Überlassung einer Milchquote außerhalb eines landwirtschaftlichen Betriebs.

Die Überlassung einer Milchquote gegen Entgelt unterliegt nicht der Durchschnittsatzbesteuerung, wenn sie in keinem wirtschaftlichen Zusammenhang mit dem landwirtschaftlichen Betrieb des Steuerpflichtigen steht.

BFH vom 24.09.1998 – V R 17/98, BStBl. 1999 II S. 39: Steuer auf den innergemeinschaftlichen Erwerb bei Landwirten.
1. Die Steuer für den innergemeinschaftlichen Erwerb wird bei Land- und Forstwirten, die der Durchschnittsatzbesteuerung unterliegen (§ 24 Abs. 1 UStG 1993) und die auf die Anwendung von § 1a Abs. 3 UStG 1993 verzichten, nach den allgemeinen Vorschriften festgesetzt.
2. Der Abzug der Steuer für den innergemeinschaftlichen Erwerb als Vorsteuer wird bei diesen Land- und Forstwirten durch die Pauschalierung abgegolten.

BFH vom 09.07.1998 – V R 68/96, BStBl. 1998 II S. 637: Verkauf und Rückkauf als Rechtsmißbrauch.

Es ist rechtsmißbräuchlich, wenn ein Händler und ein Landwirt die Umsätze des Landwirts durch Verkauf und Rückkauf von Tieren oder sonstigen landwirtschaftlichen Produkten ohne Rücksicht auf den wirtschaftlichen Gehalt der vom Landwirt erbrachten Leistung künstlich erhöhen und der Händler in den Genuß eines hierdurch erhöhten Vorsteuerabzugs zu gelangen versucht.

BFH vom 27.11.1997 – V R 78/93, BStBl. 1998 II S. 359: Brennerei als landwirtschaftlicher Nebenbetrieb.

Eine Brennerei kann nur dann als landwirtschaftlicher Nebenbetrieb anerkannt werden, wenn darin überwiegend im eigenen Hauptbetrieb erzeugte Rohstoffe verarbeitet werden.

BFH vom 09.05.1996 – V R 118/92, BStBl. 1996 II S. 550: Strukturwandel eines landwirtschaftlichen Betriebs.

Die Fragen, ob sich die Struktur eines landwirtschaftlichen Betriebes zu der eines gewerblichen Betriebes verändert hat und wann der Beginn einer solchen Entwicklung eingeleitet wurde, können nicht allein aufgrund des bloßen Überschreitens der in § 24 Abs. 2 Satz 1 Nr. 2 UStG 1973/80 i. V. m. § 51 Abs. 1 BewG bestimmten Tierbestandsgrenzen während eines bestimmten Zeitraums beantwortet werden. Nachhaltiges Übesteigen i. S. der genannten Vorschriften liegt nur vor, wenn dieser Vorgang nicht nur vorübergehend ist und auf einem Entschluß des Steuerpflichtigen zum Sturkturwandel beruht, d. h. mit dessen anhand objektiver Kriterien nachvollziehbarem Willen erfolgt.

§ 24

BFH vom 11.05.1995 – V R 4/92, BStBl. 1995 II S. 610: Verpachtung einzelner landwirtschaftlicher Flächen; Einräumung einer Dienstbarkeit.

1. Die Verpachtung einzelner landwirtschaftlicher Flächen durch einen Landwirt im Rahmen seines land- und forstwirtschaftlichen Betriebes unterliegt der Durchschnittsatzbesteuerung.
2. Die entgeltliche Einräumung einer beschränkt persönlichen Dienstbarkeit an einem Grundstück ist ein nach § 4 Nr. 12 Buchst. c UStG 1980 steuerfreier Umsatz. Es ist unerheblich, ob die Dienstbarkeit auf die Vornahme, die Duldung oder die Unterlassung einer Handlung im Zusammenhang mit dem Grundstück gerichtet ist.

BFH vom 10.11.1994 – V R 87/93, BStBl. 1995 II S. 218 – Mähdrescher II[1], s. dazu Weiß, UR 1995 S. 196: Wird ein Gegenstand (Mähdrescher) für einen landwirtschaftlichen Betrieb mit Durchschnittsatzbesteuerung gemäß § 24 UStG 1980 angeschafft, so bleibt er diesem Betrieb auch zugeordnet, wenn der Unternehmer später einen zusätzlichen landwirtschaftlichen Lohnbetrieb mit Regelbesteuerung eröffnet und den Gegenstand auch in diesem einsetzt. Die Veräußerung des Gegenstands ist dann grundsätzlich ein (Hilfs-) Umsatz „im Rahmen" des landwirtschaftlichen Betriebs gemäß § 24 Abs. 1 UStG 1980.

BFH vom 16.12.1993 – V R 79/91, BStBl. 1994 II S. 339, abgedruckt unter § 15 UStG / R. Schleswig-Holsteinisches FG vom 18.03.1992 – IV 504/90 – rechtskräftig, EFG 1993 S. 351: Reetgewinnung und -vermarktung auf langfristig gepachteten Flächen als Unternehmen der Land- und Forstwirtschaft. Ein Landwirt, der neben seinem land- und forstwirtschaftlichen Betrieb langfristig Flächen in Entwässerungsgebieten bzw. Speicherbecken zum Zweck der Bewirtschaftung, Ernte und Vermarktung des Reetbestandes pachtet, ist auch hinsichtlich dieser Nebentätigkeit Unternehmer eines land- und forstwirtschaftlichen Betriebes i. S. von § 24 Abs. 2 UStG.

BFH vom 12.03.1992 – V R 55/88, BStBl. 1992 II S. 982: Anerkennung eines land- und forstwirtschaftlichen Nebenbetriebes.

Die Anerkennung eines land- und forstwirtschaftlichen Nebenbetriebes setzt einen land- und forstwirtschaftlichen Hauptbetrieb desselben Unternehmers voraus.

BFH vom 26.04.1990 – V R 90/87, HFR 1990 S. 572; UVR 1990 S. 309; DB 1990 S. 2406: Gemeinschaftliche Tierhaltung als landwirtschaftlicher Betrieb.

1. Gemeinschaftliche Tierhaltung gilt nur dann als landwirtschaftlicher Betrieb i. S. des § 24 Abs. 2 Nr. 2 UStG 1973, wenn sämtliche Voraussetzungen des § 51a BewG erfüllt sind.

BFH vom 14.09.1989 – V B 16/89, UR 1990 S. 18: Vorsteuerabzug aus monatlichen Milchgeldabrechnungen (§ 15 Abs. 1, § 14 Abs. 5, § 24 Abs. 1 UStG 1980).

Aus einer Gutschrift über Milchlieferungen eines Landwirts, der nach Durchschnittsätzen gemäß § 24 Abs. 1 Nr. 5 UStG 1980 versteuert, kann der Gutschriftaussteller erst in dem Besteuerungszeitraum den Vorsteuerabzug geltend machen, in dem die Gutschrift dem Landwirt zugeleitet worden ist.[2]

BFH vom 12.01.1989 – V R 129/84, BStBl. 1989 II S. 432: Baumschule und Landschaftspflege – getrennte Betriebe oder einheitlicher Betrieb?

1. Betreibt ein Unternehmer einerseits eine Baumschule und erbringt er andererseits für eine Stadt landschaftspflegerische Leistungen, so ist zunächst zu prüfen, ob zwei getrennt zu beurteilende Betriebe gegeben sind oder ob ein einheitlicher Betrieb vorliegt.
2. Beim Vorliegen eines einheitlichen Betriebes ist weiter zu prüfen, ob ein land- oder forstwirtschaftlicher Betrieb (Baumschule) mit einem gewerblichen Nebenbetrieb (Landschaftspflege) oder umgekehrt gegeben ist, wofür es darauf ankommt, welcher Unternehmensteil dem Unternehmen insgesamt das Gepräge gibt.

BFH vom 29.06.1988 – X R 33/82, BStBl. 1988 II S. 922: Massentierhaltung als gewerblicher Betrieb.

Umsätze aus einem Tierzuchtbetrieb werden dann nicht im Rahmen eines landwirtschaftlichen Betriebs i. S. des § 24 UStG 1967/1973 ausgeführt, wenn dem Unternehmer für die Tierhaltung nicht in ausreichendem Umfang selbst bewirtschaftete Grundstücksflächen zur Verfügung stehen.

---

1) Siehe auch Anlage § 015a-01
2) Leitsatz nicht amtlich (aus UR)

§ 24

BFH vom 16.07.1987 – V R 22/78, BStBl. 1988 II S. 83: Pferdepension mit Reitschule als gewerblicher Betrieb.

Der Betrieb einer Pferdepension und das Halten eigener Pferde können einen – von der Landwirtschaft gelösten – einheitlichen Gewerbebetrieb bilden, wenn auf den fremden und den eigenen Pferden Reitunterricht erteilt wird und wenn darüber hinaus Reitanlagen zur Verfügung gestellt werden.

BFH vom 25.06.1987 – V R 121/86, BStBl. 1988 II S. 150: Vorsteuerabzug bei Nebeneinander von Landhandel und landwirtschaftlichem Betrieb (§ 15 Abs. 1, § 24 Abs. 1 UStG).

Eine Aufteilung der Vorsteuerbeträge aus dem Bezug von Futter- und Düngemitteln in nach § 15 Abs. 1 Nr. 1 UStG 1973 abziehbare und in im Rahmen der Vorsteuerpauschalierung (§ 24 Abs. 1 Sätze 4 und 5 UStG 1973) berücksichtigte (vgl. Senatsurteil vom 26. Februar 1987 V R 71/77, BFHE 150, 165, BStBl. II 1987, 685) ist regelmäßig auch dann durchzuführen, wenn die für den landwirtschaftlichen Unternehmensteil angeschaffte Warenmenge relativ gering ist.

BFH vom 26.02.1987 – V R 71/77, BStBl. 1987 II S. 685: Vorsteuerabzug bei gemischtem Betrieb (Landwirtschaft/Gewerbebetrieb).

1. Bezieht ein Unternehmer, der neben einem – unter die Regelbesteuerung fallenden – Landhandel eine – unter § 24 UStG 1967/73 fallende – Landwirtschaft betreibt, Sachen i. S. der §§ 91f. BGB (Düngemittel) im Rahmen des Landhandels, die später teilweise im landwirtschaftlichen Betriebsteil verwendet werden, so sind die betreffenden Vorsteuerbeträge nach Maßgabe einer der Zuordnungsentscheidung gemäß § 15 Abs. 1 UStG 1967/73 entsprechenden Zuordnungsentscheidung des Unternehmers, ggf. auf dem Schätzungswege, aufzuteilen.
2. Es ist nicht ausgeschlossen, daß im Einzelfall der gesamte Bezug dem Landhandel zugeordnet wird.
3. Eine spätere Korrektur zum Zeitpunkt des erstmaligen bestimmungsmäßigen Einsatzes ist nicht vorzunehmen.

BFH vom 21.02.1980 – V R 113/73, BStBl. 1980 II S. 613: Verpachtung eines land- und forstwirtschaftlichen Betriebs im ganzen.

Ein Unternehmer, der seinen landwirtschaftlichen Betrieb verpachtet und dessen unternehmerische Betätigung im Bereich der Landwirtschaft sich in dieser Verpachtung erschöpft, betreibt mit der Verpachtung keinen landwirtschaftlichen Betrieb im Sinne des § 24 UStG 1967.

BFH vom 06.12.1979 – V R 87/72, BStBl. 1980 II S. 279: Wechselt ein Unternehmer, der seine Umsätze gemäß § 24 UStG 1967 (Durchschnittssätze für land- und forstwirtschaftliche Betriebe) versteuert und im Zeitraum dieser Besteuerungsform Lieferungen und sonstige Leistungen bezogen hat, zur Regelbesteuerung, sind die mit diesen Vorbezügen verbundenen Vorsteuern auch dann durch die Vorsteuerpauschalierung nach § 24 UStG 1967 abgegolten, wenn der Unternehmer die Rechnungen für diese Vorbezüge erst nach dem Wechsel der Besteuerungsform erhält.

§ 25 Besteuerung von Reiseleistungen

(1) Die nachfolgenden Vorschriften gelten für Reiseleistungen eines Unternehmers, die nicht für das Unternehmen des Leistungsempfängers bestimmt sind, soweit der Unternehmer dabei gegenüber dem Leistungsempfänger im eigenen Namen auftritt und Reisevorleistungen in Anspruch nimmt. Die Leistung des Unternehmers ist als sonstige Leistung anzusehen. Erbringt der Unternehmer an einen Leistungsempfänger im Rahmen einer Reise mehrere Leistungen dieser Art, so gelten sie als eine einheitliche sonstige Leistung. Der Ort der sonstigen Leistung bestimmt sich nach § 3a Abs. 1. Reisevorleistungen sind Lieferungen und sonstige Leistungen Dritter, die den Reisenden unmittelbar zugute kommen.

(2) Die sonstige Leistung ist steuerfrei, soweit die ihr zuzurechnenden Reisevorleistungen im Drittlandsgebiet bewirkt wurden. Die Voraussetzung der Steuerbefreiung muß vom Unternehmer nachgewiesen sein. Das Bundesministerium der Finanzen kann mit Zustimmung des Bundesrates durch Rechtsverordnung bestimmen, wie der Unternehmer den Nachweis zu führen hat.

(3) Die sonstige Leistung bemißt sich nach dem Unterschied zwischen dem Betrag, den der Leistungsempfänger aufwendet, um die Leistung zu erhalten, und dem Betrag, den der Unternehmer für die Reisevorleistungen aufwendet. Die Umsatzsteuer gehört nicht zur Bemessungsgrundlage. Der Unternehmer kann die Bemessungsgrundlage statt für jede einzelne Leistung entweder für Gruppen von Leistungen oder für die gesamten innerhalb des Besteuerungszeitraums erbrachten Leistungen ermitteln.

(4) [1)]Abweichend von § 15 Abs. 1 ist der Unternehmer nicht berechtigt, die ihm für die Reisevorleistungen gesondert in Rechnung gestellten sowie die nach § 13b geschuldeten Steuerbeträge als Vorsteuer abzuziehen. Im übrigen bleibt § 15 unberührt.

(5) Für die sonstigen Leistungen gilt § 22 mit der Maßgabe, daß aus den Aufzeichnungen des Unternehmers zu ersehen sein müssen:

1. der Betrag, den der Leistungsempfänger für die Leistung aufwendet,
2. die Beträge, die der Unternehmer für die Reisevorleistungen aufwendet,
3. die Bemessungsgrundlage nach Absatz 3 und
4. wie sich die in den Nummern 1 und 2 bezeichneten Beträge und die Bemessungsgrundlage nach Absatz 3 auf steuerpflichtige und steuerfreie Leistungen verteilen.

Vorgaben im EG-Recht

USt-Recht	MwStSystRL
§ 25 Abs. 1 Satz 1 UStG	Artikel 306
§ 25 Abs. 1 Satz 2 und 3 UStG	Artikel 307 Abs. 1
§ 25 Abs. 1 Satz 4 UStG	Artikel 307 Abs. 2
§ 25 Abs. 1 Satz 5 UStG	Artikel 308 letzter Satzteil
§ 25 Abs. 2 UStG, § 72 UStDV	Artikel 309
§ 25 Abs. 3 UStG	Artikel 308
§ 25 Abs. 4 UStG	Artikel 310
§ 25 Abs. 5 UStG	Artikel 242

UStDV

Zu § 25 Abs. 2 des Gesetzes

§ 72 Buchmäßiger Nachweis bei steuerfreien Reiseleistungen

(1) Bei Leistungen, die nach § 25 Abs. 2 des Gesetzes ganz oder zum Teil steuerfrei sind, ist § 13 Abs. 1 entsprechend anzuwenden.

---
1) Fassung ab 16.12.2004

§ 25 *UStDV § 72* **UStAE 25.1.**

(2) Der Unternehmer soll regelmäßig Folgendes aufzeichnen:

1. die Leistung, die ganz oder zum Teil steuerfrei ist,

2. den Tag der Leistung,

3. die der Leistung zuzurechnenden einzelnen Reisevorleistungen im Sinne des § 25 Abs. 2 des Gesetzes und die dafür von dem Unternehmer aufgewendeten Beträge,

4. den vom Leistungsempfänger für die Leistung aufgewendeten Betrag,

5. die Bemessungsgrundlage für die steuerfreie Leistung oder für den steuerfreien Teil der Leistung.

(3) Absatz 2 gilt entsprechend für die Fälle, in denen der Unternehmer die Bemessungsgrundlage nach § 25 Abs. 3 Satz 3 des Gesetzes ermittelt.

UStAE

Zu § 25 UStG (§ 72 UStDV)

25.1. Besteuerung von Reiseleistungen

(1) [1]§ 25 UStG gilt für alle Unternehmer, die Reiseleistungen erbringen, ohne Rücksicht darauf, ob dies allein Gegenstand des Unternehmens ist. [2]Die Vorschrift hat besondere Bedeutung für die Veranstalter von Pauschalreisen. [3]Es ist aber nicht erforderlich, dass der Unternehmer ein Bündel von Einzelleistungen erbringt. [4]Eine Reiseleistung im Sinne des § 25 Abs. 1 UStG liegt auch vor, wenn der Unternehmer nur eine Leistung erbringt, z.B. Vermietung von Ferienwohnungen ohne Anreise und Verpflegung. [5]Der isolierte Verkauf von Opernkarten durch ein Reisebüro ohne Erbringung einer Reiseleistung ist hingegen keine Reiseleistung im Sinne des § 25 Abs. 1 UStG (vgl. EuGH-Urteil vom 9.12.2010, C-31/10, HFR 2011 S. 232). [6]Die Besteuerung nach § 25 UStG kann für kurzfristige Sprach- und Studienreisen (z.B. Auslandsaufenthalte von Schülern während der Schulferien) und auch für längerfristige Studienaufenthalte im Ausland, die mit einer Reise kombiniert sind (sog. High-School-Programme), in Betracht kommen (vgl. BFH-Urteil vom 1.6.2006, V R 104/01, BStBl. 2007 II S. 142). [7]Ebenso erbringt jeder Unternehmer (Arbeitgeber), der an seine Arbeitnehmer im Rahmen des Dienstverhältnisses Reisen verbilligt oder unentgeltlich überlässt, insoweit Reiseleistungen im Sinne des § 25 UStG. [8]Zur Bemessungsgrundlage in diesen Fällen vgl. Abschnitt 25.3 Abs. 5 und 6. [9]Als Reiseleistungen sind insbesondere anzusehen:

1. Beförderung zu den einzelnen Reisezielen, Transfer;

2. Unterbringung und Verpflegung;

3. Betreuung durch Reiseleiter;

4. Durchführung von Veranstaltungen (z.B. Stadtrundfahrten, Besichtigungen, Sport- und sonstige Animationsprogramme).

[10]Leistungsempfänger ist der Besteller der Reiseleistung. [11]Der Leistungsempfänger und der Reisende brauchen nicht identisch zu sein, z.B. ein Vater schenkt seiner Tochter eine Pauschalreise.

(2) [1]Da § 25 UStG keine Anwendung findet, soweit Reiseleistungen eines Unternehmers für das Unternehmen des Leistungsempfängers bestimmt sind, unterliegen insbesondere Kettengeschäfte (vgl. Beispiele 1 und 2) und Incentive-Reisen (vgl. Beispiel 3) in den jeweiligen Vorstufen nicht der Besteuerung nach § 25 UStG (vgl. BFH-Urteil vom 15.1.2009, V R 9/06, BStBl. 2010 II S. 433). [2]In diesen Fällen erfolgt die Besteuerung nach den allgemeinen Vorschriften des UStG. [3]Die Beurteilung der Steuerbarkeit, Nichtsteuerbarkeit und die Steuerfreiheit richtet sich für die erbrachten Leistungen insbesondere nach den folgenden Vorschriften:

1. § 3b Abs. 1 in Verbindung mit § 26 Abs. 3 UStG für Beförderungsleistungen im grenzüberschreitenden Luftverkehr;

2. § 3b Abs. 1 UStG für andere Beförderungsleistungen;

3. § 3a Abs. 3 Nr. 1 Satz 2 Buchstabe a UStG für Beherbergungsleistungen;

4. § 3a Abs. 3 Nr. 3 Buchstabe b UStG für Verpflegungsleistungen (Abgabe von Speisen und Getränken zum Verzehr an Ort und Stelle); zur Abgrenzung von Lieferungen und sonstigen Leistungen bei der Abgabe von Speisen und Getränken vgl. Abschnitt 3.6.

Beispiel 1:

(Kettengeschäft)

[1]Der Reiseunternehmer B kauft beim Reiseunternehmer A, der sein Unternehmen im Ausland betreibt, eine komplette Pauschalreise nach Italien ein. [2]Sie schließt ein: Beförderung mit der Eisenbahn, Transfer, Unterkunft und Verpflegung am Zielort. [3]Der Reiseunternehmer B bietet den Reisenden diese Pauschalreise seinerseits im Rahmen seines Reiseprogramms in eigenem Namen an.

[4]In diesem Fall unterliegt nur die Leistung des Reiseunternehmers B an den Reisenden der Besteuerung nach § 25 UStG. [5]Die Umsätze auf der Vorstufe (Reiseunternehmer A an Reiseunternehmer B) unterliegen der Besteuerung nach den allgemeinen Vorschriften des Gesetzes.

[6]Daraus folgt:

a) Bei der Beförderung mit der Eisenbahn unterliegt nur die Beförderungsleistung auf dem Streckenanteil, der auf das Inland entfällt, der Besteuerung (§ 3b Abs. 1 Satz 2 UStG).

b) Der Transfer ist als Beförderungsleistung im Ausland nicht steuerbar (§ 3b Abs. 1 Satz 1 UStG).

c) [1]Bei der Unterbringung im Hotel handelt es sich um eine sonstige Leistung der in § 4 Nr. 12 UStG bezeichneten Art, die nach § 3a Abs. 3 Nr. 1 Satz 2 Buchstabe a UStG nicht steuerbar ist. [2]Die Verpflegungsleistungen sind nicht steuerbar, da der Ort dieser sonstigen Leistung im Ausland liegt § 3a Abs. 3 Nr. 3 Buchstabe b UStG.

Beispiel 2:

(Kettengeschäft)

[1]Der Reiseunternehmer A kauft bei einer Luftverkehrsgesellschaft Beförderungskapazitäten über Beförderungsleistungen im grenzüberschreitenden Verkehr mit Luftfahrzeugen ein und gibt einen Teil dieser Beförderungskapazitäten an den Reiseunternehmer B weiter, der sie seinerseits den Reisenden im Rahmen seines Reiseprogramms in eigenem Namen anbietet.

[2]In diesem Fall unterliegt nur die Leistung des Reiseunternehmers B an den Reisenden der Besteuerung nach § 25 UStG. [3]Die Umsätze auf den beiden Vorstufen (Luftverkehrsgesellschaft an Reiseunternehmer A und Reiseunternehmer A an Reiseunternehmer B) sind wie folgt zu behandeln: Für die Leistung der Luftverkehrsgesellschaft an den Reiseunternehmer A wird die Umsatzsteuer unter den Voraussetzungen des § 26 Abs. 3 UStG nicht erhoben. [4]Die Umsatzsteuer für die Leistung des Reiseunternehmers A an den Reiseunternehmer B ist aus Gründen der Gleichbehandlung aller Reiseunternehmer ebenfalls nicht zu erheben, wenn der Reiseunternehmer A für die Leistung an den Reiseunternehmer B keine Rechnung mit gesondertem Ausweis der Steuer erteilt hat. [5]Für den Reiseunternehmer B stellt das an den Reiseunternehmer A für den Einkauf der Beförderungskapazitäten entrichtete Entgelt die Aufwendung für eine Reisevorleistung dar.

Beispiel 3:

(Incentive-Reisen)

[1]Die Firma X kauft bei einem Reiseunternehmer eine Kreuzfahrt ab Hafen Genua. [2]Der Reisepreis umfasst auch die Anreise mit dem Bus und eine Hotelübernachtung in Genua. [3]Die Reise dient als Belohnung für besondere Arbeitsleistungen eines Arbeitnehmers der Firma X.

[4]Der Ort der einzelnen Reiseleistungen richtet sich beim Reiseunternehmer nach den vorstehenden Nummern 2 bis 4. [5]Die Leistung der Firma X unterliegt der Besteuerung nach § 25 UStG. [6]Zur Bemessungsgrundlage siehe Abschnitt 25.3 Abs. 5.

(3) [1]Erklärt der Leistungsempfänger nicht ausdrücklich, dass er die Reise für Zwecke seines Unternehmens erwirbt, oder bringt er dies nicht durch das Verlangen des gesonderten Steuerausweises in der Rechnung des Reiseunternehmers zum Ausdruck, kann der Reiseunternehmer grundsätzlich die Besteuerung nach § 25 UStG vornehmen. [2]Dies gilt jedoch nicht, wenn der Leistungsempfänger die Reise eindeutig für sein Unternehmen bezogen hat (z.B. bei Incentive-Reisen und Kettengeschäften). [3]Hat der Reiseunternehmer im Vertrauen auf eine Erklärung seines Leistungsempfängers die Reiseleistung nach den allgemeinen Vorschriften des Gesetzes versteuert und stellt sich später heraus, dass diese Erklärung unrichtig war und die Leistung nach § 25 UStG hätte versteuert werden müssen, kann von einer Berichtigung abgesehen werden, wenn der Reiseunternehmer diese nicht ausdrücklich verlangt.

(4) [1]§ 25 Abs. 1 UStG gilt nicht, soweit der Unternehmer Reiseleistungen entweder ausschließlich vermittelt oder soweit einzelne Reiseleistungen im Rahmen einer Pauschalreise vermittelt werden. [2]Die Besteuerung der Vermittlungsleistungen richtet sich nach den allgemeinen Vorschriften des UStG. [3]Die Steuerbefreiung nach § 4 Nr. 5 UStG ist zu beachten (vgl. Abschnitt 4.5.2).

(5) Beim Zusammentreffen von Vermittlungsleistungen und Reiseleistungen gilt Folgendes:
Bündelung von Leistungen und eigene Preisgestaltung durch Reisebüros
1. ¹Reisebüros erbringen in der Regel Vermittlungsleistungen, die der Regelbesteuerung unterliegen. ²Die Bündelung von Leistungen und die eigene Preisgestaltung kann jedoch auch zur Annahme von Reiseleistungen im Sinne des § 25 UStG führen.

    Beispiel:
    ¹Der Reiseveranstalter A hat ein Katalogangebot mit 2 Wochen Halbpension Mallorca für 799 € ausgeschrieben. ²Das Reisebüro B übernimmt ein Kontingent von 20 Plätzen zu einem bestimmten Termin qua Option zum Einkaufspreis von 640 € wie folgt:

Einkauf		€
Angebot wie oben		640,00
abzüglich 10% Provision	64,00	
zuzüglich Umsatzsteuer 19%	12,16	76,16
		563,84
und ergänzt um einen Transfer zum Flughafen durch den deutschen Busunternehmer C für	40,00	603,84

    ³Dieses Angebot wird mit Zusatzleistungen wie folgt abgerechnet:

Kundenpreis	799,00	
zuzüglich Transfer	60,00	859,00
Bruttomarge des B		255,16

    ⁴Im Beispielsfall übernimmt das Reisebüro B ein Kontingent von Plätzen und damit auch das Risiko der Vermarktung. ⁵Bei einer bloßen Vermittlung der Reisen für einen Veranstalter besteht ein solches Vermarktungsrisiko nicht. ⁶Durch die eigene Preisgestaltung löst sich der Unternehmer B aus dem Vermittlungsverhältnis und erbringt beim Verkauf an einen Letztverbraucher eine Reiseleistung, die nach § 25 Abs. 1 UStG zu besteuern ist. ⁷Reisevorleistungen sind das Bündel "Pauschalreise" und die Transferleistungen des Busunternehmers C.

    ³Erwirbt ein Tickethändler oder ein Reisebüro ein „Paket" von Flugtickets, um hieraus durch Verbindung mit anderen Leistungen (z.B. Unterkunft und Verpflegung) eine Pauschalreise zusammenzustellen, liegt eine nach § 25 UStG zu versteuernde Reiseleistung vor (vgl. Abschnitt 4.5.3 Abs. 2).

Vermittlung von zusammengehörenden Reiseleistungen
2. ¹Bei Reisebüros ist fraglich, ob bei einem Verkauf einer Reise an einen Kunden mehrere Vermittlungsleistungen nebeneinander erbracht werden können.

    Beispiel 1:
    ¹Ein Reiseveranstalter hat ein Katalogangebot mit 2 Wochen Halbpension Mallorca für 850 € ausgeschrieben. ²Das Angebot des Veranstalters wird ohne Veränderungen zum Katalogpreis mit dem Kunden abgerechnet. ³Zudem wird an den Reisenden ein Zubringerflug oder ein Bustransfer als gesonderte Vermittlungsleistung erbracht, und zwar mit getrennten Abrechnungen unter Hinweis auf den Leistungsträger.

    Beispiel 2:
    Eine USA-Rundreise aus mehreren Bausteinen (Flug, Hotelvoucher, Mietwagengutschein) wird nach den im Beispiel 1 dargestellten Grundsätzen an den Reisenden „verkauft".

    Beispiel 3:
    ¹Ein Katalogangebot für eine zweiwöchige Reise wird an den Kunden vermittelt, der Rückflug des Reisenden erfolgt nach 3 Wochen, das Reisebüro vermittelt einen Hotelaufenthalt für die 3. Woche. ²Die formalen Grundsätze des Beispiels 1 sollen gelten.

    ²Im Beispielsfall 1 liegen keine gebündelten Leistungen im Sinne der Nr. 1 vor, da der Unternehmer für beide Leistungen die Voraussetzungen einer Vermittlungsleistung erfüllt; sowohl für die Pauschalreise als auch für die zusätzliche Leistung übernimmt er kein Risiko. ³Auch die dargestellte Form der Abrechnung spricht für zwei nebeneinanderstehende Vermittlungsgeschäfte, da das Reisebüro dem Kunden den tatsächlichen Leistungsträger bekannt gibt.

    ⁴Die Beispiele 2 und 3 sind wie der Beispielsfall 1 zu beurteilen, wenn die Bedingungen des Vermittlungsgeschäfts, insbesondere hinsichtlich der Form der Abrechnung gegenüber dem Reisenden erfüllt sind.

UStAE 25.1. § 25

(6) ¹Alle bei Durchführung der Reise erbrachten Leistungen gelten als einheitliche sonstige Leistung des Reiseveranstalters an den Leistungsempfänger, soweit der Reiseveranstalter gegenüber dem Leistungsempfänger in eigenem Namen auftritt und für die Durchführung der Reise Lieferungen und sonstige Leistungen Dritter (Reisevorleistungen) in Anspruch nimmt. ²Die sonstige Leistung wird nach § 3a Abs. 1 UStG an dem Ort ausgeführt, von dem aus der Reiseveranstalter sein Unternehmen betreibt. ³Wird die sonstige Leistung von einer Betriebsstätte des Reiseveranstalters ausgeführt, gilt der Ort der Betriebsstätte als Leistungsort. ⁴Wenn ein im Drittland ansässiger Reiseveranstalter Reisen, die er im Drittland durch Einkauf und Bündelung der Reisevorleistungen produziert hat, über eigene Betriebsstätten im Inland vertreibt, ist für die Bestimmung des Orts der sonstigen Leistung nach den allgemeinen Zuordnungskriterien (vgl. Abschnitt 3a.1 Abs. 2) auf den Schwerpunkt der erbrachten Leistungen abzustellen. ⁵Da es bei der Zurechnung von Reiseleistungen zu einer Betriebsstätte maßgeblich auf den Schwerpunkt des Vertriebs (Verkaufs) der Reise und nicht auf den ihrer Produktion ankommt, ist die Reiseleistung am Ort der Betriebsstätte im Inland steuerbar.

(7) Für die Frage des Auftretens in eigenem Namen bei Reiseleistungen vgl. BFH-Urteil vom 20.11. 1975, V R 138/73, BStBl. 1976 II S. 307.

(8) ¹§ 25 Abs. 1 UStG gilt nur bei der Inanspruchnahme von Reisevorleistungen durch den Reiseunternehmer, nicht jedoch, soweit dieser Reiseleistungen durch Einsatz eigener Mittel (Eigenleistungen) – z.B. eigene Beförderungsmittel, eigenes Hotel, Betreuung durch angestellte Reiseleiter – erbringt. ²Für die Unterscheidung zwischen Eigenleistungen und Reisevorleistungen sind die tatsächlichen Verhältnisse der Leistungsausführung gegenüber dem Reisenden von Bedeutung; die umsatzsteuerrechtlichen Leistungsbeziehungen und die zivilrechtliche Beurteilung sind nicht entscheidend. ³Allein die Tatsache, dass der Reiseveranstalter die volle Verantwortung für die Durchführung der Reise zu tragen hat, führt noch nicht zur Annahme von Eigenleistungen. ⁴Für die Eigenleistungen gelten die allgemeinen umsatzsteuerrechtlichen Vorschriften. ⁵Bei Reisen, die sich auch auf das Ausland erstrecken, unterliegen der Besteuerung daher die jeweiligen im Inland erbrachten Einzelleistungen. ⁶Folgende Vorschriften sind zu beachten:

1. § 3a Abs. 1 und Abs. 2 UStG bei Betreuung durch angestellte Reiseleiter;
2. § 3b Abs. 1 und § 26 Abs. 3 UStG für Beförderungsleistungen;
3. § 3a Abs. 3 Nr. 1 Satz 2 Buchstabe a UStG für Beherbergungsleistungen;
4. § 3a Abs. 3 Nr. 3 Buchstabe b UStG für Verpflegungsleistungen (Abgabe von Speisen und Getränken zum Verzehr an Ort und Stelle); zur Abgrenzung von Lieferungen und sonstigen Leistungen bei der Abgabe von Speisen und Getränken vgl. Abschnitt 3.6.

⁷Eigene Mittel sind auch dann gegeben, wenn der Unternehmer einen Omnibus ohne Fahrer oder im Rahmen eines Gestellungsvertrags ein bemanntes Beförderungsmittel anmietet. ⁸Der Unternehmer erbringt dagegen keine Reiseleistung unter Einsatz eigener Mittel, wenn er sich zur Ausführung einer Beförderung eines Omnibusunternehmers bedient, der die Beförderung in eigenem Namen, unter eigener Verantwortung und für eigene Rechnung ausführt. ⁹Der Omnibusunternehmer bewirkt in diesem Falle eine Beförderungsleistung an den Unternehmer, die als Reisevorleistung anzusehen ist (vgl. auch das Beispiel in Abschnitt 3b.1 Abs. 2).

(9) ¹Reisevorleistungen sind alle Leistungen, die von einem Dritten erbracht werden und dem Reisenden unmittelbar zugutekommen. ²In Betracht kommen alle Leistungen, die der Reisende in Anspruch nehmen würde, wenn er die Reise selbst durchführen würde, insbesondere Beförderung, Unterbringung und Verpflegung.

Beispiel:

¹Ein Reiseveranstalter führt eine Pauschalreise durch. ²Er bedient sich für die Beförderung, Unterbringung und Verpflegung anderer Unternehmer. ³Insoweit sind Reisevorleistungen gegeben.

³Keine Reisevorleistungen sind die folgenden Leistungen dritter Unternehmer, die nur mittelbar dem Reisenden zugute kommen:

1. Ein selbständiges Reisebüro vermittelt die Pauschalreisen des Reiseveranstalters.
2. Eine Kraftfahrzeugwerkstatt setzt auf einer Busreise das Fahrzeug instand.

(10) Zur Abgrenzung weiterer Fälle von Eigenleistung zu Reisevorleistungen, z.B. Vergütungen an Zielgebietsagenturen (sog. Handling fee), Vermietung von Ferienhäusern und Ferienwohnungen, Anmietung bestimmter Kontingente (Betten, Flugzeugplätze), Vollcharterverträge, Reiseleitereinsatz, vgl. BMF-Schreiben vom 7.4.1998, BStBl. I S. 380.

§ 25 UStAE 25.1., 25.2.

(11) ¹Gemischte Reiseleistungen liegen vor, wenn der Unternehmer sowohl Leistungen mit eigenen Mitteln erbringt (Absatz 8) als auch Reisevorleistungen in Anspruch nimmt (Absatz 9). ²In diesen Fällen ist § 25 UStG nur anwendbar, soweit der Unternehmer gegenüber dem Leistungsempfänger in eigenem Namen auftritt und Reisevorleistungen in Anspruch nimmt. ³Für die im Rahmen einer solchen Reise erbrachten Leistungen mit eigenen Mitteln gelten die allgemeinen Vorschriften (vgl. Absatz 8). ⁴Der einheitliche Reisepreis muss in diesem Falle aufgeteilt werden.

Beispiel:

¹Im Rahmen einer Pauschalreise befördert der Unternehmer die Reisenden im eigenen Bus. ²Unterbringung und Verpflegung erfolgen in einem fremden Hotel.

³In diesem Falle unterliegt die Beförderungsleistung der Besteuerung nach den allgemeinen Vorschriften; die Unterbringungs- und Verpflegungsleistung unterliegt der Besteuerung nach § 25 Abs. 3 UStG. ⁴Zur Ermittlung der Bemessungsgrundlagen vgl. Abschnitt 25.3 Abs. 2.

(12) Für eine einheitliche Reiseleistung im Sinne des § 25 Abs. 1 Satz 2 UStG sind die unternehmerbezogenen Steuerbefreiungen nach § 4 UStG, z.B. § 4 Nr. 25 UStG, zu beachten.

(13) ¹Eine Reiserücktrittskostenversicherung, deren Abschluss bei Buchung der Reise in das Belieben des Leistungsempfängers gestellt wird und für die das Versicherungsentgelt neben dem Reisepreis ggf. gesondert berechnet wird, ist eine umsatzsteuerrechtlich gesondert zu beurteilende Leistung, die nicht der Margenbesteuerung des § 25 UStG unterliegt. ²Auch der Abschluss einer obligatorisch vom Reiseveranstalter angebotenen Reiserücktrittskostenversicherung kann eine selbständige Leistung darstellen (vgl. BFH-Urteil vom 13.7.2006, V R 24/02, BStBl. II S. 935). ³Der Umsatz kann je nach Sachverhalt entweder unter den Voraussetzungen des § 4 Nr. 10 Buchstabe b UStG (Verschaffung von Versicherungsschutz) oder unter denen des § 4 Nr. 11 UStG (Umsatz aus der Tätigkeit als Versicherungsvertreter) steuerfrei sein.

(14) ¹Tritt der Reisende vor Reisebeginn vom Reisevertrag zurück und hat er für diesen Fall eine in dem Reisevertrag vorab vereinbarte Entschädigung zu entrichten (Stornogebühr), liegt beim Reiseveranstalter echter Schadensersatz vor. ²Dies gilt unter der Voraussetzung, dass zivilrechtlich ein Rücktrittsrecht besteht, auch, wenn der Reiseveranstalter selbst als Folge der Stornierung einer Reise durch den Kunden bereits bestellte Reisevorleistungen (z.B. Hotelzimmer) stornieren und dafür ebenfalls Stornogebühren zahlen muss. ³Schreibt der Reiseveranstalter dem Reisebüro einen Anteil von Stornogebühren gut, handelt es sich hierbei um das Entgelt für Leistungen des Reisebüros. ⁴Umbuchungs- und Änderungsgebühren, die der Reisende bei Änderung eines bestehen bleibenden Reisevertrags zu entrichten hat, erhöhen das Entgelt für die Reiseleistung und teilen dessen Schicksal.

(15) ¹§ 13 Abs. 1 Nr. 1 Buchstabe a Satz 4 UStG gilt auch für die Besteuerung von Anzahlungen auf Reiseleistungen. ²Wenn gemischte Reiseleistungen aufzuteilen sind und wenn für die unter § 25 UStG fallenden Reiseleistungen die Margenermittlung nach § 25 Abs. 3 UStG durchgeführt wird, wird aus Vereinfachungsgründen zugelassen, dass für solche Reiseleistungen vereinnahmte Anzahlungen nur mit einem sachgerecht geschätzten Anteil der Besteuerung unterworfen werden. ³Bei der Schätzung kann berücksichtigt werden, dass Anzahlungen auf steuerfreie Eigenleistungen nicht zu besteuern und Anzahlungen auf steuerpflichtige Eigenleistungen (z.B. inländische Streckenanteile von Beförderungsleistungen) – ggf. nur anteilig – zu besteuern sind. ⁴Anzahlungen für steuerpflichtige Reiseleistungen, für die die Bemessungsgrundlage nach § 25 Abs. 3 Satz 3 UStG zu ermitteln ist, können mit einem Anteil angesetzt werden, der der steuerpflichtigen Marge des Vorjahres entspricht.

25.2. Steuerfreiheit von Reiseleistungen

(1) ¹Nach § 25 Abs. 2 UStG ist eine Reiseleistung steuerfrei, soweit die ihr zuzurechnenden Reisevorleistungen ausschließlich im Drittlandsgebiet bewirkt werden. ²Zu den Reisevorleistungen können insbesondere Unterkunft, Verpflegung und die Beförderung von Personen gehören.

Beispiel:

¹Ein Reiseveranstalter bietet eine Flugrundreise in den USA bzw. eine Schiffskreuzfahrt in der Karibik zu einem Pauschalpreis an. ²Hin- und Rückreise sind in dem Preis nicht enthalten.

³Die in der Beförderung der Reisenden bestehenden Reisevorleistungen werden im Drittlandsgebiet erbracht. ⁴Erfolgen auch alle übrigen Reisevorleistungen im Drittlandsgebiet, ist die Reiseleistung des Veranstalters insgesamt steuerfrei.

(2) ¹Die einheitliche sonstige Leistung ist insgesamt steuerpflichtig, wenn die in Absatz 1 bezeichneten Reisevorleistungen ausschließlich im Gemeinschaftsgebiet bewirkt werden. ²Zu den Reisevorleistungen gehören insbesondere die Unterkunft und die Verpflegung im Gemeinschaftsgebiet.

Beispiel:

¹Ein deutscher Reiseveranstalter bietet im eigenen Namen Flugpauschalreisen von deutschen Flugorten nach Kreta an. ²Er hat die Reisen im Wege eines Kettengeschäfts von einem Reiseveranstalter mit Sitz in der Schweiz übernommen. ³Der schweizerische Reiseveranstalter hat die einzelnen Reisebestandteile von im Gemeinschaftsgebiet ansässigen Leistungsträgern (Fluggesellschaften, Hotels, Betreuungsunternehmen) erworben und zu einer einheitlichen Pauschalreise gebündelt.

⁴Auf Kettengeschäfte der vorliegenden Art findet § 25 UStG auf der Vorstufe keine Anwendung, da die Reiseleistungen des Paketveranstalters für das Unternehmen des erwerbenden Reiseveranstalters bestimmt sind (Abschnitt 25.1. Abs. 2). ⁵Der Ort für diese Leistungen richtet sich nicht nach § 25 Abs. 1 Satz 4 und § 3a Abs. 1 UStG, sondern nach den allgemeinen Vorschriften des Gesetzes. ⁶Dass der Sitzort des Paketveranstalters im Drittland liegt, führt insoweit nicht zur Steuerfreiheit der Marge des inländischen Reiseveranstalters. ⁷Für die Steuerfreiheit kommt es darauf an, wo die einzelnen Reisevorleistungen ausgeführt werden. ⁸Da im Beispielsfall sämtliche Reisevorleistungen im Gemeinschaftsgebiet bewirkt werden, ist die Marge des deutschen Reiseveranstalters insgesamt steuerpflichtig.

(3) ¹Werden die Reisevorleistungen nur zum Teil im Drittlandsgebiet, im Übrigen aber im Gemeinschaftsgebiet erbracht, ist die Reiseleistung nur insoweit steuerfrei, als die Reisevorleistungen auf das Drittlandsgebiet entfallen. ²Dies gilt auch für Reisevorleistungen, die in der Beförderung von Personen mit Flugzeugen und Schiffen bestehen. ³Erstreckt sich somit eine Beförderung sowohl auf das Drittlandsgebiet als auch auf das Gemeinschaftsgebiet, hat der Reiseveranstalter die gesamte Beförderungsleistung nach Maßgabe der zurückgelegten Strecken in einen auf das Drittlandsgebiet und in einen auf das Gemeinschaftsgebiet entfallenden Anteil aufzuteilen.

Beispiel:

¹Ein Reiseveranstalter bietet eine Flugreise in die USA ab München zu einem Pauschalpreis an.
²Die Reiseleistung des Veranstalters ist insoweit steuerpflichtig, als die Personenbeförderung im Flugzeug (Reisevorleistung) über Gemeinschaftsgebiet führt.

(4) ¹Erstreckt sich eine Personenbeförderung im Luftverkehr (Reisevorleistung) sowohl auf das Drittlandsgebiet als auch auf das Gemeinschaftsgebiet, kann der Reiseveranstalter abweichend von Absatz 3 aus Vereinfachungsgründen wie folgt verfahren:

²Liegt der Zielort der Personenbeförderung im Drittlandsgebiet, gilt die Beförderungsleistung (Reisevorleistung) insgesamt als im Drittlandsgebiet erbracht.

Beispiel 1:

¹Ein Reiseveranstalter bietet eine Flugreise von Düsseldorf nach den Kanarischen Inseln zu einem Pauschalpreis an.

²Da der Zielort der Reise im Drittlandsgebiet liegt, gilt die Beförderungsleistung insgesamt als im Drittlandsgebiet erbracht. ³Erfolgen auch alle übrigen Reisevorleistungen im Drittlandsgebiet, ist die Reiseleistung des Veranstalters insgesamt steuerfrei.

³Liegt der Zielort der Personenbeförderung im Gemeinschaftsgebiet, gilt die Beförderungsleistung (Reisevorleistung) insgesamt als im Gemeinschaftsgebiet erbracht.

Beispiel 2:

¹Ein Reiseveranstalter bietet eine Flugreise von Düsseldorf nach Athen zu einem Pauschalpreis an.

²Da der Zielort der Reise im Gemeinschaftsgebiet liegt, gilt die Beförderungsleistung als im Gemeinschaftsgebiet erbracht. ³Erfolgen auch alle übrigen Reisevorleistungen im Gemeinschaftsgebiet, ist die Reiseleistung des Veranstalters insgesamt steuerpflichtig.

⁴Hin- und Rückflug sind bei der Anwendung der Vereinfachungsregelung als eine Reisevorleistung anzusehen. ⁵Der Zielort bestimmt sich nach dem Hinflug. ⁶Zwischenlandungen aus flugtechnischen Gründen berühren die Anwendung der Vereinfachungsregelung nicht. ⁷Inländische Zu- und Abbringerflüge sind in die Zielortregelung einzubeziehen, wenn die als Reisevorleistung in Anspruch genommene Beförderungsleistung einschließlich der Zu- und Abbringerflüge nach umsatzsteuerrechtlichen Grundsätzen eine einheitliche Beförderungsleistung darstellt (vgl. Abschnitt 3.10).

(5) ¹Macht ein Reiseveranstalter von der Vereinfachungsregelung nach Absatz 4 Gebrauch, muss er diese Regelung bei allen von ihm veranstalteten Reisen anwenden. ²Er kann jedoch jederzeit dazu übergehen, seine in einer Personenbeförderung bestehenden Reisevorleistungen insgesamt nach den Streckenanteilen (Absatz 3) aufzuteilen. ³Hat der Reiseveranstalter den steuerfreien Anteil seiner Reiseleistungen nach Absatz 3 ermittelt, kann er zum Verfahren nach Absatz 4 nur übergehen, wenn die Ermittlung nach Absatz 3 nachweisbar mit unzumutbaren Schwierigkeiten verbunden ist.

(6) Erstreckt sich eine Personenbeförderung bei Kreuzfahrten mit Schiffen im Seeverkehr sowohl auf das Drittlandsgebiet als auch auf das Gemeinschaftsgebiet, kann der Reiseveranstalter abweichend von Absatz 3 von der Berücksichtigung des auf das Gemeinschaftsgebiet entfallenden Anteils der gesamten Beförderungsstrecke wegen Geringfügigkeit dieses Anteils absehen.

Beispiel:

¹Ein Reiseveranstalter bietet eine Kreuzfahrt im Mittelmeer an, die in Genua beginnt und endet.

²Die in der Beförderung der Reisenden bestehenden Reisevorleistungen sind als im Drittlandsgebiet erbracht anzusehen. ³Die Reiseleistung des Veranstalters ist steuerfrei.

(7) Liegen für nach § 25 Abs. 2 UStG steuerfreie Reiseleistungen im Drittland auch die Voraussetzungen der Steuerbefreiung des § 4 Nr. 25 UStG vor, geht die Steuerbefreiung des § 4 Nr. 25 UStG dieser Steuerbefreiung vor.

25.3. Bemessungsgrundlage bei Reiseleistungen

(1) ¹Abweichend von § 10 UStG ist Bemessungsgrundlage lediglich die Differenz (Marge) zwischen dem Betrag, den der Leistungsempfänger entrichtet und den Aufwendungen für die Reisevorleistungen, jedoch abzüglich der Umsatzsteuer.

Beispiel 1:

¹Ein Reiseveranstalter mit Sitz oder Betriebsstätte im Inland führt eine Bahnpauschalreise im Inland aus. ²Der Preis beträgt 440 €. ³Es nehmen 40 Personen teil. ⁴Der Reiseveranstalter hat für Reisevorleistungen aufzuwenden:

1. an die Deutsche Bahn AG für die Fahrt (einschließlich Umsatzsteuer) 3.200,– €
2. an Hotel für Unterkunft (einschließlich Umsatzsteuer) 12.000,– €

⁵Die Marge für die Leistung des Reiseveranstalters ermittelt sich wie folgt:

Reisepreis (Aufwendungen der Reiseteilnehmer)		17.600,– €
./. Reisevorleistungen		
für Fahrt	3.200,– €	
für Unterkunft	12.000,– €	15.200,– €
Marge		2.400,– €
./. darin enthaltene Umsatzsteuer (19/119 = Steuersatz 19%)		383,19 €
Bemessungsgrundlage		2.016,81 €

²Zu den Aufwendungen für Reisevorleistungen gehören auch die Aufwendungen, die der Unternehmer auf Grund vertraglicher Vereinbarung für nicht ausgenutzte Kapazitäten (vgl. Abschnitt 25.1 Abs. 10) zahlen muss.

Beispiel 2:

Der Reiseunternehmer, der einem Hotel die Abnahme einer bestimmten Zahl von Zimmern oder auch aller Zimmer garantiert hat, muss das dafür vertraglich vereinbarte Entgelt auch dann in voller Höhe entrichten, wenn er die gebuchten Zimmer nicht alle oder nicht für den vereinbarten Abnahmezeitraum belegen kann.

³Werden im Abrechnungsverkehr zwischen Leistungsträgern und Reiseveranstaltern Reisevorleistungen ausgehend vom sog. Bruttowert (Verkaufspreis abzüglich Provisionen zuzüglich Umsatzsteuer auf den Provisionsbetrag) berechnet, handelt es sich bei den Provisionen regelmäßig um Entgelt- bzw. Reisevorleistungsminderungen und nicht um Vergütungen für besondere (Vermittlungs-)Leistungen. ⁴Der Wert der Reisevorleistungen ist dann identisch mit dem Wert einer agenturmäßigen Nettoberechnung. ⁵Die in den Abrechnungen des Leistungsträgers auf den Provisionsbetrag gesondert ausgewiesene Umsatzsteuer wird weder vom Leistungsträger noch vom Reiseveranstalter nach § 14c Abs. 2 UStG geschuldet. ⁶Aufwendungen für Reisevorleistungen in fremder Währung sind nach § 16 Abs. 6 UStG in dem Zeitpunkt umzurechnen, in dem die Aufwendungen geleistet worden sind.

(2) ¹Treffen bei einer Reise Leistungen des Unternehmers mit eigenen Mitteln und Leistungen Dritter zusammen (vgl. Abschnitt 25.1 Abs. 11), sind für die Berechnung der Marge die eigenen Leistungen grundsätzlich im prozentualen Verhältnis zu den Fremdleistungen auszuscheiden. ²Die eigenen Leistungen sind mit den dafür aufgewendeten Kosten (einschließlich Umsatzsteuer) anzusetzen.

Beispiel:
¹Ein Reiseveranstalter mit Sitz oder Betriebsstätte im Inland führt eine Buspauschalreise im Inland aus. ²Der Preis beträgt 600 €. ³Es nehmen 50 Personen teil. ⁴Dem Unternehmer entstehen folgende Aufwendungen:

		€	%
1.	Eigenleistungen		
a)	Beförderung mit eigenem Bus	4.000,–	
b)	Betreuung am Zielort durch angestellte Reiseleiter	1.000,–	
	Insgesamt	5.000,–	20
2.	Reisevorleistungen Dritter (Unterkunft und Verpflegung)	20.000,–	80
		25.000,–	100

⁵Die Marge errechnet sich wie folgt:

Reisepreis (Aufwendungen der Reiseteilnehmer)	30.000,– €
./. 20% für Eigenleistungen	6.000,– €
	24.000,– €
./. Reisevorleistungen	20.000,– €
Marge	4.000,– €
./. darin enthaltene Umsatzsteuer (19/119 = Steuersatz 19%)	638,66 €
Marge = Bemessungsgrundlage	3.361,34 €

⁶Der Unternehmer hat mit 19% zu versteuern:

a) seine Eigenleistung (6.000 € ./. darin enthaltene Umsatzsteuer i.H.v. 19/119 = Steuersatz 19%)	5.042,02 €
b) die Reiseleistung	3.361,34 €
	8.403,36 €

³Die Eigenleistungen können auch in anderer Weise ermittelt werden, wenn dies zu einem sachgerechten Ergebnis führt.

(3) Ist die einheitliche sonstige Leistung teils steuerfrei und teils steuerpflichtig (vgl. Abschnitt 25.2 Abs. 3), ist die Bemessungsgrundlage für die unter § 25 UStG fallenden Umsätze im Verhältnis der Reisevorleistungen im Sinne des § 25 Abs. 2 UStG zu den übrigen Reisevorleistungen aufzuteilen.

Beispiel:
¹Ein Reiseveranstalter mit Sitz oder Betriebsstätte im Inland führt von einem inländischen Flughafen eine Flugpauschalreise nach Moskau aus. ²Der Preis beträgt 1.100 €. ³Es nehmen 80 Personen teil. ⁴Der Veranstalter hat an Reisevorleistungen aufzuwenden:

	€	%
1. Flugkosten	20.000,–	25
2. Kosten für Unterkunft und Verpflegung im Hotel (einschließlich Umsatzsteuer)	60.000,–	75
Insgesamt	80.000,–	100

⁵Sofern die Vereinfachungsregelung des Abschnitts 25.2 Abs. 4 nicht angewandt wird, errechnet sich die Marge wie folgt:

Reisepreis (Aufwendungen der Reiseteilnehmer)	88.000,– €
./. Reisevorleistungen	80.000,– €
Gesamtmarge	8.000,– €
davon entfallen	
a) auf Unterkunft und Verpflegung im Drittlandsgebiet 75% der Reisevorleistungen – steuerfrei nach § 25 Abs. 2 UStG –	6.000,– €
b) auf den Flug 25% der Reisevorleistungen = 2.000,– €. Da nur 60% der Flugstrecke über Gemeinschaftsgebiet führt, beträgt der nach § 25 Abs. 2 UStG steuerfreie Anteil;	800,– €
der steuerpflichtige Anteil	1.200,00 €
./. darin enthaltene Umsatzsteuer (19/119 = Steuersatz 19%)	191,60 €
steuerpflichtig / steuerfrei	1.008,40 € / 6.800,– €

⁶Die Bemessungsgrundlage für die Flugpauschalreise beträgt danach für steuerfreie Umsätze 6.800,– € und für steuerpflichtige Umsätze 1.008,40 €.

§ 25 UStAE 25.3.

(4) ¹Die Errechnung der Marge für die einzelne Leistung (vgl. Beispiele in den Absätzen 1 bis 3) kann bei Pauschalreisen mit erheblichen Schwierigkeiten verbunden sein. ²Eine Zuordnung der Reisevorleistungen wird vielfach abrechnungstechnische Probleme aufwerfen. ³§ 25 Abs. 3 Satz 3 UStG sieht deshalb Erleichterungen vor. ⁴Der Unternehmer hat danach die Möglichkeit, die Marge für bestimmte Gruppen von Reiseleistungen zu ermitteln. ⁵Dies kann z.B. die Marge für eine in sich abgeschlossene Reise, z.B. Kreuzfahrt, oder für sämtliche Reisen während eines bestimmten Zeitraums (Saison) in einen Zielort oder ein Zielgebiet sein. ⁶Er kann aber auch die Marge für seine gesamten innerhalb eines Besteuerungszeitraums bewirkten Reiseleistungen, soweit sie unter die Sonderregelung des § 25 UStG fallen, in einer Summe ermitteln.

Beispiel:

¹Der Unternehmer hat im Kalenderjahr Reiseleistungen i.H.v. insgesamt 2.700.000 € bewirkt.
²An touristischen Direktaufwendungen sind ihm entstanden:

	€	%
Eigenleistungen		
Beförderungen mit eigenen Bussen		
(davon 40% Strecke im Inland = steuerpflichtig)	500.000,–	20
Reisevorleistungen		
1. Beförderungen mit Luftfahrzeugen		
a) über Gemeinschaftsgebiet 200.000,– €		
b) über Drittlandsgebiet 300.000,– €	500.000,–	20
2. Unterkunft und Verpflegung in EG-Mitgliedstaaten	1.000.000,–	40
3. Unterkunft und Verpflegung in Drittländern	500.000,–	20
	2 500.000,–	100

³Die Marge errechnet sich wie folgt:

Einnahmen aus Reiseleistungen	2.700.000,– €
./. 20% Eigenleistungen	540.000,– €
	2.160.000,– €
./. Reisevorleistungen	2.000.000,– €
Marge	160.000,– €
davon entfallen auf Reisevorleistungen i. S. von § 25 Abs. 2 UStG (Nr. 1b und Nr. 3) = 40% der gesamten Reisevorleistungen – steuerfrei –	64.000,– €
Reisevorleistungen (Nr. 1a und Nr. 2) = 60% der gesamten Reisevorleistungen – steuerpflichtig –	96.000,– €
./. darin enthaltene Umsatzsteuer (19/119 = Steuersatz 19%)	15.327,73 €
Bemessungsgrundlage für steuerpflichtige Reiseleistungen	80.672,27 €

⁴Der Unternehmer hat danach mit 19% zu versteuern:

steuerpflichtige Reiseleistungen	80.672,27 €
seine Beförderungsleistung mit eigenen Bussen, soweit sie auf das Inland entfällt (40% der Einnahmen aus den Eigenleistungen i.H.v. 540.000 € = 216.000 €	
./. darin enthaltene Umsatzsteuer i.H.v. 19/119 = Steuersatz 19%)	181.512,60 €
	262.184,87 €
⁵Nach § 25 Abs. 2 UStG sind steuerfrei	64.000,– €
⁶Nicht steuerbar sind die auf das Ausland entfallenden Beförderungsleistungen (§ 3b Abs. 1 UStG)	324.000,– €

(5) Für den Unternehmer, der eine „Incentive-Reise" für sein Unternehmen erwirbt, gilt Folgendes:

1. ¹Wird die Reise einem Betriebsangehörigen als unentgeltliche Wertabgabe im Sinne des § 3 Abs. 9a Nr. 2 UStG (vgl. Abschnitt 25.1 Abs. 2 Beispiel 3) oder gegen Entgelt überlassen, bewirkt der Unternehmer damit eine Reiseleistung, die der Besteuerung nach § 25 UStG unterliegt. ²Im Falle einer unentgeltlichen Wertabgabe ergibt sich jedoch keine Marge, weil sich die Ausgaben nach § 10 Abs. 4 Satz 1 Nr. 3 UStG mit den Aufwendungen des Unternehmers für den Erwerb der Reise decken. ³Das Gleiche gilt, wenn eine Barzahlung des Arbeitnehmers für die Reise die Aufwendungen des Unternehmers für den Erwerb der Reise nicht übersteigt. ⁴Der Abzug der auf den Erwerb der Reise entfallenden Vorsteuer ist in diesen Fällen nach § 25 Abs. 4 UStG ausgeschlossen.

2. Wird die Reise nicht gegen Entgelt oder nicht als unentgeltliche Wertabgabe an Betriebsangehörige weitergegeben, sondern im Unternehmen verwendet, z.B. für Dienstreisen von Angestellten, als Kundengeschenk usw., bewirkt der Unternehmer keine Reiseleistung im Sinne des § 25 UStG.

(6) ¹Überlässt ein Reiseveranstalter an seine Arbeitnehmer im Rahmen des Dienstverhältnisses Reisen unentgeltlich (vgl. Abschnitt 25.1 Abs. 1), ergibt sich keine Marge, weil sich die Ausgaben nach § 10 Abs. 4 Satz 1 Nr. 3 UStG mit den Aufwendungen des Reiseveranstalters für die Reise decken. ²Das Gleiche gilt, wenn eine Zuzahlung des Arbeitnehmers für die Reise die Aufwendungen des Unternehmers nicht übersteigt. ³Ein Vorsteuerabzug für die Reisevorleistungen entfällt nach § 25 Abs. 4 UStG.

(7) ¹Durch die Erleichterungen bei der Ermittlung der Bemessungsgrundlage nach § 25 Abs. 3 UStG wird die Verpflichtung zur Abgabe von Voranmeldungen nicht berührt. ²Soweit in diesen Fällen die Höhe der Marge für die im Voranmeldungszeitraum bewirkten Umsätze noch nicht feststeht, bestehen keine Bedenken, dass der Unternehmer in der Voranmeldung als Bemessungsgrundlage geschätzte Beträge zu Grunde legt, die anhand der Kalkulation oder nach Erfahrungssätzen der Vorjahre zu ermitteln sind. ³Das Gleiche gilt in den Fällen, in denen der Unternehmer zwar die Marge für jede einzelne Leistung ermittelt, ihm aber am Ende des Voranmeldezeitraums die Höhe der Reisevorleistung für die in diesem Zeitraum bewirkten Leistungen noch nicht bekannt ist. ⁴Es muss dabei gewährleistet sein, dass sich nach endgültiger Feststellung der Bemessungsgrundlage nicht regelmäßig höhere Abschlusszahlungen ergeben.

25.4. Vorsteuerabzug bei Reiseleistungen

(1) ¹Vom Vorsteuerabzug ausgeschlossen sind die Umsatzsteuerbeträge, die auf Reisevorleistungen entfallen, auf Leistungen Dritter also, die den Reisenden unmittelbar zugutekommen. ²Umsatzsteuerbeträge, die dem Unternehmer für andere für sein Unternehmen ausgeführte Leistungen in Rechnung gestellt werden, sind dagegen unter den Voraussetzungen des § 15 UStG als Vorsteuern abziehbar. ³Hierzu gehören z.B. Vorsteuerbeträge, die beim Erwerb von Einrichtungsgegenständen, Büromaschinen und Büromaterial anfallen. ⁴Der Vorsteuerabzug steht dem Unternehmer auch zu, wenn die empfangene Leistung zwar mit der Reise unmittelbar zusammenhängt, aber dem Reisenden lediglich mittelbar zugutekommt (vgl. hierzu Abschnitt 25.1 Abs. 9 Satz 3 Nr. 1 und 2).

(2) ¹Die Berechtigung zum Vorsteuerabzug entfällt nur insoweit, als der Unternehmer Reiseleistungen bewirkt, die nach § 25 UStG der Besteuerung unterliegen. ²Allerdings kommt es nicht darauf an, ob der Unternehmer für die steuerpflichtigen Reiseleistungen tatsächlich Umsatzsteuer zu entrichten hat. ³Nicht beansprucht werden kann der Vorsteuerabzug deshalb auch in den Fällen, in denen es für die Reiseleistung im Sinne des § 25 Abs. 1 Satz 1 UStG an einer Bemessungsgrundlage (§ 25 Abs. 3 UStG) fehlt. ⁴Eine Bemessungsgrundlage nach § 25 Abs. 3 UStG ergibt sich dann nicht, wenn die vom Unternehmer für Reisevorleistungen aufgewendeten Beträge genau so hoch sind wie der vom Leistungsempfänger für die Reiseleistung gezahlte Betrag oder wenn die Beträge für Reisevorleistungen den vom Leistungsempfänger gezahlten Betrag übersteigen (vgl. Abschnitt 25.3 Abs. 5 Nr. 1 und Abs. 6). ⁵Ausgeschlossen ist der Vorsteuerabzug folglich insbesondere auch bei "Incentive-Reisen" (vgl. Abschnitt 25.1 Abs. 2 Beispiel 3 und Abschnitt 25.3 Abs. 5), die der Unternehmer erwirbt und Arbeitnehmern entweder ohne Aufschlag weiterberechnet oder als unentgeltliche Wertabgabe überlässt.

(3) ¹Der Ausschluss des Vorsteuerabzugs nach § 25 Abs. 4 Satz 1 UStG gilt u.a. auch für im Ausland ansässige Reiseveranstalter sowie bei im Ausland befindlichen Betriebsstätten eines im Inland ansässigen Reiseveranstalters. ²Ein im Ausland ansässiger Reiseveranstalter, der im Inland Reisevorleistungen in Anspruch nimmt, kann deshalb die ihm für diese Reisevorleistungen in Rechnung gestellte Umsatzsteuer nicht als Vorsteuer abziehen. ³Ebenso wenig kann eine Vergütung dieser Umsatzsteuer in dem besonderen Verfahren nach § 18 Abs. 9 UStG, §§ 59 bis 61a UStDV begehrt werden. ⁴Der im Inland ansässige Reiseveranstalter, der im Ausland eine Betriebsstätte unterhält, ist auch insoweit zum Vorsteuerabzug berechtigt, als dieser Betriebsstätte für die von ihr in Anspruch genommenen Reisevorleistungen Umsatzsteuer in Rechnung gestellt worden ist.

(4) ¹Der Vorsteuerabzug ist nach § 15 Abs. 3 Nr. 1 Buchstabe a UStG nicht ausgeschlossen, wenn die Reiseleistung nach § 25 Abs. 2 UStG steuerfrei ist. ²Das Gleiche gilt nach § 15 Abs. 3 Nr. 2 Buchstabe a UStG für Reiseleistungen im Ausland, die im Inland nach § 25 Abs. 2 UStG umsatzsteuerfrei wären. ³Durch diese Regelung wird sichergestellt, dass der Unternehmer den Vorsteuerabzug für alle empfangenen Leistungen beanspruchen kann, die wirtschaftlich den nach § 25 Abs. 2 UStG steuerfreien oder entsprechenden nicht steuerbaren Reiseleistungen ganz oder teilweise zuzurechnen sind, z.B. die Vermittlung einer Pauschalreise durch einen anderen Unternehmer oder die Lieferung von Reiseprospekten und Katalogen an den Unternehmer. ⁴Für die in § 25 Abs. 2 Satz 1 UStG bezeichneten Reisevorleistungen entfällt der Vorsteuerabzug, denn diese Leistungen unterliegen im Inland nicht der Besteuerung.

§ 25 UStAE 25.4., 25.5.

(5) ¹Vermitteln inländische Reisebüros für Reiseveranstalter gegen eine einheitlich vom Reisepreis berechnete Provision Reiseleistungen, bei denen der Reiseveranstalter Eigenleistungen in Form von grenzüberschreitenden Personenbeförderungsleistungen ausführt, können die Reisebüros sowohl steuerpflichtige als auch nicht steuerbare bzw. steuerfreie Vermittlungsleistungen erbringen. ²Zum Vorsteuerabzug der Reiseveranstalter bei Personenbeförderungsleistungen mit Flugzeugen vgl. BMF-Schreiben vom 22.3.2000, BStBl. I S. 458, bzw. mit Omnibussen vgl. BMF-Schreiben vom 7.12.2000, BStBl. 2001 I S. 98.

25.5. Aufzeichnungspflichten bei Reiseleistungen

(1) ¹Unternehmer, die nicht nur Reiseleistungen im Sinne des § 25 Abs. 1 Satz 1 UStG ausführen, müssen die Aufzeichnungen für diese Leistungen und für die übrigen Umsätze gegeneinander abgrenzen. ²Zu den übrigen Umsätzen zählen insbesondere auch die Reiseleistungen, auf die § 25 UStG nicht anzuwenden ist, z.B. Reiseleistungen, die für das Unternehmen des Leistungsempfängers bestimmt sind, und Reiseleistungen, die der Unternehmer mit eigenen Mitteln erbringt (vgl. Abschnitt 25.1 Abs. 2 und 8).

(2) ¹Die Aufzeichnungspflicht des Unternehmers erstreckt sich nicht nur auf die umsatzsteuerpflichtigen Reiseleistungen im Sinne des § 25 Abs. 1 Satz 1 UStG, sondern umfasst auch die nach § 25 Abs. 2 UStG umsatzsteuerfreien Reiseleistungen. ²Führt der Unternehmer sowohl umsatzsteuerpflichtige als auch umsatzsteuerfreie Reiseleistungen aus, muss aus seinen Aufzeichnungen nach § 25 Abs. 5 Nr. 4 UStG hervorgehen, welche Leistungen steuerpflichtig und welche steuerfrei sind. ³Dazu ist es erforderlich, dass entweder in den Aufzeichnungen die steuerpflichtigen und die steuerfreien Reiseleistungen voneinander abgegrenzt oder die steuerpflichtigen Reiseleistungen getrennt von den steuerfreien aufgezeichnet werden.

(3) ¹Im Einzelnen ist nach § 25 Abs. 5 UStG über die Reiseleistungen Folgendes aufzuzeichnen:
1. der Betrag, den der Leistungsempfänger für die Leistungen aufwendet;
2. die Beträge, die der Unternehmer für Reisevorleistungen aufwendet, und
3. die Bemessungsgrundlage nach § 25 Abs. 3 UStG.

²Der Unternehmer muss zwar die Bemessungsgrundlage nach § 25 Abs. 3 UStG errechnen. ³Die Berechnungen selbst braucht er aber nicht aufzuzeichnen und aufzubewahren.

Aufzeichnung der von den Leistungsempfängern für Reiseleistungen aufgewendeten Beträge (§ 25 Abs. 5 Nr. 1 UStG)

(4) ¹Aufgezeichnet werden müssen die für Reiseleistungen vereinbarten – berechneten – Preise einschließlich der Umsatzsteuer. ²Ändert sich der vereinbarte Preis nachträglich, hat der Unternehmer auch den Betrag der jeweiligen Preisminderung oder Preiserhöhung aufzuzeichnen.

(5) ¹Der Unternehmer muss grundsätzlich den Preis für jede einzelne Reiseleistung aufzeichnen. ²Das gilt auch dann, wenn nach § 25 Abs. 3 Satz 3 UStG die Bemessungsgrundlage statt für die einzelne Leistung für bestimmte Gruppen von Reiseleistungen oder für die in einem Besteuerungszeitraum erbrachten Reiseleistungen insgesamt ermittelt wird. ³Führt der Unternehmer an einen Leistungsempfänger mehrere Reiseleistungen im Sinne des § 25 Abs. 1 Satz 1 UStG aus, braucht er nur den Gesamtpreis für diese Reiseleistungen aufzuzeichnen.

(6) ¹Soweit der Unternehmer gemischte Reiseleistungen (vgl. Abschnitt 25.1 Abs. 11) ausführt, bei denen er einen Teil der Leistungen mit eigenen Mitteln erbringt, muss aus den Aufzeichnungen hervorgehen, auf welchen Umsatz § 25 UStG anzuwenden ist und welcher Umsatz nach den allgemeinen Vorschriften des UStG zu versteuern ist. ²Dazu sind neben dem für die Reise berechneten Gesamtpreis der auf die Reiseleistung nach § 25 Abs. 1 Satz 1 UStG entfallende Preisanteil und der anteilige Preis oder das Entgelt für die mit eigenen Mitteln des Unternehmens erbrachten Leistungen aufzuzeichnen. ³Ermittelt der Unternehmer nach § 25 Abs. 3 Satz 3 UStG die Bemessungsgrundlage für Gruppen von Reiseleistungen oder für die in einem Besteuerungszeitraum ausgeführten Reiseleistungen insgesamt, können die Gesamtbeträge der Preisanteile für Reiseleistungen im Sinne des § 25 Abs. 1 Satz 1 UStG und der Preisanteile bzw. Entgelte, die auf die mit eigenen Mitteln erbrachten Leistungen entfallen, errechnet und aufgezeichnet werden.

Aufzeichnung der vom Unternehmer für Reisevorleistungen aufgewendeten Beträge (§ 25 Abs. 5 Nr. 2 UStG)

(7) ¹Grundsätzlich sind die für Reisevorleistungen vereinbarten – berechneten – Preise einschließlich der Umsatzsteuer aufzuzeichnen. ²Ändern sich die Preise für Reisevorleistungen nachträglich, ist dies in den Aufzeichnungen festzuhalten.

(8) ¹Aufgezeichnet werden müssen auch die Preise für die in § 25 Abs. 2 Satz 1 UStG aufgeführten Reisevorleistungen, die zur Steuerbefreiung der betreffenden Reiseleistungen führen. ²Nimmt der Unternehmer neben Reisevorleistungen, die eine Steuerbefreiung der jeweiligen Reiseleistung nach sich ziehen, auch andere Reisevorleistungen in Anspruch, sind die beiden Gruppen von Reisevorleistungen in den Aufzeichnungen deutlich voneinander abzugrenzen.

(9) ¹Aus den Aufzeichnungen des Unternehmers muss grundsätzlich hervorgehen, für welche Reiseleistung die einzelne Reisevorleistung in Anspruch genommen worden ist. ²Hat der Unternehmer die in Anspruch genommene Reisevorleistung für mehrere Reiseleistungen verwendet, ist in den Aufzeichnungen außer dem Gesamtpreis anzugeben, welche Teilbeträge davon auf die einzelnen Reiseleistungen entfallen. ³Das Gleiche gilt, wenn der Unternehmer eine Rechnung erhält, in der ihm mehrere Reisevorleistungen berechnet werden.

(10) ¹Ermittelt der Unternehmer nach § 25 Abs. 3 Satz 3 UStG für bestimmte Gruppen von Reiseleistungen oder für die in einem Besteuerungszeitraum ausgeführten Reiseleistungen die Bemessungsgrundlage insgesamt, entfällt die Verpflichtung, in den Aufzeichnungen die Reisevorleistungen ganz oder anteilig den einzelnen Reiseleistungen zuzuordnen. ²Aus den Aufzeichnungen des Unternehmers muss in diesen Fällen lediglich zu ersehen sein, dass die Reisevorleistungen für eine bestimmte Gruppe von Reiseleistungen oder die in einem Besteuerungszeitraum ausgeführten Reiseleistungen in Anspruch genommen worden sind.

Aufzeichnung der Bemessungsgrundlage für Reiseleistungen (§ 25 Abs. 5 Nr. 3 UStG)

(11) ¹Aufgezeichnet werden müssen sowohl die Bemessungsgrundlagen für umsatzsteuerpflichtige Reiseleistungen als auch die Bemessungsgrundlagen für umsatzsteuerfreie Reiseleistungen. ²Ist nach § 25 Abs. 2 UStG nur ein Teil einer Reiseleistung umsatzsteuerfrei, muss aus den Aufzeichnungen des Unternehmers hervorgehen, wie hoch die Bemessungsgrundlage für diesen Teil der Reiseleistung ist und welcher Betrag als Bemessungsgrundlage auf den umsatzsteuerpflichtigen Teil der Reiseleistung entfällt.

(12) ¹Grundsätzlich ist die Bemessungsgrundlage für jede einzelne Reiseleistung oder für den jeweiligen Teil einer Reiseleistung aufzuzeichnen. ²Führt der Unternehmer an einen Leistungsempfänger mehrere Reiseleistungen aus, braucht er nur den Gesamtbetrag der Bemessungsgrundlage für diese Reiseleistungen aufzuzeichnen. ³Unternehmer, die nach § 25 Abs. 3 Satz 3 UStG verfahren, haben lediglich die Gesamtbemessungsgrundlagen für die jeweiligen Gruppen von Reiseleistungen oder den Gesamtbetrag der Bemessungsgrundlagen für die innerhalb eines Besteuerungszeitraums ausgeführten Reiseleistungen aufzuzeichnen.

(13) ¹Ändert sich die Bemessungsgrundlage für eine Reiseleistung nachträglich, muss in den Aufzeichnungen angegeben werden, um welchen Betrag sich die Bemessungsgrundlage verringert oder erhöht hat. ²Der Betrag der berichtigten Bemessungsgrundlage braucht nicht aufgezeichnet zu werden.

Verwaltungsregelungen zu § 25

Datum	Anlage	Quelle	Inhalt
14.12.81	§ 025-01	FM Nds	Umsatzsteuer bei Reiseleistungen nach § 25 UStG im Zusammenhang mit Verkaufsveranstaltungen
31.01.07	§ 025-02	BMF	Umsatzsteuerrechtliche Behandlung von Sprach- und Studienreisen; Konsequenzen des BFH-Urteils vom 1.6.2006, V R 104/01
29.10.86	§ 025-03	FM NRW	Reiseleistungen nach § 25 UStG im Zusammenhang mit Verkaufsveranstaltungen
07.09.88	§ 025-04	BMF	Vorsteuerabzug aufgrund von Leistungen Dritter bei Flugunregelmäßigkeiten
13.03.90	§ 025-05	OFD Kob	Vermittlung und Selbstveranstaltung von Reisen durch Reisebüros
	§ 025-06		nicht belegt
	§ 025-07		nicht belegt
22.03.00	§ 025-08	BMF	Umsatzsteuerbefreiung nach § 4 Nr. 5 UStG; Vermittlungsprovisionen an Reisebüros
07.12.00	§ 025-09	BMF	Umsatzsteuerliche Behandlung von Provisionsabrechnungen für Vermittlungsleistungen von inländischen Reisebüros; Provisionen für Bus-Pauschalreisen

§ 25

Datum	Anlage	Quelle	Inhalt
27.11.06	§ 025-10	BMF	Umsatzsteuerliche Behandlung von Reiserücktrittskostenversicherungen; Konsequenzen des BFH-Urteils vom 13.7.2006, V R 24/02
24.10.07	§ 025-11	LFD Thü	Sondervorschriften für Besteuerung von Reiseleistungen (§ 25 Abs. 1 UStG); Behandlung von Stornoprovisionen aufgrund von Agenturverträgen bei Reiseleistungen
25.03.11	§ 025-12	BMF	Anwendung der Sonderregelung für Reisebüros (§ 25 UStG) auf Zu- und Abbringerflüge

Rechtsprechungsauswahl

EuGH vom 09.12.2010 – Rs. C-31/10 – Minerva Kulturreisen GmbH, DStR 2010 S. 2576[1]**:** Mehrwertsteuerrechtliche „Sonderregelung für Reisebüros" findet ohne Erbringung einer Reiseleistung keine Anwendung.
Art. 26 der Sechsten Richtlinie 77/388/EWG des Rates vom 17.5.1977 zur Harmonisierung der Rechtsvorschriften der Mitgliedstaaten über die Umsatzsteuern – Gemeinsames Mehrwertsteuersystem: einheitliche steuerpflichtige Bemessungsgrundlage ist dahin auszulegen, dass er auf den isolierten Verkauf von Opernkarten durch ein Reisebüro ohne Erbringung einer Reiseleistung nicht anwendbar ist.

BFH vom 10.12.2009 – XI R 39/08, BStBl. 2010 II S. 321: EuGH-Vorlage zum Anwendungsbereich der mehrwertsteuerrechtlichen „Sonderregelung für Reisebüros".
Dem EuGH wird folgende Frage zur Auslegung der Richtlinie 77/388/EWG vorgelegt: Gilt die „Sonderregelung für Reisebüros" in Art. 26 der Richtlinie 77/388/EWG auch für den isolierten Verkauf von Opernkarten durch ein Reisebüro ohne zusätzlich erbrachte Leistungen?

FG Hamburg vom 24.06.2008 – 6 K 91/06: Vorsteuerabzug im Zusammenhang mit Erbringung von Reisevorleistungen im Sinne von § 25 UStG.
Ein Reiseveranstalter erbringt auch insoweit Reisevorleistungen i.S. von § 25 UStG, als er als Ersatz für an sich geschuldete Flugtransporte in bestimmten Fällen Busbeförderungen vornimmt. Die dem Reiseunternehmer insoweit von dem Busunternehmer in Rechnung gestellte Umsatzsteuer kann er gemäß § 25 Abs. 4 Satz 1 UStG nicht als Vorsteuer abziehen, sofern die Leistungen nicht entsprechend § 25 Abs. 2 UStG im Drittlandsgebiet erbracht werden. Die Vereinfachungsregel der Finanzverwaltung in Abschnitt 273 Abs. 4 UStR für die Zuordnung von Flugleistungen auf das Drittlandsgebiet kann nicht auf Busbeförderungen ausgedehnt werden.

BFH vom 13.07.2006 – V R 24/02, BStBl. 2006 II S. 935: Reiserücktrittskostenversicherung als Hauptleistung.
Ein vom Reiseveranstalter obligatorisch angebotener Abschluss einer Reiserücktrittskostenversicherung für die Kunden kann eine selbständige steuerfreie Leistung neben der unter § 25 UStG 1993 fallenden Reiseleistung sein.

BFH vom 01.06.2006 – V R 104/01, BStBl. 2007 II S. 142:[2] Sprachstudienaufenthalte im Ausland können als Reiseleistungen der Margenbesteuerung des § 25 UStG unterliegen.
Die Leistungen eines Unternehmers, der die Durchführung von Sprachstudienaufenthalten im Ausland einschließlich Beförderung und Betreuung im eigenen Namen anbietet, können als einheitliche Leistung unter die Sonderregelung des § 25 UStG für Reiseleistungen fallen. Auf den Zweck oder die Dauer des Auslandsaufenthalts der Teilnehmer kommt es insoweit nicht an.

BFH vom 02.03.2006 – V R 25/03, UR 2006 S. 585: Umsatzsteuerliche Behandlung der Leistungen eines Konsularservices zur Beschaffung von Einreisedokumenten und zur Betreuung auf Reisen in GUS-Staaten.
1. Die Beschaffung der Betreuung auf der Reise stellt eine gegenüber der bloßen Beschaffung des Touristenvisums eigene, selbständige sonstige Leistung dar.
2. Die von einem Unternehmer im eigenen Namen besorgte Betreuungsleistung ist nach § 25 Abs. 2 Satz 1 UStG 1993 steuerfrei, wenn die von ihm in Anspruch genommene Reisevorleistung durch ein

---
1) EuGH-Antwort auf BFH vom 10.12.2009
2) Nachfolgeentscheidung zum EuGH-Urteil vom 13.10.2005 – Rs. C-200/04

Betreuungsunternehmen im Drittlandsgebiet bewirkt wird. § 25 UStG 1993 greift ein, wenn die Leistung gegenüber Endverbrauchern erbracht wird.

3. Die von einem Unternehmer im eigenen Namen für andere Unternehmen auf deren Rechnung besorgte Betreuungsleistung ist nicht steuerbar nach § 1 Abs. 1 Satz 1 § 3a Abs. 1, § 3 Abs. 11 UStG 1993, wenn die Betreuungsleistung durch ein Betreuungsunternehmen im Drittlandsgebiet erbracht wird.

EuGH vom 13.10.2005 – Rs. C-200/04 – iSt internationale Sprach- und Studienreisen GmbH, UR 2005 S. 694[1]**:** Sonderregelung für Reisebüros und Veranstalter von Pauschalreisen ins Ausland mit mehrmonatigem Aufenthalt sowie Sprachunterricht – sog. High-School- und College-Programme.

Art. 26 der 6. EG-Richtlinie 77/388/EWG ist dahin auszulegen, dass er auf einen Wirtschaftsteilnehmer Anwendung findet, der Dienstleistungen wie die „High-School-Programme" und „College-Programme", die in der Durchführung von Sprach- und Studienreisen ins Ausland bestehen, anbietet und der seinen Kunden gegen Zahlung eines Pauschalpreises im eigenen Namen einen drei- bis zehnmonatigen Auslandsaufenthalt bietet und dabei Dienstleistungen anderer Steuerpflichtiger in Anspruch nimmt.

EuGH vom 06.10.2005 – Rs. C-291/03 – My Travel plc, UR 2005 S. 685[2]**:** Methode für die Berechnung der Steuer eines Reisebüros oder Veranstalters einer Pauschalreise mit eigenen und von Dritten erworbenen Leistungselementen.

1. Ein Reisebüro oder ein Reiseveranstalter, das bzw. der seine Mehrwertsteuererklärung für einen Besteuerungszeitraum unter Verwendung der Methode abgegeben hat, die in der nationalen Regelung zur Umsetzung der 6. EG-Richtlinie 77/388/EWG in das innerstaatliche Recht vorgesehen ist, kann seine Mehrwertsteuerschuld nach der vom Gerichtshof als gemeinschaftsrechtskonform angesehenen Methode unter den in seinem nationalen Recht vorgesehenen Bedingungen, die dem Äquivalenzprinzip und dem Effektivitätsprinzip entsprechen müssen, neu berechnen.

2. Art. 26 der 6. EG-Richtlinie ist dahin auszulegen, dass ein Reisebüro oder ein Reiseveranstalter, das bzw. der gegen Zahlung eines Pauschalpreises dem Reisenden von Dritten erworbene sowie selbst erbrachte Leistungen liefert, grundsätzlich den seinen eigenen Leistungen entsprechenden Teil des Pauschalangebots auf der Grundlage des Marktwerts dieser Leistungen errechnen muss, sofern dieser Wert bestimmt werden kann. Ein Steuerpflichtiger kann jedoch das Kriterium der tatsächlichen Kosten verwenden, wenn er nachweist, dass dieses Kriterium der tatsächlichen Struktur des Pauschalangebots exakt Rechnung trägt. Die Anwendung des Kriteriums des Marktwerts ist weder davon, dass sie einfacher ist als die Anwendung der auf die tatsächlichen Kosten gestützten Methode, noch davon abhängig, dass sie zu einer Mehrwertsteuerschuld führt, die der Schuld gleich oder ähnlich ist, die sich bei der Verwendung der auf die tatsächlichen Kosten gestützten Methode ergeben würde. Daher

   – darf ein Reisebüro oder ein Reiseveranstalter die auf den Marktwert gestützte Methode nicht nach eigenem Ermessen anwenden und

   – gilt die letztgenannte Methode für die eigenen Leistungen, deren Marktwert bestimmt werden kann, auch wenn im Rahmen desselben Besteuerungszeitraums der Wert anderer eigener Bestandteile der Pauschalleistung nicht bestimmt werden kann, weil der Steuerpflichtige keine ähnlichen Leistungen außerhalb eines Pauschalangebots verkauft.

3. Es ist Sache des vorlegenden Gerichts, unter Berücksichtigung der Umstände des Ausgangsrechtsstreits den Marktwert der im Rahmen der Pauschalurlaubsreisen gelieferten Flugreisen zu bestimmen. Dieses Gericht kann diesen Marktwert ausgehend von Durchschnittswerten bestimmen. In diesem Zusammenhang kann der Markt, der auf den an andere Reiseveranstalter verkauften Sitzen basiert, den am besten geeigneten Markt darstellen.

BFH vom 18.03.2004 – V R 104/01, BStBl. 2004 II S. 632: Vorabentscheidungsersuchen an den EuGH zur Reichweite von § 25 UStG bei „High-School-Programmen".

Dem EuGH wird folgende Frage zur Auslegung der Richtlinie 77/388/EWG vorgelegt:

Gilt die Sonderregelung für Reisebüros in Art. 26 der Richtlinie 77/388/EWG auch für Umsätze eines Veranstalters von sog. „High-School-Programmen" und „College-Programmen" mit Auslandsaufenthalt von drei bis zehn Monaten, die den Teilnehmern im eigenen Namen angeboten werden und für deren Durchführung Leistungen anderer Steuerpflichtiger in Anspruch genommen werden?

---

1) Antwort auf das Vorentscheidungsersuchen des BFH vom 18.03.2004. Siehe dazu *Henkel*, UR 2005 S. 698; beachte Nachfolgeentscheidung des BFH vom 01.06.2006
2) Siehe dazu *Henkel*, UR 2005 S. 692

§ 25

EuGH vom 19.06.2003 – Rs. C-149/01 – First Choice Holidays plc, UR 2003 S. 456: Durch Provisionszahlung eines Reiseveranstalters an ein Reisebüro gegenfinanzierter Preisnachlass des Reisebüros gegenüber Reisenden als Bestandteil der Besteuerungsgrundlage

Art. 26 Abs. 2 der 6. EG-Richtlinie 77/388/EWG ist dahin auszulegen, dass die Wendung „vom Reisenden zu zahlender Gesamtbetrag" im Sinne dieser Bestimmung den zusätzlichen Betrag umfasst, den ein als Vermittler für Rechnung eines Reiseveranstalters tätiges Reisebüro unter den in der Vorlageentscheidung dargestellten Umständen zusätzlich zu dem vom Reisenden entrichteten Preis an den Reiseveranstalter zahlen muss, und zwar in Höhe des dem Reisenden von dem Reisebüro gewährten Nachlasses auf den im Katalog des Reiseveranstalters festgesetzten Preis.

BFH vom 07.10.1999 – V R 79, 80/98, BStBl. 2004 II S. 308: Reiseleistungen und Dienstleistungskommission.[1]

1. Eine Reiseleistung i.S. des § 25 Abs. 1 UStG 1980 liegt auch vor, wenn der Unternehmer nur eine Leistung – wie z.B. die Weitervermietung von Ferienwohnungen ohne Anreise und Verpflegung – erbringt.

2. Seit Inkrafttreten der Richtlinie 77/388/EWG werden Steuerpflichtige, die bei der Erbringung von Dienstleistungen im eigenen Namen, aber für Rechnung Dritter tätig werden, so behandelt, als ob sie diese Dienstleistungen selbst erhalten und erbracht hätten (Abgrenzung gegenüber der bisherigen Rechtsprechung zur sog. Leistungskommission). Deshalb ist auch der Unternehmer, der Reiseleistungen im eigenen Namen, aber für Rechnung eines Dritten erbringt, so zu behandeln, als ob er die von dem Dritten bezogenen Reisevorleistungen selbst erhalten hätte.

3. Vermittelt eine inländische Tochtergesellschaft Reiseleistungen im Namen ihrer ausländischen Muttergesellschaft, können die Reiseleistungen der Muttergesellschaft nicht der Tochtergesellschaft zugerechnet werden.

EuGH vom 22.10.1998 – Rs. C-308/96 und C-94/87 – Madgett und Baldwin, IStR 1998 S. 665: Steuerrechtliche Behandlung von Pauschalreisepaketen, die Aufenthalt und Reise umfassen.

1. Art. 26 der Sechsten Richtlinie 77/388/EWG des Rates v. 17.5.1977 zur Harmonisierung der Rechtsvorschriften der Mitgliedstaaten über die Umsatzsteuern – Gemeinsames Mehrwertsteuersystem: einheitliche steuerpflichtige Bemessungsgrundlagen findet auf einen Hotelier Anwendung, der seinen Kunden gegen Zahlung eines Pauschalpreises neben der Unterkunft regelmäßig auch die Beförderung von bestimmten weit entfernten Abholstellen zum Hotel und zurück sowie während des Aufenthalts für die Zeit eine Busreise bietet, wobei die Transportdienstleistungen von Dritten bezogen werden.

2. In Fällen, in denen ein Wirtschaftsteilnehmer, auf den Art. 26 der Sechsten Richtlinie 77/388 anwendbar ist, gegen Zahlung eines Pauschalpreises Umsätze tätigt, die aus Dienstleistungen bestehen, welche zum Teil von ihm selbst und Teil von anderen Steuerpflichtigen erbracht werden, unterliegen nur die von den letzteren erbrachten Dienstleistungen der Mehrwertsteuerregelung dieses Artikels. Von einem Wirtschaftsteilnehmer kann nicht verlangt werden, daß er den Teil des Pauschalpreises, der der Eigenleistung entspricht, nach dem Grundsatz der tatsächlichen Kosten errechnet, wenn es möglich ist, diesen Teil des Pauschalpreises nach dem Marktpreis der Leistungen zu errechnen, die den im pauschalen Leistungspaket enthaltenen entsprechen.

EuGH vom 20.02.1997 – Rs.C-260/95 – DFDS, UR 1997 S. 179[2]: Dienstleistungsort bei Vermittlung von Pauschalreisen durch ausländische feste Niederlassung des Reisebüros.

Artikel 26 Absatz 2 der Sechsten Richtlinie (77/388/EWG) ist dahin auszulegen, daß Dienstleistungen, die ein Reiseveranstalter, der seinen Sitz in einem Mitgliedstaat hat, für Reisende durch Vermittlung einer in einem anderen Mitgliedstaat tätigen Gesellschaft erbringt, im letztgenannten Staat der Mehrwertsteuer unterliegen, sofern diese Gesellschaft, die als bloße Hilfsperson des Veranstalters handelt, über die Personal- und Sachmittel verfügt, die eine feste Niederlassung kennzeichnen.

BFH vom 16.03.1995 – V R 128/92, BStBl. 1995 II S. 651: Reise als Preis bei Verkaufswettbewerb.

1. Bei Reiseleistungen ist den zivilrechtlichen Rechtsbeziehungen grundsätzlich auch umsatzsteuerrechtlich zu folgen, wenn sie erfüllt worden sind und wenn die für das Umsatzsteuerrecht maßgebende tatsächliche Leistungshandlung keine eigenständige Beurteilung erfordert. Der Empfänger von Reiseleistungen braucht die Reise nicht selbst anzutreten.

---

1) Beachte Änderung von § 3 Abs. 11 UStG zum 01.01.2004 sowie Abschn. 32 UStR/Abschn. 3.15. UStAE
2) Siehe dazu *Schlienkamp*, UR 1997 S. 161

§ 25

2. Wendet ein Hersteller bei einem Verkaufswettbewerb ausgelobte Reiseleistungen seinen Vertragshändlern unter der Auflage zu, die Reisen bestimmten Arbeitnehmern zu gewähren, so kann der Händler steuerbare Reiseleistungen an seine Arbeitnehmer ausführen.
3. Wendet der Hersteller Reiseleistungen unmittelbar Arbeitnehmern seiner Vertragshändler zu, so erbringt der Vertragshändler insoweit keine steuerbaren Leistungen an seine Arbeitnehmer.

BFH vom 23.09.1993 – V R 139/89, BStBl. 1994 II S. 272: Reisebetreuungsleistungen von angestellten Reiseleitern werden am Unternehmersitz des Reiseveranstalters ausgeführt.

BFH vom 21.01.1993 – V B 95/92, UR 1993 S. 263 (Leitsatz nicht amtlich, aus UR): Ferienhausvermietung (§ 25 UStG 1980).
1. Die zur Anwendung der Margenbesteuerung erforderliche Inanspruchnahme von Reisevorleistungen (§ 25 Abs. 1 Satz 1 UStG) liegt vor, wenn der Dritte i. S. des § 25 Abs. 1 Satz 5 UStG (der eigentliche Leistungsträger) auf Veranlassung des Reiseunternehmers gegenüber dem Reisenden tatsächlich tätig wird. Auf die zivil- und umsatzsteuerlichen Rechtsverhältnisse zwischen den genannten Personen kommt es zur Bestimmung einer Reisevorleistung nicht an.
2. Eine Reiseleistung i. S. des § 25 Abs. 1 UStG liegt auch vor, wenn der Reiseunternehmer nur eine Leistung (z. B. Vermietung eines Ferienhauses) erbringt (Bestätigung von Abschn. 272 Abs. 1 Satz 4 UStR 1992).

EuGH vom 12.11.1992 – Rs. C-163/91 – van Ginkel, UR 1993 S. 118: Margenbesteuerung bei der Vermietung von Ferienwohnungen durch Reiseveranstaltungen (Art. 26 der 6. Richtlinie, § 25 UStG 1980).

Die Bestimmungen des Artikels 26 der Sechsten Richtlinie des Rates sind so auszulegen, daß der Umstand, daß ein Reisebüro oder ein Reiseveranstalter nicht die Beförderung des Reisenden übernimmt und sich darauf beschränkt, dem Reisenden eine Ferienwohung zur Verfügung zu stellen, nicht zum Ausschluß der Leistungen dieser Unternehmen vom Anwendungsbereich des Artikels 26 führen kann.

Hessisches FG vom 16.03.1972 – VI 101 – 103/70 – rechtskräftig – Revision des Bekl. durch BFH-Beschluß vom 16.12.1976 – V R 51/72 als unbegründet zurückgewiesen, UR 1977 S. 110: Stornogebühren bei einem Touristikunternehmen.

Die einem Touristikunternehmen, das Reisen nicht vermittelt, sondern als Eigenleistungen durchführt, zufließenden Stornogebühren (Zahlungen von Kunden, die vor Reisebeginn zurücktreten) stellen nicht Entgelt dar, das der Umsatzsteuer unterworfen werden darf.

§ 25a

§ 25a Differenzbesteuerung

(1) Für die Lieferungen im Sinne des § 1 Abs. 1 Nr. 1 von beweglichen körperlichen Gegenständen gilt eine Besteuerung nach Maßgabe der nachfolgenden Vorschriften (Differenzbesteuerung), wenn folgende Voraussetzungen erfüllt sind:

1. Der Unternehmer ist ein Wiederverkäufer. Als Wiederverkäufer gilt, wer gewerbsmäßig mit beweglichen körperlichen Gegenständen handelt oder solche Gegenstände im eigenen Namen öffentlich versteigert.
2. Die Gegenstände wurden an den Wiederverkäufer im Gemeinschaftsgebiet geliefert. Für diese Lieferung wurde
    a) Umsatzsteuer nicht geschuldet oder nach § 19 Abs. 1 nicht erhoben oder
    b) die Differenzbesteuerung vorgenommen.
3. Die Gegenstände sind keine Edelsteine (aus Positionen 71 02 und 71 03 des Zolltarifs) oder Edelmetalle (aus Positionen 71 06, 71 08, 71 10 und 71 12 des Zolltarifs).

(2) Der Wiederverkäufer kann spätestens bei Abgabe der ersten Voranmeldung eines Kalenderjahres gegenüber dem Finanzamt erklären, daß er die Differenzbesteuerung von Beginn dieses Kalenderjahres an auch auf folgende Gegenstände anwendet:

1. [1)]Kunstgegenstände (Nummer 53 der Anlage 2), Sammlungsstücke (Nummer 49 Buchstabe f und 54 der Anlage 2) oder Antiquitäten (Position 9706 00 00 des Zolltarifs), die er selbst eingeführt hat, oder
2. Kunstgegenstände, wenn die Lieferung an ihn steuerpflichtig war und nicht von einem Wiederverkäufer ausgeführt wurde.

Die Erklärung bindet den Wiederverkäufer für mindestens zwei Kalenderjahre.

(3) Der Umsatz wird nach dem Betrag bemessen, um den der Verkaufspreis den Einkaufspreis für den Gegenstand übersteigt; bei Lieferungen im Sinne des § 3 Abs. 1b und in den Fällen des § 10 Abs. 5 tritt an die Stelle des Verkaufspreises der Wert nach § 10 Abs. 4 Nr. 1. Die Umsatzsteuer gehört nicht zur Bemessungsgrundlage. Im Fall des Absatzes 2 Nr. 1 gilt als Einkaufspreis der Wert im Sinne des § 11 Abs. 1 zuzüglich der Einfuhrumsatzsteuer. Im Fall des Absatzes 2 Nr. 2 schließt der Einkaufspreis die Umsatzsteuer des Lieferers ein.

(4) Der Wiederverkäufer kann die gesamten innerhalb eines Besteuerungszeitraums ausgeführten Umsätze nach dem Gesamtbetrag bemessen, um den die Summe der Verkaufspreise und der Werte nach § 10 Abs. 4 Nr. 1 die Summe der Einkaufspreise dieses Zeitraums übersteigt (Gesamtdifferenz). Die Besteuerung nach der Gesamtdifferenz ist nur bei solchen Gegenständen zulässig, deren Einkaufspreis 500 Euro[2)] nicht übersteigt. Im übrigen gilt Absatz 3 entsprechend.

(5)[3)] Die Steuer ist mit dem allgemeinen Steuersatz nach § 12 Abs. 1 zu berechnen. Die Steuerbefreiungen, ausgenommen die Steuerbefreiung für innergemeinschaftliche Lieferungen (§ 4 Nr. 1 Buchstabe b, § 6a), bleiben unberührt. Abweichend von § 15 Abs. 1 ist der Wiederverkäufer in den Fällen des Absatzes 2 nicht berechtigt, die entrichtete Einfuhrumsatzsteuer, die gesondert ausgewiesene Steuer oder die nach § 13b Abs. 5[4)] geschuldete Steuer für die an ihn ausgeführte Lieferung als Vorsteuer abzuziehen.

(6)[5)] § 22 gilt mit der Maßgabe, daß aus den Aufzeichnungen des Wiederverkäufers zu ersehen sein müssen

1. die Verkaufspreise oder die Werte nach § 10 Abs. 4 Satz 1 Nr. 1,
2. die Einkaufspreise und
3. die Bemessungsgrundlagen nach den Absätzen 3 und 4.

---

1) Fassung ab 19.12.2006
2) Fassung ab 01.01.2002
3) Fassung ab 01.01.2002
4) Ab 01.07.2010
5) Fassung ab 01.01.2004

§ 25a

Wendet der Wiederverkäufer neben der Differenzbesteuerung die Besteuerung nach den allgemeinen Vorschriften an, hat er getrennte Aufzeichnungen zu führen.

(7) Es gelten folgende Besonderheiten:
1. Die Differenzbesteuerung findet keine Anwendung
   a) auf die Lieferungen eines Gegenstandes, den der Wiederverkäufer innergemeinschaftlich erworben hat, wenn auf die Lieferung des Gegenstandes an den Wiederverkäufer die Steuerbefreiung für innergemeinschaftliche Lieferungen im übrigen Gemeinschaftsgebiet angewendet worden ist,
   b) auf die innergemeinschaftliche Lieferung eines neuen Fahrzeugs im Sinne des § 1b Abs. 2 und 3.
2. Der innergemeinschaftliche Erwerb unterliegt nicht der Umsatzsteuer, wenn auf die Lieferung der Gegenstände an den Erwerber im Sinne des § 1a Abs. 1 die Differenzbesteuerung im übrigen Gemeinschaftsgebiet angewendet worden ist.
3. Die Anwendung des § 3c und die Steuerbefreiung für innergemeinschaftliche Lieferungen (§ 4 Nr. 1 Buchstabe b, § 6a) sind bei der Differenzbesteuerung ausgeschlossen.

(8) Der Wiederverkäufer kann bei jeder Lieferung auf die Differenzbesteuerung verzichten, soweit er Absatz 4 nicht anwendet. Bezieht sich der Verzicht auf die in Absatz 2 bezeichneten Gegenstände, ist der Vorsteuerabzug frühestens in dem Voranmeldungszeitraum möglich, in dem die Steuer für die Lieferung entsteht.

Vorgaben im EG-Recht

USt-Recht	MwStSystRL
§ 25a Abs. 1 Einleitungssatz	Artikel 313 Abs. 1
§ 25a Abs. 1 Nr. 1	Artikel 311 Abs. 1 Nr. 5 und 6
§ 25a Abs. 1 Nr. 2	Artikel 314
§ 25a Abs. 1 Nr. 3	Artikel 311 Abs. 1 Nr. 1
§ 25a Abs. 2 Satz 1 Nr. 1	Artikel 316 Abs. 1 Buchst. a, Artikel 311 Abs. 1 Nr. 2, 3 und 4 i.V.m. Anhang IX, Artikel 311 Abs. 2
§ 25a Abs. 2 Satz 1 Nr. 2	Artikel 316 Abs. 1 Buchst. c
§ 25a Abs. 2 Satz 2	Artikel 316 Abs. 2
§ 25a Abs. 3 Satz 1 und 2	Artikel 315
§ 25a Abs. 3 Satz 3 und 4	Artikel 317
§ 25a Abs. 4	Artikel 318
§ 25a Abs. 5 Satz 1	Artikel 98 Abs. 2
§ 25a Abs. 5 Satz 2	Artikel 321
§ 25a Abs. 5 Satz 3	Artikel 322 Buchst. a und c, Artikel 323
§ 25a Abs. 6 Satz 1	Artikel 242
§ 25a Abs. 6 Satz 2	Artikel 324
§ 25a Abs. 7 Nr. 1 Buchst. a	Artikel 138 und 314
§ 25a Abs. 7 Nr. 1 Buchst. b	Artikel 313 Abs. 2
§ 25a Abs. 7 Nr. 2	Artikel 4 Buchst. a
§ 25a Abs. 7 Nr. 3	Artikel 35 und 139 Abs. 3
§ 25a Abs. 8 Satz 1	Artikel 319
§ 25a Abs. 8 Satz 2	Artikel 320 Abs. 2

§ 25a

UStAE
Zu § 25a UStG

25a.1. Differenzbesteuerung

Anwendungsbereich

(1) ¹§ 25a UStG enthält eine Sonderregelung für die Besteuerung der Lieferungen nach § 1 Abs. 1 Nr. 1 UStG von beweglichen körperlichen Gegenständen einschließlich Kunstgegenständen, Sammlungsstücken und Antiquitäten, sofern für diese Gegenstände kein Recht zum Vorsteuerabzug bestand. ²Sie werden nachfolgend als Gebrauchtgegenstände bezeichnet, weil sie nach der Verkehrsauffassung bereits "gebraucht" sind. ³Edelsteine und Edelmetalle sind nach § 25a Abs. 1 Nr. 3 UStG von der Differenzbesteuerung ausgenommen. ⁴Edelsteine im Sinne der Vorschrift sind rohe oder bearbeitete Diamanten (Position 7102 Zolltarif) sowie andere Edelsteine (z.B. Rubine, Saphire, Smaragde) und Schmucksteine (Position 7103 Zolltarif). ⁵Synthetische und rekonstituierte Edelsteine oder Schmucksteine (Position 7104 Zolltarif) rechnen nicht dazu. ⁶Edelmetalle im Sinne der Vorschrift sind Silber (aus Positionen 7106 und 7112 Zolltarif), Gold (aus Positionen 7108 und 7112 Zolltarif) und Platin einschließlich Iridium, Osmium, Palladium, Rhodium und Ruthenium (aus Positionen 7110 und 7112 Zolltarif). ⁷Edelmetalllegierungen und -plattierungen gehören grundsätzlich nicht dazu. ⁸Aus Edelsteinen oder Edelmetallen hergestellte Gegenstände (z.B. Schmuckwaren, Gold- und Silberschmiedewaren) fallen nicht unter die Ausnahmeregelung.

(2) ¹Der Anwendungsbereich der Differenzbesteuerung ist auf Wiederverkäufer beschränkt. ²Als Wiederverkäufer gelten Unternehmer, die im Rahmen ihrer gewerblichen Tätigkeit üblicherweise Gebrauchtgegenstände erwerben und sie danach, gegebenenfalls nach Instandsetzung, im eigenen Namen wieder verkaufen (gewerbsmäßige Händler), und die Veranstalter öffentlicher Versteigerungen, die Gebrauchtgegenstände im eigenen Namen und auf eigene oder fremde Rechnung versteigern (vgl. BFH-Urteile vom 2.3.2006, V R 35/04, BStBl. II S. 675, und vom 29.6.2011, XI R 15/10, BStBl. II S. 839). ³Der An- und Verkauf der Gebrauchtgegenstände kann auf einen Teil- oder Nebenbereich des Unternehmens beschränkt sein.

> *Beispiel:*
>
> ¹Ein Kreditinstitut veräußert die von Privatpersonen sicherungsübereigneten Gebrauchtgegenstände. ²Der Verkauf der Gegenstände unterliegt der Differenzbesteuerung. ³Das Kreditinstitut ist insoweit als Wiederverkäufer anzusehen.

(3) ¹Der Ort der Lieferung der Gegenstände an den Wiederverkäufer muss im Inland oder im übrigen Gemeinschaftsgebiet liegen. ²Wird ein Gegenstand im Drittlandsgebiet erworben und in das Inland eingeführt, unterliegt die spätere Lieferung des Gegenstands nur unter den Voraussetzungen des § 25a Abs. 2 UStG der Differenzbesteuerung.

(4)[1] ¹Die Anwendung der Differenzbesteuerung setzt nach § 25a Abs. 1 Nr. 2 UStG voraus, dass der Wiederverkäufer die Gebrauchtgegenstände im Rahmen einer entgeltlichen Lieferung für sein Unternehmen erworben hat (vgl. BFH-Urteil vom 18.12.2008, V R 73/07, BStBl. 2009 II S. 612). ²Diese Voraussetzung ist nicht erfüllt, wenn der Wiederverkäufer Gegenstände aus seinem Privatvermögen in das Unternehmen eingelegt oder im Rahmen einer unentgeltlichen Lieferung nach § 3 Abs. 1b Satz 1 UStG erworben hat. ³Der Wiederverkäufer kann die Differenzbesteuerung auch bei der Veräußerung von Gegenständen des Anlagevermögens anwenden, wenn der Wiederverkauf des Gegenstandes bei seinem Erwerb zumindest nachrangig beabsichtigt war und dieser Wiederverkauf auf Grund seiner Häufigkeit zur normalen Tätigkeit des Unternehmers gehört (vgl. BFH-Urteil vom 29.6.2011, XI R 15/10, BStBl. II S. 839). ⁴Wird aus mehreren Einzelgegenständen, die jeweils für sich die Voraussetzungen der Differenzbesteuerung erfüllen, ein einheitlicher Gegenstand hergestellt oder zusammengestellt, unterliegt die anschließende Lieferung dieses "neuen" Gegenstands nicht der Differenzbesteuerung. ⁵Das gilt auch, wenn von einem erworbenen Gebraucht-gegenstand anschließend lediglich einzelne Teile geliefert werden (z.B. beim Ausschlachten eines Pkw).

(5) ¹Die Differenzbesteuerung setzt nach § 25a Abs. 1 Nr. 2 UStG ferner voraus, dass für die Lieferung des Gegenstands an den Wiederverkäufer Umsatzsteuer im Gemeinschaftsgebiet nicht geschuldet oder nach § 19 Abs. 1 UStG nicht erhoben oder die Differenzbesteuerung im Gemeinschaftsgebiet vorgenommen wurde. ²Der Wiederverkäufer kann die Regelung danach anwenden, wenn er den Gegenstand im Inland oder im übrigen Gemeinschaftsgebiet erworben hat von

1. einer Privatperson oder einer juristischen Person des öffentlichen Rechts, die nicht Unternehmer ist;
2. einem Unternehmer aus dessen nichtunternehmerischen Bereich;

---

[1] Hinweis auf Nichtbeanstandungsregelung: BMF-Schreiben vom 11.10.2011, BStBl. 2011 I S. 983, Anlage § 025a-04

3. einem Unternehmer, der mit seiner Lieferung des Gegenstands unter eine Steuerbefreiung fällt, die zum Ausschluss vom Vorsteuerabzug führt;
4. einem Kleinunternehmer, der nach dem Recht des für die Besteuerung zuständigen Mitgliedstaates von der Steuer befreit oder auf andere Weise von der Besteuerung ausgenommen ist, oder
5. ¹einem anderen Wiederverkäufer, der auf seine Lieferung ebenfalls die Differenzbesteuerung angewendet hat (§ 25a Abs. 1 Nr. 2 Satz 2 Buchstabe b UStG). ²Dies setzt allerdings voraus, dass für diese Lieferung die Differenzbesteuerung zu Recht angewendet wurde (vgl. BFH-Urteil vom 23.4.2009, V R 52/07, BStBl. II S. 860). ³Die Differenzbesteuerung ist hiernach auch bei Verkäufen von Händler an Händler möglich.

³Der Erwerb eines Gegenstands von einem Land- und Forstwirt, der auf die Umsätze aus seinem land- und forstwirtschaftlichen Betrieb die Durchschnittssatzbesteuerung des § 24 UStG anwendet, erfüllt nicht die Voraussetzung des § 25a Abs. 1 Nr. 2 Buchstabe a UStG. ⁴Von der Differenzbesteuerung sind Gebrauchtgegenstände ausgenommen, die im übrigen Gemeinschaftsgebiet erworben worden sind, sofern der Lieferer dort die Steuerbefreiung für innergemeinschaftliche Lieferungen angewendet hat (§ 25a Abs. 7 Nr. 1 Buchstabe a UStG).

(6) ¹Der Wiederverkäufer kann mit Beginn des Kalenderjahres, in dem er eine entsprechende Erklärung abgibt, die Differenzbesteuerung auch anwenden, wenn er
1. Kunstgegenstände, Sammlungsstücke oder Antiquitäten selbst eingeführt hat oder
2. Kunstgegenstände vom Künstler selbst oder von einem anderen Unternehmer, der kein Wiederverkäufer ist, erworben hat und dafür Umsatzsteuer geschuldet wurde.

²Dabei kann die Differenzbesteuerung auf einzelne Gruppen dieser Gegenstände ("Kunstgegenstände" oder "Sammlungsstücke" oder "Antiquitäten") beschränkt werden. ³Die Begriffe Kunstgegenstände und Sammlungsstücke sind nach den gleichen Merkmalen wie für Zwecke der Steuerermäßigung nach § 12 Abs. 2 Nr. 1 und 2 UStG abzugrenzen (vgl. Nummern 53 und 54 sowie Nummer 49 Buchstabe f der Anlage 2 des UStG). ⁴Antiquitäten sind andere Gegenstände als Kunstgegenstände und Sammlungsstücke, die mehr als 100 Jahre alt sind (Position 9706 00 00 Zolltarif).

(7) ¹Die Differenzbesteuerung für die in Absatz 6 bezeichneten Gegenstände ist von einer formlosen Erklärung abhängig, die spätestens bei Abgabe der ersten Voranmeldung des Kalenderjahres beim Finanzamt einzureichen ist. ²In der Erklärung müssen die Gegenstände bezeichnet werden, auf die sich die Differenzbesteuerung erstreckt. ³An die Erklärung ist der Wiederverkäufer für mindestens zwei Kalenderjahre gebunden. ⁴Soweit der Wiederverkäufer die Differenzbesteuerung anwendet, ist er abweichend von § 15 Abs. 1 UStG nicht berechtigt, die entrichtete Einfuhrumsatzsteuer, die gesondert ausgewiesene Steuer oder die nach § 13b Abs. 5 UStG geschuldete Steuer für die an ihn ausgeführte Lieferung als Vorsteuer abzuziehen.

Bemessungsgrundlage

(8) ¹Wird ein Gebrauchtgegenstand durch den Wiederverkäufer nach § 1 Abs. 1 Nr. 1 Satz 1 UStG geliefert, ist als Bemessungsgrundlage der Betrag anzusetzen, um den der Verkaufspreis den Einkaufspreis für den Gegenstand übersteigt; die in dem Unterschiedsbetrag enthaltene Umsatzsteuer ist herauszurechnen. ²Nebenkosten, die nach dem Erwerb des Gegenstands angefallen, also nicht im Einkaufspreis enthalten sind, z.B. Reparaturkosten, mindern nicht die Bemessungsgrundlage. ³Soweit selbst eingeführte Kunstgegenstände, Sammlungsstücke oder Antiquitäten nach § 25a Abs. 2 Satz 1 Nr. 1 UStG in die Differenzbesteuerung einbezogen werden, gilt als Einkaufspreis der nach den Vorschriften über den Zollwert ermittelte Wert des eingeführten Gegenstands zuzüglich der Einfuhrumsatzsteuer. ⁴Im Fall des § 25a Abs. 2 Satz 1 Nr. 2 UStG schließt der Einkaufspreis die vom Lieferer in Rechnung gestellte Umsatzsteuer ein.

(9) ¹Lieferungen, für die die Mindestbemessungsgrundlage (§ 10 Abs. 5 UStG) anzusetzen ist, und Lieferungen im Sinne des § 3 Abs. 1b UStG werden nach dem Unterschied zwischen dem tatsächlichen Einkaufspreis und dem Einkaufspreis zuzüglich der Nebenkosten für den Gegenstand zum Zeitpunkt des Umsatzes (§ 10 Abs. 4 Nr. 1 UStG) – abzüglich Umsatzsteuer – bemessen. ²Bei den vorbezeichneten Lieferungen kommt eine Differenzbesteuerung im Normalfall allerdings im Hinblick auf § 3 Abs. 1b Satz 2 UStG nicht in Betracht, weil diese Vorschrift die Berechtigung zum vollen oder teilweisen Vorsteuerabzug voraussetzt.

(10) ¹Nimmt ein Wiederverkäufer beim Verkauf eines Neugegenstands einen Gebrauchtgegenstand in Zahlung und leistet der Käufer in Höhe der Differenz eine Zuzahlung, ist im Rahmen der Differenzbesteuerung als Einkaufspreis nach § 25a Abs. 3 UStG der tatsächliche Wert des Gebrauchtgegenstands anzusetzen. ²Dies ist der Wert, der bei der Ermittlung des Entgelts für den Kauf des neuen Gegenstands tatsächlich zu Grunde gelegt wird. ³Bei der Inzahlungnahme von Gebrauchtfahrzeugen in der Kraft-

§ 25a UStAE 25a.1.

fahrzeugwirtschaft ist grundsätzlich nach Abschnitt 10.5 Abs. 4 zu verfahren. [4]Wenn jedoch die Höhe der Entgeltminderung nicht nachgewiesen und das Neuwagenentgelt nicht um einen "verdeckten Preisnachlass" gemindert wird, kann im Rahmen der Differenzbesteuerung der Betrag als Einkaufspreis für das Gebrauchtfahrzeug angesetzt werden, mit dem dieses in Zahlung genommen, d.h. auf den Neuwagenpreis angerechnet wird.

Beispiel:
[1]Der Verkaufspreis eines fabrikneuen Kraftwagens beträgt 23.800 € (20.000 € + 3.800 € Umsatzsteuer). [2]Im Kaufvertrag zwischen dem Kraftfahrzeughändler und dem Kunden (Nichtunternehmer) wird vereinbart, dass
– der Händler ein Gebrauchtfahrzeug des Kunden mit 8.500 € in Zahlung nimmt und
– der Kunde den Restbetrag von 15.300 € in bar bezahlt.

[3]Der Kraftfahrzeughändler verkauft das Gebrauchtfahrzeug nach einem Monat für 10.000 € an einen Nichtunternehmer im Inland.

1. Berücksichtigung des verdeckten Preisnachlasses
   a) Ermittlung des tatsächlichen Wertes des Gebrauchtfahrzeugs nach Abschnitt 10.5 Abs. 4:

Verkaufserlös für das Gebrauchtfahrzeug	10.000,00 €
./. Reparaturkosten	500,00 €
./. Verkaufskosten (pauschal 15% von 10.000 €)	1.500,00 €
tatsächlicher Wert des Gebrauchtfahrzeugs	8.000,00 €
verdeckter Preisnachlass	500,00 €

   b) Bemessungsgrundlage für den Verkauf des Neufahrzeugs:

Barzahlung des Kunden	15.300,00 €
+ tatsächlicher Wert des Gebrauchtfahrzeugs	8.000,00 €
	23.300,00 €
./. darin enthaltene Umsatzsteuer (Steuersatz 19%)	3.720,17 €
Bemessungsgrundlage	19.579,83 €

   c) Bemessungsgrundlage für den Verkauf des Gebrauchtfahrzeugs nach § 25a Abs. 3 Satz 1 UStG:

Verkaufspreis	10.000,00 €
./. tatsächlicher Wert des Gebrauchtfahrzeugs (= Einkaufspreis i. S. d. § 25a Abs. 3 UStG)	8.000,00 €
Differenz	2.000,00 €
./. darin enthaltene Umsatzsteuer (Steuersatz 19%)	319,33 €
Bemessungsgrundlage für die Differenzbesteuerung	1.680,67 €

2. Nichtberücksichtigung des verdeckten Preisnachlasses
   a) Bemessungsgrundlage für den Verkauf des Neufahrzeugs:

Barzahlung des Kunden	15.300,00 €
+ Anrechnungswert des Gebrauchtfahrzeugs	8.500,00 €
	23.800,00 €
./. darin enthaltene Umsatzsteuer (Steuersatz 19%)	3.800,00 €
Bemessungsgrundlage	20.000,00 €

   b) Bemessungsgrundlage für den Verkauf des Gebrauchtfahrzeugs nach § 25a Abs. 3 Satz 1 UStG:

Verkaufspreis	10.000,00 €
./. Anrechnungswert des Gebrauchtfahrzeugs	8.500,00 €
Differenz	1.500,00 €
./. darin enthaltene Umsatzsteuer (Steuersatz 19%)	239,50 €
Bemessungsgrundlage für die Differenzbesteuerung	1.260,50 €

[4]Die Summe der Bemessungsgrundlagen beträgt in beiden Fällen 21.260,50 €.

(11) [1]Die Bemessungsgrundlage ist vorbehaltlich des Absatzes 12 für jeden Gegenstand einzeln zu ermitteln (Einzeldifferenz). [2]Ein positiver Unterschiedsbetrag zwischen dem Verkaufspreis – oder dem an seine Stelle tretenden Wert – und dem Einkaufspreis eines Gegenstands kann für die Berechnung der zu entrichtenden Steuer nicht mit einer negativen Einzeldifferenz aus dem Umsatz eines anderen Gegenstands oder einer negativen Gesamtdifferenz (vgl. Absatz 12) verrechnet werden. [3]Bei einem negativen Unterschiedsbetrag beträgt die Bemessungsgrundlage 0 €; dieser Unterschiedsbetrag kann auch in spä-

teren Besteuerungszeiträumen nicht berücksichtigt werden. [4]Wird ein Gegenstand nicht im Jahr der Anschaffung veräußert, entnommen oder zugewendet, ist der noch nicht berücksichtigte Einkaufspreis im Jahr der tatsächlichen Veräußerung, Entnahme oder Zuwendung in die Berechnung der Einzeldifferenz einzubeziehen.

(12) [1]Bei Gegenständen, deren Einkaufspreis den Betrag von 500 € nicht übersteigt, kann die Bemessungsgrundlage anstatt nach der Einzeldifferenz nach der Gesamtdifferenz ermittelt werden. [2]Die Gesamtdifferenz ist der Betrag, um den die Summe der Verkaufspreise und der Werte nach § 10 Abs. 4 Satz 1 Nr. 1 UStG die Summe der Einkaufspreise – jeweils bezogen auf den Besteuerungszeitraum – übersteigt; die in dem Unterschiedsbetrag enthaltene Umsatzsteuer ist herauszurechnen. [3]Für die Ermittlung der Verkaufs- und Einkaufspreise sind die Absätze 8 bis 10 entsprechend anzuwenden. [4]Kann ein Gegenstand endgültig nicht mehr veräußert, entnommen oder zugewendet werden (z.B. wegen Diebstahl oder Untergang), ist die Summe der Einkaufspreise entsprechend zu mindern. [5]Die Voraussetzungen für die Ermittlung der Bemessungsgrundlage nach der Gesamtdifferenz müssen grundsätzlich für jeden einzelnen Gegenstand erfüllt sein. [6]Wendet der Wiederverkäufer für eine Mehrheit von Gegenständen oder für Sachgesamtheiten einen Gesamteinkaufspreis auf (z.B. beim Kauf von Sammlungen oder Nachlässen) und werden die Gegenstände üblicherweise später einzeln verkauft, kann wie folgt verfahren werden:

1. Beträgt der Gesamteinkaufspreis bis zu 500 €, kann aus Vereinfachungsgründen von der Ermittlung der auf die einzelnen Gegenstände entfallenden Einkaufspreise abgesehen werden.

2. [1]Übersteigt der Gesamteinkaufspreis den Betrag von 500 €, ist der auf die einzelnen Gegenstände entfallende Einkaufspreis grundsätzlich im Wege sachgerechter Schätzung zu ermitteln. [2]Die Schätzung kann auf wertbestimmende Einzelgegenstände solange beschränkt werden, bis der Gesamtbetrag für die restlichen Gegenstände 500 € oder weniger beträgt.

Beispiel:

[1]Der Antiquitätenhändler A kauft eine Wohnungseinrichtung für 3.000 €. [2]Dabei ist er insbesondere an einer antiken Truhe (geschätzter anteiliger Einkaufspreis 1.500 €) und einem Weichholzschrank (Schätzpreis 800 €) interessiert. [3]Die restlichen Einrichtungsgegenstände, zu denen ein Fernsehgerät (Schätzpreis 250 €) gehört, will er an einen Trödelhändler verkaufen.

[4]A muss beim Weiterverkauf der Truhe und des Weichholzschranks die Bemessungsgrundlage nach der Einzeldifferenz ermitteln. [5]Das Fernsehgerät ist der den Gegenständen zuzuordnen, für die die Bemessungsgrundlage nach der Gesamtdifferenz ermittelt wird. [6]Das Gleiche gilt für die restlichen Einrichtungsgegenstände. [7]Da ihr Anteil am Gesamtpreis 450 € beträgt, kann von einer Ermittlung der auf die einzelnen Gegenstände entfallenden Einkaufspreise abgesehen werden.

(13) [1]Die Gesamtdifferenz kann nur einheitlich für die gesamten innerhalb eines Besteuerungszeitraums ausgeführten Umsätze ermittelt werden, die sich auf Gegenstände mit Einkaufspreisen bis zu 500 € beziehen. [2]Es ist nicht zulässig, die Gesamtdifferenz innerhalb dieser Preisgruppe auf bestimmte Arten von Gegenständen zu beschränken. [3]Für Gegenstände, deren Einkaufspreis 500 € übersteigt, ist daneben die Ermittlung nach der Einzeldifferenz vorzunehmen. [4]Die positive Gesamtdifferenz eines Besteuerungszeitraums kann nicht mit einer negativen Einzeldifferenz verrechnet werden. [5]Ist die Gesamtdifferenz eines Besteuerungszeitraums negativ, beträgt die Bemessungsgrundlage 0 €; der negative Betrag kann nicht in späteren Besteuerungszeiträumen berücksichtigt werden. [6]Bei der Berechnung der Besteuerungsgrundlagen für die einzelnen Voranmeldungszeiträume ist entsprechend zu verfahren. [7]Allerdings können innerhalb desselben Besteuerungszeitraums negative mit positiven Gesamtdifferenzen einzelner Voranmeldungszeiträume verrechnet werden.

(14) Ein Wechsel von der Ermittlung nach der Einzeldifferenz zur Ermittlung nach der Gesamtdifferenz und umgekehrt ist nur zu Beginn eines Kalenderjahres zulässig.

Steuersatz, Steuerbefreiungen

(15) [1]Bei der Differenzbesteuerung ist die Steuer stets mit dem allgemeinen Steuersatz zu berechnen. [2]Dies gilt auch für solche Gegenstände, für die bei der Besteuerung nach den allgemeinen Vorschriften der ermäßigte Steuersatz in Betracht käme (z.B. Kunstgegenstände und Sammlungsstücke). [3]Wird auf eine Lieferung in das übrige Gemeinschaftsgebiet die Differenzbesteuerung angewendet, ist die Steuerbefreiung für innergemeinschaftliche Lieferungen ausgeschlossen. [4]Die übrigen Steuerbefreiungen des § 4 UStG bleiben unberührt.

Verbot des offenen Steuerausweises, Aufzeichnungspflichten

(16) [1]Das Verbot des gesonderten Ausweises der Steuer in einer Rechnung gilt auch dann, wenn der Wiederverkäufer einen Gebrauchtgegenstand an einen anderen Unternehmer liefert, der eine gesondert ausgewiesene Steuer aus dem Erwerb dieses Gegenstands als Vorsteuer abziehen könnte. [2]Liegen die Voraussetzungen für die Differenzbesteuerung vor und weist ein Wiederverkäufer für die Lie-

§ 25a

ferung eines Gebrauchtgegenstands – entgegen der Regelung in § 14a Abs. 6 Satz 2 UStG – die auf die Differenz entfallende Steuer gesondert aus, schuldet er die gesondert ausgewiesene Steuer nach § 14c Abs. 2 UStG. ³Zusätzlich zu dieser Steuer schuldet er für die Lieferung des Gegenstands die Steuer nach § 25a UStG.

(17) ¹Der Wiederverkäufer, der Umsätze von Gebrauchtgegenständen nach § 25a UStG versteuert, hat für jeden Gegenstand getrennt den Verkaufspreis oder den Wert nach § 10 Abs. 4 Satz 1 Nr. 1 UStG, den Einkaufspreis und die Bemessungsgrundlage aufzuzeichnen (§ 25a Abs. 6 Satz 2 UStG). ²Aus Vereinfachungsgründen kann er in den Fällen, in denen lediglich ein Gesamteinkaufspreis für mehrere Gegenstände vorliegt, den Gesamteinkaufspreis aufzeichnen,

1. wenn dieser den Betrag von 500 € insgesamt nicht übersteigt oder
2. soweit er nach Abzug der Einkaufspreise einzelner Gegenstände den Betrag von 500 € nicht übersteigt.

³Die besonderen Aufzeichnungspflichten gelten als erfüllt, wenn sich die aufzeichnungspflichtigen Angaben aus den Buchführungsunterlagen entnehmen lassen. ⁴Der Wiederverkäufer hat die Aufzeichnungen für die Differenzbesteuerung getrennt von den übrigen Aufzeichnungen zu führen.

Besonderheiten im innergemeinschaftlichen Warenverkehr

(18) ¹Die Differenzbesteuerung kann vorbehaltlich des Absatzes 19 auch auf Lieferungen vom Inland in das übrige Gemeinschaftsgebiet angewendet werden. ²Sie ist in diesem Fall stets im Inland vorzunehmen; die Regelung des § 3c UStG und die Steuerbefreiung für innergemeinschaftliche Lieferungen im Sinne von § 4 Nr. 1 Buchstabe b, § 6a UStG finden keine Anwendung.

(19) ¹Die Differenzbesteuerung ist ausgeschlossen, wenn der Wiederverkäufer ein neues Fahrzeug im Sinne von § 1b Abs. 2 und 3 UStG in das übrige Gemeinschaftsgebiet liefert. ²Die Lieferung ist im Inland unter den Voraussetzungen des § 4 Nr. 1 Buchstabe b, § 6a UStG als innergemeinschaftliche Lieferung steuerfrei. ³Der Erwerber des neuen Fahrzeugs hat im Übrigen Gemeinschaftsgebiet einen innergemeinschaftlichen Erwerb zu besteuern.

(20) Wird bei der Lieferung eines Gegenstands vom übrigen Gemeinschaftsgebiet in das Inland die Differenzbesteuerung im übrigen Gemeinschaftsgebiet angewendet, entfällt eine Erwerbsbesteuerung im Inland.

Verzicht auf die Differenzbesteuerung

(21) ¹Ein Verzicht auf die Anwendung der Differenzbesteuerung ist bei jeder einzelnen Lieferung eines Gebrauchtgegenstands möglich. ²Abschnitt 9.1 Abs. 3 und 4 ist sinngemäß anzuwenden. ³Im Fall der Besteuerung nach der Gesamtdifferenz ist ein Verzicht ausgeschlossen. ⁴Der Verzicht ist auch für solche Gegenstände möglich, für die der Wiederverkäufer nach § 25a Abs. 2 UStG die Anwendung der Differenzbesteuerung erklärt hat. ⁵In diesem Fall kann er die entrichtete Einfuhrumsatzsteuer und die ihm berechnete Umsatzsteuer frühestens in der Voranmeldung als Vorsteuer geltend machen, in der er auch die Steuer für die Lieferung anmeldet. ⁶Der Verzicht auf die Differenzbesteuerung nach § 25a Abs. 8 UStG hat zur Folge, dass auf die Lieferung die allgemeinen Vorschriften des UStG anzuwenden sind.

Verwaltungsregelungen zu § 25a

Datum	Anlage	Quelle	Inhalt
23.07.99	§ 025a-01	OFD Fra	Anwendung der Differenzbesteuerung nach § 25a UStG und des Steuerabzugsverfahrens gem. §§ 51 ff. UStDV bei Sicherungsübereignung
20.08.03	§ 025a-02	OFD Kob	Differenzbesteuerung bei Gebrauchtfahrzeugen, die ein Autohaus bei agenturweisem Verkauf von Neufahrzeugen in Zahlung genommen hat
25.08.03	§ 025a-03	OFD Ka	Keine Anwendung der Differenzbesteuerung nach § 25a UStG im Anschluss an eine Geschäftsveräußerung im Ganzen

Rechtsprechungsauswahl

BFH vom 29.06.2011 – XI R 15/10, BStBl. 2011 II S. 839: Keine Differenzbesteuerung bei Veräußerung eines betrieblich genutzten PKW durch einen Kioskbetreiber.

Die Veräußerung eines PKW, den ein Kioskbetreiber als Gebrauchtwagen ohne Vorsteuerabzugsberechtigung erworben und in seinem Unternehmen betrieblich genutzt hat, unterliegt bei richtlinien-

§ 25a

konformer Auslegung nicht der Differenzbesteuerung nach § 25a UStG, sondern ist nach den allgemeinen Vorschriften des UStG zu versteuern.

BFH vom 23.04.2009 – V R 52/07, BStBl. 2009 II S. 860: Differenzbesteuerung setzt korrekte Vorlieferung voraus.

Ein Wiederverkäufer kann nicht die Differenzbesteuerung nach § 25a Abs. 1 Nr. 2 Satz 2 Buchst. b UStG bzw. Art. 26a der Richtlinie 77/388/EWG für die Weiterveräußerung eines Gegenstandes beanspruchen, wenn er den Gegenstand von einem Unternehmer erworben hat, der für diese Lieferung zu Unrecht die Differenzbesteuerung angewendet hat.

BFH vom 18.12.2008 – V R 73/07, BStBl. 2009 II S. 612: Differenzbesteuerung setzt entgeltliche Lieferung voraus.

1. Bei der nach § 25a Abs. 1 Nr. 2 UStG für die Differenzbesteuerung erforderlichen Lieferung muss es sich um eine Lieferung gegen Entgelt handeln.
2. Lieferungen eines Gesellschafters an seine Gesellschaft können entgeltlich z.b. gegen Gewährung von Gesellschaftsrechten oder unentgeltlich als „verdeckte Einlage" erfolgen.

BFH vom 02.03.2006 – V R 35/04, BStBl. 2006 II S. 675: Die Veräußerung eines Betriebs-Pkw trotz vorgeblicher Nichtzuordnung zum Unternehmer ist steuerbar und fällt nicht unter § 25a UStG.

1. Veräußert eine Steuerberatungsgesellschaft in der Rechtsform der GbR einen Pkw, dessen Erwerb sie nicht zum Vorsteuerabzug berechtigt und den sie ihrem Unternehmen zugeordnet hatte, so ist diese Veräußerung – anders als eine Entnahme – steuerbar, auch wenn die GbR ausdrücklich erklärt, diesen Umsatz nicht versteuern zu wollen (Abgrenzung zum BFH-Urteil vom 31.1.2002 V R 61/96, BFHE 197, 372, BStBl. II 2003, 813).
2. Die Veräußerung des PKW unterliegt nicht der Differenzbesteuerung nach § 25a UStG, sondern ist nach den allgemeinen Vorschriften des UStG zu besteuern.

EuGH vom 08.12.2005 – Rs. C-280/04 – Jyska Finans A/S, IStR 2006 S. 58: Differenzbesteuerung bei Verkauf von Gebrauchtwagen durch Leasing-Unternehmen.

1. Art. 13 Teil B Buchst. c der Sechsten Richtlinie 77/388/EWG des Rates vom 17.5.1977 zur Harmonisierung der Rechtsvorschriften der Mitgliedstaaten über die Umsatzsteuern – Gemeinsames Mehrwertsteuersystem: einheitliche steuerpflichtige Bemessungsgrundlage in der durch die Richtlinie 94/5/EG des Rates vom 14.2.1994 geänderten Fassung ist dahin auszulegen, dass er nationalen Rechtsvorschriften nicht entgegensteht, die diejenigen Umsätze der Mehrwertsteuer unterwerfen, mit denen ein Steuerpflichtiger Gegenstände wieder verkauft, die er zuvor seinem Betriebsvermögen zugeordnet hatte und deren Anschaffung nicht nach Art. 17 Abs. 6 der Richtlinie 77/388 in ihrer geänderten Fassung vom Vorsteuerabzug ausgeschlossen war, auch wenn für diesen bei Steuerpflichtigen getätigten Erwerb ein Vorsteuerabzug deshalb nicht möglich war, weil diese keine Mehrwertsteuer anmelden konnten.
2. Art. 26a Teil A Buchst. e der Sechsten Richtlinie 77/388 in der durch die Richtlinie 94/5 geänderten Fassung ist dahin auszulegen, dass als „steuerpflichtiger Wiederverkäufer" im Sinne dieser Vorschrift ein Unternehmen angesehen werden kann, das im Rahmen seiner normalen Tätigkeit Fahrzeuge wieder verkauft, die es für seine Leasingtätigkeit als Gebrauchtwagen erworben hatte, und für das der Wiederverkauf im Augenblick der Anschaffung des Gebrauchtgegenstands nicht das Hauptziel, sondern nur sein zweitrangiges und dem der Vermietung untergeordnetes Ziel darstellt.

FG Berlin vom 21.12.1999 – 7 K 5176/98 – rechtskräftig, EFG 2000 S. 521: Voraussetzungen des § 25a UStG.

1. Zur Besteuerung von Verkäufen von Gebrauchtwagen, die der Unternehmer unentgeltlich erworben hat.
2. Der Umstand, daß in einer Ankaufsrechnung keine USt ausgewiesen wird, rechtfertigt noch nicht die Annahme, daß für den Liefervorgang keine USt i. S. des § 25a Abs. 1 Satz 1 Nr. 2 Buchst. a UStG geschuldet wurde. Die fehlende USt-Schuld muß der Stpfl. im Zweifelsfalle nachweisen.
3. Die Anwendung des § 25a UStG setzt keine zeitnahen Aufzeichnungen gem. § 25a Abs. 3 UStG 1994/ § 25a Abs. 6 UStG 1995 ff. voraus. Zeitferne Aufzeichnungen können Anlaß für eine Schätzung geben.
4. Vorsteuer aus Reparaturen und dem Erwerb von Zubehörteilen ist auch im Rahmen des § 25a UStG abzugsfähig.

§ 25a

FG Rheinland-Pfalz vom 19.01.1998 – 5 K 2903/96, DStRE 1998 S. 726: Keine Differenzbesteuerung beim Verkauf eines zuvor vom Leasingnehmer erworbenen Leasingfahrzeugs durch einen Kfz-Händler.

Kauft ein Kfz-Händler von einer Leasinggesellschaft das Leasing-Fahrzeug eines Privatkunden, der einen Neuwagen erwerben möchte, und verkauft er diesen zum selben Preis an den Kunden, um es daraufhin zum ausgehandelten Preis, der auf den Neuwagen angerechnet wird, ohne Umsatzsteuerausweis zurückzuerwerben, so unterliegt der Weiterverkauf des Gebrauchtwagens nicht der Differenz-, sondern der normalen Umsatzbesteuerung.

BFH vom 14.03.1991 – V R 17/87, UR 1991 S. 265: Besteuerung des Gebrauchtwagenhandels vor Einführung des § 25a UStG 1980.

Es war weder gemeinschaftsrechtlich geboten noch verfassungsrechtlich notwendig, die vor Einführung des § 25a UStG 1980 bestehende sog. Doppelbesteuerung im Kfz-Gebrauchtwagenhandel dadurch zu beseitigen, daß als Bemessungsgrundlage des Kfz-Verkaufs nur die Differenz zwischen Einkaufs- und Verkaufspreis zugrunde gelegt wurde[1].

---

1) Leitsatz nicht amtlich (aus UR)

§ 25b

§ 25b Innergemeinschaftliche Dreiecksgeschäfte

(1) Ein innergemeinschaftliches Dreiecksgeschäft liegt vor, wenn

1. drei Unternehmer über denselben Gegenstand Umsatzgeschäfte abschließen und dieser Gegenstand unmittelbar vom ersten Lieferer an den letzten Abnehmer gelangt,
2. die Unternehmer in jeweils verschiedenen Mitgliedstaaten für Zwecke der Umsatzsteuer erfaßt sind,
3. der Gegenstand der Lieferungen aus dem Gebiet eines Mitgliedstaates in das Gebiet eines anderen Mitgliedstaates gelangt und
4. der Gegenstand der Lieferungen durch den ersten Lieferer oder den ersten Abnehmer befördert oder versendet wird.

Satz 1 gilt entsprechend, wenn der letzte Abnehmer eine juristische Person ist, die nicht Unternehmer ist oder den Gegenstand nicht für ihr Unternehmen erwirbt und die in dem Mitgliedstaat für Zwecke der Umsatzsteuer erfaßt ist, in dem sich der Gegenstand am Ende der Beförderung oder Versendung befindet.

(2) Im Falle des Absatzes 1 wird die Steuer für die Lieferung an den letzten Abnehmer von diesem geschuldet, wenn folgende Voraussetzungen erfüllt sind:

1. Der Lieferung ist ein innergemeinschaftlicher Erwerb vorausgegangen;
2. der erste Abnehmer ist in dem Mitgliedstaat, in dem die Beförderung oder Versendung endet, nicht ansässig. Er verwendet gegenüber dem ersten Lieferer und dem letzten Abnehmer dieselbe Umsatzsteuer-Identifikationsnummer, die ihm von einem anderen Mitgliedstaat erteilt worden ist als dem, in dem die Beförderung oder Versendung beginnt oder endet;
3. [1])der erste Abnehmer erteilt dem letzten Abnehmer eine Rechnung im Sinne des § 14a Abs. 7, in der die Steuer nicht gesondert ausgewiesen ist, und
4. der letzte Abnehmer verwendet eine Umsatzsteuer-Identifikationsnummer des Mitgliedstaates, in dem die Beförderung oder Versendung endet.

(3) Im Fall des Absatzes 2 gilt der innergemeinschaftliche Erwerb des ersten Abnehmers als besteuert.

(4) Für die Berechnung der nach Absatz 2 geschuldeten Steuer gilt die Gegenleistung als Entgelt.

(5) Der letzte Abnehmer ist unter den übrigen Voraussetzungen des § 15 berechtigt, die nach Absatz 2 geschuldete Steuer als Vorsteuer abzuziehen.

(6) § 22 gilt mit der Maßgabe, daß aus den Aufzeichnungen zu ersehen sein müssen

1. beim ersten Abnehmer, der eine inländische Umsatzsteuer-Identifikationsnummer verwendet, das vereinbarte Entgelt für die Lieferung im Sinne des Absatzes 2 sowie der Name und die Anschrift des letzten Abnehmers;
2. beim letzten Abnehmer, der eine inländische Umsatzsteuer-Identifikationsnummer verwendet:
   a) die Bemessungsgrundlage der an ihn ausgeführten Lieferung im Sinne des Absatzes 2 sowie die hierauf entfallenden Steuerbeträge,
   b) der Name und die Anschrift des ersten Abnehmers.

Beim ersten Abnehmer, der eine Umsatzsteuer-Identifikationsnummer eines anderen Mitgliedstaates verwendet, entfallen die Aufzeichnungspflichten nach § 22, wenn die Beförderung oder Versendung im Inland endet.

---

1) Fassung ab 01.01.2004

§ 25b

UStAE 25b.1.

Vorgaben im EG-Recht

USt-Recht	MwStSystRL
§ 25b Abs. 1	Artikel 141
§ 25b Abs. 2	Artikel 141 Buchst. e i.V.m. Artikel 197
§ 25b Abs. 3	Artikel 42
§ 25b Abs. 4	Artikel 73
§ 25b Abs. 5	Artikel 167ff.
§ 25b Abs. 6	Artikel 242 und 243 Abs. 2

UStAE

Zu § 25b UStG

25b.1. Innergemeinschaftliche Dreiecksgeschäfte

Allgemeines

(1) [1]§ 25b UStG enthält eine Vereinfachungsregelung für die Besteuerung von innergemeinschaftlichen Dreiecksgeschäften. [2]Die Vereinfachung besteht darin, dass eine steuerliche Registrierung des mittleren Unternehmers im Bestimmungsland vermieden wird. [3]Bei einem innergemeinschaftlichem Dreiecksgeschäft werden unter Berücksichtigung der allgemeinen Regelungen für Reihengeschäfte (vgl. Abschnitt 3.14 Abs. 1 bis 11) grundsätzlich folgende Umsätze ausgeführt:

1. eine innergemeinschaftliche Lieferung des ersten am Dreiecksgeschäft beteiligten Unternehmers (erster Lieferer) in dem Mitgliedstaat, in dem die Beförderung oder Versendung des Gegenstands beginnt (§ 3 Abs. 6 Satz 1 UStG),
2. ein innergemeinschaftlicher Erwerb des mittleren am Dreiecksgeschäft beteiligten Unternehmers (erster Abnehmer) in dem Mitgliedstaat, in dem die Beförderung oder Versendung des Gegenstands endet (§ 3d Satz 1 UStG),
3. ein innergemeinschaftlicher Erwerb des ersten Abnehmers in dem Mitgliedstaat, der dem ersten Abnehmer die von ihm verwendete USt-IdNr. erteilt hat (§ 3d Satz 2 UStG) und
4. eine (Inlands-)Lieferung des ersten Abnehmers in dem Mitgliedstaat, in dem die Beförderung oder Versendung des Gegenstands endet (§ 3 Abs. 7 Satz 2 Nr. 2 UStG).

[4]Liegt ein innergemeinschaftliches Dreiecksgeschäft vor, wird die Steuerschuld für die (Inlands-)Lieferung unter den Voraussetzungen des § 25b Abs. 2 UStG von dem ersten auf den letzten jeweils am Dreiecksgeschäft beteiligten Abnehmer übertragen. [5]Im Fall der Übertragung der Steuerschuld gilt zugleich auch der innergemeinschaftliche Erwerb dieses ersten Abnehmers als besteuert (§ 25b Abs. 3 UStG).

Begriff (§ 25b Abs. 1 UStG)

(2) [1]Ein innergemeinschaftliches Dreiecksgeschäft setzt voraus, dass drei Unternehmer (erster Lieferer, erster Abnehmer und letzter Abnehmer) über denselben Gegenstand Umsatzgeschäfte abschließen, und dieser Gegenstand unmittelbar vom Ort der Lieferung des ersten Lieferers an den letzten Abnehmer gelangt (§ 25b Abs. 1 Satz 1 Nr. 1 UStG). [2]Ein innergemeinschaftliches Dreiecksgeschäft kann auch zwischen drei unmittelbar nacheinander liefernden Unternehmern bei Reihengeschäften mit mehr als drei Beteiligten vorliegen, wenn die drei unmittelbar nacheinander liefernden Unternehmer am Ende der Lieferkette stehen. [3]Der erste Abnehmer in dem Dreiecksgeschäft ist als mittlerer Unternehmer in der Reihe zugleich Abnehmer und Lieferer. [4]Letzte Abnehmer im Dreiecksgeschäft können auch Unternehmer sein, die nur steuerfreie – nicht zum Vorsteuerabzug berechtigende – Umsätze ausführen, sowie Kleinunternehmer und pauschalierende Land- und Forstwirte. [5]Voraussetzung ist, dass sie umsatzsteuerlich in dem Mitgliedstaat erfasst sind, in dem die Beförderung oder Versendung des Gegenstands endet. [6]Letzter Abnehmer kann auch eine juristische Person des öffentlichen oder privaten Rechts sein, die nicht Unternehmer ist oder den Gegenstand nicht für ihr Unternehmen erwirbt, wenn sie in dem Mitgliedstaat, in dem die Warenbewegung endet, für Zwecke der Umsatzsteuer erfasst ist (§ 25b Abs. 1 Satz 2 UStG).

Beispiel:

[1]Der in Deutschland ansässige Unternehmer D bestellt beim in Belgien ansässigen Unternehmer B dort nicht vorrätige Werkzeugteile. [2]B gibt die Bestellung weiter an den in Luxemburg ansässigen Unternehmer L mit der Bitte, sie direkt zu D nach Deutschland auszuliefern. [3]Weil auch L die

Werkzeugteile nicht am Lager hat, bestellt er sie beim in Spanien ansässigen Unternehmer SP, der sie weisungsgemäß an D versendet. ⁴Alle Unternehmer treten jeweils unter der USt-IdNr. ihres Landes auf. ⁵L weist nach, dass er den Gegenstand als Lieferer im Sinne von § 3 Abs. 6 Satz 6 UStG versendet hat.

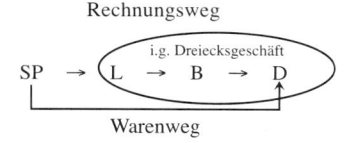

```
                      Rechnungsweg
                    i.g. Dreiecksgeschäft
          SP  →  ( L  →  B  →  D )
                                ↑
                      Warenweg
```

⁶Zwischen SP, L, B und D liegt ein Reihengeschäft vor. ⁷Darüber hinaus ist ein innergemeinschaftliches Dreiecksgeschäft im Sinne des § 25b Abs. 1 UStG zwischen L, B und D anzunehmen, weil L als erster am Dreiecksgeschäft beteiligter Lieferer den Gegenstand der Lieferungen versendet. ⁸Die Versendung ist der ersten Lieferung im Dreiecksgeschäft (L an B) zuzuordnen, da L den Gegenstand als Lieferer im Sinne von § 3 Abs. 6 Satz 6 UStG versendet hat (vgl. Abschnitt 3.14 Abs. 7ff.). ⁹Ort der Lieferung ist nach § 3 Abs. 6 Satz 5 in Verbindung mit Satz 1 UStG Spanien (Beginn der Versendung). ¹⁰Die Lieferung des L an B ist als innergemeinschaftliche Lieferung in Spanien steuerfrei. ¹¹Der Erwerb des Gegenstands unterliegt bei B grundsätzlich der Besteuerung des innergemeinschaftlichen Erwerbs in Deutschland, da die Beförderung dort endet (§ 3d Satz 1 UStG), und in Belgien, da B seine belgische USt-IdNr. verwendet (§ 3d Satz 2 UStG). ¹²Die zweite Lieferung im Dreiecksgeschäft (B an D) ist eine ruhende Lieferung. ¹³Lieferort nach § 3 Abs. 7 Satz 2 Nr. 2 UStG Deutschland, da sie der Beförderungslieferung nachfolgt. ¹⁴SP erbringt eine ruhende Lieferung in Spanien (§ 3 Abs. 7 Satz 2 Nr. 1 UStG), die nach spanischem Recht zu beurteilen ist.

(3) ¹Weitere Voraussetzung für das Vorliegen eines innergemeinschaftlichen Dreiecksgeschäfts ist, dass die hieran beteiligten Unternehmer in jeweils verschiedenen Mitgliedstaaten für Zwecke der Umsatzsteuer erfasst sind (§ 25b Abs. 1 Satz 1 Nr. 2 UStG). ²Die Ansässigkeit in einem dieser Mitgliedstaaten ist nicht erforderlich; maßgeblich ist vielmehr, dass der Unternehmer unter der USt-IdNr. auftritt, die ihm von einem dieser Mitgliedstaaten erteilt worden ist. ³Treten mehrere der an dem Dreiecksgeschäft beteiligten Unternehmer unter der USt-IdNr. desselben Mitgliedstaates auf, liegt kein innergemeinschaftliches Dreiecksgeschäft vor.

Beispiel:
¹Der in Frankfurt ansässige und umsatzsteuerlich registrierte Unternehmer D bestellt eine dort nicht vorrätige Ware bei dem in Belgien ansässigen Unternehmer B 1. ²B 1 gibt die Bestellung weiter an den ebenfalls in Belgien ansässigen Großhändler B 2, der die Ware mit eigenem Lkw unmittelbar nach Frankfurt befördert und sie dort an D übergibt. ³D und B 2 treten jeweils unter der USt-IdNr. ihres Landes auf. ⁴B 1 tritt nicht unter seiner belgischen USt-IdNr., sondern unter seiner niederländischen USt-IdNr. auf.

```
                 Rechnungsweg
          B 2  →  B 1  →  D
           └──────────────┘
                 Warenweg
```

⁵Die Voraussetzung des § 25b Abs. 1 Satz 1 Nr. 2 UStG für das Vorliegen eines innergemeinschaftlichen Dreiecksgeschäfts ist erfüllt, da die drei beteiligten Unternehmer in jeweils verschiedenen Mitgliedstaaten (Deutschland, Belgien, Niederlande) für Zwecke der Umsatzsteuer erfasst sind und mit USt-IdNrn. aus verschiedenen Mitgliedstaaten auftreten. ⁶Auf die Ansässigkeit von B 1 und B 2 in demselben Mitgliedstaat kommt es bei der Beurteilung nicht an.

(4) ¹Weitere Voraussetzung ist das tatsächliche Gelangen des Gegenstands der Lieferungen von einem Mitgliedstaat in einen anderen Mitgliedstaat (§ 25b Abs. 1 Satz 1 Nr. 3 UStG). ²Diese Voraussetzung ist im Hinblick auf § 3 Abs. 8 UStG auch dann erfüllt, wenn der erste Lieferer den Gegenstand zuvor in das Gemeinschaftsgebiet eingeführt hat. ³Gelangt der Gegenstand allerdings aus dem Drittlandsgebiet unmittelbar in den Mitgliedstaat des letzten Abnehmers, liegt kein innergemeinschaftliches Dreiecksgeschäft vor. ⁴Der Gegenstand kann durch Beauftragte des ersten Lieferers vor der Beförderung oder Versendung in das übrige Gemeinschaftsgebiet bearbeitet oder verarbeitet worden sein. ⁵Gegenstand der Lieferung ist in diesem Fall jeweils der bearbeitete oder verarbeitete Gegenstand. ⁶Der Gegenstand der Lieferung kann auch an einen vom letzten Abnehmer beauftragten Dritten, z.B. einen Lohnveredelungsunternehmer oder einen Lagerhalter, befördert oder versendet werden.

(5) ¹Ein innergemeinschaftliches Dreiecksgeschäft setzt weiterhin voraus, dass der Gegenstand durch den ersten Lieferer oder den ersten Abnehmer (mittlerer Unternehmer) befördert oder versendet wird

§ 25b   UStAE 25b.1.

(§ 25b Abs. 1 Satz 1 Nr. 4 UStG). ²Dies gilt für den mittleren Unternehmer allerdings nur dann, wenn er in seiner Eigenschaft als Abnehmer befördert oder versendet, d.h. wenn die Beförderung oder Versendung der Lieferung an ihn (erste Lieferung im Dreiecksgeschäft) zugeordnet wird. ³Wird die Beförderung oder Versendung dagegen der zweiten Lieferung im Dreiecksgeschäft zugeordnet, weil der mittlere Unternehmer in seiner Eigenschaft als Lieferer auftritt, liegt kein innergemeinschaftliches Dreiecksgeschäft vor. ⁴Wird der Gegenstand der Lieferungen durch den letzten Abnehmer befördert oder versendet (Abholfall), liegt ebenfalls kein innergemeinschaftliches Dreiecksgeschäft vor.

Beispiel:

¹Der belgische Unternehmer B bestellt bei dem deutschen Unternehmer D eine Baumaschine. ²D hat die Maschine nicht vorrätig und gibt die Bestellung weiter an den spanischen Hersteller SP. ³Alle Beteiligten treten unter der USt-IdNr. ihres Landes auf.

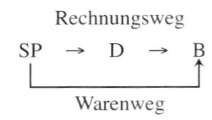

```
           Rechnungsweg
      SP  →   D   →   B
      └─────────────────┘
           Warenweg
```

a) ¹SP befördert die Baumaschine mit eigenem Lkw nach Belgien und übergibt sie dort an B.

²Es liegt ein innergemeinschaftliches Dreiecksgeschäft im Sinne des § 25b Abs. 1 UStG vor, weil der erste Lieferer den Gegenstand der Lieferungen befördert. ³Die Beförderung ist der ersten Lieferung (SP an D) zuzuordnen. ⁴Ort der Lieferung ist nach § 3 Abs. 6 Satz 5 in Verbindung mit Satz 1 UStG Spanien (Beginn der Beförderung). ⁵Die Lieferung ist als innergemeinschaftliche Lieferung in Spanien steuerfrei. ⁶Der Erwerb des Gegenstands unterliegt bei D grundsätzlich der Besteuerung des innergemeinschaftlichen Erwerbs in Belgien, da die Beförderung dort endet (§ 3d Satz 1 UStG), und in Deutschland, da D seine deutsche USt-IdNr. verwendet (§ 3d Satz 2 UStG). ⁷Die zweite Lieferung (D an B) ist eine ruhende Lieferung. ⁸Lieferort ist nach § 3 Abs. 7 Satz 2 Nr. 2 UStG Belgien, da sie der Beförderungslieferung nachfolgt. ⁹Die Lieferung des D ist nach belgischem Recht zu beurteilen. ¹⁰Zur weiteren Beurteilung vgl. auch das Beispiel in Absatz 2.

b) ¹B lässt die Baumaschine durch einen von ihm beauftragten Spediteur bei SP in Spanien abholen und unmittelbar nach Belgien versenden.

²Es liegt kein innergemeinschaftliches Dreiecksgeschäft im Sinne des § 25b Abs. 1 UStG vor, weil der letzte Abnehmer den Gegenstand der Lieferungen versendet. ³Die Versendung ist der zweiten Lieferung (D an B) zuzuordnen. ⁴Ort der Lieferung ist nach § 3 Abs. 6 Satz 5 in Verbindung mit Satz 1 UStG Spanien (Beginn der Versendung). ⁵Die Lieferung ist als innergemeinschaftliche Lieferung in Spanien steuerfrei. ⁶Der Erwerb des Gegenstands unterliegt bei B grundsätzlich der Besteuerung des innergemeinschaftlichen Erwerbs in Belgien, da die Versendung dort endet (§ 3d Satz 1 UStG). ⁷Die erste Lieferung (SP an D) ist eine ruhende Lieferung. ⁸Lieferort ist nach § 3 Abs. 7 Satz 2 Nr. 1 UStG ebenfalls Spanien, da sie der Versendungslieferung vorangeht. ⁹Die Lieferung ist nach spanischem Recht zu beurteilen. ¹⁰D muss sich demnach in Spanien steuerlich registrieren lassen.

Übertragung der Steuerschuld auf den letzten Abnehmer (§ 25b Abs. 2 UStG)

(6) ¹Im Fall eines innergemeinschaftlichen Dreiecksgeschäfts im Sinne des § 25b Abs. 1 UStG wird die Steuer für die (Inlands-)Lieferung des ersten an den letzten jeweils an dem Dreiecksgeschäft beteiligten Abnehmer von diesem letzten Abnehmer geschuldet, wenn die in § 25b Abs. 2 Nr. 1 bis 4 UStG genannten Voraussetzungen sämtlich erfüllt sind. ²Die Übertragung der Steuerschuld auf den letzten Abnehmer ist bei Vorliegen der Voraussetzungen zwingend vorgeschrieben. ³Durch die Übertragung der Steuerschuld wird der letzte Abnehmer Steuerschuldner für die vom ersten Abnehmer an ihn ausgeführte Lieferung (§ 13a Abs. 1 Nr. 5 UStG).

Innergemeinschaftlicher Erwerb des ersten Abnehmers (§ 25b Abs. 3 UStG)

(7) ¹Wird die Steuerschuld auf den letzten am Dreiecksgeschäft beteiligten Abnehmer übertragen, gilt der innergemeinschaftliche Erwerb des ersten am Dreiecksgeschäft beteiligten Abnehmers nach § 25b Abs. 3 UStG als besteuert. ²Diese fiktive Besteuerung des innergemeinschaftlichen Erwerbs bei diesem ersten Abnehmer gilt für die Erwerbsbesteuerung in dem Mitgliedstaat, in dem die Beförderung oder Versendung endet (vgl. § 3d Satz 1 UStG) und zugleich auch für die Beurteilung einer Erwerbsbesteuerung in dem Mitgliedstaat, unter dessen USt-IdNr. der erste Abnehmer auftritt (vgl. § 3d Satz 2 UStG).

Beispiel:

[1]Der belgische Unternehmer B bestellt bei dem deutschen Unternehmer D eine Baumaschine. [2]D hat die Maschine nicht vorrätig und gibt die Bestellung weiter an den spanischen Hersteller SP. [3]SP befördert die Baumaschine mit eigenem Lkw nach Belgien und übergibt sie dort an B. [4]Alle Beteiligten treten unter der USt-IdNr. ihres Landes auf. [5]D erteilt dem B eine Rechnung im Sinne des § 14a Abs. 7 UStG.

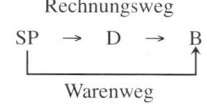

```
          Rechnungsweg
     SP  →   D   →   B
      └─────────────→↑
           Warenweg
```

[6]Es liegt ein innergemeinschaftliches Dreiecksgeschäft im Sinne des § 25b Abs. 1 UStG vor. [7]Die Beförderung ist der ersten Lieferung (SP an D) zuzuordnen. [8]Ort der Lieferung ist nach § 3 Abs. 6 Satz 5 in Verbindung mit Satz 1 UStG Spanien (Beginn der Beförderung). [9]Die Lieferung ist als innergemeinschaftliche Lieferung in Spanien steuerfrei. [10]Der Erwerb des Gegenstands unterliegt bei D grundsätzlich der Besteuerung des innergemeinschaftlichen Erwerbs in Belgien, da die Beförderung dort endet (§ 3d Satz 1 UStG), und in Deutschland, da D seine deutsche USt-IdNr. verwendet (§ 3d Satz 2 UStG). [11]Die zweite Lieferung (D an B) ist eine ruhende Lieferung. [12]Lieferort ist nach § 3 Abs. 7 Satz 2 Nr. 2 UStG Belgien, da sie der Beförderungslieferung nachfolgt. [13]D führt demnach eine steuerbare und steuerpflichtige Lieferung in Belgien aus. [14]Da die Voraussetzungen des § 25b Abs. 2 UStG erfüllt sind, wird die Steuerschuld für die belgische (Inlands-)Lieferung des D auf B übertragen: Der Lieferung ist ein innergemeinschaftlicher Erwerb durch D vorausgegangen; D ist nicht in Belgien ansässig; D tritt gegenüber dem ersten Lieferer und dem letzten Abnehmer mit seiner deutschen USt-IdNr. auf; D hat dem B eine Rechnung im Sinne des § 14a Abs. 7 UStG erteilt; B verwendet als letzter Abnehmer eine (belgische) USt-IdNr. des Mitgliedstaates, in dem die Beförderung endet. [15]B wird Steuerschuldner für diese Lieferung des D und muss die Steuer im Rahmen seiner belgischen Steuererklärungspflichten anmelden. [16]D hat im Hinblick auf seine in Belgien ausgeführte Lieferung keinen umsatzsteuerlichen Verpflichtungen in Belgien nachzukommen. [17]Mit der wirksamen Übertragung der Steuerschuld auf B gilt auch der innergemeinschaftliche Erwerb des D in Belgien als besteuert (§ 25b Abs. 3 UStG) mit der Folge, dass D auch hierfür keinen umsatzsteuerlichen Verpflichtungen in Belgien nachkommen muss. [18]Mit der fiktiven Erwerbsbesteuerung in Belgien entfällt auch eine Besteuerung des innergemeinschaftlichen Erwerbs in D über § 3d Satz 2 UStG, sofern D seiner Erklärungspflicht nach § 18a Abs. 4 Satz 1 Nr. 3 UStG (für die ZM) nachkommt. [19]Durch die Anwendung der Vereinfachungsregelung des § 25b UStG wird vermieden, dass sich D in Belgien auf Grund dieses innergemeinschaftlichen Dreiecksgeschäfts registrieren lassen und dort Steuererklärungen abgeben muss. [20]D muss in Deutschland die Erklärungspflichten nach § 18b Satz 1 UStG für die Voranmeldung und die Steuererklärung für das Kalenderjahr beachten.

Besonderheiten bei der Rechnungserteilung

(8) [1]Nach § 25b Abs. 2 Nr. 3 UStG ist materielle Voraussetzung für die Übertragung der Steuerschuld, dass der erste dem letzten jeweils am Dreiecksgeschäft beteiligten Abnehmer eine Rechnung im Sinne des § 14a Abs. 7 UStG erteilt, in der die Steuer nicht gesondert ausgewiesen ist. [2]Neben den Angaben nach § 14 Abs. 4 UStG sind in der Rechnung dieses ersten Abnehmers danach folgende zusätzliche Angaben erforderlich:

1. ein Hinweis auf das Vorliegen eines innergemeinschaftlichen Dreiecksgeschäfts, z.B. "Innergemeinschaftliches Dreiecksgeschäft nach § 25b UStG" oder "Vereinfachungsregelung nach Artikel 141 MwStSystRL";
2. ein Hinweis auf die Steuerschuld des letzten am Dreiecksgeschäft beteiligten Abnehmers;
3. die Angabe der USt-IdNr. des ersten am Dreiecksgeschäft beteiligten Abnehmers und
4. die Angabe der USt-IdNr. des letzten am Dreiecksgeschäft beteiligten Abnehmers.

[3]Der letzte am Dreiecksgeschäft beteiligte Abnehmer soll durch die Hinweise in der Rechnung eindeutig und leicht erkennen können, dass er letzter Abnehmer in einem innergemeinschaftlichen Dreiecksgeschäft ist und die Steuerschuld auf ihn übertragen wird.

Bemessungsgrundlage (§ 25b Abs. 4 UStG)

(9) [1]Im Fall der Übertragung der Steuerschuld nach § 25b Abs. 2 UStG auf den letzten am Dreiecksgeschäft beteiligten Abnehmer gilt für die Berechnung der geschuldeten Steuer abweichend von § 10 Abs. 1 UStG die Gegenleistung als Entgelt (Nettobetrag ohne Umsatzsteuer). [2]Die Umsatzsteuer ist auf diesen Betrag aufzuschlagen.

§ 25b   UStAE 25b.1.

Aufzeichnungspflichten (§ 25b Abs. 6 UStG)

(10) ¹Neben den allgemeinen Aufzeichnungspflichten nach § 22 UStG sind bei innergemeinschaftlichen Dreiecksgeschäften vom ersten und vom letzten jeweils daran beteiligten Abnehmer zusätzliche Aufzeichnungspflichten zu erfüllen, wenn sie eine inländische USt-IdNr. verwenden (§ 25b Abs. 6 Satz 1 UStG). ²Verwendet der erste am Dreiecksgeschäft beteiligte Abnehmer eine USt-IdNr. eines anderen Mitgliedstaates, ist er von den allgemeinen Aufzeichnungspflichten nach § 22 UStG befreit, wenn die Beförderung oder Versendung im Inland endet (§ 25b Abs. 6 Satz 2 UStG).

§ 25c

§ 25c Besteuerung von Umsätzen mit Anlagegold[1]

(1) Die Lieferung, die Einfuhr und der innergemeinschaftliche Erwerb von Anlagegold, einschließlich Anlagegold in Form von Zertifikaten über sammel- oder einzelverwahrtes Gold und über Goldkonten gehandeltes Gold, insbesondere auch Golddarlehen und Goldswaps, durch die ein Eigentumsrecht an Anlagegold oder ein schuldrechtlicher Anspruch auf Anlagegold begründet wird, sowie Terminkontrakte und im Freiverkehr getätigte Terminabschlüsse mit Anlagegold, die zur Übertragung eines Eigentumsrechts an Anlagegold oder eines schuldrechtlichen Anspruchs auf Anlagegold führen, sind steuerfrei. Satz 1 gilt entsprechend für die Vermittlung der Lieferung von Anlagegold.

(2) Anlagegold im Sinne dieses Gesetzes sind:

1. Gold in Barren- oder Plättchenform mit einem von den Goldmärkten akzeptierten Gewicht und einem Feingehalt von mindestens 995 Tausendstel;

2. Goldmünzen, die einen Feingehalt von mindestens 900 Tausendstel aufweisen, nach dem Jahr 1800 geprägt wurden, in ihrem Ursprungsland gesetzliches Zahlungsmittel sind oder waren und üblicherweise zu einem Preis verkauft werden, der den Offenmarktwert ihres Goldgehaltes um nicht mehr als 80 vom Hundert übersteigt.

(3) Der Unternehmer, der Anlagegold herstellt oder Gold in Anlagegold umwandelt, kann eine Lieferung, die nach Absatz 1 Satz 1 steuerfrei ist, als steuerpflichtig behandeln, wenn sie an einen anderen Unternehmer für dessen Unternehmen ausgeführt wird. Der Unternehmer, der üblicherweise Gold zu gewerblichen Zwecken liefert, kann eine Lieferung von Anlagegold im Sinne des Absatzes 2 Nr. 1, die nach Absatz 1 Satz 1 steuerfrei ist, als steuerpflichtig behandeln, wenn sie an einen anderen Unternehmer für dessen Unternehmen ausgeführt wird. Ist eine Lieferung nach den Sätzen 1 oder 2 als steuerpflichtig behandelt worden, kann der Unternehmer, der diesen Umsatz vermittelt hat, die Vermittlungsleistung ebenfalls als steuerpflichtig behandeln.

(4) Bei einem Unternehmer, der steuerfreie Umsätze nach Absatz 1 ausführt, ist die Steuer für folgende an ihn ausgeführte Umsätze abweichend von § 15 Abs. 2 nicht vom Vorsteuerabzug ausgeschlossen:

1. die Lieferungen von Anlagegold durch einen anderen Unternehmer, der diese Lieferungen nach Absatz 3 Satz 1 oder 2 als steuerpflichtig behandelt;

2. die Lieferungen, die Einfuhr und der innergemeinschaftliche Erwerb von Gold, das anschließend von ihm oder für ihn in Anlagegold umgewandelt wird;

3. die sonstigen Leistungen, die in der Veränderung der Form, des Gewichts oder des Feingehalts von Gold, einschließlich Anlagegold, bestehen.

(5) Bei einem Unternehmer, der Anlagegold herstellt oder Gold in Anlagegold umwandelt und anschließend nach Absatz 1 Satz 1 steuerfrei liefert, ist die Steuer für an ihn ausgeführte Umsätze, die in unmittelbarem Zusammenhang mit der Herstellung oder Umwandlung des Goldes stehen, abweichend von § 15 Abs. 2 nicht vom Vorsteuerabzug ausgeschlossen.

(6) Bei Umsätzen mit Anlagegold gelten zusätzlich zu den Aufzeichnungspflichten nach § 22 die Identifizierungs-, Aufzeichnungs- und Aufbewahrungspflichten des Geldwäschegesetzes mit Ausnahme der Identifizierungspflicht in Verdachtsfällen nach § 6 dieses Gesetzes entsprechend.

---

[1] Eingefügt ab 01.01.2000

§ 25c

UStAE 25c.1.

Vorgaben im EG-Recht

USt-Recht	MwStSystRL
§ 25c Abs. 1 Satz 1	Artikel 346, Abs. 1
§ 25c Abs. 1 Satz 2	Artikel 347
§ 25c Abs. 2	Artikel 344 und 345
§ 25c Abs. 3 Satz 1	Artikel 348
§ 25c Abs. 3 Satz 2	Artikel 349
§ 25c Abs. 3 Satz 3	Artikel 350
§ 25c Abs. 4	Artikel 354
§ 25c Abs. 5	Artikel 355
§ 25c Abs. 6	Artikel 356

UStAE

Zu § 25c UStG

25c.1. Besteuerung von Umsätzen mit Anlagegold

(1) ¹Steuerbefreit sind nach § 25c Abs. 1 Satz 1 UStG die Lieferungen, die Einfuhr sowie der innergemeinschaftliche Erwerb von Anlagegold. ²Als Lieferungen von Anlagegold gelten auch:

a) die Veräußerung von ideellen Miteigentumsanteilen an einem Goldbarrenbestand oder einem Goldmünzenbestand;

b) die Veräußerung von Gewichtsguthaben an einem Goldbarrenbestand, wenn die Gewichtskonten obligatorische Rechte ausweisen;

c) die Veräußerung von Goldbarrenzertifikaten oder Goldmünzenzertifikaten;

d) die Abtretung von Ansprüchen auf Lieferung von Goldbarren oder Goldmünzen;

e) die Veräußerung von Golddarlehen und Goldswaps, durch die ein Eigentumsrecht an Anlagegold oder ein schuldrechtlicher Anspruch auf Anlagegold begründet wird;

f) die Veräußerung von Terminkontrakten und im Freiverkehr getätigten Terminabschlüssen mit Anlagegold, die zur Übertragung eines Eigentumsrechts an Anlagegold oder eines schuldrechtlichen Anspruchs auf Anlagegold führen.

³Steuerfrei ist auch die Vermittlung der Lieferung von Anlagegold. ⁴Optionsgeschäfte mit Anlagegold und die Vermittlung derartiger Dienstleistungen fallen unter die Steuerbefreiung nach § 4 Nr. 8 Buchstabe e UStG.

(2) ¹Goldbarren und -plättchen bestehen aus Feingold von mindestens 995 Tausendsteln in firmenspezifischer typisierter eckiger Form mit eingestanzter oder geprägter Angabe des Herstellers, des Feingoldgehalts und des Gewichts; auf das Herstellungsverfahren kommt es nicht an. ²Die Barren können mit bildlichen Darstellungen geprägt sein. ³Goldmünzen müssen einen Goldgehalt von mindestens 900 Tausendsteln aufweisen, nach dem Jahr 1800 geprägt sein, im Ursprungsland gesetzliches Zahlungsmittel sein bzw. gewesen sein und üblicherweise zu einem Preis verkauft werden, der 180% des Goldgehalts nicht übersteigt. ⁴Eine Mindestauflagenhöhe ist nicht erforderlich.

(3) ¹Die Europäische Kommission veröffentlicht jährlich vor dem 1. Dezember in der Reihe C ABl. EU ein Verzeichnis der Goldmünzen, die die Kriterien für die Steuerbefreiung erfüllen.[1] ²Für Umsätze von Goldmünzen, die in dem Verzeichnis enthalten sind, gilt die Sonderregelung nach § 25c UStG während des gesamten Jahres, das auf das Jahr der Veröffentlichung folgt. ³Bei Münzen, die nicht in dem Verzeichnis enthalten sind, hat der Unternehmer im Einzelfall zu prüfen, ob die genannten Voraussetzungen für die Behandlung als Anlagegold erfüllt sind. ⁴Der Metallwert von Goldmünzen ist dabei grundsätzlich anhand des aktuellen Tagespreises für Gold zu ermitteln. ⁵Maßgeblich ist der von der

---

1) Für das Jahr 2001 siehe ABl. EG 2000 Nr. C 321 S. 2, siehe UR 2001, S. 18; für das Jahr 2002 siehe ABl. EG 2001 Nr. C 302 S. 1; für das Jahr 2003 siehe ABl. EG 2002 Nr. C 279 S. 4 mit Berichtigung ABl. EG 2002 Nr. C 309 S. 20; für das Jahr 2004 siehe ABl. EG 2003 Nr. C 272 S. 3; für das Jahr 2005 siehe ABl. EU 2004 Nr. C 285 S. 6 mit Berichtigung in ABl. EG 2005 Nr. C 22 S. 22; für das Jahr 2006 siehe ABl. EU 2005 Nr. C 300 S. 10; für das Jahr 2007 siehe ABl. EU 2006 Nr. C 291 S. 21, vgl. BMF vom 06.12.2006, UR 2005, S. 55; für das Jahr 2008 siehe ABl. EU 2007 Nr. C 286 S. 47; für das Jahr 2008 siehe ABl. EU 2007 Nr. C 286 S. 47; für das Jahr 2009 siehe ABl. EU 2008 Nr. C 306 S. 6; für das Jahr 2010 siehe ABl. EU 2009 Nr. C 289 S. 12; für das Jahr 2011 siehe ABl. EU 2010 Nr. C 322 S. 13; für das Jahr 2012 siehe ABl. EU 2011 Nr. C 351 S. 17

Londoner Börse festgestellte Tagespreis (Nachmittagsfixing) für die Feinunze Gold (1 Unze = 31,1035 Gramm). ⁶Dieser in US-Dollar festgestellte Wert muss anhand der aktuellen Umrechnungskurse in € umgerechnet werden.

(4) Nicht zum Anlagegold gehört unverarbeitetes Gold (Industriegold), d.h. insbesondere Barren mit einem Feingoldgehalt von weniger als 995 Tausendsteln, sowie Granalien und Feingoldband in handelsüblicher Form.

(5) ¹Zur Umsatzsteuerpflicht kann optieren:
- ein Unternehmer, der Anlagegold herstellt oder Gold in Anlagegold umwandelt, bei der Lieferung von Anlagegold.
- ein Unternehmer, der üblicherweise Gold zu gewerblichen Zwecken liefert, bei der Lieferung von Anlagegold in Barren- oder Plättchenform.

²Voraussetzung für die Option ist, dass er diese Lieferung an einen anderen Unternehmer für dessen Unternehmen ausführt. ³Kreditinstitute sind grundsätzlich als Unternehmer anzusehen. ⁴Vermittelt ein Unternehmer eine Lieferung von Anlagegold, kann er nur dann für die Vermittlungsleistung zur Steuerpflicht optieren, wenn die vermittelte Umsatz zuvor vom liefernden Unternehmer als steuerpflichtig behandelt worden ist. ⁵Zum Vorsteuerabzug vgl. Abschnitt 15.13 Abs. 1.

(6) Im Übrigen bleiben die Regelungen des § 18 Abs. 7 UStG, § 49 UStDV unberührt.

(7) ¹Liegen für Goldlieferungen nach § 4 Nr. 4 UStG auch die Voraussetzungen der Steuerbefreiung für Anlagegold (§ 25c Abs. 1 und 2 UStG) vor, geht die Steuerbefreiung des § 25c Abs. 1 und 2 UStG der Steuerbefreiung des § 4 Nr. 4 UStG vor. ²Liegen für die Lieferung von Anlagegold auch die Voraussetzungen einer Ausfuhrlieferung (§ 4 Nr. 1 Buchstabe a, § 6 UStG) bzw. einer innergemeinschaftlichen Lieferung (§ 4 Nr. 1 Buchstabe b, § 6a UStG) vor, geht die Steuerbefreiung des § 25c Abs. 1 und 2 UStG diesen Steuerbefreiungen vor.

Rechtsprechungsauswahl

BFH vom 10.02.2009 – XI R 7/08, BFH/NV 2010 S. 1497: Berichtigung des Vorsteuerabzugs beim Leistungsempfänger nach Rücknahme des Verzichts des Leistenden auf die Steuerbefreiung gem. § 25c UStG für die Lieferung von Anlagegold.

1. Die in ursprünglich ausgestellten Rechnungen über die Lieferung von Anlagegold ausgewiesene Umsatzsteuer wird gem. § 25c Abs. 1 Satz 1 UStG vom Lieferer nicht (mehr) geschuldet, soweit dieser seine Option zur Umsatzsteuer wirksam zurückgenommen hat. Die Rückgängigmachung des Verzichts auf die Steuerbefreiung wirkt auf das Jahr der Ausführung des Umsatzes zurück.
2. Die Rückgängigmachung des Verzichts auf die Steuerbefreiung durch den leistenden Unternehmer hat Tatbestandswirkung für den Vorsteuerabzug des Leistungsempfängers und ist deshalb ein rückwirkendes Ereignis i.S.d. § 175 Abs. 1 Satz 1 Nr. 2 AO.
3. Der Übergang zur Behandlung des Umsatzes als (wieder) steuerfrei ist nicht von der Zustimmung des Leistungsempfängers abhängig; die zivilrechtliche Befugnis zur Rechnungsberichtigung ist umsatzsteuerrechtlich grundsätzlich auch dann nicht zu prüfen, wenn der leistende Unternehmer dem Leistungsempfänger gegenüber verpflichtet war, den (an sich steuerfreien) Umsatz gem. § 25c Abs. 3 UStG als steuerpflichtig zu behandeln.
4. Voraussetzung der Rücknahme des Verzichts auf eine Steuerbefreiung ist nicht, dass der leistende Unternehmer die zuvor ausgewiesene und vereinnahmte Umsatzsteuer wieder an den Leistungsempfänger zurückerstattet. Jedoch hat er dem Leistungsempfänger eine berichtigte Rechnung ohne Steuerausweis zu erteilen.
5. Die Rückgängigmachung des Vorsteuerabzugs beim Leistungsempfänger infolge des Widerrufs der Option durch den Leistenden setzt nicht voraus, dass der Leistende das Berichtigungsverfahren nach § 14c Abs. 1 Satz 3 i.V.m. § 14c Abs. 2 Satz 5 UStG durchgeführt hat.
6. Zur Wahrung des Grundsatzes der Effektivität kann in Betracht kommen, es dem Leistungsempfänger zu ermöglichen, die vom Leistenden zu Unrecht in Rechnung gestellte und an das Finanzamt abgeführte Steuer an dessen Stelle vom Finanzamt erstattet zu bekommen.

§ 25d

§ 25d[1]) **Haftung für die schuldhaft nicht abgeführte Steuer**

(1)[2]) Der Unternehmer haftet für die Steuer aus einem vorangegangenen Umsatz, soweit diese in einer Rechnung im Sinne des § 14 ausgewiesen wurde, der Aussteller der Rechnung entsprechend seiner vorgefassten Absicht die ausgewiesene Steuer nicht entrichtet oder sich vorsätzlich außer Stande gesetzt hat, die ausgewiesene Steuer zu entrichten und der Unternehmer bei Abschluss des Vertrages über seinen Eingangsumsatz davon Kenntnis hatte oder nach der Sorgfalt eines ordentlichen Kaufmanns hätte haben müssen. Trifft dies auf mehrere Unternehmer zu, so haften diese als Gesamtschuldner.

(2)[2]) Von der Kenntnis oder dem Kennen müssen ist insbesondere auszugehen, wenn der Unternehmer für seinen Umsatz einen Preis in Rechnung stellt, der zum Zeitpunkt des Umsatzes unter dem marktüblichen Preis liegt. Dasselbe gilt, wenn der ihm in Rechnung gestellte Preis unter dem marktüblichen Preis oder unter dem Preis liegt, der seinem Lieferanten oder anderen Lieferanten, die am Erwerb der Ware beteiligt waren, in Rechnung gestellt wurde. Weist der Unternehmer nach, dass die Preisgestaltung betriebswirtschaftlich begründet ist, finden die Sätze 1 und 2 keine Anwendung.

(3) Örtlich zuständig für den Erlass des Haftungsbescheides ist das Finanzamt, das für die Besteuerung des Unternehmers zuständig ist. Im Falle des Absatzes 1 Satz 2 ist jedes Finanzamt örtlich zuständig, bei dem der Vorsteueranspruch geltend gemacht wird.

(4) Das zuständige Finanzamt hat zu prüfen, ob die Voraussetzungen für den Erlass des Haftungsbescheides vorliegen. Bis zum Abschluss dieser Prüfung kann die Erteilung der Zustimmung im Sinne von § 168 Satz 2 der Abgabenordnung versagt werden. Satz 2 gilt entsprechend für die Festsetzung nach § 167 Abs. 1 Satz 1 der Abgabenordnung, wenn sie zu einer Erstattung führt.

(5) Für den Erlass des Haftungsbescheides gelten die allgemeinen Grundsätze, mit Ausnahme des § 219 der Abgabenordnung.

Vorgaben im EG-Recht

USt-Recht	MwStSystRL
§ 25d	Artikel 202, 273

UStAE

Zu § 25d UStG

25d.1. Haftung für die schuldhaft nicht abgeführte Steuer

(1) Dieser Haftungstatbestand dient der Bekämpfung des Umsatzsteuerbetrugs, insbesondere in Form von Karussellgeschäften, bei denen in den Fiskus schädigender Absicht Rechnungen mit Umsatzsteuer ausgestellt werden, um dem Rechnungsempfänger den Vorsteuerabzug zu ermöglichen, ohne die ausgewiesene und geschuldete Steuer zu entrichten.

(2) Voraussetzungen für die Haftung sind:
– [1]Die aus einem vorangegangenen Umsatz geschuldete Umsatzsteuer wurde nicht entrichtet. [2]Vorangegangener Umsatz ist auch ein Umsatz auf den Vorstufen, nicht nur der unmittelbare Eingangsumsatz des Unternehmers.
– Diese Umsatzsteuer wurde in einer Rechnung nach § 14 UStG ausgewiesen.
– Die ausgewiesene Steuer wurde vom Aussteller der Rechnung entsprechend seiner vorgefassten Absicht nicht entrichtet oder er hat sich vorsätzlich außer Stande gesetzt, diese zu entrichten.
– Der in Haftung zu nehmende Leistungsempfänger hatte bei Abschluss des Vertrages über seinen Eingangsumsatz vom vorsätzlichen Handeln des Rechnungsausstellers Kenntnis oder hätte nach der Sorgfalt eines ordentlichen Kaufmanns Kenntnis haben müssen.

---
1) Gilt ab 01.01.2002; siehe dazu *Nieskens*, UR 2002 S. 53, *Widmann*, DB 2002 S. 166
2) Fassung ab 01.01.2004

(3) Nicht unter die Regelung fällt die unrichtig bzw. unberechtigt ausgewiesene Umsatzsteuer (§ 14c Abs. 1 und 2 UStG), da ein Vorsteuerabzug insoweit bereits nach § 15 Abs. 1 Satz 1 Nr. 1 UStG ausgeschlossen ist.

(4) Die Darlegungs- und Feststellungslast liegt grundsätzlich bei dem für den Erlass des Haftungsbescheids zuständigen Finanzamt.

(5) ¹Nach § 25d Abs. 2 UStG ist von der Kenntnis oder dem Kennenmüssen insbesondere dann auszugehen, wenn
– der Unternehmer für seinen Umsatz einen Preis in Rechnung stellt, der zum Zeitpunkt des Umsatzes unter dem marktüblichen Preis liegt, oder
– der dem Unternehmer in Rechnung gestellte Preis unter dem marktüblichen Preis liegt oder
– der dem Unternehmer in Rechnung gestellte Preis unter dem Preis liegt, der seinem Lieferanten oder anderen Lieferanten, die am Erwerb der Ware beteiligt waren, in Rechnung gestellt wurde.

²Marktüblich ist ein Preis, der im gewöhnlichen Geschäftsverkehr unter fremden Dritten unter Berücksichtigung der Handelsstufe üblicherweise realisiert wird.

(6) ¹Liegen die Haftungsvoraussetzungen vor, ist der Unternehmer zunächst anzuhören (§ 91 AO). ²Im Rahmen der Anhörung hat der Unternehmer nach § 25d Abs. 2 Satz 3 UStG Gelegenheit, die Vermutung des § 25d Abs. 2 Sätze 1 und 2 UStG zu widerlegen, in dem er nachweist, dass die Preisgestaltung betriebswirtschaftlich begründet ist. ³Kann der Unternehmer diesen Nachweis führen, ist dessen ungeachtet von der Finanzverwaltung zu prüfen, ob die Tatbestandsmerkmale Kenntnis oder Kennen müssen auf Grund anderer Tatsachen als der Preisgestaltung vorliegen.

(7) ¹Bis zum Abschluss der Prüfung, ob die Voraussetzungen für den Erlass eines Haftungsbescheids vorliegen, kann die Erteilung der Zustimmung zu einer Steueranmeldung zur Umsatzsteuer (Voranmeldung, Umsatzsteuererklärung für das Kalenderjahr) im Sinne von § 168 Satz 2 AO versagt werden. ²Dies gilt entsprechend für die Festsetzung nach § 167 Abs. 1 Satz 1 AO, wenn sie zu einer Umsatzsteuererstattung führt.

(8) ¹Können die Haftungsvoraussetzungen nachgewiesen oder die Vermutung nach § 25d Abs. 2 Sätze 1 und 2 UStG nicht widerlegt werden, soll ein Haftungsbescheid erlassen werden. ²Kommen mehrere Haftungsschuldner in Betracht, haften diese als Gesamtschuldner (§ 25d Abs. 1 Satz 2 UStG). ³In diesen Fällen ist es erforderlich, dass die zuständigen Finanzämter der Unternehmer, die in Haftung genommen werden sollen, ihr Vorgehen untereinander abstimmen. ⁴Dem für den Steuerschuldner zuständigen Finanzamt, für dessen rückständige Steuer gehaftet wird, ist jeweils ein Abdruck des Haftungsbescheids zu übersenden. ⁵Der Haftungsschuldner darf auf Zahlung auch in Anspruch genommen werden, ohne dass die Vollstreckung in das bewegliche Vermögen des Ausstellers der Rechnung ohne Erfolg geblieben oder anzunehmen ist, dass die Vollstreckung aussichtslos sein wird (vgl. § 25d Abs. 5 UStG).

(9) (gestrichen)

Rechtsprechungsauswahl

BFH vom 28.02.2008 – V R 44/06, BStBl. 2008 II S. 586: Keine Vermutung für fehlende Zahlungsabsicht hinsichtlich der Umsatzsteuer bei Insolvenzen.

In Insolvenzfällen kann nicht generell davon ausgegangen werden, dass der spätere Insolvenzschuldner die Absicht hat, die von ihm in einer Rechnung ausgewiesene Umsatzsteuer nicht zu entrichten.

EuGH vom 11.05.2006 – Rs. C-384/04 – Federation of Technological Industries u.a., UR 2006 S. 410: Gesamtschuldnerische Haftung für die Zahlung der Mehrwertsteuer und Sicherheitsleistung für die von einem anderen Wirtschaftsteilnehmer geschuldete Mehrwertsteuer als nationale Maßnahmen zur Bekämpfung von Steuerhinterziehungen.

1. Art. 21 Abs. 3 der 6. EG-Richtlinie 77/388/EWG in ihrer durch die Richtlinien 2000/65/EG des Rates vom 17.10.2000 und 2001/115/EG des Rates vom 20.12.2001 geänderten Fassung ist dahin auszulegen, dass er einen Mitgliedstaat ermächtigt, eine Regelung wie die im Ausgangsverfahren in Rede stehende zu erlassen, wonach ein Steuerpflichtiger, an den eine Lieferung von Gegenständen oder eine Dienstleistung bewirkt worden ist und der wusste oder für den hinreichende Verdachtsgründe dafür bestanden, dass die aufgrund dieser oder einer früheren oder späteren Lieferung oder Dienstleistung fällige Mehrwertsteuer ganz oder teilweise unbezahlt bleiben würde, gesamtschuldnerisch mit dem Steuerschuldner auf Zahlung dieser Steuer in Anspruch genommen werden kann. Eine solche Regelung muss jedoch den allgemeinen Rechtsgrundsätzen, die Teil der Gemeinschaftsrechtsordnung sind und zu denen u.a. die Grundsätze der Rechtssicherheit und der Verhältnismäßigkeit gehören, genügen.

§ 25d

2. Art. 22 Abs. 8 der 6. EG-Richtlinie in ihrer durch die Richtlinien 2000/65/EG und 2001/115/EG geänderten Fassung ist dahin auszulegen, dass er einem Mitgliedstaat nicht erlaubt, eine Regelung wie die im Ausgangsverfahren in Rede stehende zu erlassen, wonach ein Steuerpflichtiger, an den eine Lieferung von Gegenständen oder eine Dienstleistung bewirkt worden ist und der wusste oder für den hinreichende Verdachtsgründe dafür bestanden, dass die aufgrund dieser oder einer früheren oder späteren Lieferung oder Dienstleistung fällige Mehrwertsteuer ganz oder teilweise unbezahlt bleiben würde, gesamtschuldnerisch mit dem Steuerschuldner auf Zahlung der Steuer in Anspruch genommen werden kann, und/oder eine Regelung zu erlassen, wonach von einem Steuerpflichtigen eine Sicherheitsleistung für die Zahlung der Mehrwertsteuer verlangt werden kann, die von demjenigen Steuerpflichtigen, von dem oder an den die betreffenden Gegenstände oder Dienstleistungen geliefert oder erbracht werden, geschuldet wird.

Dagegen steht diese Bestimmung nicht einer nationalen Regelung entgegen, die jede Person, die gemäß einer auf der Grundlage von Art. 21 Abs. 3 der 6. EG-Richtlinie erlassenen Maßnahme die Mehrwertsteuer gesamtschuldnerisch zu entrichten hat, dazu verpflichtet, eine Sicherheit für die Zahlung der geschuldeten Mehrwertsteuer zu leisten.

§ 26

Siebenter Abschnitt
Durchführung, Bußgeld-, Straf-, Verfahrens- und Schlußvorschriften

§ 26 Durchführung

(1) Die Bundesregierung kann mit Zustimmung des Bundesrates durch Rechtsverordnung zur Wahrung der Gleichmäßigkeit bei der Besteuerung, zur Beseitigung von Unbilligkeiten in Härtefällen oder zur Vereinfachung des Besteuerungsverfahrens den Umfang der in diesem Gesetz enthaltenen Steuerbefreiungen, Steuerermäßigungen und des Vorsteuerabzugs näher bestimmen sowie die zeitlichen Bindungen nach § 19 Abs. 2, § 23 Abs. 3 und § 24 Abs. 4 verkürzen. Bei der näheren Bestimmung des Umfangs der Steuerermäßigung nach § 12 Abs. 2 Nr. 1 kann von der zolltariflichen Abgrenzung abgewichen werden.

(2) Das Bundesministerium der Finanzen kann mit Zustimmung des Bundesrates durch Rechtsverordnung den Wortlaut derjenigen Vorschriften des Gesetzes und der auf Grund dieses Gesetzes erlassenen Rechtsverordnungen, in denen auf den Zolltarif hingewiesen wird, dem Wortlaut des Zolltarifs in der jeweils geltenden Fassung anpassen.

(3) Das Bundesministerium der Finanzen kann unbeschadet der Vorschriften der §§ 163 und 227 der Abgabenordnung anordnen, daß die Steuer für grenzüberschreitende Beförderungen von Personen im Luftverkehr niedriger festgesetzt oder ganz oder zum Teil erlassen wird, soweit der Unternehmer keine Rechnungen mit gesondertem Ausweis der Steuer (§ 14 Abs. 4[1)]) erteilt hat. Bei Beförderungen durch ausländische Unternehmer kann die Anordnung davon abhängig gemacht werden, daß in dem Land, in dem der ausländische Unternehmer seinen Sitz hat, für grenzüberschreitende Beförderungen im Luftverkehr, die von Unternehmern mit Sitz in der Bundesrepublik Deutschland durchgeführt werden, eine Umsatzsteuer oder eine ähnliche Steuer nicht erhoben wird.

(4) gestrichen

(5) Das Bundesministerium der Finanzen kann mit Zustimmung des Bundesrates durch Rechtsverordnung näher bestimmen, wie der Nachweis bei den folgenden Steuerbefreiungen zu führen ist:

1. Artikel III Nr. 1 des Abkommens zwischen der Bundesrepublik Deutschland und den Vereinigten Staaten von Amerika über die von der Bundesrepublik zu gewährenden Abgabenvergünstigungen für die von den Vereinigten Staaten im Interesse der gemeinsamen Verteidigung geleisteten Ausgaben (BGBl. 1955 II S. 823);
2. Artikel 67 Abs. 3 des Zusatzabkommens zu dem Abkommen zwischen den Parteien des Nordatlantikvertrages über die Rechtsstellung ihrer Truppen hinsichtlich der in der Bundesrepublik Deutschland stationierten ausländischen Truppen (BGBl. 1961 II S. 1183, 1218);
3. Artikel 14 Abs. 2 Buchstabe b und d des Abkommens zwischen der Bundesrepublik Deutschland und dem Obersten Hauptquartier der Alliierten Mächte, Europa, über die besonderen Bedingungen für die Einrichtung und den Betrieb internationaler militärischer Hauptquartiere in der Bundesrepublik Deutschland (BGBl. 1969 II S. 1997, 2009).

(6) Das Bundesministerium der Finanzen kann dieses Gesetz und die auf Grund dieses Gesetzes erlassenen Rechtsverordnungen in der jeweils geltenden Fassung mit neuem Datum und unter neuer Überschrift im Bundesgesetzblatt bekanntmachen.

Vorgaben im EG-Recht

USt-Recht	MwStSystRL
§ 26 Abs. 3 UStG	Artikel 371; Anhang X Teil B Nr. 10
§ 26 Abs. 5 UStG, § 73 UStDV	Artikel 131, 151 Abs. 1

---

1) Gilt ab 01.01.2004

UStDV

Zu § 26 Abs. 5 des Gesetzes

§ 73 Nachweis der Voraussetzungen der in bestimmten Abkommen enthaltenen Steuerbefreiungen

(1) Der Unternehmer hat die Voraussetzungen der in § 26 Abs. 5 des Gesetzes bezeichneten Steuerbefreiungen wie folgt nachzuweisen:

1. *bei Lieferungen und sonstigen Leistungen, die von einer amtlichen Beschaffungsstelle in Auftrag gegeben worden sind, durch eine Bescheinigung der amtlichen Beschaffungsstelle nach amtlich vorgeschriebenem Vordruck (Abwicklungsschein),*

2. *bei Lieferungen und sonstigen Leistungen, die von einer deutschen Behörde für eine amtliche Beschaffungsstelle in Auftrag gegeben worden sind, durch eine Bescheinigung der deutschen Behörde*[1]*.*

(2) Zusätzlich zu Absatz 1 muß der Unternehmer die Voraussetzungen der Steuerbefreiungen im Geltungsbereich dieser Verordnung buchmäßig nachweisen. Die Voraussetzungen müssen eindeutig und leicht nachprüfbar aus den Aufzeichnungen zu ersehen sein. In den Aufzeichnungen muß auf die in Absatz 1 bezeichneten Belege hingewiesen sein.

(3) Das Finanzamt kann auf die in Absatz 1 Nr. 1 bezeichnete Bescheinigung verzichten, wenn die vorgeschriebenen Angaben aus anderen Belegen und aus den Aufzeichnungen des Unternehmers eindeutig und leicht nachprüfbar zu ersehen sind.

(4) Bei Beschaffungen oder Baumaßnahmen, die von deutschen Behörden durchgeführt und von den Entsendestaaten oder den Hauptquartieren nur zu einem Teil finanziert werden, gelten Absatz 1 Nr. 2 und Absatz 2 hinsichtlich der anteiligen Steuerbefreiung entsprechend.

UStAE

Zu § 26 Absatz 3 UStG

26.1. Luftverkehrsunternehmer

(1) ¹Die niedrigere Festsetzung oder der Erlass von Umsatzsteuer nach § 26 Abs. 3 UStG für grenzüberschreitende Beförderungen im Luftverkehr setzt voraus, dass die Leistungen von einem Luftverkehrsunternehmer erbracht werden. ²Luftverkehrsunternehmer im Sinne dieser Vorschrift sind Unternehmer, die die Beförderung selbst durchführen oder die als Vertragspartei mit dem Reisenden einen Beförderungsvertrag abschließen und sich hierdurch in eigenem Namen zur Durchführung der Beförderung verpflichten. ³Der Verkauf von Einzeltickets für grenzüberschreitende Flüge vom Reisebüro oder vom Consolidator kann unter den Voraussetzungen des Abschnitts 4.5.3 Abs. 2 als steuerfreie Vermittlungsleistung behandelt werden. ⁴Das Reisebüro und der Consolidator können insoweit nicht als Luftverkehrsunternehmer angesehen werden.

(2) ¹Unter den in Absatz 1 bezeichneten Voraussetzungen können auch Veranstalter von Pauschalreisen als Luftverkehrsunternehmer angesehen werden. ²Die niedrigere Festsetzung oder der Erlass der Umsatzsteuer nach § 26 Abs. 3 UStG ist dann jedoch auf die Fälle beschränkt, in denen der Veranstalter die Reisenden mit seinen eigenen Mitteln befördert (vgl. Abschnitt 25.1 Abs. 8) oder Beförderungsleistungen an Unternehmer für ihr Unternehmen erbringt (vgl. Abschnitt 25.1 Abs. 2 Beispiel 2).

26.2. Grenzüberschreitende Beförderungen im Luftverkehr

(1) ¹Eine grenzüberschreitende Beförderung liegt vor, wenn sich eine Beförderung sowohl auf das Inland als auch auf das Ausland erstreckt (§ 3b Abs. 1 Satz 4 UStG). ²Die niedrigere Festsetzung oder der Erlass der Umsatzsteuer nach § 26 Abs. 3 UStG kommt für folgende grenzüberschreitende Beförderungen im Luftverkehr in Betracht:

1. von einem ausländischen Flughafen zu einem Flughafen im Inland;
2. von einem Flughafen im Inland zu einem ausländischen Flughafen;
3. von einem ausländischen Flughafen zu einem ausländischen Flughafen über das Inland.

---

[1] Amtliche Beschaffungsstellen aus Anhang 3 ersichtlich

³Die niedrigere Festsetzung oder der Erlass der Umsatzsteuer kommt jedoch nicht in Betracht bei Beförderungen vom Inland in die nicht zum Inland gehörenden Gebiete der Bundesrepublik Deutschland (vgl. § 1 Abs. 2 UStG) und umgekehrt, z.B. Flüge zwischen Hamburg und Helgoland, sowie bei Beförderungen zwischen den nicht zum Inland gehörenden Gebieten der Bundesrepublik Deutschland über das Inland, z.B. Rundflüge von Helgoland über das Inland.

(2) ¹Zwischenlandungen im Inland schließen die niedrigere Festsetzung oder den Erlass der Umsatzsteuer nicht aus, wenn der Fluggast mit demselben Flugzeug weiterfliegt oder wenn er deshalb in das nächste Anschlussflugzeug umsteigt, weil das erste Flugzeug seinen gebuchten Zielflughafen nicht anfliegt. ²Wenn der Fluggast dagegen in einem Flughafen (A) im Inland seinen Flug unterbricht, d.h. seinen Aufenthalt über den nächstmöglichen Anschluss hinaus ausdehnt, und sein Zielflughafen (B) oder der nächste Flughafen, in dem er seinen Flug wiederum unterbricht (C), im Inland liegt, entfällt die niedrigere Festsetzung oder der Erlass der Umsatzsteuer für die Teilstrecke A bis B (oder C).

(3) ¹Wird der Flug unterbrochen, kann bei der Berechnung des anteiligen Entgelts für die Beförderungsleistung im Inland von der Differenz der Flugpreise zwischen dem ausländischen Flughafen und den beiden im Inland liegenden Flughäfen ausgegangen werden, z.B. Tokio-Frankfurt mit Zwischenaufenthalt in Hamburg; steuerpflichtig ist die Differenz der Flugpreise Tokio-Frankfurt und Tokio-Hamburg. ²Dies kann in Einzelfällen dazu führen, dass für die im Inland erbrachte Beförderungsleistung ein Entgelt nicht anzusetzen ist.

(4) ¹Soweit die Luftverkehrsunternehmen die Flugunterbrechungen im Einzelnen nur mit erheblichem Verwaltungsaufwand ermitteln können, dürfen die anteiligen Entgelte für steuerpflichtige Beförderungsleistungen geschätzt werden. ²Dies gilt nur, soweit keine Rechnungen mit gesondertem Steuerausweis ausgestellt worden sind. ³Das Schätzungsverfahren ist vorab im Einvernehmen mit dem zuständigen Finanzamt festzulegen.

26.3. Beförderung über Teilstrecken durch verschiedene Luftfrachtführer

¹Wird eine grenzüberschreitende Beförderung von mehreren aufeinander folgenden Luftfrachtführern ausgeführt, gilt sie nach dem Luftverkehrsrecht als eine einzige Beförderung, sofern sie als einheitliche Leistung vereinbart worden ist (Artikel 1 Abs. 3 Satz 1 des Montrealer Übereinkommens vom 28.5.1999, BGBl. 2004 II S. 458 und BGBl. 2004 I S. 1027). ²Eine grenzüberschreitende Beförderung, die nach dem Luftverkehrsrecht als eine einzige Beförderung anzusehen ist, gilt auch im Sinne des § 26 Abs. 3 UStG als eine einzige Beförderung und damit insgesamt als eine grenzüberschreitende Beförderung im Luftverkehr. ³Den an dieser Leistung beteiligten Luftfrachtführern kann deshalb die Umsatzsteuer nach § 26 Abs. 3 UStG auch dann erlassen werden, wenn sich ihr Leistungsteil nur auf das Inland erstreckt. ⁴Eine niedrigere Festsetzung oder ein Erlass der Umsatzsteuer kommt jedoch nicht in Betracht, wenn der Fluggast im Inland den Flug unterbricht, d.h. seinen Aufenthalt über den nächstmöglichen Anschluss hinaus ausdehnt (vgl. Abschnitt 26.2 Abs. 2).

26.4. Gegenseitigkeit

¹Haben Luftverkehrsunternehmer ihren Sitz nicht in der Bundesrepublik Deutschland, kann die Umsatzsteuer in der Regel nur im Falle der Gegenseitigkeit niedriger festgesetzt oder erlassen werden (§ 26 Abs. 3 Satz 2 UStG). ²Es ist jedoch möglich, die Umsatzsteuer auch dann niedriger festzusetzen oder zu erlassen, wenn in den Ländern dieser Unternehmer die Gegenseitigkeit nicht voll gewährleistet ist. ³Hier kommen insbesondere die Fälle in Betracht, in denen die von deutschen Luftverkehrsunternehmern im Ausland für die einzelne Beförderungsleistung erhobene Umsatzsteuer unverhältnismäßig niedrig ist oder in denen die Voraussetzungen der Gegenseitigkeit nur in einem Teilbereich, z.B. Charterverkehr, erfüllt sind.

26.5. Zuständigkeit

Für die niedrigere Festsetzung oder den Erlass der Umsatzsteuer gilt folgende Regelung:

1. Unter den Voraussetzungen des § 26 Abs. 3 UStG kann die Umsatzsteuer für grenzüberschreitende Beförderungen im Luftverkehr niedriger festgesetzt oder erlassen werden, wenn es sich um folgende Unternehmer handelt:
   a) Luftverkehrsunternehmer mit Sitz in der Bundesrepublik Deutschland und
   b) Luftverkehrsunternehmer mit Sitz außerhalb der Bundesrepublik Deutschland, wenn die Länder, in denen sie ihren Sitz haben, in dem vom BMF herausgegebenen Verzeichnis der Länder aufgeführt sind, zu denen die Gegenseitigkeit festgestellt ist (vgl. BMF-Schreiben vom 6.9.2011, BStBl. 2011 S. 907, Stand 1.9.2011).[1)]

---
1) Siehe Anlage § 026-01

§ 26 UStAE 26.5.

2. ¹Über die Einzelfälle entscheiden bei den in Nummer 1 bezeichneten Luftverkehrsunternehmen die obersten Finanzbehörden der Länder oder die von ihnen beauftragten nach geordneten Dienststellen. ²Unabhängig von der Höhe des Steuerbetrages ist das BMF nicht zu beteiligen.
3. ¹Bei Luftverkehrsunternehmern mit Sitz in Ländern, die in dem Verzeichnis der Länder, zu denen die Gegenseitigkeit festgestellt ist, nicht aufgeführt sind, ist das BMF zu beteiligen. ²Das gilt auch, wenn sich Zweifel ergeben, ob von dem Land, in dem das Luftverkehrsunternehmen seinen Sitz hat, die Voraussetzung der Gegenseitigkeit noch erfüllt wird.

Verwaltungsregelungen zu § 26

Datum	Anlage	Quelle	Inhalt
06.09.11	§ 026-01	BMF	Grenzüberschreitende Personenbeförderungen im Luftverkehr (§ 26 Abs. 3 UStG) – Verzeichnis der Länder, zu denen Gegenseitigkeit festgestellt ist

Rechtsprechungsauswahl

BFH vom 14.10.2010 – XI R 12/09, BstBl. 2011 II S. 138: Umsatzsteuerbefreiung mehrerer zeitlich aufeinander folgender Leistungen an NATO-Truppenangehörige auf Grund (nur) eines „Beschaffungsauftrags" im sog. vereinfachten Beschaffungsverfahren; Steuerbefreiung auch bei Barzahlung.

1. Im Rahmen der Umsatzsteuerbefreiung von Leistungen an NATO-Truppenangehörige nach Art. 67 Abs. 3 NATOZusAbk. gilt der im sog. vereinfachten Beschaffungsverfahren für einen Beschaffungsauftrag der amtlichen Beschaffungsstelle zu verwendende Vordruck nicht nur für die Beschaffung einer Leistung, sondern auch für mehrere, zeitlich aufeinander folgende Leistungen.
2. Voraussetzung der Umsatzsteuerbefreiung gemäß Art. 67 Abs. 3 NATOZusAbk. einer im vereinfachten Beschaffungsverfahren bezogenen Leistung ist nicht, dass diese Leistung unbar bezahlt wird (Abgrenzung zum BFH-Urteil vom 21. März 1974 V R 144/69, BFHE 112, 88, BStBl II1974, 437).

EuGH vom 13.07.2000 – Rs. C-36/99 – Idéaltourisme SA, DStRE 2000 S. 924[1]: Steuerfreiheit grenzüberschreitender Personenbeförderung mit Luftfahrzeug gemeinschaftsrechtskonform.

Beim gegenwärtigen Stand der Harmonisierung der Rechtsvorschriften der Mitgliedstaaten betreffend das gemeinsame Mehrwertsteuersystem steht der gemeinschaftsrechtliche Grundsatz der Gleichbehandlung Rechtsvorschriften eines Mitgliedstaats nicht entgegen, nach denen grenzüberschreitende Personenbeförderungen mit Luftfahrzeugen entsprechend Art. 28 Abs. 3 Buchst. b der Sechsten Richtlinie 77/388/EWG des Rates vom 17.5.1977 zur Harmonisierung der Rechtsvorschriften der Mitgliedstaaten über die Umsatzsteuern – Gemeinsames Mehrwertsteuersystem: einheitliche steuerpflichtige Bemessungsgrundlage, in der Fassung, wie sie sich aus der Richtlinie 96/95/EG des Rates vom 20.12.1996 zur Änderung der Richtlinie 77/388 hinsichtlich der Höhe des Normalsteuersatzes ergibt, weiterhin von der Steuer befreit sind, während grenzüberschreitende Personenbeförderungen mit Bussen besteuert werden.

---
1) Siehe dazu DB 2000 S. 1900

§ 26a

§ 26a Bußgeldvorschriften

(1) Ordnungswidrig handelt, wer vorsätzlich oder leichtfertig
1. entgegen § 14 Abs. 2 Satz 1 Nr. 1 oder 2 Satz 2 eine Rechnung nicht oder nicht rechtzeitig ausstellt,
2. entgegen § 14b Abs. 1 Satz 1, auch in Verbindung mit Satz 4, ein dort bezeichnetes Doppel oder eine dort bezeichnete Rechnung nicht oder nicht mindestens zehn Jahre aufbewahrt,
3. entgegen § 14b Abs. 1 Satz 5 eine dort bezeichnete Rechnung, einen Zahlungsbeleg oder eine andere beweiskräftige Unterlage nicht oder nicht mindestens zwei Jahre aufbewahrt,
4. entgegen § 18 Abs. 12 Satz 3 die dort bezeichnete Bescheinigung nicht oder nicht rechtzeitig vorlegt,
5. [1)]entgegen § 18a Abs. 1 bis 3 in Verbindung mit Abs. 7 Satz 1, Abs. 8 oder Abs. 9 eine Zusammenfassende Meldung nicht, nicht richtig, nicht vollständig oder nicht rechtzeitig abgibt oder entgegen § 18a Abs. 10 eine Zusammenfassende Meldung nicht oder nicht rechtzeitig berichtigt,
6. einer Rechtsverordnung nach § 18c zuwiderhandelt, soweit sie für einen bestimmten Tatbestand auf die Bußgeldvorschrift verweist, oder
7. entgegen § 18d Satz 3 die dort bezeichneten Unterlagen nicht, nicht vollständig oder nicht rechtzeitig vorlegt.

(2) Die Ordnungswidrigkeit kann in den Fällen des Absatzes 1 Nr. 3 mit einer Geldbuße bis zu fünfhundert Euro, in den übrigen Fällen mit einer Geldbuße bis zu fünftausend Euro geahndet werden.

Vorgaben im EG-Recht

USt-Recht	MwStSystRL
§ 26a	Artikel 273

---

1) Fassung ab 01.07.2010

§ 26b

§ 26b[1] **Schädigung des Umsatzsteueraufkommens**

(1) Ordnungswidrig handelt, wer die in einer Rechnung im Sinne von § 14 ausgewiesene Umsatzsteuer zu einem in § 18 Abs. 1 Satz 3 oder Abs. 4 Satz 1 oder 2 genannten Fälligkeitszeitpunkt nicht oder nicht vollständig entrichtet.

(2) Die Ordnungswidrigkeit kann mit einer Geldbuße bis zu fünfzigtausend Euro geahndet werden.

Vorgaben im EG-Recht

USt-Recht	MwStSystRL
§ 26b	Artikel 273

---

[1] Gültig ab 01.01.2002

§ 26c

§ 26c[1] **Gewerbsmäßige oder bandenmäßige Schädigung des Umsatzsteueraufkommens**

Mit Freiheitsstrafe bis zu fünf Jahren oder mit Geldstrafe wird bestraft, wer in den Fällen des § 26b gewerbsmäßig oder als Mitglied einer Bande, die sich zur fortgesetzten Begehung solcher Handlungen verbunden hat, handelt.

Vorgaben im EG-Recht

USt-Recht	MwStSystRL
§ 26c	Artikel 273

---

1) Gültig ab 01.01.2002

§ 27

§ 27 Allgemeine Übergangsvorschriften

(1) Änderungen dieses Gesetzes sind, soweit nichts anderes bestimmt ist, auf Umsätze im Sinne des § 1 Abs. 1 Nr. 1 und 5 anzuwenden, die ab dem Inkrafttreten der maßgeblichen Änderungsvorschrift ausgeführt werden. Das gilt für Lieferungen und sonstige Leistungen auch insoweit, als die Steuer dafür nach § 13 Abs. 1 Nr. 1 Buchstabe a Satz 4, Buchstabe b oder § 13b Abs. 4 Satz 2 vor dem Inkrafttreten der Änderungsvorschrift entstanden ist. Die Berechnung dieser Steuer ist für den Voranmeldungszeitraum zu berichtigen, in dem die Lieferung oder sonstige Leistung ausgeführt wird.

(1a) § 4 Nr. 14 ist auf Antrag auf vor dem 1. Januar 2000 erbrachte Umsätze aus der Tätigkeit als Sprachheilpädagoge entsprechend anzuwenden, soweit der Sprachheilpädagoge gemäß § 124 Abs. 2 des Fünften Buches Sozialgesetzbuch von den zuständigen Stellen der gesetzlichen Krankenkassen umfassend oder für bestimmte Teilgebiete der Sprachtherapie zur Abgabe von sprachtherapeutischen Heilmitteln zugelassen ist und die Voraussetzungen des § 4 Nr. 14 spätestens zum 1. Januar 2000 erfüllt. Bestandskräftige Steuerfestsetzungen können insoweit aufgehoben oder geändert werden.

(2) § 9 Abs. 2 ist nicht anzuwenden, wenn das auf dem Grundstück errichtete Gebäude

1. Wohnzwecken dient oder zu dienen bestimmt ist und vor dem 1. April 1985 fertiggestellt worden ist,
2. anderen nichtunternehmerischen Zwecken dient oder zu dienen bestimmt ist und vor dem 1. Januar 1986 fertiggestellt worden ist,
3. anderen als in den Nummern 1 und 2 bezeichneten Zwecken dient oder zu diesen bestimmt ist und vor dem 1. Januar 1998 fertiggestellt worden ist,

und wenn mit der Errichtung des Gebäudes in den Fällen der Nummern 1 und 2 vor dem 1. Juni 1984 und in den Fällen der Nummer 3 vor dem 11. November 1993 begonnen worden ist.

(3)[1] § 14 Abs. 1a in der bis zum 31. Dezember 2003 geltenden Fassung ist auf Rechnungen anzuwenden, die nach dem 30. Juni 2002 ausgestellt werden, sofern die zugrundeliegenden Umsätze bis zum 31. Dezember 2003 ausgeführt wurden.

(4)[2] §§ 13b, 14 Abs. 1, § 14a Abs. 4 und 5 Satz 3 Nr. 3, § 15 Abs. 1 Satz 1 Nr. 4 und Abs. 4b, § 17 Abs. 1 Satz 1, § 18 Abs. 4a Satz 1, § 19 Abs. 1 Satz 3, § 22 Abs. 1 Satz 2 und Abs. 2 Nr. 8, § 25a Abs. 5 Satz 3 in der jeweils bis zum 31. Dezember 2003 geltenden Fassung sind auch auf Umsätze anzuwenden, die vor dem 1. Januar 2002 ausgeführt worden sind, soweit das Entgelt für diese Umsätze erst nach dem 31. Dezember 2001 gezahlt worden sind.

(5)[3] § 3 Abs. 9a Satz 2, § 15 Abs. 1b, § 15a Abs. 3 Nr. 2 und § 15a Abs. 4 Satz 2 in der jeweils bis 31. Dezember 2003 geltenden Fassung sind auf Fahrzeuge anzuwenden, die nach dem 31. März 1999 und vor dem 1. Januar 2004 angeschafft oder hergestellt, eingeführt, innergemeinschaftlich erworben oder gemietet worden sind und für die der Vorsteuerabzug nach § 15 Abs. 1b vorgenommen worden ist. Dies gilt nicht für nach dem 1. Januar 2004 anfallende Vorsteuerbeträge, die auf die Miete oder den Betrieb dieser Fahrzeuge entfallen.

(6)[4] Umsätze aus der Nutzungsüberlassung von Sportanlagen können bis zum 31. Dezember 2003 in eine steuerfreie Grundstücksüberlassung und in eine steuerpflichtige Überlassung von Betriebsvorrichtungen aufgeteilt werden.

(7)[5] § 13c ist anzuwenden auf Forderungen, die nach dem 7. November 2003 abgetreten, verpfändet oder gepfändet worden sind.

---

1) Fassung ab 01.01.2004
2) Fassung ab 01.01.2004
3) Fassung ab 01.01.2004
4) Eingefügt durch das Gesetz vom 01.09.2002, BGBl. 2002 I S. 3441, BStBl. 2002 I S. 865 mit Wirkung ab 15.10.2001; verlängert bis zum 31.12.2004, vgl. Gesetz vom 23.04.2004, BGBl. 2004 I S. 601
5) Gilt ab 01.01.2008

§ 27

(8)[1] § 15a Abs. 1 Satz 1 und Abs. 4 Satz 1 in der Fassung des Gesetzes vom 20. Dezember 2001 (BGBl. I S. 3794) ist auch für Zeiträume vor dem 1. Januar 2002 anzuwenden, wenn der Unternehmer den Vorsteuerabzug im Zeitpunkt des Leistungsbezuges aufgrund der von ihm erklärten Verwendungsabsicht in Anspruch genommen hat und die Nutzung ab dem Zeitpunkt der erstmaligen Verwendung mit den für den Vorsteuerabzug maßgebenden Verhältnissen nicht übereinstimmt.

(9)[2] § 18 Abs. 1 Satz 1 ist erstmals auf Voranmeldungszeiträume anzuwenden, die nach dem 31. Dezember 2004 enden.

(10)[3] § 4 Nr. 21a in der bis 31. Dezember 2003 geltenden Fassung ist auf Antrag auf vor dem 1. Januar 2005 erbrachte Umsätze der staatlichen Hochschulen aus Forschungstätigkeit anzuwenden, wenn die Leistungen auf einem Vertrag beruhen, der vor dem 3. September 2003 abgeschlossen worden ist.

(11)[4] § 15a in der Fassung des Artikels 5 des Gesetzes vom 9. Dezember 2004 (BGBl. I S. 3310) ist auf Vorsteuerbeträge anzuwenden, deren zugrunde liegende Umsätze im Sinne des § 1 Abs. 1 nach dem 31. Dezember 2004 ausgeführt werden.

(12)[5] Auf Vorsteuerbeträge, deren zugrunde liegende Umsätze im Sinne des § 1 Abs. 1 nach dem 31. Dezember 2006 ausgeführt werden, ist § 15a Abs. 3 und 4 in der am 1. Januar 2007 geltenden Fassung anzuwenden.

---

1) Gilt ab 20.12.2003
2) Gilt ab 01.01.2005
3) Gilt ab 01.01.2004
4) Gilt ab 01.01.2005
   § 15a UStG i.d.F. vor dem 01.01.2005 hatte folgenden Wortlaut:
   § 15a Berichtigung des Vorsteuerabzugs
   (1) Ändern sich bei einem Wirtschaftsgut innerhalb von 5 Jahren ab dem Zeitpunkt der erstmaligen Verwendung die für den ursprünglichen Vorsteuerabzug maßgebenden Verhältnisse, ist für jedes Kalenderjahr der Änderung ein Ausgleich durch eine Berichtigung des Abzugs der auf die Anschaffungs- oder Herstellungskosten entfallenden Vorsteuerbeträge vorzunehmen. Bei Grundstücken einschließlich ihrer wesentlichen Bestandteile, bei Berechtigungen, für die die Vorschriften des bürgerlichen Rechts über Grundstücke gelten, und bei Gebäuden auf fremdem Boden tritt an die Stelle des Zeitraums von fünf Jahren ein solcher von zehn Jahren.
   (2) Bei der Berichtigung nach Absatz 1 ist für jedes Kalenderjahr der Änderung in den Fällen des Satzes 1 von einem Fünftel und in den Fällen des Satzes 2 von einem Zehntel der auf das Wirtschaftsgut entfallenden Vorsteuerbeträge auszugehen. Eine kürzere Verwendungsdauer ist entsprechend zu berücksichtigen. Die Verwendungsdauer wird nicht dadurch verkürzt, daß das Wirtschaftsgut in ein anderes einbezogen wird.
   (3) Die Absätze 1 und 2 sind auf Vorsteuerbeträge, die auf nachträgliche Anschaffungs- oder Herstellungskosten entfallen, sinngemäß anzuwenden.
   (4) Eine Änderung der Verhältnisse liegt auch vor, wenn das noch verwendungsfähige Wirtschaftsgut vor Ablauf des nach den Absätzen 1 bis 3 maßgeblichen Berichtigungszeitraums veräußert oder nach § 3 Abs. 1b geliefert wird und dieser Umsatz anders zu beurteilen ist als die für den ursprünglichen Vorsteuerabzug maßgebliche Verwendung.
   (5) (aufgehoben ab 01.01.2002)
   (6) Die Berichtigung nach den Absätzen 4 und 5 ist so vorzunehmen, als wäre das Wirtschaftsgut in der Zeit von der Veräußerung oder Lieferung im Sinne des § 3 Abs. 1b bis zum Ablauf des maßgeblichen Berichtigungszeitraums unter entsprechend geänderten Verhältnissen weiterhin für das Unternehmen verwendet worden.
   (6a) Bei einer Geschäftsveräußerung (§ 1 Abs. 1a) wird der für das Wirtschaftsgut maßgebliche Berichtigungszeitraum nicht unterbrochen. Der Veräußerer ist verpflichtet, dem Erwerber die für die Durchführung der Berichtigung erforderlichen Angaben zu machen.
   (7) Das Bundesministerium der Finanzen kann mit Zustimmung des Bundesrates durch Rechtsverordnung nähere Bestimmungen darüber treffen,
   1. wie der Ausgleich nach den Absätzen 1 bis 6 durchzuführen ist und in welchen Fällen er zur Vereinfachung des Besteuerungsverfahrens, zur Vermeidung von Härten oder nicht gerechtfertigten Steuervorteilen zu unterbleiben hat;
   2. in welchen Fällen zur Vermeidung von Härten oder nicht gerechtfertigten Steuervorteilen eine Berichtigung des Vorsteuerabzugs in entsprechender Anwendung der Absätze 1 bis 6 bei einem Wechsel der Besteuerungsform durchzuführen ist;
   3. daß zur Vermeidung von Härten oder eines nicht gerechtfertigten Steuervorteils bei einer unentgeltlichen Veräußerung oder Überlassung eines Wirtschaftsgutes
      a) eine Berichtigung des Vorsteuerabzugs in entsprechender Anwendung der Absätze 1 bis 6 auch dann durchzuführen ist, wenn eine Änderung der Verhältnisse nicht vorliegt,
      b) der Teil des Berichtigungsbetrages, der bei einer gleichmäßigen Verteilung auf den in Absatz 6 bezeichneten Restzeitraum entfällt, vom Unternehmer geschuldet wird,
      c) der Unternehmer den nach den Absätzen 1 bis 6 oder Buchstabe b geschuldeten Betrag dem Leistungsempfänger wie eine Steuer in Rechnung stellen und dieser den Betrag als Vorsteuer abziehen kann.
5) Gilt ab 01.01.2007

§ 27   UStAE 27.1.

(13) [1] § 18a Abs. 1 Satz 1, 4 und 5 in der Fassung des Artikels 7 des Gesetzes vom 13. Dezember 2006 (BGBl. I S. 2878) ist erstmals auf Meldezeiträume anzuwenden, die nach dem 31. Dezember 2006 enden.

(14) [2] § 18 Abs. 9 in der Fassung des Artikels 7 des Gesetzes vom 19.12.2008 (BGBl. I S. 2794) [3] und § 18g sind auf Anträge auf Vergütung von Vorsteuerbeträgen anzuwenden, die nach dem 31. Dezember 2009 gestellt werden.

(15) [4] § 14 Abs. 2 Satz 1 Nr. 2 und § 14 Abs. 3 Nr. 2 in der jeweils ab 1. Januar 2009 geltenden Fassung sind auf alle Rechnungen über Umsätze anzuwenden, die nach dem 31. Dezember 2008 ausgeführt werden.

(16) [5] § 3 Absatz 9a Nummer 1, § 15 Absatz 1b, § 15a Absatz 6a und 8 Satz 2 in der Fassung des Artikels 4 des Gesetzes vom 8. Dezember 2010 (BGBl. I S. 1768) sind nicht anzuwenden auf Wirtschaftsgüter im Sinne des § 15 Absatz 1b, die auf Grund eines vor dem 1. Januar 2011 rechtswirksam abgeschlossenen obligatorischen Vertrags oder gleichstehenden Rechtsakts angeschafft worden sind oder mit deren Herstellung vor dem 1. Januar 2011 begonnen worden ist. Als Beginn der Herstellung gilt bei Gebäuden, für die eine Baugenehmigung erforderlich ist, der Zeitpunkt, in dem der Bauantrag gestellt wird; bei baugenehmigungsfreien Gebäuden, für die Bauunterlagen einzureichen sind, der Zeitpunkt, in dem die Bauunterlagen eingereicht werden.

(17) [6] § 18 Absatz 3 in der Fassung des Artikels 4 des Gesetzes vom 8. Dezember 2010 (BGBl. I S. 1768) ist erstmals auf Besteuerungszeiträume anzuwenden, die nach dem 31. Dezember 2010 enden.

(18) [7] § 14 Absatz 1 und 3 ist in der ab 1. Juli 2011 geltenden Fassung auf alle Rechnungen über Umsätze anzuwenden, die nach dem 30. Juni 2011 ausgeführt werden.

Vorgaben im EG-Recht

USt-Recht	MwStSystRL
§ 27 Abs. 1	Artikel 93, 95

UStAE

Zu § 27 UStG

27.1. Übergangsvorschriften

Anwendung von § 15a UStG und § 44 UStDV

(1) ¹§ 15a UStG in der Fassung des Artikels 5 Nr. 12 des Gesetzes zur Umsetzung von EU-Richtlinien in nationales Steuerrecht und zur Änderung weiterer Vorschriften vom 9.12.2004 (Richtlinien-Umsetzungsgesetz) findet nur in den Fällen Anwendung, in denen das Wirtschaftsgut nach dem 31.12.2004 angeschafft oder hergestellt bzw. die sonstige Leistung nach diesem Zeitpunkt bezogen wurde (§ 27 Abs. 11 UStG); zur zeitlichen Anwendung des § 15a Abs. 2 UStG vgl. BFH-Urteil vom 12.2.2009, V R 85/07, BStBl. 2010 II S. 76. ²Ebenso findet die Neuregelung nur auf nach dem 31.12.2004 getätigte nachträgliche Anschaffungs- oder Herstellungskosten Anwendung. ³Die Neuregelung des § 15a UStG gilt auch in den Fällen, in denen vor dem 1.1.2005 eine Voraus- oder Anzahlung für eine nach dem 31.12.2004 ausgeführte Leistung geleistet worden ist.

(2) ¹Die zum 1.1.2005 durch Artikel 6 Nr. 2 des Gesetzes zur Umsetzung von EU-Richtlinien in nationales Steuerrecht und zur Änderung weiterer Vorschriften vom 9.12.2004 (Richtlinien-Umsetzungsgesetz) erhöhten Beträge in § 44 UStDV finden nur in den Fällen Anwendung, in denen das Wirtschaftsgut nach dem 31.12.2004 angeschafft oder hergestellt bzw. die sonstige Leistung nach diesem

---

1) Gilt ab 19.12.2006
2) Fassung ab 01.01.2010
3) Jahressteuergesetz 2009
4) Gilt ab 01.01.2009
5) Gilt ab 01.01.2011
6) Gilt ab 01.01.2011
7) Gilt ab 01.07.2011

Zeitpunkt bezogen wurde. ²Ebenso findet die Neuregelung nur auf nach dem 31.12.2004 getätigte nachträgliche Anschaffungs- oder Herstellungskosten Anwendung. ³Das Gleiche gilt in den Fällen, in denen vor dem 1.1.2005 eine Voraus- oder Anzahlung für eine nach dem 31.12.2004 ausgeführte Leistung geleistet worden ist.

(3) § 15a Abs. 3 und 4 UStG in der Fassung von Artikel 8 Nr. 1 des Ersten Gesetzes zum Abbau bürokratischer Hemmnisse insbesondere in der mittelständischen Wirtschaft vom 22.8.2006 findet nur in den Fällen Anwendung, in denen die Gegenstände, die in das Wirtschaftsgut eingegangen sind, nach dem 31.12.2006 angeschafft oder hergestellt wurden bzw. in denen die sonstigen Leistungen nach dem 31.12.2006 bezogen wurden (§ 27 Abs. 12 UStG).

Anwendung von § 18 Abs. 3 UStG

(4) Die Übermittlung der Umsatzsteuererklärung für das Kalenderjahr nach amtlich vorgeschriebenem Datensatz durch Datenfernübertragung nach Maßgabe der StDÜV entsprechend § 18 Abs. 3 UStG in der Fassung von Artikel 4 Nr. 11 Buchstabe a des Jahressteuergesetzes 2010 vom 8. Dezember 2010 (JStG 2010) ist für Besteuerungszeiträume anzuwenden, die nach dem 31. Dezember 2010 enden.

Rechtsprechungsauswahl

BFH vom 03.06.2009 – XI R 57/07, DStR 2009 S. 2144: Keine Haftung der Bank für Umsatzsteuer, wenn Forderungen vor dem gesetzlichen Stichtag an sie abgetreten wurden.

Eine Bank haftet nicht als Abtretungsempfängerin nach 13c Abs. 1 Satz 1 UStG 2005 i.V.m. § 27 Abs. 7 Satz 1 UStG 2005 für die in der Forderung enthaltene Umsatzsteuer, wenn ihr die Forderung vor dem 8.11.2003 abgetreten worden ist (Abweichung von Abschn. 182b Abs. 38 UStR 2005).

BFH vom 07.07.2005 – V R 32/04, BStBl. 2005 II S. 907: § 27 Abs. 8 UStG verfassungsgemäß.

Die Übergangsvorschrift in § 27 Abs. 8 UStG 1999 i.d.F. des StÄndG 2003, nach der § 15a Abs. 1 Satz 1 UStG in der ab dem 1. Januar 2002 geltenden Fassung unter bestimmten Voraussetzungen auch für Zeiträume vor dem 1. Januar 2002 anzuwenden ist, enthält keine verfassungsrechtlich unzulässige Rückwirkung.

BFH vom 05.06.2003 – V R 32/02, BStBl. 2004 II S. 28: Zu § 27 Abs. 2 UStG – Einschränkung von § 9 UStG (abgedruckt bei Rechtsprechung zu § 9 UStG).

Nieders. FG vom 19.04.2001 – 5 K 290/00 – rechtskräftig, EFG 2001 S. 1167: Umfang der Änderungsmöglichkeit gem. § 27 Abs. 1a UStG.

Die absolute Grenze der Änderungsmöglichkeit nach § 27 Abs. 1a UStG ist der Eintritt der Festsetzungsverjährung.

Hessisches FG vom 28.02.2000 – 6 K 5571/99, DStRE 2000 S. 373: Anwendungszeitraum der Neuregelung des Vorsteuerabzugs für Betriebs-Pkw.

Die Neuregelung des Vorsteuerabzugs (sog. 50%-Regel) für sowohl unternehmerisch als auch privat genutzte Pkw gilt für alle Pkw, bei denen dem Kunden die Verfügungsmacht seit dem 1.4.1999 verschafft worden ist. Auf den Zeitpunkt der Bestellung kommt es nicht an.

§ 27a Umsatzsteuer-Identifikationsnummer

(1)[1] Das Bundeszentralamt für Steuern erteilt Unternehmern im Sinne des § 2 auf Antrag eine Umsatzsteuer-Identifikationsnummer. Das Bundeszentralamt für Steuern erteilt auch juristischen Personen, die nicht Unternehmer sind oder die Gegenstände nicht für ihr Unternehmen erwerben, eine Umsatzsteuer-Identifikationsnummer, wenn sie diese für innergemeinschaftliche Erwerbe benötigen. Im Falle der Organschaft wird auf Antrag für jede juristische Person eine eigene Umsatzsteuer-Identifikationsnummer erteilt. Der Antrag auf Erteilung einer Umsatzsteuer-Identifikationsnummer nach den Sätzen 1 bis 3 ist schriftlich zu stellen. In dem Antrag sind Name, Anschrift und Steuernummer, unter der der Antragsteller umsatzsteuerlich geführt wird, anzugeben.

(2)[2] Die Landesfinanzbehörden übermitteln dem Bundeszentralamt für Steuern die für die Erteilung der Umsatzsteuer-Identifikationsnummer nach Absatz 1 erforderlichen Angaben über die bei ihnen umsatzsteuerlich geführten natürlichen und juristischen Personen und Personenvereinigungen. Diese Angaben dürfen nur für die Erteilung einer Umsatzsteuer-Identifikationsnummer und für Zwecke der Verordnung (EG) Nr. 1798/2003 des Rates vom 7. Oktober 2003 über die Zusammenarbeit der Verwaltungsbehörden auf dem Gebiet der Mehrwertsteuer und zur Aufhebung der Verordnung (EWG) Nr. 218/92 (ABl. EU Nr. L 264 S. 1), für die Umsatzsteuerkontrolle, für Zwecke der Amtshilfe zwischen den zuständigen Behörden anderer Staaten in Umsatzsteuersachen sowie für Übermittlungen an das Statistische Bundesamt nach § 2a des Statistikregistergesetzes verarbeitet oder genutzt werden. Das Bundeszentralamt für Steuern übermittelt den Landesfinanzbehörden die erteilten Umsatzsteuer-Identifikationsnummern und die Daten, die sie für die Umsatzsteuerkontrolle benötigen.

	Vorgaben im EG-Recht
USt-Recht	**MwStSystRL**
§ 27a Abs. 1	Artikel 214
§ 27a Abs. 2	Artikel 209, 216, 257

UStAE

Zu § 27a UStG

27a.1. Antrag auf Erteilung der Umsatzsteuer-Identifikationsnummer

(1) ¹Der Antrag ist schriftlich unter Angabe des Namens und der Anschrift des Antragstellers, des zuständigen Finanzamtes und der Steuernummer, unter der er umsatzsteuerlich geführt wird, an das BZSt – Dienstsitz Saarlouis –, 66740 Saarlouis, zu richten. ²Anträge können auch über das Internet (www.bzst.de) gestellt werden. ³Die USt-IdNr. wird dem Antragsteller schriftlich bekannt gegeben. ⁴Bei der steuerlichen Neuaufnahme kann der Unternehmer die Erteilung einer USt-IdNr. auch bei dem zuständigen Finanzamt beantragen. ⁵Dieser Antrag wird, zusammen mit den erforderlichen Angaben über die Erfassung für Zwecke der Umsatzsteuer, an das BZSt weitergeleitet. ⁶Jeder Unternehmer erhält nur eine USt-IdNr. ⁷Wegen der Besonderheiten bei Organgesellschaften und bei juristischen Personen des öffentlichen Rechts vgl. Absatz 3. ⁸Den ständigen diplomatischen Missionen und berufskonsularischen Vertretungen, zwischenstaatlichen Einrichtungen und Streitkräften anderer Vertragsparteien des Nordatlantikvertrags wird grundsätzlich keine USt-IdNr. erteilt (vgl. auch Abschnitt 1c.1).

(2) Der Unternehmer kann schriftlich unter Angabe der ggf. bereits erteilten USt-IdNr. beim BZSt – Dienstsitz Saarlouis –, 66740 Saarlouis, beantragen, dass die Anschrift gespeichert wird, unter der er im innergemeinschaftlichen Geschäftsverkehr auftritt (sog. Euro-Adresse).

(3) ¹Organkreise erhalten eine gesonderte USt-IdNr. für den Organträger und jede einzelne Organgesellschaft, die innergemeinschaftliche Warenlieferungen (§ 18a Abs. 6 UStG), steuerpflichtige sonstige Leistungen im übrigen Gemeinschaftsgebiet im Sinne von § 3a Abs. 2 UStG (vgl. Abschnitt 3a.2), für die der in einem anderen EU-Mitgliedstaat ansässige Leistungsempfänger die Steuer dort schuldet, oder

---
1) Fassung ab 01.01.2010 durch Gesetz vom 08.04.2010
2) Fassung ab 03.12.2004, siehe Gesetz vom 02.12.2004, BStBl. 2004 I S. 3712

Lieferungen im Sinne von § 25b Abs. 2 UStG im Rahmen innergemeinschaftlicher Dreiecksgeschäfte ausführt. ²Der Antrag ist vom Organträger zu stellen. ³Der Antrag muss folgende Angaben enthalten:
- die Steuernummer, unter der der Organkreis für Zwecke der Umsatzsteuer geführt wird;
- den Namen und die Anschrift des Organträgers;
- die USt-IdNr. des Organträgers (soweit bereits erteilt);
- die Bezeichnung des Finanzamts, bei dem der Organkreis für Zwecke der Umsatzsteuer geführt wird;
- den Namen und die Anschriften der einzelnen Organgesellschaften, die am innergemeinschaftlichen Handelsverkehr teilnehmen;
- die Steuernummern, unter denen die Organgesellschaften ertragsteuerlich geführt werden;
- die Bezeichnung der zuständigen Finanzämter, bei denen die Organgesellschaften ertragsteuerlich geführt werden.

⁴Die Gebietskörperschaften Bund und Länder können für einzelne Organisationseinheiten (z.B. Ressorts, Behörden und Ämter) eine USt-IdNr. erhalten (vgl. Abschnitt 1a.1 Abs. 3). ⁵Ist eine solche Organisationseinheit insgesamt nur hoheitlich tätig und hat sie bislang keine USt-IdNr. erhalten, weil sie keinen innergemeinschaftlichen Erwerb nach § 1a UStG zu besteuern hat, erhält sie nunmehr – auf Antrag – eine USt-IdNr., wenn sie diese für die Besteuerung der von ihr bezogenen sonstigen Leistungen benötigt, für die der Leistungsort nach § 3a Abs. 2 UStG im Inland liegt (vgl. Abschnitt 3a.2 Abs. 14).

Verwaltungsregelungen zu § 27a

Datum	Anlage	Quelle	Inhalt
01.09.92	§ 027a-01	BMF	Merkblatt des BMF zur Erteilung von Umsatzsteuer-Identifikationsnummern in der Bundesrepublik Deutschland und der Bestätigung ausländischer Umsatzsteuer-Identifikationsnummern
	§ 027a-02		nicht belegt
08.12.92	§ 027a-03	BMF	Erteilung von Umsatzsteuer-Identifikationsnummern (USt-IdNr.) in anderen EG-Mitgliedstaaten
11.01.93	§ 027a-04	BMF	Bestätigung von USt-IdNrn., die in der Bundesrepublik Deutschland erteilt wurden, durch die zuständigen Behörden anderer Mitgliedstaaten; Speicherung der sog. Euro-Adresse

Rechtsprechungsauswahl

FG Nürnberg vom 04.06.2007 – 2 V 373/2007 – rechtskräftig, EFG 2007 S. 1820: Durchsetzung des Anspruchs auf Erteilung einer Steuernummer und der USt-IdNr. im Wege der einstweiligen Anordnung.[1]

1. Die Vorschriften der § 14 Abs. 4 Nr. 2 UStG und § 27a UStG begründen einen Anspruch auf Erteilung einer Steuernummer und USt-IdNr., wenn die Eigenschaft als steuerpflichtiger Unternehmer beim örtlich zuständigen FA schlüssig dargelegt wird.
2. Verneint das FA in einem Bescheid den Status als umsatzsteuerpflichtiger Unternehmer mangels Ansässigkeit in Deutschland und teilt es darin mit, dass bisher erteilte Steuernummer und USt-IdNr. gelöscht ist, ist der Anspruch im Rahmen des vorläufigen Rechtsschutzes im Wege einer einstweiligen Anordnung durchzusetzen. Der hierfür notwendige Anordnungsgrund liegt vor, wenn dem Unternehmer wegen fehlender Steuernummer bzw. USt-IdNr. die Möglichkeit genommen wird, ordnungsgemäße Rechnungen zu erteilen und er deshalb sein Unternehmen nicht mehr wettbewerbsfähig fortführen kann.

---

1) Siehe auch BFH vom 23.09.2009, Rechtsprechung zu § 14 UStG

§ 27b

§ 27b[1] **Umsatzsteuer-Nachschau**

(1) Zur Sicherstellung einer gleichmäßigen Festsetzung und Erhebung der Umsatzsteuer können die damit betrauten Amtsträger der Finanzbehörde ohne vorherige Ankündigung und außerhalb einer Außenprüfung Grundstücke und Räume von Personen, die eine gewerbliche oder berufliche Tätigkeit selbstständig ausüben, während der Geschäfts- und Arbeitszeiten betreten, um Sachverhalte festzustellen, die für die Besteuerung erheblich sein können (Umsatzsteuer-Nachschau). Wohnräume dürfen gegen den Willen des Inhabers nur zur Verhütung dringender Gefahren für die öffentliche Sicherheit und Ordnung betreten werden.

(2)[2] Soweit dies zur Feststellung einer steuerlichen Erheblichkeit zweckdienlich ist, haben die von der Umsatzsteuer-Nachschau betroffenen Personen den damit betrauten Amtsträgern auf Verlangen Aufzeichnungen, Bücher, Geschäftspapiere und andere Urkunden über die der Umsatzsteuer-Nachschau unterliegenden Sachverhalte vorzulegen und Auskünfte zu erteilen. Wurden die in Satz 1 genannten Unterlagen mit Hilfe eines Datenverarbeitungssystems erstellt, können die mit der Umsatzsteuer-Nachschau betrauten Amtsträger auf Verlangen die gespeicherten Daten über die der Umsatzsteuer-Nachschau unterliegenden Sachverhalte einsehen und soweit erforderlich hierfür das Datenverarbeitungssystem nutzen. Dies gilt auch für elektronische Rechnungen nach § 14 Absatz 1 Satz 8.

(3) Wenn die bei der Umsatzsteuer-Nachschau getroffenen Feststellungen hierzu Anlass geben, kann ohne vorherige Prüfungsanordnung (§ 196 der Abgabenordnung) zu einer Außenprüfung nach § 193 der Abgabenordnung übergegangen werden. Auf den Übergang zur Außenprüfung wird schriftlich hingewiesen.

(4) Werden anlässlich der Umsatzsteuer-Nachschau Verhältnisse festgestellt, die für die Festsetzung und Erhebung anderer Steuern als der Umsatzsteuer erheblich sein können, so ist die Auswertung der Feststellungen insoweit zulässig, als ihre Kenntnis für die Besteuerung der in Absatz 1 genannten Personen oder anderer Personen von Bedeutung sein kann.

Vorgaben im EG-Recht

USt-Recht	MwStSystRL
§ 27b	Artikel 273

UStAE

Zu § 27b UStG

27b.1. Umsatzsteuer-Nachschau

(1) ¹Die Umsatzsteuer-Nachschau ist keine Außenprüfung im Sinne des § 193 AO. ²Sie ist ein besonderes Verfahren zur zeitnahen Aufklärung möglicher steuererheblicher Sachverhalte. ³Deshalb gelten die Vorschriften für eine Außenprüfung (§ 193ff. AO) nicht. ⁴Die Umsatzsteuer-Nachschau wird nicht angekündigt.

(2) ¹Eine Umsatzsteuer-Nachschau kann insbesondere in folgenden Fällen angezeigt sein:
– Existenzprüfungen bei neu gegründeten Unternehmen;
– Entscheidungen im Zustimmungsverfahren nach § 168 Satz 2 AO;
– Erledigung von Auskunftsersuchen zum Vorsteuerabzug anderer Finanzämter (USt 1 KM);
– Erledigung von Amtshilfeersuchen anderer EU-Mitgliedstaaten.

²Mit dem Instrument der Umsatzsteuer-Nachschau sollen umsatzsteuerrechtlich erhebliche Sachverhalte festgestellt werden. ³Solche Sachverhalte sind zum Beispiel:
– Unternehmerexistenz;
– Vorhandensein von Anlage- und Umlaufvermögen;
– einzelne Eingangs- oder Ausgangsrechnungen;

---

1) Gilt ab 01.01.2002; siehe dazu *Nieskens*, UR 2002 S. 53, *Widmann*, DB 2002 S. 166
2) Die Sätze 2 und 3 von § 27b Abs. 2 UStG gelten ab 01.07.2011, vgl. Gesetz vom 01.11.2011, BGBl. I 2011 S. 2131

– einzelne Buchungsvorgänge;
– Verwendungsverhältnisse.

(3) Nach § 27b Abs. 1 Satz 1 UStG sind alle mit der Festsetzung und Erhebung der Umsatzsteuer betrauten Amtsträger befugt, Umsatzsteuer-Nachschauen durchzuführen.

(4) Sobald der Amtsträger
– der Öffentlichkeit nicht zugängliche Geschäftsräume betreten will,
– den Steuerpflichtigen auffordert, Aufzeichnungen, Bücher, Geschäftspapiere und andere umsatzsteuerrelevante Urkunden vorzulegen oder
– den Steuerpflichtigen auffordert, Auskunft zu erteilen,

hat er sich auszuweisen.

(5) ¹Im Rahmen der Umsatzsteuer-Nachschau dürfen grundsätzlich nur Grundstücke und Räume betreten werden, die gewerblich oder beruflich selbständig genutzt werden; unschädlich ist, wenn sie auch zu Wohnzwecken genutzt werden. ²Das Betreten muss dazu dienen, Sachverhalte festzustellen, die für die Umsatzbesteuerung erheblich sein können. ³Ein Durchsuchungsrecht gewährt die Umsatzsteuer-Nachschau nicht. ⁴Das bloße Betreten oder Besichtigen von Grundstücken und Räumen ist noch keine Durchsuchung. ⁵Ein Betreten der Grundstücke und Räume ist während der Geschäfts- und Arbeitszeiten zulässig. ⁶Die Umsatzsteuer-Nachschau kann auch außerhalb der Geschäftszeiten vorgenommen werden, wenn im Unternehmen schon oder noch gearbeitet wird. ⁷Der Unternehmer hat auf Verlangen dem Amtsträger Aufzeichnungen, Bücher, Geschäftspapiere und andere Urkunden vorzulegen und Auskünfte zu erteilen. ⁸Kommt der Unternehmer seinen Mitwirkungspflichten im Rahmen der Umsatzsteuer-Nachschau nicht nach, liegt es im Ermessen des Amtsträgers, zu einer Außenprüfung nach § 193 AO überzugehen.

(6) ¹Da die Umsatzsteuer-Nachschau keine Außenprüfung im Sinne des § 193ff. AO darstellt, finden insbesondere § 146 Abs. 6, §§ 147, 201, 202 AO keine Anwendung. ²Ein Prüfungsbericht ist nicht zu fertigen. ³Sollen auf Grund der Umsatzsteuer-Nachschau Besteuerungsgrundlagen geändert werden, ist dem Steuerpflichtigen rechtliches Gehör zu gewähren (§ 91 AO).

(7) ¹Der Beginn der Umsatzsteuer-Nachschau hemmt den Ablauf der Festsetzungsfrist nach § 171 Abs. 4 AO nicht. ²Die Änderungssperre des § 173 Abs. 2 AO findet keine Anwendung. ³Soweit eine Steuer nach § 164 AO unter dem Vorbehalt der Nachprüfung festgesetzt worden ist, muss dieser nach Durchführung der Umsatzsteuer-Nachschau nicht aufgehoben werden. ⁴Im Anschluss an eine Umsatzsteuer-Nachschau ist ein Antrag auf verbindliche Zusage (§ 204 AO) nicht zulässig.

(8) ¹Ein Verwaltungsakt liegt dann vor, wenn der Amtsträger Maßnahmen ergreift, die den Steuerpflichtigen zu einem bestimmten Tun, Dulden oder Unterlassen verpflichten sollen. ²Ein Verwaltungsakt liegt insbesondere vor, wenn der Amtsträger den Steuerpflichtigen auffordert,
– das Betreten der nicht öffentlich zugänglichen Geschäftsräume zu dulden;
– Aufzeichnungen, Bücher, Geschäftspapiere und andere umsatzsteuerrelevante Urkunden vorzulegen oder
– Auskunft zu erteilen.

³Ein derartiger Verwaltungsakt ist grundsätzlich mit Zwangsmitteln nach § 328ff. AO (insbesondere durch unmittelbaren Zwang nach § 331 AO) durchsetzbar.

(9) ¹Nach § 27b Abs. 3 UStG kann ohne vorherige Prüfungsanordnung (§ 196 AO) zu einer Außenprüfung nach § 193 AO übergegangen werden, wenn die bei der Umsatzsteuer-Nachschau getroffenen Feststellungen hierzu Anlass geben. ²Da die Umsatzsteuer-Nachschau auf die Umsatzsteuer begrenzt ist, kann nach einem Übergang zu einer Außenprüfung nur die Umsatzsteuer geprüft werden. ³Somit kommt nur die Durchführung einer Umsatzsteuer-Sonderprüfung in Betracht. ⁴Die Anordnung einer darüber hinausgehenden Außenprüfung ohne Ankündigung bleibt nach § 197 Abs. 1 Satz 1 AO zulässig, wenn der Prüfungszweck durch eine vorherige Ankündigung gefährdet wird. ⁵Die Entscheidung zum Übergang zu einer Umsatzsteuer-Sonderprüfung ist eine Ermessensentscheidung. ⁶Der Übergang zu einer Umsatzsteuer-Sonderprüfung ist regelmäßig geboten, wenn die sofortige Sachverhaltsaufklärung (z.B. Feststellung der Besteuerungsgrundlagen, vollständige Erfassung von Umsätzen, rechtliche Beurteilung von steuerfreien Umsätzen) zweckmäßig erscheint und wenn anschließend auch die gesetzlichen Folgen einer Außenprüfung für die Steuerfestsetzung eintreten sollen. ⁷Der Übergang zu einer Umsatzsteuer-Sonderprüfung ist dem Unternehmer bekannt zu geben. ⁸Dies ist ein Verwaltungsakt, der an keine bestimmte Form gebunden ist. ⁹Nach § 27b Abs. 3 Satz 2 UStG ist der Unternehmer auf diesen Übergang jedoch schriftlich hinzuweisen. ¹⁰Die allgemeinen Grundsätze über den notwendigen Inhalt von Prüfungsanordnungen gelten entsprechend. ¹¹Insbesondere ist der Prüfungszeitraum und der Prü-

fungsumfang festzulegen. [12]Der Beginn einer Außenprüfung nach erfolgter Umsatzsteuer-Nachschau ist unter Angabe von Datum und Uhrzeit aktenkundig zu machen. [13]Für die Durchführung der Umsatzsteuer-Sonderprüfung gelten die §§ 199ff. AO.

(10) [1]Im Rahmen der Umsatzsteuer-Nachschau ergangene Verwaltungsakte können nach § 347 AO mit dem Einspruch angefochten werden. [2]Der Amtsträger ist berechtigt und verpflichtet, den schriftlichen Einspruch entgegenzunehmen. [3]Der Einspruch hat keine aufschiebende Wirkung und hindert daher nicht die Durchführung der Umsatzsteuer-Nachschau, es sei denn, die Vollziehung des angefochtenen Verwaltungsakts wurde ausgesetzt (§ 361 AO, § 69 FGO). [4]Mit Beendigung der Umsatzsteuer-Nachschau sind oder werden Einspruch und Anfechtungsklage gegen die Anordnung der Umsatzsteuer-Nachschau unzulässig; insoweit kommt lediglich eine Fortsetzungs-Feststellungsklage (§ 100 Abs. 1 Satz 4 FGO) in Betracht. [5]Wurden die Ergebnisse der Umsatzsteuer-Nachschau in einem Steuerbescheid berücksichtigt, muss auch dieser Bescheid angefochten werden, um ein steuerliches Verwertungsverbot zu erlangen. [6]Für die Anfechtung der Mitteilung des Übergangs zur Außenprüfung (§ 27b Abs. 3 UStG) gelten die Grundsätze für die Anfechtung einer Außenprüfungsanordnung entsprechend (vgl. AEAO zu § 196).

§ 28 Zeitlich begrenzte Fassungen einzelner Gesetzesvorschriften

(1) (gestrichen)[1]

(2) (gestrichen)[2]

(3) (gestrichen)[3]

(4) Die Vorschrift des § 12 Abs. 2 Nr. 10 gilt bis zum 31. Dezember 2011 in folgender Fassung:

„**10. a)** [4]die Beförderungen von Personen mit Schiffen,

b) [5]die Beförderungen von Personen im Schienenbahnverkehr, im Verkehr mit Oberleitungsomnibussen, im genehmigten Linienverkehr mit Kraftfahrzeugen, im Verkehr mit Taxen, mit Drahtseilbahnen und sonstigen mechanischen Aufstiegshilfen aller Art und die Beförderungen im Fährverkehr

aa) innerhalb einer Gemeinde

oder

bb) wenn die Beförderungsstrecke nicht mehr als fünfzig Kilometer beträgt."

Vorgaben im EG-Recht

USt-Recht	MwStSystRL
§ 28 Abs. 4	Artikel 98 Abs. 2, Anhang III Nr. 5

UStDV

§ 74

(Änderungen der §§ 34, 67 und 68)

§ 74a Übergangsvorschriften[6]

Die §§ 59 bis 61 in der Fassung des Artikels 8 des Gesetzes vom 19.12.2008 (BGBl. I S. 2794) und § 61a sind auf Anträge auf Vergütung von Vorsteuerbeträgen anzuwenden, die nach dem 31.12.2009 gestellt werden.

---

1) Durch das Postneuordnungsgesetz ab 01.01.1995
2) Vgl. Art. 7 Nr. 4 Verbrauchsteuer-Binnenmarktgesetz
3) Vgl. Art. 9 Nr. 15 Steuerbereinigungsgesetz 1999: aufgehoben ab 01.01.2000
4) Weggefallen ab 01.01.2012
5) Fassung ab 01.01.2008
6) Eingefügt ab 01.01.2010

§ 29 Umstellung langfristiger Verträge

(1) Beruht die Leistung auf einem Vertrag, der nicht später als vier Kalendermonate vor dem Inkrafttreten dieses Gesetzes abgeschlossen worden ist, so kann, falls nach diesem Gesetz ein anderer Steuersatz anzuwenden ist, der Umsatz steuerpflichtig, steuerfrei oder nicht steuerbar wird, der eine Vertragsteil von dem anderen einen angemessenen Ausgleich der umsatzsteuerlichen Mehr- oder Minderbelastung verlangen. Satz 1 gilt nicht, soweit die Parteien etwas anderes vereinbart haben. Ist die Höhe der Mehr- oder Minderbelastung streitig, so ist § 287 Abs. 1 der Zivilprozeßordnung entsprechend anzuwenden.

(2) Absatz 1 gilt sinngemäß bei einer Änderung dieses Gesetzes.

Vorgaben im EG-Recht

USt-Recht	MwStSystRL
§ 29	Artikel 95

UStAE

Zu § 29 UStG

29.1. Zivilrechtliche Ausgleichsansprüche für umsatzsteuerliche Mehr- und Minderbelastungen

(1) ¹Die Vorschrift des § 29 UStG sieht für Lieferungen und sonstige Leistungen einschließlich der Teilleistungen unter bestimmten Voraussetzungen den Ausgleich umsatzsteuerlicher Mehr- und Minderbelastungen vor, die sich durch Gesetzesänderungen ergeben. ²Den Vertragspartnern werden zivilrechtliche Ausgleichsansprüche in folgenden Fällen eingeräumt:

1. bei einer Erhöhung der umsatzsteuerlichen Belastung dem leistenden Unternehmer gegen den Leistungsempfänger und
2. bei einer Verringerung der umsatzsteuerlichen Belastung dem Leistungsempfänger gegen den leistenden Unternehmer.

³Das Gleiche gilt, wenn der Umsatz steuerpflichtig, steuerfrei oder nicht steuerbar wird. ⁴Auf die Höhe der Belastungsänderung kommt es nicht an.

(2) Über die Berechtigung und die Höhe von Ausgleichsansprüchen nach § 29 UStG entscheiden in Streitfällen die ordentlichen Gerichte.

(3) ¹Als angemessen im Sinne des § 29 Abs. 1 Satz 1 UStG ist grundsätzlich der volle Ausgleich der umsatzsteuerlichen Mehr- oder Minderbelastung anzusehen (vgl. BGH-Urteile vom 22.3.1972, VIII ZR 119/70, BGHZ Bd. 58 S. 292, NJW 1972 S. 874, und vom 28.6.1973, VII ZR 3/71, BGHZ Bd. 61 S. 1013, NJW 1973 S. 1744). ²Ist die Höhe der umsatzsteuerlichen Mehr- oder Minderbelastung streitig, ist § 287 Abs. 1 ZPO entsprechend anzuwenden. ³Danach entscheidet das Gericht über die Höhe der Mehr- oder Minderbelastung unter Würdigung aller Umstände nach freier Überzeugung.

(4) ¹Ein Ausgleichsanspruch entsteht nach § 29 Abs. 1 Satz 2 UStG nicht, soweit die Vertragspartner etwas anderes vereinbart haben. ²Der Ausschluss eines Ausgleichsanspruchs kann ausdrücklich vereinbart werden. ³Er kann sich aber auch aus einer allgemeinen vertraglichen Vereinbarung, z.B. durch die Vereinbarung eines Festpreises, ergeben. ⁴Die Vertragspartner können einen Ausgleichsanspruch entweder ganz oder teilweise ausschließen.

(5) ¹Für bestimmte Leistungsbereiche sind Entgelte – Vergütungen, Gebühren, Honorare usw. – vorgeschrieben, in denen die Umsatzsteuer für die Leistung nicht enthalten ist, z.B. nach dem RVG, der StBGebV, der KostO und der HOAI. ²Soweit Unternehmer in diesen Fällen berechtigt sind, die für die jeweilige Leistung geschuldete Umsatzsteuer zusätzlich zu berechnen, können etwaige umsatzsteuerliche Mehr- oder Minderbelastungen von vornherein in voller Höhe ausgeglichen werden. ³Der Geltendmachung eines Ausgleichsanspruchs nach § 29 UStG bedarf es nicht.

(6) ¹Durch § 29 Abs. 1 UStG wird der Ausgleich einer umsatzsteuerlichen Mehr- oder Minderbelastung ausschließlich für Belastungsänderungen durch das UStG 1980 geregelt. ²Diese Ausgleichsregelung ist nach § 29 Abs. 2 UStG auf Belastungsänderungen entsprechend anzuwenden, die sich durch Änderungen des UStG ergeben. ³Ausgleichsansprüche kommen für Leistungen bzw. Teilleistungen in Betracht, die ab dem Inkrafttreten der jeweiligen Änderungsvorschrift bewirkt werden. ⁴Das gilt auch insoweit, als dafür bei der Istversteuerung Steuer vor dem Inkrafttreten der Änderungsvorschrift ent-

standen ist (§ 13 Abs. 1 Nr. 1 Buchstabe a Satz 4 oder Buchstabe b UStG). ⁵Voraussetzung für den Ausgleichsanspruch ist, dass der Vertrag, auf dem die Leistung beruht, nicht später als vier Kalendermonate vor dem Inkrafttreten der Gesetzesänderung abgeschlossen worden ist.

29.2. Anwendungszeitraum
¹Der UStAE gilt, soweit sich aus ihm nichts anderes ergibt, für Umsätze, die nach dem 31.10.2010 ausgeführt werden. ²Früher ergangene Anordnungen, die mit dem UStAE im Widerspruch stehen, sind nicht mehr anzuwenden.

Rechtsprechungsauswahl

BFH vom 21.08.1997 – V R 47/96, BStBl. 1997 II S. 781: Kein Erlaß der Steuer bei nicht gelungener Abwälzung der Umsatzsteuer.

Nach dem UStG DDR unterliegen Bauleistungen, die nach dem 30.06.1990 ausgeführt worden sind, auch dann der Umsatzsteuer, wenn die maßgeblichen Verträge vor diesem Zeitpunkt abgeschlossen worden waren. Die Besteuerung entspricht selbst dann dem Gesetzeszweck, wenn dem Unternehmer die Abwälzung der Umsatzsteuer auf den Leistungsempfänger nicht gelungen ist.

BGH vom 25.02.1982 – VII ZR 116/81, UR 1982 S. 141: Honorarvereinbarung unter Anwendung der Honorarordnung für Architekten erfordert zusätzliche Vereinbarung über Umsatzsteuer.

Der Auftragnehmer kann die Mehrwertsteuer auch dann nur bei entsprechender ausdrücklicher Vereinbarung mit dem Auftraggeber erstattet verlangen, wenn ihm gemäß § 4 Abs. 4 HOAI lediglich die jeweiligen Mindestsätze zustehen.

BFH vom 20.12.1973 – V R 71/71, BStBl. 1974 II S. 149: Macht ein Unternehmer von der gesetzlichen Möglichkeit, von seinem Vertragspartner einen angemessenen Ausgleich nach § 29 Abs. 1 UStG 1967 zu verlangen, keinen Gebrauch, so kann er wegen der Umsatzsteuermehrbelastung keinen Billigkeitserlaß nach § 131 AO wegen sachlicher Härte verlangen.

BGH vom 15.02.1973 – VII ZR 65/71, BB 1973 S. 497; UR 1973 S. 166: Kein Anspruch auf Umsatzsteuerausgleich bei einer Festpreisvereinbarung (ähnlich auch AG Düsseldorf vom 08.05.1970 – 34 C 26/70).

Anlage § 001–01

Anlagen

Umsatzsteuer bei Garantieleistungen in der Reifenindustrie

BMF-Schreiben vom 21.11.1974 – IV A 2 – S 7100 – 35/74,
BStBl. 1974 I S. 1021

– Auszug –

I. Allgemeines

1. Nach ihren Geschäftsbedingungen übernehmen die Reifenhersteller bei der Lieferung von Reifen eine sogenannte Werksgarantie. Danach richten sich die Garantieansprüche der Endabnehmer unmittelbar gegen den Hersteller. Zur Befriedigung dieser Ansprüche haben sich die Hersteller in ihren Haftungsbedingungen verpflichtet, mangelhafte Reifen zu ersetzen. Ob für den Ersatzreifen ein Entgelt zu berechnen ist, richtet sich nach dem Abnutzungsgrad des beanstandeten Reifens. Dem Hersteller steht jedoch auch das Recht zu, den Schaden in bar oder durch Gutschrift in laufender Rechnung auszugleichen. Ab 1. Januar 1972 (oder in Ausnahmefällen zu einem späteren Zeitpunkt) haben die Hersteller ihre Gewährleistungsbedingungen durch eine sogenannte Rückgängigkeitsklausel ergänzt, die wie folgt lautet:

   „Alle Lieferungen von Reifen erfolgen unter der auflösenden Bedingung, daß bei Verwendung eines solchen Reifens für Garantiezwecke der Liefervertrag bezüglich dieses Reifens aufgehoben wird. Mit Eintritt dieser Bedingung, d. h. sobald der Händler einen Ersatzreifen seinem Lager entnimmt, um ihn für Garantiezwecke zu verwenden, wird der Liefervertrag hinsichtlich dieses Reifens rückgängig gemacht. In Einzelfällen, in denen das Herstellerwerk das Vorliegen einer Garantie verneint, gilt die auflösende Bedingung hinsichtlich des in diesem Einzelfall verwendeten Reifens als von Anfang an nicht eingetreten."

2. Die Gewährleistungsansprüche werden wie folgt abgewickelt:

   Der Reifenendabnehmer macht Gewährleistungsansprüche wegen eines schadhaften Reifens bei dem Reifenhändler, bei dem er den Reifen gekauft hat oder bei einem anderen Händler geltend. Der Reifenhändler sendet den beanstandeten Reifen zur Schadenfeststellung an den Reifenhändler. Erkennt der Reifenhändler den Schaden an, so wird der Schaden je nach Abnutzungsgrad des Reifens bis zu 100% vergütet. Dies geschieht in folgender Weise:

   Mit dem Garantiefall ist die in der Rückgängigkeitsklausel enthaltene Bedingung für die Rückgängigmachung des Kaufvertrages über denjenigen Reifen eingetreten, den der Händler aus seinem Lager entnommen und für Garantiezwecke verwendet hat. Die Entnahme des Reifens stellt sich dabei als Rückgabe an den Hersteller und die Gutschrift als Aufhebung der für den zurückgenommenen Reifen erteilten Rechnung dar. Gleichzeitig wird der zurückgenommene Reifen vom Hersteller dem Händler für die Beseitigung des Garantieschadens wieder zur Verfügung gestellt. Beträgt die Wertminderung 100 v. H., wird für die Lieferung kein Entgelt in Rechnung gestellt. Ist für die erneute Lieferung des Reifens ein Entgelt zu berechnen, weil wegen des Abnutzungsgrades des beanstandeten Reifens eine unentgeltliche Lieferung nicht in Betracht kommt, wird aus Vereinfachungsgründen keine besondere Rechnung erteilt, sondern die Gutschrift um den Rechnungsbetrag vermindert. Der Abrechnung liegen die zur Zeit der Ersatzlieferung gültigen Preise zugrunde. Den Saldo aus der Rücknahmegutschrift und der Entgeltsberechnung setzt der Hersteller von seinen Umsatzerlösen ab.

   Für den Reifenendabnehmer wickelt sich der Gewährleistungsanspruch in der Weise ab, daß er vom Händler einen Ersatzreifen des gleichen Fabrikats erhält. Je nach Schadenshöhe stellt der Händler den Reifen unentgeltlich zur Verfügung, oder er berechnet den Reifen mit dem vom Hersteller anerkannten prozentualen Nachlaß.

3. Folgende Sonderfälle sind möglich:

   a) Die Vereinbarung, daß die Gutschrift des Herstellers nach dem am Tage der Ersatzlieferung gültigen Preis bemessen wird, kann bei zwischenzeitlichen Preiserhöhungen und Anerkennung eines Schadens von 100 v. H. (oder wenig darunter) dazu führen, daß der Hersteller dem Händler eine Gutschrift erteilt, die das ursprüngliche Lieferungsentgelt übersteigt. Ein solcher Fall kann aber nur eintreten, wenn der Händler für Garantiezwecke nachweisbar einen Reifen verwendet, den er vor der Preiserhöhung eingekauft hat.

Anlage § 001–01

b) Da etwaige Reifenschäden in der Regel unverzüglich durch Ersatzreifenlieferungen beseitigt werden müssen, ist der Händler mangels entsprechender Vorräte oder aus anderen Gründen gezwungen, den schadhaften Reifen durch ein anderes Fabrikat zu ersetzen. Der Hersteller wird hiervon nicht unterrichtet. Die Abrechnung zwischen Hersteller und Händler erfolgt nach den unter 2 erläuterten Grundsätzen.

c) Der Reifenendabnehmer verzichtet auf die Lieferung eines Ersatzreifens und verlangt vom Händler nach Anerkennung des Garantieschadens eine Barentschädigung. Die Barentschädigung setzt sich aus der Gutschrift des Herstellers und einer Zuzahlung des Händlers zusammen. Der Händler muß sich an der Aufbringung der Entschädigung beteiligen, weil die Entschädigung nach dem Verbraucherpreis, in dem die Handelsspanne des Händlers enthalten ist, bemessen wird.

Auch in diesem Fall erhält der Händler vom Hersteller eine Rücknahmegutschrift, von der gegebenenfalls ein Entgelt für den Ersatzreifen abgezogen ist.

II. Umsatzsteuerliche Beurteilung beim Reifenhersteller und beim regelversteuernden Händler

Unter Bezugnahme auf das Ergebnis der Erörterungen mit den obersten Finanzbehörden der Länder wird zur umsatzsteuerlichen Behandlung der oben bezeichneten Sachverhalte wie folgt Stellung genommen:

1. Anwendung der Rückgängigkeitsklausel im Regelfall

Um systemwidrige Folgen im Leistungsverkehr zwischen Unternehmen zu vermeiden, haben die Hersteller die Rückgängigkeitsklausel (vgl. BFH-Urteil vom 8. Februar 1962 – V 217/59 U – BStBl. 1962 III S. 168) in ihre Gewährleistungsbedingungen aufgenommen. Dies beruht darauf, daß Vergütungen des Herstellers, die unter Überspringen von Zwischenstufen an ein späteres Glied der Abnehmerkette gezahlt werden, beim Hersteller seit dem 1. Januar 1968 nicht mehr als Minderung der Bemessungsgrundlage anzusehen sind (BMWF-Schreiben vom 21. Oktober 1971 – F/IV A 2 – S 7200 – 57/71 –; BStBl. 1971 I S. 434 und USt-Kartei § 10 S 7200 Karte 16). Es bestehen keine Bedenken, die Rückgängigkeitsklausel auch bei Garantieleistungen der Reifenindustrie mit umsatzsteuerlicher Wirkung anzuwenden.

Die Aufnahme der Rückgängigkeitsklausel führt bei dem unter I 2 aufgeführten Sachverhalt zu folgender Beurteilung:

Die aufgrund der Rückgängigkeitsklausel zu erteilenden Gutschriften sind als Belege anzusehen, mit denen vorhergehende Rechnungen über die in Betracht kommenden Reifenlieferungen aufgehoben werden und die berechneten Entgelte zurückgewährt werden. Nach § 17 Abs. 1 UStG haben

a) der **Hersteller**, den für den Umsatz geschuldeten **Steuerbetrag,**

b) der **Händler**, den dafür in Anspruch genommenen **Vorsteuerbetrag**

zu berichtigen.

Hat der Händler für den ihm nach der Rückgabe für Garantiezwecke erneut gelieferten Reifen ein Entgelt zu zahlen – weil wegen des Abnutzungsgrades des beanstandeten Reifens eine unentgeltliche Lieferung nicht in Betracht kommt – so genügt es, wenn der Hersteller das zusätzliche Entgelt in dem Gutschriftbeleg berücksichtigt. Aus dem Beleg, der gleichzeitig als Rechnung anzusehen ist, müssen die nach § 14 Abs. 1 UStG erforderlichen Angaben hervorgehen.

Der Händler hat die Lieferung des Ersatzreifens an den Endabnehmer unter Zugrundelegung des Entgelts zu versteuern, das er dem Endabnehmer gegebenenfalls berechnet.

2. Gewährung von Gutschriften, die infolge zwischenzeitlicher Preiserhöhung das ursprüngliche Lieferungsentgelt übersteigen

Der zu I 3a bezeichnete Sachverhalt ist umsatzsteuerlich in folgender Weise zu behandeln:

Wegen der Umschlagshäufigkeit der Lagerbestände beim Händler und der geringen Zahl der Preiserhöhungen sind nur in wenigen Ausnahmefällen Gutschriften denkbar, die über das ursprüngliche Lieferentgelt hinausgehen. Aus Vereinfachungsgründen und zur Vermeidung praktischer Schwierigkeiten kann auf die Erfassung dieser Spitzen verzichtet werden.

a) Das führt beim **Hersteller** dazu, daß er eine Steuerschuld in Höhe des Steuerbetrages kürzen darf, der auf das in der Gutschrift ausgewiesene gesamte Entgelt entfällt.

b) Der **Händler** hat seinen Vorsteuerbetrag entsprechend dem in der Gutschrift ausgewiesenen Entgelt zu berichtigen.

Anlage § 001–01

3. Beurteilung der Rückgängigkeitsklausel bei Lieferung fremder Fabrikate und bei Gewährung von Barentschädigungen

Die Sachverhalte I 3 b und c sind folgendermaßen zu beurteilen:

a) Die Rückgängigkeitsklausel greift in diesen Fällen nicht ein, da der Händler keinen Reifen des Herstellers entnimmt, der zur Garantieleistung verpflichtet ist. Der Endabnehmer erhält vom Hersteller des schadhaften Reifens keinen Naturalersatz, sondern eine Geldforderung. Die dem Endabnehmer zustehende Gutschrift des Herstellers behält der Händler ein und verrechnet sie mit seinen Leistungen an den Endabnehmer. Beim **Hersteller** kann die Gutschrift, die er dem Endabnehmer unmittelbar schuldet, nicht als Rückgewähr von Entgelten oder Entgeltminderung angesehen werden, weil er zum Endabnehmer keine Lieferbeziehungen unterhält.

b) Beim **Händler** ist die einbehaltene Gutschrift und gegebenenfalls die Zahlung des Endabnehmers das Entgelt für die Lieferung des Fremdfabrikats.

Hat der Händler dem Endabnehmer den in der ihm erteilten Gutschrift ausgewiesenen Betrag bar ausgezahlt, so ist bei ihm die Gutschrift des Herstellers wie ein durchlaufender Posten zu behandeln, d.h. sowohl sein Vorsteuerabzug als auch die Steuer für seine Lieferung bleiben hiervon unberührt. Der vom Händler aus seiner Handelsspanne zusätzlich auszuzahlende Betrag ist bei ihm bis zur Höhe des ursprünglich berechneten Aufschlags als Entgeltminderung zu beurteilen, wenn er den mangelhaften Reifen selbst geliefert hat. Anderenfalls handelt es sich um eine Entgeltsverwendung, die bei der Ermittlung der Bemessungsgrundlage nicht berücksichtigt werden kann.

Anlage § 001–02

Umsatzsteuer bei Garantieleistungen und Freiinspektionen in der Kraftfahrzeugwirtschaft

Schreiben des BdF vom 03.12.1975 – IV A 2 – S 7100 – 25/75,
BStBl. 1975 I S. 1132

Anlg.: – 1 –

A. Allgemeines

Bei dem Verkauf von Kraftfahrzeugen ist es üblich, innerhalb einer bestimmten Frist und/oder Fahrleistung für eine Fehlerfreiheit des Kraftfahrzeuges Gewähr zu leisten, die dem jeweiligen Stand der Technik entspricht. Die Schäden werden regelmäßig nicht von den Herstellern der Kraftfahrzeuge, sondern von Vertriebsfirmen beseitigt, die als Lieferer oder Vermittler in die Absatzkette eingeschaltet waren. Zur Durchführung der Reparaturen sind die Vertriebsfirmen allgemein nach einem mit dem Hersteller abgeschlossenen sogenannten Händlervertrag verpflichtet. Die Verpflichtung schließt auch Reparaturen an solchen Fahrzeugen ein, die von anderen Vertriebsfirmen abgesetzt worden sind.

Die Geschäftsabwicklung bei den erforderlichen Reparaturen ist nicht einheitlich. Im Regelfall baut die Vertriebsfirma das schadhafte Teil aus und ersetzt es durch ein fabrikneues Ersatzteil. Das schadhafte Teil wird dem Hersteller zugesandt, der es daraufhin untersucht, ob ein Gewährleistungsfall vorliegt. Wird ein solcher Fall anerkannt, so ersetzt der Hersteller der Vertriebsfirma die aufgewendeten Lohn- und Materialkosten nach festgelegten Sätzen. Manche Vertriebsfirmen erhalten an Stelle der Materialgutschrift ein entsprechendes neues Ersatzteil.

Bei der umsatzsteuerrechtlichen Beurteilung der Gewährleistungsfälle haben sich die Fragen ergeben,

1. wie die vom Hersteller gewährten Gutschriften für die Lohn- und Materialkosten bei der Vertriebsfirma zu behandeln sind und
2. ob hinsichtlich dieser Gutschriften beim Hersteller eine Entgeltsminderung anzunehmen ist.

B. Umsatzsteuerliche Beurteilung

Unter Bezugnahme auf das Ergebnis der Erörterungen mit den obersten Finanzbehörden der Länder gilt folgendes:

I. Träger der Gewährleistungspflicht

Die umsatzsteuerrechtliche Beurteilung hängt wesentlich davon ab, ob die Vertriebsfirma mit der Reparatur eine Leistung an das Herstellerwerk oder an den Fahrzeugkäufer bewirkt. Dies richtet sich nach den bestehenden Vertragsverhältnissen. Dabei ist darauf abzustellen, ob der Hersteller gegenüber dem Fahrzeugkäufer zur Gewährleistung verpflichtet ist und sich der Vertriebsfirma als Erfüllungsgehilfe bedient oder ob die Vertriebsfirma selbst die Gewährleistungspflicht gegenüber dem Fahrzeugkäufer trägt (vgl. BFH-Urteil vom 17. Februar 1966 – V 58/63, BStBl. III S. 261).

Wer Träger der Gewährleistungspflicht ist, entscheidet sich nach bürgerlichem Recht. Bei der Prüfung dieser Frage sind die Grundsätze des BFH-Urteils vom 16. Juli 1964 – V 23/60 (BStBl. III S. 516) zu beachten.

II. Die Gewährleistungspflicht gegenüber dem Fahrzeugkäufer obliegt dem Hersteller

Ist der Hersteller dem Fahrzeugkäufer zur Gewährleistung verpflichtet, so stellt die Durchführung der Reparatur eine Leistung des Herstellers an den Fahrzeugkäufer dar. Diese Leistung ist nicht umsatzsteuerbar, weil ihr kein Entgelt gegenübersteht. Der Hersteller bedient sich bei der Reparatur der Vertriebsfirma als seines Erfüllungsgehilfen. Die Vertriebsfirma bewirkt eine Leistung an den Hersteller. Soweit hierfür ein Entgelt gezahlt wird, unterliegt diese Leistung der Umsatzsteuer. Bei der Beurteilung sind folgende Fälle zu unterscheiden:

1. Die Vertriebsfirma repariert das Kraftfahrzeug unter Verwendung eines Ersatzteils aus eigenem Lagerbestand. Das Ersatzteil ist vom Hersteller bezogen worden. Der Hersteller gewährt der Vertriebsfirma eine Gutschrift über die Lohn- und Materialkosten.

    a) Zwischen der Vertriebsfirma und dem Hersteller findet ein Leistungsaustausch statt. Der Umsatz der Vertriebsfirma umfaßt die Arbeitsleistung und den Materialverbrauch, es sei denn, daß eine klare Vereinbarung besteht, wonach die Ersatzteillieferung des Herstellers an die Vertriebsfirma oder die hierfür geleistete Entgeltzahlung rückgängig gemacht werden soll, wenn das Ersatzteil in Gewährleistungsfällen verwendet wird. Fehlt es an solcher Vereinbarung, so unterliegt die Vertriebsfirma mit den Gutschriften für die Lohn- und Materialkosten der Umsatzsteuer (BFH-Urteil vom 17. Februar 1966 a.a.O.).

Anlage § 001–02

Beim Hersteller liegt eine Entgeltsminderung nicht vor, weil die Gutschriften nicht wegen der ursprünglichen Lieferungen, sondern als Entgelt für eine besondere Leistung der Vertriebsfirma (Reparatur) gewährt werden (vgl. BFH-Urteil vom 12. November 1959 – V 21/58 U, BStBl. 1960 III S. 13).

Der Hersteller kann den in der Gutschrift ausgewiesenen Steuerbetrag als Vorsteuer von seiner Steuerschuld abziehen.

b) Ist dagegen zwischen dem Hersteller und der Vertriebsfirma von vornherein vereinbart, daß

– die Lieferung eines Ersatzteils vom Hersteller an die Vertriebsfirma rückgängig gemacht wird

oder

– der Vertriebsfirma das beim Bezug des Ersatzteils entrichtete Entgelt gutgeschrieben wird,

wenn das Ersatzteil im Gewährleistungsfalle bei einer Reparatur verwendet wird, so beschränkt sich der Umsatz der Vertriebsfirma an das Herstellerwerk auf die Arbeitsleistung. Der Wert des verwendeten Ersatzteils scheidet aus dem Leistungsaustausch aus (BFH-Urteile vom 8. Februar 1962 – V 217/59 U, BStBl. III S. 168, und vom 25. November 1965 – V 130/63 S, BStBl. 1966 III S. 160). Der Umsatz der Vertriebsfirma bemißt sich nach dem Gutschriftsbetrag für die Lohnkosten. Beim Hersteller liegt insoweit eine Entgeltsminderung nicht vor, weil die Gutschriften für die Lohnkosten nicht wegen der ursprünglichen Lieferungen, sondern als Entgelt für eine besondere Leistung der Vertriebsfirma (Reparatur) gewährt werden (BFH-Urteil vom 12. November 1959 a. a. O.).

Der Hersteller kann den in der Gutschrift ausgewiesenen Steuerbetrag als Vorsteuer von seiner Steuerschuld abziehen.

Hinsichtlich der Materialkosten gilt folgendes:

Beim Hersteller stellt der Gutschriftsbetrag für den Wert der verwendeten Ersatzteile in diesen Fällen eine Entgeltsminderung für die ursprüngliche Ersatzteillieferung dar.

Nach § 17 Abs. 1 UStG haben

der *Hersteller* den für die ursprüngliche Ersatzteillieferung geschuldeten *Steuerbetrag,*

die *Vertriebsfirma* den dafür in Anspruch genommenen *Vorsteuerbetrag*

zu berichtigen.

2. Die Vertriebsfirma repariert das Kraftfahrzeug unter Verwendung eines Ersatzteils aus eigenem Lagerbestand, das sie vom Hersteller bezogen hat. Der Hersteller gewährt der Vertriebsfirma jedoch nur eine Gutschrift über die Lohnkosten. An Stelle des bei der Reparatur verwendeten Ersatzteils überläßt er der Vertriebsfirma kostenlos ein entsprechendes Ersatzteil.

Die Entnahme des Ersatzteils aus dem Lager der Vertriebsfirma und die Rückgewähr eines entsprechenden Teils durch den Hersteller sind als nichtsteuerbare Hingabe und Rückgabe eines unentgeltlichen Sachdarlehens zu beurteilen. Eine zusätzliche Lieferung des Herstellers, die als Gegenleistung für die Leistung der Vertriebsfirma zu werten wäre, liegt nicht vor (BFH-Urteil vom 14. Juli 1966 – V 16/64, BStBl. III S. 615). Der Umsatz der Vertriebsfirma erschöpft sich in der Arbeitsleistung, er bemißt sich nach dem Gutschriftsbetrag für die Lohnkosten.

Der Hersteller kann den in der Gutschrift über die Lohnkosten ausgewiesenen Steuerbetrag als Vorsteuer von seiner Steuerschuld abziehen. Durch die kostenlose Überlassung des Ersatzteils ergeben sich beim Hersteller keine umsatzsteuerlichen Auswirkungen. Da der Vorgang keine entgeltliche Lieferung darstellt, löst er eine zusätzliche Umsatzsteuerpflicht nicht aus (BFH-Urteil vom 14. Juli 1966 a. a. O.). Andererseits liegt keine Entgeltsminderung vor.

3. Die Vertriebsfirma fordert das benötigte Ersatzteil vom Hersteller an, weil sie es entweder nicht in ihrem Lager vorrätig hat oder ihren Lagerbestand nicht angreifen will. Der Hersteller überläßt ihr das gewünschte Ersatzteil kostenlos zur Durchführung der Reparatur und erteilt eine Gutschrift über die Lohnkosten.

Die Überlassung des Ersatzteils durch den Hersteller zur Durchführung der Reparatur ist als nichtsteuerbarer Umtausch eines fehlerhaften Teils des Kaufgegenstandes gegen ein fehlerfreies bzw. als Materialgestellung anzusehen. Die Vertriebsfirma bewirkt dem Hersteller gegenüber eine Werkleistung unter Verwendung eines von ihm zur Verfügung gestellten Ersatzteils (vgl. BFH-Urteil vom 14. Juli 1966 a. a. O.).

Für die umsatzsteuerrechtliche Behandlung bei der Vertriebsfirma und beim Hersteller gilt das gleiche wie unter 2.

Anlage § 001–02

III. Die Gewährleistung gegenüber dem Fahrzeugkäufer obliegt der Vertriebsfirma

Ist die Vertriebsfirma dem Fahrzeugkäufer zur Gewährleistung verpflichtet, so stellt die Durchführung der Reparatur in der Regel eine Leistung der Vertriebsfirma an den Fahrzeugkäufer dar. Die umsatzsteuerrechtliche Beurteilung hängt davon ab, ob dieser Leistung eine Gegenleistung gegenübersteht. Dabei sind folgende Fälle zu unterscheiden:

1. Die Vertriebsfirma führt eine Gewährleistungsreparatur an einem Fahrzeug aus, das sie selbst verkauft hat. Sie verwendet dazu ein Ersatzteil aus eigenem Lagerbestand und erhält vom Hersteller eine Gutschrift über die Lohnund Materialkosten.

   Mit der Beseitigung der Mängel erfüllt die Vertriebsfirma eine Gewährleistungsverpflichtung, die sie nach dem Kaufvertrag gegenüber dem Fahrzeugkäufer übernommen hat. Sie erhält hierfür vom Fahrzeugkäufer kein Entgelt, sondern macht ihrerseits Gewährleistungsansprüche gegenüber dem Hersteller geltend, die ihr nach dessen Verkaufsbedingungen zustehen. Die Erfüllung der Gewährleistungsansprüche durch den Hersteller stellt einen echten Schadenersatz dar. Die Vertriebsfirma unterliegt daher mit den ihr gewährten Gutschriften nicht der Umsatzsteuer (BFH-Urteil vom 16. Juli 1964 a. a. O.). Die vom Hersteller für die Lieferung des Kraftfahrzeuges ursprünglich berechnete Umsatzsteuer bleibt unberührt.

2. Die Vertriebsfirma führt eine Gewährleistungsreparatur an einem Fahrzeug aus, das sie nicht selbst verkauft hat. Sie verwendet dazu ein Ersatzteil aus eigenem Lagerbestand und erhält vom Hersteller eine Gutschrift über die Lohn- und Materialkosten.

   Mit der Beseitigung der Mängel bewirkt die Vertriebsfirma eine Leistung an den Fahrzeugkäufer, die mangels Entgelts nicht steuerbar ist. Zugleich bewirkt sie je nach der vertraglichen Gestaltung damit auch eine Leistung an den Hersteller, der das Fahrzeug geliefert hat. Der Anspruch auf Kostenersatz ergibt sich im allgemeinen aus dem zwischen Hersteller und Vertriebsfirma abgeschlossenen Händlervertrag. Die Voraussetzungen für die Annahme des Schadensersatzes sind in diesem Falle nicht gegeben (vgl. BFH-Urteil vom 10. Dezember 1964 – V 126/60, StRK UStG § 1 Ziff. 1, R 364). Die Vertriebsfirma unterliegt mit dem Gutschriftsbetrag für die Lohn- und Materialkosten der Umsatzsteuer. Der Hersteller kann den Wert der Gutschrift nicht als Entgeltsminderung behandeln, weil der Kostenersatz als Gegenleistung für eine besondere steuerbare Leistung der Vertriebsfirma gewährt wird. Er kann jedoch den in der Gutschrift ausgewiesenen Steuerbetrag als Vorsteuer von seiner Steuerschuld abziehen.

3. Der Hersteller gewährt der Vertriebsfirma nur eine Gutschrift über die Lohnkosten. An Stelle des bei der Gewährleistungsreparatur verwendeten Ersatzteils überläßt er der Vertriebsfirma kostenlos ein entsprechendes Ersatzteil.

   Die Rechtslage ist entsprechend den Ausführungen unter Abschn. III Nr. 1 und 2 zu beurteilen. Hat die Vertriebsfirma Mängel an einem selbstverkauften Fahrzeug beseitigt, so stellen die Gutschrift über die Lohnkosten und die kostenlose Überlassung eines neuen Ersatzteils nichtsteuerbaren Schadensersatz dar. Bei der Vertriebsfirma tritt eine Umsatzsteuerpflicht nicht ein. Da es an einem Leistungsaustausch fehlt, löst die Überlassung des Ersatzteils auch beim Hersteller keine Steuerpflicht aus. Hinsichtlich des Gutschriftsbetrages über die Lohnkosten ist beim Hersteller keine Entgeltsminderung anzunehmen.

   Hat die Vertriebsfirma Mängel an einem Fahrzeug beseitigt, das sie nicht selbst verkauft hat, so bewirkt sie eine Leistung an den Fahrzeugkäufer, die jedoch mangels Entgelts nicht steuerbar ist. Zugleich bewirkt sie damit auch eine Leistung an den Hersteller. Der Anspruch des Herstellers auf Beseitigung der Mängel durch die Vertriebsfirma ergibt sich aus dem zwischen Hersteller und Vertriebsfirma abgeschlossenen Händlervertrag. Für die umsatzsteuerliche Behandlung bei der Vertriebsfirma und beim Hersteller gilt das gleiche wie unter Abschn. II Nr. 2.

4. Die Vertriebsfirma fordert das benötigte Ersatzteil vom Hersteller an, weil sie es entweder nicht in ihrem Lager vorrätig hat oder ihren Lagerbestand nicht angreifen will. Der Hersteller überläßt ihr das gewünschte Ersatzteil kostenlos und erteilt eine Gutschrift über die Lohnkosten.

   Die Rechtslage ist die gleiche wie unter Nr. 3.

IV. Verlängerte Gewährleistung

Für die Kulanzleistungen (Schadensbeseitigung auf freiwilliger Basis) gelten die für Gewährleistungsfälle entwickelten Grundsätze entsprechend.

Anlage § 001–02

V. Garantieleistungen für Aggregate, Zubehör und dergleichen

Hinsichtlich der umsatzsteuerrechtlichen Beurteilung der Gewährleistung für Austauschaggregate, Zubehör und dgl. gelten die für die Gewährleistung in der Kraftfahrzeugwirtschaft entwickelten Grundsätze entsprechend.

VI. Behandlung von Freiinspektionen

Die Geschäftsabwicklung bei Freiinspektionen ist – ähnlich wie bei Garantieleistungen in der Kraftfahrzeugwirtschaft – nicht einheitlich. Die umsatzsteuerliche Beurteilung hängt wesentlich davon ab, ob die Vertriebsfirma mit der Freiinspektion eine Leistung an das Herstellerwerk, an den Fahrzeugkäufer oder an einen Dritthändler bewirkt.

Folgende Abwicklungsfälle sind zu unterscheiden:

1. Freiinspektionen bei Herstellerverpflichtung

   Verpflichtet sich der Hersteller gegenüber dem Fahrzeugkäufer, die Freiinspektion vorzunehmen, und bedient er sich dabei der Vertriebsfirma als Erfüllungsgehilfen, so ist der Hersteller Empfänger der Leistung der Vertriebsfirma. Die Leistung der Vertriebsfirma gegenüber dem Hersteller unterliegt der Umsatzsteuer. Der Hersteller kann die ihm von der Vertriebsfirma für die erbrachte Leistung in Rechnung gestellte Steuer als Vorsteuer abziehen.

   Da der Fahrzeugkäufer für die Freiinspektion ein Entgelt nicht zu entrichten hat, ist die Leistung des Herstellers an den Fahrzeugkäufer nicht steuerbar. Ein Leistungsaustausch ist jedoch zwischen Vertriebsfirma und Fahrzeugkäufer in Höhe des berechneten Materials (z. B. verbrauchte Schmiermittel) gegeben.

2. Freiinspektionen bei Händlerverpflichtung

   a) Die Vertriebsfirma führt die Freiinspektion an einem Fahrzeug durch, das sie selbst verkauft hat.

   Verpflichtet sich die Vertriebsfirma gegenüber dem Fahrzeugkäufer, die Freiinspektion durchzuführen, so erbringt sie mit der Durchführung der Inspektion eine Leistung an den Fahrzeugkäufer. Die Leistung ist nicht steuerbar, da ihr insoweit ein Entgelt nicht gegenübersteht. Ein Leistungsaustausch zwischen Vertriebsfirma und Fahrzeugkäufer ist nur in Höhe des berechneten Materials (z. B. verbrauchte Schmiermittel) gegeben.

   Die für die Freiinspektion vom Hersteller an die Vertriebsfirma gewährten Vergütungen sind kein Entgelt für eine Leistung der Vertriebsfirma an den Hersteller, sie sind als zusätzliche Rabatte anzusehen, die das Entgelt des Herstellers für die Lieferung des Fahrzeugs mindern. Die Vertriebsfirma hat ihren Vorsteuerabzug entsprechend zu mindern (§ 17 Abs. 1 Nr. 2 UStG).

   b) Die Vertriebsfirma führt die Freiinspektion an einem Fahrzeug durch, das sie nicht selbst verkauft hat.

   Aufgrund des mit dem Herstellerwerk abgeschlossenen Händlervertrages ist die Vertriebsfirma verpflichtet, Freiinspektionen auch dann vorzunehmen, wenn sie das Fahrzeug nicht selbst geliefert hat. In diesen Fällen leistet die Vertriebsfirma je nach der vertraglichen Gestaltung entweder an den Hersteller oder an den Händler, der das Fahrzeug geliefert hat. Die hierfür gezahlten Vergütungen unterliegen bei der Vertriebsfirma der Umsatzsteuer. Der Leistungsempfänger ist insoweit zum Vorsteuerabzug berechtigt. Kommt als Leistungsempfänger der Händler in Betracht, der das Fahrzeug geliefert hat, so sind die Vergütungen, die der Hersteller dem Händler gewährt als Entgeltsminderung zu behandeln (vgl. Nr. 2 Buchst. a).

   c) Gewährung eines Pauschalrabattes in den Fällen 2a) und 2b)

   Wird die Freiinspektion durch den Hersteller bei Lieferung des Fahrzeugs durch einen erhöhten Rabatt abgegolten, der alle Verkaufskosten (einschließlich der Kosten für Freiinspektionen) und einen angemessenen Gewinn enthält, so ist der Rabatt beim Hersteller in vollem Umfang als Entgeltsminderung anzusehen.

   Führt die Vertriebsfirma bei dieser Vertragsgestaltung die Freiinspektion für einen Händler, der das Fahrzeug verkauft hat (Dritthändler), durch und berechnet sie ihm die Kosten der Freiinspektion, so erbringt sie eine steuerpflichtige Leistung an den Dritthändler. Der Dritthändler ist in diesem Fall auch Empfänger der Leistungen der Vertriebsfirma, weil diese für ihn als Erfüllungsgehilfe tätig geworden ist. Er ist bei Vorliegen der übrigen Voraussetzungen zum Vorsteuerabzug berechtigt.

Anlage § 001–02

Anlage zum BdF-Schreiben vom 03.12.1975 betreffend Umsatzsteuer bei Garantieleistungen und Freiinspektionen in der Kraftfahrzeugwirtschaft

Sachverhalt	Arbeit wird geleistet durch	Behandlung der Gutschriften bei	
		Vertriebsfirma	Hersteller
B II. Herstellergarantie			
1 a) Ersatzteil aus Lagerbestand	Vertriebsfirma	Steuerschuld	Vorsteuerabzug
1 b) Ersatzteillieferung wird rückgängig gemacht	Vertriebsfirma	Steuerschuld für Lohnkosten Vorsteuerberichtigung für Ersatzteilgutschrift	Vorsteuerabzug für Lohnkosten Berichtigung der Steuerschuld für Ersatzteilgutschrift
2 + 3) Ersatz des Materials	Vertriebsfirma	Steuerschuld für Lohnkosten	Vorsteuerabzug
B III. Händlergarantie			
1 (3 + 4) selbstverkauftes Fahrzeug	Vertriebsfirma	Schadensersatz	ohne Auswirkungen
2 (3 + 4) durch anderen Händler verkauftes Fahrzeug	Vertriebsfirma	Steuerschuld	Vorsteuerabzug
VI. Freiinspektion			
1. Herstellerverpflichtung	Vertriebsfirma	Steuerschuld	Vorsteuerabzug
2. Händlerverpflichtung			
a) selbstverkauftes Fahrzeug	Vertriebsfirma	Vorsteuerminderung	Minderung der Steuerschuld
b) durch anderen verkauftes Fahrzeug	Vertriebsfirma	Steuerschuld	Vorsteuerabzug (ggf. beim Dritthändler)
c) Pauschalrabatt (selbstverkauftes Fahrzeug)	Vertriebsfirma	geringere Vorsteuer	Minderung des Fahrzeugentgelts
(durch anderen verkauftes Fahrzeug)	Vertriebsfirma	Steuerschuld bei Berechnung an Dritthändler	Minderung des Fahrzeugentgelts (ggf. Vorsteuerabzug beim Dritthändler)

Anlagen § 001–03 nicht belegt, § 001–04

Umsatzsteuerliche Behandlung des „BuchSchenkService"

OFD Saarbrücken, Vfg. vom 09.06.1986 – S 7100 – 134 – St 24 1

Nach den Geschäfts- und Teilnahmebedingungen des BuchSchenkService (BSS) verkaufen die Teilnehmer (Buchhändler) vom BSS bezogene Bücherschecks ausschließlich zum Nennwert an ihre Kunden, die die Beschenkten bei der ausgebenden Buchhandlung oder bei anderen Teilnehmern des BSS einlösen können. Die Teilnehmer verpflichten sich, die Bücherschecks als Zahlungsmittel beim Kauf von Büchern anzunehmen. Sie rechnen die eingelösten Bücherschecks mit dem BSS ab. Dabei werden dem ausgebenden Teilnehmer 87% des Scheckwerts belastet, 84% des Werts werden dem einlösenden Teilnehmer gutgeschrieben, die Differenz von 3% verbleibt dem BSS zur Deckung der Kosten (= Provision).

Die Bücherschecks stellen weder Wertpapiere noch selbständig verkehrsfähige Geschenkartikel dar. Tatsächlich und rechtlich kommt ihnen lediglich die Bedeutung eines Beweismittels (Quittung) zu. Die Ausgabe der Bücherschecks durch den BSS stellt keinen steuerbaren Umsatz dar. Ihre Einlösung berechtigt den BSS nicht zum Vorsteuerabzug.

Bei den Buchhändlern sind die veräußerten Bücherschecks ebenfalls kein Leistungsentgelt, da beim Erwerb des Bücherschecks der Gegenstand der Lieferung noch nicht konkretisiert ist. Die Händler, die die Bücherschecks einlösen und dafür Waren liefern, haben die Warenlieferungen zum vollen Nennwert der Bücherschecks mit dem für die Waren gültigen Steuersatz der Umsatzsteuer zu unterwerfen. Daß die Händler vom BSS nur einen niedrigeren Erlös erhalten ist unbeachtlich, da dieser Umstand nicht in dem Kaufgeschäft, sondern in den Geschäfts- und Teilnahmebedingungen über den BuchSchenkService begründet ist und daher den Leistungsaustausch nicht berührt.

Anlage § 001–05

Umsatzsteuerliche Fragen bei der Errichtung von Gebäuden auf fremdem Boden

BMF-Schreiben vom 23.07.1986 – IV A 2 – S 7100 – 76/86,
BStBl. 1986 I S. 432

Inhaltsverzeichnis

A. Vorbemerkung
B. Umsätze an den Besteller
C. Lieferung durch den Besteller an den Grundstückseigentümer
    I. Voraussetzungen für die Lieferung im einzelnen
        1. Verschaffung der Verfügungsmacht
        2. Gesetzlicher Eigentumsübergang
        3. Scheinbestandteile
        4. Wirtschaftliches Eigentum
    II. Zeitpunkt der Lieferung
        1. Sofortige Weiterlieferung
        2. Weiterlieferung nach Ablauf des Miet- oder Pachtvertrages
        3. Anzahlungen für eine spätere Weiterlieferung
    III. Teile eines Bauwerks
D. Bauen auf Grundstücken von Gesellschaftern und Gesellschaften
E. Bauen auf Grundstücken von Ehegatten
    I. Allgemeines
    II. Weiterlieferung bei Entgeltszahlung des Eigentümers
    III. Keine steuerbare Weiterlieferung, wenn Eigentümer keine Zahlung leistet
F. Steuerfreiheit
    I. Keine Steuerfreiheit bei sofortiger Weiterlieferung
    II. Steuerbefreiung der Weiterlieferung nach Ablauf der Miet- oder Pachtzeit
G. Vorsteuerabzug
    I. Vorsteuerabzug beim Besteller
        1. Allgemeines
        2. Vorsteuerabzug bei der Weiterlieferung von Teilen eines Bauwerks
    II. Vorsteuerabzug des Grundstückseigentümers
    III. Spätere Überführung in den Unternehmensbereich
H. Beispiele
    1. Übergang des zivilrechtlichen Eigentums und sofortige Verschaffung der Verfügungsmacht
    2. Verbindung zu einem vorübergehenden Zweck (Scheinbestandteile)
    3. Auseinanderfallen von zivilrechtlichen und wirtschaftlichen Eigentum
    4. Übergang des zivilrechtlichen, einschließlich des wirtschaftlichen Eigentums und spätere Verschaffung der Verfügungsmacht
    5. Übergang des zivilrechtlichen Eigentums und spätere nicht steuerbare Lieferung
    6. Übergang des zivilrechtlichen Eigentums und spätere Weiterlieferung
    7. Übergang des zivilrechtlichen Eigentums und sofortige Weiterlieferung eines Gebäudeteils
    8. Bebauung eines Gesellschafter-Grundstücks durch die Gesellschaft
    9. Frage der Weiterlieferung eines Bauwerks an den Ehegatten-Grundstückseigentümer bei Baukostenübernahme
    10. Frage der Weiterlieferung eines Bauwerkteils an den Ehegatten-Grundstückseigentümer im Rahmen des Unternehmens oder im nichtunternehmerischen Bereich
    11. Nichtsteuerbare Weiterlieferung eines Teils des errichteten Bauwerks an den Ehegatten-Grundstückseigentümer

Anlage § 001–05

Unter Bezugnahme auf das Ergebnis der Erörterungen mit den obersten Finanzbehörden der Länder gilt beim Bauen auf fremdem Boden folgendes:

A. Vorbemerkung

Bauen auf fremdem Boden liegt vor, wenn der Besteller einer Baumaßnahme auf dem nicht in seinem oder nicht in seinem alleinigen Eigentum stehenden Grundstück ein Bauwerk errichtet. Unter Bauwerk sind Gebäude, Gebäudeteile und Baumaßnahmen wie Um-, Aus- oder Einbauten an einem bestehenden Gebäude zu verstehen. Voraussetzung ist, daß der Besteller nicht Vermittler im umsatzsteuerlichen Sinne ist. Für die Frage des Leistungsaustausches, der Steuerbefreiung und des Vorsteuerabzugs ist zu prüfen, ob eine Leistung des bauausführenden Unternehmers an den Besteller, gegebenenfalls eine weitere Leistung des Bestellers an den Grundstückseigentümer oder eine unmittelbare Leistung des bauausführenden Unternehmers an den Grundstückseigentümer vorliegt.

B. Umsätze an den Besteller

Wird auf einem Grundstück ein Bauwerk errichtet, so ist Leistungsempfänger einer Werklieferung (§ 3 Abs. 4 UStG) derjenige, dem die Verfügungsmacht daran verschafft worden ist. Dabei kommt es nicht darauf an, wer bürgerlichrechtlicher oder wirtschaftlicher Eigentümer des Grundstücks ist. Eine Lieferung an den Grundstückseigentümer liegt nicht schon deshalb vor, weil er das Eigentum am Gebäude oder an dem sonstigen Gegenstand der Werklieferung kraft der zivilrechtlichen Vorschriften (§§ 946, 94 BGB) erlangt hat (BFH-Urteil vom 6. Dezember 1979, BStBl. 1980 II S. 279). Leistungsempfänger im Sinne von § 3 Abs. 1 UStG ist vielmehr der Besteller, der die den Leistungen zugrundeliegenden Aufträge im eigenen Namen erteilt hat und auch zivilrechtlich Vertragspartner geworden ist (BFH-Beschluß vom 13. September 1984, BStBl. 1985 II S. 21). Ein Anhaltspunkt hierfür kann sein, daß die Rechnung auf ihn ausgestellt ist. Dies gilt grundsätzlich auch dann, wenn der Besteller Miteigentümer am Grundstück ist. Der Besteller erlangt die Verfügungsmacht mit der Übergabe des fertiggestellten Bauwerks (vgl. BFH-Urteil vom 26. Februar 1976, BStBl. 1976 II S. 309).

C. Lieferung durch den Besteller an den Grundstückseigentümer

Ist dem Besteller die Verfügungsmacht an dem auf fremdem Boden errichteten Bauwerk verschafft worden, so ist zu prüfen, ob und gegebenenfalls wann er es an den Grundstückseigentümer (oder an die Gemeinschaft der Eigentümer) weiterliefert und ob die Weiterlieferung unter das Grunderwerbsteuergesetz fällt.

I. Voraussetzungen für die Lieferung im einzelnen

1. Verschaffung der Verfügungsmacht

Voraussetzung für eine Lieferung ist, daß der Besteller der Baumaßnahme dem Grundstückseigentümer die Verfügungsmacht daran verschafft (§ 3 Abs. 1 UStG). Hierzu ist erforderlich, daß nach dem Willen der Beteiligten der Besteller die Verfügungsmacht verliert und er zugleich dem Grundstückseigentümer Substanz, Wert und Ertrag des Bauwerks zuwendet. Das bedeutet, daß der Eigentümer die volle körperliche und wirtschaftliche Sachherrschaft über das Bauwerk erhält, die zu einer uneingeschränkten Verfügungsberechtigung über diese wirtschaftliche Substanz führt (vgl. BFH-Urteil vom 6. Dezember 1979 a. a. O.). Dies ist regelmäßig der Fall, wenn der Grundstückseigentümer als Vermieter mit dem Besteller als Mieter auch für die hinzugekommenen Teile, nicht nur für die Überlassung des Bodens, eine Miete vereinbart (s. Beispiel 1).

2. Gesetzlicher Eigentumsübergang

Wächst dem Grundstückseigentümer das Eigentum am Bauwerk nach §§ 946 und 94 BGB zu, so ist darin nicht zwangläufig eine Lieferung durch den Besteller an den Grundstückseigentümer zu sehen (vgl. BFH-Urteil vom 26. Februar 1976 a. a. O., entgegen BFH-Urteil vom 24. Juli 1969, BStBl. 1970 II S. 71).

3. Scheinbestandteile

Eine Lieferung durch den Besteller an den Grundstückseigentümer scheidet aus, wenn der Besteller zivilrechtlicher Eigentümer des errichteten Bauwerks bleibt, weil es nur zu einem vorübergehenden Zweck mit dem Grundstück verbunden wird (§ 95 Abs. 1 BGB), der Besteller also nicht die Absicht hat, dem Grundstückseigentümer das Bauwerk nach Beendigung des Mietvertrages zu überlassen (BFH-Urteil vom 15. September 1977, BStBl. 1977 II S. 886; s. Beispiel 2).

4. Wirtschaftliches Eigentum

Ein Übergang der Verfügungsmacht ist auch dann nicht anzunehmen, wenn der Besteller wirtschaftlicher Eigentümer (§ 39 Abs. 2 AO) des Bauwerks ist, d.h. wenn er auf Dauer die wirtschaftliche Ver-

Anlage § 001–05

fügungsmacht und die Sachherrschaft unter Ausschluß des Eigentümers hat (vgl. BFH-Urteil vom 26. Januar 1978, BStBl. 1978 II S. 280, s. Beispiel 3). Allein aus dem Einverständnis des Grundstückseigentümers mit der Baumaßnahme kann eine Weiterlieferung an ihn nicht hergeleitet werden. Wird der Grundstückseigentümer durch die Baumaßnahme nicht nur zivilrechtlicher, sondern auch wirtschaftlicher Eigentümer des Bauwerks, so kann die Verfügungsmacht gleichwohl zunächst beim Besteller verbleiben. Das ist der Fall, wenn der Besteller wirtschaftliches Eigentum nur deshalb nicht erwirbt, weil seine volle körperliche und wirtschaftliche Sachherrschaft über das Bauwerk nicht auf Dauer, sondern zeitlich beschränkt besteht (s. Beispiel 4).

II. Zeitpunkt der Lieferung

1. Sofortige Weiterlieferung

Eine Lieferung des Bauwerks durch den Besteller an den Grundstückseigentümer liegt erst dann und zu dem Zeitpunkt vor, in dem von den Beteiligten gewollt Substanz, Wert und Ertrag des Bauwerks auf den Grundstückseigentümer übergehen. Wenn der Grundstückseigentümer dem Besteller die Herstellungskosten des Bauwerks ersetzt und ihm mit Fertigstellung und Ingebrauchnahme hierfür eine Miete berechnet, so liegt unmittelbar mit der Lieferung des Bauwerks an den Besteller eine Weiterlieferung des Bauwerks durch den Besteller an den Grundstückseigentümer vor (s. Beispiel 1).

2. Weiterlieferung nach Ablauf des Miet- oder Pachtvertrages

Nutzt dagegen der Besteller der Baumaßnahme das auf eigene Kosten errichtete Bauwerk für sein Unternehmen, ohne hierfür eine Miete oder Pacht zu bezahlen, so wird die Übertragung in ihrem wirtschaftlichen Gehalt regelmäßig erst nach Ablauf des Miet- oder Pachtvertrages für den Boden erfolgen (s. Beispiele 4 und 5). Während dessen Dauer jedenfalls ist der zivilrechtliche Eigentümer davon ausgeschlossen, das Bauwerk zu nutzen und dessen Früchte zu ziehen. Die rechtliche Möglichkeit, den Boden samt aufstehenden Gebäuden zu jeder Zeit zu veräußern, ändert hieran nichts (BFH-Urteil vom 6. Dezember 1979 a. a. O.).

3. Anzahlungen für eine spätere Weiterlieferung

Verbleibt die Verfügungsmacht an dem Bauwerk zunächst beim Besteller, übernimmt jedoch der Grundstückseigentümer gegenüber dem Besteller des Bauwerks teilweise die Kosten für dessen Errichtung (z. B. durch Barzahlung, Schuldenübernahme oder durch Mietverzicht für den Boden), so handelt es sich um eine Anzahlung für die spätere Weiterlieferung des Bauwerks an den Grundstückseigentümer. Die Weiterlieferung erfolgt dann zum Zeitpunkt der tatsächlichen Beendigung des Mietverhältnisses (s. Beispiel 6).

III. Teile eines Bauwerks

(1) Eine Lieferung kann umsatzsteuerrechtlich auch dann vorliegen, wenn der an den Eigentümer übertragene Bestandteil eines Bauwerks zivilrechtlich nicht Gegenstand besonderer Rechte sein kann (vgl. BFH-Urteil vom 26. Februar 1976 a. a. O.). Diese Verfügungsmacht kann deshalb – unabhängig von der zivilrechtlichen Beurteilung – an wirtschaftlich abgrenzbaren Teilen eines Bauwerks übertragen werden. Dazu gehören räumlich abgegrenzte Teile eines Bauwerks (Stockwerk oder Wohnung eines Gebäudes). Dagegen sind wirtschaftlich nicht abgrenzbare Teile eines Bauwerks (z. B. die einzelnen Heizkörper einer einheitlichen Heizungsanlage) nicht selbständig lieferungsfähig. Ob die Heizungsanlage insgesamt in der Verfügungsmacht des Bestellers verbleibt oder an den Eigentümer weitergeliefert wird, richtet sich nach Abschnitt C I Nr. 1.

(2) Daraus ergibt sich, daß die Verfügungsmacht lediglich an einem Teil des Bauwerks vom Besteller auf den Grundstückseigentümer weiter übertragen werden kann, während der übrige Teil des Bauwerks in der Verfügungsmacht des Bestellers verbleibt (s. Beispiel 7).[1]

D. Bauen auf Grundstücken von Gesellschaftern oder Gesellschaften

Die vorstehend dargestellten Grundsätze gelten auch, wenn

– eine Gesellschaft auf einem Grundstück, das im Eigentum eines oder mehrerer ihrer Gesellschafter steht,

oder

– ein Gesellschafter auf einem Grundstück, das im Eigentum der Gesellschaft steht,

---

1) Hinweis auf BFH-Beschluß vom 25.02.1987, BStBl. 1987 II S. 398

ein Bauwerk errichtet.[1] Wird ein Bauwerk ganz oder teilweise vom Besteller an den Grundstückseigentümer weitergeliefert und hierfür kein Entgelt aufgewendet, so ist § 1 Abs. 1 Nr. 2 Buchst. a und Nr. 3 UStG zu beachten (s. Beispiel 8).

E. Bauen auf Grundstücken von Ehegatten

I. Allgemeines

(1) Die vorstehend dargestellten Grundsätze gelten auch für den Fall, daß ein unternehmerisch tätiger Ehegatte auf einem Grundstück, das im Eigentum des anderen Ehegatten oder im Miteigentum beider Ehegatten steht, ein Bauwerk errichtet. Haben die Ehegatten keine Vereinbarung getroffen, die die Rechtsbeziehungen hinsichtlich der Nutzung des Bodens und des Gebäudes zivilrechtlich eindeutig klarstellen, ist auf die mutmaßlichen Vorstellungen der Ehegatten abzustellen, wie sie in den tatsächlichen Verhältnissen zum Ausdruck kommen. Leistungsempfänger der Werklieferung des Bauunternehmers ist derjenige, der gegenüber dem Bauunternehmer im eigenen Namen als Besteller des Bauwerks aufgetreten ist (vgl. Abschnitt B)[2].

(2) Ist nach den tatsächlichen Verhältnissen der Ehegatte, der nicht alleiniger Grundstückseigentümer ist, als Besteller anzusehen, so stellt sich die Frage, ob er das Bauwerk an den anderen Ehegatten oder die Ehegattengemeinschaft weitergeliefert hat.

II. Weiterlieferung bei Zahlungen des Eigentümers

(1) Leistet der Grundstückseigentümer an den bestellenden Ehegatten im Zusammenhang mit der Baumaßnahme eine Zahlung, so kann eine Weiterlieferung vorliegen. Eine sofortige Weiterlieferung ist anzunehmen, wenn der zahlende Grundstückseigentümer das Bauwerk ganz oder teilweise im Anschluß an die Errichtung für eigene Zwecke nutzt (z. B. durch Vermietung an einen Ehegatten oder einen Dritten oder für private Wohnzwecke). Ist nicht nachweisbar, daß die Zahlung durch den Grundstückseigentümer geleistet wurde, um hierfür das Bauwerk als Gegenleistung zu erhalten, so ist eine steuerbare Weiterlieferung nicht anzunehmen; es handelt sich vielmehr um eine Zahlung aus nichtunternehmerischen (familiären) Gründen (s. Beispiele 9 und 10).

(2) In den Fällen, in denen der Grundstückseigentümer an den bestellenden Ehegatten eine Zahlung für die Lieferung leistet, ist die Mindestbemessungsgrundlage des § 10 Abs. 5 UStG zu beachten.

III. Keine steuerbare Weiterlieferung, wenn Eigentümer keine Zahlung leistet

(1) Nutzt der Grundstückseigentümer das Bauwerk ganz oder teilweise für eigene Zwecke (z. B. Vermietung an Dritte oder für eigene Wohnzwecke), ohne daß er eine Zahlung an den bestellenden Ehegatten leistet, so liegt keine steuerbare Weiterlieferung durch den Besteller an den Grundstückseigentümer vor. In diesen Fällen ist davon auszugehen, daß die Werklieferung der Bauhandwerker insoweit unmittelbar in den nichtunternehmerischen Bereich des bestellenden Ehegatten eingegangen und von dort an den Grundstückseigentümer weitergeliefert worden ist (s. Beispiel 11). Daher kommt es auch nicht zu einem Eigenverbrauch gem. § 1 Abs. 1 Nr. 2 Buchst. a UStG.

(2) Leistet der Grundstückseigentümer an den bestellenden Ehegatten keine Zahlung, so liegt eine steuerbare Weiterlieferung auch dann nicht vor, wenn der Grundstückseigentümer mit dem bestellenden Ehegatten einen Mietvertrag über das Bauwerk abschließt. Ein Eigenverbrauch nach § 1 Abs. 1 Nr. 2 Buchst. a UStG kommt in diesem Fall nicht in Betracht, weil das Bauwerk den unternehmerischen Bereich des bestellenden Ehegatten nicht verlassen hat (vgl. BFH-Urteil vom 26. Februar 1976 a. a. O.).

F. Steuerfreiheit

I. Keine Steuerfreiheit bei sofortiger Weiterlieferung

Die Weiterlieferung des Bauwerks gegen Entgelt ist als Werklieferung steuerpflichtig, wenn sie unmittelbar nach seiner Erstellung erfolgt. Es handelt sich nicht um einen Erwerbsvorgang im Sinne des Grunderwerbsteuergesetzes; die Steuerbefreiung nach § 4 Nr. 9 Buchst. a UStG greift deshalb nicht ein (s. Beispiele 1 und 7).

---

1) Zur Errichtung von Wohnungen auf Gesellschaftergrundstück durch KG – Leistungsbeziehungen und Vorsteuerabzug (§ 1 Abs. 1 Nr. 1, § 15 UStG) vgl. BFH vom 07.05.1987, UR 1988 S. 124; Rechtsprechung zu § 1

2) Zur Bestimmung des Leistungsempfängers bei Ehegatten vgl. auch EuGH-Urteil vom 21.04.2005 – Rs. C-25/03, UR 2005 S. 324 m. Anm. von *Widmann*; siehe Rechtsprechung zu § 15

Anlage § 001–05

II. Steuerbefreiung der Weiterlieferung nach Ablauf der Miet- oder Pachtzeit

Wird dem Grundstückseigentümer die Verfügungsmacht an dem Bauwerk erst später verschafft (z. B. bei Beendigung des Mietverhältnisses), so ist diese Lieferung steuerfrei nach § 4 Nr. 9 Buchst. a UStG, sofern sie als Übertragung eines Gebäudes auf fremdem Boden nach § 2 Abs. 2 Nr. 2 in Verbindung mit § 1 Abs. 1 oder 2 GrEStG der Grunderwerbsteuer unterliegt (s. dazu Beispiele 4 und 6).

G. Vorsteuerabzug

I. Vorsteuerabzug beim Besteller

1. Allgemeines

Dem Besteller der Baumaßnahme steht unter den Voraussetzungen des § 15 UStG der Abzug der ihm für die Baumaßnahme in Rechnung gestellten Umsatzsteuer als Vorsteuer zu,

a) wenn er das Bauwerk sofort weiterliefert und damit eine steuerpflichtige Werklieferung bewirkt (vgl. Abschnitt F I)

oder

b) wenn er die Verfügungsmacht an dem Bauwerk behält und das Bauwerk in seinem Unternehmen zur Ausführung von Umsätzen verwendet, die den Vorsteuerabzug nicht ausschließen. Dient das Bauwerk auch zur Ausführung von Umsätzen, die den Vorsteuerabzug ausschließen (§ 15 Abs. 2 und 3 UStG), so kommt nur ein anteiliger Vorsteuerabzug in Betracht (§ 15 Abs. 4 und 5 UStG).

Liefert der Besteller das Bauwerk später an den Grundstückseigentümer weiter (vgl. Abschnitt C II), so ist § 15a UStG zu beachten. Der Vorsteuerabzug ist z. B. nach § 15a UStG zu berichtigen, wenn die Weiterlieferung gemäß § 4 Nr. 9 Buchst. a UStG steuerfrei ist (vgl. Abschnitt F II) und das Bauwerk vorher vom Besteller ganz oder teilweise zur Ausführung von Umsätzen verwendet wurde, die zum Vorsteuerabzug berechtigen.

2. Vorsteuerabzug bei der Weiterlieferung von Teilen eines Bauwerks

Liefert der Besteller eines Bauwerks einen wirtschaftlich abgrenzbaren Teil des Gebäudes sofort an den Grundstückseigentümer weiter, während das übrige Bauwerk im übrigen in seinem Unternehmen verbleibt, so ist die dem Besteller für das an ihn gelieferte Bauwerk insgesamt in Rechnung gestellte Umsatzsteuer aufzuteilen und dem jeweiligen Gebäudeteil als selbständigem Gegenstand zuzuordnen. Als Vorsteuer abziehbar ist nur die Steuer, die auf den sofort weitergelieferten Gebäudeteil entfällt, sowie die Steuer, die auf den im Unternehmen des Bestellers verbleibenden Gebäudeteil entfällt, soweit er nicht zur Ausführung von Umsätzen verwendet wird, die den Vorsteuerabzug ausschließen (§ 15 Abs. 2 und 3 UStG).

II. Vorsteuerabzug des Grundstückseigentümers

Wird die Verfügungsmacht an dem Bauwerk oder einem Teil des Bauwerks vom Besteller im Rahmen seines Unternehmens auf den Grundstückseigentümer übertragen, so ist der Grundstückseigentümer unter den Voraussetzungen des § 15 UStG insoweit zum Abzug der ihm in Rechnung gestellten Umsatzsteuer als Vorsteuer berechtigt, als er das Bauwerk oder den Teil des Bauwerks im Rahmen seines Unternehmens für Umsätze verwendet, die den Vorsteuerabzug nicht ausschließen (§ 15 Abs. 2 und 3 UStG). Wegen der Rechnungserteilung vgl. Abschnitte 183 Abs. 4, 190 Abs. 3 und 192 Abs. 15 UStR.

III. Spätere Überführung in den Unternehmensbereich

Soweit der Besteller oder der Grundstückseigentümer einen Teil des Bauwerks zunächst für nichtunternehmerische Zwecke verwendet, kann ein Vorsteuerabzug nicht in Anspruch genommen werden. Wird dieser Teil später einer unternehmerischen Nutzung zugeführt, ist eine Berichtigung des Vorsteuerabzugs nach § 15a UStG nicht möglich.

H. Beispiele

Beispiel 1:

Übergang des zivilrechtlichen Eigentums und sofortige Verschaffung der Verfügungsmacht

(1) E (Grundstückseigentümer) vermietet ein Grundstück für 15 Jahre an den Unternehmer B (Besteller). B läßt auf dem Grundstück durch den Unternehmer U eine Lagerhalle für Zwecke seines Unternehmens errichten. Die betriebsgewöhnliche Nutzungsdauer der Lagerhalle beträgt 30 Jahre. Nach den Vereinbarungen ersetzt E dem B die Kosten für das von B im eigenen Namen errichtete Gebäude. Für die Nutzung des Gebäudes zahlt B an E eine angemessene Miete.

(2) B ist Empfänger der Werklieferung des U. B ist unter den Voraussetzungen des § 15 UStG zum Abzug der ihm in Rechnung gestellten Umsatzsteuer als Vorsteuer berechtigt.

Anlage § 001–05

(3) B liefert die Lagerhalle im Zeitpunkt der Fertigstellung an E weiter. E wird nicht nur nach §§ 946, 94 BGB Eigentümer, sondern erlangt nach dem Willen der Beteiligten auch die Verfügungsmacht an der Lagerhalle. Es liegt daher eine entgeltliche Lieferung der Lagerhalle vor. Gegenleistung des E für die Lieferung der Lagerhalle ist die Übernahme der Baukosten. Die Lieferung ist steuerpflichtig, da der Vorgang nicht unter das Grunderwerbsteuergesetz fällt.

(4) E kann die ihm von B für die Weiterlieferung in Rechnung gestellte Umsatzsteuer unter den Voraussetzungen des § 15 UStG als Vorsteuer abziehen. Hierzu ist u. a. erforderlich, daß er für die Vermietung der Lagerhalle an B nach § 9 UStG auf die Steuerbefreiung des § 4 Nr. 12 Buchst. a UStG verzichtet.

Beispiel 2:

Verbindung zu einem vorübergehenden Zweck (Scheinbestandteile)

(1) E vermietet ein unbebautes Grundstück an den Unternehmer B. Der Mietvertrag ist auf 10 Jahre abgeschlossen. Es wird eine angemessene Miete gezahlt. B läßt auf dem Grundstück vom Bauunternehmer U auf eigene Kosten eine Lagerhalle für Zwecke seines Unternehmens errichten. Die betriebsgewöhnliche Nutzungsdauer der Lagerhalle beträgt 15 Jahre. B hat sich gegenüber E verpflichtet, nach Beendigung des Mietvertrages die Lagerhalle abzubrechen. Zweifel an der Ernsthaftigkeit der Abbruchsverpflichtung bestehen nicht.

(2) B ist Empfänger der Werklieferung des U. Er ist unter den Voraussetzungen des § 15 UStG zum Abzug der ihm in Rechnung gestellten Umsatzsteuer als Vorsteuer berechtigt.

(3) Eine Lieferung der Lagerhalle von B an E liegt nicht vor. B ist bürgerlich-rechtlich Eigentümer der Lagerhalle (§ 95 BGB), weil die Lagerhalle nach dem Willen der Parteien nur zu einem vorübergehenden Zweck mit dem Grundstück verbunden worden ist.

Beispiel 3:

Auseinanderfallen von zivilrechtlichem und wirtschaftlichem Eigentum

(1) E vermietet ein unbebautes Grundstück an den Unternehmer B. Der Mietvertrag ist auf 30 Jahre abgeschlossen. Es wird eine angemessene Miete gezahlt. B läßt auf dem Grundstück durch den Bauunternehmer U auf eigene Kosten eine Lagerhalle für Zwecke seines Unternehmens errichten. Die betriebsgewöhnliche Nutzungsdauer des Gebäudes entspricht der Dauer des Mietvertrages. Nach Ablauf des Mietvertrages fällt die Lagerhalle vereinbarungsgemäß entschädigungslos E zu.

(2) B ist Empfänger der Werklieferung des U. Er ist unter den Voraussetzungen des § 15 UStG zum Abzug der ihm in Rechnung gestellten Umsatzsteuer als Vorsteuer berechtigt.

(3) E ist zivilrechtlich Eigentümer der Lagerhalle geworden (§§ 946, 94 BGB). Die Lagerhalle ist nach dem Willen der Parteien nicht nur zu einem vorübergehenden Zweck (§ 95 BGB) mit dem Grundstück verbunden worden.

(4) B kann jedoch nach wirtschaftlicher Betrachtungsweise den E, obwohl dieser bürgerlich-rechtlich Eigentümer geworden ist, auf Dauer von der Einwirkung auf das Gebäude ausschließen. B ist wirtschaftlicher Eigentümer (§ 39 Abs. 2 Nr. 1 AO) der Lagerhalle. Der entschädigungslose Übergang der Verfügungsmacht an der Lagerhalle nach Ablauf des Mietvertrages ist nicht umsatzsteuerbar, unterliegt jedoch der Grunderwerbsteuer (§ 8 Abs. 2 Nr. 1 in Verbindung mit § 10 GrEStG). Hiermit zusammenhängende Vorsteuern sind gemäß § 15 Abs. 2 Nr. 3 UStG vom Vorsteuerabzug ausgeschlossen.

Beispiel 4:

Übergang des zivilrechtlichen einschließlich des wirtschaftlichen Eigentums und spätere Verschaffung der Verfügungsmacht

(1) E vermietet ein unbebautes Grundstück an den Unternehmer B. Der Mietvertrag ist auf 10 Jahre abgeschlossen. Es wird eine angemessene Miete gezahlt. Unmittelbar nach der Anmietung läßt B auf dem Grundstück durch den Bauunternehmer U auf eigene Kosten für Zwecke seines Unternehmens eine Lagerhalle errichten, deren betriebsgewöhnliche Nutzungsdauer 30 Jahre beträgt. E beteiligt sich nicht an den Baukosten. Nach den Vereinbarungen kann E nach Ablauf der Mietzeit wählen, ob er gegen Entschädigung die Lagerhalle übernimmt oder ob er deren Beseitigung verlangt. Die Beteiligten heben nach acht Jahren das Mietverhältnis auf. Er übernimmt die Lagerhalle und entschädigt B.

(2) B ist Empfänger der Werklieferung des U. B. ist unter den Voraussetzungen des § 15 UStG zum Abzug der ihm in Rechnung gestellten Umsatzsteuer als Vorsteuer berechtigt. Eine Weiterlieferung der Lagerhalle findet zunächst nicht statt.

Anlage § 001–05

(3) Die Lagerhalle ist nicht nur zu vorübergehenden Zwecken (§ 95 BGB) mit dem Grundstück verbunden worden, weil das Interesse des B von vornherein darauf gerichtet sein mußte, daß E die Lagerhalle nach Ablauf des Mietvertrages gegen Zahlung einer Entschädigung übernimmt. Die entsprechende Vereinbarung steht wegen des noch vorhandenen Restwertes der Halle im Zeitpunkt der ursprünglich vorgesehenen Beendigung des Mietvertrages auch mit den tatsächlichen Umständen im Einklang. E hat demnach bereits mit der Errichtung nach §§ 946, 94 BGB bürgerlich-rechtlich das Eigentum an der Lagerhalle erlangt.

(4) E ist auch wirtschaftlicher Eigentümer der Lagerhalle, da B ihn nicht auf Dauer von der Einwirkung auf das Gebäude ausschließen kann, sondern nur für die Dauer des Mietvertrages, nach dessen Ablauf – ursprünglich nach 10 Jahren – der Herausgabeanspruch des E noch einen wirtschaftlichen Wert hat.

(5) Trotzdem wird E die Verfügungsmacht erst nach acht Jahren verschafft, wenn die Beteiligten die Lagerhalle zum Gegenstand einer Leistungsvereinbarung machen und sie damit dem E zugewendet wird. Erst von da an ist E auch in der Lage, die volle Sachherrschaft über die Halle auszuüben. Während der Mietzeit bleibt der wirtschaftliche Gehalt des Gebäudes ausschließlich bei B. Ihm stehen solange Nutzung und Ertrag zu. Die Lieferung nach acht Jahren unterliegt der Grunderwerbsteuer und ist daher nach § 4 Nr. 9 Buchst. a UStG von der Umsatzsteuer befreit. Da die Veräußerung innerhalb des Berichtigungszeitraums von 10 Jahren erfolgt, ist § 15a UStG zu beachten. Gegebenenfalls ist ein Verzicht auf die Steuerbefreiung des § 4 Nr. 9 Buchst. a UStG nach § 9 UStG möglich.

Beispiel 5:

Übergang des zivilrechtlichen Eigentums und spätere nichtsteuerbare Lieferung

(1) E vermietet ein unbebautes Grundstück an den Unternehmer B. Der Mietvertrag ist auf 30 Jahre abgeschlossen. Es wird eine angemessene Miete gezahlt. Unmittelbar nach der Anmietung läßt B auf dem Grundstück durch den Bauunternehmer U auf eigene Kosten eine Lagerhalle für Zwecke seines Unternehmens errichten. Die betriebsgewöhnliche Nutzungsdauer der Lagerhalle beträgt 50 Jahre. Der Mietvertrag sieht vor, daß das Gebäude nach Ablauf der Mietzeit entschädigungslos auf E übergeht, weil B davon ausgeht, daß die Halle dann für seinen Betrieb wertlos sein wird.

(2) B ist Empfänger der Werklieferung des U. B ist unter den Voraussetzungen des § 15 UStG zum Abzug der ihm in Rechnung gestellten Umsatzsteuer als Vorsteuer berechtigt. Eine Weiterlieferung der Lagerhalle findet zunächst nicht statt.

(3) Da die Lagerhalle mit Ende des Mietverhältnisses voraussichtlich nicht verbraucht sein und E zu dessen Verfügung stehen wird, dient sie nicht vorübergehenden Zwecken (vgl. § 95 BGB). E erlangt damit sofort nach §§ 946, 94 BGB Eigentum an dem Bauwerk. Dennoch behält B für die Dauer des Mietverhältnisses die Verfügungsmacht über die Lagerhalle. Die Verfügungsmacht geht erst mit Ablauf der Mietzeit auf E über. Die Lieferung nach Ablauf der Mietzeit ist mangels Entgelt nicht steuerbar, unterliegt jedoch der Grunderwerbsteuer (§ 8 Abs. 2 Nr. 1 in Verbindung mit § 10 GrEStG). Da die Lieferung im Falle eines Entgelts nach § 4 Nr. 9 Buchst. a UStG von der Umsatzsteuer befreit wäre, eine Option nach § 9 UStG aber nicht möglich ist (Abschnitt 206 Abs. 3 UStR), liegt zwar grundsätzlich eine Änderung der Verhältnisse im Sinne des § 15a UStG vor. § 15a UStG kommt nicht zur Anwendung, weil der Berichtigungszeitraum von 10 Jahren überschritten ist.

Beispiel 6:

Übergang des zivilrechtlichen Eigentums und spätere Weiterlieferung

(1) E vermietet ein unbebautes Grundstück an den Unternehmer B. Der Mietvertrag ist auf 15 Jahre abgeschlossen. Unmittelbar nach der Anmietung läßt B durch den Bauunternehmer U auf eigene Kosten eine Lagerhalle für Zwecke seines Unternehmens errichten. Die Vereinbarungen zwischen E und B sehen vor, daß die Lagerhalle nach Ablauf der Mietzeit von 15 Jahren entschädigungslos auf E übergeht. Als Ausgleich hierfür zahlt B für den Grund und Boden während dieser Zeit nur eine ermäßigte Miete. Der kapitalisierte Wert der Mietermäßigung (bezogen auf die Mietdauer von 15 Jahren) soll nach den Vorstellungen der Mietvertragspartner dem voraussichtlichen Restwert der Lagerhalle bei Ablauf des Mietverhältnisses entsprechen.

(2) B ist Empfänger der Werklieferung des U. Es ist unter den Voraussetzungen des § 15 UStG zum Abzug der ihm in Rechnung gestellten Umsatzsteuer als Vorsteuer berechtigt.

(3) Eine Weiterlieferung der Lagerhalle an E findet zunächst nicht statt. B behält für die Dauer des Mietverhältnisses die Verfügungsmacht über die Lagerhalle. Die uneingeschränkte Nutzungs- und Verwertungsbefugnis geht auf E vereinbarungsgemäß erst nach 15 Jahren mit Ablauf des Mietvertrages über. Die Lieferung der Lagerhalle ist entgeltlich. Das Entgelt besteht in der Differenz zwischen an-

gemessener und tatsächlich gezahlter Miete für den Grund und Boden. Aus Vereinfachungsgründen kann das Entgelt auch nach dem Restwert der Lagerhalle bestimmt werden.

(4) Die Lieferung der Lagerhalle nach 15 Jahren unterliegt nicht der Grunderwerbsteuer und ist deshalb umsatzsteuerpflichtig.

(5) Die von B in Form der verbilligten Überlassung des Grundstücks vereinnahmten Teilentgelte sind Anzahlungen für die spätere Lieferung der Lagerhalle. Sie führen nur dann zur Entstehung der Steuer, wenn das jeweils vereinnahmte Teilentgelt mindestens 10 000 DM beträgt (§ 13 Abs. 1 Nr. 1a Satz 4 UStG), oder wenn eine Rechnung mit gesondertem Steuerausweis erteilt wird.

Beispiel 7:

Übergang des zivilrechtlichen Eigentums und sofortige Weiterlieferung eines Gebäudeteils

(1) E vermietet ein unbebautes Grundstück an die Bank B. Es wird ein angemessener Mietzins gezahlt. B läßt durch den Bauunternehmer U auf dem Grundstück auf eigene Kosten ein Gebäude errichten. Einen Teil des Gebäudes nutzt sie für eigene unternehmerische Zwecke, und zwar ausschließlich für steuerfreie Umsätze, die nach § 15 Abs. 2 und 3 UStG den Vorsteuerabzug ausschließen; einen anderen Teil des Gebäudes überläßt sie E gegen Vergütung der anteiligen Baukosten. Die Dauer des Mietverhältnisses über das Grundstück stimmt mit der betriebsgewöhnlichen Nutzungsdauer des Gebäudes überein. Für den von ihr genutzten Teil des Gebäudes zahlt B keine Miete.

(2) B ist Empfänger der Werklieferung des Bauunternehmers U. E erlangt nach §§ 946, 94 BGB zivilrechtlich Eigentum an dem gesamten Gebäude. B liefert an E jedoch lediglich den von ihm genutzten Teil des Gebäudes sofort weiter. Auf Grund der getroffenen Vereinbarungen wird E an den von ihm genutzten Räumen die Verfügungsmacht übertragen. Diese Lieferung der B ist als Werklieferung steuerpflichtig, weil der Vorgang nicht unter das Grunderwerbsteuergesetz fällt.

(3) Für den Vorsteuerabzug durch B gilt folgendes: Die von U in Rechnung gestellte Umsatzsteuer ist aufzuteilen. B kann den Vorsteuerabzug nur insoweit vornehmen, als die Vorsteuer der steuerpflichtigen Lieferung an E zuzuordnen ist. Die Vorsteuern, die auf den Gebäudeteil entfallen, den die Bank zur Ausführung steuerfreier Umsätze verwendet, sind vom Vorsteuerabzug ausgeschlossen.

Beispiel 8:

Bebauung eines Gesellschafter-Grundstücks durch die Gesellschaft

(1) An der B-KG sind E mit 40 v. H. und seine beiden Söhne mit je 30 v. H. beteiligt. E überläßt der B-KG ein ihm gehörendes unbebautes Grundstück. Vereinbarungen hierüber werden weder im Gesellschaftsvertrag noch in einem Mietvertrag getroffen. Die B-KG läßt durch den Bauunternehmer U auf dem Grundstück auf eigene Kosten ein Gebäude errichten. Das Gebäude wird zur Hälfte zu unternehmerischen Zwecken der B-KG genutzt; zur anderen Hälfte wird es E zu eigenen Wohnzwecken überlassen.

(2) Die B-KG ist Empfänger der Werklieferung des U. Sie ist unter den Voraussetzungen des § 15 UStG zum Abzug der ihr in Rechnung gestellten Umsatzsteuer als Vorsteuer berechtigt.

(3) E wird nach §§ 946, 94 BGB Eigentümer des gesamten Gebäudes. E erlangt aber nach dem Willen der Beteiligten im Zeitpunkt der Fertigstellung die Verfügungsmacht nur an dem Wohnteil des Gebäudes. Da ein Entgelt nicht gezahlt wird, ist insoweit der Tatbestand des § 1 Abs. 1 Nr. 2 Buchst. a UStG erfüllt, wenn für die Überlassung nichtunternehmerische Gründe maßgebend sind (vgl. BFH-Urteil vom 3. November 1983, BStBl. 1984 II S. 169). Liegen unternehmerische Gründe vor, z. B. weil ein betriebliches Interesse daran besteht, daß E in dem Gebäude wohnt, handelt es sich um eine Lieferung im Sinne des § 1 Abs. 1 Nr. 3 UStG.

Beispiel 9:

Frage der Weiterlieferung des Bauwerks an den Ehegatten-Grundstückseigentümer bei Baukostenübernahme

(1) Unternehmer M betreibt auf einem Grundstück, das seiner Ehefrau E gehört, ein Unternehmen. M läßt durch den Bauunternehmer U an dem Gebäude Ein- und Umbaumaßnahmen vornehmen, die allein im Zusammenhang mit seinem Unternehmen stehen. E übernimmt ganz oder teilweise die Kosten der Baumaßnahmen.

(2) M ist Empfänger der Werklieferung des U. Er ist unter den Voraussetzungen des § 15 UStG zum Abzug der ihm in Rechnung gestellten Umsatzsteuer als Vorsteuer berechtigt.

(3) Ob eine Weiterlieferung durch M an E vorliegt, beurteilt sich nach der Absicht, mit der E sich an den Baukosten beteiligt hat. Die Vorstellungen sind darauf zu untersuchen, ob E die Zuwendungen

Anlage § 001–05

geleistet hat, um das Bauwerk von M zu erhalten. Für diese Beurteilung kann die Wertrelation ein Anhaltspunkt sein. Steht der von E erbrachte finanzielle Beitrag in keinem Verhältnis zu dem von ihr erlangten Vorteil, so spricht das gegen die Annahme einer Weiterlieferung. Die Bezahlung der Kosten durch die Ehefrau beruht dann auf außerunternehmerischen Gründen. Ein Unternehmer würde ohne vertragliche Vereinbarungen die Kosten nicht übernehmen.

Beispiel 10:

Frage der Weiterlieferung eines Bauwerkteils an den Ehegatten-Grundstückseigentümer im Rahmen des Unternehmens oder im nichtunternehmerischen Bereich

(1) Unternehmer M läßt auf dem Grundstück seiner Ehefrau E durch den Bauunternehmer U auf eigene Kosten ein Gebäude errichten. M nutzt einen Teil des Gebäudes für das eigene Unternehmen. Den anderen Teil des Gebäudes nutzt E durch Vermietung an Dritte. Vertragliche Vereinbarungen wurden zwischen den Eheleuten nicht getroffen. M zahlt E für die unternehmerisch genutzten Räume kein Entgelt. E hat sich an den Baukosten mit einem eigenen Sparguthaben beteiligt.

(2) M ist Empfänger der Werklieferung des U. E hat zwar nach §§ 946, 94 BGB zivilrechtlich das Eigentum an dem Gebäude insgesamt erlangt. Die Verfügungsmacht an den von M selbst unternehmerisch genutzten Räumen erhält E jedoch nicht. Insoweit ist M unter den Voraussetzungen des § 15 UStG zum Abzug der ihm für die Errichtung dieses Gebäudeteils in Rechnung gestellten Umsatzsteuer berechtigt. Hinsichtlich der von E fremdvermieteten Räume ist davon auszugehen, daß M an E diesen Gebäudeteil weiterliefert, um E den wirtschaftlichen Gehalt der Werklieferung des U insoweit zuzuwenden. Ob die Weiterlieferung durch M seinem nichtunternehmerischen Bereich zuzuordnen oder als steuerbarer Leistungsaustausch anzusehen ist, beurteilt sich nach der Absicht, mit der sich E an den Baukosten beteiligt hat. Die Vorstellungen der Beteiligten sind darauf zu untersuchen, ob die Lieferung des M und die Zuwendung der E im Sinne eines Austauschverhältnisses miteinander verknüpft sein sollten. Für diese Beurteilung kann die Wertrelation ein Anhaltspunkt sein. Steht der von E erbrachte finanzielle Beitrag in keinem Verhältnis zu dem von ihr erlangten Vorteil, so spricht das gegen die Annahme eines entgeltlichen Vorgangs und für eine nicht steuerbare Lieferung durch M außerhalb seines Unternehmens. In diesem Fall ist M nicht berechtigt, die ihm für die Errichtung dieses Gebäudeteils in Rechnung gestellte Umsatzsteuer als Vorsteuer abzuziehen.

Beispiel 11:

Nichtsteuerbare Weiterlieferung eines Teils des errichteten Bauwerks an den Ehegatten-Grundstückseigentümer

(1) Unternehmer M läßt auf dem Grundstück seiner Ehefrau E durch den Bauunternehmer U auf eigene Kosten ein Gebäude errichten. M nutzt das Gebäude zum Teil für das eigene Unternehmen, zum Teil verwenden es die Eheleute für eigene Wohnzwecke. Vertragliche Vereinbarungen wurden zwischen den Eheleuten nicht getroffen. M zahlt E für die unternehmerisch genutzten Räume kein Entgelt.

(2) M ist Empfänger der Werklieferung des U. E hat zwar nach §§ 946, 94 BGB zivilrechtlich das Eigentum an dem Gebäude erlangt. Die Verfügungsmacht an den vom M unternehmerisch genutzten Räumen erhält sie jedoch nicht. Bei den für Wohnzwecke genutzten Räumen ist davon auszugehen, daß M diese Gebäudeteile an E weiterliefert und E damit auch daran die Verfügungsmacht erlangt. M hat diesen Teil der Werklieferung im nichtunternehmerischen Bereich empfangen und auch die Weiterlieferung an E geschieht im nichtunternehmerischen Bereich. Ein steuerbarer Tatbestand ist insoweit nicht gegeben.

(3) Für den Vorsteuerabzug gilt folgendes: Die von U in Rechnung gestellte Steuer ist aufzuteilen. Hinsichtlich der unternehmerisch genutzten Räume ist M unter den Voraussetzungen des § 15 UStG zum Vorsteuerabzug berechtigt. Hinsichtlich der für Wohnzwecke genutzten Räume kommt ein Vorsteuerabzug nicht in Betracht.

Anlagen § 001–06 nicht belegt, § 001–07

Einräumung von Leitungsrechten an Grundstücken zugunsten von Energieversorgungsunternehmen

BMF-Schreiben vom 04.05.1987 – IV A 2 – S 7100 – 45/87, BStBl. 1987 I S. 397[1)]

Energieversorgungsunternehmen nehmen bei der Führung ihrer Versorgungsleitungen (Elektrizität, Ferngas, Wasser, Erdöl) land- und forstwirtschaftliche Grundstücke in Anspruch. Der Grundstückseigentümer räumt in diesem Falle vertraglich das Recht zum Bau, Betrieb und zur Unterhaltung der Leitungen ein. In der Regel werden diese Leitungsrechte durch Bestellung einer beschränkten persönlichen Dienstbarkeit gesichert. Für die Einräumung der Dienstbarkeit wird eine Entschädigung gezahlt. Daneben werden im Zusammenhang mit dem Leitungsbau folgende weitere Entschädigungen gezahlt:

1. bei landwirtschaftlich genutzten Grundstücken
   a) Entschädigung für Maststandorte; sie soll den durch die Errichtung eines Leitungsmastes auf dieser Fläche eintretenden Ertragsausfall der landwirtschaftlichen Erzeugung einschließlich der Bearbeitungserschwernisse ausgleichen;
   b) Entschädigung für Flur- und Aufwuchsschäden; sie bemißt sich nach dem Ernte- und Ertragsausfall und wird dem Nutzungsberechtigten (Eigentümer oder Pächter) gezahlt;[2)]
2. bei forstwirtschaftlich genutzten Grundstücken
   a) Entschädigung für künftigen Nutzungsausfall;
   b) Entschädigung bei Eingriff in den Bestand
      aa) bei Selbstverwertung des Holzes durch den Eigentümer erhält dieser für den vorzeitigen Abtrieb eine Entschädigung für Hiebsunreife;
      bb) beim Erwerb des Holzes durch das Energieversorgungsunternehmen erhält der Eigentümer den Kaufpreis und ggf. eine Hiebsunreifeentschädigung.

Ab 1. Januar 1985 ist die Einräumung dinglicher Rechte an Grundstücken nach § 4 Nr. 12 Buchstabe c UStG von der Umsatzsteuer befreit. Es stellt sich deshalb die Frage, ob bei der Einräumung von Leitungsrechten außer der Dienstbarkeitsentschädigung auch die übrigen gezahlten Entschädigungen Gegenleistung für die Bestellung der beschränkten persönlichen Dienstbarkeit sind oder ob es sich dabei um Entgelte für selbständige Leistungen handelt. Unter Bezugnahme auf das Ergebnis der Erörterung mit den obersten Finanzbehörden der Länder gilt dazu folgendes:

Entgelt für die Bestellung einer beschränkten persönlichen Dienstbarkeit zur Sicherung von Leitungsrechten ist nur die dafür gezahlte Dienstbarkeitsentschädigung.

Die weiteren im Zusammenhang mit der Einräumung von Leitungsrechten gezahlten Entschädigungen sind das Entgelt für selbständige, steuerpflichtige Hauptleistungen des Grundstückseigentümers bzw. des Pächters. Diese Leistungen sind – mit Ausnahme der Veräußerung von Holz an das Versorgungsunternehmen – sonstige Leistungen (Duldungsleistungen). Danach gelten für die oben bezeichneten Entschädigungen, wenn sie für sonstige Leistungen der Land- und Forstwirte gezahlt werden, die die Durchschnittssätze des § 24 UStG anwenden, folgende Umsatzsteuersätze[3)]:

1. bei landwirtschaftlich genutzten Grundstücken
   a) Dienstbarkeitsentschädigung
      – steuerfrei nach § 4 Nr. 12 Buchstabe c UStG;
   b) Entschädigung für Maststandorte
      – Steuersatz 8 v. H. (§ 24 Abs. 1 Nr. 2 UStG);

---

1) Teilweise überholt durch BFH vom 11.11.2004 – V R 30/04, DB 2005 S. 373, siehe Rechtsprechung zu § 4 Nr. 12. Beachte BMF-Schreiben vom 18.10.2005, Anlage § 004 Nr. 12-12, wonach sich Unternehmer auf die Grundsätze des Schreibens vom 04.05.1987 nur noch bis Ende 2006 berufen können.
2) Die hier behandelten Flur- und Aufwuchsentschädigungen sind nicht vergleichbar mit der dem BFH-Urteil vom 01.07.1954 – V 60/54 (nicht veröffentlicht) zugrundeliegenden einmaligen Entschädigung für die heranwachsende Ernte. Bei den Flur- und Aufwuchsentschädigungen handelt es sich nicht um die Gegenleistung für die Übertragung der Verfügungsmacht an der aufstehenden Ernte, denn die Entschädigungen werden unabhängig davon gezahlt, ob die Ernte bereits eingebracht ist oder nicht. Es werden damit auch Schäden abgegolten, die sich bei späterem Aufwuchs aus dem Betrieb und der Unterhaltung der Leitungen ergeben. Die Entschädigungen sind deshalb nicht als Entgelt für eine Lieferung, sondern als Entgelt für eine Duldungsleistung anzusehen (BMF vom 14.09.1987 – IV A 2 – S 7100 – 79/87, UR 1987 S. 337).
3) Aktuelle Steuersätze beachten!

Anlage § 001–07

    c) Entschädigung für Flur- und Aufwuchsschäden
       – Steuersatz 8 v. H. (§ 24 Abs. 1 Nr. 2 UStG);
2. bei forstwirtschaftlich genutzten Grundstücken
    a) Dienstbarkeitsentschädigung
       – steuerfrei nach § 4 Nr. 12 Buchstabe c UStG;
    b) Entschädigung für künftigen Nutzungsausfall
       – Steuersatz 8 v. H. (§ 24 Abs. 1 Nr. 2 UStG);
    c) Entschädigung bei Eingriff in den Bestand
       aa) bei Selbstverwertung des Holzes durch den Eigentümer (Hiebsunreifeentschädigung)
          – Steuersatz 8 v. H. (§ 24 Abs. 1 Nr. 2 UStG);
       bb) bei Erwerb des Holzes durch das Energieversorgungsunternehmen
          – Steuersatz 5 v. H. (§ 24 Abs. 1 Nr. 1 UStG).
       Bei zusätzlicher Hiebsunreifeentschädigung gilt aa).

Wird für diese Leistungen ein höherer Durchschnittsatz in der Abrechnung gesondert ausgewiesen, steht den Versorgungsunternehmen als Leistungsempfänger gleichwohl nur der Vorsteuerabzug in Höhe der für den maßgeblichen Umsatz geltenden Steuer zu (§ 24 Abs. 1 Satz 6 UStG). Die Land- und Forstwirte schulden in diesen Fällen gemäß § 14 Abs. 2 UStG[1)] den Mehrbetrag der Steuer (Abschnitt 271 Abs. 1 UStR). Diese Steuerschuld kann nur durch eine Berichtigung der Abrechnung rückgängig gemacht werden.

---

1) Ab 01.01.2004: § 14c Abs. 1 UStG

Anlagen § 001–08 nicht belegt, § 001–09

Umsatzsteuerliche Behandlung der Geschäftsführungsaufgaben in Bauarbeitsgemeinschaften (§ 1 Abs. 1 Nr. 1 UStG)

BMF-Schreiben vom 12.09.1988 – IV A 2 – S 7100 – 115/88,
UR 1988 S. 362

Nach dem Muster-Arbeitsgemeinschaftsvertrag der bauwirtschaftlichen Spitzenverbände werden die Geschäftsführungsaufgaben (technische Geschäftsführung, kaufmännische Geschäftsführung, Bauleitung) auf einzelne Gesellschafter übertragen. Es ist die Frage aufgetreten, wie die Übernahme der Geschäftsführungsaufgaben beim einzelnen Gesellschafter umsatzsteuerlich zu behandeln ist. Aufgrund des Ergebnisses der Erörterung mit den obersten Finanzbehörden der Länder gilt hierzu folgendes:

Die Geschäftsführertätigkeit eines Gesellschafters (im folgenden: geschäftsführender Gesellschafter) einer Personengesellschaft, die sich darin erschöpft, die eigene gesellschaftsrechtliche Rechtsposition zu verwirklichen, ist keine Tätigkeit gegen Entgelt im Rahmen eines Leistungsaustausches (BFH-Urteil vom 17.7.1980 – V R 5/72, BStBl. II 1980, 622). Die Ausübung von Mitgliedschaftsrechten kann nicht als entgeltliche Leistung angesehen werden. Vielmehr liegt in diesen Fällen ein nicht steuerbarer Gesellschafterbeitrag vor.

Im Gegensatz dazu ist ein Leistungsaustausch zwischen dem geschäftsführenden Gesellschafter und der Gesellschaft dann zu bejahen, wenn er eine Leistung gegen ein Sonderentgelt erbringt. Dabei ist es gleichgültig, ob diese Leistung auf gesellschaftsrechtlicher Verpflichtung beruht oder nicht (vgl. Abschn. 6 Abs. 9 UStR). In diesen Fällen handelt der geschäftsführende Gesellschafter nicht zugleich für die Gesellschaft, sondern erbringt eine eigene umsatzsteuerbare Leistung.

Die Unterscheidung zwischen einer echten Geschäftsführungsaufgabe des geschäftsführenden Gesellschafters und den Tätigkeiten, in denen eine Leistung gegen Sonderentgelt erbracht wird, ist vom Einzelfall abhängig. In den §§ 7 bis 9 des Muster-Arbeitsgemeinschaftsvertrages werden im einzelnen die Aufgaben aufgeführt, die der jeweilige Geschäftsführungsbereich umfaßt. Es kann dahinstehen, ob in dieser Aufzählung Leistungen, die durch Sonderentgelt abgegolten werden, enthalten sind. Aus Vereinfachungsgründen sind die in den §§ 7 bis 9 des Muster-Arbeitsgemeinschaftsvertrages enthaltenen Tätigkeiten als nicht steuerbare Leistungen anzusehen.[1]

Für den Vorsteuerabzug gilt folgendes: Dem geschäftsführenden Gesellschafter steht der Vorsteuerabzug nach § 15 Abs. 1 Nr. 1 UStG aus Bezügen zu, die er zur Durchführung der Geschäftsführung benötigt. Leistungen an den geschäftsführenden Gesellschafter werden für dessen Unternehmen ausgeführt. Das BFH-Urteil vom 17.7.1980 (a. a. O.) findet hier keine Anwendung, weil ihm ein anderer Sachverhalt zugrunde lag. Hauptaufgabe des geschäftsführenden Gesellschafters ist hier nicht – wie in dem BFH-Fall – die Wahrnehmung gesellschaftsrechtlicher Funktionen. Vielmehr dient die Geschäftsführungstätigkeit in der Arbeitsgemeinschaft den Zwecken des eigenen Unternehmens des geschäftsführenden Gesellschafters (vgl. auch BFH-Urteil v. 20.1.1988 – X R 48/81, BStBl. II 1988, 557).

Diese Regelung ist erstmals ab 1.1.1989 anzuwenden. Es besteht Einvernehmen mit den obersten Finanzbehörden der Länder, daß die Geschäftsführertätigkeit, sofern sie vor diesem Zeitpunkt umsatzsteuerlich anders behandelt worden ist, nicht beanstandet werden wird.[2]

---

1) Die obersten Finanzbehörden des Bundes und der Länder vertreten die Auffassung, daß diese Vereinfachungsregelung nach ihrem Sinn und Zweck nicht nur bei reinen Bauarbeitsgemeinschaften, sondern sinngemäß auch bei vergleichbaren Arbeitsgemeinschaften – z. B. im Bereich Anlagenbau – angewendet werden kann. Voraussetzung hierfür ist jedoch, daß die zu beurteilenden Tätigkeiten dem Katalog der §§ 7 bis 9 des Muster-Arbeitsgemeinschaftsvertrags entsprechen (so jetzt BMF vom 11.11.1999, Anlage § 001-41. Zuvor OFD Münster vom 23.04.1990, DB 1990 S. 1264. Vgl. auch OFD Saarbrücken vom 26.04.1991 – S 7100 – 145 – St 241, DStR 1991 S. 1252 sowie FM Sachsen-Anhalt vom 11.08.1992, DStR 1993 S. 280 – Hinweis auf Abschn. 6 Abs. 5 UStR 2000, Abschn. 6 Abs. 7 UStR 2005 und Abschn. 6 Abs. 8 UStR 2008; jetzt Abschnitt 1.6 Abs. 8 UStAE).

2) Beachte Anlage § 001-55

Anlagen § 001–10, § 001–11

Umsatzsteuer für die Lieferungen von Freitabakwaren und Haustrunk an Arbeitnehmer (§ 1 Abs. 1 Nr. 1 Buchst. b UStG) [1)]

OFD Saarbrücken, Vfg. vom 10.04.1991 – S 7100 – 50 – St 24 1, UR 1991 S. 207

Es besteht aus folgenden Gründen keine rechtliche Möglichkeit, Freitabakwaren und Haustrunk von der Umsatzbesteuerung auszunehmen oder den Rabattfreibetrag von 2 400 DM (§ 8 Abs. 3 EStG) auch bei der Umsatzsteuer anzuwenden:

– Unentgeltliche Sachzuwendungen an Arbeitnehmer, zu denen Freitabakwaren und Haustrunk gehören, unterliegen nach § 1 Abs. 1 Nr. 1 Satz 2 Buchst. b Umsatzsteuergesetz (UStG) der Umsatzsteuer, soweit es sich nicht um Aufmerksamkeiten handelt. Aufmerksamkeiten sind nach herrschender Auffassung nur solche Getränke und Genußmittel, die der Arbeitgeber den Arbeitnehmern zum Verzehr im Betrieb unentgeltlich überläßt (vgl. Abschnitt 73 Abs. 2 Lohnsteuer-Richtlinien).

– Freitabakwaren und Haustrunk sind keine Leistungen im überwiegenden betrieblichen Interesse des Arbeitgebers. Das individuelle Interesse des Arbeitnehmers überwiegt das betriebliche Interesse des Arbeitgebers.

– Die Umsatzbesteuerung von Freitabakwaren und Haustrunk entspricht dem Wesen der Umsatzsteuer als einer allgemeinen Verbrauchsteuer. Sie stellt sicher, daß die unentgeltliche Abgabe einer Ware an Arbeitnehmer umsatzsteuerlich ebenso belastet wird wie die Entnahme durch den Unternehmer für private Zwecke (§ 1 Abs. 1 Nr. 2 Buchst. a UStG) oder die unentgeltliche Lieferung an Gesellschafter usw. (§ 1 Abs. 1 Nr. 3 UStG).

– Die Umsatzbesteuerung der unentgeltlichen Lieferungen und sonstigen Leistungen an Arbeitnehmer ist durch das Gemeinschaftsrecht zwingend vorgeschrieben (vgl. Artikel 5 Abs. 6 der 6. EG-Richtlinie zur Harmonisierung der Umsatzsteuern vom 17.5.1977, ABl. EG Nr. L 145/1). Nach dem Gemeinschaftsrecht besteht keine Möglichkeit, Freitabakwaren und Haustrunk von der Umsatzsteuer zu befreien.

Umsatzsteuerliche Behandlung des Nutzungsentgelts „Grüner Punkt" der Dualen System Deutschland GmbH (DSD) (§ 1 Abs. 1 Nr. 1 UStG)

BMF-Schreiben vom 10.03.1993 – IV A 2 – S 7100 – 5/93, UR 1993 S. 174

Sie haben um umsatzsteuerrechtliche Beurteilung des Nutzungsentgelts für den „Grünen Punkt" gebeten. Nach Ihrer Mitteilung berechnet DSD aufgrund eines Zeichennutzungsvertrags für das Zeichen „Grüner Punkt" seinen Lizenznehmern (Produktherstellern) das Nutzungsentgelt (Finanzierungsbeitrag) mit einem Steuersatz von 15 v. H. Die Lizenznehmer stellen ihrerseits die Nutzungsgebühr ihren Kunden/Abnehmern in Rechnung. Da Ihre Mitglieder Waren herstellen, die generell dem ermäßigten Steuersatz von 7 vH unterliegen, stellte sich die Frage, ob die Entrichtung des Nutzungsentgelts als Nebenleistung zur Warenlieferung anzusehen und somit ebenfalls ermäßigt zu besteuern ist.

Nach dem Ergebnis der Erörterung mit den obersten Finanzbehörden der Länder wird die Auffassung vertreten, daß das den Kunden/Abnehmern in Rechnung gestellte Nutzungsentgelt eine Nebenleistung zur Warenlieferung darstellt, die wirtschaftlich mit der Hauptleistung (Lieferung) eng zusammenhängt und üblicherweise in ihrem Gefolge vorkommt (vgl. Abschnitt 29 Abs. 3 UStR). Da die Hauptleistung (Lieferung von Mehl) dem ermäßigten Steuersatz unterliegt, ist in diesen Fällen auch das Nutzungsentgelt „Grüner Punkt" ermäßigt zu besteuern. Es macht keinen Unterschied, ob die Hersteller den Kostenfaktor Nutzungsentgelt verdeckt oder offen auf die Abnehmer überwälzen, so daß die Abrechnung entweder nach der Alternative a) (Entgelt für Warenlieferung einschl. Nutzungsentgelt Grüner Punkt DM 100,– + 7 vH USt = DM 107,–) oder nach der Alternative c) (Entgelt für Warenlieferung DM 98,– + Nutzungsentgelt Grüner Punkt DM 2,– + 7 vH USt = DM 107,–) Ihrer Anfrage vorgenommen werden kann.

---

1) Hinweis auf Abschnitt 12 Abs. 14 UStR 2005/2008 (Abschnitt 1.8 Abs. 14 UStAE); zur Besteuerung dieser Lieferungen erst ab 01.01.1991 vgl. Vfg. der OFD Nürnberg vom 04.07.1991, UR 1991 S. 329; ab 01.04.1999 Hinweis auf § 3 Abs. 1b Nr. 2 UStG, siehe Abschnitt 24b Abs. 7 UStR 2005 und Abschnitt 24b Abs. 8 UStR 2008; jetzt Abschnitt 3.3 Abs. 9 UStAE

Umsatzsteuer bei Ausgleichszahlungen an Landwirte für Nutzungseinschränkungen in Wasserschutzgebieten
(§ 1 Abs. 1 Nr. 1 UStG)

BMF-Schreiben vom 22.11.1993 – IV C 3 – S 7200 – 119/93,
UR 1994 S. 201

Sie hatten die Frage gestellt, wie die nach § 19 Abs. 4 Wasserhaushaltsgesetz (WHG) in Verbindung mit landesrechtlichen Regelungen für landwirtschaftliche Flächen in Wasserschutzgebieten von Wasserversorgungsunternehmen geleisteten Ausgleichszahlungen umsatzsteuerrechtlich zu behandeln sind. Die Zahlungen sind zu leisten, wenn durch die bestehenden Auflagen Land- und Forstwirten ein erhöhter Bewirtschaftungsaufwand und Nutzungsentgang entsteht.

Nach dem Ergebnis der Erörterung mit den obersten Finanzbehörden der Länder wird die Auffassung vertreten, daß in diesen Fällen zwischen den Wasserversorgungsunternehmen und den Landwirten kein Leistungsaustausch besteht. Diese Beurteilung gilt für Ausgleichszahlungen nach § 19 Abs. 4 WHG, die einen Billigkeitsausch, nicht eine Enteignungsentschädigung, darstellen; sie gilt auch für Beträge, die nach den entsprechenden landesrechtlichen Regelungen gewährt werden. Der Verzicht auf den Einsatz von Düngemitteln bzw. die Einhaltung von Anwendungsbeschränkungen für Pflanzenschutzmittel in Wasserschutzgebieten stehen zwar in ursächlichem Zusammenhang zur Ertragseinbuße, sie führen aber für sich genommen nicht zum Leistungsaustausch zwischen den Land- und Forstwirten und den Wasserversorgungsunternehmen.

Anlagen § 001–15, § 001–16, 17, 18, 19, 20, 21 nicht belegt

Umsatzsteuerliche Behandlung der nichtunternehmerischen Nutzung von Fernsprechgeräten und -dienstleistungen

BMF-Schreiben vom 15.02.1994 – IV C 3 – S 7102 – 3/94,
BStBl. 1994 I S. 194

Der BFH hat durch Urteil vom 23. September 1993 – V R 87/89 – (BStBl. 1994 II S. 200) entschieden, daß ein Unternehmer Telefondienstleistungen der Deutschen Bundespost nur insoweit für sein Unternehmen bezieht, als er das Telefon unternehmerisch nutzt. Die nichtunternehmerische Nutzung des Telefons sei kein Eigenverbrauch. Unter Bezugnahme auf das Ergebnis der Erörterung mit den obersten Finanzbehörden der Länder gilt zur nichtunternehmerischen Nutzung von Fernsprechgeräten und -dienstleistungen folgendes:

1. Nichtunternehmerische (private) Nutzung fremder Geräte und von Fernsprechdienstleistungen

Nutzt ein Unternehmer Fernspracheinrichtungen der Deutschen Bundespost TELEKOM oder anderer Unternehmer sowohl für unternehmerische als auch für nichtunternehmerische (private) Zwecke, so hat er die auf die Grundgebühren, Gesprächsgebühren und die Geräteanmietung entfallende Umsatzsteuer entsprechend dem Verwendungszweck in einen abziehbaren und einen nicht abziehbaren Anteil aufzuteilen (vgl. Abschnitt 192 Abs. 18 Nr. 1 UStR). Die nichtunternehmerische Nutzung ist kein Verwendungseigenverbrauch (§ 1 Abs. 1 Nr. 2 Buchstabe b UStG[1]).

Beispiel:

Ein Unternehmer nutzt ein Telefongerät der Deutschen Bundespost TELEKOM (Hausanschluß) zu 30 v. H. und ein Autotelefon (Mobilfunk) zu 10 v. H. für Privatgespräche.

Von den Fernsprechgebühren der Deutschen Bundespost TELEKOM sind z. Z. lediglich die Gebühren für die Überlassung des Endgeräts (Hausanschluß) Entgelte für steuerpflichtige Umsätze (vgl. § 4 Nr. 11a UStG). Der Unternehmer kann die in der monatlichen Fernsprechrechnung gesondert ausgewiesene Umsatzsteuer zu 70 v. H. abziehen und zu 30 v. H. nicht abziehen.

Die Grundgebühren und Gesprächsgebühren für den Mobilfunkanschluß unterliegen in vollem Umfang der Umsatzsteuer. Der Unternehmer kann die in den monatlichen Rechnungen gesondert ausgewiesene Umsatzsteuer zu 90 v. H. abziehen und zu 10 v. H. nicht abziehen.

2. Nichtunternehmerische (private) Nutzung eigener Geräte

Umsatzsteuer aus den Anschaffungskosten unternehmerisch genutzter Fernsprechendgeräte (z. B. von Telefonanlagen nebst Zubehör, Telekopiergeräten, Mobilfunkeinrichtungen) kann der Unternehmer in voller Höhe als Vorsteuer abziehen. Die nichtunternehmerische (private) Nutzung dieser Geräte unterliegt als Verwendungseigenverbrauch (§ 1 Abs. 1 Nr. 2 Buchstabe b UStG[2]) der Umsatzsteuer (vgl. Abschnitt 192 Abs. 18 Nr. 2 UStR). Bemessungsgrundlage sind die Absetzungen für Abnutzung für die jeweiligen Geräte. Nicht zur Bemessungsgrundlage für den Verwendungseigenverbrauch gehören die Grund- und Gesprächsgebühren. Die auf diese Gebühren entfallende Umsatzsteuer ist in einen abziehbaren und einen nicht abziehbaren Anteil aufzuteilen (vgl. Nummer 1).

3. Anwendung

Nach den vorstehenden Grundsätzen ist bei allen nicht bestandskräftigen Steuerfestsetzungen zu verfahren. Die entgegenstehenden Regelungen in Abschnitt 9 Abs. 1 Satz 3 UStR, in Abschnitt II Nr. 3 des BMF-Schreibens vom 29. Dezember 1989 (BStBl. 1990 I S. 35) und in Absatz 4 des BMF-Schreibens vom 28. September 1993 (BStBl. I S. 912) sind nicht mehr anzuwenden.

---

1) Ab 01.04.1999: § 3 Abs. 9a Nr. 1 UStG
2) Ab 01.04.1999: § 3 Abs. 9a Nr. 1 UStG

Anlagen § 001–22, § 001–23 nicht belegt, § 001–24

Umsatzsteuer bei Freistellung von Arbeitnehmern

BMF-Schreiben vom 05.01.1996 – IV C 3 – S 7100 – 122/95, DStR 1996 S. 223

Die in Abschn. 1 Abs. 5 UStR 1996 aufgeführten Fälle, in denen bei einer Freistellung von Arbeitnehmern gegen Erstattung von Lohnkosten und Lohnnebenkosten kein Leistungsaustausch besteht, sind Beispiele.

Im Einvernehmen mit den obersten Finanzbehörden der Länder wird die Auffassung vertreten, daß auch bei Freistellung von Arbeitnehmern für eine ehrenamtliche Tätigkeit bei den Innungskrankenkassen und ihren Verbänden gegen Erstattung der Aufwendungen an die Arbeitgeber (Unternehmer) kein Leistungsaustausch vorliegt.

Abgabe von Mahlzeiten an Arbeitnehmer durch unternehmenseigene oder fremdbewirtschaftete Kantinen

BMF-Schreiben vom 03.04.1996 – IV C 3 – S 7100 – 6/96, DStR 1996 S. 921

Es ist die Frage gestellt worden, ob bei Bewirtschaftung aller Konzernkantinen durch eine eigene Konzerntochtergesellschaft (Konzern-Caterer) für die Abgabe von Mahlzeiten an die Arbeitnehmer als Bemessungsgrundlage für die Umsatzsteuer die Sachbezugswerte angesetzt werden können und ggf., ob eine Barzahlung der Arbeitnehmer des Konzern-Caterers nach dem NGG-Tarif der Anwendung der Sachbezugswerte entgegensteht. Eine weitere Frage ging dahin, wie zu verfahren ist, wenn bei Einschaltung eines Konzern-Caterers ein Joint-Venture-Untrnehmen mit einem nicht konzernangehörigen Dritten gegründet wird.

Nach dem Ergebnis der Erörterungen mit den obersten Finanzbehörden der Länder ist die Auffassung zu vertreten, daß die Sachbezugswerte nach der Sachbezugsverordnung für die Abgabe der Mahlzeiten an die Arbeitnehmer in Anspruch genommen werden können, wenn der Kantinenbetrieb nach Art einer Betriebsabteilung wirtschaftlich in das Gesamtunternehmen eingegliedert ist. Eine unternehmenseigene Kantine i. S. d. Abschn. 12 Abs. 10 UStR liegt somit vor, wenn der Konzernkantinenbetrieb eine Organgesellschaft und somit unselbständiger Bestandteil des Unternehmens ist (§ 2 Abs. 2 Nr. 2 UStG i. V. m. Abschn. 21 Abs. 5 UStR). Eine Bezahlung der in dem Kantinenbetrieb Beschäftigten nach dem NGG-Tarif ist für die umsatzsteuerliche Beurteilung unbeachtlich. Die Sachbezugswerte kommen für die Essenslieferungen an die Arbeitnehmer nicht in Betracht, wenn mit einem Caterer ein Joint-Venture-Unternehmen gegründet wird, die Voraussetzungen einer umsatzsteuerlichen Organschaft jedoch nicht vorliegen.

Anlagen § 001–25, 26 nicht belegt, § 001–27

Umsatzsteuerliche Behandlung der Abgabe von Multifunktionskarten (Chipkarten) und Telefonkarten
(§ 1 Abs. 1 Nr. 1, § 3, § 4 Nr. 8, § 13 Abs. 1 Nr. 1 UStG)

OFD Frankfurt am Main, Vfg. vom 14.05.1996 – S 7100 A – 172 – St IV 10,
UR 1997 S. 109

1. Abgabe von Multifunktionskarten (Chipkarten)

1.1 Der Erwerb einer Multifunktionskarte, die zur Inanspruchnahme unterschiedlicher Leistungen benutzt werden kann (zB Telefondienstleistungen, Parken in Parkhäusern, Benutzung von Parkscheinautomaten, Inanspruchnahme von Leistungen im öffentlichen Personennahverkehr), erschöpft sich in dem Umtausch eines Zahlungsmittels „Bargeld" in ein anderes Zahlungsmittel „elektronisches Geld". Dieser Vorgang ist nicht steuerbar. Die Besteuerung der einzelnen Leistungen ist bei der konkreten Leistungserbringung durch die jeweiligen Unternehmer vorzunehmen.

Gibt jedoch z. B. ein Parkhausunternehmer eine Karte aus, die nur zum Parken in seinen Parkhäusern berechtigt, handelt es sich bei dem vereinbarten „Kaufpreis" für die Parkhauskarte um ein vorausbezahltes Entgelt für das Parken in den Parkhäusern dieses Unternehmers. Die Umsatzsteuer entsteht in diesen Fällen bei der Vereinnahmung des vorausbezahlten Entgelts, dh. bei Ausgabe der Parkhauskarte (§ 13 Abs. 1 Nr. 1 Buchst. a Satz 4 UStG).

2. Abgabe von Telefonkarten

2.1 Abgabe zum aufgedruckten Wert

Der Verkauf von Telefonkarten zum aufgedruckten Wert stellt keine Lieferung der Telefonkarte dar. Denn das wirtschaftliche Interesse des Kartenerwerbers ist nicht auf die Erlangung der Verfügungsmacht an der Karte gerichtet, sondern darauf, mit Hilfe der auf der Karte befindlichen Information (Magnetstreifen oder Chip) später eine andere Leistung entgelten zu können.

2.1.1 Kann die Telefonkarte ausschließlich im Inland für die Inanspruchnahme von Telekommunikationsleistungen benutzt werden, stellt der „Kaufpreis" für die Telefonkarte vorausbezahltes Entgelt für eine Telekommunikationsleistung der Deutschen Telekom AG dar (§ 13 Abs. 1 Nr. 1 Buchst. a UStG).

2.1.2 In den Fällen, in denen die Telefonkarte als „Multifunktionskarte" zur Inanspruchnahme weiterer Leistungen benutzt werden kann (z. B. Telefonieren im Ausland, Parkhaus, ÖPNV), ist die Abgabe der Karte als nicht steuerbarer Vorgang zu betrachten (siehe Tz. 1.1).

2.2 Abgabe zu einem niedrigeren als dem aufgedruckten Wert (Rabattgewährung) an „Wiederverkäufer"

Gibt die Deutsche Telekom AG Telefonkarten mit Rabatt an „Wiederverkäufer" ab, liegt keine Lieferung der Telefonkarten vor (siehe Tz. 2.1). Bei der Differenz zwischen dem gezahlten Preis und dem aufgedruckten Wert handelt es sich um eine Provisionszahlung der Deutschen Telekom AG für eine Vermittlungsleistung des „Wiederverkäufers", die nach § 4 Nr. 8 Buchst. d UStG steuerfrei ist (Hinweis: Bis zum 31.12.1995 sind diese Vermittlungsleistungen als steuerbar und steuerpflichtig zu behandeln.).

2.3 Verkauf zu einem höheren als dem aufgedruckten Wert (z. B. als Sammelobjekt)

Wird eine Telefonkarte zu einem höheren als dem aufgedruckten Wert abgegeben (z. B. als Sammelobjekt), steht die Erlangung der Verfügungsmacht an der Karte und nicht der in ihr verbriefte Leistungsanspruch wirtschaftlich im Vordergrund. Daher handelt es sich in diesen Fällen um eine Lieferung, die dem Regelsteuersatz unterliegt (siehe hierzu auch BMF-Schreiben vom 31.1.1992 – IV A 2 – S 7210 – 1/92, BStBl I 1992, 141 = UR 1992, 86).

Die vorstehenden Regelungen wurden zwischen dem BMF und den obersten Finanzbehörden der Länder abgestimmt.

Anlagen § 001–28, § 001–29, 30 nicht belegt

Umsatzsteuerliche Behandlung von Zahlungen im Rahmen der sog. Altlastenfreistellung nach Art. 1 § 4 Umweltrahmengesetz (URG) vom 29.06.1990 i.d.F. des Art. 12 Hemmnisbeseitigungsgesetz vom 22.03.1991 (BGBl. I, 766)

OFD Frankfurt am Main, Rdvfg. vom 15.05.1996 – S 7100 A – 182 – St IV 10, UVR 1996 S. 315
Erlass FM Hessen vom 23.01.1996 – S 7100 A – 140 – II A 42

Unternehmer können sich vor der Investition in einem neuen Bundesland von der dort zuständigen Landesbehörde von der Verantwortlichkeit für sog. Altlasten, die auf den Betriebsgrundstücken festgestellt werden, freistellen lassen. Das Land übernimmt aufgrund dieser Freistellung die Kostenschuldnerschaft für die Altlastbeseitigung. In Abstimmung mit der zuständigen Landesbehörde beseitigen die Unternehmen in diesen Fällen die Altlasten selbst oder beauftragen Fremdfirmen damit. Das Land erstattet dem Unternehmer die entstandenen Kosten.

Die Kostenerstattung erfolgt im Rahmen eines Leistungsaustausches zwischen dem Unternehmer und dem jeweiligen Bundesland. Es handelt sich um keinen nicht steuerbaren Schadensersatz, auch wenn die Freistellungsklausel für Altlasten nach Art. 1 § 4 URG von der Freistellung hinsichtlich der Verantwortung für Schäden und vom Anspruch auf Schadenersatz spricht (vgl. Abschn. 3 Abs. 1 UStR).

Anlage § 001–31

Umsatzsteuerliche Behandlung der Übertragung von Wirtschaftsgütern (insbes. Milchquoten) im Rahmen von Gesellschaftsgründungen (§ 1 Abs. 1 Nr. 1, § 15 Abs. 1 UStG)

OFD Münster, Vfg. vom 04.09.1996 – S 7410 – 35/1 – St 14 – 32,
UR 1997 S. 110

Der BFH hat mit Urteil vom 8. 11. 1995 – XIR 63/94 (BStBl II 1996, 114 = UR 1996, 384) entschieden, daß im Rahmen der Einbringung eines Einzelunternehmens in eine Gesellschaft zuvor vom Einzelunternehmer genutzte Wirtschaftsgüter auch dann Gegenstand einer entgeltlichen Übertragung an die Gesellschaft sein können, wenn für sie im Zeitpunkt der Einbringung ein ertragsteuerlicher Buchwert nicht vorhanden war.

Die anderslautende Bezugsverfügung vom 13. 3. 1995 – S 7410 – 35 – St 14 – 32 ist damit überholt und nicht mehr anzuwenden.

Dies führt jedoch nicht zu einer allgemeinen Anerkennung des Vorsteuerabzugs der aufnehmenden Gesellschaft in vergleichbaren Fällen. Dieser hängt nach Auffassung des BFH (aaO) vielmehr davon ab, daß der vereinbarte Leistungsaustausch tatsächlich vollzogen worden ist. Die bloße Rechnungserteilung reicht hierzu nicht aus. Vielmehr muß sich die Übertragung der Sachwerte aufgrund weiterer Umstände ergeben, beispielsweise durch

die Erstellung einer Eröffnungsbilanz für die Gesellschaft und einer Abschlußbilanz für den Einzelunternehmer,

die Erstellung eines Inventarverzeichnisses,

Buchung auf den Kapitalkonten,

die Ermittlung der übertragenen Werte,

die Einbeziehung bei der Berechnung und Verteilung der stillen Reserven oder

die Berücksichtigung bei der Auseinandersetzung im Falle der Auflösung der Gesellschaft.

Außerdem muß die Gesellschaft durch ihr Auftreten nach außen erkennen lassen, daß sie und nicht der bisherige Einzelunternehmer die übertragenen Wirtschaftsgüter aus eigenem Recht nutzt.

In verschiedenen Einzelfällen haben der bisherige Einzelunternehmer und die aufnehmende Gesellschaft sog. „Leasing-" oder Pachtverträge über eine Nutzungsüberlassung einer auf dem Betrieb ruhenden Milchquote geschlossen. Die entsprechenden „Leasing-" oder Pachtverträge wurden vereinbarungsgemäß entrichtet. Nach den o. g. Ausführungen steht diese tatsächliche Handhabung der Annahme einer Übertragung der Milchquote vom bisherigen Einzelunternehmer an die aufnehmende Gesellschaft auch dann entgegen, wenn eine solche Übertragung zuvor an anderer Stelle, etwa im Gesellschaftsvertrag, vereinbart worden war.

Anlagen § 001–32, 33, 34 nicht belegt, § 001–35

Umsatzsteuerrechtliche Abwicklung von Telekommunikationsdienstleistungen im Interconnection-Verfahren ab 01.01.1998 [1)]

Erlass FM Nordrhein-Westfalen vom 02.03.1998 – S 7100 – 188 – V C 4,
DStR 1998 S. 490

I. Sachverhalt

Ab dem 1.1.1998 ist das Monopol der Deutschen Telekom AG für Telekommunikationsdienstleistungen im Festnetz entfallen. Nach § 43 Abs. 6 des Telekommunikationsgesetzes (BGBl I 1996, 1120) – TKG – hat ein Betreiber eines Telekommunikationsnetzes (z. B. Deutsche Telekom AG) in seinem Netz sicherzustellen, daß jeder Nutzer (also der „Inhaber eines Telefonanschlusses") dieses TK-Netzes die Möglichkeit hat, einen anderen Netzbetreiber für die Übermittlung von Signalen usw. (vgl. Abs. 2 des Erlasses vom 29.4.1997, der dem BMF-Schreiben vom 29.4.1997, BStBl. I, 410, DStR 1997, 70 entspricht) frei auszuwählen. Dieser andere Netzbetreiber wird Verbindungsnetzbetreiber (VNB) genannt, weil er nicht den Telefonanschluß des Nutzers hat. Es ist also zwischen Teilnehmernetzbetreibern (genannt TNB als Betreiber des Netzes, das den Anschluß zum Nutzer hat) und Verbindungsnetzbetreibern (VNB, deren Netz der Nutzer teilweise genutzt hat) zu unterscheiden.

Der Nutzer kann frei wählen, ob er unter Beibehaltung seines Telefonanschlusses seine TK-Leistungen
– dauerhaft („Preselection") oder
– fallweise („Call-by-Call-Selection")
über einen Verbindungsnetzbetreiber abwickeln möchte.

Allein der TNB kann dem Nutzer (Endkunde) den Zugang zum öffentlichen Telekommunikationsnetz verschaffen.

Nach § 15 Abs. 1 der Telekommunikations-Kundenschutzverordnung vom 11.12.1997 – TKV – (BGBl., 2910) ist dem Kunden – soweit dieser mit dem/den VNB als „anderen Anbietern" nicht etwas anderes vereinbart – von seinem TNB als „Zugangsanbieter" eine Rechnung zu erstellen, die auch die Entgelte für Verbindungen ausweist, die durch Auswahl von VNB über den Netzzugang des Kunden entstehen. Die Rechnung muß die einzelnen Anbieter und zumindest die Gesamthöhe der auf sie entfallenden Entgelte erkennen lassen.

II. Problemstellung

Es stellt sich die Frage, wer umsatzsteuerrechtlich die Telekommunikationsdienstleistung gegenüber dem Nutzer (Endkunden) erbringt, also „Leister" ist, wenn der Kunde über seinen Netzzugang nicht den Zugangsanbieter (Teilnehmerbetreiber), sondern einen anderen Anbieter (Verbindungsnetzbetreiber) auswählt.

III. Stellungnahme

Im Einvernehmen mit den obersten Finanzbehörden des Bundes und der Länder ist in der umsatzsteuerrechtlichen Abwicklung von Telekommunikationsdienstleistungen im Interconnection-Verfahren ab dem 1.1.1998 wie folgt zu verfahren:

1. Aus Vereinfachungsgründen werden dem Teilnehmernetzbetreiber (Betreiber des Netzes, das den Anschluß zum Kunden hat) – TNB – auch die Telekommunikationsdienstleistungen als leistender Unternehmer zugerechnet, die durch Auswahl eines anderen Anbieters von Netzdienstleistungen (VNB) über den Netzzugang des Kunden erbracht werden. Voraussetzung für diese Behandlung ist, daß der TNB in der Abrechnung nach § 15 TKV vom 11.12.1997 (BGBl. I, 2910) gegenüber dem Kunden (Leistungsempfänger) die Entgelte für Verbindungen durch Auswahl dieses VNB ausweist.
   In diesem Fall gelten die Telekommunikationsdienstleistungen des VNB als an den TNB erbracht.
   Diese bis zum 31.12.1999 befristete Vereinfachungsregelung steht unter dem Vorbehalt des Widerrufs auf einen früheren Zeitpunkt. [2)]

2. Soweit ein VNB die Entgelte für Verbindungen abweichend von § 15 TKV selbst gegenüber dem Kunden abrechnet, ist dieser VNB umsatzsteuerrechtlich als Leistender anzusehen.

---

1) Siehe auch Anlage § 003a-10 und Hinweis auf § 45h Abs. 4 TKG, eingefügt durch Gesetz vom 18.02.2007, der im Wege der gesetzlichen Fiktion die tatbestandlichen Voraussetzungen des § 3 Abs. 11 UStG mit Wirkung ab dem 24.02.2007 herbeigeführt hat (s.a. OFD Hannover vom 29.05.2007 – S 7100 – 497 – StO 172)
2) Befristung aufgehoben durch Erlass FM Nordrhein-Westfalen vom 19.07.1999, DStR 1999 S. 1814

Anlagen § 001–36, 37, 38 nicht belegt, § 001–39

Überlassung von Fahrzeugen (Werbemobilen) an soziale Institutionen, Sportvereine und Kommunen

OFD Frankfurt am Main, Vfg. vom 07.07.1999 – S 7119 A – 5 – St IV 10, DB 1998 S. 1780

1. Sachverhalt

Oftmals erfüllen Werbefirmen ihre Aufträge gegenüber ihren Kunden (i. d. R. gewerbliche Unternehmen) durch das Anbringen von Werbeflächen auf Kfz, die dann im Stadtbild bewegt werden.

Hierfür wird verschiedenen Institutionen (soziale Einrichtungen, Vereine, Verbände, Kommunen, Interessenverbände, Golfclubs etc.) ein entsprechend mit Werbeflächen versehenes Fahrzeug – je nach Bedarf Kleinbus, Kombi oder Golfcar – überlassen (sog. Werbemobil).

Die Werbefirma übergibt das Fahrzeug der Institution zur Nutzung, behält jedoch den Kfz-Brief bis zum Ende der Vertragslaufzeit, die der betriebsgewöhnlichen Nutzung entspricht, zurück. Die Institution verpflichtet sich im Gegenzug, das Kfz bis zum Vertragsende möglichst werbewirksam und häufig zu nutzen sowie die Werbung zu dulden. Für die Gebrauchsüberlassung sind keine Zahlungen an die Werbefirma zu leisten. Die Zulassung sowie die Versicherung des Fahrzeugs erfolgt durch die Institution im eigenen Namen; sie hat auch die laufenden Kfz-Kosten zu tragen.

Nach Vertragsende wird das Eigentum an dem Werbemobil ohne Zuzahlung – mit Ausnahme der durch die Werbefirma zu zahlende USt – an die Institution übertragen, die sodann die Werbeflächen zu beseitigen hat.

Das Fahrzeug wird von der jeweiligen Institution in eigenem Namen zugelassen und versichert; diese hat auch die laufenden Kfz-Kosten zu tragen.

2. Umsatzsteuerliche Würdigung der durch die Werbefirma erbrachten Leistungen

2.1 Steuerbarkeit

2.1.1 Die Werbefirma erbringt bereits mit Übergabe des Fahrzeugs zu Beginn des Nutzungszeitraums eine Lieferung i. S. des § 3 Abs. 1 UStG an die betreffende Institution, da schon zu diesem Zeitpunkt das wirtschaftliche Eigentum an dem Fahrzeug auf die Institution übergeht.

Da der Vertrag bei vertragsgemäßer Erfüllung während der betriebsgewöhnlichen Nutzungsdauer des Fahrzeugs nicht gekündigt werden kann und mit deren Ablauf das bürgerlich-rechtliche Eigentum auf die Institution übergeht, hat diese bereits zu Beginn der Laufzeit die Verfügungsmacht an dem Fahrzeug erlangt. Eine vorgeschaltete sonstige Leistung (Fahrzeugüberlassung) ist daher nicht gegeben.

Die für das Leasing entwickelten Grundsätze sind hierfür entsprechend anzuwenden (vgl. Abschn. 25 Abs. 4 UStR 1996 sowie Anhang 21 EStH 1998).

2.1.2 Die Lieferung erfolgt im Rahmen eines tauschähnlichen Umsatzes, da das Entgelt in der Werbeleistung besteht, die die Institution mit der Duldung der Anbringung der Werbeflächen auf dem Fahrzeug und dessen werbewirksamen Einsatzes an die Werbefirma erbringt (§ 3 Abs. 12 Satz 2 UStG).

2.2 Bemessungsgrundlage

Beim tauschähnlichen Umsatz gilt der Wert eines jeden Umsatzes als Entgelt für den anderen Umsatz. Die USt gehört nicht zum Entgelt (§ 10 Abs. 2 Satz 2 und 3 UStG).

Maßgebend für die Bemessungsgrundlage nach § 10 Abs. 2 Satz 2 UStG ist der von der Werbefirma gezahlte Einkaufspreis für das Fahrzeug (vgl. hierzu EuGH-Urteil vom 23.11.1988, UR 1990 S. 307; EuGH-Urteil vom 2.6.1994, UR 1995 S. 64; BFH-Urteil vom 28.3.1996, HFR 1996 S. 824). Dies ist *der* Betrag, den der Empfänger der Werbeleistung, die nicht bar abgegolten wird, zu diesem Zweck aufzuwenden bereit ist.

2.4 Entstehung der Steuer

Die USt für die Lieferung entsteht bei der Besteuerung nach vereinbarten Entgelten bereits mit Ablauf des Voranmeldungszeitraums, in dem das Werbemobil an die Institution übergeben wurde (Vertragsbeginn), vgl. § 13 Abs. 1 Nr. 1 Buchst. a Satz 1 UStG.

3. Umsatzsteuerrechtliche Würdigung der durch die Institution erbrachten Leistungen

3.1 Steuerbarkeit

3.1.1 Die Gegenleistung der nutzenden Institution führt bei Vereinen zur ertragsteuerlichen Begründung eines wirtschaftlichen Geschäftsbetriebs, wenn dieser aktiv an der Werbemaßnahme mitwirkt (BMF-Schreiben vom 18.2.1998, BStBl. I 1998 S. 212).

Anlage § 001–39

Dies ist dann der Fall, wenn die steuerbegünstigte Körperschaft vertraglich verpflichtet ist, das Fahrzeug über den zu eigenen Zwecken notwendigen Umfang hinaus einzusetzen oder es werbewirksam abzustellen, Pressekonferenzen zu veranstalten und Kontakte zwischen potentiellen Werbeträgern und dem Werbeunternehmen herzustellen (vgl. KSt.-Kartei, § 5 KStG, Karte H 112).

Für die Abrenzung gelten die allgemeinen Grundsätze (vgl.insbesondere Anwendungserlaß zur AO, zu § 67a, Abschn. I/9 (§ 5 KStG – vor Karte 1 H).

Wirkt der Verein nicht aktiv an der Werbemaßnahme mit, wird zwar kein wirtschaftlicher Geschäftsbetrieb begründet, er ist dennoch unternehmerisch tätig, denn die Werbeflächen werden über mehrere Jahre, also nachhaltig, zur Verfügung gestellt (§ 2 Abs. 1 Satz 1 UStG).

3.1.2 Bei *juristischen Personen des öffentlichen Rechts* (jPdÖR) kann ein Betrieb gewerblicher Art (BgA) begründet werden, wenn diese aktiv an der Werbemaßnahme mitwirkt und somit eine nachhaltige wirtschaftliche Tätigkeit zur Erzielung der Einnahmen ausübt (§ 2 Abs. 3 i.V. mit §§ 1 Abs. 1 Nr. 6, 4 KStG).

Der Betrieb des Werbemobils führt jedoch nur dann zu einem BgA, wenn diese Tätigkeit sich innerhalb der Gesamtbetätigung der jPdÖR wirtschaftlich heraushebt und von einigem Gewicht ist (Abschn. 5 Abs. 5 KStR, vgl. auch KSt.-Kartei, Karte H 112 zu § 5 KStG).

Für die Beurteilung der Umsatzgrenzen nach Abschn. 5 Abs. 4 und 5 KStR ist jedoch das einmalig entrichtete Entgelt (Wert des Kfz) auf die Werbeleistung zu verteilen, da die wirtschaftliche Tätigkeit „Werbeleistung" über die gesamte Laufzeit erbracht wird. § 13 UStG ist insoweit nicht maßgebend.

3.1.3 Die Leistung der Institution besteht in einer sonstigen Leistung nach § 3 Abs. 9 UStG (Werbeleistung gem. § 3a Abs. 4 Nr. 2 i.V. mit Abs. 3 UStG).

3.2 Bemessungsgrundlage

Bemessungsgrundlage für die Werbeleistung ist der Wert der Fahrzeuglieferung, also der Einkaufspreis des Fahrzeugs (§ 10 Abs. 2 Satz 2 UStG). Soweit keine Anhaltspunkte für eine abweichende Beurteilung ersichtlich sind, ist davon auszugehen, daß sich Leistung und Gegenleistung gleichwertig gegenüberstehen.

3.3 Entstehung der Steuer

Die Istversteuerung von Anzahlungen kommt auch für Lieferungen in Betracht, die im Rahmen eines tausch-ähnlichen Umsatzes Entgelt hingegeben werden.

Die USt entsteht somit bei der Besteuerung nach vereinbarten Entgelten mit Ablauf des Voranmeldungszeitraums, in dem das Entgelt in Form der Fahrzeuglieferung bereits vor Leistungsausführung vereinnahmt wird (vgl. § 13 Abs. 1 Nr. 1 Buchst. a Satz 4, Abschn. 181 Abs. 1 und 2 UStR).

Die sonstige Leistung der Institution wird erst im Zeitpunkt ihrer Vollendung, also mit Ablauf der Nutzungsdauer des Werbemobils, erbracht. Die Werbefirma erwirkt die als Gegenleistung des tauschähnlichen Umsatzes anzusehende Lieferung jedoch bereits zu Beginn des Vertrags.

Des weiteren liegen keine Teilleistungen vor, zwar ist der Umsatz „Werbeleistung" wirtschaftlich teilbar, gesonderte Entgeltsvereinbarungen für bestimmte Teile der Leistung wurden jedoch nicht getroffen (§ 13 Abs. 1 Nr. 1a Satz 3 UStG). Bei der Besteuerung nach vereinbarten Entgelten (§ 13 Abs. 1 Nr. 1b Satz 1 UStG) entsteht die USt ohnehin mit Ablauf des Voranmeldungszeitraums der Entgeltsvereinnahmung (Fahrzeuglieferung).

3.4 Kleinunternehmerregelung

Wird die Institution erst durch das Erbringen der Werbeleistung zum Unternehmer, so ist für die Frage der Kleinunternehmerregelung auf die Umsatzgrenze von 32 500 DM abzustellen. Der Gesamtumsatz ist nach vereinnahmten Entgelten zu berechnen (§ 19 Abs. 1 Satz 2 und Abs. 3 Satz 2 UStG).

Wird die maßgebliche Umsatzgrenze im Jahr der Entgeltsvereinnahmung überschritten, so hat die Institution die Vorauszahlung zunächst im Weg der Regelbesteuerung zu versteuern.

Ob die USt-Vorauszahlung jedoch in *dem* Kalenderjahr, in dem die Institution die Werbeleistung ausführt, zu erstatten ist (vgl. Abschn. 253 Abs. 7 UStR), ist umstritten. Diese Frage wird derzeit auf Bundesebene erörtert.

3.5 Vorsteuerabzug

Der Institution ist ein Vorsteuerabzug gem. § 15 Abs. 1 Nr. 1 UStG aus der Fahrzeuglieferung bzw. aus den laufenden Kosten nur zu gewähren, wenn zusätzliche Werbefahrten durchgeführt werden. In einem solchen Fall ist dem Grund nach ein anteiliger Vorsteuerabzug entspr. dem Anteil der auf diese Fahrten entfallenden Fahrleistung im Verhältnis zur Gesamtfahrleistung zulässig.

Anlage § 001–39

Sofern die Institution das Fahrzeug lediglich werbewirksam einsetzt, jedoch nicht verpflichtet ist, separate Werbefahrten durchzuführen, kommt ein Vorsteuerabzug nicht in Betracht, da die Aufwendungen für die bezogenen Leistungen kein Kostenelement des ausgeführten Umsatzes „Werbeleistung" werden, sie dieser somit wirtschaftlich nicht zuzurechnen sind (vgl. BFH-Urteil vom 15.7.1993, BStBl. II 1993 S. 810, DB 1993 S. 2468; vom 10.4.1997, BStBl. II 1997 S. 552, DB 1997 S. 1651).

3.6 Steuersatz

Der ermäßigte Steuersatz gem. § 12 Abs. 2 Nr. 8 Buchst. a UStG ist – soweit die übrigen Voraussetzungen vorliegen – anzuwenden, wenn die Leistungen nicht im Rahmen eines wirtschaftlichen Geschäftsbetriebs ausgeführt werden (siehe hierzu Rdn. 3.1.1). Wirkt die Institution nicht aktiv an der Werbeleistung mit, liegt mithin eine unschädliche Vermögensverwaltung vor.

Anlage § 001–40

Geschäftsveräußerung beim Verkauf eines von mehreren vermieteten Grundstücken[1]

OFD Karlsruhe, Vfg. vom 31.08.1999 – S 7100 b,
DStR 2000 S. 28

Zur Frage, ob beim Verkauf eines von mehreren vermieteten Grundstücken und Fortführung des Mietvertrags durch den Erwerber eine nicht steuerbare Geschäftsveräußerung vorliegt, gilt folgendes: Nach § 1 Abs. 1a UStG unterliegen die Umsätze im Rahmen einer Geschäftsveräußerung an einen anderen Unternehmer für dessen Unternehmer nicht der Umsatzsteuer. Eine Geschäftsveräußerung liegt vor, wenn ein Unternehmer oder ein in der Gliederung eines Unternehmens gesondert geführter Betrieb im Ganzen entgeltlich oder unentgeltlich übereignet wird. Dies ist der Fall, wenn die übereigneten Gegenstände die wesentlichen Grundlagen eines Unternehmens oder eines gesondert geführten Betriebs waren, so dass der Erwerber das Unternehmen oder den gesondert geführten Betrieb ohne nennenswerte finanzielle Aufwendungen fortsetzen kann (Abschn. 154 Abs. 1 Satz 2 UStR 1992).

Ein in der Gliederung eines Unternehmens gesondert geführter Betrieb liegt vor, wenn er wirtschaftlich selbständig ist. Dies setzt voraus, dass der veräußerte Teil des Unternehmens einen für sich lebensfähigen Organismus gebildet hat, der unabhängig von den anderen Geschäften des Unternehmens nach Art eines selbstständigen Unternehmens betrieben worden ist und nach außen hin ein selbständiges, in sich abgeschlossenes Wirtschaftsgebilde gewesen ist. Soweit einkommensteuerlich eine Teilbetriebsveräußerung angenommen wird, kann umsatzsteuerlich von der Veräußerung eines gesondert geführten Betriebs ausgegangen werden (Abschn. 5 Abs. 3 UStR). Besondere Einrichtungen einer betrieblichen Organisation muss ein Unternehmen im umsatzsteuerlichen Sinne nicht aufweisen (BFH-Urteil vom 21.5.1987, BStBl. II 1987, 735).

Nach Ansicht des BFH ist nach dem Gesamtbild der Verhältnisse zu entscheiden, ob ein Betriebsteil die für die Annahme eines Teilbetriebs erforderliche gewisse Selbständigkeit besitzt und dass den verschiedenen Abgrenzungsmerkmalen unterschiedliches Gewicht zukommt, je nachdem, um welche Art von Tätigkeit es sich handelt (BFH-Urteil vom 24.8.1989, BStBl. II 1990, 55).

Ein Grundstück ist ein wirtschaftlich selbständiger Teilbetrieb. Tritt der Erwerber in die Mietverträge ein, kann er grundsätzlich die unternehmerische Tätigkeit ohne nennenswerte finanzielle Aufwendungen fortsetzen. Vom BFH wurde mit Urteil vom 11.5.1993, BStBl. II 1993, 700 (DStR 1993, 1256) entschieden, dass auch bei Übereignung eines Grundstücks die Erwerberhaftung nach § 75 AO eingreift, wenn das Grundstück der Vermietung und Verpachtung dient und der Pachtvertrag mit übergeht (vgl. auch BFH-Beschluß vom 7.3.1996, BFH/NV 1996, 726). Von der Übertragung eines gesondert geführten Betriebs kann auch dann ausgegangen werden, wenn der Eigentümer eines Grundstücks, das nach dem WEG aufgeteilt ist, nur ein Teileigentum veräußert.

---

1) Siehe dazu *v. Streit*, BB 2003 S. 2657

Anlagen § 001–41, § 001–42, 43, 44, 45 nicht belegt

Umsatzsteuerliche Behandlung der Geschäftsführungsaufgaben in Bauarbeitsgemeinschaften

BMF-Schreiben vom 11.11.1999 – IV D 1 – S 7100 – 130/99, DStR 2000 S. 113

Die Vereinfachungsregelung in Abs. 4 des BMF-Schreibens vom 12.9.1988 – IV A 2 – S 7100 – 115/99[1] kann nicht nur bei reinen Bauarbeitsgemeinschaften, sondern auch bei vergleichbaren Arbeitsgemeinschaften – z. B. im Bereich der technischen Gebäudeausrüstung – angewandt werden. Voraussetzung hierfür ist, dass die zu beurteilenden Tätigkeiten dem Katalog der §§ 7 bis 9 des Muster-Arbeitsgemeinschaftsvertrages entsprechen. Soweit Leistungen über den Katalog der §§ 7 bis 9 des Mustervertrages hinausgehen, liegen keine nichtsteuerbaren Gesellschafterbeiträge, sondern steuerpflichtige Sonderleistungen vor. Die einheitliche Geschäftsführungsvergütung ist in diesen Fällen entsprechend aufzuteilen.[2]

---

[1] Siehe Anlage § 001-09 und Anlage § 001-55
[2] Siehe auch Abschnitt 6 Abs. 5 UStR 2000 und Abschnitt 6 Abs. 8 UStR 2008; jetzt Abschnitt 1.6 Abs. 8 UStAE

Anlage § 001–46

Umsatzsteuerliche Behandlung von Betreuungsleistungen

BMF-Schreiben vom 21.09.2000 – IV D 1 – S 7175 – 1/00,

BStBl. 2000 I S. 1251

Durch das Betreuungsgesetz vom 12.09.1990 (BGBl. 1990 I S. 2002) wurden mit Wirkung vom 01.01.1992 die Gebrechlichkeitspflegschaft und die Entmündigung abgeschafft. Seither kann das Amtsgericht auf Antrag oder von Amts wegen für Volljährige, die aufgrund einer psychischen Krankheit oder einer körperlichen, geistigen oder seelischen Behinderung ihre Angelegenheiten ganz oder teilweise nicht besorgen können, einen Betreuer bestellen. Gemäß § 1902 BGB vertritt der Betreuer den Betreuten gerichtlich und außergerichtlich; er übernimmt z.b. die Vermögenssorge, in der Regel aber nicht die häusliche Pflege.

Zum Betreuer werden in erster Linie natürliche Personen bestellt (§ 1897 Abs. 1 BGB). Das Vormundschaftsgericht kann auch mehrere Betreuer bestellen, wenn die Angelegenheiten des Betreuten hierdurch besser besorgt werden können (§ 1899 Abs. 1 BGB). Kann der Volljährige durch eine oder mehrere natürliche Personen nicht hinreichend betreut werden, wird ein anerkannter Betreuungsverein oder eine Behörde zum Betreuer bestellt (§ 1900 Abs. 1 und 4 BGB).

Für die umsatzsteuerliche Behandlung der Betreuungsleistungen gilt unter Bezugnahme auf das Ergebnis der Erörterungen mit den obersten Finanzbehörden der Länder Folgendes:

1. Umsätze von Einzelbetreuern, die Betreuungen nicht berufsmäßig durchführen

Einzelbetreuer, die Betreuungen nicht berufsmäßig durchführen, betreuen nur eine oder wenige Personen und üben regelmäßig neben der Betreuungstätigkeit noch einen Hauptberuf aus. Grundsätzlich erhalten derartige Einzelbetreuer lediglich Ersatz für die tatsächlich entstandenen Aufwendungen (§ 1908i Abs. 1 i.V.m. § 1835 Abs. 1 BGB). Zur Abgeltung des Anspruchs auf Aufwendungsersatz erhalten diese Einzelbetreuer auf Verlangen als Aufwandsentschädigung für jede betreute Person einen Betrag, der für ein Jahr dem Vierundzwanzigfachen dessen entspricht, was einem Zeugen als Höchstbetrag der Entschädigung für eine Stunde versäumter Arbeitszeit gewährt werden kann (§ 1908i Abs. 1 i.V.m. § 1835a Abs. 1 BGB). In derartigen Fällen sind die Leistungen dieser Einzelbetreuer zwar eine unternehmerische Tätigkeit, aber als ehrenamtliche Tätigkeit nach § 4 Nr. 26 Buchstabe b UStG steuerfrei.

In Ausnahmefällen kann der Einzelbetreuer, der Betreuungen nicht berufsmäßig durchführt, nach § 1908i Abs. 1 i.V.m. § 1836 BGB eine Vergütung erhalten, wenn der Umfang oder die Schwierigkeit der Betreuung dies rechtfertigen und der Betreute nicht mittellos ist. Erhält dieser Einzelbetreuer eine Vergütung, wird die Betreuungstätigkeit nicht mehr ehrenamtlich ausgeübt; die Steuerbefreiung nach § 4 Nr. 26 Buchstabe b UStG kommt nicht in Betracht.

Erhält ein Einzelbetreuer, der Betreuungen nicht berufsmäßig durchführt, für seine Betreuungsleistungen, die zu seinem Gewerbe oder seinem Beruf gehören, Aufwendungsersatz nach § 1835 Abs. 3 BGB, fällt diese Leistung ebenfalls nicht unter die Befreiung nach § 4 Nr. 26 Buchstabe b UStG.

2. Umsätze von Berufsbetreuern

Ein Berufsbetreuer führt im Gegensatz zum Einzelbetreuer regelmäßig eine Vielzahl von Betreuungsleistungen aus. Die Feststellung, dass die Betreuung berufsmäßig geführt wird, trifft im Einzelfall das zuständige Gericht. Die Voraussetzungen für eine berufsmäßige Führung von Betreuungen liegen im Regelfall vor, wenn der Betreuer mehr als zehn Betreuungen führt oder die zur Führung der Betreuungen erforderliche Zeit voraussichtlich 20 Wochenstunden nicht unterschreitet oder wenn zu erwarten ist, dass diese Voraussetzungen in absehbarer Zeit vorliegen werden. Der Berufsbetreuer hat Anspruch auf Aufwendungsersatz gegen den Betroffenen. Weiterhin werden ihm vom Vormundschaftsgericht regelmäßig Vergütungen nach § 1908i Abs. 1 i.V.m. § 1836 Abs. 2 BGB bewilligt.

Im Fall des Berufsbetreuers wird die Betreuungstätigkeit nicht ehrenamtlich ausgeübt; die Leistungen sind steuerpflichtig.

Ist die betreute Person mittellos, kann der Berufsbetreuer nach §§ 1908i i.V.m. §§ 1835, 1836a BGB Aufwendungsersatz und Vergütung aus der Staatskasse verlangen. Soweit die Umsatzsteuer nicht nach § 19 Abs. 1 UStG unerhoben bleibt, wird sie in diesem Fall nach § 1 Satz 3 Berufsvormündervergütungsgesetz (BVormVG) dem Berufsbetreuer zusätzlich ersetzt.

3. Umsätze von Betreuungsvereinen

Nach § 1908f BGB und den landesrechtlichen Ausführungsbestimmungen kann ein rechtsfähiger Verein als Betreuungsverein anerkannt werden, wenn er eine ausreichende Zahl geeigneter Mit-

Anlage § 001–46

arbeiter hat und darüber hinaus unter anderem gewährleistet, dass er sich planmäßig um die Gewinnung ehrenamtlicher Betreuer bemüht, diese in ihre Aufgaben einführt, fortbildet und berät.

Bei den von Betreuungsvereinen durchgeführten Betreuungen ist zu unterscheiden zwischen der Bestellung eines Mitarbeiters des Vereins – Vereinsbetreuer – (§ 1897 Abs. 2 BGB) und der Bestellung des Vereins selbst (§ 1900 Abs. 1 BGB), wenn die Betreuung durch eine oder mehrere natürliche Personen nicht ausreicht.

a) Bestellung eines Vereinsbetreuers

Wird mit Einwilligung des Betreuungsvereins ein Vereinsbetreuer bestellt, wird dieser hinsichtlich des Aufwendungsersatzes und der Vergütung einem Berufsbetreuer gleichgestellt, mit dem Unterschied, dass diese Ansprüche nicht vom Vereinsbetreuer selbst, sondern vom Verein geltend gemacht werden können (§ 1908e BGB). Die unter 2. dargestellten Grundsätze für die umsatzsteuerliche Behandlung der Leistungen von Berufsbetreuern gelten entsprechend.

Für die durch einen Vereinsbetreuer gegenüber einer mittellosen Person erbrachten Leistungen kommt die Steuerbefreiung nach § 4 Nr. 18 UStG nicht zur Anwendung, da nach dem BVormVG die Vergütungen für diese Leistungen für Berufsbetreuer und für Vereinsbetreuer einheitlich festgelegt sind. Somit fehlt bereits das für die Anwendung der Steuerbefreiung erforderliche Tatbestandsmerkmal der Entgeltsbeschränkung (§ 4 Nr. 18 Satz 1 Buchstabe c UStG).

Für die durch einen Vereinsbetreuer gegenüber einer nicht mittellosen Person erbrachten Betreuungsleistungen, für die der Betreuungsverein eine Vergütung und ggf. Aufwendungsersatz geltend macht, kann im Einzelfall die Steuerbefreiung nach § 4 Nr. 18 UStG in Betracht kommen, wenn die darin genannten Voraussetzungen erfüllt sind. Das nach § 4 Nr. 18 Satz 1 Buchst. c UStG erforderliche Tatbestandsmerkmal der Entgeltsbeschränkung ist dann erfüllt, wenn die vom Betreuungsverein geltend gemachte und bewilligte Vergütung tatsächlich hinter den durchschnittlich für gleichartige Leistungen von Berufsbetreuern geltend gemachten und bewilligten Vergütungen ggf. zuzüglich entsprechendem Aufwendungsersatz zurückbleibt.

b) Bestellung des Betreuungsvereins

Wird der Betreuungsverein selbst zum Betreuer bestellt, erhält er nach § 1908i Abs. 1 i.V.m. § 1836 Abs. 4 BGB keine Vergütung; bei der Bestellung für mittellose Personen steht dem Betreuungsverein nach § 1835 Abs. 5 BGB für Betreuungsleistungen auch kein Aufwendungsersatz zu. In diesen Fällen liegt mangels Entgelt kein steuerbarer Umsatz vor.

Erhält der Betreuungsverein für die Betreuungsleistung nur Aufwendungsersatz insoweit, als das einzusetzende Einkommen und Vermögen des Betreuten ausreichen (§ 1908i Abs. 1 BGB i.V.m. § 1835 Abs. 5 BGB), ist die Leistung steuerbar. Im Einzelfall kann auch hier die Steuerbefreiung nach § 4 Nr. 18 UStG in Betracht kommen, wenn die darin genannten Voraussetzungen erfüllt sind. Das nach § 4 Nr. 18 Satz 1 Buchst. c UStG erforderliche Tatbestandsmerkmal der Entgeltsbeschränkung ist in jedem Fall erfüllt, da der Betreuungsverein im Gegensatz zu einem Berufsbetreuer keinen Vergütungsanspruch (§ 1836 Abs. 4 BGB) hat.

c) Steuersatz

Ist ein Vereinsbetreuer bestellt oder übernimmt der Betreuungsverein selbst die Betreuung, fördert er der Art nach mildtätige Zwecke i.S.d. § 53 Nr. 1 AO. Erhält der – nach § 5 Abs. 1 Nr. 9 KStG steuerbefreite – Verein Aufwendungsersatz oder eine Vergütung für die Durchführung der Betreuungsleistungen, ist auf Leistungen, bei denen die Voraussetzungen der Steuerbefreiung nach § 4 Nr. 18 UStG nicht vorliegen, der ermäßigte Steuersatz nach § 12 Abs. 2 Nr. 8 Buchst. a UStG anzuwenden.

4. Betreuungsumsätze von Behörden

Wird ein Mitarbeiter einer Behörde (z. B. Jugendamt) – Behördenbetreuer – zum Betreuer bestellt, kann die Behörde nach § 1908h Abs. 1 BGB Ersatz für Aufwendungen nach § 1835 Abs. 1 BGB oder eine Vergütung nach § 1836 Abs. 3 BGB verlangen, soweit der Betreute Einkommen und Vermögen nach § 1836c BGB einzusetzen hat. Wird die Behörde selbst zum Betreuer bestellt, kann sie Aufwendungsersatz nur insoweit verlangen, als das einzusetzende Einkommen und Vermögen des Betreuten ausreichen (§ 1908i Abs. 1 BGB i.V.m. § 1835 Abs. 5 BGB); eine Vergütung kann ihr nicht bewilligt werden (§ 1908i Abs. 1 BGB i.V.m. § 1836 Abs. 4 BGB).

Hinsichtlich der vorgenannten Betreuungsleistungen liegt keine steuerbare unternehmerische Betätigung der Behörde vor, die im Rahmen eines Betriebes gewerblicher Art erfolgt (vgl. § 2 Abs. 3 UStG). Durch diese Tätigkeit tritt die Behörde nicht in Wettbewerb mit anderen privaten Unternehmern.

Anlagen § 001–47 nicht belegt, § 001–48

Vorsteuerabzug bei durch Geschäftsveräußerung nach dem 31.3.1999 miterworbenem Kfz

OFD Karlsruhe, Vfg. vom 05.03.2001, S 7303b/1,
DStR 2001 S. 1119

Ein Unternehmer, der ausschließlich steuerpflichtige Umsätze ausführt, hat vor dem 1.4.1999 einen Pkw erworben, den er sowohl für unternehmerische als auch für private Zwecke verwendet. Nach dem 31.3.1999 verkauft er sein gesamtes Unternehmen (einschließlich Pkw). Der Erwerber führt das Unternehmen unverändert fort und nutzt das Fahrzeug ebenfalls für unternehmerische und private Zwecke.

Nach § 15 Abs. 1b UStG[1] sind Vorsteuerbeträge, die auf Fahrzeugkosten entfallen, nur zu 50% abziehbar, wenn das Fahrzeug nach dem 31.3.1999 angeschafft worden ist.

Da der Veräußerer sein gesamtes Unternehmen und damit alle wesentlichen Betriebsgrundlagen auf den Erwerber überträgt, liegt eine nicht steuerbare Geschäftsveräußerung im Ganzen vor (§ 1 Abs. 1a UStG). Im Rahmen dieser Geschäftsveräußerung wird auch der Pkw an den Erwerber geliefert.

In § 1 Abs. 1a Satz 3 UStG ist geregelt, dass der erwerbende Unternehmer an die Stelle des Veäußerers tritt. Beispielsweise wird bei einer Geschäftsveräußerung der für das Wirtschaftsgut maßgebliche Berichtigungszeitraum nicht unterbrochen (§ 15a Abs. 6a UStG). Da sich § 1 Abs. 1a Satz 3 UStG auf die umsatzsteuerliche Beurteilung hinsichtlich der übertragenen Wirtschaftsgüter bezieht, wirkt sich das Recht des Veräußerers, für die Anschaffungskosten und die laufenden Kosten den vollen Vorsteuerabzug vornehmen zu können, auch auf den Erwerber aus. Der Erwerber ist daher ebenfalls berechtigt, die in den laufenden Kosten enthaltene Umsatzsteuer in vollem Umfang als Vorsteuer abzuziehen. Die private Nutzung des Fahrzeugs unterliegt weiterhin als unentgeltliche Wertabgabe nach § 3 Abs. 9a Nr. 1 UStG der Umsatzsteuer.

Eine Berichtigung der Vorsteuer aus den Anschaffungskosten (des Veräußerers) für das Fahrzeug kommt nicht in Betracht, da keine Änderung der Verhältnisse i.S. von § 15a UStG gegeben ist. Die Voraussetzungen des § 15a Abs. 3 Nr. 2 UStG sind ebenfalls nicht erfüllt, weil der Pkw auch beim Erwerber für unternehmerische und private Zwecke verwendet wird.

---

[1] Aufgehoben ab 01.01.2004

Anlage § 001–49

Umsatzsteuerrechtliche Behandlung der Leistungen im Zusammenhang mit sog. Startpaketen und Guthabenkarten im Mobilfunkbereich

BMF-Schreiben vom 03.12.2001 – IV B 7 – S 7100 – 292/01,
BStBl. 2001 I S. 1010

Unter Bezugnahme auf die Erörterungen mit den obersten Finanzbehörden der Länder gilt zur umsatzsteuerrechtlichen Behandlung der Leistungen im Zusammenhang mit sog. Startpaketen und Guthabenkarten im Mobilfunkbereich Folgendes:

1. Startpakete der Netzbetreiber und Serviceprovider

Das Startpaket wird von Netzbetreibern und Serviceprovidern für das jeweilige Mobilfunknetz z.B. unter dem Namen Xtra-Card (D1-Netz), CallYa-Card (D2-Netz), Free & Easy Card (E1-Netz) bzw. Loop-Card (E2-Netz) herausgegeben und enthält:

- den Anspruch auf Freischaltung (Aktivierung des Anschlusses, Netzzugang),
- die Zuteilung einer Rufnummer,
- ein Guthaben für die ausschließliche Inanspruchnahme von Telekommunikationsleistungen in bestimmter Höhe und
- ein Mobilfunkgerät.

Bereits mit Erwerb des Startpakets legt sich der Kunde auf einen bestimmten Telekommunikationsanbieter (Netzbetreiber oder Serviceprovider) fest. Netze werden zurzeit betrieben von DeTe Mobil/Deutsche Telekom AG, Mannesmann Mobilfunk/Vodafone, E-Plus-Mobilfunk bzw. VIAG Interkom. Bei den Serviceprovidern handelt es sich um Anbieter von Telekommunikationsleistungen, die nicht über eigene Netze verfügen, sondern entsprechende Gesprächszeiten bei den Netzbetreibern „einkaufen" und „wieder verkaufen".

a) Wird das Startpaket von einem Netzbetreiber oder einem Serviceprovider unmittelbar an den Kunden abgegeben, so erbringen diese eine steuerbare und steuerpflichtige Lieferung der einheitlichen Ware „Startpaket" an den Kunden. Bei der einheitlichen Ware „Startpaket" steht nicht die Telekommunikationsleistung, sondern das Produkt Mobilfunkgerät im Vordergrund und gibt der Leistung das Gepräge.

b) Wird das Startpaket eines Netzbetreibers oder Serviceproviders über im eigenen Namen und für eigene Rechnung auftretende Händler – sog. Eigenhändler – (z.B. andere Serviceprovider oder Elektrofachgeschäfte) an Kunden abgegeben, ist die Lieferung der einheitlichen Ware „Startpaket" auf jeder einzelnen Stufe steuerbar und steuerpflichtig.

Tritt der Händler dagegen für den Kunden erkennbar lediglich als Vermittler für den Netzbetreiber oder Serviceprovider auf (Agenturgeschäft), so entstehen zwischen diesem Händler und dem Telefonkunden keine Leistungsbeziehungen. Allein der jeweilige Netzbetreiber oder Serviceprovider liefert die einheitliche Ware „Startpaket" an den Kunden. Der Händler vermittelt lediglich diese Lieferung für den Netzbetreiber oder Serviceprovider.

Die Aktivierung des Guthabens aus dem Startpaket ist – anders als bei den Guthabenkarten – von einem Netzbetreiber oder Serviceprovider nur dann nicht als Anzahlung im Sinne des § 13 Abs. 1 Nr. 1 Satz 4 UStG zu versteuern, wenn der Unternehmer nachweist, dass bei ihm und den folgenden Verkaufsstufen die Versteuerung des Startpakets vorgenommen wurde und das Guthaben Bestandteil des Startpakets war.

2. Guthabenkarte

Die Guthabenkarte hat keine eigenständige technische Funktion. Die aufgedruckte Geheimzahl dient dazu, einen eingezahlten Geldbetrag dem Konto des Kunden bei seinem Telekommunikationsanbieter gutzuschreiben. Unter anderem kann damit das im Rahmen des Startpakets (s.o.) erworbene Guthaben für Gesprächszeiten und zur Verlängerung der telefonischen Erreichbarkeit aufgefüllt werden. Die Guthabenkarte wird z.B. unter der Bezeichnung XtraCash (D1-Netz), CallNow (D2-Netz), Free & Easy Cash (E1-Netz) bzw. Loop (E2-Netz) angeboten.

Die Guthabenkarte ist – anders als bei dem im Startpaket enthaltenen Guthaben – nur netzgebunden und wird vom Netzbetreiber selbst oder von diesem über Serviceprovider und Händler dem Kunden angeboten. Im Zeitpunkt der Abgabe der Karte steht nur der Netzbetreiber fest. Die Telekommunikationsleistung kann aber neben dem Netzbetreiber auch noch von einem Serviceprovider gegenüber dem Kunden ausgeführt werden. Erst durch die Aktivierung der Guthabenkarte beim Netzbetreiber wird der tatsächlich Leistende bestimmt. Soweit Serviceprovider eingeschaltet werden, erbringen diese

Telekommunikationsleistungen an den Kunden, welche sie von den Netzbetreibern eingekauft haben. Wird ein Händler in die Abgabe der Guthabenkarte eingeschaltet, so erbringt dieser keine Telekommunikationsleistung an den Kunden.

Umsatzsteuerliche Behandlung der Telekommunikationsleistung
Die Umsatzsteuer entsteht erst im Zeitpunkt der Leistungsausführung, also mit dem Telefonieren des Kunden. Solange mit der Guthabenkarte nach Aktivierung ausschließlich Leistungen des Netzbetreibers oder des Serviceproviders in Anspruch genommen werden können, wird im Zeitpunkt der Aktivierung der Karte (Gutschrift auf dem persönlichen Konto des Kunden) eine konkrete Leistungsvereinbarung zwischen dem Kunden einerseits und dem Netzbetreiber oder Serviceprovider andererseits hergestellt. Die Voraussetzungen für die Annahme einer Anzahlung im Sinne des § 13 Abs. 1 Nr. 1 Satz 4 UStG liegen vor. Die Umsatzsteuer für die vorausbezahlte Telekommunikationsleistung entsteht damit im Voranmeldungszeitraum der Aktivierung der Karte. Die Anzahlung umfasst die Zahlung des Kunden, etwaige Provisionen für eingeschaltete Händler dürfen nicht abgezogen werden. Etwaige zusätzliche Zahlungen Dritter sind ebenfalls zu berücksichtigen.

Umsatzsteuerliche Behandlung der Abgabe der Guthabenkarte
Netzbetreiber geben die Guthabenkarten mit Rabatt an Serviceprovider und diese wiederum mit Rabatt an Händler ab. Werden Händler oder Serviceprovider in die Abgabe von Guthabenkarten eingeschaltet, ohne selbst Telekommunikationsleistungen an den Kunden auszuführen, liegt keine Lieferung der Guthabenkarte vor. Die Differenz zwischen dem gezahlten und dem erhaltenen Betrag ist eine Provisionszahlung des die Guthabenkarte abgebenden Unternehmens für die Vermittlung des Umtausches von einem Zahlungsmittel (Bargeld) gegen sog. „elektronisches Geld", das den Anspruch auf Telekommunikationsleistungen verkörpert. Diese Vermittlungsleistung ist nicht nach § 4 Nr. 8 Buchst. c oder d UStG steuerfrei.

Übergangsregelung
In der Vergangenheit wurde von einigen Netzbetreibern, Serviceprovidern und Händlern die Abgabe der Guthabenkarte – wie im Falle der Startpakete [1.b)] – auf jeder einzelnen Stufe als steuerpflichtige Leistung behandelt. Der Umsatz aus der Abgabe wurde versteuert und aus den Rechnungen der Vorleister wurde ein Vorsteuerabzug geltend gemacht („Verkaufslösung"). Da die Umstellung des Rechnungswesens auf die oben beschriebenen Grundsätze zeitaufwändig ist, ist die Anwendung der Verkaufslösung bis zum 31. Dezember 2002 grundsätzlich nicht zu beanstanden. Soweit die Verkaufslösung nicht einheitlich von allen betroffenen Unternehmen angewandt worden ist, gilt für die Vergangenheit und bis zum Ablauf der Übergangsregelung Folgendes:

a) Der Netzbetreiber oder Serviceprovider hat die Leistungen an seine Kunden zu versteuern. Im Zeitpunkt der Aktivierung ist eine Anzahlung zu versteuern. Eine um die Provision der eingeschalteten Händler oder Serviceprovider verringerte Bemessungsgrundlage darf nur berücksichtigt werden, soweit der Netzbetreiber oder Serviceprovider nachweist, dass der Händler oder Serviceprovider die Versteuerung des gesamten Kartenverkaufs bei gleichzeitigem Vorsteuerabzug vorgenommen hat.

b) Werden Guthabenkarten über andere Serviceprovider und diesen angeschlossene Händler an Kunden des leistenden Unternehmers verkauft, ist dieser Umsatz vom leistenden Unternehmer und nicht vom anderen Serviceprovider zu versteuern. Dies gilt nicht bei Nachweis der Besteuerung durch den anderen Serviceprovider.

c) Die Händler haben ihre Provisionen zu versteuern. Dabei wird eine Darstellung als Ein- und Verkaufsgeschäft („Verkaufslösung") nicht beanstandet. Dies gilt auch für Serviceprovider, soweit sie oder die ihnen angeschlossenen Händler Guthabenkarten an Kunden anderer Serviceprovider abgegeben haben.

d) Bei Anwendung der Verkaufslösung führen die Rechnungen nicht zur Steuerschuld nach § 14 Abs. 2 oder 3 UStG und berechtigen bei Vorliegen der weiteren Voraussetzungen des § 15 UStG zum Vorsteuerabzug.

Anlage § 001–50

Umsatzsteuerrechtliche Behandlung von Erschließungsmaßnahmen

BMF-Schreiben vom 31.05.2002 – IV B 7 – S 7100 – 167/02,
BStBl. 2002 I S. 631

Für die umsatzsteuerrechtliche Behandlung von Erschließungsmaßnahmen durch Gemeinden oder eingeschaltete Erschließungsträger gilt in Ergänzung des BMF-Schreibens vom 4. Dezember 2000 (IV B 7 – S 7100 – 55/00[1]) unter Punkt II.2. nach dem Ergebnis der Erörterungen der obersten Finanzbehörden des Bundes und der Länder Folgendes:

I.

1. Die Grundstückserschließung ist grundsätzlich Aufgabe der Gemeinden (§ 123 BauGB). Führt die Gemeinde die Erschließungsmaßnahmen in eigener Regie durch oder bedient sie sich hierfür einer Erschließungsgesellschaft als Erfüllungsgehilfen, wird die Gemeinde hoheitlich tätig. Zur Deckung ihres Aufwands für die Erschließungsanlagen erhebt die Gemeinde öffentlich-rechtliche Erschließungsbeiträge nach § 127 ff. BauGB.

   Umsatzsteuerliche Besonderheiten bei dieser Gestaltung ergeben sich nicht. Da die Erschließungsgesellschaft nicht Eigentümerin der Grundstücke ist, erbringt sie steuerpflichtige Werklieferungen (mit entsprechender Vorsteuerabzugsberechtigung) an die Gemeinde. Mangels wirtschaftlicher Tätigkeit erbringt die Gemeinde hinsichtlich der Erschließung keine steuerpflichtigen Ausgangsumsätze. Die erhobenen Erschließungsbeiträge stellen keine steuerbaren Entgelte dar. Deshalb ist die Gemeinde für die an sie erbrachten Leistungen nach § 15 Abs. 1 UStG nicht zum Vorsteuerabzug berechtigt. Dies gilt unabhängig davon, ob die Gemeinde die Erschließungsmaßnahmen in eigener Regie durchführt oder sich hierfür einer Erschließungsgesellschaft als Erfüllungsgehilfen bedient.

   Soweit die Gemeinde einen Betrieb gewerblicher Art (BgA) unterhält (z.B. Wasserversorgung), sind die hierauf entfallenden Anschlussbeiträge Entgelte für die steuerpflichtige Anschlussleistung (vgl. BMF-Schreiben vom 4. Juli 2000 – IV D 1 – S 7100 – 81/00 –). Insoweit steht dem BgA aus den Erschließungsaufwendungen für die Wasserversorgungsanlagen unter den sonstigen Voraussetzungen des § 15 UStG der Vorsteuerabzug zu.

2. Bei Einschaltung einer Erschließungsgesellschaft als Erfüllungsgehilfen kann es vorkommen, dass die Erschließungsgesellschaft vertraglich ermächtigt wird, die ihr entstandenen Erschließungsaufwendungen unmittelbar mit den Bauwilligen abzurechnen. In diesem Fall verzichtet die Gemeinde auf die Erhebung von öffentlich-rechtlichen Erschließungsbeiträgen.

   Da die Erschließungsgesellschaft nicht Eigentümerin der Grundstücke ist, erbringt sie trotz unmittelbarer Abrechnung mit den Bauwilligen steuerpflichtige Werklieferungen an die Gemeinde. Die von den Bauwilligen erhobenen Kostenbeiträge sind Entgelte von dritter Seite für die Leistungen der Erschließungsgesellschaft an die Gemeinde. Hieraus folgt, dass die Erschließungsgesellschaft in ihren Abrechnungen gegenüber den Bauwilligen keine Umsatzsteuer gesondert ausweisen darf. Geschieht dies dennoch, wird die ausgewiesene Umsatzsteuer gemäß § 14 Abs. 3 UStG geschuldet. Die Bauwilligen sind nicht zum Vorsteuerabzug berechtigt.

   Die Gemeinde wird hinsichtlich der Erschließung hoheitlich tätig. Somit ist sie für die an sie erbrachten Leistungen der Erschließungsgesellschaft nach § 15 Abs. 1 UStG nicht zum Vorsteuerabzug berechtigt.

II.

Die Gemeinde kann die ihr obliegenden Erschließungsaufgaben förmlich durch öffentlich-rechtlichen Vertrag nach § 124 Abs. 1 BauGB auf einen Erschließungsträger (z.B. gemeindeeigene oder private Erschließungsgesellschaft, Bauträger, einzelner Bauherr) übertragen. Ein solcher Erschließungsvertrag wird häufig bei der Erschließung von Gewerbegebieten oder bei anderen großen Bauvorhaben abgeschlossen.

1. Der Erschließungsträger ist oder wird Eigentümer der Grundstücke. Die Erschließung wird von ihm im eigenen Namen und für eigene Rechnung durchgeführt. Er nutzt die erschlossenen Grundstücke entweder für eigene Zwecke oder er veräußert sie an Bauwillige unter Einkalkulierung der ihm entstandenen Erschließungsaufwendungen. Die öffentlichen Flächen mit Erschließungsanlagen werden im Regelfall vom Erschließungsträger nach Erschließung der Grundstücke unentgeltlich auf die Gemeinde übertragen. Da der Gemeinde kein eigener Erschließungsaufwand entsteht, entfällt erschließungsrechtlich die Erhebung öffentlich-rechtlicher Erschließungsbeiträge für Erschließungsanlagen i.S.d. § 127 BauGB.

---

[1] BStBl. 2000 I S. 1581

a) Soweit Erschließungsanlagen i.S.d. § 127 BauGB zusammen mit dem Grundstück unentgeltlich auf die Gemeinden übertragen werden, ist diese Übertragung nicht steuerbar, denn nach § 3 Abs. 1b Satz 2 UStG kann eine unentgeltliche Wertabgabe nach § 3 Abs. 1b Satz 1 UStG nur dann einer Lieferung gegen Entgelt gleichgestellt werden, wenn der Gegenstand oder seine Bestandteile zum vollen oder teilweisen Vorsteuerabzug berechtigt haben. Daran fehlt es hier: Die hierauf entfallenden Vorsteuerbeträge beim Erschließungsträger sind nach Abschnitt 208 Abs. 1 Nr. 2 i.V.m. Abs. 2 Satz 1 UStR dieser unentgeltlichen Übertragung zuzuordnen, da eine unmittelbare gegenständliche Zuordnung möglich ist. Da der Vorgang unter das GrEStG fällt und eine Option zur Steuerpflicht nach § 9 UStG nicht möglich ist, berechtigen die Aufwendungen für diese Erschließungsanlagen beim Erschließungsträger nicht zum Vorsteuerabzug (§ 15 Abs. 2 Satz 1 Nr. 3 i.V.m. § 4 Nr. 9 Buchstabe a UStG).

Soweit es sich jedoch bei den übertragenen Erschließungsanlagen um Betriebsvorrichtungen i.S.d. § 2 Abs. 1 Satz 2 Nr. 1 GrEStG handelt, ist die Übertragung auf die Gemeinde steuerpflichtig nach § 3 Abs. 1b Satz 1 Nr. 3 UStG und schließt den Vorsteuerabzug beim Erschließungsträger insoweit nicht aus.[1])

Die Gemeinde ist hinsichtlich der ihr übertragenen Erschließungsanlagen in keinem Fall zum Vorsteuerabzug berechtigt. Soweit die Anlagen in ihren Hoheitsbereich gelangen, fehlt es an der für den Vorsteuerabzug erforderlichen Unternehmereigenschaft. Im Übrigen ist eine Rechnung mit offen ausgewiesener Umsatzsteuer bei unentgeltlichen Wertabgaben unzulässig (vgl. Abschnitt 24a Abs. 3 Sätze 4 und 5 UStR).

b) Veräußert der Erschließungsträger die erschlossenen Grundstücke an Bauwillige, kann er unter den Voraussetzungen des § 9 Abs. 1 UStG auf die Steuerbefreiung nach § 4 Nr. 9 Buchstabe a UStG verzichten und dann die Umsatzsteuer in der Rechnung an den Grundstückserwerber offen ausweisen. Der Grundstückserwerber ist unter den Voraussetzungen des § 15 UStG zum Vorsteuerabzug berechtigt. Trotz dieser steuerpflichtigen Ausgangsumsätze des Erschließungsträgers verbleibt es bei ihm bei der Nichtabzugsfähigkeit der mit den Aufwendungen für die öffentlichen Erschließungsanlagen zusammenhängenden Vorsteuerbeträge, da diese Vorsteuerbeträge der unentgeltlichen Grundstücksübertragung auf die Gemeinde zuzuordnen sind (vgl. Buchstabe a).

c) Bleibt der Erschließungsträger Eigentümer der Erschließungsanlagen, hängt die Berechtigung zum Vorsteuerabzug aus den Aufwendungen für diese Erschließungsanlagen grundsätzlich von der umsatzsteuerlichen Behandlung der Umsätze ab, die er unter Verwendung der auf den betreffenden Grundstücken errichteten Gebäude oder Anlagen ausführt.

Werden die Erschließungsanlagen öffentlich gewidmet, sind sie privatwirtschaftlicher Nutzung entzogen (vgl. BFH-Urteil vom 7. Dezember 1988, BStBl. II 1989 S. 302). Der Vorsteuerabzug ist in diesen Fällen zu versagen, da eine Zuordnung dieser Erschließungsanlagen zum Unternehmensvermögen nicht möglich ist.

2. Der Erschließungsträger ist nicht Eigentümer der zu erschließenden Grundstücke. Er verpflichtet sich gegenüber der Gemeinde zur Herstellung und Übertragung der Erschließungsanlagen. Er führt die Erschließung (wie in II. Nr. 1) im eigenen Namen und für eigene Rechnung durch. Die öffentlichen Erschließungsanlagen werden vom Erschließungsträger nach Erschließung der Grundstücke auf die Gemeinde übertragen. In den folgenden Varianten a bis c entsteht der Gemeinde kein eigener Erschließungsaufwand. Deshalb entfällt in diesen Fällen erschließungsrechtlich die Erhebung öffentlich-rechtlicher Erschließungsbeiträge für Erschließungsanlagen (§ 127 Abs. 1 BauGB).

Variante a)

Daneben verpflichten sich die Grundstückseigentümer gegenüber der Gemeinde zur Übernahme der durch die Erschließung entstehenden Kosten. Zur Erfüllung des Vergütungsanspruchs des Erschließungsträgers tritt die Gemeinde ihren Anspruch auf Kostentragung gegenüber den Grundstückseigentümern an den Erschließungsträger ab.

aa) Die Übertragung der Erschließungsanlagen i.S.v. § 127 Abs. 2 BauGB auf die Gemeinde ist beim Erschließungsträger als Werklieferung steuerpflichtig nach § 1 Abs. 1 Nr. 1 Satz 1 UStG, verbunden mit dem vollen Vorsteuerabzug aus den Aufwendungen für die Erschließungsanlagen. Die Gemeinde entrichtet die Gegenleistung für die ihr vom Erschließungsträger in Rechnung gestellte Übertragung der Erschließungsanlagen durch Abtretung ihres Anspruchs auf Kostentragung. Die Abtretung ist selbst keine steuerbare Leistung, für die Umsatzsteuer ausgewiesen werden könnte.

---

[1]) Siehe aber BFH vom 13.01.2011 – V R 12/08, BStBl. 2012 I S. 61 und Anlage § 015-53

Anlage § 001–50

Soweit die Erschließungsanlagen in den Hoheitsbereich der Gemeinde gelangen, ist diese mangels Unternehmereigenschaft nicht zum Vorsteuerabzug berechtigt.

bb) Zwischen dem Erschließungsträger und den Grundstückseigentümern bestehen weder privatrechtliche Vereinbarungen noch Leistungsbeziehungen.

Variante b)

Daneben verpflichten sich die Grundstückseigentümer gegenüber dem Erschließungsträger zur anteiligen Übernahme der durch die Erschließung entstehenden Kosten.

aa) Die Übertragung der Erschließungsanlagen i. S. v. § 127 Abs. 2 BauGB auf die Gemeinde ist beim Erschließungsträger ebenso wie in der Variante II. 2 Buchstabe a als Werklieferung steuerpflichtig nach § 1 Abs. 1 Nr. 1 Satz 1 UStG, verbunden mit dem vollen Vorsteuerabzug aus den Aufwendungen für die Erschließungsanlagen. Die Kostenübernahme durch die Grundstückseigentümer ist Entgelt von dritter Seite für die vom Erschließungsträger der Gemeinde in Rechnung gestellte Übertragung der Erschließungsanlagen.

Soweit die Erschließungsanlagen in den Hoheitsbereich der Gemeinde gelangen, ist diese mangels Unternehmereigenschaft nicht zum Vorsteuerabzug berechtigt.

bb) Der Erschließungsträger erbringt an die Grundstückseigentümer keine Leistungen; dies ist auch nicht vereinbart. Vereinbart ist nur die Kostenübernahme durch die Grundstückseigentümer für die durch den Erschließungsträger gegenüber der Gemeinde erbrachte Leistung.

In den Abrechnungen (Einzelkostenaufstellungen) gegenüber den Grundstückseigentümern darf der Erschließungsträger die Umsatzsteuer nicht gesondert ausweisen. Die Grundstückseigentümer könnten auch nicht, weil sie nicht Leistungsempfänger sind, zum Vorsteuerabzug berechtigt sein. Weist der Erschließungsträger gleichwohl Umsatzsteuer aus, schuldet er sie nach § 14 Abs. 3 UStG.

Variante c)

Der Erschließungsträger verpflichtet sich zusätzlich gegenüber den Grundstückseigentümern durch privatrechtliche Verträge zur Erschließung und rechnet aufgrund dieser Verträge mit diesen ab.

aa) Die unentgeltliche Übertragung der Erschließungsanlagen i.S.v. § 127 Abs. 2 BauGB auf die Gemeinde ist als unentgeltliche Wertabgabe steuerbar und steuerpflichtig nach § 3 Abs. 1b Satz 1 Nr. 3 UStG, verbunden mit dem vollen Vorsteuerabzug aus den Aufwendungen für die Erschließungsanlagen. Bemessungsgrundlage der unentgeltlichen Wertabgabe sind nach § 10 Abs. 4 Satz 1 Nr. 1 UStG die beim Erschließungsträger entstandenen Selbstkosten, wobei es unbeachtlich ist, ob und in welcher Höhe diese Kosten auch bereits beim Entgelt für die (unter Buchstaben bb genannten) Erschließungsanlagen an die Grundstückseigentümer kalkulatorisch berücksichtigt worden sind.

Die Gemeinde ist hinsichtlich dieser nach § 3 Abs. 1b Satz 1 Nr. 3 UStG gelieferten Erschließungsanlagen in keinem Fall zum Vorsteuerabzug berechtigt. Soweit die Anlagen in ihren Hoheitsbereich gelangen, fehlt es an der für den Vorsteuerabzug erforderlichen Unternehmereigenschaft. Im Übrigen ist eine Rechnung mit offen ausgewiesener Umsatzsteuer bei unentgeltlichen Wertabgaben unzulässig (vgl. Abschnitt 24 a Abs. 3 Sätze 4 und 5 UStR).

bb) Der Erschließungsträger erbringt unabhängig von der unentgeltlichen Lieferung der Erschließungsanlagen an die Gemeinde steuerpflichtige sonstige Leistungen (Erschließungsleistungen) an die Grundstückseigentümer. Die an die Grundstückseigentümer ausgestellten Rechnungen mit gesondert ausgewiesener Umsatzsteuer berechtigen diese unter den Voraussetzungen des § 15 Abs. 1 UStG zum Vorsteuerabzug.

Dieses Schreiben ersetzt das BMF-Schreiben vom 4. Dezember 2000 – IV B 7 – S 7100 – 55/00 – (BStBl. I S. 1581).

Anlagen § 001–51 nicht belegt, § 001–52

Umsatzsteuerrechtliche Beurteilung der Einschaltung von Unternehmern in die Erfüllung hoheitlicher Aufgaben

BMF-Schreiben vom 10.12.2003 – IV B 7 – S 7106 – 100/03,
BStBl. 2003 I S. 785

Der BFH hat mit Urteil vom 28. Februar 2002 – V R 19/01 (BStBl. 2003 II S. 950) entschieden, dass ein mit der Durchführung einer hoheitlichen Pflichtaufgabe betrauter Unternehmer umsatzsteuerrechtlich als Leistender an den Bürger anzusehen ist, wenn er bei der Ausführung der Leistung ihm gegenüber – unabhängig von der öffentlich-rechtlichen Berechtigung – im eigenen Namen aufgetreten ist.

Unter Bezugnahme auf das Ergebnis der Erörterungen mit den obersten Finanzbehörden der Länder gilt hierzu Folgendes:

Soweit im BMF-Schreiben vom 27. Dezember 1990 – IV A 2 – S 7300 – 66/90 (BStBl. 1991 I S. 81)[1)] im Hinblick darauf, dass öffentlich-rechtlich gegenüber dem Bürger allein der Hoheitsträger berechtigt oder verpflichtet ist, für die umsatzsteuerrechtliche Beurteilung der Schluss gezogen worden ist, der eingeschaltete Unternehmer könne seine Leistung nicht gegenüber dem Bürger, sondern nur gegenüber dem Hoheitsträger erbringen, wird daran nicht mehr festgehalten.

Vielmehr liegt ein unmittelbarer Leistungsaustausch zwischen dem leistenden Unternehmer und dem Bürger vor, wenn der leistende Unternehmer sich ihm gegenüber **im eigenen Namen** zur Erbringung der Leistung verpflichtet und dementsprechend auch die Leistung erbracht hat. Dies gilt selbst dann, wenn der leistende Unternehmer mit dieser Vorgehensweise gegen öffentlich-rechtliche Vorschriften verstößt. Erhält der gegenüber dem Bürger im eigenen Namen auftretende Unternehmer in diesem Zusammenhang auch Zahlungen des Hoheitsträgers, sind diese nach Abschn. II Tz. 3 Buchst. a des o. g. BMF-Schreibens weiterhin als Entgelt zu beurteilen, da durch das Auftreten im eigenen Namen das bestehende Leistungsverhältnis zwischen dem leistenden Unternehmer und dem Hoheitsträger nicht entfällt. Bürger in diesem Sinne können sowohl Unternehmer als auch Nichtunternehmer sein.

Überträgt der Hoheitsträger dagegen zulässigerweise – wovon das BMF-Schreiben vom 27. Dezember 1990 ausgeht – nur die tatsächliche Durchführung seiner gesetzlichen Pflichtaufgabe auf einen eingeschalteten Unternehmer, und tritt dieser den Bürgern gegenüber – entsprechend den öffentlich-rechtlichen Vorgaben – nur als Erfüllungsgehilfe des Hoheitsträgers auf, verbleibt es bei der umsatzsteuerrechtlichen Beurteilung im BMF-Schreiben vom 27. Dezember 1990.

---

1) Abgedruckt unter Anlage § 015-07

Anlage § 001–53

Umsatzsteuerrechtliche Behandlung der Geschäftsführungs- und Vertretungsleistungen der Gesellschafter an die Gesellschaft; BFH-Urteil vom 06.06.2002 – V R 43/01 – (BStBl. II S. 36)

BMF-Schreiben vom 23.12.2003 – IV B 7 – S 7100 – 246/03, BStBl. 2004 I S. 240[1]

Zur umsatzsteuerrechtlichen Behandlung der Geschäftsführungs- und Vertretungsleistungen eines Gesellschafters an die Gesellschaft gegen Entgelt hat der BFH mit Urteil vom 6. Juni 2002 – V R 43/01 (BStBl. II 2003 II S. 36) seine bisherige Rechtsprechung aufgegeben, nach der die Ausübung der Mitgliedschaftsrechte nicht als Leistung eines Gesellschafters an die Gesellschaft zu beurteilen ist (BFH-Urteil vom 17. Juli 1980 – V R 5/72, BStBl. II 1980 S. 622). Bezogen auf Geschäftsführungs- und Vertretungsleistungen für eine Personengesellschaft durch einen Gesellschafter gegen Vergütung setzt ein Leistungsaustausch lediglich voraus, dass ein Leistender und ein Leistungsempfänger vorhanden sind und der Leistung eine Gegenleistung gegenübersteht, also ein unmittelbarer Zusammenhang zwischen Leistung und Gegenleistung besteht.

Unter Bezugnahme auf das Ergebnis der Erörterungen mit den obersten Finanzbehörden der Länder gilt hierzu Folgendes:

A. Selbstständigkeit

1. Natürliche Personen

Natürliche Personen als Gesellschafter, die Geschäftsführungs- und Vertretungsleistungen an eine Personengesellschaft erbringen, werden unter den Voraussetzungen des § 2 Abs. 1 UStG selbstständig tätig. Weisungsgebundenheit im Sinne des § 2 Abs. 2 Nr. 1 UStG kann in diesen Fällen nicht vorliegen, weil der Gesellschafter Mitunternehmer im Sinne des § 15 Abs. 1 Satz 1 Nr. 2 EStG ist. Gemäß Abschnitt 17 Abs. 1 Satz 8 Umsatzsteuer-Richtlinien (UStR) ist die Frage der Selbstständigkeit natürlicher Personen für die Umsatzsteuer, Einkommensteuer und Gewerbesteuer nach denselben Grundsätzen zu beurteilen. Auch ein gesellschaftsvertraglich vereinbartes Weisungsrecht der Personengesellschaft gegenüber ihrem Gesellschafter kann nicht zu einer Weisungsgebundenheit im Sinne des § 2 Abs. 2 Nr. 1 UStG führen.

> *Beispiel 1:*
>
> *Der Komplementär einer aus natürlichen Personen bestehenden KG erhält von dieser eine Tätigkeitsvergütung für seine Geschäftsführungsleistung gegenüber der KG.*
>
> *Der Komplementär ist selbstständig tätig.*

Natürliche Personen als Gesellschafter, die Geschäftsführungs- und Vertretungsleistungen an eine Kapitalgesellschaft erbringen, sind unter den Voraussetzungen des § 2 Abs. 2 Nr. 2 UStG nicht selbstständig tätig. Dies gilt v. a. dann, wenn sie für diese Tätigkeit Einkünfte aus nichtselbstständiger Arbeit nach § 19 EStG erzielen. Da die Frage der Selbstständigkeit natürlicher Personen für die Umsatzsteuer, Einkommensteuer und Gewerbesteuer nach denselben Grundsätzen zu beurteilen ist, führt die einkommensteuerrechtliche Beurteilung (Einkünfte aus nichtselbstständiger Arbeit) zur nicht selbstständigen Ausübung der Tätigkeit im Sinne des § 2 Abs. 2 Nr. 1 UStG.

> *Beispiel 2:*
>
> *Der Aktionär einer Aktiengesellschaft (AH) erhält von dieser eine Tätigkeitsvergütung für seine Geschäftsführungsleistung gegenüber der AG. Zwischen den Parteien ist ein Arbeitsvertrag geschlossen.*
>
> *Der Aktionär ist nicht selbstständig tätig.*

2. Juristische Personen

Juristische Personen als Gesellschafter, die Geschäftsführungs- und Vertretungsleistungen an die Gesellschaft erbringen, werden grundsätzlich selbständig tätig. Das Weisungsrecht der Gesellschafterversammlung gegenüber dem Geschäftsführer führt nicht zur Unselbstständigkeit. Die Tätigkeit wird nicht selbstständig ausgeübt, wenn die juristische Person im Rahmen der Organschaft nach § 2 Abs. 2 Nr. 2 UStG in ein anderes Unternehmen eingegliedert ist. Eine GmbH, die an einer Kommanditgesellschaft als persönlich haftende Gesellschafterin beteiligt ist, kann nicht als Organgesellschaft in das Unternehmen dieser Kommanditgesellschaft eingegliedert sein (BFH-Urteil vom 14. Dezember 1978 – V R 85/74, BStBl. II 1979 S. 288, Abschnitt 21 Abs. 2 Satz 4 UStR).

---

[1] Siehe dazu *Zugmaier*, DStR 2004 S. 124 und Anlage § 002-22; siehe BMF vom 31.05.2007, BStBl. 2007 I S. 503, mit Übergangsregelung bis Ende Mai 2007; jetzt Abschnitt 1.6 Abs. 4 UStAE.

Beispiel 3:

Die Komplementär-GmbH erbringt Geschäftsführungs- und Vertretungsleistungen gegen Sonderentgelt an die KG. Der Kommanditist dieser KG ist gleichzeitig Geschäftsführer der Komplementär-GmbH.

Die Komplementär-GmbH ist mit ihren Geschäftsführungs- und Vertretungsleistungen selbstständig tätig. Diese werden von der Komplementär-GmbH an die KG im Rahmen eines umsatzsteuerbaren Leistungsaustausches erbracht, auch wenn z. B. die Vergütung unmittelbar an den Geschäftsführer der Komplementär-GmbH gezahlt wird.

B. Leistungen eines Gesellschafters an die Gesellschaft

Ein Gesellschafter kann an die Gesellschaft sowohl Leistungen erbringen, die ihren Grund in einem gesellschaftlichen Beitragsverhältnis haben, als auch Leistungen, die auf einem gesonderten schuldrechtlichen Austauschverhältnis beruhen. Die umsatzsteuerrechtliche Behandlung dieser Leistungen richtet sich danach, ob es sich um Leistungen handelt, die als Gesellschafterbeitrag durch die Beteiligung am Gewinn oder Verlust der Gesellschaft abgegolten werden, oder um Leistungen, die gegen Sonderentgelt ausgeführt werden und damit auf einen Leistungsaustausch gerichtet sind. Entscheidend ist die tatsächliche Ausführung des Leistungsaustausches und nicht allein die gesellschaftsrechtliche Verpflichtung. Umsatzsteuerrechtlich maßgebend für das Vorliegen eines Leistungsaustausches ist, dass ein Leister und ein Leistungsempfänger vorhanden sind und der Leistung eine Gegenleistung gegenübersteht. Die Steuerbarkeit der Geschäftsführungs- und Vertretungsleistungen setzt das Bestehen eines unmittelbaren Zusammenhangs zwischen der erbrachten Leistung und dem empfangenen Sonderentgelt voraus (vgl. BFH-Urteile vom 6. Juni 2002, a. a. O. und vom 16. Januar 2003 – V R 92/01, BStBl. II S. 732).

Auf die Bezeichnung der Gegenleistung z. B. als Aufwendungsersatz, als Umsatzbeteiligung, als Kostenerstattung o. ä. kommt es nicht an. Wird im Rahmen der Ergebnisverwendung ein Gewinnvorab aus dem Bilanzgewinn verteilt (z. B. an den geschäftsführenden Gesellschafter), ist dieser Gewinnvorab kein Sonderentgelt. Dabei ist der handelsbilanzielle Gewinn maßgebend. Ein Leistungsaustausch zwischen Gesellschaft und Gesellschafter liegt hingegen vor, wenn der Gesellschafter für seine Geschäftsführungs- und Vertretungsleistung an die Gesellschaft eine Vergütung erhält (auch wenn diese als Gewinnvorab bezeichnet wird), die im Rahmen der Ergebnisermittlung bei der Handelsbilanz als Aufwand behandelt wird. Die Vergütung ist in diesem Fall Gegenleistung für die erbrachte Leistung. Auf Grund der Rechtsprechungsänderung des BFH mit Urteil vom 6. Juni 2002, a. a. O., ist es unerheblich, dass der Gesellschafter zugleich seine Mitgliedschaftsrechte ausübt.

Auch gewinnabhängige Vergütungen können ein zur Steuerbarkeit führendes Sonderentgelt darstellen, wenn sie sich nicht nach den vermuteten, sondern nach den tatsächlich erbrachten Gesellschafterleistungen bemessen. Das gilt z. B. für Gesellschafterbeiträge gegenüber Arbeitsgemeinschaften des Baugewerbes. Abschnitt 6 Abs. 5 UStR bleibt unberührt.

Wird für die Geschäftsführungs- und Vertretungsleistung neben einem Sonderentgelt auch eine gewinnabhängige Vergütung gezahlt (sog. Mischentgelt), sind das Sonderentgelt und die gewinnabhängige Vergütung umsatzsteuerrechtlich getrennt zu beurteilen. Das Sonderentgelt ist als Entgelt einzuordnen, da es einer bestimmten Leistung zugeordnet werden kann. Die gewinnabhängige Vergütung ist dagegen kein Entgelt.

Auch andere gesellschaftsrechtlich zu erbringende Leistungen der Gesellschafter an die Gesellschaft können bei Zahlung eines Sonderentgelts als Gegenleistung für diese Leistung einen umsatzsteuerbaren Leistungsaustausch begründen. Eine Haftungsvergütung der Gesellschaft an die Gesellschafter wird grundsätzlich nicht im Rahmen eines Leistungsaustauschverhältnisses gewährt. Sollte ausnahmsweise ein Sonderentgelt zu bejahen sein, ist die Leistung des Gesellschafters nicht gemäß § 4 Nr. 8 Buchst. g UStG steuerfrei.

C. Anwendung

Die Grundsätze des BFH-Urteils vom 6. Juni 2002, a. a. O., sind auf nach dem 31. März 2004 ausgeführte Leistungen anzuwenden. Vor diesem Zeitpunkt können sie auf Antrag des Steuerpflichtigen angewendet werden, soweit die nach § 13 Abs. 1 Nr. 1 UStG entstandene Steuer noch festgesetzt werden kann. Die Abschnitte 1 Abs. 8 Satz 1, 17 Abs. 1 Sätze 10 und 11 sowie 18 Abs. 4 Satz 1 der UStR sind ab 1. April 2004 nicht mehr anzuwenden. Dieses Schreiben ersetzt die BMF-Schreiben vom 13. Dezember 2002 – IV B 7 – S 7100 – 315/02, BStBl. I 2003 S. 68 und vom 17. Juni 2003 – IV B 7 – S 7100 – 121/03, BStBl. I 2003 S. 378.

Anlage § 001–54

Auswirkungen durch den Beitritt Estlands, Lettlands, Litauens, Maltas, Polens, der Slowakei, Sloweniens, der Tschechischen Republik, Ungarns und Zyperns

BMF-Schreiben vom 28.04.2004 – IV B 2 – S 7058 – 7/04,
BStBl. 2004 I S. 480

Unter Bezugnahme auf das Ergebnis der Erörterungen mit den obersten Finanzbehörden der Länder gilt Folgendes:

I. Allgemeines

Gemäß dem am 17. April 2003 unterzeichneten Beitrittsvertrag treten die Republik Estland, die Republik Lettland, die Republik Litauen, die Republik Malta, die Republik Polen, die Slowakische Republik, die Republik Slowenien, die Tschechische Republik, die Republik Ungarn und die Republik Zypern – vorbehaltlich der jeweils rechtzeitigen Ratifizierung – am 1. Mai 2004 der Europäischen Union bei. Das Hoheitsgebiet der Beitrittsstaaten gehört ab diesem Zeitpunkt zu dem Gebiet der Europäischen Union bei. Das Hoheitsgebiet der Beitrittsstaaten gehört ab diesem Zeitpunkt zu dem Gebiet der Europäischen Gemeinschaft, vgl. Art. 299 Absatz 1 EG-Vertrag. Ab dem Tag des Beitritts haben die Beitrittsstaaten das gemeinsame Mehrwertsteuersystem ohne Übergangsfrist einzuführen. Dies gilt auch hinsichtlich der Bestimmungen über die umsatzsteuerliche Behandlung des innergemeinschaftlichen Waren- und Dienstleistungsverkehrs.

Aufgrund des Beitritts ergeben sich auch Auswirkungen auf das deutsche Umsatzsteuerrecht. Nach mehreren Vorschriften des Umsatzsteuergesetzes und der Umsatzsteuer-Durchführungsverordnung treten in grenzüberschreitenden Leistungsverkehr, je nachdem ob ein Staat zur Europäischen Gemeinschaft gehört oder nicht, unterschiedliche Besteuerungsfolgen ein. Das gilt insbesondere für:

- § 1a UStG: Innergemeinschaftlicher Erwerb
- § 1b UStG: Innergemeinschaftlicher Erwerb neuer Fahrzeuge
- § 2a UStG: Fahrzeuglieferer
- § 3 Abs. 1a UStG: Umsatzsteuerliche Behandlung des Verbringens eines Gegenstandes des Unternehmens aus dem Inland in das übrige Gemeinschaftsgebiet
- § 3 Abs. 6, 7 und 8 UStG: Ort der Lieferung
- § 3a Abs. 2 Nr. 3 Buchstabe c und Nr. 4, 3, 3a und 5 UStG: Ort der sonstigen Leistung
- § 3b UStG: Ort der Beförderungsleistungen und der damit zusammenhängenden sonstigen Leistungen
- § 3c UStG: Ort der Lieferung in besonderen Fällen
- § 3d UStG: Ort des innergemeinschaftlichen Erwerbs
- § 3e UStG: Ort der Lieferung während einer Beförderung an Bord eines Schiffes, in einem Luftfahrzeug oder in einer Eisenbahn
- § 4 Nr. 1 Buchstabe a und b UStG: Steuerbefreiung für Ausfuhrlieferungen und innergemeinschaftliche Lieferungen
- § 4 Nr. 3 UStG: Steuerbefreiung für grenzüberschreitende Beförderungen und bestimmte andere sonstige Leistungen
- § 4 Nr. 4b UStG: Steuerbefreiung für die einer Einfuhr vorangehenden Lieferungen von Gegenständen
- § 4b UStG: Steuerbefreiung beim innergemeinschaftlichen Erwerb von Gegenständen
- § 5 Abs. 1 Nr. 3 UStG: Steuerbefreiung bei Einfuhr mit anschließender innergemeinschaftlicher Lieferung
- § 6 UStG: Ausfuhrlieferung
- § 6a UStG: Innergemeinschaftliche Lieferung
- § 7 UStG: Lohnveredelung an Gegenständen der Ausfuhr
- § 14a UStG: Zusätzliche Pflichten bei der Ausstellung von Rechnungen in besonderen Fällen
- § 14b UStG: Aufbewahrung von Rechnungen
- § 15 Abs. 1 Nr. 3 UStG: Vorsteuerabzug für den innergemeinschaftlichen Erwerb für Gegenstände
- § 15 Abs. 3 UStG: Ausschluss vom Vorsteuerabzug
- § 16 Abs. 1a und § 18 Abs. 4c UStG: Elektronische Dienstleistungen

Anlage § 001–54

- § 16 Abs. 5 und § 18 Abs. 5 UStG: Beförderungseinzelbesteuerung
- § 16 Abs. 5a und § 18 Abs. 5a UStG: Fahrzeugeinzelbesteuerung
- § 18 Abs. 9 UStG: Vorsteuer-Vergütungsverfahren
- § 18a UStG: Zusammenfassende Meldung
- § 18b UStG: Gesonderte Erklärung innergemeinschaftlicher Lieferungen im Besteuerungsverfahren
- § 18e UStG: Bestätigungsverfahren
- § 22 Abs. 2 Nr. 7 UStG: Aufzeichnung der Bemessungsgrundlage für den innergemeinschaftlichen Erwerb von Gegenständen sowie der darauf entfallenden Steuerbeträge
- § 22 Abs. 4a UStG: Aufzeichnungen für Gegenstände, die vom Unternehmer zu seiner Verfügung vom Inland in das übrige Gemeinschaftsgebiet verbracht werden
- § 22 Abs. 4b UStG: Aufzeichnung der Gegenstände, die der Unternehmer von einem im übrigen Gemeinschaftsgebiet ansässigen Unternehmer mit Umsatzsteuer-Identifikationsnummer zur Ausführung einer sonstigen Leistung im Sinne des § 3a Abs. 2 Nr. 3c UStG erhält
- § 25 Abs. 2 UStG: Steuerbefreiung von Reiseleistungen
- § 25a UStG: Differenzbesteuerung
- § 25b UStG: Innergemeinschaftliche Dreiecksgeschäfte
- § 1 UStDV: Sonderfälle des Ortes der sonstigen Leistung
- §§ 8 bis 17 UStDV: Beleg- und buchmäßiger Nachweis bei Ausfuhrlieferungen und Lohnveredelungen an Gegenständen der Ausfuhr
- §§ 17a bis 17c UStDV: Nachweise bei der Steuerbefreiung für innergemeinschaftliche Lieferungen

Bei der Anwendung aller vorstehend aufgeführten Vorschriften des Umsatzsteuergesetzes und der Umsatzsteuer-Durchführungsverordnung gehören Estland, Lettland, Litauen, Malta, Polen, die Slowakei, Slowenien, die Tschechische Republik, Ungarn und Zypern ab dem Beitritt zum Gebiet der Europäischen Gemeinschaft.

II. Im Einzelnen

1. Gebiet der Europäischen Gemeinschaft

Ab 1. Mai 2004 umfasst das Gemeinschaftsgebiet (§ 1 Abs. 2a Satz 1 UStG) auch die Hoheitsgebiete Estlands, Lettlands, Litauens, Maltas, Polens, der Slowakei, Sloweniens, der Tschechischen Republik, Ungarns und Zyperns.

Hinsichtlich der Zugehörigkeit des Hoheitsgebiets Zyperns gilt Folgendes:

- Die Anwendung des Besitzstandes in den Teilen Zyperns, in denen die Regierung der Republik Zypern keine tatsächliche Kontrolle ausübt, wird ausgesetzt, bis der Rat auf Vorschlag der Kommission einstimmig über die Aufhebung der Aussetzung entscheidet (Art. 1 des Protokolls Nr. 10 über Zypern der Beitrittsakte).
- Für die mehrwertsteuerliche Behandlung werden die Hoheitszonen des Vereinigten Königreichs auf Zypern Akrotiri und Dhekalia wie Gemeinschaftsgebiet behandelt (siehe: Zweiter Teil des Anhangs des Protokolls Nr. 3 über die Hoheitszonen des Vereinigten Königreichs Großbritannien und Nordirland auf Zypern).

2. Erwerbsschwellen

Ein innergemeinschaftlicher Erwerb durch

- Unternehmer, die nur steuerfreie Umsätze ohne Vorsteuerabzug ausführen,
- Kleinunternehmer, bei denen die Umsatzsteuer entsprechend Artikel 24 der 6. EG-Richtlinie zur Harmonisierung der Umsatzsteuer nicht erhoben wird,
- Landwirte, die die Pauschalregelung entsprechend Art. 25 der 6. EG-Richtlinie anwenden, und
- juristische Personen, die nicht Unternehmer sind oder die den Gegenstand nicht für ihr Unternehmen erworben haben,

unterliegt vorbehaltlich eines eventuell erklärten Verzichts auf die Anwendung des Schwellenwerts nur dann der Umsatzbesteuerung, wenn eine bestimmte Grenze (Erwerbsschwelle) überschritten wird.

Anlage § 001–54

In den Beitrittsländern gelten folgende Erwerbsschwellen:

Estland	160.000	EEK
Lettland	7.000	LVL
Litauen	35.000	LTL
Malta	10.000	€
Polen	10.000	€
Slowakei	420.000	SKK
Slowenien	10.000	€
Tschechien	10.000	€
Ungarn	10.000	€
Zypern	6.000	CYP

Gemäß einem Vorschlag der Kommission zur Änderung des Art. 28 m der 6. EG-Richtlinie soll der maßgebliche Zeitpunkt für den Umrechnungskurs der Tag des Beitritts der betreffenden Staaten sein.

3. Lieferschwellen

Der Ort der Lieferung richtet sich bei Lieferungen von Gegenständen, die durch den Lieferer oder von einem von ihm beauftragten Dritten aus dem Inland in das Gebiet eines anderen Mitgliedstaates befördert oder versendet werden und bei denen der Abnehmer einen innergemeinschaftlichen Erwerb nicht zu versteuern hat, vorbehaltlich eines eventuell erklärten Verzichts auf die Anwendung des Schwellenwerts danach, ob die maßgebliche Lieferschwelle des anderen Mitgliedstaates (§ 3c Abs. 3 Nr. 2 UStG) überschritten ist oder nicht.

In den Beitrittsländern gelten die nachfolgenden Lieferschwellen:

Estland	550.000	EEK
Lettland	24.000	LVL
Litauen	125.000	LTL
Malta	35.000	€
Polen	35.000	€
Slowakei	1.500.000	SKK
Slowenien	35.000	€
Tschechien	35.000	€
Ungarn	35.000	€
Zypern	20.000	CYP

Gemäß einem Vorschlag der Kommission zur Änderung des Art. 28 m der 6. EG-Richtlinie soll der maßgebliche Zeitpunkt für den Umrechnungskurs der Tag des Beitritts der betreffenden Staaten sein.

4. Umsatzsteuer-Identifikationsnummer

Ab 1. Mai 2004 unterliegt der grenzüberschreitende Warenverkehr mit den Beitrittstaaten den Vorschriften, die für den innergemeinschaftlichen Handel gelten.

Unternehmer in den Beitrittstaaten erhalten ab dem 1. Mai 2004 für umsatzsteuerliche Zwecke eine Umsatzsteuer-Identifikationsnummer. Die Umsatzsteuer-Identifikationsnummer dient vorrangig als Anzeichen dafür, dass ihr Inhaber Bezüge aus anderen Mitgliedstaaten der Europäischen Union als innergemeinschaftlichen Erwerb in dem Mitgliedstaat, der ihm diese Nummer erteilt hat, versteuern muss. Deutsche Unternehmer benötigen die Umsatzsteuer-Identifikationsnummer ihres Leistungsempfängers, um zu erkennen, ob sie nach § 4 Nr. 1 Buchstabe b i. V. m. § 6a UStG steuerfrei an ihn liefern können. Ferner benötigen sie die Nummer des Leistungsempfängers, um den Verpflichtungen zur Rechnungsausstellung nach § 14a UStG nachzukommen. Schließlich müssen sie steuerfreie innergemeinschaftliche Lieferungen unter Angabe der Umsatzsteuer-Identifikationsnummer des Leistungsempfängers in ihren zusammenfassenden Meldungen (§ 18a UStG) angeben. Steuerliche Bedeutung hat die Umsatzsteuer-Identifikationsnummer des Leistungsempfängers auch als Tatbestandsmerkmal der Regelungen des § 3a Abs. 2 Nr. 3 Buchstabe c und Nr. 4 UStG und des § 3b Abs. 3 bis 6 UStG über den Ort bestimmter sonstiger Leistungen.

Anlage § 001–54

Die Umsatzsteuer-Identifikationsnummern werden in den Beitrittsländern wie folgt aufgebaut sein:

Estland	EE	EE999999999	1 Block mit 9 Ziffern
Lettland	LV	LV99999999999	1 Block mit 11 Ziffern
Litauen	LT	LT999999999 oder LT999999999999	1 Block mit 9 Ziffern oder 1 Block mit 12 Ziffern
Malta	MT	MT99999999	1 Block mit 8 Ziffern
Polen	PL	PL9999999999	1 Block mit 10 Ziffern
Slowakei	SK	SK9999999999	1 Block mit 10 Ziffern
Slowenien	SI	SI99999999	1 Block mit 8 Ziffern
Tschechien	CZ	CZ99999999 oder CZ999999999 oder CZ9999999999	1 Block mit 8, 9 oder 10 Ziffern
Ungarn	HU	HU99999999	1 Block mit 8 Ziffern
Zypern	CY	CY99999999L	1 Block mit 9 Zeichen

Das Bundesamt für Finanzen bestätigt ab 1. Mai 2004 auf Anfrage die Gültigkeit von Umsatzsteuer-Identifikationsnummern, die von den Beitrittsländern erteilt wurden, § 18e Nr. 1 UStG. Eine einfache Bestätigungsanfrage (Bestätigung der Gültigkeit bzw. Ungültigkeit der angefragten Umsatzsteuer-Identifikationsnummer zum Zeitpunkt der Anfrage) kann über das Internet unter der Adresse www.bff.online.de erfolgen. Anfragen zur qualifizierten Bestätigung einer Umsatzsteuer-Identifikationsnummer, bei der neben der Umsatzsteuer-Identifikationsnummer Angaben zum Namen, Ort, Postleitzahl und Straße des Unternehmers aus einem anderen EU-Mitgliedstaat bestätigt werden können, können schriftlich, telefonisch oder per Telefax an das Bundesamt für Finanzen gerichtet werden.

Nach § 6a Abs. 3 UStG müssen die Voraussetzungen einer innergemeinschaftlichen Lieferung vom Unternehmer nachgewiesen werden. Hierzu gehört nach § 17c Abs. 1 UStDV als buchmäßiger Nachweis die Aufzeichnung der Umsatzsteuer-Identifikationsnummer des Abnehmers. Zur Vermeidung von Übergangsschwierigkeiten wird die fehlende Aufzeichnung der Umsatzsteueridentifikationsnummer eines Abnehmers in den Beitrittsstaaten unter den folgenden Voraussetzungen nicht beanstandet:

1. Die Lieferung wird nach dem 30. April 2004 und vor dem 1. August 2004 ausgeführt.
2. Die Lieferung erfolgt nicht im Einzelhandel oder in einer für den Einzelhandel gebräuchlichen Art und Weise (vgl. § 17c Abs. 2 Nr. 2 UStDV).
3. Die außer der Aufzeichnung der Umsatzsteuer-Identifikationsnummer nach den §§ 17a bis 17c UStDV erforderlichen Nachweise für die Inanspruchnahme der Steuerbefreiung liegen vor.
4. Der Abnehmer gibt gegenüber dem Unternehmer die schriftliche Erklärung ab, dass er die Erteilung einer Umsatzsteuer-Identifikationsnummer beantragt hat und dass die Voraussetzungen für die Erteilung vorliegen.
5. Die zunächst fehlende Aufzeichnung der Umsatzsteuer-Identifikationsnummer des Abnehmers wird nachgeholt.

Im Übrigen ist die Durchführung des (einfachen oder qualifizierten) Bestätigungsverfahrens nicht materiell-rechtliche Voraussetzung für den buchmäßigen Nachweis bei innergemeinschaftlichen Lieferungen. Das Bestätigungsverfahren dient dem Unternehmer insbesondere in den Fällen, in denen Geschäftsbeziehungen aufgenommen werden oder Zweifel an der Gültigkeit einer erteilten Umsatzsteuer-Identifikationsnummer bestehen, als Anhaltspunkt dafür, dass die jeweilige Umsatzsteuer-Identifikationsnummer dem Abnehmer erteilt wurde. Für vor dem 1. August 2004 ausgeführte Lieferungen wird eine fehlende qualifizierte Bestätigung einer Umsatzsteuer-Identifikationsnummer eines Abnehmers in den Beitrittsstaaten nicht zu Lasten des Unternehmers berücksichtigt, wenn im Übrigen alle sonstigen Sorgfaltspflichtigen erfüllt wurden und der Unternehmer auch nachweist, dass er die Bestätigungsanfrage vor Ausführung der Lieferung beim Bundesamt für Finanzen gestellt hat.

5. Behandlung von Lieferungen vor dem 1. Mai 2004, bei denen die gelieferten Gegenstände nach dem 30. April 2004 in einen der Beitrittsstaaten oder aus einem der Beitrittsstaaten in das Inland gelangen

Liefert ein Unternehmer vor dem 1. Mai 2004 einen Gegenstand im Inland an einen Abnehmer und gelangt dieser Gegenstand nach dem 30. April 2004 in das Gebiet eines Beitrittsstaats, ist diese Lieferung unter den weiteren Voraussetzungen des § 6 UStG als Ausfuhrlieferung steuerfrei.

Anlage § 001–54

Gegenstände, die vor dem Beitrittsdatum geliefert wurden und nach dem Beitrittsdatum verwendet werden, unterliegen unter den Voraussetzungen des Art. 28p Absatz 5 der 6. EG-Richtlinie der Einfuhrumsatzsteuer.

6. Zentrale Erstattungsbehörden

Auf Grund der 8. EG-Richtlinie sind die EU-Mitgliedstaaten verpflichtet, den in einem anderen EU-Mitgliedstaat ansässigen Unternehmern die Vorsteuern in einem besonderen Verfahren zu erstatten und hierfür eine zentrale Erstattungsbehörde zu bestimmen. Die Anschriften der Erstattungsbehörden lauten wie folgt:

– **Estland:**
Tallina Juriidiliste Isikute
Maksuamet
Endla 8
15177 TALLIN
Tel.: (+ 372) 693 42 00
Fax: (+ 372) 693 41 11

– **Lettland:**
Valsts ienemumu dienesta Lielo
nodoklu maksataju parvalde
(Large Taxpayers Board of the
State Revenue Service)
Jeruzalemes street 1
Riga LV 1010
Tel.: (+ 371) 701 68 03
Fax: (+ 371) 722 74 96

– **Litauen:**
Vilniaus apskrities valstybine
mokesciu inspekcija
Sermukonio g. 4
2600 VILNIUS
Tel.: (+ 370) 52 61 66 35
Fax: (+ 370) 52 68 76 89

– **Malta:**
VAT Department
Centre Point Building
Tà Paris Road
Birkirkarar BKR 13
MALTA
Tel.: (+ 356) 21 499 330
Fax: (+ 356) 21 499 365
E-Mail: vat@gov.mt

– **Polen:**
Drugi Urzad Skarbowy
Warszawa-Srodmiescie
(Second Tax Office for Warszawa-Srodmiescie)
ul. Lindleya 14
02-013 WARSZAWA
SRODMIESCIE
Tel.: (+ 48) 226 21 72 49
Fax: (+ 48) 226 25 50 06

– **Slowakei:**
Danovy urad Bratislava 1
Radlinskeho 37 – P.O. Box 89
817 89 BRATISLAVA
Tel.: (+ 421) 252 44 21 81
(+ 421) 252 44 21 49
Fax: (+ 421) 257 37 81 11

– **Slowenien:**
Davcni Urad Ljubljana
Tax office Ljubljana
Dunajnska 22
Sl-1000 LJUBLJANA
Tel: (+ 386) 14 74 46 02
(+ 386) 14 74 42 97
Fax: (+ 386) 14 74 43 71

– **Tschechische Republik:**
Financni urad pro Prahu 1
Stepanska 28
110 00 PRAGUE 1
Tel.: (+ 420) (2) 24 04 11 11
Fax: (+ 420) (2) 24 04 19 12
(+ 420) (2) 24 04 19 18

– **Ungarn**
APEH Eszak-budapesti
Igazgatosaga Külfödiek
Ügyeit Inezö Föosztaly
H-1387 BUDAPEST
Pf. 45
Tel.: (+361) 320 98 94
Fax: (+ 361) 239 50 51
E-Mail: ugyfelszolgalat.apeh@matavnet.hu

– **Zypern:**
VAT Service
46 Themistokli Dhervis Str.
1471 NICOSIA
Tel.: (+ 357) 22 60 18 45
(+ 357) 22 60 18 34
Fax: (+ 357) 22 66 04 84
E-Mail: headquarters@vat.mof.gov.cy

Anlage § 001–55

Umsatzsteuerliche Behandlung der Geschäftsführungsaufgaben in Bauarbeitsgemeinschaften und anderen Arbeitsgemeinschaften

OFD Hannover, Vfg. vom 10.06.2004 – S 7100 – 271 – StO 351 / S 7100 – 598 – StH 446, DStR 2004 S. 1657

Rechtslage bis zum 31.03.2004[1)]

Nach dem Muster-Arbeitsgemeinschaftsvertrag der bauwirtschaftlichen Spitzenverbände werden die Geschäftsführungsaufgaben (technische Geschäftsführung, kaufmännische Geschäftsführung, Bauleitung) auf einzelne Gesellschafter übertragen. Die Tätigkeit erschöpft sich darin, die eigene gesellschaftsrechtliche Rechtsposition zu verwirklichen und ist keine Tätigkeit gegen Entgelt im Rahmen eines Leistungsaustausches (BFH v. 17.07.1980, BStBl. II, 622). Es liegt ein nichtsteuerbarer Gesellschafterbeitrag vor.

Ein Leistungsaustausch zwischen dem geschäftsführenden Gesellschafter und der Gesellschaft ist dann zu bejahen, wenn der Gesellschafter eine über die Geschäftsführung hinausgehende Leistung gegen Sonderentgelt erbringt (Abschn. 6 Abs. 3 UStR 2000).

Die Abgrenzung zwischen einer nichtsteuerbaren Geschäftsführungsleistung und einer steuerbaren Leistung ist vom jeweiligen Sachverhalt abhängig. In den §§ 7 bis 9 des Muster-Arbeitsgemeinschaftsvertrages sind die einzelnen Leistungen aufgeführt, die der jeweilige Geschäftsführungsbereich umfasst. Aus Vereinfachungsgründen sind diese Leistungen – unabhängig davon, ob sie durch Sonderentgelt abgegolten werden – insgesamt als nicht steuerbare Geschäftsführungsleistung anzusehen.

Die Vereinfachungsregelung gilt nicht nur für reine Bauarbeitsgemeinschaften, sondern auch für vergleichbare Arbeitsgemeinschaften, z.B. im Bereich Anlagenbau oder technische Gebäudeausrüstung. Voraussetzung ist, dass die Leistung dem Katalog der §§ 7 bis 9 des Muster-Arbeitsgemeinschaftsvertrages entspricht. Darüber hinausgehende Leistungen sind steuerbare Sonderleistungen. Die einheitliche Geschäftsführungsvergütung ist dann aufzuteilen.

Dem geschäftsführenden Gesellschafter steht der Vorsteuerabzug nach § 15 Abs. 1 Nr. 1 UStG aus Bezügen zu, die er zur Durchführung der Geschäftsführung benötigt. Er bezieht die Leistungen für sein Unternehmen, denn die Geschäftsführung in der Arbeitsgemeinschaft dient den Zwecken seines eigenen Unternehmens (BFH v. 20.01.1988, BStBl. II, 557).

Rechtslage ab 01.04.2004

Der BFH hat seine Rechtsprechung zur umsatzsteuerlichen Behandlung der Geschäftsführungsleistung eines Gesellschafters an die Gesellschaft aufgegeben (Urt. v. 06.06.2002, V R 43/01, BStBl. II 2003, 36). Die Geschäftsführungsleistung eines Gesellschafters einer Arbeitsgemeinschaft ist steuerbar, wenn sie gegen ein gewinnunabhängiges Sonderentgelt erbracht wird. Diese Grundsätze sind auf Leistungen anzuwenden, die nach dem 31.03.2004 ausgeführt werden (BMF v. 23.12.2003, IV B 7 – S 7100 – 246/03, BStBl. I 2004, 240).[2)]

---

1) Siehe auch Anlage § 001-09
2) Siehe Anlage § 001-53

Anlage § 001–56

Umsatzsteuer;
Überlassung eines Pkw an den Gesellschafter-Geschäftsführer einer GmbH zur privaten Nutzung

OFD Hannover, Vfg. vom 20.07.2004 – S 7100 – 421 – StO 351 / S 7100 – 1010 – StH 446, DStR 2004 S. 693

Allgemeines

Die umsatzsteuerrechtliche Beurteilung hängt davon ab, ob der Gesellschafter-Geschäftsführer die Geschäfte der GmbH selbständig oder als Arbeitnehmer führt. In der Regel wird er Arbeitnehmer sein (Urteil des FG Köln vom 30.04.2003, EFG 2004 S. 539, Revision anhängig unter – V R 20/03 –; BMF-Schreiben vom 23.12.2003, BStBl. 2004 I S. 240 Tz. A 1 2. Absatz).[1]

1. Gesellschafter-Geschäftsführer ist Arbeitnehmer

Ist der Gesellschafter-Geschäftsführer Arbeitnehmer der GmbH, dann überlässt die GmbH ihm den Pkw in seiner Eigenschaft als Arbeitnehmer, wenn der Gesellschafter-Geschäftsführer umsatzsteuerlich dem Personal zugeordnet wird (Tz. 4.1 des BMF-Schreibens vom 29.05.2000, BStBl. 2000 I S. 819). Das ist der Fall, wenn die Pkw-Überlassung nach lohnsteuerlichen Grundsätzen Arbeitslohn ist. Empfängt der Gesellschafter-Geschäftsführer die Pkw-Überlassung dagegen in seiner Eigenschaft als Gesellschafter, liegt kein Arbeitslohn, sondern eine verdeckte Gewinnausschüttung (vGA) vor. Umsatzsteuerrechtlich ist dann eine unentgeltliche Wertabgabe gegeben (§ 3 Abs. 9a Satz 2 UStG) bzw. für Zeiträume vor dem 01.01.2004 ist der Vorsteuerabzug aus dem Erwerb des Pkw nur zu 50 v. H. zulässig (s. Tz. 2.3).

2. Beherrschender Gesellschafter-Geschäftsführer

2.1 Sind mit einem beherrschenden Gesellschafter-Geschäftsführer im Voraus klare und eindeutige Vereinbarungen über die Pkw-Überlassung zur privaten Nutzung getroffen, dann ist die Pkw-Überlassung Arbeitslohn. Umsatzsteuerrechtlich liegt eine entgeltliche Leistung der GmbH vor (§ 1 Abs. 1 Nr.1 Satz 1 UStG, Tz. 4.1, 4.2.1 des BMF-Schreibens vom 29.05.2000, a.a.O.).

2.2 Sind mit einem beherrschenden Gesellschafter-Geschäftsführer zwar keine klaren und eindeutigen Vereinbarungen über die Pkw-Überlassung zur privaten Nutzung getroffen, hat die GmbH die Pkw-Überlassung jedoch als Arbeitslohn behandelt, d.h. hat sie Lohnsteuer einbehalten, ist die Pkw-Überlassung als Arbeitslohn zu beurteilen. Umsatzsteuerrechtlich liegt eine entgeltliche Leistung der GmbH vor (s. Tz. 2.1).

2.3 Liegen keine klaren und eindeutigen Vereinbarungen vor und hat die GmbH aus der Pkw-Überlassung keine Folgerungen gezogen, d.h. hat sie weder Lohnsteuer einbehalten noch das Verrechnungskonto des Gesellschafter-Geschäftsführers belastet, dann liegt hinsichtlich der Pkw-Überlassung eine vGA vor. Für Zeiträume vor dem 01.01.2004 ist der Vorsteuerabzug im Rahmen des § 15 Abs. 1b UStG 1999 möglich (vgl. dazu Rundverfügung S 7300 – 1065 – StH 444 / S 7300 – 472 – StO 353 – vom 20.08.2003, USt-Kartei S 7303b Karte 1 zu § 15 Abs. 1b UStG). Eine unentgeltliche Wertabgabe ist nicht zu besteuern (Tz. 2.1 des BMF-Schreibens vom 29.05.2000 a.a.O.). Für Zeiträume nach dem 31.12.2003 richtet sich der Vorsteuerabzug nach § 15 Abs.1 Nr. 1 UStG in der ab 01.01.2004 geltenden Fassung. Die Pkw-Überlassung unterliegt dann als unentgeltliche Wertabgabe der Umsatzsteuer.

2.4 Liegen keine klaren und eindeutigen Vereinbarungen vor und belastet die GmbH das Verrechnungskonto des Gesellschafter-Geschäftsführers, dann überlässt sie den Pkw außerhalb des Arbeitsverhältnisses entgeltlich an den Gesellschafter-Geschäftsführer (kein vGA). Umsatzsteuerrechtlich liegt eine entgeltliche sonstige Leistung (§ 1 Abs. 1 Nr. 1 Satz 1 UStG) vor. Die Bemessungsgrundlage ist ggf. auf die mit der Pkw-Nutzung verbundenen vorsteuerbelasteten Kosten aufzustocken (§ 10 Abs. 5 Nr. 1 UStG, Abschnitt 158 Abs. 1 UStR).

3. Nicht beherrschender Gesellschafter-Geschäftsführer

3.1 Sind mit einem nicht beherrschenden Gesellschafter-Geschäftsführer Vereinbarungen getroffen, dann ist die Pkw-Überlassung Arbeitslohn. Umsatzsteuerrechtlich liegt eine entgeltliche Leistung der GmbH vor (§ 1 Abs. 1 Nr. 1 Satz 1 UStG, Tz.4.2.1 des BMF-Schreibens vom 29.05.2000, a.a.O.).

3.2 Auch wenn mit einem nicht beherrschenden Gesellschafter-Geschäftsführer keine Vereinbarungen getroffen worden sind, die GmbH die Pkw-Überlassung jedoch als Arbeitslohn behandelt hat,

---
1) Siehe Anlage § 001-53

d.h. Lohnsteuer einbehalten hat, ist die Pkw-Überlassung als Arbeitslohn zu beurteilen. Umsatzsteuerrechtlich liegt eine entgeltliche Leistung der GmbH vor (s. Tz.3.1).

3.3 Arbeitslohn ist auch dann gegeben, wenn keine Vereinbarungen vorliegen und die GmbH aus der Pkw-Überlassung auch keine Folgerungen gezogen hat, d.h. sie weder Lohnsteuer einbehalten noch das Verrechnungskonto des Gesellschafter-Geschäftsführers belastet hat. In diesen Fällen ist umsatzsteuerrechtlich jedoch zu prüfen, ob eine entgeltliche oder eine unentgeltliche Pkw-Überlassung vorliegt (Tz. 4.2.1 des BMF-Schreibens vom 29.05.2000, a.a.O.).

3.4 Liegen keine Vereinbarungen vor, belastet die GmbH jedoch das Verrechnungskonto des Gesellschafter-Geschäftsführers, dann überlässt sie den Pkw außerhalb des Arbeitsverhältnisses entgeltlich an den Gesellschafter-Geschäftsführer (keine vGA). Umsatzsteuerrechtlich liegt eine entgeltliche sonstige Leistung (§ 1 Abs. 1 Nr. 1 Satz 1 UStG 1993 und 1999) vor. Die Bemessungsgrundlage ist ggf. auf die mit der Pkw-Nutzung verbundenen vorsteuerbelasteten Kosten aufzustocken (§ 10 Abs. 5 Nr. 1 UStG, Abschnitt 158 Abs. 1 UStR).

4. Gesellschafter-Geschäftsführer ist Unternehmer

Erbringt der Gesellschafter-Geschäftsführer mit der Geschäftsführung ausnahmsweise selbständig eine sonstige Leistung gegen Entgelt an die GmbH (BMF-Schreiben vom 23.12.2003. a.a.O.), handelt er als Unternehmer.

Entrichtet der Gesellschafter-Geschäftsführer für die private Nutzung des Pkw ein Entgelt, liegt hinsichtlich der Privatfahrten eine Vermietung des Pkw durch die GmbH an ihn vor. Ist das Entgelt niedriger als die Mindest-Bemessungsgrundlage, ist diese anzusetzen (§ 10 Abs. 5 Nr. 1 i. V. m. Abs. 4 Nr. 2 UStG, Abschnitt 158 Abs. 1 Beispiel 1 UStR 2000). Der GmbH steht der Vorsteuerabzug aus der Anschaffung des Pkw zu. Die Einschränkung nach § 15 Abs. 1b UStG bis zum 31.12.2003 greift nicht, weil die Gesellschaft den Pkw in vollem Umfang für unternehmerische Zwecke nutzt.

Entrichtet der Gesellschafter für die private Nutzung des Pkw kein Entgelt, ist von einem tauschähnlichen Umsatz auszugehen (§ 3 Abs. 12 UStG). Das Entgelt für die Gebrauchsüberlassung besteht in einem Teil der Dienstleistung des Gesellschafter-Geschäftsführers (§ 10 Abs. 2 UStG). Die Rechtsfolgen zur Bemessungsgrundlage, zum Vorsteuerabzug beim Gesellschafter-Geschäftsführer und bei der GmbH ergeben sich aus Tz. 2 bis 4 der Rundverfügung – S 7300 – 1034 – StH 542 / S 7100 – 445 – StO 335 – vom 22.02.1999, USt-Kartei S 7100 Karte 38 zu § 1 Abs. 1 Nr. 1 UStG (Überlassung eines Pkw zur Nutzung an freie Mitarbeiter).

Anlage § 001–57

Public-Private-Partnerships (PPP) im Bundesfernstraßenbau;
I. Modelle nach dem FStrPrivFinG
II. Errichtung und Erhalt von Streckenabschnitten nach dem ABMG
III. Mauterhebung nach dem ABMG

BMF-Schreiben vom 03.02.2005 – IV A 5 – S 7100 – 15/05, BStBl. 2005 I S. 414

Mit dem Gesetz über den Bau und die Finanzierung von Bundesfernstraßen durch Private – Fernstraßenbauprivatfinanzierungsgesetz – FStrPrivFinG – vom 30. August 1994 (BGBl. I 1994, 2243) hat der Gesetzgeber die rechtlichen Rahmenbedingungen für Bau, Betrieb, Erhaltung und Finanzierung von öffentlichen Straßen durch Dritte (Konzessionäre) geschaffen und für die Nutzung der nach diesen Vorschriften errichteten Verkehrsprojekte bzw. Streckenabschnitte das Recht zur Erhebung von Maut eingeführt. Daneben soll mittels der nach dem Gesetz über die Erhebung streckenbezogener Gebühren für die Benutzung von Bundesautobahnen mit schweren Nutzfahrzeugen – Autobahnmautgesetz für schwere Nutzfahrzeuge – ABMG – vom 5. April 2002 (BGBl. I 2002, 1234) die Verkehrsinfrastruktur verbessert werden (§ 11 des ABMG). Hierzu können für den Bau und die Unterhaltung öffentlicher Straßen Private eingesetzt werden.

Hinsichtlich der rechtlichen Ausgestaltung der jeweiligen Verkehrsprojekte ist zwischen den Verkehrsprojekten, die von Privaten im Rahmen des FStrPrivFinG errichtet und betrieben werden („F-Modelle") und den Autobahnstreckenabschnitten, die von Privaten zunächst errichtet und auch im verkehrsrechtlichen Sinne betrieben werden, bei denen jedoch der Bund Betreiber im steuerrechtlichen Sinne bleibt („A-Modelle"), zu unterscheiden.

In Zusammenarbeit mit dem Bundesministerium für Verkehr, Bau und Wohnungswesen sind auf die jeweiligen Modelle zugeschnittene Musterverträge erstellt worden, die Grundlage sowohl der Angebotserstellung als auch der umsatzsteuerrechtlichen Beurteilung sind.

Die Inhalte dieser Musterverträge sind als Heft 822 (F-Modell; ISBN 3-934458-49-1) bzw. Heft 889 (A-Modell; ISBN 3-934458-84-86-6) der Schriftenreihe „Forschungsberichte aus dem Forschungsprogramm des Bundesministeriums für Verkehr, Bau und Wohnungswesen e.V.", herausgegeben vom Bundesministerium für Verkehr, Bau und Wohnungswesen, Abteilung Straßenbau, Straßenverkehr, Bonn, veröffentlicht.

Unter Bezugnahme auf das Ergebnis der Erörterungen mit den obersten Finanzbehörden der Länder gilt zur umsatzsteuerrechtlichen Beurteilung sog. F-Modelle nach dem FStrPrivFinG, sog. A-Modelle auf der Grundlage der o.a. Musterverträge und der Mauterhebung nach dem ABMG Folgendes:

I. F-Modelle nach dem FStrPrivFinG

1. Nach § 1 FStrPrivFinG können Private die Aufgabe des Neu- und Ausbaus von Bundesfernstraßen auf der Grundlage einer Gebührenfinanzierung wahrnehmen. Hierzu können Bau, Erhaltung, Betrieb und Finanzierung von Bundesfernstraßen einem Privaten übertragen werden; hoheitliche Befugnisse gehen dabei grds. nicht auf den Privaten über. Zur Finanzierung derartiger Vekehrsprojekte sind die jeweiligen Landesregierungen jedoch ermächtigt, diesen Privaten durch Rechtsverordnung mit dem Recht zur Erhebung einer Mautgebühr zu beleihen; das Aufkommen daraus steht dem Privaten (Konzessionär) selbst zu. Er unterliegt allerdings der Aufsicht der obersten Landesstraßenbaubehörde bzw. einer dieser nachgeordneten Behörde, die auch Trägerin der Straßenbaulast bleibt.

2. Die für die Durchführung des Konzessionsvertrages erforderlichen Grundstücke werden dem Konzessionär von der öffentlichen Hand (i.d.R.) unentgeltlich zur Verfügung gestellt. Der Konzessionär errichtet darauf auf eigene Kosten das entsprechende Verkehrsbauwerk zur Nutzung für sein Unternehmen, ohne für diese Nutzung eine Miete oder Pacht zu bezahlen. Da das Verkehrsbauwerk nach Ablauf des i.d.R. 30-jährigen Konzessionszeitraums aufgrund der vereinbarten Erhaltungspflicht nicht wirtschaftlich verbraucht ist und dem Konzessionsgeber ab diesem Zeitpunkt zur Verfügung stehen wird, dient es nicht nur vorübergehenden Zwecken (vgl. § 95 BGB). Der Konzessionsgeber erlangt zwar sofort das zivilrechtliche Eigentum an dem Bauwerk (vgl. §§ 946, 94 BGB), dennoch behält der Konzessionär für die Dauer der Überlassung die Verfügungsmacht darüber. Die Verfügungsmacht geht erst mit Ablauf des Konzessionszeitraums auf den Konzessionsgeber über (vgl. BMF-Schreiben vom 23. Juli 1986 – IV A 2 – S 7100 – 76/86 –). Mit der Errichtung, dem Unterhalt, dem Betrieb und der Finanzierung der Konzessionsstrecke wird der Konzessionär zu eigenen unternehmerischen Zwecken tätig. Diese bestehen ausschließlich darin, der Öffentlichkeit die Nutzung des Verkehrsbauwerks gegen Entgelt zu ermöglichen.

Die von den Straßennutzern zu entrichtende Mautgebühr ist Gegenleistung dafür (vgl. EuGH-Urteil vom 12. September 2000, Rs. C-359/97, Rz. 45) und unterliegt damit der Umsatzsteuer. Die Steuer entsteht insoweit mit der Erbringung der Leistung. Eine Leistung an den Konzessionsgeber (öffentliche Hand) liegt insoweit nicht vor.

3. Mit der Übertragung des Straßenbauwerks nach Ablauf des Konzessionszeitraums erbringt der Konzessionär gegenüber der öffentlichen Hand eine Lieferung. Diese wird nach § 3 Abs. 7 Satz 1 UStG im Inland ausgeführt und ist damit steuerbar. Die Steuerpflicht dieser Übertragung ist davon abhängig, ob eine Steuerbefreiung nach § 4 Nr. 9 Buchst. a UStG in Betracht kommt. Diese Frage ist von den zuständigen Landesfinanzbehörden im Einzelfall zu entscheiden. Im Falle der unentgeltlichen Übertragung ergibt sich die Steuerbarkeit aus § 3 Abs. 1b Satz 1 Nr. 3 UStG; auf Abschn. 71 Abs. 1 Satz 1 UStR wird hingewiesen.

4. Zum Entgelt für die Durchführung des Straßenbauvorhabens gehört alles, was der Konzessionsgeber als Leistungsempfänger aufwendet, um die Leistungen aus dem Konzessionsvertrag zu erhalten, jedoch abzüglich der Umsatzsteuer (§ 10 Abs. 1 Satz 2 UStG). Die Aufwendungen des Konzessionsgebers beschränken sich insgesamt auf den sog. Sockelbetrag (Anschubfinanzierung). Nach dem Konzessionsvertrag dient der Sockelbetrag anteilig der teilweisen Abgeltung der Bau-, Erhaltungs- und Betriebskosten des Vorhabens. Der von den Vertragsparteien vereinbarten Aufteilung kann gefolgt werden, wenn sie anhand objektiver Merkmale nachvollziehbar berechnet ist.

5. Der Sockelbetrag wird, unabhängig von seiner Bezeichnung als Zuschuss, vom Konzessionsgeber aufgrund des Leistungsaustauschverhältnisses entrichtet und ist damit Entgelt für eine Leistung oder Entgelt von dritter Seite und kein Zuschuss. Soweit dieser Sockelbetrag demnach auf die Baukosten entfällt, ist er Entgelt (Anzahlung) für die (spätere) Lieferung; soweit er zur Deckung der Mautgebühren auf die sonstigen Aufwendungen des Konzessionärs entfällt, liegt Entgelt von dritter Seite vor. Soweit vertraglich keine zeitliche Zuordnung bzgl. dieses Entgelts von dritter Seite vereinbart wurde, bestehen keine Bedenken, den insgesamt dafür vereinbarten Betrag zur Bestimmung des für den anzuwendenden Steuersatz maßgebenden Leistungszeitraum linear auf den Konzessionszeitraum zu verteilen. Die Aufteilung des Sockelbetrages ist maßgeblich sowohl für die nachträgliche Feststellung des jeweils gültigen Steuersatzes im Zeitpunkt der Lieferung oder Leistung als auch für Bestimmung des ggf. nicht der Umsatzsteuer unterliegenden Anteils des Sockelbetrages, der auf die Baukosten entfällt. Die Entstehung der Steuer im Falle der Zahlung vor Ausführung der Leistung (vgl. Tz. 7) bleibt hiervon unberührt.

6. Entfällt der Sockelbetrag in vollem Umfang auf die Mautgebührendeckelung und erfolgen auch keine weiteren Zahlungen für die Lieferung, wird das Verkehrsbauwerk insgesamt unentgeltlich übertragen. In diesem Fall sind als Bemessungsgrundlage die Wiederbeschaffungskosten im Zeitpunkt der unentgeltlichen Lieferung maßgebend (§ 10 Abs. 4 Nr. 1 UStG).

7. Zur Anwendung des maßgebenden Steuersatzes ist jede Leistung für sich gesondert zu betrachten: So ist die Leistung, soweit sie auf die Lieferung des Vekehrsbauwerks entfällt, im Zeitpunkt der Lieferung bewirkt. Eine für die Lieferung im Einzelfall gesetzlich geschuldete Umsatzsteuer entsteht damit nach Ablauf des Konzessionszeitraums (§ 13 Abs. 1 Nr. 1 Satz 1 UStG, vgl. Tz. 3) in Höhe des zu diesem Zeitpunkt maßgebenden Steuersatzes. Es liegt zwar eine Bauleistung i.S.v. § 13b Abs. 1 Satz 1 Nr. 4 Satz 1 UStG vor, für diese im nichtunternehmerischen Bereich bezogene Bauleistung wird die Steuerschuld jedoch nicht verlagert (vgl. Tz. 18 des BMF-Schreibens vom 31. März 2004 – IV D 1 – S 7279 – 107/04 –, BStBl. I S. 453); § 13b Abs. 1 Satz 1 Nr. 1 UStG bleibt unberührt. Soweit ein Teil der vorab gezahlten Anschubfinanzierung auf die Bauleistung entfällt, entsteht insoweit die Steuer auf diese Anzahlung bereits mit der Zahlung (§ 13 Abs. 1 Nr. 1 Buchst. a Satz 4 UStG). Maßgeblich ist aber der Steuersatz, der zu dem Zeitpunkt gilt, indem der Umsatz ausgeführt wird. Der übrige Teil der Anschubfinanzierung, der vertraglich zur Deckelung der „Mautgebühren" bestimmt ist, ist im Zeitpunkt der Leistungserbringung bzw. als Vorauszahlung im Zeitpunkt der Zahlung der Umsatzsteuer zu unterwerfen.

8. Da der Konzessionär als Unternehmer das Verkehrsprojekt zur Ausführung steuerpflichtiger Umsätze verwendet, ist er für die im Rahmen der Durchführung des Vorhabens anfallenden Vorsteuern unter den allgemeinen Voraussetzungen des § 15 UStG in vollem Umfang zu Vorsteuerabzug berechtigt. Auch soweit die spätere Übertragung des Verkehrsbauwerks Gebäude (z.B. Mautzahlstellen, Überwachungs- oder Sicherheitsräume) beinhaltet, ist der Konzessionär in vollem Umfang zum Vorsteuerabzug berechtigt, da er auch diese Gebäude für die Ausführung steuerpflichtiger Umsätze verwendet. Eine nach § 4 Nr. 9 Buchst. a UStG insoweit ggf. in Betracht kommende Steuerbefreiung der späteren Übertragung hat darauf keinen Einfluss. Eine solche steuerfreie Übertragung löst auch keine Berichtigung des Vorsteuerabzugs nach § 15a UStG aus, da der maßgebende Berichtigungszeitraum von 10 Jahren am Ende des Konzessionszeitraums abgelaufen ist.

Anlage § 001–57

9. Ein Vorsteuerabzug des Straßennutzers aus der Leistung des Betreibers ist unter den allgemeinen Voraussetzungen des § 15 UStG ebenfalls möglich.

II. Errichtung und Erhalt von Streckenabschnitten – A-Modelle

10. Nach dem Musterkonzessionsvertrag A-Modell für den mehrstreifigen Autobahnausbau in der Variante Mischmodell ist vorgesehen, dass ein Privater („Konzessionsnehmer") den Bau bzw. den Ausbau eines Autobahnstreckenabschnitts („Konzessionsstrecke") sowie dessen Erhalt für die Dauer eines Vertragszeitraums von i.d.R. 30 Jahren übernimmt und als Gegenleistung neben einer im Einzelfall vereinbarten sog. Anschubfinanzierung einen Teilbetrag der auf diesem Streckenabschnitt vom Streckenbetreiber („Konzessionsgeber") erhobenen Maut erhält. Aus umsatzsteuerrechtlicher Sicht ist dabei zwischen dem Ausbau des Streckenabschnitts und dem anschließenden Erhalt der Strecke zu unterscheiden. Der Umstand, dass die Gegenleistung für den Privaten aus dem erhobenen Mautaufkommen und in der Höhe von diesem abhängig geleistet wird, rechtfertigt es nicht, den Privaten ungeachtet seiner Bezeichnung als „Konzessionär" als Betreiber des Streckenabschnitts im steuerrechtlichen Sinne anzusehen. Viermehr verbleibt dieses Recht beim Bund, vgl. Tz. 19.

11. Der Ausbau des Streckenabschnitts stellt umsatzsteuerrechtlich eine Werklieferung dar. Diese wird nach § 3 Abs. 7 Satz 1 UStG im Inland ausgeführt und ist damit steuerbar und mangels Steuerbefreiung auch steuerpflichtig.

12. Aus Vereinfachungsgründen ist es nicht zu beanstanden, die dem Privaten entstandenen Herstellungs- bzw. Anschaffungskosten als Bemessungsgrundlage für diese Werklieferung zu Grunde zu legen.

13. Mit der Abnahme des Streckenabschnitts wird die Verfügungsmacht darüber auf den Bund übertragen. Denn dieser ist von Beginn an bürgerlich-rechtlicher Eigentümer gewesen und kann von diesem Zeitpunkt an wirtschaftlich über den Abschnitt verfügen. Ausfluss dieser Verfügungsgewalt ist die Mauterhebung nach Inbetriebnahme des Streckenabschnitts. Die für diese Werklieferung gesetzlich geschuldete Umsatzsteuer entsteht somit in vollem Umfang bei Fertigstellung des Streckenabschnitts (§ 13 Abs. 1 Nr. 1 Satz 1 UStG). Die Zahlung einer Anschubfinanzierung stellt keinen Zuschuss, sondern im Voraus gezahltes Entgelt für den Ausbau des Streckenabschnitts dar; insoweit entsteht die Steuer bereits mit Zahlung der Anschubfinanzierng (§ 13 Abs. 1 Nr. 1 Satz 4 UStG).

14. Die übrigen über den Vertragszeitraum verteilt zu erbringenden Leistungen (Erhalt des Streckenabschnitts) können als jährliche Teilleistungen (einheitlich) erbracht werden. Sie sind nach § 3a Abs. 2 Nr. 1 UStG im Inland steuerbar und mangels Steuerbefreiung steuerpflichtig.

15. Die Summe aus evtl. gezahlter Anschubfinanzierung und anteilig weitergeleiteten Mautgebühren stellt das Entgelt sowohl für die Errichtung des Streckenabschnitts als auch für dessen Erhalt dar. Im Zeitpunkt der Fertigstellung des Streckenabschnitts entsteht nach Tz. 13 Umsatzsteuer, die erst durch später zufließende Zahlungen aus der Mautweiterleitung getilgt wird. Die Zahlungen aus der weitergeleiteten Maut entfallen zum Teil auf den Ausbau des Streckenabschnitts; dieser Teil hat bereits der Umsatzsteuer unterlegen. Der übrige Teil entfällt auf die im Abrechnungszeitraum erbrachte Teilleistung i.S.d. Tz. 14. Um einen für alle Beteiligten nachvollziehbaren und praktikablen Aufteilungsmaßstab zu erhalten, der auch im Ergebnis zutreffend ist, ist dabei wie folgt zu verfahren:

    15.1 Aus den aus dem Mautaufkommen bestrittenen jährlichen Zahlungen an den Privaten wird zunächst der Teil herausgerechnet, der auf das bereits versteuerte Entgelt für den Ausbau des Streckenabschnitts entfällt. Dieser Teil entspricht der um eine ggf. erhaltene Anschubfinanzierung verminderten Summe der Baukosten (Tz. 12), gleichmäßig verteilt auf die Dauer des Vertragszeitraums (i.d.R.: 1/30 p.a.).

    15.2 Der verbleibende Betrag abzüglich der darin enthaltenen Umsatzsteuer stellt das Entgelt für die im Abrechnungszeitraum erbrachte steuerpflichtige Teilleistung i.S.d. Tz. 14 dar.

16. Da der Private regelmäßig die Vorfinanzierung der Umsatzsteuer kalkulatorisch berücksichtigt, bestehen keine Bedenken, insoweit unter den Voraussetzungen des Abschnitts 29a Abs. 2 UStR eine eigenständige, grundsätzlich nach § 4 Nr. 8 Buchst. a UStG steuerfreie Kreditgewährung des Privaten an den Bund anzunehmen. In diesem Fall ist das hierfür gesondert vereinbarte Entgelt von dem nach Tz. 15.1 verbleibenden Betrag abzuziehen.

17. Die Errichtung und der Betrieb des Streckenabschnitts (im verkehrsrechtlichen Sinne) erfolgen für eigene, unternehmerische Zwecke des Privaten. Dieser erbringt damit dem Betreiber des Streckenabschnitts im steuerrechtlichen Sinne (Bund) gegenüber steuerbare und dem allgemeinen

Steuersatz unterliegende sonstige Leistungen und kann daher Vorsteuern aus der Errichtung und dem Betrieb des Streckenabschnitts (im verkehrsrechtlichen Sinne) unter den allgemeinen Voraussetzungen des § 15 UStG abziehen.

III. Mauterhebung nach dem ABMG

18. Für die Benutzung der Bundesautobahnen mit Fahrzeugen i.S.d. Artikels 2 Buchstabe d der Richtlinie 1999/62/EG des Europäischen Parlaments und des Rates vom 17. Juni 1999 über die Erhebung von Gebühren für die Benutzung bestimmter Verkehrswege durch schwere Nutzfahrzeuge (ABl. EG Nr. L 187 S. 42) ist nach Maßgabe des § 1 ABMG eine Gebühr i.S.d. Artikels 2 Buchstabe b der genannten Richtlinie zu entrichten (Maut), die sich nach § 3 ABMG berechnet. Die Maut ist an das Bundesamt für Güterverkehr (BAG) zu entrichten, welches einem Privaten auch die Errichtung und den Betrieb eines Systems zur Erhebung der Maut übertragen kann, § 4 ABMG. Maut nach dem ABMG wird nicht erhoben auf Bundesautobahnabschnitten, für deren Benutzung eine Maut nach § 2 FStrPrivFinG erhoben wird (§ 1 Abs. 3 Nr. 3 ABMG).

19. Die Erhebung von Maut auf den verbleibenden Streckenabschnitten ist damit dem Bund eigentümlich, da die Aufgabe dem Bundesamt für Güterverkehr gesetzlich zugewiesen ist. Nach dem ABMG ist die Erhebung der Maut dem Bund auch vorbehalten, da einem Privaten nur die Errichtung und der Betrieb des Mauterhebungssystems übertragen werden kann. Mit der Erhebung der Maut wird der Private hingegen nur beauftragt. Da die Erhebung der Maut demnach eine hoheitliche Tätigkeit des Bundes ist, die nicht im Rahmen eines Unternehmens ausgeübt wird, unterliegt die Duldung der Straßennutzung, für die Maut erhoben wird, nicht der Umsatzsteuer. Die Maut nach dem ABMG ist eine öffentlich-rechtliche Gebühr. Mautschuldner ist nach § 2 ABMG die Person, die während der mautpflichtigen Benutzung von Bundesautobahnen Eigentümer oder Halter des Motorfahrzeugs ist oder über den Gebrauch des Motorfahrzeugs bestimmt oder das Motorfahrzeug führt. Im Falle der Weiterbelastung des Kostenfaktors „Maut" durch den Mautschuldner an den Empfänger einer von ihm erbrachten Leistung, z.B. Transportleistung, ist die Maut Teil des Entgelts für diese Leistung (§ 10 Abs. 1 Satz 2 UStG, Abschnitt 149 Abs. 6 Sätze 3 und 4 UStR), auch wenn sie als gesondertes Entgeltbestandteil in der Rechnung aufgeführt ist. Die Maut stellt keinen durchlaufenden Posten dar, der nach § 10 Abs. 1 Satz 6 UStG und Abschnitt 152 der Umsatzsteuer-Richtlinien (UStR) der Umsatzsteuer nicht zu unterwerfen wäre, da unmittelbare Rechtsbeziehungen nur zwischen dem Bund und dem Mautschuldner bestehen.

20. Bei Beauftragung eines Privaten mit der Errichtung und dem Betrieb des Mauterhebungssystems durch das BAG handelt dieser für eigene, unternehmerische Zwecke. Er erbringt mit der Mauterhebung für den Betreiber des Streckenabschnitts im steuerrechtlichen Sinne (Bund) diesem gegenüber steuerbare und dem allgemeinen Steuersatz unterliegende sonstige Leistungen und kann daher Vorsteuern aus der Errichtung und dem Betrieb des Mauterhebungssystems unter den allgemeinen Voraussetzungen des § 15 UStG abziehen. Leistungsbeziehungen zwischen dem Privaten und den Nutzern des Streckenabschnitts (Mautschuldner nach § 2 ABMG) bestehen insoweit nicht.

Anlage § 001–58

Leistungen der Sanierungs- und Entwicklungsträger nach § 157 und § 167 Baugesetzbuch (BauGB)

BMF-Schreiben vom 17.10.2005 – IV A 5 – S 7100 – 150/05,
BStBl. 2005 I S. 938

Unter Bezugnahme auf das Ergebnis der Erörterungen mit den obersten Finanzbehörden der Länder gilt zur umsatzsteuerlichen Behandlung der Leistungen von Sanierungsträgern nach § 157 BauGB Folgendes:

Erbringen Sanierungsträger nach § 157 BauGB, die ihre Aufgaben nach § 159 Abs. 1 BauGB im eigenen Namen und für Rechnung der auftraggebenden Körperschaften des öffentlichen Rechts (Gemeinden) als deren Treuhänder erfüllen, Leistungen nach § 157 BauGB und beauftragen sie zur Erbringung dieser Leistungen andere Unternehmer, so gelten mit Einführung der Grundsätze der Dienstleistungskommission des § 3 Abs. 11 UStG ab dem 1. Januar 2004 die von den beauftragten Unternehmern erbrachten Leistungen als an den Sanierungsträger und von diesem an die treugebende Gemeinde erbracht.

Ist der beauftragte Unternehmer im Ausland ansässig, ist für diese Leistung der Sanierungsträger Steuerschuldner (§ 13b Abs. 1 Satz 1 Nr. 1 und Abs. 2 Satz 1 UStG). Ist die an den Sanierungsträger erbrachte Leistung eine Bauleistung im Sinne des § 13b Abs. 1 Satz 1 Nr. 4 Satz 1 UStG, ist der Sanierungsträger als Leistungsempfänger Steuerschuldner, wenn er selbst derartige Bauleistungen nachhaltig erbringt (§ 13b Abs. 2 Satz 2 UStG).

Abweichend hiervon gilt für Leistungen, die auf einem bis zur Bekanntgabe im Bundessteuerblatt folgenden Tag abgeschlossenen Sanierungsvertrag beruhen und für die der Sanierungsträger als Leistungsempfänger Steuerschuldner nach § 13b Abs. 2 Satz 1 oder 2 UStG ist, im Hinblick auf die bislang nicht beanstandete Besteuerungspraxis Folgendes:

1. Bei bis zum 31. Dezember 2005 erbrachten Leistungen, die gem. § 3 Abs. 11 UStG als an einen Sanierungsträger i.S.d. § 157 BauGB erbracht und von diesem als an die treugebende Gemeinde erbracht gelten, ist es nicht zu beanstanden, wenn der beauftragte Unternehmer, der Sanierungsträger sowie die treugebende Gemeinde *einvernehmlich* davon ausgehen, dass die Leistungen des beauftragten Unternehmers unmittelbar an die treugebende Gemeinde erbracht werden.

   Voraussetzung hierfür ist, dass der von dem vom Sanierungsträger beauftragten Unternehmer erbrachte Umsatz in zutreffender Höhe versteuert (= in einer Umsatzsteuer-Voranmeldung oder in einer Steuererklärung für das Kalenderjahr angemeldet) wurde

   – vom beauftragten Unternehmer, wenn dieser im Inland ansässig ist, oder

   – von der treugebenden Gemeinde, wenn der beauftragte Unternehmer im Ausland ansässig ist (§ 13b Abs. 1 Satz 1 Nr. 1 UStG).

   Eine Steuerschuldnerschaft des Sanierungsträgers nach § 13b Abs. 2 Satz 1 oder 2 UStG kommt unter diesen Bedingungen nicht in Betracht, da dieser nicht als Leistungsempfänger des beauftragten Unternehmers angesehen wird.

   Weitere Voraussetzung für die Behandlung der treugebenden Gemeinde als unmittelbare Leistungsempfängerin der vom beauftragten Unternehmer erbrachten Leistungen ist darüber hinaus, dass die auf den Sanierungsträger lautenden Rechnungen des beauftragten Unternehmers als Rechnungen an die treugebende Gemeinde behandelt werden und der Sanierungsträger die ihm darin in Rechnung gestellte Umsatzsteuer nicht als Vorsteuer abgezogen hat.

   Werden die Leistungen des beauftragten Unternehmers unter diesen Voraussetzungen als unmittelbar an die treugebende Gemeinde erbracht angesehen, ist es nicht zu beanstanden, wenn die dem Sanierungsträger von der treugebenden Gemeinde zur Verfügung gestellten Sanierungsfördermittel bei diesem als durchlaufende Posten behandelt werden.

2. Nr. 1 gilt entsprechend auch in den Fällen, in denen das Entgelt oder ein Teil des Entgelts bis zum 31. Dezember 2005 vereinnahmt wird und die vorgenannte Leistung des beauftragten Unternehmers erst nach dem 31. Dezember 2005 ausgeführt wird.

3. Haben der beauftragte Unternehmer, der Sanierungsträger sowie die treugebende Gemeinde für eine nach dem 31. Dezember 2005 ausgeführte Leistung hinsichtlich des bis zum 31. Dezember 2005 vereinnahmten Teils des Entgelts von der Regelung nach Nr. 2 Gebrauch gemacht ist es nicht zu

Anlage § 001–58

beanstanden, wenn nur der Teil des Entgelts der Besteuerung nach § 13b UStG zugrunde gelegt wird, der den bis zum 31. Dezember 2005 vom beauftragten Unternehmer vereinnahmten Teil des Entgelts übersteigt.

Dies gilt hinsichtlich der Besteuerung der Leistung des Sanierungsträgers an die Gemeinde entsprechend.

Die vorstehenden Grundsätze gelten entsprechend für vergleichbare Leistungen der Entwicklungsträger nach § 167 BauGB.

Anlage § 001–59

Umsatzsteuerliche Behandlung von Ausgleichsansprüchen nach Beendigung eines Leasingvertrages

BMF-Schreiben vom 22.05.2008 – IV B 8 – S 7100/07/10007,
BStBl. 2008 I S. 632

Nach dem Ergebnis der Erörterungen mit den obersten Finanzbehörden der Länder gilt zur umsatzsteuerlichen Behandlung von Ausgleichszahlungen im Zusammenhang mit der Beendigung von Leasingverträgen Folgendes:

Für die umsatzsteuerliche Beurteilung kommt es auf die zivilrechtliche Einordnung als Primär- oder Sekundäranspruch nicht entscheidend an. Ihr kann allenfalls indizielle Wirkung bei der Frage nach dem Vorliegen eines umsatzsteuerlichen Leistungsaustauschverhältnisses oder eines echten Schadensersatzes beigemessen werden.

Entscheidend ist, ob der Zahlung für den jeweiligen „Schadensfall" eine mit ihr eng verknüpfte Leistung gegenübersteht. Für die Annahme eines Leistungsaustauschs müssen Leistung und Gegenleistung in einem wechselseitigen Zusammenhang stehen.

Es kann aufgrund vertraglich vereinbarter Kündigungsrechte (z.B. im Falle eines Totalschadens, des Zahlungsverzuges oder der Insolvenz des Leasingnehmers) zu einer *vorzeitigen Beendigung* des Leasingvertrages kommen. In diesen Fällen sehen die Leasingverträge einen Ersatz für künftige Leasingraten und einen möglichen Minderwertausgleich für Beschädigungen oder für einen über den vertraglich vereinbarten Gebrauch des Leasinggegenstandes hinausgehenden Gebrauch vor.

1. Ausgleich für künftige Leasingraten

Soweit Zahlungen für künftige Leasingraten geleistet werden, handelt es sich um einen echten Schadensersatz. Durch die Kündigung ist die vertragliche Hauptleistungspflicht des Leasinggebers – Nutzungsüberlassung des Leasinggegenstands – beendet und deren Erbringung tatsächlich nicht mehr möglich. Eine Zahlung, die der Leasingnehmer für den Ausfall künftiger Leasingraten zu erbringen hat, steht daher nicht mehr im Austauschverhältnis mit einer Leistung des Leasinggebers.

2. Minderwertausgleich

Soweit Zahlungen zum Ausgleich eines Minderwerts geleistet werden, handelt es sich hingegen um Entgelt für eine bereits erfolgte Leistung in Form der Gebrauchsüberlassung und Duldung der Nutzung über den vertragsgemäßen Gebrauch hinaus. Im Rahmen der für einen auf volle Amortisation abzielenden Leasingvertrag typischen Mischkalkulation stellt der Minderwertausgleich eine leasingtypische vertragliche Gegenleistung für die Überlassung des Leasinggegenstands durch den Leasinggeber dar. Dementsprechend hat der Leasingnehmer – anders als der Mieter – auch für diejenigen Veränderungen und Verschlechterungen einzutreten, die auf Zufall und höherer Gewalt beruhen. Der für den Leasingnehmer verbrauchbare Vorteil liegt in der „übervertraglichen" substanzbeeinträchtigenden Nutzung. Der erforderliche Leistungswille des Leasinggebers ergibt sich insofern aus der vertraglichen Wertminderungsklausel. In dieser ist die konkludente Zustimmung zu dem entsprechenden „übervertraglichen" Gebrauch" zu sehen.

Auch im Falle des *planmäßigen Verlaufs eines Leasingvertrags* gilt, dass der Minderwertausgleich eine leasingtypische vertragliche Gegenleistung für die Überlassung des Leasinggegenstands durch den Leasinggeber darstellt, der durch die vereinbarte Wertminderungsklausel seine dahingehende Leistungsbzw. Duldungsbereitschaft manifestiert hat. Gleiches gilt für Zahlungen zum Ausgleich für die Überschreitung von Kilometervereinbarungen. Es handelt sich jeweils um Entgelte für bereits geleistete Vertragsverpflichtungen seitens des Leasinggebers.

Denn es kann nach den oben genannten Grundsätzen bei der umsatzsteuerlichen Beurteilung von Minderwertausgleichszahlungen keinen Unterschied machen, ob der Leasinggeber den Vertragsgegenstand vorzeitig in nicht vertragsgemäßen Zustand zurück gibt oder erst am Ende einer regulär beendeten Vertragsbeziehung. Grundsätzlich gilt, dass die Zahlung eines Minderwertausgleichs nicht als echter Schadensersatz im Sinne des Abschnitts 3 Absatz 1 Sätze 1–3 UStR 2008 zu beurteilen ist, wenn der wertgeminderte Gegenstand zum Gebrauch im Rahmen eines Leasingvertrags überlassen wurde. Auf die Art des Leasingvertrags und des überlassenen Leasinggegenstands sowie die Ursache für die Wertminderung kommt es dabei nicht an.

Die hier aufgestellten Grundsätze finden keine Anwendung auf Fälle des Finanzierungsleasings, bei denen gem. Abschnitt 25 Abs. 4 Sätze 1 und 2 UStR 2008 eine Lieferung an den Leasingnehmer vorliegt.

Dieses Schreiben tritt an die Stelle des BMF-Schreibens vom 20.2.2006 – IV A 5 – S 7100 – 23/06 (BStBl. 2006 I S. 241).

Anlage § 001–60

Umsatzsteuerliche Behandlung der entgeltlichen und unentgeltlichen Geschäftsveräußerung

OFD Hannover, Vfg. vom 31.05.2006 – S 7100b – 1 – StO 171,
UR 2006 S. 606

Die Veräußerung eines Unternehmens im Ganzen – auch eines land- und forstwirtschaftlichen Betriebes – an einen Unternehmer für dessen Unternehmen unterliegt nicht der Umsatzsteuer. Es wird dazu auf § 1 Abs. 1a und §15a Abs. 10 UStG sowie Abschn. 5, 215 Abs. 2, Abschn. 264 Abs. 7 und Abschn. 270 Abs. 3 UStR 2005 verwiesen. Ergänzend gilt Folgendes:

1. Eine Geschäftsveräußerung liegt auch dann vor, wenn der Erwerber das Unternehmen in veränderter Form fortführt. Die Fortführung erfordert eine Kontinuität der Betriebsführung und damit eine gewisse Ähnlichkeit zwischen den vor und nach Übereignung ausgeübten Tätigkeiten (BFH, Urt. vom 28.11.2002 – V R 3/01, BStBl. II 2004, 665 = UR 2003, 135; BFH, Urt. vom 24.2.2005 – V R 45/02, UR 2005, 547 = BFH/NV 2005, 1467). Ändert der Erwerber seine Verwendungsabsicht hinsichtlich des erworbenen Unternehmens, ist auf die bei der Übertragung bestehende Absicht abzustellen.

   Beispiel 1:

   V vermietet ein Bürogebäude an M, ein Handelsunternehmen. Er veräußert es an M, der das Gebäude weiterhin für sein Handelsunternehmen nutzt.

   Es liegt keine Geschäftsveräußerung vor. Die von M ausgeübte Handelstätigkeit ist keine Fortführung der Vermietungstätigkeit des V.

   Beispiel 2:

   V errichtet ein Gebäude in der Absicht, es zu vermieten. Da er keine Mieter findet, veräußert er es an E.

   Es liegt eine Geschäftsveräußerung vor, wenn E die Absicht hat, das Gebäude zu vermieten. Es ist unschädlich, dass V das Unternehmen in der Gründungsphase veräußert hat (BFH, Urt. v. 8.3.2001 – V R 24/98, BStBl. II 2003, 430 = UR 2001, 214; Anm. Stadie, UR 2001, 264).

   Es liegt jedoch keine Geschäftsveräußerung vor, wenn E nicht die Absicht hat, das Gebäude zu vermieten, sondern es z.B. als Geschäftsgebäude für sein Unternehmen zu nutzen (siehe Beispiel 1).

   Beispiel 3:

   V betreibt ein auf ein Großprojekt beschränktes Bauträgerunternehmen. Er erwirbt ein Grundstück und bebaut es. Um es möglichst gut veräußern zu können, sucht er Mieter und schließt mit ihnen Mietverträge ab. Er veräußert das Grundstück an M, der die Büros vermietet.

   Es liegt keine Geschäftsveräußerung vor. Die Bauträgertätigkeit des V führt M nicht fort. M ist vielmehr als Vermieter tätig (BFH, Urt. v. 24.2.2005 – V R 45/02, UR 2005, 547 = BFH/NV 2005, 1467).

   Beispiel 4:

   V vermietet seit Jahren ein Grundstück. Er veräußert es an E. E beabsichtigt, die Vermietungstätigkeit dauerhaft fortzuführen. Um einer drohenden Enteignung zu entgehen, veräußert er das Grundstück drei Jahre nach dem Erwerb.

   Es liegt eine Geschäftsveräußerung vor. E führt die Vermietungstätigkeit fort. Die spätere Veräußerung war ursprünglich nicht beabsichtigt und ist deshalb unbeachtlich. Wegen der Geschäftsveräußerung ist auf die bei der Übereignung bestehende Absicht abzustellen.

2. Der Vorsteuerabzug aus Veräußerungskosten (z.B. Maklergebühren) richtet sich bei einer nichtsteuerbaren Geschäftsveräußerung danach, in welchem Umfang der Veräußerer das jeweilige Wirtschaftsgut seit Beginn des Jahres der Veräußerung zur Ausführung steuerfreier Ausschlussumsätze i.S.v. § 15 Abs. 2 UStG verwendet hat. Ist der Besteuerungszeitraum im Kalenderjahr der Veräußerung zu kurz, um die Ermittlung einer realistischen Quote zuzulassen, kann der vorherige Besteuerungszeitraum herangezogen werden.

3. Zur Überwachung der Berichtigung des Vorsteuerabzugs beim Erwerber wird gebeten, die für den Veräußerer geführten Überwachungsblätter und -übersichten abzulichten und darauf zu vermerken, dass der Erwerber den Berichtigungszeitraum des Veräußerers gem. § 15a Abs. 10 UStG fortführt. Die Ablichtungen sind den Umsatzsteuerakten des Erwerbers vorzuheften oder mit Ablichtungen der Vertragsunterlagen dem für die Besteuerung des Erwerbers zuständigen FA zuzuleiten. Die

Anlage § 001–60

Auswirkung des Mähdrescher-Urteils (BFH, Urt. vom 16.12.1993 – V R 79/91, BStBl. II 1994, 339 = UR 1994, 280 m. Anm. Weiß) bei der Veräußerung eines land- und forstwirtschaftlichen Betriebes ergeben sich aus der USt-Kartei S 7419 Karte 8 zu § 24 UStR.

4. Abschn. 270 Abs. 3 Satz 2 UStR 2005 bestimmt, dass der Erwerber eines land- und forstwirtschaftlichen Betriebes an die Optionsfrist des Veräußerers nach § 24 Abs. 4 UStG gebunden ist. Es wird gebeten, die Auffassung zu vertreten, dass auch die Bindungsfrist des § 1a Abs. 4 UStG bei der Option des Veräußerers zur Besteuerung der innergemeinschaftlichen Erwerbe und des § 19 Abs. 2 UStG beim Verzicht des Veräußerers auf die Kleinunternehmerbesteuerung des § 19 Abs. 1 UStG für den Erwerber gilt.

5. Hat der Veräußerer für die nichtsteuerbare Geschäftsveräußerung Umsatzsteuer – z.B. im Kaufvertrag – gesondert ausgewiesen, schuldet er den ausgewiesenen Betrag wegen des zu hohen Ausweises (§ 14c Abs. 1 Satz 1 UStG). Er ist jedoch nur unter den erschwerten Bedingungen des § 14c Abs. 2 Sätze 3–5 UStG zur Rechnungsberichtigung berechtigt (§ 14c Abs. 1 Satz 3 UStG).

6. Berichtigt der Veräußerer die Rechnung nicht und entrichtet er die nach § 14c Abs. 1 UStG geschuldete Umsatzsteuer nicht, haftet der Erwerber unter den Voraussetzungen des § 75 AO i.V.m. § 191 AO als Betriebsübernehmer. Das gilt jedoch nicht für Erwerbe aus einem Insolvenz- oder Vollstreckungsverfahren (§ 75 Abs. 2 AO).

Hat ein Insolvenzverwalter, auch ein qualifizierter vorläufiger, die fehlerhafte Rechnung ausgestellt und entrichtet er die Umsatzsteuer nicht, haftet er nach § 69 AO (entsprechend dem zu § 14 Abs. 3 UStG a.F. ergangenen Urteil des BFH, Urt. vom 21.6.1994 – VII R 34/92, BStBl. II 1995, 230 = UR 1995, 105). Scheidet mangels vorhandener Zahlungsmittel die Verletzung steuerlicher Pflichten aus (§ 34 Abs. 1 Satz 2 AO), kann eine Haftung des Insolvenz-Verwalters allein auf §§ 60, 61 InsO gestützt werden. Der Insolvenzverwalter verletzt die ihm kraft Insolvenzrecht zugewiesenen Pflichten schuldhaft, wenn er trotz überwiegender Wahrscheinlichkeit des Steuerausfalls einen steuerbaren Tatbestand durch den gesonderten Steuerausweis verwirklicht.

Das FA des Veräußerers ist für die Festsetzung der nach § 14c Abs. 1 UStG geschuldeten Umsatzsteuer und auch für die Erteilung der Haftungsbescheide zuständig (§§ 21, 24 AO). Der gesonderte Umsatzsteuerausweis wird vielfach bei der Prüfung des Sachverhalts durch das FA des Erwerbers auffallen. Das FA des Erwerbers hat das FA des Veräußerers zu informieren, damit dieses den Steueranspruch, insbesondere wegen der Frist des § 75 Abs. 1 AO, zeitnah festsetzen kann.

7. Berichtigt der Veräußerer die Rechnung nicht, ist der Erwerber nicht berechtigt, die ausgewiesene Umsatzsteuer als Vorsteuer abzuziehen (Abschn. 192 Abs. 1 Sätze 1 und 2 UStR 2005).

Anlage § 001–61

Umsatzsteuerrechtliche Behandlung der Überlassung von so genannten VIP-Logen und des Bezugs von Hospitality-Leistungen

BMF-Schreiben vom 28.11.2006 – IV A 5 – S 7109 – 14/06,
BStBl. 2006 I S. 791

Im Zusammenhang mit dem Abschluss von Sponsoring-Verträgen werden dem sponsernden Unternehmen neben den üblichen Werbeleistungen häufig auch Eintrittskarten für VIP-Logen überlassen, die neben der Berechtigung zum Besuch der Veranstaltung auch die Möglichkeit der Bewirtung des sponsernden Unternehmers und seiner Gäste beinhalten. Zur umsatzsteuerrechtlichen Behandlung der Nutzung von so genannten VIP-Logen in Sportstätten durch die sponsernden Unternehmer und des Bezugs von Hospitality-Leistungen gilt unter Bezugnahme auf das Ergebnis der Erörterungen mit den obersten Finanzbehörden der Länder Folgendes: 1

Überlassung von so genannten VIP-Logen in Sportstätten

Sofern zwischen dem leistenden Unternehmer (Werbender) und dem Leistungsempfänger (sponsernder Unternehmer) ein Paketpreis und keine gesonderte Aufteilung des Entgelts vereinbart wurde, wird es in sinngemäßer Anwendung der Regelung gemäß Randziffer 14 des BMF-Schreibens vom 22. August 2005, BStBl. I S. 845, aus Vereinfachungsgründen nicht beanstandet, wenn das Entgelt wie folgt aufgeteilt wird: 2

– Anteil für die Werbung: 40%
– Anteil für die Bewirtung: 30%
– Anteil für die Eintrittsberechtigung: 30%.

Wird im Einzelfall glaubhaft gemacht, dass auf der Grundlage einer vertraglichen Vereinbarung Räumlichkeiten in der Sportstätte außerhalb der Tage, an denen Sportereignisse stattfinden, mindestens einmal wöchentlich genutzt werden, kann der auf diese Raumnutzung entfallende Anteil am Paketpreis in sinngemäßer Anwendung der Regelung gemäß Randziffer 19 des BMF-Schreibens vom 22. August 2005, a.a.O., vorab pauschal mit 15% des Gesamtbetrags ermittelt werden. Für die weitere Aufteilung des Paketpreises ist in diesen Fällen von dem um den Raumnutzungsanteil gekürzten Betrag auszugehen. Die mit dem Paketpreis abgegoltenen Leistungen stellen jeweils selbstständige sonstige Leistungen dar.

Sofern vom sponsernden Unternehmer nicht eine andere Zuordnung nachgewiesen wird, ist davon auszugehen, dass die auf die Verschaffung der Eintrittsberechtigung und die Bewirtung entfallenden Aufwendungen je zur Hälfte auf Geschäftsfreunde und auf eigene Arbeitnehmer entfallen. 3

In den Fällen, in denen im Gesamtbetrag der Aufwendungen nur die Leistungen für Werbung und Verschaffung der Eintrittsberechtigung enthalten sind und für die Bewirtung eine Einzelabrechnung vorliegt (z.B. bei Vertrag mit externem Caterer), ist die Vereinfachungsregelung der Randziffer 2 zur Aufteilung des Entgelts nicht anwendbar. In diesem Fall ist für den Anteil für die Werbung und den Anteil für die Eintrittsberechtigung im Wege der sachgerechten Schätzung ein angemessener Aufteilungsmaßstab zu ermitteln. Randziffer 3 gilt entsprechend. 4

Die Leistungen des Werbenden unterliegen grundsätzlich dem Regelsteuersatz nach § 12 Abs. 1 UStG. Bei gemeinnützigen und anderen steuerbegünstigten Körperschaften kommt eine Steuerermäßigung nach § 12 Abs. 2 Nr. 8 UStG für die Leistungen in Betracht, die nicht im Rahmen eines wirtschaftlichen Geschäftsbetriebs erbracht werden (vgl. zur Abgrenzung insbesondere Randziffer 9 des BMF-Schreibens vom 18. Februar 1998, BStBl. I S. 212, betreffend Werbeleistungen und Abschnitt 170 Abs. 6 UStR betreffend die Verschaffung von Eintrittsberechtigungen zu sportlichen Veranstaltungen). 5

Der sponsernde Unternehmer kann die auf die Aufwendungen für die Nutzung einer VIP-Loge entfallenden Vorsteuern unter den allgemeinen Voraussetzungen des § 15 UStG abziehen. Dies bedeutet insbesondere, dass die im Zusammenhang mit der Nutzung der VIP-Loge bezogenen Leistungen für das Unternehmen des Leistungsempfängers bezogen werden müssen. Sofern diese Leistungen nicht einem bestimmten Ausgangsumsatz zuzurechnen sind, ist für den Vorsteuerabzug das Gesamtbild der Verhältnisse entscheidend. 6

Gibt der sponsernde Unternehmer Eintrittsberechtigungen unentgeltlich an seine Geschäftsfreunde weiter, ist der Vorsteuerabzug aus den betreffenden Aufwendungen nach § 15 Abs. 1a Nr. 1 UStG nur zulässig, wenn kein Geschenk i.S. des § 4 Abs. 5 Satz 1 Nr. 1 EStG vorliegt (vgl. dazu Randziffern 4 und 5 des BMF-Schreibens vom 22. August 2005, a.a.O.). Eine Besteuerung als unentgeltliche Wertabgabe nach § 3 Abs. 9a UStG kommt nicht in Betracht, weil die Abgabe aus unternehmerischen Gründen erfolgt (Abschn. 24c Abs. 1 Satz 3 UStR). 7

Anlage § 001–61

8 Zum Vorsteuerabzug aus der Bewirtung von Geschäftsfreunden siehe BMF-Schreiben vom 23. Juni 2005, BStBl. I S. 816. Soweit danach der Vorsteuerabzug nach § 15 UStG ausgeschlossen ist, weil die Bewirtungsaufwendungen nach der allgemeinen Verkehrsauffassung als nicht angemessen zu beurteilen sind, gilt dies auch für den Teil der Aufwendungen, der auf die an der Bewirtung teilnehmenden Arbeitnehmer des sponsernden Unternehmers entfällt (vgl. Randziffer 9 des BMF-Schreibens vom 22. August 2005, a.a.O.).

9 Die unentgeltliche Weitergabe von Eintrittsberechtigungen an eigene Arbeitnehmer sowie deren Bewirtung sind beim sponsernden Unternehmer als unentgeltliche Wertabgabe nach § 3 Abs. 9a Nr. 2 UStG zu erfassen, sofern es sich hierbei nicht um Aufmerksamkeiten oder Zuwendungen im überwiegenden betrieblichen Interesse handelt (vgl. dazu Abschnitt 12 Abs. 2 und 3 UStR). Eine steuerpflichtige unentgeltliche Wertabgabe liegt auch vor bei der Verwendung von Eintrittsberechtigungen und Bewirtungsleistungen für Zwecke, die außerhalb des Unternehmens liegen. Auf einen vorangegangenen Vorsteuerabzug kommt es dabei nicht an.

Hospitality-Leistungen im Rahmen der Fußballweltmeisterschaft 2006

10 Hat der Unternehmer im Rahmen der Fußballweltmeisterschaft 2006 so genannte Hospitality-Leistungen bezogen, die den Eintritt ins Stadion (verbunden mit Logen- oder bevorzugten Sitzplätzen), Parkmöglichkeiten, gesonderten Zugang zum Stadion, Bewirtung, persönliche Betreuung, Erinnerungsgeschenke und Unterhaltungsangebot, nicht jedoch Aufwendungen für Werbung, umfassen, gilt unter sinngemäßer Anwendung der Regelungen des BMF-Schreibens vom 30. März 2006, BStBl. I S. 307, abweichend folgende Aufteilung:

– Anteil für die Bewirtung: 30%, jedoch begrenzt auf 1.000 Euro pro Teilnehmer und Veranstaltung
– Anteil für die Eintrittsberechtigung: restlicher Betrag.

Randziffer 3 gilt entsprechend.

Überlassung von so genannten „Business-Seats"

11 Für so genannte „Business-Seats", bei denen ein Paketpreis ohne gesonderte Aufteilung des Entgelts vereinbart wurde und bei denen im Gesamtbetrag nur die Aufwendungen für die Verschaffung der Eintrittsberechtigung, das Rahmenprogramm und die Bewirtung enthalten sind, ist das Entgelt in sinngemäßer Anwendung der Regelung in Randziffer 4 des BMF-Schreibens vom 11. Juli 2006, BStBl. 2006 I S. 447, wie folgt aufzuteilen:

– Anteil für die Bewirtung: 50%
– Anteil für die Eintrittsberechtigung: 50%.

Randziffer 3 gilt entsprechend. Werden im Rahmen der vertraglich vereinbarten Gesamtleistung auch Werbeleistungen erbracht, gelten die Randziffern 3 und 4 entsprechend.

Andere Veranstaltungen in Sportstätten

12 Die Regelungen der Randziffern 2 bis 4 sind auf andere Veranstaltungen (z.B. kulturelle Veranstaltungen), die in Sportstätten stattfinden, anzuwenden. Voraussetzung ist, dass die Einzelfallprüfung einen gleichartigen Sachverhalt ergibt.

Veranstaltungen außerhalb von Sportstätten

13 Werden für Veranstaltungen außerhalb einer Sportstätte Leistungspakete, die die Eintrittsberechtigung, Bewirtung und Werbung enthalten (z.B. Operngala), zu einem Pauschalpreis ohne gesonderte Aufteilung des Entgelts angeboten, ist eine pauschale Aufteilung des Entgelts möglich. Der Aufteilungsmaßstab muss sich dabei an den Umständen des Einzelfalls orientieren.

14 Die vorstehenden Regelungen sind in allen noch offenen Fällen anzuwenden.

Anlagen § 001–62 nicht belegt, § 001–63

Auswirkungen durch den Beitritt Bulgariens und Rumäniens zur Europäischen Union

BMF-Schreiben vom 26.01.2007 – IV A 2 – S 7058 – 26/06,
BStBl. 2007 I S. 208

Unter Bezugnahme auf das Ergebnis der Erörterungen mit den obersten Finanzbehörden der Länder gilt Folgendes:

I. Allgemeines

Gemäß dem am 25. April 2005 unterzeichneten Beitrittsvertrag treten die Republiken Bulgarien und Rumänien am 1. Januar 2007 der Europäischen Union bei. Das Hoheitsgebiet der Beitrittsstaaten gehört ab diesem Zeitpunkt zu dem Gebiet der Europäischen Gemeinschaft, vgl. Artikel 299 Absatz 1 EG-Vertrag. Ab dem Tag des Beitritts haben die Beitrittsstaaten das gemeinsame Mehrwertsteuersystem ohne Übergangsfrist einzuführen. Dies gilt auch hinsichtlich der Bestimmungen über die umsatzsteuerliche Behandlung des innergemeinschaftlichen Waren- und Dienstleistungsverkehrs.

Aufgrund der Beitritte ergeben sich Auswirkungen auf das deutsche Umsatzsteuerrecht. Nach mehreren Vorschriften des Umsatzsteuergesetzes und der Umsatzsteuer-Durchführungsverordnung treten im grenzüberschreitenden Leistungsverkehr, je nachdem ob ein Staat zur Europäischen Gemeinschaft gehört oder nicht, unterschiedliche Besteuerungsfolgen ein. Das gilt insbesondere für:

- § 1a UStG: Innergemeinschaftlicher Erwerb
- § 1b UStG: Innergemeinschaftlicher Erwerb neuer Fahrzeuge
- § 2a UStG: Fahrzeuglieferer
- § 3 Abs. 1a UStG: Umsatzsteuerliche Behandlung des Verbringens eines Gegenstandes des Unternehmens aus dem Inland in das übrige Gemeinschaftsgebiet
- § 3 Abs. 6, 7 und 8 UStG: Ort der Lieferung
- § 3a Abs. 2 Nr. 3 Buchst. c und Nr. 4, Abs. 3, 3a und 5 UStG: Ort der sonstigen Leistung
- § 3b UStG: Ort der Beförderungsleistungen und der damit zusammenhängenden sonstigen Leistungen
- § 3c UStG: Ort der Lieferung in besonderen Fällen
- § 3d UStG: Ort des innergemeinschaftlichen Erwerbs
- § 3e UStG: Ort der Lieferung während einer Beförderung an Bord eines Schiffes, in einem Flugzeug oder in einer Eisenbahn
- § 3g UStG: Ort der Lieferung von Gas oder Elektrizität
- § 4 Nr. 1 Buchst. a und b UStG: Steuerbefreiungen für Ausfuhrlieferungen und innergemeinschaftliche Lieferungen
- § 4 Nr. 3 UStG: Steuerbefreiungen für grenzüberschreitende Beförderungen und bestimmte sonstige Leistungen
- § 4 Nr. 4b UStG: Steuerbefreiung für die einer Einfuhr vorangehenden Lieferung von Gegenständen
- § 4b UStG: Steuerbefreiung beim innergemeinschaftlichen Erwerb von Gegenständen
- § 5 Abs. 1 Nr. 3 UStG: Steuerbefreiung bei der Einfuhr mit anschließender innergemeinschaftlicher Lieferung
- § 6 UStG: Ausfuhrlieferung
- § 6a UStG: Innergemeinschaftliche Lieferung
- § 7 UStG: Lohnveredelung an Gegenständen der Ausfuhr
- § 14a UStG: Zusätzliche Pflichten bei der Ausstellung von Rechnungen in besonderen Fällen
- § 14b UStG: Aufbewahrung von Rechnungen
- § 15 Abs. 1 Satz 1 Nr. 3 UStG: Vorsteuerabzug für den innergemeinschaftlichen Erwerb für Gegenstände
- § 15 Abs. 3 UStG: Ausschluss vom Vorsteuerabzug
- § 16 Abs. 1a und § 18 Abs. 4c UStG: Elektronische Dienstleistungen
- § 16 Abs. 5 und § 18 Abs. 5 UStG: Beförderungseinzelbesteuerung
- § 16 Abs. 5a und § 18 Abs. 5a UStG: Fahrzeugeinzelbesteuerung

Anlage § 001–63

- § 18 Abs. 9 UStG: Vorsteuer-Vergütungsverfahren
- § 18a UStG: Zusammenfassende Meldung
- § 18b UStG: Gesonderte Erklärung innergemeinschaftlicher Lieferungen im Besteuerungsverfahren
- § 18e UStG: Bestätigungsverfahren
- § 22 Abs. 2 Nr. 7 UStG: Aufzeichnung der Bemessungsgrundlage für den innergemeinschaftlichen Erwerb von Gegenständen sowie der darauf entfallenden Steuerbeträge
- § 22 Abs. 4a UStG: Aufzeichnung für Gegenstände, die vom Unternehmer zu seiner Verfügung vom Inland in das übrige Gemeinschaftsgebiet verbracht werden
- § 22 Abs. 4b UStG: Aufzeichnung der Gegenstände, die der Unternehmer von einem im übrigen Gemeinschaftsgebiet ansässigen Unternehmer mit Umsatzsteuer-Identifikationsnummer zur Ausführung einer sonstigen Leistung im Sinne des § 3a Abs. 2 Nr. 3 Buchst. c UStG erhält
- § 25 Abs. 2 UStG: Steuerbefreiung von Reiseleistungen
- § 25a UStG: Differenzbesteuerung
- § 25b UStG: Innergemeinschaftliche Dreiecksgeschäfte
- § 1 UStDV: Sonderfälle des Orts der sonstigen Leistung
- §§ 8 bis 17 UStDV: Beleg- und buchmäßiger Nachweis bei Ausfuhrlieferungen und Lohnveredelungen an Gegenständen der Ausfuhr
- §§ 17a bis 17c UStDV: Nachweise bei der Steuerbefreiung für innergemeinschaftliche Lieferungen.

Bei der Anwendung aller vorstehend aufgeführten Vorschriften des Umsatzsteuergesetzes und der Umsatzsteuer-Durchführungsverordnung gehören Bulgarien und Rumänien ab dem Beitritt zum Gebiet der Europäischen Gemeinschaft.

II. Im Einzelnen

1. Gebiet der Europäischen Gemeinschaft

Ab dem 1. Januar 2007 umfasst das Gemeinschaftsgebiet (§ 1 Abs. 2a Satz 1 UStG) auch die Hoheitsgebiete Bulgariens und Rumäniens.

2. Erwerbsschwellen

Ein innergemeinschaftlicher Erwerb durch

- Unternehmer, die nur steuerfreie Umsätze ohne Vorsteuerabzug ausführen,
- Kleinunternehmer, bei denen die Umsatzsteuer entsprechend Artikel 282 bis 292 der Richtlinie 2006/112/EG des Rates vom 28. November 2006 über das gemeinsame Mehrwertsteuersystem ABl. EU 2006 Nr. L 347 S. 1 (bis zum 31. Dezember 2006: Artikel 24 der 6. EG-Richtlinie) nicht erhoben wird,
- Landwirte, die die Pauschalregelung entsprechend Artikel 295 bis 300 und Artikel 301 Absatz 2 der Richtlinie 2006/112/EG (bis 31. Dezember 2006: Artikel 25 der 6. EG-Richtlinie) anwenden, und
- juristische Personen, die nicht Unternehmer sind oder die den Gegenstand nicht für ihr Unternehmen erworben haben,

unterliegt vorbehaltlich eines eventuell erklärten Verzichts auf die Anwendung des Schwellenwerts nur dann der Umsatzbesteuerung, wenn eine bestimmte Grenze (Erwerbsschwelle) überschritten wird.

In den Beitrittsstaaten gelten folgende Erwerbsschwellen:

Bulgarien	20.000 BGN
Rumänien	10.000 EUR

Gemäß Artikel 399 Satz 2 der Richtlinie 2006/112/EG ist der maßgebliche Zeitpunkt für den Umrechnungskurs der Tag des Beitritts des betreffenden Staates.

3. Lieferschwellen

Der Ort der Lieferung richtet sich bei Lieferungen von Gegenständen, die durch den Lieferer oder von einem ihm beauftragten Dritten aus dem Inland in das Gebiet eines anderen Mitgliedstaates befördert oder versendet werden und bei denen der Abnehmer einen innergemeinschaftlichen Erwerb nicht zu versteuern hat, vorbehaltlich eines eventuell erklärten Verzichts auf die Anwendung des Schwellenwerts danach, ob die maßgebliche Lieferschwelle des anderen Mitgliedstaates (§ 3c Abs. 3 Nr. 2 UStG) überschritten ist oder nicht.

Anlage § 001–63

In den Beitrittsstaaten gelten die nachfolgenden Lieferschwellen:

Bulgarien   70.000 BGN

Rumänien   35.000 EUR

Gemäß Artikel 399 Satz 2 der Richtlinie 2006/112/EG ist der maßgebliche Zeitpunkt für den Umrechnungskurs der Tag des Beitritts des betreffenden Staates.

4. Umsatzsteuer-Identifikationsnummer

Ab dem 1. Januar 2007 unterliegt der grenzüberschreitende Warenverkehr mit den Beitrittsstaaten den Vorschriften, die für den innergemeinschaftlichen Handel gelten.

Unternehmer in den Beitrittsstaaten erhalten ab dem 1. Januar 2007 für umsatzsteuerliche Zwecke eine Umsatzsteuer-Identifikationsnummer. Die Umsatzsteuer-Identifikationsnummer dient vorrangig als Anzeichen dafür, dass ihr Inhaber Bezüge aus anderen Mitgliedstaaten der Europäischen Union als innergemeinschaftlichen Erwerb in dem Mitgliedstaat, der ihm diese Nummer erteilt hat, versteuern muss. Deutsche Unternehmer benötigen die Umsatzsteuer-Identifikationsnummer ihres Leistungsempfängers, um zu erkennen, ob sie nach § 4 Nr. 1 Buchst. b, § 6a UStG steuerfrei an ihn liefern können. Ferner benötigen sie die Nummer des Leistungsempfängers, um den Verpflichtungen zur Rechnungsausstellung nach § 14a UStG nachzukommen. Schließlich müssen sie steuerfreie innergemeinschaftliche Lieferungen unter Angabe der Umsatzsteuer-Identifikationsnummer des Leistungsempfängers in ihren Zusammenfassenden Meldungen (§ 18a UStG) angeben. Steuerliche Bedeutung hat die Umsatzsteuer-Identifikationsnummer des Leistungsempfängers auch als Tatbestandsmerkmal der Regelungen des § 3a Abs. 2 Nr. 3 Buchst. c und Nr. 4 UStG und § 3b Abs. 3 bis 6 UStG über den Ort bestimmter sonstiger Lieferungen.

Die Umsatzsteuer-Identifikationsnummern werden in den Beitrittsstaaten wie folgt aufgebaut sein:

Bulgarien	BG	BG999999999 oder BG9999999999	1 Block mit 9 Ziffern oder 1 Block mit 10 Ziffern
Rumänien	RO	RO99 oder RO999 oder RO9999 oder RO99999 oder RO999999 oder RO9999999 oder RO99999999 oder RO999999999 oder RO9999999999	1 Block mit 2 bis 10 Ziffern

Das Bundeszentralamt für Steuern bestätigt ab dem 1. Januar 2007 gemäß § 18e Nr. 1 UStG auf Anfrage die Gültigkeit von Umsatzsteuer-Identifikationsnummern, die von den Beitrittsstaaten erteilt wurden (einfache Bestätigung) sowie den Namen und die Anschrift der Person, der die Umsatzsteuer-Identifikationsnummer von einem anderen Mitgliedstaat erteilt wurde (qualifizierte Bestätigung). Sowohl die einfache als auch eine qualifizierte Bestätigungsanfrage kann über das Internet unter der Adresse des Bundeszentralamtes für Steuern *www.bzst.bund.de* erfolgen. Neben der Möglichkeit der Online-Bestätigungsanfrage können Anfragen zur qualifizierten Bestätigung einer Umsatzsteuer-Identifikationsnummer auch postalisch, telefonisch, per Telefax oder E-Mail erfolgen. Ein entsprechendes Kontaktformular steht dafür auf der o.g. Internetseite des Bundeszentralamts für Steuern zur Verfügung. Die Antwort erfolgt grundsätzlich schriftlich, bei Internetanfragen allerdings nur auf Wunsch des Anfragenden.

Nach § 6a Abs. 3 UStG müssen die Voraussetzungen einer innergemeinschaftlichen Lieferung vom Unternehmer nachgewiesen werden. Hierzu gehört nach § 17c Abs. 1 UStDV als buchmäßiger Nachweis die Aufzeichnung der Umsatzsteuer-Identifikationsnummer des Abnehmers. Zur Vermeidung von Übergangsschwierigkeiten wird die fehlende Aufzeichnung der Umsatzsteuer-Identifikationsnummer eines Abnehmers in den Beitrittsstaaten unter den folgenden Voraussetzungen nicht beanstandet:

1. Die Lieferung wird nach dem 31. Dezember 2006 und vor dem 1. April 2007 ausgeführt.

2. Die Lieferung erfolgt nicht im Einzelhandel oder in einer für den Einzelhandel gebräuchlichen Art und Weise (vgl. § 17c Abs. 2 Nr. 2 UStDV).

3. Die außer der Aufzeichnung der Umsatzsteuer-Identifikationsnummer nach den §§ 17a bis 17c UStDV erforderlichen Nachweise für die Inanspruchnahme der Steuerbefreiung liegen vor.

Anlage § 001–63

4. Der Abnehmer gibt gegenüber dem Unternehmer die schriftliche Erklärung ab, dass er die Erteilung der Umsatzsteuer-Identifikationsnummer beantragt hat und dass die Voraussetzungen für die Erteilung vorliegen.
5. Die zunächst fehlende Aufzeichnung der Umsatzsteuer-Identifikationsnummer des Abnehmers wird nachgeholt.

Im Übrigen ist die Durchführung des (einfachen oder qualifizierten) Bestätigungsverfahrens nicht materiell-rechtliche Voraussetzung für den buchmäßigen Nachweis bei innergemeinschaftlichen Lieferungen. Das Bestätigungsverfahren dient dem Unternehmer insbesondere in den Fällen, in denen Geschäftsbeziehungen aufgenommen werden oder Zweifel an der Gültigkeit einer erteilten Umsatzsteuer-Identifikationsnummer bestehen, als Anhaltspunkt dafür, dass die jeweilige Umsatzsteuer-Identifikationsnummer dem Abnehmer erteilt wurde.

5. Behandlung der Lieferungen vor dem 1. Januar 2007, bei denen die gelieferten Gegenstände nach dem 31. Dezember 2006 in einen der Beitrittsstaaten oder aus einem der Beitrittsstaaten in das Inland gelangen

Liefert ein Unternehmer vor dem 1. Januar 2007 einen Gegenstand im Inland an einen Abnehmer und gelangt dieser Gegenstand nach dem 31. Dezember 2006 in das Gebiet eines Beitrittsstaats, ist diese Lieferung unter den weiteren Voraussetzungen des § 6 UStG als Ausfuhrlieferung steuerfrei.

Gegenstände, die vor dem Beitrittsdatum geliefert wurden und nach dem Beitrittsdatum verwendet werden, unterliegen unter den Voraussetzungen des Artikels 408 Abs. 2 Buchst. a und b der Richtlinie 2006/112/EG der Einfuhrumsatzsteuer.

6. Zentrale Erstattungsbehörden

Aufgrund der 8. EG-Richtlinie sind die EU-Mitgliedstaaten verpflichtet, den in einem anderen EU-Mitgliedstaat ansässigen Unternehmern die Vorsteuern in einem besonderen Verfahren zu erstatten und hierfür eine zentrale Erstattungsbehörde zu bestimmen. Die Anschriften der Erstattungsbehörden lauten wie folgt:

– **Bulgarien:**
Territorial Directorate of NRA Sofia-city
21 Axakov str.
1000 Sofia
Bulgaria
Tel.: 00359 29863801
Fax: 00359 29864810

– **Rumänien:**
General Directorate of Public
Finances in Bucharest
Dimitric Gerota str, no. 13
Bucharest

Anlage § 001–64

Umsatzsteuerliche Behandlung der Verwertung sicherungsübereigneter beweglicher Gegenstände

OFD Frankfurt/M., Rdvfg. vom 25.05.2007 – S 7100 A – 2/85 – St 11, DStR 2007 S. 1910

1. Allgemeines

Zur Absicherung von Kreditforderungen lassen sich Kreditgeber (z.B. Banken) oftmals bewegliche Gegenstände sicherungsübereignen. Nach den Sicherungsübereignungsverträgen geht das Eigentum an dem sicherungsübereigneten Gegenstand von dem Sicherungsgeber (SG) auf den Sicherungsnehmer (SN) über.

Die Sicherungsübereignung hat jedoch beispielsweise gegenüber der Bestellung eines Pfandrechts den entscheidenden Vorteil, dass der zur Sicherheit übereignete Gegenstand im Besitz des SG verbleibt.

Regelmäßig ist vereinbart, dass grundsätzlich der SG veräußerungsbefugt bleibt, im Falle der Verwertungsreife diese Befugnis allerdings auf den SN übergeht, vgl. Tz. 2.1.

Im Rahmen der Verwertung des sicherungsübereigneten Gegenstandes ist die Anwendung des § 13b Abs. 1 Satz 1 Nr. 2 i.V.m. Abs. 2 Satz 1 UStG zu beachten.

1.1 Verwertung durch den Sicherungsnehmer (z.B. Bank)

Verwertet der SN den sicherungsübereigneten Gegenstand und handelt es sich bei dem SG um einen Unternehmer, ist ein „Doppelumsatz" gegeben.

Der SG liefert an den SN und dieser liefert seinerseits an den Abnehmer (Dritterwerber).

Beide Lieferungen gelten mit der Lieferung des SN an den Abnehmer als erbracht, vgl. BFH vom 13.2.2004, V B 110/03 (BeckRS 2004, 25003126, BFH/NV 2004, 832) und vom 6.10.2005, V R 20/04 (BStBl. II 2006, 931, DStRE 2006, 90).

Zu prüfen ist, ob die beiden Lieferungen als im Inland erfolgt gelten (vgl. § 3 Abs. 5a und 6 UStG) und insoweit umsatzsteuerbar sind (vgl. § 1 Abs. 1 Nr. 1 UStG).

Zu beachten ist hierbei, dass das Sicherungsgut meist unmittelbar vom SG an den Abnehmer befördert oder versendet wird. In diesen Fällen handelt es sich um ein Reihengeschäft, § 3 Abs. 6 Sätze 5 und 6 UStG.

Der SN schuldet als Leistungsempfänger die Umsatzsteuer aus der Lieferung des SG an ihn, § 13b Abs. 1 Satz 1 Nr. 2 UStG, die im Rahmen des § 15 Abs. 1 Satz 1 Nr. 4 UStG als Vorsteuer abziehbar ist.

Weiterhin schuldet der SN die Umsatzsteuer aus der Lieferung an den Abnehmer, diesem hat der SN eine Rechnung zu erteilen.

1.2 Verwertung durch den Sicherungsgeber

Verwertet der SG den sicherungsübereigneten Gegenstand, muss nach jüngster Rechtsprechung des BFH zwischen den folgenden beiden Fällen unterschieden werden:

1.2.1 Im Namen und für Rechnung des Sicherungsnehmers

Veräußert der SG im Namen und für Rechnung des SN, liefert der SG an den SN und dieser wiederum an den Abnehmer.

Es handelt sich ebenfalls um einen „Doppelumsatz" und der SN schuldet die Umsatzsteuer aus der Lieferung des SG an ihn, vgl. Tz. 1.1.

1.2.2 Im eigenen Namen und für Rechnung des Sicherungsnehmers

Der BFH hat mit seinen Urteilen vom 6.10.2005, V R 20/04 (a.a.O.) und vom 30.3.2006, V R 9/03 (BStBl. II 2006, 933, DStR 2006, 985) entschieden, dass die Veräußerung eines zur Sicherung übereigneten Gegenstandes an einen Dritten durch den SG im eigenen Namen, jedoch für Rechnung des SN zu einem „Dreifachumsatz" führt.

Die ursprüngliche Sicherungsübereignung erstarkt im Zeitpunkt der Veräußerung zu einer Lieferung i.S. des § 1 Abs. 1 Nr. 1 UStG des SG an den SN. Der SN schuldet als Leistungsempfänger die Umsatzsteuer aus dieser Lieferung, § 13b Abs. 1 Satz 1 Nr. 2 UStG. Diese Umsatzsteuer ist im Rahmen des § 15 Abs. 1 Satz 1 Nr. 4 UStG als Vorsteuer abziehbar.

Da der SG dabei für Rechnung des SN handelt, sind die Voraussetzungen eines Kommissionsgeschäfts erfüllt.

Nach § 3 Abs. 3 UStG erbringt der SN (Kommittent) an den SG (Kommissionär) eine Lieferung und der SG erbringt dementsprechend eine Lieferung an den Abnehmer.

Anlage § 001–64

Der SN schuldet die Umsatzsteuer aus der Lieferung an den SG, der SG kann diese als Vorsteuer geltend machen und schuldet zugleich die Umsatzsteuer aus der Lieferung an den Abnehmer.

Die Rechnungserteilung an den Abnehmer hat jedoch nicht durch den SN (z.B. Bank) zu erfolgen, sondern durch den SG.

Für den Abnehmer ist daher nicht mehr erkennbar, dass eine Sicherheitenverwertung erfolgt.

Nach dem BMF-Schreiben vom 30.11.2006, IV A 5 – S 7100 – 166/06 (BStBl. I 2006, 794, DStR 2006, 2259) sind die Urteilsgrundsätze auf nach dem 31.12.2006 ausgeführte Umsätze anzuwenden.

Soweit Ausführungen in Abschn. 2 Abs. 1 Sätze 2 bis 4 UStR dem entgegenstehen, sind diese ab dem 1.1.2007 nicht mehr anzuwenden.

Auswirkungen im Verwertungszeitpunkt

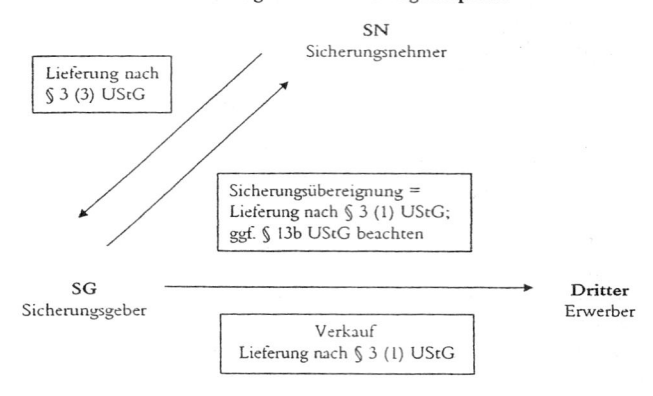

```
                        SN
                   Sicherungsnehmer
      Lieferung nach  ↗  ↘
       § 3 (3) UStG
                    Sicherungsübereignung =
                    Lieferung nach § 3 (1) UStG;
                    ggf. § 13b UStG beachten

      SG  ─────────────────────────→  Dritter
   Sicherungsgeber                    Erwerber
                    Verkauf
                Lieferung nach § 3 (1) UStG
```

2. Verwertung von sicherungsübereigneten beweglichen Gegenständen im Zusammenhang mit Insolvenzverfahren

Die umgekehrte Steuerschuldnerschaft findet innerhalb des Insolvenzverfahren grundsätzlich keine Anwendung, da § 13b Abs. 1 Satz 1 Nr. 2 UStG explizit von Lieferungen sicherungsübereigneter Gegenstände außerhalb des Insolvenzverfahrens spricht.

Für die umsatzsteuerrechtliche Würdigung ist zwischen der Zeit vor Eröffnung und der Zeit nach Eröffnung des Insolvenzverfahrens zu unterscheiden.

2.1 Vor Eröffnung des Insolvenzverfahrens

Für den Fall, dass ein vorläufiger Insolvenzverwalter eingesetzt wurde (§ 21 Abs. 2 Nr. 1 InsO) und sicherungsübereignete Gegenstände vorhanden sind, hat zunächst der SN die Verwertungsbefugnis.

Der SN räumt dem vorläufigen Insolvenzverwalter jedoch in aller Regel das Recht ein, sicherungsübereignete Gegenstände zu veräußern (vorausgesetzt der vorläufige Insolvenzverwalter sichert dem SN zu, aus den Erlösen Kredite zurückzuführen).

Die umsatzsteuerrechtlichen Konsequenzen sind abhängig von den Rechten des vorläufigen Insolvenzverwalters, § 22 InsO.

2.1.1 Starker vorläufiger Insolvenzverwalter

Der starke vorläufige Insolvenzverwalter besitzt die Verwaltungs- und Verfügungsbefugnis für das gesamte Schuldnervermögen.

Er ist nach Erlass eines allgemeinen Verfügungsverbots durch das Insolvenzgericht aus eigener Rechtsmacht befugt, sicherungsübereignete Gegenstände zu veräußern.

Dementsprechend erbringt der starke vorläufige Insolvenzverwalter *für den Gemeinschuldner* eine Lieferung an den Erwerber.

Es kommt zu keiner Lieferung zwischen SG und SN, daher handelt es sich nicht um einen „Doppelumsatz".

Die umgekehrte Steuerschuldnerschaft nach § 13b Abs. 1 Satz 1 Nr. 2 UStG findet demnach keine Anwendung.

Die aus der Lieferung des sicherungsübereigneten Gegenstandes durch den starken vorläufigen Insolvenzverwalter resultierende Umsatzsteuer stellt eine Masseverbindlichkeit nach § 55 Abs. 2 InsO dar.

2.1.2 Schwacher vorläufiger Insolvenzverwalter

Oft sieht das Insolvenzgericht von dem Erlass eines allgemeinen oder besonderen Verfügungsverbots ab und bestimmt die Rechte des vorläufigen Verwalters individuell.

Der hieraus hervorgehende schwache vorläufige Insolvenzverwalter besitzt keine Befugnis zur Verwertung des Schuldnervermögens.

Für die Verwertung sicherungsübereigneter Gegenstände finden dementsprechend die Regelungen der Tz. 1.1 und 1.2 Anwendung, mit der Folge, dass auch die umgekehrte Steuerschuldnerschaft nach § 13b Abs. 1 Satz 1 Nr. 2 UStG anwendbar ist.

Durch die Verwertung werden keine Masseverbindlichkeiten begründet, da ein vorläufiger Insolvenzverwalter ohne Verfügungsbefugnis nicht die Rechtsfolgen des § 55 Abs. 2 InsO auslöst.

2.1.3 Zur Veräußerung sicherungsübereigneter Gegenstände ermächtigter vorläufiger schwacher Insolvenzverwalter

Das Insolvenzgericht kann ein besonderes Verfügungsverbot erlassen, mit welchem der schwache vorläufige Insolvenzverwalter ohne ein begleitendes allgemeines Verfügungsverbot ermächtigt wird, einzelne, im voraus genau festgelegte Verpflichtungen zu Lasten der späteren Insolvenzmasse einzugehen, (vgl. BGH v. 18.7.2002, IX ZR 195/01, NJW 2002, 3326).

Er kann u.a. zur Veräußerung sicherungsübereigneter Gegenstände berechtigt sein. Unter diesen Umständen kommt bei der Veräußerung, wie beim starken vorläufigen Insolvenzverwalter, *kein* „Doppelumsatz" zustande. Der vorläufige Insolvenzverwalter erbringt insoweit für den Gemeinschuldner eine Lieferung an den Erwerber.

Die aus dieser Lieferung resultierende Umsatzsteuer stellt nach o. g. BGH-Urteil eine Masseverbindlichkeit nach § 55 Abs. 2 InsO dar.

Die umgekehrte Steuerschuldnerschaft nach § 13b Abs. 1 Satz 1 Nr. 2 UStG findet entsprechend Tz. 2.1.1. keine Anwendung.

2.2 Nach Eröffnung des Insolvenzverfahren

Ist das Insolvenzverfahren eröffnet worden, hat der Insolvenzverwalter das gesamte zur Insolvenzmasse gehörende Vermögen des Insolvenzschuldners in Besitz und Verwaltung zu nehmen.

Der Insolvenzverwalter löst das durch die Sicherungsvereinbarung begründete Besitzmittlungsverhältnis zwischen dem SG und dem SN. Eine Lieferung ist damit nicht verbunden, da die wirtschaftliche Substanz des sicherungsübereigneten Gegenstandes stets beim SG verblieben ist.

Es ist zwischen den folgenden Sachverhaltsgestaltungen zu unterscheiden:

2.2.1 Insolvenzverwalter ist im Besitz des Gegenstandes und veräußert diesen

Ist der Insolvenzverwalter im Besitz eines sicherungsübereigneten Gegenstandes, den der Insolvenzschuldner vor Insolvenzeröffnung einem SN als Sicherheit für einen gewährten Kredit übereignet hat, ist der Insolvenzverwalter befugt, diesen zu verwerten.

Veräußert der Insolvenzverwalter den sicherungsübereigneten Gegenstand, sieht das Umsatzsteuerrecht darin eine Lieferung des Insolvenzschuldners als umsatzsteuerpflichtiger Unternehmer an den Abnehmer. Insoweit findet *nur eine Lieferung* statt.

2.2.2 Insolvenzverwalter ist im Besitz des Gegenstandes und überlässt diesen dem Sicherungsnehmer zur Verwertung

Ist der Insolvenzverwalter im Besitz eines sicherungsübereigneten Gegenstandes, den der Insolvenzschuldner vor Insolvenzeröffnung einem SN als Sicherheit für einen gewährten Kredit übereignet hat, kann er diesen Gegenstand auch dem SN zur Verwertung überlassen, § 170 Abs. 2 InsO.

Insoweit ist der SN befugt, den ihm übereigneten Gegenstand an einen Abnehmer zu veräußern.

Veräußert der SN den sicherungsübereigneten Gegenstand, kommt es in diesem Zeitpunkt zu einem „Doppelumsatz", d.h. der Insolvenzschuldner erbringt eine Lieferung an den SN und der SN erbringt zeitgleich eine Lieferung an den Abnehmer, vgl. Tz. 1.1.

Der SN wird jedoch, im Gegensatz zur Verwertung außerhalb des Insolvenzverfahrens, nicht Steuerschuldner nach § 13b Abs. 1 Satz 1 Nr. 2 UStG für die Lieferung vom Insolvenzschuldner (SG) an den SN.

Anlage § 001–64

2.2.3 Insolvenzverwalter nutzt den Gegenstand

Der Insolvenzverwalter ist berechtigt, eine in seinem Besitz befindliche Sache zu nutzen.

Er ist allerdings gesetzlich verpflichtet, den durch die Nutzung entstehenden Wertverlust durch laufende Zahlungen an den Gläubiger auszugleichen, § 172 Abs. 1 InsO.

Der Insolvenzverwalter greift durch die weitere Nutzung in Eigentumsrechte des Eigentümers ein, die Zahlungen sollen den dadurch eintretenden Schaden kraft Gesetzes ersetzen.

Die Wertausgleichszahlungen stellen echte Schadensersatzzahlungen dar, daher fehlt es an einem steuerbaren Leistungsaustausch, vgl. Abschn. 3 Abs. 1 UStR.

2.2.4 Insolvenzverwalter ist nicht im Besitz des Gegenstandes und der Sicherungsnehmer veräußert diesen

Zeichnet sich die Eröffnung eines Insolvenzverfahrens ab, nimmt der SN oftmals den an ihn sicherungsübereigneten Gegenstand in Besitz.

Der SN ist nunmehr innerhalb des Insolvenzverfahrens als Eigentümer befugt, den sicherungsübereigneten Gegenstand zu veräußern, § 173 Abs. 1 InsO.

Veräußert der SN den sicherungsübereigneten Gegenstand, erfolgt zeitgleich eine Lieferung des Insolvenzschuldners an den SN und eine Lieferung von dem SN an den Abnehmer.

Es liegt ein „Doppelumsatz" vor, § 13b Abs. 1 Satz 1 Nr. 2 UStG ist jedoch nicht anwendbar, vgl. Tz. 2.2.2.

Anlage § 001–65

Haftungsvergütung einer Personengesellschaft an einen persönlich haftenden Gesellschafter

BMF-Schreiben vom 14.11.2011 – IV D 2 – S 7100/07/10028 :003, BStBl. 2011 I S. 1158

Mit Urteil vom 3. März 2011, V R 24/10, hat der BFH entschieden, dass die Festvergütung, die der geschäftsführungs- und vertretungsberechtigte Komplementär einer KG von dieser für seine Haftung nach §§ 161, 128 HGB erhält, als Entgelt für eine einheitliche Leistung, die Geschäftsführung, Vertretung und Haftung umfasst, umsatzsteuerpflichtig ist.

Die Haftungsübernahme besitzt ihrer Art nach Leistungscharakter und kann im Falle einer isolierten Erbringung Gegenstand eines umsatzsteuerbaren Leistungsaustausches zwischen Gesellschaft und Gesellschafter sein.

Unter Bezugnahme auf das Ergebnis der Erörterungen mit den obersten Finanzbehörden der Länder wird der Umsatzsteuer-Anwendungserlass vom 1. Oktober 2010 (BStBl. I S. 846), der zuletzt durch das BMF-Schreiben vom 11. Oktober 2011, IV D 2 – S 7421/07/10002 (2011/0800930), BStBl. I S. 983, geändert worden ist, wie folgt geändert:

Abschnitt 1.6 Absatz 6 wird wie folgt gefasst:

„(6) ¹Auch andere gesellschaftsrechtlich zu erbringende Leistungen der Gesellschafter an die Gesellschaft können bei Zahlung eines Sonderentgelts als Gegenleistung für diese Leistung einen umsatzsteuerbaren Leistungsaustausch begründen. ²**Sowohl die Haftungsübernahme als auch die Geschäftsführung und Vertretung besitzen ihrer Art nach Leistungscharakter und können daher auch im Fall der isolierten Erbringung Gegenstand eines umsatzsteuerbaren Leistungsaustausches sein.**

Beispiel:

¹**Der geschäftsführungs- und vertretungsberechtigte Komplementär einer KG erhält für die Geschäftsführung, Vertretung und Haftung eine Festvergütung.**

²**Die Festvergütung ist als Entgelt für die einheitliche Leistung, die Geschäftsführung, Vertretung und Haftung umfasst, umsatzsteuerbar und umsatzsteuerpflichtig** (vgl. BFH-Urteil vom 3.3.2011, V R 24/10, BStBl. II S. 950). ³**Weder die Geschäftsführung und Vertretung noch die Haftung nach §§ 161, 128 HGB haben den Charakter eines Finanzgeschäfts im Sinne des § 4 Nr. 8 Buchst. g UStG.**"

Die Grundsätze dieses Schreibens sind in allen offenen Fällen anzuwenden. Es wird nicht beanstandet, wenn eine gegen Sonderentgelt erbrachte isolierte Haftungsübernahme vor dem 1. Januar 2012 als nicht umsatzsteuerbar behandelt wird. Dies gilt nicht für die Fälle, in denen der persönlich haftende Gesellschafter gegenüber der Personengesellschaft zudem umsatzsteuerbare Geschäftsführungs- und Vertretungsleistungen erbringt.

Anlage § 001–66

Übertragung von Gesellschaftsanteilen als Geschäftsveräußerung im Ganzen, Anwendung des BFH-Urteils vom 27.01.2011 – V R 38/09

BMF-Schreiben vom 03.01.2012 – IV D 2 – S 7100-b/11/10001,
BStBl. 2012 I S. 76

1 Mit Urteil vom 27. Januar 2011 – V R 38/09 (BStBl. 2012 II S. 68) sich der Bundesfinanzhof auch zum Vorliegen einer Geschäftsveräußerung im Ganzen bei der Veräußerung von Gesellschaftsanteilen geäußert. Unter Bezugnahme auf das Ergebnis der Erörterungen mit den obersten Finanzbehörden der Länder gilt zur Anwendung dieser Entscheidung Folgendes:

2 Gemäß § 1 Abs. 1a UStG unterliegen die Umsätze im Rahmen einer Geschäftsveräußerung an einen anderen Unternehmer für dessen Unternehmen nicht der Umsatzsteuer. Eine Geschäftsveräußerung liegt vor, wenn die wesentlichen Grundlagen eines Unternehmens oder eines in der Gliederung eines Unternehmens gesondert geführten Betriebs im Ganzen entgeltlich oder unentgeltlich übereignet oder in eine Gesellschaft eingebracht werden. Der erwerbende Unternehmer tritt an die Stelle des Veräußerers.

3 Im Rahmen einer Geschäftsveräußerung im Sinne des § 1 Abs. 1a UStG kann die unternehmerische Tätigkeit des Erwerbers auch erst mit dem Erwerb des Unternehmens oder des gesondert geführten Betriebs beginnen. Entscheidend ist, dass die übertragenen Vermögensgegenstände ein hinreichendes Ganzes bilden, um dem Erwerber die Fortsetzung einer bisher durch den Veräußerer ausgeübten unternehmerischen Tätigkeit zu ermöglichen, und der Erwerber dies auch tatsächlich tut (vgl. Abschnitt 1.5 Abs. 1 UStAE).

4 Das bloße Erwerben, Halten und Veräußern von gesellschaftsrechtlichen Beteiligungen stellt nach der Rechtsprechung des EuGH und des BFH keine unternehmerische Tätigkeit dar. Vielmehr ist eine solche Tätigkeit erst bei Hinzutreten weiterer Umstände (vgl. Abschnitt 2.3 Abs. 3 Satz 5 UStAE) als unternehmerisch veranlasst anzusehen.

5 Demnach wird bei der Veräußerung eines bloßen Gesellschaftsanteils kein hinreichendes Ganzes übertragen, das dem Erwerber allein die Fortsetzung einer bisher durch den Veräußerer ausgeübten unternehmerischen Tätigkeit ermöglicht. Auf die Höhe der Beteiligung kommt es dabei nicht an. Erst wenn der Erwerber in Rechtsverhältnisse eintritt, durch die das Halten der Beteiligung beim Veräußerer als unternehmerisch veranlasst anzusehen war, wird ein hinreichendes Ganzes zur Fortführung eines Geschäftsbetriebs übertragen. Diese Voraussetzung ist in den Fällen der Organschaft insbesondere dann erfüllt, wenn der Erwerber in die die wirtschaftliche Eingliederung vermittelnden Beziehungen zwischen bisherigem Organträger und der Organgesellschaft eintritt. Eine nicht steuerbare Geschäftsveräußerung kann in diesen Fällen auch dann vorliegen, wenn zwischen dem Erwerber der Beteiligung und der Gesellschaft, an der die Beteiligung besteht, aus anderen Gründen kein Organschaftsverhältnis begründet wird.

Änderung des Umsatzsteuer-Anwendungserlasses

6 Abschnitt 1.5 des Umsatzsteuer-Anwendungserlasses vom 1. Oktober 2010 (BStBl. I S. 846), der zuletzt durch das BMF-Schreiben vom 2. Januar 2012 – IV D 2 – S 7300/11/10002 (2011/1014846) – geändert worden ist, wird wie folgt geändert:

1. Absatz 6 Satz 4 wird wie folgt gefasst:

„[4]Soweit einkommensteuerrechtlich eine Teilbetriebsveräußerung angenommen wird (vgl. R 16 Abs. 3 EStR 2008), kann **vorbehaltlich des Absatzes 9** umsatzsteuerrechtlich von der Veräußerung eines gesondert geführten Betriebs ausgegangen werden."

2. Nach Absatz 8 wird folgender neuer Absatz 9 angefügt:

„Gesellschaftsrechtliche Beteiligungen

(9) [1]Bei der Veräußerung eines bloßen Gesellschaftsanteils wird kein hinreichendes Ganzes übertragen, das dem Erwerber allein die Fortsetzung einer bisher durch den Veräußerer ausgeübten unternehmerischen Tätigkeit ermöglicht. [2]Auf die Höhe der Beteiligung kommt es dabei nicht an. [3]Erst wenn der Erwerber in Rechtsverhältnisse eintritt, durch die das Halten der Beteiligung beim Veräußerer als unternehmerisch veranlasst anzusehen war (vgl. Abschnitt 2.3 Abs. 3 Satz 5), wird ein hinreichendes Ganzes zur Fortführung eines Geschäftsbetriebs übertragen. [4]Diese Voraussetzung ist in den Fällen der Organschaft insbesondere dann erfüllt, wenn der Erwerber in die die wirtschaftliche Eingliederung vermittelnden Beziehungen zwischen bisherigem Organträger und der Organgesellschaft eintritt. [5]Eine nicht steuerbare Geschäftsveräußerung kann in diesen Fällen auch dann vorliegen, wenn zwischen dem Erwerber der Beteiligung und der Gesellschaft, an der die Beteiligung besteht, aus anderen Gründen kein Organschaftsverhältnis begründet wird."

Die Grundsätze dieses Schreibens sind in allen offenen Fällen anzuwenden. Für vor dem 31. März 2012 ausgeführte Umsätze wird es nicht beanstandet, wenn der Unternehmer bei Vorliegen der Voraussetzungen von R 16 Abs. 3 Satz 6 und 7 EStR 2008 von der Veräußerung eines gesondert geführten Betriebs ausgeht. **7**

Anlage § 001a–01

Merkblatt des BMF für juristische Personen des privaten und öffentlichen Rechts zur Entrichtung von Umsatzsteuer beim Erwerb von Gegenständen aus anderen EG-Mitgliedstaaten

(ab 01.01.1993)[1]

Inhaltsübersicht

I. Allgemeines
II. Grundsatz der Erwerbsbesteuerung statt der Einfuhrbesteuerung
III. Was ist ein innergemeinschaftlicher Erwerb?
    1. Erwerb von Gegenständen
    2. Beanspruchung von innergemeinschaftlichen Lohnveredelungen
IV. Wer hat den innergemeinschaftlichen Erwerb der Umsatzsteuer zu unterwerfen?
    1. Juristische Personen, die nicht Unternehmer oder nicht als Unternehmer tätig sind
    2. Juristische Personen des öffentlichen Rechts
    3. Juristische Personen des privaten Rechts
V. Welcher innergemeinschaftliche Erwerb unterliegt der Umsatzsteuer?
    1. Generelle Besteuerung innergemeinschaftlicher Erwerbe – mit Erwerbsgrenze –
    2. Erwerbsschwelle oder -grenze für die Umsatzbesteuerung
    3. Erwerb von neuen Fahrzeugen und von verbrauchsteuerpflichtigen Waren
    4. Umsatzsteuerfreier innergemeinschaftlicher Erwerb
VI. Wie hoch ist die für den steuerpflichten innergemeinschaftlichen Erwerb geschuldete Umsatzsteuer?
    1. Bemessungsgrundlage
    2. Umsatzsteuersätze
VII. Was ist beim innergemeinschaftlichen Erwerb zu beachten?
VIII. Welche Bedeutung hat die Umsatzsteuer-Identifikationsnummer und wem wird sie von wem erteilt?
    1. Was ist die Umsatzsteuer-Identifikationsnummer und wozu dient sie?
    2. Wer erhält eine Umsatzsteuer-Identifikationsnummer?
    3. Wer erteilt die Umsatzsteuer-Identifikationsnummer?
    4. Wie erlangt die juristische Person ihre Umsatzsteuer-Identifikationsnummer?
        Grundsätzlich schriftlicher Antrag
        Vereinfachtes Verfahren bei juristischen Personen, die 1992 als Unternehmer am innergemeinschaftlichen Handel teilnehmen
IX. Welche besonderen umsatzsteuerrechtlichen Pflichten sind wegen der Erwerbsbesteuerung zu erfüllen?
X. Wie wird der innergemeinschaftliche Erwerb der Umsatzsteuer unterworfen?
    1. Zuständiges Finanzamt
    2. Umsatzsteuer-Voranmeldung und -Vorauszahlung an das zuständige Finanzamt
    3. Umsatzsteuer-Erklärung und -Zahlung an das zuständige Finanzamt
XI. Wie können Zweifelsfragen geklärt werden?

I. Allgemeines

Am 1. Januar 1993 beginnt der EG-Binnenmarkt. Die Schlagbäume fallen weg. Mit dem inzwischen verabschiedeten Umsatzsteuer-Binnenmarktgesetz vom 25. August 1992 (Bundesgesetzblatt 1992 Teil I S. 1548) wird das Umsatzsteuergesetz hieran angepaßt. Für die Umsatzsteuer ergeben sich durch die Schaffung des EG-Binnenmarkts einige wichtige und umfangreiche Neuerungen. Hiervon sind vor allem die juristischen Personen des privaten und des öffentlichen Rechts betroffen, wenn sie nach dem 31. Dezember 1992 in anderen EG-Mitgliedstaaten Gegenstände erwerben oder bestimmte Lohnveredelungen vornehmen lassen.

---

[1] Stand: September 1992

Anlage § 001a–01

Die wesentlichen Änderungen bestehen darin, daß
- der bisherige umsatzsteuerliche Grenzausgleich (Entlastung von der Umsatzsteuer des Ausfuhrstaats und Belastung mit der Umsatzsteuer des Einfuhrstaats – Einfuhrumsatzsteuer –) im Gemeinschaftsgebiet von der Grenze in die Unternehmen bzw. zu den Finanzämtern verlagert wird und
- außer Unternehmern in bestimmten Fällen auch Privatpersonen und nichtunternehmerische Körperschaften Umsatzsteuerpflichtige werden.

II. Grundsatz der Erwerbsbesteuerung statt der Einfuhrbesteuerung

Durch den EG-Binnenmarkt wird für alle EG-Mitgliedstaaten ein einheitliches Wirtschaftsgebiet geschaffen, das **Gemeinschaftsgebiet**. Innerhalb dieses Gemeinschaftsgebiets sind Einfuhren und Ausfuhren begrifflich ausgeschlossen. Zwischen den Gemeinschaftsstaaten werden folglich auch keine Grenzkontrollen und keine Einfuhrbesteuerungen an der Grenze vorgenommen. Ab 1. Januar 1993 wird deshalb beim innergemeinschaftlichen Wirtschaftsverkehr die bisherige Besteuerung der Einfuhren (Erhebung von Einfuhrumsatzsteuer) an den nationalen Grenzen durch eine Besteuerung des Erwerbs – des innergemeinschaftlichen Erwerbs – ersetzt.

III. Was ist ein innergemeinschaftlicher Erwerb?

1. Erwerb von Gegenständen

Ein innergemeinschaftlicher Erwerb liegt vor, wenn ein erworbener Gegenstand bei der Lieferung an den Erwerber

a) aus dem Gebiet eines anderen EG-Mitgliedstaats in das Inland oder

b) aus dem übrigen Gemeinschaftsgebiet – d. h. einem anderen EG-Mitgliedstaat – in ein Zollfreigebiet (z. B. einen Freihafen)

gelangt. Dies gilt auch, wenn der Unternehmer (Lieferer) den gelieferten Gegenstand vorher in das Gemeinschaftsgebiet eingeführt hat.

Der Lieferer des Gegenstands muß grundsätzlich Unternehmer sein und die Lieferung im Rahmen seines Unternehmens ausführen. Lediglich bei der Anschaffung eines neuen Fahrzeugs (vgl. Abschnitt V Nr. 3) setzt der innergemeinschaftliche Erwerb nicht voraus, daß der *Fahrzeuglieferer Unternehmer ist und die Lieferung im Rahmen seines Unternehmens vornimmt.*

2. Beanspruchung von innergemeinschaftlichen Lohnveredelungen[1]

Als innergemeinschaftlicher Erwerb gilt auch die Inanspruchnahme einer innergemeinschaftlichen Lohnveredelung. Eine innergemeinschaftliche Lohnveredelung liegt vor, wenn aus den vom Auftraggeber übergebenen Gegenständen im übrigen Gemeinschaftsgebiet auf Grund eines Werkvertrags ein Gegenstand anderer Funktion hergestellt wird und dieser Gegenstand zur Verfügung des Auftraggebers in das Inland gelangt.

IV. Wer hat den innergemeinschaftlichen Erwerb der Umsatzsteuer zu unterwerfen?

1. Juristische Personen, die nicht Unternehmer oder nicht als Unternehmer tätig sind

Zur Besteuerung des innergemeinschaftlichen Erwerbs als Umsatz sind zunächst grundsätzlich alle Unternehmer verpflichtet. Darüber hinaus haben aber auch – und das ist in diesem Zusammenhang besonders wichtig – alle juristischen Personen, die nicht Unternehmer sind oder einen Gegenstand nicht für ihr Unternehmen erwerben, den innergemeinschaftlichen Erwerb von Gegenständen grundsätzlich der Umsatzsteuer zu unterwerfen. Dies gilt gleichermaßen für die juristischen Personen des öffentlichen und des privaten Rechts.

2. Juristische Personen des öffentlichen Rechts

Juristische Personen des öffentlichen Rechts sind insbesondere die Gebietskörperschaften (Bund, Länder, Gemeinden, Gemeindeverbände und Zweckverbände), der Deutsche Bundestag, der Bundesrat, die Länderparlamente, die öffentlich-rechtlichen Religionsgemeinschaften, die Innungen, Handwerkskammern, Industrie- und Handelskammern sowie sonstige Gebilde, die auf Grund öffentlichen Rechts eigene Rechtspersönlichkeit besitzen. Dazu gehören neben Körperschaften auch Anstalten und Stiftungen des öffentlichen Rechts, z. B. öffentlich-rechtliche Rundfunkanstalten.

Grundsätzlich hat jede juristische Person des öffentlichen Rechts alle in ihrem Bereich vorgenommenen innergemeinschaftlichen Erwerbe zusammenzufassen und für den jeweiligen Voranmeldungszeitraum (grundsätzlich Kalendermonat) insgesamt der Umsatzsteuer zu unterwerfen.

---
1) Überholt ab 1.1.1996

Anlage § 001a–01

Für die großen Gebietskörperschaften Bund und Länder wird zugelassen, daß einzelne Organisationseinheiten (z. B. Ressorts, Behörden und Ämter) als Steuerpflichtige ihre innergemeinschaftlichen Erwerbe der Umsatzsteuer unterwerfen. Steuerpflichtige für die Erwerbsbesteuerung können z. B. sein: ein Bundesministerium, ein Landesministerium, ein Bundes- oder Landesamt, ein Finanzamt, eine Hochschule und eine Akademie (siehe wegen der Beantragung und Erteilung der Umsatzsteuer-Identifikationsnummer Abschnitt VIII).

3. Juristische Personen des privaten Rechts

Juristische Personen des privaten Rechts sind insbesondere Kapitalgesellschaften (Aktiengesellschaften, Kommanditgesellschaften auf Aktien, Gesellschaften mit beschränkter Haftung und bergrechtliche Gewerkschaften), Erwerbs- und Wirtschaftsgenossenschaften, Versicherungsvereine auf Gegenseitigkeit und Vereine. Grundsätzlich ist beim innergemeinschaftlichen Erwerb jede einzelne juristische Person des privaten Rechts Steuerpflichtiger. Im Falle der Organschaft hat der Organträger (Muttergesellschaft) auch die innergemeinschaftlichen Erwerbe aller Organgesellschaften (Tochtergesellschaften) zusammenzufassen und der Besteuerung zu unterwerfen.

V. Welcher innergemeinschaftliche Erwerb unterliegt der Umsatzsteuer?

1. Generelle Besteuerung innergemeinschaftlicher Erwerbe – mit Erwerbsgrenze –

Grundsätzlich unterliegt jeder Erwerb von Gegenständen aus einem anderen EG-Mitgliedstaat der Umsatzsteuer, wenn der erworbene Gegenstand in das Inland oder ein Zollfreigebiet gelangt. Der innergemeinschaftliche Erwerb ist regelmäßig dann umsatzsteuerpflichtig, wenn bei gleichem Erwerb eines Gegenstands im Inland die betreffende Inlandslieferung der Umsatzsteuer unterworfen wäre. Aber:

Aus Vereinfachungsgründen hat der Gesetzgeber insbesondere für die nichtunternehmerischen oder nicht unternehmerisch tätigen juristischen Personen vorgesehen, daß der innergemeinschaftliche Erwerb erst nach Überschreiten einer bestimmten Erwerbsschwelle oder -grenze besteuert wird (siehe hierzu Nr. 2). Bestimmte innergemeinschaftliche Erwerbe – und zwar von neuen Fahrzeugen und verbrauchsteuerpflichtigen Waren – sind dagegen ausnahmslos im Inland der Umsatzsteuer zu unterwerfen (siehe Nr. 3). Darüber hinaus sind aber auch bestimmte innergemeinschaftliche Erwerbe von der Umsatzsteuer befreit (siehe Nr. 4).

2. Erwerbsschwelle oder -grenze für die Umsatzbesteuerung

Grundsätzlich brauchen juristische Personen, die nicht Unternehmer sind oder Gegenstände nicht für das Unternehmen erwerben, den Erwerb von Gegenständen aus anderen Mitgliedstaaten nicht der Umsatzsteuer zu unterwerfen, wenn der Gesamtbetrag der Entgelte für diese **Erwerbe** den Betrag von **25 000 DM**

a) im vorangegangenen Kalenderjahr nicht überstiegen hat und

b) im laufenden Kalenderjahr voraussichtlich nicht übersteigen wird.

Erst wenn diese Jahreserwerbsschwelle oder -grenze von 25 000 DM überschritten wird, sollen juristische Personen mit ihren innergemeinschaftlichen Erwerben im allgemeinen umsatzsteuerpflichtig werden.

Im Jahr 1993 kommt es für die Erwerbsbesteuerung allein darauf an, ob die innergemeinschaftlichen Erwerbe in diesem Jahr voraussichtlich 25 000 DM übersteigen werden. Erwerbe aus anderen EG-Mitgliedstaaten im Jahre 1992 sind unbeachtlich. Wird die Erwerbsschwelle von 25 000 DM im Jahre 1993 voraussichtlich nicht überschritten werden, so kann die Erwerbsbesteuerung in diesem Jahr unterbleiben, auch wenn sich nachträglich herausstellt, daß die innergemeinschaftlichen Erwerbe die Erwerbsschwelle tatsächlich überschritten haben. Die juristische Person darf in diesem Fall im Jahre 1993 aber grundsätzlich keine umsatzsteuerfreien innergemeinschaftlichen Lieferungen an sich ausführen lassen (d.h. keine Erwerbe in anderen EG-Mitgliedstaaten unter Verwendung einer Umsatzsteuer-Identifikationsnummer). Im Folgejahr 1994 unterliegen die innergemeinschaftlichen Erwerbe jedoch uneingeschränkt der Umsatzbesteuerung, wenn im Jahre 1993 die Jahreserwerbsschwelle tatsächlich überschritten worden ist.

Die juristischen Personen können allerdings auf die Anwendung der Erwerbsschwelle oder -grenze **verzichten** und für eine uneingeschränkte Erwerbsbesteuerung optieren. Sie haben dann für jeden innergemeinschaftlichen Erwerb, soweit er nicht umsatzsteuerfrei ist (siehe Nr. 4), Umsatzsteuer zu entrichten.

Den Verzicht auf die Anwendung der Erwerbsschwelle hat die juristische Person dem zuständigen Finanzamt (siehe Abschnitt X Nr. 1) zu erklären. Er gilt mindestens für die Dauer von **2 Kalenderjahren**. Für die Verzichts- oder Optionserkärung ist weder eine bestimmte Frist noch eine bestimmte Form vorgeschrieben. Sie könnte deshalb abgegeben werden, solange die Umsatzsteuer-Festsetzung noch nicht unanfechtbar geworden ist oder unter dem Vorbehalt der Nachprüfung steht. Ein Verzicht oder

Anlage § 001a–01

eine Option ist auch dann noch möglich, wenn die Umsatzsteuer-Festsetzung aufgehoben oder geändert wird. Da die umsatzsteuerrechtliche Behandlung der innergemeinschaftlichen Lieferung bei dem Lieferer im anderen Mitgliedstaat wesentlich von der des innergemeinschaftlichen Erwerbs abhängt, muß sich die juristische Person bereits beim ersten innergemeinschaftlichen Erwerb, den sie in einem Besteuerungszeitraum tätigt, entscheiden, ob sie ihre Erwerbe in diesem und mindestens dem folgenden Besteuerungszeitraum der Umsatzsteuer unterwerfen will. Teilt z. B. eine juristische Person ihre Umsatzsteuer-Identifikationsnummer dem Lieferer in einem anderen EG-Mitgliedstaat mit und läßt sie folglich an sich eine umsatzsteuerfreie innergemeinschaftliche Lieferung ausführen, so gibt sie damit zu erkennen, daß sie diesen Erwerb der Umsatzsteuer unterwerfen will. Die Besteuerung ist nach Ablauf des betreffenden Voranmeldungszeitraums (Kalendermonat) vorzunehmen. In diesem Fall muß, falls nicht die Jahreserwerbsschwelle überschritten wird, spätestens bis zur Abgabe der Umsatzsteuervoranmeldung auch die Option für die Erwerbsbesteuerung erklärt werden. Als Verzichtserklärung kann es z. B. auch gelten, wenn eine juristische Person eine Umsatzsteuer-Voranmeldung abgibt und darin innergemeinschaftliche Erwerbe angibt, die nicht unternehmerischen Zwecken dienen. Allerdings dürfen sich die angegebenen innergemeinschaftlichen Erwerbe dann nicht auf neue Fahrzeuge und verbrauchsteuerpflichtige Waren (siehe Nr. 3) beschränken. Der Antrag auf Erteilung einer Umsatzsteuer-Identifikationsnummer (siehe auch Abschnitt VIII), gilt für sich allein nicht als Verzichts- oder Optionserklärung. In ihn kann, wenn er mit dem Antrag auf Vergabe einer Steuernummer dem Finanzamt zugesandt wird, aber eine Verzichts- oder Optionserklärung aufgenommen werden. Richtet eine juristische Person – ausgenommen Organisationseinheiten des Bundes und der Länder (siehe Abschnitt IV Nr. 2) – einen Antrag auf Erteilung der Umsatzsteuer-Identifikationsnummer zusammen mit dem Antrag auf Vergabe einer Steuernummer an das zuständige Finanzamt (siehe Abschnitt X Nr. 1), so muß sie in diesen Antrag entweder eine Verzichts- oder Optionserklärung aufnehmen oder darin ausdrücklich erklären, daß in dem betreffenden Kalenderjahr (z. B. 1993) die Jahreserwerbsschwelle voraussichtlich überschritten werde (vgl. Abschnitt VIII Nr. 4).

Bei den großen Gebietskörperschaften Bund und Länder (z. B. den Ressorts, Behörden und Ämtern) wird aus Vereinfachungsgründen davon ausgegangen, daß sie die Erwerbsschwelle von 25 000 DM überschreiten. Sie haben somit jeden innergemeinschaftlichen Erwerb, sofern er nicht von der Besteuerung besonders ausgenommen ist, der Umsatzsteuer zu unterwerfen.

3. Erwerb von neuen Fahrzeugen und von verbrauchsteuerpflichtigen Waren

Unabhängig von einer Erwerbsgrenze und ohne Rücksicht auf die Person des Erwerbers unterliegt der innergemeinschaftliche **Erwerb** bestimmter *neuer Fahrzeuge* in jedem Fall der Umsatzsteuer. Umsatzsteuerpflichtig ist der innergemeinschaftliche Erwerb von

a) motorbetriebenen Landfahrzeugen mit einem Hubraum von mehr als 48 Kubikzentimetern oder einer Leistung von mehr als 7,2 Kilowatt, deren erste Inbetriebnahme im Zeitpunkt des Erwerbs nicht mehr als 3 Monate zurückliegt oder – bei späterem Erwerb – die nicht mehr als 3000 Kilometer zurückgelegt haben,

b) Wasserfahrzeugen mit einer Länge von mehr als 7,5 Metern, bei denen die erste Inbetriebnahme im Zeitpunkt des Erwerbs nicht mehr als 3 Monate zurückliegt oder – bei späterem Erwerb – die nicht länger als 100 Betriebsstunden auf dem Wasser eingesetzt worden sind, und

c) Luftfahrzeugen, die nicht früher als 3 Monate vor dem Erwerb zum ersten Mal in Betrieb genommen oder – bei späterem Erwerb – nicht länger als 40 Betriebsstunden genutzt worden sind.

Uneingeschränkt umsatzsteuerpflichtig ist darüber hinaus der innergemeinschaftliche Erwerb der folgenden *verbrauchsteuerpflichtigen Waren*:

– Mineralöle (z. B. auch Benzin),
– Alkohol,
– alkoholische Getränke und
– Tabakwaren.

4. Umsatzsteuerfreier innergemeinschaftlicher Erwerb

Ebenso wie bestimmte Einfuhren aus Drittländern sind auch bestimmte innergemeinschaftliche Erwerbe umsatzsteuerfrei. Der Umfang dieser Steuerbefreiungen ist in § 4b des Umsatzsteuergesetzes (UStG) festgelegt und ergibt sich zu einem wesentlichen Teil aus der Einfuhrumsatzsteuer-Befreiungsverordnung.

Ein erheblicher Teil der Umsatzsteuerbefreiungen kann lediglich von Unternehmern beansprucht werden, die im Rahmen ihres Unternehmens innergemeinschaftlich Gegenstände für ihr Unternehmen

Anlage § 001a–01

erwerben. Hier wird nur auf Umsatzsteuerbefreiungen hingewiesen, die auch juristische Personen beanspruchen können, die nicht Unternehmer sind oder Gegenstände nicht für ihr Unternehmen erwerben.

Umsatzsteuerfrei ist der innergemeinschaftliche Erwerb insbesondere von:

a) Gold durch Zentralbanken (z. B. auch durch die Deutsche Bundesbank),
b) gesetzlichen Zahlungsmitteln und Wertpapieren,
c) amtlichen Wertzeichen, die im Inland gültig sind, zu dem aufgedruckten Wert (z. B. Briefmarken),
d) Wasserfahrzeugen für die Seeschiffahrt, die dazu bestimmt sind, der Rettung Schiffbrüchiger zu dienen,
e) Gegenständen, deren Einfuhr – aus einem Drittland – nach den für die Einfuhrumsatzsteuer geltenden Vorschriften steuerfrei wäre, z. B.
   – Gegenständen mit geringem Wert, d. h. mit einem Wert von nicht mehr als 50 DM (einschl. Sendungen von Briefmarken in Briefen und Wertbriefen),
   – bestimmten Gebrauchs- und Verbrauchsgütern für Ausstellungen und ähnliche Veranstaltungen,
   – bestimmten Gegenständen erzieherischen, wissenschaftlichen oder kulturellen Charakters, wenn bestimmte Voraussetzungen erfüllt werden,
   – Kunstgegenständen und Sammlungsstücken, die unentgeltlich erworben werden und deren Lieferer nicht Unternehmer ist,
   – Tieren für Laborzwecke, die unentgeltlich erworben werden,
   – biologischen und chemischen Stoffen für Forschungszwecke, die unentgeltlich erworben werden,
   – Gegenständen für Prüfungs-, Analyse- oder Versuchszwecke,
   – lebenswichtigen Gegenständen für Organisationen der Wohlfahrtspflege, die unentgeltlich erworben werden,
   – Gegenständen für Behinderte, die für Organisationen der Wohlfahrtspflege bestimmt sind und unentgeltlich erworben werden,
   – Werbemitteln für den Fremdenverkehr, auch wenn darin Werbung für Unternehmen enthalten ist, die in einem EG-Mitgliedstaat ansässig sind, sofern das Gesamtentgelt der Werbung 25 v. H. nicht übersteigt, und
   – verschiedenen Dokumenten.

Weitere Auskünfte über die Umsatzsteuerbefreiungen erteilen die zuständigen Finanzbehörden (Finanzämter, Hauptzollämter, Zollämter).

VI. Wie hoch ist die für den steuerpflichtigen innergemeinschaftlichen Erwerb geschuldete Umsatzsteuer?

1. Bemessungsgrundlage

Der innergemeinschaftliche Erwerb eines Gegenstands wird nach dem Entgelt bemessen. Entgelt ist alles, was der Erwerber aufwendet, um die Verfügungsmacht über den Gegenstand zu erlangen; die für den Erwerb zu entrichtende Umsatzsteuer rechnet nicht dazu. Zum Entgelt gehört auch, was ein anderer als der Erwerber dem Lieferer für den erworbenen Gegenstand gewährt. Außerdem sind in die Bemessungsgrundlage ggf. auch Verbrauchsteuern einzubeziehen, die der Erwerber schuldet oder entrichtet.

2. Umsatzsteuersätze

Für den innergemeinschaftlichen Erwerb von Gegenständen gelten ebenso wie für alle anderen Umsätze zwei Steuersätze: der allgemeine Steuersatz, der ab 1. Januar 1993 15 v. H.[1] beträgt, und der ermäßigte Steuersatz von 7 v. H.

Grundsätzlich ist auf den innergemeinschaftlichen Erwerb von Gegenständen der allgemeine Steuersatz anzuwenden. Der ermäßigte Steuersatz kommt in Betracht, wenn der erworbene Gegenstand zu den Waren und Erzeugnissen gehört, die in der Liste der dem ermäßigten Steuersatz unterliegenden Gegenstände (Anlage zu § 12 Abs. 2 Nrn. 1 und 2 des Umsatzsteuergesetzes) aufgeführt sind.

Dem ermäßigten Umsatzsteuersatz unterliegt u. a. der Erwerb folgender Gegenstände:

a) Lebende Tiere, und zwar z. B. Pferde einschließlich reinrassiger Zuchttiere, ausgenommen Wildpferde (aus Position 01.01 des Zolltarifs),

---

1) Ab 01.04.1998: 16 v. H.; ab 01.01.2007: 19 v. H.

Anlage § 001a–01

b) Bücher, Zeitungen und andere Erzeugnisse des graphischen Gewerbes – mit Ausnahme der Erzeugnisse, die auf Grund des Gesetzes über die Verbreitung jugendgefährdender Schriften in eine Liste aufgenommen sind, sowie der Drucke, die für die Werbezwecke eines Unternehmens herausgegeben werden oder die überwiegend Werbezwecken (einschließlich Reisewerbung) dienen –, und zwar

- Bücher, Broschüren und ähnliche Drucke, auch in losen Bogen oder Blättern – ausgenommen kartonierte, gebundene oder als Sammelbände zusammengefaßte periodische Druckschriften, die überwiegend Werbung enthalten – (aus Positionen 49.01, 97.05 und 97.06 des Zolltarifs),
- Zeitungen und andere periodische Druckschriften, auch mit Bildern oder Werbung enthaltend – ausgenommen Anzeigenblätter, Annoncen-Zeitungen und dergleichen, die überwiegend Werbung enthalten – (aus Position 49.02 des Zolltarifs),
- Bilderalben, Bilderbücher und Zeichen- oder Malbücher für Kinder (aus Position 49.03 des Zolltarifs),
- Noten, handgeschrieben oder gedruckt, auch mit Bildern, auch gebunden (aus Position 49.04 des Zolltarifs),
- kartographische Erzeugnisse aller Art einschließlich Wandkarten, topographische Pläne und Globen, gedruckt (aus Position 49.05 des Zolltarifs),
- Briefmarken und dergleichen – z. B. Ersttagsbriefe, Ganzsachen, vorphilatelistische Briefe und freigestempelte Briefumschläge – als Sammlungsstücke (aus Positionen 49.07 und 97.04 des Zolltarifs),

c) Kunstgegenstände, und zwar

- Gemälde und Zeichnungen, vollständig mit der Hand geschaffen, sowie Collagen und ähnliche dekorative Bildwerke (Position 97.01 des Zolltarifs),
- Originalstiche, -schnitte und -steindrucke (Position 97.02 des Zolltarifs),
- Originalerzeugnisse der Bildhauerkunst, aus Stoffen aller Art (Position 97.03 des Zolltarifs), sowie

d) Sammlungsstücke,

- zoologische, botanische, mineralogische oder anatomische, und Sammlungen dieser Art (aus Position 97.05 des Zolltarifs),
- von geschichtlichem, archäologischem, paläontologischem oder völkerkundlichem Wert (aus Position 97.05 des Zolltarifs),
- von münzkundlichem Wert, und zwar

    kursungültige Banknoten einschließlich Briefmarkengeld und Papiernotgeld (aus Position 97.05 des Zolltarifs),

    Münzen aus unedlen Metallen (aus Position 97.05 des Zolltarifs),

    Münzen und Medaillen aus Edelmetallen, wenn die Bemessungsgrundlage für die Lieferung, den Eigenverbrauch, die Einfuhr oder den innergemeinschaftlichen Erwerb dieser Gegenstände mehr als 250 v. H. des unter Zugrundelegung des Feingewichts berechneten Metallwerts ohne Umsatzsteuer beträgt (aus Positionen 71.18, 97.05 und 97.06 des Zolltarifs).

VII. Was ist beim innergemeinschaftlichen Erwerb zu beachten?

Die juristische Person hat beim innergemeinschaftlichen Erwerb dem Lieferer oder – im Fall einer innergemeinschaftlichen Lohnveredelung – Auftragnehmer in einem anderen EG-Mitgliedstaat die ihr von der zuständigen inländischen Finanzbehörde erteilte Umsatzsteuer-Identifikationsnummer mitzuteilen. Durch die Mitteilung der Umsatzsteuer-Identifikationsnummer wird dem in einem anderen EG-Mitgliedstaat ansässigen Lieferer oder Auftragnehmer angezeigt, daß der Erwerb oder die Lohnveredelung des Gegenstands im Erwerbsland der Umsatzsteuer unterworfen werden soll (siehe wegen der Beantragung und Erteilung der Umsatzsteuer-Identifikationsnummer Abschnitt VIII).

Da der innergemeinschaftliche Erwerb der Umsatzsteuer unterliegt, ist darauf zu achten, daß die diesem Erwerb zugrunde liegende Lieferung oder Lohnveredelung von dem betreffenden Unternehmer im anderen EG-Mitgliedstaat als umsatzsteuerfrei behandelt wird und somit nicht mit einer anderen Umsatzsteuer belastet ist.

Die Rechnung, die ein im übrigen Gemeinschaftsgebiet ansässiger Unternehmer im Falle eines innergemeinschaftlichen Erwerbs über seine Lieferung oder Lohnveredelung erteilt, soll neben den üblichen

Anlage § 001a–01

Angaben (Rechnungsaussteller und Rechnungsempfänger, Menge und handelsübliche Bezeichnung des Liefergegenstands oder Art und Umfang der Lohnveredelung, Zeitpunkt der Lieferung oder Lohnveredelung sowie Entgelt) folgende charakteristischen Merkmale aufweisen:

1. Angabe der Umsatzsteuer-Identifikationsnummer, die dem Lieferer oder Auftragnehmer in einem anderen Mitgliedstaat erteilt worden ist.
2. Angabe der Umsatzsteuer-Identifikationsnummer, die der juristischen Person im Inland erteilt worden ist (siehe dazu Abschnitt VIII).
3. Keine Angabe einer ausländischen Umsatzsteuer (Mehrwertsteuer).
4. Hinweis auf die in dem anderen Mitgliedstaat geltende Umsatzsteuerbefreiung für die innergemeinschaftliche Lieferung.

In aller Regel werden die juristischen Personen beim Erwerb eines Gegenstands aus einem anderen Mitgliedstaat ein besonderes Interesse daran haben, daß

– die Lieferung in dem anderen Mitgliedstaat umsatzsteuerfrei ist und
– sie selbst ihren innergemeinschaftlichen Erwerb der Umsatzsteuer unterwerfen.

Die Umsatzsteuer ist nämlich – das gilt vor allem für die Gegenstände, auf die der Regelsteuersatz (15 v.H.[1]) angewandt wird – in der Bundesrepublik Deutschland niedriger als in den meisten anderen Mitgliedstaaten. Hinzu kommt, daß die Umsatzsteuerpflicht des innergemeinschaftlichen Erwerbs nicht davon abhängt, daß die Lieferung, die diesem Erwerb zugrunde liegt, umsatzsteuerfrei war. Erwirbt eine juristische Person einen Gegenstand aus einem anderen Mitgliedstaat, ohne dem Lieferer die Umsatzsteuer-Identifikationsnummer (siehe Abschnitt VIII) anzugeben, und ist die Lieferung in dem anderen Mitgliedstaat deshalb mit Umsatzsteuer belastet, so kann es unter Umständen zu einer doppelten Umsatzsteuerbelastung kommen.

Überschreiten bei einer nicht als Unternehmer tätigen juristischen Person die innergemeinschaftlichen Erwerbe nicht die Jahreserwerbsschwelle und hat sie auf deren Anwendung auch nicht verzichtet, so unterliegt die von dem Unternehmer aus einem anderen EG-Mitgliedstaat ausgeführte Lieferung bei diesem der Umsatzsteuer, und zwar entweder in dem betreffenden Mitgliedstaat oder als Versendungslieferung in der Bundesrepublik Deutschland. Die Lieferung des Unternehmers an die juristische Person ist als Versendungslieferung der Umsatzsteuer in der Bundesrepublik Deutschland zu unterwerfen, wenn

1. der Gegenstand der Lieferung von dem Lieferer oder von einem von ihm beauftragten Dritten aus dem Gebiet eines anderen Mitgliedstaats in das Inland oder ein Zollfreigebiet befördert oder versendet wird und
2. der Gesamtbetrag der Entgelte für derartige Versendungslieferungen im Bundesgebiet bei dem betreffenden Lieferer im vorangegangenen oder voraussichtlich im laufenden Kalenderjahr über der Lieferschwelle von 200 000 Deutsche Mark[2] liegt oder der Lieferer auf die Anwendung dieser Lieferschwelle verzichtet – d. h. für die generelle Besteuerung der Versendungslieferungen optiert – hat.

VIII. Welche Bedeutung hat die Umsatzsteuer-Identifikationsnummer und wem wird sie von wem erteilt?

1. Was ist die Umsatzsteuer-Identifikationsnummer und wozu dient sie?

Die Umsatzsteuer-Identifikationsnummer, die mit Wirkung vom 1. Januar 1993 im gesamten Gemeinschaftsgebiet – d.h. in allen EG-Mitgliedstaaten – eingeführt wird, ist gleichsam ein Umsatzsteuer-Binnenmarkt-Paß oder -Ausweis für alle natürlichen und juristischen Personen dieses großen und nunmehr weitgehend vereinheitlichten Wirtschaftsgebiets. Grundsätzlich ist davon auszugehen, daß derjenige, dem eine Umsatzsteuer-Identifikationsnummer erteilt worden ist, sich am innergemeinschaftlichen Waren- und Dienstleistungsverkehr beteiligt und im Rahmen dieses Verkehrs Umsätze ausführt, auf die die Vorschriften des Umsatzsteuergesetzes anzuwenden sind. Die Umsatzsteuerpflicht kann sich auf alle im Rahmen eines Unternehmens möglichen Umsätze des Unternehmers erstrecken und insbesondere auch innergemeinschaftliche Erwerbe von Gegenständen einschließen. Sie kann sich aber auch, wie z.B. bei einzelnen juristischen Personen lediglich auf den innergemeinschaftlichen Erwerb von Gegenständen für nichtunternehmerische Zwecke beschränken. Juristische Personen können außerdem nicht nur als Unternehmer im Rahmen ihres Unternehmens sog. innergemeinschaftliche Umsätze ausführen, sondern daneben noch in ihrem nichtunternehmerischen Bereich innergemeinschaftliche Erwerbe vornehmen.

---

1) Ab 01.04.1998: 16 v. H.; ab 01.01.2007: 19 v. H.
2) Ab 01.01.2002: 100.000 Euro

Anlage § 001a–01

Die Umsatzsteuer-Identifikationsnummer ist ein notwendiges Element der Umsatzsteuer-Übergangsregelung. Sie ermöglicht die Anwendung der Übergangsregelung und gewährleistet die im Rahmen dieser Regelung unerläßlichen Kontrollen.

Die Umsatzsteuer-Identifikationsnummer ist – das gilt einheitlich für alle EG-Mitgliedstaaten – eine mehrstellige Buchstaben-Zahlen-Kombination. Zwei Buchstaben am Anfang bezeichnen als sog. Staatenkode den jeweiligen Mitgliedstaat, in dem die Nummer ausgegeben worden ist (z. B. DE = Bundesrepublik Deutschland). Die deutsche Umsatzsteuer-Identifikationsnummer hat mit den beiden Buchstaben des Staatenkodes insgesamt 11 Stellen. In den von den anderen Mitgliedstaaten ausgegebenen Umsatzsteuer-Identifikationsnummern folgt auf den Staatenkode eine höchstens 12 Stellen umfassende Zahlen- oder Buchstaben-Zahlen-Kombination. Die deutsche Umsatzsteuer-Identifikationsnummer ist mit der Steuernummer nicht identisch.

2. Wer erhält eine Umsatzsteuer-Identifikationsnummer?

Eine Umsatzsteuer-Identifikationsnummer erhalten nicht nur alle Unternehmer, die sich am innergemeinschaftlichen Waren- und Dienstleistungsverkehr beteiligen. Auch juristische Personen, die nicht Unternehmer sind, erhalten eine Umsatzsteuer-Identifikationsnummer, wenn sie innergemeinschaftlich Gegenstände erwerben. Das gleiche gilt für juristische Personen, die zwar Unternehmer sind, aber innergemeinschaftlich ausschließlich Gegenstände erwerben, die nicht für das Unternehmen bestimmt sind.

Praktisch kann jede juristische Person des privaten und des öffentlichen Rechts eine Umsatzsteuer-Identifikationsnummer erhalten. Da die Umsatzsteuer-Identifikationsnummer in aller Regel beim innergemeinschaftlichen Erwerb benötigt wird, ist den juristischen Personen grundsätzlich zu empfehlen, sie rechtzeitig zu beschaffen. Andererseits sollte eine Umsatzsteuer-Identifikationsnummer nur dann verlangt werden, wenn ein innergemeinschaftlicher Erwerb von Gegenständen vorgesehen ist oder in absehbarer Zeit zumindest für möglich gehalten wird, nicht aber, wenn ein innergemeinschaftlicher Erwerb aller Voraussicht nach von vornherein auszuschließen ist.

Jede juristische Person erhält grundsätzlich nur eine Umsatzsteuer-Identifikationsnummer. Das gilt besonders für juristische Personen, die Unternehmer sind und innergemeinschaftlich Gegenstände sowohl für das Unternehmen als auch für nicht unternehmerische Bereiche erwerben. Der innergemeinschaftliche Erwerb muß, ob er dem Unternehmen oder nichtunternehmerischen Zwecken dient, von ein und derselben juristischen Person stets unter der gleichen Umsatzsteuer-Identifikationsnummer vorgenommen werden.

Bei den großen Gebietskörperschaften Bund und Länder können einzelne Organisationseinheiten (z. B. Ressorts, Behörden, Ämter) eine eigene Umsatzsteuer-Identifikationsnummer erhalten.

Grundsätzlich erhalten juristische Personen des privaten Rechts in Fällen der Organschaft für das gesamte Unternehmen (mit Einschluß der nichtunternehmerischen Bereiche) nur jeweils eine Umsatzsteuer-Identifikationsnummer, die sowohl für den Organträger (Muttergesellschaft) als auch für alle Organgesellschaften (Tochtergesellschaften) gilt. Indessen kann aber auch neben dem Organträger jede juristische Person, die umsatzsteuerrechtlich Organ ist, eine gesonderte Umsatzsteuer-Identifikationsnummer beanspruchen (vgl. hierzu auch Abschnitt IV Nr. 3).

3. Wer erteilt die Umsatzsteuer-Identifikationsnummer?

Die Umsatzsteuer-Identifikationsnummern werden ausschließlich vom Bundesamt für Finanzen erteilt und zwar von dessen Außenstelle in Saarlouis. Seine Anschrift lautet:

Bundesamt für Finanzen	**ab 01.01.2006:**
Außenstelle	
Industriestraße 6	Bundeszentralamt für Steuern
66740 Saarlouis	Dienstsitz Saarlouis
Telefax-Nrn.: 0 68 31/4 56-1 20	Ahornweg 1–3
0 68 31/4 56-1 46	66740 Saarbrücken
Telefon-Nrn.: 0 68 31/4 56-1 23	Telefax-Nrn.: 0 68 31/4 56-1 20, -1 46, -1 47
4 56-1 38	Telefon-Nr.: 0 68 31/4 56-4 44
4 56-1 42	Internetadresse: www.bzst.bund.de
4 56-1 44	
4 56-1 49	
4 56-0 (Zentrale)	

Das Bundesamt für Finanzen darf eine Umsatzsteuer-Identifikationsnummer nur dem erteilen, der bei dem zuständigen Finanzamt (siehe Abschnitt X Nr. 1) umsatzsteuerlich geführt wird. Als umsatzsteuerlich geführt in diesem Sinne ist nicht anzusehen, wer bisher nur Umsatzsteuer im Abzugsverfahren (d.h. z.B. für die Umsätze eines im Ausland ansässigen Unternehmers) einbehalten und entrichtet hat.

Anlage § 001a–01

4. Wie erlangt die juristische Person ihre Umsatzsteuer-Identifikationsnummer?

Grundsätzlich schriftlicher Antrag

Die Umsatzsteuer-Identifikationsnummer wird auf Antrag erteilt. Der Antrag, für den keine bestimmte Form vorgeschrieben ist, muß grundsätzlich schriftlich gestellt werden. Er ist an das Bundesamt für Finanzen – Außenstelle Saarlouis – zu richten.

In dem Antrag sind anzugeben:
– Name und Anschrift der juristischen Person, die eine Umsatzsteuer-Identifikationsnummer beantragt. Wird der Antrag von einer selbständigen Organisationseinheit des Bundes oder eines Landes gestellt, so sind die amtliche Bezeichnung dieser Organisationseinheit und deren Anschrift anzugeben.
– Die Steuernummer, unter der die juristische Person, die den Antrag stellt, umsatzsteuerlich geführt wird.

Wird die Antragstellerin bislang nicht bei einem Finanzamt unter einer Steuernummer umsatzsteuerlich geführt (z. B. eine juristische Person des öffentlichen Rechts oder eine selbständige Organisationseinheit des Bundes oder eines Landes), so hat sie sich bei dem zuständigen Finanzamt (siehe Abschnitt X Nr. 1) anzumelden und gleichzeitig die Erteilung

zu beantragen. In dem Antrag an das Finanzamt ist anzugeben, es sei damit zu rechnen, daß in absehbarer Zeit innergemeinschaftliche Erwerbe vorgenommen würden.

Die Antragstellerin – ausgenommen Organisationseinheiten des Bundes und der Länder – hat außerdem entweder

1. anzugeben, daß die Jahreserwerbsschwelle von 25 000 DM[1)] in dem betreffenden Jahr (z. B. 1993) voraussichtlich überschritten werde und die innergemeinschaftlichen Erwerbe in diesem Jahr folglich der Umsatzbesteuerung unterlägen, oder
2. zu erklären, daß auf die Anwendung der Jahreserwerbsschwelle verzichtet werde.

An diese Angaben oder Erklärung ist die Antragstellerin gebunden. Sie hat ihre innergemeinschaftlichen Erwerbe ausnahmslos der Umsatzsteuer zu unterwerfen, und zwar
– beim voraussichtlichen Überschreiten der Jahreserwerbsschwelle zunächst in dem betreffenden Kalenderjahr und
– beim Verzicht auf die Anwendung der Jahreserwerbsschwelle mindestens für die Dauer von 2 Jahren.

Das Finanzamt teil der Antragstellerin die Steuernummer mit, unter der sie umsatzsteuerlich geführt wird. Gleichzeitig übermittelt es der Außenstelle Saarlouis des Bundesamts für Finanzen den Antrag auf Erteilung der Umsatzsteuer-Identifikationsnummer. Diese erteilt die Umsatzsteuer-Identifikationsnummer. Eines besonderen Antrags an das Bundesamt für Finanzen bedarf es dazu in diesem Fall nicht.

Vereinfachtes Verfahren bei juristischen Personen, die 1992 als Unternehmer am innergemeinschaftlichen Handel teilnehmen

Juristische Personen, die auch Unternehmer sind und 1992 Gegenstände in andere EG-Mitgliedstaaten liefern oder aus ihnen beziehen, haben in der Zeile 18 der Umsatzsteuer-Voranmeldung 1992 (Vordruckmuster USt 1 A) bei der Kennzahl 60 die Ziffer „1" einzutragen. Das Bundesamt für Finanzen wird diesen juristischen Personen (Unternehmern) von September 1992 an ohne gesonderten Antrag eine Umsatzsteuer-Identifikationsnummer erteilen.

IX. Welche besonderen umsatzsteuerrechtlichen Pflichten sind wegen der Erwerbsbesteuerung zu erfüllen?

Die Besteuerung des innergemeinschaftlichen Erwerbs erfordert, daß die Steuerpflichtigen hierüber besondere Aufzeichnungen führen. Juristische Personen, die nach dem 31. Dezember 1992 innergemeinschaftliche Erwerbe vornehmen, haben deshalb entsprechende umsatzsteuerrechtliche Aufzeichnungspflichten zu erfüllen, auch wenn sie nicht Unternehmer sind oder Gegenstände nicht für ihr Unternehmen erwerben.

Die juristischen Personen haben für jeden innergemeinschaftlichen Erwerb aufzuzeichnen:
– den Zeitpunkt des Erwerbs,
– die Menge und die handelsübliche Bezeichnung des Gegenstands bzw. Art und Umfang einer innergemeinschaftlichen Lohnveredelung und
– die Bemessungsgrundlage (z. B. das Entgelt, vgl. Abschnitt VI Nr. 1).

---

1) Ab 01.01.2002: 12.500 Euro

Anlage § 001a–01

Der Umsatzsteuerbetrag braucht nicht für jeden einzelnen Erwerb aufgezeichnet zu werden, sondern kann für die umsatzsteuerpflichtigen innergemeinschaftlichen Erwerbe jedes Voranmeldungszeitraums (Kalendermonat) und Besteuerungszeitraums (Kalenderjahr) insgesamt errechnet werden.

Die Aufzeichnungsverpflichtung erstreckt sich auch auf innergemeinschaftliche Erwerbe von neuen Fahrzeugen und verbrauchsteuerpflichtigen Waren. Sie gilt außerdem für innergemeinschaftliche Erwerbe, die nicht der Besteuerung unterliegen (z. B. umsatzsteuerfrei sind).

Aus den Aufzeichnungen muß hervorgehen,

– welche Erwerbe umsatzsteuerpflichtig und welche umsatzsteuerfrei sind und
– wie sich die Bemessungsgrundlagen für umsatzsteuerpflichtige Erwerbe auf den ermäßigten und den allgemeinen Steuersatz verteilen.

Gesondert aufzuzeichnen sind ggf. auch nachträgliche Änderungen der Bemessungsgrundlagen (z. B. Entgeltsminderungen).

Eine juristische Person, die auch Unternehmer ist, hat die für das Unternehmen vorgenommenen Erwerbe grundsätzlich getrennt von den nicht für das Unternehmen ausgeführten Erwerben aufzuzeichnen. Einer entsprechenden Trennung in den Aufzeichnungen bedarf es nicht, soweit die Umsatzsteuerbeträge, die auf die für das Unternehmen vorgenommenen innergemeinschaftlichen Erwerbe entfallen, vom Vorsteuerabzug ausgeschlossen sind.

X. Wie wird der innergemeinschaftliche Erwerb der Umsatzsteuer unterworfen?

1. Zuständiges Finanzamt

Für die Besteuerung der Umsätze von juristischen Personen, die Unternehmer sind, ist das Finanzamt zuständig, von dessen Bezirk aus die juristische Person ihr Unternehmen im Inland ganz oder vorwiegend betreibt. Die Zuständigkeit des Finanzamts erstreckt sich auch auf die Besteuerung des innergemeinschaftlichen Erwerbs von Gegenständen, die nicht für das Unternehmen angeschafft werden.

Für die Umsatzbesteuerung des innergemeinschaftlichen Erwerbs von juristischen Personen, die nicht Unternehmer sind, ist das Finanzamt zuständig, in dessen Bezirk die juristische Person ihren Sitz hat oder von dessen Bezirk aus sie geleitet wird. Bei den Organisationseinheiten der Gebietskörperschaften Bund und Länder ist das Finanzamt zuständig, in dessen Bezirk sich die Dienstgebäude oder Diensträume der einzelnen Organisationseinheit oder ihres Leiters befinden.

2. Umsatzsteuer-Voranmeldung und -Vorauszahlung an das zuständige Finanzamt

Juristische Personen, die ausschließlich Umsatzsteuer für innergemeinschaftlichen Erwerb zu entrichten haben, müssen ebenso wie Unternehmer Umsatzsteuer-Voranmeldungen bei dem zuständigen Finanzamt (siehe Nr. 1) abgeben. Voranmeldungszeitraum ist einheitlich der Kalendermonat. Allerdings sind Umsatzsteuer-Voranmeldungen nur für die Voranmeldungszeiträume (Kalendermonate) abzugeben, in denen innergemeinschaftliche Erwerbe der Besteuerung zu unterwerfen sind und für die deshalb Umsatzsteuer zu erklären ist. In einer Umsatzsteuer-Voranmeldung sind anzugeben:

– die im Voranmeldungszeitraum und im vorangegangenen Kalendermonat vorgenommenen innergemeinschaftlichen Erwerbe (einschließlich innergemeinschaftlicher Lohnveredelungen), über die im Voranmeldungszeitraum Rechnungen erteilt worden sind, und
– die innergemeinschaftlichen Erwerbe (einschließlich innergemeinschaftlicher Lohnveredelungen) im vorangegangenen Kalendermonat, über die bis zum Ablauf dieses Voranmeldungszeitraums (d. h. des dem Monat des Erwerbs folgenden Kalendermonats) keine Rechnung erteilt worden ist.

Die Umsatzsteuer-Voranmeldungen sind nur nach dem amtlich vorgeschriebenen Vordruck abzugeben. Siie müssen bis zum 10. Tag nach Ablauf des jeweiligen Voranmeldungszeitraums (Kalendermonat) abgegeben werden. Vordrucke für die Umsatzsteuer-Voranmeldungen halten die Finanzämter bereit.

In der Umsatzsteuer-Voranmeldung ist die für die innergemeinschaftlichen Erwerbe in dem betreffenden Voranmeldungszeitraum geschuldete Umsatzsteuer von der juristischen Person selbst zu berechnen. Dazu ist in der Umsatzsteuer-Voranmeldung der Gesamtbetrag der Bemessungsgrundlagen der steuerpflichtigen innergemeinschaftlichen Erwerbe des jeweiligen Voranmeldungszeitraums anzugeben. Unterliegen die Erwerbe unterschiedlichen Steuersätzen, so sind die Bemessungsgrundlagen, auf die der allgemeine und der ermäßigte Steuersatz anzuwenden ist, jeweils gesondert anzugeben.

Außerdem ist in der Umsatzsteuer-Voranmeldung auch der Gesamtbetrag der umsatzsteuerfreien Erwerbe des jeweiligen Voranmeldungszeitraums anzugeben.

Anlage § 001a–01

Die Umsatzsteuer-Vorauszahlung, die in der Umsatzsteuer-Voranmeldung errechnet werden soll, ist jeweils am 10. Tag nach Ablauf des betreffenden Voranmeldungszeitraums (Kalendermonat) fällig.

Bei den großen Gebietskörperschaften Bund und Länder gilt die Verpflichtung zur Abgabe von Umsatzsteuer-Voranmeldungen und zur Entrichtung von Umsatzsteuer-Vorauszahlungen ggf. für jede Organisationseinheit (z. B. Ressort, Behörde und Amt), der das Bundesamt für Finanzen eine Umsatzsteuer-Identifikationsnummer erteilt hat und die auch bei einem Finanzamt (siehe Nr. 1) unter einer Steuernummer umsatzsteuerlich geführt wird.

Juristische Personen, die Unternehmer sind, haben einheitliche Umsatzsteuer-Voranmeldungen abzugeben, in denen ggf. auch die Umsatzsteuer für innergemeinschaftliche Erwerbe zu berechnen ist, die nicht für das Unternehmen bestimmt sind.

3. Umsatzsteuer-Erklärung und -Zahlung an das zuständige Finanzamt

Juristische Personen, die ausschließlich Umsatzsteuer für innergemeinschaftliche Erwerbe schulden, haben außer den Umsatzsteuer-Voranmeldungen für jedes Kalenderjahr eine Umsatzsteuer-Erklärung nach amtlich vorgeschriebenem Vordruck abzugeben. In der Umsatzsteuer-Erklärung (Steueranmeldung) hat die juristische Person die Umsatzsteuer, die sie für die in dem betreffenden Kalenderjahr vorgenommenen innergemeinschaftlichen Erwerbe schuldet, selbst zu berechnen.

Übersteigt die in der Umsatzsteuer-Erklärung für die innergemeinschaftlichen Erwerbe des Kalenderjahrs errechnete Umsatzsteuerbetrag die Summe der Umsatzsteuer-Vorauszahlungen, so ist dieser Umsatzsteuer-Mehrbetrag einen Monat nach Eingang der Steueranmeldung beim Finanzamt fällig und innerhalb dieser Frist zu entrichten.

Bei Bund und Ländern gilt die Verpflichtung zur Abgabe der Umsatzsteuer-Erklärung ggf. für jede Organisationseinheit (z. B. Ressort, Behörde, Amt) mit eigener Umsatzsteuer-Identifikationsnummer.

Unternehmerisch tätige juristische Personen haben eine einheitliche Umsatzsteuer-Erklärung abzugeben, in der auch die nicht für das Unternehmen vorgenommenen innergemeinschaftlichen Erwerbe angegeben werden müssen.

XI. Wie können Zweifelsfragen geklärt werden?

Das Merkblatt versucht, einen Überblick über die Besteuerung des innergemeinschaftlichen Erwerbs zu verschaffen. Bitte, wenden Sie sich mit etwaigen **Zweifelsfragen,** die das Merkblatt nicht beantwortet, an Ihr **zuständiges Finanzamt.**

Auf die Möglichkeit, den Rat eines Angehörigen der steuerberatenden Berufe in Anspruch zu nehmen, wird hingewiesen.

Kurz das Wichtigste

– Ab 1993 EG-Binnenmarkt mit befristeter Umsatzsteuer-Übergangsregelung
– Dazu Anpassung des Umsatzsteuergesetzes
– Danach Umsatzsteuerpflicht beim Finanzamt für viele juristische Personen – privaten und öffentlichen Rechts –, die nicht Unternehmer sind
– Beschaffungen in anderen EG-Mitgliedstaaten als innergemeinschaftliche Erwerbe der Umsatzsteuer und nicht – wie bisher – als Einfuhren der Einfuhrumsatzsteuer zu unterwerfen
– Einfuhrbesteuerung (Einfuhrumsatzsteuer) aber weiterhin bei Beschaffungen in Drittländern (Nicht-EG-Mitgliedstaaten)
– Besteuerung grundsätzlich erst bei Überschreiten einer jährlichen Erwerbsschwelle von 25 000 DM[1], aber Optionsrecht für uneingeschränkte Erwerbsbesteuerung mit zweijähriger Bindungsfrist
– Unbeschränkte Erwerbsbesteuerung außerdem für Neufahrzeuge und verbrauchsteuerpflichtige Waren
– Unerläßlich für Steuerfreiheit der Lieferung im anderen Mitgliedstaat und damit zur Vermeidung einer „Doppelbesteuerung" Nachweis der Erwerbsbesteuerung mit „Umsatzsteuer-Identifikationsnummer"
– Ausgabe der Umsatzsteuer-Identifikationsnummer durch Bundesamt für Finanzen – Außenstelle –, Industriestraße 6, 66740 Saarlouis, auf schriftlichen Antrag an das Bundesamt oder – falls gleichzeitig Steuernummer beantragt wird – an das zuständige Finanzamt
– Bei Bund und Ländern Erwerbsbesteuerung durch einzelne Ressorts, Behörden und Ämter zugelassen; dazu jeweils gesonderte Umsatzsteuer-Identifikationsnummer nötig

---
1) Ab 01.01.2002: 12.500 Euro

Anlage § 001a–01

- Erwerbs-Bemessungsgrundlage ist das Entgelt
- Allgemeiner Steuersatz von 15 v. H.[1] und ermäßigter Steuersatz von 7 v. H. (wie bei anderen Inlandsumsätzen)
- Verpflichtung zur Aufzeichnung aller innergemeinschaftlichen Erwerbe
- Abgabe von monatlichen Umsatzsteuer-Voranmeldungen, in denen Umsatzsteuer für innergemeinschaftliche Erwerbe selbst zu berechnen ist
- Frist für Abgabe der Umsatzsteuer-Voranmeldung und Entrichtung der Umsatzsteuer-Vorauszahlung:
  10. Tag des nachfolgenden Kalendermonats
- Abgabe von jährlichen Umsatzsteuer-Erklärungen für innergemeinschaftliche Erwerbe
- Bei juristischen Personen mit Unternehmertätigkeit in den Umsatzsteuer-Voranmeldungen und -Erklärungen ergänzende Angaben über nichtunternehmerische innergemeinschaftliche Erwerbe (keine gesonderten Voranmeldungen und Erklärungen)

---

1) Ab 01.04.1999: 16 v. H.; ab 01.01.2007: 19 v. H.

Anlagen § 001a–02, § 001a–03

Verbringen von Gegenständen im Rahmen einer Werklieferung in einen anderen EG-Mitgliedstaat

BMF-Schreiben vom 18.01.1993 – IV A 2 – S 7103a – 25/92,
DStR 1993 S. 205

Die Verbringensfälle des § 3 Abs. 1a Nr. 1 UStG und des § 1a Abs. 2 Nr. 1 UStG sind entsprechend den Grundsätzen des Art. 28a Abs. 5 Buchst. b und Abs. 7 der 6. EG-Richtlinie abzugrenzen. Danach liegt unter anderem dann kein Verbringen vor, wenn Gegenstände zum Zwecke einer anschließenden Werklieferung im Gemeinschaftsgebiet von einem Mitgliedstaat in einen anderen Mitgliedstaat befördert oder versandt werden und der Ort der Werklieferung im Bestimmungsland liegt (Art. 28a Abs. 5 Buchst. b 1. Spiegelstrich der 6. EG-Richtlinie).

Werden beispielsweise Baumaterialien vom Inland zu einer Baustelle im übrigen Gemeinschaftsgebiet verbracht, gilt das Verbringen nicht als Lieferung gegen Entgelt i. S. d. § 3 Abs. 1a Nr. 1 UStG und dementsprechend auch nicht als innergemeinschaftliche Lieferung nach § 6a Abs. 2 Nr. 1 UStG.

Werden im umgekehrten Fall Gegenstände aus dem übrigen Gemeinschaftsgebiet zu einer Baustelle im Inland verbracht, liegt kein innergemeinschaftlicher Erwerb i. S. d. § 1a Abs. 2 Nr. 1 UStG vor.

Die Besteuerung der Werklieferung richtet sich in diesen Fällen nach dem nationalen Mehrwertsteuer-/Umsatzsteuerrecht des Bestimmungslandes.[1)]

Folgen der Einschränkung des Anwendungsbereichs von Art. 8 Abs. 2 der 6. EG-Richtlinie bzw. § 3 Abs. 8 UStG auf Lieferungen aus einem Drittlandsgebiet ab dem 01.01.1993

BMF-Schreiben vom 03.03.1993 – IV A 1 – S 7056a – 103/93,
DStR 1993 S. 437

Die Folgen der Einschränkung des Anwendungsbereichs von Art. 8 Abs. 2 der 6. EG-Richtlinie (bzw. § 3 Abs. 8 UStG) auf Lieferungen aus einem Drittlandsgebiet ab dem 1.1.1993 waren u.a. auch Besprechungsgegenstand der Beratungen im Mehrwertsteuerausschuß und der Arbeitsgruppe I, die am 22. und 23.2.1993 in Brüssel getagt haben.

Es wurde Einvernehmen dahingehend erzielt, daß die bis zum 31.12.1992 geltende Praxis auch für den innergemeinschaftlichen Bereich beibehalten werden kann. Danach kann sich ein Händler, der bis zum 31.12.1992 „verzollt und versteuert" an einen bestimmten Abnehmer in einem anderen Mitgliedstaat geliefert und selbst die Einfuhrumsatzsteuer entrichtet hat, auch nach dem 1.1.1993 im Bestimmungsmitgliedstaat der Ware umsatzsteuerlich erfassen lassen und dort einen innergemeinschaftlichen Erwerb versteuern. Der Lieferer hat somit auch Anspruch auf Erteilung einer Umsatzsteuer-Identifikationsnummer (USt-IdNr.) im Bestimmungsmitgliedstaat des gelieferten Gegenstandes. Den Endabnehmer treffen keine neuen Verpflichtungen. Er bedarf weder einer USt-IdNr., noch wird er erwerbsteuerpflichtig.

Derartige Fälle werden einem „Verbringen" i. S. v. Art. 28a Abs. 5b, 28c Teil A Buchst. c der 6. EG-Richtlinie (bzw. §§ 3 Abs. 1a Nr. 1, 6a Abs. 2 Nr. 1 UStG) gleichgestellt.

Die EG-Kommission wird eine entsprechende Leitlinie im Rahmen des Mehrwertsteuerausschusses nicht erarbeiten. Sie vertritt nämlich genauso wie alle anderen Mitgliedstaaten die Auffassung, daß die 6. EG-Richtlinie die Beibehaltung dieser Praxis rechtlich im Grunde nicht zuläßt.

Bis zu einer entsprechenden Änderung der 6. EG-Richtlinie wird die Beibehaltung der bisherigen Handhabung jedoch von allen Mitgliedstaaten befürwortet und von der EG-Kommission geduldet.[2)]

---

1) Siehe Abschnitt 15b Abs. 10 UStR 2000/2005/2008, jetzt Abschnitt 1a.2 Abs. 10 UStAE
2) Siehe Abschnitt 15b Abs. 14 UStR 2000/2005/2008, jetzt Abschnitt 1a.2 Abs. 14 UStAE

Anlagen § 001a–04 nicht belegt, § 001a–05

Erwerbsbesteuerung und Vorsteuervergütung an pauschalierende Landwirte in anderen EU-Mitgliedstaaten

BMF-Schreiben vom 14.10.1999 – IV D 2 – S 7350 – 13/99,
UVR 2000 S. 121

Liefert ein pauschalierender Landwirt mit Sitz in den Niederlanden einem pauschalierenden Landwirt mit Sitz in Deutschland, dessen innergemeinschaftliche Erwerbe die Erwerbsschwelle de § 1a Abs. 3 Nr. 2 UStG überschreiten, einen Gegenstand, der von den Niederlanden nach Deutschland befördert oder versendet wird, ist diese Leistung in den Niederlanden steuerbar. Grundsätzlich wäre sie auch in Anwendung von Artikel 28c Teil A Buchst. a der 6. EG-Richtlinie steuerfrei. Da die Niederlande aber eine der deutschen Durchschnittsatzbesteuerung nach § 24 UStG entsprechende Pauschalbesteuerung bei Land- und Forstwirten anwenden, ist die Steuerbefreiung nicht anzuwenden. Diese Regelung beruht auf Artikel 25 Abs. 5 Buchst. b der 6. EG-Richtlinie (vgl. hierzu auch § 24 Abs. 1 Satz 2 erster Halbsatz UStG). Der niederländische Landwirt hat deshalb im angesprochenen Fall zu Recht in seiner Rechnung an den deutschen pauschalierenden Landwirt niederländische Mehrwertsteuer ausgewiesen.

Da der in Niedersachsen ansässige pauschalierende Landwirt innergemeinschaftliche Erwerbe oberhalb der Erwerbsschwelle tätigt, hat er diese nach § 1a UStG der Besteuerung zu unterwerfen. Die hierauf zu entrichtende Umsatzsteuer kann er als pauschalierender Landwirt nicht als Vorsteuer gesondert abziehen. Sie ist vielmehr durch die Vorsteuerpauschale abgegolten.

Die dem deutschen pauschalierenden Landwirt in Rechnung gestellte niederländische Umsatzsteuer erhält dieser nicht über das Vorsteuer-Vergütungsverfahren nach der 8. EG-Richtlinie (vgl. § 18 Abs. 9 UStG, §§ 59 bis 61 UStDV) zurück, da er nach niederländischem Recht nur eine pauschalierte Vorsteuer erhalten würde und ihm darüber hinaus kein Vorsteuerabzug für die ihm für Vorbezüge in Rechnung gestellte Umsatzsteuer zusteht. Dadurch käme es grundsätzlich zu einer nicht systemgerechten Belastung des deutschen Unternehmers. Entsprechend verpflichtet die 6. EG-Richtlinie in Artikel 25 Abs. 6 Buchst. a zweiter Unterabsatz erster Gedankenstrich die Mitgliedstaaten zur Erstattung der Mehrwertsteuer, die einem Unternehmen für innergemeinschaftliche Lieferungen von einem pauschalierenden Landwirt in Rechnung gestellt worden ist, wenn dessen innergemeinschaftlicher Erwerb abweichend von Art. 28a Abs. 1 Buchst. a Unterabs. 2 und Abs. 1a Buchst. b der 6. EG-Richtlinie der Mehrwertsteuer unterliegt.

Die Niederlande führen eine derartige Erstattung offensichtlich in einem dem Verfahren der 8. EG-Richtlinie entsprechenden Verfahren durch. Entsprechend benötigen sie für die Durchführung der Erstattung eine Bescheinigung, daß der deutsche pauschalierende Landwirt Unternehmer ist. Die Finanzverwaltung kann die Erteilung einer Unternehmerbescheinigung in einem derartigen Fall nicht verweigern, weil ansonsten die in der 6. EG-Richtlinie zwingend vorgeschriebene Vorsteuer-Erstattung verhindert würde. Es ist aber nicht zwingend, daß diese Unternehmerbescheinigung die Bescheinigung nach Art. 3 Buchst. b der 8. EG-Richtlinie beinhaltet. Dem Antragsteller sollte deshalb eine Unternehmerbescheinigung erteilt werden, aus der sich ergibt, daß er seine Umsätze nach den Durchschnittssätzen für land- und forstwirtschaftliche Betriebe im Sinne des § 24 Abs. 1 UStG der Besteuerung unterwirft und er zur Besteuerung seiner innergemeinschaftlichen Erwerbe wegen Überschreitens der Erwerbsschwelle verpflichtet ist.

Anlage § 001a–06

Vorübergehende Verwendung i.S. des § 1a Abs. 2 UStG

BMF-Schreiben vom 28.08.2008 – IV B 8 – S 7100-a/0,
DStR 2008 S. 1882

Nach Abstimmung mit den obersten Finanzbehörden der Länder wird zu den von der Bundessteuerberaterkammer mit Schreiben vom 27.5.2008 zur Prüfung vorgelegten nachfolgenden Beispielen wie folgt Stellung genommen:

Beispiel 1:
Eine Münchner Brauerei lässt in Mailand ein „Münchner Bräuhaus" errichten. Um diese Gaststätte möglichst authentisch zu gestalten, transportiert die Brauerei Holz nach Mailand, welches als Pfeiler, Balkon und Dach verbaut werden soll. Die anderen Materialien beschafft der italienische Bauunternehmer.

Beispiel 2:
Der deutsche Automobilhersteller A möchte auch im Premium-Segment erfolgreich sein. Er schickt wöchentlich einen aus Rahmen und Motor bestehenden Satz seiner Autos nach Modena, wo ein italienischer Karosseriebauer eine Karosserie fertigt und auf den Rahmen setzt. Die Fahrzeuge werden zur Hälfte von Modena aus zum deutschen Automobilhersteller transportiert, die andere Hälfte wird von Modena aus an Kunden des Herstellers geliefert.

Die in Abschn. 15b Abs. 10 UStR, dargestellten Fälle einer ihrer Art nach vorübergehenden Verwendung gehen auf Art. 17 Abs. 2 der Mehrwertsteuer-Systemrichtlinie (MwStSystRL, vormals Art. 28a Abs. 5 Buchst. b der 6. EG-Richtlinie) zurück. Da eine vom Unternehmer getätigte Materialbeistellung zu einer an ihn ausgeführten Werklieferung nicht (mehr) in dieser gemeinschaftsrechtlichen Aufzählung vorhanden ist, wurde Abschn. 15b Abs. 10 Nr. 3 UStR im Rahmen der Erarbeitung der Umsatzsteuer-Richtlinien 2008 gestrichen.

In Beispiel 1 verbleiben die Gegenstände dauerhaft im übrigen Gemeinschaftsgebiet. Es ist daher nicht von einer ihrer Art nach vorübergehenden Verwendung auszugehen. Hinsichtlich des Beispiels 2 gilt dies auch bzgl. der Bausätze, die nach Deutschland zurück gelangen, da Motor und Rahmen in einen neuen Gegenstand eingegangen sind. Etwas anderes könnte nur gelten, wenn an den ins übrige Gemeinschaftsgebiet verbrachten Gegenständen Arbeiten in Form von Dienstleistungen vorgenommen werden und die Gegenstände sodann ins Inland zurück gelangen (vgl. Art. 17 Abs. 2 Buchst. f MwStSystRL). Diese Voraussetzung ist bei Werklieferungen jedoch nicht gegeben.

Anlage § 001b–01

Innergemeinschaftlicher Erwerb neuer Fahrzeuge

BMF-Schreiben vom 15.04.1993 – IV C 3 – S 7103b – 18/93,
StED 1993 S. 249

Der innergemeinschaftliche Erwerb neuer Fahrzeuge ist in § 1b des Umsatzsteuergesetzes geregelt. Danach sind Fahrzeuge im Sinne des Umsatzsteuergesetzes u. a. motorbetriebene Landfahrzeuge mit einem Hubraum von mehr als 48 Kubikzentimetern oder einer Leistung von mehr als 7,2 Kilowatt (§ 1b Abs. 2 UStG). Diese Regelung beruht auf Artikel 28a Abs. 2 Buchstabe a der 6. EG-Richtlinie in der Fassung der Richtlinie 91/680/EWG vom 16. Dezember 1991 (ABl. EG 1991 Nr. L 376 S. 1), zuletzt geändert durch die Richtlinie 92/111/EWG vom 14. Dezember 1992 (ABl. EG 1992 Nr. L 384 S. 47). Nach der Richtlinienvorschrift muß es sich um Fahrzeuge handeln, die zur Personen- oder Güterbeförderung bestimmt sind.

Ein Landfahrzeug gilt als neu, wenn seine erste Inbetriebnahme im Zeitpunkt des Erwerbs nicht mehr als drei[1] Monate zurückliegt oder wenn es im Zeitpunkt des Erwerbs nicht mehr als 3000[2] Kilometer zurückgelegt hat (§ 1b Abs. 3 UStG).

Zu den Landfahrzeugen gehören insbesondere Personenkraftwagen, Lastkraftwagen, Motorräder, Motorroller, Mopeds und motorbetriebene Wohnmobile und Caravane, wenn sie die in § 1b Abs. 2 Nr. 1 UStG genannten technischen Merkmale aufweisen. Die Straßenverkehrsrechtliche Zulassung ist nicht erforderlich.

Keine Landfahrzeuge im Sinne des § 1b Abs. 2 Nr. 1 UStG sind dagegen

– Wohnwagen, Packwagen und andere Anhänger ohne eigenen Motor, die nur von Kraftfahrzeugen mitgeführt werden können, und

– selbstfahrende Arbeitsmaschinen und land- und forstwirtschaftliche Zugmaschinen, die nach ihrer Bauart oder ihren besonderen, mit dem Fahrzeug fest verbundenen Einrichtungen nicht zur Beförderung von Personen oder Gütern bestimmt und geeignet sind.

Für diese Fahrzeuge gelten die allgemeinen Grundsätze für den innergemeinschaftlichen Erwerb von Gegenständen; sie sind von der Sonderregelung des § 1b UStG ausgenommen.

---

1) Ab 01.01.1995: sechs
2) Ab 01.01.1995: 6000

Anlage § 001b–02

Innergemeinschaftlicher Erwerb neuer Fahrzeuge – Pflicht zur unverzüglichen Zulassung nach Einfuhr

OFD Kiel, Vfg. vom 15.01.1999 – S 7103 b A – St 252,
DStR 1999 S. 675

Ein bei der OFD Hamburg bekanntgewordener Sachverhalt wird nachstehend zur Kenntnisnahme dargestellt:

Ein Deutscher kauft in einem Mitgliedstaat z. B. einen PKW. Das Fahrzeug wird in dem betreffenden Staat *lediglich zur Ausfuhr* zugelassen. Anschließend wird das Kraftfahrzeug in die Bundesrepublik „eingeführt", aber nicht bei der Zulassungsstelle angemeldet. Der Halter des Kraftfahrzeugs fährt in der Bundesrepublik *ein halbes Jahr* mit dem am Fahrzeug vorhandenen Ausfuhrkennzeichen. Erst nach Ablauf dieser Zeit wird die Zulassung des Fahrzeugs bei einer Zulassungsstelle in der Bundesrepublik beantragt. Damit soll vorgetäuscht werden, daß das anzumeldende Kraftfahrzeug nicht unter die Erwerbssteuerregelung des § 1b UStG fällt.

Nach Mitteilung des Bundesministeriums für Verkehr ist der Halter eines Kraftfahrzeuges gemäß § 23 Abs. 1 StVZO verpflichtet, für sein Fahrzeug *unverzüglich* bei der Verwaltungsbehörde die Zulassung zu beantragen, in deren Bereich das Fahrzeug seinen regelmäßigen Standort haben soll. Es ist *nicht zulässig,* das Fahrzeug zunächst mit einem ausländischen Überführungs- oder Ausfuhrkennzeichen in Deutschland zu fahren und erst später die Zulassung zu beantragen.

Unter Hinweis auf die obige Rechtslage ist die Erwerbssteuer nachträglich festzusetzen. Hilfsweise kann die Auffassung vertreten werden, erst mit erstmaliger Zulassung in Deutschland erfolge die Inbetriebnahme i. S. des § 1b Abs. 3 UStG, so daß das Fahrzeug trotz Zeitablaufs noch als „neu" gilt. Auch diesbezüglich sind die steuerlichen Konsequenzen des Erwerbs durch Festsetzung der entsprechenden Erwerbssteuer zu ziehen.

Sollte der Erwerber vortragen, das Fahrzeug sei nicht der Erwerbssteuer zu unterwerfen, weil die Inbetriebnahme bereits vor mehr als einem halben Jahr stattgefunden habe, kann die Inbetriebnahme nur in dem Staat erfolgt sein, in dem das Ausfuhrkennzeichen erteilt wurde. Der Steuerpflichtige ist darauf hinzuweisen, daß er das Fahrzeug unter dieser Voraussetzung nicht im Rahmen einer innergemeinschaftlichen Lieferung erworben hat. Die Lieferung an ihn ist damit im Ursprungsland steuerpflichtig und bei dem betreffenden Händler der Umsatzsteuer zu unterwerfen.

In diesen Fällen ist die Steuerbehörde des betreffenden Ursprungslandes im Rahmen einer Spontanauskunft unter Beifügung der Rechnung über den Sachverhalt zu unterrichten.

Anlage § 002–01, § 002–02 nicht belegt

Unternehmereigenschaft von Werbegemeinschaften

Erlass FM Nordrhein-Westfalen vom 08.09.1986 – S 7104 – 10 – V C 4,
DStR 1986 S. 721

Im Einvernehmen mit den obersten Finanzbehörden des Bundes und der anderen Länder bitte ich zu den Auswirkungen des BFH-Urteils vom 4.7.1985, V R 107/76 (BStBl. 1986 II S. 153)[1] folgende Auffassung zu vertreten:

Das BFH-Urteil vom 4.7.1985 ist auf vergleichbare Werbegemeinschaften anzuwenden.

Die Annahme eines Leistungsaustausches zwischen einer Werbegemeinschaft und ihren Mitgliedern ist demzufolge auch dann nicht ausgeschlossen, wenn nur für die Gemeinschaft der Mitglieder und nicht individuell für die einzelnen Mitglieder geworben wird. Die anders lautende Beurteilung in meinem Bezugserlaß vom 8.6.1973 ist damit überholt.

Aus dem BFH-Urteil vom 4.7.1985 kann allerdings nicht hergeleitet werden, daß allein die unterschiedliche Höhe der von den Mitgliedern erhobenen Umlagen (Staffelung der Mitgliederbeiträge) zur Annahme eines Leistungsaustausches und damit zur Unternehmereigenschaft der Werbegemeinschaft führt. Die Abgrenzung zwischen steuerbaren Sonderleistungen und nichtsteuerbaren Gemeinschaftsleistungen ist im übrigen nach den bisherigen Grundsätzen vorzunehmen.

---

1) Siehe Abschnitt 4 Abs. 5 UStR

Anlagen § 002–03, § 002–04

Mitgliederbeiträge an Fremdenverkehrsvereine und Landesfremdenverkehrsverbände in der Rechtsform eines Vereins (teilweise) als Entgelt[1)]

OFD Koblenz, Vfg. vom 29.06.1988 – S 7200 A – St 512,
BB 1988 S. 2163

Nach dem BMF-Erlaß vom 12.3.1953 (S 4104 Karte 51 der zu § 2 in die USt-Kartei übernommenen BdF-Erlasse der früheren U-Kartei) können auf Antrag bei den Fremdenverkehrsvereinen 50 v. H. und bei den Landesfremdenverkehrsverbänden 20 v. H. des Gesamtbetrages der Mitgliederbeiträge als (geschätztes) Entgelt für Sonderleistungen zur Umsatzsteuer herangezogen werden.

Demgegenüber bestehen nach Abschn. 40 Abs. 5 Satz 5 KStR aus Vereinfachungsgründen keine Bedenken, in diesen Fällen nur 25 v. H. der Beitragseinnahmen als steuerpflichtige Einnahmen (Entgelte) zu behandeln.

Beide Regelungen sind dem Grunde nach Vereinfachungsregelungen.

Aus Gründen der einheitlichen Behandlung aller entsprechenden Einrichtungen zur Förderung des Fremdenverkehrs bei der Umsatz- und Körperschaftsteuer ist auf Antrag von einem einheitlichen v. H.-Satz auszugehen.

Es bestehen keine Bedenken, in diesen Fällen entsprechend Abschn. 40 Abs. 5 Satz 5 KStR von 25 v. H. auszugehen.

Zwischenschaltung eines Dritten in die Handelskette „Kraftfahrzeughersteller – Exporteur" (§ 2 Abs. 1 UStG)

Erlass FM Rheinland-Pfalz vom 23.02.1989 – S 7100 A – 445,
UR 1989 S. 388

Nach dem Besprechungsergebnis kann in der Zwischenschaltung eines Dritten in die Handelskette „Kraftfahrzeughersteller – Exporteur" kein Scheingeschäft i. S. von § 41 Abs. 2 AO gesehen werden, wenn zwischen Hersteller und dem zwischengeschalteten Dritten zivilrechtlich wirksame Kaufverträge abgeschlossen werden. Die Frage, ob der zwischengeschaltete Dritte mit dem An- und Verkauf der Fahrzeuge noch im Rahmen seines Unternehmens tätig wird oder – falls er bisher noch nicht als Unternehmer anzusehen war – eine unternehmerische Tätigkeit i. S. von § 2 Abs. 1 UStG begründet, ist nach den Verhältnissen im konkreten Einzelfall zu entscheiden.

Von einem An- und Verkauf der Fahrzeuge im Rahmen des Unternehmens kann im allgemeinen ausgegangen werden, wenn der Unternehmer, der selbst nicht Kfz-Händler ist, derartige Geschäfte wiederholt abschließt, und diese Umsätze auch in den Buchführung erfaßt und in den Steueranmeldungen erklärt werden. Auch ein einmaliges Fahrzeuggeschäft kann dem Unternehmen zugeordnet werden, wenn der Unternehmer in seinem eigentlichen Gewerbe Geschäftsbeziehungen zu dem Exporteur unterhält, da dann unterstellt werden kann, daß das Fahrzeuggeschäft im Interesse dieser Geschäftsbeziehungen abgewickelt wurde.

Wird in das Fahrzeuggeschäft eine Person als Zwischenhändler eingeschaltet, die (noch) nicht Unternehmer ist, so ist unter Beachtung der Entscheidung des FG Rheinland-Pfalz vom 10.3.1988 – 3 K 255/87 zu prüfen, ob derartige Geschäfte nachhaltig sind. Eine nachhaltige Tätigkeit als Fahrzeug-Zwischenhändler und damit als Unternehmer i. S. von § 2 Abs. 1 UStG ist anzunehmen, wenn derartige Geschäfte in Zeitabständen von nicht mehr als einem halben Jahr durchgeführt werden und dem Zwischenhändler eine Provision gewährt wird. Für diesen Fall kann von einem eigenen wirtschaftlichen Interesse des Zwischenhändlers in derartigen Geschäften ausgegangen werden.

Bei einmaligen oder nur in längeren Zeiträumen sich wiederholenden Geschäften dieser Art fehlt es hingegen an der Nachhaltigkeit; eine Unternehmereigenschaft wird damit nicht begründet.

---

1) Siehe aber BFH vom 22.07.1998 – V R 74/98, HFR 2000 S. 120 und vom 26.10.2000 – V R 12/00, HFR 2001 S. 481

Anlage § 002–05

Umsatzsteuer bei der Verwertung von Sicherungsgut; Rechtsfolgen bei Vermögenslosigkeit und Löschung einer GmbH als Sicherungsgeberin

BMF-Schreiben vom 16.03.1989 – IV A 2 – S 7104 – 7/89,
BB 1989 S. 828; UR 1989 S. 163

Es ist die Frage aufgeworfen worden, wie die Verwertung von Sicherungsgut durch den Sicherungsnehmer (eine Bank) umsatzsteuerlich zu behandeln ist, wenn es sich bei dem Sicherungsgeber um eine GmbH handelt, die vermögenslos geworden oder bereits im Handelsregister gelöscht worden ist. Unter Bezugnahme auf das Ergebnis der Erörterungen mit den obersten Finanzbehörden der Länder wird dazu folgende Auffassung vertreten:

1. Nach der Rechtsprechung des BFH führt die Verwertung von sicherungsübereigneten Gegenständen zu zwei Umsätzen, und zwar zu einer Lieferung des Sicherungsgebers an den Sicherungsnehmer und zu einer Lieferung des Sicherungsnehmers an den Erwerber (vgl. Abschnitt 2 Abs. 1 UStR). Beide Lieferungen, auch die des Sicherungsgebers, werden im Zeitpunkt der Verwertung ausgeführt. Ist der Sicherungsgeber in diesem Zeitpunkt kein Unternehmer im Sinne von § 2 UStG, ist die Lieferung an den Sicherungsnehmer nicht umsatzsteuerbar. Eine über diese Lieferung vom Sicherungsnehmer erteilte Gutschrift erlangt nicht die Wirkung einer Rechnung (§ 14 Abs. 5 UStG) und berechtigt somit nicht zum Vorsteuerabzug.

2. Die umsatzsteuerliche Unternehmereigenschaft einer GmbH endet in dem Zeitpunkt, in dem diese ihre Rechtsfähigkeit verliert. Soweit die Auflösung der GmbH wegen Vermögenslosigkeit in Frage steht, ist die zivilrechtliche Vollbeendigung nicht bereits in dem – nicht eindeutig bestimmbaren – Zeitpunkt des Eintritts der Vermögenslosigkeit anzunehmen. Die GmbH geht als Rechtssubjekt mit der wirksamen Löschung im Handelsregister nach § 2 LöschG unter. Damit ist auch die umsatzsteuerrechtliche Unternehmereigenschaft beendet[1].

3. In dem vorgetragenen Fall ist der erste durch die Verwertung des Sicherungsgutes ausgelöste Umsatz nur dann eine steuerbare Lieferung (Lieferung eines Unternehmers), wenn der Verwertungszeitpunkt vor der Löschung der GmbH liegt. Die Bank kann über diese steuerbare Lieferung mit dem – ggf. noch zu bestellenden – Nachtragsliquidator durch eine Gutschrift nach § 14 Abs. 5 UStG abrechnen.

---

[1] Überholt durch BFH-Urteil vom 09.12.1993, BStBl. 1994 II S. 483, abgedruckt unter Rechtsprechung zu § 1; siehe Anlage § 002–10; siehe auch Abschnitt 19 Abs. 7 UStR 2000 bzw. Abschnitt 19 Abs. 6 UStR 2005/2008

Anlage § 002–06

Unternehmereigenschaft bei Musikkapellen

OFD Saarbrücken, Vfg. vom 17.01.1991 – S 7104 – 27 St 241,
DStR 1991 S. 817

Bei nebenberuflich tätigen Musikern, die als Mitglieder einer Musikkapelle bei Volksfesten, Festveranstaltungen oder in Gaststätten auftreten, liegt ein Arbeitsverhältnis zum Veranstalter regelmäßig dann nicht vor, wenn die Musiker nur für ein oder zwei Abende oder für ein Wochenende verpflichtet werden. Vielmehr ist hierbei von einer selbständig ausgeübten Tätigkeit auszugehen.

Ob in solchen Fällen die Kapelle als Gesellschaft bürgerlichen Rechts, der Kapellenleiter oder die einzelnen Musiker als Unternehmer i. S. d. § 2 Abs. 1 UStG anzusehen sind, richtet sich im wesentlichen nach ihrem Auftreten nach außen hin, insbesondere nach dem Verhältnis zum Auftraggeber.

Tritt die Kapelle, wie dies üblicherweise der Fall ist, sowohl beim Abschluß der Verträge als auch bei ihren späteren Darbietungen als Einheit auf, indem sie beispielsweise unter ihrem Kapellennamen in Erscheinung tritt, so ist die Gesamtheit der beteiligten Musiker in der Rechtsform einer GbR als Unternehmer zu behandeln. Das Interesse der einzelnen Veranstalter richtet sich hierbei – insbesondere auch aus Werbegründen – auf den Namen der Kapelle und nicht auf eine bestimmte Zusammensetzung ihrer Mitglieder, da vom Bekanntheitsgrad der Kapelle in der Regel auch der finanzielle Erfolg der Veranstaltung abhängt. Meist sind in diesen Fällen die Mitglieder der Kapelle nach den zwischen ihnen getroffenen Vereinbarungen als Partner und damit als Mitunternehmer i. S. d. § 15 Abs. 1 Nummer 2 EStG anzusehen.

Soweit dagegen der Kapellenleiter die Musikkapelle nicht nur musikalisch, sondern auch organisatorisch und wirtschaftlich führt, selbst die Verträge mit den Veranstaltern im eigenen Namen abschließt und Inhalt und Zusammensetzung der musikalischen Darbietungen bestimmt, muß in der Regel davon ausgegangen werden, daß der Leiter der Kapelle eine unternehmerische Tätigkeit ausübt. Als Indiz für die Unternehmereigenschaft des Kapellenleiters kann die Tatsache gewertet werden, daß die Kapelle hierbei häufig nach außen hin unter dem Namen des Kapellenleiters auftritt oder daß die Zahl und Zusammensetzung der Mitglieder oft wechselt. Zwischen den übrigen Kapellenmitgliedern und dem Kapellenleiter dürfte dabei in der Regel ein Arbeitsverhältnis anzunehmen sein, es sei denn, daß ein Musiker nur für einen einzelnen Auftritt vom Kapellenleiter engagiert wird (vgl. hierzu auch BFH-Urteil von 7.9.1961, V 75/59, HFR 1962, 68).

Das einzelne Mitglied einer Musikkapelle wird nur in Ausnahmefällen als Unternehmer anzusehen sein. Solche Fälle sind nur dann gegeben, wenn sich die einzelnen Mitglieder selbst gegenüber dem Veranstalter für den jeweiligen Auftritt verpflichten und somit dem Veranstalter auch auf die Zusammensetzung der Gruppe einwirken kann. Bei Musikkapellen, die über eine längere Zeit in gleicher Zusammensetzung auftreten, wird hiervon grundsätzlich nicht ausgegangen werden können.

Anlage § 002–07

Abgrenzung zwischen selbständiger Tätigkeit und nichtselbständiger Arbeit bei Künstlern und verwandten Berufen (§ 2 Abs. 2 Nr. 2 Nr. 1 UStG)

OFD Saarbrücken, Vfg. vom 08.03.1991 – S 7105 – 9 – St 241,
UR 1991 S. 267

Unter Bezugnahme auf das Ergebnis der Erörterung mit den obersten Finanzbehörden der Länder gilt bei Künstlern und verwandten Berufen, soweit sie eine unmittelbare Vertragsbeziehung zum Arbeitgeber/Auftraggeber begründen, zur Abgrenzung zwischen selbständiger Tätigkeit und nichtselbständiger Arbeit nach dem MdF-Erlaß vom 5.10.1990 B/II – 429/90 – S 2332 folgendes:

Für die Annahme einer nichtselbständigen Arbeit sind die in § 1 LStDV aufgestellten Merkmale maßgebend. Danach liegt eine nichtselbständige Arbeit vor, wenn die tätige Person in der Betätigung ihres geschäftlichen Willens unter der Leitung eines Arbeitgebers steht oder in den geschäftlichen Organismus des Arbeitgebers eingegliedert und dessen Weisungen zu folgen verpflichtet ist. Dagegen ist nicht Arbeitnehmer, wer Lieferungen und sonstige Leistungen innerhalb der von ihm selbständig ausgeübten gewerblichen und beruflichen Tätigkeit im Inland gegen Entgelt ausführt, soweit es sich um die Entgelte für diese Lieferungen und sonstigen Leistungen handelt. Im übrigen kommt es bei der Abgrenzung zwischen selbständiger Tätigkeit und nichtselbständiger Arbeit nicht so sehr auf die formelle vertragliche Gestaltung, z.B. auf die Bezeichnung als freies Mitarbeiterverhältnis, als vielmehr auf die Durchführung der getroffenen Vereinbarung an (BFH-Urteil vom 29.9.1967 – VI 158/65, BStBl. 1968 II, 84). Dies führt bei künstlerischen und verwandten Berufen im allgemeinen zu folgenden Ergebnissen:

1. Tätigkeiten bei Theaterunternehmen

1.1 Spielzeitverpflichtete Künstler

Künstler und Angehörige von verwandten Berufen, die auf Spielzeit- oder Teilspielzeitvertrag angestellt sind, sind in den Theaterbetrieb eingegliedert und damit nichtselbständig. Dabei spielt es keine Rolle, ob der Künstler gleichzeitig eine Gastspielverpflichtung bei einem anderen Unternehmen eingegangen ist.

1.2 Gastspielverpflichtete Künstler

Bei gastspielverpflichteten Künstlern und Angehörigen von verwandten Berufen erstreckt sich der Vertrag in der Regel auf eine bestimmte Anzahl von Aufführungen.

Für die Annahme einer nichtselbständigen Tätigkeit kommt es darauf an, ob das Gastspieltheater während der Dauer des Vertrages im wesentlichen über die Arbeitskraft des Gastkünstlers verfügt (BFH-Urteil vom 24.5.1973 – IV R 118/72, BStBl. 1973 II, 636. Dies hängt von dem Maß der Einbindung in den Theaterbetrieb (nicht in das Ensemble) ab. Ob ein Künstler allein (Solokünstler) oder in einer Gruppe (z.B. Chor) auftritt und welchen künstlerischen Rang er hat, spielt für die Abgrenzung keine entscheidende Rolle. Auch kommt es nicht darauf an, wie das für die Veranlagung des Künstlers zuständige Finanzamt eine vergleichbare Tätigkeit des Künstlers bei Hörfunk und Fernsehen bewertet und ob es hierfür eine entsprechende Bescheinigung erteilt hat. Im einzelnen gilt deshalb:

Gastspielverpflichtete Regisseure, Choreographen, Bühnenbildner und Kostümbildner sind selbständig. Gastspielverpflichtete Dirigenten üben dagegen eine nichtselbständige Tätigkeit aus; sie sind ausnahmsweise selbständig, wenn sie nur für kurze Zeit einspringen.

Gastspielverpflichtete Schauspieler, Sänger, Tänzer und andere Künstler sind in den Theaterbetrieb eingegliedert und deshalb nichtselbständig, wenn sie eine Rolle in einer Aufführung übernehmen und gleichzeitig eine Probenverpflichtung zur Einarbeitung in die Rolle oder eine künstlerische Konzeption eingehen. Stell- oder Verständigungsproben reichen nicht aus. Voraussetzung ist außerdem, daß die Probenverpflichtung tatsächlich erfüllt wird. Die Zahl der Aufführungen ist nicht entscheidend.

Aushilfen für Chor und Orchester sind selbständig, wenn sie nur für kurze Zeit einspringen.

Gastspielverpflichtete Künstler einschließlich der Instrumentalsolisten sind selbständig, wenn sie an einer konzertanten Opernaufführung, einem Oratorium, Liederabend oder dergleichen mitwirken.

2. Tätigkeit bei Kulturorchestern

Sämtliche gastspielverpflichteten (vgl. Tz. 1.2 Abs. 1) Künstler, z. B. Dirigenten, Vokal- und Instrumentalsolisten, sind stets und ohne Rücksicht auf die Art und Anzahl der Aufführungen selbständig. Orchesteraushilfen sind ebenfalls selbständig, wenn sie nur für kurze Zeit einspringen.

Anlage § 002–07

3. Tätigkeit bei Hörfunk und Fernsehen

Für die neben dem ständigen Personal beschäftigten Künstler und Angehörigen von verwandten Berufen, die in der Regel auf Grund von Honorarverträgen tätig werden und im allgemeinen als freie Mitarbeiter bezeichnet werden, gilt vorbehaltlich der Tz. 4 folgendes:

3.1 Die freien Mitarbeiter sind grundsätzlich nichtselbständig.

3.2 Im allgemeinen sind nur die folgenden Gruppen von freien Mitarbeitern selbständig, soweit sie nur für einzelne Produktionen (z.B. ein Fernsehspiel, eine Unterhaltungssendung oder einen aktuellen Beitrag) tätig werden („Negativkatalog"):

Architekten	Darsteller[3]	Journalisten	Quizmaster
Arrangeure	Dirigenten[2]	Kommentatoren	Realisatoren[4]
Artisten[1]	Diskussionsleiter	Komponisten	Regisseure
Autoren	Dolmetscher	Korrespondenten	Solisten
Berichterstatter	Fachberater	Kostümbilder	(Gesang,
Bildhauer	Fotografen	Kunstmaler	Musik, Tanz)[1]
Bühnenbildner	Gesprächsteilnehmer	Lektoren	Schriftsteller
Choreographen	Grafiker	Moderatoren[4]	Übersetzer
Chorleiter[2]	Interviewpartner	musikalische Leiter[2]	

3.3 Eine von vornherein auf Dauer angelegte Tätigkeit eines freien Mitarbeiters ist nichtselbständig, auch wenn für sie mehrere Honorarverträge abgeschlossen werden.

Beispiele:

a) Ein Journalist reist in das Land X, um in mehreren Beiträge über kulturelle Ereignisse zu berichten. Eine Rundfunkanstalt verpflichtet sich vor Reiseantritt, diese Beiträge abzunehmen.

Die Tätigkeit ist nichtselbständig, weil sie von vornherein auf Dauer angelegt ist und die Berichte aufgrund einer vorher eingegangenen Gesamtverpflichtung geliefert werden. Dies gilt auch, wenn diese Beiträge einzeln abgerechnet werden.

b) Ein Journalist wird von einer Rundfunkanstalt für kulturpolitische Sendungen um Beiträge gebeten. Die Beiträge liefert er aufgrund von jeweils einzeln abgeschlossenen Vereinbarungen.

Die Tätigkeit ist selbständig, weil sie nicht von vornherein auf Dauer angelegt ist.

3.4 Wird der freie Mitarbeiter für denselben Auftraggeber in mehreren zusammenhängenden Leistungsbereichen tätig, von denen der eine als selbständig und der andere als nichtselbständig zu beurteilen ist, ist die gesamte Tätigkeit einheitlich als selbständige oder als nichtselbständige Tätigkeit zu behandeln. Die Einordnung dieser Mischtätigkeit richtet sich nach der überwiegenden Tätigkeit, die sich aus dem Gesamterscheinungsbild ergibt. Für die Frage des Überwiegens kann auch auf die Höhe des aufgeteilten Honorars abgestellt werden.

3.5 Übernimmt ein nichtselbständiger Mitarbeiter für seinen Arbeitgeber zusätzliche Aufgaben, die nicht zu den Nebenpflichten aus seiner Haupttätigkeit gehören, so ist nach den allgemeinen Abgrenzungskriterien zu prüfen, ob die Nebentätigkeit selbständig oder nichtselbständig ausgeübt wird (siehe Abschn. 68 LStR und BFH-Urteil vom 25.11.1971 – IV R 126/70, BStBl. 1972 II, 212).

3.6 Gehört ein freier Mitarbeiter nicht zu einer der im Negativkatalog (Tz. 3.2) genannten Berufsgruppen, so kann aufgrund besonderer Verhältnisse des Einzelfalls die Tätigkeit gleichwohl selbständig sein. Das Wohnsitzfinanzamt erteilt dem Steuerpflichtigen nach eingehender Prüfung ggf. eine Bescheinigung nach dem unten angegebenen Muster. Die Bescheinigung bezieht sich auf die Tätigkeit des freien Mitarbeiters für einen bestimmten Auftraggeber. Das Finanzamt hat seine Entscheidung grundsätzlich mit dem Betriebsstättenfinanzamt des Auftraggebers abzustimmen.

3.7 Gehört ein freier Mitarbeiter zu einer der in Tz. 3.2 genannten Berufsgruppen, so kann er aufgrund besonderer Verhältnisse des Einzelfalls gleichwohl nichtselbständig sein.

3.8 Aushilfen für Chor und Orchester sind selbständig, wenn sie nur für kurze Zeit einspringen.

---

1) Die als Gast außerhalb eines Ensembles oder eine Gruppe eine Sololeistung erbringen.
2) Soweit sie als Gast mitwirken oder Träger des Chores/Klangkörpers oder Arbeitgeber der Mitglieder des Chores/Klangkörpers sind.
3) Die als Gast in einer Sendung mit Live-Charakter mitwirken.
4) Wenn der eigenschöpferische Teil der Leistung überwiegt.

Anlage § 002–07

4. Tätigkeit bei Film- und Fernsehfilmproduzenten (Eigen- und Auftragsproduktion) einschl. Synchronisierung

    Filmautoren, Filmkomponisten und Fachberater sind im allgemeinen nicht in den Organismus des Unternehmens eingegliedert, so daß ihre Tätigkeit in der Regel selbständig ist. Schauspieler, Regisseure, Kameraleute, Regieassistenten und sonstige Mitarbeiter in der Film- und Fernsehfilmproduktion sind dagegen im allgemeinen nichtselbständig (BFH-Urteil vom 6.10.1971 – I 207/66, BStBl. 1972 II, 88). Das gilt auch für Mitarbeiter bei der Herstellung von Werbefilmen.

5. Wiederholungshonorare

    Wiederholungshonorare sind der Einkunftsart zuzuordnen, zu welcher das Ersthonorar gehört hat. Dies gilt auch dann, wenn das Wiederholungshonorar nicht vom Schuldner des Ersthonorars gezahlt wird. Ist das Ersthonorar im Rahmen der Einkünfte aus nichtselbständiger Arbeit zugeflossen und wird das Wiederholungshonorar durch einen Dritten gezahlt, so ist ein Lohnsteuerabzug nicht vorzunehmen.

Muster

Finanzamt _____   _____

Steuernummer _____

Bescheinigung

Herrn/Frau _____   geb. am _____

wohnhaft _____

wird bescheinigt, daß er/sie hier

unter der Steuernummer_____

zur Einkommensteuer veranlagt wird.

Aufgrund des/der vorgelegten Vertrages/Verträge,

Prod.-Nr. _____   vom _____

der zwischen ihm/ihr und

_____

geschlossen wurde, werden die Honorareinnahmen unter dem Vorbehalt des jederzeitigen Widerrufs als
Einkünfte aus selbständiger Arbeit i. S. des § 18 EStG[1])
Einkünfte aus Gewerbebetrieb i. S. des § 15 EStG1)
behandelt.

Die Unternehmereigenschaft im Sinne des Umsatzsteuergesetzes ist gegeben. Die Regelung des § 19 Abs. 1 UStG wird – nicht[1]) – in Anspruch genommen.

Im Auftrag

---

1) Nichtzutreffendes bitte streichen

Anlagen § 002–08, § 002–09

Umsatzsteuerliche Behandlung von PKW-Verkaufsgeschäften durch Unternehmer, die nicht Kfz-Händler sind (§ 2 Abs. 1 UStG)

Erlass FM Bayern vom 26.08.1992 – 36 – S 7104 – 30/63 – 54 115,
UR 1993 S. 175

Das Finanzgericht Münster hat mit rechtskräftigem Urteil vom 19.2.1992 – 5 K 8979/88 O entschieden, daß in Grenzfällen eine Zuordnung des Pkw zum unternehmerischen Bereich notwendigerweise eine Erfassung des An- und Verkaufs in der Buchführung und in der Umsatzsteuererklärung voraussetze. Dies müsse selbst dann gelten, wenn sich durch den An- und Verkauf des Pkw keine erfolgsmäßige und umsatzsteuerliche Auswirkung ergebe, weil der Einkaufs- dem Verkaufspreis entspreche. Nur mit der buchhalterischen und umsatzsteuerlichen Erfassung sei in Grenzfällen der Zuordnungsfreiheit zweifelsfrei dargetan, daß der Unternehmer den Vorgang in dem dafür maßgeblichen Zeitpunkt des Leistungsbezuges seinem unternehmerischen Bereich zugeordnet habe.

Im Streitfall sei daher eine Zuordnung des Pkw zum unternehmerischen Bereich zu verneinen. Das Finanzamt habe zu Recht den Vorsteuerabzug versagt und die in den Rechnungen gesondert ausgewiesene Umsatzsteuer nach § 14 Abs. 3 UStG festgesetzt.

Inländische Kanzlei einer ausländischen Rechtsanwaltssozietät

Erlass FM Nordrhein-Westfalen vom 07.10.1992 – S 7350 – 1 – V C 4

Es ist gefragt worden, ob eine ausländische Rechtsanwaltssozietät, die im Inland eine Kanzlei betreibt, als inländischer Unternehmer angesehen werden kann, wenn die geschäftliche Oberleitung der Sozietät im Ausland ist.

Hierzu ist die Auffassung zu vertreten, daß die inländische Kanzlei einer ausländischen Rechtsanwaltssozietät, soweit sie im Inland Leistungen gegen Entgelt ausführt, als ein inländischer Unternehmer anzusehen ist und damit den Vorschriften des deutschen Umsatzsteuerrechts unterliegt. Dies gilt sowohl für das materielle Recht als auch für das Besteuerungsverfahren. Der Ort der sonstigen Leistungen aus der Tätigkeit als Rechtsanwalt, Steuerberater oder Wirtschaftsprüfer ist nach § 3a Abs. 3 und 4 UStG zu bestimmen.

Anlage § 002–10

Unternehmereigenschaft einer aufgelösten GmbH – Verwertung von Sicherungsgut nach Löschung der GmbH im Handelsregister

OFD Koblenz, Vfg. vom 20.10.1994 – S 7104 A – St 51 2,
DB 1994 S. 2319

Mit Urteil vom 9.12.1993 – V R 108/91 (BStBl. 1994 II S. 483 = DB 1994 S. 1171)[1] hat der BFH entschieden, daß eine GmbH, die ihrem Unternehmen zugeordnete Gegenstände einem Gläubiger zur Sicherung übereignet hat, das Sicherungsgut dem Sicherungsnehmer auch dann im Rahmen ihres Unternehmens liefert, wenn sie im Zeitpunkt der Verwertung des Sicherungsguts wegen Vermögenslosigkeit im Handelsregister gelöscht ist und wenn später über die Lieferung des Sicherungsguts an den Sicherungsnehmer abgerechnet wird. In seiner Entscheidung hat der BFH u. a. folgendes ausgeführt:

Bei der Verwertung von Sicherungsgut erlangt der Sicherungsnehmer bei der Sicherungsübereignung die Verfügungsmacht über das Sicherungsgut zu dem Zeitpunkt, in dem er von seinem Verwertungsrecht Gebrauch macht. Die Verwertungshandlung führt zu zwei Umsätzen; zur Lieferung des Sicherungsgebers an den Sicherungsnehmer und von diesem an den Erwerber des Sicherungsguts (vgl. Abschn. 2 UStR).

Dies gilt auch dann, wenn es sich bei dem Sicherungsgeber um eine GmbH handelt, die zwischen der zivilrechtlichen Sicherungsübereignung und der umsatzsteuerlichen Lieferung des Sicherungsguts aufgelöst wurde, oder um eine GmbH, die wegen Vermögenslosigkeit aufgelöst und im Handelsregister gelöscht wurde.

Die Lieferung an den Sicherungsnehmer unterliegt dann der USt., wenn sie im Rahmen des Unternehmens des Sicherungsgebers erfolgt. Unternehmer ist jedes selbständig tätige Wirtschaftsgebilde, das nachhaltig Leistungen gegen Entgelt i. S. des § 1 Abs. 1 Nr. 1 Satz 1 UStG erbringt (zuletzt BFH vom 6.5.1993 – V R 45/88, BStBl. II 1993 S. 564 = DB 1993 S. 155).

Im Urteilsfall war die Sicherungsgeberin vor ihrer Löschung im Handelsregister Unternehmerin i. S. des § 2 Abs. 1 UStG. Sie hat die Lieferung des Sicherungsguts im Rahmen ihres Unternehmens ausgeführt, auch wenn die Lieferung erst nach ihrer Löschung stattfand. Der BFH hat nicht unterschieden, ob es sich um eine infolge Konkurseröffnung oder Ablehnung der Konkurseröffnung gem. § 1 LöschG, § 107 KO aufgelöste GmbH handelte oder um eine wegen Vermögenslosigkeit gem. § 2 LöschG aufgelöste GmbH, da der zivilrechtliche Auflösungsgrund ohne Auswirkung auf die Unternehmereigenschaft ist. Eine Gesellschaft ist grundsätzlich so lange als Unternehmer anzusehen, wie noch nicht alle Rechtsbeziehungen der Gesellschaft beseitigt sind. Zu diesen Rechtsbeziehungen gehört auch die Sicherungsübereignung. Dementsprechend kann eine aufgelöste GmbH auch noch nach ihrer Löschung im Handelsregister (hier: die Lieferung von Sicherungsgut) Umsätze im Rahmen ihres Unternehmens ausführen.

Der BFH hat damit gegen die im BMF-Schreiben vom 16.3.1989 – IV A 2 – S 7104 – 7/89 (UR 1989 S. 163 = DB 1989 S. 756)[2] aufgestellten Grundsätze entschieden (gleichlautend mit der Vfg. der OFD Koblenz vom 17.5.1989 – S 7104 A – St 51 2). Diese Verfügung ist somit überholt.

---

1) Siehe Rechtsprechung zu § 1
2) Siehe Anlage § 002-05

Anlage § 002–11, § 002–12 nicht belegt

Umsatzsteuerliche Behandlung der Bauabfallentsorgung in den Ländern Brandenburg und Berlin (§ 2 Abs. 3, § 15 Abs. 1 UStG)

OFD Cottbus, Vfg. vom 09.09.1996 – S 7300 – 15 – St 132,
UR 1997 S. 191

Verschiedene Entsorgungsfirmen betreiben im Land Brandenburg Anlagen zur Behandlung und Entsorgung von Bauabfällen. Dabei werden sowohl im Land Brandenburg als auch im Land Berlin angefallene Bauabfälle entsorgt. Die Anlieferung erfolgt in der Regel durch einen vom Abfallbesitzer beauftragten Fuhrunternehmer, im Einzelfall aber auch durch den Abfallbesitzer selbst. Die Entsorgung von Bauabfällen ist dabei nach folgenden umsatzsteuerlichen Grundsätzen zu beurteilen:

Nach § 3 Abs. 2 (Bundes-) Abfallgesetz (AbfG) haben grundsätzlich die nach Landesrecht zuständigen Körperschaften des öffentlichen Rechts die in ihrem Gebiet anfallenden Abfälle zu entsorgen. Sie können sich zur Erfüllung dieser Pflicht Dritter bedienen. Bestimmte Abfälle können dabei nach § 3 Abs. 3 AbfG von der Entsorgung ausgeschlossen werden, soweit diese nicht mit den in Haushaltungen anfallenden Abfällen entsorgt werden können, z. B. Bauabfälle.

Entsorgung im Land Brandenburg angefallener Bauabfälle

Das Land Brandenburg hat in § 3 Abs. 1 (Brandenburger) Landesabfallvorschaltgesetz (LAbfVG) die Landkreise und kreisfreien Städte als entsorgungspflichtige Körperschaften bestimmt. Diese können sich gemäß § 5 LAbfVG zu Abfallentsorgungsverbänden zusammenschließen.

In allen bekannten Fällen haben die entsorgungspflichtigen Körperschaften im Land Brandenburg in ihren Abfallsatzungen Baustellenabfälle, Bauschutt, Erdaushub uä. gemäß § 3 Abs. 3 AbfG von der Entsorgung ausgeschlossen. Die Entsorgung dieser Abfälle ist daher keine hoheitliche Aufgabe.

Sollten hiervon abweichend Abfallsatzungen einzelner entsorgungspflichtiger Körperschaften einen Ausschluß von Bauabfällen nicht vorsehen, wird um Bericht gebeten.

Entsorgt ein Anlagenbetreiber im Land Brandenburg angefallenen Bauabfall und erhält dafür vom Anlieferer bzw. Abfallbesitzer eine Gegenleistung, erbringt er seine Entsorgungsleistung direkt gegenüber dem Anlieferer. Ein Einschaltfall im Sinne des BMF-Schreibens vom 27. 12. 1990 – IV A 2 – S 7300 – 66/90 (BStBl. I 1991, 81 = UR 1991, 57) liegt nicht vor, da es im Hinblick auf die Entsorgung von Bauabfällen an einer hoheitlich tätigen Körperschaft des öffentlichen Rechts mangelt. Der Anlagenbetreiber kann seine Entsorgungsleistung unter gesondertem Ausweis der Umsatzsteuer gegenüber dem Anlieferer abrechnen. Bei Vorliegen der Voraussetzungen des § 15 UStG kann der Anlieferer den Vorsteuerabzug aus diesen Abrechnungen vornehmen.

Entsorgung im Land Berlin angefallener Bauabfälle durch Dritte in Brandenburg

Das Land Berlin hat in § 6 Abs. 1 (Berliner) Landesabfallgesetz (LAbfG) die Senatsverwaltung für Bauen, Wohnen und Verkehr als entsorgungspflichtige Körperschaft bestimmt. Bauabfälle sind dabei im Land Berlin nicht von der Entsorgungspflicht ausgeschlossen.

Die zuständige Senatsverwaltung hat zur Entsorgung der im Land Berlin angefallenen Bauabfälle Verträge mit privaten Dritten im Land Berlin und im Land Brandenburg abgeschlossen, die Bauabfallbehandlungs- und -entsorgungsanlagen betreiben. Die Abfallbesitzer bzw. vom Abfallbesitzer beauftragten Fuhrunternehmer liefern die Bauabfälle zu den Anlagen an und haben ein Entsorgungsentgelt an den Anlagenbetreiber zu entrichten. Dieses Entsorgungsentgelt enthält ua. die vom Land Berlin in einer Entgeltordnung festgelegte Entsorgungsgebühr, die vom Anlagenbetreiber an die zuständige Senatsverwaltung weitergeleitet wird.

Umsatzsteuerrechtlich stellt die Drittbeauftragung der Anlagenbetreiber durch die zuständige Senatsverwaltung die Einschaltung von Unternehmern in die Erfüllung hoheitlicher Aufgaben im Sinne des og. BMF-Schreibens vom 27. 12. 1990 dar. Die tatsächliche Durchführung der (im Land Berlin) hoheitlichen Aufgabe der Entsorgung von Bauabfällen wird auf die Anlagenbetreiber übertragen. Diese erbringen ihre Entsorgungsleistungen somit an die zuständige Senatsverwaltung für Bauen, Wohnen und Verkehr und nicht an die anliefernden Fuhrunternehmer bzw. Abfallbesitzer. Gegenleistung für diese steuerbaren und steuerpflichtigen Entsorgungsleistungen ist das von den Anlieferern unter Abkürzung des Zahlungsweges gezahlte Entsorgungsentgelt abzüglich der enthaltenen (und weiterzuleitenden) Entsorgungsgebühr.

Eine Abrechnung der Entsorgungsleistungen unter gesondertem Ausweis der Umsatzsteuer durch die Anlagenbetreiber ist somit nur gegenüber der zuständigen Senatsverwaltung zulässig. Weisen Anlagenbetreiber in Abrechnungen über die Entsorgungsentgelte gegenüber Anlieferern die Umsatzsteuer gesondert aus, obwohl sie Leistungen an diese nicht ausgeführt haben, schulden die Anlagenbetreiber die ausgewiesene Umsatzsteuer gemäß § 14 Abs. 3 UStG. Ein Vorsteuerabzug gemäß § 15 Abs. 1 Nr. 1 UStG bei den Anlieferern scheidet mangels Ausführung einer Leistung aus.

Es wird gebeten, insbesondere im Rahmen von Außenprüfungen bei Anlagenbetreibern, Fuhrunternehmen sowie Bau- und Abrißunternehmen auf derartige Sachverhalte zu achten.

Anlage § 002–13

Betrieb gewerblicher Art; Vertragliche Beziehungen zwischen unabhängigen Werbeunternehmen und juristischen Personen des öffentlichen Rechts

OFD Rostock, Vfg. vom 19.03.1997 – S 2706 A – 1/97 – St 242

Überträgt eine juristische Person des öffentlichen Rechts einer Werbeagentur gegen Entgelt das Recht, an den Fahrzeugen ihres Fuhrparks (z. B. der städtischen Abfallentsorgung) Werbung anzubringen, so liegt darin in der Regel keine eigene wirtschaftliche Betätigung der Körperschaft. Die Leistung der juristischen Person des öffentlichen Rechts beschränkt sich lediglich auf die Duldung der angebrachten Werbung. Dies stellt regelmäßig keinen Betrieb gewerblicher Art dar.

Werden hingegen Werbeflächen an Fahrzeugen eines städtischen Eigenbetriebs überlassen, der steuerlich als Betrieb gewerblicher Art zu behandeln ist, so sind die Entgelte für die Überlassung der Werbeflächen als Betriebseinnahmen in dem jeweiligen BgA zu erfassen.

Ein eigenständiger Betrieb gewerblicher Art kann im Einzelfall jedoch dann vorliegen, wenn die Tätigkeit der juristischen Person des öffentlichen Rechts über die bloße Zurverfügungstellung von Werbeflächen hinausgeht.

Beispiel: Ein Werbeunternehmen überläßt einer Hochschule Fahrzeuge zur Nutzung, die mit Werbung versehen sind. Die Hochschule trägt die laufenden Kosten der Fahrzeuge. Nach Ablauf der Vertragslaufzeit gehen die Fahrzeuge in das Eigentum der Hochschule über. Neben der normalen Nutzung der Fahrzeuge ist die Hochschule verpflichtet, das Fahrzeug werbewirksam abzustellen und ggf. Kontakte zwischen potentiellen Werbeträgern und dem Werbeunternehmen herzustellen.

Die Hochschule wird durch das werbewirksame Abstellen der Fahrzeuge und ggf. die Kontaktvermittlung nachhaltig wirtschaftlich tätig mit der Absicht, Einnahmen zu erzielen. Insoweit werden besondere Leistungen erbracht.

Entscheidend für das Vorliegen eines BgA ist jedoch, ob sich die Tätigkeit auch innerhalb der Gesamtbetätigung der Hochschule wirtschaftlich heraushebt und von einigem Gewicht ist, d.h. ob der Jahresumsatz nachhaltig 60.000,00 DM übersteigt. Dies dürfte bei der Gestellung von nur einem Fahrzeug regelmäßig nicht der Fall sein.

Liegt im Einzelfall ein BgA vor, bestehen keine Bedenken, bei der Ermittlung des Gewinns in Anlehnung an die Regelung im Gemeinnützigkeitsbereich 25 v. H. der Einnahmen als Betriebsausgaben anzuerkennen (vgl. Anwendungserlaß zur AO, Tz. 4 zu § 64).

Anlagen § 002–14 nicht belegt, § 002–15

Tätigkeiten, die ertragsteuerlich als Liebhaberei anzusehen sind [1]

BMF-Schreiben vom 14.07.2000 – IV D 1 – S 7303a – 5/00,
DB 2000 S. 1687

Im Einvernehmen mit den obersten Finanzbehörden der Länder wird zur umsatzsteuerrechtlichen Behandlung von Tätigkeiten, die ertragsteuerlich als Liebhaberei anzusehen sind, wie folgt Stellung genommen:

1. Unternehmereigenschaft

Nach § 2 Abs. 1 Satz 3 UStG ist gewerblich oder beruflich – als Voraussetzung für die Unternehmereigenschaft – jede nachhaltige Tätigkeit zur Erzielung von Einnahmen, auch wenn die Absicht fehlt, Gewinn zu erzielen. Für die Annahme der Unternehmereigenschaft kommt es somit nicht darauf an, mit welchem Ergebnis eine Tätigkeit ausgeübt wird, sondern darauf, ob die Tatbestandsmerkmale des § 2 Abs. 1 UStG erfüllt sind. Wenn Nachhaltigkeit gegeben ist (vgl. hierzu Abschn. 18 Abs. 2 UStR), kann nach geltendem Recht die Unternehmereigenschaft somit auch durch eine – aufgrund von Dauerverlusten – ertragsteuerlich als Liebhaberei eingestufte Tätigkeit erlangt werden. Art. 4 der 6. EG-Richtlinie steht dem nicht entgegen. Einer Auslegung des Begriffs der „wirtschaftlichen Tätigkeiten" i.S. des Art. 4 Abs. 1 der 6. EG-Richtlinie dahingehend, dass die Unternehmereigenschaft zu verneinen wäre, wenn auf Dauer gesehen keine Überschüsse (Gewinne) erzielt werden, schließt sich das BMF daher nicht an.

2. Vorsteuerabzug

a) Ausschluss des Vorsteuerabzugs nach § 15 Abs. 1a Nr. 1 UStG i. V. mit § 12 Nr. 1 EStG?

Die Aufwendungen im Zusammenhang mit einer ertragsteuerlichen Liebhaberei fallen nicht unter das Abzugsverbot des § 12 Nr. 1 EStG, sondern sind bereits aus den übergeordneten Gesichtspunkten des § 2 EStG ertragsteuerlich unbeachtlich. Das bedeutet aus umsatzsteuerlicher Sicht, daß die Vorsteuern aus Vorbezügen für sog. Liebhabereibetriebe nicht unter das Abzugsverbot des § 15 Abs. 1a Nr. 1 UStG i. V. mit § 12 Nr. 1 EStG fallen.

b) Ausschluss des Vorsteuerabzugs nach § 15 Abs. 1a Nr. 1 UStG i. V. mit § 4 Abs. 5 Satz 1 bis 4, 7, Abs. 7 EStG?

Bei Unternehmen, für die § 4 Abs. 5 EStG ertragsteuerlich keine Bedeutung hat, weil sie keinen Gewinn zu ermitteln haben, ist für USt-Zwecke darauf abzustellen, ob die Aufwendungen *ihrer Art nach* unter das Abzugsverbot des § 4 Abs. 5 Satz 1 Nr. 1 bis 4 und Nr. 7 EStG fallen (vgl. Rdn. 1.1 des BMF-Schreibens vom 05.11.1999 IV D 1 – S 7314 – 48/99, BStBl. I 1999 S. 964 = DB 1999 S. 2340). Dies gilt auch für sog. Liebhabereibetriebe.

Das betrieblich veranlasste Halten von Reitpferden ist regelmäßig als „ähnlicher Zweck" i. S. des § 4 Abs. 5 Satz 1 Nr. 4 EStG anzusehen. Deshalb ist die Vorsteuer aus den Anschaffungs- und Unterhaltungskosten von Reitpferden grundsätzlich nicht abziehbar (§ 15 Abs. 1a Nr. 1 UStG i.V. mit § 4 Abs. 5 Satz 1 Nr. 4 EStG).

Allerdings ist es in Fällen, in denen sich die unternehmerische Tätigkeit in der Pferdezucht und der Teilnahme an Pferderennen erschöpft, mit dem Sinn und Zweck des § 15 Abs. 1a Nr. 1 UStG nicht vereinbart, den Vorsteuerabzug aus sämtlichen Vorbezügen für das Halten von Renn- und Zuchtpferden auszuschließen. Deshalb kann der Vorsteuerabzug in diesen (Ausnahme-)Fällen unter den weiteren Voraussetzungen des § 15 UStG in Anspruch genommen werden.

---

[1] Siehe auch BFH vom 02.07.2008 – XI R 66/06

Anlage § 002–16

Umsatzbesteuerung der öffentlich-rechtlichen Rundfunkanstalten; Zwischenstaatliche Leistungen

BMF-Schreiben vom 04.04.2001 – IV B 7 – S 7106 – 47/01, BStBl. 2001 I S. 489

Unter Bezugnahme auf das Ergebnis der Erörterung mit den obersten Finanzbehörden der Länder gilt zur umsatzsteuerrechtlichen Behandlung von zwischenstaatlichen Leistungen der inländischen und ausländischen Rundfunkanstalten des öffentlichen Rechts Folgendes:

(1) Soweit inländische und ausländische Rundfunkanstalten des öffentlichen Rechts untereinander entgeltliche sonstige Leistungen ausführen, sind diese Leistungen dem unternehmerischen Bereich der leistenden Rundfunkanstalten zuzuordnen. Sie unterliegen somit den Vorschriften des Umsatzsteuergesetzes. Hinsichtlich der Umsatzbesteuerung solcher zwischenstaatlicher Leistungen gelten die allgemeinen Regelungen zum Leistungsort (§ 3a UStG). Zum Vorsteuerabzug sind die Rundfunkanstalten nur berechtigt, soweit sie die Leistungen unter den weiteren Voraussetzungen des § 15 UStG für ihren unternehmerischen Bereich beziehen.

(2) Der Leistungsort bei zwischenstaatlichen Leistungen der Rundfunkanstalten bestimmt sich z.B.
a) bei der Einräumung oder Übertragung von Sende- und Verwertungsrechten nach § 3a Abs. 4 Nr. 1 i.V.m. Abs. 3 UStG;
b) bei der Überlassung von technischem Gerät nach § 3a Abs. 4 Nr. 11 i.V.m. Abs. 3 UStG;
c) bei sonstigen Leistungen auf dem Gebiet der Telekommunikation, z.B. der Überlassung eines Übertragungsnetzwerks, nach § 3a Abs. 4 Nr. 12 i.V.m. Abs. 3 UStG;
d) bei der Überlassung eines Rundfunk- oder Fernsehübertragungswagens oder eines sonstigen Beförderungsmittels nach § 3a Abs. 1 UStG;
e) bei der Überlassung von Räumlichkeiten für Aufnahme- und Sendezwecke nach § 3a Abs. 2 Nr. 1 UStG.

(3) Aus Vereinfachungsgründen kommt es für Zwecke der Bestimmung des Leistungsorts nach § 3a Abs. 3 UStG abweichend von Abschnitt 38 Abs. 1 Satz 3 UStR nicht darauf an, dass die Leistungen an den unternehmerischen Bereich der empfangenden Rundfunkanstalt ausgeführt werden. Dies bedeutet:
a) Leistungen im Sinne des § 3a Abs. 4 UStG, die von ausländischen Rundfunkanstalten des öffentlichen Rechts an inländische Rundfunkanstalten des öffentlichen Rechts erbracht werden, unterliegen im Inland der Umsatzbesteuerung.
b) Leistungen im Sinne des § 3a Abs. 4 UStG, die von inländischen Rundfunkanstalten des öffentlichen Rechts an ausländische Rundfunkanstalten des öffentlichen Rechts erbracht werden, unterliegen dort der Umsatzbesteuerung, wo die ausländische Rundfunkanstalt ihren Sitz hat.

(4)[1] Im Fall des Absatzes 3 Satz 2 Buchst. a hat die inländische Rundfunkanstalt die Umsatzsteuer im Rahmen des Abzugsverfahrens (§ 18 Abs. 8 UStG, §§ 51 bis 58 UStDV) einzubehalten und abzuführen. Soweit die Leistungen für ihren unternehmerischen Bereich bestimmt sind, kann unter den weiteren Voraussetzungen des § 52 Abs. 2 UStDV die Null-Regelung angewandt werden. Werden die Leistungen für ihren nicht unternehmerischen Bereich bezogen, ist die Null-Regelung ausgeschlossen, da die Rundfunkanstalt insoweit nicht zum vollen Vorsteuerabzug berechtigt ist.

(5) Die Absätze 1 bis 3 sind entsprechend anzuwenden, wenn an den zwischenstaatlichen Leistungen eine andere ausländische Rundfunkorganisation, z.B. die European Broadcasting Union (EBU), beteiligt ist.

(6) Die vorstehenden Grundsätze sind auf Umsätze anzuwenden, die nach Veröffentlichung des Schreibens im Bundessteuerblatt ausgeführt werden.[2]

---

1) Zur Rechtslage ab 01.01.2002 beachte § 13b UStG
2) Veröffentlicht im BStBl. Teil I Heft Nr. 11 vom 14.08.2001

Anlagen § 002–17 nicht belegt, § 002–18

Personalgestellung durch eine juristische Person des öffentlichen Rechts als Betrieb gewerblicher Art

OFD Hannover, Vfg. vom 22.08.2002 – S 2706 – 143 – StO 214 / S 2706 – 178 – StH 231, BB 2002 S. 2166

I. Abschnitt 23 Abs. 16 UStR regelt anhand mehrerer Beispiele, in welchen Fällen die Personalgestellung durch juristische Personen des öffentlichen Rechts gegen Kostenerstattung einen Leistungsaustausch im Rahmen eines Betriebes gewerblicher Art darstellt. Nach einem Beschluss der obersten Finanzbehörden des Bundes und der Länder begründet eine entgeltliche Personalgestellung nicht einen Betrieb gewerblicher Art, wenn folgende Voraussetzungen erfüllt sind:

1. Die entgeltliche Personalgestellung ist eine Folge organisatorisch bedingter äußerer Zwänge (z.B. Wechsel der Rechtsform – ohne Rücksicht auf Wechsel der Inhaberschaft –, Unkündbarkeit der Bediensteten).
2. Die Beschäftigung gegen Kostenerstattung erfolgt im Interesse der betroffenen Bediensteten zur Sicherstellung der erworbenen Rechte aus dem Dienstverhältnis mit einer juristischen Person des öffentlichen Rechts.
3. Die Personalgestellung ist begrenzt auf den zum Zeitpunkt einer Umwandlung vorhandenen Personalbestand, so dass sich der Umfang mit Ausscheiden der betreffenden Mitarbeiter von Jahr zu Jahr verringert.
4. Die Gestellung des Personals darf nicht das äußere Bild eines Gewerbebetriebes annehmen.

II. Für die steuerrechtliche Beurteilung der entgeltlichen Personalgestellung einer Universität an die Universitätsklinik ist zu unterscheiden zwischen der Überlassung des wissenschaftlichen und des nichtwissenschaftlichen Personals.

1. Bei der Überlassung des wissenschaftlichen Personals ist zu unterscheiden, ob die Tätigkeiten in der Klinik der Forschung und Lehre (= hoheitlich) oder der Krankenversorgung (= nicht hoheitlich) dienen.

   Ist eine Abgrenzung möglich, sind die verschiedenen Tätigkeiten getrennt zu beurteilen. Für die dem nicht hoheitlichen Bereich dienenden Tätigkeiten gelten dann die Grundsätze unter I.

   Greifen die Tätigkeiten, die in der Klinik einerseits der Forschung und Lehre und andererseits der Krankenversorgung dienen, derart ineinander, dass eine genaue Abgrenzung nicht möglich ist und liegt eine überwiegende Zweckbestimmung im Bereich der Forschung und Lehre, ist eine überwiegend hoheitliche Zweckbestimmung anzunehmen, vgl. Abschn. 5 Abs. 3 KStR.

2. Die Überlassung des nichtwissenschaftlichen Personals ist nach den Grundsätzen unter 1. zu beurteilen. Wird dabei auch Personal überlassen, das erst nach dem Zeitpunkt der organisatorischen Änderung (z. B. Ausgliederung oder Änderung der Rechtsform) neu eingestellt worden ist, ist die Personalgestellung des nichtwissenschaftlichen Personals insgesamt als Betrieb gewerblicher Art zu beurteilen. Eine Aufteilung in die Überlassung von Altpersonal und neu eingestelltes Personal kommt nicht in Betracht, auch wenn hierfür besondere Gründe vorgetragen werden (z. B. Fehlen einer Versorgungsverordnung für die Anstellung in der Klinik).

Anlagen § 002–19, § 002–20 nicht belegt

Beistandsleistungen zwischen juristischen Personen des öffentlichen Rechts[1]

OFD Rostock, Vfg. vom 21.11.2002 – S 2706 – 04/01 – St 242,
UR 2003 S. 303

Für die steuerliche Behandlung von Beistandsleistungen juristischer Personen des öffentlichen Rechts gegenüber einer anderen juristischen Person des öffentlichen Rechts gilt Folgendes:

1. Beistandsleistung als hoheitliche Tätigkeit

Die Wahrnehmung der hoheitlichen Aufgaben einer anderen juristischen Person des öffentlichen Rechts durch eine juristische Person des öffentlichen Rechts im Wege der Beistandsleistung ist bei der Beistand leistenden juristischen Person des öffentlichen Rechts als hoheitliche Tätigkeit anzusehen; diese Beistandsleistung begründet keinen BgA nach § 1 Abs. 1 Nr. 6, § 4 KStG. Dies gilt insbesondere, wenn die beteiligten juristischen Personen des öffentlichen Rechts die Ausführung der hoheitlichen Aufgaben in den hierzu erforderlichen Vereinbarungen (z. B. Zweckverbandssatzung oder Staatsvertrag) entsprechend regeln.

Beispiel:
Ein Abwasser-Zweckverband, dem die angeschlossenen Kommunen die ihnen obliegenden Aufgaben der Abwasserbeseitigung übertragen, wird hoheitlich tätig; die Übernahme der Aufgaben der Kommunen begründet keinen BgA.

Unschädlich ist insoweit, wenn sich die Beistandsleistung nicht auf die hoheitliche Aufgabe insgesamt, sondern auf Teilaufgaben oder Hilfsgeschäfte bezieht, die für sich gesehen keinen hoheitlichen Charakter hätten. Wird eine solche Teilaufgabe oder ein solches Hilfsgeschäft, die/das – bei einer Abwicklung durch die juristische Person des öffentlichen Rechts selbst – originär als hoheitlich zu qualifizieren ist, im Wege der Beistandsleistung von einer anderen juristischen Person des öffentlichen Rechts wahrgenommen, bleibt der hoheitliche Charakter erhalten; es ist keine isolierende Betrachtung vorzunehmen.

Beispiel:
Ein Zweckverband für kommunale Datenverarbeitung, der für die angeschlossenen Kommunen diejenigen Aufgaben der Datenverarbeitung erledigt, die dort im hoheitlichen Bereich anfallen, ist als Hoheitsbetrieb, nicht als BgA zu behandeln.

2. Beistandsleistung als wirtschaftliche Tätigkeit

Die Wahrnehmung von wirtschaftlichen Aufgaben einer anderen juristischen Person des öffentlichen durch eine juristische Person des öffentlichen Rechts im Wege der Beistandsleistung ist bei der Beistand leistenden juristischen Person des öffentlichen Rechts als wirtschaftliche Tätigkeit anzusehen; die Beistandsleistung begründet einen BgA nach § 1 Abs. 1 Nr. 6, § 4 KStG, soweit die Voraussetzungen im Übrigen erfüllt sind.

Beispiel:
Ein Wasserversorgungs-Zweckverband, dem die angeschlossenen Kommunen die ihnen obliegenden Aufgaben der Wasserversorgung übertragen, wird wirtschaftlich tätig; die Übernahme der wirtschaftlichen Aufgaben der Kommunen begründet unter den weiteren Voraussetzungen von § 1 Abs. 1 Nr. 6, § 4 KStG einen BgA.

Die Begriffe „wirtschaftlich" und „hoheitlich" sind jeweils ausschließlich nach steuerlichen Kriterien (Abschn. 5 KStR 1995) auszulegen. Eine juristische Person des öffentlichen Rechts leistet einer anderen juristischen Person des öffentlich-rechtlichen Verpflichtung (z. B. im Wege der Amtshilfe) bzw. Vereinbarung (z. B. Zweckverbandssatzung, Staatsvertrag) übernommen werden. Erbringt die juristische Person die Leistungen aufgrund einer privatrechtlichen (schuldrechtlichen) Vereinbarung, spricht dies für das Vorliegen einer wirtschaftlichen Tätigkeit.

---

[1] Hinweis auf BFH vom 10.11.2011 – V R 41/10, Rechtsprechung zu § 2 UStG

Anlage § 002–21

Umsatzsteuer beim Forderungskauf und Forderungseinzug;
1. Urteil des EuGH vom 26.06.2003 – Rs. C-305/01 – (MKG-Kraftfahrzeuge-Factoring-GmbH)
2. Urteil des BFH vom 04.09.2003 – V R 34/99 –[1]

BMF-Schreiben vom 03.06.2004 – IV B 7 – S 7104 – 18/04,
BStBl. 2004 I S. 737

Der Europäische Gerichtshof (EuGH), hat mit seinem Urteil vom 26. Juni 2003, Rs. C-305/01, BStBl. II 2004 S. 688, entschieden, dass ein Wirtschaftsteilnehmer (Factor), der Forderungen unter Übernahme des Ausfallrisikos aufkauft und seinen Kunden (Anschlusskunden) dafür eine Gebühr berechnet, eine wirtschaftliche Tätigkeit im Sinne der Art. 2 und 4 der 6. EG-Richtlinie (Leistung im wirtschaftlichen Sinne) ausführt, so dass er die Eigenschaft eines Steuerpflichtigen hat und daher gemäß Art. 17 der 6. EG-Richtlinie zum Vorsteuerabzug berechtigt ist. Weiterhin stellt diese wirtschaftliche Tätigkeit eine Einziehung von Forderungen im Sinne von Art. 13 Teil B Buchst. d Nr. 3 der 6. EG-Richtlinie dar und ist damit von der mit dieser Bestimmung eingeführten Steuerbefreiung ausgeschlossen. Darüber hinaus können nach Auffassung des EuGH das echte Factoring und das unechte Factoring sowohl hinsichtlich der Unternehmereigenschaft des Factors als auch hinsichtlich der Steuerpflicht der Factoringleistung nicht ungleich behandelt werden.

Der BFH hat sich mit Folgeurteil vom 4. September 2003, V R 24/99, BStBl. II 2004 S. 667, dieser Rechtsauffassung angeschlossen und ergänzend ausgeführt, dass beim echten Factoring umsatzsteuerrechtlich keine Umsätze des Anschlusskunden an den Factor, sondern Umsätze des Factors an den Anschlusskunden vorliegen und diese als Einzug von Forderungen im Sinne von § 4 Nr. 8 Buchst. c UStG steuerpflichtig sind sowie nicht zum Ausschluss des Vorsteuerabzugs führen.

Unter Bezugnahme auf das Ergebnis der Erörterungen mit den obersten Finanzbehörden der Länder gilt zur Anwendung der o.a. Urteile sowie zum Forderungskauf (§ 453 Abs. 1 Satz 1 i. V. m. § 433 Abs. 1 Satz 2 BGB) und zum Forderungseinzug Folgendes:

I. Abgrenzung des Factoring von anderen Fallgestaltungen beim Forderungskauf oder Forderungseinzug

1. Infolge des Urteils des EuGH vom 26. Juni 2003 (a.a.O.) ist der Forderungskauf, bei dem der Forderungseinzug durch den Forderungskäufer in eigenem Namen und für eigene Rechnung erfolgt, wie folgt zu beurteilen:

    – Im Fall des echten Factoring liegt eine unternehmerische Tätigkeit des Forderungskäufers (Factor) vor, wenn seine Dienstleistung im Wesentlichen darin besteht, dass der Forderungsverkäufer (Anschlusskunde) von der Einziehung der Forderung und dem Risiko ihrer Nichterfüllung entlastet wird (vgl. Rzn. 49 und 52 des EuGH-Urteils).

    – Im Fall des unechten Factoring (der Anschlusskunde wird aufgrund eines dem Factor zustehenden Rückgriffsrechts bei Ausfall der Forderung nicht vom Ausfallrisiko der abgetretenen Forderung entlastet) gilt das Gleiche, wenn der Factor den Forderungseinzug übernimmt (vgl. Rzn. 52 und 54 des Urteils).

2. Im Falle des Forderungskaufs ohne Übernahme des tatsächlichen Forderungseinzugs durch den Forderungskäufer (Forderungseinzug durch den Forderungsverkäufer in eigenem Namen und für fremde Rechnung) übt der Forderungskäufer unabhängig davon, ob ihm ein Rückgriffsrecht gegen den Forderungsverkäufer zusteht oder nicht, zwar unter den weiteren Voraussetzungen des § 2 Abs. 1 UStG eine unternehmerische Tätigkeit aus; diese ist jedoch keine Factoringleistung i. S. d. o.g. EuGH-Urteils. Dies gilt insbesondere für die Abtretung von Forderungen in den Fällen der stillen Zession, z.B. zur Sicherung im Zusammenhang mit einer Kreditgewährung, oder für den entsprechend gestalteten Erwerb von Forderungen „a forfait", z.B. bei Transaktionen im Rahmen sog. „Asset-Backed-Securities (ABS)"-Modelle.

3. Der Einzug einer Forderung durch einen Dritten in fremdem Namen und für fremde Rechnung (Inkasso) fällt ebenfalls nicht unter den Anwendungsbereich der o.a. Urteile. Es liegt gleichwohl eine unternehmerische Tätigkeit vor.

---

[1] Siehe dazu *Weber/Reiß*, BB 2004 S. 1367. Vgl. jetzt Abschn. 18 Abs. 8–11 UStR 2005 und Abschn. 18 Abs. 9–12 UStR 2008

Anlage § 002–21

II. Leistung des Forderungsverkäufers

4. Beim Forderungskauf mit Übernahme des tatsächlichen Einzugs und ggf. des Ausfallrisikos durch den Forderungskäufer (Tz. 1) erbringt der Forderungsverkäufer (Anschlusskunde) mit der Abtretung seiner Forderung keine Leistung an den Factor (BFH-Urteil vom 4. September 2003, a.a.O.). Vielmehr ist der Anschlusskunde Empfänger einer Leistung des Factors. Die Abtretung seiner Forderung vollzieht sich im Rahmen einer nicht steuerbaren Leistungsbeistellung.
5. Dies gilt nicht in den Fällen des Forderungskaufs ohne Übernahme des tatsächlichen Einzugs der Forderung durch den Forderungskäufer (Tz. 2). Die Abtretung einer solchen Forderung stellt eine nach § 4 Nr. 8 Buchst. c UStG steuerfreien Umsatz im Geschäft mit Forderungen dar. Mit dem Einzug der abgetretenen Forderung (Servicing) erbringt der Forderungsverkäufer dann keine weitere Leistung an den Forderungskäufer, wenn er aufgrund eines eigenen, vorbehaltenen Rechts mit dem Einzug der Forderung im eigenen Interesse tätig wird. Beruht seine Tätigkeit dagegen auf einer gesonderten Vereinbarung, ist sie regelmäßig als Nebenleistung zu dem nach § 4 Nr. 8 Buchst. c UStG steuerfreien Umsatz im Geschäft mit Forderungen anzusehen.

III. Leistung des Forderungskäufers

6. Der wirtschaftliche Gehalt der Leistung des Factors in den in Tz. 1 beschriebenen Fällen besteht im Wesentlichen im Einzug von Forderungen. Die Factoringleistung fällt in den Katalog der Leistungsbeschreibungen des § 3a Abs. 4 Nr. 6 Buchst. a UStG (vgl. Abschn. 39 Abs. 16 UStR). Die Leistung ist von der Steuerbefreiung nach § 4 Nr. 8 Buchst. c UStG ausgenommen und damit grundsätzlich steuerpflichtig.
7. Eine ggf. mit der Factoringleistung einhergehende Kreditgewährung des Factors an den Anschlusskunden ist regelmäßig von untergeordneter Bedeutung und teilt daher als unselbständige Nebenleistung das Schicksal der Hauptleistung.
8. Abweichend davon kann die Kreditgewährung jedoch dann als eigenständige Hauptleistung zu beurteilen sein, wenn sie eine eigene wirtschaftliche Bedeutung hat. Hiervon ist insbesondere auszugehen, wenn die Forderung in mehreren Raten oder insgesamt nicht vor Ablauf eines Jahres nach der Übertragung fällig ist oder die Voraussetzungen des Abschn. 29a Abs. 2 UStR erfüllt sind.
9. Beim Forderungskauf ohne Übernahme des tatsächlichen Forderungseinzugs erbringt der Forderungskäufer keine Factoringleistung, vgl. Tz. 2. Der Forderungskauf stellt sich in diesen Fällen, sofern nicht lediglich eine Sicherungsabtretung vorliegt, umsatzsteuerrechtlich damit insgesamt als Rechtsgeschäft dar, bei dem der Forderungskäufer einen Kredit gewährt und der Forderungsverkäufer als Entgelt seine Forderung abtritt, auch wenn der Forderungskauf zivilrechtlich, handels- und steuerbilanziell nicht als Kreditgewährung, sondern als echter Verkauf („true sale") zu betrachten ist. Damit liegt ein tauschähnlicher Umsatz vor, vgl. § 3 Abs. 12 Satz 2 UStG. Umsatzsteuerrechtlich ist es ohne Bedeutung, ob die Forderungen nach Handels- und Ertragsteuerrecht beim Verkäufer oder beim Käufer zu bilanzieren sind.
10. Die Kreditgewährung in den Fällen der Tzn. 8 und 9 ist nach § 4 Nr. 8 Buchst. a UStG steuerfrei. Sie kann unter den Voraussetzungen des § 9 Abs. 1 UStG als steuerpflichtig behandelt werden.

IV. Bemessungsgrundlage, Steuersatz

11. Bemessungsgrundlage für die Factoringleistung (Tz. 1) ist grundsätzlich die Differenz zwischen dem Nennwert der dem Factor abgetretenen Forderungen und dem Betrag, den der Factor seinem Anschlusskunden als Preis für diese Forderungen zahlt, abzüglich der in dem Differenzbetrag enthaltenen Umsatzsteuer (§ 10 UStG). Wird für diese Leistung zusätzlich ausschließlich eine Gebühr gesondert vereinbart, gehört diese zur Bemessungsgrundlage. Bei Portfolioverkäufen ist es nicht zu beanstanden, wenn eine nach Durchschnittswerten bemessene Gebühr in Ansatz gebracht wird. Der Umsatz unterliegt dem allgemeinen Steuersatz, § 12 Abs. 1 UStG.
12. Bei zahlungsgestörten Forderungen gilt Folgendes: Berücksichtigt die vertragliche Vereinbarung einen für die Wirtschaftsbeteiligten erkennbaren und offen ausgewiesenen kalkulatorischen Teilbetrag für tatsächlich eintretende oder von den Parteien zum Zeitpunkt des Vertragsabschlusses erwartete Forderungsausfälle, kann dieser bei der Ermittlung der Bemessungsgrundlage entsprechend in Abzug gebracht werden, da der wesensgehalt dieser Leistung insoweit nicht im Factoring besteht. Bemessungsgrundlage für die Leistung des Factors beim Kauf solcher zahlungsgestörten Forderungen ist die Differenz zwischen dem im Abtretungszeitpunkt nach Ansicht der Parteien voraussichtlich realisierbaren Teil der dem Factor abzutretenden Forderungen (wirtschaftlicher Nennwert) und dem Betrag, den der Factor seinem Anschlusskunden als Preis für diese Forderungen zahlt, abzüglich der in dem Differenzbetrag enthaltenen Umsatzsteuer (§ 10

Anlage § 002–21

UStG). Der wirtschaftliche Nennwert entspricht regelmäßig dem Wert, den die Beteiligten der Forderung tatsächlich beimessen, einschließlich der Vergütung für den Einzug der Forderung und der Delkrederegebühr oder vergleichbarer Zahlungen, die der Factor für das Risiko des Forderungsausfalls erhält und die als Gegenleistung für eine Leistung des Factors anzusehen sind.

13. Eine Forderung (bestehend aus Rückzahlungs- und Zinsanspruch) ist insgesamt zahlungsgestört, wenn sie soweit, als sie fällig ist, ganz oder zu einem nicht nur geringfügigen Teil seit mehr als sechs Monaten nicht ausgeglichen wurde. Eine Kreditforderung ist auch zahlungsgestört, wenn die Voraussetzungen für die Kündigung des ihr zu Grunde liegenden Kreditvertrags durch den Gläubiger vorliegen; Gleiches gilt nach erfolgter Kündigung für den Anspruch auf Rückzahlung. Das Vorliegen dieser Voraussetzungen ist von Forderungskäufer nachzuweisen. Liegen diese Voraussetzungen nicht vor, hat der Factor im Einzelnen nachzuweisen, dass er eine zahlungsgestörte Forderung erworben hat, deren tatsächlicher Wert nicht dem Nennwert entspricht.

14. Ist beim Factoring unter den zu Tz. 8 genannten Voraussetzungen eine Kreditgewährung als eigenständige Hauptleistung anzunehmen, gehört der Teil der Differenz, der als Entgelt für die Kreditgewährung gesondert vereinbart wurde, nicht zur Bemessungsgrundlage der Factoringleistung. Zur Ermittlung der Bemessungsgrundlage für die Leistungen des Forderungsverkäufers und des Forderungskäufers beim tauschähnlichen Umsatz in den Fällen der Tz. 9 vgl. § 10 Abs. 2 Satz 2 UStG.

V. Vorsteuerabzug aus der Leistung des Käufers der Forderung

15. Der Verkäufer der Forderung kann unter den Voraussetzungen des § 15 UStG den Vorsteuerabzug aus der Leistung des Käufers der Forderung in Anspruch nehmen, soweit die verkaufte Forderung durch einen Umsatz des Verkäufers der Forderung begründet wurde, der bei diesem den Vorsteuerabzug nicht ausschließt.

VI. Anwendung, Übergangsregelung

16. Dieses Schreiben ist auf Forderungskäufe nach dem 30. Juni 2004 anzuwenden. Die entgegenstehenden Anweisungen in den Abschn. 57 Abs. 3, 60 Abs. 3 sowie 18 Abs. 4 Satz 3 UStR sind überholt und ab diesem Zeitpunkt nicht mehr anzuwenden. Auf § 176 Abs. 2 der Abgabenordnung wird hingewiesen.

17. Es ist jedoch nicht zu beanstanden, wenn Steuerpflichtige die Rechtsgrundsätze dieses Schreibens bereits auf Forderungskäufe vor dem 1. Juli 2004 anwenden.

Anlage § 002–22

Umsatzsteuerliche Behandlung der Geschäftsführungs- und Vertretungsleistungen des Geschäftsführers einer Kapitalgesellschaft; Anwendung des BFH-Urteils vom 10.03.2005 – V R 29/03

BMF-Schreiben vom 21.09.2005 – IV A 5 – S 7104 – 19/05, BStBl. 2005 I S. 936 [1)]

In Fortführung seiner geänderten Rechtsprechung zur umsatzsteuerlichen Behandlung von Geschäftsführungs- und Vertretungsleistungen des Gesellschafters einer Personengesellschaft (Urteil vom 6. Juni 2002 – V R 43/01 – (BStBl. 2003 II S. 36) hat der BFH mit Urteil vom 10. März 2005 – V R 29/03 – (BStBl. II S. 730) [2)] entschieden, dass die Tätigkeit eines GmbH-Geschäftsführers als selbständig zu beurteilen sein kann. Die Organstellung des Geschäftsführes stehe dem nicht entgegen.

Unter Bezugnahme auf das Ergebnis der Erörterungen mit den obersten Finanzbehörden der Länder gilt Folgendes:

Die Frage der Selbständigkeit natürlicher Personen ist für die Umsatz-, Einkommen- und Gewerbesteuer nach denselben Grundsätzen zu beurteilen. Für die Beurteilung, ob die Tätigkeit als geschäftsführendes Organ einer Kapitalgesellschaft nichtselbständig im Sinne des § 2 Abs. 2 Nr. 1 UStG ausgeübt wird, ist auf das Gesamtbild der Verhältnisse abzustellen (Abschn. 17 Abs. 2 Satz 1 und Abs. 1 Satz 5 UStR 2005). Dabei können die in H 67 LStH 2005 unter dem Stichwort „Allgemeines" genannten Kriterien sinngemäß herangezogen werden.

Die Grundsätze des BFH-Urteils vom 10. März 2005 stehen den Ausführungen in Abschn. 17 Abs. 2 Satz 4 UStR 2005 und im BMF-Schreiben vom 23. Dezember 2003 (a.a.O.) [3)] nicht entgegen. Vielmehr sind diese Regelungen im Hinblick auf Abschn. 17 Abs. 2 Satz 1 UStR 2005 dahingehend zu verstehen, dass die nach denselben Grundsätzen zu beurteilende Frage der Selbständigkeit oder Nichtselbständigkeit natürlicher Personen bei zutreffender rechtlicher Würdigung ertragsteuerlich und umsatzsteuerlich zu gleichen Ergebnissen führen muss. Dies gilt jedoch nicht, wenn Vergütungen für nichtselbständige Tätigkeiten in ertragsteuerlicher Hinsicht aufgrund bestehender Sonderregelungen zu Gewinneinkünften umqualifiziert werden.

Beispiel:

Ein bei einer Komplementär-GmbH angestellter Geschäftsführer, der gleichzeitig Kommanditist der GmbH & Co. KG ist, erbringt Geschäftsführungs- und Vertretungsleistungen gegenüber der GmbH.

Wird aus ertragsteuerlicher Sicht unterstellt, dass die Tätigkeit selbständig erbracht wird, werden die aus der Beteiligung an der KG erzielten Einkünfte zu gewerblichen Einkünften im Sinne des § 15 Abs. 1 Satz 1 Nr. 2 EStG umqualifiziert. In umsatzsteuerlicher Hinsicht ist die Frage der Selbständigkeit jedoch in Anwendung der oben genannten allgemeinen Grundsätze zu klären.

---

1) Ersetzt durch das BMF-Schreiben vom 31.05.2007, BStBl. 2007 I S. 503
2) Siehe Rechtsprechung zu § 2 UStG
3) Anlage § 001-53

Anlage § 002–23

Rechtsfolgen bei Beendigung der Organschaft

OFD Hannover, Vfg. vom 06.08.2007 – S 7105 – 49 – StO 172,
DStR 2007 S. 1962

1. Ende der Organschaft

1.1 Allgemeines

Eine Organschaft liegt vor, wenn eine juristische Person nach dem Gesamtbild der tatsächlichen Verhältnisse finanziell, wirtschaftlich und organisatorisch in das Unternehmen des Organträgers eingegliedert ist (§ 2 Abs. 2 Nr. 2 UStG). Die Organschaft endet zu dem Zeitpunkt, zu dem eine der Tatbestandsvoraussetzungen des § 2 Abs. 2 Nr. 2 UStG nicht mehr erfüllt ist. Das ist z.B. der Fall, wenn

– sich die Stimmrechtsverhältnisse durch Aufnahme weiterer Gesellschafter in die Organgesellschaft entscheidend ändern (vgl. BFH vom 11.1.1990, V R 156/84, UR 1990, S. 355, BFH/NV 1990,741),
– der Betrieb des Organträgers oder der Organgesellschaft veräußert oder
– die Organgesellschaft in eine Personengesellschaft umgewandelt wird.

1.2 Liquidation und Vermögenslosigkeit

1.2.1 Die *Liquidation der Organgesellschaft* hat, solange sie noch nicht abgeschlossen ist, keine Auswirkung auf ihre Eingliederung in das Unternehmen des Organträgers. Der Liquidationsbeschluss führt deshalb nicht zur Beendigung des Organschaftsverhältnisses; die Organgesellschaft rechnet vielmehr so lange zum Unternehmen des Organträgers, bis die Liquidation abgeschlossen und das vorhandene Gesellschaftsvermögen veräußert ist (FG Münster vom 31.1.1991, 5 K 3761/88 U, UR 1991, 378, m. w. N.). Das gilt selbst dann, wenn im Rahmen der Liquidation nur noch Umsätze aus der Verwertung sicherungsübereigneter Gegenstände bewirkt werden (FG Nürnberg v. 22.2.1990, II 169/86, EFG 1990, 543).

Dagegen führt die *Liquidation des Organträgers* regelmäßig zur Beendigung der Organschaft, weil mit der Einstellung der aktiven unternehmerischen Tätigkeit des Organträgers die wirtschaftliche Eingliederung der Organgesellschaft entfällt (vgl. FG Hessen vom 21.8.1975, IV 127/74, EFG 1976, 34; und FG des Saarlandes vom 3.3.1998, 1 K 281/95, EFG 1998, S. 971).

1.2.2 Die *Vermögenslosigkeit der Organgesellschaft* beendet die Organschaft nicht ; sie dauert fort, bis alle Rechtsbeziehungen der Organgesellschaft abgewickelt sind (vgl. BFH vom 27.9.1991, V B 78/91, UR 1992, 176, BFH/NV 1992, 346; und vom 19.10.1995, V R 128/93, UR 1996, 265, BFH/NV 1996, 275). Das gilt auch in Fällen, in denen der Antrag der Organgesellschaft auf Insolvenzeröffnung mangels einer die Kosten deckenden Masse abgelehnt wird.

1.3 Insolvenzverfahren

1.3.1 Wird ein *vorläufiger Insolvenzverwalter* für das Vermögen der *Organgesellschaft* bestellt und wird der Organgesellschaft ein allgemeines Verfügungsverbot auferlegt, so geht die Verwaltungs- und Verfügungsbefugnis über das Vermögen der Organgesellschaft auf den vorläufigen Insolvenzverwalter über (§ 22 Abs. 1 InsO). In diesem Fall endet die Organschaft mit Wirksamwerden der Bestellung des vorläufigen Insolvenzverwalters, weil der Organträger nicht mehr die Möglichkeit hat, seinen Willen in der Organgesellschaft umzusetzen.

Wird hingegen ein vorläufiger Insolvenzverwalter bestellt, ohne dass der Organgesellschaft ein allgemeines Verfügungsverbot auferlegt wird (vgl. § 22 Abs. 2 InsO), bleibt die Organschaft regelmäßig bis zur Eröffnung des Insolvenzverfahrens (Tz. 1.3.2) bestehen. Das gilt selbst dann, wenn das Insolvenzgericht anordnet, dass Verfügungen des Schuldners nur mit Zustimmung des vorläufigen Insolvenzverwalters wirksam sind (§ 21 Abs. 2. 2. Alternative InsO). Der Organträger und der vorläufige Insolvenzverwalter haben insoweit eine vergleichbar starke Stellung (BFH vom 1.4.2004, VR 24/03, BStBl. II 2004, 905, DStR 2004, 951). Während des vorläufigen Insolvenzverfahrens bei der Organgesellschaft endet die Organschaft nur, wenn der vorläufige Insolvenzverwalter aufgrund der ihm im Einzelfall übertragenen Pflichten den maßgeblichen Einfluss auf die Organgesellschaft erhält und ihm eine vom Willen des Organträgers abweichende Willensbildung in der Organgesellschaft möglich ist.

1.3.2 Die Organschaft endet regelmäßig spätestens mit der Eröffnung des *Insolvenzverfahrens* über das Vermögen der *Organgesellschaft*, weil der Organträger den wesentlichen Einfluss auf die Organgesellschaft an den Insolvenzverwalter verliert (§ 80 InsO). Etwas anderes gilt nur in den folgenden Fällen:

– Sowohl die Organgesellschaft als auch der Organträger sind in Insolvenz und in beiden Verfahren ist derselbe Insolvenzverwalter tätig. Dann bleibt die Organschaft auch nach Eröffnung des Insolvenzverfahrens bestehen, da der Organträger weiterhin wesentlichen Einfluss auf die Organgesellschaft nehmen kann.

- Das Insolvenzgericht ordnet in dem Beschluss über die Eröffnung des Insolvenzverfahrens die Eigenverwaltung der Insolvenzmasse durch den Schuldner unter Aufsicht eines Sachwalters an (§§ 270ff. InsO). Hier besteht die Organschaft regelmäßig nach Eröffnung des Insolvenzverfahrens fort, weil die Verfügungs- und Verwertungsbefugnis über das Vermögen der Organgesellschaft im Wesentlichen beim Schuldner und damit beim Organträger verbleibt (§ 270 Abs. 1 InsO). Die Organschaft endet jedoch auch in den Fällen der Eigenverwaltung mit der Eröffnung des Insolvenzverfahrens, wenn dem Sachwalter derart weit reichende Verwaltungs- und Verfügungsbefugnisse eingeräumt werden, dass eine vom Willen des Organträgers abweichende Willensbildung möglich ist. Ein solcher Fall liegt insbesondere vor, wenn
  - der Sachwalter die Kassenführungsbefugnis an sich zieht (§ 275 Abs. 2 InsO),
  - es der Organgesellschaft verboten ist, ohne Zustimmung des Sachwalters Verbindlichkeiten einzugehen (vgl. § 275 Abs. 1 InsO) und
  - auch die übrigen Rechtsgeschäfte der Organgesellschaft auf Anordnung des Insolvenzgerichts weitgehend der Zustimmung des Sachwalters bedürfen (vgl. § 277 Abs. 1 InsO).

1.3.3 Weder die Beantragung noch die Eröffnung eines *Insolvenzverfahrens* über das Vermögen des Organträgers führen zur Beendigung der Organschaft. Diese Maßnahmen ändern nichts an der Abhängigkeit der Organgesellschaft, sondern beeinflussen lediglich die personelle Willensbildung beim Organträger, die für die Ausübung der Beherrschung maßgebend ist. Das gilt zumindest solange, wie das Unternehmen des Organträgers trotz des vorläufigen Insolvenzverfahrens oder des Insolvenzverfahrens noch über einen nennenswerten Zeitraum fortgeführt werden soll. Die Organschaft endet regelmäßig erst, wenn der Organträger seine aktive unternehmerische Tätigkeit einstellt und in die Liquidation eintritt.

Die Organschaft endet nur ausnahmsweise mit der Eröffnung des Insolvenzverfahrens über das Vermögen des Organträgers, wenn sich das Insolvenzverfahren nicht auf die Organgesellschaft erstreckt und der Insolvenzverwalter auf ihre laufende Geschäftsführung keinen Einfluss nimmt (BFH vom 28.1. 1999, V R 32/98, BStBl. II 1999, 258, DStR 1999, 497).

2. Rechtsfolgen der Beendigung der Organschaft

2.1 Ab dem Zeitpunkt der Beendigung der Organschaft stellen Organträger und Organgesellschaft zwei selbstständige umsatzsteuerliche Rechtssubjekte dar, die zueinander in Leistungsaustauschbeziehungen treten können (vgl. BFH vom 11.1.1990, V R 156/84, UR 1990, 355, BFH/NV 1990, 741). Die damit verbundene Trennung des Organkreises in verschiedene Unternehmen beinhaltet keine (Teil-) Geschäftsveräußerung. Im Übrigen gilt Folgendes:

2.2 Umsätze, die von der Organgesellschaft vor *Beendigung der Organschaft* ausgeführt wurden, sind stets dem Organträger zuzurechnen und von diesem zu versteuern, auch wenn die hierauf entfallende Umsatzsteuer (z.B. in den Fällen der Ist-Besteuerung oder bei Konkurs der Organgesellschaft) erst nach Beendigung der Organschaft entsteht (FG Düsseldorf vom 23.4.1993, 5 K 531/90 U, EFG 1993, 747). Entscheidend ist, dass das die Umsatzsteuer auslösende Ereignis (Leistung der Organgesellschaft) vor Beendigung der Organschaft ausgeführt wird (s. aber 2.3). Berichtigungsansprüche nach § 17 UStG, die diese Umsätze betreffen, richten sich nur dann gegen den Organträger, wenn der Zeitpunkt des den Berichtigungsanspruch auslösenden Ereignisses vor Beendigung der Organschaft liegt. Tritt das auslösende Ereignis jedoch nach Beendigung der Organschaft ein, richten sich die Berichtigungsansprüche gegen die Organgesellschaft.

2.3 Umsätze, die *nach Beendigung der Organschaft* von der Organgesellschaft ausgeführt werden, sind dagegen grundsätzlich von der Organgesellschaft als leistendem Unternehmer zu versteuern. Hat jedoch der Organträger An- und Vorauszahlungen auf diese Umsätze bereits der Umsatzbesteuerung unterworfen (§13 Abs. 1 Nr. 1 Buchst. a Satz 4, Buchst. b UStG), so bleibt diese Besteuerung auch nach Beendigung der Organschaft bestehen. Von der Organgesellschaft ist dementsprechend nur der im Zeitpunkt der Beendigung der Organschaft noch offene Restpreis zu versteuern (BFH vom 21.6.2001, V R 68/00, BStBl. II 2002, 255, DStR 2001, 1838).

2.4 Vorsteuern aus *Leistungen*, die die Organgesellschaft vor *Beendigung der Organschaft* bezieht, stehen auch dann nur dem Organträger zu, wenn die Rechnung erst nach Beendigung der Organschaft bei der Organgesellschaft eingeht und von dieser beglichen wird. Maßgeblich ist, dass der Leistungsbezug als auslösendes Ereignis vor Beendigung der Organschaft erfolgt (s. aber 2.5). Vorsteuerberichtigungsansprüche nach § 17 UStG, die diese Leistungsbezüge betreffen, richten sich nur dann gegen den Organträger, wenn das den Berichtigungsanspruch auslösende Ereignis (Uneinbringlichkeit) vor Beendigung der Organschaft eintritt (BFH vom 6.6.2002, V R 22/01, BeckRS 2002, 25000757, BFH/NV

Anlage § 002–23

2002, 1352). Tritt das den Berichtigungsanspruch auslösende Ereignis nach Beendigung der Organschaft ein, ist die Berichtigung i.S. des § 17 UStG bei der Organgesellschaft vorzunehmen (BFH vom 7.12. 2006, V R 2/05, DStR 2007, 440 und vom 6.6.2002, V B 110/01, DStRE 2002, 1146).

2.5 Vorsteuern aus *Leistungen*, die die Organgesellschaft *nach Beendigung der Organschaft* bezieht, können grundsätzlich nur von der Organgesellschaft abgezogen werden. Hat jedoch der Organträger vor Beendigung der Organschaft An- oder Vorauszahlungen auf diese Leistungen entrichtet und hieraus den (vorgezogenen) Vorsteuerabzug nach § 15 Abs. 1 Nr. 1 Satz 2 UStG vorgenommen, so ist die Organgesellschaft lediglich zum Vorsteuerabzug aus dem im Zeitpunkt der Beendigung der Organschaft noch offenen Restpreis berechtigt; der vorgezogene Vorsteuerabzug aus den An- und Vorauszahlungen steht weiterhin dem Organträger zu (vgl. BFH vom 21.6.2001, V R 68/00, a.a.O.).

2.6 Durch die Beendigung der Organschaft wird der Berichtigungszeitraum nach *§ 15a UStG* nicht unterbrochen (Abschn. 215 Abs. 2 Satz 6 UStR). *Vorsteuerberichtigungsansprüche* für Wirtschaftsgüter der Organgesellschaft, die noch zu Zeiten der Organschaft angeschafft oder hergestellt wurden, richten sich daher auch dann gegen die Organgesellschaft, wenn der ursprüngliche Vorsteuerabzug nach § 15 UStG dem Organträger zugestanden hat.

2.7 Auch nach Beendigung der *Organschaft* haftet die Organgesellschaft für die vom Organträger geschuldeten Umsatzsteuer- und Vorsteuerrückforderungsbeträge nach *§ 73 AO*, soweit diese vor Beendigung der Organschaft entstanden sind (FG München vom 18.9.1991, 3 K 4202/88, EFG 1992, 373).

Anlage § 002–24

Umsatzsteuerrechtliche Behandlung der entgeltlichen Erteilung von Auszügen aus dem Liegenschaftskataster

BMF-Schreiben vom 28.01.2008 – IV A 5 – S 7106/07/0009,
BStBl. 2008 I S. 382

In mehreren Bundesländern erfolgt die entgeltliche Erteilung von Auszügen aus dem Liegenschaftskataster nicht mehr nur durch die Vermessungs- und Katasterbehörden, sondern entsprechend den rechtlichen und technischen Gegebenheiten auch durch Gemeinden und öffentlich bestellte Vermessungsingenieure.

Unter Bezugnahme auf das Ergebnis der Erörterungen mit den obersten Finanzbehörden der Länder gilt zur umsatzsteuerrechtlichen Behandlung der entgeltlichen Erteilung von Auszügen aus dem Liegenschaftskataster Folgendes:

1. Die entgeltliche Erteilung von Auszügen aus dem Liegenschaftskataster durch Vermessungs- und Katasterbehörden gilt nach § 2 Abs. 3 Satz 2 Nr. 4 UStG als unternehmerische Tätigkeit, soweit in dem betreffenden Bundesland nach den jeweiligen landesrechtlichen Gegebenheiten eine entgeltliche Erteilung von Auszügen aus dem Liegenschaftskataster auch durch öffentlich bestellte Vermessungsingenieure rechtlich und technisch möglich ist. Dies gilt jedoch nicht, soweit öffentlich bestellte Vermessungsingenieure nach den jeweiligen landesrechtlichen Bestimmungen lediglich als Erfüllungsgehilfen der Vermessungs- und Katasterbehörden tätig werden.

   Abschnitt 23 Abs. 7 Sätze 3 und 4 UStR sind nicht mehr anzuwenden, soweit sie den Grundsätzen dieses Schreibens entgegenstehen.

2. Soweit Gemeinden entgeltlich Auszüge aus dem Liegenschaftskataster erteilen, gelten sie als Vermessungs- und Katasterbehörden i.S.v. § 2 Abs. 3 Satz 2 Nr. 4 UStG, so dass entsprechende Leistungen der Gemeinden unter den in Ziffer 1 genannten Voraussetzungen unternehmerisch erfolgen.

3. Beruft sich eine Vermessungs- und Katasterbehörde auf die Regelungen in Abschnitt 23 Abs. 7 Sätze 3 und 4 UStR oder beruft sich eine Gemeinde darauf, dass die entgeltliche Erteilung von Auszügen aus dem Liegenschaftskataster bisher als nicht steuerbar behandelt wurde, wird es nicht beanstandet, wenn vor dem 1. Januar 2009 ausgeführte Umsätze als nicht steuerbar behandelt werden.

Anlage § 002–25

Umsatzsteuerrechtliche Organschaft (§ 2 Abs. 2 Nr. 2 UStG); Konsequenzen des BFH-Urteils vom 29.01.2009 – V R 67/07

BMF-Schreiben vom 01.12.2009 – IV B 8 – S 7105/09/10003, BStBl. 2009 I S. 1609

Mit Urteil vom 29.1.2009 – V R 67/07[1] – hat der BFH entschieden, dass die wirtschaftliche Eingliederung aufgrund der Vermietung eines Grundstücks, das die räumliche und funktionale Grundlage der Geschäftstätigkeit der Organgesellschaft bildet, entfällt, wenn für das Grundstück Zwangsverwaltung und Zwangsversteigerung angeordnet wird.

Nach dem Ergebnis der Erörterungen mit den obersten Finanzbehörden der Länder gilt Folgendes: Das BFH-Urteil vom 29.1.2009 – V R 67/07[1] – ist nicht über den entschiedenen Einzelfall hinaus anzuwenden.

Wirtschaftliche Eingliederung nach Anordnung der Zwangsverwaltung und Zwangsversteigerung
Die wirtschaftliche Eingliederung ist gegeben, wenn die Organgesellschaft nach dem Willen des Unternehmers im Rahmen des Gesamtunternehmens, und zwar in engem wirtschaftlichem Zusammenhang mit diesem, tätig ist. Bei der Beurteilung dieser Voraussetzung ist auf das Gesamtbild der tatsächlichen Verhältnisse abzustellen. Wird eine Organgesellschaft durch die Nutzungsüberlassung eines Grundstücks wirtschaftlich in das Unternehmen des Organträgers eingegliedert, entfällt diese wirtschaftliche Verflechtung nicht bereits dadurch, dass für das betreffende Grundstück Zwangsverwaltung und Zwangsversteigerung angeordnet wird. Eine Entflechtung vollzieht sich erst im Zeitpunkt der tatsächlichen Beendigung des Nutzungsverhältnisses zwischen dem Organträger und der Organgesellschaft.

Organisatorische Eingliederung nach Anordnung der Zwangsverwaltung und Zwangsversteigerung
Die organisatorische Eingliederung liegt vor, wenn der Organträger durch organisatorische Maßnahmen sicherstellt, dass sein Wille in der Organgesellschaft auch tatsächlich ausgeführt wird. Diese Unterordnung der Organgesellschaft unter den unternehmerischen Willen des Organträgers setzt jedoch voraus, dass der Organträger Entscheidungshoheit im eigenen unternehmerischen Bereich besitzt. Nur so ist sichergestellt, dass sich in beiden Unternehmensteile einheitliche Willensbildung erfolgt und durchgesetzt wird.

Mit Anordnung der Zwangsverwaltung und der Zwangsversteigerung werden dem Organträger die Verwaltung und Benutzung des Grundstücks sowie die Möglichkeit der Veräußerung entzogen (§ 23 Abs. 1 Satz 1, § 148 Abs. 2 ZVG). Bildet die Grundstücksüberlassung an die Organgesellschaft die einzige unternehmerische Betätigung des Organträgers, verliert dieser mit Anordnung der Zwangsmaßnahmen – sofern er als Eigentümer nicht selbst zum Verwalter bestellt wird – sämtliche Einflussmöglichkeiten auf seine gesamte eigene unternehmerische Sphäre.

Dem Zwangsverwalter ist ein Zugriff auf die die finanzielle Eingliederung vermittelnde Beteiligung an der Organgesellschaft verwehrt. Daher kann er seinen für das Unternehmen des Organträgers nunmehr maßgeblichen Willen nicht in der Organgesellschaft durchsetzen. Zwar hat der Verwalter das Recht und die Pflicht, alle Handlungen vorzunehmen, die erforderlich sind, um das Grundstück in seinem wirtschaftlichen Bestand zu erhalten und ordnungsmäßig zu benutzen (§ 152 Abs. 1 ZVG). Dies gilt jedoch nur für das Unternehmen des Organträgers. Nach Anordnung der Zwangsverwaltung kann der Verwalter nicht ausschließen, dass in der Organgesellschaft Entscheidungen gefällt werden, die den unternehmerischen Interessen des Organträgers zuwiderlaufen.

Mit Anordnung der Zwangsverwaltung und der Zwangsversteigerung können weder Organträger noch Zwangsverwalter einen einheitlichen Betätigungswillen in beiden Unternehmensteilen durchsetzen. Beschränkt sich die unternehmerische Betätigung des Organträgers auf die Überlassung des von den Zwangsmaßnahmen betroffenen Grundstücks an die Organgesellschaft, wird das Organschaftsverhältnis durch Wegfall der organisatorischen Eingliederung beendet. Das Fortbestehen der Unternehmereigenschaft des Organträgers bleibt hiervon unberührt.

---

[1] BStBl. 2009 II S. 1029

Anlage § 002–26

Unternehmereigenschaft eines Insolvenzverwalters; Leistungen eines in einer Rechtsanwaltskanzlei als Insolvenzverwalter tätigen Rechtsanwalts

BMF-Schreiben vom 28.07.2009 – IV B 8 – S 7100/08/10003,
BStBl. 2009 I S. 864

Nach dem Ergebnis der Erörterungen mit den obersten Finanzbehörden der Länder gilt für die umsatzsteuerliche Behandlung der Leistungen eines in einer Rechtsanwaltskanzlei als Insolvenzverwalter tätigen Rechtsanwalts Folgendes:

Die von einem für eine Rechtsanwaltskanzlei als Insolvenzverwalter tätigen Rechtsanwalt ausgeführten Umsätze sind der Kanzlei zuzurechnen. Dies gilt sowohl für einen angestellten als auch für einen an der Kanzlei als Gesellschafter beteiligten Rechtsanwalt, selbst wenn dieser ausschließlich als Insolvenzverwalter tätig ist und im eigenen Namen handelt. Die Rechtsanwaltskanzlei rechnet über diese Umsätze im eigenen Namen und unter Angabe ihrer eigenen Steuernummer ab (§ 14 Abs. 4 UStG).

Es findet insofern kein Leistungsaustausch zwischen der Rechtsanwaltskanzlei und dem Rechtsanwalt statt.

Für vor dem 1. Januar 2010 ausgeführte Leistungen wird es – auch für Zwecke des Vorsteuerabzugs des Leistungsempfängers – nicht beanstandet, wenn der für die Rechtsanwaltskanzlei tätige Rechtsanwalt seine Tätigkeiten als Insolvenzverwalter im eigenen Namen abrechnet bzw. abgerechnet hat.

Anlage § 002–27

Urteil des Bundesfinanzhofs (BFH) vom 18.12.2008 – V R 80/07;
Unternehmereigenschaft, Vorsteuerabzug und Bemessungsgrundlage beim Betrieb von Kraft-Wärmekopplungsanlagen (KWK-Anlagen), insbesondere von Blockheizkraftwerken (BHKW); Dezentraler Stromverbrauch beim Betrieb von KWK-Anlagen; Belastungsausgleich unter Netzbetreibern; Neufassung der Abschnitte 1.7, 2.5 und 10.7 UStAE

BMF-Schreiben vom 14.03.2011 – IV D 2 – S 7124/07/10002,
BStBl. 2011 I S. 254

Eine Kraft-Wärme-Kopplungsanlage (KWK-Anlage) dient der Erzeugung von elektrischer und thermischer Energie (Strom und Wärme, sog. Kraft-Wärme-Kopplung – KWK –) in einem Block.

Eine Form der KWK ist die Erzeugung in Blockheizkraftwerken (BHKW). Dabei wird mit einem Motor zunächst mechanische Energie erzeugt und diese durch einen Generator in Strom umgewandelt, wobei die beim Betrieb von Motor und Generator anfallende (Ab-)Wärme i.d.R. am Standort der Anlage oder in deren unmittelbarer Umgebung für Zwecke der Heizungs- und Brauchwassererwärmung, ggf. auch zu Kühlungszwecken verwendet wird. KWK-Anlagen in Gebäuden arbeiten i.d.R. wärmegeführt, d.h. in Abhängigkeit von der benötigten thermischen Energie; in diesem Fall erzeugt die Anlage nur dann elektrische Energie, wenn auch Wärme benötigt wird.

Netzbetreiber sind im Rahmen des KWK-Gesetzes (KWKG) zur Abnahme und Vergütung von Strom aus KWK-Anlagen verpflichtet. Die Höhe der Vergütung ist unter Berücksichtigung der Zuschläge nach dem KWKG – im Gegensatz zu Photovoltaikanlagen – geringer als der übliche Bezugspreis für Strom. Selbst erzeugter Strom wird daher vorrangig zu eigenen Zwecken verwendet, eine Einspeisung in das öffentliche Netz erfolgt, wenn Überschüsse erzeugt werden. Ein möglichst gleich bleibender Wärmebedarf und gleichzeitiger Strombedarf erhöhen daher die Wirtschaftlichkeit der KWK-Anlage.

Unternehmereigenschaft des Betreibers einer KWK-Anlage

Der Bundesfinanzhof (BFH) hat mit Urteil vom 18. Dezember 2008, V R 80/07, zum Betrieb eines BHKW entschieden:

1. *Ein in ein Einfamilienhaus eingebautes Blockheizkraftwerk, mit dem neben Wärme auch Strom erzeugt wird, der ganz oder teilweise, regelmäßig und nicht nur gelegentlich gegen Entgelt in das allgemeine Stromnetz eingespeist wird, dient der nachhaltigen Erzielung von Einnahmen aus der Stromerzeugung.*

2. *Eine solche Tätigkeit begründet daher – unabhängig von der Höhe der erzielten Einnahmen – die Unternehmereigenschaft des Betreibers, auch wenn dieser daneben nicht anderweitig unternehmerisch tätig ist.*

3. *Der Vorsteuerabzug aus der Anschaffung des Blockheizkraftwerks ist unter den allgemeinen Voraussetzungen des § 15 UStG zu gewähren.*

Leistungsbeziehungen beim dezentralen Verbrauch von (elektrischer) Energie

Seit dem 1. Januar 2009 wird auch der sog. Direktverbrauch (dezentraler Verbrauch von Strom durch den Anlagenbetreiber oder einen Dritten) bei KWK-Anlagen nach § 4 Abs. 3a KWKG gefördert. Im Unterschied zur Förderung nach dem Erneuerbare-Energien-Gesetz (EEG), die nur für nach dem 31. Dezember 2008 erstmals installierte Photovoltaikanlagen gewährt wird, gilt die Förderung nach dem KWKG auch für bereits installierte KWK-Anlagen, die die Fördervoraussetzungen nach dem KWKG erfüllen. Eine Förderung von KWK-Anlagen, die bereits eine Förderung nach dem EEG in Anspruch nehmen, wird hingegen nicht gewährt.

Die unterschiedliche Art der Energieerzeugung (aus solarer Strahlungsenergie bei Photovoltaikanlagen bzw. mittels Verbrennungsprozess bei KWK-Anlagen) sowie die unterschiedlichen Antriebe bei KWK-Anlagen (fossile Brennstoffe wie Heizöl, Erdgas oder Flüssiggas bei Anlagen nach dem KWKG bzw. Brennstoffe aus nachwachsenden Rohstoffen wie Biomasse, Holz- oder Strohpellets, Pflanzenöl, Bioethanol oder Biogas, ggf. auch solare Strahlungsenergie bei Anlagen, die unter das EEG fallen) haben keinen Einfluss auf die Beurteilung der umsatzsteuerrechtlichen Leistungsbeziehungen.

Unter Bezugnahme auf das Ergebnis der Erörterungen mit den obersten Finanzbehörden der Länder werden die Abschnitte 1.7, 2.5 und 10.7 des Umsatzsteuer-Anwendungserlasses vom 1. Oktober 2010 (BStBl. I S. 846), der zuletzt mit BMF-Schreiben vom 3. März 2011 – IV D 3 – S 7180/10/10001 (2011/0166944), BStBl. I S. 233 – geändert worden ist, wie folgt geändert:

Anlage § 002–27

1. Abschnitt 1.7 wird wie folgt geändert:
   Die bisherigen Sätze 1 bis 3 werden neuer Absatz 1 und nach diesem Absatz 1 wird folgender neuer Absatz 2 angefügt:
   „(2) ¹Der nach § 9 KWKG zwischen den Netzbetreibern vorzunehmende Belastungsausgleich vollzieht sich nicht im Rahmen eines Leistungsaustauschs. ²Gleiches gilt für den ab dem 1.1.2010 vorzunehmenden Belastungsausgleich nach der Verordnung zur Weiterentwicklung des bundesweiten Ausgleichsmechanismus vom 17.7.2009 (AusglMechV, BGBl. I S. 2101) bezüglich des Ausgleichs zwischen Übertragungsnetzbetreibern und Elektrizitätsversorgungsunternehmen (Zahlung der EEG-Umlage nach § 3 AusglMechV). ³Bei diesen Umlagen zum Ausgleich der den Unternehmen entstehenden unterschiedlichen Kosten im Zusammenhang mit der Abnahme von Strom aus KWK- bzw. EEG-Anlagen handelt es sich nicht um Entgelte für steuerbare Leistungen. ⁴Die vorstehenden Ausführungen sind nicht anzuwenden, soweit Belastungsausgleichs-Endabrechnungen der Kalenderjahre 2008 und 2009 betroffen sind (vgl. § 12 AusglMechV)."
2. Abschnitt 2.5 wird wie folgt geändert:
   a) Absatz 1 wird wie folgt gefasst:
      „(1) ¹Soweit der Betreiber einer unter § 3 EEG fallenden Anlage **oder einer unter § 5 KWKG fallenden Anlage** zur Stromgewinnung den erzeugten Strom ganz oder teilweise, regelmäßig und nicht nur gelegentlich in das allgemeine Stromnetz einspeist, dient diese Anlage **ausschließlich** der nachhaltigen Erzielung von Einnahmen aus der Stromerzeugung **(vgl. BFH-Urteil vom 18.12.2008, V R 80/07, BStBl. II S. ###)**. ²Eine solche Tätigkeit begründet daher – unabhängig von der Höhe der erzielten Einnahmen und unabhängig von der leistungsmäßigen Auslegung der Anlage – die Unternehmereigenschaft des Betreibers, sofern dieser nicht bereits anderweitig unternehmerisch tätig ist. ³Ist eine solche Anlage – unmittelbar oder mittelbar – mit dem allgemeinen Stromnetz verbunden, kann davon ausgegangen werden, dass der Anlagenbetreiber eine unternehmerische Tätigkeit im Sinne der Sätze 1 und 2 ausübt. ⁴Eine Unternehmereigenschaft des Betreibers der Anlage ist grundsätzlich nicht gegeben, wenn eine physische Einspeisung des erzeugten Stroms nicht möglich ist (z.B. auf Grund unterschiedlicher Netzspannungen), weil hierbei kein Leistungsaustausch zwischen dem Betreiber der Anlage und dem des allgemeinen Stromnetzes vorliegt."
   b) Vor Absatz 2 wird folgende Zwischenüberschrift eingefügt:
      „Kaufmännisch-bilanzielle Einspeisung nach § 8 Abs. 2 EEG"
   c) Satz 1 des Beispiels zu Absatz 5 Satz 2 wird wie folgt gefasst:
      „Die Einspeisevergütung nach § 33 Abs. 1 Nr. 1 EEG beträgt für eine Anlage mit einer Leistung bis einschließlich 30 KW, die **nach dem 30.6.2010** in Betrieb genommen wurde, 43,01 Cent/kWh."
   d) Nach Absatz 6 werden folgende Zwischenüberschrift sowie die darauf folgenden neuen Absätze 7 bis 11 mit den jeweiligen Zwischenüberschriften angefügt:
      „Kraft-Wärme-Kopplungsanlagen (KWK-Anlagen)
      (7) ¹Nach § 4 Abs. 3a KWKG wird auch der sog. Direktverbrauch (dezentraler Verbrauch von Strom durch den Anlagenbetreiber oder einen Dritten) gefördert. ²Hinsichtlich der Beurteilung des Direktverbrauchs bei KWK-Anlagen sind die Grundsätze der Absätze 4 und 5 für die Beurteilung des Direktverbrauchs bei Photovoltaikanlagen entsprechend anzuwenden. ³Umsatzsteuerrechtlich wird demnach auch der gesamte selbst erzeugte und dezentral verbrauchte Strom an den Netzbetreiber geliefert und von diesem an den Anlagenbetreiber zurückgeliefert. ⁴Die Hin- und Rücklieferungen beim dezentralen Verbrauch von Strom liegen nur vor, wenn der Anlagenbetreiber für den dezentral verbrauchten Strom eine Vergütung nach dem EEG oder einen Zuschlag nach dem KWKG in Anspruch genommen hat. ⁵Sie sind nur für Zwecke der Umsatzsteuer anzunehmen.
      Bemessungsgrundlage bei dezentralem Verbrauch von Strom
      (8) ¹Wird der vom Anlagenbetreiber oder von einem Dritten dezentral verbrauchte Strom nach dem KWKG vergütet, entspricht die Bemessungsgrundlage für die Lieferung des Anlagenbetreibers dem üblichen Preis zuzüglich der nach dem KWKG vom Netzbetreiber zu zahlenden Zuschläge und ggf. der sog. vermiedenen Netznutzungsentgelte (Vergütung für den Teil der Netznutzungsentgelte, der durch die dezentrale Einspeisung durch die KWK-Anlage vermieden wird, vgl. § 4 Abs. 3 Satz 2 KWKG), abzüglich einer eventuell enthaltenen Umsatzsteuer.
      ²Als üblicher Preis gilt bei KWK-Anlagen mit einer elektrischen Leistung von bis zu 2 Megawatt der durchschnittliche Preis für Grundlaststrom an der Strombörse EEX in Leipzig im jeweils vorangegangenen Quartal (§ 4 Abs. 3 KWKG); für umsatzsteuerrechtliche Zwecke bestehen

Anlage § 002–27

keine Bedenken, diesen Wert als üblichen Preis bei allen KWK-Anlagen zu übernehmen. [3]Die Bemessungsgrundlage für die Rücklieferung des Netzbetreibers entspricht der Bemessungsgrundlage für die Hinlieferung ohne Berücksichtigung der nach dem KWKG vom Netzbetreiber zu zahlenden Zuschläge.

Beispiel:
(Anlage mit Einspeisung ins Niederspannungsnetz des Netzbetreibers)

1. Bemessungsgrundlage der Lieferung des Anlagenbetreibers:

EEX-Referenzpreis	4,152 Cent / kWh
Vermiedene Netznutzungsentgelte	0,12 Cent / kWh
Zuschlag nach § 7 Abs. 6 KWKG	5,11 Cent / kWh
Summe	9,382 Cent / kWh.

2. Bemessungsgrundlage für die Rücklieferung des Netzbetreibers:

EEX-Referenzpreis	4,152 Cent / kWh
Vermiedene Netznutzungsentgelte	0,12 Cent / kWh
Summe	4,272 Cent / kWh.

[4]Bei der Abgabe von elektrischer Energie bestehen hinsichtlich der Anwendung der Bemessungsgrundlagen nach § 10 Abs. 4 und Abs. 5 UStG keine Bedenken dagegen, den Marktpreis unter Berücksichtigung von Mengenrabatten zu bestimmen; Abschnitt 10.7 Abs. 1 Satz 5 bleibt unberührt. [5]Ungeachtet der umsatzsteuerrechtlichen Bemessungsgrundlage für die Hinlieferung des Anlagenbetreibers an den Netzbetreiber hat dieser keinen höheren Betrag zu entrichten als den nach dem KWKG geschuldeten Zuschlag bzw. die Vergütung nach dem EEG.

Mindestbemessungsgrundlage bei der Abgabe von Wärme

(9) [1]Wird die mittels Kraft-Wärme-Kopplung erzeugte Wärme an einen Dritten geliefert, ist Bemessungsgrundlage für diese Lieferung grundsätzlich das vereinbarte Entgelt (§ 10 Abs. 1 UStG). [2]Handelt es sich bei dem Dritten um eine nahe stehende Person, ist die Mindestbemessungsgrundlage des § 10 Abs. 5 Nr. 1 UStG zu prüfen. [3]Hierbei ist – ebenso wie bei der Ermittlung der Bemessungsgrundlage nach § 10 Abs. 4 Nr. 1 UStG im Falle der unentgeltlichen Wertabgabe von Wärme nach § 3 Abs. 1b Satz 1 Nr. 1 UStG – stets von den Selbstkosten auszugehen, weil die Wärme vom Betreiber der KWK-Anlage selbst erzeugt wird und es somit keinen vom Betreiber zu zahlenden Einkaufspreis für die Wärme gibt. [4]Bei der Ermittlung der Selbstkosten sind die Anschaffungs- und Herstellungskosten der KWK-Anlage auf die betriebsgewöhnliche Nutzungsdauer von zehn Jahren zu verteilen (vgl. BMF-Schreiben vom 15.12.2000, BStBl. I S. 1532; AfA-Tabelle AV Fundstelle 3.1.4). [5]Darüber hinaus ist zu beachten, dass nicht eines der Endprodukte Elektrizität oder Wärme ein Nebenprodukt der Gewinnung des anderen Produkts darstellt. [6]Die Selbstkosten sind daher stets aufzuteilen, z.B. im Verhältnis der erzeugten Mengen an elektrischer und thermischer Energie oder anhand der Leistungskennzahlen der Anlage (sofern diese keine variable Steuerung in Abhängigkeit von nur einer der beiden angeforderten Energiearten zulässt). [7]Einheitliche Messgröße für die elektrische und thermische Energie sind kWh.

(10) [1]Die Bemessungsgrundlage wird nach § 10 Abs. 5 i.V.m. Abs. 4 Satz 1 Nr. 1 UStG bestimmt, wenn das tatsächliche Entgelt niedriger als diese Mindestbemessungsgrundlage ist und auch das marktübliche Entgelt nicht erreicht (vgl. Abschnitt 10.7 Abs. 1 Satz 4). [2]Für die Ermittlung des marktüblichen Entgelts (Marktpreis) sind die konkreten Verhältnisse am Standort des Energieverbrauchers, also im Regelfall des Betriebs des Leistungsempfängers, entscheidend. [3]Ein niedrigeres marktübliches Entgelt ist daher nur anzusetzen, wenn der Leistungsempfänger die bezogene Menge an thermischer Energie auch tatsächlich von einem Dritten beziehen könnte. [4]Der Ort, an dem der Leistungsempfänger die Energie verbraucht, muss also in dem Versorgungsgebiet eines entsprechenden Wärmeversorgungsunternehmens gelegen sein; ggf. erforderliche Anschlusskosten sind zu berücksichtigen. [5]Ein pauschaler Ansatz kann insoweit nur in Ausnahmefällen und regional begrenzt in Betracht kommen, soweit in diesem Gebiet allgemein zugängliche Bezugsquellen mit entsprechendem Belieferungspotential vorhanden sind.

Vorsteuerabzug

(11) [1]Der Vorsteuerabzug aus der Anschaffung oder Herstellung von KWK-Anlagen beurteilt sich nach den Grundsätzen in Abschnitt 15.2 Abs. 21 Nr. 2. [2]Der Unternehmer kann bei Herstellung oder Anschaffung der Anlage diese entweder insgesamt seinem Unternehmen (voller Vorsteuerabzug unter den allgemeinen Voraussetzungen des § 15 UStG, anschließend Besteuerung der privaten Entnahme von Wärme als Wertabgabe nach § 3 Abs. 1b Satz 1 Nr. 1

UStG), im Umfang der unternehmerischen Nutzung seinem Unternehmen (anteiliger Vorsteuerabzug) oder ganz dem nichtunternehmerischen Bereich (kein Vorsteuerabzug) zuordnen.
³Ändern sich bei Zuordnung der Anlage zum Unternehmen die für den Vorsteuerabzug maßgeblichen Verhältnisse innerhalb von zehn Jahren (vgl. BFH-Urteil vom 14.7.2010, XI R 9/09, BStBl. II S. 1086), ist der Vorsteuerabzug gemäß § 15a UStG zu berichtigen."

3. Abschnitt 10.7 wird wie folgt geändert:

Nach Absatz 4 wird folgender neuer Absatz 5 eingefügt:

„(5) Zur Mindestbemessungsgrundlage im Fall der Lieferung von Wärme, die durch eine Kraft-Wärme-Kopplungsanlage erzeugt wird, vgl. Abschnitt 2.5 Abs. 9 und 10."

Der bisherige Absatz 5 wird neuer Absatz 6.

4. Das Abkürzungsverzeichnis wird um folgende Begriffe ergänzt:

„**AusglMechV** = **Ausgleichsmechanismusverordnung**
KWK = **Kraft-Wärme-Kopplung**
KWKG = **Kraft-Wärme-Kopplungs-Gesetz**"

Die Grundsätze dieses Schreibens sind in allen offenen Fällen anzuwenden. Sofern bisher ergangene Anweisungen dem entgegenstehen, sind diese nicht mehr anzuwenden.

Anlage § 002–28

Umsatzsteuerrechtliche Organschaft (§ 2 Abs. 2 Nr. 2 UStG); Konsequenzen der BFH-Urteile vom 22.04.2010 – V R 9/09 – und vom 01.12.2010 – XI R 43/08

BMF-Schreiben vom 05.07.2011 – IV D 2 – S 7105/10/10001 (2011/0415793), BStBl. 2011 I S. 703

Gemäß § 2 Abs. 2 Nr. 2 UStG wird eine gewerbliche oder berufliche Tätigkeit nicht selbständig ausgeübt, wenn eine juristische Person nach dem Gesamtbild der tatsächlichen Verhältnisse finanziell, wirtschaftlich und organisatorisch in das Unternehmen des Organträgers eingegliedert ist (Organschaft). Unter der finanziellen Eingliederung ist der Besitz der entscheidenden Anteilsmehrheit an der Organgesellschaft zu verstehen, die es ermöglicht, Beschlüsse in der Organgesellschaft durchzusetzen.

Mit Urteilen vom 22. April 2010 – V R 9/09 – und vom 1. Dezember 2010 – XI R 43/08 – hat der BFH entschieden, dass eine finanzielle Eingliederung sowohl bei einer Kapital- als auch bei einer Personengesellschaft als Organträger eine unmittelbare oder mittelbare Beteiligung der Kapital- oder Personengesellschaft an der Organgesellschaft voraussetzt. Deshalb reicht es auch für die finanzielle Eingliederung einer GmbH in eine Personengesellschaft nicht aus, dass letztere nicht selbst, sondern nur ihr Gesellschafter mit Stimmenmehrheit an der GmbH beteiligt ist. Das Fehlen einer eigenen mittelbaren oder unmittelbaren Beteiligung der Gesellschaft kann nicht durch einen Beherrschungsvertrag und Gewinnabführungsvertrag ersetzt werden.

Unter Bezugnahme auf das Ergebnis der Erörterungen mit den obersten Finanzbehörden der Länder wird Abschnitt 2.8 Abs. 5 des Umsatzsteuer-Anwendungserlasses vom 1. Oktober 2010 (BStBl. I S. 846), der zuletzt durch das BMF-Schreiben vom 29. Juni 2011 – IV D 2 – S 7234/07/10001 (2011/0515189) – geändert worden ist, wie folgt gefasst:

„**Finanzielle Eingliederung**

(5) [1]Unter der finanziellen Eingliederung ist der Besitz der entscheidenden Anteilsmehrheit an der Organgesellschaft zu verstehen, die es **dem Organträger** ermöglicht, **durch Mehrheitsbeschlüsse seinen Willen** in der Organgesellschaft durchzusetzen. [2]Entsprechen die Beteiligungsverhältnisse den Stimmrechtsverhältnissen, ist die finanzielle Eingliederung gegeben, wenn die Beteiligung mehr als 50% beträgt, **sofern keine höhere qualifizierte Mehrheit für die Beschlussfassung in der Organgesellschaft erforderlich ist** (vgl. BFH-Urteil vom 1.12.2010, XI R 43/08, BStBl. 2011 II S. 600). [3]**Eine finanzielle Eingliederung setzt eine unmittelbare oder mittelbare Beteiligung des Organträgers an der Organgesellschaft voraus.** [4]Es ist ausreichend, wenn die finanzielle Eingliederung mittelbar über eine **unternehmerisch oder** nichtunternehmerisch tätige Tochtergesellschaft des Organträgers erfolgt. [5]Eine nichtunternehmerisch tätige Tochtergesellschaft wird dadurch jedoch nicht Bestandteil des Organkreises. [6]**Ist eine Kapital- oder Personengesellschaft nicht selbst an der Organgesellschaft beteiligt, reicht es für die finanzielle Eingliederung nicht aus, dass nur ein oder mehrere Gesellschafter auch mit Stimmenmehrheit an der Organgesellschaft beteiligt sind** (vgl. BFH-Urteile vom 2.8.1979, V R 111/77, BStBl. 1980 II S. 20, vom 22.4.2010, V R 9/09, BStBl. 2011 II S. 597, und vom 1.12.2010, XI R 43/08, a. a. O.). [7]In diesem Fall ist keine der beiden Gesellschaften in das Gefüge des anderen Unternehmens eingeordnet, sondern es handelt sich vielmehr um gleich geordnete Schwestergesellschaften. [8]**Dies gilt auch dann, wenn die Beteiligung eines Gesellschafters an einer Kapitalgesellschaft ertragsteuerlich zu dessen Sonderbetriebsvermögen bei einer Personengesellschaft gehört.** [9]Das Fehlen einer eigenen unmittelbaren oder mittelbaren Beteiligung der Gesellschaft kann nicht durch einen Beherrschungsvertrag und Gewinnabführungsvertrag ersetzt werden (BFH-Urteil vom 1.12.2010, XI R 43/08, a. a. O.)."

Die Grundsätze dieses Schreibens sind in allen offenen Fällen anzuwenden. Für die Zurechnung von vor dem 1. Januar 2012 ausgeführten Umsätzen wird es nicht beanstandet, wenn die am vermeintlichen Organkreis beteiligten Unternehmer unter Berufung auf Abschnitt 2.8 Abs. 5 UStAE in der am 4. Juli 2011 geltenden Fassung übereinstimmend eine finanzielle Eingliederung annehmen.

Unternehmereigenschaft des geschäftsführenden Komplementärs einer Kommanditgesellschaft; Konsequenzen des BFH-Urteils vom 14.04.2010 – XI R 14/09

BMF-Schreiben vom 02.05.2012 – IV D 2 – S 7104/11/10001 (2011/0251292), BStBl. 2011 I S. 490

Mit Urteil vom 14. April 2010 – XI R 14/09 – hat der BFH entschieden, dass die Tätigkeit eines geschäftsführenden Komplementärs einer Kommanditgesellschaft umsatzsteuerrechtlich nicht selbständig ausgeübt werden kann.

Unter Bezugnahme auf das Ergebnis der Erörterungen mit den obersten Finanzbehörden der Länder gilt Folgendes:

1. Der Umsatzsteuer-Anwendungserlass vom 1. Oktober 2010 (BStBl. I S. 846), der zuletzt durch das BMF-Schreiben vom 15. April 2011 – IV D 2 – S 7270/10/10001 (2011/0304805) – (BStBl. I S. 489) geändert worden ist, wird wie folgt geändert:
    a) Abschnitt 2.2 Abs. 2 Satz 3 wird wie folgt gefasst:
       „Zur Nichtselbständigkeit des Gesellschafters einer Personengesellschaft bei der Wahrnehmung von Geschäftsführungs- und Vertretungsleistungen vgl. BFH-Urteil vom 14.4.2010, XI R 14/09, BStBl. 2011 II S. 433."
    b) Das Beispiel 1 in Abschnitt 2.2 Abs. 2 wird gestrichen.
2. Beispiel 1 des BMF-Schreibens vom 31. Mai 2007 – IV A 5 – S 7100/07/0031 (2007/0222008) – (BStBl. I S. 503) ist nicht mehr anzuwenden.

Für vor dem 1. Juli 2011 ausgeführte Umsätze wird es nicht beanstandet, wenn die Tätigkeit eines Gesellschafters einer Personengesellschaft trotz eines gesellschaftsvertraglich vereinbarten Weisungsrechts der Gesellschaft als selbständig im Sinne des § 2 Abs. 1 UStG behandelt wird.

Anlage § 002a–01

Merkblatt des BMF zur Besteuerung innergemeinschaftlicher Erwerbe neuer Fahrzeuge (Fahrzeugeinzelbesteuerung)

Januar 1997

1. Allgemeines

Seit dem 1. Januar 1993 sind innerhalb der Europäischen Union die steuerlichen Grenzkontrollen entfallen. Privatpersonen aus EU-Mitgliedstaaten können in anderen Mitgliedstaaten Waren mengen- und wertmäßig unbegrenzt erwerben und in ihr Heimatland mitnehmen. Sie bleiben mit der Umsatzsteuer des jeweiligen Gastgeberlandes belastet. Ein Grenzausgleich – d. h. die Umsatzsteuerbefreiung im Gastgeberland und die Erhebung von Umsatzsteuer im Einfuhrland – unterbleibt.

Von dieser Regelung gibt es allerdings eine wichtige Ausnahme: Verkäufe von neuen Fahrzeugen innerhalb der EU sind grundsätzlich in dem Mitgliedstaat zu besteuern, in den sie bestimmungsgemäß gelangen, und zwar nicht durch den Verkäufer, sondern durch den Käufer. Das gilt auch dann, wenn der Käufer eine Privatperson ist (Fahrzeugeinzelbesteuerung).

2. Kauf neuer Fahrzeuge in einem anderen Mitgliedstaat – innergemeinschaftlicher Erwerb –

Ein innergemeinschaftlicher Erwerb neuer Fahrzeuge liegt vor, wenn das neue Fahrzeug bei einer entgeltlichen Lieferung an den Käufer aus einem EU-Mitgliedstaat in das Inland (Bundesrepublik Deutschland) gelangt. Dabei kommt es nicht darauf an, wie das neue Fahrzeug in die Bundesrepublik Deutschland gelangt, z. B. ob der Verkäufer es liefert oder der Käufer es abholt.

3. Betroffener Personenkreis

Der entgeltliche innergemeinschaftliche Erwerb eines neuen Fahrzeugs unterliegt seit dem 1. Januar 1993 ausnahmslos der Umsatzsteuer in der Bundesrepublik Deutschland. Von der Verpflichtung, diesen Erwerb zu versteuern, ist *jedermann* betroffen, also auch eine Person, die bisher nicht gegenüber dem Finanzamt umsatzsteuerpflichtig gewesen ist:

– Unternehmer, die das Fahrzeug für ihren unternehmerischen Bereich erwerben, oder juristische Personen, die nicht Unternehmer sind oder die das Fahrzeug nicht für ihr Unternehmen erwerben, haben den Erwerb im allgemeinen Umsatzbesteuerungsverfahren zu versteuern,

– Privatpersonen, nicht unternehmerisch tätige Personenvereinigungen und Unternehmer, die das Fahrzeug für ihren nichtunternehmerischen Bereich erwerben (§ 1b Umsatzsteuergesetz – UStG), haben den innergemeinschaftlichen Erwerb in einem besonderen Verfahren, nämlich im Verfahren der Fahrzeugeinzelbesteuerung, zu versteuern.

4. Neue Fahrzeuge

Fahrzeuge in diesem Sinne sind:

1. motorbetriebene Landfahrzeuge mit einem Hubraum von mehr als 48 Kubikzentimeter oder einer Leistung von mehr als 7,2 Kilowatt,
2. Wasserfahrzeuge mit einer Länge von mehr als 7,5 Metern,
3. Luftfahrzeuge, deren Starthöchstmasse mehr als 1550 Kilogramm beträgt.

   Als „neu" gilt:

– ein Landfahrzeug, das nicht mehr als 6000 Kilometer[1] zurückgelegt hat oder dessen erste Inbetriebnahme im Zeitpunkt des Erwerbs nicht mehr als sechs Monate[2] zurückliegt,

– ein Wasserfahrzeug, das nicht mehr als 100 Betriebsstunden auf dem Wasser zurückgelegt hat oder dessen erste Inbetriebnahme im Zeitpunkt des Erwerbs nicht mehr als drei Monate zurückliegt,

– ein Luftfahrzeug, das entweder nicht länger als 40 Betriebsstunden genutzt worden ist oder dessen erste Inbetriebnahme im Zeitpunkt des Erwerbs nicht mehr als drei Monate zurückliegt.

Zu den vorgenannten Fahrzeugen gehören nur solche, die zur Beförderung von Personen und Sachen bestimmt sind, nicht jedoch zum Beispiel selbstfahrende Arbeitsmaschinen oder land- und forstwirtschaftliche Zugmaschinen, die nach ihrer Bauart oder ihren besonderen, fest mit dem Fahrzeug verbundenen Einrichtungen nicht zur Beförderung von Personen oder Gütern bestimmt und geeignet sind.

---

1) Bis zum 31.12.1994: 3000 km
2) Bis zum 31.12.1994: 3 Monate

5. Bemessungsgrundlage und Steuersatz

Der innergemeinschaftliche Erwerb eines neuen Fahrzeuges wird nach dem *Entgelt* bemessen (§ 10 Abs. 1 UStG). Dies ist grundsätzlich der vom Verkäufer in Rechnung gestellte Betrag. Zur Bemessungsgrundlage gehören auch Nebenkosten (z. B. Beförderungskosten), die der Verkäufer dem Käufer berechnet.

Bei Werten in *fremder Währung* ist die Bemessungsgrundlage nach dem Tageskurs umzurechnen, der durch Bankmitteilung oder Kurszettel nachzuweisen ist (§ 16 Abs. 6 UStG). Maßgeblich ist der Tageskurs im Zeitpunkt der Lieferung.

Für den innergemeinschaftlichen Erwerb neuer Fahrzeuge gilt der *allgemeine Steuersatz*, der 15 %[1]) beträgt (§ 12 Abs. 1 UStG).

6. Zuständiges Finanzamt

Für die Besteuerung des aus einem anderen Mitgliedstaat erworbenen neuen Fahrzeugs ist grundsätzlich das Finanzamt zuständig, das auch für die Durchführung der Einkommensteuerveranlagung des Käufers zuständig ist (§ 21 Absatz 2 Abgabenordnung – AO).

7. Besteuerungsverfahren

Für jedes erworbene neue Fahrzeug aus einem anderen Mitgliedstaat ist eine Umsatzsteuererklärung für die Fahrzeugeinzelbesteuerung auf amtlich vorgeschriebenem Vordruck abzugeben. Der Käufer hat die Steuer selbst zu berechnen und die Steuererklärung eigenhändig zu unterschreiben. Die vom Verkäufer ausgestellte Rechnung ist der Steuererklärung beizufügen.

Der *Umsatzsteuererklärungsvordruck* (USt 1 B) ist bei dem für den Käufer zuständigen Finanzamt (siehe Abschnitt 6) erhältlich. Der Erklärungsvordruck für die Fahrzeugeinzelbesteuerung ist nicht zu verwenden von Unternehmern, die das Fahrzeug für ihren unternehmerischen Bereich erwerben, oder von juristischen Personen, die nicht Unternehmer sind oder die das Fahrzeug nicht für ihr Unternehmen erwerben (§ 1a Abs. 1 Nr. 2 UStG). Diese Unternehmer oder juristischen Personen haben den innergemeinschaftlichen Erwerb neuer Fahrzeuge in der Umsatzsteuer-Voranmeldung und in der Umsatzsteuererklärung anzugeben.

Der Käufer hat für jeden innergemeinschaftlichen Erwerb eines neuen Fahrzeugs spätestens *10 Tage* nach dem Tag des Erwerbs die Umsatzsteuererklärung beim zuständigen Finanzamt einzureichen und die Umsatzsteuer zu entrichten (§ 18 Abs. 5a Satz 4 UStG). Die Abgabe der Steuererklärung kann mit Zwangsmitteln durchgesetzt werden (§ 328 ff. AO). Ferner kann das Finanzamt bei verspäteter Abgabe oder bei Nichtabgabe der Umsatzsteuererklärung einen Verspätungszuschlag festsetzen (§ 152 AO). Schuldhaftes Verhalten des Käufers kann in diesem Zusammenhang als Steuerhinterziehung bestraft oder als leichtfertige Steuerverkürzung mit Geldbuße geahndet werden (§§ 370, 378 AO).

8. Maßnahmen zur Sicherung des Steueranspruchs

Die für die Zulassung oder die Registrierung von Fahrzeugen zuständigen Behörden sind verpflichtet, die für die Fahrzeugeinzelbesteuerung zuständigen Finanzämter über die Zulassung oder die Registrierung neuer Fahrzeuge zu unterrichten (§ 18 Abs. 10 UStG).

Wird die Steuer für den innergemeinschaftlichen Erwerb nicht entrichtet, hat die Zulassungsbehörde auf Antrag des Finanzamts den Fahrzeugschein einzuziehen und das amtliche Kennzeichen zu entstempeln. Das Luftfahrt-Bundesamt hat bei Nichtentrichtung der Steuer auf Antrag des Finanzamts die Betriebserlaubnis zu widerrufen.

9. Zweifelsfragen

Mit etwaigen Zweifelsfragen, die das Merkblatt nicht beantwortet, wenden Sie sich bitte an Ihr zuständiges Finanzamt.

Auf die Möglichkeit, den Rat eines Angehörigen der steuerberatenden Berufe in Anspruch zu nehmen, wird hingewiesen.

---

1) Ab 01.04.1998: 16 v.H.; ab 01.01.2007: 19 v.H.

Anlage § 003–01

Umsatzsteuerliche Behandlung der Leistungen eines Baubetreuers

BMF-Schreiben vom 27.06.1986 – IV A 2 – S 7100 – 71/86,
BStBl. 1986 I S. 352[1)]

Es ist gefragt worden, ob die im Rahmen von Bauherrenmodellen übliche Baubetreuung, wenn sie von einem Unternehmer erbracht wird, als einheitliche Leistung anzusehen ist, oder ob eine Mehrheit selbständiger Leistungen vorliegt.

Unter Bezugnahme auf das Ergebnis der Erörterung mit den obersten Finanzbehörden der Länder gilt folgendes:

(1) Im Rahmen der Baubetreuung wird eine Reihe unterschiedlicher Leistungen erbracht. Eine nicht abschließende Aufzählung der vorkommenden Leistungen enthält Abschnitt 2 Buchst. h des BMF-Rundschreibens vom 13. August 1981 – IV B 1 – S 2253a – 3/81 (BStBl. I S. 604). Der Rechtsprechung des BFH zum sogenannten Mietkaufmodell (Urteil vom 17. Mai 1984 – V R 118/82, BStBl. II S. 678) ist zum Umfang der Leistungen des Baubetreuers folgendes zu entnehmen:

– Dem Betreuer obliegt es, das Vertragsobjekt wirtschaftlich und finanziell zu betreuen. Er hat im Namen des Bauherrn das Grundstück zu kaufen und die Bauleistungen für den Bauherrn bzw. die Bauherrengemeinschaft zu vergeben. Der Betreuer hat die Bauplanung im Hinblick auf eine gute Vermietbarkeit zu überprüfen und weiterzuentwickeln und unter Berücksichtigung der Wünsche des Bauherrn mitzugestalten.

– Der Betreuer hat sich um die Beschaffung der Fremdfinanzierung zu bemühen, die Darlehensverträge für den Bauherrn abzuschließen und alle mit der Finanzierung des Bauvorhabens zusammenhängenden Maßnahmen zu treffen. Der Betreuer hat im Interesse der Gesamtdurchführung dafür einzustehen, daß die übrigen Bauherren ihr Eigenkapital einzahlen.

– Der Betreuer hat das Vertragsobjekt für eine bestimmte Dauer ab Bezugsfertigkeit zu verwalten.

– Soweit der Bauherr im Jahre des Baubeginns oder in den folgenden Jahren bis zum Ablauf der Vermietungsperiode Werbungskosten bei seinem Finanzamt geltend machen will, wird der Betreuer ihn hierbei durch Beibringung von Unterlagen und Nachweisen unterstützen.

– Der Betreuer garantiert dem Bauherrn die Vermietung des Vertragsobjekts.

Der Betreuer kann für seine Leistungen erhalten:

a) eine Gebühr für die Prüfung der vorläufigen Baupläne und für deren Anpassung an die Erfordernisse einer guten Vermietbarkeit sowie für die Bautenstandsberichte an den Bauherrn;

b) eine Gebühr für die Verwaltungs- und Treuhandtätigkeit bis zur Bezugsfertigstellung;

c) eine Gebühr für die wirtschaftliche Betreuung;

d) eine Garantieprovision für die Eigenkapitalbeschaffung;

e) eine Gebühr für die Vermittlung der Zwischenfinanzierung und für die Vermittlung der Endfinanzierung, eine Bearbeitungsgebühr für die Fremdfinanzierung;

f) eine Provision für die erste Vermietung des Hauses;

g) eine Vergütung für die Vermietungsgarantie;

h) eine Gebühr für die Verwaltung des Vertragsobjektes.

Der Leistungsumfang der wirtschaftlichen und/oder technischen Baubetreuung kann – je nach Interessenlage – von Fall zu Fall unterschiedlich sein.

(2) Bei der Baubetreuung handelt es sich grundsätzlich nicht um eine einheitliche Leistung. Vielmehr wird im allgemeinen eine Mehrheit selbständiger Leistungen vorliegen. Eine einheitliche Leistung ist umsatzsteuerrechtlich nur dann anzunehmen, wenn die einzelnen Faktoren so ineinandergreifen, daß sie bei natürlicher Betrachtung hinter dem Ganzen zurücktreten (BFH-Beschluß vom 18. Dezember 1980 – V B 24/80, BStBl. II 1981 S. 197). Dies ist bei einer Baubetreuung im allgemeinen nicht der Fall. Nach den Grundsätzen, die der BFH in dem Parkplatz-Urteil vom 4. Dezember 1980 – V R 60/79 (BStBl. II 1981 S. 231) und insbesondere in dem Factoring-Urteil vom 10. Dezember 1981 – V R 75/76 (BStBl. II 1982 S. 200) aufgestellt hat, liegt bei der Baubetreuung eine Mehrheit von selbständigen Hauptleistungen vor. Ausgehend von dem Leistungskatalog in dem o. a. BFH-Urteil vom 17. Mai 1984 (vgl.

---

1) Vgl. Abschnitt 29 UStR

Anlage § 003–01

Abs. 1) hat der Baubetreuer sehr verschiedenartige Leistungen zu erbringen. Sie beziehen sich auf den Erwerb des Grundstücks und seine Bebauung, auf die Finanzierung und – nach Abschluß des Bauvorhabens – auf die Vermietung und Verwaltung des Gebäudes.

Die einzelnen Faktoren dienen zwar einem einheitlichen wirtschaftlichen Ziel. Daraus kann jedoch nicht gefolgert werden, daß sie bereits deshalb als einheitliche Leistung angesehen werden müssen. Die im Zusammenhang mit einer Baubetreuung erbrachten Leistungen greifen nicht so ineinander, daß sie bei natürlicher Betrachtung hinter dem Ganzen zurücktreten (s. Abschnitt 29 Abs. 2 UStR). Hinzu kommt, daß der Bauherr es in der Regel in der Hand hat, den Leistungsumfang selbst zu bestimmen, indem er bestimmte Leistungen annimmt, andere jedoch ablehnt, indem über bestimmte Leistungsteile gesonderte Verträge geschlossen und für einzelne Leistungen besondere Entgelte vereinbart werden.

(3) Die Einzelleistungen können auch nicht als unselbständige Nebenleistungen behandelt werden, die das Schicksal der Hauptleistung teilen. Einmal sind die einzelnen Leistungen im Verhältnis zur Hauptleistung (wirtschaftliche oder technische Baubetreuung) nicht nebensächlich. Zum anderen kann auf Grund der unterschiedlichen Vertragsgestaltungen (Abwählbarkeit einzelner Leistungen) auch nicht davon ausgegangen werden, daß sie üblicherweise im Gefolge der Hauptleistung vorkommen (vgl. Abschn. 29 Abs. 3 UStR).

(4) Erbringt der Baubetreuer hiernach eine Mehrheit von einzelnen Leistungen, die umsatzsteuerrechtlich jeweils für sich zu beurteilen sind, so finden auf die einzelnen Leistungen auch die Vorschriften über die Steuerbefreiungen (§ 4 UStG) und die Steuersätze (§ 12 UStG) Anwendung. Ob die Voraussetzungen für die Inanspruchnahme einer Steuerbefreiung (z. B. nach § 4 Nr. 8a UStG für die Kreditvermittlung und nach § 4 Nr. 8g UStG für die Bürgschaftsübernahme) vorliegen, ist nach den Verhältnissen des Einzelfalles zu beurteilen. Die steuerpflichtigen Leistungen eines Baubetreuers unterliegen grundsätzlich gem. § 12 Abs. 1 UStG der Umsatzsteuer nach dem allgemeinen Steuersatz.

Anlage § 003–02

Umsatzsteuerliche Behandlung von Leistungen der Volksbühnen- und Theatergemeinden-Vereine [1]

BMF-Schreiben vom 07.07.1989 – IV A 2 – S 7110 – 37/89,
UVR 1989 S. 349 [2]

Sie haben vorgetragen, die Einnahmen der Besucherorganisationen – Theatergemeinden und Volksbühnen-Vereine – würden von den Finanzämtern zur Zeit unterschiedlich behandelt, und zwar zum einen als nicht steuerbare Mitgliederbeiträge oder als durchlaufende Posten im Zusammenhang mit Vermittlungsleistungen, zum anderen aber auch als (anteilige) Entgelte für Vermittlungsleistungen, in Einzelfällen als Entgelte für steuerfreie Leistungen im Sinne des § 4 Nr. 20 UStG. Ihr Bestreben geht dahin, eine Gleichbehandlung der Leistungen aller Besucherorganisationen zu ereichen und dabei die Umsatzbesteuerung entweder ganz zu vermeiden oder äußerst gering zu halten. Die aufgetretenen Fragen sind in einer Sitzung mit den obersten Finanzbehörden der Länder eingehend erörtert worden. Dabei wurde festgestellt, daß die im Einzelfall von den Finanzämtern zu beurteilenden Sachverhalte in ihrer rechtlichen und tatsächlichen Gestaltung sehr vielfältig sind. Die Erörterung mußte sich daher auf die umsatzsteuerliche Behandlung der Leistungen beschränken, die bei der Mehrzahl der Besucherorganisationen im Vordergrund stehen. Dies sind die sog. *Eigenveranstaltungen* und die *Beschaffung von Eintrittskarten* für Veranstaltungen.

1. Tritt eine Besucherorganisation bei der Durchführung von Konzerten, Theateraufführungen und dgl. *selbst als Veranstalter* auf, so gelten die allgemeinen Grundsätze der Umsatzbesteuerung. Unter den Voraussetzungen des § 4 Nr. 20 Buchst. b UStG kommt für diese Veranstaltungen Steuerfreiheit in Betracht.

2. Beschafft eine Besucherorganisation Eintrittskarten für kulturelle, nicht eigene Veranstaltungen, hängt die umsatzsteuerliche Beurteilung der Leistung – je nach Satzung und sonstiger Gestaltung der Rechts- und Leistungsbeziehungen – von den Umständen des Einzelfalls ab:

   a) Soweit die Besucherorganisation zur Erfüllung ihrer den Gesamtbelangen sämtlicher Mitglieder dienenden satzungsmäßigen Gemeinschaftszwecke tätig werden und dafür Beiträge (Mitglieder-Aufnahmebeitrag, jährlicher Grundbeitrag) erheben, die dazu bestimmt sind, ihr die Erfüllung dieser Aufgaben zu ermöglichen, fehlt es an einem entgeltlichen Leistungsaustausch mit dem Mitglied.

   b) Bewirkt eine Besucherorganisation Leistungen, die zum Teil den Einzelbelangen, zum Teil den Gesamtbelangen der Mitglieder dienen, und werden hierfür Beitragszahlungen eingesetzt, so sind die Beitragszahlungen – wie auch bei anderen Vereinen – in Entgelte für steuerbare Leistungen und in echte Mitgliederbeiträge aufzuteilen (vgl. Urteil des Bundesfinanzhofs – BFH – vom 22. November 1963, Bundessteuerblatt – BStBl. – 1964 III S. 147).

Die jeweilige Besucherorganisation bewirkt mit der *Beschaffung von verbilligten Eintrittskarten* zu Theateraufführungen und dgl. grundsätzlich Sonderleistungen an ihre Mitglieder. Die Besucherorganisation kann diese Leistungen je nach Gestaltung ihrer Satzung und Geschäftsordnung einerseits sowie der Rahmenverträge mit den Theatern andererseits, im eigenen oder im fremden Namen an ihre Mitglieder weitergeben. Davon wird die Entscheidung beeinflußt, in welchem Umfang die Zahlungen als Entgelte der Umsatzsteuer zu unterwerfen sind.

aa) Vermittlungsleistungen

Bei Annahme eines Vermittlungsverhältnisses sind alle etwaigen Zahlungen, die die Besucherorganisation für *ihre Tätigkeit* vereinbart (insbesondere die Provisionen), umsatzsteuerbares Leistungsentgelt der Besucherorganisation. Die Annahme von Vermittlungsleistungen setzt voraus, daß der Unternehmer *in fremdem Namen* und für fremde Rechnung tätig wird. Ein Handeln in fremdem Namen ist anzunehmen, wenn dem Leistungsempfänger beim Abschluß des Umsatzgeschäfts nach den Umständen des Falles bekannt ist, daß er zu einem Dritten in unmittelbare Rechtsbeziehungen tritt (vgl. BFH-Urteil vom 21. Dezember 1965, BStBl. 1966 III S. 162).

Handeln in fremdem Namen bedeutet, daß die Besucherorganisation erkennbar im Namen des Veranstalters tätig wird, d. h. nicht selbst als Veranstalter erscheint. Dem Mitglied muß ersichtlich sein, daß es zum Veranstalter der angebotenen Aufführung in unmittelbare Rechtsbeziehungen tritt.

---

1) Hinweis auf Anlage § 004 Nr. 20–01
2) Siehe auch Anlage § 004 Nr. 20–05

Für die Annahme eines Handelns in fremdem Namen ist wesentlich, daß der Wille der Beteiligten (Veranstalter/Besucherorganisation/Mitglied) auf die Vermittlung durch die Besucherorganisation gerichtet ist. Ein Handeln der Besucherorganisation für fremde Rechnung ist z. B. gegeben, wenn sie über die von ihr erzielten Provisionen den Veranstaltern Rechnung legt und ein unternehmerisches Risiko für die Besucherorganisation nicht besteht. Erzielt die Besucherorganisation *Minusprovisionen,* ist ein Handeln für fremde Rechnung ausgeschlossen. Die Besucherorganisation trägt ein unternehmerisches Risiko, wenn sie Eintrittskarten, für die ein Mitglied nicht zu zahlen verpflichtet ist (bei rechtzeitiger Rückgabe), nicht selbst weiter vermitteln und auch nicht dem Veranstalter zurückgeben kann.

bb) Besorgungsleistungen

Die tatsächlichen Verhältnisse bei der Beschaffung von Eintrittskarten können im Einzelfall so gestaltet sein, daß umsatzsteuerrechtlich eine Besorgungsleistung angenommen werden kann. Nach § 3 Abs. 11 UStG liegt eine Besorgung vor, wenn ein Unternehmer (die Besucherorganisation) für Rechnung eines anderen (des Mitglieds) in eigenem Namen Leistungen *durch* einen Dritten (das Theater) erbringen läßt („Leistungseinkauf"). Eine Besorgung liegt nicht vor, wenn ein Unternehmer für Rechnung eines anderen in eigenem Namen Leistungen *an* einen Dritten erbringt („Leistungsverkauf"). Die für die besorgte Leistung geltenden Vorschriften sind auf die Besorgungsleistung entsprechend anzuwenden. Danach sind die sachbezogenen umsatzsteuerlichen Merkmale der besorgten Leistung auch für die Besorgungsleistung maßgebend. Sind bei entsprechender Gestaltung der Rechtsbeziehungen zu den Mitgliedern Besorgungsleistungen i. S. des § 3 Abs. 11 UStG anzunehmen, dann ist die Leistung der Besucherorganisation bei der Beschaffung von Eintrittskarten zu Veranstaltungen der mit ihren Leistungen nach § 4 Nr. 20 UStG steuerfreien Theater usw. ebenfalls steuerfrei.[1]

---

1) Beachte Neuregelung des § 3 Abs. 11 UStG ab 01.01.2004

Anlage § 003–03

Besorgungsleistungen bei Optionen auf Warenterminkontrakte (§ 3 Abs. 11 UStG)

BMF-Schreiben vom 12.07.1989 – IV A 2 – S 7110 – 40/89,
UR 1989 S. 293

Im Einvernehmen mit den obersten Finanzbehörden der Länder vertrete ich zu dem von Ihnen übermittelten Einzelsachverhalt in der Verfügung der OFD Saarbrücken vom 13.11.1987 – S 7110 – 18 – St 24 1 (UR 1988, 96) folgende Auffassung, die kein Präjudiz für andere Sachverhalte in ähnlich gelagerten Fällen darstellt:

Ich teile die Auffassung der OFD Saarbrücken, daß eine einheitliche Besorgungsleistung des Geschäftsbesorgers nach § 3 Abs. 11 UStG anzunehmen ist. Er besorgt für Rechnung der Anleger eine sonstige Leistung nach § 3 Abs. 9 UStG, den Einkauf der Vermittlungsleistung des auswärtigen Brokers. Damit sind die Voraussetzungen des Leistungseinkaufes nach Abschn. 32 Abs. 1 UStR gegeben mit der Folge, daß die Besorgungsleistung insgesamt nicht steuerbar ist. Die Leistung des Geschäftsbesorgers dürfte umsatzsteuerlich im Normalfall einheitlich zu beurteilen sein, da auch das Zivilrecht grundsätzlich von einem einheitlichen Vertrag ausgeht. Wenn allerdings im Einzelfall die weiteren Leistungen des Geschäftsbesorgers zivilrechtlich so gewichtig sind, daß ein weitergehender Vertrag oder ein weiterer Vertrag sui generis neben dem eigentlichen Geschäftsbesorgungsvertrag anzunehmen ist, kommt eine andere Beurteilung in Betracht. Ob dies im Fall des Beschlusses des FG Düsseldorf vom 26.11.1987 so gewesen ist, vermag ich nicht abschließend zu beurteilen.[1)]

Zu den weiteren von Ihnen aufgeworfenen Fragen vertrete ich folgende Auffassung:

a) Vorsteuer

Vermittelt ein im Außengebiet ansässiger Unternehmer (Broker) den An- und Verkauf von an ausländischen Börsen gehandelten Optionen auf Warenterminkontrakte, so wären diese Leistungen – im Falle ihrer Steuerbarkeit – nach § 4 Nr. 5 Buchst. c UStG steuerfrei, weil Umsätze vermittelt werden, die ausschließlich im Außengebiet bewirkt werden. Unter die Steuerbefreiung des § 4 Nr. 8c UStG fallen nur die dort genannten Umsatzgeschäfte mit Geldforderung. Dazu gehören auch die Optionsgeschäfte mit Devisen (Abschn. 60 Abs. 4 UStR 1988).

Ich teile daher die Auffassung der OFD Saarbrücken, daß bei Vorliegen der Voraussetzungen des § 15 Abs. 1 UStG der Vorsteuerabzug, der in wirtschaftlichem Zusammenhang mit der nicht steuerbaren Besorgungsleistung beim Geschäftsbesorger (und beim Broker) steht, unberührt bleibt (§ 15 Abs. 3 Nr. 2 Buchst. a UStG).

b) Offene Vermittlung

Die Leistung der für die Broker oder Vermittler tätig werdenden Handelsvertreter, introducing brokers oder selbständigen Verkäufer-Berater (offene Vermittler) besteht m. E. – wenn der Wille, im fremden Namen zu handeln und unmittelbare Rechtsbeziehungen zwischen dem leistenden Unternehmer (z. B. Broker) und dem Leistungsempfänger (Anleger) herzustellen, den Beteiligten gegenüber deutlich zum Ausdruck kommt – in der Vermittlung von Besorgungsleistungen der Geschäftsbesorger. Hierfür erhalten sie von letzteren Provisionen. Die Provisionen sind m. E. steuerbar, da der Ort der Leistung der offenen Vermittler im Erhebungsgebiet liegt (§ 3a Abs. 1 UStG).

Da – wie zuvor ausgeführt – der Ort der Besorgungsleistung der Geschäftsbesorger nach § 3 Abs. 11 in Verbindung mit § 3a Abs. 1 UStG jedoch im Außengebiet liegt und den Geschäftsbesorgern die Leistungen der offenen Vermittler handelsrechtlich zuzurechnen sind, vermitteln diese in der Sachverhaltsgestaltung der OFD Saarbrücken Umsätze, die ausschließlich im Außengebiet bewirkt werden. Die Umsätze sind dann meines Erachtens ebenfalls nach § 4 Nr. 5 Buchst. c UStG steuerfrei. Ich teile im Ergebnis Ihre Auffassung.

---

1) Beachte Neuregelung des § 3 Abs. 11 UStG ab 01.01.2004 sowie Abschn. 32 UStR 2005/2008

Anlage § 003–04

Garantieversprechen im Agenturgeschäft mit Kraftfahrzeugen

OFD Koblenz, Vfg. vom 25.01.1990 – S 7110 A – St 51 2,
UVR 1990 S. 126; UR 1990 S. 163

Es ist gefragt worden, ob die Übernahme einer (begrenzten) Garantie für Gebrauchtfahrzeuge durch den Agenten unschädlich für die Annahme einer Agentur sei und ob die in den „Allgemeinen Geschäftsbedingungen" in der Fassung der Bekanntmachung Nr. 80/88 vom 18. August 1988 des Bundeskartellamtes (s. auch Anlage zu BMF-Schreiben vom 10.11. 1988 aufgezählten Garantien als „begrenzte Garantien" i. S. des BFH-Urteils vom 29. September 1987 (BStBl. 1988 II S. 153 ff.) angesehen werden können.

Ich bitte dazu folgende Auffassung zu vertreten:

In dem o. g. Urteil des BFH wurde entschieden, daß die Übernahme einer (begrenzten) Garantie auf den Motor eines Pkw's für sich gesehen nicht agenturschädlich ist.

Der BFH unterscheidet im Urteilsfall die Agentur vom Eigengeschäft – unabhängig vom Vorliegen eines Garantieversprechens. Es wird zutreffend darauf abgestellt, ob dem mit der Vermittlung des Kfz betrauten Händler Substanz, Wert und Ertrag an dem Liefergegenstand zugewendet werden kann oder nicht. Entscheidend ist damit, ob der beauftragte Händler ein Kündigungs-/Rückgaberecht hat, oder ob ihm der Pkw endgültig mit vollem Verkaufsrisiko überlassen ist. Im Fall der „reinen Agentur" – wie im Urteilsfall – wird ein Rückgaberecht des Händlers wohl eher anzunehmen sein als in den Fällen, in denen der Auftraggeber zugleich einen Neuwagen erwirbt.

Steht am Ende dieser Prüfung fest, daß ein endgültiger Bindungswille der Parteien noch nicht erkennbar ist, so führt die Übernahme der gegenständlich und zeitlich begrenzten Gewährleistung für sich allein nicht dazu, die umsatzsteuerlichen Leistungbeziehungen abweichend vom bürgerlichrechtlichen Zuordnungsprinzip des § 164 Abs. 1 BGB zu beurteilen (vgl. BFH a. a. O., S. 155, letzter Satz). D. h., der BFH wertet die (begrenzte) Garantiezusage im Rahmen seiner Prüfung nicht einmal als Indiz.

Die in den „Allgemeinen Geschäftsbedingungen" aufgezählten Garantien beschränken sich auf die wesentlichen Aggregate eines Pkw: Motor, Getriebe, Antriebswellen und -gelenke, Bremsen, Kraftstoffanlage, elektrische Anlage. Der Käufer hat sich an evtl. auftretenden Schäden innerhalb der Garantiefrist von einem Jahr entsprechend der Kilometerleistung des Fahrzeugs kostenmäßig zu beteiligen. Diese begrenzten Garantien sind vergleichbar mit der Motorgarantie des dem BFH-Urteil a.a.O. zugrunde liegenden Falles.

Die Übernahme der in den „Allgemeinen Geschäftsbedingungen" dargelegten Garantiezusagen durch den vermittelnden Händler ist deshalb für die Annahme eines Agenturverhältnisses unschädlich.

Anlage § 003–05

Zeitpunkt der Lieferung bei der Verwertung von Sicherungsgut (§ 3 Abs. 1 UStG)

OFD Koblenz, Vfg. vom 10.10.1990 – S 7100 A – St 51 2,
UR 1991 S. 30

Bei der Sicherungsübereignung erlangt der Sicherungsnehmer zu dem Zeitpunkt, in dem er von seinem Verwertungsrecht Gebrauch macht, auch die Verfügungsmacht über das Sicherungsgut. Gemäß Abschn. 2 Abs. 1 Satz 1 UStR liegen in diesem Zeitpunkt zwei Lieferungen vor, nämlich vom Sicherungsgeber an den Sicherungsnehmer und von diesem an einen Dritten.

Diese Grundsätze gelten nur für den Regelfall. Im Regelfall erlangt der Sicherungsnehmer erst mit dem Beginn der Veräußerung die Verfügungsmacht über das Sicherungsgut, also mit der rechtlich bindenden Offerte an den Dritten (vgl. Ziff. 1 des BFH-Urteils vom 20.7.1978 – V R 2/75, BStBl. 1978 II, 684 = StRK UStG 1967 § 3 Abs. 1 R. 6 = UR 1978/7).

Unter den Bedingungen des Konkursverfahrens können jedoch Fallgestaltungen auftreten, in denen der Zeitpunkt der Lieferung vom Sicherungsgeber an den Sicherungsnehmer und der Lieferung durch den Sicherungsnehmer auseinanderfallen. Es handelt sich dabei um die Fälle, in denen der Konkursverwalter die zur Sicherung übereigneten Gegenstände aus eigener Initiative (vgl. § 127 Abs. 2 KO) oder auf Anforderung des Sicherungsnehmers an diesen zur Verwertung freigibt. Hier bewirkt der Konkursverwalter die Lieferung an den Sicherungsnehmer – im Gegensatz zu der für den Regelfall geltenden Beurteilung – nicht erst im Zeitpunkt der Veräußerung des Sicherungsgutes durch den Sicherungsnehmer, sondern bereits mit der Freigabe. Der Konkursverwalter bringt mit dieser Handlung kraft der ihm gem. § 6 Abs. 2 KO eingeräumten Verfügungsmacht rechtlich bindend zum Ausdruck, daß er auf das dem Sicherungsgeber (Gemeinschuldner) im Sicherungsvertrag bis zur Verwertung vorbehaltene Recht auf Auslösung des Sicherungsgutes verzichtet, und räumt damit dem Sicherungsnehmer die volle Verfügungsmacht unwiderruflich ein (vgl. dazu Ziff. 2 B des o.g. BFH-Urteils vom 20.7.1978). Diese Rechtsauffassung hat der BFH in seinen Urteilen vom 4.6.1987 – V R 57/79 zu II 2 A – (BStBl. 1987 II, 741 = StRK UStG 1967 § 3 Abs. 1 R, 14 = UR 1987, 288) und vom 24.9.1987 – VR 196/83 – zu II C (BStBl. 1987 II, 873 = StRK UStG 1967 § 3 Abs. 1 R. 15 = UR 1988, 48) bestätigt.

Ergänzend weise ich darauf hin, daß es sich bei der Umsatzsteuer, die bei der Lieferung des Sicherungsgebers (Konkursverwalter) an den Sicherungsnehmer nach Konkurseröffnung entsteht, um Massekosten i. S. von § 58 Nr. 2 KO handelt.

Anlage § 003–06

Umsatzsteuer bei Leasinggeschäften (§§ 3, 10 und 13 UStG)

OFD Hamburg, Vfg. vom 15.09.1991 – S 7100 – 116/91 – St 23,
UR 1991 S. 327[1)]

1. Allgemeines

Die Umsatzsteuerrichtlinien geben in Abschn. 25 Abs. 4 den Hinweis, daß die Übergabe eines Leasinggegenstandes durch den Leasinggeber an den Leasingnehmer eine Lieferung ist, wenn der Leasinggegenstand einkommensteuerrechtlich dem Leasingnehmer zuzurechnen ist. Auf das BFH-Urteil vom 1.10.1970 (BStBl. 1971 II, 34) ist verwiesen.

Die grundlegenden ertragsteuerlichen Regelungen zu Leasingverträgen finden sich in den BMF-Schreiben vom 19.4.1971 (BStBl. I 1971, 264) für bewegliche Wirtschaftsgüter und vom 21.3.1972 (BStBl. I 1972, 188) bzw. vom 9.6.1987 (BStBl. I 1987, 440) für unbewegliche Wirtschaftsgüter. Diese Regelungen sind durch BMF-Schreiben vom 22.12.1975 (BB 1976, 72; s. Hinweis in OFD-Vfg. vom 17.5.1976 – S 2522 – 1/76 – St 21 – Tz. III, 4) für Teilamortisationsmodelle ergänzt worden.

Die umsatzsteuerliche Einordnung als Lieferung oder sonstige Leistung der in den BMF-Schreiben beschriebenen Modelle ergibt sich für bewegliche Wirtschaftsgüter aus der nachstehenden Übersicht (Abkürzungen: ND = betriebsgewöhnliche Nutzungsdauer, GMZ = Grundmietzeit).

Vollamortisationsmodell

Vertragstyp	Einordnung	als
ohne Kauf- oder Mietverlängerungsoption	– GMZ kürzer als 40% der ND – GMZ länger als 90% der ND	Lieferung
	– GMZ zwischen 40% und 90% der ND	sonst. Leistung
mit Kaufoption	– GMZ kürzer als 40% oder länger als 90% der ND	Lieferung
	– GMZ zwischen 40% und 90% der ND und Optionskaufpreis entspricht dem linearen Restbuchwert bzw. dem niedrigeren gemeinen Wert	sonst. Leistung
mit Mietverlängerungs-option oder Fortsetzungs-vereinbarung	– GMZ kürzer als 40% oder länger als 90% der ND	Lieferung
	– GMZ zwischen 40% und 90% der ND und Anschluß-miete entspricht dem Wertverzehr des linearen Restbuchwerts bzw. des niedrigeren gemeinen Wertes	sonst. Leistung
	Liegt die Miete darunter:	Lieferung

Teilamortisationsmodell

ohne Kauf- oder Mietverlängerungsoption	mit Andienungsrecht des Leasinggebers	sonst. Leistung
Kündbarer Mietvertrag	mit Anrechnung des Veräußerungs-erlöses auf die vom Leasingnehmer zu leistende Schlußzahlung	sonst. Leistung
mit Aufteilung des Verkaufserlöses nach Ablauf der Grundmietzeit	wenn der Leasinggeber zu 25% oder mehr am Überschuß des gesamten Veräußerungspreises über die Restamortisation beteiligt ist	sonst. Leistung
	wenn der Leasinggeber zu weniger als 25% beteiligt ist	Lieferung

Spezialleasing

Unabhängig vom Vertragstyp		Lieferung

---

1) Siehe auch BMF vom 20.02.2006, DB 2006 S. 477

Anlage § 003–06

Beim Leasing *unbeweglicher Wirtschaftsgüter* liegt in aller Regel eine sonstige Leistung vor; ertragsteuerlich ist das Leasing dieser Wirtschaftsgüter nur vorteilhaft, wenn das Wirtschaftsgut dem Leasinggeber zugerechnet wird (vgl. Gabele/Kroll, Grundlagen des Immobilien-Leasing, DB 1991, 241).

2. Änderungen der Leasingbedingungen während der Laufzeit des Vertrages

   Werden während der Vertragslaufzeit die Leasingbedingungen geändert und ist als Ergebnis der Änderung der Leasinggegenstand anders zuzuordnen, wird aus einer sonstigen Leistung eine Lieferung. Aus einer Lieferung kann eine sonstige Leistung nur werden, wenn die Lieferung rückabgewickelt ist. Dabei ist die Vorschrift des § 17 Abs. 2 Ziff. 3 UStG zu beachten.

3. Bemessungsgrundlage

   Im Fall einer Lieferung ergibt sich das Entgelt aus der Summe der Leasingraten, bei einer Kaufoption zuzüglich des vereinbarten Kaufpreises bei einer Mietverlängerungsoption zuzüglich der vereinbarten Leasingverlängerungsraten bis zum Ablauf der voraussichtlichen Nutzungsdauer (BFH vom 1.10.1970 – V R 49/70, BStBl. 1971 II, 34). Ist die Überlassung des Leasinggegenstandes als sonstige Leistung einzuordnen, bestimmt sich das Entgelt nach der Leasingrate, die für eine Leasingperiode in der Regel einen Monat, vereinbart worden ist.

   Erhält der Leasinggeber bei Rückgabe des Gegenstandes zusätzlich eine als Entschädigung für Wertminderung bezeichnete Zahlung, ist diese als Nutzungsentgelt anzusehen, wenn sie auf schlechten Erhaltungszustand des Gegenstandes gestützt wird. Von einem schlechten Erhaltungszustand ist auszugehen, wenn der Leasinggegenstand, weil die Nutzung intensiver als vorgesehen war, den kalkulierten Restwert nicht erreicht. Die Zahlung ist Schadenersatz, beruht also nicht auf einer steuerbaren Leistung des Leasinggebers, wenn der Leasinggeber an dem Gegenstand einen Schaden (bei einem Fahrzeug z. B. Unfallschaden) beseitigen lassen muß.

4. Entstehung der Steuer

   Bei einer Lieferung entsteht die Steuer, sobald die Verfügungsmacht am Leasinggegenstand verschafft wird. Bei einer sonstigen Leistung entsteht die Steuer jeweils mit Ablauf des periodischen Voranmeldungszeitraums, für den die Leasingrate zu entrichten ist (Abschn. 177 Abs. 4 UStR).

5. Vorsteuerabzugsberechtigung
   - beim Leasinggeber: Ausschluß des Vorsteuerabzugs, wenn der Leasinggegenstand ein Grundstück o.ä. ist und steuerfrei nach § 4 Nr. 12a und b UStG dem Leasingnehmer überlassen wird: eine steuerfreie Überlassung nach § 4 Nr. 9a UStG kommt beim Leasing nicht in Betracht (vgl. Kempke, BB 1986, 641).
   - beim Leasingnehmer: Es gelten die allgemeinen Ausschlußgrundsätze.

6. Auszahlung von Vorsteuerüberschüssen

   Die Leasinggeber refinanzieren sich in der Regel über Banken und treten zur Sicherheit oder im Wege der Forfaitierung den Anspruch auf die Leasingraten an die refinanzierende Bank ab. Vor Auszahlung von Vorsteuerüberschüssen ist zu prüfen, ob der Leasinggeber die Zahlung der Umsatzsteuer aus den künftig anfallenden Leasingraten sichergestellt hat.

7. Entstehend der Steuer bei Abtretung der Leasingraten

   Überträgt der Leasinggeber seinen Anspruch auf die Leasingraten durch Verkauf (z. B. im Wege der Forfaitierung) an einen Dritten gegen Entgelt, so hat dieser Vorgang keine Bedeutung für die Entstehung der Umsatzsteuer aus der Leasingleistung. Das Entgelt für den Verkauf tritt nicht an die Stelle der Bemessungsgrundlage für den Umsatz aus dem leasingweise überlassenen Gegenstand (vgl. Abschn. 177 Abs. 4 UStR).

8. Vorzeitige Beendigung von Leasingverträgen

   Bei der Zahlung, die ein Leasingnehmer im Falle vorzeitiger Beendigung eines Leasingvertrags an den Leasinggeber zu leisten hat, ist zu unterscheiden zwischen Fällen, in denen der Kündigung durch den Leasinggeber eine Pflichtverletzung des Leasingnehmer zugrunde liegt und anderen Fällen vorzeitiger Vertragsbeendigung.

   Zahlungen, die der Leasingnehmer infolge pflichtwidrigen Handelns zu leisten hat, sind entsprechend der zivilrechtlichen Beurteilung als nicht steuerbarer Schadensersatz anzunehmen (vgl. BFH-Urteil vom 11.2.1987, BB 1987, 1349).

   In anderen Fällen vorzeitiger Vertragsbeendigung – insbesondere bei einvernehmlicher Aufhebung des Vertrages – stellen Ausgleichszahlungen des Leasingnehmers Gegenleistungen im Rahmen eines steuerbaren Leistungsaustauschs dar; denn sie werden dafür geleistet, daß die andere Vertragspartei in die vorzeitige Auflösung des Vertragsverhältnisses einwilligt (vgl. auch Vfg. vom 9.12.1981 S 7100 – 61/81 – St 34 zur vorzeitigen Auflösung von Mietverhältnissen, UR 1982, 35).

Anlage § 003–06

9. Konkurs des Leasingnehmers

   Sowohl der Leasinggeber als auch der Konkursverwalter sind berechtigt, das Leasingverhältnis zu kündigen. Kündigt der Konkursverwalter, dann ist der Leasinggeber berechtigt, Ersatz des ihm durch die Aufhebung des Leasingvertrages entstehenden Schadens zu verlangen. Umsatzsteuerlich ist dieser Fall wie die vorzeitige Beendigung eines Leasingvertrages zu behandeln; vgl. Ziff. 8.

10. Konkurs des Leasinggebers

    Im Konkurs des Leasinggebers bleibt der Vertrag mit dem Leasingnehmer gem. § 21 Konkursordnung wirksam.

    In der Regel gehört der Anspruch auf die Leasingraten nicht mehr zur Konkursmasse. Diesen Anspruch hat der Leasinggeber (im Wege des Factoring oder der Forfaitierung oder auch nur sicherungshalber) regelmäßig an das den Leasinggeber finanzierende Institut abgetreten. Das Kreditinstitut hat sich zur Sicherung des Anspruchs auf die Leasingraten außerdem das Sicherungseigentum an den Leasinggegenständen einräumen lassen. In der Konkursmasse befindet sich daher allenfalls ein Anspruch auf Rückübereignung der Leasinggegenstände nach Erfüllung der Ratenverpflichtungen des Leasingnehmers.

    Es kommt vor, daß Konkursverwalter einen Interessenten für die Leasingverträge finden, der die Verpflichtungen aus den Verträgen übernimmt (in der Regel sind darin auch Wartungsverpflichtungen enthalten) und dem die Verträge gegen Zahlung eines Entgelts übertragen werden. Der Interessent übernimmt in aller Regel auch die Rückgewähransprüche des Leasinggebers gegenüber den Kreditinstituten.

    Solche Maßnahmen des Konkursverwalters zur Verwertung der Leasingverträge ändern nichts daran, daß der bisherige Leasinggeber bzw. sein Konkursverwalter die Leasinggegenstände aufgrund des weiterhin gem. § 21 Konkursordnung wirksamen Vertrages an die Leasingnehmer überläßt. Um seine Leistungspflicht zu erfüllen, bedient sich der Konkursverwalter der Vertragsübernehmer, die ihm gegenüber verpflichtet sind, die Verpflichtungen des Leasinggebers gegenüber dem bisherigen Leasingnehmer zu erfüllen. Es liegt daher je ein Leistungsverhältnis von dem neuen Leasinggeber an den Konkursverwalter und von diesem an den bisherigen Leasingnehmer vor. Eine direkte Leistungsbeziehung zwischen den neuen Leasinggebern und den bisherigen Leasingnehmern wird es regelmäßig nicht geben, da für die Leasingnehmer kein Interesse an der Vertragsübernahme durch einen neuen Leasinggeber besteht und sie daher der Vertragsübernahme nicht zustimmen werden.

    Umsatzsteuerlich tritt durch den Konkurs des Leasinggebers keine Änderung der Leistungsbeziehungen ein. Der Konkursverwalter schuldet die Umsatzsteuer aus der Überlassung der Leasinggegenstände zu Lasten der Masse.

    Die Leistungsbeziehung zwischen dem neuen Leasinggeber und dem Konkursverwalter ist daneben getrennt zu werten. Entgelt für die Übernahme der Verträge ist nicht nur die an den Konkursverwalter geleistete Zahlung, sondern auch die Verpflichtung zur Gebrauchsüberlassung der Leasinggegenstände.

    Verwertet das finanzierende Kreditinstitut die sicherungsübereigneten Leasinggegenstände, entfällt für den Konkursverwalter die Möglichkeit, seiner Verpflichtung zur Überlassung der Leasinggegenstände an die Leasingnehmer weiter nachzukommen. Die Leasingnehmer sind dann auf Schadensersatzansprüche an die Konkursmasse angewiesen. Wenn die Bank, indem sie einen neuen Leasinggeber einschaltet, die Gegenstände neu verleast, werden auch umsatzsteuerrechtlich neue Leistungsbeziehungen zwischen dem Leasinggeber und Leasingnehmer begründet.

    Bei der Verwertung der Leasinggegenstände durch die Bank gilt für die umsatzsteuerrechtliche Behandlung die OFD-Verfügung vom 19.12.1989 – S 7340 – 9/89 – St 23 – (UR 1990, 402). Diese Sachverhaltsgestaltung kommt insbesondere beim Immobilien-Leasing in Betracht. Denn hierbei ist gem. § 21 Abs. 2 Konkursordnung die Abtretung der Leasingraten für die Zeit nach dem Monat der Konkurseröffnung nicht wirksam. In diesen Fällen steht der Anspruch auf die Leasingraten der Konkursmasse zu. Die Abtretung an ein finanzierendes Kreditinstitut geht ins Leere. Das Kreditinstitut ist berechtigt, die ihm sicherungsweise übertragenen Leasinggegenstände zu verwerten. Dies geschieht in der Regel in der Weise, daß die Gegenstände vom Konkursverwalter an einen neuen Leasinggeber veräußert werden, der die Leasingverträge mit den bisherigen Leasingnehmern dann fortsetzt. Das Verwertungsgeschäft über die Leasinggegenstände ist nach den üblichen Regeln zu behandeln. Es ist also davon auszugehen, daß ein Umsatz vom bisherigen Leasinggeber (= Konkursmasse) an die finanzierende Bank und von dieser an den neuen Leasinggeber vorliegt. Die Überlassung der Leasinggegenstände vom neuen Leasinggeber an den bisherigen Leasingnehmer ist wie ein Neugeschäft zu beurteilen.

Anlagen § 003–07 nicht belegt, § 003–08

Umsatzsteuerrechtliche Behandlung des Holzverkaufs durch Forstämter

OFD Hannover, Vfg. vom 18.09.1997 – S 7119 – 16 – StH 532 / S 7119 – 5 – StO 335, UVR 1998 S. 171 [1]

Beim Holzverkauf werden die Holzeinschlagsarbeiten in der Regel durch den Käufer oder einen vom Käufer beauftragten Dritten übernommen. Für die umsatzsteuerliche Behandlung ist die vertragliche Gestaltung entscheidend.

Einerseits kann das Holz „auf dem Stock" verkauft werden. Bei dieser Vertragsgestaltung erlangt der Käufer bereits vor dem Einschlag Verfügungsmacht an dem Holz. Die Einschlagsarbeiten sind kein Bestandteil des Leistungsaustausches, weshalb sich keine umsatzsteuerlichen Probleme ergeben.

Andererseits kann aber auch das geschlagene Holz Gegenstand der Lieferung sein, wobei die Einschlagsarbeiten im Kaufvertrag an den Käufer oder einen Dritten übertragen werden (sog. Selbstwerbeverträge). Derartige Verträge werden beim Holzverkauf durch staatliche Forstämter in Niedersachsen abgeschlossen.

In diesen Verträgen kauft der Käufer eine bestimmte Holzmenge und verpflichtet sich durch einen Zusatzvertrag, die Einschlags- und Rückearbeiten durch einen bestimmten dritten Unternehmer durchführen zu lassen. Dieser dritte Unternehmer unterliegt den Weisungen des Forstamtes. Nach Abschluß der Arbeiten wird durch das Forstamt ein Abnahmeprotokoll gefertigt. In dieser Rechnung des Forstamtes werden die dem Käufer vom dritten Unternehmer in Rechnung gestellten Einschlags- und Rückekosten (Aufarbeitungskosten) vom Holzpreis abgezogen. Der Restbetrag zzgl. Umsatzsteuer (5% nach § 24 Abs. 1 Nr. 1 UStG) wird dem Käufer zur Zahlung aufgegeben. Diese Behandlung ist jedoch nicht zutreffend, weil ein tauschähnlicher Umsatz mit Baraufgabe vorliegt. Das Forstamt verkauft das Holz geschlagen und gerückt, was an der Abnahmeabwicklung deutlich wird. Es erhält dafür die Baraufgabe und die Dienstleistungen Schlagen und Rücken. Bemessungsgrundlage für die Lieferung des Forstamtes ist die Baraufgabe zzgl. des Wertes der Dienstleistungen, der in der Regel dem Holzpreis lt. Rechnung vor Abzug der Aufarbeitungskosten entspricht.

Die Forstämter haben demnach die Umsatzsteuer auf den ungeminderten Holzwert abzuführen und können unter den Voraussetzungen des § 15 Abs. 1 bzw. § 24 Abs. 1 Satz 6 UStG die Vorsteuer aus den gegengerechneten Aufarbeitungskosten abziehen. Der Holzkäufer hat die Umsatzsteuer aus den durch die Gegenrechnung weiterberechneten Aufarbeitungskosten abzuführen und kann aus der Rechnung des Forstamtes die Vorsteuer abziehen.

Da bereits Fälle bekanntgeworden sind, in denen Holzkäufer die an die Forstämter erbrachten Aufarbeitungskosten nicht der Umsatzsteuer unterworfen haben, wird gebeten, verstärkt auf derartige Sachverhalte zu achten und ggf. Umsatzsteuer-Sonderprüfungen durchzuführen.

---

1) Hinweis auf BFH-Urteil vom 19.02.2004, BStBl. 2004 II S. 675; siehe Rechtsprechung zu § 3 UStG

Anlagen § 003–09, 10 nicht belegt, § 003–11, § 003–12, 13 nicht belegt

Untentgeltliche Abgabe von Getränken und Genußmitteln zum häuslichen Verzehr an Arbeitnehmer (Haustrunk, Freitabakwaren)

OFD Frankfurt am Main, Vfg. vom 14.09.1999 – S 7100 A – 43 – St IV 10
DB 1999 S. 2290

Zur umsatzsteuerlichen Behandlung der unentgeltlichen Abgabe von Getränken und Genußmitteln zum häuslichen Verzehr an Arbeitnehmer des Unternehmers (insbesondere des Haustrunks im Brauereigewerbe und der Freitabakwaren in der Tabakindustrie) wird folgende Auffassung vertreten:

1. Steuerbarkeit

Die unentgeltliche Abgabe von Getränken und Genußmitteln durch den Arbeitgeber an seine Arbeitnehmer unterliegt nach § 3 Abs. 1b Nr. 2 UStG (bis 31.3.1999 nach § 1 Abs. 1 Nr. 1 Satz 2 Buchst. b UStG) der Umsatzsteuer, sofern keine Aufmerksamkeiten vorliegen. Nichtsteuerbare Aufmerksamkeiten sind in diesem Zusammenhang nur gegeben, wenn der Unternehmer seinen Arbeitnehmern diese Waren zum Verzehr im Betrieb überläßt. Wendet der Unternehmer seinen Arbeitnehmern oder deren Angehörigen diese Sachwerte dagegen zur freien Verfügung außerhalb des Betriebs (zum sog. häuslichen Verzehr) zu, so sind diese Sachzuwendungen umsatzsteuerbar.

2. Bemessungsgrundlage

2.1. Die umsatzsteuerliche Bemessungsgrundlage bestimmt sich in diesen Fällen nach dem Einkaufspreis zuzüglich der Nebenkosten oder mangels eines Einkaufspreises nach den Selbstkosten (§ 10 Abs. 4 Nr. 1 UStG).

Aus Vereinfachungsgründen kann von den nach den lohnsteuerlichen Regelungen in Abschn. 31 Abs. 2 und Abschn. 32 Abs. 2 LStR ermittelten Werten ausgegangen werden. Der lohnsteuerrechtliche Freibetrag nach § 8 Abs. 3 Satz 2 EStG von 2400 DM kann jedoch bei der Ermittlung der umsatzsteuerlichen Bemessungsgrundlage nicht berücksichtigt werden (vgl. Abschn. 12 Abs. 8 Satz 4 UStR).

2.2. Ermittlung der Bemessungsgrundlage beim Haustrunk

Die Bemessungsgrundlage beim Haustrunk richtet sich *grundsätzlich* nach den Selbstkosten i. S. des § 10 Abs. 4 Nr. 1 UStG, sofern die betroffene Brauerei eine *innerbetriebliche Kostenrechnung* erstellt.

Sofern die Selbstkosten jedoch – insbesondere bei kleineren und mittleren Betrieben – nicht ermittelt werden können, weil *keine Kosten- und Leistungsrechnung* vorliegt, ist hilfsweise der Ansatz einer sachgerechten Pauschale zulässig.

Diese beträgt zur Zeit 56 DM pro hl.

Die Verfügungen vom 19.9.1992 und 29.6.1994 (Aktenzeichen w. o.) sind hiermit überholt.

Anlagen § 003–14, § 003–15 nicht belegt, § 003–16

Drittlandsreihengeschäfte

BMF-Schreiben vom 06.07.2000 – IV D 1 – S 7116a – 6/00,
DB 2000 S. 1642

Im Einvernehmen mit den obersten Finanzbehörden der Länder wird zu Drittlandsreihengeschäften wie folgt Stellung genommen:

Die durch das BMF-Schreiben vom 18.04.1997 (BStBl. I 1997 S. 529; DB 1997 Beil. 9) eingeführte Vereinfachungsregelung für Einfuhrfälle im Rahmen von Drittlandsgeschäften wurde unverändert in Abschn. 31a Abs. 16 UStR 2000 übernommen.

Voraussetzung für die Anwendung der Regelung ist, dass der Gegenstand der Lieferungen im Rahmen eines Reihengeschäfts aus dem Drittlandsgebiet in das Inland gelangt und ein Abnehmer in der Reihe oder dessen Beauftragter Schuldner der Einfuhrumsatzsteuer ist. Es bestehen keine Bedenken, wenn über Lieferung an diesen Abnehmer eine Rechnung ohne gesonderten Steuerausweis erteilt wird, auch wenn der Abnehmer oder dessen Beauftragter die Einfuhrumsatzsteuer zum Zeitpunkt der Rechnungserstellung noch nicht entrichtet hat.

Private Nutzung betrieblicher Personalcomputer und Telekommunikationsgeräte durch Arbeitnehmer

BMF-Schreiben vom 11.04.2001 – IV B 7 – S 7109 – 14/01,
BB 2001 S. 1188

Da die Umsatzsteuer als allgemeine Verbrauchsabgabe den gesamten privaten Verbrauch von Waren und Dienstleistungen belasten soll, unterliegt die private Internetnutzung als unentgeltliche Wertabgabe des unternehmerischen Arbeitgebers an den Arbeitnehmer ebenso den Vorschriften des Umsatzsteuerrechts wie z. B. die unentgeltliche Gewährung von Kost, die kostenlose Abgabe von Waren oder die Überlassung eines sog. Firmenwagens. Dabei sind im Umsatzsteuerrecht zwingende EU-rechtliche Vorgaben zu beachten, die eine Regelung wie im Lohnsteuerrecht ausschließen.

Umsatzsteuerrechtlich sind im Wesentlichen drei mögliche Fallgestaltungen zu unterscheiden:

1. Überlassung gegen Entgelt

Stellt der Arbeitgeber die Nutzung betrieblicher Computer oder Telekommunikationsgeräte entgeltlich für Privatzwecke des Arbeitnehmers zur Verfügung, so handelt es sich um einen steuerbaren und steuerpflichtigen Vorgang. Es liegt eine entgeltliche sonstige Leistung des Arbeitgebers an den Arbeitnehmer vor.

2. Überlassung ohne Entgelt

Wenn Arbeitnehmer betriebliche Telekommunikationsgeräte (inkl. PC) kostenlos für ihre Privatzwecke (z.B. privaten Schriftverkehr, privates Internetsurfen) nutzen dürfen, erbringt der Arbeitgeber ihnen gegenüber grundsätzlich steuerbare und steuerpflichtige unentgeltliche Wertabgaben i. S. des § 3 Abs. 9a Umsatzsteuergesetz (UStG). Nach Abschnitt 12 Abs. 4 Umsatzsteuer-Richtlinien (UStR) liegen allerdings nicht steuerbare Leistungen vor, die überwiegend durch das betriebliche Interesse des Arbeitgebers veranlasst sind, wenn die Nutzung betrieblicher Einrichtungen zwar auch die Befriedigung eines privaten Bedarfs der Arbeitnehmer zur Folge haben, diese Folge aber durch die mit der Nutzung angestrebten betrieblichen Zwecke überlagert wird.

Aufmerksamkeiten, die bereits den Tatbestand der unentgeltlichen Wertabgabe nicht erfüllen würden, liegen hier nicht vor.

3. Nutzung gegen den Willen des Arbeitgebers

Wenn der Arbeitnehmer gegen den Willen des Arbeitgebers Telekommunikationsgeräte privat nutzt, fehlt es an der willentlichen Wertabgabe des Arbeitgebers. Es liegt ein nicht steuerbarer Vorgang vor, aus dem ggf. zivil- bzw. arbeitsrechtliche Konsequenzen zu ziehen sind.

Anlage § 003–17

Umsatzsteuerrechtliche Behandlung von Sachleistungen des Unternehmers an das Personal, die unter die „50-Euro-Freigrenze" des § 8 Abs. 2 EStG fallen

OFD Nürnberg, Vfg. vom 23.04.2002 – S 7109 – 2/St 43,
DStR 2002 S. 859

Das EStG enthält in § 8 Abs. 2 Satz 9 EStG eine „50-Euro-Freigrenze", nach der Einnahmen, die nicht in Geld bestehen, ertragsteuerlich außer Ansatz bleiben, wenn die sich ergebenden Vorteile – nach Anrechnung der vom Steuerpflichtigen gezahlten Entgelte – insgesamt 50 Euro (2001: 50 DM) im Kalendermonat nicht übersteigen.

Entsprechend sind Arbeitgeber dazu übergegangen, Arbeitnehmern monatlich Gutscheine auszugeben, die die Arbeitnehmer beispielsweise berechtigen, an einer ortsansässigen Tankstelle für einen entsprechenden Betrag Kraftstoff zu beziehen. Die Tankstelle rechnet die eingelösten Gutscheine anschließend mit dem Arbeitgeber ab.

Nachfolgend sind die umatzsteuerrechtlichen Folgen, die sich daraus ergeben, beschrieben. Dabei sind im Wesentlichen zwei mögliche Fallgestaltungen zu unterscheiden, die unterschiedliche Rechtsfolgen auslösen:

1. Versagung des Vorsteuerabzuges nach § 15 Abs. 1 Nr. 1 UStG

Beispiel:

Ein Unternehmer vereinbart mit einer ortsansässigen Tankstelle, dass seine Arbeitnehmer gegen Vorlage von Benzingutscheinen i. H. von 50 Euro, die der Unternehmer ausgestellt und an die Arbeitnehmer ausgegeben hat, zu dem entsprechenden Wert Mineralölprodukte erwerben können. Die Tankstelle rechnet die eingelösten „Benzingutscheine" monatlich mit dem Unternehmer ab.

In diesem Fall hat der Unternehmer mit der Tankstelle letztendlich nur die Rahmenvereinbarung geschlossen, dass sein Personal die von ihm hingegebenen Gutscheine bei Einkäufen in Zahlung geben kann. Diese Sachverhalte sind mit der Abgabe von Mahlzeiten in einer fremdbetriebenen Gaststätte bei Bestellung des Essens durch den Arbeitnehmer und unter Hingabe einer Essenszuschussmarke des Arbeitgebers vergleichbar (Abschn. 12 Abs. 12 Nr. 2 UStR).

Der Unternehmer hat aus der Abrechnung der Tankstelle *keinen Vorsteuerabzug* nach § 15 Abs. 1 Nr. 1 UStG, da er nicht Besteller der konkretisierten Leistung ist. Bei Hingabe der Benzingutscheine an das Personal ist noch nicht absehbar, welche konkrete Leistung die Tankstelle erbringen wird (Lieferung von Normalbenzin, von Superbenzin, von Dieselkraftstoff oder von anderen Mineralölprodukten).Nach meinen vorliegenden Informationen werden von einzelnen Tankstellen entsprechende Gutscheine sogar gegen Tabakwaren eingetauscht.

Eine Besteuerung einer unentgeltlichen Wertabgabe an das Personal nach § 3 Abs. 1b Nr. 2 UStG (siehe hierzu unter 2.) entfällt in diesen Fällen.

2. Annahme unentgeltlicher Lieferung nach § 3 Abs. 1b Nr. 2 UStG

Beispiel:

Ein Unternehmer vereinbart mit einer ortsansässigen Tankstelle, dass seine Arbeitnehmer gegen Vorlage von „Benzingutscheinen" i. H. von 50 Euro, die der Unternehmer ausgestellt und an die Arbeitnehmer ausgegeben hat, zu dem entsprechenden Wert Mineralölprodukte erwerben können. Auf den Gutscheinen ist vom Arbeitgeber in Absprache mit dem jeweiligen Arbeitnehmer bereits der genaue Verwendungszweck vermerkt (beispielsweise „nur für den Bezug von Superbenzin gültig"). Entsprechend löst die Tankstelle die eingereichten „Benzingutscheine" nur für die vorgegebenen Zwecke ein und rechnet monatlich mit dem Unternehmer ab.

Diese Sachverhalte sind mit der Abgabe von Mahlzeiten in einer fremdbetriebenen Gaststätte bei Bestellung des Essens durch den Arbeitgeber vergleichbar (Abschn. 12 Abs. 12 Nr. 1 UStR). Der Unternehmer kann hinsichtlich der Leistung der Tankstelle als Leistungsempfänger angesehen werden. Damit steht ihm unter den weiteren Voraussetzungen des § 15 UStG der Vorsteuerabzug aus dem Ankauf des Kraftstoffes zu.

Allerdings wird die unentgeltliche Weiterlieferung des Kraftstoffes an das Personal nach § 3 Abs. 1b Nr. 2 UStG einer entgeltlichen Lieferung gleichgestellt. Bemessungsgrundlage hierfür stellen nach § 10 Abs. 4 Nr. 1 UStG die beim Unternehmer angefallenen Kosten (= Eingangsrechnungen der Tankstelle) dar.

Anlage § 003–17

Es liegen – auch für die Jahre bis einschließlich 2001, als die Wertgrenze des § 8 Abs. 2 Satz 9 EStG noch 50 DM betrug – keine nicht umsatzsteuerbaren *Aufmerksamkeiten* vor: Zu den Aufmerksamkeiten rechnen nur gelegentliche Sachzuwendungen bis zu 60 DM (ab 2002: 40 Euro) anlässlich eines besonderen persönlichen Ereignisses (Abschn. 12 Abs. 3 UStR). Regelmäßig zugewendete Gutscheine für Sachleistungen, die dem Personal ohne besonderen persönlichen Grund zugewendet werden, stellen danach auch bei Unterschreitung der o. g. Wertgrenzen keine Aufmerksamkeiten in diesem Sinn dar.

Letztendlich führen beide denkbaren Varianten zu dem gleichen fiskalischen Ergebnis: Im ersten Fall wird ein unversteuerter Endverbrauch durch die Versagung des Vorsteuerabzuges beim Unternehmer vermieden. Im zweiten Fall wird der vom Unternehmer vorgenommene Vorsteuerabzug durch die Besteuerung einer unentgeltlichen Wertabgabe wieder egalisiert und auf diese Weise ein unversteuerter Endverbrauch vermieden. Dieses Ergebnis ist systemgerecht, da die Umsatzsteuer als allgemeine Verbrauchsabgabe den gesamten privaten Verbrauch von Waren und Dienstleistungen belasten soll. Dabei sind im Umsatzsteuerrecht zwingende EU-rechtliche Vorgaben zu beachten, die eine Regelung wie im Lohnsteuerrecht (§ 8 Abs. 2 Satz 9 EStG) ausschließen.

Es wird gebeten, im Rahmen von Außenprüfungen, insbesondere von Lohnsteuer-Außenprüfungen, auf vergleichbare Sacherhalte zu achten. Bei Feststellungen im Rahmen von Lohnsteuer-Außenprüfungen ist die Veranlagungsstelle des Arbeitgebers durch eine Kontrollmitteilung für Umsatzsteuerzwecke über die zu kürzende Vorsteuer bzw. die zu besteuernden Sachzuwendungen zu informieren.

Anlagen § 003–18, 19, 20 nicht belegt, § 003–21

Umsatzsteuerliche Behandlung von Kraftstofflieferungen im Kfz-Leasingbereich
Urteil des Europäischen Gerichtshofes (EuGH) vom 06.02.2003
– Rs. C-185/01, Auto Lease Holland –
Urteil des Bundesfinanzhofs (BFH) vom 10.04.2003 – V R 26/00 –

BMF-Schreiben vom 15.06.2004 – IV B 7 – S 7100 – 125/04,
BStBl. 2004 I S. 605

Zur umsatzsteuerrechtlichen Beurteilung der Leistungsbeziehungen bei Kraftstofflieferungen an Kraftfahrzeug-Leasingnehmer für Rechnung des Leasinggebers hat der EuGH aufgrund des Vorabentscheidungsersuchens des BFH vom 22. Februar 2001 mit Urteil vom 6. Februar 2003 – Rs. C-185/01, Auto Lease Holland – (BStBl. II 2004 S. 573) Stellung genommen. Daraufhin ist das BFH-Urteil vom 10. April 2003 – V R 26/00 – (BStBl. II 2004 S. 571) ergangen. In dem zugrunde liegenden Fall hatten der Leasinggeber und der Leasingnehmer neben dem Leasingvertrag für das Kraftfahrzeug eine „Übereinkunft über Kraftstoffverwaltung" getroffen. Der Leasingnehmer erwarb damit das Recht, im Namen und für Rechnung des Leasinggebers Kraftstoff zu tanken und vereinzelt Ölprodukte zu kaufen. Hierzu erhielt der Leasingnehmer einen so genannten ALH-Pass sowie eine Tankkreditkarte, die den Leasinggeber als Kunden des Kreditkartenunternehmens auswies. Der Leasinggeber erhielt vom Leasingnehmer monatlich 1/12 der voraussichtlichen Kraftstoffkosten. Am Jahresende wurde nach dem tatsächlichen Verbrauch abgerechnet.

Sowohl der EuGH als auch der BFH verneinten eine Lieferung von Kraftstoff von der Mineralölgesellschaft an den Leasinggeber. Vielmehr sei diese von der Mineralölgesellschaft direkt an den Leasingnehmer bewirkt worden. Die zwischen Leasinggeber und Leasingnehmer abgeschlossene „Vereinbarung über Kraftstoffverwaltung" wurde als Vertrag über die Finanzierung von Treibstoff angesehen.

Unter Bezugnahme auf das Ergebnis der Erörterung mit den obersten Finanzbehörden der Länder gilt Folgendes:

1. Liefergeschäfte zwischen Mineralölgesellschaft, Leasinggeber und Leasingnehmer

Bei Lieferbeziehungen Mineralölgesellschaft an Leasinggeber und Leasinggeber an Leasingnehmer handelt es sich um Liefergeschäfte, bei denen die Leistungsbeziehungen zwischen Mineralölgesellschaft und Leasinggeber einerseits sowie Leasinggeber und Leasingnehmer andererseits gesondert zu beurteilen sind, wenn die folgenden Voraussetzungen insgesamt erfüllt sind:

– Der Leasinggeber und der Leasingnehmer treffen keine gesonderte Vereinbarung über die Verwaltung von Kraftstoff oder regeln nicht sonstige vertragliche Beziehungen über eine Kreditgewährung beim Bezug von Mineralölprodukten.
– Der Leasingnehmer betankt das Fahrzeug für den beteiligten Tankstellenbetreiber erkennbar im Namen und für Rechnung des Leasinggebers. Diese Voraussetzung kann durch den Einsatz einer entsprechend bedruckten Tankkreditkarte erfüllt werden.
– Der Leasinggeber hat von seiner Berechtigung, die Betankung in seinem Namen und für seine Rechnung – z.B. durch Sperrung der Tankkreditkarte – zu untersagen, keinen Gebrauch gemacht.
– Das Entgelt für den Kraftstoff wird auf jeder Lieferstufe zwischen den beteiligten Parteien gesondert vereinbart. Jeder Lieferer trägt auf seiner Lieferstufe das Risiko des Zahlungsausfalls.
– Bei Leistungsstörungen (z.B. in Gestalt einer Motorschädigung durch den getankten Kraftstoff) sind eventuelle Schadenersatzansprüche des Leasingnehmers gegenüber dem Leasinggeber und Ansprüche des Leasinggebers gegenüber der Mineralölgesellschaft geltend zu machen.

Die Lieferung des Kraftstoffs vom Leasinggeber an den Leasingnehmer ist keine unselbständige Nebenleistung zur Leasingleistung. Die Lieferung des Kraftstoffs besitzt für den Leasingnehmer einen eigenen wirtschaftlichen Zweck, nämlich das Kraftfahrzeug auch tatsächlich im Straßenverkehr betreiben zu können.

Die Lieferung der Mineralölgesellschaft an den Leasinggeber wird am Ort der Tankstelle ausgeführt. Ort der Lieferung des Leasinggebers an den Leasingnehmer ist ebenfalls die Tankstelle (§ 3 Abs. 7 Satz 1 UStG).

2. Finanzierungsgeschäft zwischen Leasinggeber und Leasingnehmer mit Kraftstofflieferungen von der Mineralölgesellschaft an den Leasingnehmer

Finanzierungsgeschäfte zwischen Leasinggeber und Leasingnehmer mit Lieferbeziehungen zwischen Mineralölgesellschaft und Leasingnehmer sind dann anzunehmen, wenn eine der unter Tz. 1 genannten

Anlage § 003–21

Voraussetzungen nicht erfüllt ist. Insbesondere beim Vorliegen einer der nachfolgenden Voraussetzungen liegen ein Finanzierungsgeschäft zwischen Leasinggeber und Leasingnehmer sowie eine Kraftstofflieferung der Mineralölgesellschaft an den Leasingnehmer vor:

- der Leasinggeber und der Leasingnehmer treffen eine Vereinbarung über die Verwaltung von Kraftstoff oder gehen sonstige vertragliche Beziehungen über eine Kreditgewährung beim Bezug von Mineralölprodukten ein.
- Der Leasingnehmer betankt das Fahrzeug im eigenen Namen und/oder für eigene Rechnung. Dies ist insbesondere zu vermuten, wenn die Bezahlung ohne den Einsatz der Tankkreditkarte erfolgt.
- Der Leasingnehmer nimmt die Betankung im eigenen Namen vor und lässt sich die verauslagten Beträge später vom Leasinggeber erstatten.

3. Übergangsregelung

Für Kraftstofflieferungen, die vor dem 1. Januar 2005 erbracht werden, wird es nicht beanstandet, wenn ein Finanzierungsgeschäft zwischen Leasinggeber und Leasingnehmer mit Kraftstofflieferungen von der Mineralölgesellschaft an den Leasingnehmer (vgl. oben Tz. 2) wie Liefergeschäfte zwischen Mineralölgesellschaft, Leasinggeber und Leasingnehmer (vgl. oben Tz. 1) behandelt wird. Insoweit kommen § 14 Abs. 3 UStG (bis 31. Dezember 2003) und § 14c Abs. 2 UStG nicht zur Anwendung. Weiter wird nicht beanstandet, wenn vor dem 1. Januar 2005 erbrachte Kraftstofflieferungen als unselbständige Nebenleistung zur Leasingleistung behandelt werden. Der Vorsteuerabzug des Leasinggebers bzw. des Leasingnehmers aus den Rechnungen über die Lieferung des Kraftstoffs wird bei Vorliegen der sonstigen Voraussetzungen des § 15 UStG nicht beanstandet.

Anlage § 003–22

Umsatzsteuer bei den Lieferungen gleichgestellten unentgeltlichen Wertabgaben von Gegenständen, bei deren Anschaffung kein Vorsteuerabzug möglich war – Einführung einer Bagatellgrenze

BMF-Schreiben vom 26.11.2004 – IV A 5 – S 7109 – 12/04,
BStBl. 2004 I S. 1127

Die Entnahme eines dem Unternehmen zugeordneten Wirtschaftsguts, das ein Unternehmer ohne Berechtigung zum Vorsteuerabzug erworben hat, unterliegt nicht der Umsatzbesteuerung nach § 3 Abs. 1b Satz 1 Nr. 1 i. V. mit Satz 2 UStG. Falls an einem solchen Wirtschaftsgut nach seiner Anschaffung Arbeiten ausgeführt worden sind, die zum Einbau von Bestandteilen geführt haben und für die der Unternehmer zum Vorsteuerabzug berechtigt war, unterliegen bei einer Entnahme des Wirtschaftsguts nur diese Bestandteile der Umsatzbesteuerung (vgl. EuGH-Urteil vom 17.05.2001, Rs. C-322 und 323/99, Fischer, Brandenstein, DB 2001 S. 1232).

Bestandteile in diesem Sinn sind diejenigen gelieferten Gegenstände, die aufgrund ihres Einbaus in das Wirtschaftsgut ihre körperliche und wirtschaftliche Eigenart endgültig verloren haben und die zu einer dauerhaften, im Zeitpunkt der Entnahme nicht vollständig verbrauchten Werterhöhung des Wirtschaftsguts geführt haben. Nicht dazu gehören sonstige Leistungen einschließlich derjenigen, für die zusätzlich kleinere Lieferungen von Gegenständen erforderlich sind.

Der Einbau eines Bestandteils in ein Wirtschaftsgut hat nach der BFH-Rspr. (vgl. BFH-Urteil vom 18.10.2001 V R 106/98, BStBl. II 2002 S. 551) nur dann zu einer dauerhaften, im Zeitpunkt der Entnahme nicht vollständig verbrauchten Werterhöhung des Wirtschaftsguts geführt, wenn es nicht lediglich zur Werterhaltung des Wirtschaftsguts beigetragen hat. Unterhalb einer gewissen Bagatellgrenze liegende Aufwendungen für den Einbau von Bestandteilen führen nach der Auffassung des BFH nicht zu einer dauerhaften Werterhöhung des Wirtschaftsguts.

Unter Bezugnahme auf das Ergebnis der Erörterungen mit den obersten Finanzbehörden der Länder gilt Folgendes:

Aus Vereinfachungsgründen wird keine dauerhafte Werterhöhung des Wirtschaftsguts angenommen, wenn die vorsteuerentlasteten Aufwendungen für den Einbau von Bestandteilen 20% der Anschaffungskosten des Wirtschaftsguts oder einen Betrag von 1000 € nicht übersteigen. In diesen Fällen kann auf eine Besteuerung der Bestandteile nach § 3 Abs. 1b Satz 1 Nr. 1 i. V. mit Satz 2 UStG bei der Entnahme eines dem Unternehmen zugeordneten Wirtschaftsguts, das der Unternehmer ohne Berechtigung zum Vorsteuerabzug erworben hat, verzichtet werden.

Werden an einem Wirtschaftsgut mehrere Bestandteile in einem zeitlichen oder sachlichen Zusammenhang eingebaut, handelt es sich nicht um eine Maßnahme, auf die in der Summe die Bagatellregelung angewendet werden soll. Es ist vielmehr für jede einzelne Maßnahme die Vereinfachungsregelung zu prüfen.

Im Fall einer nach § 3 Abs. 1b Satz 1 Nr. 1 i. V. mit Satz 2 UStG steuerpflichtigen Entnahme eines Wirtschaftsguts, das der Unternehmer ohne Berechtigung zum Vorsteuerabzug erworben hat und an dem Arbeiten ausgeführt worden sind, die zum Vorsteuerabzug berechtigt und zum Einbau von Bestandteilen geführt haben, ist Bemessungsgrundlage gem. § 10 Abs. 4 Satz 1 Nr. 1 UStG der „Einkaufspreis" (Restwert) der Bestandteile im Zeitpunkt der Entnahme. Ob ein nachträglich z.B. in einem Pkw eingebauter Bestandteil im Zeitpunkt der Entnahme des Pkw (noch) einen Restwert hat, lässt sich im Allgemeinen unter Heranziehung anerkannter Marktübersichten für den Wert gebrauchter Pkw (z.B. sog. „Schwacke-Liste" oder vergleichbare Übersichten von Automobilclubs) beurteilen. Wenn insoweit kein „Aufschlag" auf den – im Wesentlichen nach Alter und Laufleistung bestimmten – durchschnittlichen Marktwert des Pkw im Zeitpunkt der Entnahme üblich ist, scheidet der Ansatz eines „Restwerts" aus.

Beispiel:

Ein Unternehmer erwirbt am 01.07.2001 aus privater Hand einen gebrauchten Pkw für 10 000 € und ordnet ihn zulässigerweise seinem Unternehmen zu. Am 01.03.2002 lässt er eine Klimaanlage nachträglich einbauen (Entgelt: 2500 €). Am 01.08.2002 lässt er die Windschutzscheibe an seinem Pkw erneuern (Entgelt: 500 €).

Am 01.03.2003 entnimmt der Unternehmer den Pkw in sein Privatvermögen (Aufschlag gem. „Schwacke-Liste" auf den Marktwert des Pkw im Zeitpunkt der Entnahme für die Klimaanlage: 1500 €, für die Windschutzscheibe: 50 €).

Anlage § 003–22

Das aufgewendete Entgelt für den nachträglichen Einbau der Windschutzscheibe beträgt 500 €, also weniger als 20% der ursprünglichen Anschaffungskosten des Pkw und übersteigt auch nicht einen Betrag von 1000 €. Aus Vereinfachungsgründen wird für den Einbau der Windschutzscheibe keine dauerhafte Werterhöhung des Wirtschaftsguts angenommen.

Das aufgewendete Entgelt für den nachträglichen Einbau der Klimaanlage beträgt 2500 €, also mehr als 20% der ursprünglichen Anschaffungskosten des Pkw. Mit dem Einbau der Klimaanlage in den Pkw hat diese ihre körperliche und wirtschaftliche Eigenart endgültig verloren und zu einer dauerhaften, im Zeitpunkt der Entnahme nicht vollständig verbrauchten Werterhöhung des Wirtschaftsguts geführt. Die Entnahme des Pkw unterliegt daher gem. § 3 Abs. 1b Satz 1 Nr. 1 i. V. mit Satz 2 UStG mit einer Bemessungsgrundlage gem. § 10 Abs. 4 Satz 1 Nr. 1 UStG i. H. von 1500 € der USt.

Die vorstehende Bagatellgrenze gilt auch für entsprechende unentgeltliche Zuwendungen eines Gegenstands i. S. des § 3 Abs. 1b Satz 1 Nr. 2 und 3 UStG.

Die Bagatellgrenze kann bei allen noch nicht unanfechtbaren Steuerfestsetzungen in Anspruch genommen werden. Nach Eintritt der Unanfechtbarkeit kann die Bagatellgrenze nur berücksichtigt werden, soweit die Steuerfestsetzungen noch korrigiert werden können.

Anlagen § 003–23, § 003–24 nicht belegt

Abgabe von Hardware-Komponenten durch Anbieter von Online-Diensten im Zusammenhang mit dem Abschluss eines längerfristigen Netzbenutzungsvertrags

OFD Koblenz, Vfg. vom 13.12.2005 – S 7100A – St 44 3,
UR 2006 S. 299

Um den Bestand an Privatkunden zu sichern bzw. auszubauen sowie mehr Privatkunden zu DSL-Anwendern (d.h. in ihrer telefonischen Anbindung zu Benutzern sogenannter „Digital Subscriber Lines") zu machen, überlassen Unternehmen – die als Anbieter verschiedener, interaktiver Online-Dienste tätig sind – Kunden, die bereit sind mit den Unternehmen einen längerfristigen Abonnementvertrag bezüglich einer ihrer Online-Dienste neu abzuschließen oder auf DSL „umzusteigen" und sich dabei zur Zahlung eines bestimmten Anbietertarifs für eine gewisse Mindestdauer zu verpflichten, bestimmte Hardwareteile ohne besondere Berechnung zu Eigentum (der Neu-Abonnement bzw. DSL-Umsteiger übernimmt lediglich die Versandkosten. Bei den Hardwareteilen handelt es sich um technische Artikel wie z.B. DSL Modems, Phone Adapters, Routers etc., die – wie die von dem Anbieter ebenfalls kostenlos zur Verfügung gestellte Zugriffssoftware – erforderlich sind, damit der Kunde bzw. sein Computer mit dem Anbieter-System kommunizieren kann und somit die Nutzung des vom Kunden jeweils gewählten Online-Dienstes möglich ist.

Es stand die Klärung der Frage an, ob bei der Abgabe von Hardware-Komponenten im Zusammenhang mit dem Abschluss eines längerfristigen Netzbenutzungsvertrages nach den Grundsätzen des Abschn. 24b Abs. 17 UStR 2005 (entsprechend BMF-Schr. vom 10.7.2000 – IV D 1 – S 7109 – 5/00, BStBl. I 2000, 1185 = UR 2000, 349 – Tz. 7 Buchst. d) eine einheitliche sonstige Leistung vorliege.

Die Referatsleiter (Umsatzsteuer) der obersten Finanzbehörden des Bundes und der Länder haben entschieden, dass es im Wesentlichen darauf ankommt, ob für die im Zusammenhang mit dem Abschluss eines längerfristigen Netzbenutzungsvertrages mitgegebene Hardware-Komponente eigenständige Entgelte verlangt werden oder nicht.

Danach stellt die unentgeltliche Abgabe von Hardware-Komponenten im Zusammenhang mit dem Abschluss eines längerfristigen Netzbenutzungsvertrags keine unentgeltliche Wertabgabe, sondern eine unselbständige Nebenleistung zu der (einheitlichen) sonstigen Leistung dar, die in einer Telekommunikationsleistung oder einer auf elektronischem Weg erbrachten sonstigen Leistung besteht. Dem Durchschnittsverbraucher kann hierbei kein isoliertes Interesse an der Abgabe der Hardware-Komponente unterstellt werden; sie dient lediglich als Mittel zur Inanspruchnahme der eigentlich gewünschten sonstigen Leistung.

Anders verhält es sich bei der (teil-)entgeltlichen Abgabe von Gegenständen im Zusammenhang mit dem Abschluss längerfristiger Verträge (z.B. Netzbenutzungs- oder Zeitschriftenabonnements). Insoweit liegen zwei gesondert zu beurteilende selbständige Hauptleistungen vor. Aus der Sicht des Durchschnittsverbrauchers wird dies daraus deutlich, dass dieser bereit ist, für die Abgabe des Gegenstands ein Entgelt zu entrichten.

Insbesondere im Hinblick auf die Anzahl der teilweise zur Auswahl stehenden Gegenstände sowie der zum Teil nicht unerheblichen Zahlungen zu deren Erlangung kann nicht mehr davon ausgegangen werden, dass derartige Abgaben die andere Leistung lediglich abrunden und in ihrem Gefolge üblicherweise vorkommen.

Anlage § 003–25

Abgrenzung zwischen Lieferungen und sonstigen Leistungen; Leistungen im Zusammenhang mit der Abgabe von Saatgut

BMF-Schreiben vom 14.02.2006 – IV A 5 – S 7100 – 2/06,
BStBl. 2006 I S. 240

Unter Bezugnahme auf das Ergebnis der Erörterungen mit den obersten Finanzbehörden der Länder gilt hinsichtlich der umsatzsteuerrechtlichen Beurteilung der Zahlungen im Zusammenhang mit der Abgabe von Saatgut Folgendes:

1. Bei der Abgabe von Vorstufen- oder Basissaatgut (sog. technisches Saatgut) im Rahmen von sog. **Vermehrerverträgen** erfolgt die Verschaffung der Verfügungsmacht mit schuldrechtlichen Einschränkungen. Das Saatgut wird dabei zum Zweck der Vermehrung durch Anbau sowie ggf. vorherige Aufbereitung übergeben, eine Weitergabe oder Vermarktung ist hingegen untersagt. Die Verfügungsmacht an dem durch Vermehrung neu gewonnenen Saatgut wird vielmehr nach Anerkennung als sog. zertifiziertes Saatgut (sog. Z-Saatgut) wiederum dem Züchter- oder sog. Vertriebsorganisationsunternehmen (sog. VO-Unternehmen) verschafft, welche die anschließende Vermarktung selbst übernehmen. Sowohl die Abgabe des Basissaatguts zur Vermehrung als auch die Abgabe des sog. zertifizierten Saatguts stellen sich in diesem Fall als Lieferungen dar, die – vorbehaltlich der Regelung in Tz. 6 – dem ermäßigten Steuersatz nach § 12 Abs. 2 Nr. 1 UStG i.V.m. Nr. 19 der Anlage 2 des Gesetzes unterliegen.

2. Die Abgabe von sog. zertifiziertem Saatgut durch Züchter oder Vertriebsorganisationsunternehmen z.B. an Landwirte zur Produktion von Konsumgetreide oder an Handelsunternehmen ist eine Lieferung, die – vorbehaltlich der Regelung in Tz. 6 – dem ermäßigten Steuersatz nach § 12 Abs. 2 Nr. 1 UStG i.V.m. Nr. 19 der Anlage 2 des Gesetzes unterliegt. Eine spätere Verwendung des daraus gewonnenen Ernteguts zum Nachbau in Ausübung des sog. Landwirteprivilegs (s. Tz. 5) ist für diese Beurteilung unbeachtlich.

3. Erfolgt die **Aufbereitung von sog. technischem Saatgut** zum Zwecke der anschließenden Vermehrung durch Reinigen, Beizen, Sortieren und dgl. weder im Rahmen eines sog. Vertriebsorganisationsvertrags (sog. VO-Vertrag) noch im Rahmen eines sog. Vermehrervertrags durch die damit beauftragten Unternehmen selbst, sondern durch einen dritten Unternehmer, erbringt dieser mit der Aufbereitung eine sonstige Leistung. Der Ort dieser sonstigen Leistung bestimmt sich nach § 3a Abs. 2 Nr. 3 Buchst. c UStG. Die sonstige Leistung unterliegt – vorbehaltlich der Regelung in Tz. 6 – dem allgemeinen Steuersatz nach § 12 Abs. 1 UStG.

4. Zahlungen, die z.B. von sog. Vertriebsorganisationsunternehmen für die Überlassung von Vorstufen- oder Basissaatgut im Rahmen von sog. VO-Verträgen, d.h. zum **Zweck der Produktion und des Vertriebs** des daraus herzustellenden sog. zertifizierten Saatguts, an den Inhaber des Sortenschutzes gezahlt werden (sog. **Züchteranteile, Z-Lizenzen**), sind insgesamt Entgelt („Lizenzgebühren") für eine sonstige Leistung des Sortenschutzinhabers, welche in der Überlassung des Rechts, eine Saatgutsorte zu produzieren und zu vermarkten, und der Überlassung des hierzu erforderlichen Saatguts besteht. Der Ort dieser nach dem Grundsatz der Einheitlichkeit der Leistung insgesamt als Dienstleistung zu beurteilenden sonstigen Leistung bestimmt sich nach § 3a Abs. 3 und Abs. 4 Nr. 1 UStG. Die sonstige Leistung unterliegt – vorbehaltlich der Regelung in Tz. 6 – dem allgemeinen Steuersatz nach § 12 Abs. 1 UStG.

5. **Nachbaugebühren** i.S. des § 10a Abs. 2ff. SortSchG, die ein Landwirt dem Inhaber des Sortenschutzes zu erstatten hat, werden als Entgelt für eine sonstige Leistung des Sortenschutzinhabers gezahlt, welche in der Duldung des Nachbaus durch den Landwirt besteht. Durch die gesetzliche Anordnung der Duldungsleistung (sog. **Landwirteprivileg**) wird deren Steuerbarkeit nicht berührt (§ 1 Abs. 1 Nr. 1 Satz 2 UStG). Der Ort dieser Leistung bestimmt sich nach § 3a Abs. 3 und Abs. 4 Nr. 8 UStG. Die Duldungsleistung unterliegt – vorbehaltlich der Regelung in Tz. 6 – dem allgemeinen Steuersatz nach § 12 Abs. 1 UStG.

6. Die in Tz. 1 bis 5 bezeichneten Leistungen werden regelmäßig im Rahmen eines land- und forstwirtschaftlichen Betriebs (§ 24 Abs. 2 Satz 1 Nr. 1 UStG) erbracht und unterliegen vorbehaltlich der Anwendung von § 24 Abs. 4 UStG der Durchschnittssatzbesteuerung.

7. Die Grundsätze dieses Schreibens sind in allen noch nicht bestandskräftigen Steuerfestsetzungen zu berücksichtigen.

Anlage § 003–26

Abgrenzung zwischen Lieferungen und sonstigen Leistungen; Behandlung der Übertragung von Wertpapieren und Anteilen

BMF-Schreiben vom 30.11.2006 – IV A 5 – S 7100 – 167/06, BStBl. 2006 I S. 793[1)]

Nach dem Ergebnis der Erörterungen mit den obersten Finanzbehörden der Länder gilt zur Anwendung des EuGH-Urteils vom 26. Mai 2005, C-465/03 („Kretztechnik"), EuGHE I 2005, S. 4357, hinsichtlich der Übertragung von Wertpapieren und Anteilen Folgendes:

Als Lieferung gilt nach Artikel 5 Abs. 1 der 6. EG-Richtlinie die Übertragung der Befähigung, wie ein Eigentümer über einen körperlichen Gegenstand verfügen zu können. Den körperlichen Gegenständen gleichgestellt sind gemäß Artikel 5 Abs. 2 der 6. EG-Richtlinie lediglich Elektrizität, Gas, Wärme, Kälte und ähnliche Sachen. Der EuGH hat dementsprechend in Rz. 22 seines Urteils vom 26. Mai 2005 ausgeführt, dass es sich bei Aktien um Wertpapiere handelt, die einen nichtkörperlichen Gegenstand repräsentieren und deren Ausgabe keine Lieferung gemäß Artikel 5 Abs. 1 der 6. EG-Richtlinie darstellt.

Das Wesen einer Aktie besteht darin, dem Eigentümer ein Anteilsrecht an einem Teil des Kapitals – und nicht etwa an einzelnen, bestimmten körperlichen Gegenständen oder dem Gegenstand „Aktie" an sich – einzuräumen. Daher sind Übertragungen von Aktien stets als sonstige Leistung zu beurteilen, unabhängig davon,

– ob die Aktie als effektives Stück übertragen oder in einem Sammeldepot verwahrt wird, oder
– ob oder in welchem Umfang mit dem Besitz der Aktie die Ausübung eines Stimmrechts verbunden ist, oder
– ob das Unternehmen, an dessen Kapital die Aktie verbrieft ist, an einer Börse notiert ist.

Die Regelung des Abschnitts 24 Abs. 1 UStR, wonach auch solche Wirtschaftsgüter geliefert werden können, die im Wirtschaftsverkehr wie körperliche Sachen behandelt werden, ist daher auf die Übertragung von Anteilen an einer Aktiengesellschaften und Kommanditgesellschaften auf Aktien nicht mehr anzuwenden. Wie bereits die Übertragung von Beteiligungen an einer Personengesellschaft und an einer GmbH sind auch diese Übertragungen künftig als sonstige Leistung i.S.v. § 3 Abs. 9 UStG zu beurteilen. Der Leistungsort richtet sich nach § 3a Abs. 3 und Abs. 4 Nr. 6 Buchstabe a UStG. Sofern der Leistungsort im Inland liegt, ist der Umsatz nach § 4 Nr. 8 Buchstabe e UStG steuerfrei.

Bei der Übertragung von Wertpapieren anderer Art (z.B. von Fondsanteilen und festverzinslichen Wertpapieren) ist entsprechend zu verfahren.

Die Grundsätze dieses Schreibens sind in allen noch offenen Fällen anzuwenden. Berufen sich Unternehmer hinsichtlich von ihnen vor dem 1. Januar 2007 ausgeführter Übertragungen von Wertpapieren auf die Regelung des Abschnitts 24 Abs. 1 UStR oder die insoweit entgegenstehenden Regelungen des BMF-Schreibens vom 12. April 2005 – IV A 5 – S 7306 – 5/05 –, ist dies nicht zu beanstanden.

[1)] Siehe jetzt Abschn. 25 Abs. 7 UStR 2008

Anlage § 003–27

Nichtunternehmerische Nutzung eines dem Unternehmensvermögen der Gesellschaft zugeordneten Fahrzeugs durch Gesellschafter sowie Fahrzeugüberlassung des Gesellschafters an die Gesellschaft

OFD Frankfurt/M., Rdvfg. vom 23.04.2007 – S 7100 A – 68 – St 11,
DStR 2007 S. 1677

Teil A

I. Überlassung eines Fahrzeugs durch eine Personengesellschaft an einen Gesellschafter

Überlässt eine Personengesellschaft ihrem Gesellschafter ein Fahrzeug, das sie insgesamt dem Unternehmensvermögen zugeordnet hat, und nutzt der Gesellschafter dieses sowohl für Zwecke der Gesellschaft als auch für seine eigenen privaten Zwecke, sind für die umsatzsteuerliche Beurteilung die nachfolgenden Fälle zu unterscheiden:

1. Unentgeltliche Überlassung eines Fahrzeugs

Wird das Fahrzeug dem Gesellschafter zu privaten Zwecken unentgeltlich überlassen, liegt insoweit eine nichtunternehmerische Nutzung des Fahrzeugs vor. Eine vollumfängliche Zuordnung des Fahrzeugs zum Unternehmensvermögen hat den Ansatz einer unentgeltlichen Wertabgabe nach § 3 Abs. 9a Satz 1 Nr. 1 UStG zur Folge. Der Ermittlung der vorsteuerbelasteten Ausgaben i.S. des § 10 Abs. 4 Satz 1 Nr. 2 UStG kann der Unternehmer verschiedene Methoden zu Grunde legen. Neben dem belegmäßigen Nachweis im Rahmen der Fahrtenbuchmethode und einer sachgerechten Schätzung anhand geeigneter Unterlagen besteht die Möglichkeit, die vorsteuerbelasteten Ausgaben nach der sog. 1%-Regelung des § 6 Abs. 1 Nr. 4 Satz 2 EStG zu ermitteln (s. BMF v. 27.8.2004, IV B 7 – S 7300 – 70/04, BStBl. I 2004, 864, DStR 2004, 1562, Tz. 2). Für die nicht mit Vorsteuern belasteten Ausgaben kann dabei ein Abschlag von 20% vorgenommen werden. Der so ermittelte Betrag ist ein sog. Nettowert, auf den die Umsatzsteuer mit dem allgemeinen Steuersatz aufzuschlagen ist.

2. Entgeltliche Überlassung eines Fahrzeugs

2.1 Überlassung gegen Entgelt im Rahmen eines Gesellschaftsverhältnisses

Erfolgt die Überlassung des Fahrzeugs für private Zwecke entgeltlich, z.B. durch Belastung des Privatkontos des Gesellschafters, ist aufgrund des Gesellschaftsverhältnisses zu überprüfen, ob die Mindestbemessungsgrundlage die Bemessungsgrundlage nach § 10 Abs. 1 UStG übersteigt (§ 10 Abs. 5 Nr. 1 UStG, Abschn. 158 Abs. 1 Bsp. 1 UStR). Diese bemisst sich nach § 10 Abs. 4 Satz 1 Nr. 2 nach den vorsteuerbelasteten Ausgaben, welche nach den o.g. Ermittlungsmethoden bestimmt werden können (s. Tz. 1).

2.2 Entgeltliche Überlassung in Form eines tauschähnlichen Umsatzes

Die Gebrauchsüberlassung des Fahrzeugs kann auch im Rahmen eines tauschähnlichen Umsatzes erfolgen, wenn der Gesellschafter eine steuerbare sonstige Leistung an die Gesellschaft erbringt (§ 3 Abs. 12 UStG). Bemessungsgrundlage ist der Wert der *Gegenleistung*, mithin die Dienstleistung (anteilig) des Gesellschafters (§ 10 Abs. 2 Satz 2 UStG). Aus Vereinfachungsgründen kann jedoch eine mittelbare Wertbestimmung mit Hilfe der *hingegebenen Leistung* erfolgen. Diese kann nach den in Tz. 1 beschriebenen Methoden ermittelt werden. Jedoch dürfen Ausgaben, die zu keinem Vorsteuerabzug berechtigen, nicht ausgeschieden werden, da sich der Wert des Entgelts nach § 10 Abs. 1 UStG bestimmt (vgl. BMF v. 8.6.1999, IV D 1 – S 7300 – 63/99, BStBl. I 1999, 581, BeckVerw 075016, Tz. 25). Der aus der Berechnung resultierende Wert ist bei einer Ermittlung nach der 1%-Methode ein Bruttowert, aus dem die Umsatzsteuer herauszurechnen ist (vgl. o. g. BMF v. 8.6.1999, IV D 1 – S 7300 – 63/99, a.a.O., Tz. 25, 26).

Wird ein Barbetrag zugezahlt, handelt es sich um einen tauschähnlichen Umsatz mit Baraufgabe. Gibt der Gesellschafter die Baraufgabe hin, erhöht sich die Bemessungsgrundlage entsprechend. Zahlt die Gesellschaft die Baraufgabe, ist sie in das Entgelt für die Dienstleistung des Gesellschafters miteinzubeziehen.

Die Prüfung der Mindestbemessungsgrundlage kann zumeist entfallen, da diese im Vergleich nur vorsteuerbelastete Ausgaben einschließt (§ 10 Abs. 5 Satz 1 Nr. 1 UStG).

3. Anteilige Zuordnung des Fahrzeugs zum Unternehmensvermögen

Nach dem EuGH-Urteil vom 4.10.1995 (C-291/92, *Armbrecht*, BStBl. II 1996, 392, DStR 1995, 1709) haben Unternehmer das Wahlrecht, ihr Fahrzeug nur anteilig dem Unternehmensvermögen zuzuordnen. Für den nicht dem unternehmerischen Bereich zugeordneten Anteil ist der Vorsteuerabzug zwar nicht zugelassen, jedoch entfällt die Besteuerung einer unentgeltlichen Wertabgabe nach § 3 Abs. 9a Nr. 1 UStG.

Übersteigt der Anteil der nichtunternehmerischen Nutzung die anteilige Zuordnung des Fahrzeugs zum Privatvermögen, ist eine unentgeltliche Wertabgabe zu versteuern.

II. Überlassung eines Fahrzeugs durch eine Personengesellschaft an ihre Komplementär-GmbH

Überlässt eine Gesellschaft ihrer Komplementär-GmbH ein Fahrzeug und wird das Fahrzeug durch den Gesellschafter-Geschäftsführer der GmbH für berufliche und private Fahrten genutzt, gelten die Ausführungen zu Tz. I entsprechend.

Hinweise zur umsatzsteuerlichen Beurteilung einer Fahrzeugüberlassung durch eine GmbH an den Gesellschafter-Geschäftsführer ergeben sich aus Teil B.

III. Überlassung eines Fahrzeugs durch einen Gesellschafter an eine Personengesellschaft

Erwirbt der Gesellschafter auf eigene Rechnung ein Fahrzeug und stellt es der Gesellschaft zur Verfügung, ist nach den allgemeinen Grundsätzen zu prüfen, ob die Überlassung gegen ein Sonderentgelt erfolgt oder durch die Beteiligung am Gewinn und Verlust der Gesellschaft abgegolten ist.

Wird das Fahrzeug der Gesellschaft gegen ein Sonderentgelt zur Nutzung überlassen, bewirkt der Gesellschafter als Unternehmer eine steuerbare Leistung an die Gesellschaft. Unter Beachtung der 10%-Grenze kann der Gesellschafter das Fahrzeug vollumfänglich dem Unternehmensvermögen zuordnen und damit den Vorsteuerabzug aus dem Erwerb des Fahrzeugs geltend machen. Das Entgelt für die Vermietungsleistung besteht in der von der Gesellschaft gezahlten Vergütung. Die Mindestbemessungsgrundlage ist zu beachten, § 10 Abs. 5 Satz 1 Nr. 1 UStG. Aufgrund der entgeltlichen Überlassung des Fahrzeugs an die Gesellschaft stellt sich bei einer privaten Nutzung des Fahrzeugs durch den Gesellschafter nicht die Frage der Besteuerung einer unentgeltlichen Wertabgabe (vgl. auch Abschn. 6 Abs. 6 UStR).

Teil B

Überlassung eines Fahrzeugs durch eine GmbH an ihren Gesellschafter-Geschäftsführer

Die umsatzsteuerrechtliche Beurteilung der Fahrzeugüberlassung hängt davon ab, ob der Gesellschafter-Geschäftsführer die Geschäfte der GmbH selbstständig oder als Arbeitnehmer führt (s. BFH v. 10.3.2005, V R 29/03, BStBl. II 2005, 730, DStR 2005, 919; BMF v. 23.12.2003, IV B 7 – S 7100 – 246/03, BStBl. I 2004, 240, DStR 2004, 90).

1. Gesellschafter-Geschäftsführer ist Arbeitnehmer

Ist der Gesellschafter-Geschäftsführer Arbeitnehmer der GmbH, überlässt die GmbH ihm den Pkw in seiner Eigenschaft als Arbeitnehmer, wenn der Gesellschafter-Geschäftsführer umsatzsteuerlich dem Personal zugeordnet wird (Tz. 4.1 des BMF-Schrb. v. 27.8.2004, IV B 7 – S 7300 – 70/04, BStBl. I 2004, 864, DStR 2004, 1562). Das ist der Fall, wenn die Fahrzeugüberlassung nach lohnsteuerlichen Grundsätzen Arbeitslohn darstellt. Abgrenzungsmerkmale für die Frage, ob dabei die Überlassung entgeltlich oder unentgeltlich erfolgt, enthalten Tz. 4.2.1.1 und Tz. 4.2.2.1 des BMF-Schrb. vom 27.8.2004, IV B 7 – S 7300 – 70/04 (a.a.O.).

Erhält der Gesellschafter-Geschäftsführer ein Fahrzeug dagegen in seiner Eigenschaft als Gesellschafter überlassen, liegt kein Arbeitslohn, sondern eine verdeckte Gewinnausschüttung (vGA) vor. Umsatzsteuerrechtlich ist dann eine unentgeltliche Wertabgabe gegeben (§ 3 Abs. 9a Satz 2 UStG).

1.1 Beherrschender Gesellschafter-Geschäftsführer

Sind mit einem beherrschenden Gesellschafter-Geschäftsführer im Voraus klare und eindeutige Vereinbarungen über die Fahrzeugüberlassung zur privaten Nutzung getroffen, dann ist die Fahrzeugüberlassung Arbeitslohn. Umsatzsteuerrechtlich liegt eine entgeltliche Leistung der GmbH vor (§ 1 Abs. 1 Nr. 1 Satz 1 UStG, Tz. 4.1, 4.2.1 des BMF-Schreibens v. 27.8.2004, IV B 7 – S 7300 – 70/04, a.a.O.).

Sind mit einem beherrschenden Gesellschafter-Geschäftsführer zwar keine klaren und eindeutigen Vereinbarungen über die Fahrzeugüberlassung zur privaten Nutzung getroffen, hat die GmbH die Fahrzeugüberlassung jedoch als Arbeitslohn behandelt, d.h. hat sie Lohnsteuer einbehalten, ist die Fahrzeugüberlassung als Arbeitslohn zu beurteilen. Umsatzsteuerrechtlich liegt eine entgeltliche Leistung der GmbH vor.

Liegen keine klaren und eindeutigen Vereinbarungen vor und hat die GmbH aus der Fahrzeugüberlassung keine Folgerungen gezogen, d.h. hat sie weder Lohnsteuer einbehalten noch das Verrechnungskonto des Gesellschafter-Geschäftsführers belastet, liegt hinsichtlich der Fahrzeugüberlassung eine vGA vor. Die Fahrzeugüberlassung unterliegt dann als unentgeltliche Wertabgabe der Umsatzsteuer.

Anlage § 003–27

Liegen keine klaren und eindeutigen Vereinbarungen vor und belastet die GmbH das Verrechnungskonto des Gesellschafter-Geschäftsführers, überlässt sie das Fahrzeug außerhalb des Arbeitsverhältnisses entgeltlich an den Gesellschafter-Geschäftsführer (keine vGA). Umsatzsteuerrechtlich liegt eine entgeltliche sonstige Leistung (§ 1 Abs. 1 Nr. 1 Satz 1 UStG) vor. Die Bemessungsgrundlage ist ggf. auf die mit der Fahrzeugnutzung verbundenen vorsteuerbelasteten Kosten aufzustocken (§ 10 Abs. 5 Nr. 1 UStG, Abschn. 158 Abs. 1 UStR).

1.2 Nicht beherrschender Gesellschafter-Geschäftsführer

Sind mit einem nicht beherrschenden Gesellschafter-Geschäftsführer Vereinbarungen getroffen, stellt die Fahrzeugüberlassung Arbeitslohn dar. Umsatzsteuerrechtlich liegt eine entgeltliche Leistung der GmbH vor (§ 1 Abs. 1 Nr. 1 Satz 1 UStG, Tz. 4.2.1 des BMF-Schreibens v. 27.8.2004, IV B 7 – S 7300 – 70/04, a.a.O.).

Auch wenn mit einem nicht beherrschenden Gesellschafter-Geschäftsführer keine Vereinbarungen getroffen worden sind, die GmbH die Fahrzeugüberlassung jedoch als Arbeitslohn behandelt hat, d.h. Lohnsteuer einbehalten hat, ist die Fahrzeugüberlassung als Arbeitslohn zu beurteilen. Umsatzsteuerrechtlich liegt eine entgeltliche Leistung der GmbH vor.

Arbeitslohn ist auch dann gegeben, wenn keine Vereinbarungen vorliegen und die GmbH aus der Fahrzeugüberlassung auch keine Folgerungen gezogen hat, d.h. sie weder Lohnsteuer einbehalten noch das Verrechnungskonto des Gesellschafter-Geschäftsführers belastet hat. In diesen Fällen ist umsatzsteuerrechtlich jedoch zu prüfen, ob eine entgeltliche oder eine unentgeltliche Fahrzeugüberlassung vorliegt (Tz. 4.2.1. des BMF-Schreibens v. 27.8.2004, IV B 7 – S 7300 – 70/04, a.a.O.).

Liegen keine Vereinbarungen vor, belastet die GmbH jedoch das Verrechnungskonto des Gesellschafter-Geschäftsführers, dann überlässt sie das Fahrzeug außerhalb des Arbeitsverhältnisses entgeltlich an den Gesellschafter-Geschäftsführer (keine vGA). Umsatzsteuerrechtlich liegt eine entgeltliche sonstige Leistung (§ 1 Abs. 1 Nr. 1 Satz 1 UStG) vor. Die Bemessungsgrundlage ist ggf. auf die mit der Fahrzeugnutzung verbundenen vorsteuerbelasteten Kosten aufzustocken (§ 10 Abs. 5 Nr. 1 UStG, Abschn. 158 Abs. 1 UStR).

2. Gesellschafter-Geschäftsführer ist Unternehmer

Erbringt der Gesellschafter-Geschäftsführer mit der Geschäftsführung ausnahmsweise selbstständig eine sonstige Leistung gegen Entgelt an die GmbH (BMF v. 23.12.2003, IV B 7 – S 7100 – 246/03, a.a.O.), handelt er als Unternehmer.

Entrichtet der Gesellschafter-Geschäftsführer für die private Nutzung des Fahrzeugs ein Entgelt, liegt hinsichtlich der Privatfahrten eine Vermietung des Fahrzeugs durch die GmbH an ihn vor. Ist das Entgelt niedriger als die Mindestbemessungsgrundlage, ist diese anzusetzen (§ 10 Abs. 5 Nr. 1 i.V.m. Abs. 4 Nr. 2 UStG, Abschn. 158 Abs. 1 Beispiel 1 UStR). Der GmbH steht der Vorsteuerabzug aus der Anschaffung des Fahrzeugs zu.

Entrichtet der Gesellschafter für die private Nutzung des Fahrzeugs kein Entgelt, ist von einem tauschähnlichen Umsatz auszugehen (§ 3 Abs. 12 UStG). Das Entgelt für die Gebrauchsüberlassung besteht in einem Teil der Dienstleistung des Gesellschafter-Geschäftsführers (§ 10 Abs. 2 UStG).

Eigenhandel oder Vermittlung beim Verkauf von Gebrauchtwaren in sog. „second-hand-shops"

OFD Frankfurt/M., Rdvfg. vom 14.08.2007 – S 7110 A – 1/84 – St 11, DStR 2007 S. 1964

In „second-hand-shops" werden regelmäßig von Privatpersonen übergebene gebrauchte Kleidungsstücke und andere gebrauchte Gegenstände verkauft. Die Steuerpflichtigen streben oft an, in ihren Ladengeschäften Vermittlungsleistungen mit der Folge zu tätigen, dass das Entgelt für das vermittelte Geschäft bei ihnen ein durchlaufender Posten nach § 10 Abs. 1 letzter Satz UStG ist und sie nur ihre Vermittlungsprovision der Umsatzbesteuerung zu unterwerfen haben.

Die Annahme von Vermittlungsleistungen setzt im Umsatzsteuerrecht voraus, dass der Unternehmer *in fremdem Namen* und *für fremde Rechnung* tätig wird.

Ein Handel in *fremdem Namen* ist anzunehmen, wenn dem Käufer beim Abschluss des Umsatzgeschäftes bekannt ist, dass er zu einem Dritten in unmittelbare Rechtsbeziehungen tritt (Abschn. 26 Abs. 1 Satz 6 UStR). Eine allgemeine Verkehrsauffassung, wonach der Inhaber eines „Secondhandladens" als Vermittler anzusehen ist, besteht nicht. Ob ein Handeln in fremdem Namen vorliegt, lässt sich deshalb nur unter Würdigung der gesamten Umstände des einzelnen Falles beurteilen. Dabei sind die von der Rechtsprechung entwickelten Grundsätze über die umsatzsteuerliche Behandlung von Verkäufen im eigenen Laden zu berücksichtigen (vgl. Abschn. 26 Abs. 6 UStR).

Nach ständiger höchstrichterlicher Rechtsprechung ist derjenige, der im eigenen Laden Waren des täglichen Bedarfs verkauft, umsatzsteuerrechtlich grundsätzlich als Eigenhändler oder Kommissionär anzusehen, auch wenn der Kunde regelmäßig davon ausgehen wird, dass er in unmittelbare Rechtsbeziehungen mit dem Ladeninhaber tritt (vgl. z.B. BFH v. 12.3.1964, HFR 1964, 317). Vermittler kann der Ladeninhaber nur sein, wenn zwischen demjenigen, von dem er die Ware bezieht („Einlieferer"), und dem Käufer unmittelbare Rechtsbeziehungen zustande kommen.

Unmittelbare Rechtsbeziehungen zwischen dem Käufer und dem Einlieferer sind nicht nur in den Fällen zu bejahen, in denen dem Käufer Name und Anschrift des Einlieferers genannt werden. Sie liegen bereits vor, wenn dem Käufer aus den Gesamtumständen des Einzelfalls (beispielsweise durch Schilder oder ähnliche Hinweise im Ladenraum) bekannt wird, dass der Ladeninhaber *im Namen* und *für Rechnung* eines Dritten tätig wird und die Identität seines Vertragspartners („Einlieferer") anhand der Unterlagen des Ladeninhabers genannt werden kann (vgl. BFH v. 16.3.2000, V R 44/99, BStBl. II 2000, 361, DStR 2000, 1258). Wird dem Käufer dagegen nicht durch entsprechende Hinweise deutlich gemacht, dass durch den Verkauf der Ware nicht der Ladeninhaber, sondern der „Einlieferer" verpflichtet werden soll, so ist der Ladeninhaber als Eigenhändler oder Kommissionär anzusehen (vgl. BFH v. 23.10.2000, V B 109/00, BeckRS 2000, 25005430).

Verdeckt der Ladeninhaber durch seinen Auftritt als Vermittler lediglich, dass er auf Grund eines unmittelbaren Leistungsverhältnisses eine Lieferung an den Käufer ausführt, so liegt auch unter den o.g. Voraussetzungen keine Vermittlungsleistung vor (Abschn. 26 Abs. 1 Satz 4 UStR). Ein unmittelbares Leistungsverhältnis zwischen dem Ladeninhaber und dem Käufer setzt voraus, dass der Ladeninhaber die Verfügungsmacht über die zu veräußernde Ware vom „Einlieferer" erhalten hat, indem Substanz, Wert und Ertrag des Liefergegenstands auf diesen übergingen (Abschn. 26 Abs. 1 Satz 5 UStR).

Der Übergang der Verfügungsmacht beurteilt sich nach den Umständen des Einzelfalls. Nach Ansicht des BFH (Urt. v. 16.3.2000, V R 44/99, a.a.O.) verschafft der „Einlieferer" dem Ladeninhaber *keine* Verfügungsmacht an den hingegebenen Gegenständen, wenn

– anfallende Reinigungskosten zu Lasten des Einlieferers gehen,
– der Ladeninhaber zur Leistung von Schadensersatz für abhanden gekommene Gegenstände verpflichtet ist und
– nicht veräußerte Gegenstände im Falle des Nichtverkaufs nach einer gewissen Zeit an den „Einlieferer" zurückgegeben werden.

Erbringt der Ladeninhaber nach den obigen Ausführungen keine Vermittlungsleistungen, so unterliegt die Lieferung von Waren der Umsatzbesteuerung. In diesem Fall findet regelmäßig die Differenzbesteuerung i.S. des § 25a UStG Anwendung.

Anlage § 003–29

Zentralisierter Vertrieb von Kleinsendungen aus dem Drittland; Anwendung des BFH-Urteils vom 21.03.2007, V R 32/05

BMF-Schreiben vom 01.02.2008 – IV A 5 – S 7114/07/0002, BStBl. 2008 I S. 295; DB 2008 S. 380

Der BFH hat mit Urteil vom 21. März 2007, V R 32/05[1], Folgendes entschieden:

„Schuldner der Einfuhrumsatzsteuer i.S. des § 3 Abs. 8 UStG 1993 ist auch derjenige, dessen Umsätze zwar gemäß § 1 Abs. 1 Nr. 4 UStG 1993 steuerbar, aber gemäß § 5 UStG 1993 steuerfrei sind."

Das Urteil betrifft einen deutschen Versandhändler, der seine Kunden in Deutschland über ein Versandlager im Drittland belieferte. Für sog. Kleinsendungen, die nach § 5 UStG i.V. mit § 1 Abs. 1 EUStBV und Art. 27 ZollbefreiungsVO von der EUSt befreit sind, bestimmten die AGB des Versandhändlers, dass die Versendung der Waren im Namen und für Rechnung der Kunden durchgeführt werde. In der Folge ging der Versandhändler davon aus, dass die den Kleinsendungen zugrunde liegenden Lieferungen gem. § 3 Abs. 6 UStG im Drittland ausgeführt worden seien.

Der BFH hat entschieden, dass die in den AGB enthaltende Klausel gem. § 3 AGBG nicht Vertragsbestandteil geworden ist und deshalb keine hinreichende Vertretungsmacht gegenüber der Zollverwaltung begründet. Da somit die Ware tatsächlich vom Versandhändler angemeldet worden sei, verlagere sich der Ort der Kleinsendungen über § 3 Abs. 8 UStG nach Deutschland. Dabei sei unerheblich, dass aufgrund der bestehenden Befreiung tatsächlich keine EUSt anfalle. Denn Schuldner der Einfuhrumsatzsteuer i.S. des § 3 Abs. 8 UStG sei auch derjenige, dessen Umsätze zwar gemäß § 1 Abs. 1 Nr. 4 UStG steuerbar, aber gemäß § 5 UStG steuerfrei sind.

Nach dem Ergebnis der Erörterungen mit den obersten Finanzbehörden der Länder gilt hierzu Folgendes:

Das Urteil ist auch über den entschiedenen Einzelfall hinaus in allen vergleichbaren offenen Fällen anzuwenden. Dies gilt insbesondere, wenn der leistende Unternehmer die Lieferung unter Berufung auf die Steuerschuldnerschaft des Abnehmers für die Einfuhrumsatzsteuer als nicht im Inland steuerbar behandelt, und dies nicht mittels einer entsprechenden Klausel in den AGB des liefernden Unternehmers begründet, sondern beispielsweise mit einem vorgedruckten Hinweis auf dem Bestellschein o.Ä.

---

[1] Das Urteil wird zeitgleich im Bundessteuerblatt Teil II veröffentlicht.

Anlage § 003–30

Abgrenzung von Lieferungen und sonstigen Leistungen bei der Abgabe von Speisen und Getränken

BMF-Schreiben vom 16.10.2008 – IV B 8 – S 7100/07/10050,
BStBl. 2008 I S. 949[1]

Unter Bezugnahme auf das Ergebnis der Erörterung mit den obersten Finanzbehörden der Länder gilt zur Abgrenzung von Lieferungen und sonstigen Leistungen bei der Abgabe von Speisen und Getränken Folgendes:
Verzehrfertig zubereitete Speisen können sowohl im Rahmen einer ggfs. ermäßigt besteuerten Lieferung als auch im Rahmen einer nicht ermäßigt besteuerten sonstigen Leistung abgegeben werden. Nach der EuGH- und BFH-Rechtsprechung liegt eine sonstige Leistung vor, wenn aus der Sicht eines Durchschnittsverbrauchers das Dienstleistungselement der Speisenabgabe qualitativ überwiegt. Bei der Beurteilung, ob das Dienstleistungselement der Abgabe von fertig zubereiteten Speisen qualitativ überwiegt, sind nur solche Dienstleistungen zu berücksichtigen, die sich von denen unterscheiden, die notwendig mit der Vermarktung der Speisen verbunden sind. Die Zubereitung der Speisen ist bei der erforderlichen Gesamtbetrachtung nicht zu berücksichtigen, weil sie die notwendige Vorstufe der Vermarktung zubereiteter Speisen darstellt. Ein für die Annahme einer Lieferung schädliches qualitatives Überwiegen der Dienstleistungselemente ist dagegen stets anzunehmen, wenn sich der leistende Unternehmer nicht auf die Ausübung der Handels- und Verteilerfunktion des Lebensmittelhandels und -handwerks beschränkt (vgl. BFH-Urteil vom 24. November 1988, V R 30/83, BStBl. 1989 II S. 210). Jedes einzelne über die Vermarktung hinausgehende Leistungselement führt insgesamt zur Annahme einer Dienstleistung.
Insbesondere die folgenden Elemente sind nicht notwendig mit der Vermarktung von Speisen verbunden und führen zur Annahme einer sonstigen Leistung:
– Zur Verfügung stellen von Verzehreinrichtungen (z.B. Räumlichkeiten, (Steh-)Tische, Bänke oder Stühle). Dies gilt jedoch nicht, soweit diese Verzehreinrichtungen tatsächlich nicht genutzt, d.h. die Speisen lediglich „zum Mitnehmen" abgegeben werden (vgl. BFH-Urteil vom 26. Oktober 2006, V R 58, 59/04, BStBl. 2007 II S. 487);
– Servieren der Speisen oder Gestellung von Bedienungs- oder Kochpersonal oder Portionieren einschließlich Ausgeben der Speisen vor Ort;
– Nutzungsüberlassung von Geschirr oder Besteck oder Reinigung bzw. Entsorgung der überlassenen Gegenstände (vgl. BFH-Urteil vom 10. August 2006, V R 55/04, BStBl. 2007 II S. 480).

Die genannten Elemente führen auch dann zur Annahme einer sonstigen Leistung, wenn sie von Dritten im Rahmen eines zwischen dem die Speise abgebenden Unternehmer und dem Dritten abgestimmten Gesamtkonzepts erbracht werden (z.B. im Rahmen von Bietergemeinschaften). Dabei gilt der Leistungsempfänger nicht als Dritter. Die Erbringung solcher Dienstleistungselemente durch den Leistungsempfänger ist unschädlich.
Die Abgabe von Speisen und Getränken bei Veranstaltungen und Aufführungen mit Sitzplätzen ist dann eine sonstige Leistung, wenn die Bestuhlung für den Verzehr von Speisen speziell ausgestattet ist, da mit dem Bereitstellen einer derartigen Bestuhlung Dienstleistungen gegenüber dem Besucher erbracht werden, die den bestimmungsgemäßen Verzehr an Ort und Stelle ermöglichen.
Folgende Elemente sind hingegen notwendig mit der Vermarktung von Speisen verbunden und im Rahmen der vorzunehmenden Gesamtbetrachtung nicht zu berücksichtigen:
– Übliche Nebenleistungen (z.B. Portionieren und Abgabe „über die Verkaufstheke", Verpacken, Anliefern – auch in Einweggeschirr, Beigabe von Einwegbesteck);
– Bereitstellung von Papierservietten (vgl. BFH-Urteil vom 26. Oktober 2006, V R 58, 59/04, a.a.O.);
– Abgabe von Senf, Ketchup, Mayonnaise oder Apfelmus;
– Bereitstellung von Abfalleimern an Kiosken, Verkaufsständen, Würstchenbuden usw.;
– Bereitstellung von Einrichtungen und Vorrichtungen, die in erster Linie dem Verkauf von Waren dienen (z.B. Verkaufstheken und -tresen sowie Ablagebretter an Kiosken, Verkaufsständen, Würstchenbuden usw.);
– bloße Erstellung von Leistungsbeschreibungen (z.B. Speisekarten oder -pläne);
– Erläuterung des Leistungsangebots.

---
1) Siehe dazu die Vorabentscheidungsersuchen des BFH an den EuGH vom 15. und 27.10.2009, Anlage § 003-32 sowie das EuGH-Urteil vom 10.03.2010 – Rs. C-497/09 u.a. und die Folgeurteile des BFH bei Rechtsprechung zu § 3 UStG

Anlage § 003–30

Diese Grundsätze gelten gleichermaßen für Imbissstände wie für Verpflegungsleistungen in Schulen und Kantinen, Krankenhäusern oder ähnlichen Einrichtungen, bei Leistungen von Catering-Unternehmen (Partyservice) und Mahlzeitendiensten („Essen auf Rädern").

Beispiel 1:

Der Betreiber eines Imbissstandes gibt verzehrfertige Speisen an seine Kunden in Pappbehältern ab. Der Kunde erhält dazu eine Serviette, ein Einwegbesteck und auf Wunsch Ketchup, Mayonnaise oder Senf. Der Imbissstand verfügt nur über eine Verkaufstheke. Für die Rücknahme des Einweggeschirrs und Bestecks stehen Abfalleimer bereit. Die Kunden verzehren die Speisen im Stehen in der Nähe des Imbissstandes oder entfernen sich mit den Speisen gänzlich vom Imbissstand.

Es liegen begünstigte Lieferungen im Sinne des § 12 Abs. 2 Nr. 1 UStG vor, da neben den Speisenlieferungen nur Dienstleistungselemente erbracht werden, die notwendig mit der Vermarktung der Speisen verbunden sind. Dabei spielt es keine Rolle, ob die Speisen zum Mitnehmen verpackt werden.

Beispiel 2:

Der Betreiber eines Imbissstandes gibt verzehrfertige Speisen an seine Kunden in Pappbehältern ab. Der Kunde erhält dazu eine Serviette, ein Einwegbesteck und auf Wunsch Ketchup, Mayonnaise oder Senf. Der Imbissstand verfügt über eine Theke, an der Speisen eingenommen werden können. Der Betreiber hat vor dem Stand drei Stehtische aufgestellt. 80% der Speisen werden zum sofortigen Verzehr abgegeben. 20% der Speisen werden zum Mitnehmen abgegeben.

Soweit die Speisen zum Mitnehmen abgegeben werden, liegen begünstigte Lieferungen im Sinne des § 12 Abs. 2 Nr. 1 UStG vor, da der Unternehmer in diesen Fällen nur Dienstleistungselemente erbringt, die notwendig mit der Vermarktung der Speisen verbunden sind. Dabei spielt es keine Rolle, ob die Speisen zum Mitnehmen verpackt werden.

Beispiel 3:

Der Catering-Unternehmer A verabreicht in einer Schule auf Grund eines mit dem Schulträger geschlossenen Vertrags verzehrfähig angeliefertes Mittagessen. A übernimmt mit eigenem Personal die Ausgabe des Essens, die Reinigung der Räume sowie der Tische, des Geschirrs und des Bestecks.

Es liegen nicht begünstigte sonstige Leistungen im Sinne des § 3 Abs. 9 UStG vor, da neben den Speisenlieferungen noch Dienstleistungselemente (Portionierung und Ausgabe der Speisen vor Ort, Reinigung der Räume sowie der Tische, des Geschirrs und des Bestecks) hinzukommen und nicht nur Dienstleistungen erbracht werden, die notwendig mit der Vermarktung der Speisen verbunden sind (vgl. BFH-Urteil vom 10. August 2006, V R 38/05, BStBl. 2007 II S. 482).

Beispiel 4:

Ein Schulverein bietet in der Schule für die Schüler ein Mittagessen an. Das verzehrfertige Essen wird von dem Catering-Unternehmer A in Großgebinden oder einzelportioniert in Warmhaltevorrichtungen angeliefert und anschließend durch die Mitglieder des Schulvereins im Rahmen der Selbstbedienung an die Schüler ausgegeben. Das Essen wird von den Schülern in einem Mehrzweckraum, der über Tische und Stühle verfügt, eingenommen. Der Schulverein übernimmt auch die Reinigung der Räume sowie der Tische, des Geschirrs und des Bestecks.

Der Catering-Unternehmer A erbringt begünstigte Lieferungen im Sinne des § 12 Abs. 2 Nr. 1 UStG, da neben den Speisenlieferungen nur Dienstleistungen erbracht werden, die notwendig mit der Vermarktung der Speisen verbunden sind. Das Transportieren in den Warmhaltevorrichtungen ist unschädlich.

Der Schulverein erbringt sonstige Leistungen im Sinne des § 3 Abs. 9 UStG, da neben den Speisenlieferungen noch Dienstleistungselemente hinzukommen und nicht nur Dienstleistungen erbracht werden, die notwendig mit der Vermarktung der Speisen verbunden sind. Bei Vorliegen der weiteren Voraussetzungen können die Umsätze jedoch dem ermäßigten Steuersatz nach § 12 Abs. 2 Nr. 8 UStG unterliegen.

Beispiel 5:

Ein Unternehmer beliefert ein Krankenhaus mit Mittag- und Abendessen für die Patienten. Er bereitet die nur teilweise verzehrfähig angelieferten Speisen bzw. Nahrungsmittel in der Küche des auftraggebenden Krankenhauses fertig zu und portioniert sie. Den Transport auf die Stationen, die Ausgabe der Speisen an die Patienten und die anschließende Reinigung des Geschirrs und Bestecks übernimmt das Krankenhauspersonal.

Es liegen begünstigte Lieferungen im Sinne des § 12 Abs. 2 Nr. 1 UStG vor, da zu den Speisenlieferungen nur Dienstleistungselemente hinzutreten, die notwendig mit der Vermarktung der Speisen verbunden sind. Die durch das Krankenhauspersonal erbrachten Dienstleistungselemente sind bei der Beurteilung der Speisenlieferungen als begünstigte Lieferungen im Sinne des § 12 Abs. 2 Nr. 1 UStG oder als nicht begünstigte sonstige Leistungen im Sinne des § 3 Abs. 9 UStG nicht zu berücksichtigen.

Beispiel 6:

Sachverhalt wie im Beispiel 5. Ein Dritter ist jedoch verpflichtet, das Geschirr und Besteck in der Küche des Krankenhauses zu reinigen. Die Speisenlieferungen und die Reinigungsleistungen werden im Rahmen eines zwischen dem die Speisen abgebenden Unternehmer und dem Dritten abgestimmten Gesamtkonzepts erbracht. Die zwischen dem Krankenhaus und den leistenden Unternehmern geschlossenen Verträge sind so miteinander verknüpft, dass jeder Vertrag mit dem anderen „steht oder fällt".

Es liegen nicht begünstigte sonstige Leistungen im Sinne des § 3 Abs. 9 UStG vor, da neben den Speisenlieferungen noch ein Dienstleistungselement (Reinigung des Geschirrs und Bestecks) hinzukommt und damit nicht nur Dienstleistungselemente erbracht werden, die notwendig mit der Vermarktung der Speisen verbunden sind. Da die Leistungen im Rahmen eines zwischen dem die Speisen abgebenden Unternehmer und dem Dritten abgestimmten Gesamtkonzepts erbracht werden, ist das von dem Dritten erbrachte Dienstleistungselement – trotz getrennter zivilrechtlicher Verträge – bei der Beurteilung der Speisenlieferungen als begünstigte Lieferungen oder als nicht begünstigte sonstige Leistungen heranzuziehen.

Beispiel 7:

Ein Unternehmer hat die Bewirtschaftung der Küche eines Krankenhauses übernommen. Er bereitet mit eigenem Personal die Mahlzeiten für die Patienten in der Küche des Krankenhauses zu, transportiert die portionierten Speisen auf die Stationen und reinigt das Geschirr und Besteck sowie den Küchenbereich. Die Ausgabe der Speisen an die Patienten erfolgt durch das Krankenhauspersonal.

Es liegen nicht begünstigte sonstige Leistungen im Sinne des § 3 Abs. 9 UStG vor, da neben den Speisenlieferungen noch weitere Dienstleistungselemente (Führung der Küche mit Produktion bestimmter Speisen, Reinigung des Geschirrs und Bestecks und Reinigung des Küchenbereichs) hinzukommen und damit nicht nur Dienstleistungselemente erbracht werden, die notwendig mit der Vermarktung der Speisen verbunden sind.

Beispiel 8:

Eine Metzgerei betreibt einen Partyservice. Sie belegt Platten mit kalten Käse- und Wurstwaren und gibt noch Brot und Brötchen dazu. Außerdem wird frisch zubereitete Suppe in einem Warmhaltebehälter bereitgestellt. Die fertig belegten Platten und die Suppe werden von den Kunden abgeholt oder von der Metzgerei zu den Kunden geliefert.

Es liegen begünstigte Lieferungen im Sinne des § 12 Abs. 2 Nr. 1 UStG vor, da neben den Speisenlieferungen nur Dienstleistungselemente erbracht werden, die notwendig mit der Vermarktung der Speisen verbunden sind. Auch das zur Verfügung stellen der Platten und des Warmhaltebehälters ist unschädlich.

Beispiel 9:

Sachverhalt wie Beispiel 8, zusätzlich verleiht die Metzgerei jedoch Geschirr und Besteck.

Es liegen nicht begünstigte sonstige Leistungen im Sinne des § 3 Abs. 9 UStG vor, weil die Metzgerei neben der Speisenlieferung die nicht notwendig mit der Vermarktung der Speisen verbundenen Dienstleistungen „zur Verfügung stellen von Geschirr und Besteck" erbringt.

Beispiel 10:

Der Betreiber eines Partyservice liefert verzehrfertige Speisen für eine Feier seines Auftraggebers an. Er richtet das Buffet her, indem er die Speisen auf Tischen des Auftraggebers anordnet und festlich dekoriert.

Es liegen nicht begünstigte sonstige Leistungen im Sinne des § 3 Abs. 9 UStG vor, weil der leistende Unternehmer neben der Speisenlieferung Dienstleistungselemente erbringt, die nicht notwendig mit der Vermarktung der Speisen verbunden sind.

Anlage § 003–30

Beispiel 11:
Der Betreiber eines Partyservice liefert verzehrfertige Speisen für eine Party seines Auftraggebers an. Der Auftraggeber erhält darüber hinaus Servietten, Einweggeschirr und -besteck. Der Betreiber des Partyservice hat sich verpflichtet, das Einweggeschirr und -besteck abzuholen und zu entsorgen.
Es liegen nicht begünstigte sonstige Leistungen im Sinne des § 3 Abs. 9 UStG vor, da zu der Speisenlieferung noch das Dienstleistungselement „Abholung und Entsorgung des Geschirrs und Bestecks" hinzukommt, das nicht notwendig mit der Vermarktung der Speisen verbunden ist.

Beispiel 12:
Ein Mahlzeitendienst übergibt Einzelabnehmern verzehrfertig zubereitetes Mittag- und Abendessen in Warmhaltevorrichtungen auf vom Mahlzeitendienst zur Verfügung gestelltem Geschirr, auf dem die Speisen nach dem Abheben der Warmhaltehaube als Einzelportionen verzehrfertig angerichtet sind. Dieses Geschirr wird – nach einer Vorreinigung durch die Einzelabnehmer – zu einem späteren Zeitpunkt vom Mahlzeitendienst zurückgenommen und endgereinigt.
Es liegen nicht begünstigte sonstige Leistungen im Sinne des § 3 Abs. 9 UStG vor, da der Mahlzeitendienst mit der Nutzungsüberlassung des Geschirrs sowie dessen Endreinigung Dienstleistungselemente erbringt, die nicht notwendig mit der Vermarktung der Speisen verbunden sind. Auf das Material oder die Form des Geschirrs kommt es dabei nicht an. Bei Vorliegen der weiteren Voraussetzungen können die Umsätze jedoch dem ermäßigten Steuersatz nach § 12 Abs. 2 Nr. 8 UStG unterliegen (vgl. BFH-Urteil vom 10. August 2006, V R 55/04, a.a.O.).

Beispiel 13:
Ein Mahlzeitendienst übergibt Einzelabnehmern verzehrfertig zubereitetes Mittag- und Abendessen in Transportbehältnissen und Warmhaltevorrichtungen, die nicht dazu bestimmt sind, dass Speisen von diesen verzehrt werden. Die Ausgabe der Speisen auf dem Geschirr der Einzelabnehmer und die anschließende Reinigung des Geschirrs und Bestecks in der Küche der Einzelabnehmer übernimmt der Pflegedienst des Abnehmers. Zwischen Mahlzeiten- und Pflegedienst bestehen keine Verbindungen.
Es liegen begünstigte Lieferungen im Sinne des § 12 Abs. 2 Nr. 1 UStG vor, weil sich der Mahlzeitendienst auf die Lieferung der verzehrfertig zubereiteten Speisen beschränkt. Die Leistungen des Pflegedienstes führen insoweit nicht zur Annahme einer sonstigen Leistung, da sie nicht im Rahmen eines abgestimmten Gesamtkonzepts erbracht werden.

Die dargestellten Grundsätze gelten auch für unentgeltliche Wertabgaben. Ist der Verzehr durch den Unternehmer selbst als sonstige Leistung anzusehen, liegt eine unentgeltliche Wertabgabe § 3 Abs. 9a Nr. 2 UStG vor, die dem allgemeinen Steuersatz unterliegt. Für unentgeltliche Wertabgaben nach § 3 Abs. 1b UStG – z.B. Entnahme von Nahrungsmitteln durch einen Gastwirt zum Verzehr in einer von der Gaststätte getrennten Wohnung – kommt der ermäßigte Steuersatz in Betracht. Auf die in der Richtsatzsammlung in der jeweils gültigen Fassung vorgesehenen Pauschbeträge für unentgeltliche Wertabgaben wird hingewiesen.

Die Regelungen dieses Schreibens sind auf alle offenen Fälle anzuwenden. Sofern bisher ergangene Anweisungen – insbesondere in Abschnitt 25a UStR – dem entgegenstehen, sind sie nicht mehr anzuwenden. Beruft sich der Unternehmer für vor dem 1. Januar 2009 ausgeführte Umsätze auf eine danach für ihn günstigere Besteuerung, wird dies nicht beanstandet.

Anlage § 003–31

Umsatzsteuerliche Behandlung von sale-and-lease-back-Geschäften

BMF-Schreiben vom 04.12.2008 – IV B 8 – S 7100/07/10031,
BStBl. 2008 I S. 1084

Nach der Erörterung mit den obersten Finanzbehörden der Länder gilt zur umsatzsteuerrechtlichen Behandlung von sale-and-lease-back-Geschäften Folgendes:

Die umsatzsteuerrechtliche Beurteilung, ob eine Lieferung im Sinne des § 3 Abs. 1 UStG vorliegt, muss nicht zwangsläufig mit dem bürgerlich-rechtlichen Eigentumsübergang verbunden sein. Werden Gegenstände im Leasing-Verfahren überlassen, kann in der Regel von einer Lieferung an den Leasing-Nehmer ausgegangen werden, wenn der Leasing-Gegenstand einkommensteuerrechtlich dem Leasing-Nehmer zuzurechnen ist (vgl. Abschn. 25 Abs. 4 Satz 2 UStR). Die für die Annahme einer Lieferung erforderliche Verschaffung der Verfügungsmacht an dem Leasing-Gegenstand setzt dabei voraus, dass diese zunächst beim Leasing-Geber lag.

Insbesondere in den Fällen, in denen der Überlassung eines Gegenstands im Leasingverfahren eine Eigentumsübertragung vom späteren Leasing-Nehmer an den Leasing-Geber vorausgeht, ist stets zu prüfen, ob die Verfügungsmacht jeweils tatsächlich übertragen wurde. Diese Prüfung richtet sich nach dem Gesamtbild der Verhältnisse des Einzelfalls, d.h. den konkreten vertraglichen Vereinbarungen und deren jeweiliger tatsächlicher Durchführung unter Berücksichtigung der Interessenlage der Beteiligten. Daher kann nach den Umständen des Einzelfalls eine Gesamtbetrachtung dazu führen, dass der der Überlassung des Leasing-Gegenstands vorausgehenden Übertragung dieses Gegenstands ausnahmsweise nur eine Sicherungs- und Finanzierungsfunktion zukommt und sie daher nicht zu einer Lieferung im Sinne des § 3 Abs. 1 UStG führt; dementsprechend ist eine – isolierte – Beurteilung der nachfolgenden Überlassung nicht erforderlich. In diesen Fällen ist vielmehr insgesamt von einer Kreditgewährung des Leasing-Gebers an den Leasing-Nehmer auszugehen.

Ausgangsfall:

Der Hersteller von Kopiergeräten H und die Kopierervermietungsgesellschaft V schließen einen Kaufvertrag über die Lieferung von Kopiergeräten, wobei das zivilrechtliche Eigentum auf die Vermietungsgesellschaft übergeht. Gleichzeitig verpflichtet sich V, dem Hersteller H die Rückübertragung der Kopiergeräte nach Ablauf von 12 Monaten anzudienen, H macht regelmäßig von seinem Rücknahmerecht Gebrauch. Zur endgültigen Rückübertragung bedarf es eines weiteren Vertrags, in dem die endgültigen Rückgabe- und Rücknahmekonditionen einschließlich des Rückkaufpreises festgelegt werden. Während der „Vertragslaufzeit" von 12 Monaten vermietet die Vermietungsgesellschaft die Kopiergeräte an ihre Kunden.

Umsatzsteuerrechtlich liegen zwei voneinander getrennt zu beurteilende Lieferungen i.S.d. § 3 Abs. 1 UStG vor. Die Verfügungsmacht an den Kopiergeräten geht zunächst auf V über und fällt nach Ablauf von 12 Monaten bei regelmäßigem Ablauf durch einen neuen Vertragsabschluss wieder an H zurück. Sowohl H als auch V sind dann jeweils vorsteuerabzugsberechtigt nach § 15 Abs. 1 Satz 1 Nr. 1 UStG hinsichtlich der Lieferung.

Abwandlung 1:

Wie Ausgangsfall, wobei V einen weiteren Vertrag mit der Leasinggesellschaft L zur Finanzierung des Geschäfts mit H schließt. Hiernach verkauft V die Kopiergeräte an L weiter und least sie gleichzeitig von L zurück, die sich ihrerseits unwiderruflich zur Rückübertragung des Eigentums nach Ablauf des Leasingzeitraums verpflichtet. Das zivilrechtliche Eigentum wird übertragen und L ermächtigt V, die geleasten Kopiergeräte im Rahmen des Vermietungsgeschäfts für ihre Zwecke zu nutzen. Die Laufzeit des Vertrags beschränkt sich auf 12 Monate und die für die spätere Bestimmung des Rückkaufpreises maßgebenden Konditionen werden bereits jetzt vereinbart.

In der Veräußerung der Kopiergeräte von *H an V* und deren Rückübertragung nach 12 Monaten liegen entsprechend den Ausführungen zum Ausgangsfall zwei voneinander zu trennende Lieferungen vor.

Die Übertragung des zivilrechtlichen Eigentums an den Kopiergeräten durch *V an L* dient dagegen lediglich der Besicherung der Refinanzierung des V bei L. Es findet keine Übertragung von Substanz, Wert und Ertrag der Kopiergeräte statt. Die Gesamtbetrachtung aller Umstände und vertraglichen Vereinbarungen des Einzelfalls führt zu dem Ergebnis, dass insgesamt nur eine Kreditgewährung von L an V vorliegt. Im Gegensatz zum Ausgangsfall wird die Verfügungsmacht an den Kopiergeräten nicht übertragen. Soweit V und L gleichwohl mit gesondertem Steuerausweis über

Anlage § 003–31

eine vermeintliche Lieferung abgerechnet haben, schulden sie die ausgewiesene Steuer nach § 14c Abs. 2 UStG, ohne dass der Abrechnungsempfänger zum Vorsteuerabzug berechtigt ist. Dies gilt entsprechend, soweit L gegenüber V eine vermeintliche Vermietungsleistung abgerechnet hat.

Abwandlung 2:
Wie Ausgangsfall, mit der Besonderheit, dass V die L einschaltet. Diese tritt den zuvor zwischen H und V vereinbarten Kopiergerätekaufverträgen mit Rückandienungsverpflichtung in Form von Nachtragsvereinbarungen bei, bevor die Kopiergeräte von H an V ausgeliefert werden. Infolge des Vertragsbeitritts wird L schuldrechtlich neben V Vertragspartnerin der späteren Kauf- und späteren Rückkauf-Verträge mit H. Über die Auslieferung der Kopiergeräte rechnet H mit L ab, welche anschließend einen Leasingvertrag bis zum Rückkauf-Termin mit V abschließt. Im Unternehmen der V werden die Kopiergeräte den Planungen entsprechend ausschließlich für Vermietungszwecke genutzt. Zum Rückkauf-Termin nach 12 Monaten werden die Geräte gemäß den vereinbarten Konditionen von V an H zurückgegeben.

Die Vorstellungen der Beteiligten H, V und L sind bei der gebotenen Gesamtbetrachtung darauf gerichtet, V unmittelbar die Verfügungsmacht an den Geräten zu verschaffen, während L lediglich die Finanzierung des Geschäfts übernehmen soll. Mit der Übergabe der Geräte werden diese deshalb durch H an V geliefert. Es findet mithin weder eine (Weiter-)Lieferung der Geräte von V an L noch eine Rückvermietung der Geräte durch L an V statt. L erbringt vielmehr eine sonstige Leistung in Form der Kreditgewährung an V. Die Rückübertragung der Geräte an H nach Ablauf der 12 Monate führt zu einer Lieferung von V an H. Soweit H, V und L mit gesondertem Steuerausweis über vermeintliche andere Leistungen abgerechnet haben, schulden sie die ausgewiesene Steuer nach § 14c Abs. 2 UStG, ohne dass dem jeweiligen Abrechnungsempfänger der Vorsteuerabzug zusteht.

Die Grundsätze dieses Schreibens sind in allen offenen Fällen anzuwenden. Es wird jedoch nicht beanstandet, wenn die Vertragsparteien bei den o.g. sowie vergleichbaren Gestaltungen entgegen den hier dargestellten Grundsätzen über eine vermeintliche Lieferung bzw. über eine vermeintliche Vermietungsleistung abgerechnet haben, wenn sämtliche für die Gesamtbetrachtung maßgeblichen Verträge vor dem 1. Juli 2009 abgeschlossen wurden. Dies gilt nicht in den in Abschn. 25 Abs. 6 Satz 2 UStR bezeichneten Fällen.

Anlage § 003–32

Abgrenzung von Lieferungen und sonstigen Leistungen bei der Abgabe von Speisen und Getränken; Konsequenzen der BFH-Beschlüsse vom 15.10.2009 – XI R 6/08 und XI R 37/08 sowie vom 27.10.2009 – V R 3/07 und V R 35/08

BMF-Schreiben vom 29.03.2010 – IV D 2 – S 7100/07/10050,
BStBl. 2010 I S. 330

Mit Beschlüssen vom 15. Oktober 2009 – XI R 6/08 (BStBl. II 2010 S. 364) und XI R 37/08 (BStBl. II 2010 S. 368) sowie vom 27. Oktober 2009 – V R 3/07 (BStBl. II 2010 S. 372) und V R 35/08 (BStBl. II 2010 S. 376) – hat der Bundesfinanzhof die genannten Verfahren ausgesetzt und dem Europäischen Gerichtshof Vorabentscheidungsersuchen zur Auslegung des Gemeinschaftsrechts im Zusammenhang mit der Abgrenzung von Lieferungen und sonstigen Leistungen bei der Abgabe von Speisen und Getränken vorgelegt[1]. **1**

Unter Bezugnahme auf das Ergebnis der Erörterungen mit den obersten Finanzbehörden der Länder gilt Folgendes:

Die Regelungen des BMF-Schreibens vom 16. Oktober 2008 – IV B 8 – S 7100/07/10050 (2008/0541679) – (BStBl. I S. 949) sind vorbehaltlich der Randziffer 3 bis auf weiteres anzuwenden. **2**

Die Bestuhlung in Kinos, Sporthallen und Stadien ist nicht als Verzehreinrichtung anzusehen, sofern keine zusätzlichen Vorrichtungen vorhanden sind, die den bestimmungsgemäßen Verzehr der Speisen und Getränke an Ort und Stelle ermöglichen. Getränkehalter, die das bloße Abstellen eines Getränks ermöglichen, sind keine zusätzlichen Vorrichtungen in diesem Sinne. **3**

Die Regelung in Randziffer 3 ist in allen offenen Fällen anzuwenden. Für vor dem 1. Juli 2010 ausgeführte Umsätze wird es jedoch nicht beanstandet, wenn der Unternehmer die Bestuhlung nach Maßgabe des BMF-Schreibens vom 16. Oktober 2008 (a.a.O.) als Verzehreinrichtung ansieht. **4**

---

[1] Zu dem Urteil des EuGH vom 10.03.2011 – Rs. C-497/09 u.a. siehe § 3 UStG – Rechtsprechung; siehe Anlage § 003-30

Anlage § 003–33

EuGH-Urteil vom 30.09.2010, C-581/08 (EMI Group); Anpassung des Abschnitts 3.3 Absatz 13 UStAE

BMF-Schreiben vom 31.08.2011 – IV D 2 – S 7109/09/10001, BStBl. 2011 I S. 825

Geschenke von geringem Wert und Warenmuster, die unentgeltlich zugewendet werden, unterliegen nicht der Wertabgabenbesteuerung nach § 3 Absatz 1b Satz 1 Nr. 3 UStG. Diese Regelung entspricht der unionsrechtlichen Regelung in Art. 16 MwStSystRL.

Mit Urteil vom 30. September 2010, C-581/08 (EMI Group), hat der EuGH u.a. entschieden, dass ein Warenmuster im Sinne des Art. 16 MwStSystRL ein Probeexemplar eines Produkts ist, durch das dessen Absatz gefördert werden soll und das eine Bewertung der Merkmale und der Qualität dieses Produkts ermöglicht, ohne zu einem anderen als dem mit solchen Werbeumsätzen naturgemäß verbundenen Endverbrauch zu führen. Dieser Begriff kann nicht durch eine nationale Regelung allgemein auf Probeexemplare beschränkt werden, die in einer nicht im Verkauf erhältlichen Form abgegeben werden, oder auf das erste Exemplar einer Reihe identischer Probeexemplare, die von einem Steuerpflichtigen an denselben Empfänger übergeben werden, ohne dass diese Regelung es erlaubt, die Art des repräsentierten Produkts und den kommerziellen Kontext jedes einzelnen Vorgangs, in dessen Rahmen diese Probeexemplare übergeben werden, zu berücksichtigen.

Unter Bezugnahme auf das Ergebnis der Erörterungen mit den obersten Finanzbehörden der Länder wird der Umsatzsteuer-Anwendungserlass vom 1. Oktober 2010 (BStBl. I S. 846), der zuletzt durch das BMF-Schreiben vom 2. August 2011, IV D 2 – S 7243/11/10001 (2011/0607021), BStBl. I S. 754 – geändert worden ist, wie folgt geändert:

Abschnitt 3.3 Absatz 13 UStAE wird wie folgt gefasst:

„(13) [1]Warenmuster sind ausdrücklich von der Steuerbarkeit ausgenommen. [2]**Ein Warenmuster ist ein Probeexemplar eines Produkts, durch das dessen Absatz gefördert werden soll und das eine Bewertung der Merkmale und der Qualität dieses Produkts ermöglicht, ohne zu einem anderen als dem mit solchen Werbeumsätzen naturgemäß verbundenen Endverbrauch zu führen** (vgl. EuGH-Urteil vom 30.9.2010, C-581/08, EuGHE I S. 7). [3]**Ist das Probeexemplar ganz oder im Wesentlichen identisch mit dem im allgemeinen Verkauf erhältlichen Produkt, kann es sich gleichwohl um ein Warenmuster handeln, wenn die Übereinstimmung mit dem verkaufsfertigen Produkt für die Bewertung durch den potenziellen oder tatsächlichen Käufer erforderlich ist und die Absicht der Absatzförderung des Produkts im Vordergrund steht. [4]Die Abgabe eines Warenmusters soll in erster Linie nicht dem Empfänger den Kauf ersparen, sondern ihn oder Dritte zum Kauf anregen.** [5]Ohne Bedeutung ist, ob Warenmuster einem anderen Unternehmer für dessen unternehmerische Zwecke oder einem **Endverbraucher** zugewendet werden. [6]Nicht steuerbar ist die Abgabe sog. Probierpackungen im Getränke- und Lebensmitteleinzelhandel (z.B. die kostenlose Abgabe von losen oder verpackten Getränken und Lebensmitteln im Rahmen von Verkaufsaktionen, Lebensmittelprobierpackungen, Probepackungen usw.) an **Endverbraucher**."

Die Regelung ist in allen offenen Fällen anzuwenden.

Anlage § 003–34

Übertragung immaterieller Wirtschaftsgüter (z.B. Firmenwert, Kundenstamm)

BMF-Schreiben vom 08.06.2011 – IV D 2 – S 7100/08/10009 :001,
BStBl. 2011 I S. 582

In seinem Urteil C-242/08 (Swiss Re Germany Holding) vom 22. Oktober 2009 (BStBl. 2011 II S. 559) hat der EuGH ausgeführt, dass die Übertragung von Lebensrückversicherungsverträgen eine sonstige Leistung und keine Lieferung darstellt. Bei diesen Verträgen handele es sich zum einen nicht um körperliche Gegenstände i.S.d. Artikels 5 Abs. 1 der 6. EG-Richtlinie (entspricht Artikel 14 Abs. 1 MwStSystRL). Zum anderen sei die Übertragung von Verträgen als Abtretung eines unkörperlichen Gegenstands nach Artikel 6 Abs. 1 Unterabs. 2 1. Anstrich der 6. EG-Richtlinie (entspricht Artikel 25 Buchst. a MwStSystRL) und damit als sonstige Leistung zu beurteilen.

Das Urteil hat auch Auswirkungen auf die Übertragung anderer immaterieller Wirtschaftsgüter wie z.B. eines Firmenwerts oder eines Kundenstamms. Die Übertragung solcher immaterieller Wirtschaftsgüter ist ebenfalls eine sonstige Leistung im Sinne des § 3 Abs. 9 Satz 1 UStG.

Unter Bezugnahme auf das Ergebnis der Erörterungen mit den obersten Finanzbehörden der Länder wird der Umsatzsteuer-Anwendungserlass vom 1. Oktober 2010 (BStBl. I S. 846), der zuletzt durch das BMF-Schreiben vom 12. Mai 2011 – IV D 3 – S 7134/10/10001 (2011/0388187) – BStBl. I S. 535, geändert worden ist, wie folgt geändert:

Abschnitt 3.1 Abs. 4 Satz 2 wird wie folgt gefasst:

„²Als sonstige Leistungen kommen insbesondere in Betracht: Dienstleistungen, Gebrauchs- und Nutzungsüberlassungen – z.B. Vermietung, Verpachtung, Darlehensgewährung, Einräumung eines Nießbrauchs, Einräumung, Übertragung und Wahrnehmung von Patenten, Urheberrechten, Markenzeichenrechten und ähnlichen Rechten –, Reiseleistungen im Sinne des § 25 Abs. 1 UStG, **Übertragung immaterieller Wirtschaftsgüter wie z.B. Firmenwert, Kundenstamm oder Lebensrückversicherungsverträge (vgl. EuGH-Urteil vom 22.10.2009, C-242/08, BStBl. 2011 II S. 559)**, der Verzicht auf die Ausübung einer Tätigkeit (vgl. BFH-Urteile vom 6.5.2004, V R 40/02, BStBl. 2004 II S. 854, vom 7.7.2005, V R 34/03, BStBl. 2007 II S. 66, und vom 24.8.06, V R 19/05, BStBl. 2007 II S. 187) oder die entgeltliche Unterlassung von Wettbewerb (vgl. BFH-Urteil vom 13.11.2003, V R 59/02, BStBl. 2004 II S. 472)."

Die Grundsätze dieses Schreibens sind in allen offenen Fällen anzuwenden. Aus Vereinfachungsgründen wird es jedoch nicht beanstandet, wenn der Unternehmer die Übertragung solcher immaterieller Wirtschaftsgüter, die vor dem 1. Juli 2011 vorgenommen wird, abweichend hiervon als Lieferung behandelt (vgl. Abschnitt 24 Abs. 1 Satz 2 UStR 2008).

Anlage § 003–35

Umsatzsteuerrechtliche Behandlung der Umsätze aus Sortengeschäften einer Wechselstube; BFH-Urteil vom 19.05.2010, XI R 6/09

BMF-Schreiben vom 05.10.2011 – IV D 2 – S 7100/08/10009 :002,
BStBl. 2011 I S. 982

Mit Urteil vom 19. Mai 2010, XI R 6/09, hat der BFH entschieden, dass ein Unternehmer, der in- und ausländische Banknoten und Münzen im Rahmen von Sortengeschäften an- und verkauft, keine Lieferungen, sondern sonstige Leistungen ausführt. Der BFH hat in diesem Zusammenhang weiter entschieden, dass die Bestimmungen über Buch- und Belegnachweise bei Ausfuhrlieferungen nach den §§ 8 und 17 UStDV auf den Nachweis des Wohnsitzes des Empfängers einer sonstigen Leistung nicht analog anwendbar sind.

Unter Bezugnahme auf das Ergebnis der Erörterungen mit den obersten Finanzbehörden der Länder wird der Umsatzsteuer-Anwendungserlass vom 1. Oktober 2010 (BStBl. I S. 846), der zuletzt durch das BMF-Schreiben vom 30. September 2011 – IV D 2 – S 7238/11/10001 – BStBl. I S. 981 – geändert worden ist, wie folgt geändert:

1. Nach Abschnitt 3.1 Absatz 4 wird folgender Absatz 5 angefügt:

   „**(5) Zur Abgrenzung zwischen Lieferungen und sonstigen Leistungen vgl. Abschnitt 3.5.**"

2. In Abschnitt 3.5 Absatz 3 wird der Punkt hinter der Nummer 16 durch ein Semikolon ersetzt und folgende Nummer 17 angefügt:

   „**17. der An- und Verkauf in- und ausländischer Banknoten und Münzen im Rahmen von Sortengeschäften (Geldwechselgeschäft) (vgl. BFH-Urteil vom 19.5.2010, XI R 6/09, BStBl. 2011 II S. 831).**"

3. In Abschnitt 4.8.3 Absatz 1 wird Satz 2 wie folgt gefasst:

   „²Hierdurch sollen **gesetzliche Zahlungsmittel,** die als Waren gehandelt werden, auch umsatzsteuerrechtlich als Waren behandelt werden."

4. In Abschnitt 4b.1 Absatz 1 wird Buchstabe b wie folgt gefasst:

   „b) gesetzlichen Zahlungsmitteln, **die wegen ihres Metallgehalts oder ihres Sammlerwerts umgesetzt werden** (Abschnitt 4.8.3 Abs. 1);"

5. In Abschnitt 15.18 Absatz 5 Satz 3 Nr. 1 wird folgender Satz 2 angefügt:

   „**²Dies gilt auch dann, wenn dieser Umsatz eine sonstige Leistung darstellt (vgl. BFH-Urteil vom 19.5.2010, XI R 6/09, BStBl. 2011 II S. 831).**"

Die Grundsätze dieses Schreibens sind in allen offenen Fällen anzuwenden. Aus Vereinfachungsgründen wird es jedoch nicht beanstandet, wenn der Unternehmer die vor dem 1. Oktober 2011 ausgeführten Umsätze aus dem An- und Verkauf in- und ausländischer Münzen und Banknoten im Rahmen von Sortengeschäften abweichend hiervon als Lieferung behandelt. In diesen Fällen geht die Steuerbefreiung nach § 4 Nr. 8 Buchst. b UStG für Umsätze von gesetzlichen Zahlungsmitteln der Steuerbefreiung nach § 4 Nr. 1 Buchst. a i.V.m. § 6 UStG für Ausfuhrlieferungen bzw. der Steuerbefreiung nach § 4 Nr. 1 Buchst. b i.V.m. § 6a UStG für innergemeinschaftliche Lieferungen vor (vgl. BMF-Schreiben vom 11. April 2011 – IV D 3 – S 7130/07/10008 [2011/0294414] –, BStBl. I S. 459[1]).

---

[1] Anlage § 015-50

Anlagen § 003a–01, § 003a–02

Ort der sonstigen Leistung bei Schiedsgerichtsverfahren

Erlass FM Nordrhein-Westfalen vom 22.05.1984 – S 7117 – 24 – V C 4,
DB 1985 S. 1276

In einem schiedsgerichtlichen Verfahren (§§ 1025ff. ZPO), das auf privatrechtlicher Vereinbarung der streitenden Parteien beruht (Schiedsvertrag), kann jede der streitenden Parteien eine frei gewählte Privatperson als Schiedsrichter (z.b. Rechtsanwalt, Richter, Hochschulprofessor, Kaufmann) ernennen (§ 1028 ZPO). Mit dem Schiedsvertrag wird den Schiedsrichtern die Entscheidung der Frage, wer im Recht ist, übertragen. Die Parteien wünschen die Entscheidung durch das Schiedsgericht. Die Entscheidung der Rechtsstreitigkeit ergeht durch Schiedsspruch (§§ 1039, 1040 ZPO) oder auch durch Schiedsvergleich (§ 1044a ZPO).

Im Einvernehmen mit den obersten Finanzbehörden des Bundes und der Länder wird zum Ort der sonstigen Leistung des Schiedsrichters bei solchen Schiedsgerichtsverfahren folgende Auffassung vertreten: Der Ort der Leistung des Schiedsrichters ist dort, wo der Schiedsrichter seinen Wohnsitz hat (§ 3a Abs. 1 UStG). Die Leistungen eines Rechtsanwalts als Schiedsrichter sind folglich keine sonstige Leistung i. S. des § 3a Abs. 4 Nr. 3 UStG[1]. Wird das Schiedsgerichtsverfahren im Außengebiet durchgeführt, so unterliegen die Leistungen eines Schiedsrichters, der seinen Wohnsitz im Erhebungsgebiet hat, gleichwohl der USt.

Ort der Bauartprüfungen von Prüfstellen nach dem Gerätesicherheitsgesetz (§ 3a UStG)

Erlass FM Nordrhein-Westfalen vom 22.05.1984 – S 7117 – 23 – V C 4,
DB 1984 S. 1223

Es ist die Frage aufgeworfen worden, ob der Leistungsort einer Bauartprüfung, die von einem außengebietlichen Unternehmer in Auftrag gegeben wird, nach § 3a Abs. 2 Nr. 3 Buchst. c UStG oder nach § 3a Abs. 4 Nr. 3 UStG (Ingenieurleistung) zu bestimmen ist.

Das Gesetz über technische Arbeitsmittel (Gerätesicherheitsgesetz) vom 24.5.1968 (BGBl. I S. 717) in der Fassung vom 13.8.1979 (BGBl. I S. 1432) – vgl. Sammlung „Das Deutsche Bundesrecht" VB 80 – bestimmt, daß nur solche technischen Arbeitsmittel, z.B. Arbeitsgeräte, Hebe- und Fördereinrichtungen, Beförderungsmittel, in den Verkehr gebracht werden dürfen, die den allgemein anerkannten Regeln der Technik sowie den Arbeitsschutz- und Unfallverhütungsvorschriften entsprechen. Die Geräte, die diese Bestimmungen des Gesetzes (§ 3 Abs. 1) oder die Voraussetzungen einer aufgrund des § 4 oder des § 8a erlassenen Rechtsverordnung erfüllen, werden mit dem Zeichen „GS – geprüfte Sicherheit" versehen. Das GS-Zeichen wird nur nach einer Bauartprüfung erteilt, die von der zuständigen Prüfstelle durchgeführt wird (§ 3 Abs. 4). Die Prüfstellen im Bundesgebiet sind in der Anlage zur Gerätesicherungs-Prüfstellenverordnung vom 2.1.1980 (BGBl. I S. 1) in der Fassung vom 30.10.1981 benannt.

Bei Bauartprüfungen handelt es sich um sogenannte Konformitätsprüfungen, bei denen festzustellen ist, ob das technische Arbeitsmittel in Übereinstimmung mit den Regeln der Technik gebaut ist. Anhand von Mustern der zu prüfenden technischen Produkte sowie deren Beschreibungen, Zeichnungen und Bedienungs- und Montageanleitungen wird geprüft, ob die Geräte den DIN-Normen, VDE-Vorschriften, Unfallverhütungs-Vorschriften u.ä. entsprechen. Die eigentliche Prüfung durch die Ingenieure und Techniker der Prüfstelle erfolgt anhand von sogenannten Prüfscheinen. Wenn das Gerät alle Vorschriften erfüllt, wird der Zeichengenehmigungsausweis erteilt. Ist ein Teil der Vorschriften nicht erfüllt, erhält der Hersteller hierüber eine Mitteilung. Er hat dann die Möglichkeit, den Fehler abzustellen und ein neues geändertes Prüfmuster einzureichen, das dann erneut geprüft wird.

Im Einvernehmen mit den obersten Finanzbehörden des Bundes und der Länder wird die Auffassung vertreten, daß es sich bei den Bauartprüfungen durch die Prüfstellen nach dem Gerätesicherheitsgesetz um Ingenieurleistungen i. S. des § 3a Abs. 4 Nr. 3 UStG handelt. Der Ort der Bauartprüfung richtet sich deshalb nach dieser Vorschrift.

---

1) Ebenso EuGH-Urteil vom 16.09.1997, UR 1998 S. 17, siehe Rechtsprechung zu § 3a UStG

Anlage § 003a–03 nicht belegt, § 003a–04

Ort der sonstigen Leistung eines Fiskalvertreters i. S. der §§ 22a ff. UStG

Erlass FM Nordrhein-Westfalen vom 23.04.1997 – S 7117f – 19 – V C 4,
DB 1997 S. 1370

Es wird die Auffassung vertreten, daß der Ort der sonstigen Leistung eines Fiskalvertreters nach § 3a Abs. 3 und Abs. 4 Nr. 3 UStG zu bestimmen ist.

Die Fiskalvertretung i. S. der §§ 22a ff. UStG (Erfüllung der umsatzsteuerlichen Pflichten und Ausübung der umsatzsteuerlichen Rechte des Vertretenen) stellt eine Leistung dar, die der Tätigkeit eines Rechtsanwalts, Steuerberaters oder Steuerbevollmächtigten ähnlich ist. (§ 3a Abs. 4 Nr. 3 UStG). Der Fiskalvertreter erbringt seine Leistung somit dort, wo der von ihm vertretene Unternehmer (Leistungsempfänger) sein Unternehmen betreibt (§ 3a Abs. 3 UStG).

Ist der Leistungsempfänger in einem anderen Mitgliedstaat der Europäischen Union ansässig, verlagert sich der Ort der Leistung des Fiskalvertreters nach § 3a Abs. 3 UStG in diesen Mitgliedstaat. Der Fiskalvertreter wird in diesem Mitgliedstaat regelmäßig nicht ansässig sein. Daher schuldet grundsätzlich der in diesem Mitgliedstaat als Unternehmer steuerlich erfaßte Leistungsempfänger die USt. für die Fiskalvertretung (Art. 21 Nr. 1 Buchst. b der 6. EG-Richtlinie). In diesem Fall darf der Fiskalvertreter weder ausländische noch deutsche USt. in Rechnung stellen (vgl. Abschn. 42i Abs. 6 UStR).

Ist der Leistungsempfänger im Drittlandsgebiet ansässig, so verlagert sich der Ort der Leistung des Fiskalvertreters nach § 3a Abs. 3 UStG dorthin. Der Fiskalvertreter schuldet somit auch für diese Leistung keine deutsche USt.

Anlagen § 003a–05, 06, 07, 08 nicht belegt, § 003a–09

Umsatzsteuerliche Behandlung der Vermietung beweglicher Gegenstände im grenzüberschreitenden Karussellgeschäft (sog. Lease-in / Lease-out-Transaktionen)

OFD Hannover, Vfg. vom 30.11.1998 – S 7100 – 903 – StH 533, S 7100 – 447 – StO 352, IStR 1998 S. 278

In jüngster Zeit ist bei Verkehrsbetrieben im Zusammenhang mit der Anschaffung von Fahrzeugen folgender (stark verkürzt dargestellter) Sachverhalt (weitere Auskünfte zur vertraglichen Gestaltung erteilt StH 533, Tel: 05 11/101-31 39) angetroffen worden:

Der Verkehrsbetrieb erwirbt die für sein Unternehmen erforderlichen Fahrzeuge (z. B. Straßenbahnen) und vermietet sie langfristig im Rahmen eines sog. Hauptmietvertrages an eine amerikanische Treuhandgesellschaft (US-Trust). Der US-Trust seinerseits vermietet die Fahrzeuge im Rahmen eines sog. Untermietvertrages zurück an den Verkehrsbetrieb. Unter Umständen sind in die vertragliche Gestaltung noch Zwischenmieter eingeschaltet. Der US-Trust ist aus dem Hauptmietvertrag zu Zahlung von Mietraten verpflichtet, die zu Beginn des Mietvertrages an den Verkehrsbetrieb im voraus bezahlt werden. Der Untermietvertrag sieht i. d. R. die laufende Zahlung der Mietraten vor, räumt dem Mieter aber die Option zur vorzeitigen Ablösung der Zahlungsverpflichtungen aus dem Mietvertrag ein. In den bisher bekannt gewordenen Fallgestaltungen wurde diese Option ausgeübt. Für den Verkehrsbetrieb ergibt sich aus dieser vertraglichen Gestaltung ein Barwert- und damit ein Finanzierungsvorteil in Höhe der Differenz zwischen den oben beschriebenen Zahlungsströmen. Der US-Trust erhält aus dieser vertraglichen Gestaltung Steuervorteile in den USA.

In Abstimmung mit den obersten Finanzbehörden des Bundes und der Länder wird gebeten bei derartigen Sachverhalten umsatzsteuerlich folgende Auffassungen zu vertreten:

Sowohl das zivilrechtliche als auch das wirtschaftliche Eigentum an den Wirtschaftsgütern verbleibt beim inländischen Eigentümer/Unternehmer (im o. a. Sachverhalt: bei dem Verkehrsbetrieb). Es liegt keine Übereignung/Lieferung an den ausländischen Investor (hier: an den US-Trust) vor. Der steuerbare Leistungsaustausch besteht vielmehr darin, daß der inländische Unternehmer (hier: der Verkehrsbetrieb) dem ausländischen Investor (hier: dem US-Trust) die Möglichkeit eröffnet, sich in den USA Steuervorteile zu verschaffen. Dafür erhält der inländische Unternehmer als Gegenleistung den Barwertvorteil in Höhe der Differenz zwischen der aus dem Hauptmietvertrag (bereits vorab) zugeflossenen Miete und der im Rahmen des Untermietvertrags (noch) zu zahlenden Miete.

Der Leistungsort für diese sonstige Leistung bestimmt sich nach § 3a Abs. 1 UStG, dem Betriebssitz des inländischen Eigentümers (hier: des Verkehrsbetriebes), liegt also im Inland. Eine Steuerbefreiung nach § 4 UStG greift nicht, so daß der Barwertvorteil mit dem Regelsteuersatz zu versteuern ist. Der Barwertvorteil fließt dem inländischen Unternehmer am ersten Transaktionstag zu und ist entsprechend nach § 13 Abs. 1 Nr. 1 Satz 1 UStG zu diesem Zeitpunkt zu besteuern.

Anlage § 003a–10

Umsatzsteuerliche Behandlung von Telekommunikationsdienstleistungen; Zusammenarbeit von Telekommunikationsdienstleistungs- und Dienstanbietern (0180'er-, 0190'er-Nummern)

Erlass FM Nordrhein-Westfalen vom 06.09.2000 – S 7117f – 20 – V C 4, UR 2000 S. 443

I.

Von den Telekommunikationsdienstleistungen i. S. des § 3a Abs. 4 Nr. 12 UStG sind die gesondert zu beurteilenden selbständigen „Inhaltsleistungen" zu unterscheiden, insbesondere Informationsleistungen (z.b. Verkehrs-, Wetter-, Börsendaten, Nachrichten), Sportwetten, Gewinnspiele und Preisausschreiben. Auf die Aufzählung in Abschn. 39a Abs. 4 UStR wird ergänzend hingewiesen.

Diese Inhaltsleistungen (Auskunfts- und Mehrwertdienste) können über sog. Service-Rufnummern (z. B. 0190'er-Nummern, künftig: 0900'er-Nummern) im Festnetz und künftig auch im Mobilfunkbereich vom Telefonkunden (Anrufer) abgerufen werden. Der Telefonkunde zahlt für die Wahl einer solchen Rufnummer ein erhöhtes Verbindungsentgelt. Die Service-Rufnummer kann auch über einen sog. Verbindungsnetzbetreiber angewählt werden (vgl. Erlasse vom 2.3.1998 und 19.7.1999 – S 7100 – 188 – V C 4[1]) zur umsatzsteuerrechtlichen Abwicklung von Telekommunikationsdienstleistungen im Interconnection-Verfahren.

Wird dieses Verbindungsentgelt für eine Service-Rufnummer gegenüber dem Anrufer nicht durch den Dienstanbieter (Angerufenen), sondern durch den Telekommunikationsdienstleistungsanbieter (TK-Anbieter) abgerechnet, der den Anschluss zum Anrufer hat, so gilt aus Vereinfachungsgründen:

1. Der Dienstanbieter erbringt an den TK-Anbieter, der den Anschluss zum Dienstanbieter hat, eine sonstige Leistung, die regelmäßig unter § 3a Abs. 3 und 4 UStG fällt. Entgelt für diese Leistung ist die vom TK-Anbieter an den Dienstanbieter zu zahlende Vergütung.
2. Der TK-Anbieter gem. Ziffer 1 erbringt eine (einheitliche) Telekommunikationsdienstleistung. Leistungsempfänger dieser Telekommunikationsdienstleistung ist der Anrufer, ggf. ein anderer TK-Anbieter. Entgelt ist die an den TK-Anbieter zu zahlende Vergütung.
3. Im Verhältnis der TK-Anbieter zueinander gelten die Grundsätze zur Umsatzbesteuerung im Interconnection-Verfahren (vgl. Erlasse vom 2.3.1998 und 19.7.1999 – S 7100 – 188 – V C 4[1]).
4. Ist der Dienstanbieter oder der TK-Anbieter im Ausland ansässig, hat der erste im Inland eingeschaltete TK-Anbieter das Abzugsverfahren zu bedienen bzw. macht von der sog. Nullregelung Gebrauch.

II.

Die Vereinfachungsregelung ist im Fall der oben beschriebenen Abrechnungsmodalitäten auch auf die Zusammenarbeit von TK-Anbietern mit sog. Online-Anbietern (Abschn. 39a Abs. 5 UStR) – „Internet-by-call" – anzuwenden. Das gilt unabhängig davon, ob der Online-Anbieter gesondert zu beurteilende selbständige Inhaltsleistungen erbringt.

III.

Bei den Sonder-Rufnummern (sog. 0180'er-Nummern) teilen sich der Anrufer (A-Teilnehmer) und der angerufene Inhaber der Rufnummer (B-Teilnehmer) die Kosten des Gesprächs. Der TK-Anbieter erbringt in diesem Zusammenhang zwei Telekommunikationsdienstleistungen gegen Entgelt. Gegenüber dem A-Teilnehmer stellt er die gewünschte Verbindung her, und zwar zu einem bundesweit einheitlich begünstigten Tarif. Gegenüber dem B-Teilnehmer erbringt der TK-Anbieter die Leistung, bundesweit zu einem einheitlichen begünstigten Tarif erreichbar zu sein. Das Entgelt für diese Leistung bemisst sich nach den vertraglichen Vereinbarungen zwischen dem B-Teilnehmer und seinem TK-Anbieter. Sind mehrere TK-Anbieter in die Leistungserbringung eingeschaltet, gelten im Verhältnis der TK-Anbieter zueinander die Grundsätze zur Umsatzbesteuerung im Interconnection-Verfahren (vgl. Erlasse vom 2.3.1998 und 19.7.1999 – S 7100 – 188 – V C 4[1]).

---

1) Siehe Anlage § 001-35

Anlagen § 003a–11, § 003a–12 nicht belegt

Umsatzsteuer für Dienstleistungen auf Seeschiffen

BMF-Schreiben vom 12.03.2002 – IV D 1 – S 7117 – 9/02,
BStBl. 2002 I S. 288

Unter Bezugnahme auf das Ergebnis der Erörterungen mit den obersten Finanzbehörden der Länder gilt zur Umsatzbesteuerung von Dienstleistungen auf Seeschiffen Folgendes:

Bei der Bestimmung des Leistungsorts für Dienstleistungen, die an Bord von Seeschiffen erbracht werden, gelten die allgemeinen Regelungen des § 3a UStG. Besondere Vorschriften für den Leistungsort derartiger Dienstleistungen enthält weder die 6. EG-Richtlinie noch das deutsche Umsatzsteuerrecht. Dies bedeutet:

1. Leistungsort bei Leistungen an Bord von Seeschiffen nach § 3a Abs. 1 UStG

§ 3a Abs. 1 UStG ist richtlinienkonform dahin auszulegen, dass der Ort selbständiger sonstiger Leistungen i. S. d. § 3a Abs. 1 UStG an Bord eines Seeschiffes dort liegt. Voraussetzung ist, dass die Leistung tatsächlich von einer dort belegenen Betriebsstätte (= feste Niederlassung) erbracht wird. Als selbständige Leistungen, die hierunter fallen können, kommen z. B. Leistungen in den Bereichen Friseurhandwerk, Kosmetik, Massage, Fotoentwicklung, Barbetrieb und Landausflüge in Betracht.

Abschn. 33 Abs. 1 Sätze 4, 10 und 11 UStR 2000 sind nicht mehr anzuwenden.

2. Leistungsort bei Leistungen, die in § 3a Abs. 2 Nr. 3 UStG genannt sind

Die in § 3a Abs. 2 Nr. 3 UStG genannten sonstigen Leistungen werden dort ausgeführt, wo der Unternehmer jeweils ausschließlich oder zum wesentlichen Teil tätig wird. Diese Ortsregelung kommt insbesondere für Leistungen in den Bereichen Reinigung, Wäscherei, Schneiderei, Tontaubenschießen, Golf und ähnliche sportliche sowie unterhaltende Leistungen in Betracht. Da diese Leistungen regelmäßig ausschließlich auf dem Schiff ausgeführt werden, muss der Leistungsort dort liegen.

3. Leistungsort bei den in § 3a Abs. 4 UStG genannten Leistungen

Wird eine in § 3a Abs. 4 UStG genannte Leistung erbracht (in Frage kommen vor allem Telekommunikationsdienstleistungen im Sinne von § 3a Abs. 4 Nr. 12 UStG), ist zunächst zu prüfen, ob der Leistungsempfänger Unternehmer ist oder nicht und wo dieser seinen Sitz, eine Betriebsststätte bzw. seinen Wohnsitz oder gewöhnlichen Aufenthaltsort hat. Richtet sich die Bestimmung des Leistungsorts nach § 3a Abs. 3 UStG, liegt dieser regelmäßig nicht an Bord des Seeschiffes. Nur für den Fall, dass die Ortsbestimmung nicht nach § 3a Abs. 3 UStG sondern nach § 3a Abs. 1 UStG zu bestimmen ist, kann als Leistungsort das Seeschiff in Betracht kommen. Hier gelten die Ausführungen unter 1. entsprechend.

Anlage § 003a–13

Umsatzsteuerrechtliche Beurteilung des Emissionshandelssystems für Treibhausgase

BMF-Schreiben vom 02.02.2005 – IV A 5 – S 7100 – 16/05,
BStBl. 2005 I S. 494

Durch die Richtlinie 2003/87/EG des Europäischen Parlaments und des Rates vom 13. Oktober 2003 über ein System für den Handel mit Treibhausgasemissionszertifikaten in der Gemeinschaft und zur Änderung der Richtlinie 96/61/EG des Rates (ABl. EU Nr. L 275 S. 32) ist europaweit ein System für den Handel mit Treibhausgas-Emissionszertifikaten eingeführt worden. Die Bundesrepublik Deutschland hat die Richtlinie mit dem Gesetz über den Handel mit Berechtigungen zur Emission von Treibhausgasen vom 8. Juli 2004 – „TEHG" (BGBl. I 2004, S. 1578) sowie dem Gesetz über den Nationalen Zuteilungsplan für Treibhausgas-Emissionenberechtigungen in der Zahlungsperiode 2005 bis 2007 „ZuG 2007" (BGBl. I 2004, S. 2211) umgesetzt. Das TEHG ist mit Wirkung vom 15. Juli 2004, das ZuG 2007 mit Wirkung vom 31. August 2004 in Kraft getreten. Von der gemeinschaftsrechtlich zulässigen Möglichkeit, einen durch die Richtlinie 2003/87/EG (a.a.O.) bestimmten Anteil der Emissionszertifikate entgeltlich auszugeben, ist dabei nicht Gebrauch gemacht worden.

Die rechtlichen Voraussetzungen für einen gemeinschaftsweiten Handel mit Emissionszertifikaten (Berechtigungen i.S.d. § 3 Abs. 4 TEHG) werden dabei durch § 6 Abs. 3, §§ 7 bis 10 und §§ 13 bis 16 TEHG sowie § 18 ZuG 2007 geschaffen.

Berechtigungen, die von anderen Mitgliedstaaten der Europäischen Union in Anwendung der Richtlinie 2003/87/EG für die laufende Zuteilungsperiode ausgegeben worden sind, stehen in der Bundesrepublik Deutschland ausgegebenen Berechtigungen gleich; Berechtigungen, die von Drittländern ausgegeben werden, werden entsprechend überführt. Verantwortlicher i.S. der Vorschrift des § 3 Abs. 5 TEHG ist jede natürliche oder juristische Person, die die unmittelbare Entscheidungsgewalt über eine Tätigkeit i.S.d. TEHG innehat und dabei die wirtschaftlichen Risiken der Tätigkeit trägt.

Unter Bezugnahme auf das Ergebnis der Erörterungen mit den obersten Finanzbehörden der Länder gilt zur umsatzsteuerrechtlichen Beurteilung der Ausgabe der Emissionszertifikate sowie des Emissionshandelssystems Folgendes:

I. Ausgabe der Emissionszertifikate

1. Die Freisetzung von Treibhausgasen durch eine Tätigkeit i.S. des TEHG bedarf einer Genehmigung, auf deren Erteilung die verantwortliche Person unter den in den §§ 4 und 5 TEHG bezeichneten Voraussetzungen Anspruch nach § 9 TEHG hat. Die Ausgabe der Berechtigungen i.S. des § 3 Abs. 4 TEHG erfolgt nach § 18 ZuG 2007 i.V.m. §§ 7 und 22 TEHG vorbehaltlich der Erhebung von Gebühren und Auslagen nach §§ 22 und 23 ZuG 2007 unentgeltlich durch die zuständige Behörde. Nach § 20 TEHG ist dies bei genehmigungsbedürftigen Anlagen im Sinne des § 4 Abs. 1 Satz 3 des Bundes-Immissionsschutzgesetzes die dafür nach Landesrecht zuständige Behörde, im Übrigen das Umweltbundesamt.[1]

2. Die Wahrnehmung der Aufgaben des Umweltbundesamtes nach dem TEHG kann dabei nach Maßgabe des § 20 Abs. 2 TEHG mit den erforderlichen hoheitlichen Befugnissen durch Rechtsverordnung ganz oder teilweise auf eine juristische Person übertragen werden; von dieser Ermächtigung hat der Verordnungsgeber keinen Gebrauch gemacht. Die Ausgabe von Emissionszertifikaten obliegt dem Umweltbundesamt somit im Rahmen der öffentlichen Gewalt, da sie diesem eigentümlich und vorbehalten ist, und erfolgt nicht im Rahmen eines Betriebs gewerblicher Art.

3. Die Beurteilung der Leistungen der nach § 20 Abs. 2 TEHG beliehenen juristischen Person sowie der in den Fällen des § 6 Abs. 3 ZuG 2007 beauftragten Stelle bleibt hiervon unberührt. Die Durchführung der übertragenen Aufgaben durch eine juristische Person des Privatrechts würde sich ebenso wie die Veräußerung von zugewiesenen Emissionszertifikaten am Markt im Rahmen eines Unternehmens vollziehen. Im Falle des § 6 Abs. 3 ZuG 2007 gelten die Ausführungen im Abschnitt II.

II. Handel mit Emissionszertifikaten

4. Die Befugnis, eine bestimmte Menge Treibhausgase emittieren zu dürfen (Berechtigungen i.S.d. § 3 Abs. 4 TEHG) ist zwischen Verantwortlichen i.S.d. § 3 Abs. 5 TEHG sowie zwischen Personen innerhalb der Europäischen Union oder zwischen Personen innerhalb der Europäischen Union und Personen in Drittländern, mit denen Abkommen über die gegenseitige Anerkennung von Berechtigungen gem. Art. 25 Abs. 1 der Richtlinie 2003/87/EG geschlossen wurden, übertragbar (§ 6 Abs. 3

---

[1] Der letzte Satz ist korrigiert worden; er lautet zutreffend:
Nach § 6 i.V.m. § 9 TEHG sowie § 20 TEHG ist das Umweltbundesamt für Zuteilung und die jährliche Ausgabe der Emissionsberechtigungen zuständig.

TEHG). Die Übertragung erfolgt nach § 16 TEHG durch Einigung und Eintragung auf dem Konto des Erwerbers in dem nach § 14 TEHG von den zuständigen Behörden zu führenden Emissionshandelsregister.

5. Die Übertragung einer Berechtigung i.S.d. § 3 Abs. 4 TEHG ist eine sonstige Leistung i.S.d. § 3a Abs. 4 Nr. 1 UStG. Überträgt ein Unternehmer das Emissionsrecht an einen anderen Unternehmer, ist daher der Leistungsort regelmäßig dort, wo der Leistungsempfänger seinen Sitz oder eine Betriebsstätte hat, an die die Leistung erbracht wird (§ 3a Abs. 3 i.V.m. Abs. 4 Nr. 1 UStG). Liegt der Leistungsort im Inland und ist der leistende Unternehmer hier nicht ansässig, ist der Leistungsempfänger (Unternehmer) Steuerschuldner (§ 13b Abs. 1 Satz 1 Nr. 1 und Abs. 2 UStG).

6. Die Frage, ob jemand, der Emissionszertifikate z.B. mit der Absicht der Weiterveräußerung oder zu Anlagezwecken erwirbt, mit der Ausübung dieser Tätigkeit unternehmerisch i.S.d. § 2 UStG tätig wird, ist nach den allgemeinen Grundsätzen zu beurteilen.

7. Berechtigungen nach § 3 Abs. 4 TEHG gelten nicht als Finanzinstrumente i.S. von § 1 Abs. 11 des Kreditwesengesetzes (KWG), vgl. § 15 Abs. 1 TEHG. Damit ist sowohl der Eigenhandel als auch die Vermittlung solcher Kaufgeschäfte aufsichtsfrei nach dem KWG. Die Übertragung von Rechten und damit auch von Berechtigungen i.S.d. § 3 Abs. 4 TEHG fällt jedoch nicht unter die Steuerbefreiung des § 4 Nr. 8 UStG i.V.m. Artikel 13 Teil B Buchst. a und d der 6. EG-Richtlinie. Diese Umsätze sind damit steuerpflichtig und unterliegen dem allgemeinen Steuersatz.

8. Der Leistungsempfänger hat unter den allgemeinen Voraussetzungen des § 15 UStG das Recht auf Abzug der in den Rechnungen über die Übertragung von Emissionsrechten für sein Unternehmen ausgewiesenen Umsatzsteuer (§ 15 Abs. 1 Satz 1 Nr. 1 UStG) oder der von ihm nach § 13b Abs. 1 und 2 UStG geschuldeten und angemeldeten Steuer (§ 15 Abs. 1 Satz 1 Nr. 4 UStG) als Vorsteuer.

9. Als Derivate i.S.d. § 1 Abs. 11 Satz 4 des KWG gelten Termingeschäfte, deren Preis unmittelbar oder mittelbar von dem Börsen- oder Marktpreis von Berechtigungen i.S.d. § 3 Abs. 4 TEHG („Emissionszertifikate") abhängt. Derivate von Berechtigungen i.S.d. § 3 Abs. 4 TEHG sind selbst keine Wertpapiere, sondern beinhalten nur das Recht bzw. die Verpflichtung, zu einem bestimmten Zeitpunkt eine bestimmte Menge Berechtigungen zu einem bestimmten Preis kaufen oder verkaufen zu können.

Future-Kontrakte auf Emissionsberechtigungen sind bis zum Zeitpunkt der tatsächlichen Liefer- bzw. Abnahmeverpflichtung als Differenzgeschäft zu behandeln; ein umsatzsteuerlicher Leistungsaustausch liegt insoweit nicht vor. Optionsgeschäfte sind steuerbar; ein Differenzgeschäft liegt nicht vor. Führt die Ausübung der Option nicht zu einer Übertragung der Zertifikate, sind die Optionsgeschäfte nach § 4 Nr. 8 Buchst. c UStG steuerfrei. Für Umsätze mit Derivaten von Berechtigungen i.S.d. § 3 Abs. 4 TEHG, die in börsengehandelten Wertpapieren verbrieft sind, kommt die Steuerbefreiung nach § 4 Nr. 8 Buchst. e UStG in Betracht.

Anlagen § 003a–14, 15 nicht belegt, § 003a–16

Nebenleistungen zu Übernachtungsumsätzen; Konsequenzen aus dem BFH-Urteil vom 15.01.2009, V R 9/06

BMF-Schreiben vom 04.05.2010 – IV D 2 – S 7100/08/10011:009,
BStBl. 2010 I S. 490

Der BFH hat mit Urteil vom 15. Januar 2009 – V R 9/06 (BStBl. II 2010 S. 433) entschieden, dass es sich bei der Verpflegung von Hotelgästen um eine Nebenleistung zur Übernachtung handelt, die als Teil der Gesamtleistung am Ort des Hotels nach § 3a Abs. 2 Nr. 1 UStG (seit 1. Januar 2010 § 3a Abs. 3 Nr. 1 UStG) steuerbar ist. Die Leistung wird auch dann am Belegenheitsort des Hotels ausgeführt, wenn es sich um Leistungen eines Reiseorganisators gegenüber anderen Unternehmern handelt.

Nach dem Ergebnis der Erörterung mit den obersten Finanzbehörden der Länder gilt Folgendes:

Das BFH-Urteil vom 15. Januar 2009 – V R 9/06 – ist bezüglich der Aussage, dass die Verpflegungsleistung eine Nebenleistung zur Übernachtungsleistung ist, nicht über den Einzelfall hinaus anzuwenden.

Zur Begründung führt der BFH aus, dass die Verpflegung im Vergleich zur Unterbringung einen nur geringen Teil des Pauschalentgelts ausmache, da der auf die Verpflegung entfallende Anteil bezogen auf Unterbringung und Verpflegung als Gesamtleistung nur 12,5 v. H. betrage. Außerdem gehöre die Verpflegung zu den traditionellen Aufgaben eines Hoteliers, wie bereits die in Zusammenhang mit Unterbringungsleistungen allgemein gebräuchlichen Begriffe „Halbpension" und „Vollpension" zeigen würden.

Allein die vom BFH angeführten Kriterien sind zur Beurteilung der Verpflegungsleistung als Nebenleistung nicht ausreichend. Vielmehr ist entsprechend den Regelungen in Abschnitt 29 Abs. 5 Umsatzsteuer-Richtlinien in der Regel davon auszugehen, dass die Verpflegungsleistung – beginnend beim Frühstück, über die Halb- und Vollpension bis hin zur „all-inclusive"-Verpflegung – für den Leistungsempfänger einen eigenen Zweck darstellt. Die Verpflegungsleistung dient nicht nur dazu, die Übernachtungsleistung unter optimalen Bedingungen in Anspruch zu nehmen. Übernachtungsleistungen werden häufig ohne Verpflegungsleistungen (selbst ohne Frühstück) angeboten. Art und Umfang der Verpflegungsleistungen sind in der Regel vom Hotelgast frei wähl- und buchbar.

Die Verpflegungsleistung wird als selbständige Leistung bis zum 31. Dezember 2009 an dem Ort ausgeführt, von dem aus der leistende Unternehmer sein Unternehmen betreibt (vgl. § 3a Abs. 1 UStG a.F.). Seit dem 1. Januar 2010 richtet sich der Ort gemäß § 3a Abs. 3 Nr. 3 Buchst. b UStG nach dem Ort, an dem die Verpflegungsleistung vom Unternehmer tatsächlich erbracht wird.

Anlage § 003a–17 nicht belegt, § 003a–18

Änderungen des Ortes der sonstigen Leistung (§ 3a UStG) durch das Jahressteuergesetz 2010 – Anpassung der Abschnitte 3a.1, 3a.2, 3a.4, 3a.6, 3a.8, 3a.12, 3a.13 und 3a.14 UStAE

BMF-Schreiben vom 04.02.2011 – IV D 3 – S 7117/10/10006,
BStBl. 2011 I S. 162

Durch Artikel 4 Nr. 4 und Artikel 32 Abs. 5 des Jahressteuergesetzes 2010 – JStG 2010 – vom 8. Dezember 2010 (BGBl. I S. 1768) wurden mit Wirkung vom 1. Januar 2011 die Regelungen zum Ort der sonstigen Leistung nach § 3a UStG mehrfach geändert.

I. Änderungen des Umsatzsteuer-Anwendungserlasses

Unter Bezugnahme auf das Ergebnis der Erörterungen mit den obersten Finanzbehörden der Länder werden die Abschnitte 3a.1, 3a.2, 3a.4, 3a.6, 3a.8, 3a.12, 3a.13 und 3a.14 des Umsatzsteuer-Anwendungserlasses vom 1. Oktober 2010 (BStBl. I S. 846), der zuletzt durch das BMF-Schreiben vom 4. Februar 2011 – IV D 3 – S 7279/10/10006 (2011/0093284) – geändert worden ist, wie folgt geändert:

1. Abschnitt 3a.1 wird wie folgt geändert:
   a) Absatz 1 Satz 2 wird wie folgt gefasst:
   „²Der Leistungsort bestimmt sich außerdem nur nach § 3a Abs. 1 UStG, wenn kein Tatbestand des § 3a Abs. 3 bis 8 UStG, des § 3b UStG, des § 3e oder des § 3f UStG vorliegt."
   b) Absatz 5 wird wie folgt gefasst:
   „(5) Zur Sonderregelung für den Ort der sonstigen Leistung nach § 3a Abs. 6 und 8 Sätze 2 und 3 UStG wird auf Abschnitt 3a.14 verwiesen."

2. Abschnitt 3a.2 wird wie folgt geändert:
   a) Absatz 1 Satz 2 wird wie folgt gefasst:
   „²Der Leistungsort bestimmt sich nur dann nach § 3a Abs. 2 UStG, wenn kein Tatbestand des § 3a Abs. 3 Nr. 1, 2, 3 Buchstabe b und Nr. 5, Abs. 6 Satz 1 Nr. 1, Abs. 7 und Abs. 8 Sätze 1 und 3 UStG, des § 3b Abs. 1 Sätze 1 und 2 UStG, des § 3e UStG oder des § 3f UStG vorliegt."
   b) Absatz 16 Satz 1 wird wie folgt gefasst:
   „¹Grundsätzlich fallen unter die Ortsregelung des § 3a Abs. 2 UStG alle sonstigen Leistungen an einen Unternehmer, soweit sich nicht aus § 3a Abs. 3 Nr. 1, 2, 3 Buchstabe b und Nr. 5, Abs. 6 Satz 1 Nr. 1 und 3, Abs. 7 und Abs. 8 Sätze 1 und 3, § 3b Abs. 1 Sätze 1 und 2, §§ 3e und 3f UStG eine andere Ortsregelung ergibt."
   c) Absatz 17 wird gestrichen.
   d) In Absatz 19 wird der dritte Gedankenstrich wie folgt gefasst:
   „– die Einräumung der Eintrittsberechtigung zu kulturellen, künstlerischen, wissenschaftlichen, unterrichtenden, sportlichen, unterhaltenden oder ähnlichen Veranstaltungen, wie Messen und Ausstellungen, sowie die damit zusammenhängenden sonstigen Leistungen (§ 3a Abs. 3 Nr. 5 UStG; vgl. Abschnitt 3a.6 Abs. 13);"

3. Abschnitt 3a.4 wird wie folgt geändert:
   a) Die Absätze 2 und 3 werden wie folgt gefasst:
   „(2) ¹In der Regel erbringen Unternehmer neben der Überlassung von Standflächen usw. eine Reihe weiterer Leistungen an die Aussteller. ²Es kann sich dabei insbesondere um folgende sonstige Leistungen handeln:
   1. ¹Technische Versorgung der überlassenen Stände. ²Hierzu gehören z.B.
      a) Herstellung der Anschlüsse für Strom, Gas, Wasser, Wärme, Druckluft, Telefon, Telex, Internetzugang und Lautsprecheranlagen,
      b) die Abgabe von Energie, z.B. Strom, Gas, Wasser und Druckluft, wenn diese Leistungen umsatzsteuerrechtlich Nebenleistungen zur Hauptleistung der Überlassung der Standflächen darstellen.
   2. ¹Planung, Gestaltung sowie Aufbau, Umbau und Abbau von Ständen. ²Unter die „Planung" fallen insbesondere Architektenleistungen, z.B. Anfertigung des Entwurfs für einen Stand. ³Zur „Gestaltung" zählt z.B. die Leistung eines Gartengestalters oder eines Beleuchtungsfachmannes;
   3. Überlassung von Standbauteilen und Einrichtungsgegenständen, einschließlich Miet-System-Ständen;

1113

Anlage § 003a–18

4. Standbetreuung und Standbewachung;
5. Reinigung von Ständen;
6. Überlassung von Garderoben und Schließfächern auf dem Messegelände;
7. Überlassung von Eintrittsausweisen einschließlich Eintrittskarten;
8. Überlassung von Telefonapparaten, Telefaxgeräten und sonstigen Kommunikationsmitteln zur Nutzung durch die Aussteller;
9. Überlassung von Informationssystemen, z.B. von Bildschirmgeräten oder Lautsprecheranlagen, mit deren Hilfe die Besucher der Messen und Ausstellungen unterrichtet werden sollen;
10. Schreibdienste und ähnliche sonstige Leistungen auf dem Messegelände;
11. Beförderung und Lagerung von Ausstellungsgegenständen wie Exponaten und Standausrüstungen;
12. Übersetzungsdienste;
13. Eintragungen in Messekatalogen, Aufnahme von Werbeanzeigen usw. in Messekatalogen, Zeitungen, Zeitschriften usw., Anbringen von Werbeplakaten, Verteilung von Werbeprospekten und ähnliche Werbemaßnahmen;
14. Besuchermarketing;
15. Vorbereitung und Durchführung von Foren und Sonderschauen, von Pressekonferenzen, von Eröffnungsveranstaltungen und Ausstellerabenden.

³Handelt es sich um eine einheitliche Leistung – sog. Veranstaltungsleistung – (vgl. Abschnitt 3.10 und EuGH-Urteil vom 9.3.2006, C-114/05, EuGHE I S. 2427), bestimmt sich der Ort dieser sonstigen Leistung nach § 3a Abs. 2 UStG, wenn der Leistungsempfänger ein Unternehmer oder eine einem Unternehmer gleichgestellte juristische Person ist (siehe Abschnitt 3a.2 Abs. 1). ⁴Ist in derartigen Fällen der Leistungsempfänger ein Nichtunternehmer (siehe Abschnitt 3a.1 Abs. 1), richtet sich der Leistungsort nach § 3a Abs. 3 Nr. 3 Buchstabe a UStG. ⁵Eine Veranstaltungsleistung im Sinne von Satz 3 kann dann angenommen werden, wenn neben der Überlassung von Standflächen zumindest noch drei weitere Leistungen der in Satz 2 genannten Leistungen vertraglich vereinbart worden sind und auch tatsächlich erbracht werden. ⁶Werden nachträglich die Erbringung einer weiteren Leistung oder mehrerer weiterer Leistungen zwischen Auftragnehmer und Auftraggeber vereinbart, gilt dies als Vertragsergänzung und wird in die Beurteilung für das Vorliegen einer Veranstaltungsleistung einbezogen.

(3) Werden die in Absatz 2 Satz 2 bezeichneten sonstigen Leistungen nicht im Rahmen einer einheitlichen Leistung im Sinne des Absatzes 2 Satz 5, sondern als selbständige Leistungen einzeln erbracht, gilt Folgendes:

1. ¹Die in Absatz 2 Satz 2 Nr. 1 bis 6 bezeichneten Leistungen fallen unter § 3a Abs. 3 Nr. 1 UStG. ²Wegen der sonstigen Leistungen, die die Planung und den Aufbau eines Messestandes betreffen, vgl. insbesondere BFH-Urteil vom 24.11.1994, V R 39/92, BStBl. 1995 II S. 151.
2. Der Leistungsort der in Absatz 2 Satz 2 Nr. 7 bezeichneten Leistungen richtet sich nach § 3a Abs. 3 Nr. 3 Buchstabe a oder Nr. 5 UStG.
3. Der Leistungsort der in Absatz 2 Satz 2 Nr. 8 bezeichneten Telekommunikationsleistungen richtet sich nach § 3a Abs. 1, 2, 4 Sätze 1 und 2 Nr. 11 und Abs. 6 Satz 1 Nr. 3 UStG.
4. Der Leistungsort der in Absatz 2 Satz 2 Nr. 9 und 10 bezeichneten sonstigen Leistungen richtet sich nach § 3a Abs. 1 oder 2 UStG.
5. Der Leistungsort der in Absatz 2 Satz 2 Nr. 11 bezeichneten Beförderungsleistungen richtet sich nach § 3a Abs. 2 und 8 Sätze 1 und 3, § 3b Abs. 1 oder 3 UStG.
6. Der Leistungsort der in Absatz 2 Satz 2 Nr. 11 bezeichnete Lagerung von Ausstellungsgegenständen richtet sich nach § 3a Abs. 2 und 8 Sätze 1 und 3 oder § 3b Abs. 2 UStG.
7. Der Leistungsort der in Absatz 2 Satz 2 Nr. 12 bezeichneten Übersetzungsleistungen richtet sich nach § 3a Abs. 1, 2, 4 Sätze 1 und 2 Nr. 3 und Abs. 6 Satz 1 Nr. 2 UStG.
8. Der Leistungsort der in Absatz 2 Satz 2 Nr. 13 bezeichneten Werbeleistungen richtet sich nach § 3a Abs. 1, 2, 4 Sätze 1 und 2 Nr. 2 und Abs. 6 Satz 1 Nr. 2 UStG.
9. Der Leistungsort der in Absatz 2 Satz 2 Nr. 14 und 15 bezeichneten Leistungen richtet sich grundsätzlich nach § 3a Abs. 1 oder 2 UStG; soweit es sich um Werbeleistungen handelt, kommt auch die Ortsbestimmung nach § 3a Abs. 4 Sätze 1 und 2 Nr. 2 und Abs. 6 Satz 1 Nr. 2 UStG in Betracht."

b) Absatz 6 wird wie folgt gefasst:

„(6) Ist die Festlegung des Leistungsortes bei Veranstaltungsleistungen im Sinne des Absatzes 2 auf Grund des Rechts eines anderen Mitgliedstaates ausnahmsweise abweichend von Absatz 2 vorgenommen worden, ist es nicht zu beanstanden, wenn dieser Ortsregelung gefolgt wird."

c) Nach Absatz 6 wird folgender Absatz 7 eingefügt:

„(7) Zur Übergangsregelung bei der Anwendung des Leistungsortes bei Veranstaltungsleistungen im Zusammenhang mit Messen und Ausstellungen, vgl. Abschnitt II Nr. 1 des BMF-Schreiben vom 4.2.2011, BStBl. I S. 162."

4. Abschnitt 3a.6 wird wie folgt gefasst:

a) Absatz 2 wird wie folgt gefasst:

„(2) § 3a Abs. 3 Nr. 3 Buchstabe a UStG gilt nur für sonstige Leistungen an Nichtunternehmer (siehe Abschnitt 3a.1 Abs. 1)."

b) Absatz 4 wird wie folgt gefasst:

„(4) ¹Insbesondere bei künstlerischen und wissenschaftlichen Leistungen ist zu beachten, dass sich im Falle der reinen Übertragung von Nutzungsrechten an Urheberrechten und ähnlichen Rechten (vgl. Abschnitt 3a.9 Abs. 1 und 2 sowie Abschnitt 12.7) der Leistungsort nicht nach § 3a Abs. 3 Nr. 3 Buchstabe a UStG richtet. ²Der Leistungsort bestimmt sich nach § 3a Abs. 1 UStG (vgl. Abschnitt 3a.1) oder nach § 3a Abs. 4 Sätze 1 und 2 Nr. 1 UStG (vgl. Abschnitt 3a.9 Abs. 1 und 2)."

c) Nach Absatz 12 wird folgende Zwischenüberschrift und der neue Absatz 13 eingefügt:

„*Leistungen nach § 3a Abs. 3 Nr. 5 UStG*

(13) ¹§ 3a Abs. 3 Nr. 5 UStG gilt nur für Leistungen an einen Unternehmer für dessen unternehmerischen Bereich oder an eine einem Unternehmer gleichgestellte juristische Person (siehe Abschnitt 3a.2 Abs. 1). ²Werden die in der Vorschrift genannten sonstigen Leistungen an Nichtunternehmer (siehe Abschnitt 3a.1 Abs. 1) erbracht, richtet sich der Leistungsort nach § 3a Abs. 3 Nr. 3 Buchstabe a UStG; beim Verkauf von Eintrittskarten im eigenen Namen und auf eigene Rechnung durch einen anderen Unternehmer als den Veranstalter richtet sich der Leistungsort dagegen nach § 3a Abs. 1 UStG (vgl. BFH-Urteil vom 3.6.2009, XI R 34/08, BStBl. 2010 II S. 857). ³Zu den Eintrittsberechtigungen gehören insbesondere

1. das Recht auf Zugang zu Darbietungen, Theateraufführungen, Zirkusvorstellungen, Freizeitparks, Konzerten, Ausstellungen sowie zu anderen ähnlichen kulturellen Veranstaltungen, auch wenn das Entgelt in Form eines Abonnements oder eines Jahresbeitrags entrichtet wird;

2. das Recht auf Zugang zu Sportveranstaltungen wie Spiele und Wettkämpfe gegen Entgelt, auch wenn das Entgelt in Form einer Zahlung für einen bestimmten Zeitraum oder eine festgelegte Anzahl von Veranstaltungen in einem Betrag erfolgt;

3. ¹das Recht auf Zugang zu der Allgemeinheit offen stehenden Veranstaltungen auf dem Gebiet des Unterrichts und der Wissenschaft, wie beispielsweise Konferenzen und Seminare. ²Dies gilt unabhängig davon, ob der Unternehmer selbst oder ein Arbeitnehmer an der Veranstaltung teilnimmt und das Entgelt vom Unternehmer (Arbeitgeber) entrichtet wird.

Beispiel 1:

¹Der Seminarveranstalter S mit Sitz in Salzburg (Österreich) veranstaltet ein Seminar zum aktuellen Umsatzsteuerrecht in der Europäischen Union in Berlin; das Seminar wird europaweit beworben. ²Teilnahmebeschränkungen gibt es nicht. ³An dem Seminar nehmen Unternehmer mit Sitz in Österreich, Belgien, Deutschland und Frankreich teil.

⁴Der Ort der Leistung ist nach § 3a Abs. 3 Nr. 5 UStG am Veranstaltungsort in Deutschland.

Beispiel 2:

¹Die international tätige Wirtschaftsprüfungsgesellschaft W mit Sitz in Berlin beauftragt den Seminarveranstalter S mit Sitz in Salzburg (Österreich) mit der Durchführung eines Inhouse-Seminars zum aktuellen Umsatzsteuerrecht in der Europäischen Union in Salzburg. ²An dem Seminar können nur Mitarbeiter der W teilnehmen. ³Das Seminar wird im Januar 2011 durchgeführt. ⁴Es nehmen 20 Angestellte des W teil.

⁵Da das Seminar nicht für die Öffentlichkeit allgemein zugänglich ist, fällt der Umsatz nicht unter die Eintrittsberechtigungen nach § 3a Abs. 3 Nr. 5 UStG. Der Leistungsort ist nach § 3a Abs. 2 Satz 1 UStG am Sitzort der W in Berlin.

Anlage § 003a–18

⁴Zu den mit den in § 3a Abs. 3 Nr. 5 UStG genannten Veranstaltungen zusammenhängenden sonstigen Leistungen gehören auch die Nutzung von Garderoben und von sanitären Einrichtungen gegen gesondertes Entgelt. ⁵Nicht unter § 3a Abs. 3 Nr. 5 UStG fällt die Berechtigung zur Nutzung von Räumlichkeiten, wie beispielsweise Turnhallen oder anderen Räumen, gegen Entgelt. ⁶Auch die Vermittlung von Eintrittsberechtigungen fällt nicht unter § 3a Abs. 3 Nr. 5 UStG; der Leistungsort dieser Umsätze richtet sich bei Leistungen an einen Unternehmer für dessen unternehmerischen Bereich oder an eine einem Unternehmer gleichgestellte juristische Person (siehe Abschnitt 3a.2 Abs. 1) nach § 3a Abs. 2 UStG, bei Leistungen an einen Nichtunternehmer (siehe Abschnitt 3a.1 Abs. 1) nach § 3a Abs. 3 Nr. 4 UStG."

5. In Abschnitt 3a.8 Nummer 2 wird der Klammerzusatz in Satz 2 wie folgt gefasst:

„(vgl. jedoch § 3a Abs. 5 UStG, § 3a Abs. 6 UStG und Abschnitt 3a.14 Abs. 1 bis 3 sowie § 3a Abs. 8 Sätze 2 und 3 UStG und Abschnitt 3a.14 Abs. 6)."

6. Abschnitt 3a.12 Absatz 6 Satz 2 wird wie folgt gefasst:

„²Der Leistungsort richtet sich nach § 3a Abs. 2 oder 3 Nr. 3 Buchstabe a UStG."

7. Abschnitt 3a.13 Absätze 1 und 2 wird wie folgt gefasst:

„(1) ¹Bei bestimmten sonstigen Leistungen im Zusammenhang mit Lieferungen von Gas über das Erdgasnetz, von Elektrizität über das Elektrizitätsnetz oder von Wärme oder Kälte über Wärme- oder Kältenetze (§ 3a Abs. 4 Satz 2 Nr. 14 UStG) richtet sich der Leistungsort bei Leistungen an im Drittlandsgebiet ansässige Nichtunternehmer (siehe Abschnitt 3a.1 Abs. 1) regelmäßig nach § 3a Abs. 4 Satz 1 UStG. ²Zu diesen Leistungen gehören die Gewährung des Zugangs zu Erdgas-, Elektrizitäts-, Wärme- oder Kältenetzen, die Fernleitung, die Übertragung oder die Verteilung über diese Netze sowie andere mit diesen Leistungen unmittelbar zusammenhängende Leistungen in Bezug auf Gas für alle Druckstufen und in Bezug auf Elektrizität für alle Spannungsstufen sowie in Bezug auf Wärme und auf Kälte.

(2) Zu den mit der Gewährung des Zugangs zu Erdgas-, Elektrizitäts-, Wärme- oder Kältenetzen und der Fernleitung, der Übertragung oder der Verteilung über diese Netze unmittelbar zusammenhängenden Umsätzen gehören insbesondere Serviceleistungen wie Überwachung, Netzoptimierung, Notrufbereitschaften."

7. Abschnitt 3a.14 wird wie folgt gefasst:

a) Absatz 3 wird wie folgt geändert:

aa) Satz 1 wird wie folgt gefasst:

„¹§ 3a Abs. 6 Satz 1 Nr. 2 UStG gilt nur für Leistungen an im Inland ansässige juristische Personen des öffentlichen Rechts, wenn diese

– Unternehmer sind und die Leistung nicht für ihr Unternehmen bezogen wird oder

– nicht Unternehmer sind und ihnen keine USt-IdNr. erteilt worden ist."

bb) Satz 4 Beispiel 2 Satz 1 wird wie folgt gefasst:

„¹Die im Inland ansässige Rundfunkanstalt R (unternehmerisch tätige juristische Person des öffentlichen Rechts mit USt-IdNr.) verpflichtet für ihren nicht unternehmerischen Bereich

1. den in Norwegen ansässigen Künstler N für die Aufnahme und Sendung einer künstlerischen Darbietung;

2. den in der Schweiz ansässigen Journalisten S, Nachrichten, Übersetzungen und Interviews auf Tonträgern und in Manuskriptform zu verfassen."

b) Nach Absatz 4 werden nachfolgende Überschriften und die neuen Absätze 5 und 6 angefügt:

„Sonstige im Drittlandsgebiet ausgeführte Leistungen an Unternehmer

(5) ¹§ 3a Abs. 8 Sätze 1 und 3 UStG gilt nur für sonstige Leistungen an Unternehmer und diesen gleichgestellte juristische Personen (siehe Abschnitt 3a.2 Abs. 1). ²Güterbeförderungsleistungen, im Zusammenhang mit einer Güterbeförderung stehende Leistungen wie Beladen, Entladen, Umschlagen oder ähnliche mit der Beförderung eines Gegenstands im Zusammenhang stehende Leistungen (vgl. § 3b Abs. 2 UStG und Abschnitt 3b.2), Arbeiten an und Begutachtungen von beweglichen körperlichen Gegenständen (vgl. Abschnitt 3a.6 Abs. 11) oder Reisevorleistungen im Sinne des § 25 Abs. 1 Satz 5 UStG werden regelmäßig im Drittlandsgebiet genutzt oder ausgewertet, wenn sie tatsächlich ausschließlich dort in Anspruch genommen werden können. ³Ausgenommen hiervon sind Leistungen, die in einem der in § 1 Abs. 3 UStG genannten Gebiete (insbesondere Freihäfen) erbracht werden. ⁴Die Regelung gilt nur in den Fällen, in

denen der Leistungsort für die in § 3a Abs. 8 Satz 1 UStG genannten Leistungen unter Anwendung von § 3a Abs. 2 UStG im Inland liegen würde und
- der leistende Unternehmer für den jeweiligen Umsatz Steuerschuldner nach § 13a Abs. 1 Nr. 1 UStG wäre, oder
- der Leistungsempfänger für den jeweiligen Umsatz Steuerschuldner nach § 13b Abs. 1 und Abs. 5 Satz 1 UStG wäre.

Im Drittlandsgebiet ausgeführte Telekommunikationsleistungen an Nichtunternehmer

(6) ¹§ 3a Abs. 8 Sätze 2 und 3 UStG gilt nur für Telekommunikationsleistungen an Nichtunternehmer (siehe Abschnitt 3a.1 Abs. 1). ²Zum Begriff der Telekommunikationsleistungen vgl. im Einzelnen Abschnitt 3a.10 Abs. 1 bis 4. ³Die Regelung gilt nur in den Fällen, in denen der Leistungsempfänger der Telekommunikationsleistung im Gemeinschaftsgebiet ansässig ist, sich aber tatsächlich vorübergehend im Drittlandsgebiet aufhält und der Leistungsort unter Anwendung von § 3a Abs. 1 UStG im Inland liegen würde. ⁴Telekommunikationsleistungen werden regelmäßig nur dann im Drittlandsgebiet genutzt oder ausgewertet, wenn sie tatsächlich ausschließlich dort in Anspruch genommen werden können. ⁵Ausgenommen hiervon sind die Telekommunikationsleistungen, die in einem der in § 1 Abs. 3 UStG genannten Gebiete (insbesondere Freihäfen) erbracht werden.

Beispiel 1:

¹Der Unternehmer A mit Sitz in Hannover schließt einen Vertrag über die Erbringung von Telekommunikationsleistungen (Übertragung von Signalen, Schrift, Bild, Ton oder Sprache via Mobilfunk) mit der im Inland ansässigen Privatperson P ab, die für drei Monate eine Tätigkeit in Russland ausübt. ²Danach werden an P nur Telekommunikationsleistungen erbracht, wenn er von Russland aus sein Handy benutzt. ³Das Entgelt wird über Prepaid-Karten von P an A entrichtet. ⁴Eine Verwendung des Guthabens auf der Prepaid-Karte für Telekommunikationsdienstleistungen im Gemeinschaftsgebiet ist vertraglich ausgeschlossen.

⁵Trotz der vorübergehenden Auslandstätigkeit ist P nicht im Drittland, sondern im Inland ansässig, weil er weiterhin hier seinen Wohnsitz hat. ⁶Der Leistungsort für die von A erbrachten Telekommunikationsleistungen wäre grundsätzlich nach § 3a Abs. 1 UStG im Inland. ⁷Da P aber die von A vertraglich zu erbringenden Telekommunikationsleistungen nur im Drittlandsgebiet in Anspruch nehmen kann, verlagert sich der Leistungsort für diese Leistungen in das Drittlandsgebiet (§ 3a Abs. 8 Satz 2 UStG).

Beispiel 2:

¹Der Unternehmer A mit Sitz in Hannover schließt einen Vertrag über die Erbringung von Telekommunikationsleistungen (Übertragung von Signalen, Schrift, Bild, Ton oder Sprache via Mobilfunk) mit der im Inland ansässigen Privatperson P ab. ²Eine Nutzungsbeschränkung ist nicht vorgesehen. ³P fährt für drei Wochen nach Russland in Urlaub und führt in dieser Zeit von Russland aus Telefonate. ⁴Das Entgelt wird über Prepaid-Karten von P an A entrichtet. ⁵Die Verwendung des Guthabens auf der Prepaid-Karte ist vertraglich nicht eingeschränkt.

⁶Der Leistungsort für die von A erbrachten Telekommunikationsleistungen ist nach § 3a Abs. 1 UStG im Inland. ⁷Eine Verlagerung des Leistungsortes nach § 3a Abs. 8 Satz 2 UStG erfolgt nicht, weil vertraglich nicht festgelegt ist, dass die zu erbringenden Telekommunikationsleistungen nur im Drittlandsgebiet in Anspruch genommen werden können."

Diese Regelungen sind auf Umsätze anzuwenden, die nach dem 31. Dezember 2010 ausgeführt werden.

II. Übergangsregelung bei der Anwendung des Leistungsortes bei sog. einheitlichen Veranstaltungsleistungen im Zusammenhang mit Messen und Ausstellungen ab 1. Januar 2011

Unter Bezugnahme auf das Ergebnis der Erörterungen mit den obersten Finanzbehörden der Länder gilt bei der Anwendung des Leistungsortes bei sog. einheitlichen Veranstaltungsleistungen (vgl. Abschn. 3a.4 Abs. 2 Satz 3 UStAE) im Zusammenhang mit Messen und Ausstellungen ab 1. Januar 2011 Folgendes:

Die Bestimmung des Leistungsortes bei Veranstaltungsleistungen im Zusammenhang mit Messen und Ausstellungen nach § 3a Absatz 2 UStG, wenn der Leistungsempfänger ein Unternehmer oder eine einem Unternehmer gleichgestellte juristische Person ist (siehe Abschnitt 3a.2 Abs. 1), ist auf Umsätze und Teilleistungen anzuwenden, die nach dem 31. Dezember 2010 ausgeführt werden (§ 27 Abs. 1 Satz 1 UStG), auch dann, wenn das Entgelt oder ein Teil des Entgelts vor dem 1. Januar 2011 vereinnahmt wird und die Leistung erst nach dem 31. Dezember 2010 ausgeführt wird (§ 27 Abs. 1 Satz 2 UStG).

Anlage § 003a–18

1. Schlussrechnung über nach dem 31. Dezember 2010 erbrachte Leistungen bei Abschlagszahlungen vor dem 1. Januar 2011

Bei nach dem 31. Dezember 2010 ausgeführten Veranstaltungsleistungen im Zusammenhang mit Messen und Ausstellungen an einen Leistungsempfänger, der ein Unternehmer oder eine einem Unternehmer gleichgestellte juristische Person ist, ist der Leistungsort an dem Ort, an dem der Leistungsempfänger seinen Sitz oder eine Betriebsstätte hat, an die die Leistung tatsächlich erbracht wird (§ 3a Absatz 2 UStG). Befindet sich der Leistungsort danach im Ausland, hat der leistende Unternehmer eine Rechnung auszustellen, in der das (Netto-)Entgelt anzugeben ist und auf die Steuerschuldnerschaft des Leistungsempfängers hinzuweisen ist (§ 14a Abs. 5 UStG). Dies gilt unabhängig davon, ob der leistende Unternehmer das Entgelt oder Teile des Entgelts vor dem 1. Januar 2011 vereinnahmt hat oder nicht.

Hat der leistende Unternehmer in diesen Fällen das Entgelt oder Teile des Entgelts vor dem 1. Januar 2011 vereinnahmt und hierfür auch eine Rechnung mit offenem Steuerausweis erstellt, hat er die Rechnung(en) über diese Zahlungen im Voranmeldungszeitraum der tatsächlichen Ausführung der Leistung zu berichtigen (§ 27 Abs. 1 Satz 3 UStG, § 14c Abs. 1 Sätze 1 und 2 UStG). In der Schlussrechnung sind die gezahlten Abschlagszahlungen nur dann mit ihrem Bruttobetrag (einschließlich Umsatzsteuer) anzurechnen, wenn die Umsatzsteuer bis zum Zeitpunkt der Erteilung der Schlussrechnung nicht an den Leistungsempfänger zurückerstattet wurde.

Es ist jedoch nicht zu beanstanden, wenn es bei der Abrechnung des ursprünglichen vor dem 1. Januar 2011 vom leistenden Unternehmer vereinnahmten Entgelts oder der vereinnahmten Teile des Entgelts mit gesondertem Steuerausweis verbleibt. Voraussetzung hierfür ist, dass das vor dem 1. Januar 2011 vereinnahmte Entgelt oder die vereinnahmten Teile des Entgelts vom leistenden Unternehmer in zutreffender Höhe versteuert (= in einer Voranmeldung oder in einer Umsatzsteuererklärung für das Kalenderjahr angemeldet) wurden. In derartigen Fällen ist keine Berichtigung der über geleistete Abschlagszahlungen erteilten Rechnungen durchzuführen.

2. Berichtigung einer vor dem 1. Januar 2011 erstellten Rechnung über Anzahlungen, wenn die Zahlung erst nach dem 31. Dezember 2010 erfolgt

Wurden für Veranstaltungsleistungen im Zusammenhang mit Messen und Ausstellungen an einen Leistungsempfänger, der ein Unternehmer oder eine einem Unternehmer gleichgestellte juristische Person ist, Abschlagszahlungen oder Anzahlungen vereinnahmt, bevor die Leistung oder die Teilleistung ausgeführt worden ist, entsteht die Steuer mit Ablauf des Voranmeldungszeitraums, in dem das Entgelt oder Teilentgelt vereinnahmt worden ist (§ 13 Abs. 1 Nr. 1 Buchstabe a Satz 4 UStG). Entscheidend für die Steuerentstehung ist nicht, wann die Rechnung erstellt worden ist, sondern der Zeitpunkt der Vereinnahmung des entsprechenden Entgelts oder des Teilentgelts. Vereinnahmt der leistende Unternehmer das Entgelt oder Teilentgelt für die vorgenannten Leistungen nach dem 31. Dezember 2010, bestimmt sich der Leistungsort nach dem Sitz oder der Betriebsstätte des Leistungsempfängers, wenn die Leistung tatsächlich an diese erbracht wird (§ 3a Absatz 2 UStG). Ist die Rechnung hierfür vom leistenden Unternehmer vor dem 1. Januar 2011 erstellt worden, hat der Leistungsempfänger seinen Sitz im Ausland und wurde die – inländische – Umsatzsteuer gesondert ausgewiesen, ist die Rechnung entsprechend zu berichtigen.

Anlage § 003a–19

Ort der sonstigen Leistung (§ 3a UStG) – Anpassung der Abschnitte 3a.1, 3a.2, 3a.5, 3a.6, 3a.7, 3a.9, 13b.1 und 27a.1 UStAE an die Durchführungsverordnung (EU) Nr. 282/2011 des Rates vom 15. März 2011 mit Wirkung vom 1. Juli 2011

BMF-Schreiben vom 10.06.2011 – IV D 3 – S 7117/11/10001, BStBl. 2011 I S. 583

Mit der Durchführungsverordnung (EU) Nr. 282/2011 des Rates vom 15. März 2011 zur Festlegung von Durchführungsvorschriften zur Richtlinie 2006/112/EG über das gemeinsame Mehrwertsteuersystem (ABl. EU 2011 Nr. L 77 S. 1) werden bestimmte Vorschriften der MwStSystRL mit Wirkung vom 1. Juli 2011 konkretisiert, insbesondere die Artikel 43 bis 59b MwStSystRL. Außerdem haben die Artikel 3, 10 bis 13 und 55 der Durchführungsverordnung (EU) Nr. 282/2011 Auswirkungen auf die Anwendung der Ortsregelungen für sonstige Leistungen nach Artikel 43ff. MwStSystRL (= § 3a UStG).

Die Durchführungsverordnung (EU) Nr. 282/2011 ist in den EU-Mitgliedstaaten unmittelbar anzuwenden. Zur Klarheit werden die Auswirkungen dieser Durchführungsverordnung auf die Verwaltungsauffassung in den entsprechenden Regelungen des UStAE ihren Niederschlag finden.

Unter Bezugnahme auf das Ergebnis der Erörterungen mit den obersten Finanzbehörden der Länder werden deshalb die Abschnitte 3a.1, 3a.2, 3a.5, 3a.6, 3a.7, 3a.9, 13b.1 und 27a.1 des Umsatzsteuer-Anwendungserlasses vom 1. Oktober 2010, der zuletzt durch das BMF-Schreiben vom 10. Juni 2011 – IV D 2 – S 7238/10/10001 (2011/0465568) –, BStBl. I S. 583, geändert worden ist, wie folgt geändert:

1. Abschn. 3a.1 wird wie folgt geändert:

   a) Absatz 1 wird wie folgt gefasst:

   „(1) ¹Der Ort der sonstigen Leistung bestimmt sich nach § 3a Abs. 1 UStG nur bei Leistungen an

   – Leistungsempfänger, die nicht Unternehmer sind,
   – Unternehmer, wenn die Leistung nicht für ihr Unternehmen bezogen wird, und es sich nicht um eine juristische Person des öffentlichen Rechts handelt, oder
   – nicht unternehmerisch tätige juristische Personen, denen keine USt-IdNr. erteilt worden ist

   (Nichtunternehmer); **maßgebend für diese Beurteilung ist der Zeitpunkt, in dem die Leistung an den Leistungsempfänger erbracht wird** (vgl. Artikel 25 der Durchführungsverordnung (EU) Nr. 282/2011, ABl. EU 2011 Nr. L 77 S. 1). ²Der Leistungsort bestimmt sich außerdem nur nach § 3a Abs. 1 UStG, wenn kein Tatbestand des § 3a Abs. 3 bis 8 UStG, des § 3b UStG, des § 3e oder des § 3f UStG vorliegt. ³Maßgeblich ist grundsätzlich der Ort, von dem aus der Unternehmer sein Unternehmen betreibt (**bei Körperschaften, Personenvereinigungen oder Vermögensmassen ist dabei der Ort der Geschäftsleitung maßgeblich**). ⁴Das ist der Ort, an dem die Handlungen zur zentralen Verwaltung des Unternehmens vorgenommen werden; hierbei werden der Ort, an dem die wesentlichen Entscheidungen zur allgemeinen Leitung des Unternehmens getroffen werden, der Ort seines satzungsmäßigen Sitzes und der Ort, an dem die Unternehmensleitung zusammenkommt, berücksichtigt. ⁵Kann danach der Ort, von dem aus der Unternehmer sein Unternehmen betreibt, nicht mit Sicherheit bestimmt werden, ist der Ort, an dem die wesentlichen Entscheidungen zur allgemeinen Leitung des Unternehmens getroffen werden, vorrangiger Anknüpfungspunkt. ⁶Allein aus dem Vorliegen einer Postanschrift kann nicht geschlossen werden, dass sich dort der Ort befindet, von dem aus der Unternehmer sein Unternehmen betreibt (vgl. Artikel 10 der Durchführungsverordnung (EU) Nr. 282/2011, a.a.O.). ⁷Wird die Leistung tatsächlich von einer Betriebsstätte erbracht, ist dort der Leistungsort (vgl. Absatz 2 und 3). ⁸Verfügt eine natürliche Person weder über einen Unternehmenssitz noch über eine Betriebsstätte, kommen als Leistungsort der Wohnsitz des leistenden Unternehmers oder der Ort seines gewöhnlichen Aufenthalts in Betracht. ⁹Als Wohnsitz einer natürlichen Person gilt der im Melderegister oder in einem ähnlichen Register eingetragene Wohnsitz oder der Wohnsitz, den die betreffende Person bei der zuständigen Steuerbehörde angegeben hat, es sei denn, es liegen Anhaltspunkte dafür vor, dass diese Eintragung nicht die tatsächlichen Gegebenheiten widerspiegelt (vgl. Artikel 12 der Durchführungsverordnung (EU) Nr. 282/2011, a.a.O.). ¹⁰Als gewöhnlicher Aufenthaltsort einer natürlichen Person gilt der Ort, an dem diese aufgrund persönlicher und beruflicher Bindungen gewöhnlich lebt. ¹¹Liegen die beruflichen Bindungen einer natürlichen Person in einem anderen Land als dem ihrer persönlichen Bindungen oder gibt es keine beruflichen Bindungen, bestimmt sich der gewöhnliche Aufenthaltsort nach den persönlichen Bindungen, die enge Beziehungen zwischen der natürlichen Person und einem Wohnort erkennen lassen (vgl. Artikel 13 der Durchführungsverordnung (EU) Nr. 282/2011, a.a.O.). ¹²Als gewöhnlicher Aufenthalt im Inland ist stets und von Beginn an ein zeitlich zusammen-

Anlage § 003a–19

hängender Aufenthalt von mehr als sechs Monaten Dauer anzusehen; kurzfristige Unterbrechungen bleiben unberücksichtigt. ¹³**Dies gilt nicht, wenn der Aufenthalt ausschließlich zu Besuchs-, Erholungs-, Kur- oder ähnlichen privaten Zwecken genommen wird und nicht länger als ein Jahr dauert.** ¹⁴Der Ort einer einheitlichen sonstigen Leistung liegt nach § 3a Abs. 1 UStG auch dann an dem Ort, von dem aus der Unternehmer sein Unternehmen betreibt, wenn einzelne Leistungsteile nicht von diesem Ort aus erbracht werden (vgl. BFH-Urteil vom 26.3.1992, V R 16/88, BStBl. II S. 929)."

b) In Absatz 3 Satz 3 wird der Klammerzusatz am Ende wie folgt ergänzt:

„**, und Artikel 11 der Durchführungsverordnung (EU) Nr. 282/2011, ABl. EU 2011 Nr. L 77 S. 1)**".

c) In Absatz 4 wird der Klammerzusatz im sechsten Gedankenstrich wie folgt gefasst:

„**(vgl. Artikel 28 der Durchführungsverordnung (EU) Nr. 282/2011, ABl. EU 2011 Nr. L 77 S. 1)**".

2. Abschn. 3a.2 wird wie folgt geändert:

a) In Absatz 1 wird Satz 1 wie folgt gefasst:

„¹Voraussetzung für die Anwendung des § 3a Abs. 2 UStG ist, dass der Leistungsempfänger ein Unternehmer ist und die Leistung für sein Unternehmen bezogen hat (vgl. im Einzelnen Absätze 8 bis 12) oder eine nicht unternehmerisch tätige juristische Person ist, der eine USt-IdNr. erteilt worden ist (einem Unternehmer gleichgestellte juristische Person; vgl. Absatz 7); **maßgebend für diese Beurteilung ist der Zeitpunkt, in dem die Leistung erbracht wird (vgl. Artikel 25 der Durchführungsverordnung (EU) Nr. 282/2011, ABl. EU 2011 Nr. L 77 S. 1)**."

b) Absatz 3 wird wie folgt gefasst:

„(3) ¹Nach § 3a Abs. 2 UStG bestimmt sich der Leistungsort maßgeblich nach dem Ort, von dem aus der Leistungsempfänger sein Unternehmen betreibt; **zur Definition vgl. Abschnitt 3a.1 Abs. 1.** ²Wird die Leistung tatsächlich an eine Betriebsstätte (vgl. Abschnitt 3a.1 Abs. 3) erbracht, ist dort der Leistungsort (vgl. hierzu im Einzelnen Absätze 4 und 6). ³Verfügt eine natürliche Person weder über einen Unternehmenssitz noch über eine Betriebsstätte, kommen als Leistungsort der Wohnsitz des Leistungsempfängers oder der Ort seines gewöhnlichen Aufenthalts in Betracht **(vgl. Artikel 21 der Durchführungsverordnung (EU) Nr. 282/2011, ABl. EU 2011 Nr. L 77 S. 1)**. ⁴Zu den Begriffen „Sitz", „Wohnsitz" und „Ort des gewöhnlichen Aufenthalts" vgl. Abschnitt 3a.1 Abs. 1."

c) In Absatz 4 werden die Sätze 2 bis 4 durch die folgenden Sätze 2 bis 6 wie folgt gefasst:

„²Dies ist der Fall, wenn die Leistung ausschließlich oder überwiegend für die Betriebsstätte bestimmt ist, **also dort verwendet werden soll (vgl. Artikel 21 Abs. 2 der Durchführungsverordnung (EU) Nr. 282/2011, ABl. EU 2011 Nr. L 77 S. 1)**. ³**In diesem Fall ist es** nicht erforderlich, dass der Auftrag von der Betriebsstätte aus an den leistenden Unternehmer erteilt wird, der die sonstige Leistung durchführt, z.B. Verleger, Werbeagentur, Werbungsmittler**; auch** ist unerheblich, ob das Entgelt für die Leistung von der Betriebsstätte aus bezahlt wird.

Beispiel:

¹Ein Unternehmen mit Sitz im Inland unterhält im Ausland Betriebsstätten. ²Durch Aufnahme von Werbeanzeigen in ausländischen Zeitungen und Zeitschriften wird für die Betriebsstätten geworben. ³Die Anzeigenaufträge werden an ausländische Verleger durch eine inländische Werbeagentur im Auftrag des im Inland ansässigen Unternehmens erteilt.

⁴Die ausländischen Verleger und die inländische Werbeagentur unterliegen mit ihren Leistungen für die im Ausland befindlichen Betriebsstätten nicht der deutschen Umsatzsteuer.

⁴**Kann der leistende Unternehmer weder anhand der Art der von ihm erbrachten sonstigen Leistung noch ihrer Verwendung ermitteln, ob und ggf. an welche Betriebsstätte des Leistungsempfängers die Leistung erbracht wird, hat er anhand anderer Kriterien, insbesondere des mit dem Leistungsempfänger geschlossenen Vertrags, der vereinbarten Bedingungen für die Leistungserbringung, der vom Leistungsempfänger verwendeten USt-IdNr. und der Bezahlung der Leistung festzustellen, ob die von ihm erbrachte Leistung tatsächlich für eine Betriebsstätte des Leistungsempfängers bestimmt ist (vgl. Artikel 22 Abs. 1 Unterabs. 2 der Durchführungsverordnung (EU) Nr. 282/2011, ABl. EU 2011 Nr. L 77 S. 1).** ⁵**Kann der leistende Unternehmer anhand dieser Kriterien nicht bestimmen, ob die Leistung tatsächlich an eine Betriebsstätte des Leistungsempfängers erbracht wird, oder ist bei Vereinbarungen über eine oder mehrere sonstige Leistungen nicht feststellbar, ob diese Leistungen tatsächlich vom Sitz oder von einer bzw.**

Anlage § 003a–19

mehreren Betriebsstätten des Leistungsempfängers genutzt werden, kann der Unternehmer davon ausgehen, dass der Leistungsort an dem Ort ist, von dem aus der Leistungsempfänger sein Unternehmen betreibt (vgl. Artikel 22 Abs. 1 Unterabs. 3 der Durchführungsverordnung (EU) Nr. 282/2011, a.a.O.). [6]Zur Regelung in Zweifelsfällen vgl. Absatz 6."

d) Absatz 6 wird wie folgt gefasst:

„[1]Bei einer einheitlichen sonstigen Leistung (vgl. Abschnitt 3.10 Abs. 1 bis 4) ist es nicht möglich, für einen Teil der Leistung den Ort der Betriebsstätte und für den anderen Teil den Sitz des Unternehmens als maßgebend anzusehen und die Leistung entsprechend aufzuteilen.[2]Ist die Zuordnung zu einer Betriebsstätte **nach den Grundsätzen des Absatzes 4** zweifelhaft und verwendet der Leistungsempfänger eine ihm von einem anderen EU-Mitgliedstaat erteilte USt-IdNr., kann davon ausgegangen werden, dass die Leistung für die im EU-Mitgliedstaat der verwendeten USt-IdNr. belegene Betriebsstätte bestimmt ist. [3]Entsprechendes gilt bei Verwendung einer deutschen USt-IdNr."

e) Absatz 7 wird wie folgt gefasst:

aa) Satz 3 wird wie folgt gefasst:

„[3]Ausschließlich nicht unternehmerisch tätige juristische Personen, denen eine USt-IdNr. erteilt worden ist, müssen diese gegenüber dem leistenden Unternehmer verwenden, damit dieser die Leistungsortregelung des § 3a Abs. 2 UStG anwenden kann; **Absatz 9 Sätze 4 bis 10 gilt entsprechend.**"

bb) Satz 5 wird wie folgt gefasst:

„[5]Zur Bestimmung des Leistungsorts bei sonstigen Leistungen an juristische Personen, die sowohl unternehmerisch als auch nicht unternehmerisch tätig sind, vgl. Absätze **13 bis** 15."

f) Absatz 8 wird wie folgt gefasst:

aa) In Absatz 8 Satz 3 wird nach dem Wort „bestimmen" folgender Klammerzusatz eingefügt:

„**(vgl. Artikel 19 Abs. 3 der Durchführungsverordnung (EU) Nr. 282/2011, ABl. EU 2011 Nr. L 77 S. 1)**".

bb) Nach Satz 3 wird folgender Satz 4 angefügt:

„**[4]Zur Bestimmung des Leistungsorts bei sonstigen Leistungen an juristische Personen, die sowohl unternehmerisch als auch nicht unternehmerisch tätig sind, vgl. Absätze 13 bis 15.**"

g) In Absatz 9 werden die bisherigen Sätze 2 bis 4 durch die folgenden Sätze 2 bis 9 ersetzt:

„**[2]Bezieht ein im Gemeinschaftsgebiet ansässiger Unternehmer eine sonstige Leistung, die der Art nach unter § 3a Abs. 2 UStG fällt, für seinen unternehmerischen Bereich, muss er die ihm vom EU-Mitgliedstaat, von dem aus er sein Unternehmen betreibt, erteilte USt-IdNr. für diesen Umsatz gegenüber seinem Auftragnehmer verwenden; wird die Leistung tatsächlich durch eine Betriebsstätte des Leistungsempfängers bezogen, ist die der Betriebsstätte erteilte USt-IdNr. zu verwenden (vgl. Artikel 55 Abs. 1 der Durchführungsverordnung (EU) Nr. 282/2011, ABl. EU 2011 Nr. L 77 S. 1).** [3]Satz 2 gilt entsprechend für einen Unternehmer,

– der nur steuerfreie Umsätze ausführt, die zum Ausschluss vom Vorsteuerabzug führen,
– für dessen Umsätze Umsatzsteuer nach § 19 Abs. 1 UStG nicht erhoben wird oder
– der die Leistung zur Ausführung von Umsätzen verwendet, für die die Steuer nach den Durchschnittssätzen des § 24 UStG festgesetzt wird,

und der weder zur Besteuerung seiner innergemeinschaftlichen Erwerbe verpflichtet ist, weil er die Erwerbsschwelle nicht überschreitet, noch zur Erwerbsbesteuerung nach § 1a Abs. 4 UStG optiert hat. [4]Verwendet der Leistungsempfänger gegenüber seinem Auftragnehmer eine ihm von einem Mitgliedstaat erteilte USt-IdNr., kann dieser regelmäßig davon ausgehen, dass der Leistungsempfänger Unternehmer ist und die Leistung für dessen unternehmerischen Bereich bezogen wird **(vgl. Artikel 18 Abs. 1 und Artikel 19 Abs. 2 der Durchführungsverordnung (EU) Nr. 282/2011, a.a.O.);** dies gilt auch dann, wenn sich nachträglich herausstellt, dass die Leistung vom Leistungsempfänger tatsächlich für nicht unternehmerische Zwecke verwendet worden ist. [5]**Voraussetzung ist, dass der leistende Unternehmer nach § 18e UStG von der Möglichkeit Gebrauch gemacht hat, sich die Gültigkeit einer USt-IdNr. eines anderen EU-Mitgliedstaates sowie den Namen und die Anschrift der Person, der diese Nummer erteilt wurde, durch das BZSt bestätigen zu lassen (vgl. Artikel 18 Abs. 1 Buchst. a der Durchführungsverordnung (EU) Nr. 282/2011, a.a.O.).**

Anlage § 003a–19

Beispiel:

¹Der Schreiner S mit Sitz in Frankreich erneuert für den Unternehmer U mit Sitz in Freiburg einen Aktenschrank. ²U verwendet für diesen Umsatz seine deutsche USt-IdNr. ³Bei einer Betriebsprüfung stellt sich im Nachhinein heraus, dass U den Aktenschrank für seinen privaten Bereich verwendet.
⁴Der Leistungsort für die Reparatur des Schranks ist nach § 3a Abs. 2 UStG in Deutschland. ⁵Da U gegenüber S seine USt-IdNr. verwendet hat, gilt die Leistung als für das Unternehmen des U bezogen. ⁶Unbeachtlich ist, dass der Aktenschrank tatsächlich von U für nicht unternehmerische Zwecke verwendet wurde. ⁷U ist für die Leistung des S Steuerschuldner (§ 13b Abs. 1 und Abs. 5 Satz 1 UStG). ⁸U ist allerdings hinsichtlich der angemeldeten Steuer nicht zum Vorsteuerabzug berechtigt, da die Leistung nicht für unternehmerische Zwecke bestimmt ist.

⁶**Hat der Leistungsempfänger noch keine USt-IdNr. erhalten, eine solche Nummer aber bei der zuständigen Behörde des EU-Mitgliedstaats, von dem aus er sein Unternehmen betreibt oder eine Betriebsstätte unterhält, beantragt, bleibt es dem leistenden Unternehmer überlassen, auf welche Weise er den Nachweis der Unternehmereigenschaft und der unternehmerischen Verwendung führt (vgl. Artikel 18 Abs. 1 Buchst. b der Durchführungsverordnung (EU) Nr. 282/ 2011, a.a.O.). ⁷Dieser Nachweis hat nur vorläufigen Charakter. ⁸Für den endgültigen Nachweis bedarf es der Vorlage der dem Leistungsempfänger erteilten USt-IdNr.; dieser Nachweis kann bis zur letzten mündlichen Verhandlung vor dem Finanzgericht geführt werden. ⁹Verwendet ein im Gemeinschaftsgebiet ansässiger Leistungsempfänger gegenüber seinem Auftragnehmer keine USt-IdNr., kann dieser grundsätzlich davon ausgehen, dass sein Leistungsempfänger ein Nichtunternehmer ist oder ein Unternehmer, der die Leistung für den nicht unternehmerischen Bereich bezieht, sofern ihm keine anderen Informationen vorliegen (vgl. Artikel 18 Abs. 2 der Durchführungsverordnung (EU) Nr. 282/2011, a.a.O.); in diesem Fall bestimmt sich der Leistungsort nach § 3a Abs. 1 UStG, soweit kein Tatbestand des § 3a Abs. 3 bis 8 UStG, des § 3b UStG, des § 3e oder des § 3f UStG vorliegt."**

h) Absatz 11 wird wie folgt geändert:

  aa) In Satz 2 wird der Klammerzusatz wie folgt gefasst:

  „(vgl. Abschnitt 18.14 Abs. 7)".

  bb) Nach Satz 2 wird folgender Satz 3 angefügt:

  „³**Kann der Leistungsempfänger den Nachweis nicht anhand einer Bescheinigung nach Satz 1 und 2 führen, bleibt es dem leistenden Unternehmer überlassen, auf welche Weise er nachweist, dass der im Drittlandsgebiet ansässige Leistungsempfänger Unternehmer ist (vgl. Artikel 18 Abs. 3 der Durchführungsverordnung (EU) Nr. 282/2011, ABl. EU 2011 Nr. L 77 S. 1)."**

i) Absatz 13 wird wie folgt gefasst:

„(13) ¹Bei Leistungsbezügen juristischer Personen **des privaten Rechts,** die sowohl unternehmerisch als auch nicht unternehmerisch tätig sind, kommt es für die Frage der Ortsbestimmung **nicht** darauf an, ob die Leistung für das Unternehmen ausgeführt worden ist. ²§ 3a Abs. 2 Satz 3 UStG findet in diesen Fällen keine Anwendung. ³**Absatz 14 Sätze 2 bis 7 gelten entsprechend.**"

j) Absatz 14 wird wie folgt gefasst:

„(14) ¹Bei Leistungsbezügen juristischer Personen des öffentlichen Rechts, die hoheitlich und unternehmerisch tätig sind, kommt es für die Frage der Ortsbestimmung **nicht** darauf an, ob die Leistung für **den unternehmerischen oder den hoheitlichen Bereich ausgeführt worden ist; bei den Gebietskörperschaften Bund und Länder ist stets davon auszugehen, dass sie sowohl hoheitlich als auch unternehmerisch tätig sind.** ²Der Leistungsort bestimmt sich in diesen Fällen davon, ob die Leistung für den hoheitlichen oder den unternehmerischen Bereich bezogen wird – nach § 3a Abs. 2 **Satz 1** UStG. ³Ausgeschlossen sind nur die der Art nach unter § 3a Abs. 2 UStG fallenden sonstigen Leistungen, die für den privaten Bedarf des Personals der juristischen Person des öffentlichen Rechts bestimmt sind. ⁴**Ist einer in Satz 1 genannten juristischen Person des öffentlichen Rechts eine USt-IdNr. erteilt worden, ist diese USt-IdNr. auch dann zu verwenden, wenn die bezogene Leistung ausschließlich für den hoheitlichen Bereich oder sowohl für den unternehmerischen als auch für den hoheitlichen Bereich bestimmt ist.** ⁵Haben die Gebietskörperschaften Bund und Länder für einzelne Organisationseinheiten (z.B. Ressorts, Behörden und Ämter) von der Vereinfachungsregelung in Abschnitt 27a.1 Abs. 3 Sätze 4 und 5 Gebrauch gemacht, ist **für den einzelnen Leistungsbezug stets** die jeweilige, der einzelnen Organisationseinheit erteilte USt-IdNr. zu verwenden, **unabhängig davon,** ob dieser Leistungsbezug für **den unternehmerischen Bereich,** für den hoheitlichen Bereich **oder sowohl für den unternehmerischen als auch für den hoheitlichen Bereich** erfolgt. ⁶Dies gilt **auch dann,** wenn die **einzelne** Organisationseinheit ausschließlich hoheitlich tätig ist und ihr eine USt-IdNr. nur für Zwecke der Umsatzbesteuerung innergemeinschaftlicher Erwerbe erteilt wurde.

Beispiel:

¹Der in Luxemburg ansässige Unternehmer U erbringt an eine **ausschließlich hoheitlich tätige Behörde A eines deutschen Bundeslandes B** eine Beratungsleistung. ²**B** hat neben dem hoheitlichen Bereich noch einen Betrieb gewerblicher Art, der für umsatzsteuerliche Zwecke erfasst ist. ³**A** ist eine **gesonderte** USt-IdNr. **für Zwecke der Besteuerung innergemeinschaftlicher Erwerbe** erteilt worden.

⁴**Der Leistungsort für die Leistung des U an A richtet sich nach § 3a Abs. 2 Satz 1 UStG und liegt in Deutschland.** ⁵A hat die ihr für Zwecke der Besteuerung **innergemeinschaftlicher Erwerbe** erteilte USt-IdNr. zu verwenden.

⁷**Bezieht eine sowohl unternehmerisch als auch hoheitlich tätige juristische Person des öffentlichen Rechts die sonstige Leistung für den privaten Bedarf ihres Personals, hat sie weder die ihr für den unternehmerischen Bereich noch die ihr für Zwecke der Umsatzbesteuerung innergemeinschaftlicher Erwerbe erteilte USt-IdNr. zu verwenden."**

k) Absatz 15 wird wie folgt gefasst:

„(15) ¹Soweit inländische und ausländische Rundfunkanstalten untereinander entgeltliche sonstige Leistungen ausführen, gelten hinsichtlich der Umsatzbesteuerung solcher **grenzüberschreitender** Leistungen die allgemeinen Regelungen zum Leistungsort. ²Der Leistungsort bestimmt sich bei **grenzüberschreitenden** Leistungen der Rundfunkanstalten nach § 3a Abs. 2 UStG, wenn die die Leistung empfangende Rundfunkanstalt

– Unternehmer ist und die Leistung entweder ausschließlich für den unternehmerischen oder sowohl für den unternehmerischen als auch den nichtunternehmerischen Bereich bezogen wurde oder

– **eine juristische Person des öffentlichen Rechts ist, die sowohl nicht unternehmerisch (hoheitlich) als auch unternehmerisch tätig ist, sofern die Leistung nicht für den privaten Bedarf des Personals bezogen wird,**

– eine einem Unternehmer gleichgestellte juristische Person ist (siehe Absatz 1)."

l) Absatz 17 wird wie folgt gefasst:

„**(17) Zu den sonstigen Leistungen, die unter § 3a Abs. 2 Satz 1 UStG fallen, gehören auch sonstige Leistungen, die im Zusammenhang mit der Beantragung oder Vereinnahmung der Steuer im Vorsteuer-Vergütungsverfahren (§ 18 Abs. 9 UStG) stehen (vgl. auch Artikel 27 der Durchführungsverordnung (EU) Nr. 282/2011, ABl. EU 2011 Nr. L 77 S. 1)."**

3. Abschnitt 3a.5 wird wie folgt geändert:

a) Absatz 2 wird wie folgt geändert:

aa) Am Ende des Satzes 1 wird nach dem Wort „wird" folgender Klammerzusatz eingefügt:

„**(vgl. Artikel 40 der Durchführungsverordnung (EU) Nr. 282/2011, ABl. EU 2011 Nr. L 77 S. 1)".**

bb) Die bisherigen Sätze 3 und 4 werden durch die folgenden Sätze 3 bis 6 ersetzt:

„³Die Dauer der Vermietung richtet sich nach der tatsächlichen Dauer der Nutzungsüberlassung; **wird der Zeitraum der Vermietung aufgrund höherer Gewalt verlängert, ist dieser Zeitraum bei der Abgrenzung einer kurzfristigen von einer langfristigen Vermietung nicht zu berücksichtigen (vgl. Artikel 39 Abs. 1 Unterabs. 3 der Durchführungsverordnung (EU) Nr. 282/2011, a.a.O.).** ⁴Wird ein **Beförderungsmittel** mehrfach unmittelbar hintereinander **an denselben Leistungsempfänger** für einen Zeitraum vermietet, liegt eine kurzfristige Vermietung **grundsätzlich** nur dann vor, wenn der ununterbrochene Vermietungszeitraum von nicht mehr als 90 Tagen bzw. 30 Tagen insgesamt nicht überschritten wird **(vgl. Artikel 39 Abs. 1 Unterabs. 1 und 2 und Abs. 2 Unterabs. 1 und 2 der Durchführungsverordnung**

Anlage § 003a–19

(EU) Nr. 282/2011, a.a.O.). ⁵Wird ein Beförderungsmittel zunächst kurzfristig und anschließend über einen als langfristig geltenden Zeitraum an denselben Leistungsempfänger vermietet, sind die beiden Vermietungszeiträume abweichend von Satz 4 getrennt voneinander zu betrachten, sofern diese vertraglichen Regelungen nicht zur Erlangung steuerrechtlicher Vorteile erfolgten (vgl. Artikel 39 Abs. 2 Unterabs. 3 der Durchführungsverordnung (EU) Nr. 282/2011, a.a.O.). ⁶Werden aufeinander folgende Verträge über die Vermietung von Beförderungsmitteln geschlossen, die tatsächlich unterschiedliche Beförderungsmittel betreffen, sind die jeweiligen Vermietungen gesondert zu betrachten, sofern diese vertraglichen Regelungen nicht zur Erlangung steuerrechtlicher Vorteile erfolgten (vgl. Artikel 39 Abs. 3 der Durchführungsverordnung (EU) Nr. 282/2011, a.a.O.)."

b) In Absatz 3 werden die Sätze 1 bis 3 wie folgt gefasst:

„¹Als Beförderungsmittel sind Gegenstände anzusehen, deren Hauptzweck auf die Beförderung von Personen und Gütern zu Lande, zu Wasser oder in der Luft gerichtet ist und die sich auch tatsächlich fortbewegen **(vgl. Artikel 38 Abs. 1 der Durchführungsverordnung (EU) Nr. 282/2011, ABl. EU 2011 Nr. L 77 S. 1)**. ²Zu den Beförderungsmitteln gehören auch Auflieger, Sattelanhänger, Fahrzeuganhänger, Eisenbahnwaggons, Elektro-Caddywagen, Transportbetonmischer, Segelboote, Ruderboote, Paddelboote, Motorboote, Sportflugzeuge, Segelflugzeuge, Wohnmobile, Wohnwagen (vgl. jedoch Abschnitt 3a.3 Abs. 5) sowie landwirtschaftliche Zugmaschinen und andere landwirtschaftliche Fahrzeuge, Fahrzeuge, die speziell für den Transport von kranken oder verletzten Menschen konzipiert sind, und Rollstühle und ähnliche Fahrzeuge für kranke und körperbehinderte Menschen, mit mechanischen oder elektronischen Vorrichtungen zur Fortbewegung (vgl. Artikel 38 Abs. 2 der Durchführungsverordnung (EU) Nr. 282/2011, a.a.O.). ³Keine Beförderungsmittel sind z.B. Bagger, Planierraupen, Bergungskräne, Schwertransportkräne, Transportbänder, Gabelstapler, Elektrokarren, Rohrleitungen, Ladekräne, Schwimmkräne, Schwimmrammen, Container, militärische Kampffahrzeuge, z.B. Kriegsschiffe – ausgenommen Versorgungsfahrzeuge –, Kampfflugzeuge, Panzer, **und Fahrzeuge, die dauerhaft stillgelegt worden sind** (vgl. Artikel 38 Abs. 3 der Durchführungsverordnung (EU) Nr. 282/2011, a.a.O.)."

4. Abschnitt 3a.6 wird wie folgt geändert:

a) In Absatz 11 Satz 5 wird der Klammerzusatz wie folgt gefasst:

„**(vgl. Artikel 8 und 34 der Durchführungsverordnung (EU) Nr. 282/2011, ABl. EU 2011 Nr. L 77 S. 1)**".

b) Absatz 13 wird wie folgt geändert:

aa) In Satz 3 wird nach dem Wort „insbesondere" folgender Klammerzusatz eingefügt:

„**(vgl. Artikel 32 Abs. 1 und 2 der Durchführungsverordnung (EU) Nr. 282/2011, ABl. EU 2011 Nr. L 77 S. 1)**".

bb) In Satz 4 wird nach dem Wort „Entgelt" folgender Klammerzusatz eingefügt:

„**(vgl. Artikel 33 der Durchführungsverordnung (EU) Nr. 282/2011, a.a.O.)**".

cc) In Satz 5 wird nach dem Wort „Entgelt" folgender Klammerzusatz eingefügt:

„**(vgl. Artikel 32 Abs. 3 der Durchführungsverordnung (EU) Nr. 282/2011, a.a.O.)**".

5. Abschnitt 3a.7 Abs. 1 wird wie folgt gefasst:

„(1) ¹Unter den Begriff Vermittlungsleistung fallen sowohl Vermittlungsleistungen, die im Namen und für Rechnung des Empfängers der vermittelten Leistung erbracht werden, als auch Vermittlungsleistungen, die im Namen und für Rechnung des Unternehmers erbracht werden, der die vermittelte Leistung ausführt **(vgl. Artikel 30 der Durchführungsverordnung (EU) Nr. 282/2011, ABl. EU 2011 Nr. L 77 S. 1)**. ²Der Leistungsort einer Vermittlungsleistung bestimmt sich nur bei Leistungen an Nichtunternehmer (siehe Abschnitt 3a.1 Abs. 1) nach § 3a Abs. 3 Nr. 4 UStG. ³Hierunter fällt auch die Vermittlung der kurzfristigen Vermietung von Zimmern in Hotels, Gaststätten oder Pensionen, von Fremdenzimmern, Ferienwohnungen, Ferienhäusern und vergleichbaren Einrichtungen an Nichtunternehmer **(vgl. Artikel 31 Buchst. b der Durchführungsverordnung (EU) Nr. 282/2011, a.a.O.)**. ⁴Bei Leistungen an einen Unternehmer oder an eine gleichgestellte juristische Person (siehe Abschnitt 3a.2 Abs. 1) richtet sich der Leistungsort nach § 3a Abs. 2 UStG (vgl. **Artikel 31 Buchst. a der Durchführungsverordnung (EU) Nr. 282/2011, a.a.O., und** Abschnitt 3a.2), bei der Vermittlung von Vermietungen von Grundstücken nach § 3a Abs. 3 Nr. 1 UStG. ⁵Zur Abgrenzung der Vermittlungsleistung vom Eigenhandel vgl. Abschnitt 3.7."

6. Abschnitt 3a.9 wird wie folgt geändert:
   a) In Absatz 2 Satz 4 wird der Klammerzusatz gestrichen.
   b) In Absatz 14 wird der Klammerzusatz wie folgt gefasst:
      „(vgl. **Artikel 41 der Durchführungsverordnung (EU) Nr. 282/2011, ABl. EU 2011 Nr. L 77 S. 1)**".
7. In Abschnitt 13b.1 Abs. 28 wird der bisherige Satz 3 durch die folgenden Sätze 3 bis 7 ersetzt:
   „³Hat der Unternehmer im Inland eine Betriebsstätte **(vgl. Abschnitt 3a.1 Abs. 3)** und führt er einen Umsatz nach § 13b Abs. 1 oder Abs. 2 Nr. 1 oder Nr. 5 UStG aus, gilt er hinsichtlich dieses Umsatzes als im Ausland oder im übrigen Gemeinschaftsgebiet ansässig, wenn der Umsatz nicht von dieser Betriebsstätte ausgeführt wird (§ 13b Abs. 7 Satz 2 UStG). ⁴**Dies ist regelmäßig dann der Fall, wenn der Unternehmer hierfür nicht die technische und personelle Ausstattung dieser Betriebsstätte nutzt.** ⁵Nicht als Nutzung der technischen und personellen Ausstattung der Betriebsstätte gelten unterstützende Arbeiten durch die Betriebsstätte wie Buchhaltung, Rechnungsausstellung oder Einziehung von Forderungen. ⁶Stellt der leistende Unternehmer die Rechnung über den von ihm erbrachten Umsatz aber unter Angabe der Betriebsstätte erteilten USt-IdNr. aus, gilt die Betriebsstätte als an dem Umsatz beteiligt, so dass der Unternehmer als im Inland ansässig anzusehen ist (vgl. Artikel 53 der Durchführungsverordnung (EU) Nr. 282/2011, ABl. EU 2011 Nr. L 77 S. 1). ⁷Hat der Unternehmer seinen Sitz im Inland und wird ein im Inland steuerbarer und steuerpflichtiger Umsatz vom Ausland aus, z.B. von einer Betriebsstätte, erbracht, ist der Unternehmer als im Inland ansässig zu betrachten, selbst wenn der Sitz des Unternehmens an diesem Umsatz nicht beteiligt war (vgl. Artikel 54 der Durchführungsverordnung (EU) Nr. 282/2011, a.a.O.)."
8. In Abschnitt 27a.1 Abs. 3 wird nach Satz 4 folgender Satz 5 angefügt:
   „⁵**Ist eine solche Organisationseinheit insgesamt nur hoheitlich tätig und hat sie bislang keine USt-IdNr. erhalten, weil sie keinen innergemeinschaftlichen Erwerb nach § 1a UStG zu besteuern hat, erhält sie nunmehr – auf Antrag – eine USt-IdNr., wenn sie diese für die Besteuerung der von ihr bezogenen sonstigen Leistungen benötigt, für die der Leistungsort nach § 3a Abs. 2 UStG im Inland liegt (vgl. Abschnitt 3a.2 Abs. 14).**"

Diese Regelungen sind auf Umsätze anzuwenden, die nach dem 30. Juni 2011 ausgeführt werden.

Anlage § 003a–20

Änderung des § 3a Abs. 8 Satz 1 UStG durch das Beitreibungsrichtlinie-Umsetzungsgesetz – Anpassung der Abschnitte 3a.4 und 3a.14 UStAE

BMF-Schreiben vom 18.01.2012 – IV D 3 – S 7117/11/10001,
BStBl. 2012 I S. 139

Durch Artikel 23 des Beitreibungsrichtlinie-Umsetzungsgesetzes vom 7. Dezember 2011 (BGBl. I S. 2592) wird § 3a Abs. 8 Satz 1 UStG geändert. Danach ist der Leistungsort bei Veranstaltungsleistungen im Zusammenhang mit Messen und Ausstellungen an Unternehmer für deren unternehmerischen Bereich, an sowohl unternehmerisch als auch nicht unternehmerisch tätige juristische Personen oder an ausschließlich nicht unternehmerisch tätige juristische Personen, denen für Zwecke der Umsatzbesteuerung des innergemeinschaftlichen Erwerbs eine USt-IdNr. erteilt worden ist, abweichend von § 3a Abs. 2 UStG im Drittlandsgebiet, wenn die Leistung ausschließlich dort genutzt oder ausgewertet wird. Die Regelung trat mit Wirkung vom 1. Juli 2011 in Kraft.

Unter Bezugnahme auf das Ergebnis der Erörterungen mit den obersten Finanzbehörden der Länder werden deshalb die Abschnitte 3a.4 und 3a.14 des Umsatzsteuer-Anwendungserlasses vom 1. Oktober 2010 (BStBl. I S. 846), der zuletzt durch das BMF-Schreiben vom 3. Januar 2012 – IV D 2 – S 7100-b/11/10001 (2011/1037205), BStBl. I S. ###, geändert worden ist, wie folgt geändert:

1. In Abschnitt 3a.4 Abs. 2 Satz 3 wird der Punkt am Ende durch ein Semikolon ersetzt und folgender Halbsatz angefügt:
   „zum Leistungsort bei Veranstaltungsleistungen im Zusammenhang mit Messen und Ausstellungen, wenn die Veranstaltungsleistung ausschließlich im Drittlandsgebiet genutzt oder ausgewertet wird, vgl. Abschnitt 3a.14 Abs. 5."
2. In Abschnitt 3a.14 Abs. 5 werden die Sätze 1 und 2 wie folgt gefasst:
   „^{1}§ 3a Abs. 8 Sätze 1 und 3 UStG gilt nur für sonstige Leistungen an Unternehmer **für deren unternehmerischen Bereich, an** diesen gleichgestellte juristische Personen (siehe Abschnitt 3a.2 Abs. 1) **oder an sowohl unternehmerisch als auch nicht unternehmerisch tätige juristische Personen (siehe Abschnitt 3a.2 Abs. 13 und 14), soweit die Leistung nicht für den privaten Bedarf des Personals der juristischen Person bestimmt ist.** ^{2}Güterbeförderungsleistungen, im Zusammenhang mit einer Güterbeförderung stehende Leistungen wie Beladen, Entladen, Umschlagen oder ähnliche mit der Beförderung eines Gegenstands im Zusammenhang stehende Leistungen (vgl. § 3b Abs. 2 UStG und Abschnitt 3b.2), Arbeiten an und Begutachtungen von beweglichen körperlichen Gegenständen (vgl. Abschnitt 3a.6 Abs. 11), Reisevorleistungen im Sinne des § 25 Abs. 1 Satz 5 UStG **und Veranstaltungsleistungen im Zusammenhang mit Messen und Ausstellungen (vgl. Abschnitt 3a.4 Abs. 2 Sätze 2, 3, 5 und 6)** werden regelmäßig im Drittlandsgebiet genutzt oder ausgewertet, wenn sie tatsächlich ausschließlich dort in Anspruch genommen werden können."

Diese Regelungen sind auf Umsätze anzuwenden, die nach dem 30. Juni 2011 ausgeführt werden.

Anlage § 003a–21

Auswirkungen des EuGH-Urteils vom 27.10.2011, C-530/09 (BStBl. 2012 II S. 160), auf den Ort der sonstigen Leistung beim Standaufbau im Zusammenhang mit Messen und Ausstellungen – Anpassung der Abschnitte 3a.2, 3a.3, 3a.4, 3a.6, 3a.9 und 4.12.6 UStAE

BMF-Schreiben vom 19.01.2012 – IV D 3 – S 7117-a/10/10001,
BStBl. 2012 I S. 209

Nach bisheriger Verwaltungsauffassung gehört die Planung, Gestaltung sowie der Aufbau, Umbau und Abbau von Ständen im Zusammenhang mit Messen und Ausstellungen zu den sonstigen Leistungen im engen Zusammenhang mit einem Grundstück (vgl. Abschnitt 3a.4 Abs. 2 Satz 2 Nr. 2 und Abs. 3 Nr. 1 UStAE i.d.F. des BMF-Schreibens vom 4. Februar 2011 – IV D 3 – S 7117/10/10006 (2011/0101498) –, BStBl. I S. 162). Mit Urteil vom 27. Oktober 2011, C-530/09 (BStBl. 2012 II S. 160), hat der EuGH unter Berücksichtigung der bis zum 31. Dezember 2009 geltenden Unionsrechtslage entschieden, dass sonstige Leistungen im Rahmen eines Standaufbaus bei Messen und Ausstellungen je nach Art der Leistung

– Werbeleistungen,
– Leistungen im Zusammenhang mit kulturellen, künstlerischen, sportlichen, wissenschaftlichen, unterrichtenden unterhaltenden oder ähnlichen Leistungen oder
– eine Vermietung von beweglichen körperlichen Gegenständen, mit Ausnahme von Beförderungsmitteln

sein können. Eine Leistung im engen Zusammenhang mit einem Grundstück hat der EuGH verneint.

Von den sonstigen Leistungen abzugrenzen ist die Errichtung und der Aufbau eines Standes im Rahmen einer Werklieferung, bei der dem Auftraggeber die Verfügungsmacht an dem Stand verschafft wird und sich der Lieferort nach § 3 Abs. 7 Satz 1 UStG bestimmt (vgl. auch Beispiel in Abschnitt 13b.12 Abs. 1 Nr. 2 UStAE).

Unter Bezugnahme auf das Ergebnis der Erörterungen mit den obersten Finanzbehörden der Länder werden deshalb die Abschnitte 3a.2, 3a.3, 3a.4, 3a.6, 3a.9 und 4.12.6 des Umsatzsteuer-Anwendungserlasses vom 1. Oktober 2010 (BStBl. I S. 846), der zuletzt durch das BMF-Schreiben vom 18. Januar 2012 – IV D 3 – S 7117/11/10001 (2012/0037816), BStBl. I S. 139, geändert worden ist, wie folgt geändert:

1. In Abschnitt 3a.2 Abs. 16 wird am Ende des sechsten Gedankenstrichs der Punkt durch ein Semikolon ersetzt und folgender neuer Gedankenstrich angefügt:

   „– ¹Planung, Gestaltung sowie Aufbau, Umbau und Abbau von Ständen im Zusammenhang mit Messen und Ausstellungen (vgl. EuGH-Urteil vom 27.10.2011, C-530/09, BStBl. 2012 II S. 160). ²Unter die „Planung" fallen insbesondere Architektenleistungen, z.B. Anfertigung des Entwurfs für einen Stand. ³Zur „Gestaltung" zählt z.B. die Leistung eines Gartengestalters oder eines Beleuchtungsfachmannes."

2. In Abschnitt 3a.3 Abs. 10 wird am Ende der Nummer 4 der Punkt durch ein Semikolon ersetzt und folgende Nummer 5 angefügt:

   „5. Planung, Gestaltung sowie Aufbau, Umbau und Abbau von Ständen im Zusammenhang mit Messen und Ausstellungen (vgl. EuGH-Urteil vom 27.10.2011, C-530/09, BStBl. 2012 II S. 160)."

3. Abschnitt 3a.4 Abs. 3 wird wie folgt geändert:

   a) In Satz 1 wird die Nummer 1 wie folgt gefasst:

   „1. Die in Absatz 2 Satz 2 Nr. 1 **und 4 bis 6** bezeichneten Leistungen fallen unter § 3a Abs. 3 Nr. 1 UStG."

   b) In Satz 1 werden die folgenden neuen Nummern 2 und 3 eingefügt:

   „**2. Der Leistungsort der in Absatz 2 Satz 2 Nr. 2 bezeichneten Leistungen richtet sich nach § 3a Abs. 1, 2 (vgl. Abschnitt 3a.2 Abs. 16), 3 Nr. 3 Buchstabe a (vgl. Abschnitt 3a.6 Abs. 7) oder 4 Sätze 1 und 2 Nr. 2 UStG (vgl. Abschnitt 3a.9 Abs. 8a).**

   3. Der Leistungsort der in Absatz 2 Satz 2 Nr. 3 bezeichneten Leistungen richtet sich nach § 3a Abs. 1, 2 (vgl. Abschnitt 3a.2 Abs. 16) oder 4 Sätze 1 und 2 Nr. 10 UStG (vgl. Abschnitt 3a.9 Abs. 19)."

   c) Die bisherigen Nummern 2 bis 9 in Satz 1 werden die neuen Nummern 4 bis 11.

4. In Abschnitt 3a.6 wird Absatz 7 wie folgt gefasst:

   „(7) ¹Eine Leistung im Sinne des § 3a Abs. 3 Nr. 3 Buchstabe a UStG liegt – unbeschadet Abschnitt 3a.9 Abs. 8a – auch bei der Planung, Gestaltung sowie dem Aufbau, Umbau und Abbau von Ständen im Zusammenhang mit Messen und Ausstellungen vor, wenn dieser Stand für eine bestimmte Messe oder Ausstellung im Bereich der Kultur, der Künste, des Sports, der Wissenschaften,

Anlage § 003a–21

des Unterrichts, der Unterhaltung oder einem ähnlichen Gebiet bestimmt ist (vgl. **EuGH-Urteil vom 27.10.2011, C-530/09, BStBl. 2012 II S. 160)**. ²Zum Ort der sonstigen Leistung bei Messen und Ausstellungen vgl. **im Übrigen** Abschnitt 3a.4."

5. Abschnitt 3a.9 wird wie folgt geändert:
   a) Nach Absatz 8 wird der folgender Absatz 8a eingefügt:
   „**(8a)** ¹**Eine Leistung im Sinne des § 3a Abs. 4 Satz 2 Nr. 2 UStG liegt auch bei der Planung, Gestaltung sowie Aufbau, Umbau und Abbau von Ständen im Zusammenhang mit Messen und Ausstellungen vor, wenn dieser Stand für Werbezwecke verwendet wird (vgl. EuGH-Urteil vom 27.10.2011, C-530/09, BStBl. 2012 II S. 160)**."
   b) Nach Absatz 18 wird die Zwischenüberschrift „**Vermietung von beweglichen körperlichen Gegenständen**" und folgender Absatz 19 angefügt:
   „**(19) Eine Vermietung von beweglichen körperlichen Gegenständen im Sinne des § 3a Abs. 4 Satz 2 Nr. 10 UStG liegt z.B. vor, wenn ein bestehender Messestand oder wesentliche Bestandteile eines Standes im Zusammenhang mit Messen und Ausstellungen an Aussteller vermietet werden und die Vermietung ein wesentliches Element dieser Dienstleistung ist (vgl. EuGH-Urteil vom 27.10.2011, C-530/09, BStBl. 2012 II S. 160)**."

6. Abschnitt 4.12.6 Abs. 2 Nr. 1 wird wie folgt gefasst:
   „**1. Der Veranstalter einer Ausstellung überlässt den Ausstellern unter besonderen Auflagen Freiflächen in Hallen zur Schaustellung gewerblicher Erzeugnisse.**"

Diese Regelungen sind auf Umsätze anzuwenden, die nach dem 31. Dezember 2011 ausgeführt werden. Beruft sich ein Unternehmer bei Umsätzen, die vor diesem Zeitpunkt erbracht wurden, auf das o.a. EuGH-Urteil vom 27. Oktober 2011, wird dies nicht beanstandet; ist der Leistungsempfänger im Ausland ansässig oder hat er dort eine Betriebsstätte, an die der Umsatz tatsächlich erbracht worden ist, gilt dies nur dann, wenn der Unternehmer gegenüber seinem Leistungsempfänger nicht mit inländischer Umsatzsteuer abgerechnet hat.

Anlagen § 004 Nr. 3–01 nicht belegt, § 004 Nr. 3–02

Nachweis der Steuerbefreiung für Leistungen gem. § 4 Nr. 3 Satz 1 Buchst. a Doppelbuchstabe bb UStG, die sich unmittelbar auf Gegenstände der Einfuhr beziehen

BMF-Schreiben vom 22.07.2005 – IV A 6 – S 7156 – 13/05,
BStBl. 2005 I S. 834

Nach § 4 Nr. 3 Satz 1 Buchst. a Doppelbuchst. bb UStG sind bestimmte Beförderungsleistungen, die sich unmittelbar auf Gegenstände der Einfuhr beziehen, steuerfrei, wenn die Kosten für die Leistungen in der Bemessungsgrundlage für diese Einfuhr enthalten sind. Die Voraussetzungen der Steuerbefreiung müssen vom leistenden Unternehmer nachgewiesen sein (vgl. § 4 Nr. 3 Satz 3 UStG).

In den Fällen, in denen die Kosten für eine Leistung nach § 11 Abs. 1 und 2 und/oder Abs. 3 Nr. 3 und 4 UStG Teil der Bemessungsgrundlage für die Einfuhr geworden sind, kommen neben den zollamtlichen Belegen (Abschnitt 47 Abs. 4 Nr. 1 UStR) nach Abschnitt 47 Abs. 4 Nr. 2 Satz 2 UStR als Nachweisbelege insbesondere der schriftliche Speditionsauftrag, das im Speditionsgewerbe übliche Bordero, ein Doppel des Versandscheines, ein Doppel der Rechnung des Lieferers über die Lieferung der Gegenstände oder der vom Lieferer ausgestellte Lieferschein in Betracht.

Erfolgt die Beförderung und die Zollabfertigung durch verschiedene Beauftragte, gilt unter Bezugnahme auf das Ergebnis der Erörterungen mit den obersten Finanzbehörden der Länder Folgendes:

In den Fällen, in denen der belegmäßige Nachweis nicht mittels zollamtlichem Beleg nach Abschnitt 47 Abs. 4 Nr. 1 UStR geführt werden kann, wird als ausreichender Nachweis auch eine Bestätigung eines Verzollungsspediteurs auf einem der in Abschnitt 47 Abs. 4 Nr. 2 Satz 2 UStR genannten Belege anerkannt, wenn der Verzollungsspediteur in dieser eigenhändig unterschriebenen Bestätigung versichert, dass es sich bei den beförderten Gegenständen um Gegenstände der Einfuhr handelt, die zollamtlich abgefertigt wurden und die Beförderungskosten (des Beförderungsspediteurs) in der Bemessungsgrundlage für die Einfuhrumsatzsteuer enthalten sind.

Anlage § 004 Nr. 3–03

Nachweis der Steuerbefreiung für Leistungen gemäß § 4 Nr. 3 Buchst. a Doppelbuchst. aa und bb UStG

OFD Hannover, Vfg. vom 21.05.2007 – S 7156b – 5 – StO 183,
DStR 2007 S. 1209

1. Allgemeines

§ 4 Nr. 3 Buchst. a UStG befreit die grenzüberschreitenden Beförderungen von Gegenständen, wenn sich die Leistungen entweder unmittelbar auf Gegenstände der Ausfuhr oder auf Gegenstände der Einfuhr in das Gebiet eines Mitgliedstaates der Europäischen Gemeinschaft beziehen und die Kosten für diese Leistungen in der Bemessungsgrundlage für diese Einfuhr enthalten sind. Nach § 4 Nr. 3 Satz 3 UStG müssen die Voraussetzungen der Steuerbefreiung von grenzüberschreitenden Beförderungen nachgewiesen werden. Diese Nachweise sind materiell-rechtliche Voraussetzung für die Gewährung der Steuerbefreiung.

2. Nachweis der Steuerbefreiung für Leistungen gemäß § 4 Nr. 3 Buchst. a Doppelbuchst. aa UStG, die sich unmittelbar auf Gegenstände der Ausfuhr beziehen

Aus den Belegen muss sich eindeutig und leicht nachprüfbar die Ausfuhr oder Wiederausfuhr des Gegenstandes (§ 20 Abs. 1 UStDV) ergeben. Als Belege kommen insbesondere in Betracht:

– Frachturkunden, Ladeschein und Konnossement
– schriftlicher Speditions-/Transportauftrag
– Bordero
– Doppel des Versandscheins
– Ausfuhrbelege

In bestimmten Fällen (z.B. Güterbeförderungen in Freizonen) lässt sich aus den o. g. Belegen nicht immer erkennen, ob tatsächlich ein Ausfuhrfall vorliegt. In derartigen Fällen kann der Nachweis ergänzend durch ein Dokument des auftraggebenden Spediteurs/Hauptfrachtführers geführt werden, in dem dieser nach bestem Wissen und Gewissen versichert, dass sich die Beförderung aufgrund seiner Unterlagen, die im Gemeinschaftsgebiet nachprüfbar sind, unmittelbar auf Gegenstände der Ausfuhr oder Wiederausfuhr bezieht.

Zur Form dieser Versicherung gelten folgende Erleichterungen:

– Auf die eigenhändige Unterschrift des auftraggebenden Spediteurs/Hauptfrachtführers kann verzichtet werden, wenn die für den Spediteur/Hauptfrachtführer zuständige OFD bzw. oberste Finanzbehörde dies genehmigt hat und in dem Beleg auf die Genehmigungsverfügung unter Angabe von Datum und Aktenzeichen hingewiesen wird.
– Rechnen Spediteur/Hauptfrachtführer und Unterfrachtführer die Güterbeförderung durch Gutschrift (§14 Abs. 2 Satz 3 UStG) ab, reicht es aus, wenn die Gutschrift neben der Abrechnung über die steuerfreie Güterbeförderung die o.g. Versicherung enthält.
– Transportaufträge, die per Telefax übermittelt werden, können als Belegnachweis nur anerkannt werden, wenn die Übertragung – in Anlehnung an Tz. 2.2.3.1 des BMF-Schreibens vom 29.1.2004 (IV B 7 – S 7280 – 19/04, BStBl. I 2004, 258, DStR 2004, 268)[1] – von Standard-Telefax an Standard-Telefax erfolgt. Voraussetzung für die Anerkennung als ausreichender Belegnachweis ist, dass der ausstellende Spediteur/Hauptfrachtführer einen Ausdruck in Papierform aufbewahrt und der Unterfrachtführer den eingehenden Transportauftrag in ausgedruckter Form aufbewahrt. Sollte das Telefax auf Thermopapier ausgedruckt sein, ist es durch Kopiervorgang auf Papier zu konservieren.
– Bei allen anderen Telefax-Übertragungsformen sowie bei Übermittlung des Transportauftrags per E-Mail ist eine qualifizierte elektronische Signatur oder eine qualifizierte elektronische Signatur mit Anbieter-Akkreditierung für einen ausreichenden Belegnachweis erforderlich, um die Echtheit der Herkunft und die Unversehrtheit der Daten zu gewährleisten.
– Wird ein Transportauftrag im EDI-Verfahren übermittelt, kann als Belegnachweis die zusätzlich übermittelte Zusammenfassung der einzelnen Transportaufträge in Papierform oder in elektronischer Form, wenn diese mindestens mit einer qualifizierten elektronischen Signatur versehen wurde, anerkannt werden.

Voraussetzung für die Anerkennung der im EDI-Verfahren übermittelten Transportaufträge ist, dass über den elektronischen Datenaustausch eine Vereinbarung nach Art. 2 der Empfehlung 94/820/ EG der Kommission vom 19.10.1994 über die rechtlichen Aspekte des elektronischen Datenaustausches

---

[1] Abschnitt 184a UStR 2005/2008; jetzt Abschnitt 14.4 UStAE

(ABl. EG Nr. L 338, S. 98) besteht, in der der Einsatz von Verfahren vorgesehen ist, die die Echtheit der Herkunft und die Unversehrtheit der Daten gewährleisten.

3. Nachweis der Steuerbefreiung für Leistungen gemäß § 4 Nr. 3 Buchst. a Doppeibuchst. bb UStG, die sich unmittelbar auf Gegenstände der Einfuhr beziehen

Aus den Belegen muss sich ergeben, dass die Kosten für die Leistung in der Bemessungsgrundlage für die Einfuhr enthalten sind (§ 20 Abs. 2 UStDV).

Aus Vereinfachungsgründen wird jedoch bei Leistungen an ausländische Auftraggeber auf den Nachweis durch Belege verzichtet, wenn das Entgelt für die einzelne Leistung weniger als 100 € beträgt und sich aus der Gesamtheit der beim leistenden Unternehmer vorhandenen Unterlagen keine berechtigten Zweifel daran ergeben, dass die Kosten für die Leistung Teil der Bemessungsgrundlage für die Einfuhr sind.

Als Belege kommen insbesondere in Betracht:
– zollamtliche Belege
– schriftlicher Speditionsauftrag
– Bordero
– Doppel des Versandscheins

Dieser Belegnachweis führt in der Praxis zu Problemen, da er vielfach tatsächlich nicht erbracht werden kann. Insbesondere Unterfrachtführer sind regelmäßig nicht im Besitz zollamtlicher Belege.

Es wird gebeten, in diesen Fällen wie folgt zu verfahren:

Liegen alle Voraussetzungen für eine Steuerbefreiung gemäß § 4 Nr. 3 Buchst. a Doppelbuchst. bb UStG vor (einschließlich der buch- und belegmäßigen Nachweise), so ist die Steuerbefreiung zwingend in Anspruch zu nehmen.

Ist es dem leistenden Unternehmer jedoch nicht möglich, die entsprechenden Nachweise für die Steuerbefreiung zu führen, ist der Umsatz zwingend steuerpflichtig. Aus Vereinfachungsgründen wird ein Fehlen der belegmäßigen Nachweise für bis zum 31.12.2003 bewirkte Umsätze grundsätzlich nicht beanstandet (vgl. Rdvfg.v. 19.7.2004, S 7156b – 1 – StO 354).

Erfolgt die Beförderung und die Zollabfertigung durch verschiedene Beauftragte, gilt Folgendes (BMF vom 22.7.2005, IVA 6 – S 7156 – 13/05, BStBl. I 2005, 834, DStR 2005, 1317):

In den Fällen, in denen der belegmäßige Nachweis nicht mittels zollamtlichem Beleg nach Abschnitt 47 Abs. 4 Nr. 1 UStR geführt werden kann, wird als ausreichender Nachweis auch eine Bestätigung des Verzollungsspediteurs auf einem der in Abschnitt 47 Abs. 4 Nr. 2 Satz 2 UStR genannten Belege anerkannt, wenn der Verzollungsspediteur in dieser eigenhändig unterschriebenen Bestätigung versichert, dass es sich bei den beförderten Gegenständen um Gegenstände der Einfuhr handelt, die zollamtlich abgefertigt wurden und die Beförderungskosten (des Beförderungsspediteurs) in der Bemessungsgrundlage für die Einfuhrumsatzsteuer enthalten sind.

Anlage § 004 Nr. 4a–01

Einführung einer Umsatzsteuerlagerregelung (§ 4 Nr. 4a UStG) und einer Steuerbefreiung für die einer Einfuhr vorangehenden Lieferungen von Gegenständen[1]

BMF-Schreiben vom 28.01.2004 – IV D 1 – S 7157 – 1/04 / IV D 1 – S 7157a – 1/04, BStBl. 2004 I S. 242

Durch Art. 5 des Steueränderungsgesetzes 2003 (StÄndG 2003) vom 15. Dezember 2003 (BGBl. I S. 2645, BStBl. 2003 I S. 710) sind § 4 Nr. 4a – Umsatzsteuerlagerregelung – und § 4 Nr. 4b – Steuerbefreiung der einer Einfuhr vorangehenden Lieferungen – in das UStG eingefügt worden. Die Änderungen sind am 1. Januar 2004 in Kraft getreten.

Unter Bezugnahme auf das Ergebnis der Erörterungen mit den obersten Finanzbehörden der Länder gilt Folgendes:

Inhaltsübersicht

		Textzahlen (Tz.)
1.	Umsatzsteuerlagerregelung	1 – 51
1.1.	Umsatzsteuerlager	3 – 5
1.1.1	Lagerhalter	4 – 5
1.1.2	Bewilligung des Steuerlagers	6 – 10
1.2.	Warenkatalog	11
1.3.	Befreite Umsätze	12 – 19
1.3.1	Lieferungen von Gegenständen	12 – 14
1.3.2	Innergemeinschaftlicher Erwerb von Gegenständen	15 – 16
1.3.3	Steuerbefreiung von Leistungen im Zusammenhang mit nach § 4 Nr. 4a UStG befreiten Umsätzen	17 – 19
1.4.	Auslagerung aus einem Umsatzsteuerlager	20 – 40
1.4.2	Auslagerer	24 – 27
1.4.3	Besteuerung des der Auslagerung vorangegangenen Umsatzes	28 – 29
1.4.4	Bemessungsgrundlage für den der Auslagerung vorangegangenen Umsatz	30 – 31
1.4.5	Steuersatz für den der Auslagerung vorangegangenen Umsatz	32
1.4.6	Entstehung der Steuer für die Auslagerung des Gegenstandes aus dem Umsatzsteuerlager	33
1.4.7.	Steuerschuldner für den der Auslagerung vorangegangenen Umsatz	34 – 37
1.4.8	Vorsteuerabzug für die vom Auslagerer geschuldete Steuer	38 – 40
1.5.	Behandlung des Gelangens eines ausgelagerten Gegenstandes in das Drittlandsgebiet oder einen anderen EU-Mitgliedstaat	41 – 43
1.6.	Nachweis der Voraussetzungen der Steuerbefreiung nach § 4 Nr. 4a UStG	44 – 46
1.7.	Aufzeichnungspflichten	47 – 48
1.8.	Bestätigung der USt-IdNr. des Auslagerers	49
1.9.	Anwendungsbereich	50 – 51
2.	Regelung für Umsätze mit und in Zusammenhang mit Gegenständen, die sich in einem Zollverfahren (Nichterhebungsverfahren) befinden	52 – 80
2.1.	Steuerbefreiung für Lieferungen von Gegenständen	52 – 55
2.2.	Umfang der Steuerbefreiung	56 – 57
2.3.	Abgrenzung der Nichtgemeinschaftswaren	58 – 63
2.3.1	Gemeinschaftswaren	59 – 60
2.3.2	Nichtgemeinschaftswaren	61 – 63
2.4.	Nichterhebungsverfahren	64 – 70
2.4.1	Versandverfahren	65
2.4.2	Zolllagerverfahren	66
2.4.3	Verfahren der aktiven Veredelung	67
2.4.4	Umwandlungsverfahren	68

---

[1] Siehe dazu *Langer*, DB 2004 S. 17. Abschnitt 51a UStR 2005/2008 und Abschnitt 4.4a.1 UStAE verweisen auf dieses BMF-Schreiben

Anlage § 004 Nr. 4a–01

2.4.5	Verfahren der vorübergehenden Verwendung	69 – 70
2.5.	Abgrenzung zu anderen Steuerbefreiungen	71 – 72
2.6.	Nachweis der Voraussetzungen der Steuerbefreiung	73 – 75
2.7.	Steuerbefreiung für sonstige Leistungen im Zusammenhang mit Gegenständen, die sich in einem Zollverfahren (Nichterhebungsverfahren) befinden	76 – 77
3.	Steuerbefreiungen bei der Einfuhr	78 – 82
3.1.	Befreiung der Einfuhr von Gegenständen, die in ein Umsatzsteuerlager eingelagert werden sollen	78
3.2.	Befreiung der Einfuhr von Gegenständen, die aus einem Umsatzsteuerlager ausgelagert werden	79
3.3.	Nachweis der Voraussetzungen der Steuerbefreiung	80 – 82
4.	Weitere Änderungen	83 – 85
4.1.	Einfuhrbegriff (§ 1 Abs. 1 Nr. 4 UStG)	83 – 84
4.2.	Abzug der Einfuhrumsatzsteuer als Vorsteuer (§ 15 Abs. 1 Satz 1 Nr. 2 UStG)	85
5.	Außerkrafttreten von Vorschriften	86 – 88

1. Umsatzsteuerlagerregelung

(1) Wesentlicher Inhalt der Umsatzsteuerlagerregelung ist eine Steuerbefreiung für Umsätze von Gegenständen, mit denen diese in ein Umsatzsteuerlager eingelagert werden, sowie die Steuerbefreiung der Lieferungen von Gegenständen, bei denen diese körperlich in einem Umsatzsteuerlager verbleiben oder in ein anderes Umsatzsteuerlager im Inland gelangen (§ 4 Nr. 4a Satz 1 Buchst. a Satz 1 UStG). Die Befreiung gilt beim Gelangen der Gegenstände in ein Steuerlager (Einlagerung) nicht nur für die Lieferung dieser Gegenstände im Inland. Befreit sind auch ein vor der Einlagerung liegender innergemeinschaftlicher Erwerb oder eine Einfuhr. **1**

(2) Die Steuerbefreiung gilt nicht für **2**

– Lieferungen, bei denen die gelieferten Gegenstände für die Lieferung auf der Einzelhandelsstufe aufgemacht sind.

Ein Gegenstand ist für die Lieferung auf der Einzelhandelsstufe insbesondere dann aufgemacht, wenn er sich in einer handelsüblichen Verpackung befindet und/oder ohne weitere Be- oder Verarbeitung an einen Endverbraucher geliefert werden kann;

– Umsätze von in der Anlage 1 zu § 4 Nr. 4a UStG genannten Gegenständen durch und an Land- und Forstwirte, die die Durchschnittssätze des § 24 UStG anwenden (§ 4 Nr. 4a Satz 2 UStG).

1.1. Umsatzsteuerlager

Umsatzsteuerlager kann jeder räumlich bestimmte Ort im Inland sein, der zur Lagerung von in der Anlage 1 zu § 4 Nr. 4a UStG genannten Gegenständen (vgl. nachstehend unter 1.2. und Anlage 1 zu diesem Schreiben) dienen soll und geeignet ist. Das Lager kann auch aus mehreren Lagerorten bestehen. Umsatzsteuerlager können auch in den Räumen an jedem anderen festen Ort im Inland, der als Zolllager zugelassen wurde, errichtet werden (§ 4 Nr. 4a Satz 4 UStG). Eine gemeinsame Lagerung von Gemeinschaftswaren und Nichtgemeinschaftswaren im Zolllager bedarf der Zulassung des Hauptzollamtes (Art. 106 Zollkodex – ZK). **3**

1.1.1. Lagerhalter

(1) Lagerhalter kann jeder Unternehmer sein, der die in Anlage 1 zu § 4 Nr. 4a UStG genannten Gegenstände (vgl. nachstehend unter 1.2. und Anlage 1 zu diesem Schreiben) in seinem Unternehmen lagern kann und wenn für den Betrieb dieses Lagers ein wirtschaftliches Bedürfnis besteht (vgl. Tz. 7). **4**

(2) Außerdem muss der Lagerhalter die Gewähr dafür bieten, dass das Umsatzsteuerlager ordnungsgemäß verwaltet wird; der Lagerhalter muss also zuverlässig sein (vgl. auch Tz. 8). **5**

1.1.2. Bewilligung des Steuerlagers

(1) Die Einrichtung und der Betrieb eines Umsatzsteuerlagers ist von einer Bewilligung des für den Umsatzsteuerlagerhalter zuständigen Finanzamtes abhängig. Einen entsprechenden Antrag hat der Unternehmer schriftlich zu stellen. Der Lagerhalter soll hierzu insbesondere folgende Angaben machen: **6**

– Ort und Anschrift des Umsatzsteuerlagers sowie der dazugehörigen Lagerstätten,

– Zeitpunkt der beabsichtigten Inbetriebnahme,

Anlage § 004 Nr. 4a–01

– Beschreibung der in Anlage 1 zu § 4 Nr. 4a UStG genannten Gegenstände (vgl. nachstehend unter 1.2. und Anlage 1 zu diesem Schreiben), die im Umsatzsteuerlager gelagert werden sollen.
– Wurde für das Lager bereits ein Zolllagerverfahren bewilligt, ist die erteilte Bewilligungs-Nr. anzugeben.

7 (2) Außerdem ist das wirtschaftliche Bedürfnis für den Betrieb des Umsatzsteuerlagers darzulegen. Dieses kann regelmäßig angenommen werden, wenn die Gegenstände, die der antragstellende Unternehmer zu lagern beabsichtigt, mehrfach ohne Warenbewegung umgesetzt werden sollen (z. B. an Warenterminbörsen).

8 (3) Die Zuverlässigkeit des Antragstellers ist daran zu überprüfen, ob dieser seinen steuerlichen Verpflichtungen bei der Abgabe von Steuererklärungen und der Zahlung der zu entrichtenden Steuern regelmäßig und rechtzeitig nachkommt.

9 (4) Die Bewilligung ist schriftlich zu erteilen.

10 (5) Die Bewilligung kann das Finanzamt mit Wirkung für die Zukunft widerrufen, wenn die Voraussetzungen für die Einrichtung und den Betrieb des Umsatzsteuerlagers nicht mehr erfüllt sind oder der Lagerhalter seinen steuerlichen Pflichten in nicht ausreichendem Maße nachkommt.

1.2. Warenkatalog

11 Die Regelung des § 4 Nr. 4a UStG gilt nur für Umsätze der in der Anlage 1 zu § 4 Nr. 4a UStG genannten Gegenstände, wenn diese nicht für die Lieferung auf der Einzelhandelsstufe aufgemacht sind (vgl. hierzu Tz. 2). Zu den Gegenständen, die unter diese Regelung fallen, vgl. im Einzelnen die Erläuterungen in Anlage 1 zu diesem Schreiben.

1.3. Befreite Umsätze

1.3.1. Lieferungen von Gegenständen

12 (1) Die Befreiung von Lieferungen in ein oder in einem Umsatzsteuerlager nach § 4 Nr. 4a Satz 1 Buchst. a Satz 1 UStG gilt sowohl für Lieferungen von Gemeinschaftsgegenständen als auch von Drittlandswaren, die sich in einem Zollverfahren (Nichterhebungsverfahren) befinden. Befreit sind:
– Die Lieferung von Gegenständen, die in ein im Inland belegenes Umsatzsteuerlager eingelagert werden (vgl. hierzu Anlage 2 Beispiel 1);
– die Lieferung von Gegenständen, die sich im Umsatzsteuerlager befinden – Lagerlieferungen – (vgl. hierzu Anlage 2 Beispiel 2);
– die Lieferung von Gegenständen, die zu einem Zeitpunkt bewirkt wird, in dem diese Gegenstände vom liefernden Unternehmer oder seinem Abnehmer von einem in ein anderes Umsatzsteuerlager befördert oder versendet werden. Dabei wird unterstellt, dass sich die Gegenstände im Zeitpunkt der Lieferung bereits in dem Umsatzsteuerlager befinden, in das sie befördert oder versendet werden (vgl. hierzu Anlage 2 Beispiel 3).

13 (2) Unter die Befreiung fallen nur Lieferungen von Gegenständen. Nicht befreit sind Umsätze, die als sonstige Leistungen zu qualifizieren sind (z.B. Optionsgeschäfte mit Gegenständen und die Vermittlung derartiger sonstiger Leistungen; diese Leistungen können aber ggf. unter die Steuerbefreiung nach § 4 Nr. 8 Buchst. e UStG fallen).

14 (3) Als Lieferungen sind auch folgende Umsätze anzusehen:
– die Veräußerung von ideellen Miteigentumsanteilen an einem Edelmetallbestand,
– die Veräußerung von Gewichtsguthaben an einem Edelmetallbestand, wenn die Gewichtskonten obligatorische Rechte ausweisen,
– die Veräußerung von Edelmetallzertifikaten,
– die Abtretung von Ansprüchen auf Lieferung von Edelmetallbeständen,
– die Veräußerung von Darlehen und Swaps von Edelmetallen, durch die ein Eigentumsrecht an diesen Edelmetallen oder ein schuldrechtlicher Anspruch auf diese Edelmetalle begründet wird,
– die Veräußerung von Terminkontrakten und im Freiverkehr getätigten Terminabschlüssen mit Edelmetallen, die zur Übertragung eines Eigentumsrechts an dem Edelmetall oder eines schuldrechtlichen Anspruchs auf dieses Edelmetall führt.

1.3.2. Innergemeinschaftlicher Erwerb von Gegenständen

15 (1) Wird ein Gegenstand aus einem anderen EU-Mitgliedstaat in ein Umsatzsteuerlager im Inland eingelagert, ist ein vor der Einlagerung liegender innergemeinschaftlicher Erwerb steuerfrei (§ 4b Nr. 2 UStG); vgl. hierzu Anlage 2 Beispiel 4.

Anlage § 004 Nr. 4a–01

(2) Die Befreiung des innergemeinschaftlichen Erwerbs ist unabhängig davon, ob die der Einlagerung vorangehende Lieferung in einer innergemeinschaftlichen Lieferung oder in einem einer innergemeinschaftlichen Lieferung gleichgestellten innergemeinschaftlichen Verbringen zur Verfügung des Einlagerers (§ 3 Abs. 1a UStG) besteht (vgl. hierzu Anlage 2 Beispiel 5).

1.3.3. Steuerbefreiung von Leistungen im Zusammenhang mit nach § 4 Nr. 4a UStG befreiten Umsätzen

(1) Bestimmte Leistungen, die mit in einem Umsatzsteuerlager eingelagerten Gegenständen unmittelbar zusammenhängen, sind steuerfrei (§ 4 Nr. 4a Satz 1 Buchst. b UStG); hierzu gehören vor allem die der Lagerung dienenden Leistungen, insbesondere durch den Lagerhalter. Ansonsten dürfen die Leistungen aber nur der Erhaltung, der Verbesserung der Aufmachung oder der Handelsgüte, der Vorbereitung des Vertriebs oder des Weiterverkaufs der eingelagerten Gegenstände dienen (vgl. hierzu Anlage 2 Beispiel 6).

(2) Weitergehende Be- oder Verarbeitungen der eingelagerten Gegenstände fallen nicht unter die Befreiung nach § 4 Nr. 4a Satz 1 Buchst. b Satz 1 UStG, insbesondere Leistungen, durch die die im Umsatzsteuerlager befindlichen Gegenstände für die Lieferung auf der Einzelhandelsstufe aufbereitet werden. Werden derartige Umsätze an den in einem Umsatzsteuerlager eingelagerten Gegenständen erbracht, führt dies zur zwangsweisen Auslagerung dieser Gegenstände aus dem Umsatzsteuerlager (vgl. Tz. 21 bis 23, 28 und 29); vgl. hierzu Anlage 2 Beispiel 7.

(3) Steuerfrei ist die Vermittlung von Umsätzen, die unter § 4 Nr. 4a UStG fallen (§ 4 Nr. 5 Satz 1 Buchst. a UStG). Die Befreiung gilt sowohl für die Vermittlung von Lieferungen von Gegenständen, die in ein Umsatzsteuerlager eingelagert werden oder sich dort befinden, als auch für die Vermittlung von Leistungen, die unmittelbar mit den in einem Umsatzsteuerlager befindlichen Gegenständen zusammenhängen und nach § 4 Nr. 4a Satz 1 Buchst. b UStG befreit sind (vgl. hierzu Anlage 2 Beispiele 8 und 9).

1.4. Auslagerung aus einem Umsatzsteuerlager

Wird ein sich in einem Umsatzsteuerlager befindlicher Gegenstand ausgelagert, entfällt die Steuerbefreiung für den der Auslagerung vorangegangenen Umsatz (§ 4 Nr. 4a Satz 1 Buchst. a Satz 2 UStG).

1.4.1. Begriff der Auslagerung

(1) Eine Auslagerung liegt vor, wenn ein in ein Umsatzsteuerlager eingelagerter Gegenstand tatsächlich aus diesem Lager endgültig herausgenommen wird (§ 4 Nr. 4a Satz 1 Buchst. a Satz 3 UStG).

(2) Eine Auslagerung liegt nach § 4 Nr. 4a Satz 1 Buchst. a Satz 4 UStG aber auch dann vor, wenn

– die übrigen Voraussetzungen für die Steuerbefreiung nicht mehr vorliegen (z. B. Widerruf der Bewilligung des Steuerlagers) oder

– nicht begünstigte Leistungen an dem eingelagerten Gegenstand erbracht werden (vgl. hierzu Tz. 18).

Dabei ist es unbeachtlich, ob die Gegenstände das Lager verlassen oder eingelagert bleiben.

Die Auslagerung kann durch den letzten Lieferanten in der Reihe oder durch dessen Abnehmer erfolgen.

(3) Keine Auslagerung liegt vor, wenn der in einem Umsatzsteuerlager befindliche Gegenstand im Zusammenhang mit der Herausnahme aus diesem Lager in ein anderes Umsatzsteuerlager eingelagert wird. Dieses Umsatzsteuerlager muss sich aber im Inland befinden (§ 4 Nr. 4a Satz 1 Buchst. a Satz 2 zweiter Halbsatz UStG); vgl. hierzu Anlage 2 Beispiel 10.

1.4.2. Auslagerer

(1) Auslagerer ist der Unternehmer, der im Zeitpunkt der Auslagerung die Verfügungsmacht über den Gegenstand hat. Der Auslagerer muss die Auslagerung veranlassen. Ein Veranlassen der Auslagerung durch den Auslagerer liegt in der Regel dann vor, wenn dieser den Gegenstand aus dem Umsatzsteuerlager befördert oder versendet. Die Beförderung oder Versendung muss nicht mit einer Lieferung des Gegenstandes zusammenhängen.

(2) In den Fällen der – zwangsweisen – Auslagerung (vgl. Tz. 22) ist Auslagerer derjenige, der zum Zeitpunkt einer derartigen Auslagerung die Verfügungsmacht an dem Gegenstand hat.

(3) Dem Auslagerer muss eine inländische USt-IdNr. zugeteilt worden sein (vgl. § 22 Abs. 4c Satz 2 UStG). Nicht im Inland ansässige Auslagerer müssen sich daher im Inland bei dem örtlich zuständigen Finanzamt für Umsatzsteuerzwecke erfassen lassen.

(4) Auslagerer kann auch ein Kleinunternehmer sein, der für seine Umsätze die Regelung des § 19 Abs. 1 UStG anwendet, oder ein blinder Unternehmer, dessen Umsätze unter die Steuerbefreiung nach § 4 Nr. 19 UStG fallen.

Anlage § 004 Nr. 4a–01

1.4.3. Besteuerung des der Auslagerung vorangegangenen Umsatzes

28 (1) Der Besteuerung unterliegt der letzte vor der Auslagerung liegende – zunächst steuerfreie – Umsatz. Dieser Umsatz muss nicht in einem unmittelbaren zeitlichen Zusammenhang mit der Auslagerung stehen. Steuerschuldner ist grundsätzlich der Auslagerer (§ 13a Abs. 1 Nr. 6 UStG). Dem Auslagerer obliegen auch die Erklärungs- und Aufzeichnungspflichten für die Auslagerung.

29 (2) Besteuert werden:
– die der Auslagerung vorangegangene Lieferung (vgl. hierzu Anlage 2 Beispiele 11 bis 15);
– der der Auslagerung vorangegangene innergemeinschaftliche Erwerb (vgl. hierzu Anlage 2 Beispiel 16);
– die der Auslagerung vorangegangene Einfuhr (vgl. hierzu Anlage 2 Beispiel 17).

1.4.4. Bemessungsgrundlage für den der Auslagerung vorangegangenen Umsatz

30 (1) Bei der einer Auslagerung vorangehenden Lieferung ist Bemessungsgrundlage grundsätzlich der in der Rechnung ausgewiesene Betrag (Betrag ohne Umsatzsteuer). In den Fällen, in denen der Abnehmer einer Lieferung als Auslagerer nach § 13a Abs. 1 Nr. 6 UStG die Steuer schuldet (vgl. Tz. 34 – 37), hat dieser die Umsatzsteuer von diesem Betrag zu berechnen.

31 (2) Die Bemessungsgrundlage für den Umsatz, für den die Steuerbefreiung wegfällt, erhöht sich um die Kosten für die an den Auslagerer erbrachten steuerfreien Leistungen sowie um die vom Auslagerer geschuldeten oder entrichteten Verbrauchsteuern, soweit diese nicht bereits im Entgelt enthalten sind. Ist der liefernde Unternehmer Auslagerer, kann regelmäßig davon ausgegangen werden, dass die Kosten in der Bemessungsgrundlage enthalten sind, wenn sie ihm oder einem Vorlieferanten in Rechnung gestellt worden sind (§ 10 Abs. 1 Satz 5 UStG); vgl. hierzu Anlage 2 Beispiele 18 und 19.

1.4.5. Steuersatz für den der Auslagerung vorangegangenen Umsatz

32 Der Auslagerer hat bei der Steuerberechnung den Steuersatz zu Grunde zu legen, der sich für den maßgeblichen Umsatz nach § 12 UStG ergibt. Das gilt auch in den Fällen, in denen der Leistungsempfänger die Besteuerung nach § 19 Abs. 1 oder § 24 Abs. 1 UStG anwendet.

1.4.6. Entstehung der Steuer für die Auslagerung des Gegenstandes aus dem Umsatzsteuerlager

33 Die Steuer für den der Auslagerung vorangehenden Umsatz (§ 4 Nr. 4a Satz 1 Buchst. a Satz 2 UStG) entsteht mit Ablauf des Voranmeldungszeitraums, in dem der Gegenstand aus dem Umsatzsteuerlager ausgelagert wird (§ 13 Abs. 1 Nr. 9 UStG). Der Steuerschuldner (vgl. Tz. 34 – 37) hat den entsprechenden Umsatz in der Umsatzsteuer-Voranmeldung für diese Zeitraum anzumelden (vgl. hierzu Anlage 2 Beispiel 20).

1.4.7. Steuerschuldner für den der Auslagerung vorangegangenen Umsatz

34 (1) Steuerschuldner für den aufgrund der Auslagerung des Gegenstandes aus dem Umsatzsteuerlager steuerpflichtigen letzten Umsatz vor der Auslagerung ist nach § 13a Abs. 1 Nr. 6 erster Halbsatz UStG der Auslagerer (vgl. Tz. 24 bis 27). Wird der Gegenstand im Zusammenhang mit einer Lieferung ausgelagert, ist der liefernde Unternehmer als Auslagerer Steuerschuldner. Wird ein unter die Anlage 1 zu § 4 Nr. 4a UStG fallender in ein Umsatzsteuerlager eingelagerter Gegenstand geliefert und zu einem späteren Zeitpunkt ausgelagert, ist regelmäßig der Abnehmer Steuerschuldner.

35 (2) Neben dem Auslagerer ist der Umsatzsteuerlagerhalter Steuerschuldner, und zwar als Gesamtschuldner, wenn er seiner Verpflichtung zur Aufzeichnung der USt-IdNr. des Auslagerers oder dessen Fiskalvertreters nicht nachkommt (§ 13a Abs. 1 Nr. 6 zweiter Halbsatz UStG). Liegen die Voraussetzungen für eine Inanspruchnahme des Umsatzsteuerlagerhalters als Gesamtschuldner vor, ist dieser aber nur dann in Anspruch zu nehmen, wenn der Auslagerer seinen umsatzsteuerlichen Verpflichtungen nicht nachkommt und die Umsatzsteuer nicht anmeldet und/oder nicht rechzeitig oder nicht vollständig entrichtet. Für die Inanspruchnahme des Umsatzsteuerlagerhalters mit Steuerbescheid gelten die allgemeinen Regelungen der Abgabenordnung (§§ 155 ff. AO); vgl. hierzu Anlage 2 Beispiel 21.

36 (3) Wendet der Auslagerer oder der Umsatzsteuerlagerhalter die Kleinunternehmerregelung nach § 19 Abs. 1 UStG an, gilt diese Regelung nicht für die von ihm als Steuerschuldner bzw. Gesamtschuldner für die Auslagerung geschuldete Steuer.

37 (4) Wendet der Auslagerer oder der Umsatzsteuerlagerhalter als Blinder auf seine Umsätze die Steuerbefreiung nach § 4 Nr. 19 UStG an, gilt diese Regelung nicht für die von ihm als Steuerschuldner bzw. Gesamtschuldner für die Auslagerung geschuldete Steuer.

1.4.8. Vorsteuerabzug für die vom Auslagerer geschuldete Steuer

38 (1) Ist der Auslagerer der Abnehmer der letzten vor der Auslagerung liegenden Lieferung, kann er die von ihm nach § 13a Abs. 1 Nr. 6 UStG geschuldete Umsatzsteuer als Vorsteuer abziehen, wenn er die

Lieferung für sein Unternehmen bezieht und zur Ausführung von Umsätzen verwendet, die den Vorsteuerabzug nicht ausschließen (§ 15 Abs. 1 Satz 1 Nr. 5 UStG).

(2) Der Vorsteuerabzug ist unter den übrigen Voraussetzungen des § 15 UStG auch ohne gesonderten Ausweis der Steuer in einer Rechnung möglich (§ 15 Abs. 1 Satz 1 Nr. 5 UStG). 39

(3) Soweit an nicht im Inland ansässige Unternehmer Lieferungen ausgeführt werden, für die diese die Steuer als Auslagerer nach § 13a Abs. 1 Nr. 6 UStG schulden, haben sie die für Vorleistungen in Rechnung gestellte Steuer im allgemeinen Besteuerungsverfahren und nicht im Vorsteuer-Vergütungsverfahren als Vorsteuer geltend zu machen. Dies gilt auch für nicht im Inland ansässige Unternehmer, die nur steuerfreie Umsätze im Sinne von § 4 Nr. 4a Satz 1 Buchst. a Satz 1 und Buchst. b UStG ausführen, soweit an sie für Vorleistungen Steuer in Rechnung gestellt worden ist. 40

1.5. Behandlung des Gelangens eines ausgelagerten Gegenstandes in das Drittlandsgebiet oder einen anderen EU-Mitgliedstaat

(1) Gelangt der Gegenstand beim Verlassen des Steuerlagers in ein Drittland oder in einen anderen EU-Mitgliedstaat, ist eine damit verbundene Lieferung entweder als Ausfuhrlieferung oder als innergemeinschaftliche Lieferung steuerfrei (vgl. hierzu Anlage 2 Beispiele 22 und 23). 41

(2) Wird ein in einem Umsatzsteuerlager eingelagerter Gegenstand aus diesem Lager herausgenommen, ohne dass ein Zusammenhang mit einem Umsatz besteht, und gelangt der Gegenstand im Zusammenhang mit dem Verlassen des Umsatzsteuerlagers in das übrige Gemeinschaftsgebiet, wird der der Auslagerung vorangehende Umsatz steuerpflichtig. Gleichzeitig liegt ein einer innergemeinschaftlichen Lieferung gleichgestelltes Verbringen des Auslagerers zu seiner Verfügung vom Inland in einen anderen EU-Mitgliedstaat vor (§ 3 Abs. 1a UStG); vgl. hierzu Anlage 2 Beispiel 24. 42

(3) Wird ein in einem Umsatzsteuerlager eingelagerter Gegenstand aus diesem Lager herausgenommen, ohne dass ein Zusammenhang mit einem Umsatz besteht, und gelangt der Gegenstand im Zusammenhang mit dem Verlassen des Umsatzsteuerlagers in das Drittlandsgebiet, wird der der Auslagerung vorangehende Umsatz steuerpflichtig. Das Verbringen des Gegenstandes in das Drittlandsgebiet durch den Auslagerer ist kein umsatzsteuerbarer Tatbestand (vgl. hierzu Anlage 2 Beispiel 25). 43

1.6. Nachweis der Voraussetzungen der Steuerbefreiung nach § 4 Nr. 4a UStG

(1) Der Unternehmer hat die Voraussetzungen für die Steuerbefreiung nach § 4 Nr. 4a UStG nachzuweisen. Dieser Nachweis ist eindeutig und leicht nachprüfbar zu führen (§ 4 Nr. 4a Satz 3 UStG). 44

(2) Wird ein unter die Anlage 1 zu § 4 Nr. 4a UStG fallender Gegenstand, der sich in einem Umsatzsteuerlager befindet, steuerfrei nach § 4 Nr. 4a Satz 1 Buchst. a Satz 1 UStG geliefert, muss der leistende Unternehmer im Besitz eines Belegs sein, aus dem hervorgeht, dass sich der Gegenstand in einem Umsatzsteuerlager im Inland befindet. Hat der liefernde Unternehmer den Gegenstand selbst in das Umsatzsteuerlager eingelagert, ist hierzu eine Bescheinigung des Umsatzsteuerlagerhalters ausreichend, aus der hervorgeht, dass der Gegenstand eingelagert ist. Aus der Bescheinigung muss sich die Menge und die handelsübliche Bezeichnung des eingelagerten Gegenstandes ergeben. Hat der liefernde Unternehmer den Gegenstand nicht selbst in das Umsatzsteuerlager eingelagert, benötigt er eine Bescheinigung seines Lieferanten oder des Umsatzsteuerlagerhalters, aus der hervorgeht, dass sich der erworbene Gegenstand in einem Umsatzsteuerlager im Inland befindet, und sich die Menge und die handelsübliche Bezeichnung des eingelagerten Gegenstandes ergeben. 45

(3) Erbringt ein Unternehmer Leistungen, die nach § 4 Nr. 4a Satz 1 Buchst. b UStG steuerfrei sind (vgl. Tz. 17 und 19), benötigt er zum Nachweis der Voraussetzungen der Steuerbefreiung neben der Bezeichnung der von ihm erbrachten Leistung eine Bescheinigung des Auftraggebers (regelmäßig des Umsatzsteuerlagerhalters oder des Eigentümer des Gegenstandes, an dem die Leistung erbracht wird) aus der hervorgeht, dass sich der Gegenstand, mit dem die sonstige Leistung in Zusammenhang steht, in einem Umsatzsteuerlager im Inland befindet. Dabei ist es ausreichend, wenn sich die an dem in ein Umsatzsteuerlager eingelagerten Gegenstand erbrachte Leistung aus der Rechnung ergibt. 46

1.7. Aufzeichnungspflichten

(1) Für den/die liefernden Unternehmer sowie den Auslagerer, der Steuerschuldner für die der Auslagerung vorangehende Lieferung ist, gelten die allgemeinen Aufzeichnungspflichten des § 22 UStG. Der Auslagerer muss die Bemessungsgrundlage und den hierauf entfallenden Steuerbetrag für den der Auslagerung vorangehenden Umsatz aufzeichnen (§ 22 Abs. 2 Nr. 9 UStG). 47

(2) Der Lagerhalter hat neben der Aufzeichnung des Namens und der Anschrift sowie der inländischen USt-IdNr. des Auslagerers oder dessen Fiskalvertreters Bestandsaufzeichnungen über die ein- und ausgelagerten Gegenstände zu führen. Außerdem muss er die sonstigen Leistungen aufzeichnen, die im Zusammenhang mit den in Anlage 1 zu § 4 Nr. 4a UStG bezeichneten Gegenständen erbracht werden, 48

Anlage § 004 Nr. 4a–01

die sich in einem Steuerlager befinden (§ 22 Abs. 4c UStG), soweit diese Umsätze nach § 4 Nr. 4a Satz 1 Buchst. b Satz 1 UStG steuerfrei sind (vgl. Tz. 17 und 19).

1.8. Bestätigung der USt-IdNr. des Auslagerers

49 Der Lagerhalter hat die Möglichkeit, sich vom Bundesamt für Finanzen die Gültigkeit der inländischen USt-IdNr. des Auslagerers oder dessen Fiskalvertreters sowie deren Namen und Anschrift bestätigen zu lassen (§ 18e Nr. 2 UStG). Diese Bestätigung ist erforderlich, weil er Name, Adresse und inländische USt-IdNr. des Auslagerers aufzeichnen muss (vgl. Tz. 48). Kommt der Lagerhalter seinen Aufzeichnungspflichten nicht nach, kann er als Gesamtschuldner für die vom Auslagerer geschuldete Steuer in Anspruch genommen werden (vgl. Tz. 35).

1.9. Anwendungsbereich

50 (1) Die Umsatzsteuerlagerregelung gilt für Umsätze, die nach dem 31. Dezember 2003 bewirkt werden. Gegenstände können in ein Umsatzsteuerlager grundsätzlich erst dann eingelagert werden, wenn dem Umsatzsteuerlagerhalter dieses Lager von dem zuständigen Finanzamt bewilligt worden ist.

51 (2) Aus Vereinfachungsgründen ist jedoch nicht zu beanstanden, wenn die Umsatzsteuerlagerregelung auch auf Umsätze solcher Gegenstände angewendet wird, die vor der Bewilligung des Umsatzsteuerlagers in diesem Lager eingelagert worden sind, wenn der Umsatzsteuerlagerhalter dem für ihn zuständigen Finanzamt eine Auflistung dieser Gegenstände übermittelt, aus der sich im Einzelnen die Menge dieser eingelagerten Gegenstände sowie der Zeitpunkt ihrer Einlagerung ergibt.

2. Regelung für Umsätze mit und in Zusammenhang mit Gegenständen, die sich in einem Zollverfahren (Nichterhebungsverfahren) befinden

2.1. Steuerbefreiung für Lieferungen von Gegenständen

52 (1) Nach § 4 Nr. 4b UStG ist die einer Einfuhr vorangehende Lieferung (Einfuhrlieferung) von der Umsatzsteuer befreit, wenn der Abnehmer oder dessen Beauftragter den Gegenstand einführt. Die Steuerbefreiung gilt darüber hinaus auch für die der Einfuhrlieferung vorangegangenen Lieferungen.

53 (2) Die Steuerbefreiung gilt für alle Lieferungen von Nichtgemeinschaftswaren (vgl. Tz. 58–63), die sich in einem zollrechtlichen Nichterhebungsverfahren (vgl. Tz. 64–70) befinden. Die Befreiung ist nicht auf den Warenkatalog der Steuerbefreiung nach § 4 Nr. 4a Buchst. a UStG (vgl. Tz. 11 und Anlage 1 hierzu) beschränkt. Auch gilt keine Beschränkung hinsichtlich der Aufmachung der eingelagerten Gegenstände. Sie können auch für den Letztverbrauch bestimmt oder aufgemacht sein.

54 (3) Die Einfuhr der sich in einem zollrechtlichen Nichterhebungsverfahren befindlichen Gegenstände unterliegt der Besteuerung; damit wird eine umsatzsteuerliche Belastung derartiger Gegenstände sichergestellt. Die Einfuhrumsatzsteuer wird erhoben, wenn der Gegenstand in den zoll- und steuerrechtlich freien Verkehr übergeführt wird.

55 (4) Bei den Befreiungen nach § 4 Nr. 4a und § 4 Nr. 4b UStG gibt es keine Vorrangstellung. Der Unternehmer hat vielmehr ein Wahlrecht, welche der beiden Steuerbefreiungen er anwenden will, wenn er eine Nichtgemeinschaftsware in ein zollrechtliches Nichterhebungsverfahren überführt. Dabei bleibt es dem Unternehmer unbenommen, derartige Nichtgemeinschaftsware in den zoll- und steuerrechtlich freien Verkehr überzuführen und danach in ein Steuerlager einzulagern. Werden sie danach geliefert, kann die Steuerbefreiung nach § 4 Nr. 4a Satz 1 Buchst. a Satz 1 UStG bei Vorliegen der Voraussetzungen in Anspruch genommen werden (vgl. hierzu Anlage 2 Beispiel 26).

2.2. Umfang der Steuerbefreiung

56 (1) Die Steuerbefreiung nach § 4 Nr. 4b UStG gilt für alle Lieferungen von Nichtgemeinschaftswaren, die sich in einem zollrechtlichen Nichterhebungsverfahren befinden. Voraussetzung hierfür ist, dass der Abnehmer der Lieferung oder ein nachfolgender Abnehmer bzw. ein Beauftragter von diesen den Liefergegenstand einführt. Dem Abnehmer muss die Überführung des Gegenstandes in den zoll- und steuerrechtlich freien Verkehr zuzurechnen sein. Die Anwendung der Steuerbefreiung ist unabhängig davon, ob die nachfolgende Einfuhr steuerpflichtig oder nach § 5 UStG steuerfrei ist (vgl. hierzu Anlage 2 Beispiele 27 und 28).

57 (2) Die Befreiung des § 4 Nr. 4b UStG gilt unabhängig davon, wo der Abnehmer ansässig ist und ob er zum Vorsteuerabzug berechtigt ist. Sie gilt auch, wenn der Abnehmer ein Nichtunternehmer ist.

2.3. Abgrenzung der Nichtgemeinschaftswaren

58 Waren, die sich im Zollgebiet der Europäischen Gemeinschaft befinden, haben zollrechtlich entweder den Status von Gemeinschaftswaren oder den Status von Nichtgemeinschaftswaren. Nichtgemeinschaftswaren sind alle Waren, die keine Gemeinschaftswaren sind.

2.3.1. Gemeinschaftswaren

(1) Gemeinschaftswaren (Artikel 4 Nr. 7 ZK) sind:
- Waren, die vollständig im Zollgebiet der Gemeinschaft gewonnen oder hergestellt worden sind, unter der Voraussetzung, dass es sich hierbei um Ursprungswaren (Artikel 23 ZK) handelt.
- Waren, die außerhalb des Zollgebiets der Gemeinschaft gewonnen oder hergestellt wurden (Ursprungsland ist ein Drittland) und in der Gemeinschaft ordnungsgemäß in das Zollverfahren „Überführung in den zollrechtlich freien Verkehr" übergeführt worden sind.
- Waren, die aus der Be- oder Verarbeitung der vorgenannten Gemeinschaftswaren gewonnen werden.

(2) Über Gemeinschaftswaren darf der Wirtschaftsbeteiligte grundsätzlich – ohne Mitwirkung der Zollbehörden – beliebig verfügen.

2.3.2. Nichtgemeinschaftswaren

(1) Zu den Nichtgemeinschaftswaren (Artikel 4 Nr. 8 ZK) gehören:
- Alle Waren zum Zeitpunkt des Verbringens in das Zollgebiet der Gemeinschaft, mit Ausnahme von im internen gemeinschaftlichen Versandverfahren (T2) beförderter Waren und Waren, für die der Nachweis ihres Gemeinschaftscharakters ordnungsgemäß erbracht wird (z.B. T2L);
- Waren aus Drittländern, die in ein Zollverfahren mit wirtschaftlicher Bedeutung, das keine Erhebung von Abgaben und/oder Beachtung handelspolitischer Maßnahmen vorsieht (z.B. das Zolllagerverfahren, die aktive Veredelung nach dem Nichterhebungsverfahren oder die vorübergehende Verwendung), übergeführt worden sind;
- Waren, die aus der gemeinsamen Be- oder Verarbeitung von Gemeinschafts- und Nichtgemeinschaftswaren gewonnen wurden.

(2) Gemeinschaftswaren, die das Zollgebiet der Gemeinschaft verlassen, verlieren mit dem Grenzübertritt diesen Status und werden zu Nichtgemeinschaftswaren.

(3) Über Nichtgemeinschaftswaren darf der Wirtschaftsbeteiligte grundsätzlich nicht bzw. nur in dem von der Zollverwaltung zugelassenen Umfang verfügen.

2.4. Nichterhebungsverfahren

Nichterhebungsverfahren sind folgende Zollverfahren (Art. 84 Abs. 1 Buchst. a ZK):
- das Versandverfahren,
- das Zolllagerverfahren,
- die aktive Veredelung nach dem Nichterhebungsverfahren,
- das Umwandlungsverfahren und
- die vorübergehende Verwendung.

2.4.1. Versandverfahren

Im Versandverfahren (Art. 91 – 97 ZK, Art. 340a – 462a Zollkodex-Durchführungsverordnung – ZKDVO) werden Nichtgemeinschaftswaren unter Aussetzung der eigentlich zu zahlenden Einfuhrabgaben unter zollamtlicher Überwachung vom Ort des Verbringens in das Zollgebiet der Gemeinschaft bis zum endgültigen Bestimmungsort im Gemeinschaftsgebiet befördert. Im Anschluss daran erhalten die Waren eine neue zollrechtliche Bestimmung, z.B. Überführung in ein Zollverfahren.

2.4.2. Zolllagerverfahren

Nichtgemeinschaftswaren können nach dem Verbringen in das Zollgebiet der Gemeinschaft in ein Zolllagerverfahren übergeführt werden, ohne dass Einfuhrabgaben erhoben werden (Art. 98 – 113 ZK, Art. 524 – 535 ZKDVO). Dabei werden die Waren in einem Zolllager gelagert. Als Zolllager gilt jeder von den Zollbehörden zugelassene und unter zollamtlicher Überwachung stehender Ort, an dem der Inhaber der Bewilligung für den Betrieb eines Zolllagers (Lagerhalter) – in der Regel – Nichtgemeinschaftswaren unter festgelegten Bedingungen als Verfügungsberechtigter über diese Waren oder für den Verfügungsberechtigten lagert. Im Anschluss an das Zolllagerverfahren können die Waren wiederausgeführt oder in ein anderes Zollverfahren ggf. mit Einfuhrabgabenerhebung übergeführt werden.

2.4.3. Verfahren der aktiven Veredelung

In der aktiven Veredelung nach dem Nichterhebungsverfahren (Art. 114 – 123 ZK, Art. 536 – 549 ZKDVO) werden Nichtgemeinschaftswaren zur Bearbeitung, Verarbeitung oder Ausbesserung (Reparatur) in das Zollgebiet der Gemeinschaft eingeführt, um nach Durchführung dieser Vorgänge wiederausgeführt zu werden. In diesem Verfahren werden Einfuhrabgaben nicht erhoben. Einfuhrabgaben

Anlage § 004 Nr. 4a–01

werden nur dann erhoben, wenn die zuvor eingeführten Waren in den Wirtschaftskreislauf der Europäischen Union gelangen, z.B. durch Überführung in ein anderes Zollverfahren.

2.4.4. Umwandlungsverfahren

68 Im Umwandlungsverfahren (Art. 130 – 136 ZK, Art. 551 und 552 ZK-DVO) werden Nichtgemeinschaftswaren nicht sofort und nicht in ihrer ursprünglichen Form, sondern erst später nach ihrer Be- oder Verarbeitung in den zollrechtlich freien Verkehr übergeführt. Die Einfuhrabgaben werden dabei nicht für die Nichtgemeinschaftswaren, wie sie in das Zollgebiet der Gemeinschaft gelangt sind, sondern für die durch die Be- oder Verarbeitung entstandenen Umwandlungserzeugnisse erhoben.

2.4.5. Verfahren der vorübergehenden Verwendung

69 (1) In das Verfahren der vorübergehenden Verwendung (Art. 137 – 144 ZK, Art. 553 – 584 ZK-DVO) werden Nichtgemeinschaftswaren übergeführt, die nur zeitweise in das Zollgebiet der Gemeinschaft eingeführt werden sollen, um im Zollgebiet vorübergehend genutzt (z.B. Messewaren) und anschließend in unverändertem Zustand – keine Be- oder Verarbeitung – wieder ausgeführt zu werden.

70 (2) Die Verwendung der Waren wird zollamtlich überwacht. Von der Abgabenerhebung wird daher grundsätzlich abgesehen. Die Art der Ware, des Gebrauchs und die Dauer der Verwendung sind für den Umfang der Begünstigung entscheidend. Einfuhrabgaben werden nur dann erhoben, wenn die zuvor eingeführten Waren in den Wirtschaftskreislauf der Europäischen Union gelangen, z.B. durch Überführung in den zoll- und steuerrechtlich freien Verkehr.

2.5. Abgrenzung zu anderen Steuerbefreiungen

71 (1) Wird eine Nichtgemeinschaftsware, die sich zollrechtlich in einem Nichterhebungsverfahren befindet, im Zusammenhang mit einer Lieferung aus dem Inland in das Drittlandsgebiet ausgeführt, ist diese Lieferung nicht nach § 4 Nr. 4b UStG steuerfrei. Die Lieferung kann unter den Voraussetzungen des § 6 UStG steuerfrei sein.

72 (2) Wird eine Nichtgemeinschaftsware, die sich zollrechtlich in einem Nichterhebungsverfahren befindet, im Zusammenhang mit einer Lieferung aus dem Inland in das übrige Gemeinschaftsgebiet befördert oder versendet, ist diese Lieferung nicht nach § 4 Nr. 4b UStG, sondern unter den Voraussetzungen des § 4 Nr. 1 Buchst. b, § 6a UStG als innergemeinschaftliche Lieferung steuerfrei (vgl. hierzu Anlage 2 Beispiel 29).

2.6. Nachweis der Voraussetzungen der Steuerbefreiung

73 (1) Der Unternehmer hat die Voraussetzungen für die Steuerbefreiung nach § 4 Nr. 4b UStG nachzuweisen. Dieser Nachweis ist eindeutig und leicht nachprüfbar zu führen.

74 (2) Wird eine Nichtgemeinschaftsware, die sich in einem Nichterhebungsverfahren befindet, geliefert, muss der liefernde Unternehmer im Besitz eines Belegs sein, aus dem hervorgeht, dass sich diese Ware in einem Nichterhebungsverfahren befindet. Hat z.B. der liefernde Unternehmer die Nichtgemeinschaftsware selbst in ein Zolllager eingelagert, ist hierzu eine Bescheinigung des Lagerhalters, aus der die Einlagerung hervorgeht, ausreichend (Lagerschein).

75 (3) Ist der Abnehmer der von dem Unternehmer gelieferten Nichtgemeinschaftsware auch derjenige, der diese Ware in den zoll- und steuerrechtlich freien Verkehr überführt, kann der Abnehmer seinem Lieferanten eine entsprechende schriftliche Bestätigung erteilen (vgl. hierzu Anlage 2 Beispiel 30).

2.7. Steuerbefreiung für Leistungen im Zusammenhang mit Gegenständen, die sich in einem Zollverfahren (Nichterhebungsverfahren) befinden

76 (1) Leistungen im Zusammenhang mit Gegenständen, die sich in einem Zollverfahren (Nichterhebungsverfahren) befinden, fallen – im Gegensatz zu den sonstigen Leistungen, die im Zusammenhang mit in der Anlage 1 zu § 4 Nr. 4a UStG genannten Gegenständen stehen, die sich in einem Umsatzsteuerlager befinden – nicht unter die Befreiung nach § 4 Nr. 4b UStG. Derartige Leistungen können aber grundsätzlich nach § 4 Nr. 3 Buchst. a Doppelbuchst. bb und Buchst. c UStG steuerfrei sein.

77 (2) Auch die Vermittlung derartiger Leistungen fällt nicht unter § 4 Nr. 4b UStG. Eine entsprechende Befreiung enthält aber § 4 Nr. 5 Satz 1 Buchst. a UStG.

3. Steuerbefreiungen bei der Einfuhr

3.1. Befreiung der Einfuhr von Gegenständen, die in ein Umsatzsteuerlager eingelagert werden sollen

78 Um eine steuerliche Belastung zu vermeiden, ist die Einfuhr von in der Anlage 1 zu § 4 Nr. 4a UStG genannten Gegenständen, die in ein Umsatzsteuerlager eingelagert werden sollen, steuerfrei (§ 5 Abs. 1 Nr. 4 UStG). Dabei reicht der Wille des Einführers, die eingeführten Gegenstände in ein solches Lager einzulagern, für die Gewährung der Steuerbefreiung aus (vgl. hierzu Anlage 2 Beispiel 31).

Anlage § 004 Nr. 4a–01

3.2. Befreiung der Einfuhr von Gegenständen, die aus einem Umsatzsteuerlager ausgelagert werden

Wird eine Nichtgemeinschaftsware, die in ein Nichterhebungsverfahren übergeführt wurde, und sich in einem Umsatzsteuerlager befindet, im Zusammenhang mit einer Einfuhr ausgelagert, ist die der Auslagerung vorangehende Lieferung oder der innergemeinschaftliche Erwerb grundsätzlich steuerpflichtig (vgl. Tz. 28 und 29). Die Einfuhr erfolgt zeitlich gesehen erst nach der Auslagerung. Diese Einfuhr ist grundsätzlich steuerpflichtig. Ist aber der Auslagerer gleichzeitig der Lieferer und schuldet dieser auch die Einfuhrumsatzsteuer, ist die Einfuhr – zur Vermeidung einer Doppelbelastung – steuerfrei (§ 5 Abs. 1 Nr. 5 UStG); vgl. hierzu Anlage 2 Beispiel 32. 79

3.3. Nachweis der Voraussetzungen der Steuerbefreiung

(1) Der Schuldner der Einfuhrumsatzsteuer hat die Voraussetzungen für die Steuerbefreiung bei der Einfuhr nachzuweisen. Eine besondere Regelung zum Nachweis der Voraussetzungen besteht nicht. 80

(2) Da es für die Gewährung der Steuerbefreiung nach § 5 Abs. 1 Nr. 4 UStG ausreichend ist, dass der Einführer beabsichtigt, den eingeführten Gegenstand im Anschluss an die Einfuhr in ein Umsatzsteuerlager einzulagern, muss der Einführer diese Absicht gegenüber den Zollbehörden darlegen. Außerdem hat der Einführer eine Kopie der Bewilligung des Umsatzsteuerlagers durch das Finanzamt oder eine schriftliche Bestätigung des Lagerhalters, dass diesem das Umsatzsteuerlager bewilligt worden ist, beizufügen. 81

(3) Den Nachweis der Voraussetzungen für die Gewährung der Steuerbefreiung bei der Einfuhr nach § 5 Abs. 1 Nr. 5 UStG, wenn der Gegenstand zuvor aus einem Umsatzsteuerlager ausgelagert worden ist, kann der Unternehmer zumindest durch eine Bescheinigung des Umsatzsteuerlagerhalters führen, dass der Auslagerer, der insoweit auch Einführer ist, den Gegenstand tatsächlich aus einem Umsatzsteuerlager ausgelagert hat. 82

4. Weitere Änderungen

4.1. Einfuhrbegriff (§ 1 Abs. 1 Nr. 4 UStG)

(1) Die Verwirklichung des umsatzsteuerrechtlichen Einfuhrtatbestandes setzt voraus, dass ein Drittlandsgegenstand in das Inland verbracht wird und dieser Vorgang hier steuerbar ist. Für den umsatzsteuerrechtlichen Einfuhrtatbestand ist damit nicht allein entscheidend, dass der Gegenstand aus dem Drittland in das Inland gelangt, sondern hier auch grundsätzlich der Besteuerung unterliegt, d. h. im Regelfall eine Einfuhrumsatzsteuerschuld entsteht. Entsprechend liegt z. B. keine Einfuhr im umsatzsteuerrechtlichen Sinne vor, wenn sich eine Drittlandsware in einem zollrechtlichen Versandverfahren oder in einem Zolllagerverfahren befindet. 83

(2) Mit der Änderung durch das StÄndG 2003 wird § 1 Abs. 1 Nr. 4 UStG redaktionell entsprechend klargestellt und inhaltlich an Art. 7 der 6. EG-Richtlinie in der seit 1. Januar 1993 geltenden Fassung angepasst. Außerdem wurden durch das StÄndG 2003 § 11 Abs. 3 Nr. 1, § 21 Abs. 2a, 3 und 4 Satz 5 UStG, die auf den Einfuhrbegriff i.S. des § 1 Abs. 1 Nr. 4 UStG Bezug nehmen, entsprechend redaktionell angepasst. 84

4.2. Abzug der Einfuhrumsatzsteuer als Vorsteuer (§ 15 Abs. 1 Satz 1 Nr. 2 UStG)

Für die Verwirklichung des Einfuhrtatbestandes nach § 1 Abs. 1 Nr. 4 UStG ist das körperliche Gelangen in das Inland nicht entscheidend. Dieser Tatbestand ist erst dann erfüllt, wenn die Nichtgemeinschaftsware im Inland in den zoll- und steuerrechtlich freien Verkehr übergeführt wird. Dies hat zur Folge, dass derjenige zum Abzug der Einfuhrumsatzsteuer berechtigt ist, der zum Zeitpunkt der Einfuhr die Verfügungsmacht an dem eingeführten Gegenstand hat. § 15 Abs. 1 Satz 1 Nr. 2 UStG wurde deshalb entsprechend durch das StÄndG 2003 angepasst (vgl. hierzu Anlage 2 Beispiele 33 und 34). 85

5. Außerkrafttreten von Vorschriften

(1) § 15 Abs. 5 Nr. 2 Buchst. b UStG, §§ 41, 41a und 42 UStDV wurden mit Wirkung vom 1. Januar 2004 durch das StÄndG 2003 aufgehoben. Diese Regelungen sind entsprechend auf Einfuhren nicht mehr anzuwenden, bei denen die Einfuhrumsatzsteuer nach dem 31. Dezember 2003 entsteht. 86

(2) § 18 Abs. 7 Nr. 2 UStG, § 50 UStDV wurden ebenfalls mit Wirkung vom 1. Januar 2004 durch das StÄndG 2003 aufgehoben. Diese Regelungen sind entsprechend auf Lieferungen von Gegenständen nicht mehr anzuwenden, die nach dem 31. Dezember 2003 ausgeführt werden. 87

(3) Wird der Gegenstand einer vor dem 31. Dezember 2003 ausgeführten Lieferung erst nach dem 31. Dezember 2003 eingeführt und gilt der gelieferte Gegenstand damit nach den §§ 41 bis 42 UStDV für den Abnehmer eingeführt, kann auf diese Lieferung § 50 UStDV angewendet werden, soweit die weiteren Voraussetzungen dieser Vorschrift erfüllt sind. 88

Anlage § 004 Nr. 4a–01

Anlage 1

Erläuterungen zu den in Anlage 1 zu § 4 Nr. 4a UStG genannten Gegenständen

1. Kartoffeln, frisch oder gekühlt (Nr. 1 der Anlage 1)

(1) Unter Nr. 1 der Anlage 1 fallen Kartoffeln im Sinne der Position 0701 des Zolltarifs, das sind Kartoffeln aller Art, insbesondere auch Pflanz- oder Frühkartoffeln. Hierzu gehören auch Kartoffeln unverpackt als Schüttware, nicht aber Kartoffeln, die in Gebinden von z. B. 2,5 kg abgepackt sind.

(2) Nicht hierunter fallen Süßkartoffeln (Position 0714 des Zolltarifs).

2. Oliven (Nr. 2 der Anlage 1)

Unter Nr. 2 der Anlage 1 fallen nur Oliven der Unterposition 0711 20 des Zolltarifs, die zur Erhaltung während des Transports und der Lagerung bis zur endgültigen Verwendung (meistens in Tonnen oder Fässern) vorläufig haltbar gemacht sind, z.B. durch Schwefeldioxid oder in Wasser, dem Salz, Schwefeldioxid oder andere vorläufig konservierend wirkende Stoffe zugesetzt sind, und die zum unmittelbaren Genuss nicht geeignet sind. Sie dienen im Allgemeinen als Ausgangsstoffe für die Nahrungsmittelindustrie (Konservenindustrie).

3. Schalenfrüchte (Nr. 3 der Anlage 1)

(1) Unter Nr. 3 der Anlage 1 fallen nur Schalenfrüchte der Positionen 08 01 und 08 02 des Zolltarifs, frisch oder getrocknet, auch ohne Schalen oder enthäutet.

(2) Unter die Position 0801 des Zolltarifs fallen Kokosnüsse, Paranüsse und Kaschu-Nüsse.

(3) Unter die Position 0802 des Zolltarifs fallen andere Schalenfrüchte, frisch oder getrocknet, auch ohne Schalen oder enthäutet. Hierzu gehören insbesondere Mandeln (süß oder bitter), Haselnüsse, Walnüsse, Esskastanien (Castanea-Arten), Pistazien, Pekan- (Hickory-) Nüsse und Pinien-Nüsse (Samen von Pinus pinea) sowie Areka- (Betel-)Nüsse, hauptsächlich als Kaumittel verwendet, und Kolanüsse, die als Kaumittel und als Grundstoff zum Herstellen bestimmter Getränke verwendet werden.

(4) Nicht unter Nr. 3 der Anlage 1 fallen Erdnüsse (Position 1202 des Zolltarifs), geröstete Erdnüsse und Erdnussmark (Position 2008 des Zolltarifs), Rosskastanien (Aesculus hippocastanum) (Position 2308 des Zolltarifs) sowie vorläufig haltbar gemachte Schalenfrüchte, die zum unmittelbaren Genuss nicht geeignet sind (Position 0812 des Zolltarifs).

4. Kaffee (Nr. 4 der Anlage 1)

(1) Unter Nr. 4 der Anlage 1 fällt nur nicht gerösteter, nicht entkoffeinierter oder entkoffeinierter Rohkaffee in allen Formen (einschließlich der beim Verlesen, Sieben usw. abgesonderten Bohnen und Bruchstücke), soweit er zu den Unterpositionen 0901 1100 und 0901 1200 des Zolltarifs gehört.

(2) Nicht hierunter fallen Kaffee (auch entkoffeiniert), geröstet, auch glasiert, gemahlen oder gepresst. Außerdem fallen nicht hierunter Kaffeemittel, bestehend aus einem Gemisch von Kaffee in beliebigem Verhältnis mit anderen Stoffen (Unterposition 0901 9090 des Zolltarifs), sowie Auszüge, Essenzen und Konzentrate aus Kaffee, auch als Instantkaffee bezeichnet, und Zubereitungen auf der Grundlage solcher Auszüge, Essenzen oder Konzentrate (Position 2101 des Zolltarifs).

5. Tee (Nr. 5 der Anlage 1)

(1) Unter Nr. 5 der Anlage 1 fällt nur Tee der Position 0902 des Zolltarifs, also die verschiedenen Arten von Tee, der von dem Strauch der Gattung Thea stammt, insbesondere Blätter und Knospen sowie Abfälle, gerollt, gedämpft, getrocknet, geröstet, (teilweise) fermentiert (z.B. Oolong Tee), ebenso gemahlen, zu Kugeln oder Tabletten agglomeriert sowie Tee, dem Thein (Koffein) entzogen ist.

(2) Nicht hierunter fallen Erzeugnisse zum Herstellen von Aufgüssen oder Kräutertees, Ginseng-Tee (eine Mischung von Ginseng-Extrakt mit Lactose oder Glucose) z.B. der Positionen 0813, 0909, 1211 oder 2106 des Zolltarifs sowie Medizinaltee (Positionen 3003 oder 3004 des Zolltarifs).

6. Getreide (Nr. 6 der Anlage 1)

(1) Unter Nr. 6 der Anlage 1 fallen alle Erzeugnisse der Positionen 1001 bis 1005, 1007 und 1008 des Zolltarifs. Hierzu gehören nur Getreidekörner, auch in Ähren, Rispen, Garben oder Kolben – auch ausgedroschen oder geschwungen. Körner von unreif geschnittenem Getreide, die mit ihrer Schale vorliegen, werden wie gewöhnliche Getreidekörner behandelt. Frisches Getreide mit Ausnahme von Zuckermais, das wie Gemüse verwendbar ist, gehört ebenfalls zu Kapitel 10 des Zolltarifs. Getreide des Kapitels 10 des Zolltarifs kann einer thermischen Behandlung unterzogen worden sein, die lediglich zu einer Vorverkleisterung der Stärke und manchmal zum Aufplatzen der Getreidekörner führt. Im Einzelnen fallen unter die Nr. 6 der Anlage 1:

Anlage § 004 Nr. 4a–01

(2) Weizen – Weichweizen, Hartweizen und auch Spelz, eine Weizenart mit kleinen braunen Körnern, dessen Spelzen sich beim Dreschen nicht vollständig vom Korn lösen –, Mengkorn (ein Gemisch von Weizen und Roggen) (Position 1001 des Zolltarifs); Roggen (Position 1002 des Zolltarifs); Gerste (Position 1003 des Zolltarifs), einschließlich bespelzter und nackter Gerste (von Natur aus ohne anhaftende Spelzen), sofern sie über das Dreschen hinaus nicht weiter bearbeitet ist, nicht jedoch gekeimte Gerste (Malz) und geröstetes Malz der Position 1107 des Zolltarifs; Hafer (Position 1004 des Zolltarifs); Mais (Position 1005 des Zolltarifs), das sind Körner aller Maisarten (auch Ziermais) und Maiskolben, auch Körner von unreif geschnittenem Mais, nicht jedoch Zuckermais; Körner-Sorghum (Position 1007 des Zolltarifs); Buchweizen, Hirse (ausgenommen Körner-Sorghum) und Kanariensaat sowie anderes Getreide (Position 1008 des Zolltarifs). Zur Gruppe der anderen Getreide gehören bestimmte Getreide-Hybriden, z.B. Triticale, eine Kreuzung zwischen Weizen und Roggen, außerdem die Körner von Zizania aquaticata („Wildreis"), nicht geschält.

7. Rohreis (Nr. 7 der Anlage 1)

(1) Unter Nr. 7 der Anlage 1 fällt nur Reis in der Strohhülse (Paddy-Reis oder Rohreis), d.h. Reis, dessen Körner noch von ihrer Strohhülse umgeben sind, die sie fest umschließt (Unterposition 1006 10 des Zolltarifs).

(2) Nicht hierunter fällt deshalb vor allem geschälter Reis (Cargoreis oder Braunreis), d.h. Reis, der von der Strohhülse durch Enthülsungsmaschinen befreit, aber noch von der Silberhaut (Perikarp) umgeben ist, und halb oder vollständig geschliffener Reis, d.h. ganze Reiskörner, deren Silberhaut durch einen Schälgang (teilweise) entfernt worden ist.

8. Ölsamen und ölhaltige Früchte (Nr. 8 der Anlage 1)

(1) Unter Nr. 8 der Anlage 1 fallen nur die Gegenstände der Positionen 1201 bis 1207 des Zolltarifs. Hierzu gehören Samen und Früchte, aus denen in der Regel durch Pressen oder mit Lösemitteln Fette oder Öle zu Speise- oder technischen Zwecken gewonnen werden, gleichgültig, ob sie tatsächlich zu diesem Zweck, zur Aussaat oder zu einem anderen Zweck bestimmt sind. Sie können ganz, zerkleinert, enthülst oder geschält, auch einer leichten Wärmebehandlung unterzogen sein, vorausgesetzt, dass diese Behandlung den Charakter als natürliches Erzeugnis nicht ändert. Im Einzelnen fallen unter die Nr. 8 der Anlage 1:

(2) Sojabohnen, auch geschrotet oder zur Entbitterung mit Wärme behandelt (Position 1201 des Zolltarifs); Erdnüsse, weder geröstet noch auf andere Weise hitzebehandelt, auch geschält oder geschrotet, auch zur Verbesserung ihrer Haltbarkeit mit Wärme behandelt (Position 1202 des Zolltarifs); Kopra (Position 1203 des Zolltarifs), das für den menschlichen Verzehr ungeeignete, jedoch zum Gewinnen von Kokosöl verwendete getrocknete Fruchtfleisch der Kokosnuss; Leinsamen (Samen der Flachspflanze), auch geschrotet (Position 1204 des Zolltarifs); Raps- oder Rübensamen (Samen mehrerer Brassica-Arten), auch geschrotet (Position 1205 des Zolltarifs); Sonnenblumensamen (Samen der Sonnenblume), auch geschrotet (Position 1206 des Zolltarifs), in der Regel für die Süßwarenherstellung, als Vogelfutter oder zum unmittelbaren Verzehr bestimmt; andere Ölsamen und ölhaltige Früchte, auch geschrotet (Position 1207 des Zolltarifs). Zu letzteren gehören insbesondere Babassukerne, Bassiasaat, Baumwollsaat, Bucheckern, Candlenüsse, Crotonsaat, Hanfsaat, Holznüsse, Kapoksaat, Mohnsaat, Palmnüsse und ihre Kerne, Rizinussaat, Senfsaat, Sesamsaat, Sheanüsse und Traubenkerne.

9. Pflanzliche Fette und Öle (Nr. 9 der Anlage 1)

Hierunter fallen pflanzliche Öle, einschließlich Jojobaöl, (flüssig oder fest, roh, gereinigt oder raffiniert) und genießbare pflanzliche Fette sowie deren Fraktionen der Positionen 1507 bis 1515 des Zolltarifs (z.B. Sonnenblumenöl), nicht nur aus ölhaltigen Früchten, sondern auch aus anderen Früchten gewonnenes Öl (z.B. aus Getreidekeimen, Pfirsichen, Walnüssen). Sie können auch raffiniert sein, dürfen aber nicht chemisch modifiziert sein.

10. Rohzucker (Nr. 10 der Anlage 1)

(1) Unter Nr. 10 der Anlage 1 fällt nur Rohzucker der Unterpositionen 1701 11 und 1701 12 des Zolltarifs. Hierzu gehört der Rohzucker (im Allgemeinen aus braunen Kristallen bestehend) aus Rohrzucker (gewonnen aus dem Saft des Zuckerrohres) und aus Rübenzucker (gewonnen aus dem Saft der Zuckerrübe). Alle Erzeugnisse sind nur in fester Form (auch als Puder) begünstigt.

(2) Nicht hierunter fällt der durch weitergehende Bearbeitung des Rohzuckers gewonnene raffinierte Zucker sowie brauner Zucker (Mischung von weißem Zucker mit kleinen Mengen von z.B. karamellisiertem Zucker oder Melasse) und Kandiszucker (in Form größerer Kristalle, die durch langsames Kristallisieren aus konzentrierten Zuckerlösungen gebildet werden).

Anlage § 004 Nr. 4a–01

11. Kakaobohnen und Kakaobohnenbruch (Nr. 11 der Anlage 1)

Unter Nr. 11 der Anlage 1 fallen nur Kakaobohnen und Kakaobohnenbruch (Position 1801 des Zolltarifs), unabhängig davon, ob sie roh oder geröstet sind.

12. Mineralöle (Nr. 12 der Anlage 1)

Unter Nr. 12 der Anlage 1 fallen rohes Erdöl und rohes Öl aus bituminösen Mineralien (Position 2709 des Zolltarifs), anders bearbeitetes Erdöl und oder Öl aus bituminösen Mineralien sowie Zubereitungen aus Erdöl und aus Öl aus bituminösen Mineralien (Position 2710 des Zolltarifs), verflüssigtes Propan (Unterposition 2711 12 des Zolltarifs) und verflüssigte Butane (Unterposition 2711 13 des Zolltarifs).

13. Erzeugnisse der chemischen Industrie (Nr. 13 der Anlage 1)

Unter Nr. 13 der Anlage 1 fallen alle Erzeugnisse der Kapitel 28 und 29 des Zolltarifs. Hierzu gehören alle anorganischen chemischen Erzeugnisse, anorganische oder organische Verbindungen von Edelmetallen, Seltenerdmetallen, radioaktiven Elementen oder Isotopen (Kapitel 28 des Zolltarifs) sowie organische chemische Erzeugnisse (Kapitel 29 des Zolltarifs).

14. Kautschuk (Nr. 14 der Anlage 1)

(1) Unter Nr. 14 der Anlage 1 fällt nur Kautschuk in den in den Positionen 4001 und 4002 des Zolltarifs genannten Formen, also in Primärformen, Platten, Blättern oder Streifen. Als Kautschuk gelten Naturkautschuk, Balata, Guttapercha, Guayule, Chicle und ähnliche natürliche Naturkautschukarten, synthetischer Kautschuk, Faktis und deren Regenerate.

(2) Als Primärformen gelten ausschließlich Flüssigkeiten und Pasten, unregelmäßige Blöcke, Stücke, Ballen, Pulver, Granulate, Krümel und ähnliche lose Formen.

15. Halbstoffe aus Holz (Nr. 15 der Anlage 1)

(1) Unter Nr. 15 der Anlage 1 fallen nur die dort genannten Halbstoffe aus Holz der Positionen 4703 bis 4705 des Zolltarifs

(2) Chemische Halbstoffe aus Holz gehören dazu mit Ausnahme von Erzeugnissen zum Auflösen.

(3) Halbstoffe aus Holz fallen nur hierunter, wenn sie durch Kombination aus mechanischem oder chemischem Aufbereitungsverfahren hergestellt wurden.

16. Wolle (Nr. 16 der Anlage 1)

Unter Nr. 16 der Anlage 1 fällt nur rohe Wolle der Position 5101 des Zolltarifs. Als „Wolle" gilt die natürliche Faser des Haarkleides von Schafen. Sie darf weder gekrempelt noch gekämmt sein. Hierzu gehört insbesondere Schweißwolle und rückengewaschene Wolle.

17. Silber (Nr. 17 der Anlage 1)

Unter Nr. 17 der Anlage 1 fällt nur Silber aus Position 7106 des Zolltarifs, in Rohform oder als Pulver. Der Feingehalt des Silbers ist dabei unbeachtlich.

18. Gold (Nr. 18 der Anlage 1)

Unter Nr. 18 der Anlage 1 fällt nur Gold der Unterpositionen 7108 1100 und 7108 1200 des Zolltarifs in Rohform oder als Pulver. Hierzu gehört auch platiniertes Gold. Das Gold darf nicht zu monetären Zwecken verwendet werden.

19. Platin (Nr. 19 der Anlage 1)

Unter Nr. 19 der Anlage 1 fällt nur Platin aus Position 7110 des Zolltarifs sowohl in Rohform als auch als Pulver. Als Platin gilt Platin, Iridium, Osmium, Palladium, Rhodium und Ruthenium.

20. Eisen- und Stahlerzeugnisse (Nr. 20 der Anlage 1)

(1) Unter Nr. 20 der Anlage 1 fallen nur Eisen- und Stahlerzeugnisse, die in den Positionen 7207 bis 7212, 7216, 7219, 7220, 7225 und 7226 des Zolltarifs aufgeführt sind. Hierzu gehören insbesondere:

– Halbzeug aus Eisen oder nicht legiertem Stahl (Position 7207 des Zolltarifs),
– Flachgewalzte Erzeugnisse aus Eisen oder nicht legiertem Stahl (Positionen 7208 bis 7212 des Zolltarifs); sie können auch plattiert, mit Farbe versehen, lackiert oder mit Kunststoff überzogen sein,
– Profile aus Eisen oder nicht legiertem Stahl (Position 7216 des Zolltarifs),
– Flachgewalzte Erzeugnisse aus nicht rostendem Stahl (Positionen 7219 und 7220 des Zolltarifs),
– Flachgewalzte Erzeugnisse aus anderem legierte Stahl (Positionen 7225 und 7226 des Zolltarifs).

Anlage § 004 Nr. 4a–01

(2) Als flachgewalzt gelten auch solche Erzeugnisse, die unmittelbar vom Walzen herrührende Oberflächenmuster (z.B. Rillen, Riefen, Waffelungen, Tränen, Warzen, Rauten) aufweisen, oder die nach dem Walzen z.B. gelocht, gewellt, poliert, abgeschrägt oder an den Kanten abgerundet sind, soweit diese nicht den Charakter anderweitig genannter Waren erhalten haben.

21. Kupfer (Nr. 21 der Anlage 1)

Unter Nr. 21 der Anlage 1 fallen nur nicht raffiniertes Kupfer und Kupferanoden zum elektrolytischen Raffinieren (Position 7402 des Zolltarifs), raffiniertes Kupfer und Kupferlegierungen, in Rohform (Position 7403 des Zolltarifs), Kupfervorlegierungen (Position 7405 des Zolltarifs) sowie Draht aus Kupfer (Position 7408 des Zolltarifs).

22. Nickel in Rohform (Nr. 22 der Anlage 1)

Unter Nr. 22 der Anlage 1 fällt nur Nickel in Rohform, das sind nicht legiertes Nickel und Nickellegierungen (Position 7502 des Zolltarifs).

23. Aluminium in Rohform (Nr. 23 der Anlage 1)

Unter Nr. 23 der Anlage 1 fällt nur rohes Aluminium der Position 7601 des Zolltarifs, das sind nicht legiertes Aluminium und Aluminiumlegierungen.

24. Blei in Rohform (Nr. 24 der Anlage 1)

Unter Nr. 24 der Anlage 1 fällt nur rohes Blei der Position 7801 des Zolltarifs, das sind insbesondere raffiniertes Blei und Bleilegierungen.

25. Zink in Rohform (Nr. 25 der Anlage 1)

Unter Nr. 25 der Anlage 1 fällt nur rohes Zink der Position 7901 des Zolltarifs, das sind nicht legiertes Zink und Zinklegierungen.

26. Zinn in Rohform (Nr. 26 der Anlage 1)

Unter Nr. 26 der Anlage 1 fällt nur rohes Zinn der Position 8001 des Zolltarifs, das sind nicht legiertes Zinn und Zinnlegierungen.

27. Nichteisenmetalle (Nr. 27 der Anlage 1)

(1) Unter Nr. 27 der Anlage 1 fallen die in den Positionen 8101 bis 8112 des Zolltarifs genannten anderen unedlen Metalle. Das sind Wolfram, Molybdän, Tantal, Magnesium, Cobalt, Bismut, Cadmium, Titan, Zirconium, Antimon, Mangan, Beryllium, Chrom, Germanium, Vanadium, Gallium, Hafnium, Indium, Niob, Rhenium und Thallium.

(2) Nicht darunter fallen Waren, die aus den genannten anderen unedlen Metallen hergestellt werden sowie Abfälle und Schrott aus diesen anderen unedlen Metallen.

Anlage 2

Anwendungsbeispiele

Beispiel 1:

Unternehmer A aus Köln liefert einen unter die Anlage 1 zu § 4 Nr. 4a UStG fallenden Gegenstand an den im Inland ansässigen Unternehmer B. Der Liefergegenstand wird unmittelbar in das Umsatzsteuerlager des U im Inland eingelagert.

Die Lieferung des A an B ist als Lieferung in ein Umsatzsteuerlager steuerfrei (§ 4 Nr. 4a Satz 1 Buchst. a Satz 1 UStG).

Beispiel 2:

Der im Inland ansässige Unternehmer A lagert einen unter die Anlage 1 zu § 4 Nr. 4a UStG fallenden Gegenstand in das Umsatzsteuerlager des U im Inland ein. A liefert den Gegenstand im Umsatzsteuerlager an den belgischen Unternehmer B, B an den französischen Unternehmer C und C an den deutschen Unternehmer D. Der Liefergegenstand bleibt dabei im Umsatzsteuerlager des U eingelagert.

Die Lieferungen von A an B, B an C und C an D sind als Lieferungen in einem Umsatzsteuerlager steuerfrei (§ 4 Nr. 4a Satz 1 Buchst. a Satz 1 UStG).

Anlage § 004 Nr. 4a–01

Beispiel 3:

Unternehmer A aus Köln liefert einen unter die Anlage 1 zu § 4 Nr. 4a UStG fallenden Gegenstand an den im Inland ansässigen Unternehmer B. Der Liefergegenstand wird unmittelbar in das Umsatzsteuerlager des U in Dresden eingelagert. B liefert den Gegenstand an den Unternehmer C. C holt die Gegenstände ab und befördert sie unmittelbar in das Umsatzsteuerlager des L in Nürnberg.

Die Lieferung des A an B ist als Lieferung in ein Umsatzsteuerlager steuerfrei nach § 4 Nr. 4a Satz 1 Buchst. a Satz 1 UStG. Die Lieferung von B an C ist ebenfalls nach § 4 Nr. 4a Satz 1 Buchst. a Satz 1 UStG steuerfrei, weil der Gegenstand von einem in ein anderes Umsatzsteuerlager gelangt.

Beispiel 4:

Unternehmer A aus Barcelona liefert 300 kg Oliven (Unterposition 0711 20 des Zolltarifs) an den im Inland ansässigen Unternehmer B. Die Oliven werden unmittelbar in das Umsatzsteuerlager des U im Inland eingelagert.

Die Lieferung des A an B ist als innergemeinschaftliche Lieferung in Spanien steuerfrei (Art. 28c Teil A Buchst. a der 6. EG-Richtlinie; vgl. § 6a Abs. 1 UStG). B hat im Inland einen innergemeinschaftlichen Erwerb der Besteuerung zu unterwerfen (§ 1a Abs. 1 UStG). Dieser innergemeinschaftliche Erwerb ist steuerfrei, weil die Oliven nach dem Gelangen in das Inland in ein Umsatzsteuerlager eingelagert werden (§ 4b Nr. 2 UStG).

Beispiel 5:

Der Mineralölkonzern A mit Sitz in Rotterdam versendet rohes Erdöl (Position 2709 des Zolltarifs) von Rotterdam nach Hamburg. Das Erdöl wird in Hamburg unmittelbar in das Umsatzsteuerlager des U im Inland eingelagert.

Die Beförderung des Erdöls von Rotterdam nach Hamburg zur Verfügung des A ist in den Niederlanden ein einer Lieferung gleichgestelltes Verbringen aus dem Inland in einen anderen EU-Mitgliedstaat. Dieses Verbringen ist einer innergemeinschaftlichen Lieferung gleichgestellt und steuerfrei (Art. 28c Teil A Buchst. d der 6. EG-Richtlinie; vgl. § 6a Abs. 1 UStG). A hat im Inland dieses Verbringen als einen innergemeinschaftlichen Erwerb der Besteuerung zu unterwerfen (§ 1a Abs. 2 UStG). Dieser innergemeinschaftliche Erwerb ist steuerfrei, weil das Erdöl nach dem Gelangen in das Inland in ein Umsatzsteuerlager eingelagert wird (§ 4b Nr. 2 UStG).

Beispiel 6:

Kartoffeln (Position 0701 des Zolltarifs) werden in das Umsatzsteuerlager des U im Inland eingelagert. U behandelt die Kartoffeln im Auftrag des Einlagerers E, um sie frisch zu halten.

Die Leistung des U an E ist als Leistung im Zusammenhang mit der Erhaltung der eingelagerten Kartoffeln steuerfrei (§ 4 Nr. 4a Satz 1 Buchst. b Satz 1 UStG).

Beispiel 7:

In ein Umsatzsteuerlager des U im Inland eingelagerte Kartoffeln (Position 0701 des Zolltarifs) werden vom Unternehmer A in 2,5-kg-Beutel abgefüllt.

Die Leistung des A ist steuerpflichtig, da durch seine Leistung die in das Umsatzsteuerlager eingelagerten Kartoffeln für die Lieferung auf der Einzelhandelsstufe aufbereitet werden (§ 4 Nr. 4a Satz 1 Buchst. b Satz 2 UStG). Die Erbringung dieser Leistung führt zur Auslagerung der Kartoffeln aus dem Umsatzsteuerlager.

Beispiel 8:

Der im Inland ansässige Unternehmer V vermittelt dem in der Schweiz ansässigen Unternehmer S die Lieferung von 10 Tonnen Sojabohnen (Position 1201 des Zolltarifs), die in einem Umsatzsteuerlager des U in Karlsruhe eingelagert sind, an den in den Niederlanden ansässigen Unternehmer N. Die Sojabohnen verbleiben auch nach der Lieferung des S im Umsatzsteuerlager des U.

Die Lieferung des S an N ist als Lieferung in einem Umsatzsteuerlager steuerfrei nach § 4 Nr. 4a Satz 1 Buchst. a Satz 1 UStG. Die Vermittlung dieser Lieferung durch V an S ist nach § 4 Nr. 5 Satz 1 Buchst. a UStG steuerfrei.

Beispiel 9:

Der im Inland ansässige Unternehmer V vermittelt dem Umsatzsteuerlagerhalter U einen Unternehmer D, der das sich in einem Tank im Umsatzsteuerlager des U in Hamburg befindliche Mineralöl (Position 2710 des Zolltarifs) des F in einen anderen Tank umfüllt, damit der Tank gereinigt werden kann. Das Mineralöl verbleibt auch nach der Umfüllung durch D im Umsatzsteuerlager des U.

Anlage § 004 Nr. 4a–01

Die Leistung des D an U ist als sonstige Leistung, die mit der Lagerung des eingelagerten Mineralöls zusammenhängt, steuerfrei nach § 4 Nr. 4a Satz 1 Buchst. b Satz 1 UStG. Die Vermittlung dieses Umsatzes durch V an U ist nach § 4 Nr. 5 Satz 1 Buchst. a UStG steuerfrei.

Beispiel 10:

Der Mineralölkonzern A mit Sitz in Hamburg liefert rohes Erdöl (Position 2709 des Zolltarifs) an den im Inland ansässigen Unternehmer B. Das Erdöl ist im Umsatzsteuerlager des U in Hamburg eingelagert. B holt das Erdöl ab und befördert es unmittelbar in das Umsatzsteuerlager des L in Wesseling.

Mit der Beförderung aus dem Umsatzsteuerlager des U wird das Erdöl zwar aus diesem Lager endgültig herausgenommen. Eine Auslagerung liegt aber nicht vor, da das Erdöl anschließend in ein anderes Umsatzsteuerlager im Inland gelangt. Die Lieferung des A an B ist entsprechend nach § 4 Nr. 4a Satz 1 Buchst. a Satz 1 UStG steuerfrei.

Beispiel 11:

Ein unter die Anlage 1 zu § 4 Nr. 4a UStG fallender Gegenstand ist in einem Umsatzsteuerlager im Inland eingelagert. Unternehmer A liefert den Gegenstand an den Unternehmer B und B an den Unternehmer C. B versendet den Gegenstand aus dem Umsatzsteuerlager an C.

Die Lieferung des A an B ist steuerfrei nach § 4 Nr. 4a Satz 1 Buchst. a Satz 1 UStG. Die Lieferung des B an C ist steuerpflichtig (§ 4 Nr. 4a Satz 1 Buchst. a Satz 2 UStG). Steuerschuldner ist B (§ 13a Abs. 1 Nr. 6 UStG). B stellt C eine Rechnung aus, in der er die Umsatzsteuer gesondert ausweist. Erfüllt die Rechnung die Anforderungen des § 14 UStG, kann C die gesondert ausgewiesene Umsatzsteuer unter den weiteren Voraussetzungen des § 15 UStG als Vorsteuer abziehen (§ 15 Abs. 1 Satz 1 Nr. 1 UStG).

Beispiel 12:

Ein unter die Anlage 1 zu § 4 Nr. 4a UStG fallender Gegenstand ist in einem Umsatzsteuerlager im Inland eingelagert. Unternehmer A liefert den Gegenstand an den Unternehmer B und B an den Unternehmer C. C holt den Gegenstand aus dem Umsatzsteuerlager ab.

Die Lieferung des A an B ist steuerfrei nach § 4 Nr. 4a Satz 1 Buchst. a Satz 1 UStG. Ebenso ist zunächst die Lieferung des B an C steuerfrei. Im Zeitpunkt, in dem der Gegenstand das Umsatzsteuerlager verlässt, wird die Lieferung des B an C steuerpflichtig (§ 4 Nr. 4a Satz 1 Buchst. a Satz 2 UStG). Steuerschuldner ist C (§ 13a Abs. 1 Nr. 6 UStG). C hat den Umsatz in seiner Umsatzsteuer-Voranmeldung anzumelden. Unter den weiteren Voraussetzungen des § 15 UStG kann C diese Steuer als Vorsteuer abziehen (§ 15 Abs. 1 Satz 1 Nr. 5 UStG).

Beispiel 13:

1000 kg Tee (Position 0902 des Zolltarifs) sind in einem Umsatzsteuerlager des U im Inland eingelagert. Unternehmer A liefert den Gegenstand an den Unternehmer B und B an den Unternehmer C. Der Tee wird im Auftrag des C in 500 g-Packungen abgefüllt.

Die Lieferung des A an B ist steuerfrei nach § 4 Nr. 4a Satz 1 Buchst. a Satz 1 UStG. Ebenso ist zunächst die Lieferung des B an C steuerfrei. Im Zeitpunkt, in dem der Tee in 500g-Packungen abgefüllt wird und damit für die Lieferung auf der Einzelhandelsstufe aufgemacht ist, wird die Lieferung des B an C steuerpflichtig (§ 4 Nr. 4a Satz 1 Buchst. a Satz 4 UStG). Steuerschuldner ist C (§ 13a Abs. 1 Nr. 6 UStG).

Beispiel 14:

Ein unter die Anlage 1 zu § 4 Nr. 4a UStG fallender Gegenstand ist im Umsatzsteuerlager des U im Inland eingelagert. Unternehmer A liefert am 2. Februar 2004 den Gegenstand an den Unternehmer B und B am 27. Februar 2004 an den Unternehmer C. Bereits am 20. Januar 2004 wurde die Bewilligung des Steuerlagers gegenüber U vom zuständigen Finanzamt zurückgenommen.

Die Lieferung des A an B wäre grundsätzlich steuerfrei nach § 4 Nr. 4a Satz 1 Buchst. a Satz 1 UStG. Der Wegfall der Bewilligung des Umsatzsteuerlagers ist ein einer Auslagerung gleichgestellter Sachverhalt, so dass die Lieferung des A an B steuerpflichtig wird (§ 4 Nr. 4a Satz 1 Buchst. a Satz 4 UStG). Steuerschuldner ist B (§ 13a Abs. 1 Nr. 6 UStG).

Die Lieferung des B an C ist steuerpflichtig, da sie nach der Auslagerungslieferung bewirkt wird und der Gegenstand sich nicht in einem Umsatzsteuerlager befindet.

Beispiel 15:

Ein unter die Anlage 1 zu § 4 Nr. 4a UStG fallender Gegenstand ist in einem Umsatzsteuerlager im Inland eingelagert. Unternehmer A liefert den Gegenstand an den Unternehmer B. B entnimmt den Gegenstand für eigene unternehmerische Zwecke aus dem Umsatzsteuerlager.

Anlage § 004 Nr. 4a–01

Die Lieferung des A an B ist zunächst steuerfrei nach § 4 Nr. 4a Satz 1 Buchst. a Satz 1 UStG. Im Zeitpunkt, in dem B den Gegenstand aus dem Umsatzsteuerlager entnimmt, wird die Lieferung des A an B steuerpflichtig (§ 4 Nr. 4a Satz 1 Buchst. a Satz 2 UStG). Steuerschuldner ist B (§ 13a Abs. 1 Nr. 6 UStG).

Beispiel 16:

Unternehmer A liefert einen unter die Anlage 1 zu § 4 Nr. 4a UStG fallenden Gegenstand von Belgien an den Unternehmer B. Der Gegenstand wird in ein Umsatzsteuerlager des C im Inland eingelagert. B belässt den Gegenstand zunächst im Umsatzsteuerlager. Nach einem Monat entnimmt B den Gegenstand für eigene unternehmerische Zwecke aus dem Umsatzsteuerlager.

Die Lieferung des A an B ist in Belgien als innergemeinschaftliche Lieferung steuerfrei (Art. 28c Teil A Buchst. a der 6. EG-Richtlinie; vgl. § 6a Abs. 1 Satz 1 UStG). B hat den innergemeinschaftlichen Erwerb der Besteuerung zu unterwerfen (§ 1a Abs. 1 UStG). Dieser innergemeinschaftliche Erwerb ist zunächst steuerfrei (§ 4b Nr. 2 UStG). Im Zeitpunkt der Auslagerung durch B wird der innergemeinschaftliche Erwerb steuerpflichtig (§ 4 Nr. 4a Satz 1 Buchst. a Satz 2 UStG). Steuerschuldner ist B (§ 13a Abs. 1 Nr. 6 UStG).

Beispiel 17:

Unternehmer A liefert einen unter die Anlage 1 zu § 4 Nr. 4a UStG fallenden Gegenstand aus der Schweiz an den Unternehmer B. B überführt den Gegenstand im Inland in den zoll- und steuerrechtlich freien Verkehr. Der Gegenstand wird unmittelbar nach der Einfuhr in ein Umsatzsteuerlager des U im Inland eingelagert. B belässt den Gegenstand zunächst im Umsatzsteuerlager. Nach einem Monat entnimmt B den Gegenstand für eigene unternehmerische Zwecke aus dem Umsatzsteuerlager.

Die Lieferung des A an B ist in der Schweiz steuerbar und dort als Ausfuhrlieferung steuerfrei. B ist Steuerschuldner für die Einfuhrumsatzsteuer. Die Einfuhr ist aber zunächst steuerfrei (§ 5 Abs. 1 Nr. 4 UStG). Im Zeitpunkt der Auslagerung durch B wird diese Einfuhr steuerpflichtig (§ 4 Nr. 4a Satz 1 Buchst. a Satz 2 UStG). Steuerschuldner ist B (§ 13a Abs. 1 Nr. 6 UStG).

Beispiel 18:

Unternehmer A hat rohes Erdöl (Position 2709 des Zolltarifs) im Umsatzsteuerlager des U in Hamburg eingelagert. Das Erdöl wird mehrfach umgesetzt (Lieferungen von A an B, B an C, C an D, D an E). E verkauft das Mineralöl für 100.000 EUR an die Raffinerie F und versendet es aus dem Umsatzsteuerlager unmittelbar an F. Für die Lagerkosten stellte U dem B 1.000 EUR, D 1.000 EUR und E 2.000 EUR in Rechnung.

Die Lieferungen von A an B, B an C, C an D und D an E sind als Lieferungen in einem Umsatzsteuerlager steuerfrei (§ 4 Nr. 4a Satz 1 Buchst. a Satz 1 UStG). Die Lieferung des E an F ist steuerpflichtig, da im Zusammenhang mit dieser Lieferung das Erdöl aus dem Umsatzsteuerlager ausgelagert wird (§ 4 Nr. 4a Satz 1 Buchst. a Satz 2 UStG).

Die sonstigen Leistungen (Lagerung) des U gegenüber B, D und E sind als Leistungen in unmittelbarem Zusammenhang mit dem eingelagerten Erdöl ebenfalls steuerfrei (§ 4 Nr. 4a Satz 1 Buchst. b Satz 1 UStG).

Bemessungsgrundlage für die Lieferung des E an F ist das vereinbarte Entgelt (= 100.000 EUR). Die von U dem B, D und E in Rechnung gestellten Lagerkosten gehören nicht zur Bemessungsgrundlage, da davon auszugehen ist, dass sie in der Bemessungsgrundlage für die jeweils folgenden Lieferungen enthalten sind.

Beispiel 19:

Unternehmer A hat rohes Erdöl (Position 2709 des Zolltarifs) im Umsatzsteuerlager des U in Hamburg eingelagert. Das Erdöl wird mehrfach umgesetzt (Lieferungen von A an B, B an C, C an D, D an E). E verkauft das Erdöl im Januar 2004 für 100.000 EUR an die Raffinerie F. F lagert das von E erworbene Erdöl im Februar 2004 aus und befördert es zur Weiterverarbeitung in die Raffinerie. Für die Lagerkosten stellte U dem B 1.000 EUR, D 1.000 EUR und F 2.000 EUR in Rechnung.

Die Lieferungen von A an B, B an C, C an D und D an E sind als Lieferungen in einem Umsatzsteuerlager steuerfrei (§ 4 Nr. 4a Satz 1 Buchst. a Satz 1 UStG). Die Lieferung des E an F ist zunächst ebenfalls steuerfrei nach § 4 Nr. 4a Satz 1 Buchst. a Satz 1 UStG. Im Zeitpunkt, in dem F das Erdöl aus dem Umsatzsteuerlager entnimmt, wird die Lieferung des E an F steuerpflichtig (§ 4 Nr. 4a Satz 1 Buchst. a Satz 2 UStG). Steuerschuldner ist F (§ 13a Abs. 1 Nr. 6 UStG).

Die sonstigen Leistungen (Lagerung) des U gegenüber B, D und F sind als Leistungen in unmittelbarem Zusammenhang mit dem eingelagerten Erdöl ebenfalls steuerfrei (§ 4 Nr. 4a Satz 1 Buchst. b Satz 1 UStG).

Bemessungsgrundlage für die Lieferung des E an F ist für E das vereinbarte Entgelt (= 100.000 EUR). Die von U dem B und D in Rechnung gestellten Lagerkosten gehören nicht zur Bemessungsgrundlage, da davon auszugehen ist, dass sie in der Bemessungsgrundlage für die jeweils folgenden Lieferungen enthalten sind.

Bemessungsgrundlage für die durch die Auslagerung steuerpflichtig werdende Lieferung des E an F ist für F zunächst das vereinbarte Entgelt (= 100.000 EUR). Die von U dem B und D in Rechnung gestellten Lagerkosten gehören nicht zur Bemessungsgrundlage, da davon auszugehen ist, dass sie in der Bemessungsgrundlage für die jeweils folgenden Lieferungen enthalten sind. Dagegen sind die von U dem F in Rechnung gestellten Lagerkosten nicht in der Bemessungsgrundlage für die Lieferung des E an F enthalten. Sie erhöhen die Bemessungsgrundlage (§ 10 Abs. 1 Satz 5 UStG). Sie beträgt somit insgesamt 102.000 EUR.

Beispiel 20:

Ein unter die Anlage 1 zu § 4 Nr. 4a UStG fallender Gegenstand ist in einem Umsatzsteuerlager des U im Inland eingelagert. Unternehmer A liefert im Januar 2004 den Gegenstand an den im Inland ansässigen Unternehmer B. B entnimmt den Gegenstand für eigene unternehmerische Zwecke aus dem Umsatzsteuerlager im Februar 2004. B gibt monatlich Umsatzsteuer-Voranmeldungen ab.

Die Lieferung des A an B ist zunächst steuerfrei nach § 4 Nr. 4a Satz 1 Buchst. a Satz 1 UStG. Im Zeitpunkt, in dem B den Gegenstand aus dem Umsatzsteuerlager entnimmt, wird die Lieferung des A an B steuerpflichtig (§ 4 Nr. 4a Satz 1 Buchst. a Satz 2 UStG). Steuerschuldner ist B (§ 13a Abs. 1 Nr. 6 UStG). B hat den Umsatz in seiner Umsatzsteuer-Voranmeldung für Februar 2004 anzumelden.

Beispiel 21:

Ein unter die Anlage 1 zu § 4 Nr. 4a UStG fallender Gegenstand ist in einem Umsatzsteuerlager des U im Inland eingelagert. Unternehmer A liefert im Januar 2004 den Gegenstand an den nicht im Inland ansässigen Unternehmer B. B entnimmt den Gegenstand für eigene unternehmerische Zwecke aus dem Umsatzsteuerlager. B ist nicht für Umsatzsteuerzwecke im Inland erfasst und gibt keine Umsatzsteuer-Voranmeldung bzw. -Erklärung für das Kalenderjahr ab, in welcher der der Auslagerung vorangehende Umsatz anzumelden ist. B hat U keine USt-IdNr. genannt. U hat dementsprechend diese Nummer auch nicht aufgezeichnet.

Die Lieferung des A an B ist zunächst steuerfrei nach § 4 Nr. 4a Satz 1 Buchst. a Satz 1 UStG. Im Zeitpunkt, in dem B den Gegenstand aus dem Umsatzsteuerlager entnimmt, wird die Lieferung des A an B steuerpflichtig (§ 4 Nr. 4a Satz 1 Buchst. a Satz 2 UStG). Steuerschuldner ist B (§ 13a Abs. 1 Nr. 6 UStG).

Da B aber seinen umsatzsteuerlichen Verpflichtungen nicht nachgekommen ist und U seine Verpflichtung zur Aufzeichnung der USt-IdNr. des B nicht erfüllt hat, kann das für B zuständige Finanzamt den U als Gesamtschuldner mit Steuerbescheid in Anspruch nehmen.

Beispiel 22:

Ein unter die Anlage 1 zu § 4 Nr. 4a UStG fallender Gegenstand ist in einem Umsatzsteuerlager im Inland eingelagert. Unternehmer A liefert den Gegenstand an Unternehmer B und B an Unternehmer C. B versendet den Gegenstand aus dem Umsatzsteuerlager an C nach Zürich.

Die Lieferung des A an B ist steuerfrei nach § 4 Nr. 4a Satz 1 Buchst. a Satz 1 UStG. Mit der Lieferung des B an C wird der Gegenstand ausgelagert. Die Lieferung des B an C ist als Ausfuhrlieferung steuerfrei (§ 4 Nr. 1 Buchst. a, § 6 UStG). B muss diese Lieferung im Rahmen seiner Umsatzsteuer-Voranmeldung angeben.

Beispiel 23:

Ein unter die Anlage 1 zu § 4 Nr. 4a UStG fallender Gegenstand ist in einem Umsatzsteuerlager im Inland eingelagert. Unternehmer A liefert den Gegenstand an Unternehmer B und B an Unternehmer C. B versendet den Gegenstand aus dem Umsatzsteuerlager an C nach Brüssel. C verwendet bei dem Umsatz eine belgische USt-IdNr.

Die Lieferung des A an B ist steuerfrei nach § 4 Nr. 4a Satz 1 Buchst. a Satz 1 UStG. Mit der Lieferung des B an C wird der Gegenstand ausgelagert. Die Lieferung des B an C ist als innergemeinschaftliche Lieferung steuerfrei (§ 4 Nr. 1 Buchst. b, § 6a UStG). B muss diese Lieferung im Rahmen seiner Umsatzsteuer-Voranmeldung und in seiner Zusammenfassenden Meldung angeben. Der Erwerb des C unterliegt in Belgien der Besteuerung des innergemeinschaftlichen Erwerbs (Art. 28a Abs. 1 Buchst. a der 6. EG-Richtlinie; vgl. § 1a Abs. 1 UStG).

Anlage § 004 Nr. 4a–01

Beispiel 24:

Ein unter die Anlage 1 zu § 4 Nr. 4a UStG fallender Gegenstand ist in einem Umsatzsteuerlager im Inland eingelagert. Unternehmer A liefert den Gegenstand an Unternehmer B und B an den in Belgien ansässigen Unternehmer C. C befördert den Gegenstand aus dem Umsatzsteuerlager nach Brüssel.

Die Lieferung des A an B ist steuerfrei nach § 4 Nr. 4a Satz 1 Buchst. a Satz 1 UStG. Ebenso ist zunächst die Lieferung des B an C steuerfrei. Im Zeitpunkt, in dem der Gegenstand das Umsatzsteuerlager verlässt, wird die Lieferung des B an C steuerpflichtig (§ 4 Nr. 4a Satz 1 Buchst. a Satz 2 UStG). Steuerschuldner ist C (§ 13a Abs. 1 Nr. 6 UStG).

Das Befördern des Gegenstandes durch C aus dem Inland nach Brüssel ist ein einer Lieferung gleichgestelltes Verbringen und als innergemeinschaftliche Lieferung steuerfrei (§ 4 Nr. 1 Buchst. b, § 6a Abs. 1 und 2 UStG). C muss diese Lieferung im Rahmen seiner Umsatzsteuer-Voranmeldung und in seiner Zusammenfassenden Meldung angeben. Gleichzeitig hat er als Steuerschuldner die Lieferung von B an ihn in der USt-Voranmeldung anzumelden und kann die angemeldete Steuer als Vorsteuer abziehen (§ 15 Abs. 1 Satz 1 Nr. 5 UStG).

Das Verbringen durch C unterliegt als innergemeinschaftlicher Erwerb in Belgien der Besteuerung (Art. 28a Abs. 6 der 6. EG-Richtlinie; vgl. § 1a Abs. 1 und 2 UStG).

Beispiel 25:

Ein unter die Anlage 1 zu § 4 Nr. 4a UStG fallender Gegenstand ist in einem Umsatzsteuerlager im Inland eingelagert. Unternehmer A liefert den Gegenstand an Unternehmer B und B an den in Norwegen ansässigen Unternehmer C. C befördert den Gegenstand aus dem Umsatzsteuerlager nach Oslo.

Die Lieferung des A an B ist steuerfrei nach § 4 Nr. 4a Satz 1 Buchst. a Satz 1 UStG. Ebenso ist zunächst die Lieferung des B an C steuerfrei. Im Zeitpunkt, in dem der Gegenstand das Umsatzsteuerlager verlässt, wird die Lieferung des B an C steuerpflichtig (§ 4 Nr. 4a Satz 1 Buchst. a Satz 2 UStG). Steuerschuldner ist C (§ 13a Abs. 1 Nr. 6 UStG).

Das Befördern des Gegenstandes durch C aus dem Inland in das Drittlandsgebiet ist kein steuerbarer Umsatz.

C muss sich umsatzsteuerlich im Inland erfassen lassen. Er hat als Steuerschuldner die Lieferung von B an ihn in einer USt-Voranmeldung anzumelden und kann die angemeldete Steuer als Vorsteuer abziehen (§ 15 Abs. 1 Satz 1 Nr. 5 UStG). Da das Verbringen kein umsatzsteuerbarer Vorgang ist, ist es nicht in der Umsatzsteuer-Voranmeldung anzugeben.

Beispiel 26:

Unternehmer A liefert einen Gegenstand aus den USA an Unternehmer B in Deutschland (Versendung durch A). Sobald der Gegenstand in das Gemeinschaftsgebiet gelangt, wird dieser von B ein Zolllagerverfahren übergeführt. B lagert die Ware beim Lagerhalter L in Deutschland ein. L betreibt sowohl ein Zoll- als auch ein Umsatzsteuerlager. Danach wird der Gegenstand von B an C, von C an D und von D an E zu der Kondition „unverzollt und unversteuert" verkauft. E bittet L, die Ware in den zoll- und steuerrechtlich freien Verkehr zu überführen und dann in dessen Umsatzsteuerlager zu übernehmen. Danach werden die Waren zu der Kondition „verzollt und versteuert" von E an F und von F an G veräußert.

Die Lieferung des A an B ist in Deutschland nicht steuerbar; der Lieferort liegt nach § 3 Abs. 6 Satz 1 UStG in den USA.

Da B die Waren in das Zolllagerverfahren übergeführt hat, ist der Einfuhrtatbestand nicht erfüllt.

Die Lieferungen des B an C, des C an D und des D an E im Zolllager sind nach § 4 Nr. 4b UStG steuerfrei.

Die Einfuhr durch E ist nach § 5 Abs. 1 Nr. 4 UStG steuerfrei, weil die Waren im Anschluss an die Einfuhr zur Ausführung von steuerfreien Umsätzen nach § 4 Nr. 4a Satz 1 Buchst. a Satz 1 UStG verwendet werden sollen.

Die Lieferungen von E an F und von F an G sind nach § 4 Nr. 4a Satz 1 Buchst. a Satz 1 UStG steuerfrei.

Beispiel 27:

Unternehmer A befördert Drittlandsgegenstände aus der Schweiz in das Gemeinschaftsgebiet. A lagert sie unversteuert in einem Zolllager ein. Das Zolllager befindet sich in Stuttgart. A liefert diese Gegenstände an Unternehmer B aus Cottbus. Die Übergabe erfolgt durch Aushändigung eines Lagerscheines, ohne dass die Waren das Zolllager verlassen. B liefert diese Gegenstände an Unternehmer C in Berlin. C überführt die Gegenstände in den zoll- und steuerrechtlich freien Verkehr.

Anlage § 004 Nr. 4a–01

Der Ort der Lieferungen von A an B und von B an C liegt in Stuttgart (§ 3 Abs. 7 Satz 1 und Abs. 6 Satz 1 UStG); die Lieferungen sind umsatzsteuerbar. Beide Lieferungen werden vor der Einfuhr ausgeführt und sind nach § 4 Nr. 4b UStG umsatzsteuerfrei.

Beispiel 28:
Sachverhalt wie in Beispiel 27, jedoch überführt B die Gegenstände in den zoll- und steuerrechtlich freien Verkehr und befördert sie an C.

Die Lieferung von A an B ist als Lieferung vor der Einfuhr nach § 4 Nr. 4b UStG steuerfrei. Die Lieferung von B an C ist steuerpflichtig. Die Befreiung des § 4 Nr. 4b UStG kann nicht angewendet werden, weil B als liefernder Unternehmer und nicht C als Abnehmer dieser Lieferung den Gegenstand einführt

Beispiel 29:
Unternehmer A hat Drittlandswaren aus Russland importiert. Er lagert sie in einem Zolllager in Frankfurt/Oder ein. Einen Teil der Gegenstände liefert A an den Unternehmer B in Kopenhagen. Diese Gegenstände werden im Rahmen des zollrechtlichen „Versandverfahrens" aus dem Zolllager nach Kopenhagen transportiert. B überführt später dort die Liefergegenstände in den zoll- und steuerrechtlich freien Verkehr.

Die Lieferung des A an B in Kopenhagen ist im Inland steuerbar (Ort: § 3 Abs. 6 S. 1 UStG). Sie ist als innergemeinschaftliche Lieferung nach § 4 Nr. 1 Buchst. b, § 6a UStG steuerfrei.

B führt in Dänemark einen innergemeinschaftlichen Erwerb aus (Art. 28a Abs. 1 Buchst. a der 6. EG-Richtlinie; vgl. § 1a UStG). Die Besteuerung des innergemeinschaftlichen Erwerbs knüpft nicht an dem zollrechtlichen Status der Waren an. Außerdem unterliegt die Einfuhr durch B in Dänemark der Umsatzsteuer (Art. 7 Abs. 1 und 3 der 6. EG-Richtlinie; vgl. § 1 Abs. 1 Nr. 4 UStG).

Beispiel 30:
Unternehmer A liefert einen Gegenstand aus den USA an Unternehmer B in das Inland (Versendung durch A). Sobald der Gegenstand in das Gemeinschaftsgebiet gelangt, wird dieser von B in ein Zolllagerverfahren überführt. B lagert die Ware beim Lagerhalter L im Inland ein. Danach wird der Gegenstand von B an C, von C an D und von D an E zu der Kondition „unverzollt und unversteuert" verkauft. E bittet L, die Ware in den zoll- und steuerrechtlich freien Verkehr zu überführen. E ist Schuldner der Einfuhrumsatzsteuer.

Die Lieferung des A an B ist im Inland nicht steuerbar. Der Lieferort liegt in den USA.

Die Lieferungen des B an C und des C an D im Zolllager sind nach § 4 Nr. 4b UStG steuerfrei. B und C können den Nachweis für die Steuerbefreiung erbringen, indem sie belegen, dass die Ware nicht durch sie, sondern erst zu einem späteren Zeitpunkt eingeführt worden ist. Dies kann durch Vorlage des Lagerscheins oder einer Kopie erfolgen.

Auch die Lieferung des D an E ist nach § 4 Nr. 4b UStG steuerfrei. D erhält den Nachweis über die Einfuhrbesteuerung durch eine entsprechende Bestätigung durch L.

Beispiel 31:
Unternehmer A liefert Papierrollen aus dem Drittlandsgebiet an Unternehmer B (Versendung durch A). Sobald die Papierrollen in das Gemeinschaftsgebiet gelangen, werden sie von B im Inland am 10. Januar 2004 in den zoll- und steuerrechtlich freien Verkehr übergeführt. B beabsichtigt, die Papierrollen in ein Umsatzsteuerlager des Lagerinhabers L in Hamburg für Umsatzsteuerzwecke einzulagern. Zu einer Einlagerung kommt es aber nicht, da B noch vor der Einlagerung einen Abnehmer C findet. Die Papierrollen werden auf Wunsch des C am 16. Januar 2004 unmittelbar zu dessen Fertigungshalle nach Düsseldorf versendet.

Die Einfuhr der Papierrollen ist nach § 5 Abs. 1 Nr. 4 UStG steuerfrei, da B beabsichtigte, die Papierrollen in ein Umsatzsteuerlager einzulagern.

Die Lieferung von A an B ist im Inland nicht steuerbar. Der Lieferort liegt im Drittlandsgebiet.

Die Lieferung des B an C ist steuerpflichtig, da sich der Liefergegenstand im Zeitpunkt der Lieferung nicht in einem Umsatzsteuerlager befindet und auch keine Lieferung in ein Umsatzsteuerlager vorliegt.

Beispiel 32:
Unternehmer A liefert einen Gegenstand aus dem Drittlandsgebiet an Unternehmer B in Deutschland (Versendung durch A). Sobald der Gegenstand in das Gemeinschaftsgebiet gelangt, wird dieser von B in ein Zolllagerverfahren übergeführt; gleichzeitig wird der Gegenstand für Umsatzsteuerzwecke in ein Umsatzsteuerlager eingelagert. Die Einlagerung erfolgt beim Lagerhalter L in Deutschland. L betreibt sowohl ein Zoll- als auch ein Umsatzsteuerlager. Danach wird der Gegenstand von B an das

Anlage § 004 Nr. 4a–01

Versicherungsunternehmen C zu der Kondition „verzollt und versteuert" verkauft. B bittet L, die Ware in den zoll- und steuerrechtlich freien Verkehr zu überführen und danach an C zu befördern. C ist nicht zum Vorsteuerabzug berechtigt.

Die Lieferung des B an C ist als der Auslagerung vorangehende Lieferung steuerpflichtig. C kann die ihm von B in Rechnung gestellte Steuer nicht als Vorsteuer abziehen.

Da B die Waren in ein Zolllagerverfahren übergeführt hat, ist der Einfuhrtatbestand zunächst bei Einlagerung in das Zolllager nicht erfüllt. Eine Einfuhr liegt erst vor, wenn das Lagerverfahren beendet und der Gegenstand in den zoll- und steuerrechtlich freien Verkehr übergeführt wird. Diese Einfuhr ist steuerfrei, da L für B als Lieferer den Liefergegenstand einführt und er die Einfuhrumsatzsteuer schulden würde (§ 5 Abs. 1 Nr. 5 UStG).

Beispiel 33:
Der marokkanische Südfruchthändler M versendet eine Ladung Apfelsinen von Marokko zum Obstgroßmarkt in München. Seinen im Inland ansässigen Abnehmer D findet er erst, während die Ware zum Bestimmungsort befördert wird. Nach Eintreffen der Ware in München nimmt sie der von D beauftragte Spediteur in Empfang überführt die Apfelsinen für D in den zoll- und steuerrechtlich freien Verkehr und entrichtet für D die Einfuhrumsatzsteuer. M hat in seiner Rechnung die Steuer für die in München bewirkte Lieferung nicht gesondert ausgewiesen.

Die Apfelsinen werden für den Abnehmer D eingeführt. D ist zum Abzug der Einfuhrumsatzsteuer berechtigt (§ 15 Abs. 1 Satz 1 Nr. 2 UStG).

Die Lieferung des M ist nach § 4 Nr. 4b UStG steuerfrei. M braucht sich in Deutschland nicht für Umsatzsteuerzwecke erfassen lassen.

Beispiel 34:
Der brasilianische Tabakexporteur A versendet eine Schiffsladung Tabak von Brasilien nach Bremen. Er hat über die Sendung ein Orderkonnossement ausgestellt, das während der anschließenden Lagerung des Tabaks in Bremen nacheinander auf mehrere im Ausland oder im Inland ansässige Abnehmer B, C, D, E und F übertragen wird. Schließlich erwirbt es der Tabakimporteur G in Bremen. Steuer ist für den Verkauf des Tabaks von keinem Lieferer ausgewiesen worden.

G lässt den Tabak durch seinen Spediteur S in den zoll- und steuerrechtlich freien Verkehr überführen und auch die Einfuhrumsatzsteuer entrichten. Gleichzeitig beauftragt G den S, den Tabak in mehreren getrennten Sendungen an verschiedene Zigarrenhersteller befördern zu lassen.

Der Tabak wird für den Abnehmer G eingeführt. G ist zum Abzug der Einfuhrumsatzsteuer berechtigt (§ 15 Abs. 1 Satz 1 Nr. 2 UStG).

Die Lieferungen von A an B, B an C, C an D, D an E, E an F und F an G sind nach § 4 Nr. 4b UStG steuerfrei. A, B, C, D, E und F brauchen sich in Deutschland nicht für Umsatzsteuerzwecke erfassen lassen.

Anlage § 004 Nr. 5–01

Vermittlung von Personenbeförderungsleistungen im Luftverkehr

BMF-Schreiben vom 30.03.2006 – IV A 5 – S 7200 – 13/06,
BStBl. 2006 I S. 308

Nach § 4 Nr. 5 Satz 1 Buchst. b UStG ist die Vermittlung grenzüberschreitender Personenbeförderungen im Luftverkehr von der Umsatzsteuer befreit, sofern sie nicht gegenüber dem Reisenden erfolgt (§ 4 Nr. 5 Satz 2 UStG). Reisebüros können den Verkauf von Einzelflugscheinen für grenzüberschreitende Flüge an Reisende nach Abschn. 53a Abs. 2 UStR als eine steuerfreie Vermittlungsleistung behandeln, sofern sie dabei für das die Beförderungsleistung erbringende Luftverkehrsunternehmen (z.B. im Rahmen eines Vermittlungsauftrags) tätig sind.

Durch Umstellung der Vertriebsstrukturen sind bei einigen Luftverkehrsunternehmen die bisherigen Agenturverträge in der Regel ab dem 1. September 2004 durch Vereinbarungen nach einem sog. Nullprovisionsmodell ersetzt worden. Die Reisebüros haben danach beim Verkauf von Flugscheinen keinen Anspruch auf (Grund-)Provision oder sonstiges Entgelt gegenüber dem Luftverkehrsunternehmen mehr; z.T. ist eine Vermittlungstätigkeit für das Luftverkehrsunternehmen ausdrücklich ausgeschlossen. Werden Reisebüros beim Verkauf von Flugscheinen im Rahmen eines solchen Nullprovisionsmodells tätig, wird die Vermittlungsleistung gegenüber dem Reisenden erbracht. Hierfür erheben die Reisebüros von den Reisenden regelmäßig als Gebühren bezeichnete Beträge (z.B. sog. Service-Fee).

Nach dem Ergebnis der Erörterungen mit den obersten Finanzbehörden der Länder gilt hinsichtlich der Vermittlung von grenzüberschreitenden Personenbeförderungsleistungen im Luftverkehr durch Reisebüros Folgendes:

1. Die Vermittlung grenzüberschreitender Beförderungen von Personen im Luftverkehr gegenüber einem Reisenden ist steuerpflichtig, soweit die vermittelte Leistung auf das Inland entfällt (§ 3b Abs. 1, § 4 Nr. 5 Satz 2 UStG). Abschn. 53a Abs. 2 UStR ist in diesen Fällen nicht anwendbar, weil das Reisebüro nicht im Auftrag des Luftverkehrsunternehmens tätig wird. Soweit die vermittelte Leistung nicht auf das Inland entfällt, ist deren Vermittlung nicht steuerbar.

2. Das Entgelt für eine Vermittlungsleistung im Sinne der Nr. 1 ist in einen steuerpflichtigen und einen nicht steuerbaren Teil aufzuteilen. Die Umsatzsteuer ist aus der anteiligen Zahlung des Reisenden herauszurechnen. Der Vorsteuerabzug ist auch hinsichtlich des nicht steuerbaren Teils dieser Vermittlungsleistung nicht ausgeschlossen.

3. Erhält ein Reisebüro eine Zahlung von einem Luftverkehrsunternehmen, das die dem Reisenden vermittelte Personenbeförderungsleistung erbringt, ohne von diesem ausdrücklich zur Vermittlung beauftragt zu sein, ist diese Zahlung regelmäßig (z.B. im Rahmen eines sog. Nullprovisionsmodells) Entgelt von dritter Seite für die gegenüber dem Reisenden erbrachte Vermittlungsleistung (s. Nr. 1). Nach den Umständen des Einzelfalls (z.B. auf der Grundlage eines gesonderten Dienstleistungsvertrags) kann ein Entgelt für eine gesonderte Leistung des Reisebüros an das Luftverkehrsunternehmen, die nicht in der steuerfreien Vermittlung einer Personenbeförderungsleistung besteht, oder in besonders gelagerten Ausnahmefällen ein nicht steuerbarer Zuschuss (Abschnitt 150 Abs. 7 UStR) gegeben sein; Nr. 1 bleibt auch in diesen Fällen unberührt.

4. Erhält ein Reisebüro, das grenzüberschreitende Personenbeförderungsleistungen im Luftverkehr im Auftrag des Luftverkehrsunternehmens vermittelt, von diesem für den Flugscheinverkauf ein Entgelt, und erhebt es daneben einen zusätzlichen Betrag vom Reisenden, erbringt es beim Flugscheinverkauf eine nach § 4 Nr. 5 Satz 1 Buchst. b UStG steuerfreie Vermittlungsleistung an das Luftverkehrsunternehmen und gleichzeitig eine nach Maßgabe der Nr. 1 anteilig steuerpflichtige Vermittlungsleistung an den Reisenden.

5. Soweit eine vom Luftverkehrsunternehmen gezahlte Vergütung auf den vom Reisenden erhobenen Preis angerechnet wird, mindert sich die Bemessungsgrundlage für die Leistung gegenüber dem Reisenden entsprechend.

6. Unter der Voraussetzung, dass der Unternehmer bei allen Vermittlungsleistungen im Sinne der Nr. 1 entsprechend verfährt, ist es nicht zu beanstanden, wenn der steuerpflichtige Teil einer Vermittlungsleistung im Sinne der Nr. 1 wie folgt ermittelt wird:
   – bei der Vermittlung von grenzüberschreitenden Beförderungen von Personen im Luftverkehr von bzw. zu Beförderungszielen im übrigen Gemeinschaftsgebiet (sog. EU-Flüge) mit 25% des Entgelts für die Vermittlungsleistung,
   – bei der Vermittlung von grenzüberschreitenden Beförderungen von Personen im Luftverkehr von bzw. zu Beförderungszielen außerhalb des übrigen Gemeinschaftsgebiets (sog. Drittlandsflüge) mit 5% des Entgelts für die Vermittlungsleistung.

Anlage § 004 Nr. 5–01

Zwischen- oder Umsteigehalte gelten dabei nicht als Beförderungsziele.

Dieser vereinfachte Aufteilungsmaßstab gilt nicht, soweit das vom Reisenden erhobene Entgelt auf andere als die in Nr. 1 bezeichneten Leistungen entfällt (z.B. auf die Vermittlung von Unterkunft oder Mietwagen).

7. Für Vermittlungsleistungen im Sinne der Nr. 1, die vor dem 1. Juli 2006 erbracht werden, wird die Inanspruchnahme der Steuerbefreiung nach § 4 Nr. 5 Satz 1 Buchst. b UStG nicht beanstandet.

Anlage § 004 Nr. 7–01

Nachweis der Steuerbefreiung für Umsätze an die NATO-Hauptquartiere in der Bundesrepublik Deutschland durch Unternehmer in den übrigen EG-Mitgliedstaaten (Artikel 15 Nr. 10 2. Gedankenstrich der 6. EG-Richtlinie)

BMF-Schreiben vom 09.06.1994 – IV C 4 – S 7493 – 10/94,
BStBl. 1994 I S. 377

Nach Artikel 15 Nr. 10 2. Gedankenstrich der 6. EG-Richtlinie befreien die Mitgliedstaaten die Lieferungen von Gegenständen (ausgenommen neue Fahrzeuge) und Dienstleistungen, die für internationale Einrichtungen bestimmt sind, die von den Behörden des Aufnahmelandes als solche anerkannt sind, sowie für die Mitglieder dieser Einrichtungen. Die Befreiung erfolgt in den Grenzen und zu den Bedingungen, die in den internationalen Übereinkommen über die Gründung dieser Einrichtungen oder in den Abkommen über den Sitz festgelegt sind, unter den im Gastmitgliedstaat festgelegten Beschränkungen. Zu den internationalen Einrichtungen gehören auch die NATO-Hauptquartiere. Die Steuerbefreiung für die in einem anderen Mitgliedstaat ausgeführten Umsätze an die NATO-Hauptquartiere in der Bundesrepublik Deutschland richtet sich somit nach den Voraussetzungen, die für die Steuerbefreiung entsprechender inländischer Umsätze gelten. Diese Voraussetzungen ergeben sich aus Artikel 14 Abs. 2 Buchst. b des Ergänzungsabkommens zum Protokoll über die NATO-Hauptquartiere.

Unter Bezugnahme auf das Ergebnis der Erörterung mit den obersten Finanzbehörden der Länder gilt hierzu folgendes:

(1) Nimmt ein Unternehmer für die in einem anderen Mitgliedstaat ausgeführten Umsätze die dort geltende, auf Artikel 15 Nr. 10 2. Gedankenstrich der 6. EG-Richtlinie beruhende Steuerbefreiung in Anspruch, so hat er grundsätzlich durch eine Bestätigung (Sichtvermerk) der zuständigen Behörde des Gastmitgliedstaates nachzuweisen, daß die in diesem Staat für die Steuerbefreiung entsprechender inländischer Umsätze geltenden Voraussetzungen eingehalten sind.

(2) Bei Umsätzen (Lieferungen und sonstige Leistungen) an die in der Bundesrepublik Deutschland errichteten NATO-Hauptquartiere wird von einer behördlichen Bestätigung abgesehen. An ihre Stelle tritt jeweils eine Eigenbestätigung (Freistellung vom Sichtvermerk) des im Inland errichteten NATO-Hauptquartiers, das den Auftrag zur Erbringung der Lieferungen und sonstigen Leistungen erteilt. Die Eigenbestätigung ist nach dem aus der Anlage ersichtlichen, vorläufigen EG-einheitlichen Muster auszustellen. In der Eigenbestätigung ist auf die Genehmigung durch dieses Schreiben hinzuweisen.

(3) Zur Ausstellung der Eigenbestätigung sind die amtlichen Beschaffungsstellen der im Inland errichteten NATO-Hauptquartiere berechtigt, die zur Erteilung von Aufträgen auf abgabenbegünstigte Lieferungen und sonstigen Leistungen berechtigt sind.

Anlage § 004 Nr. 7–02

Umsatzsteuerbefreiung nach § 4 Nr. 7 Buchstaben b bis d UStG; Nachweis der im Gastmitgliedstaat geltenden Voraussetzungen und Beschränkungen (§ 4 Nr. 7 Satz 5 UStG, Abschnitt 56 Abs. 6 UStR)

BMF-Schreiben vom 30.04.1997 – IV C 4 – S 7158b – 1/97,
BStBl. 1997 I S. 569

Nach § 4 Nr. 7 Satz 3 UStG ist die Steuerbefreiung der Umsätze an die in § 4 Nr. 7 Buchstaben b bis d UStG genannten Einrichtungen und Personen von den in dem Gastmitgliedstaat geltenden Voraussetzungen und Beschränkungen abhängig. Der Unternehmer muß dies durch eine Bescheinigung der zuständigen Behörde des Gastmitgliedstaates (bzw. durch eine Eigenbestätigung der begünstigten Einrichtung) nach amtlich vorgeschriebenem Muster nachweisen (§ 4 Nr. 7 Satz 5 UStG).

Das mit BMF-Schreiben vom 30. April 1993 – IV A 3 – S 7130 – 21/93 – (BStBl I S. 458) hierzu herausgegebene Vordruckmuster „Antrag auf Befreiung von der Umsatzsteuer in Anwendung von Artikel 15 (10) der Richtlinie 77/388/EWG" beruhte auf einem von der EG-Kommission vorgeschlagenen EG-einheitlichen vorläufigen Muster. Zwischenzeitlich hat die EG-Kommission das endgültige EG-einheitliche Formular „Bescheinigung über die Befreiung von der Mehrwertsteuer und Verbrauchsteuer" (Anlage 1[1]) sowie Erläuterungen hierzu (Anlage 2) bekanntgegeben. Das für die Inanspruchnahme der Steuerbefreiung nach § 4 Nr. 7 Buchstaben b bis d UStG im o. g. BMF-Schreiben angefügte vorläufige Vordruckmuster wird somit durch das als Anlage 1 beiliegende Muster ersetzt.

Anlage 2
zum BMF-Schreiben vom 30.04.1997 – IV C 4 – S 7158 b – 1/97

Erläuterungen

1. Dem Unternehmer und/oder zugelassenen Lagerinhaber dient diese Bescheinigung als Beleg für die Steuerbefreiung von Waren und/oder Dienstleistungen, die an Einrichtungen bzw. Privatpersonen im Sinne von Artikel 15 Nr. 10 der Richtlinie 77/388/ EWG und Artikel 23 Absatz 1 der Richtlinie 92/12/ EWG versendet und/oder geliefert werden. Dementsprechend ist für jeden Unternehmer/Lagerinhaber eine Bescheinigung auszufertigen. Der Unternehmer/ Lagerinhaber hat die Bescheinigung gemäß den in seinem Mitgliedstaat geltenden Rechtsvorschriften in seine Aufzeichnungen aufzunehmen. Sofern ein Mitgliedstaat keine direkte Steuerbefreiung für Dienstleistungen gewährt und somit die Freistellung von der Besteuerung durch Rückerstattung an den unter 1. genannten Begünstigten erfolgt, ist diese Bescheinigung dem Rückerstattungsantrag beizufügen.

2. a) Die allgemeinen Merkmale des zu benutzenden Papiers sind im ABl. Nr. C 164 vom 1. 7. 1989, S. 3, niedergelegt.

   Alle Exemplare sind auf weißem Papier auszufertigen. Das Format sollte 210 x 297 mm betragen; die zulässige Abweichung beträgt 5 mm weniger bzw. 8 mm mehr als angegeben.

   Die Befreiungsbescheinigung ist bei der Befreiung von Verbrauchsteuer in zwei Exemplaren auszufertigen:

   – ein Exemplar, das beim Versender bleibt,

   – und ein Exemplar, das neben dem Begleitdokument mitgeführt wird.

   b) Unbenutzte Felder in Feld 5 Buchstabe B sind durchzustreichen, so daß kein Zusatz angebracht werden kann.

   c) Das Dokument ist leserlich auszufüllen, und die Eintragungen müssen untilgbar sein. Ausradierte und überschriebene Stellen sind nicht zulässig. Die Bescheinigung ist in einer vom Gaststaat anerkannten Sprache auszufüllen.

   d) Wird bei der Bezeichnung der Waren und/oder Dienstleistungen (Feld 5 Buchstabe B der Bescheinigung) auf einen Bestellschein Bezug genommen, der nicht in einer vom Gaststaat anerkannten Sprache abgefaßt ist, so hat der Antragsteller eine Übersetzung beizufügen.

   e) Ist die Bescheinigung in einer vom Mitgliedstaat des Unternehmers/Lagerinhabers nicht anerkannten Sprache verfaßt, so hat der Antragsteller eine Übersetzung über die Angaben in Feld 5 Buchstabe B aufgeführten Güter und Dienstleistungen beizufügen.

---
1) Hier nicht abgedruckt, siehe neue Anlage § 004 Nr. 7-03

Anlage § 004 Nr. 7–02

f) Unter einer anerkannten Sprache ist eine der Sprachen zu verstehen, die in dem betroffenen Mitgliedstaat amtlich in Gebrauch ist, oder irgendeine andere Amtssprache der Gemeinschaft, die der Mitgliedstaat als zu diesem Zwecke verwendbar erklärt.

3. In Feld 3 der Bescheinigung macht der Antragsteller die für die Entscheidung über den Freistellungsantrag im Gaststaat erforderlichen Angaben.

4. In Feld 4 der Bescheinigung bestätigt die Einrichtung die Angaben in den Feldern 1 und 3 Buchstabe a) des Dokuments und bescheinigt, daß der Antragsteller – wenn es sich um eine Privatperson handelt – Bediensteter der Einrichtung ist.

5. a) Wird (in Feld 5 Buchstabe B der Bescheinigung) auf einen Bestellschein verwiesen, so sind mindestens Bestelltag und Nummer anzugeben. Der Bestellschein hat alle Angaben zu enthalten, die in Feld 5 der Bescheinigung genannt werden. Muß die Bescheinigung von der zuständigen Behörde des Gaststaates abgestempelt werden, so ist auch der Bestellschein abzustempeln.

b) Die Angabe der in Artikel 15 a Absatz 2 Buchstabe a) der Richtlinie 92/12/EWG genannten Registriernummer des zugelassenen Lagerinhabers ist freiwillig; die Mehrwertsteuer-Identifikationsnummer ist anzugeben.

c) Währungen sind mit den aus drei Buchstaben bestehenden Codes der internationalen ISOIDIS-4127-Norm zu bezeichnen, die von der Internationalen Normenorganisation festgelegt wurde.[1]

6. Die genannte Erklärung einer antragstellenden Einrichtung/Privatperson ist in Feld 6 durch die Dienststempel der zuständigen Behörde(n) des Gaststaates zu beglaubigen. Die Behörden können die Beglaubigung davon abhängig machen, daß eine andere Behörde des Mitgliedstaates zustimmt. Es obliegt der zuständigen Steuerbehörde, eine derartige Zustimmung zu erlangen.

7. Zur Vereinfachung des Verfahrens kann die zuständige Behörde darauf verzichten, von einer Einrichtung, die eine Befreiung für amtliche Zwecke beantragt, die Erlangung des Dienststempels zu fordern. Die antragstellende Einrichtung hat diese Verzichterklärung in Feld 7 der Bescheinigung anzugeben.

---

[1] Die Codes einiger häufig benutzter Währungen lauten: BEF (Belgischer Franken), DEM (Deutsche Mark), DKK (Dänische Krone), ESP (Spanische Peseta), FRF (Französischer Franken), GBP (Pfund Sterling), GRD (Griechische Drachme), IEP (Irisches Pfund), ITL (Italienische Lira), LUF (Luxemburger Franken), NLG (Niederländischer Gulden), PTE (Portugiesischer Escudo), ATS (Österreichischer Schilling), FIM (Finnmark), SEK (Schwedische Krone), USD (US-Dollar).

Anlage § 004 Nr. 7–03

Umsatzsteuerbefreiung nach § 4 Nr. 7 Satz 1 Buchst. b bis d UStG; Nachweis der im Gastmitgliedstaat geltenden Voraussetzungen (§ 4 Nr. 7 Satz 5 UStG)

BMF-Schreiben vom 23.06.2011 – IV D 3 – S 7158-b/11/10001,
BStBl. 2011 I S. 677

1. Neubekanntmachung des Vordruckmusters der Bescheinigung gemäß § 4 Nr. 7 Satz 5 UStG

Nach § 4 Nr. 7 Satz 3 UStG ist die Steuerbefreiung der Umsätze an die in § 4 Nr. 7 Satz 1 Buchstaben b bis d UStG genannten Einrichtungen und Personen von den in dem Gastmitgliedstaat geltenden Voraussetzungen abhängig. Der Unternehmer muss dies durch eine Bescheinigung der zuständigen Behörde des Gastmitgliedstaates (bzw. durch eine von der begünstigten Einrichtung selbst ausgestellte Bescheinigung) nach amtlich vorgeschriebenem Muster nachweisen.

In Artikel 51 der Durchführungsverordnung (EU) Nr. 282/2011 des Rates vom 15. März 2011 zur Festlegung von Durchführungsvorschriften zur Richtlinie 2006/112/EG über das gemeinsame Mehrwertsteuersystem (sog. MwStSystRL-DVO, ABl. EU Nr. L 77 Seite 1) ist festgelegt, dass in den Fällen, in denen der Leistungsempfänger innerhalb der Gemeinschaft, aber nicht in dem Mitgliedstaat der Lieferung oder Dienstleistung ansässig ist, die Bescheinigung über die Befreiung von der Mehrwertsteuer und/oder der Verbrauchsteuer nach dem Muster in Anhang II dieser Verordnung entsprechend den Erläuterungen im Anhang zu dieser Bescheinigung als Bestätigung dafür dient, dass der Umsatz nach Artikel 151 MwStSystRL von der Steuer befreit werden kann. Die Bescheinigung wird von den zuständigen Behörden des Aufnahmemitgliedstaats – vorbehaltlich der Fälle, in denen eine Freistellung von dieser Verpflichtung erfolgte – mit einem Dienststempelabdruck versehen.

Unter Bezugnahme auf das Ergebnis der Erörterungen mit den obersten Finanzbehörden der Länder wird das für die Inanspruchnahme der Steuerbefreiung mit BMF-Schreiben vom 30. April 1997 – IV C 4 – S 7158 b – 1/97 – (BStBl. I Seite 569[1]) bekannt gemachte Vordruckmuster der Bescheinigung hiermit durch das (in deutscher, englischer und französischer Sprache) beigefügte Muster nach Anhang II der MwStSystRL-DVO (Anlagen) ersetzt.

Das Muster ist für Umsätze anzuwenden, die nach dem 30. Juni 2011 bewirkt werden.

2. Änderung von Abschnitt 4.7.1 Absatz 6 Satz 6 des Umsatzsteuer-Anwendungserlasses

Unter Bezugnahme auf das Ergebnis der Erörterungen mit den obersten Finanzbehörden der Länder wird Abschnitt 4.7.1 Absatz 6 Satz 6 des Umsatzsteuer-Anwendungserlasses vom 1. Oktober 2010, der zuletzt durch das BMF-Schreiben vom 22. Juni 2011 – IV D 2 – S 7303-b/10/10001 :001 (2011/0467333) –, BStBl. I S. ###, geändert worden ist, wie folgt gefasst:

„⁶Für die von der zuständigen Behörde des Gastmitgliedstaates zu erteilende Bestätigung bzw. die Eigenbestätigung der begünstigten Einrichtung ist ein Vordruck nach amtlich vorgeschriebenem Muster zu verwenden (**vgl. BMF-Schreiben vom 23. Juni 2011, BStBl. I S. 677, und Artikel 51 i.V.m. Anhang II der Durchführungsverordnung (EU) Nr. 282/2011, ABl. EU 2011 Nr. L 77 S. 1).**"

Diese Regelung ist auf Umsätze anzuwenden, die nach dem 30. Juni 2011 bewirkt werden.

---

[1] Anlage § 004 Nr. 7-02

Anlage § 004 Nr. 8–01

Verbriefte und nichtverbriefte Genußrechte

OFD Saarbrücken, Vfg. vom 01.02.1989 – S 7160 – 21 – St 24 1,
BB 1989 S. 1180

Es wird gebeten, folgende Auffassung zu vertreten:
1. Verbriefte Genußrechte sind als Wertpapierte anzusehen. Die Ausgabe verbriefter Genußrechte ist daher nach § 4 Nr. 8 Buchstabe e UStG von der Umsatzsteuer befreit.
2. Als Wertpapiere i. S. d. § 4 Nr. 8e UStG sind die nach § 19 KVStG bezeichneten Papiere anzusehen (Abschnitt 64 Abs. 1 UStR). Hierzu gehören nach § 19 Abs. 2 KVStG auch Genußscheine (urkundlich verbriefte Genußrechte). Da nichtverbriefte Genußrechte keine Wertpapiere i. S. d. § 19 Abs. 2 KVStG sind, findet die Befreiungsvorschrift des § 4 Nr. 8e UStG auf die Ausgabe nichtverbriefter Genußrechte keine Anwendung.
3. Die Ausgabe nichtverbriefter Genußrechte (z. B. an Arbeitnehmer), die ein Recht am Gewinn eines Unternehmens begründen, ist als steuerfreier Umsatz einer Geldforderung (§ 4 Nr. 8 Buchstabe c UStG) anzusehen.

Zu den nicht verbrieften Genußrechten gehören z. B. Genußrechte im Sinne des § 19a Abs. 3 Nr. 11 EStG. Die Ausgabe dieser Genußrechte ist daher nach § 4 Nr. 8 Buchstabe c UStG von der Umsatzsteuer befreit.

Anlage § 004 Nr. 8–02

Umsatzsteuerrechtliche Behandlung verschiedener Finanzmarktinnovationen und der uneigentlichen Wertpapierleihe (§ 4 Nr. 8 UStG)

BMF-Schreiben vom 19.12.1989 – IV A 3 – S 7160 – 55/89,
UR 1990 S. 63

Im Einvernehmen mit den obersten Finanzbehörden der Länder nehme ich zu Ihrem Schreiben wie folgt Stellung:

1. Börsenmäßige Abwicklung von Financial Futures

   a) Financial-Futures

   Das Geschäft mit Financial-Futures wird an der Deutschen Terminbörse (DTB) zunächst auf der Grundlage der Kursnotierungen von Bundesanleihen (Bundesanleihen-Futures) und auf der Grundlage von Aktienindizes (Aktienindex-Futures) aufgenommen.

   Vertragspartner der Financial-Future-Geschäfte sind jeweils die DTB und ein Börsenmitglied (Bank), das in der Regel seinerseits ein weiteres Future-Geschäft gleichen Inhalts mit einem Anleger abschließt. Die Financial-Futures zielen darauf ab, durch zwei gegenläufige Geschäfte eine Gelddifferenz zu bestimmen, die der „Verlierer" des Geschäfts an den „Gewinner" zu zahlen hat. Zur Bestimmung der Differenz kommt es dadurch, daß die Beteiligten jeweils zunächst als „Käufer" bzw. „Verkäufer" des Kontraktgegenstandes und zu einem späteren Zeitpunkt umgekehrt als „Verkäufer" bzw. „Käufer" desselben Kontraktgegenstandes auftreten. Unterschiede in den Handelskursen der Kontraktgegenstände zu den Zeitpunkten der beiden gegenläufigen Vertragsabschlüsse führen dann zu einer Gelddifferenz.

   Bei diesen Differenzgeschäften liegt ein umsatzsteuerbarer Leistungsaustausch nicht vor (vgl. BFH-Urteil vom 13.10.1988 – IV R 220/85, BStBl. 1989 II, 39).

   Werden die zuerst geschlossenen Verträge nicht rechtzeitig durch gegenläufige Geschäfte glattgestellt, so kommt es nicht zur Bestimmung einer Differenz. Bei den Bundesanleihen-Futures sind in diesem Falle Wertpapiere an den Vertragspartner zu liefern, bei den Aktienindex-Futures ist eine Geldzahlung (100 DM pro Indexpunkt) zu erbringen.

   In diesen Fällen werden steuerbare Leistungen erbracht. Diese sind von der Umsatzsteuer befreit, soweit die Voraussetzungen von Steuerbefreiungsvorschriften vorliegen.

   b) Tätigkeit der DTB

   Durch den Einsatz ihrer Einrichtungen und ihrer Organisation ermöglicht die DTB die börsenmäßige Abwicklung der Financial-Future-Geschäfte. Für die auf die Begründung von Geldforderungen der Anleger gerichtete Geschäftstätigkeit berechnet sie ein besonderes Entgelt (Transaktionsentgelt). Es begegnet Bedenken, diese Leistungen der DTB nach § 4 Nr. 8 Buchst. c UStG als steuerfrei anzusehen. Es ist aber beabsichtigt, dem Gesetzgeber eine Änderung des § 4 Nr. 8 UStG vorzuschlagen, durch die klargestellt werden soll, daß diese Leistungen von der Umsatzsteuer befreit sind. Der Vorschlag soll auf die Regelungen in Art. 13 Teil B Buchst. d Nr. 3 der 6. EG-Richtlinie zur Harmonisierung der Umsatzsteuern vom 17.5.1977 (ABl. EG L 145, S. 1) gestützt werden. Aus sachlichen Billigkeitsgründen werden die Leistungen der DTB zunächst im Verwaltungswege als nach § 4 Nr. 8 Buchst. e UStG von der Umsatzsteuer befreit behandelt.

2. Börsenmäßige Abwicklung von Optionsgeschäften mit Wertpapieren

   a) Optionsgeschäfte mit Wertpapieren

   An der DTB sollen auch Optionsgeschäfte mit Wertpapieren durchgeführt werden. Die DTB wird hiernach Optionsverträge mit Börsenmitgliedern abschließen, die in der Regel ihrerseits wiederum Optionsverträge mit Anlegern abschließen.

   Diese Optionsgeschäfte sind nach § 4 Nr. 8 Buchst. e UStG von der Umsatzsteuer befreit.

   b) Tätigkeit der DTB

   Durch den Einsatz ihrer Einrichtungen und ihrer Organisation ermöglicht die DTB die börsenmäßige Abwicklung des Optionshandels mit Wertpapieren. Für diese Geschäftstätigkeit berechnet sie ein besonderes Entgelt (Transaktionsentgelt).

   Es begegnet Bedenken, die Leistungen der DTB nach § 4 Nr. 8 Buchst. e UStG als steuerfrei anzusehen. Es ist aber auch für diesen Fall beabsichtigt, dem Gesetzgeber eine Änderung des § 4 Nr. 8 UStG vorzuschlagen, durch die klargestellt werden soll, daß diese Leistungen von der

Anlage § 004 Nr. 8–02

Umsatzsteuer befreit sind. Der Vorschlag soll auf die Regelungen in Art. 13 Teil B Buchst. d Nr. 5 der 6. EG-Richtlinie zur Harmonisierung der Umsatzsteuern vom 17.5.1977 gestützt werden. Aus sachlichen Billigkeitsgründen werden die Leistungen der DTB zunächst im Verwaltungswege als nach § 4 Nr. 8 Buchst. e UStG von der Umsatzsteuer befreit behandelt.

3. Wertpapierleihsystem

Nach den dargelegten Plänen zur Einführung eines Wertpapierleihsystems sind Geschäfte vorgesehen, durch die ein „Verleiher" dem „Entleiher" Wertpapiere zur freien Verfügung überläßt. Der „Entleiher" braucht die übergebenen Papiere nach Ablauf der vereinbarten Leihfrist nicht an den „Verleiher" zurückzuübertragen. Er verpflichtet sich lediglich dazu, Wertpapiere derselben Art an den „Verleiher" zurückzugeben.

Es begegnet Bedenken, diese Leistungen nach § 4 Nr. 8 UStG als steuerfrei anzusehen. Es ist hier aber ebenfalls beabsichtigt, dem Gesetzgeber eine Änderung des § 4 Nr. 8 Buchst. e UStG vorzuschlagen, durch die klargestellt werden soll, daß diese Leistungen von der Umsatzsteuer befreit sind. Der Vorschlag soll auf die Regelungen in Art. 13 Teil B Buchst. d Nr. 5 der 6. EG-Richtlinie zur Harmonisierung der Umsatzsteuern vom 17.5.1977 gestützt werden. Aus sachlichen Billigkeitsgründen werden die Leistungen zunächst im Verwaltungswege als nach § 4 Nr. 8 Buchst. e UStG von der Umsatzsteuer befreit behandelt.

Die Beantwortung der übrigen von Ihnen im Zusammenhang mit Wertpapierleihgeschäften gestellten Fragen erfolgt in gesonderten Schreiben.

4. Swap-Geschäfte

   a) Zins-Swaps

   Durch einen Zins-Swap vereinbaren die Swap-Partner den wechselseitigen Tausch von Zinsbeträgen. Die Vereinbarung erstreckt sich nicht auf das Außenverhältnis gegenüber den (möglichen) Kreditgebern der Swap-Partner.

   Der Austausch der Zinsbeträge ist nach § 4 Nr. 8 Buchst. g UStG von der Umsatzsteuer befreit.

   b) Währungs-Swaps

   Im Rahmen eines Währungs-Swaps tauschen die Swap-Partner deckungsgleiche Kapitalbeträge in zwei verschiedenen Währungen untereinander aus und vereinbaren gleichzeitig die Bedingungen für den späteren Rücktausch. Häufig verpflichten sich die Swap-Partner in diesem Geschäft wechselseitig auch dazu, die Zinslasten für die erhaltenen Kapitalbeträge zu tragen.

   Der Austausch der Kapitalbeträge und der Austausch der Zinslasten sind nach § 4 Nr. 8 Buchst. b UStG von der Umsatzsteuer befreit.

5. Zins-Caps

   Durch ein Zins-Cap-Geschäft übernimmt ein Dritter das Risiko, daß eine Erhöhung des Kapitalmarktzinssatzes eine bestimmte vorher festgelegte Höhe überschreitet. In diesem Fall hat der Dritte den Differenzbetrag zwischen dem festgelegten und dem später geltenden Zinssatz – bezogen auf einen bestimmten Kapitalbetrag – an den Vertragspartner des Cap-Geschäftes zu zahlen.

   Die Leistung des Dritten ist als Übernahme einer Sicherheit nach § 4 Nr. 8 Buchst. g UStG von der Umsatzsteuer befreit.

Anlage § 004 Nr. 8–03, § 004 Nr. 8–04 nicht belegt

Umsatzsteuerliche Behandlung der Asset-Backed Securities
(§ 4 Nr. 8e UStG)

BMF-Schreiben vom 21.09.1990 – IV A 3 – S 7160 – 13/90,
UR 1990 S. 364

Sie haben die Frage gestellt, ob die unverzinslichen Inhaber-Schuldverschreibungen über den Einzug von DM-Leasingforderungen – sog. Asset-Backed Securities (ABS) – als Wertpapiere im Sinne des § 4 Nr. 8 Buchstabe e UStG angesehen werden können. Die ABS dienen nach Ihrer Darstellung der bilanzbefreienden Finanzierung von Aktiva und verbriefen die im Zusammenhang mit der treuhänderischen Haltung und Verwaltung eines aus Leasingforderungen mit unterschiedlichen Restlaufzeiten bestehenden Pools eingegangenen Verpflichtungen des Treuhänders.

Im Einvernehmen mit den obersten Finanzbehörden der Länder vertrete ich die Auffassung, daß die ABS ab 1.1.1991 als Wertpapiere im Sinne des § 4 Nr. 8 Buchstabe e UStG anzusehen sind.

Anlagen § 004 Nr. 8–05 nicht belegt, § 004 Nr. 8–06, § 004 Nr. 8–07, 08 nicht belegt

Abgrenzung der steuerfreien von den steuerpflichtigen Umsätzen im Wertpapier- und Depotbereich

BMF-Schreiben vom 29.06.1993 – IV A 3 – S 7160 – 41/93,
DB 1993 S. 1448

Die Erörterung der aufgeworfenen Fragen mit den obersten Finanzbehörden der Länder hat zu folgendem Ergebnis geführt:
Die Änderung des § 4 Nr. 8 Buchst. e UStG durch das Zweite Gesetz zur Änderung des UStG vom 30.3.1990 (BGBl. I 1990 S. 597, BStBl. I 1990 S. 213) macht es vom 1.1.1991 an erforderlich, die steuerfreien Umsätze im Geschäft mit Wertpapieren von der stpfl. Verwahrung und Verwaltung von Wertpapieren abzugrenzen. Hierbei kann davon ausgegangen werden, daß

– eine Vermutung für die Steuerfreiheit besteht, wenn das Entgelt für die Leistung dem Emittenten der Wertpapiere in Rechnung gestellt wird und
– eine Vermutung für die Steuerpflicht besteht, wenn das Entgelt für die Leistung dem Kunden berechnet wird.

Diese Vermutungen, die nicht für die stets steuerfreien Lieferungen von Wertpapieren gelten, sind jedoch widerlegbar. Der Zuordnung der einzelnen Wertpapierumsätze zum steuerfreien und zum steuerpflichtigen Bereich wird mit den nachstehenden Ausnahmen grundsätzlich zugestimmt. Der Versand von Aktionärsmitteilungen, Zwischenberichten und Fondsberichten an die Kunden ist dem steuerpflichtigen Bereich der Verwahrung und Verwaltung von Wertpapieren zuzurechnen. Soweit diese Leistungen bisher als steuerfrei behandelt worden sind, wird dies für die vor dem 1.7.1993 erbrachten Umsätze jedoch nicht beanstandet. Steuerpflichtig sind ferner die Übernahme der Verwahrung und Verwaltung von Wertpapieren durch ein Kreditinstitut für ein anderes Kreditinstitut (z. B. durch eine Landesbank für Sparkassen) und die Ausstellung einer Kassenquittung im Zusammenhang mit der Auslieferung von Wertpapieren, die zuvor in einem Depot verwahrt wurden.
Zur Vorsteueraufteilung ergeht ein gesondertes Schreiben.

Anlage § 004 Nr. 8–09

Umsatzsteuerbefreiung für die Verwaltung von Versorgungseinrichtungen nach § 4 Nr. 8 Buchst. h UStG

BMF-Schreiben vom 18.12.1997 – IV C 4 – S 7160 h – 5/97,
BStBl. 1997 I S. 1046

Durch Artikel 1 Nr. 3 Buchst. d Doppelbuchst. bb des Gesetzes zur Änderung des Umsatzsteuergesetzes und anderer Gesetze vom 9. August 1994 (BGBl. I S. 2058; BStBl. I S. 655) ist § 4 Nr. 8 Buchst. h UStG ergänzt worden. Danach ist die Verwaltung von Versorgungseinrichtungen im Sinne des Versicherungsaufsichtsgesetzes (VAG) seit dem 17. August 1994 von der Umsatzsteuer befreit. Unter Versorgungseinrichtungen sind nach § 1 Abs. 4 VAG Einrichtungen zu verstehen, die Leistungen im Todes- oder Erlebensfall, bei Arbeitseinstellung oder bei Minderung der Erwerbsfähigkeit vorsehen. Mit der Steuerbefreiung sollen Wettbewerbsnachteile inländischer Unternehmer gegenüber entsprechenden Unternehmern in anderen EG-Mitgliedstaaten vermieden werden.

Im Zusammenhang mit der ertragsteuerlichen Behandlung der Zuwendungen an Unterstützungskassen (§ 4 d EStG) ist folgender Sachverhalt auch umsatzsteuerlich zu beurteilen: Arbeitgeber, die ihren Arbeitnehmern Leistungen der betrieblichen Altersversorgung gewähren, bedienen sich hierzu häufig einer Unterstützungskasse im Sinne von § 1 Abs. 4 des Gesetzes zur Verbesserung der betrieblichen Altersversorgung. Die Unterstützungskasse ist eine Versorgungseinrichtung im Sinne des § 1 Abs. 4 AVG. Erhält ein Arbeitnehmer von seinem Arbeitgeber (Trägerunternehmen) eine Zusage auf betriebliche Altersversorgungsleistungen durch die Unterstützungskasse, hat er nach Eintritt des Versorgungsfalles Ansprüche gegen die Unterstützungskasse. Zur Erfüllung der arbeitsrechtlichen Verpflichtungen der Unterstützungskasse stattet das Trägerunternehmen sie mit Finanzmitteln aus. Diese Zuwendungen gehen in das Vermögen der Unterstützungskasse über (Sondervermögen). Die Verwaltung dieses Vermögens kann die Unterstützungskasse selbst durchführen oder Dritte damit beauftragen. Ein solcher Dritter kann auch das Trägerunternehmen sein.

In diesem Zusammenhang sind insbesondere folgende Leistungen als typische Verwaltungsleistungen im Sinne des § 4 Nr. 8 Buchst. h UStG anzusehen:

- die Erfassung und Pflege des Anwärter- und Rentnerbestandes;
- die Verwaltung der vorhandenen Vermögenswerte einschließlich der Anlage der Vermögenswerte am Kapitalmarkt;
- die Wahrnehmung der Mitteilungspflichten an den Pensionssicherungsverein a.G., einschließlich der Kurztestate;
- Erarbeitung der Konzeption, Beratung und Unterstützung bei der Einführung und/oder Durchführung der Versorgungseinrichtung einschließlich der Erstellung des Leistungsplanes, des Finanzierungskonzeptes und der Anlagestrategie, sofern das leistende Unternehmen auch die Verwaltung der Unterstützungskasse übernimmt; entrichtet wird.
- Berechnung und Einzug der notwendigen Versorgungsbeiträge;
- Bearbeitung von Leistungsfällen einschließlich der Ermittlung der Leistungshöhe und Auszahlung der Versorgungsleistungen;
- Ermitteln, Anmelden und Abführen der Steuern und Sozialabgaben;
- Ausfertigung von Versorgungszusagen sowie die Erstellung jährlicher Leistungsnachweise;
- bei Rückdeckung: die Abwicklung mit der Versicherungsgesellschaft;
- die Durchführung erforderlicher vertraglicher Anpassungen (z. B. Anpassung nach § 16 BetrAVG).

Diese Leistungen können von den Verwaltern einzeln oder in einem Leistungsbündel angeboten werden, ohne daß sich an der Steuerbefreiung etwas ändert.

Leistungen allgemeiner Art, die nicht für die Verwaltung der Versorgungseinrichtung typisch sind, wie z. B.

- die Verwaltung der Lohnsteuerkarten, wenn der Versorgungsberechtigte außer den Leistungen der Versorgungseinrichtungen noch andere lohnsteuerpflichtige Bezüge erhält;
- die Durchführung des Versorgungsausgleichs (§§ 1587 ff. BGB), werden nur dann als Verwaltungsleistungen i. S. d. § 4 Nr. 8 Buchst. h UStG angesehen, wenn sie zusammen mit den o. g. typischen Verwaltungsleistungen erbracht werden und wenn für die Gesamtleistung ein Gesamtentgelt entrichtet wird. Werden diese Leistungen hingegen (einzeln oder im Bündel) gesondert erbracht und in Rechnung gestellt, unterliegen sie der Umsatzsteuer.

Anlage § 004 Nr. 8–09

Im Einvernehmen mit den obersten Finanzbehörden der Länder wird zu den nachfolgend genannten Fallgruppen die jeweils dargestellte Auffassung vertreten:

Fall 1:

Die Unterstützungskasse wickelt die anfallenden Verwaltungsaufgaben selbst, d. h. ohne Einschaltung von Dritten, ab.

Es liegt keine umsatzsteuerfreie Verwaltung von Versorgungseinrichtungen im Sinne des § 4 Nr. 8 Buchst. h UStG vor. Die Versorgungseinrichtung verwaltet das Sondervermögen vielmehr in eigener Zuständigkeit.

Fall 2:

Die Unterstützungskasse beauftragt **das Trägerunternehmen** mit der Durchführung der Verwaltungsaufgaben
– unter Vereinbarung eines Entgelts
– ohne Vereinbarung eines Entgelts.

Erhält das Trägerunternehmen für die Durchführung der Verwaltungstätigkeit ein Entgelt, kommt die Steuerbefreiung nach § 4 Nr. 8 Buchst. h UStG für die Verwaltung einer Versorgungseinrichtung im Sinne des § 1 Abs. 4 VAG insoweit zur Anwendung, als lediglich für die Verwaltung der Einrichtung typische Leistungen erbracht werden. Gleiches gilt, wenn neben den typischen Leistungen allgemeine Verwaltungsleistungen Bestandteil eines Gesamtangebots sind, für das ein Gesamtentgelt entrichtet wird. Wird das Trägerunternehmen hingegen unentgeltlich tätig, fehlt es an einem Leistungsaustausch. Die Durchführung der Verwaltungsaufgaben durch das Trägerunternehmen ist nicht umsatzsteuerbar.

Fall 3:

Die Unterstützungskasse beauftragt ein drittes Unternehmen **(Verwaltungsgesellschaft)** mit der Durchführung der Verwaltungstätigkeit. Die Verwaltungsgesellschaft rechnet entweder mit der Unterstützungskasse oder mit dem Trägerunternehmen ab.

Die Durchführung der Verwaltungstätigkeit durch eine Verwaltungsgesellschaft, die von der Unterstützungskasse mit dieser Tätigkeit beauftragt wird, ist eine nach § 4 Nr. 8 Buchst. h UStG steuerfreie Tätigkeit, wenn lediglich für die Verwaltung der Versorgungseinrichtung typische Leistungen erbracht werden. Gleiches gilt, wenn neben den typischen Leistungen allgemeine Verwaltungsleistungen Bestandteil eines Gesamtangebots sind, für das ein Gesamtentgelt entrichtet wird.

Wird das Entgelt für die Verwaltungstätigkeit nicht vom Leistungsempfänger (der Unterstützungskasse), sondern vom Trägerunternehmen entrichtet, liegt eine Entgeltzahlung von dritter Seite nach § 10 Abs. 1 Satz 3 UStG vor, die ebenfalls nach § 4 Nr. 8 Buchst. h UStG steuerfrei ist.

Anlage § 004 Nr. 8–10

Umsatzsteuerliche Behandlung von Wechseldiskont und Zinsen aus Wertpapieren (§ 4 Nr. 8, § 15 Abs. 4 UStG)

BMF-Schreiben vom 10.02.1998 – IV C 3 – S 7306 – 2/98,
UR 1998 S. 164

Aufgrund der Entscheidung des BFH vom 18.7.1993 – V R 119/89 vertreten Sie die Auffassung, die Entgegennahme eines Wechsels zu Diskont und die Gutschrift des Diskonterlöses sowie der Ersterwerb eines festverzinslichen Wertpapiers seien umsatzsteuerlich nicht als Entgegennahme eines Forderungsumsatzes bzw. einer Lieferung, sondern als Kreditgewährung der Bank an den Wechseleinreicher bzw. den Emittenten des Wertpapiers anzusehen.

Die Angelegenheit wurde nunmehr abschließend mit dem Bundesministerium der Justiz sowie den obersten Finanzbehörden der Länder erörtert.

Nach Auffassung des Bundesministeriums der Justiz sowie der obersten Finanzbehörden der Länder läßt sich Ihre Rechtsauffassung nicht aus dem Urteil des BFH vom 18.7.1993 – V R 119/89 ableiten. Das Urteil enthält keine Anhaltspunkte, alle Diskontgeschäfte als Darlehensverträge zu bewerten. Darüber hinaus nimmt der Bundesfinanzhof in seinem Urteil keinen Bezug auf den Ersterwerb festverzinslicher Wertpapiere. Die von Ihnen vorgenommene Gleichbehandlung der Wechseldiskontgeschäfte mit dem Ersterwerb von Wertpapieren ist somit nicht nachvollziehbar. Die Vertreter der obersten Finanzbehörden der Länder halten daher einstimmig an der bisherigen – auch vom Bundesministerium der Justiz – geteilten Verwaltungsauffassung fest, daß einem Wechseldiskontgeschäft sowie dem Ersterwerb bei der Emission festverzinslicher Wertpapiere durch eine Konsortialbank zur Weiterveräußerung an das Publikum ein Kaufvertrag zugrunde liegt.

Anlage § 004 Nr. 8–11

Umsatzsteuerliche Behandlung von Treuhandkrediten und sog. stillen Gemeinschaftskrediten

Erlass FM Bayern vom 25.03.1998 – 36 – S 7160 – 41/12 – 3910,
DStR 1998 S. 853

Durch Art. 20 Nr. 7 JStG 1996 vom 11.10.1995 (BStBl. 1, 438, 583) ist § 4 Nr. 8 Buchst. a UStG dahingehend geändert worden, daß die Steuerbefreiung für die Verwaltung von Krediten und Kreditsicherheiten mit Wirkung vom 1.1.1996 entfallen ist. Diese Leistungen sind nunmehr nur noch von der Umsatzsteuer befreit, sofern sie Nebenleistungen zu einer steuerfreien Kreditgewährung darstellen. In diesem Zusammenhang ist gefragt worden, wie die Verwaltung von Treuhandkrediten und sog. stillen Gemeinschaftskrediten umsatzsteuerlich zu behandeln ist.

Im Einvernehmen mit den obersten Finanzbehörden des Bundes und der anderen Länder wird gebeten, hierzu folgende Auffassung zu vertreten:

Treuhandkredite

Bei der Vergabe von Treuhandkrediten, z. B. beim Förderprogramm für berufliche Bildung des Bundeswirtschaftsministerium (BF-Darlehen), schließt die Hausbank im eigenen Ermessen einen Darlehensvertrag mit dem jeweils begünstigen Kreditnehmer ab. Der Vertrag kommt im eigenen Namen, aber für fremde Rechnung (für Rechnung eines Förderinstitutes, z. B. der Deutschen Ausgleichsbank) zwischen der Hausbank und dem begünstigten Kreditnehmer zustande. Für die Tätigkeit im Rahmen der Kreditgewährung gegenüber dem jeweiligen Kreditnehmer (Anbahnung und Abschluß des Kreditvertrages, Bereitstellung des Darlehensbetrages, Auszahlung des Betrages) ist die Hausbank im Rahmen des BF-Programms berechtigt, eine Bearbeitungsgebühr von 2 v. H. des Darlehens-Nennbetrages zu erheben.

Diese Tätigkeit ist als Verwaltungstätigkeit im Rahmen einer Kreditgewährung gegenüber einem Kreditnehmer auch nach der Rechtsänderung des § 4 Nr. 8 Buchst. a UStG umsatzsteuerfrei (vgl. auch BFH vom 1.4.1993, BStBl. II, 694).

Die Hausbank hält das Darlehen treuhänderisch für das Förderinstitut und überwacht dabei die bestimmungsgemäße Verwendung der Darlehensmittel. Sie zieht die vertragsgemäß zu leistenden Zins- und Tilgungsleistungen vom Kreditnehmer ein und bereitet den Forderungseinzug durch das Förderinstitut vor. Ggf. prüft sie die Voraussetzungen der Bewilligung einer Stundung der Zins- und Tilgungsverpflichtungen.

Für diese und die weiteren Leistungen des Hausbank, die in den Allgemeinen Einschaltbedingungen für Kreditinstitute festgelegt sind (z. B. Unterricht des Förderinstituts über die vorzeitige Beendigung der geförderten Fortbildungsmaßnahme bzw. über eine vorzeitige Darlehensverkündung), erhält die Hausbank eine Marge von 0,25 v. H. des valutierenden Betrags. Dieses Entgeld ist Gegenleistung für eine Leistung der Hausbank gegenüber dem Förderinstitut, die umsatzsteuerbar und mangels Steuerbefreiungsvorschrift auch umsatzsteuerpflichtig ist.

Diese Grundsätze gelten auch für die umsatzsteuerliche Beurteilung der *Aufbaudarlehen für den Wohnungsbau und die freien Berufe.*

Die Darlehensgewährung wird durch die Deutsche Ausgleichsbank (Förderinstitut) im Namen des Bundesausgleichsamtes ausgezahlt. Aufgrund eines Bewilligungsbescheides des örtlichen Ausgleichsamtes gewährt ein vom Kreditnehmer ausgewähltes Kreditinstitut (Hausbank) das Darlehen im eigenen Namen und für Rechnung des Ausgleichsfonds. Das Darlehen wird vom Förderinstitut und der Hausbank als durchlaufender Kredit behandelt.

Die Darlehen für den Wohnungsbau sind zinslos und haben eine 25-jährige Laufzeit mit einer halbjährlichen Tilgung von 2 v. H. Die Gewerbedarlehen sind mit 3 v. H. zu verzinsen und nach bis zu drei tilgungsfreien Jahren in zehn Jahren zurückzuzahlen. Die Hausbank hat die Zahlungen und die Bonität der Kreditnehmer zu überwachen. Sie hat das Förderinstitut über Gefährdungstatbestände zu unterrichten. Für diese Tätigkeit erhält die Hausbank neben einer allgemeinen Bearbeitungsgebühr von 1 v. H. des Darlehens-Nennbetrages aus dem Ausgleichsfonds für die laufende Verwaltung gegenüber dem Förderinstitut eine Marge von 0,5 v. H. (Aufbaudarlehen für Wohnungsbau) bzw. von 1,75 v. H. (Aufbaudarlehen Gewerbe).

Bearbeitungsgebühr und Verwaltungsprovision sind das Entgelt für die Tätigkeit der Hausbank, die ausschließlich gegenüber dem Förderinstitut erfolgt und umsatzsteuerbar und -pflichtig ist.

Anlage § 004 Nr. 8–11

Gemeinschaftskredite

Beim sog. offenen Gemeinschaftskredit treten Partnerinstitute gemeinschaftlich gegenüber einem Kunden als Kreditgeber auf. Ein Institut übernimmt die Konsortialführung, für welche es eine sog. Führungsprovision erhält. Diese Kreditverwaltung ist als Verwaltung im fremden Namen und für fremde Rechnung seit dem 1.1.1996 nach § 4 Nr. 8 Buchst. a UStG umsatzsteuerpflichtig.

Beim sog. verdeckten (stillen) Gemeinschaftskredit tritt lediglich ein Institut (Hausbank) gegenüber dem Kreditnehmer auf. Im Innenverhältnis wird mit einem Partnerinstitut vereinbart, daß eine bestimmte Quote des Kredits für Rechnung des Partnerinstituts gewährt wird. Erhält die Hausbank für die Tätigkeit gegenüber dem Partnerinstitut von den eingehenden Zinsen und Kreditgebühren vorweg eine Führungs- und ggf. Vermittlungsprovision, sind diese Leistungen als Geschäftsbesorgungen gegenüber dem Partnerinstitut umsatzsteuerbar und -pflichtig.

Anlagen § 004 Nr. 8–12, § 004 Nr. 8–13 nicht belegt

Meldungen von Wertpapiergeschäften über ein Zentralinstitut oder ein anderes Kreditinstitut nach § 9 WpHG

OFD Koblenz, Vfg. vom 01.07.1998 – S 7160 e A – St 51 3,
BB 1998 S. 1880

Seit dem 1.1.1996 haben Kreditinstitute bestimmte Wertpapierhandelsgeschäfte nach dem WpHG dem Bundesaufsichtsamt für den Wertpapierhandel (BAWe) zu melden. Ziel der Meldepflicht ist die Insiderüberwachung.

Meldepflichtig ist grundsätzlich das Kreditinstitut, welches das Wertpapierhandelsgeschäft veranlaßt hat. Die Meldeverpflichtung kann aber nach § 9 Abs. 3 Nr. 3 WpHG auch gegen Kostenersatz auf einen geeigneten Dritten übergehen. Geeigneter Dritter für die Durchführung der Meldungen kann für Sparkassen oder Kreditgenossenschaften ein genossenschaftliches Spitzeninstitut (Zentralinstitut) oder ein anderes Kreditinstitut sein (§9 Abs. 3 Nr. 6 WpHG i. V. m. § 15 Wertpapier-Meldeverordnung).

Es wurde gefragt, ob die Meldung durch andere als den Meldepflichtigen als Nebenleistung zu dem nach § 4 Nr. 8 Buchst. e UStG steuerfreien Wertpapierumsatz des meldepflichtigen Instituts oder als eigenständiger steuerfreier Umsatz im Geschäft mit Wertpapieren nach § 4 Nr. 8 Buchst. e UStG behandelt werden kann. Das BMF hat in seinem Schreiben an den Deutschen Sparkassen- und Giroverband e.V. vom 9.10.1997 – IV C 4 – S 7160 e – 2/97 (UR 1997 S. 488) im Einvernehmen mit den obersten Finanzbehörden der Länder folgende Auffassung vertreten:

„Eine Meldung durch andere als den Meldepflichtigen selbst kann bereits begrifflich nicht als Nebenleistung zum steuerfreien Wertpapierumsatz des meldepflichtigen Kreditinstituts gegenüber seinem Kunden angesehen werden. Es fehlt am inneren Zusammenhang zwischen der eigentlichen Übernahme der Meldepflicht und dem einzelnen Wertpapierumsatz. Empfänger des Wertpapierumsatzes ist der Kunde, während der Empfänger des Meldeumsatzes das meldepflichtige Kreditinstitut ist.

Die Meldung ist auch nicht nach § 4 Nr. 8 Buchst. e UStG umsatzsteuerfrei. Aufgrund ständiger EuGH-Rechtsprechung sind die Steuerbefreiungsvorschriften des Artikels 13 der 6. Richtlinie des Rates vom 17.5.1977 zur Harmonisierung der Rechtsvorschriften der Mitgliedstaaten über die Umsatzsteuern (77/388/EWG) als Ausnahmetatbestände eng auszulegen (vgl. u. a. EuGH vom 15.6.1989 – Rs. C-348/87, UR 1991, 28). Daraus ergibt sich im Umkehrschluß, daß der Begriff der Verwaltung und Verwahrung von Wertpapieren i. S. des § 4 Nr. 8 Buchst. e UStG weit auszulegen ist. Also sind lediglich banktypische Umsätze als Umsätze im Geschäft mit Wertpapieren i. S. des § 4 Nr. 8 Buchst. e UStG anzusehen. Andere als banktypische Umsätze gehören dagegen zu den steuerpflichtigen Verwahrungs- und Verwaltungsumsätzen.

Die zu beurteilenden Umsätze sind keine banktypischen Wertpapierumsätze im eigentlichen Sinne. Sie sind als sonstige Leistungen (Serviceleistungen) der Zentral- oder anderen Kreditinstitute lediglich eine Folge des Wertpapierhandels. Aus diesem Grund sind sie – ebenso wie z. B. die Auswertung und Weiterleitung von Meldungen über die Einberufung einer Hauptversammlung nach § 128 HGB, die Versendung von Aktionärsmitteilungen oder die Anforderung von ausländischen Geschäftsberichten – umsatzsteuerpflichtig."

Anlage § 004 Nr. 8–14

Behandlung von Warentermingeschäften

BMF-Schreiben vom 10.04.2000 – IV D 2 – S 7160c – 1/00,
DB 2000 S. 853

Zur Umsatzbesteuerung von Warentermingeschäften deutscher Kreditinstitute kann unter Bezugnahme auf das Ergebnis der Erörterung mit den obersten Finanzbehörden der Länder Folgendes mitgeteilt werden:

1. Future-Kontrakte

Future-Kontrakte sind bis zum Zeitpunkt der tatsächlichen Lieferung- bzw. Annahmeverpflichtung als Differenzgeschäft zu behandeln. Ein umsatzsteuerbarer Leistungsaustausch liegt nicht vor.

2. Optionen auf Warenterminkontrakte

Optionsgeschäfte auf Warenterminkontrakte sind steuerbar. Ein Differenzgeschäft liegt nicht vor. Da der Zweck des Optionsgeschäfts in der Regel der Erlangung eines wirtschaftlichen Vorteils und nur im Ausnahmefall in dem Wunsch nach einer Warenlieferung liegt, wird eine Steuerbefreiung nach § 4 Nr. 8 Buchst. c UStG in den Fällen angenommen, in denen die Optionsausübung nicht zu einer Warenlieferung führt.

Vor dem Hintergrund der zunehmenden Zahl der auf diesem Markt getätigten Geschäfte ist außerdem geplant, bei nächster Gelegenheit eine klarstellende Änderung des § 4 Nr. 8 Buchst. c UStG vorzunehmen.

Anlage § 004 Nr. 8–15

Keine Umsatzsteuerbefreiung nach § 4 Nr. 8 Buchst. d UStG
für Leistungen der durch „Outsourcing" entstandenen Rechenzentren

BMF-Schreiben vom 30.05.2000 – IV D 2 – S 7160d – 5/00,
DStR 2000 S. 1059

Zur umsatzsteuerlichen Behandlung der Leistungen der durch „Outsourcing" entstandenen Rechenzentren wird im Einvernehmen mit den obersten Finanzbehörden der Länder Folgendes mitgeteilt:
Nach § 4 Nr. 8 Buchst. d UStG sind die Umsätze und die Vermittlung der Umsätze im Einlagengeschäft, im Kontokorrentverkehr, im Zahlungs- und Überwachungsverkehr und das Inkasso von Handelspapieren von der Umsatzsteuer befreit. Unbeachtlich ist, ob es sich bei dem leistenden Unternehmer um eine Bank handelt oder nicht. § 4 Nr. 8 Buchst. d UStG entspricht Art. 13 Teil B Buchst. d Nr. 3 der 6. EG-Richtlinie.

Nach dem EuGH-Urteil vom 05.06.1997, Rs. C – 2/95 (IStR 1997, 397 mit Anm.) *kann* die Steuerbefreiung nach Art. 13 Teil B Buchst. d Nr. 3 der 6. Richtlinie (= § 4 Nr. 8 Buchst. d UStG) unter bestimmten Voraussetzungen für Umsätze eines durch „Outsourcing" entstandenen Rechenzentrums in Betracht kommen. Dies gilt insbesondere für globale Finanzdienstleistungen, die im Wesentlichen ein eigenständiges Ganzes bilden, das die spezifischen und wesentlichen Funktionen einer Finanzdienstleistung erfüllt. Bezüglich eines „Umsatzes im Überweisungsverkehr" müssen die erbrachten Dienstleistungen daher eine Übertragung (Weiterleitung) von Geldern bewirken und zu rechtlichen und finanziellen Änderungen führen. Dagegen fallen rein materielle oder technische Leistungen nicht unter die Befreiung, wenn z. B. einer Bank ein EDV-System nur zur Verfügung gestellt wird.

Entscheidend für die Frage der Anwendung der Steuerbefreiung nach § 4 Nr. 8 Buchst. d UStG für die Leistungen der durch „Outsourcing" entstandenen Rechenzentren ist, ob das von dem Kreditinstitut beauftragte Rechenzentrum Leistungen erbringt, die eine Weiterleitung von Geldern bewirken und zu rechtlichen und finanziellen Änderungen führen. Dies ist nicht der Fall, wenn, wie in einer Eingabe vermerkt, die Rechenzentren die ihnen übertragenen Vorgänge sämtlich nur EDV-technisch abwickeln. Nach Stellungnahmen des Bundesamts für Finanzen, das derzeit an Prüfungen von Banken und von ihnen beauftragten Rechenzentren teilnimmt, übernehmen die Rechenzentren für das jeweilige Kreditinstitut die ganzheitliche Bearbeitung aller ein- und ausgehenden Belege des Zahlungsverkehrs. Die Leistungen der Rechenzentren erstrecken sich dabei regelmäßig nur auf die technische Ausführung des Zahlungsverkehrs. Die Rechenzentren haben zwar im Auftrag der Kreditinstitute u. a. Überweisungen und Gut- bzw. Lastschriftensammler zu bearbeiten. Die Daten der Belege werden erfaßt und dann als „reine" Daten über die Datennetze des jeweiligen Bankensystems an die Empfängerbanken weitergeleitet oder sie erhalten umgekehrt „körperliche" Zahlungsanweisungen von fremden Kreditinstituten und verbuchen diese auf die Konten der ihr angeschlossenen Kreditinstitute. Die Verantwortung der Rechenzentren beschränkt sich jedoch regelmäßig auf die technische und elektronische Durchführung.

Im Übrigen wird auf Folgendes hingewiesen: Ein Überweisungsvertrag ist dadurch gekennzeichnet, dass ein Kreditinstitut gegenüber dem Überweisenden verpflichtet wird, dem Begünstigten einen bestimmten Geldbetrag zur Gutschrift auf dessen Konto bei diesem oder einem anderen Kreditinstitut ggf. unter Beteiligung zwischengeschalteter Kreditinstitute zur Verfügung zu stellen. Bei einem Zahlungsvertrag verpflichtet sich ein zwischengeschaltetes Kreditinstitut gegenüber einem anderen Kreditinstitut, im Rahmen des Überweisungsverkehrs einen Überweisungsbetrag an ein weiteres Kreditinstitut oder an das Kreditinstitut des Begünstigten weiterzuleiten. Rechenzentren führen keine Überweisungen i. S. von § 676a – neu – BGB und auch keine Zahlungsverträge i. S. von § 676d – neu – BGB aus, weil sie nur die technische, nicht auch die rechtliche Kontrolle und damit auch keine Verfügungsgewalt über bestimmte Geldbeträge haben.

Die Steuerbefreiung nach § 4 Nr. 8 Buchst. d UStG kann danach für die Leistungen der durch „Outsourcing" entstandenen Rechenzentren in den bekannt gewordenen Formen nicht angewandt werden. Die Rechenzentren haben deshalb ihre Leistungen zu Recht als umsatzsteuerpflichtig behandelt.

Anlage § 004 Nr. 8–16

Steuerbefreiung nach § 4 Nr. 8 Buchst. h UStG;
Verwaltung von Versorgungseinrichtungen i. S. des Versicherungsaufsichtsgesetzes (VAG)

BMF-Schreiben vom 31.05.2000 – IV D 2 – S 7160h – 3/00,
DB 2000 S. 1205

Im Einvernehmen mit den obersten Finanzbehörden der Länder wird zur umsatzsteuerlichen Behandlung der Verwaltung von Versorgungseinrichtungen wie folgt Stellung genommen: Nach § 4 Nr. 8 Buchst. h UStG ist die Verwaltung von Versorgungseinrichtungen i. S. des VAG befreit. Unter die Befreiung fallen Leistungen durch Unternehmer, die die Verwaltung von Versorgungseinrichtungen i. S. des § 1 Abs. 4 Satz 3 VAG i.V. mit Teil A Nr. 24 der Anlage zu diesem Gesetz übernehmen.

Die in einer Eingabe genannten berufsständischen Versorgungszwecke (Versorgungswerke der Ärzte, Apotheker, Architekten, Notare, Rechtsanwälte, Steuerberater bzw. Steuerbevollmächtigte, Tierärzte, Wirtschaftsprüfer und vereidigte Buchprüfer sowie Zahnärzte) sind Einrichtungen, die Leistungen im Todes- oder Erlebensfall, bei Arbeitseinstellung oder Minderung der Erwerbsfähigkeit (Alters-, Invaliditäts- und Hinterbliebenenversorgung) vorsehen. Diese Versorgungszwecke sind Versorgungseinrichtungen i. S. des § 1 Abs. 4 Satz 3 VAG. Damit sind die unmittelbaren Verwaltungsleistungen durch Unternehmer an die auftraggebenden Versorgungswerke steuerfrei. Die Grundsätze des BMF-Schreibens vom 18.12.1997 – IV C 4 – S 7160 h – 6/97 (BStBl. 1997 S. 1046 = DB 1997 S. 2576)[1] sind entsprechend anzuwenden. Einzelleistungen an die jeweilige Versorgungseinrichtung, die keine unmittelbare Verwaltungstätigkeit darstellen (z.B. Erstellung eines versicherungsmathematischen Gutachtens) fallen dagegen nicht unter die Steuerbefreiung nach § 4 Nr. 8 Buchst. h UStG.

---

1) Anlage § 004 Nr. 8-09

Begriff der Vermittlung in § 4 UStG; BFH-Urteil vom 09.10.2003 – BStBl. II S. 958 – zur Steuerbefreiung für die Vermittlung von Krediten nach § 4 Nr. 8 Buchst. a UStG

BMF-Schreiben vom 13.12.2004 – IV A 6 – S 7160a – 26/04,
BStBl. 2004 I S. 1190[1)]

Unter Bezugnahme auf das Ergebnis der Erörterungen mit den obersten Finanzbehörden der Länder gilt zur Auslegung des Begriffs „Vermittlung" in § 4 UStG sowie zur Anwendung des BFH-Urteils vom 9. Oktober 2003 – BStBl. II S. 958 – Folgendes:

Der Begriff der „Vermittlung" ist in § 4 UStG einheitlich auszulegen. Unter Berücksichtigung des BFH-Urteils vom 9. Oktober 2003 können daher insbesondere Untervermittlungsumsätze nicht mehr nach § 4 UStG steuerfrei sein, es sei denn, die besondere Befreiungsvorschrift des § 4 Nr. 11 UStG ist einschlägig.

Es ist jedoch nicht zu beanstanden, wenn vor dem 1. Juli 2005 erbrachte Vermittlungsleistungen nach § 4 Nr. 8 Buchst. b bis g UStG – bei Vorliegen der übrigen Tatbestandsvoraussetzungen – als steuerfrei beurteilt worden sind bzw. werden, obwohl die vom BFH in dem o. g. Urteil geforderte Voraussetzung, dass die Leistung an eine Partei des Vertrags erbracht und von dieser als eigenständige Mittlertätigkeit vergütet wird, nicht erfüllt ist.

Begriff der Vermittlung in § 4 UStG; BFH-Urteil vom 09.10.2003 – BStBl. II S. 958 – zur Steuerbefreiung für die Vermittlung von Krediten nach § 4 Nr. 8 Buchst. a UStG

BMF-Schreiben vom 30.05.2005 – IV A 6 – S 7160a – 34/05,
BStBl. 2005 I S. 711[1)]

Unter Bezugnahme auf das Ergebnis der Erörterungen mit den obersten Finanzbehörden der Länder wird im o.g. BMF-Schreiben vom 13. Dezember 2004[2)] enthaltene Nichtbeanstandungsregelung um ein halbes Jahr verlängert.

Es ist somit nicht zu beanstanden, wenn vor dem 1. Januar 2006[3)] erbrachte Vermittlungsleistungen nach § 4 Nr. 8 Buchst. b bis g UStG – bei Vorliegen der übrigen Tatbestandsvoraussetzungen – als steuerfrei beurteilt worden sind bzw. werden, obwohl die vom BFH in dem o.g. Urteil geforderte Voraussetzung, dass die Leistung an eine Partei des Vertrags erbracht und von dieser als eigenständige Mittlertätigkeit vergütet wird, nicht erfüllt ist.

---

1) Aufgehoben durch BMF-Schreiben von 29.11.2007 mit Übergangsfrist bis Ende 2007, vgl. Anlage § 004 Nr. 8–19
2) Siehe Anlage § 004 Nr. 8–17
3) Diese Befristung wurde durch das BMF-Schreiben vom 25.11.2005 – IV A 6 – S 7160a – 67/05, BStBl. 2005 I S. 1043 aufgehoben.

Anlage § 004 Nr. 8–19

Auswirkungen des BFH-Urteils vom 11.10.2007 – V R 22/04 – zur umsatzsteuerlichen Behandlung der Vermögensverwaltung (Portfolioverwaltung)

BMF-Schreiben vom 09.12.2008 – IV B 9 – S 7117-f/07/10003,
BStBl. 2008 I S. 1086

Unter Bezugnahme auf das Ergebnis der Erörterungen mit den obersten Finanzbehörden der Länder gilt zur umsatzsteuerlichen Behandlung der Vermögensverwaltung Folgendes:

1. Leistungsinhalt

Bei der Vermögensverwaltung (Portfolioverwaltung) nimmt eine Bank einerseits die Vermögensverwaltung und andererseits Transaktionen vor. Bei der Frage, ob sie dabei eine einheitliche Leistung oder mehrere getrennt zu beurteilende selbständige Einzelleistungen ausführt, ist das Wesen des fraglichen Umsatzes zu ermitteln; dabei ist auf die Sichtweise des Durchschnittsverbrauchers als Leistungsempfänger abzustellen (vgl. Abschnitt 29 Abs. 1 und 3 UStR).

Aus dieser Sicht erbringt die das Portfolio verwaltende Bank eine einheitliche, auf Renditeerzielung ausgelegte Tätigkeit. Diese Tätigkeit ist entsprechend der zuvor getroffenen Anlagerichtlinien oder -strategien nach eigenem Ermessen der Bank durchzuführen. Dabei kommt es dem Leistungsempfänger darauf an, von der Leistungserbringerin nicht in jede einzelne Verwaltungsleistung involviert zu werden und nicht vor jeder einzelnen Transaktion nach seinem Einverständnis mit der getroffenen Anlageentscheidung befragt zu werden. Die Transaktion wird nicht um ihrer selbst willen, sondern als Mittel zum Zweck der Verwaltung des Vermögens durchgeführt. Aus Sicht des durchschnittlichen Empfängers einer Portfolioleistung kommt es maßgeblich auf das von der Bank erzielte Ergebnis der Verwaltungstätigkeit, nämlich die eingetretene Vermögensmehrung, an. Dies ist oftmals auch aus dem Umstand ersichtlich, dass sich die Management-Gebühren nach der Höhe der verwalteten Vermögenswerte, nicht aber nach Anzahl oder Volumen der einzelnen Transaktionen bestimmen. Entsprechend handelt es sich bei der Vermögensverwaltung (Portfolioverwaltung) um eine einheitliche Leistung. Eine Aufspaltung dieser wirtschaftlich einheitlichen Leistung ist nicht möglich (vgl. EuGH-Urteil vom 25.2.1999, C-349/96, HFR 1999 S. 421).

2. Leistungsort

Der Leistungsort dieser einheitlichen Leistung „Vermögensverwaltung" richtet sich nach § 3a Abs. 1 UStG (vgl. Abschnitt 33 Abs. 4 vierter Gedankenstrich UStR). § 3a Abs. 3 und 4 Nr. 6 Buchst. a UStG ist für die Ortsbestimmung bei einer Vermögensverwaltung nicht anzuwenden. Auch eine unmittelbare Berufung auf Art. 56 Abs. 1 Buchst. e MwStSystRL, wonach sich der Leistungsort in bestimmten Fällen bei „Bank-, Finanz- und Versicherungsumsätzen" nach dem Sitz oder der Betriebsstätte des Leistungsempfängers bestimmt, ist nicht möglich. „Bank-, Finanz- und Versicherungsumsätze" sind Begriffe des Gemeinschaftsrechts und als solche auszulegen. Die MwStSystRL – und bis 31.12.2006 auch die 6. EG-Richtlinie – definieren zwar nicht, was darunter im Einzelnen zu verstehen ist. Jedoch enthält die MwStSystRL in Art. 135 Abs. 1 Buchst. a bis f (bis 31.12.2006: Art. 13 Teil B Buchst. a und d der 6. EG-Richtlinie) dezidierte Aussagen zur Auslegung dieser Begriffe. Die Vermögensverwaltung ist in diesen genannten Vorschriften nicht aufgeführt. Aus Art. 56 Abs. 1 Buchst. e MwStSystRL (und bis 31.12.2006 Art. 9 Abs. 2 Buchst. e fünfter Gedankenstrich der 6. EG-Richtlinie) ergibt sich auch nicht, dass die Vorschrift darüber hinaus weitere Bank-, Finanz- und Versicherungsumsätze umfassen soll.

3. Anwendung der Steuerbefreiung nach § 4 Nr. 8 Buchstabe e oder h UStG

Die einheitliche Leistung „Vermögensverwaltung" ist steuerpflichtig. Die Steuerbefreiung des § 4 Nr. 8 Buchst. e UStG kommt nicht in Betracht, weil die Vermögensverwaltung (Portfolioverwaltung) nicht zu den nach den genannten Vorschriften begünstigten Umsätzen gehört.

Die Steuerbefreiung nach § 4 Nr. 8 Buchst. h UStG kommt nur dann in Betracht, wenn tatsächlich Investmentvermögen nach dem Investmentgesetz verwaltet wird. Zur Abgrenzung ist Abschn. 69 Abs. 1 UStR 2008 unverändert anzuwenden.

Soweit das BFH-Urteil vom 11.10.2007, V R 22/04 (BStBl. 2008 I S. 993), den vorstehenden Grundsätzen entgegensteht, ist es über den entschiedenen Einzelfall hinaus nicht anzuwenden.

Anlage § 004 Nr. 8–20

Umsatzsteuerliche Behandlung von Vermittlungsleistungen der in § 4 Nr. 8 und § 4 Nr. 11 UStG bezeichneten Art – Konsequenzen aus dem BFH-Urteil vom 30.10.2008 – V R 44/07 [1)]

BMF-Schreiben vom 23.06.2009 – IV B 9 – S 7160-f/08/10004, BStBl. 2009 I S. 773

Mit Urteil vom 30.10.2008, V R 44/07, hat der BFH zur Umsatzsteuerbefreiung der Leistungen eines Handelsvertreters Stellung genommen, der für eine T-AG Fonds einer R-GmbH vermitteln sollte. Der Kläger hatte die ihm zugedachten Vertriebspartner regelmäßig zu besuchen und auf der Grundlage der Entwicklung der Fondsprodukte zu unterrichten. Der Kläger hatte mit dem eigentlichen Vermittlungsgeschäft nichts zu tun, sondern führte seinem Auftraggeber im Wesentlichen Abschlussvermittler zu, schulte diese und betreute sie und unterstützte sie im Rahmen ihrer Tätigkeit für den Auftraggeber.

Der BFH hatte zu entscheiden, ob die Betreuung, Schulung und Überwachung von nachgeordneten Vermittlern beim Vertrieb von Fondsanteilen als Vermittlung von Gesellschaftsanteilen gemäß § 4 Nr. 8 Buchst. f UStG umsatzsteuerfrei sind. Der BFH hat die Steuerbefreiung verneint. Nach dem Urteil enthält § 4 Nr. 8 Buchst. f UStG auch unter Berücksichtigung von Art. 13 Teil B Buchst. d Nr. 5 der 6. EG-Richtlinie keine allgemeine Steuerbefreiung für Leistungen beim Vertrieb von Anteilen an Gesellschaften und anderen Vereinigungen, sondern erfasst nur die Vermittlung von Umsätzen mit derartigen Anteilen. Die steuerfreie Vermittlung muss sich auf einzelne Geschäftsabschlüsse beziehen (1. Leitsatz). Nach dem 2. Leitsatz des Urteils setzt die Steuerfreiheit der Betreuung, Schulung und Überwachung von Versicherungsvertretern nach § 4 Nr. 11 UStG voraus, dass der Unternehmer, der diese Leistungen übernimmt, durch Prüfung eines jeden Vertragsangebots zumindest mittelbar auf eine der Vertragsparteien einwirken kann, wobei auf die Möglichkeit, eine solche Prüfung im Einzelfall durchzuführen, abzustellen sei. Die einmalige Prüfung und Genehmigung von Standardverträgen und standardisierten Vorgängen reicht entgegen dem BMF-Schreiben vom 9.10.2008 – IV B 9 – S 7167/08/10001 – (BStBl. I S. 948) [2)] nicht aus.

Nach dem Ergebnis der Erörterungen mit den obersten Finanzbehörden der Länder gilt in Anwendung des BFH-Urteils vom 30.10.2008 Folgendes:

Der Begriff der Vermittlung ist bei entsprechenden Umsätzen der in § 4 Nr. 8 und 11 UStG bezeichneten Art einheitlich auszulegen. Die in § 4 Nr. 8 und 11 UStG bezeichneten Vermittlungsleistungen setzen die Tätigkeit einer Mittelsperson voraus, die nicht den Platz einer der Parteien des zu vermittelnden Vertragsverhältnisses einnimmt und deren Tätigkeit sich von den vertraglichen Leistungen, die von den Parteien dieses Vertrages erbracht werden, unterscheidet. Zweck der Vermittlungstätigkeit ist, das Erforderliche zu tun, damit zwei Parteien einen Vertrag schließen, an dessen Inhalt der Vermittler kein Eigeninteresse hat. Die Mitteltätigkeit kann darin bestehen, einer Vertragspartei Gelegenheiten zum Abschluss eines Vertrages nachzuweisen, mit der anderen Partei Kontakt aufzunehmen oder über die Einzelheiten der gegenseitigen Leistungen zu verhandeln. Wer lediglich einen Teil der mit einem zu vermittelnden Vertragsverhältnis verbundenen Sacharbeit übernimmt oder lediglich einem anderen Unternehmer Vermittler zuführt und diese betreut, erbringt insoweit keine steuerfreie Vermittlungsleistung. Die Steuerbefreiung einer Vermittlungsleistung setzt nicht voraus, dass es tatsächlich zum Abschluss des zu vermittelnden Vertragsverhältnisses gekommen ist. Unbeschadet dessen erfüllen bloße Beratungsleistungen den Begriff der Vermittlung nicht (vgl. BMF-Schreiben vom 29.11.2007 – IV A 6 – S 7160-a/07/0001 [2007/0544325] –, BStBl. I S. 947).

Auch die Betreuung, Überwachung oder Schulung von nachgeordneten selbständigen Vermittlern kann zur berufstypischen Tätigkeit eines Bausparkassenvertreters, Versicherungsvertreters oder Versicherungsmaklers gemäß § 4 Nr. 11 UStG oder zu Vermittlungsleistungen der in § 4 Nr. 8 UStG bezeichneten Art gehören. Dies setzt aber voraus, dass der Unternehmer, der die Leistungen der Betreuung, Überwachung oder Schulung übernimmt, durch Prüfung eines jeden Vertragsangebots mittelbar auf eine der Vertragsparteien einwirken kann. Dabei ist auf die Möglichkeit abzustellen, eine solche Prüfung im Einzelfall durchzuführen. Die Regelung des BMF-Schreibens vom 9. Oktober 2008 (BStBl. I S. 948) in diesem Zusammenhang, wonach es bei Verwendung von Standardverträgen und standardisierten Vorgängen genügt, dass der Unternehmer durch die einmalige Prüfung und Genehmigung der Standardverträge und standardisierten Vorgänge mittelbar auf eine der Vertragsparteien einwirken kann, ist nicht mehr auf Umsätze anzuwenden, die nach dem 31. Dezember 2009 bewirkt werden.

---

1) BStBl. 2009 II S. 554
2) Anlage § 004 Nr. 11–02

# Anlage § 004 Nr. 8–21

Steuerbefreiung gemäß § 4 Nr. 8 Buchst. h UStG für die Verwaltung von Investmentvermögen nach dem Investmentgesetz

BMF-Schreiben vom 6.05.2010 – IV D 3 – S 7160-h/09/10001,
BStBl. 2010 I S. 563

Unter Bezugnahme auf das Ergebnis der Erörterung mit den obersten Finanzbehörden der Länder gilt zur Anwendung der Steuerbefreiung gemäß § 4 Nr. 8 Buchst. h UStG für die Verwaltung von Investmentvermögen nach dem Investmentgesetz unter Berücksichtigung der hierzu ergangenen Rechtsprechung, insbesondere der EuGH-Urteile vom 4. Mai 2006, Rs. C-169/04 (Abbey National, BStBl. II S. 567) und vom 28. Juni 2007, Rs. C-363/05 (JP Morgan Fleming Claverhouse Investment Trust plc, The Association of Investment Trust Companies, BStBl. II S. 573) Folgendes:

Inhaltsverzeichnis

Tz.		Rz.
I.	**Anwendungsgrundsätze**	
1.	Verwaltung von Investmentvermögen nach dem Investmentgesetz (InvG)	1–4
2.	Ausgelagerte Verwaltungstätigkeiten als Gegenstand der Steuerbefreiung	5–6
3.	Steuerfreie Verwaltungstätigkeiten	7–8
4.	Steuerpflichtige Tätigkeiten im Zusammenhang mit der Verwaltung	9
5.	Andere steuerpflichtige Tätigkeiten	10
6.	Ort der Dienstleistung / Option / Vorsteuerabzug	11–13
II.	**Hintergrund**	
1.	Gemeinschaftsrecht	14–19
2.	Nationales Recht	20–28
III.	**Anwendungsregelung**	29

I. Anwendungsgrundsätze

1. Verwaltung von Investmentvermögen nach dem Investmentgesetz (InvG)

1 Der Begriff der „Verwaltung von Investmentvermögen nach dem Investmentgesetz" bezieht sich nur auf das Objekt der Verwaltung, das Investmentvermögen und nicht auch auf die Verwaltungstätigkeit als solche. Demzufolge sind andere Tätigkeiten nach dem InvG als die Verwaltung, insbesondere Tätigkeiten der Verwahrung von Investmentvermögen sowie sonstige Aufgaben nach Maßgabe der §§ 24 bis 29 InvG, nicht steuerbegünstigt.

2 Unter die Steuerbefreiung fällt die Verwaltung inländischer Investmentvermögen nach dem InvG sowie die Verwaltung ausländischer Investmentvermögen im Sinne des § 2 Abs. 8 InvG, für die Investmentanteile ausgegeben werden, die die Bedingungen von § 2 Absätze 9 oder 10 InvG[1] erfüllen, und die Verwaltung von Spezial-Sondervermögen nach § 91 InvG. Nicht begünstigt ist die Verwaltung von geschlossenen Fonds, weil diese Fonds nicht unter das InvG fallen.

3 Die Anwendung der Steuerbefreiung setzt das Vorliegen eines steuerbaren Leistungsaustauschs voraus.

Verwaltung des Investmentvermögens durch eine Kapitalanlagegesellschaft

Durch die Verwaltung des Investmentvermögens erfüllt die Kapitalanlagegesellschaft ihre gegenüber den Anlegern aufgrund des Investmentvertrags bestehenden Verpflichtungen. Dabei können die zum Investmentvermögen gehörenden Vermögensgegenstände nach Maßgabe der Vertragsbedingungen im Eigentum der Kapitalanlagegesellschaft oder im Miteigentum der Anleger stehen. Es liegt eine Verwaltungsleistung gegenüber den Anlegern als Leistungsempfänger vor.

Verwaltung des Investmentvermögens durch eine Investmentaktiengesellschaft

Hat das Investmentvermögen die Organisationsform einer Investmentaktiengesellschaft, ist der Anleger Aktionär. Seine konkrete Rechtsstellung richtet sich nach gesellschaftsrechtlichen Regelungen

---

[1] Die aufsichtlichen Anforderungen an ausländische Investmentanteile nach § 2 Abs. 9 InvG (sog. „Nicht-OGAW"-Fonds) konkretisiert das BaFin-Rundschreiben 14/2008 (WA) zum Anwendungsbereich des Investmentgesetzes nach § 1 Satz 1 Nr. 3 InvG, abrufbar im Internet unter http://www.bafin.de/cln_161/nn_724240/SharedDocs/Veroeffentlichungen/DE/Service/Rundschreiben/2008/rs_1408_wa.html; bei den sog. EG-Investmentanteilen nach § 2 Abs. 10 InvG handelt es sich um Anteile an ausländischen OGAW-Fonds, für die der sog. „OGAW-Pass" ausgestellt wird, der verdeutlicht, dass es sich um einen begünstigungsfähigen Fonds handelt.

und der Satzung der Investmentaktiengesellschaft. Soweit keine separate schuldrechtliche Vereinbarung über die Erbringung einer besonderen Verwaltungsleistung besteht, ist insofern kein Leistungsaustausch zwischen der Investmentaktiengesellschaft und ihren Aktionären anzunehmen. Der Anspruch auf die Verwaltungsleistung ergibt sich aus der Gesellschafterstellung. Die Verwaltung des Investmentvermögens durch die Investmentaktiengesellschaft ist insoweit ein nicht steuerbarer Vorgang.

Auslagerung von Verwaltungstätigkeiten durch eine Kapitalanlagegesellschaft

Beauftragt eine Kapitalanlagegesellschaft einen Dritten mit der Verwaltung des Sondervermögens, erbringt dieser eine Leistung gegenüber der Kapitalanlagegesellschaft, indem er die ihr insoweit obliegende Pflicht erfüllt. Der Dritte wird ausschließlich aufgrund der vertraglichen Vereinbarung zwischen ihm und der Kapitalanlagegesellschaft tätig, so dass er auch nur ihr gegenüber zur Leistung verpflichtet ist.

Auslagerung von Verwaltungstätigkeiten bei der Investmentaktiengesellschaft

Beauftragt die selbstverwaltete Investmentaktiengesellschaft einen Dritten mit der Wahrnehmung von Aufgaben, so erbringt der Dritte ihr gegenüber eine Leistung, da grundsätzlich der selbstverwalteten Investmentaktiengesellschaft die Anlage und die Verwaltung ihrer Mittel obliegt.

Beauftragt die fremdverwaltete Investmentaktiengesellschaft (§ 96 Abs. 4 InvG) eine Kapitalanlagegesellschaft mit der Verwaltung und Anlage ihrer Mittel, ist die Kapitalanlagegesellschaft Vertragspartnerin des von ihr mit bestimmten Verwaltungstätigkeiten beauftragten Dritten. Dieser erbringt somit auch nur gegenüber der Kapitalanlagegesellschaft und nicht gegenüber der Investmentaktiengesellschaft eine Leistung.

Die Steuerbefreiung ist unabhängig davon anzuwenden, in welcher Rechtsform der Leistungserbringer 4 auftritt. Für die Steuerbefreiung ist auch unerheblich, dass § 16 Abs. 2 InvG (Auslagerung) verlangt, dass bei der Übertragung der Portfolioverwaltung ein für Zwecke der Vermögensverwaltung zugelassenes Unternehmen, das der öffentlichen Aufsicht unterliegt, benannt wird.

2. Ausgelagerte Verwaltungstätigkeiten als Gegenstand der Steuerbefreiung

Für Tätigkeiten im Rahmen der Verwaltung von Investmentvermögen, die nach § 16 Abs. 1 InvG auf ein 5 anderes Unternehmen ausgelagert worden sind, kann ebenfalls die Steuerbefreiung in Betracht kommen. Zur steuerfreien Verwaltung gehören auch Dienstleistungen der administrativen und buchhalterischen Verwaltung eines Investmentvermögens durch einen außen stehenden Verwalter, wenn sie im Großen und Ganzen eigenständiges Ganzes bilden und für die Verwaltung dieser Sondervermögen spezifisch und wesentlich sind. Rein materielle oder technische Dienstleistungen, die in diesem Zusammenhang erbracht werden, wie z.B. die Zurverfügungstellung eines Datenverarbeitungssystems, fallen nicht unter die Steuerbefreiung. Ob die Dienstleistungen der administrativen und buchhalterischen Verwaltung eines Sondervermögens durch einen außen stehenden Verwalter ein im Großen und Ganzen eigenständiges Ganzes bilden, ist danach zu beurteilen, ob die übertragenen Aufgaben für die Durchführung der Geschäfte der Kapitalanlagegesellschaft/Investmentaktiengesellschaft unerlässlich sind und ob der außen stehende Verwalter die Aufgaben eigenverantwortlich auszuführen hat. Vorbereitende Handlungen, bei denen sich die Kapitalanlagegesellschaft/Investmentaktiengesellschaft eine abschließende Entscheidung vorbehält, bilden regelmäßig nicht ein im Großen und Ganzen eigenständiges Ganzes.

Für die Beurteilung der Steuerbefreiung ist im Übrigen grundsätzlich ausschließlich die Art der aus- 6 gelagerten Tätigkeiten maßgebend und nicht die Eigenschaft des Unternehmens, das die betreffende Leistung erbringt. § 16 InvG ist insoweit für die steuerliche Beurteilung der Auslagerung ohne Bedeutung. Soweit Aufgaben der Kapitalanlage- bzw. Investmentgesellschaften von den Depotbanken herübergenommen oder auf diese übertragen werden, die zu den administrativen Tätigkeiten der Kapitalanlage- bzw. Investmentaktiengesellschaft und nicht zu den Tätigkeiten als Verwahrstelle gehören, kann die Steuerbefreiung auch dann in Betracht kommen, wenn sie durch die Depotbanken wahrgenommen werden.

3. Steuerfreie Verwaltungstätigkeiten

Insbesondere folgende Tätigkeiten der Verwaltung eines Investmentvermögens durch die Kapital- 7 anlagegesellschaft, die Investmentaktiengesellschaft oder die Depotbank sind steuerfrei nach § 4 Nr. 8 Buchst. h UStG:

Anlage § 004 Nr. 8–21

- Portfolioverwaltung,
- Ausübung des Sicherheitsmanagements (Verwalten von Sicherheiten, sog. Collateral Management, das im Rahmen von Wertpapierleihgeschäften nach § 54 Abs. 2 InvG Aufgabe der Kapitalanlagegesellschaft ist),
- Folgende administrative Leistungen, soweit sie nicht dem Anteilsvertrieb dienen:
    - Gesetzlich vorgeschriebene und im Rahmen der Fondsverwaltung vorgeschriebene Rechnungslegungsdienstleistungen (u.a. Fondsbuchhaltung und die Erstellung von Jahresberichten und sonstiger Berichte),
    - Beantwortung von Kundenanfragen und Übermittlung von Informationen an Kunden, auch für potentielle Neukunden,
    - Bewertung und Preisfestsetzung (Ermittlung und verbindliche Festsetzung des Anteilspreises),
    - Überwachung und Einhaltung der Rechtsvorschriften (u.a. Kontrolle der Anlagegrenzen und der Marktgerechtigkeit),
    - Führung des Anteilinhaberregisters,
    - Tätigkeiten im Zusammenhang mit der Gewinnausschüttung,
    - Ausgabe und Rücknahme von Anteilen (diese Aufgabe wird nach § 23 Abs. 1 InvG von der Depotbank ausgeführt),
    - Erstellung von Kontraktabrechnungen (einschließlich Versand und Zertifikate, ausgenommen Erstellung von Steuererklärungen),
    - Führung gesetzlich vorgeschriebener und im Rahmen der Fondsverwaltung vorgeschriebener Aufzeichnungen,
    - die aufsichtsrechtlich vorgeschriebene Prospekterstellung.

8 Wird von einem außen stehenden Dritten, auf den Verwaltungsaufgaben übertragen wurden, nur ein Teil der Leistungen aus dem vorstehenden Leistungskatalog erbracht, kommt die Steuerbefreiung nur in Betracht, wenn die erbrachte Leistung ein im Großen und Ganzen eigenständiges Ganzes bildet und für die Verwaltung eines Investmentvermögens spezifisch und wesentlich ist. Für die vorgenannten administrativen Leistungen kommt im Fall der Auslagerung auf einen außen stehenden Dritten die Steuerbefreiung nur in Betracht, wenn alle Leistungen insgesamt auf den Dritten ausgelagert worden sind. Erbringt eine Kapitalanlagegesellschaft, eine Investmentaktiengesellschaft oder eine Depotbank Verwaltungsleistungen bezüglich des ihr nach dem InvG zugewiesenen Investmentvermögens, kann die Steuerbefreiung unabhängig davon in Betracht kommen, ob ggf. nur einzelne Verwaltungsleistungen aus dem vorstehenden Leistungskatalog erbracht werden.

4. Steuerpflichtige Tätigkeiten im Zusammenhang mit der Verwaltung

9 Insbesondere folgende Tätigkeiten können nicht als Tätigkeiten der Verwaltung eines Investmentvermögens angesehen werden und fallen daher nicht unter die Steuerbefreiung nach § 4 Nr. 8 Buchst. h UStG, soweit sie nicht Nebenleistungen zu einer nach Rz. 7 steuerfreien Tätigkeit sind:

- Erstellung von Steuererklärungen,
- Tätigkeiten im Zusammenhang mit der Portfolioverwaltung wie allgemeine Rechercheleistungen, insbesondere
    - die planmäßige Beobachtung der Wertpapiermärkte,
    - die Beobachtung der Entwicklungen auf den Märkten,
    - das Analysieren der wirtschaftlichen Situation in den verschiedenen Währungszonen, Staaten oder Branchen,
    - die Prüfung der Gewinnaussichten einzelner Unternehmen,
    - die Aufbereitung der Ergebnisse dieser Analysen.
- Beratungsleistungen mit oder ohne konkrete Kauf- oder Verkaufsempfehlungen,
- Tätigkeiten im Zusammenhang mit dem Anteilsvertrieb, wie z.B. die Erstellung von Werbematerialien.

5. Andere steuerpflichtige Tätigkeiten

10 Nicht nach § 4 Nr. 8 Buchst. h UStG steuerfrei sind insbesondere alle Leistungen der Depotbank als Verwahr- oder Kontrollstelle gegenüber der Kapitalanlagegesellschaft. Dies sind insbesondere folgende Leistungen:

- Verwahrung der Vermögensgegenstände des Sondervermögens; hierzu gehören z.B.:
  - die Verwahrung der zu einem Sondervermögen gehörenden Wertpapiere, Einlagenzertifikate und Bargeldbestände in gesperrten Depots und Konten,
  - die Verwahrung von als Sicherheiten für Wertpapiergeschäfte oder Wertpapier-Pensionsgeschäfte verpfändeten Wertpapieren oder abgetretenen Guthaben bei der Depotbank oder unter Kontrolle der Depotbank bei einem geeigneten Kreditinstitut,
  - die Übertragung der Verwahrung von zu einem Sondervermögen gehörenden Wertpapieren an eine Wertpapiersammelbank oder an eine andere in- oder ausländische Bank,
  - die Unterhaltung von Geschäftsbeziehungen mit Drittverwahrern;
- Leistungen zur Erfüllung der Zahlstellenfunktion,
- Einzug und Gutschrift von Zinsen und Dividenden,
- Mitwirkung an Kapitalmaßnahmen und der Stimmrechtsausübung,
- Abwicklung des Erwerbs und Verkaufs der Vermögensgegenstände inklusive Abgleich der Geschäftsdaten mit dem Broker; hierbei handelt es sich nicht um Verwaltungstätigkeiten, die von der Kapitalanlagegesellschaft auf die Depotbank übertragen werden könnten, sondern um Tätigkeiten der Depotbank im Rahmen der Verwahrung der Vermögensgegenstände;
- Leistungen der Kontrolle und Überwachung, die gewährleisten, dass die Verwaltung des Investmentvermögens nach den entsprechenden gesetzlichen Vorschriften erfolgt, wie insbesondere
  - Kontrolle der Ermittlung und der verbindlichen Feststellung des Anteilspreises,
  - Kontrolle der Ausgabe und Rücknahme von Anteilen,
  - Erstellung aufsichtsrechtlicher Meldungen, z.B. Meldungen, zu denen die Depotbank verpflichtet ist.

6. Ort der Dienstleistung / Option / Vorsteuerabzug

Der Ort der Verwaltung von Investmentvermögen richtet sich für vor dem 1. Januar 2010 ausgeführte Umsätze nach § 3a Abs. 1 oder 3 und 4 Nr. 6 Buchst. a UStG bzw. für nach dem 31. Dezember 2009 ausgeführte Umsätze nach § 3a Abs. 1, 2 oder 4 Sätze 1 und 2 Nr. 6 Buchst. a UStG. 11

Bezüglich der Steuerbefreiung nach § 4 Nr. 8 Buchst. h UStG ist keine Option zur Steuerpflicht möglich (vgl. § 9 UStG). 12

Der Umsatz nach § 4 Nr. 8 Buchst. h UStG führt gemäß § 15 Abs. 2 Satz 1 Nr. 1 und 2 UStG zum Ausschluss vom Vorsteuerabzug. 13

II. Hintergrund
1. Gemeinschaftsrecht

Nach § 4 Nr. 8 Buchst. h UStG ist (neben der Verwaltung von Versorgungseinrichtungen im Sinne des Versicherungsaufsichtsgesetzes) die Verwaltung von Investmentvermögen nach dem InvG umsatzsteuerfrei. Die Steuerbefreiung beruht auf Art. 135 Abs. 1 Buchst. g MwStSystRL. Danach befreien die Mitgliedstaaten „die Verwaltung von durch die Mitgliedstaaten als solche definierten Sondervermögen". Ziel und Rechtfertigung dieser Steuerbefreiung ist es insbesondere, Kleinanlegern die Geldanlage in Investmentfonds zu erleichtern. Kleinanleger sollen nicht benachteiligt werden. Die Bestimmung soll die steuerliche Neutralität in Bezug auf die Wahl zwischen unmittelbarer Anlage in Wertpapieren und der Einschaltung von Organismen für gemeinsame Anlagen gewährleisten (vgl. EuGH-Urteil vom 4. Mai 2006, Rs. C-169/04, Abbey National, Randnr. 62). Diese Organismen erlauben es privaten Anlegern, in breite Anlageportfolios zu investieren und damit das Börsenrisiko zu verringern (vgl. EuGH-Urteil vom 28. Juni 2007, Rs. C-363/05, JP Morgan Fleming Claverhouse Investment Trust plc, The Association of Investment Trust Companies, Randnr. 50). Gäbe es die Befreiung nicht, wären Besitzer von Anteilen an Investmentfonds steuerlich stärker belastet als Anleger, die ihr Geld unmittelbar in Aktien oder anderen Wertpapieren anlegen und keine Leistungen einer Fondsverwaltung in Anspruch nehmen. Gerade für Kleinanleger ist die Anlage in Investmentfonds von besonderer Bedeutung. Wegen des geringen Anlagevolumens, über das sie verfügen, ist es ihnen nur eingeschränkt möglich, ihr Geld breit gestreut unmittelbar in Wertpapieren anzulegen; zudem verfügen sie oftmals nicht über die nötigen Kenntnisse für den Vergleich und die Auswahl der Wertpapiere. Diese Gruppe von Geldanlegern hat kaum Möglichkeiten, die Tätigkeit eines Fonds selbst zu kontrollieren und ist daher in besonderem Maße auf gesetzlich vorgesehene Schutzmechanismen angewiesen. 14

Die Mitgliedstaaten haben bei der Definition der in ihrem Hoheitsgebiet angesiedelten Fonds, die für die Zwecke der Steuerbefreiung nach Artikel 135 Abs. 1 Buchst. g MwStSystRL unter den Begriff 15

Anlage § 004 Nr. 8–21

„Sondervermögen" fallen, ein Ermessen (vgl. EuGH-Urteil vom 28. Juni 2007, Rs. C-363/05, JP Morgan Fleming Claverhouse Investment Trust plc, The Association of Investment Trust Companies, Randnr. 54). Bei der Ausübung dieses Ermessens müssen die Mitgliedstaaten aber das mit der Befreiung verfolgte Ziel beachten, das darin besteht, insbesondere Kleinanlegern die Anlage in Wertpapieren über Organismen für gemeinsame Anlagen durch den Wegfall der Mehrwertsteuerkosten zu erleichtern. Ferner haben die Mitgliedstaaten den Grundsatz der steuerlichen Neutralität zu beachten, wonach gleichartige und infolgedessen miteinander in Wettbewerb stehende Dienstleistungen hinsichtlich der Mehrwertsteuer nicht unterschiedlich behandelt werden dürfen. Die Vorschrift stellt daher auf verwaltete Sondervermögen unabhängig von deren Rechtsform ab. Unter diese Bestimmung fallen also sowohl Organismen für gemeinsame Anlagen in Vertrags- oder Trustform als auch solche in Satzungsform (vgl. EuGH-Urteil vom 4. Mai 2006, Rs. C-169/04, Abbey National, Randnr. 53). Außerdem umfasst der Begriff des Sondervermögens im Hinblick auf die Einhaltung des Grundsatzes der Neutralität der Mehrwertsteuer sowohl offene als auch geschlossene Investmentfonds (vgl. EuGH-Urteil vom 28. Juni 2007, Rs. C-363/05, JP Morgan Fleming Claverhouse Investment Trust plc, The Association of Investment Trust Companies, Randnr. 29).

16 Zwar harmonisiert die Richtlinie 85/611/EWG des Rates vom 20. Dezember 1985 zur Koordinierung der Rechts- und Verwaltungsvorschriften betreffend bestimmte Organismen für gemeinsame Anlagen in Wertpapieren (OGAW) (ABl. EG Nr. L 375 S. 3), zuletzt geändert durch Artikel 9 der Richtlinie 2005/1/EG des Europäischen Parlaments und des Rates vom 9. März 2005 (ABl. EU Nr. L 79 S. 9), die innerstaatlichen Regelungen für Investmentfonds. Sie erlaubt jedoch keine zwingenden Rückschlüsse darauf, welche Organismen von der Steuerbefreiung nach Art. 135 Abs. 1 Buchst. g MwStSystRL erfasst werden können. Gleichwohl können die Mitgliedstaaten nicht im Anwendungsbereich der Richtlinie 85/611/EWG fallende Formen von Investmentfonds von der Steuerbefreiung ausnehmen, soweit dies mit dem Neutralitätsgrundsatz und dem Normzweck der Befreiungsvorschrift vereinbar ist.

17 Der Begriff der „Verwaltung" von Sondervermögen stellt einen autonomen Begriff des Gemeinschaftsrechts dar, dessen Inhalt die Mitgliedstaaten nicht verändern können. Unter den Begriff „Verwaltung" fallen die Dienstleistungen der administrativen und buchhalterischen Verwaltung der Sondervermögen durch einen außenstehenden Verwalter, wenn sie ein im Großen und Ganzen eigenständiges Ganzes bilden und für die Verwaltung dieser Sondervermögen spezifisch und wesentlich sind. Spezifisch für die Verwaltung von Sondervermögen sind nach der Rechtsprechung des EuGH neben den Aufgaben der Anlageverwaltung auch die administrativen Aufgaben, die in Anhang II der Richtlinie 85/611/EWG – zweiter Spiegelstrich – unter der Überschrift „Administrative Tätigkeiten" aufgeführt sind (vgl. EuGH-Urteil vom 4. Mai 2006, Rs. C-169/04, Abbey National, Randnr. 64). Nicht spezifisch für die Verwaltung von Sondervermögen sind dagegen die Aufgaben des Vertriebs entsprechend dem dritten Spiegelstrich in Anhang II der Richtlinie 85/611/EWG. Um ein eigenständiges Ganzes zu bilden, dürfen die Dienstleistungen des außenstehenden Verwalters nicht nur in einzelnen Hilfstätigkeiten bestehen. Insofern reicht es nicht aus, dass eine bestimmte erbrachte Tätigkeit in Anhang II der Richtlinie 85/611/EWG aufgeführt ist. Für das Vorliegen eines eigenständigen Ganzen ist vielmehr erforderlich, dass der außenstehende Verwalter eine Gesamtheit von Leistungen übernimmt, die einen wesentlichen Teil aller bei der Fondsverwaltung anfallenden Aufgaben ausmacht. So fallen nicht unter den Begriff der Verwaltung von Sondervermögen im Sinne von Artikel 135 Abs. 1 Buchst. g MwStSystRL die Leistungen, die den Aufgaben einer Verwahrstelle im Sinne der Artikel 7 Absätze 1 und 3 sowie 14 Absätze 1 und 3 der Richtlinie 85/611/EWG entsprechen. Diese Aufgaben dienen nicht der Verwaltung der Organismen für gemeinsame Anlagen, sondern der Kontrolle und Überwachung von deren Tätigkeit. Rein materielle oder technische Dienstleistungen wie z. B. die Zurverfügungstellung eines Datenverarbeitungssystems werden von dem Begriff der „Verwaltung" ebenfalls nicht erfasst (vgl. EuGH-Urteil vom 4. Mai 2006, Rs. C-169/04, Abbey National, Randnr. 71). Hinweis: Die Richtlinie 85/611/EWG wird mit Wirkung vom 1. Juli 2011 aufgehoben und durch die Richtlinie 2009/65/EG zur Koordinierung der Rechts- und Verwaltungsvorschriften betreffend bestimmte Organismen für gemeinsame Anlagen in Wertpapieren (OGAW) – Neufassung (ABl. EU 2009 Nr. L 302 S.32) ersetzt.

18 Zwar sind in erster Linie Fonds ohne eigene Rechtspersönlichkeit, also Fonds in Vertrags- oder Trustform, auf Verwaltungsleistungen eines externen Fondsverwalters angewiesen. Investmentgesellschaften in Satzungsform können sich dagegen prinzipiell auch ohne Einschaltung eines Dritten selbst verwalten. Soweit Investmentfonds in Satzungsform dennoch einen externen Fondsverwalter einschalten, befinden sie sich in der gleichen Lage wie Fonds ohne eigene Rechtspersönlichkeit.

19 Bei den nach dem Gemeinschaftsrecht begünstigten Sondervermögen handelt es sich, unabhängig von ihrer Rechtsform, um Organismen für gemeinsame Anlagen, deren Umsätze darin bestehen, beim Publikum beschaffte Gelder nach dem Prinzip der Risikostreuung für gemeinsame Rechnung in Wertpapieren anzulegen. Das Gemeinschaftsrecht schließt seinem Wortlaut nach nicht grundsätzlich aus, dass sich eine steuerfreie Verwaltung von Sondervermögen im Sinne von Artikel 135 Abs. 1 Buchst. g MwStSystRL in verschiedene Dienstleistungen aufteilen lässt, die auch dann in den Genuss der dort vorgesehenen Befreiung gelangen können, wenn sie von einem außenstehenden Verwalter erbracht werden (vgl. EuGH-Urteil vom 4. Mai 2006, Rs. C-169/04, Abbey National, Randnr. 67).

2. Nationales Recht

Die Steuerbefreiung gemäß § 4 Nr. 8 Buchst. h UStG erstreckt sich auf „die Verwaltung von Investmentvermögen nach dem Investmentgesetz". Das InvG ist (u.a.) anzuwenden auf inländische Investmentvermögen, soweit diese in Form von Investmentfonds im Sinne des § 2 Abs. 1 oder Investmentaktiengesellschaften im Sinne des § 2 Abs. 5 InvG gebildet werden (§ 1 Satz 1 Nr. 1 InvG). Ausländische Investmentvermögen sind Investmentvermögen im Sinne des § 1 Satz 2 InvG, die dem Recht eines anderen Staates unterstehen (§ 2 Abs. 8 InvG). 20

Investmentvermögen im Sinne des § 1 Satz 1 InvG sind Vermögen zur gemeinschaftlichen Kapitalanlage, die nach dem Grundsatz der Risikomischung in Vermögensgegenständen im Sinne des § 2 Abs. 4 InvG angelegt sind (§ 1 Satz 2 InvG). Investmentfonds sind von einer Kapitalanlagegesellschaft verwaltete Publikums-Sondervermögen nach den Anforderungen der Richtlinie 85/611/EWG und sonstige Publikums- oder Spezial-Sondervermögen (§ 2 Abs. 1 InvG). 21

Sondervermögen sind inländische Investmentvermögen, die von einer Kapitalanlagegesellschaft für Rechnung der Anleger nach Maßgabe des InvG und den Vertragsbedingungen, nach denen sich das Rechtsverhältnis der Kapitalanlagegesellschaft zu den Anlegern bestimmt, verwaltet werden, und bei denen die Anleger das Recht zur Rückgabe der Anteile haben (§ 2 Abs. 2 InvG). Spezial-Sondervermögen sind Sondervermögen, deren Anteile aufgrund schriftlicher Vereinbarungen mit der Kapitalanlagegesellschaft ausschließlich von Anlegern, die nicht natürliche Personen sind, gehalten werden. Alle übrigen Sondervermögen sind Publikums-Sondervermögen (§ 2 Abs. 3 InvG). 22

Investmentaktiengesellschaften sind Unternehmen, deren Unternehmensgegenstand nach der Satzung auf die Anlage und Verwaltung ihrer Mittel nach dem Grundsatz der Risikomischung zur gemeinschaftlichen Kapitalanlage in Vermögensgegenständen nach § 2 Abs. 4 Nr. 1 bis 4, 7, 9, 10 und 11 InvG beschränkt ist und bei denen die Anleger das Recht zur Rückgabe ihrer Aktien haben (§ 2 Abs. 5 Satz 1 InvG). 23

Kapitalanlagegesellschaften sind Unternehmen, deren Hauptzweck in der Verwaltung von inländischen Investmentvermögen im Sinne des § 1 Satz 1 Nr. 1 InvG oder in der Verwaltung von inländischen Investmentvermögen im Sinne des § 1 Satz 1 Nr. 1 InvG und der individuellen Vermögensverwaltung besteht (§ 2 Abs. 6 InvG). Die Kapitalanlagegesellschaft darf neben der Verwaltung von Investmentvermögen nur die in § 7 Abs. 2 Nr 1 bis 7 InvG abschließend aufgezählten Dienstleistungen und Nebendienstleistungen erbringen (§ 7 Abs. 2 Einleitungssatz InvG). 24

Mit der Verwahrung von Investmentvermögen sowie den sonstigen Aufgaben nach Maßgabe der §§ 24 bis 29 InvG hat die Kapitalanlagegesellschaft ein Kreditinstitut als Depotbank zu beauftragen (§ 20 Abs. 1 Satz 1 InvG). Depotbanken sind Unternehmen, die die Verwahrung und Überwachung von Investmentvermögen ausführen (§ 2 Abs. 7 InvG). 25

Nach Art. 7 Abs. 3 Buchst. a und b der Richtlinie 85/611/EWG muss die Verwahrstelle u.a. dafür sorgen, dass die Ausgabe und die Rücknahme sowie die Berechnung des Wertes der Anteile den gesetzlichen Vorschriften oder Vertragsbedingungen gemäß erfolgt. Demgemäß bestimmt § 27 Abs. 1 Nr. 1 InvG, dass die Depotbank im Rahmen ihrer Kontrollfunktion dafür zu sorgen hat, dass die Ausgabe und Rücknahme von Anteilen und die Ermittlung des Wertes der Anteile den Vorschriften des InvG und den Vertragsbedingungen entsprechen. Die Ausgabe und die Rücknahme der Anteile hat die Depotbank selbst vorzunehmen (§ 23 Abs. 1 InvG). Die Bewertung der Anteile wird entweder von der Depotbank unter Mitwirkung der Kapitalanlagegesellschaft oder nur von der Kapitalanlagegesellschaft vorgenommen (§ 36 Abs. 1 Satz 2 InvG). 26

Die Aufgaben, die für die Durchführung der Geschäfte der Kapitalanlagegesellschaft wesentlich sind, können zum Zwecke einer effizienteren Geschäftsführung auf ein anderes Unternehmen (Auslagerungsunternehmen) ausgelagert werden. Das Auslagerungsunternehmen muss unter Berücksichtigung der ihm übertragenen Aufgaben über die entsprechende Qualifikation verfügen und in der Lage sein, die übernommenen Aufgaben ordnungsgemäß wahrzunehmen. Die Auslagerung darf die Wirksamkeit der Beaufsichtigung der Kapitalanlagegesellschaft in keiner Weise beeinträchtigen; insbesondere darf sie weder die Kapitalanlagegesellschaft daran hindern, im Interesse ihrer Anleger zu handeln, noch darf sie verhindern, dass das Sondervermögen im Interesse der Anleger verwaltet wird (§ 16 Abs. 1 InvG). 27

Die Depotbank darf der Kapitalanlagegesellschaft aus den zu einem Sondervermögen gehörenden Konten nur die für die Verwaltung des Sondervermögens zustehende Vergütung und den ihr zuste- 28 henden Ersatz von Aufwendungen auszahlen (§ 29 Abs. 1 InvG). Die Kapitalanlagegesellschaft hat in den Vertragsbedingungen anzugeben, nach welcher Methode, in welcher Höhe und auf Grund welcher Berechnung die Vergütungen und Aufwendungserstattungen aus dem Sondervermögen an sie, die Depotbank und Dritte zu leisten sind (§ 41 Abs. 1 Satz 1 InvG).

III. Anwendungsregelung

29 Dieses Schreiben ist in allen offenen Steuerfällen anzuwenden. Abschnitt 69 Abs. 1 UStR ist, soweit er zu diesem Schreiben im Widerspruch steht, nicht mehr anzuwenden.

Anlage § 004 Nr. 8–22

Urteil des Bundesfinanzhofs (BFH) vom 10.02.2010, XI R 49/07;
Umsatzsteuerrechtliche Behandlung der Garantiezusage eines Autoverkäufers;
CG Car-Garantiemodell

BMF-Schreiben vom 15.12.2010 – IV D 3 – S 7160-g/10/10001,
BStBl. 2010 I S. 1502

Mit Urteil vom 10. Februar 2010, XI R 49/07 (BStBl. II 2010 S. 1109) hat der BFH entschieden, dass die Garantiezusage eines Autoverkäufers, durch die der Käufer gegen Entgelt nach seiner Wahl einen Reparaturanspruch gegenüber dem Verkäufer oder einen Reparaturkostenersatzanspruch gegenüber einem Versicherer erhält, steuerpflichtig ist (Änderung der Rechtsprechung in Bezug auf die in dem BFH-Urteil vom 16. Januar 2003, V R 16/02, BStBl. II 2003 S. 445, vertretene Auffassung).

Unter Bezugnahme auf das Ergebnis der Erörterungen mit den obersten Finanzbehörden der Länder gilt insoweit Folgendes:

Die Garantiezusage eines Autoverkäufers, die beim Verkauf eines Kfz gegen gesondert vereinbartes und berechnetes Entgelt angeboten wird, stellt keine unselbständige Nebenleistung zur Fahrzeuglieferung, sondern eine selbständige Leistung des Händlers dar. Die umsatzsteuerliche Behandlung dieser Leistung hängt maßgeblich von der Ausgestaltung der Garantiebedingungen ab. Insoweit ist zu unterscheiden zwischen der Verschaffung von Versicherungsschutz durch einen Unternehmer, der mit einem Versicherer einen Vertrag zugunsten eines Dritten (Käufer) abschließt, und nach dem der Dritte die aus dem Versicherungsvertrag resultierenden Ansprüche auf Schadensregulierung stets unmittelbar gegenüber dem Versicherer geltend macht und der Garantiezusage eines Autoverkäufers, der dem Käufer (gegen Entgelt) nach dessen Wahl einen Reparaturanspruch oder einen Reparaturkostenersatzanspruch anbietet:

1. Verschaffung von Versicherungsschutz verbunden mit der unmittelbaren Inanspruchnahme des Versicherers durch den Käufer

Müssen Ansprüche aus der versicherten Händlergarantie vom Käufer stets und nicht nur bei der Reparatur durch eine Fremdwerkstatt „ausschließlich und unmittelbar" gegenüber der Versicherungsgesellschaft geltend gemacht werden, erbringt der Autohändler eine nach § 4 Nummer 10 Buchstabe b UStG steuerfreie Leistung, die darin besteht, dass er dem Käufer Versicherungsschutz verschafft (vgl. BFH-Urteil vom 9. Oktober 2002, V R 67/01, BStBl. 2003 II S. 378).

Im diesem Fall erbringt der Händler mit der Beseitigung eines Schadens eine steuerpflichtige Leistung an den Käufer des Kfz. Bei garantiebedingter Reparatur durch eine Drittwerkstatt liegt ein steuerpflichtiger Leistungsaustausch zwischen dieser Werkstatt und dem Käufer vor. Dies gilt auch bei unmittelbarer Zahlung der Reparaturkosten durch die Versicherung an die Werkstatt im abgekürzten Zahlungsweg.

2. Wahlrecht zwischen Reparaturanspruch und Reparaturkostenersatzanspruch

Bei einer Garantiezusage, nach der dem Käufer eines Kfz (Garantienehmer) ein Wahlrecht in der Weise eingeräumt wird („Kombinationsmodell"), dass es in seinem Belieben steht, im Schadensfall entweder die Reparatur durch seinen Händler durchführen zu lassen (Reparaturanspruch) oder den von dem Händler darüber hinaus verschafften Versicherungsschutz in Anspruch zu nehmen und die Reparatur durch einen anderen Vertragshändler ausführen zu lassen (Reparaturkostenersatzanspruch), handelt es sich um eine einheitliche sonstige Leistung eigener Art i.S. des § 3 Abs. 9 UStG und nicht um zwei selbständige Leistungen.

Diese sonstige Leistung eigener Art ist entgegen der früheren Rechtsprechung (BFH-Urteil vom 16. Januar 2003, V R 16/02 [BStBl. 2003 II S. 445]), nicht nach § 4 Nummer 8 Buchstabe g UStG und/oder nach § 4 Nummer 10 Buchstabe b UStG steuerfrei, sondern umsatzsteuerpflichtig.

Denn aus der maßgeblichen Sicht des Durchschnittsverbrauchers ist diese Leistung nicht durch die gemäß § 4 Nummer 10 Buchstabe b UStG steuerfreie Verschaffung von Versicherungsschutz, sondern durch das Versprechen der Einstandspflicht des Händlers (Garantie) geprägt (Änderung der Rechtsprechung).

Die Garantiezusage ist auch nicht nach § 4 Nummer 8 Buchstabe g UStG steuerfrei. Der Europäische Gerichtshof hat mit Urteil vom 19. April 2007, C-455/05 (Velvet & Steel Immobilien), zu der § 4 Nummer 8 Buchstabe g UStG zugrunde liegenden Richtlinienbestimmung des Artikels 13 Teil B Buchst. d Nr. 2 der 6. EG-Richtlinie (seit 1. Januar 2007: Artikel 135 Abs. 1 Buchst. c MwStSystRL) entschieden, dass der gemeinschaftsrechtliche Begriff der „Übernahme von Verbindlichkeiten" dahin auszulegen sei, dass er andere als Geldverbindlichkeiten, wie die Verpflichtung, eine Immobilie zu renovieren, vom

Anlage § 004 Nr. 8–22

Anwendungsbereich der Bestimmung ausschließe. Entsprechendes gilt somit hinsichtlich der Verpflichtung eines Autoverkäufers zur Durchführung der Reparatur.

Sofern der Händler den Schaden an dem Kfz selbst beseitigt, kommt er mit der Reparatur seiner Garantieverpflichtung gegenüber dem Käufer des Kfz nach. Eine weitere Leistung gegenüber dem Käufer (Garantienehmer) liegt hier nicht vor. Der Vorsteuerabzug aus den Eingangsumsätzen, die für derartige Reparaturen verwendet werden (Gemeinkosten, Ersatzteile), ist hierbei nach § 15 Absatz 1 UStG beim Händler nicht ausgeschlossen.

Bei garantiebedingter Reparatur durch eine Drittwerkstatt liegt ein steuerpflichtiger Leistungsaustausch zwischen dieser Werkstatt und dem Käufer vor. Dies gilt auch bei unmittelbarer Zahlung durch die Versicherung an die Werkstatt im abgekürzten Zahlungsweg.

Ferner werden die Abschnitte 3.10 Absatz 6 Nr. 3, 4.8.12 und 4.10.2 Absatz 1 des Umsatzsteuer-Anwendungserlass (UStAE) vom 1. Oktober 2010 (BStBl. I S. 846), der zuletzt durch das BMF-Schreiben vom 8. Dezember 2010 – IV D 3 – S 7346/10/10002 (2010/0979674), BStBl. I S. 1109 – geändert worden ist, wie folgt neu gefasst:

1. Abschnitt 3.10 Absatz 6 Nr. 3 UStAE wird wie folgt gefasst:

    „3. zur Abgrenzung von Haupt- und Nebenleistung bei der Verschaffung von Versicherungsschutz durch einen Kraftfahrzeughändler im Zusammenhang mit einer Fahrzeuglieferung vgl. BFH-Urteile vom 9.10.2002, V R 67/01, BStBl. 2003 II S. 378, und vom 10.2.2010, XI R 49/07 (BStBl. 2010 II S. 1109);"

2. Abschnitt 4.8.12 UStAE wird wie folgt gefasst:

    4.8.12 Übernahme von Bürgschaften und anderen Sicherheiten

    „(1) [1]Als andere Sicherheiten, deren Übernahme nach § 4 Nr. 8 Buchstabe g UStG steuerfrei ist, sind z.B. Garantieverpflichtungen (vgl. BFH-Urteile vom 14.12.1989, V R 125/84, BStBl. 1990 II S. 401, vom 24.1.1991, V R 19/87, BStBl. II S. 539 – Zinshöchstbetragsgarantie und Liquiditätsgarantie –, und vom 22.10.1992, V R 53/89, BStBl. 1993 II S. 318 – Ausbietungsgarantie –) und Kautionsversicherungen (vgl. Abschnitt 4.10.1 Abs. 2 Satz 3) anzusehen. [2]Umsätze, die keine Finanzdienstleistungen sind, sind vom Anwendungsbereich des § 4 Nr. 8 Buchst. g UStG ausgeschlossen (vgl. Abschn. 4.8.11 Sätze 1 und 2 UStAE). [3]Die Garantiezusage eines Autoverkäufers, durch die der Käufer gegen Entgelt nach seiner Wahl einen Reparaturanspruch gegenüber dem Verkäufer oder einen Reparaturkostenersatzanspruch gegenüber einem Versicherer erhält, ist steuerpflichtig (vgl. BFH-Urteil vom 10.2.2010, XI R 49/07 (BStBl. 2010 II S. 1109).

    (2) [1]Ein Garantieversprechen ist nach § 4 Nr. 8 Buchstabe g UStG steuerfrei, wenn es ein vom Eigenverhalten des Garantiegebers unabhängiges Risiko abdeckt; diese Voraussetzung liegt nicht vor, wenn lediglich garantiert wird, eine aus einem anderen Grund geschuldete Leistung vertragsgemäß auszuführen (vgl. BFH-Urteil vom 14.12.1989, V R 125/84, BStBl. 1990 II S. 401). [2]Leistungen persönlich haftender Gesellschafter, für die eine unabhängig vom Gewinn bemessene Haftungsvergütung gezahlt wird, sind nach § 4 Nr. 8 Buchstabe g UStG steuerfrei, weil ein ggf. haftender Gesellschafter über seine Geschäftsführungstätigkeit unmittelbaren Einfluss auf das Gesellschaftsergebnis – und damit auf die Frage, ob es zu einem Haftungsfall kommt – hat."

3. Abschnitt 4.10.2 Absatz 1 UStAE wird wie folgt gefasst:

    „(1) [1]Die Verschaffung eines Versicherungsschutzes liegt vor, wenn der Unternehmer mit einem Versicherungsunternehmen einen Versicherungsvertrag zugunsten eines Dritten abschließt (vgl. BFH-Urteil vom 9.10.2002, V R 67/01, BStBl. 2003 II S. 378). [2]Der Begriff Versicherungsschutz umfasst alle Versicherungsarten. [3]Hierzu gehören z.B. Lebens-, Kranken-, Unfall-, Haftpflicht-, Rechtsschutz-, Diebstahl-, Feuer- und Hausratversicherungen. [4]Unter die Steuerbefreiung fällt auch die Besorgung einer Transportversicherung durch den Unternehmer, der die Beförderung der versicherten Gegenstände durchführt; das gilt nicht für die Haftungsversicherung des Spediteurs, auch wenn diese dem Kunden in Rechnung gestellt wird."

Die Grundsätze dieses Schreibens sind in allen offenen Fällen anzuwenden. Sofern bisher ergangene Anweisungen dem entgegenstehen, sind sie nicht mehr anzuwenden. Bei vor dem 1. Januar 2011 abgeschlossenen Verträgen wird es nicht beanstandet, wenn sich der Unternehmer auf eine – auf dem BFH-Urteil vom 16. Januar 2003, V R 16/02 (BStBl. 2003 II S. 445), beruhende – günstigere Besteuerung beruft.

Anlage § 004 Nr. 8–23

Umsatzsteuerbefreiung für die Verwaltung von Versorgungseinrichtungen

BMF-Schreiben vom 02.03.2011 – IV D 3 – S 7160-h/08/10001,
BStBl. 2011 I S. 232

Die Vorschriften zum Versorgungsausgleich wurden durch das im Rahmen des Gesetzes zur Strukturreform des Versorgungsausgleichs (VAStrRefG) vom 3. April 2009 (BGBl. I 700) eingeführte Versorgungsausgleichsgesetz (VersAusglG) grundlegend geändert. Bislang wurden die von den Ehegatten während der Ehezeit erworbenen Anrechte auf Leistungen der betrieblichen Altersversorgung bewertet und im Wege des Einmalausgleichs vorrangig über die gesetzliche Rentenversicherung ausgeglichen. Nach dem reformierten Recht wird jedes Anrecht gesondert und gleichmäßig geteilt. Hierdurch erhält der ausgleichsberechtigte Ehegatte oder Lebenspartner ein eigenständiges Versorgungsrecht, das unabhängig von dem Anrecht des ausgleichspflichtigen Ehegatten oder Lebenspartners in dem Versorgungssystem ggf. neu begründet und weitergeführt wird.

Durch diese strukturelle Änderung des Versorgungsausgleichs wird der Aufgabenbereich des Versorgungsträgers sowohl in quantitativer als auch in qualitativer Hinsicht erheblich erweitert. Die in diesem neuen Zusammenhang zu erbringenden Leistungen gehen dabei über allgemeine Leistungen hinaus, die in der Regel im Gefolge sog. typischer Verwaltungsleistungen auftreten können. Da insoweit eine Vergleichbarkeit mit Leistungen vorliegt, wie sie in dem o.g. BMF-Schreiben als typische Verwaltungsleistungen anzusehen sind, liegt auch insoweit eine umsatzsteuerfreie Verwaltungsleistung im Sinne des § 4 Nr. 8 Buchst. h Umsatzsteuergesetz vor.

Unter Bezugnahme auf das Ergebnis der Erörterungen mit den obersten Finanzbehörden der Länder wird Abschnitt 4.8.13 Abs. 20 des Umsatzsteuer-Anwendungserlasses vom 1. Oktober 2010 (BStBl. I S. 846), der zuletzt durch das BMF-Schreiben vom 4. Februar 2011, IV D 3 – S 7117/10/10006 (2011/0101498), BStBl. I S. 162 – geändert worden ist, wie folgt ergänzt:

„⁷Bei Leistungen zur Durchführung des Versorgungsausgleichs nach dem Gesetz über den Versorgungsausgleich (Versorgungsausgleichsgesetz – VersAusglG) handelt es sich abweichend von diesem BMF-Schreiben um typische und somit steuerfreie Verwaltungsleistungen."

Die Grundsätze dieses Schreibens sind in allen offenen Fällen anzuwenden. Sofern bisher ergangene Anweisungen dem entgegenstehen, sind diese nicht mehr anzuwenden.

Anlage § 004 Nr. 9–01

§ 3 Abs. 1b, § 4 Nr. 9 Buchst. a UStG –
Steuerbefreiung bei der Entnahme eines Grundstücks aus dem Unternehmen

BMF-Schreiben vom 22.09.2008 – IV B 8 – S 7109/07/10002,
BStBl. 2008 I S. 895

Zur Anwendung des § 4 Nr. 9 Buchst. a UStG im Fall der Entnahme eines Grundstücks aus dem Unternehmen (§ 3 Abs. 1b Satz 1 Nr. 1 UStG) gilt unter Bezugnahme auf das Ergebnis der Erörterungen mit den obersten Finanzbehörden der Länder Folgendes:

Nach § 3 Abs. 1b Satz 1 Nr. 1 und Satz 2 UStG ist die Entnahme eines Gegenstands aus dem Unternehmen steuerbar, wenn er oder seine Bestandteile zum vollen oder teilweisen Vorsteuerabzug berechtigt haben. § 3 Abs. 1b UStG setzt Artikel 16 MwStSystRL um. Artikel 16 MwStSystRL stellt u.a. die Entnahme eines Gegenstands durch einen Steuerpflichtigen aus seinem Unternehmen für seinen privaten Bedarf einer Lieferung gegen Entgelt gleich.

Über die Gleichstellungsfiktion des Artikels 16 MwStSystRL sind grundsätzlich auch die Steuerbefreiungsvorschriften auf Entnahmen anwendbar, sofern im Einzelfall die tatbestandlichen Voraussetzungen erfüllt sind, an die das Gesetz die Anwendung der Steuerbefreiung knüpft. Für den Fall einer nach § 3 Abs. 1b Satz 1 Nr. 1 und Satz 2 UStG steuerbaren Entnahme eines Grundstücks aus dem Unternehmen bedeutet dies, dass die Steuerbefreiung des § 4 Nr. 9 Buchst. a UStG unabhängig davon Anwendung findet, ob mit der Entnahme ein Rechtsträgerwechsel am Grundstück verbunden ist.

Die vorstehenden Grundsätze sind in allen noch offenen Fällen anzuwenden. Die diesem Schreiben entgegenstehenden Aussagen des Abschnitts 71 Abs. 1 Satz 1 UStR und des BMF-Schreibens vom 13. April 2004, a.a.O.[1], sind nicht mehr anwendbar. Für vor dem 1. Oktober 2008 bewirkte Entnahmen von Grundstücken aus dem Unternehmen wird es nicht beanstandet, wenn sich ein Unternehmer auf die entgegenstehenden Aussagen des Abschnitts 71 Abs. 1 Satz 1 UStR 2008 und des BMF-Schreibens vom 13. April 2004, a.a.O., beruft.

---

1) BMF vom 13.04.2004, BStBl. 2004 I S. 469

# Anlage § 004 Nr. 10–01

Verwaltungskostenbeiträge bei Gruppenversicherungsverträgen mit Vereinen/Berufsverbänden

BMF-Schreiben vom 05.07.1993 – IV A 3 – S 7163 – 4/93, DB 1993 S. 1548

Durch den Abschluß eines Gruppenversicherungsvertrags zwischen einem Verein bzw. Berufsverband und einem Versicherungsunternehmen erlangen weder die Vereinsmitglieder noch die Arbeitnehmer einen Versicherungsschutz. Diesen erhalten die Vereinsmitglieder und Arbeitnehmer erst durch den Abschluß des individuellen Versicherungsvertrags. Durch den Abschluß des Gruppenversicherungsvertrags erhalten die Vereinsmitglieder bzw. Arbeitnehmer lediglich die Möglichkeit, sich aufgrund eigener Entscheidung zu besonderen Bedingungen selber einen bestimmten Versicherungsschutz zu verschaffen. Der Gruppenversicherungsvertrag bildet lediglich die Grundlage für den Inhalt der einzelnen Versicherungsverträge. Die Voraussetzungen des § 4 Nr. 10 Buchst. b UStG können nicht als erfüllt angesehen werden.

Auch in der Übernahme bestimmter Aufgaben für das Versicherungsunternehmen durch die Vereine bzw. Berufsverbände liegt kein Verschaffen von Versicherungsschutz. Diese Aufgaben entstehen erst, nachdem das Vereinsmitglied bzw. der Arbeitnehmer sich durch den Abschluß seines individuellen Versicherungsvertrags den Versicherungsschutz selbst verschafft hat. Es handelt sich bei der Übernahme dieser Aufgaben um die Wahrnehmung von Verwaltungstätigkeiten für das Versicherungsunternehmen (insbesondere Beitragsinkasso und Abwicklung des Geschäftsverkehrs). Die Steuerbefreiung nach § 4 Nr. 10 Buchst. b UStG kann hierfür nicht in Anspruch genommen werden.

Die Vereine bzw. Berufsverbände sind auch nicht als Versicherungsvertreter tätig. Sie sind nicht als Handelsvertreter damit betraut, Versicherungsverträge zu vermitteln oder abzuschließen (§ 92 HGB). Die von den Vereinen bzw. Berufsverbänden vereinnahmten Vergütungen sind auch keine Provisionen für die Vermittlung oder den Abschluß von Versicherungsverträgen, sondern Vergütungen für die Verwaltung der einzelnen von den Vereinsmitgliedern bzw. Arbeitnehmern abgeschlossenen Versicherungsverträge.

Anlage § 004 Nr. 11–01

Umsatzsteuerbefreiung der Umsätze aus der Tätigkeit als Versicherungsvertreter (§ 4 Nr. 11 UStG); Verwaltungstätigkeit als berufstypische Tätigkeit eines Versicherungsvertreters

BMF-Schreiben vom 02.05.1995 – IV C 4 – S 7167 – 3/95,
BB 1995 S. 1123

Im Einvernehmen mit den obersten Finanzbehörden der Länder wird die Frage, ob die verwaltende Tätigkeit eines Versicherungsvertreters für Versicherungsunternehmen zu den umsatzsteuerfreien Tätigkeiten nach § 4 Nr. 11 UStG gehört, wie folgt beantwortet:

Nach § 4 Nr. 11 UStG sind die Umsätze aus der Tätigkeit als Versicherungsvertreter von der Umsatzsteuer befreit. Die Befreiung erstreckt sich auf alle Leistungen, die in Ausübung der begünstigten Tätigkeit erbracht werden. Die Umsätze haben allerdings aufgrund der erforderlichen engen Auslegung der Steuerbefreiungsvorschriften des § 4 UStG, die auf Artikel 13 der 6. EG-Richtlinie vom 17.5.1977 zur Harmonisierung der Rechtsvorschriften des Rates über Umsatzsteuern (Abl. EG Nr. L 145 S. 1) beruhen, für den Beruf eines Versicherungsvertreters berufstypisch zu sein.

Versicherungsvertreter ist, wer als Handelsvertreter damit beauftragt ist, Versicherungsverträge zu vermitteln (§ 92 Abs. 1 HGB). Dieser Geschäftskreis prägt nach ständiger Rechtsprechung des BFH (zuletzt Urteil vom 18.5.1988, BStBl. II 1988 S. 801) den Begriff des Versicherungsvertreters, während zusätzliche rechtsgeschäftlich zu vereinbarende Pflichten nicht wesensbestimmend sind. Soweit im Rahmen der berufstypischen Tätigkeiten eines Versicherungsvertreters auch Verwaltungstätigkeiten gegenüber Versicherungsunternehmen anfallen, die als unselbständige Nebenleistungen das Schicksal der versicherungstypischen Leistungen teilen, sind diese Leistungen nicht umsatzsteuerpflichtig. Die Steuerbefreiung entfällt jedoch, wenn ein Versicherungsvertreter ausschließlich verwaltende Tätigkeiten für ein Versicherungsunternehmen ausübt.

Insoweit bestehen gegen den Leitsatz 2 der BFH-Entscheidung vom 29.6.1987, BStBl. 1987 II S. 867[1], im Ergebnis keine Bedenken.

---

[1] Siehe Rechtsprechung zu § 4 Nr. 11

Anlage § 004 Nr. 11–02

Umsatzsteuerliche Behandlung der Umsätze aus der Tätigkeit als Bausparkassenvertreter, Versicherungsvertreter oder Versicherungsmakler (§ 4 Nr. 11 UStG); Konsequenzen aus dem BFH-Urteil vom 6.9.2007 – V R 50/05

BMF-Schreiben vom 09.10.2008 – IV B 9 – S 7167/08/10001, BStBl. I 2008 S. 948[1])

Nach dem Ergebnis der Erörterungen mit den obersten Finanzbehörden der Länder gilt zur Anwendung des BFH-Urteils vom 6. September 2007, V R 50/05, Folgendes:

Der BFH hat in diesem Urteil entschieden, dass die in § 4 Nr. 11 UStG genannten Begriffe des Versicherungsvertreters und des Versicherungsmaklers richtlinienkonform entsprechend Art. 13 Teil B Buchst. a der 6. EG-Richtlinie (seit 1. Januar 2007: Art. 135 Abs. 1 Buchst. a MwStSystRL) und nicht handelsrechtlich nach den Begriffen des Versicherungsvertreters und des Handelsmaklers im Sinne der §§ 92 und 93 HGB auszulegen sind.

Hiermit weicht der BFH von seiner bisherigen Rechtsprechung ab. Abschn. 75 Abs. 1 Satz 3 UStR ist insofern nicht mehr anzuwenden.

Des Weiteren hat der BFH entschieden, dass es zu den wesentlichen Aspekten einer steuerfreien Versicherungsvermittlungstätigkeit gehört, Kunden zu suchen und diese mit dem Versicherer zusammenzuführen. Das bloße Erheben von Kundendaten erfüllt nicht die spezifischen und wesentlichen Funktionen einer Versicherungsvermittlungstätigkeit. Allgemein sind Unterstützungsleistungen für die Ausübung der dem Versicherer selbst obliegenden Aufgaben steuerpflichtig. Auch Dienstleistungen wie z.B. die Festsetzung und Auszahlung von Provisionen der Versicherungsvertreter, das Halten der Kontakte mit diesen und die Weitergabe von Informationen an die Versicherungsvertreter gehören nicht zu den Tätigkeiten eines Versicherungsvertreters.

Dementsprechend ist in Bezug auf die Anwendung von Abschn. 75 Abs. 2 Satz 6 und 7 UStR Folgendes zu beachten: Auch die Betreuung, Überwachung oder Schulung von nachgeordneten selbständigen Vermittlern kann zur berufstypischen Tätigkeit eines Bausparkassenvertreters, Versicherungsvertreters oder Versicherungsmaklers gehören. Dies setzt aber – wie in dem Sachverhalt des in die UStR übernommenen BFH-Urteils vom 9. Juli 1998, V R 62/97, BStBl. 1999 II S. 253 – voraus, dass der Unternehmer, der die Leistungen der Betreuung, Überwachung oder Schulung übernimmt, durch Prüfung eines jeden Vertragsangebots mittelbar auf eine der Vertragsparteien einwirken kann. Dabei ist auf die Möglichkeit abzustellen, eine solche Prüfung im Einzelfall durchzuführen. Bei Verwendung von Standardverträgen und standardisierten Vorgängen genügt es, dass der Unternehmer durch die einmalige Prüfung und Genehmigung der Standardverträge und standardisierten Vorgänge mittelbar auf eine der Vertragsparteien einwirken kann.

Soweit die Anwendung dieser Rechtsprechung dazu führt, dass nach bisheriger BFH-Rechtsprechung als umsatzsteuerfrei anzusehende Umsätze nunmehr steuerpflichtig sind, wird es nicht beanstandet, wenn vor dem 1. Januar 2009 ausgeführte Umsätze als steuerfrei behandelt worden sind.

---

1) Siehe dazu BFH vom 30.10.2008 – V R 44/07 und Anlage § 004 Nr. 8–20

Anlage § 004 Nr. 11b–01 nicht belegt, § 004 Nr. 11b–02

Umsatzsteuerrechtliche Behandlung der Entgelte für postvorbereitende Leistungen durch einen sog. Konsolidierer (§ 51 Abs. 1 Satz 2 Nr. 5 PostG)

BMF-Schreiben vom 13.12.2006 – IV A 5 – S 7100 – 177/06, BStBl. 2007 I S. 119[1)]

Gewährt die Deutsche Post AG (DP AG) sog. Konsolidierern, die Inhaber einer postrechtlichen Lizenz gemäß § 51 Abs. 1 Satz 2 Nr. 5 PostG sind und Briefsendungen eines oder mehrerer Absender bündeln und vorsortiert in die Briefzentren der DP AG einliefern, nachträglich Rabatte auf die offiziellen Porti für diese Briefsendungen, gilt umsatzsteuerrechtlich Folgendes:

Die umsatzsteuerrechtlichen Leistungsbeziehungen zwischen den an den Leistungen Beteiligten (DP AG, Konsolidierer und Absender der Briefsendungen) sind vom Handeln des Konsolidierers gegenüber der DP AG abhängig:

Handeln im eigenen Namen und für eigene Rechnung

Tritt der Konsolidierer gegenüber der DP AG im eigenen Namen und für eigene Rechnung auf, erbringt die DP AG eine Postbeförderungsleistung unmittelbar gegenüber dem Konsolidierer. Die Leistung der DP AG ist gemäß § 4 Nr. 11b UStG umsatzsteuerfrei. Entgelt für diese Leistung ist die Portoaufwendung des Konsolidierers abzüglich des nachträglich gewährten Rabatts der DP AG. Der Konsolidierer erbringt gegenüber der DP AG keine postvorbereitende sonstige Leistung, die mit dem von der DP AG gewährten Rabatt abgegolten ist.

Der Konsolidierer erbringt gegenüber dem Absender der Briefsendungen eine steuerpflichtige Postbeförderungsleistung. Diese Leistung unterliegt dem Regelsteuersatz (§12 Abs. 1 UStG). Entgelt ist alles, was der Leistungsempfänger aufwendet, um die Leistung zu erhalten, jedoch abzüglich der Umsatzsteuer (§ 10 Abs. 1 Satz 2 UStG).

In den Fällen, in denen der Konsolidierer den gesamten oder einen Teil des nachträglich gewährten Rabatts der DP AG an den Absender der Briefsendungen weitergibt, liegt eine Änderung der Bemessungsgrundlage i.S.d. § 17 Abs. 1 UStG für die Leistung des Konsolidierers an den Absender der Briefsendungen vor. Zur Ermittlung der Bemessungsgrundlage ist anhand der zivilrechtlichen Vereinbarungen zu klären, ob die Umsatzsteuer in diesem Betrag enthalten oder vom Absender der Briefsendungen zusätzlich an den Konsolidierer zu leisten ist. In der Regel wird die Umsatzsteuer aus dem nachträglich gewährten Rabatt herauszurechnen sein.

Beispiel 1

Konsolidierer K liefert an einem Tag 1000 Briefsendungen des Absenders A vereinbarungsgemäß bei der DP AG ein. K tritt gegenüber der DP AG im eigenen Namen und für eigene Rechnung auf. Das Standardporto für eine Briefsendung beträgt 0,55 €. K erhält für die Einlieferung von der DP AG einen Rabatt i.H.v. 21%. K gewährt A einen Rabatt i.H.v. 8%. Die Rabatte werden bereits im Zeitpunkt der Ausführung der sonstigen Leistungen gewährt.

Entgelt für die von der DP AG an den Konsolidierer erbrachte, nach § 4 Nr. 11b UStG steuerfreie Postbeförderungsleistung ist der Betrag i.H.v. 434,50 € (1000 Briefsendungen x 0,55 €/Briefsendung = 550,00 € abzgl. 115,50 € [21%]).

Entgelt für die von K an A erbrachte steuerpflichtige Postbeförderungsleistung ist der von A aufgewandte Betrag i.H.v. 506,00 € (1000 Briefsendungen x 0,55 €/Briefsendung = 550,00 € abzgl. 44,00 € [8%]), abzüglich der darin enthaltenen Umsatzsteuer. Die Bemessungsgrundlage beträgt 436,21 € (506,00 € x 100/116). Die Umsatzsteuer beträgt 69,79 €.

Handeln im fremden Namen und für fremde Rechnung

Tritt der Konsolidierer gegenüber der DP AG im Namen und für Rechnung des Absenders der Briefsendungen auf, erbringt die DP AG eine Postbeförderungsleistung unmittelbar gegenüber dem Absender der Briefsendungen. Die Leistung der DP AG ist gemäß § 4 Nr. 11b UStG umsatzsteuerfrei. Entgelt für diese Leistung ist die Portoaufwendung des Absenders der Briefsendungen abzüglich des nachträglich gewährten Rabatts der DP AG. Der Konsolidierer erbringt gegenüber der DP AG keine postvorbereitende sonstige Leistung, die mit dem von der DP AG gewährten Rabatt abgegolten ist.

Die über den Konsolidierer vom Absender der Briefsendungen an die DP AG geleistete Portoaufwendung und der über den Konsolidierer nachträglich gewährte Rabatt der DP AG stellen beim Konsolidierer durchlaufende Posten dar.

---

1) Siehe Anlage § 004 Nr. 11b-03

Anlage § 004 Nr. 11b–02

Daneben erbringt der Konsolidierer gegenüber dem Absender der Briefsendungen eine sonstige Leistung eigener Art (Logistikleistung). Diese ist grundsätzlich steuerpflichtig, da keine Umsatzsteuerbefreiungsvorschrift gemäß § 4 UStG Anwendung findet. Die sonstige Leistung unterliegt dem Regelsteuersatz (vgl. § 12 Abs. 1 UStG). Entgelt ist alles, was der Leistungsempfänger aufwendet, um die Leistung zu erhalten, jedoch abzüglich der Umsatzsteuer (§ 10 Abs. 1 Satz 2 UStG).

In den Fällen, in denen der Konsolidierer den gesamten oder einen Teil des über ihn geleiteten nachträglich gewährten Rabatts der DP AG vereinbarungsgemäß einbehält, ist dieser Betrag Gegenleistung für die Leistung des Konsolidierers an den Absender der Briefsendungen (abgekürzter Zahlungsweg). Zur Ermittlung der Bemessungsgrundlage ist anhand der zivilrechtlichen Vereinbarungen zu klären, ob die Umsatzsteuer in diesem Betrag enthalten oder vom Absender der Briefsendungen zusätzlich an den Konsolidierer zu leisten ist. In der Regel wird die Umsatzsteuer aus dem einbehaltenen Betrag herauszurechnen sein.

Beispiel 2

Wie Beispiel 1, jedoch tritt K gegenüber der DP AG im Namen und für Rechnung des A auf. Die Zahlungen werden über K abgewickelt.

Entgelt für die von der DP AG an den Absender der Briefsendungen erbrachte, nach § 4 Nr. 11b UStG steuerfreie Postbeförderungsleistung ist der Betrag i.H.v. 434,50 € (1000 Briefsendungen x 0,55 €/Briefsendung = 550,00 € abzgl. 115,50 € [21%]).

A hat insgesamt 506,00 € (1000 Briefsendungen x 0,55 €/Briefsendung = 550,00 € abzgl. 44,00 € [8%]) aufgewandt. Der von K einbehaltene Differenzbetrag i.H.v. 71,50 € (506,00 € abzgl. 434,50 € bzw. 115,50 € [21%] abzgl. 44,00 € [8%]) ist die Gegenleistung für die sonstige Leistung des K an A (abgekürzter Zahlungsweg). Zur Ermittlung der Bemessungsgrundlage ist die Umsatzsteuer aus der Gegenleistung herauszurechnen: 71,50 € x 100/116 = 61,64 €. Die Umsatzsteuer beträgt 9,86 €.

Anlage § 004 Nr. 11b–03

Steuerbefreiung für Post-Universaldienstleistungen ab 01.07.2010

BMF-Schreiben vom 21.10.2010 – IV D 3 – S 7167-b/10/10002,
BStBl. 2010 I S. 1192

Unter Bezugnahme auf das Ergebnis der Erörterungen mit den obersten Finanzbehörden der Länder wird zur Anwendung der Regelung des § 4 Nr. 11b UStG zur Umsatzsteuerbefreiung für Post-Universaldienstleistungen in der ab 1. Juli 2010 geltenden Fassung von Art. 6 Nr. 2 des Gesetzes zur Umsetzung steuerlicher EU-Vorgaben sowie zur Änderung steuerlicher Vorschriften vom 8. April 2010 (BGBl. I S. 386) in den Umsatzsteuer-Anwendungserlass vom 1. Oktober 2010 (BStBl. I S. 846) nach dem bisherigen Abschnitt 4.11.1 folgender neuer Abschnitt 4.11b.1 mit Wirkung vom 1. November 2010 aufgenommen:

4.11b.1 Umsatzsteuerbefreiung für Post-Universaldienstleistungen

Begünstigte Leistungen

(1) [1]Unter die Steuerbefreiung nach § 4 Nummer 11b UStG fallen nur bestimmte Post-Universaldienstleistungen. Post-Universaldienstleistungen sind ein Mindestangebot an Postdienstleistungen, die flächendeckend im gesamten Gebiet der Bundesrepublik Deutschland in einer bestimmten Qualität und zu einem erschwinglichen Preis erbracht werden (§ 11 Postgesetz – PostG). [2]Inhalt, Umfang und Qualitätsmerkmale von Post-Universaldienstleistungen sind in der Post-Universaldienstleistungsverordnung (PUDLV) festgelegt.

(2) Unter die Steuerbefreiung nach § 4 Nummer 11b UStG fallen nur folgende Post-Universaldienstleistungen:

1. [1]Die Beförderung von Briefsendungen bis zu einem Gewicht von 2.000 Gramm. [2]Briefsendungen sind adressierte schriftliche Mitteilungen; Mitteilungen, die den Empfänger nicht mit Namen bezeichnen, sondern lediglich mit einer Sammelbezeichnung von Wohnung oder Geschäftssitz versehen sind, gelten nicht als adressiert und sind dementsprechend keine Briefsendungen (§ 4 Nummer 2 Sätze 1 und 3 PostG).

   [3]Briefsendungen sind nur dann der Art nach begünstigte Post-Universaldienstleistungen, wenn die Qualitätsmerkmale des § 2 PUDLV erfüllt sind:

   a) [1]Bundesweit müssen mindestens 12.000 stationäre Einrichtungen vorhanden sein, in denen Verträge über Briefbeförderungsleistungen abgeschlossen und abgewickelt werden können. [2]In allen Gemeinden mit mehr als 2.000 Einwohnern muss mindestens eine stationäre Einrichtung vorhanden sein; dies gilt in der Regel auch für Gemeinden, die gemäß landesplanerischen Vorgaben zentralörtliche Funktionen haben. [3]In Gemeinden mit mehr als 4.000 Einwohnern und Gemeinden, die gemäß landesplanerischen Vorgaben zentralörtliche Funktionen haben, ist grundsätzlich zu gewährleisten, dass in zusammenhängend bebauten Gebieten eine stationäre Einrichtung in maximal 2.000 Metern für die Kunden erreichbar ist. [4]Bei Veränderungen der stationären Einrichtungen ist frühzeitig, mindestens zehn Wochen vor der Maßnahme, das Benehmen mit der zuständigen kommunalen Gebietskörperschaft herzustellen. [5]Daneben muss in allen Landkreisen mindestens je Fläche von 80 Quadratkilometern eine stationäre Einrichtung vorhanden sein. [6]Alle übrigen Orte müssen durch einen mobilen Postservice versorgt werden. [7]Die Einrichtungen müssen werktäglich nachfragegerecht betriebsbereit sein.

   b) [1]Briefkästen müssen so ausreichend vorhanden sein, dass die Kunden in zusammenhängend bebauten Wohngebieten in der Regel nicht mehr als 1.000 Meter zurückzulegen haben, um zu einem Briefkasten zu gelangen. [2]Briefkästen sind jeden Werktag sowie bedarfsgerecht jeden Sonn- und Feiertag so zu leeren, dass die im dritten Gedankenstrich genannten Qualitätsmerkmale eingehalten werden können. [3]Dabei sind die Leerungszeiten der Briefkästen an den Bedürfnissen des Wirtschaftslebens zu orientieren; die Leerungszeiten und die nächste Leerung sind auf den Briefkästen anzugeben. [4]Briefkästen im Sinne der Sätze 1 und 2 sind auch andere zur Einlieferung von Briefsendungen geeignete Vorrichtungen.

   c) [1]Von den an einem Werktag eingelieferten inländischen Briefsendungen müssen – mit Ausnahme der Sendungen, die eine Mindesteinlieferungsmenge von 50 Stück je Einlieferungsvorgang voraussetzen – im Jahresdurchschnitt mindestens 80% an dem ersten auf den Einlieferungstag folgenden Werktag und 95% bis zum zweiten auf den Einlieferungstag folgenden Werktag ausgeliefert werden. [2]Im grenzüberschreitenden Briefverkehr mit Mitgliedstaaten der Europäischen Union gelten die im Anhang der Richtlinie 97/67/EG des Europäischen Parlaments und des Rates vom 15. Dezember 1997 über gemeinsame Vorschriften für die Entwicklung des Binnenmarktes der Postdienste der Gemeinschaft und die Verbesserung der Dienstequalität (ABl. EG 1998 Nr. L 15 S. 14) in der jeweils geltenden Fassung festgelegten Qualitätsmerkmale. ³Wird der Anhang dieser Richtlinie geändert, gelten die Qualitätsmerkmale in der geänderten Fassung vom ersten Tage des dritten auf die Veröffentlichung der Änderung folgenden Monats an.

d) ¹Briefsendungen sind zuzustellen, sofern der Empfänger nicht durch Einrichtung eines Postfaches oder in sonstiger Weise erklärt hat, dass er die Sendungen abholen will. ²Die Zustellung hat an der in der Anschrift genannten Wohn- oder Geschäftsadresse durch Einwurf in eine für den Empfänger bestimmte und ausreichend aufnahmefähige Vorrichtung für den Empfang von Briefsendungen oder durch persönliche Aushändigung an den Empfänger zu erfolgen. ³Kann eine Sendung nicht gemäß Satz 2 zugestellt werden, ist sie nach Möglichkeit einem Ersatzempfänger auszuhändigen, soweit keine gegenteilige Weisung des Absenders oder Empfängers vorliegt. ⁴Ist die Wohn- oder Geschäftsadresse des Empfängers nur unter unverhältnismäßigen Schwierigkeiten zu erreichen oder fehlt eine geeignete und zugängliche Vorrichtung für den Empfang von Briefsendungen, kann der Empfänger von der Zustellung ausgeschlossen werden. ⁵Der Betroffene ist von dem beabsichtigten Ausschluss zu unterrichten.

e) Die Zustellung hat mindestens einmal werktäglich zu erfolgen.

2. ¹Die Beförderung von adressierten Büchern, Katalogen, Zeitungen und Zeitschriften, bis zu einem Gewicht von 2.000 Gramm. Die Beförderung muss durch Unternehmer erfolgen, die die Beförderung von Briefsendungen (vgl. vorstehende Nummer 1) oder die Beförderung von adressierten Paketen bis zu einem Gewicht von 20 Kilogramm durchführen (vgl. § 1 Absatz 1 Nummer 1 und 3 PUDLV i.V.m. § 4 Nummer 1 Buchstabe c PostG).

²Für das Vorliegen einer Post-Universaldienstleistung gelten für die Beförderung von adressierten Büchern und Katalogen die Qualitätsmerkmale für Briefsendungen (§ 2 PUDLV) entsprechend (vgl. vorstehende Nummer 1 Absatz 2).

³Die Beförderung von Zeitungen und Zeitschriften ist nur dann der Art nach eine begünstigte Post-Universaldienstleistung, wenn die Qualitätsmerkmale des § 4 PUDLV erfüllt sind:

a) Zeitungen und Zeitschriften sind im Rahmen des betrieblich Zumutbaren bedarfsgerecht zu befördern.

b) ¹Zeitungen und Zeitschriften sind zuzustellen, sofern der Empfänger nicht durch Einrichtung eines Postfaches oder in sonstiger Weise erklärt hat, dass er die Sendungen abholen will. ²Die Zustellung hat an der in der Anschrift genannten Wohn- oder Geschäftsadresse durch Einwurf in eine für den Empfänger bestimmte und ausreichend aufnahmefähige Vorrichtung für den Empfang von Zeitungen und Zeitschriften oder durch persönliche Aushändigung an den Empfänger zu erfolgen. ³Kann eine Sendung nicht gemäß Satz 2 zugestellt werden, ist sie nach Möglichkeit einem Ersatzempfänger auszuhändigen, soweit keine gegenteilige Weisung des Absenders oder Empfängers vorliegt. ⁴Ist die Wohn- oder Geschäftsadresse des Empfängers nur unter unverhältnismäßigen Schwierigkeiten zu erreichen oder fehlt eine geeignete und zugängliche Vorrichtung für den Empfang von Zeitungen und Zeitschriften, kann der Empfänger von der Zustellung ausgeschlossen werden. ⁵Der Betroffene ist von dem beabsichtigten Ausschluss zu unterrichten.

c) Die Zustellung hat mindestens einmal werktäglich zu erfolgen.

3. ¹Die Beförderung von adressierten Paketen bis zu einem Gewicht von 10 Kilogramm.

²Die Beförderung von adressierten Paketen ist nur dann der Art nach eine begünstigte Post-Universaldienstleistung, wenn die Qualitätsmerkmale des § 3 PUDLV erfüllt sind:

a) Für die Bereitstellung von Einrichtungen, in denen Verträge über Paketbeförderungsleistungen abgeschlossen und abgewickelt werden können, gelten die Qualitätsmerkmale für Briefsendungen (§ 2 Absatz 1 PUDLV) entsprechend (vgl. vorstehende Nummer 1 Satz 3 Buchstabe a).

b) ¹Von den an einem Werktag eingelieferten inländischen Paketen müssen im Jahresdurchschnitt mindestens 80% bis zum zweiten auf den Einlieferungstag folgenden Werktag ausgeliefert werden. ²Im grenzüberschreitenden Paketverkehr mit Mitgliedstaaten der Europäischen Union gelten die im Anhang der Richtlinie 97/67/EG des Europäischen Parlaments und des Rates vom 15. Dezember 1997 über gemeinsame Vorschriften für die Entwicklung des Binnenmarktes der Postdienste der Gemeinschaft und die Verbesserung der Dienstequalität (ABl. EG 1998 Nr. L 15 S. 14) in der jeweils geltenden Fassung festgelegten Qualitätsmerkmale. ³Wird der Anhang dieser Richtlinie geändert, gelten die Qualitätsmerkmale in der geänderten Fassung vom ersten Tage des dritten auf die Veröffentlichung der Änderung folgenden Monats an.

Anlage § 004 Nr. 11b–03

      c) ¹Pakete sind zuzustellen, sofern der Empfänger nicht erklärt hat, dass er die Sendungen abholen will. ²Die Zustellung hat an der in der Anschrift genannten Wohn- oder Geschäftsadresse durch persönliche Aushändigung an den Empfänger oder einen Ersatzempfänger zu erfolgen, soweit keine gegenteilige Weisung des Absenders oder Empfängers vorliegt.

      d) Die Zustellung hat mindestens einmal werktäglich zu erfolgen.

  4. ¹Einschreibsendungen. Einschreibsendungen sind Briefsendungen, die pauschal gegen Verlust, Entwendung oder Beschädigung versichert sind und gegen Empfangsbestätigung ausgehändigt werden (§ 1 Absatz 2 Nummer 1 PUDLV).

    ²Für das Vorliegen einer Post-Universaldienstleistung gelten die Qualitätsmerkmale für Briefsendungen (§ 2 PUDLV) entsprechend (vgl. vorstehende Nummer 1 Satz 3).

  5. ¹Wertsendungen. Wertsendungen sind Briefsendungen, deren Inhalt in Höhe des vom Absender angegebenen Wertes gegen Verlust, Entwendung oder Beschädigung versichert ist (§ 1 Absatz 2 Nummer 2 PUDLV).

    ²Für das Vorliegen einer Post-Universaldienstleistung gelten die Qualitätsmerkmale für Briefsendungen (§ 2 PUDLV) entsprechend (vgl. vorstehende Nummer 1 Satz 3).

(3) ¹Weitere Voraussetzung für das Vorliegen einer der Art nach begünstigten Post-Universaldienstleistung ist für die unter Absatz 2 genannten Leistungen, dass der Preis für diese Leistungen erschwinglich sein muss. ²Der Preis gilt als erschwinglich, wenn er dem realen Preis für die durchschnittliche Nachfrage eines Privathaushalts nach der jeweiligen Postuniversaldienstleistung entspricht. ³Dies ist bei Briefsendungen bis zu einem Gewicht von 1.000 Gramm bis zu einer Einlieferungsmenge von weniger als 50 Sendungen grundsätzlich das nach § 19 PostG genehmigte Entgelt, wenn der Unternehmer auf diesem Markt marktbeherrschend ist. ⁴Bei allen anderen Post-Universaldienstleistungen, die nicht dieser Entgeltgenehmigungspflicht unterliegen, ist dies das Entgelt, das der Unternehmer für die jeweilige Einzelleistung an Privathaushalte allgemein festgelegt hat. ⁵Als genehmigtes Entgelt ist auch das um 1% verminderte Entgelt anzusehen, das der Leistungsempfänger für unter Rz. 2 genannte begünstigte Briefsendungen entrichtet, für die die Freimachung mittels einer Frankiermaschine (sog. Freistempler) durch den Leistungsempfänger erfolgt. ⁶Soweit eine Entgeltsminderung jedoch aus anderen Gründen gewährt wird, z.B. weil die Briefsendungen unmittelbar beim Anbieter der Post-Universaldienstleistung eingeliefert werden müssen, liegen die Voraussetzungen für die Steuerbefreiung nicht vor (vgl. nachfolgend unter Absatz 7).

Begünstigter Unternehmerkreis

(4) ¹Begünstigt können alle Unternehmer sein, die die in Absatz 2 genannten Leistungen selbst erbringen; hierzu gehören auch Unternehmenszusammenschlüsse. ²Voraussetzung ist, dass sie sich verpflichten, alle Post-Universaldienstleistungsbereiche bzw. einen einzelnen der in Absatz 2 genannten Post-Universaldienstleistungsbereiche ständig und flächendeckend im gesamten Gebiet der Bundesrepublik Deutschland anzubieten.

Beispiel 1:

¹Der Postdienstleistungsanbieter P verpflichtet sich, ständig anzubieten, Briefsendungen bis zu einem Gewicht von 2.000 Gramm im gesamten Gebiet der Bundesrepublik Deutschland durchzuführen. ²Die Voraussetzungen des § 2 PUDLV sind erfüllt.

³Die Durchführung der Briefsendungen bis zu einem Gewicht von 2.000 Gramm ist unter den weiteren Voraussetzungen des § 4 Nummer 11b UStG steuerfrei.

Beispiel 2:

¹Der Postdienstleistungsanbieter P verpflichtet sich, ständig anzubieten, Briefsendungen bis zu einem Gewicht von 2.000 Gramm sowie Paketsendungen bis zu einem Gewicht von 5 Kilogramm im gesamten Gebiet der Bundesrepublik Deutschland durchzuführen. ²Die Voraussetzungen der §§ 2 und 3 PUDLV sind erfüllt.

³Die Durchführung der Briefsendungen bis zu einem Gewicht von 2.000 Gramm durch P ist unter den weiteren Voraussetzungen des § 4 Nummer 11b UStG steuerfrei. ⁴Die Durchführung der Paketsendungen bis zu einem Gewicht von 5 Kilogramm ist dagegen steuerpflichtig, da P sich nicht verpflichtet hat, den gesamten Bereich der Paketsendungen bis zu einem Gewicht von 10 Kilogramm anzubieten.

Beispiel 3:

¹Der Postdienstleistungsanbieter P verpflichtet sich, ständig anzubieten, Briefsendungen bis zu einem Gewicht von 1.000 Gramm im gesamten Gebiet der Bundesrepublik Deutschland durchzuführen. ²Die Voraussetzungen der §§ 2 und 3 PUDLV sind erfüllt.

Anlage § 004 Nr. 11b–03

³Die Durchführung der Briefsendungen bis zu einem Gewicht von 1.000 Gramm ist steuerpflichtig, da P sich nicht verpflichtet hat, den gesamten Bereich der Briefsendungen bis zu einem Gewicht von 2.000 Gramm anzubieten.

Beispiel 4:

¹Der Postdienstleistungsanbieter P verpflichtet sich, ständig anzubieten, Briefsendungen bis zu einem Gewicht von 1.000 Gramm im gesamten Gebiet der Bundesrepublik Deutschland und Briefsendungen mit einem Gewicht von mehr als 1.000 Gramm bis zu einem Gewicht von 2.000 Gramm nur in Nordrhein-Westfalen durchzuführen. ²Die Voraussetzungen der §§ 2 und 3 PUDLV sind erfüllt.

³Die Durchführung der Briefsendungen ist insgesamt steuerpflichtig, da P sich nicht verpflichtet hat, den gesamten Bereich der Briefsendungen bis zu einem Gewicht von 2.000 Gramm ständig und flächendeckend im gesamten Gebiet der Bundesrepublik Deutschland anzubieten.

Der Art nach nicht unter die Steuerbefreiung fallende Leistungen

(5) Nicht unter die Steuerbefreiung fallen folgende in § 1 PUDLV genannte Leistungen:
1. Die Beförderung von Paketsendungen mit einem Gewicht von mehr als 10 Kilogramm,
2. die Beförderung von adressierten Büchern, Katalogen, Zeitungen und Zeitschriften mit einem Gewicht von jeweils mehr als 2 Kilogramm,
3. Expresszustellungen. Expresszustellungen sind Briefsendungen, die so bald wie möglich nach ihrem Eingang bei einer Zustelleinrichtung des leistenden Unternehmers durch besonderen Boten zugestellt werden (§ 1 Absatz 2 Nummer 4 PUDLV),
4. Nachnahmesendungen. Nachnahmesendungen sind Briefsendungen, die erst nach Einziehung eines bestimmten Geldbetrages an den Empfänger ausgehändigt werden (§ 1 Absatz 2 Nummer 3 PUDLV).

(6) ¹Ausdrücklich sind auch Leistungen, deren Bedingungen zwischen den Vertragsparteien individuell vereinbart werden, nicht steuerfrei (§ 4 Nummer 11b Satz 3 Buchstabe a UStG).

²Hierunter fallen auch Leistungen eines Postdienstleistungsanbieters an einen im eigenen Namen und für eigene Rechnung auftretenden sog. Konsolidierer, der Inhaber einer postrechtlichen Lizenz gem. § 51 Absatz 1 Satz 2 Nummer 5 PostG ist und Briefsendungen eines oder mehrerer Absender bündelt und vorsortiert in die Briefzentren des Postdienstleistungsanbieters einliefert, wenn der Postdienstleistungsanbieter dem Konsolidierer nachträglich Rabatte auf die festgelegten Entgelte für einzelne Briefsendungen gewährt.

Beispiel 1:

¹Der Konsolidierer K liefert an einem Tag 1.000 Briefsendungen des Absenders A vereinbarungsgemäß beim Postdienstleistungsanbieter P ein. ²K tritt gegenüber P im eigenen Namen und für eigene Rechnung auf. ³Das Standardporto für eine Briefsendung beträgt 0,55 €. ⁴K erhält für die Einlieferung von P einen Rabatt in Höhe von 21%.

⁵Die von P an K erbrachte Postdienstleistung ist steuerpflichtig. ⁶Eine Steuerbefreiung ist wegen individueller Vereinbarungen zwischen den Vertragsparteien ausgeschlossen (§ 4 Nummer 11b Satz 3 Buchstabe a UStG).

³Tritt der Konsolidierer gegenüber dem Postdienstleistungsanbieter im Namen und für Rechnung der Absender auf, so dass die Postdienstleistung vom Postdienstleistungsanbieter gegenüber dem Absender der Briefsendung erbracht wird, und gewährt der Postdienstleistungsanbieter dem Absender über den Konsolidierer nachträglich einen Rabatt, fällt die Leistung ebenfalls nicht unter die Steuerbefreiung nach § 4 Nummer 11b UStG.

Beispiel 2:

¹Der Konsolidierer K liefert an einem Tag 1.000 Briefsendungen des Absenders A vereinbarungsgemäß beim Postdienstleistungsanbieter P ein. ²K tritt gegenüber P im Namen und für Rechnung des A auf. ³Das Standardporto für eine Briefsendung beträgt 0,55 €. ⁴K erhält für die Einlieferung von P einen Rabatt in Höhe von 21%. ⁵K gewährt dem A einen Rabatt in Höhe von 8%. ⁶Die Rabatte werden bereits im Zeitpunkt der Ausführung der sonstigen Leistung gewährt.

⁷Die von P an A erbrachte Postdienstleistung ist steuerpflichtig. ⁸Der Rabatt in Höhe von 21% mindert das Entgelt für die von P an A erbrachte Postdienstleistung. ⁹§ 4 Nummer 11b Satz 3 Buchstabe a UStG schließt eine Steuerbefreiung aus.

⁴Zur Behandlung von Leistungen eines sog. Konsolidierers wird im Übrigen auf das BMF-Schreiben vom 13.12.2006 (BStBl. 2007 I S. 119[1]) verwiesen.

---

1) Siehe Anlage § 004 Nr. 11b-02

Anlage § 004 Nr. 11b–03

(7) ¹Nicht unter die Steuerbefreiung fallen außerdem nach § 4 Nummer 11b Satz 3 Buchstabe b UStG sog. AGB-Leistungen

a) mit nach den Allgemeinen Geschäftsbedingungen eines Anbieters festgelegten Qualitätsmerkmalen, die von den festgelegten Qualitätsmerkmalen (vgl. Absatz 2) abweichen,

   Beispiel:

   ¹Der Postdienstleistungsanbieter P befördert den einzelnen Standardbrief bis 20 Gramm für ein Entgelt von 0,45 €. ²In seinen Allgemeinen Geschäftsbedingungen bietet er an, Standardbriefe ab einer Einlieferungsmenge von 50 Stück für ein Entgelt von 0,40 € zu befördern, wenn die Briefe beim Anbieter unmittelbar eingeliefert werden. ³Der Kunde K macht hiervon Gebrauch und liefert 100 Standardbriefe ein. ⁴P stellt K ein Entgelt von 40 € in Rechnung.

   ⁵Die Beförderung der 100 Standardbriefe zu einem Entgelt von 40 € ist steuerpflichtig. ⁶Die Steuerbefreiung nach § 4 Nummer 11b UStG kann nicht in Anspruch genommen werden, weil die Standardbriefe zwingend bei einer stationären Einrichtung des P eingeliefert werden müssen und nicht in einen Briefkasten eingeworfen werden können. ⁷Es liegt somit keine begünstigte Post-Universaldienstleistung vor.

   und/oder

b) ¹zu nach den Allgemeinen Geschäftsbedingungen eines Anbieters festgelegten Tarifen, die zwar grundsätzlich für jedermann zugänglich sind, aber nicht für den durchschnittlichen Nachfrager eines Privathaushalts bestimmt sind.

   Beispiel:

   ¹Der Postdienstleistungsanbieter P befördert den einzelnen Standardbrief bis 20 Gramm für ein Entgelt von 0,45 €. ²In seinen Allgemeinen Geschäftsbedingungen bietet er an, Standardbriefe ab einer Einlieferungsmenge von 50 Stück für ein Entgelt von 0,40 € zu befördern. ³Der Kunde K macht hiervon Gebrauch und liefert 100 Standardbriefe ein. ⁴P stellt K ein Entgelt von 40 € in Rechnung.

   ⁵Die Beförderung der 100 Standardbriefe zu einem Entgelt von 40 € ist steuerpflichtig. ⁶Die Steuerbefreiung nach § 4 Nummer 11b UStG kann nicht in Anspruch genommen werden, weil das Entgelt für die Einlieferung der 100 Standardbriefe von dem Entgelt für die Einlieferung von bis zu 50 Standardbriefen abweicht und der zugrunde liegende Tarif damit nicht für den durchschnittlichen Nachfrager eines Privathaushalts bestimmt ist.

   ²Hierzu gehört auch der Versand von sog. Postvertriebsstücken (Zeitungen und Zeitschriften), bei denen das Entgelt dasjenige unterschreitet, das für die Einzelsendung festgelegt ist,

   bzw.

c) zu günstigeren Preisen als den nach § 19 PostG genehmigten Entgelten.

   Beispiel:

   ¹Der Postdienstleistungsanbieter P befördert den einzelnen Standardbrief bis 20 Gramm für ein nach § 19 PostG von der Bundesnetzagentur genehmigtes Entgelt von 0,45 €. ²In seinen Allgemeinen Geschäftsbedingungen bietet er an, Standardbriefe ab einer Einlieferungsmenge von 50 Stück für ein Entgelt von 0,40 € zu befördern. ³Der Kunde K macht hiervon Gebrauch und liefert 100 Standardbriefe ein. ⁴P stellt K ein Entgelt von 40 € in Rechnung.

   ⁵Die Beförderung der 100 Standardbriefe zu einem Entgelt von 40 € ist steuerpflichtig. ⁶Die Steuerbefreiung nach § 4 Nummer 11b UStG kann nicht in Anspruch genommen werden, weil das Entgelt für die Einlieferung der 100 Standardbriefe von dem nach § 19 PostG von der Bundesnetzagentur genehmigten Entgelt für die Einlieferung von bis zu 50 Standardbriefen abweicht.

²Eine Steuerbefreiung kommt für diese Leistungen schon deshalb nicht in Betracht, weil es sich hierbei nicht um Post-Universaldienstleistungen im Sinne des Art. 3 der 1. Post-Richtlinie und damit auch im Sinne des § 11 PostG und der PUDLV handelt, da die darin genannten Qualitätsmerkmale nicht erfüllt werden. ³Unbeachtlich ist, aus welchen Gründen das in den Allgemeinen Geschäftsbedingungen vorgesehene niedrigere Entgelt vereinbart wurde. ⁴So ist z.B. die Beförderung von Paketen und Büchern nicht steuerfrei, wenn diese mit einem Leitcode auf der Sendung eingeliefert werden und hierfür eine Entgeltsminderung gewährt wird.

(8) ¹Auch die förmliche Zustellung im Sinne des § 33 PostG (früher: Postzustellungsurkunde) fällt nicht unter die Steuerbefreiung des § 4 Nummer 11b UStG, weil diese Leistung nicht unter die in § 1 PUDLV genannten Post-Universaldienstleistungen fällt. ²Diese Leistung fällt auch nicht unter den Katalog der allgemein unabdingbaren Postdienstleistungen nach Art. 3 Absatz 4 der 1. Post-Richtlinie, für die unionsrechtlich eine Umsatzsteuerbegünstigung vorgesehen werden kann.

(9) ¹Nicht unter die Steuerbefreiung nach § 4 Nummer 11b UStG fällt auch die Transportversicherung für einen Brief. ²Diese Leistung ist keine Nebenleistung zur Briefsendung, sondern eine eigenständige Leistung, die unter die Steuerbefreiung nach § 4 Nummer 10 Buchstabe a UStG fällt.

Feststellung des Vorliegens der Voraussetzungen der Steuerbefreiung

(10) ¹Die Feststellung, dass die Voraussetzungen für die Anwendung der Steuerbefreiung erfüllt sind, trifft nicht das für den Postdienstleister zuständige Finanzamt, sondern das Bundeszentralamt für Steuern (§ 4 Nummer 11b Satz 2 UStG). Hierzu muss der Unternehmer, der die Steuerbefreiung für alle oder für Teilbereiche der unter die Begünstigung fallenden Leistungen (vgl. Absatz 2) in Anspruch nehmen will, einen entsprechenden formlosen Antrag beim Bundeszentralamt für Steuern (BZSt), An der Küppe 1, 53225 Bonn, stellen. Der Antragsteller hat in seinem Antrag darzulegen, für welche Leistungen er die Steuerbefreiung in Anspruch nehmen will. Hierzu muss er erklären, dass er sich verpflichtet, die genannten Leistungen flächendeckend zu erbringen und im Einzelnen nachweisen, dass die weiteren Voraussetzungen für das Vorliegen einer Post-Universaldienstleistung bei den von ihm zu erbringenden Leistungen erfüllt sind. Dabei hat der Antragsteller seine unternehmerische Konzeption für sein Angebot an Post-Universaldienstleistungen darzulegen.

(11) Stellt das BZSt fest, dass die Voraussetzungen für die Steuerbefreiung vorliegen, erteilt es hierüber dem Antragsteller eine entsprechende Bescheinigung.

(12) Stellt sich im Nachhinein heraus, dass die Voraussetzungen für die Bescheinigung nicht oder nicht mehr vorliegen, nimmt sie das Bundeszentralamt für Steuern – ggf. auch rückwirkend – zurück.

Anwendung

(13) ¹Dieses Schreiben ist auf Umsätze anzuwenden, die nach dem 30. Juni 2010 ausgeführt werden. ²Soweit das BMF-Schreiben vom 13. Dezember 2006 – IV A 5 – S 7100 – 177/06 (BStBl. 2007 I S. 119[1]) diesem Schreiben entgegensteht, ist es auf nach dem 30. Juni 2010 ausgeführte Umsätze nicht mehr anzuwenden.

---

1) Siehe Anlage § 004 Nr. 11b-02

Anlage § 004 Nr. 12–01

Umsatzsteuerbefreiung für die Bestellung von dinglichen Nutzungsrechten an Grundstücken (§ 4 Nr. 12c UStG); Übergangsregelungen bei Grundstücken, die nichtunternehmerischen Zwecken dienen

BMF-Schreiben vom 07.10.1985 – IV A 3 – S 7168 – 11/85,
BStBl. 1985 I S. 622

Durch Artikel 17 Nrn. 3, 5 und 11 des Steuerbereinigungsgesetzes 1985 vom 14. Dezember 1984 (BGBl. I S. 1493, BStBl. I S. 659) sind § 4 Nr. 12c, § 9 und § 27 Abs. 5 UStG geändert worden. Unter Bezugnahme auf das Ergebnis der Erörterungen mit den obersten Finanzbehörden der Länder gilt hierzu folgendes:

(1) Die Steuerbefreiung für die Bestellung und Veräußerung von Dauerwohnrechten und Dauernutzungsrechten (§ 4 Nr. 12c UStG) ist mit Wirkung vom 1. Januar 1985 auf alle dinglichen Nutzungsrechte an Grundstücken ausgedehnt worden (vgl. BMF-Schreiben vom 4. März 1985 – IV A 3 – S 7168 – 2/85 –, BStBl. I S. 108).[1)] Mit der Steuerbefreiung ist nach § 15 Abs. 2 UStG der Ausschluß vom Vorsteuerabzug verbunden. Die Änderung der Rechtslage führt zu einer Änderung der für den Vorsteuerabzug maßgebenden Verhältnisse (vgl. Abschn. 215 Abs. 6 Nr. 3 UStR 1985). Daher ist innerhalb des Berechtigungszeitraums des § 15a UStG eine Berichtigung des Vorsteuerabzugs durchzuführen.

(2) Der bereits bestehende Ausschluß des Verzichts auf Steuerbefreiung bei der Vermietung und Verpachtung von Grundstücken, die Wohnzwecken dienen, wurde erweitert. Nunmehr ist für jede Nutzungsüberlassung eines Grundstücks die Möglichkeit des Verzichts auf Steuerbefreiung ausgeschlossen, wenn das Grundstück nichtunternehmerischen Zwecken dient oder zu dienen bestimmt ist (§ 9 Abs. 2 UStG). Es ist daher in diesen Fällen nicht mehr möglich, sich wie bisher durch die Zwischenschaltung von Unternehmern und den Verzicht auf Steuerbefreiung die Möglichkeit des Vorsteuerabzugs zu verschaffen. Grundstücke mit Gebäuden, in denen ein Unternehmer Wohn- und Schlafräume zur kurzfristigen Beherbergung von Fremden bereithält (§ 4 Nr. 12 Satz 2 UStG), dienen unternehmerischen Zwecken (z. B. Hotels, Ferienwohnungen). Bei der Bestellung von dinglichen Nutzungsrechten an diesen Grundstücken ist daher die Möglichkeit, auf die Steuerbefreiung nach § 9 Abs. 1 UStG zu verzichten, nicht ausgeschlossen.

(3) Für den Ausschluß des Verzichts auf Steuerbefreiung (§ 9 Abs. 2 UStG) wurden gesetzliche Übergangsregelungen getroffen (§ 27 Abs. 5 UStG). Nach diesen Regelungen ist § 9 Abs. 2 UStG nicht anzuwenden, wenn das auf dem Grundstück errichtete Gebäude Wohnzwecken dient und vor dem 1. April 1985 fertiggestellt worden ist oder anderen nichtunternehmerischen Zwecken dient und vor dem 1. Januar 1986 fertiggestellt worden ist. Ferner muß mit der Errichtung des Gebäudes vor dem 1. Juni 1984 begonnen worden sein. In diesen Fällen kann daher weiterhin in entsprechender Anwendung des BMF-Schreibens vom 27. Juni 1983 – IV A 3 – S 7198 – 21/83 – (BStBl. I S. 347, USt-Kartei § 9 S 7198 Karte 5)[2)] unter den dort bezeichneten Voraussetzungen bei Umsätzen an zwischengeschaltete Unternehmer auf die Steuerbefreiung verzichtet und damit der Vorsteuerabzug erlangt werden.

(4) Unter den Wortlaut des § 27 Abs. 5 UStG fallen jedoch nicht die dinglichen Nutzungsrechte an Grundstücken (§ 4 Nr. 12c UStG), die ohne Zwischenschaltung eines anderen Unternehmers bestellt, übertragen oder deren Ausübung überlassen worden sind. Aus Billigkeitsgründen werden auf diese Fälle die in § 27 Abs. 5 UStG getroffenen Übergangsregelungen hinsichtlich der auf die Anschaffungs- oder Herstellungskosten entfallenden Vorsteuerbeträge im wesentlichen Ergebnis übernommen (ausgenommen die Bestellung und Veräußerung von Dauerwohnrechten und Dauernutzungsrechten, da hier keine Rechtsänderung eingetreten ist.) Die Versagung entsprechender Regelungen würde nämlich in den bezeichneten Fällen zu einer sachlichen Härte im Sinne der §§ 163 und 227 AO führen. Es kann davon ausgegangen werden, daß die gesetzgebenden Körperschaften auch für diese Fälle eine gesetzliche Übergangsregelung getroffen hätten, wenn sie ihnen rechtzeitig bekannt geworden wären. Wirtschaftlich sind beide Fallgestaltungen hinsichtlich der auf die Anschaffungs- oder Herstellungskosten entfallenden Vorsteuerbeträge miteinander vergleichbar und müssen deshalb insoweit auch umsatzsteuerlich im wirtschaftlichen Ergebnis gleich behandelt werden. Für die Bestellung, die Übertragung und die Überlassung der Ausübung von dinglichen Nutzungsrechten an Grundstücken (ausgenommen Dauerwohnrechte und Dauernutzungsrechte), die ohne Zwischenschaltung eines anderen Unternehmers erfolgt sind, gilt daher, wenn das auf dem Grundstück errichtete Gebäude (vgl. § 27 Abs. 5 Nrn. 1 und 2 UStG)

1. Wohnzwecken dient oder zu dienen bestimmt ist, vor dem 1. April 1985 fertiggestellt und mit der Errichtung vor dem 1. Juni 1984 begonnen worden ist,
2. anderen nichtunternehmerischen Zwecken dient oder zu dienen bestimmt ist, vor dem 1. Januar 1986 fertiggestellt und mit der Errichtung vor dem 1. Juni 1984 begonnen worden ist,

---
1) Vgl. jetzt Abschnitt 83 UStR
2) Vgl. Abschnitt 148a UStR

Anlage § 004 Nr. 12–01

auf Antrag folgende Übergangsregelung:

Die nach § 15a UStG ab dem 1. Januar 1985 zurückzuzahlenden Vorsteuerbeträge sind nur in Höhe der durch die Einführung der Steuerbefreiung ersparten Umsatzsteuer zu entrichten. Die Rückzahlung der Vorsteuerbeträge hat abweichend von § 15a UStG in der Weise zu erfolgen, daß bis zum Ablauf des im Einzelfall maßgeblichen Berichtigungszeitraums laufende Raten zu zahlen sind. Die Raten müssen zeitlich und im Umfang der Umsatzsteuer entsprechen, die ohne die Einführung der Steuerbefreiung für die Nutzungsüberlassung entstanden wäre (z. B. Monatsraten bei Monatszahlern). Der Teil der Vorsteuerbeträge, der die ersparte Umsatzsteuer übersteigt, ist bis zum Ablauf des Berichtigungszeitraums zu stunden und anschließend zu erlassen. Vorsteuerbeträge für Umsätze, die nach dem 31. Dezember 1984 an den Unternehmer ausgeführt werden, sind vom Abzug ausgenommen.

Beispiel:

A hat auf seinem Grundstück für 2 Mio. DM ein Gebäude errichtet. Das Gebäude ist im Juni 1983 fertiggestellt worden. A hat einer Gemeinde an dem Grundstück ab 1. Juli 1983 gegen eine monatliche Zahlung von 5 700 DM (einschließlich Umsatzsteuer) ein Nießbrauchsrecht bestellt. Die Gemeinde nutzt das Gebäude während des gesamten Berichtigungszeitraums für Verwaltungszwecke. A hat die auf die Herstellungskosten des Gebäudes entfallende Umsatzsteuer von 180 000 DM als Vorsteuer abgezogen.

Die Bestellung des Nießbrauchs war bis zum 31. Dezember 1984 (1 Jahr und 6 Monate) steuerpflichtig; seit dem 1. Januar 1985 ist sie steuerfrei (§ 4 Nr. 12c UStG). Somit liegt für die Zeit vom 1. Januar 1985 bis zum 30. Juni 1993 (8 Jahre und 6 Monate) eine Änderung der für den Vorsteuerabzug maßgebenden Verhältnisse im Sinne des § 15a UStG vor. A hat daher die auf diesen Zeitraum anteilig entfallenden Vorsteuerbeträge in Höhe von 153 000 (180 000 DM ./. 27 000 DM) in gleichen jährlichen Teilbeträgen zurückzuzahlen. Er kann jedoch den Antrag stellen, die Übergangsregelung anzuwenden. In diesem Fall hat A, wenn er Monatszahler ist, auf die zurückzuzahlenden Vorsteuerbeträge in der Zeit vom Januar 1985 bis Juni 1993 monatlich Raten von 700 DM (12,28 v. H. von 5 700 DM) zu entrichten. Das sind für den Zeitraum von 8 Jahren und 6 Monaten 71 400 DM. Die hiernach bis zum Juni 1993 nicht zurückzuzahlenden Vorsteuerbeträge in Höhe von 81 600 DM (153 000 DM ./. 71 400 DM) sind anschließend zu erlassen.

(5) Werden die in Absatz 4 bezeichneten Grundstücke nach dem 31. Dezember 1984 erstmalig zur Nutzung überlassen, ist auf Antrag hinsichtlich der auf die Anschaffungs- oder Herstellungskosten entfallenden Vorsteuerbeträge von der Anwendung des § 15 Abs. 2 UStG abzusehen. Hierbei müssen die den Anschaffungs- oder Herstellungskosten zugrundeliegenden Umsätze bei Wohnzwecken dienenden Grundstücken vor dem 1. April 1985 und bei anderen nichtunternehmerischen Zwecken dienenden Grundstücken vor dem 1. Januar 1986 an den Unternehmer ausgeführt worden sein.

Die abgezogenen Vorsteuerbeträge sind jedoch in entsprechender Anwendung des § 15a UStG vom Zeitpunkt der Nutzungsüberlassung an zurückzuzahlen. Hierbei ist die Übergangsregelung nach Absatz 4 sinngemäß anzuwenden.

(6) Die Übergangsregelungen nach den Absätzen 4 und 5 gelten nur für solche dinglichen Nutzungsrechte, die bei Wohnzwecken dienenden Grundstücken vor dem 1. April 1985 und bei anderen nichtunternehmerischen Zwecken dienenden Grundstücken vor dem 1. Januar 1986 bestellt oder zur Ausübung überlassen sind. § 19 Abs. 3 UStG ist im Rahmen der Übergangsregelung nicht anzuwenden.

(7) Ein Gebäude ist in dem Zeitpunkt fertiggestellt, in dem es seiner Zweckbestimmung entsprechend genutzt werden kann. Wohngebäude sind als fertiggestellt anzusehen, sobald sie bewohnbar sind (BFH-Urteil vom 8. April 1954, BStBl. III S. 175). Als Gebäude im Sinne des § 27 Abs. 5 UStG sind auch Eigentumswohnungen und im Teileigentum stehende Räume anzusehen.

(8) Unter dem Beginn der Errichtung eines Gebäudes im Sinne der Absätze 3 und 4 ist der Zeitpunkt zu verstehen, in dem einer der folgenden Sachverhalte als erster verwirklicht worden ist:

1. Beginn der Ausschachtungsarbeiten,

2. Erteilung eines spezifizierten Bauauftrags an den Bauunternehmer (vgl. BFH-Urteile vom 28. September 1979, BStBl. 1980 II S. 56 und 57) oder

3. Anfuhr nicht unbedeutender Mengen von Baumaterial auf dem Bauplatz.

Vor diesem Zeitpunkt im Zusammenhang mit der Errichtung eines Gebäudes durchgeführte Arbeiten sind noch nicht als Beginn der Errichtung anzusehen. Dies gilt auch für die Arbeiten zum Abbruch eines Gebäudes (vgl. BFH-Urteil vom 7. März 1980, BStBl. II S. 411), es sei denn, daß unmittelbar nach dem Abbruch des Gebäudes mit der Errichtung eines neuen Gebäudes begonnen wird (vgl. BFH-Beschluß vom 12. Juni 1978, BStBl. II S. 620).

Anlage § 004 Nr. 12–02

Umsatzsteuerbefreiung bei Unterbringung von Aussiedlern und Asylanten
(§ 4 Nr. 12 UStG)

OFD Frankfurt am Main, Vfg. vom 16.01.1989 – S 7168 A – 15 – St IV 22,
UR 1989 S. 163, 164[1)]

Zur der Frage der umsatzsteuerrechtlichen Behandlung der Vermietungsleistungen an Asylbewerber und Asylanten bitte ich, folgende Auffassung zu vertreten:

1. Für die umsatzsteuerrechtliche Beurteilung von Vermietungsleistungen an Asylbewerber und Asylanten ist nicht die tatsächliche Mietdauer entscheidend, sondern allein die Absicht des Vermieters, die Mietsache kurzfristig oder auf Dauer zur Verfügung zu stellen.

    Bei Mietverträgen, die für mindestens 6 Monate abgeschlossen werden, ist generell von einem längerfristigen Mietverhältnis auszugehen. Auf die Umsätze findet die Steuerbefreiung des § 4 Nr. 12a UStG Anwendung. Dies gilt auch bei einer unbefristeten Vermietung an Asylbewerber und Asylanten. Es kann hier nämlich grundsätzlich davon ausgegangen werden, daß die Mietsache längerfristig überlassen werden soll.

    Mietverträge mit täglicher Kündigung sind immer als kurzfristig zu werten und fallen somit nicht unter die Steuerbefreiung des § 4 Nr. 12a UStG.

2. Wird neben der Beherbergung auch die *Verpflegung* der untergebrachten Personen übernommen, handelt es sich insoweit nicht mehr um übliche Nebenleistungen, die entsprechend der Besteuerung der Vermietungsleistung steuerfrei sein könnten. Diese Umsätze sind mit dem Regelsteuersatz zu versteuern, da es sich um die Lieferung von Speisen und Getränken zum Verzehr an Ort und Stelle handelt (§ 12 Abs. 2 Nr. 1 Satz 2 UStG).

3. Als *übliche Nebenleistungen,* die wie die Hauptleistung (Vermietung) zu besteuern sind, können insbesondere angesehen werden:
   – Bereitstellung von Bettwäsche,
   – Bereitstellung von Mobiliar,
   – Reinigung des ganzen Gebäudes,
   – Bereitstellung von Waschmaschinen und Wäschetrocknern, auch wenn hierfür ein besonderes Entgelt erhoben wird,
   – Zurverfügungstellung von Hauspersonal und Hausmeistern,
   – Transportverpflichtung gegenüber den untergebrachten Personen,
   – Übernahme der sozialen Betreuung durch Einschaltung der durch den Mieter angegebenen Stelle.

4. Auch ein pauschaler *Abnutzungszuschlag,* der vom Mieter gezahlt wird, da er keine Renovierung der angemieteten Räume vorzunehmen hat, ist wie die eigentliche Vermietungsleistung zu besteuern.

---

1) Vgl. auch OFD Koblenz vom 01.09.1989, UR 1990 S. 65, und OFD Freiburg vom 10.07.1990, UR 1990 S. 259; ferner *Pflüger,* UR 1991 S. 217

Anlage § 004 Nr. 12–03

Umsatzsteuerbefreiung für die Überlassung von Bootsliegeplätzen (§ 4 Nr. 12a UStG)

OFD Saarbrücken, Vfg. vom 26.04.1991 – S 7168 – 13 – St 241,
UR 1991 S. 269[1)]

Zur umsatzsteuerlichen Behandlung der Überlassung von Bootsliegeplätzen gilt folgendes:

1. Nach § 4 Nr. 12a UStG ist die Vermietung oder Verpachtung von Grundstücken steuerfrei (Abschn. 76 UStR). Auch eine mit Wasser bedeckte Fläche ist Grundstück in diesem Sinne. Die Benutzung der Gewässer bedarf grundsätzlich der behördlichen Erlaubnis oder Bewilligung (§ 2 Wasserhaushaltsgesetz vom 16.10.1976, BGBl I 1976, 3017).

   Überläßt der Berechtigte im Rahmen des ihm übertragenen Rechts Bootsliegeplätze auf dem Wasser an andere, kann dies durch ein Miet- oder Pachtverhältnis i. S. des § 4 Nr. 12a UStG erfolgen (RFH vom 19.11.1943, RStBl 1944, 38). Eine Unterscheidung der öffentlichen oder der privaten Gewässer ist nicht erforderlich.

   Nicht befreit sind

   1.1 die kurzfristige Vermietung von Plätzen für das Abstellen von Fahrzeugen (§ 4 Nr. 12 Satz 2 UStG). Zu den Fahrzeugen gehören auch Segelboote, Ruderboote, Paddelboote und Motorboote (Abschn. 33 Abs. 5 UStR) sowie Tretboote. Surfbretter gehören nicht zu den Fahrzeugen.

   Eine kurzfristige Vermietung liegt vor, wenn die tatsächliche Gebrauchsüberlassung weniger als 6 Monate beträgt (Abschn. 77 Abs. 4 UStR). Die tatsächliche Gebrauchsüberlassung wird durch eine zeitweise Nutzung Dritter nicht berührt.

   Die tatsächliche Gebrauchsüberlassung ergibt sich im allgemeinen aus den Vereinbarungen mit Mietvertrag. Bei Einräumung eines Mietoptionsrechts liegt eine tatsächliche Gebrauchsüberlassung (noch) nicht vor. Bei Ausübung des Optionsrechts kann der Berechtigte lediglich verlangen, daß ihm mietweise der Gebrauch eines Liegeplatzes tatsächlich überlassen wird.

   1.2 die Vermietung von Betriebsvorrichtungen (§ 4 Nr. 12 Satz 2 UStG; Abschn. 85 UStR).

   Zu den Betriebsvorrichtungen im Zusammenhang mit Bootsliegeplätzen auf dem Wasser gehören Anbindepfähle und Bootsstege auf eingerammten Pfählen oder auf Schwimmkörpern sowie floßartige Schwimmstege.

   1.3 die Vermietung von beweglichen Wirtschaftsgütern

   Als bewegliche Wirtschaftsgüter sind schwimmende Bootshäuser, Bootshallen und Schuppen, die auf leeren Fässern oder ähnlichen Hohlkörpern ruhen, zu behandeln, da sie – selbst wenn sie fest verankert sind – nicht als mit dem Grund und Boden fest verbunden gelten (BFH vom 19.1.1962 – III 228/59 U, BStBl. III 1962, 121).

   Bootshäuser auf Pfählen sind dagegen als Gebäude anzusehen.

   1.4 die Überlassung einer Grundstücksfläche aufgrund eines Vertrages besonderer Art (Abschn. 81 UStR).

   Wird nicht eine bestimmte Grundstücksfläche vermietet oder übernimmt der Grundstückseigentümer – oder Berechtigte – auch andere Leistungen, z. B. Obhutspflichten wie Bewachung, Pflege, Wartung usw., so liegt ein Vertrag besonderer Art vor (Abschn. 77 Abs. 2 und 3 UStR).

   Zu den nach § 4 Nr. 12a UStG steuerfreien Leistungen der Vermietung oder Verpachtung von Grundstücken gehören auch die damit in unmittelbarem wirtschaftlichen Zusammenhang stehenden üblichen Nebenleistungen (Abschn. 76 Abs. 5 UStR).

   Slipleistungen des Grundstückseigentümers sind als übliche Nebenleistungen zu behandeln.

   Hinsichtlich des Verzichts auf die Steuerbefreiung nach § 4 Nr. 12a UStG gelten die allgemeinen Grundsätze (§ 9 UStG; Abschn. 148 UStR).

2. Bei der Überlassung von Bootsliegeplätzen ergeben sich folgende Fallgestaltungen:

   2.1 Bootsliegeplätze auf dem Land

   Bei der Überlassung von offenen oder geschlossenen Bootsliegeplätzen auf dem Land ist zu prüfen, ob es sich um eine Vermietungsleistung oder um einen Vertrag besonderer Art handelt. Die Überlassung einer fest abgegrenzten Abstellfläche in Form von Stellagen stellt eine Vermietung eines Grundstückes dar (BFH vom 9.12.1965 – V 226/63, UR 1967, 6).

[1)] Siehe auch EuGH-Urteil vom 03.03.2005 – Rs. C-428/02, UR 2005 S. 458

Anlage § 004 Nr. 12–03

Überläßt der Vermieter dem Bootseigner sowohl einen Liegeplatz auf dem Wasser als auch einen Liegeplatz auf dem Land, so liegen zwei Gebrauchsüberlassungen vor, deren Dauer jeweils für sich zu beurteilen ist.

2.2 Bootsliegeplätze auf dem Wasser

Die Überlassung eines schwimmenden Bootshauses ist nicht nach § 4 Nr. 12a UStG steuerbefreit, da es sich um die Vermietung eines beweglichen Wirtschaftsgutes handelt. Die Überlassung eines Bootshauses auf Pfählen ist dagegen eine Grundstücksvermietung i. S. von § 4 Nr. 12 a UStG.

Bei der Überlassung von Bootsliegeplätzen an Haltepfählen, Kaimauern, Bootsstegen und Hafenmolen werden neben einer Grundstücksfläche auch Betriebsvorrichtungen überlassen.

Bei Zugangswegen zu diesen Einrichtungen ist zu prüfen, ob diese zum Gemeingebrauch bestimmt sind. In diesem Fall stellt die Überlassung des Zugangsweges eine unselbständige Nebenleistung zur Vermietung der Grundstücksfläche dar. Wird dagegen der Zugangsweg ausnahmsweise nur zur Einzelnutzung überlassen, ist von der Mitvermietung einer Betriebsvorrichtung auszugehen. Hierbei ist das Miet- oder Pachtentgelt nach den Grundsätzen für die Vermietung oder Verpachtung von Sportanlagen aufzuteilen (Abschn. 86 Abs. 2 UStR).

Die Überlassung eines Anbindepfahls ist lediglich von untergeordneter Bedeutung; eine Entgeltsaufteilung kommt deshalb nicht in Betracht.

Die Überlassung eines Liegeplatzes an einer Boje ist als steuerfreie Grundstücksvermietung zu behandeln. Insoweit sind die Grundsätze des FG Hamburg (Urteil vom 21.1.1983 – I 232/80, EFG 1984, 90 = UR 1984, 123) nicht mehr anzuwenden. Die Überlassung der Boje ist von untergeordneter Bedeutung. Eine Entgeltsaufteilung kommt deshalb nicht in Betracht.

Anlagen § 004 Nr. 12–04 nicht belegt, § 004 Nr. 12–05, § 004 Nr. 12–06 nicht belegt

Umsatzsteuerpflicht der Vermietung von Plätzen für das Abstellen von Fahrzeugen (§ 4 Nr. 12 Satz 2 UStG)

OFD Köln, Vfg. vom 01.09.1992 – S 7168 – 26 – St 145,
UR 1992 S. 385

1. § 4 Nr. 12 Satz 2 UStG ist gleichermaßen auf abgeschlossene Garagen wie auf offene Einstellplätze anzuwenden (EuGH vom 13.7.1989, UR 1991, 43). Darüber hinaus ist der Begriff Fahrzeuge i. S. des § 4 Nr. 12 Satz 2 UStG nicht auf Kfz beschränkt, sondern bezieht sich auch auf Wasser- und Luftfahrzeuge.

2. Die Rechtsprechung des BFH zur Überlassung eines Dauerparkplatzes in einem Parkhaus, die nach dem Urteil vom 8.10.1991 – V R 95/89 (BStBl. II 1992, 209 = UR 1992, 78) als Vermietung von Grundstücken im Sinne des § 4 Nr. 12 Buchst. a UStG zu beurteilen ist, hat nur noch Bedeutung für Zeiträume vor 1992. Gleiches gilt für die Rechtsprechung zur Überlassung von Abstellflächen für Boote (BFH-Urteile vom 8.10.1991 – V R 95/89, aaO, und V R 46/88, BStBl. II 1992, 368 = UR 1992, 144 m. Anm.). Beide Leistungen sind ab dem 1.1.1992 grundsätzlich steuerpflichtig, unabhängig davon, ob es sich um eine Grundstücksvermietung handelt oder nicht.

3. Eine Stellplatzvermietung soll nach dem Erlaß steuerfrei bleiben, wenn sie als unselbständige Nebenleistung zu einer steuerfreien Wohnraumvermietung zu beurteilen ist. Für die Frage, ob es sich um eine unselbständige Nebenleistung oder eine selbständige Hauptleistung handelt, ist auf die allgemeinen Abgrenzungskriterien des Abschn. 29 Abs. 3 UStR abzustellen. Für die Annahme einer Nebenleistung ist es grundsätzlich nicht schädlich, wenn die steuerfreie Wohnraumvermietung und die Stellplatzvermietung zivilrechtlich in getrennten Verträgen vereinbart ist, die Leistungspartner in beiden Verträgen jedoch identisch sind.

Für die Annahme einer Nebenleistung zur steuerfreien Wohnraumvermietung ist grundsätzlich auch ein räumlicher Zusammenhang zwischen Wohnung und Stellplatz erforderlich. Ich habe jedoch keine Bedenken, noch eine Nebenleistung anzunehmen, wenn der Stellplatz sich zwar nicht auf dem selben Grundstück, jedoch in geringer Entfernung zur Wohnung befindet (z. B. Reihenhaussiedlung mit zentralem Garagengrundstück).

Anlage § 004 Nr. 12–07

Umsatzsteuer bei der Vermietung von Plätzen für das Abstellen von Fahrzeugen; Nutzungsverträge nach den §§ 312 bis 314 ZGB – DDR –

BMF-Schreiben vom 24.11.1995 – IV C 4 – S 7168 – 25/95, DStR 1995 S. 1960

Zu der Frage nach der umsatzsteuerlichen Behandlung von Nutzungsverträgen nach den §§ 312-314 ZGB – DDR – ist unter Bezugnahme auf das Ergebnis der Erörterung mit den obersten Finanzbehörden der Länder folgendes mitzuteilen:

Mit Wirkung vom 1.1.1992 ist die Vermietung von Plätzen für das Abstellen von Fahrzeugen nach § 4 Nr. 12 Satz 2 UStG auch dann steuerpflichtig, wenn sie langfristig erfolgt. Die Vorschrift wurde durch Art. 12 Nr. 2 Buchstabe b des Steueränderungsgesetzes vom 25.2.1992 (BGBl. I, 297; BStBl. I, 146) geändert und beruht auf dem EuGH-Urteil vom 13.7. 1989, Rs. 173/88 (UR 1991, 42). Das Gericht hatte Art. 13 Teil B Buchstabe b Nr. 2 der 6. EG-Richtlinie für den deutschen Gesetzgeber verbindlich dahingehend ausgelegt, daß die Steuerpflicht dieser Umsätze nicht von einer Vermietungsdauer abhängig ist.

Die Finanzverwaltung hat zu der gesetzlichen Neuregelung in einem Einführungsschreiben vom 7.2.1994 (BStBl. I, 189, DStR 1994, 430) Stellung genommen. Das BMF-Schreiben ist in Abschn. 77 UStR 1996 aufgenommen worden. Im Zuge der Ressortabstimmungen zu den UStR 1996 teilte das Bundesministerium der Justiz (BMJ) mit, daß diese Regelung nicht für Sachverhalte in Betracht kommen könne, in denen unbebaute Grundstücke u. a. unter der Auflage vermietet worden seien, daß Nutzungsberechtigte nach den §§ 312-314 ZGB – DDR – auf diesen Flächen Garagen errichten konnten. Das BMJ begründete seine Auffassung damit, daß diese Leistungen an die Nutzungsberechtigten umsatzsteuerlich lediglich eine steuerfreie Vermietung von Grundstücken nach § 4 Nr. 12 Satz 1 Buchstabe a UStG darstellen. Der Garagenerrichter und -nutzer nach den §§ 312-314 ZGB – DDR – sei nach dem Recht der DDR in einer wesentlich stärkeren Stellung als ein Garagenmieter nach bundesdeutschem Recht gewesen. Garagen und andere Baulichkeiten, die vom Nutzer aufgrund solcher Nutzungsverhältnisse errichtet worden seien, sind in das Eigentum des Nutzungsberechtigten übergegangen und auch nach dem Beitritt der DDR zur Bundesrepublik sein Eigentum geblieben. Erst bei Beendigung des Vertragsverhältnisses erlischt dieses Eigentumsrecht (§ 11 Schuldrechtsanpassungsgesetz).

Diese zivilrechtliche Sonderstellung der Nutzer von Garagen nach den §§ 312-314 ZGB – DDR – war im Zeitpunkt der Erstellung des Einführungsschreibens vom 7.2.1994 nicht bekannt. Wäre sie bekannt gewesen, wäre sie umsatzsteuerlich im Sinne der Ausführungen des BMJ beurteilt worden.

In diesen Fällen liegt eine steuerfreie Vermietung von Grundstücksflächen nach § 4 Nr. 12 Satz 1 Buchstabe a UStG vor.

Anlagen § 004 Nr. 12–08, § 004 Nr. 12–09, 10 nicht belegt

Abstandszahlung des Bundesvermögensamtes in Höhe des Vorsteuer-Berichtigungsbetrages nach § 15a UStG nach Beendigung der Vermietung für NATO-Zwecke

OFD Frankfurt am Main, Rdvfg. vom 22.01.1996 – S 7100 A – 161 – St IV 10,
UVR 1996 S. 315
Erlass FM Hessen vom 14.12.1995 – S 7100 A – 144 – II A 42

Das Bundesvermögensamt leistet bei vorzeitigen Mietvertragsauflösungen den Vermietern Abstandszahlungen in Höhe der nach § 15a UStG zurückzufordernden Vorsteuerbeträge. Mit der im beiderseitigen Einvernehmen der Vertragsparteien stehenden Auflösung des Mietvertrages verzichtet der Vermieter auf die Fortführung des Vertrages.

Der EuGH hat mit Urteil vom 15.12.1993 – Rs. C-63/92 – (Slg. 1993, I-66 97[1]) entschieden, daß die Abstandszahlung des Vermieters steuerfrei ist, wenn der Grundstücksmieter auf seine Rechte aus dem Mietvertrag vor Ablauf der vereinbarten Mietzeit verzichtet und die zugrundeliegende Leistung selbst steuerfrei war. Die vertragliche Auflösung eines Grundstücksmietvertrages gegen Zahlung einer Abfindung fällt nach Auffassung des EuGH als Abänderung des Vertrages ebenfalls unter den Begriff der „Vermietung von Grundstücken" i. S. d. Art. 13 Teil B Buchst. b der 6. EG-Richtlinie.

Es ist gefragt worden, ob diese Grundsätze auch auf Abstandszahlungen des Mieters an den Vermieter übertragen werden können, die der Mieter – wie in den o. a. Fällen von Abstandszahlungen durch das Bundesvermögensamt – dafür aufwendet, daß der Vermieter einer vorzeitigen Auflösung des Mietvertrages zustimmt und so seine Rechte aus dem Mietvertrag aufgibt.

Dies ist zu bejahen. Auch auf diese Feststellungen sind die Grundsätze des o. g. EuGH-Urteils vom 15.12.1993 anwendbar.

An der bisherigen Rechtsauffassung, wonach der Verzicht des Rechtsanspruchs auf Fortführung des Mietvertrages als steuerpflichtiger Leistungstatbestand zu beurteilen war, wird somit nicht mehr festgehalten.

Abstandszahlungen durch das Bundesvermögensamt in Höhe des Berichtigungsbetrages nach § 15a UStG sind daher ebenso steuerfrei nach § 4 Nr. 12a wie die geleisteten Mietzahlungen selbst.

Es wird gebeten, nach diesen Grundsätzen in allen einschlägigen noch nicht bestandskräftigen USt-Festsetzungen zu verfahren.

---

[1] Siehe Rechtsprechung zu § 4 Nr. 12

Anlagen § 004 Nr. 12–11 nicht belegt, § 004 Nr. 12–12

Überlassung von Grundstücksflächen beim Bau von Überlandleitungen und im Zusammenhang damit bestellten Dienstbarkeiten und vereinbarten Ausgleichszahlungen; BFH-Urteil vom 11.11.2004 – V R 30/04

BMF-Schreiben vom 18.10.2005 – IV A 5 – S 7100 – 148/05,
BStBl. 2005 I S. 997

Der BFH hat mit Urteil vom 11. November 2004 – V R 30/04 – (BStBl. II 2005 S. 802)[1)] zur Überlassung von Grundstücksflächen beim Bau von Überlandleitungen und im Zusammenhang damit bestellten Dienstbarkeiten und vereinbarten Ausgleichszahlungen entschieden (Leitsätze):

„1. Bei der Überlassung von Grundstücksteilen zur Errichtung von Strommasten für eine Überlandleitung, der Einräumung des Rechts zur Überspannung der Grundstücke und der Bewilligung einer beschränkten persönlichen Dienstbarkeit zur dinglichen Sicherung dieser Rechte handelt es sich um eine einheitliche sonstige Leistung, die nach § 1 Abs. 1 Nr. 1 UStG zwar steuerbar, aber gemäß § 4 Nr. 12 Satz 1 Buchst. a UStG umsatzsteuerfrei ist.

2. Die Ausgleichszahlung für beim Bau einer Überlandleitung entstehende Flurschäden durch deren Betreiber an den Grundstückseigentümer ist kein Schadensersatz, sondern Entgelt für die Duldung der Flurschäden durch den Eigentümer.

3. Die Duldung der Verursachung baubedingter Flurschäden ist eine bloße Nebenleistung zu der einheitlichen Leistung „Duldung der Errichtung und des Betriebs einer Überlandleitung", die ebenso wie jene nach § 4 Nr. 12 Satz 1 Buchst. a UStG von der Umsatzsteuer befreit ist."

Unter Bezugnahme auf das Ergebnis der Erörterungen mit den obersten Finanzbehörden der Länder gilt Folgendes:

1. Die Grundsätze des BFH-Urteils vom 11. November 2004 – V R 30/04 – sind vorbehaltlich der Tz. 3 in allen noch nicht bestandskräftigen Fällen anzuwenden. Folglich ist statt eines nach § 4 Nr. 12 Satz 1 Buchst. c UStG steuerbefreiten Umsatzes für die Bestellung einer beschränkten persönlichen Dienstbarkeit zur Sicherung von Leitungsrechten und verschiedener zusätzlicher umsatzsteuerpflichtiger Hauptleistungen, die auch der Durchschnittssatzbesteuerung nach § 24 UStG unterliegen können, nur noch eine nach § 4 Nr. 12 Satz 1 Buchst. a UStG steuerbefreite einheitliche Leistung „Duldung der Errichtung und des Betriebs (z.B.) einer Überlandleitung" anzunehmen, die insgesamt den Vorsteuerabzug ausschließt.

   Das gilt auch dann, wenn Zahlungen sowohl an den Grundstückseigentümer, z.B. für die Rechtseinräumung, als auch an den Pächter, z.B. für die Flur- und Aufwuchsschäden, erfolgen. Diese Unternehmer erbringen stets steuerbefreite Leistungen an den Zahlenden. Es kann aus Vereinfachungsgründen dahingestellt bleiben, ob bei einer dinglichen Sicherung die Leistung nach § 4 Nr. 12 Satz 1 Buchst. c UStG steuerfrei ist.

2. Entschädigungen für die Überlassung von Teilen eines land- und forstwirtschaftlichen Grundstücks sind kein Entgelt für eine der Durchschnittssatzbesteuerung nach § 24 UStG unterliegende Leistung.

3. Dieses Schreiben tritt an die Stelle des BMF-Schreibens vom 4. Mai 1987 – IV A 2 – S 7100 – 45/87 – (BStBl. I S. 397[2)]) zur umsatzsteuerrechtlichen Beurteilung der Einräumung von Leitungsrechten an Grundstücken zu Gunsten von Energieversorgungsunternehmen. Sofern sich Unternehmer auf entgegenstehende Regelungen des Schreiben vom 4. Mai 1987 berufen, wird dies für vor dem 1. Januar 2007 ausgeführte Umsätze nicht beanstandet.

4. Die vorstehenden Grundsätze gelten z.B. auch bei der Überlassung von Grundstücken zum Verlegen von Erdleitungen (z.B. Erdgas- oder Elektrizitätsleitungen) oder bei der Überlassung von Grundstücken für Autobahn- oder Eisenbahntrassen oder bei Zahlungen im Rahmen von Unternehmensflurbereinigungen.

---

1) Siehe § 4 Nr. 12 – Rechtsprechung
2) Siehe Anlage § 001-07

… Anlage § 004 Nr. 12–13

§ 4 Nr. 12 Satz 1 Buchst. a UStG – Anwendung des BFH-Urteils vom 24.01.2008, V R 12/05 (Einheitliche Vermietungsleistung)

BMF-Schreiben vom 15.01.2009 – IV B 9 – S 7168/08/10001,
BStBl. 2009 I S. 69

Mit Urteil vom 24. Januar 2008, V R 12/05 (BStBl. II S. 60)[1], hat der BFH u.a. entschieden, dass die Überlassung von Standplätzen durch den Veranstalter von Wochenmärkten an die Markthändler als einheitliche Vermietungsleistung anzusehen sein kann.

Zur Frage der Einheitlichkeit von Vermietungsleistungen gilt unter Bezugnahme auf das Ergebnis der Erörterung mit den obersten Finanzbehörden der Länder Folgendes:

Entscheidend für die Beurteilung, ob eine einheitliche Leistung oder mehrere selbständige Einzelleistungen vorliegen, ist der wirtschaftliche Gehalt der erbrachten Leistungen.

Für die Annahme einer einheitlichen Leistung sind im Wesentlichen folgende Grundsätze maßgeblich: Jede Dienstleistung ist in der Regel als eigene, selbständige Leistung zu betrachten; andererseits darf aber eine wirtschaftlich einheitliche Dienstleistung nicht künstlich aufgespalten werden. Das Wesen des fraglichen Umsatzes ist zu ermitteln und festzustellen, ob eine einheitliche Leistung oder mehrere Leistungen vorliegen; eine Leistung ist dann als Nebenleistung zu einer Hauptleistung anzusehen, wenn sie für den Leistungsempfänger keinen eigenen Zweck hat.

Der BFH hat bereits im Urteil vom 31. Mai 2001, V R 97/98 (BStBl. II S. 658), an den vielfach differenzierten Auslegungsgrundsätzen zu § 4 Nr. 12 Satz 1 Buchst. a UStG bei der Überlassung von Sportanlagen nicht mehr festgehalten und stellt im o.g. Urteil nunmehr klar, dass diese Entscheidung allgemein für die Beurteilung einer Steuerbefreiung nach § 4 Nr. 12 Satz 1 Buchst. a UStG gilt. Demnach ist die frühere Rechtsprechung des BFH (z.B. BFH-Urteile vom 7. April 1960, V 143/58 U, BStBl. III S. 261, und vom 25. April 1968, V 120/64, BStBl. II 1969 S. 94), wonach bei Wochenmärkten, Jahrmärkten und ähnlichen Veranstaltungen ein gemischter Vertrag vorliegen konnte, bei dem das Entgelt in einen auf die steuerfreie Grundstücksvermietung und in einen auf die steuerpflichtige Leistung besonderer Art aufzuteilen war, überholt. Für die Steuerbefreiung nach § 4 Nr. 12 Satz 1 Buchst. a UStG ist entscheidend, ob eine einheitliche Leistung vorliegt, und wenn dies zutrifft, ob die Vermietungsteilleistung prägend ist.

Soweit Abschnitt 80 Abs. 1 und 3 UStR der aktuellen Rechtsprechung entgegensteht, ist er nicht mehr anzuwenden. Abschnitt 81 Abs. 2 Nr. 3 UStR findet weiterhin uneingeschränkt Anwendung.

Für vor dem 1. Januar 2009 ausgeführte Umsätze wird es nicht beanstandet, wenn die Zurverfügungstellung von Standplätzen auf Märkten und die damit im Zusammenhang stehenden Leistungen – Leistungen besonderer Art – umsatzsteuerlich gesondert beurteilt werden und nur die Grundstücksvermietung als steuerfrei nach § 4 Nr. 12 Satz 1 Buchst. a UStG behandelt wird.

---

[1] Siehe Rechtsprechung zu § 4 Nr. 12 UStG

Anlage § 004 Nr. 12–14

Lieferung von Strom als Nebenleistung zu Vermietungsumsätzen; BFH-Urteil vom 15.01.2009 – V R 91/07

BMF-Schreiben vom 21.07.2009 – IV B 9 – S 7168/08/10001,
BStBl. 2009 I S. 821

Mit Urteil vom 15.1.2009, V R 91/07 (BStBl. II S. 615), hat der BFH entschieden, dass sich die Steuerbefreiung nach § 4 Nr. 12 Satz 1 des Umsatzsteuergesetzes (UStG) für die langfristige Vermietung von Campingflächen auch auf die Lieferung von Strom durch den Vermieter erstreckt. Die Stromlieferung sei eine unselbständige Nebenleistung zur steuerfreien Vermietung eines Dauercampingplatzes.

Unter Bezugnahme auf das Ergebnis der Erörterung mit den obersten Finanzbehörden der Länder gilt für die langfristige Vermietung von Grundstücken Folgendes:

Nebenleistung zu der nach § 4 Nr. 12 Satz 1 UStG steuerfreien Leistung der Vermietung und Verpachtung von Grundstücken ist auch die Lieferung von elektrischem Strom durch den Vermieter.

Abschn. 76 Abs. 6 Satz 1 UStR ist insoweit nicht mehr anwendbar, als dort die Lieferung von elektrischem Strom als selbständige Hauptleistung angesehen wird.

Für bis zum 30.9.2009 ausgeführte Umsätze wird es jedoch nicht beanstandet, wenn die Stromlieferung im Zusammenhang mit einer steuerfreien Grundstücksvermietung als selbständige, steuerpflichtige Leistung betrachtet wird.

Anlagen § 004 Nr. 13–01, § 004 Nr. 14–01, § 004 Nr. 14–02, 03 nicht belegt

Umsatzsteuerliche Behandlung der Verwaltertätigkeit nach dem WoEigG

Bay. Landesamt für Steuern, Vfg. vom 30.08.2005 – S 7169 – 5/St 35 N,
UR 2005 S. 571; DStR 2005 S. 1647

Ein Wohnungseigentümerverein hat gegenüber dem BMF darauf hingewiesen, dass etliche Verwalter von Wohnungseigentümergemeinschaften (WEG), die selbst eine oder mehrere Wohnungen in derselben WEG im Eigentum haben bzw. einen Mehrheitseigentümer darstellen oder allein vertreten, ihr anteiliges Vewalterentgelt für ihre eigenen bzw. die von ihnen vertretenen Wohnungen nicht der Umsatzsteuer unterwerfen.

Für die umsatzsteuerliche Behandlung der Verwaltertätigkeit nach dem WoEigG in den o. b. Fällen gilt Folgendes:

Verwalter, die die *Verwaltung der WEG* betreiben, können ihre Verwalterumsätze im Gegensatz zu den Leistungen der WEG *nicht nach § 4 Nr. 13 UStG umsatzsteuerfrei* behandeln.

Wenn *Verwalter, die als Wohnungseigentümer auch Mitglied in der WEG sind bzw. Wohnungseigentümer vertreten,* den auf sie selbst entfallenden Kostenanteil für die Verwaltertätigkeit gegenüber der WEG nicht als Verwaltervergütung berechnen bzw. mit dem auf sie entfallenden Anteil am Wohngeld (steuerfreies Entgelt an die WEG) verrechnen, bringen sie sowohl die Bemessungsgrundlage für ihre eigene steuerpflichtige Leistung an die WEG als auch die Bemessungsgrundlage für die Leistung der WEG (steuerfrei – kein Vorsteuerabzug) in unzutreffender Höhe in Ansatz.

Umsatzsteuerbefreiung nach § 4 Nr. 14 UStG;
Nichtärztliche Psychotherapeuten

BMF-Schreiben vom 09.04.1987 – IV A 3 – S 7170 – 6/87,
DStR 1987 S. 662; UR 1987 S. 307

Nichtärztliche Psychotherapeuten, denen die Patienten durch einen Arzt zugewiesen worden sind, sind als Gehilfen i. S. des § 102 Abs. 2 AO anzusehen und danach grundsätzlich nach § 102 Abs. 1 Nr. 3c AO zur Auskunftsverweigerung berechtigt.

Der § 102 AO ist dem § 53 StPO nachgebildet. Die zu § 53 StPO entwickelten Grundsätze müssen deshalb auch für § 102 AO gelten.

Zu § 53 StPO ist anerkannt, daß sich die Befugnis des Arztes zur Zeugnisverweigerung auch auf die Identität des Patienten und die Tatsache seiner Behandlung bezieht (BGH, NJW 1985, 2203). Dies hat zur Folge, daß auch im Besteuerungsverfahren der Name eines Patienten nicht preisgegeben werden muß (so auch Hübschmann/ Hepp/Spitaler § 102 AO Anm. 43).

Auf die Benennung des Patientennamens ist daher zu verzichten. Statt dessen ist die Aufzeichnung anderer Merkmale zu verlangen, die eine stichprobenweise Überprüfung der Zuweisung durch den Arzt ermöglichen.

Anlagen § 004 Nr. 14–04, § 004 Nr. 14–05

Umsatzsteuerbefreiung nach § 4 Nr. 14 UStG; Atem-, Sprech- und Stimmlehrer/innen

BMF-Schreiben vom 26.01.1993 – IV A 3 – 7170 – 5/93, BStBl. 1993 I S. 234

Unter Bezugnahme auf das Ergebnis der Erörterung mit den obersten Finanzbehörden der Länder gilt zur umsatzsteuerlichen Behandlung der Leistungen aus der Tätigkeit als Atem-, Sprech- und Stimmlehrer/in folgendes:

Die Ausbildung zum Beruf der Atem-, Sprech- und Stimmlehrer/innen und die Ausübung dieses Berufs sind in Niedersachsen landesrechtlich geregelt. Hiernach ist es den Angehörigen dieses Berufs nach erfolgreichem Abschluß ihrer Ausbildung an einer staatlich anerkannten Berufsfachschule erlaubt, ihre Berufstätigkeit unter der Berufsbezeichnung Staatlich geprüfte/r Atem-, Sprech- und Stimmlehrer/in auszuüben. Angehörige des Berufs, die in Niedersachsen die Erlaubnis erlangt haben, diese Berufsbezeichnung zu führen, üben mit ihrer sprachheiltherapeutischen Tätigkeit, die sie auf Zuweisung eines Arztes und unter dessen Verantwortung erbringen, eine ähnliche heilberufliche Tätigkeit im Sinne des § 4 Nr. 14 UStG aus. Sie sind mit dieser Tätigkeit daher von der Umsatzsteuer befreit. Sprachpädagogische Tätigkeiten fallen demgegenüber nicht unter die Steuerbefreiung.

Umsatzsteuerliche Behandlung der bei kieferorthopädischen Behandlungen verwendeten Apparate (§ 4 Nr. 14 UStG)

Erlass FM Bayern vom 21.05.1997 – 36 – S 7170 – 11/57 – 26031, UR 1998 S. 164

Das FG Berlin hat in seiner Entscheidung vom 27.6.1995 – V 703/92 – die Auffassung vertreten, eine Rücknahme der wirtschaftlich verbrauchten, zu einer Nutzung nicht mehr geeigneten Zahnspangen zur Entsorgung lasse nicht den Schluß einer reinen Gebrauchsüberlassung zu. Vielmehr liege eine Lieferung vor, die nach § 4 Nr. 14 Satz 4 Buchst. b UStG steuerpflichtig sei. Gegen das Urteil ist Revision beim BFH unter dem Az. V R 37/96 anhängig.

Dem Bundesfinanzministerium wurde vorgetragen, daß die nichtrechtskräftige Entscheidung des FG Berlin in der Finanzverwaltung zum Anlaß genommen worden sei, von der Regelung in Abschnitt 89 Abs. 8 UStR abzuweichen.

Der Bundesminister der Finanzen hat in einem Schreiben vom 3.4.1997 – IV C 4 – S 7170 – 9/97 im Einvernehmen mit den obersten Finanzbehörden der Länder die Auffassung vertreten, daß die im Eigentum des behandelnden Arztes verbleibenden Apparate an die Patienten nicht geliefert werden:

„Solange keine anderslautende höchstrichterliche Entscheidung getroffen wird, wird an der bisherigen Verwaltungsauffassung festgehalten, die ihren Ausdruck in Abschnitt 89 Abs. 8 Umsatzsteuer-Richtlinien gefunden hat. Die kieferorthopädische Behandlung ist deshalb in diesen Fällen nach § 4 Nr. 14 Satz 1 UStG im vollen Umfang umsatzsteuerfrei. Die eine Steuerbefreiung ausschließenden Voraussetzungen des § 4 Nr. 14 Satz 4 Buchst. b UStG sind nicht erfüllt."

Anlagen § 004 Nr. 14–06, § 004 Nr. 14–07

Steuerbefreiung nach § 4 Nr. 14 UStG;
Anpassung von Hörgeräten

BMF-Schreiben vom 10.06.1998 – IV C 4 – S 7170 – 46/98,
DB 1998 S. 1308

Es war die Auffassung vertreten worden, daß Zahlungen an HNO-Ärzte für das Anpassen von Hörgeräten zu einem nicht unerheblichen Teil als gewerbliche und umsatzsteuerpflichtige Vermittlungsprovisionen anzusehen seien.

Nach Abstimmung mit den obersten Finanzbehörden der Länder wird dieser Auffassung nicht zugestimmt.

In mehreren gerichtlichen Verfahren (z. B. Urteil des Hanseatischen OLG vom 12.3.1992 3 U 126/91; Urteil des OLG Nürnberg vom 24.6.1997 3 U – 96/97) wurde übereinstimmend festgestellt, daß es sich bei der Zahlung für die Anpassung von Hörgeräten nicht um Provisionen, sondern um Vergütungen für eine ärztliche Leistung handelt. Es werden keine Anhaltspunkte dafür gefunden, daß die Vergütung zu hoch ist. Im Gegenteil: Das Bundesministerium für Gesundheit weist in einer Stellungnahme darauf hin, daß die Dienstleistungspauschale des HNO-Arztes wesentlich unter dem im traditionellen Versorgungsweg üblichen Kalkulationsrahmen für entsprechende Leistungen der Hörgeräteakustiker liegt.

Zahlungen an HNO-Ärzte für das Anpassen von Hörgeräten sind somit weiterhin den Einkünften aus freiberuflicher Tätigkeit i. S. des § 18 Abs. 1 Nr. 1 EStG sowie der umsatzsteuerfreien ärztlichen Heilbehandlung i. S. des § 4 Nr. 14 UStG (Abschnitt 88 Abs. 3 Nr. 7 UStR) zuzuordnen.

Umsatzsteuerbefreiung nach § 4 Nr. 14 UStG;
Zahnfüllungen und Kronen im sog. CEREC-Verfahren

BMF-Schreiben vom 13.04.1999 – IV D 2 – S 7170 –1/99 II,
BStBl. 1999 I S. 487

Nach dem BFH-Urteil vom 28. November 1996 – V R 23/95 – (BStBl. II 1999 S. 251) liegt eine umsatzsteuerpflichtige Lieferung von Zahnprothesen auch dann vor, wenn diese vom Zahnarzt mittels eines CEREC-Gerätes hergestellt werden.

Das CEREC-Gerät besteht aus einer CEREC-Kamera, dem Computer und der Schleifeinheit. Dieses Grundgerät dient zur Herstellung von keramischen Inlays, Onlays, Veneers, Teil- und Vollkronen im Front- und Seitenzahnbereich. Häufig ist das Gerät zusätzlich mit einer intraoralen Videokamera ausgerüstet. Diese wird für diagnostische Zwecke eingesetzt.

Im Einvernehmen mit den obersten Finanzbehörden der Länder gilt zur umsatzsteuerlichen Behandlung folgendes:

Füllungen (Inlays), Dreiviertelkronen (Onlays) und Verblendschalen für die Frontflächen der Zähne (Veneers) aus Keramik sind Zahnprothesen i. S. der Unterposition 9021.29 des Zolltarifs, auch wenn sie vom Zahnarzt computergesteuert im sog. CEREC-Verfahren gefertigt werden. Die Lieferungen dieser Gegenstände unterliegen dem ermäßigten Steuersatz (§ 12 Abs. 2 Nr. 1 UStG, Nummer 52 Buchst. c der Anlage des UStG).

Alle unmittelbar mit der Prothetik-Lieferung verbundenen Leistungen (z. B. das Auftragen von Haftliquid oder das Einpudern mit Titandioxidpuder) sind steuerpflichtige Nebenleistungen. Hingegen gehört zur umsatzsteuerfreien zahnärztlichen Leistung der Einsatz der intraoralen Videokamera des CEREC-Gerätes für diagnostische Zwecke.

Die abzurechnenden Leistungen, die auf den Einsatz eines CEREC-Gerätes entfallen, sind zum Zwecke der Abgrenzung nach steuerfreien und steuerpflichtigen Umsätzen unter Angabe insbesondere der Leistungsnummern des Gebührenverzeichnisses der GOZ oder anderer Angaben getrennt aufzuzeichnen.

Soweit die Regelung in Abschnitt 89 Abs. 1 Satz 4 UStR dem entgegensteht, ist sie mit Veröffentlichung des o. a. Urteils im Bundessteuerblatt nicht mehr anzuwenden. Beruft sich ein Unternehmer in einem nicht bestandskräftigen Fall auf die Entscheidung, ist dies nicht zu beanstanden.

Anlagen § 004 Nr. 14–08, 09 nicht belegt, § 004 Nr. 14–10

Keine Umsatzsteuerbefreiung für Orientierungs- und Mobilitätslehrer/-innen

BMF-Schreiben vom 13.10.2000 – IV D 1 – S 7170 – 7/00,
DStR 2000 S. 1873

Die Umsätze aus der Tätigkeit der in § 4 Nr. 14 Satz 1 UStG nicht ausdrücklich genannten Heil- und Heilhilfsberufe (Gesundheitsfachberufe) können nur dann unter die Steuerbefreiung fallen, wenn es sich um eine einem Katalogberuf ähnliche heilberufliche Tätigkeit handelt. Ein Beruf ist nach Abschn. 90 Abs. 2 UStR einem der im Gesetz genannten Katalogberufe ähnlich, wenn das typische Bild des Katalogberufs mit seinen wesentlichen Merkmalen dem Gesamtbild des zu beurteilenden Berufs vergleichbar ist. Zu den wesentlichen Merkmalen gehören:
- die Vergleichbarkeit der ausgeübten Tätigkeit,
- die Vergleichbarkeit der Ausbildung,
- die Vergleichbarkeit der berufsrechtlichen Regelung über Ausbildung, Prüfung, staatliche Anerkennung, sowie der staatlichen Erlaubnis und Überwachung der Berufsausbildung.

Ausreichendes Indiz für das Vorliegen einer ähnlichen heilberuflichen Tätigkeit ist die Zulassung des jeweiligen Unternehmers bzw. die regelmäßige Zulassung seiner Berufsgruppe gemäß § 124 Abs. 2 SGB V durch die zuständigen Stellen der gesetzlichen Krankenkassen.

Weder Tätigkeit noch Ausbildung der Orientierungs- und Mobilitätslehrer/-innen für Blinde und Sehbehinderte sind der eines Katalogberufes ähnlich. Auch gibt es keine berufsrechtliche Regelung über die Ausbildung zum Orientierungs- und Mobilitätslehrer/-in für Blinde und Sehbehinderte. Zwar werden die Kosten für einen Orientierungs- und Mobilitätslehrer/-in für Blinde und Sehbehinderte nach § 33 SGB V von den Krankenkassen erstattet, eine Kassenzulassung nach § 124 Abs. 2 SGB V erhalten die Mitglieder dieser Berufsgruppe jedoch nicht, da sie nicht zu den Heilmittelerbringern i. S. des § 124 SGB V sondern zu den Heilmittelerbringern i. S. des § 126 SGB V zählen.

Eine Umsatzsteuerbefreiung der Leistungen der Orientierungs- und Mobilitätslehrer/-innen für Blinde und Sehbehinderte nach § 4 Nr. 14 UStG kommt daher weiterhin nicht in Betracht.

Anlagen § 004 Nr. 14–11, 12, 13, 14, 15 nicht belegt, § 004 Nr. 14–16

Einheitlichkeit der Leistung, Steuerbefreiung nach § 4 Nr. 14 UStG; Anwendung des BFH-Urteils vom 13.07.2006 – V R 7/05 – auf nach dem Arbeitssicherheitsgesetz (ASiG) und anderen Schutzvorschriften erbrachte medizinische Leistungen

BMF-Schreiben vom 04.05.2007 – IV A 5 – S 7100 – 07/0011 / IV A 6 – S 7170 – 07/003, BStBl. 2007 I S. 481

Der BFH hat mit Urteil vom 13. Juli 2006 – V R 7/05 – (BStBl. 2007 II S. 412) entschieden, dass betriebsärztliche Leistungen, die ein Unternehmer gegenüber einem Arbeitgeber erbringt und die darin bestehen, die Arbeitnehmer zu untersuchen, arbeitsmedizinisch zu beurteilen und zu beraten sowie die Untersuchungsergebnisse zu erfassen und auszuwerten (§ 3 Abs. 1 Nr. 2 ASiG), gemäß § 4 Nr. 14 UStG steuerfrei sind, soweit die Leistungen nicht auf Einstellungsuntersuchungen entfallen.

Die Steuerfreiheit der Leistungen i.S. des § 3 Abs. 1 Nr. 2 ASiG scheitert nach Auffassung des BFH nicht daran, dass die in § 3 Abs. 1 Nr. 1, 3 und 4 ASiG aufgeführten Leistungen unstreitig keinen therapeutischen Zwecken dienen, denn für den BFH waren die in § 3 Abs. 1 Nr. 1 bis 4 ASiG aufgeführten Leistungen trennbar und in dem vorgelegten Mustervertrag auch einzeln aufgeschlüsselt und einzeln abgerechnet.

Zur Frage der Selbständigkeit der Leistung nach § 3 Abs. 1 Nr. 2 ASiG, wenn diese im Zusammenhang mit den Leistungen nach § 3 Abs. 1 Nr. 1, 3 und 4 ASiG erbracht werden, gilt unter Bezugnahme auf das Ergebnis der Erörterung mit den obersten Finanzbehörden der Länder Folgendes:

Entscheidend für die Beurteilung, ob eine einheitliche Leistung oder mehrere selbständige Einzelleistungen vorliegen, ist der wirtschaftliche Gehalt der erbrachten Leistungen.

Der BFH hat im o. g. Urteil festgestellt, dass es im Kern der in § 3 Abs. 1 Nr. 2 ASiG vorgesehenen Untersuchungen darum geht, Beeinträchtigungen der Gesundheit zu verhindern bzw. diese frühzeitig zu erkennen, damit ihren Auswirkungen rechtzeitig begegnet werden kann. Insoweit liegt eine individualisierte Beziehung zwischen dem Arbeitnehmer als Patient und dem Betriebsarzt vor, die Kennzeichen einer therapeutischen Maßnahme ist. Dabei kann es durchaus Nebenzweck der Untersuchung sein, die Arbeitsbedingungen zu verändern oder zu verbessern. Im Vordergrund steht jedoch die Gesundheit des Arbeitnehmers.

Folglich ist nach den Feststellungen des BFH der wirtschaftliche Gehalt der nach § 3 Abs. 1 Nr. 2 ASiG zu erbringenden Leistungen grundsätzlich ein anderer als der für die Leistungen nach § 3 Abs. 1 Nr. 1, 3 und 4 ASiG. Im Falle des Zusammentreffens der Leistungen nach § 3 Abs. 1 ASiG unterliegen die nach § 3 Abs. 1 Nr. 2 ASiG erbrachten Leistungen damit stets einer eigenständigen umsatzsteuerrechtlichen Beurteilung.

Unabhängig davon, ob die nach § 3 Abs. 1 ASiG zu erbringenden betriebsärztlichen Leistungen im Vertrag einzeln aufgeschlüsselt und gesondert abgerechnet werden, sind daher die betriebsärztlichen Leistungen nach § 3 Abs. 1 Nr. 2 ASiG gemäß § 4 Nr. 14 UStG steuerfrei, soweit sie nicht auf Einstellungsuntersuchungen entfallen. Ein ggf. vereinbartes Gesamtentgelt für alle betriebsärztlichen Leistungen nach § 3 Abs. 1 ASiG ist daher sachgerecht aufzuteilen. Soweit bislang die Auffassung vertreten wurde, dass es sich um eine einheitliche Leistung handelt, wenn die in § 3 Abs. 1 Nr. 1 bis 4 ASiG genannten Aufgaben zusammentreffen, wird hieran nicht mehr festgehalten.

Das Urteil des BFH vom 13. Juli 2006 ist im Ergebnis auch für nach anderen Schutzvorschriften erbrachte medizinische Leistungen anzuwenden, die therapeutischen Zwecken dienen (z.B. ärztliche Untersuchungen nach dem Jugendarbeitsschutzgesetz). Die insoweit entgegenstehenden Regelungen des BMF-Schreibens vom 8. November 2001 (BStBl. I S. 828) sind nicht mehr anzuwenden.

Anlage § 004 Nr. 14–17

Umsatzsteuerbefreiung nach § 4 Nr. 14 UStG für ähnliche heilberufliche Tätigkeiten

OFD Koblenz, Vfg. vom 31.05.2007 – S 7170 A – St 442,
DStR 2007 S. 1629

1. Allgemeines

Die Umsätze aus der Tätigkeit der in § 4 Nr. 14 Satz 1 UStG nicht ausdrücklich genannten Heil- und Heilhilfsberufe (Gesundheitsfachberufe) fallen nur dann unter die Steuerbefreiung, wenn es sich um eine einem Katalogberuf ähnliche Tätigkeit handelt.

Ein Heilberuf wird durch die unmittelbare Arbeit am oder mit dem Patienten, also dem kranken Menschen, gekennzeichnet. Ausübung der Heilkunde liegt vor, wenn es sich um Tätigkeiten zur Feststellung, Heilung oder Linderung von Krankheiten, Leiden oder sonstigen Körperschäden beim Menschen handelt (siehe auch § 1 Heilpraktikergesetz).

Ein Beruf ist nach Abschn. 90 Abs. 1 UStR einem der im Gesetz genannten Katalogberufe ähnlich, wenn das typische Bild des Katalogberufes mit seinen wesentlichen Merkmalen dem Gesamtbild des zu beurteilenden Berufes vergleichbar ist. Zu den wesentlichen Merkmalen gehören:

- die Vergleichbarkeit der ausgeübten Tätigkeit,
- die Vergleichbarkeit der Ausbildung,
- die Vergleichbarkeit der berufsrechtlichen Regelung über Ausbildung, Prüfung, staatliche Anerkennung sowie der staatlichen Erlaubnis und Überwachung der Berufsausübung.

Die Ähnlichkeit eines Heilhilfsberufs ohne staatliche Regelung mit dem Katalogberuf des Krankengymnasten scheitert nicht daran, dass der Steuerpflichtige keine staatliche Erlaubnis zur Führung seiner Berufsbezeichnung besitzt. Vielmehr reicht es aus, wenn er über die Erlaubnis seiner beruflichen Organisation verfügt, die Kenntnisse bescheinigt, die den Anforderungen einer staatlichen Prüfung für die Ausübung der Heilhilfsberufe vergleichbar sind.

Ausreichendes Indiz für das Vorliegen einer ähnlichen heilberuflichen Tätigkeit ist die Zulassung des jeweiligen Unternehmers bzw. die regelmäßige Zulassung seiner Berufsgruppe nach § 124 Abs. 2 SGB V durch die zuständigen Stellen der gesetzlichen Krankenkassen (vgl. hierzu auch BMF v. 28.2.2000, IV D 2 – S 7170 – 10/00, BStBl. I 2000, 433, DStR 2000, 429, und BFH v. 19.12.2002, V R 28/00, BStBl. II 2003, 532, DStRE 2003, 629).

Fehlt es an einer solchen Zulassung, obliegt es den Finanzämtern festzustellen, ob die Ausbildung, die Erlaubnis und die Tätigkeit des Steuerpflichtigen mit den Erfordernissen des § 124 Abs. 2 Satz 1 Nr. 1 bis 3 SGB V vergleichbar sind (vgl. hierzu BFH v. 28.08.2003, IV R 69/00, BStBl. II 2004, 954, DStR 2004, 130).

Auf die Rechtsform des Unternehmers kommt es für die Steuerbefreiung nach § 4 Nr. 14 UStG nicht an (Abschn. 93 UStR). So kann auch ein in der Rechtsform einer GmbH oder GmbH & Co. KG betriebenes Unternehmen bei Vorliegen der Voraussetzungen die Steuerbefreiung nach § 4 Nr. 14 UStG in Anspruch nehmen (vgl. BVerfG v. 10.11.1999, 2 BvR 2861/93, BStBl. II 2000, 160, DStR 1999, 1984).

2. Ähnliche heilberufliche Tätigkeiten

Außer den in Abschn. 90 Abs. 2 UStR genannten ähnlichen heilberuflichen Tätigkeiten können z.B. folgende Tätigkeiten als ähnliche heilberufliche Tätigkeiten angesehen werden:

- Dental-Hygienikerin (BFH v. 12.10.2004, VR 54/03, BStBl. II 2005, 106, DStR 2005, 66)[1]
- Fachbiologen der Medizin (deren zytologische/histologische Leistungen – Zytologie: Zellenlehre; Histologie: Wissenschaft von den Geweben des Körpers)
- Fachwissenschaftler der Medizin

3. Keine ähnlichen heilberuflichen Tätigkeiten

Nicht unter § 4 Nr. 14 UStG fallen neben den in Abschn. 90 Abs. 3 UStR genannten Berufen z.B. auch:

- Altenpfleger (BFH v. 21.7.1994, V R 134/92, BFH/NV 1995, 549) mit erbrachten Leistungen vor dem 1.8.2003
- Augenoptiker (keine Kassenzulassung § 124 SGB V, sondern nach § 126 SGB V; kein Heilmittelerbringer, sondern Hilfsmittelerbringer)

---

[1] Jetzt Abschnitt 90 Abs. 2 UStR 2008; siehe auch BMF-Schreiben vom 26.06.2009, BStBl. 2009 I S. 756

Anlage § 004 Nr. 14–17

- Diplom-Oectrophologen (Ernährungsberater; Kassenzulassung nach § 124 Abs. 2 SGB V ist nicht vorgesehen)[1)]
- Epilation (Haarentfernung, FG Hessen v. 29.6.1998, 6 K 171/96, EFG 1998, 1365)
- Fachkosmetiker/Pharma Cosmetologen
- Familienhelferin (FG Baden-Württemberg v. 27.11.1998, 12 K 158/98, EFG 1999, 508)
- Gymnastiklehrer (auch mit staatlicher Prüfung)
- Haaranalysen (FG Niedersachsen v. 23.1.1992, V 309/91, nicht veröffentlicht)
- Heilmagnetiseure (FG Niedersachsen v. 12.1.1995, V 99/94, EFG 1995, 735)
- Heilpädagogen (sozialpflegerischer Beruf, kein Heilberuf; a. A. FG München v. 21.04.2005, 14 K 5140/02, DStRE 2006, 858
- Kunstpädagogen und -Therapeuten (auch mit Diplom)
- Kurpacker (FG München v. 9.7.1987, XIV 166/86 Aus U, EFG 1988, 330)
- Legasthenie-Therapeuten (Ausnahme: Umsätze aus Legasthenie-Behandlungen, die im Rahmen der Eingliederungshilfe nach § 35a SGB VIII erbracht werden, vgl. OFD Koblenz v. 7.2.2006, S 7172 A – St 44 2)
- Medizinischer Strahlenschutzphysiker
- Medizinphysiker (BFH v. 15.9.1994, XI R 59/93, BFH/NV 1995, 647)
- Musiktherapeuten (BFH v. 26.10.1998, V B 78/98, BFH/NV 1999, 528; FG Niedersachsen v. 19.3.1998, V 53/96, DStRE 2000, 312)
- Orientierungs- und Mobilitätstrainer (keine Kassenzulassung § 124 SGB V, sondern nach § 126 SGB V; kein Heilmittelbringer, sondern Hilfsmittelbringer); die Leistungen sind aber entsprechend § 4 Nr. 16 Buchst, e UStG umsatzsteuerfrei
- Reittherapeuten – Hippotherapie – (FG Hessen v. 27.2.2006, 6 K 4203/03, EFG 2006, 1621)
- Schwesternhelferinnen (FG Hamburg v. 23.11.1989, I 167/89, UR 1990, 186)
- Yogalehrer
- Durchführung von Zilgrei-Selbsthilfekursen für gesetzliche Krankenversicherungen (a. A. FG Niedersachsen v. 16.10.2002, 5 K 56/98, EFG 2003, 348)

---

1) Siehe dazu Abschnitt 90 Abs. 2 UStR 2008

Anlage § 004 Nr. 14–18, § 004 Nr. 14–19 nicht belegt, § 004 Nr. 14–20

Umsatzsteuerliche Behandlung medizinischer Laboruntersuchungen – Konsequenzen aus dem BFH-Urteil vom 15.03.2007 – V R 55/03 – (BStBl. 2008 II S. 31)

BMF-Schreiben vom 17.12.2007 – IV A 6 – S 7172/07/001,
BStBl. 2008 I S. 23

Mit Urteil vom 15. März 2007 – V R 55/03 – (BStBl. 2008 II S. 31), hat der BFH u. a. entschieden, dass Umsätze eines Arztes für Laboratoriumsmedizin aus medizinischen Analysen und Laboruntersuchungen im Auftrag der behandelnden Ärzte oder deren Labore/Laborgemeinschaften auch dann nach § 4 Nr. 14 UStG 1980/1991/1993 steuerfrei sind, wenn er sie in der Rechtsform einer GmbH erbringt und der alleinige Gesellschafter der GmbH ist (Leitsatz 2).

Der BFH hat seine Entscheidung hilfsweise mit einer Anwendung des § 4 Nr. 16 Buchst. c UStG begründet und in diesem Zusammenhang rechtliche Bedenken an der Vorschrift geäußert.

Unter Bezugnahme auf das Ergebnis der Erörterungen mit den obersten Finanzbehörden der Länder sind die Grundsätze dieses Urteils insofern über den entschiedenen Einzelfall hinaus nicht anzuwenden, als der BFH in den Leitsätzen 4 und 5 sowie in den nicht tragenden Urteilsgründen zu § 4 Nr. 16 UStG Stellung nimmt.

Umsatzsteuerbefreiung für ambulante Rehabilitationsleistungen; §§ 40 und 111 SGB V

BMF-Schreiben vom 26.10.2010 – IV D 3 – S 7170/10/10010,
BStBl. 2010 I S. 1197

Unter Bezugnahme auf das Ergebnis der Erörterungen mit den obersten Finanzbehörden der Länder wird in Abschnitt 4.14.5 des Umsatzsteuer-Anwendungserlasses vom 1.10.2010 (BStBl. I S. 846), der zuletzt durch das BMF-Schreiben vom 21.10.2010, IV D 3 – S 7167-b/10/10002 (2010/0785524), BStBl. I S. 1192 – geändert worden ist, der Absatz 18 wie folgt neu gefasst:

„(18) [1]Nach § 4 Nr. 14 Buchstabe b Satz 2 Doppelbuchstabe ee UStG gelten Rehabilitationsdienste und Rehabilitationseinrichtungen, mit denen Verträge nach § 21 SGB IX (Rehabilitation und Teilhabe behinderter Menschen) bestehen, als anerkannte Einrichtungen. [2]Dies gilt auch für ambulante Rehabilitationseinrichtungen, die Leistungen nach § 40 Abs. 1 SGB V erbringen und mit denen Verträge unter Berücksichtigung von § 21 SGB IX bestehen (§ 2 Abs. 3 der Richtlinie des Gemeinsamen Bundesausschusses über Leistungen zur medizinischen Rehabilitation)."

Diese Regelung ist in allen noch offenen Fällen anzuwenden.

Anlage § 004 Nr. 15–01

Umsatzsteuerbefreiung der
Sammel- und Verteilungsstelle für das Institutionskennzeichen (SVI)

BMF-Schreiben vom 04.05.2000 – IV D 2 – S 7171 a – 1/00,
UR 2000 S. 446

Zu der von Ihnen angesprochenen Frage nehme ich im Einvernehmen mit den obersten Finanzbehörden der Länder wie folgt Stellung:

Gemäß § 4 Nr. 15 UStG sind u.a. die Umsätze der gesetzlichen Träger der Sozialversicherung untereinander bzw. an die Versicherten steuerfrei.

Die SVI ist gem. Ihren Ausführungen kein Träger der Sozialversicherung i.S.d. § 29 Abs. 1 SGB IV, sondern eine rechtlich unselbständige Organisationseinheit des Hauptverbandes der gewerblichen Berufsgenossenschaften e.V., die die Versicherungsträger bei der Durchführung ihrer Aufgaben (§ 30 Abs. 1 SGB IV) unterstützt. Auch der Hauptverband selbst ist kein Träger der Sozialversicherung. Eine Anwendung des § 4 Nr. 15 UStG auf die Leistungen der SVI ist somit nach geltendem Recht nicht möglich, da weder die SVI noch der HVBG die geforderten Voraussetzungen erfüllen. Eine analoge Anwendung kann ebenfalls nicht erfolgen, da Steuerbefreiungen eng auszulegen sind.

Steuerbefreiungen bei der Umsatzsteuer als allgemeine Verbrauchssteuer sollen regelmäßig den Letztverbraucher entlasten. Der HVBG erbringt jedoch als SVI nur Vorleistungen der Sozialfürsorge. Eine Befreiung würde daher allenfalls mittelbar dem Letztverbraucher zugute kommen. Im Übrigen sind auch andere Vorleistungen regelmäßig nicht von der Umsatzsteuer befreit, weil nur der Wertschöpfungsanteil auf der letzten Stufe durch eine Befreiung entlastet werden soll.

Ihr Schreiben sowie Ihr ergänzendes Schreiben werden aber zum Anlass genommen, erneut die Frage zu prüfen, ob – durch Gesetzesänderung – bestimmte Leistungen der Zusammenschlüsse von Unternehmen, die nur steuerfreie Umsätze erbringen, an ihre Mitglieder künftig von der Umsatzsteuer befreit werden können.

Anlagen § 004 Nr. 16–01, 02, 03, 04 nicht belegt, § 004 Nr. 16–05

Pflegebedürftigkeit von Heimbewohnern als Voraussetzung für die Steuerbefreiung nach § 4 Nr. 16 Buchst. d UStG

OFD-Koblenz, Vfg. vom 01.04.1999 – S 7172 A – St 51 3,
UVR 1999 S. 445

Voraussetzung für die Steuerbefreiung der eng mit dem Betrieb von Alten-, Altenwohn- und Pflegeheimen verbundenen Umsätze nach § 4 Nr. 16 Buchstabe d UStG ist, daß im vorangegangenen Kalenderjahr mindestens 40 v. H. der Leistungen wirtschaftlich hilfsbedürftigen Personen i. S. d. § 53 Abs. 2 AO oder pflegebedürftigen Personen i. S. d. § 68 Abs. 1 des Bundessozialhilfegesetzes – BSHG – zugute gekommen sind.

Pflegebedürftige sind gem. § 68 Abs. 1 BSHG solche Personen, die wegen einer körperlichen, geistigen oder seelischen Krankheit oder Behinderung für die gewöhnlichen und regelmäßig wiederkehrenden Verrichtungen im Ablauf des täglichen Lebens der Hilfe bedürfen. Hierzu gehören insbesondere alle Heimbewohner, die nach den Pflegesatzrichtlinien der Länder unter die zweite oder eine höhere Pflegesatzgruppe fallen oder die wegen ihrer Pflegebedürftigkeit Zuschläge zum üblichen Tagessatz zahlen müssen (Abschnitt 99 Abs. 4 UStR).

In den Fällen, in denen keine unterschiedlichen Pflegesatzgruppen vorhanden sind und die Heime von besonders pflegebedürftigen Personen auch keine Zuschläge erheben, ist nach dem Erlaß des Ministeriums der Finanzen vom 22.7.1987 – S 7172 A – 445 – die Pflegebedürftigkeit von Heimbewohnern nicht allgemein ab einem bestimmten Alter (z. B. 75 Jahre) zu unterstellen. Die Finanzämter haben daher auch in diesen Fällen zu prüfen, ob die Voraussetzungen des § 4 Nr. 16 Buchst. d UStG erfüllt sind.

Sofern die Steuerbefreiung nach § 4 Nr. 16 Buchst. d UStG nicht zu gewähren ist, bleibt dennoch zu prüfen, ob nicht einzelne Leistungen des Heims unter eine der übrigen Steuerbefreiungen des § 4 UStG fallen. So ist z. B. die Wohnraumüberlassung an die Heimbewohner steuerfrei nach § 4 Nr. 12 Buchst. a UStG (Abschnitt 99 Abs. 7 UStR).

Anlagen § 004 Nr. 16–06 nicht belegt, § 004 Nr. 16–07, § 004 Nr. 16–08 nicht belegt

Umsatzsteuerliche Behandlung der Aufnahme von Begleitpersonen in Reha-Kliniken

BMF-Schreiben vom 09.11.1999 – IV D 2 – S 7172 – 30/99,
UR 2000 S. 40

Nach Prüfung der Angelegenheit kann ich im Einvernehmen mit den obersten Finanzbehörden der Länder mitteilen, daß es für die umsatzsteuerliche Behandlung i. S. d. § 4 Nr. 16 UStG für ausreichend gehalten wird, wenn die medizinische Notwendigkeit einer Begleitperson in Reha-Kliniken durch eine Bestätigung des behandelnden Arztes – einweisender Arzt oder auch der aufnehmende Klinikarzt – nachgewiesen wird.

Anlagen § 004 Nr. 16–09, § 004 Nr. 16–10, 11 nicht belegt

Steuerbefreiung nach § 4 Nr. 16 Buchst. e UStG;
Leistungen von ambulanten Pflegediensten und deren Kooperationspartnern

BMF-Schreiben vom 18.05.2000 – IV D 2 – S 7172 – 7/00,
DB 2000 S. 1205

Nach § 4 Nr. 16 Buchst. e UStG sind die mit dem Betrieb der Einrichtungen zur vorübergehenden Aufnahme pflegebedürftiger Personen und der Einrichtungen zur ambulanten Pflege kranker und pflegebedürftiger Personen eng verbundenen Umsätze befreit, wenn bei diesen Einrichtungen im vorangegangenen Kalenderjahr die Pflegekosten in mindestens 40 v. H. der Fälle von den gesetzlichen Trägern der Sozialversicherung oder Sozialhilfe ganz oder zum überwiegenden Teil getragen worden sind.

Die Angelegenheit ist mit den obersten Finanzbehörden der Länder erörtert worden. Zum Ergebnis kann Folgendes mitgeteilt werden: Als Einrichtung kann nur ein Unternehmen angesehen werden, das selbst alle im Zusammenhang mit der Übernahme einer ambulanten Pflege anfallenden Pflegeleistungen erbringen kann. Dies gilt auch für Kooperationspartner einer Einrichtung.

Übernimmt eine Pflegeeinrichtung als Kooperationspartner einer anderen Einrichtung einen Teil des Pflegeauftrags für eine zu pflegende Person und liegen bei beiden Einrichtungen die Voraussetzungen vor, dass sie jeweils sämtliche im Zusammenhang mit der Übernahme einer ambulanten Pflege anfallenden Pflegeleistungen erbringen könnten, kann für beide Einrichtungen die Steuerbefreiung nach § 4 Nr. 16 Buchst. e UStG in Betracht kommen. Es kann jedoch nur diejenige Pflegeeinrichtung (auftraggebende oder auftragnehmende Pflegeeinrichtungen als Kooperationspartner) ihre erbrachten Pflegeleistungen umsatzsteuerfrei erbringen, bei der im vorangegangenen Kalenderjahr die Pflegekosten in mindestens 40 v. H. der Fälle von den gesetzlichen Trägern der Sozialversicherung oder Sozialhilfe ganz oder zum überwiegenden Teil getragen worden sind. Beansprucht der andere Kooperationspartner ebenfalls die USt-Befreiung, hat auch er nachzuweisen, dass bei ihm die vorgenannten Voraussetzungen erfüllt sind.

Anlage § 004 Nr. 16–12

Umsatzsteuerliche Behandlung für ambulante Leistungen der Eingliederungshilfe gem. § 53 SGB XII

Erlass FM NRW vom 25.01.2006 – S 7172 – 24 – VA 4,
UR 2006 S. 488

Zur Inanspruchnahme der Umsatzsteuerbefreiung nach § 4 Nr. 16 Buchst. e UStG für ambulante Leistungen der Eingliederungshilfe gem. § 53 SGB XII gilt Folgendes:

Bei Unternehmen, die ambulante Leistungen der Eingliederungshilfe erbringen, handelt es sich um Einrichtungen, die kranke und pflegebedürftige Personen in ihrer Wohnung betreuen (Abschn. 99a Abs. 1 Satz 5 UStR). Leistungserbringer in diesem Sinne sind auch Einrichtungen, die erwachsene Menschen mit Behinderung i.S.d. § 53 SGB XII i.V.m. § 2 Abs. 1 Satz 1 SGB IX in ihrer Wohnung betreuen.

Empfänger der Leistungen sind erwachsene pflegebedürftige Personen, die nicht zur selbständigen Lebensführung fähig sind und wegen einer körperlichen, geistigen oder seelischen Krankheit oder Behinderung Hilfeleistung im Ablauf des täglichen Lebens benötigen (Abschn. 99a Abs. 3 UStR). Empfänger der Leistungen in diesem Sinne sind auch erwachsene Menschen mit Behinderung (§ 53 SGB XII), die nicht zur selbständigen Lebensführung fähig sind, für die aber eine stationäre oder teilstationäre Hilfe nicht erforderlich ist. An diesen Personenkreis erbrachte ambulante Leistungen der Eingliederungshilfe gem. §§ 53, 54 SGB XII sind von der Umsatzsteuer nach § 4 Nr. 16 Buchst. e UStG ebenso befreit wie die bisher schon befreiten ambulanten Pflegeleistungen gem. § 61 Abs. 1 SGB XII (vgl. Abschn. 99a Abs. 3 Satz 1 UStR).

Die Leistungserbringer (sowohl amtlich anerkannte Verbände der freien Wohlfahrtspflege, deren Untergliederungen oder einem Wohlfahrtsverband als Mitglied angeschlossene Vereinigungen als auch private Leistungserbringer) können deshalb für die Leistungen der Eingliederungshilfe die Steuerbefreiung nach § 4 Nr. 16 Buchst. e UStG in Anspruch nehmen, sofern die Entgelte der Leistungserbringer in mindestens 40% der Fälle von den gesetzlichen Trägern der Sozialhilfe ganz oder überwiegend getragen worden sind. Dabei ist davon auszugehen, dass die Kosten in den Fällen von dem Sozialhilfeträger getragen werden, in denen die Leistungen der Eingliederungshilfe auf Grund der mit dem Sozialhilfeträger abgeschlossenen Leistungs-, Vergütungs- und Prüfungsvereinbarung gem. §§ 75ff. SGB XII erbracht werden.

Hinweis: Überholt ist damit die bisherige Verwaltungsauffassung der OFD Düsseldorf, Kurzinfo. vom 13.5.2005 – Umsatzsteuer Nr. 10, UR 2005, 516.

Anlage § 004 Nr. 17–01

Steuerbefreiung nach § 4 Nr. 17 Buchst. b UStG;
Konsequenzen aus dem BFH-Urteil vom 12.08.2004 – V R 45/03

BMF-Schreiben vom 22.03.2005 – IV A 6 – S 7174 – 6/05,
BStBl. 2005 I S. 710

Mit Urteil vom 12. August 2004 – V R 45/03 – (BStBl. 2005 II S. 314) hat der Bundesfinanzhof entschieden, dass der Transport von Personen, die körperlich oder geistig behindert sind und auf die Nutzung eines Rollstuhls angewiesen sind, unter die Steuerbefreiung nach § 4 Nr. 17 Buchst. b UStG fällt und dass ein Fahrzeug dann für die Beförderung von kranken und verletzten Personen besonders eingerichtet ist, wenn es im Zeitpunkt der Beförderung nach seiner gesamten Bauart und Ausstattung speziell für die Beförderung verletzter und kranker Personen bestimmt ist. Unerheblich ist, ob das Fahrzeug zum Zwecke einer anderweitigen Verwendung umgerüstet werden kann.

Unter Bezugnahme auf die Erörterung mit den obersten Finanzbehörden der Länder gilt Folgendes:
Für die Inanspruchnahme der Steuerbefreiung nach § 4 Nr. 17 Buchst. b UStG ist es nicht erforderlich, dass das verwendete Fahrzeug für die Beförderung von kranken und verletzten Personen dauerhaft besonders eingerichtet ist; das Fahrzeug muss aber im Zeitpunkt der begünstigten Beförderung nach seiner gesamten Bauart und Ausstattung speziell für die Beförderung verletzter und kranker Personen bestimmt sein. Bei der Beförderung mit Fahrzeugen, die zum Zweck einer anderweitigen Verwendung umgerüstet werden können, sind die Voraussetzungen der Steuerbefreiung für jede einzelne Fahrt – z.B. mittels eines Fahrtenbuchs – nachzuweisen.

Diese Grundsätze gelten in allen noch offenen Fällen; soweit die Regelungen in Abschnitt 102 Abs. 2 Satz 3 und 4 UStR dem entgegenstehen, sind sie nicht mehr anzuwenden.

Anlage § 004 Nr. 17–02

Umsatzsteuerbefreiung nach § 4 Nr. 17 Buchst. b UStG; Beförderung von kranken und verletzten Personen

BMF-Schreiben vom 07.04.2011 – IV D 3 – S 7174/10/10002,
BStBl. 2011 I S. 306

Mit Urteil vom 12. August 2004, V R 45/03 (BStBl. 2005 II S. 314), hat der Bundesfinanzhof entschieden, dass „der Transport von Personen, die körperlich oder geistig behindert sind und auf die Nutzung eines Rollstuhls angewiesen sind, unter die Steuerbefreiung nach § 4 Nr. 17 Buchst. b UStG fällt und dass ein Fahrzeug dann für die Beförderung von kranken und verletzten Personen besonders eingerichtet ist, wenn es im Zeitpunkt der Beförderung nach seiner gesamten Bauart und Ausstattung speziell für die Beförderung verletzter und kranker Personen bestimmt ist". Unerheblich ist nach dieser Entscheidung, ob das Fahrzeug zum Zwecke einer anderweitigen Verwendung umgerüstet werden kann. Ferner führt der BFH in seiner Begründung aus, dass kein Grund ersichtlich ist, die Befreiung nicht zu gewähren, wenn im Zeitpunkt der Beförderung ein besonders eingerichtetes Fahrzeug i.S.d. § 4 Nr. 17 Buchst. b UStG vorliegt, mit dem auch tatsächlich ein Krankentransport durchgeführt wird, obwohl das für den Transport verwendete Fahrzeug durch einen Umbau seine Eigenschaft als besonders eingerichtetes Transportmittel verlieren könnte.

Zur Klarstellung der umsatzsteuerlichen Behandlung von Beförderungen von kranken und verletzten Personen in so genannten Kombifahrzeugen – Fahrzeuge, in denen noch serienmäßig Sitze vorhanden sind, auf denen Personen steuerpflichtig befördert werden bzw. werden könnten – wird unter Bezugnahme auf das Ergebnis der Erörterungen mit den obersten Finanzbehörden der Länder in Abschnitt 4.17.2 des Umsatzsteuer-Anwendungserlasses vom 1. Oktober 2010 (BStBl. I S. 846), der zuletzt durch das BMF-Schreiben vom 25. März 2011 – IV D 2 – S 7419/09/10001 – (2011/0245775) –, BStBl. I S. 304, geändert worden ist, Abs. 1 bis 3 wie folgt gefasst:

„(1) ¹Ein Fahrzeug (Kraft-, Luft- und Wasserfahrzeug) ist für die Beförderung von kranken und verletzten Personen besonders eingerichtet, wenn es durch die vorhandenen Einrichtungen die typischen Merkmale eines Krankenfahrzeugs aufweist, z.B. Liegen, Spezialsitze. ²**Spezielle Einrichtungen für den Transport von Kranken und Verletzten können u.a. auch eine Bodenverankerung für Rollstühle, eine Auffahrrampe sowie eine seitlich ausfahrbare Trittstufe sein.** ³Bei Fahrzeugen, die nach dem Fahrzeugschein als Krankenkraftwagen anerkannt sind (§ 4 Abs. 6 PBefG), ist stets davon auszugehen, dass sie für die Beförderung von kranken und verletzten Personen besonders eingerichtet sind. ⁴**Serienmäßige Personenkraftwagen, die lediglich mit blauem Rundumlicht und Einsatzhorn, sog. Martinshorn, ausgerüstet sind, erfüllen die Voraussetzungen nicht (BFH-Urteil vom 16.11.1989, V R 9/85, BStBl. 1990 II S. 255).** ⁵Die Ausstattung mit einer Trage und einer Grundausstattung für „Erste Hilfe" reicht nicht aus.

(2) ¹Für die Inanspruchnahme der Steuerbefreiung nach § 4 Nr. 17 Buchstabe b UStG ist es nicht erforderlich, dass das verwendete Fahrzeug für die Beförderung von kranken und verletzten Personen dauerhaft besonders eingerichtet ist; das Fahrzeug muss aber im Zeitpunkt der begünstigten Beförderung nach seiner Bauart und Ausstattung speziell für die Beförderung verletzter und kranker Personen bestimmt sein (vgl. BFH-Urteil vom 12.8.2004, V R 45/03, BStBl. 2005 II S. 314). ²Bei der Beförderung mit Fahrzeugen, die zum Zweck einer anderweitigen Verwendung umgerüstet werden können, sind die Voraussetzungen für jede einzelne Fahrt, z.B. mittels eines Fahrtenbuchs, nachzuweisen. ³**Befördert der Unternehmer neben kranken oder verletzten Personen in einem hierfür besonders eingerichteten Fahrzeug weitere Personen, ist das auf die Beförderung der weiteren Personen entfallende Entgelt steuerpflichtig; ein für steuerfreie und steuerpflichtige Beförderungsleistungen einheitliches Entgelt ist aufzuteilen.**

(3) Die Steuerbefreiung gilt nicht nur für die Beförderung von akut erkrankten und verletzten Personen, sondern auch für die Beförderung von Personen, die körperlich oder geistig behindert und auf die Benutzung eines Rollstuhls angewiesen sind (vgl. BFH-Urteil vom 12.8.2004, V R 45/03, **BStBl. 2005 II S. 314).**"

Die Grundsätze dieses Schreibens sind in allen offenen Fällen anzuwenden. Entgegenstehende Verwaltungsanweisungen sind nicht mehr anzuwenden.

Anlagen § 004 Nr. 18–01, § 004 Nr. 18–02 nicht belegt, § 004 Nr. 18–03

Steuerbefreiung der amtlich anerkannten Wohlfahrtsverbände und deren Mitglieder (§ 4 Nr. 18 UStG)

Erlass FM Brandenburg vom 22.02.1993 – III/1 – S 7175 – 1/93,
UR 1993 S. 175

Unter Bezugnahme auf das Ergebnis der Erörterung mit den obersten Finanzbehörden des Bundes und der Länder gilt zur umsatzsteuerlichen Behandlung der amtlich anerkannten Wohlfahrtsverbände und deren Mitglieder folgendes:
Nach dem Sinn und Zweck des § 4 Nr. 18 UStG kommt die Steuerbefreiung auch dann in Betracht, wenn eine der freien Wohlfahrtspflege dienende Körperschaft oder Personenvereinigung zwar nicht unmittelbar einem amtlich anerkannten Wohlfahrtsverband, aber einem Mitglied dieses Verbands als Mitglied angeschlossen ist. Diese mittelbare Mitgliedschaft bei einem amtlich anerkannten Wohlfahrtsverband reicht, wenn auch die übrigen Voraussetzungen des § 4 Nr. 18 UStG vorliegen, für die Inanspruchnahme der Steuerbefreiung aus.

Steuerbefreiung nach § 4 Nr. 18 UStG; Leistungen zwischen einem Landesverband des Deutschen Roten Kreuzes (DRK) und seinen regionalen Untergliederungen

OFD Düsseldorf, Vfg. vom 14.08.1997 – S 7175 A – St 1411,
DB 1997 S. 2003

Die entgeltlichen Unterstützungsleistungen von DRK-Untergliederungen (Ortsvereinen) gegenüber den Blutspendediensten anläßlich der von diesen durchgeführten Blutspendeaktionen fallen nach Auffassung der obersten Finanzbehörden nicht unter die Steuerbefreiung des § 4 Nr. 18 UStG. Die Unterstützungsleistungen der DRK-Untergliederungen werden unmittelbar gegenüber den Blutspendediensten, nicht aber gegenüber den Blutspendern erbracht. Eine mittelbare Begünstigung reicht für die Annahme der Steuerbefreiung nicht aus. Dies hat der BFH mit Urteil vom 7.11.1996 V R 34/96 (BStBl. II 1997 S. 366 = DB 1997 S. 859) bestätigt.

Die Unterstützungsleistungen unterliegen dem allgemeinen Steuersatz. Die Voraussetzungen für die Anwendung des ermäßigten Steuersatzes nach § 12 Abs. 2 Nr. 8a UStG liegen nicht vor, da die Leistungen nicht von einer Körperschaft vorgenommen werden, die ausschließlich und unmittelbar gemeinnützige, mildtätige oder kirchliche Zwecke nach den §§ 51 bis 68 AO verfolgt. Leistungen, die im Rahmen eines wirtschaftlichen Geschäftsbetriebs ausgeführt werden, sind von der Steuerermäßigung ausgenommen. Die Voraussetzungen für die Annahme eines Zweckbetriebs sind nicht erfüllt, da die Unterstützungsleistungen der DRK-Untergliederungen einen wirtschaftlichen Geschäftsbetrieb darstellen.

Anlage § 004 Nr. 20–01

Umsatzsteuerliche Behandlung von Leistungen der Volksbühnen- und Theatergemeinden-Vereine (§ 4 Nr. 20 UStG)

BMF-Schreiben vom 01.08.1990 – IV A 3 – S 7177 – 2/90,
UR 1990 S. 323; DB 1990 S. 1744[1]

Unter besonderer Berücksichtigung des neu bekanntgewordenen Sachverhalts habe ich die Angelegenheit erneut in einer Sitzung mit den obersten Finanzbehörden der Länder eingehend erörtert.

Es wurde festgestellt, daß die im Einzelfall von den Finanzämtern zu beurteilenden Sachverhalte in ihrer rechtlichen und tatsächlichen Gestaltung sehr vielfältig sind. Je nach den Umständen des Einzelfalles kommen verschiedene umsatzsteuerliche Behandlungen in Betracht.

Bezugnehmend auf die Ausführungen in meinem Schreiben vom 7.7.1989 – IV A 2 – S 7110 – 37/89 (UR 1990, 162)[2] können bei der Beschaffung von Theaterkarten durch Theatergemeinden und Volksbühnenvereine insbesondere folgende Fallgestaltungen auftreten:

1. Veranstaltungsleistung i. S. von § 4 Nr. 20 Buchst. b UStG

Die tatsächlichen Verhältnisse können so gestaltet sein, daß die Besucherorganisation bei der Beschaffung von Eintrittskarten gegenüber ihren Mitgliedern wie ein Veranstalter in Erscheinung tritt. In diesem Falle ist die Leistung der Besucherorganisation nach § 4 Nr. 20 Buchst. b UStG von der Umsatzsteuer befreit.

Ein Anhaltspunkt für die Veranstaltereigenschaft der Besucherorganisation ist ein Aufdruck auf der Eintrittskarte oder eine anderweitige Kennzeichnung, aus der sich für das Mitglied erkennbar ergibt, daß die Besucherorganisation als Veranstalter auftritt. Weitere Anhaltspunkte für Veranstaltereigenschaft sind die Möglichkeit der Organisation, auf den Spielplan Einfluß zu nehmen (insbesondere ein Absetzen möglicherweise nicht beliebter Vorführungen erwirken zu können), die Zuweisung der Eintrittskarten durch die Besucherorganisation an ihre Mitglieder und die Platzverteilung durch die Besucherorganisation (z. B. nach einem rollierenden Verfahren oder durch Verlosung) sowie die „Abnahme" einer gesamten Vorstellung oder die Teilbelegung einer Aufführung. Bei der Prüfung der Veranstaltereigenschaft einer Besucherorganisation ist eine Gesamtwürdigung aller Umstände des Einzelfalles vorzunehmen.

2. Vermittlung

Je nach den Umständen des Einzelfalles kann die Beschaffung von Eintrittskarten auch als Vermittlungsleistung anzusehen sein. In diesem Falle sind alle Zahlungen, die die Besucherorganisation für ihre Tätigkeit vereinnahmt (insbesondere die Provisionen), umsatzsteuerbares Leistungsentgelt der Besucherorganisation.

Vermittlungsleistungen kommen dann in Betracht, wenn die Besucherorganisation in fremdem Namen und für fremde Rechnung tätig wird. Ein Handeln in fremdem Namen ist anzunehmen, wenn das Mitglied bei einem Theaterbesuch in unmittelbare Rechtsbeziehungen zum Theaterbetreiber und nicht zur Besucherorganisation tritt. Dies muß für das Mitglied ersichtlich sein. Wegen weiterer Erläuterungen verweise ich auf mein Schreiben vom 7.7.1989.

3. Besorgungsleistung

Die tatsächlichen Verhältnisse bei der Beschaffung von Eintrittskarten können im Einzelfall auch so gestaltet sein, daß umsatzsteuerrechtlich eine Besorgungsleistung angenommen werden kann. Die Steuerbefreiung für die besorgte Leistung (Theatervorführung etc.) ist dann nach § 3 Abs. 11 UStG auch auf die Besorgungsleistung der Besucherorganisation anzuwenden, so daß die Leistung der Besucherorganisation ebenfalls steuerfrei ist.

Eine Besorgungsleistung kommt dann in Betracht, wenn die Besucherorganisation für Rechnung des Mitglieds in eigenem Namen Leistungen durch das Theater erbringen läßt. Auch insoweit darf ich Sie nochmals auf die Ausführungen in meinem Schreiben vom 7.7.1989 verweisen.

Für die umsatzsteuerrechtliche Beurteilung der Sachverhaltsgestaltungen im Einzelfall sind die Finanzbehörden der Länder zuständig.

---

1) Siehe auch Anlage § 004 Nr. 20-05
2) Abgedruckt als Anlage § 003–02

Anlagen § 004 Nr. 20–02, § 004 Nr. 20–03 nicht belegt

Rückwirkende Anwendung einer erteilten Bescheinigung bei der Umsatzsteuerbefreiung für Umsätze nach § 4 Nr. 20 Buchst. a Satz 2 bzw. § 4 Nr. 21 Buchst. b UStG; BFH-Entscheidungen vom 15.09.1994 – XI R 101/92 – und vom 06.12.1994 – V B 52/94 –

BMF-Schreiben vom 30.11.1995 – IV C 4 – S 7177 – 22/95,
BStBl. 1995 I S. 827

Der XI. Senat des BFH hat in seiner Entscheidung vom 15. September 1994[1] die Auffassung vertreten, eine Bescheinigung nach § 4 Nr. 20 Buchst. a Satz 2 UStG wirke umsatzsteuerlich nicht auf den Zeitraum vor ihrer Ausstellung zurück. Nach dem Wortlaut beziehe sich die Vorschrift lediglich darauf, „daß die anderen Unternehmer – im Zeitpunkt der Ausstellung der Bescheinigung – die gleichen kulturellen Aufgaben erfüllen". Darüber hinaus sei die Bescheinigung nicht verbindlich.

Demgegenüber vertritt der V. Senat in seiner Entscheidung vom 6. Dezember 1994[2] die Auffassung, eine zur Steuerbefreiung der Parallelvorschrift des § 4 Nr. 21 Buchst. b UStG erteilte Bescheinigung schaffe für den in ihr bezeichneten Zeitraum, also auch für die Zeit vor der Antragstellung, die Voraussetzungen für die Steuerfreiheit der Leistungen.

Unter Bezugnahme auf das Ergebnis der Erörterung mit den obersten Finanzbehörden der Länder wird der Auffassung des V. Senats gefolgt. Das Urteil des XI. Senats ist über den entschiedenen Einzelfall hinaus nicht anzuwenden.

---

1) BStBl. 1995 II S. 912
2) BStBl. 1995 II S. 913, siehe Rechtsprechung zu § 4 Nr. 20

Anlage § 004 Nr. 20–04

Steuerliche Behandlung von Einzelkünstlern – EuGH-Urteil vom 03.04.2003 Rs. C-144/00 (BStBl. 2003 II S. 679) – BMF-Schreiben vom 31.07.2003 (BStBl. 2003 I S. 424)

OFD Düsseldorf, Vfg. vom 13.11.2003 – S 7177,
DB 2003 S. 2523

Mit Urteil vom 03.04.2003 Rs. C-144/00 (BStBl. II 2003 S. 679 = DB 2003 S. 679) hat der EuGH entschieden, dass die USt-Befreiung nach Art. 13 Teil A Abs. 1 Buchst. n der 6. EG-Richtlinie dahin auszulegen ist, dass die Steuerbefreiung – entgegen der bisherigen Verwaltungsauffassung – auch für als Einzelkünstler auftretende Solisten in Betracht kommt.

Das BMF hat sich inzwischen der Rechtsprechung des EuGH angeschlossen (vgl. BMF-Schreiben vom 31.07.2003, BStBl. I 2003 S. 424 = DB 2003 S. 1878). Auch Leistungen von selbstständigen Einzelkünstlern können daher in allen noch offenen Veranlagungszeiträumen unter den weitern Voraussetzungen des § 4 Nr. 20 Buchst. a UStG umsatzsteuerfrei sein. Hierzu ist es erforderlich, dass die zuständige Behörde (in NRW die jeweilige Bezirksregierung) dem Künstler eine Bescheinigung ausstellt, aus der hervorgeht, dass der Künstler die gleichen kulturellen Aufgaben wie die in der Vorschrift genannten Einrichtungen (Orchester, Kammermusikensembles, Chöre) der öffentlichen Hand erfüllt. Die Bescheinigung ist Grundlagenbescheid für die Gewährung der Steuerbefreiung.

Aus gegebener Veranlassung wird hierzu auf folgendes hinwiesen: Die Bescheinigung der Bezirksregierung muss für den jeweiligen Künstler *persönlich* ausgestellt sein. Die Steuerbefreiung kann für den selbstständigen Künstler nicht gewährt werden, wenn nicht er, sondern lediglich das Orchester usw., in dem der Künstler mitwirkt, über die Bescheinigung der Bezirksregierung verfügt.

Wurde die Bescheinigung erteilt, gilt der Künstler als „gleichgestellte Einrichtung". Daraus folgt, dass *sämtliche* Auftrittsleistungen des Künstlers umsatzsteuerfrei sind. Insoweit ist der Vorsteuerabzug stets ausgeschlossen. Es existiert kein Wahlrecht, bestimmte Auftritte steuerfrei, andere jedoch umsatzsteuerpflichtig zu behandeln.

Es wird daher gebeten;

– die Auftrittsleistungen selbstständiger Künstler insgesamt als umsatzsteuerpflichtig zu behandeln, wenn keine auf den Künstler persönlich ausgestellte Bescheinigung vorliegt. Der Vorsteuerabzug ist unter den weiteren Voraussetzungen des § 15 UStG zu gewähren.

– sämtliche Auftrittsleistungen der Künstler als umsatzsteuerfrei zu behandeln, soweit die Bezirksregierung für den Künstler eine Bescheinigung nach den o. g. Grundsätzen erteilt hat. In diesem Fall ist der Vorsteuerabzug ausgeschlossen. Die Rechtsfolgen aufgrund evtl. unrichtigem offenen Steuerausweises nach § 14 Abs. 2 UStG (vgl. Abschn. 189 Abs. 1 Nr. 2 UStR) sollen beachtet werden.

Abschließend wird darauf hingewiesen, dass auch bei Vorliegen der Bescheinigung nur die typischen Auftrittsleistungen einschließlich der üblicherweise damit verbundenen Nebenleistungen *umsatzsteuerfrei* sind (vgl. BFH-Urteil vom 14.05.1998 V R 85/97, BStBl. II 1999 S. 145 = DB 1998 S. 1949). *Umsatzsteuerpflichtig* sind in jedem Fall andersartige Leistungen wie z. B. Entgelte für Autogrammstunden, Teilnahme an Diskussionsrunden oder Talksendungen, Interviews, Vorträge, Autorenhonorare, gutachterliche Leistungen und Prüfungsvergütungen.

Anlage § 004 Nr. 20–05

Umsatzsteuerliche Behandlung von Leistungen der Theatergemeinden- und Volksbühnen-Vereine; Beschaffung von Theaterkarten

OFD Frankfurt/M., Rdvfg. vom 14.08.2007 – S 7110 A – 2/86 – St 11, DStR 2007 S. 1912

Die im Einzelfall zu beurteilenden Sachverhalte bei der Beschaffung von Theaterkarten durch Theatergemeinden und Volksbühnenvereine sind in ihrer rechtlichen und tatsächlichen Gestaltung sehr vielfältig, so dass verschiedene umsatzsteuerliche Behandlungen in Betracht kommen können. Im Einzelnen gilt für die am häufigsten auftretenden Fallgestaltungen Folgendes:

1. Veranstaltungsleistung im Sinne von § 4 Nr. 20 Buchst. b UStG

Die tatsächlichen Verhältnisse können so gestaltet sein, dass die Besucherorganisation bei der Beschaffung von Eintrittskarten gegenüber ihren Mitgliedern wie ein Veranstalter in Erscheinung tritt. In diesem Falle ist die Leistung der Besucherorganisation nach § 4 Nr. 20 Buchst. b UStG von der Umsatzsteuer befreit.

Ein Anhaltspunkt für die Veranstaltereigenschaft der Besucherorganisation ist ein Aufdruck auf der Eintrittskarte oder eine anderweitige Kennzeichnung, aus der sich für das Mitglied erkennbar ergibt, dass die Besucherorganisation als Veranstalter auftritt. Weitere Anhaltspunkte für die Veranstaltereigenschaft sind die Möglichkeit der Organisation, auf den Spielplan Einfluss zu nehmen (insbesondere ein Absetzen möglicherweise nicht beliebter Vorführungen erwirken zu können), die Zuweisung der Eintrittskarten durch die Besucherorganisation an ihre Mitglieder und die Platzverteilung durch die Besucherorganisation (z.B. nach einem rollierenden Verfahren oder durch Verlosung) sowie die „Abnahme" einer gesamten Vorstellung oder die Teilbelegung einer Aufführung. Bei der Prüfung der Veranstaltereigenschaft einer Besucherorganisation ist eine Gesamtwürdigung aller Umstände des Einzelfalles vorzunehmen.

2. Vermittlung

Je nach den Umständen des Einzelfalles kann die Beschaffung von Eintrittskarten auch als Vermittlungsleistung anzusehen sein. In diesem Falle sind alle Zahlungen, die die Besucherorganisation für ihre Tätigkeit vereinnahmt (insbesondere die Provisionen), umsatzsteuerbares Leistungsentgelt der Besucherorganisation.

Vermittlungsleistungen kommen dann in Betracht, wenn die Besucherorganisation in fremdem Namen und für fremde Rechnung tätig wird. Ein Handeln in fremdem Namen ist anzunehmen, wenn das Mitglied bei einem Theaterbesuch in unmittelbare Rechtsbeziehungen zum Theaterbetreiber und nicht zur Besucherorganisation tritt (vgl. BFH v. 21.12.1965, V 241/63 U, BStBl. III 1966, 162). Handeln in fremdem Namen bedeutet, dass die Besucherorganisation erkennbar im Namen des Veranstalters tätig wird, d.h. nicht selbst als Veranstalter erscheint. Dem Mitglied muss ersichtlich sein, dass es zum Veranstalter der angebotenen Aufführung in unmittelbare Rechtsbeziehungen tritt.

Für die Annahme eines Handelns in fremdem Namen ist wesentlich, dass der Wille der Beteiligten (Veranstalter – Besucherorganisation – Mitglied) auf die Vermittlung durch die Besucherorganisation gerichtet ist. Ein Handeln der Besucherorganisation für fremde Rechnung ist z.B. gegeben, wenn sie über die von ihr erzielten Provisionen den Veranstaltern Rechnung legt und ein unternehmerisches Risiko für die Besucherorganisation nicht besteht. Erzielt die Besucherorganisation *Minusprovisionen*, ist ein Handeln für fremde Rechnung ausgeschlossen. Die Besucherorganisation trägt ein unternehmerisches Risiko, wenn sie Eintrittskarten, für die ein Mitglied nicht zu zahlen verpflichtet ist (bei rechtzeitiger Rückgabe), nicht selbst weiter vermitteln und auch nicht dem Veranstalter zurückgeben kann.

3. Dienstleistungskommission

Die tatsächlichen Verhältnisse bei der Beschaffung von Eintrittskarten können im Einzelfall auch so gestaltet sein, dass umsatzsteuerrechtlich eine Dienstleistungskommission angenommen werden kann. Nach § 3 Abs. 11 UStG liegt eine Dienstleistungskommission vor, wenn ein Unternehmer in die Erbringung einer sonstigen Leistung eingeschaltet wird und er im *eigenen Namen*, aber für *fremde Rechnung* handelt. In diesem Fall gilt diese sonstige Leistung als an ihn und von ihm erbracht.

Die Leistungen der Leistungskette, d.h. die an den Auftragnehmer erbrachte und die von ihm ausgeführte Leistung, werden bezüglich ihres Leistungsinhalts gleich behandelt (Abschn. 32 Abs. 2 Satz 1 UStR). Danach sind die *sachbezogenen* umsatzsteuerlichen Merkmale der an den Auftragnehmer erbrachten Leistung auch für die vom ihm erbrachten Leistungen maßgebend.

Anlage § 004 Nr. 20–05

Durch das Steueränderungsgesetz 2003 vom 15.12.2003 (BGBl. I 2003, 2645) wurde der Anwendungsbereich des § 3 Abs. 11 UStG – neben den bereits geregelten Fällen des „Leistungseinkaufs" – mit Wirkung zum 01.01.2004 auch auf Fälle des „Leistungsverkaufs" ausgedehnt. Nach Tz. 4 des BMF-Schreibens vom 06.02.2004, IV B 7 – S 7100 – 254/03 (BStBl. I 2004, 446, DStR 2004, 314) sind die Grundsätze des § 3 Abs. 11 UStG auch auf Umsätze aus „Leistungsverkäufen" anzuwenden, die vor dem 01.01.2004 erbracht wurden.

3.1 „Leistungseinkauf"

Erbringt die Besucherorganisation für Rechnung eines anderen (des Mitglieds) in eigenem Namen Leistungen *durch* einen Dritten (das Theater), so liegt ein „Leistungseinkauf" vor.

Ist bei entsprechender Gestaltung der Rechtsbeziehungen zu den Mitgliedern eine Dienstleistungskommission i.S. des § 3 Abs. 11 UStG anzunehmen, so erbringt das Theater eine sonstige Leistung an die Besucherorganisation, und diese wiederum eine (identische) sonstige Leistung an ihre Mitglieder. Unterliegen die Umsätze des Theaters (an die Besucherorganisation) der Steuerbefreiungsvorschrift des § 4 Nr. 20 UStG, so findet diese sachbezogene Steuerbefreiungsvorschrift auch für diese Leistungen der Besucherorganisation an ihre Mitglieder Anwendung.

3.2 „Leistungsverkauf"

Werden von der Besucherorganisation für Rechnung eines anderen (Theater) im eigenen Namen Leistungen an einen Dritten (Mitglieder) erbracht, handelt es sich um einen „Leistungsverkauf".

Auch in dieser Konstellation bestehen Leistungsbeziehungen zwischen dem Theater und der Besucherorganisation, sowie zwischen dem Theater und den Mitgliedern, so dass die unter Tz. 3.1 getroffenen Aussagen entsprechend gelten.

Fälle des „Leistungsverkaufs" werden jedoch den Ausnahmefall bilden, da die Besucherorganisationen regelmäßig nicht im eigenen Namen als Theaterveranstalter und auf fremde Rechnung für ein Theater tätig werden. Veranstaltet eine Besucherorganisation Vorführungen im eigenen Namen und auf eigene Rechnung, so ist Tz. 1 anzuwenden.

Anlage § 004 Nr. 20–06

Verkauf von Tonträgern durch Künstler

OFD Frankfurt a. M., Vfg. vom 17.10.2008 – S 7177A-28 – St112,
DStR 2009 S. 325

Die Frage der Besteuerung des Verkaufs von Tonträgern durch Künstler war Gegenstand der Erörterung des BMF mit den Finanzbehörden der Länder. Danach ist der Verkauf von Tonträgern nicht nach § 4 Nr. 20 Buchst. a UStG von der Umsatzsteuer befreit.

Nach § 4 Nr. 20 Buchst. a UStG sind u.a. die Umsätze der Orchester, Kammermusikensembles und Chöre des Bundes, der Länder, der Gemeinden oder der Gemeindeverbände von der Umsatzsteuer befreit. Befreit sind auch die Umsätze gleichartiger Einrichtungen anderer Unternehmer – hierzu gehören auch Einzelkünstler – wenn die zuständige Landesbehörde bescheinigt, dass sie die gleichen kulturellen Aufgaben wie die vorbezeichneten Einrichtungen erfüllen. Die Unternehmer haben insoweit kein Wahlrecht, vgl. hierzu die Rdvfg. S 7177 A – 12 – St 112 (OFD Frankfurt v. 23.1.2007).

Unter die Befreiungsvorschrift fällt die eigentliche künstlerische Leistung (z.B. Veranstaltung von Konzerten) einschließlich der üblicherweise damit verbundenen Nebenleistungen (z.B. Aufbewahrung der Garderobe, Programmverkauf). Hierzu gehört jedoch nicht der Verkauf von Tonträgern.

Mit § 4 Nr. 20 Buchst. a UStG wird Art. 132 Abs. 1 Buchst. n MwStSystRL in nationales Recht umgesetzt. Danach sind bestimmte kulturelle Dienstleistungen und eng damit verbundene Lieferungen von Gegenständen, die von Einrichtungen des öffentlichen Rechts oder anderen von dem betreffenden Mitgliedstaat anerkannten kulturellen Einrichtungen erbracht werden, von der Umsatzsteuer befreit.

Nach Art. 134 MwStSystRL ist die Steuerbefreiung für die Lieferung von Gegenständen und Dienstleistungen jedoch dann ausgeschlossen, wenn sie für die Umsätze, für die die Umsatzsteuerbefreiung gewährt wird, nicht unerlässlich sind und im Wesentlichen dazu bestimmt sind, der Einrichtung zusätzliche Einnahmen durch Umsätze zu verschaffen, die in unmittelbarem Wettbewerb mit Umsätzen von der Mehrwertsteuer unterliegenden gewerblichen Unternehmen bewirkt werden.

Die Lieferung von Tonträgern durch die Künstler ist für die originär befreiten kulturellen Umsätze nicht unerlässlich. Außerdem sind diese Umsätze im Wesentlichen dazu bestimmt, den Künstlern zusätzliche Einnahmen zu verschaffen, mit denen diese in Wettbewerb mit anderen Unternehmern stehen, die der Mehrwertsteuer unterliegen.

Der Verkauf von Tonträgern durch Künstler ist deshalb nicht nach § 4 Nr. 20 Buchst. a UStG von der Umsatzsteuer befreit.

Die Umsätze aus dem Verkauf von Tonträgern unterliegen auch nicht dem ermäßigten Steuersatz nach § 12 Abs. 2 Nr. 7 Buchst. a UStG.

Anlagen § 004 Nr. 21–01, 02, 03, 04 nicht belegt, § 004 Nr. 21–05

Umsatzsteuerbefreiung für Leistungen berufsbildender Einrichtungen; Bescheinigungsverfahren von Maßnahmen gem. § 34 AFG[1)]

BMF-Schreiben vom 26.05.1996 – IV C 4 – S 7179 – 15/96,
DStR 1996 S. 1607

Das Sächsische Staatsministerium der Finanzen hält in seinem Schreiben vom 1.3.1996 eine Umsatzsteuerbefreiung für Leistungen berufsbildender Einrichtungen im Rahmen von Maßnahmen i. S. d. § 34 AFG nach § 4 Nr. 21 Buchst. b UStG nur für zulässig, wenn eine Bescheinigung einer zuständigen Landesbehörde vorliegt, die belegt, daß die Einrichtung auf einen Beruf oder eine vor einer juristischen Person des öffentlichen Rechts abzulegende Prüfung ordnungsmäßig vorbereitet.

Aus Sicht des BMF stellt sich die Sachlage wie folgt dar:

Nach § 4 Nr. 21 Buchst. b UStG sind u. a. die unmittelbar dem Bildungszweck dienenden Leistungen berufsbildender Einrichtungen von der Umsatzsteuer befreit, wenn durch eine Bescheinigung der zuständigen Landesbehörde nachgewiesen wird, daß die Einrichtungen auf einen Beruf oder eine vor einer juristischen Person des öffentlichen Rechts abzulegende Prüfung ordnungsgemäß vorbereiten. Diese Vorschrift bindet Bund und Länder gleichermaßen. Auf die Bescheinigung der zuständigen Landesbehörde kann nach Abschn. 112a Abs. 3 UStR 1996 in bestimmten Fällen (bei der Unterrichtserteilung von freien Mitarbeitern an Hochschulen, allgemein- und berufsbildenden Schulen etc.) verzichtet werden. Insoweit ist durch die staatliche Aufsicht gewährleistet, daß die genannten Einrichtungen auf einen Beruf oder eine Prüfung ordnungsgemäß vorbereiten. Es kann daher davon ausgegangen werden, daß sie nur solche freien Mitarbeiter beschäftigen, deren Unterrichtstätigkeit diesen Voraussetzungen entspricht. Diese Verwaltungsvorschrift der Bundesregierung ist mit Zustimmung des Bundesrates ergangen und bindet die Finanzverwaltung des Bundes und der Länder (Art. 108 Abs. 7 GG).

Im Rahmen der Erörterungen der obersten Finanzbehörden des Bundes und der Länder auf dem Gebiet der Umsatzsteuer ist die Frage aufgeworfen worden, ob auf die Erteilung der Bescheinigung durch die zuständige Landesbehörde bei Maßnahmen i. S. d. § 34 AFG aus Vereinfachungsgründen verzichtet werden kann. Die Erörterung ergab, daß die Bestätigung der Arbeitsverwaltung bereits als Bescheinigung i. S. d. § 4 Nr. 21 Buchst. b UStG anerkannt wird, – wenn sich die zuständige Landesbehörde mit diesem Verfahren einverstanden erklärt und – von der Bundesanstalt für Arbeit in ihrer Bestätigung darauf hingewiesen wird.

Das Land Sachsen-Anhalt und andere Länder haben daraufhin mit den zuständigen Landesbehörden und den Arbeitsverwaltungen in ihrer Ländern Verfahren entwickelt, wonach die Bestätigungen der jeweiligen Arbeitsverwaltungen von den nach § 4 Nr. 21 Buchst. b UStG zuständigen Landesbehörden generell anerkannt werden und damit auch als Bescheinigung der Landesbehörden gelten. Einen koordinierten Ländererlaß bzw. ein BMF-Schreiben dieses Inhalts gibt es hingegen nicht.

Die Auslegung des Umsatzsteuerrechts durch das Land Sachsen-Anhalt und durch andere, ähnlich verfahrende Länder ist vertretbar. Ebenso ist die anfangs genannte Auffassung des Sächsischen Staatsministers zu vertreten. Eine Ermessensbindung oder eine andere Verpflichtung des Freistaates Sachsen, auf jeden Fall auf die Bescheinigung der zuständigen Landesbehörde zu verzichten, besteht bei dieser Sachlage nicht.

[1)] Ab 01.01.1998 Drittes Sozialgesetzbuch

Anlagen § 004 Nr. 21–06 nicht belegt, § 004 Nr. 21–07

Umsatzsteuerbefreiung nach § 4 Nr. 21 Buchst. b UStG
für Maßnahmen der Arbeitsberatung (§ 53 Abs. 1 Satz 1 Nr. 6 b AFG[1])

BMF-Schreiben vom 28.02.1997 – IV C 4 – S 7179 – 4/97,
UR 1997 S. 279

Es ist die Frage gestellt worden, wie die von der Bundesanstalt für Arbeit (BA) nach § 53 Abs. 1 Satz 1 Nr. 6b Arbeitsförderungsgesetz (AFG) angebotenen Maßnahmen der Arbeitsberatung umsatzsteuerlich zu behandeln sind.

Nach § 4 Nr. 21 Buchst. b UStG sind die unmittelbar dem Schul- und Bildungszweck dienenden Leistungen berufsbildender Einrichtungen unter bestimmten Voraussetzungen von der Umsatzsteuer befreit. Zu der hiernach steuerfreien Vorbereitung auf einen Beruf gehören die berufliche Ausbildung, die berufliche Fortbildung und die berufliche Umschulung.

Die Erörterung der Angelegenheit mit den obersten Finanzbehörden der Länder führte zu dem Ergebnis, daß nicht nur – wie bereits entschieden – die von der BA nach § 33 Abs. 1 AFG geförderten Maßnahmen, sondern auch die nach § 53 Abs. 1 Satz 1 Nr. 6b AFG angebotenen Maßnahmen als Leistungen angesehen werden können, die der Vorbereitung auf einen Beruf dienen. Beauftragt die BA mit der Durchführung dieser Maßnahmen andere Einrichtungen oder Personen, ist in entsprechender Anwendung der im Abschnitt 112 Abs. 2 UStR getroffenen Regelung davon auszugehen, daß diese Maßnahmeträger ihre Leistungen im Rahmen einer berufsbildenden Einrichtung im Sinne des § 4 Nr. 21 UStG erbringen.

Die von den Maßnahmeträgern im Auftrag der BA nach § 53 Abs. 1 Satz 1 Nr. 6b AFG durchgeführten Maßnahmen der Arbeitsberatung sind daher unter den weiteren Voraussetzungen des § 4 Nr. 21 Buchst. b UStG von der Umsatzsteuer befreit.

---

[1] Ab 01.01.1998 Drittes Sozialgesetzbuch

Anlage § 004 Nr. 21–08

Ergänzung des § 4 Nr. 21 UStG durch das Steuerentlastungsgesetz 1999/2000/2002

BMF-Schreiben vom 31.05.1999 – IV D 2 – S 7179 – 177/99,
BStBl. 1999 I S. 579

Durch Artikel 7 Nummer 4 Buchstabe d des Steuerentlastungsgesetzes 1999/2000/2002 vom 24. März 1999 (BGBl. I S. 402, 486; BStBl. I S. 304, 388) ist mit Wirkung vom 1. April 1999 § 4 Nr. 21 UStG ergänzt worden.

Die Vorschrift unterscheidet nunmehr zwischen
– der Befreiung für die unmittelbar dem Schul- und Bildungszweck dienenden Leistungen privater Schulen und anderer allgemein- oder berufsbildender Einrichtungen (§ 4 Nr. 21 Buchstabe a UStG) und
– der Befreiung für die unmittelbar dem Schul- und Bildungszweck dienenden Unterrichtsleistungen selbständiger Lehrer (§ 4 Nr. 21 Buchstabe b UStG).

Unter Bezugnahme auf das Ergebnis der Erörterungen der obersten Finanzbehörden des Bundes und der Länder gilt zur Anwendung der Steuerbefreiungsvorschrift für die Unterrichtsleistungen selbständiger Lehrer nach § 4 Nr. 21 UStG folgendes:

Selbständige Lehrer können als Träger einer privaten Schule bzw. von allgemein- oder berufsbildenden Einrichtungen nach § 4 Nr. 21 Buchstabe a UStG oder als Honorarkraft an einer solchen Einrichtung nach § 4 Nr. 21 Buchstabe b UStG steuerfreie Leistungen erbringen.

A. Selbständige Lehrer als Träger einer Bildungseinrichtung (§ 4 Nr. 21 Buchstabe a UStG)

(1) Zu den allgemeinbildenden oder berufsbildenden Einrichtungen im Sinne des § 4 Nr. 21 Buchstabe a UStG gehören u. a. auch Fernlehrinstitute, Fahrlehrerausbildungsstätten, Heilpraktiker-Schulen, Kurse zur Erteilung von Nachhilfeunterricht für Schüler und Repetitorien, die Studierende auf akademische Prüfungen vorbereiten. Auf die Rechtsform des Träger der Einrichtung kommt es nicht an. Es können deshalb auch natürliche Personen oder Personenzusammenschlüsse begünstigte Einrichtungen betreiben, wenn neben den personellen auch die organisatorischen und sächlichen Voraussetzungen vorliegen, um einen Unterricht zu ermöglichen. Soweit das BFH-Urteil vom 27. August 1998 – V R 73/97 – BStBl. 1999 II S. 376 dem entgegensteht, ist es im Hinblick auf die Regelungen in Abschnitt 112 a UStR 1996 aus Vertrauensschutzgründen nicht anzuwenden.

(2) Der selbständige Lehrer ist Träger einer Bildungseinrichtung, wenn er selbst entgeltliche Unterrichtsleistungen gegenüber seinen Vertragspartnern (z. B. Schüler, Studenten, Berufstätige oder Arbeitgeber) anbietet. Dies erfordert ein festliegendes Lehrprogramm und Lehrpläne zur Vermittlung eines Unterrichtsstoffes für die Erreichung eines bestimmten Lehrgangszieles sowie geeignete Unterrichtsräume oder -vorrichtungen. Der Betrieb der Bildungseinrichtung muß auf eine gewisse Dauer angelegt sein. Die Einrichtung braucht im Rahmen ihres Lehrprogramms hingegen keinen eigenen Lehrstoff anzubieten. Daher reicht es aus, wenn sich die Leistung auf eine Unterstützung des Schul- oder Hochschulangebots bzw. auf die Verarbeitung oder Repetition des von der Schule angebotenen Stoffes beschränkt.

(3) Die Veranstaltung einzelner Vorträge oder einer Vortragsreihe erfüllt dagegen nicht die Voraussetzungen einer Unterrichtsleistung. Hingegen ist die Einbindung von Vorträgen in ein Lernprogramm für die Befreiung der Unterrichtsleistungen des Trägers der Bildungseinrichtung unschädlich.

(4) Ist der selbständige Lehrer Träger einer Bildungseinrichtung, benötigt er, sofern er keine Ersatzschule im Sinne des § 4 Nr. 21 Buchstabe a Doppelbuchstabe aa UStG betreibt, nach § 4 Nr. 21 Buchstabe a Doppelbuchstabe bb UStG eine Bescheinigung der zuständigen Landesbehörde. Aus dieser Bescheinigung muß sich ergeben, daß die Leistungen des selbständigen Lehrers auf einen Beruf oder auf eine vor einer juristischen Person des öffentlichen Rechts abzulegende Prüfung ordnungsgemäß vorbereiten. Werden Leistungen erbracht, die verschiedenartigen Bildungszwecken dienen, ist der Nachweis durch getrennte Bescheinigungen, bei Fernlehrinstituten z. B. für jeden Lehrgang, zu führen. Für das Bescheinigungsverfahren gelten die Grundsätze des Abschnitts 114 UStR entsprechend.

B. Selbständige Lehrer als Honorarkraft an einer Bildungseinrichtung (§ 4 Nr. 21 Buchstabe b UStG)

(5) Betreibt ein selbständiger Lehrer nicht selbst eine Bildungseinrichtung, sondern erteilt er als Honorarkraft an Schulen, Hochschulen oder ähnlichen Bildungseinrichtungen (z. B. Volkshochschulen) Unterricht, kann seine Leistung nach § 4 Nr. 21 Buchstabe b UStG steuerfrei sein. Auf die Rechtsform des Unternehmens kommt es jedoch nicht an. Daher ist die Vorschrift auch anzuwenden, wenn Personenzusammenschlüsse oder juristische Personen beauftragt werden, an anderen Bildungseinrichtungen

Anlage § 004 Nr. 21–08

Unterricht zu erteilen. Eine Unterrichtsleistung eines selbständigen Lehrers als Honorarkraft liegt vor, wenn er an der Bildungseinrichtung Kenntnisse im Rahmen festliegender Lehrprogramme und Lehrpläne vermittelt. Einzelne Vorträge fallen nicht unter die Steuerbefreiung.

(6) Die Unterrichtsleistungen dienen dem Schul- und Bildungszweck unmittelbar, wenn sie den Schülern und Studenten tatsächlich zugute kommen. Auf die Frage, wer Vertragspartner des den Unterricht erteilenden Unternehmens und damit Leistungsempfänger im Rechtssinne ist, kommt es hierbei nicht an.

(7) Die Steuerbefreiung setzt voraus, daß der selbständige Lehrer in geeigneter Weise nachweist, daß er an einer Hochschule, Schule oder anderen Bildungseinrichtung im Sinne des § 4 Nr. 21 Buchstabe a UStG tätig ist. Dient die Bildungseinrichtung verschiedenartigen Bildungszwecken, hat der selbständige Lehrer nachzuweisen, daß er in einem Bereich tätig ist, der eine ordnungsgemäße Berufs- oder Prüfungsvorbereitung gewährleistet (begünstigter Bereich). Der Nachweis ist durch eine Bestätigung der privaten Schule oder anderen Bildungseinrichtungen zu führen, aus der sich ergibt, daß diese die Voraussetzungen des § 4 Nr. 21 Buchstabe a Doppelbuchstabe bb UStG erfüllt und die Unterrichtsleistung des selbständigen Lehrers im begünstigten Bereich der privaten Schule oder Einrichtung erfolgt.

Auf die Bestätigung wird verzichtet, wenn die Unterrichtsleistungen an folgenden Einrichtungen erbracht werden:

1. Hochschulen im Sinne der §§ 1 und 70 des Hochschulrahmengesetzes,
2. öffentliche allgemein- und berufsbildende Schulen, z. B. Gymnasien, Realschulen, Berufsschulen,
3. als Ersatzschulen nach Artikel 7 Abs. 4 des Grundgesetzes staatlich genehmigte oder nach Landesrecht erlaubte Schulen.

Wurde bei einem selbständigen Lehrer, der als Honorarkraft an einer Bildungseinrichtung tätig ist, nach Abschnitt 112 a Absatz 3 Nr. 4 UStR 1996 in der Vergangenheit auf die Erteilung einer Bescheinigung verzichtet, ist für die nach dem 31. März 1999 ausgeführten Unterrichtsleistungen nunmehr von der Bildungseinrichtung eine Bestätigung zu erteilen.

(8) Die Bestätigung soll folgende Angaben enthalten:

– Bezeichnung und Anschrift der Bildungseinrichtung,
– Name und Anschrift des selbständigen Lehrers,
– Bezeichnung des Faches, des Kurses oder Lehrganges, in dem der selbständige Lehrer unterrichtet,
– Unterrichtszeitraum und
– Versicherung über das Vorliegen einer Bescheinigung nach § 4 Nr. 21 Buchstabe a Doppelbuchstabe bb UStG für den oben bezeichneten Unterrichtsbereich.

Erteilt der selbständige Lehrer bei einer Bildungseinrichtung in mehreren Fächern, Kursen oder Lehrgängen Unterricht, können diese in einer Bestätigung zusammengefaßt werden. Sie sind gesondert aufzuführen. Die Bestätigung ist für jedes Kalenderjahr gesondert zu erteilen. Erstreckt sich ein Kurs oder Lehrgang über den 31. Dezember eines Kalenderjahres hinaus, reicht es für den Nachweis aus, wenn nur eine Bestätigung für die betroffenen Besteuerungszeiträume erteilt wird. Der Unterrichtszeitraum muß in diesem Falle beide Kalenderjahre benennen.

(9) Die Bildungseinrichtung darf dem bei ihr tätigen selbständigen Lehrer nur dann eine Bestätigung erteilen, wenn sie selbst über eine Bescheinigung der zuständigen Landesbehörde verfügt. Bei der Bestimmung der zuständigen Landesbehörde gilt Abschnitt 114 Absatz 2 UStR entsprechend. Es ist daher nicht zu beanstanden, wenn der Bestätigung eine Bescheinigung der Behörde eines anderen Bundeslandes zugrunde liegt. Erstreckt sich die Bescheinigung der Landesbehörde für die Bildungseinrichtung nur auf einen Teilbereich ihres Leistungsangebots, darf die Bildungseinrichtung dem selbständigen Lehrer nur dann eine Bestätigung erteilen, soweit er bei ihr im begünstigten Bereich unterrichtet. Erteilt die Bildungseinrichtung dem selbständigen Lehrer eine Bestätigung, obwohl sie selbst keine Bescheinigung der zuständigen Landesbehörde besitzt, oder erteilt die Bildungseinrichtung eine Bestätigung für einen Tätigkeitsbereich, für den die ihr erteilte Bescheinigung der Landesbehörde nicht gilt, ist die Steuerbefreiung für die Unterrichtsleistung des selbständigen Lehrers zu versagen.

(10) Wurde einem selbständigen Lehrer von der zuständigen Landesbehörde eine Bescheinigung im Sinne des § 4 Nr. 21 Buchstabe b UStG in der bis zum 31. März geltenden Fassung erteilt und gilt diese über den 31. März 1999 hinaus, ist eine Bestätigung der Bildungseinrichtung für den bescheinigten Zeitraum, längstens bis zum 31. Dezember 1999, nicht erforderlich.

Anlagen § 004 Nr. 21–09, § 004 Nr. 21–10

Steuerbefreiung nach § 4 Nr. 21 UStG;
Behandlung von Schulungseinrichtungen des Bundes und der Länder

Erlass FM NRW vom 24.11.1999 – S 7179 – 10 – V C 4,
DB 1999 S. 2608

Auf Bundesebene wird mehrheitlich die Auffassung vertreten, ungeachtet der Änderung des § 4 Nr. 21 UStG im Rahmen des Steuerentlastungsgesetzes 1999/2000/2002 an bisherigen Entscheidungen hinsichtlich der Behandlung von Schulungseinrichtungen des Bundes und der Länder festzuhalten. Dies gilt insbesondere für die Regelung, Fortbildungseinrichtungen des Bundes und der Länder im Hinblick auf die USt-Befreiung nach § 4 Nr. 21 UStG den öffentlichen allgemein- oder berufsbildenden Schulen gleichzustellen, so daß die USt-Befreiung der Leistungen selbständiger Dozenten an diesen Einrichtungen ohne Vorlage einer Bescheinigung in Anspruch genommen werden kann.

Die Steuerbefreiung von Unterrichtsleistung selbständiger Dozenten an Einrichtungen, die sich auf die vorstehende Regelung berufen, soll deshalb weiterhin ohne Vorlage einer Bescheinigung der zuständigen Landesbehörde nach § 4 Nr. 21 UStG gewährt werden.

Umsatzsteuerbefreiung nach § 4 Nr. 21 UStG;
Fahrschulen als berufsbildende Einrichtungen

BMF-Schreiben vom 08.02.2000 – IV D 2 – S 7179 – 6/00,
BStBl. 2000 I S. 355

Zum 1. Januar 1999 ist die Verordnung über die Zulassung von Personen zum Straßenverkehr (Fahrerlaubnis-Verordnung – FeV; BGBl. 1998 I S. 2214) in Kraft getreten. Die Einteilung der Fahrerlaubnisklassen – § 6 FeV – ist grundlegend geändert.

Im Einvernehmen mit den obersten Finanzbehörden der Länder gilt für die Steuerbefreiung für Lehrgänge zur Ausbildung für die Fahrerlaubnis folgendes:

1. Begünstigte Leistungen

Fahrschulen können grundsätzlich nicht als allgemeinbildende oder berufsbildende Einrichtungen beurteilt werden (BFH-Urteil vom 14. März 1974 – BStBl. II S. 527). Eine Steuerfreiheit der Umsätze nach § 4 Nr. 21 UStG kann aber insoweit in Betracht kommen, als Fahrschulen Lehrgänge zur Ausbildung für die Fahrerlaubnis der Klassen **C, CE, D, DE, D1, D1E, T** und **L** durchführen, da diese Leistungen in der Regel der Berufsausbildung dienen.

Als „Lehrgang" ist die dem einzelnen Fahrschüler gegenüber erbrachte Leistung anzusehen. Eine Steuerbefreiung kommt auch in Betracht, wenn der Fahrschüler im Rahmen seiner Ausbildung zeitgleich neben den vorgenannten Klassen auch die Fahrerlaubnis anderer Klassen (z. B. Klasse B) erwerben möchte

2. Bescheinigung i. S. d. § 4 Nr. 21 Buchst. a Doppelbuchst. bb UStG

Bei Fahrschulen gelten als Bescheinigung im Sinne des § 4 Nr. 21 Buchst. a Doppelbuchst. bb UStG für den Nachweis, daß sie ordnungsgemäß auf einen Beruf vorbereiten:

– die Fahrschulerlaubnisurkunde (§ 13 Abs. 1 FahrlG), die zur Ausbildung zum Erwerb der Fahrerlaubnis der Klasse 3 (ausgestellt bis zum 31. Dezember 1998) bzw. der Fahrerlaubnisklassen C, CE, D, DE, D1, D1E, T und L (ausgestellt ab Januar 1999) berechigt oder

– bei Fahrschulen, die bei Inkrafttreten des Fahrlehrergesetzes bestanden und die Fahrschulerlaubnis somit nach § 37 Abs. 2 FahrlG als erteilt gilt, eine Bescheinigung der zuständigen Landesbehörde, welche die Angabe enthält, daß die Fahrschulerlaubnis für die Ausbildung zum Erwerb der Klasse 2 berechtigt.

Anlagen § 004 Nr. 21–11, § 004 Nr. 21–12

Steuerbefreiung nach § 4 Nr. 21 UStG; Finanzierung durch den Europäischen Sozialfonds (ESF) – Existenzgründungsmaßnahmen

BMF-Schreiben vom 27.04.2000 – IV D 2 – S 7179 – 1/00,
DB 2000 S. 1050

Zur umsatzsteuerlichen Behandlung von ESF-finanzierten arbeitsmarktpolitischen Maßnahmen wird im Einvernehmen mit den obersten Finanzbehörden der Länder Folgendes mitgeteilt:

Berufsausbildungs-, Berufsfortbildungs- und Umschulungsmaßnahmen i. S. des § 3 Nr. 2 der Richtlinien für aus Mitteln des Europäischen Sozialfonds (ESF) mitfinanzierte zusätzliche Maßnahmen im Bereich des Bundes vom 20. 01. 2000 (Bundesanzeiger 2000 S. 1529 ff.) sind – wie die in Abschn. 112 Abs. 3 Satz 2 UStR aufgeführten Maßnahmen – gem. § 4 Nr. 21 UStG von der Umsatzsteuer befreit. Dies gilt auch für *Existenzgründungsseminare* i. S. des § 3 Nr. 1 Buchst. a der o. g. Richtlinien.

Das *Coaching* (§ 3 Nr. 1 Buchst. b der o. g. Richtlinien) ist eine Form der Unternehmensberatung. Es dient nicht der Berufsausbildung, der beruflichen Fortbildung oder beruflichen Umschulung und ist daher nicht nach § 4 Nr. 21 UStG von der Umsatzsteuer befreit. Auf die Möglichkeit, dass Existenzgründer die für diese Leistungen in Rechnung gestellte Umsatzsteuer grundsätzlich unter den allgemeinen Voraussetzungen des § 15 UStG als Vorsteuer abziehen können, wird hingewiesen.

Beurteilung der Integrationskurse nach dem Zuwanderungsgesetz

OFD Münster, Kurzinformation Umsatzsteuer Nr. 1/2006 vom 18.01.2006,
DB 2006 S. 187

Mit dem Zuwanderungsgesetz wurde ein verbindliches Integrationsangebot (Integrationskurs) für Ausländer und Spätaussiedler eingeführt. Der Integrationskurs besteht aus einem Sprachkurs zur Vermittlung ausreichender Deutschkenntnisse sowie einem Orientierungskurs zur Vermittlung von Wissen über das Leben in Deutschland und die in unserer Gesellschaft geltenden Normen und Werte. Die Kurse werden gem. § 43 Abs. 3 Aufenthaltsgesetz (AufenthG 2004) vom Bundesamt für Migration und Flüchtlinge (BAMF) durchgeführt. Das BAMF kann sich dazu privater und öffentlicher Träger bedienen. Die Einzelheiten der Integrationskurse wie z.B. Grundstruktur und Lerninhalte werden durch die Integrationskursverordnung geregelt. Danach kann jede private oder öffentliche Person bei Vorliegen der Voraussetzungen zur Durchführung der Integrationskurse zugelassen werden. Hierzu schließt das BAMF mit den Kursträgern privatrechtliche Verträge ab.

Der Kursträger erhält vom BAMF für die Durchführung der Integrationskurse derzeit einen Stundensatz i. H. von 2,05 € pro Unterrichtsstunde und Teilnehmer. Für die Teilnahme am Integrationskurs haben Ausländer, die nicht vom Kostenbeitrag befreit sind, einen solchen i. H. von 1 € an das BAMF zu leisten; die tatsächliche Zahlung erfolgt hierbei meist unmittelbar an den Kursträger. Die erfolgreiche Teilnahme an dem Integrationskurs wird durch eine vom Kursträger auszustellende Bescheinigung über den erfolgreich abgelegten Abschlusstest nachgewiesen.

Umsatzsteuerrechtlich erbringt in diesen Fällen der Kursträger eine steuerbare Leistung an das BAMF. Soweit der Kursteilnehmer einen Teil des Entgelts selbst unmittelbar an den Kursträger zahlt, hat dies keinen Einfluss auf diese Leistungsbeziehung; hierbei handelt es sich lediglich um einen abgekürzten Zahlungsweg. Die Zahlung ist Entgelt von dritter Seite für die Leistung des Kursträgers an das BAMF.

Für die Leistungen der Kursträger kommt eine USt-Befreiung nach § 4 Nr. 21 Buchst. a Doppelbuchst. bb UStG nicht in Betracht. Bei den Integrationskursen handelt es sich zwar um allgemein bildenden Unterricht, die Kurse bereiten jedoch nicht auf einen Beruf oder auf eine vor einer juristischen Person des öffentlichen Rechts abzulegende Prüfung vor.

In Abhängigkeit vom jeweiligen Kursträger können die Leistungen im Zusammenhang mit der Durchführung der Integrationskurse aber nach § 4 Nr. 22 Buchst. a UStG – bei Vorliegen der dort genannten weiteren Voraussetzungen – steuerfrei sein. Werden Leistungen von anderen als den in § 4 Nr. 22 Buchst. a UStG genannten Unternehmern erbracht, sind diese dagegen umsatzsteuerpflichtig.

Umsatzsteuerbefreiung nach § 4 Nr. 21 Buchst. a Doppelbuchst. bb UStG für die Leistungen von Tanz- bzw. Ballettschulen

OFD Koblenz, Rdvfg. vom 24.07.2007 – S 7179 A – St 442,
DStR 2007 S. 1964

Nach dem Beschluss der Umsatzsteuer-Referatsleiter des Bundes und der Länder sind Tanz- und Ballettschulen entsprechend der Rechtsauffassung des FG München in seinem Urteil vom 18.11.2004, 14 K 5057/01 (EFG 2005, 740) nicht als allgemein- oder berufsbildende Einrichtung i.S. des § 4 Nr. 21 Buchst. a Doppelbuchst. bb UStG anzusehen. Dies gilt auch, soweit im Einzelfall nachgewiesen werden kann, dass einzelne Schüler aufgrund des Tanz- oder Ballettunterrichts tatsächlich den Tanzberuf ergriffen haben.

Die Entscheidung über dieses Tatbestandsmerkmal der Umsatzsteuerbefreiung liegt in der Zuständigkeit der Finanzverwaltung und ist nicht Gegenstand der nach § 4 Nr. 21 Buchst. a Doppelbuchst. bb UStG von der fachlich zuständigen Landesbehörde auszustellenden Bescheinigung (vgl. Abschn. 114 Abs. 1 UStR). Eine Umsatzsteuerbefreiung der Leistungen einer Tanz- und Ballettschule kommt daher unabhängig vom ggf. Vorliegen einer solchen Bescheinigung derzeit nicht in Betracht.

Die abschließende Klärung dieser Rechtsfrage bleibt den beim BFH anhängigen Revisionsverfahren, Az.: V R 3/05 und V R 11/07, vorbehalten.

Anträge von Steuerpflichtigen, mit denen die Umsatzsteuerfreiheit der Leistungen von Ballettschulen beantragt wird, sind daher abzulehnen.

Anhängige Einspruchsverfahren ruhen gemäß § 363 Abs. 2 Satz 2 AO. *Aussetzung der Vollziehung kann gewährt werden.*

Anlage § 004 Nr. 21–14

Umsatzsteuerbefreiung nach § 4 Nr. 21 UStG; Maßnahmen zur Aktivierung und berufliche Eingliederung nach dem Dritten Buch Sozialgesetzbuch

BMF-Schreiben vom 01.12.2010 – IV D 3 – S 7179/09/10003,
BStBl. 2010 I S. 1375

Gemäß § 4 Nr. 21 Buchst. a Doppelbuchst. bb UStG sind die unmittelbar dem Schul- und Bildungszweck dienenden Leistungen privater Schulen und anderer allgemein bildender oder berufsbildender Einrichtungen steuerfrei, wenn die zuständige Landesbehörde bescheinigt, dass sie auf einen Beruf oder eine vor einer juristischen Person abgeschlossene Prüfung ordnungsgemäß vorbereiten.

Mit Gesetz zur Neuausrichtung der arbeitsmarktpolitischen Instrumente vom 21. Dezember 2008 ist u.a. § 49 SGB III (Trainingsmaßnahmen) weggefallen. Dafür wurde u.a. § 46 SGB III neu gefasst. Die Neuregelung des § 46 SGB III soll die positiven Elemente der Instrumente (Beauftragung Dritter mit der Vermittlung nach § 37 SGB III, Personal-Service-Agenturen nach § 37c SGB III, Trainingsmaßnahmen nach § 48ff.SGB III, Maßnahmen nach § 421i SGB III sowie Aktivierungshilfen nach § 241 Abs. 3a SGB III) übernehmen. Entsprechend der Zielsetzung der Arbeitsförderung sollen die individuelle Beschäftigungsfähigkeit durch Erhalt und Ausbau von Fertigkeiten und Fähigkeiten gefördert und die Teilnehmer umfassend bei ihren beruflichen Eingliederungsbemühungen unterstützt werden. Je nach Bedarf sollen passgenaue Unterstützungsangebote unterbreitet werden, die der Aktivierung, der Erzielung von Integrationsfortschritten oder der unmittelbaren Eingliederung in Arbeit dienen können.

Unter Bezugnahme auf das Ergebnis der Erörterungen mit den obersten Finanzbehörden der Länder wird in Abschnitt 4.21.2. des Umsatzsteuer-Anwendungserlasses vom 1. Oktober 2010 (BStBl. I S. 846), der zuletzt durch das BMF-Schreiben vom 27. Oktober 2010, IV D 2 – S 7410/07/10016 (2010/0836620), BStBl. I S. 1273 – geändert worden ist, Absatz 3 wie folgt neu gefasst:

„(3) [1]Die Vorbereitung auf einen Beruf umfasst die berufliche Ausbildung, die berufliche Fortbildung und die berufliche Umschulung; die Dauer der jeweiligen Maßnahme ist unerheblich (Art. 14 der Verordnung (EG) Nr. 1777/2005 des Rates vom 17.10.2005, ABl. EU Nr. L 288 S. 1). [2]Dies sind unter anderem Maßnahmen zur Aktivierung und beruflichen Eingliederung im Sinne von § 46 SGB III, Weiterbildungsmaßnahmen entsprechend den Anforderungen des § 85 SGB III, Aus- und Weiterbildungsmaßnahmen (einschließlich der Berufsvorbereitung und der blindentechnischen und vergleichbaren speziellen Grundausbildung zur beruflichen Eingliederung von Menschen mit Behinderung) im Sinne von § 97 SGB III sowie berufsvorbereitende, berufsbegleitende bzw. außerbetriebliche Maßnahmen nach § 33 Satz 3 bis 5 i.V.m. § 421q SGB III, §§ 61, 61a SGB III, §§ 241 bis 243 SGB III bzw. § 421s SGB III, die von der Bundesagentur für Arbeit und den Trägern der Grundsicherung für Arbeitsuchende nach § 6 SGB II gefördert werden. [3]Mit ihrer Durchführung beauftragen die Bundesagentur für Arbeit und die Träger der Grundsicherung für Arbeitsuchende nach § 6 SGB II in manchen Fällen gewerbliche Unternehmen oder andere Einrichtungen, z.B. Berufsverbände, Kammern, Schulen, anerkannte Werkstätten für behinderte Menschen, die über geeignete Ausbildungsstätten verfügen. [4]Es ist davon auszugehen, dass die genannten Unternehmen und andere Einrichtungen die von der Bundesagentur für Arbeit und den Trägern der Grundsicherung für Arbeitsuchende nach § 6 SGB II geförderten Ausbildungs-, Fortbildungs- und Umschulungsmaßnahmen im Rahmen einer berufsbildenden Einrichtung im Sinne des § 4 Nr. 21 Buchstabe a UStG erbringen."

Die Grundsätze dieses Schreibens sind in allen offenen Fällen anzuwenden. Bisher ergangene Verwaltungsanweisungen, die hierzu im Widerspruch stehen, sind nicht mehr anzuwenden.

Anlage § 004 Nr. 21–15

Umsatzsteuerliche Behandlung von Integrationskursen nach § 43 des Aufenthaltsgesetzes (AufenthG)[1]

BMF-Schreiben vom 03.03.2011 – IV D 3 – S 7180/10/10001,
BStBl. 2011 I S. 233

Mit Gesetz zur Neuausrichtung der arbeitsmarktpolitischen Instrumente vom 21. Dezember 2008 wurde § 3 SGB II (Leistungsgrundsätze) um Absatz 2b ergänzt. Danach soll die Bundesagentur für Arbeit bei erwerbsfähigen Hilfsbedürftigen, die nicht über ausreichende deutsche Sprachkenntnisse verfügen, auf die Teilnahme an einem Integrationskurs nach § 43 AufenthG hinwirken. Mit dieser Regelung wurde gesetzlich klargestellt, dass Integrationskurse Maßnahmen zur Eingliederung in den Arbeitsmarkt darstellen, da ausreichende Kenntnisse der deutschen Sprache eine wesentliche, z.T. die entscheidende Voraussetzung zur Eingliederung in den Arbeitsmarkt sind.

Unter Bezugnahme auf das Ergebnis der Erörterungen mit den obersten Finanzbehörden der Länder wird in Abschnitt 4.21.2. des Umsatzsteuer-Anwendungserlasses vom 1. Oktober 2010 (BStBl. I S. 846), der zuletzt durch das BMF-Schreiben vom 2. März 2011, IV D 3 – S 7160h/08/10001 (2011/0164645), BStBl. I S. 232 – geändert worden ist, folgender neuer Absatz 3a eingefügt:

„(3a) [1]Die nach § 43 AufenthG erbrachten Leistungen (Integrationskurse) dienen als Maßnahme der Eingliederung in den Arbeitsmarkt dem Erwerb ausreichender Kenntnisse der deutschen Sprache. [2]Diese Maßnahmen fallen daher unter die Steuerbefreiung des § 4 Nr. 21 Buchst. a UStG, wenn sie von einem vom Bundesamt für Migration und Flüchtlinge zur Durchführung der Integrationskurse zugelassenen Kursträger erbracht werden."

Die Grundsätze dieses Schreibens sind in allen offenen Fällen anzuwenden. Bisher ergangene Verwaltungsanweisungen, die hierzu im Widerspruch stehen, sind nicht mehr anzuwenden.

---

[1] Siehe auch Anlage § 004 Nr. 21-17

Anlage § 004 Nr. 21–16

Umsatzsteuerbefreiung nach § 4 Nr. 21 Buchst. a Doppelbuchst. bb UStG für Maßnahmen zur Aktivierung und beruflichen Eingliederung nach dem Dritten Buch Sozialgesetzbuch; Bescheinigungsverfahren

BMF-Schreiben vom 06.07.2011 – IV D 3 – S 7179/09/10003,
BStBl. 2011 I S. 738

Gemäß § 4 Nr. 21 Buchst. a Doppelbuchst. bb UStG sind die unmittelbar dem Schul- und Bildungszweck dienenden Leistungen privater Schulen und anderer allgemein bildender oder berufsbildender Einrichtungen steuerfrei, wenn die zuständige Landesbehörde bescheinigt, dass sie auf einen Beruf oder eine vor einer juristischen Person abgeschlossene Prüfung ordnungsgemäß vorbereiten.

Bestimmte Maßnahmen der Arbeitsförderung fallen gemäß den BMF-Schreiben vom 1. Dezember 2010 – IV D 3 – S 7179/09/10003 (2010/0945930) – (BStBl. I S. 1375) und 3. März 2011 – IV D 3 – S 7180/10/10001 (2011/0166944) – (BStBl. I S. 233) unter die Steuerbefreiung des § 4 Nr. 21 Buchst. a Doppelbuchst. bb UStG. Die Maßnahmenträger werden in der Regel durch die Bundesagentur für Arbeit bzw. Träger der Grundsicherung für Arbeitsuchende nach § 6 SGB II beauftragt bzw. sind durch fachkundige Stellen nach § 85 SGB III als Träger einer beruflichen Weiterbildung zugelassen.

Unter Bezugnahme auf das Ergebnis der Erörterungen mit den obersten Finanzbehörden der Länder werden die Abschnitte 4.21.3 und 4.21.5 des Umsatzsteuer-Anwendungserlasses (UStAE) vom 1. Oktober 2010 (BStBl. I S. 846), der zuletzt durch das BMF-Schreiben vom 5. Juli 2011 – IV D 2 – S 7105/10/10001 (2011/0518308) – geändert worden ist, wie folgt geändert:

1. In Abschnitt 4.21.3 wird in Absatz 5 folgender Satz 6 angefügt:

    „[6]Sofern eine Bestätigung bzw. Zulassung gemäß Abschnitt 4.21.5 Abs. 5 vorliegt, tritt diese an die Stelle der Bescheinigung der zuständigen Landesbehörde."

2. In Abschnitt 4.21.5 wird folgender Absatz 5 angefügt:

    „(5) [1]Bestätigt die Bundesagentur für Arbeit bzw. der Träger der Grundsicherung für Arbeitsuchende nach § 6 SGB II, dass für eine bestimmte berufliche Bildungsmaßnahme gemäß Abschnitt 4.21.2 Abs. 3 die gesetzlichen Voraussetzungen vorliegen, so gilt diese Bestätigung als Bescheinigung im Sinne des § 4 Nr. 21 Buchst. a Doppelbuchst. bb UStG, wenn die nach dieser Vorschrift für die Erteilung der Bescheinigung zuständige Landesbehörde – generell oder im Einzelfall – sich mit der Anerkennung einverstanden erklärt hat und von der Bundesagentur für Arbeit bzw. dem Träger der Grundsicherung für Arbeitsuchende nach § 6 SGB II hierauf in der Bestätigung hingewiesen wird. [2]Das Gleiche gilt für Maßnahmen der Berufseinstiegsbegleitung im Rahmen der BMBF-Initiative „Abschluss und Anschluss – Bildungsketten bis zum Ausbildungsabschluss". [3]Auch die Zulassung eines Trägers zur Durchführung von Integrationskursen gemäß Abschnitt 4.21.2 Abs. 3a durch das Bundesamt für Migration und Flüchtlinge gilt als Bescheinigung im Sinne des § 4 Nr. 21 Buchst. a Doppelbuchst. bb UStG, wenn aus der Zulassung ersichtlich ist, dass sich die zuständige Landesbehörde – generell oder im Einzelfall – mit der Zulassung durch das Bundesamt für Migration und Flüchtlinge einverstanden erklärt hat. [4]Das gilt auch für die Zulassung eines Trägers zur beruflichen Weiterbildung durch fachkundige Stellen nach § 85 SGB III, wenn aus der Zulassung ersichtlich ist, dass die fachkundige Stelle von der Bundesagentur für Arbeit als Zertifizierungsstelle anerkannt wurde und sich auch die zuständige Landesbehörde – generell oder im Einzelfall – mit der Zulassung durch die fachkundige Stelle einverstanden erklärt hat. [5]Liegen die Voraussetzungen der Sätze 1 bis 4 vor, so tritt die Bestätigung bzw. Zulassung an die Stelle der Bescheinigung der zuständigen Landesbehörde und bindet die Finanzbehörden insoweit ebenfalls als Grundlagenbescheid nach § 171 Abs. 10 in Verbindung mit § 175 Abs. 1 Satz 1 Nr. 1 AO."

Die Grundsätze dieses Schreibens sind in allen offenen Fällen anzuwenden.

Anlage § 004 Nr. 21–17

Umsatzsteuerliche Behandlung von Integrationskursen nach § 43 des Aufenthaltsgesetzes (AufenthG)

BMF-Schreiben vom 08.08.2011 – IV D 3 – S 7180/10/10001,
BStBl. 2011 I S. 755

Nach Abschn. 4.21.2 Abs. 3a UStAE i.d.F. des BMF-Schreiben vom 3. März 2011 – IV D 3 – S 7180/10/10001 (2011/0166944) – (BStBl. I S. 233[1]) fallen die nach § 43 AufenthG erbrachten Leistungen (Integrationskurse) unter die Steuerbefreiung des § 4 Nr. 21 Buchst. a UStG, wenn sie von einem vom Bundesamt für Migration und Flüchtlinge zur Durchführung der Integrationskurse zugelassenen Kursträger erbracht werden.

Unter Bezugnahme auf das Ergebnis der Erörterungen mit den obersten Finanzbehörden der Länder wird es bei den vorgenannten Umsätzen, die auf vor dem 31. März 2011 abgeschlossenen Verträgen beruhen, nicht beanstandet, wenn der Unternehmer die nach § 43 AufenthG erbrachten Leistungen abweichend von Abschnitt 4.21.2 Abs. 3a UStAE umsatzsteuerpflichtig behandelt.

---

1) Siehe Anlage § 004 Nr. 21-15

Anlage § 004 Nr. 22–01

Umsatzsteuerbefreiung nach § 4 Nr. 22 Buchst. b UStG und Umsatzsteuerermäßigung nach § 12 Abs. 2 Nr. 8 Buchst. a UStG; Genehmigung von Sportveranstaltungen und Ausstellung von Sportausweisen durch Sportverbände

BMF-Schreiben vom 05.10.1990 – $\dfrac{\text{IV A 3 – S 7180 – 4/90}}{\text{IV A 2 – S 7242 – 19/90}}$, BStBl. 1990 I S. 649

Es ist die Frage gestellt worden, ob die folgenden Sachverhalte als sportliche Veranstaltungen unter die Befreiungsvorschrift des § 4 Nr. 22 Buchstabe b UStG fallen:

1. Ein Sportverein holt für die Durchführung einer Wettkampfveranstaltung (z. B. Reitturnier) satzungsgemäß die Genehmigung des Verbandes ein. Der Verband prüft insbesondere die Einhaltung der Wettkampfbestimmungen. Für seine Tätigkeit erhebt der Sportverband von dem Verein ein Entgelt.
2. Ein Sportverband stellt für die Sportler der ihm angeschlossenen Vereine Sportausweise aus (z. B. Reitausweise). Für die Ausstellung bzw. Verlängerung dieser Ausweise erhebt der Verband von den einzelnen Sportlern ein Entgelt.

Unter Bezugnahme auf das Ergebnis der Erörterung mit den obersten Finanzbehörden der Länder gilt folgendes:

Nach § 4 Nr. 22 Buchstabe b UStG sind sportliche Veranstaltungen, die von einem gemeinnützigen Zwecken dienenden Verband durchgeführt werden, von der Umsatzsteuer befreit, soweit das Entgelt in Teilnehmergebühren besteht. Die Genehmigung von Wettkampfveranstaltungen und die Ausstellung bzw. Verlängerung von Sportausweisen durch einen Sportverband können nicht als sportliche Veranstaltungen im Sinne dieser Vorschrift angesehen werden. Außerdem handelt es sich bei den von dem Sportverband erhobenen Entgelten nicht um Teilnehmergebühren. Hierunter fallen nach Abschnitt 116 Abs. 2 UStR nur solche Entgelte, die für die aktive Teilnahme von Sportlern an einer bestimmten Veranstaltung gezahlt werden (z. B. Start- und Meldegelder).

Gemeinnützige Sportverbände, die gegen Entgelt Wettkampfveranstaltungen von Sportvereinen genehmigen, werden insoweit im Rahmen eines Zweckbetriebs (§ 65 AO) tätig. Das gleiche gilt, wenn gemeinnützige Sportverbände für Sportler gegen Entgelt Sportausweise ausstellen oder verlängern. Auf diese Leistungen ist deshalb nach § 12 Abs. 2 Nr. 8 Buchstabe a UStG der ermäßigte Umsatzsteuersatz anzuwenden.

Anlagen § 004 Nr. 23–01, § 004 Nr. 23–02

Steuerbarer Umsatz bei entgeltlicher Beherbergung und Beköstigung von Auszubildenden im Hotel- und Gaststättengewerbe

OFD Saarbrücken, Vfg. vom 11.03.1991 – S 7181 – 2 – St 24 1,
UR 1991 S. 235; DStR 1991 S. 816

1. Die unentgeltliche Beherbergung und Beköstigung von Auszubildenden ist nicht nach § 1 Abs. 1 Nr. 1 Buchstabe b UStG steuerbar (Abschn. 12 Abs. 1 Satz 7 UStR, vgl. hierzu jedoch Rondorf, Die ustl. Behandlung der Sachzuwendungen ab 1.1.1991, DStR 1991, 306 Nr. 4).
2. Ein steuerbarer Umsatz liegt jedoch vor, wenn die Auszubildenden ein besonders berechnetes Entgelt für die Unterbringung und Verpflegung zu zahlen haben. Nach § 4 Nr. 23 UStG ist dieser Umsatz steuerfrei, wenn der Unternehmer überwiegend Jugendliche für Erziehungs-, Ausbildungs- oder Fortbildungszwecke aufgenommen hat. Für die Beurteilung der Frage des „Überwiegens" ist nur auf den Kreis der Personen abzustellen, die der Unternehmer zu steuerbegünstigten Zwecken i. S. dieser Vorschrift aufgenommen hat. Demzufolge ist § 4 Nr. 23 UStG anzuwenden, wenn mehr Jugendliche als Erwachsene zu Erziehungs-, Ausbildungs- oder Fortbildungszwecken aufgenommen werden. Weder die Hotelgäste noch die bereits ausgebildeten beim Unternehmer untergebrachten Arbeitnehmer gehören zu diesem Personenkreis (vgl. BFH-Urteil vom 24.5.1989, V R 127/84, BStBl. 1989 II, 912).

Steuerbefreiung nach § 4 Nr. 23 UStG; BFH-Urteil vom 28.09.2000 – V R 26/99

BMF-Schreiben vom 28.09.2001 – IV D 1 – S 7181 – 8/01,
BStBl. 2001 I S. 726

Der BFH hat durch Urteil vom 28.9.2000 – V R 26/99 – (DB 2001 S. 248) entschieden, dass die Gewährung von Beherbergung und Beköstigung usw. nur dann nach § 4 Nr. 23 UStG steuerfrei ist, wenn dem Unternehmer selbst die Erziehung, Ausbildung oder Fortbildung der aufgenommenen Jugendlichen obliegen. Der die Steuerbefreiung in Anspruch nehmende Unternehmer muss die Erziehungs-, Ausbildungs- oder Fortbildungszwecke zwar nicht allein verfolgen; es reicht aber auch nicht aus, dass sie lediglich von einem Dritten verfolgt werden.

Unter Bezugnahme auf das Ergebnis der Erörterungen mit den obersten Finanzbehörden der Länder gilt daher Folgendes:

Abweichend von Abschnitt 117 Abs. 2 Satz 1 UStR 2000 müssen die Erziehungs-, Ausbildungs- oder Fortbildungsleistungen dem Unternehmer, der die Jugendlichen aufgenommen hat, selbst obliegen.

Dabei ist es nicht erforderlich, dass der Unternehmer die Erziehungs-, Ausbildungs- oder Fortbildungsleistungen (Leistungen) allein erbringt. Er kann die ihm obliegenden Leistungen zur Gänze selbst oder teilweise durch Beauftragte erbringen.

Der Unternehmer, der Jugendliche für Erziehungszwecke bei sich aufnimmt, muss eine Einrichtung auf dem Gebiet der Kinder- und Jugendbetreuung oder der Kinder- und Jugenderziehung i.S. des Art. 13 Teil A Abs. 1 Buchst. h oder i der Richtlinie 77/388/EWG unterhalten. Daher können – unter Beachtung der übrigen Voraussetzungen des § 4 Nr. 23 UStG – die Steuerbefreiung nur Einrichtungen des öffentlichen Rechts auf dem Gebiet der Kinder- und Jugendbetreuung sowie der Kinder- und Jugenderziehung oder vergleichbare privatrechtliche Einrichtungen in Anspruch nehmen. Einrichtungen in diesem Sinne können z.B. auch mit staatlichen Mitteln geförderte Jugendheime sein.

Dieses Schreiben ist auf diejenigen Umsätze anzuwenden, die nach dem 31. Dezember 2001 erbracht werden.

Anlage § 004 Nr. 23–03

Vermietung von Wohnraum und Abgabe von Mahlzeiten durch ein Studentenwerk – Anwendung der BFH-Urteile vom 19.05.2005, V R 32/03, BStBl. II S. 900 und vom 28.09.2006, V R 57/05, BStBl. II 2007 S. 846

BMF-Schreiben vom 27.09.2007 – IV A 6 – S 7175 – 07/0003, BStBl. 2007 I S. 768

Mit Urteil vom 19. Mai 2005, V R 32/03, BStBl. II S. 900, hat der BFH zur Vermietung von Wohnraum durch ein Studentenwerk wie folgt entschieden:

„1. Vermietet eine Einrichtung des öffentlichen Rechts, der die soziale Betreuung und Förderung der Studenten obliegt (Studentenwerk), Wohnraum an Bedienstete, die in Studentenwohnheimen tätig sind, um die Unterbringung von Studenten am Hochschulort zu gewährleisten, und liegen die Voraussetzungen des § 4 Nr. 23 UStG nicht vor, sind die Vermietungsleistungen nach Art. 13 Teil A Abs. 1 Buchst. i der Richtlinie 77/388/EWG steuerfrei.

2. Die kurzfristige Vermietung von Wohnräumen und Schlafräumen an Nichtstudierende durch ein Studentenwerk ist ein selbständiger wirtschaftlicher Geschäftsbetrieb, wenn sie sich aus tatsächlichen Gründen von den satzungsmäßigen Leistungen abgrenzen lässt. Dieser wirtschaftliche Geschäftsbetrieb ist kein Zweckbetrieb; dessen Umsätze unterliegen der Besteuerung nach dem Regelsteuersatz."

Mit Urteil vom 28. September 2006, V R 57/05, BStBl. II 2007 S. 846 hat der BFH zur Abgabe von Mahlzeiten durch ein Studentenwerk wie folgt entschieden:

„Erfüllen die Umsätze aus der Abgabe von Mahlzeiten an Studenten durch eine Einrichtung des öffentlichen Rechts, der die soziale Betreuung und Förderung der Studenten obliegt (Studentenwerk), nicht die Voraussetzungen des § 4 Nr. 23 UStG 1993, sind diese Verpflegungsleistungen nach Art. 13 Teil A Abs. 1 Buchst. i der Richtlinie 77/388/EWG steuerfrei. Gleiches gilt für Verpflegungsleistungen an Bedienstete der Einrichtung, die zur Durchführung der Aufgaben der sozialen Betreuung und Förderung der Studenten am Hochschulort tätig sind."

Unter Bezugnahme auf das Ergebnis der Erörterungen mit den obersten Finanzbehörden der Länder sind die Grundsätze dieser Urteile, soweit sie die unmittelbare Berufbarkeit auf Art. 13 Teil A Abs. 1 Buchst. i der 6. EG-Richtlinie (ab 1. Januar 2007 Art. 132 Abs. 1 Buchst. i MwStSystRL) betreffen, über die entschiedenen Einzelfälle hinaus nicht anzuwenden.

Nach Art. 132 Abs. 1 Buchst. i MwStSystRL befreien die Mitgliedstaaten die Erziehung von Kindern und Jugendlichen, Schul- oder Hochschulunterricht, Aus- und Fortbildung sowie berufliche Umschulung und damit eng verbundene Dienstleistungen und Lieferungen durch Einrichtungen des öffentlichen Rechts, die mit solchen Aufgaben betraut sind, oder andere Einrichtungen mit vom betreffenden Mitgliedstaat anerkannter vergleichbarer Zielsetzung.

Entsprechend dem EuGH-Urteil vom 14. Juni 2007, C-434/05 (Horizon College), muss sowohl die Hauptleistung als auch der mit der Hauptleistung eng verbundene Umsatz von in Art. 132 Abs. 1 Buchst. i MwStSystRL genannten Einrichtungen erbracht werden.

Entgegen der Auffassung des BFH in seinen Urteilen V R 32/03 (Wohnraumvermietung) und V R 57/05 (Abgabe von Mahlzeiten) erfüllt ein Studentenwerk unter Beachtung dieses EuGH-Urteils nicht die persönlichen Voraussetzungen des Art. 132 Abs. 1 Buchst. i MwStSystRL, da es nicht selbst Unterrichtsleistungen als Hauptleistung erbringt. Dass dem Studentenwerk im Zusammenwirken mit den Hochschulen die soziale Betreuung und Förderung der Studierenden oblag, reicht nicht aus.

Es ist jedoch nicht zu beanstanden, wenn sich ein Studentenwerk für vor dem 1. Januar 2008 erbrachte Vermietungsleistungen auf das im BStBl. II S. 900 veröffentlichte BFH-Urteil vom 19. Mai 2005, V R 32/03, beruft.

Die Anwendung anderer Steuerbefreiungsvorschriften bleibt hiervon unberührt.

Anlage § 004 Nr. 26–01

Umsatzsteuerbefreiung nach § 4 Nr. 26 Buchst. b UStG; Angemessene Entschädigung für Zeitversäumnis

BMF-Schreiben vom 02.01.2012 – IV D 3 – S 7185/09/10001,
BStBl. 2012 I S. 59

Nach § 4 Nr. 26 Buchst. b UStG sind die Umsätze steuerfrei, wenn das Entgelt für eine ehrenamtliche Tätigkeit nur in Auslagenersatz und einer angemessenen Entschädigung für Zeitversäumnis besteht.

Nach dem Ergebnis der Erörterungen mit den obersten Finanzbehörden der Länder sind die Entgelte für die ehrenamtliche Tätigkeit regelmäßig dann angemessen, wenn die Entschädigung den Betrag in Höhe von 50 € je Tätigkeitsstunde nicht übersteigt, sofern die Vergütung für die gesamten ehrenamtlichen Tätigkeiten insgesamt den Betrag von 17.500 € im Jahr nicht übersteigt. Die Möglichkeit der Einzelfallüberprüfung bleibt weiterhin bestehen.

Abschnitt 4.26.1 Abs. 4 des Umsatzsteuer-Anwendungserlasses vom 1. Oktober 2010 (BStBl. I S. 846), der zuletzt durch das BMF-Schreiben vom 12. Dezember 2011 – IV D 3 – S 7015/11/10003 (2011/ 0994839) –, BStBl. I S. 1289, geändert worden ist, wird daher wie folgt geändert:

„(4) ¹Geht in Fällen des § 4 Nr. 26 Buchstabe b UStG das Entgelt über einen Auslagenersatz und eine angemessene Entschädigung für Zeitversäumnis hinaus, besteht in vollem Umfang Steuerpflicht. ²Was als angemessene Entschädigung für Zeitversäumnis anzusehen ist, muss nach den Verhältnissen des Einzelfalls beurteilt werden; **dabei ist eine Entschädigung in Höhe von bis zu 50 € je Tätigkeitsstunde regelmäßig als angemessen anzusehen, sofern die Vergütung für die gesamten ehrenamtlichen Tätigkeiten den Betrag von 17.500 € im Jahr nicht übersteigt.** ³**Der tatsächliche Zeitaufwand ist nachvollziehbar zu dokumentieren.** ⁴**Eine vom tatsächlichen Zeitaufwand unabhängige z.B. laufend gezahlte pauschale bzw. monatliche oder jährlich laufend gezahlte pauschale Vergütung führt zur Nichtanwendbarkeit der Befreiungsvorschrift mit der Folge, dass sämtliche für diese Tätigkeit gezahlten Vergütungen – auch soweit sie daneben in Auslagenersatz oder einer Entschädigung für Zeitaufwand bestehen – der Umsatzsteuer unterliegen.**"

Die Grundsätze dieses Schreibens sind auf Umsätze anzuwenden, die nach dem 31. März 2012[1] ausgeführt werden.

---

1) Verlängert bis zum 31.12.2012 durch BMF-Schreiben vom 21.03.2012 – IV D 3 – S 7185/09/10001-02

Anlage § 004 Nr. 27–01

Umsätze aus der Tätigkeit als Betriebshelfer; Umsatzsteuerbefreiung nach § 4 Nr. 27 Buchst. b UStG

BMF-Schreiben vom 12.06.2009 – IV B 9 – S 7187-a/08/10001, BStBl. 2009 I S. 687

Zur Auslegung des Begriffs „Gestellung von Betriebshelfern und Haushaltshilfen an die gesetzlichen Träger der Sozialversicherung" in § 4 Nr. 27 Buchst. b UStG in der bis zum 31. Dezember 2008 geltenden Fassung bzw. des Begriffs „Gestellung von Betriebshelfern an den gesetzlichen Träger der Sozialversicherung" in § 4 Nr. 27 Buchst. b UStG in der ab dem 1. Januar 2009 geltenden Fassung gilt unter Bezugnahme auf das Ergebnis der Erörterung mit den obersten Finanzbehörden der Länder Folgendes:

1. Die „Selbstgestellung" eines (Einzel)Unternehmers, der seine Betriebshelferleistungen gegenüber einem Träger der Sozialversicherung erbringt, fällt unter die Steuerbefreiung des § 4 Nr. 27 Buchst. b UStG. Es wird jedoch nicht beanstandet, wenn der Unternehmer vor dem 1. Juli 2009 ausgeführte Leistungen als umsatzsteuerpflichtig behandelt.

2. Die „Selbstgestellung" eines (Einzel)Unternehmers, der seine Haushaltshelferleistungen gegenüber einem Träger der Sozialversicherung erbringt, fiel bis zum 31. Dezember 2008 unter die Steuerbefreiung des § 4 Nr. 27 Buchst. b UStG. Es wird jedoch nicht beanstandet, wenn der Unternehmer vor dem 1. Januar 2009 ausgeführte Leistungen als umsatzsteuerpflichtig behandelt hat. Ab dem 1. Januar 2009 fallen alle Haushaltshilfeleistungen in den Anwendungsbereich des § 4 Nr. 16 UStG.

Anlage § 004b–01

Innergemeinschaftlicher Erwerb von Büchern und Zeitschriften durch wissenschaftliche Bibliotheken (§ 4b Nr. 3 UStG 1993)

BMF-Schreiben vom 17.02.1993 – IV A 3 – S 7196 – 3/93,
UR 1993 S. 397

Sie hatten um Prüfung der Frage gebeten, ob der innergemeinschaftliche Erwerb von Büchern und Zeitschriften durch wissenschaftliche Bibliotheken entsprechend der bisherigen Verwaltungsregelung bei der Einfuhrumsatzsteuer von der Umsatzsteuer befreit werden kann, wenn die Bücher und Zeitschriften in Briefen, Päckchen oder als Drucksachen bis zu einem Gewicht von 5 kg versendet werden.

Die Angelegenheit ist mit den Vertretern der obersten Finanzbehörden der Länder erörtert worden. Hierbei wurde einhellig die Auffassung vertreten, es sei rechtlich nicht möglich, die für die frühere Einfuhrumsatzsteuer getroffene Verwaltungsregelung bei der Besteuerung des Erwerbs von Verlagserzeugnissen durch juristische Personen für ihren nichtunternehmerischen Bereich – also auch für wissenschaftliche Bibliotheken – entsprechend anzuwenden.

Anlage § 006–01

Lieferungen von Gegenständen der Schiffsausrüstung an ausländische Binnenschiffer[1]

BMF-Schreiben vom 19.06.1974 – IV A/3 – S 7131 – 30/74,
BStBl. 1974 I S. 438

Unter Bezugnahme auf die Erörterung mit den obersten Finanzbehörden der Länder gilt folgendes:

(1) Die Lieferungen von Treibstoff (Bunkeröl), Schmierstoff, Trinkwasser und anderen Gegenständen der Schiffsausrüstung an einen ausländischen Unternehmer der Binnenschiffahrt erfolgt in der Regel durch Übergabe der Liefergegenstände an den Kapitän des Binnenschiffes im Inland. Für die Lieferungen kann die Steuerbefreiung für Ausfuhrlieferungen (§ 4 Nr. 1, § 6 UStG) in Betracht kommen. Voraussetzung ist hierfür unter anderem die Ausfuhr der gelieferten Gegenstände und der Ausfuhrnachweis.

(2) Eine *Ausfuhr* des Bunkeröls usw. liegt nur vor, soweit die erworbenen Gegenstände nicht im Inland verbraucht worden, sondern in das Ausland gelangt sind. Bei der Abgrenzung zwischen den im Inland verbrauchten und den in das Ausland gelangten Gegenständen ist von dem Grundsatz auszugehen, daß die zuerst beschafften Wirtschaftsgüter zuerst verbraucht werden (first in – first out). Hiernach ist die gesamte Menge des gelieferten Bunkeröls usw. in das Ausland gelangt, wenn die in dem Binnenschiff bei der Ausfuhr noch vorhandene Menge nicht kleiner als die gelieferte Menge ist. Ist die in das Ausland gelangte Menge kleiner als die gelieferte Menge, so ist die Voraussetzung der Ausfuhr nur in Höhe der Menge als erfüllt anzusehen, die bei der Ausfuhr tatsächlich noch vorhanden ist.

(3) Bei Ausfuhren der in Absatz 1 bezeichneten Art (Abholfälle) soll der *Ausfuhrnachweis* grundsätzlich durch eine Ausfuhrbestätigung der deutschen Grenzzollstelle geführt werden (§ 1 Abs. 2 Nr. 2 der 2. UStDV). Zwar kann der Unternehmer den Ausfuhrnachweis auch durch andere Belege führen. Jedoch muß sich aus den anderen Belegen ebenfalls eindeutig und leicht nachprüfbar ergeben, daß der Gegenstand in das Ausland gelangt ist. Bei der Ausfuhr von Bunkeröl kann jedoch eine schriftliche Erklärung des Kapitäns des ausländischen Binnenschiffes, daß die Fahrt unverzüglich und unmittelbar in das Ausland gehe, in Verbindung mit einer schriftlichen Erklärung des Beauftragten der Bunkerstation, daß das Schiff für die Fahrt bis zur Grenze über einen genügenden alten Treibstoffvorrat verfügt habe, nicht als ausreichender Ausfuhrnachweis anerkannt werden. Nach den getroffenen Feststellungen verbrauchen ausländische Binnenschiffe in der Regel einen Teil des an sie gelieferten Bunkeröls bereits im Inland. Die Erklärungen des Kapitäns und des Beauftragten der Bunkerstation lassen sich deshalb nicht eindeutig und leicht daraufhin nachprüfen, welche Menge des im Inland gelieferten Bunkeröls tatsächlich in das Ausland gelangt ist.

(4) Im Güterbinnenschiffsverkehr findet eine zollamtliche Grenzabfertigung nicht statt, soweit Binnenschiffe auf Grund besonderer Genehmigung von dem Verfahren der sogenannten freien Durchfahrt Gebrauch machen. Die Möglichkeit hierzu besteht z. Z. bei ladeleer fahrenden Schiffen sowie bei Schiffen, deren Ladung zum gemeinschaftlichen Versandverfahren abgefertigt worden ist. In diesen Fällen kann deshalb die Ausfuhr von Bunkeröl usw. nicht durch eine Grenzzollstelle bestätigt werden. Das hat in der Regel zur Folge, daß die Unternehmer ihre Lieferungen von Bunkeröl usw. an ausländische Binnenschiffer wegen des fehlenden Ausfuhrnachweises im vollen Umfang versteuern müssen. Die ausländischen Binnenschiffer können jedoch – da sie Beförderungsleistungen im Inland ausführen – die ihnen für die Lieferungen von Bunkeröl usw. gesondert in Rechnung gestellten Umsatzsteuerbeträge als Vorsteuern im Rahmen des Besteuerungsverfahrens (§ 18 UStG) von dem zuständigen Finanzamt zurückerhalten, soweit nicht wegen der Inanspruchnahme der Steuerbefreiung für Beförderung auf Wasserstraßen (§ 4 Nr. 6 UStG) der Vorsteuerabzug ausgeschlossen ist. Für die ausländischen Binnenschiffer entsteht hierdurch keine unzumutbare Mehrarbeit, weil sie die Umsatzsteuerbeträge, die auf dem im Inland verbrauchten Teil des Bunkeröls usw. ruhen, ohnehin nur als Vorsteuern im Rahmen des Besteuerungsverfahrens zurückerhalten können.

---

[1] Vgl. Abschnitt 128 UStR; Hinweis auf Anlage § 006a–03

Anlage § 006–02

Umsatzsteuerfreiheit für Ausfuhrlieferungen (§ 4 Nr. 1, § 6 UStG); Lieferungen von Gegenständen, zu deren Herstellung Formen, Modelle oder Werkzeuge benötigt werden[1]

BMF-Schreiben vom 27.11.1975 – IV A 3 – S 7131 – 59/75, BStBl. 1975 I S. 1126

Bei der Lieferung von Gegenständen, zu deren Herstellung Formen, Modelle oder besondere Werkzeuge benötigt werden, erteilt der Abnehmer dem Unternehmer neben dem Auftrag über die Lieferung der Gegenstände in der Regel auch den Auftrag über die Herstellung oder Beschaffung der Formen, Modelle oder Werkzeuge. Sofern für die Lieferungen der Gegenstände die Steuerfreiheit für Ausfuhrlieferungen (§ 4 Nr. 1, § 6 UStG) in Betracht kommt, stellt sich die Frage, wie die Leistung des Unternehmers hinsichtlich der Formen, Modelle oder Werkzeuge umsatzsteuerrechtlich zu beurteilen ist. Hierzu gilt unter Bezugnahme auf das Ergebnis der Erörterung mit den obersten Finanzbehörden der Länder folgendes:

1. Die Leistung des Unternehmers hinsichtlich der Formen, Modelle oder Werkzeuge kann eine *unselbständige Nebenleistung* zu den steuerfreien Ausfuhrlieferungen (Lieferungen der Gegenstände) sein. Liegt eine unselbständige Nebenleistung vor, so sind die Aufwendungen des Abnehmers für die Formen, Modelle oder Werkzeuge Teile des Entgelts für die steuerfreien Ausfuhrlieferungen der Gegenstände. Hierbei ist es unerheblich, ob die Formen, Modelle oder Werkzeuge in das Ausland gelangen oder im Inland verbleiben. Eine unselbständige Nebenleistung ist in folgenden Fällen anzunehmen:

   a) Die Verfügungsmacht über die Formen, Modelle oder Werkzeuge geht nicht auf den ausländischen Abnehmer über, sondern verbleibt bei dem Unternehmer. Die Art der Abrechnung der Kosten für die Formen, Modelle oder Werkzeuge ist hierbei ohne Bedeutung.

   b) Die Verfügungsmacht über die Formen, Modelle oder Werkzeuge geht zwar auf den ausländischen Abnehmer über (z. B. durch Besitzkonstitut nach § 930 BGB). Der Abnehmer will jedoch die Formen, Modelle oder Werkzeuge nicht für eigene wirtschaftliche Zwecke verwenden. Vielmehr will er durch den Erwerb der Formen, Modelle oder Werkzeuge nur verhindern, daß der Unternehmer sie zur Herstellung von Gegenständen für andere Unternehmen verwendet. Dieser Sachverhalt muß sich aus den vertraglichen Vereinbarungen ergeben. Ist dies der Fall, so ist die Art der Abrechnung der Kosten für die Formen, Modelle oder Werkzeuge auch hier ohne Bedeutung.

2. Die Leistung des Unternehmers ist hinsichtlich der Formen, Modelle oder Werkzeuge als eine *selbständige Lieferung* anzusehen, wenn der ausländische Abnehmer die Verfügungsmacht über die Formen, Modelle oder Werkzeuge erwirbt und wenn er sie – anders als im Fall Nummer 1 Buchstabe b – für eigene wirtschaftliche Zwecke verwenden will. Eine selbständige Lieferung ist hiernach insbesondere in den Fällen anzunehmen, in denen der Abnehmer die Formen, Modelle oder Werkzeuge auch anderen Unternehmern zur Herstellung von Gegenständen zur Verfügung stellen will. Die Lieferung der Formen, Modelle oder Werkzeuge ist hier unabhängig von den Lieferungen der Gegenstände zu beurteilen. Für sie kommt deshalb nur dann die Steuerfreiheit für Ausfuhrlieferungen in Betracht, wenn bei ihr jede der in § 6 UStG aufgeführten Voraussetzungen erfüllt ist. Insbesondere müssen die Formen, Modelle oder Werkzeuge in das Ausland gelangt sein. Eine Frist innerhalb der die Ausfuhr der Formen, Modelle oder Werkzeuge – vom Zeitpunkt ihrer Lieferung ab gerechnet – erfolgt sein muß, ist nicht vorgeschrieben.

3. Die Ausführungen zu den Nummern 1 Buchstabe b und 2 gelten auch für die Fälle, in denen die Verfügungsmacht über die Formen, Modelle oder Werkzeuge zunächst bei dem Unternehmer verbleibt (Fall 1 Buchstabe a) und erst nach der Lieferung der Gegenstände auf den ausländischen Abnehmer übertragen wird.

---

[1] Vgl. Abschnitt 6 UStAE

Anlage § 006–03

Dienstvorschrift über die Mitwirkung der Zolldienststellen bei dem Ausfuhrnachweis für Umsatzsteuerzwecke

Vorschriftensammlung Bundesfinanzverwaltung – Außenwirtschaftsrecht, Fachteil A 06 93
(68. Lieferung vom 16.10.2000),
geändert zum 01.07.2006 durch Erlass vom 15.05.2006 – III B 1 – A 0693/06/0004

Inhaltsübersicht

(1)–(7)	Allgemeines
(8), (9)	Zollamtliche Bestätigung
(10)–(13)	Verfahren bei der Grenzzollstelle
(14)–(19)	Ausfuhr im gemeinschaftlichen/gemeinsamen Versandverfahren oder im Carnet TIR-Verfahren
(20)	Ersatzbelege
(21)–(26)	Abnehmernachweis bei Ausfuhrlieferungen im nicht kommerziellen Reiseverkehr
(27), (28)	Ausfuhr von Kraftfahrzeugen
(29), (30)	Gegenstände zur Ausrüstung oder Versorgung von Beförderungsmitteln
(31), (32)	Lohnveredelung an Gegenständen der Ausfuhr
(33), (34)	Transitausfuhren aus anderen Mitgliedstaaten
Anlagen[1]	– Ausfuhr- und Abnehmerbescheinigung für Umsatzsteuerzwecke bei Ausfuhren im nicht kommerziellen Reiseverkehr
	– VENTE A L'EXPORTATION – (Bordereau de Vente)

Allgemeines

(1) Nach § 4 Nr. 1 Buchstabe a UStG sind Ausfuhrlieferungen (§ 6 UStG) und Lohnveredelungen an Gegenständen der Ausfuhr (§ 7 UStG) von der Umsatzsteuer befreit. Voraussetzung für die Steuerbefreiung ist unter anderem, dass der Unternehmer die Beförderung oder Versendung des Gegenstandes der Lieferung oder des veredelten Gegenstandes in das Drittlandsgebiet (§ 1 Abs. 2a UStG) durch Belege nachweist (Ausfuhrnachweis).

(2) Nach § 1 Abs. 2a Satz 1 UStG umfasst das Gemeinschaftsgebiet im Sinne des UStG das Inland im Sinne des § 1 Abs. 1 Satz 1 UStG und die Gebiete der übrigen Mitgliedstaaten der Europäischen Gemeinschaft, die nach Gemeinschaftsrecht als Inland dieser Mitgliedstaaten gelten (übriges Gemeinschaftsgebiet). Drittlandsgebiet im Sinne des UStG ist das Gebiet, das nicht Gemeinschaftsgebiet ist (§ 1 Abs. 2a Satz 3 UStG). Zum Drittlandsgebiet gehören auch die Freihäfen, das Gebiet von Büsingen sowie die Insel Helgoland (§ 1 Abs. 2 UStG).

Folgende Gebiete, bei denen die Zuordnung in der Praxis immer wieder zu Zweifeln Anlass gibt, sind wie folgt zu behandeln:

Zum Gemeinschaftsgebiet gehören:

- Azoren
- Balearen
- Insel Man
- Madeira
- Monaco

Zum Drittlandsgebiet gehören:

- Åland Inseln
- Andorra
- Berg Athos
- Campione d'Italia
- Ceuta
- Färöer
- französische überseeische Departements (Guadelope, Guayana, Martinique, Réunion)

---

[1] Diese Vordruckmuster wurden durch das BMF-Schreiben vom 28.05.2004, BStBl. 2004 I S. 532, geändert. Die neue Fassung der Vordrucke ist hier berücksichtigt.

Anlage § 006–03

- Gibraltar
- Grönland
- Kanalinseln (Inseln der Selbstverwaltungsgebiete Jersey und Guernsey)
- Kanarische Inseln
- Livigno
- Luganer See (auch soweit er zum italienischen Hoheitsgebiet gehört)
- Melilla
- San Marino
- Vatikan
- Zypern (einschließlich britischer Hoheitszonen)

(3) Nach § 4a UStG erhalten Körperschaften, die ausschließlich und unmittelbar gemeinnützige, mildtätige oder kirchliche Zwecke verfolgen, und juristische Personen des öffentlichen Rechts auf Antrag eine Steuervergütung zum Ausgleich der Steuer, die auf der an sie bewirkten Lieferung eines Gegenstands, seiner Einfuhr oder seinem innergemeinschaftlichen Erwerb lastet, wenn – neben anderen Voraussetzungen – der Gegenstand in das Drittlandsgebiet gelangt und dies nachgewiesen wird. Dieser Nachweis muss in gleicher Weise wie bei Ausfuhrlieferungen geführt werden (§ 24 Abs. 2 UStDV). Die Zollstellen erteilen deshalb in diesen Fällen Ausfuhrbestätigungen oder – bei Ausfuhren in gVV oder mit Carnet TIR gemäß Absatz 8 Nr. 2 Buchstabe b) – Abfertigungsbestätigungen entsprechend den für Ausfuhrlieferungen geltenden Regelungen.

(4) Ein Beförderungsfall (§ 9)[1] liegt vor, wenn

- der liefernde Unternehmer,
- der Abnehmer oder
- ein unselbständiger Beauftragter (z.B. Arbeitnehmer) des Unternehmers oder Abnehmers

den Gegenstand der Lieferung selbst (z.B. mit eigenem Kfz) ausführt. Hierzu gehört auch die Ausfuhr von Beförderungsmitteln mit eigener Antriebskraft und die Ausfuhr im Reiseverkehr. In diesen Fällen erteilen die Zollstellen nach Maßgabe dieser Dienstanweisung Ausfuhr-, Abfertigungs- und Abnehmerbestätigungen für Umsatzsteuerzwecke.

(5) Ein Versendungsfall (§ 10 Abs. 1) liegt vor, wenn

- der liefernde Unternehmer oder
- der Abnehmer

einen selbständigen Beauftragten mit der Durchführung oder der Besorgung der Beförderung des Gegenstandes beauftragt (z.B. einen Frachtführer, Verfrachter oder Spediteur). In den Versendungsfällen sind zollamtliche Bestätigungen für Umsatzsteuerzwecke grundsätzlich nicht erforderlich; unabhängig davon erfolgt die Behandlung des Exemplars Nr. 3 des Einheitspapiers zur Beendigung des Ausfuhrverfahrens nach den Vorschriften des Zollkodex und der Durchführungsverordnung dazu. Ausnahmsweise können die Zollstellen auf entsprechenden Antrag jedoch auch in Versendungsfällen die Ausfuhr wie bei Beförderungsfällen bestätigen, wenn es dem Unternehmer nicht möglich oder nicht zumutbar ist, den Ausfuhrnachweis durch einen Versendungsbeleg oder einen sonstigen handelsüblichen Beleg zu führen (§ 10 Abs. 2). An den entsprechenden Nachweis des Unternehmers, dass ein derartiger Ausnahmefall vorliegt, sind – mangels Prüfbarkeit – keine erhöhten Anforderungen zu stellen.

(6) In anderen Fällen dürfen Ausfuhrbestätigungen oder dgl. nur erteilt werden, soweit dies in für die Zollstellen verbindlichen Vorschriften vorgeschrieben ist. Abzulehnen ist daher z.B. die Bestätigung von Erklärungen für Umsatzsteuerzwecke über die im Ausland mit einem Kfz zurückgelegte Strecke oder die Bestätigung der Ausfuhr durch die Ausfuhrzollstelle aufgrund eines vom Anmelder vorgelegten und von der Ausgangszollstelle bestätigten Exemplars Nr. 3 des Einheitspapiers.

(7) Nach den Definitionen des Zollkodex (Art. 4) ist das Ausfuhrverfahren ein Zollverfahren. Artikel 161 Zollkodex enthält die grundlegenden Vorschriften über das EG-weit anzuwendende Verfahren. Die Einzelheiten des Ausfuhrverfahrens sind in der Durchführungsverordnung zum Zollkodex der Gemeinschaft – ZollkodexDVO – (VO (EWG) Nr. 2454/93 vom 2. Juli 1993: VSF Z 02 05) geregelt.

---

1) §§ ohne weiteren Zusatz beziehen sich auf die UStDV (A 06 93 Nr. 2)

Anlage § 006–03

Die Regelungen über das Ausfuhrverfahren sind grundsätzlich auch bei der Wiederausfuhr von Nichtgemeinschaftswaren anzuwenden (Art. 182 Zollkodex).

Das gemäß Art. 793 Abs. 3 ZK-DVO behandelte Exemplar Nr. 3 des Einheitspapiers dient grundsätzlich nur als Nachweis der Beendigung des zollrechtlichen Ausfuhrverfahrens. Wird das Exemplar Nr. 3 jedoch durch eine Ausgangszollstelle behandelt, die auch eine Grenzzollstelle ist, kann es auf Antrag auch als Ausfuhrnachweis für Umsatzsteuerzwecke (Ausfuhrbestätigung der Grenzzollstelle im Sinne des § 9 Abs. 1 Nr. 4 UStDV) dienen.

Da allein anhand des Dienststempelabdrucks nicht erkennbar ist, ob es sich um eine Grenzzollstelle handelt, und um Missbrauch vorzubeugen, ist wenn es sich nicht um eine Grenzzollstelle handelt,
- in den Fällen des Art. 793 Abs. 5, 6 und 6a ZK-DVO sowie
- bei der Ausfuhr von Kraftfahrzeugen, wenn die umsatzsteuerrechtlichen Voraussetzungen gemäß Abs. 27 nicht vorliegen,

neben den Dienststempelabdruck gem. Abs. 11 gut leserlich der Vermerk **„Keine Grenzzollstelle"** anzubringen. Auf diese Weise ist sichergestellt, dass die Finanzämter jederzeit erkennen können, dass in den betreffenden Fällen die Ware das Gemeinschaftsgebiet bei Behandlung durch die Ausgangszollstelle noch nicht verlassen hat und dass das Exemplar Nr. 3 somit nicht gleichzeitig als Ausfuhrnachweis für Umsatzsteuerzwecke dienen kann. Da im Umkehrschluss jedes Exemplar Nr. 3 ohne diesen zusätzlichen Vermerk als Ausfuhrnachweis für Umsatzsteuerzwecke gilt, ist diese Regelung strikt zu beachten. Eine spätere Erteilung einer Ausfuhr- oder Abfertigungsbestätigung gem. Abs. 14 bis 19 ist dadurch nicht ausgeschlossen.

Zollamtliche Bestätigung[1]

(8) In Beförderungsfällen soll die Ausfuhr wie folgt nachgewiesen werden:
1. Im gemeinschaftlichen/gemeinsamen Versandverfahren oder im Versandverfahren mit Carnet TIR, soweit diese Verfahren nicht bei einer Grenzzollstelle beginnen (§ 9 Abs. 2 UStDV)
   a) durch eine Ausfuhrbestätigung der Abgangsstelle nach Maßgabe von Abs. 14 Nr. 1
   b) durch eine Abfertigungsbestätigung der Abgangsstelle in Verbindung mit einer Eingangsbescheinigung der Bestimmungsstelle im Drittlandsgebiet nach Maßgabe von Abs. 14 Nr. 2,
2. ansonsten durch eine Ausfuhrbestätigung der Grenzzollstelle, die den Ausgang des Gegenstands aus dem Gemeinschaftsgebiet überwacht (§ 9 Abs. 1 Nr. 4 UStDV).

(9) Die Ausfuhr- oder Abfertigungsbestätigung der den Ausgang des Gegenstandes aus dem Gemeinschaftsgebiet überwachenden deutschen Grenzzollstelle eines Mitgliedstaats oder der Abgangsstelle kann sich auf einem üblichen Geschäftsbeleg mit den notwendigen Angaben befinden (z.B. auf einem Lieferschein, einer Rechnungsdurchschrift, einem Mehrstück der Versandanmeldung, der Ausfuhranmeldung [Exemplar Nr. 3 des Einheitspapiers] oder der Ausfuhrkontrollmeldung). Es kann auch ein besonderer Beleg, der die Angaben des § 9 enthält, oder ein dem Geschäftsbeleg oder besonderen Beleg anzustempelnder Aufkleber verwendet werden.

Verfahren bei der Grenzzollstelle

(10) Die den Ausgang aus dem Gemeinschaftsgebiet überwachende Grenzzollstelle prüft, ob die Angaben in dem Antragsteller vorgelegten Beleg über Art und Menge der Waren (handelsübliche Bezeichnung) mit den Eintragungen in der zur Ausfuhrabfertigung erforderlichen Ausfuhranmeldung oder der Ausfuhrkontrollmeldung übereinstimmen. Eine Beschau der Ware ist grundsätzlich nur im Rahmen der Anweisungen über die Ausfuhrabfertigung vorzunehmen. Bei Ausfuhren im TIR-Verfahren oder mit Carnet A.T.A. erfolgt die Prüfung grundsätzlich anhand des Carnets und der Versand- und Beförderungspapiere. Bei Sendungen, für die in einem Ausfuhrpapier nicht vorgeschrieben ist, sind die Angaben in dem zur Bestätigung vorgelegten Beleg mit der auszuführenden Ware zu vergleichen. Bei Ausfuhrlieferungen im Reiseverkehr darf dieser Vergleich auf Stichproben beschränkt werden, wenn
- der Wert der auszuführenden Waren (Kaufpreis einschließlich Umsatzsteuer) je Ausfuhrsendung *500 Euro* nicht übersteigt,
- nach Art und Inhalt des zur Bestätigung der Ausfuhr vorgelegten Belegs und ggf. zusätzlicher Unterlagen sowie nach den sonstigen Umständen keine Zweifel an der Richtigkeit der gemachten Angaben bestehen und
- die besonderen Verhältnisse bei der Zollstelle (z.B. Verkehrsspitzen) es fordern.

In mindestens etwa 30 v. H. der Fälle ist der Vergleich jedoch vollständig durchzuführen.

---
[1] Besondere Vorschriften zum Ausfuhrnachweis für Kohle siehe A 06 40 Abs. 5 und 6

Anlage § 006–03

(11) Ergeben sich keine Beanstandungen, so bescheinigt die Zollstelle auf Antrag den körperlichen Ausgang der Waren durch einen Vermerk. Der Vermerk erfolgt durch einen Dienststempelabdruck, der den Namen der Zollstelle und das Datum enthält.[1] Wird als Ausfuhrbeleg das Exemplar Nr. 3 der Ausfuhranmeldung (= Exemplar Nr. 3 des Einheitspapiers) verwendet, ist dieser Vermerk auf der Rückseite anzubringen (Artikel 793 Abs. 3 ZK-DVO).

(12) Bei Ausfuhren im nicht kommerziellen Reiseverkehr (vgl. Abs. 21) soll die Ausfuhrbestätigung nicht erteilt werden, wenn offensichtlich feststellbar ist, dass die Waren nach Ablauf des dritten auf die Lieferung folgenden Kalendermonats in das Drittlandsgebiet befördert werden (Beispiel: Kaufdatum lt. vorgelegtem Kassenbon am 1. Februar; tatsächliche Ausfuhr am 15. Juli).

(13) Der bestätigte Beleg ist dem Antragsteller zurückzugeben. Wird Rücksendung auf dem Postweg gewünscht, ist vom Antragsteller ein Freiumschlag beizufügen. Die Rücksendung geschieht ohne Gewähr.

Ausfuhr im gemeinschaftlichen/gemeinsamen Versandverfahren oder im Versandverfahren mit Carnet TIR

(14) Bei Ausfuhren im gemeinschaftlichen/gemeinsamen Versandverfahren, oder im Versandverfahren mit Carnet TIR wird, wenn diese Verfahren nicht bei einer Grenzzollstelle beginnen, die Ausfuhrbestätigung der Grenzzollstelle (Abs. 10 bis 13) ersetzt durch

1. eine Ausfuhrbestätigung der Abgangsstelle, die bei einer Ausfuhr im gemeinschaftlichen/gemeinsamen Versandverfahren nach Eingang der Kontrollergebnis-Nachricht, bei einer Ausfuhr im Versandverfahren mit Carnet TIR nach Eingang der Bescheinigung über die Beendigung erteilt wird, sofern sich aus letzterer die Ausfuhr ergibt, oder

2. eine Abfertigungsbestätigung der Abgangsstelle in Verbindung mit einer Eingangsbescheinigung der Bestimmungsstelle im Drittlandsgebiet.

(15) Die Erteilung einer Ausfuhrbestätigung und einer Abfertigungsbestätigung für dieselbe Lieferung muss ausgeschlossen werden. Deshalb hat der Antragsteller der Abgangsstelle bei der Anmeldung des Ausfuhrgegenstands zum gemeinschaftlichen/gemeinsamen Versandverfahren oder zum Versandverfahren mit Carnet TIR mitzuteilen, ob er eine Ausfuhrbestätigung oder eine Abfertigungsbestätigung beantragt.

(16) Die Ausfuhrbestätigung darf von der Abgangsstelle erst nach Eingang der Kontrollergebnis-Nachricht im gemeinschaftlichen/gemeinsamen Versandverfahren bzw. der Bescheinigung über die Beendigung bei Ausfuhren im Versandverfahren mit Carnet TIR mit folgendem Vermerk erteilt werden:

„Ausgeführt mit Versandanmeldung MRN[2]/mit Carnet TIR VAB-Nr. .... vom ....

(Ort) (Unterschrift und Dienststempelabdruck)[3]"

(17) Die Abfertigungsbestätigung wird von der Abgangsstelle bei der Überführung des Ausfuhrgegenstands in das gemeinschaftliche/gemeinsame Versandverfahren oder Versandverfahren mit Carnet TIR mit folgendem Vermerk erteilt:

„Abgefertigt zum Versandverfahren mit Versandanmeldung MRN[2]/
 mit Carnet TIR VAB-Nr. .... am ....

(Ort) (Unterschrift und Dienststempelabdruck)[3]"

(17a) Die Regelungen der Absätze 14 bis 17 gelten sinngemäß für im Rahmen des Ausfallkonzepts für ATLAS Versand/NCTS erstellte Versandanmeldungen auf Basis des Einheitspapiers.

(18) Für das Verfahren bei der Zollstelle gelten die Absätze 10 bis 13 entsprechend. Die Zollstelle vermerkt die Erteilung der Ausfuhr- oder Abfertigungsbestätigung beim gemeinschaftlichen/gemeinsamen Versandverfahren im System ATLAS Versand[4] bzw. beim Versandverfahren mit Carnet TIR im dort

---

[1] Es ist von allen Zollstellen ausschließlich der EG-Dienststempel zu verwenden.
[2] MRN = Movement Reference Number (Versand)
[3] Es ist von allen Zollstellen ausschließlich der EG-Dienststempel zu verwenden
[4] Der Hinweis in der Anwendung Überwachung „Ausgangsbestätigung erteilt" ist sowohl für die Erteilung der Ausfuhr- als auch der Abfertigungsbestätigung zu verwenden und kann erst nach Erledigung des Versandverfahrens angehakt werden.

# Anlage § 006–03

verbleibenden Abschnitt 1 des Carnets. Ist eine derartige Bestätigung in Verlust geraten, kann eine neue Bestätigung erteilt werden, die jedoch mit „Ersatzbestätigung" zu kennzeichnen ist. Ist bereits eine Abfertigungsbestätigung ausgestellt worden und wird danach eine Ausfuhrbestätigung beantragt, darf diese nur nach Rückgabe der Abfertigungsbestätigung erteilt werden.

(19) Ausfuhr- oder Abfertigungsbestätigungen für im gemeinschaftlichen/gemeinsamen Versandverfahren oder im Versandverfahren mit Carnet TIR ausgeführte Waren dürfen nur von der Abgangsstelle erteilt werden.

Ersatzbelege

(20) Ist der Nachweis der Ausfuhr durch Belege mit einer Bestätigung der Grenzzollstelle oder der Abgangsstelle nicht möglich oder nicht zumutbar (z.B. bei der Ausfuhr im Reiseverkehr, bei Beförderungen durch Transportmittel der Stationierungstruppen), kann der Unternehmer den Ausfuhrnachweis auch durch andere Belege führen. Als Ersatzbelege können insbesondere Bescheinigungen amtlicher Stellen der Bundesrepublik Deutschland im Bestimmungsdrittland (z.B. diplomatische oder konsularische Vertretungen) oder Verzollungsbelege außergemeinschaftlicher Zollstellen anerkannt werden; für Kraftfahrzeuge werden von amtlichen Stellen der Bundesrepublik Deutschland im Bestimmungsdrittland keine Ausfuhrbestätigungen erteilt.

Die Erteilung von Ersatzbestätigungen durch Auslandsvertretungen der Bundesrepublik Deutschland ist gebührenpflichtig und unterliegt besonderen Anforderungen. Antragsteller sind, auf diesen Umstand ausdrücklich hinzuweisen.

Abnehmernachweis bei Ausfuhrlieferungen im nicht kommerziellen Reiseverkehr

(21) Eine Ausfuhrlieferung im nicht kommerziellen Reiseverkehr liegt unter folgenden Voraussetzungen vor:

1. Der Liefergegenstand ist für private Zwecke bestimmt (§ 6 Abs. 3a UStG).
2. Der Liefergegenstand wird vom Abnehmer im persönlichen Reisegepäck in das Drittlandsgebiet verbracht (§ 6 Abs. 1 und 3a UStG).
3. Die Verbringung in das Drittlandsgebiet erfolgt vor Ablauf des dritten Kalendermonats, der auf den Monat der Lieferung folgt (§ 6 Abs. 3a Nr. 2 UStG).
4. Der Abnehmer hat seinen Wohnort im Drittlandsgebiet (§ 6 Abs. 3a Nr. 1 UStG).

Bei den Ausfuhrlieferungen im nicht kommerziellen Reiseverkehr handelt es sich um die Fälle, in denen der Abnehmer Waren im Einzelhandel erwirbt und im persönlichen Reisegepäck in das Drittlandsgebiet verbringt.

(22) Bei Ausfuhren im Reiseverkehr soll der als Ausfuhrnachweis dienende Beleg zusätzlich einen sogenannten *Abnehmernachweis* enthalten. Dieser Abnehmernachweis beinhaltet die Bestätigung der Grenzzollstelle, dass die Angaben zum Abnehmer in dem Beleg mit den Eintragungen in dem vorgelegten Pass oder sonstigen Grenzübertrittspapier desjenigen übereinstimmen, der den Gegenstand in das Drittlandsgebiet verbringt (vgl. §17 Abs. 1).

(23) Die Grenzzollstelle erteilt die zusätzliche Bestätigung (Abnehmerbestätigung) nur, wenn der Ausführer seinen gültigen Pass oder sein gültiges sonstiges Grenzübertrittspapier vorlegt und die darin enthaltenen Eintragungen mit den Angaben in dem Ausfuhrbeleg über Name und Anschrift des ausländischen Abnehmers übereinstimmen. Kann im Ausfuhrbeleg nicht die vollständige Anschrift angegeben werden (z.B. aufgrund von Sprachproblemen), genügt neben dem Namen des Abnehmers die Angabe des Landes, in dem der Abnehmer wohnt *und die Angabe der Nummer des Reisepasses* oder eines anderen in der Bundesrepublik Deutschland anerkannten Grenzübertrittspapiers. Die Grenzzollstelle erteilt daher die Abnehmerbestätigung auch dann, wenn sich aus einem ausländischen Grenzübertrittspapier nicht die volle Anschrift, sondern nur der Wohnort und das Land oder nur das Land ergeben.

Wurden die Angaben über den Abnehmer nicht durch den liefernden Unternehmer eingetragen und bestätigt, so darf die zusätzliche Bestätigung regelmäßig nur erteilt werden, wenn die Angaben über den Abnehmer vollständig sind und keine begründeten Zweifel an der Identität des Abnehmers bestehen.

(23a) Abweichend von Abs. 23 sind deutschen Staatsbürgern mit Wohnort in der Schweiz grundsätzlich auch in den Fällen Abnehmerbestätigungen zu erteilen, wenn in ihrem Grenzübertrittsdokument der Bundesrepublik Deutschland (Reisepass) kein Sichtvermerk über die erteilte Aufenthaltsbewilligung durch Schweizer Behörden enthalten ist, an dessen Stelle jedoch ein „Ausländerausweis B (EG/EFTA)" (Aufenthaltsbewilligung) oder ein „Ausländerausweis C (EG/EFTA)" (Niederlassungsbewilligung)

Anlage § 006–03

vorgelegt wird. Dabei ist es unschädlich, wenn diese deutschen Staatsbürger noch einen Wohnsitz in der Bundesrepublik Deutschland beibehalten haben oder dort nur noch behördlich gemeldet sind.[1)]

(24) Für den Ausfuhrbeleg soll ein Vordruck nach dem als Anlage beigefügten Muster verwendet werden. Die Bestätigung nach den Abschnitten B und C des Musters können jedoch auch auf einer Rechnung oder einem sonstigen Beleg angebracht werden (z.B. durch Stempelabdruck, anzustempelnden Aufkleber), sofern daraus der Lieferer, der ausländische Abnehmer und der Gegenstand der Lieferung ersichtlich sind.

(25) Die zusätzliche Bestätigung wird von den Grenzzollstellen in folgenden Fällen trotz Vorlage eines gültigen Grenzübertrittspapiers des Ausführers nicht erteilt:

1. Die Angaben über den ausländischen Abnehmer in dem vorgelegten Beleg stimmen nicht mit den Eintragung in dem vorgelegten Pass oder sonstigen Grenzübertrittspapier des Ausführers überein.
2. Der Ausführer weist einen in einem Drittland ausgestellten Pass vor, indem ein Aufenthaltstitel im Sinne des Aufenthaltsgesetzes für einen drei Monate übersteigenden Aufenthalt in der Bundesrepublik Deutschland oder für den Aufenthalt in einem anderen EG-Mitgliedstaat eingetragen ist, wenn diese Erlaubnis noch nicht abgelaufen ist oder nach ihrem Ablauf noch kein Monat vergangen ist. Entsprechendes gilt bei der Eintragung „Aussetzung der Abschiebung (Duldung)". Die Abnehmerbestätigung wird jedoch nicht versagt, wenn der Ausführer nur eine Aufenthaltserlaubnis in der Form des Sichtvermerks (Visum) einer Auslandsvertretung der Bundesrepublik Deutschland oder eines anderen Mitgliedstaates besitzt, die zu mehrmaligen Einreisen in die Gemeinschaft, dabei jedoch nur zu einem Aufenthalt von bis zu maximal drei Monaten pro Halbjahr berechtigt (sog. Geschäftsvisum). Die Gültigkeit solcher Geschäftsvisa kann bis zu fünf Jahre betragen.
3. Der Ausführer weist einen ausländischen Personalausweis vor, der in einem Drittland ausgestellt worden ist, dessen Staatsangehörigkeit nur unter Vorlage eines Passes und nicht lediglich unter Vorlage eines Personalausweises in die Bundesrepublik Deutschland einreisen dürfen.
4. Der Ausführer weist einen deutschen oder einen in einem anderen EG-Mitgliedstaat ausgestellten Personalausweis vor. Bei Vorlage eines deutschen Personalausweises wird die Abnehmerbestätigung jedoch in den Fällen erteilt, in denen der Inhaber des Ausweises ein Bewohner der Insel Helgoland oder der Gemeinde Büsingen ist.[2)]
5. Der Ausführer weist einen deutschen oder einen in einem anderen EG-Mitgliedstaat ausgestellten Pass vor, ohne seinen im Drittland befindlichen Wohnort durch Eintragung in den Pass oder durch eine besondere Bescheinigung nachweisen zu können. Bei Vorlage eines deutschen Passes wird die Abnehmerbestätigung jedoch in den Fällen erteilt, in denen der Inhaber des Passes ein Bewohner Helgolands oder der Gemeinde Büsingen ist.[2)]
6. Der Ausführer ist erkennbar ein Mitglied einer nicht in einem Drittland, sondern in der Bundesrepublik Deutschland oder in einem anderen EG-Mitgliedstaat stationierten Truppe, eines in diesen Gebieten befindlichen Gefolges oder deren Angehöriger.
7. Der Ausführer legt einen vom Auswärtigen Amt ausgestellten amtlichen Pass (Diplomaten-, Ministerial- oder Dienstpass) vor. Bei Diplomaten- und Dienstpässen mit eingetragenem Dienstort in einem Drittland kann die Abnehmerbestätigung erteilt werden, wenn der Ausführer nachweist, dass er die Auslandsmission bereits in der Vergangenheit angetreten hat (Einreisestempel des Drittstaates, Reisepass mit entsprechendem Wohnorteintrag oder eine besondere Bescheinigung).

In diesen Fällen kann mit Hilfe des Grenzübertrittspapiers nicht der Nachweis erbracht werden, dass der Wohnort des Abnehmers in einem Drittland, auf Helgoland oder in der Gemeinde Büsingen liegt. Die

---

1) Ergänzend ist anzumerken, dass durch die Schweizer Behörden in ausländischen Personaldokumenten keine Anwesenheitsmerkmale vermerkt werden. Als Nachweis über den Aufenthalt oder die Wohnsitznahme in der Schweiz werden dagegen verschiedene „Ausländerausweise" als Form der Aufenthaltsbewilligung ausgestellt. Inhabern von Ausländerausweisen B und C (EG/EFTA) kann grundsätzlich die ausländische Abnehmereigenschaft nach § 6 Abs. 3a Nr. 1 UStG zuerkannt werden, weil sie in der Regel einen ständigen Wohnort in der Schweiz begründet haben und damit einen ausreichenden Nachweis über die Wohnsitznahme in der Schweiz vorweisen. Andere Aufenthaltsbewilligungen wie z.B. ein „Ausländerausweis L (EG/EFTA)" (Kurzaufenthaltsbewilligung) oder ein „Ausländerausweis G (EG/EFTA)" (Grenzgängerbewilligung) sind demgegenüber nicht als Nachweis über einen ständigen Wohnsitz in der Schweiz geeignet, da sie nur für einen kurzfristigen und an Arbeitsverträge gebundenen Aufenthalt in der Schweiz mit regelmäßiger Rückkehr zum Wohnort im Heimatstaat bestimmt sind.
Den Erlass vom 9.9.1996 – III B 4 – A 0693 – 11/95 hebe ich auf.
2) Entsprechendes gilt bei Vorlage eines in einem anderen EG-Mitgliedstaat ausgestellten Passes, wenn der Ausführer in einem der in Absatz 2 genannten, umsatzsteuerrechtlich zum Drittlandsgebiet gehörigen Gebiete wohnhaft ist.

Anlage § 006–03

Grenzzollstelle bestätigt dann lediglich die Ausfuhr des Gegenstandes der Lieferung. Ferner vermerkt sie auf dem Ausfuhrbeleg den Grund dafür, warum sie die Richtigkeit des Namens und der Anschrift des ausländischen Abnehmers nicht bestätigen kann.

Kann die Abfertigung zur Ausfuhr für *keinen* Gegenstand bestätigt werden, wird von der Grenzzollstelle ebenfalls keine Abnehmerbestätigung erteilt (vgl. dazu auch den Hinweis in Abschnitt B des als Anlage beigefügten Musters).

(26) Ist der Abnehmernachweis durch eine Bestätigung der Grenzzollstelle nicht möglich oder nicht zumutbar, gilt Absatz 20 mit der Maßgabe entsprechend, dass eine Abnehmerbestätigung einer außergemeinschaftlichen Zollstelle nicht anerkannt werden kann. Aus der Ersatzbestätigung muss auch hervorgehen, dass die Angaben über den ausländischen Abnehmer (Name und Anschrift) im Zeitpunkt der Lieferung zutreffend waren.

Die Erteilung von Ersatzbestätigungen durch Auslandsvertretungen der Bundesrepublik Deutschland ist gebührenpflichtig und unterliegt besonderen Anforderungen. Antragsteller sind auf diesen Umstand ausdrücklich hinzuweisen.

Ausfuhr von Kraftfahrzeugen

(27) Die Ausfuhr oder die Abfertigung zum gVV[1)] bzw. zum Carnet TIR-Verfahren von Kraftfahrzeugen, die mit eigener Antriebskraft ausgeführt werden, ist nur zu bestätigen, wenn für das Fahrzeug ein Internationaler Zulassungsschein ausgestellt und ein Ausfuhrkennzeichen ausgegeben worden ist. Der zur Bestätigung der Ausfuhr vorgelegte Beleg soll Angaben über den Fahrzeughersteller, den Fahrzeugtyp, die Fahrgestellnummer und die Nummer des Ausfuhrkennzeichens enthalten. Die Regelung gilt für zum Verkehr zugelassene Kraftfahrzeuge und Kraftfahrzeuganhänger, die nicht mit eigener Antriebskraft ausgeführt werden (z.B. bei LKW-Verladung, von Kfz gezogene Anhänger) entsprechend; Ausfuhr- und Abfertigungsbestätigungen dürfen deshalb auch in diesen Fällen nur erteilt werden, wenn die Voraussetzungen des Satzes 1 erfüllt sind.

(28) Bestätigt die Zollstelle die Ausfuhr oder die Abfertigung zum gVV[1)] bzw. zum Carnet TIR-Verfahren, bringt sie in dem Internationalen Zulassungsschein den Vermerk „Ausgeführt" und den Dienststempelabdruck an. Diese Eintragung soll sicherstellen, dass bei einer Wiedereinfuhr des Fahrzeugs als Rückware keine Einfuhrumsatzsteuerfreiheit gewährt wird und dass bei einer erneuten Ausfuhr des Fahrzeuges keine weitere zollamtliche Ausfuhr- oder Abfertigungsbestätigung erteilt wird.

Gegenstände zur Ausrüstung oder Versorgung von Beförderungsmitteln

(29) Eine steuerfreie Ausfuhrlieferung liegt nach § 6 Abs. 3 UStG bei Gegenständen, die zur Ausrüstung oder Versorgung eines Beförderungsmittels bestimmt sind und die von dem ausländischen Abnehmer oder seinem Beauftragten ausgeführt werden, nur vor, wenn

1. der Abnehmer ein ausländischer Unternehmer ist und
2. das Beförderungsmittel den Zwecken des Unternehmens des Abnehmenrs dient.

Eine Steuerbefreiung für die Ausfuhr dieser Gegenstände im Rahmen des nicht kommerziellen Reiseverkehrs ist nicht möglich.

Zu den Ausfuhrgegenständen nach Satz 1 zählen insbesondere das Zubehör eines Beförderungsmittels (z.B. Reservereifen, Sanitätskasten, Warndreieck und Abschleppseil in einem Pkw sowie Seekarten, Handbücher, Bordwerkzeug und sonstiges Schiffszubehör eines Sportbootes) und Treibstoffe im Reservebehälter sowie Proviant, Genussmittel und Toilettenartikel an Bord eines Sportbootes. Bei der Ausfuhr durch den ausländischen Abnehmer oder seinen Beauftragten ist eine Ausfuhrbestätigung für derartige Gegenstände nur zu erteilen, wenn sie zur Ausrüstung oder Versorgung des *unternehmerischen Beförderungsmittels* eines ausländischen Abnehmers bestimmt sind. Kann die Zollstelle nicht eindeutig erkennen, ob die Gegenstände zur Ausrüstung oder Versorgung eines unternehmerischen oder privaten Beförderungsmittels des Abnehmers bestimmt sind, ist ebenfalls die Ausfuhrbestätigung zu erteilen.

(30) Werklieferungen (§ 3 Abs. 4 UStG) zählen nicht zu den Lieferungen im Sinne von § 6 Abs. 3 UStG. Für derartige Lieferungen (z.B. für die Lieferungen eines in den privaten Pkw eines ausländischen Abnehmers eingebauten Radios oder Ersatzmotors) sind daher Ausfuhrbestätigungen nach den allgemein geltenden Vorschriften zu erteilen.

---

1) Wegen des Verfahrens bei der Abfertigung auszuführender Kraftfahrzeuge mit Ausfuhrkennzeichen zum Versandverfahren siehe die Anmerkung zu VSF Z 35 15 Abs. 1.

Anlage § 006–03

Lohnveredelung an Gegenständen der Ausfuhr

(31) Die Vorschriften dieser *Dienstvorschrift* über die Mitwirkung der Zollstellen beim Ausfuhrnachweis gelten auch für Lohnveredelungen an Gegenständen der Ausfuhr (§ 7 UStG, § 12) mit der Maßgabe, dass die zollamtliche Ausfuhr- oder Abfertigungsbestätigung sich in solchen Fällen auf den tatsächlich in das Drittlandsgebiet gelangten Gegenstand (z.B. das im Inland reparierte ausländische Kraftfahrzeug) erstreckt. Einer Prüfung, ob der auszuführende Gegenstand vorher zum Zwecke der Be- oder Verarbeitung in das Gemeinschaftsgebiet eingeführt oder zu diesem Zwecke im Gemeinschaftsgebiet erworben worden ist, bedarf es nicht.

(32) Die Beschränkungen bei der Steuerbefreiung der Ausfuhr im nicht kommerziellen Reiseverkehr und bei der Ausfuhr von Gegenständen zur Ausrüstung und Versorgung von Beförderungsmitteln gelten nicht für die vergleichbaren Umsätze bei der Lohnveredelung. Die Bestätigungen sind deshalb auch im Falle der Lohnveredelung an Fahrzeugen bei einer Ausfuhr im kommerziellen Reiseverkehr zu erteilen.

Transitausfuhren aus anderen Mitgliedstaaten

(33) Die Vorschriften dieser *Dienstvorschrift* über die Mitwirkung der Zollstellen beim Ausfuhrnachweis für Umsatzsteuerzwecke gelten auch bei Ausfuhren aus anderen Mitgliedstaaten über die Bundesrepublik Deutschland mit der Maßgabe, dass auf Antrag auch in Versendungsfällen die Ausfuhr wie in Beförderungsfällen zu bestätigen ist. Bei Ausfuhrlieferungen im nicht kommerziellen Reiseverkehr besteht nicht in allen Mitgliedstaaten das Erfordernis des Nachweises eines ausländischen Abnehmers; auf Antrag ist die Bestätigung des Abnehmernachweises jedoch zu erteilen.

(34) Bei Ausfuhren im Reiseverkehr von Waren, die in Frankreich erworben wurden, wird in Frankreich als Ausfuhrnachweis für Umsatzsteuerzwecke das als Anlage beigefügte Muster verwendet. Der Vordruck besteht aus vier Exemplaren (Exemplar Nr. 1 für den Verkäufer, Exemplar Nr. 2 nach zollamtlicher Bestätigung für den Verkäufer, Exemplar Nr. 3 für die Statistik, Exemplar Nr. 4 für den Käufer). Ansonsten gelten in Frankreich zur Erlangung der Steuerbefreiung für Ausfuhrlieferungen im Reiseverkehr vergleichbare Regelungen. Die Grenzzollstelle prüft, ob die Angaben in dem vom Antragsteller vorgelegten „Bordereau de Vente" über Art und Menge mit den auszuführenden Waren übereinstimmen (vgl. Abs. 10). Ergeben sich keine Beanstandungen, bestätigt die Zollstelle die Ausfuhr der Waren in Feld C des Vordrucks mit Datum, Unterschrift und Dienststempel[1] und reicht dem Antragsteller die vorgelegten Unterlagen zurück.

---

1) Es ist von allen Zollstellen der in VSF Z 35 10 Anlage 1 *Nr. 3 Muster A abgebildete* Stempelabdruck zu verwenden.

Anlage § 006–03

Anlage zum BMF-Schreiben vom 28.05.2004
IV D 1 – S 7133 – 21/04

Ausfuhr- und Abnehmerbescheinigung für Umsatzsteuerzwecke bei Ausfuhren im nichtkommerziellen Reiseverkehr (§ 6 Abs. 3 a UStG)
(§ 17 UStDV, Abschnitt 137 Abs. 10 UStR)

A	**Angaben des Unternehmers** (Zutreffendes bitte ankreuzen ☒) Dieser Abschnitt ist leserlich auszufüllen (möglichst in Maschinenschrift oder Druckschrift) und durch <u>Unterschrift</u> zu bestätigen.	
1	Name/Firma und Anschrift des liefernden Unternehmers (Straße, Hausnummer, Postleitzahl, Ort)	**2** Angaben zur Identität des Abnehmers: – Bitte Hinweise auf der Rückseite beachten – Name, Vorname des Abnehmers im Drittland Anschrift: Land, Wohnort, Straße, Hausnummer Pass- bzw. Ausweisnummer:
3	Gelieferte Gegenstände (oder Hinweis auf beigefügte Rechnungen oder Kassenzettel): Für die Angabe der Gegenstände ist die handelsübliche Bezeichnung zu verwenden. Handelsübliche Sammelbezeichnungen reichen aus (z.B. Waschmittel), nicht dagegen Bezeichnungen allgemeiner Art (z.B. Geschenkartikel) oder die Verwendung nicht allgemein verständlicher Abkürzungen. Wird auf beigefügte Rechnungen oder Kassenzettel verwiesen, muss sich die handelsübliche Bezeichnung der Gegenstände aus diesen Belegen ergeben.	☐ Kaufpreis (einschl. Umsatzsteuer) ☐ Entgelt (Kaufpreis abzüglich Umsatzsteuer)

	Menge	Handelsübliche Warenbezeichnung	EUR	Ct
4				
5				
6				
7				
8				
9			Summe:	
10	EURO-Betrag aus Nr. 9 in Buchstaben wiederholen:			
11	Sonstiges (z. B. Angaben zu einer Umsatzsteuererstattung)			
12	Ort, Datum, Unterschrift des liefernden Unternehmers oder seines Bevollmächtigten			

B	**Bestätigungen der Grenzzollstelle/Customs certification/Certificat des douanes** Kann die Abfertigung zur Ausfuhr für keinen Gegenstand bestätigt werden, erteilt die Grenzzollstelle auch keine Abnehmerbestätigung.	
13	Die in Nr. 4 bis 8 bezeichneten Gegenstände wurden/The products specified under Nos. 4 - 8/Les biens indiqués ci-dessus de 4 à 8 – mit Ausnahme der in Nr. _____ bezeichneten Gegenstände – (except those listed under No. _____ /à l'exception des biens figurant sous _____) zur Ausfuhr abgefertigt (have been cleared for export/visés pour l'exportation).	
14	Die Angaben über den Namen und die Anschrift des Abnehmers (Nr. 2) stimmen mit den Eintragungen in dem vorgelegten Reisepass oder sonstigen Grenzübertrittspapier des Ausführers überein. Identity and address of foreign buyer (No. 2) are identical to those on passport or travel document. Les indications ci-dessus concernant le nom et l'adresse du destinataire (no. 2) correspondent aux renseignements inscrits sur le passeport/la pièce d'identité présenté(e) par l'exportateur. <u>Anmerkung:</u> Können die Angaben <u>nicht</u> bestätigt werden, ist das Feld 14 durchzustreichen.	
15	Bemerkungen/Remarks/Remarques (Nr. 1 - 14)	
16	Ort, Datum, Dienststempel/ Place, Date, Official Stamp/ Lieu, date, cachet du service	

Anlage § 006–03

Anlage zum BMF-Schreiben vom 28.05.2004
IV D 1 – S 7133 – 21/04

C	**In Ausnahmefällen:** **Bestätigung einer amtlichen Stelle der Bundesrepublik Deutschland im Bestimmungsland** (Zutreffendes bitte ankreuzen ☒)
	Die Bestätigungen in diesem Abschnitt werden nur erteilt, soweit es dem Abnehmer nicht möglich war, die Bestätigungen der Grenzzollstelle (Nr. 13 und/oder 14) zu erlangen. Hat die Grenzzollstelle in diesen Fällen die Ausfuhr nicht bestätigt und kann auch die amtliche Stelle die Ausfuhr nicht bestätigen, erteilt diese Stelle auch keine Abnehmerbestätigung.
17	☐ Die Ausfuhr der in Nr. 4 bis 8 bezeichneten Gegenstände kann nicht bestätigt werden. Ort, Datum, Unterschrift, Dienstsiegel
18	☐ Die Ausfuhr der in Nr. 4 bis 8 bezeichneten Gegenstände **innerhalb der Dreimonatsfrist** wird – mit Ausnahme der in Nr. _____ bezeichneten Gegenstände – (ggfs. streichen) bestätigt.
19	Die Angaben in Nr. 2 ☐ werden bestätigt. ☐ Sie stimmen mit den Eintragungen in dem vorgelegten Reisepass/sonstigen Grenzübertrittspapier überein. ☐ Ihre Richtigkeit ist auf andere Weise festgestellt worden.. ☐ können nicht bestätigt werden..
20	Bemerkungen (zu Nr. 1 bis 12 sowie 17 bis 19)
21	Ort, Datum, Unterschrift, Dienstsiegel

Hinweise

Eine Ausfuhrlieferung im nichtkommerziellen Reiseverkehr liegt vor, wenn der Gegenstand der Lieferung für **private Zwecke** bestimmt ist und im **persönlichen Reisegepäck** in das Drittlandsgebiet ausgeführt wird. Es handelt sich in der Regel um die Fälle, in denen ein Einzelhändler den Gegenstand der Lieferung im Ladengeschäft seinem **im Drittlandsgebiet wohnenden Abnehmer** übergibt.

Die Befreiung der Ausfuhrlieferung im nichtkommerziellen Reiseverkehr setzt voraus:

- der ausländische Abnehmer hat seinen **Wohnort im Drittlandsgebiet**;
- der Gegenstand der Lieferung wird **vor Ablauf des dritten Kalendermonats**, der auf den Monat der Lieferung folgt (Dreimonatsfrist), ausgeführt;
- der Gegenstand der Lieferung ist **nicht zur Ausrüstung und Versorgung eines privaten Beförderungsmittels** (z.B. PKW, Motorboot oder Flugzeug) bestimmt.

Hat ein Abnehmer **mehrere Wohnsitze**, ist derjenige Ort maßgebend, der der **örtliche Mittelpunkt seines Lebens** ist. Insbesondere sind folgende Abnehmer **keine** Abnehmer mit Wohnort im Drittlandsgebiet, auch wenn sie ihren ersten Wohnsitz in ihrem Heimatland beibehalten haben:

- **Ausländische Arbeitnehmer** und **Studenten** während ihres Aufenthalts im Gemeinschaftsgebiet;
- **Angehörige ausländischer Streitkräfte**, die im Gemeinschaftsgebiet stationiert sind;
- **das Personal ausländischer Missionen im Gemeinschaftsgebiet** (z.B. Botschaften, Gesandtschaften, Konsulate, Handelsvertretungen).

Anlage § 006–03

Anlagen § 006–04, 05, 06 nicht belegt, § 006–07

Umsatzsteuerbefreiung für Ausfuhrlieferungen im nichtkommerziellen Reiseverkehr; Belegnachweis und Buchnachweis

BMF-Schreiben vom 15.05.1997 – IV C 4 – S 7133 – 14/97, BStBl. 1997 I S. 614

Nach § 4 Nr. 1 Buchst. a UStG sind Ausfuhrlieferungen von der Umsatzsteuer befreit. Dies gilt auch für Ausfuhrlieferungen im nichtkommerziellen Reiseverkehr. Unter Bezugnahme auf das Ergebnis der Erörterungen mit den obersten Finanzbehörden der Länder gilt hierzu ergänzend zu den Abschnitten 128 bis 140 UStR folgendes:

Allgemeines

(1) Eine Ausfuhrlieferung im nichtkommerziellen Reiseverkehr liegt unter folgenden Voraussetzungen vor:

1. Der Liefergegenstand ist für private Zwecke bestimmt (§ 6 Abs. 3 a UStG).
2. Der Liefergegenstand wird vom Abnehmer im persönlichen Reisegepäck in das Drittlandsgebiet verbracht (§ 6 Abs. 1 und 3 a UStG).
3. Die Verbringung in das Drittlandsgebiet erfolgt vor Ablauf des dritten Kalendermonats, der auf den Monat der Lieferung folgt (§ 6 Abs. 3 a Nr. 2 UStG).
4. Der Abnehmer hat seinen Wohnort im Drittlandsgebiet (§ 6 Abs. 3 a Nr. 1 UStG).

Bei den Ausfuhrlieferungen im nichtkommerziellen Reiseverkehr handelt es sich um die Fälle, in denen der Abnehmer Waren im Einzelhandel erwirbt und im persönlichen Reisegepäck in das Drittlandsgebiet verbringt.

(2) Der liefernde Unternehmer hat die Voraussetzungen für die Steuerbefreiung nachzuweisen (§ 6 Abs. 4 UStG). Die Voraussetzungen müssen sich eindeutig und leicht nachprüfbar sowohl aus Belegen als auch aus der Buchführung ergeben (§§ 8 und 13 UStDV).

Ausfuhrnachweis

(3) Die Verbringung des Liefergegenstandes in das Drittlandsgebiet soll grundsätzlich durch eine Ausfuhrbestätigung der den Ausgang des Gegenstandes aus dem Gemeinschaftsgebiet überwachenden Grenzzollstelle eines EG-Mitgliedstaates (Ausgangszollstelle) nachgewiesen werden (§ 9 Abs. 1 UStDV, Abschnitt 132 Abs. 5 UStR). Die Ausfuhrbestätigung erfolgt durch einen Sichtvermerk der Ausgangszollstelle der Gemeinschaft auf der vorgelegten Rechnung oder dem vorgelegten Ausfuhrbeleg. Unter Sichtvermerk ist der Dienststempelabdruck der Ausgangszollstelle zu verstehen. Deutsche Ausgangszollstellen bestätigen die Ausfuhr außerdem durch Angabe von Ort und Datum sowie mit Unterschrift des diensttuenden Beamten.

(4) Als ausreichender Ausfuhrnachweis ist grundsätzlich ein Beleg (Rechnung oder entsprechender Beleg) anzuerkennen, der mit einem gültigen Stempelabdruck der Ausgangszollstelle versehen ist. Das gilt auch dann, wenn außer dem Stempelabdruck keine weiteren Angaben, z. B. Datum und Unterschrift, gemacht wurden oder wenn auf besonderen Ausfuhrbelegen die vordruckmäßig vorgesehenen Ankreuzungen fehlen. Entscheidend ist, daß sich aus dem Beleg die Abfertigung des Liefergegenstandes zur Ausfuhr durch die Ausgangszollstelle erkennen läßt.

(5) Der Ausfuhrbeleg (Rechnung oder entsprechender Beleg) soll u.a. auch die handelsübliche Bezeichnung und die Menge des ausgeführten Gegenstandes enthalten. Handelsüblich ist dabei jede im Geschäftsverkehr für einen Gegenstand allgemein verwendete Bezeichnung, z. B. auch Markenbezeichnungen. Handelsübliche Sammelbezeichnungen, z. B. Baubeschläge, Büromöbel, Kurzwaren, Spirituosen, Tabakwaren, Waschmittel, sind ausreichend. Dagegen reichen Bezeichnungen allgemeiner Art, die Gruppen verschiedener Gegenstände umfassen, z. B. Geschenkartikel, nicht aus (vgl. Abschnitt 185 Abs. 1 UStR). Die im Ausfuhrbeleg verwendete handelsübliche Bezeichnung von Gegenständen ist nicht zu beanstanden, wenn die Ausgangszollstelle anhand der Angaben im Ausfuhrbeleg die Ausfuhr dieser Gegenstände bestätigt. Damit ist ausreichend belegt, daß die Gegenstände im Ausfuhrbeleg so konkret bezeichnet worden sind, daß die Ausgangszollstelle in der Lage war, die Abfertigung **dieser** Gegenstände zur Ausfuhr zu bestätigen.

Nachweis der Ausfuhrfrist

(6) Mit Wirkung vom 1. Januar 1996 ist in § 6 UStG ein neuer Absatz 3 a eingefügt worden (Art. 20 Nr. 8 Buchst. b i. V. m. Art. 41 Abs. 7 des Jahressteuergesetzes 1996 vom 11. Oktober 1995, BStBl. 1995 I S. 438). Danach liegt in den Fällen, in denen der Abnehmer Gegenstände für private Zwecke erwirbt und im persönlichen Reisegepäck ausführt, eine Ausfuhrlieferung u. a. nur dann vor, wenn der Gegen-

Anlage § 006–07

stand der Lieferung vor Ablauf des dritten Kalendermonats, der auf den Monat der Lieferung folgt, ausgeführt wird. Diese Voraussetzung ist vom Unternehmer durch Angabe des Tages der Ausfuhr im Ausfuhrbeleg nachzuweisen. Fehlt auf dem Ausfuhrbeleg die Angabe des Ausfuhrtages (z. B. in den Fällen des Absatzes 4), muß der Unternehmer den Tag der Ausfuhr durch andere überprüfbare Unterlagen nachweisen.

Abnehmernachweis

(7) Außer der Ausfuhr der Gegenstände hat der Unternehmer durch einen Beleg nachzuweisen, daß der Abnehmer im Zeitpunkt der Lieferung seinen **Wohnort** im Drittlandsgebiet hatte. Wohnort ist der Ort, an dem der Abnehmer für längere Zeit seine Wohnung hat und der als der örtliche Mittelpunkt seines Lebens anzusehen ist (Abschnitt 129 Abs. 2 UStR). Als Wohnort in diesem Sinne gilt der Ort, der im Reisepaß oder in einem anderen in der Bundesrepublik Deutschland anerkannten Grenzübertrittspapier (insbesondere Personalausweis) eingetragen ist. Der Unternehmer kann sich hiervon durch Einsichtnahme in das vom Abnehmer vorgelegte Grenzübertrittspapier überzeugen. Aus dem Ausfuhrbeleg (Rechnung oder entsprechender Beleg) müssen sich daher der Name und die Anschrift des Abnehmers ergeben (Land, Wohnort, Straße und Hausnummer). Ist die Angabe der vollständigen Anschrift des Abnehmers zum Beispiel aufgrund von Sprachproblemen nicht möglich, genügt neben dem Namen des Abnehmers die Angabe des Landes, in dem der Abnehmer wohnt, und die Angabe der Nummer des Reisepasses oder eines anderen anerkannten Grenzübertrittspapiers.

(8) Im Ausfuhrbeleg bestätigt die Ausgangszollstelle außer der Ausfuhr, daß die Angaben zum Namen und zur Anschrift des Abnehmers mit den Eintragungen in dem vorgelegten Grenzübertrittspapier desjenigen übereinstimmen, der den Gegenstand in seinem Reisegepäck in das Drittlandsgebiet verbringt (§ 17 UStDV). Ist aus dem ausländischen Grenzübertrittspapier nicht die volle Anschrift, sondern nur das Land und der Wohnort oder nur das Land ersichtlich, erteilen die Ausgangszollstellen auch in diesen Fällen die Abnehmerbestätigung (Abschnitt 140 Abs. 4 UStR). Derartige Abnehmerbestätigungen sind als ausreichender Belegnachweis anzuerkennen.

Ausfuhr- und Abnehmerbescheinigung

(9) Das Muster der Ausfuhr- und Abnehmerbescheinigung, das dem BMF-Schreiben vom 1. August 1995 – IV C 4 – S 7134 – 47/95 – (BStBl I S. 404, USt-Kartei § 4 S 7134 Karte 28) als Anlage 4 beigefügt war, wird durch das beiliegende Muster[1] der Ausfuhr- und Abnehmerbescheinigung für Umsatzsteuerzwecke bei Ausfuhren im nichtkommerziellen Reiseverkehr (§ 6 Abs. 3 a UStG) ersetzt. Die nach dem bisherigen Muster hergestellten Vordrucke können aufgebraucht werden, wenn sie handschriftlich an das neue Muster angepaßt werden.

Buchnachweis

(10) Neben dem belegmäßigen Ausfuhr- und Abnehmernachweis müssen sich die Voraussetzungen der Steuerbefreiung auch eindeutig und leicht nachprüfbar aus der Buchführung ergeben (§ 13 UStDV). Grundlage des buchmäßigen Nachweises ist grundsätzlich der Beleg mit der Ausfuhr- und Abnehmerbestätigung der Ausgangszollstelle. Hat die Ausgangszollstelle die Ausfuhr der Gegenstände sowie die Angaben zum Abnehmer in dem vorgelegten Beleg bestätigt, sind die in dem Beleg enthaltenen Angaben (z. B. hinsichtlich der handelsüblichen Bezeichnung der Gegenstände und der Anschrift des Abnehmers) insoweit auch als ausreichender Buchnachweis anzuerkennen. Dies gilt auch dann, wenn zum Beispiel bei Sprachproblemen anstelle der vollständigen Anschrift lediglich das Land und die Paßnummer aufgezeichnet werden.

Ausrüstungs- und Versorgungsgegenstände für private Beförderungsmittel

(11) Mit Wirkung vom 21. Oktober 1995 ist Satz 2 in § 6 Abs. 3 UStG gestrichen worden (Art. 20 Nr. 8 Buchst. a i. V. m. Art. 41 Abs. 1 des Jahressteuergesetzes 1996 vom 11. Oktober 1995, BStBl 1995 I S. 438). Die Steuerbefreiung für Ausfuhren im Reiseverkehr gilt daher seit dem 21. Oktober 1995 nicht mehr für Gegenstände, die zur Ausrüstung und Versorgung eines privaten Beförderungsmittels – z. B. Pkw, Motorboot – bestimmt sind (§ 6 Abs. 3 UStG).

Hinweise

Eine Ausfuhrlieferung im nichtkommerziellen Reiseverkehr liegt vor, wenn der Gegenstand der Lieferung für **private Zwecke** bestimmt ist und im **persönlichen Reisegepäck** in das Drittlandsgebiet ausfuhrt wird. Es handelt sich in der Regel um die Fälle, in denen ein Einzelhändler den Gegenstand der Lieferung im Ladengeschäft seinem **im Drittlandsgebiet wohnenden Abnehmer** übergibt.

---

[1] Abgedruckt in BStBl. 1997 I S. 616–617, siehe auch BMF vom 17.01.2000, BStBl. 2000 I S. 179

Anlage § 006–07

Die Befreiung der Ausfuhrlieferung im nichtkommerziellen Reiseverkehr setzt voraus:
- der ausländische Abnehmer hat seinen **Wohnort im Drittlandsgebiet;**
- der Gegenstand der Lieferung wird **vor Ablauf des dritten Kalendermonats,** der auf den Monat der Lieferung folgt, ausgeführt;
- der Gegenstand der Lieferung ist **nicht zur Ausrüstung und Versorgung eines privaten Beförderungsmittels** (z. B. PKW, Motorboot oder Flugzeug) bestimmt.

Hat ein Abnehmer **mehrere Wohnsitze,** ist derjenige Ort maßgebend, der der **örtliche Mittelpunkt seines Lebens** ist. Insbesondere sind folgende Abnehmer **keine** Abnehmer mit Wohnort im Drittlandsgebiet, auch wenn sie ihren ersten Wohnsitz in ihrem Heimatland beibehalten haben:

- **Ausländische Gastarbeiter** und **Studenten** während ihres Aufenthalts im Gemeinschaftsgebiet;
- **Angehörige ausländischer Streitkräfte,** die im Gemeinschaftsgebiet stationiert sind;
- **das Personal ausländischer Missionen im Gemeinschaftsgebiet** (z.B. Botschaften, Gesandtschaften, Konsulate. Handelsvertretungen).

Anlage § 006–08

Merkblatt zur Umsatzsteuerbefreiung für Ausfuhrlieferungen im nichtkommerziellen Reiseverkehr

BMF-Schreiben vom 28.05.2004 – IV D 1 – S 7133 – 22/04,
BStBl. 2004 I S. 535

Der Beitritt der Länder Estland, Lettland, Litauen, Malta, Polen, Slowakei, Slowenien, Tschechien, Ungarn und Zypern zur Europäischen Union zum 1. Mai 2004 sowie die Überarbeitung des Vordruckmusters „Ausfuhr- und Abnehmerbescheinigung für Umsatzsteuerzwecke bei Ausfuhren im nichtkommerziellen Reiseverkehr" (vgl. BMF-Schreiben vom 28. Mai 2004 – IV D 1 – S 7133 – 21/04 –) erfordern auch eine Anpassung des Merkblattes zur Umsatzsteuerbefreiung für Ausfuhrlieferungen im nichtkommerziellen Reiseverkehr.

Unter Bezugnahme auf das Ergebnis der Erörterungen mit den obersten Finanzbehörden der Länder wird das Merkblatt nach dem Stand von Mai 2004 neu herausgegeben.

Merkblatt
zur Umsatzsteuerbefreiung für Ausfuhrlieferungen im nichtkommerziellen Reiseverkehr
– Stand: Mai 2004 –

Dieses Merkblatt wird vom Bundesministerium der Finanzen (BMF) im Einvernehmen mit den obersten Finanzbehörden der Länder herausgegeben.

Es informiert Unternehmen und ausländische Käufer über die Umsatzsteuer- bzw. Mehrwertsteuerbefreiung für Ausfuhrlieferungen im nichtkommerziellen Reiseverkehr also Ausfuhren für den privaten Bedarf. Andere Fallgestaltungen von Ausfuhrlieferungen der Einzelhandelsunternehmen werden nicht erläutert.

Inhaltsübersicht

1. Allgemeines
1.1 Steuerbefreiung und „Preisnachlass"
1.2 Wer ist Drittlandskäufer?
1.3 Was ist Drittlandsgebiet?
1.4 Was ist „Ausfuhr im nichtkommerziellen Reiseverkehr"?
1.5 Drei-Monats-Frist beachten!

2. Kein Steuerausweis auf Rechnung oder Kassenbon!

3. Notwendige Nachweise für die Steuerbefreiung
3.1 Ausfuhrnachweis
3.2 Abnehmernachweis
3.3 Belege
3.4 Buchnachweis

4. Verfahrensschritte an der Grenzzollstelle

5. Hilfsweise Bestätigung durch eine deutsche Auslandsvertretung

**6. Von der Steuerbefreiung ausgeschlossen:
Lieferungen zur Ausrüstung oder zur Versorgung von privaten Beförderungsmitteln**

Anlage 1:
Umsatzsteuerrechtliche Abgrenzung Gemeinschaftsgebiet/Drittlandsgebiet

Anlage 2:
Ausfuhr- und Abnehmernachweis

1. Allgemeines

Ausfuhrlieferungen von Unternehmern sind umsatzsteuerfrei. Das gilt unter bestimmten Voraussetzungen auch für Verkäufe von Unternehmern an Reisende aus Staaten außerhalb der Europäischen Union (EU). Man spricht vom „Export über den Ladentisch". Die Steuerbefreiung wird dem Unternehmer gewährt, wenn

Anlage § 006–08

- der Käufer im Drittlandsgebiet ansässig ist und
- die Waren innerhalb von drei Monaten nach Kauf in das Drittlandsgebiet gelangen.

Die Steuerbefreiung gilt nicht für Lieferungen zur Ausrüstung und Versorgung von privaten Beförderungsmitteln (siehe nachfolgende Tz. 6).

Eine unmittelbare Steuererstattung durch die Finanzämter an die Käufer ist nicht möglich.

Hinweis:

Umsatzsteuerbefreite Verkäufe an Reisende mit Wohnort im EU-Gebiet sind nicht möglich. Das gesamte EU-Gebiet gilt für Privatpersonen umsatzsteuerlich als einheitlicher Raum ohne Steuergrenzen. Jeder Einkauf eines Reisenden in einem EU-Staat ist mit der Umsatzsteuer des Kauflandes belastet. Diese Besteuerung ist endgültig und bleibt beim Grenzübertritt mit der Ware in einen anderen EU-Staat bestehen.

1.1 Steuerbefreiung und „Preisnachlass"

Die Steuerbefreiung gilt ausschließlich für den Unternehmer. Wenn dieser die Voraussetzungen erfüllt, kann er Drittlandskäufern einen Preisnachlass in Höhe der Umsatzsteuer anbieten. Es empfiehlt sich daher für den Unternehmer, die Steuerbefreiung in Anspruch zu nehmen, denn dann kann er dem Käufer ohne erhebliche eigene Aufwendungen einen ins Gewicht fallenden Preisvorteil verschaffen. Die Höhe des Preisnachlasses ist daher Bestandteil des zwischen Unternehmer und Käufer abgeschlossenen Kaufvertrages.

Beim steuerfreien Verkauf im Reiseverkehr sollte der Unternehmer in der Regel dem Käufer zunächst den Preis für die gelieferte Ware einschließlich Umsatzsteuer berechnen (sie nachfolgende Tz. 2). Dies hat seine Ursache darin, dass der Händler für die Steuerbefreiung gegenüber dem Finanzamt Nachweise erbringen muss, die er nur durch die Mitwirkung des Käufers im Anschluss an die Lieferung erhalten kann (siehe nachfolgende Tz. 3).

Liegen für den Unternehmer die Voraussetzungen der Steuerbefreiung vor, kann er dem Käufer den Steuerbetrag in bar oder unbar auszahlen – ggf. nach Abzug von Bearbeitungs- und Überweisungskosten.

Es besteht auch die Möglichkeit, Service-Unternehmen einzuschalten. Diese zahlen den Käufern an Grenzübergängen, insbesondere auch auf Flughäfen, gegen Aushändigung der zollamtlich bestätigten Ausfuhrbelege den Steuerbetrag nach Abzug eines Bearbeitungsentgelts in bar aus. Die Service-Unternehmen, die in Vertragsbeziehungen zu den Unternehmern stehen, lassen sich die an die Reisenden bereits ausgezahlten Steuerbeträge gegen Vorlage der Ausfuhrbelege von den Unternehmern erstatten.

1.2 Wer ist Drittlandskäufer?

Drittlandskäufer sind Reisende mit Wohnort in einem Staat außerhalb der EU. Wohnort ist der Ort, an dem der Käufer für längere Zeit eine Wohnung genommen hat und der als der örtliche Mittelpunkt seines Lebens anzusehen ist. Als Wohnort in diesem Sinne gilt der Ort, der im Pass oder sonstigen Grenzübertrittspapier eingetragen ist. Auf die Staatsangehörigkeit des Käufers kommt es nicht an. Der Wohnort im Drittland muss im Zeitpunkt der Lieferung vorhanden sein.

Beispiele:

(1) Eine deutsche Staatsangehörige hat ihren Wohnort laut Eintragung im Pass oder im sonstigen Grenzübertrittspapier in der Schweiz. Folglich ist sie eine Drittlandskäuferin.

(2) Ein japanischer Staatsangehöriger hat seinen Wohnort in Belgien. Folglich ist er kein Drittlandskäufer.

(3) Ein türkischer Staatsangehöriger ist Arbeitnehmer in Deutschland oder in einem anderen Mitgliedstaat der Europäischen Union. In aller Regel hat er dann seinen Wohnort im Gebiet der EU und ist daher kein Drittlandskäufer. Dasselbe gilt in der Regel für Studenten aus Drittländern, die in Deutschland oder in einem anderen EU-Staat studieren.

(4) Ein deutscher Diplomat wird von seiner bisherigen Tätigkeit in der Zentrale des Auswärtigen Amtes an eine deutsche Botschaft im Drittlandsgebiet versetzt. Er kauft in einem deutschen Einzelhandelsgeschäft Ware, die er an seinen neuen Einsatzort mitnehmen will. Er ist dann ein Drittlandskäufer, wenn er im Zeitpunkt der Lieferung seinen neuen Wohnort im Drittlandsgebiet bereits begründet hat und dies dem Unternehmer durch ein amtliches Dokument nachweist. Die Versetzungsverfügung des Auswärtigen Amtes in das Drittlandsgebiet allein reicht dazu nicht aus.

Anlage § 006–08

(5) Die Ausführungen im Beispiel 4 gelten auch für Soldaten der Bundeswehr, die zu einem Einsatz im Drittlandsgebiet mit Änderung des Wohnorts versetzt werden (z.B. zu einer deutschen Luftwaffeneinheit in Kanada) sowie für Arbeitnehmer der Privatwirtschaft, die vom Arbeitgeber zu einer länger andauernden Tätigkeit im Drittlandsgebiet mit Begründung des Wohnorts in diesem Staat versetzt werden.

(6) In Deutschland stationierte Soldaten aus dem Drittlandsgebiet und ihre Familienangehörigen sind keine *Drittlandskäufer*. Dasselbe gilt für das Personal diplomatischer oder konsularischer Vertretungen aus dem Drittlandsgebiet mit Tätigkeitsort im EU-Gebiet.

1.3 Was ist Drittlandsgebiet?

Zum Drittlandsgebiet gehören die Gebiete, die nicht zu den Inlandsgebieten der Mitgliedstaaten der EU zählen.

Für bestimmte Gemeinden, bestimmte Inseln und einige weitere Gebiete gibt es besondere Regelungen über ihre Zugehörigkeit zum (deutschen) Inland, zum übrigen EU-Gebiet oder zum Drittlandsgebiet. Ihre unterschiedliche Zuordnung zum EU-Gebiet sowie zum Drittlandsgebiet führ in der Praxis immer wieder zu Unsicherheiten. Deshalb ist in der *Anlage 1* zu diesem Merkblatt aufgelistet, welche Gebiete zum EU-Gebiet und welche Gebiete zum Drittlandsgebiet gehören.

1.4 Was ist „Ausfuhr im nichtkommerziellen Reiseverkehr"?

Eine Ausfuhr im Reiseverkehr liegt vor, wenn der Drittlandskäufer die erworbene Ware im persönlichen Reisegepäck ins Drittlandsgebiet mitnimmt. Als Reisende gelten Touristen (Urlauber), Berufspendler, aber auch Käufer, die eigens zum Einkaufen aus dem Drittlandsgebiet in das EU-Gebiet kommen. Die Mitnahme der Ware im persönlichen Reisegepäck ist möglich im Handgepäck, im aufgegebenen Gepäck bei einer Bahn-, Flug- oder Schiffsreise oder in einem Pkw, auch in einem Kleintransporter.

Ein Fahrzeug, seine Bestandteile und sein Zubehör sind kein persönliches Reisegepäck.

Keine Ausfuhr im Reiseverkehr liegt vor, wenn der Käufer die Ware durch einen Spediteur, durch Bahn oder Post oder durch einen sonstigen Frachtführer in ein Drittland versendet oder wenn er die Ware nicht im üblichen Reisegepäck in das Drittlandsgebiet befördert, sondern z.B. Möbel oder größere Haushaltsgeräte in einem eigenen oder gemieteten Lastkraftwagen dorthin transportiert.

Beispiel:

Ein Käufer verpackt die gekaufte Ware in einem Paket und verschickt es z. B. durch die Deutsche Post AG an seine Heimatadresse im Drittlandsgebiet.

Ein Verkauf im Reiseverkehr liegt auch dann nicht vor, wenn der Unternehmer die Ware, z.B. Möbel, mit seinem betriebseigenen Fahrzeug in das Drittlandsgebiet befördert oder wenn der Unternehmer die Ware durch einen von ihm beauftragten Spediteur oder sonstigen Frachtführer in das Drittlandsgebiet versendet.

Bei Ausfuhrlieferungen im Reiseverkehr wird entsprechend dem Verwendungszweck der erworbenen Ware zwischen **kommerziellem und nichtkommerziellem Reiseverkehr** unterschieden.

Eine Ausfuhrlieferung im kommerziellen Reiseverkehr liegt vor, wenn die erworbene Ware für unternehmerische Zwecke bestimmt ist. **Einzelheiten hierzu werden in diesem Merkblatt *nicht* erläutert.**

Eine Ausfuhrlieferung im nichtkommerziellen Reiseverkehr liegt vor, wenn die erworbene Ware für den privaten Bedarf des Drittlandskäufers bestimmt ist.

1.5 Drei-Monats-Frist beachten!

Eine weitere Voraussetzung der Steuerbefreiung besteht darin, dass der Käufer die Ware vor Ablauf des dritten Monats, der dem Monat der Lieferung folgt, **nachweislich** in ein Drittland ausführt.

Beispiel:

Der Drittlandskäufer kauft am 6. März (Tag der Übergabe der Ware durch den liefernden Unternehmer). Er muss die Ware dann spätestens am 30. Juni desselben Jahres in das Drittlandsgebiet ausführen. Ob diese Voraussetzung erfüllt ist, kann der Unternehmer aus der Angabe des Datums auf der zollamtlichen Ausfuhrbestätigung ersehen.

Fehlt auf dem Ausfuhrbeleg die Angabe des Ausfuhrtages, muss der Unternehmer den Tag der Ausfuhr durch andere überprüfbare Unterlagen nachweisen (z.B. durch Nachweis der Auszahlung des Preisnachlasses innerhalb der Drei-Monats-Frist).

Anlage § 006–08

2. Kein Steuerausweis auf Rechnung oder Kassenbon!

Da der Unternehmer beim „Export über den Ladentisch" in aller Regel Rechnungen mit Endpreisen (einschließlich Umsatzsteuer) erteilt, sollte er unbedingt darauf achten, nur Bruttopreise anzugeben, die Steuer also nicht gesondert auszuweisen. Denn bei einem Ausweis der Umsatzsteuer in der Rechnung schuldet der Unternehmer den Steuerbetrag auch bei Vorliegen aller Voraussetzungen für die Inanspruchnahme der Steuerbefreiung. Die Steuerschuld erlischt grundsätzlich erst dann, wenn eine wirksame Rechnungsberichtigung (Austausch einer Berichtigungserklärung, z.B. Gutschriftsanzeige) vorgenommen wurde.

Für **Rechnungen über Kleinbeträge** (Gesamtbetrag bis 100 Euro) bedeutet dies, dass der Steuersatz bzw. die Steuersätze **nicht** aufgeführt werden dürfen, denen die Warenlieferungen unterliegen. Bekanntlich kann bei Kleinbetragsrechnungen der Vorsteuerabzug bereits aus der Nennung des Steuersatzes ohne Ausweis des Steuerbetrages hergeleitet werden.

Aus Vereinfachungsgründen ist eine Rechnungsberichtigung entbehrlich, wenn der Drittlandskäufer die ursprüngliche Rechnung bzw. den ursprünglichen Kassenbon an den Unternehmer zurückgibt und dieser den zurückerhaltenen Beleg bei seinen Buchhaltungsunterlagen aufbewahrt.

3. Notwendige Nachweise für die Steuerbefreiung

Zum Nachweis für das Vorliegen einer steuerfreien Ausfuhrlieferung im nichtkommerziellen Reiseverkehr gehören **drei Bestandteile**:

– Ausfuhrnachweis
– Abnehmernachweis
– Buchnachweis

Wie bei jeder sonstigen Ausfuhr muss auch beim „Export über den Ladentisch" – in der Regel durch Zollbestätigung – die Ausfuhr der Ware nachgewiesen werden. Der Abnehmernachweis, der gerade auch für die Fälle vorgeschrieben ist, in denen der Käufer die Ware selbst ins Drittlandsgebiet bringt, stellt eine zusätzliche Sicherung der tatsächlichen und endgültigen Ausfuhr dar. Beim Abnehmernachweis geht es darum, dass der Käufer im Zeitpunkt der Lieferung seinen Wohnort im Drittlandsgebiet haben muss.

Der Ausfuhr- und Abnehmernachweis muss durch Bücher oder Aufzeichnungen in Verbindung mit Belegen geführt werden. Belege werden durch die entsprechenden Hinweise und Bezugnahmen in den Aufzeichnungen Bestandteile der Buchführung und damit des Buchnachweises, so dass beide eine Einheit bilden.

3.1 Ausfuhrnachweis

Der Beleg über die Ausfuhr der Ware soll folgende Angaben enthalten:

– Name und Anschrift des liefernden Unternehmers
– handelsübliche Bezeichnung(en) und Menge(n) der ausgeführten Ware(n)
  (Handelsüblich ist jede Bezeichnung einer Ware, die im Geschäftsverkehr dafür verwendet wird, so auch Markenbezeichnungen. Handelsübliche Sammelbezeichnungen sind ausreichend.
  Beispiele: Baubeschläge, Büromöbel, Kurzwaren, Spirituosen, Tabakwaren, Waschmittel.
  Dagegen reichen Bezeichnungen allgemeiner Art, die Gruppen verschiedenartiger Waren umfassen, nicht als handelsübliche Bezeichnungen aus, z.B. „Geschenkartikel". Die Finanzbehörden beanstanden die in einem Ausfuhrbeleg verwendete handelsübliche Bezeichnung nicht, wenn die Ausgangszollstelle anhand der Angaben im Ausfuhrbeleg die Ausfuhr der betreffenden Artikel bestätigt. Damit ist ausreichend belegt, dass die Waren im Ausfuhrbeleg so konkret bezeichnet worden sind, dass die Ausgangszollstelle in der Lage war, die Abfertigung dieser Artikel zur Ausfuhr zu bestätigen).
– Ort und Tag der Ausfuhr
– Ausfuhrbestätigung der Grenzzollstelle des EU-Mitgliedstaats, über den der Käufer die Ware ausführt (*Beispiel:* Ein US-Bürger reist über Frankreich in die EU ein, kauft bei einem Unternehmer in Deutschland und verlässt die EU über den Flughafen Lissabon; dort bestätigt ihm die portugiesische Zollbehörde die Ausfuhr der Ware.).

3.2 Abnehmernachweis

Der Unternehmer sollte sich durch Vorlage des Passes oder eines sonstigen Grenzübertrittspapiers des Käufers von dessen Eigenschaft als Drittlandskäufer überzeugen.

Anlage § 006–08

Zu dem Abnehmernachweis gehören als Angaben auf dem Beleg
- Name und Anschrift (= Land, Wohnort, Straße und Hausnummer) des Drittlandskäufers
- Bestätigung der Grenzzollstelle, dass die Daten der Anschrift des Käufers in dem Beleg mit den Eintragungen in dem vorgelegten Pass oder sonstigen Grenzübertrittspapier übereinstimmen.

Wenn die Angabe der vollständigen Anschrift des Käufers z. B. wegen Sprachproblemen und/oder der Verwendung fremder Schriftzeichen in dem Pass des Käufers nicht möglich ist, genügt neben dem Namen des Käufers die Angabe des Landes, in dem er seinen Wohnort hat und die Nummer des Reisepasses oder des sonstigen Grenzübertrittspapiers.

3.3 Belege

Für die Form des Ausfuhr- und Abnehmernachweises gibt es keine gesetzlichen Vorschriften. Vorgeschrieben sind lediglich die oben genannten Angaben (siehe Tz. 3.1 und 3.2). Es empfiehlt sich aber, die Nachweise mit Hilfe von Belegen zu führen, die dem beigefügten Vordruckmuster *(Anlage 2)* entsprechen. Die Formulare können selbst hergestellt oder im Fachhandel und von bestimmten Wirtschaftsverbänden bezogen werden. Der Unternehmer kann die Nachweise auch mit Hilfe anderer Belege führen (z.B. mit Hilfe von Rechnungsdurchschriften oder sog. Tax-free-Cheques), vorausgesetzt, dass die Belege die in dem amtlichen Vordruckmuster geforderten Angaben und Bestätigungen enthalten.

3.4 Buchnachweis

Der Unternehmer muss neben dem Belegnachweis zusätzlich einen Buchnachweis führen. Dazu soll er aufzeichnen:
- handelsübliche Bezeichnung (siehe hierzu Tz. 3.2) und Menge der ausgeführten Waren
- Name und Anschrift des Drittlandskäufers
- Tag der Lieferung
- das Entgelt (= Preis abzüglich der darin enthaltenen Umsatzsteuer)
- die Ausfuhr.

Zur Vereinfachung kann diese Aufzeichnungspflicht dadurch erfüllt werden, dass die Buchführung und die Belege (Rechnung, Ausfuhrnachweis) mit gegenseitigen Verweisen versehen werden. Auch die unter Tz. 3.2 erwähnte Vereinfachung wird somit für den Buchnachweis anerkannt. Bei Schwierigkeiten (z.B. Sprachproblemen) können anstelle der vollständigen Anschrift des Käufers ersatzweise das Heimatland und die Nummer des Grenzübertrittspapiers aufgezeichnet werden.

Die Aufzeichnungen sind unmittelbar nach Ausführung des einzelnen Umsatzes fortlaufend zu tätigen. Die zum Ausfuhrnachweis dienenden Belege können dagegen noch nachträglich bis zur Unanfechtbarkeit der endgültigen Umsatzsteuerfestsetzung beigebracht werden. Zu beachten ist allerdings, dass ein Unternehmer, der für eine Ausfuhrlieferung eine Steuerbefreiung beansprucht, ohne im Besitz der Ausfuhrbelege zu sein, dies dem Finanzamt bei Abgabe der entsprechenden Umsatzsteuer-Voranmeldungen offen legen muss.

Hinweis:

Häufig werden Umsätze aus Verkäufen an Drittlandskäufer von dem Unternehmer in der jeweils nächstfolgenden Umsatzsteuer-Voranmeldung vorerst als steuerpflichtige (Inlands-)Lieferungen angegeben. Dies ist anzuraten, weil die Voraussetzung zur Inanspruchnahme der Steuerbefreiung erst gegeben ist, wenn der Unternehmer den Ausfuhr- und Abnehmernachweis erhalten hat. Der Verkauf kann in dem Voranmeldungszeitraum als steuerfrei behandelt werden, in dem diese Bestätigungen dem Unternehmer vorliegen.

4. Verfahrensschritte an der Grenzzollstelle

Der Drittlandskäufer legt an der Grenzzollstelle vor
- seinen Pass (oder ein anderes Grenzübertrittspapier)
- den Ausfuhrbeleg
- die auszuführende Ware.

Die Grenzzollstelle bestätigt unter Angabe von Ort und Datum
- die Abfertigung der zur Ausfuhr vorgelegten und im Ausfuhrbeleg näher bezeichneten Waren
- die Übereinstimmung der Angaben über Name, Anschrift, Nummer des Passes oder eines sonstigen Grenzübertrittspapiers des Käufers mit den Angaben im Ausfuhrbeleg

durch Dienststempelabdruck.

Anlage § 006–08

Ist aus dem ausländischen Grenzübertrittspapier nicht die volle Anschrift, sondern nur das Land und der Wohnort oder nur das Land ersichtlich, erteilen die Grenzzollstellen auch in diesen Fällen die Abnehmerbestätigung. Derartige Abnehmerbestätigungen werden als ausreichender Belegnachweis anerkannt.

Die **deutsche** Grenzzollstelle erteilt die Abnehmerbestätigung nur, wenn die Angaben in dem Beleg über den Namen, die Nummer des Grenzübertrittspapiers und die Anschrift des Käufers mit dem vorgelegten Reisepass, Personalausweis oder sonstigen Grenzübertrittspapiers des Ausführers übereinstimmen. Dies gilt jedoch nicht, wenn sich aus anderen Umständen (z.B. aus einer Aufenthaltsgenehmigung) Zweifel daran ergeben, ob der Käufer seinen Wohnort tatsächlich im Drittlandsgebiet hat.

Kann die Grenzzollstelle zwar die Ausfuhr des Gegenstandes bestätigen, nicht aber die Angaben zum Wohnort im Drittland, gibt sie – **soweit möglich** – auf den Ausfuhrbeleg den Grund dafür an. Ergibt sich aus der Begründung, dass der Käufer seinen Wohnort zum Zeitpunkt der Lieferung nicht im Drittlandsgebiet hatte, **entfällt die Steuerbefreiung**. Hatte der Käufer zwar seinen Wohnort im Zeitpunkt der Lieferung im Drittlandsgebiet, konnte er dies aber der Grenzzollstelle nicht nachweisen, kann an die Stelle der fehlenden Abnehmerbestätigung der Grenzzollstelle eine **Ersatzbestätigung** treten, z.B. die Bestätigung einer amtlichen Stelle der Bundesrepublik Deutschland (z.B. deutsche Auslandsvertretung) im Einfuhrstaat. **Ersatzbestätigungen außergemeinschaftlicher Zollstellen werden nicht anerkannt.**

Für die Steuerbefreiung kommt es außerdem darauf an, dass der Unternehmer in den Besitz der zollamtlichen Bestätigungen gelangt, indem der Käufer dem Unternehmer die entsprechenden Dokumente zurückreicht (z.B. beim nächsten Einkauf) oder zurücksendet oder indem der Unternehmer die Belege durch ein in die Steuererstattung eingeschaltetes Service-Unternehmen zurückerhält oder die Belege bei dem Service-Unternehmen aufbewahrt werden.

5. Hilfsweise Bestätigung durch eine deutsche Auslandsvertretung

Wenn Ausfuhr- und/oder Abnehmernachweis nicht durch die Grenzzollstelle erbracht werden können oder dies für den Käufer nicht zumutbar ist (z.B. weil sich die gekaufte Ware im aufgegebenen Reisegepäck befindet), können diese Bestätigungen durch eine deutsche Auslandsvertretung im Wohnortland des Käufers erteilt werden. Dies setzt in der Regel voraus, dass die Ware der Auslandsvertretung vorgeführt wird. Wichtig ist auch in diesen Fällen die Bestätigung, dass der Käufer im Zeitpunkt der Lieferung, d.h. bei Übergabe der Ware an ihn durch den Unternehmer, seinen Wohnort im Drittlandsgebiet hatte.

6. Von der Steuerbefreiung ausgeschlossen: Lieferungen zur Ausrüstung oder zur Versorgung von privaten Beförderungsmitteln

Lieferungen von Waren, die zur Ausrüstung oder Versorgung eines privaten Beförderungsmittels (z.B. Pkw, Kombiwagen, Sportboot, Segelyacht, Flugzeug) dienen, sind von der Steuerbefreiung für Ausfuhrlieferungen im nichtkommerziellen Reiseverkehr ausgeschlossen. Bei den betroffenen Waren handelt es sich sowohl um Kraftfahrzeugteile, die mit dem Fahrzeug fest verbunden werden (z.B. Stoßstange), als auch um solche, die als bewegliche Teile zur Ausrüstung des Fahrzeugs gehören (z.B. Abschleppseil, Reservereifen, Verbandkasten). Auch Waren zur Versorgung eines Fahrzeugs (z.B. Kraftstoff, Motoröl, Pflegemittel) fallen nicht unter die Steuerbefreiung für Ausfuhrlieferungen im nichtkommerziellen Reiseverkehr.

Anlage § 006–08

Anlage 1
zum Merkblatt zur Umsatzsteuerbefreiung für Ausfuhrlieferungen im nichtkommerziellen Reiseverkehr

Umsatzsteuerrechtliche Abgrenzung EU-Gebiet/Drittlandsgebiet

1. **EU-Gebiet** sind das deutsche Inland und die Gebiete der übrigen Mitgliedstaaten der EU[1]; dies sind:

   - Belgien
   - Dänemark
   - Estland
   - Finnland
   - Frankreich
   - Griechenland
   - Irland
   - Italien
   - Lettland
   - Litauen
   - Luxemburg
   - Malta
   - Niederlande
   - Österreich
   - Polen
   - Portugal
   - Schweden
   - Slowakei
   - Slowenien
   - Spanien
   - Tschechien
   - Ungarn
   - Vereinigtes Königreich Großbritannien und Nordirland
   - Zypern (griechischer Teil).

2. **Drittlandsgebiet** ist das Gebiet, das nicht EU-Gebiet ist.
3. Nach dem Vertragsrecht der Europäischen Union gelten für bestimmte Gemeinden, Inseln und sonstige Gebiete **Sonderregelungen**:

3.1 Danach gehören zum EU-Gebiet **oder werden wie EU-Gebiet behandelt**

   - Akrotiri und Dhekalia (Hoheitszonen des Vereinigten Königreichs Großbritannien und Nordirland auf Zypern)
   - Azoren (Portugal)
   - Balearen (Spanien)
   - Fürstentum Monaco (Frankreich)
   - Insel Man (Vereinigtes Königreich Großbritannien und Nordirland)
   - Madeira (Portugal)

   Also: Keine Umsatzsteuerbefreiung für Verkäufe an Kunden mit Wohnort in einem dieser Gebiete!

3.2 Zum Drittlandsgebiet gehören:

   - Aland-Inseln (Finnland)
   - Andorra
   - Berg Athos (Griechenland)
   - Büsingen (Deutschland)
   - Campione d'Italia (Italien)
   - Ceuta (Spanien)
   - Färöer (Dänemark)
   - Gibraltar (Vereinigtes Königreich Großbritannien und Nordirland)
   - Grönland (Dänemark)
   - Guadeloupe, Guyana, Martinique und Réunion (Frankreich)
   - Helgoland (Deutschland)
   - Kanalinseln Jersey und Guernsey (Vereinigtes Königreich Großbritannien und Nordirland)
   - Kanarische Inseln (Spanien)
   - Livigno (Italien)
   - Luganer See (auch soweit er zum italienischen Hoheitsgebiet gehört)
   - Melilla (Spanien)
   - Niederländische Antillen
   - San Marino (Italien)
   - Vatikan
   - Zypern (türkischer Teil)

   Also: Umsatzsteuerbefreiung für Verkäufe an Kunden mit Wohnort in einem dieser Gebiete möglich!

---

[1] Ab 01.01.2007 auch Bulgarien und Rumänien, siehe BMF vom 26.01.2007 (Anlage 001-63)

Anlage § 006–08

**Anlage 2
zum Merkblatt zur Umsatzsteuerbefreiung für Ausfuhrlieferungen im nichtkommerziellen Reiseverkehr**

Ausfuhr- und Abnehmerbescheinigung für Umsatzsteuerzwecke
bei Ausfuhren im nichtkommerziellen Reiseverkehr (§ 6 Abs. 3 a UStG)
(§ 17 UStDV, Abschnitt 137 Abs. 10 UStR)

A	**Angaben des Unternehmers** (Zutreffendes bitte ankreuzen ☒) Dieser Abschnitt ist leserlich auszufüllen (möglichst in Maschinenschrift oder Druckschrift) und durch <u>Unterschrift</u> zu bestätigen.		
1	Name/Firma und Anschrift des liefernden Unternehmers (Straße, Hausnummer, Postleitzahl, Ort)	2	Angaben zur Identität des Abnehmers: – Bitte Hinweise auf der Rückseite beachten – Name, Vorname des Abnehmers im Drittland Anschrift: Land, Wohnort, Straße, Hausnummer Pass- bzw. Ausweisnummer:
3	Gelieferte Gegenstände (oder Hinweis auf beigefügte Rechnungen oder Kassenzettel): Für die Angabe der Gegenstände ist die handelsübliche Bezeichnung zu verwenden. Handelsübliche Sammelbezeichnungen reichen aus (z.B. Waschmittel), nicht dagegen Bezeichnungen allgemeiner Art (z.B. Geschenkartikel) oder die Verwendung nicht allgemein verständlicher Abkürzungen. Wird auf beigefügte Rechnungen oder Kassenzettel verwiesen, muss sich die handelsübliche Bezeichnung der Gegenstände aus diesen Belegen ergeben.	☐ Kaufpreis (einschl. Umsatzsteuer) ☐ Entgelt (Kaufpreis abzüglich Umsatzsteuer)	

	Menge	Handelsübliche Warenbezeichnung	EUR	Ct
4				
5				
6				
7				
8				
9			Summe:	
10	EURO-Betrag aus Nr. 9 in Buchstaben wiederholen:			
11	Sonstiges (z. B. Angaben zu einer Umsatzsteuererstattung)			
12	Ort, Datum, Unterschrift des liefernden Unternehmers oder seines Bevollmächtigten			

B	**Bestätigungen der Grenzzollstelle/Customs certification/Certificat des douanes** Kann die Abfertigung zur Ausfuhr für keinen Gegenstand bestätigt werden, erteilt die Grenzzollstelle auch keine Abnehmerbestätigung.	
13	Die in Nr. 4 bis 8 bezeichneten Gegenstände wurden/The products specified under Nos. 4 - 8/Les biens indiqués ci-dessus de 4 à 8 – mit Ausnahme der in Nr. _____ bezeichneten Gegenstände – (except those listed under No. _____ /à l'exception des biens figurant sous _____) zur Ausfuhr abgefertigt (have been cleared for export/visés pour l'exportation).	
14	Die Angaben über den Namen und die Anschrift des Abnehmers (Nr. 2) stimmen mit den Eintragungen in dem vorgelegten Reisepass oder sonstigen Grenzübertrittspapier des Ausführers überein. Identity and address of foreign buyer (No. 2) are identical to those on passport or travel document. Les indications ci-dessus concernant le nom et l'adresse du destinataire (no. 2) correspondent aux renseignements inscrits sur le passeport/la pièce d'identité présenté(e) par l'exportateur. <u>Anmerkung:</u> Können die Angaben <u>nicht</u> bestätigt werden, ist das Feld 14 durchzustreichen.	
15	Bemerkungen/Remarks/Remarques (Nr. 1 - 14)	
16	Ort, Datum, Dienststempel/ Place, Date, Official Stamp/ Lieu, date, cachet du service	

Anlage § 006–08

C	**In Ausnahmefällen:** **Bestätigung einer amtlichen Stelle der Bundesrepublik Deutschland im Bestimmungsland** (Zutreffendes bitte ankreuzen ☒) Die Bestätigungen in diesem Abschnitt werden nur erteilt, soweit es dem Abnehmer nicht möglich war, die Bestätigungen der Grenzzollstelle (Nr. 13 und/oder 14) zu erlangen. Hat die Grenzzollstelle in diesen Fällen die Ausfuhr nicht bestätigt und kann auch die amtliche Stelle die Ausfuhr nicht bestätigen, erteilt diese Stelle auch keine Abnehmerbestätigung.	
17	☐ Die Ausfuhr der in Nr. 4 bis 8 bezeichneten Gegenstände kann nicht bestätigt werden. Ort, Datum, Unterschrift, Dienstsiegel	
18	☐ Die Ausfuhr der in Nr. 4 bis 8 bezeichneten Gegenstände **innerhalb der Dreimonatsfrist** wird – mit Ausnahme der in Nr. _____ bezeichneten Gegenstände – (ggfs. streichen) bestätigt.	
19	Die Angaben in Nr. 2 ☐ werden bestätigt. ☐ Sie stimmen mit den Eintragungen in dem vorgelegten Reisepass/sonstigen Grenzübertrittspapier überein. ☐ Ihre Richtigkeit ist auf andere Weise festgestellt worden.. ☐ können nicht bestätigt werden..	
20	Bemerkungen (zu Nr. 1 bis 12 sowie 17 bis 19)	
21	Ort, Datum, Unterschrift, Dienstsiegel	

Hinweise

Eine Ausfuhrlieferung im nichtkommerziellen Reiseverkehr liegt vor, wenn der Gegenstand der Lieferung für **private Zwecke** bestimmt ist und im **persönlichen Reisegepäck** in das Drittlandsgebiet ausgeführt wird. Es handelt sich in der Regel um die Fälle, in denen ein Einzelhändler den Gegenstand der Lieferung im Ladengeschäft seinem **im Drittlandsgebiet wohnenden Abnehmer** übergibt.

Die Befreiung der Ausfuhrlieferung im nichtkommerziellen Reiseverkehr setzt voraus:

- der ausländische Abnehmer hat seinen **Wohnort im Drittlandsgebiet**;
- der Gegenstand der Lieferung wird **vor Ablauf des dritten Kalendermonats**, der auf den Monat der Lieferung folgt (Dreimonatsfrist), ausgeführt;
- der Gegenstand der Lieferung ist **nicht zur Ausrüstung und Versorgung eines privaten Beförderungsmittels** (z.B. PKW, Motorboot oder Flugzeug) bestimmt.

Hat ein Abnehmer **mehrere Wohnsitze**, ist derjenige Ort maßgebend, der der **örtliche Mittelpunkt seines Lebens** ist. Insbesondere sind folgende Abnehmer **keine** Abnehmer mit Wohnort im Drittlandsgebiet, auch wenn sie ihren ersten Wohnsitz in ihrem Heimatland beibehalten haben:

- **Ausländische Arbeitnehmer** und **Studenten** während ihres Aufenthalts im Gemeinschaftsgebiet;
- **Angehörige ausländischer Streitkräfte**, die im Gemeinschaftsgebiet stationiert sind;
- **das Personal ausländischer Missionen im Gemeinschaftsgebiet** (z.B. Botschaften, Gesandtschaften, Konsulate, Handelsvertretungen).

Anlage § 006–09

Vernichtung von Ausfuhrbelegen mit anhängenden Originalrechnungen nach Erfassung auf vorgegebenen Datenträgern

OFD Koblenz, Vfg. vom 06.01.2006 – S 7134A – St 442,
UR 2006 S. 366

Es ist gefragt worden, ob aufbewahrte Originalausfuhrbelege nebst Originalrechnungen nach digitaler Archivierung vor Ablauf der 10-jährigen Aufbewahrungsfrist nach § 147 Abs. 3 Satz 1 AO vernichtet werden können.

Im Einvernehmen zwischen dem BMF und den obersten Finanzbehörden ist hierbei Folgendes zu beachten:

Da Ausfuhrbelege nach § 147 Abs. 2 AO auch auf solchen Datenträgern aufbewahrt werden können, bei denen das Verfahren den Grundsätzen ordnungsgemäßer Buchführung entspricht und sichergestellt ist, dass bei der Lesbarmachung die Wiedergabe mit den empfangenen Ausfuhrbelegen bildlich übereinstimmt, bestehen gegen eine Vernichtung von Originalbelegen nach digitaler Speicherung, soweit dies nach § 147 AO zulässig ist und die Belege nicht nach anderen Rechtsvorschriften im Original aufzubewahren sind, grundsätzlich keine Bedenken. Dies kann allerdings nur insoweit gelten, wenn alle auf dem Originalbeleg enthaltenen Informationen originalgetreu bildlich wiedergegeben werden können.

Somit kommt eine Vernichtung von Originalbelegen mit Dienststempelabdrucken, bei denen die Stempelfarben Pigmentierungen enthalten, nicht in Betracht. Die Pigmentierungen können bei einer digitalen Speicherung nicht dargestellt werden. Eine Überprüfung der Belege mit den dafür besonders vorgesehenen Prüfgeräten (vgl. OFD Koblenz, Vfg. vom 13.7.2000 – S7131A – St444, n.v.) wäre nicht mehr möglich. Etwaigen Ausnahmeregelungen (z.B. vorzeitige Vernichtung dieser Ausfuhrbelege nach Stichproben oder ständigen Kontrollprüfungen durch die Finanzverwaltung) kann daher nicht zugestimmt werden. Ausfuhrbelege mit Dienststempelabdrucken, die Farbpigmentierungen enthalten (dies gilt derzeit für Ausfuhrbelege, die von deutschen, niederländischen und österreichischen Zolldienststellen abgestempelt werden), sind daher nach § 147 Abs. 3 Satz 1 AO grundsätzlich zehn Jahre im Original aufzubewahren.

Andere Ausfuhrbelege nebst den dazugehörigen anhängenden Rechnungen können nach digitaler, farbgetreuer Speicherung vernichtet werden. Die Frage, in welcher Auflösung und Farbtiefe die Speicherung zu erfolgen hat, hat der Unternehmer mit dem zuständigen Finanzamt zu klären.

Ferner wird darauf hingewiesen, dass die Grundsätze ordnungsgemäßer DV-gestützter Buchführungssysteme (GoBS) bestimmen, dass der Verzicht auf einen herkömmlichen Beleg die Möglichkeit der Prüfung des betreffenden Buchungsvorgangs in formeller und sachlicher Hinsicht nicht beeinträchtigen darf. Der Erhalt der Verknüpfung zwischen Index, digitalem Dokument und Datenträger muss während der gesamten Aufbewahrungsfrist gewährleistet sein.

Anlage § 006–10

Umsatzsteuerbefreiung für Ausfuhrlieferungen (§ 4 Nr. 1 Buchst. a, § 6 UStG); Anerkennung „elektronischer" Belege bei Einführung des IT-Verfahrens ATLAS-Ausfuhr als ausreichender Ausfuhrnachweis i.S. des § 9 Abs. 1, § 10 Abs. 2 UStDV

BMF-Schreiben vom 01.06.2006 – IV A 6 – S 7134 – 22/06,
BStBl. 2006 I S. 395 [1)]

Im Zollbereich wird im Rahmen des internationalen EDV-Projekts AES/ECS (**A**utomated **E**xport **S**ystem/**E**xport **C**ontrol **S**ystem) auf nationaler Ebene das elektronische Ausfuhrverfahren durch das IT-Verfahren ATLAS (**A**utomatisiertes **T**arif- und **L**okales Zollabwick**l**ungs**s**ystem)-Ausfuhr realisiert. Dabei wird die bisherige schriftliche Ausfuhranmeldung durch eine elektronische Ausfuhranmeldung ersetzt. In der ersten Realisierungsphase umfasst das Verfahren die Überführung von Waren in das Ausfuhrverfahren im Normal- und vereinfachten Verfahren (unvollständige Anmeldung nach Art. 280 der VO (EWG) Nr. 2454/93 (ZK-DVO) und Zugelassener Ausführer nach Art. 283ff. ZK-DVO) sowie die Überwachung und Erledigung des Ausfuhrverfahrens. Dabei kommt das Verfahren ausschließlich in Fällen zum Einsatz, in denen bisher die Abgabe/Benutzung einer Ausfuhranmeldung auf Grundlage des Einheitspapiers (Exemplare Nr. 1, 2 und 3) oder (anstelle des Einheitspapiers) eines Handels- oder Verwaltungspapiers nach Art. 288 ZK-DVO vorgesehen ist.

Dieses IT-Verfahren ATLAS-Ausfuhr gilt **zunächst nicht für** Ausfuhren per Post und Bahn, für die Ausfuhr von verbrauchsteuerpflichtigen Waren und Marktordnungswaren sowie für die Abgabe von Ausfuhranmeldungen mit einem Warenwert bis zu 1.000 Euro (mündliche Zollanmeldungen).

Das IT-Verfahren ATLAS-Ausfuhr wird nach Abschluss einer 2-monatigen Pilotierungsphase ab **1. August 2006** in den Echtbetrieb überführt.

Die Lieferung von Gegenständen, die durch den liefernden Unternehmer oder den Abnehmer in das Drittlandsgebiet oder in die in § 1 Abs. 3 UStG bezeichneten Gebiete (insb. in die Freihäfen) befördert oder versendet werden, ist bei Vorliegen aller Voraussetzungen als Ausfuhrlieferung umsatzsteuerfrei (§ 4 Nr. 1 Buchst. a, § 6 UStG). Die Voraussetzungen dafür müssen sich u.a. aus entsprechenden Belegen – Ausfuhrnachweis in Form einer Ausfuhrbestätigung der Grenzzollstelle, eines Versendungsbelegs oder eines sonstigen handelsüblichen Belegs – ergeben (§ 6 Abs. 3 UStG i.V.m. §§ 8ff. UStDV). Der Ausfuhrnachweis ist materiell-rechtliche Voraussetzung für die Steuerbefreiung.

Unter Bezugnahme auf die Erörterungen mit den obersten Finanzbehörden der Länder kann der **belegmäßige** Nachweis der Ausfuhr in den Fällen, in denen die bisherige schriftliche Ausfuhranmeldung durch eine elektronische Ausfuhranmeldung ersetzt wird, ergänzend zu Abschn. 132 Abs. 1 Nr. 1 und Abs. 3 bis 5, Abschn. 133, 134 und 142 UStR wie folgt geführt werden:

1. In Fällen, in denen **ab 1. Juni 2006** die Ausfuhranmeldung mittels EDV-gestütztem Ausfuhrsystem auf elektronischem Weg erfolgt, gilt das durch die Ausfuhrzollstelle an den Anmelder/Ausführer per EDIFACT-Nachricht übermittelte PDF-Dokument „Ausgangsvermerk" (Art. 793 Abs. 3 ZK-DVO) – **Anlage 1** – als Beleg i.S. des § 9 Abs. 1 UStDV und wird als Nachweis für Umsatzsteuerzwecke anerkannt. Die Unternehmen haben die mit der Zollverwaltung ausgetauschten EDIFACT-Nachrichten und das Logbuch zum Nachweis des Nachrichtenaustauschs zu archivieren (§ 147 Abs. 6 und § 147 Abs. 1 Nr. 4 i.V.m. Abs. 3 AO).

2. In Fällen, in denen die Ausfuhren über andere EU-Mitgliedstaaten oder über inländische **Ausgangszollstellen** erfolgen, die nicht dem EDV-gestützten Ausfuhrsystem angeschlossen sind, wird für das zollrechtliche Ausfuhrverfahren **ab 1. Juni 2006** das **Ausfuhrbegleitdokument** – ABD – **(Anlage 2)** verwendet, welches gemäß Art. 205 ZK-DVO als Exemplar Nr. 3 der Zollanmeldung im Rahmen der Überführung in das Ausfuhrverfahren und zur Wiederausfuhr gilt. Dieses Ausfuhrbegleitdokument kann auch bei einem Systemausfall des elektronischen Ausfuhrverfahrens statt des unter 1. genannten „Ausgangsvermerks" verwendet werden. Das ABD wird als Nachweis für Umsatzsteuerzwecke anerkannt, wenn die Ausfuhrbestätigung durch einen Vermerk (Dienststempelabdruck der Grenzzollstelle mit Datum) auf dem ABD angebracht ist (Art. 793 Absätze 2 und 3 ZK-DVO).

3. In Fällen, in denen die Ausfuhranmeldung **nicht** im elektronischen Ausfuhrverfahren erfolgt, wird – wie bisher – das **Exemplar Nr. 3 der Ausfuhranmeldung** (= Exemplar Nr. 3 des Einheitspapiers) als Nachweis der Beendigung des zollrechtlichen Ausfuhrverfahrens verwendet, das heißt, dieser Beleg wird als Nachweis für Umsatzsteuerzwecke anerkannt, wenn die Ausfuhrbestätigung durch einen Vermerk (Dienststempelabdruck der Grenzzollstelle mit Datum) auf der **Rückseite** des Exemplars Nr. 3 der Ausfuhranmeldung angebracht ist (vgl. Abschnitt 132 Abs. 4 Satz 1 Nr. 1 UStR).

---

1) Ab 01.07.2009 aufgehoben durch BMF-Schreiben vom 17.07.2009, Anlage § 006-11

Anlage § 006–10

Der Ausfuhrnachweis kann vom Unternehmer in Beförderungsfällen (§ 9 UStDV), in Versendungsfällen (§ 10 UStDV), bei Ausfuhrlieferungen in Bearbeitungs- und Verarbeitungsfällen (§ 11 UStDV) mit den entsprechenden in § 11 Abs. 1 UStDV genannten ergänzenden Angaben und bei Lohnveredelungen an Gegenständen der Ausfuhr (§ 12 UStDV) in der zuvor beschriebenen Form geführt werden.

Anlage 1

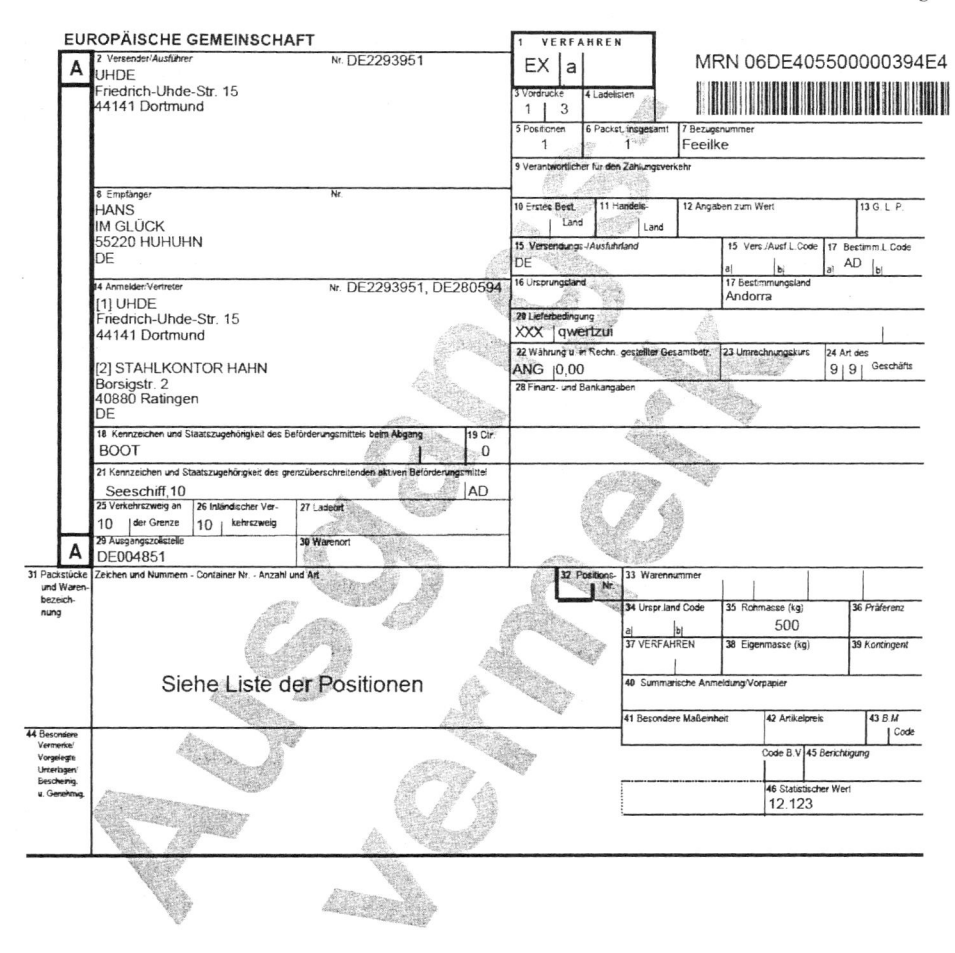

EUROPÄISCHE GEMEINSCHAFT		1 VERFAHREN	MRN 06DE405500000394E4
A	2 Versender/Ausführer Nr. DE2293951 UHDE Friedrich-Uhde-Str. 15 44141 Dortmund	EX a	
		3 Vordrucke 4 Ladelisten 1 | 3	
		5 Positionen 6 Packst. insgesamt 7 Bezugsnummer 1 1 Feeilke	
		9 Verantwortlicher für den Zahlungsverkehr	
	8 Empfänger Nr. HANS IM GLÜCK 55220 HUHUHN DE	10 Erstes Best. 11 Handels- 12 Angaben zum Wert 13 G. L. P. Land Land	
		15 Versendungs-/Ausfuhrland DE	15 Vers./Ausf.L.Code 17 Bestimm.L.Code a| b| a| AD |b|
	14 Anmelder/Vertreter Nr. DE2293951, DE280594 [1] UHDE Friedrich-Uhde-Str. 15 44141 Dortmund [2] STAHLKONTOR HAHN Borsigstr. 2 40880 Ratingen DE	16 Ursprungsland	17 Bestimmungsland Andorra
		20 Lieferbedingung XXX | qwertzui	
		22 Währung u. in Rechn. gestellter Gesamtbetr. 23 Umrechnungskurs 24 Art des ANG |0,00 9|9 Geschäfts	
		28 Finanz- und Bankangaben	
	18 Kennzeichen und Staatszugehörigkeit des Beförderungsmittels beim Abgang 19 Ctr. BOOT 0		
	21 Kennzeichen und Staatszugehörigkeit des grenzüberschreitenden aktiven Beförderungsmittels Seeschiff,10 |AD		
	25 Verkehrszweig an 26 Inländischer Ver- 27 Ladeort 10 |der Grenze 10 |kehrszweig	30 Warenort	
A	29 Ausgangszollstelle DE004851		
31 Packstücke und Warenbezeichnung	Zeichen und Nummern - Container Nr. - Anzahl und Art	32 Positions-Nr.	33 Warennummer
		34 Urspr.land Code 35 Rohmasse (kg) 36 Präferenz a| b| 500	
		37 VERFAHREN 38 Eigenmasse (kg) 39 Kontingent	
	Siehe Liste der Positionen	40 Summarische Anmeldung/Vorpapier	
		41 Besondere Maßeinheit 42 Artikelpreis 43 B.M |Code	
44 Besondere Vermerke/Vorgelegte Unterlagen/Bescheinig. u. Genehmig.		Code B.V 45 Berichtigung	
		46 Statistischer Wert 12.123	

D PRÜFUNG DURCH DIE ZOLLSTELLE	Stempel:	C Ausgangszollstelle
Ergebnis: Angebrachte Verschlüsse: Anzahl: Zeichen: Frist (letzter Tag): Unterschrift:		

Art. 796b Abs. 2 ZK-DVO (neu)

Anlage § 006–10

Liste der Positionen			
Blatt	A	2	3	Datum: 25.04.2006

MRN 06DE405500000394E4

Positions-Nr. (32)	Packstück Zeichen / Nr. (31.1)	Packstück Anzahl / Art (31.2)	Container Nr. (31.3)	Warenbezeichnung (31.4)
	Ausgangszollstelle	Ausgangsdatum		
Verfahren (1/3)	Warennummer (33)	Statistischer Wert (46)	Urspr.land Code (34)	Summarische Anmeldung/Vorpapier (40)
Versendungs- / Ausfuhrland (15)	Besondere Maßeinheit (41)	Rohmasse (kg) (35)	Eigenmasse (kg) (38)	Besondere Vermerke / Vorgelegte Unterlagen / Bescheinigungen und Genehmigungen (44)
1		11	1	rdtzui
	DE004851		CS, Kiste ("Case") 25.04.2006	
1000		04070090	12.123	08
DE		123,000	100	100

Art. 796b Abs. 2 ZK-DVO (neu)

Liste der Abweichungen			
Blatt	A	3	3

Datum: 25.04.2006

keine Abweichungen

DE004055
Hauptzollamt Lörrach
Zollamt Weil am Rhein-Autobahn
Autobahn

79576 Weil am Rhein

MRN 06DE405500000394E4

Anlage § 006–10

Anlage 2

Ausfuhrbegleitdokument

EUROPÄISCHE GEMEINSCHAFT

A

2 Versender/Ausführer Nr. DE2293951	1 VERFAHREN EX / a
UHDE Friedrich-Uhde-Str. 15 44141 Dortmund	MRN 06DE405500000394E4
	3 Vordrucke 1/1 4 Ladelisten
	5 Positionen 1 6 Packst. insgesamt 1 7 Bezugsnummer Feeilke
	9 Verantwortlicher für den Zahlungsverkehr
8 Empfänger Nr. HANS IM GLÜCK 55220 HUHUHN DE	10 Erstes Best. Land 11 Handels- Land 12 Angaben zum Wert 13 G. L. P.
	15 Versendungs-/Ausfuhrland DE	a) 15 Vers./Ausf.L.Code b) 17 Bestimm.L.Code a) AD b)
14 Anmelder/Vertreter Nr. DE2293951, DE2805944 [1] UHDE Friedrich-Uhde-Str. 15 44141 Dortmund [2] STAHLKONTOR HAHN Borsigstr. 2 40880 Ratingen DE	16 Ursprungsland	17 Bestimmungsland Andorra
	20 Lieferbedingung XXX / qwertzui
	22 Währung u. in Rechn. gestellter Gesamtbetr. ANG / 0,00 23 Umrechnungskurs 24 Art des 9 / 9 Geschäfts
	26 Finanz- und Bankangabe
18 Kennzeichen und Staatszugehörigkeit des Beförderungsmittels beim Abgang BOOT	19 Ctr. 0
21 Kennzeichen und Staatszugehörigkeit des grenzüberschreitenden aktiven Beförderungsmittel Seeschiff, 10	AD
25 Verkehrszweig an der Grenze 10	26 Inländischer Verkehrszweig 10	27 Ladeort
29 Ausgangszollstelle A DE004851	30 Warenort	

31 Packstücke und Warenbezeichnung	Zeichen und Nummern - Container Nr. - Anzahl und Art rdtzui 1 CS, Kiste ("Case") 11	32 Positions Nr. 1	33 Warennummer 04070090
		34 Urspr.land Code a) / b) 08	35 Rohmasse (kg) 100	36 Präferenz
		37 VERFAHREN 1000	38 Eigenmasse (kg) 100	39 Kontingent
		40 Summarische Anmeldung/Vorpapier	
		41 Besondere Maßeinheit 123,000	42 Artikelpreis	43 B.M
		Code B.V	45 Berichtigung	Code
44 Besondere Vermerke/ Vorgelegte Unterlagen/ Bescheinig. u. Genehmig.		46 Statistischer Wert 12.123		

Art. 796b Abs. 2 ZK-DVO (neu)

D PRÜFUNG DURCH DIE ZOLLSTELLE	Stempel:	A Ausfuhrzollstelle
Ergebnis:		DE004055
Angebrachte Verschlüsse: Anzahl —		Hauptzollamt Lörrach
Zeichen: —		Zollamt Weil am Rhein-Autobahn
Frist (letzter Tag):		Autobahn
Unterschrift:		79576 Weil am Rhein

Anlage § 006–11

Umsatzsteuerbefreiung für Ausfuhrlieferungen (§ 4 Nr. 1 Buchst. a, § 6 UStG): IT-Verfahren „ATLAS-Ausfuhr" – Pflicht zur Teilnahme am elektronischen Ausfuhrverfahren seit 01.07.2009; Auswirkungen auf den Ausfuhrnachweis für Umsatzsteuerzwecke

BMF-Schreiben vom 17.07.2009 – IV B 9 – S 7134/07/10003, BStBl. 2009 I S. 855[1)]

Seit 1. Juli 2009 besteht EU-einheitlich die Pflicht zur Teilnahme am elektronischen Ausfuhrverfahren (Artikel 787 ZK-DVO). Die bisherige schriftliche Ausfuhranmeldung wird durch eine elektronische Ausfuhranmeldung ersetzt. In Deutschland steht hierfür seit dem 1. August 2006 das IT-System ATLAS-Ausfuhr zur Verfügung. Die Pflicht zur Abgabe elektronischer Anmeldungen betrifft alle Anmeldungen unabhängig vom Beförderungsweg (Straßen-, Luft-, See-, Post- und Bahnverkehr).

Die Ausfuhrzollstelle (AfZSt) überführt die elektronisch angemeldeten Waren in das Ausfuhrverfahren und übermittelt der angegebenen Ausgangszollstelle (AgZSt) vorab die Angaben zum Ausfuhrvorgang. Über das europäische IT-System AES (Automated Export System)/ECS (Export Control System) kann die AgZSt, unabhängig davon, in welchem Mitgliedstaat sie sich befindet, anhand der Registriernummer der Ausfuhranmeldung (MRN – Movement Reference Number) den Ausfuhrvorgang aufrufen und den körperlichen Ausgang der Waren überwachen. Die AgZSt vergewissert sich u. a., dass die gestellten Waren den angemeldeten entsprechen, und überwacht den körperlichen Ausgang der Waren aus dem Zollgebiet der Gemeinschaft. Der körperliche Ausgang der Waren ist der AfZSt durch die AgZSt mit der „Ausgangsbestätigung/Kontrollergebnis" unmittelbar anzuzeigen. Weder im nationalen noch im europäischen Zollrecht existiert eine Differenzierung zwischen Beförderungs- und Versendungsfällen. Für alle elektronisch angemeldeten Waren übersendet die AgZSt der AfZSt die Nachricht „Ausgangsbestätigung/Kontrollergebnis".

Der Nachrichtenaustausch zwischen den Teilnehmern und den Zolldienststellen wird im IT-Verfahren ATLAS mit EDIFACT-Nachrichten (EDIFACT = Electronic Data Interchange For Administration, Commerce and Transport – Branchenübergreifender internationaler Standard für das Format elektronischer Daten im Geschäftsverkehr) durchgeführt, die auf EDIFACT-Nachrichtentypen basieren. Die (deutsche) AfZSt erledigt den Ausfuhrvorgang auf Basis der von der AgZSt übermittelten „Ausgangsbestätigung" dadurch, dass sie dem Ausführer/Anmelder elektronisch den „Ausgangsvermerk" (Artikel 796e ZK-DVO) als pdf-Dokument (Anlage 1) übermittelt. Der „Ausgangsvermerk" beinhaltet die Daten der ursprünglichen Ausfuhranmeldung, ergänzt um die zusätzlichen Feststellungen und Ergebnisse der AfZSt. Der belegmäßige Nachweis der Ausfuhr wird daher zollrechtlich in allen Fällen (Beförderungs- und Versendungsfällen) durch den „Ausgangsvermerk" erbracht.

Von dem seit 1. Juli 2009 geltenden elektronischen Nachrichtenaustauschverfahren sind – aus zollrechtlicher Sicht – Abweichungen nur zulässig

– im Ausfall- und Sicherheitskonzept (erkennbar am Stempelabdruck „ECS/AES Notfallverfahren"). Hier wird das Exemplar Nr. 3 des Einheitspapiers, ein Handelsbeleg oder ein Verwaltungspapier als schriftliche Ausfuhranmeldung verwendet,

– bei der Ausfuhr mit mündlicher oder konkludenter Anmeldung (in Fällen von geringer wirtschaftlicher Bedeutung). Hier wird ein sonstiger handelsüblicher Beleg als Ausfuhranmeldung verwendet.

Nur in diesen Fällen wird die vom Ausführer/Anmelder vorgelegte Ausfuhranmeldung von der AgZSt auf der Rückseite mit Dienststempelabdruck versehen.

Geht die Nachricht „Ausgangsbestätigung/Kontrollergebnis" der AgZSt bei der AfZSt – aus welchen Gründen auch immer – nicht ein, kann das Ausfuhrverfahren nicht automatisiert mit dem pdf-Dokument „Ausgangsvermerk" erledigt werden. Das Gemeinschaftszollrecht sieht in diesen Fällen eine Überprüfung des Ausfuhrvorgangs vor (Artikel 796d und 796e ZK-DVO). Sofern der Ausfuhrvorgang weder verwaltungsintern noch durch den Anmelder/Ausführer geklärt werden kann, wird die ursprüngliche Ausfuhranmeldung für ungültig erklärt. Wird durch die Recherchen der AgZSt der Ausgang bestätigt, erstellt die AfZSt einen per EDIFACT-Nachricht übermittelten „Ausgangsvermerk" (Anlage 1). Legt der Anmelder/Ausführer einen sog. Alternativnachweis vor, erstellt die AfZSt ebenfalls einen per EDIFACT-Nachricht übermittelten „Alternativ-Ausgangsvermerk" (Anlage 2).

Als weiterer Modernisierungsschritt des Gemeinschaftszollrechts wurden mit Wirkung vom 1. Januar 2009 die Vorschriften über die Binnengrenzen überschreitenden Abfertigungsmöglichkeiten im Rah-

---
1) Anlagen hier nicht abgedruckt. Dieses Schreiben wurde zum 01.07.2010 aufgehoben, vgl. BMF-Schreiben vom 03.05.2010, Anlage § 006-12

Anlage § 006–11

men einer sog. einzigen Bewilligung auch auf das Ausfuhrverfahren ausgedehnt (Verordnung [EG] Nr. 1192/2008 der Kommission vom 17. November 2008, ABl. EU 2008 Nr. L 329). Mit dieser zentralisierten Zollabwicklung werden der Ort, an dem sich die Waren befinden und der Ort, an dem die Ausfuhranmeldung abgegeben wird, Mitgliedstaaten übergreifend entkoppelt. Die einzige Bewilligung ist für Unternehmen von Bedeutung, die in anderen Mitgliedstaaten als dem Mitgliedstaat, in dem sie ihren Sitz haben, weitere Betriebsstätten unterhalten. Ein Unternehmen, das von mehreren Warenorten in der EU seine Ausfuhren tätigt, kann die Ausfuhrsendung zentral in dem Mitgliedstaat anmelden, in dem sich seine Hauptbuchhaltung befindet. Für den Nachrichtenaustausch im EDV-gestützten Ausfuhrsystem bedeutet dies, dass der elektronische Ausfuhrvorgang in dem Mitgliedstaat begonnen und erledigt wird, in dem die ursprüngliche elektronische Anmeldung abgegeben wurde und zwar unabhängig davon, in welchem Mitgliedstaat sich die Waren im Anmeldezeitpunkt befanden. Zwar müssen in allen Mitgliedstaaten die Anmelder/Ausführer gemäß Artikel 796e ZK-DVO über den körperlichen Ausgang der Waren per EDIFACT-Nachricht unterrichtet werden; ob – wie in Deutschland – dazu zusätzlich noch ein pdf-Dokument beigefügt wird, obliegt der Entscheidung des Mitgliedstaates, in dem der elektronische Ausfuhrvorgang begonnen und erledigt wird. Zur Umsetzung dieses neuen Instruments fehlt es den Zollverwaltungen der Mitgliedstaaten zurzeit noch an den technischen Voraussetzungen für einen elektronischen Datenaustausch zwischen den beteiligten Mitgliedstaaten. Einzige Bewilligungen werden deshalb – je nach betroffenem Waren- und Länderkreis – nur eingeschränkt erteilt. Vor dem 1. Januar 2009 erteilte Bewilligungen genießen jedoch Bestandsschutz, müssen aber an die geänderte Rechtslage angepasst werden.

Die Lieferung von Gegenständen, die durch den liefernden Unternehmer oder den Abnehmer in das Drittlandsgebiet oder in die in § 1 Abs. 3 UStG bezeichneten Gebiete (insbesondere in die Freihäfen) befördert oder versendet werden, ist bei Vorliegen aller Voraussetzungen als Ausfuhrlieferung umsatzsteuerfrei (§ 4 Nr. 1 Buchst. a, § 6 UStG). Die Voraussetzungen dafür müssen sich u.a. aus entsprechenden Belegen – Ausfuhrnachweis in Form einer Ausfuhrbestätigung der Grenzzollstelle, eines Versendungsbelegs oder eines sonstigen handelsüblichen Belegs – ergeben (§ 6 Abs. 3 UStG, §§ 8ff. UStDV).

Unter Bezugnahme auf die Erörterungen mit den obersten Finanzbehörden der Länder gilt zum belegmäßigen Nachweis der Ausfuhr in den Fällen, in denen die Ausfuhranmeldung mittels dem EDV-gestützten Ausfuhrverfahren (ATLAS-Ausfuhr) auf elektronischem Weg erfolgt, Folgendes:

1. Ausfuhranmeldung im elektronischen Ausfuhrverfahren

Das durch die AfZSt an den Anmelder/Ausführer per EDIFACT-Nachricht übermittelte pdf-Dokument „Ausgangsvermerk" (Anlage 1) gilt als Beleg i.S. des § 9 Abs. 1 UStDV oder des § 10 Abs. 1 UStDV und ist als Nachweis für Umsatzsteuerzwecke anzuerkennen. Dies gilt unabhängig davon, ob der Gegenstand der Ausfuhr vom Unternehmer oder vom Abnehmer befördert oder versendet wird. Entsprechendes gilt in den Fällen, in denen die AfZSt einen „Alternativ-Ausgangsvermerk" (Anlage 2) erstellt und diesen dem Anmelder/Ausführer per EDIFACT-Nachricht übermittelt. Der liefernde Unternehmer hat den Ausfuhrnachweis in dieser Form grundsätzlich auch dann zu führen, wenn er nicht selbst der Anmelder der Ausfuhr ist.

Beruht die Übermittlung des „Alternativ-Ausgangsvermerk" darauf, dass der Anmelder/Ausführer einen sog. Alternativnachweis vorgelegt hat, gilt der „Alternativ-Ausgangsvermerk" nur in Verbindung mit diesem Alternativausweis als Beleg i.S. des § 9 Abs. 1 UStDV oder des § 10 Abs. 1 UStDV. Als Alternativnachweis werden für Umsatzsteuerzwecke insbesondere anerkannt: Einfuhrverzollungsbelege aus dem Drittland, von den Zollbehörden eines Mitgliedstaates oder eines Drittstaates beglaubigte Dokumente, Versendungsbelege (z.B. Frachtbrief, Konnossement, Posteinlieferungsschein oder deren Doppelstücke), sonstige handelsübliche Belege (z.B. Bescheinigung des beauftragten Spediteurs, Versandbestätigung des Lieferers, Kopie des vom ausländischen Abnehmer unterzeichneten oder authentifizierten Lieferscheins). Alternativnachweise, die nicht in Verbindung mit einem „Alternativ-Ausgangsvermerk" vorgelegt werden, können nicht als Beleg i.S. des § 9 Abs. 1 UStDV oder des § 10 Abs. 1 UStDV anerkannt werden.

Alternativnachweise in ausländischer Sprache, insbesondere Einfuhrverzollungsbelege aus dem Drittlandsgebiet, können grundsätzlich nur in Verbindung mit einer amtlich anerkannten Übersetzung anerkannt werden. Zahlungsnachweise oder Rechnungen (Artikel 796 da Nr. 4 Buchst. b ZK-DVO) können grundsätzlich nicht als Alternativnachweise anerkannt werden.

Die Unternehmen haben die mit der Zollverwaltung ausgetauschten EDIFACT-Nachrichten und das Logbuch zum Nachweis des Nachrichtenaustauschs zu archivieren (§ 147 Abs. 6 und § 147 Abs. 1 Nr. 4 i.V.m. Abs. 3 AO).

Anlage § 006–11

Kann der Unternehmer in Versendungsfällen den Belegnachweis nicht führen, weil er nicht selbst der Anmelder der Ausfuhr war und ihm kein „Ausgangsvermerk" oder ein „Alternativ-Ausgangsvermerk" vorliegt, kann er den Belegnachweis entsprechend § 10 Abs. 1 UStDV führen.

2. Ausfuhranmeldung außerhalb des elektronischen Ausfuhrverfahrens

In Fällen, in denen die Ausfuhranmeldung nicht im elektronischen Ausfuhrverfahren durchgeführt werden kann (bei Ausfall der IT-Systeme), wird – wie bisher – das Exemplar Nr. 3 der Ausfuhranmeldung (= Exemplar Nr. 3 des Einheitspapiers – Einheitspapier Ausfuhr/ Sicherheit, Zollvordruck 033025 oder Einheitspapier, Zollvordruck 0733 mit Sicherheitsdokument, Zollvordruck 033023) oder ein Handelspapier (z.B. Rechnung) oder ein Verwaltungspapier (z.B. das begleitende Verwaltungsdokument, das bei der Ausfuhr verbrauchsteuerpflichtiger Waren unter Steueraussetzung anstelle des Exemplars Nr. 3 des Einheitspapiers verwendet wird) als Nachweis der Beendigung des zollrechtlichen Ausfuhrverfahrens verwendet. Dieser Beleg wird als Nachweis für Umsatzsteuerzwecke anerkannt, wenn die Ausfuhrbestätigung durch einen Vermerk (Dienststempelabdruck der Grenzzollstelle mit Datum) auf der Rückseite des Exemplars Nr. 3 der Ausfuhranmeldung oder des Handels- oder Verwaltungspapiers angebracht ist. Dieser Beleg muss im Fall des Ausfallkonzepts außerdem den Stempelabdruck „ECS/AES Notfallverfahren" tragen, da im Ausfallkonzept stets alle anstelle einer elektronischen Ausfuhranmeldung verwendeten schriftlichen Ausfuhranmeldungen mit diesem Stempelabdruck versehen werden. Das Ausfuhrbegleitdokument (ABD) ist nicht als Ausfuhrnachweis geeignet, weil es von der AgZSt weder abgestempelt noch zurückgegeben wird.

In Fällen, in denen die Ausfuhranmeldung weiterhin nicht im elektronischen Ausfuhrverfahren erfolgt (bei Ausfuhren mit mündlicher oder konkludenter Anmeldung in Fällen von geringer wirtschaftlicher Bedeutung bzw. bei Ausfuhranmeldungen bis zu einem Warenwert von 1.000 €), wird – ebenfalls wie bisher – auf andere Weise als mit dem Exemplar Nr. 3 der Ausfuhranmeldung (= Exemplar Nr. 3 des Einheitspapiers) der Ausgang der Ware überwacht. Wird hierfür ein handelsüblicher Beleg (z.B. Frachtbrief, Rechnung, Lieferschein) verwendet, wird er als Nachweis für Umsatzsteuerzwecke anerkannt, wenn die Ausfuhrbestätigung durch einen Vermerk (Dienststempelabdruck der Grenzzollstelle mit Datum) auf der Rückseite angebracht ist.

Der Ausfuhrnachweis kann vom Unternehmer in Beförderungsfällen (§ 9 UStDV), in Versendungsfällen (§ 10 UStDV), bei Ausfuhrlieferungen in Bearbeitungs- und Verarbeitungsfällen (§ 11 UStDV) und bei Lohnveredelungen an Gegenständen der Ausfuhr (§ 12 UStDV) in der zuvor beschriebenen Form geführt werden.

3. Ausfuhr von Kraftfahrzeugen

Die vorstehenden Regelungen gelten bei der Ausfuhr von Kraftfahrzeugen entsprechend. Anhand der Codierung 9DEG (Internationaler Zulassungsschein liegt vor und Ausfuhrkennzeichen ist angebracht) ist erkennbar, dass der Ausgangsvermerk für Umsatzsteuerzwecke anerkannt werden kann. Erfolgt die Ausfuhr eines Kraftfahrzeuges nicht im IT-Verfahren „ATLAS-Ausfuhr" (z.B. auf Grund des geringen Wertes oder im Ausfallkonzept), ist Abschnitt 135 Abs. 10 bis 12 UStR bis auf weiteres weiterhin anzuwenden.

4. Lohnveredelung an Gegenständen der Ausfuhr

Die Regelungen unter 1. gelten für Ausfuhrnachweise bei der Lohnveredelung an Gegenständen der Ausfuhr entsprechend. Die Sonderregelungen in Abschnitt 142 Abs. 1 Satz 3 sowie Absätze 2 und 3 UStR können weiterhin angewendet werden.

5. Ausfuhranmeldungen im Rahmen der einzigen Bewilligung

Bei Ausfuhranmeldungen, die im Rahmen der „ausländischen" einzigen Bewilligung bei einer für den Ausführer/Anmelder zuständigen AfZSt in Deutschland abgegeben werden, gilt Folgendes:

Zwar müssen in allen Mitgliedstaaten die Anmelder/Ausführer gemäß Artikel 796e ZK-DVO über den körperlichen Ausgang der Waren per EDIFACT-Nachricht unterrichtet werden; ob – wie in Deutschland – dazu zusätzlich noch ein pdf-Dokument beigefügt wird, obliegt der Entscheidung der Mitgliedstaaten.

Beispiel:

Ein Unternehmen hat seine Hauptbuchhaltung in den Niederlanden und unterhält Warenorte in den Niederlanden und in Deutschland. Die Ausfuhranmeldung erfolgt über das niederländische IT-System DSU auch für die in Deutschland befindlichen Waren. Im deutschen IT-System ATLAS-Ausfuhr kann von der für den Warenort zuständigen AfZSt kein pdf-Dokument „Ausgangsvermerk" erzeugt werden.

Anlage § 006–11

In diesen Fällen ist die vom Unternehmer ausgedruckte, von der ausländischen Zolldienststelle erhaltene EDIFACT-Nachricht über den körperlichen Ausgang der Waren als Beleg i.S. des § 9 Abs. 1 UStDV oder des § 10 Abs. 1 UStDV und als Nachweis für Umsatzsteuerzwecke anzuerkennen, wenn der Unternehmer zusammen mit dem Ausdruck über Aufzeichnungen/Dokumentationen verfügt, dass er die Nachricht von der ausländischen Zolldienststelle erhalten hat. Zusätzlich muss der Unternehmer die Verbindung der Nachricht mit der entsprechenden Ausfuhranmeldung bei der ausländischen Zolldienststelle aufzeichnen.

Bei Ausfuhranmeldungen, die im Rahmen der „deutschen" einzigen Bewilligung bei einer für den Ausführer/Anmelder zuständigen AfZSt in einem anderen Mitgliedstaat abgegeben werden, gilt Folgendes:

Der Ausführer/Anmelder erhält für alle Waren, die er über das deutsche IT-System ATLAS angemeldet hat, ein pdf-Dokument „Ausgangsvermerk".

Beispiel:

Ein Unternehmen hat seine Hauptbuchhaltung in Deutschland und unterhält Warenorte in den Niederlanden und in Deutschland. Die Ausfuhranmeldung erfolgt über das deutsche IT-System ATLAS-Ausfuhr auch für die in den Niederlanden befindlichen Waren. Anhand der Angabe in Feld 15a (Ausfuhr-/Versendungsland) des Ausgangsvermerks ist für die deutschen Finanzämter erkennbar, dass sich die Waren im Anmeldezeitpunkt in einem anderen Mitgliedstaat befanden.

Dieses Schreiben ist auf Ausfuhrlieferungen anzuwenden, die nach dem 30. Juni 2009 bewirkt werden. Diesem Schreiben entgegenstehende Regelungen in Abschnitt 132 Abs. 1 bis 4 und 133 Abs. 4 UStR sind nicht mehr anzuwenden. Das BMF-Schreiben vom 1. Juni 2006 – IV A 6 – S 7134 – 22/06 (BStBl. I S. 395)[1] wird aufgehoben.

---

1) Abgedruckt als Anlage § 006-10

Anlage § 006–12

Umsatzsteuerbefreiung für Ausfuhrlieferungen (§ 4 Nr. 1 Buchst. a, § 6 UStG): IT-Verfahren „ATLAS-Ausfuhr" – Pflicht zur Teilnahme am elektronischen Ausfuhrverfahren seit 01.07.2009; Auswirkungen auf den Ausfuhrnachweis für Umsatzsteuerzwecke

BMF-Schreiben vom 03.05. 2010 – IV D 3 – S 7134/07/10003,
BStBl. 2010 I S. 499[1)]

Seit 1. Juli 2009 besteht EU-einheitlich die Pflicht zur Teilnahme am elektronischen Ausfuhrverfahren (Artikel 787 ZK-DVO). Die bisherige schriftliche Ausfuhranmeldung wird durch eine elektronische Ausfuhranmeldung ersetzt. In Deutschland steht hierfür seit dem 1. August 2006 das IT-System ATLAS-Ausfuhr zur Verfügung. Die Pflicht zur Abgabe elektronischer Anmeldungen betrifft alle Anmeldungen unabhängig vom Beförderungsweg (Straßen-, Luft-, See-, Post- und Bahnverkehr).

Die Ausfuhrzollstelle (AfZSt) überführt die elektronisch angemeldeten Waren in das Ausfuhrverfahren und übermittelt der angegebenen Ausgangszollstelle (AgZSt) vorab die Angaben zum Ausfuhrvorgang. Über das europäische IT-System AES (Automated Export System)/ECS (Export Control System) kann die AgZSt, unabhängig davon, in welchem Mitgliedstaat sie sich befindet, anhand der Registriernummer der Ausfuhranmeldung (MRN – Movement Reference Number) den Ausfuhrvorgang aufrufen und den körperlichen Ausgang der Waren überwachen. Die AgZSt vergewissert sich u.a., dass die gestellten Waren den angemeldeten entsprechen, und überwacht den körperlichen Ausgang der Waren aus dem Zollgebiet der Gemeinschaft. Der körperliche Ausgang der Waren ist der AfZSt durch die AgZSt mit der „Ausgangsbestätigung/Kontrollergebnis" unmittelbar anzuzeigen. Weder im nationalen noch im europäischen Zollrecht existiert eine Differenzierung zwischen Beförderungs- und Versendungsfällen. Für alle elektronisch angemeldeten Waren übersendet die AgZSt der AfZSt die Nachricht „Ausgangsbestätigung/Kontrollergebnis".

Der Nachrichtenaustausch zwischen den Teilnehmern und den Zolldienststellen wird im IT-Verfahren ATLAS mit EDIFACT-Nachrichten (EDIFACT = Electronic Data Interchange For Administration, Commerce and Transport – Branchenübergreifender internationaler Standard für das Format elektronischer Daten im Geschäftsverkehr) durchgeführt, die auf EDIFACT-Nachrichtentypen basieren. Die (deutsche) AfZSt erledigt den Ausfuhrvorgang auf Basis der von der AgZSt übermittelten „Ausgangsbestätigung" dadurch, dass sie dem Ausführer/Anmelder elektronisch den „Ausgangsvermerk" (Artikel 796e ZK-DVO) als pdf-Dokument (Anlage 1) übermittelt. Der „Ausgangsvermerk" beinhaltet die Daten der ursprünglichen Ausfuhranmeldung, ergänzt um die zusätzlichen Feststellungen und Ergebnisse der AfZSt. Der belegmäßige Nachweis der Ausfuhr wird daher zollrechtlich in allen Fällen (Beförderungs- und Versendungsfällen) durch den „Ausgangsvermerk" erbracht.

Von dem seit 1. Juli 2009 geltenden elektronischen Nachrichtenaustauschverfahren sind – aus zollrechtlicher Sicht – Abweichungen nur zulässig

– im Ausfall- und Sicherheitskonzept (erkennbar am Stempelabdruck „ECS/AES Notfallverfahren"). Hier wird das Exemplar Nr. 3 des Einheitspapiers, ein Handelsbeleg oder ein Verwaltungspapier als schriftliche Ausfuhranmeldung verwendet,

– bei der Ausfuhr mit mündlicher oder konkludenter Anmeldung (in Fällen von geringer wirtschaftlicher Bedeutung). Hier wird ein sonstiger handelsüblicher Beleg als Ausfuhranmeldung verwendet.

Nur in diesen Fällen wird die vom Ausführer/Anmelder vorgelegte Ausfuhranmeldung von der AgZSt auf der Rückseite mit Dienststempelabdruck versehen.

Geht die Nachricht „Ausgangsbestätigung/Kontrollergebnis" der AgZSt bei der AfZSt – aus welchen Gründen auch immer – nicht ein, kann das Ausfuhrverfahren nicht automatisiert mit dem pdf-Dokument „Ausgangsvermerk" erledigt werden. Das Gemeinschaftszollrecht sieht in diesen Fällen eine Überprüfung des Ausfuhrvorgangs vor (Artikel 796d und 796e ZK-DVO). Sofern der Ausfuhrvorgang weder verwaltungsintern noch durch den Anmelder/Ausführer geklärt werden kann, wird die ursprüngliche Ausfuhranmeldung für ungültig erklärt. Wird durch die Recherchen der AgZSt der Ausgang bestätigt, erstellt die AfZSt einen per EDIFACT-Nachricht übermittelten „Ausgangsvermerk" (Anlage 1). Legt der Anmelder/Ausführer einen sog. Alternativnachweis vor, erstellt die AfZSt ebenfalls einen per EDIFACT-Nachricht übermittelten „Alternativ-Ausgangsvermerk" (Anlage 2).

Als weiterer Modernisierungsschritt des Gemeinschaftszollrechts wurden mit Wirkung vom 1. Januar 2009 die Vorschriften über die Binnengrenzen überschreitenden Abfertigungsmöglichkeiten im Rah-

---
1) Anlagen hier nicht abgedruckt

Anlage § 006–12

men einer sog. einzigen Bewilligung auch auf das Ausfuhrverfahren ausgedehnt (Verordnung [EG] Nr. 1192/2008 der Kommission vom 17. November 2008, ABl. EU 2008 Nr. L 329). Mit dieser zentralisierten Zollabwicklung werden der Ort, an dem sich die Waren befinden und der Ort, an dem die Ausfuhranmeldung abgegeben wird, Mitgliedstaaten übergreifend entkoppelt. Die einzige Bewilligung ist für Unternehmen von Bedeutung, die in anderen Mitgliedstaaten als dem Mitgliedstaat, in dem sie ihren Sitz haben, weitere Betriebsstätten unterhalten. Ein Unternehmen, das von mehreren Warenorten in der EU seine Ausfuhren tätigt, kann die Ausfuhrsendung zentral in dem Mitgliedstaat anmelden, in dem sich seine Hauptbuchhaltung befindet. Für den Nachrichtenaustausch im EDV-gestützten Ausfuhrsystem bedeutet dies, dass der elektronische Ausfuhrvorgang in dem Mitgliedstaat begonnen und erledigt wird, in dem die ursprüngliche elektronische Anmeldung abgegeben wurde und zwar unabhängig davon, in welchem Mitgliedstaat sich die Waren im Anmeldezeitpunkt befanden. Zwar müssen in allen Mitgliedstaaten die Anmelder/Ausführer gemäß Artikel 796e ZK-DVO über den körperlichen Ausgang der Waren per EDIFACT-Nachricht unterrichtet werden; ob – wie in Deutschland – dazu zusätzlich noch ein pdf-Dokument beigefügt wird, obliegt der Entscheidung des Mitgliedstaates, in dem der elektronische Ausfuhrvorgang begonnen und erledigt wird. Zur Umsetzung dieses neuen Instruments fehlt es den Zollverwaltungen der Mitgliedstaaten zurzeit noch an den technischen Voraussetzungen für einen elektronischen Datenaustausch zwischen den beteiligten Mitgliedstaaten. Einzige Bewilligungen werden deshalb – je nach betroffenem Waren- und Länderkreis – nur eingeschränkt erteilt. Vor dem 1. Januar 2009 erteilte Bewilligungen genießen jedoch Bestandsschutz, müssen aber an die geänderte Rechtslage angepasst werden.

Die Lieferung von Gegenständen, die durch den liefernden Unternehmer oder den Abnehmer in das Drittlandsgebiet oder in die in § 1 Abs. 3 UStG bezeichneten Gebiete (insbesondere in die Freihäfen) befördert oder versendet werden, ist bei Vorliegen aller Voraussetzungen als Ausfuhrlieferung umsatzsteuerfrei (§ 4 Nr. 1 Buchst. a, § 6 UStG). Die Voraussetzungen dafür müssen sich u.a. aus entsprechenden Belegen – Ausfuhrnachweis in Form einer Ausfuhrbestätigung der Grenzzollstelle, eines Versendungsbelegs oder eines sonstigen handelsüblichen Belegs – ergeben (§ 6 Abs. 3 UStG, §§ 8ff. UStDV).

Unter Bezugnahme auf die Erörterungen mit den obersten Finanzbehörden der Länder gilt zum belegmäßigen Nachweis der Ausfuhr in den Fällen, in denen die Ausfuhranmeldung mittels dem EDV-gestützten Ausfuhrverfahren (ATLAS-Ausfuhr) auf elektronischem Weg erfolgt, Folgendes:

1. Ausfuhranmeldung im elektronischen Ausfuhrverfahren

Das durch die AfZSt an den Anmelder/Ausführer per EDIFACT-Nachricht übermittelte pdf-Dokument „Ausgangsvermerk" (Anlage 1) gilt als Beleg i.S. des § 9 Abs. 1 UStDV oder des § 10 Abs. 1 UStDV und ist als Nachweis für Umsatzsteuerzwecke anzuerkennen. Dies gilt unabhängig davon, ob der Gegenstand der Ausfuhr vom Unternehmer oder vom Abnehmer befördert oder versendet wird.

Hat der Unternehmer statt des Ausgangsvermerks einen von der AfZSt erstellten „Alternativ-Ausgangsvermerk" (Anlage 2), gilt dieser nur in Verbindung mit den Belegen im Sinne des § 9 Abs. 1 oder des § 10 UStDV als Ausfuhrnachweis. Abschnitt 132 Abs. 6 UStR ist entsprechend anzuwenden.

Liegt dem Unternehmer weder ein „Ausgangsvermerk" noch ein „Alternativ-Ausgangsvermerk" vor, kann er den Belegnachweis in Versendungsfällen entsprechend § 10 UStDV, in Beförderungsfällen entsprechend Abschnitt 132 Abs. 6 UStR führen. Nachweise in ausländischer Sprache, insbesondere Einfuhrverzollungsbelege aus dem Drittlandsgebiet, können grundsätzlich nur in Verbindung mit einer amtlich anerkannten Übersetzung anerkannt werden. Zahlungsnachweise oder Rechnungen (Artikel 796 da Nr. 4 Buchst. b ZK-DVO) können grundsätzlich nicht als Nachweise anerkannt werden.

Die Unternehmen haben die mit der Zollverwaltung ausgetauschten EDIFACT-Nachrichten zu archivieren (§ 147 Abs. 6 und § 147 Abs. 1 Nr. 4 i.V.m. Abs. 3 AO).

2. Ausfuhranmeldung außerhalb des elektronischen Ausfuhrverfahrens

In Fällen, in denen die Ausfuhranmeldung nicht im elektronischen Ausfuhrverfahren durchgeführt werden kann (bei Ausfall der IT-Systeme), wird – wie bisher – das Exemplar Nr. 3 der Ausfuhranmeldung (= Exemplar Nr. 3 des Einheitspapiers – Einheitspapier Ausfuhr/ Sicherheit, Zollvordruck 033025 oder Einheitspapier, Zollvordruck 0733 mit Sicherheitsdokument, Zollvordruck 033023) oder ein Handelspapier (z.B. Rechnung) oder ein Verwaltungspapier (z.B. das begleitende Verwaltungsdokument, das bei der Ausfuhr verbrauchsteuerpflichtiger Waren unter Steueraussetzung anstelle des Exemplars Nr. 3 des Einheitspapiers verwendet wird) als Nachweis der Beendigung des zollrechtlichen Ausfuhrverfahrens verwendet. Dieser Beleg wird als Nachweis für Umsatzsteuerzwecke anerkannt, wenn die Ausfuhrbestätigung durch einen Vermerk (Dienststempelabdruck der Grenzzollstelle mit Datum) auf der Rückseite des Exemplars Nr. 3 der Ausfuhranmeldung oder des Handels- oder Ver-

Anlage § 006–12

waltungspapiers angebracht ist. Dieser Beleg muss im Fall des Ausfallkonzepts außerdem den Stempelabdruck „ECS/AES Notfallverfahren" tragen, da im Ausfallkonzept stets alle anstelle einer elektronischen Ausfuhranmeldung verwendeten schriftlichen Ausfuhranmeldungen mit diesem Stempelabdruck versehen werden. Das Ausfuhrbegleitdokument (ABD) ist nicht als Ausfuhrnachweis geeignet, weil es von der AgZSt weder abgestempelt noch zurückgegeben wird.

In Fällen, in denen die Ausfuhranmeldung weiterhin nicht im elektronischen Ausfuhrverfahren erfolgt (bei Ausfuhren mit mündlicher oder konkludenter Anmeldung in Fällen von geringer wirtschaftlicher Bedeutung bzw. bei Ausfuhranmeldungen bis zu einem Warenwert von 1.000 €), wird – ebenfalls wie bisher – auf andere Weise als mit dem Exemplar Nr. 3 der Ausfuhranmeldung (= Exemplar Nr. 3 des Einheitspapiers) der Ausgang der Ware überwacht. Wird hierfür ein handelsüblicher Beleg (z.B. Frachtbrief, Rechnung, Lieferschein) verwendet, wird er als Nachweis für Umsatzsteuerzwecke anerkannt, wenn die Ausfuhrbestätigung durch einen Vermerk (Dienststempelabdruck der Grenzzollstelle mit Datum) auf der Rückseite angebracht ist.

Der Ausfuhrnachweis kann vom Unternehmer in Beförderungsfällen (§ 9 UStDV), in Versendungsfällen (§ 10 UStDV), bei Ausfuhrlieferungen in Bearbeitungs- und Verarbeitungsfällen (§ 11 UStDV) und bei Lohnveredelungen an Gegenständen der Ausfuhr (§ 12 UStDV) in der zuvor beschriebenen Form geführt werden.

3. Ausfuhr von Kraftfahrzeugen

Die vorstehenden Regelungen gelten bei der Ausfuhr von Kraftfahrzeugen entsprechend. Bei der Ausfuhr von für den Straßenverkehr zugelassenen Fahrzeugen ist anhand der Codierung 9DEG (Internationaler Zulassungsschein liegt vor und Ausfuhrkennzeichen ist angebracht) erkennbar, dass der Ausgangsvermerk für Umsatzsteuerzwecke anerkannt werden kann.

4. Lohnveredelung an Gegenständen der Ausfuhr

Die Regelungen unter 1. gelten für Ausfuhrnachweise bei der Lohnveredelung an Gegenständen der Ausfuhr entsprechend. Die Sonderregelungen in Abschnitt 142 Abs. 1 Satz 3 sowie Absätze 2 und 3 UStR können weiterhin angewendet werden.

5. Ausfuhranmeldungen im Rahmen der einzigen Bewilligung

Bei Ausfuhranmeldungen, die im Rahmen der „ausländischen" einzigen Bewilligung bei einer für den Ausführer/Anmelder zuständigen AfZSt in Deutschland abgegeben werden, gilt Folgendes:

Zwar müssen in allen Mitgliedstaaten die Anmelder/Ausführer gemäß Artikel 796e ZK-DVO über den körperlichen Ausgang der Waren per EDIFACT-Nachricht unterrichtet werden; ob – wie in Deutschland – dazu zusätzlich noch ein pdf-Dokument beigefügt wird, obliegt der Entscheidung der Mitgliedstaaten.

Beispiel:

Ein Unternehmen hat seine Hauptbuchhaltung in den Niederlanden und unterhält Warenorte in den Niederlanden und in Deutschland. Die Ausfuhranmeldung erfolgt über das niederländische IT-System DSU auch für die in Deutschland befindlichen Waren. Im deutschen IT-System ATLAS-Ausfuhr kann von der für den Warenort zuständigen AfZSt kein pdf-Dokument „Ausgangsvermerk" erzeugt werden.

In diesen Fällen ist die vom Unternehmer ausgedruckte, von der ausländischen Zolldienststelle erhaltene EDIFACT-Nachricht über den körperlichen Ausgang der Waren als Beleg i.S. des § 9 Abs. 1 UStDV oder des § 10 Abs. 1 UStDV und als Nachweis für Umsatzsteuerzwecke anzuerkennen, wenn der Unternehmer zusammen mit dem Ausdruck über Aufzeichnungen/Dokumentationen verfügt, dass er die Nachricht von der ausländischen Zolldienststelle erhalten hat. Zusätzlich muss der Unternehmer die Verbindung der Nachricht mit der entsprechenden Ausfuhranmeldung bei der ausländischen Zolldienststelle aufzeichnen.

Bei Ausfuhranmeldungen, die im Rahmen der „deutschen" einzigen Bewilligung bei einer für den Ausführer/Anmelder zuständigen AfZSt in einem anderen Mitgliedstaat abgegeben werden, gilt Folgendes:

Der Ausführer/Anmelder erhält für alle Waren, die er über das deutsche IT-System ATLAS angemeldet hat, ein pdf-Dokument „Ausgangsvermerk".

Beispiel:

Ein Unternehmen hat seine Hauptbuchhaltung in Deutschland und unterhält Warenorte in den Niederlanden und in Deutschland. Die Ausfuhranmeldung erfolgt über das deutsche IT-System ATLAS-Ausfuhr auch für die in den Niederlanden befindlichen Waren. Anhand der Angabe in Feld

Anlage § 006–12

15a (Ausfuhr-/Versendungsland) des Ausgangsvermerks ist für die deutschen Finanzämter erkennbar, dass sich die Waren im Anmeldezeitpunkt in einem anderen Mitgliedstaat befanden.

Dieses Schreiben ist auf Ausfuhrlieferungen anzuwenden, die nach dem 30. Juni 2010 bewirkt werden. Es wird nicht beanstandet, wenn der Unternehmer für vor dem 1. Juli 2010 ausgeführte Ausfuhrlieferungen den Nachweis entsprechend diesem Schreiben führt. Diesem Schreiben entgegenstehende Regelungen in Abschnitt 132 Abs. 1 bis 4 und 133 Abs. 4 UStR sind nicht mehr anzuwenden. Das BMF-Schreiben vom 17. Juli 2009 – IV B 9 – S 7134/07/10003 (2009/0473459) – (BStBl. I S. 855) wird aufgehoben.

Anlage § 006–13

Beleg- und Buchnachweispflichten bei der Steuerbefreiung für Ausfuhrlieferungen und für innergemeinschaftliche Lieferungen (§ 4 Nr. 1, § 6, § 6a UStG); Änderungen der §§ 9 bis 11, 13, 17, 17a, 17b und 17c UStDV durch die Zweite Verordnung zur Änderung steuerlicher Verordnungen

BMF-Schreiben vom 09.12.2011 – IV D 3 – S 7141/11/10003,
BStBl. 2011 I S. 1287

Durch die „Zweite Verordnung zur Änderung steuerlicher Verordnungen" vom 2. Dezember 2011 (BGBl. I S. 2416) wurden die §§ 9 bis 11, 13, 17, 17a, 17b und 17c UStDV mit Wirkung vom 1. Januar 2012 geändert. Mit diesen Änderungen wurden die Beleg- und Buchnachweispflichten für Ausfuhrlieferungen an die seit 01.07.2009 bestehende EU-einheitliche Pflicht zur Teilnahme am elektronischen Ausfuhrverfahren (Artikel 787 ZK-DVO, sog. Verfahren „ATLAS-Ausfuhr") angepasst. Außerdem wurden für die Steuerbefreiung innergemeinschaftlicher Lieferungen neue Nachweisregelungen geschaffen.

Unter Bezugnahme auf das Ergebnis der Erörterungen mit den obersten Finanzbehörden der Länder gilt Folgendes:

Für bis zum 31. März 2012 ausgeführte Ausfuhrlieferungen (§ 4 Nr. 1 Buchst. a, § 6 UStG) und für bis zum 31. März 2012[1)] ausgeführte innergemeinschaftliche Lieferungen (§ 4 Nr. 1 Buchst. b, § 6a UStG) wird es nicht beanstandet, wenn der beleg- und buchmäßige Nachweis der Voraussetzungen der Steuerbefreiung noch auf Grundlage der bis zum 31. Dezember 2011 geltenden Rechtslage geführt wird.

---

1) Durch das BMF-Schreiben vom 06.02.2012 wurde dieser Termin verlängert bis 30.06.2012, siehe Anlage § 006a-12

Anlage § 006–14

Umsatzsteuer; Beleg- und Buchnachweispflichten bei der Steuerbefreiung für Ausfuhrlieferungen (§ 4 Nr. 1 Buchst. a, § 6 UStG); Änderungen der §§ 9 bis 11, 13 und 17 UStDV durch die Zweite Verordnung zur Änderung steuerlicher Verordnungen

BMF-Schreiben vom 06.02.2012 – IV D 3 – S 7134/12/10001,
BStBl. 2012 I S. 212

Durch die „Zweite Verordnung zur Änderung steuerlicher Verordnungen" vom 2. Dezember 2011 (BGBl. I S. 2416) wurden u.a. die §§ 9 bis 11, 13 und 17 UStDV mit Wirkung vom 1. Januar 2012 geändert. Mit diesen Änderungen wurden die Beleg- und Buchnachweispflichten für Ausfuhrlieferungen an die seit 1.7.2009 bestehende EU-einheitliche Pflicht zur Teilnahme am elektronischen Ausfuhrverfahren (Artikel 787 ZK-DVO, sog. Verfahren „ATLAS-Ausfuhr") angepasst.

Unter Bezugnahme auf das Ergebnis der Erörterungen mit den obersten Finanzbehörden der Länder zur Anwendung der Neuregelungen werden die Abschnitte 6.2, 6.5 bis 6.11 und 7.3 des Umsatzsteuer-Anwendungserlasses vom 1. Oktober 2010, der zuletzt durch das BMF-Schreiben vom 19. Januar 2012 – IV D 3 – S 7117-a/10/10001 (2011/0038127) – geändert worden ist, wie folgt geändert:

I. Änderungen des Umsatzsteuer-Anwendungserlasses

1. Abschnitt 6.2 Abs.1 wird wie folgt gefasst:

    „(1) ¹Seit 1.7.2009 besteht EU-einheitlich die Pflicht zur Teilnahme am elektronischen Ausfuhrverfahren (Artikel 787 ZK-DVO). ²In Deutschland steht hierfür das IT-System ATLAS-Ausfuhr zur Verfügung. ³Die Pflicht zur Abgabe elektronischer Anmeldungen betrifft alle Anmeldungen unabhängig vom Beförderungsweg (Straßen-, Luft-, See-, Post- und Bahnverkehr)."

2. Abschnitt 6.5 wird wie folgt geändert:
    a) Absatz 1 wird wie folgt geändert:
        aa) Die Sätze 5 und 6 werden wie folgt gefasst:

        „⁵Für die Form und den Inhalt des Ausfuhrnachweises enthalten die §§ 9 bis 11 UStDV **Muss**vorschriften. ⁶Der Unternehmer kann den Ausfuhrnachweis **nur in besonders begründeten Einzelfällen** auch abweichend von **diesen V**orschriften führen, **wenn**
        1. sich aus der Gesamtheit der Belege die Ausfuhr eindeutig und leicht nachprüfbar ergibt (§ 8 Abs. 1 Satz 2 UStDV) und
        2. die buchmäßig nachzuweisenden Voraussetzungen eindeutig und leicht nachprüfbar aus der Buchführung zu ersehen sind (§ 13 Abs. 1 Satz 2 UStDV)."

        bb) Es wird folgender neuer Satz 7 angefügt:

        „⁷Zu den besonders begründeten Einzelfällen gehören z.B. Funktionsstörungen der elektronischen Systeme der Zollverwaltung."

    b) In Absatz 2 Satz 1 werden die Worte „der UStDV" durch die Worte **„des UStG"** ersetzt.
    c) In Absatz 2 Satz 3 wird die Angabe „§ 10 Abs. 1 Nr. 2 Buchstabe f UStDV" durch die Angabe „§ 10 Abs. 1 Nr. 2 Buchstabe **b** Doppelbuchstabe **ff** UStDV" ersetzt.

3. Abschnitt 6.6 wird wie folgt gefasst:

    „**6.6. Ausfuhrnachweis in Beförderungsfällen**

    (1) In Beförderungsfällen (vgl. Abschnitt 3.12 Abs. 2) **ist** die Ausfuhr wie folgt nach**zuweisen** (§ 9 UStDV):

    1. bei einer Ausfuhr außerhalb des gVV oder des Versandverfahrens mit Carnet TIR
        a) ¹in Fällen, in denen die Ausfuhranmeldung im EDV-gestützten Ausfuhrverfahren (ATLAS-Ausfuhr) auf elektronischem Weg erfolgt, mit dem durch die AfZSt an den Anmelder/Ausführer per EDIFACT-Nachricht übermittelten PDF-Dokument „Ausgangsvermerk" (vgl. Anlage 1 zum BMF-Schreiben vom 3.5.2010, BStBl. I S. 499, sowie ggf. die späteren hierzu im BStBl. I veröffentlichten BMF-Schreiben). ²Dies gilt unabhängig davon, ob der Gegenstand der Ausfuhr vom Unternehmer oder vom Abnehmer befördert oder versandt wird. ³Hat der Unternehmer statt des Ausgangsvermerks einen von der AfZSt erstellten „Alternativ-Ausgangsvermerk" (vgl. Anlage 2 zum BMF-Schreiben vom 3.5.2010, BStBl. I S. 499, sowie ggf. die späteren hierzu im BStBl. I veröffentlichten BMF-Schreiben), gilt dieser als Ausfuhrnachweis. ⁴Liegt dem Unternehmer weder ein „Ausgangsvermerk" noch ein „Alternativ-Ausgangsvermerk" vor, kann er den Belegnachweis entsprechend Absatz 6 führen. ⁵Die Unternehmen haben die mit der Zollverwaltung ausgetauschten EDIFACT-Nachrichten zu

Anlage § 006–14

archivieren (§ 147 Abs. 6 und § 147 Abs. 1 Nr. 4 in Verbindung mit Abs. 3 AO). [6]Das **Ausfuhrbegleitdokument** (ABD) ist nicht als Ausfuhrnachweis geeignet, weil es von der AgZSt weder abgestempelt noch zurückgegeben wird. [7]**Ein nachträglich von einer ausländischen Grenzzollstelle abgestempeltes ABD ist als Ausfuhrnachweis geeignet,**

b) [1]in Fällen, in denen die Ausfuhranmeldung nicht im elektronischen Ausfuhrverfahren durchgeführt werden kann (im Ausfall- und Sicherheitskonzept), wird das Exemplar Nr. 3 der Ausfuhranmeldung (= Exemplar Nr. 3 des Einheitspapiers – Einheitspapier Ausfuhr/Sicherheit, Zollvordruck 033025 oder Einheitspapier, Zollvordruck 0733 mit Sicherheitsdokument, Zollvordruck 033023) **als Nachweis der Beendigung des zollrechtlichen Ausfuhrverfahrens verwendet.** [2]Dieser Beleg wird als Nachweis für Umsatzsteuerzwecke anerkannt, wenn die Ausfuhrbestätigung durch einen Vermerk (Dienststempelabdruck der Grenzzollstelle mit Datum) auf der Rückseite des Exemplars Nr. 3 der Ausfuhranmeldung angebracht ist. [3]Dieser Beleg muss im Fall des Ausfallkonzepts außerdem den Stempelabdruck „ECS/AES Notfallverfahren" tragen, da im Ausfallkonzept stets alle anstelle einer elektronischen Ausfuhranmeldung verwendeten schriftlichen Ausfuhranmeldungen mit diesem Stempelabdruck versehen werden,

c) [1]in Fällen, in denen die Ausfuhranmeldung nicht im elektronischen Ausfuhrverfahren erfolgt (bei Ausfuhren mit mündlicher oder konkludenter Anmeldung in Fällen von geringer wirtschaftlicher Bedeutung bzw. bei Ausfuhranmeldungen bis zu einem Warenwert von 1.000 €), wird auf andere Weise als mit dem Exemplar Nr. 3 der Ausfuhranmeldung (= Exemplar Nr. 3 des Einheitspapiers) der Ausgang der Ware überwacht. [2]Wird hierfür ein handelsüblicher Beleg (z.B. Frachtbrief, Rechnung, Lieferschein) verwendet, wird er als Nachweis für Umsatzsteuerzwecke anerkannt, wenn die Ausfuhrbestätigung durch einen Vermerk (Dienststempelabdruck der Grenzzollstelle mit Datum) auf der Rückseite angebracht ist. [3]**In diesem Beleg müssen in jedem Fall Name und Anschrift des liefernden Unternehmers, die handelsübliche Bezeichnung und die Menge des ausgeführten Gegenstands, der Ort und der Tag der Ausfuhr sowie die Ausfuhrbestätigung der zuständigen Grenzzollstelle enthalten sein;**

2. bei einer Ausfuhr im gVV oder im Versandverfahren mit Carnet TIR

a) [1]Ausfuhr nach Absatz 1 Nr. 1 Buchstabe **a**: durch das von der AfZSt übermittelte oder erstellte Dokument „Ausgangsvermerk", wenn das EDV-gestützte Ausfuhrverfahren erst nach Eingang der Kontrollergebnisnachricht/des Rückscheins oder Trennabschnitts im Versandverfahren (Beendigung des Versandverfahrens) durch die Abgangsstelle, die in diesen Fällen als AgZSt handelt, beendet wurde. [2]Dies gilt nur, wenn das EDV-gestützte Ausfuhrverfahren von einer deutschen Abgangsstelle (AgZSt) beendet wurde, **oder**

b) [1]Ausfuhr nach Absatz 1 Nr. 1 Buchstabe **b**: durch eine Ausfuhrbestätigung der Abgangsstelle, die bei einer Ausfuhr im Versandverfahren (gVV oder Carnet TIR) nach Eingang der Kontrollergebnisnachricht erteilt wird, sofern das Versandverfahren EDV-gestützt eröffnet wurde. [2]Bei einer Ausfuhr im Versandverfahren (gVV oder Carnet TIR), das nicht EDV-gestützt eröffnet wurde, wird die Ausfuhrbestätigung nach Eingang des Rückscheins (Exemplar Nr. 5 des Einheitspapiers im gVV) bzw. nach Eingang der Bescheinigung über die Beendigung im Carnet TIR (Trennabschnitt) erteilt, sofern sich aus letzterer die Ausfuhr ergibt.

(2) [1]Das gemeinschaftliche Versandverfahren dient der Erleichterung des innergemeinschaftlichen Warenverkehrs und der Erleichterung des Warenverkehrs zwischen EU-Mitgliedstaaten und den Drittstaaten Andorra und San Marino, während das gemeinsame Versandverfahren den Warenverkehr zwischen EU-Mitgliedstaaten und den EFTA-Ländern (Island, Norwegen und Schweiz einschl. Liechtenstein) erleichtert. [2]Beide Verfahren werden im Wesentlichen einheitlich abgewickelt. [3]Bei Ausfuhren im Rahmen dieser Verfahren werden die Grenzzollstellen grundsätzlich nicht eingeschaltet. [4]Die Waren sind der Abgangsstelle per Teilnehmernachricht (E_DEC_DAT/Versandanmeldung) oder Internetversandanmeldung über das System ATLAS-Versand anzumelden. [5]Die Abgangsstelle überlässt – nach Prüfung der Anmeldung – die Waren in das gVV und händigt dem Hauptverpflichteten ein Versandbegleitdokument (VBD) aus. [6]Die Bestimmungsstelle leitet der Abgangsstelle nach Gestellung der Waren die Eingangsbestätigung und die Kontrollergebnisnachricht zu. [7]**Die Abgangsstelle schließt hierauf das Ausfuhrverfahren im Rahmen ihrer Eigenschaft als Ausgangszollstelle durch einen manuellen Datenabgleich ab.** [8]**Bestehen auf Grund von Unstimmigkeiten in der Kontrollergebnisnachricht (oder Exemplar Nr. 5 des Einheitspapiers im gVV bzw. Bescheinigung über die Beendigung im Carnet TIR (Trennabschnitt)) der Bestimmungs(zoll)stelle Zweifel an der tatsächlich erfolgten Ausfuhr der Waren, kann die Ausfuhrnach-**

Anlage § 006–14

weis für den entsprechenden Ausfuhrvorgang nur durch Alternativnachweise (z.B. Drittlandsverzollungsbeleg) geführt werden. [9]**Die Teilnehmernachricht, die Internetversandanmeldung oder das VBD sind in diesem Zusammenhang nicht als Ausfuhrnachweise geeignet.**

(3) [1]Die Ausfuhrbestätigung der den Ausgang des Gegenstands aus dem Gemeinschaftsgebiet überwachenden Grenzzollstelle oder der Abgangsstelle kann sich auf einem üblichen Geschäftsbeleg, z.B. Lieferschein, Rechnungsdurchschrift, Versandbegleitdokument oder der Ausfuhranmeldung (Exemplar Nr. 3 des Einheitspapiers) befinden. [2]Es kann auch ein besonderer Beleg, der die Angaben des § 9 UStDV enthält, oder ein dem Geschäftsbeleg oder besonderen Beleg anzustempelnder Aufkleber verwendet werden.

(4) [1]Die deutschen Zollstellen wirken auf Antrag bei der Erteilung der Ausfuhrbestätigung wie folgt mit:

1. Mitwirkung der Grenzzollstelle außerhalb des EDV-gestützten Ausfuhrverfahrens

   [1]Die Grenzzollstelle prüft die Angaben in dem vom Antragsteller vorgelegten Beleg und bescheinigt auf Antrag den körperlichen Ausgang der Waren durch einen Vermerk. [2]Der Vermerk erfolgt durch einen Dienststempelabdruck, der den Namen der Zollstelle und das Datum enthält. [3]Das entsprechend Artikel 793a Abs. 2 ZK-DVO behandelte Exemplar Nr. 3 des Einheitspapiers dient grundsätzlich nur als Nachweis der Beendigung des zollrechtlichen Ausfuhrverfahrens. [4]In den Fällen, in denen das Exemplar Nr. 3 durch die letzte Zollstelle oder – wenn die Waren im Eisenbahn-, Post-, Luft- oder Seeverkehr ausgeführt werden – durch die für den Ort der Übernahme der Ausfuhrsendung durch die Beförderungsgesellschaften bzw. Postdienste zuständige Ausgangszollstelle behandelt wird, kann das Exemplar Nr. 3 als Ausfuhrnachweis für Umsatzsteuerzwecke (Ausfuhrbestätigung der Grenzzollstelle im Sinne von § 9 UStDV) verwendet werden. [5]Eines gesonderten Antrags bedarf es nicht.

2. Mitwirkung der Abgangsstelle bei Ausfuhren im gVV oder im Versandverfahren mit Carnet TIR

   [1]Bei Ausfuhren im gVV oder im Versandverfahren mit Carnet TIR wird, wenn diese Verfahren nicht bei einer Grenzzollstelle beginnen, die Ausfuhrbestätigung der Grenzzollstelle ersetzt durch

   a) eine Ausgangsbestätigung der Ausfuhrzollstelle bei einer Ausfuhr im EDV-gestützten Ausfuhrverfahren mit einem in Deutschland erzeugten Dokument „Ausgangsvermerk" (unter Beachtung von Absatz 1 Nr. 2 Buchstabe a), **oder**

   b) eine Ausfuhrbestätigung (§ 9 Abs. 3 UStDV) der Abgangsstelle, die bei einer Ausfuhr im gVV nach Eingang der Kontrollergebnisnachricht/des Rückscheins oder Trennabschnitts erteilt wird (siehe unter Absatz 1 Nr. 2 Buchstabe **b**).

   [2]Die Ausfuhrbestätigung wird von der Abgangsstelle in den Fällen des Satzes 1 mit folgendem Vermerk erteilt: „Ausgeführt mit Versandanmeldung MRN/mit Carnet TIR VAB-Nr. ... vom ...". [3]Der Vermerk muss Ort, Datum, Unterschrift und Dienststempelabdruck enthalten. [4]Die Sätze 1 bis **3** gelten sinngemäß für im Rahmen des Ausfallkonzepts für ATLAS-Versand erstellte Versandanmeldungen auf Basis des Einheitspapiers (vgl. Absatz 1 Nr. 1 Buchstabe **b** Satz 2).

[2]Die den Ausgang des Ausfuhrgegenstands aus dem Gemeinschaftsgebiet überwachenden Grenzzollstellen (Ausgangszollstellen) anderer EU-Mitgliedstaaten bescheinigen im Ausfall- und Sicherheitskonzept (siehe Abschnitt 6.2 Abs. 4 Satz 1 Nr. 1) auf Antrag den körperlichen Ausgang der Waren ebenfalls durch einen Vermerk auf der Rückseite des Exemplars Nr. 3 der Ausfuhranmeldung (= Exemplar Nr. 3 des Einheitspapiers).

(5) Bei einer Werklieferung an einem beweglichen Gegenstand, z.B. bei dem Einbau eines Motors in ein Kraftfahrzeug, kann der Ausfuhrnachweis auch dann als erbracht angesehen werden, wenn die Grenzzollstelle oder Abgangsstelle die Ausfuhr des tatsächlich in das Drittlandsgebiet gelangten Gegenstands, z.B. des Kraftfahrzeugs, bestätigt und sich aus der Gesamtheit der vorliegenden Unterlagen kein ernstlicher Zweifel ergibt, dass die verwendeten Stoffe mit dem ausgeführten Gegenstand in das Drittlandsgebiet gelangt sind.

(6) [1]Ist der Nachweis der Ausfuhr durch Belege mit einer Bestätigung der Grenzzollstelle oder der Abgangsstelle nicht möglich oder nicht zumutbar, z.B. bei der Ausfuhr von Gegenständen im Reiseverkehr, durch die Kurier- und Poststelle des Auswärtigen Amts oder durch Transportmittel der Bundeswehr oder der Stationierungstruppen, kann der Unternehmer den Ausfuhrnachweis auch durch andere Belege führen. [2]Als Ersatzbelege können insbesondere Bescheinigungen amtlicher Stellen der Bundesrepublik Deutschland anerkannt werden (bei der Ausfuhr von Kraftfahrzeugen siehe aber Abschnitt 6.9 Abs. 13). [3]Grundsätzlich sind anzuerkennen:

1. Bescheinigungen des Auswärtigen Amts einschließlich der diplomatischen oder konsularischen Vertretungen der Bundesrepublik Deutschland im Bestimmungsland;
2. Bescheinigungen der Bundeswehr einschließlich ihrer im Drittlandsgebiet stationierten Truppeneinheiten;
3. Belege über die Verzollung oder Einfuhrbesteuerung durch außergemeinschaftliche Zollstellen oder beglaubigte Abschriften davon,
4. Transportbelege der Stationierungstruppen, z.B. Militärfrachtbriefe, und
5. Abwicklungsscheine.

[4]**Nachweise in ausländischer Sprache können grundsätzlich nur in Verbindung mit einer amtlich anerkannten Übersetzung anerkannt werden.** [5]**Bei Einfuhrverzollungsbelegen aus dem Drittlandsgebiet in englischer Sprache kann im Einzelfall auf eine amtliche Übersetzung verzichtet werden.** [6]**Zahlungsnachweise oder Rechnungen (Artikel 796 da Nr. 4 Buchstabe b ZK-DVO) können grundsätzlich nicht als Nachweise anerkannt werden.**

(7) [1]In Beförderungsfällen, bei denen der Unternehmer den Gegenstand der Lieferung in eine Freizone des Kontrolltyps I (Freihäfen Bremerhaven, Cuxhaven und Hamburg; vgl. Abschnitt 1.9 Abs. 1) befördert, ist die Beschaffung der Bestätigung bei den den Ausgang aus dem Gemeinschaftsgebiet überwachenden Zollämtern an der Freihafengrenze wegen der großen Anzahl der Beförderungsfälle nicht zumutbar. [2]Als Ausfuhrnachweis kann deshalb ein Beleg anerkannt werden, der neben den in § 9 Abs. 1 **Satz 1 Nr. 2 Buchstaben a bis c** UStDV bezeichneten Angaben Folgendes enthält:

1. einen Hinweis darauf, dass der Unternehmer den Gegenstand in eine Freizone des Kontrolltyps I befördert hat;
2. eine Empfangsbestätigung des Abnehmers oder seines Beauftragten mit Datum, Unterschrift, Firmenstempel und Bezeichnung des Empfangsorts.

[3]Als Belege kommen alle handelsüblichen Belege, insbesondere Lieferscheine, Kaiempfangsscheine oder Rechnungsdurchschriften, in Betracht. [4]Soweit sie die erforderlichen Angaben nicht enthalten, sind sie entsprechend zu ergänzen oder mit Hinweisen auf andere Belege zu versehen, aus denen sich die notwendigen Angaben ergeben."

4. Abschnitt 6.7 wird wie folgt gefasst:

„**6.7. Ausfuhrnachweis in Versendungsfällen**

(1) In den Versendungsfällen (vgl. Abschnitt 3.12 Abs. 3) **muss** der Ausfuhrnachweis, **sofern die Ausfuhranmeldung im EDV-gestützten Ausfuhrverfahren (ATLAS-Ausfuhr) auf elektronischem Weg erfolgt, durch den „Ausgangsvermerk" bzw. „Alternativ-Ausgangsvermerk" geführt werden; Abschnitt 6.6 Abs. 1 Nr. 1 Buchstabe a gilt entsprechend.**

(1a) [1]**Bei allen anderen Ausfuhranmeldungen muss der Ausfuhrnachweis** durch Versendungsbelege oder durch sonstige handelsübliche Belege geführt werden. [2]Versendungsbelege sind neben dem Eisenbahnfrachtbrief insbesondere der Luftfrachtbrief, **der Einlieferungsschein für im Postverkehr beförderte Sendungen** (vgl. auch Abschnitt 6.9 Abs. 5), das zur Auftragserteilung an einen Kurierdienst gefertigte Dokument (vgl. auch Abschnitt 6.9 Abs. 6), das Konnossement, der Ladeschein sowie deren Doppelstücke, wenn sich aus ihnen die grenzüberschreitende Warenbewegung ergibt. [3]Zum Begriff der sonstigen handelsüblichen Belege vgl. Absatz 2. [4]Die bei der Abwicklung eines Ausfuhrgeschäfts anfallenden Geschäftspapiere, z.B. Rechnungen, Auftragsschreiben, Lieferscheine oder deren Durchschriften, Kopien und Abschriften von Versendungsbelegen, Spediteur-Übernahmebescheinigungen, Frachtabrechnungen, sonstiger Schriftwechsel, können als Ausfuhrnachweis in Verbindung mit anderen Belegen anerkannt werden, wenn sich aus der Gesamtheit der Belege die Angaben nach § 10 Abs. 1 **Satz 1 Nr. 2** UStDV eindeutig und leicht nachprüfbar ergeben. [5]Unternehmer oder Abnehmer, denen Belege über die Ausfuhr eines Gegenstands, z.B. Versendungsbelege oder sonstige handelsübliche Belege, ausgestellt worden sind, obwohl sie diese für Zwecke des Ausfuhrnachweises nicht benötigen, können die Belege mit einem Übertragungsvermerk versehen und an den Unternehmer, der die Lieferung bewirkt hat, zur Führung des Ausfuhrnachweises weiterleiten. [6]**Ist der Versendungsbeleg ein Frachtbrief (z.B. CMR-Frachtbrief), muss dieser vom Absender als Auftraggeber des Frachtführers, also dem Versender des Liefergegenstands, unterzeichnet sein (beim CMR-Frachtbrief in Feld 22).** [7]**Der Auftraggeber kann hierbei von**

Anlage § 006–14

einem Dritten vertreten werden (z.B. Lagerhalter); es reicht aus, dass die Berechtigung des Dritten, den Frachtbrief zu unterschreiben, glaubhaft gemacht wird (z.B. durch Vorliegen eines Lagervertrages). [8]Beim Eisenbahnfrachtbrief kann die Unterschrift auch durch einen Stempelaufdruck oder einen maschinellen Bestätigungsvermerk ersetzt werden. [9]Die Unterschrift eines zur Besorgung des Warentransports eingeschalteten Dritten (z.B. ein Spediteur) ist nicht erforderlich.

(2) [1]Ist ein Spediteur, Frachtführer oder Verfrachter mit der Beförderung oder Versendung des Gegenstands in das Drittlandsgebiet beauftragt worden, soll der Unternehmer **in den Fällen des Absatzes 1a** die Ausfuhr durch eine Ausfuhrbescheinigung nach vorgeschriebenem Muster nachweisen. [2]Die Bescheinigung muss vom Spediteur nicht eigenhändig unterschrieben worden sein, wenn die für den Spediteur zuständige Landesfinanzbehörde die Verwendung des Unterschriftsstempels (Faksimile) oder einen Ausdruck des Namens der verantwortlichen Person genehmigt hat und auf der Bescheinigung auf die Genehmigungsverfügung der Landesfinanzbehörde unter Angabe von Datum und Aktenzeichen hingewiesen wird. [3]Anstelle der Ausfuhrbescheinigung des Spediteurs, Frachtführers oder Verfrachters kann der Unternehmer den Ausfuhrnachweis im Ausfall- und Sicherheitskonzept (siehe Abschnitt 6.2 Abs. 4 Satz 1 Nr. 1) auch mit dem Exemplar Nr. 3 des Einheitspapiers führen, wenn diese mit einem Ausfuhrvermerk der Ausgangszollstelle versehen sind (vgl. Abschnitt 6.6 Abs. 4 Satz 1 Nr. 1 Sätze 3 bis 6).

(2a) [1]Ist eine Ausfuhr elektronisch angemeldet worden und ist es dem Unternehmer nicht möglich oder nicht zumutbar, den Ausfuhrnachweis mit dem „Ausgangsvermerk" oder dem „Alternativ-Ausgangsvermerk" zu führen, kann der Unternehmer die Ausfuhr mit den in § 10 Abs. 1 Satz 1 Nr. 2 UStDV genannten Belegen nachweisen. [2]In diesen Fällen muss der Beleg zusätzlich zu den nach § 10 Abs. 1 Satz 1 Nr. 2 UStDV erforderlichen Angaben die Versendungsbezugsnummer der Ausfuhranmeldung nach Artikel 796c Satz 3 ZK-DVO (Movement Reference Number – MRN) enthalten. [3]An den Nachweis des Unternehmers, dass ein Ausnahmefall im Sinne des § 10 Abs. 3 UStDV vorliegt, sind keine erhöhten Anforderungen zu stellen. [4]Die Regelung in § 10 Abs. 3 UStDV betrifft hauptsächlich diejenigen Fälle, in denen ein anderer als der liefernde Unternehmer die Ausfuhr elektronisch anmeldet; die Sätze 1 bis 3 gelten jedoch auch in den Fällen, in denen das Ausfuhrverfahren nach Ablauf von 150 Tagen zollrechtlich für ungültig erklärt worden ist, weil eine ordnungsgemäße Beendigung des Ausfuhrverfahrens nicht möglich war. [5]Ein Beleg nach § 10 Abs. 1 Satz 1 Nr. 2 UStDV, der in den Fällen des § 10 Abs. 3 UStDV nicht die richtige MRN enthält, ist nicht als Ausfuhrnachweis anzuerkennen. [6]Eine unrichtige MRN kann jedoch korrigiert werden.

(3) [1]Die Regelung in § 10 Abs. 4 UStDV betrifft hauptsächlich diejenigen Fälle, in denen der selbständige Beauftragte, z.B. der Spediteur mit Sitz im Drittlandsgebiet oder die Privatperson, die in § 10 Abs. 1 **Satz 1** Nr. 2 **Buchstabe b Doppel**buchstabe ff UStDV vorgesehene Versicherung über die Nachprüfbarkeit seiner Angaben im Gemeinschaftsgebiet nicht abgeben kann. [2]An den Nachweis des Unternehmers, dass ein Ausnahmefall im Sinne des § 10 Abs. 4 UStDV vorliegt, sind keine erhöhten Anforderungen zu stellen."

5. In Abschnitt 6.8 Abs. 1 Satz 1 und Abs. 2 Satz 1 wird jeweils das Wort „soll" durch das Wort **„muss"** ersetzt.

6. Abschnitt 6.9 wird wie folgt geändert:

   a) Die Zwischenüberschrift nach Absatz 10 wird wie folgt gefasst:

   „Ausfuhr von **für den Straßenverkehr zugelassenen** Fahrzeugen"

   b) Absatz 11 wird wie folgt gefasst:

   „**(11)** [1]In Fällen der Ausfuhr eines für den Straßenverkehr zugelassenen Fahrzeugs, gleich ob auf eigener Achse oder mit Hilfe eines Beförderungsmittels, gilt Abschnitt 6.6 Abs. 1 bzw. Abschnitt 6.7 entsprechend. [2]Der Ausfuhrbeleg muss nach diesen Regelungen auch die Fahrzeug-Identifikationsnummer im Sinne des § 6 Abs. 5 Nr. 5 Fahrzeug-Zulassungsverordnung enthalten. [3]Der Ausfuhrnachweis muss in diesen Fällen zusätzlich mit einer Bescheinigung über die Zulassung, die Verzollung oder die Einfuhrbesteuerung des Fahrzeugs im Drittland geführt werden. [4]Diesen Belegen muss eine amtliche Übersetzung in die deutsche Sprache beigefügt sein. [5]Bei Einfuhrverzollungsbelegen aus dem Drittlandsgebiet in englischer Sprache kann im Einzelfall auf eine amtliche Übersetzung verzichtet werden. [6]Die Sätze 2 bis 5 gelten nicht in Fällen, in denen das Fahrzeug mit einem Ausfuhrkennzeichen ausgeführt wird, wenn der Ausfuhrbeleg nach Abschnitt 6.6 Abs. 1 bzw. Abschnitt 6.7 die Nummer des Ausfuhrkennzeichens enthält."

   c) Absatz 12 wird gestrichen.

7. Abschnitt 6.10 wird wie folgt geändert:
   a) In Absatz 2 Sätze 1 und 3 werden jeweils die Worte „der UStDV" durch die Worte **„des UStG"** ersetzt.
   b) Absatz 4 wird wie folgt gefasst:
      „(4) ¹Der Inhalt und der Umfang des buchmäßigen Nachweises sind in Form von **Muss**vorschriften geregelt (§ 13 Abs. 2 bis **7** UStDV). ²Der Unternehmer kann den Nachweis **aber in besonders begründeten Einzelfällen** auch in anderer Weise führen. ³Er muss jedoch in jedem Fall die Grundsätze des § 13 Abs. 1 UStDV beachten."
   c) In Absatz 5 wird folgender neuer Satz 4 angefügt:
      „**⁴Die Aufzeichnung der Fahrzeug-Identifikationsnummer bei der Lieferung eines Fahrzeugs im Sinne des § 1b Abs. 2 UStG nach § 13 Abs. 2 Nr. 1 UStDV und die Aufzeichnung der Movement Reference Number (MRN) nach § 13 Abs. 2 Nr. 7 UStDV sind unerlässlich.**"
   d) In Absatz 6 Sätze 1 und 5 wird jeweils das Wort „soll" durch das Wort **„muss"** ersetzt.
   e) In Absatz 7 (Einleitungssatz) wird das Wort „soll" durch das Wort **„muss"** ersetzt und am Ende der Klammerzusatz wie folgt gefasst: „(§ 13 Abs. **6** UStDV)".
8. Abschnitt 6.11 wird wie folgt geändert:
   a) In Absatz 2 Satz 1 wird das Wort „soll" durch das Wort **„muss"** ersetzt und am Ende der Klammerzusatz wie folgt gefasst: „(§ 9 Abs. 1 **Satz 1 Nr. 2** UStDV, Abschnitt 6.6 Abs. 3)".
   b) In Absatz 4 Satz 1 wird das Wort „soll" durch das Wort **„muss"** ersetzt.
   c) In Absatz 7 Satz 1 werden nach dem Wort „vorgelegten" die Worte **„Pass oder sonstigen"** eingefügt.
9. In Abschnitt 7.3 Abs. 2 Einleitungssatz werden das Wort „soll" durch das Wort **„muss"** ersetzt und das Wort „regelmäßig" gestrichen.

II. Anwendungsregelung

Die Grundsätze dieser Regelung sind auf nach dem 31. Dezember 2011 ausgeführte Umsätze anzuwenden. Auf die Übergangsregelung im BMF-Schreiben vom 9. Dezember 2011 – IV D 3 – S 7141/ 11/10003 (2011/0995084), BStBl. I S. 1287, wird hingewiesen.

Anlagen § 006a–01, 02 nicht belegt, § 006a–03, § 006a–04, 05 nicht belegt, § 006a–06

Behandlung des Betankens unternehmerisch genutzter Kraftfahrzeuge im übrigen Gemeinschaftsgebiet

Erlass FM Bayern vom 23.05.1995 – 36 – S 7140 – 1/21 – 24 657,
DStR 1995 S. 1352

Lieferungen von Bunkerölen an Binnenschiffer aus anderen EU-Mitgliedstaaten in Abholfällen können unter bestimmten Voraussetzungen bis zum 31.12.1995 nach § 4 Nr. 1 Buchst. b i. V. m. § 6a UStG als steuerfrei behandelt werden (vgl. die Erl. vom 7.10.1993, 36 – S 7140 – 1/5 – 63 928 und vom 15.12.1994, 36 – S 7140 – 1/13 – 77 865, entspricht BMF-Schreiben vom 29.11.1994, DStR 1995, 218). Es ist gefragt worden, ob diese Regelung auf das Betanken und anschließende Mitführen von Kraftstoff im Fahrzeugtank eines unternehmerisch genutzten Kraftfahrzeugs ausgedehnt werden kann. Ich bitte, zu dieser Frage folgende Auffassung zu vertreten:

Die Regelung zur Lieferung von Bunkeröl an Binnenschiffer wurde in erster Linie zur Vermeidung von Wettbewerbsnachteilen für deutsche Bunkerbetriebe getroffen, weil in den Niederlanden derartige Lieferungen steuerfrei behandelt werden. Diese Wettbewerbsnachteile liegen beim Betanken von Landkraftfahrzeugen nicht vor. Es sind keine einseitigen Steuerbefreiungen eines anderen Mitgliedstaates hinsichtlich des Betankens unternehmerisch genutzter Kraftfahrzeuge bekannt. Die oben bezeichnete Regelung für die Lieferung von Bunkeröl kann daher nicht auf das Betanken von Landkraftfahrzeugen ausgedehnt werden. Vielmehr sind in diesen Fällen umsatzsteuerbare und -pflichtige Inlandslieferungen von Kraftstoff der inländischen Tankstellenunternehmen an Abnehmer aus anderen EU-Mitgliedstaaten anzunehmen, da sich der Nachweis einer innergemeinschaftlichen Lieferung in das übrige Gemeinschaftsgebiet nicht erbringen läßt.

Innergemeinschaftliche Lieferungen an Abnehmer mit ungültiger USt-IdNr.; Vertrauensschutzregelung nach § 6a Abs. 4 UStG

OFD Frankfurt am Main, Vfg. vom 28.03.1996 – S 7141 A – 3 – 11 A 42,
DStR 1996 S. 670

Es wurde die Frage erörtert, welche materiell-rechtlichen Konsequenzen die Verwendung einer ungültigen USt-IdNr. für den inländischen Unternehmer (Lieferer) letztlich nach sich zieht. Die Besprechung führte zu folgendem Ergebnis:

– Der zum buchmäßigen Nachweis der Voraussetzungen für die Steuerbefreiung innergemeinschaftlicher Lieferungen verpflichtete Unternehmer (§ 17c Abs. 1 UStDV) kann die Aufzeichnung einer unzutreffenden USt-IdNr. berichtigen.

– Kann der Unternehmer die zutreffende USt-IdNr. nachträglich nicht mehr feststellen, kommt eine sinngemäße Anwendung der Vertrauensschutzregelung des § 6a Abs. 4 UStG in Betracht.[1]

---

1) Siehe aber BFH vom 02.04.1997, Rechtsprechung zu § 6a

Umsatzsteuerbefreiung für innergemeinschaftliche Lieferungen (§ 4 Nr. 1 Buchst. b, § 6a UStG); Versendungsnachweis (§ 17a UStDV)[1)]

BMF-Schreiben vom 13.11.1996 – IV C 4 – S 7143 – 7/96, UR 1997 S. 38

In Ihren Schreiben vertreten Sie das Anliegen, in den Fällen, in denen bei innergemeinschaftlichen Lieferungen die Gegenstände über andere Mitgliedstaaten in den Bestimmungsmitgliedstaat befördert oder versendet werden, den Nachweis der Beförderung/Versendung in den ersten Mitgliedstaat für die Inanspruchnahme der Steuerbefreiung als ausreichend anzusehen. Ihr Anliegen ist inzwischen mit den obersten Finanzbehörden der Länder erörtert worden. Die Erörterung hat zu folgendem Ergebnis geführt:

Die Steuerbefreiung für eine innergemeinschaftliche Lieferung setzt nach § 6a Abs. 3 UStG voraus, daß die Beförderung oder Versendung des Liefergegenstandes durch den Unternehmer nachgewiesen wird.

In Beförderungsfällen soll der Nachweis durch einen Beleg geführt werden, aus dem sich der *Bestimmungsort* ergibt (§ 17a Abs. 2 Nr. 2 UStDV). Dies gilt aufgrund der Bezugnahme in § 17a Abs. 4 Nr. 2 UStDV auf § 10 Abs. 1 Nr. 2 Buchst. e UStDV auch für Versendungsfälle.

Unter Bestimmungsort ist der Ort zu verstehen, zu dem der Liefergegenstand gelangen soll. Die Angabe des Bestimmungsortes ist erforderlich, um die Warenbewegung nachvollziehen und somit das Besteuerungsrecht des Bestimmungsmitgliedstaates sicherstellen zu können (Erwerbsbesteuerung).

Ein Versendungsbeleg, aus dem sich dieser Bestimmungsort nicht ergibt, reicht als Nachweis für die Inanspruchnahme der Steuerbefreiung für innergemeinschaftliche Lieferungen nicht aus.

In den Fällen, in denen es dem Unternehmer aber nicht möglich oder *nicht zumutbar* ist, den Nachweis der Versendung durch einen Versendungsbeleg oder durch einen sonstigen handelsüblichen Beleg, insbesondere Spediteurbescheinigung, zu führen, kann er den Nachweis auch wie in Beförderungsfällen führen (§ 17a Abs. 4 Satz 2 UStDV).

Sollte es für Sie nicht zumutbar sein, den Bestimmungsort, zu dem der Liefergegenstand gelangen soll, durch entsprechende Versendungsbelege nachzuweisen, können Sie den Nachweis auch wie in Beförderungsfällen führen (§ 17a Abs. 2 UStDV). In diesen Fällen ist der Bestimmungsort durch einen handelsüblichen Beleg, insbesondere Lieferschein, nachzuweisen (§ 17a Abs. 2 Nr. 2 UStDV). Der Empfang der Ware ist durch den Abnehmer zu bestätigen (§ 17a Abs. 2 Nr. 3 UStDV).

Die Prüfung und Entscheidung der Frage, ob im *Einzelfall* die Voraussetzungen für die Inanspruchnahme der Steuerbefreiung für innergemeinschaftliche Lieferungen vorliegen, obliegt den für die Verwaltung der Umsatzsteuer zuständigen Landesfinanzbehörden.

[1)] Beachte Neuregelung ab 01.01.2012 gem. § 17a UStDV

Anlagen § 006a–08 nicht belegt, § 006a–09

Innergemeinschaftliche Lieferungen; Anwendung der Vertrauensschutzregelung gem. § 6a Abs. 4 UStG bei Rechnungen von sog. Scheinunternehmen

OFD Hannover, Vfg. vom 12.02.2002 – S 7144 – 1 – StO 353/S 7144 – 4 – StH 541, DB 2002 S. 820

Voraussetzung für die Steuerbefreiung einer innergemeinschaftlichen Lieferung nach § 6a UStG ist u. a., dass die Umsatzsteuer-Identifikationsnummer (USt-IdNr.) des Abnehmers buchmäßig nachgewiesen wird (§ 6a Abs. 3 UStG i. V. mit § 17c Abs. 1 Satz 1 UStDV). Damit kann aber nur die Aufzeichnung der richtigen USt-IdNr. des wirklichen Abnehmers gemeint sein (BFH-Beschluss vom 2.4.1997 V B 159/96, UVR 1997 S. 210).

Führen die Ermittlungen von ausländischen Steuerverwaltungen zu der Erkenntnis, dass es sich bei dem vom Unternehmer mit USt-IdNr. aufgezeichneten Erwerber um ein Scheinunternehmen handelt, so sind die Voraussetzungen für die Gewährung der USt-Befreiung nach § 6a UStG nicht erfüllt, weil der erforderliche Buchnachweis nicht erbracht wurde. Es steht dann nämlich fest, dass durch die Aufzeichnung der USt-IdNr. des Scheinunternehmens nicht die USt-IdNr. des wirklichen Abnehmers aufgezeichnet wurde.

Hat der Unternehmer danach nicht die USt-IdNr. des richtigen Abnehmers seiner innergemeinschaftlichen Lieferungen buchmäßig aufgezeichnet, so können die betroffenen Lieferungen *nicht aus Gründen des Vertrauensschutzes* gem. § 6a Abs. 4 UStG umsatzsteuerfrei behandelt werden:

Der Gute Glaube des § 6a Abs. 4 UStG betrifft *nur unrichtige Angaben des Abnehmers über die in § 6a Abs. 1 UStG bezeichneten Voraussetzungen* (z. B. Unternehmereigenschaft des Abnehmers, Verwendung des Liefergegenstands für sein Unternehmen, körperliche Warenbewegung in den anderen Mitgliedstaat). Die Vorschrift kommt jedoch bei Verstößen gegen *§ 6a Abs. 3 UStG (Buchnachweis) nicht zur Anwendung.* § 6a Abs. 4 UStG gewährt keinen Vertrauensschutz für die Annahme, dass der *angebliche Abnehmer mit dem wirklichen identisch ist. Hierüber muss sich der liefernde Unternehmer vergewissern.* Falls jedoch der Nachweis des wirklichen Abnehmers scheitert, muss diese Tatsache dem Bereich des *allgemeinen Unternehmerrisikos* zugeordnet werden. Das Vertrauen in die Richtigkeit des Beleg- und Buchnachweises wird selbst dann nicht geschützt, wenn der Abnehmer die USt-IdNr. eines *anderen Unternehmers* verwendet, indem er unberechtigt in oder unter dessen Namen bei dem Umsatzgeschäft auftritt.

Anlage § 006a–10

Steuerbefreiung gemäß § 4 Nr. 1 Buchst. b i.V.m. § 6a UStG für innergemeinschaftliche Lieferungen

BMF-Schreiben vom 05.05.2010 – IV D 3 – S 7141/08/10001, BStBl. 2010 I S. 508

Unter Bezugnahme auf das Ergebnis der Erörterung mit den obersten Finanzbehörden der Länder gilt zur Anwendung der Steuerbefreiung für innergemeinschaftliche Lieferungen (§ 4 Nr. 1 Buchstabe b, § 6a UStG) unter Berücksichtigung der hierzu ergangenen Rechtsprechung, insbesondere der EuGH-Urteile vom 27. September 2007, Rs. C-146/05 (Collée), BStBl. 2009 II S. 78, vom 27. September 2007, C-184/05 (Twoh International), BStBl. 2009 II S. 83, und vom 27. September 2007, C-409/04 (Teleos u.a.), BStBl. 2009 II S. 70, sowie der BFH-Urteile vom 8. November 2007, V R 26/05, BStBl. 2009 II S. 49, vom 8. November 2007, V R 71/05, BStBl. 2009 II S. 52, vom 8. November 2007, V R 72/05, BStBl. II S. 55, vom 6. Dezember 2007, V R 59/03, BStBl. II S. 57, vom 12. Mai 2009, V R 65/06, BStBl. 2010 II S. 511, sowie unter Berücksichtigung der Grundsätze der BFH-Urteile vom 23. April 2009, V R 84/07, BStBl. 2010 II S. 509 und vom 28. Mai 2009, V R 23/08, BStBl. 2010 II S. 517, Folgendes:

Inhaltsübersicht:

Textziffern (Tz.)		Randziffern (Rz.)
I.	**Grundvoraussetzungen einer (steuerfreien) innergemeinschaftlichen Lieferung**	1–4
II.	**Anwendungsgrundsätze**	5–19
	1. Beförderung oder Versendung in das übrige Gemeinschaftsgebiet (§ 6a Abs. 1 Satz 1 Nr. 1 UStG)	5–7
	2. Empfänger (= Abnehmer) der Lieferung (§ 6a Abs. 1 Satz 1 Nr. 2 UStG)	8–14
	3. Besteuerung des innergemeinschaftlichen Erwerbs in einem anderen Mitgliedstaat (§ 6a Abs. 1 Satz 1 Nr. 3 UStG)	15–17
	4. Bearbeitung oder Verarbeitung vor der Beförderung oder Versendung in das übrige Gemeinschaftsgebiet (§ 6a Abs. 1 Satz 2 UStG)	18
	5. Innergemeinschaftliches Verbringen als innergemeinschaftliche Lieferung (§ 6a Abs. 2 UStG)	19
III.	**Pflicht zum Nachweis der Voraussetzungen der Steuerbefreiung (§ 6a Abs. 3 UStG)** [1]	20–49
	1. Allgemeines	20–22
	2. Voraussetzungen des Beleg- und Buchnachweises nach den §§ 17a bis 17c UStDV	23–24
	3. Belegnachweis in Beförderungs- und Versendungsfällen (§ 17a UStDV)	25–38
	3.1 Belegnachweis in Beförderungsfällen	25–33
	3.2 Belegnachweis in Versendungsfällen	34–38
	4. Belegnachweis in Bearbeitungs- oder Verarbeitungsfällen (§ 17b UStDV)	39
	5. Belegnachweis in Fällen der Beförderung oder Versendung eines neuen Fahrzeugs an Nichtunternehmer	40
	6. Buchnachweis (§ 17c UStDV)	41–49
IV.	**Gewährung von Vertrauensschutz (§ 6a Abs. 4 UStG)**	50–57

I. Grundvoraussetzungen einer (steuerfreien) innergemeinschaftlichen Lieferung

1 Eine innergemeinschaftliche Lieferung setzt eine im Inland steuerbare Lieferung (§ 1 Abs. 1 Nr. 1 UStG) voraus. Gegenstand der Lieferung muss ein körperlicher Gegenstand sein, der vom liefernden Unternehmer, vom Abnehmer oder von einem vom liefernden Unternehmer oder vom Abnehmer beauftragten Dritten in das übrige Gemeinschaftsgebiet befördert oder versendet wird (§ 3 Abs. 6 Satz 1 UStG). Das Vorliegen einer innergemeinschaftlichen Lieferung kommt nicht in Betracht für Lieferungen von Gas über das Erdgasnetz und von Elektrizität im Sinne des § 3g UStG. Werklieferungen (§ 3 Abs. 4 UStG) können unter den Voraussetzungen des § 3 Abs. 6 Satz 1 UStG innergemeinschaftliche Lieferungen sein.

---
1) Beachte Neuregelung ab 01.01.2012, siehe Anlage § 006a-12

Anlage § 006a–10

2 Bei Reihengeschäften (§ 3 Abs. 6 Satz 5 UStG) kommt die Steuerbefreiung einer innergemeinschaftlichen Lieferung nur für die Lieferung in Betracht, der die Beförderung oder Versendung des Liefergegenstands zuzurechnen ist. Im Rahmen eines Reihengeschäfts, bei dem die Warenbewegung im Inland beginnt und im Gebiet eines anderen Mitgliedstaates endet, kann daher mit der Beförderung oder Versendung des Liefergegenstands in das übrige Gemeinschaftsgebiet nur *eine* innergemeinschaftliche Lieferung im Sinne des § 6a UStG bewirkt werden. Die Steuerbefreiung kommt demnach nur bei der Beförderungs- oder Versendungslieferung zur Anwendung (vgl. Abschnitt 31a Abs. 13 UStR).

3 Die Person/Einrichtung, die eine steuerfreie innergemeinschaftliche Lieferung bewirken kann, muss ein Unternehmer sein, der seine Umsätze nach den allgemeinen Vorschriften des Umsatzsteuergesetzes besteuert (sog. Regelversteurer). Auf Umsätze von Kleinunternehmern, die nicht gemäß § 19 Abs. 2 UStG zur Besteuerung nach den allgemeinen Vorschriften des Umsatzsteuergesetzes optiert haben, auf Umsätze im Rahmen eines land- und forstwirtschaftlichen Betriebs, auf die die Durchschnittssätze gemäß § 24 UStG angewendet werden, und auf Umsätze, die der Differenzbesteuerung gemäß § 25a UStG unterliegen, findet die Steuerbefreiung nach § 4 Nr. 1 Buchstabe b, § 6a UStG keine Anwendung (vgl. § 19 Abs. 1 Satz 4, § 24 Abs. 1 Satz 2, § 25a Abs. 5 Satz 2 und § 25a Abs. 7 Nr. 3 UStG).

4 Die Steuerbefreiung einer innergemeinschaftlichen Lieferung erstreckt sich auf das gesamte Entgelt, das für die Lieferung vereinbart oder vereinnahmt worden ist.
Abschnitt 128 Abs. 6 Nr. 2 UStR ist entsprechend anzuwenden.

II. Anwendungsgrundsätze

1. Beförderung oder Versendung in das übrige Gemeinschaftsgebiet (§ 6a Abs. 1 Satz 1 Nr. 1 UStG)

5 Das Vorliegen einer innergemeinschaftlichen Lieferung setzt voraus, dass der Unternehmer, der Abnehmer oder ein vom liefernden Unternehmer oder vom Abnehmer beauftragter Dritter den Gegenstand der Lieferung in das übrige Gemeinschaftsgebiet befördert oder versendet hat. Eine Beförderungslieferung liegt vor, wenn der liefernde Unternehmer, der Abnehmer oder ein von diesen beauftragter unselbständiger Erfüllungsgehilfe den Gegenstand der Lieferung befördert. Befördern ist jede Fortbewegung eines Gegenstands (§ 3 Abs. 6 Satz 2 UStG). Eine Versendungslieferung liegt vor, wenn die Beförderung durch einen selbständigen Beauftragten ausgeführt oder besorgt wird. Zu den weiteren Voraussetzungen einer Beförderungs- oder Versendungslieferung vgl. Abschnitt 30 Abs. 2 bzw. Abs. 3 UStR.

6 Das übrige Gemeinschaftsgebiet umfasst die gemeinschaftsrechtlichen Inlandsgebiete der EU-Mitgliedstaaten mit Ausnahme des Inlands der Bundesrepublik Deutschland im Sinne des § 1 Abs. 2 Satz 1 UStG. Zu den einzelnen Gebieten des übrigen Gemeinschaftsgebiets vgl. Abschnitt 13a UStR.

7 Die Beförderung oder Versendung des Gegenstands der Lieferung „in das übrige Gemeinschaftsgebiet" erfordert, dass die Beförderung oder Versendung im Inland beginnt und im Gebiet eines anderen Mitgliedstaats endet. Der Liefergegenstand muss somit das Inland der Bundesrepublik Deutschland physisch verlassen haben und tatsächlich in das übrige Gemeinschaftsgebiet gelangt, d.h. dort physisch angekommen sein. Hat der Empfänger einer innergemeinschaftlichen Lieferung (Abnehmer) im Bestimmungsmitgliedstaat in seiner Mehrwertsteuererklärung den Erwerb des Gegenstands als innergemeinschaftlichen Erwerb erklärt, kann dies nur ein zusätzliches Indiz dafür darstellen, dass der Liefergegenstand tatsächlich das Inland physisch verlassen hat. Ein maßgeblicher Anhaltspunkt für das Vorliegen einer innergemeinschaftlichen Lieferung ist dies jedoch nicht.

2. Empfänger (= Abnehmer) der Lieferung (§ 6a Abs. 1 Satz 1 Nr. 2 UStG)

8 Empfänger einer innergemeinschaftlichen Lieferung können nur folgende Personen sein:
– Unternehmer, die den Gegenstand der Lieferung für ihr Unternehmen erworben haben;
– juristische Personen, die nicht Unternehmer sind oder die den Gegenstand der Lieferung nicht für ihr Unternehmen erworben haben oder
– bei der Lieferung eines neuen Fahrzeugs auch jeder andere Erwerber.

9 Der Abnehmer im Sinne des § 6a Abs. 1 Satz 1 Nr. 2 UStG muss der Empfänger der Lieferung bzw. Abnehmer des Gegenstands der Lieferung sein. Das ist regelmäßig diejenige Person/Einrichtung, der der Anspruch auf die Lieferung zusteht und gegen die sich zivilrechtliche Anspruch auf Zahlung des Kaufpreises richtet.

10 Eine Person/Einrichtung, die den Gegenstand für ihr Unternehmen erwirbt, muss zum Zeitpunkt der Lieferung Unternehmer sein. Es ist nicht erforderlich, dass dieser Unternehmer im Ausland ansässig ist. Es kann sich auch um einen im Inland ansässigen Unternehmer handeln. Unerheblich ist auch, ob es sich (ggf. nach dem Recht eines anderen Mitgliedstaates) bei dem Abnehmer um einen Kleinunternehmer,

um einen Unternehmer, der ausschließlich steuerfreie, den Vorsteuerabzug ausschließende, Umsätze ausführt, oder um einen Land- und Forstwirt handelt, der seine Umsätze nach einer Pauschalregelung besteuert.

Von der Unternehmereigenschaft des Abnehmers kann regelmäßig ausgegangen werden, wenn dieser gegenüber dem liefernden Unternehmer mit einer ihm von einem anderen Mitgliedstaat erteilten, im Zeitpunkt der Lieferung gültigen Umsatzsteuer-Identifikationsnummer (USt-IdNr.) auftritt. Nicht ausreichend ist es, wenn die USt-IdNr. im Zeitpunkt des Umsatzes vom Abnehmer lediglich beantragt wurde. Die USt-IdNr. muss vielmehr im Zeitpunkt des Umsatzes von der zuständigen Behörde zugeteilt worden sein. Zur Aufzeichnung der USt-IdNr. und zum Nachweis der Gültigkeit vgl. Rz. 41 und 42. **11**

Von einem Erwerb des Gegenstands für das Unternehmen des Abnehmers kann regelmäßig ausgegangen werden, wenn der Abnehmer mit einer ihm von einem anderen Mitgliedstaat erteilten, im Zeitpunkt der Lieferung gültigen USt-IdNr. auftritt und sich aus der Art und Menge der erworbenen Gegenstände keine berechtigten Zweifel an der unternehmerischen Verwendung ergeben. **12**

Die Lieferung kann auch an eine juristische Person, die nicht Unternehmer ist oder die den Gegenstand nicht für ihr Unternehmen erwirbt, bewirkt werden. Es kann sich um eine juristische Person des öffentlichen oder des privaten Rechts handeln. Die juristische Person kann im Ausland (z.B. eine ausländische Gebietskörperschaft, Anstalt oder Stiftung des öffentlichen Rechts oder ein ausländischer gemeinnütziger Verein) oder im Inland ansässig sein. Von der Eigenschaft der juristischen Person als zur Erwerbsbesteuerung verpflichteter Abnehmer kann nur dann ausgegangen werden, wenn sie gegenüber dem liefernden Unternehmer mit einer ihr von einem anderen Mitgliedstaat erteilten, im Zeitpunkt der Lieferung gültigen USt-IdNr. auftritt. **13**

Bei der Lieferung eines neuen Fahrzeugs kommt es auf die Eigenschaft des Abnehmers nicht an. Hierbei kann es sich auch um Privatpersonen handeln. Zum Begriff der neuen Fahrzeuge vgl. § 1b UStG und Abschnitt 15c UStR. **14**

3. Besteuerung des innergemeinschaftlichen Erwerbs in einem anderen Mitgliedstaat (§ 6a Abs. 1 Satz 1 Nr. 3 UStG)

Zu den Voraussetzungen einer innergemeinschaftlichen Lieferung gehört nach § 6a Abs. 1 Satz 1 Nr. 3 UStG, dass der Erwerb des Gegenstands der Lieferung beim Abnehmer in einem anderen Mitgliedstaat den Vorschriften der Umsatzbesteuerung (Besteuerung des innergemeinschaftlichen Erwerbs; kurz: Erwerbsbesteuerung) unterliegt. Die Steuerbefreiung für innergemeinschaftliche Lieferungen kommt daher für andere Gegenstände als verbrauchsteuerpflichtige Waren und neue Fahrzeuge nicht in Betracht, wenn der Abnehmer Kleinunternehmer, Unternehmer, der ausschließlich steuerfreie den Vorsteuerabzug ausschließende Umsätze ausführt, Land- oder Forstwirt ist, der seine Umsätze nach einer Pauschalregelung versteuert, oder eine nicht unternehmerische juristische Personen ist und die innergemeinschaftlichen Erwerbe dieses Abnehmerkreises im Bestimmungsmitgliedstaat des gelieferten Gegenstands nicht der Mehrwertsteuer unterliegen, weil im Bestimmungsmitgliedstaat die dortige Erwerbsschwelle vom Abnehmer nicht überschritten wird und er dort auch nicht zur Besteuerung seiner innergemeinschaftlichen Erwerbe optiert hat. **15**

Beispiel 1:

Das in Deutschland ansässige Saatgutunternehmen D liefert am 3. März 2008 Saatgut an einen in Frankreich ansässigen Landwirt F, der dort mit seinen Umsätzen der Pauschalregelung für Land- und Forstwirte unterliegt. Das Saatgut wird durch einen Spediteur im Auftrag des D vom Sitz des D zum Sitz des F nach Amiens befördert. Das Entgelt für das Saatgut beträgt 2.000 €. F hat außer dem Saatgut im Jahr 2008 keine weiteren innergemeinschaftlichen Erwerbe getätigt und in Frankreich auch nicht zur Besteuerung der innergemeinschaftlichen Erwerbe optiert. F ist gegenüber D nicht mit einer französischen USt-IdNr. aufgetreten.

Die Lieferung des D ist nicht als innergemeinschaftliche Lieferung zu behandeln, weil F mit seinem Erwerb in Frankreich nicht der Besteuerung des innergemeinschaftlichen Erwerbs unterliegt, da er unter die Pauschalregelung für Land- und Forstwirte fällt, die Erwerbsschwelle nicht überschreitet und er auf deren Anwendung nicht verzichtet hat. Die Lieferung des D ist als inländische Lieferung steuerbar und steuerpflichtig.

Beispiel 2:

Der in Deutschland ansässige Weinhändler D, dessen Umsätze nicht der Durchschnittssatzbesteuerung (§ 24 UStG) unterliegen, liefert am 1. April 2008 fünf Kisten Wein an den in Limoges (Frankreich) ansässigen Versicherungsvertreter F (nicht zum Vorsteuerabzug berechtigter Unternehmer).

Anlage § 006a–10

D befördert die Ware mit eigenem Lkw nach Limoges. Das Entgelt für die Lieferung beträgt 1.500 €. F hat D seine französische USt-IdNr. mitgeteilt. F hat außer dem Wein im Jahr 2008 keine weiteren innergemeinschaftlichen Erwerbe getätigt.

Für D ist die Lieferung des Weins als verbrauchsteuerpflichtige Ware eine innergemeinschaftliche Lieferung, weil der Wein aus dem Inland nach Frankreich gelangt, der Abnehmer ein Unternehmer ist und mit der Verwendung seiner USt-IdNr. zum Ausdruck bringt, dass er die Ware für sein Unternehmen erwirbt und den Erwerb in Frankreich der Besteuerung des innergemeinschaftlichen Erwerbs zu unterwerfen hat. Da F mit seiner französischen USt-IdNr. auftritt, kann D davon ausgehen, dass der Wein für das Unternehmen des F erworben wird. Unbeachtlich ist, ob F in Frankreich die Erwerbsschwelle überschritten hat oder nicht (vgl. analog für Deutschland § 1a Abs. 5 i.V.m. Abs. 3 UStG). Unbeachtlich ist auch, ob F in Frankreich tatsächlich einen innergemeinschaftlichen Erwerb erklärt oder nicht.

16 Durch die Regelung des § 6a Abs. 1 Satz 1 Nr. 3 UStG, nach der der Erwerb des Gegenstands in einem anderen Mitgliedstaat der Erwerbsbesteuerung unterliegen muss, wird sichergestellt, dass die Steuerbefreiung für innergemeinschaftliche Lieferungen in den Fällen nicht anzuwenden ist, in denen die in Rz. 15 bezeichneten Ausschlusstatbestände vorliegen.

17 Die Voraussetzung des § 6a Abs. 1 Satz 1 Nr. 3 UStG ist erfüllt, wenn der Abnehmer gegenüber dem liefernden Unternehmer mit einer *ihm* von einem anderen Mitgliedstaat erteilten, im Zeitpunkt der Lieferung gültigen USt-IdNr. auftritt (vgl. BFH-Beschluss vom 5. Februar 2004 – V B 180/03 –, BFH/NV 2004 S. 988). Hiermit gibt der Abnehmer zu erkennen, dass er den Gegenstand steuerfrei erwerben will, weil der Erwerb in dem anderen Mitgliedstaat den dortigen Besteuerungsvorschriften unterliegt. Es ist nicht erforderlich, dass der Erwerb des Gegenstands dort tatsächlich besteuert wird. Die Voraussetzung, dass der Erwerb des Gegenstands der Erwerbsbesteuerung unterliegt, ist auch erfüllt, wenn der innergemeinschaftliche Erwerb in dem anderen Mitgliedstaat steuerfrei ist oder dem sog. Nullsatz (Steuerbefreiung mit Vorsteuerabzug) unterliegt.

Beispiel 3:

Der deutsche Computer-Händler H verkauft dem spanischen Abnehmer S einen Computer. S lässt den Computer von seinem Beauftragten, dem in Frankreich ansässigen F abholen. F tritt im Abholungszeitpunkt mit seiner ihm in Frankreich erteilten USt-IdNr. auf, die H als Abnehmer-USt-IdNr. aufzeichnet. S tritt ohne USt-IdNr. auf.

Die Voraussetzung des § 6a Abs. 1 Satz 1 Nr. 3 UStG ist im vorliegenden Fall nicht erfüllt, weil der Abnehmer S gegenüber dem liefernden Unternehmen H nicht mit einer *ihm* von einem anderen Mitgliedstaat erteilten USt-IdNr. auftritt. Die USt-IdNr. des F als Beauftragter des S kann für Zwecke des § 6a Abs. 1 Satz 1 Nr. 3 UStG keine Verwendung finden.

4. Bearbeitung oder Verarbeitung vor der Beförderung oder Versendung in das übrige Gemeinschaftsgebiet (§ 6a Abs. 1 Satz 2 UStG)

18 Der Gegenstand der Lieferung kann durch Beauftragte vor der Beförderung oder Versendung in das übrige Gemeinschaftsgebiet bearbeitet oder verarbeitet worden sein. Der Ort, an dem diese Leistungen tatsächlich erbracht werden, kann sich im Inland, im Drittland oder in einem anderen Mitgliedstaat mit Ausnahme des Bestimmungsmitgliedstaats befinden. Die genannten Leistungen dürfen unter den Voraussetzungen des § 6a Abs. 1 Satz 2 UStG nur von einem Beauftragten des Abnehmers oder eines folgenden Abnehmers erbracht werden. Erteilt der liefernde Unternehmer oder ein vorangegangener Lieferer den Bearbeitungs- oder Verarbeitungsauftrag, ist die Ausführung dieses Auftrags eine der innergemeinschaftlichen Lieferung des Unternehmers vorgelagerter Umsatz. Gegenstand der Lieferung des Unternehmers ist in diesem Fall der bearbeitete Gegenstand und nicht der Gegenstand vor seiner Bearbeitung oder Verarbeitung.

Beispiel 4:

Das in Italien ansässige Textilverarbeitungsunternehmen I hat bei einer in Deutschland ansässigen Weberei D1 Stoffe zur Herstellung von Herrenanzügen bestellt. D1 soll die Stoffe auftragsgemäß nach Italien befördern, nachdem sie von einer in Deutschland ansässigen Färberei D2 gefärbt worden sind. D2 erbringt die Färbearbeiten im Auftrag von I.

D1 erbringt mit der Lieferung der Stoffe an I eine innergemeinschaftliche Lieferung. Gegenstand dieser Lieferung sind die ungefärbten Stoffe. Das Einfärben der Stoffe vor ihrer Beförderung nach Italien stellt eine Bearbeitung im Sinne von § 6a Abs. 1 Satz 2 UStG dar, die unabhängig von der innergemeinschaftlichen Lieferung des D1 zu beurteilen ist. Voraussetzung hierfür ist allerdings, dass I (und nicht D1) den Auftrag zu der Verarbeitung erteilt hat.

Beispiel 5:

Wie Beispiel 4; die Stoffe werden jedoch vor ihrer Beförderung durch D1 in Belgien von dem dort ansässigen Unternehmen B (im Auftrag des I) eingefärbt. Zu diesem Zweck transportiert D1 die Stoffe zunächst nach Belgien und nach ihrer Einfärbung von dort nach Italien.

D1 erbringt auch in diesem Falle eine im Inland steuerbare innergemeinschaftliche Lieferung an I. Die Be- oder Verarbeitung des Liefergegenstands kann auch in einem anderen Mitgliedstaat als dem des Beginns oder Endes der Beförderung oder Versendung erfolgen.

5. Innergemeinschaftliches Verbringen als innergemeinschaftliche Lieferung (§ 6a Abs. 2 UStG)

Als innergemeinschaftliche Lieferung gilt gemäß § 6a Abs. 2 UStG auch das einer Lieferung gleichgestellte Verbringen eines Gegenstands (§ 3 Abs. 1a UStG). Zu den Voraussetzungen eines innergemeinschaftlichen Verbringens vgl. Abschnitt 15b UStR. Ebenso wie bei einer innergemeinschaftlichen Lieferung gemäß § 6a Abs. 1 UStG ist auch bei einem innergemeinschaftlichen Verbringen gemäß § 6a Abs. 2 UStG die Steuerbefreiung davon abhängig, dass der Vorgang in dem anderen Mitgliedstaat der Erwerbsbesteuerung unterliegt. Rz. 15 bis 17 sind entsprechend anzuwenden. 19

III. Pflicht zum Nachweis der Voraussetzungen der Steuerbefreiung (§ 6a Abs. 3 UStG)

1. Allgemeines

Gemäß § 6a Abs. 3 Satz 1 UStG muss der liefernde Unternehmer die Voraussetzungen für das Vorliegen einer innergemeinschaftlichen Lieferung im Sinne von § 6a Abs. 1 und 2 UStG nachweisen. Nach § 17c Abs. 1 Satz 1 UStDV hat der Unternehmer die Voraussetzungen der Steuerbefreiung der innergemeinschaftlichen Lieferung einschließlich der USt-IdNr. des Abnehmers buchmäßig nachzuweisen; die Voraussetzungen müssen eindeutig und leicht nachprüfbar aus der Buchführung zu ersehen sein (sog. Buchnachweis; § 17c Abs. 1 Satz 2 UStDV). Unter einem Buchnachweis ist ein Nachweis durch Bücher oder Aufzeichnungen in Verbindung mit Belegen zu verstehen. Der Buchnachweis verlangt deshalb stets mehr als den bloßen Nachweis entweder nur durch Aufzeichnungen oder nur durch Belege. Belege werden durch die entsprechenden und erforderlichen Hinweise bzw. Bezugnahmen in den stets notwendigen Aufzeichnungen Bestandteil der Buchführung und damit des Buchnachweises, so dass beide eine Einheit bilden. 20

Die §§ 17a (Nachweis bei innergemeinschaftlichen Lieferungen in Beförderungs- und Versendungsfällen) und 17b UStDV (Nachweis bei innergemeinschaftlichen Lieferungen in Bearbeitungs- oder Verarbeitungsfällen) regeln, mit welchen Belegen der Unternehmer den Nachweis zu führen hat. Nach § 17a Abs. 1 UStDV muss der Unternehmer bei innergemeinschaftlichen Lieferungen durch Belege nachweisen, dass er oder der Abnehmer den Gegenstand der Lieferung in das übrige Gemeinschaftsgebiet befördert oder versendet hat; dies muss sich aus den Belegen eindeutig und leicht nachprüfbar ergeben (sog. Belegnachweis). Hinsichtlich der übrigen Voraussetzungen des § 6a Abs. 1 UStG (z.B. Unternehmereigenschaft des Abnehmers, Verpflichtung des Abnehmers zur Erwerbsbesteuerung im Bestimmungsmitgliedstaat), die auch nachgewiesen werden müssen, enthält die UStDV keine besonderen Regelungen für den Belegnachweis. 21

Grundsätzlich hat allein der Unternehmer die Feststellungslast für das Vorliegen der Voraussetzungen der Steuerbefreiung zu tragen. Die Finanzverwaltung ist nicht an seiner Stelle verpflichtet, die Voraussetzungen der Steuerbefreiung nachzuweisen. Insbesondere ist die Finanzverwaltung nicht verpflichtet, auf Verlangen des Unternehmers ein Auskunftsersuchen an die Finanzverwaltung im Zuständigkeitsbereich des vermeintlichen Abnehmers der innergemeinschaftlichen Lieferung zu stellen (vgl. EuGH-Urteil vom 27. September 2007, C-184/05 (Twoh International), BStBl. 2009 II S. 83). Kann der Unternehmer den beleg- und buchmäßigen Nachweis nicht, nicht vollständig oder nicht zeitnah führen, ist deshalb grundsätzlich davon auszugehen, dass die Voraussetzungen der Steuerbefreiung einer innergemeinschaftlichen Lieferung (§ 6a Abs. 1 und 2 UStG) nicht erfüllt sind. Etwas anderes gilt ausnahmsweise dann, wenn – trotz der Nichterfüllung, der nicht vollständigen oder der nicht zeitnahen Erfüllung des Buchnachweises – aufgrund der vorliegenden Belege und der sich daraus ergebenden tatsächlichen Umstände objektiv feststeht, dass die Voraussetzungen des § 6a Abs. 1 und 2 UStG vorliegen. Damit kann ein zweifelsfreier Belegnachweis Mängel beim Buchnachweis heilen. 22

Sind Mängel im Buch- und/oder Belegnachweis festgestellt worden und hat das Finanzamt z.B. durch ein bereits erfolgtes Auskunftsersuchen an den Bestimmungsmitgliedstaat die Kenntnis erlangt, dass der Liefergegenstand tatsächlich in das übrige Gemeinschaftsgebiet gelangt ist, ist auch diese Information in die objektive Beweislage einzubeziehen.

Anlage § 006a–10

Der Unternehmer ist nicht von seiner grundsätzlichen Verpflichtung entbunden, den Beleg- und Buchnachweis vollständig und rechtzeitig zu führen. Nur unter dieser Voraussetzung kann der Unternehmer die Vertrauensschutzregelung nach § 6a Abs. 4 UStG in Anspruch nehmen (vgl. Rz. 50 bis 53).

2. Voraussetzungen des Beleg- und Buchnachweises nach den §§ 17a bis 17c UStDV

23 Die §§ 17a bis 17c UStDV regeln im Einzelnen, wie der Unternehmer die Nachweise der Steuerbefreiung einer innergemeinschaftlichen Lieferung zu führen hat. § 17a Abs. 1 UStDV bestimmt in Form einer Generalklausel (Mussvorschrift), dass der Unternehmer im Geltungsbereich der UStDV durch Belege nachzuweisen hat, dass er oder der Abnehmer den Liefergegenstand in das übrige Gemeinschaftsgebiet befördert oder versendet hat. Dies muss sich aus den Belegen leicht und eindeutig nachprüfbar ergeben.

§ 17c Abs. 1 UStDV setzt voraus, dass auch in der Person des Abnehmers die Voraussetzungen für die Inanspruchnahme der Steuerbefreiung durch den liefernden Unternehmer vorliegen müssen und bestimmt (Mussvorschrift), dass der Unternehmer die USt-IdNr. des Abnehmers buchmäßig nachzuweisen, d.h. aufzuzeichnen hat.

24 Für die Form, den Inhalt und den Umfang des beleg- und buchmäßigen Nachweises stellt die UStDV Sollvorschriften auf. Erfüllt der Unternehmer diese Sollvorschriften, ist der beleg- und buchmäßige Nachweis als erfüllt anzuerkennen. Das Fehlen einer der in den Sollvorschriften der §§ 17a ff. UStDV aufgeführten Voraussetzungen führt nicht zwangsläufig zur Versagung der Steuerbefreiung. Der jeweils bezeichnete Nachweis kann auch durch andere Belege – z.B. durch die auf den Rechnungen ausgewiesene Anschrift des Leistungsempfängers als Belegnachweis des Bestimmungsorts nach § 17a Abs. 2 Nr. 2 UStDV – erbracht werden. Weicht der Unternehmer von den Sollvorschriften der UStDV ab und führt den Nachweis über die innergemeinschaftliche Lieferung anhand anderer Belege, können diese nur dann als Nachweise anerkannt werden, wenn
 – sich aus der Gesamtheit der Belege die innergemeinschaftliche Lieferung eindeutig und leicht nachprüfbar ergibt (§ 17a Abs. 1 Satz 2 UStDV) und
 – die buchmäßig nachzuweisenden Voraussetzungen eindeutig und leicht nachprüfbar aus der Buchführung zu ersehen sind (§ 17c Abs. 1 UStDV).

Abschnitt 131 Abs. 2 bis 4 UStR ist entsprechend anzuwenden.

3. Belegnachweis in Beförderungs- und Versendungsfällen (§ 17a UStDV)

3.1 Belegnachweis in Beförderungsfällen

25 Nach § 17a Abs. 2 UStDV soll in den Fällen, in denen der Unternehmer oder der Abnehmer den Gegenstand der Lieferung in das übrige Gemeinschaftsgebiet befördert, der Unternehmer den Nachweis hierüber wie folgt führen:
 1. durch das Doppel der Rechnung (§§ 14, 14a des Gesetzes),
 2. durch einen handelsüblichen Beleg, aus dem sich der Bestimmungsort ergibt, insbesondere Lieferschein,
 3. durch eine Empfangsbestätigung des Abnehmers oder seines Beauftragten und
 4. in den Fällen der Beförderung des Gegenstands durch den Abnehmer durch eine Versicherung des Abnehmers oder seines Beauftragten, den Gegenstand der Lieferung in das übrige Gemeinschaftsgebiet zu befördern.

26 Der Unternehmer kann den nach § 17a UStDV erforderlichen Belegnachweis ggf. bis zum Schluss der mündlichen Verhandlung vor dem Finanzgericht nachholen. Das gilt in Abholfällen auch für die Versicherung des Abnehmers nach § 17a Abs. 2 Nr. 4 UStDV. Hat der Unternehmer im Übrigen die tatsächliche Durchführung der innergemeinschaftlichen Lieferung nachgewiesen, kann er sich – unabhängig davon, dass die Versicherung (§ 17a Abs. 2 Nr. 4 UStDV) bereits im Zusammenhang mit der Abholung des gelieferten Gegenstands zeitnah schriftlich erklärt werden muss – die Abholung und Verbringung in das übrige Gemeinschaftsgebiet nachträglich bestätigen lassen.

27 Der Begriff „Bestimmungsort" in § 17a Abs. 2 Nr. 2 UStDV ist dahingehend zu verstehen, dass aus den Belegen der jeweilige EU-Mitgliedstaat, in den der gelieferte Gegenstand befördert werden soll oder befördert wird, und der dort belegene Bestimmungsort des Liefergegenstands (z.B. Stadt, Gemeinde) hervorgehen. Eine Angabe wie z.B. „Aus Deutschland ausgeführt und nach Österreich verbracht" ist unzureichend, wenn der Bestimmungsort in dem anderen Mitgliedstaat nicht genannt ist. Mit einer Bescheinigung des Kraftfahrt-Bundesamtes, wonach ein vorgeblich innergemeinschaftlich geliefertes Fahrzeug nicht in Deutschland für den Straßenverkehr zugelassen ist, kann der Nachweis, dass ein Fahrzeug das Inland verlassen hat bzw. in das übrige Gemeinschaftsgebiet befördert worden ist, nicht geführt werden. Die Risiken hinsichtlich der Voraussetzungen einer innergemeinschaftlichen Lieferung,

die sich daraus ergeben, dass der Lieferer die Beförderung oder Versendung der Sache dem Erwerber überlässt, trägt grundsätzlich der liefernde Unternehmer. So kann der Unternehmer nicht einwenden, er habe z.B. als Zwischenhändler in einem Reihengeschäft ein berechtigtes wirtschaftliches Interesse daran, den endgültigen Bestimmungsort des Liefergegenstandes nicht anzugeben, um den Endabnehmer nicht preis geben zu müssen, zumal die Regelungen über die Nachweise bei der Inanspruchnahme der Steuerbefreiung für innergemeinschaftliche Lieferungen keine Sonderregelungen für Reihengeschäfte vorsehen. Auch ein Einwand des liefernden Unternehmers, dass er im Falle der Beförderung oder Versendung durch den Abnehmer in einem Reihengeschäft keine verlässlichen Angaben über den Bestimmungsort des Gegenstandes machen könne, weil dieser ihm nur bekannt sein könne, wenn er selbst den Transportauftrag erteilt habe, ist nicht durchgreifend.

Entspricht der Bestimmungsort nicht den Angaben des Abnehmers, ist dies nicht zu beanstanden, wenn 28 es sich bei dem tatsächlichen Bestimmungsort um einen Ort im übrigen Gemeinschaftsgebiet handelt. Zweifel über das Gelangen des Gegenstands in das übrige Gemeinschaftsgebiet gehen zu Lasten des Steuerpflichtigen.

Die Empfangsbestätigung des Abnehmers oder seines Beauftragten (§ 17a Abs. 2 Nr. 3 UStDV) und die 29 Versicherung des Abnehmers oder seines Beauftragten (§ 17a Abs. 2 Nr. 4 UStDV) müssen den Namen und die Anschrift des Abnehmers sowie den Namen und die Unterschrift des Belegausstellers enthalten. Außerdem muss sich aus der Empfangsbestätigung bzw. der Versicherung ergeben, dass der Abnehmer den Beauftragten mit der Beförderung des Liefergegenstands im Rahmen der Lieferung an den Abnehmer (und nicht im Rahmen einer Lieferung an einen nachfolgenden Abnehmer im Reihengeschäft) beauftragt hat.

Die Empfangsbestätigung bzw. die Versicherung muss einen Zusammenhang zu der Lieferung, auf die sie sich bezieht, erkennen lassen. Daher ist die Berechtigung, den Gegenstand der Lieferung in den Fällen der Beförderung durch den Unternehmer oder den Abnehmer in Empfang nehmen zu dürfen bzw. beim Liefernden abzuholen zu dürfen, durch geeignete Unterlagen (z.B. Auftragsschein mit Abholnummer, Abholschein, Lieferschein) nachzuweisen. Es ist nicht erforderlich, die Berechtigung für jeden einzelnen Liefergegenstand nachzuweisen. Bei Lieferungen, die mehrere Gegenstände umfassen, oder bei Rechnungen, in denen einem Abnehmer gegenüber über mehrere Lieferungen abgerechnet wird, ist es regelmäßig ausreichend, wenn sich die Berechtigung auf die jeweilige Lieferung bzw. auf die Sammelrechnung bezieht. Bei dauerhaften Liefervereinbarungen wird es nicht beanstandet, wenn die Nachweisunterlagen für den vereinbarten Leistungszeitraum vorliegen.

Die Vorlage einer schriftlichen Vollmacht zum Nachweis der Abholberechtigung zählt nicht zu den Er- 30 fordernissen für einen im Sinne von § 17a Abs. 1 und 2 UStDV ordnungsgemäßen Belegnachweis. Die Finanzverwaltung hat jedoch stets die Möglichkeit, beim Vorliegen konkreter Zweifel im Einzelfall diesen Nachweis zu überprüfen. Somit kann der Unternehmer in Zweifelsfällen ggf. zur Vorlage einer Vollmacht, die den Beauftragten berechtigt hat, den Liefergegenstand abzuholen, sowie zur Vorlage der Legitimation des Ausstellers der Vollmacht aufgefordert werden.

Bestehen auf Grund von Ermittlungen der ausländischen Steuerverwaltung Zweifel an der tatsächlichen 31 Existenz des vorgeblichen Abnehmers, können vom Unternehmer nachträglich vorgelegte Belege und Bestätigungen nur dann anerkannt werden, wenn die Existenz des Abnehmers im Zeitpunkt der nachträglichen Ausstellung dieser Unterlagen nachgewiesen werden kann und auch dessen Unternehmereigenschaft zum Zeitpunkt der Lieferung feststeht.

Befördert der Abnehmer den Gegenstand der Lieferung in das übrige Gemeinschaftsgebiet (sog. Ab- 32 holfall), muss sich aus den Belegen leicht und einfach nachprüfbar entnehmen lassen, dass der Abnehmer den Gegenstand der Lieferung in das übrige Gemeinschaftsgebiet befördern wird oder befördert hat. Die entsprechende Versicherung nach § 17a Abs. 2 Nr. 4 UStDV muss schriftlich und in deutscher Sprache erfolgen. Eine mündliche Versicherung reicht nicht aus. Die Versicherung muss insbesondere den Namen und die Anschrift des Abnehmers sowie eine – mit Datum versehene – Unterschrift des Abnehmers bzw. dessen Vertretungsberechtigten enthalten oder mit der Unterschrift eines unselbständigen Beauftragten versehen sein. Die Unterschrift muss ggf. einen Vergleich mit der Unterschrift auf der Passkopie des Abnehmers (bzw. dessen Vertretungsberechtigten oder des unselbständigen Beauftragten) ermöglichen.

Mit einer erst nach Ausführung einer Lieferung erstellten, nicht den Gegebenheiten entsprechenden 33 Bestätigung über die Beförderung des Gegenstands der Lieferung kann der liefernde Unternehmer den erforderlichen Belegnachweis nicht erbringen. Ein Beleg, der weder eine Empfangsbestätigung des Abnehmers noch eine Versicherung des Abnehmers oder seines Beauftragten, den Gegenstand der Lieferung in das übrige Gemeinschaftsgebiet zu befördern, enthält, genügt nicht den Anforderungen an den Belegnachweis.

Anlage § 006a–10

3.2 Belegnachweis in Versendungsfällen

34 Versendet der liefernde Unternehmer oder der Abnehmer den Gegenstand der Lieferung in das übrige Gemeinschaftsgebiet, soll der liefernde Unternehmer den belegmäßigen Nachweis durch ein Doppel der Rechnung und einen Versendungsbeleg führen (§ 17a Abs. 4 UStDV). Als Versendungsbeleg nach § 17a Abs. 4 Nr. 2 UStDV kommen insbesondere in Betracht: Frachtbrief (Eisenbahnfrachtbrief, Luftfrachtbrief), Konnossement, Posteinlieferungsschein, das zur Auftragserteilung an einen Kurierdienst gefertigte Dokument, Ladeschein und deren Doppelstücke, wenn sich aus ihnen die innergemeinschaftliche Warenbewegung ergibt; hinsichtlich der Anforderungen an das zur Auftragserteilung an einen Kurierdienst gefertigte Dokument ist Abschnitt 135 Abs. 6 UStR entsprechend anzuwenden. Bei elektronischer Auftragserteilung an einen Kurierdienst wird auch die Versandbestätigung einschließlich des Zustellnachweises als Versendungsbeleg anerkannt. Der Unternehmer kann den nach § 17a UStDV erforderlichen Belegnachweis auch in Versendungsfällen ggf. bis zum Schluss der mündlichen Verhandlung vor dem Finanzgericht nachholen (vgl. Rz. 26).

35 Die bei der Abwicklung einer innergemeinschaftlichen Lieferung anfallenden Geschäftspapiere, z.B. Rechnungen, Auftragsschreiben, Lieferscheine oder deren Durchschriften, Kopien und Abschriften von Versendungsbelegen, Spediteur-Übernahmebescheinigungen, Frachtabrechnungen, sonstiger Schriftwechsel, können als Versendungsbelegnachweis in Verbindung mit anderen Belegen anerkannt werden, wenn sich aus der Gesamtheit der Belege die Angaben nach § 17a Abs. 4 Satz 1 UStDV eindeutig und leicht nachprüfbar ergeben. Unternehmer oder Abnehmer, denen Belege über die innergemeinschaftliche Lieferung eines Gegenstands, z.B. Versendungsbelege oder sonstige handelsübliche Belege, ausgestellt worden sind, obwohl sie diese für Zwecke des Versendungsbelegnachweises nicht benötigen, können die Belege mit einem Übertragungsvermerk versehen und an den Unternehmer, der die Lieferung bewirkt hat, zur Führung des Versendungsbelegnachweises weiterleiten.

36 Als Versendungsbeleg kann auch ein sonstiger handelsüblicher Beleg dienen, insbesondere eine Bescheinigung des beauftragten Spediteurs (zu den Sollangaben des sonstigen handelsüblichen Belegs vgl. § 10 Abs. 2 Satz 2 UStDV). Ein Frachtbrief soll stets die Unterschrift desjenigen tragen, der dem Frachtführer den Auftrag zu Beförderung des Frachtgutes erteilt hat. Dies folgt aus § 408 Abs. 2 HGB, wonach der Frachtbrief in drei Originalausfertigungen ausgestellt wird, die vom Absender unterzeichnet werden. Unter „Absender" versteht das Frachtbriefrecht stets den Vertragspartner des Frachtführers, auch wenn dieser Vertragspartner der Empfänger des Frachtguts ist. Die Angaben in einem Frachtbrief, der nicht vom Absender unterschrieben ist, sind nicht – wie es § 17a Abs. 1 Satz 2 UStDV verlangt – leicht und eindeutig nachprüfbar. Ein solcher Beleg kann nicht als ordnungsgemäßer Beleg anerkannt werden.

37 Eine dem Muster der Anlage 1 zu dem BMF-Schreiben vom 17. Januar 2000 – IV D 2 – S 7134 – 2/00 – (BStBl. I S. 179) entsprechende, vollständig und richtig ausgefüllte und unterzeichnete Bescheinigung durch einen Spediteur oder Frachtführer ist als Beleg im Sinne des § 17a Abs. 4 Nr. 2 UStDV bzw. als sonstiger handelsüblicher Beleg im Sinne des § 10 Abs. 1 UStDV anzuerkennen. Als Nachweis ist regelmäßig auch der sog. CMR-Frachtbrief anzuerkennen. CMR-Frachtbriefe werden nach Maßgabe des Übereinkommens vom 19. Mai 1956 über den Beförderungsvertrag im internationalen Straßengüterverkehr – CMR (BGBl. II 1961 S. 1120) ausgestellt. Sie müssen gemäß Art. 6 des Übereinkommens folgende Angaben enthalten:

a) Ort und Tag der Ausstellung;
b) Name und Anschrift des Absenders;
c) Name und Anschrift des Frachtführers;
d) Stelle und Tag der Übernahme des Gutes sowie die für die Ablieferung vorgesehene Stelle;
e) Name und Anschrift des Empfängers;
f) die übliche Bezeichnung der Art des Gutes und die Art der Verpackung, bei gefährlichen Gütern ihre allgemein anerkannte Bezeichnung;
g) Anzahl, Zeichen und Nummern der Frachtstücke;
h) Rohgewicht oder die anders angegebene Menge des Gutes;
i) die mit der Beförderung verbundenen Kosten (Fracht, Nebengebühren, Zölle und andere Kosten, die vom Vertragsabschluss bis zur Ablieferung anfallen);
j) Weisungen für die Zollbehandlung und sonstige amtliche Behandlung;
k) die Angabe, dass die Beförderung trotz einer gegenteiligen Abmachung den Bestimmungen dieses Übereinkommens unterliegt.

Anlage § 006a–10

Unter „Absender" (bzw. „Sender" oder „Expediteur") i.S.d. Feldes Nr. 1 des CMR-Frachtbriefs ist der Vertragspartner des Frachtführers zu verstehen, auch wenn dieser Vertragspartner der Empfänger des Frachtguts ist (vgl. Rz. 36).

Die Anerkennung des CMR-Frachtbriefs als belegmäßiger Nachweis setzt allerdings voraus, dass sich aus dem CMR-Frachtbrief die grenzüberschreitende Warenbewegung in den Bestimmungsmitgliedstaat ergibt. Hiervon kann regelmäßig ausgegangen werden, wenn im Feld 24 des CMR-Frachtbriefs der Empfang der Ware mit allen dort erforderlichen Angaben bestätigt wird und dem liefernden Unternehmer nach Aushändigung der Ware zeitnah eine Ausfertigung übersendet wird. Eine fehlende Bestätigung in Feld 24 ist allein kein Grund anzunehmen, dass der Gegenstand der Lieferung nicht in das übrige Gemeinschaftsgebiet gelangt ist. Bestehen ernstliche Zweifel an der tatsächlich grenzüberschreitenden Warenbewegung im Rahmen dieser Lieferung und fehlt in Feld 24 die Empfangsbestätigung des Abnehmers, ist der liefernde Unternehmer verpflichtet, den erforderlichen Nachweis der grenzüberschreitenden Warenbewegung durch andere geeignete Unterlagen nachzuweisen. 38

4. Belegnachweis in Bearbeitungs- oder Verarbeitungsfällen (§ 17b UStDV)

In Bearbeitungs- oder Verarbeitungsfällen im Zusammenhang mit innergemeinschaftlichen Lieferungen soll der liefernde Unternehmer den Belegnachweis durch Belege nach § 17a UStDV führen, die zusätzlich die in § 11 Abs. 1 Nr. 1 bis 4 UStDV bezeichneten Angaben enthalten (§ 17b Satz 2 UStDV). Abschnitt 134 UStR ist entsprechend anzuwenden. 39

5. Belegnachweis in Fällen der Beförderung oder Versendung eines neuen Fahrzeugs an Nichtunternehmer

Wird ein neues Fahrzeug an einen anderen Abnehmer als an einen Unternehmer für dessen Unternehmen geliefert, reicht der auf der Basis der Bestimmungen in § 17 a Abs. 2 bis 4 UStDV zu führende Nachweis der Beförderung oder der Versendung des Fahrzeugs in das übrige Gemeinschaftsgebiet zur Vermeidung eines unversteuerten Letztverbrauchs nicht aus. Der Nachweis der Beförderung oder der Versendung des Fahrzeugs in das übrige Gemeinschaftsgebiet ist in diesen Fällen aber als erbracht anzusehen, wenn nachgewiesen wird, dass das Fahrzeug in einem anderen Mitgliedstaat zum Straßenverkehr amtlich zugelassen worden ist. Hiervon kann abgesehen werden, wenn der Nachweis der Beförderung oder der Versendung des Fahrzeugs in das übrige Gemeinschaftsgebiet in einer anderen gleichermaßen eindeutigen und leicht nachprüfbaren Weise, z. B. durch den Nachweis der Erwerbsbesteuerung, erfolgt. 40

6. Buchnachweis (§ 17c UStDV)

Zur Führung des Buchnachweises muss der liefernde Unternehmer die USt-IdNr. des Abnehmers aufzeichnen (§ 17c Abs. 1 UStDV). Darüber hinaus soll er den Namen und die Anschrift des Abnehmers aufzeichnen (§ 17c Abs. 2 Nr. 1 UStDV). Zu den erforderlichen Voraussetzungen der Steuerbefreiung gehört auch die Unternehmereigenschaft des Abnehmers. Diese muss der liefernde Unternehmer nachweisen (§ 17c Abs. 1 UStDV i.V.m. § 6a Abs. 1 Satz 1 Nr. 2 Buchstabe a UStG). Die Aufzeichnung der USt-IdNr. allein reicht hierfür nicht aus, weil sich aus ihr nicht ergibt, wer der tatsächliche Leistungsempfänger ist. Die Beteiligten eines Leistungsaustausches – und somit auch der Abnehmer – ergeben sich regelmäßig aus den zivilrechtlichen Vereinbarungen. Handelt jemand im fremden Namen, kommt es darauf an, ob er hierzu Vertretungsmacht hat. Der Unternehmer muss daher die Identität des Abnehmers (bzw. dessen Vertretungsberechtigten), z. B. durch Vorlage des Kaufvertrags, nachweisen. Handelt ein Dritter im Namen des Abnehmers, muss der Unternehmer auch die Vollmacht der Vertretungsberechtigten nachweisen, weil beim Handeln im fremden Namen die Wirksamkeit der Vertretung davon abhängt, ob der Vertretungsberechtigte Vertretungsmacht hat (vgl. zu den Anforderungen an die Vollmacht Rz. 30). 41

Die nach § 17c Abs. 1 Satz 1 UStDV buchmäßig nachzuweisende USt-IdNr. des Abnehmers bezeichnet die gültige USt-IdNr. des Abnehmers i.S. von Rz. 9. Wenn der liefernde Unternehmer die gültige USt-IdNr. des Abnehmers nicht aufzeichnen bzw. im Bestätigungsverfahren beim Bundeszentralamt für Steuern nicht erfragen kann, weil ihm eine unrichtige USt-IdNr. genannt worden ist, steht nicht objektiv fest, an welchen Abnehmer die Lieferung bewirkt wurde. Im Übrigen steht nicht entsprechend § 6a Abs. 1 Satz 1 Nr. 3 UStG fest, dass der Erwerb des Gegenstands in dem anderen Mitgliedstaat der Erwerbsbesteuerung unterliegt. In einem solchen Fall liegen die Voraussetzungen für die Inanspruchnahme der Steuerbefreiung für eine innergemeinschaftliche Lieferung somit grundsätzlich nicht vor. Dieser Mangel kann geheilt werden, wenn aufgrund der objektiven Beweislage feststeht, dass es sich um einen Abnehmer i.S.d. § 6a Abs. 1 Satz 1 Nr. 2 UStG handelt und der erforderliche Buchnachweis – ggf. spätestens bis zum Schluss der mündlichen Verhandlung vor dem Finanzgericht – nachgeholt wird. Zu einer etwaigen Gewährung von Vertrauensschutz in diesen Fällen vgl. Rz. 50ff. 42

Anlage § 006a–10

43 Hat der Unternehmer eine im Zeitpunkt der Lieferung gültige USt-IdNr. des Abnehmers i.S. von Rz. 9 aufgezeichnet, kann
   – die Feststellung, dass der Adressat einer Lieferung den Gegenstand nicht zur Ausführung entgeltlicher Umsätze verwendet hat,
   – die Feststellung, der Empfänger der Lieferung habe die mit Hilfe der bezogenen Lieferungen ausgeführten Umsätze nicht versteuert, oder
   – die Mitteilung eines anderen Mitgliedstaates, bei dem Abnehmer handele es sich um einen „missing trader",
   für sich genommen nicht zu dem Schluss führen, nicht der Vertragspartner, sondern eine andere Person sei Empfänger der Lieferung gewesen.

44 Für die Unternehmereigenschaft des Abnehmers ist es auch unerheblich, ob dieser im Bestimmungsmitgliedstaat des Gegenstands der Lieferung seine umsatzsteuerlichen Pflichten erfüllt.

45 Regelmäßig ergibt sich aus den abgeschlossenen zivilrechtlichen Vereinbarungen, wer bei einem Umsatz als Leistender und wer als Leistungsempfänger anzusehen ist. Allerdings kommt unter vergleichbaren Voraussetzungen eine von den „vertraglichen Vereinbarungen" abweichende Bestimmung des Leistungsempfängers in Betracht, wenn bei einer innergemeinschaftlichen Lieferung nach den konkreten Umständen des Falles für den liefernden Unternehmer erkennbar eine andere Person als sein „Vertragspartner" unter dessen Namen auftritt, und bei denen der liefernde Unternehmer mit der Nichtbesteuerung des innergemeinschaftlichen Erwerbs rechnet oder rechnen muss.

46 Der Inhalt und der Umfang des buchmäßigen Nachweises sind in Form von Sollvorschriften geregelt (§ 17c Abs. 2 bis 4 UStDV). Der Unternehmer kann den Nachweis auch in anderer Weise führen. Er muss jedoch in jedem Fall die Grundsätze des § 17c Abs. 1 UStDV beachten.

47 Der buchmäßige Nachweis muss grundsätzlich im Geltungsbereich der UStDV geführt werden. Steuerlich zuverlässigen Unternehmern kann jedoch gestattet werden, die Aufzeichnungen über den buchmäßigen Nachweis im Ausland vorzunehmen und dort aufzubewahren. Voraussetzung ist hierfür, dass andernfalls der buchmäßige Nachweis in unverhältnismäßiger Weise erschwert würde und dass die erforderlichen Unterlagen den deutschen Finanzbehörden jederzeit auf Verlangen im Geltungsbereich der UStDV vorgelegt werden. Der Bewilligungsbescheid ist unter einer entsprechenden Auflage und unter dem Vorbehalt jederzeitigen Widerrufs zu erteilen. Die zuständige Finanzbehörde kann unter den Voraussetzungen des § 146 Abs. 2a und 2b AO auf schriftlichen Antrag des Unternehmers bewilligen, dass die elektronischen Aufzeichnungen über den buchmäßigen Nachweis im Ausland geführt und aufbewahrt werden.

48 Aus dem Grundsatz, dass die buchmäßig nachzuweisenden Voraussetzungen eindeutig und leicht nachprüfbar aus der Buchführung zu ersehen sein müssen (§ 17c Abs. 1 UStDV), ergibt sich, dass die erforderlichen Aufzeichnungen grundsätzlich laufend und unmittelbar nach Ausführung des jeweiligen Umsatzes vorgenommen werden sollen. Der buchmäßige Nachweis darf um den gegebenenfalls später eingegangenen Belegnachweis vervollständigt werden. Der Unternehmer muss den buchmäßigen Nachweis der steuerfreien innergemeinschaftlichen Lieferung bis zu dem Zeitpunkt führen, zu dem er die Umsatzsteuer-Voranmeldung für die innergemeinschaftliche Lieferung abzugeben hat. Der Unternehmer kann fehlende oder fehlerhafte Aufzeichnungen eines rechtzeitig erbrachten Buchnachweises bis zum Schluss der letzten mündlichen Verhandlung vor dem Finanzgericht ergänzen oder berichtigen.

49 Bei der Aufzeichnung der Menge und der handelsüblichen Bezeichnung des Gegenstandes der Lieferung sind Sammelbezeichnungen, z.B. Lebensmittel oder Textilien, in der Regel nicht ausreichend (vgl. Abschnitt 185 Abs. 15 UStR). Aus der Aufzeichnung der Art und des Umfangs einer etwaigen Bearbeitung oder Verarbeitung vor der Beförderung oder Versendung in das übrige Gemeinschaftsgebiet sollen auch der Name und die Anschrift des mit der Bearbeitung oder Verarbeitung Beauftragten, die Bezeichnung des betreffenden Auftrags sowie die Menge und handelsübliche Bezeichnung des gelieferten Gegenstandes hervorgehen. Als Grundlage dieser Aufzeichnungen können die Belege dienen, die der Unternehmer über die Bearbeitung oder Verarbeitung erhalten hat.

IV. Gewährung von Vertrauensschutz (§ 6a Abs. 4 UStG)

50 Nach § 6a Abs. 4 UStG ist eine Lieferung, die der Unternehmer als steuerfreie innergemeinschaftliche Lieferung behandelt hat, obwohl die Voraussetzungen nach § 6a Abs. 1 UStG nicht vorliegen, gleichwohl als steuerfrei anzusehen, wenn die Inanspruchnahme der Steuerbefreiung auf unrichtigen Angaben des Abnehmers beruht und der Unternehmer die Unrichtigkeit dieser Angaben auch bei Beachtung der Sorgfalt eines ordentlichen Kaufmanns nicht erkennen konnte. In diesem Fall schuldet der Abnehmer die entgangene Steuer. Die Frage, ob der Unternehmer die Unrichtigkeit der Angaben des Abnehmers auch bei Sorgfalt eines ordentlichen Kaufmanns nicht erkennen konnte, stellt sich erst dann,

wenn der Unternehmer seinen Nachweispflichten nach §§ 17a ff. UStDV vollständig nachgekommen ist. Entscheidend dabei ist, dass die vom Unternehmer vorgelegten Nachweise (buch- und belegmäßig) eindeutig und schlüssig auf die Ausführung einer innergemeinschaftlichen Lieferung hindeuten und dass der Unternehmer bei der Nachweisführung – insbesondere mit Blick auf die Unrichtigkeit der Angaben – der Sorgfaltspflicht des ordentlichen Kaufmanns genügte und in gutem Glauben war.

„Abnehmer" im Sinne von § 6a Abs. 4 Satz 2 UStG ist derjenige, der den Unternehmer durch falsche Angaben getäuscht hat, d.h. derjenige, der gegenüber dem Unternehmer als (vermeintlicher) Erwerber aufgetreten ist. Dieser schuldet die entgangene Steuer und die Steuer ist gegen ihn festzusetzen und ggf. zu vollstrecken (ggf. im Wege der Amtshilfe, da es sich bei den Betroffenen in der Regel um nicht im Inland ansässige Personen handelt). Der (vermeintliche) Abnehmer im Sinne des § 6a Abs. 4 Satz 2 UStG muss nicht notwendigerweise mit der im Beleg- und Buchnachweis des Unternehmers als Leistungsempfänger dokumentierten Person übereinstimmen. Liegen die Voraussetzungen für die Gewährung von Vertrauensschutz vor, ist eine Lieferung, die der Unternehmer als steuerfreie innergemeinschaftliche Lieferung behandelt hat, obwohl die Voraussetzungen nach § 6a Abs. 1 UStG nicht vorliegen, auch dann als steuerfrei anzusehen, wenn eine Festsetzung der Steuer nach § 6a Abs. 4 Satz 2 UStG gegen den Abnehmer nicht möglich ist, z. B. weil dieser sich dem Zugriff der Finanzbehörde entzogen hat. 51

Die örtliche Zuständigkeit des Finanzamts für die Festsetzung der entgangenen Steuer ergibt sich aus § 21 Abs. 1 AO und der Umsatzsteuerzuständigkeitsverordnung – UStZustV. 52

Der gute Glaube im Sinne des § 6a Abs. 4 UStG bezieht sich allein auf unrichtige Angaben über die in § 6a Abs. 1 UStG bezeichneten Voraussetzungen (Unternehmereigenschaft des Abnehmers, Verwendung des Lieferungsgegenstandes für sein Unternehmen, körperliche Warenbewegung in den anderen Mitgliedstaat). Er bezieht sich auch auf die Richtigkeit der nach § 6a Abs. 3 UStG i.V.m. § 17a ff. UStDV vom Unternehmer zu erfüllenden Nachweise. 53

Die Erfüllung des Beleg- und Buchnachweises gehört zu den Sorgfaltspflichten eines ordentlichen Kaufmanns. Deshalb stellt sich die Frage, ob der Unternehmer die Unrichtigkeit der Angaben des Abnehmers auch bei Sorgfalt eines ordentlichen Kaufmanns nicht erkennen konnte, erst dann, wenn der Unternehmer seinen Nachweispflichten nach §§ 17a bis 17c UStDV vollständig nachgekommen ist. Allerdings kann die Gewährung von Vertrauensschutz im Einzelfall in Betracht kommen, wenn der Unternehmer eine unrichtige USt-IdNr. aufgezeichnet hat, dies jedoch auch bei Beachtung der Sorgfalt eines ordentlichen Kaufmanns nicht erkennen konnte (z.B. weil der Bestimmungsmitgliedstaat die USt-IdNr. des Abnehmers rückwirkend für ungültig erklärt hat). Der Unternehmer trägt die Feststellungslast, dass er die Sorgfalt eines ordentlichen Kaufmanns beachtet hat. 54

War die Unrichtigkeit einer USt-IdNr. erkennbar und hat der Unternehmer dies nicht erkannt (z.B. weil das Bestätigungsverfahren nicht oder zu einem späteren Zeitpunkt als dem des Umsatzes durchgeführt wird), genügt dies nicht der Sorgfaltspflicht eines ordentlichen Kaufmanns. Gleiches gilt in Fällen, in denen der Abnehmer oder dessen Beauftragter den Gegenstand der Lieferung befördert und der liefernde Unternehmer die Steuerbefreiung in Anspruch nimmt, ohne über eine schriftliche Versicherung des Abnehmers zu verfügen, den Gegenstand der Lieferung in einen anderen Mitgliedstaat befördern zu wollen. 55

An die Nachweispflichten sind besonders hohe Anforderungen zu stellen, wenn der vermeintlichen innergemeinschaftlichen Lieferung ein Barkauf zu Grunde liegt. In Fällen dieser Art ist es dem Unternehmer auch zumutbar, dass er sich über den Namen, die Anschrift des Abnehmers und ggf. über den Namen, die Anschrift und die Vertretungsmacht eines Vertreters des Abnehmers vergewissert und entsprechende Belege vorlegen kann. Wird der Gegenstand der Lieferung von einem Vertreter des Abnehmers beim liefernden Unternehmer abgeholt, reicht die alleinige Durchführung eines qualifizierten Bestätigungsverfahrens nach § 18e UStG über die vom Abnehmer verwendete USt-IdNr. nicht aus, um den Sorgfaltspflichten eines ordentlichen Kaufmanns zu genügen. 56

Die Vertrauensschutzregelung ist auf Fälle, in denen der Abnehmer in sich widersprüchliche oder unklare Angaben zu seiner Identität macht, von vornherein nicht anwendbar. Bei unklarer Sachlage verstößt es stets gegen die einem ordentlichen Kaufmann obliegenden Sorgfaltspflichten, wenn der liefernde Unternehmer diese Unklarheiten bzw. Widersprüchlichkeiten aus Unachtsamkeit gar nicht erkennt oder im Vertrauen auf diese Angaben die weitere Aufklärung unterlässt. Für einen Vertrauensschutz ist nur dort Raum, wo eine Täuschung des liefernden Unternehmers festgestellt werden kann. 57

Dieses Schreiben ist in allen noch offenen Steuerfällen anzuwenden.

Anlagen § 006a–11, § 006a–12

Umsatzsteuerbefreiung für innergemeinschaftliche Lieferungen (§ 4 Nr. 1 Buchst. b, § 6a UStG); Nachweis der Voraussetzungen der Steuerbefreiung; BFH-Urteil vom 17.2.2011, V R 30/10, und EuGH-Urteil vom 7.12.2010, Rs. C-285/09

BMF-Schreiben vom 26.09.2011 – IV D 3 – S 7141/08/1000,
BStBl. 2011 I S. 980

Unter Bezugnahme auf das Ergebnis der Erörterungen mit den obersten Finanzbehörden der Länder wird zur Anwendung des BFH-Urteils vom 17. Februar 2011, V R 30/10, BStBl. II S. 769, und des EuGH-Urteils vom 7. Dezember 2010, Rs. C-285/09, BStBl. 2011 II S. 846, in Abschnitt 6a.2 Abs. 3 des Umsatzsteuer-Anwendungserlasses vom 1. Oktober 2010, der zuletzt durch das BMF-Schreiben vom 22. September 2011 – IV D 3 – S 7279/11/100001 (2011/0758614) –, BStBl. I S. 910, geändert worden ist, folgender neuer Satz 7 angefügt:

„**7Dient der Verstoß gegen die Nachweispflichten nach § 6a Abs. 3 UStG aber dazu, die Identität des Abnehmers der innergemeinschaftlichen Lieferung zu verschleiern, um diesem im Bestimmungsmitgliedstaat eine Mehrwertsteuerhinterziehung zu ermöglichen, kann der Unternehmer die Steuerbefreiung für die innergemeinschaftliche Lieferung auch nicht aufgrund des objektiven Nachweises ihrer Voraussetzungen in Anspruch nehmen (vgl. BFH-Urteil vom 17.2.2011, V R 30/10, BStBl. II S. 769 und EuGH-Urteil vom 7.12.2010, Rs. C-285/09, BStBl. 2011 II S. 846).**"

Die Grundsätze dieses Schreibens sind in allen offenen Fällen anzuwenden.

Beleg- und Buchnachweispflichten bei der Steuerbefreiung für innergemeinschaftliche Lieferungen (§ 4 Nr. 1 Buchst. b, § 6a UStG) – Änderungen der §§ 17a, 17b und 17c UStDV durch die Zweite Verordnung zur Änderung steuerlicher Verordnungen

BMF-Schreiben vom 06.02.2012 – IV D 3 – S 7141/11/10003,
BStBl. 2012 I S. 211

Durch die „Zweite Verordnung zur Änderung steuerlicher Verordnungen" vom 2. Dezember 2011 (BGBl. I S. 2416) wurden u.a. die §§ 17a, 17b und 17c UStDV mit Wirkung vom 1. Januar 2012 geändert. Mit diesen Änderungen wurden für die Steuerbefreiung innergemeinschaftlicher Lieferungen neue Nachweisregelungen geschaffen.

Unter Bezugnahme auf das Ergebnis der Erörterungen mit den obersten Finanzbehörden der Länder gilt Folgendes:

Für bis zum 30. Juni 2012 ausgeführte innergemeinschaftliche Lieferungen (§ 4 Nr. 1 Buchst. b, § 6a UStG) wird es nicht beanstandet, wenn der beleg- und buchmäßige Nachweis der Voraussetzungen der Steuerbefreiung noch auf Grundlage der bis zum 31. Dezember 2011 geltenden Rechtslage geführt wird.

Dadurch wird die mit BMF-Schreiben vom 9. Dezember 2011 – IV D 3 – S 7141/11/10003 (2011/ 0995084) –, BStBl. I S. 1287[1], für innergemeinschaftliche Lieferungen getroffene Nichtbeanstandungsregelung um drei Monate verlängert.

---

[1] Anlage § 006-13

Anlagen § 008–01, § 008–02 nicht belegt

Steuerfreie Leistungen der Havariekommissare, Schiffs- und Güterbesichtiger (§ 8 Abs. 1 Nr. 5 UStG) [1)]

Erlass FM Nordrhein-Westfalen vom 20.01.1983 – S 7155 – 7 – V C 4, UR 1983 S. 183

Nach dem Einführungserlaß vom 18.2.1980 zu § 4 Nr. 2, § 8 UStG 1980 (USt-Kartei § 4 S 7155 Karte 3 [2)] können Leistungen der Havariekommissare, Schiffs- und Güterbesichtiger nach dieser Vorschrift befreit sein. Es ist gefragt worden, ob Schadensbesichtigungen bei auf dem Seeweg eingeführten Ladungen auch nach einer Weiterbeförderung zu Land unter die Steuerbefreiungsvorschrift fallen.

Hierzu ist folgende Auffassung zu vertreten: Voraussetzung für die Steuerbefreiung nach § 4 Nr. 2, § 8 Abs. 1 Nr. 5 UStG ist, daß die Leistungen für den unmittelbaren Bedarf der in § 8 Abs. 1 Nr. 1 UStG bezeichneten Wasserfahrzeuge einschließlich ihrer Ausrüstungsgegenstände und Ladungen bestimmt sind. Sonstige Leistungen außerhalb des begünstigten Seefahrtbereichs werden von der Befreiungsvorschrift nicht erfaßt. Daher sind Leistungen, die nur mittelbar mit Seeschiffsladungen zusammenhängen (z. B. Schadensbesichtigungen nach Beförderungen zu Land) grundsätzlich nicht befreit. Die Ladungen haben durch die Beförderung zu Land ihren Charakter als Seeschiffsladung verloren.

Als Abgrenzungsmerkmal für die Frage, wann eine Leistung noch dem „unmittelbaren Bedarf" des begünstigten Seefahrtbereichs zuzurechnen ist, können die im Erlaß vom 17.7.1980 (OFD Düsseldorf, Verfügung vom 1.8.1980 – S 7155a – St 153, DB 1980, 1868) [3)] aufgestellten Grundsätze zur Steuerfreiheit der Umsätze für die Luftfahrt entsprechend herangezogen werden. Danach gehören grundsätzlich nur Schadensbesichtigungen innerhalb des Hafengeländes zu den befreiten Leistungen. Es kommt daher nicht darauf an, ob ein Schaden bei einem Seetransport entstanden ist oder ob die Kosten von Reedereien getragen werden.

Für den „unmittelbaren Bedarf" des begünstigten Seeschiffahrtbereichs werden indessen Leistungen auch dann noch erbracht, wenn beschädigte Schiffsladungen im Hafen vorbesichtigt und die eigentliche Schadensbesichtigung später nach einer Weiterbeförderung zu Land durchgeführt wird.

In diesem Zusammenhang ist die weitere Frage gestellt worden, ob die Leistungen der o. b. Unternehmer auch dann noch befreit sind, wenn Schäden an Seetransportbehältern (Containern) festgestellt und besichtigt werden, nachdem sie beim Abnehmer entladen und wieder zum Container-Terminal zurückgebracht worden sind. Hierzu ist die Auffassung zu vertreten, daß es sich bei Seetransportbehältern (Containern, Lashbargen) um Ausrüstungsgegenstände handelt, die stets dem unmittelbaren Bedarf von Seeschiffen zu dienen bestimmt sind.

Die Havariekommissare, Güter- und Schiffsbesichtiger haben bisher i. d. R. in den Fällen eine Schadensbesichtigung als steuerfrei behandelt, in denen der Schaden auf einem Seetransport entstanden ist. Im Hinblick auf die Unsicherheiten bei der Auslegung des ab 1980 neu gefaßten § 8 UStG ist es vertretbar, diese Verfahrensweise für die Vergangenheit nicht zu beanstanden.

Dieser Erlaß ist im Einvernehmen mit dem Bundesminister der Finanzen und den obersten Finanzbehörden der anderen Länder ergangen.

---

1) Hinweis auf BFH vom 18.05.1988, BStBl. 1988 II S. 801
2) Jetzt Abschnitt 145 UStR
3) Entspricht dem Ergebnis der Besprechung USt VIII/80 (TOP 5) mit den USt-Referenten der Länder (UR 1981 S. 139).

Anlage § 008–03

Steuerfreie Umsätze für die Luftfahrt
(§ 4 Nr. 2, § 8 Abs. 2 UStG; Abschn. 8.2 UStAE)

BMF-Schreiben vom 19.01.2012 – IV D 3 – S 7155-a/11/10002,
BStBl. 2012 I S. 140

Unter Bezugnahme auf das Ergebnis der Erörterung mit den obersten Finanzbehörden der Länder übersende ich die Liste der im Inland ansässigen Unternehmer, die im entgeltlichen Luftverkehr überwiegend internationalen Luftverkehr betreiben, nach dem **Stand vom 1. Januar 2012**. Die Liste tritt an die Stelle der Liste, die meinem Schreiben vom 14. Januar 2011 – IV D 3 – S 7155-a/10/10001 (2011/0024245) – (BStBl. I 2011 S. 90) beigefügt war.

Neu aufgenommen wurden die Firmen
- European Air Transport Leipzig GmbH, 04435 Schkeuditz,
- FLAIR JET Luftverkehrsgesellschaft mbH, 90607 Rückersdorf,
- German Sky Airlines GmbH, 40231 Düsseldorf,
- HHA Hamburg Airways Luftverkehrsgesellschaft mbH, 22297 Hamburg,
- Mach Operation GmbH, 61440 Oberursel,
- MHS Aviation GmbH, 82031 Grünwald,
- PrivateJet International GmbH, 28199 Bremen,
- Sun Express Deutschland GmbH, 65451 Kelsterbach.

Gestrichen wurden die Firmen
- B.F.D. Charter und Travel Service GmbH, 15344 Strausberg,
- Bluebird Aviation GmbH, 68219 Mannheim,
- BREMENFLY GmbH, 12529 Schönefeld,
- Comfort Air Luftfahrtunternehmen GmbH & Co. KG, 85356 München,
- ExecuJet Europe GmbH, 12529 Schönefeld,
- LTU Luftransport-Unternehmen GmbH, 40474 Düsseldorf,
- TRIPLE ALPHA Luftfahrtgesellschaft mbH, 40468 Düsseldorf.

Außerdem wurden die Umfirmierung der Eurowings Luftverkehrs AG, 44319 Dortmund, in die Eurowings GmbH, 40472 Düsseldorf, sowie die Adressenänderung der Air Executive Charter GmbH (jetzt: 90411 Nürnberg), der Eurolink GmbH (jetzt: 85356 München-Flughafen) und der RUSLAN SALIS GmbH (jetzt: 04435 Schkeuditz) berücksichtigt.

Anlage § 008–03

Anlage

**Liste
der im Inland ansässigen Unternehmer, die im entgeltlichen Luftverkehr überwiegend
internationalen Luftverkehr betreiben (§ 8 Abs. 2 Nr. 1 UStG)**

(Stand: 1. Januar 2012)

ACD Aviation Services Ltd.,	44319 Dortmund
ACG Air Cargo Germany GmbH,	55483 Hahn-Flughafen
ACM AIR CHARTER Luftfahrtgesellschaft mbH,	77836 Rheinmünster
Aerologic GmbH,	04435 Schkeuditz
Aero Dienst GmbH & Co KG,	90411 Nürnberg
Aerotours GmbH,	15344 Strausberg
Aerowest GmbH,	30669 Hannover
AIR BERLIN PLC & Co. Luftverkehrs KG,	13627 Berlin
Air Executive Charter GmbH,	90411 Nürnberg
AirGo Flugservice GmbH & Co KG,	55126 Mainz
AIR HAMBURG Luftverkehrsgesellschaft mbH,	22525 Hamburg
Air Independence GmbH,	85356 München
Air Traffic Gesellschaft mit beschränkter Haftung Executive Jet Service,	40474 Düsseldorf
Arcas Aviation GmbH & Co KG,	20355 Hamburg
Arcus-Air GmbH & Co. KG,	66482 Zweibrücken
Atlas Air Service AG,	27777 Ganderkesee
AUGUSTA AIR Luftfahrtunternehmen, Yachtcharter- und Videogeräteverleih Hans Schneider e. K.,	86169 Augsburg
Avanti Air GmbH Co. KG,	57299 Burbach
BinAir Aero Service GmbH,	80939 München
Businesswings Luftfahrtunternehmen GmbH,	34292 Ahnatal
CCF manager airline GmbH,	51147 Köln
Challenge Air Luftverkehrsgesellschaft mbH,	53844 Troisdorf
ChallengeLine LS GmbH,	86169 Augsburg
Condor Berlin GmbH,	12527 Schönefeld
Condor Flugdienst GmbH,	65451 Kelsterbach
DC Aviation GmbH,	70629 Stuttgart
Deutsche Lufthansa AG,	50679 Köln
Eisele Flugdienst GmbH,	70629 Stuttgart
Elytra Charter GmbH & Co. KG,	63329 Egelsbach
Eurolink GmbH,	85356 München-Flughafen
European Air Transport Leipzig GmbH,	04435 Schkeuditz
Eurowings GmbH,	40472 Düsseldorf
FAI rent-a-jet AG,	90411 Nürnberg
Fairjets GmbH,	33142 Büren
Flair Jet Luftverkehrsgesellschaft mbH,	90607 Rückersdorf
FLM Aviation Luftverkehrsgesellschaft Mohrdieck mbH & Co KG,	24159 Kiel
FSH Luftfahrtunternehmen GmbH,	04435 Schkeuditz
GERMANIA Fluggesellschaft mbH,	13627 Berlin
German Sky Airlines GmbH,	40231 Düsseldorf
Germanwings GmbH,	51147 Köln
Hahn Air Lines GmbH,	63303 Dreieich

Anlage § 008–03

Hapag-Lloyd Executive GmbH,	30855 Langenhagen
Helog Lufttransporte KG,	83404 Ainring
HHA Hamburg Airways Luftverkehrsgesellschaft mbH,	22297 Hamburg
HTM Jet Service GmbH Co KG,	85521 Ottobrunn
JetAir Flug GmbH,	85399 Halbergmoos
Jet Aviation Business Deutschland GmbH,	51147 Köln
JET EXECUTIVE INTERNATIONAL CHARTER GmbH & Co. KG,	40472 Düsseldorf
JK Jetkontor AG,	25488 Holm
Lufthansa Cargo AG,	65451 Kelsterbach
Lufthansa Cityline GmbH,	51147 Köln
Mach Operation GmbH,	61440 Oberursel
MHS Aviation GmbH,	82031 Grünwald
Nightexpress Luftverkehrsgesellschaft mbH,	60549 Frankfurt a.M.
Nordjets GmbH & Co. KG,	20457 Hamburg
OLT Ostfriesische Lufttransport GmbH,	26721 Emden
Private Air GmbH,	40474 Düsseldorf
PrivateJet International GmbH,	28199 Bremen
Private Wings Flugcharter GmbH,	12529 Schönefeld
Pro Air Aviation GmbH,	70794 Filderstadt
Quick Air Jet Charter GmbH,	51147 Köln
RUSLAN SALIS GmbH,	04435 Schkeuditz
SENATOR Aviation Charter GmbH,	22335 Hamburg
Silver Cloud Air GmbH,	67346 Speyer
Stuttgarter Flugdienst GmbH,	70629 Stuttgart
Sun Express Deutschland GmbH,	65451 Kelsterbach
transavia Flugbetriebsgesellschaft mbH,	67346 Speyer
TUIfly GmbH,	30855 Langenhagen
Vibro-Air Flugservice GmbH & Co. KG,	41061 Mönchengladbach
VIP-Flights GmbH,	82152 Planegg
WDL Aviation (Köln) GmbH & Co. KG,	51147 Köln
Windrose Air Jetcharter GmbH,	12529 Schönefeld
XL Airways Germany GmbH,	64546 Mörfelden-Walldorf

Anlage § 008–04

Umsätze für die Seeschifffahrt und für die Luftfahrt
(§ 8 UStG; Abschnitte 145 und 146 UStR)

BMF-Schreiben vom 24.01.2008 – IV A 6 – S 7155-a/07/0002,
BStBl. 2008 I S. 294

Unter Bezugnahme auf das Ergebnis der Erörterung mit den obersten Finanzbehörden der Länder gilt zur Anwendung von Abschnitt 145 Abs. 1 und Abschnitt 146 Abs. 1 UStR 2008 Folgendes:

Es wird bis auf weiteres nicht beanstandet, wenn Unternehmer die Lieferungen von Wasserfahrzeugen i.S.d. § 8 Abs. 1 Nr. 1 UStG und die Lieferungen von Luftfahrzeugen i.S.d. § 8 Abs. 2 Nr. 1 UStG abweichend von Abschnitt 145 Abs. 1 und Abschnitt 146 Abs. 1 UStR 2008 umsatzsteuerfrei behandeln. Dies gilt unter der Voraussetzung, dass die Zweckbestimmung bezüglich der Wasserfahrzeuge gemäß § 8 Abs. 1 Nr. 1 UStG und die Zweckbestimmung bezüglich der Luftfahrzeuge gemäß § 8 Abs. 2 Nr. 1 UStG im Zeitpunkt der Lieferung endgültig feststeht und vom Unternehmer nachgewiesen wird.

Anlage § 008–05

Umsatzsteuerliche Beurteilung der Umsätze für die Seeschifffahrt
(§ 4 Nr. 2 UStG, § 8 Abs. 1 UStG)

BMF-Schreiben vom 24.07.2009 – IV B 9 – S 7155/07/10001,
BStBl. 2009 I S. 822

Im Einvernehmen mit den obersten Finanzbehörden der Länder wird der Begriff „Betreiber eines Seeschiffes" in Abschn. 145 Abs. 1 UStR 2008 wie folgt ausgelegt:

Unter den Begriff „Betreiber" fallen unter Berücksichtigung des gemeinschaftsrechtlichen Umfangs der Befreiung von Umsätzen für die Seeschifffahrt sowohl Reeder als auch Bereederer von Seeschiffen, sofern die Leistungen unmittelbar dem Erwerb durch die Seeschifffahrt dienen. Die Eigentumsverhältnisse sind für die Steuerbefreiung insoweit unerheblich. Eine Zwischenlagerung von Lieferungsgegenständen im Sinne des § 8 Abs. 1 UStG ist ebenfalls unschädlich. Chartervergütungen, die von Linienreedereien geleistet werden, die wiederum Bereederungsverträge mit Reedereien abschließen, sind als Gegenleistung für steuerbefreite Umsätze für die Seeschifffahrt anzusehen.

Umsätze, die an von Reederern oder Bereederern beauftragte Agenten bzw. Schiffsmakler ausgeführt werden, fallen dagegen als Umsätze auf einer vorausgehenden Handelsstufe nicht unter die Steuerbefreiung.

Es wird – auch für Zwecke des Vorsteuerabzugs des Leistungsempfängers – nicht beanstandet, wenn in Rechnungen über Leistungen, die vor dem 1. August 2009 ausgeführt wurden, Umsatzsteuer gesondert ausgewiesen ist, weil der Begriff „Betreiber eines Seeschiffes" anders ausgelegt wurde.

Die Ausführungen in meinem Schreiben vom 24. Januar 2008 – IV A 6 – S 7155-a/07/0002 (2008/0034161) – (BStBl. 2008 I S. 294)[1] bleiben unberührt.

---

1) Vgl. Anlage § 008-04

Anlagen § 009–01, 02, 03, 04, 05 nicht belegt, § 009–06

Einschränkung des Verzichts auf Umsatzsteuerbefreiungen (§ 9 Abs. 2 UStG)

OFD Freiburg/Karlsruhe/Stuttgart, Vfg. vom Dezember 1995
USt-Kartei S 7198 Karte 4, UR 1996 S. 398

Durch Artikel 20 Nr. 9 des Mißbrauchsbekämpfungs- und Steuerbereinigungsgesetzes vom 21.12.1993 (BGBl I 1993, 2310, BStBl. I 1994, 50)[1] ist die Möglichkeit, auf die Steuerbefreiung u. a. bei der Vermietung und Verpachtung von Grundstücken (§ 4 Nr. 12 Buchst. a UStG) zu verzichten, durch eine Änderung des § 9 Abs. 2 UStG ab 1.1.1994 weiter eingeschränkt worden.

Ergänzend zu Abschn. 148a UStR 1996 gilt hierzu folgendes:

Nach den Regelungen in Abschn. 148a Abs. 1 UStR 1996 zur Einschränkung der Optionsmöglichkeit nach *§ 9 Abs. 2 UStG* ist bei räumlich oder zeitlich unterschiedlicher Nutzung von Grundstücksteilen die Frage der Option für jeden Grundstücksteil gesondert zu beurteilen. Nach Abschn. 148a Abs. 3 Beispiel 8 UStR gilt dies jedoch nicht bei *zeitlich* unterschiedlicher Nutzung durch *denselben Mieter* (vgl. nachfolgende Beispiele 2, 4 und 5). Wird dagegen ein Grundstück oder ein Grundstücksteil von verschiedenen Mietern unterschiedlich genutzt, kann eine zeitliche Aufteilung nach Maßgabe des jeweiligen Umsatzes an den einzelnen Mieter in Betracht kommen (Beispiele 6 und 8).

Für die Frage der Optionsmöglichkeit nach *§ 9 Abs. 1 UStG* gilt die räumliche und zeitliche Aufteilungsmöglichkeit weiterhin uneingeschränkt (vgl. Karte 2 Abs. 2b sowie Beispiele 1, 3 und 5).

Beispiel 1:

Ein Unternehmer hat des Erdgeschoß eines Gebäudes seit Jahren steuerpflichtig an eine Gemeinde vermietet. Die Gemeinde nutzt die Räume unternehmerisch im Rahmen eines steuerpflichtigen Betriebs gewerblicher Art. Ab 1. Juli eines Jahres werden die Räume für hoheitliche Zwecke der Gemeindeverwaltung genutzt.

Die Optionsmöglichkeit nach *§ 9 Abs. 1 UStG* ist entsprechend der zeitlich unterschiedlichen Verwendung der Mieträume für die Zeit bis 30. Juni und für die Zeit ab 1. Juli gesondert zu beurteilen. Danach kann der Unternehmer für das 1. Halbjahr gem. § 9 Abs. 1 UStG auf die Steuerbefreiung verzichten, da die Räume an einen Unternehmer für unternehmerische Zwecke vermietet werden. Im 2. Halbjahr ist eine Option nach § 9 Abs. 1 UStG ausgeschlossen, da der Mieter nicht (mehr) Unternehmer ist.

Beispiel 2:

Sachverhalt wie Beispiel 1 mit dem Unterschied, daß die Gemeinde den Grundstücksteil ab 1. Juli eines Jahres nicht für hoheitliche (nichtunternehmerische), sondern für steuerfreie unternehmerische Zwecke im Rahmen eines Museums nutzt.

Für die Frage des Optionsausschlusses ist in diesem Fall nur *§ 9 Abs. 2 UStG* maßgebend, da die Verwendung des Grundstücksteils durch den Mieter in vollem Umfang für seinen unternehmerischen Bereich erfolgt. Bei zeitlich unterschiedlicher Nutzung für steuerpflichtige und steuerfreie Zwecke durch denselben Mieter kommt eine gesonderte Beurteilung nicht in Betracht. Ein Verzicht auf die Steuerbefreiung ist daher ab 1. Januar des Jahres der Nutzungsänderung durch die Gemeinde nicht mehr möglich, da der Grundstücksteil vom Leistungsempfänger zu 50 v. H. für steuerfreie Museumsumsätze verwendet wird, die den Vorsteuerabzug ausschließen (Bagatellgrenze von 5. v. H. ist überschritten).

Beispiel 3:

Ein Unternehmer vermietet einen Raum ausschließlich an einen Verein, der diesen 4 Stunden täglich nutzt. Der Verein verwendet den Raum täglich 3 Stunden für steuerpflichtige Vereinszwecke und 1 Stunde für den nichtunternehmerischen ideellen Bereich.

Die Optionsmöglichkeit nach *§ 9 Abs. 1 UStG* ist wie in Beispiel 1 entsprechend der zeitlich unterschiedlichen Verwendung gesondert zu beurteilen. Danach kann der Unternehmer gem. § 9 Abs. 1 UStG auf die Steuerbefreiung zu 75 v. H. verzichten, da der Raum insoweit an einen Unternehmer für unternehmerische Zwecke vermietet wird. Hinsichtlich von 25. v. H. ist eine Option nach § 9 Abs. 1 UStG ausgeschlossen, da insoweit an den nichtunternehmerischen Bereich vermietet wird.

Beispiel 4:

Sachverhalt wie Beispiel 3 mit dem Unterschied, daß der Verein den Raum 3 Stunden täglich für steuerpflichtige und 1 Stunde für steuerfreie Vereinszwecke nutzt.

---

1) Siehe dazu *Schlienkamp,* Änderungen des Umsatzsteuergesetzes durch das Mißbrauchsbekämpfungs- und Steuerbereinigungsgesetz (Teil II), Abschn. II Nr. 9, UR 1994 S. 133

Anlage § 009–06

Der Verzicht auf die Steuerbefreiung nach § 9 Abs. 2 UStG ist wie in Beispiel 2 nicht möglich, da der vermietete Grundstücksteil vom Leistungsempfänger zu 25 v. H. für steuerfreie Umsätze verwendet wird, die den Vorsteuerabzug ausschließen (Bagatellgrenze von 5 v. H. ist überschritten).

Beispiel 5:

Sachverhalt wie Beispiel 3 mit dem Unterschied, daß der Verein den Raum an 360 Tagen im Jahr 3 Stunden täglich für steuerpflichtige Vereinszwecke, 1 Stunde täglich für den nichtunternehmerischen ideellen Bereich und an 5 Tagen im Jahr 4 Stunden täglich ausschließlich für steuerfreie Zwecke nutzt.

Die zeitlich unterschiedliche Nutzung für unternehmerische und nichtunternehmerische Zwecke ist für die Optionsmöglichkeit nach § 9 Abs. 1 UStG gesondert zu beurteilen (vgl. Beispiel 3). Für nichtunternehmerische Zwecke wird der Raum an 360 Tagen zu 25 v. H. verwendet. Bezogen auf das Kalenderjahr (365 Tage) entspricht dies einer nichtunternehmerischen Verwendung von 24,66 v. H. Insoweit ist der Verzicht auf die Steuerbefreiung nach § 9 Abs. 1 UStG nicht möglich. Für unternehmerische Zwecke wird der Raum an 360 Tagen zu 75 v. H. verwendet. Bezogen auf das Kalenderjahr (365 Tage) beträgt die unternehmerische Verwendung somit 73,97 v. H. Hinzu kommt für 5 Tage eine unternehmerische Nutzung zu 100 v. H. Bezogen auf das Kalenderjahr ergibt dies 1,37 v. H. Die unternehmerische Verwendung beträgt demnach insgesamt 75,34 v. H.

Da der Verein den Raum im unternehmerischen Bereich nicht ausschließlich für Zwecke verwendet, die den Vorsteuerabzug nicht ausschließen, wäre eine Option von Gesetzes wegen nicht möglich. Da jedoch die Bagatellgrenze von 5 v. H. (vgl. Abschnitt 148a Abs. 3 UStR 1996) im Beispielsfall nicht überschritten wird, ist die Option hinsichtlich von 75,34 v. H. möglich. Bei Berechnung der Bagatellgrenze ist nur auf die unternehmerische Verwendung (Verhältnis der steuerpflichtigen zu den steuerfreien Umsätzen) abzustellen.

Beispiel 6:

Ein Unternehmer hat das Erdgeschoß eines Gebäudes seit Jahren steuerpflichtig an einen Rechtsanwalt vermietet. Zum 1. Juli eines Jahres wechselt der Mieter. Der neue Mieter ist ein Arzt, der die Räume für seine steuerfreien Praxiszwecke nutzt.

Für die Frage des Optionsausschlusses ist in diesem Fall nur *§ 9 Abs. 2 UStG* maßgebend, da die Verwendung des Grundstücksteils durch die Mieter in vollem Umfang für deren unternehmerische Bereiche erfolgt. Bei zeitlich unterschiedlicher Nutzung für steuerpflichtige und steuerfreie Zwecke durch verschiedene Mieter ist die Frage der Optionsmöglichkeit für jeden Vermietungsumsatz gesondert zu beurteilen. Ein Verzicht auf die Steuerbefreiung hinsichtlich der Vermietungsumsätze an den Rechtsanwalt ist deshalb für das 1. Halbjahr weiterhin zulässig. Für die Vermietungsumsätze ab 1. Juli des Jahres an den Arzt ist hingegen eine Option gem. § 9 Abs. 2 UStG nicht zulässig, da der Leistungsempfänger den Grundstücksteil zu 100 v. H. für steuerfreie Umsätze verwendet, die den Vorsteuerabzug ausschließen.

Beispiel 7:

Sachverhalt wie Beispiel 6 mit den Unterschied, daß der Unternehmer das Erdgeschoß an einen Zwischenmieter vermietet, der seinerseits an den Rechtsanwalt und den Arzt weitervermietet.

Für die Frage des Optionsausschlusses *beim Zwischenmieter* ist in diesem Fall nur *§ 9 Abs. 2 UStG* maßgebend, da die Verwendung des Grundstücksteils durch die Mieter in vollem Umfang für deren unternehmerische Bereiche erfolgt. Bei zeitlich unterschiedlicher Nutzung für steuerpflichtige und steuerfreie Zwecke durch verschiedene Mieter ist die Frage der Optionsmöglichkeit für jeden Vermietungsumsatz gesondert zu beurteilen. Ein Verzicht auf die Steuerbefreiung hinsichtlich der Vermietungsumsätze an den Rechtsanwalt ist deshalb für das 1. Halbjahr weiterhin zulässig. Für die Vermietungsumsätze ab 1. Juli des Jahres an den Arzt ist hingegen eine Option gem. § 9 Abs. 2 UStG nicht zulässig, da der Leistungsempfänger den Grundstücksteil zu 100 v. H. für steuerfreie Umsätze verwendet, die den Vorsteuerabzug ausschließen.

Für die Frage des Optionsausschlusses *beim Erstvermieter* ist ebenfalls nur *§ 9 Abs. 2 UStG* maßgebend, da der Zwischenmieter den Grundstücksteil in vollem Umfang unternehmerisch nutzt. Bei zeitlich unterschiedlicher Nutzung für vorsteuerunschädliche und vorsteuerschädliche Zwecke durch *denselben Mieter* kommt jedoch eine gesonderte Beurteilung nicht in Betracht. Bezogen auf den Besteuerungszeitraum verwendet der Zwischenmieter den Grundstücksteil zu 50 v. H. für Umsätze, die den Vorsteuerabzug ausschließen. Der Unternehmer (Erstvermieter) kann daher auf die Steuerbefreiung der Vermietungsumsätze an den Zwischenmieter nach § 9 Abs. 2 UStG nicht verzichten (Bagatellgrenze von 5 v. H. ist überschritten).

Anlage § 009–06

Beispiel 8:
Ein Unternehmer überläßt eine Mehrzweckhalle je nach Anforderung zeitlich abgegrenzt an die unterschiedlichsten Mieter. Bei den Mietern handelt es sich um Unternehmer mit steuerpflichtigen Umsätzen, Unternehmer mit steuerfreien Umsätzen und um Nichtunternehmer.
Die Frage der Optionsmöglichkeit ist nach § 9 Abs. 1 und ihrer Einschränkung nach § 9 Abs. 2 UStG für jeden Vermietungsumsatz gesondert zu beurteilen. Verwendet der jeweilige Mieter z. B. die Halle für nichtunternehmerische Zwecke, ist für diesen Vermietungsumsatz ein Verzicht auf die Steuerbefreiung nach § 9 Abs. 1 UStG nicht möglich. Bei einer Verwendung für steuerpflichtige Zwecke durch den Mieter kann der Vermieter für diesen Vermietungsumsatz optieren. Dies ist hingegen nach § 9 Abs. 2 UStG nicht möglich, wenn der Mieter die Halle für steuerfreie Umsätze, die den Vorsteuerabzug ausschließen, verwendet.

Anlage § 009–07

Optionseinschränkungen gem. § 9 Abs. 2 UStG

OFD Koblenz, Vfg. vom 01.07.1998 – S 7198 A – St 513

Baubeginn	Fertigstellung	Rechtsfolge	bei Nutzung
unbeachtlich	**vor** 01.01.85	keine Optionseinschränkungen	Nutzung unbeachtlich
vor 01.06.84	a) **vor** 01.04.85	keine Optionseinschränkungen	Nutzung unbeachtlich
	b) 01.04.–31.12.85	Option **nicht zulässig**	für **Wohnzwecke**
	c) **nach** 31.12.85	Option **nicht zulässig**	für **Wohnzwecke und andere nichtunternehmerische Zwecke**
01.06.84–10.11.93	a) 01.01.85–31.12.97	Option **nicht zulässig**	für **Wohnzwecke und andere nicht unternehmerische Zwecke**
	b) **nach** 31.12.97	Option **nicht zulässig**	für **Umsätze, die den Vorsteuerabzug ausschließen**
nach 10.11.93	unbeachtlich	Option **nicht zulässig**	für **Umsätze, die den Vorsteuerabzug ausschließen**

Baubeginn: Abschnitt 148 Abs. 5 UStR
- Beginn der Ausschachtungsarbeiten
- Erteilung eines spezifizierten Bauauftrages an den Bauunternehmer
- Anfuhr nicht unbedeutender Mengen von Baumaterial auf dem Bauplatz

Vor diesem Zeitpunkt in Zusammenhang mit der Errichtung eines Gebäudes durchgeführte Arbeiten sind noch nicht als Beginn der Bauarbeiten anzusehen. Das gilt auch für die Arbeiten zum Abbruch eines Gebäudes, es sei denn, daß unmittelbar nach dem Abbruch mit der Errichtung eines neuen Gebäudes begonnen wird. Keinen Einfluß auf den Zeitpunkt des Baubeginns hat die Beantragung oder Erteilung der Baugenehmigung.

Fertigstellung:

Ein Gebäude ist fertiggestellt, wenn die wesentlichen Bauarbeiten abgeschlossen sind und der Bau so weit errichtet ist, daß der Bezug der Wohnungen zumutbar ist oder daß das Gebäude für den Betrieb in all seinen wesentlichen Bereichen nutzbar ist.

Anlage § 009–08

Anwendbarkeit des BFH-Urteils vom 10.12.2008,
XI R 1/08 (BStBl. 2009 II S. 1026); Option nach § 9 UStG

BMF-Schreiben vom 01.10.2010 – IV D 3 – S 7198/09/10002,
BStBl. 2010 I S. 768

Mit Urteil vom 10. Dezember 2008, XI R 1/08 (BStBl. II 2009, S. 1026), hat der BFH entschieden, dass ein rückwirkender Wechsel von der Besteuerung nach vereinnahmten Entgelten (§ 20 UStG) zur Besteuerung nach vereinbarten Entgelten (§ 16 UStG) bis zur formellen Bestandskraft der jeweiligen Jahressteuerfestsetzung zulässig ist.

In seiner Begründung nimmt der BFH auch zur Anwendbarkeit des § 9 UStG Stellung. Danach ermöglicht § 9 Abs. 1 UStG eine Option zur Steuerpflicht, regelt aber – im Unterschied zu §§ 19, 23 UStG – nicht, bis zu welchem Zeitpunkt diese zu erklären ist und bis zu welchem Zeitpunkt eine erklärte Option noch rückgängig gemacht werden kann. Unter Hinweis auf die rechtssystematisch vergleichbare Situation beim Widerruf eines Verzichts auf die Anwendung des § 19 Abs. 1 UStG hat der BFH eine Bindungswirkung an die Option zur Steuerpflicht ab dem Eintritt der formellen Bestandskraft der jeweiligen Steuerfestsetzung bejaht.

Unter Bezugnahme auf das Ergebnis der Erörterungen mit den obersten Finanzbehörden der Länder sind dem BFH-Urteil vom 10. Dezember 2008, XI R 1/08, zur Anwendung des § 9 UStG, entgegenstehende Anweisungen – insbesondere in Abschnitt 148 Absatz 3 und Absatz 4 Satz 1 UStR – nicht mehr anzuwenden.[1] Beruft sich der Unternehmer für vor dem 1. November 2010 ausgeführte Sachverhalte (Option zur Steuerpflicht bzw. Widerruf der Option) auf diese für ihn günstigeren Verwaltungsanweisungen, wird dies nicht beanstandet.

---

1) Abschn. 9.1. Abs. 3 und Abs. 4 UStAE sind entsprechend gefasst

Zuschüsse des Bundesamtes für gewerbliche Wirtschaft für die Beseitigung von Altöl

BdF-Erlass vom 11.11.1969 – IV A/3 – S 7200 – 107/69

Nach § 3 Absatz 1 des Altölgesetzes vom 23. Dezember 1968 (BGBl. I S. 1419) ist das Bundesamt für gewerbliche Wirtschaft zur Beseitigung von Altöl verpflichtet. Zur Durchführung dieser gesetzlichen Verpflichtung bedient sich das Bundesamt selbständiger Unternehmen (z. B. Verbrennungsgesellschaften). Diesen Unternehmen werden laufende Zuschüsse zu den anderweitig nicht zu deckenden Kosten der Altölbeseitigung gewährt.

Ich bitte die Auffassung zu vertreten, daß diese Zuschüsse das Entgelt für eine Leistung des Zuschußempfängers an das Bundesamt darstellen und die Zahlungen der Umsatzsteuer unterliegen. Die Vorschrift des § 10 Abs. 1 Satz 3 – 2. Halbsatz – UStG kann keine Anwendung finden.

Behandlung von Zuschüssen der Bundesanstalt für Arbeit nach dem Arbeitsförderungsgesetz (BGBl. 1969 I S. 582)[1]

BMF-Schreiben vom 07.12.1970 – IV A/2 – S 7200 – 60/70,
BStBl. 1970 I S. 1069

Nach § 3 des Arbeitsförderungsgesetzes (AFG) obliegen der Bundesanstalt für Arbeit u. a. die Förderung der beruflichen Bildung, die Arbeits- und Berufsförderung Behinderter und die Gewährung von Leistungen zur Erhaltung und Schaffung von Arbeitsplätzen. In Erfüllung dieser Förderungsaufgaben gewährt die Bundesanstalt u. a. folgende Zuschüsse an Arbeitgeber:

Zuschüsse, die den Arbeitgebern zu den *Löhnen oder Ausbildungsvergütungen* für solche Arbeitnehmer gewährt werden, die sie sonst nicht oder jedenfalls nicht zu den üblichen Bedingungen des Arbeitsmarktes einstellen würden (§§ 49, 54, 60, 91 und 97 AFG sowie § 132 des Gesetzes über Arbeitsvermittlung und Arbeitslosenversicherung – BGBl. 1957 I S. 322 ff.);

Zuschüsse zu *Baumaßnahmen,* durch die Arbeitsplätze für behinderte oder ältere Arbeitnehmer, Einrichtungen der beruflichen Bildung sowie Arbeitnehmer- und Jugendwohnheime geschaffen werden (§§ 50, 55, 61, 98 AFG).

Im Einvernehmen mit den obersten Finanzbehörden der Länder sind sowohl die Zuschüsse zu den Löhnen und Ausbildungsvergütungen als auch die Zuschüsse zu den Baumaßnahmen als echte, unentgeltliche Zuschüsse anzusehen. Sie stehen in keinem unmittelbaren wirtschaftlichen Zusammenhang mit Leistungen der Arbeitgeber gegenüber der Bundesanstalt oder gegenüber den Arbeitnehmern.

Die Zuschüsse unterliegen daher *bei den Zuschußempfängern* nicht der Umsatzsteuer. Zur Vermeidung von Mißverständnissen weise ich jedoch auf folgendes hin: Soweit die Zuschüsse zu Baumaßnahmen von den Zuschußempfängern zur Bezahlung von Bauvorhaben verwendet werden, die sie durch andere Unternehmer ausführen lassen, zählen die Zuschüsse *bei diesen anderen Unternehmern* zur Bemessungsgrundlage.

Wegen der umsatzsteuerlichen Behandlung weiterer Zuschüsse der Bundesanstalt verweise ich auf mein Schreiben vom 8. Juli 1969 – IV A/2 – S 7064 – 10/69 –.

---

1) Hinweis auf Abschnitt 150 Abs. 7 UStR 2000; ab 01.01.1998 Drittes Sozialgesetzbuch

Anlagen § 010–03 nicht belegt, § 010–04

Zuwendungen aus öffentlichen Kassen im Bereich der Landwirtschaft

BdF-Schreiben vom 17.05.1974 – IV A 2 – S 7200 – 17/74,
BStBl. 1974 I S. 390

Anl.: – 1 – [1)]

Nach der Streichung des § 10 Abs. 1 Satz 3 Halbsatz 2 UStG 1967 durch das Steueränderungsgesetz 1973 mit Wirkung vom 1. Juli 1973 (vgl. BMF-Schreiben vom 27. Dezember 1973 $\frac{\text{IV A 2 – S 7200 – 60 / 73}}{\text{IV A 1 – S 7280 – 21 / 73}}$, BStBl. 1974 I S. 12, USt-Kartei § 10 S 7200 – K. 20) hat es sich als zweckmäßig erwiesen, die vielfältigen im landwirtschaftlichen Bereich gezahlten Zuwendungen aus öffentlichen Mitteln auf ihre umsatzsteuerrechtliche Beurteilung zu prüfen. Unter Bezugnahme auf das Ergebnis der Erörterungen mit den obersten Finanzbehörden der Länder übersende ich die beiliegende Zusammenstellung, die das Ergebnis dieser Prüfung enthält. Die Zusammenstellung gliedert sich in drei Abschnitte.

In Abschnitt A sind sämtliche in Kapitel 10.04 des Einzelplanes 10 des Bundeshaushalts 1973 enthaltenen Marktordnungsausgaben aufgenommen worden. Darüber hinaus sind in die Abschnitte B und C nur diejenigen aus Kapitel 1002 und 1003 des Einzelplans 10 gewährten Zuwendungen aufgenommen worden, über deren umsatzsteuerliche Behandlung bereits bundeseinheitlich entschieden worden ist. Falls aus diesem Bereich im Laufe der Zeit noch weitere Zweifelsfälle vorgetragen werden sollten, muß darüber gesondert entschieden werden. Spalte 2 der Zusammenstellung enthält die jeweilige Rechtsgrundlage für die Zahlung der Zuwendungen. Bei den Marktordnungsausgaben ist hier lediglich die erste EWG-Verordnung zitiert; auf die Angabe der späteren Änderungs-Verordnungen ist aus Platzgründen verzichtet worden.

Spalte 3 enthält die umsatzsteuerrechtliche Beurteilung der einzelnen Zuwendungen. Soweit zu einzelnen Maßnahmen bereits früher eine bundeseinheitliche Entscheidung getroffen worden ist, ist dies in der letzten Spalte angegeben.

---

1) Abgedruckt im BStBl. 1974 I S. 12 ff.

Anlage § 010–05

Umsatzsteuerliche Behandlung der Zuschüsse zur Winterbauförderung gemäß §§ 77 ff. des Arbeitsförderungsgesetzes (AFG) vom 25.06.1969 in der Fassung des Zweiten Gesetzes zur Änderung und Ergänzung des Arbeitsförderungsgesetzes vom 19.05.1972 (BGBl. I S. 791) [1]

BdF-Schreiben vom 08.07.1974 – IV A 2 – S 7200 – 16/74,
BStBl. 1974 I S. 507

Unter Bezugnahme auf das Ergebnis der Erörterungen mit den obersten Finanzbehörden der Länder gilt zur umsatzsteuerlichen Behandlung der Zuwendungen des Bundes nach §§ 77 ff. AFG im Rahmen der sog. „Produktiven Winterbauförderung" folgendes:

Die Bundesanstalt für Arbeit gewährt auf Antrag gem. §§ 77 ff. AFG an Unternehmen des Baugewerbes folgende Zuwendungen:

1. Zuschüsse gem. § 77 AFG für den Erwerb oder die Miete von Geräten und Einrichtungen, die für die Durchführung der Bauarbeiten in der Schlechtwetterzeit zusätzlich erforderlich sind. Diese Zuwendungen bemessen sich nach einem Vomhundertsatz der Anschaffungskosten;
2. Zuschüsse gem. § 78 AFG zu den sonstigen witterungsbedingten Mehrkosten des Bauens in der Schlechtwetterzeit (Mehrkostenzuschüsse). Diese Zuwendungen bemessen sich nach der Zahl der in der Förderungszeit von den beitragspflichtigen Arbeitern geleisteten Arbeitsstunden und dem Förderungssatz. Voraussetzung für die Auszahlung der Zuwendungen ist, daß der Bauunternehmer die Bauarbeiter und die Baustelle gegen ungünstige Witterungseinflüsse schützt, so daß die Bauarbeiten auch während der Schlechtwetterzeit ausgeführt werden können.

Weder die nach § 77 AFG gewährten Zuschüsse noch die gem. § 78 AFG gezahlten Mehrkostenzuschüsse sind als Entgelt für steuerbare Leistungen des Zuschußempfängers gegenüber der Bundesanstalt für Arbeit anzusehen. Diese Zuwendungen stellen auch kein zusätzliches Entgelt für die vom Zuschußempfänger gegenüber seinem Auftraggeber erbrachte Bauleistung dar.

Die gemäß §§ 77 ff. AFG gewährten Zuwendungen sollen den Unternehmer zu einem im öffentlichen Interesse liegenden Handeln anregen, nämlich der Erhaltung der Arbeitsplätze der Bauarbeiter im Winter. Um diesen Zweck zu erreichen, werden die zusätzlichen Kosten des Unternehmers für das Bauen während der Schlechtwetterzeit möglichst gering gehalten. Die Zuwendungen der Bundesanstalt für Arbeit stehen in unmittelbarem Zusammenhang mit Investitionen bzw. mit den im Unternehmen geleisteten Arbeitsstunden, also mit Vorstufen des Umsatzes. Da zwischen den Zuwendungen und den Umsätzen des Unternehmers keine unmittelbare Verbindung besteht, kann ein Entgelt für eine steuerbare Leistung nicht angenommen werden. Es handelt sich deshalb um echte, nicht der Umsatzsteuer unterliegende Zuschüsse.

Der BdF-Erlaß vom 7. August 1969 (a. a. O.) ist hierdurch insoweit überholt.

---

1) Ab 01.01.1998 Drittes Sozialgesetzbuch

Anlage § 010–06

Beiträge zu Restschuldversicherungen als durchlaufende Posten

BMF-Schreiben vom 18.12.1978 – IV A 2 – S 7200 – 75/78,
BStBl. 1979 I S. 43

Beim Abschluß von Kreditverträgen wird häufig ein Restschuldversicherungsvertrag mit einem Lebensversicherungsunternehmen abgeschlossen. Das Kreditinstitut zieht die Versicherungsbeiträge von den Kreditnehmern ein und führt sie an das Lebensversicherungsunternehmen ab. Zur umsatzsteuerlichen Behandlung der eingezogenen Versicherungsbeiträge beim Kreditinstitut gilt unter Bezugnahme auf die Erörterung mit den obersten Finanzbehörden der Länder folgendes:

Die mit der Kreditgewährung verbundene Verschaffung von Restschuldversicherungsschutz durch das Kreditunternehmen ist keine Nebenleistung im Sinne des Umsatzsteuerrechts und fällt daher nicht unter die Steuerbefreiung nach § 4 Nr. 8 UStG (BFH vom 23. Juni 1977 VR 96/72, BStBl. 1977 II S. 744).

Die Versicherungsbeiträge können jedoch beim Kreditinstitut durchlaufende Posten i. S. des § 10 Abs. 1 Satz 4 UStG sein, wenn es beim Einzug und bei der Abführung der Versicherungsbeiträge im fremden Namen und für fremde Rechnung handelt. Das setzt voraus, daß hinsichtlich der Versicherungsbeiträge unmittelbare Rechtsbeziehungen zwischen dem Lebensversicherungsunternehmen und dem Kreditnehmer (Versicherten) bestehen. Bei der Prüfung dieser Frage sind die vom Bundesaufsichtsamt für das Versicherungswesen bekanntgegebenen Grundsätze zur Restschuldversicherung (Veröffentlichungen des Bundesaufsichtsamts für das Versicherungswesen – VerBAV – 1975 Nr. 12 S. 456) zu beachten. Danach muß ein Restschuldversicherter, der den Beitrag für die Restschuldversicherung unmittelbar oder mittelbar zu tragen hat, grundsätzlich auch die Stellung des Versicherungsnehmers haben. Abweichend hiervon kann bei Restschuldversicherungen gegen Einmalbeitrag mit Anfangsversicherungssummen bis zu 40 000 DM und Versicherungsdauern bis zu 10 Jahren Versicherungsnehmer der Gläubiger der Zahlungsverpflichtung des Versicherten sein. Dazu bedarf es einer Rahmenvereinbarung zwischen dem Lebensversicherungsunternehmen und dem Versicherungsnehmer (Kreditinstitut).

Danach ergibt sich für die Frage ob ein Kreditinstitut die von seinen Kreditnehmern eingezogenen und an eine Lebensversicherung abgeführten Beiträge für Restschuldversicherungen als durchlaufende Posten i. S. des § 10 Abs. 1 Satz 4 UStG behandeln kann, folgendes:

a) Bei Restschuldversicherungen gegen laufenden Beitrag muß der Versicherte stets auch Versicherungsnehmer sein. Hinsichtlich der Beitragzahlung bestehen somit unmittelbare Rechtsbeziehungen zwischen ihm und dem Versicherungsunternehmen. Das Kreditinstitut handelt bei der Einziehung und Abführung der Beiträge im fremden Namen und für fremde Rechnung. Die Beiträge sind deshalb beim Kreditinstitut durchlaufende Posten i. S. des § 10 Abs. 1 Satz 4 UStG.

b) Bei Restschuldversicherungen gegen Einmalbeitrag sind die eingezogenen und abgeführten Beiträge beim Kreditinstitut ebenfalls durchlaufende Posten i. S. des § 10 Abs. 1 Satz 4 UStG, wenn unmittelbare Rechtsbeziehungen zwischen dem Versicherten und dem Versicherungsunternehmen dadurch geschaffen werden, daß im Rahmenvertrag vereinbart wird, daß auch in diesen Fällen der Versicherte die Rechtsstellung des Versicherungsnehmers einnimmt.

Bis zum Inkrafttreten der in § 4 Nr. 10 Buchstabe b des Entwurfs eines UStG 1979 (BT-Drucksache 8/1779) vorgesehenen Befreiung der Verschaffung von Versicherungsschutz können durchlaufende Posten auch dann angenommen werden, wenn vertraglich vereinbart wird, daß das Kreditinstitut zwar Versicherungsnehmer, der Versicherte jedoch unmittelbar Schuldner der Beiträge gegenüber dem Versicherungsunternehmen ist.

Anlage § 010–07

Umsatzsteuerliche Behandlung von Zuschüssen nach dem Arbeitsförderungsgesetz (AFG)[1]; Zuschüsse der Bundesanstalt für Arbeit zu Kosten für Arbeitserprobung und Probebeschäftigung

BMF-Schreiben vom 21.03.1983 – IV A 2 – S 7200 – 25/83,
BStBl. 1983 I S. 262[2]

Die Bundesanstalt für Arbeit erstattet die Kosten einer Arbeitserprobung oder Probebeschäftigung gemäß § 53 Abs. 1 Nr. 7 Arbeitsförderungsgesetz i.V.m. den §§ 24 und 25 der Anordnung zur Förderung der Arbeitsaufnahme (FdA-Anordnung) des Verwaltungsrates der Bundesanstalt für Arbeit in der Fassung der Neubekanntmachung vom 16. März 1982 (Amtliche Nachrichten der Bundesanstalt für Arbeit 1982 S. 543 ff.).

Nach § 24 FdA-Anordnung können zur Feststellung oder Erprobung einer beruflichen Eignung eines Arbeitsuchenden (Arbeitserprobung) die erforderlichen Kosten bis zur Dauer von 4 Wochen übernommen werden, wenn sich die Eignungsfeststellungen für eine Arbeitsaufnahme als notwendig erweisen und Leistungen auf Grund anderer Anordnungen nicht zu gewähren sind. Nach § 25 FdA-Anordnung können die Kosten für eine befristete Probebeschäftigung übernommen werden, wenn dadurch die Vermittlungsaussichten für den Arbeitslosen verbessert werden und Leistungen auf Grund anderer Anordnungen nicht zu gewähren sind.

Die Kosten werden dem Betrieb oder der Ausbildungsstätte erstattet, von denen die Arbeitserprobung oder Probebeschäftigung durchgeführt wird. Als Kosten der Arbeitserprobung können die dem Betrieb oder der Ausbildungsstätte entstehenden Aufwendungen im notwendigen Umfang übernommen werden, wie Personal-, Material- und Sachkosten, ggf. Unterbringungs- und Verpflegungskosten sowie sonstige Kosten (z. B. Umlage zur Unfallversicherung, Prämien für Haftpflichtversicherung). Für die Dauer der Probebeschäftigung können alle üblicherweise mit einem Arbeitsverhältnis zusammenhängenden Kosten in voller Höhe übernommen werden, z. B. Lohn-/Gehaltskosten einschließlich der Arbeitgeberanteile zur Sozialversicherung sowie sonstige Leistungen auf Grund gesetzlicher oder tarifvertraglicher Regelungen.

Unter Bezugnahme auf das Ergebnis der Erörterungen mit den obersten Finanzbehörden der Länder gilt folgendes:

Die Kostenerstattungen nach § 53 Abs. 1 Nr. 7 AFG i. V. m. §§ 24, 25 FdA-Anordnung stellen kein Entgelt für steuerbare Leistungen der Unternehmen oder Ausbildungsstätten gegenüber der Bundesanstalt für Arbeit dar.

Die gewährten Zuwendungen sollen den Unternehmer zu einem im öffentlichen Interesse liegenden Handeln anregen, nämlich der notwendigen beruflichen Eignungsfeststellung von (arbeitslosen) Arbeitnehmern für eine Arbeitsaufnahme bzw. der Probebeschäftigung zur Verbesserung der Vermittlungsaussichten von Arbeitslosen. Es handelt sich deshalb um echte, nicht der Umsatzsteuer unterliegende Zuschüsse.

---

1) Ab 01.01.1998: Drittes Sozialgesetzbuch.
2) Vgl. Abschnitt 150 UStR

Anlage § 010–08

Behandlung der Mitverantwortungsabgabe Getreide in den Abrechnungen

BMF-Schreiben vom 30.12.1986 $\frac{\text{IV A 2 – S 7200 – 96 / 86}}{\text{IV A 1 – S 7280 – 27 / 86}}$,

BStBl. 1987 I S. 258

Die auf Grund von EG-Verordnungen seit 1. Juli 1986 erhobene Mitverantwortungsabgabe (MVA) Getreide berührt das umsatzsteuerliche Entgelt nicht (BMF-Schreiben vom 10. Oktober 1986 – IV A 2 – S 7200 – 65/86 –, BStBl. I S. 501). Die MVA wirkt sich daher weder entgeltsmindernd noch – z. B. im Fall der Lohnvermahlung – entgeltserhöhend aus. Es ist die Frage aufgetreten, wie zu verfahren ist, wenn in der Zeit vom 1. Juli 1986 bis zur Bekanntgabe des o. a. BMF-Schreibens im Bundessteuerblatt (15. Oktober 1986) Rechnungen und Gutschriften erteilt worden sind, denen eine andere umsatzsteuerrechtliche Beurteilung zugrunde gelegt worden ist.

Außerdem ist gefragt worden, wie die Getreidelieferungen zu behandeln sind, bei denen die MVA zwischen den Beteiligten zwar verrechnet wird, jedoch tatsächlich nicht an die Zolldienststelle abzuführen ist, weil insoweit keine MVA-Pflicht besteht. Es handelt sich hierbei um die Fälle, in denen das erworbene Getreide von dem gewerblichen Abnehmer des Landwirts oder von einem in der Umsatzkette folgenden Abnehmer an einen anderen Landwirt zur Verwendung in dessen landwirtschaftlichem Betrieb geliefert wird. Unter Bezugnahme auf das Ergebnis der Erörterung mit den obersten Finanzbehörden der Länder gilt hierzu folgendes:

A. Umsätze von Getreide, für die die MVA abzuführen ist

I. Vereinfachungsregelungen für die Zeit bis zur Bekanntgabe des o. a. BMF-Schreibens vom 10. Oktober 1986

1. Getreidelieferungen des Landwirts an den gewerblichen Abnehmer

Wurde in Gutschriften gegenüber den Landwirten das Entgelt um die MVA gemindert (Nettogetreidepreis MVA + USt statt zutreffend Nettogetreidepreis + USt MVA), so ist die Umsatzsteuer um den auf die MVA entfallenden Betrag zu niedrig ausgewiesen worden. Der Abnehmer kann den dem Landwirt nachzuzahlenden Betrag unter den Voraussetzungen des § 15 UStG als Vorsteuer abziehen. Allerdings setzt der zusätzliche Vorsteuerabzug die Erteilung berichtigter Gutschriften voraus. Wegen der hier vorliegenden besonderen Verhältnisse ist aus Vereinfachungsgründen eine wirksame Berichtigung der ursprünglichen Gutschriften anzunehmen, wenn die Abnehmer dem jeweiligen Landwirt eine Sammelgutschrift erteilen, in der die als Entgeltminderung behandelten MVA-Beträge einzeln aufgeführt werden und auf deren Summe die Umsatzsteuer gesondert ausgewiesen wird. Hierbei ist jedoch erforderlich, daß in der Sammelgutschrift eine eindeutige Verbindung zu den ursprünglichen Gutschriften (z. B. durch Angabe des jeweiligen Datums oder der Nummer der ursprünglichen Abrechnung) hergestellt wird.

2. Umsätze auf den nachfolgenden Wirtschaftsstufen

Ist auf den der Lieferung des Landwirts nachfolgenden Wirtschaftsstufen die MVA bei der Bemessung der Umsatzsteuer als Entgeltsminderung behandelt worden, hat der Unternehmer, der den Umsatz ausgeführt hat, eine zu niedrige Steuer berechnet und abgeführt. Grundsätzlich müßte er die auf die MVA entfallende Umsatzsteuer nachträglich an das Finanzamt abführen. Andererseits könnte er die erteilten Rechnungen berichtigen und dabei die Umsatzsteuer um den auf die MVA entfallenden Betrag erhöhen.

Da unterstellt werden kann, daß die gewerblichen Abnehmer zum vollen Vorsteuerabzug berechtigt sind, wird in diesen Fällen im Hinblick auf den Zeitdruck und die Unsicherheit, die nach der kurzfristigen Einführung der MVA bestand, aus Billigkeitsgründen auf die Abführung der zusätzlichen Umsatzsteuer verzichtet. Voraussetzung ist jedoch, daß der Unternehmer die zunächst erteilten Rechnungen nicht in der Weise berichtigt, daß er die auf die MVA entfallende Umsatzsteuer dem Abnehmer nachträglich gesondert in Rechnung stellt.

3. Sonstige Leistungen an Landwirte

Ist in Rechnungen für sonstige Leistungen an Landwirte (z. B. Lohnvermahlung von Getreide) die MVA als zusätzliches Entgelt behandelt worden (Nettopreis + MVA + USt statt zutreffend Nettopreis + USt + MVA), so ist die Umsatzsteuer um den auf die MVA entfallenden Betrag zu hoch ausgewiesen worden. Der leistende Unternehmer schuldet den Mehrbetrag nach § 14 Abs. 2 UStG. Er ist berechtigt, den Steuerbetrag zu berichtigen (§ 14 Abs. 2 Satz 2 UStG). Aus Vereinfachungsgründen kann die Berich-

Anlage § 010–08

tigung entsprechend dem in Nummer 1 dargestellten Verfahren vorgenommen werden, wobei jedoch darauf hinzuweisen ist, daß sich die ursprünglich ausgewiesene Umsatzsteuer um den in der Sammelberichtigung berechneten Steuerbetrag mindert.

II. Umsatzsteuerliche Behandlung für die Zeit nach der Bekanntgabe des o. a. BMF-Schreibens vom 10. Oktober 1986

1. Für die unter Teil I Nr. 1 bezeichneten Getreidelieferungen ist die Umsatzsteuer in der Rechnung des Landwirts oder in der Gutschrift des gewerblichen Abnehmers von dem nicht um die MVA gekürzten Entgelt zu berechnen und kann vom Abnehmer beim Vorliegen der sonstigen Voraussetzungen des § 15 UStG als Vorsteuer abgezogen werden. Wird nach Bruttopreisen abgerechnet, ist die Umsatzsteuer für die Zwecke des gesonderten Steuerausweises in der Rechnung oder Gutschrift auf der Grundlage des maßgeblichen Steuer- oder Durchschnittsatzes aus dem nicht um die MVA gekürzten Gesamtpreis herauszurechnen. Wegen der Berechnungsmethoden vergleiche Abschnitt 194 Abs. 2 bis 4 UStR.
2. Bei den unter Teil I Nr. 2 bezeichneten Umsätzen ist die Umsatzsteuer von dem Entgelt ohne Kürzung um die MVA und bei den unter Teil I Nr. 3 bezeichneten Umsätzen von dem Entgelt ohne Hinzurechnung der MVA zu berechnen.

B. Lieferungen von Getreide, für das keine MVA abzuführen ist

I. Getreidelieferungen des Landwirts an den gewerblichen Abnehmer

Kommt es nicht zu einer Verarbeitung, weil der gewerbliche Abnehmer oder ein in der Umsatzkette folgender Abnehmer das Getreide an einen anderen Landwirt weiterliefert, entsteht die MVA nicht. Wird in diesen Fällen der Landwirt mit der MVA durch eine entsprechende Preiskürzung belastet, liegt umsatzsteuerrechtlich eine Minderung des Entgelts vor. Die Umsatzsteuer dürfte daher hierbei nur von dem um den MVA-Anteil gekürzten Entgelt berechnet werden. Wegen der abrechnungstechnischen Schwierigkeiten bei der Trennung dieser Lieferungen von den übrigen Getreidelieferungen und im Hinblick auf die geringe Anzahl dieser Fälle wird aus Billigkeitsgründen zugelassen, daß bei diesen Lieferungen

- für die Zeit bis zur Bekanntgabe des BMF-Schreibens vom 10. Oktober 1986 nach Abschnitt A Teil I Nr. 1

und

- für die Zeit nach der Bekanntgabe des BMF-Schreibens vom 10. Oktober 1986 nach Abschnitt A Teil II Nr. 1

verfahren werden kann.

II. Getreidelieferungen eines gewerblichen Abnehmers an einen Landwirt

In diesen Fällen stellt der vom Landwirt für die Lieferung tatsächlich aufgewendete Betrag den Gesamtpreis dar. Für die Berechnung der Umsatzsteuer ist dieser Betrag in Entgelt und Steuer zum Steuersatz von 7 v. H. aufzuteilen. Statt dessen kann die Steuer auch durch Herausrechnen aus dem Gesamtpreis ermittelt werden.

Anlagen § 010–09, § 010–10

Eingliederungsbeihilfen an Arbeitgeber (§ 10 Abs. 1 UStG)

OFD Saarbrücken, Vfg. vom 16.01.1989 – S 7200 – 96 – St 24 1,
UR 1989 S. 134

Sachverhalt:
Im Rahmen der berufsfördernden Leistungen zur Rehabilitation Behinderter werden u.a. Eingliederungsbeihilfen an Arbeitgeber gezahlt (vgl. § 11 Abs. 2 Nr. 1 des Gesetzes zur Angleichung der Leistungen zur Rehabilitation vom 7.8.1974, BStBl. I 1974, 1881).

Frage:
Liegen insoweit nicht steuerbare Zuschüsse (echte Zuschüsse) i. S. des Abschn. 150 Abs. 4 UStR vor?

Beurteilung:
Die Eingliederungshilfen sind nicht als Gegenleistung für eine Leistung des Arbeitgebers gegenüber dem Rehabilitationsträger oder den Behinderten anzusehen, sondern sollen den Arbeitgeber zu einem im allgemeinen öffentlichen Interesse erwünschten Handeln anregen. Sie sind deshalb umsatzsteuerrechtlich als echte Zuschüsse anzusehen, und zwar auch dann, wenn im Einzelfall im Interesse der Sicherung einer bestimmungsgemäßen Verwendung der Eingliederungshilfen der Rehabilitationsträger dem Arbeitgeber einen förmlichen Auftrag zur Durchführung der Rehabilitationsmaßnahmen erteilt.

Anrechnung von Parkgebühren durch Unternehmen des Einzelhandels (§ 10 Abs. 1 UStG)

OFD Hannover, Vfg. vom 09.02.1989 – $\frac{\text{S }7200 - 54 - \text{StH }731}{\text{S }7200 - 24 - \text{StO }532}$,
UR 1989 S. 166

Beim Warenverkauf erstatten Unternehmen des Einzelhandels ihren Kunden häufig die Parkgebühren, die bei Benutzung nahegelegener Parkflächen entrichtet worden sind. Das gilt sowohl für die Benutzung firmeneigener als auch fremder Parkplätze oder -häuser. Hierzu bitte ich folgende Ansicht zu vertreten:

Bei Überlassung von Parkflächen bewirkt der Inhaber des Parkplatzes oder -hauses steuerpflichtige Umsätze, wenn der Fahrzeugbesitzer die Parkfläche selbst wählen und beliebig wechseln kann (BFH vom 4.12.1980 – V R 60/79, BStBl 1981 II, 231 = StRK UStG 1967 § 4 Nr. 12 R. 6 = UR 1981, 174 m. Anm. Quack, Abschn. 77 Abs. 2 UStR).

1. Die Parkflächen werden vom Einzelhändler selbst überlassen

Der Einzelhändler hat das Entgelt für den Warenumsatz in voller Höhe, d.h. vor Anrechnung der Parkgebühren, zu versteuern. Die angerechneten Parkgebühren sind als zurückgewährte Entgelte von den Einnahmen aus der Überlassung der Parkflächen zu kürzen (vgl. Plückebaum/Malitzky, 10. Aufl., § 10 UStG Rz. 134/1 bis 134/3).

2. Die Parkflächen werden von einem anderen Unternehmer überlassen

Ermäßigt der Einzelhändler das Entgelt für seine Warenlieferung um die an den anderen Unternehmer gezahlten Parkgebühren, hat er als Entgelt für den Warenumsatz nur den um die Parkgebühr verringerten Warenpreis zu versteuern. Damit ist er nicht schlechter gestellt als ein Unternehmer mit eigenen Parkflächen, der das Entgelt für die Warenlieferungen voll versteuert und die angerechneten Parkgebühren als zurückgewährte Entgelte von den steuerpflichtigen Parkgebühren absetzt.

Hinsichtlich des Vorsteuerabzugs aus angerechneten Parkgebühren ist beim Einzelhändler folgendes zu beachten:

Der Inhaber des Parkplatzes oder -hauses bewirkt lediglich Umsätze an die Fahrzeugbesitzer. Ein Vorsteuerabzug aus angerechneten Parkgebühren kommt deshalb beim Einzelhändler nicht in Betracht, weil es an einer Leistung für sein Unternehmen mangelt (§ 15 Abs. 1 Nr. 1 UStG). Das gilt auch dann, wenn der Einzelhändler für das vom Fahrzeugbesitzer zu zahlende Entgelt ganz oder teilweise durch Preisnachlaß bei der Warenlieferung aufkommt (keine Herausrechnung von Vorsteuer aus Preisnachlässen).[1]

---

1) Siehe auch BFH vom 11.05.2006 – V R 33/03, BStBl. 2006 II S. 699, vgl. Rechtsprechung zu § 17 UStG

Anlage § 010–11

Zuwendungen des Bundes und des Landes zur Förderung von Unternehmensberatungen (§ 10 Abs. 1 UStG)

OFD Hannover, Vfg. vom 10.02.1989 – $\frac{\text{S } 7200 - 214 - \text{StH } 731}{\text{S } 7200 - 148 - \text{StO } 532}$,

UR 1989 S. 327

1. Zuschüsse des Bundes

Nach den Richtlinien für die Durchführung des Projekts „Verbilligte Betriebsberatungen im Handel" werden für die Beratung kleinerer und mittlerer Unternehmen Zuschüsse aus Bundesmitteln gewährt, deren Höhe sich im Einzelfall nach dem Umfang der Beratungsleistung richtet.

Die Zuschüsse werden nach Durchführung der Beratung unter Einschaltung zentraler Abrechnungsstellen an das Beratungsunternehmen ausgezahlt. In den Rechnungen an die Auftraggeber setzen die Beratungsunternehmen die empfangenen Zuschüsse offen von den Entgelten für die Beratungsleistungen ab.

Bei diesem Sachverhalt knüpfen die Bundeszuwendungen unmittelbar an die einzelnen Beratungsleistungen an und füllen das dafür zu zahlende Entgelt auf. Sie sollen die Kosten der Betriebsberatung auf eine für den betreuten Betrieb angemessene Höhe ermäßigen. Bei den Zuwendungen handelt es sich deshalb um zusätzliche Entgelte von dritter Seite i. S. des § 10 Abs. 1 Satz 3 UStG, die bei dem Beratungsunternehmen in die Bemessungsgrundlage für die Umsatzsteuer einzubeziehen sind.

Dieser Erlaß ergeht im Einvernehmen und mit dem Bundesminister der Finanzen und den obersten Finanzbehörden der anderen Länder.

2. Zuwendungen des Landes

Zuwendungen zur Förderung von Unternehmensberatungen, die das Land aufgrund der Richtlinien des MW zur Durchführung von Kurzberatungen im Handel vom 1.4.1980 oder ähnlicher Regelungen gewährt, sind als Entgelte von dritter Seite für die Beratungsleistungen anzusehen. Entsprechendes gilt für Zuwendungen, die unter vergleichbaren Voraussetzungen für andere Leistungen gewährt werden (z.B. für Betriebsbegehungen und Abhaltung betriebswirtschaftlicher Sprechtage).

Soweit die Unternehmer die Zuwendungen entsprechend der früher vertretenen Auffassung als echte Zuschüsse angesehen haben, verbleibt es bei der bisherigen Behandlung. Sollten sich in Einzelfällen gleichwohl übergangsweise Härten ergeben, bitte ich über mögliche Billigkeitsmaßnahmen in eigener Zuständigkeit zu entscheiden.

Anlage § 010–12

Umsatzsteuerliche Behandlung der mit Lieferungen sog. Benefiz-Schallplatten und vergleichbarer anderer Waren verbundenen Spendenbeträge (§ 10 Abs. 1 UStG)

OFD Hannover, Vfg. vom 10.02.1989 – $\frac{S\ 7200 - 181 - StH\ 731}{S\ 7200 - 120 - StO\ 532}$,

UR 1989 S. 167

Bei Warenlieferungen (z.B. Lieferungen von Benefiz-Schallplatten, Büchern, Spielwaren) wird mit dem Kaufpreis gelegentlich eine Spende für gemeinnützige Zwecke vereinnahmt.

In Ergänzung zu Abschn. 152 UStR habe ich nach den Grundsätzen des BFH-Urteils vom 11.8.1966 – V 13/64 (BStBl III 1966, 647) in derartigen Fällen keine Bedenken, bei dem Unternehmen des Einzelhandels die Spendenbeträge als durchlaufende Posten i. S. d. § 10 Abs. 1 S. 4 UStG anzuerkennen. Voraussetzung ist jedoch, daß dem Käufer die Höhe des Spendenbetrages und der Name des Spendenempfängers kenntlich gemacht wird. Der erforderliche Hinweis kann durch deutlich sichtbaren Aufdruck auf der Ware bzw. Warenverpackung oder durch entsprechende Hinweisschilder in den Verkaufsräumen gegeben werden.

Durchlaufende Posten können bei den Vorlieferern in der Unternehmerkette vom Hersteller (bzw. Importeur) bis zum Einzelhändler im übrigen nur dann anerkannt werden, wenn in den Rechnungen der Spendenbetrag gesondert ausgewiesen und eindeutig dargelegt wird, daß die Spende jeweils im Namen und für Rechnung der gemeinnützigen Einrichtung vereinnahmt wird.

Diese Grundsätze gelten allgemein; durch besondere Verwaltungsanweisung geregelte Einzelfälle ergeben sich aus der Anlage zu diesem Karteiblatt.

Anlage:
Durch Verwaltungsanweisung anerkannte durchlaufende Posten bei Warenlieferungen, die mit Spendenbeträgen verbunden sind

1. *Loriot-Hund „Wum"*: Spende zugunsten der „Aktion Sorgenkind" (anerkannt durch BMF vom 1.10.1973 – IV A 2 S 7200 – 32/73, UR 1973, 275).
2. *Loriot-Figur „Schaukelpaul"*: Spenden zugunsten der „Hilda-Heinemann-Stiftung" (Senator für Finanzen Berlin vom 2.4.1974 – III E 11 – S 7200 8/73, n. v.).
3. *Langspielplatte „Rund um Kap Hoorn"*: Spende zugunsten der „Stiftung zur Förderung des Richard-Ohnsorg-Theaters" (OFD Hamburg vom 17.5.1974 – S 7200 – 29/74 – St 251, UR 1974, 218).
4. Was Journalisten „anrichten", Buch von Hannelore Kohl: Spende zugunsten des „Kuratoriums ZNS zur Hilfe für hirnverletzte Unfallopfer" (FinMin. Rheinland-Pfalz vom 26.2.1986 – S 7200 A – 445, DSTZ/E 1986, 115).
5. Doppel-Langspielplatte „Der Heilige Vater – Papst Johannes Paul II. in Deutschland": Spende zugunsten des „MISSIO Internationales katholisches Missionswerk e.V." (OFD Berlin vom 11.8.1987 – St 434 – S 7200 – 2/86, n. v.).
6. Zur Behandlung der Verkäufe von Unicef-Grußkarten und -kalendern siehe USt-Kartei – OFD Hannover – S 7100 K. 17.[1]

---

1) Entspricht dem Erlass FM Niedersachsen vom 10.06.1980 – S 7100 – 70 – 321, UR 1980 S. 213

Anlage § 010–13

Umsatzsteuerliche Behandlung der im Verkehrsgewerbe ausgewiesenen Werbe- und Abfertigungsvergütung (§ 10 Abs. 1 UStG)

OFD Hannover, Vfg. vom 10.02.1989 – $\frac{S\ 7200 - 65 - StH\ 731}{S\ 7200 - StO\ 532}$,

UR 1989 S. 225

Ein Spediteur, der durch Speditionsvertrag eine Beförderungsleistung übernommen hat, berechnet seinem Auftraggeber die Fracht zuzüglich Umsatzsteuer. An dieser Abrechnungsweise ändert sich auch dann nichts, wenn er sich zur Ausführung der Leistung durch Frachtvertrag eines Frachtführers bedient. Der Frachtführer berechnet in diesem Fall dem Spediteur für seine Beförderungsleistung die tarifmäßige Fracht abzüglich der Werbe- und Abfertigungsvergütung (WAV), zuzüglich Umsatzsteuer.

Die dem Spediteur im Ergebnis als Leistungserlös verbleibende WAV ist aus umsatzsteuerlicher Sicht nicht als Entgelt für eine Leistung des Spediteurs gegenüber dem Frachtführer anzusehen; der Frachtführer ist deshalb insoweit mangels Leistungsbezugs nach § 15 Abs. 1 Nr. 1 UStG nicht zum Vorsteuerabzug berechtigt. Es liegen lediglich zwei umsatzsteuerliche Leistungen vor:

1. Die vom Spediteur seinem Auftraggeber erbrachte Beförderungsleistung sowie
2. die vom Frachtführer dem Spediteur erbrachte Leistung gleicher Art.

Beispiel:

Auftraggeber A beauftragt Spediteur S, eine Ware zu befördern. Die vereinbarte Fracht beträgt 1000 DM zuzüglich Umsatzsteuer. S bedient sich des Frachtführers F, der nach Abzug der WAV ein Entgelt von 900 DM (netto) erhält.

Rechnung des S an A:

Fracht	1 000 DM	(Bemessungsgrundlage)
+ Umsatzsteuer	140 DM	
Rechnungsbetrag	1 140 DM	

Rechnung des F an S:

Fracht	1 000 DM	
./. WAV	100 DM	(Kein Herausrechnen von Vorsteuer bei F)
Bemessungsgrundlage	900 DM	
+ Umsatzsteuer	126 DM	(= Vorsteuer bei S)
Rechnungsbetrag	1 026 DM	

Anlage § 010–14

Umsatzsteuerliche Behandlung von Zuwendungen des Bundesministers für Forschung und Technologie zur Förderung von Forschungs- und Entwicklungsvorhaben

BMF-Schreiben vom 17.04.1989 – IV A 2 – S 7200 – 64/89, BStBl. 1989 I S. 142[1)]

Der Bundesminister für Forschung und Technologie gewährt Zuwendungen zu Forschungs- und Entwicklungsvorhaben. Zuwendungen, die auf der Grundlage der bis zum 31. Dezember 1988 gültigen Bewirtschaftungsgrundsätze für Zuwendungen auf Kostenbasis an Unternehmen der gewerblichen Wirtschaft für Forschungs- und Entwicklungsvorhaben (BKFT 75) geleistet worden waren, wurden nach dem BMF-Schreiben vom 7. Juli 1976 grundsätzlich als nicht der Umsatzsteuer unterliegende echte Zuschüsse angesehen (vgl. Abschnitt 150 Abs. 4 Bsp. 2 UStR)

Mit Wirkung vom 1. Januar 1989 haben die Nebenbestimmungen für Zuwendungen auf Kostenbasis an Unternehmen der gewerblichen Wirtschaft für Forschungs- und Entwicklungsvorhaben (NKFT 88) die BKFT 75 abgelöst. Der Bundesminister der Finanzen ist vom Bundesminister für Forschung und Technologie gebeten worden sicherzustellen, daß für die auf der Grundlage der NKFT 88 gewährten Zuwendungen die gleiche umsatzsteuerliche Behandlung wie für die bisher auf Grund der Zuwendungen der BKFT 75 gezahlten Zuwendungen gilt, da im Hinblick auf die steuerlichen Tatbestände keine Unterschiede zwischen den Zuwendungsvorschriften bestehen.

Nach dem Ergebnis der Erörterungen mit den obersten Finanzbehörden der Länder gilt folgendes:

Die Beurteilung der Umsatzsteuerbarkeit öffentlicher Zuwendungen hängt davon ab, ob die Zahlungen ein Entgelt für eine Leistung an den Zuschußgeber sind und somit einen steuerbaren Leistungsaustausch nach § 1 Abs. 1 Nr. 1 UStG begründen, oder ob sie zusätzliches Entgelte eines Dritten sind, die ebenfalls einen steuerbaren Leistungsaustausch nach dieser Vorschrift begründen, oder ob sie echte, nicht steuerbare Zuschüsse sind. Die Finanzverwaltung hat in Abschnitt 150 Abs. 1 bis 4 der Umsatzsteuer-Richtlinien Grundsätze aufgestellt, in welchen Fällen die Zuwendungen als steuerbar oder als nicht steuerbar zu beurteilen sind.

Die Zuwendungen sind steuerbar, wenn zwischen der Leistung des Zuschußempfängers und der Zuschußgewährung ein unmittelbarer wirtschaftlicher Zusammenhang besteht, so daß eine Leistung gewährt wird, um die andere Leistung zu erhalten. Ein zusätzliches steuerbares Entgelt von einem Dritten im Sinne des § 10 Abs. 1 Satz 3 UStG sind solche Zuwendungen, die von einem anderen als dem Leistungsempfänger für eine Lieferung oder sonstige Leistung gewährt werden, wenn ein unmittelbarer wirtschaftlicher Zusammenhang zwischen der Leistung des Unternehmers und der Zuwendung des Dritten feststellbar ist. Echte, nicht steuerbare Zuschüsse liegen vor, wenn die Zuwendungen nicht an bestimmte Umsätze anknüpfen, sondern unabhängig von einer bestimmten Leistung gewährt werden, um dem Empfänger die Mittel zu verschaffen, die er z. B. zur Erfüllung von im allgemeinen öffentlichen Interesse liegenden Aufgaben benötigt.

Der Bundesfinanzhof hat diese Beurteilung bestätigt, zuletzt mit Urteil vom 20. April 1988, BStBl. II S. 794. Danach sind „für die Leistung" des Zuschußempfängers gewährte Zahlungen als steuerbar zu behandeln; „für den leistenden Unternehmer", zu seiner Förderung, aus strukturpolitischen, volkswirtschaftlichen oder allgemeinpolitischen Gründen gewährte Zuwendungen bleiben hingegen als (echte) Zuschüsse unbesteuert.

Ob ein steuerbarer Leistungsaustausch oder ein echter nicht steuerbarer Zuschuß anzunehmen ist, ist im Einzelfall zu untersuchen. Die Prüfung obliegt den zuständigen Landesfinanzbehörden. Im übrigen gilt für die auf der Grundlage der NKFT 88 gewährten Zuwendungen zu Forschungs- und Entwicklungsvorhaben die gleiche umsatzsteuerliche Behandlung wie für die auf Grund der BKFT 75 gezahlten Zuwendungen. In der Regel kann davon ausgegangen werden, daß die Zuschüsse des Bundesministers für Forschung und Technologie zu Forschungs- und Entwicklungsvorhaben echte Zuschüsse darstellen. Diese Beurteilung schließt jedoch im Einzelfall eine Prüfung nicht aus, ob auf Grund zusätzlicher Auflagen oder Bedingungen des Zuschußgebers oder sonstiger Umstände ein steuerbarer Leistungsaustausch zwischen dem Zuschußgeber und dem Zuschußempfänger begründet worden ist.

---

1) Beachte auch Anlage § 010–50

Anlagen § 010–15, § 010–16

Zuwendungen des Bundesministers für Forschung und Technologie zur Förderung von Windenergieanlagen

OFD Hannover, Vfg. vom 06.04.1990 – S 7200 – 388 – StH 731/S 7200 – 245 – StO 532, BB 1990 S. 2033

Die vom BMFT aufgrund der Richtlinie zur Förderung der Erprobung von Windenergieanlagen „100 MW Wind" im Rahmen des Zweiten Programms Energieforschung und Energietechnologien gewährten Zuwendungen sind aus umsatzsteuerrechtlicher Sicht als echte, nicht steuerbare Zuschüsse zu beurteilen[1].

Umsatzsteuerliche Behandlung der Milchkontrollvereine/Milchkontrollverbände (MKV) (§ 10 Abs. 1 UStG)

OFD Hannover, Vfg. vom 13.07.1990 – $\dfrac{S\ 7200 - 334 - StH\ 731}{S\ 7100 - 46 - StO\ 532}$,

UR 1990 S. 209

Das Verfahren bei der Gewährung von Zuschüssen, die in Niedersachsen aus Landesmitteln zur Förderung der Milchleistungsprüfungen gewährt werden, hat sich seit dem 1.1.1989 grundlegend geändert. Danach wird die Tätigkeit der Milchkontroll*vereine* seit diesem Zeitpunkt nicht mehr durch direkte Gewährung von Landeszuschüssen gefördert. Statt dessen fließen die von den Landeswirtschaftskammern ausgezahlten Landesmittel nunmehr an die Milch- bzw. Bezirkskontroll*verbände* zur Bezahlung von Datenverarbeitungsleistungen, die vom Rechenzentrum zur Förderung der Landwirtschaft in Niedersachsen (RLN), Verden, erbracht werden.

Entsprechend dieser nach Abstimmung mit der Landwirtschaftskammer Hannover und mit dem Landesverband für Milchleistungs- und Qualitätsprüfungen Hannover e.V. herbeigeführten Sachverhaltsfeststellung vertrete ich die Auffassung, daß die ab 1.1.1989 gezahlten Landesmittel zur Förderung der Milchleistungsprüfung umsatzsteuerlich echte, nichtsteuerbare Zuschüsse an die Milch- bzw. Bezirkskontrollverbände darstellen. Den Zuschüssen stehen keine Leistungen dieser Zuschußempfänger gegenüber.

Von der vorstehenden Beurteilung wird die Umsatzsteuerpflicht der Datenverarbeitungsleistungen des RLN nicht berührt. Die Zahlungen der Milch- bzw. Bezirkskontrollverbände an das RLN sind umsatzsteuerliches Entgelt für die Datenverarbeitungsleistungen. Das gilt unabhängig davon, ob die Milch- bzw. Bezirkskontrollverbände die Zahlungen aus Landesmitteln oder aus eigenen Mitteln leisten.

Soweit Milchkontroll*vereine* in der Zeit bis zum 31.12.1988 die ihnen gewährten Zuschüsse zu Milchleistungsprüfungen abweichend von der in TOP III.2 der Tagungsniederschrift vom 8.4.1987 – S 7527 – 42 – StH 711, S 7527 – 30 – StO 532 vertretenen Auffassung in vollem Umfang als echte Zuschüsse behandelt haben, bitte ich dies wegen der oben dargestellten Beurteilung der an Milch- bzw. Bezirkskontroll*verbände* gezahlten öffentlichen Mittel aus Billigkeitsgründen nicht zu beanstanden.

Die Steuerbarkeit der übrigen Leistungen der MKV wird hiervon nicht berührt (z. B. Untersuchungs- und Beratungstätigkeiten).

Die von den Mitgliedern an die Milchkontrollvereine zu entrichtenden „Beiträge pro Kuh" stellen in Höhe eines Anteils von 20 v. H. unechte, steuerbare Beiträge dar, denen Sonderleistungen der Vereine zugrunde liegen.

Die Leistungen der MKV unterliegen grundsätzlich dem ermäßigten Steuersatz (siehe § 12 Abs. 2 Nr. 4 UStG).

Die Rundverfügungen vom 5.2.1970 – S 7234 – 3 – StO 611, S 7234 – 4 – StH 731 (UR 1970, 140) und vom 16.9.1974 – S 7234 – 8 – StO 531, S 7234 – 4 StH 732 werden hiermit aufgehoben.

---

1) Hinweis auf Abschnitt 150 Abs. 7ff. UStR 2008/Abschnitt 10.2 Abs. 7 UStAE

Anlagen § 010–17, § 010–18, § 010–19

Zuwendungen an Projekte der Hilfe zur Arbeit nach § 19 BSHG („Arbeit statt Sozialhilfe")

OFD Münster, Vfg. vom 20.08.1990 – S 7200 – 116 – St 44 – 32, DB 1990 S. 1944

Das Land NRW gewährt den Kreisen und kreisfreien Städten (Zuwendungsempfänger) Zuwendungen zur Schaffung von Arbeitsgelegenheiten für arbeitslose Sozialhilfeempfänger nach § 19 Abs. 2 BSHG (Förderrichtlinien des Ministers für Arbeit, Gesundheit und Soziales vom 1.4. 1985/10.7.1987, SMBl. NRW 814).

In einem Einzelfall erstattete eine Stadt – aufgrund einer Rahmenvereinbarung – einem Beschäftigungsträger die Lohnkosten zuzüglich eines Verwaltungskostenzuschusses für die von diesem beschäftigten ehemaligen Sozialhilfeempfänger. Die Stadt finanzierte die Zahlungen an den Beschäftigungsträger mit den Zuwendungen aus dem vorgenannten Landesförderungsprogramm sowie aus den ersparten Sozialhilfemitteln und evtl. weiteren Eigenleistungen. Nach Auffassung der obersten Finanzbehörden des Bundes und der Länder unterliegen die Zahlungen der Stadt beim Beschäftigungsträger nicht der USt[1].

Werbezuschüsse von Kraftfahrzeugherstellern an ihre Vertragshändler

OFD Saarbrücken, Vfg. vom 17.01.1991, S 7200 – 131 – St 241, DStR 1991 S. 577

Aus gegebener Veranlassung weise ich darauf hin, daß der BFH mit Urteil vom 13. Januar 1972 (V R 137/68, BStBl. II 1972, 367) zur Frage des Leistungsaustausches bei Werbezuschüssen, die der Hersteller einer Ware dem Händler für die Durchführung von Werbemaßnahmen gewährt, seine bisherige Rechtsprechung bestätigt hat. Danach liegt ein steuerbarer Leistungsaustausch zwischen Zuschußgeber und -empfänger nicht vor,
- wenn sich der Zuschußnehmer nicht zur Werbung verpflichtet hat,
- er die Werbung im eigenen Interesse betreibt und
- die Gewährung des Zuschusses nicht losgelöst von der Warenlieferung des Zuschußgebers erfolgt, sondern mit dieser eng verknüpft ist.

Eine enge Verknüpfung im vorgenannten Sinne ist z. B. dann gegeben, wenn sich die Zuschußhöhe nach dem Umfang der abgenommenen Waren richtet. In diesem Fall handelt es sich beim Zuschuß um einen bloßen Preisnachlaß (vgl. Abschn. 151 Abs. 3 Satz 6 UStR).

Umsatzsteuerliche Beurteilung des Zweckertrags aus der Lotterie „PS-Sparen und Gewinnen" (§ 10 Abs. 1 UStG)

BMF-Schreiben vom 12.02.1991 – IV A 2 – S 7200 – 10/91, UR 1991 S. 236

Unter Bezugnahme auf das Ergebnis der Erörterungen mit den obersten Finanzbehörden der Länder wird die Auffassung vertreten, daß als Gegenleistung (Entgelt) bei dem von Ihnen dargestellten Sachverhalt nur der den Sparkassen erstattete Kostendeckungsbeitrag abzüglich Umsatzsteuer pro verkauftem Los anzusehen ist. Die von den Trägern des Auslosungsverfahrens (Sparkassen- und Giroverbände) ausgeschütteten Zweckerträge sind nicht Entgelt für Leistungen der Sparkassen an den Lotterieveranstalter bei der Durchführung der Lotterie.

---

1) Hinweis auf Anlage § 010-07

Anlagen § 010–20, § 010–21, § 010–22, 23 nicht belegt

Behandlung der von der EG-Kommission gezahlten Zuschüsse im Zusammenhang mit der Errichtung von „EG-Beratungsstellen für Unternehmen" (Euro Info Centres – „EIC")

Erlass FM Hessen vom 13.02.1991 – S 7200 A – 110 – II A 42,
DStR 1991 S. 384 – Ähnlich OFD Koblenz, Vfg. vom 22.04.1991,
UR 1991 S. 236

Die EG-Kommission fördert zur Vorbereitung kleiner und mittlerer Unternehmen auf den Europäischen Binnenmarkt EG-weit die Einrichtung von Beratungsstellen – EIC – durch bestehende Organisationen wie z. B. Industrie- und Handelskammern. Mit diesen schließt die EG-Kommission Verträge ab und gewährt Zuschüsse von 50 000 ECU im ersten und je 20 000 ECU im zweiten und dritten Jahr. Die EG-Kommission hält diese Zuschüsse für echte nicht steuerbare Zuschüsse (Abschn. 150 Abs. 4 UStR) und bittet um Bestätigung dieser Auffassung, da sie ihr Beratungsstellen-Netz bundesweit erheblich ausweiten möchte.

Die Erörterung der Angelegenheit führte zu dem Ergebnis, daß nach dem augenblicklichen Erkenntnisstand die Auffassung der EG-Kommission geteilt wird. Es ist deshalb zunächst davon auszugehen, daß die genannten Zuschüsse nicht der Umsatzsteuer unterliegen.

Umsatzsteuerliche Behandlung von Direktzahlungen, Ausgleichszahlungen und Prämien im Agrarbereich

BMF-Schreiben vom 09.11.1992 – IV A 2 – S 7200 – 91/92,
DB 1992 S. 2473

Im Rahmen der EG-Agrarreform werden folgende Direktzahlungen gewährt:

1. *Getreideausgleichszahlung*
   i. H. von ca. 600 DM/ha
   (EWG VO des Rates Nr. 1765/92 vom 30.6.1992, ABl. EG Nr. L 181/12)

2. *Konjunktureller Flächenstillegungsausgleich*
   (EWG VO des Rates Nr. 1765/92 vom 30.6.1992, ABl. EG Nr. L 181/12 und EWG VO der Kommission Nr. 2293/92 vom 31.7.1992, ABl. EG Nr. L 221/19)

3. *Flächenbeihilfe für Eiweißpflanzen*
   (EWG VO des Rates Nr. 1765/92 vom 30.6.1992, ABl. EG Nr. L 181/12 und EWG VO der Kommission Nr. 2295/92 vom 31.7.1992, ABl. EG Nr. 221/28)

4. *Sonderprämie für männliche Rinder und Mutterkuhprämie*
   (EWG VO des Rates Nr. 2066/92 vom 30.6.1992, ABl. EG Nr. 215/49)

Unter Bezugnahme auf das Ergebnis der Erörterungen mit den obersten Finanzbehörden der Länder wird die Auffassung vertreten, daß in den angesprochenen Fällen eine wechselseitige Verknüpfung von Leistung und Gegenleistung nicht gegeben ist, so daß die Direktzahlungen, Ausgleichszahlungen und Prämien umsatzsteuerrechtlich als echte nichtsteuerbare Zuschüsse anzusehen sind.

Anlage § 010–24

Umsatzsteuerliche Behandlung von ABS-Gesellschaften
(§ 2 Abs. 1, § 10 Abs. 1, § 15 Abs. 1 UStG)

Erlass FM Mecklenburg-Vorpommern vom 28.02.1995 – IV 320 – S 7200 – 29/92, UR 1995 S. 235

1. Unternehmer und Unternehmen der ABS-Gesellschaften

Nach der Rechtsprechung des BFH ist nur derjenige Unternehmer im umsatzsteuerrechtlichen Sinne (§ 2 Abs. 1 UStG), der nachhaltig und selbständig Leistungen gegen Entgelt erbringt (u.a. BFH-Urteil vom 6.5.1993 – V R 45/88, BStBl 1993 II, 564 = StRK UStG 1980 § 15 Abs. 1 R. 44 = UR 1993, 312). Als Entgelte, die im Wege des Leistungsaustausches zufließen, gelten auch Entgelte von dritter Seite (§ 10 Abs. 1 S. 3 UStG) sowie die im Wege des Tausches oder tauschähnlichen Umsatzes erhaltenen Lieferungen und sonstigen Leistungen (§ 3 Abs. 12 UStG). Keine Entgelte im obigen Sinne sind insbesondere:

1.1 echte Zuschüsse, da sie nicht aufgrund eines Leistungsaustauschverhältnisses zugewendet werden (vgl. nachfolgend Nr. 2.1);

1.2 echte Material- und Leistungsbeistellungen im Rahmen von Werklieferungen, da diese aus dem Leistungsverhältnis ausscheiden (vgl. nachfolgend Nr. 2.2).

Fließen einer ABS-Gesellschaft Entgelte im Wege des Leistungsaustausches zu, so ist sie Unternehmer (§ 2 Abs. 1 UStG). Fraglich ist jedoch, ob die Unternehmereigenschaft in allen Tätigkeitsbereichen gegeben ist. Aus der Auffassung, daß auch Kapitalgesellschaften einen nichtunternehmerischen Bereich haben können (vgl. Abschnitt 7 Abs. 1 S. 2 UStR), läßt sich die Folgerung ableiten, daß bei ABS-Gesellschaften die Unternehmereigenschaft für jede einzelne Maßnahme gesondert zu beurteilen ist. Führt also eine ABS-Gesellschaft eine Maßnahme durch, für die ihr im Wege des Leistungsaustausches Entgelte zufließen und daneben eine weitere Maßnahme, die z.B. ausschließlich aus Zuschüssen finanziert wird, so ist sie für die erste Maßnahme im Rahmen des Unternehmens, bei der zweiten Maßnahme in ihrem nichtunternehmerischen Bereich tätig. Das bedeutet, daß Leistungsüberführungen aus dem unternehmerischen in den nichtunternehmerischen Bereich in aller Regel steuerbare Umsätze durch Eigenverbrauch zur Folge haben (§ 1 Abs. 1 Nr. 2 Buchst. a und b UStG). Soweit Arbeitnehmer in beiden Bereichen eingesetzt werden, kann von vornherein eine Aufteilung zugelassen und damit ein Eigenverbrauch vermieden werden.

2. Zuschüsse und Material- bzw. Leistungsbeistellungen

2.1 Die Frage, wann Zuschüsse vorliegen, ist nach Abschnitt 150 UStR zu entscheiden. Danach gehören zu den Zuschüssen insbesondere Lohnkostenzuschüsse, die die Bundesanstalt für Arbeit aufgrund eines unmittelbaren Anspruchs der ABS-Gesellschaft zuwendet. Die Lohnkostenzuschüsse stellen jedoch ein Leistungsentgeld dar, wenn der Anspruch nicht der ABS-Gesellschaft, sondern der Kommune zusteht, die die Zuschüsse der Gesellschaft überläßt.

Beispiel:

Eine Kommune schreibt als Träger einer Arbeitsbeschaffungsmaßnahme öffentliche Arbeiten (z. B. Landschaftsbau) aus und erteilt einer ABS-Gesellschaft den Zuschlag. Die ABM-Kräfte werden vom Arbeitsamt zugewiesen und schließen einen Arbeitsvertrag mit der ABS-Gesellschaft ab. Die Gesellschaft stellt der Kommune die für die Ausführung der Leistung mit den ABM-Kräften entstandenen Personalkosten einschließlich einer Gemeinkostenpauschale in Rechnung. Die Kommune begleicht die Rechnungen der ABS-Gesellschaft u. a. mit den Fördermitteln, die sie von der Bundesanstalt für Arbeit erhalten hat.

In diesem Fall wird die ABS-Gesellschaft durch die Ausführung einer Werklieferung oder Werkleistung tätig. Sie erhält dafür von der Kommune ein Entgelt, so daß steuerbare Umsätze vorliegen (§ 1 Abs. 1 Nr. 1 UStG). Zu diesem Entgelt gehören auch die von der Kommune weitergeleiteten Lohnkostenzuschüsse der Bundesanstalt für Arbeit, da insoweit keine echten Zuschüsse vorliegen. Dies gilt auch dann, wenn die Überweisung der Mittel zur Abkürzung des Zahlungswegs unmittelbar von der Bundesanstalt für Arbeit an die ABS-Gesellschaft erfolgt.

Echte Zuschüsse stellen in aller Regel auch die Zuwendung im Rahmen der Komplementärfinanzierung durch die Länder dar, (Abschnitt 150 Abs. 4 UStR). Dagegen ist der Trägeranteil der Treuhandanstalt als Leistungsentgeld anzusehen, wenn die Zahlungen dafür geleistet werden, daß die ABS-Gesellschaft auf einem Grundstück oder für einen Betrieb der Treuhandanstalt Altlasten- und Umweltsanierungsarbeiten durchführt. Die Zahlung der Treuhandanstalt stellt jedoch einen echten Zuschuß dar, wenn sie nicht für eine Gegenleistung gewährt wird und kein Entgelt von dritter Seite darstellt (§ 10 Abs. 1 S. 3 UStG).

Anlage § 010–24

2.2 Die Frage, wann Material- oder Leistungsbeistellungen vorliegen, bestimmt sich nach Abschnitt 27 Abs. 2 und 4 UStR. Derartige Beistellungen scheiden aus dem Leistungsaustausch aus. Eine Gegenleistung liegt jedoch vor, wenn das Material oder die sonstige Leistung im Rahmen eines Tausches oder tauschähnlichen Umsatzes zur Verfügung gestellt wird (§ 3 Abs. 12 UStG).

3. Bemessungsgrundlage

Bemessungsgrundlage ist für die einzelne Maßnahme der ABS-Gesellschaft das Entgelt, das der Leistungsempfänger (z.B. Grundstückseigentümer) aufwendet, um die Leistung zu erhalten (§ 10 Abs. 1 S. 1 und 2 UStG). Zum Entgelt gehört auch, was ein anderer als der Leistungsempfänger der ABS-Gesellschaft für die Leistung gewährt (§ 10 Abs. 1 S. 3 UStG). Zudem ist ggf. der Wert des vom Leistungsempfänger zum Verkauf überlassenen Schrotts und dgl. dem Entgelt zuzurechnen (§ 10 Abs. 2 UStG). Ist der Leistungsempfänger ein Gesellschafter der ABS-Gesellschaft oder eine diesem Gesellschafter nahestehende Person, ist ergänzend zu prüfen, ob die Mindestbemessungsgrundlage anzusetzen ist (§ 10 Abs. 5 Nr. 1 UStG).

Im Hinblick darauf, daß die ABS-Gesellschaften mit den Altlasten- und Sanierungsmaßnahmen in aller Regel Werklieferungen, in Einzelfällen auch Werkleistungen ausführen, sind als Mindestbemessungsgrundlage die Selbstkosten (§ 10 Abs. 4 Nr. 1 UStG) oder die Kosten (§ 10 Abs. 4 Nr. 2 UStG) anzusetzen. Bei der Ermittlung dieser Selbstkosten oder Kosten können im Hinblick auf die besonderen Umstände der ABS-Gesellschaften die von dritter Seite erlangten und den ABS-Gesellschaften zugeführten Ersatzleistungen (Zuschüsse) außer Betracht bleiben.

4. Vorsteuerabzug

Der Vorsteuerabzug richtet sich bei den ABS-Gesellschaften nach den allgemeinen Grundsätzen (§ 15 UStG). Ein Vorsteuerabzug kommt daher nicht in Betracht, wenn die ABS-Gesellschaft nicht Unternehmer ist (vgl. Abschnitt 191 Abs. 1 UStR sowie u.a. BFH-Urteil vom 6.5.1993 – V R 45/88, BStBl 1993 II, 564 = StRK UStG 1980 § 15 Abs. 1 R. 44 = UR 1993, 312). Hat die ABS-Gesellschaft sowohl einen unternehmerischen als auch einen nichtunternehmerischen Bereich und sind die bezogenen Leistungen für beide Bereiche bestimmt, ist nach den in Abschnitt 192 Abs. 18 UStR dargestellten Grundsätzen zu verfahren. Wurde eine Leistung zunächst nur für den nichtunternehmerischen Bereich erworben und wird sie erst später im unternehmerischen Bereich verwendet, ist ein Vorsteuerabzug ausgeschlossen (vgl. Abschnitt 194 Abs. 14 S. 6 und 7 UStR). Aus Vereinfachungsgründen kann auch eine Vorsteueraufteilung nach Abschnitt 22 Abs. 7 bis 9 UStR zugelassen werden.

Die bisher ergangenen Erlasse zur Behandlung der ABS-Gesellschaften[1] sind hiermit gegenstandslos.

---

[1] Erlass FM Mecklenburg-Vorpommern vom 22.10.1992 – IV 320 – 7200 – 29/92 (= Vfg. OFD Rostock vom 22.12.1992 – S 7200 A – St 221, StEK UStG 1980 § 2 Abs. 1 Nr. 64)

Anlagen § 010–25 nicht belegt, § 010–26

Umsatzsteuerrechtliche Beurteilung von Maßnahmen nach § 249h des Arbeitsförderungsgesetzes[1]

Erlass FM Sachsen-Anhalt vom 20.10.1995 – 44 – S 7200 – 12, DStR 1995 S. 1796

Im Rahmen staatlich geförderter beschäftigungswirksamer Maßnahmen werden Unternehmen der Treuhandanstalt (THA) bzw. der Bundesanstalt für vereinigungsbedingte Sonderaufgaben (BVS) vor allem für Projekte im Umweltbereich – z.b. Altlastensanierung – umfangreiche öffentliche Zuwendungen zur Verfügung gestellt. Zuwendungsgeber sind die Bundesanstalt für Arbeit (BfA), einzelne Landesministerien sowie die THA/BVS selbst.

Auf der Grundlage eines sog. Zuwendungsvertrags werden die Mittel des Landes zweckgebunden an die THA/BVS ausgezahlt. Die THA/BVS ist berechtigt, die Mittel an Dritte – sog. Projektträger – weiterzugeben Projektträger ist i. d. R. ein Unternehmen der THA/BVS, d. h. eine Kapitalgesellschaft, deren sämtliche Geschäftsanteile oder Aktien sich unmittelbar oder mittelbar in der Hand der THA/BVS befinden. Die von der BfA im Einzelfall zu leistenden Lohnkostenzuschüsse werden an den Projektträger ausgezahlt.

Aufgabe der Projektträger ist es, bestimmte beschäftigungswirksame Maßnahmen im eigenen Namen zu koordinieren. Sie führen diese Maßnahmen nicht selbst durch, vielmehr bedienen sie sich dazu eines oder mehrerer sog. Maßnahmeträger, die im Wege der Ausschreibung ausgesucht werden. Als Maßnahmeträger kommen sowohl ABS-Gesellschaften (Gesellschaften zur Arbeitsförderung, Beschäftigung und Strukturentwicklung) als auch andere Unternehmen in Betracht. Letztere müssen jedoch bei der Durchführung der Maßnahme Empfänger von Arbeitslosengeld und dgl. (vgl. § 249h Abs. 2 AFG) beschäftigen.

Die Maßnahmeträger werden regelmäßig für den Projektträger auf der Grundlage eines Werkvertrags tätig.

Diese Fälle sind umsatzsteuerrechtlich wie folgt zu beurteilen:

1. Vorsteuerabzug des Projektträgers

Die mit der tatsächlichen Durchführung von beschäftigungswirksamen Maßnahmen (z.B. Altlastenbeseitigung, Grundstückssanierungen, Rekultivierungen, Demontage von Produktionsanlagen usw.) beauftragten Maßnahmeträger erbringen steuerbare und steuerpflichtige Leistungen an die Projektträger. Es ist davon auszugehen, daß die Projektträger, sowie sie sich wirtschaftlich betätigen oder früher betätigt haben, Unternehmer i. S. d. § 2 UStG sind und die Leistungen der Maßnahmeträger für ihr Unternehmen beziehen. Dies gilt auch für Projektträger, die – z.B. wegen stillgelegter Produktionsstätten – keine Umsätze mehr ausführen.

Die Leistungen der Maßnahmeträger sind durch die (frühere) wirtschaftliche Betätigung der Projektträger veranlaßt und dieser wirtschaftlich zuzurechnen. An dieser Zurechnung wird aus Billigkeitsgründen auch festgehalten, wenn im Einzelfall sanierte Grundstücke später – ggf. steuerfrei nach § 4 Nr. 9 Buchst. a UStG – veräußert werden sollten. Somit können die Projektträger regelmäßig die in den Rechnungen der Maßnahmeträger gesondert ausgewiesene Umsatzsteuer unter den weiteren Voraussetzungen des § 15 UStG in voller Höhe als Vorsteuer abziehen.

2. Zahlungen an den Projektträger

Läßt ein Projektträger Sanierungsarbeiten auf seinem Betriebsgelände z. B. durch eine ABS-Gesellschaft ausführen und stellt die THA/BVS dem Projektträger zur Bezahlung dieser Arbeiten Mittel zur Verfügung, so sind diese Mittel grundsätzlich ein Entgelt des Projektträgers. Ein Leistungsaustausch zwischen der THA/BVS und dem Projektträger liegt im Regelfall nicht vor. Die Zahlungen an den Projektträger sind daher bei diesem regelmäßig – ebenso wie die Zahlungen der BfA als nicht steuerbare (echte) Zuschüsse anzusehen (vgl. Abschn. 150 Abs. 4 UStR 1992). Dies entspricht der in Tz. 2.1 letzter Absatz Satz 2 des Bezugserlasses (vom 28.2.1995, DStR 1995, 606) getroffenen Aussage.

Wird der Projektträger jedoch ausnahmsweise für eine eigene Einrichtung der THA/BVS tätig, so führt er damit als Unternehmer steuerbare und steuerpflichtige Leistungen aus, für die die Zahlungen der THA/BVS Leistungsentgelte darstellen. Im Hinblick auf die Steuerpflicht seiner Umsätze steht dem Projektträger, sofern auch die übrigen Voraussetzungen vorliegen, der Vorsteuerabzug aus den vom Maßnahmeträger erhaltenen Leistungen zu. Ob die Projektträger entstandene Umsatzsteuer bei einer Einrichtung der THA/BVS als Vorsteuer geltend gemacht werden kann, hängt von einer entsprechenden Auftragsvergabe (vgl. Abschn. 192 Abs. 13 UStR) und von den übrigen Verhältnissen bei dieser Einrichtung ab.

---

1) Ab 01.01.1998 Drittes Sozialgesetzbuch

Anlage § 010–27

Zuwendungen und Ausgleichszahlungen für gemeinwirtschaftliche Verkehrsleistungen im öffentlichen Personennahverkehr (ÖPNV)
(§ 1 Abs. 1 Nr. 1, § 10 Abs. 1 UStG)

OFD Hannover, Vfg. vom 23.01.1996 – S 7100 – 829 – StH 543/S 7100 – 283 –
StO 352 a/S 7200 – 427 – StH 531,
UR 1997 S. 189

Zur umsatzsteuerlichen Behandlung von Zuschüssen im Bereich des ÖPNV gilt folgendes:

I. Allgemeines

Zuwendungen, die Verkehrsunternehmer (VU) als Investitions- oder Betriebskostenzuschüsse erhalten, sind entweder Entgelte für Leistungen des VU an den Zuschußgeber, preisauffüllende Entgelte von Dritten oder echte nichtsteuerbare Zuschüsse.

Steuerpflichtige Entgelte für eine Leistung an den Zuschußgeber liegen vor, wenn ein Leistungsaustauschverhältnis zwischen dem leistenden Unternehmer (Zahlungsempfänger) und dem Zahlenden besteht. Preisauffüllende Entgelte sind solche Zahlungen, die von einem Anderen als dem Leistungsempfänger für die Leistung des leistenden Unternehmers (Zahlungsempfänger) gewährt werden. Nichtsteuerbare Zuschüsse (echte Zuschüsse) liegen vor, wenn die Zahlungen nicht aufgrund eines Leistungsaustauschverhältnisses erbracht werden (vgl. im einzelnen Abschnitt 150 UStR).

II. Zuschüsse von Gebietskörperschaften

1. Zuschüsse von Gebietskörperschaften an VU (direkt oder über eine für die Verteilung zuständige Einrichtung) im Rahmen von Verkehrsverbünden stellen grundsätzlich echte nichtsteuerbare Zuschüsse dar. Sie stehen mit Leistungen der VU an die Zuschußgeber nicht in Zusammenhang. Vielmehr sind sie dazu bestimmt, allgemein eine ausreichende Bedienung der Bevölkerung mit Verkehrsleistungen im ÖPNV zu gewährleisten.

   Ist der Verbund aufgrund der vertraglichen Gestaltung Unternehmer im Sinne des § 2 UStG und werden Zuschüsse zu den laufenden Kosten des Verbundes von der Gebietskörperschaft und den VU gestaffelt nach Fahrleistungen getragen, kann ein Leistungsaustausch gegeben sein. Maßgebend für die umsatzsteuerliche Behandlung sind hier die Verhältnisse des Einzelfalles.

2. Kein Leistungsaustausch liegt vor, wenn Gebietskörperschaften Zuschüsse außerhalb von Verkehrsverbünden zur Förderung oder Sicherstellung einer ausreichenden Verkehrsbedienung der Bevölkerung gewähren.

   Beispiel 1:

   Im Interesse einer ausreichenden Verkehrsbedienung der Bevölkerung hält die Kommune die Verlängerung einer bestehenden oder die Einrichtung einer zusätzlichen Omnibuslinie für erforderlich. Der VU als Konzessionsinhaber ist jedoch zur Erweiterung seiner Verkehrsbedienung nur bereit, wenn er hierfür von der Kommune einen vertraglich abgesicherten finanziellen Ausgleich in Höhe der durch die Fahrgeldeinnahmen nicht gedeckten Kosten erhält. Ein gesonderter Leistungsaustausch zwischen dem VU und der Kommune liegt nicht vor.

   Wird durch einen Zuschuß der Gebietskörperschaft zur Förderung oder Sicherstellung einer ausreichenden Verkehrsbedienung der Bevölkerung zugleich die verkehrsmäßige Anschließung eigener oder fremder Einrichtungen (z. B. Krankenhäuser, Schulen, Kindergärten) verbessert, so überlagert der im allgemeinen öffentlichen Interesse liegende Zuschußzweck ein eventuelles Eigeninteresse der Gebietskörperschaft. Ein Leistungsaustausch ist deshalb nicht anzunehmen.

3. Ein steuerpflichtiger Leistungsaustausch zwischen der Gebietskörperschaft und dem VU liegt ausnahmsweise dann vor, wenn der Zuschuß nicht die allgemeine Verkehrsbedienung der Bevölkerung fördern soll, sondern mit speziellen Interessen des Zuschußgebers zusammenhängt.

   Beispiel 2:

   Eine Kommune gewährt einem VU einen Zuschuß für die Verlängerung einer Omnibuslinie zu einem außerhalb gelegenen kommunalen Heizkraftwerk, um den dort Beschäftigten die Fahrt zur Arbeitsstätte mit öffentlichen Verkehrsmitteln zu ermöglichen. Für die zusätzliche Strecke besteht im übrigen kein Bedarf zur allgemeinen Verkehrsbedienung. Der Zuschuß stellt beim VU Entgelt für eine besondere Leistung an die Kommune dar. Diese Leistung unterliegt dem allgemeinen Steuersatz, weil sie keine unter § 12 Abs. 2 Nr. 10 UStG fallende Beförderungsleistung ist.

4. Ein steuerpflichtiger Leistungsaustausch zwischen der Gebietskörperschaft und dem VU ist regelmäßig dann gegeben, wenn sie Konzessionsinhaberin der Verkehrslinie ist und den VU beauftragt,

die Verkehrsbedienung für sie zu übernehmen. Hierin ist eine gesonderte Leistung des VU an die Gebietskörperschaft als Konzessionsträgerin zu erblicken, der als Gegenleistung der gewährte Zuschuß gegenübersteht (allgemeiner Steuersatz). Dies gilt unabhängig davon, wie die Zuwendung an den VU bezeichnet oder errechnet wird. Auch eine reine Verlustabdeckung stellt ein steuerpflichtiges Leistungsentgelt dar.

III. Zuschüsse anderer Einrichtungen

Werden Zuschüsse an VU nicht von Gebietskörperschaften, sondern von anderen Einrichtungen (z. B. von Privatschulen, privaten Krankenhäusern) gewährt, so liegen entsprechend den oa. Grundsätzen echte nichtsteuerbare Zuschüsse außerhalb eines Leistungsaustauschs – ebenso wie bei Zuschüssen von Gebietskörperschaften – nur dann vor, wenn die Zuschüsse dazu bestimmt sind, allgemein eine ausreichende Bedienung der Bevölkerung mit Verkehrsleistungen im ÖPNV zu gewährleisten.

Ein steuerpflichtiger Leistungsaustausch zwischen dem Zuschußgeber und dem VU liegt jedoch dann vor, wenn der Zuschuß nicht die allgemeine Verkehrsbedienung der Bevölkerung fördern soll, sondern mit speziellen Interessen des Zuschußgebers zusammenhängt. Im allgemeinen ist davon auszugehen, daß private Zuschußgeber nicht in erster Linie die allgemeine Verkehrsbedienung der Bevölkerung fördern können und wollen, sondern vorwiegend eigene Interessen verfolgen. Daher liegt in derartigen Fällen regelmäßig ein Leistungsaustausch zwischen den VU und dem Zuschußgeber vor. Dies gilt unabhängig davon, wie die Zuwendung an den VU bezeichnet oder errechnet wird. Auch eine reine Verlustabdeckung stellt ein steuerpflichtiges Leistungsentgelt dar.

Wird durch den im speziellen Eigeninteresse gewährten Zuschuß der privaten Einrichtung gleichzeitig eine Verbesserung der allgemeinen Verkehrsbedienung erreicht, ist für die umsatzsteuerliche Beurteilung gleichwohl der im Vordergrund stehende im eigenen Interesse liegende Zuschußzweck maßgebend.

Beispiel 3:

Eine Privatschule vereinbart mit einem VU die Verlängerung einer Omnibuslinie bis zu ihrer Schule am Stadtrand. Die neu eingerichtete Linie wird auch von der Allgemeinheit im Rahmen der Freizeitgestaltung mitbenutzt. Da die tarifmäßigen Fahrgeldeinnahmen die zusätzlichen Kosten nicht decken, übernimmt die Privatschule den Fehlbetrag. Es liegt ein Leistungsaustausch zwischen dem VU und der Schule vor (allgemeiner Steuersatz).

IV. Entgelt von dritter Seite

Liegt nach den vorstehenden Grundsätzen ein gesonderter Leistungsaustausch zwischen Zuschußgeber und VU nicht vor, so ist zu prüfen, ob die Zuwendungen preisauffüllende Entgelte von dritter Seite darstellen, die gemäß § 10 Abs. 1 Satz 3 UStG bei den VU zusätzlich zu den Fahrgeldeinnahmen der Umsatzsteuer unterliegen, oder ob es sich um echte nichtsteuerbare Zuschüsse handelt.

Zusätzliches Entgelt im Sinne des § 10 Abs. 1 Satz 3 UStG sind solche Zahlungen, die von einem anderen als dem Leistungsempfänger für die Leistung des leistenden Unternehmers (Zahlungsempfängers) gewährt werden. Zahlungen für den Unternehmer (zu dessen Subventionierung) sind dagegen keine preisauffüllenden Entgelte. Die Abgrenzung zwischen echtem Zuschuß und zusätzlichem Entgelt eines Dritten wird gemäß Abschnitt 150 Abs. 4 Satz 3 UStR nach der Person des Bedachten und dem Förderungsziel vorgenommen (vgl. BFH-Urteil vom 8.3.1990 – V R 67/89, BStBl II 1990, 708 = UR 1990, 309). Nach bundeseinheitlicher Verwaltungspraxis ist hierbei auf die Bemessung der Zuschüsse abzustellen. Sollen durch die Zuschüsse nicht gedeckte Kosten oder Verluste ausgeglichen werden (Preis-Kosten-Vergleich), liegen echte nichtsteuerbare Zuschüsse vor. Ist dagegen eine Preisauffüllung beabsichtigt (Preis-Preis-Vergleich), ist von steuerpflichtigen Entgelten von dritter Seite auszugehen.

Beispiel 4:

Sachverhalt wie Beispiel 1. Durch den Zuschuß nach dem Sachverhalt von Beispiel 1 sollen die nicht durch Fahrgeldeinnahmen gedeckten Kosten bei den VU (Preis-Kosten-Vergleich) ersetzt werden. Es handelt sich daher um Zuwendungen für den Unternehmer und nicht um Zahlungen für die (Beförderungs-)Leistungen. Preisauffüllende Entgelte von dritter Seite sind daher nicht anzunehmen. Daß die Zuschüsse dem Leistungsempfänger (Fahrgast) insoweit zugute kommen, als er nur einen unter Berücksichtigung des Zuschusses niedriger kalkulierten Preis aufzubringen hat, vermag hieran nichts zu ändern. Der BFH sieht im Urteil vom 26.6.1986 – V R 93/77 (BStBl II 1986, 723 = UR 1986, 260, Ziff. 2 Abs. 3 der Urteilsgründe) hierin lediglich eine vom Zuschußgeber gesehene, aber rechtlich unbeachtliche Folge des mit dem Zuschuß verfolgten Zwecks.

Anlage § O10–27

Beispiel 5:
Ein Landkreis fördert aus Umweltschutzgründen die Akzeptanz des ÖPNV in seinem Bereich durch Zuschüsse. Die VU gewähren ihren Fahrgästen einen Rabatt von 25 v. H. auf die jeweiligen Haustarife. Der Landkreis zahlt Zuschüsse an die VU in Höhe der gewährten Rabatte. Ein gesonderter Leistungsaustausch zwischen den VU und dem Landkreis liegt nicht vor (vgl. Teil II Nr. 2). Die Zuschüsse des Landkreises stellen jedoch steuerpflichtige Entgelte von dritter Seite (§ 10 Abs. 1 Satz 3 UStG) zu den Fahrgeldeinnahmen dar. Durch die Zuschüsse werden die rabattierten Fahrgeldeinnahmen im Sinne eines Preis-Preis-Vergleichs aufgefüllt. Die Zuschüsse unterliegen wie die Fahrgeldeinnahmen unter den Voraussetzungen des § 12 Abs. 2 Nr. 10 UStG dem ermäßigten Steuersatz.

Portokosten als durchlaufende Posten?

OFD Frankfurt, Rdvfg. vom 22.05.2000 – S 7200 A – 180 – St IV 21[1)]

1. Bei Werbeagenturen, Lettershops usw., die die Versendung von Prospekten u. ä. für ihre Kunden übernehmen, tritt die Frage auf, ob die angefallenen Portokosten bei der Weiterberechnung an den Kunden ggf. als durchlaufende Posten behandelt werden können oder ob sie als Teil des Entgelts für die Leistung der Agentur usw. anzusehen sind.
Hierzu vertrete ich folgende Auffassung:
Nur, wenn der Kunde mit der Deutschen Post AG in Rechtsbeziehungen tritt, kann die Agentur usw. den verauslagten Portobetrag als durchlaufenden Posten behandeln.
2. Nach den allgemeinen Geschäftsbedingungen der Deutschen Post AG (AGB Post AG) treten Rechtsbeziehungen zwischen der Deutschen Post AG und dem auf dem Brief genannten Absender ein.
2.1 Versenden Agenturen usw. Briefe für einen Auftraggeber und ist dieser auf dem Brief als Absender auch genannt, so handelt es sich bei den Portokosten um durchlaufende Posten im Sinne des § 10 Abs. 1 Satz 5 UStG, soweit die Agentur usw. die Portokosten (Briefmarken) verauslagt hat.
2.2 Auch in den Fällen, in denen sich z. B. ein Lettershop bei der Post AG als Großkunde anmeldet und seine Briefe dort einliefert, erfolgt die Zahlung des Benutzungsentgelts im Namen und für Rechnung des Auftraggebers, sofern dieser bei der Einlieferung als Absender angegeben wird. Die Briefe erhalten den Vermerk: „Gebühr bezahlt". Bei der Einlieferung erfolgt die Entrichtung des Entgelts an die Deutsche Post AG meist unbar. Sollte z. B. ein vom Lettershop hingegebener Scheck nicht eingelöst werden können, bleibt Schuldner des Entgelts der als Absender genannte Auftraggeber, da nur zwischen ihm und der Deutschen Post AG Rechtsbeziehungen bestehen. Insoweit handelt es sich bei dem durch den Lettershop verauslagten Betrag um einen durchlaufenden Posten im Sinne des § 10 Abs. 1 Satz 5 UStG.
2.3 Eine Agentur usw. kann auch ihren eigenen Freistempler für gewerbsmäßige Versendung von Kundenpost benutzen.
Lt. einer mir vorliegenden Auskunft der Deutschen Post AG wird entgegen der Ausführungen in den Allgemeinen Geschäftsbedingungen Briefdienst Inland (AGB BfD Inl) hierfür keine besondere Genehmigung erteilt.
Entgegen der bisher von mir vertretenen Rechtsauffassung bitte ich daher von einem durchlaufenden Posten auszugehen, wenn die Werbeagentur, der Lettershop usw.
   a) bei Verwendung seines Freistemplers in den Stempel das „Klischee" seines Kunden einsetzt oder
   b) auf andere Weise den Kunden als eigentlichen Absender kenntlich macht (z. B. Absenderaufkleber oder entsprechender Aufdruck auf dem Umschlag).
3. Die in den AGB niedergelegten Grundsätze für den Briefdienst gelten entsprechend auch für den Frachtdienst (Pakete).
3.1 Bei Paketsendungen durch Versandhandelsunternehmen kommen Rechtsbeziehungen auch nur zwischen dem Absender (Versandhandelsunternehmen) und der Deutschen Post AG zustande. Selbst eine „unfreie" Versendung oder eine Versendung „per Nachnahme" führt nicht zu Rechtsbeziehungen zwischen dem Empfänger des Pakets und der Deutschen Post AG. Die von Versandhandelsunternehmen weiterberechneten Portokosten stellen damit keinen durchlaufenden Posten im Sinne des § 10 Abs. 1 Satz 5 UStG dar.

---

1) Siehe dazu *Vellen*, UStB 2001 S. 46

Anlagen § 010–32 nicht belegt, § 010–33

Umsatzsteuerliche Behandlung der Prämien für die Stillegung von Ackerflächen

Erlass FM Sachsen-Anhalt vom 10.06.1997 – S 7200 – 69,
DStR 1997 S. 1086

Der BFH hat durch Urteil vom 30.1.1997 (BStBl. II, 335, DStR 1997, 616 mit Anm. FK) entschieden, daß die Brachlegung von Ackerflächen nach dem Fördergesetz vom 6.7.1990 keine umsatzsteuerbare Leistung darstellt. Es besteht Übereinstimmung mit den obersten Finanzbehörden der Länder und dem BMF, die Grundsätze dieses Urteils in allen gleichgelagerten Fällen, in denen Prämien für die Brachlegung von Ackerflächen nach dem o. g. Fördergesetz ausgezahlt werden, anzuwenden.

Anlagen § 010–34, 35 nicht belegt, § 010–36

Umsatzsteuerliche Behandlung der Überlassung sog. Firmenwagen an Arbeitnehmer, wenn diese Zuzahlungen leisten

BMF-Schreiben vom 30.12.1997 – IV C 3 – S 7102 – 41/97, BStBl. 1998 I S. 110

In vielen Fällen müssen Arbeitnehmer sog. Zuzahlungen zu den Anschaffungskosten und/oder zu den Kosten des laufenden Unterhalts von Kraftfahrzeugen leisten, die der Unternehmer (Arbeitgeber) ihnen zur privaten Nutzung überläßt. Unter Bezugnahme auf das Ergebnis der Erörterungen mit den obersten Finanzbehörden der Länder gilt hierzu folgendes:

I. Zuzahlungen zu den Anschaffungskosten

1. Vorsteuerabzug des Unternehmers

Mit dem Arbeitnehmer als Nutzer eines sog. Firmenwagens kann vereinbart werden, daß der Unternehmer (Arbeitgeber) im Innenverhältnis die Anschaffungskosten dieses Fahrzeugs lediglich bis zu einer festgelegten Obergrenze oder bis zu einer bestimmten Ausstattung des Fahrzeugs übernimmt. Den Teil der Anschaffungskosten, der diese Werte bzw. Grenzen übersteigt, muß in diesen Fall im Innenverhältnis der Arbeitnehmer tragen. Wenn der Unternehmer ein auf Wunsch des Arbeitnehmers höherwertiges oder besser ausgestattetes Fahrzeug im eigenen Namen bestellt, wird er Leistungsempfänger der späteren Lieferung dieses Fahrzeugs (vgl. Abschnitt 192 Abs. 13 UStR). Er kann somit unter den weiteren Voraussetzungen des § 15 UStG die für diese Lieferung gesondert ausgewiesene Umsatzsteuer als Vorsteuer abziehen.

Wenn dagegen der Arbeitnehmer im eigenen Namen Sonderausstattungen für das Fahrzeug (z. B. eine hochwertige Musikanlage) erwirbt und insoweit als Leistungsempfänger anzusehen ist, scheidet der Vorsteuerabzug des Unternehmers hierfür aus.

2. Bemessungsgrundlage für die Fahrzeugüberlassung

a) Wird die umsatzsteuerliche Bemessungsgrundlage für die Fahrzeugüberlassung **anhand der sog. 1-v. H.-Regelung** ermittelt (vgl. Abschnitt III Abs. 4 des BMF-Schreibens vom 11. März 1997 – IV C 3 – S 7102 – 5/97 –, BStBl. I S. 324), ist hierfür vom Listenpreis des tatsächlich an den Unternehmer gelieferten Fahrzeugs (einschließlich eventueller Sonderausstattungen auf Wunsch des Arbeitnehmers) auszugehen. Dagegen bleiben vom Arbeitnehmer selbst erworbene Sonderausstattungen bei der Ermittlung des Listenpreises außer Betracht. Die Zuzahlung des Arbeitnehmers mindert nicht die umsatzsteuerliche Bemessungsgrundlage, und zwar dann nicht, wenn sie lohnsteuerlich nach Abschnitt 31 Abs. 7 Nr. 4 Satz 3 LStR auf den privaten Nutzungswert angerechnet werden kann. Andererseits ist die Zuzahlung nicht als Entgelt zu behandeln.

b) Die Zuzahlung des Arbeitnehmers zu den Anschaffungskosten eines Firmenwagens ist ein Zuschuß i. S. von R 34 Abs. 1 EStR. Nach R 34 Abs. 2 EStR hat der Unternehmer im Wahlrecht, diesen Zuschuß erfolgswirksam als Betriebseinnahme anzusetzen; die Anschaffungskosten für das Kraftfahrzeug bleiben dadurch unberührt. Er kann das Kraftfahrzeug aber auch – erfolgsneutral – mit den um den Zuschuß verringerten Anschaffungskosten bewerten. In diesem Fall ergeben sich durch die niedrigere Bemessungsgrundlage geringere AfA-Beträge. Wird der private Nutzungswert der Fahrzeugüberlassung für Zwecke der Lohnsteuer und der Umsatzsteuer **mit Hilfe eines ordnungsgemäßen Fahrtenbuches** anhand der durch Belege nachgewiesenen Gesamtkosten ermittelt (vgl. Abschnitt III Abs. 5 des BMF-Schreibens vom 11. März 1997, a. a. O.), sind auch in den Fällen, in denen der Zuschuß erfolgsneutral behandelt wird, für Zwecke der Umsatzsteuer AfA-Beträge anhand der ungekürzten Anschaffungskosten des Fahrzeugs anzusetzen.

II. Zuzahlungen zu den Unterhaltskosten

Zahlt der Arbeitnehmer für die Überlassung des Firmenwagens eine pauschale Nutzungsvergütung oder eine kilometerbezogene Vergütung oder muß er einen Teil der Kraftfahrzeugkosten übernehmen, so wird die umsatzsteuerliche Bemessungsgrundlage für die Fahrzeugüberlassung nicht gemindert. Andererseits sind die Zahlungen des Arbeitnehmers nicht als Entgelt zu behandeln.

Anlagen § 010–37 nicht belegt, § 010–38, § 010–39

Umsatzsteuerliche Behandlung von Zuwendungen zur Förderung von Forschungs- und Entwicklungsvorhaben

BMF-Schreiben vom 26.08.1999 – IV D 1 – S 7200 – 92/99,
BStBl. 1999 I S. 828

Im Einvernehmen mit den obersten Finanzbehörden der Länder gilt folgendes:
Zuwendungen, die das Bundesministerium für Bildung und Forschung (BMBF) und das Bundesministerium für Wirtschaft und Technologie (BMWi) auf der Grundlage der ab 1. März 1999 geltenden Nebenbestimmungen für Zuwendungen auf Kostenbasis an Unternehmen der gewerblichen Wirtschaft für Forschungs- und Entwicklungsvorhaben (NKBF98) und den besonderen Nebenbestimmungen zur Projektförderung auf Ausgabenbasis (BNBest-BMBF98) gewähren, werden grundsätzlich als nicht der Umsatzsteuer unterliegende echte Zuschüsse angesehen. Im übrigen sind die Beurteilungsgrundsätze des Abschnitts 150 UStR und der Absätze 3 bis 7 des BMF-Schreibens vom 1. Februar 1994 (BStBl. I S. 187) weiterhin zu beachten.

Umsatzsteuerliche Behandlung der nichtunternehmerischen Kraftfahrzeugnutzung bei vor dem 01.04.1999 angeschafften Kraftfahrzeugen

OFD Karlsruhe, Vfg. vom 31.08.1999 – S 7109,
DStR 1999 S. 2124

Nach dem BMF-Schreiben vom 8.6.1999 (BStBl. I S. 581) hat der Unternehmer mehrere Möglichkeiten, die Bemessungsgrundlage des Verwendungseigenverbrauchs für die private Nutzung seines dem Unternehmen zugeordneten Kraftfahrzeugs zu ermitteln:
– Nachweis der auf die Privatfahrten entfallenden tatsächlichen Aufwendungen durch Belege und ein ordnungsgemäß geführtes Fahrtenbuch;
– vereinfachte Schätzung nach der sog. 1 v. H.-Regelung;
– sachgerechte Schätzung, wenn der Unternehmer mit der vereinfachten Schätzung nicht einverstanden ist, jedoch kein ordnungsgemäßes Fahrtenbuch führt.

Entscheidet sich der Unternehmer für die sachgerechte Schätzung der umsatzsteuerlichen Bemessungsgrundlage, hat er im Rahmen seiner Mitwirkungspflicht nach § 90 Abs. 1 AO geeignete Unterlagen vorzulegen, aus denen sich der jeweilige Umfang der unternehmerischen und der privaten Nutzung ergibt. Kommt der Unternehmer seiner Mitwirkungspflicht nicht nach, sind die Kosten aufgrund anderer Wahrscheinlichkeitsüberlegungen aufzuteilen. Soweit sich aus den besonderen Verhältnissen des Einzelfalles nicht Gegenteiliges ergibt, ist der private Nutzungsanteil mit mindestens 50 v. H. zu schätzen. Nach dem BFH-Urteil vom 11.3.1999 (DStR 1999 S. 848)[1] muß der Unternehmer Schätzungsunschärfen zu seinen Ungunsten hinnehmen.

---
1) Siehe Rechtsprechung zu § 10

Anlage § 010–40

Umsatzsteuerrechtliche Behandlung von Deponiegebühren

BMF-Schreiben vom 11.02.2000 – IV D 1 – S 7200 – 16/00,
BStBl. 2000 I S. 360[1])

Nach dem BFH-Urteil vom 11.02.1999 – V R 46/98 – (UVR 1999 S. 223[2])) können Deponiegebühren bei einem Unternehmer, der Abfälle einzelner Kunden in Containern bei Mülldeponien eines Landkreises anliefert und gemäß dessen Abfallsatzung als Gebührenschuldner der Deponiegebühren herangezogen wird, einen durchlaufenden Posten darstellen. Voraussetzung ist, daß dem Betreiber der Deponie der jeweilige Auftraggeber (als deponierungsberechtigter Abfallerzeuger) bekannt ist, z.B. aufgrund eines vom Anlieferer abgegebenen Ursprungszeugnisses/Deponieauftrags.

Unter Bezugnahme auf das Ergebnis der Erörterungen mit den obersten Finanzbehörden der Länder gilt Folgendes:

Der Anwendungsbereich des o.a. BFH-Urteils ist auf gleichgelagerte Fälle bei Deponiegebühren begrenzt.

Der Anschluß- und Benutzungszwang des Abfallbesitzers/-erzeugers nach der Abfallsatzung ist als Indiz für einen durchlaufenden Posten allein nicht ausreichend. Zudem muß sich der deponierungsberechtigte Abfallbesitzer aus den von der Deponie ausgestellten Ursprungszeugnissen/Deponierungsaufträgen oder den Anlieferungsnachweisen ergeben. Das heißt, daß die Deponie z.B. aus den Anlieferungsscheinen oder dergleichen entnehmen kann, für wen der Müll entsorgt wird.

Das vom BFH in dem Urteil angesprochene Wahlrecht zur Behandlung der Deponiegebühren in der Buchführung des Unternehmers ist dahingehend zu verstehen, daß es den Parteien unter Berücksichtigung der jeweiligen Abfallsatzung freisteht, wie sie ihre vertraglichen Vereinbarungen treffen. Nach diesen Vereinbarungen und der tatsächlichen Durchführung – wie im Urteil mehrfach hervorgehoben – richtet sich dann die Beurteilung, ob ein durchlaufender Posten angenommen werden kann oder nicht.

---

1) Abschnitt 152 Abs. 2 UStR 2008/Abschnitt 10.4 Abs. 2 UStAE verweisen auf dieses BMF-Schreiben
2) Siehe Rechtsprechung zu § 10

Anlage § 010–41

Pauschbeträge für unentgeltliche Wertabgaben (Sachentnahmen) 2012 [1]

BMF-Schreiben vom 24.01.2012 – IV A 4 – S 1547/0 :001,
BStBl. 2012 I S. 99

Nachstehend gebe ich die für das Jahr 2012 geltenden Pauschbeträge für unentgeltliche Wertabgaben (Sachentnahmen) bekannt:

Pauschbeträge für unentgeltliche Wertabgaben (Sachentnahmen) für das Kalenderjahr 2012

Vorbemerkungen

1. Die Pauschbeträge für unentgeltliche Wertabgaben werden durch die zuständigen Finanzbehörden festgesetzt.
2. Sie beruhen auf Erfahrungswerten und bieten dem Steuerpflichtigen die Möglichkeit, die Warenentnahmen monatlich pauschal zu verbuchen. Sie entbinden ihn damit von der Aufzeichnung einer Vielzahl von Einzelentnahmen.
3. Diese Regelung dient der Vereinfachung und lässt keine Zu- und Abschläge wegen individueller persönlicher Ess- oder Trinkgewohnheiten zu. Auch Krankheit oder Urlaub rechtfertigen keine Änderungen der Pauschbeträge.
4. Die Pauschbeträge sind Jahreswerte für eine Person. Für Kinder bis zum vollendeten 2. Lebensjahr entfällt der Ansatz eines Pauschbetrages. Bis zum vollendeten 12. Lebensjahr ist die Hälfte des jeweiligen Wertes anzusetzen. Tabakwaren sind in den Pauschbeträgen nicht enthalten. Soweit diese entnommen werden, sind die Pauschbeträge entsprechend zu erhöhen (Schätzung).
5. Die pauschalen Werte berücksichtigen im jeweiligen Gewerbezweig das allgemein übliche Warensortiment.
6. Bei gemischten Betrieben (Metzgerei oder Bäckerei mit Lebensmittelangebot oder Gastwirtschaft) ist nur der jeweils höhere Pauschbetrag der entsprechenden Gewerbeklasse anzusetzen.

Gewerbezweig	Jahreswert für eine Person ohne Umsatzsteuer		
	ermäßigter Steuersatz	voller Steuersatz	insgesamt
	€	€	€
Bäckerei	873	443	1.316
Fleischerei	693	1.039	1.732
Gast- und Speisewirtschaften			
a) mit Abgabe von kalten Speisen	831	1.246	2.077
b) mit Abgabe von kalten und warmen Speisen	1.149	2.049	3.198
Getränkeeinzelhandel	–	374	374
Café und Konditorei	886	762	1.648
Milch, Milcherzeugnisse, Fettwaren und Eier (Eh.)	526	70	596
Nahrungs- und Genussmitel (Eh.)	1.205	582	1.787
Obst, Gemüse, Südfrüchte und Kartoffeln (Eh.)	277	208	485

---

[1] Die Werte für das Jahr 2011 ergeben sich aus dem BMF-Schreiben vom 08.12.2010 – IV A 4 – S 1547/0:001, BStBl. 2010 I S. 1344

Anlagen § 010–42, § 010–43

Mindestbemessungsgrundlage

OFD Hannover, Vfg. vom 25.01.2001 – S 7208 – 14 – StO 355 – / – S 7208 – 21 – StH 533,
DStR 2001 S. 298

§ 10 Abs. 5 Nr. 1 UStG ist insoweit nicht durch Art. 27 der 6. EG-Richtlinie gedeckt, als die Mindestbemessungsgrundlage auch in den Fällen anzuwenden ist, in denen das vereinbarte Entgelt zwischen nahe stehenden Personen marktüblich, aber niedriger als die Mindestbemessungsgrundlage ist (Urteile des EuGH vom 29. Mai 1997 – Rs. C-63/96 und des BFH vom 8. Oktober 1997 – XI R 8/86, BStBl. II 1997, S. 841 und 840). Für die einzelnen Fallkonstellationen gilt nach einer Erörterung durch die obersten Finanzbehörden des Bundes und der Länder Folgendes:

Fall	vereinbartes Entgelt	marktübliches Entgelt	Kosten	Bemessungsgrundlage
1	10	20	15	15
2	12	10	15	12
3	12	12	15	12
4	10	12	15	15

Umsatzsteuerliche Behandlung von Prämien im Rahmen einer gemeinsamen Marktorganisation für Rohtabak

BMF-Schreiben vom 28.01.2001 – IV B 7 – S 7200 – 3/01,
UR 2001 S. 225

Im Einvernehmen mit den obersten Finanzbehörden der Länder wird zur umsatzsteuerrechtlichen Behandlung von Prämien im Rahmen einer gemeinsamen Marktorganisation für Rohtabak Folgendes bemerkt:
Unabhängig davon, ob die Prämie einen festen und einen veränderlichen Teilbetrag sowie eine Sonderbeihilfe umfasst oder sich der Zahlungsweg im Vergleich zur VO Nr. 2075/92/EWG vom 30.6.1992 (ABl. EG Nr. L 215/1992, 70) geändert hat, gehört die zusätzlich zum Kaufpreis gewährte Prämie beim Erzeuger zum Entgelt für die Lieferung des Rohtabaks.

Anlagen § 010–44, 45 nicht belegt, § 010–46

Behandlung der Maut-Gebühr

OFD Düsseldorf Abt. Köln, Kurzinformation Umsatzsteuer Nr. 4 vom 25.01.2005, DB 2005 S. 258

Nach dem Autobahnmautgesetz für schwere Nutzfahrzeuge (ABMG) haben Spediteure/Transportunternehmen seit dem 01.01.2005 für die Benutzung von Autobahnen eine Maut-Gebühr zu entrichten. Die nach § 4 ABMG an das Bundesamt für Güterverkehr zu entrichtende Maut steht gem. § 11 ABMG dem Bund zu. Diese öffentlich-rechtliche Gebühr ist nicht mit USt belastet; ein Vorsteuerabzug für die Spediteure ergibt sich insoweit nicht.

I.d.R. wird die Lkw-Maut von den Spediteuren/Transportunternehmen an ihre Auftraggeber weiterberechnet. Diese *weiterberechnete Maut ist dann in die Bemessungsgrundlage für die USt einzubeziehen,* da sie nach § 10 Abs. 1 Satz 2 UStG zum Entgelt gehört, das der Leistungsempfänger aufwendet, um die Leistung zu erhalten (s. auch Abschn. 149 Abs. 3 Sätze 1 und 2 UStR 2005).

Ein durchlaufender Posten gem. § 10 Abs. 1 letzter Satz UStG ist *nicht* gegeben, denn Schuldner der Maut-Gebühr sind gem. § 2 ABMG die Personen, die als Eigentümer, Halter oder Nutzer der Fahrzeuge die Bundesautobahnen benutzen, d.h. die Spediteure bzw. Transportunternehmen. Sie entrichten die Maut somit nicht im Namen und für Rechnung anderer, sondern in Erfüllung eigener Pflichten als Mautschuldner. Sie haben nicht lediglich die Funktion einer in den Zahlungsverkehr eingeschalteten Mittelperson (§ 10 Abs. 1 letzter Satz UStG, Abschn. 152 Abs. 1 UStR). Der Umstand, dass die Spediteure die Maut-Gebühr in ihren Rechnungen gesondert aufführen, führt zu keinem anderen Ergebnis. Sie legen damit ihren Kunden lediglich rechnerisch dar, wie sich der Preis für die Beförderungsleistung zusammensetzt.

Als Entgeltbestandteil teilt die Lkw-Maut umsatzsteuerlich das Schicksal der Hauptleistung. Ob auf weiterberechnete Lkw-Maut im Einzelfall die USt auch zu berechnen und in der Rechnung anzugeben ist, richtet sich danach, ob die Beförderungsleistung steuerpflichtig oder ggf. nach § 4 Nr. 3 UStG steuerfrei ist.

Anlage § 010–47

Umsatzsteuerrechtliche Behandlung der Druckkostenzuschüsse bei der Vervielfältigung und Verbreitung von Druckwerken

BMF-Schreiben vom 09.12.2005 – IV A 5 – S 7200 – 134/05,
BStBl. 2005 I S. 1087

Für die Veröffentlichung z.B. von wissenschaftlichen Publikationen in Buchformat wird regelmäßig ein Verlagsvertrag zwischen dem Autor/Verfasser und einem Verlag abgeschlossen. Dabei räumt der Autor dem Verlag ein Nutzungsrecht zur Vervielfältigung und Verbreitung des Werks ein. Der Verlagsvertrag begründet nicht nur die Berechtigung des Verlags, das Werk zu vervielfältigen und zu verbreiten, sondern auch die Verpflichtung hierzu. Der Autor verpflichtet sich demgegenüber, für die Dauer des Vertrags von einer anderweitigen Vervielfältigung und Verbreitung abzusehen. Die Herstellung des Werks erfolgt auf Rechnung des Verlags, jedoch erhält dieser regelmäßig vom Autor einen Druckkostenzuschuss in festzulegender Höhe inklusive Umsatzsteuer, wenn die voraussichtlichen Kosten der Vervielfältigung und Verbreitung (Druckkosten) die zu erwartenden Erlöse aus dem Vertrieb des Werks nicht decken. Der Druckkostenzuschuss wird dabei regelmäßig von einem vom Autor zu besorgenden Dritten gewährt, der eine entsprechende Vereinbarung entweder mit dem Autor oder mit dem Verlag trifft.

Nach dem Ergebnis der Erörterungen mit den obersten Finanzbehörden der Länder gilt zur umsatzsteuerrechtlichen Behandlung der Druckkostenzuschüsse Folgendes:

– Der Druckkostenzuschuss des Autors an den Verlag ist grundsätzlich *Entgelt für die Leistung des Verlags an den Autor*, wenn zwischen dem Verlag und dem Autor ein Leistungsaustauschverhältnis z.B. aufgrund eines Verlagsvertrags besteht. Dabei ist es unerheblich, ob der Autor den Druckkostenzuschuss aus eigenen Mitteln oder mit Fördermitteln finanziert. Zahlt der Dritte die Fördermittel für den Autor unmittelbar an den Verlag, liegt ein verkürzter Zahlungsweg vor.

– Der Druckkostenzuschuss eines Dritten an den Verlag, der nicht im Namen und für Rechnung des Autors gewährt wird, ist grundsätzlich dann *Entgelt von dritter Seite für die Leistung des Verlags an den Autor*, wenn zwischen dem Verlag und dem Autor ein Leistungsaustauschverhältnis z.B. aufgrund eines Verlagsvertrags besteht.

– Druckkostenzuschüsse eines Dritten an den Verlag sind grundsätzlich dann *Entgelt für die Leistung des Verlags an den Dritten*, wenn zwischen dem Verlag und dem Dritten ein Leistungsaustauschverhältnis z.B. aufgrund eines gegenseitigen Vertrags besteht.

Das BFH-Urteil vom 28. Juli 1994 – V R 27/92 – (BFH/NV 1995 S. 550) steht dieser Beurteilung nicht entgegen.

Die Leistung des Verlags an den Autor oder einen Dritten besteht weder in der Lieferung von in der Anlage 2 zu § 12 Abs. 2 Nrn. 1 und 2 UStG bezeichneten Gegenständen (§ 12 Abs. 2 Nr. 1 UStG i.V.m. z.B. Nr. 49 der Anlage 2) noch in der Einräumung, Übertragung oder Wahrnehmung von Rechten, die sich aus dem Urheberrechtsgesetz ergeben (§ 12 Abs. 2 Nr. 7 Buchst. c UStG); sie unterliegt vielmehr dem allgemeinen Steuersatz nach § 12 Abs. 1 UStG.

Die Grundsätze dieses Schreibens sind auf Druckkostenzuschüsse anzuwenden, die nach dem Tag der Bekanntgabe dieses Schreibens im Bundessteuerblatt zwischen einem Dritten mit dem Autor oder dem Verlag vereinbart bzw. von einem Dritten bewilligt werden. Auf den Zeitpunkt der Zahlung des Dritten und auf den Zeitpunkt der Leistung des Verlags an den Autor kommt es dabei nicht an.

Anlage § 010–48

Förderbeiträge im Rahmen der Schaffung von Arbeitsgelegenheiten in der Entgeltvariante

OFD Hannover, Vfg. vom 23.12.2005 – S 7100 – 588 – StO 171,
UR 2006 S. 244

Die Bundesanstalt für Arbeit als Träger der Grundsicherung kann Arbeitsgelegenheiten in der Entgeltvariante schaffen (§ 16 Abs. 3 Satz 1 SGB II). Es handelt sich dabei um sozialversicherungspflichtige Beschäftigungen. Der Hilfebedürftige erhält das übliche Arbeitsentgelt anstelle des Arbeitslosengeldes II. Träger der Arbeitsgelegenheit können Einzelunternehmer, privatrechtliche Gesellschaften, gemeinnützige Körperschaften oder juristische Personen des öffentlichen Rechts sein. Die Arbeiten müssen nicht im öffentlichen Interesse oder zusätzlich sein.

Arbeitsgelegenheiten in der Entgeltvariante werden für besondere Einsatzfelder, z.B. „Soziale Wirtschaftsbetriebe", oder für spezifische Zielgruppen (Arbeitslosengeld-II-Bezieher unter 25 Jahren) bewilligt. Der Förderumfang ist gesetzlich nicht vorgegeben. Die Förderung kann aus einer monatlichen Fallpauschale bestehen, die alle Aufwendungen des Trägers für die Schaffung dieser besonderen Form von Arbeitsgelegenheit umfasst. In der Regel umfasst die Förderung die Löhne für die Teilnehmer, die Kosten für Lernteil und Sozialbetreuung sowie die Kosten für zusätzlichen Aufwand.

Der Förderbetrag hinsichtlich der Löhne der Teilnehmer und der Kosten für zusätzlichen Aufwand ist echter nicht umsatzsteuerbarer Zuschuss. Mit der Einrichtung der Arbeitsgelegenheit erbringt der Träger der Arbeitsgelegenheit weder eine Leistung an die Bundesanstalt für Arbeit noch an den Teilnehmer. Ein individualisierbarer Leistungsempfänger ist nicht vorhanden. Das gilt unabhängig davon, ob der Träger der Arbeitsgelegenheit ein privater Arbeitgeber, ein öffentlich-rechtlicher oder ein gemeinnütziger Träger ist.

Der Förderbetrag hinsichtlich der Kosten für Lernteil und Sozialbetreuung ist in der Regel ebenfalls echter nicht umsatzsteuerbarer Zuschuss. Führt der Träger der Arbeitsgelegenheit Qualifizierungsmaßnahmen durch, bei denen das eigenunternehmerische Interesse des Trägers im Vordergrund steht, liegt keine Leistung im umsatzsteuerlichen Sinn vor. Der Träger qualifiziert den Teilnehmer nicht, um ihm gegenüber eine Leistung zu erbringen und dafür den anteiligen Förderbetrag als Entgelt zu erhalten. Vielmehr will er den Teilnehmer in geeigneter Weise für seine Tätigkeit einsetzen können. Der Träger würde die Qualifizierung auch durchführen, ohne eine Förderung zu erhalten.

Lässt der Träger die Qualifizierungsmaßnahme, bei der sein eigenunternehmerisches Interesse im Vordergrund steht, von einem externen Weiterbildungsträger durchführen, liegt in der Regel kein Vertrag zugunsten Dritter vor. Die Zahlung der öffentlichen Hand ist wie vorstehend dargelegt kein Entgelt für eine Leistung des Trägers an die öffentliche Hand. Umsatzsteuerrechtlich ist lediglich die Leistung des externen Weiterbildungsträgers an den Träger zu beurteilen, bei der die allgemeinen umsatzsteuerrechtlichen Grundsätze gelten.

Die Rechtsform des Trägers der Arbeitsgelegenheit ist auch insoweit entscheidungsunerheblich.

Anlage § 010–49

Gesetz zur Eindämmung missbräuchlicher Steuergestaltungen vom 28.04.2006 (BGBl. I 2006, 1095) – Änderung des § 6 Abs. 1 Nr. 4 Satz 2 EStG – Begrenzung der Anwendung der 1%-Regelung auf Fahrzeuge, die zu mehr als 50 Prozent betrieblich genutzt werden – Nachweispflichten

BMF-Schreiben vom 07.07.2006 – $\dfrac{\text{IV B 2 – S 2177 – 44/06}}{\text{IV A 5 – S 7206 – 7/06}}$, BStBl. 2006 I S. 446

Mit dem Gesetz zur Eindämmung missbräuchlicher Steuergestaltungen vom 28. April 2006 (BGBl. I S. 1095) wurde § 6 Abs. 1 Nr. 4 Satz 2 EStG geändert. Aufgrund dieser Änderung ist die pauschale Ermittlungsmethode für die private Kraftfahrzeugnutzung (1%-Regelung) nur noch anwendbar, wenn das Kraftfahrzeug zu mehr als 50 Prozent betrieblich genutzt wird. Die Neuregelung ist erstmals für Wirtschaftsjahre anzuwenden, die nach dem 31. Dezember 2005 beginnen (§ 52 Abs. 16 Satz 15 EStG).

Im Einvernehmen mit den obersten Finanzbehörden der Länder gilt hierzu Folgendes:

1. Zulässige Anwendung der 1%-Regelung

a) Umfang der betrieblichen Nutzung

Nach § 6 Abs. 1 Nr. 4 Satz 2 EStG ist die private Nutzung eines Kraftfahrzeugs mit 1 Prozent des inländischen Listenpreises zu ermitteln, wenn dieses zu mehr als 50 Prozent betrieblich genutzt wird. Der betrieblichen Nutzung eines Kraftfahrzeugs werden alle Fahrten zugerechnet, die betrieblich veranlasst sind, die also in einem tatsächlichen oder wirtschaftlichen Zusammenhang mit dem Betrieb stehen (§ 4 Abs. 4 EStG). Fahrten zwischen Wohnung und Betriebsstätte oder Familienheimfahrten sind dabei der betrieblichen Nutzung zuzurechnen.

Die Überlassung eines Kraftfahrzeugs auch zur privaten Nutzung an einen Arbeitnehmer stellt für den Steuerpflichtigen (Arbeitgeber) eine vollumfängliche betriebliche Nutzung dar.

b) Nachweis der betrieblichen Nutzung

Der Umfang der betrieblichen Nutzung ist vom Steuerpflichtigen darzulegen und glaubhaft zu machen. Dies kann in jeder geeigneten Form erfolgen. Auch die Eintragungen in Terminkalendern, die Abrechnung gefahrener Kilometer gegenüber den Auftraggebern, Reisekostenaufstellungen sowie andere Abrechnungsunterlagen können zur Glaubhaftmachung geeignet sein. Sind entsprechende Unterlagen nicht vorhanden, kann die überwiegende betriebliche Nutzung durch formlose Aufzeichnungen über einen repräsentativen zusammenhängenden Zeitraum (i.d.R. 3 Monate) glaubhaft gemacht werden. Dabei reichen Angaben über die betrieblich veranlassten Fahrten (jeweiliger Anlass und die jeweils zurückgelegte Strecke) und die Kilometerstände zu Beginn und Ende des Aufzeichnungszeitraumes aus.

Auf einen Nachweis der betrieblichen Nutzung kann verzichtet werden, wenn sich bereits aus Art und Umfang der Tätigkeit des Steuerpflichtigen ergibt, dass das Kraftfahrzeug zu mehr als 50 Prozent betrieblich genutzt wird. Dies kann in der Regel bei Steuerpflichtigen angenommen werden, die ihr Kraftfahrzeug für eine durch ihren Betrieb oder Beruf bedingte typische Reisetätigkeit benutzen oder die zur Ausübung ihrer räumlich ausgedehnten Tätigkeit auf die ständige Benutzung des Kraftfahrzeugs angewiesen sind (z.B. bei Taxiunternehmern, Handelsvertretern, Handwerkern der Bau- und Baunebengewerbe, Landtierärzten). Diese Vermutung gilt, wenn ein Steuerpflichtiger mehrere Kraftfahrzeuge im Betriebsvermögen hält, nur für das Kraftfahrzeug mit der höchsten Jahreskilometerleistung. Für die weiteren Kraftfahrzeuge gelten die allgemeinen Grundsätze.

Keines weiteren Nachweises bedarf es, wenn die Fahrten zwischen Wohnung und Betriebsstätte und die Familienheimfahrten mehr als 50 Prozent der Jahreskilometerleistung des Kraftfahrzeugs ausmachen.

Hat der Steuerpflichtige den betrieblichen Nutzungsumfang des Kraftfahrzeugs einmal dargelegt, so ist – wenn sich keine wesentlichen Veränderungen in Art oder Umfang der Tätigkeit oder bei den Fahrten zwischen Wohnung und Betriebsstätte ergeben – auch für die folgenden Veranlagungszeiträume von diesem Nutzungsumfang auszugehen. Ein Wechsel der Fahrzeugklasse kann im Einzelfall Anlass für eine erneute Prüfung des Nutzungsumfangs sein. Die im Rahmen einer rechtmäßigen Außenprüfung erlangten Kenntnisse bestimmter betrieblicher Verhältnisse des Steuerpflichtigen in den Jahren des Prüfungszeitraums lassen Schlussfolgerungen auf die tatsächlichen Gegebenheiten in den Jahren vor oder nach dem Prüfungszeitraum zu (BFH vom 28. August 1987, BStBl. II 1988 S. 2).

Anlage § O10–49

2. Ermittlung des privaten Nutzungsanteils bei Ausschluss der 1%-Regelung

Beträgt der betriebliche Nutzungsanteil 10 bis 50 Prozent, darf der private Nutzungsanteil nicht gemäß § 6 Abs. 1 Nr. 4 Satz 2 EStG (1%-Regelung) bewertet werden. Die gesamten angemessenen Kraftfahrzeugaufwendungen sind Betriebsausgaben; der private Nutzungsanteil ist als Entnahme gemäß § 6 Abs. 1 Nr. 4 Satz 1 EStG zu erfassen. Diese ist mit dem auf die nicht betrieblichen Fahrten entfallenden Anteil an den Gesamtaufwendungen für das Kraftfahrzeug zu bewerten.

Die Regelungen des BMF-Schreibens vom 21. Januar 2002 (BStBl. I S. 148) bestehen – für Kraftfahrzeuge, die überwiegend betrieblich genutzt werden – unverändert fort.

3. Umsatzsteuerliche Beurteilung

Zur Frage des Vorsteuerabzugs und der Umsatzbesteuerung bei unternehmerisch genutzten Kraftfahrzeugen vgl. BMF-Schreiben vom 27. August 2004 (BStBl. I S. 864[1]). Ist die Anwendung der 1%-Regelung gem. § 6 Abs. 1 Nr. 4 Satz 2 EStG ausgeschlossen, weil das Fahrzeug zu weniger als 50 Prozent betrieblich genutzt wird, und wird der nichtunternehmerische Nutzungsanteil nicht durch ein ordnungsgemäßes Fahrtenbuch nachgewiesen, ist dieser Nutzungsanteil im Wege der Schätzung zu ermitteln, wobei der Umsatzbesteuerung grundsätzlich der für ertragsteuerliche Zwecke ermittelte private Nutzungsanteil zugrunde zu legen ist.

---

1) Siehe Anlage § O15-39

Anlage § 010–50

Abgrenzung zwischen nicht steuerbarem Zuschuss und Entgelt; Umsatzsteuerrechtliche Beurteilung von Zuwendungen aus öffentlichen Kassen zur Projektförderung sowie zur institutionellen Förderung

BMF-Schreiben vom 15.08.2006 – S 7200 – 59/06,
BStBl. 2006 I S. 502

Nach dem Ergebnis der Erörterungen mit den obersten Finanzbehörden der Länder gilt bei der Anwendung der allgemeinen Grundsätze (vgl. Abschnitt 1 sowie Abschnitt 150 Absätze 1 bis 7 UStR) hinsichtlich der Beurteilung von Zuwendungen aus öffentlichen Kassen zur Projektförderung sowie zur institutionellen Förderung, z.B. zu Forschungs- und Entwicklungsvorhaben, Folgendes:

I. Zuwendungen aus öffentlichen Kassen, die ausschließlich auf der Grundlage des Haushaltsrechts und den dazu erlassenen Allgemeinen Nebenbestimmungen vergeben werden, sind grundsätzlich echte Zuschüsse. Die in den Nebenbestimmungen normierten Auflagen reichen für die Annahme eines Leistungsaustauschverhältnisses nicht aus (vgl. Abschnitt 150 Abs. 8 UStR). Zuwendungen, die auf der Grundlage folgender Nebenbestimmungen gewährt werden, sind grundsätzlich als nicht der Umsatzsteuer unterliegende echte Zuschüsse zu beurteilen:

   1. Nebenbestimmungen für Zuwendungen auf Kostenbasis des Bundesministeriums für Bildung und Forschung an Unternehmen der gewerblichen Wirtschaft für Forschungs- und Entwicklungsvorhaben (NKBF 98) – gelten z.B. auch im Geschäftsbereich des Bundesministeriums für Wirtschaft (BMWi) und des Bundesministeriums für Umwelt, Naturschutz und Reaktorsicherheit (BMU),

   2. Allgemeine Nebenbestimmungen für Zuwendungen zur Projektförderung (ANBest-P) – Anlage 2 der VV zu § 44 BHO,

   3. Allgemeine Nebenbestimmungen für Zuwendungen zur Projektförderung an Gebietskörperschaften und Zusammenschlüsse von Gebietskörperschaften (ANBest-GK) – Anlage 3 der VV zu § 44 BHO,

   4. Besondere Nebenbestimmungen für Zuwendungen des Bundesministeriums für Bildung und Forschung zur Projektförderung auf Ausgabenbasis (BNBest-BMBF 98) – gelten z.B. auch im Geschäftsbereich des Bundesministeriums für Wirtschaft (BMWi) und des Bundesministeriums für Umwelt, Naturschutz und Reaktorsicherheit (BMU),

   5. Allgemeine Nebenbestimmungen für Zuwendungen zur Projektförderung auf Kostenbasis (AN-Best-P-Kosten) – Anlage 4 der VV zu § 44 BHO,

   6. Allgemeine Nebenbestimmungen für Zuwendungen zur institutionellen Förderung (ANBest-I) – Anlage 1 der VV zu § 44 BHO,

   7. Finanzstatut für Forschungseinrichtungen der Hermann von Helmholtz-Gemeinschaft Deutscher Forschungszentren e.V. (FinSt-HZ).

   Entsprechendes gilt für Zuwendungen, die nach Richtlinien und Nebenbestimmungen zur Förderung bestimmter z.B. Forschungs- und Entwicklungsvorhaben gewährt werden, die inhaltlich den o.a. Förderbestimmungen entsprechen (z.B. Zuwendungen im Rahmen der Programme der Biotechnologie- und Energieforschung sowie zur Förderung des FuE-Personals in der Wirtschaft).

II. Diese Beurteilung schließt im Einzelfall eine Prüfung nicht aus, ob aufgrund zusätzlicher Auflagen oder Bedingungen des Zuwendungsgebers oder sonstiger Umstände ein steuerbarer Leistungsaustausch zwischen dem Zuwendungsgeber und dem Zuwendungsempfänger begründet worden ist. Dabei ist bei Vorliegen entsprechender Umstände auch die Frage des Entgelts von dritter Seite zu prüfen. Eine Prüfung kommt insbesondere in Betracht, wenn die Tätigkeit zur Erfüllung von Ressortaufgaben des Zuwendungsgebers durchgeführt wird und deshalb z.B. folgende zusätzliche Vereinbarungen getroffen wurden (vgl. auch BFH-Urteile vom 23. Februar 1989 V R 141/84, BStBl. II S. 638, und vom 28. Juli 1994 V R 19/92, BStBl. 1995 II S. 86):

   – Vorbehalt von Verwertungsrechten für den Zuwendungsgeber,

   – Zustimmungsvorbehalt des Zuwendungsgebers für die Veröffentlichung der Ergebnisse,

   – fachliche Detailsteuerung durch den Zuwendungsgeber,

   – Vollfinanzierung bei Zuwendungen an Unternehmen der gewerblichen Wirtschaft.

   Die Vorbehalte sprechen nicht für einen Leistungsaustausch, wenn sie lediglich dazu dienen, die Tätigkeit zu optimieren und die Ergebnisse für die Allgemeinheit zu sichern.

Anlage § 010–50

III. Nach den vorstehenden Grundsätzen ist auch bei der umsatzsteuerlichen Beurteilung von Zuwendungen zur Projektförderung sowie zur institutionellen Förderung aufgrund entsprechender Bestimmungen der Bundesländer zu verfahren.

Dieses Schreiben tritt an die Stelle der BMF-Schreiben vom 1. Februar 1994, BStBl. I S. 187, und vom 26. August 1999, BStBl. I S. 828.

Anlage § 010–51

Umsatzsteuerliche Behandlung von Werbe- und Sachprämien

OFD Frankfurt/M., Rdvfg. vom 07.08.2007 – S 7200 A – 202 – St 11,
DStR 2007 S. 2113

Zur Gewinnung neuer Abonnenten führen Zeitungs- und Zeitschriftenverlage sog. „Leser werben Leser"-Aktionen durch. Dabei gewähren sie einem Werber eine Sachprämie, wenn dieser einen Neuabonnenten für einen Mindestbezugszeitraum wirbt. Oftmals ist die Werbung des neuen Abonnenten mit der gleichzeitigen Verpflichtung des Altabonnenten verbunden, dass dieser ebenfalls für einen gewissen Zeitraum weiterhin Abonnent bleibt.

1. „Leser werben Leser" Werbeprämien an Laienwerber

Ein Leser wirbt einen Zeitschriftenabonnenten und erhält hierfür von einem Zeitungs- oder Zeitschriftenverlag eine Werbeprämie.

1.1 Umsatzsteuerliche Behandlung

Bei der Hingabe der Werbeprämie liegt umsatzsteuerlich eine Lieferung in Form eines tauschähnlichen Umsatzes vor. Der Lieferung des Zeitungs- oder Zeitschriftenverlags steht die Vermittlungsleistung des Lesers gegenüber. Dabei gilt als Entgelt für die Lieferung der Werbeprämie der Wert der Vermittlungsleistung des Lesers (§10 Abs. 2 Satz 2 UStG). Im Allgemeinen ist der Wert der Vermittlungsleistung nicht objektiv bestimmbar, so dass er unter Beachtung des Werts der Gegenleistung nach § 162 AO zu schätzen ist.

Es ist nicht zu beanstanden, den Einkaufspreis zzgl. der Versandkosten anzusetzen. Für den Ansatz der Versandkosten ist es unerheblich, ob sich der Verlag eines fremden Unternehmens bedient oder die Versendung selbst durchführt (s. EuGH v. 3.7.2001, C-380/99, IStR 2001, 508).

Sollte der Abonnent die Werbung jedoch im eigenen wirtschaftlichen Interesse betreiben (z.B. Zeitschriftenhändler), ist die Gewährung der Prämie als Preisnachlass zu werten (vgl. BFH v. 7.3.1995, XI R 72/93, BStBl. II 1995, 518, DStR 1995, 1022).

2. „Leser werben Leser"-Werbeprämien an Altabonnenten mit eigener Weiterverpflichtung

Ein Altabonnent wirbt einen neuen Zeitschriftenabonnenten für einen bestimmten Zeitraum. Gleichzeitig verpflichtet sich der Werber, sein eigenes Abonnement für eine bestimmte Zeit beizubehalten bzw. zu verlängern. Er erhält vom Verlag für die Werbung des neuen Abonnenten und die Beibehaltung bzw. Verlängerung seines eigenen Abonnements eine Prämie.

2.1 Umsatzsteuerliche Behandlung

Die Lieferung der Prämie erfolgt nur insoweit gegen Entgelt im Rahmen eines gesonderten Leistungsaustausches, als sie für die Vermittlung eines Neuabonnenten erfolgt.

2.1.1 Zuwendung des Preisnachlasses

Soweit die Prämie für die Verlängerung des eigenen Belieferungsverhältnisses gewährt wird, ist sie als Preisnachlass zu werten, BFH v. 7.3.1995, XI R 72/93 (a.a.O.). Ein gesonderter Leistungsaustausch kann insoweit nicht angenommen werden, da dieser Teil der Prämie nicht vom Belieferungsverhältnis zwischen Zeitschriftenverlag und Altabonnenten getrennt werden kann.

Das Entgelt für die Lieferung der Zeitschrift kann jedoch nur dann in Höhe des anteiligen Sachwerts der Werbeprämie gemindert werden, wenn der Preisnachlass dem Altabonnenten tatsächlich zugewendet wird (z.B. durch Änderung der Rechnung).

Das FG Köln (v. 27.11.1997, 4 K 3429/95) hat im zweiten Rechtszug entschieden, dass der Sachwert der Werbeprämie entsprechend der Mindestverpflichtungszeit der Abonnements aufzuteilen ist. Bei einer Mindestverpflichtungszeit für Neu- und Altabonnenten von jeweils einem Jahr entfällt 50% des Werts der Werbeprämie auf die entgeltliche Lieferung und 50% auf die Entgeltsminderung des Altabonnentenvertrags.

Beispiel:

Alt- und Neuabonnent verpflichten sich, ein Zeitschriftenabonnement für jeweils 1 Jahr in Anspruch zu nehmen. Der Preis des Abonnements beträgt jährlich 107 €. Der Altabonnent erhält für seine Vermittlungsleistung und die Verlängerung seines Abonnements eine Werbeprämie im Wert von 100 €. Einkaufspreis der Werbeprämie betrug netto 50 €. Die Rechnung über das Zeitschriftenabonnement des Altabonnementen wird um netto 25 € berichtet.

Anlage § 010–51

	Bemessungsgrundlage		Steuersatz	Umsatzsteuer
	brutto	netto		
Vorsteuer Werbeprämie	59,50 €	50,00 €	19%	–9,50 €
Lieferung Prämie für Neuabonnenten		25,00 €	19%	4,75 €
Zwischensumme				–4,75 €
Entgeltsminderung des Altabonnements		25,00 €	7%	–1,75 €
USt-Zahllast				–6,50 €

2.1.2 Keine Zuwendung des Preisnachlasses

Da jedoch dem Altabonnenten in den meisten Fällen dieser Preisnachlass nicht tatsächlich zugewendet wird und die Zeitschriftenrechnung nicht entsprechend berichtigt wird, ist der nicht erfolgte Preisnachlass als zusätzliches Entgelt für die Zuwendung der Prämie anzunehmen. Der „Teil" der Werbeprämie, der für die Verlängerung des Belieferungsrechts gewährt wird, wird aufgrund des Grundsatzes der Einheitlichkeit der Leistung Teil des Leistungsaustauschs zwischen Zeitschriftenverlag und Altabonnenten, s. a. Abschn. 24 b Abs. 15 ff., insb. Abs. 17 – 3. Spiegelstrich – UStR[1].

Beispiel:

Alt- und Neuabonnent verpflichten sich, ein Zeitschriftenabonnement für jeweils 1 Jahr in Anspruch zu nehmen. Der Preis des Abonnements beträgt jährlich 107 €. Der Altabonnent erhält für seine Vermittlungsleistung und die Verlängerung seines Abonnements eine Werbeprämie im Wert von 100 €. Einkaufspreis der Werbeprämie betrug netto 50 €. Die Rechnung über das Zeitschriftenabonnement des Altabonnenten wird nicht berichtigt.

	Bemessungsgrundlage		Steuersatz	Umsatzsteuer
	brutto	netto		
Vorsteuer Werbeprämie	59,50 €	50,00 €	19%	–9,50 €
Lieferung Prämie für Neuabonnements		50,00 €	19%	9,50 €
USt-Zahllast				0,00 €

3. Sachprämien aufgrund eines erstmaligen Abschlusses oder einer Verlängerung des Belieferungsrechts an den Abonnenten

Vermehrt wenden Zeitschriftenverlage ihren Zeitschriftenabonnenten Sachprämien gegen einen erstmaligen Abschluss oder eine Verlängerung des Belieferungsrechts zu. Eine Vermittlungsleistung eines neuen Abonnenten erfolgt seitens des Abonnenten nicht.

3.1 Umsatzsteuerliche Behandlung

In diesen Fällen liegt eine einheitliche entgeltliche Leistung vor, da der Abonnent mit dem Preis für die Zeitschriftenlieferung wirtschaftlich betrachtet die Sachprämie mitbezahlt. Es liegt eine Zugabe vor, welche nicht zu einer Minderung des Entgelts für die Lieferung der vereinbarten Menge, sondern zu einer Erweiterung des Umfangs der entgeltlichen Lieferung führt, Abschn. 24 b Abs. 15ff., insbesondere Abs. 17 – 2. Spiegelstrich – UStR. Die Zuwendung der Sachprämie stellt eine unselbstständige Nebenleistung dar, da der wirtschaftliche Gehalt der Leistung in der Lieferung der Zeitschriften liegt (vgl. Abschn. 29 UStR). Entgelt ist damit der Preis, den der Leistungsempfänger letztendlich für die Lieferung der Zeitschrift und der Sachprämie aufwendet. Der ermäßigte Steuersatz kommt zur Anwendung, § 12 Abs. 2 Nr. 7 Buchst. b UStG.

---

1) Jetzt Abschnitt 24b Abs. 18 UStR 2008/Abschnitt 3.3 Abs. 20 UStAE

Anlagen § 010–52, § 010–53, § 010–54 nicht belegt

Bemessungsgrundlage zur Versteuerung einer unentgeltlichen Wertabgabe bei der nichtunternehmerischen Verwendung eines dem Unternehmen zugeordneten Gebäudes vor dem 01.07.2004

BMF-Schreiben vom 10.08.2007 – IV A 5 – S 7206 – 07/0003,
BStBl. 2007 I S. 690

Mit Urteil vom 19. April 2007 – V R 56/04, BStBl. 2007 II S. 676, hat der BFH entschieden, dass die § 10 Abs. 4 Satz 1 Nr. 2 UStG i.d.F. des EURLUmsG vom 9. Dezember 2004, BGBl. I S. 3310, durch Randziffer 4 des BMF-Schreibens vom 13. April 2004 – IV B 7 – S 7206 – 3/04, BStBl. 2007 I S. 468, beigelegte Rückwirkung auf vor dem 1. Juli 2004 liegende Zeiträume keine Rechtsgrundlage hat. Unter Bezugnahme auf das Ergebnis der Erörterungen mit den obersten Finanzbehörden der Länder gilt Folgendes:

Randziffer 4 des BMF-Schreibens vom 13. April 2004, a.a.O., ist nicht mehr anzuwenden. Vielmehr ist in den Fällen, in denen ein Unternehmer für einen Zeitraum vor dem 1. Juli 2004 ein Gebäude seinem Unternehmen zugeordnet und auch für den nichtunternehmerisch verwendeten Teil des Gebäudes den Vorsteuerabzug geltend gemacht hat, zur Ermittlung der Bemessungsgrundlage für die nach § 3 Abs. 9a Nr. 1 UStG zu versteuernde unentgeltliche Wertabgabe § 10 Abs. 4 Satz 1 Nr. 2 UStG in der bis einschließlich 30. Juni 2004 geltenden Fassung anzuwenden.

Dies bedeutet, dass in der Zeit vor dem 1. Juli 2004 die Kosten als Bemessungsgrundlage anzusetzen sind, soweit sie zum vollen oder teilweisen Vorsteuerabzug berechtigt haben.

Dabei ist grundsätzlich von den bei der Einkommensteuer zugrunde gelegten Kosten auszugehen (vgl. Abschnitt 155 Abs. 2 Satz 2 UStR 2000).

Zur Ermittlung der Bemessungsgrundlage zur Versteuerung der unentgeltlichen Wertabgabe bei der nichtunternehmerischen Verwendung eines dem Unternehmen zugeordneten Gegenstands bei Anschaffung oder Herstellung vor dem 1. Juli 2004 vgl. im Übrigen Randziffer 3 des BMF-Schreibens vom 13. April 2004, a.a.O.

Bemessungsgrundlage bei Leistungen von Vereinen an Mitglieder

OFD Karlsruhe, Vfg. vom 15.08.2007 – S 7200,
DB 2007 S. 1950

Erbringen Vereine Leistungen, die den Sonderbelangen der einzelnen Mitglieder dienen, ist Bemessungsgrundlage das vereinbarte Entgelt und in bestimmten Fällen der Mitgliedsbeitrag als pauschaliertes Sonderleistungsentgelt (vgl. Abschn. 4 Abs. 3 UStR). Decken die Einnahmen aus Entgelten und Mitgliedsbeiträgen nicht den Finanzbedarf, werden die Vereine von ihren Mitgliedern, von Sponsoren und von staatlichen Stellen bezuschusst. Übersteigen in diesen Fällen die vorsteuerbelasteten Kosten die Bemessungsgrundlage nach § 10 Abs. 1 UStG, kommt bei Leistungen an Mitglieder und andere nahestehende Personen eine Anwendung des § 10 Abs. 5 Nr. 1 UStG in Betracht. Ist nach den hierzu in Abschn. 158 UStR festgelegten Grundsätzen eine Mindestbemessungsgrundlage zu ermitteln, zählen zu den anzusetzenden Kosten auch Ausgaben, die aus Zuschüssen finanziert werden (Abschn. 155 Abs. 2 Satz 8 UStR sowie BFH-Urteil vom 11.4.2002 – V R 65/00, BStBl. II 2002 S. 782 = DB 2002 S. 1420; Beschluss vom 21.9.2005, BFH/NV 2006 S. 144). Aus Vertrauensschutzgründen kann bis zum 31.12.2004 bei der Ermittlung der Mindestbemessungsgrundlage auf den Ansatz von Kosten, die aus Zuschüssen finanziert wurden, verzichtet werden.

Wird ein Teil des Mitgliedsbeitrags als pauschaliertes Sonderleistungsentgelt behandelt, entspricht dieser Betrag der Mindestbemessungsgrundlage (vgl. Abschn. 4 Abs. 7 UStR). Bei den in R 42 bis R 44 KStR bezeichneten Vereinen (z.B. Fremdenverkehrsvereine, land- und forstwirtschaftliche Beratungsdienste) ist die körperschaftsteuerliche Aufteilung in echten Mitgliedsbeitrag und anteiliges Sonderleistungsentgelt auch für die Umsatzbesteuerung maßgebend.

Anlage § 010–55

Leistungsbeziehungen bei der Abgabe werthaltiger Abfälle; Anwendung der Grundsätze des tauschähnlichen Umsatzes

BMF-Schreiben vom 01.12.2008 – IV B 8 – S 7203/07/10002,
BStBl. 2008 I S. 992

Nach § 3 Abs. 1 Krw-/AbfG gelten als Abfall alle beweglichen Sachen, deren sich ihr Besitzer entledigt, entledigen will oder entledigen muss. Abfälle i. d. Sinne sind nach den Vorgaben des Krw-/AbfG zu entsorgen. Daneben bestehen für bestimmte Abfallgruppen besondere Entsorgungspflichten aufgrund einzelgesetzlicher Regelungen z.B. für Altfahrzeuge, Altglas, Altholz, Altöl, Bioabfall, gebrauchte Batterien und Akkumulatoren, gewerblichen Abfall, Elektro- und Elektronikgeräte, Klärschlamm, Verpackungen und tierische Nebenprodukte.

Nach dem Ergebnis der Erörterungen mit den obersten Finanzbehörden der Länder gilt hinsichtlich der Leistungsbeziehungen bei der Abgabe werthaltiger Abfälle Folgendes:

1. Beauftragt ein Abfallerzeuger oder -besitzer einen Dritten mit der ordnungsgemäßen Entsorgung seines Abfalls, erbringt der Dritte mit der Übernahme und Erfüllung der Entsorgungspflicht eine sonstige Leistung i.S. von § 3 Abs. 9 UStG, sofern der Entsorgung eine eigenständige wirtschaftliche Bedeutung zukommt; hiervon ist insbesondere auszugehen, wenn über die Entsorgung ein Entsorgungsnachweis ausgestellt wird. Ist dem zur Entsorgung überlassenen Abfall ein wirtschaftlicher Wert beizumessen (sog. werthaltiger Abfall), liegt ein tauschähnlicher Umsatz (Entsorgungsleistung gegen Lieferung des Abfalls) – ggf. mit Baraufgabe – vor, wenn nach den übereinstimmenden Vorstellungen der Vertragspartner

   – der überlassene Abfall die Höhe der Barvergütung für die Entsorgungsleistung oder
   – die übernommene Entsorgung die Barvergütung für die Lieferung des Abfalls

   beeinflusst hat (vgl. Abschn. 153 Abs. 2 UStR).

2. Aus Vereinfachungsgründen kann bei der Abgabe werthaltiger Abfälle davon ausgegangen werden, dass eine zum tauschähnlichen Umsatz führende Beeinflussung der Barvergütung im vorgenannten Sinne grundsätzlich nur vorliegt,

   a) wenn die Beteiligten ausdrücklich hierauf gerichtete Vereinbarungen getroffen, also neben dem Entsorgungsentgelt einen bestimmten Wert für eine bestimmte Menge der überlassenen Abfälle vereinbart haben,

   b) oder diese wechselseitige Beeinflussung offensichtlich ist, z.B.:

      aa) Es wird vertraglich die Anpassung des ursprünglich ausdrücklich vereinbarten Entsorgungsentgelts an sich ändernde Marktverhältnisse für den übernommenen Abfall ausbedungen (sog. Preisanpassungsklauseln).

      Beispiel 1:

      Unternehmer U1 übernimmt gegenüber dem Reifenservice R die Entsorgung von Altreifen. R zahlt U1 einen Preis von 2,– € je übernommenen Altreifen. Bei einer Veränderung des Preisindexes von Stahl oder Gummigranulat im Vergleich zu den Verhältnissen bei Vertragsabschluss sind beide Beteiligten berechtigt, diesen Preis um 50% der Indexveränderung anzupassen.

      bb) Das nach Art und Menge bestimmte Entsorgungsentgelt ändert sich in Abhängigkeit von der Qualität der überlassenen Abfälle.

      Beispiel 2:

      Unternehmer U2 übernimmt gegenüber dem Bauunternehmer B die Entsorgung von Baustellenmischabfällen. Die Beteiligten vereinbaren einen Grundpreis von 250,– € je Fuhre, welcher sich ab einem bestimmten Metall- und Folienanteil im Abfall um 50,– € reduziert.

      cc) Es wird eine (Mehr-)Erlösverteilungsabrede getroffen.

      Beispiel 3:

      Unternehmer U3 übernimmt gegenüber dem Reifenhersteller R die Entsorgung von Fehlproduktionen und Materialresten für 80,– € je Tonne. Die Beteiligten verabreden, dass R an den von U3 bei der Veräußerung von daraus gewonnenem Gummigranulat und Stahl erzielten Erlösen zu 25% beteiligt wird.

Anlage § 010–55

dd) Eine Entsorgungsleistung ist ausdrücklich vereinbart und es gibt einen allgemein zugänglichen Marktpreis (z.B. EUWID, Börsenpreis, Aufzeichnungen des Statistischen Bundesamts, Preislisten/Indizes der Branchenverbände) für den überlassenen Abfall; hierbei ist nicht auf einzelne Inhaltsstoffe abzustellen.

Beispiel 4:

Unternehmer U4 übernimmt die Entsorgung des bei der Firma F anfallenden Altpapiers. F zahlt für die Entsorgung eine Barvergütung von 5,– € je Tonne Altpapier. Der in der Zeitschrift EUWID veröffentlichte Papierpreis ergibt einen Preiskorridor von 15,– bis 20,– € je Tonne. Es ist offensichtlich, dass der Wert des Altpapiers den Preis für die Entsorgungsleistung beeinflusst hat. Es liegt ein tauschähnlicher Umsatz mit Baraufgabe vor.

Zur Ermittlung der Bemessungsgrundlage siehe Beispiel 8!

3. Sofern in den unter 2. b) genannten Fällen weder die Barvergütung einen Betrag von 50,– € je Umsatz noch die entsorgte Menge ein Gewicht von 25 kg je Umsatz übersteigt, braucht das Vorliegen eines tauschähnlichen Umsatzes aus Vereinfachungsgründen nicht geprüft zu werden.

Beispiel 5:

U5 wird zu den in Bsp. 4 genannten Konditionen für die Buchhaltungsfirma B tätig. Er entsorgt dort regelmäßig eine Menge von max. 20 kg Altpapier.

Da die für B entsorgte Menge das Gewicht von 25 kg je Abholung nicht übersteigt und die Entgelte hierfür 50,– € je Abholung nicht übersteigen, ist es aus Vereinfachungsgründen nicht zu beanstanden, wenn die Beteiligten keinen tauschähnlichen Umsatz angenommen und nur die Entsorgungsleistung des U5 der Besteuerung unterworfen haben.

4. Ein tauschähnlicher Umsatz liegt insbesondere *nicht* vor,

   a) wenn Nebenerzeugnisse oder Abfälle im Rahmen von Gehaltslieferungen i.S. des § 3 Abs. 5 UStG zurückgenommen werden; hier fehlt es an einer Lieferung von Abfall;

   Beispiel 6:

   U6 liefert zum Preis von 4,10 € je Dezitonne Zuckerrüben an die Zuckerfabrik Z und behält sich die Rückgabe der bei der Zuckerproduktion anfallenden Rübenschnitzel für Fütterungszwecke vor.

   Es handelt sich lediglich um eine (Gehalts-)Lieferung des U6 an Z (Entgelt 4,10 € je Dezitonne). Z erbringt keine Lieferung von Abfall in Form von Rübenschnitzeln, weil diese nicht am Leistungsaustausch teilgenommen haben und somit nicht Gegenstand der Gehaltslieferung des U6 geworden sind.

   b) wenn das angekaufte Material ohne weitere Behandlung marktfähig (z.B. an einer Rohstoffbörse handelbar) ist, auch keiner gesetzlichen Entsorgungsverpflichtung mehr unterliegt und damit seine Eigenschaft als Abfall verloren hat. Da in diesem Fall das Material nur noch den Status eines normalen Handelsguts hat, kann davon ausgegangen werden, dass ggf. erforderliche Transport- oder Sortierleistungen ausschließlich im eigenen unternehmerischen Interesse des Erwerbers ausgeführt werden und keine Entsorgungsleistung vorliegt.

   Beispiel 7:

   U7 erwirbt von verschiedenen Entsorgern unsortierte Altbleche, welche er nach Reinigung und Zerkleinerung einer elektrolytischen Entzinnung unterzieht. Das dabei gewonnene Eisen veräußert U7 an Stahlbearbeitungsbetriebe, das anfallende Zinn an Zinnhütten.

   Bei dem von U7 aus dem Altblechabfall zurück gewonnenen Zinn und Eisen handelt es sich um Rohstoffe für die weiterverarbeitende Industrie, die keiner gesetzlichen Entsorgungspflicht (mehr) unterliegen und deshalb nicht als Abfall anzusehen sind. Zwischen U7 und seinen Abnehmern finden keine tauschähnlichen Umsätze, sondern ausschließlich Rohstofflieferungen statt.

5. Für die Annahme eines tauschähnlichen Umsatzes ist es nicht erforderlich, dass beide Beteiligte Unternehmer sind bzw. die Abgabe des Abfalls im unternehmerischen Bereich erfolgt; dies ist jedoch für die ggf. erforderliche gegenseitige Rechnungsstellung von Bedeutung.

6. Der Wert des hingegebenen Abfalls ist Bemessungsgrundlage für die erbrachte Entsorgungsleistung. Bemessungsgrundlage für die Lieferung des Abfalls ist der Wert der Gegenleistung (Entsorgungsleistung). Baraufgaben sind zu berücksichtigen. Eine enthaltene Umsatzsteuer ist stets herauszurechnen. Es bestehen keine Bedenken, dem zwischen den Beteiligten vereinbarten Wert

Anlage § 010–55

der zur Entsorgung übergebenen Abfälle auch für umsatzsteuerrechtliche Zwecke zu folgen, sofern dieser Wert nicht offensichtlich unzutreffend erscheint.

Im Übrigen sind die Bemessungsgrundlagen zu schätzen.

Beispiel 8:

Wie Bsp. 4: Es ist nicht zu beanstanden, wenn die Beteiligten hinsichtlich der Bemessungsgrundlagen für die jew. von Ihnen ausgeführten Leistungen Werte innerhalb der bezeichneten Bandbreiten zu Grunde legen, sofern diese nicht offensichtlich unzutreffend sind.

Bemessungsgrundlage für die Entsorgungsleistung des U4 ist somit der Wert der erhaltenen Gegenleistung, zu der neben der Baraufgabe auch der Wert des gelieferten Altpapiers gehört; die Bemessungsgrundlage beträgt demnach mind. 20,- € und höchstens 25,- € je Tonne abzüglich der darin enthaltenen Umsatzsteuer.

Bemessungsgrundlage für die Lieferung des Altpapiers durch F ist der Wert der erhaltenen Gegenleistung abzüglich der geleisteten Baraufgabe, somit mind. 15,- bis höchstens 20,- € je Tonne abzüglich der darin enthaltenen Umsatzsteuer.

7. Verändert sich der Marktpreis für die zu entsorgenden Abfälle nach Abschluss des Entsorgungs- und Liefervertrags, hat dies zunächst keine Auswirkung auf die Ermittlung der Bemessungsgrundlagen für die tauschähnlichen Umsätze und die Rechnungsstellung. Für diese Zwecke ist vielmehr solange auf den im Zeitpunkt des Vertragsabschlusses maßgeblichen Wert abzustellen, bis dieser durch eine Vertragsänderung oder durch Änderung der Bemessungsgrundlage, z.B. auf Grund einer vereinbarten Preisanpassungsklausel oder einer vereinbarten Mehr- oder Mindererlösbeteiligung, angepasst wird.

Die Grundsätze dieses Schreibens sind in allen offenen Fällen anzuwenden. Bei vor dem 1. Juli 2009 abgeschlossenen Verträgen über die Lieferung oder die Entsorgung von Abfällen wird es bis zum 31. Dezember 2010 nicht beanstandet, wenn die Beteiligten davon ausgegangen sind, dass kein tauschähnlicher Umsatz vorliegt. Dies gilt nicht für die Lieferung oder die Entsorgung von Materialabfall, der z.B. bei der Be- oder Verarbeitung bestimmter Materialien, die selbst keine Abfallstoffe sind, anfällt (Abschn. 153 Abs. 2 Sätze 1 bis 4 UStR).

Anlage § 010–56

Verwendung von Abwärme aus Biogasanlagen für das Beheizen des privaten Wohnhauses; Bemessungsgrundlage für die unentgeltliche Wertabgabe

Bayer. Landesamt für Steuern, Vfg. vom 15.10.2009 – S 7206.2.1-2/4 – St 34, DStR 2009 S. 2255

Bei der „Verstromung" des in einer Biogasanlage gewonnenen Biogases in einem Blockheizkraftwerk (BHKW) fällt Abwärme an, die als Prozesswärme zur Steuerung des Fermenters verwendet, teils an Dritte verkauft und teils zum Beheizen der eigenen Wohnung genutzt wird. Die Verwendung von Abwärme für private Zwecke stellt beim Betreiber des BHKW eine unentgeltliche Wertabgabe i.S. des § 3 Abs. 1b Nr. 1 UStG dar.

Aus Vereinfachungsgründen war es bisher zulässig, als Bemessungsgrundlage für die Entnahme der Abwärme den für die Ertragsteuer zugrunde zu legenden Wert von 2 Cent kWh anzusetzen (vgl. BayLfSt vom 1. 12. 2008, S 2170.2.1-8/1 St 33). An der *Übernahme dieser Werte* für *umsatzsteuerliche Zwecke* wird *nicht* mehr festgehalten.

Die Bemessungsgrundlage einer unentgeltlichen Wertabgabe nach § 3 Abs. 1b Nr. 1 UStG wird nach § 10 Abs. 4 Nr. 1 UStG grundsätzlich nach dem Einkaufspreis bemessen. Ist der Einkaufspreis nicht zu ermitteln, z.B. wenn der Gegenstand im eigenen Unternehmen hergestellt wird, sind die Selbstkosten für den Gegenstand anzusetzen. Diese umfassen alle durch den betrieblichen Leistungsprozess bis zum Zeitpunkt der Entnahme entstandenen Kosten (Abschn. 155 Abs. 1 Sätze 3 und 4 UStR 2008).

Bei der Ermittlung der Selbstkosten nach § 10 Abs. 4 Nr. 1 UStG sind – anders als zu § 10 Abs. 4 Nr. 2 UStG – die Anschaffungs- und Herstellungskosten von Investitionsgütern auf der den Ertragsteuer zugrunde gelegten Abschreibungszeitraum zu verteilen. Zu den Selbstkosten gehören auch die nicht mit Vorsteuern belasteten Vorbezüge. Zur Bemessungsgrundlage zählen auch Ausgaben, die aus Zuschüssen finanziert worden sind.

Als Maßstab für die Aufteilung der Gesamtkosten ist das Verhältnis der Energieäquivalente für den verkauften Strom und für die zu unternehmerischen Zwecken verwendete Abwärme einerseits und für die für private Zwecke verwendete Abwärme andererseits heranzuziehen (vgl. BayLfSt vom 15.6.2007, S 7300-27 St 34M).

Die hiervon abweichenden Regelungen der Verfügung des Bayerischen Landesamts für Steuern vom 1.12.2008 – S 2170.2.1-8/1 – St 33, a.a.O., sind künftig nicht mehr anzuwenden.

Anlage § 010–57

Umsatzsteuerrechtliche Behandlung des sog. Direktverbrauchs nach dem Erneuerbare-Energien-Gesetz ab dem 01.01.2009 (§ 33 Abs. 2 EEG)

BMF-Schreiben vom 01.04.2009 – IV B 8 – S 7124/07/10002,
BStBl. 2009 I S. 523

Die Vorschrift des § 33 Abs. 2 EEG gilt für nach dem 31. Dezember 2008 erstmals installierte Anlagen zur Elektrizitätsgewinnung aus solarer Strahlungsenergie (Photovoltaikanlagen) mit einer installierten Leistung von nicht mehr als 30 kW. Mit der Regelung soll ein Anreizsystem geschaffen werden, den eigenen Elektrizitätsverbrauch zeitlich an die eigene Produktion anzupassen, um so die öffentlichen Elektrizitätsnetze zu entlasten. Der Netzbetreiber ist nach §§ 8, 16 und 18ff. EEG wie bisher zur Abnahme, Weiterleitung und Verteilung sowie Vergütung der gesamten vom Anlagenbetreiber aus solarer Strahlungsenergie erzeugten Elektrizität verpflichtet. Soweit die erzeugte Energie vom Anlagenbetreiber nachweislich dezentral verbraucht wird (sog. Direktverbrauch), kann sie mit dem nach § 33 Abs. 2 EEG geltenden Betrag vergütet werden. Nach § 18 Abs. 3 EEG ist die Umsatzsteuer in den im EEG genannten Vergütungsbeträgen nicht enthalten.

Nach dem Ergebnis der Erörterungen mit den obersten Finanzbehörden der Länder gilt diesbezüglich Folgendes:

1. Leistungsbeziehungen, Unternehmereigenschaft des Anlagenbetreibers

Umsatzsteuerrechtlich wird die gesamte vom Anlagenbetreiber aus solarer Strahlungsenergie erzeugte Elektrizität an den Netzbetreiber geliefert. Dies gilt – entsprechend der Regelung zur sog. kaufmännisch-bilanziellen Einspeisung in Abschn. 42n Abs. 1 Satz 3 UStR – unabhängig davon, wo die Elektrizität tatsächlich verbraucht wird und ob sich der Vergütungsanspruch des Anlagenbetreibers nach § 33 Abs. 1 EEG oder nach § 33 Abs. 2 EEG richtet. Der Anlagenbetreiber ist mit dem Betrieb der Photovoltaikanlage unter den allgemeinen Voraussetzungen des § 2 Abs. 1 UStG unternehmerisch tätig: Ist die Photovoltaikanlage – unmittelbar oder mittelbar – mit dem allgemeinen Stromnetz verbunden, kann davon ausgegangen werden, dass die Voraussetzungen des Abschn. 18 Abs. 5 Satz 1 und 2 UStR erfüllt sind. Die Kleinunternehmerregelung, nach der die Umsatzsteuer für die Lieferungen des Anlagenbetreibers unter den in § 19 UStG genannten Voraussetzungen nicht erhoben wird und insoweit ein Vorsteuerabzug ausgeschlossen ist, bleibt unberührt.

Soweit der Anlagenbetreiber bei Inanspruchnahme der Vergütung nach § 33 Abs. 2 EEG Elektrizität dezentral verbraucht, liegt umsatzsteuerrechtlich eine (Rück-)Lieferung des Netzbetreibers an ihn vor.

2. Bemessungsgrundlage

Die Einspeisevergütung ist in jedem Fall Entgelt für Lieferungen des Anlagenbetreibers und kein Zuschuss.

Entgelt für die (Rück-)Lieferung des Netzbetreibers ist alles, was der Anlagenbetreiber für diese (Rück-)Lieferung aufwendet, abzüglich der Umsatzsteuer. Die Bemessungsgrundlage entspricht somit der Differenz zwischen der Einspeisevergütung nach § 33 Abs. 2 EEG (0,2501 € / kWh) und der – dem Anlagenbetreiber ansonsten zustehenden – Einspeisevergütung nach § 33 Abs. 1 Nr. 1 EEG (0,4301 € / kWh); da es sich bei diesen Beträgen um Nettobeträge handelt, ist die Umsatzsteuer zur Ermittlung der Bemessungsgrundlage nicht herauszurechnen. Die Bemessungsgrundlage für die Lieferung des Netzbetreibers beträgt somit *0,18 € / kWh*.

Entgelt für die Lieferung des Anlagenbetreibers ist alles, was der Netzbetreiber hierfür aufwendet, abzüglich der Umsatzsteuer. Neben der für den vom Anlagenbetreiber selbst erzeugten (und umsatzsteuerrechtlich gelieferten) Strom geschuldeten Einspeisevergütung von 0,2501 € / kWh muss der Netzbetreiber diesen Strom umsatzsteuerrechtlich – mit einer Bemessungsgrundlage von 0,18 € / kWh (s.o.) – an den Anlagenbetreiber (zurück-)liefern. Die Bemessungsgrundlage ergibt sich entsprechend den o.g. Grundsätzen aus der Summe dieser beiden Werte und beträgt somit *0,4301 € / kWh*.

Die Lieferung des Anlagenbetreibers kann nicht – auch nicht im Wege der Vereinfachung unter Außerachtlassung der Rücklieferung des Netzbetreibers – lediglich mit der reduzierten Vergütung nach § 33 Abs. 2 EEG bemessen werden, weil der Umfang der nicht zum Vorsteuerabzug berechtigenden Nutzung der Anlage letztendlich über den Vorsteuerabzug aus der Rücklieferung abgebildet wird.

3. Vorsteuerabzug

Der Anlagenbetreiber hat die Photovoltaikanlage unter den unter 1. genannten Voraussetzungen vollständig seinem Unternehmen zuzuordnen. Aus der Errichtung und dem Betrieb der Anlage steht ihm unter den allgemeinen Voraussetzungen des § 15 UStG der Vorsteuerabzug zu.

Anlage § 010–57

Der Anlagenbetreiber kann die auf die Rücklieferung entfallende Umsatzsteuer unter den allgemeinen Voraussetzungen des § 15 UStG als Vorsteuer abziehen. Der Vorsteuerabzug ist somit insbesondere ausgeschlossen bei Verwendung des Stroms für nichtunternehmerische Zwecke oder zur Ausführung von Umsätzen, die unter die Durchschnittssatzbesteuerung des § 24 UStG fallen. Eine unentgeltliche Wertabgabe liegt insoweit hinsichtlich des dezentral verbrauchten Stroms nicht vor.

Anlage § 010–58

Verbilligter Zins als Absatzförderung der Automobilindustrie

BMF-Schreiben vom 28.09.2011 – IV D 2 – S 7100/09/10003 :002,
BStBl. 2011 I S. 935

Zur Frage von verbilligten Zinsen bzw. Leasingraten zum Zwecke der Absatzförderung in der Automobilindustrie gilt unter Bezugnahme auf das Ergebnis der Erörterungen mit den obersten Finanzbehörden der Länder Folgendes:

1. Zinssubventionen im Bereich der Kundenfinanzierung

Die dem Händlernetz der Vertriebsgesellschaft eines Fahrzeugherstellers angehörenden Autohäuser haben die Möglichkeit, ihren Kunden beim Fahrzeugkauf eine Finanzierung durch eine Bank, die in der Regel als Tochtergesellschaft des Herstellers Autofinanzierungen tätigt (Autobank), anzubieten, deren Zinskonditionen zum Teil deutlich unter dem am Markt üblichen Niveau liegen. Hierzu werden von der Konzernzentrale des Fahrzeugherstellers Finanzierungskonditionen auferlegt, bei denen sich die Fahrzeughändler an dem für den Fahrzeugkäufer vergünstigten Zinssatz zu beteiligen haben. Die dem Fahrzeugkäufer angebotene Finanzierung wird somit teilweise von dem jeweiligen Fahrzeughändler übernommen (Händleranteil). Dieser Händleranteil wird dem Händler bei Abschluss des Darlehensvertrages zwischen Autobank und Fahrzeugkäufer belastet. In dem zwischen Autobank und Fahrzeugkäufer abgeschlossenen Darlehensvertrag wird daher lediglich der bereits ermäßigte Zinssatz ausgewiesen. Der Fahrzeugkäufer kann deshalb keine Rückschlüsse auf Art und Höhe der Beteiligung des Fahrzeughändlers bzw. der Vertriebsgesellschaft an der Finanzierung ziehen. Die Beteiligung des Fahrzeughändlers an der Subventionierung des Zinssatzes für die Fahrzeugfinanzierung hat regelmäßig Auswirkungen auf den dem Fahrzeugkäufer gewährten Preisnachlass.

Im vorstehend geschilderten Sachverhalt und in vergleichbaren Fällen liegt hinsichtlich der Zahlung des Fahrzeughändlers an die finanzierende Bank ein Entgelt für eine Leistung eigener Art der Bank an den Händler vor. Die Leistung der Bank besteht in der Förderung des Absatzgeschäftes des Fahrzeughändlers durch das Angebot von unter dem Marktniveau liegenden Fahrzeugfinanzierungen. Es handelt sich bei der Zahlung nicht um ein Entgelt von dritter Seite hinsichtlich der Finanzierungsleistung der Bank an den Fahrzeugkäufer. Die Leistung der Bank an den Fahrzeughändler ist mangels Steuerbefreiung steuerpflichtig.

Die vorstehenden Ausführungen gelten sinngemäß auch in den Fällen der Hersteller- oder Händlerbeteiligungen durch Verkaufsagenten und in den Fällen, in denen ein Fahrzeughändler an eine Leasinggesellschaft Zahlungen zur Subventionierung der Leasingraten leistet.

2. Zinssubventionen im Bereich der Händlerfinanzierung

Vertriebsgesellschaften von Fahrzeugherstellern haben ein Interesse daran, dass das Händlernetz vor Ort über einen ausreichenden Bestand an Fahrzeugen verfügt, damit der potenzielle Fahrzeugkäufer die Möglichkeit hat, die Produkte vor dem Kauf zu besichtigen. Die von der Vertriebsgesellschaft an den Fahrzeughändler gelieferten Fahrzeuge wie Vorführwagen, Dienstwagen oder Warenbestand werden in der Regel im Interesse des Konzerns von der Autobank finanziert, d.h., zwischen der Bank und dem Fahrzeughändler wird ein Darlehensverhältnis begründet. Die Kaufpreiszahlung erfolgt durch die Bank; zwischen der Bank und dem Fahrzeughändler wird gleichzeitig ein Darlehensverhältnis begründet. Dieses Darlehensverhältnis ist durch Zahlungen der Vertriebsgesellschaft regelmäßig für eine Anlaufzeit zinsfrei. Danach beteiligt sich die Vertriebsgesellschaft regelmäßig an den entstehenden Zinsen.

Im vorstehend geschilderten Sachverhalt und in vergleichbaren Fällen liegt hinsichtlich der Zahlung der Vertriebsgesellschaft an die finanzierende Bank ein Entgelt für eine Leistung eigener Art der finanzierenden Bank an die Vertriebsgesellschaft vor. Die Leistung besteht in der Förderung des Absatzes der Vertriebsgesellschaft über ihr Händlernetz. Es handelt sich bei der Zahlung nicht um ein Entgelt von dritter Seite hinsichtlich der Finanzierungsleistung der Bank an den Fahrzeughändler. Die Leistung der Bank an die Vertriebsgesellschaft ist mangels Steuerbefreiung steuerpflichtig.

3. Anwendung

Die unter 1. und 2. dargestellten Grundsätze sind in allen offenen Fällen anzuwenden. Es wird jedoch nicht beanstandet, wenn für Umsätze, die vor dem 1. Januar 2012 getätigt werden, in den unter
  1. dargestellten Sachverhalten und in vergleichbaren Fällen hinsichtlich der Zahlungen des Fahrzeughändlers an die finanzierende Bank von einem Entgelt von dritter Seite in Bezug auf die Finanzierungsleistung zwischen der finanzierenden Bank und dem Fahrzeugkäufer,

Anlage § 010–58

2. dargestellten Sachverhalten und in vergleichbaren Fällen hinsichtlich der Zahlungen der Vertriebsgesellschaft an die finanzierende Bank von einem Entgelt von dritter Seite in Bezug auf die Finanzierungsleistung zwischen der finanzierenden Bank und dem Fahrzeughändler ausgegangen wird.

Ebenso wird es für Umsätze, die vor dem 1. Januar 2012 ausgeführt werden, nicht beanstandet, soweit leistender Unternehmer und Leistungsempfänger einvernehmlich die vorstehend beschriebenen Leistungen eigener Art nicht der Besteuerung unterworfen haben, weil ein korrespondierender Vorsteuerabzug beim Zahlenden bestand. In Zweifelsfällen hat der leistende Unternehmer einen Nachweis über das Einvernehmen beizubringen.

Anlagen § 012 (1)–01, § 012 (1)–02

Umsatzsteuerliche Behandlung der Entsorgungskostenbeteiligung des Lieferers bei der Entsorgung von Transportverpackungen (§ 1 Abs. 1 Nr. 1, § 12 UStG)

BMF-Schreiben vom 19.03.1993 – IV A 2 – S 7200 – 3/93,
UR 1993 S. 174

Sie haben die Frage der umsatzsteuerlichen Behandlung der Entsorgungskostenbeteiligung der Markenartikelindustrie bei der Entsorgung von Transportverpackungen durch den Handel aufgeworfen. Der Sachverhalt wurde von Ihnen wie folgt dargestellt:

Aufgrund der Verpackungsverordnung (Verpack V) vom 12.6.1991 (BGBl. I 1991, 1234) sind Hersteller und Vertreiber verpflichtet, die an ihre Kunden gelieferten Transportverpackungen (Kartons, Folien, Paletten etc.) zurückzunehmen. Da eine direkte Zurückführung der regelmäßig im Handelsbereich anfallenden Verpackungen weder ökologisch noch ökonomisch sinnvoll ist, werden diese Verpackungen weiterhin durch die Anfallstellen einer Wiederverwertung zugeführt. Die liefernden Unternehmen beteiligen sich an den Kosten hierfür. Weite Teile der Markenartikelindustrie und des deutschen Handels haben sich hierbei auf folgende Vorgehensweise verständigt:

Die liefernden Unternehmen erteilen ihrem Handelspartner nachträglich zum Quartalsende eine Gutschrift. Diese berechnet sich nach den in diesem Zeitraum eingesetzten Verpackungsmaterialien (also z.B. Papier/Pappe/Folien oder Styropor). Zur konkreten Berechnung werden durchschnittliche Basisentsorgungskosten herangezogen (ca. 246,– DM für jede zu entsorgende Tonne Papier/Pappe oder 793,– DM für Kunststoffolien). Die Berechnung würde für ein Produkt X auf dieser Basis wie folgt aussehen:

Einsatz von Papier/Pappe Transportverpackungen für das Produkt X im 1. Quartal 1993 = 10 t.

10 x 246,– DM

Gutschriftenbetrag = 2460,– DM.

Es habe sich bei diesen von zahlreichen Unternehmen aus Industrie und Handel angewandten Berechnungsmethoden die Frage ergeben, welcher Umsatzsteuersatz für diese Gutschriften anzuwenden ist.

Nach dem Ergebnis der Erörterung mit den obersten Finanzbehörden der Länder wird die Auffassung vertreten, daß die Entsorgung der Transportverpackung, mit der in der Regel vom Handel ein Unternehmer beauftragt wird, eine eigenständige sonstige Leistung darstellt, die dem allgemeinen Steuersatz unterliegt.

Steuersatz für tierärztliche Leistungen

BMF-Schreiben vom 31.07.2000 – IV D 1 – S 7234 – 7/00,
UR 2001 S. 225

Nach dem Ergebnis der Erörterung mit den obersten Finanzbehörden der Länder sind die folgenden tierärztlichen Leistungen mit dem normalen Steuersatz gem. § 12 Abs. 1 UStG belastet:

– Trächtigkeitsuntersuchungen bei Zuchttieren
– Maßnahmen der Unfruchtbarkeitsbekämpfungen
– Kaiserschnitt
– Geburtshilfe.

Der ermäßigte Steuersatz nach § 12 Abs. 2 Nr. 4 UStG kommt nicht zur Anwendung, weil die genannten Maßnahmen nicht unmittelbar der Tierzucht dienen.

Anlage § 012 (2) 1–01

Ermäßigter Steuersatz für die in der Anlage 2 des UStG bezeichneten Gegenstände

BMF-Schreiben vom 05.08.2004 – IV B 7 – S 7220 – 46/04,
BStBl. 2004 I S. 638[1)]

Unter Bezugnahme auf das Ergebnis der Erörterungen mit den obersten Finanzbehörden der Länder gilt für die Anwendung des ermäßigten Steuersatzes auf die nach dem 30. Juli 2004 ausgeführten Umsätze der in der Anlage 2 des UStG bezeichneten Gegenstände Folgendes:

A. Allgemeine Voraussetzungen der Steuerermäßigung

Steuerbegünstigte Umsätze

Dem ermäßigten Steuersatzunterliegen nach § 12 Abs. 2 Nr. 1 UStG die Lieferungen, die Einfuhr und der innergemeinschaftliche Erweb der in der Anlage 2 abschließend aufgeführten Gegenstände. Nicht in der Anlage 2 aufgeführte Gegenstände sind somit nicht begünstigt. Die Begünstigung ist nicht davon abhängig, welcher Unternehmer (Hersteller, Großhändler, Einzelhändler) den Umsatz ausführt. Bei Lieferungen gemeinnütziger Körperschaften kann jedoch die Steuerermäßigung nach § 12 Abs. 2 Nr. 8 UStG in Betracht kommen (vgl. Abschnitt 170 UStR). Auf die Umsätze von Land- und Forstwirten, die die Durchschnittsatzbesteuerung nach § 24 UStG anwenden, findet § 12 Abs. 2 Nr.1 UStG keine Anwendung. Eine Werklieferung ist begünstigt, wenn das fertige Werk als solches ein Gegenstand der Anlage 2 ist. Der Anwendung des ermäßigten Steuersatzes steht es nicht entgegen, wenn der Gegenstand der Werklieferung nach dem Umsatz mit dem Grund und Boden fest verbunden wird (vgl. aber Tz. 41). **1**

Sonstige Leistungen einschließlich Werkleistungen (§ 3 Abs. 9 und 10 UStG) sind nicht nach § 12 Abs. 2 Nr. 1 UStG in Verbindung mit der Anlage 2 des UStG begünstigt. Dies gilt insbesondere für die Abgabe von Speisen und Getränken zum Verzehr an Ort und Stelle (§ 3 Abs. 9 Satz 4 und 5 UStG, Abschnitt 25a UStR). Für sonstige Leistungen kann jedoch eine Steuerermäßigung nach § 12 Abs. 2 Nr. 2 bis 10 UStG in Betracht kommen. **2**

Bei einer einheitlichen Leistung (vgl. Abschnitt 29 UStR), die sowohl Lieferungselemente als auch Elemente einer sonstigen Leistung enthält, richtet sich die Einstufung als Lieferung oder sonstige Leistung danach, welche Leistungselemente unter Berücksichtigung des Willens der Vertragsparteien den wirtschaftlichen Gehalt der Leistungen bestimmen (vgl. Abschnitt 25 UStR). Handelt es sich danach um eine sonstige Leistung, unterliegt diese insgesamt dem allgemeinen Steuersatz. Eine insgesamt dem allgemeinen Steuersatz unterliegende sonstige Leistung liegt auch vor, wenn in der Anlage 2 des UStG aufgeführte Gegenstände als unselbständige Teile in eine sonstige Leistung eingehen (z.B. wenn im Rahmen der sonstigen Leistung eines Seminarveranstalters den Teilnehmern Lehrbücher ohne Berechnung überlassen werden). **3**

Abgrenzung der begünstigten Gegenstände nach dem Zolltarif

Der Umfang der begünstigten Gegenstände bestimmt sich nach dem Inhalt der einzelnen Warenbegriffe, der durch Verweisung auf die jeweils angegebene Stelle des Zolltarifs (Kapitel, Position oder Unterposition) festgelegt ist. Soweit die Verweisungen in der Anlage 2 vollständige Kapitel, Positionen oder Unterpositionen des Zolltarifs umfassen, sind alle hierzu gehörenden Erzeugnisse begünstigt. Bei Expositionen (z.B. aus Position ...) beschränkt sich die Begünstigung auf die ausdrücklich aufgeführten Erzeugnisse der angegebenen Stelle des Zolltarifs. Die Gegenstände der Anlage 2 sind nicht nur begünstigt, wenn es sich um Erzeugnisse im Sinne des Zolltarifs (= bewegliche Sachen) handelt, sondern auch dann, wenn die Gegenstände gemäß § 94 BGB wesentlicher Bestandteil des Grund und Bodens sind (z.B. Obst auf dem Baum oder Getreide auf dem Halm). **4**

Für die Einreihung der Waren zu den Kapiteln, Positionen und Unterpositionen des Zolltarifs gelten die „Allgemeinen Vorschriften für die Auslegung der Kombinierten Nomenklatur" (vgl. Allgemeine Vorschriften – AV – in Teil I Titel 1 Abschnitt A des Gemeinsamen Zolltarifs) sowie der Wortlaut der Kapitel, Positionen und Unterpositionen. Außerdem sind die Erläuterungen zum Zolltarif heranzuziehen, die im Elektronischen Zolltarif im Teil Erläuterungen dargestellt sind. Für die Abgrenzung der Gegenstände der Anlage 2 ist der Zolltarif in der im Zeitpunkt der Ausführung des Umsatzes geltenden Fassung entscheidend. **5**

Bestehen Zweifel, ob die beabsichtigte Einfuhr eines bestimmten Gegenstandes unter die Steuerermäßigung fällt, hat der Einführer die Möglichkeit, bei der zuständigen Zolltechnischen Prüfungs- und Lehranstalt (ZPLA) eine verbindliche Zolltarifauskunft (vZTA) einzuholen. Wenn derartige Zweifel bei einer beabsichtigten Lieferung oder einem beabsichtigten innergemeinschaftlichen Erwerb bestehen, haben die **6**

---
1) In der Zeit vor dem 01.07.2004 gelten die in Randziffer 176 dieses Schreibens erwähnten BMF-Schreiben. Siehe dazu den Veranlagungsband 2003. Beachte Neufassung der Anlage 2 ab 01.01.2007

Anlage § 012 (2) 1–01

Lieferer und die Abnehmer bzw. die innergemeinschaftlichen Erwerber die Möglichkeit, bei der zuständigen ZPLA eine unverbindliche Zolltarifauskunft für Umsatzsteuerzwecke (uvZTA) einzuholen. UvZTA können auch von den Landesfinanzbehörden (z.B. den Finanzämtern) beantragt werden.

7   Bei der Erteilung von uvZTA durch die ZPLA ist folgendes Verfahren einzuhalten:
– Geht ein Antrag bei einer nicht für die Erteilung der uvZTA zuständigen Dienststelle ein, ist der Antrag unverzüglich an die zuständige ZPLA abzugeben. Dem Antragsteller ist die Abgabe mitzuteilen.
– Nach der Anlage 2 des UStG können ermäßigte Umsatzsteuersätze Erzeugnisse eines ganzen Kapitels (z.B. Kapitel 2), einer Position (z.B. Position 0105), einer Unterposition des Harmonisierten Systems – HS – (z.B. Unterposition 2836 10) oder einer Unterposition der Kombinierten Nomenklatur – KN – (z.B. 3302 1000) betreffen. Zur Vermeidung unnötiger Untersuchungs- und Kostenaufwands braucht die vollständige Unterposition nur dann ermittelt zu werden, wenn dies zur Bestimmung des zutreffenden Umsatzsteuersatzes im Hinblick auf die Fassung der Anlage 2 des UStG erforderlich ist. In den übrigen Fällen ist z.B. die Ermittlung des Kapitels bzw. der vierstelligen Position oder der sechsstelligen Unterposition ausreichend.
– Die die uvZTA erteilende ZPLA hat in die unverbindliche Auskunft einen Hinweis auf den zutreffenden Umsatzsteuersatz aufzunehmen. Auf den unverbindlichen Charakter dieser Aussage ist ebenfalls ausdrücklich hinzuweisen.
– Je eine Ausfertigung der uvZTA ist an das für den Antragsteller zuständige Finanzamt und an die für den Antragsteller zuständige Oberfinanzdirektion – Umsatzsteuer-Referat – bzw. an die oberste Finanzbehörde des betreffenden Landes unmittelbar zu übersenden.
– Eine papiermäßige Sammlung ist aufgrund der Aufnahme von uvZTA in das DV-System ZEUS nicht erforderlich.
– In den Fällen der Absätze 19 und 20 der Dienstvorschrift betreffend verbindliche Zolltarif- und Ursprungsauskünfte (ZT 04 15) unterrichtet die ZPLA, die die uvZTA erteilt hat, den Empfänger der uvZTA durch Übersendung eines schriftlichen Hinweises darüber, dass die uvZTA wegen einer Änderung der Einreihung nicht mehr zutrifft; dies gilt nicht, wenn die Änderung der Rechtslage allgemein bekannt gemacht wird. Je eine Ausfertigung des Schreibens erhalten das für den Empfänger zuständige Finanzamt und die für den Empfänger zuständige Oberfinanzdirektion – Umsatzsteuer-Referat – bzw. die oberste Finanzbehörde des betreffenden Landes. Die Änderung der Einreihung kann dazu führen, dass auf einen bisher begünstigten Gegenstand nunmehr der allgemeine Umsatzsteuersatz anzuwenden ist. In diesen Fällen ist es nicht zu beanstanden, wenn der allgemeine Steuersatz erst auf Umsätze angewendet wird, die nach der Erteilung der vorbezeichneten schriftlichen Benachrichtigung ausgeführt werden.

8   Die Zuständigkeit für die Erteilung von uvZTA ist wie folgt festgelegt worden (Stand: 1. Januar 2002[1]):
6. OFD Cottbus – ZPLA Berlin – bei Waren der Kapitel 10, 11, 20, 22, der Positionen 2301, 2302 und 2307 bis 2309 und der Kapitel 86 bis 92, 94 bis 97 Zolltarif (entspricht den Nummern 13 bis 17, 32, 34 bis 36, 37, 51 bis 54 der Anlage 2 des UStG)
7. OFD Koblenz – ZPLA Frankfurt am Main – über Waren der Kapitel 25, 32, 34 bis 37 (ohne Positionen 3505 und 3506), 41 bis 43 und 50 bis 70 Zolltarif (entspricht den Nummern 39 und 47 der Anlage 2 des UStG)
8. OFD Hamburg – ZPLA – über Waren der Kapitel 2, 3, 5, 9, 12 bis 16, 18, 23 (ohne Positionen 2301, 2302 und 2307 bis 2309), der Kapitel 24, 27, der Positionen 3505 und 3506, der Kapitel 38 bis 40, 45 und 46 Zolltarif (entspricht den Nummern 2, 3, 5, 12, 18 bis 28, 30, 37 und 41 der Anlage 2 des UStG)
9. OFD Köln – ZPLA – über Waren der Kapitel 17, 26, 28 bis 31, 33, 47 bis 49, 71 bis 83 und 93 Zolltarif (entspricht den Nummern 29, 40 bis 46 und 49 der Anlage 2 des UStG)
10. OFD Nürnberg – ZPLA München – über Waren der Kapitel 1, 4, 6 bis 8, 19, 21, 44, 84 und 85 Zolltarif (entspricht den Nummern 1, 4, 6 bis 11, 31, 33 und 48 der Anlage 2 des UStG)

Anträge und Anfragen sind an folgende Anschriften zu richten:

ZPLA Berlin	ZPLA Frankfurt am Main	ZPLA Hamburg
Grellstraße 18/24	Gutleutstraße 185	Baumacker 3
10409 Berlin	60327 Frankfurt am Main	22523 Hamburg
ZPLA Köln	ZPLA München	
Merianstraße 110	Landsberger Straße 122	
50765 Köln	80339 München	

---

1) Siehe Änderungen in BStBl. 2006 I S. 622, Anlage § 012 (2) 1-27

Anlage § 012 (2) 1–01

Für Anträge auf uvZTA kann das anliegende Vordruckmuster (Anlage 2) für tatsächlich beabsichtigte Ein- oder Ausfuhren „0307 Antrag auf Erteilung einer verbindlichen Zolltarifauskunft" entsprechend verwendet werden, wenn in der Bezeichnung des Antrags das Wort „verbindlichen" durch das Wort „unverbindlichen" ersetzt wird.

Umfang der Steuerermäßigung

Die Steuerermäßigung umfasst auch die unselbständigen Nebenleistungen. Dazu gehören insbesondere das Verpacken, Befördern und Versenden der begünstigten Gegenstände durch den liefernden Unternehmer. Die Steuerermäßigung erstreckt sich auch auf Nebenleistungen, die in der Überlassung eines Gegenstandes bestehen, selbst wenn dieser in der Anlage 2 nicht aufgeführt ist. 9

Ob Verpackungen (innere und äußere Behältnisse, Aufmachungen, Umhüllungen und Unterlagen mit Ausnahme von Beförderungsmitteln, Behältern, Planen, Lademitteln und des bei der Beförderung verwendeten Zubehörs) Gegenstand einer Nebenleistung sind, ist nach den umsatzsteuerlichen Rechtsgrundsätzen zu entscheiden. Diese decken sich jedoch so weitgehend mit der zolltarifrechtlichen Behandlung von Verpackungen, dass bei der Umsatzsteuer entsprechend der zolltariflichen Beurteilung verfahren werden kann. Eine Nebenleistung ist hiernach anzunehmen, wenn die Verpackung 10

– als Umschließung für die in ihr verpackten Waren üblich ist
oder
– unabhängig von ihrer Verwendung als Verpackung keinen dauernden selbständigen Gebrauchswert hat.

Ob der Gebrauchswert geringfügig ist oder nicht, ist ohne Bedeutung.

Fehlt es an den Voraussetzungen für die Anerkennung als Nebenleistung, gilt für die Einreihung und die entsprechende umsatzsteuerliche Behandlung Folgendes: 11

Zolltarifrechtlich ist zwischen Waren aus verschiedenen Stoffen oder Bestandteilen im Sinne der Allgemeinen Vorschrift für die Auslegung der Kombinierten Nomenklatur (AV) 3b 1. Alternative und „Warenzusammenstellungen in Aufmachungen für den Einzelverkauf" im Sinne der AV 3b 2. Alternative zu unterscheiden.

Als Waren aus verschiedenen Stoffen oder Bestandteile gelten Waren, die praktisch zu einem untrennbaren Ganzen verbunden sind. Dies ist z.B. bei hohlen Schokoladeneiern der Fall, die eine Kunststoffkapsel mit Kleinspielzeug enthalten. Die Einreihung richtet sich somit im vorliegenden Fall nach dem Bestandteil der Schokolade. Die Umsätze der so einzureihenden Erzeugnisse unterliegen damit *insgesamt* dem ermäßigten Steuersatz. 12

[1]) *„Warenzusammenstellungen in Aufmachungen für den Einzelverkauf"* im Sinne der AV 3b 2. Alternative sind dagegen solche Zusammenstellungen, die 13

a) aus mindestens zwei verschiedenen Waren bestehen, für deren Einreihung unterschiedliche Positionen in Betracht kommen,

b) aus Waren bestehen, die zur Befriedigung *eines* speziellen Bedarfs oder zur Ausübung *einer* bestimmten Tätigkeit zusammengestellt worden sind und

c) so aufgemacht sind, dass sie sich ohne vorheriges Umpacken zur direkten Abgabe an die Verbraucher eignen (z.B. in Schachteln, Kästchen, Klarsichtpackungen oder auf Unterlagen).

Derartige Waren werden ebenfalls nach ihrem charakterbestimmenden Bestandteil eingereiht.

Es kann grundsätzlich davon ausgegangen werden, dass es sich bei Warensortimenten bestehend aus Lebensmitteln (insbesondere Süßigkeiten) und sog. „Non-Food-Artikeln" (insbesondere Spielzeug) *nicht* um „Warenzusammenstellungen in Aufmachungen für den Einzelverkauf" im Sinne der AV 3b handelt, da diese Zusammenstellungen nicht zur Befriedigung eines speziellen Bedarfs oder zur Ausübung einer bestimmten Tätigkeit zusammengestellt werden.

Falls die Voraussetzungen für die Einreihung nach der AV 3b nicht vorliegen, sind die aus verschiedenen Waren bestehenden Zusammenstellungen getrennt einzureihen. 14

Dies führt dazu, dass z.B. bei Zusammenstellungen von Süßigkeiten und Spielzeug auf den Süßigkeitsanteil des Entgelts der ermäßigte und auf den Spielzeuganteil des Entgelts der allgemeine Steuersatz anzuwenden ist. Hierunter fallen z.B. Süßigkeiten und Spielzeug, die gemeinsam in einer Kunststoffkugel verpackt sind. Auch Spielzeug, Kuscheltiere, Kunststoff-Osterhasen usw., die mit Süßigkeiten zusammen in einem Faltkarton oder einer Klarsichtfolie verpackt sind, gehören hierzu.

---
1) Siehe auch BMF vom 21.03.2006 – Anlage § 012 (2) 1-25

Anlage § 012 (2) 1–01

B. Erläuterungen zur Liste der dem ermäßigten Steuersatz unterliegenden Gegenstände

15 Lebende Tiere, und zwar
  a) Pferde einschließlich reinrassiger Zuchttiere, ausgenommen Wildpferde (aus Position 0101),
  b) Maultiere und Maulesel (aus Position 0101),
  c) Hausrinder einschließlich reinrassiger Zuchttiere (aus Position 0102),
  d) Hausschweine einschließlich reinrassiger Zuchttiere (aus Position 0103)
  e) Hausschafe einschließlich reinrassiger Zuchttiere (aus Position 0104),
  f) Hausziegen einschließlich reinrassiger Zuchttiere (aus Position 0104),
  g) Hausgeflügel (Hühner, Enten, Gänse, Truthühner und Perlhühner) (Position 0105),
  h) Hauskaninchen (aus Position 0106),
  i) Haustauben (aus Position 0106),
  j) Bienen (aus Position 0106),
  k) ausgebildete Blindenführhunde (aus Position 0106)
(Nr. 1 der Anlage 2)

Begünstigt sind nur die ausdrücklich aufgeführten lebenden Tiere des Kapitels 1 Zolltarif, gleichgültig zu welchen Zwecken sie verwendet werden (z.B. Zucht-, Nutz-, Schlacht- oder Ziertiere). Nicht lebende Tiere werden von Nr. 2 der Anlage 2 erfaßt, wenn sie zur menschlichen Ernährung geeignet sind.

16 Im Einzelnen sind nach Nr. 1 der Anlage 2 *begünstigt:*
  1. zu Buchstabe a):

     Pferde einschließlich Kleinpferde (Hengste, Wallache, Stuten, Fohlen), auch Reit- und Rennpferde (aus Position 0101), *nicht jedoch* Wildpferde, z.B. Przewalski-Pferde oder Tarpane (Mongolei) (Position 0101) sowie Zebras und Zebroide (Kreuzung aus Zebrahengst und Pferdestute), obwohl sie zur Familie der Pferde (Equidae) gehören (Position 0106)

     Soweit beim Handel, z.B. mit Reitpferden (Springpferden), Vermittlungsleistungen (sonstige Leistungen) erbracht werden, unterliegen diese Leistungen dem allgemeinen Steuersatz (vgl. Tz. 2).
  2. zu Buchstabe b):

     Kreuzungen zwischen Eselshengst und Pferdestute (Maultier) sowie zwischen Pferdehengst und Eselstute (Maulesel), *nicht jedoch* Hausesel und alle anderen Esel (aus Position 0101)
  3. zu Buchstabe c):

     Hausrinder (einschließlich der für die Arena halbwild gezüchteten Rassen), Buckelochsen (Zebus) und Wattussirinder, Haus- und Wasserbüffel, *nicht jedoch* Rinder und Büffel, die nicht Haustiere sind, z.B. asiatische Wildrinder der Gattung Bibos, Moschusochsen und Bisons
  4. zu Buchstabe d):

     alle Arten von Hausschweinen, *nicht jedoch* Schweine, die nicht Haustiere sind, z.B. Wild-, Warzen-, Pinselohr- und Waldschweine, Celebes-Hirscheber und Pekaris sowie Flusspferde (aus Position 0106), obgleich sie mit den Schweinen nahe verwandt sind
  5. zu Buchstabe e):

     alle Arten von Hausschafen einschließlich der Rassen, die zur Gewinnung von Haaren oder Pelzfellen aufgezogen werden (Boukharaschafe usw.), *nicht jedoch* Schafe, die nicht Haustiere sind (aus Position 0104), z.B. die verschiedenen Mufflonarten (Dickhornschaf, Mähnenschaf usw.)
  6. zu Buchstabe f):

     alle Arten von Hausziegen einschließlich der Rassen, die zur Gewinnung von Haaren oder Pelzfellen aufgezogen werden (z.B. Kaschmir- oder Angoraziegen), *nicht jedoch* Ziegen, die nicht Haustiere sind, z.B. der Steinbock und die Bezoar-Ziege (aus Position 0104) sowie Moschustiere, Dorkasgazellen und sog. Ziegen-Antilopen, die zwischen Ziegen und Antilopen stehen, z.B. Gämsen (aus Position 0106)
  7. zu Buchstabe g):

     die ausdrücklich aufgeführten Geflügelarten sowie deren Küken und Kapaune, auch wenn sie zum Einsetzen in Käfige, Parks oder Wasseranlagen aufgezogen und gehalten werden, *nicht jedoch* anderes lebendes Geflügel, z.B. Schwäne oder Wildgeflügel (Wildenten, Wildgänse, Rebhühner, Fasane, Wildtruthühner usw.), selbst dann nicht, wenn es als Hausgeflügel gehalten und geschlachtet werden kann (aus Position 0106)

Anlage § 012 (2) 1–01

8. zu Buchstabe h):

    alle Arten von Hauskaninchen, gleichgültig, ob sie ihres Fleisches oder Felles wegen (z.b. Angorakaninchen) oder für andere Zwecke (z.b. Kinderspieltiere oder Zuchtkaninchen für Wettbewerbe) aufgezogen werden, *nicht jedoch* wilde Kaninchen und Hasen (aus Position 0106)

9. zu Buchstabe i):

    alle Haustauben, z.b. Brief-, Zier- oder Hoftauben, *nicht jedoch* Wildtauben (z.b. Holz-, Ringel-, Hohl-, Felsen-, Glanzfleck-, Turtel- und Lachtauben) (aus Position 0106) sowie andere Tauben, die den Hühnervögeln näher stehen, z.b. Mähnen-, Frucht- und Krontauben sowie Steppenhühner (aus Position 0106)

10. zu Buchstabe j):

    alle Arten von Bienen, auch Haus- und Waldbienen im Schwarm oder in Stöcken, Körben, Kästen oder dergleichen

11. zu Buchstabe k):

    Hunde, die erfolgreich an einer Spezialausbildung zum Führen blinder Menschen teilgenommen haben, *nicht jedoch* Haushunde ohne Ausbildung zum Blindenführhund, auch wenn sie an blinde Menschen geliefert werden

Nach Nr. 1 der Anlage 2 sind nicht begünstigt: **17**

1. andere Haustiere (aus Position 0106), z.b. Kanarienvögel, Katzen und Hunde, soweit es sich nicht um ausgebildete Blindenführhunde handelt
2. Versuchstiere, wie beispielsweise Mäuse, Ratten und Meerschweinchen (aus Position 0106)
3. lebende Tiere, die zu einem Zirkus, einer Tierschau oder einem ähnlichen Unternehmen gehören und zusammen mit dem Unternehmen umgesetzt werden (Position 9508)

Fleisch und genießbare Schlachtnebenerzeugnisse (Kapitel 2) (Nr. 2 der Anlage 2) **18**

Begünstigt sind alle Erzeugnisse des Kapitels 2 Zolltarif. Zu den Positionen 0201 bis 0208 und 0210 gehören nur genießbares Fleisch (ganze Tierkörper, Hälften, Viertel, Stücke usw., auch mit anhaftenden inneren Organen oder Fett) sowie genießbare Schlachtnebenerzeugnisse von Tieren aller Art mit Ausnahme von Fischen, Krebstieren, Weichtieren und anderen wirbellosen Wassertieren aus Kapitel 3 Zolltarif. Erzeugnisse der Position 0209 (Schweinespeck usw.) gehören auch dann zu Kapitel 2 Zolltarif, wenn sie nur technisch verwendbar sind. Fleisch und Schlachtnebenerzeugnisse sind genießbar, soweit sie zur menschlichen Ernährung geeignet sind. Sind sie dazu geeignet, so ist es gleichgültig, ob sie tatsächlich zur menschlichen Ernährung oder zu anderen Zwecken (z.b. zu technischen Zwecken) verwendet werden. Die Erzeugnisse des Kapitels 2 gelten auch dann als genießbar, wenn sie erst nach Bearbeitung oder Zubereitung zur menschlichen Ernährung verwendet werden können.

Genießbare Schlachtnebenerzeugnisse sind z.b. Köpfe, Füße, Schwänze (auch abgelöste Fleischteile **19** hiervon), Euter und bestimmte innere Organe (z.B. Lunge, Leber, Nieren, Zunge, Herz – auch als Geschlinge in natürlichem Zusammenhang mit Schlund und Luftröhre –, Hirn, Thymusdrüse (Bries), Bauchspeicheldrüse, Milz und Rückenmark). Häute gehören nur dazu, wenn sie im Einzelfall zur menschlichen Ernährung geeignet sind. Die ist zum Beispiel bei der Verwendung von Schweineschwarten als Bindemittel für Fleischkonserven oder zur Herstellung gerösteter Schweineschwarte, einem Snack-Artikel, der Fall. Ansonsten gehören Häute zur Position 4101 und sind *nicht begünstigt*. Ebenfalls sind hiernach *nicht begünstigt* rohe Knochen (aus Position 0506), die jedoch unter Nr. 5 der Anlage 2 fallen können (vgl. Tz. 32).

Zu Kapitel 2 Zolltarif gehören nur frische, gekühlte, gefrorene, gesalzene, in Salzlake befindliche, ge- **20** trocknete oder geräucherte Erzeugnisse. Zubereitungen von Fleisch oder Schlachtnebenerzeugnissen (Position 1601 bis 1603) fallen unter Nr. 28 der Anlage 2 (vgl. Tz. 100).

Im Einzelnen sind nach Nr. 2 der Anlage 2 *begünstigt:* **21**

1. Fleisch von Rindern, frisch, gekühlt oder gefroren (Positionen 0201 und 0202)

    Hierzu gehört frisches, gekühltes oder gefrorenes Fleisch von Haus- oder Wildrindern der Position 0102.

2. Fleisch von Schweinen, frisch, gekühlt oder gefroren (Position 0203)

    Hierzu gehört frisches, gekühltes oder gefrorenes Fleisch von Haus- oder Wildschweinen (aus Position 0103). Hierzu gehört auch durchwachsener Schweinespeck (d.h. Speck mit eingelagerten Fleischschichten) und Schweinespeck mit einer Schicht anhaftenden Fleisches.[1)]

---

1) Beachte für getrocknete Schweineohren BMF vom 16.10.2006, Anlage § 012 (2) 1-26

Anlage § 012 (2) 1–01

3. Fleisch von Schafen oder Ziegen, frisch, gekühlt oder gefroren (Position 0204)

   Hierzu gehört frisches, gekühltes oder gefrorenes Fleisch sowohl von Haus- oder Wildschafen (Böcke, Muttertiere und Lämmer) als auch von Haus- oder Wildziegen und Zicklein (aus Position 0104).

4. Fleisch von Pferden, Eseln, Maultieren oder Mauleseln, frisch, gekühlt oder gefroren (Position 0205)

   Hierzu gehört frisches, gekühltes oder gefrorenes Fleisch von Tieren, die lebend zu Position 0101 gehören.

5. genießbare Schlachtnebenerzeugnisse von Rindern, Schweinen, Schafen, Ziegen, Pferden, Eseln, Maultieren oder Mauleseln, frisch, gekühlt oder gefroren (Position 0206)

   Hierzu gehören genießbare Schlachtnebenerzeugnisse wie Köpfe und Teile davon (einschließlich Ohren), Füße, Schwänze, Herzen, Eutern, Lebern, Nieren, Thymusdrüsen (Bries), Bauchspeicheldrüsen, Hirn, Lungen, Schlünde, Nierenzapfen, Saumfleisch, Milz, Zungen, Bauchnetz, Rückenmark, genießbare Haut, Geschlechtsorgane (z.B. Gebärmutter, Eierstöcke, Hoden), Schilddrüsen und Hirnanhangdrüsen.

6. Fleisch und genießbare Schlachtnebenerzeugnisse von Hausgeflügel der Position 0105 frisch, gekühlt oder gefroren (Position 0207)

   Hierzu gehören nur Fleisch und Schlachtnebenerzeugnisse, frisch, gekühlt oder gefroren, von Hausgeflügel, das lebend zur Position 0105 gehört, nämlich Hühner, Enten, Gänse, Truthühner und Perlhühner.

   Begünstigt sind insbesondere Hühner-, Gänse- und Entenlebern. Zu diesen gehören auch Fettlebern von Gänsen und Enten, die sich von anderen Lebern dadurch unterscheiden, dass sie wesentlich größer und schwerer, fester und fettreicher sind.

7. anderes Fleisch und andere genießbare Schlachtnebenerzeugnisse, frisch, gekühlt oder gefroren (Position 0208)

   Hierzu gehören Fleisch und Schlachtnebenerzeugnisse der in Position 0106 erfassten Tiere, die zur menschlichen Ernährung geeignet sind, z.B. von Haustauben und Hauskaninchen, von Wild (einschließlich Wildgeflügel und Rentieren), Bibern, Walen, Fröschen (z.B. Froschschenkel) und Schildkröten.

   Dem ermäßigten Steuersatz unterliegen hiernach auch die Lieferungen von Wildbret durch Jagdpächter, die der allgemeinen Besteuerung unterliegen. Unter Wild sind die in freier Wildbahn lebenden jagdbaren Tiere zu verstehen. Fleisch und genießbare Schlachtnebenerzeugnisse von Tieren, die üblicherweise gejagt werden (Fasane, Wachteln, Rehe usw.), werden auch dann als Wild angesehen, wenn die Tiere in Gefangenschaft gehalten worden sind.

8. Schweinespeck, ohne magere Teile, Schweinefett und Geflügelfett, nicht ausgeschmolzen noch anders ausgezogen, frisch, gekühlt, gefroren, gesalzen, in Salzlake, getrocknet oder geräuchert (Position 0209)

   Hierzu gehören die aufgeführten Erzeugnisse auch dann, wenn sie nur technisch verwendbar sind. Durchwachsener Schweinespeck fällt unter Position 0203 oder 0210. Zum Schweinefett rechnen auch sog. Micker- oder Gekrösefett.

9. Fleisch und genießbare Schlachtnebenerzeugnisse, gesalzen, in Salzlake, getrocknet oder geräuchert; genießbares Mehl von Fleisch oder von Schlachtnebenerzeugnissen (Position 0210)

   Hierzu gehören Fleisch und Schlachtnebenerzeugnisse (einschließlich genießbares Mehl von Fleisch und Schlachtnebenerzeugnissen) aller Art (ausgenommen Erzeugnisse der Position 0209), die nach den in dieser Position angegebenen Verfahren zubereitet worden sind. Hierzu gehören auch durchwachsener Speck (d.h. Speck mit eingelagerten Fleischschichten) und Schweinespeck mit einer anhaftenden Fleischschicht aus Position 0203, sofern sie nach den in dieser Position angegebenen Verfahren zubereitet worden sind, *nicht jedoch* ungenießbares Mehl von Fleisch und Schlachtnebenerzeugnissen (Position 2301), das jedoch unter Nr. 37 der Anlage 2 fällt (vgl. Tz. 126).

22 Nach Nr. 2 der Anlage 2 sind *nicht begünstigt:*

1. Schweineborsten (aus Position 0502), Rosshaar (aus Position 0503) sowie andere Tierhaare zur Herstellung von Besen, Bürsten oder Pinseln (aus Position 0502)

2. Därme, Blasen und Mägen (aus Position 0504 bzw. 0511) sowie Tierblut der Position 3002 oder 0511, auch wenn die Erzeugnisse genießbar sind

   Mägen von Hausrindern (sog. Kutteln) und von Hausgeflügel gehören jedoch zu Position 0504 und fallen damit unter Nr. 5 der Anlage 2 (vgl. Tz. 32).

Anlage § 012 (2) 1–01

3. Flechsen und Sehnen (aus Position 0511)
4. Hörner, Hufe, Klauen und Schnäbel (aus Position 0507)
5. Schlachtnebenerzeugnisse, die zur Herstellung pharmazeutischer Erzeugnisse verwendet werden, z.B. Gallenblasen, Nebennieren, Placenta (Position 0510 oder – in getrocknetem Zustand – Position 3001) und nach der Art oder Aufmachung zur menschlichen Ernährung nicht geeignet sind.

    Ebenso nicht begünstigt sind auch genießbare Schlachtnebenerzeugnisse, die sowohl zur menschlichen Ernährung als auch zur Herstellung pharmazeutischer Erzeugnisse verwendet werden können (z.B. Leber, Nieren, Lungen, Hirn, Bauchspeicheldrüse, Milz, Rückenmark, Eierstöcke, Schilddrüsen und Hypophysen), wenn sie im Hinblick auf ihre Verwendung zum Herstellen pharmazeutischer Erzeugnisse vorläufig haltbar gemacht worden sind (mit Erzeugnissen wie Glycerin, Aceton, Alkohol, Formaldehyd oder Natriumborat) (aus Position 0504).

6. ungenießbares Fleisch und ungenießbare Schlachtnebenerzeugnisse (Position 0511 oder 3001), z.B. Fleisch und Schlachtabfall ungenießbarer Tiere oder verdorbenes Fleisch

    Ebenso nicht begünstigt sind ungenießbare Erzeugnisse aus Kapitel 23 Zolltarif, die üblicherweise zum Herstellen von Hunde- und Katzenfutter bestimmt sind und damit unter Nr. 37 der Anlage 2 fallen (vgl. Tz. 125, 126).

7. tierische Fette (Kapitel 15)

    Hierzu gehören auch Schweineschmalz und Geflügelfett, soweit es ausgepresst, ausgeschmolzen oder mit Lösemitteln ausgezogen ist. Die Erzeugnisse des Kapitels 15 können jedoch unter Nr. 26 der Anlage 2 fallen (vgl. Tz. 94, 95).

8. rohes (nicht ausgeschmolzenes) Mickerfett (Gekrösefett) von Rindern, Schafen oder Ziegen
9. Speck von Meeressäugetieren (Kapitel 15)

Fische und Krebstiere, Weichtiere und andere wirbellose Wassertiere, ausgenommen Zierfische, Langusten, Hummer, Austern und Schnecken (aus Kapitel 3) (Nr. 3 der Anlage 2) **23**

Begünstigt sind alle Erzeugnisse des Kapitels 3 Zolltarif mit Ausnahme von Zierfischen, Langusten, Hummern einschließlich der sog. Schwänze (Tiere ohne Kopf, Scheren und Füße) sowie genießbaren Mehls von Langusten und Hummern zum Herstellen von Suppen, Soßen usw., Austern einschließlich Austernbrut (für Zucht bestimmt) und Schnecken jeder Art (z.B. Weinberg- und Meeresschnecken). Hierzu gehören lebende Fische, Krebstiere, Weichtiere und andere wirbellose Wassertiere ohne Rücksicht auf ihre Verwendung. Nicht lebende Fische einschließlich Fischlebern, -rogen und -milch, Krebstiere, Weichtiere und andere wirbellose Wassertiere – ganz oder in Teilen – gehören nur dazu, wenn sie genießbar (zur menschlichen Ernährung geeignet) sind und eine in diesem Kapitel bezeichnete Beschaffenheit haben. Nicht genießbar und somit *nicht begünstigt* sind z.B. Kabeljaurogen zur Verwendung als Köder beim Fischfang (Position 0511), nicht lebende Muschelkrebse und getrocknete Garnelen (Futtergarnelen) sowie Schalen von Garnelen und Wasserflöhe, die ausschließlich zum Füttern von Aquariumfischen geeignet sind. Als genießbar gelten Fische, Krebstiere, Weichtiere und andere wirbellose Wassertiere auch dann, wenn sie erst nach Bearbeitung oder Zubereitung zur menschlichen Ernährung verwendet werden können. Nicht genießbares Mehl und Pellets von Fischen oder Krebstieren, Weichtieren oder anderen wirbellosen Wassertieren gehören zu Position 2301 und fallen damit unter Nr. 37 der Anlage 2 (vgl. Tz. 126).

Im Einzelnen sind nach Nr. 3 der Anlage 2 *begünstigt:* **24**

1. Fische, frisch (lebend oder nicht lebend), gekühlt oder gefroren, ausgenommen Zierfische (Positionen 0301 bis 0304)

    Hierzu gehören Süßwasser- und Seefische sowie Fischlebern, Fischrogen und Fischmilch, Fischfilets und anderes Fischfleisch.

2. Fische, getrocknet, gesalzen oder in Salzlake; Fische geräuchert, auch vor oder während des Räucherns gegart (Position 0305)

    Hierzu gehören auch genießbares Mehl, Pulver und Pellets von Fischen sowie Fischlebern, -rogen und -milch.

3. Krebstiere (auch ohne Panzer), frisch (lebend oder nicht lebend), gekühlt, gefroren, getrocknet, gesalzen oder in Salzlake, ausgenommen Langusten und Hummer; Krebstiere in ihrem Panzer, nur in Wasser oder Dampf gekocht, auch gekühlt, gefroren, getrocknet, gesalzen oder in Salzlake, ausgenommen Langusten und Hummer (aus Position 0306)

    Dazu gehören z.B. Krabben, Süßwasserkrebse, Garnelen, Kaisergranate, lebende Wasserflöhe und genießbares Mehl, Pulver und Pellets dieser Krebstiere.

Anlage § 012 (2) 1–01

4. Weichtiere (auch ohne Schale) und andere wirbellose Wassertiere als Krebstiere und Weichtiere, frisch (lebend oder nicht lebend), gekühlt, gefroren, getrocknet, gesalzen oder in Salzlake sowie Mehl und Pellets von Weichtieren und anderen wirbellosen Wassertieren, soweit genießbar (Position 0307)

Dazu gehören z.B. Muscheln, Kalmare und Tintenfische sowie Seeigel, Seegurken und Quallen.

25 Nach Nr. 3 der Anlage 2 sind *nicht begünstigt:*

1. lebende Meeressäugetiere, z.B. Wale (aus Position 0106) und deren Fleisch (Position 0208 oder 0210), welches jedoch unter Nr. 2 der Anlage 2 fällt (vgl. Tz. 21)
2. Abfälle von Fischen (Position 0511)
3. getrocknete und gesalzene Schwimmblasen von Kabeljau (aus Position 0511), auch soweit genießbar
4. Würmer (z.B. Angelköder), die weder Weich- oder Wassertiere noch zubereitetes Futter sind (Position 0106)
5. Kaviar (aus Position 1604)
6. Zubereitungen von Fischen, Krebs- und Weichtieren (aus Kapitel 16), z.B. Weichtiere, die einer Wärmebehandlung unterzogen wurden, die ausreichte, um die Proteine zu koagulieren (Position 1605) sowie Krebs- und Weichtiere, anders oder weitergehend behandelt, wie gekochte und geschälte Garnelen, mariniertes Muschelfleisch (Position 1605) und Krebstiere ohne Panzer, nur in Wasser gekocht (Position 1605), ebenso nur in Öl und Essig eingelegte Fische, auch ohne andere Zubereitung (Position 1604) sowie gegarter Fisch (Position 1604) und leicht gesalzene, getrocknete oder geräucherte Fische, zur vorläufigen Haltbarmachung mit geringen Mengen pflanzlichen Öls eingelegt (Position 1604)

Diese Zubereitungen können jedoch unter Nr. 28 der Anlage 2 fallen (vgl. Tz. 100).

26 Die entgeltliche Ausgabe von Angelscheinen durch einen Fischweiherbetrieb unterliegt als sonstige Leistung dem allgemeinen Steuersatz. Dem ermäßigten Steuersatz unterliegt jedoch – neben dem Verkauf von selbst aufgezogenen und zugekauften Fischen – die entgeltliche Überlassung des Tagesfanges an die Angelscheininhaber. Wird jedoch neben dem Entgelt für den Verkauf der Angelkarten kein besonderes Entgelt für die gefangenen Fische verlangt, liegt ausschließlich eine sonstige Leistung vor. Diese Umsätze sind nach dem Grundsatz der Einheitlichkeit der Leistung dann auch nicht teilweise (im Umfang der geangelten Fische) begünstigt. Einen einheitliche sonstige Leistung liegt auch vor, wenn der Käufer oder Verkäufer eine zuvor gekaufte Menge Fisch in einen Angelteich einsetzt und der Käufer die Möglichkeit erhält, diese Fische zu angeln, ohne dass sich der Preis für die zuvor gekauften und ausgesetzten Fische in Abhängigkeit des tatsächlichen Fangergebnisses ändert.

27 *Milch und Milcherzeugnisse; Vogeleier und Eigelb, ausgenommen ungenießbare Eier ohne Schale und ungenießbares Eigelb; natürlicher Honig (aus Kapitel 4)* (Nr. 4 der Anlage 2)

Begünstigt sind alle Erzeugnisse des Kapitels 4 Zolltarif *mit Ausnahme* von ungenießbaren Eiern ohne Schale und ungenießbarem Eigelb sowie der genießbaren Erzeugnisse tierischen Ursprungs aus Position 0410.

28 Die Positionen 0401 bis 0404 umfassen Vollmilch, Rahm, Magermilch, Buttermilch, Molke, saure Milch, Kefir, Joghurt und andere fermentierte oder gesäuerte Milch. Dazu gehört auch Milch mit Zusatz von Bestandteilen, die in der Milch natürlicherweise vorkommen (z.B. mit Vitaminen oder Mineralsalzen angereicherte Milch), mit Zusatz kleiner Mengen Stabilisierungsmittel zur Erhaltung der natürlichen Beschaffenheit während des Transports sowie mit Zusatz sehr kleiner Mengen Antioxidantien oder nicht in der Milch vorkommender Vitamine. Hierzu gehört auch ungezuckerte und gezuckerte Schlagsahne (= geschlagener Rahm).

29 Auf die tatsächliche Verwendung der Produkte kommt es nicht an. Begünstigt ist daher nicht nur Trinkmilch, sondern auch Milch, die für andere Zwecke (z.B. als Werkmilch für Molkereien oder für Futterzwecke) verwendet wird.

30 Im Einzelnen sind nach Nr. 4 der Anlage 2 *begünstigt:*

1. Milch und Rahm, weder eingedickt noch mit Zusatz von Zucker oder anderen Süßmitteln (Position 0401)

    Hierzu gehören Milch und Rahm, auch pasteurisiert, sterilisiert, homogenisiert oder peptonisiert (bzw. pepsiniert), auch entrahmte frische Milch. Die Produkte können auch tiefgekühlt sein.

2. Milch und Rahm, eingedickt oder mit Zusatz von Zucker oder anderen Süßmitteln (Position 0402)

    Hierzu gehören alle von der Position 0401 erfassten Erzeugnisse, eingedickt (z.B. evaporiert) oder gesüßt, flüssig, pastös oder fest (in Blöcken, Pulver oder als Granulat), auch haltbar gemacht oder

Anlage § 012 (2) 1–01

in luftdicht verschlossenen Behältnissen, und rekonstituierte Milch. Zum Erhalt in ihrem normalen physikalischen Zustand kann Milch in Pulverform in geringer Menge Stärke (nicht mehr als 5 Gewichtshundertteile) zugesetzt sein.

Ebenso dazu gehören u.a. Vollmilchpulver, Magermilchpulver, Rahmpulver, Kondensmilch und Blockmilch sowie denaturiertes Magermilchpulver für Futterzwecke.

3. Buttermilch, saure Milch, saurer Rahm, Joghurt, Kefir und andere fermentierte oder gesäuerte Milch (einschließlich Rahm), auch eingedickt oder aromatisiert, auch mit Zusatz von Zucker oder anderen Süßmitteln, Früchten (einschließlich Fruchtmark und Konfituren), Nüssen oder Kakao, auch mit einem Alkoholgehalt von 0,5% vol. oder weniger (Position 0403)

Erzeugnisse dieser Position können flüssig, pastenförmig oder fest (auch gefroren) und auch haltbar gemacht sein.

4. Molke, auch eingedickt oder mit Zusatz von Zucker oder anderen Süßmitteln; Erzeugnisse, die aus natürlichen Milchbestandteilen bestehen, auch mit Zusatz von Zucker oder anderen Süßmitteln, anderweit weder genannt noch inbegriffen (Position 0404)

Hierzu gehört Molke (d.h. die natürlichen Milchbestandteile, die nach dem Entzug des Fettes und des Caseins aus der Milch zurückbleiben) und modifizierte Molke. Ebenso gehört hierzu Molke in Pulverform, der teilweise der Milchzucker entzogen wurde. Diese Erzeugnisse können flüssig, pastenartig oder fest (auch gefroren), auch eingedickt (z.B. als Pulver) oder haltbar gemacht oder gesüßt sein.

5. Butter und andere Fettstoffe aus der Milch; Milchstreichfette (Position 0405)

Hierzu gehören natürliche Butter (aus Kuh-, Schafs-, Ziegen- oder Büffelmilch), frisch oder gesalzen, auch in luftdicht verschlossenen Behältnissen. Hierzu gehören auch Erzeugnisse aus Butter, die geringe Mengen von z.B. Küchenkräutern, Gewürzen oder Aromastoffen enthalten, ausgeschmolzene Butter (Butterschmalz), entwässerte Butter, Butterfett und ranzige Butter.

6. Käse und Quark/Topfen (Position 0406)

Hierzu gehören alle Arten von Käse, in ganzen Laiben, Stücken, Scheiben, gerieben oder in Pulverform, insbesondere Frischkäse (z.B. Speisequark, Rahmfrischkäse und Schichtkäse), Molkenkäse, Weichkäse (z.B. Limburger, Brie und Camembert), Käse mit Schimmelbildung im Teig (z.B. Roquefort und Gorgonzola), mittelharter Käse (z.B. Gouda), Hartkäse (z.B. Cheddar und Parmesan) und Schmelzkäse. Das gilt auch dann, wenn Gewürze, Vitamine, Fleisch oder Gemüse zugesetzt sind, sofern die Erzeugnisse ihren Charakter als Käse behalten. Hierher gehört auch Casein mit einem Wassergehalt von mehr als 15 Gewichtshundertteilen; *nicht jedoch* Casein mit einem Wassergehalt von höchstens 15 Gewichtshundertteilen des Gewichts und Caseinderivate (aus Position 3501) sowie gehärtetes Casein (Position 3913).

7. Vogeleier in der Schale, frisch, haltbar gemacht oder gekocht (Position 0407)

Hierzu gehören Eier von Hühnern und von allen anderen Vögeln (z.B. Gänsen, Enten, Puten und Federwild), in der Schale, frisch oder haltbar gemacht (ohne Rücksicht auf die Verwendung). Hierher gehören auch verdorbene oder angebrütete Eier in der Schale.

8. Vogeleier, nicht in der Schale, und Eigelb, frisch, getrocknet, in Wasser oder Dampf gekocht, geformt, gefroren oder anders haltbar gemacht, auch mit Zusatz von Zucker oder anderen Süßmitteln (Position 0408)

Hierzu gehören genießbare Eier ohne Schale (Vollei) und genießbares Eigelb, frisch, getrocknet (in Stücken oder als Pulver) oder anders haltbar gemacht, z.B. Flüssigei (Eiauslauf), flüssiges Eigelb, gefrorenes Vollei (Gefriervollei), gefrorenes Eigelb (Gefriereigelb), Eipulver (Trockenvollei), Trockeneigelb, ferner Gemische dieser Erzeugnisse, soweit sie unter Position 0408 fallen. Hierher gehört auch Eimasse ohne Schale, die anfällt, wenn beim Aussortieren beschädigter Eier, aus denen die Eimasse teilweise bereits ausläuft, die Schale von diesen Eiern entfernt wird.

Als genießbar (zur menschlichen Ernährung geeignet) gelten Vollei und Eigelb auch dann, wenn sie erst nach einer besonderen Behandlung, durch die bestimmte pathogene Keime (z.B. Salmonellen) abgetötet werden, für die menschliche Ernährung verwendet werden können, *nicht jedoch*

    a) Eieröl (aus hartgekochtem Eigelb) (aus Position 1506),

    b) gekochte Eier in Form von Lebensmittelzubereitungen des Kapitels 21 (Position 2106); sie sind jedoch nach Nr. 33 der Anlage 2 begünstigt (vgl. Tz. 116),

    c) Eilecithine (aus Position 2923) und gehärtete Eiweißstoffe (Position 3913).

Anlage § 012 (2) 1–01

9. natürlicher Honig (Position 0409)

Hierzu gehört Honig von Bienen oder anderen Insekten, in Waben oder geschleudert, jedoch ohne Zusatz von Zucker oder anderen Stoffen, *nicht jedoch* Gelée royale (Position 0410) sowie Schönheitsmittel, die Gelée royale enthalten.

31 Nach Nr. 4 der Anlage 2 sind *nicht begünstigt:*

1. Getränke aus Milch mit Zusatz anderer Stoffe, z.B. Milch mit Zusatz von Fruchtsäften oder Alkohol (Kapitel 22)

   Sie können jedoch unter Nr. 35 der Anlage 2 fallen (vgl. Tz. 121).

2. Arzneiwaren (Positionen 3003 und 3004)

3. Albumine und Albuminderivate, z.B. Milchalbumin (Milcheiweiß), Molkenproteine (Lactalbumin) und Eieralbumin (Eiereiweiß) (Position 3502)

4. Erzeugnisse tierischen Ursprungs aus Position 0410, insbesondere

   a) Schildkröteneier, frisch, getrocknet oder anders haltbar gemacht,

   b) Nester von Salanganen (unzutreffend „Schwalbennester" genannt)

   Sie bestehen aus einem proteinreichen Stoff, der von Salanganen abgesondert wird, und werden nahezu ausschließlich zum Herstellen von Suppen und anderen Lebensmittelzubereitungen verwendet.

32 *Andere Waren tierischen Ursprungs, und zwar*

   a) Mägen von Hausrindern und Hausgeflügel (aus Position 0504),

   b) (weggefallen)

   c) rohe Knochen (aus Position 0506)

   (Nr. 5 der Anlage 2)

Begünstigt sind:

1. zu Buchstabe a):

   frische, gesalzene oder getrocknete Mägen von Hausrindern und von Hausgeflügel (aus Position 0504), ganz oder geteilt, und zwar ohne Rücksicht darauf, ob sie im Einzelfall zur menschlichen Ernährung verwendet werden

2. zu Buchstabe c):

   Knochen in rohem Zustand (aus Position 0506), d.h. frische nicht bearbeitete Knochen, wie sie bei der Schlachtung anfallen

   Begünstigt sind hiernach Röhrenknochen mit Mark (sog. Markknochen) und Rinderknochen ohne Mark (sog. krause Knochen), die zur Herstellung von Suppen und Soßen verwendet werden, auch wenn den Knochen noch geringe Mengen Fleischfasern anhaften, ferner auch Knochen, die für technische Zwecke verwendet werden (z.B. Röhrenknochen, aus denen das Mark entfernt worden ist), *nicht jedoch* bearbeitete (z.B. entfettete, mit Säure behandelte oder entbeinte Knochen – z.B. Naturknochen-Präparate – sowie Mehl, Schrot und Abfälle von Knochen (aus Position 0506)). Haften den rohen Knochen jedoch größere Mengen Fleisch an und ist dieses Fleisch für das Erzeugnis charakterbestimmend, gehören sie zu Kapitel 2 Zolltarif und fallen unter Nr. 2 der Anlage 2 (vgl. Tz. 18–21).

33 Nach Nr. 5 der Anlage 2 sind *nicht begünstigt:*

1. Därme und Blasen von Tieren sowie Mägen von anderen Tieren als von Hausrindern und Hausgeflügel, auch wenn sie genießbar sind (aus Position 0504)

2. Hörner, Hufe und Klauen (aus Position 0507)

3. Flechsen und Sehnen (aus Position 0511)

34 *Bulben, Zwiebeln, Knollen, Wurzelknollen und Wurzelstöcke, ruhend, im Wachstum oder in Blüte; Zichorienpflanzen und -wurzeln (Position 0601)* (Nr. 6 der Anlage 2)

Begünstigt sind alle Erzeugnisse der Position 0601. Hierzu gehören lebende (ruhende, im Wachstum oder in Blüte befindliche) Bulben, Zwiebeln, Knollen, Wurzelknollen und Wurzelstöcke, die gewöhnlich von Gärtnereien, vom Samenfachhandel oder vom Blumenhandel für Anpflanzungen oder zu Zierzwecken geliefert werden (z.B. Orchideen, Hyazinthen, Narzissen, Tulpen, Anthurien, Clivien, Dahlien, Schneeglöckchen, Gladiolen) sowie Zichorienpflanzen und -wurzeln. Hierher gehören auch lebende Bulben, Zwiebeln usw. von Pflanzen, die nicht zu Zierzwecken verwendet werden, wie Wurzelstöcke vom Rhabarber und vom Spargel.

Anlage § 012 (2) 1–01

Als *unselbständige Nebenleistungen* zu den steuerbegünstigten Lieferungen von Pflanzen- und Pflanzenteilen (Nr. 6 bis 9 der Anlage 2) sind anzusehen: 35

1. Verpacken und Befördern bzw. Versenden der Ware

   Eine dem ermäßigten Steuersatz unterliegende Pflanzenlieferung liegt *nicht* vor, wenn außer dem Verpacken und Befördern bzw. Versenden der Ware weitere Tätigkeiten, die ihrer Art nach sonstige Leistungen sind (z.B. das Einsetzen der Pflanze in das Erdreich und damit im Zusammenhang stehende Tätigkeiten) erbracht werden. In diesen Fällen besteht die gesamte Leistung in einer Werklieferung (§ 3 Abs. 4 UStG), die dem allgemeinen Steuersatz unterliegt.

   Ob bestimmte Umsätze Lieferungen von Gegenständen oder Dienstleistungen (sonstige Leistungen) sind, richtet sich nach ihrem Wesen. Dieses ist im Rahmen einer Gesamtbetrachtung zu ermitteln; maßgebend ist die Sicht des Durchschnittsverbrauchers.

   Bei einer Leistung, die sowohl Lieferungselemente als auch Elemente sonstiger Leistungen aufweist, hängt die Qualifizierung als einheitliche Lieferung oder sonstige Leistung davon ab, welche Leistungselemente unter Berücksichtigung des Willens der Vertragsparteien den wirtschaftlichen Gehalt der Leistung bestimmen. In der Regel ist jede Lieferung und jede Dienstleistung (sonstige Leistung) als eigene selbständige Leistung zu betrachten.

   So erbringt ein Unternehmer, der einem Landwirt Saatgut liefert und es einsät, umsatzsteuerrechtlich zwei separate Leistungen (Lieferung von Saatgut zum ermäßigten Steuersatz und Einsaat zum Regelsteuersatz), wenn die Saatgutlieferung bereits vom Preis her so gewichtig ist, dass sie nicht in einer einheitlichen Dienstleistung aufgeht (vgl. Tz. 62).

   Anders sind jedoch die Grabpflegeleistungen zu beurteilen, bei denen der Lieferung der Pflanzen kein selbständiger rechtlicher Gehalt beigemessen wird (vgl. Tz. 40, 41).[1)]

2. die Abgabe üblicher Warenumschließungen, die unabhängig von ihrer Verwendung als Umschließung keinen dauernden selbständigen Gebrauchswert haben (z.B. Ton- oder Plastiktöpfe und -schalen, Kübel, Körbe, Kästen und andere übliche Behälter, in welche die Gewächse eingepflanzt sind)

   Zierübertöpfe, Vasen und Blumensteckschalen (z.B. aus Keramik) sind im Allgemeinen nicht mehr als Gegenstand einer Nebenleistung anzusehen.

3. die Verwendung üblicher Zutaten und Nebensachen, wie z.B. Bindedraht, Bänder, Papiermanschette und Kranzschleifen

   Nicht als eine unselbständige Nebenleistung, sondern als *Hauptleistung* anzusehen sind Lieferungen von Blumenerde, Pflanzendünger, Pflanzennahrung, Pflanzenpflegemittel, Pflanzenschutzmittel, Glaswaren, Keramikwaren, Korbwaren, Kupferwaren, Geschenkartikel und kunstgewerbliche Gegenstände. Pflanzendünger kann jedoch unter Nr. 45 der Anlage 2 fallen (vgl. Tz. 143, 144).

   Bezüglich der Zusammenstellung von unterschiedlich zu tarifierenden Erzeugnissen (z.B. Blume mit Ziertopf) wird auf Tz. 13 verwiesen. Zur Behandlung von Hydrokulturen vgl. Tz. 39.

Nach Nr. 6 der Anlage 2 sind *nicht begünstigt:* 36

1. Kartoffeln, Speisezwiebeln, Schalotten, Topinambur (aus Position 0714) und Knoblauch, selbst wenn sie im Einzelfall als Pflanzgut verwendet werden (Positionen 0701 oder 0703)

   Sie fallen jedoch unter Nr. 10 der Anlage 2 (vgl. Tz. 48–50).

2. nicht lebende Wurzeln von Dahlien und andere nicht lebende ähnliche Blumenknollen (Kapitel 7)

3. Ingwer (aus Position 0910), der jedoch unter Nr. 12 der Anlage 2 fällt (vgl. Tz. 59) und nicht lebende Rhabarberwurzelstöcke (aus Position 1211)

4. nicht geröstete Zichorienwurzeln der Varietät Cichorium intybus sativum (Position 1212)

   Sie fallen jedoch unter Nr. 22 der Anlage 2 (vgl. Tz. 86).

Die Anzucht von Pflanzen unterliegt als sonstige Leistung nach § 12 Abs. 2 Nr. 3 UStG dem ermäßigten Steuersatz. 37

Andere lebende Pflanzen einschließlich ihrer Wurzeln, Stecklinge und Pfropfreiser; Pilzmyzel (Position 0602) (Nr. 7 der Anlage 2) 38

Begünstigt sind alle Erzeugnisse der Position 0602. Hierzu gehören lebende Pflanzen, die keine Bulben, Zwiebeln, Knollen, Wurzelknollen oder Wurzelstöcke bilden und die gewöhnlich von Gärtnereien oder Baumschulen für Anpflanzungen oder zu Zierzwecken geliefert werden, insbesondere

5. Bäume und Sträucher aller Art (Waldgehölze, Obstgehölze, Ziergehölze usw.) einschließlich Unterlagen zum Veredeln

---

1) Siehe aber BFH vom 25.06.2009 – V R 25/07, UR 2009 S. 809 und Anlage § 012 (2) 1–30

Anlage § 012 (2) 1–01

6. Pflanzen aller Art zum Pikieren oder Umpflanzen
7. lebende Wurzeln (ausgenommen Wurzelknollen der Position 0601)
8. Stecklinge, unbewurzelt, Pfropfreiser und Ableger, Schösslinge
9. Pilzmyzel, auch in Erde oder mit pflanzlichen Stoffen vermischt

Die hierher gehörenden Bäume, Sträucher und anderen Pflanzen können auch Erdballen haben oder in Töpfe, Kübel, Körbe oder andere übliche Behälter gepflanzt sein.

39 Hydrokulturen (bestehend aus Hydropflanze, Kulturtopf, Wasserstandsanzeiger sowie einem Kulturgefäß, in das der Kulturtopf mit Pflanze eingesetzt wird) sind aus verschiedenen Bestandteilen zusammengesetzte Waren. Aus Vereinfachungsgründen sind Hydrokulturen insgesamt begünstigt, wenn das Kulturgefäß aus Kunststoff oder Keramik besteht. Das gilt auch bei einem anderen Kulturgefäß, wenn dessen Anteil am Gesamtentgelt nicht überwiegt. Insgesamt *nicht begünstigt* ist eine Hydrokultur, wenn der auf ein anderes Kulturgefäß entfallende Anteil am Gesamtentgelt überwiegt.

Werden die Einzelteile von Hydrokulturen getrennt geliefert, so fällt nur die Hydropflanze unter die Steuerermäßigung. Die übrigen Teile unterliegen dem allgemeinen Steuersatz. Das gilt auch, wenn ein Abnehmer die getrennt angebotenen Teile erwirbt und nach dem Kauf zusammensetzt.

Der Unternehmer genügt seinen Aufzeichnungspflichten, wenn er bei begünstigten Hydrokulturen die Bezeichnung des Kulturgefäßes (bei Gefäßen aus Kunststoff oder Keramik) bzw. den auf das Kulturgefäß entfallenden Anteil am Gesamtentgelt angibt. Die Angaben können auch in den entsprechenden Belegen enthalten sein, wenn darauf in den Aufzeichnungen hingewiesen wird.

40 Mit Ausnahme der Anzucht von Pflanzen, die nach § 12 Abs. 2 Nr. 3 UStG dem ermäßigten Steuersatz unterliegt, ist auf sonstige Leistungen (einschließlich der Werkleistungen) der allgemeine Steuersatz anzuwenden (vgl. Tz. 2). Die Grabpflege durch Gärtnereien, Friedhofsgärtnereien usw. unterliegt deshalb als sonstige Leistung bzw. Werkleistung insgesamt dem allgemeinen Steuersatz, auch wenn dabei begünstigte Gegenstände verwendet werden.

Wird Grabpflege für 25 Jahre gegen Einmalzahlung vereinbart, kann dies nach den jeweiligen Besonderheiten zur Annahme einer Vorauszahlung oder eines verzinslichen Darlehens führen.

41 Eine dem ermäßigten Steuersatz unterliegende Lieferung von Pflanzen usw. liegt nur vor, wenn der Unternehmer außer dem Transport keine weiteren Tätigkeiten ausführt, die ihrer Art nach sonstige Leistungen sind (z.B. das Einpflanzen und damit im Zusammenhang stehende Tätigkeiten).

Zur Lieferung und Einsaat von Saatgut vgl. jedoch Tz. 35, 62.

Pflanzt dagegen ein Gärtner, Friedhofsgärtner usw. von ihm gelieferte Pflanzen auftragsgemäß in das Erdreich ein oder führt er weitere Tätigkeiten in diesem Zusammenhang aus, so handelt es sich um eine Werklieferung (§ 3 Abs. 4 UStG), die im Erstellen einer nicht begünstigten Garten- bzw. Grabanlage besteht.[1] Das Gleiche gilt für das Eindecken von Gräbern mit Tannengrün usw. Auf diese Werklieferungen ist insgesamt der allgemeine Steuersatz anzuwenden, auch wenn dabei begünstigte Gegenstände verwendet werden.

Wegen der Nebenleistungen vgl. Tz. 7, 35.

42 *Blumen und Blüten sowie deren Knospen, geschnitten, zu Binde- oder Zierzwecken, frisch (aus Position 0603)* (Nr. 8 der Anlage)

Begünstigt sind nur frische geschnittene Blüten und Blütenknospen zu Binde- oder Zierzwecken (aus Position 0603), die gewöhnlich von Gärtnereien oder vom Blumenhandel geliefert werden. Hierzu gehören auch Sträuße, Ziergebinde, Kränze, Blumenkörbe und ähnliche Erzeugnisse aus frischen Blüten und Blütenknospen ohne Rücksicht auf Zutaten aus anderen Stoffen, so lange diese als Nebensache angesehen werden können (wie Körbe, Bänder, Kranzschleifen, Papierausstattungen, Bindedraht und dergleichen), ferner Blüten und Blütenknospen, deren natürliche Farbe geändert oder aufgefrischt wurde (z.B. durch Absorption von Farblösungen vor oder nach dem Schneiden oder durch einfaches Eintauchen in solche Lösungen), sofern diese Erzeugnisse frisch sind.

43 Nach Nr. 8 der Anlage 2 sind *nicht begünstigt*:

1. getrocknete, gebleichte, gefärbte, imprägnierte oder anders bearbeitete Blüten und Blütenknospen (aus Position 0603)
2. Blüten und Blütenknospen, die hauptsächlich zur Riechmittelherstellung oder für Zwecke der Medizin, Insektenvertilgung, Schädlingsbekämpfung usw. verwendet werden, wenn ihre Beschaffenheit eine Verwendung zu Binde- oder Zierzwecken ausschließt, z.B. welke Rosenblüten (aus Position 1211)

---

1) Siehe aber BFH vom 25.06.2009 – V R 25/07, UR 2009 S. 809 und Anlage § 012 (2) 1–30

1378

Anlage § 012 (2) 1–01

3. Stängel und Blätter von Sonnenblumen und Reseda (ohne Blüten) sowie Weidenzweige ohne Knospen oder Blüten (Positionen 1404 bzw. 1401)

Bestattungsunternehmen erbringen regelmäßig gesondert zu beurteilende Leistungen verschiedener Art. Auf die Lieferungen von Sträußen, Blumenkörben und ähnlichen Erzeugnissen, die frische Blüten, frische Blütenknospen, frisches Blattwerk usw. enthalten, ist der ermäßigte Steuersatz anzuwenden. Das gilt nach § 12 Abs. 2 Nr. 2 UStG auch für die Gestellung (Vermietung) frischer Blumen in Vasen. **44**

Wegen der Nebenleistungen vgl. Tz. 7, 35.

Blattwerk, Blätter, Zweige und andere Pflanzenteile, ohne Blüten und Blütenknospen, sowie Gräser, Moose und Flechten, zu Binde- oder Zierzwecken, frisch (aus Position 0604) (Nr. 9 der Anlage 2) **45**

Begünstigt sind nur frische Erzeugnisse aus Position 0604 zu Binde- oder Zierzwecken, die gewöhnlich von Gärtnereien oder vom Blumenhandel geliefert werden. Dazu gehören auch Sträuße, Ziergebinde, Kränze, Körbe und ähnliche Erzeugnisse aus frischem Blattwerk usw. Die Verwendung von Zutaten aus anderen Stoffen (z.B. aus getrockneten Pflanzenteilen) ist unschädlich, sofern die Sträuße, Kränze usw. nach ihrem wesentlichen Charakter als frische Erzeugnisse des Blumenhandels anzusehen sind. Wegen der Behandlung von Nebenleistungen vgl. Tz. 7, 35.

Im Einzelnen sind nach Nr. 9 der Anlage 2 *begünstigt:* **46**

1. frische Rentierflechte – sog. Islandmoos – (Cladonia rangiferina, Cladonia silvatica und Cladonia alpestris), *nicht jedoch* Isländisches Moos (Cetravia islandica)

   Trockenmoos wird durch Anfeuchten nicht wieder zu frischem Moos.

2. Weihnachtsbäume, geschnitten oder mit Wurzeln, soweit sie zur Wiedereinpflanzung nicht geeignet sind (lebende Bäume mit Ballen, die zur Wiedereinpflanzung geeignet sind, sind nach Nr. 7 der Anlage 2 begünstigt (vgl. Tz. 38)), frisches Tannengrün sowie Gebinde aus Tannengrün und frischem Blattwerk, blatttragende Zweige des Lorbeerbaumes oder frische Zapfen von Nadelbäumen

Nach Nr. 9 der Anlage 2 sind *nicht begünstigt:* **47**

1. Blattwerk, Blätter, Zweige und andere Pflanzenteile, Gräser, Moose und Flechten, die getrocknet, gebleicht, gefärbt, imprägniert oder anders bearbeitet sind (aus Position 0604), z.B. gefärbte Blütenköpfe der Weberkarde oder getrocknete Rentierflechte

   Dazu gehören z.B. Adventskränze und Adventsgestecke, die überwiegend aus natürlichen Koniferen-Zapfen mit natürlichen getrockneten und gründgefärbten Zweigen bestehen und mit künstlichen Früchten als Verzierung sowie mit Kerzenhaltern und Kerzen versehen sind. Soweit frisches Material charakterbestimmend ist, sind die Adventskränze und -gestecke jedoch begünstigt.

2. Blattwerk, Blätter usw., die hauptsächlich zur Riechmittelherstellung oder für Zwecke der Medizin, Insektenvertilgung, Schädlingsbekämpfung usw. verwendet werden, wenn ihre Beschaffenheit eine Verwendung zu Binde- oder Zierzwecken ausschließt (aus Position 1211)

   Rosmarin, Beifuß und Basilikum in Aufmachungen für den Küchengebrauch sowie Dost, Minzen, Salbei, Kamillenblüten und Haustee fallen jedoch unter Nr. 21 der Anlage 2 (vgl. Tz. 82).

3. pflanzliche Rohstoffe zum Färben oder Gerben (aus Position 1404)

4. pflanzliche Stoffe der hauptsächlich zur Korb- oder Flechtwarenherstellung verwendeten Art (aus Position 1401)

5. irländisches Moos (Kapitel 14)

6. trockene gemähte Heidekrautpflanzen, in Bündeln oder lose, die insbesondere als Baumaterial für Wasserbaumaßnahmen verwendet werden

7. Unterlagen aus Stroh und Draht (sog. Römer) für die Herstellung von Kränzen

8. Strohmobiles (Kränze aus geflochtenem Stroh zum Aufhängen an der Decke)

Gemüse, Pflanzen, Wurzeln und Knollen, die zu Ernährungszwecken verwendet werden, und zwar **48**

a) Kartoffeln, frisch oder gekühlt (Position 0701),

b) Tomaten, frisch oder gekühlt (Position 0702),

c) Speisezwiebeln, Schalotten, Knoblauch, Porree/Lauch und andere Gemüse der Allium-Arten, frisch oder gekühlt (Position 0703),

d) Kohl, Blumenkohl/Karfiol, Kohlrabi, Wirsingkohl und ähnliche genießbare Kohlarten der Gattung Brassica, frisch oder gekühlt (Position 0704),

e) Salate (Lactuca sativa) und Chicorée (Cichorium-Arten), frisch oder gekühlt (Position 0705),

Anlage § 012 (2) 1–01

    f) Karotten und Speisemöhren, Speiserüben, Rote Rüben, Schwarzwurzeln, Knollensellerie, Rettiche und ähnliche genießbare Wurzeln, frisch oder gekühlt (Position 0706),

    g) Gurken und Cornichons, frisch oder gekühlt (Position 0707),

    h) Hülsenfrüchte, auch ausgelöst, frisch oder gekühlt (Position 0708),

    i) anderes Gemüse, frisch oder gekühlt (Position 0709),

    j) Gemüse, auch in Wasser oder Dampf gekocht, gefroren (Position 0710),

    k) Gemüse, vorläufig haltbar gemacht (z.B. durch Schwefeldioxid oder in Wasser, dem Salz, Schwefeldioxid oder andere vorläufig konservierend wirkende Stoffe zugesetzt sind), zum unmittelbaren Genuss nicht geeignet (Position 0711),

    l) Gemüse, getrocknet, auch in Stücke oder Scheiben geschnitten, als Pulver oder sonst zerkleinert, jedoch nicht weiter zubereitet (Position 0712),

    m) getrocknete, ausgelöste Hülsenfrüchte, auch geschält oder zerkleinert (Position 0713),

    n) Topinambur (aus Position 0714)

(Nr. 10 der Anlage 2)

Begünstigt sind alle Erzeugnisse der Positionen 0701 bis 0713 (Gemüse und Küchenkräuter) – auch gewaschen, geputzt, vom Kraut befreit oder geschält – sowie Topinambur (aus Position 0714). Von den Positionen 0701 bis 0713 werden auch solche Erzeugnisse erfasst, die erst nach Bearbeitung oder Zubereitung zur menschlichen Ernährung verwendet werden oder die nur teilweise bzw. eingeschränkt genießbar sind (z.B. welkes oder teilweise verdorbenes Gemüse). In vollem Umfang verdorbene Erzeugnisse, die im Allgemeinen nur als Düngemittel verwendbar sind (Position 3101) können unter Nr. 45 der Anlage 2 fallen (vgl. Tz. 143).

49 Zubereitungen von Gemüse und Küchenkräutern (Kapitel 20) fallen unter Nr. 32 der Anlage 2 (vgl. Tz. 112, 113).

50 Im Einzelnen sind nach Nr. 10 der Anlage 2 *begünstigt:*

    1. zu Buchstabe a):

    Kartoffeln aller Art, insbesondere auch Pflanz- oder Frühkartoffeln, *nicht jedoch* Süßkartoffeln der Position 0714

    2. zu Buchstabe b):

    Tomaten aller Art, auch sog. Partytomaten

    3. zu Buchstabe c):

    Speisezwiebeln aller Art einschließlich Zwiebelpflanzen und Frühlingszwiebeln sowie Schnittlauch und andere Gemüse der Allium-Arten

    4. zu Buchstabe d):

    genießbare Kohlarten, insbesondere Rosenkohl, Weißkohl, Rotkohl, Chinakohl, Grünkohl, Sprossenbrokkoli oder Spargelkohl und anderer Sprossenkohl, *nicht jedoch* Kohlrüben oder Futterkohl, weiß oder rot (Position 1214), die aber unter Nr. 23 der Anlage 2 fallen können (vgl. Tz. 89)

    5. zu Buchstabe e):

    Salate aller Art, insbesondere Kopf- und Endiviensalat, *nicht jedoch* Zichorienpflanzen und -wurzeln (aus Position 0601 oder aus Position 1212), die aber unter Nr. 6 oder 22 der Anlage 2 fallen (vgl. Tz. 34, 86)

    6. zu Buchstabe f):

    Karotten und Speisemöhren, Speiserüben, Rote Rüben, Schwarzwurzeln, Knollensellerie, Rettiche und ähnliche genießbare Wurzeln, z.B. Rote Beete, Haferwurzeln, Radieschen, Meerrettich, Wurzelpetersilie, Knollenziest, Klette und Pastinaken, *nicht jedoch* Wurzeln zu Futterzwecken wie Futterrüben und Kohlrüben (Position 1214), die aber unter Nr. 23 der Anlage 2 fallen (vgl. Tz. 89); *ebenso nicht* genießbare Wurzeln und Knollen mit hohem Gehalt an Stärke oder Inulin, wie z.B. süße Kartoffeln, Taros oder Yamswurzeln (aus Position 0714) und *ebenso nicht* getrocknete Wurzeln von Klette (Position 1211 oder 1212)

    7. zu Buchstabe g):

    Gurken und Cornichons aller Art

    8. zu Buchstabe h):

    Hülsenfrüchte, insbesondere Bohnen einschließlich Lima-, Urd-, Wachs-, Kuh-, Augen-, Puff-, Pferde-, Acker-, Helm-, Faselbohnen, grüne und dicke Bohnen, Erbsen einschließlich nicht ausge-

Anlage § 012 (2) 1–01

löste junge Erbsen und Futtererbsen, Kichererbsen, Linsen und Guarsamen, *nicht jedoch* Sojabohnen (aus Position 1201), die aber unter Nr. 18 der Anlage 2 fallen (vgl. Tz. 75, 76) und Johannisbrotkerne (Position 1212), die unter Nr. 22 der Anlage 2 fallen (vgl. Tz. 85, 86)

9. zu Buchstabe i):

   anderes Gemüse, insbesondere

   a) Artischocken,
   b) Spargel,
   c) Auberginen (Eierfrüchte),
   d) Sellerie,
   e) Pilze und Trüffel,
   f) Früchte bestimmter botanischer Varietäten der Gattungen Capsicum und Pimenta. Diese Früchte werden im Allgemeinen als Peperoni oder Paprika bezeichnet. Die Bezeichnung Capsicum umfasst sowohl den großfruchtigen, milden Gemüsepaprika (Capsicum annuum var. annuum), der in grünem oder reifem Zustand meistens für Salate verwendet wird, als auch Früchte mit mehr brennendem Geschmack der Arten Capsicum frutescens und Capsicum anuum, wie Chilis, Cayennepfeffer, Spanischer Pfeffer usw., die meistens zum Würzen von Speisen verwendet werden. Zur Gattung Pimenta gehört insbesondere das unter den Bezeichnungen Jamaika-Pfeffer, Nelkenpfeffer, Allerleigewürz oder Englischgewürz bekannte Gewürz,
   g) Gartenspinat, neuseeländischer Spinat und Gartenmelde,
   h) Zuckermais, auch in Kolben,
   i) Kürbisse aller Art,
   j) Oliven,
   k) Rhabarber, genießbare Kardone (Cady oder Spanische Artischocke), Fenchel, Kapern und Sauerampfer, essbarer Sauerklee,
   l) Mangold und Okra (Gumbo),
   m) Petersilie, Kerbel, Estragon, Kresse (z.B. Brunnenkresse), Bohnenkraut (Satureja hortensis), Koriander, Dill, Majoran (Majorana hortensis oder Origanum majorana),
   n) Bambusschösslinge und Sojabohnensprossen (Sojabohnenkeime),
   o) Feldsalat,
   p) Löwenzahn,

   nicht jedoch Früchte und Gewürze, wenn sie getrocknet, gemahlen oder sonst zerkleinert sind, z.B. Gewürzpaprika in Pulverform (aus Position 0904), die jedoch unter Nr. 12 der Anlage 2 fallen (vgl. Tz. 58, 59); *ebenso nicht* wilder Majoran oder Dost (aus Position 1211), wobei Dost unter Nr. 21 der Anlage 2 fällt (vgl. Tz. 82, 83), und *ebenso nicht* die essbaren Knollen der chinesischen Wasserkastanie (Position 0714)

10. zu Buchstabe j):

    gefrorene Gemüse, die in frischem oder gekühltem Zustand in Position 0701 bis 0709 eingereiht werden; auch mit Zusatz von Salz oder Zucker vor dem Gefrieren, insbesondere tiefgekühlte Erbsen, Bohnen, Spargel, Speiserüben, Rote Rüben und Spinat sowie Mischungen von tiefgekühltem Gemüse; *nicht jedoch* Kartoffeln in Scheiben oder Streifen, in Fett oder Öl vorgebacken und gefroren sowie tiefgekühlte Pommes Frites (aus Position 2004), die aber unter Nr. 32 der Anlage 2 fallen (vgl. Tz. 112, 113)

11. zu Buchstabe k):

    Gemüse, die zur Erhaltung während des Transports und der Lagerung bis zur endgültigen Verwendung in Salzlake oder in Wasser mit Zusatz von Schwefeldioxyd oder anderer geeigneter Stoffe eingelegt sind (meistens in Tonnen oder Fässern)

    Die Erzeugnisse (z.B. Oliven, Kapern, grüne Bohnen) dienen im Allgemeinen als Ausgangsstoffe für die Nahrungsmittelindustrie (Konservenindustrie).

12. zu Buchstabe l):

    alle Gemüse der Positionen 0701 bis 0709 (mit Ausnahme der Erzeugnisse, die unter andere Nummern der Anlage fallen), die durch verschiedene Verfahren getrocknet sind, ganz, zerkleinert oder als Pulver, das durch Mahlen hergestellt ist (z.B. Trockenzwiebeln, Kartoffelschnitzel sowie Spargelmehl,

Anlage § 012 (2) 1–01

Knoblauchmehl, Knoblauchschrot und Majoran, gerebelt oder gemahlen), *nicht jedoch* zusammengesetzte Würzmittel (Position 2103) sowie Zubereitungen zum Herstellen von Suppen auf der Grundlage von getrocknetem Gemüse (Position 2104), die aber unter Nr. 33 der Anlage 2 fallen (vgl. Tz. 115, 116) sowie getrocknete Erzeugnisse für Zwecke der Medizin usw. (Position 1211)

13. zu Buchstabe m):

    getrocknete ausgelöste Hülsenfrüchte der Position 0708 ohne Rücksicht auf ihren Verwendungszweck (z.B. zur Ernährung, Viehfütterung oder Aussaat), z.B. Erbsen (einschl. Kichererbsen, Taubenerbsen und Arabische Erbsen), Bohnen (einschl. Puffbohnen, dicke Bohnen, Pferdebohnen, Ackerbohnen) und Linsen, *nicht jedoch* Samen von Wicken und Lupinen (Position 1209), die aber unter Nr. 19 der Anlage 2 fallen können (vgl. Tz. 78)

14. zu Buchstabe n):

    die verschiedenen Arten von Topinambur (z.B. Helianthus tuberosus, Helianthus strumosus und Helianthus decapetalus), frisch, gekühlt, gefroren oder getrocknet, auch in Stücken

    Topinambur ist eine kartoffelähnliche, süßliche Wurzelstockknolle, die wegen ihres Gehaltes an Inulin hauptsächlich als Vieh- und Mastfutter verwendet wird. *Nicht begünstigt* sind jedoch:

    a) Wurzeln und Knollen von Manihot (Tapiokawurzeln), Maniok, Maranta und Salep sowie ähnliche Wurzeln und Knollen mit hohem Gehalt an Stärke oder Inulin, z.B. nicht lebende Wurzeln von Dahlien und andere nicht lebende ähnliche Blumenknollen, Yamswurzeln und Wurzelknollen von Taro (Position 0714),

    b) Süßkartoffeln, Bataten und Mark des Sagobaumes – sog. Sagomark (Position 0714),

    c) Mehl und Grieß von Topinambur oder der vorstehend unter a) bezeichneten Wurzeln und Knollen (Position 1106),

    d) Inulin (Position 1108),

    e) Knollen von Amorphophallus-Arten, ganz, gemahlen oder sonst zerkleinert (Kapitel 14).

51 Nach Nr. 10 der Anlage 2 sind *nicht begünstigt:*

1. bestimmte Pflanzen, obwohl sie manchmal als Küchenkräuter verwendet werden, z.B. Basilikum (Ocimum basilicum), Borretsch (Borago officinalis), Ysop (Hyssopus officinalis), Rosmarin (Rosmarinus officinalis), Raute (Ruta graveolens) und Eisenkraut (Verbena-Arten), Salbei, Minzen aller Art (Position 1211) sowie Thymian und Lorbeerblätter (Position 0913), die aber unter Nr. 12 der Anlage 2 fallen (vgl. Tz. 57, 59)

2. bestimmte Erzeugnisse pflanzlichen Ursprungs, die der Nahrungsmittelindustrie als Rohstoff dienen, z.B. Getreide (Kapitel 10), das aber unter Nr. 13 der Anlage 2 (vgl. Tz. 61–63) fällt, Zuckerrüben (aus Position 1212), die aber unter Nr. 22 der Anlage 2 fallen (vgl. Tz. 86) und Zuckerrohr (Position 1212)

3. genießbare Tange und Algen (Position 1212)

4. Steckrüben, Futterrüben und andere Wurzeln zu Futterzwecken, Heu, Luzerne, Klee, Esparsette, Lupinen, Wicken und anderes ähnliches Futter (Position 1214), die aber unter Nr. 23 der Anlage 2 fallen (vgl. Tz. 89)

5. Möhrenkraut und Rübenblätter (Position 2308), die aber unter Nr. 37 der Anlage 2 fallen (vgl. Tz. 126)

52 *Genießbare Früchte und Nüsse (Positionen 0801 bis 0813)* (Nr. 11 der Anlage 2)

Begünstigt sind alle Erzeugnisse der Positionen 0801 bis 0813 in der dort vorgesehenen Beschaffenheit. Sie können ganz, in Scheiben oder Stücke geschnitten, entsteint, zerquetscht, geraspelt, enthäutet oder von den Schalen befreit sein. Gekühlte Früchte werden wie frische Früchte behandelt. Außer frischen (bzw. gekühlten) sind auch gefrorene (auch vorher in Wasser oder Dampf gekocht oder mit Zusatz von Süßmitteln versehen) oder getrocknete (auch entwässert, evaporiert oder gefriergetrocknet) oder mit dem Zusatz geringer Mengen Zucker versehene Erzeugnisse begünstigt. Diese Erzeugnisse können auch vorläufig haltbar gemacht sein (z.B. durch gasförmiges Schwefeldioxid oder Wasser, dem Salz, Schwefeldioxid oder andere vorläufig konservierend wirkende Stoffe zugesetzt sind), soweit sie in diesem Zustand zum unmittelbaren Genuss nicht geeignet sind.

53 Als genießbar (zur menschlichen Ernährung geeignet) gelten Früchte auch dann, wenn sie erst nach Zubereitung oder weiterer Bearbeitung zur menschlichen Ernährung verwendet werden können oder wenn sie nur teilweise oder beschränkt genießbar sind (z.B. teilweise verdorbene Beeren oder ranzige Nüsse). In vollem Umfang verdorbene Erzeugnisse, die im Allgemeinen nur als Düngemittel verwendbar sind (Position 3101), können unter Nr. 45 der Anlage fallen (vgl. Tz. 142, 143).

Anlage § 012 (2) 1–01

Früchte und Nüsse der Positionen 0801 bis 0813 können auch in luftdicht verschlossenen Behältnissen geliefert werden (z.B. getrocknete Pflaumen oder getrocknete Nüsse in Dosen). In den meisten Fällen sind derart verpackte Erzeugnisse jedoch anders zubereitet oder haltbar gemacht und gehören dann zu Kapitel 20. Zubereitungen von Früchten oder Nüssen (aus Positionen 2001 bis 2008) fallen unter Nr. 32 der Anlage 2 (vgl. Tz. 112, 113). Das Homogenisieren allein reicht jedoch nicht aus, um ein Erzeugnis dieses Kapitels als Zubereitung in das Kapitel 20 einzureihen. Zu den begünstigten Erzeugnissen gehören auch für die Destillation bestimmte Fruchtmaischen, die sich in natürlicher Gärung befinden.

Im Einzelnen sind nach Nr. 11 der Anlage 2 *begünstigt:*

1. Kokosnüsse, Paranüsse und Kaschu-Nüsse, frisch oder getrocknet, auch ohne Schalen oder enthäutet (Position 0801)

   Hierzu gehört auch geraspeltes und getrocknetes Fruchtfleisch der Kokosnuss, *nicht jedoch* ungenießbares Kopra, welches zwar aus getrockneten, zerkleinertem Kokosfleisch besteht, jedoch für die Ölgewinnung bestimmt ist (Position 1203) und deshalb nach Nr. 18 der Anlage 2 begünstigt ist (vgl. Tz. 75, 76).

2. andere Schalenfrüchte, frisch oder getrocknet, auch ohne Schalen oder enthäutet (Position 0802)

   Hierzu gehören insbesondere Mandeln (süß oder bitter), Haselnüsse, Walnüsse, Esskastanien (Castanea-Arten), Pistazien, Pekan- (Hickory-) Nüsse und Pinien-Nüsse (Samen von Pinus pinea) sowie Areka- (Betel-)Nüsse, hauptsächlich als Kaumittel verwendet, und Kolanüsse, die als Kaumittel und als Grundstoff zum Herstellen bestimmter Getränke verwendet werden, *nicht jedoch*

   a) die essbare Knolle der Arten Eleocharis dulcis oder Eleocharis tuberosa (chinesische Wasserkastanie) (Position 0714),

   b) grüne Walnussschalen und leere Mandelschalen (Position 1404),

   c) Erdnüsse (Position 1202), geröstete Erdnüsse und Erdnussmark (Position 2008), die aber unter die Nr. 18 bzw. 32 der Anlage 2 fallen (vgl. Tz. 76, 112, 113),

   d) Rosskastanien (Aesculus hippocastanum) (Position 2308), die aber unter Nr. 37 der Anlage 2 fallen (vgl. Tz. 126).

3. Bananen, einschließlich Mehlbananen, frisch oder getrocknet (Position 0803)

   Hierzu gehören alle genießbaren Früchte der Arten der Gattung Musa.

4. Datteln, Feigen, Ananas, Avocadofrüchte, Guaven, Mangofrüchte und Mangostanfrüchte, frisch oder getrocknet (Position 0804)

   Feigen im Sinne dieser Position sind nur die Früchte des Feigenbaums (Ficus carica), auch zur Destillation bestimmt.

5. Zitrusfrüchte, frisch oder getrocknet (Position 0805)

   Hierzu gehören insbesondere Orangen (süß oder bitter), Mandarinen (einschließlich Tangerinen und Satsumas), Clementinen, Wilkings und ähnliche Kreuzungen von Zitrusfrüchten (z.B. Tangelo, Ortanique, Malaquina und Tangor), Zitronen (Citrus limon, Citrus limonum), Limonen (Citrus aurantifolia) und Limetten, Pampelmusen oder Grapefruits, Zedratfrüchte, Kumquats, Chinotten und Bergamotten, *nicht jedoch* Schalen von Zitrusfrüchten (Position 0814) sowie die ungenießbaren Orangetten (Position 1211).

6. Weintrauben, frisch oder getrocknet (Position 0806)

   Hierzu gehören nicht nur Tafeltrauben, sondern auch Keltertrauben, auch in Fässern grob geschichtet, zerquetscht oder zerstampft (sog. Traubenmaische), ferner getrocknete Weintrauben, z.B. Rosinen, Korinthen, Sultaninen, Sultanas, Muscats und Malagas, *nicht jedoch* Traubensaft und Traubenmost, nicht gegoren, ohne Zusatz von Alkohol (Position 2009) sowie Traubenmost aus Position 2204 (teilweise gegoren – auch stumm gemacht – oder nicht gegoren mit Zusatz von Alkohol – Gehalt mehr als 5 % –).

7. Melonen (einschließlich Wassermelonen) und Papaya-Früchte, frisch (Position 0807)

   Hierzu gehören Wassermelonen und Melonen, frisch, der Arten Citrullus vulgaris und Cucumis melo, z.B. Netzmelonen und Kanatulpen, sowie Papaya-Früchte (die melonenförmigen Früchte der Art Carica papaya).

8. Äpfel, Birnen und Quitten, frisch (Position 0808)

   Zu dieser Position gehören Äpfel und Birnen ohne Rücksicht darauf, ob sie als Tafelobst, zum Herstellen von Getränken (z.B. Apfelwein oder Birnenwein) oder industriell (z.B. zum Herstellen von Apfelpasten, Mus, Gelee oder zur Gewinnung von Pektin) verwendet werden. Quitten dienen hauptsächlich zum Herstellen von Marmelade oder Gelee.

Anlage § 012 (2) 1–01

9. Aprikosen, Marillen, Kirschen, Pfirsiche (einschließlich Brugnolen und Nektarinen), Pflaumen und Schlehen, frisch (Position 0809)

    Hierzu gehören auch Herzkirschen, Morellen, Weichseln, wilde Kirschen (z.B. die Gemeine Kirsche), Sauerkirschen, Knorpelkirschen, Vogelkirschen sowie Reineclauden und Zwetschgen.

10. andere Früchte, frisch (Position 0810)

    Zu dieser Position zählen alle genießbaren Früchte, die weder vorstehend genannt noch in anderen Kapiteln erfasst sind. Hierzu gehören insbesondere Erdbeeren, Himbeeren, Brombeeren, Maulbeeren, Loganbeeren, schwarze, weiße oder rote Johannisbeeren, Stachelbeeren, Preiselbeeren, Heidelbeeren, Boysenbeeren, Vogelbeeren, Holunderbeeren, Sapodillen, Granatäpfel, Kaktusfeigen, Hagebutten, Kakifrüchte, Juguben (Brustbeeren), Japanische Mispeln (Wollmispeln), Longane, Jackfrüchte, Litschis, Passionsfrüchte, Granadilles (z.B. Maracuja), Kiwis, saure und süße Amonen, Früchte der Art Asimina triloba, Papayas, Früchte des Erdbeerbaumes, Berberitzen, Früchte des Sand- oder Sauerdorns, Früchte von Sorbus-Arten wie Speierling und Mehlbeeren, Annona-Früchte (z.B. Rahm- oder Zimtapfel) und Früchte von Flacourtiaceen (z.B. Orangenkirsche), *nicht jedoch* Wacholderbeeren (Position 0909), die aber unter Nr. 12 der Anlage 2 fallen (vgl. Tz. 59) sowie Beeren, die kurzzeitig eingefroren worden sind und wieder aufgetaut wurden. Sie fallen jedoch entweder unter Position 0811 oder Position 2008 (Nr. 32 der Anlage 2) (vgl. Tz. 112, 113) und sind somit stets begünstigt.

11. Früchte und Nüsse, auch in Wasser oder Dampf gekocht, gefroren, auch mit Zusatz von Zucker oder anderen Süßmitteln (Position 0811)

    Hierzu gehören alle genießbaren Früchte, die bei Temperaturen unter 0° Celsius – auch mit Zusatz von Salz – bis in ihre inneren Teile fest gefroren sind, und zwar auch dann, wenn sie vor dem Gefrieren gekocht worden sind. Hierzu gehören *nicht* Orangenpressrückstände, die bei der Fruchtsaftherstellung anfallen. Sie gehören zu Position 2308 und fallen unter Nr. 37 der Anlage 2 (vgl. Tz. 125, 126). Gefrorene Früchte und Nüsse, die vor dem Gefrieren durch andere Verfahren hitzebehandelt wurden, gehören zu Kapitel 20 und können deshalb unter Nr. 32 der Anlage 2 fallen (vgl. Tz. 112, 113).

12. Früchte und Nüsse, vorläufig haltbar gemacht (z.B. durch Schwefeldioxid oder in Wasser, dem Salz, Schwefeldioxid oder andere vorläufig konservierend wirkende Stoffe zugesetzt sind), zum unmittelbaren Genuss nicht geeignet (Position 0812)

    Hierzu gehören Früchte und Nüsse, auch gedämpft oder blanchiert, die vor ihrer endgültigen Verwendung ausschließlich zum vorübergehenden Haltbarmachen während des Transports oder der Lagerung behandelt worden sind, soweit sie in diesem Zustand zum unmittelbaren Genuss nicht geeignet sind. Diese Erzeugnisse dienen hauptsächlich als Rohstoffe für die Lebensmittelindustrie (Herstellen von Konfitüren, kandierten Früchten usw.). In dieser Beschaffenheit werden vor allem Kirschen, Erdbeeren, Orangen, Zedratfrüchte, Aprikosen, Marillen und Reineclauden geliefert, die gewöhnlich in Fässern oder Steigen verpackt sind.

13. Früchte (ausgenommen solche der Positionen 0801 bis 0806), getrocknet, Mischungen von getrockneten Früchten oder von Schalenfrüchten des Kapitels 8 (Position 0813)

    Hierzu gehören (entweder direkt an der Sonne oder auch industrielle Verfahren) getrocknete Früchte, die in frischem Zustand in die Positionen 0807 bis 0810 einzureihen sind, insbesondere Aprikosen/Marillen, Pflaumen, Äpfel, Pfirsiche und Birnen (in der Regel in Hälften geteilt oder in Scheiben geschnitten und entsteint oder entkernt oder (vor allem Aprikosen und Pflaumen) als platten- oder scheibenförmige Masse). Zu dieser Position gehören auch

    a) Tamarindenhülsen, ebenso deren Fruchtfleisch, auch von Samen, Fasern und Bruchstücken des Endokarps befreit, ohne Zusatz von Zucker oder anderen Stoffen, nicht weiter bearbeitet,

    b) Mischungen von getrockneten Früchten (ohne Schalenfrüchte), Mischungen von frischen oder getrockneten Schalenfrüchten und Mischungen von frischen oder getrockneten Schalenfrüchten mit getrockneten Früchten,

    c) Früchtetees aus getrockneten Früchten (z.B. Hagebuttentee).

    Erzeugnisse, die aus einer Mischung von getrockneten Früchten der Position 0813 mit Pflanzen oder Pflanzenteilen anderer Kapitel oder mit anderen Stoffen bestehen (z.B. Früchtetee mit Zusätzen von Malven- und Hibiscus-Blüten), fallen in der Regel unter Kapitel 21 und damit unter die Nr. 33 der Anlage 2 (vgl. Tz. 115, 116).

Anlage § 012 (2) 1–01

Nach Nr. 11 der Anlage 2 sind *nicht begünstigt:*   **56**
1. Schalen von Zitrusfrüchten (vgl. auch Tz. 55 Nr. 5) oder von Melonen (einschließlich Wassermelonen), frisch, gefroren, getrocknet oder zum vorläufigen Haltbarmachen in Salzlake oder in Wasser mit einem Zusatz von anderen Stoffen eingelegt (Position 0814)
2. genießbare Früchte und Nüsse, die durch andere als vorstehend genannte Verfahren zubereitet oder haltbar gemacht sind (Kapitel 20), die aber unter Nr. 32 der Anlage 2 fallen können (Tz. 112, 113)
3. Mehl, Grieß und Pulver von Früchten (Position 1106), die aber unter Nr. 16 der Anlage 2 fallen können (vgl. Tz. 70, 71)
4. genießbare geröstete Früchte und Nüsse (insbesondere Esskastanien, Mandeln und Feigen), auch gemahlen, die im Allgemeinen als Kaffeemittel verwendet werden (Position 2101), die aber unter Nr. 33 der Anlage 2 fallen (vgl. Tz. 115, 116)
5. bestimmte Erzeugnisse pflanzlichen Ursprungs, die in anderen Kapiteln erfasst sind, obwohl einige davon – botanisch gesehen – Früchte sind, wie:
    a) Oliven, Tomaten, Gurken, Cornichons, Kürbisse, Auberginen sowie Früchte der Gattungen Capsicum und Pimenta (Kapitel 7), die aber unter Nr. 10 der Anlage 2 fallen können (vgl. Tz. 48–50),
    b) Kaffee, Vanille, Wacholderbeeren (vgl. Auch Tz. 55 Nr. 10) und andere Erzeugnisse des Kapitels 9, die aber unter Nr. 12 der Anlage 2 fallen (vgl. Tz. 57, 59),
    c) Erdnüsse und andere Ölsaaten (Kapitel 12), die aber unter Nr. 18 der Anlage 2 fallen (vgl. Tz. 75, 76),
    d) Früchte, die hauptsächlich zur Herstellung von Riechmitteln, zu Zwecken der Medizin, Insektenvertilgung, Schädlingsbekämpfung und dergleichen verwendet werden (Position 1211),
    e) Johannisbrot, Aprikosenkerne und ähnliche Fruchtkerne (Kapitel 12), die aber je nach Beschaffenheit unter andere Nummern der Anlage 2 fallen können, z.B. unter Nr. 22 der Anlage 2 (vgl. Tz. 85, 86),
    f) Kakaobohnen (Position 1801)
6. Früchte der hauptsächlich zum Färben oder Gerben verwendeten Art, z.B. Gelbbeeren (Position 1404)

Kaffee, Tee, Mate und Gewürze (Kapitel 9) (Nr. 12 der Anlage 2)   **57**

Begünstigt sind alle Erzeugnisse des Kapitels 9 Zolltarif. Hierzu gehören Kaffee, Tee, Mate und Erzeugnisse, die reich an ätherischen Ölen und aromatischen Stoffen sind und wegen ihres charakteristischen Geschmacks hauptsächlich zum Würzen verwendet und als Gewürze bezeichnet werden. Die Erzeugnisse können ganz, gemahlen oder sonst zerkleinert sein.

Gemische von Gewürzen einer Position bleiben in dieser Position. Gemische von Gewürzen der Positionen 0904 bis 0910 gehören zu Position 0910 und sind somit begünstigt. Ebenso sind Mischungen von Pflanzen aus verschiedenen Kapiteln hiernach begünstigt, soweit sie unmittelbar zum Aromatisieren von Getränken oder zum Herstellen von Auszügen für die Getränkeherstellung verwendet werden, sofern die darin enthaltenen Erzeugnisse aus den Positionen 0904 bis 0910 charakterbestimmend sind. Sonstige Gewürzmischungen, die nicht zu Kapitel 9 Zolltarif gehören, können als zusammengesetzte Würzmittel zu Position 2103 oder als Lebensmittelzubereitung zu Position 2106 gehören und fallen deshalb unter Nr. 33 der Anlage 2 (vgl. Tz. 115, 116).   **58**

Im Einzelnen sind nach Nr. 12 der Anlage 2 *begünstigt:*   **59**
1. Kaffee, auch geröstet oder entkoffeiniert; Kaffeeschalen und -häutchen; Kaffeemittel mit beliebigem Gehalt von Kaffee (Position 0901)

    Hierzu gehören u.a.
    a) Rohkaffee in allen seinen Formen (einschließlich der beim Verlesen, Sieben usw. abgesonderten Bohnen und Bruchstücke), auch entkoffeiniert,
    b) Kaffee (auch entkoffeiniert), geröstet auch glasiert, gemahlen oder gepresst,
    c) Kaffeemittel, bestehend aus einem Gemisch von Kaffee in beliebigem Verhältnis mit anderen Stoffen,

    nicht jedoch
    d) Kaffeewachs (Position 1521),
    e) Auszüge, Essenzen und Konzentrate aus Kaffee, auch als Instantkaffee bezeichnet und Zubereitungen auf der Grundalge solcher Auszüge, Essenzen oder Konzentrate (Position 2101).

Anlage § 012 (2) 1–01

Diese Erzeugnisse fallen aber unter Nr. 33 der Anlage 2 (vgl. Tz. 115, 116). Die Abgabe von Kaffeegetränken aus Automaten unterliegt dem allgemeinen Steuersatz. Das gilt auch dann, wenn sich der Automatenbenutzer das Getränk aus Kaffeepulver mit heißem Wasser selbst herzustellen hat. Gegenstand der Lieferung ist auch in einem solchen Fall bei wirtschaftlicher Betrachtung das nicht begünstigte fertige Kaffeegetränk (Position 2202),

   f) geröstete Kaffeemittel, die keinen Kaffee enthalten (Position 2101); diese fallen aber unter Nr. 33 der Anlage 2 (vgl. Tz. 115,116),

   g) Koffein, ein Alkaloid aus Kaffee (Position 2939).

2. Tee, auch aromatisiert (Position 0902)

Hierzu gehören die verschiedenen Arten von Tee, der von dem Strauch der Gattung Thea stammt, insbesondere Blätter und Knospen sowie Abfälle, gerollt, gedämpft, getrocknet, geröstet, (teilweise) fermentiert (z.B. Oolong Tee), ebenso gemahlen, zu Kugeln oder Tabletten agglomeriert sowie Tee, dem Thein (Koffein) entzogen ist,

nicht jedoch

   a) Erzeugnisse zum Herstellen von Aufgüssen oder „Kräutertees"

Diese Erzeugnisse gehören z.b. zu Positionen 0813, 1211 oder 2106 und sind damit nach Nr. 11, ggf. 21 oder nach Nr. 33 der Anlage 2 begünstigt (vgl. Tz. 55, 82, 83, 115, 116). Tee von Dost, Minzen, Salbei und Kamillenblüten sowie anderer Haustee – z.B. Pfefferminz- oder Malventee – gehören zu Position 1211 und sind damit nach Nr. 21 der Anlage 2 begünstigt (vgl. Tz. 82, 83),

   b) Ginseng-Tee (eine Mischung von Ginseng-Extrakt mit Lactose oder Glucose) fällt unter Position 2106 und damit unter Nr. 33 der Anlage 2 (vgl. Tz. 115, 116),

   c) Medizinaltee (Positionen 3003 oder 3004),

   d) trinkfertiger Teeaufguss, Teegetränk sowie Teegetränke aus Automaten (vgl. Nr. 1 dieses Absatzes).

3. Mate (Position 0903)

Mate besteht aus den getrockneten Blättern einer in Südamerika wachsenden Stechpalmenart. Er wird manchmal als Parguay-Tee oder Jesuiten-Tee bezeichnet. Er dient zur Bereitung eines Aufgusses, der etwas Koffein enthält.

4. a) Pfeffer der Gattung Piper (Position 0904)

Hierzu gehören die Früchte, Staub und Fegsel (Kehricht) aller Pfefferpflanzen der Gattung Piper, hauptsächlich schwarzer und weißer Pfeffer der Art Piper nigrum sowie Langer Pfeffer (Piper longum), *nicht jedoch* der Cubebenpfeffer der Position 1211.

   b) Früchte der Gattungen Capsicum und Pimenta, getrocknet oder gemahlen oder sonst zerkleinert (Position 0904)

Hierzu gehören getrocknete, gemahlene oder sonst zerkleinerte Früchte der Gattungen Capsicum und Pimenta einschließlich der unzutreffend als Pfeffer bezeichneten Erzeugnisse wie Indischer, Türkischer und Spanischer Pfeffer oder Cayenne- und Jamaika-Pfeffer.

Zur Gattung Capsicum gehören die Chilis und Paprikas wie Sierra Leone- und Sansibar-Pfeffer sowie spanischer und ungarischer Paprika, zur Gattung Pimenta gehören auch Nelkenpfeffer, Englisch- oder Allerleigewürz. Die Früchte der Gattungen Capsicum und Pimenta kennzeichnen sich in der Regel durch einen sehr starken, nachhaltig brennend scharfen Geschmack, jedoch verbleiben auch Capsicum-Arten ohne brennenden Geschmack (z.B. Gewürzpaprika) in dieser Position. *Nicht* zu dieser Position, gehören frische Früchte der Gattungen Capsicum und Pimenta (Position 0709) weder gemahlen noch ähnlich fein zerkleinert, die aber unter Nr. 11 der Anlage 2 fallen (vgl. Tz. 55).

5. Vanille (Position 0905)

Vanille ist die sehr aromatische und schwärzliche Frucht (Schote) einer zur Familie der Orchideengewächse gehörenden Kletterpflanze. Neben der langen und der kurzen Vanille gibt es noch eine sehr geringwertige Art (Vanilla pampona), die als Vanillon bezeichnet wird und weich, fast klebrig und immer offen ist.

Nicht zu dieser Position gehören:

   a) Vanille-Oleoresin (manchmal unzutreffend als „Vanille-Resinoid" oder als „Vanille-Extrakt" bezeichnet (Position 1302)),

   b) Vanillezucker (Position 1701 oder 1702); dieser fällt jedoch unter Nr. 29 der Anlage 2 (vgl. Tz. 102, 103),

   c) Vanillin (der Aromagrundstoff der Vanille) (Position 2912).

Anlage § 012 (2) 1–01

6. Zimt und Zimtblüten (Position 0906)

    Zimt ist die innere Rinde junger Schösslinge bestimmter Zimtbaum-Arten (Lauraceen), z.B. Ceylon-Zimt und Chinesischer Zimt. Dazu gehören auch sog. Chips, d.h. kleinere Teilchen der Zimtrinde, die beim Schälen dieser Rinde anfallen und besonders zum Herstellen von Zimtessenz verwendet werden. Zimtblüten sind die gesiebten und getrockneten Blüten des Zimtbaumes. Zu dieser Position gehören auch die Früchte des Zimtbaumes.

7. Gewürznelken, Mutternelken und Nelkenstiele (Position 0907)

    Zu dieser Position gehören – auch gemahlen oder sonst zerkleinert:

    a) die Früchte des Gewürznelkenbaumes (Mutternelken),

    b) die Blütenknospen des Gewürznelkenbaumes (Gewürznelken),

    c) die Blütenstiele des Gewürznelkenbaumes (Nelkenstiele),

    nicht jedoch die Rinde und die Blätter des Gewürznelkenbaumes (Position 1211).

8. Muskatnüsse, Muskatblüte, Amonen und Kardamomen (Position 0908)

    Muskatnüsse sind die Samen des Muskatnussbaumes. Sie können mit oder ohne Schale gemahlen oder sonst zerkleinert sein. Die Muskatblüte ist der Samenmantel der Muskatnuss. Hierzu gehört auch Muskatblütenbruch, der beim Ablösen des Samenmantels von der Muskatnuss oder beim Sortieren der Muskatblüte nach dem Trocknen anfällt. Zu den Amonen und Kardamomen gehören die Traubenkardamomen, kleine, mittlere und große Kardamomen sowie Meleguetapfeffer und Paradieskörner (von brennend-scharfem, pfefferartigem Geschmack).

9. Anis-, Sternanis-, Fenchel-, Koriander-, Kreuzkümmel- und Kümmelfrüchte; Wacholderbeeren (Position 0909)

    Diese Früchte oder Samen werden als Gewürze für Speisen, zum Herstellen von Getränken und zu medizinischen Zwecken verwendet. Sie bleiben auch dann in dieser Position, wenn sie, wie insbesondere im Falle von Anisfrüchten, zum Herstellen von Aufgüssen (z.B. in kleinen Beuteln) aufgemacht sind. Hierzu gehören *nicht* die Fenchelwurzel und der Schwarzkümmel (Hahnenfußgewächse).

10. Ingwer, Safran, Kurkuma, Thymian, Lorbeerblätter, Curry und andere Gewürze (Position 0910)

    Zu dieser Position gehören u.a.:

    a) die Wurzelstöcke vom Ingwer, frisch, getrocknet oder zerkleinert als auch Ingwer, in Salzlake vorläufig haltbar gemacht, zum unmittelbaren Genuss in diesem Zustand jedoch ungeeignet, *nicht jedoch* in Sirup haltbar gemachter Ingwer (Position 2008), der aber unter Nr. 32 der Anlage 2 fällt (vgl. Tz. 113),

    b) Feldthymian und Lorbeerblätter, auch getrocknet,

    c) „Indischer Safran" (Kurkuma),

    d) Currypulver, bestehend aus einer Mischung mit wechselndem Gehalt an Kurkuma, verschiedenen anderen Gewürzen und sonstigen aromatisierenden Stoffen, die, obwohl nicht zu diesem Kapitel gehörend, häufig wie Gewürze verwendet werden,

    e) andere Gewürze wie Samen von Dill und Bockshornklee sowie Früchte von Xylopia aethiopica („Kani"),

    f) Mischungen von Erzeugnissen der Positionen 0904 bis 0910, wenn die Bestandteile der Mischungen zu verschiedenen Positionen gehören; der Zusatz anderer Stoffe von untergeordneter Bedeutung bleibt ohne Einfluss auf die Einreihung. Trotz ihrer allgemeinen Verwendung als Gewürze gehören folgende Erzeugnisse *nicht* hierher:

        aa) Senfsaat (Position 1207) sowie Senfmehl, auch zubereitet (Position 2103); sie können aber unter Nr. 18 oder 33 der Anlage 2 fallen (vgl. Tz. 75, 76, 115, 116),

        bb) Wurzelstöcke aller Galgant-Arten (Position 1211),

        cc) Saflor oder Färberdistel (Position 1404) (stärkere Färbung als echter Safran).

Nach Nr. 12 der Anlage 2 sind *nicht begünstigt:* **60**

1. Küchenkräuter des Kapitels 7, wie Petersilie, Kerbel, Estragon, Kresse, Majoran, Koriander und Dill, die aber unter Nr. 10 der Anlage 2 fallen können (vgl. Tz. 48–50)

2. Hopfen (Blütenzapfen) (Position 1210)

3. Bestimmte Früchte, Samen und Pflanzenteile, z.B. Cassiahülsen, Rosmarin, Dost, Basilikum, Borretsch, Ysop, Minzen aller Art, Raute und Salbei, die trotz ihrer Verwendbarkeit als Gewürz vor-

Anlage § 012 (2) 1–01

wiegend zur Riechmittelherstellung oder zu Zwecken der Medizin verwendet werden und deshalb zur Position 1211 gehören; Rosmarin, Beifuß und Basilikum sowie Dost, Minzen, Salbei, Kamillenblüten aus Position 1211 fallen jedoch unter Nr. 21 der Anlage 2 (vgl. Tz. 83)

61 *Getreide (Kapitel 10)* (Nr. 13 der Anlage 2)

Begünstigt sind alle Erzeugnisse des Kapitels 10 Zolltarif. Zu diesem Kapitel gehören nur Getreidekörner, auch in Ähren, Rispen, Garben oder Kolben – auch ausgedroschen oder geschwungen. Körner von unreif geschnittenem Getreide, die mit ihrer Schale vorliegen, werden wie gewöhnliche Getreidekörner behandelt. Frisches Getreide (ausgenommen Zuckermais des Kapitels 7), das wie Gemüse verwendbar ist, gehört ebenfalls zu Kapitel 10.

Reis bleibt auch dann in Position 1006 (siehe Tz. 63 Nr. 6), wenn er geschält, geschliffen, poliert oder glasiert ist oder wenn es sich um parboiled Reis handelt, sofern diese Erzeugnisse nicht anderweitig bearbeitet worden sind. Andere Getreidekörner *jedoch* sind von diesem Kapitel ausgenommen, wenn sie geschält (entspelzt) oder anders bearbeitet (z.B. geschliffen, gemahlen, geschrotet oder zerquetscht) worden sind. Sie gehören dann zur Position 1104 und damit zur Nr. 14 der Anlage 2 (vgl. Tz. 65, 66). Getreide des Kapitels 10 kann einer thermischen Behandlung unterzogen worden sein, die lediglich zu einer Vorverkleisterung der Stärke und manchmal zum Aufplatzen der Getreidekörner führt.

62 Liefert ein landwirtschaftlicher Lohnunternehmer einem Landwirt Saatgut und sät er es auch in den Boden ein, darf er die (dem ermäßigten Steuersatz unterliegende) Lieferung des Saatgutes und die (dem Regelsteuersatz unterliegende) Einsaat getrennt abrechnen, wenn die Saatgutlieferung bereits vom Preis her so gewichtig ist, dass sie nicht in einer einheitlichen Dienstleistung aufgeht, und umgekehrt auch die Einsaat für den Landwirt eine derartige Bedeutung hat, dass sie keine bloße Nebenleistung zur Saatgutlieferung ist. Wenn der landwirtschaftliche Lohnunternehmer gleichzeitig mit dem gelieferten Saatgut auch noch ein von ihm gestelltes Pflanzenschutzmittel einsät, hindert dies die selbständige Beurteilung der Saatgutlieferung nicht (vgl. Tz. 35)[1].

63 Im Einzelnen sind nach Nr. 13 der Anlage 2 *begünstigt:*

1. Weizen und Mengkorn (Position 1001)

   Hierzu gehören Weichweizen, Hartweizen und auch Spelz, eine Weizenart mit kleinen braunen Körnern, dessen Spelzen sich beim Dreschen nicht vollständig vom Korn lösen. Mengkorn ist ein Gemisch von Weizen und Roggen.

2. Roggen (Position 1002)

   Hierzu gehört *nicht* Mutterkorn (Position 1211).

3. Gerste (Position 1003)

   Hierzu gehört bespelzte und nackte Gerste (von Natur aus ohne anhaftende Spelzen), sofern sie über das Dreschen hinaus nicht weiter bearbeitet ist, *nicht jedoch* gekeimte Gerste (Malz) und geröstetes Malz (Position 1107), geröstete Gerste (Kaffeemittel) (Position 2101), die aber nach Nr. 33 der Anlage 2 begünstigt ist (vgl. Tz. 115, 116), Malzkeimlinge, die beim Keimen von Gerste entstehen und beim Entkeimen anfallen, und andere Abfälle aus Brauereien (Position 2303), die aber nach Nr. 37 der Anlage 2 begünstigt sind (vgl. Tz. 125, 126), sowie Gerste, die durch Schälen von Spelzen, bisweilen auch teilweise von der Silberhaut (Perikarp), befreit ist (Position 1104), die aber nach Nr. 14 der Anlage 2 begünstigt ist (vgl. Tz. 65, 66).

4. Hafer (Position 1004)

   Hierzu gehört grauer/schwarzer und weißer/gelber Hafer, bespelzt oder nackt (vorausgesetzt, dass diese Körner außer Dreschen keine weitere Bearbeitung erfahren haben). Hierzu gehört auch Hafer, dessen Spelzen im Verlauf der üblichen Behandlung (Dreschen, Transport, Umladung) abgebrochen sind.

5. Mais (Position 1005)

   Hierzu gehören Körner aller Maisarten (auch Ziermais) und Maiskolben, auch Körner von unreif geschnittenem Mais, *nicht jedoch* Zuckermais aus Kapitel 7.

6. Reis (Position 1006)

   Hierzu gehören:

   a) Reis in der Strohhülse (Paddy-Reis oder Rohreis), d.h. Reis, dessen Körner noch von ihrer Strohhülse umgeben sind,

   b) geschälter Reis (Cargoreis oder Braunreis), d.h. Reis, der von der Strohhülse durch Enthülsungsmaschinen befreit, aber noch von der Silberhaut (Perikarp) umgeben ist,

---

1) Siehe auch BMF vom 14.02.2006 – IV A 5 – S 7100 – 2/06, DB 2006 S. 420; Anlage § 003-25

Anlage § 012 (2) 1–01

c) halb oder vollständig geschliffener Reis, d.h. ganze Reiskörner, deren Silberhaut durch einen Schälgang (teilweise) entfernt worden ist. Der vollständig geschliffene Reis kann zur Verbesserung des Aussehens poliert und anschließend glasiert sein. Hierzu gehört auch Camolino-Reis, d.h. geschliffener, mit einem dünnen Ölfilm überzogener Reis,

d) mikronisierter Reis,

e) Bruchreis, d.h. Reis, der während der Verarbeitung zerbrochen ist.

Zu dieser Position gehören auch angereicherter Reis (ein Gemisch aus normal geschliffenen Reiskörnern mit einem sehr geringen Anteil (etwa 1%) an Reiskörnern, die mit vitaminhaltigen Stoffen überzogen oder imprägniert sind) und parboiled Reis (d.h. Reis, der – noch in der Strohhülse und bevor er anderen Behandlungen (z.B. Schälen, Schleifen, Polieren) unterworfen wird – in heißem Wasser eingeweicht oder mit Dampf behandelt und sodann getrocknet worden ist), *nicht jedoch* Reis, der einem Verfahren unterworfen worden ist, das die Struktur des Korns beträchtlich verändert. Vorgekochter Reis (zunächst gegart, dann getrocknet) sowie Puffreis gehören zu Position 1904 und sind nach Nr. 31 der Anlage 2 begünstigt (vgl. Tz. 109, 110).

7. Körner-Sorghum (Position 1007)

Hierzu gehören nur solche Sorghum-Arten, die als Körner-Sorghum bekannt sind und deren Körner als Getreide zur menschlichen Ernährung verwendet werden können, *nicht jedoch* Futter-Sorghum (zum Gewinnen von Heu oder für die Silage) oder Zucker-Sorghum (hauptsächlich verwendet zum Gewinnen von Sirup oder Melassen). Als Saatgut gehören diese Erzeugnisse zu Position 1209 und fallen damit unter Nr. 19 der Anlage 2 (vgl. Tz. 787). Anderenfalls fallen Futter-Sorghum und Gras-Sorghum (ein Weidegras) in die Position 1214 und damit unter Nr. 23 der Anlage 2 (vgl. Tz. 88, 89). Zucker-Sorghum ist in die Position 1212 einzureihen und damit nach Nr. 22 der Anlage 2 begünstigt (vgl. Tz. 85, 86). Besensorgho (Position 1403 ist *nicht begünstigt.*

8. Buchweizen, Hirse (ausgenommen Körner-Sorghum) und Kanariensaat; anderes Getreide (Position 1008)

Hierzu gehören der zur Polygonaceae-Familie zählende Buchweizen sowie die Hirsearten Digitaria sanguinalis, Echinochloa, Eleusine, Eragrostis, Panicum, Pennisetum und Setaria.

Zur Gruppe der anderen Getreide gehören bestimmte Getreide-Hybriden, z.B. Triticale, eine Kreuzung zwischen Weizen und Roggen. Zu dieser Position gehören außerdem die Körner Zizania aquatica (Wildreis), nicht geschält, tannennadelähnlich, von dunkelbrauner Farbe.

Nach Nr. 13 der Anlage 2 sind *nicht begünstigt:* **64**

1. Stroh und Spreu von Getreide (Position 1213), die jedoch unter Nr. 23 der Anlage 2 fallen (vgl. Tz. 88, 89)

2. getrocknete Ähren, Kolben und Rispen von Getreide (z.B. Maiskolben), die zu Zierzwecken gebleicht, gefärbt, imprägniert oder anders bearbeitet worden sind (Position 0604)

Müllereierzeugnisse, und zwar **65**

a) Mehl von Getreide (Positionen 1101 und 1102),

b) Grobgrieß, Feingrieß und Pellets von Getreide (Position 1103),

c) Getreidekörner, anders bearbeitet; Getreidekeime, ganz, gequetscht, als Flocken oder gemahlen (Position 1104)

(Nr. 14 der Anlage 2)

Unter Nr. 14 der Anlage 2 fallen alle Erzeugnisse der Positionen 1101 bis 1104. Zubereitungen dieser Erzeugnisse sowie Backwaren (Kapitel 19) fallen unter Nr. 31 der Anlage 2 (vgl. Tz. 109, 110).

Im Einzelnen sind nach Nr. 14 der Anlage 2 *begünstigt:* **66**

1. zu Buchstabe a):

   Mehl von Getreide des Kapitels 10 Zolltarif (Position 1101 und 1102), d.h. Erzeugnisse aus der Vermahlung dieser Getreidearten

   Es kann durch Zusatz sehr geringer Mengen mineralischer Phosphate, Antioxidantien, Emulgatoren, Vitamine und künstlicher Backtriebmittel verbessert sein. Weizenmehl kann außerdem durch einen Zusatz von Kleber angereichert sein, der gewöhnlich 10% nicht übersteigt. Hierher gehört auch Quellmehl.

2. zu Buchstabe b):

   Grobgrieß, Feingrieß (auch durch thermische Behandlung aufgeschlossen) und Pellets von Getreide (Position 1103)

Anlage § 012 (2) 1–01

3. zu Buchstabe c):

Getreidekörner, anders bearbeitet (z.B. geschält, gequetscht, als Flocken, perlförmig geschliffen, geschnitten oder geschrotet), ausgenommen Reis der Position 1006; Getreidekeime, ganz, gequetscht, als Flocken oder gemahlen (Position 1104)

Der hier ausgenommene Reis (Position 1006) fällt unter Nr. 13 der Anlage 2 (vgl. Tz. 63). Der nicht zu Position 1104 gehörende Bulgur-Weizen in Form bearbeiteter Körner (Position 1904) fällt unter Nr. 31 der Anlage 2 (vgl. Tz. 110).

67 Nach Nr. 14 der Anlage 2 sind *nicht begünstigt:*

1. Malz, auch geröstet (Position 1107)

   Ist dieses Erzeugnis als Kaffeemittel aufgemacht, fällt es je nach Beschaffenheit in die Position 0901 oder 2101 und damit unter Nr. 12 bzw. 33 der Anlage 2 (vgl. Tz. 59, 116).

2. Spreu von Getreide (Position 1213), das aber unter Nr. 23 der Anlage 2 fällt (vgl. Tz. 88, 89)

3. Puffreis, Corn Flakes und dergleichen, durch Aufblähen oder Rösten hergestellt (Position 1904), das aber unter Nr. 31 der Anlage 2 fällt (vgl. Tz. 110)

4. Gemüse, zubereitet oder haltbar gemacht (aus Positionen 2001, 2004 und 2005), das aber unter Nr. 32 der Anlage 2 fällt (vgl. Tz. 112, 113)

5. Rückstände aus der Vermahlung von Getreide (z.B. Kleie), auch pelletiert (Kapitel 23), die aber unter Nr. 37 der Anlage 2 fallen können (vgl. Tz. 125, 126)

6. pharmazeutische Erzeugnisse (Kapitel 30)

7. Erzeugnisse des Kapitels 33 (ätherische Öle und Resinoide; zubereitete Riech-, Körperpflege- oder Schönheitsmittel)

8. andere Erzeugnisse des Kapitels 11

   Hierzu gehören:

   a) Mehl, Grieß usw. von Kartoffeln (Position 1105), das aber unter Nr. 15 der Anlage 2 fällt (vgl. Tz. 68),

   b) Mehl, Grieß und Pulver von getrockneten Hülsenfrüchten, von Sagomark oder von Maniok (Manihot), Maranta und anderen Pfeilwurzarten sowie von Salep, Topinambur, Süßkartoffeln und ähnlichen Wurzeln oder von Erzeugnissen des Kapitels 8 (genießbare Früchte und Nüsse, Schalen von Zitrusfrüchten oder von Melonen) (Position 1106). Diese Erzeugnisse können aber unter Nr. 10 bzw. 16 der Anlage 2 fallen (vgl. Tz. 48–50, 70, 71),

   c) Stärke der Position 1108 und Inulin (Position 1108); Stärke fällt aber unter Nr. 17 der Anlage 2 (vgl. Tz. 73),

   d) Kleber von Weizen, auch getrocknet (Position 1109).

68 *Mehl, Grieß, Pulver, Flocken, Granulat und Pellets von Kartoffeln (Position 1105)* (Nr. 15 der Anlage 2)

Begünstigt sind alle Erzeugnisse der Position 1105. Dazu gehören Trockenkartoffeln in Form von Mehl (Pulver), Grieß oder Flocken, z.B. Kartoffelwalzmehl (vermahlene Kartoffelflocken), Kartoffelgrieß (Kartoffelpressschrot) und Kartoffelflocken, auch Kartoffelmehl zum Herstellen von Kartoffelklößen oder Kartoffelbrei sowie Granulat oder Pellets (agglomeriert von Mehl, Grieß, Pulver oder Stücken von Kartoffeln). Erzeugnisse dieser Position können mit sehr geringen Mengen von Antioxidantien, Emulgatoren oder Vitaminen versetzt sein.

69 Nach Nr. 15 der Anlage 2 sind *nicht begünstigt:*

1. Kartoffeln, nur getrocknet (Position 0712), die aber unter Nr. 10 der Anlage 2 fallen (vgl. Tz. 48–50)

2. Kartoffelstärke (Position 1108), die aber unter Nr. 17 der Anlage 2 fällt (vgl. Tz. 73)

3. Kartoffelsago (Position 1903) das aber unter Nr. 31 der Anlage 2 fällt (vgl. Tz. 109, 110)

4. Erzeugnisse dieser Position, die derart mit anderen Stoffen versetzt worden sind, dass sie den Charakter von Kartoffelzubereitungen aufweisen. Diese Erzeugnisse können aber unter Nr. 32 der Anlage 2 fallen (vgl. Tz. 112, 113)

70 *Mehl, Grieß und Pulver von getrockneten Hülsenfrüchten sowie Mehl, Grieß und Pulver von genießbaren Früchten (aus Position 1106)* (Nr. 16 der Anlage 2)

Begünstigt sind nur die ausdrücklich aufgeführten Erzeugnisse aus Position 1106 Zolltarif.

Anlage § 012 (2) 1–01

Im Einzelnen sind *begünstigt*: 71

1. Mehl, Grieß und Pulver von getrockneten Hülsenfrüchten der Position 0713, z.B. von Erbsen, Bohnen oder Linsen, aus denen hauptsächlich Suppen und Püree hergestellt werden, *nicht jedoch* Mehl von Sojabohnen, nicht entfettet (Position 1208), das aber unter Nr. 18 der Anlage 2 fällt (vgl. Tz. 75, 76)
2. Mehl, Grieß und Pulver von Früchten oder Fruchtschalen des Kapitels 8 Zolltarif, insbesondere Kastanien, Mandeln, Datteln, Bananen, Kokosnüsse und Tamarinden, *nicht jedoch* Tamarindenpulver (für den Einzelverkauf zu prophylaktischen oder therapeutischen Zwecken aufgemacht) (Position 3004)

Nach Nr. 16 der Anlage 2 sind *nicht begünstigt*: 72

1. Sagomark (Position 0714) sowie Mehl, Grieß und Pulver hieraus (Position 1106)
2. Mehl, Grieß und Pulver von Wurzeln und Knollen der Position 0714 (Maniok, Pfeilwurz, Salep usw.)
3. Mehl von Johannisbrot (Position 1212), das aber unter Nr. 22 der Anlage 2 fällt (vgl. Tz. 85, 86)
4. Feinschnitt von Hagebutten (Position 0813), der selbst bei mehlartiger Beschaffenheit kein Mehl von Früchten ist, aber wie frische Hagebutten unter Nr. 11 der Anlage 2 fällt (vgl. Tz. 55)
5. a) Zubereitungen zum Herstellen von Suppen oder Brühen auf der Grundlage von Mehl aus Hülsenfrüchten (Position 2104), die aber unter Nr. 33 der Anlage 2 fallen (vgl. Tz. 115, 116)
   b) Lebensmittelzubereitungen, die als Tapiokasago bekannt sind (Position 1903), die aber unter Nr. 31 der Anlage 2 fallen (vgl. Tz. 109, 110)

Stärke (aus Position 1108) (Nr. 17 der Anlage 2) 73

Begünstigt ist nur native Stärke (Kohlenhydrat) aus Position 1108, z.B. aus Weizen, Mais, Maniok und Kartoffeln und zwar ohne Rücksicht auf ihre Form, Aufmachung und Verwendung (z.B. Stärkemehl und Stärkepuder).

Nach Nr. 17 der Anlage 2 sind *nicht begünstigt*: 74

1. Inulin (aus Position 1108)
2. Dextrine und andere modifizierte Stärken der Position 3505, z.B. lösliche und geröstete Stärke
3. Lebensmittelzubereitungen auf der Grundlage von Stärke (Position 1901), die aber unter Nr. 31 der Anlage 2 fallen (vgl. Tz. 109, 110)
4. Tapiokasago und Sago aus anderen Stärken (Position 1903). Diese Erzeugnisse fallen aber unter Nr. 31 der Anlage 2 (vgl. Tz. 109, 110)
5. Stärke als zubereitetes Riech-, Körperpflege- oder Schönheitsmittel (Kapitel 33), z.B. Reispuder
6. Klebstoffe auf der Grundlage von Stärke (Position 3505 oder 3506)
7. zubereitete Schlichtemittel und Appreturen aus Stärke (Position 3809), z.B. Glanzstärke
8. durch Fraktionieren von Stärke erhaltenes isoliertes Amylopektin und isolierte Amylose (Position 3913)
9. veretherte oder veresterte Stärken (Position 3505)

Ölsamen und ölhaltige Früchte sowie Mehl hiervon (Positionen 1201 bis 1208) (Nr. 18 der Anlage 2) 75

Begünstigt sind alle Erzeugnisse der Positionen 1201 bis 1208. Hierzu gehören Samen und Früchte, aus denen in der Regel durch Pressen oder mit Lösemitteln Fette oder Öle zu Speise- oder technischen Zwecken gewonnen werden, gleichgültig, ob sie tatsächlich zu diesem Zweck, zur Aussaat oder zu einem anderen Zweck bestimmt sind. Sie können ganz, zerkleinert, enthülst oder geschält, auch einer leichten Wärmebehandlung unterzogen sein, vorausgesetzt, dass diese Behandlung den Charakter als natürliches Erzeugnis nicht ändert.

Im Einzelnen sind nach Nr. 18 der Anlage 2 *begünstigt*: 76

1. Sojabohnen, auch geschrotet oder zur Entbitterung mit Wärme behandelt (Position 1201), *nicht jedoch* geröstete Sojabohnen, als Kaffeemittel verwendet (Position 2101), die aber unter Nr. 33 der Anlage 2 fallen (vgl. Tz. 115, 116)
2. Erdnüsse, weder geröstet noch auf andere Weise hitzebehandelt, auch geschält oder geschrotet, auch zur Verbesserung ihrer Haltbarkeit mit Wärme behandelt (Position 1202)

   Geröstete oder auf andere Weise hitzebehandelte Erdnüsse gehören zu Kapitel 20 und fallen damit unter Nr. 32 der Anlage 2 (vgl. Tz. 112, 113).

Anlage § 012 (2) 1–01

3. Kopra (Position 1203), das für den menschlichen Verzehr ungeeignete, jedoch zum Gewinnen von Kokosöl verwendete getrocknete Fruchtfleisch der Kokosnuss, *nicht jedoch* geschälte, geraspelte und getrocknete genießbare Kokosnüsse (Position 0801), die aber unter Nr. 11 der Anlage 2 fallen (vgl. Tz. 55)

4. Leinsamen (Samen der Flachspflanze), auch geschrotet (Position 1204)

5. Raps- oder Rübsensamen (Samen mehrerer Brassica-Arten), auch geschrotet (Position 1205)

6. Sonnenblumenkerne (Samen der Sonnenblume), auch geschrotet (Position 1206) in der Regel für die Süßwarenherstellung, als Vogelfutter, zum unmittelbaren Verzehr oder auch zur Herstellung von Speiseöl bestimmt

7. andere Ölsamen und ölhaltige Früchte, auch geschrotet (Position 1207)

   Hierzu gehören insbesondere Babassukerne, Bassiasaat, Baumwollsaat, Bucheckern, Candlenüsse, Crotonsaat, Hanfsaat, Holznüsse, Kapoksaat, Mohnsaat, Palmnüsse und ihre Kerne, Rizinussaat, Senfsaat, Sesamsaat, Sheanüsse und Traubenkerne, *nicht jedoch* Kakaobohnen (Position 1801) und geröstete Kerne von Speisekürbissen (Position 2008). Letztere fallen aber unter Nr. 32 der Anlage 2 (vgl. Tz. 113).

8. Mehl von Ölsamen oder ölhaltigen Früchten, ausgenommen Senfmehl (Position 1208)

   Hierzu gehören sowohl, nicht oder nur teilweise entfettetes Mehl, das durch Mahlen der zu den Positionen 1201 bis 1207 gehörenden Ölsamen oder ölhaltigen Früchten gewonnen wird, als auch Mehle, die entfettet und danach vollständig oder teilweise mit ihren ursprünglichen Ölen aufgefettet worden sind, *nicht jedoch* Erdnussmark (Erdnussmus) (Position 2008), das aber unter Nr. 32 der Anlage 2 fällt (vgl. Tz. 113), Senfmehl, auch entfettet oder zubereitet (Position 2103), das aber unter Nr. 33 der Anlage 2 fällt (vgl. Tz. 116) sowie entfettete Mehle (andere als Senfmehl) (Positionen 2304 bis 2306), die aber unter Nr. 37 der Anlage 2 fallen (vgl. Tz. 125, 126).

77 Nach Nr. 18 der Anlage 2 sind *nicht begünstigt:*

1. Erzeugnisse der Positionen 0801 und 0802, z.B. Kokosnüsse, Paranüsse, Kaschu-Nüsse und andere Schalenfrüchte, die aber unter Nr. 11 der Anlage 2 fallen (vgl. Tz. 52, 55)

2. Oliven (Kapitel 7 oder 20), die je nach Beschaffenheit aber unter Nr. 10 oder 32 der Anlage 2 fallen können (vgl. Tz. 48–50, 112, 113)

3. bestimmte andere Früchte und Samen, aus denen zwar Öl gewonnen werden kann, die jedoch hauptsächlich anderen Zwecken dienen, z.B. Aprikosen-, Pfirsich- und Pflaumenkerne (Position 1212), die aber unter Nr. 22 der Anlage 2 fallen (vgl. Tz. 85, 86)

4. feste Rückstände aus der Gewinnung pflanzlicher Fette oder Öle von Ölsaaten oder ölhaltigen Früchten (Kapitel 23), die aber unter Nr. 37 der Anlage 2 fallen (vgl. Tz. 125, 126)

78 *Samen, Früchte und Sporen, zur Aussaat (Position 1209)* (Nr. 19 der Anlage 2)

Begünstigt sind alle Samen, Früchte und Sporen der Position 1209 der zur Aussaat verwendeten Art, auch wenn sie ihre Keimfähigkeit verloren haben, insbesondere Samen von Rüben aller Art, von Gräsern und Futterpflanzen (Luzerne, Esparsette, Klee, Schwingel, Weidegras, Wiesenrispengras usw.), Samen von Zierblumen, Gemüsesamen, Samen von Waldbäumen (einschließlich der gefüllten Zapfen der Nadelbäume), Samen von Obstbäumen, Samen von Wicken (*nicht jedoch* der Art Vicia faba, wie z.B. Puff-, Pferde- und Ackerbohnen (Position 0708), die aber unter Nr. 10 der Anlage 2 fallen (vgl. Tz. 48–50)), von Lupinen, von Tamarinden, von Tabak sowie Samen der in Position 1211 erfassten Pflanzen, soweit diese Samen nicht selbst hauptsächlich zur Riechmittelherstellung, zu Zwecken der Medizin, Insektenvertilgung, Schädlingsbekämpfung und dergleichen verwendet werden.

79 Zur Anwendung des zutreffenden Steuersatzes bei der Lieferung von Saatgut unter gleichzeitiger Einsaat in den Ackerboden sowie zu sonstigen damit verbundenen Leistungen vgl. Tz. 62.

80 Nach Nr. 19 der Anlage 2 sind *nicht begünstigt:*

1. Pilzmycel (Position 0602), das aber unter Nr. 7 der Anlage 2 fällt (vgl. Tz. 38)

2. Hülsenfrüchte und Zuckermais (Kapitel 7), die aber unter Nr. 10 der Anlage 2 fallen (vgl. Tz. 48–50)

3. Früchte des Kapitels 8, die aber unter Nr. 11 der Anlage 2 fallen (vgl. Tz. 52, 55)

4. Gewürze und andere Erzeugnisse des Kapitels 9, die aber unter Nr. 12 der Anlage 2 fallen (vgl. Tz. 57, 59)

5. Getreidekörner (Kapitel 10), die aber unter Nr. 13 der Anlage 2 fallen (vgl. Tz. 61, 63)

Anlage § 012 (2) 1–01

6. Ölsamen und ölhaltige Früchte der Positionen 1201 bis 1207, die aber unter Nr. 18 der Anlage 2 fallen (vgl. Tz. 75, 76)
7. Johannisbrotkerne (Position 1212), die aber unter Nr. 22 der Anlage 2 fallen (vgl. Tz. 85, 86)
8. Eicheln und Rosskastanien (Position 2308), die aber unter Nr. 37 der Anlage 2 fallen (vgl. Tz. 125, 126)

Nr. 20 der Anlage 2 **81**
(weggefallen)

Rosmarin, Beifuß und Basilikum in Aufmachungen für den Küchengebrauch sowie Dost, Minzen, Salbei, **82**
Kamilleblüten und Haustee (aus Position 1211) (Nr. 21 der Anlage 2)

Begünstigt sind nur die ausdrücklich aufgeführten Erzeugnisse aus Position 1211 Zolltarif.

Im Einzelnen sind nach Nr. 21 der Anlage 2 *begünstigt:* **83**

1. Rosmarin, Beifuß und Basilikum in Aufmachungen für den Küchengebrauch (d.h. für den Gebrauch als Gewürze bei der Zubereitung von Speisen)

   Eine Aufmachung für den Küchengebrauch ist unabhängig von der tatsächlichen Verwendung immer gegeben, wenn die Erzeugnisse in Packungen mit einem Gewicht bis zu einem Kilogramm abgefüllt sind.

2. Kraut von Dost aller Origanum-Arten außer Origanum majorana aus Position 0709, der aber unter Nr. 10 der Anlage 2 fallen kann (vgl. Tz. 48–50); Blätter und Stängel von Minzen aller Art, Blätter und Blüten von Salbei sowie Blüten von Kamille, auch mit Alkohol getränkt

   Die Erzeugnisse können auch für den Einzelverkauf aufgemacht sein (z.B. Pfefferminztee oder Kamillenblütentee, in Aufgussbeuteln abgepackt). Außerdem können die Erzeugnisse frisch oder getrocknet, ganz, in Stücken, als Pulver oder sonst zerkleinert sein.

3. Haustee

   Hierzu gehören getrocknete Pflanzen, Pflanzenteile, Samen und Früchte (ganz, in Stücken, als Pulver oder sonst zerkleinert), die nach ihrer objektiven Beschaffenheit zur Bereitung einfachen Tees des Hausgebrauchs geeignet sind (sog. Tee-Ersatz), z.B. Malventee (Blätter und Früchte), Lindenblütentee und Holunderblütentee, auch wenn sie im Einzelfall zu anderen Zwecken (z.B. als Mischungskomponente bei der Herstellung von Medizinaltee) verwendet werden. Die Erzeugnisse können auch für den Einzelverkauf aufgemacht sein (z.B. Lindenblütentee, in Aufgussbeuteln abgepackt).

Nach Nr. 21 der Anlage 2 sind *nicht begünstigt:* **84**

1. a) trinkfertiger Tee- bzw. Hausteeaufguss (Position 2202),
   b) Auszüge, Essenzen und Konzentrate aus Tee (Position 2101), die aber unter Nr. 33 der Anlage 2 fallen (vgl. Tz. 115, 116)
2. Arzneiwaren
   a) ungemischte Erzeugnisse der Position 1211, jedoch dosiert (d.h. gleichmäßig in diejenigen Mengen abgeteilt, in denen sie zu therapeutischen oder prophylaktischen Zwecken gebraucht werden, z.B. Ampullen, Kapseln usw.) oder für den Einzelverkauf zu therapeutischen oder prophylaktischen Zwecken aufgemacht,
   b) zu den gleichen Zwecken gemischte Erzeugnisse (Position 3003 oder 3004)
3. andere Erzeugnisse der Position 1211, die nicht als Haustee verwendet werden, z.B. Baldrianwurzeln, Fenchelwurzeln oder Hagebuttenkerne

   Hierzu gehören:
   a) Riechmittel des Kapitels 33 sowie Insektizide oder Schädlingsbekämpfungsmittel und dergleichen, in Formen oder Aufmachung für den Einzelverkauf (Position 3808),
   b) Früchtetees aus getrockneten Früchten (z.B. Hagebutten) (Position 0813), die aber unter Nr. 11 der Anlage 2 fallen (vgl. Tz. 52–55),
   c) Früchtetees aus getrockneten Früchten mit Zusätzen von Malven- und Hibiscusblüten (Position 2106), die aber unter Nr. 33 der Anlage 2 fallen (vgl. Tz. 116),
   d) Tee aus Fenchelfrüchten (Position 0909), der aber unter Nr. 12 der Anlage 2 fällt (vgl. Tz. 59).

   Die Zuordnung von Teemischungen bestimmt sich nach dem charakterbestimmenden Stoff oder Bestandteil.

Anlage § 012 (2) 1–01

4. Erzeugnisse, die aus Pflanzen oder -teilen, Samen oder Früchten verschiedener Arten (auch in Mischung mit Pflanzen oder -teilen anderer Positionen) oder einer Art oder mehrerer Arten in Mischung mit anderen Stoffen bestehen (Position 2106). Diese Erzeugnisse fallen aber unter Nr. 33 der Anlage 2 (vgl. Tz. 115, 116).

5. Erzeugnisse, die unmittelbar zum Aromatisieren von Getränken oder zum Gewinnen von Auszügen zum Herstellen von Getränken verwendet werden:

   a) Mischungen verschiedener Arten von Pflanzen oder -teilen aus Position 1211 gehören zu Position 2106 und fallen damit unter Nr. 33 der Anlage 2 (vgl. Tz. 115, 116),

   b) Mischungen von Pflanzen oder -teilen der Position 1211 mit pflanzlichen Erzeugnissen anderer Kapitel (z.B. Kapitel 7, 9, 11) gehören zu Kapitel 9 oder zu Position 2106 und fallen damit unter Nr. 12 oder 33 der Anlage 2 (vgl. Tz. 59, 115, 116)

85 *Johannisbrot und Zuckerrüben, frisch oder getrocknet, auch gemahlen; Steine und Kerne von Früchten sowie andere pflanzliche Waren (einschließlich nicht gerösteter Zichorienwurzeln der Varietät Cichorium intybus sativum) der hauptsächlich zur menschlichen Ernährung verwendeten Art, anderweit weder genannt noch inbegriffen; ausgenommen Algen, Tange und Zuckerrohr (aus Position 1212)* (Nr. 22 der Anlage 2)

Begünstigt sind nur die ausdrücklich aufgeführten Erzeugnisse aus Position 1212 in der in dieser Position beschriebenen Beschaffenheit.

86 Im Einzelnen sind nach Nr. 22 der Anlage 2 *begünstigt:*

1. Johannisbrot (Frucht der Ceratonia siliqua), einschließlich Endosperm, Samen, Samenschalen und Keime, *nicht jedoch* das Endosperm-Mehl, das als Schleim und Verdickungsstoff zu Position 1302 gehört

2. Zuckerrüben, auch Schnitzel, *nicht jedoch* Bagasse, der faserige Rückstand des Zuckerrohrs, der nach dem Ausziehen des Saftes zurückbleibt (Position 2303), und Zuckerrohr (Position 1212)

   Bagasse fällt aber unter Nr. 37 der Anlage 2 (vgl. Tz. 126).

3. Steine und Kerne von Früchten, insbesondere von Pfirsichen, Nektarinen, Aprikosen und Pflaumen, die hauptsächlich als Mandelersatz dienen, auch wenn sie zur Ölgewinnung verwendet werden.

4. andere pflanzliche Waren der hauptsächlich zur menschlichen Ernährung verwendeten Art, anderweit weder genannt noch inbegriffen, z.B.

   a) nichtgeröstete Zichorienwurzeln der Varietät Cichorium intybus sativum,

   b) getrocknete Erdbeer-, Brombeer- und Himbeerblätter oder Blätter von schwarzen Johannisbeeren, die zur Zubereitung von Kräutertees (Haustee) geeignet sind,

   c) Angelikastängel, hauptsächlich zum Kandieren und Glasieren verwendet (im Allgemeinen in Salzlake vorläufig haltbar gemacht),

   d) Zucker-Sorghum, wie die Art Sorghum saccharatum (hauptsächlich zum Gewinnen von Sirup oder Melassen verwendet),

   e) geschrotete oder gemahlene Rüben- oder Gemüsesamen (zur Gewinnung von Speiseöl)

87 Nach Nr. 22 der Anlage 2 sind *nicht begünstigt:*

1. geröstete Zichorienwurzeln sowie geröstete Fruchtkerne, die als Kaffeemittel dienen (Position 2101), die aber unter Nr. 33 der Anlage 2 fallen (vgl. Tz. 116)

   Nichtgeröstete Zichorienwurzeln gehören zu Position 0601 und fallen damit unter Nr. 6 der Anlage 2 (vgl. Tz. 34).

2. Fruchtsteine und -kerne der zum Schnitzen verwendeten Art (z.B. Dattelkerne) (Position 1404)

3. Algen und Tange, auch wenn sie genießbar sind (Position 1212)

4. weichschalige Kerne von Kürbissen (Position 1207), die aber unter Nr. 18 der Anlage 2 fallen können (vgl. Tz. 75, 76) bzw. geröstete Kerne von Speisekürbissen (Position 2008), die aber unter Nr. 32 der Anlage 2 fallen (vgl. Tz. 113)

88 *Stroh und Spreu von Getreide sowie verschiedene zur Fütterung verwendete Pflanzen (Positionen 1213 und 1214)* (Nr. 23 der Anlage 2)

Begünstigt sind alle Erzeugnisse der Positionen 1213 und 1214, d.h. Stroh und Spreu von Getreide sowie verschiedene für Fütterung verwendete Pflanzen, wobei die Zubereitungen der zur Fütterung verwendeten Art unter Position 2309 fallen (vgl. Tz. 90 Nr. 3).

Anlage § 012 (2) 1–01

Im Einzelnen sind nach Nr. 23 der Anlage 2 *begünstigt:* **89**

1. Stroh und Spreu von Getreide, roh, wie sie beim Dreschen anfallen, auch gehäckselt, gemahlen, gepresst oder in Form von Pellets, *nicht jedoch* weiter zubereitetes Stroh oder Spreu (Position 1213) oder gereinigtes, gebleichtes oder gefärbtes Getreidestroh (Position 1401)

2. Steckrüben, Futterrüben, Wurzeln zu Futterzwecken, Heu, Luzerne, Klee, Esparsette, Futterkohl, Lupinen, Wicken und ähnliches Futter, auch in Form von Pellets (frisch, getrocknet, gehäckselt oder anders zerkleinert, gepresst, gesalzen oder siliert) (Position 1214)

   Hierzu gehören z.B. Futtermöhren, Runkelrüben, Kohlrüben und Futtersteckrüben, auch wenn einige von ihnen zur menschlichen Ernährung geeignet sind.

Nach Nr. 23 der Anlage 2 sind *nicht begünstigt:* **90**

1. Pflanzliche Erzeugnisse, die trotz ihrer Verwendung als Futter nicht eigens zu diesem Zwecke angebaut werden, wie Rübenblätter, Möhrenkraut, Maisstängel und Maisblätter (Position 2308), die jedoch unter Nr. 37 der Anlage 2 fallen (vgl. Tz. 125, 126)

2. pflanzliche Abfälle für Futterzwecke (Position 2308), die jedoch unter Nr. 37 der Anlage 2 fallen (vgl. Tz. 125, 126)

3. Zubereitungen der zur Fütterung verwendeten Art (z.B. melassiertes Futter) (Position 2309), die jedoch unter Nr. 37 der Anlage 2 fallen (vgl. Tz. 125, 126)

4. Speisemöhren (Position 0706), die jedoch unter Nr. 10 der Anlage 2 fallen können (vgl. Tz. 48–50)

5. Topinambur (Position 0714), der aber unter Nr. 10 der Anlage 2 fallen kann (vgl. Tz. 48–50)

6. Pastinaken (Position 0706), die jedoch unter Nr. 10 der Anlage 2 fallen können (vgl. Tz. 48–50)

Pektinstoffe, Pektinate und Pektate (Unterposition 1302 20) (Nr. 24 der Anlage 2) **91**

Begünstigt sind nur Pektinstoffe, Pektinate und Pektate (Unterposition 1302 20). Pektinstoffe (im Handel allgemein als Pektine bezeichnet) sind Polysaccharide, die sich von der Polygalacturonsäure ableiten. Sie kommen in den Zellen bestimmter Pflanzen (insbesondere bestimmter Früchte und Gemüse) vor und werden technisch aus den Rückständen von Äpfeln, Birnen, Quitten, Zitrusfrüchten, Zuckerrüben usw. gewonnen. Pektinstoffe werden hauptsächlich als Geliermittel beim Herstellen von Konfitüren usw. verwendet. Sie können flüssig oder in Pulverform vorliegen oder durch Zusatz von Zucker (Glucose, Saccharose usw.) oder anderer Stoffe standardisiert worden sein, um bei ihrer Verwendung eine gleich bleibende Wirkung sicherzustellen; Pektinstoffe werden manchmal mit Natriumcitrat oder anderen Puffersalzen versetzt. Pektinate sind die Salze der Pektinsäure (teilweise methoxylierten Poly-D-Galacturonsäure), Pektate die Salze der demethoxylierten Pektinsäure; ihre Eigenschaften und ihre Verwendung sind denen der Pektinstoffe vergleichbar.

Nach Nr. 24 der Anlage 2 sind *nicht begünstigt:* **92**

1. Pflanzensäfte und -auszüge aus Mohn, Aloe, Eschen, Süßholzwurzeln oder Hopfen (Position 1302) sowie zusammengesetzte Pflanzenauszüge zum Herstellen von Getränken oder Lebensmittelzubereitungen

2. Agar-Agar und andere natürliche pflanzliche Schleime und Verdickungsstoffe (Position 1302), z.B. aus Johannisbrot oder -kernen

3. Zubereitungen aus Pektin und anderen Stoffen, z.B. mit Säuren, Saccharose oder Mineralsalzen (Position 2106), die aber unter Nr. 33 der Anlage 2 fallen können (vgl. Tz. 115, 116)

4. Pflanzenauszüge zu therapeutischen oder prophylaktischen zwecken (Position 3003 oder 3004)

Nr. 25 der Anlage 2 **93**

(weggefallen)

Genießbare tierische und pflanzliche Fette und Öle, auch verarbeitet, und zwar **94**

a) Schweineschmalz, anderes Schweinefett und Geflügelfett (aus Position 1501),

b) Fett von Rindern, Schafen oder Ziegen, ausgeschmolzen oder mit Lösungsmitteln ausgezogen (aus Position 1502),

c) Oleomargarin (aus Position 1503),

d) fette pflanzliche Öle und pflanzliche Fette sowie deren Fraktionen, auch raffiniert (aus Positionen 1507 bis 1515),

Anlage § 012 (2) 1–01

   e) tierische und pflanzliche Fette und Öle sowie deren Fraktionen, ganz oder teilweise hydriert, umgeestert, wiederverestert oder elaidiniert, auch raffiniert, jedoch nicht weiterverarbeitet, ausgenommen hydriertes Rizinusöl (sog. Opalwachs) (aus Position 1516),
   f) Margarine; genießbare Mischungen und Zubereitungen von tierischen oder pflanzlichen Fetten und Ölen sowie von Fraktionen verschiedener Fette und Öle, ausgenommen Form- und Trennöle (aus Position 1517)

(Nr. 26 der Anlage 2)

Begünstigt sind nur die in den Buchstaben a) bis f) der Vorschrift ausdrücklich aufgeführten tierischen und pflanzlichen Fette und Öle der Positionen 1501 bis 1503 sowie 1507 bis 1517, sofern sie genießbar, d.h. unmittelbar – ohne weitere Bearbeitung und Verarbeitung – für die menschliche Ernährung geeignet sind ohne Rücksicht auf ihren tatsächlichen Verwendungszweck (Ernährungszwecke, Futtermittelherstellung oder technische Zwecke wie Seifen- oder Scheuermittelherstellung).

95 Im Einzelnen sind nach Nr. 26 der Anlage 2 *begünstigt*:

1. zu Buchstabe a):

   genießbares Schweineschmalz, anderes Schweinefett und Geflügelfett, ausgepresst, ausgeschmolzen oder mit Lösemitteln ausgezogen (aus Position 1501)

   Schweineschmalz und Geflügelfett können roh oder raffiniert, gereinigt oder auch gewürzt sein sowie Grieben oder Lorbeerblätter enthalten.

   Hierzu gehört *nicht*:

   a) ungenießbares Schweineschmalz oder ungenießbares Geflügelfett (aus Position 1501), z.B. ungenießbar gemachtes oder ranzig gewordenes Schweineschmalz oder Schweineschmalz, das in Folge von Verunreinigung (Blut- und Schmutzbestandteilen) ungenießbar ist, oder Geflügelöl, das als Nebenprodukt bei der Herstellung von Geflügelfleisch anfällt,
   b) Schmalzstearin und Schmalzöl (aus Position 1503),
   c) Knochenöl der Position 1506,
   d) Schweinespeck, der keine mageren Teile enthält sowie Schweinefett und Geflügelfett, weder ausgeschmolzen noch auf andere Weise ausgezogen (Position 0209). Diese Erzeugnisse fallen jedoch unter Nr. 2 der Anlage 2 (vgl. Tz. 21).

2. zu Buchstabe b):

   genießbares Fett von Rindern, Schafen oder Ziegen, ausgeschmolzen oder mit Lösemitteln ausgezogen (aus Position 1502)

   Hierzu gehört Fett (Talg), das durch Ausschmelzen insbesondere aus Gekröse-, Netz-, Herz-, Mittelfell- und Eingeweidefett von Rindern, Schafen oder Ziegen gewonnen wird (einschließlich Premier Jus – beste Qualität des genießbaren Talgs – und Griebentalg), *nicht jedoch*

   a) roher (d.h. nicht ausgeschmolzener) Talg von Rindern, Schafen oder Ziegen, wie er auf Schlachthöfen, in Fleischereien oder in Verarbeitungsbetrieben für Innereien anfällt (aus Position 1502), z.B. rohes Mickerfett (Gekrösefett) von Rindern, Schafen oder Ziegen,
   b) ausgeschmolzener Talg, ungenießbar (aus Position 1502), z.B. Talg, der wegen seines hohen Gehalts an freien Fettsäuren nicht genießbar ist,
   c) Öle tierischen Ursprungs (z.B. Klauenöl aus Position 1506).

3. zu Buchstabe c):

   genießbares Oleomargarin, weder emulgiert, vermischt noch anders verarbeitet (aus Position 1503), durch Auspressen von Talg gewonnen

   Oleomargarin besteht vorwiegend aus Glyceriden der Ölsäure (Triolein).

   Hierzu gehören *nicht* andere Erzeugnisse, die durch Auspressen von Talg gewonnen werden (z.B. Talgöl oder Oleostearin) sowie Schmalzöl und Schmalzstearin (durch Auspressen von Schweineschmalz gewonnen) (aus Position 1503).

4. zu Buchstabe d):

   genießbare fette pflanzliche Öle (flüssig oder fest, roh, gereinigt oder raffiniert) und genießbare pflanzliche Fette sowie deren Fraktionen (aus Positionen 1507 bis 1515) (z.B. Sonnenblumenöl), nicht nur aus ölhaltigen Früchten, sondern auch aus anderen Früchten gewonnenes Öl (z.B. aus Getreidekeimen, Pfirsichen, Walnüssen) und einfache Gemische flüssiger pflanzlicher Öle (sofern sie nicht den Charakter anderer Positionen aufweisen)

Anlage § 012 (2) 1–01

Rohe pflanzliche Öle gehören nur dann hierher, wenn sie genießbar, d.h. unmittelbar für die menschliche Ernährung geeignet sind (z.B. Jungfern-Olivenöl und rohes Rüböl), *nicht jedoch* rohes Erdnussöl (aus Position 1508), rohes Maisöl (aus Position 1515) usw.

Hierzu gehört auch raffiniertes Rapsöl (aus Position 1514), und zwar auch dann, wenn das Produkt als Kraftstoff verwendet wird, *nicht jedoch* eine Mischung aus Rapsöl und Dieselkraftstoff.

Hierzu gehören *nicht* ungenießbare Öle, z.B. Myrten- und Japanwachs sowie Rizinusöl (aus Position 1515) und ungenießbar gemachte Öle.

5. zu Buchstabe e):

   genießbare tierische und pflanzliche Öle und Fette sowie deren Fraktionen, ganz oder teilweise hydriert (oder durch sonstige Verfahren gehärtet), umgeestert, widerverestert oder elaidiniert, auch raffiniert, *jedoch nicht* weiterverarbeitet, *ausgenommen* hydriertes Rizinusöl (sog. Opalwachs) (aus Position 1516)

6. zu Buchstabe f):

   Margarine; genießbare Mischungen und Zubereitungen von tierischen und pflanzlichen Fetten und Ölen sowie von Fraktionen verschiedener Fette und Öle, ausgenommen Form- und Trennöle (aus Position 1517)

   Hierzu gehören Lebensmittelzubereitungen von fester Beschaffenheit, die im Wesentlichen Gemische verschiedener, ggf. auch gehärteter Fette sind. Diese Zubereitungen können aus Gemischen tierischer Fette und Öle, aus Gemischen pflanzlicher Fette und Öle oder aus Gemischen tierischer Fette (oder auch Öle) mit pflanzlichen Fetten (oder auch Ölen) bestehen. Die Gemische können durch Emulgieren mit Vollmilch, Magermilch usw. oder durch Kirnen oder Texturieren verarbeitet sein. Sie gehören auch hierher, wenn sie nicht mehr als 15 Gewichtshundertteile an Erzeugnissen der Position 0405, Lecithin, Stärke, organische Farbstoffe, Aromastoffe oder Vitamine enthalten. Hierher gehören auch Lebensmittelzubereitungen, die aus nur einem Fett oder aus nur einem gehärteten Öl bestehen und ähnlich verarbeitet (emulgiert, gekirnt, texturiert usw.) sind. Die wichtigsten dieser verarbeiteten Fette sind Margarine und Kunstspeisefett, deren charakteristische Besonderheit darin besteht, dass sie nach äußeren Merkmalen (Aussehen, Konsistenz, Farbe usw.) gewisse Ähnlichkeiten mit Butter oder Schweineschmalz aufweisen, sowie sog. shortenings (aus Ölen oder Fetten durch Texturieren hergestellt). Fettmischungen, bei denen das Milchfett (insbesondere Butterfett) der Hauptbestandteil ist, gehören nicht zu Position 1517, sondern im Allgemeinen zu Kapitel 4 oder 21 Zolltarif und fallen somit unter Nr. 4 oder 33 der Anlage 2 (vgl. Tz. 27, 30, 115, 116).

Nach Nr. 26 der Anlage 2 sind *nicht begünstigt:*

1. Fette und Öle von Fischen oder Meeressäugetieren, auch raffiniert (Position 1504), z.B. Lebertran sowie Walöl und Walfett einschließlich Spermöl
2. Wollfett und daraus stammende Fettstoffe, einschließlich Lanolin (Position 1505)
3. andere tierische Fette und Öle (z.B. Klauenöl, Knochenfett, Abfallfett) (Position 1506); hierzu rechnen z.B. auch Fett von Pferden, Kaninchen usw., Knochenöl, Markfett, Eieröl, Schildkröteneieröl, Puppenöl; des Weiteren ist Kadaverfett aus Position 1518 nicht begünstigt
4. tierische und pflanzliche Öle, gekocht, oxidiert, dehydratisiert, geschwefelt, geblasen, durch Hitze im Vakuum oder in inertem Gas polymerisiert oder anders modifiziert (aus Position 1518)
5. technische Fettsäuren; saure Öle aus der Raffination; technische Fettalkohole (Position 3823)
6. Glycerin, roh, einschließlich Glycerinwasser und -unterlaugen (Position 1520)
7. Walrat, roh, gepresst, auch raffiniert oder gefärbt (Position 1521)
8. Rückstände aus der Verarbeitung von Fettstoffen oder von tierischen oder pflanzlichen Wachsen (Position 1522), z.B. Öldrass und Soapstock
9. Kakaobutter, einschließlich Kakaofett und Kakaoöl (Position 1804)
10. Linoxyn (Position 1518)
11. Polymerisate von Kaschu-Nussschalen-Auszug (Cashew nutshell liquid (CNSL))

Butter (Position 0405) fällt unter Nr. 4 der Anlage 2 (vgl. Tz. 30). Grieben (Position 2301), Ölkuchen und andere feste Rückstände aus der Gewinnung pflanzlicher Öle (Position 2304 bis 2306) fallen unter Nr. 37 der Anlage 2 (vgl. Tz. 125, 126).

Anlage § 012 (2) 1–01

97 Nr. 27 der Anlage 2

(weggefallen)

98 *Zubereitungen von Fleisch, Fischen oder von Krebstieren, Weichtieren und anderen wirbellosen Wassertieren, ausgenommen Kaviar sowie zubereitete oder haltbar gemachte Langusten, Hummer, Austern und Schnecken (aus Kapitel 16)* (Nr. 28 der Anlage 2)

Begünstigt sind alle Erzeugnisse des Kapitels 16 Zolltarif mit Ausnahme von Kaviar und der Zubereitungen von Langusten, Hummern, Austern und Schnecken. Dazu gehören genießbare Zubereitungen aus Fleisch oder aus Schlachtnebenerzeugnissen, auch von Wildbret und Geflügel (z.B. Zubereitungen von Füßen, Häuten, Herzen, Zungen, Lebern, Därmen, Magen und Blut von Tieren) sowie genießbare Zubereitungen aus Fischen, Krebstieren, Weichtieren und anderen wirbellosen Wassertieren, sofern diese Erzeugnisse weitergehend bearbeitet sind als dies in den Kapitel 2 oder 3 Zolltarif (vgl. dazu Tz. 18–26) vorgesehen ist. Lebensmittelzubereitungen (einschließlich der sog. Fertiggerichte) gehören zu Kapitel 16 Zolltarif, wenn ihr Gehalt an Wurst, Fleisch, Schlachtnebenerzeugnissen, Blut, Fischen, Krebstieren, Weichtieren oder anderen wirbellosen Wassertieren – einzeln oder zusammen – mehr als 20 Gewichtshundertteile beträgt. Gefüllte Teigwaren gehören allerdings zu Position 1902 und fallen damit unter Nr. 31 der Anlage 2 (vgl. Tz. 109, 110). Zusammengesetzte Würzmittel gehören zu Position 2103 und fallen damit unter Nr. 33 der Anlage 2 (vgl. Tz. 115, 116). Zubereitungen zum Herstellen von Suppen und Brühen gehören zu Position 2104 und fallen damit ebenfalls unter Nr. 33 der Anlage 2 (vgl. Tz. 115, 116).

99 Wegen der umsatzsteuerlichen Behandlung von Zusammenstellungen von unterschiedlich zu tarifierenden Erzeugnissen, z.B. einer Verkaufskombination aus Wurstkonserven und einem Frühstücksbrett, wird auf die Ausführungen im Allgemeinen Teil A (vgl. Tz. 11–14) hingewiesen.

100 Im Einzelnen sind nach Nr. 28 der Anlage 2 *begünstigt:*

1. Würste und ähnliche Erzeugnisse aus Fleisch, Schlachtnebenerzeugnissen oder Blut; Lebensmittelzubereitungen auf der Grundlage dieser Erzeugnisse (Position 1601)

   Hierzu gehören Zubereitungen aus grob oder fein zerkleinertem Fleisch oder Schlachtnebenerzeugnissen (auch aus Därmen und Magen) oder aus Tierblut, in Därmen, Magen, Blasen, Häuten oder ähnlichen natürlichen oder künstlichen Umhüllungen. Bei manchen Erzeugnissen kann jedoch die Umhüllung fehlen, wobei dann die charakteristische Wurstform durch Pressen erreicht wird. Die Zubereitungen können roh oder hitzebehandelt, geräuchert oder ungeräuchert sein; Fett, Speck, Stärke, Würzmittel, Gewürze usw. können zugesetzt sein. Sie können auch verhältnismäßig große Stücke von Fleisch oder Schlachtnebenerzeugnissen enthalten. Die Erzeugnisse können in Scheiben geschnitten oder in luftdicht verschlossenen Behältnissen verpackt sein. Hierzu gehören insbesondere Frankfurter, Salami, Leberwürste (einschließlich solcher aus Geflügelleber), Blutwurst, Weißwurst, kleine Würste aus Innereien, Zervelatwurst, Mortadella, Pasteten, Pasten, Galantinen und dergleichen (wenn in Wursthüllen aufgemacht oder durch Pressen in eine charakteristische Wurstform gebracht), Salami, Plockwurst, Teewurst, Rohwürste (sofern unmittelbar genießbar, z.B. durch Lufttrocknung), Brüh- und Kochwürste, *nicht jedoch* rohes Fleisch ohne andere Bestandteile (auch wenn in einer Hülle aufgemacht) (Kapitel 2), welches aber unter Nr. 2 der Anlage 2 fällt (vgl. Tz. 18–21).

2. Fleisch, Schlachtnebenerzeugnisse oder Blut, anders zubereitet oder haltbar gemacht (Position 1602)

   Hierzu gehören insbesondere:

   a) Fleisch und Schlachtnebenerzeugnisse aller Art, die durch andere als im Kapitel 2 Zolltarif vorgesehene Verfahren zubereitet oder haltbar gemacht sind, insbesondere gekochtes, gegrilltes, geschmortes, gebratenes, in Wasser oder Dampf gegartes oder auf andere Weise thermisch behandeltes Fleisch (*nicht jedoch* nur überdämpfte, blanchierte oder ähnlich behandelte Erzeugnisse) sowie mit Teig umhülltes oder paniertes, getrüffeltes, gewürztes oder fein homogenisiertes Fleisch,

   b) Pasteten, Pasten, Galantinen, Sülzen und dergleichen (soweit nicht als Würste oder ähnliches zu Position 1601 gehörend),

   c) Zubereitungen aus Blut (sofern nicht als Blutwürste oder Ähnliches zu Position 1601 gehörend),

   d) genussfertige Fleischgerichte (Fertiggerichte), wenn der Anteil an Fleisch usw. mehr als 20 Gewichtshundertteile beträgt (z.B. „Hamburger" oder „Cheeseburger" mit Brötchen oder Pommes frites usw.).

   Mit Fleisch usw. gefüllte Teigwaren fallen unter Position 1902 und damit unter Nr. 31 der Anlage 2 (vgl. Tz. 109, 110).

Anlage § 012 (2) 1–01

3. Extrakte und Säfte von Fleisch, Fischen, Krebstieren, Weichtieren und anderen wirbellosen Wassertieren (Position 1603)

   Hierzu gehören:

   a) Fleischextrakte

   Diese werden im Allgemeinen dadurch gewonnen, dass Fleisch unter Druck durch Kochen oder mit gesättigtem Wasserdampf behandelt wird. Die so erhaltene Brühe wird durch Zentrifugieren oder Filtrieren entfettet und anschließend eingedickt. Je nach dem Grad des Eindickens können diese Fleischextrakte fest, pastenförmig oder flüssig sein.

   b) Fleischsäfte, die lediglich durch Auspressen von rohem Fleisch gewonnen werden,

   c) Extrakte von Fischen oder Krebstieren, von Weichtieren oder anderen wirbellosen Wassertieren

   Fischextrakte werden z.B. durch Konzentrieren wässriger Auszüge von Herings- oder anderem Fischfleisch oder aus (auch entöltem) Fischmehl gewonnen. Während des Gewinnungsvorgangs können die den Fischgeschmack hervorrufenden Stoffe (z.B. Trimethylamin bei Seefischen) ganz oder teilweise entfernt worden sein. Die so behandelten Extrakte haben ähnliche Eigenschaften wie Fleischextrakte.

   d) durch Auspressen gewonnene Säfte aus rohen Fischen, Krebstieren, Weichtieren oder anderen wirbellosen Wassertieren.

   Allen diesen Erzeugnissen können Konservierungsstoffe, wie Salz, in der für das Haltbarmachen erforderlichen Menge zugesetzt sein.

   Nicht zu dieser Position gehören:

   e) Solubles von Fischen oder Meeressäugetieren der Position 2309, die aber unter Nr. 37 der Anlage 2 fallen (vgl. Tz. 125, 126),

   f) Arzneiwaren, bei denen Erzeugnisse dieser Position nur als Trägerstoff oder Verdünnungsmittel für den arzneilichen Wirkstoff dienen (Kapitel 30),

   g) Peptone und Peptonate (Position 3504).

4. Fische, zubereitet oder haltbar gemacht; Kaviarersatz, aus Fischeiern gewonnen (aus Position 1604)

   Hierzu gehören:

   a) gekochte, gegrillte, geschmorte, gebratene, gebackene, in Wasser oder Dampf gegarte oder auf andere Weise thermisch behandelte Fische, *nicht jedoch* geräucherte Fische, vor oder während des Räucherns gegart, die, soweit nicht anders zubereitet, zu Position 0305 gehören und damit unter Nr. 3 der Anlage 2 fallen (vgl. Tz. 23, 24),

   b) genussfertige Fischgerichte (Fertiggerichte), z.B. Fischfilet mit Kartoffelsalat, Gemüse, Reis oder Teigwaren, sofern der Gehalt an Wurst, Fleisch, Schlachtnebenerzeugnissen, Blut, Fischen, Krebstieren, Weichtieren oder anderen wirbellosen Wassertieren – einzeln oder zusammen – mehr als 20 Gewichtshundertteile beträgt. Mit Fisch gefüllte Teigwaren fallen jedoch unter Position 1902 und damit unter Nr. 31 der Anlage 2 (vgl. Tz. 110),

   c) Fische, die mit Essig, Öl oder Tomatensoße haltbar gemacht oder zubereitet sind, Fischmarinaden (Fisch in Wein, Essig usw., denen Gewürze oder andere Stoffe zugesetzt sind), Fischwürste, Fischpasteten und Fischpasten (z.B. Anchovisbutter, Anchovispaste und Lachsbutter),

   d) Fische, die durch andere als in den Positionen 0302 bis 0305 vorgesehene Verfahren zubereitet oder haltbar gemacht sind (vgl. Tz. 24), z.B. Fischfilets, die lediglich mit Teig umhüllt oder mit Paniermehl bestreut (paniert) sind, Fischmilch und Fischleber, zubereitet, sowie fein homogenisierte und pasteurisierte oder sterilisierte Fische,

   e) Kaviarersatz

   Dies sind Zubereitungen aus dem Rogen anderer Fische als Störe (z.B. Lachs, Karpfen, Hecht, Thunfisch, Seehase oder Kabeljau), die wie Kaviar verwendet werden. Die Eier sind gewaschen, von anhängenden Organteilen befreit, gewürzt und gefärbt und manchmal gepresst und getrocknet, *nicht jedoch:*

   aa) Kaviar (aus Position 1604)

   Dies sind Zubereitungen aus dem Rogen von Stören, z.B. Beluga, Schipp, Osietra und Sevruga. Kaviar hat meist die Form einer weichen körnigen Masse aus kleinen Eiern von 2 bis 4 mm Durchmesser, ist silbergrau bis grünlich schwarz, riecht stark und schmeckt leicht salzig. Er kommt auch in gepresster Form vor, d.h. als homogene, feste Paste.

Anlage § 012 (2) 1–01

bb) Fischrogen (d.h. Fischeier, die noch vom Rogensack umgeben sind und nur nach den in Kapitel 3 vorgesehenen Verfahren zubereitet oder haltbar gemacht worden sind)

Soweit er genießbar ist, fällt er unter Nr. 3 der Anlage 2 (vgl. Tz. 23, 24).

5. Krebstiere, Weichtiere und andere wirbellose Wassertiere, zubereitet oder haltbar gemacht, ausgenommen zubereitete oder haltbar gemachte Langusten, Hummer, Austern und Schnecken (aus Position 1605)

Hierzu gehören Krebstiere und Weichtiere einschließlich Muscheln (auch Teile davon), die durch andere als in Positionen 0306 und 0307 (vgl. Tz. 24) vorgesehene Verfahren zubereitet oder haltbar gemacht sind, z.B. gekochte, gebratene, geräucherte Krebs- oder Weichtiere, auch in Gelee, Tunke usw. Es handelt sich insbesondere um Krabben, Süßwasserkrebse, Garnelen (*nicht jedoch* ungenießbare Garnelen aus Position 0511), Kaisergranate, Kraken, Kalmare, Miesmuscheln, Seeigel, Seegurken und Quallen.

Krebstiere in ihrem Panzer, durch Kochen in Wasser oder Dampfbehandlung gegart, verbleiben in Position 0306 und fallen damit unter Nr. 3 der Anlage 2 (vgl. Tz. 23, 24), auch wenn ihnen zum vorläufigen Haltbarmachen geringe Mengen Konservierungsstoffe zugesetzt worden sind.

Zu Mischungen (z.B. Salate) aus begünstigten und nicht begünstigten Erzeugnissen (z.B. Langusten und Garnelen) vgl. die Ausführungen im Allgemeinen Teil A (vgl. Tz. 11–14).

101 Nach Nr. 28 der Anlage 2 sind *nicht begünstigt:*

1. Naturdärme (Position 0504)
2. Kunstdärme (Position 3917)
3. genießbares Mehl von Fleisch und von Schlachtnebenerzeugnissen einschließlich Erzeugnisse von Meeressäugetieren (Position 0210) oder von Fischen (Position 0305); diese Erzeugnisse können aber unter Nr. 2 bzw. 3 der Anlage 2 fallen (vgl. Tz. 18–21, 23, 24)
4. ungenießbares Mehl und Pellets von Fleisch, von Meeressäugetieren, von Fischen oder von Krebstieren, von Weichtieren oder anderen wirbellosen Wassertieren (Position 2301); diese Erzeugnisse fallen aber unter Nr. 37 der Anlage 2 (vgl. Tz. 125, 126)
5. Zubereitungen der zur Fütterung verwendeten Art auf der Grundlage von Fleisch, Schlachtnebenerzeugnissen, Fischen usw. (Position 2309); diese Erzeugnisse fallen ebenfalls unter Nr. 37 der Anlage 2 (vgl. Tz. 125, 126)
6. Arzneiwaren des Kapitels 30

102 *Zucker und Zuckerwaren (Kapitel 17)* (Nr. 29 der Anlage 2)

Begünstigt sind alle Erzeugnisse des Kapitels 17 Zolltarif, nämlich Zucker (Saccharose, Lactose, Maltose, Glucose, Fructose usw.), Sirupe, Invertzuckercreme, Melassen aus der Gewinnung oder Raffination von Zucker sowie Zucker und Melassen, karamellisiert, und Zuckerwaren.

103 Im Einzelnen sind nach Nr. 29 der Anlage 2 *begünstigt:*

1. Rohrzucker und Rübenzucker und chemisch reine Saccharose, fest (Position 1701)

Rohrzucker wird aus dem Saft des Zuckerrohres, Rübenzucker aus dem Saft der Zuckerrübe gewonnen.

Begünstigt ist sowohl der Rohzucker (im Allgemeinen aus braunen Kristallen bestehend) als auch der durch weitergehende Bearbeitung des Rohzuckers gewonnene raffinierte Zucker sowie brauner Zucker (Mischung von weißem Zucker mit kleinen Mengen von z.B. karamellisiertem Zucker oder Melasse) und Kandiszucker (in Form größerer Kristalle, die durch langsames Kristallisieren aus konzentrierten Zuckerlösungen gebildet werden). Alle Erzeugnisse sind nur in fester Form (auch als Puder) begünstigt und können Zusätze von Aroma- oder Farbstoffen enthalten. Hierzu gehört auch chemisch reine Saccharose in fester Form, ohne Rücksicht auf ihre Herkunft.

2. andere Zucker, einschließlich chemisch reiner Lactose, Maltose, Glucose und Fructose, fest; Zuckersirupe, ohne Zusatz von Aroma- oder Farbstoffen; Invertzuckercreme, auch mit natürlichem Honig vermischt; Zucker und Melassen, karamellisiert (Position 1702)

Hierzu gehören insbesondere:

a) andere Zucker als Rüben- oder Rohrzucker in fester Form (auch als Puder), auch mit Zusatz von Aroma- oder Farbstoffen, wie z.B. Lactose (ein Milchbestandteil, der technisch aus Molke gewonnen wird), auch Milchzucker genannt, Invertzucker (der Hauptbestandteil des Naturhonigs, der technisch durch Hydrolyse von Saccharoselösungen gewonnen wird), Glucose (in der Natur in Früchten und im Honig vorkommend, bildet zusammen mit der gleichen Menge Fructose den

Invertzucker), Dextrose (chemisch reine Glucose) und die Glucose des Handels (z.B. Stärkezuckersirup aus Mais), Fructose (sowohl chemisch reine Fructose als auch Fructose des Handels, welche zusammen mit Glucose in großer Menge in süßen Früchten und im Honig vorkommen; sie wird technisch aus handelsüblicher Glucose, Saccharose oder durch Hydrolyse aus Inulin hergestellt, ist süßer als Saccharose und für Diabetiker besonders geeignet), Saccharose aus anderen Pflanzen als Zuckerrohr oder Zuckerrüben (z.B. Ahornzucker oder andere z.B. aus Zuckerhirse, Johannisbrot und bestimmten Palmen gewonnene Saccharosesirupe), Malto-Dextrin bzw. Dextri-Maltose (wird ebenfalls aus Stärke durch Hydrolyse mit Säuren gewonnen, ist jedoch weniger hydrolysiert), *nicht jedoch* Erzeugnisse mit einem Gehalt an reduzierendem Zucker (berechnet als Dextrose und bezogen auf den Trockenstoff) von 10 Gewichtshundertteilen oder weniger (Position 3505) sowie Maltose (sowohl chemisch reine Maltose als auch Maltose des Handels), die technisch aus Stärke durch Hydrolyse in Gegenwart von Malzdiastase gewonnen wird,

b) Sirupe von Zuckern aller Art (einschließlich Lactosesirup und wässrige Lösungen von anderen als chemisch reinen Zuckern), sofern sie keine zugesetzten Aroma- oder Farbstoffe enthalten (Zuckersirupe mit Zusatz von Aroma- und Farbstoffen aus Position 2106 fallen unter Nr. 33 der Anlage 2 (vgl. Tz. 115, 116), die unter a) genannten Erzeugnisse (andere Zucker) in Sirupform (Fructosesirup, Maltodextrinsirup usw.) sowie einfache Sirupe, die durch Lösen von Zuckern dieses Kapitels in Wasser gewonnen werden, sowie Säfte und Sirupe, die bei der Zuckergewinnung aus Zuckerrüben, Zuckerrohr usw. anfallen (sie können Verunreinigungen wie Pektine, Eiweißstoffe, Mineralsalze usw. enthalten) und Tafelsirupe oder Sirupe für den Küchengebrauch, die Saccharose und Invertzucker enthalten (sie werden aus dem Sirup hergestellt, der bei der Zuckerraffination nach dem Auskristallisieren und Abtrennen des Weißzuckers anfällt; sie werden auch aus Rohrzucker oder Rübenzucker durch Invertieren eines Teils der Saccharose oder durch Zusatz von Invertzucker gewonnen),

c) Invertzuckercreme (eine Mischung auf der Grundlage von Saccharose, Glucose oder Invertzucker, im Allgemeinen aromatisiert oder gefärbt, um natürlichen Honig nachzuahmen oder auch Mischungen von natürlichem Honig und Invertzuckercreme),

d) karamellisierte Zucker und Melassen, die zum Aromatisieren von Speisen verwendet werden. Dies sind braune nicht kristallisierende Stoffe von aromatischem Geruch. Sie sind mehr oder weniger sirupförmig oder fest (im Allgemeinen pulverförmig) und werden durch mehr oder weniger langes Erhitzen von Zucker oder Melassen gewonnen.

3. Melassen aus der Gewinnung und Raffination von Zucker (Position 1703)

Melassen sind die bei der Rüben- oder Rohrzuckergewinnung oder -raffination bzw. bei der Gewinnung von Fructose aus Mais anfallenden Nebenerzeugnisse. Sie sind viskose, braune oder schwärzliche Stoffe, die in nennenswertem Umfang noch schwer kristallisierbaren Zucker enthalten. Melassen können auch entfärbt, aromatisiert oder künstlich gefärbt oder in Pulverform sein.

4. Zuckerwaren ohne Kakaogehalt (einschließlich weiße Schokolade) (Position 1704)

Hierzu gehören die meisten Lebensmittelzubereitungen aus Zucker, fest oder halbfest, die in der Regel zum unmittelbaren Verzehr geeignet sind und im Allgemeinen als Zuckerwaren oder Süßwaren bezeichnet werden, auch wenn sie Branntwein oder Likör enthalten.

Hierzu gehören insbesondere:

a) Hartkaramellen (einschließlich solcher, die Malzextrakt enthalten),

b) Weichkaramellen, Cachou, Lakritz, weißer Nugat, Fondants (Zuckerwerke aus eingekochter Zuckerlösung), Dragees und Türkischer Honig, mit Zucker überzogene Mandeln,

c) Gummizuckerwaren, einschließlich gezuckertem Kaugummi (chewing gum und dergleichen),

d) Marzipanwaren,

e) Hustenbonbons und Halspastillen, die im Wesentlichen aus Zucker (auch mit anderen Nährstoffen wie Gelatine, Stärke oder Mehl) und aromatisierenden Stoffen (einschließlich solcher Substanzen wie Benzylalkohol, Menthol, Eukalyptol und Tolubalsam) bestehen, wenn ein Stoff mit medizinischen Eigenschaften, ein anderer als aromatisierender Stoff, in jedem Bonbon oder jeder Pastille nur in einer solchen Menge enthalten ist, dass das Erzeugnis dadurch nicht zu therapeutischen oder prophylaktischen Zwecken geeignet ist.

Hierher gehören z.B. Hustenbonbons, die zu etwa 99% aus Zucker und im Übrigen aus verschiedenen anderen Stoffen (z.B. Menthol, Eukalyptol, Anis, Tolubalsam, Huflattich, Andorn, Benzoeharz usw.) bestehen, *nicht jedoch* Arzneiwaren (aus Kapitel 30).

Anlage § 012 (2) 1–01

f) Süßholzauszug in allen Formen (Brote, Blöcke, Stäbe, Pastillen usw.) mit einem Gehalt an Saccharose von mehr als 10 Gewichtshundertteilen,

g) Süßholzauszug, als Zuckerware zubereitet, ohne Rücksicht auf seinen Zuckergehalt, auch aromatisiert,

h) gezuckerte Fruchtgelees bzw. Fruchtpasten in Form von Zuckerwaren,

i) „Weiße Schokolade", eine Zubereitung aus Zucker, Kakaobutter, Milchpulver und Geschmackstoffen, die praktisch keinen Kakao enthält (Kakaobutter ist nicht als Kakao anzusehen),

j) Rohmassen auf der Grundlage von Zucker, die nur wenig oder kein zugesetztes Fett enthalten und die unmittelbar zu Zuckerwaren der Position 1704 verarbeitet werden können, jedoch auch als Füllung für Erzeugnisse dieser Position oder anderer Positionen verwendet werden, z.B. Fondantmasse, weiße Nugatmasse und Marzipanrohmasse, *nicht jedoch* Speiseeis, auch wie Lutscher auf Stäbchen aufgemacht (Position 2105), das aber unter Nr. 33 der Anlage 2 fällt (vgl. Tz. 116).

104 Bei sog. Süßwarenkombinationsartikeln, die aus Süßwaren (Zuckerwaren, Schokolade) und anderen Artikeln bestehen, z.B. aus Umschließungen, die als Kinderspielzeug verwendbar sind, oder aus sonstigen werbewirksamen Aufmachungen, ist die Umschließung oder Aufmachung umsatzsteuerrechtlich als Gegenstand einer Nebenleistung anzusehen, wenn die Umschließung oder Aufmachung entweder üblich ist oder keinen dauernden selbständigen Gebrauchswert hat. Bei Annahme einer Nebenleistung ist der gesamte Kombinationsartikel steuerbegünstigt. Ist die Umschließung oder Aufmachung jedoch nicht üblich und hat sie einen dauernden selbständigen Gebrauchswert, so liegt eine Zusammenstellung aus verschieden einzureihenden Erzeugnissen vor. Hierzu wird auf die Ausführungen im allgemeinen Teil A verwiesen (Tz. 11–14).

105 Nach Nr. 29 der Anlage 2 sind *nicht begünstigt:*

1. gesüßtes Kakaopulver (ausgenommen weiße Schokolade) und Zuckerwaren mit beliebigem Gehalt an Kakao (Position 1806), die aber unter Nr. 30 der Anlage 2 fallen (vgl. Tz. 106, 107)

2. zubereitetes Futter, gezuckert (Position 2309), das aber unter Nr. 37 der Anlage 2 fällt (vgl. Tz. 125, 126)

3. chemisch reine Zucker (andere als Saccharose, Lactose, Maltose, Glucose und Fructose) und deren wässrige Lösungen (Position 2940)

4. zuckerhaltige Lebensmittelzubereitungen wie Gemüse, Früchte, Fruchtschalen usw., mit Zucker haltbar gemacht (Position 2006) sowie Konfitüren, Fruchtgelees usw. (Position 2007), die aber unter Nr. 32 der Anlage 2 fallen können (vgl. Tz. 112, 113)

5. Karamellen, Gummibonbons und ähnliche Erzeugnisse (insbesondere für Diabetiker), die synthetische Süßstoffe (z.B. Sorbit) an Stelle von Zucker enthalten sowie Massen auf der Grundlage von Zucker, die eine verhältnismäßig große Menge an zugesetztem Fett und manchmal Milch oder Nüsse enthalten und nicht unmittelbar zu Zuckerwaren verarbeitet werden können (Position 2106)

   Diese Erzeugnisse fallen aber unter Nr. 33 der Anlage 2 (vgl. Tz. 116).

6. zuckerhaltige pharmazeutische Erzeugnisse (Kapitel 30)

7. Fruchtsäfte und Gemüsesäfte mit Zusatz von Zucker (Position 2009)

106 *Kakaopulver ohne Zusatz von Zucker oder anderen Süßmitteln sowie Schokolade und andere kakaohaltige Lebensmittelzubereitungen (Positionen 1805 und 1806) (Nr. 30 der Anlage 2)*

Begünstigt sind alle Erzeugnisse der Positionen 1805 und 1806 Zolltarif.

Wegen der umsatzsteuerlichen Behandlung von Süßwarenkombinationen (z.B. Schokoladewaren und Spielzeug) vgl. die Ausführungen im allgemeinen Teil unter Abschnitt A (vgl. Tz. 11–14).

107 Im Einzelnen sind nach Nr. 30 der Anlage 2 *begünstigt:*

1. Kakaopulver ohne Zusatz von Zucker oder anderen Süßmitteln (Position 1805)

   Kakao ist ein Genuss- und Nahrungsmittel aus den Samen (Kakaobohnen) des Kakaobaums (Theobroma cacao). Zur Position 1805 gehört nur Kakaopulver, das nicht gezuckert oder anderweitig gesüßt ist. Es wird durch Pulverisieren von teilweise entfetteter Kakaomasse der Position 1803 gewonnen. Hierher gehört auch Kakaopulver, zu dessen Herstellung Kakaomasse, Kakaokernbruch oder gemahlener Kakaopresskuchen mit Alkalien (Natriumcarbonat, Kalimcarbonat usw.) behandelt worden ist, um die „Löslichkeit" zu erhöhen („lösliches Kakaopulver"). Das Gleiche gilt für den Zusatz einer geringen Menge Lecithin (etwa 5 Gewichtshundertteile).

Anlage § 012 (2) 1–01

2. Schokolade und andere kakaohaltige Lebensmittelzubereitungen (Position 1806)

Schokolade besteht im Wesentlichen aus Kakaomasse und Zucker oder anderen Süßmitteln, im Allgemeinen mit Zusatz von Geschmacksstoffen und Kakaobutter versehen. Manchmal wird Kakaomasse durch ein Gemisch aus Kakaopulver und anderen pflanzlichen Fetten ersetzt. Milch, Kaffee, Haselnüsse, Mandeln, Orangenschalen, Getreide, Früchte usw. werden häufig zugesetzt.

Schokolade und Schokoladewaren werden gehandelt als Blöcke, Tafeln, Stangen, Riegel, Pastillen, Kroketten, Streusel, Kugeln, Raspeln, Flocken, Pulver oder Phantasieformen (z.B. Ostereier, Pralinen usw.) oder in Form von Erzeugnissen, die mit Creme, Früchten, Likör usw. gefüllt sind.

Hierzu gehören auch alle Zuckerwaren mit beliebigem Gehalt an Kakao (z.B. Bonbons, Toffees oder Dragees), Schokoladenugat, Kakaopulver mit Zusatz von Zucker oder anderen Süßmitteln, Schokoladepulver mit Zusatz von Milchpulver, pastenförmige Erzeugnisse auf der Grundlage von Kakao oder Schokolade und eingedickter Milch, Schokolade mit Vitaminen angereichert, kakaohaltiges Pulver zum Herstellen von Cremes, Speiseeis und Nachspeisen, Mischungen von kakaohaltigen und nichtkakaohaltigen Zuckerwaren in beliebigen Mengenverhältnissen (in einer gemeinsamen Verkaufspackung), Erzeugnisse aus verschiedenen Bestandteilen auf der Grundlage von Schokolade mit einer umschlossenen Plastikkapsel, die als Überraschungsartikel ein Spielzeug enthält (vgl. hierzu auch Tz. 11–14) sowie üblicherweise als Milchschokolade (einschließlich Chocolate-milk-crumb genannte Zubereitungen (durch Vakuumtrocknung einer innigen flüssigen Mischung aus Zucker, Milch und Kakao gewonnen) und zartbittere oder Bitterschokolade sowie kakaohaltige Zubereitungen in Form von Nugatmassen und Brotaufstrichpasten, *nicht jedoch* weiße Schokolade (eine Zubereitung aus Kakaobutter, Zucker und Milchpulver) (Position 1704), die aber unter Nr. 29 der Anlage 2 fällt (vgl. Tz. 103) sowie Biskuits und andere Backwaren mit Schokolade überzogen (Position 1905), die aber unter Nr. 31 der Anlage 2 fallen (vgl. Tz. 109, 110).

Nach Nr. 30 der Anlage 2 sind *nicht begünstigt:* **108**

1. Kakaobohnen, auch Bruch, roh oder geröstet (Position 1801)
2. Kakaoschalen, Kakaohäutchen und anderer Kakaoabfall (Position 1802)

    Hierzu gehören Abfälle, die im Laufe der Verarbeitung zu Kakaopulver und Kakaobutter anfallen (auch Kakaokeime, Kakaostaub und Pressrückstände aus Schalen und Häutchen).

3. Kakaomasse, auch entfettet (Position 1803)
4. Kakaobutter, Kakaofett und Kakaoöl (Position 1804)
5. Kakaohaltige Getränke, nicht alkoholhaltig (Position 2202)

    Soweit es sich um Milchmischgetränke mit einem Anteil an Milch oder Milcherzeugnissen von mindestens 75 vom Hundert des Fertigerzeugnisses handelt, fallen diese unter Nr. 35 der Anlage 2 (vgl. Tz. 121).

6. alkoholhaltige Getränke, kakaohaltig (Position 2208) (z.B. Kakaolikör)
7. kakaohaltige Arzneiwaren, z.B. Abführschokolade (Position 3003 oder 3004), wenn die kakaohaltigen Lebensmittel oder Getränke lediglich als Trägerstoff, Bindemittel usw. dienen
8. Theobromin, ein Alkaloid aus Kakao (Position 2939)
9. Speiseeis mit beliebigem Gehalt an Kakao (Position 2105), das aber unter Nr. 33 der Anlage 2 fällt (vgl. Tz. 115, 116)
10. Lebensmittelzubereitungen aus Mehl, Grieß, Grütze, Stärke oder Malzextrakt, mit einem Gehalt an Kakao von weniger als 40 Gewichtshundertteilen (berechnet auf das vollständig entfettete Erzeugnis) und Lebensmittelzubereitungen aus Erzeugnissen der Positionen 0401 bis 0404 (Milch und Milcherzeugnisse) mit einem Gehalt an Kakao von weniger als 5 Gewichtshundertteilen, berechnet auf das vollständig entfettete Erzeugnis (aus Position 1901)

    Diese Zubereitungen fallen aber unter Nr. 31 der Anlage 2 (vgl. Tz. 109, 110).
11. Erzeugnisse der Position 0403 (Buttermilch, saure Milch, saurer Rahm, Joghurt, Kefir und andere fermentierte oder gesäuerte Milch (einschließlich Rahm)), auch wenn sie Kakao enthalten

    Diese Erzeugnisse fallen aber unter Nr. 4 der Anlage 2 (vgl. Tz. 30).

Zubereitungen aus Getreide, Mehl, Stärke oder Milch; Backwaren (Kapitel 19) (Nr. 31 der Anlage 2) **109**

Begünstigt sind alle Erzeugnisse des Kapitels 19 Zolltarif. Hierzu gehört eine Reihe von im Allgemeinen als Lebensmittel verwendeten Erzeugnissen, die entweder unmittelbar aus Getreide des Kapitels 10, aus Erzeugnissen des Kapitels 11 (Müllereierzeugnisse) oder aus zur Ernährung dienenden Mehlen, Grie-

Anlage § 012 (2) 1–01

ßen oder Pulvern pflanzlichen Ursprungs anderer Kapitel (Mehl, Grütze, Grieß und Stärke von Getreide wie Mehl, Grieß und Pulver von Früchten oder Gemüse) oder aus Erzeugnissen der Positionen 0401 bis 0404 (Milcherzeugnisse) hergestellt sind. Hierzu gehören außerdem Backwaren, auch wenn sie weder Mehl oder Stärke noch andere Getreideerzeugnisse enthalten.

110 Im Einzelnen sind nach Nr. 31 der Anlage 2 *begünstigt:*

1. Malzextrakt; Lebensmittelzubereitungen aus Mehl, Grütze, Grieß, Stärke oder Malzextrakt, ohne Gehalt an Kakao oder mit einem Gehalt an Kakao, berechnet als vollständig entfetteter Kakao, von weniger als 40 Gewichtshundertteilen, anderweit weder genannt noch inbegriffen; Lebensmittelzubereitungen aus Erzeugnissen der Positionen 0401 bis 0404 (Milcherzeugnisse), ohne Gehalt an Kakao oder mit einem Gehalt an Kakao, berechnet als vollständig entfetteter Kakao, von weniger als 5 Gewichtshundertteilen, anderweit weder genannt noch inbegriffen (Position 1901)

    a) Malzextrakt

    Malzextrakt wird durch mehr oder weniger starkes Eindicken eines wässrigen Auszuges von Malz (gekeimtes Getreide (meist Gerste), das nach der Keimung wieder getrocknet (gedarrt) wird; bei der Keimung erfolgt durch Diastase der Abbau von Stärke in Zucker) gewonnen, kann mehr oder weniger dickflüssig sein oder die Form von Blöcken oder Pulver haben (getrockneter Malzextrakt) sowie mit Zusatz von Lecithin, Vitaminen, Salzen usw. versehen sein, sofern er keine Arzneiware im Sinne des Kapitels 30 ist.

    Malzextrakt wird insbesondere für Zubereitungen zur Ernährung von Kindern oder zum Diät- oder Küchengebrauch oder zum Herstellen pharmazeutischer Erzeugnisse verwendet. Bestimmte dickflüssige Arten werden auch als Backmittel und in der Textilindustrie eingesetzt.

    Nicht hierzu zählen:

    aa) Zuckerwaren, die Malzextrakt enthalten (Position 1704), die aber unter Nr. 29 der Anlage 2 fallen (vgl. Tz. 102, 103),

    bb) Bier und andere Getränke auf der Grundlage von Malz, z.B. Malzwein (Kapitel 22),

    cc) Malzenzyme der Position 3507,

    dd) geröstetes Malz, das abhängig von seiner Aufmachung zu Position 1107 oder 0901 gehört.

    b) Lebensmittelzubereitungen aus Mehl, Grütze, Grieß, Stärke oder Malzextrakt, ohne Gehalt an Kakao oder mit einem Gehalt an Kakao, berechnet als vollständig entfetteter Kakao, von weniger als 40 Gewichtshundertteilen, anderweit weder genannt noch inbegriffen

    Hierzu gehört eine Reihe von Lebensmittelzubereitungen auf der Grundlage von Mehl, Grütze, Grieß, Stärke oder Malzextrakt, deren Charakter durch die Stoffe bestimmt wird, auch wenn diese nach Gewicht oder Volumen nicht überwiegen. Den verschiedenen Hauptbestandteilen können andere Stoffe zugesetzt sein, wie Milch, Zucker, Eier, Casein, Albumin, Fett, Öl, Aromastoffe, Kleber, Farbstoffe, Vitamine, Früchte oder andere Stoffe zum Verbessern der diätetischen Eigenschaften.

    Die Begriffe „Mehl" und „Grieß" umfassen zwar auch zur Ernährung bestimmte Mehle, Grieß und Pulver pflanzlichen Ursprungs anderer Kapitel, z.B. Sojamehl, *nicht jedoch* Mehl, Grieß und Pulver von getrocknetem Gemüse (Position 0712), welche aber nach Nr. 10 der Anlage 2 begünstigt sind (vgl. Tz. 50), von Kartoffeln (Position 1105), welche aber nach Nr. 15 der Anlage 2 begünstigt sind (vgl. Tz. 68) oder von getrockneten Hülsenfrüchten (Position 1106), die unter Nr. 16 der Anlage 2 fallen (vgl. Tz. 70, 71).

    Der Begriff „Stärke" umfasst sowohl native Stärke als auch Quellstärke oder lösliche Stärke, *nicht jedoch* weitergehend abgebaute Erzeugnisse aus Stärke wie Maltodextrin.

    Die hierher gehörenden Lebensmittelzubereitungen dieser Position können flüssig sein oder die Form von Pulver, Granulaten, Teig oder anderen festen Formen wie Streifen oder Scheiben aufweisen. Sie sind häufig bestimmt entweder zum schnellen Bereiten von Getränken, Breien, Kindernahrung oder Diätkost usw. durch einfaches Auflösen oder leichtes Aufkochen in Wasser oder Milch oder zum Herstellen von Kuchen, Pudding, Zwischengerichten oder ähnlichen Küchenerzeugnissen. Sie können auch Zwischenerzeugnisse für die Lebensmittelindustrie sein.

    Hierzu gehören z.B.:

    aa) Mehle, durch Eindampfen einer Mischung von Milch, Zucker und Mehl hergestellt,

    bb) Zubereitungen aus einem innigen Gemisch von Eipulver, Milchpulver, Malzextrakt und Kakaopulver,

Anlage § 012 (2) 1–01

    cc) „Racahout" (eine Zubereitung aus Reismehl, Stärke, Mehl süßer Eicheln, Zucker und Kakaopulver, mit Vanille aromatisiert),

    dd) Zubereitungen aus einem Gemisch von Getreide- und Fruchtmehl (oft mit Zusatz von Kakaopulver) oder aus einem Gemisch von Fruchtmehl und Kakao,

    ee) Zubereitungen aus einer Mischung von Milchpulver und Malzextrakt, mit oder ohne Zucker,

    ff) Knödel, Klöße und Nockerln, mit Bestandteilen wie Grieß, Getreidemehl, Semmelbrösel, Fett, Zucker, Eier, Gewürzen, Hefe, Konfitüre oder Früchten, *nicht jedoch* Erzeugnisse dieser Art auf der Grundlage von Kartoffelmehl (Position 2004 oder 2005), die aber unter Nr. 32 der Anlage 2 fallen (vgl. Tz. 112, 113),

    gg) fertiger Teig, hauptsächlich aus Getreidemehl bestehend, mit Zucker, Fett, Eiern oder Früchten (auch in Formen),

    nicht jedoch

    hh) mit Triebmitteln versetztes Mehl und Quellmehl der Position 1101 oder 1102, das aber unter Nr. 14 der Anlage 2 fällt (vgl. Tz. 65, 66),

    ii) Lebensmittelzubereitungen mit einem Gehalt an Kakao, berechnet als vollständig entfetteter Kakao, von 40 Gewichtshundertteilen oder mehr (Position 1806), die aber unter Nr. 30 der Anlage 2 fallen (vgl. Tz. 106, 107),

    jj) Mischungen von Getreidemehlen (Position 1101 oder 1102), die aber unter Nr. 14 der Anlage 2 fallen (vgl. Tz. 65, 66), Mischungen von Mehlen und Grießen aus Hülsenfrüchten oder Früchten (Position 1106), die aber unter Nr. 16 der Anlage 2 fallen (vgl. Tz. 70, 71),

    kk) Zubereitungen zum Herstellen von Würzsoßen und zubereitete Würzsoßen (Position 2103), die aber unter Nr. 33 der Anlage 2 fallen (vgl. Tz. 115, 116),

    ll) Texturierte pflanzliche Eiweißstoffe (Position 2106), die aber unter Nr. 33 der Anlage 2 fallen (vgl. Tz. 115, 116).

c) Lebensmittelzubereitungen aus Erzeugnissen der Position 0401 bis 0404 (Milcherzeugnisse), ohne Gehalt an Kakao oder mit einem Gehalt an Kakao, berechnet als vollständig entfetteter Kakao, von weniger als 5 Gewichtshundertteilen, anderweit weder genannt noch inbegriffen

  Diese unterscheiden sich von nach Nr. 4 der Anlage 2 begünstigen Erzeugnisse darin, dass sie neben natürlichen Milchbestandteilen noch andere Bestandteile enthalten, die bei Erzeugnissen der Positionen 0401 bis 0404 nicht zugelassen sind. Erzeugnisses der Position 1901 können gesüßt sein und Kakaopulver enthalten, *nicht jedoch* den Charakter von Zuckerwaren (Position 1704) haben bzw. mit einem Gehalt an Kakao, berechnet als vollständig entfetteter Kakao, von 5 Gewichtshundertteilen oder mehr versehen sein (Position 1806). In diesem Fall sind sie nach Nr. 29 oder 30 der Anlage 2 begünstigt (vgl. Tz. 102, 103, 106, 107).

  Hierzu gehören:

    aa) pulverförmige oder flüssige Zubereitungen zur Ernährung von Kindern oder für diätetische Zwecke, die als Hauptbestandteil Milch enthalten, der andere Bestandteile (z.B. Getreideflocken, Hefe) zugesetzt sind,

    bb) Zubereitungen auf der Grundlage von Milch, in der Weise gewonnen, dass ein Bestandteil oder mehrere Bestandteile der Milch (z.B. Milchfett) durch einen anderen Stoff (z.B. fette Öle) ersetzt wurden,

    cc) Mischungen und Grundstoffe (z.B. Pulver) zum Herstellen von Speiseeis, *nicht jedoch* Speiseeis auf der Grundlage von Milchbestandteilen (Position 2105), das aber unter Nr. 33 der Anlage 2 fällt (vgl. Tz. 115, 116).

2. Teigwaren, auch gekocht oder gefüllt (mit Fleisch oder anderen Stoffen) oder in anderer Weise zubereitet, z.B. Spaghetti, Makkaroni, Bandnudeln, Lasagne, Gnocchi, Ravioli, Cannelloni; Couscous, auch zubereitet (Position 1902)

  Hierzu gehören frische und getrocknete Erzeugnisse aus Grieß oder Mehl von Weizen, Mais, Reis, Kartoffeln usw., durch Einsteigen und anschließendes Formen (z.B. Röhren, Bänder, Fäden, Muscheln, Buchstaben usw.) – ohne Gärprozess – hergestellt (z.B. Bandnudeln, Makkaroni und Spaghetti). Sie können Eier, Milch, Kleber, Sojamehl, Diastase, sehr fein zerkleinertes Gemüse, Gemüsesäfte, Salze, Farbstoffe, Aromastoffe oder Vitamine enthalten. Hierher gehört auch Couscous (ein thermisch behandelter Grieß), auch gekocht oder anders zubereitet, z.B. mit Fleisch, Gemüse und anderen Zutaten.

Anlage § 012 (2) 1–01

Die Teigwaren können gekocht, mit Fleisch, Fisch, Käse oder anderen Stoffen in beliebiger Menge gefüllt oder auch anders zubereitet sein (z.B. als Fertiggericht mit anderen Zutaten, wie Gemüse, Soße, Fleisch usw.).

3. Tapiokasago und Sago aus anderen Stärken, in Form von Flocken, Graupen, Perlen, Krümeln und dergleichen (Position 1903)

    Hierzu gehören Lebensmittelzubereitungen aus Maniokstärke (Tapiokasago), aus Sagostärke (Sago), aus Kartoffelstärke (Kartoffelsago) sowie aus ähnlichen Stärken (von Maranta, Salep, Yucca usw.). Zum Herstellen dieser Zubereitungen wird die Stärke mit Wasser zu einer Paste verrührt, die durch Tropfen auf einer heißen Metallplatte zu Kügelchen oder Klümpchen verkleistern, die manchmal nachträglich zerstoßen oder granuliert werden. Nach einem anderen Verfahren wird Sago durch Behandlung einer Stärkepaste in einem mit Dampf erhitzten Behältnis gewonnen. Diese Zubereitungen weisen im Allgemeinen die Form von Flocken, Graupen, Perlen oder Krümeln auf. Sie werden zum Herstellen von Suppen, Nachspeisen oder Diätkost verwendet;

4. Lebensmittel, durch Aufblähen oder Rösten von Getreide oder Getreideerzeugnissen hergestellt (z.B. Corn Flakes); Getreide (ausgenommen Mais) in Form von Körnern oder Flocken oder anders bearbeiteten Körnern, ausgenommen Mehl, Grütze und Grieß, vorgekocht oder in anderer Weise zubereitet, anderweit weder genannte noch inbegriffen (Position 1904)

    Hierzu gehören:

    a) Lebensmittelzubereitungen aus Getreidekörnern von Mais, Weizen, Reis, Gerste usw., durch Aufbläh- und Röstverfahren knusprig gemacht, auch mit Zusätzen von Salz, Zucker, Melasse, Malzextrakt, Früchten oder Kakao versehen, in der Regel zusammen mit Milch verwendet, sowie ähnliche Zubereitungen, durch Rösten oder Aufblähen aus Mehl oder Kleie hergestellt. Dazu zählen z.B.

        aa) Corn Flakes

            Zum Herstellen von Corn Flakes werden geschälte und entkeimte Maiskörner mit Zucker, Salz und Malzextrakt in Wasserdampf geweicht, nach dem Trocknen zu Flocken gewalzt und in einem rotierenden Ofen geröstet.

        bb) Puffreis und Puffweizen

            Sie werden aus Reis oder Weizen durch Erhitzen in Behältnissen unter starkem Druck und bei entsprechender Feuchtigkeit gewonnen. Durch plötzlichen Druckabfall und zuführen kalter Luft tritt ein Aufblähen des Korns um ein Mehrfaches des ursprünglichen Volumens ein.

        cc) knusprige Lebensmittel, nicht gezuckert

            Sie werden dadurch gewonnen, dass angefeuchtete Getreidekörner durch eine thermische Behandlung aufgebläht und anschließend mit einem Würzmittel aus einer Mischung von pflanzlichem Öl, Käse, Hefeextrakt, Salz und Mononatriumglutamat übersprüht werden.

    b) Lebensmittel, hergestellt aus ungerösteten Getreideflocken oder aus Mischungen von ungerösteten oder gerösteten Getreideflocken oder geblähten Getreidekörnern

        Hierzu gehören z.B. als „Müsli" bezeichnete Erzeugnisse, die auch getrocknete Früchte, Nüsse, Zucker, Honig usw. enthalten können.

    c) andere Getreidekörner, ausgenommen Mais, vorgekocht oder auf andere Weise zubereitet

        Hierzu zählen vorgekochter Reis (z.B. „Nasi Nua" – indonesisches Reisgericht mit Rindfleischstreifen, diversen Gemüsen und Früchten – und „Risotto" – italienisches Reisgericht mit geräuchertem Speck, verschiedenen Gemüsen und Gewürzen), vorgekochter Bulgur-Weizen in Form bearbeiteter Körner usw.,

        nicht jedoch

        aa) Getreidekörner, die lediglich eine der in den Kapiteln 10 oder 11 vorgesehenen Bearbeitungsweisen erfahren haben; diese können aber unter Nr. 13 bis 17 der Anlage 2 fallen (vgl. Tz. 61, 63, 65, 66, 68, 70, 71, 73),

        bb) zubereitetes Getreide mit dem Charakter von Zuckerwaren (Position 1704), das aber unter Nr. 29 der Anlage 2 fällt (vgl. Tz. 102, 103),

        cc) Lebensmittelzubereitungen aus Mehl, Grütze, Grieß, Stärke oder Malzextrakt, mit einem Gehalt an Kakao, berechnet als vollständig entfetteter Kakao, von 40 Gewichtshundertteilen oder mehr (Position 1806), die aber unter Nr. 30 der Anlage 2 fallen (vgl. Tz. 106, 107),

Anlage § 012 (2) 1–01

dd) zubereitete, genießbare Maiskolben und Maiskörner (Kapitel 20), die unter Nr. 32 der Anlage 2 fallen können (vgl. Tz. 112, 113).

5. Backwaren, auch kakaohaltig; Hostien (dünne Scheiben aus sehr reinem Weizenmehlteig), leere Oblatenkapseln der für Arzneiwaren verwendeten Art, Siegeloblaten, getrocknete Teigblätter aus Mehl oder Stärke und ähnliche Erzeugnisse (Position 1905)

Hierzu zählen Backwaren mit Bestandteilen wie Getreidemehl, Backtriebmittel, Salz, Kleber, Stärke, Mehl von Hülsenfrüchten, Malzextrakt, Milch, Samen (wie Mohn, Kümmel oder Anis), Zucker, Honig, Eier, Fettstoffe, Käse, Früchte, Kakao in beliebiger Menge, Fleisch, Fisch, Backmittel usw. wie z.b. gewöhnliches Brot, Glutenbrot für Diabetiker, Matzen (ein ungesäuertes Brot), Knäckebrot, Zwieback, Leb- und Honigkuchen, Torten, Brezeln, Semmelbrösel, Kekse und ähnliches Kleingebäck, Waffeln, Konditoreierzeugnisse, Baisers, Crêpes und Pfannkuchen, Quiches, Pizzen aus Brotteig, knusprige Lebensmittel (z.B. solche aus einem Teig auf der Grundlage vom Maismehl mit Zusatz von Würzmitteln, unmittelbar genießbar), sowie getrocknete Teigblätter aus Mehl oder Stärke und ähnliche Erzeugnisse, *nicht jedoch* so genanntes Reispapier (in dünnen Blättern aus dem Mark bestimmter Bäume geschnitten) (Position 1404).

Nach Nr. 31 der Anlage 2 sind *nicht begünstigt:* **111**

1. Lebensmittelzubereitungen (ausgenommen gefüllt Erzeugnisse der Position 1902 (vgl. Tz. 110 Nr. 2)), deren Gehalt an Wurst, Fleisch, Schlachtnebenerzeugnissen, Blut, Fisch oder Krebstieren, Weichtieren oder anderen wirbellosen Wassertieren – einzeln oder zusammen – 20 Gewichthundertteile überschreitet (Kapitel 16), die aber unter Nr. 28 der Anlage 2 fallen können (vgl. Tz. 98, 100)

2. Kaffeemittel, geröstet, mit beliebigem Kaffeegehalt (Position 0901) und andere geröstete Kaffeemittel (z.B. geröstete Gerste) (Position 2101), die aber unter Nr. 12 bzw. 33 der Anlage 2 fallen (vgl. Tz. 57, 59, 115, 116)

3. Pulver zum Herstellen von Creme, Speiseeis, Nachspeisen und ähnlichen Zubereitungen, die nicht auf der Grundlage von Mehl, Grieß, Stärke, Malzextrakt oder Erzeugnissen der Positionen 0401 bis 0404 hergestellt sind (im Allgemeinen Position 2106), die aber unter Nr. 33 der Anlage 2 fallen können (vgl. Tz. 115, 116)

4. Zubereitungen auf der Grundlage von Mehl oder Stärke für die Tierfütterung, z.B. Hundekuchen (Position 2303), die aber unter Nr. 37 der Anlage 2 fallen können (vgl. Tz. 125, 126)

5. Arzneiwaren und andere pharmazeutische Erzeugnisse (Kapitel 30)

6. Suppen und Brühen sowie Zubereitungen zum Herstellen von Suppen oder Brühen (auch wenn sie Teigwaren (Position 1902) enthalten) und zusammengesetzte homogenisierte Lebensmittelzubereitungen (Position 2104), die aber unter Nr. 33 der Anlage 2 fallen können (vgl. Tz. 115, 116)

7. Getränke (Kapitel 22); Milchmischgetränke können aber unter Nr. 35 der Anlage 2 fallen (vgl. Tz. 121)

Zubereitungen von Gemüse, Früchten, Nüssen oder anderen Pflanzenteilen, ausgenommen Frucht- und **112**
Gemüsesäfte (Positionen 2001 bis 2008) (Nr. 32 der Anlage 2)

Begünstigt sind alle Erzeugnisse der Positionen 2001 bis 2008 Zolltarif. Hierzu gehören Gemüse, Früchte und andere genießbare Pflanzenteile, durch andere als in den Kapiteln 7, 8 oder 11 Zolltarif oder sonst in der Nomenklatur vorgesehene Verfahren zubereitet oder haltbar gemacht, auch homogenisiert, und nicht in anderen Positionen des Zolltarifs erfasst. Außerdem Erzeugnisse der Position 0714 (Maniok, Pfeilwurz, Salep, Topinambur, Süßkartoffeln und ähnliche Wurzeln und Knollen) sowie der Position 1105 und 1106 (Mehl, Grieß, Pulver, Flocken, Granulat und Pellets von Kartoffeln, getrockneten Hülsenfrüchten und Sojamark) ausgenommen Mehl, Grieß und Pulver von Erzeugnissen des Kapitels 8 (Früchte und Nüsse), durch andere als in den Kapiteln 7 oder 11 vorgesehene Verfahren zubereitet oder haltbar gemacht. Die Erzeugnisse können ganz, in Stücken oder sonst zerkleinert sein.

Im Einzelnen sind nach Nr. 32 der Anlage 2 *begünstigt:* **113**

1. Gemüse, Früchte, Nüsse und andere genießbare Pflanzenteile, mit Essig oder Essigsäure zubereitet oder haltbar gemacht, auch mit Zusatz von z.B. Salz, Gewürzen, Senf, Öl, Zucker oder anderen Süßmitteln (Position 2001) (z.B. Pickles oder Senfpickles)

Hierzu gehören u.a. zubereitete Gurken, Cornichons, Zwiebeln, Schalotten, Tomaten, Blumenkohl / Karfiol. Oliven, Kapern, Zuckermais, Artischockenherzen, Palmherzen, Yamswurzeln, Walnüsse und Mangofrüchte. Die Zubereitungen dieser Position unterscheiden sich von den Würzsoßen und zusammengesetzten Würzmitteln der Position 2103 (begünstigt nach Nr. 33 der Anlage 2) dadurch,

Anlage § 012 (2) 1–01

das letztere im Allgemeinen Flüssigkeiten, Emulsionen oder Suspensionen sind, die nicht dazu bestimmt sind allein verzehrt zu werden, sondern als Beigabe zu Speisen oder bei der Zubereitung von Speisen eingesetzt werden.

2. Tomaten, anders als mit Essig oder Essigsäure zubereitet oder haltbar gemacht (Position 2002)

   Hierzu gehören z.B. Tomaten, ganz oder in Stücken (ausgenommen Tomaten mit den im Kapitel 7 vorgesehenen Beschaffenheitsmerkmalen (begünstigt nach Nr. 10 der Anlage 2)), auch homogenisiert, anders als mit Essig oder Essigsäure zubereitet oder haltbar gemacht (vgl. Nr. 1 dieser Tz.), z.B. Tomatenmark, Tomatenpüree oder Tomatenkonzentrat sowie Tomatensaft mit einem Gehalt an Trockenstoff von 7 Gewichtshundertteilen oder mehr, *nicht jedoch* Tomatenketchup und andere Tomatensoßen (Position 2103) sowie Tomatensuppen und Zubereitungen zum Herstellen solcher Suppen (Position 2104), die aber unter Nr. 33 der Anlage 2 fallen (vgl. Tz. 115, 116).

3. Pilze und Trüffeln, anders als mit Essig oder Essigsäure zubereitet oder haltbar gemacht (Position 2003)

   Hierzu gehören Pilze (einschließlich Stiele) und Trüffeln, ganz, in Stücken oder homogenisiert, soweit sie nicht mit Essig oder Essigsäure zubereitet oder haltbar gemacht sind (vgl. Nr. 1 dieser Tz.) oder die im Kapitel 7 vorgesehenen Beschaffenheitsmerkmale aufweisen; letztere sind jedoch nach Nr. 10 der Anlage 2 begünstigt.

4. anderes Gemüse, anders als mit Essig oder Essigsäure zubereitet oder haltbar gemacht, gefroren, ausgenommen Erzeugnisse der Position 2006 (siehe Nr. 6 dieses Absatzes) (Position 2004)

   Gefrorenes Gemüse dieser Position ist solches, das im nicht gefrorenen Zustand zu Position 2005 (siehe Nr. 5) gehört. Hierzu gehören z.B. Kartoffelchips und Pommes frites, Zuckermais als Kolben oder Körner sowie Karotten, Erbsen usw., auch vorgegart, mit Butter oder einer Soße, auch in luftdicht verschlossenen Behältnissen (z.B. Plastikbeuteln) aufgemacht sowie Knödel, Klöße und Nockerln auf der Grundlage von Kartoffelmehl.

5. anderes Gemüse, anders als mit Essig oder Essigsäure zubereitet oder haltbar gemacht, nicht gefroren, ausgenommen der unter Nr. 6 behandelten Erzeugnisse der Position 2006 (Position 2005)

   Alle diese Erzeugnisse, ganz, in Stücken oder sonst zerkleinert, können in einem wässrigen Aufguss haltbar gemacht oder auch mit Tomatensoße oder andern Bestandteilen zum unmittelbaren Genuss zubereitet sein. Sie können auch homogenisiert oder miteinander vermischt sein. Hierzu gehören z.B.

   a) Oliven, die durch besondere Behandlung mit verdünnter Sodalösung oder durch längeres Mazerieren in Salzlake unmittelbar genussfähig gemacht sind, *nicht jedoch* Oliven, die in Salzlake lediglich vorläufig haltbar gemacht sind (Position 0711), die aber unter Nr. 10 der Anlage 2 fallen (vgl. Tz. 50),

   b) Sauerkraut (klein geschnittener, in Salz teilweise vergorener Kohl),

   c) Zuckermais als Kolben oder Körner sowie Karotten, Erbsen usw., vorgegart oder mit Butter oder einer Soße zubereitet,

   d) Chips, das sind Erzeugnisse in Form dünner, z.B. rechteckiger Blättchen aus Kartoffelmehl (durch Nassbehandlung und anschließendes Trocknen teilweise verkleistert), Kochsalz und einer geringen Menge Natriumglutamat, in Fett kurz ausgebacken,

   e) Papad, das sind Erzeugnisse aus getrockneten Teigblättern aus Mehl von Hülsenfrüchten, Salz, Gewürzen, Öl, Triebmitteln und mitunter geringen Mengen Getreide- oder Reismehl.

6. Gemüse, Früchte, Nüsse, Fruchtschalen und andere Pflanzenteile, mit Zucker haltbar gemacht (durchtränkt und abgetropft, glasiert oder kandiert) (Position 2006)

   Hierzu gehören Erzeugnisse in Form ganzer Früchte (wie z.B. Kirschen, Aprikosen, Marillen, Birnen, Pflaumen, Esskastanien, Nüsse) oder Segmente oder andere Teile von Früchten (z.B. Orangen, Zitronen, Ananas) sowie Fruchtschalen (z.B. von Zedratfrüchten, Zitronen, Orangen, Melonen), andere Pflanzenteile (z.B. von Angelika, Ingwer, Yamswurzeln, Süßkartoffeln) und Blüten (von z.B. Veilchen und Mimosen) in Zuckersirup (z.B. eine Mischung von Invertzucker oder Glucose mit Saccharose) getränkt, abgetropft und dadurch haltbar gemacht. Die Erzeugnisse können auch mit einer dünnen glasigen Zuckerschicht (glasiert) oder mit einer starken Kruste von Zuckerkristallen (kandiert) überzogen sein. Hierzu gehören *jedoch nicht* getrocknete Früchte (z.B. Datteln und Pflaumen), auch wenn ihnen geringe Mengen von Zucker zugesetzt wurden oder wenn sich auf ihnen beim natürlichen Trocknen Zucker als Belag abgesetzt hat, der ihnen das Aussehen von kandierten Früchten geben kann (Kapitel 8); sie fallen aber unter Nr. 11 der Anlage 2 (vgl. Tz. 55).

Anlage § 012 (2) 1–01

7. Konfitüren, Fruchtgelees, Marmeladen, Fruchtmuse und Fruchtpasten, durch Kochen hergestellt, auch mit Zusatz von Zucker oder anderen Süßmitteln (Position 2007)

Die Konfitüren (durch Kochen von Früchten, von Fruchtpülpen oder manchmal von bestimmten Gemüsen (z.B. Kürbisse, Auberginen) oder anderen Pflanzen (z.B. Ingwer, Rosenblätter) mit Zucker hergestellt), Marmeladen (eine Art Konfitüre, im Allgemeinen aus Zitrusfrüchten hergestellt), Fruchtgelees (durch Kochen von Fruchtsaft, aus rohen oder gekochten Früchten gepresst, mit Zucker hergestellt), Fruchtmuse (durch längeres Kochen von passiertem Fruchtfleisch oder gemahlenen Schalenfrüchten mit oder ohne Zuckerzusatz hergestellt) und Fruchtpasten (eingedickte Muse von fester oder fast fester Konsistenz aus z.b. Äpfeln, Quitten, Birnen, Aprikosen, Mandeln) können an Stelle von Zucker auch mit synthetischen Süßmitteln (z.B. Sorbit) gesüßt sowie homogenisiert sein.

Nicht hierzu gehören:

   a) Fruchtgelees und Fruchtpasten in Form von Zucker- und Schokoladenwaren (Position 1704 oder 1806), die aber unter Nr. 29 bzw. 30 der Anlage 2 fallen (vgl. Tz. 103, 107),

   b) Pulver zum Herstellen künstlicher Gelees, aus Gelatine, Zucker, Fruchtsäften oder Fruchtessenzen (Position 2106), das aber unter Nr. 33 der Anlage 2 fällt (vgl. Tz. 115, 116).

8. Früchte, Nüsse und andere genießbare Pflanzenteile, in anderer Weise zubereitet oder haltbar gemacht, auch mit Zusatz von Zucker, anderen Süßmitteln oder Alkohol, anderweit weder genannt noch inbegriffen (Position 2008)

Hierzu gehören Früchte, Nüsse und andere genießbare Pflanzenteile, einschließlich Mischungen dieser Erzeugnisse, ganz, in Stücken oder sonst zerkleinert, die in anderer Weise zubereitet oder haltbar gemacht worden sind, als in anderen Kapiteln oder in den vorhergehenden Positionen des Kapitels 20 Zolltarif vorgesehen, insbesondere:

   a) Mandeln, Erdnusskerne, Areka- (oder Betel-) Nüsse und andere Schalenfrüchte, trocken oder in Öl oder Fett geröstet, auch mit pflanzlichem Öl, Salz, Aromastoffen, Gewürzen oder anderen Zutaten versetzt oder überzogen,

   b) Erdnussmark, eine Paste aus gemahlenen, gerösteten Erdnüssen, auch mit Zusatz von Salz oder Öl,

   c) Früchte (einschließlich Fruchtschalen und Samen), in einem wässrigen Aufguss, in Sirup, in Alkohol oder durch chemische Konservierungsstoffe haltbar gemacht (z.B. Früchte in Armagnac mit Zuckersirup und natürlichen Fruchtextrakten),

   d) Fruchtpülpe, sterilisiert,

   e) ganze Früchte, wie Pfirsiche (einschließlich Nektarinen), Aprikosen, Marillen, Orangen (auch geschält, entsteint oder entkernt), zerkleinert und sterilisiert, auch mit Zusatz von Wasser oder Zuckersirup in einer Menge, die nicht ausreicht, dass diese Erzeugnisse unmittelbar trinkbar sind (z.B. in Form sog. Ganzfruchtsäfte), *nicht jedoch* Erzeugnisse, die durch Zusatz einer ausreichenden Menge Wasser oder Zuckersirup unmittelbar trinkbar sind (Position 2202),

   f) Früchte, gegart, *nicht jedoch* Früchte, in Wasser oder Dampf gekocht und sodann gefroren (Position 0811), die aber unter Nr. 11 der Anlage 2 fallen (vgl. Tz. 55),

   g) Pflanzenstängel, -wurzeln und andere genießbare Pflanzenteile (z.B. Ingwer, Angelika, Yamswurzeln, Süßkartoffeln, Hopfenschösslinge, Weinblätter, Palmherzen), in Sirup haltbar gemacht oder anders zubereitet oder haltbar gemacht,

   h) Tamarindenfrüchte, in Zuckersirup eingelegt,

   i) Früchte, Nüsse, Fruchtschalen und andere genießbare Pflanzenteile (andere als Gemüse) mit Zucker haltbar gemacht und sodann in Sirup gelegt (z.B. glasierte Esskastanien, Ingwer), ohne Rücksicht auf die Art der Verpackung.

Diese Erzeugnisse können an Stelle von Zucker mit synthetischen Süßmitteln (z.B. Sorbit) gesüßt sein. Andere Zutaten (z.B. Stärke) können diesen Erzeugnissen nur insoweit zugesetzt sein, dass sie den wesentlichen Charakter an Früchten, Nüssen oder anderen essbaren Pflanzenteilen nicht beeinflussen. *Nicht* hierher gehören Erzeugnisse, die aus einer Mischung von Pflanzen oder Pflanzenteilen, Samen oder Früchten einer Art oder mehrerer Arten in Mischung mit anderen Stoffen bestehen (z.B. einem oder mehreren Pflanzenauszügen),die nicht unmittelbar verzehrt werden, sondern von der zum Herstellen von Aufgüssen oder Kräutertees verwendeten Art sind (z.B. Positionen 0813, 0909 oder 2106), die aber unter Nr. 11, 12 bzw. 33 der Anlage 2 fallen können (vgl. Tz. 55, 59, 116).

Anlage § 012 (2) 1–01

Ebenso *nicht* hierher gehören auch Mischungen von Pflanzen, Pflanzenteilen, Samen oder Früchten (ganz, in Stücken, als Pulver oder sonst zerkleinert) verschiedener Kapitel (z.b. Kapitel 7, 9, 11, 12), die nicht unmittelbar verzehrt werden, sondern entweder unmittelbar zum Aromatisieren von Getränken oder zum Gewinnen von Auszügen zum Herstellen von Getränken verwendet werden (Kapitel 9 oder Position 2106), die aber unter Nr. 12 bzw. 33 der Anlage 2 fallen können (vgl. Tz. 59, 116).

114 Nach Nr. 32 der Anlage 2 sind *nicht begünstigt*:

1. Schalen von Zitrusfrüchten oder von Melonen, zur vorläufigen Haltbarmachung in Salzlake oder in Wasser mit einem Zusatz von anderen Stoffen eingelegt (Position 0814)

2. Fruchtsäfte (einschließlich Traubenmost) und Gemüsesäfte, nicht gegoren, ohne Zusatz von Alkohol, auch mit Zusatz von Zucker oder anderen Süßmitteln (Position 2009)

    Dazu gehören z.B. auch:

    a) eingedickte (auch gefrorene) Säfte (trinkfertig oder nicht) (auch in Kristall- oder Pulverform), vorausgesetzt, dass sie in dieser Form ganz oder fast ganz wasserlöslich sind,

    b) rückverdünnte Säfte (trinkfertig oder nicht), die dadurch hergestellt werden, dass Dicksäften Wasser in einer Menge zugesetzt wird, wie es in entsprechenden nicht verdickten Säften üblicherweise enthalten ist,

    c) Tomatensaft mit einem Gehalt an Trockenstoff von weniger als 7 Gewichtshundertteilen.

3. nichtalkoholhaltige und alkoholhaltige Getränke, d.h. unmittelbar trinkbare Flüssigkeiten (Kapitel 22), z.B. Fruchtnektare (nicht gegorene, aber gärfähige, durch Zusatz von Wasser und Zucker zu Fruchtsäften, konzentrierten Fruchtsäften, Fruchtmark, konzentriertem Fruchtmark oder einem Gemisch dieser Erzeugnisse hergestellte Zubereitungen, sog. Süßmoste (Fruchtnektar, der ausschließlich aus Fruchtsäften, konzentrierten Fruchtsäften oder einem Gemisch dieser beiden Erzeugnisse, die aufgrund ihres hohen natürlichen Säuregehalts zum unmittelbaren Genuss nicht geeignet sind, hergestellt wird) oder mit Kohlensäure imprägnierte Frucht- oder Gemüsesäfte, sowie Limonaden, Fruchtsaftgetränke und mit Alkohol versehene Frucht- und Gemüsesäfte sowie durch Pressen aus frischem Gemüse oder frischen Küchenkräutern gewonnene Säfte, nicht gegoren, auch konzentriert; nicht trinkbarer Wacholderbeersaft (Position 2106) fällt unter Nr. 33 der Anlage 2 (vgl. Tz. 116) und Milchmischgetränke mit einem Anteil an Milch oder Milcherzeugnissen von mindestens 75 % (Position 2202) fallen unter Nr. 35 der Anlage 2 (vgl. Tz. 121)

4. Lebensmittelzubereitungen, deren Gehalt an Wurst, Fleisch, Schlachtnebenerzeugnissen, Blut, Fisch, Krebstieren, Weichtieren oder anderen wirbellosen Wassertieren – einzeln oder zusammen – 20 Gewichtshundertteile überschreitet (Kapitel 16), die aber unter Nr. 28 der Anlage 2 fallen (vgl. Tz. 100)

5. feine Backwaren, z.B. Fruchttorten (Position 1905), die aber unter Nr. 31 der Anlage 2 fallen (vgl. Tz. 110)

6. Suppen und Brühen sowie Zubereitungen zum Herstellen von Suppen oder Brühen und zusammengesetzte homogenisierte Lebensmittelzubereitungen (Position 2104), die aber unter Nr. 33 der Anlage 2 fallen (vgl. Tz. 116)

115 *Verschiedene Lebensmittelzubereitungen (Kapitel 21)* (Nr. 33 der Anlage 2)

Begünstigt sind alle Erzeugnisse des Kapitels 21 Zolltarif.

116 Im Einzelnen sind nach Nr. 33 der Anlage 2 *begünstigt*:

1. Auszüge, Essenzen und Konzentrate aus Kaffee, Tee oder Mate und Zubereitungen auf der Grundlage dieser Erzeugnisse oder auf der Grundlage von Kaffee, Tee oder Mate; geröstete Zichorien und andere geröstete Kaffeemittel sowie Auszüge, Essenzen und Konzentrate hieraus (Position 2101)

    Hierzu gehören auch Erzeugnisse aus entkoffeiniertem Kaffee, Instantkaffee (getrocknet oder gefriergetrocknet), Kaffeepasten (aus gemahlenem, gerösteten Kaffee sowie pflanzlichen Fetten oder anderen Zutaten), Zubereitungen aus Gemischen von Tee, Milchpulver und Zucker, andere geröstete Kaffeemittel (dienen durch Ausziehen mit heißem Wasser als Kaffee-Ersatz-Getränk oder als Zusatz zu Kaffee), wie z.B. Gersten-, Malz- und Eichelkaffee (werden darüber hinaus noch aus Zuckerrüben, Möhren, Feigen, Weizen und Roggen, Lupinen, Sojabohnen, Kichererbsen, Dattel- und Mandelkernen, Löwenzahnwurzeln oder Kastanien hergestellt), sowie Zubereitungen auf der Grundlage von Auszügen, Essenzen oder Konzentraten aus Kaffee, Tee oder Mate (*nicht jedoch* Mischungen von Kaffee, Tee oder Mate als solchem mit anderen Stoffen), denen im Verlauf der Herstellung Stärke oder andere Kohlenhydrate zugesetzt sein können.

Anlage § 012 (2) 1–01

Die Erzeugnisse können in Form von Stücken, Körnern oder Pulver oder in Form flüssiger oder fester Auszüge vorliegen; sie können auch miteinander vermischt sein oder Zusätze anderer Stoffe (z.B. Salz, Alkalicarbonate usw.) enthalten. Sie sind oft in Kleinverkaufspackungen aufgemacht.

Nicht hierzu gehören:

a) geröstete Kaffeemittel mit beliebigem Gehalt an Kaffee (Position 0901), die aber unter Nr. 12 der Anlage 2 fallen (vgl. Tz. 59),

b) aromatisierter Tee (Position 0902), der aber ebenfalls unter Nr. 12 der Anlage 2 fällt (vgl. Tz. 59),

c) Zucker und Melassen, karamellisiert (Position 1702), die aber unter Nr. 29 der Anlage 2 fallen (vgl. Tz. 103),

d) trinkfertiger Kaffee- oder Teeaufguss (Kapitel 22),

e) Malz, auch geröstet, das nicht als Kaffeemittel aufgemacht ist (Position 1107).

2. Hefen (lebend oder nicht lebend); andere Einzeller-Mikroorganismen, nicht lebend (ausgenommen Vaccine (Impfstoffe) der Position 3002); zubereitete Backtriebmittel in Pulverform (Position 2102)

Lebende Hefen bewirken Gärungsvorgänge und bestehen im Wesentlichen aus bestimmten Mikroorganismen, die sich normalerweise während der alkoholischen Gärung vermehren.

Hierzu gehören:

a) Brauereihefe (bildet sich bei der Bierbereitung in den Gärbottichen),

b) Brennereihefe (bildet sich bei der Vergärung von Getreide, Kartoffeln, Früchten usw. in den Brennereien),

c) Backhefe (entsteht durch Züchtung bestimmter Hefestämme auf kohlenhydratreichen Nährböden, z.B. Melassen, unter besonderen Bedingungen),

d) Hefekulturen (im Laboratorium hergestellte Hefereinzuchten),

e) Anstellhefe (durch stufenweise Vermehrung von Hefekulturen hergestellt, dient als Ausgangshefe zum Gewinnen von Handelshefe).

Durch Trocknung gewonnene nicht lebende Hefen (d.h. abgestorbene, inaktive Hefen) sind im Allgemeinen Brauerei-, Brennerei- oder Backhefen, die für die Weiterverwendung in diesen Industriezweigen nicht mehr hinreichend aktiv sind. Sie werden für die menschliche Ernährung oder zur Tierfütterung verwendet.

Andere Einzeller-Mikroorganismen, wie einzellige Bakterien und Algen, nicht lebend, werden u.a. in Kulturen auf Substraten gewonnen, die Kohlenwasserstoffe oder Kohlendioxid enthalten. Sie sind besonders reich an Proteinen und werden im Allgemeinen zur Tierfütterung verwendet.

Die zubereiteten Backtriebmittel in Pulverform bestehen aus Mischungen chemischer Erzeugnisse (z.B. Natriumbicarbonat, Ammoniumcarbonat, Weinsäure oder Phosphaten), auch mit Zusatz von Stärke. Sie entwickeln unter geeigneten Bedingungen Kohlendioxid und werden deshalb in der Bäckerei zur Teiglockerung verwendet. Sie kommen meistens in Kleinverkaufspackungen unter verschiedenen Bezeichnungen (Backpulver usw.) in den Handel.

Nicht hierzu gehören:

f) Getreidemehl, das durch Zusatz sehr geringer Mengen an Backtriebmitteln verbessert ist (Position 1101 oder 1102); dies fällt aber unter Nr. 14 der Anlage 2 (vgl. Tz. 66),

g) Kulturen von Mikroorganismen (ausgenommen Hefen) und Vaccine (Position 3002),

h) Arzneiwaren (Positionen 3003 oder 3004),

i) Enzyme (Amylasen, Pepsin, Lab usw.) (Position 3507).

3. Zubereitungen zum Herstellen von Würzsoßen und zubereitete Würzsoßen; zusammengesetzte Würzmittel; Senfmehl, auch zubereitet, und Senf (Position 2103)

Hierzu gehören:

a) Zubereitungen, im Allgemeinen stark gewürzt, die zum Verbessern des Geschmacks bestimmter Gerichte (insbesondere Fleisch, Fisch und Salate) bestimmt sind und aus verschiedenen Stoffen (Eier, Gemüse, Fleisch, Früchte, Mehl, Stärke, Öl, Essig, Zucker, Gewürze, Senf, Aromastoffe usw.) hergestellt sind

Würzsoßen sind im Allgemeinen flüssig, Zubereitungen zum Herstellen von Würzsoßen haben meist die Form von Pulver, dem zur Bereitung einer Würzsoße nur Milch, Wasser usw. zugefügt werden muss. Hierzu gehören z.B. Majonäse, Salatsoßen, Sauce Bearnaise, Sauce Bolognese,

Anlage § 012 (2) 1–01

Sojasoße, Pilzsoße, Worcestersoße, Tomatenketchup und andere Tomatensoßen, Selleriesalz, Minzsoße, aromatische Bitter (alkoholhaltige Zubereitungen unter Verwendung von Enzianwurzeln) und bestimmte zusammengesetzte Würzmittel für die Fleischwarenherstellung sowie bestimmte Getränke, die zum Kochen zubereitet und deshalb zum Trinken ungeeignet geworden sind (z.B. Kochweine und Kochkognak), *nicht jedoch* Extrakte und Säfte von Fleisch, Fischen, Krebstieren, Weichtieren und anderen wirbellosen Wassertieren (Position 1603), die aber unter Nr. 28 der Anlage 2 fallen können (vgl. Tz. 98, 100). „Trasi" oder „Blachan" genannte Zubereitungen, aus Fischen oder Krebstieren gewonnen (ausschließlich zum Würzen bestimmter orientalischer Gerichte bestimmt), auch miteinander vermischt, in Form von Pasten, bleiben aber in Position 2103.

b) Senfmehl, durch Mahlen und Sieben von Senfsamen aus Position 1207 Zolltarif gewonnen, aus weißen oder schwarzen Senfsamen (auch entfettet bzw. auch geschält) oder einer entsprechenden Mischung hieraus hergestellt, ohne Rücksicht auf seinen Verwendungszweck und zubereitetes Senfmehl (eine Mischung aus Senfmehl und geringen Mengen anderer Stoffe wie Getreidemehl, Zimt, Kurkuma, Pfeffer usw.) sowie Senf (eine pastöse Masse aus Senfmehl, Essig, Traubenmost oder Wein, der Salz, Zucker, Gewürze oder andere Würzstoffe zugesetzt sein können), *nicht jedoch:*

  aa) Senfsamen (Position 1207), der aber unter Nr. 18 der Anlage 2 fällt (vgl. Tz. 76),

  bb) fettes Senföl (Position 1514), das aber unter Nr. 26 der Anlage 2 fällt (vgl. Tz. 94, 95),

  cc) Senfölkuchen, der beim Gewinnen von fettem Senföl aus Senfsamen anfällt (Position 2306), der aber nach Nr. 37 der Anlage 2 begünstigt ist (vgl. Tz. 125, 126),

  dd) ätherisches Senföl (Position 3301).

Soweit bei Gewürzkombinationen (Gewürzzubereitungen und Mixflasche) die Gewürze charakterbestimmend sind, unterliegen diese Zusammenstellungen insgesamt dem ermäßigten Steuersatz. Bei der Lieferung von Speisesenf in Trinkgläsern erstreckt sich die Steuerermäßigung auch auf die Gläser, wenn es sich um geringwertige Trinkgläser aus gewöhnlichem Glas handelt (z.B. Gläser mit und ohne Henkel, konische oder zylindrische Gläser, gerippte oder glatte Gläser, Gläser mit Bildern oder Aufschriften, Stilgläser usw.).

Solche Gläser sind übliche Warenumschließungen. Im Übrigen vergleiche hierzu die Ausführungen im allgemeinen Teil (vgl. Tz. 10).

4. Zubereitungen zum Herstellen von Suppen oder Brühen; Suppen und Brühen; zusammengesetzte homogenisierte Lebensmittelzubereitungen (Position 2104)

  a) Hierzu gehören sowohl Zubereitungen zum Herstellen von Suppen oder Brühen, denen nur Wasser, Milch usw. zugesetzt werden muss, als auch Suppen und Brühen, die nach einfachem Erwärmen genussfertig sind. Diese Erzeugnisse sind im Allgemeinen auf der Grundlage von pflanzlichen Stoffen (Gemüse, Mehl, Stärke, Sago, Teigwaren, Reis, Pflanzenauszüge usw.), Fleisch, Fleischextrakt, Fett, Fisch, Krebstieren, Weichtieren und anderen wirbellosen Wassertieren, Peptonen, Aminosäuren oder von Hefeextrakt hergestellt. Sie können eine beträchtliche Menge Salz enthalten und liegen im Allgemeinen in Form von Tabletten, Broten, Würfeln, Pulver oder in flüssigem Zustand vor.

  b) Zu den zusammengesetzten homogenisierten Lebensmittelzubereitungen der Position 2104 Zolltarif gehören nur fein homogenisierte Mischungen mehrerer Grundstoffe wie Fleisch, Fisch, Gemüse oder Früchte, für den Einzelverkauf zur Ernährung von Kindern oder zum Diätgebrauch in Behältnissen von 250 g oder weniger aufgemacht. Diesen Grundstoffen können zu diätetischen Zwecken oder zum Würzen, Haltbarmachen oder zu anderen Zwecken geringe Mengen unterschiedlicher Stoffe wie Käse, Eigelb, Stärke, Dextrine, Salz oder Vitamine zugesetzt sein. Die Erzeugnisse bilden eine salbenartige Paste unterschiedlicher Konsistenz, die unmittelbar oder nach Aufwärmen verzehrbar ist. Sie sind meistens in luftdicht verschlossenen Gläsern oder Metalldosen aufgemacht, deren Inhalt im Allgemeinen einer vollständigen Mahlzeit entspricht.

  Hierzu gehören *jedoch nicht:*

  aa) zusammengesetzte homogenisierte Lebensmittelzubereitungen, die nicht für den Einzelverkauf zur Ernährung von Kindern oder zum Diätgebrauch aufgemacht sind oder die in Behältnissen mit einem Gewicht des Inhalts von mehr als 250 g vorliegen oder auch Zubereitungen dieser Art, die nur aus einem einzigen Grundstoff bestehen (im Allge-

Anlage § 012 (2) 1–01

meinen Kapitel 16 oder 20), auch wenn ihnen in geringer Menge Bestandteile zum Würzen, Haltbarmachen usw. zugesetzt sind; diese können aber unter Nr. 28 oder 32 der Anlage 2 fallen (vgl. Tz. 98–100, 112, 113),

- bb) Gemüsemischungen, getrocknet (Julienne), auch in Pulverform (Position 0712), die aber unter Nr. 10 der Anlage 2 fallen (vgl. Tz. 48–50),
- cc) Mehl, Grieß und Pulver von trockenen Hülsenfrüchten (Position 1106); dies fällt aber unter Nr. 16 der Anlage 2 (vgl. Tz. 70, 71),
- dd) Extrakte und Säfte von Fleisch und Fischen (Kapitel 16), die aber unter Nr. 28 der Anlage 2 fallen können (vgl. Tz. 98–100),
- ee) kakaohaltige Lebensmittelzubereitungen (im Allgemeinen Position 1806 oder 1901), die aber unter Nr. 30 oder 31 der Anlage 2 fallen können (vgl. Tz. 106, 107, 109, 110),
- ff) Gemüsemischungen der Position 2004 oder 2005 (anders als mit Essig oder Essigsäure zubereitetes oder haltbar gemachtes Gemüse), auch wenn sie manchmal zum Herstellen von Suppen verwendet werden, die aber unter Nr. 32 der Anlage 2 fallen können (vgl. Tz. 112, 113).

5. Speiseeis, auch kakaohaltig (Position 2105)

Hierzu gehören Speiseeis, meist auf der Grundlage von Milch oder Rahm zubereitet, und ähnliche gefrorene Erzeugnisse (z.B. Sorbet, Eis am Stiel), auch mit beliebigem Gehalt an Kakao, *nicht jedoch* Mischungen und Grundstoffe zum Herstellen von Speiseeis, die nach ihrem charakterbestimmenden Bestandteil eingereiht werden, z.B. Position 1806 (Schokolade und andere kakaohaltige Lebensmittelzubereitungen), die aber unter Nr. 30 der Anlage 2 fallen (vgl. Tz. 106, 107) oder Position 1901 (Mehl-, Grieß-, Stärke- oder Malzextrakterzeugnisse), die aber unter Nr. 31 der Anlage 2 fallen (vgl. Tz. 109, 110). Als Speiseeis im Sinne der Position 2105 Zolltarif gelten Lebensmittelzubereitungen (auch für den Einzelverkauf aufgemacht), deren fester oder teigig-pastöser Zustand durch Gefrieren erzielt worden ist und die zum Verzehr in diesem Zustand bestimmt sind. Diese Erzeugnisse kennzeichnen sich dadurch, dass sie in einen flüssigen oder halbflüssigen Zustand übergehen, wenn sie einer Temperatur um 0 °C ausgesetzt werden. Zubereitungen, die zwar wie Speiseeis aussehen, jedoch nicht die vorbezeichnete Eigenschaft besitzen, gehören *nicht* hierzu (im Allgemeinen aber zu Positionen 1806, 1901, so das sie nach Nr. 30 oder 31 der Anlage 2 begünstigt sein können (vgl. Tz. 106, 107, 109, 110)). Die begünstigten Erzeugnisse haben verschiedene Bezeichnungen (Eis, Eiscreme, Cassata, Neapolitaner Schnitten usw.) und werden in unterschiedlicher Aufmachung geliefert; sie können außer Kakao oder Schokolade auch Zucker, pflanzliche Fette oder Milchfett, Magermilch, Früchte, Stabilisatoren, Aroma- und Farbstoffe usw. enthalten. Zum Herstellen von bestimmtem Speiseeis wird zur Erhöhung des Volumens Luft in die verwendeten Grundstoffe eingeschlagen (Aufschlag).

6. Lebensmittelzubereitungen, anderweit weder genannt noch inbegriffen (Position 2106)

Hierzu gehören – soweit nicht in anderen Positionen des Zolltarifs erfasst – sowohl Zubereitungen, die entweder unmittelbar oder nach weiterer Behandlung (z.B. durch Garen, durch Auflösen oder Aufkochen in Wasser oder Milch usw.) zur menschlichen Ernährung verwendet werden als auch Zubereitungen, die ganz oder teilweise aus Lebensmitteln zusammengesetzt sind und beim Herstellen von Getränken oder Lebensmitteln verwendet werden, insbesondere solche, die aus Mischungen von chemischen Erzeugnissen (organische Säuren, Calciumsalzen usw.) mit Lebensmitteln (z.B. Mehl, Zucker, Milchpulver) bestehen und entweder zur Verwendung als Bestandteile oder zum Verbessern bestimmter Eigenschaften (Aussehen, Haltbarkeit usw.) von Lebensmittelzubereitungen bestimmt sind (*nicht jedoch* Enzymzubereitungen, die Lebensmittel enthalten, z.B. Fleischzartmacher, die aus einem eiweißspaltenden Enzym bestehen, dem Dextrose oder andere Lebensmittel zugesetzt sind (im Allgemeinen Position 3507)).

Hierzu gehören z.B.:

- a) Pulver zum Herstellen von Pudding, Creme, Speiseeis, Zwischengerichten, Geleespeisen oder ähnlichen Zubereitungen, auch gezuckert,
- b) Pulver, aromatisiert (sog. Coco), auch gesüßt, zum Herstellen von Getränken, auf der Grundalge von Natriumbicarbonat und Glycyrrhizin oder Süßholzauszug,
- c) Zubereitungen auf der Grundlage von Butter oder anderen Fettstoffen aus der Milch, die insbesondere für Backwaren verwendet werden,

Anlage § 012 (2) 1–01

d) Massen auf der Grundlage von Zucker, die eine verhältnismäßig große Menge an zugesetztem Fett und manchmal Milch oder Nüsse enthalten und nicht unmittelbar zu Zuckerwaren verarbeitet werden können, sondern als Füllungen usw. für Schokolade, feine Backwaren usw. verwendet werden,

e) natürlicher Honig, mit Gelee Royale angereichert,

f) Eiweißhydrolysate, die hauptsächlich aus einer Mischung von Aminosäuren und Natriumchlorid bestehen und in Lebensmittelzubereitungen (z.B. zur Geschmacksabrundung) verwendet werden; Eiweißkonzentrate, die aus entfettetem Sojamehl durch Entzug bestimmter Bestandteile gewonnen und zum Anreichern von Lebensmittelzubereitungen mit Eiweiß verwendet werden; texturiertes Sojabohnenmehl und andere texturierte Eiweißstoffe, *nicht jedoch:*

aa) nichttexturiertes, entfettetes Sojabohnenmehl, auch wenn es für die menschliche Ernährung verwendet werden kann (Position 2304), dies fällt aber unter Nr. 37 der Anlage 2 (vgl. Tz. 125, 126),

bb) Proteinisolate (Position 3504),

g) nichtalkoholhaltige oder alkoholhaltige Zubereitungen (*nicht jedoch* auf der Grundlage von wohlriechenden Stoffen (Position 3302), die aber unter Nr. 46 der Anlage 2 fallen können (vgl. Tz. 145)), wie sie bei der Herstellung der verschiedenen nichtalkoholhaltigen Getränke verwendet werden

Diese Zubereitungen können aus Pflanzenauszügen durch Zusatz von Milchsäure, Weinsäure, Zitronensäure, Phosphorsäure, Konservierungsstoffen, Schaummitteln, Fruchtsäften usw. hergestellt werden. Die Zubereitungen enthalten (ganz oder zum Teil) Aromastoffe, die dem Getränk einen bestimmten Charakter geben. Das fragliche Getränk kann gewöhnlich dadurch zubereitet werden, dass die Zubereitung einfach mit Wasser, Wein oder Alkohol, auch mit Zusatz von z.B. Zucker oder Kohlendioxid, verdünnt wird. Nach ihrer Beschaffenheit sind diese Zubereitungen nicht für den Gebrauch als Getränk bestimmt und können auf diese Weise von den nicht begünstigten Getränken des Kapitels 22 Zolltarif unterschieden werden.

h) Tabletten für Ernährungszwecke, auf der Grundlage natürlicher oder künstlicher Riechstoffe (z.B. Vanillin),

i) Karamellen, Kaugummi und ähnliche Erzeugnisse, die an Stelle von Zucker synthetische Süßstoffe (z.B. Sorbit) enthalten,

j) Zubereitungen (z.B. Tabletten), die aus Saccharin und einem Lebensmittel, z.B. Lactose, bestehen und zum Süßen verwendet werden,

k) Hefeautolysate und andere Hefeextrakte, Erzeugnisse, die durch Abbau von Hefe gewonnen werden (nicht gärfähig, mit hohem Eiweißgehalt, hauptsächlich in der Lebensmittelindustrie z.B. als Geschmacksverbesserer verwendet),

l) Zubereitungen zum Herstellen von Limonaden und anderen Getränken, die z.B. bestehen aus:

aa) aromatisierten oder gefärbten Sirupen, die Zuckerlösungen mit zugesetzten natürlichen oder künstlichen Stoffen sind, die ihnen insbesondere den Geschmack bestimmter Früchte oder Pflanzen (Himbeere, Johannisbeere, Zitrone, Minzen usw.) verleihen, auch mit Zusatz von Zitronensäure und Konservierungsmitteln,

bb) einem Sirup, dem zum Aromatisieren ein Grundstoff (siehe Buchst. g) zugesetzt wurde, der insbesondere entweder Kola-Auszug und Zitronensäure (gefärbt mit karamellisiertem Zucker) oder Zitronensäure und ätherische Öle von Früchten (z.B. Zitrone oder Orange) enthält,

cc) einem Sirup, mit Fruchtsäften aromatisiert, die durch Zusatz verschiedener Stoffe (Zitronensäure, ätherische Öle aus der Fruchtschale usw.) in einer solchen Menge modifiziert wurden, dass das Verhältnis der Inhaltsstoffe, wie es in einem natürlichen Saft besteht, offensichtlich gestört ist,

dd) konzentriertem Fruchtsaft mit Zusatz von Zitronensäure (in einer solchen Menge, dass der Gesamtsäuregehalt denjenigen des natürlichen Fruchtsaftes beträchtlich übersteigt), ätherischen Ölen aus Früchten, synthetischen Süßstoffen usw.

Diese Zubereitungen werden nach einfachem Verdünnen mit Wasser oder nach einer zusätzlichen Behandlung als Getränke verwendet. Bestimmte Zubereitungen dieser Art werden auch anderen Lebensmittelzubereitungen zugesetzt.

Anlage § 012 (2) 1–01

- m) Mischungen eines Ginseng-Auszuges mit anderen Stoffen (z.B. Lactose oder Glucose), die zum Herstellen von „Ginseng-Tees" oder „Ginseng-Getränken" verwendet werden,
- n) Erzeugnisse, die bestehen aus einer Mischung von Pflanzen oder Pflanzenteilen, Samen oder Früchten verschiedener Arten oder aus Pflanzen oder Pflanzenteilen, Samen oder Früchten einer Art oder mehrerer Arten in Mischung mit anderen Stoffen (z.B. einem oder mehreren Pflanzenauszügen), die nicht unmittelbar verzehrt werden, sondern von der zum Herstellen von Aufgüssen oder Kräutertees verwendeten Art (z.B. mit abführenden, harntreibenden oder entblähenden Eigenschaften) sind, einschließlich Erzeugnisse, von denen behauptet wird, dass sie bei bestimmten Krankheiten Linderung bieten oder zur allgemeinen Gesundheit und zum Wohlbefinden beitragen, *nicht jedoch* Erzeugnisse, deren Aufguss eine therapeutische oder prophylaktische Dosis eines gegen eine bestimmte einzelne Krankheit spezifisch wirkenden Bestandteils ergibt (Position 3003 oder 3004),
- o) Mischungen von Pflanzen, Pflanzenteilen, Samen oder Früchten (ganz, in Stücken, als Pulver oder sonst zerkleinert), die nicht unmittelbar verzehrt werden, sondern von der Art sind, wie sie unmittelbar zum Aromatisieren von Getränken oder zum Gewinnen von Auszügen zum Herstellen von Getränken verwendet werden,
- p) Zubereitungen, häufig als „Ergänzungslebensmittel" bezeichnet, auf der Grundlage von Pflanzenauszügen, Fruchtkonzentraten, Honig, Fructose usw., denen Vitamine und manchmal sehr geringe Mengen Eisenverbindungen zugesetzt sind, z.B. Aloe vera-Tabletten oder Multivitamin-Brausetabletten (soweit es sich nicht um Arzneiwaren handelt)

  Auf den Packungen dieser Zubereitungen ist häufig angegeben, dass sie allgemein der Erhaltung der Gesundheit oder des Wohlbefindens dienen. *Nicht begünstigt* sind jedoch ähnliche Zubereitungen, die zum Verhüten oder Behandeln von Krankheiten oder Leiden bestimmt sind (Position 3003 oder 3004).
- q) Käsefondue, eine Lebensmittelzubereitung bestehend aus Käse, vermischt mit Weißwein, Wasser, Stärke, Kirschbranntwein und einem Emulgiermittel,
- r) Nicotin-Kaugummi, in Form von Tabletten, die Nicotin enthalten, und die den Geschmack von Tabakrauch simulieren (zum Gebrauch durch Personen, die das Rauchen aufgeben wollen),
- s) Backmittel, z.B. aus Mono- und Diglyceriden, Milchpulver und Saccharose, als Zusatz bei der Herstellung von Backwaren,
- t) Emulgiermittel und Stabilisierungsmittel für bestimmte Lebensmittelzubereitungen (z.B. Majonäse) aus einer Mischung chemischer Erzeugnisse mit Nährstoffen (Magermilchpulver, Eiweiß usw.) sowie entsprechende Kombinationen.

Nach Nr. 33 der Anlage 2 sind *nicht begünstigt:* **117**
1. Frucht- und Gemüsesäfte, auch in Pulverform (Position 2009)
2. unmittelbar trinkbare Anregungsmittel (Tonika), auch wenn sie nur in kleinen Mengen (z.B. löffelweise) eingenommen werden (z.B. Vitamin-Tonikum aus Vitaminen, Malzextrakt, Traubenzucker, Honig und Wein) (Kapitel 22)

Wasser, ausgenommen **118**
- Trinkwasser, einschließlich Quellwasser und Tafelwasser, das in zur Abgabe an den Verbraucher bestimmten Fertigpackungen in den Verkehr gebracht wird,
- Heilwasser und
- Wasserdampf

(aus Unterposition 2201 9000)

(Nr. 34 der Anlage 2)

Begünstigt sind nur die gewöhnlichen Wässer aller Art aus Unterposition 2201 9000, insbesondere sog. Leitungswasser (*nicht jedoch* Meerwasser aus Position 2501). Diese Wässer können auch durch physikalische oder chemische Verfahren gereinigt worden sein (d.h. filtriertes, entkeimtes, geklärtes oder entkalktes natürliches Wasser, *nicht jedoch* destilliertes Wasser, Leitfähigkeitswasser oder Wasser von gleicher Reinheit (Position 2851), wie z.B. Heizwasser, in Kraftwerken aus vollentsalztem Wasser erzeugt). Begünstigt ist auch entsprechendes Warm- oder Heizwasser (siehe jedoch Tz. 120 Nr. 8) und der Verkauf von heißem Wasser aus einem Heißgetränkeautomaten, wenn dieser entweder mit Leitungswasser befüllt oder selbst an die Wasserleitung angeschlossen ist.

Als unselbständige Nebenleistung (vgl. auch Tz. 9) zu den begünstigten Umsätzen von Wasser ist die **119** Vermietung von Wassermessgeräten (sog. Wasseruhren) und Standrohren anzusehen.

Anlage § 012 (2) 1–01

Die Zahlungen an ein Wasserversorgungsunternehmen für das Legen von Wasserleitungen (Liefererleitungen) einschließlich der Hauswasseranschlüsse (sog. Wasseranschlussbeiträge, Baukostenzuschüsse oder Hausanschlusskosten) sind Entgelt für die umsatzsteuerpflichtige Leistung „Verschaffung der Möglichkeit zum Anschluss an das Versorgungsnetz" und damit *keine* unselbständige Nebenleistung, sondern selbständige Hauptleistung, die dem allgemeinen Steuersatz unterliegt. Ebenso *keine* Nebenleistung zur Wasserlieferung liegt vor, wenn ein Versorgungsunternehmen seine bereits vorhandenen Leitungen auf Veranlassung eines Dritten (z.B. im Rahmen städtebaulicher Planung) verlegt.

120 Nach Nr. 34 der Anlage 2 sind *nicht begünstigt:*

1. Natürliches und künstliches Mineralwasser (aus Unterposition 2201 10)

   Im Sinne des Zolltarifs handelt es sich hierbei um Wasser, das Mineralsalze und Gase enthält, wobei die Zusammensetzung sehr unterschiedlich ist. Es gibt z.B. alkalische, sulfathaltige, halogenhaltige, schwefelhaltige, arsenhaltige oder eisenhaltige Wässer. Natürliches Mineralwasser kann auch natürliches oder künstliches Kohlendioxid enthalten. Da diese Beschreibung zur Abgrenzung des nicht begünstigten Mineralwassers vom begünstigten gewöhnlichen Wasser oft nicht ausreicht, wird natürliches Mineralwasser nach § 2 Mineral- und Tafelwasser-Verordnung vom 1. August 1984 (BGBl. I S. 1036), zuletzt geändert durch Artikel 1 der Verordnung vom 3. März 2003 (BGBl. I S. 352), bestimmt. Hiernach hat natürliches Mineralwasser seinen Ursprung in unterirdischen, vor Verunreinigungen geschützten Wasservorkommen und wird aus einer oder mehreren natürlichen oder künstlich erschlossenen Quellen gewonnen.

   Es ist von ursprünglicher Reinheit und gekennzeichnet durch seinen Gehalt an Mineralien, Spurenelementen oder sonstigen Bestandteilen und ggf. durch bestimmte, insbesondere ernährungsphysiologische Wirkungen. Seine Zusammensetzung und seine übrigen wesentlichen Merkmale bleiben im Rahmen natürlicher Schwankungen konstant und werden durch Schwankungen in der Schüttung nicht verändert. Der Gehalt an bestimmten Stoffen darf vorgegebene Grenzwerte nicht übersteigen. Natürliches Mineralwasser darf gewerbsmäßig nur in den Verkehr gebracht werden, wenn es amtlich anerkannt ist. Amtlich anerkannte Mineralwässer werden im Bundesanzeiger bekannt gemacht (§ 3 Mineral- und Tafelwasser-Verordnung).

   Künstliche Mineralwässer sind solche, die aus Trinkwasser durch Zusatz fester oder gasförmiger Stoffe, wie sie sich in natürlichen Mineralwässern befinden, hergestellt werden, um ihnen etwa die Eigenschaften zu verleihen, die den natürlichen Mineralwässern entsprechen.

2. Trinkwasser einschließlich Quellwasser und Tafelwasser, das in zur Abgabe an den Verbraucher bestimmten Fertigpackungen in den Verkehr gebracht wird

   Quellwasser ist Wasser, das seinen Ursprung in einem unterirdischen Wasservorkommen hat, aus einer oder mehreren natürlichen oder künstlich erschlossenen Quellen gewonnen worden ist und das bei seiner Herstellung keinen oder lediglich den in § 6 Mineral- und Tafelwasser-Verordnung aufgeführten Verfahren unterworfen worden ist (§ 10 Abs. 1 Mineral- und Tafelwasser-Verordnung).

   Tafelwasser wird aus Trinkwasser oder natürlichem Mineralwasser unter Beifügung bestimmter Zusatzstoffe hergestellt. Es entspricht im Wesentlichen dem künstlichen Mineralwasser aus Unterposition 2201 10.

   Ebenso nicht begünstigt ist kohlensäurehaltiges Wasser, das aus Trinkwasser besteht, dem unter einigen Atmosphären Druck Kohlendioxid zugesetzt worden ist. Es wird häufig unzutreffend als Selterwasser bezeichnet, obwohl echte Selterwasser ein natürliches Mineralwasser ist.

   Bei dem sonstigen Trinkwasser handelt es sich um Wasser, das nicht die Begriffsbestimmungen für natürliches Mineralwasser, Tafelwasser oder Quellwasser erfüllt (§ 18 Mineral- und Tafelwasser-Verordnung).

3. Heilwasser

   Hierunter fallen Heilwässer aus Position 2201, die nicht bereits als natürliches Mineralwasser oder als abgefülltes Quellwasser von der Begünstigung ausgenommen sind.

4. Wasserdampf (aus Unterposition 2201 9000)

   Dazu gehört Wasserdampf jeglicher Herkunft (aus Unterposition 2201 9000), auch Wasserdampf aus destilliertem Wasser, Leitfähigkeitswasser oder Wasser von gleicher Reinheit, insbesondere Wasserdampf aus vollentsalztem Wasser, der von Kraftwerken als Wärmeträger geliefert wird.

5. Eis und Schnee (aus Unterposition 2201 9000)

   Hierunter sind sowohl künstlich gefrorenes Wasser als auch natürliches Eis und natürlicher Schnee zu verstehen.

Anlage § 012 (2) 1–01

6. Kohlensäureschnee oder Trockeneis (Kohlendioxid in fester Form) (Position 2811)
7. Wässer mit Zusatz von Zucker, anderen Süßmitteln oder Aromastoffen (Position 2202)
8. Wärme, bei der dem Abnehmer die Verfügungsmacht über den Wärmeträger (z.b. Warmwasser) nicht verschafft wird (z.b. Wärmelieferungen durch Fernheizwerke an private Haushalte)

   In diesem Fall ist nicht das Heißwasser Liefergegenstand, sondern die Wärme, die ebenso wie andere Energiearten (z.b. Elektrizität oder Gas) dem allgemeinen Steuersatz unterliegt.

Milchmischgetränke mit einem Anteil an Milch oder Milcherzeugnissen (z.B. Molke) von mindestens fünfundsiebzig vom Hundert des Fertigerzeugnisses (aus Position 2202) (Nr. 35 der Anlage 2) **121**

Begünstigt sind nur nichtalkoholhaltige Milchmischgetränke aus Position 2202, die mengenmäßig zu mindestens 75% aus Milch oder Milcherzeugnissen bestehen, z.b. Milchgetränke mit Zusatz von Kakao (Kakaomilch) oder Fruchtsäften (Fruchttrunk), mit oder ohne Zusatz von Kohlensäure.

Der Anteil von 75% an Milch oder Milcherzeugnissen bezieht sich auf Massenanteile. Somit werden sowohl Erzeugnisse erfasst, die einen Massenanteil, als auch solche, die einen Volumenanteil von mindestens 75% an Milch oder Milcherzeugnissen aufweisen.

Als Milch oder Milcherzeugnisse gelten Vollmilch, Magermilch, Buttermilch und Molke, *nicht jedoch* Trinkjoghurt und andere fermentierte oder gesäuerte Milch (einschließlich Rahm) mit Zusatz von Kakao, Früchten oder Aromastoffen (Position 0403), die aber unter Nr. 4 der Anlage 2 fallen (vgl. Tz. 30). Die Position 2202 umfasst ausschließlich Getränke, d.h. unmittelbar trinkbare Zubereitungen, auch gezuckert, mit Zusatz von Aromen (z.B. Vanille- oder Fruchtessenzen) oder fein zerkleinerten Früchten (z.B. Erdbeeren, Himbeeren, Mandeln).

Nach Nr. 35 der Anlage 2 sind *nicht begünstigt:* **122**

1. Milchmischgetränke mit Zusatz von Alkohol (Position 2206), auch wenn der zugesetzte Alkohol lediglich eine Geschmackszugabe darstellt und mengenmäßig nicht ins Gewicht fällt
2. Getränke, die aus Soja hergestellt sind und als Milchersatz dienen
3. andere nichtalkoholhaltige Getränke der Position 2202 (z.B. Limonaden)

Speiseessig (Position 2209) (Nr. 36 der Anlage 2) **123**

Begünstigt ist nur Speiseessig der Position 2209.

Hierzu gehören:

1. Gärungsessig (d.h. durch Essigsäuregärung aus alkoholhaltigen Flüssigkeiten gewonnenes Erzeugnis), z.b. Weinessig, Malzessig, Obstessig, Bieressig, Essig aus Apfelwein, Birnenwein oder anderen vergorenen Fruchtmosten, Branntweinessig oder Essig, hergestellt aus Getreide, Melasse, hydrolysierten Kartoffeln, Molke usw.
2. Essigersatz, und zwar
   a) Essigersatz oder künstlicher Essig (häufig mit Karamell oder anderen organischen Farbstoffen gefärbt), der durch Verdünnen von Essigsäure mit Wasser gewonnen wird, mit einem Gehalt an Essigsäure von 10 Gewichtshundertteilen oder weniger,
   b) Lösungen von Essigsäure in Wasser mit einem Gehalt an Essigsäure von normalerweise 10 bis 15 Gewichtshundertteilen, die im Hinblick auf ihre Verwendung als Essigersatz für Speisen aromatisiert und / oder gefärbt sind.

   Andere Lösungen von Essigsäure in Wasser mit einem Gehalt an Essigsäure von mehr als 10 Gewichtshundertteilen gehören zu Position 2915 und können unter Nr. 42 der Anlage 2 fallen (vgl. Tz. 137)

   Gärungsessig und Essigersatz werden zum Würzen oder Haltbarmachen von Lebensmitteln verwendet und können (z.B. mit Estragon) aromatisiert oder mit Gewürzen versetzt sein.

Nach Nr. 36 der Anlage 2 ist Toilettenessig aus Position 3307 *nicht begünstigt.* **124**

Rückstände und Abfälle der Lebensmittelindustrie; zubereitetes Futter (Kapitel 23) (Nr. 37 der Anlage 2) **125**

Begünstigt sind alle Erzeugnisse des Kapitels 23 Zolltarif. Hierzu gehören verschiedene Rückstände und Abfälle, die bei der Verarbeitung von pflanzlichen Stoffen durch die Lebensmittelindustrie anfallen, sowie bestimmte Rückstände tierischen Ursprungs. Die meisten dieser Erzeugnisse werden hauptsächlich, entweder allein oder vermischt mit anderen Stoffen, als Futter verwendet; einige dienen auch der menschlichen Ernährung oder technischen Zwecken (Weintrub, Weinstein, Ölkuchen usw.).

Anlage § 012 (2) 1–01

126 Im Einzelnen sind nach Nr. 37 der Anlage 2 *begünstigt:*

1. Mehle und Pellets von Fleisch, von Schlachtnebenerzeugnissen, von Fischen oder von Krebstieren von Weichtieren oder anderen wirbellosen Wassertieren, ungenießbar; Grieben (Position 2301)

    Hierzu gehören:

    a) Mehle und Pulver, zur menschlichen Ernährung nicht geeignet, die durch Verarbeitung ganzer Tiere (einschließlich Geflügel, Meeressäugetiere, Fische, Krebstiere, Weichtiere oder andere wirbellose Wassertiere) oder bestimmter Tierteile (Fleisch, Schlachtnebenerzeugnisse usw.), ausgenommen Knochen, Hufe, Hörner, Schalen usw. gewonnen werden (z.B. Tierkörpermehl und Fleischmehl)

    Die Ausgangsstoffe fallen hauptsächlich in Schlachthöfen, auf Fangschiffen, die den Fang an Bord verarbeiten, und in der Konservenindustrie an; sie werden im Allgemeinen mit Dampf behandelt und zum Ausziehen des Fettes oder Öles gepresst oder mit Lösemitteln behandelt; der Rückstand wird durch längere Wärmebehandlung getrocknet und haltbar gemacht und schließlich gemahlen.

    Hierzu gehören die o. g. Erzeugnisse auch in Form von Pellets (d.h. Erzeugnisse, die entweder unmittelbar durch Pressen oder durch Zusatz eines Bindemittels wie Melasse oder stärkehaltige Stoffe in einer Menge von nicht mehr als 3 Gewichtshundertteilen zu Zylindern, Kügelchen usw. agglomeriert worden sind). Die Erzeugnisse werden im Allgemeinen zum Füttern, einige jedoch für andere Zwecke (z.B. als Dünger) verwendet. *Nicht* hierher, sondern zu Position 0305 gehören Fischmehle, die zur menschlichen Ernährung geeignet sind. Diese können unter Nr. 3 der Anlage 2 fallen (vgl. Tz. 23, 24).

    b) Grieben, die aus Hautgewebe bestehen, das nach dem Ausziehen (durch Schmelzen oder Pressen) von Schweineschmalz oder anderen tierischen Fetten zurückbleibt

    Sie werden hauptsächlich für die Futtermittelherstellung (insbesondere Hundekuchen) verwendet, gehören aber auch dann hierher, wenn sie zur menschlichen Ernährung geeignet sind.

2. Kleie und andere Rückstände, auch in Form von Pellets, vom Sichten, Mahlen oder von anderen Bearbeitungen von Getreide und Hülsenfrüchten (Position 2302)

    Hierzu gehören insbesondere:

    a) Schalenkleie, die aus den äußeren Schalen der Körner besteht, an denen noch ein Teil des Endosperms und etwas Mehl haftet,

    b) Feinkleie (Grießkleie), die als Nebenerzeugnis bei der Mehlgewinnung (Weiterverarbeitung von Schalenkleie) anfällt und die vor allem die feinsten Teile der Schalen, die nach dem Sichten und Sieben übrig bleiben, sowie etwas Mehl enthält,

    c) Rückstände (vom Sichten und anderen Bearbeitungen von Getreidekörnern oder aus Arbeiten zur Vorbereitung des Mahlvorganges), die insbesondere aus Bestandteilen wie kleineren, deformierten oder zerbrochenen Körnern des betreffenden Getreides oder den beigemischten Samen wildwachsender Pflanzen oder verschiedenen Stoffen wie Blattstücke, Halmstücke, mineralische Stoffe usw. bestehen oder Rückstände, die bei der Reinigung von Lagerstätten wie Silos, Schiffsladeräumen usw. anfallen mit einer ähnlichen Zusammensetzung.

    Ebenso dazu gehören Samenschalen, die beim Schleifen von Reis anfallen und Rückstände vom Schälen, Quetschen, Verflocken, perlförmigen Schleifen, Schneiden oder Schroten von Getreidekörnern als auch Rückstände und Abfälle ähnlicher Art, die beim Mahlen oder anderen Bearbeitungen von Hülsenfrüchten anfallen. Hierher gehören auch Erzeugnisse, die entweder durch Mahlen ganzer Maiskolben, auch mit ihren Hüllblättern, gewonnen werden, oder auch Bruchmais, der beim Sichten nicht geschälter, gereinigter Maiskörner anfällt, wenn diese Erzeugnisse nicht die Bedingungen hinsichtlich des Stärke- und Aschegehaltes für Müllereierzeugnisse erfüllen. Ansonsten gehören diese Erzeugnisse zu Kapitel 11 Zolltarif und können damit unter Nr. 14 der Anlage 2 fallen (vgl. Tz. 65, 66). Ebenso *nicht* hierher, sondern zu Position 123 und damit zu Nr. 23 der Anlage (vgl. Tz. 88, 89) gehört Getreidespreu, die beim Dreschen anfällt (z.B. Spelzen und Buchweizenschalen).

3. Rückstände von der Stärkegewinnung und ähnliche Rückstände, ausgelaugte Rübenschnitzel. Bagasse und andere Abfälle aus der Zuckergewinnung, Treber, Schlempen und Abfälle aus Brauereien oder Brennereien, auch in Form von Pellets (Position 2303)

Anlage § 012 (2) 1–01

Hierzu gehören insbesondere:

a) Abfälle aus der Stärkegewinnung aus Mais, Reis, Weizen, Kartoffeln usw. (z.B. auch als „Maiskleber", „gluten meal", „Maiskleberfutter", „Sorghumkleberfutter" und als „Kartoffelpülpe" bezeichnete Erzeugnisse), sofern sie bestimmte Stärke- und Fettgehalte nicht übersteigen

Ansonsten gehören sie im Allgemeinen zu Kapitel 11 und können somit nach Nr. 14, 15 oder 16 der Anlage 2 begünstigt sein (vgl. Tz. 65, 66, 68, 70, 71). Rückstände aus der Stärkegewinnung aus Maniokwurzeln (auch Tapioka genannt), mit einem Stärkegehalt von mehr als 40 Gewichtshundertteilen, in Form von Mehl oder Grieß, gehören zu Position 1106 und sind somit *nicht* nach Nr. 37 der Anlage 2 begünstigt (ebenso *nicht* nach Nr. 16 der Anlage 2, vgl. Tz. 72). Derartige Erzeugnisse in Form von Pellets gehören zu Position 0714 und sind somit ebenso *nicht begünstigt*.

b) eingedicktes Maisquellwasser, ohne Rücksicht auf seinen Proteingehalt,

c) nasse oder trockene Rückstände von der Zuckergewinnung aus Zuckerrüben

Nicht als „Abfall" von der Zuckergewinnung gilt Molke in Pulverform, der ein Teil der Lactose entzogen worden ist (Position 0404), die aber unter Nr. 4 der Anlage 2 fällt (vgl. Tz. 30).

d) der nach Ausziehen des Saftes anfallende, aus Stängelfasern des Zuckerrohrs bestehende Rückstand (Bagasse), sowie andere Abfälle aus der Zuckergewinnung wie Scheideschlamm oder Filterpressrückstände, *nicht jedoch* Halbstoffe, aus Bagasse hergestellt (Position 4706),

e) Biertreber (von Gerste, Roggen usw.), nass oder trocken,

f) Malzkeimlinge, die beim Keimen von Gerste entstehen und beim Entkeimen anfallen,

g) vollständig ausgelaugte Hopfenrückstände,

h) Rückstände aus der Destillation von Alkohol aus Getreide, Samen, Kartoffeln usw. (Schlempen), *nicht jedoch* durch Veraschen und Auslaugen von Melassenschlempe gewonnene Schlempekohle (Position 2621),

i) Melasseschlempe als Rückstand von der Alkoholgewinnung aus Zuckerrübenmelasse, *nicht jedoch* Melassen, die bei der Gewinnung oder Raffination von Zucker anfallen (Position 1703), die aber unter Nr. 29 der Anlage 2 fallen (vgl. Tz. 102, 103).

4. Ölkuchen und einzelne feste Rückstände aus der Gewinnung von Sojaöl und Erdnussöl, auch gemahlen oder in Form von Pellets (Positionen 2304 und 2305)

Hierzu gehören Ölkuchen und andere feste Rückstände aus der durch Pressen, durch Ausziehen mit Lösemitteln oder durch Zentrifugieren erfolgten Gewinnung von Soja- und Erdnussöl. Diese Rückstände bilden ein wertvolles Tierfutter. Hierher gehört auch nichttexturiertes, entfettetes Sojabohnenmehl zur Verwendung für die menschliche Ernährung. Die Erzeugnisse dieser Positionen können in Form von Kuchen, Schrot oder Pellets vorliegen.

Nicht hierher gehören:

a) Öldrass (Position 1522),

b) Eiweißkonzentrate, aus entfettetem Soja- oder Erdnussmehl durch Entzug bestimmter Bestandteile gewonnen und als Zusatz für Lebensmittelzubereitungen bestimmt, sowie texturiertes Sojabohnenmehl.

Diese Erzeugnisse gehören aber zu Position 2106 und fallen damit unter Nr. 33 der Anlage 2 (vgl. Tz. 115, 116).

5. Ölkuchen und andere feste Rückstände aus der Gewinnung anderer pflanzlicher Fette oder Öle, auch gemahlen oder in Form von Pellets (Position 2306)

Hierzu gehören insbesondere Ölkuchen und andere feste Rückstände aus der Gewinnung des Öls von Ölsamen, ölhaltigen Früchten oder Getreidekeimen (z.B. von Leinsamen, Baumwollsamen, Sesamsamen, Maiskeimen und Kopra – als wertvolles Futter verwendet – sowie von Rizinus, als Dünger genutzt), die durch Pressen, Ausziehen mit Lösemitteln oder durch Zentrifugieren gewonnen werden. Hierher gehören auch entölte Kleie, ein Rückstand aus der Ölgewinnung aus Reiskleie, sowie Bittermandel- und Senfkuchen, die zur Gewinnung ätherischer Öle verwendet werden. Die Rückstände können in Form von Kuchen, Schrot oder Pellets vorliegen.

Hierzu gehört auch nichttexturiertes entfettetes Mehl, das für die menschliche Ernährung verwendet wird.

Nicht begünstigt ist jedoch Öldrass (Position 1522).

Anlage § 012 (2) 1–01

Erzeugnisse ab einem bestimmten höheren Stärke-, Fett- oder Proteingehalt (die Bestimmung erfolgt nach in EU-Richtlinien festgelegten Methoden) gehören je nach Beschaffenheit im Allgemeinen zu Kapitel 11 Zolltarif und können somit unter Nr. 14, 15 oder 16 der Anlage 2 fallen (vgl. Tz. 65, 66, 68, 70, 71) oder gehören zu einer anderen Position des Kapitels 23 und sind dann anderweitig nach Nr. 37 der Anlage 2 begünstigt. Als Rückstände von der Gewinnung von Olivenöl gelten nur solche Erzeugnisse, deren Fettgehalt 8 Gewichtshundertteile nicht übersteigt. Erzeugnisse dieser Art (ausgenommen Öldrass) mit einem höheren Fettgehalt gehören zu Position 0709 und können somit nach Nr. 10 der Anlage 2 begünstigt sein (vgl. Tz. 48–50).

6. Weintrub / Weingeläger; Weinstein, roh (Position 2307)

   Hierzu gehören:

   a) Weintrub, der schlammige Bodensatz, der sich beim Gären und Reifen des Weines absetzt (auch zum Herstellen von Futter verwendet), sowie getrockneter Weintrub, den man durch Pressen über Filter erhält und der als Pulver, Granalien oder in unregelmäßigen Stücken vorkommt,

   b) roher Weinstein (auch gewaschen), eine Kruste, die sich während der Gärung des Traubenmostes in den Gärbottichen oder während der Lagerung des Weines in den Lagerfässern bildet.

   Er dient als Beizmittel in der Färberei, liegt in Form von Pulver, Flocken oder kristallinen unregelmäßigen Stücken vor und ist grau bis dunkelrot bzw. nach dem ersten Waschen gelblichgrau bis rotbraun gefärbt.

   Weintrub und roher Weinstein bestehen aus unreinem Kaliumbitartrat und können einen verhältnismäßig hohen Anteil an Calciumtartrat aufweisen. Aus ihnen wird gereinigter oder raffinierter Weinstein (Position 2918) gewonnen, der *jedoch nicht* begünstigt ist. Er unterscheidet sich von rohem Weinstein dadurch, dass er die Form von kristallinem Pulver oder von Kristallen hat, die rein weiß, geruchlos, von saurem Geschmack und luftbeständig sind.

   Ebenfalls *nicht begünstigt* ist reines Calciumtartrat (je nach Beschaffenheit Position 2918 oder 3824).

7. pflanzliche Stoffe und pflanzliche Abfälle, pflanzliche Rückstände und pflanzliche Nebenerzeugnisse der zur Fütterung verwendeten Art, auch in Form von Pellets, anderweit weder genannt noch inbegriffen (Position 2308)

   Hierzu gehören pflanzliche Stoffe und Abfälle sowie Rückstände und Nebenerzeugnisse, die bei der industriellen Verarbeitung von pflanzlichen Stoffen anfallen, vorausgesetzt, dass sie nicht von Positionen mit genauerer Warenbezeichnung erfasst werden und dass sie zur Fütterung von Tieren geeignet sind, z.B.

   a) Eicheln und Rosskastanien,

   b) entkörnte Maiskolben, Maisstängel und Maisblätter,

   c) Möhrenkraut und Rübenblätter,

   d) Gemüseschalen (Erbsen- und Bohnenschoten usw.),

   e) Schalen von Sojabohnen, auch gemahlen, die nicht der Ölextraktion unterworfen wurden,

   f) Abfälle von Früchten (Schalen und Kerngehäuse von Äpfeln, Birnen usw.) und Trester (vom Pressen von Weintrauben, Äpfeln, Birnen, Zitrusfrüchten usw.), auch wenn sie zum Gewinnen von Pektin verwendet werden,

   g) Rückstände vom Schälen der Senfsaat,

   h) Rückstände, die beim Herstellen von Kaffeemitteln (oder Auszügen daraus) aus Getreidekörnern oder anderen pflanzlichen Stoffen anfallen,

   i) Rückstände aus der Reinigung von Maniokwurzeln vor deren Pelletieren, die aus Teilen der Maniokwurzel und Sand (etwa 44 %) bestehen und die beim Waschen und Bürsten der Wurzeln abgelöst worden sind,

   j) Rückstände aus der Reinigung von Rapssamen vor dem Ausziehen des Öls, die aus meist zerbrochenem Rapssamen mit einem hohen Anteil (etwa 50 %) an fremden Pflanzensamen und verschiedenen anderen Verunreinigungen bestehen,

   k) Rückstände, die bei der Gewinnung von Furfurol durch Hydrolyse von Maiskolben anfallen und als „hydrolysierte, gemahlene Maiskolben" bezeichnet werden,

   l) Nebenerzeugnisse, die durch Eindampfen von Abwässern der Zitrusfruchtsaftgewinnung gewonnen und manchmal als „Zitrus-Melassen" bezeichnet werden,

Anlage § 012 (2) 1–01

m) sog. Orangenzellen, Erzeugnisse aus Orangenteilen, die beim Auspressen der Orangen zunächst in den Saft gelangen und später abgesiebt werden und die fast keine Anteile von Fruchtfleisch oder -saft enthalten, sondern zum größten Teil aus Zellhäuten und Albedo bestehen.

Diese Erzeugnisse sind als Zusatz zu rückverdünnten Orangensäften oder Limonaden bestimmt.

8. Zubereitungen von der zur Fütterung verwendeten Art (Position 2309)

   a) Futter, melassiert oder gezuckert

   Sie bestehen aus einer Mischung von Melasse oder ähnlichen zuckerhaltigen Stoffen (im Allgemeinen mehr als 10 Gewichtshundertteile, mit einem oder mehreren anderen Futtermitteln, hauptsächlich zum Füttern von Rindern, Schafen, Pferden oder Schweinen bestimmt). Abgesehen von ihrem Nährwert verbessert die Melasse den Geschmack des Futters und ermöglicht die Verwertung von Erzeugnissen mit geringem Energiegehalt wie Stroh, Getreideschalen, Leinspreu und Trester. Diese Futtermittel werden im Allgemeinen unmittelbar verfüttert oder dienen zum Herstellen von Allein- oder Ergänzungsfuttermitteln (wenn es sich z.B. um einen Futterstoff mit hohem Nährwert wie Weizenkleie, Ölkuchen aus Palmkernen oder Kopra handelt).

   b) andere Zubereitungen

   aa) Futter, die dem Tier alle Nährstoffe liefern sollen, die täglich für eine mengenmäßig abgestimmte und ausgewogene Fütterung erforderlich sind (Alleinfuttermittel)

   Diese Zubereitungen kennzeichnen sich dadurch, dass sie Stoffe aus allen drei wichtigen Nährstoffgruppen enthalten, die alle Forderungen der tierischen Ernährung erfüllen, d.h. „energiereiche" Nährstoffe wie Stärke, Zucker, Cellulose und Fette (z.B. in Getreide, zuckerhaltige Rüben, Talg und Stroh enthalten), „Aufbaustoffe", d.h. Nährstoffe, die reich an Eiweißen (wie z.B. Hülsenfrüchte, Biertreber, Ölkuchen und Nebenerzeugnisse der Milchverarbeitung) und Mineralstoffen (wie z.B. Calcium, Phosphor, Chlor, Natrium, Kalium, Eisen, Jod usw.) sind sowie „Wirk- und Ergänzungsstoffe" (Stoffe, die ein gutes Verwerten der Kohlenhydrate, des Eiweißes und der Mineralstoffe sicherstellen, wie z.B. Vitamine, Spurenelemente und Antibiotika, deren Fehlen Gesundheitsstörungen verursachen kann).

   bb) Zubereitungen, durch die im landwirtschaftlichen Betrieb Futterstoffe ergänzt werden, um ausgewogenes Futter zu erhalten (Ergänzungsfutter)

   Diese Zubereitungen weisen in qualitativer Hinsicht fast die gleiche Zusammensetzung auf wie die unter aa) genannten Zubereitungen, unterscheiden sich aber durch den verhältnismäßig hohen Gehalt der Mischung an dem einen oder anderen Nährstoff. Hierzu gehören auch Solubles von Fischen oder Meeressäugetieren, flüssig, dickflüssig, pastenförmig oder getrocknet, durch Konzentrieren und Stabilisieren von Abwässern gewonnen, die wasserlösliche Stoffe (Proteine, Vitamine der Gruppe B, Salze usw.) enthalten und beim Herstellen von Mehl oder Öl aus Fischen oder Meeressäugetieren anfallen, sowie vollständige und fraktionierte Eiweißkonzentrate aus grünen Blättern, die durch thermische Behandlung von Luzernesaft gewonnen werden.

   cc) Zubereitungen zum Herstellen der vorstehend unter aa) und bb) beschriebenen Alleinfuttermittel oder Ergänzungsfutter

   Diese handelsüblich als Vormischungen bezeichneten Zubereitungen sind komplexe Zusammenstellungen, die eine Anzahl von Stoffen (Additives) enthalten, die die Verwertung des Futters durch das Tier begünstigen und seinen Gesundheitszustand erhalten, die Haltbarkeit des Futters sicherstellen oder die Rolle eines Trägerstoffes spielen und entweder aus organischen oder anorganischen Stoffen (z.B. Maniok- und Sojamehl oder Magnesit, Salz und Phosphate) bestehen.

   Hierzu gehören auch Zubereitungen aus mehreren Mineralstoffen, soweit sie nicht Zubereitungen für Veterinärzwecke darstellen.

Zur Position 2309 gehören auch Zubereitungen für Tiere wie Hunde oder Katzen (Mischungen aus Fleisch, Schlachtnebenerzeugnissen und anderen Zutaten, z.B. in luftdicht verschlossenen Dosen, die in etwa die jeweils für eine Fütterung notwendige Menge enthalten), Kuchen und Kauspielzeug für Hunde und andere Tiere (gewöhnlich aus Mehl, Stärke oder Getreide im Gemisch mit Grieben oder Fleischmehl hergestellt), Futterzubereitungen für Vögel (z.B. zusammengesetzt aus Hirse, Kanariensaat, entspelztem Hafer und Leinsamen) und Fische sowie

Anlage § 012 (2) 1–01

„Brotmehl" aus getrockneten und gemahlenen Brotabfällen, die – für die menschliche Ernährung ungeeignet – für die Tierfütterung bestimmt sind und Erzeugnisse der zur Fütterung verwendeten Art, die aus der Verarbeitung von pflanzlichen oder tierischen Stoffen stammen und die durch die Verarbeitung die wesentlichen Merkmale der Ausgangsstoffe verloren haben, z.B. getrocknete Schweineohren.

Die Futtermittelzubereitungen liegen auch häufig in Form von Pellets vor.

Nicht hierzu gehören jedoch:

aa) Pellets, die aus einem einzigen Stoff oder die aus einer Mischung verschiedener Stoffe bestehen, als solche jedoch zu einer bestimmten anderen Position des Zolltarifs gehören,

bb) Mischungen von Getreidekörnern, von Getreidemehlen oder Mehlen von Hülsenfrüchten (Kapitel 10 bzw. 11), die aber unter Nr. 13 bis 16 der Anlage 2 fallen können (vgl. Tz. 61–72),

cc) Zubereitungen, die auch zur menschlichen Ernährung verwendet werden können (insbesondere Positionen 1901 und 2106), die aber unter Nr. 31 oder 33 der Anlage 2 fallen (vgl. Tz. 109, 110, 115, 116),

dd) Vitamine der Position 2936,

ee) Eiweißstoffe des Kapitels 35,

ff) Zwischenerzeugnisse aus der Gewinnung der Antibiotika, die durch Filtrieren und erstes Extrahieren erhalten worden sind, sowie die Rückstände dieses Prozesses, mit einem Gehalt an Antibiotika von im Allgemeinen nicht mehr als 70% (Position 3824),

gg) Salzlecksteine für die Tierfütterung (Position 2501).

127 Nach Nr. 37 der Anlage 2 sind *nicht begünstigt:*

1. nicht hydrolisiertes Federmehl (Position 0505)
2. Knochenmehl (Position 0506)
3. Blutmehl (Position 0511)
4. Arzneiwaren für die Veterinärmedizin (aus Position 3003), auch wenn der Trägerstoff ein Futtermittel ist
5. Fütterungsarzneimittel aus Position 3003 und aus 3004 (Arzneiwaren, auch für die Veterinärmedizin), die den Vorschriften des § 56 Abs. 4 des Arzneimittelgesetzes (AMG) entsprechen

Fütterungsarzneimittel sind Arzneimittel in verfütterungsfertiger Form, die aus Arzneimittel-Vormischungen und Mischfuttermitteln hergestellt werden und die dazu bestimmt sind, zur Anwendung bei Tieren in den Verkehr gebracht zu werden (§ 4 Abs. 10 AMG).

Fütterungsarzneimittel dürfen nur in Betrieben hergestellt werden, die eine Erlaubnis zur Herstellung von Arzneimitteln nach § 13 Abs. 1 AMG besitzen oder nach § 30 Abs. 1 Nr. 3 Buchst. a i.V.m. § 31 Abs. 1 und 2 Nr. 2 der Futtermittelverordnung registriert worden sind (§ 13 Abs. 2 Satz 1 Nr. 3 i.V.m. Satz 3 AMG, § 5 Abs. 3 Verordnung über tierärztliche Hausapotheken).

Zur umsatzsteuerlichen Behandlung der Leistungen im Zusammenhang mit der Herstellung von Fütterungsarzneimitteln vgl. BMF-Schreiben vom 29. Mai 2002 – IV B 7 – S 7221 – 20/2 – (BStBl. I S. 630).

128 Nr. 38 der Anlage 2

(weggefallen)

129 *Speisesalz, nicht in wässriger Lösung (aus Position 2501)* (Nr. 39 der Anlage 2)

Begünstigt ist nur Salz (Natriumchlorid), das für Speisezwecke (Kochsalz, Tafelsalz) verwendet wird (aus Position 2501), d.h. Salz zum Haltbarmachen oder Zubereiten von Lebensmitteln. Es ist im Allgemeinen von großer Reinheit und einheitlichem Weiß. Hierzu gehört auch Salz (z.B. Tafelsatz) mit geringen Zusätzen von Jod oder Phosphat usw. und Salz, das so behandelt wurde, dass es trocken bleibt sowie Salz mit Zusätzen, die das Zusammenkleben verhindern oder die Streufähigkeit erhalten. Reines Natriumchlorid ist nur dann begünstigt, wenn es seinem Verwendungszweck nach als Speisesalz angesehen werden kann.

130 Im Einzelnen sind nach Nr. 39 der Anlage 2 *begünstigt:*

1. durch konventionellen Abbau bergmännisch gewonnenes Steinsalz
2. durch Eindampfen natürlicher Sole oder wässrigen Steinsalzlösungen gewonnenes Siedesalz
3. durch Verdunsten oder Eindampfen von Meerwasser oder Wasser aus Salzseen gewonnenes Seesalz

Anlage § 012 (2) 1–01

Nach Nr. 39 der Anlage 2 sind *nicht begünstigt:* **131**
1. Salze zur chemischen Umwandlung (Spaltung in Natrium und Chlor) zum Herstellen anderer Erzeugnisse (aus Position 2501)
2. vergällte Salze (z.B. Viehsalz und Streusalz) oder Salze zu anderen industriellen Zwecken (einschließlich Raffination), ausgenommen zum Haltbarmachen oder Zubereiten von Lebensmitteln (aus Position 2501)
3. Salz in wässriger Lösung, z.B. Salzsole von mehr oder minder hoher Konzentration und Reinheit, in natürlichem Zustand aus Quellen, Bergwerken usw. gewonnen oder künstlich durch Auflösen von Steinsalz hergestellt, sowie wässrige Lösungen von reinem Natriumchlorid (aus Position 2501)
4. Abfallsalze, Abraumsalze (die Verunreinigungen enthalten) sowie Salzlecksteine für die Tierfütterung, durch Pressen von Salz unter Druck hergestellt, bestehend aus mindestens 95% Natriumchlorid, dem in geringen Mengen Spurenelemente (z.B. Magnesium, Kupfer, Mangan, Kobalt) zugesetzt sind (aus Position 2501)
5. Salinen-Mutterlauge (die als Rückstand beim Versieden von salzhaltigen Flüssigkeiten entsteht) und Meerwasser (aus Position 2501)
6. Natriumchlorid, auch in wässrigen Lösungen, in Aufmachungen als Arzneiware, z.B. in Ampullen (Position 3004)
7. mineralische Düngemittel (Kapitel 31)
8. Badesalz (Position 3307)
9. Pökelsalz (z.B. Zubereitungen auf der Grundlage von Kochsalz, Natriumnitrit, Natriumnitrat), auch mit Zusatz von Zucker (Position 3824)
10. denaturiertes (für den menschlichen Genuss unbrauchbar gemacht) Salz ohne Rücksicht auf das Denaturierungsverfahren (aus Position 2501)
11. gesalzene Würzmittel wie Selleriesalz (Position 2103), die aber unter Nr. 33 der Anlage 2 fallen können (vgl. Tz. 115, 116)
12. künstliche Kristalle des Natriumchlorids mit einem Stückgewicht von 2,5 g oder mehr (Position 3824)
13. optische Elemente aus Kristallen des Natriumchlorids (Position 9001)
14. unvergälltes Streusalz (für Winterstreuzwecke) (Position 2501)

a) Handelsübliches Ammoniumcarbonat und andere Ammoniumcarbonate (Unterposition 2836 10), **132**
b) Natgriumhydrogencarbonat (Natriumbicarbonat) (Unterposition 2836 30)
(Nr. 40 der Anlage 2)
Begünstigt sind nur die ausdrücklich in der Vorschrift aufgeführten Erzeugnisse.

Im Einzelnen sind nach Nr. 40 der Anlage 2 *begünstigt:* **133**
1. Ammoniumcarbonate

   Dies werden durch Erhitzen einer Mischung von Kreide und Ammoniumsulfat (oder Ammoniumchlorid) oder durch Reaktion von Kohlendioxid mit gasförmigem Ammoniak in Anwesenheit von Wasserdampf hergestellt. Diese Herstellungsverfahren ergeben das handelsübliche Ammoniumcarbonat, das, zusätzlich zu den verschiedenen Verunreinigungen (Chloride, Sulfate, organische Stoffe) Ammoniumhydrogencarbonat und Ammoniumcarbamat (NH_2COONH_4) enthält. Handelsübliches Ammoniumcarbonat kommt als weiße kristalline Masse oder Pulver vor. Es löst sich in heißem Wasser. An feuchter Luft zersetzt es sich unter Bildung des sauren Ammoniumcarbonats an der Oberfläche, kann aber in diesem Zustand auch noch verwendet werden. Ammoniumcarbonat wird als Beizmittel in der Färberei und im Zeugdruck, als Reinigungsmittel für Wolle, als schleimlösendes Mittel in der Medizin, zum Herstellen von Riechsalzen und Backpulvern, ferner in der Gerberei und in der Kautschukindustrie, in der Cadmiummetallurgie, bei organischen Synthesen usw. verwendet.

   Das als Hirschhornsalz bekannte Gemisch aus Ammoniumcarbonat und Ammoniumhydrogencarbonat, in der Regel als Treibmittel beim Backen verwendet, ist ebenfalls begünstigt.

2. Natriumhydrogencarbonat ($NaHCO_3$)

   Natriumhydrogencarbonat (saures Carbonat, Natriumbicarbonat, „Natron") bildet gewöhnlich ein kristallines Pulver oder weiße Kristalle, ist in Wasser löslich und neigt dazu, an feuchter Luft zu zerfallen. Man verwendet es in der Medizin, zum Herstellen von Verdauungstabletten und kohlesäurehaltigen Getränken, ferner zum Herstellen von Backpulver, in der Porzellanindustrie usw.

   Nicht hierzu gehört natürliches Natriumcarbonat (Position 2530).

Anlage § 012 (2) 1–01

134 Nach Nr. 40 der Anlage 2 sind *nicht begünstigt:*

1. Dinatriumcarbonat (Na_2CO_3) (neutrales Carbonat, Solvaysches Salz), oft fälschlicherweise als „Sodacarbonat" oder „Handelssoda" bezeichnet (Position 2836 20)
2. Arzneiwaren (Position 3003 oder 3004), z.B. für den Einzelverkauf zu therapeutischen oder prophylaktischen Zwecken aufgemachtes Natriumhydrogencarbonat

135 *D-Glucitol (Sorbit), auch mit Zusatz von Saccharin oder dessen Salzen (Unterpositionen 2905 44 und 2106 90)* (Nr. 41 der Anlage 2)

Begünstigt sind nur die ausdrücklich in der Vorschrift aufgeführten Erzeugnisse der Unterposition 2905 44 (D-Glucitol bzw. Sorbit) und 2106 90 (Sorbit mit Zusatz von Saccharin oder dessen Salzen).

136 Im Einzelnen sind nach Nr. 41 der Anlage 2 *begünstigt:*

1. D-Glucitol (Sorbit) (Unterposition 2905 44)

    Hierher gehört nur isoliertes chemisch einheitliches Sorbit, auch wenn es Verunreinigungen enthält.

    Sorbit ist ein sechswertiger aliphathischer (Zucker-)Alkohol in Form eines weißen, kristallinen, hygroskopischen Pulvers, das gewöhnlich durch Hydrieren von Glucose oder Invertzucker gewonnen wird. Sorbit kommt u.a. in den Früchten des Vogelbeerbaumes vor und wird in der Riechmittelindustrie, zum Herstellen von Ascorbinsäure (in der Medizin gebraucht), zum Herstellen grenzflächenaktiver Stoffe, als Ersatz für Glycerin, als Feuchthaltemittel usw. und in der Diabetikerdiät als Zuckerersatz verwendet.

2. D-Glucitol (Sorbit) mit Zusatz von Saccharin oder dessen Salzen (Unterposition 2106 90)

    Begünstigt sind nur Mischungen von Sorbit und Saccharin oder dessen Salzen. Die hierher gehörenden Sorbit-Sirupe enthalten auch andere Polyole. Der Gehalt an D-Glucitol beträgt im Allgemeinen, bezogen auf die Trockenmasse, 60–80%. Erzeugnisse dieser Art werden durch Hydrieren von Glucosesirupen mit hohem Disaccharid- und Polysaccharidgehalt hergestellt, jedoch ohne Isolierungsprozess. Sie haben die Eigenschaft sehr schwer kristallisierbar zu sein und werden in einer Vielzahl von Industrien verwendet (z.B. für Lebensmittel – insbesondere diätetische –, für Kosmetika oder Arzneiwaren, Kunststoffe, Textilien). Saccharin ist ein künstlicher Süßstoff, dessen Süßkraft rund 500-mal größer ist als die des Rohrzuckers.

137 *Essigsäure (Unterposition 2915 21)* (Nr. 42 der Anlage 2)

Begünstigt ist nur Essigsäure der Unterposition 2915 21 (CH_3COOH).

Dazu gehören Lösungen von Essigsäure in Wasser mit einem Gehalt an Essigsäure von mehr als 10 Gewichtshundertteilen.

138 Nach Nr. 42 der Anlage 2 sind *nicht begünstigt:*

1. Speiseessig (Position 2209), der jedoch unter Nr. 36 der Anlage 2 fällt (vgl. Tz. 123)
2. Salze und Ester der Essigsäure (Unterpositionen 2915 22 00 bis 2915 39 90)
3. roher Holzessig (Position 3824)

139 *Natriumsalz und Kaliumsalz des Saccharins (aus Unterposition 2925 1100)* (Nr. 43 der Anlage 2)

Begünstigt sind nur Natriumsalz und Kaliumsalz des Saccharins (oder 1,2-Benzisothiazolin-3-on-1,1-dioxid) (aus Unterposition 2925 1100). Saccharin ist ein geruchloses, weißes, kristallines, sehr süßes Pulver. Sein Natriumsalz hat eine geringere Süßkraft, ist jedoch wasserlöslicher. Tabletten, die als Süßstoff verwendet werden und aus einem dieser Erzeugnisse bestehen, verbleiben in dieser Position.

Hierzu gehören nur isolierte chemisch einheitliche organische Verbindungen, auch wenn sie Verunreinigungen enthalten.

140 Nach Nr. 43 der Anlage 2 sind *nicht begünstigt:*

1. Zubereitungen, die zur menschlichen Diät-Ernährung verwendet werden, aus einer Mischung von Saccharin oder seinen Salzen und einem Nährstoff, z.B. Lactose (Position 2106), die aber unter Nr. 33 der Anlage 2 fallen (vgl. Tz. 115, 116)
2. Zubereitungen aus Saccharin oder seinen Salzen und anderen Stoffen als Nährstoffen, wie Natriumhydrogencarbonat (Natriumbicarbonat) und Weinsäure (Position 3824)
3. Calcium- und Natriumcyclamate (z.B. der Süßstoff „Assugrin"). Cyclamate sind eine Gruppe von Süßstoffen, meist Natrium- oder Calciumsalze der Cyclohexylsulfamidsäure

Anlage § 012 (2) 1–01

4. Saccharin
5. Mannit und Xylit (als Nebenprodukt der Holzverzuckerung anfallender Zuckeralkohol)
6. Süßstoffe auf der Grundlage von Sorbit (D-Glucitol) (Position 2905), die aber unter Nr. 41 der Anlage 2 fallen können (vgl. Tz. 135, 136)
7. Chemisch reine Saccharose (Position 1701), die aber unter Nr. 29 der Anlage 2 fällt (vgl. Tz. 102, 103)

Nr. 44 der Anlage 2 **141**

(weggefallen)

Tierische oder pflanzliche Düngemittel mit Ausnahme von Guano, auch untereinander gemischt, jedoch **142** *nicht chemisch behandelt; durch Mischen von tierischen oder pflanzlichen Erzeugnissen gewonnene Düngemittel (aus Position 3101)* (Nr. 45 der Anlage 2)

Begünstigt sind nur natürliche Düngemittel tierischen oder pflanzlichen Ursprungs, auch untereinander gemischt, wenn sie zu Position 3101 gehören. Chemisch bearbeitete (z.B. aufgeschlossene) natürliche Düngemittel (aus Position 3101) sind *nicht begünstigt*. Unter Position 3105 Zolltarif und damit *nicht* unter Nr. 45 der Anlage 2 fallen natürliche Düngemittel, die in Tabletten, Pastillen oder ähnlichen Formen oder in Packungen bis zu 10 kg Gewicht angeboten werden.

Im Einzelnen sind nach Nr. 45 der Anlage 2 *begünstigt:* **143**

1. Hühner- und Taubendung, Stalldünger, Jauche und andere Abfälle tierischen Ursprungs (z.B. beschmutzte Wollabfälle) oder mit Torf vermischter Hühnermist, die im Allgemeinen nur als Düngemittel verwendet werden
2. pflanzliche Erzeugnisse im Zustand des Verrottens, die nur als Düngemittel verwendet werden (z.B. chemisch nicht bearbeiteter Kompost)
3. Mischungen aus verschiedenen tierischen und pflanzlichen Abfallstoffen, die als Düngemittel verwendet werden (z.B. Gemische aus getrocknetem Blut und Knochenmehl)
4. Rückstände aus der Wollwäscherei, soweit nicht chemisch bearbeitet

Nach Nr. 45 der Anlage 2 sind *nicht begünstigt:* **144**

1. unvermischtes Horn-, Knochen- oder Klauenmehl sowie Fischabfälle und Muschelschalen (Kapitel 5)
2. Torf und Düngetorf (Position 2703)
3. Guano (aus Position 3101)

    Guano entsteht aus der Ablagerung der Ausscheidungen und Überreste von Seevögeln und ist ein stickstoff- und phosphathaltiges Düngemittel, gewöhnlich ein gelbliches, stark nach Ammoniak riechendes Pulver.

4. mineralische oder chemische Düngemittel (Positionen 3102 bis 3104)
5. Kompost, der mit Zusatz von Kalk usw. versehen ist (Position 3101)
6. Mischungen aus düngenden und nichtdüngenden Stoffen, z.B. Nährsubstrate aus Hühnerdung unter Beimischung von Gips (aus Position 3105)
7. Mischungen von natürlichen Düngern der Position 3101 mit chemischen Düngstoffen (Position 3105)
8. Tierblut, flüssig oder getrocknet (Position 0511)
9. Pflanzenerde (aus Position 3824)
10. Mehl, Pulver und Pellets von Fleisch oder Schlachtabfall, von Fischen oder Krustentieren (Krebstiere), von Weichtieren oder sonstigen wirbellosen Wassertieren, ungenießbar (Position 2301), die aber unter Nr. 37 der Anlage 2 fallen (vgl. Tz. 125, 126) und verschiedene andere Erzeugnisse des Kapitels 23 (Ölkuchen, Treber aus Brauereien oder Brennereien), die ebenfalls unter Nr. 37 der Anlage 2 fallen (vgl. Tz. 125, 126)
11. Knochen-, Holz-, Torf- oder Steinkohleasche (Position 2621)
12. Schnitzel und andere Abfälle von Leder oder von zubereiteten Häuten; Lederspäne, Lederpulver und Ledermehl (Position 4115)
13. Bodenverbesserer, wie z.B. Kalk (Position 2522), Mergel und Humus (Position 2530) sowie Bodenverbesserer auf Kunststoffbasis (Kapitel 39)

Anlage § 012 (2) 1–01

145 Mischungen von Riechstoffen und Mischungen (einschließlich alkoholischer Lösungen) auf der Grundlage eines oder mehrerer dieser Stoffe, in Aufmachungen für den Küchengebrauch (aus Unterposition 3302 10) (Nr. 46 der Anlage 2)

Begünstigt sind Mischungen von zwei oder mehreren natürlichen oder künstlichen Riechstoffen und Mischungen auf der Grundlage eines oder mehrerer dieser Stoffe (auch mit Alkohol oder Wasser verdünnt), wenn sie für den Küchengebrauch aufgemacht sind (d.h. in Behältnissen mit einem Inhalt von nicht mehr 50 ccm abgefüllt sind). Es handelt sich um Aromengemische, die unmittelbar zur Zubereitung von Lebensmitteln verwendbar sind, weil sie den Geschmack eines Lebensmittels wiedergeben (z.B. Frucht-, Wein-, Butter-, Kakao-, Karamell-, Honig-, Kümmel-, Nelken-, Nugat-, Punsch-, Rum-, Zimt-, Apfelsinen-, Clementinen-, Grapefruit-, Limetten-, Mandarinen-, Orangen-, Tangerinen- und Zitronenaromen – auch mit Fruchtteilen oder dazu dienen, ein bestimmtes Aroma abzurunden. Zu dieser Position gehören auch andere Zubereitungen auf der Grundlage von Riechstoffen von der zum Herstellen alkoholhaltiger oder nichtalkoholhaltiger Getränke verwendeten Art.

146 Nach Nr. 46 der Anlage 2 sind *nicht begünstigt:*

1. zusammengesetzte alkoholische oder nichtalkoholische Zubereitungen von der zum Herstellen von Getränken verwendeten Art, nicht auf der Grundlage von wohlriechenden Stoffen, sondern z.B. von Pflanzenauszügen, wobei Aromastoffe zugesetzt sein können (Position 2106)

   Diese Zubereitungen fallen jedoch unter Nr. 33 der Anlage 2 (vgl. Tz. 115, 116).

2. Riechstoffe, zur Verwendung als Riechmittel geeignet und zu diesem Zweck für den Einzelverkauf aufgemacht, z.B. Parfüms (Position 3303)

3. Aromengemische, die Rohstoffe für die Riechmittelindustrie und andere Industrien (z.B. Schönheitsmittel- und Seifenindustrie) sind

147 Gelatine (aus Position 3503) (Nr. 47 der Anlage 2)

Begünstigt ist nur Gelatine aus Unterposition 3503 0010. Gelatine besteht aus wasserlöslichen Eiweißstoffen, die durch Behandeln von Häuten, Knorpeln, Knochen, Sehnen oder ähnlichen tierischen Stoffen, gewöhnlich mit warmem – auch angesäuertem – Wasser gewonnen werden. Als Gelatine bezeichnet man diejenigen dieser Eiweißstoffe, die weniger klebend und reiner als Leim sind und mit Wasser klarere Gallerten ergeben. Gelatine dient insbesondere zum Herstellen von Lebensmitteln, pharmazeutischen Erzeugnissen, fotografischen Emulsionen, Bakteriennährböden oder zum Klären von Wein und Bier. Man verwendet sie auch in der Spinnstoff- und Papierindustrie, im grafischen Gewerbe oder zum Herstellen von Kunststoffen (gehärtete Gelatine) und Gelatinewaren. Gelatine wird meist in Form dünner, durchscheinender, fast farb- und geruchsloser Blätter gewonnen. Sie kommt in Blöcken, Tafeln, Blättern, Flittern, Flocken, Pulver usw. in den Handel. Gelatineblätter, auch gefärbt, mit glatter oder bearbeiteter Oberfläche (z.B. durch Prägen oder Pressen gemustert metallisiert oder bedruckt) gehören ebenfalls hierzu, sofern sie quadratisch oder rechteckig geschnitten sind. In anderen Formen (z.B. rund) gehören sie nicht hierher, sondern zu Position 9602. Geformte oder geschnitzte Erzeugnisse aus nicht gehärteter Gelatine gehören ebenfalls zu Position 9602 und sind deshalb *nicht begünstigt.*

148 Nach Nr. 47 der Anlage 2 sind *nicht begünstigt:*

1. Hausenblase (aus Position 3503), dessen Gewinnung durch einfache, mechanische Bearbeitung von Schwimmblasen bestimmter Fische erfolgt.

2. unreine Gelatine wie Knochenleim, Hautleim, Sehnenleim und Fischleim (aus Position 3503)

3. Gelatinederivate, z.B. Gelatinetannat und Gelatinebromtannat (aus Position 3503)

4. Zubereitungen von Gelatine, z.B. Gelatina sterilisata in Ampullen zu Injektionen (Position 3003 oder 3004) und zubereitete Klärmittel (Position 3824)

5. gehärtete Gelatine (Position 3913)

6. Pasten auf der Grundlage von Gelatine für Druckwalzen, für grafische Reproduktionen und zu ähnlichen Zwecken (Position 3824)

7. Caseinleime (Position 3501)

8. Leime (z.B. Position 3506)

149 Holz, und zwar

a) Brennholz in Form von Rundlingen, Scheiten, Zweigen, Reisigbündeln oder ähnlichen Formen (Unterposition 4401 10),

Anlage § 012 (2) 1–01

b) Sägespäne, Holzabfälle und Holzausschuss, auch zu Pellets, Briketts, Scheiten oder ähnlichen Formen zusammengepresst (Unterposition 4401 30)

(Nr. 48 der Anlage 2)

Begünstigt sind nur die ausdrücklich in der Vorschrift aufgeführten Hölzer der Unterposition 4401 10 und 4401 30.

Im Einzelnen sind nach Nr. 48 der Anlage 2 *begünstigt:* **15**

1. zu Buchstabe a):

   Holz in Formen, wie es üblicherweise als Brennstoff verwendet wird, sowie Holzabfälle jeder Art

   Im Allgemeinen kommt dieses Holz in folgenden Formen vor:
   a) runde Stücke von Stämmen, mit oder ohne Rinde,
   b) gespaltene Scheite,
   c) Äste, Reisigbündel, Rebholz, Kleinholzbündel, Baumstümpfe und -wurzeln,

   nicht jedoch Holz in Form von Plättchen oder Schnitzeln oder ähnliche Erzeugnisse aus Bambus (Position 4401). Holz zum Zerfasern in Form von Rundlingen oder gespaltenen Vierteln gehört zu Position 4403 und ist deshalb ebenfalls *nicht begünstigt.*

2. zu Buchstabe b):

   a) Sägespäne (ausgenommen Holzmehl und Holzwolle aus Position 4405), auch zu Pellets, Briketts, Scheiten oder ähnlichen Formen zusammengepresst,
   b) Holzabfälle und Holzausschuss, die in Tischlereien nicht verwendbar sind

   Diese Stoffe werden insbesondere als Faserholz zum Herstellen von Papierhalbstoff, Holzfaserplatten oder Holzspanplatten sowie als Brennholz verwendet. Holzhackschnitzel und Holzhackspäne gehören nur dann hierher, wenn sie nach weiterer Aufbereitung zum entsprechenden Zerfasern geeignet sind und dadurch den Charakter von Holzabfällen haben. Holzabfälle und Holzausschuss sind vor allem Abfälle aus Sägewerken (einschließlich Schwarten), Be- und Verarbeitungsabfälle, zerbrochene Bretter, alte unbrauchbare Kisten, Rindern und Späne (auch zu Pellets, Briketts, Scheiten oder ähnlichen Formen zusammengepresst) und andere Holzabfälle und anderer Holzausschuss, angefallen bei Schreinerei- oder Zimmermannsarbeiten, ausgelaugtes Gerb- oder Färbholz, ausgelaugte Gerbrinde sowie Anmachholz, als Kleinholz in Bündeln aufgemacht.

Behandlungen, die zum Konservieren des Holzes notwendig sind, z.B. Trocknen, Ankohlen, Grundieren, Imprägnieren mit Kreosot oder ähnlichen Holzschutzmitteln, bleiben ohne Einfluss auf die Einreihung der unter Nr. 48 der Anlage 2 fallenden Hölzer. **151**

Nach Nr. 48 der Anlage 2 sind *nicht begünstigt:* **152**

1. Holz und Holzabfälle mit Harzüberzug, als Feueranzünder aufgemacht (Position 3606)
2. Rundlinge der zum Herstellen von Halbstoff oder Zündholzstäben verwendeten Art (Position 4403), die sich von den Rundlingen für Brennzwecke im Allgemeinen durch ihre Aufmachung unterscheiden

   Sie sind sorgfältig sortiert, entrindet, weißgeschält (entbastet) und enthalten im Allgemeinen keine gespaltenen, faulen, zerbrochenen, gebogenen, ästigen, gegabelten usw. Rundlinge.
3. Holzspäne oder Holzstreifen, die in der Korbmacherei, zum Herstellen von Sieben, von Schachteln für pharmazeutische Erzeugnisse usw. verwendet werden, und Holzspäne der bei der Essigherstellung oder zum Klären von Flüssigkeiten verwendeten Art (Position 4404)
4. Hölzer der hauptsächlich zur Riechmittelherstellung oder zu Zwecken der Medizin, Insektenvertilgung, Schädlingsbekämpfung und dergleichen (z.B. Quassiaholz) (Position 1211) oder Hölzer von hauptsächlich zum Färben oder Gerben (z.B. Fustikholz, Kampecheholz, Brasilholz, rotes Sandelholz oder Kastanienholz bzw. Eichen-, Fichten-, Weiden- oder Mangrovenrinde usw.) (Position 1404) verwendeten Art in Form von Schnitzeln, Spänen oder zerstoßen, gemahlen oder pulverisiert
5. pflanzliche Stoffe, z.B. Bambus von der hauptsächlich zum Herstellen von Korbmacher- oder Flechtwaren verwendeten Art (Position 1401)
6. Holzkohle (einschließlich Kohle aus Schalen oder Nüssen), auch zusammengepresst (Position 4402)
7. Holz in weiterverarbeiteter Form und Holzwaren (aus Kapitel 44), wie z.B. Holz für Fassreifen, Gehstöcke, Werkzeuggriffe usw., Schnittholz, andere Holzwaren, wie z.B. Holzzäune (Position 4421) oder gefräste und imprägnierte Holzpalisaden (Position 4407) sowie Bahnschwellen aus Holz (Posi-

Anlage § 012 (2) 1–01

tion 4406), wobei die als Bahnschwellen unbrauchbar gewordenen Altschwellen (Position 4401) jedoch nach Nr. 48 der Anlage 2 begünstigt sind (vgl. Tz. 150).

8. Rohholz, auch entrindet, vom Splint befreit oder zwei- oder vierseitig grob zugerichtet (Position 4403).

9. Holzpfähle, gespalten; Pfähle und Pflöcke aus Holz, gespitzt, nicht in der Längsrichtung gesägt (aus Unterposition 4404 10 und 4404 20).

153 *Bücher, Zeitungen und andere Erzeugnisse des graphischen Gewerbes – mit Ausnahme der Erzeugnisse, für die die Hinweispflicht nach § 4 Abs. 2 Satz 2 des Gesetzes über die Verbreitung jugendgefährdender Schriften besteht oder die als jugendgefährdende Trägermedien den Beschränkungen des § 15 Abs. 1 bis 3 des Jugendschutzgesetzes unterliegen, sowie Veröffentlichungen, die überwiegend Werbezwecken (einschließlich Reisewerbung) dienen –, und zwar*

a) Bücher, Broschüren und ähnliche Drucke, auch in Teilheften, losen Bogen oder Blättern, zum Broschieren, Kartonieren oder Binden bestimmt, sowie Zeitungen und andere periodische Druckschriften kartoniert, gebunden oder in Sammlungen mit mehr als einer Nummer in gemeinsamem Umschlag (ausgenommen solche, die überwiegend Werbung enthalten) (aus Positionen 4901, 9705 und 9706),

b) Zeitungen und andere periodische Druckschriften, auch mit Bildern oder Werbung enthaltend (ausgenommen Anzeigenblätter, Annoncen-Zeitungen und dergleichen, die überwiegend Werbung enthalten) (aus Position 4902),

c) Bilderalben, Bilderbücher und Zeichen- oder Malbücher, für Kinder (aus Position 4903),

d) Noten, handgeschrieben oder gedruckt, auch mit Bildern, auch gebunden (aus Position 4904),

e) kartographische Erzeugnisse aller Art, einschließlich Wandkarten, topographischer Pläne und Globen, gedruckt (aus Position 4905),

f) Briefmarken und dergleichen (z.B. Ersttagsbriefe, Ganzsachen) als Sammlungsstücke (aus Positionen 4907 und 9704)

(Nr. 49 der Anlage 2)

Begünstigt sind nur die ausdrücklich in der Vorschrift bezeichneten Erzeugnisse aus den Positionen 4901 bis 4905 sowie aus den Positionen 4907, 9704 bis 9706.

Die Steuerermäßigung gilt *nicht* für sonstige Leistungen (einschließlich der Werkleistungen), die z.B. bei der Herstellung von Druckerzeugnissen als selbständige Leistungen erbracht werden. Eine Druckerei bewirkt z.B. eine nicht begünstigte Werkleistung, wenn der Auftraggeber ohne Mithilfe der Druckerei das Papier beschafft und es bereitstellt, die Druckerei also allenfalls Nebensachen zur Verfügung stellt. Die Gewährung eines Rechts, z.B. des Verlagsrechts, ist ebenfalls eine sonstige Leistung. Das gleiche gilt für die Übermittlung von Nachrichten, die zur Veröffentlichung bestimmt sind. Die sonstige Leistung besteht in der Übertragung des Verwertungsrechts. Die Einräumung und Übertragung von urheberrechtlich geschützten Rechten ist jedoch nach § 12 Abs. 2 Nr. 7 Buchst. c UStG begünstigt. Die Überlassung von Ergebnissen geistiger Arbeit in Form von Manuskripten, Partituren, zeichnerischen Entwürfen usw. stellt ebenfalls eine sonstige Leistung dar. Die Vergegenständlichung von Entwürfen tritt in der Regel erst durch ihre Vervielfältigung ein. Dies gilt z.B. auch für Informationsdienste, deren Abgabe an Direktbezieher dann eine Lieferung darstellt, wenn sie vervielfältigt, auch hektographiert sind. Der Abdruck von Anzeigen, die Verteilung von Werbebeilagen, das Zusammenstellen von Adressen mit anschließender Weitergabe an Interessenten, die Übersendung von Drucksachen der Eheanbahnungsinstitute sowie das Erstellen eines Horoskops sind ebenfalls sonstige Leistungen. Das gilt grundsätzlich auch für die Anfertigung von Fotokopien auf den handelsüblichen Fotokopiergeräten, bei denen der Unternehmer von einer Vorlage des Kunden (z.B. maschinenschriftlich gefertigte Dissertation) Fotokopien herstellt und diese in Buch- oder Broschürenform zusammengefasst dem Kunden überlässt. In diesem Fall liegt ausnahmsweise eine begünstigte Lieferung von Druckwerken vor. Hat ein Buchbinder es übernommen, aus ihm überlassenen Rohdruckbogen Bücher herzustellen oder die ihm von seinen Auftraggebern (z.B. Bibliotheken) überlassenen Zeitschriften zu binden und verwendet er hierbei Stoffe, die er selbst beschafft hat, so ist seine Leistung zwar als Werklieferung anzusehen, jedoch *nicht begünstigt*, weil Buch- und Zeitschrifteneinbände nicht zu den begünstigten Gegenständen der Anlage 2 gehören. Liefert der Buchbinder dagegen begünstigte Bücher der Position 4901, die er selbst gebunden hat, ist der ermäßigte Steuersatz auf das gesamte Entgelt (einschließlich des Entgelts für die Druckarbeiten) anzuwenden. Das Anleimen von Buchumschlägen an Bücher durch Buchhändler und die Weiterlieferung an Büchereien als Leihbibliotheksbücher ist eine einheitliche begünstigte Werklieferung.

Anlage § 012 (2) 1–01

Als „gedruckt" (Drucke) gelten Erzeugnisse, die durch Handdruck (Abzüge von Stichen und Radierungen), mechanische Druckverfahren (Buchdruck, Offsetdruck, Lithographie, Heliogravüre usw.) hergestellt wurden. Auch fotografische Reproduktionen von Texten oder Darstellungen gelten als „gedruckt". Der Druck kann auf Papier oder anderen Stoffen ausgeführt sein, vorausgesetzt, der Verwendungszweck des Erzeugnisses wird durch den Druck bestimmt. Fotografisch hergestellt sind Kopien, die durch Abziehen von belichteten und entwickelten fotografischen Filmen oder Platten hergestellt sind, sowie Fotokopien auf lichtempfindlichen Papieren, Kunststoffen oder anderen Stoffen (z.B. Lichtpausen). Erzeugnisse, die mit Vervielfältigungsapparaten oder in einem ähnlichen Verfahren (z.B. Xeroxverfahren und Thermokopie) oder in einem computergesteuerten Verfahren – auch von hand- oder maschinengeschriebenen Schriftstücken – (durch Prägen, Fotografieren, Fotokopieren oder Thermokopieren) hergestellt sind, werden wie gedruckte Erzeugnisse behandelt. **154**

Die verwendeten Drucktypen können Alphabete und Zahlensysteme aller Art, Kurzschriftzeichen, Morse- oder ähnliche Code-Zeichen, Blindenschrift, Musiknoten und -zeichen sein.

Der Ausdruck gedruckt umfasst *jedoch nicht* Aufdrucke und Illustrationen, die in Batiktechnik und dergleichen hergestellt sind, ebenso nicht fotografische Negative oder Positive auf durchsichtigem Träger (z.B. Mikrofilme aus Kapitel 37).

Im Einzelnen sind nach Nr. 49 der Anlage 2 *begünstigt:* **155**

1. zu Buchstabe a):

    Bücher, Broschüren und ähnliche Drucke, auch in Teilheften, losen Bogen oder Blättern, zum Broschieren, Kartonieren oder Binden bestimmt, sowie Zeitungen und andere periodische Druckschriften kartoniert, gebunden oder in Sammlungen mit mehr als einer Nummer in gemeinsamem Umschlag (ausgenommen solche, die überwiegend Werbung enthalten) (aus Positionen 4901, 9705 und 9706)

    Hierzu gehören:

    a) Druckerzeugnisse, die durch Text charakterisiert, zum Lesen oder Nachschlagen bestimmt sind, auch illustriert

    Sie können broschiert, kartoniert, gebunden oder in Loseblatt-Sammlungen vereinigt oder – als Planbogen, gefalzte Duckbogen, Teillieferungen oder Einzelblätter – hierzu bestimmt sein. Sie können auch aus einem einzelnen Blatt bestehen, das einen in sich geschlossenen Text enthält (z.B. Flugblätter). Ihr Inhalt ist – wenn Werbezwecke nicht in Betracht kommen – ohne Einfluss auf die Einreihung, muss jedoch ein vollständiges Werk oder einen Teil hiervon umfassen. Hierzu gehören z.B.:

    aa) literarische Werke jeder Art, Handbücher und technische Veröffentlichungen, Bibliographien,

    bb) Schulbücher und gedruckte Lernprogramme, auch in Form von bedruckten Papierrollen oder Kärtchen,

    cc) Test- und Prüfungsbogen, bei denen der Text charakterbestimmend ist (z B. Prüfbogen für Fahrprüfungen),

    dd) Wörterbücher, Enzyklopädien und andere Nachschlagewerke (z.B. Adressbücher, Kursbücher, Fahrpläne, Fernsprechbücher, einschließlich der sog. „Gelben Seiten", Bibliotheks- und Museumskataloge, *nicht jedoch* Handelskataloge, die als Werbedrucke anzusehen sind,

    ee) liturgische Bücher, wissenschaftliche Dissertationen und Monographien,

    ff) Veröffentlichungen amtlicher Texte (z.B. Gesetzblätter, Parlamentsdrucksachen),

    gg) Bücher mit einem nicht charakterbestimmenden Kalendarium, z.B. Fachkalender (vgl. jedoch Tz. 156 Nr. 8),

    hh) Wahldrucksachen, wenn sie durch einen in sich geschlossenen, zur Lektüre bestimmten Text charakterisiert sind, z.B.

    – Wahlbroschüren, die Wahlprogramme (oder Teile davon) sowie Personalien der Kandidaten enthalten,

    – Wahlbriefe, die von Parteien und Kandidaten an die Wähler gerichtet werden und in denen die Ziele der Partei oder das Aktionsprogramm der Kandidaten dargelegt werden,

    – Wahlplakate mit programmatischen Erklärungen, wenn der Text der programmatischen Erklärung charakterbestimmend ist. Das ist regelmäßig der Fall, wenn der Raum für diesen Text auf dem Plakat überwiegt;

    wegen der *nicht begünstigten* Wahldrucksachen (vgl. Tz. 156 Nr. 10 Buchst. c),

Anlage § 012 (2) 1–01

ii) Vorlesungsverzeichnisse von Universitäten

jj) Arbeitspläne und Programme von Volkshochschulen und vergleichbaren gemeinnützigen Einrichtungen.

b) broschierte, kartonierte oder gebundene Bücher, die eine Sammlung von Bilddrucken oder Illustrationen sind,

c) Sammlungen gedruckter Reproduktionen von Kunstwerken, Zeichnungen usw. in Form von losen, in einer Mappe (Heftern) vereinigten Blättern, die ein vollständiges Werk mit nummerierten Seiten sind, sich zum Binden als Bücher eignen und außerdem einen erklärenden Begleittext enthalten, der sich auf diese Darstellung oder ihre Schöpfer bezieht,

d) Bücher, bei denen Notenzeichen gegenüber dem Text nebensächlich sind oder in denen Notenzeichen nur Anführungen oder Beispiele sind,

e) Illustrationsbeilagen für die unter Buchstabe a bezeichneten Werke, wenn sie mit diesen zusammen geliefert werden

Illustrationsbeilagen sind nur Bilddrucke, die sich durch zusätzlichen, an beliebiger Stelle (z.B. auch auf der Rückseite) aufgedruckten Text als Beilagen kennzeichnen. Der Aufdruck einer Seitenzahl genügt nicht als solche Kennzeichnung.

f) Buchumschläge, Schutzhüllen, Buchzeichen, Ordner, Einbände usw., wenn sie Gegenstand einer unselbständigen Nebenleistung zur Lieferung von begünstigten Erzeugnissen der Position 4901 sind, z.B. Ordner oder Einbände, die im Zusammenhang mit einem Lieferungs- oder Loseblattwerk abgegeben werden und nach ihrer Aufmachung zur Aufnahme des Werkes (einschließlich Ergänzungslieferungen) bestimmt sind, auch wenn sie besonders berechnet werden; das gilt z.B. *jedoch nicht* für Ersatzordner.

g) Gewinnlisten von Lotterieveranstaltungen

Hierzu gehören *jedoch nicht:*

h) broschierte Vervielfältigungspapiere und Umdruckpapiere mit Text oder Zeichnungen zum Vervielfältigen (Position 4816),

i) Notiz- und Tagebücher und andere ähnliche Erzeugnisse des Papierhandels, broschiert, kartoniert oder gebunden, die im Wesentlichen zu Schreibzwecken verwendet werden (Position 4820),

j) gedruckte Karten mit Glückwünschen, Mitteilungen oder Ankündigungen persönlicher Art (Position 4909),

k) gedruckte Formulare, die das Einsetzen von zusätzlichen Informationen zur Ergänzung erforderlich machen (Position 4911),

l) Bilddrucke und Illustrationen, die keinen Text aufweisen, und in Einzelblättern jeden Formats gestellt werden, auch wenn sie offensichtlich zum Einreihen in ein Buch bestimmt sind (Position 4911).

2. zu Buchstabe b):

Zeitungen und andere periodische Druckschriften, auch mit Bildern oder Werbung enthaltend, ausgenommen Firmen- und Kundenzeitschriften sowie Anzeigenblätter, Annoncen-Zeitungen und dergleichen, die überwiegend Werbung enthalten (aus Position 4902)

Hierzu gehören:

a) Druckschriften, die in laufender Folge unter demselben Titel in regelmäßigen Zeitabständen veröffentlicht werden und deren einzelne Ausgaben mit Datum versehen, in der Regel nummeriert und weder kartoniert noch gebunden sind

Als Datum genügt auch die Angabe eines Monats oder einer Jahreszeit.

Begünstigt sind hiernach auch Mitgliederzeitschriften (z.B. von Krankenkassen, Bausparkassen oder Berufsorganisationen), da sie in erster Linie der Information der Mitglieder dienen. Dasselbe gilt für Zeitungen und Zeitschriften, die von Unternehmen für ihre Mitarbeiter herausgegeben und nur innerbetrieblich verbreitet werden, und zwar auch dann, wenn wenige Stücke an Außenstehende zu anderen als Werbezwecken abgegeben werden.

Ebenfalls begünstigt sind Zeitschriften in Lesemappen.

b) Bildbeilagen, Schnittmusterbögen, Schnittmuster (Schablonen) und dergleichen, die den Zeitungen oder periodischen Druckschriften beigefügt sind und zusammen mit diesen geliefert werden,

Anlage § 012 (2) 1–01

c) Einbände und Ordner, wenn sie Gegenstände einer Nebenleistung zur Lieferung begünstigter Erzeugnisse der Position 4902 sind, z.B. Einbände, die im Zusammenhang mit Zeitschriften abgegeben werden und nach ihrer Aufmachung zum Einbinden dieser Zeitschriften bestimmt sind, auch wenn sie besonders berechnet werden

Papierabfälle aus alten Zeitungen und anderen periodischen Druckschriften gehören jedoch zu Position 4707 und sind demnach *nicht begünstigt.*

3. zu Buchstabe c):

   Bilderalben, Bilderbücher und Zeichen- oder Malbücher für Kinder (aus Position 4903)

   Hierzu gehören Bilderalben und Bilderbücher, bei denen die Bilder vorherrschend sind und der Text nur untergeordnete Bedeutung hat und die nach ihrer Beschaffenheit offensichtlich zur Unterhaltung von Kindern bestimmt sind oder dazu dienen, ihnen die Grundlagen des Alphabets oder des Wortschatzes zu vermitteln, z.B. Bilderfibeln und ähnliche Bücher, bewegliche Zieh- und Aufstellbilderbücher, Bilderbücher mit Bildern oder Vorlagen zum Ausschneiden, soweit die zum Ausschneiden bestimmten Teile nur eine nebensächliche Rolle spielen, ebenso Übungshefte für Kinder, die hauptsächlich Bilder mit begleitendem Text enthalten, die mit Schreib- oder anderen Übungen zu ergänzen sind, Zeichen- oder Malbücher für Kinder, auch mit farbigen Vorlagen und Anleitungsvorschriften, manchmal auch in Form von herausnehmbaren Postkarten, ebenso sog. magische Bilderbücher, bei denen die Umrisse oder Farben entweder durch Reiben mit einem Bleistift oder durch Anfeuchten mit einem Pinsel sichtbar werden, sowie Bücher, die die zum Ausmalen notwendigen Farben auf einer Papierunterlage in Form einer Palette enthalten.

   Nicht begünstigt sind dagegen Bilderbücher für Kinder, mit Bildern oder Vorlagen zum Ausschneiden, bei denen mehr als die Hälfte der Seiten (einschließlich Umschlag) ganz oder teilweise zum Ausschneiden bestimmt sind, sowie bewegliche Zieh- und Aufstellbilderbücher, die im Wesentlichen Spielzeug darstellen (Kapitel 95).

4. zu Buchstabe d):

   Noten, handgeschrieben oder gedruckt, auch mit Bildern, auch gebunden (Position 4904)

   Hierzu gehören handgeschriebene oder gedruckte Musiknoten (auf Papier oder anderem Material geschrieben oder gedruckt) in jeder Schrift oder Druckart ohne Rücksicht auf die Art der verwendeten Notenschrift (Notenschlüssel, Notenzeichen, durch Ziffern bezeichnete Noten, Blindennoten usw.), in Form von losen Blättern, broschierten, kartonierten oder gebundenen Büchern, auch mit Bildern oder begleitendem Text, z.B. Gesangbücher, Partituren, Musikunterrichtswerke und Gesangschulen, ferner Umschläge, Schutzhüllen usw. für Musiknoten, wenn sie zusammen mit ihnen geliefert werden, *nicht jedoch* Karten, Scheiben und Walzen für mechanische Musikinstrumente (Position 9209).

5. zu Buchstabe e):

   Kartographische Erzeugnisse aller Art einschließlich Wandkarten, topographische Pläne und Globen, gedruckt (aus Position 4905)

   Hierzu gehören gedruckte kartographische Erzeugnisse, die zu dem Zweck hergestellt sind, eine grafische Darstellung der natürlichen (Berge, Flüsse, Seen, Meere usw.) oder künstlichen (Grenzen, Städte, Straßen, Eisenbahnlinien usw.) Eigenheiten mehr oder weniger ausgedehnter Erdregionen (Topographie) oder Himmelsregionen zu geben, auf Papier, Gewebe oder anderen Stoffen, auch unterlegt oder verstärkt, in Form einfacher, gefalteter oder auch in Buchform gebundener Blätter. Sie können mit Zubehör (z.B. Planzeigern, Gradschienen, Rollen, durchsichtigen Schutzhüllen aus Kunststoff usw.) ausgestattet und auch mit Werbetexten versehen oder zu Werbezwecken aufgelegt sein (z.B. Straßenkarten, durch Hersteller von Autoreifen herausgegeben). Hierher gehören insbesondere geographische, hydrographische und astronomische Karten (einschließlich gedruckte Sektoren für Erd- und Himmelsgloben), geologische Karten und Schnitte, Atlanten, Wandkarten, Straßenkarten, topographische Pläne und Katasterkarten (von Städten, Gemeinden usw.). Gedruckte Erd- und Himmelsgloben (auch mit Zubehör und Innenbeleuchtung) gehören nur hierher, sofern sie kein Spielzeug im Sinne des Kapitels 95 Zolltarif sind.

   Nicht hierher gehören:

   a) handgezeichnete Karten, Pläne usw. sowie fotografische Abzüge hiervon (Position 4906),

   b) fotografische Luft- oder Panoramaaufnahmen der Erdoberfläche, auch mit topographischer Genauigkeit, sofern sie noch kein unmittelbar benutzbares kartographisches Erzeugnis sind (Position 4911),

Anlage § 012 (2) 1–01

- c) Karten in Form einer schematischen Zeichnung ohne topographische Genauigkeit, mit bildartigen Darstellungen, wie solche, die Aufschlüsse über das Wirtschaftsleben, das Eisenbahnnetz, den Fremdenverkehr usw. eines Gebietes geben (Position 4911),
- d) Spinnstoffwaren wie Halstücher, Taschentücher usw. mit schmückenden Aufdrucken (Kapitel 50 bis 63),
- e) Reliefkarten, -pläne und -globen, auch gedruckt (Position 9023),
- f) Biotopkartierungen

6. zu Buchstabe f):
   - a) Briefmarken und dergleichen, nicht entwertet, gültig oder zum Umlauf vorgesehen in dem Land, in dem sie einen Frankaturwert verbriefen oder verbriefen werden, als Sammlungsstücke (aus Position 4907)

   Hierzu gehören Briefmarken und dergleichen (z.B. die internationalen Antwortscheine und Ganzsachen wie Briefumschläge, Postkarten und dergleichen mit aufgedruckten Postwertzeichen), vorausgesetzt, dass diese nicht entwertet, gültig oder zum Umlauf vorgesehen sind in dem Land, in dem sie einen Frankaturwert verbriefen oder verbriefen werden. Werden derartige Briefmarken mit Aufschlägen zum aufgedruckten Wert gehandelt, kann die Steuerbefreiung nach § 4 Nr. 8 Buchst. i UStG nicht in Anspruch genommen werden (vgl. Abschn. 70 UStR).

   Nicht hierzu gehören:
   - aa) Briefmarken-Vignetten, die zwar äußerlich den Briefmarken – insbesondere den Briefmarkenblöcken – ähnlich sind, die aber im Gegensatz zu Briefmarken keine Frankaturkraft besitzen und auch sonst nicht zum Nachweis für die Zahlung von Gebühren dienen,
   - bb) Stempelmarken, Steuerzeichen und dergleichen, nicht entwertet, gültig oder zum Umlauf vorgesehen in dem Land, in dem sie einen Frankaturwert verbriefen oder verbriefen werden (Position 4907).

   Die unmittelbar dem Postwesen dienenden Umsätze der Deutsche Post AG sind steuerfrei nach § 4 Nr. 11b UStG.

   - b) Briefmarken, Ersttagsbriefe, Ganzsachen und dergleichen, (z.B. Briefumschläge, Kartenbriefe, Postkarten, Kreuzbänder für Zeitungen, frankiert), entwertet oder nicht entwertet, ausgenommen Erzeugnisse der Position 4907 als Sammlung (aus Position 9704)

   Hierzu gehören entwertete oder nicht entwertete Briefmarken und dergleichen (auch internationale Antwortscheine und Maximumkarten, d.h. Karten mit entwerteten Briefmarken und einer Reproduktion des Briefmarkenentwurfs). Darunter fallen auch Alben usw. mit Briefmarkensammlungen, wenn das Album in einem normalen Wertverhältnis zum Wert der Briefmarkensammlung steht, *nicht jedoch* Briefmarkenalben ohne Briefmarkensammlungen.

   Nicht hierher gehören:
   - aa) Maximumkarten und Ersttagsbriefe, auch bebildert, ohne Briefmarken (Position 4911),
   - bb) Stempelkarten und Steuerzeichen, Ganzsachen und dergleichen, nicht entwertet, gültig oder zum Umlauf vorgesehen in dem Land, in dem sie einen Frankaturwert verbriefen oder verbriefen werden (Position 4907),
   - cc) Beitrags- oder Sparmarken privater Organisationen sowie Rabattmarken, die von Geschäften an ihre Kundschaft verteilt werden (Position 4911).

7. Antiquarische Bücher, Broschüren und ähnliche Drucke, auch in losen Bogen oder Blättern (aus Position 9705 oder 9706)

   Hierzu gehören:
   - a) Bücher, Broschüren und ähnliche Drucke, auch in losen Bogen oder Blättern, als Sammlungsstücke (aus Position 9705)

   Hierzu gehören Gegenstände, die oft nur einen verhältnismäßig geringen Materialwert haben, jedoch wegen ihrer Seltenheit, ihrer Zusammenstellung oder ihrer Aufmachung von Interesse sind,

   - b) Bücher, Broschüren und ähnliche Drucke, auch in losen Bogen oder Blättern, als Antiquitäten (aus Position 9706)

   Hierzu gehören Bücher usw., die mehr als 100 Jahre alt sind, auch dann, wenn sie vor weniger als 100 Jahren Änderungen und Ergänzungen erhalten haben, sofern diese Änderungen und Er-

Anlage § 012 (2) 1–01

gänzungen den ursprünglichen Charakter dieser Erzeugnisse nicht geändert haben und im Verhältnis zum ursprünglichen Erzeugnis nur nebensächlich sind.

Der Wert dieser Gegenstände beruht auf ihrem Alter und ihrer im Allgemeinen dadurch bedingten Seltenheit.

Nicht hierzu gehören andere Antiquitäten der Position 9706.

Nach Nr. 49 der Anlage 2 sind *nicht begünstigt:* **156**

1. Erzeugnisse des Buch- und Zeitschriftenhandels und Erzeugnisse des grafischen Gewerbes, für die die Hinweispflicht nach § 4 Abs. 2 Satz 2 des Gesetzes über die Verbreitung jugendgefährdender Schriften besteht oder die als jugendgefährdende Trägermedien den Beschränkungen des § 15 Abs. 1 bis 3 des Jugendschutzgesetzes unterliegen

   Diese Hinweispflicht besteht für die von der Bundesprüfstelle für jugendgefährdende Schriften indizierten jugendgefährdenden Schriften sowie für die offensichtlich schwer jugendgefährdenden Schriften. Die von der Bundesprüfstelle für jugendgefährdende Schriften indizierten jugendgefährdenden Schriften werden im Bundesanzeiger veröffentlicht. Für amtliche Zwecke wird von der Bundesprüfstelle jährlich ein Gesamtverzeichnis herausgegeben.

2. Mikrofilme, auch wenn auf sie gedrucktes Schriftgut aufgenommen ist (aus Position 3705)

3. Papiere, Pappen und Zellstoffwatte sowie Erzeugnisse aus diesen Stoffen, mit Aufdrucken oder Bildern nebensächlicher Art, die ihre eigentliche Zweckbestimmung nicht ändern und ihnen nicht die Merkmale der Erzeugnisse des Kapitels 49 verleihen (Kapitel 48)

4. Register, Hefte, Quittungsbücher und dergleichen (z.B. Geschäftsbücher, Auftragsbücher, Rechnungsbücher und -blöcke), Merkbücher, Notizblöcke, Notiz- und Tagebücher, Schreibunterlagen, Ordner, Einbände (für Loseblatt-Systeme oder andere) und andere Erzeugnisse des Papierhandels, aus Papier oder Pappe (aus Position 4820)

   Nicht begünstigt sind hiernach z.B. die Lieferungen (Werklieferungen) von Buch- und Zeitschrifteneinbänden durch Buchbinder, welche die von ihren Auftraggebern beigestellten Rohdruckbogen oder Zeitschriften binden (vgl. hierzu auch Tz. 153).

5. Alben für Muster oder für Sammlungen sowie Buchhüllen, aus Papier oder Pappe (aus Position 4820), z.B. Einsteck- und Einklebealben (auch Loseblatt-Alben) für Muster, für Briefmarken (auch mit eingedruckten Abbildungen von Postwertzeichen und einem kurzen erklärenden Begleittext), für Fotografien und für andere Sammlungen

6. Bildbeilagen, Schnittmusterbogen, Schnittmuster (Schablonen) und dergleichen, die gesondert geliefert werden (z.B. aus Position 4823 und 4911)

7. Baupläne, technische Zeichnungen und andere Pläne und Zeichnungen zu Gewerbe-, Handels- oder ähnlichen Zwecken, als Originale mit der Hand hergestellt; handgeschriebene Schriftstücke; auf lichtempfindlichem Papier hergestellte fotografische Reproduktionen und mit Kohlepapier hergestellte Kopien (Position 4906)

   Mit Vervielfältigungsapparaten oder in einem ähnlichen Verfahren hergestellte Vervielfältigungen von hand- oder maschinengeschriebenen Schriftstücken werden jedoch wie gedruckte Erzeugnisse eingereiht.

8. Kalender aller Art, aus Papier oder Pappe, einschließlich Blöcke von Abreißkalendern (aus Position 4910)

   Hierher gehören Erzeugnisse, deren Charakter durch ein aufgedrucktes Kalendarium bestimmt ist (auch Kalender in Buchform). Neben dem eigentlichen Kalendarium können die Erzeugnisse Hinweise auf Märkte, Messen, Ausstellungen usw. sowie Texte (Gedichte, Sprüche usw.), Abbildungen und Werbung enthalten. Anders verhält es sich jedoch bei Fachkalendern mit nicht charakterbestimmendem Kalendarium (vgl. Tz. 155 Nr. 1 Buchst. a Doppelbuchst. gg).

9. Aufkleber, z.B. aus Position 4911, und Etiketten aller Art aus Papier oder Pappe (Position 4821)

10. andere als die in den Positionen 4901 bis 4910 genannten Drucke, einschließlich Bilddrucke und Fotografien, (Position 4911)

    Hierzu gehören z.B.:

    a) Bilddrucke, die weder zu Sammlungen i.S.d. Tz. 155 Nr. 1 Buchst. c zusammengefasst noch Illustrationsbeilagen i.S.d. Tz. 155 Nr. 1 Buchst. e sind, auch wenn sie offensichtlich zum Einreihen in Bücher bestimmt sind,

1433

Anlage § 012 (2) 1–01

- b) Druckerzeugnisse, die im Zeitpunkt ihrer Verwendung hand- oder maschinenschriftliche Ergänzungen erforderlich machen (z.B. Formblätter),
- c) Wahldrucksachen, die nicht durch einen in sich geschlossenen, zur Lektüre bestimmten Text charakterisiert sind, z.B.
  - aa) Wahl-Stimmzettel, die neben der Überschrift („Stimmzettel für die Wahl ...") die Bezeichnung der zur Wahl zugelassenen Parteien, die Namen (evtl. auch Beruf, Stand und Wohnort) der einzelnen Bewerber und ein Feld für die Kennzeichnung bei der Wahl enthalten,
  - bb) Wahlhandzettel, die auf eine Wahlveranstaltung hinweisen oder die ohne jede weitere Ausführung zur Wahl einer bestimmten Partei auffordern,
  - cc) Briefhüllen mit Werbeaufdruck (Wahlpropaganda),
  - dd) Wahlplakate (vgl. aber Tz. 155 Nr. 1 Buchst. a Doppelbuchst. hh),
  - ee) Wahllisten und Unterlagen für die Briefwahl.
- d) Lehrprogramme – bestehend aus bedruckten Arbeitstransparenten (Folien zur Tageslichtprojektion) sowie den dazugehörigen Arbeitsblättern und Lehrertexten – die als zusammengesetzte Waren einzureihen sind (vgl. hierzu auch Tz. 12–14), soweit die Arbeitstransparente den Charakter der Lehrprogramme bestimmen.

  Sie sind nicht hauptsächlich zum Lesen, sondern zur Projektion bestimmt.
- e) Fremdenverkehrsprospekte jeder Art, die z.B. von Städten, Gemeinden, Fremdenverkehrsämtern sowie Fremdenverkehrsverbänden und -vereinen herausgegeben werden.

  Dazu rechnen insbesondere:
  - aa) Bildprospekte, d.h. durch Bilder charakterisierte Fremdenverkehrsprospekte, einschließlich der Faltprospekte,
  - bb) Orts- und Unterkunftsverzeichnisse einschließlich der Hotel- und Gaststättenverzeichnisse sowie die Übersichten über Pensionen und Privatzimmer,
  - cc) Prospekte mit Verzeichnissen landwirtschaftlicher Betriebe, die Feriengäste aufnehmen,
  - dd) Prospekte über Heilbäder, die z.B. von Kursverwaltungen herausgegeben werden,
  - ee) Hausprospekte, z.B. von Hotels und Gaststätten,
  - ff) Veranstaltungskalender,
  - gg) Fremdenverkehrsplakate.
- f) Programmhefte für Zirkus-, Sport-, Opern-, Schauspiel- oder ähnliche Veranstaltungen,
- g) Unterrichtstafeln für Anatomie, Botanik usw.,
- h) Einlasskarten für z.B. Kino-, Theater-, Konzertveranstaltungen,
- i) Fahrkarten,
- j) Lotterielose „Rubellose" und Tombolalose,
- k) bedruckte Karten mit Magnetstreifen oder mit elektronischen integrierten Schaltungen sowie bedruckte kontaktlose Karten und Etiketten,
- l) bedruckte Zifferblätter für Instrumente und Apparate.

11. Drucke, die überwiegend Werbezwecken (einschließlich Reisewerbung) dienen (aus Position 4911)

    Werbedrucke sind z.B. Werbeplakate, Werbeprospekte, Handelskataloge und Jahrbücher, *nicht jedoch* wissenschaftliche oder andere Veröffentlichungen, die durch oder für Industriebetriebe oder ähnliche Organisationen herausgegeben werden, oder solche Veröffentlichungen, die nur Entwicklungen, technischen Fortschritt oder Tätigkeiten in einem bestimmten Zweig von Handel oder Industrie beschreiben, wenn sie nicht mittelbar oder unmittelbar Werbung enthalten.

157 Bei Zusammenstellungen von begünstigten und nicht begünstigten Erzeugnissen (vgl. Tz. 11–14).

158 Nr. 50 der Anlage 2

(weggefallen)

159 *Rollstühle und andere Fahrzeuge für Behinderte, auch mit Motor oder anderer Vorrichtung zur mechanischen Fortbewegung (Position 8713)* (Nr. 51 der Anlage 2)

Begünstigt sind alle Fahrzeuge der Position 8713 Zolltarif. Hierzu gehören Rollstühle und ähnliche Fahrzeuge, die ihrer Beschaffenheit nach speziell zum Befördern von Behinderten bestimmt sind, auch mit Motor oder anderer Vorrichtung zur mechanischen Fortbewegung. Die Fahrzeuge mit Vorrichtung

Anlage § 012 (2) 1–01

zur mechanischen Fortbewegung werden in der Regel entweder mit Hilfe eines Motors oder mit der Hand durch Hebel oder Kurbel fortbewegt. Die Rollstühle und anderen Fahrzeuge für Behinderte werden mit der Hand geschoben oder direkt mit den Händen durch Drehen der Räder fortbewegt.

Motorisierte Fahrzeuge haben keine fest angebaute Karosserie und unterscheiden sich von vergleichbaren *nicht begünstigten* Fahrzeugen der Position 8703 Zolltarif im Wesentlichen durch das Vorhandensein nur eines Sitzes für eine Person, der zum erleichterten Ein- und Aussteigen drehbar sein kann, einer Höchstgeschwindigkeit von maximal 6 km/h als zügige Schrittgeschwindigkeit und einer leichten Handhabbarkeit der Steuer- und Bedienelemente. Hierzu gehören insbesondere rollstuhlähnliche Fahrzeuge mit Elektroantrieb, die ausschließlich der Personenbeförderung von Behinderten dienen.

Die Begünstigung gilt auch für mitgelieferte Werkzeuge und Zubehör, die als Nebenleistungen einzustufen sind (z.B. Luftpumpen) (vgl. Tz. 9) sowie für zerlegte Fahrzeuge, soweit diese die charakteristischen Merkmale vollständiger bzw. fertiger Fahrzeuge haben. Ferner sind fahrbare Zimmer-, Dusch- oder Toilettenstühle für Behinderte begünstigt.

Nach Nr. 51 der Anlage 2 sind *nicht begünstigt:* **160**

1. Motorbetriebene Fahrzeuge (sog. Elektroscooter, „mobility scooter"), die mit einer separaten beweglichen Lenksäule ausgestattet sind (Position 8703), vorwiegend auf Golfplätzen und anderen öffentlichen Plätzen eingesetzt und von Personen jeglichen Alters verwendet werden können
2. Fahrzeuge, die nur umgebaut worden sind, damit sie von Behinderten benutzt werden können, z.B. Kraftwagen mit Handkupplung oder Handgashebel (Position 8703) oder Zweiräder mit einer Vorrichtung, die es ermöglicht, die Pedale mit nur einem Bein zu treten (Position 8712)
3. Fahrtragen (Position 9402)
4. fahrbares Hebezeug mit Seilzug zum Anheben und Herablassen von Personen (z.B. Lifter oder Badehelfer) (Position 8428)
5. Treppenlifte, Rollstuhl-Treppenaufzüge und andere elektrische Personenhebebühnen (Position 8428), auch wenn damit Behinderte oder Kranke transportiert werden können
6. Krankenkraftwagen (Position 8703) als Spezialfahrzeuge zur Personenbeförderung
7. Teile und Zubehör für begünstigte Fahrzeuge (Position 8714), z.B. Lenker, Gepäckträger, Fußrasten, Trinkflaschenhalter usw., sofern es sich nicht um Nebenleistungen handelt (vgl. Tz. 159)
8. Kinderwagen (Position 8715)
9. Gehwagen (Position 9019)
10. Gehhilfen/Rollatoren (Position 8716)

Körperersatzstücke, orthopädische Apparate und andere orthopädische Vorrichtungen sowie Vor- **161** *richtungen zum Beheben von Funktionsschäden oder Gebrechen, für Menschen, und zwar*

a) künstliche Gelenke, ausgenommen Teile und Zubehör (aus Unterposition 9021 31),
b) orthopädische Apparate und andere orthopädische Vorrichtungen einschließlich Krücken sowie medizinisch-chirurgischer Gürtel und Bandagen, ausgenommen Teile und Zubehör (aus Unterposition 9021 10),
c) Prothesen, ausgenommen Teile und Zubehör (aus Unterpositionen 9021 21, 9021 29 und 9021 39),
d) Schwerhörigengeräte, Herzschrittmacher und andere Vorrichtungen zum Beheben von Funktionsschäden oder Gebrechen, zum Tragen in der Hand oder am Körper oder zum Einpflanzen in den Organismus, ausgenommen Teile und Zubehör (Unterposition 9021 40 und 9021 50, aus Unterposition 9021 90)

(Nr. 52 der Anlage 2)

Begünstigt sind nur die ausdrücklich in der Vorschrift aufgeführten künstlichen Körperteile, orthopädischen Apparate und anderen orthopädischen Vorrichtungen sowie Vorrichtungen zum Beheben von Funktionsschäden oder Gebrechen für Menschen.

Im Einzelnen sind nach Nr. 52 der Anlage 2 *begünstigt:* **162**

1. zu Buchstabe a):
vorgefertigte künstliche Gelenke aus Metall oder anderen Stoffen für Menschen (z.B. künstliches Hüft- oder Kniegelenk), die an die Stelle nicht funktionsfähiger natürlicher Gelenke treten sollen (aus Unterposition 9021 31), einschließlich Einzelkomponenten (BFH-Urteil vom 14. Januar 1997, BStBl. II S. 481), ausgenommen Teile und Zubehör

Anlage § 012 (2) 1–01

2. zu Buchstabe b):

orthopädische Apparate und andere orthopädische Vorrichtungen einschließlich Krücken sowie medizinisch-chirurgischer Gürtel und Bandagen, ausgenommen Teile und Zubehör (aus Unterposition 9021 1010), die dazu bestimmt sind, speziell den Bedürfnissen der Patienten angepasst zu werden.

Die Waren dienen zum Verhüten oder Korrigieren körperlicher Fehlbildungen oder zum Stützen oder Halten von Körperteilen oder Organen *nach* einer Krankheit, Verletzung oder Operation.

Hierzu gehören insbesondere:

a) orthopädische Apparate für den Fuß (Apparate für Klumpfüße, Beinstützapparate, auch mit Feder für den Fuß, Fußheber usw.)

   Um eine Ware als „Vorrichtung oder auch Apparat" ansprechen zu können, muss sich deren Aussehen deutlich von gewöhnlichen Schuhen unterscheiden.

b) orthopädische Apparate für Hüftleiden,

c) Streckapparate gegen die Skoliose und die Verkrümmung des Rückgrates,

d) Apparate zum Aufrichten des Kopfes und der Wirbelsäule (z.B. bei Pottscher Krankheit),

e) Apparate, die bei Falschgelenken (z.B. Oberarmknochen-Resektion) verwendet werden,

f) orthopädische Suspensorien (vgl. jedoch Buchst. m, Doppelbuchst. aa),

g) aa) maßgerecht gefertigte orthopädische Schuhe *oder* Schuhe, die serienmäßig hergestellt sind, einzeln und nicht paarweise gestellt werden und passend zu jedem Fuß gleichermaßen hergerichtet sind,

   bb) maßgerecht gefertigte Spezial-Fußeinlagen für Schuhe, z.B. aus Leder, Metall, Leder mit Metallverstärkung oder anderen Stoffen, sowie orthopädische Kissen mit Befestigungsvorrichtung zum Stützen des Fußes

   Waren, die sich vorrangig als Schuh darstellen oder spezielle Einlegesohlen können *nur* als orthopädische Vorrichtung oder Apparat in Unterposition 9021 1010 eingereiht werden, *wenn* sie zum Korrigieren orthopädischer Leiden bestimmt sind.

h) Krücken und Krückstöcke,

i) medizinisch-chirurgische Gürtel und Bandagen (einschließlich Stützgürtel, medizinische Leibbinden, Bruchbänder), welche z.B. bei Arthrose, Lähmung zum Stützen oder Halten nach Operationen, zum Verhüten oder Korrigieren körperlicher Fehlbildungen eingesetzt werden (vgl. jedoch Buchst. m).

   Die Waren besitzen in der Regel anformbare Schienen aus Aluminium oder Kunststoff oder einstellbare Gelenke. Die Beweglichkeit des Körperteils bleibt erhalten bzw. wird nur wenig eingeschränkt.

   Zur Abgrenzung von Bandagen der Unterposition 9021 1010 gegenüber Waren der Position 6307 (Bandagen, Knöchelschützer, Vorrichtungen zum Behandeln von Knochenbrüchen) und der Position 6212 (Abdominalbandagen, Rückenbandagen, Rückenstützgürtel) wird auf den Teil „Nationale Entscheidungen und Hinweise (NEH)" im Zolltarif / Erläuterungen zur Kombinierten Nomenklatur verwiesen.

j) kieferorthopädische Apparate zur Korrektur von Fehlbildungen des Gebisses,

k) Vorrichtungen (sog. Paletten) zum Richten der Finger

Nicht hierzu gehören:

l) Krampfaderstrümpfe (Position 6115),

m) Stützgürtel oder andere Stützvorrichtungen aus Spinnstoffen, deren Wirkung auf den Körperteil, der gestützt oder gehalten werden soll, sich ausschließlich aus ihrer Elastizität herleitet (Kapitel 62 bzw. 63)

   Hierzu gehören:

   aa) Büstenhalter aller Art, gewöhnliche Korsette oder Gürtel, Schwangerschafts- oder Mutterschaftsgürtel und gewöhnliche Suspensorien, z.B. aus Gewirken (für Sportzwecke) (Position 6212),

Anlage § 012 (2) 1–01

bb) Abdominalbandagen, Rückenbandagen, Rückenstützgürtel, wie z.B. Leibbinden / Kreuzstützbandagen von bis zu etwa 27 cm Höhe, Kompressionsbandagen (in Form von Kompressionshosen) bzw. andere Kompressionsbekleidung zur postoperativen Kompression, Rippenbruchbandagen oder Schultergelenkbandagen mit elastischen oder flexiblen Stabilisierungselementen (Position 6307),

cc) strumpfähnliche Waren oder Bandagen aus elastischen Gewirken bzw. Geweben aus Spinnstoffen (Position 6307).

Zur Abgrenzung von Waren der Positionen 6212 und 6307 gegenüber orthopädischen Apparaten und Vorrichtungen der Unterposition 9021 1010 wird auf den Teil „Nationale Entscheidungen und Hinweise (NEH)" im Zolltarif / Erläuterungen zur Kombinierten Nomenklatur verwiesen.

n) Serienschuhe einschließlich solcher Schuhe, deren Sohlen lediglich eine Erhöhung zum Stützen des Fußes haben (z.B. Stahlgelenk oder hochgewölbte Brandsohle) oder die nur eine verlängerte Hinterkappe haben (Kapitel 64),

o) Schuhe oder Einlegesohlen, die dazu bestimmt sind, nach einem chirurgischen Eingriff getragen zu werden (postoperative Schuhe), um die Möglichkeit des Patienten zu ermöglichen, den Heilungsprozess zu beschleunigen oder schmerzloseres bzw. leichteres Gehen zu ermöglichen (Kapitel 64),

p) Konfektionsschuheinlagen (Position 6406), wie z.B. Spreizfußbänder ohne Paletten,

q) Schienen und andere Vorrichtungen zum Behandeln von Knochenbrüchen, Verrenkungen, Verletzungen der Bänder und Gelenkverletzungen, welche in der Regel breite und starre Schienen besitzen und weich gepolstert sind (aus Unterposition 9021 1090), d.h. Vorrichtungen, die im Allgemeinen dazu dienen, verletzte (gebrochene oder verrenkte) Körperteile stillzulegen, sie zu strecken, zu schützen oder Knochenbrüche zu richten (z.B. Implantate zur Behandlung eines Knochenbruchs), auch wenn sie im Einzelfall zum Korrigieren körperlicher Fehlbildungen (fehlgestellter Gelenke) verwendet werden (z.B. Metall- und Gipsschienen, Brustkorbstützen), ferner Sandalen und Schuhe mit Laufsohlen aus Kunststoff und Oberteil aus Spinn- oder Kunststoff, die zum Tragen über einem Gipsverband am Fuß bestimmt sind,

r) Gehstöcke, auch besonders geformt, für Behinderte (Position 6602),

s) Gehhilfen/Rollatoren (Position 8716),[1)]

t) Urinale (Position 4014),

u) Schutzpflaster gegen Druck an bestimmten Fußstellen, meist aus Kunststoff oder Schaumgummi und mit Heftpflaster auf Gaze befestigt (Position 3926 oder 4014),

v) Schulter- und Handgelenkriemen, z.B. für Sportzwecke (Position 4203 oder Kapitel 95),

w) orthopädische Apparate und orthopädische Vorrichtungen für die Behandlung von Tieren

3. zu Buchstabe c):

Zahnprothesen sowie künstliche massive Zähne aus Porzellan oder Kunststoff (aus Unterpositionen 9021 21 und 9021 29), ausgenommen Teile und Zubehör wie z.B. Hülsen, Ringe, Stifte, Klammern und Ösen

Hierzu gehören:

a) Gebisse (Teilgebisse und vollständige Gebisse) mit einer Grundplatte (z.B. aus Kunststoff, Metall oder vulkanisiertem Kautschuk), auf der die künstlichen Zähne befestigt sind,

b) Kronen aus Porzellan, Kunststoff oder Metall (aus Gold, rostfreiem Stahl usw.), die auf einen natürlichen Zahn aufgesetzt werden,

c) Stiftzähne.

Nicht hierzu gehören:

d) Knochen- oder Hautstücke für Hautverpflanzungen in sterilen Behältern (Position 3001) und Zemente zum Wiederherstellen von Knochen (Position 3006),

e) Zubereitungen (aus Kunststoffwachs usw.) zum Anfertigen von Gebissabdrücken (z.B. Position 3407)

4. andere Prothesen für Menschen (aus Unterposition 9021 39), ausgenommen Teile und Zubehör, wie z.B. Prothesenschäfte

---

1) Hinweis auf BMF-Schreiben vom 11.08.2011, BStBl. 2011 I S. 824, Anlage § 012 (2) 1-31

Anlage § 012 (2) 1–01

Hierzu gehören:

a) Augenprothesen

Hierzu gehören künstliche Augenlinsen und künstliche Menschenaugen, meist aus Kunststoff oder Überfangglas hergestellt, dem kleine Mengen Metalloxide beigegeben sind, um Einzelheiten und Tönungen der verschiedenen Teile des menschlichen Auges nachzuahmen, *nicht jedoch* künstliche Augen für Schneiderpuppen, Pelze usw. sowie Kontaktlinsen oder Haftschalen.

b) andere Prothesen

Hierzu gehören künstliche Hände, Arme, Beine und Füße und sowohl äußere künstliche Körperteile, wie Finger-, Zehen-, Nasen-, Ohren-, Brust- oder Kinnprothesen, als auch äußerlich nicht erkennbare Prothesen wie z.B. künstliche Herzklappen, Hüftprothesen und Gefäßprothesen, *nicht jedoch:*

aa) Knochen- und Hautstücke für Transplantationen in sterilen Behältern (Position 3001),

bb) Haarprothesen,

cc) Prothesen für Tiere,

5. zu Buchstabe d):

Schwerhörigengeräte (Unterposition 9021 40)

Hierzu gehören nur Geräte, die zur Behandlung tatsächlicher Hörfehler bestimmt sind, z.B. elektrische Geräte, die aus einem oder mehreren durch Kabel miteinander verbundenen Mikrofonen (auch mit Verstärker), einem Empfänger (meist im Ohr oder hinter der Ohrmuschel anzubringen) und einer Trockenbatterie bestehen. Hierher gehören auch Schwerhörigengeräte in Form von Brillen (Hörbrillen).

Bei der Lieferung eines Schwerhörigengerätes mit Akku-Zellen (statt mit Batterien) erstreckt sich die Steuerermäßigung auch auf das – als unselbständige Nebenleistung – mitgelieferte Ladegerät (vgl. hierzu Tz. 9).

Nicht hierzu gehören:

a) Teile und Zubehör für Schwerhörigengeräte (z.B. Hörer, Schnüre, Batterien, Mikrofone, Transistoren, Bauelemente, Induktionskissen, Ohrpassstücke und Ladegeräte),

b) Gegenstände für den vorbeugenden Gehörschutz (z.B. Gehörschutzwatte, Gehörstöpsel und Gehörschutzkapseln aus Kunststoff),

c) Kopfhörer, Verstärker usw., die nicht zum Korrigieren von Hörfehlern bestimmt sind (z.B. für Telefonisten),

d) die Reparaturpauschale, die im Zusammenhang mit der Lieferung eines Hörgerätes gezahlt wird. Diese stellt eine Vorauszahlung dar, auf die der allgemeine Steuersatz anzuwenden ist. Dies gilt auch dann, wenn die Verträge über die Lieferung des Hörgerätes und die Reparaturleistung in einem Rahmenvertrag vereint sind.

6. Herzschrittmacher (Unterposition 9021 50)

Herzschrittmacher (Pulsgeneratoren) dienen zum Anregen funktionsgestörter Herzmuskel. Die implantierbaren oder externen Geräte werden durch Elektroden mit dem Herzen verbunden und liefern die für das Funktionieren des Herzens nötigen Impulse. Wird die Elektrode zusammen mit dem Herzschrittmacher geliefert, teilt sie das Schicksal der Hauptlieferung, da der Herzschrittmacher den wirtschaftlichen Gehalt der Lieferung bestimmt. Wird sie *jedoch* als Gegenstand einer selbständigen Leistung geliefert, ist sie wie Teile und Zubehör (z.B. Adapter, Schrauben und Dichtungsringe) *nicht begünstigt.*

7. andere Vorrichtungen zum Beheben von Funktionsschäden oder Gebrechen, zum Tragen in der Hand oder am Körper oder zum Einpflanzen in den Organismus bestimmt (aus Unterposition 9021 90), ausgenommen Teile und Zubehör für begünstigte Gegenstände wie z.B. Ohrhörer für Blindenleitgeräte

Hierzu gehören:

a) Sprechhilfegeräte – die im Wesentlichen aus einem elektronischen Impulsgeber bestehen – für Personen, denen der Gebrauch der Stimmbänder verloren gegangen ist,

b) Schrittmacher zum Anregen anderer Organe als dem Herzen (z.B. Lunge, Mastdarm oder Blase),

Anlage § 012 (2) 1–01

c) Blindenleitgeräte, die im Wesentlichen aus einer Vorrichtung zum Senden und Empfangen von Ultraschallwellen bestehen und von einer elektrischen Batterie gespeist werden

Die Frequenzunterschiede, die sich aus der Zeit ergeben, die der Ultraschallwellenstrahl benötigt, um nach Reflektion durch ein Hindernis zurückzukehren, ermöglichen dem Blinden, das Hindernis und seine Entfernung mit Hilfe eines geeigneten Geräts (z.B. Ohrhörer) wahrzunehmen.

d) Lesegeräte für Blinde, die über eine Miniaturkamera mit Hilfe von Fototransistoren Buchstaben auf ein sog. Abtastfeld übertragen, *nicht jedoch* tragbare Lesevorrichtungen für hochgradig Sehbehinderte, bei denen eine von Hand zu führende Filteroptikkamera Dokumente abtastet und ein vergrößertes Bild auf einen Bildschirm überträgt, elektronische Lesegeräte für hochgradig Sehbehinderte, z.b. elektronische Fernseh-Lesegeräte (Kapitel 85), sowie Brillen (Position 9004),

e) Vorrichtungen, die in den Körper eingepflanzt werden, um die chemische Funktion eines Organs (z.b. das Absondern von Insulin) zu unterstützen oder zu ersetzen

Nicht hierzu gehören TENS-Geräte (transkutane elektronische Nervenstimulationsgeräte), die als elektromedizinische Geräte zu Position 9018 gehören.

Nach Nr. 52 der Anlage 2 sind *nicht begünstigt:* **163**

1. Krankenpflegeartikel, z.B. Mullbinden (aus Position 3005), Fingerlinge (Position 4014) und Armbinden (Position 6217)sowie Hygieneartikel (Position 4818)

2. Teile und Zubehör für begünstigte Gegenstände der Nr. 52 der Anlage 2,wenn sie Gegenstand einer selbständigen Leistung sind (vgl. hierzu Tz. 162)

Allerdings kann hierfür eine Steuerermäßigung nach anderen Vorschriften des UStG in Betracht kommen. So unterliegen z.b. die Lieferung von Zubehör und Ersatzteilen sowie die Instandsetzung von orthopädischen Hilfsmitteln dem ermäßigten Steuersatz, wenn diese Umsätze von gemeinnützigen Körperschaften außerhalb eines wirtschaftlichen Geschäftsbetriebs ausgeführt werden (§ 12 Abs. 2 Nr. 8 UStG).

Die Lieferungen von Ersatzteilen für orthopädische Hilfsmittel sowie Instandsetzungen von orthopädischen Hilfsmitteln unterliegen stets dem allgemeinen Steuersatz, gleichgültig, ob es sich um Werkleistungen (z.B. das Abschleifen und Polieren des Holzschaftes einer Beinprothese) oder um Werklieferungen handelt, bei denen nicht begünstigte Teile und Zubehör (z.B. Gelenke, Schienen, Kugellager, Schnallen, Federn, Schrauben, Nägel, Nieten oder Lederteile) verwendet werden. **164**

Beispiele:

1. Bei der Instandsetzung einer Beinprothese wird ein Passteil verwendet. Es handelt sich um eine nicht begünstigte Werklieferung eines Passteils als Teil der Beinprothese.

2. Der Fuß einer Beinprothese wird durch einen neuen Fuß ersetzt. Es handelt sich auch hier um eine nicht begünstigte Werklieferung eines Fußes als Teil der Gesamtprothese.

3. Bei der Reparatur von orthopädischem Schuhwerk werden orthopädisch wirksame Einbauteile verwendet (z.B. Stahlsohlen, auswechselbare Fußbettungen oder Verkürzungsausgleiche). Es handelt sich um die nicht begünstigte Werklieferung von Einbauteilen.

4. An Serienschuhen des Auftraggebers werden orthopädische Zurichtungen angebracht (z.B. eine Schmetterlingsrolle oder eine Doppelsohle). Es handelt sich um eine nicht begünstigte Werklieferung. Die Zurichtungen sind als Teile für die Schuhe anzusehen.

Werden die Teile und das Zubehör im Rahmen eines einheitlichen Umsatzgeschäftes zusammen mit den begünstigten orthopädischen Hilfsmitteln geliefert, teilen sie als unselbständige Nebenleistung das Schicksal der Hauptleistung. Dieser Grundsatz gilt für Lieferungen und Werklieferungen.

Beispiele:

5. Ein betriebsfertiges Schwerhörigengerät wird nebst Batterie geliefert. Die Steuerermäßigung erstreckt sich auch auf das Entgelt für die mitgelieferte Batterie.

6. Bei der Herstellung und Lieferung von orthopädischen Schuhen erstreckt sich der ermäßigte Steuersatz auch auf die im Gesamtentgelt enthaltenen Materialien und die Arbeitsleistung.

7. In einen Konfektionsschuh werden auftragsgemäß entsprechend ärztlicher Anordnung orthopädische Zurichtungen fest eingebaut. Gegenstand der einheitlichen Werklieferung ist der zugerichtete fertige Schuh, der als orthopädischer Schuh begünstigt ist.

Anlage § 012 (2) 1–01

Unvollständige oder unfertige orthopädische Hilfsmittel werden wie die vollständigen oder fertigen orthopädischen Hilfsmittel behandelt, wenn sie die charakterbestimmenden Merkmale haben. Für solche unvollständigen oder unfertigen orthopädischen Hilfsmittel (z.B. medizinische Leibbinden, die der Hersteller an den Bandagistenhandwerker liefert, der sie ggf. unter Anbringen orthopädischer Zurichtungen dem Kunden anpasst) kann deshalb der ermäßigte Steuersatz angewendet werden. Sog. Passteile für Körperersatzstücke (z.B. Waden oder Schienen mit Gelenken) sind jedoch im Regelfall als nicht begünstigte teile anzusehen.

165 *Kunstgegenstände, und zwar*
  a) Gemälde und Zeichnungen, vollständig mit der Hand geschaffen, sowie Collagen und ähnliche dekorative Bildwerke (Position 9701),
  b) Originalstiche, -schnitte und -steindrucke (Position 9702),
  c) Originalerzeugnisse der Bildhauerkunst, aus Stoffen aller Art (Position 9703)
  (Nr. 53 der Anlage 2)

Begünstigt sind alle Gegenstände der Positionen 9701 bis 9703 Zolltarif. Wiederverkäufer (z.B. Kunsthändler, Galeristen und Versteigerer) können von der Differenzbesteuerung nach § 25a UStG Gebrauch machen. Hierbei unterliegt nicht das gesamte Entgelt (Verkaufspreis ohne Umsatzsteuer) der Umsatzbesteuerung, sondern nur die positive Differenz zwischen Verkaufs- und Einkaufspreis (ohne Umsatzsteuer) für den betreffenden Gegenstand. In diesem Fall ist ausschließlich der allgemeine Steuersatz anzuwenden (§ 25a Abs. 5 Satz 1 UStG). Nr. 53 der Anlage 2 hat demnach nur noch Bedeutung für solche Umsätze, die nicht der Differenzbesteuerung nach § 25a UStG unterliegen.

166 Im Einzelnen sind nach Nr. 53 der Anlage 2 *begünstigt:*
  1. zu Buchstabe a):

  Gemälde (z.B. Ölgemälde, Aquarelle, Pastelle) und Zeichnungen, vollständig mit der Hand geschaffen (ausgenommen Zeichnungen der Position 4906, wie z.B. Baupläne, technische und gewerbliche Zeichnungen sowie handbemalte oder handverzierte gewerbliche Erzeugnisse) sowie Collagen und ähnliche dekorative Bildwerke

  Hierzu gehören:
  a) Gemälde und Zeichnungen, die vollständig mit der Hand oder auf andere Weise (z.B. im Falle einer Körperbehinderung mit dem Fuß) geschaffen sind, ohne Rücksicht darauf, ob es sich um alte oder moderne Werke handelt

  Diese Werke können Ölgemälde, Gemälde in Wachs, Gemälde in Temperafarben, Acrylfarbgemälde, Aquarelle, Gouachen, Pastelle, Miniaturen, farbig ausgemalte Handzeichnungen, Bleistift- (einschließlich Conté-Bleistift-Zeichnungen), Kohle- oder Federzeichnungen usw. auf Stoffen aller Art sein. Erzeugnisse, die ganz oder teilweise in anderen Verfahren (als mit der Hand oder z.B. mit dem Fuß) hergestellt sind, gehören *nicht* hierzu, wie z.B. Bilder, auch auf Leinen, die im fotomechanischen Verfahren hergestellt sind, sowie Handmalereien auf solchen Umrissskizzen oder Zeichnungen, die im gewöhnlichen Tief- oder Flachdruckverfahren hergestellt sind, sowie sog. originalgetreue Bilder, die mit Hilfe einer mehr oder weniger großen Anzahl von Schablonen hergestellt sind, auch wenn sie vom Künstler selbst signiert sind. Dagegen sind Kopien von Gemälden, die vollständig mit der Hand oder auf andere Weise von Körperbehinderten geschaffen sind, ohne Rücksicht auf ihren künstlerischen Wert begünstigt.

  Nicht hierzu gehören:
  aa) Baupläne, technische und gewerbliche Zeichnungen, auch wenn sie als Originale mit der Hand hergestellt worden sind (Position 4906),
  bb) Originalentwürfe für Mode, Schmuckwaren, Tapeten, Gewebe, Tapisserien, Möbel usw. (Position 4906),
  cc) bemalte Gewebe für Theaterdekorationen, Atelierhintergründe usw. (Position 5907 oder 9706),
  dd) handverzierte gewerbliche Erzeugnisse, wie Wandverkleidungen aus handbemalten Geweben, Reiseandenken, Schachteln und Kästchen, keramische Erzeugnisse (Teller, Schüsseln, Vasen usw.), die je nach Beschaffenheit einzureihen sind,
  ee) Batikarbeiten und handgewebte Wandbehänge (= Spinnstoffwaren) mit künstlerischen, bildlichen Darstellungen.
  ff) keramische Erzeugnisse (Kapitel 69),

Anlage § 012 (2) 1–01

gg) Kunstverglasungen (für Wohnungen, Kirchenfenster usw.), die aus Platten, Rosetten usw. aus Glas (meistens in der Masse gefärbtem oder an der Oberfläche bemaltem Glas oder Antikglas) zusammengesetzt sind, wobei die einzelnen Glasplatten usw. in gefalzte Metallstege gefasst und manchmal durch Metallleisten verstärkt sind (Position 7016).

b) Collagen oder ähnliche dekorative Bildwerke

Hierzu gehören Collagen und ähnliche dekorative Bildwerke, die aus Stücken und Stückchen verschiedener tierischer, pflanzlicher oder anderer Stoffe so zusammengesetzt worden sind, dass ein Bild oder ein dekoratives Motiv entstanden ist, das auf eine Unterlage, z.B. aus Holz, Papier oder ein textiles Material geklebt oder auf andere Weise befestigt worden ist. Die Unterlage kann einfarbig, handbemalt oder mit dekorativen oder bildhaften Elementen bedruckt sein, die einen Teil des Ganzen darstellen. Die Qualität der Collagen erstreckt sich von billig hergestellten Serienerzeugnissen, die zum Verkauf als Reiseandenken bestimmt sind, bis zu Erzeugnissen, die eine große handwerkliche Fähigkeit erfordern und die echte Kunstwerke sein können.

Nicht als „ähnliche Bildwerke" gelten Erzeugnisse, die aus einem Stück eines Materials bestehen, auch wenn es auf einer Unterlage befestigt oder auf eine Unterlage geklebt wird. Diese Erzeugnisse werden von anderen Positionen genauer erfasst, wie Ziergegenstände aus Kunststoff, Holz, unedlen Metallen usw. Solche Erzeugnisse werden je nach Beschaffenheit eingereiht (Positionen 3926, 4420, 8306 usw.) und sind *nicht* nach Nr. 53 der Anlage 2 *begünstigt*.

2. zu Buchstabe b):

Originalstiche, -schnitte und -steindrucke (Position 9702)

Hierzu gehören nur Stiche, Schnitte und Steindrucke, alt oder modern, die von einer Platte oder von mehreren vom Künstler vollständig handgearbeiteten Platten in beliebigem, jedoch keinem mechanischen oder fotomechanischen Verfahren auf einen beliebigen Stoff in schwarz-weiß oder farbig unmittelbar abgezogen sind. Die Übertragungstechnik, die der Lithograph anwendet, der seinen Entwurf zunächst auf Pauspapier zeichnet, um nicht mit einem schweren unhandlichen Stein arbeiten zu müssen, nimmt den Lithographien, die von dem Stein abgezogen wurden, nicht ihren Charakter als Originale, sofern die anderen oben angeführten Bedingungen erfüllt sind. Die Stiche können vorkommen als Kupferstiche, in Schabemanier, in Punktiermanier, in Aquatintamanier oder als Kaltnadel-Radierung usw. Die sog. Probeabdrucke gehören auch hierher, selbst wenn sie nachgebessert sind. Es ist ohne Einfluss auf die Einreihung, ob die Originale vom Künstler nummeriert oder signiert sind. Zu den Originalsteindrucken (Lithographien) gehören auch solche Drucke, die von einer vom Künstler handgearbeiteten Platte abgezogen sind, bei denen der Abzug aber mittels einer mechanischen Presse oder in einem Umdruckverfahren, das ein Mehrfachnutzen ermöglicht, hergestellt wurde.

Nicht hierzu gehören:

a) Druckplatten aus Kupfer, Zink, Stein, Holz oder anderen Stoffen, mit denen die Stiche usw. hergestellt wurden (Position 8442),

b) Kunstfotografien (fotografisch erzeugte Werke)

Unabhängig von ihrem künstlerischen Charakter sind alle Fotografien der Position 4911 zuzuordnen.

c) Bilddrucke, die keine Originalstiche, -schnitte und -steindrucke sind, wie beispielsweise künstlerische Siebdrucke (sog. Serigraphien), auch wenn sie vom Künstler signiert und nur in nummerierter Auflage hergestellt worden sind (Position 4911)

Jedoch sind Sammlungen gedruckter Reproduktionen von Kunstwerken, die ein vollständiges Werk ergeben und zum Binden als Bücher geeignet sind (Position 4901) nach Nr. 49 Buchstabe a der Anlage 2 begünstigt (vgl. Tz. 155).

3. zu Buchstabe c):

Originalerzeugnisse der Bildhauerkunst, aus Stoffen aller Art (Position 9703)

Hierzu gehören Werke, alt oder modern, die von einem Bildhauer als Original hergestellt sind. Bei diesen Werken, die aus allen Stoffen (Natur- oder Kunststein, Terrakotta, Holz, Elfenbein, Metall, Wachs usw.) bestehen können, unterscheidet man die Rundplastiken, die vollständig erhaben sind (Staturen, Büsten, Hermen, sonstige Formen, Gruppen, Tierplastiken usw.) und die Hoch- und Flachreliefs einschließlich der Reliefs für Bauverzierungen.

Anlage § 012 (2) 1–01

Die Werke dieser Position können in verschiedenen Verfahren hergestellt werden:
Sie können z.B. aus hartem Material herausgearbeitet, aus weichem Material geformt oder – z.B. in Bronze oder Gips – gegossen sein. Sind von demselben Bildwerk mehrere Nachbildungen – auch aus verschiedenen Stoffen oder in verschiedenen Verfahren – hergestellt, so ist dies ohne Einfluss auf den Charakter dieser Stücke als Originale. Dabei ist es ohne Bedeutung, ob der Bildhauer oder eine andere Person der Schöpfer dieser Nachbildungen ist. Als Originale gelten der Entwurf (in der Regel aus Ton), das Gipsmodell und die ggf. aus unterschiedlichen Materialien erstellten Abgüsse bzw. Reproduktionen. Diese Stücke sind nie völlig gleich, da der Künstler jedes Mal durch weiteres Modellieren, durch Korrekturen an den Abgüssen (z.B. auch durch Signatur und Nummerierung) sowie beim Herstellen der Patina, die jedes Stück erhält, eingreift und somit seine persönliche Schöpfung zum Ausdruck bringt.

In der Regel übersteigt die Gesamtzahl dieser Exemplare nicht ein Dutzend. Als Originalerzeugnisse der Bildhauerkunst im Sinne dieser Position können nur solche Erzeugnisse angesehen werden, die, abgesehen von wenigen Fällen, in einer geringen Stückzahl vorkommen und sich schon deshalb nicht jederzeit beschaffen lassen. Sie sind im Allgemeinen nicht Gegenstand laufender Geschäfte und haben in der Regel einen hohen Wert, der in keinem Verhältnis zu dem reinen Materialwert steht.

Künstlerische Bildhauerarbeiten, wie Kirchenportal oder Brunnenplastik, fallen unter die Begünstigung, wenn ihr künstlerischer Eindruck vorherrschend ist und das Erscheinungsbild prägt.

Nicht hierzu gehören:

a) dekorative Bildhauerarbeiten (auch Holzschnitzereien) von handelsgängigem Charakter, z.B. ornamentale Steinmetzarbeiten,

b) Schmuckstücke und andere handwerkliche Erzeugnisse mit dem Charakter einer Handelsware (Devotionalien, Ziergegenstände usw.)

   Auch individuell von einem Goldschmied gefertigte Schmuckteile sind keine Originalerzeugnisse der Bildhauerkunst, sondern nicht begünstigte Schmuckwaren (Position 7116 oder 7117).

c) serienmäßige Nachbildungen und Abgüsse von handelsgängigem Charakter aus Metall, Gips, Gips-Faser-Stoff, Zement, Pappmaché, Papierhalbstoff, Holz, Stein, Keramik oder aus unedlem Metall, z.B. Bronzeskulpturen in einer hohen Gesamtzahl, bei deren Herstellung der Künstler nur in unbedeutendem Umfang selbst mitwirkt,

d) keramische Erzeugnisse (Kapitel 69),

e) Sakralgegenstände wie Pulte, Schreine oder Leuchter mit dem Charakter von Handelswaren,

f) „Paperweights" – mit zwei- oder dreidimensionalen Motiven verzierte Glaskugeln mit einer Standfläche, die von bekannten Glaskünstlern in begrenzter Stückzahl vollständig mit der Hand hergestellt und signiert werden

   Sie sind als Gegenstände anzusehen, die den Charakter einer Handelsware haben und daher nach ihrer Beschaffenheit einzureihen sind.

g) Modellbauarbeiten (z.B. historische Schiffsmodelle), auch wenn es sich um Unikate handelt

Ob vom Bildhauer hergestellte Grabdenkmäler – soweit es sich nicht um Serien- oder Handwerkserzeugnisse handelt – begünstigt sind, lässt sich nur im Einzelfall entscheiden, z.B. kommt die Einreihung eines Grabdenkmals in Position 9703 als Mahnmal in Betracht. Da die Steuerermäßigung nicht auf Umsätze von Künstlern beschränkt ist, sondern auch für andere Unternehmer gilt, wenn sie Kunstgegenstände liefern, kann die Begünstigung z.B. für Kunstgießereien in Betracht kommen, soweit es sich um Originalerzeugnisse der Bildhauerkunst i.S. der Position 9703 handelt. Einem künstlerisch tätigen Kachelofenbauer steht der ermäßigte Steuersatz *jedoch nicht* zu, wenn seine als Einzelstücke hergestellten Kachelöfen industriell oder handwerklich hergestellten Produkten ähnlich sind.

167 Nach Nr. 53 der Anlage 2 sind *nicht begünstigt:*

1. echte Perlen sowie Diamanten, Edel- und Schmucksteine (Position 7101 bis 7103)

   Dies gilt auch für geschliffene Edelsteine zur Herstellung von Schmuckwaren, auch wenn es sich dabei um Kunstgegenstände handeln sollte.

2. Antiquitäten, mehr als 100 Jahre alt (Position 9706)

   Antiquitäten sind Erzeugnisse, deren Wert hauptsächlich auf ihrem Alter und in der Regel ihrer hierdurch bedingten Seltenheit beruht. Zu Position 9706 gehören *jedoch nicht* Erzeugnisse mit den Merkmalen der Positionen 9701 bis 9703. Für diese zu den Positionen 9701 bis 9703 gehörenden mehr als 100 Jahre alten Erzeugnissen gilt der ermäßigte Steuersatz. Antiquarische Bücher, Broschüren und ähnliche Drucke (Position 9706) können jedoch unter Nr. 49 Buchst. a der Anlage 2 fallen (vgl. Tz. 153–155).

Unter Nr. 53 der Anlage 2 fallen die in den Positionen 9701 bis 9703 genannten Gegenstände der bildenden Kunst. Das bedeutet *jedoch nicht,* dass das Kapitel 97 Zolltarif generell als Auffangposition für Kunstwerke in Betracht kommt oder dass die zu diesem Kapitel gehörenden Erzeugnisse stets dem Bereich der Kunst zuzurechnen sind. Der Zolltarif sieht eine Subsumtion unter dem Begriff „Kunst" nicht vor und schließt auch eine Wertung im künstlerischen Sinne aus. Die Verwendung des Begriffs „Kunstgegenstand" im Zolltarif ist nur als Hinweis, nicht aber als maßgebend für die Einreihung zu werten. Die künstlerische Qualität von Erzeugnissen ist somit für die zolltarifliche Beurteilung ohne Belang. **168**

Zu den Erzeugnissen der Positionen 9701 bis 9703 zählen grundsätzlich nur Originalerzeugnisse, die in bestimmten überkommenen Techniken wie Malerei, Zeichnen, Drucken mit handgearbeiteten Platten oder Bildhauerei gestaltet worden sind. Zeitgenössische Kunstwerke, die mit anderen Techniken oder Ausdrucksmitteln geschaffen werden, sind *nicht* mit Ausnahme von Collagen und ähnlichen dekorativen Bildwerken *begünstigt.* Hierzu zählen z.B. Erzeugnisse aus Textilien, Glas, Kunststoff oder Leder. **169**

Erzeugnisse, die ungeachtet ihres künstlerischen Werts einen eigenen charakterbestimmenden Gebrauchswert aufweisen (z.B. Gitter, Türgriffe, Türverkleidungen, Leuchter, Tabernakel, Ambo, Taufsteindeckel, Sitze, Kredenz, Schmuck, Vasen, Trinkgefäße), sind nach stofflicher Beschaffenheit einzureihen und somit regelmäßig *nicht begünstigt.* **170**

Rahmen (auch Rahmen mit Glas) um Gemälde, Zeichnungen, Collagen und ähnliche dekorative Bildwerke (Position 9701) sowie um Originalstiche, Originalschnitte oder Originalsteindrucke (Position 9702) werden wie diese eingereiht, wenn sie ihnen nach Art und Wert entsprechen. Ist das nicht der Fall, werden sie nach stofflicher Beschaffenheit eingereiht (z.B. Holzrahmen nach Position 4414). Wird ein Gemälde mit einem Rahmen geliefert, der ihm nach Art und Wert entspricht, unterliegt die gesamte Lieferung dem ermäßigten Steuersatz. **171**

Sammlungsstücke, **172**

a) zoologische, botanische, mineralogische oder anatomische, und Sammlungen dieser Art (aus Position 9705),

b) von geschichtlichem, archäologischem, paläontologischem oder völkerkundlichem Wert (aus Position 9705),

c) von münzkundlichem Wert, und zwar

    aa) kursungültige Banknoten einschließlich Briefmarkengeld oder Papiernotgeld (aus Position 9705),

    bb) Münzen aus unedlen Metallen (aus Position 9705),

    cc) Münzen und Medaillen aus Edelmetallen, wenn die Bemessungsgrundlage für die Umsätze dieser Gegenstände mehr als 250 vom Hundert des unter Zugrundelegung des Feingewichts berechneten Metallwerts ohne Umsatzsteuer beträgt (aus Positionen 7118, 9705 und 9706)

(Nr. 54 der Anlage 2)

Begünstigt sind nur die ausdrücklich in der Vorschrift aufgeführten Sammlungsstücke. Als Sammlungsstücke in diesem Sinne sind Gegenstände anzusehen, die ohne Rücksicht auf ihr Alter eine exemplarische Bedeutung haben und zur Aufnahme in eine nach wissenschaftlichen Grundsätzen aufgebaute öffentliche Sammlung auf den bezeichneten Gebieten geeignet sind. Der EuGH definiert in seinem Urteil vom 10. Oktober 1985 – 200/84 – Sammlungsstücke im Sinne der Position 9705 als Gegenstände, die geeignet sind, in eine Sammlung aufgenommen zu werden, d.h. Gegenstände, die einen gewissen Seltenheitswert haben, normalerweise nicht ihrem ursprünglichen Verwendungszweck gemäß benutzt werden, Gegenstand eines Spezialhandels außerhalb des üblichen Handels mit ähnlichen Gebrauchsgegenständen sind und einen hohen Wert haben. Ferner dokumentieren sie einen charakteristischen Schritt in der Entwicklung der menschlichen Errungenschaften oder veranschaulichen einen Abschnitt dieser Entwicklung. Folglich ist ein Gegenstand, der lediglich gesammelt wird – auch wenn er als Belegstück für eine bestimmte Entwicklung in Museen oder in wissenschaftlich aufgebauten Sammlungen anzutreffen ist – nicht als Sammlungsstück im Sinne der Position 9705 einzureihen. Die Vergleichbarkeit mit anderen Museumsexponaten genügt somit nicht, um einem Sammlungsstück einen geschichtlichen oder völkerkundlichen Wert zuzusprechen. Andererseits kann aus Gründen der Verwaltungsvereinfachung unterstellt werden, dass – soweit der Nachweis der übrigen im o. a. EuGH-Urteil genannten Kriterien erbracht ist – die für die künstlerische Entwicklung bahnbrechenden und signierten Werke

Anlage § 012 (2) 1–01

eines epochemachenden Künstlers generell einen charakteristischen Schritt in der Entwicklung der menschlichen Errungenschaften dokumentieren bzw. einen Abschnitt dieser Entwicklung veranschaulichen. Gleiches gilt für nichtsignierte Gegenstände, die jedoch mit hoher Wahrscheinlichkeit einem bedeutenden Künstler zugeschrieben werden können.

Durch die Voraussetzung der exemplarischen Bedeutung grenzen sie sich auch von den nicht begünstigten Antiquitäten (Position 9706) ab, wobei antiquarische Bücher, Broschüren und ähnliche Drucke aus Position 9706 nach Nr. 49 Buchst. a der Anlage 2 begünstigt sein können (vgl. Tz. 153–155). Zur Begünstigung von Büchern, Broschüren und ähnlichen Drucken als Sammlungsstücke sowie von Sammlerbriefmarken und dergleichen vgl. Nr. 49 der Anlage 2 (vgl. Tz. 153–155).

Wiederverkäufer von Sammlungsstücken können von der Differenzbesteuerung nach § 25a UStG Gebrauch machen (vgl. Tz. 165).

173 Im Einzelnen sind nach Nr. 54 der Anlage 2 *begünstigt:*

1. zu Buchstabe a):

    Zu den zoologischen, botanischen, mineralogischen oder anatomischen Sammlungsstücken gehören – soweit es sich um ausgesuchte Einzelexemplare handelt:

    a) Tiere aller Art, durch Trocknen oder Einlegen in eine Flüssigkeit haltbar gemacht, ausgestopfte Tiere für Sammlungen

    Zoologische Sammlungsstücke müssen sich neben ihrer Seltenheit auch durch einen zoologisch-wissenschaftlichen Wert auszeichnen. Diesen Anforderungen genügen ausgestopfte Tiere für Sammlungen nicht schon dadurch, dass sie als Anschauungsobjekte dienen können. Jagdtrophäen sind somit regelmäßig *nicht begünstigt*.

    b) ausgeblasene Eier, Insekten in Kästen unter Glasrahmen usw. (ausgenommen solche, die für Fantasieschmuck und dergleichen vorgerichtet sind) sowie leere Muscheln (andere als solche zu industriellen Zwecken),

    c) Samen, Pflanzen oder Pflanzenteile, zu Sammlungszwecken getrocknet oder in Flüssigkeiten haltbar gemacht oder präpariert, wenn sie Besonderheiten botanischer Art aufweisen sowie Herbarien,

    d) Steine und Mineralien in ausgesuchten Stücken (ausgenommen Edelstein und Schmuckstein des Kapitels 71) sowie Versteinerungen

    Als mineralogische Sammlungsstücke können nur ausgesuchte Einzelexemplare angesehen werden, die wegen ihrer Seltenheit von besonderem Interesse auf dem Gebiet der Mineralogie sind und die einen hohen Wert haben, der in keinem Verhältnis zum reinen Materialwert steht. Aus diesem Grund kommt eine Zuweisung der sich im Handel befindlichen Mineralien zu Position 9705 nur in wenigen Einzelfällen in Betracht, z.B. kann ein sog. Herkimer-Quarz auch bei Vorliegen von Besonderheiten (Größe, spezieller Aufbau usw.) mangels der erforderlichen Seltenheit *nicht* als mineralogisches Sammlungsstück im Sinne der Position 9705 angesehen werden.

    Mineralien und echte Perlen, die wegen ihrer Farbschönheit, Brillanz, Unveränderlichkeit und oft auch wegen ihrer Seltenheit zur Herstellung von Schmuckwaren oder zu ähnlichen Zwecken verwendet werden könnten, obwohl sie tatsächlich anders verwendet werden, gehören ebenfalls nicht hierzu, sondern zu Kapitel 71 Zolltarif und sind somit *nicht begünstigt*. Dies gilt auch für rohe, noch mit dem Muttersteine verbundene Mineralien, wie z.B. Quarz, Pyrit, Opal, Azurit, Fluorit (Flussspat) und Serpentin. Mineralien, die nicht die zur Verwendung für Schmuckwaren oder für ähnliche Zwecke erforderliche Qualität besitzen, fallen dagegen als mineralische Stoffe im Allgemeinen unter Kapitel 25 Zolltarif und sind *nicht begünstigt*, es sei denn, es handelt sich um die oben beschriebenen mineralogischen Sammlungsstücke.

    e) osteologische Stücke (Skelette, Schädel, Gebeine), anatomische und pathologische Stücke, jedoch nur dann, wenn sie Besonderheiten (Anomalien) aufweisen, z.B. Riesen- oder Zwergwuchs und Anomalien

    Nicht hierzu gehören:

    aa) Modelle der Human- und Veterinäranatomie (auch mit beweglichen Gliedern) sowie Modelle von stereometrischen Körpern, von Kristallen usw. (Position 9023),

    bb) Skelette und Teile davon, die einen üblichen Skelett- oder Knochenaufbau haben und keinerlei Anomalien aufweisen, auch als Anschauungsmaterial zu Unterrichtszwecken (Position 9023),

Anlage § 012 (2) 1–01

    cc) Schaukästen, Tafeln usw. mit Mustern von Rohstoffen (Spinnstoffwaren, Holz usw.) oder mit Erzeugnissen verschiedener Fertigungsstufen, die zum Unterricht in Schulen und dergleichen bestimmt sind (Position 9023),

    dd) mikroskopische Präparate (Position 9023).

2. zu Buchstabe b):

Als *begünstigte* Sammlungsstücke von geschichtlichem, archäologischem, paläontologischem oder völkerkundlichem Wert sind nur solche Gegenstände anzusehen, die oft nur einen verhältnismäßig geringen Materialwert haben, jedoch wegen ihrer Seltenheit, ihrer Zusammenstellung oder ihrer Aufmachung von Interesse sind (zur Definition von Sammlungsstücken durch den EuGH, vgl. Tz. 172). Von geschichtlichem oder völkerkundlichem Wert sind Gegenstände nur dann, wenn sie auch aus der betreffenden Zeit stammen. Die in der Gegenwart nach alten Vorbildern hergestellten originalgetreuen Nachbildungen (z.B. von historischen Waffen oder Schiffen) besitzen keine historische oder völkerkundliche Authentizität und sind deshalb *nicht begünstigt*.

Zu den Sammlungsstücken von geschichtlichem, archäologischem, paläontologischem oder völkerkundlichem Wert gehören:

a) Gegenstände, die als Beweismittel für menschliches Leben dienen und zum Studium früherer Generationen geeignet sind, z.B. Mumien, Sarkophage, Waffen (jedoch keine Nachbildungen), Kultgegenstände und Kleidungsstücke sowie Gegenstände, die berühmten Menschen gehört haben,

b) Gegenstände, die dem Studium menschlichen Lebens, der Sitten, Gebräuche und Besonderheiten zeitgenössischer ursprünglich lebender Völker dienen, z.B. Werkzeuge, Waffen (jedoch keine Nachbildungen) oder Kultgegenstände,

c) Sammlungsstücke geologischer Art, die dem Studium tierischer oder pflanzlicher Fossilien dienen, *nicht jedoch* Fossilien nicht selten vorkommender Arten, die Gegenstand des einschlägigen Fachhandels sind, auch wenn sie sich durch Besonderheiten auszeichnen,

d) historische Schiffsmodelle, die für die Ausstellung in schiffshistorischen Museen bestimmt sind,

e) Gebrauchs- und Kleidungsstücke von völkerkundlichem Wert wie z.B. Teppiche (insbesondere Orientteppiche), wobei im Hinblick auf den breiten Handel strenge Anforderungen an den Nachweis zu stellen sind,

f) Veteranenfahrzeuge (sog. Oldtimer) unter den, den in EuGH-Urteilen vom 10. Oktober 1985 – 200/84 – und vom 3. Dezember 1998 – C-259/97 – festgelegten Voraussetzungen,

g) historische Wertpapiere (z.B. Aktien, Schuldverschreibungen, Pfandbriefe und dergleichen), wenn es sich um ungültige Einzelexemplare von besonderem wirtschafts- oder industriegeschichtlichen Wert handelt,

h) Orden, Ehrenzeichen und Medaillen, wenn es sich um ausgesuchte Einzelexemplare im Sinne der Position 9705 handelt

    Dass Orden und Ehrenzeichen erloschen sind, rechtfertigt jedoch allein *nicht* die Begünstigung als Sammlungsstück.

i) Schmuckstücke, wenn sie die Schmuckkultur ihrer Zeit in ihren wesentlichen Merkmalen wiedergeben und diese Stilepoche in besonderer Weise veranschaulichen,

j) Musikinstrumente im Einzelfall, auch wenn sie bespielt werden,

k) Fotografien im Einzelfall, wobei die Beurteilung des geschichtlichen Werts nicht von der technischen Entwicklung der Fotografie abhängt.

Nicht begünstigt sind Telefonkarten (gebraucht oder ungebraucht), Bierdeckel, Streichholzschachteln, Parfümflakons, Armbanduhren neuester Produktion und Möbel, die zwar Sammelobjekte sind, denen aber kein geschichtlicher oder völkerkundlicher Wert zukommt sowie Briefmarken und dergleichen, Stempelmarken, Steuerzeichen und dergleichen, entwertet oder nicht entwertet (aus Position 4907 oder 9704), soweit es sich nicht um nach Nr. 49 Buchst. f der Anlage 2 (vgl. Tz. 153–155) begünstigte Sammlungsstücke handelt.

Der Unternehmer hat das Vorliegen der Voraussetzungen für die Anwendung des ermäßigten Steuersatzes nachzuweisen. Hierzu ist ein Hinweis in den Aufzeichnungen und Unterlagen (z.B. Rechnungsdurchschriften) erforderlich. Der Nachweis kann geführt werden durch eine genaue Beschreibung des Gegenstandes, wie sie im Kunsthandel oder für Versicherungszwecke üblich ist. Bei einem Gegenstand von geschichtlichem oder völkerkundlichem Wert muss außerdem nachprüfbar dargelegt werden, aus welchen Gründen dieser Gegenstand einen charakteristischen Schritt in der Entwicklung der menschlichen Errungenschaften dokumentiert oder einen Abschnitt dieser Entwicklung veranschaulicht. Im Zweifelsfall kann eine unverbindliche Zolltarifauskunft für Umsatzsteuerzwecke (vgl. Tz. 6–8) oder ein Gutachten eines anerkannten Sachverständigen verlangt werden. In jedem Fall muss die Beschreibung des Gegenstandes unter Berücksichtigung der im EuGH-Urteil vom 10. Oktober 1985 – 200/84 – aufgestellten Kriterien durch Dritte nach Aktenlage nachprüfbar sein.

3. zu Buchstabe c):

Zu den Sammlungsstücken von münzkundlichem Wert gehören:

a) kursungültige Banknoten einschließlich Briefmarkengeld und Papiernotgeld, soweit sie als Sammlungsstücke unter Position 9705 fallen,

b) Münzen aus unedlen Metallen (z.B. Kupfer), soweit sie als Sammlungsstücke unter Position 9705 fallen,

c) Münzen und Medaillen aus Edelmetallen, sofern sie als Sammlungsstücke anzusehen sind, wenn die Bemessungsgrundlage für die Umsätze dieser Gegenstände mehr als 250% des unter Zugrundelegung des Feingewichts berechneten Metallwerts ohne Umsatzsteuer beträgt (aus Positionen 7118, 9705 und 9706).

Hierzu gehören:

aa) Münzen aus Edelmetallen (Gold, Platin und Silber), kursgültig (gesetzliche Zahlungsmittel) oder kursungültig (außer Kurs gesetzte Münzen und amtliche Nach- bzw. Neuprägungen solcher Münzen), die wegen ihres Sammlerwertes umgesetzt werden und deshalb von der Steuerbefreiung nach § 4 Nr. 8 Buchst. b UStG ausgeschlossen sind bzw. für die die Steuerbefreiung des § 25c UStG (Besteuerung von Umsätzen mit Anlagegold) nicht in Betracht kommt. Ein aktuelles Verzeichnis der nach § 25c UStG steuerbefreiten Goldmünzen wird jährlich im Amtsblatt der Europäischen Gemeinschaft bekannt gemacht.

Nicht begünstigt sind Münzen, die zu Schmuckstücken verarbeitet worden sind (z.B. Broschen oder Krawattennadeln) sowie beschädigte, nur noch zum Einschmelzen geeignete Münzen.

bb) Medaillen aus Edelmetallen (Gold, Platin und Silber), *nicht jedoch* Medaillen ohne münzkundlichen Wert (z.B. religiöse oder als Schmuck dienende Medaillen) sowie beschädigte (zerbrochen, zerschnitten, zerhämmert) und nur noch zum Einschmelzen geeignete Medaillen, ebenso *nicht* Orden und Ehrenzeichen, es sei denn, sie können als Sammlungsstücke von geschichtlichem Wert angesehen werden (vgl. Tz. 173 Nr. 2).

174 Bei Münzen und Medaillen aus Edelmetallen ist der ermäßigte Steuersatz für Sammlungsstücke von münzkundlichem Wert anzuwenden, wenn die Bemessungsgrundlage für diese Umsätze mehr als 250 vom Hundert des unter Zugrundelegung des Feingewichts berechneten Metallwerts ohne Umsatzsteuer beträgt. Für die Ermittlung des Metallwertes gelten folgende Sonderregelungen:

1. Goldmünzen

Für steuerpflichtige Goldmünzenumsätze muss der Unternehmer zur Bestimmung des zutreffenden Steuersatzes den Metallwert von Goldmünzen grundsätzlich anhand der aktuellen Tagespreise für Gold ermitteln. Maßgebend ist der an der Londoner Börse festgestellte Tagespreis (Nachmittagsfixing) für die Feinunze Gold (eine Unze = 31,1035 Gramm). Dieser in US-Dollar festgestellte Wert muss anhand der aktuellen Umrechnungskurse in Euro umgerechnet werden.

Aus Vereinfachungsgründen kann der Unternehmer jedoch auch den letzten im Monat November festgestellten Gold-Tagespreis für das gesamte folgende Kalenderjahr zu Grunde legen. Die umgerechneten Tagespreise vom letzten November-Werktag eines Jahres werden jeweils durch BMF-Schreiben bekannt gegeben, das im Bundessteuerblatt Teil I und auf den Internetseiten des BMF veröffentlicht wird. An das gewählte Verfahren (Berechnung nach Tagesnotierung oder nach der letzten Notierung im Monat November des Vorjahres) ist der Unternehmer mindestens für einen Besteuerungszeitraum gebunden.

2. Silbermünzen

Auf die Umsätze der kursgültigen und kursungültigen Silbermünzen, die nicht in der als Anlage zu diesem Schreiben beigefügten Liste aufgeführt sind, kann der ermäßigte Steuersatz angewendet werden, ohne dass es einer Wertermittlung bedarf. Die Umsätze der in der Liste aufgeführten Silbermünzen unterliegen regelmäßig dem allgemeinen Steuersatz. Der Unternehmer kann jedoch hierfür den ermäßigten Steuersatz in Anspruch nehmen, wenn er den Nachweis führt, dass die Voraussetzungen im Einzelfall erfüllt sind.

Bei der Ermittlung des Metallwertes (Silberwertes) von Silbermünzen kann der jeweilige Rücknahmepreis je Kilogramm Feinsilber (DEGUSSA-Silberpreis) zugrunde gelegt werden, der regelmäßig in der Tagespresse veröffentlicht wird. Statt der jeweiligen Tagesnotierung kann aus Vereinfachungsgründen der letzte im Monat November ermittelte Silberpreis bei der Wertermittlung für das gesamte folgende Kalenderjahr angesetzt werden. Dieser Wert wird jeweils durch BMF-Schreiben bekannt gegeben, das im Bundessteuerblatt Teil I und auf den Internetseiten des BMF veröffentlicht wird. An das gewählte Verfahren (Berechnung nach Tagesnotierung oder nach der letzten Notierung im Monat November des Vorjahres) ist der Unternehmer mindestens für einen Besteuerungszeitraum gebunden.

Der ermäßigte Steuersatz kann auch für neu ausgegebene Silbermünzen in Anspruch genommen werden, solange sie in die Liste der dem allgemeinen Steuersatz unterliegenden Silbermünzen nicht aufgenommen sind.

Die Liste der dem allgemeinen Steuersatz unterliegenden Silbermünzen wird regelmäßig überprüft und gegebenenfalls angepasst. Etwaige Änderungen der Liste werden besonders bekannt gegeben.

Unternehmer, die den ermäßigten Steuersatz für Münzumsätze in Anspruch nehmen, sind verpflichtet, Aufzeichnungen zum Nachweis der Voraussetzungen für die Steuerermäßigung zu führen[1]. Nach § 22 Abs. 2 Nr. 1 Satz 2 und Nr. 2 Satz 2 UStG ist der Unternehmer verpflichtet, die Entgelte für Münzlieferungen, auf die der ermäßigte Steuersatz angewendet wird, getrennt von den Entgelten für die übrigen Münzlieferungen aufzuzeichnen. Dabei müssen die Aufzeichnungen auch Angaben darüber enthalten, dass die Voraussetzungen für die Steuerermäßigung vorliegen. Ist die betreffende Münze nicht in der Liste der dem allgemeinen Steuersatz unterliegenden Silbermünzen aufgeführt, so ist es ausreichend, nur die Bezeichnung dieser Münze aufzuzeichnen. Es genügt außerdem, dass die erforderlichen Angaben in den zugehörigen Belegen (z.B. Rechnungsdurchschriften) enthalten sind, wenn in den Aufzeichnungen auf diese Belege hingewiesen wird. Nach § 63 Abs. 4 UStDV können die Finanzämter im Einzelfall auf Antrag Erleichterung für die Trennung der Entgelte gewähren.

C. Aufhebung von BMF-Schreiben

Dieses Schreiben tritt an die Stelle der BMF-Schreiben
vom 27. Dezember 1983 – IV A 1 – S 7220 – 44/83 – (BStBl. I S. 567),
geändert durch BMF-Schreiben vom 7. Januar 1985 – IV A 1 – S 7220 – 23/84 – (BStBl. I S. 51),
vom 30. Dezember 1985 – IV A 1 – S 7220 – 5/85 – (BStBl. I 1986 S. 31),
vom 28. Februar 1989 – IV A 2 – S 7221 – 2/89 – (UR 1989 S. 134),
vom 22. Mai 1989 – IV A 2 – S 7221 – 10/89 – (BStBl. I S. 191),
vom 14. September 1989 – IV A 2 – S 7225 – 11/89 – (BStBl. I S. 345),
vom 21. März 1991 – IV A 2 – S 7221 – 4/91 – (BStBl. I S. 390),
vom 18. Oktober 1993 – IV A 2 – S 7229 – 22/93 – (BStBl. I S. 879),
vom 16. November 1993 – IV C 3 – S 7221 – 15/93 – (BStBl. I S. 956),
vom 24. Juli 1997 – IV C 3 – S 7227 – 8/97 – (BStBl. I. S. 737),
vom 4. Juli 2000 – IV D 1 – S 7100 – 81/00 – (BStBl. I S. 1185) und
vom 12. Juli 2000 – IV D 1 – S 7220 – 11/00 – (BStBl. I S. 1209).

Diese Verwaltungsregelungen sind daher überholt und auf Umsätze, die nach dem 30. Juli 2004 ausgeführt werden, nicht mehr anzuwenden.

---

[1] Beachte BMF vom 07.01.2005 – Anlage § 012 (2) 1-23

Anlage § 012 (2) 1–01

Anlage 1
zum BMF-Schreiben vom 5. August 2004
IV B 7 – S 7220 – 46/04 –, zu Tz. 174

Liste der dem allgemeinen Steuersatz unterliegenden Silbermünzen

Lfd. Nr.	Ausgabeland	Nominalwert	Jahreszahl	Katalog-Nr. *)	Feingewicht in g
1	Australien	50 Cents	1966	Y.46	10,37
2	Belgien	50 Francs	1948 - 1954	Y.60	10,43
3		100 Francs	1948 - 1954	Y.61	15,03
4	Deutschland	2 RM Hindenburg	1936 - 1939	J.366	5,00
5		5 RM Kirche	1934 - 1935	J.357	12,50
6		5 RM Hindenburg	1935 - 1939	J.360, 367	12,50
7		5 DM I. Ausgabe (außer Gedenkmünzen)	1951 - 1974	J.387	7,00
8		5 DM Gedenkmünzen	1970 - 1979	J.408 - 414, 416 - 423, 425	7,00
9		10 DM Olympia-Münzen	1972	J.401a - 405	9,68
10	Finnland	10 Markkaa	1970	Y.52	11,38
11		10 Markkaa	1971	Y.53	12,10
12	Frankreich	5 Francs	1960 - 1969	Y.110	10,02
13		10 Francs	1965 - 1973	Y.111	22,50
14		50 Francs	1974 - 1977	Y.112	27,00
15	Italien	500 Lire	1958 - 1970	Y.105	9,18
16	Kanada	50 Cents	1937 - 1947	Y.32	9,33
17		50 Cents	1949 - 1952	Y.40	9,33
18		50 Cents	1953 - 1955	Y.48	9,33
19		50 Cents	1959 - 1964	Y.51	9,33
20		50 Cents	1965 - 1966	Y.57	9,33
21		1 Dollar	1950 - 1952	Y.41	18,66
22		1 Dollar	1953 - 1963	Y.49	18,66
23		1 Dollar	1965 - 1966	Y.58	18,66
24		5 Dollar Olympia-Münzen	1976	Y.72, 73, 76, 77, 80, 81, 84, 85, 88, 89, 92, 93, 96, 97	22,48
25		10 Dollar Olympia-Münzen	1976	Y.74, 75, 78, 79, 82, 83, 86, 87, 90, 91, 94, 95, 98, 99	44,95
26	Lettland	5 Lati	1929 - 1931	Y.9	20,87
27	Mexiko	1 Peso	1920 - 1945	Y.50	11,99
28		1 Peso	1947 - 1948	Y.53	7,00
29		5 Pesos	1947 - 1948	Y.54	27,00
30		5 Pesos	1951 - 1954	Y.67	20,00
31		5 Pesos	1955 - 1957	Y.73	13,00
32		10 Pesos	1955 - 1956	Y.74	25,99
33		25 Pesos	1968, 1972	Y.82, 90	16,20
34		100 Pesos	1977 - 1979	Y.93	20,00

Anlage § 012 (2) 1–01

Lfd. Nr.	Ausgabeland	Nominalwert	Jahreszahl	Katalog-Nr. *)	Feingewicht in g
35	Niederlande	1 Gulden	1954 - 1967	Y.61	4,68
36		2,5 Gulden	1959 - 1966	Y.62	10,80
37		10 Gulden	1970, 1973	Y.64, 65	18,00
38	Österreich	5 Schilling	1960 - 1968	Y.106	3,32
39		10 Schilling	1957 - 1973	Y.99	4,80
40		25 Schilling	1956 - 1959	Y.97, 98, 100, 102	10,40
			1962 - 1967	Y.108, 109, 112, 113, 115, 117	
			1969 - 1973	Y.121, 123, 126, 128, 131	
41		50 Schilling	1959 - 1973	Y.101, 110, 111, 114, 116, 118, 120, 122, 124, 125, 127, 129, 130, 132, 133	18,00
42		50 Schilling	1974 - 1978	Y.134 - 137, 152	12,80
43		100 Schilling	1974 - 1979	Y.138 - 147, 149 - 151, 153 - 160	15,40
44		Taler Maria Theresia (amtliche Neuprägung)	1780	Y.55	23,37
45	Panama	20 Balboa	1971 - 1978	Y.29, 30, 44, 53	119,88
46	Schweden	1 Krone	1942 - 1968	Y.67, 78	3,00
47		2 Kronen	1942 - 1966	Y.68, 79	5,60
48		5 Kronen	1954 - 1971	Y.80	7,20
49	Schweiz	½ Franken	1916 - 1967	Y.30	2,08
50		1 Franken	1916 - 1967	Y.31	4,17
51		2 Franken	1916 - 1967	Y.32	8,35
52		5 Franken	1931 - 1968	Y.36	12,52
53	Südafrika	1 Rand	1965 - 1978	Y.86, 87, 94, 102	12,00
54		5 Shilling	1947 - 1950	Y.39, 48	22,62
55		5 Shilling	1951 - 1960	Y.53, 56, 67, 70	14,14
56	USA	1 Dollar	1916 - 1935	Y.47, 48	24,05
57		½ Dollar	1916 - 1964	Y.42, A 43	11,25
58		½ Dollar	1965 - 1970	Y.43a	4,60
59		1 Dollar	1971	Y.A 48a	9,84

*) Y. = R.S. Yeoman, Current Coins of the World
J. = Kurt Jaeger, Die deutschen Münzen seit 1871

1449

Anlage § 012 (2) 1–01

EUROPÄISCHE GEMEINSCHAFT — ANTRAG AUF ERTEILUNG EINER VERBINDLICHEN ZOLLTARIFAUSKUNFT (VZTA)

1. Antragsteller (Name und Anschrift)	Für Eintragungen der Zollbehörden
☐	Registriernummer:
	Ort der Antragstellung:
	Eingangsdatum: Jahr ☐☐☐☐ Monat ☐☐ Tag ☐☐
Telefon-Nr.:	Sprache, in der der VZTA-Antrag gestellt wurde.
Fax-Nr.:	Als Bild erfassen: Ja ☐ Anzahl ____ Nein ☐
Zollidentifikations-Nr.:	Datum der Erteilung: Jahr ☐☐☐☐ Monat ☐☐ Tag ☐☐
2. Berechtigter (Name und Anschrift) (vertraulich)	Zuständiger Beamter:
	Warenmuster zurückgesandt: ☐
	Wichtiger Hinweis
	Mit seiner Unterschrift übernimmt der Antragsteller die Haftung für die Richtigkeit und Vollständigkeit der Angaben auf diesem Vordruck und den ggf. beigefügten Zusatzblättern. Der Antragsteller erklärt sich damit einverstanden, dass diese Angaben und etwaige Fotos, Abbildungen, Broschüren, usw. in einer Datenbank der Europäischen Kommission gespeichert werden und dass die Angaben, einschließlich etwaiger, vom Antragsteller oder der Verwaltung beigefügter (oder beizufügender) Fotos, Abbildungen, Broschüren, usw., die nicht in den Feldern 2 und 9 als vertraulich gekennzeichnet sind, der Öffentlichkeit über das Internet zugänglich gemacht werden können.
Telefon-Nr.:	
Fax-Nr.:	
Zollidentifikations-Nr.:	
3. Zollagent (Empfänger) **oder Vertreter** (Name und Anschrift)	
	4. Neuerteilung einer VZTA
	Nur ausfüllen, wenn Sie die Neuerteilung einer VZTA beantragen.
	VZTA-Nummer:
Telefon-Nr.:	gültig seit: Jahr ☐☐☐☐ Monat ☐☐ Tag ☐☐
Fax-Nr.:	
Zollidentifikations-Nr.:	Nomenklatur-Code:
5. Zollnomenklatur	**6. Art des Handelsgeschäfts**
In welche Nomenklatur soll die Ware eingereiht werden?	Bezieht sich dieser Antrag auf eine tatsächlich geplante Einfuhr bzw. Ausfuhr? Ja ☐ Nein ☐
☐ Harmonisiertes System (HS)	
☐ Kombinierte Nomenklatur (KN)	**7. Einreihungsvorschlag**
☐ TARIC	In welche Tarifposition sollte die Ware Ihrer Meinung nach eingereiht werden?
☐ Ausfuhrerstattung	Nomenklatur-Code:
☐ Sonstige (Bitte angeben) _____	

8. Warenbeschreibung
Erforderlichenfalls die genaue Zusammensetzung der Ware, die angewandten Untersuchungsmethoden, das Herstellungsverfahren, den Wert einschließlich der Bestandteile, den Verwendungszweck der Ware und die handelsübliche Bezeichnung sowie gegebenenfalls die Aufmachung für den Einzelverkauf bei Warenzusammenstellungen angeben *(Bitte ein gesondertes Blatt benutzen, falls dieses Feld nicht ausreicht).*

0307 Antrag auf Erteilung einer verbindlichen Zolltarifauskunft (2004)

Anlage § 012 (2) 1–01

9. Handelsbezeichnung und zusätzliche Angaben *   (vertraulich)

Bitte geben Sie an, welche der gemäß Feld 10 dieses Antrags von Ihnen beigefügten Unterlagen oder von diesen von der Verwaltung gefertigten Fotos vertraulich zu behandeln sind:

10. Warenmuster usw.

Welche Unterlagen haben Sie Ihrem Antrag beigefügt? (Zutreffendes bitte ankreuzen)

Warenbeschreibung ☐   Broschüren ☐   Fotos ☐   Warenmuster ☐   Sonstiges ☐

Sollen die Warenmuster zurückgesandt werden?   Ja ☐   Nein ☐

Bestimmte den Zollbehörden entstandene Kosten für Analysen, Sachverständigengutachten für Warenmuster oder die Rücksendung dieser Muster können dem Antragsteller in Rechnung gestellt werden.

11. Andere bereits erhaltene oder beantragte * VZTA

Haben Sie bei einer anderen Zollstelle oder einem anderen Mitgliedstaat bereits eine VZTA für eine gleiche oder gleichartige Ware beantragt oder erhalten?

Ja ☐   Nein ☐   Falls ja, bitte machen Sie Angaben zu folgenden Punkten und fügen Sie eine Ablichtung der VZTA bei:

Land der Antragstellung:	Land der Antragstellung:
Ort der Antragstellung:	Ort der Antragstellung:
Datum der Antragstellung: Jahr ☐☐ Monat ☐ Tag ☐	Datum der Antragstellung: Jahr ☐☐ Monat ☐ Tag ☐
VZTA-Nummer:	VZTA-Nummer:
Beginn der Gültigkeitsdauer: Jahr ☐☐ Monat ☐ Tag ☐	Beginn der Gültigkeitsdauer: Jahr ☐☐ Monat ☐ Tag ☐
Nomenklatur-Code:	Nomenklatur-Code:

12. Anderen Berechtigten erteilte VZTA *

Ist Ihnen bekannt, ob anderen Berechtigten für eine gleiche oder gleichartige Ware bereits eine VZTA erteilt worden ist?

Ja ☐   Nein ☐   Falls ja, bitte machen Sie Angaben zu folgenden Punkten:

Land, in dem die VZTA erteilt wurde:	Land, in dem die VZTA erteilt wurde:
VZTA-Nummer:	VZTA-Nummer:
Beginn der Gültigkeitsdauer: Jahr ☐☐ Monat ☐ Tag ☐	Beginn der Gültigkeitsdauer: Jahr ☐☐ Monat ☐ Tag ☐
Nomenklatur-Code:	Nomenklatur-Code:

13. Datum und Unterschrift

Ihr Zeichen:

Datum: Jahr ☐☐ Monat ☐ Tag ☐

Unterschrift:

Für Eintragungen der Zollbehörden:

---

* Bitte ein gesondertes Blatt benutzen, falls dieses Feld nicht ausreicht.

Anlage § 012 (2) 1–01

EUROPÄISCHE GEMEINSCHAFT

Antrag auf Erteilung einer verbindlichen Zolltarifauskunft (VZTA)

Allgemeine Hinweise

Bitte lesen Sie die folgenden Hinweise aufmerksam durch, bevor Sie den VZTA-Antrag ausfüllen.

1. Allgemeine Hinweise zum Ausfüllen des Vordrucks finden Sie auf der nächsten Seite.

2. Verbindliche Zolltarifauskünfte werden erteilt gemäß der Verordnung (EWG) Nr. 2913/92 des Rates vom 12. Oktober 1992 und der Verordnung (EWG) Nr. 2454/93 der Kommission vom 2. Juli 1993, geändert durch die Verordnung (EG) Nr. 1602/2000 der Kommission vom 24. Juli 2000. Kopien dieser Verordnungen erhalten Sie beim Amt für amtliche Veröffentlichungen der Europäischen Gemeinschaften, Rue Mercier 2, L-2985 LUXEMBURG, oder bei den Verkaufsagenturen in den Mitgliedstaaten.

3. Eine VZTA darf nur im Zusammenhang mit einem tatsächlich vorgesehenen Ein- oder Ausfuhrvorgang beantragt werden. Eine VZTA ist für jede Zollstelle in der Europäischen Gemeinschaft bindend. Sie gilt ab dem Tag der Erteilung und ist auf zurückliegende Ein- oder Ausfuhrvorgänge **nicht** anwendbar. Eine VZTA ist höchstens 6 Jahre gültig. Änderungen der Nomenklatur oder der Erläuterungen zur Kombinierten Nomenklatur sowie die Veröffentlichung von Verordnungen der Kommission über die Einreihung von Waren oder von Urteilen können dazu führen, dass eine VZTA vor Ablauf von 6 Jahren ungültig wird. Sie können die Neuerteilung bei der Zolltechnischen Prüfungs- und Lehranstalt (ZPLA) beantragen, die Ihnen die ungültig gewordene Auskunft erteilt hat. Benutzen Sie auch hierzu den Antrag auf Erteilung einer VZTA.

4. Eine VZTA darf nicht für bereits erfolgte Einfuhren bzw. Ausfuhren oder bei bereits begonnenen Zollförmlichkeiten verwendet werden. Im Falle der Ausfuhr wird eine VZTA jedoch nur erteilt, wenn die Einreihung in eine Nomenklatur z. B. für die Feststellung eines Erstattungsanspruchs oder für die Prüfung des Präferenzursprungs erforderlich ist. Die Erteilung einer VZTA für die Ausfuhr von Waren kommt nicht in Betracht, soweit nur die statistische Warennummer festgestellt werden soll.

5. Für jede Warenart ist ein gesonderter Antrag zu stellen. Der Antrag kann in der Bundesrepublik Deutschland bei jeder Zollstelle eingereicht werden; er kann auch unmittelbar bei den für die Erteilung zuständigen und nachstehend genannten Dienststellen gestellt werden.

– Oberfinanzdirektion Cottbus – Zolltechnische Prüfungs- und Lehranstalt Berlin –, Grellstraße 18 – 24, 10409 Berlin, für Waren der Kapitel 10, 11, 20, 22, der Positionen 2301, 2302 und 2307 bis 2309 sowie Kapitel 86 bis 92 und 94 bis 97 der Zollnomenklatur;

– Oberfinanzdirektion Hamburg – Zolltechnische Prüfungs- und Lehranstalt –, Baumacker 3, 22523 Hamburg, für Waren der Kapitel 2, 3, 5, 9, 12 bis 16, 18, der Positionen 2303 bis 2306, der Kapitel 24 und 27, der Positionen 3505 und 3506 sowie der Kapitel 38 bis 40, 45 und 46 der Zollnomenklatur;

– Oberfinanzdirektion Koblenz – Zolltechnische Prüfungs- und Lehranstalt Frankfurt am Main –, Gutleutstraße 185, 60327 Frankfurt am Main, für Waren der Kapitel 25, 32, 34 bis 37 (ohne Positionen 3505 und 3506), 41 bis 43 und 50 bis 70 der Zollnomenklatur;

– Oberfinanzdirektion Köln – Zolltechnische Prüfungs- und Lehranstalt –, Merianstraße 110, 50765 Köln, für Waren der Kapitel 17, 26, 28 bis 31, 33, 47 bis 49, 71 bis 83 und 93 der Zollnomenklatur;

Anlage § 0

- Oberfinanzdirektion Nürnberg – Zolltechnische Prüfungs- und Lehranstalt München, Landsberger Straße 122, 80339 München, für Waren der Kapitel 1, 4, 6 bis 8, 19, 21, 84 und 85 der Zollnomenklatur.

Ergibt sich wegen einer möglichen unterschiedlichen Einreihung die Zuständigkeit von zwei der vorgenannten Dienststellen, genügt es, wenn Sie den Antrag bei einer dieser Dienststellen einreichen. Wird Ihr Antrag weitergeleitet, werden Sie hiervon in Kenntnis gesetzt.

Jedem Antrag sind, soweit möglich, Muster oder Proben der zu beurteilenden Ware in ausreichender Menge beizufügen. Ist dies wegen der besonderen Beschaffenheit der Ware wie Größe, Gewicht, Verderblichkeit, Wert oder dergleichen nicht angebracht, sind Abbildungen, Prospekte oder so genaue Beschreibungen vorzulegen, dass die Auskunft danach erteilt werden kann.

Reichen die Angaben im Antrag für eine zweifelsfreie Einreihung nicht aus und können Sie die erforderlichen Daten auch auf Anfrage nicht liefern, ist davon auszugehen, dass die Waren durch die ZPLA untersucht werden müssen. Hierdurch entstehende Untersuchungsgebühren werden Ihnen mit einem Kostenbescheid in Rechnung gestellt. Weiterhin ist zu bedenken, dass die Waren gegebenenfalls bei der Untersuchung verbraucht, beschädigt oder sogar zerstört werden können. Ein Schadenersatzanspruch entsteht dadurch nicht.

6. Eine VZTA darf nur vom Berechtigten verwendet werden.

7. Die Angaben in den Feldern 2 und 9 des Antragsformblatts werden vertraulich behandelt und fallen unter das Amtsgeheimnis.

8. Die Erteilung einer VZTA ist gebührenfrei. Bestimmte den Zollbehörden entstandene Kosten für Analysen, Sachverständigengutachten für Warenmuster oder die Rücksendung dieser Muster können dem Antragsteller jedoch in Rechnung gestellt werden. Soweit die Rückgabe der eingesandten Muster oder Proben verlangt wird, entstehen für die Rücksendung mit der Post keine Gebühren. Ein Versand mit Paketdiensten oder eine Beförderung durch einen Spediteur ist nur möglich, wenn der Empfänger die Kosten übernimmt.

9. Auf Verlangen ist eine Übersetzung der beigefügten Unterlagen in die Amtssprache(n) des betreffenden Mitgliedstaats beizubringen.

10. Wenn der Antrag falsche oder unvollständige Angaben enthält, kann die auf solchen Angaben beruhende VZTA zurückgenommen werden.

11. Zusätzlicher Hinweis: Die Daten des Antrags und der VZTA werden in der Datenbank EBTI der Europäischen Kommission gespeichert. Ebenso werden eingesandte oder von den ZPLAen von der Ware angefertigte Fotos in diese Datenbank aufgenommen.

   Die Europäische Kommission hat den Zugriff auf die Datenbank EBTI über das Internet öffentlich gemacht. Die Internetadresse lautet:

   http://europa.eu.int/comm/taxation_customs/dds/de/ebticau.htm

   In dieser Datenbank sind alle gültigen VZTA und die dazugehörigen Bilder enthalten, soweit es sich nicht um vertrauliche Daten handelt. Im Antrag sind deswegen bestimmte Felder mit dem Hinweis (vertraulich) versehen. Die dort enthaltenen Angaben oder die als vertraulich eingestuften Bilder werden nicht angezeigt.

HINWEISE ZUM AUSFÜLLEN DES ANTRAGS AUF ERTEILUNG ~~NDLICHEN ZOLLTARIFAUSKUNFT (VZTA)~~

~~...lten Sie allgemeine Hinweise zum Ausfüllen des Antrags auf Erteilung einer ...luster in Anhang 1b der Verordnung (EWG) Nr. 2454/93 vom 2. Juli 1993. Bitte ...veise aufmerksam durch, bevor Sie den Antrag ausfüllen.~~

FELD 1: Antragsteller (Name und Anschrift)

(obligatorisch)

Für die Zwecke der verbindlichen Zolltarifauskunft bedeutet *Antragsteller* die Person, die bei den Zollbehörden eine verbindliche Zolltarifauskunft beantragt oder in deren Namen sie beantragt wird. Bitte ausfüllen und mit Feld 2 fortfahren.

Name und Anschrift des Antragstellers: fünf Zeilen (maximal 175 Zeichen);
Telefon-Nr. (fakultativ): eine Zeile (maximal 25 Zeichen);
Fax-Nr. (fakultativ): eine Zeile (maximal 25 Zeichen);
Zollidentifikationsnummer (gleichbedeutend mit Zollnummer) (fakultativ): Bitte geben Sie die Ihnen von den Zollbehörden zugeteilte Identifikationsnummer an (eine Zeile, maximal 25 Zeichen).

Antragsteller kann z. B. eine Firma, eine beauftragte Spedition oder eine Privatperson sein.
Tragen Sie bitte die vollständige Adresse ein und ergänzen Sie diese Angaben um die Telefon- und Fax-Nummer sowie die Zollnummer (soweit vorhanden).
Sollte noch keine Zollnummer erteilt worden sein, können Sie diese von der Koordinierenden Stelle ATLAS – Zentrale Datenpflege – Postfach 10 02 65, 76232 Karlsruhe, erhalten.

FELD 2: Berechtigter (Name und Anschrift)

(obligatorisch)

Für die Zwecke der verbindlichen Zolltarifauskunft bedeutet *Berechtigter* die Person, der die VZTA erteilt wird. Bitte ausfüllen und mit Feld 3 fortfahren.

Name und Anschrift des Berechtigten der VZTA: fünf Zeilen (maximal 175 Zeichen);
Telefon-Nr. (fakultativ): eine Zeile (maximal 25 Zeichen);
Fax-Nr. (fakultativ): eine Zeile (maximal 25 Zeichen);
Zollidentifikationsnummer (fakultativ): Bitte geben Sie die Ihnen von den Zollbehörden zugeteilte Identifikationsnummer an (eine Zeile, maximal 25 Zeichen).

In diesem Feld ist die Adresse, Telefon- und Faxnummer sowie Zollnummer desjenigen anzugeben, auf dessen Namen die VZTA erteilt werden soll und der diese Auskunft für Ein- oder Ausfuhrvorgänge verwenden will.
Ist der Berechtigte mit dem Antragsteller identisch, kann auf Feld 1 verwiesen werden.
Hat der Berechtigte seinen Sitz im Ausland, sollte möglichst ein Empfangsbevollmächtigter mit Adresse in der Bundesrepublik Deutschland in Feld 3 angegeben werden.
Die Angaben in diesem Feld werden vertraulich behandelt.

FELD 3: Zollagent oder Vertreter (Name und Anschrift)

(fakultativ)

Bitte ausfüllen, wenn Sie einen Zollagenten oder Vertreter benennen wollen, der die VZTA bei der Einfuhr/Ausfuhr im Namen des Berechtigten vorlegt. Ansonsten offen lassen und mit Feld 4 fortfahren.

Name und Anschrift des Zollagenten oder Vertreters: fünf Zeilen (maximal 175 Zeichen);
Telefon-Nr. (fakultativ): eine Zeile (maximal 25 Zeichen);
Fax-Nr. (fakultativ): eine Zeile (maximal 25 Zeichen);
Zollidentifikationsnummer (fakultativ): Bitte geben Sie die Ihnen von den Zollbehörden zugeteilte Identifikationsnummer an (eine Zeile, maximal 25 Zeichen).

Sollen Ein- oder Ausfuhrvorgänge nicht vom Berechtigten selbst, sondern z. B. von einer Spedition oder einem anderen Beauftragten abgewickelt werden, kann hier Name und Anschrift mit Telefon- und Faxnummer sowie Zollnummer angegeben werden.

FELD 4: Erneuerung einer VZTA

(fakultativ. Wenn Sie dieses Feld ausfüllen, sind alle Teile auszufüllen).

Eine VZTA ist derzeit 6 Jahre lang gültig. Bitte ausfüllen, wenn die Gültigkeitsdauer einer Ihnen erteilten VZTA abgelaufen ist oder in Kürze ablaufen wird und Sie die Erneuerung der ungültig gewordenen VZTA wünschen; ansonsten offen lassen und mit Feld 5 fortfahren.

Anlage § 012 (2) 1–01

VZTA-Nummer: Bitte die Nummer der VZTA angeben, deren Erneuerung gewünscht wird. Die ersten beiden Zeichen stehen für den ISO-Code des Landes, in dem die VZTA erteilt wurde, die übrigen 20 Zeichen für die von den zuständigen Zollbehörden vergebene Nummer.
Gültig vom: Angabe des Datums, ab dem die VZTA galt; Jahreszahl mit vier Stellen, Monat und Tag mit zwei Stellen angeben.
Nomenklatur-Code: maximal 22 Zeichen.

FELD 5: Zollnomenklatur

(obligatorisch)

Bitte die Nomenklatur ankreuzen, in die die Ware eingereiht werden soll. Sollte sie nicht in der Liste aufgeführt sein, bitte den Namen der betreffenden Nomenklatur eintragen. Eine VZTA kann nur für eine Nomenklatur erteilt werden, die auf dem Harmonisierten System zur Bezeichnung und Codierung der Waren (HS) beruht.

Kreuzen Sie bitte eine der fünf vorgegebenen Möglichkeiten an. Sie bestimmen dadurch die Länge der in der VZTA enthaltenen Warennummer.

Der Zolltarif der Europäischen Gemeinschaft baut auf der Nomenklatur des Harmonisierten Systems (HS) auf und wird durch Erweiterung der HS-Codes (6-stellig) um zwei Stellen zur Kombinierten Nomenklatur (KN; 8-stellig). Zur Berücksichtigung besonderer zolltariflicher Maßnahmen wird die KN um weitere zwei Stellen zum Integrierten Zolltarif (TARIC; 10-stellig) ergänzt. Für nationale Unterscheidungen kann der zehnstellige TARIC-Code um eine bis zu vier Stellen erweitert werden. In der Bundesrepublik Deutschland wird für nationale Unterscheidungen eine Stelle verwendet und dadurch die so genannte vollständige Codenummer (11-stellig) gebildet. Für den zuletzt genannten Fall ist das Feld „Sonstige" zu markieren und „vollständige Codenummer" anzugeben.

Da im Bereich des TARIC häufig Änderungen erfolgen, kann unter Umständen die VZTA nur eine kurze Geltungsdauer haben. Gleiches gilt für VZTA mit vollständiger Codenummer.
Wird die VZTA wegen der möglichen Zahlung einer Ausfuhrerstattung für eine Marktordnungsware beantragt, ist das Kästchen „Ausfuhrerstattung" zu markieren.

FELD 6: Art des Handelsgeschäfts

(obligatorisch)

Bezieht sich Ihr Antrag auf eine geplante tatsächliche Einfuhr oder Ausfuhr? Zutreffendes bitte ankreuzen.

FELD 7: Einreihungsvorschlag

(fakultativ)

Bitte geben Sie die Position/Unterposition an, in die die Ware Ihrer Meinung nach eingereiht werden soll (maximal 22 Zeichen).

Ist die zu begutachtende Ware oder sind gleichartige Waren bereits ein- oder ausgeführt worden, tragen Sie bitte hier die Position, Unterposition oder Codenummer ein, der die Waren zugewiesen worden sind (siehe Feld 33 des Einheitspapiers). Wurde die Ware bisher nicht eingeführt, können Sie die Position, Unterposition oder Codenummer angeben, die Ihrer Auffassung nach für die Ware zutrifft.

FELD 8: Warenbeschreibung

(obligatorisch)

Bitte geben Sie eine genaue Warenbeschreibung an, die das Erkennen der Waren und deren Einreihung in die Zollnomenklatur ermöglicht. Machen Sie genaue Angaben zur Zusammensetzung der Ware und ggf. zu den zur Bestimmung der Zusammensetzung angewandten Untersuchungsmethoden, sofern die Einreihung von der Zusammensetzung abhängt. Feld für freien Text (maximal 32 768 Zeichen). Vertrauliche Angaben sind in Feld 9 zu machen.

Benennen Sie bitte z. B. die Bestandteile, das Herstellungsverfahren, den Verwendungszweck und die handelsübliche Bezeichnung. Angaben zur Artikel- oder Modellnummer sind zur Identifikation der Ware hilfreich. Bei Warenzusammenstellungen beschreiben Sie bitte die Aufmachung oder Verpackung und geben Sie die Wertanteile an.

FELD 9: Handelsbezeichnung und zusätzliche Angaben (vertrauliche Daten)

(fakultativ)

Bitte geben Sie hier die Einzelheiten an, die vertraulich behandelt werden sollen wie Warenzeichen, Modellnummern usw.
Feld für freien Text (maximal 32 768 Zeichen).

Ist die Handelsbezeichnung, die Artikelnummer oder eine sonstige Bezeichnung der Ware vertraulich zu behandeln, so sind diese Angaben **nur in dieses Feld** einzutragen.
Hier kann auch darauf hingewiesen werden, dass Ergebnisse einer ggf. von der ZPLA durchgeführten Untersuchung oder ein Bild als vertraulich einzustufen sind.

Anlage § 012 (2) 1–01

FELD 10: Warenmuster usw.

(fakultativ)

Bitte geben Sie durch Ankreuzen des entsprechenden Kästchens an, ob Sie eine Beschreibung, Muster/Proben, Kataloge, Photos oder sonstige Unterlagen vorlegen, die den Zollbehörden bei der Bearbeitung dieses Antrages nützlich sein könnten. Geben Sie gegebenenfalls auch an, wie mit den Warenmustern anschließend verfahren werden soll.

FELD 11: Andere bereits erhaltene oder beantragte VZTA

(obligatorisch)

Bitte machen Sie hier Angaben zu anderen VZTA-Anträgen, die der Berechtigte für eine gleiche oder gleichartige Ware bei einer anderen Zollstelle oder in einem anderen Mitgliedstaat gestellt hat, sowie zu VZTA, die ihm bereits für eine gleiche oder gleichartige Ware erteilt worden sind. Gegebenenfalls auf einem gesonderten Blatt fortfahren, falls dieses Feld nicht ausreicht. Bitte geben Sie durch Ankreuzen des entsprechenden Kästchens an, wenn Sie andere Anträge vorgelegt haben.
Wenn Sie „Ja" ankreuzen, ist Folgendes anzugeben.

– obligatorischer Teil:

Land der Antragstellung: ISO-Code des Landes.
Ort der Antragstellung: Name der Zollstelle (maximal 25 Zeichen).
Datum der Antragstellung: Jahreszahl mit vier Stellen, Monat und Tag mit zwei Stellen.

– fakultativer Teil (wenn Sie über Anträge verfügen, für die noch keine VZTA erteilt worden ist). Wenn Sie aufgrund des Antrages eine VZTA erhalten haben, ist dieser Teil obligatorisch.

VZTA-Nummer: Geben Sie die Nummer der VZTA an. Die ersten beiden Zeichen stehen für den ISO-Code des Landes, in dem die VZTA erteilt wurde, die übrigen 20 Zeichen für die von den zuständigen Zollbehörden vergebene Nummer.
Beginn der Gültigkeitsdauer: Jahreszahl mit vier Stellen, Monat und Tag mit zwei Stellen.
Nomenklatur-Code: maximal 22 Zeichen.

Zur Bezeichnung des Landes der Antragstellung bzw. der Erteilung ist der zweistellige ISO-Code zu verwenden.
AT = Österreich; BE = Belgien; CZ = Tschechien; CY = Zypern; DE = Deutschland; DK = Dänemark; EE = Estland; ES = Spanien; FI = Finnland; FR = Frankreich; GB = Vereinigtes Königreich von Großbritannien; GR = Griechenland; HU = Ungarn; IE = Irland; IT = Italien; LT = Litauen; LU = Luxemburg; LV = Lettland; MT = Malta; NL = Niederlande; PL = Polen; PT = Portugal; SE = Schweden; SL = Slowenien; SK = Slowakien

FELD 12: Anderen Berechtigten erteilte VZTA

(obligatorisch)

Bitte machen Sie hier genaue Angaben, wenn Ihres Wissens anderen Berechtigten für eine gleiche oder gleichartige Ware bereits eine VZTA erteilt worden ist. Gegebenenfalls auf einem gesonderten Blatt fortfahren, falls dieses Feld nicht ausreicht. Bitte geben Sie durch Ankreuzen des entsprechenden Kästchens an, wenn Sie von anderen VZTA Kenntnis haben.
Wenn Sie „Ja" ankreuzen, sind folgende Angaben fakultativ:

Land, in dem die VZTA erteilt wurde: ISO-Code des Landes.
VZTA-Nummer: Die ersten beiden Zeichen stehen für den ISO-Code des Landes, in dem die VZTA erteilt wurde, die übrigen 20 Zeichen für die von den zuständigen Zollbehörden vergebene Nummer.
Beginn der Gültigkeitsdauer: Jahreszahl mit vier Stellen, Monat und Tag mit zwei Stellen.
Nomenklatur-Code: maximal 22 Zeichen.

Zur Bezeichnung des Landes der Antragstellung bzw. der Erteilung ist der zweistellige ISO-Code zu verwenden.
AT = Österreich; BE = Belgien; CZ = Tschechien; CY = Zypern; DE = Deutschland; DK = Dänemark; EE = Estland; ES = Spanien; FI = Finnland; FR = Frankreich; GB = Vereinigtes Königreich von Großbritannien; GR = Griechenland; HU = Ungarn; IE = Irland; IT = Italien; LT = Litauen; LU = Luxemburg; LV = Lettland; MT = Malta; NL = Niederlande; PL = Polen; PT = Portugal; SE = Schweden; SL = Slowenien; SK = Slowakien

FELD 13: Datum und Unterschrift

(obligatorisch)

Bitte den Antrag nach Prüfung auf Richtigkeit und Vollständigkeit datieren und unterschreiben. Alle einzelnen zum Antrag gehörenden Blätter sind ebenfalls zu unterschreiben und mit Datum zu versehen.
Ihr Zeichen (fakultativ): ggf. Ihr Zeichen eintragen (eine Zeile, maximal 35 Zeichen).
Datum: Jahreszahl mit vier Stellen, Monat und Tag mit zwei Stellen.

Anlage § 012 (2) 1–02

Ermäßigter Steuersatz für Leistungen der Garten- und Landschaftsbaubetriebe

OFD Hannover, Vfg. vom 24.01.1986 – S 7221 – 45 – StO 533 / S 7221 – 44 – StH 731, USt-Kartei S 7221 Karte 5 (Ähnliche Regelungen vgl. OFD Münster vom 22.01.1981, UR 1981 S. 259; OFD Berlin vom 31.10.1985, UR 1986 S. 133)[1)]

Entsprechend dem Ergebnis der Erörterungen der Umsatzsteuer-Referenten der obersten Finanzbehörden des Bundes und der Länder bitte ich, zur umsatzsteuerrechtlichen Behandlung der Leistungen der Garten- und Landschaftsbaubetriebe folgende Auffassung zu vertreten:

1. Die Lieferung lebender Pflanzen unterliegt gemäß § 12 Abs. 2 Nr. 1 UStG dem ermäßigten Steuersatz. Das gilt auch dann, wenn der Lieferer im Rahmen einer einheitlichen Werklieferung die Pflanzen entsprechend den Weisungen des Auftraggebers in den Boden einsetzt.

2. Umfaßt die Leistung des Garten- und Landschaftsbaubetriebes neben den Leistungen nach Tz. 1 noch folgende, abschließend aufgezählte unselbständige Nebenleistungen, so ist auf die gesamte Leistung der ermäßigte Steuersatz anzuwenden:
    a) Aushub der Pflanzenlöcher
    b) Vermengen der Pflanzenerde mit Torf, der vorab gewässert und gedüngt wurde
    c) Anbringen von Befestigungspfählen und Anbinden der Pflanzen
    d) Anbringen von Fegeschutzspiralen gegen Wildverbiß
    e) einmaliges gründliches Wässern nach der Einpflanzung
    f) Pflegeleistungen im ersten Wachstumsjahr (**nur** Fertigstellungspflege gemäß Rdnr. 7.2 der DIN 18.916; s. Anl.)[2)]
    g) Einrichten der Baustelle
    h) Verkehrssicherung während der Dauer der Werklieferung.

3. Pflegeleistungen, die über Tz. 2f hinausgehen (insbesondere Pflegeleistungen **nach** dem ersten Wachstumsjahr), unterliegen als selbständige Leistungen dem allgemeinen Steuersatz.

4. Umfaßt die Leistung neben den in Tz. 1 bis 3 bezeichneten Leistungen auch andere Arbeiten (z. B. gestalterische Planung, vorbereitende Bodenbearbeitung, Wegebau, Einfriedung), so ist nach dem Grundsatz der Einheitlichkeit der Leistung auf das **gesamte** Entgelt der allgemeine Steuersatz nach § 12 Abs. 1 UStG anzuwenden. Eine Aufteilung der einheitlichen Leistung in eine begünstigte Pflanzenlieferung einschließlich der in Tz. 2 erwähnten unschädlichen Nebenleistungen und nicht begünstigte sonstige Arbeiten ist umsatzsteuerrechtlich nicht zulässig.

5. Ist nach diesen Grundsätzen eine begünstigte Pflanzenlieferung gegeben, so unterliegen auch die im Rahmen der Werklieferung mitgelieferten Gegenstände wie Torf, Befestigungspfähle, Bindegarn und Fegeschutzspiralen als unselbständige Nebenleistungen dem ermäßigten Steuersatz.

---

1) Keine Regelung unter Berücksichtigung von unterschiedlichen Gewährleistungsbedingungen, vgl. Antwort des BMF an den Bundesverband Garten-, Landschafts- u. Sportplatzbau vom 13.07.1989, UR 1989 S. 253
2) Hier nicht abgedruckt

Anlagen § 012 (2) 1–03, § 012 (2) 1–04, § 012 (2) 1–05 nicht belegt

Steuersatz für die Umsätze mit Daten- und sonstigen Aufzeichnungsträgern (§ 12 Abs. 2 Nr. 1 UStG, Nr. 49 der Anlage)

OFD Köln, Vfg. vom 23.06.1988 – S 7225 – 6 – St 143,
UR 1988 S. 363

Von einem Verlag ist gefragt worden, ob die Steuerermäßigung für die Lieferung von Druckerzeugnissen auch in Anspruch genommen werden kann, wenn Bücher oder Nachschlagewerke als Datenträger in Form eines optischen Speichers (CD-ROM) oder als magnetischer Speicher (Diskette) vertrieben werden.

Der FinMin. Nordrhein-Westfalen vertritt im Einvernehmen mit dem BMF hierzu die Auffassung, daß Tonträger und andere Aufzeichnungsträger mit Aufzeichnungen nicht zu den umsatzsteuerlich begünstigten Gegenständen i. S. des § 12 Abs. 2 Nr. 1 und Nr. 2 i. V. mit Nr. 49 der Anlage des UStG (neu, Nr. 43 alt) gehören. Dies gilt auch dann, wenn auf derartigen Aufzeichnungsträgern der Inhalt von Büchern (z. B. Nachschlagewerken) aufgezeichnet ist oder die Aufzeichnungen dem Inhalt von Büchern entsprechen. Die Umsätze der mit Aufzeichnungen versehenen Aufzeichnungsträger unterliegen deshalb nach § 12 Abs. 1 UStG der Umsatzsteuer nach dem allgemeinen Steuersatz.

Umsatzsteuersatz für Leistungen von Kunsthandwerkern (§ 12 Abs. 2 Nr. 1 UStG)

OFD Hannover, Vfg. vom 14.06.1989 $\frac{S\ 7229 - 12 - St\ O\ 531}{S\ 7229 - 19 - St\ H\ 731}$,

UR 1990 S. 134

1. Nachdem § 12 Abs. 2 Nr. 5 UStG mit Wirkung ab dem 1.1.1982 weggefallen ist (2. HStruktG vom 22.12.1981, BStBl. I 1982, 235), ist es für Leistungen der Kunsthandwerker nicht mehr von Bedeutung, ob der Kunsthandwerker als Künstler und damit als Freiberufler i. S. des § 18 Abs. 1 Nr. 1 EStG anzusehen ist. Es ist vielmehr darauf abzustellen, ob die Leistung die Voraussetzung des § 12 Abs. 1 Nr. 1 oder Nr. 2 i. V. m. Nr. 53 (bis zum 31.12.1987: Nr. 47) der Anlage zum UStG erfüllt.

2. Für jeden einzelnen gelieferten Gegenstand ist daher zu untersuchen, ob er unter Pos. 97.01 bis 97.03 (bis 31.12.1987: Nr. 99.01 bis 99.03) des Zolltarifs einzuordnen ist oder nach Stoffbeschaffenheit zu tarifieren ist.

    Erläuterungen hierzu enthält das BMF-Schreiben IV A 1 – S 7220 – 44/83 vom 27.12.1983 (BStBl. I 1983, 567[1]) = Anhang 2 in den UStR 1985 = UR 1984, 16, 125), Rdnrn. 155 bis 163.

    Ergänzend weise ich auf folgendes hin:

    Bei Originalerzeugnissen der Bildhauerkunst – aus Stoffen aller Art – (Pos. 97.03 des Zolltarifs) muß es sich um Erzeugnisse handeln, die aus sich selbst heraus wirken (z. B. als Statue, Hoch- oder Flachrelief) und die daneben keinen eigenen Gebrauchswert aufweisen. Soweit diese Voraussetzungen vorliegen, können die Erzeugnisse nach den unter Rdnr. 160 des o. a. BMF-Schreibens beschriebenen Verfahren hergestellt sein. Die künstlerische Qualität der Arbeiten ist für die zolltarifliche Beurteilung ohne Belang.

    Gegenstände, die nach den o.a. Verfahren hergestellt sind, aber einen eigenen Gebrauchswert aufweisen, sind zolltariflich nach ihrer stofflichen Beschaffenheit einzuordnen. Auch hier spielt die Tatsache, daß es sich evtl. um Originale von hoher künstlerischer Qualität handelt, zolltariflich keine Rolle. Beispiele hierfür sind: Gitter, Türgriffe, Türverkleidungen, Leuchter, Tabernakel, Ambo, Taufsteindeckel, Sitze, Kredenz, Schmuck (u.a. Ringe, Broschen, Halsschmuck), Vasen und Trinkgefäße.

    Zur Einholung von unverbindlichen Zolltarifgutachten bei den Zolldienststellen verweise ich auf Rdnr. 5 des o.a. BMF-Schreibens.

3. Sonstige Leistungen und Werkleistungen der Kunsthandwerker unterliegen, soweit es sich nicht um die Vermietung von Kunstgegenständen handelt (§ 12 Abs. 2 Nr. 2 UStG), dem Regelsteuersatz (§ 12 Abs. 1 UStG).

---

1) Aktuelle Fassung vom 05.08.2004, Rdnrn. 165–171, s. Anlage § 012 (2) 1–01

Anlage § 012 (2) 1–06, Anlagen § 012 (2) 1–07, (2) 1–08 nicht belegt

Steuersatz für die Vermittlung und das Training von Reitpferden
(§ 12 Abs. 2 Nr. 1 und 2 UStG)

OFD Koblenz, Vfg. vom 01.09.1989 – S 7527 A – St 51 1/St 51 2/St 51 3 (TOP 4.20), UR 1990 S. 198

Sachverhalt:

H. hat als Unternehmer den Handel mit Reitpferden (Springpferden) auf Provisionsbasis angemeldet. Die Provisionen hat er dem ermäßigten Steuersatz unterworfen. Außerdem trainiert H für den Reitstall- und Pferdebesitzer S ständig mehrere Pferde. Ein besonderes Entgelt erhält H für diese Tätigkeit nicht. Vertragliche Vereinbarungen zwischen H und S liegen insoweit nicht vor. H darf jedoch die Reitanlage des S kostenlos nutzen. Pflege und Betreuung der trainierten Pferde liegen beim Stallpersonal des S. Mit den von ihm trainierten Pferden des S nimmt H ständig im Namen des S an nationalen Springturnieren teil. Die Anmeldung der Pferde erfolgt mit einem sog. Nennungsscheck. Die Start- und Nenngebühren werden von H entrichtet. Gewinngelder bleiben lt. mündlicher Vereinbarung zwischen S und H bei H. H hat diese Einnahmen bisher steuerfrei belassen.

Frage:

a) Wurden die Entgelte aus der Vermittlung von Pferden bisher zutreffend dem ermäßigten Steuersatz unterworfen?

b) Wie sind die Gewinngelder bei H umsatzsteuerlich zu behandeln?

Beurteilung:

Zu a: Der ermäßigte Steuersatz nach § 12 Abs. 2 UStG ist anzuwenden auf

– die Lieferung, den Eigenverbrauch und die Einfuhr der in der Anlage bezeichneten Gegenstände (§ 12 Abs. 2 Nr. 1 UStG) sowie

– die Vermietung der in der Anlage bezeichneten Gegenstände (§ 12 Abs. 2 Nr. 2 UStG).

H betreibt den Handel mit Pferden auf Provisionsbasis. Pferde gehören zwar zu den in der Anlage aufgeführten Gegenständen (vgl. Nr. 1 der Anlage), jedoch erbringt H keine Lieferungen oder Vermietungen. Er ist lediglich als Vermittler tätig und erbringt insoweit Vermittlungsleistungen. Vermittlungsleistungen sind nach den o.a. Grundsätzen jedoch nicht begünstigt. Somit unterliegen die Provisionen für die Vermittlung dem Regelsteuersatz.

Zu b: H erbringt gegenüber S zwei Leistungen, nämlich das Training der Pferde und die Teilnahme mit ihnen an Turnieren. Für diese sonstigen Leistungen gegenüber S erhält H

a) ein erfolgsabhängiges Entgelt, denn bei Sieg darf er die Gewinngelder behalten;

b) die Möglichkeit zur unentgeltlichen Nutzung der Reitanlage des S.

Es liegt ein tauschähnlicher Umsatz i. S. d. § 3 Abs. 12 UStG vor. Die Leistungen des H sind damit steuerbar und auch steuerpflichtig. Eine Steuerbefreiung nach § 4 UStG ist nicht gegeben. Entgelt für die Leistungen des H sind nach § 10 Abs. 1 und 2 Satz 2 UStG die vereinnahmten Preisgelder sowie der Wert der Nutzung der Reitanlage. Die Leistungen des H unterliegen dem Regelsteuersatz nach § 12 Abs. 1 UStG.

Steuersatz für die Lieferung von Grabdenkmälern
(§ 12 Abs. 2 Nr. 1 UStG, Nr. 53 der Anlage)

OFD Düsseldorf, Vfg. vom 30.01.1990 – S 7229 A – St 145,
UR 1990 S. 226

Grabdenkmäler sind bis auf Ausnahmefälle als „Waren aus bearbeiteten Werksteinen" in die Position 68.02 des Zolltarifs und nicht als „Originalerzeugnisse der Bildhauerkunst" in die Position 97.03 des Zolltarifs einzureihen.

Grabdenkmäler stellen aufgrund ihrer Zurichtung (insbesondere durch Verzieren und Versehen mit Bildhauerarbeiten) und Zweckbestimmung Waren mit verzierenden Motiven von handelsgängigem Charakter dar. Die Zweckbestimmung als Grabstein läßt grundsätzlich nur die Einreihung als dekorative Bildhauerarbeit von handelsgängigem Charakter zu; denn Grabdenkmäler sind als Steinmetz- und Bildhauerarbeiten in den Erläuterungen zu Position 68.02 (HS) namentlich genannt.

Nur im Einzelfall kommt eine Einreihung eines Grabdenkmals als „Originalerzeugnis der Bildhauerkunst" im Sinne der Position 97.03 in Betracht, z.B. für ein Mahnmal. Für eine derartige Bildhauerarbeit wären die für Familiengrabstätten zwangsläufig zu beachtenden Auflagen in bezug auf Größe und Gestaltung eines Grabdenkmals aufgehoben und somit eine freie künstlerische Gestaltung denkbar.

Damit unterliegen die Lieferungen von Grabdenkmälern regelmäßig dem allgemeinen Umsatzsteuersatz nach § 12 Abs. 1 UStG.

Steuersatz für Umsätze von Telefonkarten als Sammelobjekte[1)]
BMF-Schreiben vom 31.01.1992 – IV A 2 – S 7210 – 1/92, BStBl. 1992 I S. 141

Nach § 12 Abs. 2 Nr. 1 Satz 1 und Nr. 2 UStG i. V. m. Nummer 54 Buchstabe b der Liste der dem ermäßigten Steuersatz unterliegenden Gegenstände (Anlage des UStG) ist u. a. auf die Umsätze von Sammlungsstücken von geschichtlichem Wert (aus Position 97.05 des Gemeinsamen Zolltarifs – Kombinierte Nomenklatur –) der ermäßigte Steuersatz anzuwenden. Sammlungsstücke von geschichtlichem Wert sind nach dem Wortlaut der Zolltarifposition 97.05 und der Rechtsprechung des Europäischen Gerichtshofs (vgl. Urteil vom 10. Oktober 1985 – Rs. 200/84 –, HFR 1986 S. 431) Gegenstände, die u.a. neben einem hohen Wert und einer gewissen Seltenheit einen charakteristischen Schritt in der Entwicklung der menschlichen Errungenschaften dokumentieren oder einen Abschnitt dieser Entwicklung veranschaulichen.

Telefonkarten sind ebensowenig Sammlungsstücke von geschichtlichem Wert im Sinne der Zolltarifposition 97.05 und der Nummer 54 Buchstabe b der Anlage des UStG wie zahlreiche andere Sammelobjekte (z. B. Bierdeckel, Streichholzschachteln, Parfümflakons und Armbanduhren neuester Produktion). Sie gehören auch nicht zu anderen in der Anlage des UStG aufgeführten Gegenständen. Unbenutzte Telefonkarten sind entweder der Position 85.24 des Gemeinsamen Zolltarifs (Telefonkarten mit Magnetband) oder der Zolltarifposition 85.42 (Telefonkarten mit Chip – integrierter Schaltung –) zuzuordnen. Gebrauchte Telefonkarten werden nach ihrer stofflichen Beschaffenheit in das Kapitel 39 des Gemeinsamen Zolltarifs eingereiht.

Auf die Umsätze von unbenutzten und gebrauchten Telefonkarten als Sammelobjekte ist somit nach § 12 Abs. 1 UStG der allgemeine Steuersatz anzuwenden.

---

1) Siehe auch Anlage § 012 (2) 1–16

Anlagen § 012 (2) 1–11, § 012 (2) 1–12, § 012 (2) 1–13 nicht belegt

Restaurationsumsätze in sog. Verzehrtheatern

OFD Magdeburg, Vfg. vom 01.07.1992 – S 7177 – 1 – St 241,
DB 1992 S. 1604

Zur steuerlichen Behandlung der Lieferung von Speisen und Getränken in sog. Verzehrtheatern ist in Übereinstimmung mit den Vertretern der obersten Finanzbehörden des Bundes und der Länder folgende Rechtsauffassung zu vertreten: Die Umsätze aus der Lieferung von Speisen und Getränken sind nicht als Nebenleistungen zu den Theateraufführungen, sondern als selbständige Leistungen anzusehen. Dies hat zur Folge, daß die Umsätze dem Regelsteuersatz des § 12 Abs. 1 UStG unterliegen.[1]

Umsatzsteuerliche Behandlung der künstlerischen Siebdrucke

BMF-Schreiben vom 05.07.1993 – IV A 2 – S 7229 – 18/93,
UVR 1993 S. 284; UR 1993 S. 398

Nach § 12 Abs. 2 Nr. 1 S. 1 i. V. m. Nr. 53 der Anlage zum UStG werden bestimmte Kunstgegenstände und Erzeugnisse des Kunsthandwerks, mit dem ermäßigten Steuersatz von 7 v. H. besteuert. Diese Begünstigung beschränkt sich auf die Kunstgegenstände der Positionen 97.01 bis 97.03 und der Position 97.05 des Zolltarifs.

Künstlerische Siebdrucke gehören nicht zu den in den o. a. Positionen des Zolltarifs genannten Kunstgegenständen (vgl. EuGH in der Rechtssache 23/77 vom 27. Oktober 1977 ABl. EG Nr. C 285 S. 4). Der ermäßigte Steuersatz kommt somit nicht in Betracht.

Der Gesetzgeber hat im Jahr 1967 die Steuerermäßigung bewußt auf die in der Anlage des UStG bezeichneten Kunstgegenstände beschränkt und nicht auf künstlerische Erzeugnisse des Kunsthandwerks ausgedehnt. Maßgebend hierfür war in erster Linie, daß durch die Bezugnahme auf den Zolltarif der Kreis der begünstigten Gegenstände abgegrenzt werden konnte.

Bei einer vom Zolltarif unabhängigen Begünstigung von Kunstgegenständen wäre ein umfangreicher Ausnahmekatalog erforderlich gewesen, der erhebliche praktische Schwierigkeiten zur Folge gehabt hätte. Eine nicht näher beschriebene Begünstigung aller Kunstgegenstände hätte der Finanzverwaltung die Verpflichtung aufgebürdet, Kunst zu werten.

Diese Gründe für die Beschränkung des ermäßigten Steuersatzes auf bestimmte abgrenzbare Kunstgegenstände bestehen fort.

---

[1] Gilt auch nach der Aufhebung von § 12 Abs. 2 Nr. 1 Satz 2 und 3 UStG vom 27.06.1998, s. BMF vom 10.09.1998, BStBl. 1998 I S. 1148

Anlagen § 012 (2) 1–14, § 012 (2) 1–15 nicht belegt, § 012 (2) 1–16

Pfandgeld für Leihkästen bei Fleischlieferungen

BMF-Schreiben vom 25.10.1993 – IV A 2 – S 7200 – 59/93,
DB 1993 S. 2363

Unter Bezugnahme auf das Ergebnis der Erörterung mit den obersten Finanzbehörden der Länder gilt zur Behandlung des Pfandgelds für Leihkästen bei Fleischlieferungen folgendes:
Die Kunststoffkästen, in denen Fleisch geliefert wird, sind Warenumschließungen. Diese Warenumschließungen stellen eine Nebenleistung zur Hauptleistung Fleischlieferung dar. Da für die Lieferungen von Fleisch (und genießbaren Schlachtnebenerzeugnissen) – lfd. Nr. 2 der Anlage zu § 12 Abs. 2 Nr. 1 und 2 UStG – der ermäßigte Steuersatz gilt, ist auch auf die Nebenleistung der ermäßigte Steuersatz anzuwenden.

Umsatzbesteuerung von Telefonkarten

Erlass FM Nordrhein-Westfalen vom 11.01.1996 – S 7100 – 164 – V C 4,
DStR 1996 S. 183

Zur umsatzsteuerlichen Behandlung von Telefonkarten gilt folgendes:
1. Der Verkauf von Telefonkarten zum aufgedruckten Wert stellt keine Lieferung der Telefonkarte dar. Denn das wirtschaftliche Interesse des Kartenerwerbers ist nicht auf die Erlangung der Verfügungsmacht an der Karte gerichtet, sondern darauf, mit Hilfe der auf der Karte befindlichen Information (Magnetstreifen oder Chip) später eine andere Leistung entgelten zu können. Dies gilt unabhängig davon, ob die Telefonkarte ausschließlich im Inland für die Inanspruchnahme von Telekommunikationsleistungen benutzt werden kann oder ob die Inanspruchnahme weiterer Leistungen (z. B. Telefonieren im Ausland, Parkhaus, ÖPNV) unter Verwendung der Telefonkarte (Multifunktionskarte) beglichen werden kann.
2. Kann die Telefonkarte *ausschließlich* im Inland für die Inanspruchnahme von Telekommunikationsleistungen benutzt werden[1], handelt es sich bei dem vereinbarten „Kaufpreis" für die Telefonkarte um ein vorausbezahltes Entgelt für eine Telekommunikationsleistung der Deutschen Telekom AG, das nach § 13 Abs. 1 Nr. 1 Buchst. a UStG nach Vereinnahmung zu versteuern ist.
3. Kann die Telefonkarte zur Inanspruchnahme weiterer Leistungen benutzt werden (Multifunktionskarte), erschöpft sich der Erwerb der Karte in dem Umtausch eines Zahlungsmittels „Bargeld" in ein anderes Zahlungsmittel „elektronisches Geld". Dieser Vorgang ist nicht steuerbar. Die Besteuerung der einzelnen Leistungen erfolgt bei der konkreten Leistungserbringung durch die jeweiligen Unternehmer. Dieser Erlaß ergeht nach Abstimmung mit dem Bundesministerium der Finanzen und den obersten Finanzbehörden der anderen Länder.

---

[1] Derartige Karten sind derzeit nicht im Umlauf.

Anlagen § 012 (2) 1–17, (2) 1–18, (2) 1–19 nicht belegt, § 012 (2) 1–20

Ermäßigter Umsatzsteuersatz für Umsätze von Sammlermünzen

BMF-Schreiben vom 10.12.2003 – IV B 7 – S 7229 – 10/03,
BStBl. 2003 I S. 784

(1) Für die Anwendung des ermäßigten Steuersatzes auf die steuerpflichtigen Umsätze von Sammlermünzen (§ 12 Abs. 2 Nr. 1 Satz 1 und Nr. 2 UStG, Nummer 54 Buchstabe c Doppelbuchstabe cc der Anlage des UStG) im Kalenderjahr 2004[1)] gilt Folgendes:

1. Goldmünzen

Auf die steuerpflichtigen Umsätze von Goldmünzen ist der ermäßigte Umsatzsteuersatz anzuwenden, wenn die Bemessungsgrundlage für diese Umsätze mehr als 250 v.H. des unter Zugrundelegung des Feingewichts berechneten Metallwerts ohne Umsatzsteuer beträgt. Die Regelungen zur Ermittlung des Metallwerts von Goldmünzen in Tz. 168 und 169 des Bezugsschreibens[2)] sind überholt, weil ab 1999 an der Frankfurter Börse ein Fixingpreis für den Kilogramm-Goldbarren und ein monatlicher Goldpreis-Durchschnittswert nicht mehr festgestellt werden. Für steuerpflichtige Goldmünzenumsätze ab dem 1. Januar 2000 muss der Unternehmer zur Bestimmung des zutreffenden Steuersatzes den Metallwert von Goldmünzen grundsätzlich anhand der aktuellen Tagespreise für Gold ermitteln. Maßgebend ist der von der Londoner Börse festgestellte Tagespreis (Nachmittagsfixing) für die Feinunze Gold (1 Unze = 31,1035 Gramm). Dieser in US-Dollar festgestellte Wert muss anhand der aktuellen Umrechnungskurse in EURO umgerechnet werden.

Aus Vereinfachungsgründen kann der Unternehmer jedoch auch den letzten im Monat November festgestellten Gold-Tagespreis für das gesamte folgende Kalenderjahr zugrunde legen. Für das Kalenderjahr 2004 ist die Metallwertermittlung nach einem Goldpreis (ohne Umsatzsteuer) von 10.680 Euro je Kilogramm (umgerechneter Tagespreis vom 28. November 2003, einem Freitag) vorzunehmen[3)].

2. Silbermünzen

Nach Tz. 170 des Bezugsschreibens kann aus Vereinfachungsgründen bei der Ermittlung des Metallwerts (Silberwerts) von Silbermünzen der letzte im Monat November festgestellte Rücknahmepreis je Kilogramm Feinsilber (sog. DEGUSSA-Silberpreis) für das gesamte folgende Kalenderjahr zugrunde gelegt werden. Für das Kalenderjahr 2003 ist die Wertermittlung nach einem Silberpreis (ohne Umsatzsteuer) von 139 Euro je Kilogramm (sog. DEGUSSA-Silberpreis am 28. November 2003) vorzunehmen[4)].

(2) Die Liste der dem allgemeinen Steuersatz unterliegenden Silbermünzen (Anlage des Bezugsschreibens gilt grundsätzlich auch für das Kalenderjahr 2004. Etwaige Änderungen der Liste werden ggf. besonders bekanntgegeben werden.

---

1) Für die späteren Jahre siehe die Fußnoten 3 und 4
2) BMF vom 27.12.1983; aktuelle Fassung vom 05.08.2004, siehe Anlage § 012 (2) 1 – 01
3) Im Jahr 2005: 10.965 Euro, vgl. BMF vom 02.12.2004, BStBl. 2004 I S. 1134. Im Jahr 2006: 13.514 Euro, vgl. BMF vom 01.12.2005, BStBl. 2005 I S. 1067. Im Jahr 2007: 15.701 Euro, vgl. BMF vom 01.12.2006, BStBl. 2006 I S. 795. Im Jahr 2008: 17.217 €, vgl. BMF vom 03.12.2007, BStBl. 2008 I S. 22. Im Jahr 2009: 20.617 €, vgl. BMF vom 01.12.2008, BStBl. 2008 I S. 995. Im Jahr 2010: 26.087 €, vgl. BMF vom 01.12.2009, BStBl. 2009 I S. 1610. Im Jahr 2011: 34.273 €, vgl. BMF vom 01.12.2010, BStBl. 2010 I S. 1374. Im Jahr 2012: 41.776 €, vgl. BMF vom 01.12.2011, BStBl. 2011 I S. 1268
Hinweis: Die Umsätze von Goldmünzen – soweit es sich um Anlagegold handelt – sind ab 01.01.2000 nach § 25c Abs. 1 i. V. m. Abs. 2 Nr. 2 UStG (eingefügt durch Art. 9 Nr. 13 des Steuerbereinigungsgesetzes 1999 vom 22.12.1999, BGBl. 1999 I S. 2601) von der Umsatzsteuer befreit. Die Liste der Goldmünzen, die die Kriterien des Art. 344 der Richtlinie 2006/112/EG (MwStSystRL) für das Jahr 2008 erfüllen, hat die Europäische Kommission am 28.11.2007 im ABl. EU Nr. C 286 S. 47 herausgegeben. Für das Jahr 2009 siehe ABl. EU Nr. C 306 S. 6. Für das Jahr 2010 siehe ABl. EU Nr. C 289 S. 12. Für das Jahr 2011 siehe ABl. EU Nr. C 322 S. 13
4) Im Jahr 2005: 182 Euro, vgl. BMF vom 02.12.2004, BStBl. 2004 I S. 1134. Im Jahr 2006: 218 Euro, vgl. BMF vom 01.12.2005, BStBl. 2005 I S. 1067. Im Jahr 2007: 323 Euro, vgl. BMF vom 01.12.2006, BStBl. 2006 I S. 795. Im Jahr 2008: 302 €, vgl. BMF vom 03.12.2007, BStBl. 2008 I S. 22. Im Jahr 2009: 251 €, vgl. BMF vom 01.12.2008, BStBl. 2008 I S. 995. Im Jahr 2010: 378 €, vgl. BMF vom 01.12.2009, BStBl. 2009 I S. 1610. Im Jahr 2011: 655 €, vgl. BMF vom 01.12.2010, BStBl. 2010 I S. 1374. Im Jahr 2012: 817 €, vgl. BMF vom 01.12.2011, BStBl. 2011 I S. 1268

Anlage § O12 (2) 1–21

Leistungen im Zusammenhang mit der Herstellung von Fütterungsarzneimitteln; Anwendung des ermäßigten Steuersatzes

BMF-Schreiben vom 29.05.2002 – IV B 7 – S 7221 – 20/02,
BStBl. 2002 I S. 630

Im Einvernehmen mit den obersten Finanzbehörden der Länder gilt bei der Lieferung bzw. Herstellung von Fütterungsarzneimitteln Folgendes:

Fütterungsarzneimittel sind Arzneimittel in verfütterungsfertiger Form, die aus Arzneimittel-Vormischungen und Mischfuttermitteln hergestellt werden und die dazu bestimmt sind, zur Anwendung bei Tieren in den Verkehr gebracht zu werden (§ 4 Abs. 10 Arzneimittelgesetz – AMG). Arzneimittel-Vormischungen sind Arzneimittel, die dazu bestimmt sind, zur Herstellung von Fütterungsarzneimitteln verwendet zu werden (§ 4 Abs. 11 AMG).

Fütterungsarzneimittel dürfen nur von Betrieben hergestellt werden, die eine Erlaubnis zur Herstellung von Arzneimitteln nach § 13 Abs. 1 AMG besitzen oder die nach § 30 Abs. 1 Nr. 3 Buchst. a i. V. m. § 31 Abs. 1 und 2 Nr. 2 der Futtermittelverordnung registriert worden sind (§ 13 Abs. 2 Satz 1 Nr. 3 i. V. m. Satz 3 AMG, § 5 Abs. 3 Verordnung über tierärztliche Hausapotheken).

Bei der Herstellung von Fütterungsarzneimitteln sind folgende Fälle zu unterscheiden:

1. Das Fütterungsarzneimittel wird durch einen Tierarzt verschrieben. Der Tierhalter bezieht das Fütterungsarzneimittel direkt von einem zur Herstellung von Fütterungsarzneimitteln berechtigten Betrieb. Die Verantwortung für die Herstellung des Fütterungsarzneimittel liegt hier beim Hersteller.

   Es handelt sich um eine Lieferung eines Fütterungsarzneimittels durch den Herstellungsbetrieb an den Tierhalter, die dem allgemeinen Steuersatz zu unterwerfen ist.

2. Der Tierarzt erteilt einen sog. Herstellungsauftrag, d.h. er liefert an einen zur Herstellung von Fütterungsarzneimitteln berechtigten Betrieb die Vormischung zur Herstellung der Fütterungsarzneimittel, die er bei den erkrankten Tieren anzuwenden beabsichtigt. In diesem Fall ist der Tierarzt für die Herstellung des Fütterungsarzneimittels verantwortlich. Der Tierarzt kann jedoch die Beaufsichtigung des technischen Ablaufs der Herstellung einer sachkundigen Person des Futtermittelherstellers übertragen (§ 56 Abs. 2 Satz 2 AMG).

   Es handelt sich um eine Lieferung eines Fütterungsarzneimittels durch den Herstellungsbetrieb an den Tierhalter, die dem allgemeinen Steuersatz zu unterwerfen ist.

Keinen Fall der Herstellung bzw. Lieferung eines Fütterungsarzneimittels stellt folgender Sachverhalt dar:

Der Tierhalter mischt ein zur oralen Anwendung zugelassenes Arzneimittel, das er vom Tierarzt oder auf Verschreibung aus einer Apotheke erhalten hat, selbst unter das Futter, das er zuvor von einem Futtermittelhersteller erworben hat.

Es handelt sich um zwei Lieferungen. Zum einen die Lieferung des Futtermittels durch den Herstellungsbetrieb an den Tierhalter, die nach § 12 Abs. 2 Nr. 1 UStG i. V. m. der Anlage des UStG dem ermäßigten Umsatzsteuersatz unterliegt. Zum anderen die Lieferung des Tierarzneimittels durch den Tierarzt bzw. die Apotheke an den Tierhalter, die dem allgemeinen Umsatzsteuersatz unterliegt.

Elektroscooter – Kein Gegenstand der Nr. 51 der Anlage zu § 12 Abs. 2 Nr. 1 und 2 UStG

OFD Frankfurt am Main, Vfg. vom 21.03.2003 – S 7227 A – 18 – St I 22,
DB 2003 S. 854

In der Anlage zu § 12 Abs. 2 Nr. 1 und 2 UStG sind die Gegenstände verzeichnet, deren Lieferung, Einfuhr, innergemeinschaftlicher Erwerb oder Vermietung dem ermäßigten Steuersatz unterliegen.
Hierunter fallen nach Nr. 51 der Liste Rollstühle und andere Fahrzeuge für Kranke und Körperbehinderte, auch mit Motor oder anderer Vorrichtung zur mechanischen Fortbewegung aus Position 87.13 des Zolltarifs.
Sog. Elektroscooter waren bis zum 31.12.2001 dieser begünstigten Position des Zolltarifs zugewiesen worden.
Zum 1.1.2002 ist die Tarifauffassung durch das Tarifavis Nr. 1 zur Unterposition 8703 10 dahingehend geändert worden, dass diese Gegenstände nunmehr der nicht begünstigten Unterposition 8703 10 des Zolltarifs zugewiesen werden.

Anwendung des ermäßigten Steuersatzes auf die Lieferung von Münzen aus unedlen Metallen

BMF-Schreiben vom 07.01.2005 – IV A 5 – S 7229 – 1/05,
BStBl. 2005 I S. 75

Die steuerpflichtige Lieferung von Münzen aus unedlen Metallen unterliegt gemäß § 12 Abs. 2 Nr. 1 UStG i.V.m. Nr. 54 Buchst. c Doppelbuchst. bb der Anlage 2 zum UStG dem ermäßigten Steuersatz, soweit die Gegenstände als Sammlungsstücke von münzkundlichem Wert (aus Position 9705 des Zolltarifs) anzusehen sind.
Unter Bezugnahme auf das Ergebnis der Erörterungen mit den obersten Finanzbehörden der Länder gilt Folgendes:
Aus Vereinfachungsgründen kann für die steuerpflichtigen Umsätze kursgültiger und kursungültiger Münzen aus unedlen Metallen die Steuerermäßigung stets in Anspruch genommen werden. Dies gilt jedoch nicht, sofern dem Unternehmer eine Zolltarifauskunft vorliegt, die die Anwendung des ermäßigten Steuersatzes ausschließt. Zum Nachweis der Voraussetzungen für die Steuerermäßigung genügt die Bezeichnung der Münze. Im Übrigen gelten die Aufzeichnungspflichten nach Randziffer 175 des BMF-Schreibens vom 5. August 2004 – IV B 7 – S 7220 – 46/04 – (BStBl. I S. 638)[1] entsprechend.
Die Vereinfachungsregelung kann auf alle nach dem 31. Juli 2004 ausgeführten Umsätze angewandt werden.

---

1) Anlage § 012 (2) 1-01

Anlage § 012 (2) 1–24

Steuersatz für die Lieferungen von Kombinationsartikeln

BMF-Schreiben vom 09.05.2005 – IV A 5 – S 7220 – 23/05,
BStBl. 2005 I S. 674

Nach den Textziffern 13 und 14 des BMF-Schreibens vom 5. August 2004 (a.a.O.)[1] handelt es sich bei Warensortimenten bestehend aus Lebensmitteln (insbesondere Süßigkeiten) und so genannten Non-Food-Artikeln (insbesondere Spielzeug) grundsätzlich nicht um Warenzusammenstellungen in Aufmachungen für den Einzelverkauf im Sinne der Allgemeinen Vorschrift für die Auslegung der Kombinierten Nomenklatur (AV) 3b. Dies führt dazu, dass auf den Süßigkeitsanteil des Entgelts der ermäßigte und auf den Spielzeuganteil des Entgelts der allgemeine Steuersatz anzuwenden ist.

Unter Bezugnahme auf das Ergebnis der Erörterungen mit den obersten Finanzbehörden der Länder gilt Folgendes:

Beträgt das Entgelt für das gesamte Warensortiment nicht mehr als 20 Euro und sind die Waren vom Hersteller so aufgemacht, dass sie sich ohne vorheriges Umpacken zur direkten Abgabe an den Endverbraucher eignen, wird es für Umsätze auf der letzten Handelsstufe nicht beanstandet, wenn für das gesamte Warensortiment aus Vereinfachungsgründen der Steuersatz einheitlich angewandt wird, der auf die Waren mit dem höchsten Wertanteil entfällt. Zur Bestimmung der Wertanteile der einzelnen Komponenten ist auf die Einkaufspreise zuzüglich der Nebenkosten oder in Ermangelung eines Einkaufspreises auf die Selbstkosten abzustellen. Besteht das Sortiment aus mehr als zwei Komponenten, sind Waren, die demselben Steuersatz unterliegen, zusammenzufassen. Von der Vereinfachungsregelung ausgeschlossen sind Warensortimente, die nach den Wünschen des Leistungsempfängers selbst zusammengestellt oder vorbereitet werden (z.B. Präsentkörbe).

Die Regelungen können auf vor dem 1. Januar 2006[2] ausgeführte Umsätze angewandt werden. Nach Eintritt der Unanfechtbarkeit ist eine Berücksichtigung nur möglich, soweit die Steuerfestsetzung noch geändert werden kann.

---

1) Siehe Anlage § 012 (2) 1 – 01
2) Durch BMF vom 09.12.2005 – IV A 5 – S 7220 – 50/05, BStBl. 2005 I S. 1086, ersetzt durch „vor dem 1. Juli 2006". Beachte auch Anlage § 012 (2) 1-25

Anlage § 012 (2) 1–25

Steuersatz für die Lieferung sog. Kombinationsartikel

BMF-Schreiben vom 21.03.2006 – IV A 5 – S 7220 – 27/06,
BStBl. 2006 I S. 286

Nach den Textziffern 13 und 14 des BMF-Schreibens vom 5. August 2004 (a.a.O.) sind Warensortimente, die keine Warenzusammenstellungen in Aufmachungen für den Einzelverkauf i.S. der Allgemeinen Vorschrift für die Auslegung der Kombinierten Nomenklatur (AV) 3b darstellen (sog. Kombinationsartikel), getrennt einzureihen. Dies kann dazu führen, dass auf die Lieferung eines Kombinationsartikels sowohl der ermäßigte als auch der allgemeine Steuersatz Anwendung finden.

Unter Bezugnahme auf das Ergebnis der Erörterungen mit den obersten Finanzbehörden der Länder gilt für Umsätze i.S. des § 1 Abs. 1 Nr. 1 und 5 UStG zur Vereinfachung des Besteuerungsverfahrens Folgendes:

Beträgt das Verkaufsentgelt für die erste Lieferung des Warensortiments nicht mehr als 20 Euro und sind die Waren bei dieser Lieferung so aufgemacht, dass sie sich ohne vorheriges Umpacken zur direkten Abgabe an den Endverbraucher eignen, wird die einheitliche Anwendung des ermäßigten Steuersatzes für diese Lieferung und alle Lieferungen des selben Warensortiments auf den folgenden Handelsstufen nicht beanstandet, wenn der Wertanteil der in der Anlage 2 zum Umsatzsteuergesetz genannten Gegenstände mindestens 90% beträgt. Liegt der Wertanteil dieser Gegenstände unter 90%, wird die einheitliche Anwendung des allgemeinen Steuersatzes nicht beanstandet.

Der leistende Unternehmer hat den Leistungsempfänger in geeigneter Weise schriftlich auf die Anwendung der Vereinfachungsregelung hinzuweisen (z.B. im Lieferschein oder in der Rechnung). Dies gilt nicht für Umsätze auf der letzten Handelsstufe. Das Vorliegen der Voraussetzungen für die Anwendung der Vereinfachungsregelung ist in geeigneter Form aufzuzeichnen.

Zur Bestimmung der Wertanteile der einzelnen Komponenten ist auf die Einkaufspreise zuzüglich der Nebenkosten oder in Ermangelung eines Einkaufspreises auf die Selbstkosten abzustellen. Besteht das Sortiment aus mehr als zwei Komponenten, sind Bestandteile, die einzeln betrachtet demselben Steuersatz unterliegen, zusammenzufassen.

Von der Vereinfachungsregelung ausgeschlossen sind Warensortimente, die nach den Wünschen des Leistungsempfängers zusammengestellt oder vorbereitet werden (z.B. Präsentkörbe).

Die Regelungen der BMF-Schreiben vom 9. Mai 2005 – IV A 5 – S 7220 – 23/05 – (BStBl. I S. 674) sowie vom 9. Dezember 2005 – IV A 5 – S 7220 – 50/05 – (BStBl. I S. 1086)[1] bleiben bis zu ihrem Auslaufen unberührt. Beruft sich ein Unternehmer, der in Zeiträumen bis zum Ergehen dieses BMF-Schreibens über den Anwendungsbereich der bisherigen Regelungen hinaus für die Lieferung von Kombinationsartikeln einen einheitlichen Steuersatz angewendet hat, auf die Regelungen dieses Schreibens, ist dies – auch für Zwecke des Vorsteuerabzugs seines Leistungsempfängers – nicht zu beanstanden, wenn die vorstehenden Voraussetzungen vorgelegen haben.

---

[1] Vgl. Anlage § 012 (2) 1-24

Anlage § 012 (2) 1–26

Steuersatz für Umsätze mit getrockneten Schweineohren

BMF-Schreiben vom 16.10.2006 – IV A 5 – S 7221 – 1/06,
BStBl. 2006 I S. 620

Unter Bezugnahme auf das Ergebnis der Erörterungen mit den obersten Finanzbehörden der Länder gilt Folgendes:

Genießbare getrocknete Schweineohren (Schlachtnebenerzeugnis) – auch wenn als Tierfutter verwendet – werden gemäß der Verordnung (EG) Nr. 1125/2006 der Kommission vom 21. Juli 2006 (ABl. EU L 200 S. 3) in die Unterposition 0210 99 49 des Zolltarifs (ZT) eingereiht. Umsätze mit diesen Erzeugnissen unterliegen dem ermäßigten Steuersatz (§ 12 Abs. 2 Nr. 1 UStG i.Vm. Nr. 2 der Anlage 2 zum UStG).

Getrocknete Schweineohren (Schlachtnebenerzeugnis), die nicht für den menschlichen Verzehr geeignet sind, werden hingegen der Unterposition 0511 99 90 ZT zugewiesen. Umsätze mit diesen Erzeugnissen unterliegen dem allgemeinen Steuersatz (§ 12 Abs. 1 UStG).

Dem entgegen stehende Regelungen des BMF-Schreibens vom 5.8.2004 – IV B 7 – S 7220 – 46/04[1] – sind nicht mehr anzuwenden.

Für bis zum Ablauf des Monats der Veröffentlichung dieses Schreibens im Bundessteuerblatt ausgeführte Umsätze mit getrockneten Schweineohren, die in die Unterposition 0511 99 90 ZT eingereiht werden, wird es auch für Zwecke des Vorsteuerabzugs nicht beanstandet, wenn der ermäßigte Steuersatz Anwendung findet. Soweit dem Unternehmer allerdings vor diesem Zeitpunkt Zolltarifauskünfte vorliegen, nach denen die Einreihung von getrockneten Schweineohren in die Unterposition 0511 99 90 ZT erfolgte oder vorliegende Zolltarifauskünfte für die Einreihung in Position 2309 ZT entsprechend geändert oder widerrufen wurden, ist die Übergangsregelung ab der Erteilung, der Änderung oder dem Widerruf dieser Zolltarifauskünfte nicht anzuwenden. Auch in Fällen, in denen der Unternehmer durch die Finanzbehörde auf die geänderte zollrechtliche Einordnung hingewiesen wurde, ist die Übergangsregelung ab dem Zeitpunkt des Hinweises nicht mehr zuzulassen.

---

[1] Siehe Anlage § 012 (2) 1-01, siehe auch BFH vom 10.02.2009 – VII R 16/08

Anlage § 012 (2) 1–27

Antrag auf Erteilung einer unverbindlichen Zolltarifauskunft für Umsatzsteuerzwecke

BMF-Schreiben vom 23.10.2006 – IV A 5 – S 7220 – 71/06,
BStBl. 2006 I S. 622

1 Anlage[1]

Unter Bezugnahme auf das Ergebnis der Erörterungen mit den obersten Finanzbehörden der Länder gilt Folgendes:

Bestehen Zweifel, ob eine beabsichtigte Lieferung oder ein beabsichtigter innergemeinschaftlicher Erwerb eines Gegenstands unter die Steuermäßigung nach § 12 Abs. 2 Nr. 1 UStG fällt, haben die Lieferer und die Abnehmer bzw. die innergemeinschaftlichen Erwerber die Möglichkeit, bei der zuständigen Zolltechnischen Prüfungs- und Lehranstalt eine unverbindliche Zolltarifauskunft für Umsatzsteuerzwecke (uvZTA) einzuholen. UvZTA können auch von den Landesfinanzbehörden (z.B. den Finanzämtern) beantragt werden.

Für Anträge auf Erteilung einer uvZTA konnte bisher das Vordruckmuster „0307 Antrag auf Erteilung einer verbindlichen Zolltarifauskunft" verwendet werden, wenn in der Bezeichnung des Antrags das Wort „verbindlichen" durch das Wort „unverbindlichen" ersetzt wurde (vgl. Rz. 8 und Anlage 2 des BMF-Schreibens vom 5.8.2004[2]). Die Zollverwaltung hat nunmehr den anliegenden Vordruck „Antrag auf Erteilung einer unverbindlichen Zolltarifauskunft für Umsatzsteuerzwecke" aufgelegt, der ab sofort zu verwenden ist.[3]

Auf die teilweise geänderten Zuständigkeiten der Zolltechnischen Prüfungs- und Lehranstalten wird hingewiesen.[4]

---

1) Hier nicht abgedruckt
2) Siehe Anlage § 012 (2) 1-01
3) Neuauflage des Vordrucks vgl. BMF-Schreiben vom 06.02.2008 – IV A 5 – S 7220/07/0003 und vom 30.03.2009 – IV B 8 – S 7220/07/10003
4) Siehe auch die aktuellen Anschriften unter http://www.zoll.de/faq/faq_unverbindliche_zolltarifauskunft/index.html

Umsatzsteuerrechtliche Behandlung des Legens von Hauswasseranschlüssen; Konsequenzen der BFH-Urteile vom 08.10.2008 – V R 61/03 und V R 27/06

BMF-Schreiben vom 07.04.2009 – IV B 8 – S 7100/07/10024,
BStBl. 2009 I S. 531

Mit Urteilen vom 8.10.2008 – V R 61/03 bzw. VR 27/06 (BStBl. 2009 II S. 321 und 325) hat der BFH entschieden, dass das Legen eines Hausanschlusses durch ein Wasserversorgungsunternehmen gegen gesondert berechnetes Entgelt unter den Begriff „Lieferung von Wasser" i.S. von § 12 Abs. 2 Nr. 1 UStG i.V.m. Nr. 34 der Anlage 2 zum UStG fällt und als eigenständige Leistung dem ermäßigten Umsatzsteuersatz unterliegt. Dies gilt unabhängig davon, ob die Anschlussleistung an den späteren Wasserbezieher oder einen Dritten (z.B. einen Bauunternehmer oder Bauträger) erbracht wird.

Nach dem Ergebnis der Erörterung mit den obersten Finanzbehörden der Länder gilt zur Anwendung der o.g. BFH-Urteile Folgendes:

1. Person des leistenden Unternehmers

Die Grundsätze der o.g. Rechtsprechung sind auf das Legen des Hausanschlusses *durch das Wasserversorgungsunternehmen* beschränkt. Das bedeutet, dass für die Anwendung des ermäßigten Steuersatzes die Hauswasseranschlussleistung und die Wasserbereitstellung durch ein und denselben Unternehmer erfolgen müssen.

2. Anwendbarkeit des § 13b UStG

Nach Abschnitt 182a Abs. 7 Nr. 8 UStR stellt das Verlegen von Hausanschlüssen durch das Versorgungsunternehmen eine Bauleistung dar, wenn es sich hierbei um eine eigenständige Leistung handelt. Diese Rechtslage wird durch die o.g. Rechtsprechung des BFH nicht berührt. Die Entscheidungen des BFH haben ausschließlich Bedeutung für Zwecke des ermäßigten Steuersatzes. Der Charakter des Umsatzes als Bauleistung in Form der „Verschaffung der Möglichkeit zum Anschluss an das Versorgungsnetz" bleibt vollständig erhalten und das Legen eines Hausanschlusses kann weiterhin einen Anwendungsfall des § 13b UStG darstellen. Änderungen zur bisherigen Verwaltungsauffassung – vor allem des Abschnitts 182a Abs. 7 Nr. 8 UStR – ergeben sich nicht.

3. Personenidentität auf Seiten des Leistungsempfängers

Gemäß dem Urteil vom 8.10.2008 – V R 27/06 – ist eine Personenidentität auf der Empfängerseite für die Anwendung des ermäßigten Steuersatzes nicht notwendig.

4. Anschlussbeiträge/Baukostenbeiträge

Für die Anwendung des ermäßigten Steuersatzes im Sinne der o.g. Rechtsprechung ist allein entscheidend, ob die Zahlung ein Entgelt für die Verschaffung der Möglichkeit zum Anschluss an das Versorgungsnetz durch den Wasserversorgungsunternehmer ist. Die Bezeichnung der Vertragsparteien bzw. die den Bescheid erlassende Behörde ist dabei unerheblich. Sofern es sich mithin um Entgelt für das Legen des Hausanschlusses durch den Wasserversorgungsunternehmer handelt, ist auch die dieser Zahlung zugrunde liegende Leistung ermäßigt zu besteuern.

5. Sonstige Leistungen (Reparatur- und Wartungsleistungen)

Reparatur-, Wartungs- und ähnliche Leistungen an den Hausanschlüssen durch den Wasserversorger unterliegen dem ermäßigten Steuersatz. Dies gilt auch dann, wenn diese Unterhaltungskosten gesondert in Rechnung gestellt werden, da diese nicht als selbständige Hauptleistung beurteilt werden. Eines Rückgriffs auf die neue BFH-Rechtsprechung bedarf es insofern nicht.

Dem entgegenstehende Regelungen im BMF-Schreiben vom 5.8.2004 – IV B 7 – S 7220 – 46/04 (a.a.O.) sind nicht mehr anzuwenden.

Für vor dem 1.7.2009 ausgeführte Leistungen wird es – auch für Zwecke des Vorsteuerabzugs des Leistungsempfängers – nicht beanstandet, wenn sich der leistende Unternehmer auf die entgegenstehenden Regelungen des BMF-Schreibens vom 5.8.2004 – IV B 7 – S 7220 – 46/04 (a.a.O.) beruft.

Umsatzsteuerrechtliche Behandlung des Legens von Hauswasseranschlüssen; Konsequenzen der BFH-Urteile vom 08.10.2008 – V R 61/03 und V R 27/06

BayLfSt, Vfg. vom 25.06.2009 – S 7221.1.1 – 1.16 St 34, UR 2009 S. 863

Mit den Urteilen vom 8.10.2008 (V R 61/03, BStBl. II 2009, 321 = UR 2009, 56; V R 27/06, BStBl. II 2009, 325 = UR 2009, 165) hat der BFH entschieden, dass das Legen eines Hauswasseranschlusses durch ein Wasserversorgungsunternehmen gegen gesondert berechnetes Entgelt unter den Begriff „Lieferung von Wasser" i.S.v. § 12 Abs. 2 Nr. 1 i.V.m. Anlage 2 Nr. 34 UStG fällt und als eigenständige Leistung dem ermäßigten Steuersatz unterliegt. Im Schreiben vom 7.4.2009 (IV B 8 – S 7100/07/10024 – DOK 2009/0215132, BStBl. I 2009, 531[1]) nimmt das BMF zu den Auswirkungen dieser Rechtsprechung Stellung.

1. Dem ermäßigten Steuersatz unterliegende Leistungen

Ermäßigt besteuert werden sowohl das Verlegen eines Neuanschlusses als auch Reparatur-, Wartungs- und ähnliche Leistungen (vgl. BMF-Schreiben vom 7.4.2009 – a.a.O. – Tz. 1 und 5).

Die neue Rechtslage umfasst nach einer Entscheidung der Vertreter der obersten Behörden des Bundes und Länder auch Leistungen der Wasserversorgungsunternehmen im Bereich der Errichtung bzw. des Erhalts des öffentlichen Wassernetzes. Damit sind auch *Baukostenzuschüsse* nach § 9 AVBWasserV und *Herstellungs- und Verbesserungsbeiträge* nach Art. 5 KAG (Kommunalabgabengesetz), die zur Deckung des Aufwands für die Herstellung, Anschaffung, Verbesserung oder Erneuerung von öffentlichen Einrichtungen erhoben werden, als Entgelt für die Verschaffung der Möglichkeiten zum Anschluss an das Versorgungsnetz durch das Wasserversorgungsunternehmen mit dem ermäßigten Steuersatz zu besteuern.

Nach dem o.g. BMF-Schreiben (Tz. 1) unterliegen das Legen des Hauswasseranschlusses und ähnliche Leistungen nur dann dem ermäßigten Steuersatz, wenn sie vom Wasserversorgungsunternehmen selbst erbracht werden. Die Durchführung des Legens des Hauswasseranschlusses durch einen vom Wasserversorgungsunternehmen beauftragten Subunternehmer ist insoweit unschädlich; dessen Leistung an das Wasserversorgungsunternehmen ist aber nach wie vor dem Regelsteuersatz zu unterwerfen.

Erbringen Handwerksbetriebe oder andere Dritte das Legen des Hauswasseranschlusses unmittelbar an den Grundstückseigentümer, d.h. ohne Beauftragung durch das Wasserversorgungsunternehmen, fällt diese Leistung nicht mehr unter den Begriff „Lieferung von Wasser", weil diese Unternehmer selbst nicht Lieferant des Wassers sind.

2. Anwendung der Rechtsprechung

Für *nach dem 30.6.2009 ausgeführte*[2] *Leistungen* ist die Rechtsprechung des BFH zwingend zu übernehmen.

Für *vor dem 1.7.2009 ausgeführte Leistungen* räumt das BMF den Wasserversorgungsunternehmen ein Wahlrecht zwischen der Regelbesteuerung und der Besteuerung nach dem ermäßigten Steuersatz ein (Übergangsregelung des BMF-Schr. v. 7.4.2009 – IV B 8 – S 7100/07/10024 – DOK 2009/0215132, BStBl. I 2009, 531 = UR 2009, 323).

Soweit ein Wasserversorgungsunternehmen vor dem 1.7.2009 eine Leistung ausgeführt hat oder noch ausführt, hierfür aber noch keine Rechnung[3] erstellt hat, bestehen keine Hindernisse, diese Leistung regelmäßig dem ermäßigten Steuersatz zu unterwerfen.

3. Folgen einer Anwendung des ermäßigten Steuersatzes in der Vergangenheit

3.1 In der ursprünglichen Rechnung war die Umsatzsteuer (mit dem Regelsteuersatz) offen ausgewiesen

3.1.1 Allgemeines

Das Wasserversorgungsunternehmen hat in der Rechnung einen höheren Steuerbetrag ausgewiesen, als es nach dem Gesetz schuldet (unrichtiger Steuerausweis) und schuldet deswegen auch den Mehrbetrag

---

1) Vgl. Anlage § 012 (2) 1–27
2) Die einzelnen Leistungen gelten mit dem Entstehen der Beitrags- oder Kostenerstattungspflicht als ausgeführt. Im Falle des Hauswasseranschlusses entsteht die Kostenerstattungspflicht mit Abschluss der Baumaßnahme.
3) Rechnung ist jedes Dokument, mit dem über eine Lieferung oder Leistung abgerechnet wird, unabhängig von seiner Bezeichnung (Abschn. 183 Abs. 1 UStR 2008). Damit sind auch Beitragsbescheide nach dem Kommunalabgabenrecht Rechnungen i.S.v. § 14 UStG. Zur Vereinfachung wird im weiteren Text einheitlich von Rechnungen gesprochen.

Anlage § 012 (2) 1–29

nach § 14c Abs. 1 UStG (Abschn. 190c Abs. 1 Satz 1 UStR 2008). Sofern es jedoch den Steuerbetrag gegenüber dem Leistungsempfänger berichtigt, ist § 17 Abs. 1 UStG entsprechend anzuwenden (§ 14c Abs. 1 Satz 2 UStG). Die Berichtigung des geschuldeten Mehrbetrags ist folglich für den Besteuerungszeitraum vorzunehmen, in welchem dem Leistungsempfänger die berichtigte Rechnung erteilt wurde (Abschn. 190c Abs. 5 UStR 2008). Die ursprüngliche Steuerfestsetzung bleibt bestehen.

Eine Rechnungsberichtigung nach § 14c Abs. 1 Satz 2 UStG, § 31 Abs. 5 UStDV kann auch dann erfolgen, wenn beim Wasserversorgungsunternehmen für das Jahr der Ausführung der zugrunde liegenden Leistung bereits Festsetzungsverjährung eingetreten ist.

Berichtigung des Vorsteuerabzugs beim Leistungsempfänger

Berichtigt ein Wasserversorgungsunternehmen bei Leistungsempfängern, die zum vollen oder teilweisen Vorsteuerabzug berechtigt waren, die bisherige Rechnung, ist bei diesen die erforderliche Berichtigung des Vorsteuerabzugs – ausnahmsweise – ebenfalls im Voranmeldungszeitraum der Rechnungskorrektur vorzunehmen.

Der sich aus der Übergangsregelung des BMF-Schreibens ergebende Vertrauensschutz für Zwecke des Vorsteuerabzugs des Leistungsempfängers gilt nur für den Fall, dass sich das Wasserversorgungsunternehmen auf die entgegenstehenden Regelungen des BMF-Schreibens vom 5.8.2004 (BStBl. I 2004, 638 = UR 2004, 655) beruft. Ein Vertrauensschutz ist nur einheitlich bei Leistendem und Leistungsempfänger möglich.

Zwischenzeitlicher Eigentümerwechsel

Insoweit wird auf Tz. 4.2.2.1 des Rundschreibens des Bayerischen Staatsministeriums des Innern vom 25.6.2009 (I B 4 – 1537.1 – 11, n.v.) verwiesen. Für eine wirksame Rechnungsberichtigung ist eine Berichtigung des Abgabebescheids gegenüber dem ursprünglichen Leistungsempfänger bzw. dessen Gesamtrechtsnachfolger erforderlich.

3.1.2 Vorgehensweise der Wasserversorgungsunternehmen bei einer Rechnungsberichtigung nach § 14c Abs. 1 Satz 2 UStG

Will ein Wasserversorgungsunternehmen seinen Kunden die überhöhte Umsatzsteuer zurückerstatten und sich die entsprechende Umsatzsteuer vom FA erstatten lassen, hat es eine berichtigte Rechnung zu erstellen (vgl. insoweit Tz. 3.1.1). Dem Leistungsempfänger muss eine hinreichend bestimmte, schriftliche Berichtigung tatsächlich zugehen (Abschn. 190c Abs. 6 Sätze 3, 4 UStR 2008). Im Voranmeldungszeitraum der wirksamen Rechnungsberichtigung kann es dann die Minderung der Umsatzsteuer als Rotbetrag in Kz. 69 der Umsatzsteuervoranmeldung erklären.

Berichtigt das Wasserversorgungsunternehmen ausnahmsweise eine Rechnung gegenüber einem Kunden, der zum vollen oder teilweisen Vorsteuerabzug berechtigt ist, ist dies dem FA in einer Anlage zur Umsatzsteuervoranmeldung mitzuteilen.

Anmerkung

Zur Verwaltungsvereinfachung kann es sich empfehlen, dass sich das Wasserversorgungsunternehmen bei Leistungsempfängern, die zum vollen Vorsteuerabzug berechtigt waren, auf die Übergangsregelung des o.g. BMF-Schreibens beruft und auf eine Berichtigung der Rechnung verzichtet.

3.2 In der ursprünglichen Rechnung war die Umsatzsteuer nicht offen ausgewiesen

Es liegt keine Rechnung mit unrichtigem Steuerausweis vor. Eine Rechnungsberichtigung i.S.d. § 14c Abs. 1 Satz 2 UStG ist damit nicht möglich. Die Folgen einer Anwendung des ermäßigten Steuersatzes in der Vergangenheit bzw. der Teilrückzahlung von Beträgen sind nach allgemeinen Grundsätzen zu ziehen.

3.2.1 Der an das Wasserversorgungsunternehmen ergangene Umsatzsteuerbescheid des Jahres der Leistungsausführung ist noch änderbar (§§ 164, 172ff. AO)

Das Wasserversorgungsunternehmen kann sich – unabhängig von einer Rückzahlung an den *Grundstückseigentümer* – unmittelbar auf die günstigere neue Rechtsprechung berufen und eine entsprechend berichtigte Umsatzsteuererklärung *für das jeweilige Jahr* der Leistungsausführung abgeben (§ 153 AO). In dieser Erklärung ist die zutreffende Umsatzsteuer mit dem ermäßigten Steuersatz aus dem bisherigen Gesamtbetrag herauszurechnen. Voraussetzung hierfür ist jedoch, dass der Umsatzsteuerbescheid des Jahres der Leistungsausführung noch änderbar ist.

Beispiel:

		BMG	USt
in ursprünglicher Rechnung enthalten	116,–	100,–	16,–
Bemessungsgrundlage zutreffend (100/107 von 116,–)		108,41	7,59
Minderung der USt-Belastung (= Erstattungsbetrag)			*8,41*

Anlage § 012 (2) 1–29

Zahlt das Wasserversorgungsunternehmen den Kunden *die überhöhte Umsatzsteuerbelastung zurück*, bewirkt dies eine *Änderung der Bemessungsgrundlage i.S.d. § 17 UStG*. Es hat diese Berichtigung der Bemessungsgrundlage in einem zweiten Schritt für den Besteuerungszeitraum vorzunehmen, in dem es den Differenzbetrag an den Kunden zurückbezahlt hat.

Beispiel:
wie oben

	BMG		USt
in berichtigter Erklärung enthalten	116,–	108,41	7,59
Rückzahlung	9,–	108,41	7,59
neue Bemessungsgrundlage gem. § 17 UStG (116,– – 9,–) x 100/107	107,–	100,–	7,–
weitere Minderung der USt-Belastung (= Erstattungsbetrag)			0,59
Gesamte Erstattung			9,–

Nur eine Rückzahlung der überhöhten Umsatzsteuerbelastung an den Kunden führt also zu einer umfassenden Erstattung der durch das Wasserversorgungsunternehmen überbezahlten Umsatzsteuer.

3.2.2 Der an das Wasserversorgungsunternehmen ergangene Umsatzsteuerbescheid des Jahres der Leistungsausführung ist nicht mehr nach §§ 164,172ff. AO änderbar

Mit der Rückzahlung des Differenzbetrages an den Kunden kommt es auch hier im Besteuerungszeitraum der Rückzahlung zu einer Änderung der Bemessungsgrundlage (§17 UStG).

Beispiel:

	BMG	USt	
in ursprünglicher Rechnung enthalten	116,–	100,–	16,–
Rückzahlung	9,–		
Bemessungsgrundlage zutreffend gem. § 17 UStG (100/107 von 107,–)		100,–	7,–
Minderung der USt-Belastung (= Erstattungsbetrag)			9,–

Zahlt ein Wasserversorgungsunternehmen den der Umsatzsteuerminderung entsprechenden Betrag nicht an den Kunden zurück, verbleibt es bei der ursprünglichen Steuerbelastung.

4. Kontrolle der Rechnungsberichtigungen durch das Finanzamt

Hat das Wasserversorgungsunternehmen gegenüber einem Kunden, der zum vollen oder teilweisen Vorsteuerabzug berechtigt war, eine Rechnungsberichtigung vorgenommen, wird das betroffene FA dem FA des Leistungsempfängers eine entsprechende Kontrollmitteilung übersenden.

Die Finanzverwaltung behält sich die Möglichkeit einer stichprobenartigen Überprüfung der Rechnungsberichtigungen vor.

5. Änderung der Beitrags- und Kostenerstattungsbescheide durch die Kommunen

Hat das Wasserversorgungsunternehmen bereits einen Beitrags- oder Kostenerstattungsbescheid erlassen, muss es nach den kommunalabgabenrechtlichen Vorschriften prüfen, ob und inwieweit ein solcher Bescheid berichtigt wird. Diese Entscheidung hängt nicht von steuerlichen Vorschriften ab.

Kommunalabgabenrechtliche Bescheide, die den im Rundschreiben des Bayerischen Staatsministeriums des Innern vom 25.6.2009 (I B 4 – 1537.1 – 11, n.v. – Anhang 2 und 3) aufgeführten Empfehlungen für die Abfassung eines Änderungsbescheides entsprechen,

– stellen im Fall der Tz. 3.1 zugleich eine Rechnungsberichtigung nach § 14c Abs. 1 Satz 2 UStG, § 31 Abs. 5 UStDV dar;
– werden im Fall der Tz. 3.2 als Nachweis der Rückzahlung anerkannt.

Anlage § O12 (2) 1–30

Steuersatz für die Lieferungen von Pflanzen und damit in Zusammenhang stehende sonstige Leistungen; Konsequenzen des BFH-Urteils vom 25.06.2009 – V R 25/07[1)]

BMF-Schreiben vom 04.02.2010 – IV D 2 – S 7221/09/10001,
BStBl. 2010 I S. 214

Mit Urteil vom 25.6.2009 – V R 25/07 – hat der BFH entschieden, dass die Lieferung einer Pflanze und deren Einpflanzen durch den liefernden Unternehmer umsatzsteuerrechtlich jeweils selbständig zu beurteilende Leistungen sein können.

Unter Bezugnahme auf das Ergebnis der Erörterungen mit den obersten Finanzbehörden der Länder gilt Folgendes:

Die umsatzsteuerrechtliche Beurteilung der Pflanzenlieferung und des Einbringens in den Boden als jeweils selbständige Leistung richtet sich im Einzelfall nach den allgemeinen Grundsätzen des Abschnitts 29 der Umsatzsteuer-Richtlinien. Die Annahme einer ermäßigt zu besteuernden Pflanzenlieferung setzt danach insbesondere voraus, dass es das vorrangige Interesse des Verbrauchers ist, die Verfügungsmacht über die Pflanze zu erhalten.

Soweit bisher ergangene Verwaltungsanweisungen – insbesondere Rz. 41 des BMF-Schreibens vom 5.8.2004 – IV B 7 – S 7220 – 46/04 (BStBl. I S. 638)[2)] – eine dem ermäßigten Steuersatz unterliegende Pflanzenlieferung bereits dann ausschließen, wenn der Unternehmer – über den Transport hinaus – auch das Einpflanzen der von ihm gelieferten Pflanze übernimmt, sind sie nicht mehr anzuwenden.

Sofern zum Einpflanzen weitere Dienstleistungselemente hinzutreten, besteht das vorrangige Interesse des Leistungsempfängers dagegen regelmäßig nicht nur am Erhalt der Verfügungsmacht über die Pflanze. In diesen Fällen, z.B. bei der Grabpflege, ist daher weiterhin von einer einheitlichen, nicht ermäßigt zu besteuernden sonstigen Leistung bzw. Werkleistung auszugehen (vgl. Rz. 40 des BMF-Schreibens vom 5.8.2004, a.a.O.), denn das Interesse des Leistungsempfängers besteht hier vorrangig an den gärtnerischen Pflegearbeiten. Ebenso ist bei zusätzlichen gestalterischen Arbeiten (z.B. Planungsarbeiten, Gartengestaltung) auch weiterhin insgesamt von einer einheitlichen Werklieferung – Erstellung einer Gartenanlage – auszugehen, die dem allgemeinen Umsatzsteuersatz unterliegt (vgl. Rz. 41 des BMF-Schreibens vom 5.8.2004, a.a.O.).

Für vor dem 1.4.2010 ausgeführte Umsätze wird es auch für Zwecke des Vorsteuerabzugs des Leistungsempfängers nicht beanstandet, wenn der Unternehmer die Lieferung einer Pflanze sowie deren Einbringen in den Boden als einheitliche, dem allgemeinen Umsatzsteuersatz unterliegende Leistung behandelt.

---

1) UR 2009 S. 809
2) Anlage § O12 (2) 1–01

Anlage § 012 (2) 1–31

Umsatzsteuerermäßigung nach § 12 Abs. 2 Nr. 1 UStG i.V.m. Nr. 52 Buchst. b der Anlage 2 zum UStG auf Umsätze mit Gehhilfe-Rollatoren; Konsequenzen der EuGH-Urteils vom 22.12.2010 – C-273/09 – (ABl. EU 2011 Nr. C 63 S. 5)

BMF-Schreiben vom 11.08.2011 – IV D 2 – S 7227/11/10001, BStBl. 2011 I S. 824

Gemäß § 12 Abs. 2 Nr. 1 i.V.m. Nr. 52 Buchst. b der Anlage 2 zum UStG unterliegen die Lieferungen, die Einfuhr und der innergemeinschaftliche Erwerb von orthopädischen Apparaten und anderen orthopädischen Vorrichtungen einschließlich Krücken sowie medizinisch-chirurgischer Gürtel und Bandagen, ausgenommen Teile und Zubehör (aus Unterposition 9021 10 des Zolltarifs) dem ermäßigten Umsatzsteuersatz von 7%.

Mit Urteil vom 22. Dezember 2010 – C-273/09 – (ABl. EU 2011 Nr. C 63 S. 5) hat der EuGH entschieden, dass die Verordnung (EG) Nr. 729/2004 der Kommission vom 15. April 2004 zur Einreihung von bestimmten Waren in die Kombinierte Nomenklatur in der Fassung der am 7. Mai 2004 veröffentlichten Berichtigung ungültig ist, soweit zum einen durch die Berichtigung der Anwendungsbereich der ursprünglichen Verordnung auf Gehhilfe-Rollatoren erstreckt worden ist, die aus einem Aluminiumrohrrahmen auf vier Rädern, mit vorderen Drehlagerrädern, Griffen und Bremsen bestehen und ihrer Beschaffenheit nach als Hilfe für Personen mit Gehschwierigkeiten bestimmt sind, und zum anderen die Verordnung in der berichtigten Fassung diese Gehhilfe-Rollatoren in die Unterposition 8716 80 00 der Kombinierten Nomenklatur einreiht. Nach Rz. 56 des Urteils sind Gehhilfe-Rollatoren in die Position 9021 einzureihen.

Unter Bezugnahme auf das Ergebnis der Erörterungen mit den obersten Finanzbehörden der Länder gilt Folgendes:

Die Lieferungen, die Einfuhr und der innergemeinschaftliche Erwerb von Gehhilfe-Rollatoren unterliegen gemäß § 12 Abs. 2 Nr. 1 i.V.m. Nr. 52 Buchst. b der Anlage 2 zum UStG dem ermäßigten Umsatzsteuersatz von 7%.

Gehhilfe-Rollatoren dienen dem Nutzer als Stütze beim Gehen und bestehen im Allgemeinen aus einem röhrenförmigen Metallrahmen auf drei oder vier Rädern (von denen einige oder alle drehbar sind), Griffen und Handbremsen. Gehhilfe-Rollatoren können in der Höhe verstellbar und mit einem Sitz zwischen den Griffen sowie einem Korb zur Aufbewahrung persönlicher Gegenstände ausgestattet sein. Der Sitz gestattet dem Benutzer, kurze Rasten einzulegen.

Die Regelungen dieses Schreibens sind in allen offenen Fällen anzuwenden. Soweit bisher ergangene Verwaltungsanweisungen – insbesondere das BMF-Schreiben vom 5. August 2004 – IV B 7 – S 7220 – 46/04 – (a. a. O.)[1] – die Anwendung der Umsatzsteuerermäßigung nach § 12 Abs. 2 Nr. 1 i.V.m. Nr. 52 Buchst. b der Anlage 2 zum UStG ausschließen, sind sie nicht mehr anzuwenden.

Für vor dem 1. Oktober 2011 ausgeführte Umsätze mit Gehhilfe-Rollatoren wird es – auch für Zwecke des Vorsteuerabzugs des Leistungsempfängers – nicht beanstandet, wenn sich der leistende Unternehmer auf die entgegen stehenden Regelungen des BMF-Schreibens vom 5. August 2004 – IV B 7 – S 7220 – 46/04 – (a. a. O.) beruft und den Umsatz dem allgemeinen Umsatzsteuersatz unterwirft.

---

1) BStBl. 2004 I S. 638, Anlage § 012 (2) 1-01: Tz. 162

Anlagen § 012 (2) 3–01 nicht belegt, § 012 (2) 3–02

Umsatzsteuerliche Behandlung von Umsätzen der Pferdepensionen und aus der Vermietung von Reitpferden; Urteil des Bundesfinanzhofs (BFH) vom 22.01.2004 – V R 41/02

BMF vom 09.08.2004 – IV B 7 – S 7233 – 29/04 / IV B7 – S 7410 – 25/04, BStBl. 2004 I S. 851

Mit Urteil vom 22. Januar 2004 – V R 41/02 – (BStBl. II S. 757) hat der BFH entschieden, dass das Einstellen und Betreuen von Reitpferden, die von ihren Eigentümern zur Ausübung von Freizeitsport genutzt werden, nicht dem ermäßigten Steuersatz nach § 12 Abs. 2 Nr. 3 UStG, sondern dem allgemeinen Steuersatz nach § 12 Abs. 2 Nr. 3 UStG, sondern dem allgemeinen Steuersatz unterliegt. Daneben äußert sich der BFH zur Zuordnung entsprechender Umsätze zum landwirtschaftlichen Bereich.

Unter Bezugnahme auf das Ergebnis der Erörterungen mit den obersten Finanzbehörden der Länder gilt Folgendes:

I. Umsätze aus der Pensionspferdehaltung

Umsätze aus der Pensionshaltung von Pferden, die von ihren Eigentümern zur Ausübung von Freizeitsport oder zu selbständigen oder gewerblichen, nicht landwirtschaftlichen Zwecken genutzt werden (z.B. durch Reitlehrer oder Berufsreiter), unterliegen dem allgemeinen Steuersatz. Die Durchschnittssatzbesteuerung nach § 24 UStG kann dabei nicht in Anspruch genommen werden. Die Steuerermäßigung nach § 12 Abs. 2 Nr. 8 UStG bleibt hiervon unberührt.

II. Umsätze aus der Vermietung von Reitpferden

Für Umsätze aus der Vermietung von Reitpferden kann die Durchschnittssatzbesteuerung des § 24 UStG nicht angewendet werden. Sie sind dem ermäßigten Steuersatz (§ 12 Abs. 2 Nr. 2 i.V.m. Nr. 1 der Anlage 2 zum UStG) zu unterwerfen.

III. Übergangsregelungen

Für bis zum 31. Dezember 2004 bewirkte Umsätze in der Pensionspferdehaltung wird es jedoch nicht beanstandet, wenn unter den übrigen Voraussetzungen des § 12 Abs. 2 Nr. 3 UStG der ermäßigte Steuersatz bei allen noch nicht unanfechtbaren Steuerfestsetzungen in Anspruch genommen wird.

Sofern Pensions- oder Vermietungsleistungen durch pauschalierende Land- und Forstwirte erbracht werden, wird es für bis zum 31. Dezember 2004 erbrachte Umsätze nicht beanstandet, wenn die Durchschnittssatzbesteuerung nach § 24 UStG in Anspruch genommen wird. Die in Abschn. 264 Abs. 4 Satz 7 UStR 2000 übernommene BFH-Rechtsprechung zur Pensionspferdehaltung und zur Vermietung von Pferden zu Reitzwecken ist noch bis zu diesem Zeitpunkt anzuwenden.

Nach Eintritt der Unanfechtbarkeit können die Übergangsregelungen nur berücksichtigt werden, soweit die Steuerfestsetzung noch geändert werden kann.

Steuerermäßigung für prophylaktische und therapeutische Maßnahmen nach tierseuchenrechtlichen Vorschriften bei Zuchttieren

Erlass FM Thüringen vom 20.10.1993 – S 7234 A – 1 – 202.02,
DB 1994 S. 119

Zur Frage, welcher Steuersatz anzuwenden ist, wenn Impfstoffe der Tierseuchenkasse direkt vom Hersteller in Rechnung gestellt werden, die Anwendung der Impfstoffe jedoch durch den Tierarzt erfolgt und dieser der Tierseuchenkasse die Injektion als tierärztliche Leistung berechnet, gilt im Einvernehmen mit den obersten Finanzbehörden des Bundes und der Länder folgendes:

Mit dem ermäßigten Steuersatz von 7 v. H. werden nach § 12 Abs. 2 Nr. 4 UStG Leistungen besteuert, die unmittelbar u. a. der Förderung der Tierzucht dienen. Die Lieferungen von Impfstoffen durch die Pharmaindustrie an die Tierseuchenkasse dienen nicht unmittelbar diesem Zweck; diese Lieferungen sind daher nach § 12 Abs. 1 UStG mit dem Regelsteuersatz zu versteuern.

Umfang der Steuerermäßigung nach § 12 Abs. 4 Nr. 4 UStG – Abschnitt 12.3 Abs. 3 des Umsatzsteuer-Anwendungserlasses

BMF-Schreiben vom 29.06.2011 – IV D 2 – S 7234/07/10001,
BStBl. 2011 I S. 702

Nach § 12 Abs. 2 Nr. 4 UStG sind die Leistungen, die unmittelbar der Vatertierhaltung, der Förderung der Tierzucht, der künstlichen Tierbesamung oder der Leistungs- und Qualitätsprüfung in der Tierzucht und in der Milchwirtschaft dienen, begünstigt. Unter Bezugnahme auf das Ergebnis der Erörterungen mit den obersten Finanzbehörden der Länder ist die Lieferung von Embryonen nach § 12 Abs. 2 Nr. 4 UStG begünstigt, da diese unmittelbar der Förderung der Tierzucht dient.

In Abschnitt 12.3 des Umsatzsteuer-Anwendungserlasses vom 1. Oktober 2010 (BStBl. I S. 846), der zuletzt durch das BMF-Schreiben vom 24. Juni 2011 – IV D 3 – S 7279/11/10001 (2011/0480015) (BStBl. I S. 687) geändert worden ist, wird daher in Absatz 3 Satz 1 der abschließende Punkt in Nummer 8 durch ein Semikolon ersetzt und folgende Nummer 9 angefügt:

„(3) ¹Entgelte für Leistungen, die unmittelbar der Förderung der Tierzucht dienen, sind insbesondere:

...

8. Züchterprämien, die umsatzsteuerrechtlich Leistungsentgelte darstellen (vgl. BFH-Urteile vom 2.10.1969, V R 163/66, BStBl. 1970 II S. 111, und vom 6.8.1970, V R 94/68, BStBl. II S. 730);

9. Entgelte für die Lieferung von Embryonen an Tierzüchter zum Einsetzen in deren Tiere sowie die unmittelbar mit dem Einsetzen der Embryonen in Zusammenhang stehenden Leistungen."

Für vor dem 1. Juli 2011 ausgeführte Umsätze wird es nicht beanstandet, wenn auf die Lieferung von Embryonen an Tierzüchter zum Einsetzen in deren Tiere der allgemeine Steuersatz angewandt wird.

Anlage § 012 (2) 6–01

Steuerermäßigung nach § 12 Abs. 2 Nr. 6 UStG für Leistungen aus der Tätigkeit als Zahntechniker

BMF-Schreiben vom 19.09.1994 – IV C 3 – S 7236 – 3/94,
DB 1994 S. 2166

Es ist die Frage aufgeworfen worden, ob die Lieferung von
- halbfertigen Teilen von Zahnprothesen und
- Bohrern, Gips und sonstigem Material

durch Zahntechniker als Leistungen aus der Tätigkeit als Zahntechniker anzusehen sind, die nach § 12 Abs. 2 Nr. 6 UStG dem ermäßigten Steuersatz unterliegen. Hierzu wird nach Abstimmung mit den obersten Finanzbehörden der Länder folgende Auffassung vertreten:

Lieferungen von halbfertigen Teilen von Zahnprothesen durch Zahntechniker sind als Leistungen aus der Tätigkeit als Zahntechniker anzusehen. Es liegen keine sachlichen Gründe vor, die Lieferungen von halbfertigen Teilen von Zahnprothesen anders zu behandeln als die Lieferungen von vollständigen Zahnprothesen. Kriterium für die Lieferungen eines Zahntechnikers ist, daß der Liefergegenstand durch seine zahntechnische (= auf der Tätigkeit des Zahntechnikers beruhende) Leistung entstanden ist.

Lieferungen von Bohrern, Gips und sonstigem Material durch Zahntechniker sind hiernach nicht als Lieferungen aus der Tätigkeit als Zahntechniker anzusehen. Bei Lieferungen von solchen Gegenständen handelt es sich um Hilfsgeschäfte der Zahntechniker. Hilfsgeschäfte unterliegen nicht dem ermäßigten Steuersatz (Abschn. 165 Abs. 4 UStR).

Anlage § 012 (2) 7–01

Steuersatz für die Leistungen der Graphik-Designer ab 01.01.1982
(§ 12 Abs. 2 Nr. 7 UStG)

BMF-Schreiben vom 19.01.1983 – IV A 1 – S 7240 – 1/83,
UR 1983 S. 60[1)]

Im Einvernehmen mit dem Bundesminister der Justiz und den obersten Finanzbehörden der Länder teile ich Ihnen mit, daß die im BMF-Schreiben vom 12.5.1982 – IV A 1 – S 7210 – 86/82 – / IV A 2 – S 7270 13/82 – (BStBl. I 1982, 540 = USt-Kartei § 12 S 7210 K. 4)[2)] unter Textziffer 27 getroffene Regelung über die umsatzsteuerliche Behandlung der Leistungen der Gebrauchsgraphiker und Graphik-Designer beibehalten wird.

Zu Ihren Ausführungen ist im einzelnen folgendes zu bemerken:

1. Es läßt sich kein allgemeiner Grundsatz aufstellen, daß die Arbeiten der Graphik-Designer regelmäßig urheberrechtlich geschützt seien. Zwar werden viele Arbeiten von Graphik-Designern als persönliche geistige Schöpfungen urheberrechtlichen Schutz genießen. Andererseits gibt es aber Arbeiten von Graphik-Designern – etwa die graphische Darstellung eines Werbeprospekts oder ähnliches –, denen dieser Schutz nicht ohne weiteres zukommt (vgl. OLG Hamburg, Urteil vom 15.7.1971 – 3 U 178/70 –, Gewerblicher Rechtsschutz und Urheberrecht – GRUR – 1972, S. 430; von Gamm, Urheberrechtsgesetz, 1968, § 2 Rdnr. 21 mit weiteren Nachweisen).

2. Für die Anwendung des ermäßigten Steuersatzes nach § 12 Abs. 2 Nr. 7 Buchstabe c UStG ist erforderlich, daß Nutzungsrechte an einer urheberrechtlich geschützten Arbeit eingeräumt oder übertragen werden. Räumt ein Graphik-Designer hinsichtlich einer von ihm ausgeführten Arbeit Nutzungsrechte ein, so besagt dies nicht, daß diese Arbeit nach dem Urheberrechtsgesetz geschützt ist; denn auch Arbeiten oder Leistungen, die keinen urheberrechtlichen Schutz genießen, können zur Nutzung überlassen werden (z. B. Geschmacksmuster, Geschäftsgeheimnisse, Know-how oder ähnliches). Daraus, daß ein Entgelt ausdrücklich für eine urheberrechtliche Nutzung vereinbart wird, folgt ebenfalls nicht, daß die zugrundeliegende Arbeit tatsächlich urheberrechtlich geschützt ist.

3. Soweit bei den Arbeiten eines Graphik-Designers Photographien verwendet und hieran Nutzungsrechte eingeräumt werden, ist der ermäßigte Steuersatz nach § 12 Abs. 2 Nr. 7 Buchstabe c UStG anzuwenden. Dies ergibt sich aus Textziffer 24 des BMF-Schreibens vom 12.5.1982 – IV A 1 – S 7210 – 86/82 – / IV A 2 – S 7270 – 13/82 – (a.a.O).[2)]

4. Zutreffend ist, daß die Arbeit eines Graphik-Designers auch als Darstellung technischer Art nach § 2 Abs. 1 Nr. 7 UrhG urheberrechtlich geschützt sein kann, wenn sie eine persönliche geistige Schöpfung darstellt. Es ist jedoch darauf hinzuweisen, daß auch die Darstellungen technischer Art zu den Werken der Literatur, Wissenschaft und Kunst gehören (§ 1 UrhG). Hieraus wird deutlich, daß es sich bei den graphischen Darstellungen, die nach § 2 Abs. 1 Nr. 7 UrhG geschützt sind, um Werke handeln muß, die eine künstlerische Formgestaltung zum Gegenstand haben und damit ihrem Wesen nach Werke der – meist angewandten – Kunst sind (so ausdrücklich von Gamm, a.a.O., Rdnr. 24).

5. Die in der Textziffer 20 des BMF-Schreibens vom 12.5.1982 – IV A 1 – S 7210 – 86/82 – / – IV A 2 – S 7270 – 13/82 – (a. a. O.) getroffene Vereinfachungsregelung für die umsatzsteuerliche Behandlung der Leistungen der Journalisten kann nicht auf die Leistungen der Graphik-Designer übertragen werden. Zwischen beiden Berufsgruppen bestehen hinsichtlich der tatsächlichen und rechtlichen Gegebenheiten erhebliche Unterschiede. Durch eine Vereinfachungsregelung können zwar gewisse verfahrenstechnische Erleichterungen zugelassen werden. Es ist aber nicht möglich, eine auf bestimmte Leistungen beschränkte Umsatzsteuervergünstigung im Verwaltungswege generell auf nicht begünstigte Leistungen auszudehnen.

---

1) Zum ermäßigten Steuersatz für freiberufliche Designer vgl. auch Erlass FM Bayern vom 26.06.1989 – S 7240 – 7/5 – 39842, UR 1989 S. 390
2) jetzt Abschnitt 168 UStR/Abschnitt 12.1. Abs. 1 UStAE

Anlage § 012 (2) 7–02

Steuersatz für die Leistungen von Artisten

BMF-Schreiben vom 04.10.1985 – IV A 1 – S 7210 – 11/85,
BStBl. 1985 I S. 621

Unter Bezugnahme auf das Ergebnis der Erörterungen mit den obersten Finanzbehörden der Länder gilt folgendes:

(1) Leistungen der Artisten (z. B. der Akrobaten und Jongleure) sind nicht nach § 12 Abs. 2 Nr. 7 Buchstabe a UStG begünstigt. Die in dieser Vorschrift bezeichneten Leistungen umfassen nicht die Darbietungen von Artisten. Darbietungen von Artisten sind insbesondere nicht als Theatervorführungen anzusehen. Artisten können, soweit sie nicht als Schausteller auf Jahrmärkten, Volksfesten, Schützenfesten oder ähnlichen Veranstaltungen tätig werden (§ 30 UStDV), auch nicht die Steuerermäßigung nach § 12 Abs. 2 Nr. 7 Buchstabe d UStG beanspruchen.

(2) Die Leistungen der Artisten, die nicht eine Tätigkeit als Schausteller ausüben, unterliegen grundsätzlich gemäß § 12 Abs. 1 UStG der Umsatzsteuer nach dem allgemeinen Steuersatz. Lediglich in den Fällen, in denen Artisten Rechte und Ansprüche aus den §§ 74 bis 77 UrhG (z. B. die Rechte der Bildschirmübertragung oder der öffentlichen Wiedergabe) nach § 78 UrhG an Dritte abtreten oder entsprechende Einwilligungen selbst erteilen, werden Leistungen bewirkt, auf die nach § 12 Abs. 2 Nr. 7 Buchstabe c UStG der ermäßigte Umsatzsteuersatz anzuwenden ist.

Anlage § 012 (2) 7–03

Steuersatz für die Darbietungen eines Zauberkünstlers (§ 12 Abs. 2 Nr. 7 UStG)

OFD Koblenz, Vfg. vom 01.09.1989 – S 7527 A – St 51 1/St 51 2/St 51 3 (TOP 4.24), UR 1990 S. 226

Sachverhalt:

Ein Zauberkünstler versteuerte seine Umsätze bis einschließlich 1981 mit dem ermäßigten Steuersatz. Ab 1982 unterwarf er seine Umsätze dem Regelsteuersatz. Der Steuerpflichtige vereinbart mit seinen Auftraggebern eine „Brutto-Gage", weist jedoch in seinen Gagen-Abrechnungen den Regelsteuersatz aus. Während einer Betriebsprüfung (Prüfungszeitraum 1983 bis 1985) begehrt der Steuerpflichtige für den Prüfungszeitraum den ermäßigten Steuersatz nach § 12 Abs. 2 Nr. 7 UStG.

Frage:

Kann der Steuerpflichtige bei entsprechender Rechnungserteilung den ermäßigten Steuersatz nach § 12 Abs. 2 Nr. 7 UStG in Anspruch nehmen?

Beurteilung:

Da der Zauberkünstler seine Umsätze bis einschließlich 1981 dem ermäßigten Steuersatz unterworfen hat, ist davon auszugehen, daß seine Vorführungen als künstlerische Tätigkeit i. S. des § 18 Abs. 1 Nr. 1 EStG anerkannt wurden. Ab dem Veranlagungszeitraum 1982 entfällt die Steuerbegünstigung des § 12 Abs. 2 Nr. 5 UStG, die Leistungen der Freiberufler unterliegen nunmehr grundsätzlich dem Regelsteuersatz.

Für die Darbietungen eines Zauberkünstlers kann allenfalls die Steuerbegünstigung des § 12 Abs. 2 Nr. 7 Buchst. a UStG in Betracht kommen:

§ 12 Abs. 2 Nr. 7 Buchst. a UStG begünstigt die Leistungen der Theater sowie die Veranstaltung von Theateraufführungen durch andere Unternehmer. Ein einzelner Zauberer stellt weder ein *Theater* dar, noch veranstaltet er *Theateraufführungen*.

Für ein Theater fehlt es an dem nicht unbeträchtlichen personellen und technischen Apparat, der die Durchführung eines Spielplanes gewährleistet (vgl. Plückebaum/Malitzky, UStG, 10. Aufl., § 12 Abs. 2 Nr. 7, Rz. 1008). Ein einzelner Zauberer erfüllt diese Voraussetzungen nicht, auch dann nicht, wenn er sich der Hilfe eines oder mehrerer Assistenten bedient.

Theaterveranstalter i. S. der Vorschrift sind solche Unternehmer, die selbst kein eigenes Theater führen und deshalb für die Darbietung ein fremdes Theater oder zumindest einzelne Kräfte verpflichten (vgl. Plückebaum/Malitzky, aaO, Rz. 1025). Diese Voraussetzung erfüllt ein selbstdarbietender Zauberkünstler nicht.

Zwar soll der Begriff „Theater" für die Anwendung des ermäßigten Steuersatzes gemäß § 12 Abs. 2 Nr. 7 Buchst. a UStG nach den Merkmalen abgegrenzt werden, die für die Steuerbefreiung nach § 4 Nr. 20 Buchst. a UStG maßgebend sind (Abschn. 166 Abs. 1 UStR 1985). Die Ausführungen in Abschn. 166 Abs. 2 UStR 1985 zeigen jedoch, daß für die Steuerermäßigung eine großzügigere Auslegung des Theaterbegriffes zulässig ist. So wird in Abschn. 106 Abs. 2 UStR 1985 ausgeführt, daß Varietéaufführungen und sonstige Veranstaltungen der Kleinkunstbühne (auch wenn sie im Rahmen eines Theater dargeboten werden) nicht von der Umsatzsteuer befreit sind, während in Abschn. 166 Abs. 2 UStR 1985 hervorgehoben wird, daß derartige Leistungen sowie die Vorführungen von pantomimischen Werken, von Werken der Tanzkunst sowie von Puppenspielen und Eisrevuen ebenfalls dem ermäßigten Steuersatz unterliegen. Dies macht deutlich, daß der Richtliniengeber über § 12 Abs. 2 Nr. 7 Buchst. a UStG auch *theaterähnliche* Leistungen begünstigen will.

Die Leistungen eines Zauberers können dann als begünstigte theaterähnliche Leistungen eingestuft werden, wenn die Aufführungen den ebenfalls begünstigten Vorführungen einer Kleinkunstbühne oder eines Revuetheaters vergleichbar sind.

Eine Anwendung des ermäßigten Steuersatzes nach § 12 Abs. 2 Nr. 7 Buchst. c und d UStG ist nicht möglich.

§ 12 Abs. 2 Nr. 7 Buchst. d UStG findet keine Anwendung, weil es sich bei den Darbietungen des Zauberers weder um Zirkusvorführungen noch um Leistungen aus der Tätigkeit als Schausteller handelt. Sofern der Zauberer als ausübender Künstler anzusehen ist, kann er für seine *Darbietungen* den ermäßigten Steuersatz des § 12 Abs. 2 Nr. 7 Buchst. c UStG nicht in Anspruch nehmen. § 12 Abs. 2 Nr. 7 Buchst. c UStG begünstigt lediglich die Fälle, in denen ausübende Künstler Rechte und Ansprüche aus den §§ 74-77 UrhG (z. B. die Rechte der Bildschirmübertragung oder der öffentlichen Wiedergabe) nach § 78 UrhG an Dritte abtreten oder entsprechende Einwilligungen selbst erteilen. In diesen Fällen sind die Leistungen der Künstler mit dem ermäßigten Steuersatz zu besteuern (z.B. wenn eine Vorstellung des Zauberkünstlers aufgezeichnet wird, um später im Fernsehen gesendet zu werden oder wenn der Zauberkünstler die von ihm entwickelten Zaubertricks anderen zur Nutzung überläßt).

Anlage § 012 (2) 7–04

Steuersatz bei der Veröffentlichung der Ergebnisse von Forschungs- und Entwicklungsarbeiten (§ 12 Abs. 2 Nr. 7c UStG)

BMF-Schreiben vom 09.02.1990 – IV A 2 – S 7240 – 1/90

Zu der von Ihnen aufgeworfenen Frage der umsatzsteuerrechtlichen Behandlung von Forschungsleistungen, bei denen u.a. auch urheberrechtlich Nutzungsrechte übertragen werden, teile ich Ihnen im Einvernehmen mit den obersten Finanzbehörden der Länder folgendes mit:

Nach Abschn. 168 Abs. 14 UStR 1988 sind die Abgabe von Gutachten sowie das Anfertigen und Überlassen von Studien regelmäßig Leistungen, auf die der allgemeine Umsatzsteuersatz anzuwenden ist (§ 12 Abs. 1 UStG). Das trifft grundsätzlich auch dann zu, wenn die Gutachten oder Studien als Werke i.S. des § 2 UStG urheberrechtlichen Schutz genießen und die Auftraggeber sich vorsorglich das Recht der alleinigen Verwertung und Nutzung einräumen lassen. Sind Gutachten oder Studien aber von vornherein zur Veröffentlichung bestimmt und werden sie demgemäß auch entsprechend der vertraglichen Vereinbarung tatsächlich vervielfältigt und verbreitet, so ist als wesentlicher Inhalt der Leistung des Gutachters oder Studienverfassers die Einräumung urheberrechtlicher Nutzungsrechte anzusehen. Die Leistung ist dann gemäß § 12 Abs. 2 Nr. 7c UStG der USt nach dem ermäßigten Steuersatz zu unterwerfen.

Berichte, Mitteilungen und sonstige Verlautbarungen über die Ergebnisse der im Rahmen von Forschungs- und Entwicklungsaufträgen erbrachten Leistungen sind umsatzsteuerrechtlich nicht den Gutachten oder Studien gleichzustellen. Entgeltliche Leistungen aufgrund von Forschungs- und Entwicklungsaufträgen unterliegen, sofern sie nicht im Rahmen eines Zweckbetriebs (§ 65 AO) erbracht werden, stets insgesamt der Umsatzsteuer nach dem allgemeinen Steuersatz. Das gilt auch dann, wenn hinsichtlich der Forschungs- und Entwicklungsergebnisse eine Übertragung urheberrechtlicher Nutzungsrechte vereinbart wird und die Forschungs- und Entwicklungsergebnisse in der Form von Berichten, Dokumentationen usw. tatsächlich veröffentlicht werden. Die Übertragung urheberrechtlicher Nutzungsrechte ist in diesen Fällen lediglich eine Nebenleistung und muß somit bei der umsatzsteuerrechtlichen Beurteilung unbeachtet bleiben.

Steuersatz für die Überlassung von Computerprogrammen (Software)[1)]

BMF-Schreiben vom 22.12.1993 – IV C 3 – S 7240 – 21/93,
BStBl. 1994 I S. 45

Durch das Zweite Gesetz zur Änderung des Urheberrechtsgesetzes vom 9.6.1993 (BGBl. I 1993 S. 910) wurde die Schutzfähigkeit von Computerprogrammen auf eine breitere Basis gestellt. Computerprogramme sind jetzt in aller Regel urheberrechtlich geschützt. Zudem sind die Befugnisse des Inhabers der Verwertungsrechte einerseits und des Benutzers eines Computerprogramms andererseits gesetzlich geregelt und voneinander abgegrenzt. Nach Abstimmung mit den obersten Finanzbehörden der Länder gilt Abschn. 168 Abs. 1 Satz 5 und 6 UStR weiterhin. Hauptbestandteil der einheitlichen wirtschaftlichen Gesamtleistung ist nach wie vor die Überlassung von Software zur Benutzung. Die Einräumung oder Übertragung von urheberrechtlichen Befugnissen stellt dazu nur eine Nebenleistung dar. Die Überlassung von Computerprogrammen an Anwender ist wie bisher nach § 12 Abs. 1 UStG mit dem allgemeinen Steuersatz von 15 v. H.[2)] zu versteuern.

Ermäßigter Steuersatz bei Zurverfügungstellung von Künstlern durch eine Agentur

Erlass FM Bayern vom 15.03.1996 – 36 – S 7240 – 14/11 – 14 625,
DStR 1996 S. 787

Die Leistungen einer Agentur, die Künstler zur Mitwirkung in Funk- und Fernsehsendungen zur Verfügung stellt, unterliegen der ermäßigten Steuersatz nach § 12 Abs. 2 Nr. 7 Buchst. c UStG, wenn folgender Sachverhalt gegeben ist:

Der Künstler ist an die Agentur gebunden und hat dieser sein Recht der Funksendung und der öffentlichen Wiedergabe zur ausschließlichen Verwertung übertragen. Will eine Rundfunk- oder Fernsehanstalt diese Rechte erwerben, ist sie auf einen Vertrag mit der Agentur angewiesen. In dem Vertrag verpflichtet sich die Agentur, den Künstler für die Mitwirkung in der Rundfunk- oder Fernsehsendung zur Verfügung zu stellen. Schuldner der Verpflichtung ist ausschließlich die Agentur; zwischen Rundfunk- oder Fernsehanstalt und Künstler bestehen keinerlei Vertragsbeziehungen.

In diesem Fall ist der Hauptgegenstand der Leistung der Künstleragentur die Einräumung von Urheberrechten.

---

1) Siehe auch Abschnitt 25 Abs. 2 Nr. 7 UStR 2000; ebenso BFH vom 13.03.1997 – V R 13/96, BStBl. 1997 II S. 372
2) Ab 01.04.1998: 16 v.H.

Anlage § 012 (2) 7–07

Umsatzsteuersatz bei Biotop- bzw. Standortkartierungen
(§ 12 Abs. 2 Nr. 7 Buchst. c UStG)

OFD Frankfurt am Main, Vfg. vom 29.11.1996 – S 7240 A – 13 – St IV 22 (23), UR 1997 S. 192

Aufgabe der Kartierung ist, den Bestand der für den Arten- und Biotopschutz bedeutsamen Lebensräume zu erfassen und Informationen über die in ihnen lebenden Arten und Lebensgemeinschaften zu sammeln: Grundlage der Kartierungsleistung ist ein mit dem Auftraggeber abgeschlossener Werkvertrag, in dem genau festgelegt ist, welche Untersuchungen durchgeführt werden sollen und ggf. in welcher Form das Ergebnis darzustellen ist. Darüber hinaus ist geregelt, daß die ausschließliche Nutzung sämtlicher Urheberrechte an den Kartierungen einschließlich des Rechts der Veröffentlichung dem Auftraggeber zusteht.

Kartierungsleistungen sind umsatzsteuerrechtlich wie folgt zu behandeln:

Die Erstellung von Biotop- bzw. Standortkartierungen stellt eine *Werkleistung* i. S. des § 3 Abs. 9 UStG dar.

Die Werkleistung unterliegt nicht dem ermäßigten Steuersatz i. S. des § 12 Abs. 2 Nr. 7c UStG. Nach dieser Vorschrift gilt der ermäßigte Steuersatz für solche Umsätze, die in der Einräumung, Übertragung und Wahrnehmung von Rechten bestehen, die sich aus dem Urheberrechtsgesetz (UrhG) ergeben. Vom UrhG abgeleitete Nutzungsrechte können nur an einem nach dem UrhG geschützten Werk eingeräumt werden. Karten sind als Darstellungen wissenschaftlicher oder technischer Art in § 2 Abs. 1 Nr. 7 UrhG als geschützte Werke genannt. Art und Umfang der Durchführung von Biotop- bzw. Standortkartierungen und die Darstellungsform sind zwar vertraglich weitgehend festgelegt. Dennoch können bei den kartographischen Leistungen eigene darstellerische Gedanken des Kartierers zum Ausdruck kommen, die dem Werk einen eigenen persönlichen Stil verleihen. Die Biotop- bzw. Standortkartierungen genießen mithin als eigene schöpferische Leistung des Kartierers urheberrechtlichen Schutz.

Mit dem ermäßigten Steuersatz nach § 12 Abs. 2 Nr. 7 c UStG sind allerdings nur solche Leistungen begünstigt, deren *wesentlicher Inhalt* in der Einräumung von Rechten nach dem UrhG besteht. Ob dies der Fall ist, bestimmt sich nach dem vertraglich vereinbarten Leistungsinhalt und dem wirtschaftlichen Hauptzweck der Leistung. Der ermäßigte Steuersatz nach § 12 Abs. 2 Nr. 7 c UStG kann nur dann angewendet werden, wenn der Auftraggeber an dem Inhalt des Werks kein eigenes Interesse hat, sondern nur dafür zu sorgen hat, daß das Werk Dritten, z. B. den beteiligten Wirtschaftskreisen, zur Kenntnis gelangt.

Liegt das Hauptinteresse des Leistungsempfängers nicht in der Rechtsübertragung, sondern in der Ausführung des Werks, so unterliegt die gesamte Leistung dem Regelsteuersatz des § 12 Abs. 1 UStG.

Bei Biotop- bzw. Standortkartierungsleistungen steht nach der vertraglichen Gestaltung nicht die Rechtsübertragung, sondern die Erstellung der Kartierung im Vordergrund. Hierauf ist das Hauptinteresse des Auftraggebers gerichtet. Die Einräumung urheberrechtlicher Nutzungs- und Verwendungsrechte spielt demgegenüber nur eine *untergeordnete Rolle* und ist als *Nebenleistung* zu der Hauptleistung, hier der Durchführung der im Werkvertrag vereinbarten Untersuchung, anzusehen. Der *wesentliche Inhalt* der Kartierungsleistungen besteht nicht in der Einräumung von Rechten nach dem UrhG. Der Auftraggeber hat an dem Inhalt des Werks ein eigenes Interesse. Auf die Frage der Veröffentlichung der Kartierungen, kommt es mithin nicht mehr an.

Die Kartierungsleistungen unterliegen folglich gem. § 12 Abs 1 UStG dem *Regelsteuersatz*[1].

---

[1] Ebenso BFH vom 19.11.1998, BFH/NV 1999 S. 836

Steuersatz aus der Tätigkeit als Schausteller bei einem Veranstalter von Jahrmärkten, Volksfesten, etc.

BMF-Schreiben vom 06.01.2004 – IV B 7 – S 7241 – 4/03,
BStBl. 2004 I S. 182, DStR 2004 S. 184

Der BFH hat in seinem Urteil vom 18.07.2002 – V R 89/01 – (DStR 2002, 1903)[1] entschieden, dass die Steuerermäßigung nach § 12 Abs. 2 Nr. 7 Buchst. d UStG nicht zur Voraussetzung hat, dass der Schausteller in eigener Person von Ort zu Ort ziehend auf Jahrmärkten, Volksfesten, Schützenfesten oder ähnlichen Veranstaltungen unterhaltende Vorstellungen oder ähnliche Lustbarkeiten erbringt. Vielmehr reicht es aus, dass er diese Leistungen im eigenen Namen mit Hilfe seiner Arbeitnehmer oder sonstiger Erfüllungsgehilfen an die Besucher der Veranstaltungen ausführt. Solche Erfüllungsgehilfen können auch engagierte Schaustellergruppen sein.

Die dem entgegenstehende Regelung in Abschnitt 169 Abs. 2 Satz 1 der Umsatzsteuer-Richtlinien ist deshalb insoweit nicht mehr anzuwenden. Die sonstigen Voraussetzungen für die Steuerermäßigung nach § 12 Abs. 2 Nr. 7 Buchst. d UStG bleiben von dem BFH-Urteil jedoch unberührt. Insbesondere müssen die Leistungen des Schaustellers – die er im eigenen Namen mit Hilfe seiner Arbeitnehmer oder sonstigen Erfüllungsgehilfen ausführt – an ständig wechselnden Orten erbracht werden.

Umfang der Steuerermäßigung nach § 12 Abs. 2 Nr. 7 Buchst. a UStG; Abschnitt 12.5 Abs. 4 Satz 3 des Umsatzsteuer-Anwendungserlasses

BMF-Schreiben vom 10.06.2011 – IV D 2 – S 7238/10/10001,
BStBl. 2011 I S. 583

Nach § 12 Abs. 2 Nr. 7 Buchst. a UStG ermäßigt sich die Umsatzsteuer auf 7% für die Eintrittsberechtigung für Theater, Konzerte und Museen sowie die den Theatervorführungen und Konzerten vergleichbaren Darbietungen ausübender Künstler. Nach dem Ergebnis der Erörterungen mit den obersten Finanzbehörden der Länder unterliegen auch die Umsätze von Ticket-Eigenhändlern aus dem Verkauf von Eintrittsberechtigungen für Theater, Konzerte und Museen dem ermäßigten Steuersatz.

In Abschnitt 12.5 des Umsatzsteuer-Anwendungserlasses vom 1. Oktober 2010 (BStBl. I S. 846), der zuletzt durch das BMF-Schreiben vom 12. Mai 2011 – IV D 3 – S 7134/10/10001 (2011/0388187) – (BStBl. I S. 535) geändert worden ist, wird daher in Absatz 4 folgender Satz 3 eingefügt:

„(4) ¹Werden bei Theatervorführungen und Konzerten mehrere Veranstalter tätig, kann wie bei der Steuerbefreiung nach § 4 Nr. 20 Buchstabe b UStG jeder Veranstalter die Steuerermäßigung in Anspruch nehmen. ²Bei Tournee-Veranstaltungen steht deshalb die Steuerermäßigung sowohl dem Tournee-Veranstalter als auch dem örtlichen Veranstalter zu. ³**Dem ermäßigten Steuersatz unterliegen ebenfalls die Umsätze von Ticket-Eigenhändlern aus dem Verkauf von Eintrittsberechtigungen.** ⁴Auf Vermittlungsleistungen ist die Steuerermäßigung hingegen nicht anzuwenden."

Abschnitt 12.5 Abs. 4 Satz 3 UStAE ist in allen offenen Fällen anzuwenden.

---

1) Siehe dazu Rechtsprechung zu § 12 Abs. 2 Nr. 7 UStG; beachte die Neufassung der Vorschrift ab 16.12.2004, siehe dazu *Widmann*, DB 2005 S. 183; *Nieskens*, UR 2005 S. 57

Umfang der Steuerermäßigung nach § 12 Abs. 2 Nr. 7 Buchst. a UStG; Abschnitt 12.5 Absatz 5 des Umsatzsteuer-Anwendungserlasses

BMF-Schreiben vom 30.09.2011 – IV D 2 – S 7238/11/10001,
BStBl. 2011 I S. 981

Nach § 12 Abs. 2 Nr. 7 Buchst. a UStG ermäßigt sich die Umsatzsteuer auf 7% für die Eintrittsberechtigung für Theater, Konzerte und Museen sowie die den Theatervorführungen und Konzerten vergleichbaren Darbietungen ausübender Künstler. Nach dem Ergebnis der Erörterungen mit den obersten Finanzbehörden der Länder sind die Leistungen der Gastspieldirektionen, welche im eigenen Namen Künstler verpflichten und im Anschluss daran das von diesen dargebotene Programm an einen Veranstalter in einem gesonderten Vertrag verkaufen, nicht nach § 12 Abs. 2 Nr. 7 Buchst. a UStG begünstigt, da die Gastspieldirektionen selbst nicht als Veranstalter auftreten und damit keine Eintrittsberechtigung einräumen.

In Abschnitt 12.5 des Umsatzsteuer-Anwendungserlasses vom 1. Oktober 2010 (BStBl. I S. 846), der zuletzt durch das BMF-Schreiben vom 26. September 2011 – IV D 3 – S 7141/08/10001 (2011/0763455) (BStBl. I S. 980) geändert worden ist, wird daher nach Absatz 4 folgender Absatz 5 angefügt:

„**(5) Nicht begünstigt nach § 12 Abs. 2 Nr. 7 Buchst. a UStG sind die Leistungen der Gastspieldirektionen, welche im eigenen Namen Künstler verpflichten und im Anschluss daran, das von diesen dargebotene Programm an einen Veranstalter in einem gesonderten Vertrag verkaufen.**"

Dieses Schreiben ist auf Umsätze anzuwenden, die nach dem 31. Dezember 2011 ausgeführt werden. Für vor dem 1. Januar 2012 ausgeführte Leistungen der Gastspieldirektionen wird es nicht beanstandet, wenn die Gastspieldirektionen den ermäßigten Umsatzsteuersatz anwenden bzw. angewandt haben.

Anlage § 012 (2) 8–01

Behandlung der Speisen- und Getränkelieferungen in Mensa- und Cafeteria-Betrieben von Studentenwerken[1]

BMF-Schreiben vom 08.04.1991 – IV A 2 – S 7242 – 4/91,
DStR 1991 S. 715

Die Fragen der steuerrechtlichen Behandlung der Umsätze, die in den Mensa- und Cafeteria-Betrieben gemeinnütziger, einem Wohlfahrtsverband angeschlossener Studentenwerke ausgeführt werden, sind im Hinblick auf die neuere höchstrichterliche Rechtsprechung (vgl. BFH-Urteil vom 11.5.1988, V R 76/83, BStBl. II, 908, und vom 15.6.1988, V R 77/83, BFH/NV 1989, 265) mit den obersten Finanzbehörden der Länder erörtert worden. Nach dem Ergebnis dieser Erörterungen gilt folgendes:

1. Speisen- und Getränkelieferungen, die in den Mensa- und Cafeteria-Betrieben gemeinnütziger, einem Wohlfahrtsverband angeschlossener Studentenwerke an *Studenten* ausgeführt werden, sind nach § 4 Nr. 18 UStG steuerfrei.
2. Speisen- und Getränkelieferungen an *Nichtstudierende*, und zwar insbesondere an Hochschulbedienstete (z. B. Hochschullehrer, wissenschaftliche Räte, Assistenten und Schreibkräfte), Studentenwerksbedienstete und Gäste, unterliegen gem. § 12 Abs. 2 Nr. 8 Buchst. a UStG der Umsatzsteuer nach dem ermäßigten Steuersatz.
3. Umsatzsteuerbefreiung und Umsatzsteuerermäßigung gelten auch für die Lieferungen von alkoholischen Flüssigkeiten, sofern diese das Warenangebot des Mensa- und Cafeteria-Betriebs ergänzen und lediglich einen geringen Teil des Gesamtumsatzes ausmachen.
   a) Lieferungen von alkoholischen Flüssigkeiten an Studenten sind daher unter diesen Voraussetzungen umsatzsteuerfrei (§ 4 Nr. 18 UStG).
   b) Werden alkoholische Flüssigkeiten an Nichtstudierende geliefert, so ist auf diese Lieferungen unter den angegebenen Voraussetzungen der ermäßigte Steuersatz (§ 12 Abs. 2 Nr. 8 Buchst. a UStG) anzuwenden.

Ein geringer Anteil der Umsätze von alkoholischen Flüssigkeiten am Gesamtumsatz ist dann anzuerkennen, wenn diese Umsätze im vorangegangenen Kalenderjahr nicht mehr als 5 v. H. des Gesamtumsatzes betragen haben.

---

[1] Hinweis auf Abschnitt 103 Abs. 9 UStR/Abschnitt 4.18 Abs. 9 UStAE sowie BMF vom 27.09.2007, Anlage § 004 Nr. 23-03

Anlagen § 012 (2) 9–01 nicht belegt, § 012 (2) 9–02

Maßstab für die Aufteilung der einheitlichen Eintrittspreise bei Thermen, Thermal- und Freizeitbädern und ähnlichen Einrichtungen

OFD Saarbrücken, Vfg. vom 13.03.1991 – S 7243 – 1 – St 24 1,
DStR 1991 S. 816; UR 1991 S. 360[1)]

1. Durch Entrichtung eines einheitlichen Eintrittspreises (ggf. gestaffelt für Kinder, Schüler, Studenten und Erwachsene) hat man die Möglichkeit, sämtliche Einrichtungen bei Thermen, Thermal- und Freizeitbädern zu nutzen. Darunter fallen u. a.: Schwimmbad, Sauna, Solarium, Liegestühle, Ruheräume, Fitneßräume.
2. Bei der Inanspruchnahme durch die Besucher erbringt der Unternehmer mehrere Hauptleistungen, die umsatzsteuerlich unterschiedlich zu behandeln sind.
   2.1 Dem *Regelsteuersatz* unterliegen z. B. nicht ärztlich verordnete Massagen, nicht ärztlich verordnete Solariumbenutzung, Benutzung der Fitneßräume.
   2.2 Mit dem *ermäßigten Steuersatz* sind zu besteuern: Schwimmbad, Sauna sowie Therapie- und Kneippabteilungen (§ 12 Abs. 2 Nr. 9 UStG).
3. Da die Eintrittspreise nicht konkret den erbrachten Leistungen zugeordnet werden können, ist es erforderlich, einen Aufteilungsmaßstab zu ermitteln, nach dessen Verhältnis der Umsatz aus den einheitlichen Eintrittspreisen besteuert wird. Der Unternehmer hat durch geeignete Unterlagen nachzuweisen, wie er den Aufteilungsmaßstab ermittelt hat. Unterlagen dieser Art können z. B. sein:
   - Aufzeichnungen über Besucherverhalten,
   - Kalkulationen, die der Preisgestaltung zugrunde gelegt wurden,
   - Zusammenstellung der Herstellungskosten mit Zuordnung zu den einzelnen Bereichen,
   - und ggf. weitere vom Unternehmer vorgelegte Nachweise. Wurde auf diese Art und Weise ein Aufteilungsmaßstab ermittelt, der nicht bei allen entsprechenden Einrichtungen gleich sein muß, so bestehen grundsätzlich keine Bedenken, einer Aufteilung i. S. d. § 63 Abs. 4 UStDV zuzustimmen. Abschn. 259 Absätze 1 und 2 der UStR sind zu beachten.

---

1) Siehe BFH vom 08.09.1994, BStBl. 1994 II S. 959, Rechtsprechung zu § 12 Abs. 2 Nr. 9; siehe auch BFH vom 12.05.2005 – V R 54/02, DStR 2005 S. 1227

Anlage § 012 (2) 9–03

Umsatzsteuerliche Behandlung
von Umsätzen in Fitness-Studios, insbesondere Saunaleistungen

OFD Erfurt, Vfg. vom 17.01.2001 – S 7243 A – 01 – St 343,
DStR 2001 S. 399[1)]

Die Umsätze in Fitness-Studios unterliegen *grundsätzlich* dem *allgemeinen Steuersatz* (§ 12 Abs. 1 UStG). Insbesondere kommt für Massageleistungen und Solariumsbenutzung – ohne ärztliche Verordnung – eine Steuerbefreiung nach § 4 Nr. 14 UStG bzw. eine Steuerermäßigung nach § 12 Abs. 2 Nr. 9 UStG nicht in Betracht (vgl. auch BFH vom 26.11.1970, BStBl. II 1971, 249 und vom 18.6.1993, BStBl. II 853).

Die Steuerermäßigungsvorschrift des § 12 Abs. 2 Nr. 9 UStG kann allenfalls hinsichtlich der Saunabenutzung (gleiches gilt auch für Schwimmbadbenutzung) Anwendung finden.

Hierzu hat der BFH in seinem Urteil vom 28.1.1999 (BFH/NV 1999, 992) die Rechtsauffassung der Finanzverwaltung bestätigt, wonach der Unternehmer den Leistungsempfängern Saunabäder i. S. von § 12 Abs. 2 Nr. 9 UStG verabreicht, wenn diese nach den vertraglichen Vereinbarungen *ausschließlich* zur Benutzung der Sauna berechtigt waren.

Der Betreiber eines Sportzentrums verabreicht hingegen keine Saunabäder i. S. der Steuerermäßigungsvorschrift, wenn er den Leistungsempfängern neben einer Sauna noch weitere, nicht von § 12 Abs. 2 Nr. 9 UStG erfasste Einrichtungen und Leistungen gegen ein monatliches Pauschalentgelt unabhängig von der wirklichen Inanspruchnahme zur Verfügung stellt. Die insoweit einheitliche Leistung überschreitet den in § 12 Abs. 2 Nr. 9 Satz 1 UStG gesetzten Rahmen (BFH vom 8.9.1994 – V R 88/92, BStBl. II 1994, 959).

Entgegen der im Urteil des FG Baden-Württemberg vom 18.2.1999 (EFG 1999, 514) vertretenen Auffassung ist diese *einheitliche Leistung* der Zulassung zur Nutzung einer Gesamtanlage mit Trocken- und Nassbereich auch *nicht* durch eine getrennte Aufzeichnung ihrer Bestandteile oder durch die kalkulatorische Aufspaltung des Entgelts auf die Leistungsbestandteile wieder in mehrere einzelne Leistungen *zerlegbar* (BFH vom 28.9.2000 – V R 14, 15/99, DStRE 2001, 104[2)]).

---

1) Beachte jetzt BMF-Schreiben vom 20.03.2007, Anlage § 012 (2) 9-04
2) BStBl. 2001 II S. 78, UR 2000 S. 517

Anlage § 012 (2) 9–04

Steuersatz auf Umsätze aus der Verabreichung von Heilbädern; Konsequenzen aus dem BFH-Urteil vom 12.05.2005 – V R 54/02 (BStBl. 2007 II S. 283)

BMF-Schreiben vom 20.03.2007 – IV A 5 – S 7243 – 07/0002,
BStBl. 2007 I S. 307

Mit Urteil vom 12. Mai 2005, V R 54/02 (BStBl. 2007 II S. 283), hat der BFH entschieden, dass die Verabreichung eines Heilbads i.S.v. § 12 Abs. 2 Nr. 9 UStG der Behandlung einer Krankheit oder einer anderen Gesundheitsstörung und damit dem Schutz der menschlichen Gesundheit dienen muss. Hiervon könne bei der Nutzung einer Sauna in einem Fitnessstudio regelmäßig keine Rede sein; sie diene regelmäßig lediglich dem allgemeinen Wohlbefinden.

Unter Bezugnahme auf das Ergebnis der Erörterungen mit den obersten Finanzbehörden der Länder sind die Grundsätze dieses Urteils über den entschiedenen Einzelfall hinaus nicht anzuwenden.

Nach § 12 Abs. 2 Nr. 9 UStG ermäßigt sich die Steuer auf 7 % für die unmittelbar mit dem Betrieb der Schwimmbäder verbundenen Umsätze sowie die Verabreichung von Heilbädern. Letztere müssen zumindest allgemeinen Heilzwecken dienen. Entgegen der Auffassung des BFH ist es nicht ausgeschlossen, dass eine Sauna, die in einem Fitnessstudio betrieben wird, allgemeinen Heilzwecken dient und damit die Voraussetzungen des § 12 Abs. 2 Nr. 9 UStG erfüllt. Die Grundsätze der Einheitlichkeit der Leistung bleiben unberührt.

Anlage § 012 (2) 9–05

Ermäßigter Steuersatz nach § 12 Abs. 2 Nr. 9 UStG für Leistungen aus der Bereitstellung von Kureinrichtungen

BMF-Schreiben vom 02.08.2011 – IV D 2 – S 7243/11/10001, BStBl. 2011 I S. 754

Nach § 12 Abs. 2 Nr. 9 Satz 2 UStG ermäßigt sich die Umsatzsteuer auf 7% für Umsätze aus der Bereitstellung von Kureinrichtungen, soweit als Entgelt eine Kurtaxe zu entrichten ist. Eine aufgrund der Kommunalabgabengesetze der Länder oder vergleichbarer Regelungen erhobene Kurtaxe kann aus Vereinfachungsgründen als Gegenleistung für eine in jedem Fall nach § 12 Abs. 2 Nr. 9 Satz 2 UStG ermäßigt zu besteuernde Leistung angesehen werden. Voraussetzung für die Anwendung der Steuerermäßigung ist, dass die Gemeinde als Kur-, Erholungs- oder Küstenbadeort anerkannt ist.

Unter Bezugnahme auf das Ergebnis der Erörterungen mit den obersten Finanzbehörden der Länder wird Abschnitt 12.11 des Umsatzsteuer-Anwendungserlasses vom 1. Oktober 2010 (BStBl. I S. 846), der zuletzt durch das BMF-Schreiben vom 27. Juli 2011 – IV D 3 – S 7279/10/10006 (2011/0601165) – geändert worden ist, wie folgt geändert:

1. Absatz 1 Satz 2 wird wie folgt gefasst:
   „²Die Steuerermäßigung **nach § 12 Abs. 2 Nr. 9 UStG** scheidet aus, wenn die Überlassung des Schwimmbads eine unselbständige Nebenleistung zu einer nicht begünstigten Hauptleistung ist."

2. Absatz 5 wird wie folgt gefasst:
   „(5) ¹Bei der Bereitstellung von Kureinrichtungen handelt es sich um eine einheitliche Gesamtleistung, die sich aus verschiedenartigen Einzelleistungen (z.B. die Veranstaltung von Kurkonzerten, das Gewähren von Trinkkuren sowie das Überlassen von Kurbädern, Kurstränden, Kurparks und anderen Kuranlagen oder -einrichtungen zur Benutzung) zusammensetzt. ²**Eine aufgrund der Kommunalabgabengesetze der Länder oder vergleichbarer Regelungen erhobene Kurtaxe kann aus Vereinfachungsgründen als Gegenleistung für eine in jedem Fall nach § 12 Abs. 2 Nr. 9 UStG ermäßigt zu besteuernde Leistung angesehen werden.** ³**Eine andere Bezeichnung als „Kurtaxe" (z.B. Kurbeitrag oder -abgabe) ist unschädlich.** ⁴**Voraussetzung für die Anwendung der Steuerermäßigung ist, dass die Gemeinde als Kur-, Erholungs- oder Küstenbadeort anerkannt ist.** ⁵Nicht begünstigt sind Einzelleistungen, wie z.B. die Gebrauchsüberlassung einzelner Kureinrichtungen oder -anlagen und die Veranstaltung von Konzerten, Theatervorführungen oder Festen, für die neben der Kurtaxe ein besonderes Entgelt zu zahlen ist."

Die Grundsätze dieses Schreibens sind in allen offenen Fällen anzuwenden.

Anlage § 012 (2) 10–01

Ermäßigter Steuersatz für Personenbeförderungen, § 12 Abs. 2 Nr. 10 UStG; Konsequenzen aus den Regelungen im Jahressteuergesetz 2008

BMF-Schreiben vom 29.08.2008 – IV B – 9 – S 7244/07/10001,
BStBl. 2008 I S. 880

Durch Artikel 8 Nr. 4a und Nr. 9 des Jahressteuergesetzes 2008 wurden § 12 Abs. 2 Nr. 10 Buchst. a und § 28 Abs. 4 UStG geändert. Unter Bezugnahme auf das Ergebnis der Erörterung mit den obersten Finanzbehörden der Länder gilt dazu Folgendes:

I. Übergangsregelung bei Personenbeförderungen mit Schiffen [1]

(1) Gemäß § 12 Abs. 2 Nr. 10 Buchst. a UStG in der Fassung des § 28 Abs. 4 UStG unterliegen die Personenbeförderungen mit Schiffen dem ermäßigten Steuersatz. Folgende dieser Beförderungen sind insgesamt steuerbar:
1. Beförderungen, die sich ausschließlich auf das Inland erstrecken,
2. Beförderungen, die ausschließlich in den in § 1 Abs. 3 UStG bezeichneten Gebieten ausgeführt werden, wenn diese Beförderungen wie Umsätze im Inland zu behandeln sind (§ 1 Abs. 3 Satz 1 Nr. 2 UStG), und
3. grenzüberschreitende Beförderungen, bei denen die ausländischen Streckenanteile als inländische Beförderungsstrecken anzusehen sind (§ 7 Abs. 1 und Abs. 2 Satz 1 Nr. 1 USDV).

(2) Bei grenzüberschreitenden Beförderungen von Personen mit Schiffen, die nicht in Absatz 1 Satz 2 Nr. 3 bezeichnet sind, bemisst sich die Steuer nach dem Entgelt für den Teil der Beförderungsleistung, der steuerbar ist. Dies ist der Fall bei dem Teil einer grenzüberschreitenden Beförderung, der auf das Inland entfällt oder der nach § 1 Abs. 3 Satz 1 Nr. 2 UStG wie ein Umsatz im Inland zu behandeln ist. Abweichend davon ist jedoch die gesamte Beförderungsleistung nicht steuerbar, wenn der inländische Streckenanteil als ausländische Beförderungsstrecke anzusehen ist und der Teil der Beförderungsleistung in den in § 1 Abs. 3 UStG bezeichneten Gebieten nicht wie ein Umsatz im Inland zu behandeln ist (§§ 2 und 7 Abs. 2 Satz 1 Nr. 2, Abs. 3 und 5 UStDV).

(3) Wird für eine grenzüberschreitende Beförderung ein Preis für die gesamte Beförderung vereinbart oder vereinnahmt, ist der auf den steuerbaren Teil der Leistung entfallende Entgeltanteil anhand dieses Gesamtpreises zu ermitteln. Die Ausführungen in Abschnitt 42a Abs. 4 UStR 2008 gelten entsprechend.

(4) Personenbeförderungen mit Schiffen können mit der Unterbringung und der Verpflegung der beförderten Personen verbunden sein. Soweit Unterbringung und Verpflegung erforderlich sind, um die Personenbeförderung planmäßig durchführen zu können, sind sie als Nebenleistungen zur Beförderungsleistung anzusehen. Ihre Besteuerung richtet sich deshalb nach den Absätzen 1 bis 3.

(5) Bei Pauschalreisen mit Kabinenschiffen auf Binnenwasserstraßen sind die Unterbringung und Verpflegung der Reisenden auf den Schiffen ebenfalls erforderlich, um die Personenbeförderung entsprechend den vertraglichen Vereinbarungen durchführen zu können. Unterbringung und Verpflegung sind deshalb auch hier als Nebenleistungen zur Beförderungsleistung anzusehen (vgl. BFH-Urteil vom 1. August 1996, V R 58/94, BStBl. 1997 II S. 160). Soweit die Personenbeförderungen im Inland ausgeführt werden oder nach § 1 Abs. 3 UStG wie Umsätze im Inland zu behandeln sind, unterliegen die Leistungen einschließlich der Unterbringung und Verpflegung dem ermäßigten Steuersatz. Auch die Beförderung eines Personenkraftwagens bei Mitnahme durch den Reisenden unterliegt als Nebenleistung zur Beförderungsleistung dem ermäßigten Steuersatz.

(6) Werden jedoch bei den in Absatz 5 bezeichneten Schiffsreisen Leistungen an die Reisenden erbracht, die nicht mit dem Pauschalentgelt für Beförderung, Unterbringung und Verpflegung abgegolten sind, ist davon auszugehen, dass diese Leistungen nicht erforderlich sind, um die Beförderungsleistung planmäßig durchführen zu können. Es handelt sich hier z.B. um die Lieferung von Getränken, Süßwaren, Tabakwaren und Andenken. Soweit diese Lieferungen im Inland ausgeführt werden oder nach § 1 Abs. 3 UStG wie Umsätze im Inland zu behandeln sind, fallen sie nicht unter die Steuerermäßigung für die Beförderung von Personen mit Schiffen.

II. Zu Abschnitt 173 UStR 2008 (Begünstigte Verkehrsarten)

Abschnitt 173 Abs. 2 und 3 UStR 2008 ist insoweit nicht mehr anzuwenden, als sie die Beförderung von Personen mit Bergbahnen von der Anwendung des ermäßigten Steuersatzes ausnehmen.

---

[1] § 12 Abs. 2 Nr. 10 Buchst. a UStG ist ab 01.01.2012 entfallen, vgl. § 28 Abs. 4 UStG

Anlage § 012 (2) 11–01

Anwendung des ermäßigten Umsatzsteuersatzes für Beherbergungsleistungen (§ 12 Abs. 2 Nr. 11 UStG) ab dem 01.01.2010; Folgen für die Umsatz- und Lohnbesteuerung

BMF-Schreiben vom 05.03.2010 – IV D 2 – S 7210/07/10003 / IV C 5 – S 2353/09/10008, BStBl. 2010 I S. 259[1)]

Durch Art. 5 Nr. 1 des Gesetzes zur Beschleunigung des Wirtschaftswachstums vom 22. Dezember 2009 (BGBl. I S. 3950) wurde § 12 Abs. 2 UStG um eine neue Nummer 11 ergänzt, nach der die Umsätze aus der Vermietung von Wohn- und Schlafräumen, die ein Unternehmer zur kurzfristigen Beherbergung von Fremden bereithält, sowie die kurzfristige Vermietung von Campingflächen dem ermäßigten Umsatzsteuersatz unterliegen. Die Steuerermäßigung gilt nicht für Leistungen, die nicht unmittelbar der Vermietung dienen, auch wenn diese Leistungen mit dem Entgelt für die Vermietung abgegolten sind. Die Änderung ist am 1. Januar 2010 in Kraft getreten. 1

Unter Bezugnahme auf das Ergebnis der Erörterungen mit den obersten Finanzbehörden der Länder gilt hierzu Folgendes:

I. Anwendung des ermäßigten Steuersatzes für Beherbergungsleistungen (§ 12 Abs. 2 Nr. 11 UStG) ab dem 1. Januar 2010

1. Allgemeines

Die Steuerermäßigung ist gemäß § 27 Abs. 1 Satz 1 UStG auf Umsätze anzuwenden, die nach dem 31. Dezember 2009 ausgeführt werden. Beherbergungsleistungen werden mit ihrer Beendigung ausgeführt. Für die Bestimmung des Umsatzsteuersatzes kommt es allein auf das Ende der Beherbergungsleistung an, nicht jedoch auf den Zeitpunkt der Buchung, Rechnungsausstellung oder Zahlung. Soweit die jeweilige Leistung nach dem 31. Dezember 2009 endet, unterliegt sie dem ermäßigten Umsatzsteuersatz. Haben die Beteiligten Teilleistungen vereinbart (§ 13 Abs. 1 Nr. 1 Buchst. a Satz 3 UStG), ist der Zeitpunkt der Beendigung der jeweiligen Teilleistung maßgeblich. Beruht die nach dem 31. Dezember 2009 ausgeführte Beherbergungsleistung auf einem vor dem 1. September 2009 geschlossenen Vertrag, kann der Leistungsempfänger unter den Voraussetzungen des § 29 Abs. 2 UStG einen angemessenen Ausgleich der umsatzsteuerlichen Minderbelastung verlangen. 2

Die in § 12 Abs. 2 Nr. 11 Satz 1 UStG bezeichneten Umsätze gehören zu den nach § 4 Nr. 12 Satz 2 UStG von der Steuerbefreiung ausgenommenen Umsätzen. Hinsichtlich des Merkmals der Kurzfristigkeit gelten daher die in den Abschnitten 84 Abs. 1 und 78 Abs. 2 UStR dargestellten Grundsätze. Die Anwendung des ermäßigten Steuersatzes setzt neben der Kurzfristigkeit voraus, dass die Umsätze unmittelbar der Beherbergung dienen (vgl. Rz. 5ff.). 3

Sonstige Leistungen eigener Art, bei denen die Beherbergung nicht charakterbestimmend ist (z.B. Leistungen des Prostitutionsgewerbes), unterliegen auch hinsichtlich ihres Beherbergungsanteils nicht der Steuerermäßigung nach § 12 Abs. 2 Nr. 11 UStG. 4

2. Vermietung von Wohn- und Schlafräumen, die ein Unternehmer zur kurzfristigen Beherbergung von Fremden bereithält

Begünstigt sind Leistungen, die in der Aufnahme von Personen zur Gewährung von Unterkunft bestehen. Die Steuerermäßigung für Beherbergungsleistungen umfasst sowohl die Umsätze des klassischen Hotelgewerbes als auch kurzfristige Beherbergungen in Pensionen, Fremdenzimmern, Ferienwohnungen und vergleichbaren Einrichtungen. Für die Inanspruchnahme der Steuerermäßigung ist es jedoch nicht Voraussetzung, dass der Unternehmer einen hotelartigen Betrieb führt oder Eigentümer der überlassenen Räumlichkeiten ist. Begünstigt ist daher beispielsweise auch die Unterbringung von Begleitpersonen in Krankenhäusern, sofern diese Leistung nicht gemäß § 4 Nr. 14 Buchst. b UStG (z.B. bei Aufnahme einer Begleitperson zu therapeutischen Zwecken) steuerfrei ist. Die Weiterveräußerung von eingekauften Zimmerkontingenten im eigenen Namen und für eigene Rechnung an andere Unternehmer (z.B. Reiseveranstalter) unterliegt ebenfalls der Steuerermäßigung. 5

Die erbrachte Leistung muss unmittelbar der Beherbergung dienen. Diese Voraussetzung ist insbesondere hinsichtlich der folgenden Leistungen erfüllt, auch wenn die Leistungen gegen gesondertes Entgelt erbracht werden: 6

– Überlassung von möblierten und mit anderen Einrichtungsgegenständen (z.B. Fernsehgerät, Radio, Telefon, Zimmersafe) ausgestatteten Räumen

---
1) Siehe auch Abschnitt 12.16 UStAE

1493

Anlage § 012 (2) 11–01

- Stromanschluss
- Überlassung von Bettwäsche, Handtüchern und Bademänteln
- Reinigung der gemieteten Räume
- Bereitstellung von Körperpflegeutensilien, Schuhputz- und Nähzeug
- Weckdienst
- Bereitstellung eines Schuhputzautomaten
- Mitunterbringung von Tieren in den überlassenen Wohn- und Schlafräumen

7 Insbesondere folgende Leistungen sind keine Beherbergungsleistungen im Sinne von § 12 Abs. 2 Nr. 11 UStG und daher nicht begünstigt:
- Überlassung von Tagungsräumen
- Überlassung von Räumen zur Ausübung einer beruflichen oder gewerblichen Tätigkeit
- Gesondert vereinbarte Überlassung von Plätzen zum Abstellen von Fahrzeugen
- Überlassung von nicht ortsfesten Wohnmobilen, Caravans, Wohnanhängern, Hausbooten und Yachten
- Beförderungen in Schlafwagen der Eisenbahnen
- Überlassung von Kabinen auf der Beförderung dienenden Schiffen
- Vermittlung von Beherbergungsleistungen
- Umsätze von Tierpensionen
- Unentgeltliche Wertabgaben (z.B. Selbstnutzung von Ferienwohnungen)

8 Stornokosten stellen grundsätzlich nichtsteuerbaren Schadensersatz dar.

3. Kurzfristige Vermietung von Campingflächen

9 Die kurzfristige Vermietung von Campingflächen betrifft Flächen zum Aufstellen von Zelten und Flächen zum Abstellen von Wohnmobilen und Wohnwagen. Ebenso ist die kurzfristige Vermietung von ortsfesten Wohnmobilen, Wohncaravans und Wohnanhängern begünstigt. Für die Steuerermäßigung ist es unschädlich, wenn auf der überlassenen Fläche auch das zum Transport des Zelts bzw. zum Ziehen des Wohnwagens verwendete Fahrzeug abgestellt werden kann. Zur begünstigten Vermietung gehört auch die Lieferung von Strom (vgl. BFH-Urteil vom 15. Januar 2009 – V R 91/07 [BStBl. II S. 615] und BMF-Schreiben vom 21. Juli 2009 – IV B 9 – S 7168/08/10001 [BStBl. I S. 821]).

4. Leistungen, die nicht unmittelbar der Vermietung dienen

10 Gemäß § 12 Abs. 2 Nr. 11 Satz 2 UStG gilt die Steuerermäßigung nicht für Leistungen, die nicht unmittelbar der Vermietung dienen, auch wenn es sich um Nebenleistungen zur Beherbergung handelt und diese Leistungen mit dem Entgelt für die Vermietung abgegolten sind (Aufteilungsgebot). Hierzu zählen insbesondere:
- Verpflegungsleistungen (z.B. Frühstück, Halb- oder Vollpension, „All inclusive")
- Getränkeversorgung aus der Minibar
- Nutzung von Kommunikationsnetzen (insbesondere Telefon und Internet)
- Nutzung von Fernsehprogrammen außerhalb des allgemein und ohne gesondertes Entgelt zugänglichen Programms („pay per view")
- Leistungen, die das körperliche, geistige und seelische Wohlbefinden steigern („Wellnessangebote"). Die Überlassung von Schwimmbädern oder die Verabreichung von Heilbädern im Zusammenhang mit einer begünstigten Beherbergungsleistung kann dagegen nach § 12 Abs. 2 Nr. 9 Satz 1 UStG dem ermäßigten Steuersatz unterliegen.
- Überlassung von Fahrberechtigungen für den Nahverkehr, die jedoch nach § 12 Abs. 2 Nr. 10 UStG dem ermäßigten Steuersatz unterliegen können
- Überlassung von Eintrittsberechtigungen für Veranstaltungen, die jedoch nach § 4 Nr. 20 UStG steuerfrei sein oder nach § 12 Abs. 2 Nr. 7 Buchst. a oder d UStG dem ermäßigten Steuersatz unterliegen können
- Transport von Gepäck außerhalb des Beherbergungsbetriebs
- Überlassung von Sportgeräten und -anlagen
- Ausflüge
- Reinigung und Bügeln von Kleidung, Schuhputzservice
- Transport zwischen Bahnhof / Flughafen und Unterkunft

5. Anwendung der Steuerermäßigung in den Fällen des § 25 UStG

Soweit Reiseleistungen der Margenbesteuerung nach § 25 UStG unterliegen, gelten sie gemäß § 25 Abs. 1 Satz 3 UStG als eine einheitliche sonstige Leistung. Eine Reiseleistung unterliegt als sonstige Leistung eigener Art auch hinsichtlich ihres Beherbergungsanteils nicht der Steuerermäßigung nach § 12 Abs. 2 Nr. 11 UStG. Das gilt auch, wenn die Reiseleistung nur aus einer Übernachtungsleistung besteht.

6. Angaben in der Rechnung

Der Unternehmer ist gemäß § 14 Abs. 2 Satz 1 Nr. 1 UStG grundsätzlich verpflichtet, innerhalb von 6 Monaten nach Ausführung der Leistung eine Rechnung mit den in § 14 Abs. 4 UStG genannten Angaben auszustellen. Für Umsätze aus der Vermietung von Wohn- und Schlafräumen zur kurzfristigen Beherbergung von Fremden sowie die kurzfristige Vermietung von Campingflächen besteht eine Rechnungserteilungspflicht jedoch nicht, wenn die Leistung weder an einen anderen Unternehmer für dessen Unternehmen noch an eine juristische Person erbracht wird (vgl. Abschnitt 183 Abs. 3 Satz 5 UStR).

Soweit eine Rechnungserteilungspflicht besteht, muss die Rechnung u.a. das nach Steuersätzen und einzelnen Steuerbefreiungen aufgeschlüsselte Entgelt, den anzuwendenden Steuersatz sowie den auf das Entgelt entfallenden Steuerbetrag (§ 14 Abs. 4 Nr. 7 und 8 UStG) enthalten. Wird in einer Rechnung über Leistungen, die verschiedenen Steuersätzen unterliegen, der Steuerbetrag durch Maschinen automatisch ermittelt und durch diese in der Rechnung angegeben, ist der Ausweis des Steuerbetrages in einer Summe zulässig, wenn für die einzelnen Posten der Rechnung der Steuersatz angegeben wird (§ 32 UStDV).

Wird für Leistungen, die nicht von der Steuerermäßigung nach § 12 Abs. 2 Nr. 11 Satz 1 UStG erfasst werden, kein gesondertes Entgelt berechnet, ist deren Entgeltanteil zu schätzen. Schätzungsmaßstab kann hierbei beispielsweise der kalkulatorische Kostenanteil zuzüglich eines angemessenen Gewinnaufschlags sein.

Aus Vereinfachungsgründen wird es – auch für Zwecke des Vorsteuerabzugs des Leistungsempfängers – nicht beanstandet, wenn folgende in einem Pauschalangebot enthaltene nicht begünstigte Leistungen in der Rechnung zu einem Sammelposten (z.B. „Business-Package", „Servicepauschale") zusammengefasst werden und der darauf entfallende Entgeltanteil in einem Betrag ausgewiesen wird:

– Abgabe eines Frühstücks
– Nutzung von Kommunikationsnetzen
– Reinigung und Bügeln von Kleidung, Schuhputzservice
– Transport zwischen Bahnhof/Flughafen und Unterkunft
– Transport von Gepäck außerhalb des Beherbergungsbetriebs
– Überlassung von Fitnessgeräten
– Überlassung von Plätzen zum Abstellen von Fahrzeugen

Es wird ebenfalls nicht beanstandet, wenn der auf diese Leistungen entfallende Entgeltanteil mit 20% des Pauschalpreises angesetzt wird. Für Kleinbetragsrechnungen (§ 33 UStDV) gilt dies für den in der Rechnung anzugebenden Steuerbetrag entsprechend.

Die Vereinfachungsregelung gilt nicht für Leistungen, für die ein gesondertes Entgelt vereinbart wird.

II. Lohnsteuerliche Folgen und Anpassungen ab dem 1. Januar 2010
– im Vorgriff auf eine Ergänzung der Lohnsteuer-Richtlinien –

1. Getrennter Ausweis von Beherbergungsleistung und Sammelposten für andere, dem allgemeinen Umsatzsteuersatz unterliegende Leistungen (R 9.7 Absatz 1 Satz 4 Nummer 1 LStR 2008)

Ist in einer Rechnung neben der Beherbergungsleistung ein Sammelposten für andere, dem allgemeinen Umsatzsteuersatz unterliegende Leistungen einschließlich Frühstück ausgewiesen und liegt keine Frühstücksgestellung durch den Arbeitgeber vor (Rz. 17), so ist die Vereinfachungsregelung nach R 9.7 Absatz 1 Satz 4 Nummer 1 LStR 2008 (für das Frühstück 20% des maßgebenden Pauschbetrags für Verpflegungsmehraufwendungen = 4,80 Euro) auf diesen Sammelposten anzuwenden. Der verbleibende Teil dieses Sammelpostens ist als Reisenebenkosten im Sinne von R 9.8 LStR 2008 zu behandeln, wenn kein Anlass für die Vermutung besteht, dass in diesem Sammelposten etwaige nicht als Reisenebenkosten anzuerkennende Nebenleistungen enthalten sind (etwa Pay-TV, private Telefonate, Massagen). Unschädlich ist insbesondere, wenn dieser Sammelposten auch mit Internetzugang, Zugang zu Kommunikationsnetzen, näher bezeichnet wird und der hierzu ausgewiesene Betrag nicht so hoch ist, dass er offenbar den Betrag für Frühstück und steuerlich anzuerkennende Reisenebenkosten übersteigt. Anderenfalls ist dieser Sammelposten steuerlich in voller Höhe als privat veranlasst zu behandeln.

Anlage § O12 (2) 11–01

2. Gestellung eines Frühstücks in Verbindung mit Übernachtung bei einer Auswärtstätigkeit (R 8.1 Absatz 8 Nummer 2 LStR 2008)

17 Ein in Verbindung mit einer Übernachtung gewährtes Frühstück bei einer Auswärtstätigkeit ist im Sinne des R 8.1 Absatz 8 Nummer 2 LStR 2008 grundsätzlich vom Arbeitgeber veranlasst (abgegeben), wenn
  – die im Interesse des Arbeitgebers unternommene Auswärtstätigkeit zu der Übernachtung mit Frühstück führt und die Aufwendungen deswegen vom Arbeitgeber dienst- oder arbeitsrechtlich ersetzt werden,
  – die Rechnung auf den Arbeitgeber ausgestellt ist und
  – der Arbeitgeber oder eine andere durch den Arbeitgeber dienst- oder arbeitsrechtlich beauftragte Person die Übernachtung mit Frühstück bucht (z.B. über das elektronische Buchungssystem des Hotels) und eine entsprechende Buchungsbestätigung des Hotels vorliegt; die Buchung der Übernachtung mit Frühstück durch den Arbeitnehmer wird anerkannt, wenn dienst- oder arbeitsrechtliche Regelungen dies vorsehen – z.B. in Fällen einer nicht vorhandenen Reisestelle –. Davon ist insbesondere auszugehen, wenn
    – der Arbeitgeber die Buchung der Übernachtung mit Frühstück durch den Arbeitnehmer z.B. in einer Dienstanweisung, einem Arbeitsvertrag oder einer Betriebsvereinbarung geregelt hat und die Buchung vom Arbeitnehmer im Rahmen der vom Arbeitgeber festgelegten oder regelmäßig akzeptierten Übernachtungsmöglichkeiten (z.B. Hotellisten, vorgegebene Hotelkategorien oder Preisrahmen, ggf. auch über ein Travel-Management-System) vorgenommen wird, oder
    – eine dementsprechende planmäßige Buchung von Übernachtung mit Frühstück ausnahmsweise nicht möglich war (z.B. spontaner Einsatz, unvorhersehbar länger als geplant dauernder Arbeitseinsatz, gelistetes Hotel belegt) und der Arbeitgeber die Kosten dienst- oder arbeitsrechtlich daher erstattet.

Bei einer solchen Arbeitgeberveranlassung erfolgt die lohnsteuerliche Behandlung nach dem BMF-Schreiben vom 13. Juli 2009 (BStBl. I Seite 771). Danach kann das Frühstück mit dem Sachbezugswert nach der SvEV angesetzt werden. Für diesen Fall kommt es nicht darauf an, wie die einzelnen Kosten in der Rechnung ausgewiesen sind (Höhe des Frühstückspreises oder Sammelposten für Nebenleistungen neben der Beherbergungsleistung – Rz. 16).

3. Anwendungsregelung

18 Abschnitt II dieses Schreibens ist für Übernachtungen mit Frühstück ab 1. Januar 2010 anzuwenden. Es ist nicht zu beanstanden, wenn die genannten Voraussetzungen bis zu drei Monaten nach Veröffentlichung dieses Schreibens nicht insgesamt gegeben sind (Zeitraum für die Anpassung insbesondere der dienst- und arbeitsrechtlichen Voraussetzungen gemäß Rz. 17).

Anlage § 013–01

Entstehung der Steuer für die Tätigkeit als Aufsichtsratsmitglied
(§ 13 Abs. 1 Nr. 1 Buchst. a UStG)

BMF-Schreiben vom 15.09.1980 – IV A 2 – S 7270 – 6/80,
UR 1980 S. 214

Im Einvernehmen mit den obersten Finanzbehörden der Länder nehme ich zu der Frage, wann die Umsatzsteuer für die Tätigkeit als Aufsichtsratsmitglied entsteht, wie folgt Stellung:

Der Aufsichtsrat wird von der Hauptversammlung für eine bestimmte, meist satzungsmäßig festgesetzte, in der Regel mehrjährige Amtsperiode gewählt Die Vergütung der Aufsichtsratsmitglieder wird für ein Geschäftsjahr gesondert vereinbart. Die Umsatzsteuer entsteht damit nach § 13 Absatz 1 Nr. 1 Buchst. a UStG bei Aufsichtsratsmitgliedern, die nach vereinbarten Entgelten versteuern, für jedes Geschäftsjahr. Die Aufsichtsratstätigkeit ist entweder als einheitliche Leistung je Geschäftsjahr zu beurteilen oder als eine – jeweils auf ein Geschäftsjahr entfallende – Teilleistung einer Dauerleistung, die sich auf die gesamte Amtsperiode erstreckt. Bedeutsam ist nur die Frage, ob die Leistung oder Teilleistung jeweils am Ende des Geschäftsjahres erbracht wird oder erst nach Abschluß der Hauptversammlung, die über das abgelaufene Geschäftsjahr beschließt.

Mit Ablauf des Geschäftsjahres hat der Aufsichtsrat erst einen Teil der ihm gesetzlich auferlegten Aufgaben erbracht. Weitere wesentliche Aufgaben des Aufsichtsrats im Rahmen seiner Gesamttätigkeit sind die Prüfung des Jahresabschlusses, des Geschäftsberichts und des Vorstandsvorschlags für die Verwendung des Bilanzgewinns, ferner die Erstellung eines schriftlichen Berichts über das Ergebnis dieser Prüfung für die Hauptversammlung (§ 171 AktG). Die Tätigkeit des Aufsichtsrats für das jeweilige Geschäftsjahr kann deshalb erst mit der Entlastung, die jährlich von der ordentlichen Hauptversammlung beschlossen wird, als abgeschlossen betrachtet werden. Die Umsatzsteuer für die Leistung bzw. Teilleistung des Aufsichtsratsmitglieds entsteht somit mit Ablauf des Voranmeldungszeitraums, in dem die Hauptversammlung stattgefunden hat. Vereinnahmt das Aufsichtsratsmitglied jedoch vor diesem Zeitpunkt bereits Vergütungen, die im Einzelfall 10.000 DM und mehr (ohne Umsatzsteuer) betragen oder bei denen die Umsatzsteuer gesondert ausgewiesen ist, so entsteht insoweit die Steuer nach § 13 Abs. 1 Nr. 1 Buchst. a Sätze 3 und 4 UStG[1] bereits mit Ablauf des Voranmeldungszeitraums der Vereinnahmung.

---

1) Weggefallen ab 01.01.1990

Anlage § 013–02

Zeitpunkt der Entstehung der Steuer und der Vorsteuerabzugsberechtigung bei der Abtretung von Forderungen

BMF-Schreiben vom 04.10.1982 – IV A 2 – S 7276 – 21/82,
BStBl. 1982 I S. 784

Mir ist folgender Sachverhalt vorgetragen worden:

Eine Leasinggesellschaft schließt mit ihrem Kunden (Mieter) einen Leasingvertrag über eine bewegliche Sache. Darin wird vereinbart, daß der Mieter für die Überlassung der Sache monatliche Leasingraten zu entrichten hat. Nach Beginn der Mietzeit tritt die Leasinggesellschaft ihre Forderung gegen den Mieter auf Zahlung der Leasingraten an eine Bank ab. Die Bank übernimmt das Risiko des Ausfalls der erworbenen Forderung. Das von der Bank für die Forderung gezahlte Abtretungsentgelt ist niedriger als der Nennbetrag der Forderung. Es stellt sich die Frage, ob die Vereinnahmung des Abtretungsentgelts als Anzahlung auf die Leasingraten anzusehen ist und bei der Leasinggesellschaft zur Entstehung der Steuer nach § 13 Abs. 1 Nr. 1 Buchst. a Satz 4 UStG führt.

Nach dem Ergebnis der Erörterung mit den obersten Finanzbehörden der Länder gilt folgendes:

Die Vermietung des Leasinggegenstandes ist eine sonstige Leistung im Sinne des § 1 Abs. 1 Nr. 1 Satz 1, § 3 Abs. 9 UStG. Es handelt sich um eine Dauerleistung, die entsprechend der Vereinbarung über die monatlich zu zahlenden Leasingraten in Form von Teilleistungen erbracht wird. Die Steuer entsteht danach jeweils mit Ablauf des monatlichen Voranmeldungszeitraums, für den die Leasingrate zu entrichten ist (§ 13 Abs. 1 Nr. 1 Buchst. a Satz 2 UStG).

Zu diesem Zeitpunkt hat auch der Mieter das Recht zum Vorsteuerabzug, soweit die Voraussetzungen des § 15 UStG vorliegen. Bemessungsgrundlage für die einzelne Teilleistung ist jeweils die Leasingrate (ausschließlich Umsatzsteuer).

Durch den Verkauf der Forderung wird die Höhe der Bemessungsgrundlage für die Vermietungsleistung nicht berührt. Das Abtretungsentgelt ist nicht zugleich Entgelt (Teilentgelt) für die der Forderung zugrundeliegende Vermietungsleistung. Die Bank zahlt das Abtretungsentgelt für den Erwerb der Forderung, nicht aber als Dritter für die Leistung der Leasinggesellschaft an den Mieter. Bemessungsgrundlage für die Vermietungsleistung sind deshalb allein die vom Mieter tatsächlich aufgewendeten Leasingraten (ausschließlich Umsatzsteuer).

Die Vereinnahmung des Abtretungsentgelts führt, da es sich nicht um ein Teilentgelt für die Vermietungsleistung handelt, auch nicht zur sofortigen Entstehung der Steuer für die Vermietung nach § 13 Abs. 1 Nr. 1 Buchst. a Satz 4 UStG. Die Leasinggesellschaft vereinnahmt das Entgelt für ihre Vermietungsleistung vielmehr jeweils mit der Zahlung der Leasingraten durch den Mieter an die Bank, weil sie insoweit gleichzeitig von ihrer Gewährleistungspflicht für den rechtlichen Bestand der Forderung gegenüber der Bank befreit wird. Dieser Vereinnahmungszeitpunkt wird in der Regel mit dem Zeitpunkt der Ausführung der einzelnen Teilleistung übereinstimmen.

Nach diesen Grundsätzen ist auch in anderen Fällen zu verfahren, in denen Forderungen für noch zu erbringende Leistungen oder Teilleistungen verkauft werden.

Dieses Schreiben wird in die USt-Kartei aufgenommen.

Anlage § 013–03

Merkblatt zur Umsatzbesteuerung in der Bauwirtschaft

Stand: Oktober 2009, BStBl. 2009 I S. 1292

Abkürzungen

AO	=	Abgabenordnung
EStG	=	Einkommensteuergesetz
UStG	=	Umsatzsteuergesetz
UStDV	=	Umsatzsteuer-Durchführungsverordnung
UStR	=	Umsatzsteuer-Richtlinien 2008
VOB	=	Vergabe- und Vertragsordnung für Bauleistungen
VOB/A	=	Vergabe- und Vertragsordnung für Bauleistungen Teil A (Ausgabe 2006)
VOB/B	=	Vergabe- und Vertragsordnung für Bauleistungen Teil B (Ausgabe 2006)

Inhaltsverzeichnis

I. Vorbemerkung
II. Begriffsbestimmungen
    1. Werklieferungen und Werkleistungen
    2. Teilleistungen
III. Entstehung der Steuer
    1. Sollversteuerung
        a) Werklieferungen
        b) Sonstige Leistungen
        c) Teilleistungen
    2. Entstehung der Steuer bei Voraus- und Abschlagszahlungen
IV. Voranmeldung und Vorauszahlung der Umsatzsteuer
V. Ermittlung des Entgelts
VI. Auswirkung des ertragsteuerlichen Steuerabzugs auf Bauleistungen (§ 48 ff. EStG)
VII. Ausstellung von Rechnungen und Vorsteuerabzug
VIII. Berichtigungspflicht
IX. Steuerschuldnerschaft des Leistungsempfängers

I. Vorbemerkung

Das Merkblatt ergeht im Einvernehmen mit den obersten Finanzbehörden der Länder. Es soll Unternehmer über die wichtigsten Grundsätze der Umsatzbesteuerung von Bauleistungen unterrichten. In erster Linie ist es für Bauunternehmer bestimmt, die Umsätze ausführen, für die der Leistungsempfänger die Steuer *nicht* nach § 13b Abs. 2 UStG schuldet (siehe Abschnitt IX.).

II. Begriffsbestimmungen

1. Werklieferungen und Werkleistungen

Den in der Bauwirtschaft erbrachten Bauleistungen liegen in der Regel Werkverträge oder Werklieferungsverträge nach der VOB zu Grunde. Auch das Umsatzsteuerrecht unterscheidet zwischen Werklieferungen und Werkleistungen.

Eine *Werklieferung* liegt vor, wenn der Unternehmer ein bestelltes Werk unter Verwendung eines oder mehrerer von ihm selbst beschaffter Hauptstoffe erstellt (§ 3 Abs. 4 UStG, Abschnitt 27 Abs. 1 Satz 1 UStR). Beistellungen des Auftraggebers (z.B. Baustrom und Bauwasser, nicht dagegen die Bauwesenversicherung, vgl. Abschnitt 27 Abs. 2 Satz 3 UStR) scheiden aus dem Leistungsaustausch aus.

Beispiel 1:

Ein Unternehmer erstellt ein schlüsselfertiges Wohnhaus für den Auftraggeber zu einem Pauschalfestpreis von 300.000 € brutto. Der Auftraggeber kürzt den Rechnungsbetrag um 3.000 € für beigestellten Baustrom und beigestelltes Bauwasser sowie um weitere 1.000 € für eine abgeschlossene Bauwesenversicherung.

Der Unternehmer hat insgesamt 297.000 € (als Bruttobetrag) der Umsatzsteuer zu unterwerfen. Nur der Baustrom und das Bauwasser (3.000 €) nehmen nicht am Leistungsaustausch teil.

Eine *Werkleistung* liegt vor, wenn für eine Leistung kein Hauptstoff verwendet wird (z.B. Aushub einer Baugrube, Erdbewegungen) oder wenn die benötigten Hauptstoffe vom Auftraggeber gestellt werden

1499

Anlage § 013–03

(Abschnitt 27 Abs. 1 Satz 3 UStR). Die Verwendung von Nebenstoffen des Auftragnehmers hat auf die Beurteilung keinen Einfluss.

2. Teilleistungen

Wie Werklieferungen bzw. Werkleistungen werden im Umsatzsteuerrecht auch Teile einer Leistung behandelt, für die das Entgelt gesondert vereinbart und abgerechnet wird (Teilleistungen; § 13 Abs. 1 Nr. 1 Buchstabe a Sätze 2 und 3 UStG und Abschnitt 180 UStR).

Teilleistungen sind wirtschaftlich abgrenzbare Teile, für die das Entgelt gesondert vereinbart wird und die demnach statt der einheitlichen Gesamtleistung geschuldet werden. Sowohl der Auftraggeber als auch der Auftragnehmer müssen sich darüber einig sein, dass eine bestimmte Gesamtleistung wirtschaftlich, rechtlich und tatsächlich in Teilleistungen aufgespalten werden soll und kann; danach muss dann auch verfahren werden.

Der Begriff der Teilleistung ist an folgende vier Voraussetzungen geknüpft:

a) Es muss sich um einen wirtschaftlich abgrenzbaren Teil einer Werklieferung oder Werkleistung handeln (wirtschaftliche Teilbarkeit),

b) der Leistungsteil muss, wenn er Teil einer Werklieferung ist, abgenommen worden sein (gesonderte Abnahme); ist er Teil einer Werkleistung, muss er vollendet oder beendet worden sein,

c) es muss vereinbart worden sein, dass für Teile einer Werklieferung oder Werkleistung entsprechende Teilentgelte zu zahlen sind (gesonderte Vereinbarung) und

d) das Teilentgelt muss gesondert abgerechnet werden (gesonderte Abrechnung).

Wirtschaftliche Teilbarkeit

Nach dem Grundsatz der Einheitlichkeit der Leistung kann eine Werklieferung bzw. eine Werkleistung nicht in Lieferelemente und in sonstige Leistungen aufgeteilt werden (vgl. Abschnitt 180 Abs. 1 Beispiel 4 Satz 5 i.V.m. Abschnitt 27 und Abschnitt 29 Abs. 1 UStR). Die wirtschaftliche Teilbarkeit einer Werklieferung bzw. Werkleistung setzt somit voraus, dass die Teilleistung selbst eine Werklieferung bzw. Werkleistung ist.

Nachfolgende Zusammenstellung enthält einen Katalog von Teilungsmaßstäben für Bauleistungen.

Art der Arbeit	Teilungsmaßstäbe
1. Anschlüsse an Entwässerungs- und Versorgungsanlagen	Aufteilung erfolgt je Anlage.
2. Außenputzarbeiten	Es bestehen keine Bedenken gegen eine haus- oder blockweise Aufteilung bzw. gegen eine Aufteilung bis zur Dehnungsfuge.
3. Bodenbelagarbeiten	Im allgemeinen bestehen gegen eine Aufteilung je Wohnung oder Geschoss keine Bedenken.
4. Dachdeckerarbeiten	Aufteilung haus- oder blockweise zulässig.
5. Elektrische Anlagen	Eine Aufteilung ist bei Gesamtanlagen im allgemeinen blockweise vorzunehmen.
6. Erdarbeiten	Gegen eine haus- oder blockweise Aufteilung bestehen keine Bedenken.
7. Fliesen- und Plattenlegerarbeiten	Die Aufteilung nach Bädern oder Küchen ist im Regelfall zulässig.
8. Gartenanlagen	Aufteilung erfolgt je nach der Arbeit.
9. Gas-, Wasser- und Abwasserinstallation	Aufteilung der Installationsanlagen ist haus- oder blockweise zulässig. Bei der Installation z.B. von Waschbecken, Badewannen und WC-Becken bestehen im allgemeinen auch gegen eine stückweise Aufteilung keine Bedenken.
10. Glaserarbeiten	Aufteilung erscheint je nach Art der Arbeit im Regelfall stückweise zulässig.
11. Heizungsanlagen	Die Aufteilung kann haus- oder blockweise je Anlage vorgenommen werden. Bei selbständigen Etagenheizungen kann nach Wohnungen aufgeteilt werden.
12. Kanalbau	Eine abschnittsweise Aufteilung (z.B. von Schacht zu Schacht) ist zulässig.

Anlage § 013–03

Art der Arbeit	Teilungsmaßstäbe
13. Klempnerarbeiten	Aufteilung ist je nach Art der Arbeit haus- oder stückweise zulässig (z.B. Regenrinne mit Abfallrohr hausweise, Fensterabdeckungen (außen) stückweise).
14. Maler- und Tapezierarbeiten	Die Aufteilung nach Wohnungen ist im Regelfall zulässig. Eine raumweise Aufteilung erscheint nicht vertretbar, wenn die Arbeiten untrennbar ineinander fließen.
15. Maurer- und Betonarbeiten	Bei Neubauten können Teilleistungen im allgemeinen nur haus- oder blockweise bewirkt werden. Insbesondere bei herkömmlicher Bauweise und bei Skelettbauweise kann eine geschossweise Aufteilung grundsätzlich nicht zugelassen werden.
16. Naturwerkstein- und Beton-Werksteinarbeiten	Bei Objekten, die miteinander nicht verbunden sind, kann eine stückweise Aufteilung vorgenommen werden.
17. Ofen- und Herdarbeiten	Gegen eine stück- oder wohnungsweise Aufteilung bestehen keine Bedenken.
18. Putz- und Stuckarbeiten (innen)	Gegen eine Aufteilung nach Wohnungen oder Geschossen bestehen keine Bedenken.
19. Schlosserarbeiten	Aufteilung erscheint je nach Art der Arbeit im Regelfall stückweise zulässig (z.B. je Balkongitter).
20. Straßenbau	Fertige Straßenbauabschnitte stellen Teilleistungen dar. Beim Neubau bzw. Reparatur einer Straße kann die Fertigstellung eines laufenden Meters nicht als Teilleistung angesehen werden.
21. Tischlerarbeiten	Aufteilung erscheint je nach Art der Arbeit im Regelfall stückweise zulässig (z.B. je Tür und Fenster).
22. Zimmererarbeiten	Aufteilung haus- oder blockweise zulässig.

Gesonderte Abnahme

Um Teilleistungen anzunehmen, müssen die vertraglichen Vereinbarungen tatsächlich durchgeführt werden, d.h. die Abnahme muss, wenn sie schriftlich vereinbart war, auch gesondert schriftlich vorgenommen werden (vgl. z.B. § 12 VOB/B). Darüber hinaus sind die Rechtsfolgen der Abnahme zu beachten (vgl. z.B. Beginn der Gewährleistungsfrist nach § 13 VOB/B). Eine nur aus steuerlichen Gründen vorgenommene Abnahme des Teils eines Gesamtbauwerks ist nicht als Teilleistung im Sinne des § 13 Abs. 1 Satz 1 Nr. 1 Buchstabe a Satz 2 UStG anzuerkennen. Davon ist auszugehen, wenn die Folgen der Abnahme (Fälligkeit der Vergütung, Umkehr der Beweislast des Auftragnehmers für die Mängelfreiheit des Werks in die Beweislast des Auftraggebers für die Mangelhaftigkeit des Werks, Übergang der Gefahr des Untergangs der Teilleistung auf den Auftraggeber/Besteller des Werks) ganz oder teilweise tatsächlich ausgeschlossen werden. Das bloße Hinausschieben des Beginns der Verjährungsfrist für Mängelansprüche auf die Abnahme des Gesamtwerks zählt dagegen nicht dazu.

Gesonderte Vereinbarung

Aus dem Werkvertrag muss hervorgehen, dass für Teile der Gesamtleistung (so genannter Einheitspreisvertrag nach § 5 Nr. 1 Buchstabe a VOB/A) ein gesondertes Entgelt vereinbart wurde. Regelmäßig enthält der Werkvertrag ein Leistungsverzeichnis, das eine Leistungsbeschreibung, Mengen und Preise enthält (vgl. § 9 VOB/A). Nur wenn das Leistungsverzeichnis derartige Einzelpositionen enthält, können Teilleistungen angenommen werden. Vereinbarungen über zu zahlende Abschlagszahlungen (vgl. § 16 VOB/B) sind keine gesonderten Entgeltsvereinbarungen. Wird lediglich ein Festpreis für das Gesamtwerk vereinbart (so genannter Pauschalvertrag nach § 5 Nr. 1 Buchstabe b VOB/A), scheiden Teilleistungen aus. Teilleistungen scheiden ebenfalls aus, wenn (faktisch) Teilabnahmen erfolgen, ohne dass die zugrunde liegende Vereinbarung geändert wird.

Gesonderte Abrechnung

Die Teilleistung muss durch eine entsprechende Rechnungslegung gesondert abgerechnet werden. Die Abrechnung (vgl. § 14 VOB/B) muss dem entsprechen, was vorher vereinbart worden ist.

Anlage § 013–03

Beispiel 2:

Ein Unternehmer ist beauftragt worden, mehrere Wohnhäuser schlüsselfertig zu erstellen. Für die einzelnen Häuser sind Pauschalpreise vereinbart worden. Jedes einzelne Haus wird gesondert abgenommen und getrennt abgerechnet. Die Lieferung jedes einzelnen Hauses ist eine Teilleistung im Sinne des Umsatzsteuerrechts.

Eine Teilung ist z.B. auch bei Erdarbeiten, Außenputzarbeiten, Zimmererarbeiten und Dachdeckerarbeiten nach Häusern oder Blöcken, bei Innenputz- und Malerarbeiten nach Geschossen oder Wohnungen und bei Tischler- und Glaserarbeiten nach einzelnen Stücken möglich.

III. Entstehung der Steuer

1. Sollversteuerung

Nach § 13 Abs. 1 Nr. 1 Buchstabe a Satz 1 UStG entsteht die Steuer bei Berechnung nach vereinbarten Entgelten (Sollversteuerung) mit Ablauf des Voranmeldungszeitraums, in dem die Werklieferung oder Werkleistung ausgeführt worden ist.

a) Werklieferungen

Eine Werklieferung ist ausgeführt, sobald dem Auftraggeber die Verfügungsmacht am erstellten Werk verschafft worden ist. Verschaffung der Verfügungsmacht bedeutet, den Auftraggeber zu befähigen, im eigenen Namen über das auftragsgemäß fertig gestellte Werk zu verfügen. In der Regel setzt die Verschaffung der Verfügungsmacht die Übergabe und Abnahme des fertig gestellten Werks voraus. *Auf die Form der Abnahme kommt es dabei nicht an.*

Unter Abnahme ist die Billigung der ordnungsgemäßen vertraglichen Leistungserfüllung durch den Auftraggeber zu verstehen. Nicht maßgebend ist die baubehördliche Abnahme. Die Abnahme ist in jeder Form möglich, in welcher der Auftraggeber die Anerkennung der vertragsgemäßen Erfüllung vornimmt (§ 12 VOB/B). Bei Vereinbarung einer förmlichen Abnahme wird die Verfügungsmacht im Allgemeinen am Tag der Abnahmeverhandlung verschafft. Das gilt dann nicht, wenn eine Abnahme durch eine stillschweigende Billigung stattfindet.

Eine solche stillschweigende Billigung ist z.B. anzunehmen, wenn das Werk durch den Auftraggeber bereits bestimmungsgemäß genutzt wird. Fehlende Restarbeiten oder Nachbesserungen schließen eine wirksame Abnahme nicht aus, wenn das Werk ohne diese Arbeiten seinen bestimmungsmäßigen Zwecken dienen kann.

Beispiel 3:

Ein Bauunternehmer hat sich verpflichtet, auf dem Grundstück des Auftraggebers (Bauherrn) ein Wohngebäude schlüsselfertig zu errichten. Das Gebäude wird im Juli fertig gestellt und vom Bauherrn im August abgenommen. Die baubehördliche Abnahme erfolgt im Oktober. Die Schlussrechnung wird im Dezember erstellt. Die Abschlusszahlung wird erst im Folgejahr geleistet.

Umsatzsteuerrechtlich ist die Lieferung des Gebäudes mit der Abnahme durch den Bauherrn im August ausgeführt worden. Die Steuer ist mit Ablauf des Monats August entstanden. Hätte der Bauherr das Gebäude schon unmittelbar nach der Fertigstellung im Monat Juli in Nutzung genommen (z.B. durch Einzug), wäre die Abnahme durch die schlüssige Handlung des Bauherrn vollzogen und das Gebäude im Monat Juli geliefert worden. Entsprechend wäre die Steuer mit Ablauf des Monats Juli entstanden.

Wird das vertraglich vereinbarte Werk nicht fertig gestellt und ist eine Vollendung des Werkes durch den Werksunternehmer nicht mehr vorgesehen, entsteht ein neuer Leistungsgegenstand. Dieser bestimmt sich im Falle eines Insolvenzverfahrens unter Ablehnung weiterer Erfüllung des Vertrages seitens des Insolvenzverwalters nach § 103 der Insolvenzordnung nach Maßgabe des bei Eröffnung des Insolvenzverfahrens tatsächlich Geleisteten. In diesen Fällen ist die Lieferung im Zeitpunkt der Insolvenzeröffnung bewirkt (Abschnitt 178 Satz 2 Nr. 1 Sätze 7 und 8 UStR).

Gleiches gilt im Falle der Kündigung des Werkvertrages mit der Maßgabe, dass hier der Tag des Zugangs der Kündigung maßgebend ist. Stellt der Werkunternehmer die Arbeiten an dem vereinbarten Werk vorzeitig ein, weil der Besteller – ohne eine eindeutige Erklärung abzugeben – nicht willens oder in der Lage ist, seinerseits den Vertrag zu erfüllen, wird das bis dahin errichtete halbfertige Werk zum Gegenstand der Werklieferung; es wird in dem Zeitpunkt geliefert, in dem für den Werkunternehmer nach den gegebenen objektiven Umständen feststeht, dass er wegen fehlender Aussicht auf die Erlangung weiteren Werklohns nicht mehr leisten werde (Abschnitt 178 Satz 2 Nr. 1 Sätze 9 und 10 UStR).

Anlage § 013–03

b) Sonstige Leistungen

Sonstige Leistungen, insbesondere *Werkleistungen,* sind grundsätzlich mit der Fertigstellung, d.h. mit der Vollendung des Werkes ausgeführt. Die Vollendung des Werkes wird häufig mit dem Zeitpunkt der Abnahme zusammenfallen, diese ist hier aber nicht Voraussetzung.

c) Teilleistungen

Die vorstehenden Ausführungen zu Werklieferungen bzw. Werkleistungen sind für Teilleistungen (siehe Textziffer II.2) entsprechend anzuwenden.

2. Entstehung der Steuer bei Voraus- und Abschlagszahlungen

Die Steuer entsteht in den Fällen, in denen das Entgelt oder ein Teil des Entgelts *(Voraus- und Abschlagszahlungen)* vor Ausführung der Leistung/Teilleistung gezahlt wird, bereits mit *Ablauf des Voranmeldungszeitraumes, in dem das Entgelt/Teilentgelt vereinnahmt worden ist* (§ 13 Abs. 1 Nr. 1 Buchstabe a Satz 4 UStG). Dabei mindert ein evtl. durchzuführender Steuerabzug für Bauleistungen nach den §§ 48ff. EStG das Entgelt/Teilentgelt nicht (siehe Abschnitt VI.).

Für eine Voraus- und Abschlagszahlung entsteht die Steuer auch dann, wenn der Unternehmer keine Rechnung im Sinne des § 14 Abs. 5 Satz 1 UStG i.V.m. Abschnitt 187 UStR erteilt. Bezüglich der Pflicht zur Erteilung von Rechnungen im Falle der Vereinnahmung des Entgelts oder Teilentgelts vor Ausführung der umsatzsteuerpflichtigen Leistungen wird auf Abschnitt VII hingewiesen.

IV. Voranmeldung und Vorauszahlung der Umsatzsteuer

Die Steuer ist nach § 18 Abs. 1 UStG binnen 10 Tage nach Ablauf des Voranmeldungszeitraumes (Kalendervierteljahr oder Kalendermonat) anzumelden und zu entrichten, in dem die Leistungen/Teilleistungen ausgeführt bzw. die Voraus- oder Abschlagszahlungen vereinnahmt worden sind. Im Falle der Dauerfristverlängerung (§§ 46 bis 48 UStDV) verlängert sich diese Frist um einen Monat. Die Rechnungserstellung oder – im Fall der Sollversteuerung (siehe Textziffer III.1) – die vollständige Zahlung durch den Auftraggeber ist nicht maßgebend.

V. Ermittlung des Entgelts

Soweit die Leistungen nach den vorstehenden Grundsätzen als ausgeführt anzusehen sind, ist die Steuer aufgrund des vereinbarten Leistungsentgelts zu entrichten. Bereits entrichtete Steuerbeträge auf Voraus- und Abschlagszahlungen sind abzuziehen.

Sind für Leistungen Einheitspreise (vgl. § 5 Nr. 1 Buchstabe a der VOB/A) vereinbart worden, erteilt der Auftragnehmer die Schlussrechnung im Allgemeinen erst mehrere Monate nach Entstehung der Steuer, weil die Ermittlung des genauen Entgelts längere Zeit erfordert (fehlende/unvollständige Aufmessungen). In solchen Fällen hat der Unternehmer im Voranmeldungszeitraum der Leistungserbringung das sich erst endgültig betragsmäßig aufgrund einer Abschlussrechnung ergebende Entgelt zu schätzen. Die Schätzung hat sich an dem erwarteten Entgelt zu orientieren.

Ergeben sich in der Schlussrechnung Abweichungen von der vorläufigen (geschätzten) Bemessungsgrundlage, hat der Unternehmer den Unterschiedsbetrag grundsätzlich für den Voranmeldungszeitraum zu berichtigen, in dem die Leistung ausgeführt wurde. Aus Vereinfachungsgründen wird es nicht beanstandet, wenn der Unternehmer die sich aus der Schlussrechnung ergebenden Mehrsteuern in der laufenden Umsatzsteuer-Voranmeldung erklärt und abführt.

Beispiel 4:

Ein Bauunternehmer erstellt auf dem Grundstück des Auftraggebers (Bauherr) ein Hochhaus. Auf der Basis von Einheitspreisen nach § 5 Nr. 1 Buchstabe a VOB/A ergibt sich eine Vertragssumme von netto 9 Mio. €. Das vertragsgemäß fertig gestellte Werk wird im September abgenommen. An Voraus- und Abschlagszahlungen wurden bis zur Abnahme netto 8,5 Mio. € geleistet, die der Bauunternehmer bereits im Zeitpunkt der Zahlung zutreffend der Steuer unterworfen hatte (§ 13 Abs. 1 Nr. 1 Buchstabe a Satz 4 UStG). Eine sachgerechte Schätzung ergibt ein voraussichtliches Entgelt von netto 9,5 Mio. €. Im Februar des Folgejahres wird auf der Grundlage des endgültigen Aufmaßes die Schlussrechnung über 10 Mio. € zuzüglich Umsatzsteuer erstellt.

Die Werklieferung ist mit Abnahme im September ausgeführt. Der Bauunternehmer hat die bisher erhaltenen Voraus- und Abschlagszahlungen von bisher 8,5 Mio. € versteuert. Für die Werklieferung ist in der Umsatzsteuer-Voranmeldung für September eine Steuer auf der Grundlage des geschätzten Entgeltes für den Restbetrag von 1 Mio. € zu berechnen. Um eine Berichtigung der Voranmeldung für September zu vermeiden, kann der sich aus der Schlussrechnung ergebende Unterschiedsbetrag (0,5 Mio. €) in der Umsatzsteuer-Voranmeldung für den Monat Februar des Folgejahres berücksichtigt werden.

Anlage § 013–03

Hat der Auftragnehmer weder Voraus- noch Abschlagszahlungen erhalten, ist das Entgelt gegebenenfalls auf der Grundlage des Angebots oder eines Voranschlages zu schätzen. Weicht der Rechnungsbetrag von dieser geschätzten Bemessungsgrundlage ab, ist die Versteuerung für den Zeitraum der Leistungserbringung ebenfalls zu berichtigen. Stehen bei Abnahme, d.h. bei Verschaffung der Verfügungsmacht, an dem bestellten Werk noch untergeordnete, die bestimmungsgemäße Nutzung nicht beeinträchtigende Restarbeiten aus, sind diese stets in die Bemessungsgrundlage einzubeziehen.

Wenn für die einheitliche Leistung ein Pauschalpreis (vgl. § 5 Nr. 1 Buchstabe b VOB/A) vereinbart worden ist, steht das Entgelt bereits fest. Der Auftragnehmer hat unter Berücksichtigung der bereits besteuerten Voraus- und Abschlagszahlungen auf der Grundlage des vereinbarten Pauschalentgeltes die Leistung in dem Voranmeldungszeitraum zu versteuern, in dem sie ausgeführt wird.

Werden vom Auftraggeber Sicherungseinbehalte (vgl. § 17 VOB/B) vorgenommen, liegt hierin keine Entgeltsminderung nach § 17 Abs. 1 Satz 1 UStG.

VI. Auswirkung des ertragsteuerlichen Steuerabzugs bei Bauleistungen (§ 48 ff. EStG)

Nach den §§ 48ff. EStG hat der Leistungsempfänger für den Empfang von Bauleistungen unter bestimmten Voraussetzungen einen 15%igen Steuerabzug von der vereinbarten Bruttovergütung einzubehalten.

Der 15%ige Steuerabzug ist bis zum 10. Tag nach Ablauf des Monats, in dem die Gegenleistung (Zahlung) erbracht wurde, an das für den Leistenden zuständige Finanzamt abzuführen (§ 48a Abs. 1 EStG).

Der Steuerabzug nach den §§ 48 ff. EStG hat keine Auswirkungen auf die umsatzsteuerliche Behandlung.

Zum umsatzsteuerlichen Entgelt nach § 10 Abs. 1 Satz 2 UStG gehören auch Zahlungen des Leistungsempfängers an Dritte (vgl. Abschnitt 149 Abs. 7 Satz 1 UStR). Deshalb ist bei der Ermittlung des Entgelts auch der vom Leistungsempfänger einzubehaltende und an das für den leistenden Unternehmer zuständige Finanzamt abzuführende Betrag zu berücksichtigen.

Beispiel 5:

Der Unternehmer erteilt dem Leistungsempfänger für erbrachte Bauleistungen folgende Rechnung:

Auftragssumme netto:	100.000 €
Umsatzsteuer 19%	19.000 €
Bruttobetrag	119.000 €

Der Leistungsempfänger überweist dem Unternehmer (119.000 € abzüglich 15% Bauabzugssteuer 17.850 €) 101.150 €.

Das umsatzsteuerliche Entgelt beträgt 100.000 €, die darauf entfallende Umsatzsteuer 19.000 €.

Versteuert der leistende Unternehmer seine Umsätze nach vereinnahmten Entgelten (Istversteuerung, § 20 UStG), ist die Versteuerung in dem Voranmeldungszeitraum vorzunehmen, in dem das Entgelt bzw. Teilentgelt vereinnahmt wird.

Beispiel 6:

Der Unternehmer erteilt dem Leistungsempfänger für erbrachte Bauleistungen die im Beispiel 5 bezeichnete Rechnung. Der Leistungsempfänger überweist im März (59.500 € abzüglich 15% Steuerabzug 8.925 €) 50.575 € und nochmals 50.575 € im Mai.

Der leistende Unternehmer hat nach § 13 Abs. 1 Nr. 1 Buchstabe b UStG in der Umsatzsteuer-Voranmeldung für März ein Teilentgelt von 50.000 € und in der Umsatzsteuer-Voranmeldung für Mai den Restbetrag von 50.000 € anzumelden.

Versteuert der leistende Unternehmer seine Umsätze nach vereinbarten Entgelten (Sollversteuerung, § 16 UStG), ist die Versteuerung in dem Voranmeldungszeitraum vorzunehmen, in dem die Bauleistung ausgeführt worden ist (§ 13 Abs. 1 Nr. 1 Buchstabe a Satz 1 UStG). Die vor Ausführung der Leistung vereinnahmten Vorauszahlungen, Abschlagszahlungen usw. führen jedoch nach § 13 Abs. 1 Nr. 1 Buchstabe a Satz 4 UStG zu einer früheren Steuerentstehung (vgl. Abschnitt 181 UStR).

Beispiel 7:

Der Unternehmer führt im April Bauleistungen aus. Das vereinbarte Entgelt entspricht der im Mai erteilten Rechnung (vgl. Beispiel 5). Der Leistungsempfänger überweist im März (59.500 € abzüglich 15% Steuerabzug 8.925 €) 50.575 € als Vorauszahlung und nochmals 50.575 € im Mai.

Der leistende Unternehmer hat nach § 13 Abs. 1 Nr. 1 Buchstabe a Satz 4 UStG im März ein Teilentgelt von 50.000 € und im April nach § 13 Abs. 1 Nr. 1 Buchstabe a Satz 1 UStG den Restbetrag von 50.000 € zu versteuern.

Anlage § 013–03

VII. Ausstellung von Rechnungen und Vorsteuerabzug

Für ausgeführte Bauleistungen ist der Auftragnehmer verpflichtet, innerhalb von sechs Monaten nach Ausführung der Bauleistung eine Rechnung mit gesondert ausgewiesener Umsatzsteuer auszustellen (§ 14 Abs. 2 Satz 1 Nr. 1 i.V.m. den Absätzen 1 bis 4 UStG). Dies gilt auch dann, wenn die Bauleistung an eine Privatperson ausgeführt wird. Da die Rechnung von der Privatperson zwei Jahre lang aufzubewahren ist (§ 14b Abs. 1 Satz 5 UStG), muss die Rechnung einen Hinweis auf die zweijährige Aufbewahrungspflicht enthalten (§ 14 Abs. 4 Satz 1 Nr. 9 UStG). Bei Nichteinhaltung der Rechnungsausstellungsverpflichtung kann das Finanzamt ein Bußgeld festsetzen (§ 26a Abs. 1 Nr. 1 UStG).

Nach § 14 Abs. 5 Satz 1 i.V.m. den Absätzen 1 bis 4 UStG ist der Unternehmer berechtigt und ggf. verpflichtet, über das vor der Ausführung der umsatzsteuerpflichtigen Leistungen vereinnahmte Entgelt eine Rechnung mit gesondert ausgewiesener Umsatzsteuer zu erteilen. Aus der Rechnung muss hervorgehen, dass damit Voraus- oder Abschlagszahlungen abgerechnet werden, z.B. durch Angabe des voraussichtlichen Zeitpunkts der Leistung. In den *Endabrechnungen,* mit denen der Unternehmer über die ausgeführten Leistungen insgesamt abrechnet, sind nach § 14 Abs. 5 Satz 2 UStG die vor der Ausführung der Leistung vereinnahmten Entgelte sowie die hierauf entfallenden Steuerbeträge abzusetzen, wenn über diese Entgelte Rechnungen mit gesondertem Steuerausweis erteilt worden sind. Unterlässt der Unternehmer dies, hat er den in dieser Rechnung ausgewiesenen Steuerbetrag an das Finanzamt abzuführen (§ 14c Abs. 1 UStG, Abschnitt 187 UStR).

Nach § 15 Abs. 1 Satz 1 Nr. 1 Satz 1 UStG kann der Unternehmer, sofern auch die übrigen Voraussetzungen für den Vorsteuerabzug vorliegen, die ihm von anderen Unternehmern (z.B. Baustofflieferanten) *gesondert in Rechnung gestellte Steuer,* als Vorsteuer abziehen.

Für Anzahlungen kann die Vorsteuer nach § 15 Abs. 1 Satz 1 Nr. 1 Satz 3 UStG bereits für den *Besteuerungszeitraum* abgezogen werden, in dem die *Rechnung vorliegt und die Zahlung geleistet worden ist.* Zahlt der Unternehmer einen geringeren als den in der Rechnung angeforderten Betrag, kann er nur die Vorsteuer abziehen, die auf die jeweilige Zahlung entfällt.

Ist die gesamte Leistung ausgeführt worden, kann der Unternehmer die Vorsteuer erst dann abziehen, wenn er für die Leistung eine Rechnung mit gesondertem Steuerausweis erhalten hat. Hat er bereits Anzahlungen geleistet und darüber Rechnungen mit gesondertem Steuerausweis erhalten, kann er aus der Endrechnung nur den Betrag als Vorsteuer abziehen, der auf das restliche zu entrichtende Entgelt entfällt. Das gilt auch dann, wenn der leistende Unternehmer in der Endrechnung die gezahlten Beträge und die darauf entfallende Steuer nicht abgesetzt hat.

Beispiel 8:

Ein Bauunternehmer erteilt seinem Auftraggeber, für den er eine Lagerhalle erstellt, im Juni eine Rechnung über eine zu leistende Anzahlung in Höhe von 100.000 € zuzüglich 19.000 € Umsatzsteuer. Der Auftraggeber entrichtet den Gesamtbetrag im August.

Der Bauunternehmer hat die Anzahlung in Höhe von 100.000 € in der Umsatzsteuer-Voranmeldung für August der Umsatzsteuer zu unterwerfen. Entsprechend kann der Auftraggeber für den Voranmeldungszeitraum August den darauf entfallenden Steuerbetrag in Höhe von 19.000 € als Vorsteuer abziehen.

Beispiel 9:

Sachverhalt wie zu Beispiel 8. Der Auftraggeber zahlt im August jedoch nur einen Betrag von insgesamt 90.000 €. Beim Bauunternehmer entsteht die Umsatzsteuer mit Ablauf des Monats August nur insoweit, als sie auf das tatsächlich vereinnahmte Teilentgelt entfällt. In der Voranmeldung für diesen Monat sind 75.630,25 € (90.000 € abzüglich Umsatzsteuer 14.369,75 €) der Steuer zu unterwerfen. Der Auftraggeber kann für diesen Voranmeldungszeitraum auch nur einen Vorsteuerabzug in Höhe von 14.369,75 € geltend machen.

Beispiel 10:

Sachverhalt wie zu Beispiel 8. Die Halle wird im Januar des Folgejahres vom Auftraggeber abgenommen. Im selben Monat erhält er vom Bauunternehmer auch die Endrechnung über 500.000 € zuzüglich 95.000 € Umsatzsteuer. Der Bauunternehmer unterlässt es aber, die bereits erhaltene und mit gesondertem Steuerausweis in Rechnung gestellte Anzahlung in Höhe von insgesamt 100.000 € zuzüglich 19.000 € Umsatzsteuer in der Endrechnung abzusetzen.

Der Bauunternehmer schuldet für den Voranmeldungszeitraum Januar des Folgejahres den in seiner Rechnung ausgewiesenen gesamten Umsatzsteuerbetrag in Höhe von 95.000 € (19% von 500.000 €). Der auf die vereinnahmte und bereits versteuerte Anzahlung von 119.000 € entfallende Umsatzsteuerbetrag in Höhe von 19.000 € wird also nach § 14c Abs. 1 UStG nochmals geschuldet.

Anlage § 013–03

Der Auftraggeber kann für den Voranmeldungszeitraum Januar des Folgejahres nur den Steuerbetrag als Vorsteuer abziehen, der auf die verbliebene Restzahlung in Höhe von 476.000 € entfällt. Für ihn ergibt sich somit unabhängig von einer eventuellen Rechnungsberichtigung durch den Bauunternehmer aufgrund der Endrechnung ein restlicher Vorsteuerabzug in Höhe von 76.000 €.

VIII. Berichtigungspflicht

Nach § 153 AO ist ein Steuerpflichtiger, der nachträglich vor Ablauf der Festsetzungsfrist erkennt, dass eine Steuererklärung unrichtig oder unvollständig ist und dass es dadurch zu einer Verkürzung von Steuern kommen kann oder bereits gekommen ist, verpflichtet, dies unverzüglich anzuzeigen und die erforderliche Richtigstellung vorzunehmen.

Die Umsatzsteuer-Voranmeldung steht einer Steuererklärung gleich (§ 150 Abs. 1 AO, § 18 Abs. 1 UStG).

Soweit Umsätze für die die Steuer nach der hier dargestellten Rechtslage bereits entstanden ist, bisher nicht versteuert worden sind, sind die betreffenden Voranmeldungen bzw. Jahreserklärungen nach § 153 AO umgehend zu berichtigen und die sich ergebenden Mehrsteuern zu entrichten.

IX. Steuerschuldnerschaft des Leistungsempfängers

Unternehmer und juristische Personen des öffentlichen Rechts, die von im Ausland ansässigen Unternehmen steuerpflichtige Werklieferungen oder sonstige Leistungen empfangen, schulden die darauf entfallende *Umsatzsteuer* (§ 13b Abs. 2 Satz 1 UStG). Dies gilt auch, wenn die jeweilige Leistung nicht für das Unternehmen des Empfängers oder der juristischen Person öffentlichen Rechts bestimmt ist. Weitere Informationen enthält der Abschnitt 182a UStR.

Werden Werklieferungen und sonstige Leistungen, die der Herstellung, Instandsetzung, Instandhaltung, Änderung oder Beseitigung von Bauwerken dienen – mit Ausnahme von Planungs- und Überwachungsleistungen – (§ 13b Abs. 1 Satz 1 Nr. 4 UStG), von einem im Inland ansässigen Unternehmer im Inland erbracht, ist der Leistungsempfänger dann Steuerschuldner, wenn er Unternehmer ist und selbst Bauleistungen im Sinne des § 13b Abs. 1 Satz 1 Nr. 4 Satz 1 UStG erbringt (§ 13b Abs. 2 Satz 2 UStG). Dies gilt ebenfalls, wenn die Leistung für den nichtunternehmerischen Bereich bezogen wird. Weitere Informationen enthält der Abschnitt 182a UStR.

Für Fragen, die dieses Merkblatt nicht beantwortet, stehen die Finanzämter zur Verfügung. Auf die Möglichkeit, den Rat eines Angehörigen der steuerberatenden Berufe in Anspruch zu nehmen, wird hingewiesen.

Anlage § 013–04

Umsatzbesteuerung von Anzahlungen (§ 13 Abs. 1 Nr. 1 Buchst. a Satz 4 UStG); Neufassung von Abschnitt 13.5 Abs. 2 des Umsatzsteuer-Anwendungserlasses

BMF-Schreiben vom 15.04.2011 – IV D 2 – S 7270/10/10001, BStBl. 2011 I S. 489

Im Rahmen eines Tauschs oder tauschähnlichen Umsatzes können auch Anzahlungen in Lieferungen oder sonstigen Leistungen bestehen. Nach dem Ergebnis der Erörterungen mit den obersten Finanzbehörden der Länder ist dabei eine Lieferung oder sonstige Leistung bereits in dem Zeitpunkt als Entgelt oder Teilentgelt im Sinne des § 13 Abs. 1 Nr. 1 Buchst. a Satz 4 UStG anzusehen, wenn dem Leistungsempfänger ihr wirtschaftlicher Wert zufließt. Für eine Vereinnahmung im Sinne dieser Vorschrift durch den Leistungsempfänger ist es daher in diesen Fällen nicht erforderlich, dass die Leistung selbst bereits als ausgeführt gilt und die Steuer hierfür nach § 13 Abs. 1 Nr. 1 Buchst. a Satz 1 UStG entstanden ist.

Abschnitt 13.5 Abs. 2 des Umsatzsteuer-Anwendungserlasses vom 1. Oktober 2010 (BStBl. I S. 846), der zuletzt durch das BMF-Schreiben vom 11. April 2011 – IV D 3 – S 7130/07/10008 (2011/0294414) – geändert worden ist, wird daher wie folgt gefasst:

„(2) [1]Anzahlungen können außer in Barzahlungen auch in Lieferungen oder sonstigen Leistungen bestehen, die im Rahmen eines Tauschs oder tauschähnlichen Umsatzes als Entgelt oder Teilentgelt hingegeben werden. [2]Eine Vereinnahmung der Anzahlung durch den Leistungsempfänger wird in diesen Fällen nicht dadurch ausgeschlossen, dass diese Leistung selbst noch nicht als ausgeführt gilt und die Steuer hierfür nach § 13 Abs. 1 Nr. 1 Buchst. a Satz 1 UStG noch nicht entstanden ist.

Die Grundsätze dieses Schreibens sind in allen offenen Fällen anzuwenden.

Anlagen § 013b–01 nicht belegt, § 013b–02

Inländische Kanzlei einer ausländischen Rechtsanwaltssozietät als inländischer Unternehmer

OFD Frankfurt a. M., Vfg. vom 25.04.2002 – S 7279 A – 2 – II A 4a,
UR 2003 S. 42

Es ist gefragt worden, ob eine ausländische Rechtsanwaltssozietät, die im Inland eine Kanzlei betreibt, hinsichtlich dieser Kanzlei als inländischer Unternehmer angesehen werden kann, selbst wenn sich die geschäftliche Oberleitung der Sozietät im Ausland befindet. Daneben ist fraglich, welche umsatzsteuerlichen Konsequenzen zu ziehen sind, wenn eine im Ausland befindliche Kanzlei dieser Rechtsanwaltssozietät in Deutschland steuerpflichtige Beratungsleistungen erbringt.

Hierzu gilt Folgendes:

Nach § 13b Abs. 4 UStG ist ein im Ausland ansässiger Unternehmer ein Unternehmer, der weder im Inland noch auf der Insel Helgoland oder in einem der in § 1 Abs. 3 UStG bezeichneten Gebiete einen Wohnsitz, seinen Sitz, seine Geschäftsleitung oder eine Zweigniederlassung hat.

Danach ist z. B. eine inländische Kanzlei einer ausländischen Rechtsanwaltssozietät mit geschäftlicher Oberleitung im Ausland auch im Ausland ansässig. Dies bewirkt, dass die Umsatzsteuer auf die von der inländischen Kanzlei gegenüber Unternehmern oder juristischen Personen des öffentlichen Rechts im Inland erbrachten Leistungen von diesen Leistungsempfängern nach § 13b Abs. 2 UStG geschuldet wird.

Soweit die inländische Kanzlei steuerbare und steuerpflichtige Leistungen an nicht in § 13b Abs. 2 UStG aufgeführte Leistungsempfänger erbringt, ist sie selbst Steuerschuldnerin und hat die Besteuerung dieser Umsätze nach § 16 und § 18 Abs. 1 bis 4 UStG durchzuführen.

Zu berücksichtigen ist, dass für Leistungsempfänger i. S. d. § 13b Abs. 2 UStG vielfach nicht ohne weiteres erkennbar und auch nicht zweifelhaft ist, dass es sich bei der inländischen Kanzlei um einen im Ausland ansässigen Unternehmer i. S. d. § 13b Abs. 4 UStG handelt.

Im Einvernehmen mit dem Hessischen Ministerium der Finanzen halte ich es daher für vertretbar, die inländische Kanzlei einer ausländischen Rechtsanwaltssozietät, soweit sie im Inland Leistungen gegen Entgelt ausführt, generell sowohl für das materielle Umsatzsteuerrecht als auch für das Besteuerungsverfahren als einen inländischen Unternehmer anzusehen.

Etwas anderes hat jedoch zu gelten, wenn die Durchführung des allgemeinen Besteuerungsverfahrens bei der inländischen Kanzlei zu einer Gefährdung des Steueranspruchs führen sollte. In diesem Falle bleibt es bei der Steuerschuldnerschaft des Leistungsempfängers, soweit dieser § 13b Abs. 2 UStG unterliegt.

Die Steuerschuldnerschaft des in § 13b Abs. 2 UStG genannten Leistungsempfängers für die von ausländischen Kanzleien der gleichen Rechtsanwaltssozietät bezogenen und im Inland steuerbaren und steuerpflichtigen Leistungen bleibt von der obigen Regelung unberührt.

Anlagen § 013b–03, § 013b–04 nicht belegt

Inländische Leistungen ausländischer Betriebsstätten; keine Anwendung der Steuerschuldnerschaft des Leistungsempfängers (§ 13b UStG)

OFD Frankfurt am Main, Vfg. vom 01.04.2003 – S 7279 A – 4 – St I 23, UVR 2003 S. 278

Seit 1. Januar 2002 schuldet für steuerpflichtige Werklieferungen und sonstige Leistungen eines im Ausland ansässigen Unternehmers der Leistungsempfänger die Umsatzsteuer, wenn er ein Unternehmer oder eine juristische Person des öffentlichen Rechts ist (§ 13b Abs. 1 S. 1 Nr. 1 und Abs. 2 UStG).

Ein im Ausland ansässiger Unternehmer ist nach der feststehenden Definition in § 13b Abs. 4 UStG ein Unternehmer, der weder im Inland noch auf der Insel Helgoland oder in einem der in § 1 Abs. 3 bezeichneten Gebiete einen Wohnsitz, seinen Sitz, seine Geschäftsleitung oder eine Zweigniederlassung hat. Bei im Inland steuerbaren und steuerpflichtigen Werklieferungen und sonstigen Leistungen durch **ausländische Betriebsstätten** (feste Niederlassungen in Form von Filialen, Zweigniederlassungen oder anderen unselbstständigen Betriebsstellen – ohne eigene Rechtspersönlichkeit) eines **im Inland ansässigen Unternehmers** sind Fragen zur Anwendung des § 13b UStG in diesen Fällen aufgetreten.

Ich bitte hierzu folgende Rechtsauffassung zu vertreten:

1. Inländischer Unternehmer

Zum Unternehmen gehören *sämtliche* Betriebe oder beruflichen Tätigkeiten desselben Unternehmers (Abschn. 20 Abs. 1 UStR).

Mithin stellen auch ausländische Unternehmensteile *kein* eigenständiges Unternehmen dar.

2. Steuerschuldnerschaft

Werklieferungen oder sonstige Leistungen solcher ausländischen unselbstständigen Unternehmensteile sind Leistungen des inländischen Unternehmens und nicht solche eines im Ausland ansässigen Unternehmens, selbst wenn die Rechnungserteilung unter ausländischer Anschrift erfolgt.

Mithin schuldet auch der Leistungsempfänger nicht die Umsatzsteuer auf die bezogene Leistung nach § 13b Abs. 1 Satz 1 Nr. 1 und Abs. 2 UStG. Bei Zweifeln kann sich der Leistungsempfänger eine Bescheinigung – USt 1 TS – des zuständigen Finanzamts vorlegen lassen (vgl. BMF-Schreiben vom 05.12.2001, BStBl. 2001 I S. 1013).

Steuerschuldner bleibt nach § 13a Abs. 1 Nr. 1 UStG der leistende (inländische) Unternehmer.

Diese Rechtsauffassung begegnet auch keinen EG-rechtlichen Bedenken.

Der inländische Unternehmer hat die betroffenen Umsätze seiner ausländischen festen Niederlassung im Inland zu erklären und die diesbezügliche Umsatzsteuer anzumelden und abzuführen. Hierzu hat er durch entsprechende organisatorische Maßnahmen sicherzustellen, dass die betreffenden inländischen Umsätze der ausländischen Unternehmensteile vollständig erfasst werden.

Anlage § 013b–05

Erweiterung der Steuerschuldnerschaft des Leistungsempfängers (§ 13b UStG) auf bestimmte Bauleistungen

BMF vom 02.12.2004 – IV A 6 – S 7279 – 50/04 / IV A 6 – S 7279 – 100/04
BStBl. 2004 I S. 1129

Unter Bezugnahme auf das Ergebnis der Erörterungen mit den obersten Finanzbehörden der Länder gilt zur Ergänzung des BMF-Schreibens vom 31. März 2004 – IV D 1 – S 7279 – 107/04 – (BStBl. 2004 I S. 453[1]) Folgendes:

1. Begriff der Bauleistung (Tz. 6 bis 13 des BMF-Schreibens vom 31. März 2004; ab 1. Januar 2005: Abschnitt 182a Abs. 3 bis 9 UStR 2005)

§ 13b Abs. 1 Satz 1 Nr. 4 Satz 1 UStG nimmt zwar nicht ausdrücklich Bezug auf den Bauleistungsbegriff des § 48 EStG. Ungeachtet dessen ist der Begriff der Bauleistung bei der Bauabzugsteuer und bei der Anwendung des § 13b Abs. 1 Satz 1 Nr. 4 Satz 1 UStG weitgehend gleich auszulegen. Die Grundsätze zur inhaltlichen Bestimmung der Bauleistung i.s.d. § 48 Abs. 1 EStG sind in Tz. 5 des BMF-Schreibens vom 27. Dezember 2002 zur Bauabzugsteuer (BStBl. I S. 1399) aufgeführt. Danach orientieren sich die Begriffe der Bauleistung bzw. des Bauwerks an § 211 SGB III und den dazu ergangenen §§ 1 und 2 der Baubetriebe-Verordnung. Insbesondere der Begriff des Bauwerks ist weit auszulegen und umfasst nicht nur Gebäude, sondern darüber hinaus sämtliche irgendwie mit dem Erdboden verbundene oder infolge ihrer eigenen Schwere auf ihm ruhende, aus Baustoffen oder Bauteilen hergestellte Anlagen.

Entsprechend sind die in § 1 Abs. 2 und § 2 der Baubetriebe-Verordnung genannten Leistungen regelmäßig Bauleistungen i.S. des § 13b Abs. 1 Satz 1 Nr. 4 Satz 1 UStG, wenn sie im Zusammenhang mit einem Bauwerk durchgeführt werden.

1.1. Einrichtungsgegenstände, die mit einem Gebäude fest verbunden sind

Eine Abgrenzung, ob die Lieferung eines Einrichtungsgegenstandes, der vom liefernden Unternehmer aufgebaut und/oder fest mit einem Gebäude verbunden wird, eine Bauleistung im Sinne des § 13b Abs. 1 Satz 1 Nr. 4 Satz 1 UStG ist, ist weitgehend nur im Einzelfall möglich. Keine Bauleistung liegt aber regelmäßig vor, wenn der gelieferte Gegenstand ohne größeren Aufwand mit dem Bauwerk verbunden oder vom Bauwerk getrennt werden kann.

1.2. Negativabgrenzung

Tz. 12 des BMF-Schreibens vom 31. März 2004 (ab 1. Januar 2005: Abschnitt 182a Abs. 8 UStR 2005) stellt keine abschließende Aufzählung dar, sondern enthält nur beispielhaft Leistungen, die nicht unter die in § 13b Abs. 1 Satz 1 Nr. 4 Satz 1 UStG genannten Bauleistungen fallen.

1.2.1. Zur Verfügung stellen von Betonpumpen

Das zur Verfügung stellen von Betonpumpen ist dann eine Bauleistung im Sinne des § 13b Abs. 1 Satz 1 Nr. 4 Satz 1 UStG, wenn gleichzeitig Personal für substanzverändernde Arbeiten zur Verfügung gestellt wird.

1.2.2. Anliefern von Beton

Wird Beton geliefert und durch Personal des liefernden Unternehmers an der entsprechenden Stelle des Bauwerks lediglich abgelassen oder in ein gesondertes Behältnis oder eine Verschalung eingefüllt, liegt eine Lieferung, aber keine Werklieferung, und somit keine Bauleistung im Sinne des § 13b Abs. 1 Satz 1 Nr. 4 Satz 1 UStG vor. Dagegen liegt eine Bauleistung vor, wenn der liefernde Unternehmer den Beton mit eigenem Personal fachgerecht verarbeitet.

1.2.3. Begriff „Baugeräte"

Zu den „Baugeräten" i.S. der Tz. 12 des BMF-Schreibens vom 31. März 2004 (ab 1. Januar 2005: Abschnitt 182a Abs. 8 UStR 2005) gehören auch Großgeräte wie Krane oder selbstfahrende Arbeitsmaschinen.

1.2.4. Zur Verfügung stellen von Baukranen

Das reine zur Verfügung Stellen (Vermietung) von Kranen – auch mit Personal – stellt keine Bauleistung im Sinne des § 13b Abs. 1 Satz 1 Nr. 4 Satz 1 UStG dar. Voraussetzung ist, dass zu dem zwischen dem leistenden Unternehmer und dem Leistungsempfänger vereinbarten Leistungsinhalt keine Leistung zählt, die der Herstellung, Instandsetzung, Instandhaltung, Änderung oder Beseitigung von Bauwerken dient. Eine Bauleistung liegt dann nicht vor, wenn Leistungsinhalt ist, einen Kran an die Baustelle zu bringen, diesen aufzubauen und zu bedienen und nach Weisung des Anmietenden bzw. dessen Erfül-

---

[1] Vgl. Abschn. 182a UStR/Abschnitt 13b.1 Abs. 3ff. UStAE

Anlage § 013b–05

lungsgehilfen Güter am Haken zu befördern. Ebenso liegt keine Bauleistung vor, wenn ein Baukran mit Personal vermietet wird und die mit dem Kran bewegten Materialien vom Personal des Auftraggebers befestigt oder mit dem Bauwerk verbunden werden, da nicht vom Personal des Leistungserbringers in die Substanz des Bauwerks eingegriffen wird.

1.2.5. Anlegen von Gärten und Wegen

Nicht zu den Bauleistungen im Zusammenhang mit einem Bauwerk gehören das Anlegen von Gärten und von Wegen in Gärten, soweit dabei keine Bauwerke hergestellt, instand gesetzt, geändert oder beseitigt werden, die als Hauptleistung anzusehen sind.

Das Anschütten von Hügeln und Böschungen sowie das Ausheben von Gräben und Mulden zur Landschaftsgestaltung sind keine Bauleistungen im Sinne des § 13b Abs. 1 Satz 1 Nr. 4 Satz 1 UStG.

1.2.6. Arbeitnehmerüberlassung

Arbeitnehmerüberlassungen sind regelmäßig keine Bauleistungen, unabhängig davon, ob die Leistungen nach dem Arbeitnehmerüberlassungsgesetz erbracht werden oder nicht.

1.2.7. Bagatellgrenze von 500 € bei Reparaturen und Wartungen

Die Regelung in Tz. 12 des BMF-Schreibens vom 31. März 2004 (ab 1. Januar 2005: Abschnitt 182a Abs. 8 UStR 2005) legt typisierend in Auslegung von § 13b Abs. 1 Satz 1 Nr. 4 Satz 1 UStG fest, dass derartige Reparatur- und Wartungsleistungen an Bauwerken oder Teilen von Bauwerken bis zu einem (Netto-)Entgelt von bis zu 500 € nicht als Bauleistung anzusehen sind. Auch wenn Tz. 11 des o.a. BMF-Schreibens vom 27. Dezember 2002 eine etwas andere Definition der Wartungsleistung enthält, kann § 13b Abs. 1 Satz 1 Nr. 4 Satz 1 UStG nicht so verstanden werden, dass bei Reparatur- oder Wartungsleistungen bis zu einem (Netto-)Entgelt von bis zu 500 € ein Wahlrecht besteht, ob die Steuerschuldnerschaft des Leistungsempfängers anzuwenden ist oder nicht.

1.3. Einzelfälle

1.3.1 Versorgungsleitungen als eigene Bauwerke

Versorgungsleitungen sind Bauwerke. Entsprechend können Leistungen im Zusammenhang mit diesen Leitungen Bauleistungen im Sinne des § 13b Abs. 1 Satz 1 Nr. 4 Satz 1 UStG sein.

1.3.2. Befestigung von Maschinen auf einem Fundament im Zusammenhang mit der Lieferung

Wird eine einzelne Maschine geliefert und vom liefernden Unternehmer im Auftrag des Abnehmers auf ein Fundament gestellt, liegt eine Lieferung, nicht aber eine Bauleistung im Sinne des § 13b Abs. 1 Satz 1 Nr. 4 Satz 1 UStG vor.

Stellt der liefernde Unternehmer das Fundament oder die Befestigungsvorrichtung allerdings vor Ort selbst her, ist nach den Grundsätzen in Tz. 13 des BMF-Schreibens vom 31. März 2004 (ab 1. Januar 2005: Abschnitt 182a Abs. 9 UStR 2005) zu entscheiden, ob es sich um eine Bauleistung im Sinne des § 13b Abs. 1 Satz 1 Nr. 4 Satz 1 UStG handelt oder nicht.

1.3.3. Installation von EDV- und Telefonanlagen (auch mit Endgeräten)

Werden EDV- oder Telefonanlagen fest mit dem Bauwerk verbunden, in das sie eingebaut werden, liegt eine Bauleistung im Sinne des § 13b Abs. 1 Satz 1 Nr. 4 Satz 1 UStG vor. Die Lieferung von Endgeräten selbst ist dagegen keine Bauleistung im Sinne des § 13b Abs. 1 Satz 1 Nr. 4 Satz 1 UStG.

1.3.4. Aufhängen und Anschließen von Beleuchtungen sowie Anschließen von Elektrogeräten

Grundsätzlich stellt das Aufhängen und Anschließen von Beleuchtungen sowie das Anschließen von Elektrogeräten keine Bauleistung im Sinne des § 13b Abs. 1 Satz 1 Nr. 4 Satz 1 UStG dar. Dagegen ist eine Montage und das Anschließen von Beleuchtungssystemen, wie z.B. in Kaufhäusern oder Fabrikhallen, eine Bauleistung im Sinne des § 13b Abs. 1 Satz 1 Nr. 4 Satz 1 UStG.

1.3.5. Betriebsvorrichtungen

Nach den Grundsätzen unter 1. können auch Arbeiten an Maschinen Bauleistungen i.S.d. § 13b Abs. 1 Satz 1 Nr. 4 Satz 1 UStG darstellen. Eine Bauleistung im Sinne des § 13b Abs. 1 Satz 1 Nr. 4 Satz 1 UStG liegt immer bei großen Maschinenanlagen vor, die zu ihrer Funktionsfähigkeit aufgebaut werden müssen, sowie dann, wenn ein Gegenstand aufwändig installiert wird.

1.3.6. Verkehrssicherungsleistungen

Bei als Verkehrssicherungsleistungen bezeichneten Leistungen (Auf- und Abbau, Vorhaltung, Wartung und Kontrolle von Verkehrseinrichtungen, unter anderem Absperrgeräte, Leiteinrichtungen, Blinklicht- und Lichtzeichenanlagen, Aufbringung von vorübergehenden Markierungen, Lieferung und

Anlage § 013b–05

Aufstellen von transportablen Verkehrszeichen, Einsatz von fahrbaren Absperrtafeln und die reine Vermietung von Verkehrseinrichtungen und Bauzäunen) handelt es sich nicht um Bauleistungen im Sinne des § 13b Abs. 1 Satz 1 Nr. 4 Satz 1 UStG.

Jedoch sind das Aufbringen von Endmarkierungen (sog. Weißmarkierungen) sowie das Aufstellen von Verkehrszeichen und Verkehrseinrichtungen, die dauerhaft im öffentlichen Verkehrsraum verbleiben, Bauleistungen im Sinne des § 13b Abs. 1 Satz 1 Nr. 4 Satz 1 UStG, wenn es sich um jeweils eigenständige Leistungen handelt.

1.3.7. Luftdurchlässigkeitsmessungen

Luftdurchlässigkeitsmessungen an Gebäuden, die für die Erfüllung der Energieeinsparverordnung (§ 5 EnEV und Anhang 4 hierzu) durchgeführt werden, sind keine Bauleistungen im Sinne des § 13b Abs. 1 Satz 1 Nr. 4 Satz 1 UStG. Diese Leistungen wirken sich nicht auf die Substanz eines Gebäudes aus.

2. Leistungsempfänger als Steuerschuldner (Tz. 14 bis 20 des BMF-Schreibens vom 31. März 2004; ab 1. Januar 2005: Abschnitt 182a Abs. 10 bis 17 UStR 2005)

2.1. Leistungsempfänger als Bauleistender

Ein Leistungsempfänger ist nur dann Steuerschuldner, wenn er selbst Bauleistungen im Sinne des § 13b Abs. 1 Satz 1 Nr. 4 Satz 1 UStG nachhaltig erbringt.

2.1.1. Umsatzgrenze

Die 10%-Grenze in Tz. 14 des BMF-Schreibens vom 31. März 2004 (ab 1. Januar 2005: Abschnitt 182a Abs. 10 UStR 2005) ist eine Ausschlussgrenze. Unternehmer, die Bauleistungen unterhalb dieser Grenze erbringen, sind danach grundsätzlich keine bauleistenden Unternehmer.

2.1.2. Vorlage einer Freistellungsbescheinigung

Nach Tz. 14 des BMF-Schreibens vom 31. März 2004 (ab 1. Januar 2005: Abschnitt 182a Abs. 10 UStR 2005) ist davon auszugehen, dass der Leistungsempfänger Bauleistungen im Sinne des § 13b Abs. 1 Satz 1 Nr. 4 Satz 1 UStG nachhaltig erbringt, wenn der Leistungsempfänger dem leistenden Unternehmer eine im Zeitpunkt der Ausführung des Umsatzes gültige Freistellungsbescheinigung nach § 48b EStG vorlegt. Die Verwendung dieser Freistellungsbescheinigung muss durch den Leistungsempfänger ausdrücklich für umsatzsteuerliche Zwecke erfolgen. Der leistende Unternehmer kann nicht zwingend davon ausgehen, dass sein Leistungsempfänger (Auftraggeber) Unternehmer ist, der nachhaltig Bauleistungen erbringt, wenn dieser ihm zu einem früheren Zeitpunkt als leistender Unternehmer für ertragsteuerliche Zwecke eine Freistellungsbescheinigung nach § 48b EStG vorgelegt hat.

Hat der Leistungsempfänger dem leistenden Unternehmer allerdings bereits für einen Umsatz, der nach dem 31. März 2004 ausgeführt worden ist, eine Freistellungsbescheinigung nach § 48b EStG für umsatzsteuerliche Zwecke vorgelegt, kann der leistende Unternehmer in der Folgezeit davon ausgehen, dass dieser Leistungsempfänger nachhaltig Bauleistungen im Sinne des § 13b Abs. 1 Satz 1 Nr. 4 Satz 1 UStG erbringt. Einer erneuten Vorlage der Freistellungsbescheinigung nach § 48b EStG durch den Leistungsempfänger bedarf es insoweit nicht. Dies gilt nicht, wenn die Freistellungsbescheinigung nicht mehr gültig ist. Für diesen Fall muss der Leistungsempfänger erneut darlegen, ob er nachhaltig Bauleistungen im Sinne des § 13b Abs. 1 Satz 1 Nr. 4 Satz 1 UStG erbringt oder nicht.

Verwendet der Leistungsempfänger eine Freistellungsbescheinigung im Sinne von § 48b EStG, auch wenn er tatsächlich kein Bauleistender ist, ist er als Leistungsempfänger nach Tz. 14 des BMF-Schreibens vom 31. März 2004 (ab 1. Januar 2005: Abschnitt 182a Abs. 10 UStR 2005) Steuerschuldner. Dies kann dann nicht gelten, wenn der Leistungsempfänger eine gefälschte Freistellungsbescheinigung verwendet und der leistende Unternehmer hiervon Kenntnis hatte.

2.2. Anwendung der Steuerschuldnerschaft des Leistungsempfängers bei Bauleistungen an Gesellschafter einer Personengesellschaft und Anteilseigner einer Kapitalgesellschaft

Die Steuerschuldnerschaft des Leistungsempfängers nach § 13b Abs. 1 Satz 1 Nr. 4 Satz 1 UStG ist von Personengesellschaften (z.B. KG, GbR) und Kapitalgesellschaften (AG, GmbH) nicht anzuwenden, wenn ein Unternehmer eine Bauleistung für den privaten Bereich eines (Mit-)Gesellschafters oder Anteilseigners erbringt, da es sich hierbei um unterschiedliche Personen handelt.

2.3. Arbeitsgemeinschaften (ARGE) als Leistungsempfänger

ARGE sind auch dann als Leistungsempfänger Steuerschuldner, wenn sie nur eine Gesamtleistung erbringen. Dies gilt bereits für den Zeitraum, in dem sie noch keinen Umsatz erbracht haben.

Soweit Gesellschafter einer ARGE Bauleistungen im Sinne des § 13b Abs. 1 Satz 1 Nr. 4 Satz 1 UStG an die ARGE erbringen, ist die ARGE als Leistungsempfänger Steuerschuldner. Bestehen Zweifel, ob die

Anlage § 013b–05

Leistung an die ARGE eine Bauleistung ist, kann von Tz. 20 des BMF-Schreibens vom 31. März 2004 (ab 1. Januar 2005: Abschnitt 182a Abs. 17 UStR 2005) Gebrauch gemacht werden.

2.4. Organschaftsverhältnis

Tz. 16 des BMF-Schreibens vom 31. März 2004 (ab 1. Januar 2005: Abschnitt 182a Abs. 12 UStR 2005) enthält eine Vereinfachungsregelung bei der Anwendung der Steuerschuldnerschaft des Leistungsempfängers bei Organschaftsverhältnissen. Danach ist die Steuerschuldnerschaft des Leistungsempfängers nur beim Organ nur beim Organträger bzw. bei den Organgesellschaften anzuwenden, soweit diese nachhaltig Bauleistungen im Sinne des § 13b Abs. 1 Satz 1 Nr. 4 Satz 1 UStG erbringen. Erbringt z.B. nur eine Organgesellschaft einer Organschaft nachhaltig Bauleistungen und werden an diesen Unternehmensteil und daneben auch an den Organträger Bauleistungen erbracht, ist die Steuerschuldnerschaft des Leistungsempfängers nur bei den Umsätzen an die Organgesellschaft anzuwenden, die nachhaltig Bauleistungen erbringt. Ob eine Organgesellschaft Bauleistungen nachhaltig erbringt, richtet sich nach Tz. 14 des BMF-Schreibens vom 31. März 2004 (ab 1. Januar 2005: Abschnitt 182a Abs. 10 UStR 2005). Bei der Berechnung der 10%-Grenze sind die Bemessungsgrundlagen der Umsätze der jeweiligen Organgesellschaft ins Verhältnis zu den Gesamtumsätzen dieser Organgesellschaft zu setzen.

Erbringt der Organträger selbst keine Bauleistungen, ist bei Bauleistungen an ihn der leistende Unternehmer Steuerschuldner.

2.5. Wohnungseigentümergemeinschaften

Nach Tz. 17 Unterabs. 2 des BMF-Schreibens vom 31. März 2004 (ab 1. Januar 2005: Abschnitt 182a Abs. 14 UStR 2005) sind Wohnungseigentümergemeinschaften für Bauleistungen im Sinne des § 13b Abs. 1 Satz 1 Nr. 4 Satz 1 UStG als Leistungsempfänger nicht Steuerschuldner, wenn diese Leistungen als nach § 4 Nr. 13 UStG steuerfreie Leistungen der Wohnungseigentümergemeinschaften an die einzelnen Wohnungseigentümer weiter gegeben werden. Dies gilt auch dann, wenn die Wohnungseigentümergemeinschaft derartige Umsätze nach § 9 Abs. 1 UStG als steuerpflichtig behandelt.

3. Anwendung (Tz. 21 bis 22 des BMF-Schreibens vom 31. März 2004)

3.1. Schlussrechnung über nach dem 31. März 2004 erbrachte Bauleistungen bei Abschlagszahlungen vor dem 1. April 2004

Bei Bauleistungen im Sinne des § 13b Abs. 1 Satz 1 Nr. 4 Satz 1 UStG, die nach dem 31. März 2004 erbracht werden, ist der Leistungsempfänger Steuerschuldner, wenn er selbst derartige Leistungen nachhaltig ausführt. Entsprechend hat der leistende Unternehmer eine Rechnung auszustellen, in der das (Netto-)Entgelt anzugeben ist sowie ein Hinweis auf die Steuerschuldnerschaft des Leistungsempfängers (§ 14a Abs. 5 UStG). Dies ist unabhängig davon, ob der leistende Unternehmer das Entgelt oder Teile des Entgelts vor dem 1. April 2004 vereinnahmt hat oder nicht.

Hat der leistende Unternehmer das Entgelt oder Teile des Entgelts vor dem 1. April 2004 vereinnahmt und hierfür auch eine Rechnung mit offenem Steuerausweis erstellt, hat er die Rechnung(en) über diese Zahlungen im Voranmeldungszeitraum der tatsächlichen Ausführung der Bauleistung zu berichtigen (§ 27 Abs. 1 Satz 3 UStG, § 14c Abs. 1 Satz 1 und 2 UStG). In der Schlussrechnung sind die gezahlten Abschlagszahlungen nur dann mit ihrem Bruttobetrag (einschließlich Umsatzsteuer) anzurechnen, wenn die Umsatzsteuer bis zum Zeitpunkt der Erteilung der Schlussrechnung nicht an den Leistungsempfänger zurückerstattet wurde.

Es kann aber auch von Tz. 22 des BMF-Schreibens vom 31. März 2004 – IV D 1 – S 7279 – 107/04 – Gebrauch gemacht werden. Danach ist es nicht zu beanstanden, wenn bei der Anwendung der Steuerschuldnerschaft des Leistungsempfängers das um das vor dem 1. April 2004 vom leistenden Unternehmer vereinnahmte Entgelt oder die vereinnahmten Teile des Entgelts geminderte Entgelt zugrunde gelegt wird. Voraussetzung hierfür ist, dass das vor dem 1. April 2004 vereinnahmte Entgelt oder die vereinnahmten Teile des Entgelts vom leistenden Unternehmer in zutreffender Höhe versteuert (= in einer Umsatzsteuer-Voranmeldung oder in einer Steuererklärung für das Kalenderjahr angemeldet) wurde. In derartigen Fällen ist keine Berichtigung der über geleistete Abschlagszahlungen erteilten Rechnungen durchzuführen.

3.2. Berichtigung einer vor dem 1. April 2004 erstellten Rechnung über Anzahlungen, wenn die Zahlung erst nach dem 31. März 2004 erfolgt

Wurden für die Erbringung von Bauleistungen Abschlagszahlungen oder Anzahlungen vereinnahmt, bevor die Leistung oder die Teilleistung ausgeführt worden ist, entsteht die Steuer mit Ablauf des Voranmeldungszeitraums, in dem das Entgelt oder Teilentgelt vereinnahmt worden ist (§ 13 Abs. 1 Nr. 1

Anlage § 013b–05

Satz 4, § 13b Abs. 1 Satz 3 UStG). Entscheidend für die Steuerentstehung ist nicht, wann die Rechnung erstellt worden ist, sondern der Zeitpunkt der Vereinnahmung des entsprechenden Entgelts oder des Teilentgelts. Vereinnahmt der leistende Unternehmer das Entgelt oder Teilentgelt für Bauleistungen im Sinne des § 13b Abs. 1 Satz 1 Nr. 4 UStG nach dem 31. März 2004, ist hierfür der Leistungsempfänger Steuerschuldner (§ 13b Abs. 1 und 2 Satz 2 UStG). Ist die hierfür vom leistenden Unternehmer erstellte Rechnung vor dem 1. April 2004 erstellt worden und wurde die Umsatzsteuer offen ausgewiesen, ist die Rechnung entsprechend zu berichtigen.

Die Vereinfachungsregelung in Tz. 26 und 27 des BMF-Schreibens vom 31. März 2004 kann in Anspruch genommen werden.

3.3. Abrechnungen nach dem 31. März 2004 über Leistungen, die vor dem 1. April 2004 erbracht worden sind

Für Bauleistungen im Sinne des § 13b Abs. 1 Satz 1 Nr. 4 Satz 1 UStG, die von einem im Inland ansässigen Unternehmer vor dem 1. April 2004 erbracht worden sind, ist der leistende Unternehmer nach § 13a Abs. 1 Nr. 1 UStG Steuerschuldner. § 13b Abs. 1 Satz 1 Nr. 4 Satz 1 und Abs. 2 UStG ist nicht anzuwenden. Der leistende Unternehmer muss entsprechend eine Rechnung ausstellen, die die in § 14 Abs. 4 Satz 1 UStG vorgeschriebenen Angaben enthält. Hierzu gehört auch die Angabe des anzuwendenden Steuersatzes sowie des auf das Entgelt entfallenden Steuerbetrags (§ 14 Abs. 4 Satz 1 Nr. 8 UStG).

3.4. Berichtigung einer vor dem 1. April 2004 erstellten und bezahlten Rechnung über Anzahlungen nach diesem Zeitpunkt

Hat der leistende Unternehmer für eine Bauleistung im Sinne des § 13b Abs. 1 Satz 1 Nr. 4 Satz 1 UStG einen Teil des Entgelts vor dem 1. April 2004 vereinnahmt und wurde die Leistung oder die Teilleistung danach ausgeführt, entsteht die Steuer mit Ablauf des Voranmeldungszeitraums, in dem das Teilentgelt vereinnahmt worden ist (§ 13 Abs. 1 Nr. 1 Buchst. a Satz 4 UStG). Steuerschuldner ist der leistende Unternehmer.

Stellt sich nach dem 31. März 2004 heraus, dass die in Rechnung gestellte und vom leistenden Unternehmer vereinnahmte Anzahlung in der Höhe unrichtig war, ist die ursprüngliche Rechnung zu berichtigen (§ 17 Abs. 1 UStG), sofern der überzahlte Betrag zurückgezahlt wurde und insoweit die Grundlage für die Versteuerung der Anzahlung entfallen ist.

Hinsichtlich einer berichtigten Anzahlung wird der Leistungsempfänger nur dann Steuerschuldner nach § 13b Abs. 1 Satz 3 und Abs. 2 UStG, soweit ein weiteres Teilentgelt nach dem 31. März 2004 vom leistenden Unternehmer vereinnahmt wird.

Beispiel 1:

Unternehmer A und Unternehmer B führen nachhaltig Bauleistungen im Sinne des § 13b Abs. 1 Satz 1 Nr. 4 Satz 1 UStG aus und geben monatlich Umsatzsteuer-Voranmeldungen ab. Sie vereinbaren, dass A an B eine Bauleistung im Sinne des § 13b Abs. 1 Satz 1 Nr. 4 Satz 1 UStG ausführen soll. A stellt am 2. März 2004 eine Abschlagsrechnung über 10.000 € zuzüglich 1.600 € Umsatzsteuer aus. Die Rechnung wird von B noch im März 2004 bezahlt. Im April 2004 stellt sich heraus, dass der Anzahlung ein falsches Aufmaß zugrunde gelegen hat. Danach hätte nur eine Anzahlung mit einem Entgelt von 4.000 € in Rechnung gestellt werden dürfen. Der überzahlte Betrag wird B zurückerstattet. Die Bauleistung wird im August 2004 erbracht.

A hat seine Rechnung dergestalt zu korrigieren, dass nur noch ein Entgelt in Höhe von 4.000 € zuzüglich 640 € Umsatzsteuer auszuweisen ist. Die Änderungen gegenüber der ursprünglichen Rechnung hat er in seiner Umsatzsteuer-Voranmeldung für April 2004 entsprechend zu berücksichtigen. B hat den in der Umsatzsteuer-Voranmeldung für März 2004 geltend gemachten Vorsteuerabzug in der Umsatzsteuer-Voranmeldung für April 2004 entsprechend zu mindern.

Beispiel 2:

Sachverhalt wie in Beispiel 1, jedoch hätte eine Anzahlung mit einem Entgelt von 11.000 € in Rechnung gestellt werden müssen. B zahlt den Mehrbetrag im Juli 2004.

A hat seine Rechnung dergestalt zu korrigieren, das sie ein Entgelt in Höhe von 11.000 € enthält. Hinsichtlich der vor dem 1. April 2004 geleisteten Anzahlung bleibt es bei der Steuerschuld des A, so dass insoweit weiterhin eine Umsatzsteuer von 1.600 € auszuweisen ist. Die ursprüngliche Besteuerung (A erklärt den Umsatz in seiner Umsatzsteuer-Voranmeldung für März 2004, B hat den Vorsteuerabzug in seiner Umsatzsteuer-Voranmeldung für März 2004 geltend gemacht) bleibt unverändert. Für die (Rest-)Anzahlung, die im Juli 2004 geleistet wird, ist in der Rechnung nur

Anlage § 013b–05

das (Netto-)Entgelt von 1.000 € anzugeben. Außerdem muss A den B insoweit auf dessen Steuerschuldnerschaft hinweisen. B muss das (Netto-)Entgelt von 1.000 € sowie die Steuer hierauf von 160 € in seiner Umsatzsteuer-Voranmeldung für Juli 2004 anmelden und kann gleichzeitig diese Steuer als Vorsteuer abziehen (§ 15 Abs. 1 Satz 1 Nr. 4 UStG).

4. Weitere Anwendungsregelungen (Tz. 23 des BMF-Schreibens vom 31. März 2004)

4.1. Rechnungsangaben und Vorsteuerabzug

Erteilt der leistende Unternehmer dem Leistungsempfänger eine Rechnung, in der er entgegen § 14a Abs. 5 UStG keinen Hinweis auf die Steuerschuldnerschaft des Leistungsempfängers aufnimmt, ist dem Leistungsempfänger dennoch der Vorsteuerabzug unter den weiteren Voraussetzungen des § 15 UStG zu gewähren, da nach § 15 Abs. 1 Satz 1 Nr. 4 UStG das Vorliegen einer Rechnung nach §§ 14, 14a UStG nicht Voraussetzung für den Abzug der nach § 13b Abs. 2 UStG geschuldeten Steuer als Vorsteuer ist.

4.2. Vorsteuerabzug bei geschätzter Bemessungsgrundlage

Liegt dem Leistungsempfänger im Zeitpunkt der Erstellung der Umsatzsteuer-Voranmeldung bzw. Erklärung für das Kalenderjahr, in der der Umsatz anzumelden ist, für den der Leistungsempfänger die Steuer schuldet, keine Rechnung vor, muss er die Bemessungsgrundlage ggf. schätzen. Die von ihm angemeldete Steuer kann er im gleichen Besteuerungszeitraum unter den weiteren Voraussetzungen des § 15 UStG als Vorsteuer abziehen.

4.3. Angaben über Ausgangsumsätze, für die der Leistungsempfänger die Steuer schuldet, in den Umsatzsteuer-Voranmeldungen und der Umsatzsteuererklärung für das Kalenderjahr

Unternehmer, die Umsätze ausführen, für die der Leistungsempfänger Steuerschuldner nach § 13b Abs. 1 und 2 UStG ist, müssen diese Umsätze erst in den Umsatzsteuer-Voranmeldungen für Voranmeldungszeiträume ab dem Kalenderjahr 2005 anmelden (Umsatzsteuer-Voranmeldung 2005: Zeile 41, Kennzahl 60). Entsprechende Angaben müssen in der Umsatzsteuererklärung bereits ab dem Kalenderjahr 2004 gemacht werden (Umsatzsteuererklärung 2004: Anlage UR, Zeile 53, Kennzahl 209).

5. Übergangsregelung (Tz. 26 des BMF-Schreibens vom 31. März 2004)

Tz. 26 des BMF-Schreibens vom 31. März 2004 enthält eine Übergangsregelung für die betroffenen Unternehmer, wonach es bei den fraglichen Umsätzen die zwischen dem 1. April 2004 und dem 30. Juni 2004 ausgeführt werden, beim leistenden Unternehmer und beim Leistungsempfänger nicht zu beanstanden ist, wenn die Vertragspartner einvernehmlich noch von der Steuerschuldnerschaft des leistenden Unternehmers nach § 13a Abs. 1 Nr. 1 UStG ausgegangen sind. Voraussetzung hierfür ist, dass der Umsatz vom leistenden Unternehmer in zutreffender Höhe versteuert (= in einer Umsatzsteuer-Voranmeldung oder in einer Steuererklärung für das Kalenderjahr angemeldet) wird.

Machen die betroffenen Unternehmer hiervon Gebrauch, bedarf es einer Einigung der Vertragsparteien. Eine schriftliche Vereinbarung ist nicht zwingend erforderlich.

Anlage § 013b–06

Steuerschuldnerschaft des Leistungsempfängers (§ 13b UStG); Vordruckmuster USt 1 TS – Bescheinigung über die Ansässigkeit im Inland (§ 13b Abs. 7 Satz 4 UStG)

BMF-Schreiben vom 21.07.2010 – IV D 3 – S 7279/10/10002, BStBl. 2010 I S. 626

Unter Bezugnahme auf das Ergebnis der Erörterung mit den obersten Finanzbehörden der Länder gilt Folgendes:

(1) Ist es für den Leistungsempfänger nach den Umständen des Einzelfalls ungewiss, ob der leistende Unternehmer im Zeitpunkt der Leistungserbringung im Inland ansässig ist (z. B. weil die Ansässigkeit in rechtlicher oder tatsächlicher Hinsicht unklar ist oder die Angaben des leistenden Unternehmers zu Zweifeln Anlass geben), schuldet der Leistungsempfänger die Steuer nur dann nicht, wenn ihm der leistende Unternehmer durch eine Bescheinigung des nach den abgabenrechtlichen Vorschriften für die Besteuerung seiner Umsätze zuständigen Finanzamts nachweist, dass er kein im Ausland ansässiger Unternehmer im Sinne des § 13b Abs. 7 Satz 1 UStG ist (§ 13b Abs. 7 Satz 4 UStG). Die Bescheinigung hat der leistende Unternehmer bei dem für ihn zuständigen Finanzamt zu beantragen. Soweit erforderlich, hat er hierbei in geeigneter Weise darzulegen, dass er im Inland ansässig ist. Für die Bescheinigung nach § 13b Abs. 7 Satz 4 UStG wird das Vordruckmuster

USt 1 TS – Bescheinigung über die Ansässigkeit im Inland (§ 13b Abs. 7 Satz 4 UStG)

eingeführt (Anlage[1]). Es ersetzt das mit BMF-Schreiben vom 12. April 2005 – IV A 6 – S 7279 – 84/05 (BStBl. I S. 629) eingeführte Vordruckmuster USt 1 TS – Bescheinigung über die Ansässigkeit im Inland (§ 13b Abs. 4 Satz 3 UStG).

(2) Durch Artikel 7 Nr. 7 i.V.m. Artikel 39 Abs. 9 des Jahressteuergesetzes 2009 – JStG 2009 – vom 19. Dezember 2008 (BGBl. I S. 2794, BStBl. 2009 I S. 74) und Artikel 6 Nr. 3 i.V.m. Artikel 12 Abs. 4 des Gesetzes zur Umsetzung steuerlicher EU-Vorgaben sowie zur Änderung steuerlicher Vorschriften vom 8. April 2010 (BGBl. I S. 386, BStBl. I S. 334) wurde mit Wirkung vom 1. Januar 2010 bzw. 1. Juli 2010 die Steuerschuldnerschaft des Leistungsempfängers (§ 13b UStG) erweitert und an unionsrechtliche Vorgaben angepasst. Danach gilt der Unternehmer, der im Inland eine Betriebsstätte hat und einen Umsatz nach § 13b Abs. 1 oder Abs. 2 Nr. 1 oder Nr. 5 UStG ausführt, nach § 13b Abs. 7 Satz 2 UStG hinsichtlich dieses Umsatzes als im Ausland oder im übrigen Gemeinschaftsgebiet ansässig, wenn der Umsatz nicht von der Betriebsstätte ausgeführt wird. Dementsprechend schuldet der Leistungsempfänger die Umsatzsteuer für sonstige Leistungen im Sinne von § 13b Abs. 1 UStG, für Werklieferungen und sonstige Leistungen im Sinne von § 13b Abs. 2 Nr. 1 UStG und für Lieferungen im Sinne von § 13b Abs. 2 Nr. 5 UStG in den Fällen des Vorhandenseins einer Betriebsstätte im Inland im umsatzsteuerlichen Sinne (vgl. Rz. 4 des BMF-Schreibens vom 4. September 2009 – IV B 9 – S 7117/08/10001 [2009/0580334], BStBl. I S. 1005) nur dann nicht, wenn der Umsatz von dieser Betriebsstätte ausgeführt wird.

(3) Die Gültigkeitsdauer der Bescheinigung ist auf ein Jahr zu beschränken. Ist nicht auszuschließen, dass der leistende Unternehmer nur für eine kürzere Dauer als ein Jahr im Inland ansässig bleibt, hat das Finanzamt die Gültigkeit der Bescheinigung entsprechend zu befristen.

---

1) Hier nicht abgedruckt; neu siehe Anlage § 013b-15

Steuerschuldnerschaft bei Bauleistungen an Erschließungsträger; Prüfung der Nachhaltigkeit bei der Erbringung von Bauleistungen durch den Leistungsempfänger

OFD Frankfurt a.M., Vfg. vom 28.07.2005 – S 7279A – 14 – StI 2.40,
UR 2006 S. 304

Nach dem BMF-Schreiben vom 31.5.2002 (BStBl. I 2002, 631 = UR 2002, 340[1]) ist die Grundstückserschließung grundsätzlich Aufgabe der Gemeinden. Die Gemeinden können jedoch die ihr obliegenden Erschließungsaufgaben auf private Unternehmer, z.B. auf private Erschließungsgesellschaften, Bauträger oder einzelne Bauherren übertragen.

Im Rahmen der Erschließung nehmen Erschließungsträger regelmäßig Bauleistungen anderer Unternehmer i.S.v. § 13b Abs. 1 Satz 1 Nr. 4 UStG in Anspruch.

Nach § 13b Abs. 2 Satz 2 UStG kommt es bei diesen Bauleistungen nur zu einer Verlagerung der Steuerschuldnerschaft, wenn die Bauleistungen an einen Unternehmer erbracht werden, der *selbst Bauleistungen erbringt*. Dabei reichen nach dem Wortlaut der Vorschrift bereits sehr wenige Bauleistungen aus, um den Leistungsempfänger zum Steuerschuldner zu machen; es ist insbesondere nicht erforderlich, dass der Empfänger Bauleistungen im Rahmen seines Unternehmens als Grundgeschäft ausführt.

Aus Praktikabilitätsgründen wird in Abschn. 182a Abs. 10 UStR 2005 einschränkend bestimmt, dass der *Leistungsempfänger seine Bauleistungen nachhaltig* erbringen muss. Hiervon kann ausgegangen werden, wenn der Leistungsempfänger dem leistenden Unternehmer eine gültige Freistellungsbescheinigung nach § 48b EStG vorlegt oder die dort genannte 10%-Grenze überschreitet.

Manche Erschließungsträger (z.B. Sparkassen) geben im Rahmen des Erschließungsgeschäfts die empfangenen Bauleistungen *unentgeltlich* an die betreffende Gemeinde weiter. Es wurde deswegen die Frage gestellt, ob auch unentgeltlich erbrachte Leistungen des Erschließungsträgers in die Prüfung der Nachhaltigkeit, insbesondere in die 10%-Grenze einzubeziehen sind.

Hierzu wird gebeten, folgende Auffassung zu vertreten:

Erschließungsträger, die Erschließungsanlagen auf fremdem Grund und Boden errichten und diese anschließend entgeltlich *oder im Wege einer unentgeltlichen Wertabgabe i.S.v. § 3 Abs. 1b Satz 1 Nr. 3 UStG* auf die betreffende Gemeinde übertragen (vgl. dazu BMF-Schr. vom 31.5.2002 – IV B 7 – S 7100 – 167/02, BStBl. I 2002, 631 = UR 2002, 340 – Tz. II 2), sind Steuerschuldner nach § 13b Abs. 2 Satz 2 UStG für sämtliche empfangenen Bauleistungen, wenn die *steuerbaren Umsätze* aus der Übertragung von Erschließungsanlagen (sowie ggf. aus weiteren Bauleistungen) im vorangegangenen Kalenderjahr mehr als 10% des steuerbaren Gesamtumsatzes betragen haben. Dasselbe gilt, wenn der Erschließungsträger dem leistenden Unternehmer eine im Zeitpunkt der Ausführung des Umsatzes gültige Freistellungsbescheinigung nach § 48b EStG vorlegt (Abschn. 182a Abs. 10 UStR 2005; in Verbindung mit BMF-Schr. vom 2.12.2004 – IV A 6 – S 7279 – 100/04, BStBl. I 2004, 1129 = UR 2005, 111 – Tz. 2.1[2]).

Steuerschuldnerschaft des Leistungsempfängers bei Wartungsarbeiten

BMF-Schreiben vom 23.01.2006 – IV A 6 – S 7279 – 6/06,
UR 2006 S. 367

Im Einvernehmen mit den obersten Finanzbehörden der Länder wird Folgendes bemerkt:

Wartungsleistungen an Bauwerken oder Teilen von Bauwerken, die einen Nettowert von 500 Euro übersteigen, sind nur dann als Bauleistungen i.S.d. § 13b Abs. 1 Satz 1 Nr. 4 UStG zu behandeln, wenn Teile verändert, bearbeitet oder ausgetauscht werden.

---

1) Siehe Anlage § 001-50
2) Siehe Anlage § 013b-05

Anlage § 013b–09

Steuerschuldnerschaft bei Messen, Ausstellungen und Kongressen
(§ 13b Abs. 3 Nr. 4 und 5 UStG)

BMF-Schreiben vom 20.12.2006 – IV A 6 – S 7279 – 60/06,
BStBl. 2006 I S. 796

Durch Art. 7 Nr. 6 Buchst. b des Jahressteuergesetzes 2007 (JStG 2007) vom 13. Dezember 2006 (BGBl. I S. 2878) sind die Ausnahmen, in denen die Steuerschuldnerschaft des Leistungsempfängers nicht anzuwenden ist, in § 13b Abs. 3 UStG um die Nr. 4 und 5 erweitert worden. Die Änderungen treten am 1. Januar 2007 in Kraft (Art. 20 Abs. 5 JStG 2007).

Unter Bezugnahme auf das Ergebnis der Erörterungen mit den obersten Finanzbehörden der Länder gilt Folgendes:

1. Einräumung einer Eintrittsberechtigung für Messen, Ausstellungen und Kongresse im Inland durch einen im Ausland ansässigen Unternehmer

1 (1) Die Steuerschuldnerschaft des Leistungsempfängers (§ 13b Abs. 1 und 2 UStG) findet mit Wirkung vom 1. Januar 2007 keine Anwendung, wenn die Leistung des im Ausland ansässigen Unternehmers in der Einräumung der Eintrittsberechtigung für Messen, Ausstellungen und Kongresse im Inland besteht (§ 13b Abs. 3 Nr. 4 UStG). Für diese Leistungen ist der leistende Unternehmer Steuerschuldner (§ 13a Abs. 1 Nr. 1 UStG).

2 (2) Unter die Umsätze, die zur Einräumung der Eintrittsberechtigung für Messen, Ausstellungen und Kongresse gehören, fallen insbesondere Leistungen, für die der Leistungsempfänger Kongress-, Teilnehmer- oder Seminarentgelte entrichtet, sowie damit im Zusammenhang stehende Nebenleistungen, wie z.B. Beförderungsleistungen, Vermietung von Fahrzeugen oder Unterbringung, wenn diese Leistungen vom Veranstalter der Messe, der Ausstellung oder des Kongresses zusammen mit der Einräumung der Eintrittsberechtigung als einheitliche Leistung (vgl. Abschnitt 29 UStR 2005) angeboten werden.

2. Sonstige Leistungen einer Durchführungsgesellschaft an im Ausland ansässige Unternehmer, soweit diese Leistungen im Zusammenhang mit der Veranstaltung von Messen und Ausstellungen im Inland stehen

3 (1) Die Steuerschuldnerschaft des Leistungsempfängers (§ 13b Abs. 1 und 2 UStG) findet mit Wirkung vom 1. Januar 2007 keine Anwendung, wenn eine im Ausland ansässige Durchführungsgesellschaft sonstige Leistungen an im Ausland ansässige Unternehmer erbringt, soweit diese Leistungen im Zusammenhang mit der Veranstaltung von Messen und Ausstellungen im Inland stehen (§ 13b Abs. 3 Nr. 5 UStG). Für diese Leistungen ist der leistende Unternehmer Steuerschuldner (§ 13a Abs. 1 Nr. 1 UStG).

4 (2) Im Rahmen von Messen und Ausstellungen werden auch Gemeinschaftsausstellungen durchgeführt, z.B. von Ausstellern, die in demselben ausländischen Staat ansässig sind. Vielfach ist in diesen Fällen zwischen dem Veranstalter und den Ausstellern ein Unternehmen eingeschaltet, das im eigenen Namen die Gemeinschaftsausstellung organisiert (sogenannte Durchführungsgesellschaft). In diesen Fällen erbringt der Veranstalter sonstige Leistungen an die zwischengeschaltete Durchführungsgesellschaft. Diese erbringt die sonstigen Leistungen an die an der Gemeinschaftsausstellung beteiligten Aussteller (vgl. Abschnitt 34a Abs. 3 Satz 1 bis 4 UStR 2005).

5 (3) In der Regel erbringen die zwischengeschalteten Durchführungsgesellschaften neben der Überlassung von Standflächen usw. eine Reihe weiterer Leistungen an die an der Gemeinschaftsausstellung beteiligten Aussteller. Werden diese Leistungen als eine einheitliche Leistung (vgl. Abschnitt 29 UStR 2005) erbracht, ist diese sonstige Leistung als ähnliche Tätigkeit nach § 3a Abs. 2 Nr. 3 Buchstabe a UStG anzusehen (vgl. EuGH-Urteil vom 9. März 2006, C-114/05, HFR 2006 S. 628). Es kann sich insbesondere um folgende sonstige Leistungen der Durchführungsgesellschaften handeln (vgl. Abschnitt 34a Abs. 2 UStR 2005):

1. Technische Versorgung der überlassenen Stände. Hierzu gehören z.B.
   - Herstellung der Anschlüsse für Strom, Gas, Wasser, Wärme, Druckluft, Telefon, Telex, Internetzugang und Lautsprecheranlagen,
   - die Abgabe von Energie, z.B. Strom, Gas, Wasser und Druckluft, wenn diese Leistungen umsatzsteuerrechtlich Nebenleistungen zur Hauptleistung der Überlassung der Standflächen darstellen;
2. Planung, Gestaltung sowie Aufbau, Umbau und Abbau von Ständen. Unter die „Planung" fallen insbesondere Architektenleistungen, z.B. Anfertigung des Entwurfs für einen Stand. Zur „Gestaltung" zählt z.B. die Leistung eines Gartengestalters oder eines Beleuchtungsfachmannes;

Anlage § 013b–09

3. Überlassung von Standbauteilen und Einrichtungsgegenständen, einschließlich Miet-System-Ständen;
4. Standbetreuung und Standbewachung;
5. Reinigung von Ständen;
6. Überlassung von Garderoben und Schließfächern auf dem Messegelände;
7. Überlassung von Eintrittsausweisen einschließlich Eintrittskarten;
8. Überlassung von Telefonapparaten, Telefaxgeräten und sonstigen Kommunikationsmitteln zur Nutzung durch die Aussteller;
9. Überlassung von Informationssystemen, z.B. von Bildschirmgeräten oder Lautsprecheranlagen, mit deren Hilfe die Besucher der Messen und Ausstellungen unterrichtet werden sollen;
10. Schreibdienste und ähnliche sonstige Leistungen auf dem Messegelände;
11. Beförderung und Lagerung von Ausstellungsgegenständen wie Exponaten und Standausrüstungen;
12. Übersetzungsdienste;
13. Eintragungen in Messekatalogen, Aufnahme von Werbeanzeigen usw. in Messekatalogen, Zeitungen, Zeitschriften usw., Anbringen von Werbeplakaten, Verteilung von Werbeprospekten und ähnliche Werbemaßnahmen.

(4) Werden die in Tz. 5 bezeichneten sonstigen Leistungen dagegen als selbständige Leistungen einzeln erbracht, gilt zur Bestimmung des Leistungsorts Folgendes (vgl. hierzu auch Abschnitt 34a Abs. 6 UStR 2005):

– Die in Tz. 5 Nr. 1 bis 7 bezeichneten Leistungen fallen unter § 3a Abs. 2 Nr. 1 UStG. Wegen der sonstigen Leistungen, die die Planung und den Aufbau eines Messestandes betreffen, vgl. insbesondere BFH-Urteil vom 24. November 1994, V R 39/92, BStBl. 1995 II S. 151.
– Die in Tz. 5 Nr. 8 bezeichneten sonstigen Leistungen fallen unter § 3a Abs. 4 Nr. 11 UStG.
– Die in Tz. 5 Nr. 9 und 10 bezeichneten sonstigen Leistungen fallen unter § 3a Abs. 1 UStG.
– Die in Tz. 5 Nr. 11 bezeichneten Beförderungsleistungen fallen unter § 3b Abs. 1 oder 3 UStG.
– Die in Tz. 5 Nr. 11 bezeichnete Lagerung von Ausstellungsgegenständen fällt unter § 3b Abs. 2 oder 4 UStG.
– Die in Tz. 5 Nr. 12 bezeichneten Leistungen fallen unter § 3a Abs. 4 Nr. 3 UStG.
– Die in Tz. 5 Nr. 13 bezeichneten Leistungen fallen unter § 3a Abs. 4 Nr. 2 UStG.

(5) Einige ausländische Staaten beauftragen mit der Organisation von Gemeinschaftsausstellungen keine Durchführungsgesellschaft, sondern eine staatliche Stelle, z.B. ein Ministerium. Im Inland werden die ausländischen staatlichen Stellen vielfach von den Botschaften oder Konsulaten der betreffenden ausländischen Staaten vertreten. Im Übrigen werden Gemeinschaftsausstellungen entsprechend den Ausführungen in Tz. 4 durchgeführt. Hierbei erheben die ausländischen staatlichen Stellen von den einzelnen Ausstellern ihres Landes Entgelte, die sich in der Regel nach der beanspruchten Ausstellungsfläche richten. Bei dieser Gestaltung sind die ausländischen staatlichen Stellen als Unternehmer im Sinne des § 2 Abs. 3 UStG anzusehen. Die Ausführungen in den Tz. 5 und 6 gelten deshalb für die ausländischen staatlichen Stellen entsprechend (vgl. Abschnitt 34a Abs. 5 UStR 2005).

3. Anwendung

§ 13b Abs. 3 Nr. 4 und Nr. 5 UStG sind auf die genannten Umsätze einschließlich Teilleistungen anzuwenden, die nach dem 31. Dezember 2006 ausgeführt werden (§ 27 Abs. 1 Satz 1 UStG), sowie in den Fällen, in denen für derartige Umsätze das Entgelt oder ein Teil des Entgelts nach dem 31. Dezember 2006 vereinnahmt wird und die Leistung erst nach der Vereinnahmung des Entgelts oder des Teilentgelts ausgeführt wird (§ 13 Abs. 1 Nr. 1 Buchst. a Satz 4 UStG). In diesen Fällen wird die Steuer vom leistenden Unternehmer geschuldet (§ 13a Abs. 1 Nr. 1 UStG). Dies gilt auch dann, wenn für nach dem 31. Dezember 2006 ausgeführte Umsätze bereits vor dem 1. Januar 2007 das Entgelt oder ein Teil des Entgelts vom leistenden Unternehmer vereinnahmt worden ist.

4. Übergangsregelungen

(1) Wurde das Entgelt oder ein Teil des Entgelts vor dem 1. Januar 2007 vereinnahmt und die sonstige Leistung erst nach dem 31. Dezember 2006 ausgeführt, ist es aus Vereinfachungsgründen nicht zu beanstanden, wenn der leistende Unternehmer bei der Berechnung der Steuer nur das um das vor dem 1. Januar 2007 von ihm vereinnahmte Entgelt oder die vereinnahmten Teile des Entgelts geminderte

1519

Anlage § 013b–09

Entgelt zugrunde legt. Für die nicht vom leistenden Unternehmer für das vor dem 1. Januar 2007 vereinnahmte Entgelt oder Teilentgelt geschuldete Umsatzsteuer bleibt der Leistungsempfänger Steuerschuldner.

10 (2) In den Fällen der Tz. 9 wird es auch nicht beanstandet, wenn der Leistungsempfänger bei Anwendung der Steuerschuldnerschaft des Leistungsempfängers nach § 13b UStG eine vor dem 1. Januar 2007 vom leistenden Unternehmer vereinnahmte Entgeltszahlung oder Teilentgeltszahlung für eine nach dem 31. Dezember 2006 ausgeführte Leistung, die dem allgemeinen Steuersatz unterliegt, dem ab 1. Januar 2007 geltenden allgemeinen Steuersatz von 19% unterwirft (vgl. Tz. 9 des BMF-Schreibens vom 11. August 2006 – IV A 5 – S 7210 – 23/06 –, BStBl. I S. 477).

11 (3) Wurde das Entgelt oder ein Teil des Entgelts vor dem 1. Januar 2007 vereinnahmt und die sonstige Leistung erst nach dem 31. Dezember 2006 ausgeführt, ist es aus Vereinfachungsgründen nicht zu beanstanden, wenn der leistende Unternehmer in hierfür ausgestellten Rechnungen die Umsatzsteuer mit dem ab 1. Januar 2007 geltenden allgemeinen Steuersatz von 19% ausweist. Die ausgewiesene Umsatzsteuer wird vom leistenden Unternehmer geschuldet. Der Leistungsempfänger kann den angegebenen Umsatzsteuerbetrag unter den übrigen Voraussetzungen des § 15 UStG als Vorsteuer im allgemeinen Besteuerungsverfahren (§ 16 Abs. 1 bis 4, § 18 Abs. 1 bis 4 UStG) abziehen bzw. im Vorsteuer-Vergütungsverfahren (§ 18 Abs. 9 UStG, §§ 59ff. UStDV) zur Vergütung beantragen, nachdem die Rechnung vorliegt und soweit der Rechnungsbetrag gezahlt worden ist. In diesen Fällen wird auf eine Besteuerung beim Leistungsempfänger nach § 13b Abs. 1 Satz 1 Nr. 1 und Satz 3 i.V.m. Abs. 2 Satz 1 UStG verzichtet.

12 (4) Eine Berichtigung der Berechnung der vor dem 1. Januar 2007 entstandenen Umsatzsteuer (§ 27 Abs. 1 Satz 3 UStG) scheidet in den in Tz. 11 genannten Fällen aus (vgl. Tz. 9 des BMF-Schreibens vom 11. August 2006 – IV A 5 – S 7210– 23/06 –, BStBl. I S. 477).

Anlage § 013b–10

Steuerschuldnerschaft eines Leistungsempfängers nach § 13b Abs. 2 Satz 2 UStG, der selbst Bauleistungen erbringt

BMF-Schreiben vom 16.10.2009 – IV B 9 – S 7279/0,
BStBl. 2009 I S. 1298 (unter Berücksichtigung der Änderungen durch das BMF-Schreiben vom 11.03.2010 – IV D 3 – S 7279/09/10006, DStR 2010 S. 554, für Absätze 6 und 7)

Unter Bezugnahme auf das Ergebnis der Erörterungen mit den obersten Finanzbehörden der Länder gilt zur Anwendung der Steuerschuldnerschaft eines Leistungsempfängers nach § 13b Abs. 2 Satz 2 UStG, der selbst Bauleistungen erbringt, in Ergänzung von Abschn. 182a Abs. 10, 11 und 17 UStR Folgendes:

(1) Bei Werklieferungen und sonstigen Leistungen, die der Herstellung, Instandsetzung, Instandhaltung, Änderung oder Beseitigung von Bauwerken dienen, mit Ausnahme von Planungs- und Überwachungsleistungen, (§ 13b Abs. 1 Satz 1 Nr. 4 Satz 1 UStG) ist der Leistungsempfänger derartiger Leistungen Steuerschuldner, wenn er *Unternehmer ist und* selbst derartige Leistungen erbringt (§ 13b Abs. 2 Satz 2 UStG). Dies gilt auch, wenn die Leistung für den nichtunternehmerischen Bereich bezogen wird.

(2) Der Leistungsempfänger muss derartige Bauleistungen nachhaltig erbringen oder erbracht haben. Unternehmer, die im Zeitpunkt der an sie ausgeführten Bauleistungen nicht nachhaltig Bauleistungen erbracht haben, sind als Leistungsempfänger grundsätzlich nicht Steuerschuldner, selbst wenn sie im weiteren Verlauf des Kalenderjahres derartige Umsätze erbringen.

(3) Es ist davon auszugehen, dass der Leistungsempfänger nachhaltig Bauleistungen erbringt, wenn er im vorangegangenen Kalenderjahr Bauleistungen erbracht hat, deren Bemessungsgrundlage mehr als 10% der Summe seiner steuerbaren und nicht steuerbaren Umsätze (Weltumsatz) betragen hat. Die 10%-Grenze ist eine Ausschlussgrenze. Unternehmer, die Bauleistungen unterhalb dieser Grenze erbringen, sind danach grundsätzlich keine bauleistenden Unternehmer.

(4) Hat der Unternehmer zunächst keine Bauleistungen ausgeführt und beabsichtigt er, derartige Leistungen zu erbringen, ist er – abweichend von den Absätzen 2 und 3 – auch schon vor der erstmaligen Erbringung von Bauleistungen als bauleistender Unternehmer anzusehen, wenn er nach außen erkennbar mit ersten Handlungen zur nachhaltigen Erbringung von Bauleistungen begonnen hat.

(5) Abschnitt 182a Abs. 12 bis 16 UStR bleibt unberührt.

(6) Der Leistungsempfänger ist für an ihn erbrachte, in § 13b Abs. 1 Satz 1 Nr. 4 Satz 1 UStG genannte Leistungen nicht Steuerschuldner, wenn er nicht nachhaltig Bauleistungen selbst erbringt. Die Steuerschuldnerschaft des Leistungsempfängers gilt deshalb vor allem nicht für Nichtunternehmer sowie für Unternehmer mit anderen als den vorgenannten Umsätzen, z.B. Baustoffhändler, die ausschließlich Baumaterial liefern oder Unternehmer, wenn sie ausschließlich Lieferungen – und keine Werklieferungen im Sinne des § 3 Abs. 4 UStG – erbringen, die unter das GrEStG fallen.

(7) Bei Unternehmern (Bauträgern), die sowohl Umsätze erbringen, die unter das GrEStG fallen, als auch Bauleistungen im Sinne von § 13b Abs. 1 Satz 1 Nr. 4 Satz 1 UStG, sind die allgemeinen Grundsätze des Abschnitts 182a Abs. 10 bis 16 UStR sowie der Absätze 1 bis 4 dieses Schreibens anzuwenden. Unternehmer, die eigene Grundstücke zum Zweck des Verkaufs bebauen (z.B. Bauträger), sind danach nur dann für die von anderen Unternehmern an sie erbrachten Bauleistungen nicht Steuerschuldner nach § 13b Abs. 2 Satz 2 UStG, wenn die Bemessungsgrundlage der von ihnen getätigten Bauleistungen – einschließlich Grundstücksgeschäfte, soweit es sich um Werklieferungen (§ 3 Abs. 4 UStG) im Sinne von § 13b Abs. 1 Satz 1 Nr. 4 Satz 1 UStG handelt – nicht mehr als 10% der Summe seiner steuerbaren und nicht steuerbaren Umsätze beträgt (vgl. Absatz 3).

(8) Bei der Behandlung von Umsätzen, die nach dem 31. Dezember 2009 ausgeführt worden sind, für die aber Entgeltzahlungen, Zahlungen von Teilentgelten oder Anzahlungen vor dem 1. Januar 2010 geleistet worden sind, und bei denen auf Grund der Regelungen der Absätze 3, 4 oder 7 der Leistungsempfänger Steuerschuldner nach § 13b Abs. 1 Satz 1 Nr. 4 Satz 1 und Abs. 2 Satz 1 UStG wird, kann von folgenden Anwendungsregelungen Gebrauch gemacht werden:

1. Schlussrechnung über nach dem 31. Dezember 2009 erbrachte Bauleistungen bei Abschlagszahlungen oder Anzahlungen vor dem 1. Januar 2010

Hat der leistende Unternehmer das Entgelt oder Teile des Entgelts vor dem 1. Januar 2010 vereinnahmt und hierfür auch eine Rechnung mit offenem Steuerausweis erstellt, hat er die Rechnung(en) über diese Zahlungen im Voranmeldungszeitraum der tatsächlichen Ausführung der Bauleistung zu berichtigen (§ 27 Abs. 1 Satz 3 UStG, § 14c Abs. 1 Satz 1 und 2 UStG). In der Schlussrechnung sind die gezahlten

Anlage § 013b–10

Abschlagszahlungen nur dann mit ihrem Bruttobetrag (einschließlich Umsatzsteuer) anzurechnen, wenn die Umsatzsteuer bis zum Zeitpunkt der Erteilung der Schlussrechnung nicht an den Leistungsempfänger zurückerstattet wurde.

Es ist nicht zu beanstanden, wenn bei der Anwendung der Steuerschuldnerschaft des Leistungsempfängers nur das um das vor dem 1. Januar 2010 vom leistenden Unternehmer vereinnahmte Entgelt oder die vereinnahmten Teile des Entgelts geminderte Entgelt zugrunde gelegt wird. Voraussetzung hierfür ist, dass das vor dem 1. Januar 2010 vereinnahmte Entgelt oder die vereinnahmten Teile des Entgelts vom leistenden Unternehmer in zutreffender Höhe versteuert (= in einer Umsatzsteuer-Voranmeldung oder in einer Steuererklärung für das Kalenderjahr angemeldet) wurde. In derartigen Fällen ist keine Berichtigung der über geleistete Abschlagszahlungen erteilten Rechnungen durchzuführen.

2. Berichtigung einer vor dem 1. Januar 2010 erstellten Rechnung über Anzahlungen, wenn die Zahlung erst nach dem 31. Dezember 2009 erfolgt

Wurden für die Erbringung von Bauleistungen Abschlagszahlungen oder Anzahlungen vereinnahmt, bevor die Leistung oder die Teilleistung ausgeführt worden ist, entsteht die Steuer mit Ablauf des Voranmeldungszeitraums, in dem das Entgelt oder Teilentgelt vereinnahmt worden ist (§ 13 Abs. 1 Nr. 1 Satz 4, § 13b Abs. 1 Satz 3 UStG). Entscheidend für die Steuerentstehung ist nicht, wann die Rechnung erstellt worden ist, sondern der Zeitpunkt der Vereinnahmung des entsprechenden Entgelts oder des Teilentgelts. Vereinnahmt der leistende Unternehmer das Entgelt oder Teilentgelt für Bauleistungen im Sinne des § 13b Abs. 1 Satz 1 Nr. 4 UStG nach dem 31. Dezember 2009, ist hierfür der Leistungsempfänger Steuerschuldner (§ 13b Abs. 1 und 2 Satz 2 UStG). Ist die hierfür vom leistenden Unternehmer erstellte Rechnung vor dem 1. Januar 2010 erstellt worden und wurde die Umsatzsteuer offen ausgewiesen, ist die Rechnung entsprechend zu berichtigen.

3. Abrechnungen nach dem 31. Dezember 2009 über Leistungen, die vor dem 1. Januar 2010 erbracht worden sind

Für Bauleistungen im Sinne des § 13b Abs. 1 Satz 1 Nr. 4 Satz 1 UStG, die von einem im Inland ansässigen Unternehmer vor dem 1. Januar 2010 erbracht worden sind, ist der leistende Unternehmer nach § 13a Abs. 1 Nr. 1 UStG Steuerschuldner. § 13b Abs. 1 Satz 1 Nr. 4 Satz 1 und Abs. 2 UStG ist nicht anzuwenden. Der leistende Unternehmer muss entsprechend eine Rechnung ausstellen, die die in § 14 Abs. 4 Satz 1 UStG vorgeschriebenen Angaben enthält. Hierzu gehört auch die Angabe des anzuwendenden Steuersatzes sowie des auf das Entgelt entfallenden Steuerbetrags (§ 14 Abs. 4 Satz 1 Nr. 8 UStG).

4. Berichtigung einer vor dem 1. Januar 2010 erstellten und bezahlten Rechnung über Anzahlungen nach diesem Zeitpunkt

Hat der leistende Unternehmer für eine Bauleistung im Sinne des § 13b Abs. 1 Satz 1 Nr. 4 Satz 1 UStG einen Teil des Entgelts vor dem 1. Januar 2010 vereinnahmt und wurde die Leistung oder die Teilleistung danach ausgeführt, entsteht die Steuer mit Ablauf des Voranmeldungszeitraums, in dem das Teilentgelt vereinnahmt worden ist (§ 13 Abs. 1 Nr. 1 Buchst. a Satz 4 UStG). Steuerschuldner ist der leistende Unternehmer.

Stellt sich nach dem 31. Dezember 2009 heraus, dass die in Rechnung gestellte und vom leistenden Unternehmer vereinnahmte Anzahlung in der Höhe unrichtig war, ist die ursprüngliche Rechnung zu berichtigen (§ 17 Abs. 1 UStG), sofern der überzahlte Betrag zurückgezahlt wurde und insoweit die Grundlage für die Versteuerung der Anzahlung entfallen ist.

Hinsichtlich einer berichtigten Anzahlung wird der Leistungsempfänger nur dann Steuerschuldner nach § 13b Abs. 1 Satz 3 und Abs. 2 UStG, soweit ein weiteres Teilentgelt nach dem 31. Dezember 2009 vom leistenden Unternehmer vereinnahmt wird.

Beispiel 1:

Unternehmer A und Unternehmer B (Bauträger) geben monatlich Umsatzsteuer-Voranmeldungen ab. Sie vereinbaren, dass A an B Bauleistungen im Sinne des § 13b Abs. 1 Satz 1 Nr. 4 Satz 1 UStG ausführen soll. A und B gehen davon aus, dass B kein Unternehmer ist, der nachhaltig Bauleistungen erbringt, weil er nur Umsätze erbringt, die unter das Grunderwerbsteuergesetz fallen. B erbringt jedoch an seine Abnehmer Bauleistungen, die als Werklieferungen im Sinne des vorstehenden Absatzes 7 anzusehen sind A stellt am 2. September 2009 eine Abschlagsrechnung über 100.000 € zuzüglich 19.000 € Umsatzsteuer aus. Die Rechnung wird von B noch im September 2009 bezahlt. Im Januar 2010 stellt sich heraus, dass der Anzahlung ein falsches Aufmaß zugrunde gelegen hat. Danach hätte nur eine Anzahlung mit einem Entgelt von 90.000 € in Rechnung gestellt werden dürfen. Der überzahlte Betrag wird B zurückerstattet. Die Bauleistung wird im Februar 2010 erbracht.

A hat seine Rechnung dergestalt zu korrigieren, dass nur noch ein Entgelt in Höhe von 90.000 € zuzüglich 17.100 € Umsatzsteuer auszuweisen ist. Die Änderungen gegenüber der ursprünglichen Rechnung hat er in seiner Umsatzsteuer-Voranmeldung für Januar 2010 entsprechend zu berücksichtigen. B hat den in der Umsatzsteuer-Voranmeldung für September 2009 geltend gemachten Vorsteuerabzug in der Umsatzsteuer-Voranmeldung für Januar 2010 entsprechend zu mindern.

Beispiel 2:
Sachverhalt wie in Beispiel 1, jedoch hätte eine Anzahlung mit einem Entgelt von 110.000 € in Rechnung gestellt werden müssen. B zahlt den Mehrbetrag im Januar 2010.

A hat seine Rechnung dergestalt zu korrigieren, dass sie ein Entgelt in Höhe von 110.000 € enthält. Hinsichtlich der vor dem 1. Januar 2010 geleisteten Anzahlung bleibt es bei der Steuerschuld des A, so dass insoweit weiterhin eine Umsatzsteuer von 19.000 € auszuweisen ist. Die ursprüngliche Besteuerung (A erklärt den Umsatz in seiner Umsatzsteuer-Voranmeldung für September 2009, B hat den Vorsteuerabzug in seiner Umsatzsteuer-Voranmeldung für September 2009 geltend gemacht) bleibt unverändert. Für die (Rest-)Anzahlung, die im Januar 2010 geleistet wird, ist in der Rechnung nur das (Netto-)Entgelt von 10.000 € anzugeben. Außerdem muss A den B insoweit auf dessen Steuerschuldnerschaft hinweisen. B muss das (Netto-)Entgelt von 10.000 € sowie die Steuer hierauf von 1.900 € in seiner Umsatzsteuer-Voranmeldung für Januar 2010 anmelden und kann gleichzeitig diese Steuer als Vorsteuer abziehen (§ 15 Abs. 1 Satz 1 Nr. 4 UStG).

(9) Dieses BMF-Schreiben ist auf Umsätze anzuwenden, die nach dem 31. Dezember 2009 ausgeführt werden.

Anlage § 013b–11

Vordruckmuster für den Nachweis zur Steuerschuldnerschaft des Leistungsempfängers bei der Reinigung von Gebäuden und Gebäudeteilen

BMF-Schreiben vom 04.01.2011 – IV D 3 – S 7279/10/10004,
BStBl. 2011 I S. 48

Unter Bezugnahme auf das Ergebnis der Erörterungen mit den obersten Finanzbehörden der Länder gilt Folgendes:

(1) Werden Gebäudereinigungsleistungen von einem im Inland ansässigen Unternehmer nach dem 31. Dezember 2010 im Inland erbracht, ist der Leistungsempfänger nur dann Steuerschuldner, wenn er Unternehmer ist und selbst Gebäudereinigungsleistungen erbringt (§ 13b Abs. 5 Satz 2 i.V.m. Abs. 2 Nr. 8 UStG i.d.F. von Artikel 4 Nr. 8 Buchstaben a und b i.V.m. Artikel 32 Abs. 5 des Jahressteuergesetzes 2010, BGBl. I S. 1768). Der Leistungsempfänger muss derartige Gebäudereinigungsleistungen nachhaltig erbringen oder erbracht haben; Abschnitt 13b.1 Absätze 10 und 11 UStAE gilt sinngemäß. Daneben ist davon auszugehen, dass der Leistungsempfänger nachhaltig Gebäudereinigungsleistungen erbringt, wenn er dem leistenden Unternehmer einen entsprechenden im Zeitpunkt der Ausführung des Umsatzes gültigen Nachweis des nach den abgabenrechtlichen Vorschriften für die Besteuerung seiner Umsätze zuständigen Finanzamts vorlegt. Für diesen Nachweis durch die Finanzämter wird das Vordruckmuster

**USt 1 TG – Nachweis zur Steuerschuldnerschaft des Leistungsempfängers
    bei Gebäudereinigungsleistungen**

eingeführt.

(2) Verwendet der Leistungsempfänger einen Nachweis nach dem Vordruckmuster USt 1 TG, ist er als Leistungsempfänger Steuerschuldner, auch wenn er tatsächlich kein Unternehmer ist, der selbst Gebäudereinigungsleistungen erbringt. Dies gilt nicht, wenn der Leistungsempfänger einen gefälschten Nachweis nach dem Vordruckmuster USt 1 TG verwendet und der leistende Unternehmer hiervon Kenntnis hatte.

(3) Der Vordruck ist auf der Grundlage des unveränderten Vordruckmusters herzustellen. Die Zeilenabstände des Vordruckmusters sind schreibmaschinengerecht (Zwei-Zeilen-Schaltung). Bei der Herstellung des Vordrucks ist ebenfalls ein schreibmaschinengerechter Zeilenabstand einzuhalten.

Anlage § 013b–11

Finanzamt		Auskunft erteilt	Zimmer
Steuernummer / Geschäftszeichen		Telefon	Durchwahl

(Bitte bei allen Rückfragen angeben)

Nachweis zur Steuerschuldnerschaft des Leistungsempfängers bei der Reinigung von Gebäuden und Gebäudeteilen

Hiermit wird zur **Vorlage bei dem leistenden Unternehmer/Subunternehmer**

bescheinigt, dass _____
(Name und Vorname bzw. Firma)

_____
(Anschrift, Sitz)

Gebäudereinigungsleistungen im Sinne von § 13b Abs. 2 Nr. 8 UStG erbringt und

☐ unter der Steuernummer _____

☐ unter der Umsatzsteuer-Identifikationsnummer _____

registriert ist.

Für empfangene Gebäudereinigungsleistungen im Sinne von § 13b Abs. 2 Nr. 8 UStG wird deshalb **die Steuer vom Leistungsempfänger geschuldet** (§ 13b Abs. 5 Satz 2 UStG).

Diese Bescheinigung verliert ihre Gültigkeit mit Ablauf des: _____

(Die Gültigkeitsdauer der Bescheinigung ist auf einen Zeitraum von längstens einem Jahr nach Ausstellungsdatum zu beschränken.)

_____
(Datum)

_____   _____
(Dienststempel)   (Unterschrift)
              (Name und Dienstbezeichnung)

Anlage § 013b–12

Änderungen der Steuerschuldnerschaft des Leistungsempfängers (§ 13b UStG) durch das Jahressteuergesetz 2010 – Anpassung des Abschnitts 13b.1 UStAE

BMF-Schreiben vom 04.02.2011 – IV D 3 – S 7279/10/10006,
BStBl. 2011 I S. 156

Durch Artikel 4 Nummer 8 und Artikel 32 Absatz 5 des Jahressteuergesetzes 2010 – JStG 2010 – vom 8. Dezember 2010 (BGBl. I S. 1768) wurde mit Wirkung vom 1. Januar 2011 der Anwendungsbereich der Steuerschuldnerschaft des Leistungsempfängers für Lieferungen von Gas oder Elektrizität um Lieferungen von Wärme oder Kälte ergänzt (§ 13b Absatz 2 Nummer 5 i.V.m. § 3g UStG). Außerdem wurde durch Artikel 4 Nummer 8 Buchstaben a und b i.V.m. Artikel 32 Absatz 5 JStG 2010 mit Wirkung vom 1. Januar 2011 der Anwendungsbereich der Steuerschuldnerschaft des Leistungsempfängers um die Lieferungen der in der Anlage 3 des UStG bezeichneten Gegenstände (insbesondere Industrieschrott und Altmetalle, § 13b Absatz 2 Nummer 7 UStG), das Reinigen von Gebäuden und Gebäudeteilen (§ 13b Absatz 2 Nummer 8 UStG) sowie bestimmte Lieferungen von Gold (§ 13b Absatz 2 Nummer 9 UStG) erweitert. Darüber hinaus wurden durch Artikel 4 Nummer 8 Buchstabe c i.V.m. Artikel 32 Absatz 1 JStG 2010 mit Wirkung vom 14. Dezember 2010 (Tag nach der Verkündung des JStG 2010) Restaurationsleistungen an Bord von Schiffen, Luftfahrzeugen und der Eisenbahn eines im Ausland ansässigen Unternehmers von der Steuerschuldnerschaft des Leistungsempfängers ausgenommen (§ 13b Absatz 6 Nummer 6 UStG).

I. Änderung des Umsatzsteuer-Anwendungserlasses

Unter Bezugnahme auf das Ergebnis der Erörterungen mit den obersten Finanzbehörden der Länder wird Abschnitt 13b.1 des Umsatzsteuer-Anwendungserlasses vom 1. Oktober 2010 (BStBl. I S. 846), der zuletzt durch das BMF-Schreiben vom 21. Dezember 2010 – IV D 3 – 7340/0 :003 (2010/1027930) – (BStBl. 2011 I S. 46) geändert worden ist, wie folgt geändert:

1. Absatz 2 Satz 1 wird wie folgt geändert:

   a) Nummer 7 wird wie folgt gefasst:

   „Lieferungen der in § 3g Abs. 1 Satz 1 UStG genannten Gegenstände eines im Ausland ansässigen Unternehmers unter den Bedingungen des § 3g UStG (vgl. Abschnitt 3g.1)."

   b) Nach Nummer 8 werden folgende Nummern 9 bis 11 angefügt:

   „9. Lieferungen der in der Anlage 3 des UStG bezeichneten Gegenstände (§ 13b Abs. 2 Nr. 7 UStG).

   10. ¹Reinigen von Gebäuden und Gebäudeteilen (§ 13b Abs. 2 Nr. 8 UStG). ²§ 13b Abs. 2 Nr. 1 bleibt unberührt.

   11. Lieferungen von Gold mit einem Feingehalt von mindestens 325 Tausendstel, in Rohform oder als Halbzeug (aus Position 7108 des Zolltarifs) und von Goldplattierungen mit einem Goldfeingehalt von mindestens 325 Tausendstel (aus Position 7109) (§ 13b Abs. 2 Nr. 9 UStG)."

2. Nach Absatz 22 werden folgende Zwischenüberschriften und die Absätze 22a bis 22h angefügt:

   „Lieferungen von Industrieschrott, Altmetallen und sonstigen Abfallstoffen

   (22a) ¹Zu den in der Anlage 3 des UStG bezeichneten Gegenständen gehören:

   1. ¹Unter Nummer 1 der Anlage 3 des UStG fallen nur granulierte Schlacken (Schlackensand) aus der Eisen- und Stahlherstellung im Sinne der Unterposition 2618 00 00 des Zolltarifs. ²Hierzu gehört granulierte Schlacke (Schlackensand), die zum Beispiel durch rasches Eingießen flüssiger, aus dem Hochofen kommender Schlacken in Wasser gewonnen wird. ³Nicht hierzu gehören dagegen mit Dampf oder Druckluft hergestellte Schlackenwolle sowie Schaumschlacke, die man erhält, wenn man schmelzflüssiger Schlacke etwas Wasser zusetzt, und Schlackenzement.

   2. ¹Unter Nummer 2 der Anlage 3 des UStG fallen nur Schlacken (ausgenommen granulierte Schlacke), Zunder und andere Abfälle der Eisen- und Stahlherstellung im Sinne der Unterposition 2619 00 des Zolltarifs. ²Die hierzu gehörenden Schlacken bestehen entweder aus Aluminium- oder Calciumsilicaten, die beim Schmelzen von Eisenerz (Hochofenschlacke), beim Raffinieren von Roheisen oder bei der Stahlherstellung (Konverterschlacke) entstehen. ³Diese Schlacken gehören auch dann hierzu, wenn ihr Eisenanteil zur Wiedergewinnung des Metalls ausreicht. ⁴Außerdem gehören Hochofenstaub und andere Abfälle oder Rückstände der Eisen- oder Stahlherstellung hierzu, sofern sie nicht bereits von Nummer 8 der Anlage 3 des

Anlage § 013b–12

UStG (vgl. nachfolgende Nummer 8) umfasst sind. ⁵Nicht hierzu gehören dagegen phosphorhaltige Schlacken (Thomasphosphat-Schlacke).

3. ¹Unter Nummer 3 der Anlage 3 des UStG fallen nur Schlacken, Aschen und Rückstände (ausgenommen solche der Eisen- und Stahlherstellung), die Metalle, Arsen oder deren Verbindungen enthalten, im Sinne der Position 2620 des Zolltarifs. ²Hierzu gehören Schlacken, Aschen und Rückstände (andere als solche der Nummern 1, 2 und 7 der Anlage 3 des UStG, vgl. Nummern 1, 2 und 7), die Arsen und Arsenverbindungen (auch Metalle enthaltend), Metalle oder deren Verbindungen enthalten und die eine Beschaffenheit aufweisen, wie sie zum Gewinnen von Arsen oder Metall oder zum Herstellen von Metallverbindungen verwendet werden. ³Derartige Schlacken, Aschen und Rückstände fallen bei der Aufarbeitung von Erzen oder von metallurgischen Zwischenerzeugnissen (z.B. Matten) an oder stammen aus elektrolytischen, chemischen oder anderen industriellen Verfahren, die keine mechanischen Bearbeitungen einschließen. ⁴Nicht hierzu gehören Aschen und Rückstände vom Verbrennen von Siedlungsabfällen, Schlämme aus Lagertanks für Erdöl (überwiegend aus solchen Ölen bestehend), chemisch einheitliche Verbindungen sowie Zinkstaub, der durch Kondensation von Zinkdämpfen gewonnen wird.

4. ¹Unter Nummer 4 der Anlage 3 des UStG fallen nur Abfälle, Schnitzel und Bruch von Kunststoffen der Position 3915 des Zolltarifs. ²Diese Waren können entweder aus zerbrochenen oder gebrauchten Kunststoffwaren, die in diesem Zustand eindeutig für den ursprünglichen Verwendungszweck unbrauchbar sind, bestehen oder es sind Bearbeitungsabfälle (Späne, Schnitzel, Bruch usw.). ³Gewisse Abfälle können als Formmasse, Lackrohstoffe, Füllstoffe usw. wieder verwendet werden. ⁴Außerdem gehören hierzu Abfälle, Schnitzel und Bruch aus einem einzigen duroplastischen Stoff oder aus Mischungen von zwei oder mehr thermoplastischen Stoffen, auch wenn sie in Primärformen umgewandelt worden sind. ⁵Hierunter fallen auch Styropor sowie gebrauchte (leere) Tonerkartuschen und Tintenpatronen, soweit diese nicht von Position 8443 des Zolltarifs erfasst sind. ⁶Nicht hierzu gehören jedoch Abfälle, Schnitzel und Bruch aus einem einzigen thermoplastischen Stoff, in Primärformen umgewandelt.

5. ¹Unter Nummer 5 der Anlage 3 des UStG fallen nur Abfälle, Bruch und Schnitzel von Weichkautschuk, auch zu Pulver oder Granulat zerkleinert, der Unterposition 4004 00 00 des Zolltarifs. ²Hierzu gehören auch zum Runderneuern ungeeignete gebrauchte Reifen sowie Granulate daraus. ³Nicht dazu gehören zum Runderneuern geeignete gebrauchte Reifen sowie Abfälle, Bruch, Schnitzel, Pulver und Granulat aus Hartkautschuk.

6. ¹Unter Nummer 6 der Anlage 3 des UStG fallen nur Bruchglas und andere Abfälle und Scherben von Glas der Unterposition 7001 00 10 des Zolltarifs. ²Der Begriff „Bruchglas" bezeichnet zerbrochenes Glas zur Wiederverwertung bei der Glasherstellung.

7. ¹Unter Nummer 7 der Anlage 3 des UStG fallen nur Abfälle und Schrott von Edelmetallen oder Edelmetallplattierungen sowie andere Abfälle und Schrott, Edelmetalle oder Edelmetallverbindungen enthaltend, von der hauptsächlich zur Wiedergewinnung von Edelmetallen verwendeten Art, im Sinne der Position 7112 des Zolltarifs. ²Hierzu gehören Abfälle und Schrott, die Edelmetalle enthalten und ausschließlich zur Wiedergewinnung des Edelmetalls oder als Base zur Herstellung chemischer Erzeugnisse geeignet sind. ³Hierher gehören auch Abfälle und Schrott aller Materialien, die Edelmetalle oder Edelmetallverbindungen von der hauptsächlich zur Wiedergewinnung von Edelmetallen verwendeten Art enthalten. ⁴Hierunter fallen ebenfalls durch Zerbrechen, Zerschlagen oder Abnutzung für ihren ursprünglichen Verwendungszweck unbrauchbar gewordene alte Waren (Tischgeräte, Gold- und Silberschmiedewaren, Katalysatoren in Form von Metallgeweben usw.); ausgenommen sind daher Waren, die – mit oder ohne Reparatur oder Aufarbeiten – für ihren ursprünglichen Zweck brauchbar sind oder – ohne Anwendung eines Verfahrens zum Wiedergewinnen des Edelmetalls – zu anderen Zwecken gebraucht werden können. ⁵Eingeschmolzener und zu Rohblöcken, Masseln oder ähnlichen Formen gegossener Abfall und Schrott von Edelmetallen ist als unbearbeitetes Metall einzureihen und fällt deshalb nicht unter Nummer 7 der Anlage 3 des UStG. ⁶Sofern es sich um Gold handelt, kann § 13b Abs. 2 Nr. 9 UStG in Betracht kommen (vgl. Absatz 22g).

8. ¹Unter Nummer 8 der Anlage 3 des UStG fallen nur Abfälle und Schrott aus Eisen oder Stahl sowie Abfallblöcke aus Eisen oder Stahl der Position 7204 des Zolltarifs. ²Hierzu gehören Abfälle und Schrott, die beim Herstellen oder beim Be- und Verarbeiten von Eisen oder Stahl anfallen, und Waren aus Eisen oder Stahl, die durch Bruch, Verschnitt, Verschleiß oder aus anderen Gründen als solche endgültig unbrauchbar sind. ³Als Abfallblöcke aus Eisen oder Stahl gelten grob in Masseln oder Rohblöcke ohne Gießköpfe gegossene Erzeugnisse mit deutlich

sichtbaren Oberflächenfehlern, die hinsichtlich ihrer chemischen Zusammensetzung nicht den Begriffsbestimmungen für Roheisen, Spiegeleisen oder Ferrolegierungen entsprechen.

9. ¹Unter Nummer 9 der Anlage 3 des UStG fallen nur Abfälle und Schrott aus Kupfer der Position 7404 des Zolltarifs. ²Hierzu gehören Abfälle und Schrott, die beim Herstellen oder beim Be- und Verarbeiten von Kupfer anfallen, und Waren aus Kupfer, die durch Bruch, Verschnitt, Verschleiß oder aus anderen Gründen als solche endgültig unbrauchbar sind. ³Außerdem gehört hierzu der beim Ziehen von Kupfer entstehende Schlamm, der hauptsächlich aus Kupferpulver besteht, das mit den beim Ziehvorgang verwendeten Schmiermitteln vermischt ist.

10. ¹Unter Nummer 10 der Anlage 3 des UStG fallen nur Abfälle und Schrott aus Nickel der Position 7503 des Zolltarifs. ²Hierzu gehören Abfälle und Schrott, die beim Herstellen oder beim Be- und Verarbeiten von Nickel anfallen, und Waren aus Nickel, die durch Bruch, Verschnitt, Verschleiß oder aus anderen Gründen als solche endgültig unbrauchbar sind.

11. ¹Unter Nummer 11 der Anlage 3 des UStG fallen nur Abfälle und Schrott aus Aluminium der Position 7602 des Zolltarifs. ²Hierzu gehören Abfälle und Schrott, die beim Herstellen oder beim Be- und Verarbeiten von Aluminium anfallen, und Waren aus Aluminium, die durch Bruch, Verschnitt, Verschleiß oder aus anderen Gründen als solche endgültig unbrauchbar sind.

12. ¹Unter Nummer 12 der Anlage 3 des UStG fallen nur Abfälle und Schrott aus Blei der Position 7802 des Zolltarifs. ²Hierzu gehören Abfälle und Schrott, die beim Herstellen oder beim Be- und Verarbeiten von Blei anfallen, und Waren aus Blei, die durch Bruch, Verschnitt, Verschleiß oder aus anderen Gründen als solche endgültig unbrauchbar sind.

13. ¹Unter Nummer 13 der Anlage 3 des UStG fallen nur Abfälle und Schrott aus Zink der Position 7902 des Zolltarifs. ²Hierzu gehören Abfälle und Schrott, die beim Herstellen oder beim Be- und Verarbeiten von Zink anfallen, und Waren aus Zink, die durch Bruch, Verschnitt, Verschleiß oder aus anderen Gründen als solche endgültig unbrauchbar sind.

14. ¹Unter Nummer 14 der Anlage 3 des UStG fallen nur Abfälle und Schrott aus Zinn der Position 8002 des Zolltarifs. ²Hierzu gehören Abfälle und Schrott, die beim Herstellen oder beim Be- und Verarbeiten von Zinn anfallen, und Waren aus Zinn, die durch Bruch, Verschnitt, Verschleiß oder aus anderen Gründen als solche endgültig unbrauchbar sind.

15. ¹Unter Nummer 15 der Anlage 3 des UStG fallen nur Abfälle und Schrott der in den Positionen 8101 bis 8113 des Zolltarifs genannten anderen unedlen Metallen. ²Hierzu gehören Abfälle und Schrott, die beim Herstellen oder beim Be- und Verarbeiten der genannten unedlen Metallen anfallen, sowie Waren aus diesen unedlen Metallen, die durch Bruch, Verschnitt, Verschleiß oder aus anderen Gründen als solche endgültig unbrauchbar sind. ³Zu den unedlen Metallen zählen hierbei Wolfram, Molybdän, Tantal, Magnesium, Cobalt, Bismut (Wismut), Cadmium, Titan, Zirconium, Antimon, Mangan, Beryllium, Chrom, Germanium, Vanadium, Gallium, Hafnium, Indium, Niob (Columbium), Rhenium, Thallium und Cermet.

16. ¹Unter Nummer 16 der Anlage 3 des UStG fallen nur Abfälle und Schrott von elektrischen Primärelementen, Primärbatterien und Akkumulatoren; ausgebrauchte elektrische Primärelemente, Primärbatterien und Akkumulatoren im Sinne der Unterposition 8548 10 des Zolltarifs. ²Diese Erzeugnisse sind im Allgemeinen als Fabrikationsabfälle erkennbar, oder sie bestehen entweder aus elektrischen Primärelementen, Primärbatterien oder Akkumulatoren, die durch Bruch, Zerstörung, Abnutzung oder aus anderen Gründen als solche nicht mehr verwendet werden können oder nicht wiederaufladbar sind, oder aus Schrott davon. ³Ausgebrauchte elektrische Primärelemente und Akkumulatoren dienen im Allgemeinen zur Rückgewinnung von Metallen (Blei, Nickel, Cadmium usw.), Metallverbindungen oder Schlacken. ⁴Unter Nummer 16 der Anlage 3 des UStG fallen insbesondere nicht mehr gebrauchsfähige Batterien und nicht mehr aufladbare Akkus.

²Bestehen Zweifel, ob ein Gegenstand unter die Anlage 3 des UStG fällt, haben der Lieferer und der Abnehmer die Möglichkeit, bei dem zuständigen Bildungs- und Wissenschaftszentrum der Bundesfinanzverwaltung eine unverbindliche Zolltarifauskunft für Umsatzsteuerzwecke (uvZTA) mit dem Vordruckmuster 0310 einzuholen. ³Das Vordruckmuster mit Hinweisen zu den Zuständigkeiten für die Erteilung von uvZTA steht auf den Internetseiten der Zollabteilung des Bundesministeriums der Finanzen (http://www.zoll.de) unter der Rubrik Vorschriften und Vordrucke – Formularcenter – Gesamtliste aller Vordrucke zum Ausfüllen und Herunterladen bereit. ⁴UvZTA können auch von den Landesfinanzbehörden (z.B. den Finanzämtern) beantragt werden.

(22b) ¹Werden sowohl Gegenstände geliefert, die unter die Anlage 3 des UStG fallen, als auch Gegenstände, die nicht unter die Anlage 3 des UStG fallen, ergeben sich unterschiedliche Steuerschuldner. ²Dies ist auch bei der Rechnungstellung zu beachten.

Anlage § 013b–12

Beispiel 1:

¹Der in München ansässige Aluminiumhersteller U liefert Schlackenzement und Schlackensand in zwei getrennten Partien an den auf Landschafts-, Tief- und Straßenbau spezialisierten Unternehmer B in Köln.

²Es liegen zwei Lieferungen vor. ³Die Umsatzsteuer für die Lieferung des Schlackenzements wird vom leistenden Unternehmer U geschuldet (§ 13a Abs. 1 Nr. 1 UStG), da Schlackenzement in der Anlage 3 des UStG nicht aufgeführt ist (insbesondere fällt Schlackenzement nicht unter die Nummer 1 der Anlage 3 des UStG).

⁴Für die Lieferung des Schlackensands schuldet der Empfänger B die Umsatzsteuer (§ 13b Abs. 5 Satz 1 in Verbindung mit Abs. 2 Nr. 7 UStG).

⁵In der Rechnung ist hinsichtlich des gelieferten Schlackenzements u.a. das Entgelt sowie die hierauf entfallende Umsatzsteuer gesondert auszuweisen (§ 14 Abs. 4 Satz 1 Nr. 7 und 8 UStG). ⁶Hinsichtlich des gelieferten Schlackensands ist eine Steuer nicht gesondert auszuweisen (§ 14a Abs. 5 Satz 3 UStG). ⁷Auf die Steuerschuldnerschaft des Leistungsempfängers insoweit ist hinzuweisen (§ 14a Abs. 5 Satz 2 UStG).

³Erfolgt die Lieferung von Gegenständen der Anlage 3 des UStG im Rahmen eines Tauschs oder eines tauschähnlichen Umsatzes gilt als Entgelt für jede einzelne Leistung der gemeine Wert der vom Leistungsempfänger erhaltenen Gegenleistung, beim Tausch oder tauschähnlichen Umsatz mit Baraufgabe ggf. abzüglich bzw. zuzüglich einer Baraufgabe (vgl. Abschnitt 10.5 Abs. 1 Sätze 6 bis 9). ⁴Zum Entgelt bei Werkleistungen, bei denen zum Entgelt neben der vereinbarten Barvergütung auch der bei der Werkleistung anfallende Materialabfall gehört, vgl. Abschnitt 10.5 Abs. 2.

Beispiel 2:

¹Der Metallverarbeitungsbetrieb B stellt Spezialmuttern für das Maschinenbauunternehmen M im Werklohn her. ²Der erforderliche Stahl wird von M gestellt. ³Dabei wird für jeden Auftrag gesondert festgelegt, aus welcher Menge Stahl welche Menge Muttern herzustellen ist. ⁴Der anfallende Schrott verbleibt bei B und wird auf den Werklohn angerechnet.

⁵Es liegt ein tauschähnlicher Umsatz vor, bei dem die Gegenleistung für die Herstellung der Muttern in der Lieferung des Stahlschrotts zuzüglich der Baraufgabe besteht (vgl. Abschnitt 10.5 Abs. 2 Sätze 1 und 8). ⁶Neben der Umsatzsteuer für das Herstellen der Spezialmuttern (§ 13a Abs. 1 Nr. 1 UStG) schuldet B als Leistungsempfänger auch die Umsatzsteuer für die Lieferung des Stahlschrotts (§ 13b Abs. 5 Satz 1 in Verbindung mit Abs. 2 Nr. 7 UStG).

⁵Zur Bemessungsgrundlage bei tauschähnlichen Umsätzen bei der Abgabe von werthaltigen Abfällen, für die gesetzliche Entsorgungspflichten bestehen, vgl. Abschnitt 10.5 Abs. 2 Satz 9.

(22c) ¹Werden Mischungen oder Warenzusammensetzungen geliefert, die sowohl aus in der Anlage 3 des UStG bezeichneten als auch dort nicht genannten Gegenständen bestehen, sind die Bestandteile grundsätzlich getrennt zu beurteilen. ²Ist eine getrennte Beurteilung nicht möglich, werden Waren nach Satz 1 nach dem Stoff oder Bestandteil beurteilt, der ihnen ihren wesentlichen Charakter verleiht; die Steuerschuldnerschaft des Leistungsempfängers nach § 13b Abs. 2 Nr. 7 UStG ist demnach auf Lieferungen von Gegenständen anzuwenden, sofern der Stoff oder der Bestandteil, der den Gegenständen ihren wesentlichen Charakter verleiht, in der Anlage 3 des UStG bezeichnet ist; Absatz 23 bleibt unberührt. ³Bei durch Bruch, Verschleiß oder aus ähnlichen Gründen nicht mehr gebrauchsfähigen Maschinen, Elektro- und Elektronikgeräten und Heizkesseln ist davon auszugehen, dass sie unter die Steuerschuldnerschaft des Leistungsempfängers nach § 13b Abs. 2 Nr. 7 UStG fallen. ⁴Unterliegt die Lieferung unbrauchbar gewordener landwirtschaftlicher Geräte der Durchschnittssatzbesteuerung nach § 24 UStG (vgl. Abschnitt 24.2 Abs. 6), findet § 13b Abs. 2 Nr. 7 UStG keine Anwendung. ⁵Die Sätze 1 bis 3 gelten nicht für die Gegenstände, für die es eine eigene Zolltarifposition gibt; diese Gegenstände sind auch dann in die eigene Zolltarifposition einzureihen, wenn sie unbrauchbar geworden, aber noch als solche erkennbar sind (z.B. ein verunfallter Pkw mit wirtschaftlichem Totalschaden).

Reinigen von Gebäuden und Gebäudeteilen

(22d) ¹Zu den Gebäuden gehören Baulichkeiten, die auf Dauer fest mit dem Grundstück verbunden sind. ²Zu den Gebäudeteilen zählen insbesondere Stockwerke, Wohnungen und einzelne Räume. ³Nicht zu den Gebäuden oder Gebäudeteilen gehören Baulichkeiten, die nur zu einem vorübergehenden Zweck mit dem Grund und Boden verbunden und daher keine Bestandteile eines Grundstücks sind, insbesondere Büro- oder Wohncontainer, Baubuden, Kioske, Tribünen oder ähnliche Einrichtungen.

Anlage § 013b–12

(22e) Unter die Reinigung von Gebäuden und Gebäudeteilen fällt insbesondere:
1. Die Reinigung sowie die pflegende und schützende (Nach-)Behandlung von Gebäuden und Gebäudeteilen (innen und außen);
2. [1]die Hausfassadenreinigung (einschließlich Graffitientfernung). [2]Dies gilt nicht für Reinigungsarbeiten, die bereits unter § 13b Abs. 2 Nr. 4 Satz 1 UStG fallen (vgl. Absatz 7 Nr. 10);
3. die Fensterreinigung;
4. die Reinigung von Dachrinnen und Fallrohren;
5. die Bauendreinigung;
6. die Reinigung von haustechnischen Anlagen, soweit es sich nicht um Wartungsarbeiten handelt;
7. die Hausmeisterdienste und die Objektbetreuung, wenn sie auch Gebäudereinigungsleistungen beinhalten.

(22f) Insbesondere folgende Leistungen fallen nicht unter die in § 13b Abs. 2 Nr. 8 Satz 1 UStG genannten Umsätze:
1. Die Schornsteinreinigung;
2. die Schädlingsbekämpfung;
3. der Winterdienst, soweit es sich um eine eigenständige Leistung handelt;
4. die Reinigung von Inventar, wie Möbel, Teppiche, Matratzen, Bettwäsche, Gardinen und Vorhänge, Geschirr, Jalousien und Bilder, soweit es sich um eine eigenständige Leistung handelt;
5. die Arbeitnehmerüberlassung, auch wenn die überlassenen Arbeitnehmer für den Entleiher Gebäudereinigungsleistungen erbringen, unabhängig davon, ob die Leistungen nach dem Arbeitnehmerüberlassungsgesetz erbracht werden oder nicht.

(22g) [1]Werden Gebäudereinigungsleistungen von einem im Inland ansässigen Unternehmer im Inland erbracht, ist der Leistungsempfänger nur dann Steuerschuldner, wenn er Unternehmer ist und selbst Gebäudereinigungsleistungen erbringt (§ 13b Abs. 5 Satz 2 UStG). [2]Der Leistungsempfänger muss derartige Gebäudereinigungsleistungen nachhaltig erbringen oder erbracht haben; Absätze 10 und 11 gelten sinngemäß. [3]Daneben ist davon auszugehen, dass der Leistungsempfänger nachhaltig Gebäudereinigungsleistungen erbringt, wenn er dem leistenden Unternehmer einen im Zeitpunkt der Ausführung des Umsatzes gültigen Nachweis nach dem Vordruckmuster USt 1 TG im Original oder in Kopie vorlegt. [4]Hinsichtlich dieses Musters wird auf das BMF-Schreiben vom 4.1.2011, BStBl. I S. 48, hingewiesen. [5]Verwendet der Leistungsempfänger einen Nachweis nach dem Vordruckmuster USt 1 TG, ist er als Leistungsempfänger Steuerschuldner, auch wenn er tatsächlich kein Unternehmer ist, der selbst Gebäudereinigungsleistungen erbringt. [6]Dies gilt nicht, wenn der Leistungsempfänger einen gefälschten Nachweis nach dem Vordruckmuster USt 1 TG verwendet und der leistende Unternehmer hiervon Kenntnis hatte. [7]Absätze 6, 13, 16 und 18 bis 22 gelten sinngemäß.

Lieferungen von Gold

(22h) [1]Unter die Umsätze nach § 13b Abs. 2 Nr. 9 UStG (vgl. Absatz 2 Nr. 11) fallen die Lieferung von Gold (einschließlich von platiniertem Gold) oder Goldlegierungen in Rohform oder als Halbzeug mit einem Feingehalt von mindestens 325 Tausendstel und Goldplattierungen mit einem Feingehalt von mindestens 325 Tausendstel und die steuerpflichtigen Lieferungen von Anlagegold mit einem Feingehalt von mindestens 995 Tausendstel nach § 25c Abs. 3 UStG. [2]Goldplattierungen sind Waren, bei denen auf einer Metallunterlage auf einer Seite oder auf mehreren Seiten Gold in beliebiger Dicke durch Schweißen, Löten, Warmwalzen oder ähnliche mechanische Verfahren aufgebracht worden ist. [3]Zum Umfang der Lieferungen von Anlagegold vgl. Abschnitt 25c.1 Abs. 1 Satz 2, Abs. 2 und 4, zur Möglichkeit der Option zur Umsatzsteuerpflicht bei der Lieferung von Anlagegold vgl. Abschnitt 25c.1 Abs. 5.

Beispiel:

[1]Der in Bremen ansässige Goldhändler G überlässt der Scheideanstalt S in Hamburg verunreinigtes Gold mit einem Feingehalt von 500 Tausendstel. [2]S trennt vereinbarungsgemäß das verunreinigte Gold in Anlagegold und unedle Metalle und stellt aus dem Anlagegold einen Goldbarren mit einem Feingehalt von 995 Tausendstel her; das hergestellte Gold fällt unter die Position 7108 des Zolltarifs. [3]Der entsprechende Goldgewichtsanteil wird G auf einem Anlagegoldkonto gutgeschrieben; G hat nach den vertraglichen Vereinbarungen auch nach der Bearbeitung des Goldes und der Gutschrift auf dem Anlagegoldkonto noch die Verfügungsmacht an dem Gold. [4]Danach verzichtet G gegen Entgelt auf seinen Herausgabeanspruch des Anlagegolds. [5]G hat nach § 25c Abs. 3 Satz 2 UStG zur Umsatzsteuerpflicht optiert.

Anlage § 013b–12

⁶Der Verzicht auf Herausgabe des Anlagegolds gegen Entgelt stellt eine Lieferung des Anlagegolds von G an S dar. ⁷Da G nach § 25c Abs. 3 Satz 2 UStG zur Umsatzsteuerpflicht optiert hat, schuldet S als Leistungsempfänger die Umsatzsteuer für diese Lieferung (§ 13b Abs. 5 Satz 1 in Verbindung mit Abs. 2 Nr. 9 UStG)."

3. In Absatz 23 wird die Angabe „§ 13b Abs. 2 Nr. 4 Satz 1" durch die Angabe „§ 13b Abs. 2 Nr. 4 Satz 1, Nr. 7, Nr. 8 Satz 1 und Nr. 9" ersetzt.

4. Nach Absatz 27 wird folgender Absatz 27a angefügt:

„(27a) § 13b Abs. 1 bis 5 UStG findet ebenfalls keine Anwendung, wenn die Leistung des im Ausland ansässigen Unternehmers in der Abgabe von Speisen und Getränken zum Verzehr an Ort und Stelle (Restaurationsleistung) besteht, wenn diese Abgabe an Bord eines Schiffs, in einem Luftfahrzeug oder in einer Eisenbahn erfolgt (§ 13b Abs. 6 Nr. 6 UStG)."

5. In Absatz 33 wird die Angabe „Absatz 2 Nr. 2 bis 8" durch die Angabe „Absatz 2 Nr. 2 bis 11" ersetzt.

6. In Absatz 52 wird folgender Satz 5 angefügt:

„⁵Zum Übergang auf die Anwendung der Erweiterung des § 13b UStG ab 1.1.2011 auf Lieferungen von Kälte und Wärme, Lieferungen der in der Anlage 3 des UStG bezeichneten Gegenstände und bestimmte Lieferungen von Gold sowie zur Übergangsregelung bei der Anwendung der Erweiterung des § 13b UStG ab 1.1.2011 auf Gebäudereinigungsleistungen vgl. BMF-Schreiben vom 4.2.2011, BStBl. I S. 156."

Diese Regelungen sind auf Umsätze anzuwenden, die nach dem 31. Dezember 2010 ausgeführt werden.

II. Übergangsregelungen

1. Anwendung

Unter Bezugnahme auf das Ergebnis der Erörterungen mit den obersten Finanzbehörden der Länder gilt beim Übergang auf die Anwendung der Erweiterung des § 13b UStG ab 1. Januar 2011 auf Lieferungen von Kälte und Wärme, auf Lieferungen der in der Anlage 3 des UStG bezeichneten Gegenstände, auf Gebäudereinigungsleistungen und auf bestimmte Lieferungen von Gold Folgendes:

Die Erweiterung des § 13b Absatz 2 Nummer 5 i.V.m. Absatz 5 Satz 1 UStG auf Lieferungen von Kälte oder Wärme sowie die Einfügung der § 13b Absatz 2 Nummern 7, 8 Satz 1 und Nummer 9 i.V.m. Absatz 5 Sätze 1 bis 3 UStG ist auf Umsätze und Teilleistungen anzuwenden, die nach dem 31. Dezember 2010 ausgeführt werden (§ 27 Absatz 1 Satz 1 UStG), sowie insbesondere in den Fällen, in denen das Entgelt oder ein Teil des Entgelts vor dem 31. Dezember 2010 vereinnahmt wird und die Leistung erst nach der Vereinnahmung des Entgelts oder des Teilentgelts ausgeführt wird (§ 13b Absatz 4 Satz 2, § 27 Absatz 1 Satz 2 UStG).

1.1 Schlussrechnung über nach dem 31. Dezember 2010 erbrachte Leistungen bei Abschlagszahlungen vor dem 1. Januar 2011

Bei nach dem 31. Dezember 2010 ausgeführten Lieferungen von Wärme oder Kälte im Sinne des § 13b Absatz 2 Nummer 5 UStG eines im Ausland ansässigen Unternehmers und bei Lieferungen der in § 13b Absatz 2 Nummern 7 und 9 UStG genannten Gegenstände, die nach dem 31. Dezember 2010 ausgeführt werden, ist der Leistungsempfänger Steuerschuldner, wenn er ein Unternehmer ist. Bei Gebäudereinigungsleistungen im Sinne des § 13b Absatz 2 Nummer 8 Satz 1 UStG, die nach dem 31. Dezember 2010 erbracht werden, ist der Leistungsempfänger Steuerschuldner, wenn er Unternehmer ist und selbst derartige Leistungen nachhaltig ausführt. Entsprechend hat der leistende Unternehmer eine Rechnung auszustellen, in der das (Netto-)Entgelt anzugeben ist sowie ein Hinweis auf die Steuerschuldnerschaft des Leistungsempfängers (§ 14a Absatz 5 UStG). Dies ist unabhängig davon, ob der leistende Unternehmer das Entgelt oder Teile des Entgelts vor dem 1. Januar 2011 vereinnahmt hat oder nicht.

Hat der leistende Unternehmer das Entgelt oder Teile des Entgelts vor dem 1. Januar 2011 vereinnahmt und hierfür auch eine Rechnung mit gesondertem Steuerausweis erstellt, hat er die Rechnung(en) über diese Zahlungen im Voranmeldungszeitraum der tatsächlichen Ausführung der Leistung zu berichtigen (§ 27 Absatz 1 Satz 3 UStG, § 14c Absatz 1 Sätze 1 und 2 UStG). In der Schlussrechnung sind die gezahlten Abschlagszahlungen nur dann mit ihrem Bruttobetrag (einschließlich Umsatzsteuer) anzurechnen, wenn die Umsatzsteuer bis zum Zeitpunkt der Erteilung der Schlussrechnung nicht an den Leistungsempfänger zurückerstattet wurde.

Es ist jedoch nicht zu beanstanden, wenn bei der Anwendung der Steuerschuldnerschaft des Leistungsempfängers nur das um das vor dem 1. Januar 2011 vom leistenden Unternehmer vereinnahmte Entgelt

Anlage § 013b–12

oder die vereinnahmten Teile des Entgelts geminderte Entgelt zugrunde gelegt wird. Voraussetzung hierfür ist, dass das vor dem 1. Januar 2011 vereinnahmte Entgelt oder die vereinnahmten Teile des Entgelts vom leistenden Unternehmer in zutreffender Höhe versteuert (= in einer Voranmeldung oder in einer Umsatzsteuererklärung für das Kalenderjahr angemeldet) wurde. In derartigen Fällen ist keine Berichtigung der über geleistete Abschlagszahlungen erteilten Rechnungen durchzuführen.

1.2 Berichtigung einer vor dem 1. Januar 2011 erstellten Rechnung über Anzahlungen, wenn die Zahlung erst nach dem 31. Dezember 2010 erfolgt

Wurden für Lieferungen von Wärme oder Kälte im Sinne des § 13b Absatz 2 Nummer 5 UStG, für Lieferungen im Sinne des § 13b Absatz 2 Nummern 7 und 9 UStG oder für die Erbringung von Gebäudereinigungsleistungen im Sinne des § 13b Absatz 2 Nummer 8 Satz 1 UStG Abschlagszahlungen oder Anzahlungen vereinnahmt, bevor die Leistung oder die Teilleistung ausgeführt worden ist, entsteht die Steuer mit Ablauf des Voranmeldungszeitraums, in dem das Entgelt oder Teilentgelt vereinnahmt worden ist (§ 13 Absatz 1 Nummer 1 Buchstabe a Satz 4, § 13b Absatz 4 Satz 2 UStG). Entscheidend für die Steuerentstehung ist nicht, wann die Rechnung erstellt worden ist, sondern der Zeitpunkt der Vereinnahmung des entsprechenden Entgelts oder des Teilentgelts. Vereinnahmt der leistende Unternehmer das Entgelt oder Teilentgelt für Lieferungen von Wärme oder Kälte im Sinne des § 13b Absatz 2 Nummer 5 UStG, für Lieferungen im Sinne des § 13b Absatz 2 Nummern 7 und 9 UStG oder für Gebäudereinigungsleistungen im Sinne des § 13b Absatz 2 Nummer 8 Satz 1 UStG nach dem 31. Dezember 2010, ist hierfür der Leistungsempfänger Steuerschuldner (§ 13b Absatz 2 und 5 Sätze 1 und 2 UStG). Ist die hierfür vom leistenden Unternehmer erstellte Rechnung vor dem 1. Januar 2011 erstellt worden und wurde die Umsatzsteuer gesondert ausgewiesen, ist die Rechnung entsprechend zu berichtigen.

1.3 Abrechnungen nach dem 31. Dezember 2010 über Leistungen, die vor dem 1. Januar 2011 erbracht worden sind

Für Lieferungen von Wärme oder Kälte im Sinne des § 13b Absatz 2 Nummer 5 UStG, für Lieferungen im Sinne des § 13b Absatz 2 Nummern 7 und 9 UStG und für Gebäudereinigungsleistungen im Sinne des § 13b Absatz 2 Nummer 8 Satz 1 UStG, die von einem im Inland ansässigen Unternehmer vor dem 1. Januar 2011 erbracht worden sind, ist der leistende Unternehmer nach § 13a Absatz 1 Nr. 1 UStG Steuerschuldner. § 13b Absatz 2 Nummern 5, 7, 8 Satz 1 und Nummer 9 i.V.m. Absatz 5 UStG ist nicht anzuwenden. Der leistende Unternehmer muss entsprechend eine Rechnung ausstellen, die die in § 14 Absatz 4 Satz 1 UStG vorgeschriebenen Angaben enthält. Hierzu gehört auch die Angabe des anzuwendenden Steuersatzes sowie des auf das Entgelt entfallenden Steuerbetrags (§ 14 Absatz 4 Satz 1 Nummer 8 UStG).

1.4 Berichtigung nach dem 31. Dezember 2010 einer vor dem 1. Januar 2011 erstellten und bezahlten Rechnung über Anzahlungen

Hat der leistende Unternehmer für Lieferungen von Wärme oder Kälte im Sinne des § 13b Absatz 2 Nummer 5 UStG, für Lieferungen im Sinne des § 13b Absatz 2 Nummern 7 und 9 UStG oder Gebäudereinigungsleistungen im Sinne des § 13b Absatz 2 Nummer 8 Satz 1 UStG einen Teil des Entgelts vor dem 1. Januar 2011 vereinnahmt und wurde die Leistung oder die Teilleistung danach ausgeführt, entsteht die Steuer mit Ablauf des Voranmeldungszeitraums, in dem das Teilentgelt vereinnahmt worden ist (§ 13 Absatz 1 Nummer 1 Buchstabe a Satz 4 UStG). Steuerschuldner ist der leistende Unternehmer.

Stellt sich nach dem 31. Dezember 2010 heraus, dass die in Rechnung gestellte und vom leistenden Unternehmer vereinnahmte Anzahlung in der Höhe unrichtig war, ist die ursprüngliche Rechnung zu berichtigen (§ 17 Absatz 1 UStG), sofern der überzahlte Betrag zurückgezahlt wurde und insoweit die Grundlage für die Versteuerung der Anzahlung entfallen ist.

Hinsichtlich einer berichtigten Anzahlung wird der Leistungsempfänger nur dann Steuerschuldner nach § 13b Absatz 4 Satz 2 und Absatz 5 UStG, soweit ein weiteres Teilentgelt nach dem 31. Dezember 2010 vom leistenden Unternehmer vereinnahmt wird.

Beispiel 1:

Unternehmer A und Unternehmer B führen nachhaltig Gebäudereinigungsleistungen im Sinne des § 13b Absatz 2 Nummer 8 Satz 1 UStG aus und geben monatlich Umsatzsteuer-Voranmeldungen ab. Sie vereinbaren, dass A an B eine Gebäudereinigungsleistung im Sinne des § 13b Absatz 2 Nummer 8 Satz 1 UStG ausführen soll. A stellt am 2. Dezember 2010 eine Abschlagsrechnung über 10.000 € zuzüglich 1.900 € Umsatzsteuer aus. Die Rechnung wird von B noch im Dezember 2010 bezahlt. Im Januar 2011 stellt sich heraus, dass der Anzahlung ein falsches Aufmaß der zu reinigenden Flächen zugrunde gelegen hat. Danach hätte nur eine Anzahlung mit einem Entgelt von

4.000 € in Rechnung gestellt werden dürfen. Der überzahlte Betrag wird B zurückerstattet. Die Gebäudereinigungsleistung wird im Februar 2011 erbracht.

A hat seine Rechnung dergestalt zu korrigieren, dass nur noch ein Entgelt in Höhe von 4.000 € zuzüglich 760 € Umsatzsteuer auszuweisen ist. Die Änderungen gegenüber der ursprünglichen Rechnung hat er in seiner Umsatzsteuer-Voranmeldung für Januar 2011 entsprechend zu berücksichtigen. B hat den in der Umsatzsteuer-Voranmeldung für Dezember 2010 geltend gemachten Vorsteuerabzug in der Umsatzsteuer-Voranmeldung für Januar 2011 entsprechend zu mindern.

Beispiel 2:
Sachverhalt wie in Beispiel 1, jedoch hätte eine Anzahlung mit einem Entgelt von 11.000 € in Rechnung gestellt werden müssen. B zahlt den Mehrbetrag im Februar 2011.

A hat seine Rechnung dergestalt zu korrigieren, dass sie ein Entgelt in Höhe von 11.000 € enthält. Hinsichtlich der vor dem 1. Januar 2011 geleisteten Anzahlung bleibt es bei der Steuerschuld des A, so dass insoweit weiterhin eine Umsatzsteuer von 1.900 € auszuweisen ist. Die ursprüngliche Besteuerung (A erklärt den Umsatz in seiner Umsatzsteuer-Voranmeldung für Dezember 2010, B hat den Vorsteuerabzug in seiner Umsatzsteuer-Voranmeldung für Dezember 2010 geltend gemacht) bleibt unverändert. Für die (Rest-)Anzahlung, die im Februar 2011 geleistet wird, ist in der Rechnung nur das (Netto-)Entgelt von 1.000 € anzugeben. Außerdem muss A den B insoweit auf dessen Steuerschuldnerschaft hinweisen. B muss das (Netto-)Entgelt von 1.000 € sowie die Steuer hierauf von 190 € in seiner Umsatzsteuer-Voranmeldung für Februar 2011 anmelden und kann gleichzeitig diese Steuer als Vorsteuer abziehen (§ 15 Absatz 1 Satz 1 Nummer 4 UStG).

2. Übergangsregelung für Gebäudereinigungsleistungen

Bei Gebäudereinigungsleistungen im Sinne des § 13b Absatz 2 Nummer 8 Satz 1 UStG, die zwischen dem 1. Januar 2011 und dem 31. März 2011 ausgeführt werden, ist es beim leistenden Unternehmer und beim Leistungsempfänger nicht zu beanstanden, wenn die Vertragspartner einvernehmlich noch von der Steuerschuldnerschaft des leistenden Unternehmers nach § 13a Absatz 1 Nummer 1 UStG ausgegangen sind. Voraussetzung hierfür ist, dass der Umsatz vom leistenden Unternehmer in zutreffender Höhe versteuert wird.

Dies gilt entsprechend auch in den Fällen, in denen das Entgelt oder ein Teil des Entgelts nach dem 31. Dezember 2010 und vor dem 1. April 2011 vereinnahmt wird und die Leistung erst nach der Vereinnahmung des Entgelts oder von Teilen des Entgelts ausgeführt wird. Abschnitt II Nummer 1 gilt entsprechend.

Anlage § 013b–13

Erweiterung der Steuerschuldnerschaft des Leistungsempfängers (§ 13b UStG) auf bestimmte Lieferungen von Mobilfunkgeräten und integrierten Schaltkreisen – Anpassung des Abschnitts 13b.1 UStAE

BMF-Schreiben vom 24.06.2011 – IV D 3 – S 7279/11/10001, BStBl. 2011 I S. 687

Durch Artikel 6 i.V.m. Artikel 7 des Sechsten Gesetzes zur Änderung von Verbrauchsteuergesetzen vom 16. Juni 2011 (BGBl. I S. 1090) wird mit Wirkung vom 1. Juli 2011 der Anwendungsbereich der Steuerschuldnerschaft des Leistungsempfängers (§ 13b UStG) auf bestimmte Lieferungen von Mobilfunkgeräten und integrierten Schaltkreisen erweitert (§ 13b Absatz 2 Nummer 10 UStG in der ab 1. Juli 2011 geltenden Fassung).

Darüber hinaus führt bei der Anwendung der Steuerschuldnerschaft des Leistungsempfängers auf Lieferungen der in der Anlage 3 des UStG bezeichneten Gegenstände (§ 13b Absatz 2 Nummer 7 UStG) die bisherige Verwaltungsauffassung in Abschnitt 13b.1 Absatz 22c Satz 5 UStAE in der Praxis zu Anwendungsproblemen.

I. Änderung des Umsatzsteuer-Anwendungserlasses

Unter Bezugnahme auf das Ergebnis der Erörterungen mit den obersten Finanzbehörden der Länder wird Abschnitt 13b.1 des Umsatzsteuer-Anwendungserlasses vom 1. Oktober 2010 (BStBl. I S. 846), der zuletzt durch das BMF-Schreiben vom 23. Juni 2011 – IV D 3 – S 7158-b/11/10001 (2011/0502963) – (BStBl. I S. 677) geändert worden ist, wie folgt geändert:

1. In Absatz 2 Satz 1 wird nach Nummer 11 folgende Nummer 12 angefügt:

   „**12. Lieferungen von Mobilfunkgeräten sowie von integrierten Schaltkreisen vor Einbau in einen zur Lieferung auf der Einzelhandelsstufe geeigneten Gegenstand, wenn die Summe der für sie in Rechnung zu stellenden Entgelte im Rahmen eines wirtschaftlichen Vorgangs mindestens 5.000 € beträgt; nachträgliche Minderungen des Entgelts bleiben dabei unberücksichtigt (§ 13b Abs. 2 Nr. 10 UStG).**"

2. In Absatz 22c wird Satz 5 gestrichen und Satz 3 wie folgt gefasst:

   „³Bei durch Bruch, Verschleiß oder aus ähnlichen Gründen nicht mehr gebrauchsfähigen Maschinen, Elektro- und Elektronikgeräten, Heizkesseln **und Fahrzeugwracks** ist **aus Vereinfachungsgründen** davon auszugehen, dass sie unter die Steuerschuldnerschaft des Leistungsempfängers nach § 13b Abs. 2 Nr. 7 UStG fallen; **dies gilt auch für Gegenstände, für die es eine eigene Zolltarifposition gibt.**"

3. Nach Absatz 22h werden folgende Zwischenüberschrift und die Absätze 22i bis 22k angefügt:

   „**Lieferungen von Mobilfunkgeräten und integrierten Schaltkreisen**

   (22i) ¹Mobilfunkgeräte sind Geräte, die zum Gebrauch mittels eines zugelassenen Mobilfunk-Netzes und auf bestimmten Frequenzen hergestellt oder hergerichtet wurden, unabhängig von etwaigen weiteren Nutzungsmöglichkeiten. ²Hiervon werden insbesondere alle Geräte erfasst, mit denen Telekommunikationsleistungen in Form von Sprachübertragung über drahtlose Mobilfunk-Netzwerke in Anspruch genommen werden können, z.B. Telefone zur Verwendung in beliebigen drahtlosen Mobilfunk-Netzwerken (insbesondere für den zellularen Mobilfunk – Mobiltelefone – und Satellitentelefone). ³Ebenso fällt die Lieferung von kombinierten Produkten (sog. Produktbundle), d.h. gemeinsame Lieferungen von Mobilfunkgeräten und Zubehör zu einem einheitlichen Entgelt, unter die Regelung, wenn die Lieferung des Mobilfunkgeräts die Hauptleistung darstellt. ⁴Die Lieferung von Geräten, die reine Daten übertragen, ohne diese in akustische Signale umzusetzen, fällt dagegen nicht unter die Regelung. ⁵Zum Beispiel gehören daher folgende Gegenstände nicht zu den Mobilfunkgeräten im Sinne von § 13b Abs. 2 Nr. 10 UStG:

   1. Navigationsgeräte;
   2. Computer, soweit sie eine Sprachübertragung über drahtlose Mobilfunk-Netzwerke nicht ermöglichen (z.B. Tablet-PC);
   3. mp3-Player;
   4. Spielekonsolen;
   5. On-Board-Units.

   (22j) ¹Ein integrierter Schaltkreis ist eine auf einem einzelnen (Halbleiter-)Substrat (sog. Chip) untergebrachte elektronische Schaltung (elektronische Bauelemente mit Verdrahtung). ²Zu den integrierten Schaltkreisen zählen insbesondere Mikroprozessoren und CPUs (Central Processing

Anlage § 013b–13

Unit, Hauptprozessor einer elektronischen Rechenanlage). ³Die Lieferungen dieser Gegenstände fallen unter die Umsätze im Sinne von § 13b Abs. 2 Nr. 10 UStG (vgl. Absatz 2 Nr. 12), sofern sie (noch) nicht in einen zur Lieferung auf der Einzelhandelsstufe geeigneten Gegenstand (Endprodukt) eingebaut wurden. ⁴Ein Gegenstand ist für die Lieferung auf der Einzelhandelsstufe insbesondere dann geeignet, wenn er ohne weitere Be- oder Verarbeitung an einen Endverbraucher geliefert werden kann.

Beispiel:

¹Der in Halle ansässige Chiphersteller C liefert dem in Erfurt ansässigen Computerhändler A CPUs zu einem Preis von insgesamt 20.000 €. ²Diese werden von C an A unverbaut, d.h. ohne Einarbeitung in ein Endprodukt, übergeben. ³A baut einen Teil der CPUs in Computer ein und bietet den Rest in seinem Geschäft zum Einzelverkauf an. ⁴Im Anschluss liefert A unverbaute CPUs in seinem Geschäft an den Unternehmer U für insgesamt 6.000 €. ⁵Außerdem liefert er Computer mit den eingebauten CPUs an den Einzelhändler E für insgesamt 7.000 €.

⁶A schuldet als Leistungsempfänger der Lieferung des C die Umsatzsteuer nach § 13b Abs. 5 Satz 1 in Verbindung mit Abs. 2 Nr. 10 UStG, weil es sich insgesamt um die Lieferung unverbauter integrierter Schaltkreise handelt; auf die spätere Verwendung durch A kommt es nicht an.

⁷Für die sich anschließende Lieferung der CPUs von A an U schuldet U als Leistungsempfänger die Umsatzsteuer nach § 13b Abs. 5 Satz 1 in Verbindung mit Abs. 2 Nr. 10 UStG, weil es sich insgesamt um die Lieferung unverbauter integrierter Schaltkreise handelt; auf die spätere Verwendung durch U kommt es nicht an.

⁸Für die Lieferung der Computer mit den eingebauten CPUs von A an E schuldet A als leistender Unternehmer die Umsatzsteuer (§ 13a Abs. 1 Nr. 1 UStG), weil Liefergegenstand nicht mehr integrierte Schaltkreise, sondern Computer sind.

⁵Die Lieferungen folgender Gegenstände fallen beispielsweise nicht unter die in § 13b Abs. 2 Nr. 10 UStG genannten Umsätze, auch wenn sie elektronische Komponenten im Sinne der Sätze 1 und 2 enthalten:

1. Antennen;
2. elektrotechnische Filter;
3. Induktivitäten (passive elektrische oder elektronische Bauelemente mit festem oder einstellbarem Induktivitätswert);
4. Kondensatoren;
5. Sensoren (Fühler).

(22k) ¹Lieferungen von Mobilfunkgeräten und integrierten Schaltkreisen fallen nur unter die Regelung zur Steuerschuldnerschaft des Leistungsempfängers nach § 13b Abs. 2 Nr. 10 UStG, wenn der Leistungsempfänger ein Unternehmer ist und die Summe der für die steuerpflichtigen Lieferungen dieser Gegenstände in Rechnung zu stellenden Bemessungsgrundlagen mindestens 5.000 € beträgt. ²Abzustellen ist dabei auf alle im Rahmen eines zusammenhängenden wirtschaftlichen Vorgangs gelieferten Gegenstände der genannten Art. ³Als Anhaltspunkt für einen wirtschaftlichen Vorgang dient insbesondere die Bestellung, der Auftrag oder der (Rahmen-)Vertrag.

Beispiel:

¹Der in Stuttgart ansässige Großhändler G bestellt am 1.7.01 bei dem in München ansässigen Handyhersteller H 900 Mobilfunkgeräte zu einem Preis von insgesamt 45.000 €. ²Vereinbarungsgemäß liefert H die Mobilfunkgeräte in zehn Tranchen mit je 90 Stück zu je 4.500 € an G aus.

³Die zehn Tranchen Mobilfunkgeräte stellen einen zusammenhängenden wirtschaftlichen Vorgang dar, denn die Lieferung der Geräte erfolgte auf der Grundlage einer Bestellung über die Gesamtmenge von 900 Stück. ⁴G schuldet daher als Leistungsempfänger die Umsatzsteuer für diese zusammenhängenden Lieferungen (§ 13b Abs. 5 Satz 1 in Verbindung mit Abs. 2 Nr. 10 UStG).

⁴Bei der Anwendung des Satzes 1 bleiben nachträgliche Entgeltminderungen für die Beurteilung der Betragsgrenze von 5.000 € unberücksichtigt; dies gilt auch für nachträgliche Teilrückabwicklungen."

4. In Absatz 23 wird die Angabe „§ 13b Abs. 2 Nr. 4 Satz 1, Nr. 7, Nr. 8 Satz 1 und Nr. 9" durch die Angabe „§ 13b Abs. 2 Nr. 4 Satz 1, Nr. 7, Nr. 8 Satz 1, Nr. 9 **und Nr. 10**" ersetzt.

5. In Absatz 33 wird die Angabe „Absatz 2 Nr. 2 bis 11" durch die Angabe „Absatz 2 Nr. 2 bis **12**" ersetzt.

Anlage § 013b–13

6. In Absatz 35 wird folgender Satz 3 angefügt:

„³In den Fällen des Absatzes 2 Nr. 12 ist auch im Fall einer Anzahlungsrechnung für die Prüfung der Betragsgrenze von 5.000 € auf den gesamten wirtschaftlichen Vorgang und nicht auf den Betrag in der Anzahlungsrechnung abzustellen."

7. In Absatz 52 wird folgender Satz 6 angefügt:

„⁶Zum Übergang auf die Anwendung der Erweiterung des § 13b UStG ab 1.7.2011 auf bestimmte Lieferungen von Mobilfunkgeräten und integrierten Schaltkreisen vgl. BMF-Schreiben vom 24.6.2011, BStBl. I S. 687."

Diese Regelungen sind auf Umsätze anzuwenden, die nach dem 30. Juni 2011 ausgeführt werden.

II. Anwendungsregelungen

Unter Bezugnahme auf das Ergebnis der Erörterungen mit den obersten Finanzbehörden der Länder gilt beim Übergang auf die Anwendung der Erweiterung des § 13b UStG ab 1. Juli 2011 auf bestimmte Lieferungen von Mobilfunkgeräten und integrierten Schaltkreisen Folgendes:

§ 13b Absatz 2 Nummer 10 i.V.m. Absatz 5 Satz 1 UStG ist auf Umsätze und Teilleistungen anzuwenden, die nach dem 30. Juni 2011 ausgeführt werden (§ 27 Absatz 1 Satz 1 UStG), sowie insbesondere in den Fällen, in denen das Entgelt oder ein Teil des Entgelts vor dem 1. Juli 2011 vereinnahmt wird und die Leistung erst nach der Vereinnahmung des Entgelts oder des Teilentgelts ausgeführt wird (§ 13b Absatz 4 Satz 2, § 27 Absatz 1 Satz 2 UStG).

1.1 Schlussrechnung über nach dem 30. Juni 2011 erbrachte Leistungen bei Abschlagszahlungen vor dem 1. Juli 2011

Bei nach dem 30. Juni 2011 ausgeführten Lieferungen von Mobilfunkgeräten und integrierten Schaltkreisen im Sinne des § 13b Absatz 2 Nummer 10 UStG ist der Leistungsempfänger Steuerschuldner, wenn er ein Unternehmer ist. Entsprechend hat der leistende Unternehmer eine Rechnung auszustellen, in der das (Netto-)Entgelt anzugeben ist sowie ein Hinweis auf die Steuerschuldnerschaft des Leistungsempfängers (§ 14a Absatz 5 UStG). Dies ist unabhängig davon, ob der leistende Unternehmer das Entgelt oder Teile des Entgelts vor dem 1. Juli 2011 vereinnahmt hat oder nicht.

Hat der leistende Unternehmer das Entgelt oder Teile des Entgelts vor dem 1. Juli 2011 vereinnahmt und hierfür auch eine Rechnung mit gesondertem Steuerausweis erstellt, hat er die Rechnung(en) über diese Zahlungen im Voranmeldungszeitraum der tatsächlichen Ausführung der Leistung zu berichtigen (§ 27 Absatz 1 Satz 3 UStG, § 14c Absatz 1 Sätze 1 und 2 UStG). In der Schlussrechnung sind die gezahlten Abschlagszahlungen nur dann mit ihrem Bruttobetrag (einschließlich Umsatzsteuer) anzurechnen, wenn die Umsatzsteuer bis zum Zeitpunkt der Erteilung der Schlussrechnung nicht an den Leistungsempfänger zurückerstattet wurde.

Es ist jedoch nicht zu beanstanden, wenn bei der Anwendung der Steuerschuldnerschaft des Leistungsempfängers nur das um das vor dem 1. Juli 2011 vom leistenden Unternehmer vereinnahmte Entgelt oder die vereinnahmten Teile des Entgelts geminderte Entgelt zugrunde gelegt wird. Voraussetzung hierfür ist, dass das vor dem 1. Juli 2011 vereinnahmte Entgelt oder die vereinnahmten Teile des Entgelts vom leistenden Unternehmer in zutreffender Höhe versteuert (= in einer Voranmeldung oder in einer Umsatzsteuererklärung für das Kalenderjahr angemeldet) wurden. In derartigen Fällen ist keine Berichtigung der über geleistete Abschlagszahlungen erteilten Rechnungen durchzuführen.

1.2 Berichtigung einer vor dem 1. Juli 2011 erstellten Rechnung über Anzahlungen, wenn die Zahlung erst nach dem 30. Juni 2011 erfolgt

Wurden für Lieferungen von Mobilfunkgeräten und integrierten Schaltkreisen im Sinne des § 13b Absatz 2 Nummer 10 UStG Abschlagszahlungen oder Anzahlungen vereinnahmt, bevor die Leistung oder die Teilleistung ausgeführt worden ist, entsteht die Steuer mit Ablauf des Voranmeldungszeitraums, in dem das Entgelt oder Teilentgelt vereinnahmt worden ist (§ 13 Absatz 1 Nummer 1 Buchstabe a Satz 4, § 13b Absatz 4 Satz 2 UStG). Entscheidend für die Steuerentstehung ist nicht, wann die Rechnung erstellt worden ist, sondern der Zeitpunkt der Vereinnahmung des entsprechenden Entgelts oder des Teilentgelts. Vereinnahmt der leistende Unternehmer das Entgelt oder Teilentgelt für Lieferungen von Mobilfunkgeräten und integrierten Schaltkreisen im Sinne des § 13b Absatz 2 Nummer 10 UStG nach dem 30. Juni 2011, ist hierfür der Leistungsempfänger Steuerschuldner (§ 13b Absatz 2 und 5 Satz 1 UStG). Ist die hierfür vom leistenden Unternehmer erstellte Rechnung vor dem 1. Juli 2011 erstellt worden und wurde die Umsatzsteuer gesondert ausgewiesen, ist die Rechnung entsprechend zu berichtigen.

Anlage § 013b–13

1.3 Abrechnungen nach dem 30. Juni 2011 über Leistungen, die vor dem 1. Juli 2011 erbracht worden sind

Für steuerpflichtige Lieferungen von Mobilfunkgeräten und integrierten Schaltkreisen im Sinne des § 13b Absatz 2 Nummer 10 UStG, die vor dem 1. Juli 2011 erbracht worden sind, ist der leistende Unternehmer nach § 13a Absatz 1 Nummer 1 UStG Steuerschuldner. § 13b Absatz 2 Nummer 10 i.V.m. Absatz 5 UStG ist nicht anzuwenden. Der leistende Unternehmer muss entsprechend eine Rechnung ausstellen, die die in § 14 Absatz 4 Satz 1 UStG vorgeschriebenen Angaben enthält. Hierzu gehört auch die Angabe des anzuwendenden Steuersatzes sowie des auf das Entgelt entfallenden Steuerbetrags (§ 14 Absatz 4 Satz 1 Nummer 8 UStG).

1.4 Berichtigung nach dem 30. Juni 2011 einer vor dem 1. Juli 2011 erstellten und bezahlten Rechnung über Anzahlungen

Hat der leistende Unternehmer für Lieferungen von Mobilfunkgeräten und integrierten Schaltkreisen im Sinne des § 13b Absatz 2 Nummer 10 UStG einen Teil des Entgelts vor dem 1. Juli 2011 vereinnahmt und wurde die Leistung oder die Teilleistung danach ausgeführt, entsteht die Steuer mit Ablauf des Voranmeldungszeitraums, in dem das Teilentgelt vereinnahmt worden ist (§ 13 Absatz 1 Nummer 1 Buchstabe a Satz 4 UStG). Steuerschuldner ist der leistende Unternehmer.

Stellt sich nach dem 30. Juni 2011 heraus, dass die in Rechnung gestellte und vom leistenden Unternehmer vereinnahmte Anzahlung in der Höhe unrichtig war, ist die ursprüngliche Rechnung zu berichtigen (§ 17 Absatz 1 UStG), sofern der überzahlte Betrag zurückgezahlt wurde und insoweit die Grundlage für die Versteuerung der Anzahlung entfallen ist.

Hinsichtlich einer berichtigten Anzahlung wird der Leistungsempfänger nur dann Steuerschuldner nach § 13b Absatz 4 Satz 2 und Absatz 5 UStG, soweit ein weiteres Teilentgelt nach dem 30. Juni 2011 vom leistenden Unternehmer vereinnahmt wird.

Beispiel 1:

Unternehmer A und Unternehmer B handeln mit Mobilfunkgeräten im Sinne des § 13b Absatz 2 Nummer 10 UStG und geben monatlich Umsatzsteuer-Voranmeldungen ab. Sie vereinbaren, dass A an B Mobilfunkgeräte für insgesamt 50.000 € liefern soll. A stellt am 3. Juni 2011 eine Abschlagsrechnung über 10.000 € zuzüglich 1.900 € Umsatzsteuer aus. Die Rechnung wird von B noch im Juni 2011 bezahlt. Im Juli 2011 stellt sich heraus, dass der Anzahlung falsche Voraussetzungen zugrunde gelegt wurden. Danach hätte nur eine Anzahlung mit einem Entgelt von 4.000 € in Rechnung gestellt werden dürfen. Der überzahlte Betrag wird B zurückerstattet. Die Lieferung der Mobilfunkgeräte wird im August 2011 ausgeführt.

A hat seine Rechnung dergestalt zu korrigieren, dass nur noch ein Entgelt in Höhe von 4.000 € zuzüglich 760 € Umsatzsteuer auszuweisen ist. Die Änderungen gegenüber der ursprünglichen Rechnung hat er in seiner Umsatzsteuer-Voranmeldung für Juli 2011 entsprechend zu berücksichtigen. B hat den in der Umsatzsteuer-Voranmeldung für Juni 2011 geltend gemachten Vorsteuerabzug in der Umsatzsteuer-Voranmeldung für Juli 2011 entsprechend zu mindern.

Beispiel 2:

Sachverhalt wie in Beispiel 1, jedoch hätte eine Anzahlung mit einem Entgelt von 11.000 € in Rechnung gestellt werden müssen. B zahlt den Mehrbetrag im August 2011.

A hat seine Rechnung dergestalt zu korrigieren, dass sie ein Entgelt in Höhe von 11.000 € enthält. Hinsichtlich der vor dem 1. Juli 2011 geleisteten Anzahlung bleibt es bei der Steuerschuld des A, so dass insoweit weiterhin eine Umsatzsteuer von 1.900 € auszuweisen ist. Die ursprüngliche Besteuerung (A erklärt den Umsatz in seiner Umsatzsteuer-Voranmeldung für Juni 2011, B hat den Vorsteuerabzug in seiner Umsatzsteuer-Voranmeldung für Juni 2011 geltend gemacht) bleibt unverändert. Für die (Rest-)Anzahlung, die im August 2011 geleistet wird, ist in der Rechnung nur das (Netto-)Entgelt von 1.000 € anzugeben. Außerdem muss A den B insoweit auf dessen Steuerschuldnerschaft hinweisen. B muss das (Netto-)Entgelt von 1.000 € sowie die Steuer hierauf von 190 € in seiner Umsatzsteuer-Voranmeldung für August 2011 anmelden und kann gleichzeitig diese Steuer als Vorsteuer abziehen (§ 15 Absatz 1 Satz 1 Nummer 4 UStG).

Anlage § 013b–14

Erweiterung der Steuerschuldnerschaft des Leistungsempfängers (§ 13b UStG) auf bestimmte Lieferungen von Mobilfunkgeräten und integrierten Schaltkreisen – Überarbeitung insbesondere von Abschnitt 13b.1 Abs. 22j und 22k UStAE

BMF-Schreiben vom 22.09.2011 – IV D 3 – S 7279/11/10001-02,
BStBl. 2011 I S. 910

Die bisherige Verwaltungsregelung in Abschnitt 13b.1 Absatz 22j und 22k UStAE zur Anwendung der Steuerschuldnerschaft des Leistungsempfängers auf Lieferungen von integrierten Schaltkreisen (§ 13b Absatz 2 Nummer 10 und Absatz 5 Satz 1 UStG) führt in der Praxis zu Anwendungsproblemen. Diese sollen durch nachfolgende Regelungen beseitigt werden. Außerdem wird eine Klarstellung bei der Anwendung der Steuerschuldnerschaft des Leistungsempfängers auf Lieferungen von Mobilfunkgeräten in Abschnitt 13b.1 Abs. 22i UStAE aufgenommen.

I. Änderung des Umsatzsteuer-Anwendungserlasses

Unter Bezugnahme auf das Ergebnis der Erörterungen mit den obersten Finanzbehörden der Länder wird Abschnitt 13b.1 des Umsatzsteuer-Anwendungserlasses vom 1. Oktober 2010 (BStBl. I S. 846), der zuletzt durch das BMF-Schreiben vom 31. August 2011 – IV D 2 – S 7109/09/10001 (2011/0659452) – (BStBl. I S. 687) geändert worden ist, wie folgt geändert:

1. Absatz 22i Satz 2 wird wie folgt gefasst:

   „²Hiervon werden insbesondere alle Geräte erfasst, mit denen Telekommunikationsleistungen in Form von Sprachübertragung über drahtlose Mobilfunk-Netzwerke in Anspruch genommen werden können, z.B. Telefone zur Verwendung in beliebigen drahtlosen Mobilfunk-Netzwerken (insbesondere für den zellularen Mobilfunk – Mobiltelefone – und Satellitentelefone); *hierzu gehören nicht CB-Funkgeräte und Walkie-Talkies*".

2. Absatz 22j wird wie folgt gefasst:

   „(22j) ¹Ein integrierter Schaltkreis ist eine auf einem einzelnen (Halbleiter-)Substrat (sog. Chip) untergebrachte elektronische Schaltung (elektronische Bauelemente mit Verdrahtung). ²Zu den integrierten Schaltkreisen zählen insbesondere Mikroprozessoren und CPUs (Central Processing Unit, Hauptprozessor einer elektronischen Rechenanlage). ³Die Lieferungen dieser Gegenstände fallen unter die Umsätze im Sinne von § 13b Abs. 2 Nr. 10 UStG (vgl. Absatz 2 Nr. 12), sofern sie (noch) nicht in einen zur Lieferung auf der Einzelhandelsstufe geeigneten Gegenstand (Endprodukt) eingebaut wurden; ein Gegenstand ist für die Lieferung auf der Einzelhandelsstufe insbesondere dann geeignet, wenn er ohne weitere Be- oder Verarbeitung an einen Endverbraucher geliefert werden kann. ⁴*Die Voraussetzungen des Satzes 3 erster Halbsatz sind immer dann erfüllt, wenn integrierte Schaltkreise unverbaut an Unternehmer geliefert werden; dies gilt auch dann, wenn unverbaute integrierte Schaltkreise auch an Letztverbraucher abgegeben werden können.* ⁵*Wird ein integrierter Schaltkreis in einen anderen Gegenstand eingebaut oder verbaut, handelt es sich bei dem weiter gelieferten Wirtschaftsgut nicht mehr um einen integrierten Schaltkreis; in diesem Fall ist es unbeachtlich, ob der weiter gelieferte Gegenstand ein Endprodukt ist und auf der Einzelhandelsstufe gehandelt werden kann.*

   Beispiel:

   ¹Der in Halle ansässige Chiphersteller C liefert dem in Erfurt ansässigen Computerhändler A CPUs zu einem Preis von insgesamt 20.000 €. ²Diese werden von C an A unverbaut, d.h. ohne Einarbeitung in ein Endprodukt, übergeben. ³A baut einen Teil der CPUs in Computer ein und bietet den Rest in seinem Geschäft zum Einzelverkauf an. ⁴Im Anschluss liefert A unverbaute CPUs in seinem Geschäft an den Unternehmer U für insgesamt 6.000 €. ⁵Außerdem liefert er Computer mit den eingebauten CPUs an den Einzelhändler E für insgesamt 7.000 €.

   ⁶A schuldet als Leistungsempfänger der Lieferung des C die Umsatzsteuer nach § 13b Abs. 5 Satz 1 in Verbindung mit Abs. 2 Nr. 10 UStG, weil es sich insgesamt um die Lieferung unverbauter integrierter Schaltkreise handelt; auf die spätere Verwendung durch A kommt es nicht an.

   ⁷Für die sich anschließende Lieferung der CPUs von A an U schuldet U als Leistungsempfänger die Umsatzsteuer nach § 13b Abs. 5 Satz 1 in Verbindung mit Abs. 2 Nr. 10 UStG, weil es sich insgesamt um die Lieferung unverbauter integrierter Schaltkreise handelt; auf die spätere Verwendung durch U kommt es nicht an.

   ⁸Für die Lieferung der Computer mit den eingebauten CPUs von A an E schuldet A als leistender Unternehmer die Umsatzsteuer (§ 13a Abs. 1 Nr. 1 UStG), weil Liefergegenstand nicht mehr integrierte Schaltkreise, sondern Computer sind.

Anlage § 013b–14

⁶*Aus Vereinfachungsgründen können bei der Abgrenzung die Gegenstände als integrierte Schaltkreise angesehen werden, die unter die Unterposition 8542 31 90 des Zolltarifs fallen, dies sind insbesondere monolithische und hybride elektronische integrierte Schaltungen mit in großer Dichte angeordneten und als eine Einheit anzusehenden passiven und aktiven Bauelementen, die sich als Prozessoren bzw. Steuer- und Kontrollschaltungen darstellen.*

⁷**Die Lieferungen folgender Gegenstände fallen beispielsweise nicht unter die in § 13b Abs. 2 Nr. 10 UStG genannten Umsätze, auch wenn sie elektronische Komponenten im Sinne der Sätze 1 und 2 enthalten:**

1. **Antennen;**
2. **elektrotechnische Filter;**
3. **Induktivitäten (passive elektrische oder elektronische Bauelemente mit festem oder einstellbarem Induktivitätswert);**
4. **Kondensatoren;**
5. **Sensoren (Fühler).**

⁸*Als verbaute integrierte Schaltkreise im Sinne des Satzes 5 sind insbesondere die folgenden Gegenstände anzusehen, bei denen der einzelne integrierte Schaltkreis bereits mit anderen Bauteilen verbunden wurde:*

1. *Platinen, die mit integrierten Schaltkreisen und ggf. mit verschiedenen anderen Bauelementen bestückt sind;*
2. *Bauteile, in denen mehrere integrierte Schaltkreise zusammengefasst sind;*
3. *zusammengesetzte elektronische Schaltungen;*
4. *Platinen, in die integrierte Schaltkreise integriert sind (sog. Chips on board);*
5. *Speicherkarten mit integrierten Schaltungen (sog. Smart Cards);*
6. *Grafikkarten, Flashspeicherkarten, Schnittstellenkarten, Soundkarten, Memory-Sticks.*

⁹*Ebenfalls nicht unter § 13b Abs. 2 Nr. 10 UStG fallen*

1. *Verarbeitungseinheiten für automatische Datenverarbeitungsmaschinen, auch mit einer oder zwei der folgenden Arten von Einheiten in einem gemeinsamen Gehäuse: Speichereinheit, Eingabe- und Ausgabeeinheit (Unterposition 8471 50 00 des Zolltarifs);*
2. *Baugruppen zusammengesetzter elektronischer Schaltungen für automatische Datenverarbeitungsmaschinen oder für andere Maschinen der Position 8471 (Unterposition 8473 30 20 des Zolltarifs);*
3. *Teile und Zubehör für automatische Datenverarbeitungsmaschinen oder für andere Maschinen der Position 8471 (Unterposition 8473 30 80 des Zolltarifs).*

3. Absatz 22k wird wie folgt gefasst:

„(22k) ¹**Lieferungen von Mobilfunkgeräten und integrierten Schaltkreisen fallen nur unter die Regelung zur Steuerschuldnerschaft des Leistungsempfängers nach § 13b Abs. 2 Nr. 10 UStG, wenn der Leistungsempfänger ein Unternehmer ist und die Summe der für die steuerpflichtigen Lieferungen dieser Gegenstände in Rechnung zu stellenden Bemessungsgrundlagen mindestens 5.000 € beträgt.** ²**Abzustellen ist dabei auf alle im Rahmen eines zusammenhängenden wirtschaftlichen Vorgangs gelieferten Gegenstände der genannten Art.** ³**Als Anhaltspunkt für einen wirtschaftlichen Vorgang dient insbesondere die Bestellung, der Auftrag, der Vertrag oder der Rahmen-Vertrag mit konkretem Auftragsvolumen.** ⁴*Lieferungen bilden stets einen einheitlichen wirtschaftlichen Vorgang, wenn sie im Rahmen eines einzigen Erfüllungsgeschäfts ausgeführt werden, auch wenn hierüber mehrere Aufträge vorliegen oder mehrere Rechnungen ausgestellt werden.*

Beispiel:

¹**Der in Stuttgart ansässige Großhändler G bestellt am 1.7.01 bei dem in München ansässigen Handyhersteller H 900 Mobilfunkgeräte zu einem Preis von insgesamt 45.000 €.** ²**Vereinbarungsgemäß liefert H die Mobilfunkgeräte in zehn Tranchen mit je 90 Stück zu je 4.500 € an G aus.**

³**Die zehn Tranchen Mobilfunkgeräte stellen einen zusammenhängenden wirtschaftlichen Vorgang dar, denn die Lieferung der Geräte erfolgte auf der Grundlage einer Bestellung über die Gesamtmenge von 900 Stück.** ⁴**G schuldet daher als Leistungsempfänger die Umsatzsteuer für diese zusammenhängenden Lieferungen (§ 13b Abs. 5 Satz 1 in Verbindung mit Abs. 2 Nr. 10 UStG).**

Anlage § 013b–14

⁵*Keine Lieferungen im Rahmen eines zusammenhängenden wirtschaftlichen Vorgangs liegen in folgenden Fällen vor:*
1. *Lieferungen aus einem Konsignationslager, das der liefernde Unternehmer in den Räumlichkeiten des Abnehmers unterhält, wenn der Abnehmer Mobilfunkgeräte oder integrierte Schaltkreise jederzeit in beliebiger Menge entnehmen kann;*
2. *Lieferungen auf Grund eines Rahmenvertrags, in dem lediglich Lieferkonditionen und Preise der zu liefernden Gegenstände, nicht aber deren Menge festgelegt wird;*
3. *Lieferungen im Rahmen einer dauerhaften Geschäftsbeziehung, bei denen Aufträge – ggf. mehrmals täglich – schriftlich, per Telefon, per Telefax oder auf elektronischem Weg erteilt werden, die zu liefernden Gegenstände ggf. auch zusammen ausgeliefert werden, es sich aber bei den Lieferungen um voneinander unabhängige Erfüllungsgeschäfte handelt.*

⁶*Bei der Anwendung des Satzes 1 bleiben nachträgliche Entgeltminderungen für die Beurteilung der Betragsgrenze von 5.000 € unberücksichtigt; dies gilt auch für nachträgliche Teilrückabwicklungen.*

⁷*Ist auf Grund der vertraglichen Vereinbarungen nicht absehbar oder erkennbar, ob die Betragsgrenze von 5.000 € für Lieferungen erreicht oder überschritten wird, wird es aus Vereinfachungsgründen nicht beanstandet, wenn die Steuerschuldnerschaft des Leistungsempfängers nach § 13b Abs. 2 Nr. 10 und Abs. 5 Satz 1 UStG angewendet wird, sofern sich beide Vertragspartner über die Anwendung von § 13b UStG einig waren und der Umsatz vom Leistungsempfänger in zutreffender Höhe versteuert wird. ⁸Dies gilt auch dann, wenn sich im Nachhinein herausstellt, dass die Betragsgrenze von 5.000 € nicht überschritten wird.*"

4. Absatz 52 Satz 6 wird wie folgt gefasst:
„⁶*Zum Übergang auf die Anwendung der Erweiterung des § 13b UStG ab 1.7.2011 auf bestimmte Lieferungen von Mobilfunkgeräten und integrierten Schaltkreisen vgl. Teil II des BMF-Schreiben vom 24.6.2011, BStBl. I S. 687, und Teil II des BMF-Schreibens vom 22.9.2011, BStBl. I S. 687.*"

Diese Regelungen sind auf Umsätze anzuwenden, die nach dem 30. Juni 2011 ausgeführt werden.

II. Übergangsregelung für Lieferungen von Mobilfunkgeräten und integrierten Schaltkreisen

Unter Bezugnahme auf das Ergebnis der Erörterungen mit den obersten Finanzbehörden der Länder gilt beim Übergang auf die Anwendung der Erweiterung des § 13b UStG ab 1. Juli 2011 auf bestimmte Lieferungen von Mobilfunkgeräten und integrierten Schaltkreisen Folgendes:

Bei Lieferungen von Mobilfunkgeräten und integrierten Schaltkreisen im Sinne des § 13b Absatz 2 Nummer 10 UStG, die zwischen dem 1. Juli 2011 und dem 30. September 2011 ausgeführt werden, ist es beim leistenden Unternehmer und beim Leistungsempfänger nicht zu beanstanden, wenn die Vertragspartner einvernehmlich noch von der Steuerschuldnerschaft des leistenden Unternehmers nach § 13a Absatz 1 Nummer 1 UStG ausgegangen sind. Voraussetzung hierfür ist, dass der Umsatz vom leistenden Unternehmer in zutreffender Höhe versteuert wird.

Dies gilt entsprechend auch in den Fällen, in denen das Entgelt oder ein Teil des Entgelts nach dem 30. Juni 2011 und vor dem 1. Oktober 2011 vereinnahmt wird und die Leistung erst nach der Vereinnahmung des Entgelts oder von Teilen des Entgelts ausgeführt wird. Teil II Nummer 1 des BMF-Schreiben vom 24. Juni 2011, BStBl. I S. 687, gilt entsprechend.

Teil II des vorgenannten BMF-Schreibens vom 24. Juni 2011 bleibt unberührt.

Steuerschuldnerschaft des Leistungsempfängers (§ 13b UStG); Vordruckmuster USt 1 TS – Bescheinigung über die Ansässigkeit im Inland (§ 13b Abs. 7 Satz 4 UStG)

BMF-Schreiben vom 02.12.2011 – IV D 3 – S 7279/10/10002, BStBl. 2011 I S. 1269

Unter Bezugnahme auf das Ergebnis der Erörterung mit den obersten Finanzbehörden der Länder gilt Folgendes:

(1) Ist es für den Leistungsempfänger nach den Umständen des Einzelfalls ungewiss, ob der leistende Unternehmer im Zeitpunkt der Leistungserbringung im Inland ansässig ist (z.B. weil die Ansässigkeit in rechtlicher oder tatsächlicher Hinsicht unklar ist oder die Angaben des leistenden Unternehmers zu Zweifeln Anlass geben), schuldet der Leistungsempfänger die Steuer nur dann nicht, wenn ihm der leistende Unternehmer durch eine Bescheinigung des nach den abgabenrechtlichen Vorschriften für die Besteuerung seiner Umsätze zuständigen Finanzamts nachweist, dass er kein Unternehmer im Sinne des § 13b Abs. 7 Satz 1 UStG ist (§ 13b Abs. 7 Satz 4 UStG). Die Bescheinigung hat der leistende Unternehmer bei dem für ihn zuständigen Finanzamt zu beantragen. Soweit erforderlich, hat er hierbei in geeigneter Weise darzulegen, dass er im Inland ansässig ist. Für die Bescheinigung nach § 13b Abs. 7 Satz 4 UStG wird das Vordruckmuster

USt 1 TS – Bescheinigung über die Ansässigkeit im Inland (§ 13b Abs. 7 Satz 4 UStG)

neu bekannt gegeben (Anlage[1]). Es ersetzt das mit BMF-Schreiben vom 21. Juli 2010 – IV D 3 – S 7279/10/10002 (2010/0567856) –, BStBl. I S. 626[2], eingeführte Vordruckmuster.

(2) Hat der Unternehmer im Inland eine Betriebsstätte und führt er einen Umsatz nach § 13b Absatz 1 oder Absatz 2 Nummer 1 oder Nummer 5 UStG aus, gilt er hinsichtlich dieses Umsatzes als im Ausland oder im übrigen Gemeinschaftsgebiet ansässig, wenn der Umsatz nicht von der Betriebsstätte ausgeführt wird (§ 13b Abs. 7 Satz 2 UStG). Wird dagegen die Rechnung über einen Umsatz unter Angabe der einer inländischen Betriebsstätte erteilten Umsatzsteuer-Identifikationsnummer (USt-IdNr.) ausgestellt, gilt die Betriebsstätte als an dem Umsatz beteiligt, so dass der Unternehmer als im Inland ansässig anzusehen ist (vgl. Artikel 53 der Durchführungsverordnung (EU) Nr. 282/2011, ABl. EU 2011 Nr. L 77 S. 1). Zum Zwecke des Abgleichs mit der USt-IdNr. aus der Rechnung wurde das Vordruckmuster USt 1 TS um die Angabe der USt-IdNr. des leistenden Unternehmers ergänzt.

(3) Die anderen Änderungen gegenüber dem bisherigen Vordruckmuster sind lediglich redaktioneller Art.

(4) Die Gültigkeitsdauer der Bescheinigung ist auf ein Jahr zu beschränken. Ist nicht auszuschließen, dass der leistende Unternehmer nur für eine kürzere Dauer als ein Jahr im Inland ansässig bleibt, hat das Finanzamt die Gültigkeit der Bescheinigung entsprechend zu befristen.

---

1) Hier nicht abgedruckt
2) Anlage § 013b-06

Anlage § 013b–16

Steuerschuldnerschaft eines Leistungsempfängers nach § 13b Abs. 2 Satz 2 UStG, der selbst Bauleistungen erbringt – BFH-Vorlagebeschluss vom 30.06.2011, V R 37/10 (BStBl. II S. 842)

BMF-Schreiben vom 13.01.2012 – IV D 3 – S 7279/11/10002

Der Bundesfinanzhof hat in einem Rechtsstreit Zweifel, ob die deutsche Regelung des § 13b Abs. 1 Satz 1 Nr. 4 Satz 1 und Abs. 2 Satz 2 UStG in der vom 1. April 2004 bis zum 30. Juni 2010 geltenden Fassung, die für die Zeit vom 1. April 2004 bis zum 31. Dezember 2006 auf der Entscheidung 2004/290/EG vom 30. März 2004 (ABl. EU 2004 Nr. L 94 S. 59) beruht, mit dem Unionsrecht vereinbar ist, soweit sie Bauleistungen betrifft, die als Werklieferungen anzusehen sind, sowie darüber hinaus bei Bauleistungen, soweit Voraussetzung ist, dass der Leistungsempfänger Unternehmer ist, der derartige Leistungen selbst erbringt. Vor diesem Hintergrund hat er dem Gerichtshof der Europäischen Union mit Beschluss vom 30. Juni 2011, V R 37/10 (BStBl. II S. 842), Fragen zur Vorabentscheidung vorgelegt.

Unter Bezugnahme auf das Ergebnis der Erörterungen mit den obersten Finanzbehörden der Länder ist in Fällen, in denen sich Unternehmer für die Besteuerungszeiträume ab 2004 in außergerichtlichen oder gerichtlichen Rechtsbehelfsverfahren auf den o.a. Beschluss vom 30. Juni 2011 berufen und Aussetzung der Vollziehung nach § 361 AO bzw. § 69 Abs. 2 FGO beantragen, hinsichtlich dieser Anträge wie folgt zu verfahren:

1. Soweit an den Leistungsempfänger in der Zeit vom **1. April 2004 bis zum 31. Dezember 2006** Werklieferungen erbracht wurden, die als Bauleistungen anzusehen sind, kann Aussetzung der Vollziehung gewährt werden, wenn gegen den Umsatzsteuerbescheid unter Hinweis auf den BFH-Vorlagebeschluss vom 30. Juni 2011, V R 37/10, ein zulässiger außergerichtlicher oder gerichtlicher Rechtsbehelf erhoben worden ist. Eine Aussetzung der Vollziehung ist aber nur für Steuerbeträge möglich, für die der Leistungsempfänger die Steuer nach § 13b Abs. 1 Satz 1 Nr. 4 und Abs. 2 Satz 2 UStG in der bis zum 30. Juni 2010 geltenden Fassung angemeldet hat und soweit er hierfür nicht zum Vorsteuerabzug berechtigt ist. Dabei ist in jedem Einzelfall die Frage einer Sicherheitsleistung (§ 361 Abs. 2 Satz 5 AO, § 69 Abs. 2 Satz 3 FGO) zu prüfen.

   Eine Aussetzung der Vollziehung kommt allerdings in Fällen nicht in Betracht, in denen bei Bauleistungen der leistende Unternehmer im Ausland ansässig ist. In diesen Fällen beruht die Steuerschuldnerschaft des Leistungsempfängers auf § 13b Abs. 1 Satz 1 Nr. 1 UStG in der bis zum 30. Juni 2010 geltenden Fassung. Diese Regelung entspricht unstrittig Art. 194 Abs. 1 MwStSystRL.

   Eine Aussetzung der Vollziehung kommt auch in den Fällen nicht in Betracht, in denen an den Leistungsempfänger Bauleistungen erbracht werden, die keine Werklieferungen sind, und der Leistungsempfänger bauleistender Unternehmer ist. Unstreitig ist auch nach dem o.a. BFH-Beschluss die Inanspruchnahme der Entscheidung 2004/290/EG vom 30. März 2004 durch die Bundesrepublik Deutschland für Bauleistungen, die keine Werklieferungen sind. Der BFH hinterfragt in seinem o.a. Beschluss, ob die Entscheidung 2004/290/EG vom 30. März 2004 auch partiell – hinsichtlich eines bestimmten Kreises von Abnehmern – von der Bundesrepublik Deutschland in Anspruch genommen werden konnte. Bejaht der EuGH diese Frage, ist die Regelung in § 13b Abs. 1 Satz 1 Nr. 4 Satz 1 und Abs. 2 Satz 2 UStG in der vom 1. April 2004 bis zum 30. Juni 2010 geltenden Fassung rechtmäßig. Verneint der EuGH eine partielle Inanspruchnahme der Entscheidung 2004/290/EG vom 30. März 2004, muss diese Entscheidung von der Bundesrepublik Deutschland auf alle Unternehmer als Leistungsempfänger erweitert werden. In jedem Fall liegt aber die Steuerschuldnerschaft des Leistungsempfängers für bauleistende Unternehmer unstreitig innerhalb des Rahmens der Ermächtigung.

2. Soweit die fraglichen Umsätze **nach dem 31. Dezember 2006** ausgeführt wurden bzw. werden, bestehen keine ernstlichen Zweifel an der Vereinbarkeit des § 13b Abs. 1 Satz 1 Nr. 4 und Abs. 2 Satz 2 UStG (seit 1. Juli 2010: § 13b Abs. 2 Nr. 4 und Abs. 5 Satz 2 UStG) mit dem Unionsrecht. Seit diesem Zeitpunkt ist unionsrechtliche Rechtsgrundlage für die Steuerschuldnerschaft für Bauleistungen (einschließlich Werkleistungen) Art. 199 Abs. 1 Buchst. a MwStSystRL. Diese Regelung bezieht in jedem Fall eine Steuerschuldnerschaft des Leistungsempfängers für Baudienstleistungen und für derartige Umsätze, die als (Werk-)Lieferungen anzusehen sind, mit ein. Weiterhin handelt es sich um eine fakultative Regelung, die die EU-Mitgliedstaaten sowohl in vollem Umfang als auch nur partiell in Anspruch nehmen können (vgl. Art. 199 Abs. 2 MwStSystRL). Dementsprechend kann keine Aussetzung der Vollziehung gewährt werden, wenn sich der Steuerpflichtige nur auf den BFH-Vorlagebeschluss vom 30. Juni 2011, V R 37/10, beruft.

Anlage § 013c–01

Haftung bei Abtretung, Verpfändung oder Pfändung von Forderungen (§ 13c UStG); Vereinnahmung abgetretener Forderungen durch den Abtretungsempfänger

BMF-Schreiben vom 30.01.2006 – IV A 5 – S 7279a – 2/06,
BStBl. 2006 I S. 207

Hinsichtlich der Anwendung von § 13c UStG gilt für Fälle der (Sicherungs-)Abtretung, insbesondere der Globalzession, soweit nicht der leistende Unternehmer, sondern der Abtretungsempfänger die Einziehungs- oder die Verfügungsbefugnis an einer Forderung hat, bezüglich der Vereinnahmung des Forderungsbetrags durch den Abtretungsempfänger nach Erörterung mit den obersten Finanzbehörden der Länder Folgendes:

I. Der Abtretungsempfänger macht von seiner Einziehungsbefugnis Gebrauch:

1. Maßgebender Rechtsgrund für die Einziehung der Forderung ist die mit der Abtretung verbundene Sicherungsabrede. Eine Vereinnahmung durch das kontoführende Unternehmen (i.d.R. ein Kreditinstitut) als Abtretungsempfänger liegt in den Fällen der Sicherungsabtretung vor, wenn dieses die Forderung unter Offenlegung der Sicherungsabrede selbst beim Schuldner der Forderung einzieht. In diesem Fall entzieht es dem leistenden Unternehmer dessen Einziehungsbefugnis aufgrund der im Rahmen der Globalzession getroffenen Vereinbarungen.

2. Eine Vereinnahmung durch den Abtretungsempfänger bzw. Gläubiger liegt darüber hinaus auch dann vor, wenn die Einziehung der Forderung durch den Abtretungsempfänger auf der Grundlage anderer Ansprüche, wie z.B. einer Einzelabrede, eines Pfandrechts oder ohne Rechtsgrundlage erfolgt.

II. Der Abtretungsempfänger macht von seiner Verfügungsbefugnis Gebrauch:

1. Insoweit ist die Abtretung für die Inhaberschaft an der Forderung maßgebend. Diese begründet auch bei mittelbarer Vereinnahmung (z.B. mittels Bareinzahlung oder Überweisung von einem anderen Konto des Gläubigers nach Vereinnahmung durch den Gläubiger) das Recht auf Entzug der Verfügungsbefugnis.

   Nach dem Sinn und Zweck des § 13c UStG soll der Abtretungsempfänger haften, soweit nicht mehr der leistende Unternehmer, sondern der Abtretungsempfänger über den eingegangenen Geldbetrag verfügen kann und daher die Verfügungsmacht über die in der abgetretenen Forderung enthaltene Umsatzsteuer hat. Nach Abschn. 182b Abs. 19 UStR *gilt* demnach in den Fällen der Sicherungsabtretung die Forderung auch dann durch den Abtretungsempfänger als vereinnahmt, wenn und soweit der leistende Unternehmer die Forderung zwar selbst einzieht, den Geldbetrag jedoch an den Abtretungsempfänger weiterleitet oder dieser die Möglichkeit des Zugriffs auf diesen Betrag hat. Dies betrifft insbesondere die Fälle, in denen Forderungsbeträge auf einem beim Abtretungsempfänger geführten Konto des leistenden Unternehmers eingehen. Die Vereinnahmung des Forderungsbetrags durch den Abtretungsempfänger wird jedoch nicht bereits bei jedem Geldeingang auf einem beim Abtretungsempfänger geführten Konto des leistenden Unternehmers fingiert, dies grds. auch dann nicht, wenn sich das Konto des leistenden Unternehmers im Debet befindet, sondern nur soweit der Abtretungsempfänger die Verfügungsbefugnis erhält.

2. Die Verfügungsbefugnis am Forderungsbetrag liegt in folgenden Fällen beim Abtretungsempfänger, so dass insoweit eine Vereinnahmung durch diesen fingiert wird:

   2.1 Das beim Abtretungsempfänger geführte Konto des leistenden Unternehmers befindet sich auch nach der Gutschrift des Forderungseingangs im Debet und es besteht keine Kreditvereinbarung („Kreditlinie", „Kreditrahmen").

   Ausgangsfall: Unternehmer A unterhält ein Kontokorrentkonto bei dem kontoführenden Unternehmen B. B hat sich die Forderungen aus der Geschäftstätigkeit des A im Wege der Globalzession abtreten lassen.

   Es besteht keine Kreditvereinbarung für das Konto des A bei B. Ein Kunde des A begleicht eine Forderung i.H.v. 34.800 € durch Barzahlung; A zahlt den Betrag auf sein Konto bei B ein, welches nach der Gutschrift noch einen Saldo von 5.000 € im Debet aufweist.

   B hat das Recht, den Betrag ausschließlich zum Ausgleich der eigenen Forderung zu verwenden und dem A insoweit eine anderweitige Verfügung zu versagen. Die Forderung *gilt* in voller Höhe als durch B vereinnahmt.

   2.2 Das beim Abtretungsempfänger geführte Konto des leistenden Unternehmers befindet sich auch nach der Gutschrift des Forderungseingangs im Debet und eine bestehende Kreditvereinbarung („vereinbarte Überziehung") ist ausgeschöpft.

Anlage § 013c–01

Abwandlung 1: Für das Konto des A bei B besteht ein Kreditrahmen von 100.000 € (sog. „vereinbarte Überziehung"). Ein Kunde des A begleicht eine Forderung i.H.v. 34.800 € durch Überweisung auf das Konto des A bei B, welches nach der Gutschrift noch einen Saldo von 120.000 € im Debet aufweist.

B hat das Recht, den Betrag ausschließlich zum Ausgleich der eigenen Forderung zu verwenden und dem A insoweit eine anderweitige Verfügung zu versagen. Die Forderung *gilt* in voller Höhe als durch B vereinnahmt.

2.3 Das beim Abtretungsempfänger geführte Konto des leistenden Unternehmers befindet sich auch nach der Gutschrift des Forderungseingangs im Debet und ein bestehender Kreditrahmen ist zwar noch nicht ausgeschöpft, wird jedoch im unmittelbaren Zusammenhang mit dem Geldeingang eingeschränkt. Das Konto des leistenden Unternehmers ist nach dieser Einschränkung (z.B. durch Kündigung oder Reduzierung des Kreditrahmens) über das vereinbarte Maß in Anspruch genommen.

Abwandlung 2: Für das Konto des A bei B besteht ein Kreditrahmen von 100.000 € (sog. „vereinbarte Überziehung"). Ein Kunde des A begleicht eine Forderung i.H.v. 34.800 € durch Überweisung auf das Konto des A bei B, welches nach der Gutschrift noch einen Saldo von 70.000 € im Debet aufweist. B reduziert den vereinbarten Kreditrahmen unmittelbar nach Gutschrift des Forderungseingangs auf 50 000 €.

A kann über den gutgeschriebenen Forderungsbetrag nicht mehr verfügen, da er von B zum Ausgleich der eigenen (durch die Reduzierung des Kontokorrentkredits entstandenen) Forderung verwendet worden ist und dem A kein weiterer Verfügungsrahmen auf seinem Konto verblieben ist. Die Forderung *gilt* in voller Höhe als durch B vereinnahmt.

2.4 Der Abtretungsempfänger separiert den Geldbetrag nach Eingang auf dem Konto des leistenden Unternehmers auf ein anderes Konto, z.B. ein Sicherheitenerlöskonto.

Abwandlung 3: Für das Konto des A bei B besteht ein Kreditrahmen von 100.000 € (sog. „vereinbarte Überziehung"). Ein Kunde des A begleicht eine Forderung i.H.v. 34.800 € durch Überweisung auf das Konto des A bei B, welches nach der Gutschrift zunächst noch einen Saldo von 80.000 € im Debet aufweist. B bucht den zunächst gutgeschriebenen Betrag auf ein Darlehnskonto des A um, welches von diesem nicht bedient worden war.

A kann über den gutgeschriebenen Forderungsbetrag nach Separierung durch B nicht mehr verfügen, da er von B zum Ausgleich der eigenen (neben dem Kontokorrent bestehenden Darlehns-)Forderung verwendet worden ist. Dies gilt unabhängig davon, ob dem A ein Verfügungsrahmen auf seinem Konto verblieben ist. Die Forderung *gilt* in voller Höhe als durch B vereinnahmt.

Gleiches gilt bei Umbuchung auf ein gesondertes Sicherheitenerlöskonto.

3. Bei einem Kontokorrentkonto widerspricht das kontoführende Unternehmen Verfügungen des leistenden Unternehmers regelmäßig nicht bereits bei jedem Überschreiten des vereinbarten Kreditrahmens. In der Regel erfolgt ein Widerspruch erst dann, wenn die vorgenommene Anweisung den vereinbarten Kreditrahmen um mehr als 15% überschreitet. In diesem Rahmen kann der leistende Unternehmer die Erfüllung seiner Kontoanweisungen vom kontoführenden Unternehmen regelmäßig noch erwarten. Es ist daher nur insoweit von einem Entzug der Verfügungsbefugnis über eingehende Beträge durch das kontoführende Unternehmen auszugehen, als das Konto des leistenden Unternehmers den vereinbarten Kreditrahmen auch nach der Gutschrift des Forderungseingangs um 15% überschreitet; nur insoweit muss der leistende Unternehmer davon ausgehen, dass er über den gutgeschriebenen Betrag nicht mehr verfügen können wird.

Abwandlung 4: Für das Konto des A bei B besteht ein Kreditrahmen von 100.000 € (sog. „vereinbarte Überziehung"). Ein Kunde des A begleicht eine Forderung i.H.v. 34.800 € durch Überweisung auf das Konto des A bei B, welches nach der Gutschrift noch einen Saldo von 110.000 € im Debet aufweist.

Obwohl der Kreditrahmen des A keine weiteren Verfügungen zulässt und die Forderung damit in voller Höhe als durch B vereinnahmt gelten könnte, ist davon auszugehen, dass A über einen Teilbetrag der gutgeschriebenen Forderung in Höhe von 5.000 € noch verfügen kann, da die kontoführenden Unternehmen im Allgemeinen nur den die Kreditlinie um 15% übersteigenden Forderungseingang zum Ausgleich der eigenen (durch ausnahmsweise geduldete Überziehung des Kontokorrentkredits entstandenen) Forderung verwenden werden und den A insoweit von einer Verfügung ausschließen. Die Forderung *gilt* daher in Höhe von 29.800 € als durch B vereinnahmt.

4. Kündigt oder reduziert das kontoführende Unternehmen die Kreditlinie zwar ganz oder teilweise, ggf. auf einen geringeren Betrag, räumt es dem leistenden Unternehmer jedoch einen gewissen Zeitraum ein, um dieses Kreditziel (vereinbarte Überziehung) zu erreichen, wird es während dieses Zeitraums auch weiterhin Verfügungen des Unternehmers zu Lasten seines Kontokorrents innerhalb des bisherigen Kreditrahmens zulassen (geduldete Überziehung). In diesem Fall ist von einer Vereinnahmung durch das kontoführende Unternehmen für eigene Zwecke der Rückführung eingeräumter Kredite nur insoweit auszugehen, als die geduldete Überziehung insgesamt zu einer Verringerung des in Anspruch genommenen Kredits geführt hat. Bei dieser Betrachtung ist auf den Unterschiedsbetrag abzustellen, der sich nach Gutschrift des Geldeingangs zum Kreditbetrag im Kündigungszeitpunkt ergibt.

Abwandlung 5: Für das Konto des A bei B besteht ein Kreditrahmen von 100.000 € (sog. „vereinbarte Überziehung"), der auch vollständig ausgeschöpft ist. B kündigt diesen Kreditrahmen auf 40.000 € herab, räumt dem A jedoch eine Zeitspanne von 3 Monaten ein, um dieses Kreditziel zu erreichen und sagt dem A zu, Verfügungen zu Lasten dieses Kontos innerhalb des bisherigen Kreditrahmens zunächst nicht zu widersprechen. Innerhalb dieses Zeitraums verzeichnet B insgesamt 348.000 € Zahlungseingänge und führt Verfügungen von insgesamt 298.000 € zu Lasten des A aus.

A hat bei einem Debet von 50.000 € nach Ablauf der drei Monate nicht mehr die Möglichkeit, über die seinem Konto gutgeschriebenen Forderungseingänge zu verfügen, da sowohl der (nun in Höhe von 40.000 €) vereinbarte, als auch der üblicherweise zusätzlich geduldete Kreditrahmen (in Höhe von weiteren 15%, hier 6.000 €) ausgeschöpft ist und B diese Beträge zum Ausgleich der eigenen (durch die teilweise Kündigung des Kontokorrentkredits entstandenen) Forderung verwendet hat. Wegen der Zusage von B, zunächst die Verfügungsmöglichkeit des A im bisherigen Umfang zu belassen, gelten die Forderungen nicht in Höhe von 348.000 € als durch B vereinnahmt, sondern nur im Umfang der tatsächlichen Verwendung zur Darlehnsrückführung von 50.000 €. Eine Haftung des B besteht dementsprechend für die in den durch B als vereinnahmt geltenden Forderungen enthaltene Umsatzsteuer von 6.896 €.

III. Anwendung in Fällen des Forderungskaufs

Die Ausführungen unter I. und II. gelten hinsichtlich der Vereinnahmung eines Kaufpreises für eine abgetretene Forderung durch den Forderungskäufer bzw. Abtretungsempfänger (Abschn. 182b Abs. 20 UStR) entsprechend, soweit der Kaufpreis auf einem beim Forderungskäufer bzw. Abtretungsempfänger geführten Konto des leistenden Unternehmers eingeht.

Die Grundsätze dieses Schreibens sind auf Forderungen anzuwenden, die nach dem 7. November 2003 abgetreten, verpfändet oder gepfändet wurden. Da die Abtretung erst mit der Entstehung der Forderung vollendet ist, gilt dies grundsätzlich auch bei vor dem 8. November 2003 abgeschlossenen Globalzessionen, wenn die abgetretene Forderung nach dem 7. November 2003 entstanden ist (§ 27 Abs. 7 UStG). Insoweit ist allerdings die Übergangsregelung des Abschn. 182b Abs. 38 UStR zu beachten, der die Anwendung von § 13c UStG bei vor dem 8. November 2003 abgeschlossenen Globalzessionen auf nach dem 31. Dezember 2003 entstandene Forderungen einschränkt.

Die Anwendung ist nicht auf Kreditinstitute als kontoführende Unternehmen beschränkt.

Anlage § 014–01

Rechnungserteilung beim FLEUROP-Blumenlieferungsgeschäft
(§ 14 Abs. 1 UStG 1967)[1)]

BdF-Erlass vom 29.07.1968 – IV A/3 – S 7280 – 58/68,
UR 1968 S. 322

Das FLEUROP-Blumenlieferungsgeschäft wird ab 1. Januar 1968 in der Weise abgewickelt, daß der Unternehmer, der den Auftrag für eine Blumenlieferung entgegennimmt (Hauptunternehmer), wie bisher einen hellgrünen *Bestell- und Rechnungsvordruck* mit drei Durchschriften ausfüllt. Den ausgefüllten Originalvordruck, auf dem die Umsatzsteuer gesondert ausgewiesen ist, erhält der Auftraggeber (Kunde) als Rechnung. Die drei Durchschriften des Bestell- und Auftragsvordrucks werden wie folgt verwendet:

1. Die erste Durchschrift (gelb) stellt den Auftragsschein dar und wird dem Unternehmer übersandt, der die Blumenlieferung tatsächlich ausführt (Subunternehmer). Der Subunternehmer leitet diese Durchschrift, sobald er den Auftrag ausgeführt hat, an die Firma FLEUROP-GmbH, 1 Berlin 45, Lindenstraße 3-4, zur Abrechnung weiter.

2. Die zweite Durchschrift (weiß) stellt eine Kopie des Auftrags dar und wird mit dem Auftragsschein (erste Durchschrift) dem Subunternehmer übersandt. Sie verbleibt dem Subunternehmer und wird von ihm aufbewahrt. Auf dieser Durchschrift befindet sich folgender Vermerk:

   „Diese Auftragskopie hat nur zusammen mit dem Kontoauszug sowie der Gutschriften-Aufstellung die Bedeutung als Rechnung im Sinne des UStG."

3. Die dritte Durchschrift (hellgrün) stellt eine weitere Kopie des Auftrags dar. Sie verbleibt beim Hauptunternehmer und wird von ihm aufbewahrt. Die Durchschrift enthält folgenden Vermerk:

   „Diese Auftragskopie hat nur zusammen mit dem Kontoauszug sowie der Lastschriften-Aufstellung die Bedeutung als Rechnung im Sinne des UStG."

Die Firma FLEUROP-GmbH erteilt ihren Mitgliedern, die zugleich als Haupt- und Subunternehmer tätig werden, monatliche Kontoauszüge. Den Kontoauszügen werden beigefügt:

1. eine *Lastschrift-Aufstellung* über die gegenüber dem Unternehmer von Subunternehmern ausgeführten FLEUROP-Blumenlieferungen. In dieser Aufstellung werden für jede einzelne Lieferung der Auftragswert, der Abrechnungswert sowie die Kenn-Nummer des betreffenden Subunternehmers angegeben. Außerdem werden in einer besonderen Spalte mit der Bezeichnung „Vorsteuer" die auf die einzelnen Lieferungen der Subunternehmer entfallenden Steuerbeträge aufgeführt.

2. eine *Gutschrift-Aufstellung* über die FLEUROP-Blumenlieferungen, die der Unternehmer selbst als Subunternehmer gegenüber anderen Hauptunternehmern ausgeführt hat. In dieser Aufstellung werden für jede einzelne Lieferung der Auftragswert, der Abrechnungswert sowie die Kenn-Nummer des betreffenden Hauptunternehmers angegeben. Außerdem erhält die Aufstellung eine besondere Spalte mit der Bezeichnung „Mehrwertsteuer", in der die auf die einzelnen Lieferungen entfallenden Steuerbeträge aufgeführt werden.

Die auf den Lastschrift- und Gutschrift-Aufstellungen angegebenen Unternehmer-Kenn-Nummern ermöglichen es, mit Hilfe des FLEUROP-Mitgliederverzeichnisses den Namen und die Anschrift des betreffenden Haupt- oder Subunternehmers festzustellen. Ein Exemplar dieses Verzeichnisses ist bei jedem FLEUROP-Mitglied vorhanden.

Bei dieser Geschäftsabwicklung werden die Lastschrift-Aufstellungen und die Gutschrift-Aufstellungen in Verbindung mit den gesondert aufbewahrten Auftragskopien (zweite und dritte Durchschrift des Bestell- und Rechnungsvordrucks) als Rechnungen der Subunternehmer im Sinne des § 14 Abs. 1 UStG 1967 anerkannt. Voraussetzung hierfür ist jedoch, daß

a) in den Fällen, in denen eine Lieferung von einem Subunternehmer ausgeführt wird, der seine Umsätze gemäß § 19 UStG 1967 der Besteuerung unterwirft, in den Lastschrift- und Gutschrift-Aufstellungen keine Umsatzsteuer ausgewiesen wird,

---

[1)] Ergänzt durch: BMF vom 17.12.1970, USt-Kartei § 14 S 7280 K. 9: Zur weiteren Vereinfachung wurde gestattet, daß die Firma FLEUROP-GmbH auf den von ihr gefertigten Lastschrift- und Gutschrift-Aufstellungen nicht mehr den Auftragswert für jede einzelne Lieferung angibt, sondern lediglich die Summe der Auftragswerte ausweist. Siehe auch Vfg. der OFD Magdeburg vom 10.02.2000 – S 7100 – 81 – St 243, UR 2000 S. 353. Danach werden die erste und zweite Durchschrift ersetzt, die per Fax weitergeleitet wird.

Anlage § 014–01

b) in den Fällen, in denen der Subunternehmer, der eine Lieferung ausführt, der Durchschnittsbesteuerung nach § 24 UStG 1967 unterliegt, in den Lastschrift- und Gutschrift-Aufstellungen für diese Lieferungen auch ab 1. Juli 1967 die Umsatzsteuer in Höhe von 5 v. H. ausgewiesen wird.

Für die Zeit vom 1. Janaur 1968 bis zum 30. Juli 1968 wird es nicht beanstandet, wenn in den Lastschrift- und Gutschrift-Aufstellungen nicht die auf die einzelnen Lieferungen entfallenden Steuerbeträge ausgewiesen sind, sondern statt dessen in den von der Firma FLEUROP-GmbH erteilten Kontoauszügen lediglich die Summen dieser Steuerbeträge angegeben werden.

Anlage § 014–02

Umsatzsteuerliche Behandlung des Briefmarken-Versteigerungsgeschäfts

BdF-Erlass vom 07.05.1971 – IV A/1 – S 7280 – 6/71,
UR 1971 S. 173; DB 1971 S. 1038

Nach dem Ergebnis der Erörterungen mit den obersten Finanzbehörden der Länder gilt für die umsatzsteuerliche Behandlung des Briefmarken-Versteigerungsgeschäfts folgendes:

I. Allgemeines

1. Briefmarken-Versteigerungen (Auktionen) werden nach den bisherigen Erfahrungen unterschiedlich ausgestaltet und abgewickelt. Es kommt z. B. vor, daß Briefmarken-Auktionatoren nicht nur die von anderen Unternehmern oder Privatpersonen eingelieferten Briefmarken, sondern auch eigene Briefmarken versteigern. Einige Briefmarken-Auktionatoren führen bei der Versteigerung Briefmarkenlieferungen im eigenen Namen aus, andere hingegen vermitteln lediglich Lieferungen von Briefmarken.

2. In der Praxis haben sich Zweifel ergeben, in welchen Fällen und unter welchen Voraussetzungen Versteigerungen von Briefmarken umsatzsteuerrechtlich als Vermittlungsleistungen anerkannt werden können. Diese Zweifel sind nicht zuletzt durch gewisse Besonderheiten im Briefmarken-Versteigerungsgeschäft – insbesondere das sog. Nummern-Verfahren – bedingt.

II. Umsatzsteuerrechtliche Behandlung

3. Der Briefmarken-Auktionator, der Briefmarken im eigenen Namen versteigert, wird als Eigenhändler behandelt und bewirkt Lieferungen von Briefmarken. Dabei macht es umsatzsteuerrechtlich keinen Unterschied aus, ob der Auktionator die Briefmarken für eigene Rechnung oder für die Rechnung eines anderen (des Einlieferers) versteigert; denn auch der Kommissionär, der seiner Stellung nach Vermittler ist, wird gemäß § 3 Abs. 3 UStG als Lieferer behandelt.

4. Versteigert der Auktionator dagegen Briefmarken in fremdem Namen und für fremde Rechnung (d.h. im Namen und für Rechnung des Einlieferers), so führt er lediglich Vermittlungsleistungen aus. Für die umsatzsteuerrechtliche Beurteilung kommt es entscheidend darauf an, wie der Briefmarken-Auktionator nach außen den Abnehmern (Ersteigerern) gegenüber auftritt. Der Briefmarken-Auktionator kann grundsätzlich nur dann umsatzsteuerrechtlich als Vermittler (Handelsmakler) anerkannt werden, wenn er bei der Versteigerung erkennbar in fremdem Namen und für fremde Rechnung auftritt. Das Handeln des Auktionators in fremdem Namen und für fremde Rechnung muß in den Geschäfts- und Versteigerungsbedingungen oder an anderer Stelle mit hinreichender Deutlichkeit zum Ausdruck kommen. Zwar braucht dem Ersteigerer nicht sogleich bei Vertragsabschluß der Name des Auftraggebers (Einlieferers) mitgeteilt werden. Er muß aber die Möglichkeit haben, jederzeit den Namen und die Anschrift des Einlieferers zu erfahren (vgl. hierzu BFH-Urteile vom 24.5.1960 – V 152/58 U – BStBl. III 1960 S. 374 und vom 9.5.1963 – V 165/60 – HFR 1964 S. 61).

5. Unter Berücksichtigung der von der Rechtsprechung entwickelten Grundsätze sind bei der Anwendung des sog. Nummern-Verfahrens umsatzsteuerrechtlich Vermittlungsleistungen des Briefmarken-Auktionators anzuerkennen, wenn die folgenden Voraussetzungen erfüllt werden:

    a) In den Geschäfts- oder Versteigerungsbedingungen oder an anderer Stelle (z. B. auf den Rechnungen und den Versteigerungsaufträgen) wird eindeutig zum Ausdruck gebracht, daß die Briefmarken ausschließlich in fremdem Namen und für fremde Rechnung versteigert werden.

    b) Die zur Versteigerung eingelieferten Briefmarken erhalten Nummern (sog. Losnummern, auch Einlieferungs- oder Decknummern genannt). Der Versteigerer fertigt Nummern-Verzeichnisse an, mit deren Hilfe jederzeit der Name und die Anschrift des jeweiligen Einlieferers (Verkäufers, Lieferers) der Briefmarken festgestellt werden kann. Außerdem zeichnet der Versteigerer die Namen und Anschriften der Ersteigerer (Käufer, Erwerber) auf, so daß anhand der sog. Losnummern jederzeit ermittelt werden kann, wer die einzelnen Briefmarken erworben hat.

    c) Auf den Rechnungen an die Ersteigerer und den Abrechnungen, die die Einlieferer erhalten, werden die sog. Losnummern angegeben.

    d) In den Geschäfts- und Versteigerungsbedingungen wird zum Ausdruck gebracht, daß nach Abschluß der Versteigerung die Möglichkeit gegeben ist, daß

        aa) der Ersteigerer nach Angabe der sog. Losnummer vom Versteigerer den Namen und die Anschrift des Einlieferers und

Anlage § 014–02

bb) der Einlieferer nach Angabe der sog. Losnummer vom Versteigerer den Namen und die Anschrift des Ersteigerers

erfährt.

e) Soweit der Versteigerer ermächtigt ist, alle Rechte des Einlieferers aus dessen Aufträgen und aus dem Zuschlag geltend zu machen, muß in den Geschäfts- und Versteigerungsbedingungen ausdrücklich festgelegt sein, daß diese Rechte im Namen des Einlieferers wahrgenommen werden.

f) Auf einer Auktion werden Briefmarken in der Regel agenturweise versteigert. Sofern der Versteigerer neben fremden Briefmarken als Eigenhändler oder Kommissionär (Eigenware) versteigert, kann für die Versteigerung der fremden Briefmarken umsatzsteuerrechtlich eine Vermittlungsleistung nur anerkannt werden, wenn die Eigenware im Katalog oder – falls es keinen Katalog gibt – in den sonstigen für die Versteigerung maßgeblichen Angebotsunterlagen ausdrücklich als solche gekennzeichnet wird.

6. Es bestehen keine Bedenken, bei dem Versteigerer für die Vergangenheit auch dann Vermittlungsleistungen anzuerkennen, wenn die den Ersteigerern und Einlieferern tatsächlich eingeräumte Auskunftsmöglichkeit nicht in den Geschäfts- oder Versteigerungsbedingungen zum Ausdruck gebracht und darin außerdem nicht festgelegt war, daß der Versteigerer die Rechte des Einlieferers in dessen Namen geltend zu machen hat. Voraussetzung ist aber, daß künftig alle in Tz. 5 genannten Voraussetzungen erfüllt werden.

7. Die Vermittlungsleistungen eines Briefmarken-Auktionators unterliegen grundsätzlich gemäß § 12 Abs. 1 UStG der Besteuerung nach dem allgemeinen Steuersatz von 11 v. H. (bis 30. Juni 1968: 10 v.H.)[1]. Werden Briefmarken für einen ausländischen Auftraggeber (Einlieferer) i. S. des § 7 Abs. 1 Nr. 1 Satz 2 UStG versteigert, so kann der Versteigerer für seine Vermittlungsleistung Steuerfreiheit gemäß § 4 Nr. 3 UStG in Verbindung mit § 8 Abs. 1 Nr. 5 UStG beanspruchen. Das gleiche gilt für die Fälle, in denen Briefmarken von einer Person ersteigert werden, auf die die Merkmale eines ausländischen Auftraggebers nach § 7 Abs. 1 Nr. 1 Satz 2 UStG zutreffen. Die Steuerfreiheit erstreckt sich in beiden Fällen jeweils auf den Leistungsteil, für den das Entgelt von dem ausländischen Auftraggeber gezahlt wird.

8. Auf die Lieferungen der in Nr. 43 Buchstabe f der Anlage 1 des Umsatzsteuergesetzes bezeichneten Briefmarken durch Unternehmer, die der Besteuerung nach den allgemeinen Umsatzsteuervorschriften unterliegen, ist gemäß § 12 Abs. 2 Nr. 1 UStG der ermäßigte Steuersatz von 5,5 v. H.[2] (bis 30. Juni 1968: 5 v. H.) anzuwenden (vgl. zur Abgrenzung der begünstigten Briefmarken Abschnitt II Buchstaben f und g des BdF-Erlasses vom 8. April 1968 – IV A/3 – S 7225 – 28/68 –, BStBl. 1968 I S. 559, USt-Kartei § 12 S 7229 Karte 1)[3]. Für die Lieferungen von Briefmarken durch Kleinunternehmer, auf die die Voraussetzungen des § 19 Abs. 1 UStG zutreffen und die nicht gemäß § 19 Abs. 4 Satz 1 UStG für die Regelbesteuerung optiert haben, beträgt die Umsatzsteuer 4 v.H. des Entgelts zuzüglich Umsatzsteuer. Steuerfreiheit gemäß § 4 Nr. 8 UStG kommt für Lieferungen der im Inland gültigen Postwertzeichen, die als Sammlermarken verkauft werden, nicht in Betracht.

III. Rechnungserteilung

9. Für die Rechnungserteilung durch Briefmarken-Auktionatoren kommt es wesentlich darauf an, ob der Versteigerer bei den Versteigerungen als Vermittler oder als Eigenhändler tätig geworden ist. In der Praxis haben sich im Hinblick auf die Vorschriften des § 14 UStG und der §§ 1 bis 5 der 1. UStDV gewisse Zweifel über das Abrechnungsverfahren bei Briefmarken-Auktionatoren ergeben.

Rechnungserteilung bei Vermittlungsleistungen

10. Vermittelt der Briefmarken-Auktionator bei einer Versteigerung Liefergeschäfte zwischen den Einlieferern und den Ersteigerern, so kann er im eigenen Namen den Vertragspartnern lediglich seine Vermittlungsleistung berechnen. Der Versteigerer ist, sofern er der Regelbesteuerung unterliegt und die Vermittlungsleistung steuerpflichtig ist, berechtigt, in der Rechnung den auf das Entgelt für die Vermittlungsleistung entfallenden Steuerbetrag bzw. den Steuersatz anzugeben.

11. Der Versteigerer erteilt außerdem den Ersteigerern im Namen und für Rechnung der Einlieferer Rechnungen über die Lieferungen der Briefmarken. In diesen Rechnungen muß für die einzelnen

---

1) Ab 01.07.1983 15 v. H.; ab 01.04.1998 16 v. H.; ab 01.01.2007 19 v.H.
2) Ab 01.07.1983 7 v. H.
3) Jetzt BMF vom 05.08.2004, BStBl. 2004 I S. 638, Rdnr. 155, siehe Anlage § 012 (2) 1–01

Anlage § 014–02

Briefmarken an Stelle des Namens und der Anschrift des Einlieferers die sog. Losnummer angegeben werden. Der Steuerbetrag bzw. der Steuersatz darf in dieser Rechnung nur angegeben werden, wenn der Einlieferer die Lieferung im Rahmen seines Unternehmens bewirkt hat (z. B. Briefmarkenhändler), nicht unter § 19 UStG fällt und die Lieferung steuerpflichtig ist. Die Rechnung über die Vermittlungsleistung und die Rechnung über die Briefmarkenlieferung können vom Versteigerer in einem Beleg zusammengefaßt werden.

12. Auf der Abrechnung, die dem Einlieferer über die Versteigerung erteilt wird, muß für die einzelnen Briefmarken die sog. Losnummer angegeben werden. Die Abrechnung, die mit der Rechnung über die Lieferung an den Ersteigerer übereinstimmen muß, ist keine Gutschrift im Sinne des § 5 Abs. 1 der 1. UStDV[1]. Sie gilt folglich auch nicht als Rechnung im Sinne des § 14 Abs. 1 UStG. Die Abrechnung kann mit der Rechnung über die Vermittlungsleistung des Versteigerers in einem Beleg zusammengefaßt werden. Sie ist vom Einlieferer, soweit er den steuerrechtlichen Aufzeichnungspflichten unterliegt, nach § 162 Abs. 8 AO sieben Jahre lang aufzubewahren.

13. Über die Bedeutung der in der Rechnung der Abrechnung angegebenen sog. Losnummer brauchen beim Ersteigerer und Einlieferer keine Unterlagen vorhanden zu sein, sofern der Versteigerer sich in den Geschäfts- oder Versteigerungsbedingungen verpflichtet hat, den Beteiligten auf Verlangen anhand der Losnummer den Namen und die Anschrift des Geschäftspartners bekanntzugeben, und dementsprechend aus seinen Unterlagen jederzeit eindeutig festgestellt werden kann, welche Briefmarken unter einer bestimmten Losnummer versteigert worden sind und wer Einlieferer und Ersteigerer dieser Briefmarken war. Der Versteigerer hat diese Unterlagen sowie die Wiedergaben der in Tzn 8 bis 12 bezeichneten Rechnungen und Abrechnungen nach § 162 Abs. 8 AO für die Dauer von sieben Jahren aufzubewahren.

Rechnungserteilung bei Eigenhandelsgeschäften

14. Wird der Briefmarken-Auktionator bei der Versteigerung als Eigenhändler tätig, so erteilt er
    a) dem Ersteigerer eine Rechnung über seine Lieferung und
    b) dem Einlieferer eine Gutschrift über dessen Lieferung.

    Hierbei sind die Vorschriften des § 14 UStG sowie des § 5 der 1. UStDV[2] zu beachten.

Voraussetzungen für den Vorsteuerabzug

15. Wegen der Voraussetzungen für den Vorsteuerabzug nach § 15 UStG siehe den BdF-Erlaß vom 28. Juni 1969 – IV A/3 – S 7300 – 48/49 –, Abschnitt C Teil I und III (BStBl. I S. 349, USt-Kartei § 15 S 7300 Karte 2)[3].

---

1) Ab 01.01.2004: § 14 Abs. 2 UStG; zuvor § 14 Abs. 5 UStG
2) Jetzt §§ 31-33 UStDV
3) Jetzt Abschnitt 192 UStR/Abschnitt 15.2 UStAE

Anlage § 014–03

Gesonderter USt-Ausweis in den Gebührenrechnungen der Prüfingenieure für Baustatik

BMF-Schreiben vom 11.02.1987 – IV A 1 – S 7283 – 1/87,
UR 1987 S. 148; DStR 1987 S. 274

Nach meinen Feststellungen rechnen die Prüfingenieure für Baustatik ihre Leistungen im Baugenehmigungsverfahren trotz Ihrer Hinweise weiterhin vielfach unmittelbar mit dem jeweiligen Bauherrn ab und weisen dabei die USt in der Rechnung gesondert aus. Bei den Bauherren, die das Bauvorhaben in ihrem unternehmerischen Bereich durchführen, ist deshalb nach wie vor der Eindruck vorhanden, sie könnten die ausgewiesene USt als Vorsteuer abziehen. Wie ich Ihnen mit meinem Schreiben vom 14.1.1986 mitgeteilt habe, ist dies nicht zulässig. Zudem löst ein gegenüber einem anderen als dem Leistungsempfänger gesondert ausgewiesener Steuerbetrag eine zusätzliche Steuerschuld aus.

Ich wäre Ihnen im Interesse einer zutreffenden umsatzsteuerlichen Abrechnung und zur Vermeidung einer zusätzlichen Belastung der Prüfingenieure dankbar, wenn Sie Ihre Mitglieder auf folgendes hinweisen würden:

Nach § 15 Abs. 1 Nr. 1 UStG setzt der Abzug der in einer Rechnung gesondert ausgewiesenen USt als Vorsteuer u. a. voraus, daß der maßgebliche Umsatz für das Unternehmen des Leistungsempfängers ausgeführt worden ist (vgl. auch Abschnitt 192 Abs. 2 Satz 1 Nr. 3 UStR). Empfänger der von den Prüfingenieuren für Baustatik im Baugenehmigungsverfahren erbrachten Leistungen ist die einzelne Bauaufsichtsbehörde und nicht der jeweilige Bauherr.

Gibt der Prüfingenieur in der Gebührenrechnung einen unzutreffenden Leistungsempfänger an (z. B. statt der Bauaufsichtsbehörde den Bauherrn), so schuldet er nach § 14 Abs. 3 UStG[1] die ausgewiesene Steuer neben der Steuer für die Leistung an die Bauaufsichtsbehörde. Für die zusätzliche Steuer kann der Prüfingenieur auch dann in Anspruch genommen werden, wenn der Bauherr durch eine nicht einwandfreie Adressierung zu der unzutreffenden Annahme verleitet wird, er sei Leistungsempfänger und damit zum Vorsteuerabzug berechtigt. Dies trifft insbesondere auf die Fälle zu, in denen neben der Bauaufsichtsbehörde auch Name und Anschrift des Bauherrn im Anschriftenfeld der Gebührenrechnung aufgeführt werden.

Diese umsatzsteuerlichen Folgen lassen sich dadurch vermeiden, daß in den Gebührenrechnungen die USt zwar rechnerisch berücksichtigt, jedoch nicht gesondert ausgewiesen wird, also sog. Bruttorechnungen erteilt werden. Aus umsatzsteuerlicher Sicht ist der gesonderte Steuerausweis ohnehin entbehrlich, da weder die Bauaufsichtsbehörde noch – wie oben dargestellt – der einzelne Bauherr zum Vorsteuerabzug berechtigt ist. Sollte der gesonderte Steuerausweis aus anderen Gründen erforderlich sein, empfiehlt es sich, zur Vermeidung von Mißverständnissen in der Rechnung nur die Bauaufsichtsbehörde aufzuführen.

Dieses Schreiben ergeht im Einvernehmen mit den obersten Finanzbehörden der Länder, denen ich einen Abdruck zugeleitet habe.

---

[1] Ab 01.01.2004: § 14c Abs. 2 UStG

Anlagen § 014–04 nicht belegt, § 014–05

Leistungsaustausch und Vorsteuerabzug bei Jahresabschlußprüfungen und Betrieben gewerblicher Art kommunaler Körperschaften

BMF-Schreiben vom 22.04.1988 – IV A 2 – S 7100 – 41/88,
UR 1988 S. 198 und S. 296

Nach Maßgabe der in den einzelnen Bundesländern bestehenden Rechtsgrundlagen unterliegen die Jahresabschlüsse der Eigenbetriebe und sonstiger prüfungspflichtiger Einrichtungen kommunaler Körperschaften einer jährlichen Prüfung. Mit der Durchführung der Jahresabschlußprüfung beauftragen die jeweils zuständigen Stellen (z. B. Aufsichtsbehörden, Gemeindeprüfungsämter oder Landesrechnungshöfe) vielfach einen Wirtschaftsprüfer oder eine Wirtschaftsprüfungsgesellschaft. Die Rechnungen über die Prüfungen werden von den Wirtschaftsprüfern oder den Wirtschaftsprüfungsgesellschaften teils an die auftraggebenden Stellen, teils an die Gemeinden oder unmittelbar an die Eigenbetriebe gerichtet. Die Kosten der Prüfung haben stets die Eigenbetriebe zu tragen.

Es ist gefragt worden, an wen die Leistung des Wirtschaftsprüfers oder der Wirtschaftsprüfungsgesellschaft ausgeführt wird und ob ein Vorsteuerabzug aus den entsprechenden Rechnungen über die Jahresabschlußprüfung beim Eigenbetrieb zulässig ist.

Nach den in Abschn. 192 Abs. 14 UStR 1988 aufgestellten Grundsätzen ist Leistungsempfänger grundsätzlich der aus dem zivilrechtlichen Vertragsverhältnis Berechtigte oder Verpflichtete (vgl. auch BFH-Urteil vom 26. November 1987, BStBl. 1988 II S. 158). Wenn der Prüfungsauftrag nicht vom Eigenbetrieb, sondern von einer anderen Einrichtung erteilt wird, dann ist grundsätzlich diese Einrichtung Leistungsempfänger.

Zum Vorsteuerabzug berechtigt sind nur solche Unternehmer, die als Leistungsempfänger anzusehen sind (Abschn. 192 Abs. 2 UStR 1988). Ist der Auftrag für die Jahresabschlußprüfung des Eigenbetriebs einer kommunalen Körperschaft nicht von dieser selbst, sondern von anderen Einrichtungen (z.B. Landesrechnungshof, Gemeindeprüfungsamt, Aufsichtsbehörde der Gemeinde) erteilt worden, ist der Eigenbetrieb auch dann nicht zum Vorsteuerabzug aus der Rechnung über die Jahresabschlußprüfung berechtigt, wenn er die Kosten für diese Prüfung zu übernehmen hat.

Geben Wirtschaftsprüfer in Gebührenrechnungen mit gesondertem Steuerausweis einen unzutreffenden Leistungsempfänger an, so schulden sie nach § 14 Abs. 3 UStG die ausgewiesene Steuer neben der Steuer für die Leistung an den Auftraggeber. Es bestehen keine Bedenken, aus Billigkeitsgründen Rechnungsberichtigungen in entsprechender Anwendung des § 14 Abs. 2 UStG zuzulassen, wenn der unzutreffende Leistungsempfänger irrtümlich angegeben wurde (vgl. Abschn. 190 Abs. 3 UStR 1988).[1]

Nach den vorstehenden Grundsätzen ist in allen noch nicht bestandskräftigen Fällen zu verfahren.

---

[1] Beachte ab 01.01.2004 die Rechtslage gem. § 14c UStG

Anlage § 014–06

Ausstellung von Abrechnungen mit gesondertem Steuerausweis nach Ablauf der Festsetzungsfrist für den Steueranspruch

BMF-Schreiben vom 02.01.1989 – IV A 2 – S 7280 – 37/88,
UR 1989 S. 71; DStR 1989 S. 84; DB 1989 S. 154[1)]

Es ist gefragt worden, welche umsatzsteuerlichen Folgen sich ergeben, wenn Unternehmer über in der Vergangenheit ausgeführte, aber nicht versteuerte steuerpflichtige Leistungen erstmalige oder geänderte Abrechnungen mit gesondertem Steuerausweis erteilen, obwohl die Steuer für die Leistung wegen Ablaufs der Festsetzungsfrist (§§ 169 bis 171 AO) nicht mehr erhoben werden kann. Unter Bezugnahme auf das Ergebnis der Erörterung mit den obersten Finanzbehörden der Länder gilt hierzu folgendes:

1. Ausstellung von Rechnungen nach § 14 Abs. 1 UStG

Der nach Ablauf der Festsetzungsfrist in einer Rechnung des leistenden Unternehmers gesondert ausgewiesene Steuerbetrag wird für die der Rechnung zugrunde liegende Leistung nicht mehr geschuldet. Der die Regelbesteuerung anwendende Rechnungsaussteller schuldet jedoch den gesondert ausgewiesenen Steuerbetrag nach § 14 Abs. 2 Satz 1 UStG. Diese Steuer entsteht zwar in demselben Zeitpunkt, in dem die Steuer für die maßgebliche Leistung entstanden war (§ 13 Abs. 1 Nr. 3 UStG). Mit der nachträglichen Rechnungserteilung ist jedoch ein Ereignis eingetreten, das steuerliche Wirkung für die Vergangenheit hat (rückwirkendes Ereignis). In diesen Fällen hat deshalb das Finanzamt nach § 175 Abs. 1 Satz 1 Nr. 2 AO für den Besteuerungszeitraum, in dem die Leistung ausgeführt wurde, einen Umsatzsteuerbescheid erstmals zu erlassen oder zu ändern. Die Festsetzungsfrist für diesen Steuerbescheid beginnt mit Ablauf des Kalenderjahres, in dem der leistende Unternehmer die Rechnung mit dem gesonderten Ausweis der Umsatzsteuer erteilt hat (§ 175 Abs. 1 Satz 2 AO).

Nach § 14 Abs. 2 Satz 2 UStG ist der Rechnungsaussteller berechtigt, die nach Ablauf der Festsetzungsfrist erteilte Rechnung mit der Wirkung zu berichtigen, daß zum Zeitpunkt der Rechnungsberichtigung für ihn die Steuerschuld nach § 14 Abs. 2 Satz 1 UStG und für den Leistungsempfänger der Vorsteuerabzug entfällt.

2. Abrechnung durch Gutschriften

Vom Leistungsempfänger nach Ablauf der Festsetzungsfrist ausgestellte Gutschriften mit gesondertem Steuerausweis gelten in den vorbezeichneten Fällen nicht als Rechnungen, weil es nach Ablauf der Festsetzungsfrist an der Berechtigung des leistenden Unternehmers zum gesonderten Steuerausweis fehlt (§ 14 Abs. 5 Nr. 1 UStG). Somit ist die in derartigen Gutschriften gesondert ausgewiesene Steuer nicht als Vorsteuer abziehbar (vgl. auch Abschnitt 189 Abs. 3 UStR).

---

1) Hinweis auf Abschnitt 190c Abs. 1 UStR 2005. Siehe auch BFH-Urteil vom 13.11.2003 – V R 79/01, Rechtsprechung zu § 14c UStG

Anlage § 014–07

Anerkennung der Rechnungstellung bei Datenfernübertragung bzw. Datenträgeraustausch als Rechnung im Sinne des § 14 UStG [1]

BMF-Schreiben vom 25.05.1992 – IV A 2 – S 7280 – 8/92,
BStBl. 1992 I S. 376

Unter Bezugnahme auf das Ergebnis der Erörterung mit den obersten Finanzbehörden der Länder gilt folgendes:

Unternehmer gehen zunehmend dazu über, Rechnungen über ausgeführte Leistungen durch die TELEKOM-Dienste Telefax (Fern- oder Telekopie), Telex (Fernschreiben), Teletex (Textfernverarbeitung) oder durch Datenfernübertragung bzw. Übersendung von maschinell lesbaren Datenträgern (Datenträgeraustausch) zu übermitteln.

Bei der **Datenfernübertragung** von Rechnungen überträgt der leistende Unternehmer Rechnungsdaten über Leitungen der Deutschen Bundespost in das Datenverarbeitungssystem des Leistungsempfängers. Beim Leistungsempfänger gehen die übermittelten Daten nach vorheriger Prüfung auf Vollständigkeit und Richtigkeit in die Buchführung ein und bilden auch die rechnerische Grundlage für den Vorsteuerabzug.

Bei der Rechnungserteilung durch **Datenträgeraustausch** zeichnet der leistende Unternehmer Rechnungen oder einzelne Rechnungsangaben auf einen maschinell lesbaren Datenträger (z. B. Magnetband, Magnetplatte, Diskette) auf und übermittelt diesen dem Leistungsempfänger.

Die vorbezeichneten Verfahren werden zunehmend auch im Zentralregulierungsgeschäft angewendet. Hierbei ist in den Abrechnungsverkehr zwischen dem leistenden Unternehmer und dem Leistungsempfänger eine zentrale Regulierungsstelle eingeschaltet. Sie hat die Aufgabe, die bei ihr eingehenden Rechnungsdaten der leistenden Unternehmer umzusortieren und sie sodann an die jeweiligen Leistungsempfänger entweder im herkömmlichen Abrechnungsverfahren oder ebenfalls im Wege der Datenfernübertragung oder auf Datenträger weiterzuleiten. Außerdem wickelt sie den Zahlungsverkehr zwischen den einzelnen Leistungspartnern ab.

Zu der Frage, unter welchen Voraussetzungen in diesen Fällen eine zum Vorsteuerabzug berechtigende Rechnung im Sinne des § 14 UStG vorliegt, gilt unter Bezugnahme auf das Ergebnis der Erörterungen mit den obersten Finanzbehörden der Länder folgendes:

1. Allgemeines

Eine Rechnung im umsatzsteuerrechtlichen Sinne setzt das Vorliegen einer Urkunde voraus (§ 14 Abs. 4 UStG). Als Urkunde ist hierbei jedes Schriftstück zu verstehen, mit dem über eine Leistung abgerechnet wird. Elektronisch oder auf Datenträger übermittelte Daten erfüllen diese Voraussetzung nur, wenn zusätzlich eine schriftliche Abrechnung des leistenden Unternehmers gegenüber dem Leistungsempfänger vorliegt, die den übermittelten Daten inhaltlich entspricht. Zur Erteilung der schriftlichen Abrechnung ist der leistende Unternehmer nach § 14 Abs. 1 Satz 1 UStG auf Verlangen des Leistungsempfängers verpflichtet.

2. Rechnungserteilung durch Telex und Telefax

Bei der Rechnungsübermittlung durch Telex und Telefax [2] sind die beim Empfänger ankommenden Schriftstücke (Fernschreiben oder Fernkopie) als zum Vorsteuerabzug berechtigende Rechnungen im Sinne des § 14 UStG anzusehen.

3. Unmittelbare Rechnungserteilung bei Datenfernübertragung und bei Datenübertragung durch Teletex

Bei Datenfernübertragung und bei Datenübertragung durch Teletex kann der Unternehmer die Rechnungserteilung dadurch vornehmen, daß er dem Leistungsempfänger die schriftlichen Abrechnungen in Form von Protokollen über die übertragenden Dateiinhalte oder entsprechende Dateiausdrucke für einen bestimmten Datenübertragungszeitraum (z. B. Tag, Woche, Dekade, Monat) zusendet (schriftliche Einzelabrechnungen). Diese Belege müssen jeweils die in § 14 Abs. 1 Satz 2 Nr. 1 bis 6 UStG aufgeführten Merkmale enthalten bzw. bei fehlenden Angaben auf ergänzende Unterlagen hinweisen (§ 31 Abs. 1 UStDV).

Statt der oben bezeichneten Protokolle bzw. Dateiausdrucke über Einzelabrechnungen kann der leistende Unternehmer dem Leistungsempfänger auch andere Protokolle oder Ausdrucke übersenden, in

---

1) Beachte ab 01.01.2002 die Regelung gem. § 14 Abs. 4 UStG betr. elektronische Rechnung; ab 01.07.2011 beachte Neuregelung zu § 14 Abs. 1 UStG
2) Beachte ab 01.01.2004 BMF vom 29.01.2004, BStBl. 2004 I S. 258; Rz. 23; Abschnitt 184a Abs. 5 UStR 2005

Anlage § 014–07

denen die Entgelte und die darauf entfallenden Steuerbeträge für die einzelnen Umsätze eines Datenübertragungszeitraumes jeweils in einer Summe zusammengefaßt sind (schriftliche Sammelabrechnungen). Diese Belege sind als Rechnung im Sinne des § 14 UStG anzuerkennen, wenn

- a) die in der Sammelabrechnung fehlenden Merkmale (insbesondere die in § 14 Abs. 1 Satz 2 Nr. 3 und 4 UStG bezeichneten Angaben) beim Leistungsempfänger aus den gespeicherten Einzelabrechnungen oder aus den Unterlagen, auf die in diesen Einzelabrechnungen verwiesen wird, eindeutig hervorgehen,
- b) die gespeicherten Einzelabrechnungen jederzeit innerhalb angemessener Frist lesbar gemacht werden können (§§ 146 Abs. 5 und 147 Abs. 5 AO) und
- c) in der Sammelabrechnung auf diese Einzelabrechnungen hingewiesen wird.

Die schriftliche Abrechnung ist nur dann als ausreichender Beleg für den Vorsteuerabzug anzusehen, wenn sie vom leistenden Unternehmer erstellt worden ist, also nicht vom Leistungsempfänger ausgedruckt wurde. Sie ist auch dann als Rechnung im Sinne des § 14 Abs. 4 UStG anzuerkennen, wenn sie der leistende Unternehmer nicht als Papierrechnung, sondern als Microfiche übersendet.

Der Vorsteuerabzug ist für den Besteuerungszeitraum zulässig, in dem die Einzel- oder Sammelabrechnung beim Leistungsempfänger vorliegt (Abschnitt 192 Abs. 2 Satz 4 UStR).

4. Unmittelbare Rechnungserteilung bei Datenträgeraustausch

Die Regelungen unter vorstehender Nummer 3 sind entsprechend anzuwenden, wenn der leistende Unternehmer die Rechnungen durch Datenträgeraustausch übermittelt und diese Daten beim Leistungsempfänger die rechnerische Grundlage für seinen Vorsteuerabzug bilden.

Dienen die durch Datenträgeraustausch übermittelten Daten lediglich der Vervollständigung einer ansonsten im herkömmlichen Wege erteilten Rechnung (z. B. Datenträger enthält nur Angaben über Menge und handelsübliche Bezeichnung des Gegenstandes der Lieferung und über den Leistungszeitpunkt), sind die auf Datenträgern aufgezeichneten Daten als andere Unterlagen im Sinne des § 31 Abs. 1 UStDV anzusehen. In der Rechnung ist auf diese ergänzenden Daten hinzuweisen. Die aufgezeichneten Daten müssen jederzeit innerhalb angemessener Frist lesbar gemacht werden können (§§ 146 Abs. 5 und 147 Abs. 5 AO).

5. Rechnungserteilung unter Einschaltung eines Zentralregulierers

Im Zentralregulierungsgeschäft sind die den Leistungsempfängern erteilten Abrechnungen der zentralen Regulierungsstelle unter folgenden Voraussetzungen als Rechnungen im Sinne des § 14 UStG anzuerkennen:

- a) Die Regulierungsstelle hat die vollständige und unveränderte Weitergabe der ihr von den leistenden Unternehmern im Wege der Datenfernübertragung oder durch Datenträgeraustausch übermittelten Daten an die Leistungsempfänger durch geeignete organisatorische Maßnahmen und Kontrollen sicherzustellen. Sie ist nach §§ 92 ff. AO verpflichtet, den Finanzbehörden die Prüfung des Verfahrens und einzelner Verrechnungsfälle durch Erteilung von Auskünften und Vorlagen von Unterlagen in ihren Räumen zu gestatten.
- b) Soweit die der Regulierungsstelle übermittelten Daten von ihr ebenfalls durch Datenfernübertragung oder Datenträgeraustausch an die Leistungsempfänger weitergeleitet werden, gelten die Grundsätze unter den vorstehenden Nummern 3 und 4 mit der Maßgabe, daß die schriftliche Abrechnung statt vom leistenden Unternehmer von der Regulierungsstelle zu erteilen ist.
- c) Wird in Sammelabrechnungen der Regulierungsstelle an einen Leistungsempfänger über die Leistungen mehrerer Unternehmer abgerechnet, dürfen jeweils nur Leistungen desselben Unternehmers in einer Summe zusammengefaßt werden (vgl. Nummer 3). Die Leistungen der verschiedenen Unternehmer müssen hierbei eindeutig voneinander getrennt werden.

6. Abrechnung durch Gutschrift des Leistungsempfängers

Tritt nach den Grundsätzen über die Verteilung der Abrechnungsbefugnis an die Stelle einer Rechnung des leistenden Unternehmers eine Gutschrift des Leistungsempfängers (Abschnitt 184 Abs. 1 UStR), sind die Regelungen unter den vorstehenden Nummern 1 bis 5 in der Weise anzuwenden, daß die schriftliche Abrechnung vom Leistungsempfänger zu erstellen und dem leistenden Unternehmer zuzuleiten ist. Aus der Gutschrift muß eindeutig hervorgehen, daß sie der Leistungsempfänger erteilt hat (vgl. vorstehende Nummer 3 vorletzter Absatz). Wie im herkömmlichen Abrechnungsverkehr ist die Gutschrift nur dann als Rechnung anzuerkennen, wenn die Abrechnungslast nach dem Zivilrecht den

Anlage § 014–07

Leistungsempfänger trifft oder dieser bei Fehlen einer solchen gesetzlichen Regelung auf der Grundlage seiner eigenen Geschäftsunterlagen abrechnen kann.

7. Dokumentation und Prüfbarkeit des Verfahrens

Der Aufbau und Ablauf des bei der Datenfernübertragung oder bei dem Datenträgeraustausch angewandten computergestützten Verfahrens und dessen Ergebnisse müssen für die Finanzbehörden innerhalb angemessener Zeit prüfbar sein (§ 145 AO). Dies setzt eine Dokumentation voraus, die den Anforderungen der Grundsätze ordnungsmäßiger Speicherbuchführung (BStBl. 1978 Teil I S. 250) genügt.

Für Kontrollzwecke der Finanzbehörden hat der leistende Unternehmer bei der erstmaligen Anwendung des Verfahrens das für ihn zuständige Finanzamt dem Leistungsempfänger schriftlich mitzuteilen.

8. Besonderheiten bei der Beteiligung im Ausland ansässiger Unternehmer

Bei der Abrechnung steuerpflichtiger Lieferungen oder sonstiger Leistungen können die vorbezeichneten Verfahren grundsätzlich auch dann angewendet werden, wenn im Ausland ansässige Unternehmer daran beteiligt sind. Voraussetzung ist jedoch, daß die für die Besteuerung (§§ 16 und 18 Abs. 1 bis 4 UStG) oder für die Durchführung des Vorsteuer-Vergütungsverfahrens (§§ 59 ff. UStDV) zuständige Finanzbehörde das jeweilige Abrechnungsverfahren vor seiner Anwendung genehmigt hat. Die Genehmigung ist nur zu erteilen, wenn sich die beteiligten Unternehmer verpflichten, die für die Überprüfung des Vorsteuerabzugs erforderlichen Protokolle, sonstigen Unterlagen und Nachweise den Finanzbehörden innerhalb angemessener Zeit ausgedruckt vorzulegen. Für die Überprüfung des Vorsteuerabzugs können statt der beim Leistungsempfänger vorliegenden Unterlagen die entsprechenden Unterlagen des leistenden Unternehmers herangezogen werden. Die zuständige Finanzbehörde ist berechtigt, die Anwendung des Verfahrens von weiteren Auflagen abhängig zu machen. Sie kann abei auch die Vorlage weiterer Nachweise oder eine besondere Ausgestaltung der Sammelabrechnungen (vgl. Nummer 3) verlangen (z. B. ausgedruckte Angaben über die gelieferten Gegenstände oder die Art der sonstigen Leistungen).

Dieses Schreiben tritt an die Stelle des BMF-Schreibens vom 28. Dezember 1987 – IV A 1 – S 7280 – 51/87 – (BStBl. 1988 I S. 31).

Anlagen § 014–08 nicht belegt, § 014–09

Rechnungstellung durch Telefax;
Sicherstellung der Lesbarkeit von Telekopien bei Verwendung von thermosensitivem Papier

OFD Frankfurt am Main, Vfg. vom 24.08.1992 – S 7280 A – 49 – St IV 21,
DB 1992 S. 2114; UR 1993 S. 106

Nach dem BMF-Schreiben vom 25.5.1992 IV A 2 – S 7280 – 8/92 (BStBl. I 1992 S. 376 = DB 1992 S. 1379)[1)] sind nunmehr u. a. auch die bei der Rechnungserteilung durch Telefax beim Empfänger ankommenden Schriftstücke (Fernkopien) als zum Vorsteuerabzug berechtigende Rechnungen i. S. des § 14 UStG anzusehen.

Die durch Telefaxgeräte übermittelten Informationen werden z. T. – insbesondere bei älteren Geräten – auf thermosensitivem Papier ausgedruckt. Es handelt sich hierbei um speziell beschichtetes Papier, das auf Licht, Hitze und Feuchtigkeit empfindlich reagiert. Die langfristige Lesbarkeit ist in diesen Fällen z.B. dann nicht gewährleistet, wenn

- die Schriftstücke ständigem Tageslicht ausgesetzt sind;
- Klarsichthüllen, die Weichmacher enthalten, zur Aufbewahrung dieser Schriftstücke herangezogen werden;
- die Schriftstücke stark geknickt oder gefaltet werden;
- eine Bearbeitung der Schriftstücke mit nicht wasserlöslichen Klebern erfolgt;
- keine für Telefaxpapier geeigneten Leuchtmarkierer verwendet werden.

Der den Vorsteuerabzug aus Telekopien beanspruchende Unternehmer ist nach den allgemeinen Ordnungs- und Aufbewahrungspflichten (§ 147 AO) u. a. verpflichtet, bis zum Ablauf der Aufbewahrungsfrist auch für die Lesbarkeit der Buchführungsunterlagen – wie z. B. der Telekopien – Sorge zu tragen. Diese Lesbarkeit kann jedoch bei unsachgemäßer Behandlung der Schriftstücke beeinträchtigt werden.

Es kann daher erforderlich sein, von der Telekopie unmittelbar nach ihrem Eingang eine Ablichtung zu fertigen und der Telekopie beizuheften, um ggf. den Nachweis für das Vorliegen der Voraussetzungen für den Vorsteuerabzug gem. Abschn. 202 Abs. 1 Satz 3 UStR 1992 führen zu können.

Insbesondere bei Außenprüfungen ist hierauf zu achten und der Stpfl. auf die o. a. Verpflichtungen zur Aufbewahrung der Vorsteuerbelege hinzuweisen.

Die Folgen der Nichtbeachtung der ordnungsgemäßen Belegaufbewahrung hat der Stpfl. zu tragen.

Anlagen § 014–10 nicht belegt, § 014–11

Verzinsung von Umsatzsteuernachforderungen nach § 233a AO aufgrund fehlerhafter Endrechnungen; Billigkeitsmaßnahmen

BMF-Schreiben vom 01.04.1996 – IV A 4 – S 0460 a – 20/96, BStBl. 1996 I S. 370[1)]

Werden in einer Endrechnung oder der zugehörigen Zusammenstellung die vor der Leistung vereinnahmten Teilentgelte und die auf sie entfallenden Umsatzsteuerbeträge nicht abgesetzt oder angegeben, so hat der Unternehmer den gesamten in der Endrechnung ausgewiesenen Steuerbetrag an das Finanzamt abzuführen. Der Unternehmer schuldet die in der Endrechnung ausgewiesene Steuer, die auf die vor Ausführung der Leistung vereinnahmten Teilentgelte entfällt, nach § 14 Abs. 2 UStG. Erteilt der Unternehmer dem Leistungsempfänger nachträglich eine berichtigte Endrechnung, die den Anforderungen des § 14 Abs. 1 letzter Satz UStG genügt, so kann er die von ihm geschuldete Steuer in dem Besteuerungszeitraum berichtigen, in dem die berichtigte Endrechnung erteilt wird (vgl. Abschnitte 187 Abs. 10 und 223 Abs. 8 UStR 1996). Hat der Unternehmer die aufgrund der fehlerhaften Endrechnung nach § 14 Abs. 2 UStG geschuldete Steuer nicht in seiner Umsatzsteuer-Voranmeldung berücksichtigt, kann die Nachforderung dieser Steuer im Rahmen der Steuerfestsetzung für das Kalenderjahr zur Festsetzung von Nachzahlungszinsen gemäß § 233a AO führen, wenn der Unternehmer die Endrechnung erst in einem auf das Kalenderjahr der ursprünglichen Rechnungserteilung folgenden Kalenderjahr berichtigt hat.

Unter Bezugnahme auf das Ergebnis der Erörterungen mit den obersten Finanzbehörden der Länder ist die Erhebung von Nachzahlungszinsen in derartigen Fällen sachlich unbillig, weil die zu verzinsende Steuernachforderung lediglich darauf beruht, daß die Steuer nicht rückwirkend in dem Besteuerungszeitraum der ursprünglichen Rechnungserteilung berichtigt werden kann. Deshalb sind die in derartigen Fällen festgesetzten Nachzahlungszinsen zu erlassen, wenn der Unternehmer nach Aufdeckung seines Fehlers sogleich eine berichtigte Endrechnung erteilt.

[1)] Überholt durch BFH vom 19.03.2009 – V R 48/07, BStBl. 2010 II S. 92; siehe dazu Änderung des AO-Anwendungserlasses durch BMF vom 22.12.2009 – IV A 3 – S 0062/08/10007 – 07, BStBl. 2010 I S. 9, Rz. 9:
Die Nummer 70.2.3 der *Regelung zu § 233a* wird wie folgt gefasst:
Werden in einer Endrechnung oder der zugehörigen Zusammenstellung die vor der Leistung vereinnahmten Teilentgelte und die auf sie entfallenden Umsatzsteuerbeträge nicht abgesetzt oder angegeben, so hat der Unternehmer den gesamten in der Endrechnung ausgewiesenen Steuerbetrag an das Finanzamt abzuführen. Der Unternehmer schuldet die in der Endrechung ausgewiesene Steuer, die auf die vor Ausführung der Leistung vereinnahmten Teilentgelte entfällt, nach § 14c Abs. 1 UStG. Erteilt der Unternehmer dem Leistungsempfänger nachträglich eine berichtigte Endrechnung, die den Anforderungen des § 14 Abs. 5 Satz 2 UStG genügt, so kann er die von ihm geschuldete Steuer in dem Besteuerungszeitraum berichtigen, in dem die berichtigte Endrechnung erteilt wird (vgl. Abschn. 187 Abs. 10 Satz 5 und 223 Abs. 9 UStR 2008). Hat der Unternehmer die aufgrund der fehlerhaften Endrechnung nach § 14c Abs. 1 UStG geschuldete Steuer nicht in seiner Umsatzsteuer-Voranmeldung berücksichtigt, kann die Nachforderung dieser Steuer im Rahmen der Steuerfestsetzung für das Kalenderjahr zur Festsetzung von Nachzahlungszinsen gemäß § 233a führen, wenn der Unternehmer die Endrechnung erst in einem auf das Kalenderjahr der ursprünglichen Rechnungserteilung folgenden Kalenderjahr berichtigt hat.
Die Erhebung von Nachzahlungszinsen ist in derartigen Fällen nicht sachlich unbillig (BFH-Urteil vom 19.03.2009 – V R 48/07 – BStBl. 2010 II, S. 92). Aus Vertrauensschutzgründen können in derartigen Fällen die festgesetzten Nachzahlungszinsen aber erlassen werden, wenn fehlerhafte Endrechnungen bis zum 22. Dezember 2009 gestellt wurden und der Unternehmer nach Aufdeckung seines Fehlers sogleich eine berichtigte Endrechnung erteilt hat.

Anlage § 014–12

Vorsteuerabzug aus Sammelrechnungen der Gesellschaft für Zahlungssysteme – GZS – (§§ 14 und 15 UStG)

Erlass FM Hessen vom 20.06.1996 – S 7280 A – 29 – II A 42,
UR 1997 S. 112

Die GZS beabsichtigt, eine sog. Procurement- oder Purchasing-Card („Einkaufkarte") am Markt einzuführen.

Hierbei handelt es sich im Grundsatz um ein Konzept zur Vereinfachung der Beschaffung geringwertiger Wirtschaftsgüter in Unternehmen. Der einzelne Mitarbeiter erhält zu diesem Zweck von seinem Unternehmen eine genau definierte Berechtigung, bestimmte Güter, die für das Unternehmen benötigt werden, bis zu einem bestimmten (Höchst-)Betrag selbst einzukaufen. Zum Nachweis der Einkaufsberechtigung soll eine codierte Karte (ähnlich einer Kreditkarte) dienen, die dem Mitarbeiter ausgehändigt wird und vom Lieferanten „gelesen" werden kann.

Das beschaffende Unternehmen erhält von der GZS eine monatliche Sammelrechnung, die alle gelieferten Waren aller Lieferanten zusammenfaßt.

Die Sammelrechnung soll die folgenden Angaben enthalten:
– Namen und Anschriften der leistenden Unternehmer sowie des Leistungsempfängers (§ 14 Abs. 1 Nr. 1 und 2 UStG),
– Zeitpunkt der Lieferung (§ 14 Abs. 1 Nr. 4 UStG),
– das Entgelt sowie der auf das Entgelt entfallende Steuerbetrag (§ 14 Abs. 1 Nr. 5 und 6 UStG), und zwar konkret mit den Angaben Nettopreis, MwSt.-Satz, MwSt.-Betrag und Bruttopreis.

Die Kartenlösung sieht vor, daß der Lieferant für die Übertragung der relevanten Daten – und seinerseits für den Erhalt der Automatisierung – sein vorhandenes Kreditkartenterminal nutzen kann. Die Anzahl der Kennziffern, die ein „Stand-alone"-Kreditkartenterminal übertragen kann, ist technisch begrenzt. Daher können im jeweiligen Datensatz sinnvoll nur *Produktgruppen* (Beispiel: Werkzeug) eingegeben werden; eine genaue Bezeichnung des gekauften Artikels (Beispiel: Hammer) ist nicht darstellbar.

Die Sammelrechnung wird jedoch für jede Lieferposition eine Referenznummer enthalten, die eine eindeutige Zuordnung zum jeweiligen Lieferschein ermöglicht. Der Lieferschein wiederum enthält alle relevanten Angaben wie Menge und handelsübliche Bezeichnung der gelieferten Artikel (§ 14 Abs. 1 Nr. 3 UStG).

Nach Abstimmung mit den obersten Finanzbehörden des Bundes und der Länder bestehen gegen das o.g. Abrechnungsverfahren keine Bedenken.

Gemäß § 14 Abs. 4 UStG kann grundsätzlich auch ein Dritter im Auftrag des leistenden Unternehmers über eine Lieferung oder eine sonstige Leistung gegenüber dem Leistungsempfänger abrechnen. Dieser Bestimmung wird in der Weise entsprochen, daß das Auftreten der GZS im Namen und für Rechnung der an dem Verfahren beteiligten leistenden Unternehmer in der Sammelrechnung eindeutig zum Ausdruck gebracht wird.

Durch die Angabe der Referenznummer ist eine eindeutige Zuordnung zum jeweiligen Lieferschein möglich, der alle relevanten Daten über Menge und handelsübliche Bezeichnung der gelieferten Artikel enthält. Dem Erfordernis des § 14 Abs. 1 Satz 2 Nr. 3 UStG, ergänzt durch § 31 UStDV, wird auf diese Weise Rechnung getragen. Gegen den Abzug der in diesen Rechnungen ausgewiesenen USt. als Vorsteuer bestehen daher grundsätzlich keine Bedenken.

Anlagen § 014–13, 14 nicht belegt, § 014–15, § 014–16 nicht belegt

Rechnungsausstellung und -berichtigung im nichtkommerziellen Reiseverkehr

BMF-Schreiben vom 25.05.2000 – IV D 1 – S 7282 – 8/00,
BStBl. 2000 I S. 818[1)]

Unter Bezugnahme auf das Ergebnis der Erörterungen mit den obersten Finanzbehörden der Länder gilt Folgendes:

Hat ein inländischer Lieferer – insbesondere im Einzelhandel – über eine Lieferung an einen Abnehmer aus einem Drittland eine Rechnung mit gesondertem Steuerausweis (§ 14 Abs. 1 UStG) bzw. eine Kleinbetragsrechnung im Sinne des § 33 UStDV (z.B. einen Kassenbon mit Angabe des Steuersatzes) erteilt, schuldet er die Steuer nach § 14 Abs. 2 UStG, wenn nachträglich die Voraussetzungen für die Steuerbefreiung als Ausfuhrlieferung im nichtkommerziellen Reiseverkehr (sog. Export über den Ladentisch) erfüllt werden (vgl. im Einzelnen Abschnitt 137 UStR). Die Steuerschuld nach § 14 Abs. 2 UStG erlischt erst, wenn der Lieferer die Rechnung wirksam berichtigt (vgl. Abschnitt 189 Abs. 6 UStR).

Aus Vereinfachungsgründen ist die vorbezeichnete Rechnungsberichtigung entbehrlich, wenn der ausländische Abnehmer die ursprüngliche Rechnung bzw. den ursprünglichen Kassenbon an den inländischen Lieferer zurückgibt und dieser den zurückerhaltenen Beleg aufbewahrt.

---

1) Hinweis auf Anlage § 006-08; beachte ab 01.01.2004 § 14c Abs. 1 UStG

Anlage § 014–17

Grundsätze zum Datenzugriff und zur Prüfbarkeit digitaler Unterlagen (GDPdU)

BMF-Schreiben vom 16.07.2001 – IV D 2 – S 0316 – 136 / 01,
BStBl. 2001 I S. 415[1)]

Unter Bezugnahme auf das Ergebnis der Erörterungen mit den obersten Finanzbehörden der Länder gilt für die Anwendung der Regelungen zum Datenzugriff und zur Prüfbarkeit digitaler Unterlagen (§ 146 Abs. 5, § 147 Abs. 2, 5, 6, § 200 Abs. 1 AO und § 14 Abs. 4 UStG) Folgendes:

I. Datenzugriff

Nach § 147 Abs. 6 AO ist der Finanzbehörde das Recht eingeräumt, die mit Hilfe eines Datenverarbeitungssystems erstellte Buchführung des Steuerpflichtigen durch Datenzugriff zu prüfen. Diese neue Prüfungsmethode tritt neben die Möglichkeit der herkömmlichen Prüfung. Das Recht auf Datenzugriff steht der Finanzbehörde nur im Rahmen steuerlicher Außenprüfungen zu. Durch die Regelungen zum Datenzugriff wird der sachliche Umfang der Außenprüfung (§ 194 AO) nicht erweitert; er wird durch die Prüfungsanordnung (§ 196 AO, § 5 BpO) bestimmt. Gegenstand der Prüfung sind wie bisher nur die nach § 147 Abs. 1 AO aufbewahrungspflichtigen Unterlagen. Es ist jedoch erforderlich, die Prüfungsmethoden den modernen Buchführungstechniken anzupassen. Dies gilt um so mehr, als in zunehmendem Maße der Geschäftsverkehr papierlos abgewickelt wird und ab dem 1. Januar 2002 der Vorsteuerabzug aus elektronischen Abrechnungen mit qualifizierter elektronischer Signatur und Anbieter-Akkreditierung nach dem Signaturgesetz möglich ist.

Die Einführung dieser neuen Prüfungsmethode ermöglicht zugleich rationellere und zeitnähere Außenprüfungen.

1. **Umfang und Ausübung des Rechts auf Datenzugriff nach § 147 Abs. 6 AO**

   Das Recht auf Datenzugriff beschränkt sich ausschließlich auf Daten, die für die Besteuerung von Bedeutung sind (steuerlich relevante Daten).

   Die Daten der Finanzbuchhaltung, der Anlagenbuchhaltung und der Lohnbuchhaltung sind danach für den Datenzugriff zur Verfügung zu halten.

   Soweit sich auch in anderen Bereichen des Datenverarbeitungssystems steuerlich relevante Daten befinden, sind sie durch den Steuerpflichtigen nach Maßgabe seiner steuerlichen Aufzeichnungs- und Aufbewahrungspflichten zu qualifizieren und für den Datenzugriff in geeigneter Weise vorzuhalten.

   Bei unzutreffender Qualifizierung von Daten kann die Finanzbehörde im Rahmen ihres pflichtgemäßen Ermessens verlangen, dass der Steuerpflichtige den Datenzugriff auf diese steuerlich relevanten Daten nachträglich ermöglicht. Das allgemeine Auskunftsrecht des Prüfers (§§ 88, 199 Abs. 1 AO) und die Mitwirkungspflichten des Steuerpflichtigen (§§ 90, 200 AO) bleiben unberührt.

   Bei der Ausübung des Rechts auf Datenzugriff stehen der Finanzbehörde nach dem Gesetz drei Möglichkeiten zur Verfügung. Die Entscheidung, von welcher Möglichkeit des Datenzugriffs die Finanzbehörde Gebrauch macht, steht in ihrem pflichtgemäßen Ermessen; falls erforderlich, kann sie auch mehrere Möglichkeiten in Anspruch nehmen:

   a) Sie hat das Recht, selbst unmittelbar auf das Datenverarbeitungssystem dergestalt zuzugreifen, dass sie in Form des Nur-Lesezugriffs Einsicht in die gespeicherten Daten nimmt und die vom Steuerpflichtigen oder von einem beauftragten Dritten eingesetzte Hard- und Software zur Prüfung der gespeicherten Daten einschließlich der Stammdaten und Verknüpfungen (Daten) nutzt (unmittelbarer Datenzugriff). Dabei darf sie nur mit Hilfe dieser Hard- und Software auf die elektronisch gespeicherten Daten zugreifen. Dies schließt eine Fernabfrage (Online-Zugriff) auf das Datenverarbeitungssystem des Steuerpflichtigen durch die Finanzbehörde aus.

   Der Nur-Lesezugriff umfasst das Lesen, Filtern und Sortieren der Daten gegebenenfalls unter Nutzung der im Datenverarbeitungssystem vorhandenen Auswertungsmöglichkeiten.

   b) Sie kann vom Steuerpflichtigen auch verlangen, dass er an ihrer Stelle die Daten nach ihren Vorgaben maschinell auswertet oder von einem beauftragten Dritten maschinell auswerten lässt, um den Nur-Lesezugriff durchführen zu können (mittelbarer Datenzugriff). Es kann nur eine maschinelle Auswertung unter Verwendung der im Datenverarbeitungssystem des Steuerpflichtigen oder des beauftragten Dritten vorhandenen Auswertungsmöglichkeiten verlangt werden.

---

1) Beachte ab 01.01.2004 die Änderung des § 14 UStG

Anlage § 014–17

c) Sie kann ferner verlangen, dass ihr die gespeicherten Unterlagen auf einem maschinell verwertbaren Datenträger zur Auswertung überlassen werden (Datenträgerüberlassung). Der zur Auswertung überlassene Datenträger ist spätestens nach Bestandskraft der aufgrund der Außenprüfung ergangenen Bescheide an den Steuerpflichtigen zurückzugeben oder zu löschen.

2. Umfang der Mitwirkungspflicht nach §§ 147 Abs. 6 und 200 Abs. 1 Satz 2 AO

Der Steuerpflichtige hat die Finanzbehörde bei Ausübung ihres Rechts auf Datenzugriff zu unterstützen (§ 200 Abs. 1 AO). Im Einzelnen gilt folgendes:

a) Beim unmittelbaren Datenzugriff (Abschnitt I Nr. 1 Buchstabe a) hat der Steuerpflichtige dem Prüfer die für den Datenzugriff erforderlichen Hilfsmittel zur Verfügung zu stellen und ihn für den Nur-Lesezugriff in das DV-System einzuweisen. Die Zugangsberechtigung muss so ausgestaltet sein, dass dem Prüfer dieser Zugriff auf alle steuerlich relevanten Daten eingeräumt wird. Sie umfasst u.a. auch die Nutzung der im DV-System vorhandenen Auswertungsprogramme. Enthalten elektronisch gespeicherte Datenbestände andere, z.B. steuerlich nicht relevante personenbezogene oder dem Berufsgeheimnis (§ 102 AO) unterliegende Daten, so obliegt es dem Steuerpflichtigen oder dem von ihm beauftragten Dritten, durch geeignete Zugriffsbeschränkungen sicherzustellen, dass der Prüfer nur auf steuerlich relevante Daten des Steuerpflichtigen zugreifen kann. Die Zugangsberechtigung hat auch die Nutzung der im DV-System vorhandenen Auswertungsprogramme zu umfassen.

Das Datenverarbeitungssystem muss die Unveränderbarkeit des Datenbestandes gewährleisten (§ 146 Abs. 4 AO; Abschnitt V des BMF-Schreibens zu den Grundsätzen ordnungsmäßiger DV-gestützter Buchführungssysteme (GoBS) vom 7. November 1995, BStBl. I S. 738). Eine Veränderung des Datenbestandes und des Datenverarbeitungssystems durch die Finanzbehörde ist somit ausgeschlossen.

b) Beim mittelbaren Datenzugriff (Abschnitt I Nr. 1 Buchstabe b) gehört zur Mithilfe des Steuerpflichtigen beim Nur-Lesezugriff (Abschnitt I Nr. 1 Buchstabe a Abs. 2) neben der Zurverfügungstellung von Hard- und Software die Unterstützung durch mit dem Datenverarbeitungssystem vertraute Personen. Der Umfang der zumutbaren Mithilfe richtet sich nach den betrieblichen Begebenheiten des Unternehmens. Hierfür können z.B. seine Größe oder Mitarbeiterzahl Anhaltspunkte sein.

c) Bei der Datenträgerüberlassung (Abschnitt I Nr. 1 Buchstabe c) sind der Finanzbehörde mit den gespeicherten Unterlagen und Aufzeichnungen alle zur Auswertung der Daten notwendigen Informationen (z.B. über die Dateistruktur, die Datenfelder sowie interne und externe Verknüpfungen) in maschinell auswertbarer Form zur Verfügung zu stellen. Dies gilt auch in den Fällen, in denen sich die Daten bei Dritten befinden.

3. Grundsatz der Verhältnismäßigkeit

Die Finanzbehörde hat bei Anwendung der Regelungen zum Datenzugriff den Grundsatz der Verhältnismäßigkeit zu beachten. Dies bedeutet u.a.:

a) Bei **vor dem 1. Januar 2002** archivierten Daten kann sie beim unmittelbaren Datenzugriff (Abschnitt I Nr. 1 Buchstabe a Abs. 1) und beim mittelbaren Datenzugriff (Abschnitt I Nr. 1 Buchstabe b) nicht verlangen, dass diese Daten für Zwecke ihrer maschinellen Auswertung (§ 147 Abs. 2 Nr. 2 AO i.V. mit § 147 Abs. 6 AO) nochmals in das Datenverarbeitungssystem eingespeist (reaktiviert) werden, wenn dies mit unverhältnismäßigem Aufwand für den Steuerpflichtigen verbunden wäre. Dies kommt z.B. in Betracht bei fehlender Speicherkapazität, nochmaliger Erfassung der Daten, Archivierung der Daten außerhalb des aktuellen Datenverarbeitungssystems, Wechsel des Hard- oder Software-Systems. Müssen hiernach die Daten nicht reaktiviert werden, braucht der Steuerpflichtige auch nicht die für eine maschinelle Auswertung der betreffenden Daten erforderliche Hard- und Software zur Verfügung zu halten, wenn sie nicht mehr im Einsatz ist. Dies gilt auch, wenn die Aufbewahrungsfrist (§ 147 Abs. 3 AO) noch nicht abgelaufen ist.

Diese für die maschinelle Auswertbarkeit der Daten erforderliche technische, organisatorische und zeitliche Einschränkung bezieht sich nicht auf die Pflicht des Steuerpflichtigen zur Lesbarmachung der Daten (§ 147 Abs. 2 Nr. 2 AO, § 147 Abs. 5 AO). Die Lesbarmachung muss während der ganzen Aufbewahrungsfrist sichergestellt sein.

b) Bei **nach dem 31. Dezember 2001** archivierten Daten ist beim unmittelbaren Datenzugriff (Abschnitt I Nr. 1 Buchstabe a Abs. 1) und beim mittelbaren Datenzugriff (Abschnitt I Nr. 1 Buch-

Anlage § 014–17

stabe b) die maschinelle Auswertbarkeit (§ 147 Abs. 2 Nr. 2 und Abs. 6 AO) in Form des Nur-Lesezugriffs (Abschnitt I Nr. 1 Buchstabe a Abs. 2) sicherzustellen. Im Falle eines Systemwechsels ist es nicht erforderlich, die ursprüngliche Hard- und Software vorzuhalten, wenn die maschinelle Auswertbarkeit auch für die nach dem 31. Dezember 2001, aber vor dem Systemwechsel archivierten Daten durch das neue oder ein anderes System gewährleistet ist.

c) Für die Datenträgerüberlassung (Abschnitt I Nr. 1 Buchstabe c) kann die Finanzbehörde nicht verlangen, **vor dem 1. Januar 2002** auf nicht maschinell auswertbaren Datenträgern (z.B. Mikrofilm) archivierte Daten auf maschinell auswertbare Datenträger aufzuzeichnen.

II. Prüfbarkeit digitaler Unterlagen

1. Elektronische Abrechnungen im Sinne des § 14 Abs. 4 Satz 2 UStG

Die qualifizierte elektronische Signatur mit Anbieter-Akkreditierung nach § 15 Abs. 1 des Signaturgesetzes ist Bestandteil der elektronischen Abrechnung[1]. Der Originalzustand des übermittelten ggf. noch verschlüsselten Dokuments muss jederzeit überprüfbar sein. Dies setzt neben den Anforderungen nach Abschnitt VIII Buchstabe b) Nr. 2 der GoBS (a.a.O.) insbesondere voraus, dass

– vor einer weiteren Verarbeitung der elektronischen Abrechnung die qualifizierte elektronische Signatur im Hinblick auf die Integrität der Daten und die Signaturberechtigung geprüft werden und das Ergebnis dokumentiert wird;

– die Speicherung der elektronischen Abrechnung auf einem Datenträger erfolgt, der Änderungen nicht mehr zulässt. Bei einer temporären Speicherung auf einem änderbaren Datenträger muss das DV-System sicherstellen, dass Änderungen nicht möglich sind;

– bei Umwandlung (Konvertierung) der elektronischen Abrechnung in ein unternehmenseigenes Format (sog. Inhouse-Format) beide Versionen archiviert und nach den GoBS mit demselben Index verwaltet werden sowie die konvertierte Version als solche gekennzeichnet wird;

– der Signaturprüfschlüssel aufbewahrt wird;

– bei Einsatz von Kryptographietechniken die verschlüsselte und die entschlüsselte Abrechnung sowie der Schlüssel zur Entschlüsselung der elektronischen Abrechnung aufbewahrt wird;

– der Eingang der elektronischen Abrechnung, ihre Archivierung und ggf. Konvertierung sowie die weitere Verarbeitung protokolliert werden;

– die Übertragungs-, Archivierungs- und Konvertierungssysteme den Anforderungen der GoBS, insbesondere an die Dokumentation, an das interne Kontrollsystem, an das Sicherungskonzept sowie an die Aufbewahrung entsprechen;

– das qualifizierte Zertifikat des Empfängers aufbewahrt wird.

2. Sonstige aufbewahrungspflichtige Unterlagen

– Bei sonstigen aufbewahrungspflichtigen Unterlagen i.S.d. § 147 Abs. 1 AO, die digitalisiert sind und nicht in Papierform übermittelt werden, muss das dabei angewendete Verfahren den GoBS entsprechen.

– Der Originalzustand der übermittelten ggf. noch verschlüsselten Daten muss erkennbar sein (§ 146 Abs. 4 AO). Die Speicherung hat auf einem Datenträger zu erfolgen, der Änderungen nicht mehr zulässt. Bei einer temporären Speicherung auf einem änderbaren Datenträger muss das Datenverarbeitungssystem sicherstellen, dass Änderungen nicht möglich sind.

– Bei Einsatz von Kryptographietechniken sind die verschlüsselte und die entschlüsselte Unterlage aufzubewahren.

– Bei Umwandlung (Konvertierung) der sonstigen aufbewahrungspflichtigen Unterlagen in ein unternehmenseigenes Format (sog. Inhouse-Format) sind beide Versionen zu archivieren und nach den GoBS mit demselben Index zu verwalten sowie die konvertierte Version als solche zu kennzeichnen.

– Wenn Signaturprüfschlüssel oder kryptographische Verfahren verwendet werden, sind die verwendeten Schlüssel aufzubewahren.

– Bei sonstigen aufbewahrungspflichtigen Unterlagen sind der Eingang, ihre Archivierung und ggf. Konvertierung sowie die weitere Verarbeitung zu protokollieren.

---

1) Anpassung des § 14 Abs. 4 Satz 2 UStG 1999 an das Signaturgesetz vom 16.05.2001 (BGBl. I S. 876) ist mit dem Steueränderungsgesetz 2001 erfolgt; vgl. den Gesetzestext ab 01.01.2002

Anlage § 014–17

III. Archivierung digitaler Unterlagen

1. Originär digitale Unterlagen nach § 146 Abs. 5 AO sind auf maschinell verwertbaren Datenträgern zu archivieren. Originär digitale Unterlagen sind die in das Datenverarbeitungssystem in elektronischer Form eingehenden und die im Datenverarbeitungssystem erzeugten Daten; ein maschinell verwertbarer Datenträger ist ein maschinell lesbarer und auswertbarer Datenträger. Die originär digitalen Unterlagen dürfen nicht ausschließlich in ausgedruckter Form oder auf Mikrofilm aufbewahrt werden. Somit reicht die Aufzeichnung im COM-Verfahren (Computer-Output-Microfilm) nicht mehr aus. Diese Einschränkung gilt nicht, wenn die vor der Übertragung auf Mikrofilm vorhandenen Daten vorgehalten werden, die eine maschinelle Auswertbarkeit durch das Datenverarbeitungssystem gewährleisten. Nicht ausreichend ist auch die ausschließliche Archivierung in maschinell nicht auswertbaren Formaten (z.B. pdf-Datei).

    Eine Pflicht zur Archivierung einer Unterlage i.S. des § 147 Abs. 1 AO in maschinell auswertbarer Form (§ 147 Abs. 2 Nr. 2 AO) besteht nicht, wenn diese Unterlage zwar DV-gestützt erstellt wurde, sie aber nicht zur Weiterverarbeitung in einem DV-gestützten Buchführungssystem geeignet ist (z.B. Textdokumente).

2. Originär in Papierform angefallene Unterlagen, z.B. Eingangsrechnungen, können weiterhin mikroverfilmt werden.

3. Kann im Falle eines abweichenden Wirtschaftsjahrs die Archivierung ab 1. Januar 2002 nachweisbar aus technischen Gründen nicht auf einem maschinell auswertbaren Datenträger (§ 147 Abs. 2 Nr. 2 AO) erfolgen, wird dies nicht beanstandet, wenn der Steuerpflichtige bis spätestens zu Beginn des anschließenden abweichenden Wirtschaftsjahrs den Archivierungspflichten gemäß § 147 Abs. 2 Nr. 2 AO nachkommt.

IV. Anwendung

1. Die Regelungen zum Datenzugriff (Abschnitt I) sind bei steuerlichen Außenprüfungen anzuwenden, die nach dem 31. Dezember 2001 beginnen.

2. Die Regelungen zur Prüfbarkeit digitaler Unterlagen (Abschnitt II) gelten
    a) für elektronische Abrechnungen mit Inkrafttreten des § 14 Abs. 4 Satz 2 UStG (1. Januar 2002) und
    b) für sonstige aufbewahrungspflichtige Unterlagen, die nach dem 31. Dezember 2001 erstellt werden.

Im Übrigen bleiben die Regelungen des BMF-Schreibens zu den Grundsätzen ordnungsmäßiger DV-gestützter Buchführungssysteme (GoBS) vom 7. November 1995 (BStBl. I S. 738) unberührt.

Anlagen § 014–18, 19 nicht belegt, § 014–20

§ 14 Abs. 4 Satz 1 Nr. 6 und Nr. 7 Umsatzsteuergesetz (UStG), Angabe des Zeitpunkts der Leistung und der im Voraus vereinbarten Minderungen des Entgelts

BMF-Schreiben vom 03.08.2004 – IV B 7 – S 7280a – 145/04,
BStBl. 2004 I S. 739

Gemäß § 14 Abs. 4 Satz 1 Nr. 6 UStG ist in der Rechnung der Zeitpunkt der Lieferung oder sonstigen Leistung anzugeben. Im Fall des § 14 Abs. 5 Satz 1 UStG ist der Tag der Vereinnahmung des Entgelts oder eines Teils des Entgelts anzugeben, sofern dieser Zeitpunkt feststeht und nicht mit dem Ausstellungsdatum der Rechnung identisch ist. Gemäß § 14 Abs. 4 Satz 1 Nr. 7 UStG muss in der Rechnung u.a. auch jede im Voraus vereinbarte Minderung des Entgelts, soweit sie nicht bereits im Entgelt enthalten ist, angegeben werden. Unter Bezugnahme auf das Ergebnis der Erörterungen mit den obersten Finanzbehörden der Länder gilt hierzu Folgendes:

1. Angabe des Zeitpunkts der Leistung oder der Vereinnahmung[1]

Die Angabe des Zeitpunkts der Lieferung oder der sonstigen Leistung ist im Regelfall erforderlich. Dies gilt auch dann, wenn der Tag der Leistung mit dem Rechnungsdatum übereinstimmt. Bei einer Rechnung über eine bereits ausgeführte Lieferung oder sonstige Leistung ist eine Angabe des Leistungszeitpunkts in jedem Fall erforderlich. Der Zeitpunkt der Leistung kann sich aus anderen Dokumenten (z.B. Lieferschein) ergeben, die jedoch in dem Dokument, in dem Entgelt und Steuerbetrag enthalten sind, zu bezeichnen sind (§ 31 Abs. 1 UStDV). Bei der Angabe des Zeitpunkts der Leistung reicht es aus, wenn der Kalendermonat angegeben wird, in dem die Leistung ausgeführt wurde (§ 31 Abs. 4 UStDV).

Wird über eine noch nicht ausgeführte Lieferung oder sonstige Leistung abgerechnet, handelt es sich um eine Rechnung über eine Anzahlung, in der die Angabe des Zeitpunkts der Vereinnahmung des Entgelts oder Teilentgelts entsprechend § 14 Abs. 4 Satz 1 Nr. 6 UStG nur dann erforderlich ist, wenn der Zeitpunkt der Vereinnahmung feststeht und nicht mit dem Ausstellungsdatum der Rechnung übereinstimmt. In diesem Fall reicht es aus, den Kalendermonat der Vereinnahmung anzugeben.

2. Angabe der im Voraus vereinbarten Minderung des Entgelts

Gemäß §1 4 Abs. 1 Satz 2 UStG sind Rechnungen in Papierform oder vorbehaltlich der Zustimmung des Empfängers auf elektronischem Weg zu übermitteln. Da Vereinbarungen über Entgeltminderungen auch Bestandteil der Rechnung sind, gelten die sich aus § 14 Abs. 1 Satz 2 UStG ergebenden Formerfordernisse auch für diese. Gemäß § 31 Abs. 1 UStDV kann eine Rechnung aus mehreren Dokumenten bestehen, aus denen sich die nach § 14 Abs. 4 UStG erforderlichen Angaben insgesamt ergeben. Sofern die Entgeltminderungsvereinbarung in dem Dokument, in dem Entgelt und Steuerbetrag angegeben sind, nicht enthalten ist, muss diese als gesondertes Dokument schriftlich beim leistenden Unternehmer **und** beim Leistungsempfänger oder dem jeweils beauftragten Dritten (§ 14 Abs. 2 Satz 4 UStG) vorliegen. Allerdings sind in dem Dokument, in dem das Entgelt und der darauf entfallende Steuerbetrag zusammengefasst angegeben sind, die anderen Dokumente **zu bezeichnen,** aus denen sich die übrigen Angaben ergeben. Die Angaben müssen leicht und eindeutig nachprüfbar sein.

2.1 Rabatt- oder Bonusvereinbarung

Gemäß § 14 Abs. 4 Satz 1 Nr. 7 UStG ist in der Rechnung jede im Voraus vereinbarte Minderung des Entgelts anzugeben, sofern diese nicht bereits im Entgelt berücksichtigt ist.

In Anwendung der vorgenannten Vorschriften ist es deshalb ausreichend, wenn in dem Dokument, das zusammengefasst die Angabe des Entgelts und des darauf entfallenden Steuerbetrags enthält, auf die entsprechende Konditionsvereinbarung hingewiesen wird. Für eine leichte Nachprüfbarkeit ist allerdings eine hinreichend genaue Bezeichnung erforderlich. Um den Erfordernissen des § 31 Abs. 1 UStDV zu genügen, können die entsprechenden Vereinbarungen enthaltenden Dokumente z.B. durch einen Hinweis wie „Es ergeben sich Entgeltminderungen auf Grund von Rabatt- oder Bonusvereinbarungen.", „Entgeltminderungen ergeben sich aus unseren aktuellen Rahmen- und Konditionsvereinbarungen." oder „Es bestehen Rabatt- oder Bonusvereinbarungen." bezeichnet werden. Dies gilt allerdings nur, wenn die Angaben leicht und eindeutig nachprüfbar sind (§ 31 Abs. 1 Satz 3 UStDV). Eine leichte und eindeutige Nachprüfbarkeit ist gegeben, wenn die Dokumente über die Entgeltminderungsvereinbarung in Schriftform vorhanden sind und auf Nachfrage ohne Zeitverzögerung bezogen auf die jeweilige Rechnung vorgelegt werden können.

---

[1] Beachte auch BMF vom 13.12.2004, Anlage § 014–22 sowie die Neufassung von § 14 Abs. 4 Satz 1 Nr. 6 UStG ab 19.12.2006

Anlage § 014–20

Ändert sich eine vor Ausführung der Leistung getroffene Vereinbarung nach diesem Zeitpunkt, ist es nicht erforderlich, die Rechnung zu berichtigen.

Die Verpflichtung zur Angabe der im Voraus vereinbarten Minderungen des Entgelts bezieht sich nur auf solche Vereinbarungen, die der Leistungsempfänger gegenüber dem leistenden Unternehmer unmittelbar geltend machen kann. Vereinbarungen des leistenden Unternehmers mit Dritten, die nicht Leistungsempfänger sind, müssen in der Rechnung nicht bezeichnet werden. Im Übrigen gilt § 17 Abs. 1 Satz 2 UStG unverändert fort.

2.2 Skonto

Bei Skontovereinbarungen genügt eine Angabe wie z.B. „2% Skonto bei Zahlung bis ..." den Anforderungen des § 14 Abs. 4 Nr. 7 UStG. Das Skonto muss nicht betragsmäßig (weder mit dem Bruttobetrag noch mit dem Nettobetrag zzgl. USt) ausgewiesen werden.

3. Änderung der Bemessungsgrundlage

Die Berichtigung des Steuerbetrags nach § 17 Abs. 1 UStG ist durch den leistenden Unternehmer für den Zeitpunkt vorzunehmen, in dem sich die Minderung der Bemessungsgrundlage durch Inanspruchnahme des Skonto oder die Gewährung des Bonus oder des Rabattes verwirklicht. Das gilt für die Berichtigung des Vorsteuerabzugs durch den Leistungsempfänger entsprechend.

Ein Belegaustausch ist bei Inanspruchnahme des Skonto oder der Gewährung des Rabattes oder des Bonus nicht erforderlich. Entsprechend Abschnitt 223 Abs. 3 Satz 4 UStR ist ein Belegaustausch nur für die in § 17 Abs. 4 UStG bezeichneten Fälle vorgeschrieben.

Anlage § 014–21

§ 14 Abs. 2 Satz 1 UStG – Ausstellung von Rechnungen – § 14b Abs. 1 Satz 5 UStG – Aufbewahrungspflichten des nichtunternehmerischen Leistungsempfängers

BMF vom 24.11.2004 – IV A 5 – S 7280 – 21/04 / IV A 5 – S 7295 – 1/4 –, BStBl. 2004 I S. 1122[1])

Durch Art. 12 Nr. 1 Buchst. a des Gesetzes zur Intensivierung der Bekämpfung der Schwarzarbeit und damit zusammenhängender Steuerhinterziehung[2]) wurde § 14 Abs. 2 UStG neu gefasst. Durch Art. 12 Nr. 1 Buchst. b des Gesetzes zur Intensivierung der Bekämpfung der Schwarzarbeit und damit zusammenhängender Steuerhinterziehung wurde in § 14 Abs. 4 Satz 1 UStG eine neue Nr. 9 angefügt. Durch Art. 12 Nr. 2 des Gesetzes zur Intensivierung der Bekämpfung der Schwarzarbeit und damit zusammenhängender Steuerhinterziehung wurde § 14b Abs. 1 UStG ein neuer Satz 5 angefügt. Die Änderungen sind gem. Art. 26 des Gesetzes zur Intensivierung der Bekämpfung der Schwarzarbeit und damit zusammenhängender Steuerhinterziehung zum 01.08.2004 in Kraft getreten. Unter Bezugnahme auf das Ergebnis der Erörterungen mit den obersten Finanzbehörden der Länder gilt Folgendes:

1. Verpflichtung zur Erteilung einer Rechnung bei steuerpflichtigen Werklieferungen oder sonstigen Leistungen im Zusammenhang mit einem Grundstück (§ 14 Abs. 2 Satz 1 Nr. 1 UStG)

1.1 Rechnungserteilungspflicht

Gem. § 14 Abs. 2 Satz 1 Nr. 1 UStG ist der leistende Unternehmer, soweit er eine steuerpflichtige Werklieferung oder sonstige Leistung im Zusammenhang mit einem Grundstück ausführt, verpflichtet, innerhalb von sechs Monaten nach Ausführung der Leistung eine Rechnung auszustellen. Diese Verpflichtung zur Erteilung einer Rechnung besteht auch dann, wenn es sich beim Leistungsempfänger nicht um einen Unternehmer, der die Leistung für sein Unternehmen bezieht, handelt. 1

Um eine Verpflichtung zur Rechnungserteilung nach § 14 Abs. 2 Satz 1 Nr. 1 UStG zu bejahen, kommt es nicht darauf an, ob der Empfänger der steuerpflichtigen Werklieferung oder sonstigen Leistung der Eigentümer des Grundstücks ist. Auch der Mieter einer Mietwohnung kann als Auftraggeber einer Werklieferung oder sonstigen Leistung im Zusammenhang mit einem Grundstück in Betracht kommen. 2

Die Verpflichtung zur Erteilung einer Rechnung bei steuerpflichtigen Werklieferungen oder sonstigen Leistungen im Zusammenhang mit einem Grundstück gilt auch für Kleinunternehmer i.S. des § 19 Abs. 1 UStG. Allerdings dürfen Kleinunternehmer die USt. nicht gesondert ausweisen (§ 19 Abs. 1 Satz 1 UStG). Die Rechnungserteilungspflicht bei steuerpflichtigen Werklieferungen oder sonstigen Leistungen im Zusammenhang mit einem Grundstück gilt auch für Land- und Forstwirte, die die Durchschnittssatzbesteuerung nach § 24 UStG anwenden. 3

An der Möglichkeit des Leistungsempfängers, sofern er ein Unternehmer ist, der die Leistung für sein Unternehmen bezieht, oder eine juristische Person ist, die kein Unternehmer ist, unter den Voraussetzungen des § 14 Abs. 2 Satz 2 und 3 UStG eine Gutschrift auszustellen, hat sich auch hinsichtlich der steuerpflichtigen Werklieferungen und sonstigen Leistungen im Zusammenhang mit einem Grundstück gegenüber der bisher schon geltenden Rechtslage keine Änderung ergeben. 4

Die Rechnung ist innerhalb von sechs Monaten nach Ausführung der Werklieferung oder sonstigen Leistung zu erteilen. Im Fall der Vereinnahmung des Entgelts oder eines Teils des Entgelts für eine steuerpflichtige Werklieferung oder sonstige Leistung im Zusammenhang mit einem Grundstück vor Ausführung der Leistung ist die Rechnung innerhalb von sechs Monaten nach Vereinbarung des Entgelts oder des Teilentgelts auszustellen. Dabei muss die Rechnung die sich aus § 14 Abs. 4 Satz 1 UStG ergebenden Pflichtangaben enthalten. Soweit es sich um eine Rechnung über einen Gesamtbetrag von bis zu 100 € handelt (Kleinbetragsrechnung), müssen die sich aus § 33 UStDV ergebenden Pflichtangaben in der Rechnung enthalten sein. 5

Sofern der leistende Unternehmer mit dem Leistungsempfänger zulässigerweise vereinbart hat, dass die Rechnung vom Leistungsempfänger erstellt werden soll (Gutschrift i.S. des § 14 Abs. 2 Satz 2 UStG), hat der Leistungsempfänger die Rechnung innerhalb von sechs Monaten zu erteilen. 6

Der vorsätzliche oder leichtfertige Verstoß gegen die Verpflichtung zur Erteilung einer Rechnung oder zur rechtzeitigen Erteilung einer Rechnung ist nach § 26a Abs. 1 Nr. 1 UStG eine Ordnungswidrigkeit, die nach § 26a Abs. 2 UStG mit einer Geldbuße bis zu 5.000 € geahndet werden kann. 7

Die Erteilung einer Rechnung, die nicht alle in § 14 Abs. 4 Satz 1 UStG aufgeführten Pflichtangaben enthält, gilt nicht als Ordnungswidrigkeit. Dies gilt auch, wenn der nach § 14 Abs. 4 Satz 1 Nr. 9 UStG erforderliche Hinweis nicht in der Rechnung angebracht wird. 8

---

1) Siehe dazu *Schmidt*, DB 2004 S. 1699
2) BGBl. I 2004 S. 1842

Anlage § 014–21

9 Für steuerpflichtige sonstige Leistungen der in § 4 Nr. 12 Satz 1 und 2 UStG bezeichnete Art, die weder an einen anderen Unternehmer für dessen Unternehmen noch an eine juristische Person erbracht werden, besteht keine Rechnungserteilungspflicht.

1.2 Leistungen im Zusammenhang mit einem Grundstück

10 Der Begriff der steuerpflichtigen Werklieferungen oder sonstigen Leistungen im Zusammenhang mit einem Grundstück umfasst die Bauleistungen des § 13b Abs. 1 Satz 1 Nr. 4 UStG und darüber hinaus die sonstigen Leistungen im Zusammenhang mit einem Grundstück i.S. des § 3a Abs. 2 Nr. 1 UStG.

11 Demnach gehören zu den Leistungen, bei denen nach § 14 Abs. 2 Satz 1 Nr. 1 UStG eine Verpflichtung zur Rechnungserteilung besteht, zunächst alle Bauleistungen, bei denen die Steuerschuld unter den weiteren Voraussetzungen des § 13b Abs. 1 Satz 1 Nr.4 UStG auf den Leistungsempfänger übergehen kann[1].

12 Weiter gehören dazu die steuerpflichtigen Werklieferungen oder sonstigen Leistungen, die der Erschließung von Grundstücken oder der Vorbereitung von Bauleistungen dienen. Damit sind z.B. auch die folgenden Leistungen von der Verpflichtung zur Rechnungserteilung umfasst:
– planerische Leistungen (z.B. von Statikern, Architekten, Garten- und Innenarchitekten, Vermessungs-, Prüf- und Bauingenieuren),
– Labordienstleistungen (z.B. die chemische Analyse von Baustoffen oder Bodenproben),
– reine Leistungen zur Bauüberwachung,
– Leistungen zur Prüfung von Bauabrechnungen,
– Leistungen zur Durchführung von Ausschreibungen und Vergaben,
– Abbruch- oder Erdarbeiten.

13 Hinsichtlich des Begriffs der steuerpflichtigen sonstigen Leistungen im Zusammenhang mit einem Grundstück wird weiter auf Abschn. 34 UStR verwiesen.

14 Die steuerpflichtige Werklieferung oder sonstige Leistung muss in engem Zusammenhang mit einem Grundstück stehen. Ein enger Zusammenhang ist gegeben, wenn sich die Werklieferung oder sonstige Leistung nach den tatsächlichen Umständen überwiegend auf die Bebauung, Verwertung, Nutzung oder Unterhaltung aber auch Veräußerung oder den Erwerb des Grundstücks selbst bezieht.

15 Daher besteht auch bei der Erbringung u.a. folgender Leistungen eine Verpflichtung zur Erteilung einer Rechnung:
– Zur Verfügung Stellen von Betonpumpen oder von anderem Baugerät,
– Aufstellen von Material- oder Bürocontainern,
– Aufstellen von mobilen Toilettenhäusern,
– Entsorgung von Baumaterial (z.B. Schuttabfuhr durch ein Abfuhrunternehmen),
– Gerüstbau,
– bloße Reinigung von Räumlichkeiten oder Flächen (z.B. Fensterreinigung),
– Instandhaltungs- (z.B. Klempnerarbeiten), Reparatur- und Wartungsarbeiten an Bauwerken oder Teilen von Bauwerken (z.B. Renovierungsarbeiten wie Malerarbeiten),
– Anlegen von Grünanlagen und Bepflanzungen deren Pflege (z.B. Bäume, Gehölze, Blumen, Rasen),
– Beurkundung von Grundstückskaufverträgen durch Notare,
– Vermittlungsleistungen der Makler bei Grundstücksveräußerungen oder Vermietungen.

16 Sofern selbständige Leistungen vorliegen, sind folgende Leistungen keine Leistungen im Zusammenhang mit einem Grundstück, bei denen nach § 14 Abs. 2 Satz 1 Nr. 1 UStG die Verpflichtung zur Erteilung einer Rechnung besteht:
– die Veröffentlichung von Immobilienanzeigen, z.B. durch Zeitungen
– die Rechts- und Steuerberatung in Grundstückssachen.

17 Alltägliche Geschäfte, die mit einem Kaufvertrag abgeschlossen werden (z.B. der Erwerb von Gegenständen durch einen Nichtunternehmer in einem Baumarkt), unterliegen nicht der Verpflichtung zur Rechnungserteilung. Auch die Lieferung von Baumaterial auf eine Baustelle eines Nichtunternehmers oder eines Unternehmers, der das Baumaterial für seinen nichtunternehmerischen Bereich bezieht, wird nicht von der Verpflichtung zur Erteilung einer Rechnung umfasst.

---
[1] Vgl. hierzu BMF vom 31.03.2004, BStBl. 2004 I S. 453; DB 2004 S. 785

1.3 Hinweis auf die Aufbewahrungspflicht des nichtunternehmerischen Leistungsempfängers (§ 14 Abs. 4 Satz 1 Nr. 9 UStG)

Nach § 14 Abs. 4 Satz 1 Nr. 9 UStG ist der leistende Unternehmer bei Ausführung einer steuerpflichtigen Werklieferung oder sonstigen Leistung im Zusammenhang mit einem Grundstück verpflichtet, in der Rechnung auf die einem nichtunternehmerischen Leistungsempfänger nach § 14b Abs. 1 Satz 5 UStG obliegenden Aufbewahrungspflichten hinzuweisen. Hierbei ist es ausreichend, wenn in der Rechnung z.B. ein allgemeiner Hinweis erhalten ist, dass ein nichtunternehmerischer Leistungsempfänger diese Rechnung zwei Jahre aufzubewahren hat. 18

Ein Hinweis auf die Aufbewahrungspflicht des Leistungsempfängers nach § 14b Abs. 1 Satz 5 UStG ist nicht erforderlich, wenn es sich bei der steuerpflichtigen Werklieferung oder sonstigen Leistung um eine Bauleistung i.S. des § 13b Abs. 1 Satz 1 Nr. 4 UStG an einen anderen Unternehmer handelt, für die dieser die Umsatzsteuer schuldet. Der Leistungsempfänger ist in diesen Fällen gem. § 14b Abs. 1 Satz 4 Nr. 3 UStG verpflichtet, die Rechnung zehn Jahre aufzubewahren, auch wenn er die Leistung für seinen nichtunternehmerischen Bereich bezieht. 19

Ein Hinweis auf die Aufbewahrungspflichten des Leistungsempfängers ist nicht erforderlich, wenn es sich um eine Kleinbetragsrechnung i.S. des § 33 UStDV handelt. 20

2. Verpflichtung zur Erteilung einer Rechnung bei Lieferungen oder sonstigen Leistungen an einen anderen Unternehmer für dessen Unternehmen oder an eine juristische Person (§ 14 Abs. 2 Satz 1 Nr. 2 UStG)

Nach § 14 Abs. 2 Satz 1 Nr. 2 UStG ist der Unternehmer bei Ausführung einer Lieferung oder sonstigen Leistung an einen anderen Unternehmer für dessen Unternehmen oder an eine juristische Person, die nicht Unternehmer ist, verpflichtet, innerhalb von sechs Monaten nach Ausführung der Leistung eine Rechnung zu erteilen. Auf die Steuerpflicht kommt es dabei nicht an.[1)] Im Fall der Vereinnahmung des Entgelts oder eines Teils des Entgelts vor Ausführung der Leistung ist die Rechnung innerhalb von sechs Monaten nach Vereinnahmung des Entgelts oder des Teilentgelts auszustellen. 21

Sofern der leistende Unternehmer mit dem Leistungsempfänger zulässigerweise vereinbart hat, dass die Rechnung vom Leistungsempfänger erstellt werden soll (Gutschrift i.S. des § 14 Abs. 2 Satz 2 UStG), hat der Leistungsempfänger die Rechnung innerhalb von sechs Monaten zu erteilen. 22

Der vorsätzliche oder leichtfertige Verstoß gegen die Verpflichtung zur Erteilung einer Rechnung oder zur rechtzeitigen Erteilung einer Rechnung ist nach § 26a Abs. 1 Nr. 1 UStG eine Ordnungswidrigkeit, die nach § 26a Abs. 2 UStG mit einer Geldbuße bis zu 5.000 € geahndet werden kann. Die Erteilung einer Rechnung, die nicht alle in § 14 Abs. 4 Satz 1 UStG aufgeführten Pflichtangaben enthält, gilt nicht als Ordnungswidrigkeit. 23

3. Aufbewahrungspflicht des nichtunternehmerischen Leistungsempfängers (§ 14b Abs. 1 Satz 5 UStG)

Gemäß § 14b Abs. 1 Satz 5 UStG ist der Empfänger einer steuerpflichtigen Werklieferung oder sonstigen Leistung im Zusammenhang mit einem Grundstück verpflichtet, die Rechnung, einen Zahlungsbeleg oder eine andere beweiskräftige Unterlage zwei Jahre aufzubewahren, soweit er nicht Unternehmer oder ein Unternehmer ist, der die Leistung für seinen nichtunternehmerischen Bereich verwendet. Handelt es sich beim Leistungsempfänger um einen Unternehmer, der die Leistung für sein Unternehmen bezieht, gelten die Aufbewahrungspflichten nach § 14b Abs. 1 Satz 1 UStG. 24

Ein Leistungsempfänger, der Unternehmer ist und die steuerpflichtige Werklieferung oder sonstige Leistung im Zusammenhang mit einem Grundstück bezieht, hat die Rechnung zehn Jahre aufzubewahren, wenn es sich bei der Leistung um eine Bauleistung i.S. des § 13b Abs. 1 Satz 1 Nr. 4 Satz 1 UStG handelt (§ 14b Abs. 1 Satz 4 Nr. 3 UStG), auch wenn die Leistung für den nichtunternehmerischen Bereich bezogen wird. § 14b Abs. 1 Satz 4 Nr. 3 UStG geht § 14b Abs. 1 Satz 5 UStG vor. 25

Als Zahlungsbelege kommen z.B. Kontoauszüge und Quittungen in Betracht. 26

Als andere beweiskräftige Unterlagen i.S. des § 14b Abs. 1 Satz 5 UStG kommen z.B. Bauverträge, Bestellungen, Abnahmeprotokolle nach VOB, Unterlagen zu Rechtsstreitigkeiten im Zusammenhang mit der Leistung u. Ä. in Betracht, mittels derer sich der Leistende, Art und Umfang der ausgeführten Leistung sowie das Entgelt bestimmen lassen. 27

Der entsprechende Beleg ist zwei Jahre aufzubewahren. Dabei müssen die Belege für den gesamten Aufbewahrungszeitraum lesbar sein (§ 14b Abs. 1 Satz 2 UStG). Der Aufbewahrungszeitraum beginnt mit dem Schluss des Kalenderjahres, in dem die Rechnung ausgestellt wurde. 28

---

1) Beachte Rechtsänderung ab dem 01.01.2009

Anlage § 014–21

29 Die Verpflichtung zur Aufbewahrung durch den nichtunternehmerischen Leistungsempfänger gilt auch dann, wenn der leistende Unternehmer entgegen § 14 Abs. 4 Satz 1 Nr. 9 UStG in der Rechnung nicht auf die Aufbewahrungsverpflichtung nach § 14b Abs. 1 Satz 5 UStG hingewiesen hat bzw. wenn ein Hinweis auf die Aufbewahrungspflichten des Leistungsempfängers nicht erforderlich war, weil es sich um eine Kleinbetragsrechnung i.S. des § 33 UStDV handelt.

30 Der vorsätzliche oder leichtfertige Verstoß gegen die Aufbewahrungspflichten nach § 14b Abs. 1 Satz 5 UStG ist nach § 26a Abs. 1 Nr. 3 UStG eine Ordnungswidrigkeit, die nach § 26a Abs. 2 UStG mit einer Geldbuße bis zu 500 € geahndet werden kann.

31 Für steuerpflichtige sonstige Leistungen der in § 4 Nr. 12 Satz 1 und 2 UStG bezeichneten Art, die weder an einen anderen Unternehmer für dessen Unternehmen noch an eine juristische Person erbracht werden, besteht keine Verpflichtung des Leistungsempfängers zur Aufbewahrung von Rechnungen, Zahlungsbelegen oder anderen beweiskräftigen Unterlagen nach § 14b Abs. 1 Satz 5 UStG.

4. Auswirkungen auf den Vorsteuerabzug

32 Soweit der leistende Unternehmer entgegen § 14 Abs. 2 Satz 1 Nr. 1 und 2 UStG nicht dafür Sorge trägt, dass innerhalb von sechs Monaten nach Ausführung der Lieferung oder sonstigen Leistung bzw. im Fall der Vereinnahmung des Entgelts oder eines Teils des Entgelts vor Ausführung der Leistung nach Vereinnahmung eine Rechnung erteilt wird, hat dies keine Auswirkung auf einen möglichen Vorsteuerabzug des Leistungsempfängers, soweit die übrigen Voraussetzungen des § 15 Abs. 1 UStG erfüllt sind. Der Vorsteuerabzug nach § 15 Abs. 1 Satz 1 Nr. 1 UStG ist jedoch erst für den Zeitpunkt zulässig, in dem der Leistungsempfänger im Besitz einer nach § 14 UStG ausgestellten Rechnung ist.

33 Ein fehlerhafter Hinweis in der Rechnung nach § 14 Abs. 4 Satz 1 Nr. 9 UStG hat keine Auswirkung auf den Vorsteuerabzug des Leistungsempfängers.

5. Anwendung

34 Art. 12 des Gesetzes zur Intensivierung der Bekämpfung der Schwarzarbeit und damit zusammenhängender Steuerhinterziehung ist nach Art. 26 des Gesetzes zum 01.08.2004 in Kraft getreten. Gemäß § 27 Abs. 1 UStG sind die Neuregelungen daher auf alle Umsätze i.S. des § 1 Abs. 1 Nr. 1 und 5 UStG anzuwenden, die ab dem Inkrafttreten ausgeführt werden. Für nach dem 31.07.2004 ausgeführte Umsätze, für die bereits vor dem 01.08.2004 das Entgelt oder ein Teil des Entgelts vereinnahmt worden ist, sind die Neuregelungen ebenfalls vollumfänglich zu beachten (§ 27 Abs. 1 Satz 2 UStG). Soweit das Entgelt oder ein Teil des Entgelts vor Ausführung der Leistung vereinnahmt wird, sind die Neuregelungen auf alle ab dem Tag des Inkrafttretens vereinnahmten Entgelte oder Teilentgelte anzuwenden.

Anlage § 014–22

§ 14 Abs. 4 Satz 1 Nr. 6 UStG – Angabe des Zeitpunkts der Leistung in der Rechnung

BMF-Schreiben vom 13.12.2004 – IV A 5 – S 7280a – 91/04,
DStR 2005 S. 110[1]

Gemäß § 14 Abs. 1 Satz 1 Nr. 6 UStG ist in der Rechnung der Zeitpunkt der Leistung anzugeben. Dies gilt auch dann, wenn das Ausstellungsdatum der Rechnung mit dem Zeitpunkt der Lieferung oder sonstigen Leistung übereinstimmt (BMF vom 03.08.2004 – IV B 7 – S 7280a – 145/04, BStBl. I 2004, 739.[2]

Gemäß § 31 Abs. 1 Umsatzsteuer-Durchführungsverordnung (UStDV) kann eine Rechnung aus mehreren Dokumenten bestehen, aus denen sich die nach § 14 Abs. 4 Satz 1 UStG erforderlichen Angaben insgesamt ergeben. Dem zu Folge können sich Rechnungsangaben auch aus einem in dem Dokument, in dem Entgelt und Steuerbetrag zusammengefasst angegeben sind, zu bezeichnenden Lieferschein ergeben. Sofern sich der nach § 14 Abs. 4 Satz 1 Nr. 6 UStG erforderliche Leistungszeitpunkt aus dem Lieferschein ergeben soll, ist es nach den Grundsätzen des BMF-Schreibens vom 03.08.2004 erforderlich, dass der Lieferschein eine Angabe des Leistungsdatums enthält.

Die Angabe eines Lieferscheindatums ohne den Hinweis, dass das Lieferscheindatum dem Leistungsdatum entspricht, reicht nicht aus.

Die Mitwirkung des Leistungsempfängers an der Rechnungstellung ist grundsätzlich unzulässig. Die Berichtigung oder Ergänzung der Rechnung kann nur vom Rechnungsaussteller vorgenommen werden (Abschn. 188a Abs. 2 UStR). Allerdings wird es in den angesprochenen Fällen für unbedenklich gehalten, wenn sich das Leistungsdatum aus der auf dem Lieferschein durch den Leistungsempfänger angebrachten Empfangsbestätigung über die gelieferten Gegenstände ergibt. Es wird allerdings darauf hingewiesen, dass der Rechnungsempfänger gemäß § 14b Abs. 1 UStG die vollständige Eingangsrechnung und der Rechnungsaussteller ein Duplikat der vollständigen Ausgangsrechnung aufbewahren muss.

Zu den angesprochenen Fällen, in denen die Lieferung oder sonstige Leistung gegen Barzahlung erfolgt, wird darauf hingewiesen, dass auch für diese Fälle die sich aus § 14 Abs. 4 Satz 1 UStG ergebenden Vorschriften über Pflichtangaben in der Rechnung gelten. Insbesondere kann der Auffassung, wonach sich der Zeitpunkt der Leistung aus dem Ausstellungsdatum der Rechnung verbunden mit einem Hinweis auf die Barzahlung ergibt, nicht zugestimmt werden. Auch in diesen Fällen ist stets die Angabe des Zeitpunkts der Leistung erforderlich. Allerdings genügt auch hier der Satz (... Soweit nichts anderes angegeben ist, gilt der Zeitpunkt der Rechnungsausstellung als Zeitpunkt der Leistung).

---

1) Dies ist die Antwort auf ein Schreiben des Deutschen Steuerberaterverbandes e.V. vom 29.11.2004. Beachte Neufassung der Vorschrift ab 19.12.2006 und dazu Anlage § 014-24
2) Vgl. Anlage § 014-20

Anlage § 014–23

Berichtigung von Rechnungen (§ 14 Abs. 6 Nr. 5 UStG, § 31 Abs. 5 UStDV)

OFD Nürnberg, Vfg. vom 03.05.2005 – S 7286a – 1/St 43,
DStR 2005 S. 970

Das BMF hat in einem Schreiben an den Zentralverband des Deutschen Baugewerbes zur Frage der Berichtigung von Rechnungen unter bestimmten Voraussetzungen Stellung genommen (BMF vom 8.12.2004, IV A 5 – S 7286a – 3/04).

Das BMF hat dem Zentralverband im Einzelnen Folgendes mitgeteilt:

„Gemäß § 14 Abs. 6 Nr. 5 UStG i. V m. § 31 Abs. 5 UStDV kann eine Rechnung berichtigt werden, wenn sie entweder nicht alle nach § 14 Abs. 4 oder § 14a UStG erforderlichen Angaben enthält oder wenn Angaben in der Rechnung unzutreffend sind. Von der Berichtigung der Rechnung zu unterscheiden ist die Berichtigung der Bemessungsgrundlage nach § 17 UStG. In diesen Fällen ist nur in den in § 17 Abs. 4 UStG aufgeführten Fällen ein Belegaustausch vorgeschrieben (Abschnitt 223 Abs. 3 Satz 4 UStR).

In den von Ihnen dargestellten Fällen, in denen es nach Leistungsausführung und Rechnungserteilung durch den leistenden Unternehmer zwischen leistendem Unternehmer und Leistungsempfänger zu Unstimmigkeiten über die Höhe des für die Leistung geschuldeten Entgelts etwa wegen unterschiedlicher Vorstellungen über das Aufmaß, die In-Rechnung-Stellung von Nachträgen, Mängelrügen o.ä. kommt, handelt es sich um Fälle der Berichtigung der Bemessungsgrundlage nach § 17 UStG. Das Gleiche gilt für die Fälle, in denen der Leistungsempfänger, obwohl keine Vereinbarung darüber besteht, einseitig eine Kürzung des zu zahlenden Entgelts vornimmt.

Hier kann der Leistungsempfänger sich nicht darauf berufen, dass er zum Zwecke des Vorsteuerabzugs nach § 15 Abs. 1 Satz 1 Nr. 1 UStG zwingend eine nach § 31 Abs. 5 UStDV berichtigte Rechnung benötige. Dies wäre nur der Fall, wenn der leistende Unternehmer damit einverstanden ist oder wenn es sich um eine unrichtige Leistungsbezeichnung handelt (z.B. es werden Maurerarbeiten abgerechnet, obwohl eine Baugrube ausgehoben wurde). Ist der leistende Unternehmer nicht mit einer Rechnungsberichtigung einverstanden und handelt es sich nicht um den Fall einer falschen Leistungsbezeichnung, kann der Leistungsempfänger aus der ursprünglichen Rechnung unter den weiteren Voraussetzungen des § 15 Abs. 1 Satz 1 Nr. 1 UStG den Vorsteuerabzug vornehmen, muss diesen jedoch gemäß § 17 Abs. 1 Satz 1 Nr. 2 UStG berichtigen, falls es nach der Rechnungserteilung zu einer Minderung der Bemessungsgrundlage kommt.

Korrekturen des Rechnungsempfängers an der vom Leistungserbringer erstellten Rechnung berühren aus umsatzsteuerrechtlicher Sicht nicht die rechtliche Wirksamkeit der ursprünglichen Rechnung, zumal der Rechnungsempfänger im Normalfall (keine Gutschrift) nicht an der Rechnungserstellung mitwirken darf. Ergänzungen und Berichtigungen der Abrechnung über den Leistungsaustausch können nur von demjenigen vorgenommen werden, der diese Abrechnung erteilt hat (vgl. BFH-Urteil vom 27. September 1979, BStBl. 1980 II S. 228)[1].

Vorstehende Ausführungen machen deutlich, dass der Vorsteuerabzug des Leistungsempfängers von Meinungsverschiedenheiten über die Höhe des Entgelts unberührt bleibt. Jedenfalls kann der Leistungsempfänger mit der Begründung, ihm stehe kein Vorsteuerabzug zu, nicht die Zahlung verweigern. Wenn der Vorsteuerabzug wegen eines schuldhaften Verhaltens des Rechnungsausstellers versagt wird, könnte allenfalls eine Aufrechnung mit einem zinsrechtlichen Schadenersatzanspruch in Betracht kommen. In den Fällen, in denen der leistende Unternehmer nach § 14 Abs. 2 Satz 1 UStG auch bei Ausführung von Leistungen an einen Nichtunternehmer zur Erteilung einer Rechnung verpflichtet ist, kann der Leistungsempfänger unter Berufung auf umsatzsteuerrechtliche Mängel in der Rechnung jedenfalls nicht die Zahlung verweigern."

---

[1] Hinweis der OFD: Der Rechnungsempfänger kann von sich aus den Inhalt der ihm erteilten Rechnung nicht mit rechtlicher Wirkung verändern (Abschn. 188a Abs. 2 Satz 3 UStR 2005). Allerdings ist eine Berichtigung oder Ergänzung der Rechnung durch den Abrechnungsempfänger anzuerkennen, wenn sich der Rechnungsaussteller die Änderung zu Eigen macht und dies aus dem Abrechnungspapier oder anderen Unterlagen hervorgeht, auf die in der Rechnung hingewiesen ist (Abschn. 188a Abs. 2 Satz 6 UStR 2005). Die Erklärung des Rechnungsausstellers muss den Anforderungen des § 14 Abs. 1 Satz 2 UStG genügen. Die Dokumente, aus denen sich die nach § 14 Abs. 1 Satz 1 UStG erforderlichen Angaben insgesamt ergeben, müssen sowohl beim Rechnungsempfänger als auch beim Rechnungsaussteller (als Doppel) vorhanden sein.

§ 14 Abs. 4 Satz 1 Nr. 6 UStG[1] – Angabe des Zeitpunkts der Lieferung oder sonstigen Leistung in der Rechnung

BMF-Schreiben vom 26.09.2005 – IV A 5 – S 7280a – 82/05,
BStBl. 2005 I S. 937

Zur Angabe des Zeitpunkts der Lieferung oder sonstigen Leistung in einer Rechnung gilt unter Bezugnahme auf das Ergebnis der Erörterung mit den obersten Finanzbehörden der Länder Folgendes:

Gemäß § 14 Abs. 4 Satz 1 Nr. 6 UStG ist es im Regelfall erforderlich, in der Rechnung den Zeitpunkt der Lieferung oder der sonstigen Leistung anzugeben. Dies gilt auch dann, wenn das Ausstellungsdatum der Rechnung (§ 14 Abs. 4 Satz 1 Nr. 3 UStG) mit dem Zeitpunkt der Lieferung oder der sonstigen Leistung übereinstimmt. Gemäß § 31 Abs. 4 der Umsatzsteuer-Durchführungsverordnung (UStDV) kann als Zeitpunkt der Lieferung oder der sonstigen Leistung der Kalendermonat angegeben werden, in dem die Leistung ausgeführt wird. Die Verpflichtung zur Angabe des Zeitpunkts der Lieferung oder der sonstigen Leistung besteht auch in den Fällen, in denen die Ausführung der Leistung gegen Barzahlung erfolgt. Bei einer Rechnung über eine bereits ausgeführte Lieferung oder sonstige Leistung ist eine Angabe des Leistungszeitpunkts in jedem Fall erforderlich.

1. Angabe des Zeitpunkts der Lieferung in einem Lieferschein

Gemäß § 31 Abs. 1 UStDV kann eine Rechnung aus mehreren Dokumenten bestehen, aus denen sich die nach § 14 Abs. 4 Satz 1 UStG erforderlichen Angaben insgesamt ergeben. Demzufolge können sich Rechnungsangaben auch aus einem in dem Dokument, in dem Entgelt und Steuerbetrag angegeben sind, zu bezeichnenden Lieferschein ergeben. Sofern sich der nach § 14 Abs. 4 Satz 1 Nr. 6 UStG erforderliche Leistungszeitpunkt aus dem Lieferschein ergeben soll, ist es erforderlich, dass der Lieferschein neben dem Lieferscheindatum eine gesonderte Angabe des Leistungsdatums enthält. Sofern das Leistungsdatum dem Lieferscheindatum entspricht, kann an Stelle der gesonderten Angabe des Leistungsdatums ein Hinweis in die Rechnung aufgenommen werden, dass das Lieferscheindatum dem Leistungsdatum entspricht.

2. Angabe des Zeitpunkts der Lieferung in den Fällen, in denen der Ort der Lieferung nach § 3 Abs. 6 UStG bestimmt wird

In den Fällen, in denen der Gegenstand der Lieferung durch den Lieferer, den Abnehmer oder einen vom Lieferer oder vom Abnehmer beauftragten Dritten befördert oder versendet wird, gilt die Lieferung nach § 3 Abs. 6 Satz 1 UStG dort als ausgeführt, wo die Beförderung oder Versendung an den Abnehmer oder in dessen Auftrag an einen Dritten beginnt. Soweit es sich um eine Lieferung handelt, für die der Ort der Lieferung nach § 3 Abs. 6 UStG bestimmt wird, ist in der Rechnung als Tag der Lieferung der Tag des Beginns der Beförderung oder Versendung des Gegenstands der Lieferung anzugeben.

Dieser Tag ist auch maßgeblich für die Entstehung der Steuer nach § 13 Abs. 1 Nr. 1 Buchst. a Satz 1 UStG.

Gemäß § 31 Abs. 4 UStDV kann als Zeitpunkt der Lieferung der Kalendermonat angegeben werden, in dem die Lieferung ausgeführt wurde.

3. Angabe des Zeitpunkts der Lieferung in anderen Fällen

In allen Fällen, in denen sich der Ort der Lieferung nicht nach § 3 Abs. 6 UStG bestimmt, ist als Tag der Lieferung in der Rechnung der Tag der Verschaffung der Verfügungsmacht anzugeben. Zum Begriff der Verschaffung der Verfügungsmacht vgl. Abschnitt 24 Abs. 2 der Umsatzsteuer-Richtlinien (UStR).

Gemäß § 31 Abs. 4 UStDV kann als Zeitpunkt der Lieferung der Kalendermonat angegeben werden, in dem die Lieferung ausgeführt wurde.

4. Angabe des Zeitpunkts der sonstigen Leistung

Nach § 14 Abs. 4 Satz 1 Nr. 6 UStG ist in der Rechnung der Zeitpunkt der sonstigen Leistung anzugeben. Dies ist bei sonstigen Leistungen der Zeitpunkt, zu dem die sonstige Leistung ausgeführt ist.

Sonstige Leistungen sind grundsätzlich im Zeitpunkt ihrer Vollendung ausgeführt. Bei zeitlich begrenzten Dauerleistungen ist die Leistung mit Beendigung des entsprechenden Rechtsverhältnisses ausgeführt, es sei denn, die Beteiligten hatten Teilleistungen vereinbart (vgl. Abschnitt 177 Abs. 3 UStR).

---

1) Beachte Neufassung der Vorschrift ab 19.12.2006; Bestätigung der Verwaltungsauffassung durch BFH vom 17.12.2008, BStBl. 2009 II S. 432

Anlage § 014–24

Gemäß § 31 Abs. 4 UStDV kann als Zeitpunkt der sonstigen Leistung der Kalendermonat angegeben werden, in dem die sonstlge Leistung ausgeführt wurde.

5. Noch nicht ausgeführte Lieferung oder sonstige Leistung

Wird über eine noch nicht ausgeführte Lieferung oder sonstige Leistung abgerechnet, handelt es sich um eine Rechnung über eine Anzahlung, in der die Angabe des Zeitpunkts der Vereinnahmung des Entgelts oder des Teilentgelts entsprechend § 14 Abs. 4 Satz 1 Nr. 6 UStG nur dann erforderlich ist, wenn der Zeitpunkt der Vereinnahmung feststeht und nicht mit dem Ausstellungsdatum der Rechnung übereinstimmt. In diesem Fall reicht es aus, den Kalendermonat der Vereinnahmung anzugeben.

Anlagen § 014–25, § 014–26

Elektronische Aufbewahrung von Fax-Rechnungen

OFD Koblenz, Vfg. vom 21.02.2006 – S 7280A – St 44 5,
UR 2006 S. 490

Im Abschn. 184a Abs. 5 Nr. 1 UStR 2005 ist geregelt, dass von Standard-Fax an Standard-Fax übertragene Papierrechnungen als „elektronisch übermittelte Rechnungen" gelten.[1]
Ebenso wie bei per Post eingehenden Rechnungen ist es möglich, diese auf dem Fax empfangenen Papierrechnungen unter Beachtung der Grundsätze ordnungsgemäßer Buchführung elektronisch aufzubewahren (§ 147 AO). § 147 AO geht den Regelungen in den Umsatzsteuer-Richtlinien vor. Deshalb ist auch bei Faxrechnungen eine dauerhafte Aufbewahrung in Papierform nicht erforderlich, wenn die Aufbewahrung nach § 147 Abs. 2 AO sichergestellt ist. Für den Vorsteuerabzug ist das Vorliegen der Faxrechnung in Papierform dann nicht erforderlich.

Ein Verfahren, das die im Faxgerät eingehende Bilddatei elektronisch abgreift und deshalb auf den Ausdruck des Fax und die anschließende elektronische Archivierung verzichtet, widerspricht jedoch der Regelung im Abschn. 184a UStR 2005.

§ 14 Abs. 4 Satz 1 Nr. 1 UStG – Angabe des vollständigen Namens und der vollständigen Anschrift des Leistungsempfängers in der Rechnung bei Empfang der Rechnung durch einen beauftragten Dritten

BMF-Schreiben vom 28.03.2006 – IV A 5 – S 7280a – 14/06,
BStBl. 2006 I S. 345

Hat der Leistungsempfänger einen Dritten mit dem Empfang der Rechnung beauftragt und wird die Rechnung unter Nennung nur des Namens des Leistungsempfängers mit „c/o" an den Dritten adressiert, gilt hinsichtlich der nach § 14 Abs. 4 Satz 1 Nr. 1 UStG erforderlichen Angabe des vollständigen Namens und der vollständigen Anschrift des Leistungsempfängers unter Bezugnahme auf das Ergebnis der Erörterungen mit den obersten Finanzbehörden der Länder Folgendes:

Gemäß § 14 Abs. 4 Satz 1 Nr. 1 UStG müssen in der Rechnung u.a. der vollständige Name und die vollständige Anschrift des Leistungsempfängers angegeben werden. Der vollständige Name und die vollständige Anschrift sind der bürgerliche Name und die vollständige und richtige Anschrift. Gemäß § 31 Abs. 2 der Umsatzsteuer-Durchführungsverordnung (UStDV) ist den Anforderungen des § 14 Abs. 4 Satz 1 Nr. 1 UStG genügt, wenn sich aufgrund der in die Rechnungen aufgenommenen Bezeichnungen der Name und die Anschrift des Leistungsempfängers eindeutig feststellen lassen. Die Verwendung von Abkürzungen ist unter den Voraussetzungen des § 31 Abs. 3 UStDV möglich. Die Ergänzung des Namens des Leistungsempfängers um die Angabe seiner Steuernummer oder seiner Umsatzsteuer-Identifikationsnummer genügt diesen Voraussetzungen nicht.

Auch in einer Rechnung, die unter Nennung nur des Namens des Leistungsempfängers mit „c/o" an einen Dritten adressiert ist, muss entsprechend § 14 Abs. 4 Satz 1 Nr. 1 UStG und den Vereinfachungen des § 31 Abs. 2 und 3 UStDV die Identität des Leistungsempfängers leicht und eindeutig feststellbar sein. Ein gegenüber einem anderen als dem Leistungsempfänger gesondert ausgewiesener Steuerbetrag löst eine zusätzliche Steuerschuld nach § 14c Abs. 2 UStG aus.

Die Anschrift des Dritten gilt in diesen Fällen nicht als betriebliche Anschrift des Leistungsempfängers, wenn dieser unter der Anschrift des Dritten nicht gleichzeitig über eine Zweigniederlassung, eine Betriebsstätte oder einen Betriebsteil verfügt. Dies gilt auch dann, wenn der beauftragte Dritte mit der Bearbeitung des gesamten Rechnungswesens des Leistungsempfängers beauftragt ist.

---

[1] Beachte Neuregelung zu § 14 Abs. 1 UStG ab 01.07.2011

Anlage § 014–27

§ 14 Abs. 4 Satz 1 Nr. 5 UStG –
Geräteidentifikationsnummer als Bestandteil der handelsüblichen Bezeichnung des gelieferten Gegenstands;
BFH-Urteil vom 19.04.2007 – V R 48/04 (BStBl. 2009 II S. 315)

BMF-Schreiben vom 01.04.2009 – IV B 8 – S 7280-a/07/10004, BStBl. 2009 I S. 525

Mit Urteil vom 19. April 2007 – V R 48/04 (BStBl. 2009 II S. 315) hat der BFH u.a. entschieden, dass aus einem Umsatz, der den objektiven Kriterien einer Lieferung genügt, der Vorsteuerabzug nach § 15 Abs. 1 Satz 1 Nr. 1 UStG gleichwohl zu versagen ist, wenn aufgrund objektiver Umstände feststeht, dass der Steuerpflichtige wusste oder wissen konnte oder hätte wissen müssen, dass er mit seinem Erwerb an einem Umsatz beteiligt war, der in einem Umsatzsteuerbetrug einbezogen war. Hierbei kann die Aufzeichnung einer Geräteidentifikationsnummer – wie die IMEI-Nummer (International Mobile Equipment Identity Number) bei der Lieferung von Mobiltelefonen – von Bedeutung sein, selbst wenn diese nicht bereits zu den handelsüblichen Angaben auf der Rechnung oder zu den die Rechnung und den Lieferschein ergänzenden Unterlagen im Sinne des § 14 UStG gehört.

Zur Anwendung des BFH-Urteils gilt nach dem Ergebnis der Erörterungen mit den obersten Finanzbehörden der Länder Folgendes:

1. Vorsteuerabzug setzt handelsübliche Bezeichnung der gelieferten Gegenstände in der Rechnung voraus

Nach § 15 Abs. 1 Satz 1 Nr. 1 UStG ist u.a. Voraussetzung für den Vorsteuerabzug, dass der Unternehmer im Besitz einer nach § 14 UStG ausgestellten Rechnung ist. Dies bedeutet, dass die Rechnung alle in § 14 Abs. 4 Satz 1 UStG aufgeführten Pflichtangaben enthalten und die übrigen formalen Voraussetzungen des § 14 UStG erfüllen muss. Nach § 14 Abs. 4 Satz 1 Nr. 5 UStG sind in der Rechnung auch die Menge und die Art (handelsübliche Bezeichnung) der gelieferten Gegenstände anzugeben. Die Bezeichnung der Leistung nach § 14 Abs. 4 Satz 1 Nr. 5 UStG muss eine eindeutige und leicht nachprüfbare Feststellung der Leistung ermöglichen, über die abgerechnet worden ist (vgl. Abschnitt 185 Abs. 15 UStR). Sinn und Zweck der Bezeichnung der Leistung ist u.a. die Sicherstellung der Nachprüfbarkeit der Anwendung des zutreffenden Steuersatzes.

Aus § 14 Abs. 4 Satz 1 Nr. 5 UStG kann für Zwecke des Vorsteuerabzugs nach § 15 Abs. 1 Satz 1 Nr. 1 UStG keine Verpflichtung zur Angabe einer Geräteidentifikationsnummer in der Rechnung hergeleitet werden, auch wenn der Austausch der Geräteidentifikationsnummer – beispielsweise der IMEI-Nummer – zwischen den Geschäftspartnern allgemein im Handelsverkehr üblich ist.

Nach gemeinschaftsrechtlichen Rechtsgrundsätzen darf der Umfang der in der Rechnung verlangten Pflichtangaben nach Art. 226 Nr. 6 MwStSystRL den Vorsteuerabzug nicht praktisch unmöglich machen oder übermäßig erschweren. Die Versagung des Vorsteuerabzugs *allein* wegen des Fehlens der Geräteidentifikationsnummer ist deshalb nicht zulässig.

2. Vorsteuerabzug nur bei tatsächlichem Vorliegen einer Lieferung

Der Vorsteuerabzug setzt voraus, dass der Gegenstand das Unternehmen des Liefernden tatsächlich verlassen haben muss und in den Unternehmensbereich des Empfängers eingegangen ist. Mit der nach §§ 14, 14a UStG ausgestellten Rechnung muss mithin über eine tatsächlich ausgeführte Lieferung nach § 1 Abs. 1 Nr. 1 UStG abgerechnet worden sein.

Die Nichtaufzeichnung einer üblicherweise – u.a. zur Identifizierung der Ware bei Rücklieferung und in Garantiefällen – in der Lieferkette weitergegebenen Geräteidentifikationsnummer (z.B. IMEI-Nummer) kann daher daran zweifeln lassen, dass tatsächlich eine Lieferung im Sinne des § 1 Abs. 1 Nr. 1 UStG an den Rechnungsempfänger ausgeführt wurde, und ein Indiz für eine nicht ausgeführte Lieferung im Sinne des § 1 Abs. 1 Nr. 1 UStG sein. Sie kann weiterhin Indiz dafür sein, dass der Unternehmer wusste oder wissen konnte oder hätte wissen müssen, dass er mit seinem Erwerb an einem Umsatz beteiligt war, der in einen Umsatzsteuerbetrug einbezogen war.

BFH-Urteil vom 23.09.2009 II R 66/07; Anspruch natürlicher Personen auf die Erteilung einer Steuernummer für Umsatzsteuerzwecke

BMF-Schreiben vom 01.07.2010 – IV D 3 – S 7420/07/10061:002,
BStBl. 2010 I S. 625

Mit dem Urteil vom 23. September 2009 – II R 66/07 – hat der BFH entschieden, dass einer natürlichen Person, die durch die Anmeldung eines Gewerbes ernsthaft die Absicht bekundet, unternehmerisch im Sinne des § 2 UStG tätig zu werden, außer in Fällen eines offensichtlichen, auf die Umsatzsteuer bezogenen Missbrauchs, auf Antrag eine Steuernummer für Umsatzsteuerzwecke zu erteilen ist.

Unter Bezugnahme auf das Ergebnis der Erörterungen mit den obersten Finanzbehörden der Länder gilt insoweit Folgendes:

Der BFH führt aus, dass der Anspruch auf Erteilung einer Steuernummer für Umsatzsteuerzwecke bereits dann besteht, wenn der Antragsteller ernsthaft erklärt, ein selbständiges gewerbliches oder berufliches Tätigwerden zu beabsichtigen. Da die Steuernummer für Umsatzsteuerzwecke regelmäßig Voraussetzung für ein solches Tätigwerden ist, kann deren Erteilung nicht davon abhängig gemacht werden, dass eine entsprechende Tätigkeit bereits aufgenommen wurde. Lediglich in offensichtlichen Missbrauchsfällen kann die Erteilung einer Steuernummer für Umsatzsteuerzwecke abgelehnt werden. Außerdem führt der BFH aus, dass sich ein öffentlich-rechtlicher Anspruch auf die Erteilung einer Steuernummer für Umsatzsteuerzwecke mittelbar aus § 14 Abs. 4 Satz 1 Nr. 2 UStG ergibt. Hiernach ist der Leistende zur Ausstellung einer Rechnung unter Angabe der ihm vom Finanzamt erteilten Steuernummer oder der vom Bundeszentralamt für Steuern erteilten Umsatzsteuer-Identifikationsnummer innerhalb von 6 Monaten verpflichtet. Der Leistungsempfänger kann seinerseits sein Recht auf Vorsteuerabzug nur ausüben, wenn er eine nach §§ 14 und 14a UStG ausgestellte Rechnung besitzt.

Die obersten Finanzbehörden von Bund und Ländern haben im Interesse der Sicherung des Umsatzsteueraufkommens bereits vor geraumer Zeit bundeseinheitlich Maßnahmen vereinbart, durch die eine umsatzsteuerliche Registrierung von nicht existenten Unternehmen verhindert werden soll. Diese gelten für natürliche Personen und Gesellschaften gleichermaßen. Anträge auf umsatzsteuerliche Erfassung werden auf Schlüssigkeit und Ernsthaftigkeit überprüft. Bestehen Zweifel an der Existenz des Unternehmens sind weitere Maßnahmen – wie z.B. die Vorlage weiterer Unterlagen, die Durchführung einer unangekündigten Umsatzsteuer-Nachschau nach § 27b UStG – erforderlich.

Diese Verwaltungspraxis gilt weiter fort. Allein eine Erklärung des Antragstellers, ein selbständiges, gewerbliches oder berufliches Tätigwerden zu beabsichtigen, ist nicht ausreichend. Das Finanzamt hat auch unter Beachtung des BFH-Urteils Anträge auf umsatzsteuerliche Erfassung zeitnah und umfassend zu prüfen. Zu den Missbrauchsfällen, in denen die Erteilung einer Steuernummer für umsatzsteuerliche Zwecke abzulehnen ist, zählt der BFH insbesondere die Fälle mit dem offenkundig verfolgten Ziel, den Vorsteuerabzug für zu privaten Zwecken bezogene Leistungen zu Unrecht in Anspruch zu nehmen. Allerdings ist der Missbrauch nicht auf diese Fälle beschränkt.

Anlage § 015–01

Prüfung von Ersatzbelegen für den Abzug der Einfuhrumsatzsteuer als Vorsteuer

BMF-Schreiben vom 14.11.1985 – IV A 1 – S 7424 – 4/85,
UR 1986 S. 21

Anlagen: – 3 – [1)]

Unter Bezugnahme auf die Erörterung der Angelegenheit mit den obersten Finanzbehörden der Länder gilt folgendes:

(1) Für den Abzug der Einfuhrumsatzsteuer als Vorsteuer ist Voraussetzung, daß die Entrichtung der Einfuhrumsatzsteuer durch einen zollamtlichen Beleg (z. B. schriftlicher Steuerbescheid) nachgewiesen wird.[2)] Ist der Unternehmer nicht im Besitz des betreffenden Zollbelegs (z. B. weil er nicht selbst der Steuerschuldner ist), so ist der Nachweis durch einen Ersatzbeleg für den Vorsteuerabzug nach Vordruck 0484 oder einen anderen Beleg zu führen, der alle Angaben enthält, die der Vordruck vorsieht. Die nähere Regelung ist in der beiliegenden VSF Z 82 34 Abs. 2 und Z 83 95 enthalten (Anlagen 1 und 2).

(2) Durch die Zollbehörden ist festgestellt worden, daß Ersatzbelege von nicht befugten Personen ausgestellt und unzulässigerweise für den Vorsteuerabzug verwendet worden sind. Bei diesen Fällen der Steuerhinterziehung hat sich gezeigt, daß weder die von einem Spediteur vertretenen Einführer noch die Finanzämter ohne weiteres erkennen konnten, ob die mit Dienststempelabdruck bestätigten Ersatzbelege tatsächlich von der angegebenen Zollstelle und damit zu Recht ausgestellt worden sind.

(3) Zur Sicherung des Steueraufkommens ist es erforderlich, eine Prüfung der Ersatzbelege durchzuführen. Hierbei ist wie folgt zu verfahren:

1. Die Finanzämter und Betriebsprüfungsstellen wählen aus den von einem Unternehmer vorgelegten Ersatzbelegen stichprobenweise, etwa 1 v. H. der Belege zur Nachprüfung auf ihre Richtigkeit aus. Zur Nachprüfung vorzusehen sind insbesondere Ersatzbelege, bei denen Zweifel an der Echtheit des vorgelegten Ersatzbelegs bestehen.

2. Jeder zur Prüfung vorgesehene Ersatzbeleg ist mit dem als Muster beiliegenden Schreiben Auskunftsersuchen zum Vorsteuerabzug (Anlage 3) an die Zentralstelle Zollversand in Hamm zu senden. Diese Stelle leitet das Ersuchen an die zuständige Zollstelle weiter. Die Zollstelle prüft den Ersatzbeleg und vermerkt das Prüfungsergebnis auf der Rückseite des Schreibens. Das mit dem Prüfungsvermerk versehene Auskunftsersuchen und der Ersatzbeleg werden innerhalb von zwei Monaten an die ersuchende Stelle (Finanzamt oder Betriebsprüfungsstelle) zurückgesandt.

---

1) Hier nicht abgedruckt
2) Hinweis auf Abschnitt 199 UStR

Anlage § 015–01

	Anlage 1
Vorschriftensammlung	**Einfuhrumsatzsteuer**
Bundesfinanzverwaltung	**Fachteil Z 8234**
49. Lieferung	**Auszug Aufzeichnungspflicht**
10. Juni 2003	**bei Einfuhren**

Aufzeichnungspflicht bei der Einfuhr von Gegenständen (§ 22 Abs. 2 Nr. 6 UStG)

Dienstanweisung

Ersatzbeleg für Vorsteuerabzug

(2) Ist der Unternehmer, für dessen Unternehmen Gegenstände eingeführt worden sind, nicht im Besitz des betreffenden Zollbelegs (z. B. weil er nicht selbst Steuerschuldner ist), so ist es erforderlich, daß er als Unterlage für den Abzug der Einfuhrumsatzsteuer als Vorsteuer einen amtlichen Ersatzbeleg nach Vordruck 0484 (siehe Z 8395 Nr. 1) erhält. Als Ersatzbeleg für den Vorsteuerabzug kann auch ein anderes Papier (z. B. Abschrift des Zollbelegs, Speditionsrechnung) verwendet werden, soweit es als Ersatzbeleg gekennzeichnet ist und alle Angaben enthält, die der Vordruck 0484 vorsieht.

Nachprüfung von Ersatzbelegen

(14) Es ist weder für einen von einem Beauftragten (z. B. Spediteur) vertretenen Unternehmer noch für das zuständige Finanzamt oder die zuständige Betriebsprüfungsstelle – zumindest nicht ohne weiteres – erkennbar, ob die durch Dienststempelabdruck der Zollstelle bescheinigten Ersatzbelege für den Abzug der Einfuhrumsatzsteuer als Vorsteuer tatsächlich von dieser Zollstelle und zu Recht ausgestellt worden sind. Deshalb veranlassen die Finanzämter und Betriebsprüfungsstellen die stichprobenweise (etwa 1 v.H.) Nachprüfung der von Unternehmern anläßlich von Umsatzsteuerprüfungen vorgelegten Ersatzbelege, um ihre Richtigkeit feststellen zu lassen, d. h. ob die Einfuhrsendungen in den Zollbelegen vollständig erfaßt und die Einfuhrumsatzsteuerbeträge zutreffend sind. Das gleiche gilt, wenn das Finanzamt oder die Betriebsprüfungsstelle Zweifel an der Echtheit eines vorgelegten Ersatzbelegs für den Vorsteuerabzug hat.

(15) Die Finanzämter und Betriebsprüfungsstellen senden jeden für eine Nachprüfung ausgewählten Ersatzbeleg für den Vorsteuerabzug mit gesondertem Prüfungsersuchen an die Zentralstelle Zollversand in Hamm, sie leitet die Ersuchen an die betreffenden Zollstellen weiter. Die Ersuchen und die Ersatzbelege werden von den Zollstellen innerhalb von zwei Monaten unmittelbar an die Finanzämter und Betriebsprüfungsstellen zurückgesandt; das Ergebnis der Prüfung ist zu vermerken.

Anlage § 015–01

Vorschriftensammlung
Bundesfinanzverwaltung

41. Lieferung
1. Januar 1993

Anlage 2
Einfuhrumsatzsteuer
Fachteil Z 8395
Vordrucke und Muster
Ersatzbeleg für den Vorsteuerabzug

Zutreffendes ist angekreuzt [X] oder ausgefüllt	(VSF Z 82 34 Abs. 2)
Ersatzbeleg für den Vorsteuerabzug (Abzug der Einfuhrumsatzsteuer als Vorsteuer)	Die Felder 1 bis 8 sind vom Antragsteller auszufüllen.

1. Zu Zollbeleg (Kennbuchstabe, Nummer, Datum, ggf. Position)

2. Zeitpunkt (ggf. Zeitraum) des Entstehens der Einfuhrumsatzsteuer

3. Anmelder (Name oder Firma, Anschrift)

4. Eingeführte Gegenstände (Bezeichnung), Menge (Maßeinheit)

5. Bemessungsgrundlage für die Einfuhr (§ 11 UStG)
   DM

6. Einfuhrumsatzsteuerbetrag
   DM

   DM in Buchstaben

7. ☐ Dieser Betrag ist entrichtet.

8. ☐ Dieser Betrag ist spätestens bis zum 16. Tag des auf die Entstehung der Steuer folgenden Monats zu entrichten (Hinweis auf § 16 Abs. 2 Satz 4 UStG).
   Grund
   ☐ Zahlungsaufschub   ☐ Einfuhr in einem Sammelzollverfahren   ☐ Überführung aus einem Zollagerverfahren in den freien Verkehr

9. Der im Feld 1 bezeichnete Zollbeleg wurde hinsichtlich des im Feld 6 angegebenen Einfuhrumsatzsteuerbetrags für den Vorsteuerabzug ungültig gemacht.

10. Zollstelle, Datum, Dienststempel

Erlass von Umsatzsteuerschulden aus berichtigtem Vorsteuerabzug

BMF-Schreiben vom 21.11.1985 – IV A 7 – S 0457 – 22/85,
BStBl. 1986 I S. 390

Der Bundesfinanzhof hat mit Urteil vom 15.9.1983 – V R 125/78 – (BStBl. II 1984, 71) entschieden, daß aus berichtigter Vorsteuer stammende Umsatzsteuerschulden (§ 17 Abs. 2 UStG) weder aus sachlichen noch aus wirtschaftlichen Billigkeitsgründen erlassen werden können.

Unter Bezugnahme auf das Ergebnis der Erörterungen der obersten Finanzbehörden des Bundes und der Länder wird an der Auffassung festgehalten, daß auch bei aus berichtigter Vorsteuer stammenden Umsatzsteuerschulden ein Erlaß aus wirtschaftlichen Billigkeitsgründen in Betracht kommen kann, sofern die Voraussetzungen im übrigen gegeben sind. Die Grundsätze des o. a. BFH-Urteils vom 15.9.1983 sind daher nicht über den entschiedenen Einzelfall hinaus anzuwenden, soweit es die Voraussetzungen für einen Erlaß aus wirtschaftlichen Billigkeitsgründen für nicht gegeben hält.

Abzug der Einfuhrumsatzsteuer als Vorsteuer: Umschreibung von Ersatzbelegen auf den vorsteuerabzugsberechtigten Unternehmer

OFD Köln, Vfg. vom 11.12.1986 – S 7302 – 15 – St 141

Es kommt häufig vor, daß Zollbeteiligte beantragen, die ihnen ausgehändigten Ersatzbelege für Zwecke des Vorsteuerabzugs auf den Namen des Unternehmers umzuschreiben, für dessen Unternehmen die Waren tatsächlich eingeführt worden sind. Sie berufen sich im Regelfall auf nachträglich bekanntgewordene neue Tatsachen sowie darauf, daß ohne die Umschreibung das Finanzamt den Vorsteuerabzug nicht anerkenne.

Beispiel:
– Bei der Abfertigung von Importwaren zum freien Verkehr weist der Verzollungspediteur den inländischen Warenempfänger als Zollbeteiligten und Vorsteuerabzugsberechtigten aus und läßt entsprechende Ersatzbelege ausstellen. Später ergibt sich (z. B. im Rahmen einer Umsatzsteuer-Sonderprüfung), daß die Sendungen tatsächlich für das Unternehmen des ausländischen Lieferanten eingeführt worden sind (z. B. Fall des § 3 Abs. 8 UStG), der deshalb bei einem Finanzamt im Erhebungsgebiet umsatzsteuerlich zu erfassen ist. Das Finanzamt des Warenempfängers lehnt in diesen Fällen den Vorsteuerabzug durch diesen zutreffend ab; es gesteht jedoch gleichzeitig dem ausländischen Lieferanten als Einführer den Vorsteuerabzug der entrichteten Einfuhrumsatzsteuer unter der Voraussetzung zu, daß die Zollstelle die Ersatzbelege auf den ausländischen Lieferanten als Vorsteuerabzugsberechtigten umschreibt. Nach § 64 UStDV ist es jedoch nicht erforderlich, daß der abzugsberechtigte Unternehmer aus dem Zollbeleg oder dem Ersatzbeleg hervorgeht. Ersatzbelege, in denen ein anderer als der vorsteuerabzugsberechtigte Unternehmer als Zollbeteiligter angegeben ist, sind daher auch anzuerkennen, wenn ein besonderer Hinweis auf den vorsteuerabzugsberechtigten Unternehmer fehlt oder unzutreffend ist. Die Feststellung, wer bezüglich der entrichteten Einfuhrumsatzsteuer zum Vorsteuerabzug berechtigt ist, obliegt den Finanzämtern (vgl. Abschnitt 199 Abs. 4 UStR).

Um Mißverständnisse zu vermeiden, ist in dem Zollvordruck 0484 (Ersatzbeleg für den Vorsteuerabzug) das Feld „Unternehmer, für dessen Unternehmen die Gegenstände eingeführt worden sind" gestrichen worden. Von einer Änderung der Vordrucke „Zollantrag/Zollanmeldung" (0459 und andere) wurde dagegen abgesehen, weil sie zum 1.1.1988 durch das Einheitspapier ersetzt werden.

Ich bitte, künftig nicht mehr zu beanstanden, wenn in Zollanmeldungen bzw. Ersatzbelegen die Frage, welcher Unternehmer zum Vorsteuerabzug berechtigt ist, unzutreffend oder nicht beantwortet ist.

Anlagen § 015–04, § 015–05 nicht belegt, § 015–06

Belegsicherung bei Abzug der Einfuhrumsatzsteuer als Vorsteuer

OFD Hamburg, Vfg. vom 28.06.1989 – S 7302 – 4/89 – St 23,
UVR 1989 S. 316

Zur Verhinderung eines mehrfachen Abzugs von Einfuhrumsatzsteuer haben verschiedene Oberfinanzdirektionen folgendes verfügt:

„Nach § 64 UStDV ist es nicht erforderlich, daß der vorsteuerabzugsberechtigte Unternehmer im Zollbeleg oder Ersatzbeleg bezeichnet ist. Der Abzug der Einfuhrumsatzsteuer als Vorsteuer ist bei ihm auch dann zuzulassen, wenn im Beleg eine andere Person als Zollbeteiligter angegeben ist.

Bei dieser Rechtslage besteht die Gefahr, daß die Einfuhrumsatzsteuer nicht nur beim vorsteuerabzugsberechtigten Unternehmen, sondern – zu Unrecht – auch noch bei einem anderen Unternehmer (z.B. dem im Beleg bezeichneten Zollbeteiligten) als Vorsteuer geltend gemacht wird. Um einem derartigen Mißbrauch vorzubeugen, sind bei Außenprüfungen oder Überprüfungen an Amtsstelle die geprüften Einfuhrumsatzsteuerbelege durch Stempelaufdruck oder in anderer geeigneter Weise so zu kennzeichnen, daß eine Verwendung des gleichen Belegs bei einem anderen Unternehmer ausgeschlossen ist.

Die Kennzeichnung der Einfuhrumsatzsteuerbelege kann sich bei den im Erhebungsgebiet ansässigen Unternehmen i. d. R. auf die Belege beschränken, bei denen ein unzutreffender oder mißbräuchlicher Abzug der Einfuhrumsatzsteuer auch bei anderen Unternehmern als bei dem nach Abschn. 199 UStR abzugsberechtigten Unternehmer nicht ausgeschlossen werden kann (z. B. der im EUSt-Beleg bezeichnete Zollbeteiligte weicht vom abzugsberechtigten Unternehmer ab oder es kann eine Weitergabe des EUSt-Beleges an nahestehende Unternehmen oder an andere Unternehmer, wie im Falle eines Reihengeschäftes, nicht ausgeschlossen werden).

Die Kennzeichnung des für Zwecke des Vorsteuerabzugs anerkannten Einfuhrumsatzsteuerbelegs (z.B. handschriftlich oder durch Abdruck des Finanzamtsstempels) soll möglichst in unmittelbarer Nähe des auf dem Zollbeleg ausgewiesenen Einfuhrumsatzsteuerbetrages erfolgen."

Vorsteuerabzug bei Errichtung eines Parkhauses unter Übernahme von Stellplatzverpflichtungen (§ 15 Abs. 2 UStG)

OFD Nürnberg, Vfg. vom 21.05.1990 – S 7300 – 357/St 43,
UR 1991 S. 31

Ein Parkhausunternehmer hat in einem Gebäudekomplex ein Parkhaus errichtet. Der Unternehmer verpflichtete sich, die Benutzung seines Grundstücks für Kraftfahrzeug-Stellplätze auf Dauer sicherzustellen. Im Zusammenhang mit dem Betrieb des Parkhauses erzielte der Unternehmer folgende Einnahmen:

a) Für die Errichtung der neuen Stellplätze erhielt er einen Millionenbetrag als Beteiligung an den Herstellungskosten seitens des Bauherrn des Gebäudekomplexes. Diese Zahlung wurde erst in dem Zeitpunkt fällig, in dem das Land dem Bauherrn des Gebäudekomplexes bestätigt hatte, daß der nach der Landesbauordnung erforderliche Stellplatznachweis geführt worden war.

b) Für die Vermietung der Kraftfahrzeug-Stellplätze waren Monatsmieten in Höhe von 25 bis 35 DM pro Stellplatz vereinbart. Die Mieten sind unstreitig in voller Höhe als Entgelte für steuerfreie Vermietungsumsätze i. S. des § 4 Nr. 12 UStG angesehen worden.

Das FG Hamburg hat mit Urteil vom 29. Juni 1989 – III 83/88, gegen das Revision nicht zugelassen worden ist, der Auffassung des Finanzamts folgend den Vorsteuerabzug für die bei der Errichtung des Parkhauses angefallenen Vorsteuern in vollem Umfang abgelehnt. Es hat zwar die als Beteiligung an den Herstellungskosten geleisteten Zahlungen des Bauherrn als Entgelte für eine steuerbare und steuerpflichtige sonstige Leistung i. S. des § 3 Abs. 9 UStG (Übernahme der Stellplatzverpflichtung) angesehen, einen für das Vorsteuerabzugsrecht relevanten Zusammenhang zwischen der Errichtung des Parkhauses und dieser Leistung aber nicht gesehen. Nach Auffassung des FG richtet sich die wirtschaftliche Zuordnung der Vorsteuern allein nach der tatsächlichen Verwendung des errichteten Bauwerks.

Anlage § 015–07

Umsatzsteuerrechtliche Beurteilung der Einschaltung von Unternehmern in die Erfüllung hoheitlicher Aufgaben

BMF-Schreiben vom 27.12.1990 – IV A 2 – S 7300 – 66/90,
BStBl. 1991 I S. 81 [1)]

Unter Bezugnahme auf das Ergebnis der Erörterung mit den obersten Finanzbehörden der Länder gilt folgendes:

I. Allgemeines

Juristische Personen des öffentlichen Rechts (z. B. Gebietskörperschaften, im folgenden: Hoheitsträger) können im Rahmen des geltenden Rechts zur Erfüllung ihrer gesetzlichen Pflichtaufgaben (z.B. Müll- und Abwasserbeseitigung) Unternehmer im Sinne des § 2 Abs. 1 UStG (z. B. privatrechtliche Gesellschaften) einschalten. Bei eigener Durchführung der Aufgaben würden die Hoheitsträger als Letztverbraucher mit der auf den Leistungsbezügen ruhenden Umsatzsteuer belastet, da im hoheitlichen Bereich keine Berechtigung zum Vorsteuerabzug besteht. Wenn jedoch der eingeschaltete Unternehmer statt des Hoheitsträgers die Leistungen bezieht, wird damit grundsätzlich die Möglichkeit des Vorsteuerabzugs beim eingeschalteten Unternehmer eröffnet. Andererseits sind die Leistungen des eingeschalteten Unternehmers an den Hoheitsträger steuerbar und steuerpflichtig. Bei der Einschaltung von Unternehmern in die Erfüllung hoheitlicher Aufgaben sind die nachfolgenden Grundsätze zu beachten. Diese Grundsätze gelten entsprechend, wenn sich mehrere Hoheitsträger zusammenschließen und einen Unternehmer einschalten.

II. Beurteilung der Leistungen des eingeschalteten Unternehmers an den Hoheitsträger

1. Leistungsbeziehungen

Hoheitsträger können die *tatsächliche Durchführung* ihrer gesetzlichen Pflichtaufgaben auf Unternehmer übertragen, nicht jedoch diese Aufgaben selbst. Berechtigt und verpflichtet gegenüber den Bürgern bleibt der Hoheitsträger. Der eingeschaltete Unternehmer erbringt seine Leistungen insoweit an den Hoheitsträger, auch wenn er das Entgelt für seine Tätigkeit (z. B. Müll- oder Abwassergebühren für die Entsorgung der Haushalte) unter Abkürzung des Zahlungsweges unmittelbar von den Bürgern erhält. Der Hoheitsträger (Nichtunternehmer) erbringt nicht steuerbare Leistungen an die Bürger.

Beispiel 1:

Mehrere Gemeinden haben eine Müllbeseitigungs-GmbH gegründet und diese mit der Abfuhr des Hausmülls der Bürger beauftragt. Die Bürger zahlen die von den Gemeinden festgesetzten Müllgebühren auf ein Konto der GmbH ein.

Die Müllbeseitigungs-GmbH erbringt ihre Leistungen an die jeweiligen Gemeinden. Die Gemeinden erbringen nicht steuerbare Leistungen an ihre Bürger. Ein Leistungsaustausch unmittelbar zwischen Müllbeseitigungs-GmbH und Bürgern findet nicht statt.

Die eingeschalteten Unternehmer können daneben allerdings auch Umsätze an andere Leistungsempfänger (z. B. Lieferung von verwertbarem Schrott an Schrotthändler oder Beseitigung von Industriemüll durch eine Abfallbeseitigungs-GmbH) ausführen.

2. Art der Leistung und Steuersatz

Die Tätigkeit des eingeschalteten Unternehmers für den Hoheitsträger ist als sonstige Leistung im Sinne des § 3 Abs. 9 UStG steuerbar und steuerpflichtig. Diese Leistung unterliegt der Umsatzsteuer nach dem allgemeinen Steuersatz (§ 12 Abs. 1 UStG). Eingeschaltete Körperschaften (z. B. eine GmbH) sind wegen fehlender Selbstlosigkeit nicht gemeinnützig tätig. Der ermäßigte Steuersatz nach § 12 Abs. 2 Nr. 8 Buchst. a UStG ist daher nicht anzuwenden.

3. Abgrenzung von steuerbaren und nicht steuerbaren Leistungen

   a) Zahlungen des Hoheitsträgers an den eingeschalteten Unternehmer

Nach § 10 Abs. 1 Satz 2 UStG gehört zum Entgelt für die Leistung alles, was der Leistungsempfänger aufwendet, um die Leistung zu erhalten, jedoch abzüglich der Umsatzsteuer. Die Zahlungen des Hoheitsträger (= Leistungsempfänger) an den eingeschalteten Unternehmer werden regelmäßig – unabhängig von ihrer Bezeichnung (z. B. als Zuschuß, Investitionskostenzuschuß, Zuwendung, Beihilfe, Verlustabdeckung usw.) und dem Zeitpunkt ihrer Entrichtung –

[1)] Beachte die Modifikationen durch BMF vom 10.12.2003, Anlage § 001-52

Anlage § 015–07

aufgrund des Leistungsaustauschverhältnisses zwischen dem Unternehmer und den Hoheitsträgern entrichtet und sind damit Entgelt für die jeweilige sonstige Leistung (vgl. Abschnitt 150 Abs. 2 UStR) und deshalb weder echte Zuschüsse (vgl. Abschnitt 150 Abs. 4 UStR) noch nicht steuerbare Gesellschafterbeiträge (vgl. Abschnitt 6 Abs. 9 und 10 UStR).

Gleiches gilt unbeschadet der körperschaftsteuerrechtlichen Beurteilung, wenn Zahlungen (z.B. Zuschüsse eines Landes), auf die *nur der Hoheitsträger* (z. B. eine Gemeinde) einen gesetzlichen oder sonstigen *Anspruch* hat, unter Abkürzung des Zahlungsweges unmittelbar an den eingeschalteten Unternehmer geleistet werden. In diesem Fall liegt rechtlich und wirtschaftlich eine Zahlung an den Hoheitsträger und eine weitere Zahlung des Hoheitsträgers an den eingeschalteten Unternehmer vor.

> *Beispiel 2:*
>
> Mehrere Gemeinden haben eine GmbH gegründet und diese mit der Errichtung und dem Betrieb einer Müllverbrennungsanlage beauftragt. Die Gemeinden erhalten für den Bau auf Antrag Zuschüsse des Landes (Investitionskostenzuschüsse), die das Land auf Wunsch der Gemeinden unmittelbar auf das Konto der GmbH überweist.
>
> Die Überweisung der Landeszuschüsse an die GmbH ist rechtlich und wirtschaftlich als Zahlung des Landes an die einzelnen Gemeinden und als weitere Zahlung der Gemeinden an die GmbH anzusehen. Die Zahlungen der Gemeinden an die GmbH sind unabhängig von ihrer Bezeichnung als Investitionskostenzuschuß Entgelt für die sonstige Leistung der GmbH (tatsächliche Durchführung der Müllbeseitigung) an die Gemeinden.

b) *Zahlungen durch Dritte an den eingeschalteten Unternehmer*

Nach § 10 Abs. 1 Satz 3 UStG gehört zum Entgelt auch, was ein anderer als der Leistungsempfänger dem Unternehmer für die Leistung gewährt (zusätzliches Entgelt eines Dritten). Dies kann hier nur in Betracht kommen, wenn *der eingeschaltete Unternehmer* selbst und nicht der Hoheitsträger (vgl. Buchstabe a Abs. 2 und Beispiel 2) einen *eigenen* gesetzlichen oder sonstigen *Anspruch auf die Zahlungen* hat. Ob diese Zahlungen dann nach § 10 Abs. 1 Satz 3 UStG als Entgelt eines Dritten anzusehen sind, ist im Einzelfall anhand von Abschnitt 150 Abs. 3 und 4 UStR sowie der BFH-Rechtsprechung zu beurteilen.

4. *Mindestbemessungsgrundlage*[1)]

Die Anwendung der Mindestbemessungsgrundlage (§ 10 Abs. 5 Nr. 1 UStG i. V. m. § 10 Abs. 4 UStG) für die Leistung des eingeschalteten Unternehmers an den Hoheitsträger kommt in Betracht, wenn der Hoheitsträger Anteilseigner, Gesellschafter oder Mitglied des eingeschalteten Unternehmers ist. Ist das für die Leistung des eingeschalteten Unternehmers an den Hoheitsträger nach den vorstehenden Grundsätzen ermittelte Entgelt niedriger als die nach § 10 Abs. 4 Nr. 2 UStG maßgeblichen Kosten, so sind diese Kosten als Bemessungsgrundlage anzusetzen. Die maßgeblichen Kosten sind nach den Regelungen in Abschnitt 155 UStR 2 UStR unter Beachtung von Abschnitt 158 Abs. 3 UStR zu ermitteln. Bei der Ermittlung der Abschreibungen ist zu beachten, daß die AfA-Bemessungsgrundlage nicht um ertragsteuerlich zulässige Abzüge (z. B. den Abzug nach § 6b EStG) sowie nicht um eventuelle Zuschüsse gemindert werden darf.

> *Beispiel 3:*
>
> Eine Gemeinde ist alleiniger Anteilseigner einer GmbH, die mit der Errichtung und dem Betrieb einer Kläranlage (Abwasserbeseitigung) beauftragt wird. Die Herstellungskosten der Anlage (Nutzungsdauer lt. AfA-Tabelle 20 Jahre) betragen 4 Mio. DM zuzüglich 14% Umsatzsteuer. Die Gemeinde erhält einen Landeszuschuß zu den Baukosten von 200.000 DM, den sie an die GmbH weiterleitet. An laufenden Kosten fallen jährlich an: Finanzierungskosten 200.000 DM, Betriebskosten der Anlage 100.000 DM, sonstige Kosten 50.000 DM. Die GmbH erhält von der Gemeinde einen sog. Reinigungspreis von 300.000 DM zuzüglich 14% USt jährlich. Außerdem zahlt die Gemeinde für den laufenden Betrieb der Anlage einen Zuschuß von 50.000 DM jährlich.
>
> Die GmbH erbringt gegenüber der Gemeinde eine steuerbare und steuerpflichtige sonstige Leistung im Sinne des § 3 Abs. 9 UStG, die in der tatsächlichen Durchführung der gemeindlichen Pflichtaufgabe „Abwasserbeseitigung" besteht. Zum Entgelt für diese Leistung gehören neben dem sog. Reinigungspreis von 300.000 DM auch der Investitionskostenzuschuß (netto 175.439 DM) sowie der laufende Zuschuß (netto 43.860 DM). Das Entgelt beträgt somit insgesamt 519.299 DM.

---

1) Zur Nichtberücksichtigung von Kosten, die nicht mit Vorsteuern belastet sind (z. B. Kreditkosten) vgl. Abschnitt 155 UStR 2000. Zur Nichtgeltung der Mindestbemessungsgrundlage bei marktgerechtem Entgelt, BMF vom 21.11.1997, BStBl. 1997 I S. 1048 und Abschnitt 158 Abs. 1 UStR

Anlage § 015–07

Außerdem ist zu prüfen, ob die Mindestbemessungsgrundlage das Entgelt nach § 10 Abs. 1 Satz 2 UStG übersteigt. Die Mindestbemessungsgrundlage ist wie folgt zu ermitteln:

AfA Kläranlage 5 v. H. vom 4 Mio. DM =	200.000 DM
Finanzierungskosten	200.000 DM
Betriebskosten der Anlage	100.000 DM
Sonstige Kosten	50.000 DM
Mindestbemessungsgrundlage	550000 DM

Da die Mindestbemessungsgrundlage nach § 10 Abs. 5 Nr. 1 UStG i. V. m. § 10 Abs. 4 Nr. 2 UStG (= 550.000 DM) das Entgelt nach § 10 Abs. 1 Satz 2 UStG (= 519.299 DM) übersteigt, ist sie als maßgebliche Bemessungsgrundlage für die sonstige Leistung der GmbH anzusetzen. Die GmbH kann die Vorsteuern aus der Errichtung der Anlage und den laufenden Kosten in voller Höhe abziehen.

Sind bei eingeschalteten Körperschaften die vereinbarten Leistungsentgelte nicht kostendeckend, so ist in körperschaftsteuerrechtlicher Hinsicht zu prüfen, ob eine verdeckte Gewinnausschüttung (§ 8 Abs. 3 KStG, Abschnitt 31 KStR) vorliegt, und ggf. das Einkommen der Körperschaft entsprechend zu erhöhen.

III. Anwendung des § 42 AO

Soweit nicht im Einzelfall Wirtschaftsgüter unmittelbar dem Hoheitsträger zuzurechnen sind, ist die Anwendung des § 42 AO zu prüfen. Die Einschaltung eines Unternehmers in die Erfüllung hoheitlicher Aufgaben ist rechtsmißbräuchlich, wenn für sie wirtschaftliche oder sonst beachtliche Gründe fehlen. Läßt sich die Einschaltung nur mit der Absicht der Steuerersparnis erklären, fehlt es auch an sonst beachtlichen Gründen. Von der Absicht der Steuerersparnis ist nur auszugehen, wenn durch die Gestaltung – im Vergleich zur eigenen Erledigung der Aufgabe durch den Hoheitsträger – ein steuerlicher Vorteil entsteht. Ein steuerlicher Vorteil kann nur dann angenommen werden, wenn langfristig

a) die abziehbaren Vorsteuern des eingeschalteten Unternehmers (insbesondere aus Investitionen) die Umsatzsteuer für die Umsätze an den Hoheitsträger übersteigen und

b) eventuelle Aufkommensminderungen bei der Umsatzsteuer durch Mehraufkommen bei anderen Steuerarten (z. B. der Körperschaftsteuer) nicht ausgeglichen werden.

Zur Feststellung eines eventuellen steuerlichen Vorteils ist deshalb überschlägig eine Gegenüberstellung der steuerlichen Auswirkungen für mehrere Besteuerungszeiträume (z. B. orientiert an der Laufzeit des Einschaltungsvertrags oder der Nutzungsdauer einer Anlage) vorzunehmen.

Liegt unter den weiteren Voraussetzungen des § 42 AO bei der Einschaltung eines Unternehmers in die Erfüllung hoheitlicher Aufgaben ein Mißbrauch von Gestaltungsmöglichkeiten des Rechts vor, so entsteht der Steueranspruch so, als ob der Hoheitsträger diese Aufgaben selbst erledigt hätte. Die Einschaltung des Unternehmers ist in diesem Fall unbeachtlich. Daraus folgt, daß

a) weder die eingeschaltete Person noch der Hoheitsträger den Vorsteuerabzug in Anspruch nehmen kann und

b) zwischen der eingeschalteten Person und dem Hoheitsträger ein Leistungsaustausch nicht stattfindet.

IV. Anwendung

Dieses Schreiben tritt an die Stelle des BMF-Schreibens vom 22. August 1985 – IV A 1 – S 7242 – 27/85 – (BStBl. I S. 583). Soweit in Einschaltungsfällen die Entscheidung über die umsatzsteuerliche Behandlung zurückgestellt worden ist, sind die entsprechenden Veranlagungen vorzunehmen. Steuerbescheide unter dem Vorbehalt der Nachprüfung sind nach § 164 Abs. 2 AO zu überprüfen.

Anlagen § 015–08, 09 nicht belegt, § 015–10

Umsatzsteuerrechtliche Beurteilung der Einschaltung von Personengesellschaften beim Erwerb oder der Errichtung von Betriebsgebäuden der Kreditinstitute

BMF-Schreiben vom 29.05.1992 – IV A 2 – S 7300 – 63/92,
BStBl. 1992 I S. 378

Unternehmer, die nach § 4 Nr. 8 UStG steuerfreie Umsätze ausführen (insbesondere Kreditinstitute), sind insoweit vom Vorsteuerabzug ausgeschlossen (§ 15 Abs. 2 Nr. 1 UStG). Dies gilt auch hinsichtlich der Leistungsbezüge beim Erwerb oder der Errichtung von Betriebsgebäuden. Der Ausschluß vom Vorsteuerabzug tritt dagegen nicht ein, wenn ein Unternehmer ein von ihm angeschafftes oder errichtetes Gebäude unter Verzicht auf die Steuerbefreiung des § 4 Nr. 12 Buchst. a UStG an einen anderen Unternehmer vermietet.

Kreditinstitute gehen zunehmend dazu über, Betriebsgebäude von umsatzsteuerrechtlich selbständigen Personengesellschaften (z. B. GmbH & Co. KG), an denen die Kreditinstitute als Gesellschafter allein oder mehrheitlich beteiligt sind, erwerben oder errichten zu lassen. Die Personengesellschaften vermieten die Gebäude anschließend steuerpflichtig an die Kreditinstitute (s. auch 5.).

Unter Bezugnahme auf das Ergebnis der Erörterung mit den obersten Finanzbehörden der Länder gilt hierzu folgendes:

1. Leistungsbeziehungen

Zunächst ist zu prüfen, ob die Rechtsbeziehungen zwischen Kreditinstitut und Personengesellschaft **ernsthaft vereinbart** sind und diesen Vereinbarungen entsprechend auch **tatsächlich durchgeführt** werden. Ist dies nicht der Fall (z.B. bei fehlenden oder unregelmäßigen Mietzahlungen), kann die Personengesellschaft den Vorsteuerabzug mangels Unternehmereigenschaft oder mangels Ausführung steuerpflichtiger Vermietungsumsätze nicht in Anspruch nehmen. Das gleiche gilt, wenn die Leistungen (z.B. der Bauhandwerker) statt von der Personengesellschaft unmittelbar vom Kreditinstitut empfangen werden (vgl. Abschn. 192 Abs. 13 UStR).

2. Entgelt für die Vermietungsleistung

Falls das Kreditinstitut der Personengesellschaft ein unverzinsliches Darlehen oder ein Darlehen zu marktunüblich niedrigen Zinsen gewährt, gehört neben der vereinbarten Miete auch der Vorteil, der der Personengesellschaft aus einem solchen Darlehen erwächst, zum Entgelt für die Vermietungsleistung (vgl. BFH-Beschluß vom 12. November 1987, BStBl. 1988 II S. 156). Die Bemessungsgrundlage für diesen tauschähnlichen Umsatz (§ 3 Abs. 12 Satz 2 UStG) mit Baraufgabe setzt sich zusammen aus der vereinbarten Miete und aus dem gemeinen Wert (§ 9 BewG) der Gegenleistung (§ 10 Abs. 2 Satz 2 UStG). Der gemeine Wert der Gegenleistung bestimmt sich in diesen Fällen nach § 15 Abs. 1 BewG (vgl. BFH-Urteil vom 28. Februar 1991, BStBl. II S. 649). Danach ist der gemeine Wert (= Jahreswert der Nutzungsüberlassung der Darlehenssumme), wenn kein anderer Wert feststeht, mit 5,5 v. H. der Geldsumme anzunehmen.

Beispiel 1:

Eine Personengesellschaft errichtet ein Bankgebäude (Herstellungskosten 3 Mio DM) und vermietet es für jährlich 90.000 DM zuzüglich 12.600 DM USt an ein Kreditinstitut. Zur Finanzierung des Gebäudes erhält die Personengesellschaft von dem Kreditinstitut ein mit 2 v. H. zu verzinsendes Darlehen über 2 Mio DM. Für den Jahreswert der Nutzungsüberlassung steht kein Wert fest.

Das Entgelt für die Vermietungsleistung ist im Besteuerungszeitraum wie folgt zu ermitteln:

1. Baraufgabe (tatsächlich vereinbarte Miete)		90.000 DM
2. gemeiner Wert gem. § 15 Abs. 1 BewG 5,5 v. H. von 2 Mio. DM	=	110.000 DM
abzüglich vereinbarte Kreditkosten 2 v. H. von 2 Mio. DM	=	40.000 DM
jährlicher Vorteil aus gewährtem Darlehen		70.000 DM
abzüglich darin enthaltene USt	8.596 DM	61.404 DM
Entgelt für die steuerpflichtige Vermietungsleistung		151.404 DM

3. Ansatz der Mindestbemessungsgrundlage[1)]

Die Anwendung der Mindestbemessungsgrundlage (§ 10 Abs. 5 Nr. 1 UStG i. V. m. § 10 Abs. 4 UStG) für die Vermietungsleistung der Personengesellschaft kommt in Betracht, wenn das Kreditinstitut Gesellschafter der Personengesellschaft ist.

---

1) Zur Nichtberücksichtigung von Kosten, die nicht mit Vorsteuern belastet sind (z. B. Kreditkosten) vgl. Abschnitt 155 UStR 2000. Zur Nichtgeltung der Mindestbemessungsgrundlage bei marktgerechtem Entgelt, BMF vom 21.11.1997, BStBl. 1997 I S. 1048 und Abschnitt 158 Abs. 1 UStR 2000

Anlage § 015–10

Ist das für die Vermietungsleistung anzusetzende Entgelt (vgl. Nummer 2 dieses Schreibens) niedriger als die nach § 10 Abs. 4 Nr. 2 UStG maßgeblichen Kosten, so sind diese Kosten als Bemessungsgrundlage anzusetzen.

Die maßgeblichen Kosten sind nach den Regelungen in Abschnitt 155 Abs. 2 UStR unter Beachtung von Abschnitt 158 Abs. 3 UStR zu ermitteln.

Beispiel 2
Sachverhalt wie Beispiel 1. Die laufenden Kosten für das Bankgebäude (Grundbesitzabgaben, Reparaturen, Versicherungen usw.) betragen 20 000 DM jährlich.

Die maßgeblichen Kosten (§ 10 Abs. 4 Nr. 2 UStG) sind wie folgt zu ermitteln:

AfA Gebäude (§ 7 Abs. 4 Nr. 1 EStG) 4 v. H. von 3 Mio. DM	120.000 DM
Finanzierungskosten (nur tatsächlicher Aufwand) 2 v. H. von 2 Mio. DM	40.000 DM
laufende Kosten	20.000 DM
maßgebliche Kosten	180.000 DM

Die maßgeblichen Kosten (180 000 DM) sind als Mindestbemessungsgrundlage anzusetzen, weil sie das Entgelt für die steuerpflichtige Vermietungsleistung (151 404 DM) übersteigen.

4. Mißbrauch rechtlicher Gestaltungsmöglichkeiten (§ 42 AO)

Auch eine ernsthaft vereinbarte und tatsächlich durchgeführte Einschaltung einer Personengesellschaft beim Erwerb oder der Errichtung von Betriebsgebäuden für Kreditinstitute ist rechtsmißbräuchlich im Sinne des § 42 AO, wenn die gewählte rechtliche Gestaltung zur Erreichung des angestrebten Ziels unangemessen ist, der Steuerminderung dienen soll und durch wirtschaftliche oder sonst beachtliche außersteuerliche Gründe nicht zu rechtfertigen ist.

Von der Absicht der Steuerersparnis ist nur auszugehen, wenn durch die Gestaltung – im Vergleich zum Erwerb oder der Errichtung des Betriebsgebäudes durch das Kreditinstitut – ein steuerlicher Vorteil entsteht. Ein steuerlicher Vorteil ist gegeben, wenn innerhalb des Berichtigungszeitraums nach § 15a UStG (= zehn Jahre)

a) die abziehbaren Vorsteuern der Personengesellschaft (insbesondere aus dem Erwerb oder die Errichtung des Betriebsgebäudes) die Umsatzsteuer für die Vermietungsleistungen an das Kreditinstitut – berechnet nach den Ausführungen zu Nummer 2 und 3 dieses Schreibens – übersteigen und

b) eventuelle Aufkommensminderungen bei der Umsatzsteuer durch Mehraufkommen bei anderen Steuerarten (z. B. Körperschaftsteuer, Gewerbesteuer) nicht ausgeglichen werden.

Zur Feststellung eines eventuellen steuerlichen Vorteils ist deshalb überschlägig eine Gegenüberstellung der steuerlichen Auswirkungen bis zum Ablauf des Berichtigungszeitraums nach § 15a UStG vorzunehmen.

Einige Kreditinstitute begründen die Einschaltung einer Personengesellschaft mit der Notwendigkeit der Beachtung des § 12 Kreditwesengesetz (KWG). Nach dieser Vorschrift dürfen die nach Buchwerten berechneten dauernden Anlagen eines Kreditinstituts (u.a. auch Anlagen in Grundstücken und Gebäuden) insgesamt das haftende Eigenkapital nicht übersteigen. Würde das Betriebsgebäude durch das Kreditinstitut selbst errichtet, bestünde die Gefahr, daß diese Grenze bald erreicht sei. Die Beachtung des § 12 KWG kann im **Einzelfall** als beachtlicher außersteuerlicher Grund für die gewählte Gestaltung anerkannt werden (z.B. bei kleinen Kreditinstituten, die im Verhältnis zu ihrem haftenden Eigenkapital hohe Beträge für die Errichtung von Betriebsgebäuden aufzuwenden haben und keine Ausnahmegenehmigung nach § 12 Abs. 3 KWG erhalten). Eine **generelle** Heranziehung des § 12 KWG als Begründung für die ungewöhnliche Gestaltung ist jedoch nicht gerechtfertigt. Deshalb dürften bei der Einschaltung von Personengesellschaften beim Erwerb oder der Errichtung von Betriebsgebäuden für Kreditinstitute regelmäßig wirtschaftliche oder sonst beachtliche Gründe fehlen.[1]

5. Anwendung

Nach den vorstehenden Ausführungen ist in allen nicht bestandskräftigen Fällen zu verfahren. Die Ausführungen gelten in ähnlich gelagerten Sachverhalten entsprechend (z.B. Versicherungsunternehmen errichten ein Betriebsgebäude unter Einschaltung einer Personengesellschaft oder Kreditinstitute veräußern ein Betriebsgebäude unter Verzicht auf die Steuerbefreiung des § 4 Nr. 9 Buchst. a UStG an eine Personengesellschaft und mieten das Gebäude anschließend an).

Dieses Schreiben tritt an die Stelle des BMF-Schreibens vom 20. Dezember 1990 – IV A 2 – S 7300 – 65/90 – (BStBl. I S. 924).

---

1) Siehe auch BFH-Urteil vom 09.11.2006 – V R 43/04, DB 2007 S. 91, siehe Rechtsprechung zu § 15 UStG

Anlage § 015–11

Aufteilung der Vorsteuer nach dem sog. Bankenschlüssel
(Abschnitt 208 Abs. 4 UStR 1988)

BMF-Schreiben vom 11.03.1993 – IV A 2 – S 7306 – 1/93,
UR 1993 S. 176

Die Vereinfachungsregelung zur Aufteilung der Vorsteuer nach dem sog. Bankenschlüssel (Abschnitt 208 Abs. 4 UStR 1988) wurde nicht in die Umsatzsteuer-Richtlinien 1992[1)] übernommen. Eine Nachfolgeregelung ist nicht getroffen worden. Somit sind ab Besteuerungszeitraum 1992 für die Vorsteueraufteilung der Kreditinstitute usw. die allgemeinen Regelungen maßgebend (§ 15 Abs. 4 UStG, Abschnitte 207 bis 210 UStR 1992[2)]).

---

1) Auch nicht in die UStR seit 1996; mit Schreiben an die Bankenverbände vom 12.04.2005 – IV A 5 – S 7306 – 5/05 hat das BMF das „Neue Konzept zur Vorsteueraufteilung bei Kreditinstituten" als eine Möglichkeit zur Aufteilung der Vorsteuern im Schätzungsweg übersandt.
2) Ab 01.11.2010: Abschnitt 15.16.–15.18. UStAE

Anlage § 015–12

Erlangen von Steuervorteilen durch die Einschaltung naher Angehöriger – Mißbrauch rechtlicher Gestaltungsmöglichkeiten

OFD Hannover, Vfg. vom 31.03.1993 – S 7300 – 408 – StO 333/S 7300 – 853 – StH 554, DStR 1993 S. 1067

Nach ständiger Rechtsprechung des BFH liegt ein Mißbrauch von rechtlichen Gestaltungsmöglichkeiten i. S. d. § 42 AO vor, wenn eine rechtliche Gestaltung gewählt wird, die zur Erreichung des erstrebten Ziels unangemessen ist, der Steuerminderung dienen soll und durch wirtschaftliche oder sonst beachtliche nichtsteuerliche Gründe nicht zu rechtfertigen ist (vgl. BFH-Urteil vom 16.1.1992, V R 1/91, BStBl. II 1992, 541).

1. Vermietung von Wirtschaftsgütern unter nahen Angehörigen, wenn der mietende Angehörige selbst zum Vorsteuerabzug berechtigt wäre

    a) Der BFH hat durch Urteile vom 13.7.1989, V R 8/86 (BStBl. II 1990, 100) und vom 14.5.1992, V R 56/89 (BStBl. II 1992, 859) entschieden, daß ein Gestaltungsmißbrauch i.S.d. § 42 AO nicht bereits dann vorliegt, wenn ein Ehegatte einen Pkw an seinen zum Vorsteuerabzug berechtigten Ehegatten für dessen Unternehmen vermietet, für den Erwerb den Vorsteuerabzug geltend macht und zudem den Steuerabzugsbetrag gem. § 19 Abs. 3 UStG in der bis zum 31.12.1989 geltenden Fassung in Anspruch nimmt. Der Umstand, daß der Ehegatte nur zur Erlangung des Steuerabzugsbetrages eingeschaltet wurde, ist nach Auffassung des BFH noch nicht rechtsmißbräuchlich und führt für sich allein nicht zur Ablehnung der Gestaltung.

    b) Ein Gestaltungsmißbrauch liegt dagegen vor, wenn ein Steuerberater beim Erwerb einer für den Einsatz in seiner Kanzlei bestimmten EDV-Anlage seine minderjährigen Kinder als Käufer ohne wirtschaftlichen Grund „vorschaltet", um anschließend mit ihnen einen Mietvertrag über die Nutzung der EDV-Anlage abzuschließen, und die Kinder für ihre Vermietungsumsätze den Steuerabzugsbetrag nach § 19 Abs. 3 UStG a. F. geltend machen. Da hier die Kinder beim Erwerb und bei der Vermietung nicht selbst handeln und entscheiden können, sondern fremdbestimmte Objekte im Gestaltungsplan ihres Vaters sind, ist die Gestaltung nach dem Urteil des BFH vom 21.11.1991, V R 20/87 (BStBl. II 1992, 446) als unangemessen anzusehen mit der Folge, daß den Kindern gem. § 42 Satz 2 AO weder ein Vorsteuerabzug noch ein Steuerabzugsbetrag zusteht. In dem vorbezeichneten Urteil sah der BFH es auch als unangemessen an, daß die Überlassung der Anlage an den Vater entgeltlich erfolgte, obwohl dieser die Anschaffungskosten wirtschaftlich getragen hatte.

2. Vermietung von Wirtschaftsgütern unter nahen Angehörigen, wenn der mietende Angehörige selbst nicht zum Vorsteuerabzug berechtigt wäre

    In einer Reihe von – zum Teil noch nicht veröffentlichten – Urteilen hat der BFH entschieden, daß der Vorsteuerabzug des Ehegatten eines wegen steuerfreier Ausgangsumsätze selbst nicht zum Vorsteuerabzug berechtigten Unternehmers (z.B. Arzt) aus der Anschaffung/Herstellung eines dem Unternehmer-Ehegatten zur unternehmerischen Nutzung vermieteten Wirtschaftsgutes (z.B. Praxisräume) wegen Mißbrauchs rechtlicher Gestaltungsmöglichkeiten zu versagen ist, wenn der Vermieter-Ehegatte die laufenden Grundstücks- und Darlehensaufwendungen nicht aus eigenen Mitteln decken kann und deshalb auf zusätzliche Zuwendungen des Mieter-Ehegatten in nicht unwesentlichem Umfang angewiesen ist (BFH-Urteil vom 16.1.1992, V R 1/91, a.a.O.).

    Gem. § 42 Abs. 2 AO entsteht der Steueranspruch so, wie er bei einer den wirtschaftlichen Vorgängen angemessenen rechtlichen Gestaltung entstehen würde. Dies ist nach Auffassung des BFH die unentgeltliche Überlassung des Wirtschaftsgutes an den finanzierenden Mieter-Ehegatten.

    Bei der Vermietung von Praxisräumen ist u. a. folgendes zu beachten:

    a) Dem Vermieter-Ehegatten sind als verfügbare finanzielle Mittel zur Bestreitung der Grundstücksaufwendungen neben den Mieteinnahmen (einschl. erstatteter Nebenkosten) auch sonstige eigene Einnahmen (z.B. Arbeitslohn) und Bezüge (z.B. Kindergeld) zuzurechnen.

    b) Der Vermieter-Ehegatte muß in einem überschaubaren Zeitraum in der Lage sein, die Aufwendungen für Zins und laufende Tilgung der aufgenommenen Fremdmittel und für die Bewirtschaftung des Grundstücks zu decken. Tilgungen, die in diesem Zeitraum nicht fällig werden, sind unbeachtlich.

    c) Die rechtsmißbräuchliche Gestaltung setzt voraus, daß wirtschaftliche oder sonst beachtliche Gründe fehlen. Läßt sich die Einschaltung des Ehepartners lediglich mit der Absicht der

Anlage § 015–12

Steuerersparnis erklären, fehlt es an beachtlichen Gründen. Von der Absicht der Steuerersparnis ist auszugehen, wenn durch die Gestaltung ein steuerlicher Vorteil entsteht. Ein solcher ist gegeben, wenn innerhalb des Berichtigungszeitraums nach § 15a UStG die abziehbaren Vorsteuern aus der Anschaffung der Praxisräume die Umsatzsteuern für die Vermietungsleistungen an den anderen Ehepartner übersteigen und eventuelle Aufkommensminderungen bei der Umsatzsteuer durch Mehraufkommen bei anderen Steuerarten nicht ausgeglichen werden. Zur Feststellung eines etwaigen steuerlichen Vorteils ist deshalb überschlägig eine Gegenüberstellung der steuerlichen Auswirkung bis zum Ablauf des Berichtigungszeitraumes nach § 15a UStG vorzunehmen.

Zur Frage, wie sich Schenkungen und sonstige Zuwendungen des Mieter-Ehegatten an den Vermieter-Ehegatten, die diesem die Lastentragung aus eigener wirtschaftlicher Kraft ermöglichen, vor bzw. bei Erwerb des Grundstücks oder vor bzw. bei Errichtung des Gebäudes auf die Annahme eines Gestaltungsmißbrauchs auswirken, wird auf das BFH-Urteil vom 22.10.1992, V R 33/90 zu Ziff. 3b, BStBl. II 1993, 210 (s. hierzu Anm. von Hoffmann, DStR 1993, 232) verwiesen. In der Regel liegt in solchen Fällen keine mißbräuchliche Vorschaltung vor.

Ich bitte Sie, die Grundsätze der vorgenannten BFH-Urteile in allen entsprechend gelagerten Fallgestaltungen anzuwenden. Voraussetzung für die Unternehmereigenschaft des Vermieters ist allerdings, daß ein zivilrechtlich wirksamer Mietvertrag vorliegt. Dabei sind die Grundsätze des BFH-Urteils vom 22.6.1989, V R 37/84 (BStBl. II 1989, 913) maßgebend. Gem. § 10 Abs. 5 Nr. 1 UStG ist die Mindestbemessungsgrundlage zu beachten.[1]

---

1) Siehe auch BMF vom 27.11.1997, BStBl. 1997 I S. 1048

Anlagen § O15–13 nicht belegt, § O15–14, § O15–15

Anforderungen an zollamtliche Belege als Nachweis für Abzug der Einfuhrumsatzsteuer als Vorsteuer – Nichtanwendung des BFH-Urteils vom 09.02. 1995

OFD Erfurt, Vfg. vom 11.12.1995 – S 7302 A – 01 – St 343,
DStR 1996 S. 183

Der BFH hat in seinem Urteil vom 9.2.1995 – V R 57/93 (DStR 1995, 1191) die Verwaltungsauffassung zum Abzug der Einfuhrumsatzsteuer als Vorsteuer (vgl. Abschn. 199 UStR) weitgehend bestätigt. Allerdings gelangt der BFH durch Auslegung des § 15 Abs. 1 Nr. 2 UStG zu der Auffassung, daß der den Vorsteuerabzug begehrende Unternehmer im Besitz eines *auf seinen Namen lautenden* zollamtlichen Zahlungsbeleges oder Ersatzbeleges sein muß.

Der Abzug der Einfuhrumsatzsteuer ist nach der bisherigen Verwaltungsauffassung auch dann zuzulassen, wenn im Zollbeleg oder Ersatzbeleg eine andere Person als der vorsteuerabzugsberechtigte Unternehmer als Zollbeteiligter namentlich genannt ist. Bei der Einfuhr von Gegenständen kann wegen der sinngemäßen Anwendung der Zollvorschriften (vgl. § 21 Abs. 2 UStG) auch ein Dritter, der nicht am eigentlichen Einfuhrgeschäft beteiligt ist, Einfuhrumsatzsteuer-Anmeldungen in eigenem Namen und für eigene Rechnung abgeben (vgl. Art. 64 Zollkodex). Dieser Dritte (z. B. Spediteur, Frachtführer, Handelsvertreter) wird damit Schuldner der Einfuhrumsatzsteuer. Eine Verbindung zwischen diesem im Zollpapier genannten Schuldner und dem zum Vorsteuerabzug berechtigten Unternehmer kann von der Zollverwaltung nicht hergestellt werden. Der Unternehmer, für den der Gegenstand eingeführt worden ist, muß sich in diesen Fällen den Zollbescheid als Beleg für die Entrichtung der Einfuhrumsatzsteuer aushändigen lassen.

Die Umsatzsteuerreferenten der obersten Finanzbehörden der Länder haben in Übereinstimmung mit dem BMF beschlossen, das BFH-Urteil vom 9.2.1995, V R 57/93 nicht im BStBl. zu veröffentlichen.

Vorsteuerabzug aus den Veräußerungskosten bei einer Geschäftsveräußerung (§ 15 UStG)

OFD Erfurt, Vfg. vom 25.04.1996 – S 7300 A – 14 – St 34,
UR 1996 S. 311

Es ist die Frage aufgeworfen worden, nach welchen Grundsätzen sich bei einer Geschäftsveräußerung der Vorsteuerabzug aus den Veräußerungskosten errechnet.

Im zugrundeliegenden Sachverhalt veräußert der Vermieter sein Mietwohngrundstück, das den einzigen Unternehmensgegenstand darstellt, an eine Vermietungsgesellschaft. Mit dem Verkauf hat er einen Makler beauftragt, der ihm über die Maklercourtage eine Rechnung mit gesondertem Steuerausweis erteilt. Im Besteuerungszeitraum des Verkaufs war das Grundstück zu 40 v. H. steuerpflichtig und zu 60 v. H. steuerfrei vermietet.

Bisher war der Vorsteuerabzug aus der Rechnung des Maklers nach der umsatzsteuerlichen Behandlung der Grundstückslieferung zu beurteilen. War diese gem. § 4 Nr. 9 Buchst. a UStG steuerfrei, schied der Vorsteuerabzug aus. Hatte der Lieferer allerdings gem. § 9 UStG zur Steuerpflicht optiert, konnte er – bei Vorliegen der weiteren Voraussetzungen – die Vorsteuerbelastung der Veräußerungskosten abziehen. Das galt unabhängig davon, ob der Unternehmer das Grundstück im Rahmen einer Geschäftsveräußerung oder außerhalb einer solchen lieferte. An der bisherigen Behandlung kann nicht mehr festgehalten werden, wenn der Unternehmer das Grundstück im Rahmen einer Geschäftsveräußerung i.S.d. § 1 Abs. 1a UStG liefert.

Die Vertreter der obersten Finanzbehörden des Bundes und der Länder vertreten die Auffassung, daß sich der Vorsteuerabzug aus Veräußerungskosten im Falle einer Geschäftsveräußerung i.S.d. § 1 Abs. 1a UStG danach richtet, in welchem Umfang das Grundstück vor der Veräußerung zur Ausführung von sog. Ausschlußumsätzen i. S. d. § 15 Abs. 2 UStG verwendet worden ist.[1] Im vorliegenden Fall ist dann die Umsatzsteuer aus der Maklerrechnung zu 40 v. H. als Vorsteuer abziehbar. Ist der Besteuerungszeitraum im Kalenderjahr der Veräußerung zu kurz, um die Ermittlung einer realistischen Quote zuzulassen, kann der vorherige Besteuerungszeitraum dafür herangezogen werden.

---

1) Ebenso EuGH vom 22.02.2001 – Rs. C-408/98 – Abbey National plc., IStR 2001 S. 180, siehe Rechtsprechung zu § 15 UStG

Anlagen § 015–16 nicht belegt, § 015–17

Vorsteuerabzug aus Rechnungen der Deutschen Telekom AG über Btx/Datex-J/T-Online Anbietervergütungen (§ 15 Abs. 1 Nr. 1 UStG)

OFD Hannover, Vfg. vom 13.01.1997 – S 7280 – 129 – StH 542/S 7300 – 435 – StO 354, UR 1997 S. 193

Mit dem T-Online Dienst (ehemals Btx bzw. Datex-J) eröffnet die Deutsche Telekom AG Anbietern die Möglichkeit, über das Telefonnetz Dienstleistungen auf dem Fernsehbildschirm oder einem entsprechenden anderen Terminal anzubieten. Der Nutzer dieser Dienstleistungen ruft über die entsprechende Anbieter-Nummer die von ihm gewünschte Bildschirmseite auf.

Das Entgelt für den Aufruf der jeweiligen Bildschirmseite wird dem Nutzer in der Telekomrechnung über Telekommunikationsleistungen von der Deutschen Telekom AG zusätzlich *im Namen und für Rechnung der Anbieter* in Rechnung gestellt. Dabei werden die Anbieter nicht einzeln aufgeführt.

Die vereinnahmten Beträge werden von der Deutschen Telekom AG an den jeweiligen Anbieter, unter Abzug des eigenen Entgelts für die Verbindungs- und Abrechnungsleistung, weitergeleitet.

Die Leistungen der Anbieter unterliegen unterschiedlichen Umsatzsteuersätzen. Die Summe der Entgelte und die darauf entfallende Umsatzsteuer werden jeweils nach dem Steuersatz zusammengefaßt in der Rechnung ausgewiesen.

Die jeweiligen Einzelverbindungen werden von der Deutschen Telekom AG zum Zwecke der Abrechnung aufgezeichnet. Ein entsprechender Einzelnachweis wird dem Nutzer jedoch nur auf Anordnung ausgestellt. Für den Einzelnachweis berechnet die Deutsche Telekom AG ein Entgelt. Bisher haben nur sehr wenige Kunden der Deutschen Telekom AG von dieser Möglichkeit Gebrauch gemacht.

Zur Frage, ob den Nutzern der Vorsteuerabzug aus der Inrechnungstellung der Anbietervergütungen im Rahmen der Abrechnungen der Deutschen Telekom AG gewährt werden kann, wird gebeten, folgende Auffassung zu vertreten:

Die Abrechnungen der Deutschen Telekom AG enthalten keine Angaben, anhand derer die von den Anbietern erbrachten Leistungen identifiziert werden können (vgl. Abschn. 192 Abs. 16 USt 1996). Ein Vorsteuerabzug der Nutzer aus den abgerechneten Anbietervergütungen scheidet deshalb schon aus diesem Grunde aus. Hinzu kommt, daß sich Name und Anschrift des jeweiligen Anbieters weder aus der Abrechnung noch dem Einzelnachweis der Deutschen Telekom AG unmittelbar ergeben (Siehe dazu Abschn. 192 Abs. 12 UStR 1996). Im Einzelnachweis ist zwar der Anbieter mit seiner Teilnehmer-Nummer angegeben. Diese Nummer vermag die erforderliche Angabe des Namens und der Anschrift des Anbieters jedoch nur zu ersetzen, wenn sowohl beim Nutzer als auch beim Anbieter ein Verzeichnis der Teilnehmer-Nummern mit den dazugehörigen Namen und Anschriften vorhanden ist (§ 31 Abs. 3 UStDV).

Anlage § 015–18

Verfahren zur Kontrolle des Vorsteuerabzugs

BMF-Schreiben vom 22.04.1997 – IV C 9 – S 7424 – 5/97 / IV C 4 – S 7532 – 12/97, DStR 1997 S. 785

Unter Bezugnahme auf das Ergebnis der Erörterungen mit den obersten Finanzbehörden der Länder gilt folgendes:

(1) Für die Kontrolle des Vorsteuerabzugs wird das überarbeitete Vordruckmuster *USt 1 KM – Auskunftsersuchen zum Vorsteuerabzug/Kontrollmitteilung* – mit je einer Durchschrift für das um Auskunft ersuchte FA und für das ersuchende FA eingeführt.

(2) Die Berechtigung zum Vorsteuerabzug des Leistungsempfängers (§ 15 UStG) kann häufig nicht ohne Mitwirkung des FA geprüft werden, das für die Umsatzbesteuerung des Rechnungsausstellers/Gutschriftempfängers zuständig ist. Für das Auskunftsersuchen und für die Auskunft ist der Vordruck USt 1 KM – erforderlichenfalls ergänzt um Ablichtungen von Belegen – zu verwenden. Auskunftsersuchen sollen sich in der Regel auf Fälle beschränken, in denen sich bei der Prüfung von Vorsteuerbelegen Zweifel ergeben. Diese können insbesondere die umsatzsteuerliche Erfassung des Rechnungsausstellers/Gutschriftempfängers oder dessen Berechtigung zum gesonderten Ausweis der Umsatzsteuer betreffen. Ferner kann zweifelhaft sein, ob der Rechnungsaussteller einen zu hohen Steuerbetrag in Rechnung gestellt und die Rechnung wirksam berichtigt hat. Die Verwendung des Vordrucks USt 1 KM soll insbesondere die Feststellung von Scheinfirmen oder Personen erleichtern, die sich der Firmenbezeichnung von bestehenden Unternehmen zur Verschleierung von Steuerbetrügereien bedienen.

(3) Das um Auskunft ersuchte FA hat die für die Beantwortung der Anfrage erforderlichen Ermittlungen anzustellen, z. B. durch eine schriftliche Rückfrage oder eine USt-Sonderprüfung beim Rechnungsaussteller/Gutschriftempfänger. Hierbei hat es auch zu prüfen, ob Steuerbeträge nach § 14 Abs. 2 oder 3 UStG geschuldet werden.

(4) Ist der im Auskunftsersuchen genannte Rechnungsaussteller/Gutschriftempfänger nicht im Inland ansässig und hat der Leistungsempfänger die Umsatzsteuer nicht im Abzugsverfahren einzubehalten, so hat das FA des Leistungsempfängers vorweg beim Bundesamt für Finanzen zu erfragen, welches FA für den Rechnungsaussteller/Gutschriftempfänger zuständig ist, wenn sich die Zuständigkeit nicht bereits aus der Verordnung über die örtliche Zuständigkeit für die Umsatzsteuer im Ausland ansässiger Unternehmer (USt-ZuständigkeitsV) vom 21.2.1995 (BGBl I, 225, BStBl I, 204[1]) ergibt, die durch die erste Verordnung zur Änderung der Verordnung über die örtliche Zuständigkeit für die Umsatzsteuer im Ausland ansässiger Unternehmer vom 22.5.1996 (BGBl. I, 700, BStBl I, 668) geändert wurde.

(5) Auskunftsersuchen sind unverzüglich zu beantworten. Das gilt auch dann, wenn die abschließende Beantwortung nach den vorliegenden Unterlagen nicht möglich ist und der anfragenden Finanzbehörde mitgeteilt wird, daß noch weitere Ermittlungen veranlaßt werden.

(6) Dieses BMF-Schreiben ersetzt das BMF-Schreiben vom 12.10.1987 – IV A 3 – S 7424 – 5/87 (USt-Kartei § 18 S 7424 Karte 3).

---

1) Abgedruckt in Anhang 6

Anlagen § 015–19, § 015–20, § 015–21 nicht belegt, § 015–22

Behandlung von Vertragsübernahmen bei noch nicht erfüllten Werklieferungsverträgen

OFD Hannover, Vfg. vom 16.06.1999 – S 7300 – 912 – StH 542 / S 7300 – 442 – StO 354, DStZ 1999 S. 923

1. Bei der Vertragsübernahme handelt es sich zivilrechtlich um eine Verfügung über das Schuldverhältnis im Ganzen in Form eines Vertrags zwischen der ausscheidenden und der eintretenden Partei unter Zustimmung des anderen Teils. Sie stellt ein einheitliches Rechtsgeschäft dar, dessen Wesen in einer vertraglich vereinbarten Gesamtrechtsnachfolge in bezug auf ein Rechtsverhältnis besteht (FG Baden-Württemberg vom 14. Juli 1991, EFG 1992 S. 223, m. w. N.; s. a. Forchhammer, UR 1990 S. 145).

2. Zur Frage, welche umsatzsteuerrechtliche Folgerungen zu ziehen sind, wenn Werklieferungsverträge vor ihrer Erfüllung im Wege der Vertragsübernahme auf einen neuen Werkunternehmer oder einen neuen Besteller umgestellt werden, wird gebeten, folgende Auffassung zu vertreten:

   Für die Entscheidung, von wem eine Leistung erbracht und von wem sie empfangen wird, ist für Zwecke der Umsatzsteuer auf die Vertragsverhältnisse im Zeitpunkt der Leistungsausführung abzustellen (vgl. Abschn. 18 Abs. 2 und 192 Abs. 13 UStR 1996). Das gilt auch für Werklieferungen. Diese werden umsatzsteuerrechtlich erst dann ausgeführt und empfangen, wenn der Auftragnehmer dem Auftraggeber Verfügungsmacht am fertiggestellten Werk verschafft (Abschn. 178 Abs. 1 Satz 3 UStR 1996). Dementsprechend kommt es bei Werklieferungen für die Bestimmung des Leistenden und des Leistungsempfängers allein auf die Vertragsverhältnisse im Zeitpunkt der Fertigstellung und Abnahme des vereinbarten Werks an. Hieraus folgt, daß bei einer Übernahme des Werklieferungsvertrages im Ganzen durch einen neuen Auftraggeber bzw. Auftragnehmer die Werklieferung in vollem Umfang zwischen den neuen Vertragsparteien erbracht wird, sofern die Vertragsübernahme vor Fertigstellung und Abnahme des vereinbarten Werks wirksam geworden ist. Sind in diesem Fall bis zur Vertragsübernahme bereits Arbeiten am vereinbarten Werk ausgeführt worden, so stellen diese umsatzsteuerrechtlich noch keine Leistung dar, sondern gehen in der späteren Werklieferung auf. Etwas anderes gilt für Teilleistungen i. S. von § 13 Abs. 1 Nr. 1 Buchst. a Satz 3 UStG, die im Zeitpunkt der Vertragsübernahme bereits abgenommen worden sind; diese werden noch vom bzw. an den ausgeschiedenen Vertragspartner erbracht.

Anlagen § O15–23 nicht belegt, § O15–24, § O15–25, 26, 27, 28 nicht belegt, § O15–29

Vorsteuerabzug bei der Nutzung sog. Privatfahrzeuge von Unternehmern für unternehmerische Fahrten

BMF-Schreiben vom 04.11.1999 – IV D 1 – S 7300 – 123/99,
DStR 1999 S. 1906

Die Umsatzsteuer auf Kfz-Kosten für Fahrzeuge, die der Unternehmer wegen Unterschreitens der 10%-Grenze in § 15 Abs. 1 Satz 2 UStG 1999 nicht dem unternehmerischen Bereich zuordnen konnte, ist grundsätzlich – mangels „Bezugs für das Unternehmen" – nicht als Vorsteuer abziehbar (§ 15 Abs. 1 Nr. 1 UStG). Es können jedoch ausnahmsweise solche Vorsteuerbeträge in voller Höhe abgezogen werden, die *unmittelbar und ausschließlich* auf die unternehmerische Verwendung des Fahrzeugs entfallen, z. B. Vorsteuerbeträge aus Reparaturaufwendungen für einen Unfall während einer unternehmerischen Fahrt oder aus Benzinkosten für eine längere – von den übrigen Fahrten abgrenzbare – Geschäftsreise (vgl. Abschn. 192 Abs. 18 Nr. 2 Satz 7 UStR 1996). Da wegen der Streichung der §§ 36 bis 39 UStDV durch Art. 8 Nr. 1 StEntlG 1999/2000/2002 vom 24.3.1999 (BGBl. I, 402) ab dem 1.4.1999 eine pauschale Vorsteuerermittlung aus Fahrzeugkosten nicht mehr zulässig ist, müssen die unmittelbar und ausschließlich auf die unternehmerischen Fahrten entfallenden Vorsteuerbeträge ab diesem Zeitpunkt anhand von Rechnungen mit gesondert ausgewiesener Umsatzsteuer oder sog. Kleinbetragsrechnungen (z.B. Tankquittungen) ermittelt werden. Deshalb kommt für Unternehmer, die die Aufwendungen für ihre unternehmerischen (betrieblichen) Fahrten lediglich anhand des ertragsteuerlichen Pauschalwerts von 0,52 DM/km[1] ermitteln, ein Vorsteuerabzug aus den Fahrzeugkosten nicht in Betracht.

Vorsteuerabzug bei Kleinbetragsrechnungen

BMF-Schreiben vom 05.10.2000 – IV B 7 – S 7303a – 6/00,
DStR 2000 S. 1828

Bei Rechnungen über Kleinbeträge bis 200 DM[2] (z. B. Taxiquittungen, Mietwagenrechnungen) ist ebenso wie bei Fahrausweisen die Bezeichnung des Leistungsempfängers nicht vorgesehen (§§ 33 und 35 UStDV). Aus der Nichterwähnung z. B. der Taxiquittungen und Mietwagenrechnungen in Tz. 2.2. des BMF-Schreibens vom 05.11.1999 (BStBl. I S. 964, DStR 1999 S. 1904) kann deshalb nicht der Umkehrschluss gezogen werden, dass bei diesen – anders als bei Fahrausweisen – *jeweils im Einzelfall* zu prüfen ist, ob der Unternehmer Leistungsempfänger z. B. des Taxiunternehmens bzw. des Mietwagenverleihers ist. Somit kann der Vorsteuerabzug aus Kleinbetragsrechnungen i. S. des § 33 UStDV auch dann gewährt werden, wenn darin der Unternehmer nicht oder nicht exakt bezeichnet ist. Dies gilt sowohl für den Vorsteuerabzug im allgemeinen Besteuerungsverfahren als auch im Vorsteuer-Vergütungsverfahren.

---

1) Ab 01.01.2002: 0,30 €/km
2) Ab 01.01.2002: 100 €; ab 01.01.2007: 150 €

Anlagen § 015–30, § 015–31, 32 nicht belegt, § 015–33

Vorsteuerabzug der Einfuhrumsatzsteuer (§ 15 Abs. 1 Nr. 2 UStG) bei papierloser Festsetzung der Einfuhrumsatzsteuer im IT-Verfahren ATLAS

BMF-Schreiben vom 08.02. 2001 – IV B 7 – S 7302 – 3/01,
BStBl. 2001 I S. 156

Einfuhren aus Drittländern werden von der Zollverwaltung zunehmend mit dem IT-Verfahren ATLAS (Automatisiertes Tarif- und Lokales Zoll-Abwicklungs-System) abgewickelt. Hierbei werden Bescheide über die Einfuhrabgaben (einschließlich der Einfuhrumsatzsteuer) regelmäßig durch standardisierte elektronische Nachrichten (EDIFACT) ersetzt und somit papierlos übermittelt. In diesen Fällen gilt für den Vorsteuerabzug der Einfuhrumsatzsteuer (§ 15 Abs. 2 Nr. 1 UStG) im Einvernehmen mit den obersten Finanzbehörden der Länder Folgendes:

1. **Beleg über die entrichtete Einfuhrumsatzsteuer (EUSt)**

    Die Voraussetzungen für den Vorsteuerabzug der EUSt hat der Unternehmer grundsätzlich durch einen zollamtlichen Beleg oder einen zollamtlich bescheinigten Ersatzbeleg nachzuweisen (vgl. Abschnitt 202 Abs. 1 Nr. 2 UStR). Es bestehen keine Bedenken, wenn bei Einfuhren, die über das IT-Verfahren ATLAS abgewickelt werden, dieser Nachweis bei Bedarf durch einen Ausdruck des elektronisch übermittelten Bescheids über die Einfuhrabgaben in Verbindung mit einem Beleg über die Zahlung der EUSt entweder an die Zollbehörde oder einen Beauftragten (z.B. einen Spediteur) geführt wird.

2. **Kontrollmöglichkeiten der Steuerverwaltung**

    Bei Zweifeln über die Höhe der bei ATLAS-Teilnehmern als Vorsteuer abgezogenen EUSt können sich die Finanzämter an die Zollverwaltung wenden. Die Zollverwaltung übermittelt den Finanzämtern auf Anfrage für den gewünschten Prüfungszeitraum folgende Angaben:

    – Steuernummer des ATLAS-Teilnehmers oder des von einem ATLAS-Teilnehmer Vertretenen als Schuldner der EUSt,

    – Summen der in den einzelnen Monaten entstandenen EUSt.

    In begründeten Einzelfällen kann auch eine Aufschlüsselung von Monatssummen verlangt werden.

    Die Anfrage ist unter Angabe der Steuernummer oder – soweit bekannt – der Zollnummer des ATLAS-Teilnehmers oder des von einem ATLAS-Teilnehmer Vertretenen zu richten an das

    Rechenzentrum der Bundesfinanzverwaltung
    Frankfurt am Main
    Postfach 75 04 61
    60534 Frankfurt am Main
    Telefax: (0 69) 6 90 - 4 88 31
    X.400-Adresse:
    c=de/a=bund400/p=bfinv/o=rzf/s=poststelle.[1]

Vorsteuerabzug bei Dauerleistungen nach der neueren Rechtsprechung des BFH sowie Auswirkungen der Euroumstellung

Sen. f. Fin. Berlin, Erlass vom 02.10.2001 – III B 11 – S 7300 – 3/01,
DB 2002 S. 505

Das BFH-Urteil vom 7.11.2000 V R 49/99[2] (DB 2001 S. 740) wird nicht im BStBl. II veröffentlicht und ist damit nicht allgemein anzuwenden. Die Regelungen des Abschn. 183 Abs. 2 UStR gelten weiter.

Zur Erlangung des Vorsteuerabzugs ist eine Umstellung der in den Verträgen oder anderen Unterlagen ausgewiesenen DM-Beträge in Euro-Einheiten nicht erforderlich (vgl. Art. 14 der Verordnung (EG) Nr. 974/98 des Rats vom 3.5.1998 über die Einführung des Euro, ABl. EG L 139 vom 11.5.1998 S. 1).

---

1) Jetzt: Service Desk des Zentrums für Informationsverarbeitung und Informationstechnik (ZIVIT), servicedesk@zivit.de, Tel.: 0800/1012631, Fax: 069/20971-584

2) Siehe Rechtsprechung zu § 14

Anlagen § O15–34, 35 nicht belegt, § O15–36, § O15–37, 38 nicht belegt

Umsatzsteuerliche Behandlung des Pkw-Gemeinschaftsleasing durch Unternehmer und Arbeitnehmer

OFD Hannover, Vfg. vom 27.03.2003 – S 7100 – 240 – StO 315/S 7100 – 544 – StH 446, DStR 2003 S. 886

Beim Pkw-Gemeinschaftsleasing mieten der Unternehmer und der Arbeitsnehmer ein Fahrzeug gemeinsam. Der Unternehmer ist Mieter für die Zeit, in der der Arbeitnehmer das Fahrzeug für unternehmerische Zwecke nutzt, während der Arbeitnehmer für die Zeit Mieter ist, in der er das Fahrzeug privat nutzt. Es sind unterschiedliche Modelle bekannt geworden. Die umsatzsteuerliche Beurteilung hängt von den jeweiligen vertraglichen Vereinbarungen ab.

1. Die Verträge zum Gemeinschaftsleasing nach „RentSharing" sollen Schwierigkeiten bei Haftungsfragen und Kostenbeteiligungen sowie die sich aus der privaten Fahrzeugnutzung ergebenden Risiken vermieden. Sie sehen weder für den Unternehmer noch für den Arbeitnehmer eine Kaufoption vor. Die Leasingrate des Arbeitnehmers entspricht mindestens dem ertragsteuerlichen geldwerten Vorteil der Privatnutzung bei einer Fahrzeugüberlassung durch den Unternehmer. Verträge nach dem „RentSharing" sind umsatzsteuerlich als getrennte Verträge zwischen Vermieter und Unternehmer sowie zwischen Vermieter und Arbeitnehmer anzuerkennen. Das Fahrzeug ist dem Vermieter zuzurechnen. Dem Unternehmer steht aus seiner Leasingrate unter den weiteren Voraussetzungen des § 15 Abs. 1 UStG der Vorsteuerabzug zu. Eine Fahrzeugüberlassung zwischen Unternehmer und Arbeitnehmer liegt nicht vor, weil der Arbeitnehmer das Fahrzeug anteilig selbst least.

2. Bei anderen Modellen des Gemeinschaftsleasings ist eine Aufteilung in zwei Verträge regelmäßig nicht anzuerkennen. Das gilt insbesondere dann, wenn die Leasingrate des Arbeitnehmers unter dem geldwerten Vorteil für eine Fahrzeugüberlassung durch den Unternehmer liegt. Ein solches Modell hat vorrangig das Ziel, ertragsteuerlich die Besteuerung des geldwerten Vorteils zu vermeiden. Es ist bei wirtschaftlicher Betrachtungsweise als einheitlicher Vertrag zu beurteilen.

Anlage § 015–39

Vorsteuerabzug und Umsatzbesteuerung bei unternehmerisch genutzten Fahrzeugen ab 01.04.1999

BMF-Schreiben vom 27.08.2004 – IV B 7 – S 7300 – 70/04,
BStBl. 2004 I S. 864[1]

Durch Art. 5 Nr. 19 Buchst. c des Zweiten Gesetzes zur Änderung steuerlicher Vorschriften vom 15. Dezember 2003 (Steueränderungsgesetz 2003 – StÄndG 2003), BGBl. I S. 2645, BStBl. I S. 710, wurde § 15 Abs. 1b UStG zum 1. Januar 2004 aufgehoben. Die Ermächtigung des Rates der Europäischen Union vom 28. Februar 2000 (2000/186/EG, ABl. EG 2000 Nr. L 59/12), auf die die Einschränkung des Vorsteuerabzugs ab 1. April 1999 gestützt worden ist, ist zum 31. Dezember 2002 ausgelaufen. Für die Zeit ab 1. Januar 2003 kann sich der Unternehmer daher unmittelbar auf das für ihn günstigere Recht des Art. 17 der 6. EG-Richtlinie berufen. Mit Urteil vom 29. April 2004 hat der EuGH in der Rechtssache C-17/01 entschieden, dass Artikel 3 der Entscheidung des Rates insoweit unwirksam ist, als er regelt, dass die Ratsentscheidung rückwirkend ab 1. April 1999 gilt. Das bedeutet, dass die Ratsermächtigung für den Zeitraum vom 1. April 1999 bis zum 4. März 2000 (Tag der Veröffentlichung der Ratsermächtigung im Amtsblatt der EG) ungültig ist und § 15 Abs. 1b i.V.m. § 27 Abs. 5 UStG insoweit keine EG-rechtliche Grundlage hat. In allen anderen Punkten hat der EuGH die Gültigkeit und damit die Wirksamkeit der Ratsermächtigung ausdrücklich bestätigt.

Unter Bezugnahme auf das Ergebnis der Erörterungen mit den obersten Finanzbehörden der Länder gilt zur Frage des Vorsteuerabzuges und der Umsatzbesteuerung bei unternehmerisch genutzten Fahrzeugen ab 1. Januar 2004 Folgendes:

1. Vorsteuerabzug für ein dem Unternehmen zugeordnetes Fahrzeug

Ein angeschafftes, eingeführtes oder innergemeinschaftlich erworbenes Fahrzeug, welches von dem Unternehmer (insbesondere von einem Einzelunternehmer oder einem Personengesellschafter) sowohl unternehmerisch als auch für nichtunternehmerische (private) Zwecke genutzt wird (sog. gemischt genutztes Fahrzeug), kann – unabhängig von der ertragsteuerlichen Behandlung als Betriebs- oder Privatvermögen – dem Unternehmen zugeordnet werden. Voraussetzung für die Zuordnung zum Unternehmen ist, dass das Fahrzeug zu mindestens 10% für das Unternehmen genutzt wird (§ 15 Abs. 1 Satz 2 UStG). Maßgebend ist bei einem Fahrzeug das Verhältnis der Kilometer unternehmerischer Fahrten zu den Jahreskilometern des Fahrzeugs. Wenn danach die 10%ige Mindestnutzung für unternehmerische Zwecke nicht erreicht wird, kann das Fahrzeug nicht dem Unternehmen zugeordnet werden. In Zweifelsfällen muss der Unternehmer dem Finanzamt die mindestens 10%ige unternehmerische Nutzung glaubhaft machen, z.B. durch Aufzeichnung der Jahreskilometer des betreffenden Fahrzeugs und der unternehmerischen Fahrten (mit Fahrtziel und gefahrenen Kilometern). Bei sog. Zweit- oder Drittfahrzeugen von Einzelunternehmern oder sog. Alleinfahrzeugen bei einer nebenberuflichen Unternehmertätigkeit ist regelmäßig davon auszugehen, dass diese Fahrzeuge zu weniger als 10% unternehmerisch genutzt werden. Das gleiche gilt bei Personengesellschaften, wenn ein Gesellschafter mehr als ein Fahrzeug privat nutzt, für die weiteren privat genutzten Fahrzeuge. Zur Frage der Zuordnung eines Gegenstandes zum Unternehmen vgl. ansonsten BMF-Schreiben vom 30. März 2004, BStBl. I S. 451.

Kann der Unternehmer ein Fahrzeug dem Unternehmen nach § 15 Abs. 1 Satz 2 UStG nicht zuordnen, weil er es zu weniger als 10% für sein Unternehmen nutzt, steht ihm aus den Anschaffungs- oder Herstellungskosten kein Vorsteuerabzug zu. Die Zuordnungsbeschränkung des § 15 Abs. 1 Satz 2 UStG erstreckt sich jedoch nicht auf die Leistungen, die der Unternehmer im Zusammenhang mit dem Betrieb des Fahrzeugs bezieht. Der Unternehmer kann deshalb unter den übrigen Voraussetzungen des § 15 UStG z.B. Vorsteuerbeträge aus Benzin- und Wartungskosten im Verhältnis der unternehmerischen zur nichtunternehmerischen Nutzung abziehen. Vorsteuerbeträge, die unmittelbar und ausschließlich auf die unternehmerische Verwendung des Fahrzeugs entfallen, z.B. Vorsteuerbeträge aus Reparaturaufwendungen in Folge eines Unfalls während einer unternehmerisch veranlassten Fahrt, können unter den übrigen Voraussetzungen des § 15 UStG in voller Höhe abgezogen werden.

Hat der Unternehmer ein erworbenes Fahrzeug, welches sowohl für unternehmerische als auch für nichtunternehmerische Zwecke genutzt wird, zulässigerweise insgesamt seinem Unternehmen zugeordnet, kann er die auf die Anschaffungskosten des Fahrzeugs entfallenden Vorsteuerbeträge abziehen (§ 15 Abs. 1 Satz 1 Nr. 1 UStG). Die nichtunternehmerische Nutzung unterliegt unter den Voraussetzungen des § 3 Abs. 9a Nr.1 UStG als entgeltliche Wertabgabe der Besteuerung.

Wenn ein Unternehmer ein gemischt genutztes Fahrzeug nur teilweise (z.B. zu 60%) dem Unternehmen zuordnet (vgl. Abschnitt 192 Abs. 18 Buchst. c UStR), mindert sich der Vorsteuerabzug entsprechend.

---
[1] Siehe auch Anlage § 010-49

Der Unternehmer, der auch Umsätze ausführt, die zum Ausschluss vom Vorsteuerabzug nach § 15 Abs. 2 UStG führen, hat eine Aufteilung der Vorsteuerbeträge nach § 15 Abs. 4 UStG vorzunehmen.

Die Veräußerung eines Fahrzeugs, das der Unternehmer dem Unternehmen zugeordnet hat, unterliegt insgesamt der Umsatzsteuer; die Entnahme eines dem Unternehmen zugeordneten Fahrzeugs unterliegt unter der Voraussetzung des § 3 Abs. 1b Satz 2 UStG der Besteuerung.

2. Besteuerung der nichtunternehmerischen Nutzung eines dem Unternehmen zugeordneten Fahrzeugs

Die nichtunternehmerische Nutzung eines dem Unternehmen zugeordneten Fahrzeugs ist unter den Voraussetzungen des § 3 Abs. 9a Nr. 1 UStG als unentgeltliche Wertabgabe der Besteuerung zu unterwerfen. Als Bemessungsgrundalge sind dabei gem. § 10 Abs.4 Satz 1 Nr. 2 UStG die Kosten anzusetzen, soweit sie zum vollen oder teilweisen Vorsteuerabzug berechtigt haben. Zur Ermittlung der Kosten vgl. grundsätzlich BMF-Schreiben vom 13. April 2004, BStBl. I S. 468.

Zur Ermittlung der Kosten, die auf die nichtunternehmerische Nutzung eines dem Unternehmen zugeordneten Fahrzeugs entfallen, hat der Unternehmer die Wahl zwischen drei Methoden:

2.1 1%-Regelung

Ermittelt der Unternehmer für Ertragsteuerzwecke den Wert der Nutzungsentnahme nach der sog. 1%-Regelung des § 6 Abs. 1 Nr. 4 Satz 2 EStG, kann er von diesem Wert aus Vereinfachungsgründen bei der Bemessungsgrundlage für die Besteuerung der nichtunternehmerischen Nutzung ausgehen. Für die nicht mit Vorsteuern belasteten Kosten kann er einen pauschalen Abschlag von 20% vornehmen. Der so ermittelte Betrag ist ein sog. Nettowert, auf den die Umsatzsteuer mit dem allgemeinen Steuersatz aufzuschlagen ist.

2.2 Fahrtenbuchregelung

Setzt der Unternehmer für Ertragsteuerzwecke die private Nutzung mit den auf die Privatfahrten entfallenden Aufwendungen an, indem er die für das Fahrzeug insgesamt entstehenden Aufwendungen durch Belege und das Verhältnis der privaten zu den übrigen Fahrten durch ein ordnungsgemäßes Fahrtenbuch nachweist (§ 6 Abs. 1 Nr. 4 Satz 3 EStG), ist von diesem Wert auch bei der Ermittlung der Bemessungsgrundlage für die Besteuerung der nichtunternehmerischen Nutzung auszugehen.

Aus den Gesamtaufwendungen sind für Umsatzsteuerzwecke die nicht mit Vorsteuern belasteten Kosten in der belegmäßig nachgewiesenen Höhe auszuscheiden.

2.3 Schätzung des nichtunternehmerischen Nutzungsanteils

Macht der Unternehmer von der 1%-Regelung keinen Gebrauch oder werden die pauschalen Wertansätze durch die sog. Kostendeckelung auf die nachgewiesenen tatsächlichen Kosten begrenzt (vgl. Randzahl 13 des BMF-Schreibens vom 12. Mai 1997, BStBl. I S. 562) und liegen die Voraussetzungen der Fahrtenbuchregelung nicht vor (z.B. weil kein ordnungsgemäßes Fahrtenbuch geführt wird), ist der private Nutzungsanteil für Umsatzsteuerzwecke anhand geeigneter Unterlagen im Wege einer sachgerechten Schätzung zu ermitteln. Liegen geeignete Unterlagen für eine Schätzung nicht vor, ist der private Nutzungsanteil mit mindestens 50% zu schätzen, soweit sich aus den besonderen Verhältnissen des Einzelfalls nichts Gegenteiliges ergibt. Aus den Gesamtaufwendungen sind die nicht mit Vorsteuern belasteten Kosten in der belegmäßig nachgewiesenen Höhe auszuscheiden.

Konnte der Unternehmer bei der Anschaffung eines dem Unternehmen zugeordneten Fahrzeugs keinen Vorsteuerabzug vornehmen (z.B. Erwerb von einem Nichtunternehmer), sind nur die vorsteuerbelasteten Unterhaltskosten zur Ermittlung der Bemessungsgrundlage heranzuziehen.

3. Fahrten des Unternehmers zwischen Wohnung und Betriebsstätte

Die Fahrten des Unternehmers zwischen Wohnung Betriebsstätte sowie Familienheimfahrten wegen einer aus betrieblichem Anlass begründeten doppelten Haushaltsführung sind der unternehmerischen Nutzung des Fahrzeugs zuzurechnen. Es ist auch keine Vorsteuerkürzung nach § 15 Abs. 1a UStG vorzunehmen.

4. Überlassung von Fahrzeugen an das Personal

4.1 Vorsteuerabzug aus den Fahrzeugkosten

Überlässt ein Unternehmer (Arbeitgeber) seinem Personal (Arbeitnehmer) ein erworbenes Fahrzeug auch zur privaten Nutzung (Privatfahrten, Fahrten zwischen Wohnung und Arbeitsstätte sowie Familienheimfahrten aus Anlass einer doppelten Haushaltsführung), ist dies regelmäßig als entgelt-

Anlage § 015–39

liche Leistung im Sinne des § 1 Abs. 1 Nr. 1 Satz 1 UStG (vgl. Tz. 4.2.1.1) anzusehen. Derartige Fahrzeuge werden, wenn sie nicht ausnahmsweise zusätzlich vom Unternehmer nichtunternehmerisch verwendet werden, durch die entgeltliche umsatzsteuerpflichtige Überlassung an das Personal ausschließlich unternehmerisch genutzt. Somit kann der Vorsteuerabzug sowohl aus den Anschaffungskosten als auch aus den Unterhaltskosten der sog. Dienst- oder Firmenwagen in voller Höhe in Anspruch genommen werden. Dies gilt auch für die Überlassung von Fahrzeugen an Gesellschafter-Geschäftsführer von Kapitalgesellschaften (z.B. GmbH), wenn sie umsatzsteuerlich dem Personal zugeordnet werden. Die spätere Veräußerung und die Entnahme derartiger Fahrzeuge unterliegen insgesamt der Umsatzsteuer.

4.2 Besteuerung der Fahrzeugüberlassung an das Personal

4.2.1 Entgeltliche Fahrzeugüberlassung

4.2.1.1 Merkmale für Entgeltlichkeit

Die Gegenleistung des Arbeitnehmers für die Fahrzeugüberlassung besteht regelmäßig in der anteiligen Arbeitsleistung, die er für die Privatnutzung des gestellten Fahrzeugs erbringt. Die Überlassung des Fahrzeugs ist als Vergütung für geleistete Dienste und damit als entgeltlich anzusehen, wenn sie im Arbeitsvertrag geregelt ist oder auf mündlichen Abreden oder sonstigen Umständen des Arbeitsverhältnisses (z.B. der faktisch betrieblichen Übung) beruht. Von Entgeltlichkeit ist stets auszugehen, wenn das Fahrzeug dem Arbeitnehmer für eine gewisse Dauer und nicht nur gelegentlich zur Privatnutzung überlassen wird.

4.2.1.2 Besteuerung auf der Grundlage einer Kostenschätzung

Bei einer entgeltlichen Fahrzeugüberlassung zu Privatzwecken des Personals liegt ein tauschähnlicher Umsatz (§ 3 Abs. 12 Satz 2 UStG) vor. Die Bemessungsgrundlage ist nach § 10 Abs. 2 Satz 2 i.V.m. § 10 Abs. 1 Satz 1 UStG der Wert der nicht durch den Barlohn abgegoltenen Arbeitsleistung. Es bestehen keine Bedenken, den Wert anhand der Gesamtkosten des Arbeitgebers für die Überlassung des Fahrzeugs zu schätzen. Aus den Gesamtkosten dürfen allerdings keine Kosten ausgeschieden werden, bei denen ein Vorsteuerabzug nicht möglich ist, weil umsatzsteuerlich sonstige Leistungen nicht unter Artikel 6 Abs. 2 Buchstabe a, sondern unter Artikel 6 Abs. 1 der 6. EG-Richtlinie fallen. Der so ermittelte Wert ist ein sog. Nettowert, auf den die Umsatzsteuer mit dem allgemeinen Steuersatz aufzuschlagen ist. Treffen die Parteien Aussagen zum Wert der Arbeitsleistungen, so ist dieser Wert als Bemessungsgrundalge für die Überlassung der Fahrzeuge zugrunde zu legen, wenn er die Kosten für die Fahrzeugüberlassung übersteigt.

4.2.1.3 Besteuerung auf der Grundlage der sog. 1%-Regelung

Aus Vereinfachungsgründen wird es nicht beanstandet, wenn für die umsatzsteuerliche Bemessungsgrundlage anstelle der Kosten von den lohnsteuerlichen Werten ausgegangen wird. Diese Werte sind dann als Bruttowerte anzusehen, aus denen die Umsatzsteuer herauszurechnen ist (vgl. Abschnitt 12 Abs. 8 UStR).

Wird danach der lohnsteuerliche Wert der entgeltlichen Fahrzeugüberlassung für Privatfahrten und für Fahrten zwischen Wohnung und Arbeitsstätte nach § 8 Abs. 2 Satz 2 und 3 in Verbindung mit § 6 Abs. 1 Nr. 4 Satz 2 EStG mit dem vom Listenpreis abgeleiteten Pauschalwert angesetzt (vgl. R 31 Abs. 9 Nr. 1 LStR 2002), kann von diesem Wert auch bei der Umsatzbesteuerung ausgegangen werden. Der umsatzsteuerliche Wert für Familienheimfahrten kann aus Vereinfachungsgründen mit je der Fahrt mit 0,002% des Listenpreises im Sinne des § 6 Abs. 1 Nr. 4 Satz 2 EStG für jeden Kilometer der Entfernung zwischen dem Ort des eigenen Hausstands und dem Beschäftigungsort angesetzt werden. Der Umsatzsteuer unterliegen die auf die Familienheimfahrten entfallenden Kosten auch dann, wenn ein lohnsteuerlicher Wert nach § 8 Abs. 2 Satz 5 EStG nicht anzusetzen ist. Aus dem so ermittelten Betrag ist die Umsatzsteuer herauszurechnen. Ein pauschaler Abschlag von 20% für nicht mit Vorsteuern belastete Kosten ist in diesen Fällen unzulässig.

Beispiel 1:

Ein Arbeitnehmer mit einer am 1. Januar 2003 begründeten doppelten Haushaltsführung nutzt einen sog. Firmenwagen mit einem Listenpreis einschließlich USt von 30.000 Euro im gesamten Kalenderjahr 2004 zu Privatfahrten, zu Fahrten zur 10 km entfernten Arbeitsstätte und zu 20 Familienheimfahrten zum 150 km entfernten Wohnsitz der Familie.

Die Umsatzsteuer für die Firmenwagenüberlassung ist nach den lohnsteuerlichen Werten wie folgt zu ermitteln;

Anlage § 015–39

a) für die allgemeine Privatnutzung 1% von 30.000 Euro x 12 Monate = 3.600,– Euro
b) für Fahrten zwischen Wohnung und Arbeitsstätte 0,03% von 30.000 Euro x 10 km x 12 Monate = 1.080,– Euro
c) für Familienheimfahrten 0,002% von 30.000 Euro x 150 km x 20 Fahrten = 1.800,– Euro

Der Bruttowert der sonstigen Leistung an den Arbeitnehmer beträgt damit insgesamt 6.480,– Euro. Die darin enthaltene USt beträgt $^{16}/_{116}$ von 6.480 Euro = 893,79 Euro.

4.2.1.4 Besteuerung auf der Grundlage der sog. Fahrtenbuchregelung

Wird bei einer entgeltlichen Fahrzeugüberlassung der lohnsteuerliche private Nutzungswert mit Hilfe eines ordnungsgemäßen Fahrtenbuchs anhand der durch Belege nachgewiesenen Gesamtkosten ermittelt (vgl. R 31 Abs. 9 Nr. 2 LStR 2002), ist das aufgrund des Fahrtenbuchs ermittelte Nutzungsverhältnis auch bei der Umsatzsteuer zugrunde zu legen.

Die Fahrten zwischen Wohnung und Arbeitsstätte sowie die Familienheimfahrten aus Anlass einer doppelten Haushaltsführung werden umsatzsteuerlich den Privatfahrten des Arbeitnehmers zugerechnet. Aus den Gesamtkosten dürfen keine Kosten ausgeschieden werden, bei denen ein Vorsteuerabzug nicht möglich ist.

Beispiel 2:

Ein sog. Firmenwagen mit einer Jahresfahrleistung von 20.000 km wird von einem Arbeitnehmer lt. ordnungsgemäß geführtem Fahrtenbuch an 180 Tagen jährlich für Fahrten zu 10 km entfernten Arbeitsstätte benutzt. Die übrigen Privatfahrten des Arbeitnehmers belaufen sich auf insgesamt 3.400 km. Die gesamten Kraftfahrzeugkosten (Nettoaufwendungen einschließlich der auf den nach § 15a UStG maßgeblichen Berichtigungszeitraum verteilten Anschaffungs- oder Herstellungskosten – zur Verteilung der Anschaffungs- oder Herstellungskosten vgl. BMF-Schreiben vom 13. April 2004, BStBl. I S. 468) betragen 9.000 Euro.

Von den Privatfahrten des Arbeitnehmers entfallen 3.600 km auf Fahrten zwischen Wohnung und Arbeitsstätte (180 Tage x 20 km) und 3.400 km auf sonstige Fahrten. Dies entspricht einer Privatnutzung von insgesamt 35% (7.000 km von 20.000 km). Für die umsatzsteuerliche Bemessungsgrundlage ist von einem Betrag von 35% von 9.000 Euro § 3.150 Euro auszugehen. Die Umsatzsteuer beträgt 16% von 3.150 Euro = 504 Euro.

4.2.2 Unentgeltliche Fahrzeugüberlassung

4.2.2.1 Merkmale für Unentgeltlichkeit

Von einer unentgeltlichen Überlassung von Fahrzeugen an das Personal im Sinne des § 3 Abs. 9a Nr. 1 UStG (vgl. Abschnitt 12 Abs. 2 UStR) kann ausnahmsweise ausgegangen werden, wenn die vereinbarte private Nutzung des Fahrzeugs derartig gering ist, dass sie für die Gehaltsbemessung keine wirtschaftliche Rolle spielt, und nach den objektiven Gegebenheiten eine weitergehende private Nutzungsmöglichkeit ausscheidet (vgl. BFH-Urteil vom 4. Oktober 1984, BStBl. II S. 808). Danach kann Unentgeltlichkeit nur angenommen werden, wenn dem Arbeitnehmer das Fahrzeug aus besonderem Anlass oder zu einem besonderen Zweck nur gelegentlich (von Fall zu Fall) an nicht mehr als fünf Kalendertagen im Kalendermonat für private Zwecke überlassen wird (vgl. Abschnitt I Nr. 3 Buchst. b des BMF-Schreibens vom 28. Mai 1996, BStBl. I S. 654)

4.2.2.2 Besteuerung auf der Grundlage einer Kostenschätzung

Bemessungsgrundlage für die unentgeltliche Fahrzeugüberlassung für den privaten Bedarf des Personals sind die Kosten, soweit sie zum vollen oder teilweisen Vorsteuerabzug berechtigt haben (§ 10 Abs. 4 Satz 1 Nr. 2 UStG).

Aus der Bemessungsgrundalge sind somit die nicht mit Vorsteuern belasteten Kosten auszuscheiden. Der so ermittelte Wert ist ein sog. Nettowert, auf den die Umsatzsteuer mit dem allgemeinen Steuersatz aufzuschlagen ist.

4.2.2.3 Besteuerung auf der Grundlage von lohnsteuerlichen Werten

Aus Vereinfachungsgründen wird es nicht beanstandet, wenn für die umsatzsteuerliche Bemessungsgrundlage von den lohnsteuerlichen Werten ausgegangen wird. Diese Werte sind dann als Bruttowerte anzusehen, aus denen die Umsatzsteuer herauszurechnen ist (vgl. Abschnitt 12 Abs. 8 UStR). Falls in diesen Fällen die Nutzung des Fahrzeugs zu Privatfahrten und zu Fahrten zwischen Wohnung und Arbeitsstätte je Fahrtkilometer mit 0,001% des inländischen Listenpreises des Fahrzeugs bewertet wird (vgl. Abschnitt I Nr. 3 Buchst. b des BMF-Schreibens vom 28. Mai 1996, BStBl. I S. 654), kann für die nicht mit Vorsteuern belasteten Kosten ein Abschlag von 20% vorgenommen werden.

Anlage § 015–39

5. Miete oder Leasing von Fahrzeugen

Die auf die Miete, Mietsonderzahlung, Leasingraten und Unterhaltskosten eines angemieteten oder geleasten Fahrzeugs entfallenden Vorsteuern, welches der Unternehmer sowohl unternehmerisch als auch für nichtunternehmerische Zwecke verwendet, sind grundsätzlich nach dem Verhältnis von unternehmerischer und nichtunternehmerischer Nutzung in einen abziehbaren und einen nichtabziehbaren Anteil aufzuteilen. In diesem Fall entfällt eine Besteuerung der nichtunternehmerischen Nutzung. Aus Vereinfachungsgründen kann der Unternehmer jedoch auch den Vorsteuerabzug aus der Miete bzw. den Leasingraten und den Unterhaltskosten in voller Höhe vornehmen und die nichtunternehmerische Nutzung nach den Regelungen in Tz. 2 besteuern.

6. Zwischen dem 1. April 1999 und dem 31. Dezember 2003 angeschaffte Fahrzeuge

Für den Vorsteuerabzug und die Versteuerung der unentgeltlichen Wertabgabe gilt unter Bezug auf das Ergebnis der Erörterungen mit den obersten Finanzbehörden der Länder für den Zeitraum vom 1. April 1999 bis zum 4. März 2000 und ab 1. Januar 2003 Folgendes:

6.1 Zwischen dem 1. April 1999 und dem 4. März 2000 angeschaffte Fahrzeuge

Mit Urteil vom 29. April 2004 hat der EuGH in der Rechtssache C-17/01 entschieden, dass die § 15 Abs. 1b UStG zugrunde liegende Ermächtigung des Rates der Europäischen Union vom 28. Februar 2000 (2000/186/EG, ABl. EG 2000 Nr. L 59/12) gültig und damit wirksam ist. Dies gilt jedoch nicht für Artikel 3 der Ratsermächtigung, soweit er regelt, dass die Ratsentscheidung rückwirkend ab 1. April 1999 gilt.

Das bedeutet, dass die Ratsermächtigung für den Zeitraum vom 1. April 1999 bis zum 4. März 2000 (Tag der Veröffentlichung der Ratsermächtigung im Amtsblatt der EG) ungültig ist und damit § 15 Abs. 1b i.V.m. § 27 Abs. 5 UStG insoweit keine EG-rechtliche Grundlage hat.

Für nach dem 31. März 1999 und vor dem 5. März 2000 angeschaffte oder hergestellte Fahrzeuge kann der Unternehmer daher unter direkter Berufung auf die für ihn günstigere Regelung des Art. 17 der 6. EG-Richtlinie den Vorsteuerabzug aus den Anschaffungs- oder Herstellungskosten in voller Höhe vornehmen. Dies gilt auch für Kfz-Betriebskosten. Der Unternehmer muss die nichtunternehmerische Verwendung gemäß § 3 Abs. 9a UStG als unentgeltliche Wertabgabe der Umsatzsteuer unterwerfen. § 3 Abs. 9a Satz 2 UStG greift insoweit nicht. Der Unternehmer muss auch nach dem 4. März 2000 eine Besteuerung der unentgeltlichen Wertabgabe nach § 3 Abs. 9a UStG vornehmen.

Eine Berichtigung des Vorsteuerabzugs nach § 15a UStG für die Zeit nach dem 4. März 2000 ist in analoger Anwendung des § 27 Abs. 5 USTG nicht vorzunehmen. Durch § 27 Abs. 5 UStG sollten Fahrzeuge, die vor dem 1. April 1999 angeschafft oder hergestellt wurden, u.a. von der zum 1. April 1999 normierten Einschränkung des Vorsteuerabzugsrechts und der daraus folgenden Verpflichtung zur Berichtigung des Vorsteuerabzuges nach § 15a UStG ausgenommen werden. Durch die Entscheidung des EuGH vom 29. April 2004, a.a.O., wurde das erstmalige richtlinienkonforme In-Kraft-Treten auf den 5. März 2000 verschoben.

6.2 Unbeschränkter Vorsteuerabzug ab 1. Januar 2003

Die § 15 Abs. 1b UStG zugrunde liegende Ermächtigung des Rates der Europäischen Union vom 28. Februar 2000 (2000/186/EG, ABl. EG 2000 Nr. L 59/12) ist nicht über den 31. Dezember 2002 hinaus verlängert worden. Der Unternehmer kann daher für Fahrzeuge, die er zwischen dem 1. Januar 2003 und dem 31. Dezember 2003 angeschafft, hergestellt, eingeführt, innergemeinschaftlich erworben oder gemietet und dem Unternehmen zugeordnet hat, abweichend von § 15 Abs. 1b UStG den vollen Vorsteuerabzug in Anspruch nehmen. Dabei sind die vorstehenden Grundsätze (Tz. 1 bis 5) anzuwenden. Die Anschaffungskosten fließen ab 1. Juli 2004 entsprechenden Grundsätzen des BMF-Schreibens vom 13. April 2004, BStBl. I S. 468, in die Ermittlung der Bemessungsgrundlage für die Besteuerung der unentgeltlichen Wertabgabe ein.

Für nach dem 31. März 1999 und vor dem 1. Januar 2003 angeschaffte Fahrzeuge kann der Unternehmer unter Berufung auf Artikel 17 der 6. EG-Richtlinie abweichend von § 15 Abs. 1b UStG ab 1. Januar 2003 den unbeschränkten Vorsteuerabzug für die laufenden Kosten in Anspruch nehmen.

Für Fahrzeuge, die zwischen dem 5. März 2000 und dem 31. Dezember 2002 angeschafft worden sind, ist ab 1. Januar 2003 für die auf die Anschaffungskosten des Fahrzeuges entfallenden Vorsteuern nur wegen des nunmehr unbeschränkt möglichen Vorsteuerabzuges keine Vorsteuerberichtigung nach § 15a UStG vorzunehmen. Jedoch wird es in diesen Fällen nicht beanstandet, wenn der Unternehmer eine Berichtigung des Vorsteuerabzuges aus den Anschaffungskosten wegen Änderung der für den ursprünglichen Vorsteuerabzug maßgeblichen Verhältnisse durchführt. Die nichtunternehmerische Nutzung hat er dann der Besteuerung zu unterwerfen. Dabei fließen die Anschaffungskosten entsprechend den Grundsätzen des BMF-Schreibens vom 13. April 2004, BStBl. I S. 468, in die Ermittlung der Bemessungsgrundlage für die Besteuerung der unentgeltlichen Wertabgabe ein.

Beispiel 3:

U hat am 1. Juli 2001 ein Fahrzeug angeschafft, das er zu 70% unternehmerisch nutzt. Der Kaufpreis betrug 31.250 Euro zzgl. 5.000 Euro Umsatzsteuer. Entsprechend § 15 Abs. 1b UStG hat U 2.500 Euro als Vorsteuer geltend gemacht. Auch aus den laufenden Kosten hat U in den Jahren 2001 und 2002 jeweils 50% Vorsteuerabzug geltend gemacht. In den Jahren 2001 und 2002 hat U dementsprechend keine unentgeltliche Wertabgabe nach § 3 Abs. 9a UStG versteuert. Ab 1. Januar 2003 nimmt U unter Berufung auf Artikel 17 der 6. EG-Richtlinie aus den laufenden Kosten den unbeschränkten Vorsteuerabzug vor.

U steht wegen der Berufung auf Artikel 17 der 6. EG-Richtlinie abweichend von § 15 Abs. 1b UStG ab 1. Januar 2003 der volle Vorsteuerabzug aus den laufenden Kosten zu. Daneben hat er ab dem 1. Januar 2003 für den Rest des Berichtigungszeitraums nach § 15a UStG hinsichtlich der Berichtigung des Vorsteuerabzuges aus den Anschaffungskosten zwei Möglichkeiten.

– Er unterlässt eine Berichtigung des Vorsteuerabzuges nach § 15a UStG. In die Bemessungsgrundlage der unentgeltlichen Wertabgabe sind nur 30% der laufenden Kosten einzubeziehen.
– U macht von seinem Wahlrecht Gebrauch und nimmt ab 1. Januar 2003 bis zum Ende des Berichtigungszeitraums am 30. Juni 2006 gemäß § 15a UStG eine Berichtigung des Vorsteuerabzuges vor. Für die Jahre 2003, 2004 und 2005 ergibt sich jeweils ein Vorsteuerberichtigungsbetrag von 500 Euro; für das Jahr 2006 ergibt sich ein Vorsteuerberichtigungsbetrag von 250 Euro. In die Bemessungsgrundlage der unentgeltlichen Wertabgabe sind neben 30% der laufenden Kosten auch 30% von 1/5 der Anschaffungskosten (1.875 Euro jährlich) einzubeziehen.

6.3 Beschränkter Vorsteuerabzug nach Maßgabe des § 15 Abs. 1b UStG

Hat der Unternehmer für Fahrzeuge, die er nach dem 31. März 1999 und vor dem 1. Januar 2004 angeschafft und den Unternehmen zugeordnet hat, § 15 Abs. 1b UStG angewendet – das ist zwingend für die zwischen dem 5. März 2000 und dem 31. Dezember 2002 angeschafften Fahrzeuge –, ist ab 1. Januar 2004 für die auf die Anschaffungskosten des Fahrzeuges entfallenden Vorsteuern nur wegen des nunmehr unbeschränkt möglichen Vorsteuerabzuges keine Vorsteuerberichtigung nach § 15a UStG vorzunehmen, soweit der Berichtigungszeitraum noch nicht abgelaufen ist. In die Bemessungsgrundlage für die Besteuerung der unentgeltlichen Wertabgabe nach § 3 Abs. 9a Nr. 1 UStG fließen ab 1. Januar 2004 nur die laufenden vorsteuerbelasteten Unterhaltskosten ein.

Es wird nicht beanstandet, wenn der Unternehmer hinsichtlich der vor dem 1. Januar 2004 angeschafften Fahrzeuge ab 1. Januar 2004 für die auf die Anschaffungskosten des Fahrzeuges entfallenden Vorsteuern eine Berichtigung nach § 15a UStG des bisher vom Abzug ausgeschlossenen Teils zu seinen Gunsten vornimmt und zum Ausgleich die gesamten auf das Fahrzeug entfallenden Kosten als Bemessungsgrundlage der Besteuerung der unentgeltlichen Wertabgabe (abweichend von § 3 Abs. 9a Satz 2 UStG) unterwirft. Dabei fließen die Anschaffungskosten entsprechend den Grundsätzen des BMF-Schreibens vom 13. April 2004, BStBl. I S. 468, in die Ermittlung der Bemessungsgrundlage für die Besteuerung der unentgeltlichen Wertabgabe ein.

Beispiel 4:

U hat am 1. Juli 2001 ein Fahrzeug angeschafft, das er zu 70% unternehmerisch nutzt. Der Kaufpreis betrug 31.250 Euro zzgl. 5.000 Euro Umsatzsteuer. Entsprechend § 15 Abs. 1b UStG hat U 2.500 Euro als Vorsteuer abgezogen. Auch aus den laufenden Kosten hat U in den Jahren 2001 bis 2003 50% der Vorsteuer abgezogen. In den Jahren 2001 bis 2003 hat U dementsprechend keine unentgeltliche Wertabgabe nach § 3 Abs. 9a UStG versteuert. Ab 1. Januar 2004 nimmt U aus den laufenden Kosten den vollen Vorsteuerabzug in Anspruch.

U steht ab 2004 aus den laufenden Kosten der volle Vorsteuerabzug zu. U hat hinsichtlich der auf die Anschaffungskosten entfallenden Vorsteuerbeträge die Wahl zwischen zwei Möglichkeiten:

– Er unterlässt eine Berichtigung des Vorsteuerabzuges nach § 15a UStG. In die Bemessungsgrundlage der unentgeltlichen Wertabgabe sind nur 30% der laufenden Kosten einzubeziehen.
– U macht von seinem Wahlrecht Gebrauch und nimmt ab 1. Januar 2004 bis zum Ende des Berichtigungszeitraums am 30. Juni 2006 gemäß § 15a UStG eine Berichtigung des Vorsteuerab-

Anlage § 015–39

zuges vor. Für die Jahre 2004 und 2005 ergibt sich jeweils ein Vorsteuerberichtigungsbetrag von 500 Euro; für das Jahr 2006 ergibt sich ein Vorsteuerberichtigungsbetrag von 250 Euro. In die Bemessungsgrundlage der unentgeltlichen Wertabgabe sind neben 30% der laufenden Kosten auch 30% von 1/5 der Anschaffungskosten (1.875 Euro jährlich) einzubeziehen.

Beispiel 5:
U hat am 1. Juli 2003 ein Fahrzeug angeschafft, das er zu 30% unternehmerisch nutzt. Der Kaufpreis betrug 31.250 Euro zzgl. 5.000 Euro Umsatzsteuer. Entsprechend § 15 Abs. 1b UStG hat U aus den Anschaffungskosten einen Vorsteuerabzug von 2.500 Euro geltend gemacht. Auch aus den laufenden Kosten hat U im Jahr 2003 entsprechend § 15 Abs. 1b UStG 50% der Vorsteuern abgezogen. U hat im Jahr 2003 demzufolge keine unentgeltliche Wertabgabe nach § 3 Abs. 9a UStG versteuert. Ab 1. Januar 2004 nimmt U aus den laufenden Kosten den vollen Vorsteuerabzug vor.

U steht ab 2004 aus den laufenden Kosten der volle Vorsteuerabzug zu. U hat hinsichtlich der auf die Anschaffungskosten entfallenden Vorsteuerbeträge zwei Möglichkeiten:

– U nimmt keine Berichtigung des Vorsteuerabzuges nach § 15a UStG vor. In die Bemessungsgrundlage der unentgeltlichen Wertabgabe sind 70% der laufenden Kosten einzubeziehen.
– U nimmt ab 1. Januar 2004 bis zum Ende des Berichtigungszeitraums am 30. Juni 2008 eine Berichtigung des Vorsteuerabzugs vor. Für die Jahre 2004 bis 2007 ergibt sich jeweils ein Vorsteuerberichtigungsbetrag von 500 Euro; für das Jahr 2008 ergibt sich ein Vorsteuerberichtigungsbetrag von 250 Euro. In die Bemessungsgrundlage für die Besteuerung der unentgeltlichen Wertabgabe sind jährlich neben 70% der laufenden vorsteuerbelasteten Kosten auch 70% von $^1/_5$ der Anschaffungskosten (4.375 Euro jährlich) einzubeziehen.

Das BMF-Schreiben vom 29. Mai 2000 (BStBl. I S. 819) ist auf gemischt genutzte Fahrzeuge anzuwenden, die nach dem 31. März 1999 und vor dem 1. Januar 2004 angeschafft und dem Unternehmen zugeordnet worden sind, und für die die Einschränkung des Vorsteuerabzugs nach § 15 Abs. 1b UStG greift. Das gilt insbesondere für zwischen dem 5. März 2000 und dem 31. Dezember 2002 angeschaffte und dem Unternehmen zugeordnete Fahrzeuge.

Anlage § 015–40

§ 15 Abs. 4 UStG –
Vorsteuerabzug bei gemischt genutzten Grundstücken

BMF-Schreiben vom 24.11.2004 – IV A 5 – S 7306 – 4/04,
BStBl. 2004 I S. 1125[1)]

Der BFH hat mit Urteil vom 17. August 2001 – V R 1/01 – (BStBl. 2002 II S. 833) entschieden, dass die Aufteilung von Vorsteuerbeträgen durch den Unternehmer nach dem Verhältnis der Ausgangsumsätze (Umsatzschlüssel) stets als sachgerechte Schätzung i.S.d. § 15 Abs. 4 UStG anzuerkennen ist. Im Urteilsfall hat der Unternehmer Erhaltungsleistungen für sein Grundstück (im Wesentlichen für einen Fernwärmeanschluss) bezogen. Der BFH weist darauf hin, dass bei richtlinienkonformer Auslegung ein den Vorgaben des Artikels 17 Abs. 5 der 6. EG-Richtlinie entsprechendes Aufteilungsverfahren als sachgerecht i.S.d. § 15 Abs. 4 UStG anzuerkennen ist, das objektiv nachprüfbar nach einheitlicher Methode die beiden Nutzungsteile eines gemischt verwendeten Gegenstands oder einer sonstigen Leistung den damit ausgeführten steuerfreien und steuerpflichtigen Umsätzen zurechnet. Die Aufteilung nach Umsätzen („Pro-rata-Regelung") ist nach Ansicht des BFH damit stets als sachgerechte Schätzung anzuerkennen. 1

Durch das Zweite Gesetz zur Änderung steuerlicher Vorschriften (Steueränderungsgesetz 2003 – StÄndG 2003) vom 19. Dezember 2003, BGBl. 2003 I S. 2645, ist § 15 Abs. 4 UStG mit Wirkung ab 1. Januar 2004 um folgenden Satz 3 ergänzt worden: „Eine Ermittlung des nicht abziehbaren Teils der Vorsteuerbeträge nach dem Verhältnis der Umsätze, die den Vorsteuerabzug ausschließen, zu den Umsätzen, die zum Vorsteuerabzug berechtigen, ist nur zulässig, wenn keine andere wirtschaftliche Zurechnung möglich ist."

Unter Bezugnahme auf das Ergebnis der Erörterungen mit den obersten Finanzbehörden der Länder gilt zur Frage des Vorsteuerabzuges bei gemischt genutzten Grundstücken Folgendes:

Das Schreiben vom 19. November 2002 – IV B 7 – S 7306 – 25/02 – (BStBl. 2002 I S. 1368) – Nichtanwendungserlass – wird aufgehoben. Für die Ermittlung der abziehbaren Vorsteuerbeträge für Zeiträume vor dem 1. Januar 2004 sowie deren Korrektur nach § 15a UStG ergibt sich daraus Folgendes: 2

Für Zeiträume vor dem 1. Januar 2004 wird bei Vorsteuerbeträgen, die sowohl mit Umsätzen, die zum Vorsteuerabzug berechtigen, als auch mit Umsätzen, die den Vorsteuerabzug ausschließen, in wirtschaftlichem Zusammenhang stehen (Abschnitt 208 Abs. 1 Nr. 3 UStR), die Aufteilung nach dem Umsatzschlüssel als sachgerechte Schätzung i.S.d. § 15 Abs. 4 UStG anerkannt. Für den Umsatzschlüssel sind nach einheitlicher und objektiv nachprüfbarer Methode die beiden Nutzungsteile des gemischt genutzten Grundstücks den damit ausgeführten nicht zum Vorsteuerabzug berechtigenden und zum Vorsteuerabzug berechtigenden Umsätzen zuzurechnen. 3

Soweit der Unternehmer unter Berufung auf die Rechtsprechung des BFH die Vorsteuern für gemischt genutzte Grundstücke nach dem Umsatzschlüssel aufteilt, ist auf die im Besteuerungszeitraum tatsächlich auf dem jeweiligen Grundstück ausgeführten Umsätze abzüglich der darin enthaltenen Umsatzsteuer abzustellen. Berechnet der Unternehmer die Steuer nach vereinnahmten Entgelten (§ 20 UStG), sind auch die jeweiligen Grundstücksumsätze nach den vereinnahmten Entgelten zu berechnen. Änderungen des Entgelts sind für den Besteuerungszeitraum zu berücksichtigen, in dem die Änderung eingetreten ist (vgl. § 17 Abs. 1 Satz 3 UStG). Leerstands- und andere umsatzlose Zeiten, die zu Beginn oder während der Nutzung des Grundstücks eintreten, sind entsprechend der objektiv belegten und in gutem Glauben erklärten Verwendungsabsicht mit den daraus erwarteten Umsätzen zu berücksichtigen. Im Fall von Vermietungsumsätzen als Ausgangsumsätze sind neben der Kaltmiete auch die Nebenkosten in die Umsatzermittlung einzubeziehen. 4

Bei Eigennutzung zu Wohnzwecken und unentgeltlicher oder verbilligter Überlassung an nahe stehende Personen ist die fiktive ortsübliche Vergleichsmiete als Umsatz anzusetzen. Führt die Aufteilung der Vorsteuern nach dem Umsatzschlüssel in diesen Fällen zu einem unzutreffenden Ergebnis, ist die Aufteilung der Vorsteuern nach einer anderen Methode vorzunehmen. 5

Umsätze aus dem Verkauf eines gemischt genutzten Grundstücks oder von Teilen eines solchen Grundstücks sind nicht in den Umsatzschlüssel einzubeziehen. Die im Zusammenhang mit der Veräußerung stehenden Vorsteuern sind allein der Veräußerung zuzuordnen (Abschnitt 208 Abs. 1 Satz 2 Nr. 2 UStR). 6

Als Vorsteuern i.S.d. § 15 Abs. 4 UStG kommen in den Fällen der gemischt genutzten Grundstücke nur die Vorsteuerbeträge in Betracht, die auf die gemischt genutzten Gebäudeteile entfallen. Ein Gebäude 7

---
1) Siehe auch BMF-Schreiben vom 30.09.2008, Anlage § 015–48

Anlage § 015–40

ist entsprechend seiner Verwendung in unterschiedliche Teile aufzuteilen (vgl. BFH-Urteil vom 26. Juni 1996 – XI R 43/90 –, BStBl. 1997 II S. 98). Gemischt genutzte Gebäudeteile werden sowohl für zum Vorsteuerabzug berechtigende als auch für nicht zum Vorsteuerabzug berechtigende Ausgangsumsätze verwendet. Die Vorsteuerbeträge, die Räumlichkeiten des Gebäudes zuzuordnen sind, die ausschließlich für Umsätze verwendet werden, die entweder zum Vorsteuerabzug berechtigen oder den Vorsteuerabzug ausschließen, kommen für eine Aufteilung i.S.d. § 15 Abs. 4 UStG nicht in Betracht. Die Aufteilung der Vorsteuerbeträge nach § 15 Abs. 4 UStG ist demnach auf solche Gebäudeteile zu beschränken, die tatsächlich gemischt genutzt werden (z.B. Treppenhaus, Heizungskeller, Dach, Außenanlagen, Fernwärmeanschluss), während die Fenster sowie sämtliche Ausbaukosten den betreffenden Räumlichkeiten direkt zuzuordnen sind.

8   Vor Anwendung des Umsatzschlüssels muss der Unternehmer zunächst die Vorsteuerbeträge den zum Vorsteuerabzug berechtigenden und den nicht zum Vorsteuerabzug berechtigenden Umsätzen unmittelbar und wirtschaftlich zuordnen (Abschnitt 208 Abs. 1 UStR) sowie getrennte Aufzeichnungen führen (§ 22 Abs. 3 Sätze 2 und 3 UStG, Abschnitt 257 UStR). Jeder einzelne Leistungsbezug und jede geleistete Anzahlung ist zuzuordnen. Kommt der Unternehmer dieser Zuordnungsverpflichtung nicht nach, sind die den einzelnen Bereichen zuzuordnenden Leistungsbezüge und die darauf entfallenden Vorsteuerbeträge gemäß § 162 AO im Wege der Schätzung zu ermitteln. Eine Einbeziehung auf derartige Leistungsbezüge entfallender Vorsteuern in die nach § 15 Abs. 4 UStG aufzuteilenden Vorsteuerbeträge kommt nicht in Betracht (vgl. Abschnitt 208 Abs. 2 UStR).

9   Die einmal getroffene Wahl eines Aufteilungsschlüssel (z.B. Verhältnis der Nutzflächen oder Umsatzschlüssel) ist für den gesamten Berichtigungszeitraum nach § 15a UStG bindend, wenn der Steuerbescheid des Jahres, für das das Wahlrecht ausgeübt wurde, unanfechtbar geworden ist. Ein Wechsel des Aufteilungsschlüssels ist in diesem Fall nicht zulässig. Dieser Aufteilungsschlüssel ist auch maßgebend für eine mögliche Berichtigung des Vorsteuerabzuges nach § 15a UStG (BFH-Urteil vom 17. August 2001, a.a.O.). Die Bindungswirkung betrifft jedoch nur die Anschaffungs- und Herstellungskosten des Gebäudes, die der Berichtigung nach § 15a UStG unterliegen. Sie erstreckt sich nicht auf die Erhaltungs- und Bewirtschaftungskosten eines Gebäudes. Für diese Leistungsbezüge kann der Unternehmer eine eigenständige Zuordnungsentscheidung nach § 15 Abs. 4 UStG treffen, ohne dabei an den für das Gebäude selbst gewählten Aufteilungsmaßstab gebunden zu sein.

10 Ab dem 1. Januar 2004 ist wegen des neu eingefügten § 15 Abs. 4 Satz 3 UStG die Ermittlung der abziehbaren Vorsteuer nach dem Umsatzschlüssel nur noch dann zulässig, wenn keine andere Methode der wirtschaftlichen Zuordnung möglich ist. In der Regel sind die Vorsteuerbeträge bei gemischt genutzten Gebäuden nach dem Verhältnis der Nutzflächen aufzuteilen (vgl. Abschnitt 208 Abs. 2 Satz 8 UStR). Hat ein Unternehmer für ein gemischt genutztes Grundstück die abziehbare Vorsteuer für einen Zeitraum vor dem 1. Januar 2004 nach dem Umsatzschlüssel ermittelt und ist eine andere Methode der wirtschaftlichen Zurechnung möglich, ist

1. diese Aufteilungsmethode für die Ermittlung der abziehbaren Vorsteuer für Zeiträume ab dem 1. Januar 2004 anzuwenden

und

2. regelmäßig eine Vorsteuerberichtigung nach § 15a UStG vorzunehmen, weil sich aufgrund der Rechtsänderung die für den ursprünglichen Vorsteuerabzug maßgeblichen Verhältnisse geändert haben (vgl. Abschnitt 215 Abs. 7 Satz 1 Nr. 2 UStR).

11 Beim Erwerb von Gebäuden kommt auch weiterhin eine Vorsteueraufteilung nach dem Verhältnis der Ertragswerte zur Verkehrswertermittlung in Betracht, da es sich hierbei nicht um eine Umsatzschlüssel-Methode im vorgenannten Sinn handelt (vgl. Abschnitt 208 Abs. 2 Satz 11 UStR).

Anlagen § 015–41 nicht belegt, § 015–42

§ 15 Abs. 2 Satz 1 Nr. 3 UStG – Ausschluss des Vorsteuerabzugs für Eingangsleistungen, die mit unentgeltlichen Lieferungen und sonstigen Leistungen in Zusammenhang stehen, die steuerfrei wären, wenn sie gegen Entgelt ausgeführt würden

BMF-Schreiben vom 28.03.2006 – IV A 5 – S 7304 – 11/06,
BStBl. 2006 I S. 346

Mit Urteil vom 11. Dezember 2003 – V R 48/02 – (BStBl. II 2006 S. 384) hat der BFH entschieden, dass sich der Unternehmer bei einer unentgeltlichen Lieferung oder sonstigen Leistung im unternehmerischen Interesse, die steuerfrei wäre, wenn sie gegen Entgelt ausgeführt würde, abweichend von § 15 Abs. 2 Satz 1 Nr. 3 UStG darauf berufen kann, dass ihm der Vorsteuerabzug nach Artikel 17 Abs. 2 der 6. EG-Richtlinie zusteht. Der BFH hatte im Streitfall dem Unternehmer das Recht zum Vorsteuerabzug für Eingangsumsätze, die mit einer aus unternehmerischen Gründen zunächst unentgeltlich erfolgten Verpachtung zusammenhingen, zugesprochen, weil die ernsthafte Absicht, steuerpflichtige Vermietungsumsätze zu erzielen, nachgewiesen worden war.

Zur Anwendung des § 15 Abs. 2 Satz 1 Nr. 3 UStG gilt nach dem Ergebnis der Erörterungen mit den obersten Finanzbehörden der Länder bis zu einer gesetzlichen Neuregelung Folgendes:

§ 15 Abs. 2 Satz 1 Nr. 3 UStG ist im Vorgriff auf eine neue zu erwartende gesetzliche Neuregelung[1] nicht mehr anzuwenden. Soweit die Veranlagungen nach den Vorschriften der Abgabenordnung jeweils noch änderbar sind, ist dem Unternehmer auf Antrag der Vorsteuerabzug aus Umsätzen, die mit einer unentgeltlichen Lieferung oder sonstigen Leistung, die steuerfrei wäre, wenn sie gegen Entgelt ausgeführt würde, in Zusammenhang stehen, unter den allgemeinen Voraussetzungen des § 15 UStG zu gewähren.

Bei jedem Leistungsbezug ist zu prüfen, ob der Leistungsbezug für das Unternehmen erfolgt und der Unternehmer beabsichtigt, die Eingangsleistung zur Erzielung von zum Vorsteuerabzug berechtigenden Ausgangsumsätzen zu verwenden. Dabei ist auf die gesamte, im Zeitpunkt des Leistungsbezugs bekannte Verwendungsprognose abzustellen. Eine Verwendung für zunächst unentgeltlich zu erbringende Ausgangsumsätze ist insoweit unschädlich; Abschnitt 203 Abs. 1 Satz 8 UStR steht dem nicht entgegen. Zum Nachweis der Voraussetzungen für den Vorsteuerabzug vgl. Abschnitt 203 Abs. 1 und 2 UStR.

Beispiel 1:

Unternehmer V errichtet ein Gebäude. Nach der Fertigstellung des Gebäudes soll es an den Hotelunternehmer H überlassen werden, wobei nach der vertraglichen Vereinbarung das Gebäude zunächst für ein Jahr unentgeltlich und danach für weitere 20 Jahre steuerpflichtig verpachtet werden soll.

V kann aus den Herstellungskosten des Gebäudes den Vorsteuerabzug in Anspruch nehmen, da bei Leistungsbezug feststeht, dass die Eingangsleistungen ausschließlich zur Erzielung von zum Vorsteuerabzug berechtigenden Ausgangsumsätzen verwendet werden sollen.

Beispiel 2:

Unternehmer V errichtet ein Gebäude. Nach der Fertigstellung des Gebäudes soll es an den Hotelunternehmer H überlassen werden, wobei nach der vertraglichen Vereinbarung das Gebäude zunächst für ein Jahr unentgeltlich und danach für weitere 20 Jahre steuerfrei verpachtet werden soll.

V kann aus den Herstellungskosten des Gebäudes keinen Vorsteuerabzug in Anspruch nehmen, da bei Leistungsbezug feststeht, dass die Eingangsleistungen ausschließlich zur Erzielung von nicht zum Vorsteuerabzug berechtigenden Ausgangsumsätzen verwendet werden sollen.

Liegt kein steuerbarer Ausgangsumsatz vor, dem der Leistungsbezug direkt zugerechnet werden kann, ist zu prüfen, ob der Leistungsbezug unternehmerisch veranlasst ist und (mittelbar) einer bestimmten Gruppe von Ausgangsumsätzen wirtschaftlich zugeordnet werden kann.

Beispiel 3:

Unternehmer U betreibt einen Kfz-Handel und eine Versicherungsvermittlungsagentur. Aus der Versicherungsagentur erzielt der Unternehmer ausschließlich nach § 4 Nr. 11 UStG steuerfreie Ausgangsumsätze. U lässt sich gegen Honorar eine Internet-Homepage gestalten, auf der er zu Werbezwecken und zur Kundengewinnung für seine Versicherungsagentur kostenlose Versicherungstipps gibt. Auf der Internet-Seite findet sich auch ein Kontaktformular für Anfragen zu Versicherungsbelangen. Die über das Internet kostenlos durchgeführten Beratungen sind mangels Entgelt nicht steuerbar.

---

[1] Siehe dazu die Streichung von § 15 Abs. 2 Satz 1 Nr. 3 UStG mit Wirkung ab dem 19.12.2006

Anlage § 015–42

U ist nicht zum Vorsteuerabzug aus der Gestaltung der Internet-Homepage berechtigt, da der Leistungsbezug insoweit ausschließlich Umsätzen zuzurechnen ist, die den Vorsteuerabzug ausschließen. Auch wenn die Gestaltung der Internet-Homepage nicht direkt mit den Umsätzen aus der Vermittlung von Versicherungen zusammenhängt, dient der Internetauftritt der Förderung dieses Unternehmensbereichs.

In den Fällen, in denen keine direkte wirtschaftliche Zuordnung einer unternehmerisch verwendeten Eingangsleistung möglich ist, ist die Aufteilung des Vorsteuerabzugs nach der Gesamtschau des Unternehmens vorzunehmen.

Beispiel 4:

Ein Hautarzt führt sowohl nicht zum Vorsteuerabzug berechtigende (80% Anteil am Gesamtumsatz) als auch zum Vorsteuerabzug berechtigende Umsätze (z.B. kosmetische Behandlungen; 20% Anteil am Gesamtumsatz) aus. Um für sein unternehmerisches Leistungsspektrum zu werben, lässt er eine Internet-Homepage erstellen, auf der er über die Vorbeugung und Behandlung der wichtigsten Hauterkrankungen informiert, aber auch Hauptpflegetipps gibt.

Die Eingangsleistung wird unternehmerisch bezogen, kann aber nach wirtschaftlichen Kriterien nicht ausschließlich bestimmten Umsätzen zugeordnet werden. Soweit die Eingangsleistung auch zur Ausführung von steuerfreien Umsätzen verwendet wird, besteht nach § 15 Abs. 2 Satz 1 Nr. 1 UStG keine Berechtigung zum Vorsteuerabzug. Die abziehbaren Vorsteuerbeträge sind nach § 15 Abs. 4 UStG zu ermitteln. Die Aufteilung der Vorsteuern hat nach Kostenzurechnungsgesichtspunkten zu erfolgen. Da keine andere Form der wirtschaftlichen Zurechnung erkennbar ist, ist der Umsatzschlüssel als sachgerechte Schätzmethode anzuerkennen (§ 15 Abs. 4 Satz 3 UStG).

Ist keine unternehmerische Veranlassung des Leistungsbezugs gegeben, scheidet ein Vorsteuerabzug aus.

Der nach § 15a UStG maßgebliche Berichtigungszeitraum beginnt mit der unentgeltlichen Überlassung des Wirtschaftsguts (vgl. Rz. 18 des BMF-Schreibens vom 6. Dezember 2005, BStBl. I S. 1068[1]).

Die diesem Schreiben entgegen stehenden Regelungen des Abschnitts 206 UStR sind nicht mehr anzuwenden.

---

1) Siehe Anlage § 015a-03

Anlagen § 015–43, 44, 45, 46 nicht belegt, § 015–47

Vorsteuerabzug, Verzicht auf die Steuerbefreiung und gesonderte und einheitliche Feststellung der auf die Gemeinschafter entfallenden Vorsteuern bei gemeinschaftlicher Auftragserteilung

BMF-Schreiben vom 09.05.2008 – IV A 5 – S 7300/07/0017,
BStBl. 2008 I S. 675

Bei gemeinschaftlicher Auftragserteilung durch mehrere Personen ist es für die Annahme einer Leistungsempfängerschaft der Gemeinschaft ausreichend, dass z.B. die Gemeinschaft als solche einem Gemeinschafter den Gegenstand oder einen Teil des Gegenstands unentgeltlich überlässt, weil dann von der Gemeinschaft Leistungen erbracht werden und die Gemeinschaft damit als solche als wirtschaftlich und umsatzsteuerrechtlich relevantes Gebilde auftritt. *Lediglich für Zwecke des Vorsteuerabzugs* ist jeder unternehmerische Gemeinschafter als Leistungsempfänger anzusehen (vgl. Abschnitt 192 Abs. 16 Satz 5ff. UStR). Dies gilt für den Bezug von Lieferungen und sonstigen Leistungen gleichermaßen.

Zur Anwendung der BFH-Urteile vom 1. Oktober 1998 – V R 31/98 – (BStBl. 2008 II S. 497), vom 7. November 2000 – V R 49/99 – (BStBl. 2008 II S. 493) und vom 1. Februar 2001 – V R 79/99 – (BStBl. 2008 II S. 495) gilt, unter Bezugnahme auf das Ergebnis der Erörterungen mit den obersten Finanzbehörden der Länder Folgendes:

In seinem Urteil vom 7. November 2000 (a.a.O.) weist der BFH darauf hin, dass bei Leistungsbezug durch mehrere Personen auch die Personenmehrheit unter der Voraussetzung, dass diese unternehmerisch tätig ist, Leistungsempfänger sein kann. Dies steht jedoch der Annahme einer Leistungsempfängerschaft unter der Voraussetzung, dass die Gemeinschaft als wirtschaftlich und umsatzsteuerrechtlich relevantes Gebilde auftritt (vgl. Abschnitt 192 Abs. 16 Satz 5f. UStR), nicht entgegen.

Soweit der BFH in seinem Urteil vom 1. Februar 2001 (a.a.O.) ausführt, dass im Fall der Vermietung eines Geschäftslokals an eine Ehegattengemeinschaft eine Option des Vermieters zur Steuerpflicht seine; Vermietungsumsätze insoweit wirksam ist, als die Vermietungsumsätze an den unternehmerisch tätigen Gemeinschafter ausgeführt werden, ist dies über den entschiedenen Einzelfall hinaus nicht anzuwenden. Bei Vermietung eines Geschäftslokals an eine Ehegattengemeinschaft ist nach den o.g. Grundsätzen die Gemeinschaft das umsatzsteuerrechtlich relevante Gebilde und damit der Leistungsempfänger der Vermietungsleistung, wenn sie einem Gemeinschafter das angemietete Lokal unentgeltlich zur unternehmerischen Verwendung überlässt. Eine Option zur Steuerpflicht ist nach § 9 Abs. 1 UStG bei Umsätzen der in § 4 Nr. 12 UStG bezeichneten Art jedoch nur zulässig, wenn der Umsatz an einen anderen Unternehmer für dessen Unternehmen ausgeführt wird. Die Gemeinschaft entfaltet im vorliegenden Fall jedoch keine unternehmerische Tätigkeit, so dass eine Option des Vermieters nicht zulässig ist.

Soweit der BFH in seinem Urteil vom 1. Oktober 1998 (a.a.O.) ausführt, dass im Fall eines Leistungsbezugs durch eine Gemeinschaft ohne eigene Rechtspersönlichkeit die unternehmerisch tätigen Gemeinschafter die auf sich entfallenden Vorsteuerbeträge nach § 180 der Abgabenordnung (AO) gesondert und einheitlich feststellen lassen können, ist dieses über den entschiedenen Einzelfall hinaus nicht anzuwenden. Eine gesonderte und einheitliche Feststellung nach § 180 Abs. 2 AO kann nach § 1 Abs. 2 der Verordnung über die gesonderte Feststellung von Besteuerungsgrundlagen nach § 180 Abs. 2 der Abgabenordnung (V zu § 180 Abs. 2 AO) für Zwecke der Umsatzsteuer nur erfolgen, wenn mehrere Unternehmer im Rahmen eines Gesamtobjekts Umsätze ausführen oder empfangen. Ein Gesamtobjekt liegt vor, wenn bei mehreren Wirtschaftsgütern jedes Wirtschaftsgut einem Steuerpflichtigen getrennt zuzurechnen ist und diese Steuerpflichtigen gleichartige Rechtsbeziehungen zu demselben Dritten (z.B. Baubetreuer, Verwalter) unterhalten.

Anlage § 015–48

§ 15 Abs. 4 Umsatzsteuergesetz (UStG) – Vorsteuerabzug bei der Anschaffung oder Herstellung von Gebäuden, die sowohl zur Erzielung vorsteuerunschädlicher als auch vorsteuerschädlicher Umsätze verwendet werden

BMF-Schreiben vom 30.09.2008 – IV B 8 – S 7306/08/10001,
BStBl. 2008 I S. 896[1)]

Mit Urteil vom 28. September 2006, V R 43/03, BStBl. 2007 II S. 417, hat der BFH u.a. entschieden, dass für den Umfang des Vorsteuerabzugs bei Erwerb und erheblichem Umbau eines Gebäudes, das anschließend vom Erwerber für vorsteuerunschädliche und vorsteuerschädliche Verwendungsumsätze genutzt werden soll, vorgreiflich zu entscheiden sei, ob es sich bei den Umbaumaßnahmen um Erhaltungsaufwand am Gebäude oder um anschaffungsnahen Aufwand zur Gebäudeanschaffung handelte oder ob insgesamt die Herstellung eines neuen Gebäudes anzunehmen sei. Vorsteuerbeträge, die einerseits den Gegenstand selbst oder aber andererseits die Erhaltung, Nutzung oder Gebrauch des Gegenstands beträfen, seien danach jeweils gesondert zu beurteilen. Handele es sich um Aufwendungen für den Gegenstand selbst (aus der Anschaffung oder Herstellung), komme nur eine Aufteilung der gesamten auf den einheitlichen Gegenstand entfallenden Vorsteuerbeträge nach einem sachgerechten Aufteilungsmaßstab (§ 15 Abs. 4 UStG) in Betracht.

Der Umfang der abzugsfähigen Vorsteuerbeträge auf so genannte Erhaltungsaufwendungen an dem Gegenstand könne sich hingegen danach richten, für welchen Nutzungsbereich des gemischt genutzten Gegenstands die Aufwendungen vorgenommen würden.

In seinem Urteil vom 22. November 2007, V R 43/06, BStBl. 2008 II S. 770, hat der BFH diese Grundsätze bestätigt und weiter ausgeführt, dass selbst, wenn Herstellungskosten eines Gebäudes aus einer Vielzahl von einzelnen Leistungsbezügen bestehen könnten, die für sich betrachtet einzelnen Gebäudeteilen zugeordnet werden oder auf mehrere unterschiedliche Nutzungen aufgeteilt werden könnten, einerseits zwischen der Verwendung des Gegenstands selbst und andererseits der Verwendung von Gegenständen und Dienstleistungen zur Erhaltung oder zum Gebrauch dieses Gegenstands unterschieden werden müsse. Anschaffungs- oder Herstellungskosten beträfen jeweils die Anschaffung oder Herstellung eines bestimmten Gegenstands (bei einem Gebäude das einheitliche Gebäude) und nicht bestimmte Gebäudeteile. Würden jedoch lediglich bestimmte Gebäudeteile angeschafft oder hergestellt, seien diese der jeweilige Gegenstand.

Zur Anwendung der o.g. BFH-Urteile gilt unter Bezugnahme auf das Ergebnis der Erörterungen mit den obersten Finanzbehörden der Länder zur Vorsteueraufteilung bei sowohl vorsteuerschädlich als auch vorsteuerschädlich verwendeten Gebäuden Folgendes:

Die Begriffe der Anschaffungs- oder Herstellungskosten, der nachträglichen Anschaffungs- oder Herstellungskosten und der Erhaltungsaufwendungen sind nach den für das Einkommensteuerrecht geltenden Grundsätzen (siehe BMF-Schreiben vom 18. Juli 2003 – IV C 3 – S 2211 – 94/03 –; BStBl. II 2003 S. 386) auszulegen. Dies gilt jedoch nicht, soweit § 6 Abs. 1 Nr. 1a des Einkommensteuergesetzes (EStG) Erhaltungsaufwendungen zu Herstellungskosten umqualifiziert (anschaffungsnahe Herstellungskosten).

Wird ein Gebäude durch einen Unternehmer angeschafft oder hergestellt und soll dieses Gebäude sowohl für vorsteuerunschädliche als auch für vorsteuerschädliche Ausgangsumsätze verwendet werden, sind die gesamten auf die Anschaffungs- oder Herstellungskosten des Gebäudes entfallenden Vorsteuerbeträge nach § 15 Abs. 4 UStG aufzuteilen. Für die Zurechnung dieser Vorsteuerbeträge ist die „prozentuale" Aufteilung der Verwendung des gesamten Gebäudes zu vorsteuerunschädlichen bzw. vorsteuerschädlichen Umsätzen maßgebend (vgl. BFH-Urteil vom 28. September 2006, a.a.O.). Daraus folgt regelmäßig eine Ermittlung der nicht abziehbaren Vorsteuerbeträge nach § 15 Abs. 4 UStG im Wege einer sachgerechten Schätzung. Als sachgerechter Aufteilungsmaßstab kommt bei Gebäuden in der Regel die Aufteilung nach dem Verhältnis der Nutzflächen in Betracht. Die Ermittlung des nicht abziehbaren Teils der Vorsteuerbeträge nach dem Verhältnis der vorsteuerschädlichen Umsätze zu den vorsteuerunschädlichen Umsätzen ist dabei nach § 15 Abs. 4 Satz 3 UStG nur zulässig, wenn keine andere wirtschaftliche Zurechnung möglich ist. Eine Zurechnung der Aufwendungen zu bestimmten Gebäudeteilen nach einer räumlichen (sog. „geografischen") oder zeitlichen Anbindung oder nach einem Investitionsschlüssel (vgl. BFH-Urteil vom 18. November 2004, V R 16/03, BStBl. II 2005 S. 503) ist nicht zulässig.

---

1) Verstoß der nationalen Regelung des § 15 Abs. 4 Satz 3 UStG ab 01.01.2004 gegen EG-Recht, vgl. dazu die anhängigen Verfahren V R 19/09 (Vorinstanz FG Hannover, EFG 2009, 1790), XI R 31/09 (Vorinstanz FG Düsseldorf vom 11.09.2009) und V R 1/10 und V R 2/10 (Vorinstanz jeweils FG Münster vom 08.12.2009)

Anlage § 015–48

Beispiel 1:

U errichtet ein Wohn- und Geschäftshaus. Er beabsichtigt, die Fläche des Hauses zu jeweils 50% vorsteuerunschädlich bzw. vorsteuerschädlich zu vermieten. Aus der Erstellung des Fußbodenbelags im vorsteuerunschädlich verwendeten Gebäudeteil entstehen U Aufwendungen von 100.000 € zzgl. 19.000 € Umsatzsteuer.

Lösung:

Es handelt sich um Aufwendungen für die (Neu-)Herstellung des Gebäudes („ursprüngliche" Herstellungskosten). U ist unter den weiteren Voraussetzungen des § 15 UStG berechtigt, den Vorsteuerabzug aus den Aufwendungen für den Fußbodenbelag zu 50% (= 9.500 €) geltend zu machen.

Entsprechend ist bei nachträglichen Anschaffungs- oder Herstellungskosten zu verfahren. Maßgeblich für die Vorsteueraufteilung ist in diesem Fall die beabsichtigte Verwendung des Gegenstands, der durch die nachträglichen Anschaffungs- oder Herstellungskosten entstanden ist. Abgrenzbare Gebäudeteile sind dabei gesondert zu beurteilen.

Beispiel 2:

U errichtet ein Gebäude, bestehend aus einer vorsteuerunschädlich gewerblich genutzten (EG; Anteil 50%) und einer vorsteuerschädlich zu Wohnzwecken vermieteten Einheit (1. OG; Anteil 50%). Das Dachgeschoss ist noch nicht ausgebaut. U ordnet das Gebäude vollständig seinem Unternehmen zu.

Ein Jahr nach Errichtung des Gebäudes baut U das Dachgeschoss aus. Es entstehen dabei drei separat zugängliche gleich große Einheiten, von denen zwei als Wohnungen und eine als Büroteil genutzt werden (sollen). Eine Wohnung wird zu eigenen Wohnzwecken (umsatzsteuerpflichtig) genutzt, die zweite Wohnung wird umsatzsteuerfrei und der Büroteil wird umsatzsteuerpflichtig vermietet. Gleichzeitig lässt U das Treppenhaus zum Dachgeschoss erweitern.

Des Weiteren lässt U eine Alarmanlage installieren, die das gesamte Gebäude sichert. Zudem lässt U einen Aufzug anbauen, mit dem jede Etage erreicht werden kann.

Mit dem Zugewinn an Nutzfläche erhöht sich der Anteil der vorsteuerunschädlich genutzten zum vorsteuerschädlich genutzten Teil an der Gesamtfläche des ausgebauten Gebäudes von 50% auf 60%.

Das neu ausgebaute Gebäude ist vollständig dem Unternehmen des U zugeordnet.

Lösung:

Die Aufwendungen für den Ausbau des Dachgeschosses, die Erweiterung des Treppenhauses, den Einbau der Alarmanlage und den Einbau des Aufzugs sind jeweils (nachträgliche) Herstellungskosten.

Das Dachgeschoss ist umsatzsteuerrechtlich ein abgrenzbarer Teil, dessen Verwendungsverhältnisse gesondert zu ermitteln sind. Entsprechend der vorsteuerunschädlichen Verwendung des Dachgeschosses i.H.v. $^2/_3$ sind die Vorsteuern aus dem Dachausbau zu $^2/_3$ abziehbar.

Die Aufwendungen für die Erweiterung des Treppenhauses sind dem Dachgeschoss zuzuordnen, da sie ausschließlich durch den Ausbau des Dachgeschosses verursacht sind. Die Vorsteuern sind daher nach den Nutzungsverhältnissen des Dachgeschosses aufzuteilen.

Die Aufwendungen für den Einbau der Alarmanlage sind dem gesamten Gebäude in seinen neuen Nutzungsverhältnissen zuzuordnen, da sie das gesamte Gebäude sichert. Folglich sind die Vorsteuern zu 60% abziehbar.

Die Aufwendungen für den Einbau des Aufzugs sind dem gesamten Gebäude mit seinen neuen Nutzungsverhältnissen und nicht ausschließlich dem Dachgeschoss zuzuordnen, da mit dem Aufzug jede Etage erreicht werden kann. Die Vorsteuern sind daher zu 60% abziehbar.

Die jeweiligen (nachträglichen) Herstellungskosten stellen gesonderte Berichtigungsobjekte i.S. v. § 15a Abs. 6 UStG dar.

Handelt es sich bei den bezogenen Leistungen um Aufwendungen, die ertragsteuerrechtlich als Erhaltungsaufwand anzusehen sind, oder um solche, die mit dem Gebrauch oder der Nutzung des Gebäudes zusammenhängen, ist vorrangig zu prüfen, ob die bezogenen Leistungen vorsteuerunschädlich oder vorsteuerschädlich verwendeten Gebäudeteilen zugeordnet werden können.

Beispiel 3:

U besitzt ein Wohn- und Geschäftshaus, dessen Fläche er zu jeweils 50% vorsteuerunschädlich bzw. vorsteuerschädlich vermietet hat. In den vorsteuerunschädlich vermieteten Räumen lässt U durch den Maler M sämtliche Wände neu anstreichen.

Anlage § 015–48

Lösung:
U ist aus den Aufwendungen zum Anstrich der Wände unter den weiteren Voraussetzungen des § 15 UStG in vollem Umfang zum Vorsteuerabzug berechtigt.

Ist eine direkte Zurechnung des Erhaltungsaufwands oder der Aufwendungen im Zusammenhang mit dem Gebrauch zu bestimmten Gebäudeteilen nicht möglich, ist die Aufteilung der Vorsteuerbeträge nach § 15 Abs. 4 UStG vorzunehmen.

Beispiel 4:
U lässt an seinem Wohn- und Geschäftshaus, dessen Fläche er zu jeweils 50% vorsteuerunschädlich bzw. vorsteuerschädlich vermietet, die Fassade neu anstreichen.

Lösung:
Der Fassadenanstrich kann keinem zur Erzielung von vorsteuerunschädlichen bzw. vorsteuerschädlichen Ausgangsumsätzen verwendeten Gebäudeteil zugeordnet werden. U kann daher unter den weiteren Voraussetzungen des § 15 UStG zu 50% aus den Aufwendungen den Vorsteuerabzug vornehmen.

Die Grundsätze dieses Schreibens sind in allen noch offenen Fällen anzuwenden. Soweit diesem Schreiben die Regelungen der Randziffern 7 und 8 des BMF-Schreibens vom 24. November 2004, BStBl. I S. 1125[1]), und des Abschnitts 208 Abs. 2 Sätze 12 bis 14 UStR entgegenstehen, sind diese nicht mehr anzuwenden. Das BMF-Schreiben vom 22. Mai 2007, BStBl. I S. 482, wird aufgehoben.

Hat der Unternehmer die abziehbare Vorsteuer für ein sowohl vorsteuerunschädlich als auch vorsteuerschädlich verwendetes Gebäude nach den Grundsätzen der Randziffer 7 des BMF-Schreibens vom 24. November 2004, a.a.O., ermittelt, wird es nicht beanstandet, wenn die Grundsätze dieses Schreibens für dieses Gebäude erst ab 1. Januar 2009 angewendet werden.

Wurde die abziehbare Vorsteuer für ein sowohl vorsteuerunschädlich als auch vorsteuerschädlich verwendetes Gebäude für das Jahr der Anschaffung oder Herstellung nach den Grundsätzen der Randziffer 7 des BMF-Schreibens vom 24. November 2004, a.a.O., ermittelt, liegt in der Anwendung der Grundsätze dieses Schreibens für einen späteren Besteuerungszeitraum eine Änderung der Verhältnisse i.S.d. § 15a UStG.

---

1) Anlage § 015-40

Anlage § 015–49

Preisnachlässe durch Verkaufsagenten;
Vertrauensschutzregelung für die Korrektur des Vorsteuerabzugs beim Endverbraucher

BMF-Schreiben vom 12.12.2008 – IV B 8 – S 7200/07/10003,
BStBl. 2009 I S. 205

Nach dem Ergebnis der Erörterungen mit den obersten Finanzbehörden der Länder ist aus Gründen des Vertrauensschutzes eine Korrektur des Vorsteuerabzugs beim Endverbraucher (vgl. Rz. 3 des BMF-Schreibens vom 08.12.2006 – IV A 5 – S 7200 – 86/06, BStBl. 2007 I S. 117[1]) nicht für Preisnachlässe durch Verkaufsagenten vorzunehmen, die bis zur Veröffentlichung des o.g. BFH-Urteils im Bundessteuerblatt Teil II am 7. Juli 2006 gewährt wurden. Für Preisnachlässe, die ab dem 8. Juli 2006 gewährt wurden, ist in allen offenen Fällen eine Korrektur des Vorsteuerabzugs beim Endverbraucher vorzunehmen.

Eine Minderung der Bemessungsgrundlage bei den Verkaufsagenten ist auch weiterhin in allen offenen Fällen vorzunehmen (vgl. Rz. 11 des BMF-Schreibens vom 08.12.2006 a.a.O.).

---

[1] Siehe auch Anlagen § 017-06 und § 017-07

Anlage § 015–50

Auswirkungen des EuGH-Urteils vom 07.12.2006, C-240/05, Eurodental; Änderungen der Abschnitte 4.3.5, 4.4.1, 4.11b.1, 4.17.1, 4.19.1, 4.19.2, 4.25.1, 4.28.1, 6.1, 6a.1, 15.13, 25.2, und 25c.1

BMF-Schreiben vom 11.04.2011 – IV D 3 – S 7130/07/10008, BStBl. 2011 I S. 459

Der EuGH hat mit dem Urteil vom 7. Dezember 2006, C-240/05, Eurodental (HFR 2007 S. 176), entschieden, dass Umsätze, wie die Anfertigung und Reparatur von Zahnersatz, die nach Art. 13 Teil A Abs. 1 Buchstabe e der 6. EG-Richtlinie (seit 1. Januar 2007: Art. 132 Abs. 1 Buchstabe e MwStSystRL) innerhalb eines Mitgliedstaats von der Mehrwertsteuer befreit sind, ungeachtet der im Bestimmungsmitgliedstaat anwendbaren Mehrwertsteuerregelung kein Recht auf Vorsteuerabzug nach Art. 17 Abs. 3 Buchstabe b der 6. EG-Richtlinie (seit 1. Januar 2007: Art. 169 Buchstabe b MwStSystRL) eröffnen, selbst wenn es sich um innergemeinschaftliche Umsätze handelt.

Die Auslegung ergebe sich schon aus dem Wortlaut der 6. EG-Richtlinie. Sie werde sowohl durch das von ihr verfolgte Ziel als auch durch ihre Systematik und den Grundsatz der steuerlichen Neutralität bestätigt. Nach der Zielsetzung des gemeinsamen Mehrwertsteuersystems und der durch die Richtlinie 91/680/EWG eingeführten Übergangsregelung für die Besteuerung des Handels zwischen den Mitgliedstaaten könne ein Unternehmer, dem eine Steuerbefreiung zugute kommt und der folglich nicht zum Abzug der innerhalb eines Mitgliedstaats gezahlten Vorsteuer berechtigt ist, dieses Recht auch dann nicht haben, wenn der betreffende Umsatz innergemeinschaftlichen Charakter hat. Weiterhin seien die in Art. 13 Teil A der 6. EG-Richtlinie (seit 1. Januar 2007: Art. 132 MwStSystRL) vorgesehenen Steuerbefreiungen dadurch, dass sie nur für bestimmte dem Gemeinwohl dienende Tätigkeiten gelten, die dort einzeln aufgeführt und sehr genau beschrieben sind, von spezifischer Natur, während die Steuerbefreiung zugunsten innergemeinschaftlicher Umsätze allgemeiner Natur sei, da sie sich in unbestimmter Weise auf die wirtschaftlichen Tätigkeiten zwischen den Mitgliedstaaten beziehe. Unter diesen Umständen entspreche es der Systematik der 6. EG-Richtlinie, dass der Regelung, die auf die spezifischen Steuerbefreiungen des Art. 13 Teil A der 6. EG-Richtlinie (seit 1. Januar 2007: Art. 132 MwStSystRL) anwendbar ist, Vorrang vor derjenigen zuerkannt wird, die auf die von der Richtlinie vorgesehenen allgemeinen Steuerbefreiungen betreffend innergemeinschaftliche Umsätze anwendbar ist.

Außerdem verbiete der Grundsatz der steuerlichen Neutralität insbesondere, gleichartige und deshalb miteinander in Wettbewerb stehende Leistungen hinsichtlich der Mehrwertsteuer unterschiedlich zu behandeln. Würden aber die nach Art. 13 Teil A Buchstabe e der 6. EG-Richtlinie (seit 1. Januar 2007: Art. 132 Abs. 1 Buchstabe e MwStSystRL) befreiten Umsätze, wenn sie innergemeinschaftlichen Charakter haben, das Recht auf Vorsteuerabzug eröffnen, wäre dieser Grundsatz nicht beachtet, da dieselben Umsätze, wenn sie im Inland eines Mitgliedstaats ausgeführt werden, nicht zu einem Abzug führen.

Aus dem o. a. EuGH-Urteil vom 7. Dezember 2006 ist – auch für die Auslegung der MwStSystRL seit dem 1. Januar 2007 – der Schluss zu ziehen, dass die Steuerbefreiungen ohne Vorsteuerabzug (§ 4 Nr. 8 bis 28 UStG, § 25c Absatz 1 und 2 UStG) den Steuerbefreiungen mit Vorsteuerabzug (§ 4 Nr. 1 bis 7 UStG) vorgehen.

Unter Bezugnahme auf das Ergebnis der Erörterungen mit den obersten Finanzbehörden der Länder werden entsprechend die Abschnitte 4.3.5, 4.4.1, 4.11b.1, 4.17.1, 4.19.1, 4.19.2, 4.25.1, 4.28.1, 6.1, 6a.1, 15.13, 25.2 und 25c.1 des Umsatzsteuer-Anwendungserlasses vom 1. Oktober 2010 (BStBl. I S. 846), der zuletzt durch das BMF-Schreiben vom 8. April 2011 – IV D 2 – S 7410/07/10016 (2011/0276581) – geändert worden ist, wie folgt geändert:

1. In Abschnitt 4.3.5 wird in Absatz 1 Satz 1 die Angabe „für die in § 4 Nr. 8, 10 und 11 UStG bezeichneten Umsätze" durch die Angabe „für die in § 4 Nr. 8, 10, 11 und 11b UStG bezeichneten Umsätze" ersetzt.

2. In Abschnitt 4.4.1 wird folgender Satz 4 angefügt:

    „[4]Liegen für Goldlieferungen nach § 4 Nr. 4 UStG auch die Voraussetzungen der Steuerbefreiung für Anlagegold (§ 25c Abs. 1 und 2 UStG) vor, geht die Steuerbefreiung des § 25c Abs. 1 und 2 UStG der Steuerbefreiung des § 4 Nr. 4 UStG vor."

3. In Abschn. 4.11b.1 wird folgender Absatz 14 angefügt:

    „(14) Liegen für Leistungen nach § 4 Nr. 11b UStG auch die Voraussetzungen der Steuerbefreiung für Leistungen im Zusammenhang mit Gegenständen der Ausfuhr (§ 4 Nr. 3 Satz 1 Buchstabe a Doppelbuchstabe aa UStG) vor, geht die Steuerbefreiung des § 4 Nr. 11b UStG dieser Steuerbefreiung vor."

4. In Abschnitt 4.17.1 wird folgender Absatz 4 angefügt:

„(4) Liegen für die Lieferungen nach § 4 Nr. 17 Buchstabe a UStG auch die Voraussetzungen einer Ausfuhrlieferung (§ 4 Nr. 1 Buchstabe a, § 6 UStG) bzw. einer innergemeinschaftlichen Lieferung (§ 4 Nr. 1 Buchstabe b, § 6a UStG) vor, geht die Steuerbefreiung des § 4 Nr. 17 Buchstabe a UStG diesen Steuerbefreiungen vor."

5. In Abschnitt 4.19.1 wird folgender Absatz 4 angefügt:

„(4) Liegen für die Lieferungen durch einen in § 4 Nr. 19 Buchstabe a UStG genannten Unternehmer auch die Voraussetzungen einer Ausfuhrlieferung (§ 4 Nr. 1 Buchstabe a, § 6 UStG) bzw. einer innergemeinschaftlichen Lieferung (§ 4 Nr. 1 Buchstabe b, § 6a UStG) vor, geht die Steuerbefreiung des § 4 Nr. 19 Buchstabe a UStG diesen Steuerbefreiungen vor."

6. In Abschnitt 4.19.2 wird folgender Absatz 3 angefügt:

„(3) Liegen für die Lieferungen durch einen in § 4 Nr. 19 Buchstabe b UStG genannten Unternehmer auch die Voraussetzungen einer Ausfuhrlieferung (§ 4 Nr. 1 Buchstabe a, § 6 UStG) bzw. einer innergemeinschaftlichen Lieferung (§ 4 Nr. 1 Buchstabe b, § 6a UStG) vor, geht die Steuerbefreiung des § 4 Nr. 19 Buchstabe b UStG diesen Steuerbefreiungen vor."

7. In Abschnitt 4.25.1 wird folgender Absatz 9 angefügt:

„(9) Liegen für Leistungen nach § 4 Nr. 25 UStG auch die Voraussetzungen der Steuerbefreiung für Reiseleistungen im Drittland (§ 25 Abs. 2 UStG) vor, geht die Steuerbefreiung des § 4 Nr. 25 UStG der Steuerbefreiung nach § 25 Abs. 2 UStG vor."

8. In Abschnitt 4.28.1 wird folgender Absatz 6 angefügt:

„(6) Liegen für die Lieferungen von Gegenständen nach § 4 Nr. 28 UStG durch den Unternehmer auch die Voraussetzungen einer Ausfuhrlieferung (§ 4 Nr. 1 Buchstabe a, § 6 UStG) bzw. einer innergemeinschaftlichen Lieferung (§ 4 Nr. 1 Buchstabe b, § 6a UStG) vor, geht die Steuerbefreiung des § 4 Nr. 28 UStG diesen Steuerbefreiungen vor."

9. In Abschnitt 6.1 wird folgender Absatz 7 angefügt:

„(7) Die Steuerbefreiung für Ausfuhrlieferungen (§ 4 Nr. 1 Buchstabe a, § 6 UStG) kommt nicht in Betracht, wenn für die Lieferung eines Gegenstands in das Drittlandsgebiet auch die Voraussetzungen der Steuerbefreiungen nach § 4 Nr. 17, 19 oder 28 oder nach § 25c Abs. 1 und 2 UStG vorliegen."

10. In Abschnitt 6a.1 wird nach dem bisherigen Absatz 2 folgender Absatz 2a eingefügt:

„(2a) Die Steuerbefreiung für innergemeinschaftliche Lieferungen (§ 4 Nr. 1 Buchstabe b, § 6a UStG) kommt nicht in Betracht, wenn für die Lieferung eines Gegenstands in das übrige Gemeinschaftsgebiet auch die Voraussetzungen der Steuerbefreiungen nach § 4 Nr. 17, 19 oder 28 oder nach § 25c Abs. 1 und 2 UStG vorliegen."

11. In Abschnitt 15.13 wird folgender Absatz 5 angefügt:

„(5) [1]Fällt ein Umsatz sowohl unter eine der in § 15 Abs. 3 Nr. 1 Buchst. a und Nr. 2 Buchst. a UStG bezeichneten Befreiungsvorschriften als auch unter eine Befreiungsvorschrift, die den Vorsteuerabzug ausschließt, z.B. die Ausfuhrlieferung von Blutkonserven, geht die Steuerbefreiung, die den Vorsteuerabzug ausschließt, der in § 15 Abs. 3 Nr. 1 Buchst. a und Nr. 2 Buchst. a UStG aufgeführten Befreiungsvorschrift vor. [2]Daher kann für diese Umsätze kein Vorsteuerabzug beansprucht werden."

12. In Abschnitt 25.2 wird folgender Absatz 7 eingefügt:

„(7) Liegen für nach § 25 Abs. 2 UStG steuerfreie Reiseleistungen im Drittland auch die Voraussetzungen der Steuerbefreiung des § 4 Nr. 25 UStG vor, geht die Steuerbefreiung des § 4 Nr. 25 UStG dieser Steuerbefreiung vor."

13. In Abschnitt 25c.1 wird folgender Absatz 7 angefügt:

„(7) [1]Liegen für Goldlieferungen nach § 4 Nr. 4 UStG auch die Voraussetzungen der Steuerbefreiung für Anlagegold (§ 25c Abs. 1 und 2 UStG) vor, geht die Steuerbefreiung des § 25c Abs. 1 und 2 UStG der Steuerbefreiung des § 4 Nr. 4 UStG vor. [2]Liegen für die Lieferung von Anlagegold auch die Voraussetzungen einer Ausfuhrlieferung (§ 4 Nr. 1 Buchstabe a, § 6 UStG) bzw. einer innergemeinschaftlichen Lieferung (§ 4 Nr. 1 Buchstabe b, § 6a UStG) vor, geht die Steuerbefreiung des § 25c Abs. 1 und 2 UStG diesen Steuerbefreiungen vor."

Die Grundsätze dieses Schreibens sind in allen offenen Fällen anzuwenden.

Anlage § 015–51

Neuregelung des Vorsteuerabzugs bei teilunternehmerisch genutzten Grundstücken ab dem 01.01.2011, § 15 Abs. 1b UStG

BMF-Schreiben vom 22.06.2011 – IV D 2 – S 7303-b/10/10001 :001, BStBl. 2011 I S. 597

Durch Art. 4 Nr. 3, 9 und 10 des Jahressteuergesetzes 2010 (JStG 2010) vom 8. Dezember 2010 (BGBl. I S. 1768) ist der Vorsteuerabzug für Grundstücke neu geregelt worden, die der Unternehmer sowohl für Zwecke seines Unternehmens als auch für Zwecke, die außerhalb des Unternehmens liegen, oder für den privaten Bedarf seines Personals nutzt (teilunternehmerisch genutzte Grundstücke). Die Ergänzungen in § 3 Abs. 9a Nr. 1, § 15 Abs. 4 und § 15a Abs. 8 UStG, sowie die neu eingefügten § 15 Abs. 1b und § 15a Abs. 6a UStG sind am 1. Januar 2011 in Kraft getreten (Art. 32 Abs. 5 JStG 2010).

Der neue Vorsteuerausschluss des § 15 Abs. 1b UStG basiert auf Art. 168a MwStSystRL (ABl. EU 2010 Nr. L 10 S. 1), der zum 1. Januar 2011 umzusetzen ist.

Die Umsatzsteuer für die Lieferungen, die Einfuhr und den innergemeinschaftlichen Erwerb sowie für die sonstigen Leistungen für ein teilunternehmerisch genutztes Grundstück ist nach § 15 Abs. 1b UStG vom Vorsteuerabzug ausgeschlossen, soweit sie nicht auf die Verwendung des Grundstücks für Zwecke des Unternehmens entfällt. Daher unterliegt die Verwendung dieses Grundstücks für Zwecke, die außerhalb des Unternehmens liegen, oder für den privaten Bedarf des Personals, nicht der unentgeltlichen Wertabgabenbesteuerung nach § 3 Abs. 9a Nr. 1 UStG. Dies gilt entsprechend bei Berechtigungen, für die die Vorschriften des bürgerlichen Rechts über Grundstücke gelten, und bei Gebäuden auf fremdem Grund und Boden.

Für die Aufteilung der Vorsteuern nach § 15 Abs. 1b UStG gelten die allgemeinen Grundsätze des § 15 Abs. 4 UStG.

Ändert sich die Verwendung des Grundstücks, liegt eine Änderung der Verhältnisse im Sinne des § 15a UStG vor. Die Vorsteuerberichtigung nach § 15a UStG setzt voraus, dass die allgemeinen Voraussetzungen des § 15 Abs. 1 UStG vorliegen. Soweit ein Grundstück, eine Berechtigung, für die die Vorschriften des bürgerlichen Rechts über Grundstücke gilt, oder ein Gebäude auf fremdem Grund und Boden nicht dem Unternehmen zugeordnet worden ist, ist eine Korrektur der Vorsteuer nach § 15a UStG ausgeschlossen. Sofern sich die nichtunternehmerische bzw. private Verwendung erhöht und eine Vorsteuerberichtigung nach § 15a Abs. 6a UStG durchzuführen ist, erfolgt keine Wertabgabenbesteuerung nach § 3 Abs. 9a Nr. 1 UStG.

Unter Bezugnahme auf das Ergebnis der Erörterungen mit den obersten Finanzbehörden der Länder wird der Umsatzsteuer-Anwendungserlass vom 1. Oktober 2010 (BStBl. I S. 846), der zuletzt durch das BMF-Schreiben vom 10. Juni 2011, IV D 3 – S 7117/11/10001 (2011/0478774), BStBl. I S. 583 – geändert worden ist, wie folgt geändert:

1. Abschnitt 2.11 Abs. 18 wird wie folgt gefasst:

„(18) ¹Wird ein gemeindliches Schwimmbad sowohl für das Schulschwimmen als auch für den öffentlichen Badebetrieb genutzt, ist unabhängig davon, welche Nutzung überwiegt, die Nutzung für den öffentlichen Badebetrieb grundsätzlich als wirtschaftlich selbständige Tätigkeit im Sinne des § 4 Abs. 1 KStG anzusehen. ²Die wirtschaftliche Tätigkeit ist unter der Voraussetzung von R 6 Abs. 5 KStR 2004 ein Betrieb gewerblicher Art. ³Das Schwimmbad kann damit dem Unternehmen zugeordnet werden. ⁴Ist der öffentliche Badebetrieb nicht als Betrieb gewerblicher Art zu behandeln, weil die Voraussetzungen von R 6 Abs. 5 KStR 2004 nicht erfüllt sind, kann die Gemeinde das Schwimmbad nicht einem Unternehmen zuordnen. ⁵Damit rechnet die Gesamttätigkeit des gemeindlichen Schwimmbads zum nichtunternehmerischen Hoheitsbereich mit der Folge, dass Vorsteuerabzug und – **auch in den Fällen der Übergangsregelung nach § 27 Abs. 16 UStG** – eine steuerbare Wertabgabe in der Form der Überlassung des Schwimmbads für Zwecke des Schulschwimmens nicht in Betracht kommen.

Beispiel:

¹**Eine** Gemeinde, **die selbst Schulträger ist**, errichtet ein Schwimmbad, das **sie** von vornherein sowohl zum Schulschwimmen als auch für den öffentlichen Badebetrieb **nutzt**. ²Die Gemeinde ordnet das Schwimmbad nach Abschnitt 15.2 Abs. 21 vollumfänglich ihrem Unternehmen zu.

³Vorsteuerbeträge, die durch den Erwerb, die Herstellung sowie die Verwendung der Gesamtanlage Schwimmbad anfallen, sind unter den Voraussetzungen des § 15 UStG (vgl. Abschnitt 15.2 Abs. 21) **nach § 15 Abs. 1b UStG nur abziehbar, soweit sie auf die Verwendung für den öffentlichen Badebetrieb entfallen (vgl. Abschnitt 15.6a).**

Anlage § 015–51

⁴In den Fällen, die der Übergangsregelung nach § 27 Abs. 16 UStG unterliegen, ist die Verwendung des Gegenstands für hoheitliche Zwecke (Schulschwimmen) unabhängig davon, ob den Schulen das Schwimmbad zeitweise ganz überlassen wird (vgl. BFH-Urteil vom 31.5.2001, V R 97/98, BStBl. II S. 658, Abschnitt 4.12.11) oder das Schulschwimmen während des öffentlichen Badebetriebs stattfindet (vgl. BFH-Urteil vom 10.2.1994, V R 33/92, BStBl. II S. 668, Abschnitt 4.12.6 Abs. 2 Nr. 10), nach § 3 Abs. 9a Nr. 1 UStG als steuerbare und steuerpflichtige Wertabgabe zu behandeln. ⁵Bemessungsgrundlage für die unentgeltliche Wertabgabe sind nach § 10 Abs. 4 Satz 1 Nr. 2 UStG die durch die Überlassung des Schwimmbades für das Schulschwimmen entstandenen Ausgaben des Unternehmers für die Erbringung der sonstigen Leistung; vgl. Abschnitt 10.6 Abs. 3. ⁶Die Wertabgabe kann nach den im öffentlichen Badebetrieb erhobenen Eintrittsgeldern bemessen werden; vgl. Abschnitt 10.7 Abs. 1 Satz 4."

2. Abschnitt 3.4 Abs. 2 wird wie folgt gefasst:

   „(2) ¹Eine Wertabgabe im Sinne des § 3 Abs. 9a Nr. 1 UStG setzt voraus, dass der verwendete Gegenstand dem Unternehmen zugeordnet ist und die unternehmerische Nutzung des Gegenstands zum vollen oder teilweisen Vorsteuerabzug berechtigt hat. ²Zur Frage der Zuordnung zum Unternehmen gilt Abschnitt 3.3 Abs. 1 entsprechend. ³Wird ein dem Unternehmen zugeordneter Gegenstand, bei dem kein Recht zum Vorsteuerabzug bestand (z.B. ein von einer Privatperson erworbener Computer), für nichtunternehmerische Zwecke genutzt, liegt eine sonstige Leistung im Sinne des § 3 Abs. 9a Nr. 1 UStG nicht vor. ⁴**Ist der dem Unternehmen zugeordnete Gegenstand ein Grundstück – insbesondere ein Gebäude als wesentlicher Bestandteil eines Grundstücks – und wird das Grundstück auch nichtunternehmerisch oder für den privaten Bedarf des Personals genutzt, so dass der Vorsteuerabzug nach § 15 Abs. 1b UStG insoweit ausgeschlossen ist (vgl. Abschnitt 15.6a), entfällt eine Wertabgabenbesteuerung nach § 3 Abs. 9a Nr. 1 UStG.** ⁵**Sofern sich später der Anteil der nichtunternehmerischen Nutzung des dem Unternehmensvermögen insgesamt zugeordneten Grundstücks im Sinne des § 15 Abs. 1b UStG erhöht, erfolgt eine Berichtigung nach § 15a Abs. 6a UStG (vgl. Abschnitt 15.6a Abs. 5) und keine Wertabgabenbesteuerung nach § 3 Abs. 9a Nr. 1 UStG.**"

3. Nach Abschnitt 3.4 Abs. 5 wird folgende Zwischenüberschrift einfügt:

   „**Wertabgabenbesteuerung nach § 3 Abs. 9a Nr. 1 UStG bei teilunternehmerisch genutzten Grundstücken im Sinne des § 15 Abs. 1b UStG, die unter die Übergangsregelung nach § 27 Abs. 16 UStG fallen**"

4. Abschnitt 4.12.1 Abs. 3 Satz 6 wird wie folgt gefasst:

   „⁶Soweit die Verwendung eines dem Unternehmen zugeordneten Grundstücks/Gebäudes für nichtunternehmerische Zwecke steuerbar ist **und die Übergangsregelung nach § 27 Abs. 16 UStG Anwendung findet (vgl. auch Abschnitt 3.4 Abs. 6 bis 8)**, ist diese nicht einer steuerfreien Grundstücksvermietung im Sinne des § 4 Nr. 12 Satz 1 Buchstabe a UStG gleichgestellt (vgl. BFH-Urteil vom 24.7.2003, V R 39/99, BStBl. 2004 II S. 371, und BMF-Schreiben vom 13.4.2004, BStBl. I S. 469)."

5. Abschnitt 15.2 Abs. 6 wird wie folgt gefasst:

   „(6) Folgende Sonderregelungen für den Vorsteuerabzug sind zu beachten:

   1. ¹Nach § 15 Abs. 1a UStG sind Vorsteuerbeträge nicht abziehbar, die auf Aufwendungen entfallen, für die das Abzugsverbot des § 4 Abs. 5 Satz 1 Nr. 1 bis 4, 7 oder des § 12 Nr. 1 EStG gilt. ²Ausgenommen von der Vorsteuerabzugsbeschränkung sind Bewirtungsaufwendungen, soweit § 4 Abs. 5 Nr. 2 EStG einen Abzug angemessener und nachgewiesener Aufwendungen ausschließt (vgl. auch Abschnitte 15.6 Abs. 6).

   2. **Nach § 15 Abs. 1b UStG sind Vorsteuerbeträge für ein dem Unternehmen zugeordnetes teilunternehmerisch genutztes Grundstück nicht abziehbar, soweit sie nicht auf die Verwendung des Grundstücks für Zwecke des Unternehmens entfallen (vgl. Abschnitt 15.6a).**

   3. Ermitteln Unternehmer ihre abziehbaren Vorsteuern nach den Durchschnittssätzen der §§ 23 oder 23a UStG, ist insoweit ein weiterer Vorsteuerabzug ausgeschlossen (§ 70 Abs. 1 UStDV, § 23a Abs. 1 UStG).

   4. Bewirkt der Unternehmer Reiseleistungen im Sinne des § 25 Abs. 1 UStG, ist er nicht berechtigt, die ihm in diesen Fällen für die Reisevorleistungen gesondert in Rechnung gestellten Steuerbeträge als Vorsteuern abzuziehen (§ 25 Abs. 4 UStG, vgl. Abschnitt 25.4).

Anlage § 015–51

5. Ein Wiederverkäufer, der für die Lieferung beweglicher körperlicher Gegenstände die Differenzbesteuerung des § 25a Abs. 2 UStG anwendet, kann die entrichtete Einfuhrumsatzsteuer sowie die Steuer für die an ihn ausgeführte Lieferung nicht als Vorsteuer abziehen (§ 25a Abs. 5 UStG)."

6. Abschnitt 15.2 Abs. 21 Nr. 2 Buchstabe a Sätze 1 und 2 werden wie folgt gefasst:

„a) ¹Umsatzsteuerbeträge, die durch den Erwerb, die Herstellung sowie die Verwendung oder Nutzung eines solchen Gegenstands (z.B. durch den Kauf oder die Miete sowie den laufenden Unterhalt eines Computers oder Kraftfahrzeugs), können **grundsätzlich** in vollem Umfang abgezogen werden, wenn der Gegenstand dem Unternehmen insgesamt zugeordnet wird; zum Ausgleich dafür **unterliegt** die Verwendung des Gegenstands für unternehmensfremde Zwecke nach § 3 Abs. 9a Nr. 1 UStG der Umsatzsteuer. ²**Zum Vorsteuerausschluss nach § 15 Abs. 1b UStG bei teilunternehmerisch genutzten Grundstücken siehe Abschnitte 3.4 Abs. 2 Sätze 4 und 5 sowie 15.6a.**"

7. Abschnitt 15.2 Abs. 21 Nr. 2 Buchstabe b Satz 2 wird wie folgt gefasst:

„Entsprechendes gilt, wenn ein Vorsteuerabzug nur teilweise möglich ist und sich aus dem Umfang des geltend gemachten Vorsteuerabzugs nicht ergibt, mit welchem Anteil das Gebäude dem Unternehmen zugeordnet wurde oder, **wenn § 15 Abs. 1b UStG Anwendung findet (vgl. Abschnitt 15.6a)**."

8. Abschnitt 15.2 Abs. 21 Nr. 2 Buchstabe c Satz 2 wird wie folgt gefasst:

„Ordnet der Unternehmer den Gegenstand dem Unternehmen voll zu **und findet § 15 Abs. 1b UStG keine Anwendung**, kann er die Vorsteuer aus den Anschaffungskosten in voller Höhe abziehen."

9. Nach Abschnitt 15.6 wird folgender Abschnitt 15.6a eingefügt:

„**15.6a. Vorsteuerabzug bei teilunternehmerisch genutzten Grundstücken**

(1) ¹Teilunternehmerisch genutzte Grundstücke im Sinne des § 15 Abs. 1b UStG sind Grundstücke, die sowohl unternehmerisch als auch nichtunternehmerisch oder für den privaten Bedarf des Personals genutzt werden. ²Den Grundstücken gleichgestellt sind nach § 15 Abs. 1b Satz 2 UStG Gebäude auf fremdem Grund und Boden sowie Berechtigungen, für die die Vorschriften des bürgerlichen Rechts über Grundstücke gelten (z.B. Erbbaurechte). ³§ 15 Abs. 1b UStG stellt eine Vorsteuerabzugsbeschränkung dar und berührt nicht das Zuordnungswahlrecht des Unternehmers nach § 15 Abs. 1 UStG (vgl. Abschnitt 15.2 Abs. 21).

(2) ¹Eine teilunternehmerische Verwendung im Sinne des § 15 Abs. 1b UStG liegt vor, wenn das dem Unternehmen zugeordnete Grundstück teilweise für Zwecke außerhalb des Unternehmens oder für den privaten Bedarf des Personals verwendet wird. ²Hierzu gehören nur solche Grundstücksverwendungen, die ihrer Art nach zu einer unentgeltlichen Wertabgabe im Sinne des § 3 Abs. 9a Nr. 1 UStG führen können. ³Eine Anwendung des § 15 Abs. 1b UStG scheidet deshalb aus bei der Mitbenutzung von Parkanlagen, die eine Gemeinde ihrem unternehmerischen Bereich – Kurbetrieb als Betrieb gewerblicher Art – zugeordnet hat, durch Personen, die nicht Kurgäste sind, weil es sich hierbei nicht um eine Nutzung für Zwecke außerhalb des Unternehmens handelt (vgl. BFH-Urteil vom 18.8.1988, V R 18/83, BStBl. II S. 971). ⁴Das Gleiche gilt, wenn eine Gemeinde ein Parkhaus den Benutzern zeitweise (z.B. in der Weihnachtszeit) gebührenfrei zur Verfügung stellt, wenn damit neben dem Zweck der Verkehrsberuhigung auch dem Parkhausunternehmen dienende Zwecke (z.B. Kundenwerbung) verfolgt werden (vgl. BFH-Urteil vom 10.12.1992, V R 3/88, BStBl. 1993 II S. 380). ⁵Ist die Verwendung eines dem Unternehmen zugeordneten Grundstücks für den privaten Bedarf des Personals ausnahmsweise überwiegend durch das betriebliche Interesse des Arbeitgebers veranlasst oder als Aufmerksamkeit zu beurteilen, ist der Vorsteuerabzug ebenfalls nicht nach § 15 Abs. 1b UStG eingeschränkt, weil die in der Nutzungsüberlassung liegenden unternehmerischen Zwecke den privaten Bedarf des Personals überlagern (vgl. dazu Abschnitt 1.8 Abs. 3 und 4). ⁶Eine teilunternehmerische Verwendung im Sinne des § 15 Abs. 1b UStG liegt nicht nur vor, wenn die verschiedenen Nutzungen räumlich voneinander abgegrenzt sind, sondern auch, wenn sie – wie z.B. bei Ferienwohnungen oder Mehrzweckhallen – zeitlich wechselnd stattfinden.

(3) ¹Nach § 15 Abs. 1b Satz 1 UStG ist die Steuer für die Lieferungen, die Einfuhr und den innergemeinschaftlichen Erwerb sowie für die sonstigen Leistungen im Zusammenhang mit einem Grundstück vom Vorsteuerabzug ausgeschlossen, soweit sie nicht auf die Verwendung des Grundstücks für Zwecke des Unternehmens entfällt. ²Dem Vorsteuerausschluss unterliegen auch die wesentlichen Bestandteile des Grundstücks, z.B. Gebäude und Außenanlagen. ³Hiervon unberührt bleiben Gegenstände, die umsatzsteuerrechtlich selbständige Zuordnungsobjekte im Sinne des

§ 15 Abs. 1 UStG darstellen (z.B. Photovoltaikanlage und Blockheizkraftwerk). [4]Aufgrund der Vorsteuerabzugsbeschränkung nach § 15 Abs. 1b UStG unterliegt die Verwendung eines Grundstücks für Zwecke, die außerhalb des Unternehmens liegen, oder für den privaten Bedarf des Personals, nicht der unentgeltlichen Wertabgabenbesteuerung nach § 3 Abs. 9a Nr. 1 UStG (vgl. Abschnitt 3.4 Abs. 2).

(4) [1]Für die Aufteilung von Vorsteuerbeträgen für Zwecke des § 15 Abs. 1b UStG gelten die Grundsätze des § 15 Abs. 4 UStG entsprechend. [2]Zur Vorsteueraufteilung bei Gebäuden vgl. Abschnitt 15.17 Abs. 5 bis 8.

(5) [1]Sofern sich die Verwendung des teilunternehmerisch genutzten Grundstücks ändert, liegt eine Änderung der Verhältnisse im Sinne des § 15a UStG vor (§ 15a Abs. 6a UStG, vgl. Abschnitt 15a.2). [2]Unter Beachtung der Bagatellgrenzen des § 44 UStDV ist eine Vorsteuerberichtigung nach § 15a UStG durchzuführen. [3]Eine Vorsteuerberichtigung nach § 15a UStG ist nur möglich, soweit das Grundstück dem Unternehmensvermögen zugeordnet worden ist (vgl. Abschnitt 15a.1 Abs. 6 Nr. 2, 4 und 5).

(6) [1]Wird ein insgesamt dem Unternehmensvermögen zugeordnetes teilunternehmerisch genutztes Grundstück, das nach § 15 Abs. 1b UStG nur teilweise zum Vorsteuerabzug berechtigt hat, veräußert, unterliegt der Umsatz im vollen Umfang der Umsatzsteuer, wenn auf die Steuerbefreiung nach § 4 Nr. 9 Buchstabe a UStG wirksam verzichtet wird (§ 9 UStG, vgl. Abschnitt 9.1). [2]Es liegt insoweit eine Änderung der Verhältnisse vor, die zu einer Vorsteuerberichtigung nach § 15a UStG führt (§ 15a Abs. 8 Satz 2 UStG, vgl. Abschnitt 15a.2).

(7) Beispiele zum Vorsteuerabzug bei teilunternehmerisch genutzten Grundstücken im Sinne des § 15 Abs. 1b UStG; die Übergangsregelung nach § 27 Abs. 16 UStG findet keine Anwendung:

Beispiel 1:

[1]Unternehmer U, der nur vorsteuerunschädliche Ausgangsumsätze ausführt, lässt zum 1.1.02 ein Einfamilienhaus (EFH) fertig stellen. [2]Die Herstellungskosten betragen insgesamt 300.000 € zzgl. 57.000 € Umsatzsteuer. [3]U nutzt das Gebäude ab Fertigstellung planungsgemäß zu 40% für seine vorsteuerunschädlichen Ausgangsumsätze und zu 60% für private Wohnzwecke. [4]U macht einen Vorsteuerabzug in Höhe von 22.800 € (40% von 57.000 €) bei dem zuständigen Finanzamt geltend ohne schriftlich mitzuteilen, in welchem Umfang er das Grundstück seinem Unternehmen zugeordnet hat.

[5]U hat durch die Geltendmachung des Vorsteuerabzugs in Höhe von 40% dokumentiert, dass er in dieser Höhe das Grundstück seinem Unternehmen zugeordnet hat (vgl. Abschnitt 15.2 Abs. 21 Nr. 2 Satz 8). [6]Da U gegenüber dem Finanzamt nicht schriftlich erklärt hat, dass er das Grundstück insgesamt seinem Unternehmen zugeordnet hat, kann diese Zuordnung zum Unternehmen nicht unterstellt werden (vgl. Abschnitt 15.2 Abs. 21 Nr. 2 Satz 10 und Nr. 2 Buchst. b). [7]Nach § 15 Abs. 1 Satz 1 Nr. 1 UStG sind 22.800 € (57.000 € × 40%) als Vorsteuer abziehbar. [8]§ 15 Abs. 1b UStG findet keine Anwendung, da U den für die privaten Wohnzwecke genutzten Grundstücksanteil nicht seinem Unternehmen zugeordnet hat.

[9]Sofern der für private Wohnzwecke genutzte Grundstücksanteil später unternehmerisch genutzt wird, ist eine Vorsteuerberichtigung zu Gunsten des U nach § 15a UStG nicht zulässig, da U diesen Grundstücksanteil nicht nachweisbar seinem Unternehmen zugeordnet hat (vgl. Abschnitt 15a.1 Abs. 6). [10]Verringert sich hingegen später der Umfang der unternehmerischen Nutzung des dem Unternehmen zugeordneten Grundstücksanteils (z.B. Nutzung des gesamten Grundstücks zu 80% für private Wohnzwecke und zu 20% für unternehmerische Zwecke), ist unter Beachtung der Bagatellgrenzen des § 44 UStDV eine Vorsteuerberichtigung nach § 15a UStG durchzuführen. Eine Wertabgabenbesteuerung nach § 3 Abs. 9a Nr. 1 UStG erfolgt nicht.

Beispiel 2:

[1]Unternehmer U, der nur vorsteuerunschädliche Ausgangsumsätze ausführt, lässt zum 1.1.02 ein Einfamilienhaus fertig stellen. [2]Die Herstellungskosten betragen insgesamt 300.000 € zzgl. 57.000 € Umsatzsteuer. [3]Die Nutzfläche des Einfamilienhauses beträgt 200 qm. [4]U nutzt das Gebäude ab Fertigstellung planungsgemäß zu 40% für seine vorsteuerunschädlichen Ausgangsumsätze und zu 60% für private Wohnzwecke. [5]Die laufenden Aufwendungen, die auf das gesamte Grundstück entfallen, betragen in dem Jahr 02 1.500 € zzgl. 285 € Umsatzsteuer. [6]U hat dem zuständigen Finanzamt schriftlich mitgeteilt, dass er das Grundstück im vollen Umfang seinem Unternehmen zugeordnet hat.

[7]U hat das Grundstück insgesamt seinem Unternehmen zugeordnet und seine Zuordnungsentscheidung dokumentiert. [8]Da U 60% des Gebäudes für seine privaten nichtunternehmerischen

Zwecke verwendet, ist der Vorsteuerabzug nach § 15 Abs. 1b UStG nur in Höhe von 22.800 € (57.000 € × 40%) zulässig. [9]Da die laufenden Kosten nicht direkt der unternehmerischen bzw. privaten Nutzung des Grundstücks zugeordnet werden können, beträgt der Vorsteuerabzug aus den laufenden Aufwendungen nach dem Verhältnis der Nutzflächen nach Aufteilung 114 € (§ 15 Abs. 4 Satz 4 UStG).

Beispiel 3:

[1]Sachverhalt wie Beispiel 2. [2]Zum 1.1.05 erhöht sich

a) die unternehmerische Nutzung des Gebäudes (EFH) um 12 Prozentpunkte auf 52%. U führt wie bisher nur vorsteuerunschädliche Ausgangsumsätze aus.

b) die private Nutzung des Gebäudes (EFH) um 15 Prozentpunkte auf 75%.

Zu a)

[1]Es liegt zum 1.1.05 eine Änderung der Verhältnisse im Sinne des § 15a Abs. 6a UStG vor, da sich die unternehmerische Nutzung erhöht hat. [2]Die Bagatellgrenzen des § 44 UStDV sind überschritten.

Jahr 05:

Insgesamt in Rechnung gestellte Umsatzsteuer: 57.000 €

Ursprünglicher Vorsteuerabzug: 22.800 € (entspricht 40% von 57.000 €)

Zeitpunkt der erstmaligen Verwendung: 1.1.02

Dauer des Berichtigungszeitraums: 1.1.02 bis 31.12.11

Tatsächliche zum Vorsteuerabzug berechtigende Verwendung in 05: 52%

Vorsteuerberichtigung wegen Änderung der Verhältnisse im Vergleich zum ursprünglichen Vorsteuerabzug: Vorsteuer zu 52% statt zu 40%

Berichtigungsbetrag: 12 Prozentpunkte von 1/10 von 57.000 € = 684 € sind zu Gunsten des U zu korrigieren.

Zu b)

[1]Es liegt zum 1.1.05 eine Änderung der Verhältnisse im Sinne des § 15a Abs. 6a UStG vor, da sich die private Nutzung erhöht hat. [2]Die Bagatellgrenzen des § 44 UStDV sind überschritten.

Jahr 05:

Insgesamt in Rechnung gestellte Umsatzsteuer: 57.000 €

Ursprünglicher Vorsteuerabzug: 22.800 € (entspricht 40% von 57.000 €)

Zeitpunkt der erstmaligen Verwendung: 1.1.02

Dauer des Berichtigungszeitraums: 1.1.02 bis 31.12.11

Tatsächliche zum Vorsteuerabzug berechtigende Verwendung in 05: 25%

Vorsteuerberichtigung wegen Änderung der Verhältnisse im Vergleich zum ursprünglichen Vorsteuerabzug: Vorsteuer zu 25% statt zu 40%

Berichtigungsbetrag: 15 Prozentpunkte von 1/10 von 57.000 € = 855 € sind zu Ungunsten des U zu korrigieren.

Beispiel 4:

[1]Sachverhalt wie Beispiel 2. [2]Im Jahr 06 lässt U das Einfamilienhaus um ein Dachgeschoss erweitern, welches für fremde unternehmerische Zwecke, die nicht mit der Nutzung der eigenen unternehmerisch genutzten Flächen in Zusammenhang stehen, steuerpflichtig vermietet wird. [3]Die Herstellungskosten hierfür betragen 100.000 € zzgl. 19.000 € Umsatzsteuer. [4]Das Dachgeschoss ist zum 1.7.06 bezugsfertig und hat eine Nutzfläche von 100 qm. [5]Zusätzlich lässt U im gleichen Jahr die gesamte Außenfassade neu streichen. [6]Die Aufwendungen hierfür betragen 10.000 € zzgl. 1.900 € Umsatzsteuer.

[7]Der Ausbau des Dachgeschosses steht nicht in einem einheitlichem Nutzungs- und Funktionszusammenhang mit den bereits vorhandenen Flächen. [8]Es liegt deshalb ein eigenständiges Zuordnungsobjekt vor. [9]Unabhängig von der bereits bei Herstellung des Gebäudes getroffenen Zuordnungsentscheidung kann das Dachgeschoss dem Unternehmen zugeordnet werden. [10]Da U das Dachgeschoss steuerpflichtig vermietet, ist er zum Vorsteuerabzug in Höhe von 19.000 € berechtigt; es erfolgt keine Vorsteuerkürzung nach § 15 Abs. 1b UStG.

[11]Der Anstrich der Außenfassade entfällt auf alle Stockwerke. [12]Nach § 15 Abs. 1b UStG berechtigt nur der Teil der Aufwendungen zum Vorsteuerabzug, der auf die unternehmerische Nutzung des Gebäudes entfällt. [13]Die Aufteilung nach § 15 Abs. 4 Satz 4 UStG erfolgt nach dem Verhältnis der Nutzflächen:

40% von 200 qm (bisherige Nutzfläche) + 100% von 100 qm (Dachgeschoss) = 180 qm von 300 qm (60%)

60% von 1.900 € = 1.140 € Vorsteuer

Beispiel 5:

[1]Sachverhalt wie Beispiel 2. [2]U verkauft das Grundstück zum 1.1.09 an

a) eine Privatperson steuerfrei für 400.000 €.

b) einen anderen Unternehmer und optiert nach § 9 Abs. 1 UStG zur Steuerpflicht. Der Verkaufspreis beträgt 400.000 € (netto). Eine Geschäftsveräußerung im Ganzen im Sinne des § 1 Abs. 1a UStG liegt nicht vor.

Zu a)

[1]Die nach § 4 Nr. 9 Buchst. a UStG steuerfreie Veräußerung führt zu einer Änderung der Verhältnisse nach § 15a Abs. 8 UStG, da das Gebäude teilweise zum Vorsteuerabzug berechtigt hat. [2]Die Bagatellgrenzen des § 44 UStDV sind überschritten.

Insgesamt in Rechnung gestellte Umsatzsteuer: 57.000 €

Ursprünglicher Vorsteuerabzug: 22.800 € (entspricht 40% von 57.000 €)

Zeitpunkt der erstmaligen Verwendung: 1.1.02

Dauer des Berichtigungszeitraums: 1.1.02 bis 31.12.11

Tatsächliche zum Vorsteuerabzug berechtigende Verwendung im Berichtigungszeitraum: Jahr 02 bis 08 = 40%

Änderung der Verhältnisse:

ab Jahr 09 = 40 Prozentpunkte (0% statt 40%)

Vorsteuerberichtigung pro Jahr:

(57.000 € / 10 Jahre = 5.700 €)

Jahre 09 bis 11 = je 2.280 € (5.700 € × 40%)

[3]Die Berichtigung des Vorsteuerabzugs ist für die Jahre 09 bis 11 zusammengefasst in der ersten Voranmeldung für das Kalenderjahr 09 vorzunehmen (§ 44 Abs. 4 Satz 3 UStDV).

Zu b)

[1]Die steuerpflichtige Veräußerung führt zu einer Änderung der Verhältnisse nach § 15a Abs. 8 UStG, da das Gebäude nur teilweise zum Vorsteuerabzug berechtigt hat. [2]Die Bagatellgrenzen des § 44 UStDV sind überschritten. [3]Die Umsatzsteuer für die steuerpflichtige Lieferung schuldet der Erwerber (§ 13b Abs. 2 Nr. 3 UStG).

Insgesamt in Rechnung gestellte Umsatzsteuer: 57.000 €

Ursprünglicher Vorsteuerabzug: 22.800 € (entspricht 40% von 57.000 €)

Zeitpunkt der erstmaligen Verwendung: 1.1.02

Dauer des Berichtigungszeitraums: 1.1.02 bis 31.12.11

Tatsächliche zum Vorsteuerabzug berechtigende Verwendung im Berichtigungszeitraum: Jahr 02 bis 08 = 40%

Änderung der Verhältnisse:

ab Jahr 09 = 60 Prozentpunkte (100% statt 40%)

Vorsteuerberichtigung pro Jahr:

(57.000 € / 10 Jahre = 5.700 €)

Jahre 09 bis 11 = je 3.420 € (5.700 € × 60%)

[4]Die Berichtigung des Vorsteuerabzugs ist für die Jahre 09 bis 11 zusammengefasst in der ersten Voranmeldung für das Kalenderjahr 09 vorzunehmen (§ 44 Abs. 4 Satz 3 UStDV)."

Anlage § 015–51

10. Abschnitt 15.19 Absatz 3 Nr. 2 wird wie folgt gefasst:

   „2. ¹Vorsteuerbeträge, die auf den Bezug einheitlicher Gegenstände entfallen, sind **grundsätzlich** in vollem Umfang abziehbar. ²Zum Ausgleich unterliegt die Nutzung für den nichtunternehmerischen Bereich der unentgeltlichen Wertabgabe nach § 3 Abs. 9a UStG der Steuer. ³Das gilt auch, wenn der auf den nichtunternehmerischen Bereich entfallende Anteil der Verwendung überwiegt. ⁴**Zum Vorsteuerausschluss nach § 15 Abs. 1b UStG bei teilunternehmerisch genutzten Grundstücken siehe Abschnitte 3.4 Abs. 2 Sätze 4 und 5 sowie 15.6a.**"

11. Abschnitt 15a.2 Abs. 1 wird wie folgt gefasst:

   „(1) ¹Verwendung im Sinne des § 15a UStG ist die tatsächliche Nutzung des Berichtigungsobjekts zur Erzielung von Umsätzen. ²Als Verwendung sind auch die Veräußerung, die unentgeltliche Wertabgabe nach § 3 Abs. 1b und 9a UStG (vgl. BFH-Urteil vom 2.10.1986, V R 91/78, BStBl. 1987 II S. 44) **und die teilunternehmerische Nutzung eines Grundstücks im Sinne des § 15 Abs. 1b UStG (§ 15a Abs. 6a UStG, vgl. Abschnitt 15.6a)** anzusehen. ³Unter Veräußerung ist sowohl die Lieferung im Sinne des § 3 Abs. 1 UStG, z.B. auch die Verwertung in der Zwangsvollstreckung, als auch die Übertragung immaterieller Wirtschaftsgüter zu verstehen. ⁴Voraussetzung ist jedoch, dass das Wirtschaftsgut im Zeitpunkt dieser Umsätze objektiv noch verwendungsfähig ist."

12. In Abschnitt 15a.2 Abs. 2 wird in Nr. 6 der Punkt durch ein Komma ersetzt und folgende Nr. 7 ergänzt:

   „**7. wenn sich die Verwendung eines Grundstücks im Sinne des § 15 Abs. 1b UStG ändert (§15a Abs. 6a UStG, vgl. Abschnitt 15.6a).**"

13. In Abschnitt 15a.2 Abs. 6 Nr. 1 wird folgender Buchstabe e) ergänzt:

   „e) **Änderung des Umfangs der teilunternehmerischen Nutzung eines Grundstücks im Sinne des § 15 Abs. 1b UStG;**"

14. In Abschnitt 15a.4 Abs. 3 wird Satz 1 wie folgt gefasst:

   „¹War der ursprünglich vorgenommene Vorsteuerabzug aus der Sicht des § 15 **Abs. 1b** bis 4 UStG sachlich unrichtig, weil der Vorsteuerabzug ganz oder teilweise zu Unrecht vorgenommen wurde oder unterblieben ist, ist die unrichtige Steuerfestsetzung nach den Vorschriften der AO zu ändern."

Anwendung

Die Neuregelung des Vorsteuerabzugs bei teilunternehmerisch genutzten Grundstücken gilt ab dem 1. Januar 2011 für alle Grundstücke, die nicht unter die Übergangsregelung nach § 27 Abs. 16 UStG (Artikel 4 Nr. 12 des JStG 2010) fallen.

Die Änderungen in § 3 Abs. 9a Nr. 1, § 15 Abs. 1b und 4 Satz 4, §15a Abs. 6a und 8 Satz 2 UStG sind nach § 27 Abs. 16 UStG nicht auf Wirtschaftsgüter im Sinne des § 15 Abs. 1b UStG anzuwenden, die auf Grund eines vor dem 1. Januar 2011 rechtswirksam abgeschlossenen obligatorischen Vertrags oder gleichstehenden Rechtsakts angeschafft worden sind oder mit deren Herstellung vor dem 1. Januar 2011 begonnen worden ist. Als Beginn der Herstellung gilt bei Gebäuden, für die eine Baugenehmigung erforderlich ist, der Zeitpunkt, in dem der Bauantrag gestellt wird; bei baugenehmigungsfreien Gebäuden, für die Bauunterlagen einzureichen sind, der Zeitpunkt, in dem die Bauunterlagen eingereicht werden.

Die Verwendung teilunternehmerisch genutzter Grundstücke im Sinne des § 15 Abs. 1b UStG für Zwecke, die außerhalb des Unternehmens liegen, oder für den privaten Bedarf seines Personals, unterliegt in den Fällen, die unter die Übergangsregelung nach § 27 Abs. 16 UStG fallen, weiterhin der Wertabgabenbesteuerung nach § 3 Abs. 9a Nr. 1 UStG.

Die unter Nr. 1, 3 und 4 dargestellten Änderungen bzw. Ergänzungen des Umsatzsteuer-Anwendungserlasses sind ab dem 1. Januar 2011 anzuwenden und die in 2, 5 bis 14 dargestellten Änderungen bzw. Ergänzungen sind ab dem 1. Januar 2011 in allen Fällen anzuwenden, die nicht unter die Übergangsregelung nach § 27 Abs. 16 UStG fallen.

Anlage § 015–52

BFH-Urteile vom 1. September 2010, V R 39/08, und vom 08.09.2010, XI R 40/08; Vorsteuerabzug aus innergemeinschaftlichen Erwerben, § 15 Abs. 1 Satz 1 Nr. 3 UStG

BMF-Schreiben vom 07.07.2011 – IV D 2 – S 7300-b/09/10001,
BStBl. 2011 I S. 739

Der innergemeinschaftliche Erwerb wird nach § 3d Satz 1 UStG auf dem Gebiet des Mitgliedstaates bewirkt, in dem sich der Gegenstand am Ende der Beförderung oder Versendung befindet. Verwendet der Erwerber gegenüber dem Lieferer eine ihm von einem anderen Mitgliedstaat als dem, in dem sich der Gegenstand am Ende der Beförderung oder Versendung befindet, erteilte Umsatzsteuer-Identifikationsnummer (USt-IdNr.), gilt der Erwerb nach § 3d Satz 2 UStG solange im Gebiet dieses Mitgliedstaates als bewirkt, bis der Erwerber nachweist, dass der Erwerb durch den in § 3d Satz 1 UStG bezeichneten Mitgliedstaat besteuert worden ist oder nach den Bestimmungen über innergemeinschaftliche Dreiecksgeschäfte nach § 25b Abs. 3 UStG als besteuert gilt, sofern der erste Abnehmer nach § 18a Abs. 7 Satz 1 Nr. 4 UStG seiner Erklärungspflicht hierüber nachgekommen ist.

Mit Urteil vom 1. September 2010, V R 39/08, hat der BFH entschieden, dass einem Unternehmer, der bei einem innergemeinschaftlichen Erwerb gegenüber dem Lieferer eine ihm von einem anderen Mitgliedstaat als dem, in dem sich der erworbene Gegenstand am Ende der Beförderung oder Versendung befindet, erteilte USt-IdNr. nach § 3d Satz 2 UStG verwendet, insoweit kein Recht auf Vorsteuerabzug nach § 15 Abs. 1 Satz 1 Nr. 3 UStG zusteht.

Dies bestätigte der BFH mit seinem Urteil vom 8. September 2010, XI R 40/08, in dem er entschieden hat, dass die Vorschrift des § 15 Abs. 1 Satz 1 Nr. 3 UStG, nach der der Unternehmer die Steuer für den innergemeinschaftlichen Erwerb von Gegenständen für sein Unternehmen als Vorsteuer abziehen kann, bei richtlinienkonformer Auslegung nicht für den Fall gilt, in dem der Unternehmer im Mitgliedstaat der Identifizierung mehrwertsteuerpflichtig ist, weil er die Besteuerung des fraglichen innergemeinschaftlichen Erwerbs im Mitgliedstaat der Beendigung des Versands oder der Beförderung nicht nachgewiesen hat.

Unter Bezugnahme auf das Ergebnis der Erörterungen mit den obersten Finanzbehörden der Länder wird der Umsatzsteuer-Anwendungserlass vom 1. Oktober 2010 (BStBl. I S. 846), der zuletzt durch das BMF-Schreiben vom 6. Juli 2011, IV D 3 – S 7179/09/10003 (2011/0530581), BStBl. I S. 738 – geändert worden ist, wie folgt geändert:

Abschnitt 15.10 Abs. 2 wird wie folgt gefasst:

„(2) ¹Der Erwerber kann die für den innergemeinschaftlichen Erwerb geschuldete Umsatzsteuer als Vorsteuer abziehen, wenn er den Gegenstand für sein Unternehmen bezieht und zur Ausführung von Umsätzen verwendet, die den Vorsteuerabzug nicht ausschließen. ²**Dies gilt nicht für die Steuer, die der Erwerber schuldet, weil er gegenüber dem Lieferer eine ihm von einem anderen Mitgliedstaat als dem, in dem sich der erworbene Gegenstand am Ende der Beförderung oder Versendung befindet, erteilte USt-IdNr. verwendet und der innergemeinschaftliche Erwerb nach § 3d Satz 2 UStG deshalb im Gebiet dieses Mitgliedstaates als bewirkt gilt (vgl. BFH-Urteile vom 1.9.2010, V R 39/08, BStBl. 2011 II S. 658, und vom 8.9.2010, XI R 40/08, BStBl. 2011 II S. 661).** ³Bei Land- und Forstwirten, die der Durchschnittssatzbesteuerung unterliegen und die auf die Anwendung von § 1a Abs. 3 UStG verzichtet haben, ist der Abzug der Steuer für den innergemeinschaftlichen Erwerb durch die Pauschalierung abgegolten (vgl. BFH-Urteil vom 24.9.1998, V R 17/98, BStBl. 1999 II S. 39)."

Die Regelung ist in allen offenen Fällen anzuwenden. Für Umsätze, die bis zum 31. Dezember 2011 ausgeführt werden, ist es grundsätzlich ausreichend, wenn der Unternehmer die Besteuerung des fraglichen innergemeinschaftlichen Erwerbs im Mitgliedstaat der Beendigung des Versands oder der Beförderung lediglich glaubhaft macht.

Anlage § 015–53

Vorsteuerabzug nach § 15 UStG und Berichtigung des Vorsteuerabzugs nach § 15a UStG unter Berücksichtigung der BFH-Urteile vom 09.12.2010, V R 17/10, vom 12.01.2011, XI R 9/08, vom 13.01.2011, V R 12/08, vom 27.01.2011, V R 38/09, und vom 03.03.2011, V R 23/10

BMF-Schreiben vom 02.01.2012 – IV D 2 – S 7300/11/10002, BStBl. 2012 I S. 60

I. BFH-Urteile vom 9.12.2010, V R 17/10, vom 12.1.2011, XI R 9/08, vom 13.1.2011, V R 12/08, vom 27.1.2011, V R 38/09, und vom 3.3.2011, V R 23/10

Die BFH-Urteile vom 9. Dezember 2010, V R 17/10 (zum Vorsteuerabzug beim Betriebsausflug), vom 12. Januar 2011, XI R 9/08 (zum Vorsteuerabzug bei Überlassung eines Grundstücks an Gesellschafter-Geschäftsführer), vom 13. Januar 2011, V R 12/08 (zum Vorsteuerabzug für Erschließungskosten), vom 27. Januar 2011, V R 38/09 (zum Vorsteuerabzug beim Beteiligungsverkauf), und vom 3. März 2011, V R 23/10 (zum Vorsteuerabzug bei Marktplatzsanierung) betreffen Grundsätze des Vorsteuerabzugs nach § 15 UStG.

Das Recht auf Vorsteuerabzug nach § 15 UStG besteht, wenn der Unternehmer Leistungen von einem anderen Unternehmer für sein Unternehmen bezieht und für Ausgangsumsätze verwendet, die entweder steuerpflichtig sind oder einer Steuerbefreiung unterliegen, die den Vorsteuerabzug nicht ausschließt.

Der BFH hat diesen Grundsatz in seinen o.g. Urteilen dahingehend konkretisiert, dass der Unternehmer nach § 15 UStG zum Vorsteuerabzug berechtigt ist, soweit er Leistungen für sein Unternehmen im Sinne des § 2 Abs. 1 UStG und damit für seine wirtschaftlichen Tätigkeiten zur Erbringung entgeltlicher Leistungen (wirtschaftliche Tätigkeiten) zu verwenden beabsichtigt (vgl. BFH-Urteil vom 27. Januar 2011, V R 38/09). Zwischen Eingangs- und Ausgangsleistung muss ein direkter und unmittelbarer Zusammenhang bestehen; nur mittelbar verfolgte Zwecke sind unerheblich (vgl. BFH-Urteil vom 13. Januar 2011, V R 12/08). Beabsichtigt der Unternehmer bereits bei Leistungsbezug, die bezogene Leistung nicht für seine wirtschaftliche Tätigkeit, sondern ausschließlich und unmittelbar für eine unentgeltliche Entnahme im Sinne des § 3 Abs. 1b oder 9a UStG zu verwenden, ist er nicht zum Vorsteuerabzug berechtigt (vgl. BFH-Urteil vom 9. Dezember 2010, V R 17/10).

Beabsichtigt der Unternehmer bei Bezug der Leistung diese teilweise für Zwecke seiner wirtschaftlichen Tätigkeit und teilweise für Zwecke einer nichtwirtschaftlichen Tätigkeit zu verwenden, ist er nur im Umfang der beabsichtigten Verwendung für seine wirtschaftliche Tätigkeit zum Vorsteuerabzug berechtigt. Eine weiter gehende Berechtigung zum Vorsteuerabzug besteht bei einer „gemischten" Verwendung nur, wenn es sich bei der nichtwirtschaftlichen Tätigkeit um die Verwendung für Privatentnahmen im Sinne des § 3 Abs. 1b oder 9a UStG handelt (vgl. Rz. 10 und 12 des BFH-Urteils vom 3. März 2011, V R 23/10). Privatentnahmen in diesem Sinne sind nur Entnahmen für den privaten Bedarf des Unternehmers als natürliche Person und für den privaten Bedarf seines Personals, nicht dagegen eine Verwendung für z.B. ideelle Zwecke eines Vereins oder für den Hoheitsbereich einer juristischen Person des öffentlichen Rechts (vgl. Rz. 17 des BFH-Urteils vom 3. März 2011, V R 23/10).

Aus den o.g. Urteilen folgt für den Vorsteuerabzug nach § 15 UStG und für die Berichtigung des Vorsteuerabzugs nach § 15a UStG Folgendes:

In seinen Urteilen verwendet der BFH unter Rückgriff auf die Terminologie der MwStSystRL die Begriffe wirtschaftliche und nichtwirtschaftliche Tätigkeiten. Diese entsprechen wegen der Bezugnahme auf § 2 Abs. 1 UStG den bisher verwendeten Begriffen unternehmerisch und nichtunternehmerisch. An diesen Begriffen wird festgehalten. Der bisherige Bereich der nichtunternehmerischen Tätigkeiten ist in nichtwirtschaftliche Tätigkeiten im engeren Sinne (nichtwirtschaftliche Tätigkeiten i.e.S.) und unternehmensfremde Tätigkeiten zu unterteilen. Als unternehmensfremde Tätigkeiten gelten Entnahmen für den privaten Bedarf des Unternehmers als natürliche Person, für den privaten Bedarf seines Personals oder für private Zwecke des Gesellschafters. Nichtwirtschaftliche Tätigkeiten i.e.S. sind alle nichtunternehmerischen Tätigkeiten, die nicht unternehmensfremd (privat) sind, wie z.B.:

– unentgeltliche Tätigkeiten eines Vereins, die aus ideellen Vereinszwecken verfolgt werden (vgl. Rz. 24 des BFH-Urteils vom 6. Mai 2010, V R 29/09, BStBl. II S. 885),

– hoheitliche Tätigkeiten juristischer Personen des öffentlichen Rechts (vgl. Rz. 28 des BFH-Urteils vom 3. März 2011, V R 23/10),

– das Veräußern von gesellschaftsrechtlichen Beteiligungen, wenn die Beteiligung nicht im Unternehmensvermögen gehalten wird.

Anlage § 015–53

II. Beurteilung des Vorsteuerabzugs

Für die Prüfung, ob eine Leistung für das Unternehmen bezogen wird, ist zunächst zu entscheiden, ob ein direkter und unmittelbarer Zusammenhang mit einem Ausgangsumsatz besteht. Fehlt ein direkter und unmittelbarer Zusammenhang zwischen einem bestimmten Eingangsumsatz und einem oder mehreren Ausgangsumsätzen, kann der Unternehmer zum Vorsteuerabzug berechtigt sein, wenn die Kosten für die Eingangsleistung zu seinen allgemeinen Aufwendungen gehören und – als solche – Bestandteile des Preises der von ihm erbrachten Leistungen sind (vgl. Rz. 33 des BFH-Urteils vom 27. Januar 2011, V R 38/09) und die wirtschaftliche Gesamttätigkeit (vgl. II. 3.) zu Umsätzen führt, die zum Vorsteuerabzug berechtigen.

Für den Vorsteuerabzug sind folgende Fallgruppen zu unterscheiden:

1. Direkter und unmittelbarer Zusammenhang mit einer unternehmerischen oder nichtunternehmerischen Tätigkeit

   a) Der Unternehmer ist zum Vorsteuerabzug berechtigt, soweit er Leistungen für seine unternehmerische Tätigkeit zur Erbringung entgeltlicher Leistungen zu verwenden beabsichtigt (Zuordnung im Sinne des § 15 Abs. 1 UStG). Sofern eine direkte und unmittelbare Zurechnung zu einem beabsichtigten entgeltlichen Ausgangsumsatz möglich ist, entscheidet allein dessen umsatzsteuerliche Behandlung über den Vorsteuerabzug der bezogenen Eingangsleistung. Liegt für diesen Umsatz ein Ausschlusstatbestand (§ 15 Abs. 1a, 1b und 2 UStG) vor, ist die Vorsteuer auf die Eingangsleistung nicht abzugsfähig.

   Beispiel:
   Ein Arzt erbringt sowohl nach § 4 Nr. 14 Buchst. a UStG steuerfreie Heilbehandlungsleistungen als auch steuerpflichtige Leistungen (plastische und ästhetische Operationen). Er erwirbt einen Behandlungsstuhl für 1.000 € zzgl. 190 € Umsatzsteuer, den er zu 80% für seine steuerfreien Heilbehandlungsleistungen und zu 20% für seine steuerpflichtigen Umsätze verwendet.

   Der Behandlungsstuhl wird unmittelbar und direkt für die unternehmerische Tätigkeit des Arztes bezogen. Da er zu 80% steuerfreie Heilbehandlungsleistungen ausführt, sind nach § 15 Abs. 2 Nr. 1 UStG nur 38 € (20% von 190 €) als Vorsteuer abzugsfähig.

   b) Beabsichtigt der Unternehmer bereits bei Leistungsbezug, die bezogene Leistung ausschließlich für die Erbringung nicht entgeltlicher Leistungen (nichtunternehmerische Tätigkeiten) zu verwenden, ist der Vorsteuerabzug grundsätzlich zu versagen. Dies gilt insbesondere, wenn der Unternehmer die bezogene Leistung ausschließlich und unmittelbar für eine unentgeltliche Wertabgabe im Sinne des § 3 Abs. 1b Satz 1 Nr. 1 bis 3 UStG oder § 3 Abs. 9a UStG zu verwenden beabsichtigt. Daran ändert sich nichts, wenn er hiermit mittelbar Ziele verfolgt, die zum Vorsteuerabzug berechtigen (vgl. BFH-Urteil vom 9. Dezember 2010, V R 17/10). Zum Vorsteuerabzug aufgrund Zusammenhangs mit der Gesamttätigkeit vgl. II. 3.

   c) Es handelt sich bei dem Vorsteuerabzugsverbot um eine tatbestandliche Verknüpfung mit der Wertabgabenbesteuerung: nur in Fällen, in denen das Gesetz eine Wertabgabenbesteuerung vorsieht, ist der Vorsteuerabzug ausgeschlossen. Bezieht der Unternehmer z.B. Leistungen für der Art nach nichtsteuerbare unentgeltliche Dienstleistungsabgaben aus unternehmerischen Gründen, fehlt es folglich an einem direkten und unmittelbaren Zusammenhang mit einem besteuerten Ausgangsumsatz. Für den Vorsteuerabzug ist deshalb allein der Zusammenhang mit der Gesamttätigkeit entscheidend (vgl. II. 3). Dasselbe gilt, wenn eine Entnahmebesteuerung nach § 3 Abs. 9a Nr. 2 UStG im Hinblick auf sog. Aufmerksamkeiten unterbleiben würde (vgl. Rz. 23 des BFH-Urteils vom 9. Dezember 2010, V R 17/10).

   Beispiel:
   Automobilhändler A verlost unter allen Kunden im Rahmen einer Werbeaktion
   a) einen Laptop und
   b) zwei Konzertkarten

   mit einem Einkaufspreis von jeweils 300 €, die er beide zu diesem Zweck vorher eingekauft hat.

   Zu a)
   Die Abgabe des Laptops erfolgt aus unternehmerischen Gründen und fällt der Art nach unter § 3 Abs. 1b Satz 1 Nr. 3 UStG; es handelt sich nicht um ein Geschenk von geringem Wert. Da der Unternehmer bereits bei Leistungsbezug beabsichtigt, den Laptop für die Verlosung zu verwenden, berechtigen die Aufwendungen für den Laptop nach § 15 Abs. 1 UStG

nicht zum Vorsteuerabzug. Dementsprechend unterbleibt eine anschließende Wertabgabenbesteuerung (§ 3 Abs. 1b Satz 2 UStG).

Zu b)

Die Abgabe der Konzertkarte erfolgt aus unternehmerischen Gründen und ist daher ein der Art nach nichtsteuerbarer Vorgang, da § 3 Abs. 9a UStG Wertabgaben aus unternehmerischen Gründen nicht erfasst. Daher fehlt es an einem steuerbaren Ausgangsumsatz, dem die Leistungsbezüge direkt und unmittelbar zugeordnet werden können. Für den Vorsteuerabzug ist deshalb die Gesamttätigkeit des A maßgeblich.

2. Verwendung sowohl für unternehmerische als auch nichtunternehmerische Tätigkeiten (teilunternehmerische Verwendung)

   a) Verwendung sowohl für unternehmerische als auch für nichtwirtschaftliche Tätigkeiten i. e. S.

   Bezieht der Unternehmer eine Leistung zugleich für seine unternehmerische als auch für seine nichtwirtschaftliche Tätigkeit i.e.S., ist der Vorsteuerabzug nur insoweit zulässig, als die Aufwendungen seiner unternehmerischen Tätigkeit zuzuordnen sind (§ 15 Abs. 1 UStG), sofern die 10%-Grenze nach § 15 Abs. 1 Satz 2 UStG überschritten ist.

   Beispiel:

   Ein Verein erwirbt einen PKW, den er sowohl für den wirtschaftlichen Geschäftsbetrieb (unternehmerische Tätigkeit) als auch für seinen ideellen Bereich (nichtwirtschaftliche Tätigkeit i.e.S.) zu verwenden beabsichtigt.

   Der Vorsteuerabzug aus der Anschaffung des PKW ist anteilig nur insoweit zu gewähren, als der Verein den PKW für den wirtschaftlichen Geschäftsbetrieb zu verwenden beabsichtigt.

   b) Verwendung sowohl für unternehmerische als auch für unternehmensfremde Tätigkeiten (Sonderfall)

   Handelt es sich bei der nichtunternehmerischen Tätigkeit um den Sonderfall einer Entnahme für private Zwecke (unternehmensfremde Tätigkeit) und bezieht der Unternehmer eine Leistung zugleich für seine unternehmerische Tätigkeit und für private Zwecke, kann der Unternehmer die bezogene Leistung insgesamt seiner unternehmerischen Tätigkeit zuordnen, sofern die 10%-Grenze nach § 15 Abs. 1 Satz 2 UStG überschritten ist. Er kann dann aufgrund dieser Unternehmenszuordnung – die Berechtigung zum Vorsteuerabzug aufgrund der Nutzung für die unternehmerische Tätigkeit vorausgesetzt – berechtigt sein, den Vorsteuerabzug auch für die Privatverwendung in Anspruch zu nehmen, muss aber insoweit eine Wertabgabe nach § 3 Abs. 1b oder 9a UStG versteuern (ausgenommen hiervon sind teilweise unternehmensfremd genutzte Grundstücke im Sinne des § 15 Abs. 1b UStG).

   Beispiel 1:

   Ein Arzt hat ausschließlich nach § 4 Nr. 14 Buchst. a UStG steuerfreie Umsätze aus Heilbehandlungsleistungen und kauft einen PKW, den er privat und unternehmerisch nutzt.

   Der Arzt führt keine Umsätze aus, die zum Vorsteuerabzug berechtigen. Der Vorsteuerabzug aus den Kosten der Anschaffung und Nutzung des PKW für die unternehmerische und private Verwendung ist deshalb ausgeschlossen. Die private Verwendung führt zu keiner steuerbaren unentgeltlichen Wertabgabe.

   Beispiel 2:

   Ein Arzt erbringt im Umfang von 80% seiner entgeltlichen Umsätze steuerfreie Heilbehandlungsleistungen und nimmt zu 20% steuerpflichtige plastische und ästhetische Operationen vor. Er kauft einen PKW, den er je zur Hälfte privat und für seine gesamte ärztliche Tätigkeit nutzt.

   Die Vorsteuern aus der Anschaffung und Nutzung des PKW sind zu 60% (50% von 20% steuerpflichtige unternehmerische Nutzung + 50% der Art nach steuerpflichtige Privatnutzung) abzugsfähig und zu 40% (50% von 80% steuerfreie unternehmerische Nutzung) nicht abzugsfähig. Die unentgeltliche Wertabgabe nach § 3 Abs. 9a Nr. 1 UStG (50% Privatanteil) ist in voller Höhe steuerbar und steuerpflichtig.

3. Unmittelbarer Zusammenhang nur mit der Gesamttätigkeit

   a) Fehlt ein direkter und unmittelbarer Zusammenhang zwischen einem bestimmten Eingangsumsatz und einem oder mehreren Ausgangsumsätzen, kann der Unternehmer zum Vorsteuerabzug berechtigt sein, wenn die Kosten für die Eingangsleistung zu seinen allgemeinen Aufwendungen gehören und – als solche – Bestandteile des Preises der von ihm erbrachten Leistungen sind (Rz. 33 des BFH-Urteils vom 27. Januar 2011, V R 38/09). Derartige Kosten hängen dann direkt und unmittelbar mit seiner unternehmerischen Gesamttätigkeit zusammen.

Aufwendungen im Zusammenhang mit
- der Gründung einer Gesellschaft,
- der Aufnahme eines Gesellschafters in eine Personengesellschaft gegen Bar- oder Sacheinlage sowie
- der Ausgabe neuer Aktien zur Aufbringung von Kapital

stehen in einem unmittelbaren Zusammenhang mit Tätigkeiten ohne Leistungscharakter. Für den Vorsteuerabzug ist deshalb allein der Zusammenhang mit der Gesamttätigkeit entscheidend (§ 15 Abs. 2 und 3 UStG, vgl. auch Abschnitt 15.21 UStAE). Dies gilt entsprechend für Aufmerksamkeiten (§ 3 Abs. 1b Satz 1 Nr. 2 UStG), Geschenke von geringem Wert und Warenmuster für Zwecke des Unternehmens (§ 3 Abs. 1b Satz 1 Nr. 3 UStG), oder unentgeltliche sonstige Leistungen aus unternehmerischen Gründen (§ 3 Abs. 9a UStG), da in diesen Fällen eine Wertabgabenbesteuerung unterbleibt (vgl. BFH-Urteil vom 9. Dezember 2010, V R 17/10).

b) Geht in den unter Buchstabe a) genannten Fällen der Unternehmer zugleich steuerpflichtigen und steuerfreien unternehmerischen sowie nichtunternehmerischen Tätigkeiten nach, ist der Abzug der Vorsteuer aus Aufwendungen für bezogene Leistungen nur insoweit zulässig, als diese Aufwendungen auf die unternehmerische Tätigkeit, die den Unternehmer zum Vorsteuerabzug berechtigt, entfallen (vgl. Rz. 23 des BFH-Urteils vom 6. Mai 2010, V R 29/09, BStBl. II S. 885). Für die Aufteilung der Vorsteuerbeträge gelten die Grundsätze des § 15 Abs. 4 UStG entsprechend (vgl. BFH-Urteil vom 3. März 2011, V R 23/10).

c) Kein direkter und unmittelbarer Zusammenhang mit der Gesamttätigkeit, sondern mit bestimmten Ausgangsumsätzen besteht z.B. bei Bezug von Beratungsleistungen für die steuerfreie Veräußerung einer Beteiligung an einer Tochtergesellschaft (vgl. BFH-Urteil vom 27. Januar 2011, V R 38/09).

Beispiel 1:

Das Unternehmen U bezieht Beratungsleistungen, die im unmittelbaren Zusammenhang stehen mit

a) der Ausgabe neuer Anteile zur Kapitalbeschaffung,
b) der Veräußerung einer im Unternehmensvermögen gehaltenen Beteiligung (steuerfreie Veräußerung nach § 4 Nr. 8 Buchst. e oder f UStG),
c) der Veräußerung einer nicht im Unternehmensvermögen gehaltenen Beteiligung (nicht steuerbarer Umsatz).

Auch wenn in allen drei Fällen die Beratungsleistungen unmittelbar und direkt für die jeweiligen Vorgänge des Unternehmens bezogen werden, ist für den Vorsteuerabzug wie folgt zu differenzieren:

Zu a):

Der Vorsteuerabzug richtet sich im Fall der Ausgabe neuer Anteile zur Kapitalbeschaffung nach der unternehmerischen Gesamttätigkeit (vgl. Abschnitt 15.21 UStAE), weil es sich bei der Ausgabe neuer Gesellschaftsanteile nicht um Leistungen handelt (vgl. BFH-Urteil vom 6. Mai 2010, V R 29/09, BStBl. II, S. 885). Insofern liegt mangels Leistungscharakter kein konkreter Ausgangsumsatz vor, mit dem ein unmittelbarer Zusammenhang dergestalt besteht, dass die Berücksichtigung der wirtschaftlichen Gesamttätigkeit ausgeschlossen wäre.

Zu b):

Der Vorsteuerabzug richtet sich im Fall der steuerfreien Veräußerung von Anteilen, die zum Unternehmensvermögen gehören, nicht nach der unternehmerischen Gesamttätigkeit, weil es sich bei dem Anteilsverkauf um entgeltliche und steuerfreie Leistungen handelt. Insofern liegt ein unmittelbarer Zusammenhang mit einem konkreten Umsatz vor, der für die Vorsteuerabzugsmöglichkeit maßgeblich ist und die Berücksichtigung der unternehmerischen Gesamttätigkeit ausschließt (vgl. BFH-Urteil vom 27. Januar 2011, V R 38/09).

Zu c):

Der Vorsteuerabzug richtet sich im Fall der Veräußerung nicht im Unternehmensvermögen gehaltener Anteile nicht nach der unternehmerischen Gesamttätigkeit, weil es sich bei der Veräußerung von Beteiligungen zwar um Leistungen handelt, die aber dem Bereich der nichtunternehmerischen Tätigkeit des U zuzurechnen sind. Insofern liegt ein unmittelbarer

Anlage § 015–53

Zusammenhang mit einem konkreten Umsatz vor, der für die Vorsteuerabzugsmöglichkeit maßgeblich ist und die Berücksichtigung der unternehmerischen Gesamttätigkeit ausschließt.

Beispiel 2:

Eine Führungs- und Finanzholding hält Beteiligungen der Tochtergesellschaft A, für die sie entgeltlich geschäftsleitend und insoweit unternehmerisch tätig ist, sowie der Tochtergesellschaft B, für die sie nicht geschäftsleitend und insoweit nichtunternehmerisch tätig ist. Im Jahr 01 entstehen Verwaltungsgemeinkosten von 10.000 € zzgl. 1.900 € Umsatzsteuer, die zu gleichen Teilen auf die Verwaltung der Tochtergesellschaften entfallen.

Die Verwaltungsgemeinkosten können nicht direkt und unmittelbar einer unternehmerischen oder nichtunternehmerischen Tätigkeit zugeordnet werden. Sie stehen im unmittelbaren Zusammenhang mit der Gesamttätigkeit der Führungs- und Finanzholding. Der Vorsteuerbetrag von 1.900 € ist analog nach § 15 Abs. 4 UStG aufzuteilen. Als Vorsteuer sind 950 € abzugsfähig, da die Gesamttätigkeit zu 50% zum Vorsteuerabzug berechtigende Tätigkeiten beinhaltet.

Beispiel 3:

Unternehmer U mit zur Hälfte steuerfreien, den Vorsteuerabzug ausschließenden Ausgangsumsätzen, bezieht Leistungen für die Durchführung eines Betriebsausfluges. Die Kosten pro Arbeitnehmer betragen

a) 60 €.

b) 200 €.

Zu a)

Die Aufwendungen für den Betriebsausflug stellen Aufmerksamkeiten dar, weil sie die lohnsteuerliche Grenze von 110 € nicht übersteigen (vgl. R 19.5 Abs. 4 Satz 2 LStR 2011). Da die Überlassung dieser Aufmerksamkeiten keinen Wertabgabentatbestand erfüllt, fehlt es an einem steuerbaren Ausgangsumsatz, dem die Leistungsbezüge direkt und unmittelbar zugeordnet werden können. Für den Vorsteuerabzug ist deshalb die Gesamttätigkeit des U maßgeblich. U kann daher die Hälfte der Aufwendungen als Vorsteuer abziehen.

Zu b)

Die Aufwendungen für den Betriebsausflug stellen keine Aufmerksamkeiten dar, weil sie die lohnsteuerliche Grenze von 110 € übersteigen (vgl. R 19.5 Abs. 4 Satz 2 LStR 2011). Es liegt eine Mitveranlassung durch die Privatsphäre der Arbeitnehmer vor. Bei Überschreiten der Freigrenze besteht für den Unternehmer kein Anspruch auf Vorsteuerabzug, sofern die Verwendung bereits bei Leistungsbezug beabsichtigt ist. Dementsprechend unterbleibt eine Wertabgabenbesteuerung. Maßgeblich ist hierfür, dass sich ein Leistungsbezug zur Entnahme für unternehmensfremde Privatzwecke und ein Leistungsbezug für das Unternehmen gegenseitig ausschließen. Der nur mittelbar verfolgte Zweck – das Betriebsklima zu fördern – ändert hieran nichts.

III. Berichtigung des Vorsteuerabzugs nach § 15a UStG

1. Ändern sich die für den ursprünglichen Vorsteuerabzug maßgeblichen Verhältnisse, ist unter den Voraussetzungen des § 15a UStG eine Vorsteuerkorrektur vorzunehmen.

2. Eingangsleistungen, die ausschließlich für nichtunternehmerische Tätigkeiten bezogen werden, berechtigen nicht zum Vorsteuerabzug nach § 15 UStG. Ändert sich während des Berichtigungszeitraums nach § 15a UStG die Verwendung (z.B. Verwendung für unternehmerische Tätigkeiten, die zum Vorsteuerabzug berechtigen) erfolgt keine Vorsteuerkorrektur nach § 15a UStG, denn die Berichtigung eines unterbliebenen Vorsteuerabzugs setzt u.a. voraus, dass ein Vorsteuerabzug ursprünglich möglich gewesen wäre.

3. Einheitliche Gegenstände, die sowohl unternehmerisch als auch unternehmensfremd verwendet werden, können der unternehmerischen Tätigkeit zugeordnet werden, wenn die unternehmerische Nutzung mindestens 10% beträgt (§ 15 Abs. 1 Satz 2 UStG). Die unternehmensfremde Verwendung und die ggf. spätere Entnahme unterliegen der Wertabgabenbesteuerung nach § 3 Abs. 1b und 9a UStG (ausgenommen hiervon sind teilunternehmerisch genutzte Grundstücke im Sinne des § 15 Abs. 1b UStG).

4. Ein einheitlicher Gegenstand, der sowohl unternehmerisch als auch nichtwirtschaftlich i.e.S. verwendet wird, berechtigt zum Vorsteuerabzug,

Anlage § 015–53

- wenn die unternehmerische Nutzung mindestens 10% beträgt (§ 15 Abs. 1 Satz 2 UStG) und
- soweit dieser Gegenstand für unternehmerische Tätigkeiten verwendet wird, die den Vorsteuerabzug nicht ausschließen.

Führt die Änderung der Verhältnisse zu einer Erhöhung der Nutzung für nichtwirtschaftliche Tätigkeiten i.e.S., ist eine Nutzungsentnahme (unentgeltliche Wertabgabe nach § 3 Abs. 9a Nr. 1 UStG) zu versteuern. Führt die Änderung der Verhältnisse zu einer Erhöhung der Nutzung für unternehmerische Tätigkeiten, kann eine Vorsteuerberichtigung zu Gunsten des Unternehmers nach § 15a UStG aus Billigkeitsgründen vorgenommen werden, sofern die Bagatellgrenzen des § 44 UStDV überschritten sind. In dem Fall der sowohl unternehmerischen als auch unternehmensfremden Verwendung unterbleibt eine Berichtigung nach § 15a UStG im vorgenannten Sinne, da der Unternehmer eine Möglichkeit auf vollständige Zuordnung zum Unternehmen hatte. § 15a Abs. 6a UStG bleibt unberührt.

IV. Schaubild

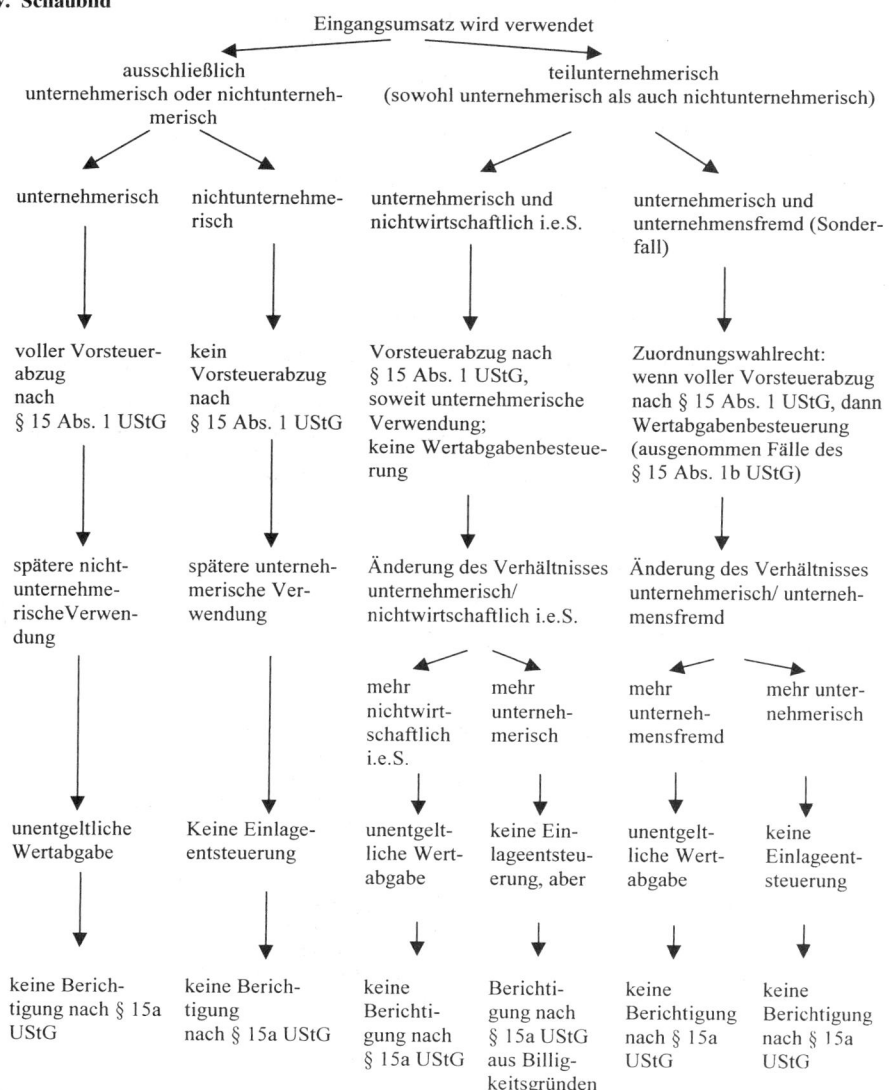

Eingangsumsatz wird verwendet

- **ausschließlich unternehmerisch oder nichtunternehmerisch**
  - **unternehmerisch**
    - voller Vorsteuerabzug nach § 15 Abs. 1 UStG
    - spätere nichtunternehmerische Verwendung
    - unentgeltliche Wertabgabe
    - keine Berichtigung nach § 15a UStG
  - **nichtunternehmerisch**
    - kein Vorsteuerabzug nach § 15 Abs. 1 UStG
    - spätere unternehmerische Verwendung
    - Keine Einlageentsteuerung
    - keine Berichtigung nach § 15a UStG

- **teilunternehmerisch (sowohl unternehmerisch als auch nichtunternehmerisch)**
  - **unternehmerisch und nichtwirtschaftlich i.e.S.**
    - Vorsteuerabzug nach § 15 Abs. 1 UStG, soweit unternehmerische Verwendung; keine Wertabgabenbesteuerung
    - Änderung des Verhältnisses unternehmerisch/ nichtwirtschaftlich i.e.S.
      - **mehr nichtwirtschaftlich i.e.S.**: unentgeltliche Wertabgabe; keine Berichtigung nach § 15a UStG
      - **mehr unternehmerisch**: keine Einlageentsteuerung, aber Berichtigung nach § 15a UStG aus Billigkeitsgründen
  - **unternehmerisch und unternehmensfremd (Sonderfall)**
    - Zuordnungswahlrecht: wenn voller Vorsteuerabzug nach § 15 Abs. 1 UStG, dann Wertabgabenbesteuerung (ausgenommen Fälle des § 15 Abs. 1b UStG)
    - Änderung des Verhältnisses unternehmerisch/ unternehmensfremd
      - **mehr unternehmensfremd**: unentgeltliche Wertabgabe; keine Berichtigung nach § 15a UStG
      - **mehr unternehmerisch**: keine Einlageentsteuerung; keine Berichtigung nach § 15a UStG

Anlage § 015–53

V. Änderung des Umsatzsteuer-Anwendungserlasses

Unter Bezugnahme auf das Ergebnis der Erörterungen mit den obersten Finanzbehörden der Länder wird der Umsatzsteuer-Anwendungserlass vom 1. Oktober 2010 (BStBl. I S. 846), der zuletzt durch das BMF-Schreiben vom 2. Januar 2012, IV D 3 – S 7185/09/10001 (2011/1016375), BStBl. I S. 59 – geändert worden ist, wie folgt geändert:

1. In Abschnitt 2.3 wird nach Abs. 1 folgender Abs. 1a eingefügt:

    „(1a) ¹Von der gewerblichen oder beruflichen Tätigkeit sind die nichtunternehmerischen Tätigkeiten zu unterscheiden. ²Diese Tätigkeiten umfassen die nichtwirtschaftlichen Tätigkeiten im engeren Sinne (nichtwirtschaftliche Tätigkeiten i.e.S.) und die unternehmensfremden Tätigkeiten. ³Als unternehmensfremde Tätigkeiten gelten Entnahmen für den privaten Bedarf des Unternehmers als natürliche Person, für den privaten Bedarf seines Personals oder für private Zwecke des Gesellschafters (vgl. BFH-Urteile vom 3.3.2011, V R 23/10, BStBl. 2012 II S. 74 und vom 12.1.2011, XI R 9/08, BStBl. 2012 II S. 58). ⁴Nichtwirtschaftliche Tätigkeiten i.e.S. sind alle nichtunternehmerischen Tätigkeiten, die nicht unternehmensfremd (privat) sind, z.B.:

    – unentgeltliche Tätigkeiten eines Vereins, die aus ideellen Vereinszwecken verfolgt werden (vgl. BFH-Urteil vom 6.5.2010, V R 29/09, BStBl. II S. 885),

    – hoheitliche Tätigkeiten juristischer Personen des öffentlichen Rechts (vgl. BFH-Urteil vom 3.3.2011, V R 23/10, BStBl. 2012 II S. 74),

    – bloßes Erwerben, Halten und Veräußern von gesellschaftsrechtlichen Beteiligungen (vgl. Abs. 2 bis 4)."

2. Abschnitt 2.5 Abs. 11 wird wie folgt gefasst:

    „(11) ¹Der Vorsteuerabzug aus der Anschaffung oder Herstellung von KWK-Anlagen beurteilt sich nach den Grundsätzen in Abschnitt 15.2 Abs. 21 Nr. 2. ²Der Unternehmer kann bei Herstellung oder Anschaffung der Anlage diese entweder insgesamt seinem Unternehmen (voller Vorsteuerabzug unter den allgemeinen Voraussetzungen des § 15 UStG, anschließend Besteuerung der privaten Entnahme von Wärme als Wertabgabe nach § 3 Abs. 1b Satz 1 Nr. 1 UStG), im Umfang der unternehmerischen Nutzung seinem Unternehmen (anteiliger Vorsteuerabzug) oder ganz dem nichtunternehmerischen Bereich (kein Vorsteuerabzug) zuordnen. ³Satz 2 gilt nur, soweit die Anlage nicht für nichtwirtschaftliche Tätigkeiten i.e.S. verwendet wird (vgl. Abschnitt 2.3. Abs. 1a). ⁴Ändern sich bei Zuordnung der Anlage zum Unternehmen die für den Vorsteuerabzug maßgeblichen Verhältnisse innerhalb von zehn Jahren (vgl. BFH-Urteil vom 14.7.2010, XI R 9/09, BStBl. II S. 1086), ist der Vorsteuerabzug nach § 15a UStG zu berichtigen."

3. Abschnitt 2.10 wird wie folgt geändert:

    a) Abs. 3 Satz 1 wird wie folgt gefasst:

    „¹Unter den Voraussetzungen des § 15 UStG können die Einrichtungen die Steuerbeträge abziehen, die auf Lieferungen, sonstige Leistungen, den innergemeinschaftlichen Erwerb oder die Einfuhr von Gegenständen für den unternehmerischen Bereich entfallen (**vgl. Abschnitt 15.2 Abs. 15a**)."

    b) Abs. 4 und 5 werden wie folgt gefasst:

    „(4) ¹Für Gegenstände, die zunächst nur im unternehmerischen Bereich verwendet worden sind, später aber zeitweise dem nichtunternehmerischen Bereich überlassen werden, bleibt der Vorsteuerabzug erhalten. ²Die **nichtunternehmerische** Verwendung unterliegt aber nach § 3 Abs. 9a Nr. 1 UStG der Umsatzsteuer. ³Auch eine spätere Überführung in den nichtunternehmerischen Bereich beeinflusst den ursprünglichen Vorsteuerabzug nicht; sie ist eine steuerbare Wertabgabe nach § 3 Abs. 1b Nr. 1 UStG.

    (5) ¹Ist ein Gegenstand oder eine sonstige Leistung sowohl für **die** unternehmerischen als auch für **die** nichtunternehmerischen **Tätigkeiten** der Einrichtung bestimmt, **kann der Vorsteuerabzug grundsätzlich nur insoweit in Anspruch genommen werden, als die Aufwendungen hierfür der unternehmerischen Tätigkeit zuzurechnen sind (vgl. BFH-Urteil vom 3.3.2011, V R 23/10, BStBl. 2012 II S. 74, Abschnitt 15.2 Abs. 15a).** ²Hinsichtlich der Änderung des Nutzungsumfangs vgl. Abschnitte 3.3, 3.4 und 15a.1 Abs. 7."

    c) In Abs. 9 wird Beispiel 6 wie folgt gefasst:

    „*Beispiel 6:*

    ¹Die im Beispiel 5 bezeichnete GmbH verwendet für ihre Aufgabe eine Datenverarbeitungsanlage. ²Die Kapazität der Anlage ist mit den eigenen Arbeiten nur zu 80% ausge-

lastet. ³Um die Kapazität der Anlage voll auszunutzen, überlässt die GmbH die Anlage einem Unternehmer gegen Entgelt zur Benutzung. ⁴Die Einnahmen der GmbH bestehen außer dem Benutzungsentgelt nur in Zuschüssen der öffentlichen Hand.

⁵Die entgeltliche Überlassung der Datenverarbeitungsanlage ist eine nachhaltige Tätigkeit zur Erzielung von Einnahmen. ⁶Insoweit ist die GmbH Unternehmer. ⁷Die Leistung unterliegt der Umsatzsteuer. ⁸Die Unternehmereigenschaft erstreckt sich nicht auf die unentgeltliche Forschungstätigkeit der GmbH.

⁹Für die Überlassung der Datenverarbeitungsanlage sind von der GmbH Rechnungen mit gesondertem Ausweis der Steuer zu erteilen. ¹⁰Die Vorsteuern für die Anschaffung und Nutzung der Datenverarbeitungsanlage **sind nur im Umfang der Verwendung für die unternehmerische Tätigkeit abzugsfähig (vgl. Abschnitt 15.2 Abs. 15a).** ¹¹Außerdem können die der entgeltlichen Überlassung der Datenverarbeitungsanlage zuzurechnenden Vorsteuerbeträge, insbesondere in dem Bereich der Verwaltungsgemeinkosten, abgezogen werden.

¹²Bei Anwendung einer Vereinfachungsregelung kann die GmbH die Vorsteuern für die Verwaltungsgemeinkosten sowie die durch die Anschaffung und Nutzung der Datenverarbeitungsanlage angefallenen Vorsteuerbeträge nach dem Verhältnis der Einnahmen aus der Überlassung der Anlage an den Unternehmer zu den öffentlichen Zuschüssen auf den unternehmerischen und den nichtunternehmerischen Bereich aufteilen."

4. Abschnitt 2.11 wird wie folgt geändert:

   a) Abs. 11 wird wie folgt gefasst:

   „(11) ¹Aus Vereinfachungsgründen bestehen keine Bedenken, wenn die insgesamt abziehbaren Vorsteuerbeträge mit 1,9% der Bemessungsgrundlage für die steuerpflichtigen Vermessungsumsätze ermittelt werden. ²Die Verwendung der Anlagegegenstände für nichtunternehmerische Zwecke ist dann nicht als Wertabgabe nach § 3 Abs. 9a Nr. 1 UStG zu versteuern. ³**Bei einer Änderung der Anteile an der Verwendung der Anlagegegenstände für unternehmerische und nichtunternehmerische Tätigkeiten (vgl. Abschnitt 2.3 Abs. 1a), kommt auch keine Vorsteuerberichtigung nach § 15a UStG aus Billigkeitsgründen in Betracht (vgl. Abschnitt 15a.1 Abs. 7).** ⁴Dagegen ist die Veräußerung von Gegenständen, die ganz oder teilweise für den unternehmerischen Bereich bezogen wurden der Umsatzsteuer zu unterwerfen. ⁵An die Vereinfachungsregelung ist die jeweilige Vermessungs- und Katasterbehörde für mindestens fünf Kalenderjahre gebunden. ⁶Ein Wechsel ist nur zum Beginn eines Kalenderjahres zulässig."

   b) Abs. 18 wird wie folgt gefasst:

   „Gemeindliche Schwimmbäder

   (18) ¹Wird ein gemeindliches Schwimmbad sowohl für das Schulschwimmen **(nichtwirtschaftliche Tätigkeit i.e.S.)** als auch für den öffentlichen Badebetrieb genutzt, ist unabhängig davon, welche Nutzung überwiegt, die Nutzung für den öffentlichen Badebetrieb grundsätzlich als wirtschaftlich selbständige Tätigkeit im Sinne des § 4 Abs. 1 KStG anzusehen. ²Die wirtschaftliche Tätigkeit ist unter der Voraussetzung von R 6 Abs. 5 KStR 2004 ein Betrieb gewerblicher Art. ³**Vorsteuerbeträge, die durch den Erwerb, die Herstellung sowie die Verwendung des Schwimmbades anfallen, sind nach § 15 UStG nur abziehbar, soweit sie auf die Verwendung für den öffentlichen Badebetrieb entfallen (vgl. Abschnitt 15.2 Abs. 15a).** ⁴Ist der öffentliche Badebetrieb nicht als Betrieb gewerblicher Art zu behandeln, weil die Voraussetzungen von R 6 Abs. 5 KStR 2004 nicht erfüllt sind, **rechnet die Gesamttätigkeit des gemeindlichen Schwimmbades zum nichtunternehmerischen Hoheitsbereich mit der Folge, dass ein Vorsteuerabzug nicht in Betracht kommt.** ⁵In den Fällen, die der Übergangsregelung nach § 27 Abs. 16 UStG unterliegen, ist die Verwendung des Gegenstands für hoheitliche Zwecke (Schulschwimmen) unabhängig davon, ob den Schulen das Schwimmbad zeitweise ganz überlassen wird (vgl. BFH-Urteil vom 31.5.2001, V R 97/98, BStBl. II S. 658, Abschnitt 4.12.11) oder das Schulschwimmen während des öffentlichen Badebetriebs stattfindet (vgl. BFH-Urteil vom 10.2.1994, V R 33/92, BStBl. II S.668, Abschnitt 4.12.6 Abs. 2 Nr. 10), nach § 3 Abs. 9a Nr. 1 UStG als steuerbare und steuerpflichtige Wertabgabe zu behandeln, sofern der Erwerb oder die Herstellung des Schwimmbades auch insoweit zum Vorsteuerabzug berechtigt hat. ⁶Bemessungsgrundlage für die unentgeltliche Wertabgabe sind nach § 10 Abs. 4 Satz 1 Nr. 2 UStG die durch die Überlassung des Schwimmbades für das Schulschwimmen entstandenen Ausgaben des Unternehmers für die Erbringung der sonstigen Leistung; vgl. Abschnitt 10.6 Abs. 3. ⁷Die Wertabgabe kann nach den im öffentlichen Badebetrieb erhobenen Eintrittsgeldern bemessen werden; vgl. Abschnitt 10.7 Abs. 1 Satz 4."

Anlage § 015–53

5. Abschnitt 3.3 wird wie folgt geändert:

   a) Abs. 1 wird wie folgt gefasst:

   „(1) ¹Die nach § 3 Abs. 1b UStG einer entgeltlichen Lieferung gleichgestellte Entnahme oder unentgeltliche Zuwendung eines Gegenstands aus dem Unternehmen setzt die Zugehörigkeit des Gegenstands zum Unternehmen voraus. ²Die Zuordnung eines Gegenstands zum Unternehmen richtet sich nicht nach ertragsteuerrechtlichen Merkmalen, also nicht nach der Einordnung als Betriebs- oder Privatvermögen. ³Maßgebend ist, ob der Unternehmer den Gegenstand dem unternehmerischen oder dem nichtunternehmerischen Tätigkeitsbereich zugewiesen hat (vgl. BFH-Urteil vom 21.4.1988, V R 135/83, BStBl. II S. 746). ⁴**Zum nichtunternehmerischen Bereich gehören sowohl nichtwirtschaftliche Tätigkeiten i.e.S. als auch unternehmensfremde Tätigkeiten (vgl. Abschnitt 2.3 Abs. 1a).** ⁵Bei Gegenständen, die sowohl unternehmerisch als auch **unternehmensfremd** genutzt werden sollen, hat der Unternehmer unter den Voraussetzungen, die durch die Auslegung des Tatbestandsmerkmals „für sein Unternehmen" in § 15 Abs. 1 UStG zu bestimmen sind, grundsätzlich die Wahl der Zuordnung **(vgl. BFH-Urteil vom 3.3.2011, V R 23/10, BStBl. 2012 II S. 74).** ⁶Beträgt die unternehmerische Nutzung jedoch weniger als 10 %, ist die Zuordnung des Gegenstands zum Unternehmen unzulässig (§ 15 Abs. 1 Satz 2 UStG). ⁷Kein Recht auf Zuordnung zum Unternehmen besteht auch, wenn der Unternehmer bereits bei Leistungsbezug beabsichtigt, die bezogene Leistung ausschließlich und unmittelbar für eine steuerbare unentgeltliche Wertabgabe im Sinne des § 3 Abs. 1b oder 9a UStG zu verwenden (vgl. BFH-Urteil vom 9.12.2010, V R 17/10, BStBl. 2012 II S. 53). ⁸Zum Vorsteuerabzug beim Bezug von Leistungen sowohl für Zwecke unternehmerischer als auch nichtunternehmerischer Tätigkeit vgl. im Übrigen Abschnitt 15.2 Abs. 15a und 21."

   b) In Abs. 9 wird folgender Satz 2 angefügt:

   „²**Abs. 1 Sätze 7 und 8 bleiben unberührt.**"

   c) Abs. 10 wird wie folgt gefasst:

   „(10) ¹Unentgeltliche Zuwendungen von Gegenständen, die nicht bereits in der Entnahme von Gegenständen oder Sachzuwendungen an das Personal bestehen, werden Lieferungen gegen Entgelt gleichgestellt. ²Ausgenommen sind Geschenke von geringem Wert und Warenmuster für Zwecke des Unternehmens. ³Der Begriff „unentgeltliche Zuwendung" im Sinne von § 3 Abs. 1b Satz 1 Nr. 3 UStG setzt nicht lediglich die Unentgeltlichkeit einer Lieferung voraus, sondern verlangt darüber hinaus, dass der Zuwendende dem Empfänger zielgerichtet einen Vermögensvorteil verschafft (BFH-Urteil vom 14.5.2008, XI R 60/07, BStBl. II S. 721). ⁴Voraussetzung für die Steuerbarkeit ist, dass der Gegenstand oder seine Bestandteile zum vollen oder teilweisen Vorsteuerabzug berechtigt haben (§ 3 Abs. 1b Satz 2 UStG). ⁵Mit der Regelung soll ein umsatzsteuerlich unbelasteter **Endverbrauch** vermieden werden. ⁶Gleichwohl entfällt die Steuerbarkeit nicht, wenn der Empfänger die zugewendeten Geschenke in seinem Unternehmen verwendet. ⁷Gegenstände des Unternehmens, die der Unternehmer aus **unternehmensfremden** (privaten) Gründen abgibt, **sind** als Entnahmen nach § 3 Abs. 1b Satz 1 Nr. 1 UStG **zu beurteilen** (vgl. Absätze 5 bis 8). ⁸Gegenstände des Unternehmens, die der Unternehmer aus unternehmerischen Gründen abgibt, **sind** als unentgeltliche Zuwendungen nach § 3 Abs. 1b Satz 1 Nr. 3 UStG **zu beurteilen**. ⁹Hierzu gehört die Abgabe von neuen oder gebrauchten Gegenständen insbesondere zu Werbezwecken, zur Verkaufsförderung oder zur Imagepflege, z.B. Sachspenden an Vereine oder Schulen, Warenabgaben anlässlich von Preisausschreiben, Verlosungen usw. zu Werbezwecken. ¹⁰Nicht steuerbar ist dagegen die Gewährung unentgeltlicher sonstiger Leistungen aus unternehmerischen Gründen (vgl. Abschnitt 3.4 Abs. 1). ¹¹Hierunter fällt z.B. die unentgeltliche Überlassung von Gegenständen, die im Eigentum des Zuwendenden verbleiben und die der Empfänger später an den Zuwendenden zurückgeben muss."

   d) Abs. 16 wird wie folgt gefasst:

   „(16) Bei der unentgeltlichen Abgabe von Blutzuckermessgeräten über Ärzte, Schulungszentren für Diabetiker und sonstige Laboreinrichtungen an die Patienten **vgl. Abschnitt 15.2 Abs. 1a.**"

6. Abschnitt 3.4 wird wie folgt geändert:

   a) Abs. 2 wird wie folgt gefasst:

   „(2) ¹Eine Wertabgabe im Sinne von § 3 Abs. 9a Nr. 1 UStG setzt voraus, dass der verwendete Gegenstand dem Unternehmen zugeordnet ist und die unternehmerische Nutzung des Gegenstands zum vollen oder teilweisen Vorsteuerabzug berechtigt hat. ²Zur Frage der Zuordnung

Anlage § 015–53

zum Unternehmen gilt Abschnitt 3.3 Abs. 1 entsprechend; **vgl. dazu auch Abschnitt 15.2 Abs. 15a.** ³Wird ein dem Unternehmen zugeordneter Gegenstand, bei dem kein Recht zum Vorsteuerabzug bestand (z.B. ein von einer Privatperson erworbener Computer), für nichtunternehmerische Zwecke genutzt, liegt eine sonstige Leistung im Sinne von § 3 Abs. 9a Nr. 1 UStG nicht vor. ⁴**Ändern sich bei einem dem unternehmerischen Bereich zugeordneten Gegenstand die Verhältnisse für den Vorsteuerabzug durch Erhöhung der Nutzung für nichtwirtschaftliche Tätigkeiten i.e.S., ist eine unentgeltliche Wertabgabe nach § 3 Abs. 9a Nr. 1 UStG zu versteuern.** ⁵Ändern sich die Verhältnisse durch Erhöhung der Nutzung für unternehmerische Tätigkeiten, kann eine Vorsteuerberichtigung nach § 15a UStG in Betracht kommen (vgl. Abschnitt 15a.1 Abs. 7). ⁶**Bei einer teilunternehmerischen Nutzung von Grundstücken sind die Absätze 5a bis 8 zu beachten.**"

b) Abs. 4 Satz 2 wird wie folgt gefasst:

„²Die **unternehmensfremde** (private) Nutzung dieser Geräte unterliegt nach § 3 Abs. 9a Nr. 1 UStG der Umsatzsteuer (vgl. Abschnitt 15.2 Abs. 21 Nr. 2)."

c) Abs. 5 wird wie folgt gefasst:

„(5) Der Einsatz betrieblicher Arbeitskräfte für **unternehmensfremde** (private) Zwecke zu Lasten des Unternehmens (z.B. Einsatz von Betriebspersonal im Privatgarten oder im Haushalt des Unternehmers) ist grundsätzlich eine steuerbare Wertabgabe nach § 3 Abs. 9a Nr. 2 UStG (vgl. BFH-Urteil vom 18.5.1993, V R 134/89, BStBl. II S. 885)."

d) Nach Abs. 5 wird die Zwischenüberschrift wie folgt geändert und Abs. 5a eingefügt:

„**Teilunternehmerische Nutzung von Grundstücken**

(5a) ¹Ist der dem Unternehmen zugeordnete Gegenstand ein Grundstück – insbesondere ein Gebäude als wesentlicher Bestandteil eines Grundstücks – und wird das Grundstück teilweise für unternehmensfremde (private) Tätigkeiten genutzt, so dass der Vorsteuerabzug nach § 15 Abs. 1b UStG insoweit ausgeschlossen ist (vgl. Abschnitt 15.6a), entfällt eine Wertabgabenbesteuerung nach § 3 Abs. 9a Nr. 1 UStG. ²Sofern sich später der Anteil der unternehmensfremden Nutzung des dem Unternehmensvermögen insgesamt zugeordneten Grundstücks im Sinne des § 15 Abs. 1b UStG erhöht, erfolgt eine Berichtigung nach § 15a Abs. 6a UStG (vgl. Abschnitt 15.6a Abs. 5) und keine Wertabgabenbesteuerung nach § 3 Abs. 9a Nr. 1 UStG. ³Wird das Grundstück nicht für unternehmensfremde, sondern für nichtwirtschaftliche Tätigkeiten i.e.S. verwendet (z.B. für ideelle Zwecke eines Vereins, vgl. Abschnitt 2.3 Abs. 1a), ist insoweit eine Zuordnung nach § 15 Abs. 1 UStG nicht möglich (vgl. BFH-Urteil vom 3.3.2011, V R 23/10, BStBl. 2012 II S. 74, Abschnitt 15.2 Abs. 15a). ⁴Erhöht sich später der Anteil der Nutzung des Grundstücks für nichtwirtschaftliche Tätigkeiten i.e.S., erfolgt eine Wertabgabenbesteuerung nach § 3 Abs. 9a Nr. 1 UStG. ⁵Vermindert sich später der Anteil der Nutzung des Grundstücks für nichtwirtschaftliche Tätigkeiten i.e.S., kann der Unternehmer aus Billigkeitsgründen eine Berichtigung entsprechend § 15a Abs. 1 UStG vornehmen (vgl. Abschnitt 15a.1 Abs. 7)."

e) Abs. 6 wird wie folgt gefasst:

„(6) ¹Überlässt eine Gemeinde eine Mehrzweckhalle unentgeltlich an Schulen, Vereine usw., **handelt es sich um eine Nutzung für nichtwirtschaftliche Tätigkeiten i.e.S. (vgl. Abschnitt 2.3 Abs. 1a); insoweit ist eine Zuordnung der Halle zum Unternehmen nach § 15 Abs. 1 UStG nicht möglich (vgl. Abs. 5a Satz 3 sowie Abschnitt 15.2 Abs. 15a) und dementsprechend keine unentgeltliche Wertabgabe zu besteuern.** ²Das gilt nicht, wenn die Halle ausnahmsweise zur Anbahnung späterer Geschäftsbeziehungen mit Mietern für kurze Zeit unentgeltlich überlassen wird (vgl. BFH-Urteil vom 28.11.1991, V R 95/86, BStBl. 1992 II S. 569). ³**Auf Grund eines partiellen Zuordnungsverbots liegt auch keine unentgeltliche Wertabgabe** vor, wenn Schulen und Vereine ein gemeindliches Schwimmbad unentgeltlich nutzen können (vgl. Abschnitt 2.11 Abs. 18). ⁴Die Mitbenutzung von Parkanlagen, die eine Gemeinde ihrem unternehmerischen Bereich – Kurbetrieb als Betrieb gewerblicher Art – zugeordnet hat, durch Personen, die nicht Kurgäste sind, führt bei der Gemeinde weder zu **einem partiellen Zuordnungsverbot noch zu einer** steuerbaren **unentgeltlichen Wertabgabe** (vgl. BFH-Urteil vom 18.8.1988, V R 18/83, BStBl. II S. 971). ⁵Das Gleiche gilt, wenn eine Gemeinde ein Parkhaus den Benutzern zeitweise (z.B. in der Weihnachtszeit) gebührenfrei zur Verfügung stellt, wenn damit neben dem Zweck der Verkehrsberuhigung auch dem Parkhausunternehmen dienende Zwecke (z.B. Kundenwerbung) verfolgt werden (vgl. BFH-Urteil vom 10.12.1992, V R 3/88, BStBl. 1993 II S. 380).

Anlage § 015–53

f) Nach Abs. 6 wird folgende Zwischenüberschrift eingefügt:

„Wertabgabenbesteuerung nach § 3 Abs. 9a Nr. 1 UStG bei teilunternehmerisch genutzten Grundstücken, die die zeitlichen Grenzen des § 27 Abs. 16 UStG erfüllen"

7. Abschnitt 15.1 Abs. 1 Satz 1 wird wie folgt gefasst:

„¹Zum Vorsteuerabzug sind ausschließlich Unternehmer im Sinne der §§ 2 und 2a UStG im Rahmen ihrer unternehmerischen Tätigkeit berechtigt (vgl. Abschnitt 15.2 Absätze 15a bis 21)."

8. Abschnitt 15.2 wird wie folgt geändert:

a) Abs. 2 Satz 1 Nr. 3 wird wie folgt gefasst:

„3. der Leistungsempfänger muss Unternehmer und die Lieferung oder sonstige Leistung für sein Unternehmen ausgeführt worden sein (vgl. Absätze **15a** bis **21**);"

b) Nach der Zwischenüberschrift vor Abs. 16 wird folgender Abs. 15a eingefügt:

„(15a) ¹Ein Unternehmer, der für Zwecke des Vorsteuerabzugs als Leistungsempfänger anzusehen ist (vgl. Absatz 16), ist nach § 15 Abs. 1 UStG zum Vorsteuerabzug berechtigt, soweit er Leistungen für sein Unternehmen im Sinne des § 2 UStG und damit für seine unternehmerischen Tätigkeiten zur Erbringung entgeltlicher Leistungen zu verwenden beabsichtigt (vgl. BFH-Urteil vom 27.1.2011, V R 38/09, BStBl. 2012 II S. 68). ²Bei der Prüfung der Abziehbarkeit von Vorsteuerbeträgen sind die Ausschlusstatbestände nach § 15 Abs. 1a, 1b und 2 UStG zu berücksichtigen (vgl. Abschnitte 15.6, 15.6a und 15.12 bis 15.14). ³Zwischen Eingangs- und Ausgangsleistung muss ein direkter und unmittelbarer Zusammenhang bestehen; nur mittelbar verfolgte Zwecke sind unerheblich (vgl. BFH-Urteil vom 13.1.2011, V R 12/08, BStBl. 2012 II S. 61). ⁴Fehlt ein direkter und unmittelbarer Zusammenhang zwischen einem Eingangsumsatz und einem oder mehreren Ausgangsumsätzen, kann der Unternehmer zum Vorsteuerabzug berechtigt sein, wenn die Kosten für die Eingangsleistungen zu seinen allgemeinen Aufwendungen gehören und – als solche – Bestandteile des Preises der von ihm erbrachten entgeltlichen Leistungen sind (vgl. Abschnitte 15.15, 15.21 und 15.22 und BFH-Urteil vom 27.1.2011, V R 38/09, BStBl. 2012 II S. 68). ⁵Beabsichtigt der Unternehmer bereits bei Leistungsbezug, die bezogene Leistung nicht für seine unternehmerische Tätigkeit, sondern ausschließlich und unmittelbar für die Erbringung unentgeltlicher Wertabgaben im Sinne des § 3 Abs. 1b oder 9a UStG zu verwenden, ist er nicht zum Vorsteuerabzug berechtigt (vgl. Abschnitt 15.15 und BFH-Urteil vom 9.12.2010, V R 17/10, BStBl. 2012 II S. 53). ⁶Beabsichtigt der Unternehmer bei Bezug der Leistung, diese teilweise für unternehmerische und nichtunternehmerische Tätigkeit zu verwenden (teilunternehmerische Verwendung), ist er grundsätzlich nur im Umfang der beabsichtigten Verwendung für seine unternehmerische Tätigkeit zum Vorsteuerabzug berechtigt (vgl. BFH-Urteil vom 3.3.2011, V R 23/10, BStBl. 2012 II S. 74). ⁷Eine weiter gehende Berechtigung zum Vorsteuerabzug besteht bei einer teilunternehmerischen Verwendung nur, wenn es sich bei der nichtunternehmerischen Tätigkeit um die Verwendung für Privatentnahmen im Sinne des § 3 Abs. 1b oder 9a UStG, also um Entnahmen für den privaten Bedarf des Unternehmers als natürliche Person und für den privaten Bedarf seines Personals (unternehmensfremde Tätigkeiten), handelt (vgl. Absatz 21 und BFH-Urteil vom 3.3.2011, V R 23/10, BStBl. 2012 II S. 74). ⁸Keine Privatentnahme in diesem Sinne ist dagegen eine Verwendung für nichtwirtschaftliche Tätigkeiten i.e.S. wie z.B. unentgeltliche Tätigkeiten eines Vereins aus ideellen Vereinszwecken oder hoheitliche Tätigkeiten einer juristischen Person des öffentlichen Rechts (vgl. Abschnitte 2.3 Abs. 1a, 2.10, 2.11, 15.19, 15.21 und 15.22 und BFH-Urteile vom 6.5.2010, V R 29/09, BStBl. II S. 885, und vom 3.3.2011, V R 23/10, BStBl. 2012 II S. 74)."

c) Die Zwischenüberschrift und Abs. 21 werden wie folgt gefasst:

„Leistung für unternehmerische und **für unternehmensfremde Tätigkeiten**

(21) ¹Wird ein Eingangsumsatz sowohl für das Unternehmen als auch für **den privaten Bedarf des Unternehmers als natürliche Person oder für den privaten Bedarf seines Personals (unternehmensfremde Tätigkeiten)** bezogen, ist hinsichtlich des Vorsteuerabzugs nach den folgenden Nummern 1 und 2 zu verfahren (vgl. Absatz 15a). ²Dagegen ist bei Eingangsumsätzen im ausschließlichen Zusammenhang mit unentgeltlichen Wertabgaben im Sinne des § 3 Abs. 1b oder 9a UStG nach Abschnitt 15.15 und bei Eingangsumsätzen, die teilunternehmerisch auch für nichtwirtschaftliche Tätigkeiten i.e.S. (vgl. Abschnitt 2.3 Abs. 1a) verwendet werden, nach den Abschnitten 2.10, 2.11, 15.19, 15.21 und 15.22 zu verfahren.

1. ¹Bei der Lieferung vertretbarer Sachen sowie bei sonstigen Leistungen ist, abgesehen von den unter Nummer 2 bezeichneten Fällen, die darauf entfallende Steuer entsprechend dem Verwendungszweck in einen abziehbaren und einen nicht abziehbaren Anteil aufzuteilen.

²Telefondienstleistungen bezieht ein Unternehmer nur insoweit für sein Unternehmen, als er das Telefon unternehmerisch nutzt.

2. ¹Bei einem einheitlichen Gegenstand hat der Unternehmer ein Wahlrecht. ²Er kann z.B. einerseits ein Gebäude mit dem dazugehörenden Grund und Boden insgesamt dem nichtunternehmerischen Bereich zuordnen, auch wenn das Gebäude teilweise unternehmerisch genutzt wird. ³Andererseits kann er ein Gebäude auch insgesamt seinem Unternehmen zuordnen, wenn die unternehmerische Nutzung mindestens 10% beträgt (§ 15 Abs. 1 Satz 2 UStG). ⁴Nach dem EuGH-Urteil vom 4.10.1995, C-291/92, BStBl. 1996 II S. 392, kann der Unternehmer einen privat genutzten Gebäudeteil (z.B. eine eigengenutzte Wohnung) auch von vornherein ganz oder teilweise seinem nichtunternehmerischen Bereich zuordnen. ⁵Ein Zuordnungswahlrecht besteht jedoch nicht, wenn ein getrenntes Wirtschaftsgut im umsatzsteuerrechtlichen Sinn neu hergestellt wird. ⁶Errichtet der Unternehmer daher ein ausschließlich für private Wohnzwecke zu nutzendes Einfamilienhaus als Anbau an eine Werkshalle auf seinem Betriebsgrundstück, darf er den Anbau nicht seinem Unternehmen zuordnen, wenn beide Bauten räumlich voneinander abgrenzbar sind (vgl. BFH-Urteil vom 23.9.2009, XI R 18/08, BStBl. 2010 II S. 313). ⁷Die Zuordnung eines Gegenstands zum Unternehmen erfordert eine durch Beweisanzeichen gestützte Zuordnungsentscheidung des Unternehmers bei Anschaffung, Herstellung oder Einlage des Gegenstands. ⁸Die Geltendmachung des Vorsteuerabzugs ist regelmäßig ein gewichtiges Indiz für, die Unterlassung des Vorsteuerabzugs ein ebenso gewichtiges Indiz gegen die Zuordnung eines Gegenstands zum Unternehmen. ⁹Ist ein Vorsteuerabzug nicht möglich, müssen andere Beweisanzeichen herangezogen werden (BFH-Urteil vom 31.1.2002, V R 61/96, BStBl. 2003 II S. 813). ¹⁰Gibt es keine Beweisanzeichen für eine Zuordnung zum Unternehmen, kann diese nicht unterstellt werden (BFH-Urteil vom 28.2.2002, V R 25/96, BStBl. 2003 II S. 815). ¹¹Soweit bei gemeinschaftlicher Auftragserteilung durch mehrere Personen ein Gemeinschafter für Zwecke des Vorsteuerabzugs als Leistungsempfänger anzusehen ist und Miteigentum an einem Gegenstand erwirbt, steht dem Gemeinschafter das Zuordnungswahlrecht bezogen auf seinen Anteil am Miteigentum zu. ¹²Dem Unternehmer steht es frei, seinen Miteigentumsanteil vollständig, teilweise (im Umfang der unternehmerischen Nutzung) oder gar nicht seinem Unternehmen zuzuordnen. ¹³Voraussetzung für die Zuordnung des Miteigentumsanteils ist es allerdings, dass dieser zu mindestens 10% für das Unternehmen genutzt wird (§ 15 Abs. 1 Satz 2 UStG).

a) ¹Umsatzsteuerbeträge, die durch den Erwerb, die Herstellung sowie die Verwendung oder Nutzung eines solchen Gegenstands anfallen (z.B. durch den Kauf oder die Miete sowie den laufenden Unterhalt eines Computers oder Kraftfahrzeugs), können grundsätzlich in vollem Umfang abgezogen werden, wenn der Gegenstand dem Unternehmen insgesamt zugeordnet wird; zum Ausgleich dafür unterliegt die Verwendung des Gegenstands für unternehmensfremde **Tätigkeiten** nach § 3 Abs. 9a Nr. 1 UStG der Umsatzsteuer. ²Zum Vorsteuerausschluss nach § 15 Abs. 1b UStG bei teilunternehmerisch genutzten Grundstücken siehe Abschnitte 3.4 Abs. **5a** sowie 15.6a. ³Die Entscheidung über die Zuordnung zum Unternehmen hat der Unternehmer zu treffen (BFH-Urteile vom 25.3.1988, V R 101/83, BStBl. II S. 649, und vom 27.10.1993, XI R 86/90, BStBl. 1994 II S. 274). ⁴Hierbei reicht es aus, dass der Gegenstand im Umfang des vorgesehenen Einsatzes für unternehmerische **Tätigkeiten** in einem objektiven und erkennbaren wirtschaftlichen Zusammenhang mit der gewerblichen oder beruflichen Tätigkeit steht und diese fördern soll (BFH-Urteil vom 12.12.1985, V R 25/78, BStBl. 1986 II S. 216). ⁵Der Zuordnungsentscheidung gibt der Unternehmer im Regelfall mit der Inanspruchnahme des Vorsteuerabzugs Ausdruck (vgl. BFH-Urteil vom 20.12.1984, V R 25/76, BStBl. 1985 II S. 176). ⁶Wird ein nicht zum Unternehmen gehörender Gegenstand gelegentlich dem Unternehmen überlassen, können die im Zusammenhang mit dem Betrieb des Gegenstands anfallenden Vorsteuern (z.B. Vorsteuerbeträge aus Betrieb und Wartung eines nicht dem Unternehmen zugeordneten Kraftfahrzeugs) im Verhältnis der unternehmerischen zur **unternehmensfremden** Nutzung abgezogen werden. ⁷Vorsteuerbeträge, die unmittelbar und ausschließlich auf die unternehmerische Verwendung des Kraftfahrzeugs entfallen (z.B. die Steuer für den Bezug von Kraftstoff anlässlich einer betrieblichen Fahrt mit einem privaten Kraftfahrzeug oder Vorsteuerbeträge aus Reparaturaufwendungen in Folge eines Unfalls während einer unternehmerisch veranlassten Fahrt), können unter den übrigen Voraussetzungen des § 15 UStG in voller Höhe abgezogen werden.

Anlage § 015–53

Beispiel 1:

¹Ein Arzt hat ausschließlich nach § 4 Nr. 14 Buchst. a UStG steuerfreie Umsätze aus Heilbehandlungsleistungen und kauft einen PKW, den er privat und unternehmerisch nutzt.

²Der Arzt führt keine Umsätze aus, die zum Vorsteuerabzug berechtigen. ³Der Vorsteuerabzug aus den Kosten der Anschaffung und Nutzung des PKW für die unternehmerische und private Verwendung ist deshalb ausgeschlossen. ⁴Die private Verwendung führt zu keiner steuerbaren unentgeltlichen Wertabgabe.

Beispiel 2:

¹Ein Arzt erbringt im Umfang von 80% seiner entgeltlichen Umsätze steuerfreie Heilbehandlungsleistungen und nimmt zu 20% steuerpflichtige plastische und ästhetische Operationen vor. ²Er kauft einen PKW, den er je zur Hälfte privat und für seine gesamte ärztliche Tätigkeit nutzt.

³**Die Vorsteuern aus der Anschaffung und Nutzung des PKW sind zu 60% (50% von 20% steuerpflichtige unternehmerische Nutzung + 50% der Art nach steuerpflichtige Privatnutzung) abzugsfähig und zu 40% (50% von 80% steuerfreie unternehmerische Nutzung) nicht abzugsfähig. ⁴Die unentgeltliche Wertabgabe (50% Privatanteil) ist in voller Höhe steuerbar und steuerpflichtig.**

b) ¹Ist bei der Anschaffung oder Herstellung eines Gebäudes ein Vorsteuerabzug nicht möglich, muss der Unternehmer gegenüber dem Finanzamt durch eine schriftliche Erklärung spätestens bis zur Übermittlung der Umsatzsteuererklärung des Jahres, in dem die jeweilige Leistung bezogen worden ist, dokumentieren, in welchem Umfang er das Gebäude dem Unternehmen zugeordnet hat. ²Entsprechendes gilt, wenn ein Vorsteuerabzug nur teilweise möglich ist und sich aus dem Umfang des geltend gemachten Vorsteuerabzugs nicht ergibt, mit welchem Anteil das Gebäude dem Unternehmen zugeordnet wurde oder, wenn § 15 Abs. 1b UStG Anwendung findet (vgl. Abschnitt 15.6a). ³Im Fall der Zuordnung des **unternehmensfremd** genutzten Teils zum nichtunternehmerischen Bereich wird **dieser** als separater Gegenstand angesehen, der nicht „für das Unternehmen" im Sinne des § 15 Abs. 1 Satz 1 Nr. 1 UStG bezogen wird. ⁴Somit entfällt der Vorsteuerabzug aus den Kosten, die auf dieser Gegenstand entfallen. ⁵Zur Ermittlung des Anteils der abziehbaren Vorsteuerbeträge vgl. Abschnitt 15.17 Abs. 5 bis 8. ⁶Wird dieser Gegenstand später unternehmerisch genutzt (z.B. durch Umwandlung von Wohnräumen in Büroräume), ist eine Vorsteuerberichtigung zugunsten des Unternehmers nach § 15a UStG nicht zulässig (vgl. Abschnitt 15a.1 Abs. 6). ⁷Bei einer späteren Veräußerung des bebauten Grundstücks kann der Unternehmer unter den Voraussetzungen des § 9 UStG lediglich auf die Steuerbefreiung des § 4 Nr. 9 Buchstabe a UStG für die Lieferung des zu diesem Zeitpunkt unternehmerisch genutzten Teils verzichten. ⁸Die Lieferung des zu diesem Zeitpunkt **unternehmensfremd** genutzten Teils erfolgt nicht im Rahmen des Unternehmens und ist somit nicht steuerbar. ⁹Ein Gesamtkaufpreis ist entsprechend aufzuteilen. ¹⁰Weist der Unternehmer für die Lieferung des **unternehmensfremd** genutzten Teils dennoch in der Rechnung Umsatzsteuer aus, schuldet er diese nach § 14c Abs. 2 UStG.

c) ¹Das EuGH-Urteil vom 4.10.1995, C-291/92, BStBl. 1996 II S. 392, zur Aufteilbarkeit bei einheitlichen Gegenständen kann nicht nur auf Grundstücke, sondern grundsätzlich auch auf gemischt genutzte bewegliche Wirtschaftsgüter (z.B. sowohl unternehmerisch als auch **privat (unternehmensfremd)** genutzter Computer) angewendet werden. ²Ordnet der Unternehmer den Gegenstand dem Unternehmen voll zu und findet § 15 Abs. 1b UStG keine Anwendung, kann er die Vorsteuer aus den Anschaffungskosten in voller Höhe abziehen. ³Die **unternehmensfremde** Nutzung wird nach § 3 Abs. 9a Nr. 1 UStG erfasst. ⁴Will der Unternehmer ein bewegliches Wirtschaftsgut ausnahmsweise lediglich hinsichtlich des unternehmerisch genutzten Teils dem Unternehmen zuordnen, darf er nur die auf diesen Teil entfallende Vorsteuer aus den Anschaffungskosten abziehen."

9. In Abschnitt 15.6 Abs. 1 wird Satz 1 wie folgt gefasst:

„¹Nach § 15 Abs. 1a UStG sind Vorsteuerbeträge **aus Leistungen für das Unternehmen (vgl. insbesondere Abschnitte 15.2 Absätze 15a bis 21)** nicht abziehbar, die auf Aufwendungen entfallen, für die das Abzugsverbot des § 4 Abs. 5 Satz 1 Nr. 1 bis 4, 7 oder des § 12 Nr. 1 EStG gilt."

Anlage § 015–53

10. In Abschnitt 15.6a werden folgende Änderungen vorgenommen:
    a) Abs. 1 wird wie folgt gefasst:
       „(1) ¹Teilunternehmerisch genutzte Grundstücke im Sinne des § 15 Abs. 1b UStG sind Grundstücke, die sowohl unternehmerisch als auch **unternehmensfremd (privat)** genutzt werden. ²Den Grundstücken gleichgestellt sind nach § 15 Abs. 1b Satz 2 UStG Gebäude auf fremdem Grund und Boden sowie Berechtigungen, für die die Vorschriften des bürgerlichen Rechts über Grundstücke gelten (z.B. Erbbaurechte). ³§ 15 Abs. 1b UStG stellt eine Vorsteuerabzugsbeschränkung dar und berührt nicht das Zuordnungswahlrecht des Unternehmers nach § 15 Abs. 1 UStG (vgl. Abschnitt 15.2 Abs. 21). ⁴**Soweit ein Grundstück für nichtwirtschaftliche Tätigkeiten i.e.S. verwendet wird (vgl. Abschnitt 2.3 Abs. 1a), ist der Vorsteuerabzug bereits nach § 15 Abs. 1 UStG ausgeschlossen; für die Anwendung des § 15 Abs. 1b UStG bleibt insoweit kein Raum (vgl. BFH-Urteil vom 3.3.2011, V R 23/10, BStBl. 2012 II S. 74, Abschnitte 2.10, 2.11, 15.2 Abs. 15a und Abschnitt 15.19).**"
    b) Abs. 2 Satz 1 wird wie folgt gefasst:
       „¹Eine teilunternehmerische Verwendung im Sinne des § 15 Abs. 1b UStG liegt **unter Berücksichtigung des Absatz 1 Satz 4 nur** vor, wenn das dem Unternehmen zugeordnete Grundstück teilweise für **unternehmensfremde Zwecke** verwendet wird."
    c) Abs. 3 Satz 4 wird wie folgt gefasst:
       „⁴Aufgrund der Vorsteuerabzugsbeschränkung nach § 15 Abs. 1b UStG unterliegt die Verwendung eines Grundstücks für **unternehmensfremde** Zwecke nicht der unentgeltlichen Wertabgabenbesteuerung nach § 3 Abs. 9a Nr. 1 UStG (vgl. Abschnitt 3.4 Abs. **5a**)."
11. Abschnitt 15.15 wird wie folgt gefasst:
    „**15.15. Vorsteuerabzug bei Eingangsleistungen im Zusammenhang mit unentgeltlichen Leistungen**
    (1) ¹Beabsichtigt der Unternehmer bereits bei Leistungsbezug, die bezogene Leistung nicht für seine unternehmerische Tätigkeit, sondern ausschließlich und unmittelbar für unentgeltliche Wertabgaben im Sinne des § 3 Abs. 1b oder 9a UStG zu verwenden, ist er nicht zum Vorsteuerabzug berechtigt; nur mittelbar verfolgte Zwecke sind unerheblich (vgl. BFH-Urteil vom 9.12.2010, V R 17/10, BStBl. 2012 II S. ### und Abschnitt 15.2 Abs. 15a). ²Fehlt ein direkter und unmittelbarer Zusammenhang zwischen einem Eingangsumsatz und einem oder mehreren Ausgangsumsätzen, kann der Unternehmer zum Vorsteuerabzug berechtigt sein, wenn die Kosten für die Eingangsleistungen zu seinen allgemeinen Aufwendungen gehören und – als solche – Bestandteile des Preises der von ihm erbrachten entgeltlichen Leistungen sind (vgl. Abschnitte 15.2 Abs. 15a, 15.21 und 15.22 und BFH-Urteil vom 27.1.2011, V R 38/09, BStBl. 2012 II S. 68).

    Beispiel 1:
    ¹Automobilhändler A verlost unter allen Kunden im Rahmen einer Werbeaktion
      a) einen Laptop und
      b) zwei Konzertkarten,
    mit einem Einkaufspreis von jeweils 300 €, die er beide zu diesem Zweck vorher gekauft hat.

    Zu a)
    ¹Die Abgabe des Laptops erfolgt aus unternehmerischen Gründen und fällt der Art nach unter § 3 Abs. 1b Satz 1 Nr. 3 UStG; es handelt sich nicht um ein Geschenk von geringem Wert. ²Da A bereits bei Leistungsbezug beabsichtigt, den Laptop für die Verlosung zu verwenden, berechtigten die Aufwendungen für den Laptop bereits nach § 15 Abs. 1 UStG nicht zum Vorsteuerabzug. ³Dementsprechend unterbleibt eine anschließende Wertabgabenbesteuerung (§ 3 Abs. 1b Satz 2 UStG).

    Zu b)
    ¹Die Abgabe der Konzertkarte erfolgt aus unternehmerischen Gründen und ist daher ein der Art nach nicht steuerbarer Vorgang, da § 3 Abs. 9a UStG Wertabgaben aus unternehmerischen Gründen nicht erfasst. ²Daher fehlt es an einem steuerbaren Ausgangsumsatz, dem die Leistungsbezüge direkt und unmittelbar zugeordnet werden können. ³Für den Vorsteuerabzug ist deshalb die Gesamttätigkeit des A maßgeblich.

    Beispiel 2:
    ¹Unternehmer V errichtet ein Gebäude. ²Nach der Fertigstellung des Gebäudes soll es an den Hotelunternehmer H überlassen werden, wobei nach der vertraglichen Vereinbarung das Gebäude zunächst für ein Jahr unentgeltlich und danach für weitere 20 Jahre steuerpflichtig verpachtet werden soll.

Anlage § O15–53

³V kann aus den Herstellungskosten des Gebäudes den Vorsteuerabzug in Anspruch nehmen, da bei Leistungsbezug feststeht, dass die Eingangsleistungen ausschließlich zur Erzielung von zum Vorsteuerabzug berechtigenden Ausgangsumsätzen verwendet werden sollen.

Beispiel 3:

¹Unternehmer V errichtet ein Gebäude. ²Nach der Fertigstellung des Gebäudes soll es an den Hotelunternehmer H überlassen werden, wobei nach der vertraglichen Vereinbarung das Gebäude zunächst für ein Jahr unentgeltlich und danach für weitere 20 Jahre steuerfrei verpachtet werden soll.

³V kann aus den Herstellungskosten des Gebäudes keinen Vorsteuerabzug in Anspruch nehmen, da bei Leistungsbezug feststeht, dass die Eingangsleistungen ausschließlich zur Erzielung von nicht zum Vorsteuerabzug berechtigenden Ausgangsumsätzen verwendet werden sollen.

(2) ¹**Bestimmt sich ein Vorsteuerabzug mangels direkten und unmittelbaren Zusammenhangs des Eingangsumsatzes mit einem oder mehreren Ausgangsumsätzen nach der Gesamttätigkeit des Unternehmers, ist zunächst** zu prüfen, ob der Leistungsbezug (mittelbar) einer bestimmten Gruppe von Ausgangsumsätzen wirtschaftlich zugeordnet werden kann (vgl. auch Abschnitt 15.12 Abs. 3). ²Ist dies nicht möglich, ist die Aufteilung des Vorsteuerabzugs nach der Gesamtschau des Unternehmens vorzunehmen.

Beispiel 1:

¹Unternehmer U betreibt einen Kfz-Handel und eine Versicherungsvermittlungsagentur. ²Aus der Versicherungsagentur erzielt der Unternehmer ausschließlich nach § 4 Nr. 11 UStG steuerfreie Ausgangsumsätze. ³U lässt sich gegen Honorar eine Internet-Homepage gestalten, auf der er zu Werbezwecken und zur Kundengewinnung für seine Versicherungsagentur kostenlose Versicherungstipps gibt. ⁴Auf der Internetseite findet sich auch ein Kontaktformular für Anfragen zu Versicherungsbelangen. ⁵Die über das Internet kostenlos durchgeführten Beratungen sind mangels Entgelt nicht steuerbar **und auch der Art nach nicht nach § 3 Abs. 9a UStG steuerbar.**

⁶U ist nicht zum Vorsteuerabzug aus der Gestaltung der Internet-Homepage berechtigt, da der Leistungsbezug insoweit ausschließlich Umsätzen zuzurechnen ist, die den Vorsteuerabzug ausschließen. ⁷Auch wenn die Gestaltung der Internet-Homepage nicht direkt mit den Umsätzen aus der Vermittlung von Versicherungen zusammenhängt, dient der Internetauftritt der Förderung dieses Unternehmensbereichs.

Beispiel 2:

¹Ein Hautarzt führt sowohl nicht zum Vorsteuerabzug berechtigende (80% Anteil am Gesamtumsatz) als auch zum Vorsteuerabzug berechtigende Umsätze (z.B. kosmetische Behandlungen; 20% Anteil am Gesamtumsatz) aus. ²Um für sein unternehmerisches Leistungsspektrum zu werben, lässt er eine Internet-Homepage erstellen, auf der er über die Vorbeugung und Behandlung der wichtigsten Hauterkrankungen informiert, aber auch Hautpflegetipps gibt.

³Die Eingangsleistung wird unternehmerisch bezogen, kann aber nicht **direkt und unmittelbar** bestimmten **Ausgangs**umsätzen zugeordnet werden. ⁴Soweit die Eingangsleistung auch zur Ausführung von steuerfreien Umsätzen verwendet wird, besteht nach § 15 Abs. 2 Satz 1 Nr. 1 UStG keine Berechtigung zum Vorsteuerabzug. ⁵Die abziehbaren Vorsteuerbeträge sind nach § 15 Abs. 4 UStG zu ermitteln (vgl. Abschnitt 15.17). ⁶Die Aufteilung der Vorsteuern hat nach Kostenzurechnungsgesichtspunkten zu erfolgen. ⁷Da keine andere Form der wirtschaftlichen Zurechnung erkennbar ist, ist der Umsatzschlüssel als sachgerechte Schätzmethode anzuerkennen (§ 15 Abs. 4 Satz 3 UStG).

Beispiel 3:

¹Unternehmer U mit zur Hälfte steuerfreien, den Vorsteuerabzug ausschließenden Ausgangsumsätzen bezieht Leistungen für die Durchführung eines Betriebsausfluges. ²Die Kosten pro Arbeitnehmer betragen

a) 60 €

b) 200 €

Zu a)

¹Die Aufwendungen für den Betriebsausflug stellen Aufmerksamkeiten dar, weil sie die lohnsteuerliche Grenze von 110 € nicht übersteigen (vgl. R 19.5 Abs. 4 Satz 2 LStR 2011). ²Da die Überlassung dieser Aufmerksamkeiten keinen Wertabgabentatbestand erfüllt, fehlt es an

einem steuerbaren Ausgangsumsatz, dem die Leistungsbezüge direkt und unmittelbar zugeordnet werden können. ³Für den Vorsteuerabzug ist deshalb die Gesamttätigkeit des U maßgeblich. ⁴U kann daher die Hälfte der Aufwendungen als Vorsteuer abziehen.

Zu b)

¹Die Aufwendungen für den Betriebsausflug stellen keine Aufmerksamkeiten dar, weil sie die lohnsteuerliche Grenze von 110 € übersteigen (vgl. R 19.5 Abs. 4 Satz 2 LStR 2011). ²Es liegt eine Mitveranlassung durch die Privatsphäre der Arbeitnehmer vor. ³Bei Überschreiten der Freigrenze besteht für U kein Anspruch auf Vorsteuerabzug, sofern die Verwendung bereits bei Leistungsbezug beabsichtigt ist. ⁴Dementsprechend unterbleibt eine Wertabgabenbesteuerung. ⁵Maßgeblich ist hierfür, dass sich ein Leistungsbezug zur Entnahme für unternehmensfremde Privatzwecke und ein Leistungsbezugs für das Unternehmen gegenseitig ausschließen. ⁶Der nur mittelbar verfolgte Zweck – das Betriebsklima zu fördern – ändert hieran nichts (vgl. BFH-Urteil vom 9.12.2010, V R 17/10, BStBl. 2012 II S. 53)."

12. In Abschnitt 15.19 wird Abs. 3 wie folgt gefasst:

„(3) ¹Wird ein Umsatz sowohl für den unternehmerischen als auch für den nichtunternehmerischen Bereich **der juristischen Person des öffentlichen Rechts ausgeführt (teilunternehmerische Verwendung), besteht eine Berechtigung zum Vorsteuerabzug nur im Umfang der beabsichtigten Verwendung für die unternehmerische Tätigkeit** (vgl. BFH-Urteil vom 3.3.2011, V R 23/10, BStBl. 2012 II S. 74 und Abschnitt 15.2 Abs. 15a). ²Die auf die Eingangsleistung entfallende Steuer ist entsprechend dem Verwendungszweck in einen abziehbaren und einen nicht abziehbaren Anteil aufzuteilen (z.B. beim Bezug einheitlicher Gegenstände, bei einem gemeinsamen Bezug von Heizmaterial oder bei Inanspruchnahme eines Rechtsanwalts, der auf Grund eines einheitlichen Vertrages ständig Rechtsberatungen für beide Bereiche erbringt). ³Maßgebend für die Aufteilung sind die Verhältnisse bei Ausführung des betreffenden Umsatzes an die juristische Person des öffentlichen Rechts. ⁴Zum Vorsteuerabzug bei teilunternehmerisch genutzten Grundstücken vgl. Abschnitte 3.4 Abs. 5a, 15.2 Abs. 15a und 15.6a Abs. 1 Satz 4.

Beispiel:

¹Eine juristische Person des öffentlichen Rechts erwirbt einen PKW, der sowohl für den Eigenbetrieb „Wasserversorgung" (unternehmerische Tätigkeit) als auch für den hoheitlichen Bereich verwendet werden soll.

²Der Vorsteuerabzug aus der Anschaffung des PKW ist anteilig nur insoweit zu gewähren, als der PKW für die unternehmerische Tätigkeit verwendet werden soll."

13. In Abschnitt 15.21 werden folgende Änderungen vorgenommen:

 a) Abs. 2 wird wie folgt gefasst:

„(2) Beim Vorsteuerabzug aus Aufwendungen, die im Zusammenhang mit der Ausgabe gesellschaftsrechtlicher Beteiligungen gegen Bareinlage stehen, ist zu beachten, dass Voraussetzung für den Vorsteuerabzug nach § 15 Abs. 1 UStG u.a. ist, dass der Unternehmer eine Leistung für sein Unternehmen **(vgl. Abschnitt 15.2 Abs. 15a)** von einem anderen Unternehmer bezogen hat und die Eingangsleistung nicht mit Umsätzen im Zusammenhang steht, die den Vorsteuerabzug nach § 15 Abs. 2 UStG ausschließen."

 b) Abs. 4 wird wie folgt gefasst:

„(4) ¹Das Recht auf Vorsteuerabzug aus den bezogenen Lieferungen und sonstigen Leistungen ist nur gegeben, wenn die hierfür getätigten Aufwendungen zu den Kostenelementen der „versteuerten", zum Vorsteuerabzug berechtigenden Ausgangsumsätze gehören **(vgl. Abschnitt 15.2 Abs. 15a sowie** EuGH-Urteile vom 26.5.2005, C-465/03, EuGHE I S. 4357, und vom 13.3.2008, C-437/06, EuGHE I S. 1597). ²In den Fällen der Aufnahme eines Gesellschafters gegen Bareinlage oder der Ausgabe neuer Aktien ist diese Voraussetzung ungeachtet der Nichtsteuerbarkeit dieser Vorgänge, **also ungeachtet eines fehlenden direkten und unmittelbaren Zusammenhangs mit einem Ausgangsumsatz,** vor dem Hintergrund des EuGH-Urteils vom 26.5.2005, a.a.O., für die mit den Vorgängen im Zusammenhang stehenden Eingangsleistungen erfüllt, wenn

 1. die Aufnahme des Gesellschafters oder die Ausgabe neuer Aktien erfolgte, um das Kapital des Unternehmers zugunsten seiner wirtschaftlichen Tätigkeit im Allgemeinen zu stärken, und

 2. die Kosten der Leistungen, die der Unternehmer in diesem Zusammenhang bezogen hat, Teil seiner allgemeinen Kosten sind und somit zu den Preiselementen seiner Produkte gehören."

Anlage § 015–53

c) Abs. 6 Nr. 3 wird wie folgt gefasst:

„3. ¹Soweit das durch die Ausgabe von Beteiligungen beschaffte Kapital dem nichtunternehmerischen Bereich zufließt (z.B. Kapitalerhöhung durch eine Finanzholding), ist ein Vorsteuerabzug aus den damit verbundenen Aufwendungen nicht zulässig **(vgl. BFH-Urteil vom 6.5.2010, V R 29/09, BStBl. II S. 885 und Abschnitt 15.2 Abs. 15a).** ²In den Fällen, in denen eine Gesellschaft neben dem unternehmerischen auch einen nichtunternehmerischen Bereich unterhält, und in denen die Mittel aus der Ausgabe der Beteiligung nicht ausschließlich dem nichtunternehmerischen Bereich zufließen, sind die aus den mit der Ausgabe der Beteiligung zusammenhängenden Aufwendungen angefallenen Vorsteuerbeträge **entsprechend dem Verwendungszweck in einen abziehbaren und einen nicht abziehbaren Anteil** aufzuteilen. ³**Für die Aufteilung der Vorsteuerbeträge gelten die Grundsätze des § 15 Abs. 4 UStG entsprechend (vgl. BFH-Urteil vom 3.3.2011, V R 23/10, BStBl. 2012 II, S. 74).**

Beispiel:

¹**Das Unternehmen U bezieht Beratungsleistungen, die im unmittelbaren Zusammenhang mit der Ausgabe neuer Anteile zur Kapitalbeschaffung stehen.** ²**U ist nur unternehmerisch tätig.**

³**Der Vorsteuerabzug richtet sich in diesem Fall nach der unternehmerischen Gesamttätigkeit, weil es sich bei der Ausgabe neuer Gesellschaftsanteile nicht um Leistungen handelt (vgl. Abschnitt 15.2 Abs. 15a und BFH-Urteil vom 6.5.2010, V R 29/09, BStBl. II S. 885).** ⁴**Insofern liegt mangels Leistungscharakter kein konkreter Ausgangsumsatz vor, mit dem ein unmittelbarer Zusammenhang dergestalt besteht, dass die Berücksichtigung der wirtschaftlichen Gesamttätigkeit ausgeschlossen wäre."**

14. Abschnitt 15.22 wird wie folgt gefasst:

„**15.22. Vorsteuerabzug im Zusammenhang mit dem Halten und Veräußern von gesellschaftsrechtlichen Beteiligungen**

(1) ¹Wird ein Anteilseigner (insbesondere auch eine Holding) beim Erwerb einer gesellschaftsrechtlichen Beteiligung als Unternehmer tätig (vgl. Abschnitt 2.3 Abs. 2), muss er die Beteiligung seinem Unternehmen zuordnen. ²Vorsteuern, die im Zusammenhang mit den im unternehmerischen Bereich gehaltenen gesellschaftsrechtlichen Beteiligungen anfallen, sind unter den allgemeinen Voraussetzungen des § 15 UStG abziehbar. ³Hält der Unternehmer (z.B. eine gemischte Holding) daneben auch gesellschaftsrechtliche Beteiligungen im nichtunternehmerischen Bereich, sind Eingangsleistungen, die sowohl für unternehmerischen Bereich als auch für den nichtunternehmerischen Bereich bezogen werden (z.B. allgemeine Verwaltungskosten der Holding, allgemeine Beratungskosten, Steuerberatungskosten usw.), für Zwecke des Vorsteuerabzugs aufzuteilen (Abschnitt 15.2 Abs. **15a**).

(2) ¹**Das bloße Veräußern von gesellschaftsrechtlichen Beteiligungen ist keine unternehmerische Tätigkeit** (vgl. Abschnitt 2.3 Abs. 2 Satz 1). ²Dies gilt nicht, wenn die Beteiligung im Unternehmensvermögen gehalten wird (vgl. Abschnitt 2.3 Abs. 3 Satz 5 ff.). ³Der Abzug der Vorsteuer aus Aufwendungen, die im direkten und unmittelbaren Zusammenhang mit der Veräußerung einer gesellschaftsrechtlichen Beteiligung stehen, ist nur insofern zulässig, als diese Veräußerung steuerbar ist und der Vorsteuerabzug nicht nach § 15 Abs. 2 UStG ausgeschlossen ist (vgl. BFH-Urteil vom 6.5.2010, V R 29/09, BStBl. II S. 885 und Abschnitt 15.2 Abs. 15a). ⁴Somit scheidet der Vorsteuerabzug im Fall der Veräußerung einer nicht im Unternehmensvermögen gehaltenen gesellschaftsrechtlichen Beteiligung wegen des direkten und unmittelbaren Zusammenhangs mit diesem nicht steuerbaren Umsatz aus. ⁵Im Fall einer nach § 4 Nr. 8 Buchstabe e oder f UStG steuerfreien Veräußerung einer im Unternehmensvermögen gehaltenen Beteiligung scheidet der Vorsteuerabzug wegen des direkten und unmittelbaren Zusammenhangs mit dieser den Vorsteuerabzug nach § 15 Abs. 2 Satz 1 Nr. 1 UStG ausschließenden Veräußerung aus, ohne dass dafür auf die unternehmerische Gesamttätigkeit abzustellen ist (vgl. BFH-Urteil vom 27.1.2011, V R 38/09, BStBl. 2012 II S. 68)."

15. In Abschnitt 15a.1 wird folgender Absatz 7 eingefügt:

„**(7)** ¹Ist ein Unternehmer für einen sowohl unternehmerisch als auch nichtwirtschaftlich i.e.S. verwendeten einheitlichen Gegenstand nach § 15 Abs. 1 UStG nur für den unternehmerisch genutzten Anteil zum Vorsteuerabzug berechtigt gewesen (vgl. Abschnitt 15.2 Abs. 15a) – unternehmerische Nutzung zu mehr als 10 % vorausgesetzt, § 15 Abs. 1 Satz 2 UStG – und erhöht sich die unternehmerische Nutzung dieses Gegenstands innerhalb des Berichtigungszeitraums nach § 15a Abs. 1 UStG (vgl. Abschnitt 15a.3), kann eine Vorsteuerberichtigung nach den Grundsätzen des § 15a UStG zu Gunsten des Unternehmers aus Billigkeitsgründen vorgenommen werden, sofern die Bagatellgrenzen des § 44 UStDV überschritten sind. Macht der Unternehmer von dieser Billigkeitsmaßnahme Gebrauch, gilt der Gegenstand auch insoweit als dem Unternehmen zugeordnet.

Beispiel:

[1]Der Verein V erwirbt zum 1.1.01 einen PKW für 30.000 € zzgl. 5.700 € Umsatzsteuer. [2]Der PKW wird entsprechend der von Anfang an beabsichtigten Verwendung zu 50% für unternehmerische Tätigkeiten im Sinne des § 2 Abs. 1 UStG und zu 50% für unentgeltliche Tätigkeiten für ideelle Vereinszwecke verwendet. [3]Die Verwendung für unternehmerische Tätigkeiten erhöht sich ab dem 1.1.03 um 20% auf insgesamt 70%. [4]Zum 1.1.04 wird der PKW für einen vereinbarten Nettobetrag von 10.000 € veräußert.

Jahr 01:

[5]V ist zum Vorsteuerabzug in Höhe von 2.850 € (50% von 5.700 €) nach § 15 Abs. 1 UStG berechtigt. [6]Der für unentgeltliche ideelle Tätigkeiten des Vereins (nichtwirtschaftliche Tätigkeit i.e.S., vgl. Abschnitt 2.3 Abs. 1a) verwendete Anteil des PKW berechtigt nicht zum Vorsteuerabzug (vgl. Abschnitt 15.2 Abs. 15a).

Jahr 03:

[7]Die Bagatellgrenzen des § 44 UStDV sind überschritten. [8]Aus Billigkeitsgründen kann eine Vorsteuerberichtigung nach § 15a Abs. 1 UStG vorgenommen werden.

Insgesamt in Rechnung gestellte Umsatzsteuer: 5.700 €

Ursprünglicher Vorsteuerabzug: 2.850 € (entspricht 50% von 5.700 €)

Zeitpunkt der erstmaligen Verwendung: 1.1.01

Dauer des Berichtigungszeitraums: 1.1.01 bis 31.12.05

Aus Billigkeitsgründen zum Vorsteuerabzug berechtigende Verwendung in 03: 70%

Vorsteuerberichtigung aus Billigkeitsgründen im Vergleich zum ursprünglichen Vorsteuerabzug: Vorsteuer zu 70% statt zu 50%

Berichtigungsbetrag: 20 Prozentpunkte von 1/5 von 5.700 € = 228 € sind zu Gunsten des V zu korrigieren.

Jahr 04:

[9]Die Veräußerung des PKW ist in Höhe des für unternehmerische Tätigkeiten verwendeten Anteils im Zeitpunkt der Veräußerung steuerbar. [10]Die Umsatzsteuer beträgt 1.330 € (70% von 10.000 € × 19%). [11]Aus Billigkeitsgründen ist auf Grund der Veräußerung auch eine Vorsteuerberichtigung nach § 15a UStG vorzunehmen. [12]Die Bagatellgrenzen des § 44 UStDV sind überschritten.

Insgesamt in Rechnung gestellte Umsatzsteuer: 5.700 €

Ursprünglicher Vorsteuerabzug: 2.850 € (entspricht 50% von 5.700 €)

Zeitpunkt der erstmaligen Verwendung: 1.1.01

Dauer des Berichtigungszeitraums: 1.1.01 bis 31.12.05

Tatsächliche zum Vorsteuerabzug berechtigenden Verwendung im Berichtigungszeitraum:

Jahr 01 bis 03 = 50%

Jahr 03 = 70% (Berichtigung nach § 15a UStG aus Billigkeitsgründen)

Änderung aus Billigkeitsgründen:

ab Jahr 04 = 20 Prozentpunkte (70% statt 50%)

Vorsteuerberichtigung pro Jahr:

5.700 € / 5 Jahre × 20% = 228 €

Jahr 04 und 05 = je 228 €

[13]Die Berichtigung des Vorsteuerabzugs in Höhe von 456 € zu Gunsten des V ist in der ersten Voranmeldung für das Kalenderjahr 04 vorzunehmen (§ 44 Abs. 4 Satz 3 UStDV)."

Anlage § 015–53

VI. Anwendung

Die Regelungen (Nr. 1 bis 15) sind auf alle offenen Fälle anzuwenden. Es wird jedoch nicht beanstandet, wenn sich der Unternehmer für Eingangsleistungen, die vor dem 31. März 2012 bezogen werden, auf die bisher geltende Verwaltungsauffassung beruft. Dabei ist eine nur partielle, ausschließlich auf den ungekürzten Abzug der Vorsteuer beschränkte Berufung auf die bisherige Verwaltungsauffassung nicht zulässig. Soweit ein Unternehmer von der Übergangsregelung für den Vorsteuerabzug aus Eingangsleistungen Gebrauch macht, hat er vielmehr über den gesamten Zeitraum der Nutzung die zutreffende Belastung eines Endverbrauchs über die Wertabgabenbesteuerung herzustellen. Entsprechendes gilt für die Anwendung des § 15a UStG.

Bei einer teilunternehmerischen Verwendung eines Grundstücks ist für Leistungsbezüge der Vorsteuerabzug nach § 15 Abs. 1b UStG insoweit ausgeschlossen, als das Grundstück nicht für Zwecke des Unternehmens verwendet wird. Dies gilt nach bisheriger Verwaltungsauffassung in allen Fällen der nichtunternehmerischen Teilverwendung, d.h. sowohl für unternehmensfremde (private), als auch für nichtwirtschaftliche Zwecke. Wegen der bei Einführung des § 15 Abs. 1b UStG geschaffenen gesetzlichen Übergangsregelung des § 27 Abs. 16 UStG ist daher in allen Fällen der teilunternehmerischen Grundstücksnutzung eine Berufung auf die o.g. Nichtbeanstandungsregelung nicht zulässig.

Anlage § 015a–01

Vorsteuerberichtigung nach § 15a UStG bei Land- und Forstwirten; Auswirkungen des sog. Mähdrescher-Urteils des BFH vom 16.12.1993 (BStBl. 1994 II S. 339)

BMF-Schreiben vom 29.12.1995 – IV C 3 – S 7316 – 31/95, BStBl. 1995 I S. 831[1)]

Nach dem BFH-Urteil vom 16. Dezember 1993 (BStBl. 1994 II S. 339) sind Vorsteuern aus der Anschaffung einheitlicher Gegenstände, die sowohl in einem gewerblichen Unternehmensteil (Lohnunternehmen) als auch in einem landwirtschaftlichen Unternehmensteil (§ 24 UStG) verwendet werden, nicht nach § 15 UStG abziehbar, soweit sie den nach § 24 UStG versteuerten Umsätzen zuzurechnen sind (vgl. Abschnitt 269 Abs. 2 UStR 1996). Werden diese Gegenstände nach dem Kalenderjahr ihrer erstmaligen Verwendung in einem abweichenden Umfang im landwirtschaftlichen Unternehmensteil eingesetzt, kommt eine Berichtigung des Vorsteuerabzugs nach § 15a UStG in Betracht. Unter Bezugnahme auf das Ergebnis der Erörterungen mit den obersten Finanzbehörden der Länder gilt hierzu folgendes:

(1) Eine Vorsteuerberichtigung nach § 15a UStG ist vorzunehmen, wenn zwei Unternehmensteile bestehen, ein Wirtschaftsgut im Jahr der erstmaligen Verwendung (Erstjahr) in beiden Unternehmensteilen verwendet wird und sich der Anteil der Nutzung in einem nachfolgenden Kalenderjahr (Folgejahr) ändert.

Beispiel 1:

Ein Unternehmer erwirbt Anfang Januar des Jahres 01 einen Mähdrescher für 200.000 DM zuzüglich 30.000 DM Umsatzsteuer, der zunächst zu 90 v. H. im gewerblichen und zu 10 v. H. im landwirtschaftlichen Unternehmensteil (§ 24 UStG) verwendet wird. Ab dem Jahr 02 ändert sich das Nutzungsverhältnis in 50 v. H. (Landwirtschaft) zu 50 v. H. (Gewerbe).

Im Jahr 01 sind die auf die Verwendung im gewerblichen Unternehmensteil entfallenden Vorsteuerbeträge (90 v. H. von 30.000 DM = 27.000 DM) als Vorsteuer abziehbar. In den Jahren 02 bis 05 sind jeweils 40 v. H. von 6000 DM = 2400 DM nach § 15a UStG an das Finanzamt zurückzuzahlen.

(2) Eine Vorsteuerberichtigung nach § 15a UStG ist auch vorzunehmen, wenn im Erstjahr nur ein Unternehmensteil besteht oder bei zwei Unternehmensteilen das Wirtschaftsgut ausschließlich in einem Teil verwendet wird und sich die Nutzung in einem Folgejahr ändert.

Beispiel 2:

Ein Unternehmer erwirbt Anfang Januar des Jahres 01 einen Mähdrescher für 200.000 DM zuzüglich 30.000 DM Umsatzsteuer, der zunächst ausschließlich im gewerblichen Unternehmensteil (Lohnunternehmen) verwendet wird. Ab dem Jahr 02 wird der Mähdrescher zu 50 v. H. im landwirtschaftlichen Unternehmensteil (§ 24 UStG) genutzt.

Im Jahr 01 sind sämtliche Vorsteuern (30.000 DM) abziehbar. In den Jahren 02 bis 05 sind jeweils 50 v. H. von 6000 DM = 3000 DM nach § 15a UStG an das Finanzamt zurückzuzahlen.

Beispiel 3:

Ein Unternehmer erwirbt Anfang Januar des Jahres 01 einen Mähdrescher für 200.000 DM zuzüglich 30.000 DM Umsatzsteuer, der zunächst ausschließlich im landwirtschaftlichen Unternehmensteil (§ 24 UStG) verwendet wird. Ab dem Jahr 02 wird der Mähdrescher ausschließlich im gewerblichen Unternehmensteil (Lohnunternehmen) genutzt.

Im Jahr 01 entfällt der Vorsteuerabzug (§ 24 Abs. 1 Satz 4 UStG). In den Jahren 02 bis 05 erhält der Unternehmer eine Vorsteuererstattung nach § 15a UStG von jeweils 6 000 DM ($^1/_5$ von 30.000 DM).

(3) Der Übergang von der Regelbesteuerung zur Durchschnittsatzbesteuerung nach § 24 UStG oder von der Durchschnittsatzbesteuerung nach § 24 UStG zur Regelbesteuerung stellt eine Änderung der Verhältnisse hinsichtlich der Wirtschaftsgüter dar, deren Berichtigungszeitraum nach § 15a UStG noch nicht abgelaufen ist. Somit ist der Vorsteuerabzug für derartige bewegliche und unbewegliche Wirtschaftsgüter nach § 15a UStG zu berichtigen.

Beispiel 4:

Ein Landwirt, der nach § 24 Abs. 4 UStG zur Regelbesteuerung optiert hat, erwirbt Anfang Januar des Jahres 01 einen Mähdrescher für 200.000 DM zuzüglich 30.000 DM Umsatzsteuer. Ab dem Jahr 02 geht er zur Durchschnittsatzbesteuerung nach § 24 UStG über.

---

1) Beachte Neuregelung von § 15a UStG ab 01.01.2005 (siehe Anlage § 015a-03); § 15a UStG 1999 bleibt gem. § 27 Abs. 11 UStG weiterhin anwendbar bei Wirtschaftsgütern, die vor dem 01.01.2005 bezogen wurden.

Anlage § 015a–01

Im Jahr 01 sind sämtliche Vorsteuern (30.000 DM) abziehbar. In den Jahren 02 bis 05 sind jeweils 6000 DM ($^1/_5$ von 30.000 DM) nach § 15a UStG an das Finanzamt zurückzuzahlen.

Beispiel 5:

Ein Landwirt, der nach § 24 Abs. 4 UStG zur Regelbesteuerung optiert hat, errichtet ein Stallgebäude für 500.000 DM zuzüglich 75.000 DM Umsatzsteuer, das Anfang Januar des Jahres 01 erstmals verwendet wird. Ab dem Jahr 02 geht er zur Durchschnittsatzbesteuerung nach § 24 UStG über.

Bis zum Jahr 01 sind sämtliche Vorsteuern (75.000 DM) abziehbar. In den Jahren 02 bis 10 sind jeweils 7500 DM ($^1/_{10}$ von 75.000 DM) nach § 15a UStG an das Finanzamt zurückzuzahlen.

Beispiel 6:

Ein Landwirt, der die Durchschnittsatzbesteuerung nach § 24 UStG anwendet, erwirbt im Januar des Jahres 01 einen Mähdrescher für 200.000 DM zuzüglich 30.000 DM Umsatzsteuer. Ab dem Jahr 02 optiert er nach § 24 Abs. 4 UStG zur Regelbesteuerung.

Im Jahr 01 entfällt der Vorsteuerabzug (§ 24 Abs. 1 Satz 4 UStG). In den Jahren 02 bis 05 erhält der Unternehmer eine Vorsteuererstattung nach § 15a UStG von jeweils 6000 DM ($^1/_5$ von 30.000 DM).

Beispiel 7:

Ein Landwirt, der die Durchschnittsatzbesteuerung nach § 24 UStG anwendet, errichtet ein Stallgebäude für 500.000 DM zuzüglich 75.000 DM Umsatzsteuer, das Anfang Januar des Jahres 01 erstmals verwendet wird. In den Jahren 02 bis 10 optiert er nach § 24 Abs. 4 UStG zur Regelbesteuerung.

Bis zum Jahr 01 entfällt der Vorsteuerabzug (§ 24 Abs. 1 Satz 4 UStG). In den Jahren 02 bis 10 erhält der Unternehmer eine Vorsteuererstattung nach § 15a UStG von jeweils 7500 DM ($^1/_{10}$ von 75.000 DM).

(4) Bei der Aufgabe oder Veräußerung eines land- und forstwirtschaftlichen Betriebs kann die Vermietung/Verpachtung von zurückbehaltenen Wirtschaftsgütern, deren Berichtigungszeitraum nach § 15a UStG noch nicht abgelaufen ist, zu einer Änderung der Verhältnisse führen. In diesen Fällen ist der Vorsteuerabzug für derartige bewegliche oder unbewegliche Wirtschaftsgüter nach § 15a UStG zu berichtigen.

Beispiel 8:

Ein Landwirt, der nach § 24 Abs. 4 UStG zur Regelbesteuerung optiert hat, errichtet ein Stallgebäude für 500.000 DM zuzüglich 75.000 DM Umsatzsteuer, das Anfang Januar des Jahres 01 erstmals verwendet wird. Zum 1.1.02 verpachtet/veräußert er seinen Betrieb unter Zurückbehaltung dieses Stallgebäudes, das er nun nach § 4 Nr. 12 UStG steuerfrei an den Pächter/Käufer vermietet.

Bis zum Jahr 01 sind sämtliche Vorsteuern (75.000 DM) abziehbar. Die nach § 4 Nr. 12 UStG steuerfreie Vermietung stellt eine Änderung der Verhältnisse dar. In den Jahren 02 bis 10 sind jeweils 7500 DM ($^1/_{10}$ von 75.000 DM) nach § 15a UStG an das Finanzamt zurückzuzahlen.

Beispiel 9:

Ein Landwirt, der die Durchschnittsatzbesteuerung nach § 24 UStG anwendet, erwirbt Anfang Januar des Jahres 01 einen Mähdrescher für 200.000 DM zuzüglich 30.000 DM Umsatzsteuer. Zum 1.1.02 verpachtet/veräußert er seinen Betrieb unter Zurückbehaltung des Mähdreschers, den er steuerpflichtig an den Pächter/Käufer vermietet.

Im Jahr 01 ist der Vorsteuerabzug nach § 24 Abs. 1 Satz 4 UStG ausgeschlossen. In den Folgejahren wird der Mähdrescher zur Ausführung steuerpflichtiger Vermietungsumsätze verwendet. Es liegt eine Änderung der Verhältnisse vor. In den Jahren 02 bis 05 erhält der Unternehmer eine Vorsteuererstattung nach § 15a UStG von jeweils 6000 DM ($^1/_5$ von 30.000 DM).

(5[1]) Die Absätze 3 und 4 dieses Schreibens sind bei Wirtschaftsgütern anzuwenden, die nach dem 31. Dezember 1995 erstmals verwendet werden. Dies gilt nicht bei einer Vorsteuerberichtigung zugunsten des Unternehmers. Bei Investitionen, die vor dem 1. Januar 1996 begonnen wurden und vor dem 1. Januar 1997 abgeschlossen werden, führt ein Wechsel der Besteuerungsform aus sachlichen Billigkeitsgründen nicht zur Anwendung des § 15a UStG zuungunsten des Unternehmers. Die Versäumung der am 10. Januar 1996 abgelaufenen Frist gemäß § 24 Abs. 4 Satz 1 UStG wird nicht beanstandet, wenn die Erklärung bis zum 31. März 1996 nachgeholt wird.

---

[1] Abs. 5 i.d.F. des BMF-Schreibens vom 22.02.1996 – IV C 3 – S 7316 – 4/96, BStBl. 1996 I S. 150; DB 1996 S. 455

Anlage § 015a–02

Vorsteuerberichtigung einer Grundstücksübertragung bei gleichzeitiger Einräumung eines Vorbehaltsnießbrauchs – Nichtanwendung des BFH-Urteils vom 13.11.1997

OFD Koblenz, Vfg. vom 03.02.1999 – S 7102 A – St 51 2,
DStR 1999 S. 502

Mit Urteil vom 13.11.1997 – V R 66/96 (DStR 1998, 166) hat der BFH entschieden, daß ein Grundstück noch nicht geliefert wird, wenn der Steuerpflichtige zwar das Eigentum daran überträgt, es aber aufgrund eines gleichzeitig vorbehaltenen Nießbrauchs wie bisher besitzt und den Ertrag durch Fortsetzung der bestehenden Mietverhältnisse zieht. Unter diesen Umständen sind auch die Voraussetzungen für eine Vorsteuerberichtigung gemäß § 15a Abs. 4 UStG nicht gegeben.

Diese Entscheidung ist jedoch problematisch: Zum einen wäre auch bei Annahme einer Lieferung keine Änderung der Verhältnisse i. S. des § 15a UStG gegeben (vgl. dazu BFH vom 26.4.1995, BStBl. II 1996, 248, DStR 1995, 1958). Zum anderen erscheint die Verneinung einer Lieferung trotz Umschreibung im Grundbuch fragwürdig.

Die Umsatzsteuer-Referatsleiter des Bundes und der Länder haben daher beschlossen, daß das Urteil nicht im Bundessteuerblatt veröffentlicht wird. Es ist über den entschiedenen Einzelfall hinaus nicht anzuwenden.

Anlage § 015a–03

Neufassung des § 15a UStG durch das Richtlinien-Umsetzungsgesetz vom 09.12.2004[1]

BMF-Schreiben vom 06.12.2005 – IV A 5 – S 7316 – 25/05,
BStBl. 2005 I S. 1068

Inhaltsübersicht:

Textziffern (Tz.)		Randziffern (Rz.)
I.	Allgemeines	
	1. Anwendungsgrundsätze	1–6
	2. Änderung der Verhältnisse	7–10
II.	**Berichtigung nach § 15a Abs. 1 UStG bei Wirtschaftsgütern, die nicht nur einmalig zur Ausführung von Umsätzen verwendet werden**	
	1. Besonderheiten bei der Änderung der Verhältnisse	11–14
	2. Berichtigungszeitraum nach § 15a Abs. 1 UStG	
	a) Beginn und Dauer des Berichtigungszeitraums nach § 15a Abs. 1 UStG	15–18
	b) Ende des Berichtigungszeitraums nach § 15a Abs. 1 UStG	19–22
	3. Berichtigungsverfahren nach § 15a Abs. 1 UStG	23–25
III.	**Berichtigung nach § 15a Abs. 2 UStG bei Wirtschaftsgütern, die nur einmalig zur Ausführung eines Umsatzes verwendet werden**	
	1. Berichtigungszeitraum nach § 15a Abs. 2 UStG	26
	2. Berichtigungsverfahren nach § 15a Abs. 2 UStG	27
IV.	**Berichtigung nach § 15a Abs. 3 UStG bei Bestandteilen und sonstigen Leistungen an Gegenständen**	
	1. Bestandteile	28–31
	2. Sonstige Leistungen an einem Wirtschaftsgut	32–37
	3. Entnahme eines Wirtschaftsguts aus dem Unternehmen (§ 15a Abs. 3 Satz 2 UStG)	38–42
V.	**Berichtigung nach § 15a Abs. 4 UStG bei sonstigen Leistungen, die nicht an einem Wirtschaftsgut ausgeführt werden**	43–47
VI.	**Berichtigung nach § 15a Abs. 6 UStG bei nachträglichen Anschaffungs- oder Herstellungskosten**	48–49
VII.	**Berichtigung nach § 15a Abs. 7 UStG beim Übergang von der Regelbesteuerung zur Nichterhebung der Steuer nach § 19 Abs. 1 UStG bzw. zur Durchschnittssatzbesteuerung nach den §§ 23, 23a oder 24 UStG oder umgekehrt**	50–56
VIII.	Geschäftsveräußerung i.S.d. § 1 Abs. 1a UStG und andere Formen der Rechtsnachfolge	57
IX.	Vereinfachungen bei der Berichtigung des Vorsteuerabzugs	58–64
X.	Aufzeichnungspflichten für die Berichtigung des Vorsteuerabzugs	65–68
XI.	Anwendungsregelung	69–71

Durch Artikel 5 Nr. 12 des Gesetzes zur Umsetzung von EU-Richtlinien in nationales Steuerrecht und zur Änderung weiterer Vorschriften vom 9. Dezember 2004 (Richtlinien-Umsetzungsgesetz – EURLUmsG), BGBl. I S. 3310, ist § 15a UStG neu gefasst worden. Damit wird Artikel 20 der 6. EG-Richtlinie vollständig in nationales Recht umgesetzt. Durch Artikel 6 Nr. 2 EURLUmsG wurde § 44 UStDV geändert. Die Änderungen sind am 1. Januar 2005 in Kraft getreten (Artikel 22 Abs. 5 EURLUmsG). Durch Artikel 5 Nr. 20 EURLUmsG ist § 27 Abs. 11 UStG angefügt worden. Danach sind die Neuregelungen auf Vorsteuerbeträge anzuwenden, deren zugrunde liegende Umsätze nach dem 31. Dezember 2004 ausgeführt werden. Unter Bezugnahme auf das Ergebnis der Erörterungen mit den obersten Finanzbehörden der Länder gilt Folgendes:

---

[1] Beachte auch die Änderung des § 15a UStG ab 01.01.2007, vgl. § 27 Abs. 12 UStG. Siehe dazu Abschn. 214 bis 219 UStR 2008/Abschnitt 15a.1. bis 15a.12. UStAE.

Anlage § 015a–03

I. Allgemeines
1. Anwendungsgrundsätze

Nach § 15 UStG entsteht das Recht auf Vorsteuerabzug bereits im Zeitpunkt des Leistungsbezugs (Abschnitt 203 UStR) oder im Fall der Voraus- oder Anzahlung im Zeitpunkt der Zahlung. Ändern sich bei den in Rz. 2 genannten Berichtigungsobjekten die für den ursprünglichen Vorsteuerabzug maßgebenden Verhältnisse, ist der Vorsteuerabzug zu berichtigen, wenn die Grenzen des § 44 UStDV überschritten werden (siehe Rz. 58f.). Durch § 15a UStG wird der Vorsteuerabzug so berichtigt, dass er den tatsächlichen Verhältnissen bei der Verwendung des Wirtschaftsguts oder der sonstigen Leistung entspricht. Als Wirtschaftsgüter i.S.d. § 15a UStG gelten die Gegenstände, an denen nach § 3 Abs. 1 UStG die Verfügungsmacht verschafft werden kann. Gegenstände i.S.d. § 3 Abs. 1 UStG sind körperliche Gegenstände, Sachgesamtheiten und solche Wirtschaftsgüter, die im Wirtschaftsverkehr wie körperliche Sachen behandelt werden (Abschnitt 24 Abs. 1 Sätze 1 und 2 UStR). Wird das Wirtschaftsgut bzw. die sonstige Leistung nicht nur einmalig zur Ausführung von Umsätzen verwendet, kommt es auf die tatsächlichen Verwendungsverhältnisse während des gesamten, im Einzelfall maßgeblichen Berichtigungszeitraums an. 1

Berichtigungsobjekte i.S.d. § 15a UStG sind: 2

a) Wirtschaftsgüter, die nicht nur einmalig zur Ausführung von Umsätzen verwendet werden (§ 15a Abs. 1 UStG).

Das sind in der Regel die Wirtschaftsgüter, die ertragsteuerrechtlich abnutzbares oder nicht abnutzbares (z.B. Grund und Boden) Anlagevermögen darstellen oder – sofern sie nicht zu einem Betriebsvermögen gehören – als entsprechende Wirtschaftsgüter anzusehen sind. Dies können auch immaterielle Wirtschaftsgüter, die Gegenstand einer Lieferung sind (z.B. bestimmte Computerprogramme, Firmenwert oder Mietereinbauten i.S.d. BMF-Schreibens vom 15.01.1976, IV B 2 – S 2133 – 1/76, BStBl. 1976 I S. 66), sein.

b) Wirtschaftsgüter, die nur einmalig zur Ausführung von Umsätzen verwendet werden (§ 15a Abs. 2 UStG).

Das sind im Wesentlichen die Wirtschaftsgüter, die ertragsteuerrechtlich Umlaufvermögen darstellen, wie z.B. die zur Veräußerung oder Verarbeitung bestimmten Wirtschaftsgüter. Ertragsteuerrechtliches Anlagevermögen kann ebenfalls betroffen sein, wenn es veräußert oder entnommen wird, bevor es zu anderen Verwendungsumsätzen gekommen ist.

c) [1]Nachträglich in ein Wirtschaftsgut eingehende Gegenstände, wenn diese Gegenstände dabei ihre körperliche und wirtschaftliche Eigenart endgültig verlieren (§ 15a Abs. 3 UStG).

Das ist der Fall, wenn diese Gegenstände nicht selbstständig nutzbar sind und mit dem Wirtschaftsgut in einem einheitlichen Nutzungs- und Funktionszusammenhang stehen. Auf eine Werterhöhung bei dem Wirtschaftsgut, in das die Gegenstände eingehen, kommt es nicht an.

Kein Gegenstand i.S.d. § 15a Abs. 3 UStG ist ein Gegenstand, der abtrennbar ist, seine körperliche oder wirtschaftliche Eigenart behält und damit ein selbstständiges Wirtschaftsgut bleibt.

Zu Beispielen vgl. Rz. 28.

Werden im Rahmen einer Maßnahme mehrere Lieferungen oder Werklieferungen ausgeführt, wird es nicht beanstandet, wenn diese Leistungen zu einem Berichtigungsobjekt zusammengefasst werden. Entsprechend Rz. 59 ist dann bei der Bestimmung der 1000 €-Grenze nach § 44 Abs. 1 UStDV von den gesamten Vorsteuerbeträgen auszugehen, die auf die Anschaffung oder Herstellung des durch die Zusammenfassung entstandenen Berichtigungsobjekts entfallen.

d) [1]Sonstige Leistungen an einem Wirtschaftsgut (§ 15a Abs. 3 UStG).

Es kommt nicht darauf an, ob die sonstige Leistung zu einer Werterhöhung des Wirtschaftsguts führt. Maßnahmen, die lediglich der Werterhaltung dienen, fallen demnach auch unter die Berichtigungspflicht nach § 15a Abs. 3 UStG.

Nicht unter die Verpflichtung zur Berichtigung des Vorsteuerabzugs nach § 15a Abs. 3 UStG fallen sonstige Leistungen, die bereits im Zeitpunkt des Leistungsbezugs wirtschaftlich verbraucht werden. Eine sonstige Leistung ist im Zeitpunkt des Leistungsbezugs dann nicht wirtschaftlich verbraucht, wenn ihr über den Zeitpunkt des Leistungsbezugs hinaus eine eigene Werthaltigkeit inne wohnt.

Zu Beispielen vgl. Rz. 34.

e) [1]Sonstige Leistungen, die nicht unter § 15a Abs. 3 Satz 1 UStG fallen (§ 15a Abs. 4 UStG).

Dies sind solche sonstigen Leistungen, die nicht an einem Wirtschaftsgut ausgeführt werden.

---

1) Überholt durch BMF-Schreiben vom 12.04.2007, BStBl. 2007 I S. 466; jetzt Abschnitt 271b UStR

1647

Anlage § 015a–03

Aus Vereinfachungsgründen wird es nicht beanstandet, wenn der Unternehmer die Berichtigung des Vorsteuerabzugs auf solche sonstigen Leistungen beschränkt, für die in der Steuerbilanz ein Aktivposten gebildet werden müsste. Dies gilt jedoch nicht, soweit es sich um sonstige Leistungen handelt, für die der Leistungsempfänger bereits für einen Zeitraum vor Ausführung der sonstigen Leistung den Vorsteuerabzug vornehmen konnte (Voraus- und Anzahlung). Unerheblich ist, ob der Unternehmer nach den §§ 140, 141 der Abgabenordnung (AO) tatsächlich zur Buchführung verpflichtet ist.

Zu Beispielen vgl. Rz. 44.

f) Nachträgliche Anschaffungs- oder Herstellungskosten (§ 15a Abs. 6 UStG).

Der Begriff der nachträglichen Anschaffungs- oder Herstellungskosten ist nach den für das Einkommensteuerrecht geltenden Grundsätzen abzugrenzen. Voraussetzung ist, dass die nachträglichen Aufwendungen für Berichtigungsobjekte nach § 15a Abs. 1 bis 4 UStG angefallen sind. Aufwendungen, die ertragsteuerrechtlich Erhaltungsaufwand sind, unterliegen der Vorsteuerberichtigung nach § 15a Abs. 3 UStG.

3 Bei der Berichtigung des Vorsteuerabzugs ist von den gesamten Vorsteuerbeträgen auszugehen, die auf die in Rz. 2 bezeichneten Berichtigungsobjekte entfallen. Dabei ist ein prozentuales Verhältnis des ursprünglichen Vorsteuerabzugs zum Vorsteuervolumen insgesamt zugrunde zu legen.

Beispiel 1:

Ein Unternehmer errichtet ein Bürogebäude. Die im Zusammenhang mit der Herstellung des Gebäudes in Rechnung gestellte Umsatzsteuer beträgt in den Jahren 01 150.000 € und 02 450.000 € (insgesamt 600.000 €). Die abziehbaren Vorsteuerbeträge nach § 15 UStG belaufen sich vor dem Zeitpunkt der erstmaligen Verwendung (Investitionsphase) auf 150.000 €, da der Unternehmer im Jahr 01 beabsichtigte, das Gebäude zu 100% für zum Vorsteuerabzug berechtigende Zwecke zu verwenden, während er im Jahr 02 beabsichtigte, das Gebäude nach der Fertigstellung zu 0% für zum Vorsteuerabzug berechtigende Zwecke zu verwenden. Diese Verwendungsabsicht wurde durch den Unternehmer jeweils schlüssig dargelegt.

Insgesamt in Rechnung gestellte Umsatzsteuer: 600.000 €

Ursprünglicher Vorsteuerabzug: 150.000 €

Ermittlung eines prozentualen Verhältnisses des ursprünglichen Vorsteuerabzugs zum Vorsteuervolumen insgesamt, das für eine Berichtigung nach § 15a UStG maßgebend ist:

$$150.000 \, € : 600.000 \, € = 25\%$$

Beispiel 2:

Unternehmer U schließt mit dem Fahrzeughändler H im Januar 01 einen Vertrag über die Lieferung eines Pkw ab. Der Pkw soll im Juli 01 geliefert werden. U leistet bei Vertragsschluss eine Anzahlung i.H.v. 20.000 € zzgl. 3.200 € USt. Bei Lieferung des Pkw im Juli 01 leistet U die Restzahlung von 60.000 € zzgl. 9.600 € USt. Im Zeitpunkt der Anzahlung beabsichtigte U, den Pkw ausschließlich zur Ausführung von zum Vorsteuerabzug berechtigenden Umsätzen zu nutzen. U kann die Verwendungsabsicht durch entsprechende Unterlagen nachweisen. Im Zeitpunkt der Lieferung steht hingegen fest, dass U den Pkw nunmehr ausschließlich zur Erzielung von nicht zum Vorsteuerabzug berechtigenden Umsätzen verwenden will.

U steht aus der Anzahlung der Vorsteuerabzug nach § 15 Abs. 1 Satz 1 Nr. 1 UStG zu, da er im Zeitpunkt der Anzahlung beabsichtigte, den Pkw für zum Vorsteuerabzug berechtigende Umsätze zu nutzen. Für die Restzahlung hingegen steht U der Vorsteuerabzug nicht zu.

Insgesamt in Rechnung gestellte Umsatzsteuer: 12.800 €

Ursprünglicher Vorsteuerabzug: 3.200 €

Ermittlung eines prozentualen Verhältnisses des ursprünglichen Vorsteuerabzugs zum Vorsteuervolumen insgesamt, das für eine Berichtigung nach § 15a UStG maßgebend ist:

$$3.200 \, € : 12.800 \, € = 25\%$$

4 In die Vorsteuerberichtigung sind alle Vorsteuerbeträge einzubeziehen ohne Rücksicht auf besondere ertragsteuerrechtliche Regelungen, z.B. sofort absetzbare Beträge oder Zuschüsse, die der Unternehmer erfolgsneutral behandelt, oder AfA, die auf die Zeit bis zur tatsächlichen Verwendung entfällt.

5 Führt die Berichtigung nach § 15a UStG zu einem erstmaligen Vorsteuerabzug, weil der Vorsteuerabzug beim Leistungsbezug nach § 15 Abs. 2 und 3 UStG ausgeschlossen war, dürfen nur die Vorsteuerbeträge

Anlage § 015a–03

angesetzt werden, für die die allgemeinen Voraussetzungen des § 15 Abs. 1 UStG vorliegen. Daher sind in diesen Fällen Vorsteuerbeträge, für die der Abzug zu versagen ist, weil keine ordnungsgemäße Rechnung oder kein zollamtlicher Einfuhrbeleg vorliegt, von der Berichtigung ausgenommen. Zu der Frage, wie zu verfahren ist, wenn die Voraussetzungen für den Vorsteuerabzug nach § 15 UStG erst nachträglich eintreten oder sich nachträglich ändern, siehe Rz. 24.

Eine Berichtigung des Vorsteuerabzugs ist nur möglich, wenn und soweit die bezogenen Leistungen im Zeitpunkt des Leistungsbezugs dem Unternehmen zugeordnet wurden. § 15a UStG ist daher insbesondere nicht anzuwenden, wenn 6

- ein Nichtunternehmer Leistungen bezieht und diese später unternehmerisch verwendet,
- der Unternehmer ein Wirtschaftsgut oder eine sonstige Leistung im Zeitpunkt des Leistungsbezugs seinem nichtunternehmerischen Bereich zuordnet (Abschnitt 192 Abs. 21 Nr. 2 UStR) und das Wirtschaftsgut oder die sonstige Leistung später für unternehmerische Zwecke verwendet (vgl. EuGH-Urteil vom 11.07.1991, Rs. C-97/90, HFR 1991 S. 730),
- an einem Wirtschaftsgut, das nicht dem Unternehmen zugeordnet wurde, eine Leistung i.S.d. § 15a Abs. 3 UStG ausgeführt wird, die ebenfalls nicht für das Unternehmen bezogen wird, und das Wirtschaftsgut später unternehmerisch verwendet wird,
- nichtunternehmerisch genutzte Gebäudeteile als separater Gegenstand beim Leistungsbezug dem nichtunternehmerischen Bereich zugeordnet und später unternehmerisch genutzt werden (z.B. bei Umwandlung bisheriger Wohnräume in Büroräume),
- der Unternehmer einen bezogenen Gegenstand zunächst zu weniger als 10% für sein Unternehmen nutzt und die Leistung deshalb gemäß § 15 Abs. 1 Satz 2 UStG als nicht für sein Unternehmen ausgeführt gilt und diese Grenze später überschritten wird.

2. Änderung der Verhältnisse

Verwendung i.S.d. § 15a UStG ist die tatsächliche Nutzung des Berichtigungsobjekts zur Erzielung von Umsätzen. Als Verwendung sind auch die Veräußerung und die unentgeltliche Wertabgabe nach § 3 Abs. 1b und 9a UStG anzusehen (vgl. BFH-Urteil vom 02.10.1986, V R 91/78, BStBl. 1987 II S. 44). Unter Veräußerung ist sowohl die Lieferung i.S.d. § 3 Abs. 1 UStG – z.B. auch die Verwertung in der Zwangsvollstreckung – als auch die Übertragung immaterieller Wirtschaftsgüter zu verstehen. Voraussetzung ist in allen Fällen, dass das Berichtigungsobjekt im Zeitpunkt dieser Umsätze objektiv noch verwendungsfähig ist. 7

Für die Frage, ob eine Änderung der Verhältnisse vorliegt, sind die Verhältnisse im Zeitpunkt der tatsächlichen Verwendung im Vergleich zum ursprünglichen Vorsteuerabzug entscheidend. Für den ursprünglichen Vorsteuerabzug ist die Verwendungsabsicht im Zeitpunkt des Leistungsbezugs entscheidend, im Fall der Anzahlung oder Vorauszahlung die im Zeitpunkt der Anzahlung oder Vorauszahlung gegebene Verwendungsabsicht (Abschnitt 203 Abs. 1 UStR). Eine Änderung der Verhältnisse i.S.d. § 15a UStG liegt z.B. vor, 8

a) wenn sich aufgrund der tatsächlichen Verwendung nach § 15 Abs. 2 und 3 UStG ein höherer oder niedrigerer Vorsteuerabzug im Vergleich zum ursprünglichen Vorsteuerabzug ergibt, z.B.
    - wenn der Unternehmer ein Berichtigungsobjekt innerhalb des Unternehmens für Ausgangsumsätze nutzt, welche den Vorsteuerabzug anders als ursprünglich ausschließen oder zulassen,
    - wenn der Unternehmer einen ursprünglich ausgeübten Verzicht auf eine Steuerbefreiung (§ 9 UStG) später nicht fortführt, oder
    - wenn sich das prozentuale Verhältnis ändert, nach dem die abziehbaren Vorsteuern ursprünglich gemäß § 15 Abs. 4 UStG aufgeteilt worden sind.
b) wenn das Wirtschaftsgut veräußert oder entnommen wird und dieser Umsatz hinsichtlich des Vorsteuerabzugs anders zu beurteilen ist als der ursprüngliche Vorsteuerabzug (§ 15a Abs. 8 UStG),
c) wenn der Unternehmer von der allgemeinen Besteuerung zur Nichterhebung der Steuer nach § 19 Abs. 1 UStG oder umgekehrt übergeht (§ 15a Abs. 7 UStG), ohne dass sich die Nutzung der Wirtschaftsgüter oder sonstigen Leistungen selbst geändert haben muss,
d) wenn der Unternehmer von der allgemeinen Besteuerung zur Durchschnittssatzbesteuerung nach den §§ 23, 23a und 24 UStG oder umgekehrt übergeht (§ 15a Abs. 7 UStG), ohne dass sich die Nutzung der Wirtschaftsgüter oder sonstigen Leistungen selbst geändert haben muss (zur Vorsteuerberichtigung bei Wirtschaftsgütern, die sowohl in einem gewerblichen Unternehmensteil als auch in einem landwirtschaftlichen Unternehmensteil (§ 24 UStG) eingesetzt werden, und zum Übergang von der allgemeinen Besteuerung zur Durchschnittssatzbesteuerung nach § 24 UStG oder umgekehrt siehe Rz. 50ff.),

Anlage § 015a–03

e) wenn sich eine Rechtsänderung nach dem Leistungsbezug auf die Beurteilung des Vorsteuerabzugs auswirkt, z.B. bei Wegfall oder Einführung einer den Vorsteuerabzug ausschließenden Steuerbefreiung (vgl. BFH-Urteil vom 14.05.1992, V R 79/87, BStBl. II S. 983),

f) wenn sich die rechtliche Beurteilung des ursprünglichen Vorsteuerabzugs später als unzutreffend erweist, sofern die Steuerfestsetzung für das Jahr des Leistungsbezugs bestandskräftig und unabänderbar ist (siehe Rz. 25).

9 Eine Geschäftsveräußerung i.S.d. § 1 Abs. 1a UStG stellt keine Änderung der Verhältnisse dar, weil der Erwerber an die Stelle des Veräußerers tritt (§ 1 Abs. 1a Satz 3 UStG, siehe im Übrigen Rz. 57).

10 Eine Berichtigung des Vorsteuerabzugs erfolgt bei Wirtschaftsgütern i.S.d. § 15a Abs. 1 UStG nur, wenn sich die Verhältnisse im maßgeblichen Berichtigungszeitraum ändern (siehe hierzu Rz. 15 bis 22). Dasselbe gilt für Berichtigungsobjekte des § 15a Absätze 3, 4 und 6 UStG, für die § 15a Abs. 1 UStG entsprechend anzuwenden ist.

II. Berichtigung nach § 15a Abs. 1 UStG bei Wirtschaftsgütern, die nicht nur einmalig zur Ausführung von Umsätzen verwendet werden

1. Besonderheiten bei der Änderung der Verhältnisse

11 Ändern sich im Laufe eines Kalenderjahres die Verhältnisse eines Wirtschaftsguts, das nicht nur einmalig zur Ausführung von Umsätzen verwendet wird, ist maßgebend, wie das Wirtschaftsgut während dieses gesamten Kalenderjahres verwendet wird.

Beispiel 3:

Ein Unternehmer erwirbt am 01.03.01 eine Maschine. Die dafür in Rechnung gestellte Umsatzsteuer beträgt 25.000 €. Er beabsichtigt zu diesem Zeitpunkt folgende Verwendung der Maschine:

– bis zum 30.06.01 nur zur Ausführung von zum Vorsteuerabzug berechtigenden Umsätzen

– und ab dem 01.07.01 ausschließlich zur Ausführung von Umsätzen, die den Vorsteuerabzug ausschließen.

Die tatsächliche Nutzung im Jahr 01 entspricht der Verwendungsabsicht beim Leistungsbezug. Am 01.10.03 veräußert der Unternehmer die Maschine steuerpflichtig.

Im Jahr 01 kann der Unternehmer im Zeitpunkt des Leistungsbezugs 40% der auf die Anschaffung der Maschine entfallenden Vorsteuern abziehen, weil er beabsichtigt, die Maschine von den 10 Monaten des Jahres 01 für 4 Monate, d.h. zu 40% für zum Vorsteuerabzug berechtigende und für 6 Monate, d.h. zu 60% für nicht zum Vorsteuerabzug berechtigende Umsätze zu verwenden. Da die Maschine im Jahr 01 entsprechend dieser Verwendungsabsicht verwendet wurde, ist der Vorsteuerabzug nicht zu berichtigen.

Im Jahr 02 wird die Maschine zu 0% für Umsätze verwendet, die zum Vorsteuerabzug berechtigen. Damit liegt eine Änderung gegenüber den für den ursprünglichen Vorsteuerabzug (40%) maßgeblichen Verhältnissen um 40 Prozentpunkte vor. Der Unternehmer muss die Vorsteuern entsprechend anteilig zurückzahlen.

Im Jahr 03 wird die Maschine 9 Monate für Umsätze verwendet, die den Vorsteuerabzug ausschließen. Die steuerpflichtige Veräußerung am 01.10.03 ist so zu behandeln, als ob die Maschine vom 01.10. bis zum 31.12. für zum Vorsteuerabzug berechtigende Umsätze verwendet worden wäre. Auf das Kalendejahr 03 bezogen sind 25% der Vorsteuern abziehbar (von den 12 Monaten des Jahres 03 berechtigen 3 Monate zum Vorsteuerabzug). Gegenüber dem ursprünglichen Vorsteuerabzug haben sich somit die Verhältnisse um 15 Prozentpunkte zu Lasten des Unternehmers geändert. Der Unternehmer muss die Vorsteuern entsprechend anteilig zurückzahlen.

Für die restlichen Kalenderjahre des Berichtigungszeitraums ist die Veräußerung ebenfalls wie eine Verwendung für zu 100% zum Vorsteuerabzug berechtigende Umsätze anzusehen. Die Änderung der Verhältnisse gegenüber dem ursprünglichen Vorsteuerabzug beträgt somit für diese Kalenderjahre jeweils 60 Prozentpunkte. Der Unternehmer hat einen entsprechend anteiligen nachträglichen Vorsteuerabzug. Die Berichtigung ist bereits für den Voranmeldungszeitraum durchzuführen, in dem die Veräußerung stattgefunden hat (§ 44 Abs. 4 Satz 3 UStDV, siehe hierzu Rz. 62).

Die Berechnung stellt sich wie folgt dar:

Ursprünglicher Vorsteuerabzug (Ermittlung eines prozentualen Verhältnisses des ursprünglichen Vorsteuerabzugs zum Vorsteuervolumen insgesamt): 10.000 € (40% von 25.000 €).

Berichtigungszeitraum: 01.03.01 bis 28.02.06 (siehe Rz. 15)

Anlage § 015a–03

Tatsächliche zum Vorsteuerabzug berechtigende Verwendung im Berichtigungszeitraum:
Jahr 01:
Vorsteuer zu 40% abziehbar
4 Monate x 100% = 400
6 Monate x   0% =   0
$\overline{\qquad\qquad}$
400 : 10 Monate = 40%. Keine Berichtigung erforderlich.

Vorsteuerberichtigung wegen Änderung der Verhältnisse im Vergleich zum ursprünglichen Vorsteuerabzug:
Jahr 02 :
Vorsteuer zu 0% abziehbar statt zu 40%
40% der auf das Jahr 02 entfallenden Vorsteuer (= 5.000 € x 40% = 2000 €) sind zurückzuzahlen.
Jahr 03:
Vorsteuer zu 25% abziehbar statt zu 40%
9 Monate x   0% =   0
3 Monate x 100% = 300
$\overline{\qquad\qquad}$
300 : 12 Monate = 25%

15% der auf das Jahr 03 entfallenden Vorsteuer (= 5.000 € x 15% = 750 €) sind zurückzuzahlen.

Im Jahr 03 ist aber zugleich die Berichtigung des Vorsteuerabzugs für die Kalenderjahre 04 bis 06 (bis zum Ende des Berichtigungszeitraums am 28.02.06) in einem Betrag vorzunehmen. Für die Jahre 04 und 05 jeweils 60% (100% Vorsteuerabzug statt 40%) und für das Jahr 06 60% x $^2/_{12}$ des auf das Kalenderjahr entfallenden Berichtigungsbetrags.

Der Berichtigungsbetrag im Jahr 03 beträgt daher insgesamt:

Vorsteuerberichtigung zu Lasten aus 03:	5000 € x 15%	= – 750 €
Vorsteuerberichtigung zu Gunsten aus 04:	5000 € x 60%	= + 3000 €
Vorsteuerberichtigung zu Gunsten aus 05:	5000 € x 60%	= + 3000 €
Vorsteuerberichtigung zu Gunsten aus 06:	5000 € x 60% x $^2/_{12}$	= + 500 €
Gesamtberichtigung in 03 zu Gunsten:		+ 5750 €

Bei bebauten und unbebauten Grundstücken können sich die Verhältnisse insbesondere in folgenden **12** Fällen ändern:

a) Nutzungsänderungen, insbesondere durch:
– Übergang von einer durch Option nach § 9 UStG steuerpflichtigen Vermietung zu einer nach § 4 Nr. 12 Satz 1 Buchst. a UStG steuerfreien Vermietung oder umgekehrt,
– Übergang von der Verwendung eigengewerblich genutzter Räume, die zur Erzielung zum Vorsteuerabzug berechtigender Umsätze verwendet werden, zu einer nach § 4 Nr. 12 Satz 1 Buchst. a UStG steuerfreien Vermietung oder umgekehrt,
– Übergang von einer steuerfreien Vermietung nach Artikel 67 Abs. 3 NATO-ZAbk zu einer nach § 4 Nr. 12 Satz 1 Buchst. a UStG steuerfreien Vermietung oder umgekehrt,
– Änderung des Vorsteueraufteilungsschlüssels bei Grundstücken, die sowohl zur Ausführung von Umsätzen, die zum Vorsteuerabzug berechtigen, als auch für Umsätze, die den Vorsteuerabzug ausschließen, verwendet werden (Abschnitte 207 und 208 UStR, BMF-Schreiben vom 24.11.2004, IV A 5 – S 7306 – 4/04, BStBl. I S. 1125[1]) und siehe Rz. 24);

b) Veräußerungen, die nicht als Geschäftsveräußerungen i.S.d. § 1 Abs. 1a UStG anzusehen sind, insbesondere:
– nach § 4 Nr. 9 Buchst. a UStG steuerfreie Veräußerung ganz oder teilweise eigengewerblich und vorsteuerunschädlich genutzter, ursprünglich steuerpflichtig vermieteter oder auf Grund des Artikels 67 Abs. 3 NATO-ZAbk steuerfrei vermieteter Grundstücke (siehe auch Rz. 8),
– durch wirksame Option nach § 9 UStG steuerpflichtige Veräußerung ursprünglich ganz oder teilweise nach § 4 Nr. 12 Satz 1 Buchst. a UStG steuerfrei vermieteter Grundstücke,

---
1) Siehe Anlage § 015-40

Anlage § 015a–03

- die entgeltliche Übertragung eines Miteigentumsanteils an einem ursprünglich teilweise steuerfrei vermieteten Grundstück auf einen Familienangehörigen, wenn die Teiloption beim Verkauf nicht in dem Verhältnis der bisherigen Nutzung ausgeübt wird (siehe Abschnitt 148 Abs. 6 UStR);

c) unentgeltliche Wertabgaben, die nicht im Rahmen einer Geschäftsveräußerung nach § 1 Abs. 1a UStG erfolgen, und die steuerfrei sind, weil der Unternehmer das Grundstück vor dem 01.07.2004 angeschafft oder hergestellt hat (vgl. hierzu BMF-Schreiben vom 13.04.2004, IV B 7 – S 7300 – 26/04, BStBl. I S. 469), insbesondere

- unentgeltliche Übertragung ganz oder teilweise eigengewerblich vorsteuerunschädlich genutzter, ursprünglich steuerpflichtig vermieteter oder auf Grund des Artikels 67 Abs. 3 NATO-ZAbk steuerfrei vermieteter Grundstücke, z.B. an Familienangehörige (vgl. BFH-Urteil vom 25.06. 1987, V R 92/78, BStBl. II S. 655),

- unentgeltliche Nießbrauchsbestellung an einem entsprechend genutzten Grundstück, z.B. an Familienangehörige (vgl. BFH-Urteil vom 16.09.1987, X R 51/81, BStBl. 1988 II S. 205),

- unentgeltliche Übertragung des Miteigentumsanteils an einem entsprechend genutzten Grundstück, z.B. an Familienangehörige (vgl. BFH-Urteil vom 27.04.1994, XI R 85/92, BStBl. 1995 II S. 30).

13 Eine Lieferung eines Gegenstands (Verschaffung der Verfügungsmacht) setzt die Übertragung von Substanz, Wert und Ertrag voraus. Die Verfügungsmacht an einem Mietgrundstück ist mangels Ertragsübergangs noch nicht verschafft, solange der Lieferer dieses aufgrund seines Eigentums wie bislang für Vermietungsumsätze verwendet. Das gilt auch für eine unentgeltliche Lieferung des Mietwohngrundstücks. Solange die Verfügungsmacht nicht übergegangen ist, liegt keine unentgeltliche Wertabgabe vor und keine durch sie verursachte Änderung der Verwendungsverhältnisse i.S.d. § 15a UStG (vgl. BFH-Urteil vom 18.11.1999, V R 13/99, BStBl. 2000 II S. 153).

14 Steht ein Gebäude im Anschluss an seine erstmalige Verwendung für eine bestimmte Zeit ganz oder teilweise leer, ist bis zur tatsächlichen erneuten Verwendung des Wirtschaftsguts anhand der Verwendungsabsicht (Abschnitt 203 UStR) zu entscheiden, ob sich die für den ursprünglichen Vorsteuerabzug maßgebenden Verhältnisse ändern. Keine Änderung der Verhältnisse liegt dabei vor, wenn im Anschluss an eine zum Vorsteuerabzug berechtigende Verwendung auch künftig zum Vorsteuerabzug berechtigende Umsätze ausgeführt werden sollen (vgl. BFH-Urteil vom 25.04.2002, V R 58/00, BStBl. 2003 II S. 435). Dagegen kann die Änderung der Verwendungsabsicht oder die spätere tatsächliche Verwendung zu einer Vorsteuerberichtigung führen.

2. Berichtigungszeitraum nach § 15a Abs. 1 UStG

a) Beginn und Dauer des Berichtigungszeitraums nach § 15a Abs. 1 UStG

15 Der Zeitraum, für den eine Berichtigung des Vorsteuerabzugs durchzuführen ist, beträgt grundsätzlich volle fünf Jahre ab dem Beginn der erstmaligen tatsächlichen Verwendung (siehe Rz. 7). Bei Grundstücken einschließlich ihrer wesentlichen Bestandteile, bei Berechtigungen, für die die Vorschriften des bürgerlichen Rechts über Grundstücke gelten, und bei Gebäuden auf fremdem Grund und Boden verlängert sich der Berichtigungszeitraum auf volle zehn Jahre. Bei Wirtschaftsgütern mit einer kürzeren Verwendungsdauer ist der entsprechend kürzere Berichtigungszeitraum anzusetzen (§ 15a Abs. 5 Satz 2 UStG). Ob von einer kürzeren Verwendungsdauer auszugehen ist, beurteilt sich nach der betriebsgewöhnlichen Nutzungsdauer, die nach ertragsteuerrechtlichen Grundsätzen für das Wirtschaftsgut anzusetzen ist. § 45 UStDV ist zur Ermittlung des Beginns des Berichtigungszeitraums analog anzuwenden.

16 Wird ein Wirtschaftsgut, z.B. ein Gebäude, bereits entsprechend dem Baufortschritt verwendet, noch bevor es insgesamt fertig gestellt ist, ist für jeden gesondert in Verwendung genommenen Teil des Wirtschaftsguts ein besonderer Berichtigungszeitraum anzunehmen. Diese Berichtigungszeiträume beginnen jeweils zu dem Zeitpunkt, zu dem der einzelne Teil des Wirtschaftsguts erstmalig verwendet wird. Der einzelnen Berichtigung sind jeweils die Vorsteuerbeträge zugrunde zu legen, die auf den entsprechenden Teil des Wirtschaftsguts entfallen. Wird dagegen ein fertiges Wirtschaftsgut nur teilweise gebraucht oder gemessen an seiner Einsatzmöglichkeit nicht voll genutzt, besteht ein einheitlicher Berichtigungszeitraum für das ganze Wirtschaftsgut, der mit dessen erstmaliger teilweiser Verwendung beginnt. Dabei ist für die nicht genutzten Teile des Wirtschaftsguts (z.B. eines Gebäudes) die Verwendungsabsicht maßgebend.

17 Steht ein Gebäude vor der erstmaligen Verwendung leer, beginnt der Berichtigungszeitraum nach § 15a Abs. 1 UStG erst mit der erstmaligen tatsächlichen Verwendung.

Anlage § 015a–03

Beispiel 4:

Ein Unternehmer errichtet ein Bürogebäude. Die im Zusammenhang mit der Herstellung des Gebäudes in Rechnung gestellte Umsatzsteuer beträgt in den Jahren 01 100.000 € und 02 300.000 € (insgesamt 400.000 €). Die abziehbaren Vorsteuerbeträge nach § 15 UStG belaufen sich vor dem Zeitpunkt der erstmaligen Verwendung auf 100.000 €, da der Unternehmer im Jahr 01 beabsichtigte und dies schlüssig dargelegt hat, das Gebäude nach Fertigstellung zu 100% für zum Vorsteuerabzug berechtigende Zwecke zu verwenden, während er im Jahr 02 beabsichtigte, das Gebäude nach Fertigstellung zu 0% für zum Vorsteuerabzug berechtigende Zwecke zu verwenden. Das Gebäude steht nach der Investitionsphase ein Jahr leer (Jahr 03). Ab dem Jahr 04 wird das Gebäude zu 100% für zum Vorsteuerabzug berechtigende Umsätze verwendet.

Insgesamt in Rechnung gestellte Umsatzsteuer: 400.000 €

Ursprünglicher Vorsteuerabzug (Ermittlung eines prozentualen Verhältnisses des ursprünglichen Vorsteuerabzugs zum Vorsteuervolumen insgesamt): 100.000 € (25% von 400.000 €).

Zeitpunkt der erstmaligen Verwendung: 01.01.04

Dauer des Berichtigungszeitraums: 01.01.04 bis 31.12.13

Tatsächliche zum Vorsteuerabzug berechtigende Verwendung im Berichtigungszeitraum:

ab Jahr 04: 100%

Änderung der Verhältnisse:

ab Jahr 04 : 75% (100% statt 25%)

Vorsteuerberichtigung pro Jahr:

(400.000 € / 10 Jahre = 40.000 € pro Jahr)

ab Jahr 04: jährlich 30.000 € (40.000 € x 75%) nachträglicher Vorsteuererstattungsanspruch

Auch für Leistungsbezüge während des Leerstands vor der erstmaligen Verwendung richtet sich der Vorsteuerabzug nach der im Zeitpunkt des jeweiligen Leistungsbezugs gegebenen Verwendungsabsicht (Abschnitt 203 UStR).

Wird ein dem Unternehmen zugeordnetes Wirtschaftsgut zunächst unentgeltlich überlassen, beginnt der Berichtigungszeitraum mit der unentgeltlichen Überlassung, unabhängig davon, ob die unentgeltliche Überlassung zu einer steuerbaren unentgeltlichen Wertabgabe führt. **18**

b) Ende des Berichtigungszeitraums nach § 15a Abs. 1 UStG

Endet der maßgebliche Berichtigungszeitraum während eines Kalenderjahres, sind nur die Verhältnisse zu berücksichtigen, die bis zum Ablauf dieses Zeitraums eingetreten sind. **19**

Beispiel 5:

Der Berichtigungszeitraum für ein Wirtschaftsgut endet am 31.08.01. In diesem Kalenderjahr hat der Unternehmer das Wirtschaftsgut bis zum 30.06. nur zur Ausführung zum Vorsteuerabzug berechtigender Umsätze und vom 01.07. bis zum 09.10. ausschließlich zur Ausführung nicht zum Vorsteuerabzug berechtigender Umsätze verwendet. Am 10.10.01 veräußert er das Wirtschaftsgut steuerpflichtig.

Bei der Berichtigung des Vorsteuerabzugs für das Jahr 01 sind nur die Verhältnisse bis zum 31.08. zu berücksichtigen. Da das Wirtschaftsgut in diesem Zeitraum 6 Monate für zum Vorsteuerabzug berechtigende und 2 Monate für nicht zum Vorsteuerabzug berechtigende Umsätze verwendet wurde, sind 25% des auf das Jahr 01 entfallenden Vorsteueranteils nicht abziehbar.

Die auf die Zeit ab 01.09.01 entfallende Verwendung und die Veräußerung liegen außerhalb des Berichtigungszeitraums und bleiben deshalb bei der Prüfung, inwieweit eine Änderung der Verhältnisse gegenüber dem ursprünglichen Vorsteuerabzug vorliegt, außer Betracht.

Endet der Berichtigungszeitraum innerhalb eines Kalendermonats, ist das für die Berichtigung maßgebliche Ende nach § 45 UStDV zu ermitteln. **20**

Beispiel 6:

Unternehmer U hat am 10.01.01 eine Maschine angeschafft, die er zunächst wie geplant ab diesem Zeitpunkt zu 90% zur Erzielung von zum Vorsteuerabzug berechtigenden Umsätzen und zu 10% zur Erzielung von nicht zum Vorsteuerabzug berechtigenden Umsätzen verwendet. Die Vorsteuern aus der Anschaffung betragen 80.000 €. Ab dem 01.08.01 nutzt U die Maschine nur noch zu 10% für zum Vorsteuerabzug berechtigende Umsätze.

Anlage § 015a–03

Insgesamt in Rechnung gestellte Umsatzsteuer: 80.000 €

Ursprünglicher Vorsteuerabzug (Ermittlung eines prozentualen Verhältnisses des ursprünglichen Vorsteuerabzugs zum Vorsteuervolumen insgesamt): 72.000 € (90% von 80.000 €)

Zeitpunkt der erstmaligen Verwendung: 10.01.01

Dauer des Berichtigungszeitraums: 01.01.01 bis 31.12.05 (nach § 45 UStDV bleibt der Januar 06 für die Berichtigung unberücksichtigt, da der Berichtigungszeitraum vor dem 16.01.06 endet; entsprechend beginnt der Berichtigungszeitraum dann mit dem 01.01.01, siehe Rz. 15)

Tatsächliche zum Vorsteuerabzug berechtigende Verwendung im Berichtigungszeitraum:

Jahr 01

Nutzung Januar bis Juli 01	$7 \times 90\%$	$= 630$
Nutzung August bis Dezember 01	$5 \times 10\%$	$= \underline{50}$
		$680 : 12$ Monate $= 56,7$

Änderung der Verhältnisse:

Jahr 01: 33,3% (56,7% statt 90%)

ab Jahr 02: jeweils 80% (10% statt 90%)

Vorsteuerberichtigung pro Jahr:

(80.000 € / 5 Jahre = 16.000 € pro Jahr)

Jahr 01 =   ./. 5.328 € (16.000 € x 33,3%)
ab Jahr 02 jeweils = ./. 12.800 € (16.000 € x 80%)

Beispiel 7:

Wie Beispiel 6, nur Anschaffung und Verwendungsbeginn der Maschine am 20.01.01.

Insgesamt in Rechnung gestellte Umsatzsteuer: 80.000 €

Ursprünglicher Vorsteuerabzug (Ermittlung eines prozentualen Verhältnisses des ursprünglichen Vorsteuerabzugs zum Vorsteuervolumen insgesamt): 72.000 € (90% von 80.000 €)

Zeitpunkt der erstmaligen Verwendung: 20.01.01

Dauer des Berichtigungszeitraums: 01.02.01 bis 31.01.06 (nach § 45 UStDV ist der Januar 06 für die Berichtigung voll zu berücksichtigen, da der Berichtigungszeitraum nach dem 15.01.06 endet; entsprechend beginnt der Berichtigungszeitraum dann mit dem 01.02.01, siehe Rz. 15)

Tatsächliche zum Vorsteuerabzug berechtigende Verwendung im Berichtigungszeitraum:

Jahr 01

Nutzung Februar bis Juli 01	$6 \times 90\%$	$= 540$
Nutzung August bis Dezember 01	$5 \times 10\%$	$= \underline{50}$
		$590 : 11$ Monate $= 53,6$

Änderung der Verhältnisse:

Jahr 01: 36,4% (53,6% statt 90%)

ab Jahr 02: jeweils 80% (10% statt 90%)

Vorsteuerberichtigung pro Jahr:

(80.000 € / 5 Jahre = 16.000 € pro Jahr)

Jahr 01 =   ./. 5.338 € (16.000 € x 36,4% x $^{11}/_{12}$)
Jahr 02 bis 05 jeweils = ./. 12.800 € (16.000 € x 80%)
Jahr 06 =   ./. 1.066 € (16.000 € x 80% x $^{1}/_{12}$)

21 Kann ein Wirtschaftsgut vor Ablauf des Berichtigungszeitraums wegen Unbrauchbarkeit vom Unternehmer nicht mehr zur Ausführung von Umsätzen verwendet werden, endet damit der Berichtigungszeitraum. Eine Veräußerung des nicht mehr verwendungsfähigen Wirtschaftsguts als Altmaterial bleibt für die Berichtigung des Vorsteuerabzuges unberücksichtigt. Siehe auch Rz. 63.

22 Wird das Wirtschaftsgut vor Ablauf des Berichtigungszeitraums veräußert oder nach § 3 Abs. 1b UStG geliefert, verkürzt sich hierdurch der Berichtigungszeitraum nicht. Veräußerung und unentgeltliche Wertabgabe nach § 3 Abs. 1b UStG sind so anzusehen, als ob das Wirtschaftsgut bis zum Ablauf des

Anlage § 015a–03

maßgeblichen Berichtigungszeitraums entsprechend der umsatzsteuerrechtlichen Behandlung dieser Umsätze weiterhin innerhalb des Unternehmens verwendet worden wäre (§ 15a Abs. 9 UStG). Die Berichtigung ist bereits für den Voranmeldungszeitraum durchzuführen, in dem die Veräußerung oder unentgeltliche Wertabgabe stattgefunden hat (§ 44 Abs. 4 Satz 3 UStDV, siehe hierzu Rz. 62).

Beispiel 8:

Ein Betriebsgrundstück, das vom 01.01.01 bis zum 31.10.01 innerhalb des Unternehmens zur Ausführung zum Vorsteuerabzug berechtigender Umsätze verwendet worden ist, wird am 01.11.01 nach § 4 Nr. 9 Buchst. a UStG steuerfrei veräußert (kein Fall des § 1 Abs. 1a UStG).

Für die Berichtigung des Vorsteuerabzugs ist die Veräußerung so anzusehen, als ob das Grundstück ab dem Zeitpunkt der Veräußerung bis zum Ablauf des Berichtigungszeitraums nur noch zur Ausführung von Umsätzen verwendet würde, die den Vorsteuerabzug ausschließen. Die Berichtigung ist bereits für den Voranmeldungszeitraum durchzuführen, in dem die Veräußerung stattgefunden hat.

3. Berichtigungsverfahren nach § 15a Abs. 1 UStG

Die Berichtigung des Vorsteuerabzugs ist jeweils für den Voranmeldungszeitraum bzw. das Kalenderjahr vorzunehmen, in dem sich die für den ursprünglichen Vorsteuerabzug maßgebenden Verhältnisse geändert haben (siehe Rz. 7ff.). Dabei sind die Vereinfachungsregelungen des § 44 UStDV zu beachten (siehe Rz. 58ff.). Weicht die tatsächliche Verwendung von den für den ursprünglichen Vorsteuerabzug maßgebenden Verhältnissen ab, wird die Berichtigung des Vorsteuerabzugs nicht durch eine Änderung der Steuerfestsetzung des Jahres der Inanspruchnahme des Vorsteuerabzugs nach den Vorschriften der AO, sondern verteilt auf den Berichtigungszeitraum von 5 bzw. 10 Jahren „pro rata temporis" vorgenommen. Dabei ist für jedes Kalenderjahr des Berichtigungszeitraums von den in § 15a Abs. 5 UStG bezeichneten Anteilen der Vorsteuerbeträge auszugehen. Beginnt oder endet der Berichtigungszeitraum innerhalb eines Kalenderjahres, ist für diese Kalenderjahre jeweils nicht der volle Jahresanteil der Vorsteuerbeträge, sondern nur der Anteil anzusetzen, der den jeweiligen Kalendermonaten entspricht. 23

Beispiel 9:

Auf ein Wirtschaftsgut mit einem Berichtigungszeitraum von 5 Jahren entfällt eine Vorsteuer von insgesamt 5.000 €. Der Berichtigungszeitraum beginnt am 01.04.01 und endet am 31.03.06. Bei der Berichtigung ist für die einzelnen Jahre jeweils von einem Fünftel der gesamten Vorsteuer (= 1.000 €) auszugehen. Der Berichtigung des Jahres 01 sind 9 Zwölftel dieses Betrags (= 750 €) und der des Jahres 06 3 Zwölftel dieses Betrags (= 250 €) zu Grunde zu legen.

Sind die Voraussetzungen für den Vorsteuerabzug nicht schon im Zeitpunkt des Leistungsbezugs, sondern erst mit Beginn der tatsächlichen erstmaligen Verwendung erfüllt, z.B. weil die zum Vorsteuerabzug berechtigende Rechnung vor Beginn der tatsächlichen erstmaligen Verwendung noch nicht vorgelegen hat, kann die Vorsteuer erst abgezogen werden, wenn die Voraussetzungen des § 15 Abs. 1 UStG insgesamt vorliegen. Auch hierbei beurteilt sich die Berechtigung zum Vorsteuerabzug nach der Verwendung im Zeitpunkt des Leistungsbezugs (Abschnitt 203 UStR). Von diesen Verhältnissen ist auch bei der Berichtigung auszugehen. Folglich ist im Zeitpunkt des erstmaligen Vorsteuerabzugs gleichzeitig eine eventuell notwendige Berichtigung des Vorsteuerabzugs für die bereits abgelaufenen Teile des Berichtigungszeitraums vorzunehmen. 24

Beispiel 10:

Ein im Jahr 01 neu errichtetes Gebäude, auf das eine Vorsteuer von 50.000 € entfällt, wird im Jahr 02 erstmalig tatsächlich verwendet. Die Rechnung mit der gesondert ausgewiesenen Steuer erhält der Unternehmer aber erst im Jahr 04. Der Unternehmer hat bereits während der Bauphase schlüssig dargelegt, dass er das Gebäude zum Vorsteuerabzug berechtigend vermieten will. Das Gebäude wurde tatsächlich wie folgt verwendet:

– im Jahr 02 nur zur Ausführung zum Vorsteuerabzug berechtigender Umsätze;

– im Jahr 03 je zur Hälfte zur Ausführung zum Vorsteuerabzug berechtigender und nicht zum Vorsteuerabzug berechtigender Umsätze;

– im Jahr 04 nur zur Ausführung nicht zum Vorsteuerabzug berechtigender Umsätze.

Da der Unternehmer schlüssig dargelegt hat, dass er beabsichtigte, das Gebäude nach der Fertigstellung im Jahr 02 ausschließlich für zum Vorsteuerabzug berechtigende Umsätze zu verwenden, kann er nach § 15 Abs. 1 UStG die Vorsteuer von 50.000 € voll abziehen. Der Abzug ist jedoch erst im Jahr 04 zulässig. Bei der Steuerfestsetzung für dieses Jahr ist dieser Abzug aber gleichzeitig insoweit zu berichtigen, als für die Jahre 03 und 04 eine Änderung der Verhältnisse gegenüber der

1655

Anlage § 015a–03

im Zeitpunkt des Leistungsbezugs dargelegten Verwendungsabsicht eingetreten ist. Diese Änderung beträgt für das Jahr 03 50% und für das Jahr 04 100%. Entsprechend dem zehnjährigen Berichtigungszeitraum ist bei der jährlichen Berichtigung von einem Zehntel der Vorsteuer von 50.000 € (= 5.000 €) auszugehen. Es sind für das Jahr 03 die Hälfte dieses Vorsteueranteils, also 2.500 €, und für das Jahr 04 der volle Vorsteueranteil von 5.000 € vom Abzug ausgeschlossen. Im Ergebnis vermindert sich somit die bei der Steuerfestsetzung für das Jahr 04 abziehbare Vorsteuer von 50.000 € um (2.500 € + 5.000 € =) 7.500 € auf 42.500 €.

Beispiel 11:

Ein Unternehmer (Immobilienfonds) errichtet ein Bürogebäude. Die im Zusammenhang mit der Herstellung des Gebäudes in Rechnung gestellte Umsatzsteuer beträgt in den Jahren 01 150.000 € und 02 150.000 € (insgesamt 300.000 €). Für einen weiteren Leistungsbezug des Jahres 01 liegt eine Rechnung mit gesondertem Ausweis der Umsatzsteuer i.H.v. 100.000 € erst in 04 vor. Die insgesamt in Rechnung gestellte Umsatzsteuer beträgt somit 400.000 €.

Der Unternehmer beabsichtigte im Jahr 01 eine zu 100% und im Jahr 02 eine zu 0% zum Vorsteuerabzug berechtigende Verwendung des Gebäudes. Die Verwendungsabsicht wurde durch den Unternehmer jeweils schlüssig dargelegt. Das Gebäude wird erstmals ab dem Jahr 03 verwendet, und zwar zu 0% für zum Vorsteuerabzug berechtigende Umsätze.

Die abziehbaren Vorsteuerbeträge nach § 15 UStG belaufen sich vor dem Zeitpunkt der erstmaligen Verwendung (Investitionsphase) auf 150.000 € für die in 01 bezogenen Leistungen.

Jahr 03:

Insgesamt in Rechnung gestellte Umsatzsteuer: 300.000 €

Ursprünglicher Vorsteuerabzug: 150.000 € (entspricht 50% von 300.000 €)

Zeitpunkt der erstmaligen Verwendung: 01.01.03

Dauer des Berichtigungszeitraums: 01.01.03 bis 31.12.12

Tatsächliche zum Vorsteuerabzug berechtigende Verwendung in 03: 0%

Vorsteuerberichtigung wegen Änderung der Verhältnisse im Vergleich zum ursprünglichen Vorsteuerabzug: Vorsteuer zu 0% abziehbar statt zu 50%.

Berichtigungsbetrag: 50% von $^{1}/_{10}$ von 300.000 € = 15.000 € sind zurückzuzahlen

Jahr 04:

Da der Unternehmer das Gebäude im Jahr 01 ausschließlich für zum Vorsteuerabzug berechtigende Umsätze verwenden wollte, kann er nach § 15 Abs. 1 UStG die Vorsteuer für den weiteren Leistungsbezug von 100.000 € voll abziehen. Der Abzug ist erst im Jahr 04 zulässig.

Bei der Steuerfestsetzung für dieses Jahr ist dieser Abzug aber gleichzeitig insoweit zu berichtigen, als für die Jahre 03 und 04 eine Änderung der Verhältnisse gegenüber der im Zeitpunkt des Leistungsbezuges dargelegten Verwendungsabsicht eingetreten ist.

Berichtigung im Jahr 04:

Ingesamt in Rechnung gestellte Umsatzsteuer: 400.000 €

Ursprünglicher Vorsteuerabzug: 250.000 € (62,5% x 400.000 €).

Tatsächliche zum Vorsteuerabzug berechtigende Verwendung in 03 und 04: 0%

Vorsteuerberichtigung wegen Änderung der Verhältnisse im Vergleich zum ursprünglichen Vorsteuerabzug: Vorsteuer zu 0% abziehbar statt zu 62,5%

Berichtigungsbetrag für 03 und 04 je: 62,5% x $^{1}/_{10}$ x 400.000 € = 25.000 €. Für 03 erfolgte bereits eine Rückzahlung von 15.000 €. Daher ist in 04 noch eine Vorsteuerberichtigung für 03 i.H.v. 10.000 € zuungunsten des Unternehmers vorzunehmen.

Im Ergebnis vermindert sich somit die bei der Steuerfestsetzung für das Jahr 04 abziehbare Vorsteuer von 100.000 € um (10.000 € für 03 + 25.000 € für 04 =) 35.000 € auf 65.000 €.

Entsprechend ist zu verfahren, wenn der ursprünglich in Betracht kommende Vorsteuerabzug nach § 17 UStG oder deswegen zu berichtigen ist, weil später festgestellt wird, dass objektive Anhaltspunkte für die vorgetragene Verwendungsabsicht im Zeitpunkt des Leistungsbezugs nicht vorlagen, die Verwendungsabsicht nicht in gutem Glauben erklärt wurde oder ein Fall von Betrug oder Missbrauch vorliegt (Abschnitt 203 Abs. 5 UStR, siehe jedoch die vorrangige Berichtigung nach den verfahrensrechtlichen Vorschriften – Rz. 25).

Anlage § 015a–03

War der ursprünglich vorgenommene Vorsteuerabzug aus der Sicht des § 15 Abs. 2 bis 4 UStG sachlich unrichtig, weil der Vorsteuerabzug ganz oder teilweise zu Unrecht vorgenommen wurde oder unterblieben ist, ist die unrichtige Steuerfestsetzung nach den Vorschriften der AO zu ändern. Ist eine Änderung der unrichtigen Steuerfestsetzung hiernach nicht mehr zulässig, bleibt die ihr zu Grunde liegende unzutreffende Beurteilung des Vorsteuerabzugs für alle Kalenderjahre des Berichtigungszeitraums maßgebend, in denen nach verfahrensrechtlichen Vorschriften eine Änderung der Festsetzung, in der über den Vorsteuerabzug entschieden wurde, noch möglich war. Zur Unabänderbarkeit von Steuerfestsetzungen der Abzugsjahre vgl. BFH-Urteil vom 05.02.1998, V R 66/94, BStBl. II S. 361. Führt die rechtlich richtige Würdigung des Verwendungsumsatzes in einem noch nicht bestandskräftigen Jahr des Berichtigungszeitraums – gemessen an der tatsächlichen und nicht mehr änderbaren Beurteilung des ursprünglichen Vorsteuerabzugs – zu einer anderen Beurteilung des Vorsteuerabzugs, liegt eine Änderung der Verhältnisse vor (vgl. BFH-Urteile vom 12.06.1997, V R 36/95, BStBl. II S. 589, vom 13.11.1997, V R 140/93, BStBl. 1998 II S. 36, und vom 05.02.1998, V R 66/94, BStBl. II S. 361). Der Vorsteuerabzug kann in allen noch änderbaren Steuerfestsetzungen für die Kalenderjahre des Berichtigungszeitraums, in denen eine Änderung der Steuerfestsetzung des Vorsteuerabzugs nach verfahrensrechtlichen Vorschriften nicht mehr möglich war, sowohl zugunsten als auch zuungunsten des Unternehmers nach § 15a UStG berichtigt werden. 25

Beispiel 12:

Im Jahr 01 (Jahr des Leistungsbezugs) wurde der Vorsteuerabzug für ein gemischt genutztes Gebäude zu 100% (= 100.000 €) gewährt, obwohl im Zeitpunkt des Leistungsbezugs beabsichtigt war, das Gebäude nach Fertigstellung zu 50% zur Ausführung nicht zum Vorsteuerabzug berechtigender Umsätze zu verwenden und somit nur ein anteiliger Vorsteuerabzug von 50.000 € hätte gewährt werden dürfen. Die Steuerfestsetzung für das Jahr des Leistungsbezugs ist bereits zu Beginn des Kalenderjahres 03 abgabenrechtlich nicht mehr änderbar. In den Jahren 02 bis 11 wird das Gebäude zu 50% zur Ausführung zum Vorsteuerabzug berechtigender Umsätze verwendet.

Obwohl sich die tatsächliche Verwendung des Gebäudes nicht von der im Zeitpunkt des Leistungsbezugs gegebenen Verwendungsabsicht unterscheidet, sind ab dem Jahr 03 jeweils 50% von einem Zehntel des gewährten Vorsteuerabzugs von 100.000 € (= 5.000 € pro Jahr) zurückzuzahlen.

Beispiel 13:

Wie Beispiel 12, nur ist die Steuerfestsetzung des Jahres 01 erst ab Beginn des Kalenderjahres 05 abgabenrechtlich nicht mehr änderbar.

Obwohl sich die tatsächliche Verwendung des Gebäudes nicht von der im Zeitpunkt des Leistungsbezugs gegebenen Verwendungsabsicht unterscheidet, sind ab dem Jahr 05 jeweils 50% von einem Zehntel des zu Unrecht gewährten Vorsteuerabzugs von 100.000 € (= 5.000 € pro Jahr) zurückzuzahlen. Eine Berichtigung des zu Unrecht gewährten Vorsteuerabzugs für die Kalenderjahre 02 bis 04 unterbleibt.

III. Berichtigung nach § 15a Abs. 2 UStG bei Wirtschaftsgütern, die nur einmalig zur Ausführung eines Umsatzes verwendet werden

1. Berichtigungszeitraum nach § 15a Abs. 2 UStG

Die Berichtigung nach § 15a Abs. 2 UStG unterliegt, gegenüber dem fünf- bzw. zehnjährigen Berichtigungszeitraum nach § 15a Abs. 1 UStG, keinem Berichtigungszeitraum. Eine Vorsteuerberichtigung erfolgt im Zeitpunkt der tatsächlichen Verwendung, wenn diese von der ursprünglichen Verwendungsabsicht beim Erwerb abweicht. Es ist unbeachtlich, wann die tatsächliche Verwendung erfolgt. 26

2. Berichtigungsverfahren nach § 15a Abs. 2 UStG

Die Berichtigung ist für den Voranmeldungszeitraum bzw. das Kalenderjahr vorzunehmen, in dem das Berichtigungsobjekt abweichend von der ursprünglichen Verwendungsabsicht verwendet wird. 27

Beispiel 14:

Unternehmer U erwirbt am 01.07.01 ein Grundstück zum Preis von 2.000.000 €. Der Verkäufer des Grundstücks hat im notariell beurkundeten Kaufvertrag auf die Steuerbefreiung verzichtet (§ 9 Abs. 3 Satz 2 UStG). U möchte das Grundstück unter Verzicht auf die Steuerbefreiung nach § 4 Nr. 9 Buchst. a UStG weiterveräußern, so dass er die von ihm geschuldete Umsatzsteuer nach § 15 Abs. 1 Satz 1 Nr. 4 i.V.m. § 13b Abs. 1 Satz 1 Nr. 3 UStG als Vorsteuer abzieht. Am 01.07.03 veräußert er das Grundstück entgegen seiner ursprünglichen Planung an eine hoheitlich tätige juristische Per-

Anlage § 015a–03

son des öffentlichen Rechts, so dass die Veräußerung des Grundstücks nicht nach § 9 Abs. 1 UStG als steuerpflichtig behandelt werden kann und nach § 4 Nr. 9 Buchst. a UStG steuerfrei ist.

Die tatsächliche steuerfreie Veräußerung schließt gemäß § 15 Abs. 2 UStG den Vorsteuerabzug aus und führt damit zu einer Änderung der Verhältnisse im Vergleich zu den für den ursprünglichen Vorsteuerabzug maßgebenden Verhältnissen. Da das Grundstück nur einmalig zur Ausführung eines Umsatzes verwendet wird, ist der gesamte ursprüngliche Vorsteuerabzug i.H.v. 320.000 € gemäß § 15a Abs. 2 UStG im Zeitpunkt der Verwendung für den Besteuerungszeitraum der Veräußerung zu berichtigen. Der Vorsteuerbetrag ist demnach für den Monat Juli 03 zurückzuzahlen.

Beispiel 15:

Wie Beispiel 14, nur erfolgt die tatsächliche steuerfreie Veräußerung erst 18 Jahre nach dem steuerpflichtigen Erwerb des Grundstücks. Das Grundstück ist zwischenzeitlich tatsächlich nicht genutzt worden.

Da § 15a Abs. 2 UStG keinen Berichtigungszeitraum vorsieht, muss auch hier die Vorsteuer gemäß § 15a Abs. 2 UStG berichtigt werden. U hat den Vorsteuerbetrag i.H.v. 320.000 € für den Voranmeldungszeitraum der Veräußerung zurückzuzahlen.

IV. Berichtigung nach § 15a Abs. 3 UStG bei Bestandteilen und sonstigen Leistungen an Gegenständen

1. Bestandteile

28 Unter der Voraussetzung, dass in ein Wirtschaftsgut (das ertragsteuerrechtlich entweder Anlagevermögen oder Umlaufvermögen ist) nachträglich ein anderer Gegenstand eingeht und dieser Gegenstand dabei seine körperliche und wirtschaftliche Eigenart endgültig verliert (Bestandteil), ist der Vorsteuerabzug bei Änderung der Verwendungsverhältnisse nach Maßgabe von § 15a Abs. 1 oder Abs. 2 UStG zu berichtigen. Bestandteile sind alle nicht selbstständig nutzbaren Gegenstände, die mit dem Wirtschaftsgut in einem einheitlichen Nutzungs- und Funktionszusammenhang stehen (s.a. Abschnitt 24b Abs. 2 UStR). Es kommt nicht darauf an, dass der Bestandteil zu einer Werterhöhung dieses Wirtschaftsguts geführt hat. Kein Bestandteil ist ein eingebauter Gegenstand, der abtrennbar ist, seine körperliche oder wirtschaftliche Eigenart behält und damit ein selbstständiger – entnahmefähiger – Gegenstand bleibt. Zum Begriff der Betriebsvorrichtungen als selbstständige Wirtschaftsgüter vgl. Abschnitt 85 UStR.

Bestandteile können beispielsweise sein:

- Klimaanlage, fest eingebautes Navigationssystem, Austauschmotor oder leistungsfähigerer Motor in einem Kraftfahrzeug,
- Klimaanlage, Einbauküche, Fenster, angebaute Balkone oder Aufzüge in einem Gebäude.

In der Regel keine Bestandteile eines Kraftfahrzeugs werden beispielsweise:

- Funkgerät,
- nicht fest eingebautes Navigationsgerät,
- Autotelefon,
- Radio.

29 Maßnahmen, die auf nachträgliche Anschaffungs- oder Herstellungskosten i.S.d. § 15a Abs. 6 UStG entfallen, und bei denen es sich um Bestandteile handelt, unterliegen vorrangig der Berichtigungspflicht nach § 15a Abs. 6 UStG.

30 Eine Berichtigung „pro rata temporis" ist nur dann vorzunehmen, wenn es sich bei dem Wirtschaftsgut, in das der Bestandteil eingegangen ist, um ein solches handelt, das nicht nur einmalig zur Erzielung von Umsätzen verwendet wird. Für den Bestandteil gilt dabei ein eigenständiger Berichtigungszeitraum, dessen Dauer sich danach bestimmt, in welches Wirtschaftsgut nach § 15a Abs. 1 UStG der Bestandteil eingeht. Die Verwendungsdauer des Bestandteils wird nicht dadurch verkürzt, dass der Gegenstand als Bestandteil in ein anderes Wirtschaftsgut einbezogen wird (§ 15a Abs. 5 Satz 3 UStG).

Beispiel 16:

Unternehmer U lässt am 01.01.04 für 20.000 € zzgl. 3.200 € gesondert ausgewiesener Umsatzsteuer einen neuen Motor in einen im Jahr 01 ins Unternehmensvermögen eingelegten Pkw einbauen. Die ihm berechnete Umsatzsteuer zieht er nach § 15 Abs. 1 Satz 1 Nr. 1 UStG als Vorsteuer ab, da die Nutzung des Pkw im Zusammenhang mit steuerpflichtigen Ausgangsumsätzen erfolgt.

Ab Januar 05 verwendet U den Pkw nur noch im Zusammenhang mit steuerfreien Ausgangsumsätzen, die den Vorsteuerabzug nach § 15 Abs. 2 Satz 1 Nr. 1 UStG ausschließen.

Damit haben sich ab Januar 05 die Verwendungsverhältnisse geändert, weil der Pkw nun nicht mehr mit steuerpflichtigen, sondern mit steuerfreien Ausgangsumsätzen im Zusammenhang steht. Für die Aufwendungen für den als Bestandteil des Pkw eingebauten Motor ist eine Vorsteuerberichtigung nach § 15a Abs. 3 UStG vorzunehmen. Hierfür sind die Aufwendungen unabhängig von der betriebsgewöhnlichen Nutzungsdauer des Pkw auf einen fünfjährigen Berichtigungszeitraum zu verteilen.

Es ergibt sich folgender Betrag, der bis zum Ablauf des Berichtigungszeitraums jährlich als Berichtigungsbetrag zurückzuzahlen ist:

Insgesamt in Rechnung gestellte Umsatzsteuer: 3.200 €

Ursprünglicher Vorsteuerabzug: 3.200 €

Dauer des Berichtigungszeitraums: 01.01.04 bis 31.12.08

Tatsächliche zum Vorsteuerabzug berechtigende Verwendung im Berichtigungszeitraum:

Jahr 04: 100%

ab Jahr 05: 0%

Änderung der Verhältnisse:

ab Jahr 05 = 100% (0% statt 100%)

Vorsteuerberichtigung pro Jahr ab Jahr 05:

(3.200 € / 5 Jahre = 640 € pro Jahr)

ab Jahr 05 = 640 € zurückzuzahlende Vorsteuer

Beispiel 17:

Unternehmer U lässt am 01.01.01 für 100.000 € zzgl. 16.000 € gesondert ausgewiesener Umsatzsteuer ein neues Hallentor in ein Fabrikgebäude einbauen. Die ihm in Rechnung gestellte Umsatzsteuer zieht er nach § 15 Abs. 1 Satz 1 Nr. 1 UStG als Vorsteuer ab, da die Nutzung des Gebäudes im Zusammenhang mit steuerpflichtigen Ausgangsumsätzen erfolgt. Der Berichtigungszeitraum des Gebäudes endet am 30.06.02.

Ab Januar 02 verwendet U das Gebäude nur noch im Zusammenhang mit steuerfreien Ausgangsumsätzen, die den Vorsteuerabzug nach § 15 Abs. 2 Satz 1 Nr. 1 UStG ausschließen.

Damit haben sich ab Januar 02 die Verwendungsverhältnisse sowohl für das Hallentor als auch für das Fabrikgebäude geändert. Für die Aufwendungen für das als Bestandteil des Gebäudes eingebaute Hallentor ist eine Vorsteuerberichtigung nach § 15a Abs. 3 UStG vorzunehmen. Hierfür sind die Aufwendungen unabhängig von der betriebsgewöhnlichen Nutzungsdauer des Gebäudes und unabhängig von der Dauer des Restberichtigungszeitraums des Gebäudes auf einen zehnjährigen Berichtigungszeitraum, der am 01.01.01 beginnt und am 31.12.10 endet, zu verteilen. Unabhängig davon ist für das Fabrikgebäude der Vorsteuerabzug für den am 30.06.02 endenden Berichtigungszeitraum zu berichtigen.

Eine kürzere Verwendungsdauer des Bestandteils ist zu berücksichtigen (§ 15a Abs. 5 Satz 2 UStG). Soweit innerhalb eines Kalenderjahres mehrere Leistungen Eingang in ein Wirtschaftsgut finden, sind diese Leistungen für Zwecke der Berichtigung des Vorsteuerabzugs nicht zusammenzufassen.

Handelt es sich bei dem Wirtschaftsgut, in das der Bestandteil eingegangen ist, um ein solches, das nur einmalig zur Erzielung eines Umsatzes verwendet wird, ist die Berichtigung des Vorsteuerabzugs nach den Grundsätzen des § 15a Abs. 2 UStG vorzunehmen.

2. Sonstige Leistungen an einem Wirtschaftsgut

Unter der Voraussetzung, dass an einem Wirtschaftsgut eine sonstige Leistung ausgeführt wird, ist der Vorsteuerabzug bei Änderung der Verwendungsverhältnisse nach Maßgabe von § 15a Abs. 1 oder Abs. 2 UStG zu berichtigen. Unter die Berichtigungspflicht nach § 15a Abs. 3 UStG fallen nur solche sonstigen Leistungen, die unmittelbar an einem Wirtschaftsgut ausgeführt werden. Es kommt nicht darauf an, ob die sonstige Leistung zu einer Werterhöhung des Wirtschaftsguts führt. Auch Maßnahmen, die lediglich der Werterhaltung dienen, fallen demnach unter die Berichtigungspflicht nach § 15a Abs. 3 UStG.

Nicht unter die Verpflichtung zur Berichtigung des Vorsteuerabzugs nach § 15a Abs. 3 UStG fallen sonstige Leistungen, die bereits im Zeitpunkt des Leistungsbezugs wirtschaftlich verbraucht sind. Eine sonstige Leistung ist im Zeitpunkt des Leistungsbezugs dann nicht wirtschaftlich verbraucht, wenn ihr

Anlage § 015a–03

über den Zeitpunkt des Leistungsbezugs hinaus eine eigene Werthaltigkeit inne wohnt. Leistungen, die bereits im Zeitpunkt des Leistungsbezugs wirtschaftlich verbraucht sind, werden sich insbesondere auf die Unterhaltung und den laufenden Betrieb des Wirtschaftsguts beziehen. Hierzu gehören z.B. bei Grundstücken Reinigungsleistungen (auch Fensterreinigung) oder laufende Gartenpflege sowie Wartungsarbeiten z.B. an Aufzugs- oder Heizungsanlagen.

34 Soweit es sich um eine sonstige Leistung handelt, die nicht bereits im Zeitpunkt des Leistungsbezugs wirtschaftlich verbraucht ist, unterliegt diese der Berichtigungspflicht nach § 15a Abs. 3 UStG. Dazu gehören auch sonstige Leistungen, die dem Gebrauch oder der Erhaltung des Gegenstands dienen. Solche Leistungen sind z.B.

   – der Fassadenanstrich eines Gebäudes,

   – Fassadenreinigungen an einem Gebäude,

   – die Neulackierung eines Kraftfahrzeugs,

   – Renovierungsarbeiten (auch in gemieteten Geschäftsräumen),

   – der Neuanstrich eines Schiffs,

   – die Generalüberholung einer Aufzugs- oder einer Heizungsanlage.

35 Eine Berichtigung „pro rata temporis" ist nur dann vorzunehmen, wenn es sich bei dem Wirtschaftsgut i.S.d. § 15a Abs. 3 UStG um ein solches handelt, das nicht nur einmalig zur Erzielung von Umsätzen verwendet wird. Dabei gilt für die an dem Wirtschaftsgut ausgeführten sonstigen Leistungen ein eigenständiger Berichtigungszeitraum, dessen Dauer sich danach bestimmt, an welchem Wirtschaftsgut nach § 15a Abs. 1 UStG die sonstige Leistung ausgeführt wird. Eine kürzere Verwendungsdauer der sonstigen Leistung ist jedoch zu berücksichtigen (§ 15a Abs. 5 Satz 2 UStG).

36 Wird ein Wirtschaftsgut, an dem eine sonstige Leistung ausgeführt wurde, veräußert oder entnommen, liegt unter den Voraussetzungen des § 15a Abs. 8 UStG eine Änderung der Verwendungsverhältnisse vor mit der Folge, dass auch der Vorsteuerabzug für die an dem Wirtschaftsgut ausgeführte sonstige Leistung nach § 15a Abs. 3 UStG zu berichtigen ist.

   Beispiel 18:

   Unternehmer U führt als Arzt zu 50% zum Vorsteuerabzug berechtigende und zu 50% nicht zum Vorsteuerabzug berechtigende Umsätze aus. Am 01.01.01 erwirbt U einen Pkw, für den er den Vorsteuerabzug entsprechend der beabsichtigten Verwendung zu 50% vornimmt. Am 01.01.03 lässt U an dem Pkw eine Effektlackierung anbringen. Die darauf entfallende Vorsteuer zieht U ebenfalls zu 50% ab. Am 01.01.04 veräußert U den Pkw.

   Die Veräußerung des Pkw ist steuerpflichtig. In der Lieferung liegt eine Änderung gegenüber den für den ursprünglichen Vorsteuerabzug maßgeblichen Verhältnissen (§ 15a Abs. 8 UStG). Der Vorsteuerabzug für den Pkw ist für die zwei restlichen Jahre des Berichtigungszeitraums zugunsten von U für den Monat der Veräußerung zu berichtigen.

   Die Veräußerung des Pkw stellt in Bezug auf die an dem Pkw ausgeführte Effektlackierung ebenfalls eine Änderung gegenüber den für den ursprünglichen Vorsteuerabzug maßgeblichen Verhältnissen dar (§ 15a Abs. 8 UStG). Der Vorsteuerabzug für die sonstige Leistung ist für die restlichen vier Jahre des Berichtigungszeitraums zugunsten von U für den Monat der Veräußerung zu berichtigen (§ 15a Abs. 3 UStG, § 44 Abs. 4 Satz 3 i.V.m. Abs. 5 UStDV).

   Beispiel 19:

   Unternehmer U nutzt ein Gebäude ausschließlich zur Erzielung von zum Vorsteuerabzug berechtigenden Umsätzen. Am 01.01.01 lässt U die Fassade des Gebäudes streichen. U nimmt entsprechend der weiter beabsichtigten Verwendung des Gebäudes den Vorsteuerabzug zu 100% vor. Am 01.01.02 veräußert U das Gebäude steuerfrei.

   Die Veräußerung des Gebäudes stellt in Bezug auf die an dem Gebäude ausgeführte sonstige Leistung eine Änderung gegenüber den für den ursprünglichen Vorsteuerabzug maßgeblichen Verhältnissen dar (§ 15a Abs. 8 UStG). Des Weiteren ist der Vorsteuerabzug für die sonstige Leistung für die restlichen neun Jahre des Berichtigungszeitraums zulasten von U für den Monat der Veräußerung zu berichtigen (§ 15a Abs. 3 UStG, § 44 Abs. 4 Satz 3 i.V.m. Abs. 5 UStDV).

37 Handelt es sich hingegen um ein Wirtschaftsgut, das nur einmalig zur Erzielung eines Umsatzes verwendet wird, ist die Berichtigung nach den Grundsätzen des § 15a Abs. 2 UStG vorzunehmen.

Anlage § 015a–03

3. Entnahme eines Wirtschaftsguts aus dem Unternehmen (§ 15a Abs. 3 Satz 2 UStG)

Wird dem Unternehmensvermögen ein Wirtschaftsgut entnommen, das bei seiner Anschaffung oder **38** Herstellung nicht zum Vorsteuerabzug berechtigt hatte, für das aber nachträglich Aufwendungen i.S.d. § 15a Abs. 3 UStG getätigt wurden, die zum Vorsteuerabzug berechtigten, gelten die nachfolgenden Rz. 39 bis 42.

Hat der Unternehmer in das Wirtschaftsgut einen anderen Gegenstand eingefügt, der dabei seine kör- **39** perliche und wirtschaftliche Eigenart endgültig verloren hat und hat dieser Gegenstand bei dem Unternehmer zum Vorsteuerabzug berechtigt war, und hat dieser Gegenstand zu einer im Zeitpunkt der Entnahme nicht vollständig verbrauchten Werterhöhung geführt (Bestandteil nach Abschnitt 24b Abs. 2 Satz 3 UStR), unterliegt bei einer Entnahme des Wirtschaftsguts nur dieser Gegenstand der Umsatzbesteuerung nach § 3 Abs. 1b UStG. Für eine Vorsteuerberichtigung nach § 15a Abs. 3 Satz 2 UStG ist insoweit kein Raum. Eine Vorsteuerberichtigung nach § 15a Abs. 8 UStG bleibt unberührt.

Ist dagegen die durch den Bestandteil verursachte Werterhöhung im Zeitpunkt der Entnahme voll- **40** ständig verbraucht, ist die Entnahme insgesamt nicht steuerbar. In diesem Fall liegt in der Entnahme eine Änderung der Verhältnisse i.S.d. § 15a Abs. 3 Satz 2 UStG.

Beispiel 20:

Unternehmer U erwirbt in 01 einen Pkw von einer Privatperson für 50.000 €. Am 01.04.02 lässt er von einer Werkstatt für 2.000 € eine Windschutzscheibe einbauen. Die Vorsteuer i.H.v. 320 € macht er geltend. Als er den Pkw am 31.12.04 entnimmt, hat der Wert der Windschutzscheibe den aktuellen Wert des Pkw nach der sog. Schwacke-Liste im Zeitpunkt der Entnahme nicht erhöht.

Die Windschutzscheibe, für die U der Vorsteuerabzug gemäß § 15 Abs. 1 Satz 1 Nr. 1 UStG zustand, ist in den Pkw eingegangen und hat dabei ihre körperliche und wirtschaftliche Eigenart endgültig verloren. Nur die Entnahme der Windschutzscheibe könnte somit steuerbar gemäß § 3 Abs. 1b Satz 1 Nr. 1 UStG sein, da U für einen in das Wirtschaftsgut eingegangenen Gegenstand den Vorsteuerabzug in Anspruch genommen hat. Da jedoch im Zeitpunkt der Entnahme keine Werterhöhung durch den Gegenstand mehr vorhanden ist, ist die Entnahme nicht steuerbar (Abschnitt 24b Abs. 2 Satz 3 UStR).

U hat grundsätzlich eine Berichtigung des Vorsteuerabzugs nach § 15a Abs. 3 Satz 2 UStG vorzunehmen. Nach § 44 Abs. 1 i.V.m. Abs. 5 UStDV unterbleibt jedoch eine Berichtigung, da der auf die Windschutzscheibe entfallende Vorsteuerbetrag 1.000 € nicht übersteigt.

Hat der Unternehmer dem Wirtschaftsgut keinen Bestandteil zugefügt, hat also der eingebaute Gegen- **41** stand seine Eigenständigkeit behalten, liegen für umsatzsteuerrechtliche Zwecke zwei getrennt zu beurteilende Entnahmen vor. In diesen Fällen kann die Entnahme des eingebauten Gegenstands auch zu einer Vorsteuerberichtigung führen, wenn die Entnahme anders zu beurteilen ist als die für den ursprünglichen Vorsteuerabzug maßgebliche Verwendung (§ 15a Abs. 8 UStG). Eine Berichtigung gemäß § 15a Abs. 3 UStG scheidet insoweit aus.

Soweit an dem Wirtschaftsgut eine sonstige Leistung ausgeführt wird und das Wirtschaftsgut später **42** entnommen wird, ohne dass eine unentgeltliche Wertabgabe nach § 3 Abs. 1b Satz 1 Nr. 1 UStG zu besteuern ist, liegt ebenfalls eine Änderung der Verhältnisse vor (§ 15a Abs. 3 Satz 2 UStG).

Beispiel 21:

U kauft am 01.05.01 einen Pkw von einer Privatperson zu einem Preis von 50.000 €. Am 01.07.01 lässt er in einer Vertragswerkstatt eine Inspektion durchführen (200 € zzgl. 32 € USt), in den dafür vorgesehenen Standardschacht ein Autoradio einbauen (1.500 € zzgl. 240 € USt) und den Pkw neu lackieren (7.500 € zzgl. 1.200 € USt). U macht diese Vorsteuerbeträge ebenso wie den Vorsteuerabzug aus den laufenden Kosten geltend. Am 31.12.03 entnimmt U den Pkw.

Die Neulackierung des Pkw ist eine sonstige Leistung, die im Zeitpunkt des Leistungsbezugs nicht wirtschaftlich verbraucht ist (siehe Rz. 34). Die Inspektion ist bei Leistungsbezug wirtschaftlich verbraucht. Das eingebaute Autoradio stellt, weil es ohne Funktionsverlust wieder entfernt werden kann, keinen Bestandteil des Pkw dar, sondern bleibt eigenständiges Wirtschaftsgut (siehe Rz. 28).

Da der Pkw nicht zum vollen oder teilweisen Vorsteuerabzug berechtigt hatte und in den Pkw kein Bestandteil eingegangen ist, ist die Entnahme des Pkw am 31.12.03 nicht gemäß § 3 Abs. 1b Satz 1 Nr. 1 UStG steuerbar (§ 3 Abs. 1b Satz 2 UStG). Bezüglich der sonstigen Leistung „Neulackierung" ist jedoch gemäß § 15a Abs. 3 UStG eine Vorsteuerberichtigung durchzuführen, da der Wert der Neulackierung im Zeitpunkt der Entnahme noch nicht vollständig verbraucht ist. Das Autoradio

Anlage § 015a–03

unterliegt als selbstständiges Wirtschaftsgut, für das der Vorsteuerabzug in Anspruch genommen wurde, der Besteuerung gemäß § 3 Abs. 1b Satz 1 Nr. 1 UStG. Bemessungsgrundlage ist gemäß § 10 Abs. 4 Satz 1 Nr. 1 UStG der Einkaufspreis zzgl. Nebenkosten zum Zeitpunkt der Entnahme. Eine Vorsteuerberichtigung gemäß § 15a UStG hinsichtlich der laufenden Kosten kommt nicht in Betracht.

Für die Lackierung in Rechnung gestellte Umsatzsteuer: 1.200 €

Ursprünglicher Vorsteuerabzug: 1.200 €

Zeitpunkt der erstmaligen Verwendung: 01.07.01

Dauer des Berichtigungszeitraums: 01.07.01 bis 30.06.06

Tatsächliche zum Vorsteuerabzug berechtigende Verwendung im Berichtigungszeitraum:

Jahr 01 bis 03 = 100%

Änderung der Verhältnisse:

ab Jahr 04 = 100% (0% statt 100%)

Vorsteuerberichtigung pro Jahr:

(1.200 € / 5 Jahre = 240 € pro Jahr)

Jahr 04 und 05 =   je 240 € (240 € x 100%),
Jahr 06 =   120 € (240 € x 100% x $^6/_{12}$).

Die Berichtigung des Vorsteuerabzugs ist für die Jahre 04 bis 06 zusammengefasst in der Voranmeldung für Dezember 03 vorzunehmen (§ 44 Abs. 4 Satz 3 UStDV).

V. Berichtigung nach § 15a Abs. 4 UStG bei sonstigen Leistungen, die nicht an einem Wirtschaftsgut ausgeführt werden

43 Eine Vorsteuerberichtigung nach § 15a Abs. 4 UStG ist vorzunehmen, wenn der Unternehmer eine sonstige Leistung bezieht, die nicht in einen Gegenstand eingeht oder an diesem ausgeführt wird und deren Verwendung anders zu beurteilen ist, als dies zum Zeitpunkt des Leistungsbezugs beabsichtigt war.

44 Sonstige Leistungen, die unter die Berichtigungspflicht nach § 15a Abs. 4 UStG fallen, sind beispielsweise:
– Beratungsleistungen (z.B. für ein Unternehmenskonzept, eine Produktkonzeption),
– gutachterliche Leistungen,
– Anmietung eines Wirtschaftsguts,
– Patente, Urheberrechte, Lizenzen,
– bestimmte Computerprogramme,
– Werbeleistungen,
– Anzahlung für längerfristiges Mietleasing.

45 Wird die sonstige Leistung mehrfach zur Erzielung von Einnahmen verwendet, erfolgt die Vorsteuerberichtigung „pro rata temporis" (§ 15a Abs. 4 i.V.m. Abs. 5 UStG). Wird die bezogene sonstige Leistung hingegen nur einmalig zur Erzielung von Umsätzen verwendet, erfolgt die Berichtigung des gesamten Vorsteuerbetrags unmittelbar für den Zeitpunkt der Verwendung.

46 Aus Vereinfachungsgründen wird es nicht beanstandet, wenn der Unternehmer die Berichtigung des Vorsteuerabzugs auf solche sonstigen Leistungen beschränkt, für die in der Steuerbilanz ein Aktivposten gebildet werden müsste. Dies gilt jedoch nicht, soweit es sich um sonstige Leistungen handelt, für die der Leistungsempfänger bereits vor ihrer Vollendung für einen Zeitraum vor Ausführung der sonstigen Leistung den Vorsteuerabzug vornehmen konnte (Voraus- und Anzahlung). Unerheblich ist, ob der Unternehmer nach den §§ 140, 141 der Abgabenordnung (AO) tatsächlich zur Buchführung verpflichtet ist.

47 Sonstige Leistungen sind umsatzsteuerrechtlich grundsätzlich erst im Zeitpunkt ihrer Vollendung ausgeführt (Abschnitt 177 Abs. 3 Satz 1 UStR). Werden sonstige Leistungen i.S.d. § 15a Abs. 4 i.V.m. Abs. 1 UStG bereits vor ihrer Vollendung im Unternehmen des Leistungsempfängers verwendet, kommt eine Berichtigung des Vorsteuerabzugs bereits vor Leistungsbezug (Vollendung) in denjenigen Fällen in Betracht, in denen bereits vor Leistungsbezug die Voraussetzungen für den Vorsteuerabzug nach § 15 UStG gegeben sind (Zahlung vor Ausführung der Leistung). Auch hier ist die Berichtigung des Vor-

Anlage § 015a–03

steuerabzugs durchzuführen, wenn sich im Zeitpunkt der Verwendung die Verhältnisse gegenüber den für den ursprünglichen Vorsteuerabzug maßgebenden Verhältnissen ändern.

Beispiel 22:

Unternehmer U schließt mit dem Vermieter V einen Vertrag über die Anmietung eines Bürogebäudes (Fertigstellung vor dem 01.01.1998 und Baubeginn vor dem 01.01.1993) über eine Laufzeit von fünf Jahren beginnend am 01.01.01. Da U beabsichtigt, in den Büroräumen zum Vorsteuerabzug berechtigende Umsätze auszuführen, vermietet V das Gebäude unter Verzicht auf die Steuerbefreiung (§ 4 Nr. 12 Satz 1 Buchst. a i.V.m. § 9 Abs. 1 und 2 UStG) zum Pauschalpreis von 1.000.000 € zzgl. 160.000 € Umsatzsteuer für die gesamte Mietlaufzeit. Vereinbarungsgemäß zahlt U die vertraglich vereinbarte Miete zum Beginn der Vertragslaufzeit und macht entsprechend den Vorsteuerabzug geltend.

Ab dem 01.01.02 nutzt U das Gebäude bis zum Vertragsende am 31.12.05 nur noch zur Erzielung von nicht zum Vorsteuerabzug berechtigenden Umsätzen.

U wäre bei bestehender Buchführungspflicht nach handelsrechtlichen Grundsätzen verpflichtet, für die vorausbezahlte Miete für die Jahre 02 bis 05 einen Rechnungsabgrenzungsposten zu bilanzieren.

Bei der von V erbrachten Leistung handelt es sich nicht um Teilleistungen. U ist nach § 15a Abs. 4 i.V.m. Abs. 1 UStG verpflichtet, die Vorsteuer in den Jahren 02 bis 05 um jeweils 32.000 € (160.000 € / 5 Jahre) zu berichten.

Beispiel 23:

Unternehmer U ist Chirurg und schließt mit A einen für die Zeit vom 01.01.01 bis zum 31.12.07 befristeten Leasingvertrag für ein medizinisches Gerät ab. Als Leasingvorauszahlung wird ein Betrag von 100.000 € zzgl. 16.000 € Umsatzsteuer vereinbart; Teilleistungen liegen nach der vertraglichen Vereinbarung nicht vor. U leistet im Januar 01 die gesamte Leasingvorauszahlung. U beabsichtigt bei Zahlung, das Gerät zur Ausführung zum Vorsteuerabzug berechtigender Ausgangsumsätze (Schönheitsoperationen) zu verwenden. Er macht für den Januar 01 deshalb den Vorsteuerabzug in voller Höhe geltend und nutzt das Gerät ab 01.01.01. Tatsächlich kommt es ab dem 01.01.03 jedoch nur noch zur Erzielung nicht zum Vorsteuerabzug berechtigender Ausgangsumsätze. Bei der Leasingvorauszahlung handelt es sich um eine Ausgabe, die nach handelsrechtlichen Grundsätzen als Rechnungsabgrenzungsposten zu bilanzieren wäre.

Umsatzsteuerrechtlich ist davon auszugehen, dass es sich um eine Zahlung für eine sonstige Leistung handelt, die nicht mit der erstmaligen Verwendung verbraucht ist. Der Vorsteuerabzug ist nach § 15a Abs. 4 i.V.m. Abs. 1 UStG „pro rata temporis" zu berichten. Der Berichtigungszeitraum beträgt fünf Jahre, beginnt am 01.01.01 und endet am 31.12.05, obwohl der Leasingvertrag bis zum 31.12.07 befristet ist.

U muss für die Jahre 03 bis 05 jeweils 3.200 € im Rahmen der Berichtigung des Vorsteuerabzugs zurückzahlen.

Beispiel 24:

Unternehmer U schließt am 01.02.01 mit Vermieter V einen Vertrag über die Anmietung eines Pavillons für die Dauer vom 01.09.01 bis zum 15.09.01 zum Preis von 7.500 € zzgl. 1.200 € USt. Vereinbarungsgemäß zahlt U bereits bei Vertragsschluss das vereinbarte Mietentgelt und macht für den Februar 01 den Vorsteuerabzug geltend, da er beabsichtigt, in dem Pavillon zum Vorsteuerabzug berechtigende Umsätze (Veräußerung von Kraftfahrzeugen) auszuführen. Tatsächlich nutzt er den Pavillon aber dann für eine Präsentation der von ihm betriebenen Versicherungsagentur.

U muss den Vorsteuerabzug nach § 15a Abs. 4 i.V.m. Abs. 1 UStG berichten, weil die tatsächliche Verwendung von der Verwendungsabsicht abweicht. U muss für das Kalenderjahr 01 1.200 € Vorsteuer zurückzahlen. Nach § 15a Abs. 5 Satz 2 UStG ist die kürzere Verwendungsdauer zu berücksichtigen.

VI. Berichtigung nach § 15a Abs. 6 UStG bei nachträglichen Anschaffungs- oder Herstellungskosten

Für nachträgliche Anschaffungs- oder Herstellungskosten, die an einem Wirtschaftsgut anfallen, das nicht nur einmalig zur Ausführung von Umsätzen verwendet wird, gilt ein gesonderter Berichtigungszeitraum (§ 15a Abs. 6 UStG). Der Berichtigungszeitraum beginnt zu dem Zeitpunkt, zu dem der Unternehmer das in seiner Form geänderte Wirtschaftsgut erstmalig zur Ausführung von Umsätzen verwendet. Die Dauer bestimmt sich nach § 15a Abs. 1 UStG und beträgt fünf bzw. zehn Jahre. Der Berichtigungszeitraum endet jedoch spätestens, wenn das Wirtschaftsgut, für das die nachträglichen

Anlage § 015a–03

Anschaffungs- oder Herstellungskosten angefallen sind, wegen Unbrauchbarkeit vom Unternehmer nicht mehr zur Ausführung von Umsätzen verwendet werden kann (§ 15a Abs. 5 Satz 2 UStG).

Beispiel 25:

Ein am 01.07.01 erstmalig verwendetes bewegliches Wirtschaftsgut hat eine betriebsgewöhnliche Nutzungsdauer von 4 Jahren. Am 31.01.03 fallen nachträgliche Herstellungskosten an, durch die aber die betriebsgewöhnliche Nutzungsdauer des Wirtschaftsguts nicht verlängert wird.

Der Berichtigungszeitraum für das Wirtschaftsgut selbst beträgt 4 Jahre, endet also am 30.06.05. Für die nachträglichen Herstellungskosten beginnt der Berichtigungszeitraum erst am 01.02.03. Er endet am 31.01.08 und dauert somit unabhängig von der betriebsgewöhnlichen Nutzungsdauer des Wirtschaftsguts 5 Jahre.

Die Berichtigung ist gesondert nach den dafür vorliegenden Verhältnissen und entsprechend dem dafür geltenden Berichtigungszeitraum durchzuführen (siehe hierzu Rz. 23 bis 25). Auch hier ist von den gesamten Vorsteuerbeträgen auszugehen, die auf die nachträglichen Anschaffungs- oder Herstellungskosten entfallen (Ermittlung eines prozentualen Verhältnisses des ursprünglichen Vorsteuerabzugs zum Vorsteuervolumen insgesamt).

49 Für nachträgliche Anschaffungs- oder Herstellungskosten, die für ein Wirtschaftsgut anfallen, das nur einmalig zur Erzielung eines Umsatzes verwendet wird, ist die Berichtigung des Vorsteuerabzugs für den Besteuerungszeitraum vorzunehmen, in dem das Wirtschaftsgut verwendet wird.

VII. Berichtigung nach § 15a Abs. 7 UStG beim Übergang von der Regelbesteuerung zur Nichterhebung der Steuer nach § 19 Abs. 1 UStG bzw. zur Durchschnittssatzbesteuerung nach den §§ 23, 23a oder 24 UStG oder umgekehrt

50 Eine Änderung der Verhältnisse ist auch beim Übergang von der allgemeinen Besteuerung zur Nichterhebung der Steuer nach § 19 Abs. 1 UStG oder umgekehrt und beim Übergang von der allgemeinen Besteuerung zur Durchschnittssatzbesteuerung nach den §§ 23, 23a und 24 UStG oder umgekehrt gegeben (§ 15a Abs. 7 UStG).

51 Bei Wirtschaftsgütern und sonstigen Leistungen, die nicht nur einmalig zur Ausführung von Umsätzen verwendet werden, ist eine Berichtigung nach § 15a Abs. 1 UStG vorzunehmen, wenn im Berichtigungszeitraum aufgrund des Wechsels der Besteuerungsform eine Änderung gegenüber den für den ursprünglichen Vorsteuerabzug maßgeblichen Verhältnissen vorliegt.

Beispiel 26:

Unternehmer U ist im Jahr 01 Regelbesteurer. Für das Jahr 02 und die Folgejahre findet die Kleinunternehmerbesteuerung Anwendung, da die Umsatzgrenzen nicht überschritten werden und U nicht optiert. Im Jahr 01 schafft U eine Maschine für 100.000 € zzgl. 16.000 € Umsatzsteuer an. Aus der Anschaffung der Maschine macht U den Vorsteuerabzug geltend, da er im Zeitpunkt der Anschaffung beabsichtigt, die Maschine für steuerpflichtige Ausgangsumsätze zu verwenden. Erst am 01.07.03 kommt es zu dieser Verwendung der Maschine.

Da die Maschine nicht nur einmalig zur Ausführung von Umsätzen verwendet wird, ist für die Vorsteuerberichtigung § 15a Abs. 1 UStG maßgeblich. Nach § 15a Abs. 7 UStG stellt der Übergang von der Kleinunternehmerbesteuerung zur Regelbesteuerung zum 01.01.02 eine Änderung der Verhältnisse dar.

Bei Beginn der Verwendung der Maschine (Beginn des Berichtigungszeitraums) am 01.07.03 ist U Kleinunternehmer, der nicht zum Vorsteuerabzug berechtigt ist. Er muss daher eine Berichtigung „pro rata temporis" zu seinen Lasten vornehmen, obwohl er die Maschine tatsächlich entsprechend seiner Verwendungsabsicht im Zeitpunkt des Leistungsbezugs verwendet. Es ergibt sich gegenüber dem ursprünglichen Vorsteuerabzug von 100% eine Abweichung von 100% (0% statt 100%).

52 Bei Wirtschaftsgütern oder sonstigen Leistungen, die nur einmalig zur Ausführung eines Umsatzes verwendet werden, ist die durch den Wechsel der Besteuerungsform ausgelöste Vorsteuerberichtigung in dem Besteuerungszeitraum vorzunehmen, in dem das Wirtschaftsgut verwendet wird (§ 15a Abs. 2 Satz 2 i.V.m. Abs. 7 UStG).

Beispiel 27:

Unternehmer U ist im Jahr 01 Kleinunternehmer. Er erwirbt im Jahr 01 Waren, die zur Veräußerung bestimmt sind (Umlaufvermögen). Im Jahr 02 findet wegen Überschreitens der Umsatzgrenze die Kleinunternehmerregelung keine Anwendung. Im Jahr 03 liegen die Voraussetzungen der Kleinunternehmerbesteuerung wieder vor und U wendet ab 03 wieder die Kleinunternehmerregelung an. U veräußert die im Jahr 01 erworbenen Waren im Jahr 03.

Anlage § 015a–03

Für die Vorsteuerberichtigung der Waren ist § 15a Abs. 2 UStG maßgeblich, da diese nur einmalig zur Ausführung eines Umsatzes verwendet werden. Nach § 15a Abs. 7 UStG stellt der Übergang zur Regelbesteuerung grundsätzlich eine Änderung der Verhältnisse dar. Maßgeblich für die Vorsteuerberichtigung sind jedoch die Verhältnisse im Zeitpunkt der tatsächlichen Verwendung der Waren. Die Verwendung ist mit der Veräußerung der Waren im Jahr 03 erfolgt, Im Jahr 02 findet keine Verwendung statt. Daher ist die in diesem Jahr eingetretene Änderung der Besteuerungsform ohne Belang. Eine Änderung der Verhältnisse gegenüber den ursprünglichen für den Vorsteuerabzug maßgebenden Verhältnissen liegt nicht vor, da U wie im Jahr 01 auch in 03 Kleinunternehmer ist. Daher ist weder im Jahr 02 noch im Jahr 03 eine Berichtigung des Vorsteuerabzugs vorzunehmen.

Vorsteuern aus der Anschaffung einheitlicher Gegenstände, die sowohl in einem gewerblichen Unternehmensteil (Lohnunternehmen) als auch in einem landwirtschaftlichen Unternehmensteil (§ 24 UStG) verwendet werden, sind nicht nach § 15 UStG abziehbar, soweit sie den nach § 24 UStG versteuerten Umsätzen zuzurechnen sind (§ 24 Abs. 1 Satz 4 UStG, Abschnitt 269 Abs. 2 UStR). Werden diese Gegenstände abweichend von der bei Leistungsbezug gegebenen Verwendungsabsicht in einem anderen Umfang im jeweils anderen Unternehmensteil verwendet, kommt eine Berichtigung des Vorsteuerabzugs nach § 15a UStG in Betracht. **53**

Beispiel 28:

Unternehmer U erwirbt Anfang Januar des Jahres 01 einen Mähdrescher für 200.000 € zzgl. 32.000 € Umsatzsteuer, der zunächst zu 90% im gewerblichen und zu 10% im landwirtschaftlichen Unternehmensteil (§ 24 UStG) verwendet wird. Ab dem Jahr 02 ändert sich dauerhaft das Nutzungsverhältnis in 50% (Landwirtschaft) zu 50% (Gewerbe).

Im Jahr 01 sind die auf die Verwendung im gewerblichen Unternehmensteil entfallenden Vorsteuerbeträge i.H.v. 28.800 € (90% von 32.000 €) als Vorsteuer abziehbar. In den Jahren 02 bis 05 sind jeweils 2.560 € (40% von 6.400 €) nach § 15a UStG zurückzuzahlen.

Eine Vorsteuerberichtigung nach § 15a UStG ist auch vorzunehmen, wenn im Zeitpunkt des Leistungsbezugs nur ein Unternehmensteil besteht, im Zeitpunkt der späteren Verwendung dann jedoch zwei Unternehmensteile bestehen und das Wirtschaftsgut in beiden Unternehmensteilen verwendet wird. Ebenfalls ist die Vorsteuer zu berichtigen, wenn bei zwei Unternehmensteilen das Wirtschaftsgut erst ausschließlich in einem Teil verwendet wird und sich die Nutzung in einem Folgejahr ändert. **54**

Beispiel 29:

Unternehmer U erwirbt Anfang Januar des Jahres 01 einen Mähdrescher für 200.000 € zzgl. 32.000 € Umsatzsteuer, der zunächst ausschließlich im gewerblichen Unternehmensteil (Lohnunternehmen) verwendet wird. Ab dem Jahr 02 wird der Mähdrescher dauerhaft zu 50% im landwirtschaftlichen Unternehmensteil (§ 24 UStG) genutzt.

Im Jahr 01 sind sämtliche Vorsteuern (32.000 €) abziehbar. In den Jahren 02 bis 05 sind jeweils 3.200 € (50% von 6.400 €) nach § 15a UStG an das Finanzamt zurückzuzahlen.

Beispiel 30:

Unternehmer U erwirbt Anfang Januar des Jahres 01 einen Mähdrescher für 200.000 € zzgl. 32.000 € Umsatzsteuer, der zunächst ausschließlich im landwirtschaftlichen Unternehmensteil (§ 24 UStG) verwendet wird. Ab dem Jahr 02 wird der Mähdrescher dauerhaft ausschließlich im gewerblichen Unternehmensteil (Lohnunternehmen) genutzt.

Im Jahr 01 entfällt der Vorsteuerabzug (§ 24 Abs. 1 Satz 4 UStG). In den Jahren 02 bis 05 erhält der Unternehmer eine Vorsteuererstattung nach § 15a UStG von jeweils 6.400 € ($^1/_5$ von 32.000 €).

Bei der Aufgabe oder Veräußerung eines land- und forstwirtschaftlichen Betriebs kann die Vermietung/Verpachtung von zurückbehaltenen Wirtschaftsgütern, die nicht nur einmalig zur Ausführung von Umsätzen verwendet werden und deren Berichtigungszeitraum nach § 15a Abs. 1 UStG noch nicht abgelaufen ist, zu einer Änderung der Verhältnisse führen. In diesen Fällen ist der Vorsteuerabzug für derartige Wirtschaftsgüter nach § 15a Abs. 1 UStG zu berichtigen. **55**

Beispiel 31:

Unternehmer U, der Landwirt ist und der nach § 24 Abs. 4 UStG zur Regelbesteuerung optiert hat, errichtet ein Stallgebäude für 500.000 € zzgl. 80.000 € Umsatzsteuer, das Anfang Januar des Jahres 01 erstmals verwendet wird. Zum 01.01.02 veräußert er seinen Betrieb unter Zurückbehaltung dieses Stallgebäudes, das er nun nach § 4 Nr. 12 Satz 1 Buchst. a UStG steuerfrei an den Käufer vermietet.

Anlage § 015a–03

Die auf die Errichtung des Gebäudes entfallende Vorsteuer i.H.v. 80.000 € ist abziehbar, da der Landwirt bei Errichtung des Gebäudes beabsichtigte, dieses zur Erzielung von zum Vorsteuerabzug berechtigenden Umsätzen zu verwenden. Die nach § 4 Nr. 12 Satz 1 Buchst. a UStG steuerfreie Vermietung stellt eine Änderung der Verhältnisse dar. In den Jahren 02 bis 10 sind jeweils 8.000 € ($^1/_{10}$ von 80.000 €) nach § 15a Abs. 1 UStG zurückzuzahlen.

Beispiel 32:

Unternehmer U, der Landwirt ist und der die Durchschnittssatzbesteuerung nach § 24 UStG anwendet, erwirbt Anfang Januar des Jahres 01 einen Mähdrescher für 200.000 € zzgl. 32.000 € Umsatzsteuer. Zum 01.01.02 veräußert er seinen Betrieb unter Zurückbehaltung des Mähdreschers, den er steuerpflichtig an den Käufer vermietet.

Im Zeitpunkt des Leistungsbezugs (Jahr 01) ist der Vorsteuerabzug nach § 24 Abs. 1 Satz 4 UStG ausgeschlossen. In den Folgejahren wird der Mähdrescher zur Ausführung steuerpflichtiger Vermietungsumsätze verwendet. Es liegt eine Änderung der Verhältnisse vor. In den Jahren 02 bis 05 erhält der Unternehmer eine Vorsteuererstattung nach § 15a UStG von jeweils 6.400 € ($^1/_5$ von 32.000 €).

56 Im Rahmen der Aufgabe oder Veräußerung eines land- und forstwirtschaftlichen Betriebs gemäß § 24 UStG kann auch eine Vorsteuerberichtigung nach § 15a Abs. 2 UStG in Betracht kommen, insbesondere wenn der Unternehmer selbst erzeugte landwirtschaftliche Produkte zurückbehält und diese erst nach der Aufgabe oder Veräußerung des land- und forstwirtschaftlichen Betriebs veräußert. Der zu berichtigende Vorsteuerbetrag kann aus Vereinfachungsgründen in Höhe der maßgeblichen Durchschnittssätze des § 24 Abs. 1 Satz 3 UStG für diese Veräußerungsumsätze geschätzt werden. Dabei ist die vorzunehmende Vorsteuerberichtigung auf die Höhe der aus dem Ausgangsumsatz resultierenden Steuer zu begrenzen.

Beispiel 33:

Unternehmer U gibt zum 31.12.01 seinen land- und forstwirtschaftlichen Betrieb (§ 24 UStG) auf. Er verfügt allerdings aus der zurückliegenden Ernte noch über größere Restbestände von selbst erzeugten landwirtschaftlichen Erzeugnissen (Kartoffeln), die er nach der Betriebsaufgabe im Jahr 02 steuerpflichtig für 25.000 € zzgl. 1.750 € USt veräußert.

Die Umsätze aus der Veräußerung der Ernterestbestände unterliegen nicht der Durchschnittssatzbesteuerung nach § 24 UStG, da sie nicht mehr im Rahmen eines aktiv bewirtschafteten land- und forstwirtschaftlichen Betriebs erfolgen. Dieser Wechsel der Besteuerungsform stellt eine Änderung der Verhältnisse dar, die für den ursprünglichen Vorsteuerabzug maßgebend waren. Denn die bei der Erzeugung angefallenen und in den land- und forstwirtschaftlichen Erzeugnissen enthaltenen Vorsteuern (z.B. aus Düngemitteln, Maschinen) waren bisher nicht abziehbar (§ 24 Abs. 1 Satz 4 UStG). Durch den Übergang zur Regelbesteuerung steht U daher ein nachträglicher Vorsteuerabzug zu, soweit bisher nicht abziehbare Vorsteuern den zurückbehaltenen landwirtschaftlichen Erzeugnissen zuzurechnen sind. Der zu berichtigende Vorsteuerbetrag kann aus Vereinfachungsgründen in Höhe der maßgeblichen Durchschnittssätze des § 24 Abs. 1 Satz 3 UStG für die Umsätze aus der Veräußerung der Ernte geschätzt werden. U kann daher unter Berücksichtigung der Begrenzung auf die Höhe der aus dem Ausgangsumsatz resultierenden Steuer einen Vorsteuerbetrag von 7 % von 25.000 € (= 1.750 €) als Berichtigungsbetrag geltend machen.

VIII. Geschäftsveräußerung i.S.d. § 1 Abs. 1a UStG und andere Formen der Rechtsnachfolge

57 In den nachfolgend aufgeführten Fällen der Rechtsnachfolge liegt mangels Leistungsaustauschs keine Änderung der Verhältnisse i.S.d. § 15a UStG vor:
– Geschäftsveräußerung i.S.d. § 1 Abs. 1a UStG (§ 1 Abs. 1a Satz 3, § 15a Abs. 10 UStG),
– Gesamtrechtsnachfolge, da der Rechtsnachfolger in die gesamte Rechtsposition des Rechtsvorgängers eintritt, der Berichtigungszeitraum des Erblassers geht nur auf den Erben über, wenn dieser die Unternehmereigenschaft durch eine eigene Tätigkeit begründet;
– Anwachsung beim Ausscheiden eines Gesellschafters aus einer zweigliedrigen Personengesellschaft,
– Begründung oder Wegfall eines Organschaftsverhältnisses. Eine Vorsteuerberichtigung nach § 15a UStG hat aber dann zu erfolgen, wenn eine Gesellschaft mit steuerpflichtigen Umsätzen für ein Wirtschaftsgut den vollen Vorsteuerabzug erhalten hat und später aufgrund der Vorschrift des § 2 Abs. 2 Nr. 2 UStG ihre Selbstständigkeit zugunsten eines Organträgers mit nach § 15 Abs. 2 Satz 1 Nr. 1 UStG steuerfreien Umsätzen verliert und das Wirtschaftsgut im Gesamtunternehmen des Organträgers zur Ausführung von steuerpflichtigen und steuerfreien Umsätzen verwendet wird (BFH vom 12.05.2003, V B 211/02 / V B 220/02, BStBl. II S. 784).

Anlage § 015a–03

Der maßgebliche Berichtigungszeitraum wird nicht unterbrochen. Eine Vorsteuerberichtigung wegen Änderung der Verhältnisse beim Rechtsnachfolger hat nur zu erfolgen, wenn sich die Verhältnisse im Vergleich zu den beim Vorsteuerabzug des Rechtsvorgängers ursprünglich maßgebenden Verhältnissen ändern.

IX. Vereinfachungen bei der Berichtigung des Vorsteuerabzugs

§ 44 UStDV enthält Regelungen zur Vereinfachung bei der Berichtigung des Vorsteuerabzugs. Bei der Prüfung, ob die in § 44 UStDV aufgeführten Betragsgrenzen erreicht sind, ist jeweils auf den Gegenstand oder die bezogene sonstige Leistung abzustellen. Dies gilt auch dann, wenn mehrere Gegenstände gleicher Art und Güte geliefert wurden. Bei der Lieferung vertretbarer Sachen ist hingegen auf die zwischen leistendem Unternehmer und Leistungsempfänger geschlossene vertragliche Vereinbarung abzustellen. 58

Die Regelung des § 44 Abs. 1 UStDV, nach der eine Berichtigung des Vorsteuerabzugs entfällt, wenn die auf die Anschaffungs- oder Herstellungskosten eines Wirtschaftsguts entfallende Vorsteuer 1.000 € nicht übersteigt, gilt für alle Berichtigungsobjekte unabhängig davon, nach welcher Vorschrift die Berichtigung des Vorsteuerabzugs vorzunehmen ist und unabhängig davon, in welchem Umfang sich die für den Vorsteuerabzug maßgebenden Verhältnisse später ändern. Bei der Bestimmung der 1.000 €-Grenze ist von den gesamten Vorsteuerbeträgen auszugehen, die auf die Anschaffung oder Herstellung bzw. dem Bezug des einzelnen Berichtigungsobjekts entfallen. Nachträgliche Anschaffungs- oder Herstellungskosten sind nicht einzubeziehen, da sie eigenständige Berichtigungsobjekte darstellen und selbstständig der 1.000 €-Grenze unterliegen (§ 15a Abs. 6 UStG). 59

Nach der Vereinfachungsregelung des § 44 Abs. 2 UStDV entfällt eine Vorsteuerberichtigung bei Unterschreiten der dort genannten Prozent- und Betragsgrenze. Die Grenze von 10% ist in der Weise zu berechnen, dass das Aufteilungsverhältnis, das sich für das betreffende Jahr des Berichtigungszeitraums ergibt, dem Verhältnis gegenübergestellt wird, das für den ursprünglichen Vorsteuerabzug für das Berichtigungsobjekt nach § 15 UStG maßgeblich war. Für die absolute Grenze nach § 44 Abs. 2 UStDV von 1.000 € ist der Betrag maßgebend, um den der Vorsteuerabzug für das Berichtigungsobjekt auf Grund der Verhältnisse des betreffenden Jahres des Berichtigungszeitraums tatsächlich zu berichtigen wäre. Bei Berichtigungsobjekten, die nur einmalig zur Ausführung eines Umsatzes verwendet werden, gilt entsprechendes für den Zeitpunkt der tatsächlichen Verwendung des Berichtigungsobjekts. 60

Beträgt die auf die Anschaffungs- oder Herstellungskosten bzw. Bezugskosten eines Berichtigungsobjekts, das nicht nur einmalig zur Ausführung von Umsätzen verwendet wird, entfallende Vorsteuer nicht mehr als 2.500 €, ist die Berichtigung erst bei der Steuerfestsetzung für das letzte Kalenderjahr des im Einzelfall maßgeblichen Berichtigungszeitraums durchzuführen (§ 44 Abs. 3 UStDV). Dabei sind alle Änderungen, die sich für die einzelnen Jahre des Berichtigungszeitraums ergeben, zu berücksichtigen. § 44 Abs. 2 UStDV ist hierbei zu beachten (siehe Rz. 60). 61

Wird ein Wirtschaftsgut, das nicht nur einmalig zur Ausführung von Umsätzen verwendet wird, während des nach § 15a Abs. 1 UStG maßgeblichen Berichtigungszeitraums veräußert oder nach § 3 Abs. 1b UStG geliefert, stehen damit die Verhältnisse bis zum Ablauf des Berichtigungszeitraums fest. Daher ist die Berichtigung stets für den Voranmeldungszeitraum durchzuführen, in dem die Veräußerung oder unentgeltliche Wertabgabe nach § 3 Abs. 1b UStG stattgefunden hat (§ 44 Abs. 4 Satz 3 UStDV). Hierbei sind die Berichtigung für das Kalenderjahr der Veräußerung oder unentgeltlichen Wertabgabe nach § 3 Abs. 1b UStG und die Berichtigung für die nachfolgenden Kalenderjahre des Berichtigungszeitraums gleichzeitig vorzunehmen. In den Fällen des § 44 Abs. 3 UStDV (siehe Rz. 61) sind außerdem die Berichtigungen für die vorausgegangenen Kalenderjahre des Berichtigungszeitraums durchzuführen. Entsprechendes gilt, wenn eine sonstige Leistung entgeltlich oder durch eine Zuwendung i.S.d. § 3 Abs. 9a UStG aus dem Unternehmen ausscheidet (z.B. Veräußerung einer Lizenz). 62

Verkürzt sich der Berichtigungszeitraum deswegen, weil ein nicht nur einmalig zur Ausführung von Umsätzen dienendes Wirtschaftsgut wegen Unbrauchbarkeit vorzeitig nicht mehr zur Ausführung von Umsätzen verwendbar ist (siehe Rz. 21), kann für die vorausgegangenen Abschnitte des Berichtigungszeitraums eine Neuberechnung des jeweiligen Berichtigungsbetrags notwendig werden. Die Unterschiedsbeträge, die sich in einem solchen Fall ergeben, können aus Vereinfachungsgründen bei der Steuerfestsetzung für das letzte Jahr des verkürzten Berichtigungszeitraums berücksichtigt werden. 63

Die Vorsteuerberichtigung nach § 15a UStG ist grundsätzlich für den Voranmeldungszeitraum durchzuführen, in dem die Änderung der Verhältnisse eingetreten ist. Übersteigt allerdings der Betrag, um den der Vorsteuerabzug bei einem Berichtigungsobjekt für das Kalenderjahr zu berichtigen ist, nicht 6.000 €, ist nach § 44 Abs. 4 Satz 1 UStDV die Berichtigung erst im Rahmen der Steuerfestsetzung für den Besteuerungszeitraum vorzunehmen, in dem die Änderung der Verhältnisse eingetreten ist. 64

Anlage § 015a–03

X. Aufzeichnungspflichten für die Berichtigung des Vorsteuerabzugs

65 Nach § 22 Abs. 4 UStG hat der Unternehmer in den Fällen des § 15a UStG die Berechnungsgrundlagen für den Ausgleich aufzuzeichnen, der von ihm in den in Betracht kommenden Kalenderjahren vorzunehmen ist.

66 Die Aufzeichnungspflichten nach § 22 Abs. 4 UStG sind erfüllt, wenn der Unternehmer die folgenden Angaben eindeutig und leicht nachprüfbar aufzeichnet:

1. die Anschaffungs- oder Herstellungskosten bzw. Aufwendungen für das betreffende Berichtigungsobjekt und die darauf entfallenden Vorsteuerbeträge. Falls es sich hierbei um mehrere Einzelbeträge handelt, ist auch jeweils die Gesamtsumme aufzuzeichnen. Insoweit sind auch die Vorsteuerbeträge aufzuzeichnen, die den nicht zum Vorsteuerabzug berechtigenden Umsätzen zuzurechnen sind;
2. den Zeitpunkt der erstmaligen tatsächlichen Verwendung des Berichtigungsobjekts;
3. in den Fällen des § 15a Abs. 1 UStG die Verwendungsdauer (betriebsgewöhnliche Nutzungsdauer) im Sinne der einkommensteuerrechtlichen Vorschriften und den maßgeblichen Berichtigungszeitraum für das Berichtigungsobjekt;
4. die Anteile, zu denen das Berichtigungsobjekt zur Ausführung der den Vorsteuerabzug ausschließenden Umsätze und zur Ausführung der zum Vorsteuerabzug berechtigenden Umsätze verwendet wurde. In den Fällen des § 15a Abs. 1 UStG sind die Anteile für jedes Kalenderjahr des Berichtigungszeitraums aufzuzeichnen;
5. bei einer Veräußerung oder unentgeltlichen Wertabgabe nach § 3 Abs. 1b oder 9a UStG des Berichtigungsobjekts den Zeitpunkt und die umsatzsteuerrechtliche Behandlung dieses Umsatzes. In den Fällen des § 15a Abs. 1 UStG gilt dies nur, wenn die Veräußerung oder die unentgeltliche Wertabgabe nach § 3 Abs. 1b UStG in den Berichtigungszeitraum fallen;
6. in den Fällen des § 15a Abs. 1 UStG bei einer Verkürzung des Berichtigungszeitraums wegen vorzeitiger Unbrauchbarkeit des Berichtigungsobjekts die Ursache unter Angabe des Zeitpunkts und unter Hinweis auf die entsprechenden Unterlagen.

Die erforderlichen Angaben sind für jeden einzelnen Berichtigungsvorgang aufzuzeichnen.

67 Die Aufzeichnungen für das einzelne Berichtigungsobjekt sind von dem Zeitpunkt an zu führen, für den der Vorsteuerabzug vorgenommen worden ist.

68 Die besondere Aufzeichnungspflicht nach § 22 Abs. 4 UStG entfällt insoweit, als sich die erforderlichen Angaben aus den sonstigen Aufzeichnungen oder der Buchführung des Unternehmers eindeutig und leicht nachprüfbar entnehmen lassen.

XI. Anwendungsregelung

69 Die Neuregelung des § 15a UStG findet nur in den Fällen Anwendung, in denen das Wirtschaftsgut nach dem 31. Dezember 2004 angeschafft oder hergestellt bzw. die sonstige Leistung nach diesem Zeitpunkt bezogen wurde (§ 27 Abs. 11 UStG). Ebenso findet die Neuregelung nur auf nach dem 31. Dezember 2004 getätigte nachträgliche Anschaffungs- oder Herstellungskosten Anwendung. Die Neuregelung des § 15a UStG gilt auch in den Fällen, in denen vor dem 1. Januar 2005 eine Voraus- oder Anzahlung für eine nach dem 31. Dezember 2004 ausgeführte Leistung geleistet worden ist.

70 Die zum 1. Januar 2005 erhöhten Beträge in § 44 UStDV finden nur in den Fällen Anwendung, in denen das Wirtschaftsgut nach dem 31. Dezember 2004 angeschafft oder hergestellt bzw. die sonstige Leistung nach diesem Zeitpunkt bezogen wurde. Ebenso findet die Neuregelung nur auf nach dem 31. Dezember 2004 getätigte nachträgliche Anschaffungs- oder Herstellungskosten Anwendung. Das Gleiche gilt in den Fällen, in denen vor dem 1. Januar 2005 eine Voraus- oder Anzahlung für eine nach dem 31. Dezember 2004 ausgeführte Leistung geleistet worden ist.

71 Die Grundsätze dieses Schreibens sind in allen Fällen anzuwenden, in denen das Wirtschaftsgut nach dem 31. Dezember 2004 angeschafft oder hergestellt bzw. die sonstige Leistung nach diesem Zeitpunkt bezogen wurde oder nachträgliche Anschaffungs- oder Herstellungskosten nach dem 31. Dezember 2004 getätigt wurden oder in denen der Unternehmer vor dem 1. Januar 2005 eine Voraus- oder Anzahlung für eine nach dem 31. Dezember 2004 bezogene Leistung geleistet hat. Die Abschnitte 214 bis 219 UStR und das BMF-Schreiben vom 29. Dezember 1995, IV C 3 – S 7316 – 31/95, BStBl. I S. 831, sind insoweit nicht mehr anzuwenden.

Anlage § 015a–04

Vorsteuerberichtigung bei Anwendung von Urteilen des EuGH (z.B. bei Geldspielgeräten)

OFD Karlsruhe, Vfg. vom 11.04.2006 – USt-Kartei – S 7316 – Karte 3, UR 2006 S. 490

Nach dem BMF-Schreiben vom 6.12.2005 – IV A 5 – S 7316 – 25/05 (BStBl. I 2005, 1068 = UR 2006, 36 – Rz. 25) tritt eine Änderung der nach § 15a Abs. 1 UStG maßgebenden Verhältnisse auch dadurch ein, dass bei tatsächlich gleichbleibenden Verwendungsumsätzen die rechtliche Beurteilung der Verwendung im Abzugsjahr sich in einem der Folgejahre als unzutreffend erweist, sofern die Steuerfestsetzung für das Abzugsjahr bestandskräftig und unabänderbar ist (BFH, Urt. vom 12.6.1997 – V R 36/95, BStBl. II 1997, 589 = UR 1997, 306; BFH, Urt. vom 19.2.1997 – XI R 51/93, BStBl. II 1997, 370 = UR 1997, 304 m.w.N.).

Unabänderbarkeit ist gegeben, wenn bei der Steuerfestsetzung für das Folgejahr, in der ein Vorsteuerteilbetrag nach § 15a UStG 1980 berichtigt werden soll, keine Gründe (z.B. nach §164 Abs. 2, § 172 AO) für eine Änderung der bestandskräftigen Steuerfestsetzung für das Abzugsjahr vorliegen. Bei einer Steuerfestsetzung für das Folgejahr können nur solche Änderungsgründe berücksichtigt werden, deren Voraussetzungen mit Ablauf dieses Folgejahrs verwirklicht waren (BFH, Urt. vom 13.11.1997 – V R 140/93, BStBl. II 1998, 36 = UR 1998, 196).

Dabei kommt es nicht auf die abstrakte Möglichkeit einer Änderung an, sondern es ist im jeweiligen Einzelfall zu prüfen, ob die Steuerfestsetzung des Abzugsjahrs im jeweiligen Folgejahr hätte geändert werden können (vgl. BFH, Urt. vom 18.12.1997 – V R 12/97, BFH/NV 1998, 752).

Der EuGH hat im Urteil Linneweber und Akritidis (EuGH, Urt. vom 17.2.2005 – Rs. C-453/02 und C-462/02 – Linneweber und Akritidis, EuGHE 2005, I-1131 = UR 2005, 194 m. Anm. Birk/Jahndorf) entschieden, dass sich ein Veranstalter von Glücksspielen oder Betreiber von Geldspielgeräten vor den nationalen Gerichten auf die Steuerbefreiung seiner Umsätze nach Art. 13 Teil B Buchst. f der 6. EG-Richtlinie berufen kann, um die Anwendung innerstaatlicher Rechtsvorschriften, die mit dieser Bestimmung unvereinbar sind, zu verhindern. Dieser Rechtsprechung hat sich der BFH angeschlossen (BFH, Urt. vom 12.5.2005 – V R 7/02, BStBl. II 2005, 617 = UR 2005, 5009).

Die Rechtsprechung des EuGH kann nur auf Antrag des Unternehmers berücksichtigt werden. Hat der Unternehmer für die Steuerfestsetzung des Abzugsjahrs keinen Antrag auf Änderung wegen der Gemeinschaftswidrigkeit des § 4 Nr. 9 Buchst. b UStG gestellt, kann das FA diese Steuerfestsetzung nicht ändern, da sie den nationalen Vorschriften entspricht. Die Umsätze im Abzugsjahr sind in diesem Fall weiterhin steuerpflichtig, sodass der Vorsteuerabzug nicht nach § 15 Abs. 2 Nr. 1 UStG ausgeschlossen ist.

Hat der Unternehmer im Abzugsjahr einen Vorsteuerabzug aus der Anschaffung von Wirtschaftsgütern in Anspruch genommen, ist in allen Folgejahren, in denen sich der Unternehmer auf das günstigere Gemeinschaftsrecht beruft, eine Vorsteuerberichtigung zuungunsten des Unternehmers durchzuführen.

Anlage § 016–01

Zeitpunkt des Vorsteuerabzugs aus den monatlichen Milchgeldabrechnungen (§ 15 Abs. 1 Nr. 1, § 16 Abs. 2 UStG)

BMF-Schreiben vom 24.05.1988 – IV A 1 – S 7288 – 1/88,
UR 1988 S. 229

Sie haben beantragt, den Vorsteuerabzug aus bereits vor Ablauf des Kalendermonats erstellten Abrechnungen der Milchabnehmer zuzulassen, in denen sowohl die für den laufenden Monat zu erwartende Milchmenge als auch das Entgelt für die Michanlieferung vorläufig ermittelt werden (Vorausgutschriften). Im Einvernehmen mit den obersten Finanzbehörden der Länder teile ich Ihnen mit, daß gegen den Vorsteuerabzug aus den vorgesehenen Vorausgutschriften bei Beachtung der nachfolgenden Grundsätze keine Bedenken bestehen:

1. Die umsatzsteuerliche Anerkennung einer Rechnung oder Gutschrift ist u.a. davon abhängig, daß mit dieser Urkunde über eine Lieferung oder sonstige Leistung abgerechnet wird (§ 14 Abs. 4 und Abs. 5 Satz 2 Nr. 2 UStG). Diese Voraussetzung liegt nur dann vor, wenn das Abrechnungspapier die Grundlage für die buchmäßige Erfassung und die tatsächliche Abwicklung des Umsatzgeschäftes der beiden Vertragspartner bildet. Die Milchabnehmer sind deshalb verpflichtet, den Milchbezug bereits anhand der Vorausgutschrift zu verbuchen und den sich danach ergebenden Abrechnungsbetrag den einzelnen Milchanlieferern auf deren Milchkonto gutzuschreiben. Zu Beginn des Folgemonats erhalten die Milchanlieferer die endgültige Abrechnung, in der die in der Vorausgutschrift ausgewiesenen Beträge abgesetzt werden. Gleichzeitig werden der in der Vorausgutschrift enthaltene Betrag und der sich bei der endgültigen Abrechnung ergebende Unterschiedsbetrag zusammen an die Milchanlieferer ausgezahlt. Die auf den Unterschiedsbetrag entfallende Umsatzsteuer ist erst für den Folgemonat als Vorsteuer abziehbar.

2. Bei der vorläufigen Ermittlung der Milchmenge und des darauf entfallenden Entgelts ist sicherzustellen, daß in den Vorausgutschriften insgesamt nicht höhere Beträge angesetzt werden, als nach den Verhältnissen bei den einzelnen Milchabnehmern tatsächlich zu erwarten sind. Um dies zu gewährleisten, ist die zu erwartende Milchmenge unter Berücksichtigung der jeweiligen Schwankung der gesamten Milchanlieferung in den entsprechenden Kalendermonaten des Vorjahres zu ermitteln. Bei der Berechnung des vorläufigen Entgelts ist von dem Milchpreis des Vormonats auszugehen.

Die Verwaltung der Umsatzsteuer und damit auch die Entscheidung über Anträge auf Billigkeitsmaßnahmen obliegt den Finanzbehörden der Länder. Diese entscheiden deshalb über Anträge, für die Vergangenheit von einer Änderung der Steuerfestsetzungen für die Milchabnehmer abzusehen, sofern der Vorsteuerabzug um einen Monat zu früh in Anspruch genommen wurde, nach den im Einzelfall vorliegenden Verhältnissen.

Anlagen § 016–02 nicht belegt, § 016–03

Beförderungseinzelbesteuerung bei der Umsatzsteuer (§§ 16 Abs. 5, 18 Abs. 5 UStG); Durchführung der Erstattung oder Nacherhebung nach Einspruchsentscheidungen

BMF-Erlaß vom 10.02.1994 – III B 2 – SV 8450 – 34/93,
VSF-Nachrichten vom 16.02.1995 (III B 2 – SV 8450 – 3/95 vom 03.02.1995)

Gegen die im Verfahren der Beförderungseinzelbesteuerung durch Steuerbescheid festgesetzte Umsatzsteuer ist der Einspruch gegeben (§ 348 Abs. 1 Nr. 1 AO). Die zuständige Zolldienststelle ist berechtigt, dem Einspruch abzuhelfen (§ 367 Abs. 3 Satz 2 AO, § 16 Abs. 5 Satz 3 UStG). Hilft sie ihm nicht im vollen Umfang ab, hat sie den Einspruch dem örtlich zuständigen Finanzamt vorzulegen. Über den Einspruch entscheidet dann das Finanzamt (Abschnitt 231 Abs. 2 UStR).

Gibt eine Zolldienststelle einen Einspruch zur Entscheidung an das örtlich zuständige Finanzamt ab, bleibt das Finanzamt bis zum Abschluß des Rechtsbehelfsverfahrens einschließlich der Abwicklung von Umsatzsteuer-Erstattungen und -Nacherhebungen zuständig. Diese Verfahrensweise ist auch bei Einsprüchen anzuwenden, die unmittelbar beim zuständigen Finanzamt eingelegt werden.

Ich bitte, ab sofort entsprechend zu verfahren. Die obersten Finanzbehörden der Länder werden unterrichtet.

Anlage § 016–04

Merkblatt
zur Umsatzbesteuerung von grenzüberschreitenden Personenbeförderungen mit Omnibussen, die nicht in der Bundesrepublik Deutschland zugelassen sind

– Stand: 1. Januar 2011 –

(BStBl. 2010 I S. 1504)

Inhaltsübersicht

		Textziffer (Tz.)
I.	Vorbemerkung	1–4
II.	Begriffsbestimmungen	5–7
III.	Personenbeförderungen mit nicht in der Bundesrepublik Deutschland straßenverkehrsrechtlich zugelassenen Omnibussen, die bei der Ein- oder Ausreise *keine Drittlandsgrenze* der Bundesrepublik Deutschland überqueren	8–16
	1. Anzeigepflicht	8–9
	2. Bescheinigungsverfahren	10–12
	3. Zuständiges Finanzamt	13
	4. Bemessungsgrundlage und Steuersatz	14
	5. Allgemeines Besteuerungsverfahren	15–19
	6. Folgen der Verletzung steuerlicher Pflichten	20
IV.	Personenbeförderungen mit nicht in der Bundesrepublik Deutschland straßenverkehrsrechtlich zugelassenen Omnibussen, die bei der Ein- oder Ausreise *eine Drittlandsgrenze* der Bundesrepublik Deutschland (Grenze zwischen der Schweiz und Deutschland und an den Seehäfen) überqueren	21–28
	1. Linienverkehr	21
	2. Gelegenheitsverkehr	22–28
V.	Ausnahmen von der Besteuerung als Personenbeförderung	29–32
VI.	Ergänzende Auskünfte	33

Anlagen

I. Vorbemerkung

1 (1) Personenbeförderungen unterliegen in der Bundesrepublik Deutschland der Umsatzsteuer. Die Besteuerung dieser Leistungen ist europarechtlich durch die Richtlinie 2006/112/EG über das gemeinsame Mehrwertsteuersystem – Mehrwertsteuer-Systemrichtlinie – (bis 31. Dezember 2006: Sechste Richtlinie 77/388/EWG zur Harmonisierung der Rechtsvorschriften der Mitgliedstaaten über die Umsatzsteuern) vorgeschrieben.

2 (2) Personenbeförderungen mit Omnibussen unterliegen wie jede andere Leistung, die ein Unternehmer gegen Entgelt ausführt, der Umsatzsteuer (Ausnahmen siehe Tz. 29 bis 32). Dies gilt unabhängig davon, ob die Beförderung von einem inländischen oder ausländischen Unternehmer ausgeführt wird, ob inländische oder ausländische Fahrgäste befördert werden und ob die Fahrgäste Jugendliche oder Erwachsene/Senioren sind. Dies gilt sowohl für Personenbeförderungen im Linienverkehr als auch für Personenbeförderungen im Gelegenheitsverkehr (vgl. Tz. 5 und 6). Erstreckt sich eine Personenbeförderung sowohl auf das Gebiet der Bundesrepublik Deutschland als auch auf andere Gebiete, ist in der Bundesrepublik Deutschland nur die Beförderung auf der im Inland zurückgelegten Strecke steuerpflichtig.

3 (3) Für steuerpflichtige Personenbeförderungen ist grundsätzlich der leistende Unternehmer Steuerschuldner. Ist der leistende Unternehmer ein im Ausland ansässiger Unternehmer schuldet der Leistungsempfänger die Umsatzsteuer, wenn er ein Unternehmer oder eine juristische Person ist. Die Vorschriften über die Steuerschuldnerschaft des Leistungsempfängers finden keine Anwendung, wenn im Ausland ansässige Unternehmer im Inland u.a. Personenbeförderungen ausführen, die entweder der Beförderungseinzelbesteuerung (vgl. Tz. 22 bis 28) unterlegen haben oder mit Taxen durchgeführt wurden.

4 (4) Die Besteuerung erfolgt grundsätzlich im allgemeinen Besteuerungsverfahren bei einem Finanzamt (vgl. Tz. 13 bis 20). Die Beförderungseinzelbesteuerung an den Grenzen der Bundesrepublik Deutschland zu den nicht zur Europäischen Union gehörenden Staaten (Drittlandsgrenze, vgl. Tz. 7) wird dagegen beim Grenzübertritt durch eine Zolldienststelle durchgeführt (vgl. Tz. 22 bis 28).

II. Begriffsbestimmungen

(1) Der *Linienverkehr* umfasst die regelmäßige Beförderung von Personen auf einer zwischen bestimmten Ausgangs- und Endpunkten eingerichteten und genehmigten Verkehrsverbindung, auf der Fahrgäste an bestimmten Haltestellen ein- oder aussteigen können. Mitzuführen ist die Genehmigung für jede Teilstrecke der von der jeweiligen Linie zu befahrenden Staaten.

(2) Der *Gelegenheitsverkehr* umfasst die nicht dem Linienverkehr zuzuordnenden Verkehrsarten, also *Ausflugsfahrten, Ferienziel-Reisen* und den *Verkehr mit Mietomnibussen*. *Ausflugsfahrten* sind Fahrten, die der Unternehmer nach einem bestimmten, von ihm aufgestellten Plan und zu einem für alle Teilnehmer gleichen und gemeinsam verfolgten Ausflugszweck anbietet und ausführt. *Ferienziel-Reisen* sind Reisen zu Erholungsaufenthalten, die der Unternehmer nach einem bestimmten, von ihm aufgestellten Plan zu einem Gesamtentgelt für Beförderung und Unterkunft mit oder ohne Verpflegung anbietet und ausführt. *Verkehr mit Mietomnibussen* ist die Beförderung von Personen mit angemieteten Kraftomnibussen, mit denen der Unternehmer Fahrten ausführt, deren Zweck, Ziel und Ablauf der Mieter bestimmt. Mitzuführen ist bei genehmigungspflichtigen Verkehrsdiensten die Genehmigung für die jeweilige Einzelfahrt, bei genehmigungsfreien Verkehrsdiensten ein vollständig ausgefülltes Fahrtenblatt. Bei den in bilateralen Abkommen mit Drittstaaten als *Pendelverkehr* bezeichneten Beförderungsleistungen handelt es sich um *Gelegenheitsverkehr*.

(3) Eine *Drittlandsgrenze der Bundesrepublik Deutschland* ist eine Grenze zu einem Staat, der nicht der Europäischen Union angehört (Grenze zwischen der Schweiz und Deutschland und an den Seehäfen).

III. Personenbeförderungen mit nicht in der Bundesrepublik Deutschland straßenverkehrsrechtlich zugelassenen Omnibussen, die bei der Ein- oder Ausreise keine Drittlandsgrenze der Bundesrepublik Deutschland überqueren

Für die Besteuerung dieser Personenbeförderungen gelten grundsätzlich folgende Regelungen:

1. Anzeigepflicht

(1) Im Ausland ansässige Unternehmer, die grenzüberschreitende Personenbeförderungen mit nicht im Inland zugelassenen Kraftomnibussen durchführen, haben dies vor der erstmaligen Ausführung derartiger auf das Inland entfallender Umsätze bei dem für die Umsatzbesteuerung nach § 21 der Abgabenordnung (AO) zuständigen Finanzamt (vgl. Tz. 13) anzuzeigen. Werden *ausschließlich* Umsätze ausgeführt, für die der Leistungsempfänger die Steuer nach § 13b Abs. 5 Satz 1 oder 3 UStG schuldet (vgl. Tz. 3), ist eine Anzeige nicht erforderlich.

(2) Die Anzeige über die erstmalige Ausführung grenzüberschreitender Personenbeförderungen mit nicht im Inland zugelassenen Kraftomnibussen ist an keine Form gebunden. Für die Anzeige sollte jedoch der als Anlage 1 beigefügte Vordruck

USt 1 TU – Anzeige über die grenzüberschreitende Personenbeförderung mit Kraftomnibussen (§ 18 Abs. 12 Satz 1 UStG)

verwendet werden, der als Download auf den Internet-Seiten des Bundesministeriums der Finanzen unter der Rubrik Wirtschaft und Verwaltung – Steuern – Veröffentlichungen zu Steuerarten – Umsatzsteuer – BMF-Schreiben/Allgemeines eingestellt oder bei dem nach § 21 AO zuständigen Finanzamt (vgl. Tz. 13) erhältlich ist.

(3) Wird der Vordruck nicht verwendet, sind jedoch die mit dem Vordruck verlangten Angaben zu machen.

2. Bescheinigungsverfahren

(1) Das für die Umsatzbesteuerung nach § 21 AO zuständige Finanzamt (vgl. Tz. 13) erteilt über die umsatzsteuerliche Erfassung des im Ausland ansässigen Unternehmers für jeden nicht im Inland zugelassenen Kraftomnibus, der für grenzüberschreitende Personenbeförderungen eingesetzt werden soll, eine gesonderte Bescheinigung (§ 18 Abs. 12 Satz 2 UStG).

(2) Die Bescheinigung nach § 18 Abs. 12 Satz 2 UStG ist während jeder Fahrt im Inland mitzuführen und auf Verlangen den für die Steueraufsicht zuständigen Zolldienststellen vorzulegen (§ 18 Abs. 12 Satz 3 UStG). Bei Nichtvorlage der Bescheinigung können diese Zolldienststellen eine Sicherheitsleistung nach den abgabenrechtlichen Vorschriften in Höhe der für die einzelne Beförderungsleistung voraussichtlich zu entrichtenden Steuer verlangen (§ 18 Abs. 12 Satz 4 UStG). Die entrichtete Sicherheitsleistung ist im Rahmen der Umsatzsteuererklärung für das Kalenderjahr (§ 18 Abs. 3 Satz 1 UStG) auf die zu entrichtende Steuer anzurechnen (§ 18 Abs. 12 Satz 5 UStG).

Anlage § 016–04

12 (3) Ordnungswidrig handelt, wer vorsätzlich oder leichtfertig entgegen § 18 Abs. 12 Satz 3 UStG die Bescheinigung nach § 18 Abs. 12 Satz 2 UStG nicht oder nicht rechtzeitig vorlegt (§ 26a Abs. 1 Nr. 4 UStG). Diese Ordnungswidrigkeit kann mit einer Geldbuße bis zu 5.000 Euro geahndet werden (§ 26a Abs. 2 UStG).

3. Zuständiges Finanzamt

13 Wird das Beförderungsunternehmen von der Bundesrepublik Deutschland aus betrieben, ist für das Besteuerungsverfahren das Finanzamt zuständig, von dessen Bezirk aus der Unternehmer sein Unternehmen betreibt. Nach § 21 Abs. 1 Satz 2 AO in Verbindung mit der Umsatzsteuerzuständigkeitsverordnung ergeben sich für Unternehmer, die Wohnsitz, Sitz oder Geschäftsleitung im Ausland haben, die in der Anlage 2 aufgeführten Zuständigkeiten.

4. Bemessungsgrundlage und Steuersatz

14 Bemessungsgrundlage für die Umsatzsteuer ist der Teil des vereinbarten Fahrpreises abzüglich der Umsatzsteuer (Entgelt), der auf die im Inland zurückgelegte Strecke entfällt. Der auf den Streckenanteil im Inland entfallende Teil des Fahrpreises ist an Hand des Gesamtpreises zu ermitteln. Der Fahrpreis ist hiernach im Verhältnis der Längen der inländischen und ausländischen Streckenanteile aufzuteilen. Der Steuersatz beträgt grundsätzlich 19 %. Für den genehmigten Linienverkehr ist der ermäßigte Steuersatz von 7 % anzuwenden, wenn die Beförderungsstrecke im Inland nicht mehr als 50 Kilometer beträgt.

5. Allgemeines Besteuerungsverfahren

15 Die auf den inländischen Streckenanteil der Beförderung entfallende Umsatzsteuer wird im allgemeinen Besteuerungsverfahren erhoben. Dazu hat der Beförderungsunternehmer Umsatzsteuer-Voranmeldungen und eine jährliche Umsatzsteuererklärung dem für ihn zuständigen Finanzamt zu übersenden.

a) *Umsatzsteuer-Voranmeldungen*

16 (1) Der Beförderungsunternehmer hat bis zum 10. Tag nach Ablauf jedes Voranmeldungszeitraums eine Voranmeldung an das für ihn zuständige Finanzamt elektronisch zu übermitteln, in der er die Umsatzsteuer selbst zu berechnen hat (§ 18 Abs. 1 Satz 1 UStG). Weitere Auskünfte hierzu erteilt das zuständige Finanzamt (vgl. Tz. 13). Informationen zur elektronischen Übermittlung sind unter der Internet-Adresse www.elster.de erhältlich.

17 (2) Voranmeldungszeitraum ist regelmäßig das Kalendervierteljahr. Jedoch ist der Kalendermonat Voranmeldungszeitraum, wenn die Steuer für das vorangegangene Kalenderjahr mehr als 7.500 Euro betragen hat. Beträgt die Umsatzsteuer für das vorangegangene Kalenderjahr nicht mehr als 1.000 Euro, kann das Finanzamt den Beförderungsunternehmer von der Verpflichtung zur Abgabe der Voranmeldungen und Entrichtung der Vorauszahlungen befreien.

18 (3) In der Voranmeldung sind alle im Inland ausgeführten Umsätze anzugeben. Von der berechneten Umsatzsteuer sind die mit den Umsätzen im Zusammenhang stehenden Vorsteuerbeträge abzuziehen. Die danach berechnete Vorauszahlung ist am 10. Tag nach Ablauf des Voranmeldungszeitraums fällig.

b) *Umsatzsteuer-Jahreserklärung*

19 Nach Ablauf eines Kalenderjahres hat der Unternehmer bis zum 31. Mai des Folgejahres bei dem für ihn zuständigen Finanzamt eine Umsatzsteuer-Jahreserklärung abzugeben. Der Vordruck ist beim Finanzamt erhältlich. Für Besteuerungszeiträume, die nach dem 31. Dezember 2010 enden, ist die Umsatzsteuer-Jahreserklärung nach amtlich vorgeschriebenem Datensatz dem zuständigen Finanzamt elektronisch zu übermitteln (§ 18 Abs. 3 Satz 1 UStG i. d. F. von Artikel 4 Nr. 11 Buchstabe a des Jahressteuergesetzes 2010 vom 8. Dezember 2010, BGBl. I S. 1768). Informationen hierzu sind unter der Internet-Adresse www.elster.de erhältlich.

6. Folgen der Verletzung steuerlicher Pflichten

20 Wird eine Umsatzsteuer-Voranmeldung oder die Umsatzsteuer-Jahreserklärung nicht abgegeben, hat das Finanzamt die Umsatzsteuer durch Schätzung der Besteuerungsgrundlagen zu ermitteln. Hat der Unternehmer die Umsatzsteuer-Vorauszahlung oder die Jahresumsatzsteuer nicht richtig berechnet, wird das Finanzamt diese in zutreffender Höhe festsetzen. Bei verspäteter Abgabe oder Nichtabgabe von Voranmeldungen oder Jahreserklärungen kann ein Verspätungszuschlag bis zu 10 % der festgesetzten Steuer – höchstens 25.000 EUR – festgesetzt werden. Bei verspäteter Zahlung wird für jeden angefangenen Monat 1 % Säumniszuschlag berechnet. Schuldhaftes Verhalten des Beförderungsunternehmers kann als Steuerhinterziehung bestraft oder als leichtfertige Steuerverkürzung mit Geldbuße geahndet werden. Wenn der Beförderungsunternehmer die sich aus seinem Unternehmen ergebenden steuerrechtlichen Verpflichtungen nicht erfüllt, kann geprüft werden, ob Genehmigungen (vgl. Tz. 5 und 6) zu widerrufen sind.

Anlage § 016–04

IV. Personenbeförderungen mit nicht in der Bundesrepublik Deutschland straßenverkehrsrechtlich zugelassenen Omnibussen, die bei der Ein- oder Ausreise eine Drittlandsgrenze der Bundesrepublik Deutschland überqueren (Grenze zwischen der Schweiz und Deutschland und an den Seehäfen)

1. Linienverkehr

Für die Besteuerung von Beförderungen im Linienverkehr gelten hinsichtlich der Bemessungsgrundlage, des Steuersatzes, des zuständigen Finanzamtes und des Besteuerungsverfahrens die Ausführungen zu Tz. 8 bis 20 entsprechend. **21**

2. Gelegenheitsverkehr

Für die Besteuerung von Beförderungen im Gelegenheitsverkehr mit nicht in der Bundesrepublik Deutschland straßenverkehrsrechtlich zugelassenen Omnibussen, die bei der Ein- oder Ausreise eine Drittlandsgrenze der Bundesrepublik Deutschland überqueren, gelten folgende Regelungen: **22**

a) *Zuständige Behörde*

Die Besteuerung wird bei der Ein- oder Ausreise über eine Drittlandsgrenze der Bundesrepublik Deutschland an der Grenze durch die zuständige Zolldienststelle durchgeführt. Sie handelt hierbei für das Finanzamt, in dessen Bezirk sie liegt. **23**

b) *Bemessungsgrundlage und Steuersatz*

Aus Vereinfachungsgründen wird die Umsatzsteuer im Verfahren der Beförderungseinzelbesteuerung auf der Grundlage eines Durchschnittsbeförderungsentgelts berechnet. Das Durchschnittsbeförderungsentgelt beträgt *4,43 Cent*. Die zu entrichtende Umsatzsteuer beträgt bei einem Steuersatz von 19% daher *0,84 Cent* für jeden in der Bundesrepublik Deutschland zurückgelegten Personenkilometer. Die maßgebliche Zahl der Personenkilometer ergibt sich durch Multiplikation der Anzahl der beförderten Personen mit der Anzahl der Kilometer der im Inland zurückgelegten Beförderungsstrecke (tatsächlich im Inland durchfahrene Strecke). **24**

c) *Besteuerungsverfahren*

(1) Der Beförderungsunternehmer hat für jede einzelne Fahrt bei der Ein- oder Ausreise bei der Zolldienststelle an der Drittlandsgrenze eine Steuererklärung in zweifacher Ausfertigung abzugeben. Die Zolldienststelle, die auch die Steuererklärungsvordrucke vorrätig hält, setzt die Steuer auf beiden Ausfertigungen fest. Der Beförderungsunternehmer erhält nach der Entrichtung der Steuer eine Ausfertigung mit einer Steuerquittung zurück. Die Ausfertigung ist mit der Steuerquittung während der Fahrt mitzuführen. Bei der Ausreise aus der Bundesrepublik Deutschland *über eine Drittlandsgrenze* ist bei der Zolldienststelle eine weitere Steuererklärung abzugeben, wenn sich die Zahl der Personenkilometer geändert hat. **25**

(2) Gegen die Steuerfestsetzung der Zolldienststelle kann innerhalb eines Monats Einspruch eingelegt werden. Hilft die Zolldienststelle dem Einspruch nicht oder nicht in vollem Umfang ab, erfolgt die weitere Bearbeitung durch das Finanzamt, in dessen Bezirk die Zolldienststelle liegt. **26**

(3) Bei der Beförderungseinzelbesteuerung werden keine Vorsteuerbeträge berücksichtigt. Der Beförderungsunternehmer kann jedoch die Vergütung von Vorsteuerbeträgen im Vorsteuer-Vergütungsverfahren beantragen, wenn die Vorsteuern im Zusammenhang mit einer Personenbeförderung stehen, die der Beförderungseinzelbesteuerung unterlegen hat. Auskünfte über das Vorsteuer-Vergütungsverfahren erteilt das Bundeszentralamt für Steuern – Dienstsitz Schwedt, Passower Chaussee 3b, 16303 Schwedt/Oder (Tel. (02 28) 4 06-0, Telefax (02 28) 4 06-4722, Internetadresse: http://www.bzst.de). **27**

(4) Beförderungsunternehmer können anstelle der Beförderungseinzelbesteuerung nach Ablauf eines Kalenderjahres ihre Personenbeförderungen im allgemeinen Besteuerungsverfahren beim zuständigen Finanzamt (vgl. Tz. 13) erneut erklären (Umsatzsteuererklärung USt 2 A). In diesem Fall ist die Umsatzsteuer nach dem auf den inländischen Streckenanteil entfallenden Fahrpreis zu berechnen (vgl. Tz. 14). Von der errechneten Umsatzsteuer sind die im Zusammenhang mit den Personenbeförderungen stehenden Vorsteuerbeträge abzuziehen. Dies gilt nicht für Vorsteuerbeträge, die bereits im Vorsteuer-Vergütungsverfahren erstattet wurden. Auf den sich danach ergebenden Steuerbetrag wird die bei der Beförderungseinzelbesteuerung an den Drittlandsgrenzen entrichtete Umsatzsteuer angerechnet. Ein sich eventuell ergebender Überschuss wird erstattet. Die Höhe der anzurechnenden Umsatzsteuer ist durch Vorlage aller im Verfahren der Beförderungseinzelbesteuerung ergangenen Steuerbescheide nachzuweisen. **28**

V. Ausnahmen von der Besteuerung als Personenbeförderung

(1) Personenbeförderungen unterliegen insbesondere nicht der Besteuerung, wenn diese *unentgeltlich* oder mit eigenen Omnibussen *nicht im Rahmen eines Unternehmens* durchgeführt werden. Werden z.B. **29**

Anlage § 016–04

Mitglieder ausländischer Vereine, kultureller Gruppen (z.B. Theater- und Musikensembles, Chöre usw.) oder Schüler-, Studenten- und Jugendgruppen in Omnibussen befördert, die dem Verein, der Gruppe oder der Schule gehören, kann im Allgemeinen davon ausgegangen werden, dass die Personenbeförderung nicht im Rahmen eines Unternehmens durchgeführt wird. Dies ist an Hand der Zulassungsdokumente für den Omnibus nachzuweisen.

30 (2) Keine Personenbeförderung liegt vor, wenn der Verein, die Gruppe oder die Schule den Omnibus anmietet und anschließend die Personen mit eigenem Fahrer, im eigenen Namen, unter eigener Verantwortung und für eigene Rechnung befördert. Dies ist durch Belege und Unterlagen nachzuweisen, die insbesondere die gegenseitigen Rechtsbeziehungen eindeutig erkennen lassen. Dabei ist unter anderem auch von Bedeutung, ob der Fahrer des Omnibusses Angestellter des den Omnibus vermietenden Unternehmers ist und von diesem bezahlt wird bzw. ob im Rahmen eines Gestellungsvertrags ein bemanntes Beförderungsmittel angemietet wird. Ist dies der Fall, ist im Allgemeinen davon auszugehen, dass die Personenbeförderung durch diesen Busunternehmer ausgeführt wird und der Sachverhalt damit die Voraussetzungen einer steuerpflichtigen Personenbeförderung erfüllt.

31 (3) Die Frage, ob die angebotenen Nachweise über das Vorliegen einer nicht steuerbaren Personenbeförderung als ausreichend anzuerkennen sind, ist vor Ort vom abfertigenden Zollbeamten zu entscheiden. Um eine korrekte und zügige Abwicklung zu gewährleisten, muss deshalb der Mietvertrag – ggf. mit einer deutschen Übersetzung – mitgeführt werden. Aus diesem muss sich eindeutig ergeben, welche Leistungen von dem vermietenden Unternehmer erbracht werden. Wird dieser Nachweis gegenüber der Zolldienststelle nicht erbracht, wird die Umsatzsteuer durch Steuerbescheid festgesetzt. Der Mieter sollte deshalb zur Vereinfachung der Abfertigung den Sachverhalt vor der Durchführung der Personenbeförderung durch das zuständige Finanzamt prüfen lassen, um bei der abfertigenden Zolldienststelle eine Bescheinigung dieses Finanzamts zum Nachweis vorlegen zu können, dass es sich um eine nicht steuerbare Personenbeförderung handelt.

32 (4) Ist davon auszugehen, dass es sich um eine nicht steuerbare Personenbeförderung handelt, unterliegt allerdings die Vermietungsleistung des Unternehmers, der sein Unternehmen von einem im Drittland liegenden Ort aus betreibt, der Umsatzsteuer, soweit das vermietete Beförderungsmittel im Inland genutzt wird. Die Besteuerung erfolgt dann im allgemeinen Besteuerungsverfahren (vgl. Tz. 15 bis 19).

VI. Ergänzende Auskünfte

33 Für Fragen, die dieses Merkblatt nicht beantwortet, stehen die Finanzämter und das Informations- und Wissensmanagement Zoll, Carusufer 3–5, 01099 Dresden (Tel.: 0351/44834-520, Fax: 0351/44834-590, E-Mail: info.gewerblich@zoll.de) zur Verfügung. Auf die Möglichkeit, den Rat eines Angehörigen der steuerberatenden Berufe in Anspruch zu nehmen, wird hingewiesen.

Anlage § 016–04

Anlage 1

Absender	PLZ, Ort, Datum
	Straße, Nr.
	Land
Finanzamt _____	Telefon

Anzeige eines im Ausland ansässigen Unternehmers über die Ausführung grenzüberschreitender Personenbeförderungen mit nicht im Inland zugelassenen Kraftomnibussen (§ 18 Abs. 12 Satz 1 UStG)

Das nachstehend bezeichnete Unternehmen beabsichtigt, ab dem _____ grenzüberscheitende Personenbeförderungen mit nicht im Inland zugelassenen Kraftomnibussen in Deutschland durchzuführen:

Name und Vorname bzw. Firma		
Anschrift		
Telefon	Telefax	Email
Bankverbindung Name des Geldinstituts (Zweigstelle und Ort)		
IBAN- bzw. Kontonummer		BIC (SWIFT-Code) bzw. Bankleitzahl
Name und Anschrift des steuerlichen Vertreters (Steuerberater usw.) - falls vorhanden -		
Werden Sie im Inland umsatzsteuerlich geführt? ☐ ja ☐ nein	Falls ja: Finanzamt	Steuernummer
Angaben über das/die Kraftfahrzeug/e Anzahl der Fahrzeuge | amtliche/s Kennzeichen (ggf. Aufstellung beifügen)		
Voraussichtliche Höhe der Umsätze im laufenden Kalenderjahr (voraussichtliches Entgelt, das auf die in Deutschland zurückgelegten Beförderungsstrecken entfallen wird): _____ Euro		
Bemerkungen:		
Ort, Datum		Unterschrift und Firmenstempel

USt 1 TU - Anzeige über grenzüberschreitende Personenbeförderungen mit Kraftomnibussen (§ 18 Abs. 12 Satz 1 UStG) -

Anlage § 016–04

Anlage 2

Staat	Zuständiges Finanzamt	Staat	Zuständiges Finanzamt
Belgien	Finanzamt Trier Hubert-Neuerburgstr. 1 54290 Trier Telefon: 06 51 / 93 60 - 0 Telefax: 06 51 / 93 60 - 34900	Italien	Finanzamt München Deroystraße 20 80335 München Telefon 0 89 / 12 52 - 0 Telefax 0 89 / 12 52 - 2222
Bulgarien	Finanzamt Neuwied Augustastr. 70 56564 Neuwied Telefon: 0 26 31 / 910 - 0 Telefax: 0 26 31 / 910 - 29906	Kroatien	Finanzamt Kassel II - Hofgeismar Altmarkt 1 34125 Kassel Telefon 0 561 / 72 08 - 0 Telefax 0 561 / 72 08 - 2152
Dänemark	Finanzamt Flensburg Duburger Str. 60 - 64 24939 Flensburg Telefon: 04 61 / 8 13 - 0 Telefax: 04 61 / 8 13 - 2 54	Lettland	Finanzamt Bremen-Mitte Rudolf-Hilferding-Platz 1 28195 Bremen Telefon: 04 21 / 361 - 94391 Telefax: 04 21 / 361 - 94055
Estland	Finanzamt Rostock Möllner Str. 13 18109 Rostock Telefon 03 81 / 7000 - 0 Telefax 03 81 / 7000 - 444	Liechtenstein	Finanzamt Konstanz Byk-Gulden-Str. 2a 78467 Konstanz Telefon: 0 75 31 / 2 89 - 0 Telefax: 0 75 31 / 2 89 - 3 12
Finnland	Finanzamt Bremen-Mitte Rudolf-Hilferding-Platz 1 28195 Bremen Telefon: 04 21 / 361 - 94391 Telefax: 04 21 / 361 - 94055	Litauen	Finanzamt Mühlhausen Martinistraße 22 99974 Mühlhausen Telefon: 0 36 01 / 456 - 0 Telefax: 0 36 01 / 456 - 100
Frankreich	Finanzamt Offenburg Zeller Str. 1 - 3 77654 Offenburg Telefon 0 781 / 933 - 0 Telefax 0 781 / 933 - 2444	Luxemburg	Finanzamt Saarbrücken Am Stadtgraben Am Stadtgraben 2 - 4 66111 Saarbrücken Telefon 0 6 81 / 30 00 - 0 Telefax 0 6 81 / 30 00 - 3 29
Griechenland	Finanzamt Neukölln Thiemannstr. 1 12059 Berlin Telefon: 0 30 / 9024 16 - 0 Telefax: 0 30 / 9024 16 - 900	Mazedonien	Finanzamt Neukölln Thiemannstr. 1 12059 Berlin Telefon: 0 30 / 9024 16 - 0 Telefax: 0 30 / 9024 16 - 900
Großbritannien und Nordirland	Finanzamt Hannover-Nord Vahrenwalder Str. 206 30165 Hannover Telefon: 05 11 / 67 90 - 0 Telefax: 05 11 / 67 90 - 6090	Niederlande	Finanzamt Kleve Emmericher Straße 182 47533 Kleve Telefon 0 28 21 / 8 03 - 1020 Telefax 0 28 21 / 8 03 - 1201
Irland	Finanzamt Hamburg-Nord Borsteler Chaussee 45 22453 Hamburg Telefon 0 40 / 4 28 70 70 Telefax 0 40 / 4 28 06 - 220	Norwegen	Finanzamt Bremen-Mitte Rudolf-Hilferding-Platz 1 28195 Bremen Telefon: 04 21 / 361 - 94391 Telefax: 04 21 / 361 - 94055

Anlage § 016–04

Staat	Zuständiges Finanzamt	Staat	Zuständiges Finanzamt
Österreich	Finanzamt München Deroystr. 20 80335 München Telefon: 0 89 / 12 52 - 0 Telefax: 0 89 / 12 52 - 22 22	Slowenien	Finanzamt Oranienburg Heinrich-Grüber-Platz 3 16515 Oranienburg Telefon: 033 01 / 857 - 0 Telefax: 033 01 / 857 - 334
Polen	Anfangsbuchstaben A bis M: Finanzamt Oranienburg Heinrich-Grüber-Platz 3 16515 Oranienburg Telefon: 033 01 / 857 - 0 Telefax: 033 01 / 857 - 334	Spanien	Finanzamt Kassel II - Hofgeismar Altmarkt 1 34125 Kassel Telefon 0 561 / 72 08 - 0 Telefax 0 561 / 72 08 - 2152
	Anfangsbuchstaben N bis Z: Finanzamt Cottbus Vom-Stein-Str. 29 03050 Cottbus Telefon: 0355 / 4991 - 4100 Telefax: 0355 / 4991 - 4150	Tschechische Republik	Finanzamt Chemnitz-Süd Paul-Bertz-Straße 1 09120 Chemnitz Telefon: 03 71 / 279 - 0 Telefax: 03 71 / 22 70 65
Portugal	Finanzamt Kassel II - Hofgeismar Altmarkt 1 34125 Kassel Telefon 0 561 / 72 08 - 0 Telefax 0 561 / 72 08 - 2152	Türkei	Finanzamt Dortmund-Unna Rennweg 1 44143 Dortmund Telefon 02 31 / 51 88 - 1 Telefax 02 31 / 51 88 - 2796
Rumänien	Finanzamt Chemnitz-Süd Paul-Bertz-Straße 1 09120 Chemnitz Telefon: 03 71 / 279 - 0 Telefax: 03 71 / 22 70 65	Ukraine	Finanzamt Magdeburg Tessenowstraße 10 39114 Magdeburg Telefon: 03 91 / 885 - 12 Telefax: 03 91 / 885 - 1000
Russische Föderation	Finanzamt Magdeburg Tessenowstraße 10 39114 Magdeburg Telefon: 03 91 / 885 - 12 Telefax: 03 91 / 885 - 1000	Ungarn	Zentralfinanzamt Nürnberg Thomas-Mann-Straße 50 90471 Nürnberg Telefon 09 11 / 53 93 - 0 Telefax 09 11 / 53 93 - 2000
Schweden	Finanzamt Hamburg-Nord Borsteler Chaussee 45 22453 Hamburg Telefon 0 40 / 4 28 70 70 Telefax 0 40 / 4 28 06 - 220	Vereinigte Staaten von Amerika	Finanzamt Bonn-Innenstadt Welschnonnenstr. 15 53111 Bonn Telefon: 0228 / 718 - 0 Telefax: 0228 / 718 - 2990
Schweiz	Finanzamt Konstanz Byk-Gulden-Str. 2a 78467 Konstanz Telefon: 0 75 31 / 2 89 - 0 Telefax: 0 75 31 / 2 89 - 3 12	Weißrussland	Finanzamt Magdeburg Tessenowstraße 10 39114 Magdeburg Telefon: 03 91 / 885 - 12 Telefax: 03 91 / 885 - 1000
Slowakei	Finanzamt Chemnitz-Süd Paul-Bertz-Straße 1 09120 Chemnitz Telefon: 03 71 / 279 - 0 Telefax: 03 71 / 22 70 65	Übriges Ausland	Finanzamt Neukölln Thiemannstr. 1 12059 Berlin Telefon: 0 30 / 9024 16 - 0 Telefax: 0 30 / 9024 16 - 900

Anlage § 016–05

Gesamtübersicht 2011
Umsatzsteuer-Umrechnungskurse; Gesamtübersicht für das Jahr 2011

BMF-Schreiben vom 07.02.2012 – IV D 3 – S 7329/11/1001, BStBl. 2012 I S. 217

Umsatzsteuer-Umrechnungskurse
Euro-Referenzkurse*

Land	Währung	Januar	Februar	März	April	Mai	Juni	Juli	August	September	Oktober	November	Dezember
Australien	1 Euro	1,3417 AUD	1,3543 AUD	1,3854 AUD	1,3662 AUD	1,3437 AUD	1,3567 AUD	1,3249 AUD	1,3651 AUD	1,3458 AUD	1,3525 AUD	1,3414 AUD	1,3003 AUD
Brasilien	1 Euro	2,2371 BRL	2,2765 BRL	2,3220 BRL	2,2889 BRL	2,3131 BRL	2,2850 BRL	2,2329 BRL	2,2888 BRL	2,3946 BRL	2,4336 BRL	2,4210 BRL	2,4175 BRL
Bulgarien	1 Euro	1,9558 BGN	1,9558 BGN	1,9558 BGN	1,9558 BGN	1,9558 BGN	1,9558 BGN	1,9558 BGN	1,9558 BGN	1,9558 BGN	1,9558 BGN	1,9558 BGN	1,9558 BGN
China (VR)	1 Euro	8,8154 CNY	8,9842 CNY	9,1902 CNY	9,4274 CNY	9,3198 CNY	9,3161 CNY	9,2121 CNY	9,1857 CNY	8,7994 CNY	8,7308 CNY	8,6154 CNY	8,3563 CNY
Dänemark	1 Euro	7,4518 DKK	7,4555 DKK	7,4574 DKK	7,4574 DKK	7,4566 DKK	7,4579 DKK	7,4560 DKK	7,4498 DKK	7,4462 DKK	7,4442 DKK	7,4412 DKK	7,4341 DKK
Großbritannien	1 Euro	0,84712 GBP	0,84635 GBP	0,86653 GBP	0,88291 GBP	0,87788 GBP	0,88745 GBP	0,88476 GBP	0,87668 GBP	0,87172 GBP	0,87036 GBP	0,85740 GBP	0,84405 GBP
Hongkong	1 Euro	10,3945 HKD	10,6312 HKD	10,9093 HKD	11,2269 HKD	11,1551 HKD	11,2021 HKD	11,1104 HKD	11,1846 HKD	10,7333 HKD	10,6616 HKD	10,5495 HKD	10,2496 HKD
Indien	1 Euro	60,7161 INR	62,0142 INR	62,9526 INR	64,1128 INR	64,4735 INR	64,5200 INR	63,3537 INR	65,0717 INR	65,5964 INR	67,5519 INR	68,8330 INR	69,2066 INR
Indonesien	1 Euro	12.077,47 IDR	12.165,92 IDR	12.263,18 IDR	12.493,48 IDR	12.290,33 IDR	12.327,02 IDR	12.171,27 IDR	12.249,95 IDR	12.118,49 IDR	12.150,54 IDR	12.214,99 IDR	11.965,40 IDR
Israel	1 Euro	4,7909 ILS	4,9939 ILS	4,9867 ILS	4,9573 ILS	4,9740 ILS	4,9169 ILS	4,8801 ILS	5,0841 ILS	5,0788 ILS	5,0253 ILS	5,0521 ILS	4,9725 ILS
Japan	1 Euro	110,38 JPY	112,77 JPY	114,40 JPY	120,42 JPY	116,47 JPY	115,75 JPY	113,26 JPY	110,43 JPY	105,75 JPY	105,06 JPY	105,02 JPY	102,55 JPY
Kanada	1 Euro	1,3277 CAD	1,3484 CAD	1,3672 CAD	1,3834 CAD	1,3885 CAD	1,4063 CAD	1,3638 CAD	1,4071 CAD	1,3794 CAD	1,3981 CAD	1,3897 CAD	1,3481 CAD
Korea, Republik	1 Euro	1.495,50 KRW	1.524,99 KRW	1.568,05 KRW	1.567,52 KRW	1.555,99 KRW	1.555,32 KRW	1.510,29 KRW	1.542,01 KRW	1.544,04 KRW	1.578,17 KRW	1.537,42 KRW	1.513,26 KRW
Kroatien	1 Euro	7,4008 HRK	7,4149 HRK	7,3915 HRK	7,3639 HRK	7,4052 HRK	7,4065 HRK	7,4316 HRK	7,4620 HRK	7,4936 HRK	7,4849 HRK	7,4923 HRK	7,5136 HRK

* Mit Wirkung vom 1. Januar 2011 wurde in Estland der Euro als gesetzliches Zahlungsmittel eingeführt (unwiderruflich festgelegter Umrechnungskurs: 1 EUR = 15,6466 EEK); damit entfällt die Kursnotierung für Estnische Kronen.

Anlage § 016–05

Land	Währung	Januar	Februar	März	April	Mai	Juni	Juli	August	September	Oktober	November	Dezember
Lettland	1 Euro	0,7034 LVL	0,7037 LVL	0,7072 LVL	0,7092 LVL	0,7093 LVL	0,7091 LVL	0,7092 LVL	0,7093 LVL	0,7093 LVL	0,7061 LVL	0,7015 LVL	0,6975 LVL
Litauen	1 Euro	3,4528 LTL	3,4528 LTL	3,4528 LTL	3,4528 LTL	3,4528 LTL	3,4528 LTL	3,4528 LTL	3,4528 LTL	3,4528 LTL	3,4528 LTL	3,4528 LTL	3,4528 LTL
Malaysia	1 Euro	4,0895 MYR	4,1541 MYR	4,2483 MYR	4,3502 MYR	4,3272 MYR	4,3585 MYR	4,2716 MYR	4,2822 MYR	4,2456 MYR	4,2963 MYR	4,2756 MYR	4,1639 MYR
Mexiko	1 Euro	16,1926 MXN	16,4727 MXN	16,8063 MXN	16,9211 MXN	16,7177 MXN	16,9931 MXN	16,6491 MXN	17,5456 MXN	17,9370 MXN	18,4315 MXN	18,5646 MXN	18,1174 MXN
Neuseeland	1 Euro	1,7435 NZD	1,7925 NZD	1,8877 NZD	1,8331 NZD	1,8024 NZD	1,7666 NZD	1,6877 NZD	1,7108 NZD	1,6932 NZD	1,7361 NZD	1,7584 NZD	1,7102 NZD
Norwegen	1 Euro	7,8199 NOK	7,8206 NOK	7,8295 NOK	7,8065 NOK	7,8384 NOK	7,8302 NOK	7,7829 NOK	7,7882 NOK	7,7243 NOK	7,7474 NOK	7,7868 NOK	7,7451 NOK
Philippinen	1 Euro	59,089 PHP	59,558 PHP	60,870 PHP	62,361 PHP	61,953 PHP	62,468 PHP	60,961 PHP	60,836 PHP	59,322 PHP	59,412 PHP	58,743 PHP	57,537 PHP
Polen	1 Euro	3,8896 PLN	3,9264 PLN	4,0145 PLN	3,9694 PLN	3,9404 PLN	3,9702 PLN	3,9951 PLN	4,1195 PLN	4,3379 PLN	4,3516 PLN	4,4324 PLN	4,4774 PLN
Rumänien	1 Euro	4,2624 RON	4,2457 RON	4,1621 RON	4,1004 RON	4,1142 RON	4,1937 RON	4,2413 RON	4,2505 RON	4,2838 RON	4,3244 RON	4,3560 RON	4,3282 RON
Russland	1 Euro	40,2557 RUB	39,9469 RUB	39,8061 RUB	40,5363 RUB	40,0573 RUB	40,2670 RUB	39,8343 RUB	41,2954 RUB	42,3239 RUB	42,8569 RUB	41,8082 RUB	41,5686 RUB
Schweden	1 Euro	8,9122 SEK	8,7882 SEK	8,8864 SEK	8,9702 SEK	8,9571 SEK	9,1125 SEK	9,1340 SEK	9,1655 SEK	9,1343 SEK	9,1138 SEK	9,1387 SEK	9,0184 SEK
Schweiz	1 Euro	1,2779 CHF	1,2974 CHF	1,2867 CHF	1,2977 CHF	1,2537 CHF	1,2092 CHF	1,1766 CHF	1,1203 CHF	1,2005 CHF	1,2295 CHF	1,2307 CHF	1,2276 CHF
Singapur	1 Euro	1,7193 SGD	1,7421 SGD	1,7757 SGD	1,8024 SGD	1,7763 SGD	1,7763 SGD	1,7359 SGD	1,7340 SGD	1,7229 SGD	1,7493 SGD	1,7476 SGD	1,7070 SGD
Südafrika	1 Euro	9,2652 ZAR	9,8126 ZAR	9,6862 ZAR	9,7200 ZAR	9,8461 ZAR	9,7807 ZAR	9,7000 ZAR	10,1532 ZAR	10,3956 ZAR	10,9188 ZAR	11,0547 ZAR	10,7829 ZAR
Thailand	1 Euro	40,827 THB	41,918 THB	42,506 THB	43,434 THB	43,398 THB	43,923 THB	42,949 THB	42,875 THB	41,902 THB	42,297 THB	41,969 THB	41,099 THB
Tschechien	1 Euro	24,449 CZK	24,277 CZK	24,393 CZK	24,301 CZK	24,381 CZK	24,286 CZK	24,335 CZK	24,273 CZK	24,556 CZK	24,841 CZK	25,464 CZK	25,514 CZK
Türkei	1 Euro	2,0919 TRY	2,1702 TRY	2,2108 TRY	2,1975 TRY	2,2603 TRY	2,3077 TRY	2,3654 TRY	2,5147 TRY	2,4736 TRY	2,5089 TRY	2,4565 TRY	2,4632 TRY

Anlage § 016–05

Land	Währung	Januar	Februar	März	April	Mai	Juni	Juli	August	September	Oktober	November	Dezember
Ungarn	1 Euro	275,33 HUF	271,15 HUF	270,89 HUF	265,29 HUF	266,96 HUF	266,87 HUF	267,68 HUF	272,37 HUF	285,05 HUF	296,79 HUF	309,15 HUF	304,19 HUF
USA	1 Euro	1,3360 USD	1,3649 USD	1,3999 USD	1,4442 USD	1,4349 USD	1,4388 USD	1,4264 USD	1,4343 USD	1,3770 USD	1,3706 USD	1,3556 USD	1,3179 USD

Anlage § 016–06

Bearbeitung der Umsatzsteuer in Insolvenzfällen

OFD Hannover, Vfg. vom 28.05.2004 – $\frac{S\,7340-152-StH\,442}{S\,7340-68-StO\,352}$,

UR 2005 S. 628

Inhaltsübersicht

1. **Allgemeines**
2. **Maßnahmen nach Bekanntwerden des Antrags auf Eröffnung, aber vor Eröffnung des Insolvenzverfahrens**
3. **Unternehmereigenschaft, Verwaltungs- und Verfügungsrechte nach Eröffnung des Insolvenzverfahrens**
4. **Maßnahmen der einzelnen Arbeitsbereiche nach Eröffnung des Insolvenzverfahrens**
5. **Aufgaben im Hinblick auf Insolvenzforderungen, wenn kein qualifizierter vorläufiger Insolvenzverwalter bestellt war**
6. **Feststellungen nach § 251 Abs. 3 AO**
7. **Aufgaben im Hinblick auf Masseforderungen nach Eröffnung des Insolvenzverfahrens**
8. **Teilnahme am Prüfungstermin (§ 29 Abs. 1 Nr. 2 InsO)**
9. **Bearbeitung der Umsatzsteuer-Voranmeldungen (Anmeldesteuerstelle/UVSt)**
10. **Mitwirkung der Umsatzsteuer-Sonderprüfung/Durchführung einer Umsatzsteuer-Nachschau**
11. **Rechte und Pflichten des Insolvenzverwalters nach Beendigung des Insolvenzverfahrens**
12. **Beendigung des Insolvenzverfahrens ohne Nachtragsverteilung**
13. **Beendigung des Insolvenzverfahrens mit Nachtragsverteilung**

1. Allgemeines

1.1 Anwendung der Insolvenzordnung

Am 1.1.1999 trat die Insolvenzordnung in Kraft (Art. 110 EGInsO). Sie löst die zuvor geltenden Vorschriften über Konkurs-, Vergleichs- und Gesamtvollstreckungsverfahren ab.

Auf Konkurs-, Vergleichs- und Gesamtvollstreckungsverfahren, die vor dem 1.1.1999 beantragt worden sind, und deren Wirkungen sind weiter die zuvor geltenden gesetzlichen Vorschriften (Konkurs-, Vergleichs- und Gesamtvollstreckungsordnung) anzuwenden (Art. 103 Satz 1 EGInsO). Gleiches gilt für *Anschlusskonkursverfahren,* bei denen der dem Verfahren vorausgehende Vergleichsantrag vor dem 1.1.1999 gestellt worden ist (Art. 103 Satz 2 EGInsO). Für die nach altem Recht abzuwickelnden Verfahren gilt die Veranlagungsverfügung III/8 Nr. 7b. Erläuterungen zu Verfahrensfragen ergeben sich auch aus der Vollstreckungskartei – Insolvenzverfahren – Karten 1ff.

Die Entstehung der Steueransprüche wird durch die Vorschriften des Insolvenzrechts nicht beeinflusst (vgl. BFH, Urt. v. 16.7.1987 – V R 80/82, BStBl. II 1987, 691 = UR 1987, 291[1]). Hierfür bleiben die steuerrechtlichen Bestimmungen weiterhin maßgebend. Auch die Unternehmereigenschaft und die Steuerschuldnerschaft des Insolvenzschuldners bleiben unberührt.

Die Geltendmachung der Umsatzsteueransprüche des Finanzamts richtet sich jedoch nach Insolvenzrecht.

1.2 Allgemeinverantwortlichkeit des Amtsprüfers

Für die Bearbeitung der Umsatzsteuer in Insolvenzfällen sind verschiedene Arbeitsbereiche zuständig. Eine ordnungsgemäße Abwicklung der Fälle erfordert die Zusammenarbeit dieser Arbeitsbereiche und einen umfassenden Informationsaustausch.

Ab Bekanntwerden der Antragstellung über die Eröffnung eines Insolvenzverfahrens bis zu dessen Beendigung ist der Amtsprüfer für alle umsatzsteuerlichen Belange verantwortlich. Er hat die zutreffende umsatzsteuerliche Bearbeitung des gesamten Insolvenzfalles zu gewährleisten; das gilt auch dann, wenn ein Verfahren mangels Masse nicht eröffnet werden sollte.

---
[1] Mit Anm. *Weiß*, UR 1987, 293

Anlage § 016–06

Der Amtsprüfer hat insbesondere zu gewährleisten, dass die Umsatzsteuern für alle betroffenen Zeiträume rechtzeitig und in der richtigen Höhe festgesetzt werden. Dies gilt auch für die Bearbeitung von Umsatzsteuer-Voranmeldungen bzw. die Festsetzung von Umsatzsteuer-Vorauszahlungen; insoweit ist eine intensive Zusammenarbeit mit der Anmeldesteuerstelle/UVSt erforderlich, die ggf. auf Anweisung des Amtsprüfers tätig wird.

2. Maßnahmen nach Bekanntwerden des Antrags auf Eröffnung, aber vor Eröffnung des Insolvenzverfahrens

2.1 Offene Steuerfestsetzungen

Wird bekannt, dass ein *Antrag auf Eröffnung des Insolvenzverfahrens* über das Vermögen eines Unternehmers gestellt worden ist, teilt die Vollstreckungsstelle dies den betroffenen Arbeitsbereichen des Finanzamts mit (Vordruck InsO 60, siehe auch Vollstreckungskartei – Insolvenzverfahren – Karte 4). Unbearbeitete Umsatzsteuererklärungen und/oder Umsatzsteuer-Voranmeldungen sind vom zuständigen Amtsprüfer bzw. der Anmeldesteuerstelle/UVSt sofort zu bearbeiten. Erforderliche Umsatzsteuerfestsetzungen sollten möglichst vor Eröffnung des Verfahrens wirksam werden (sog. *titulierte Forderungen*), um die spätere Weiterverfolgung von Widersprüchen (bestrittene Forderungen, § 179 Abs. 2 InsO) zu erleichtern (vgl. Vollstreckungskartei – Insolvenzverfahren – Karte 4 Tz. 4 sowie Karte 7 Tz. 3.3).

2.2 Vorsteuerabzug

Wurde ein Antrag auf Eröffnung des Insolvenzverfahrens gestellt, ist zu vermuten, dass der davon betroffene Unternehmer seinen Verbindlichkeiten nicht mehr ordnungsgemäß nachkommen kann. Liegen Umsatzsteuererklärungen bzw. Umsatzsteuer-Voranmeldungen vor, hat der zuständige Amtsprüfer bzw. die Anmeldesteuerstelle/UVSt deshalb die darin geltend gemachten Vorsteuern besonders kritisch zu überprüfen. Ist davon auszugehen, dass die den Vorsteuern zugrunde liegenden Eingangsrechnungen nicht mehr bezahlt werden, kommt ein Vorsteuerabzug insoweit nicht mehr in Betracht (analoge – vorgezogene – Anwendung des § 17 Abs. 2 Nr. 1 UStG).

Der Amtsprüfer hat außerdem zu ermitteln, in welcher Höhe sich Vorsteuerrückforderungsansprüche des Finanzamts nach § 17 UStG (vgl. Tz. 5.3.1) für zurückliegende Zeiträume ergeben, und ggf. die Anmeldesteuerstelle/UVSt unter Angabe des Rückforderungsbetrags anzuweisen, diesen für den Voranmeldungszeitraum (VAZ) festzusetzen, in dem der Antrag auf Eröffnung des Insolvenzverfahrens gestellt worden ist. Aufwändige Ermittlungen, insbesondere Nachschauen oder Umsatzsteuer-Sonderprüfungen sind zur Ermittlung der Vorsteuerrückforderungen nur in Ausnahmefällen zulässig. Wirkt der Steuerpflichtige oder der ggf. eingesetzte vorläufige Insolvenzverwalter nicht mit, sind die Besteuerungsgrundlagen zu schätzen (siehe Tz. 5.3.1).

2.3 Verwertung von Sicherungsgut

Soweit vor Eröffnung des Insolvenzverfahrens eine *Verwertung von Sicherungsgut* erfolgte, die nach den Grundsätzen in Abschn. 2 Abs. 1 UStR 2000 zu einem Doppelumsatz führt, ist zu prüfen, ob die sich daraus ergebende Umsatzsteuer vom Leistungsempfänger angemeldet worden ist (§ 13b Abs. 1 Nr. 2 UStG).

2.4 Bestellung eines vorläufigen Insolvenzverwalters vor Verfahrenseröffnung

Hat das Insolvenzgericht vor Eröffnung des Verfahrens zur Sicherung der Masse einen *vorläufigen Insolvenzverwalter* bestellt, gilt Folgendes:

2.4.1 Qualifizierter vorläufiger Insolvenzverwalter mit allgemeinem Verfügungsverbot

Wurde nach § 22 Abs. 1 InsO ein allgemeines Verfügungsverbot verhängt, geht die Verwaltungs- und Verfügungsbefugnis bezüglich des Schuldnervermögens auf den vorläufigen Insolvenzverwalter über (sog. qualifizierter vorläufiger Insolvenzverwalter, auch starker vorläufiger Insolvenzverwalter genannt). Er hat damit die Stellung eines Vermögensverwalters gem. § 34 Abs. 3 AO. Jeglicher Schriftverkehr (einschließlich der Bekanntgabe von Steuerbescheiden) darf nur mit dem vorläufigen Insolvenzverwalter geführt werden (AEAO, StEK AO 1977 Vor § 1 Nr. 42 – Zu § 122 AO Tz. 2.9.3 und 2.9.4).

Der qualifizierte vorläufige Insolvenzverwalter hat zu den gesetzlichen Fälligkeitszeitpunkten die Steuererklärungen einschließlich *Umsatzsteuer-Voranmeldungen* abzugeben. Dies gilt auch für rückständige, vom Schuldner nicht abgegebene Erklärungen für Zeiträume vor seiner Bestellung. Der Verwalter hat außerdem aus den ihm zufließenden Einnahmen die *Umsatzsteuer* auf alle Umsätze zu *entrichten,* die in der Zeit der vorläufigen Insolvenzverwaltung ausgeführt werden.

Anlage § 016–06

Für nicht entrichtete Umsatzsteuerbeträge haftet der qualifizierte vorläufige Insolvenzverwalter gem. §§ 69, 191 Abs. 2 AO.

Aufgrund der Benachrichtigung der Vollstreckungsstelle – Vordruck InsO 60 – ermittelt der Amtsprüfer *sofort*, welche Steuererklärungen und Anmeldungen für die Zeit bis zur Bestellung des qualifizierten vorläufigen Insolvenzverwalters noch nicht vollständig vorliegen. Hierfür hat die Anmeldesteuerstelle/UVSt mitzuteilen, ob noch unbearbeitete Umsatzsteuer-Voranmeldungen vorliegen.

Der Amtsprüfer hat beim qualifizierten vorläufigen Insolvenzverwalter anzufragen, welche *Steuererklärungen* dieser abgeben wird. Der Eingang der Erklärungen ist zu überwachen. Bei Nichtabgabe der Erklärungen sind die Besteuerungsgrundlagen zu schätzen; die Ausführungen in Tz. 5.2 gelten insoweit sinngemäß.

Wegen der Vergabe einer neuen Steuernummer für die Zeit ab Bestellung des qualifizierten vorläufigen Insolvenzverwalters siehe Tz. 4.3.2.1.

2.4.2 Vorläufiger Insolvenzverwalter ohne allgemeines Verfügungsverbot

Wird ein vorläufiger Insolvenzverwalter bestellt, ohne dass ein allgemeines Verfügungsverbot ergangen ist, bleibt der Schuldner Adressat der an ihn gerichteten Verwaltungsakte (vgl. Vollstreckungskartei – Insolvenzverfahren – Karte 4 Tz. 4; AEAO zu § 122 AO Tz. 2.9.3). Für die Zeit ab Eröffnung des Insolvenzverfahrens siehe Tz. 5.

3. Unternehmereigenschaft, Verwaltungs- und Verfügungsrechte nach Eröffnung des Insolvenzverfahrens

3.1 Unternehmereigenschaft

Der Insolvenzschuldner bleibt Unternehmer (vgl. BFH, Urt. v. 24.9.1987 – V R 196/83, BStBl. II 1987, 873 = UR 1988, 48[1]). Die Insolvenzmasse, zu der auch das während der Dauer des Insolvenzverfahrens neu erworbene Vermögen gehört (§ 35 InsO), wird nicht von seinem übrigen Vermögen getrennt. Es gilt der Grundsatz der Einheit des Unternehmens (siehe auch Tz. 4.3.3).

3.2 Verwaltungs- und Verfügungsrecht

Nach Verfahrenseröffnung wird das Verwaltungs- und Verfügungsrecht in Bezug auf die Insolvenzmasse nach § 80 InsO anstelle des Schuldners durch den *Insolvenzverwalter* ausgeübt. Er hat damit die Stellung eines Vermögengverwalters gem. § 34 Abs. 3 AO. Deshalb muss der Insolvenzverwalter für den Schuldner die Steuererklärungen einschließlich Umsatzsteuer-Voranmeldungen – auch für Zeiträume vor Eröffnung des Insolvenzverfahrens – abgeben und Zahlungen nach den gesetzlichen Bestimmungen leisten (siehe auch Tz. 9.1 und 12). Er unterliegt den haftungsrechtlichen Folgen der §§ 69, 191 Abs. 2 AO.

Wegen der Verwaltungs- und Verfügungsrechte des qualifizierten vorläufigen Insolvenzverwalters siehe Tz. 2.4.1.

3.3 Eigenverwaltung (§§ 270ff. InsO)

Hat das Insolvenzgericht Eigenverwaltung der Insolvenzmasse durch den Schuldner angeordnet, steht diesem die Verwaltungs- und Verfügungsbefugnis in Bezug auf die Insolvenzmasse weiterhin zu – allerdings unter der Aufsicht eines sog. Sachwalters (vgl. Tz. 4 der Vollstreckungskartei – Insolvenzverfahren – Karte 2).

Bescheide über Ansprüche aus Maßnahmen des Schuldners sind im Fall der Eigenverwaltung (§§ 270ff. InsO) an den Schuldner zu adressieren (AEAO, StEK AO 1977 Vor § 1 Nr. 42 – Zu § 122 AO Tz. 2.9.6).

3.4 Geltendmachung der Ansprüche des Finanzamts, Schriftverkehr nach Eröffnung des Insolvenzverfahrens

Das Finanzamt kann nach Eröffnung des Insolvenzverfahrens – wie jeder andere Gläubiger – seine offenen, bis zur Verfahrenseröffnung begründeten Ansprüche *(Insolvenzforderungen)* nur noch nach den Regeln der Insolvenzordnung – also durch *Anmeldung zur Insolvenztabelle* beim Insolvenzverwalter – geltend machen. Steuerbescheide wegen Insolvenzforderungen dürfen während des Insolvenzverfahrens nicht erlassen werden.

Umsatzsteueransprüche, die erst nach Verfahrenseröffnung durch Handlungen des Insolvenzverwalters begründet werden *(Masseforderungen)*, sind durch *Steuerbescheid*, dessen Adressat der Insolvenzverwalter ist (siehe dazu AEAO, StEK AO 1977 Vor § 1 Nr. 42 – Zu § 122 AO Tz. 2.9), geltend zu machen. Wegen der aus Tätigkeiten eines qualifizierten vorläufigen Insolvenzverwalters vor Insolvenz-

---

1) Mit Anm. *Weiß*, UR 1988, 49

eröffnung begründeten Umsatzsteueransprüche, die nach § 55 Abs. 2 InsO mit Verfahrenseröffnung als Masseverbindlichkeiten gelten, siehe Tz. 2.4.1.

Sämtlicher Schriftverkehr mit dem Insolvenzverwalter, einem Gläubiger oder dem Schuldner ist über die *Vollstreckungsstelle* zu leiten (vgl. Tz. 2 Vollstreckungskartei – Insolvenzverfahren – Karte 17).

3.5 Insolvenzforderungen (§ 38 InsO)

Insolvenzforderungen sind die bis zum Zeitpunkt der Verfahrenseröffnung *begründeten* Ansprüche gegen den Schuldner. Begründet in diesem Sinne ist eine Umsatzsteuerforderung dann, wenn sich der einzelne Tatbestand nach § 1, § 14 Abs. 2, Abs. 3, § 15a, § 17 UStG bis zum Zeitpunkt der Insolvenzeröffnung verwirklicht hat (unbeschadet einer eventuell erst späteren Entstehung des Steueranspruchs nach § 13 UStG).

Insolvenzforderungen werden von der Vollstreckungsstelle zur Insolvenztabelle beim Insolvenzverwalter angemeldet.

Nach der Insolvenzordnung werden alle Insolvenzgläubiger grundsätzlich gleichrangig befriedigt. Ausnahmen gelten für die in § 39 InsO genannten nachrangigen Insolvenzgläubiger, für abweichende Regelungen durch einen Insolvenzplan (§§ 217ff. InsO) sowie für bestehende Ansprüche auf Aussonderung (§§ 47f. InsO) und Absonderung (§§ 49ff. InsO).

3.6 Masseforderungen (§§ 53 bis 55 InsO)

Umsatzsteuerforderungen, die sich aus Maßnahmen des Insolvenzverwalters zur Verwaltung, Verwertung oder Verteilung der Masse ergeben, stellen Masseforderungen dar (§ 55 Abs. 1 InsO).

Zu den Masseforderungen des Finanzamts gehören im Falle der *Eigenverwaltung* (§§ 270ff. InsO) auch Umsatzsteuerforderungen, die durch Handlungen des *Schuldners* begründet sind. Nach Eröffnung des Insolvenzverfahrens gehören außerdem die durch Maßnahmen/Handlungen eines *qualifizierten vorläufigen Insolvenzverwalters* begründeten Umsatzsteuerforderungen dazu (§ 55 Abs. 2 InsO), z.B. aus der Verwertung von Gegenständen vor Eröffnung des Insolvenzverfahrens (siehe auch Tz. 2.4.1).

Masseforderungen sind durch Steuerbescheid, ggf. Haftungsbescheid, gegenüber dem Insolvenzverwalter (bei Eigenverwaltung dem Schuldner) geltend zu machen (wegen der Bekanntgabe siehe AEAO, StEK AO 1977 Vor § 1 Nr. 42 – Zu § 122 AO Tz. 2.9). Da insoweit also das übliche Festsetzungsverfahren stattfindet und Masseforderungen oft vollständig, zumindest aber überwiegend erfüllbar sind, ist ihnen in allen Phasen der Bearbeitung besondere Aufmerksamkeit zu widmen.

3.7 Neue Tätigkeiten des Schuldners

Häufig übt der Gemeinschuldner nach Eröffnung des Insolvenzverfahrens im Einvernehmen mit dem Insolvenzverwalter eine neue Tätigkeit aus (sog. Neuerwerb, § 35 InsO). Die daraus resultierenden Einnahmen fallen grundsätzlich unter das Verwaltungs- und Verfügungsrecht des Verwalters. Umsatzsteueransprüche und -forderungen aus der neuen Betätigung sind deshalb als Masseforderung bzw. -verbindlichkeit gegen bzw. durch den Insolvenzverwalter geltend zu machen.

Das gilt auch für die in der Praxis bekannt gewordenen Fälle, in denen Insolvenzverwalter dem Gemeinschuldner nach Aufnahme einer neuen Tätigkeit gestattet haben, über die Erlöse daraus frei zu verfügen, indem sie auch die Erlöse vorab freigegeben haben. Die Abgabe zutreffender Umsatzsteuer-Voranmeldungen bzw. Umsatzsteuererklärungen durch den Insolvenzverwalter ist ggf. zu erzwingen. Erforderlichenfalls sind Schätzungen der Besteuerungsgrundlagen vorzunehmen. Im Hinblick auf das beim BFH anhängige Revisionsverfahren V R 5/04 kann das Verfahren bei Streitigkeiten über die Abgabeverpflichtung des Insolvenzverwalters bis zur Entscheidung des BFH[1] ruhen. Aussetzung der Vollziehung bei Schätzungsbescheiden kommt nur gegen Sicherheitsleistung in Betracht. Im Zweifelsfall ist zu berichten.

Die vorgenannten Grundsätze gelten auch dann, wenn der Gemeinschuldner im Einvernehmen und unter der Verantwortung des Insolvenzverwalters das bisherige Unternehmen fortführt.

Der Vergabe einer besonderen Steuernummer für neue Tätigkeiten des Schuldners bedarf es danach *nicht*.

4. Maßnahmen der einzelnen Arbeitsbereiche nach Eröffnung des Insolvenzverfahrens

4.1 Koordinierende Tätigkeit der Vollstreckungsstelle

Das Finanzamt erlangt durch Mitteilung des Insolvenzgerichts oder aus der Tageszeitung (öffentliche Bekanntmachung) Kenntnis über die Eröffnung eines Insolvenzverfahrens. Darüber ist als erstes die Vollstreckungsstelle zu unterrichten.

---

1) Das Revisionsverfahren ist inzwischen entschieden: BFH vom 7.4.2005 – V R 5/04, UR 2005, 607

Anlage § 016–06

Die Vollstreckungsstelle leitet die nach DA-ADV Fach 54 Teil 2 Nr. 6 vorgesehenen Maßnahmen ein. Wegen der Einrichtung weiterer Speicherkonten siehe Tz. 4.3.2.

Die Vollstreckungsstelle unterrichtet u.a. mit Vordruck InsO 2 den zuständigen Amtsprüfer sowie mit Vordruck InsO 6 die Anmeldesteuerstelle/UVSt über die Eröffnung des Insolvenzverfahrens. Der Amtsprüfer weist den Insolvenzverwalter mit Vordruck InsO 3 auf seine (z.B. umsatzsteuerlichen) Pflichten im Besteuerungsverfahren hin, die sich aus der Fortführung des Betriebs oder aus einzelnen Verwertungsmaßnahmen ergeben.

Zur Teilnahme an Prüfungsterminen (§ 29 InsO), Gläubigerversammlungen (§§ 74ff. InsO) und -ausschüssen (§ 67 InsO) siehe Vollstreckungskartei – Insolvenzverfahren – Karte 5 Tz. 6.

4.2 Veranlagungsverwaltungsstelle (VVSt) – Akten- und Karteiführung

Die Entscheidung über die Notwendigkeit eines zweiten Speicherkontos trifft der Amtsprüfer (siehe auch Tz. 1.2). Der Leiter der VVSt überwacht die Einrichtung dieses Kontos (vgl. Fach 54 Teil 2 Nr. 6 / Fach 1 Teil 4 Nr. DAADV). Dabei ist darauf zu achten, dass im zweiten Speicherkonto

– die Bezeichnung des Gewerbes,
– die Gewerbekennzahl,
– die Zahlungsweise,
– das Datum der Betriebseröffnung (Kz. 006015)
– sowie ggf. die Umsatzsteuer-Identifikationsnummer

der bisherigen ersten Steuernummer im Grundinformationsdienst übernommen werden.

Es genügt im Allgemeinen, unter der neuen Steuernummer eine neue Umsatzsteuerakte anzulegen, weil andere Steuern im Insolvenzverfahren nur selten anfallen.

Auf der bisherigen Steuerakte des Schuldners und der neu angelegten Umsatzsteuerakte ist die Eröffnung des Insolvenzverfahrens mit Datum zu vermerken und auf die jeweils andere Steuernummer hinzuweisen. *Gegenseitige Hinweise* sind auch auf den Sammelmappen der Umsatzsteuer-Voranmeldungen für die beiden Steuernummern anzubringen. Im Grundinformationsdienst sind entsprechende Hinweissteuernummern zu setzen.

4.3 Aufgaben des Amtsprüfers nach Eröffnung des Insolvenzverfahrens

4.3.1 Steuerfestsetzung

Nach Eröffnung des Insolvenzverfahrens obliegt die Ermittlung von Besteuerungsgrundlagen und Steuern aus Anlass der Durchführung eines Insolvenzverfahrens vorbehaltlich der Regelungen in Tz. 9 dem zuständigen Amtsprüfer (zu dessen Aufgaben siehe Tz. 1.2).

4.3.2 Einrichtung neuer Speicherkonten

Der Amtsprüfer entscheidet, ob ein weiteres Speicherkonto für die Anmeldung bzw. Festsetzung von Umsatzsteueransprüchen des Finanzamts gegen den qualifizierten vorläufigen Insolvenzverwalter oder den (endgültigen) Insolvenzverwalter einzurichten ist (vgl. Tz. 1.2 des Vordrucks InsO 2).

4.3.2.1 Zweite Steuernummer für Insolvenzverfahren mit qualifiziertem vorläufigem Insolvenzverwalter

Für die Umsatzsteuerforderungen des Finanzamts ist ein weiteres (zweites) Speicherkonto unter einer neuen Steuernummer desselben Steuerbezirks zu eröffnen, wenn feststeht, dass der qualifizierte vorläufige Insolvenzverwalter Umsätze oder Vorsteuerbeträge anzumelden hat. Der Umsatzsteuer-Grundkennbuchstabe zur alten Steuernummer wird auf Anweisung des zuständigen Amtsprüfers mit Wirkung des auf den Tag der Bestellung des qualifizierten vorläufigen Insolvenzverwalters folgenden Monatsersten ungültig gesetzt. Für die neue Steuernummer wird *mit Beginn* des Monats *der vorläufigen Insolvenzverwaltung* derselbe Grundkennbuchstabe mit derselben Zahlungsweise gültig gesetzt, der schon für die alte Steuernummer galt (siehe auch Tz. 9.1).

Nach Eröffnung des Insolvenzverfahrens ist kein weiteres (drittes) Speicherkonto einzurichten. Die durch den Insolvenzverwalter nach Verfahrenseröffnung begründeten Masseansprüche sind unter der schon erteilten (zweiten) Steuernummer anzumelden bzw. festzusetzen.

4.3.2.2 Zweite Steuernummer für Insolvenzverfahren ohne qualifizierten vorläufigen Insolvenzverwalter

War kein qualifizierter vorläufiger Insolvenzverwalter bestellt, ist ab dem Zeitpunkt der Verfahrenseröffnung für die Umsatzsteuerforderungen des Finanzamts ein weiteres (zweites) Speicherkonto unter einer neuen Steuernummer desselben Steuerbezirks zu eröffnen, wenn feststeht, dass der Insolvenzverwalter oder – im Falle der Eigenverwaltung – der Schuldner Umsätze oder Vorsteuerbeträge anzu-

Anlage § 016–06

melden hat. Der Umsatzsteuer-Grundkennbuchstabe zur alten Steuernummer wird auf Anweisung des zuständigen Amtsprüfers mit Wirkung des auf den Tag der Verfahrenseröffnung folgenden Monatsersten ungültig gesetzt. Für die neue Steuernummer wird *mit Beginn* des Monats *der Verfahrenseröffnung* derselbe Grundkennbuchstabe mit derselben Zahlungsweise gültig gesetzt, der schon für die alte Steuernummer galt (siehe auch Tz. 9.1).

4.3.2.3 Einrichtung eines besonderen Speicherkontos für Ansprüche des Finanzamts bei der echten Freigabe von Massegegenständen

Veräußert der Schuldner vom Insolvenzverwalter freigegebene Massegegenstände (siehe Tz. 7.4.1), ist zur Anmeldung bzw. Festsetzung der darauf entfallenden Umsatzsteueransprüche ein zusätzliches (ggf. drittes) Speicherkonto mit demselben Grundkennbuchstaben und derselben Zahlungsweise einzurichten.

4.3.3 Einheit des Unternehmens

Alle Speicherkonten, die im Zusammenhang mit dem Insolvenzverfahren eingerichtet worden sind (altes Speicherkonto, ggf. weiteres Speicherkonto für Masseansprüche), gehören zum einheitlichen Unternehmen des Schuldners (siehe Tz. 3.1). Die einem zweiten Speicherkonto zuzurechnende Tätigkeit stellt deshalb keine neue berufliche oder gewerbliche Tätigkeit i.S.d. § l8 Abs. 2 Satz 4 UStG dar.

Für den Besteuerungszeitraum der Eröffnung des Insolvenzverfahrens und die Folgejahre sind zur Bestimmung des Gesamtumsatzes (§ 19 Abs. 1 und 3 UStG) und insbesondere für die Ermittlung der Zahlungsweise (§ 18 Abs. 1 und 2 UStG) alle Tätigkeiten des Schuldners unter sämtlichen Speicherkonten zur Berechnung eines einheitlichen Gesamtumsatzes und einer einheitlichen Zahllast zusammenzurechnen.

4.3.4 Beispiele für mögliche Speicherkonten

	Fall 1 Insolvenz *ohne* vorläufigen Insolvenzverwalter	Fall 2 Insolvenz *mit* vorläufigem Insolvenzverwalter *ohne* allgemeine Verfügungsgewalt	Fall 3 Insolvenz *mit* vorläufigem Insolvenzverwalter *mit* allgemeiner Verfügungsgewalt
insolvenzfreie Vorzeit	1. (alte) StNr.: Umsätze des Steuerpflichtigen bis zum Tag der Verfahrenseröffnung	1. (alte) StNr.: Umsätze des Steuerpflichtigen bis zum Tag der Verfahrenseröffnung	1. (alte) StNr.: Umsätze des Steuerpflichtigen bis zum Antrag auf Verfahrenseröffnung
15.10.03 Antrag auf Eröffnung des Insolvenzverfahrens; Bestellung eines vorläufigen Insolvenzverwalters			GKB U ungültig setzen ab: 1.11.03 2. (neue) St.Nr.: GKB U setzen ab: 1.10.03 2.1 Umsätze des vorläufigen Verwalters ab dessen Bestellung 2.2 Umsätze der Masse ab Verfahrenseröffnung
20.3.04 Eröffnung des Insolvenzverfahrens	GKB U ungültig setzen ab: 1.4.04	GKB U ungültig setzen ab: 1.4.04	
	2. (neue) St.Nr.: GKB U setzen ab: 1.3.04 Umsätze der Masse ab Verfahrenseröffnung	2. (neue) St.Nr.: GKB U setzen ab: 1.3.04 Umsätze der Masse ab Verfahrenseröffnung	
15.08.05 Aufhebung des Insolvenzverfahrens	GKB U ungültig setzen ab: 1.9.05	GKB U ungültig setzen ab: 1.9.05	GKB U ungültig setzen ab: 1.9.05
	– Zusammenfassen aller umsatzsteuerlichen Ansprüche unter der ersten (alten) StNr. – GKB U zur alten (ersten) StNr. wieder gültig setzen ab 1.8.05		

Anlage § 016–06

5. Aufgaben im Hinblick auf Insolvenzforderungen, wenn kein qualifizierter vorläufiger Insolvenzverwalter bestellt war

5.1 Anforderung von Steuererklärungen und Masseverzeichnis nach Insolvenzverfahrenseröffnung

Aufgrund der Benachrichtigung der Vollstreckungsstelle – Vordruck InsO 2 – ermittelt der Amtsprüfer *sofort,* welche Steuererklärungen und Anmeldungen für die Zeit bis zur Insolvenzeröffnung noch nicht vollständig vorliegen. Hierfür hat die Anmeldesteuerstelle/UVSt mitzuteilen, ob noch unbearbeitete Umsatzsteuer-Voranmeldungen vorliegen (vgl. Vordruck InsO 6).

Der Amtsprüfer hat beim Insolvenzverwalter anzufragen, welche Erklärungen er so rechtzeitig einreichen wird, dass die Frist zur Anmeldung zur Insolvenztabelle gewahrt werden kann. Für diese Anfrage ist der Vordruck InsO 3 zu verwenden, durch den gleichzeitig das *Masseverzeichnis* nach § 151 InsO angefordert wird. Weigert sich der Insolvenzverwalter, das Masseverzeichnis zu übersenden, ist dieses vom Insolvenzgericht (Amtsgericht) anzufordern. Der Eingang der Erklärungen und des Masseverzeichnisses ist zu überwachen. Zu deren Auswertung siehe Tz. 7.1.

5.2 Schätzung der Besteuerungsgrundlagen

Soweit Erklärungen nicht vorliegen oder vom Insolvenzverwalter nicht zugesagt worden sind, müssen Schätzungen für die Zeiträume bis zur Bestellung des qualifizierten vorläufigen Insolvenzverwalters bzw. bis zur Verfahrenseröffnung durchgeführt werden. Für die Anmeldung zur Insolvenztabelle sollte grundsätzlich die *Jahresumsatzsteuer* für den Zeitraum vom 1. Januar bis zum Tag der Eröffnung des Insolvenzverfahrens berechnet werden (vgl. BFH, Urt. v. 16.7.1987 – V R 2/81, BStBl. II 1988, 190 = UR 1987, 295).

Zulässig, aber in der Regel wenig zweckmäßig ist auch die Berechnung von *Umsatzsteuer-Vorauszahlungen.* Sollen ausnahmsweise monatliche bzw. vierteljährliche Vorauszahlungen berechnet werden, hat der Amtsprüfer der Anmeldesteuerstelle/UVSt die Bemessungsgrundlagen hierfür mitzuteilen. Die Berechnung von Umsatzsteuer-Vorauszahlungen wird insbesondere dann erforderlich, wenn wegen Widerrufs der Dauerfristverlängerung die Anrechnung einer entrichteten Sondervorauszahlung vorzunehmen ist (siehe hierzu Tz. 9.2.1).

Bei Bestellung eines qualifizierten vorläufigen Insolvenzverwalters sind Steuerfestsetzungen für die Zeit ab dessen Bestellung bis zur Verfahrenseröffnung an diesen zu adressieren und gegen diesen durchzusetzen; diese Umsatzsteuerforderungen werden ab Verfahrenseröffnung zu Masseforderungen des Finanzamts (§ 55 Abs. 2 InsO). Nach Eröffnung des Verfahrens ist die Berechnung der übrigen, auf die Zeit vor der Bestellung des qualifizierten vorläufigen Insolvenzverwalters entfallenden Umsatzsteuerforderungen des Finanzamts, die als Insolvenzforderungen zur Insolvenztabelle anzumelden sind, dem Insolvenzverwalter (bei Eigenverwaltung dem Schuldner) *formlos* bekannt zu geben. Das Schreiben ist über die Vollstreckungsstelle zu leiten (vgl. Tz. 3.4 letzter Absatz).

5.3 Vom Amtsprüfer zu beachtende Besonderheiten

5.3.1 Vorsteuerrückforderungsansprüche zu Gunsten des Finanzamts (§ 17 UStG)

Bei den Schätzungen sind Vorsteuerrückforderungsansprüche des Finanzamts wegen Uneinbringlichkeit der gegen den Schuldner gerichteten Forderungen (§ 17 Abs. 1 Nr. 2 i.Vm. Abs. 2 Nr. 1 UStG) zu berücksichtigen. Liegen keine weiteren Erkenntnisse vor, die die Durchführung einer Umsatzsteuer-Nachschau oder -Sonderprüfung geboten erscheinen lassen (vgl. insoweit auch Tz. 7.2), ist zur Vereinfachung des Verfahrens anzunehmen, dass der Schuldner die Summe der Vorsteuerbeträge aus den letzten neun Monaten vor Eröffnung des Insolvenzverfahrens zurückzuzahlen hat. Die Vorsteuerrückforderung ist in entsprechender Höhe festzusetzen. Uneinbringlichkeit ist spätestens mit Eröffnung des Verfahrens eingetreten (Abschn. 223 Abs. 5 Satz 3 UStR 2000). Die Rückforderungsansprüche des Finanzamts sind deshalb – soweit keine besseren Erkenntnisse vorliegen – für den VAZ der Verfahrenseröffnung zur Tabelle anzumelden.

Das gilt bei Bestellung eines qualifizierten vorläufigen Insolvenzverwalters für die Zeit ab dessen Bestellung entsprechend. In diesem Fall ist anzunehmen, dass der Schuldner die Vorsteuerbeträge aus den letzten neun Monaten vor Bestellung des qualifizierten vorläufigen Insolvenzverwalters zurückzuzahlen hat. Die Vorsteuerrückforderung ist – soweit keine besseren Erkenntnisse vorliegen – für den VAZ der Bestellung des Verwalters festzusetzen.

5.3.2 Verwertung von Sicherungsgut vor Insolvenzeröffnung

Soweit vor Eröffnung des Insolvenzverfahrens eine *Verwertung von Sicherungsgut* erfolgte, die nach den Grundsätzen in Abschn. 2 Abs. 1 UStR 2000 zu einem Doppelumsatz führt, ist zu prüfen, ob die sich daraus ergebende Umsatzsteuer vom Leistungsempfänger angemeldet worden ist (§ 13b Abs. 1 Nr. 2 UStG, siehe auch Tz. 2.3).

Anlage § 016–06

5.3.3 Aufteilung des Umsatzsteueranspruchs für den laufenden VAZ der Verfahrenseröffnung in Insolvenz- und Masseforderungen

Ist der Insolvenzschuldner monatlich bzw vierteljährlich zur Abgabe von Umsatzsteuer-Voranmeldungen verpflichtet, ist der *Umsatzsteuer-Vorauszahlungsanspruch*, der für den *laufenden VAZ der Verfahrenseröffnung* entsteht, wie folgt aufzuteilen:

- Soweit *kein qualifizierter vorläufiger Insolvenzverwalter bestellt* war (siehe Tz. 2.4.1), muss der Teil der Ansprüche, der vor *Eröffnung* des Insolvenzverfahrens *begründet* ist, als Insolvenzforderung zur Tabelle angemeldet werden. Hierbei handelt es sich z.B. um Umsatzsteuer auf Lieferungen und sonstige Leistungen, die bis zum Zeitpunkt der Eröffnung ausgeführt worden sind, sowie um Vorsteueransprüche, bei denen die Voraussetzungen des § 15 Abs. 1 Nr. 1 Satz 1 UStG vor Verfahrenseröffnung erfüllt waren.

  Nach Eröffnung des Verfahrens begründete, in den laufenden VAZ der Verfahrenseröffnung fallende Teilansprüche sind als Masseforderungen gegenüber dem Insolvenzverwalter bzw bei Eigenverwaltung gegenüber dem Schuldner geltend zu machen. Soweit dieser keine Umsatzsteuer-Voranmeldung für diesen VAZ abgegeben hat, ist ein entsprechender Schätzungsbescheid bekannt zu geben, der auf den Teil-VAZ nach der Eröffnung zu beschränken ist.

- War ein *qualifizierter vorläufiger Insolvenzverwalter bestellt*, entfällt eine Aufteilung des Umsatzsteueranspruchs für den laufenden VAZ der Verfahrenseröffnung, da dieser in voller Höhe bei der zweiten, ab Bestellung des vorläufigen Verwalters eingerichteten Steuernummer anzumelden ist (siehe Tz. 4.3.2.1).

Wegen weiterer umsatzsteuerlicher Fragen zu Insolvenzforderungen siehe auch Tz. 10.2.

6. Feststellungen nach § 251 Abs. 3 AO

Widerspricht der Insolvenzverwalter im Prüfungstermin der Anmeldung der Steuerforderung durch das Finanzamt und soll den Einwendungen nicht oder nur teilweise entsprochen werden, sind die Ansprüche im Anschluss an den Prüfungstermin durch *Feststellungsbescheid* gem. § 251 Abs. 3 AO festzustellen, soweit vor Eröffnung des Insolvenzverfahrens noch keine Steuerbescheide vorliegen. Dabei ist darauf zu achten, dass angemeldete und festgestellte Forderungen identisch sind (vgl. BFH, Urt. v. 26.2.1987 – V R 114/79, BStBl. II 1987, 471 = UR 1987, 165). Auf die Regelungen meiner Rundverfügung (OFD Hannover, Vfg. v. 14.4.1999 – O 2000 – 9/261 – StH 114, StO 142, n.v.) hinsichtlich der Zuständigkeit für die Bearbeitung von Widersprüchen gegen die in der Insolvenztabelle angemeldeten Abgabenforderungen weise ich hin. Zur weiteren Verfahrensweise siehe Vollstreckungskartei – Insolvenzverfahren – Karte 7 Tz. 3.

7. Aufgaben im Hinblick auf Masseforderungen nach Eröffnung des Insolvenzverfahrens

7.1 Vermerk des Amtsprüfers

Spätestens nach Eingang des Masseverzeichnisses (siehe Tz. 5.1) fertigt der Amtsprüfer unter Beiziehung der Steuerakten formlos einen *Vermerk* über die zu erwartenden Umsätze aus der Verwertung der Insolvenzmasse. Dabei ist zu beachten, dass insbesondere die in Tz. 7.3ff. genannten *Tätigkeiten des Insolvenzverwalters* zu Umsatzsteuerforderungen führen können, die als *Massekosten* aus der Insolvenzmasse zu entrichten sind. Der Vermerk schließt mit einem Vorschlag, ob wegen des Umfangs des vermuteten Insolvenzvermögens eine Umsatzsteuer-Nachschau oder Umsatzsteuer-Sonderprüfung geboten ist.

Je ein Abdruck des Vermerks ist zu den Vorgängen der beiden Steuernummern zu nehmen. Soweit im Voranmeldungsverfahren steuerpflichtige Umsätze aus Verwertungshandlungen des Insolvenzverwalters zu erwarten sind, ist ein weiterer Abdruck des Vermerks der Anmeldesteuerstelle/UVSt für die Steuernummer nach Insolvenzeröffnung zuzuleiten.

7.2 Anregung einer Umsatzsteuer-Nachschau oder Umsatzsteuer-Sonderprüfung

Ergibt sich aus dem Masseverzeichnis bzw. den Steuerakten, dass möglicherweise mit erheblichen Masseumsätzen durch den Insolvenzverwalter zu rechnen ist, oder werden vom Insolvenzverwalter Umsatzsteuer-Berichtigungen für Umsätze aus der Zeit vor Eröffnung des Insolvenzverfahrens nach § 17 UStG geltend gemacht (Tz. 9.3), deren Umfang vom Amtsprüfer nicht hinreichend bestimmt werden kann, ist im Einvernehmen mit dem Bp-Sachgebietsleiter zu prüfen, ob eine Umsatzsteuer-Nachschau oder Umsatzsteuer-Sonderprüfung zweckmäßig ist. In diesem Fall ist ein Abdruck des Vermerks zu Tz. 7.1 der Bp-6b-Meldung beizufügen.

Zur Feststellung der sich aus § 17 UStG ergebenden *Rückforderungsansprüche* des Finanzamts ist eine *Umsatzsteuer-Nachschau* oder *Umsatzsteuer-Sonderprüfung* nur in *Ausnahmefällen* geboten, z.B. wenn mit einer nennenswerten Quote zu rechnen ist. Im Übrigen sind die erforderlichen Feststellungen inso-

Anlage § 016–06

weit durch den Amtsprüfer (möglichst im Einvernehmen mit dem Insolvenzverwalter) zu treffen, ggf. ist der Rückforderungsbetrag zu schätzen (vgl. Tz. 5.3.1).

7.3 Verwertung beweglicher Gegenstände während des Insolvenzverfahrens

Die nach Verfahrenseröffnung aus der Verwertung beweglicher Gegenstände durch den Insolvenzverwalter resultierenden Umsatzsteueransprüche gehören zu den Massekosten. Die Veräußerung von zur Insolvenzmasse gehörenden Gegenständen ist auch dann als Verwertung für Rechnung der Insolvenzmasse zu beurteilen, wenn die Lieferung vom Gemeinschuldner durchgeführt worden ist, nachdem er vom Insolvenzverwalter hierzu ermächtigt worden war. Voraussetzung hierfür ist, dass der Verwertungserlös ganz oder teilweise der Insolvenzmasse zugute kommt.

7.4 Freigabe von Gegenständen aus der Insolvenzmasse

Nach § 35 InsO erfasst das Insolvenzverfahren das gesamte Vermögen, das dem Schuldner im Zeitpunkt der Verfahrenseröffnung gehört und das er während des Verfahrens erlangt (Insolvenzmasse). Ein Gegenstand verliert seine Zugehörigkeit zur Insolvenzmasse, wenn er durch den Insolvenzverwalter freigegeben wird; er fällt damit in das insolvenzfreie Vermögen des Schuldners.

7.4.1 Echte Freigabe

Der Insolvenzverwalter ist nach § 80 Abs. 1 InsO berechtigt, Massegegenstände freizugeben, wenn dies dem Insolvenzverfahren letztlich dient, z.B. wenn die Kosten der Verwaltung und Verwertung den voraussichtlichen Verwertungserlös übersteigen würden *(echte Freigabe)*.

Bei der echten Freigabe verliert der Gegenstand seine Eigenschaft als Massegegenstand und wird insolvenzfreies Vermögen des Schuldners. Aus der Veräußerung derartiger Gegenstände resultierende Umsatzsteueransprüche sind gegen den Steuerpflichtigen geltend zu machen. Für diese Fälle ist ein weiteres (drittes) Speicherkonto einzurichten (vgl. Tz. 4.3.2.3).

7.4.2 Unechte Freigabe

Gibt der Insolvenzverwalter massefreie Gegenstände frei (z.B. bei der Aussonderung, bei der der Aussonderungsberechtigte einen Herausgabeanspruch hat), erkennt er damit nur eine bereits bestehende Rechtslage an. Die Freigabe hat insoweit nur deklaratorische Wirkung *(unechte Freigabe)*. Umsätze der Masse ergeben sich insoweit nicht.

7.4.3 Erkaufte oder modifizierte Freigabe

Der Insolvenzverwalter kann einen Gegenstand an den Schuldner freigeben und verlangen, dass ein Teil des Erlöses oder der gesamte Erlös an die Masse zu zahlen ist *(erkaufte* oder *modifizierte Freigabe)*. In derartigen Fällen wird der Gegenstand nicht aus der Masse gelöst, wenn der Verwertungserlös ganz oder teilweise der Insolvenzmasse zugute kommt. Umsatzsteueransprüche aus der Verwertung sind als Masseansprüche gegen den Insolvenzverwalter geltend zu machen.

7.5 Verwertung von Sicherungsgut

7.5.1 Umsatz der Masse zuzurechnen

Ein der Masse zuzurechnender Umsatz liegt auch dann vor, wenn es sich um *sicherungsübereignete Gegenstände* handelt. Dabei kommt es nicht darauf an, ob die Verwertung durch den Insolvenzverwalter oder durch den Sicherungsnehmer erfolgt (vgl. BFH, Urt. v. 4.6.1987 – V R 57/79, BStBl. II 1987, 741 = UR 1987, 288 m. Anm. *Weiß;* BFH, Urt. v. 24.9.1987 – V R 196/83, BStBl. II 1987, 873 = UR 1988, 48 m. Anm. *Weiß*). Die Freigabevereinbarung selbst stellt noch keine Lieferung an den Sicherungsnehmer dar (vgl. BFH, Urt. v. 21.7.1994 – V R 114/91, BStBl. II 1994, 878 = UR 1994, 427 m. Anm. *Weiß*), insbesondere wenn diese Vereinbarung vor Eröffnung des Insolvenzverfahrens getroffen wurde. Die Steuerschuld geht nicht auf den Leistungsempfänger über, da § 13b Abs. 1 Nr. 2 UStG nur für Umsätze außerhalb des Insolvenzverfahrens gilt.

7.5.2 Entgelt, Behandlung der Feststellungs- und Verwertungspauschale gem. §§ 166, 170 und 171 InsO

Das umsatzsteuerliche *Entgelt* bei der Verwertung von Sicherungsgut bestimmt sich nach den Aufwendungen des Erwerbers abzüglich der darin enthaltenen Umsatzsteuer (§ 10 Abs. 1 UStG). Bei Verwertung durch den Sicherungsnehmer ist zu beachten, dass dieser als absonderungsberechtigter Gläubiger i.S.d. § 51 Nr. 1 InsO verpflichtet ist, vom erzielten Verwertungserlös die Kosten der Feststellung sowie den die Masse belastenden Umsatzsteuerbetrag an die Masse abzuführen (§ 170 Abs. 2 InsO i.V.m. § 166 InsO). Die abgeführten Beträge mindern – wie die in Abschn. 3 Abs. 3 UStR 2000 genannten Kosten der Beitreibung – weder das umsatzsteuerliche Entgelt des Sicherungsgebers noch das des Sicherungsnehmers.

Anlage § 016–06

Die vom Insolvenzverwalter entnommenen *Festsetzungs- und Verwertungspauschalen* nach § 171 Abs. 1 und 2 InsO in Höhe von 4 bzw. 5% des Verwertungserlöses unterliegen beim Insolvenzverwalter nicht der Umsatzsteuer, da er diese Beträge nicht im Rahmen eines Leistungsaustausches als Entgelte für erbrachte Leistungen vereinnahmt.

7.6 Veräußerung von Grundbesitz

Unter das Grunderwerbsteuergesetz fallende Veräußerungen von Grundbesitz sind nach § 4 Nr. 9 Buchst. a UStG grundsätzlich von der Umsatzsteuer befreit. Auf diese Befreiung kann der Steuerpflichtige durch Option nach § 9 Abs. 1 UStG verzichten. Bei nach dem 31.12.2003 ausgeführten Umsätzen ist die Option zwingend im notariell zu beurkundenden Vertrag (§ 311b Abs. 1 BGB) oder einer notariell zu beurkundenden Vertragsergänzung oder -änderung zu erklären (§ 9 Abs. 3 Satz 2 UStG 2004; siehe BMF, Schr. v. 31.3.2004 – IV D 1 – S 7279 – 107/04, BStBl. I 2004, 453 = UR 2004, 257 = StEK UStG 1980 § 13b Nr. 7 – Tz. 4). Zur Übergangsregelung für bis zum 17.1.2004 abgeschlossene Verträge siehe BMF, Schr. v. 31.3.2004 – IV D 1 – S 7279 – 107/04, BStBl. I 2004, 453 = UR 2004, 257 = StEK UStG 1980 § 13b Nr. 7 – Tz. 25.

7.6.1 Steuerpflichtige Veräußerung (unter Option zur Umsatzsteuer, § 4 Nr. 9 Buchst. a, § 9 UStG)

– *Umsätze bis zum 31.3.2004*

Die auf die Lieferung entfallende Umsatzsteuer gehört auch dann zu den Massekosten, wenn der Grundstückserwerber den Kaufpreis durch Übernahme von Schuldverpflichtungen (Hypotheken/Grundschulden) entrichtet und deswegen der Insolvenzmasse aus diesem Vorgang keine Zahlungsmittel zur Begleichung der Umsatzsteuerschuld zufließen. Entrichtet der Insolvenzverwalter die Umsatzsteuer nicht, haftet er nach § 69 AO (FG Münster, Urt. v. 24.5.1996 – 13 K 6469/94 U, UR 1997, 394; FG Düsseldorf, Urt. v. 30.11.2000 – 2 K 4312/99 H, EFG 2001, 399 – Revision ist anhängig – VII R 42/01[1]).

– *Umsätze nach dem 31.3.2004*

Für nach dem 31.3.2004 ausgeführte steuerpflichtige Umsätze, die unter das Grunderwerbsteuergesetz fallen, gilt gem. § 13b Abs. 1 Satz 1 Nr. 3 UStG die Steuerschuldnerschaft des Leistungsempfängers (siehe BMF, Schr. v. 31.3.2004 – IV D 1 – S 7279 – 107/04, BStBl. I 2004, 453 = UR 2004, 257 = StEK UStG 1980 § 13b Nr. 7 – Tz. 1); Umsätze der Masse ergeben sich insoweit nicht. Bei zwischen dem 1.4.2004 und dem 30.6.2004 ausgeführten Umsätzen ist es nicht zu beanstanden, wenn die Vertragspartner noch von der Steuerschuld des leistenden Unternehmers ausgegangen sind (wegen der Einzelheiten siehe BMF, Schr. v. 31.3.2004 – IV D 1 – S 7279 – 107/04, BStBl. I 2004, 453 = UR 2004, 257 = StEK UStG 1980 § 13b Nr. 7 – Tz. 26).

7.6.2 Steuerfreie Veräußerung

Es ist zu prüfen, ob sich Umsatzsteueransprüche nach § 15a UStG ergeben. Derartige Ansprüche sind ggf. durch Addition der Gebäudeinvestitionen in den letzten Jahren zu schätzen. Zu ihrer rechtlichen Einordnung als Massekosten vgl. BFH, Urt. v. 9.4.1987 – V R 23/80, BStBl. II 1987, 527 = UR 1987, 166.

7.6.3 Veräußerung durch den Schuldner

Zur Frage, ob Grundstücksverkäufe durch den Schuldner, die dieser nach Freigabe durch den Insolvenzverwalter durchführt, der Insolvenzmasse oder dem insolvenzfreien Bereich zuzuordnen sind, siehe Tz. 7.4. Zur Frage der Steuerschuldnerschaft des Leistungsempfängers (Käufers) siehe Tz. 7.6.1.

7.7 Vollendung teilfertiger Arbeiten

– *Umsätze bis zum 31.3.2004*

Wird über das Vermögen eines Werkunternehmers das Insolvenzverfahren eröffnet, bevor das zu errichtende Gebäude fertiggestellt und übergeben werden konnte, entsteht die Umsatzsteuer für die gesamte Werklieferung als Masseschuld, wenn der Insolvenzverwalter das Werk fertigstellt und die Verschaffung der Verfügungsmacht nach Eröffnung des Insolvenzverfahrens erfolgt (vgl. BFH, Urt. v. 2.2.1978 – V R 128/76, BStBl. II 1978, 483 = UR 1978, 170 m. Anm. *Weiß*; Abschn. 28 Abs. 2 UStR 2000). Vor Verfahrenseröffnung entstandene Umsatzsteuerforderungen, die sich aus vom Schuldner vereinnahmten Abschlagszahlungen ergeben haben (Mindest-Istversteuerung, § 13 Abs. 1 Nr. 1 Buchst. a Satz 4 UStG), bleiben hiervon unberührt.

Lehnt der Insolvenzverwalter die Erfüllung des Werkvertrags ab, entsteht ein neuer Leistungsgegenstand, für den der Zeitpunkt der Eröffnung des Insolvenzverfahrens geliefert wird (vgl. Abschn. 178 Nr. 1 Sätze 6 bis 9 UStR 2000). Die darauf entfallende Umsatzsteuer ist als Insolvenzforderung zur Tabelle anzumelden, soweit kein qualifizierter vorläufiger Insolvenzverwalter bestellt war.

---

[1] Das Revisionsverfahren ist inzwischen entschieden: BFH vom 16.12.2003 – VII R 42/01, n.v.

Anlage § 016–06

– *Umsätze nach dem 31.3.2004*

Für nach dem 31.3.2004 ausgeführte Bauleistungen i.S.v. § 13b Abs. 1 Satz 1 Nr. 4 UStG gilt die Steuerschuldnerschaft des Leistungsempfängers (siehe BMF, Schr. v. 31.3.2004 – IV D 1 – S 7279 – 107/04, BStBl. I 2004, 453 = UR 2004, 257 = StEK UStG 1980 § 13b Nr. 7 – Tz. 6); Umsätze der Masse ergeben sich insoweit nicht. Bei zwischen dem 1.4.2004 und dem 30.6.2004 ausgeführten Umsätzen ist es nicht zu beanstanden, wenn die Vertragspartner noch von der Steuerschuld des leistenden Unternehmers ausgegangen sind (wegen der Einzelheiten siehe BMF, Schr. v. 31.3.2004 – IV D 1 – S 7279 –107/04, BStBl. I 2004, 453 = UR 2004, 257 = StEK UStG 1980 § 13b Nr. 7 – Tz. 26).

8. Teilnahme am Prüfungstermin (§ 29 Abs. 1 Nr. 2 InsO)

Siehe Vollstreckungskartei – Insolvenzverfahren – Karte 5 Tz. 6. Im Übrigen sollte das Finanzamt auch dann am Prüfungstermin teilnehmen, wenn im Hinblick auf absehbare Verwertungsmaßnahmen damit zu rechnen ist, dass sich erhebliche Umsatzsteuerforderungen ergeben werden.

9. Bearbeitung der Umsatzsteuer-Voranmeldungen (Anmeldesteuerstelle/UVSt)

9.1 Abgabe von Umsatzsteuer-Voranmeldungen

9.1.1 Allgemeines

Der Umsatzsteuer-Grundkennbuchstabe kann erst ungültig gesetzt werden, wenn die Unternehmereigenschaft des Schuldners erloschen ist. Bis dahin besteht die Verpflichtung zur Abgabe von Umsatzsteuer-Voranmeldungen und Umsatzsteuerjahreserklärungen fort. Aufgrund seiner Verwaltungs- und Verfügungsbefugnis über die Insolvenzmasse hat ab Verfahrenseröffnung der Insolvenzverwalter anstelle des Schuldners unter der ihm erteilten zweiten Steuernummer die Verpflichtungen zur Abgabe der umsatzsteuerlichen Erklärungen und zur Entrichtung der Umsatzsteuerzahlungen zu erfüllen. Dies gilt auch für unter der alten Steuernummer abzuwickelnde VAZ vor Eröffnung des Insolvenzverfahrens (vgl. Tz. 3.2 und 12).

Der für die Abgabe von Umsatzsteuer-Voranmeldungen unter der neuen Steuernummer maßgebliche VAZ bestimmt sich gem. § 18 Abs. 1 und 2 UStG nach der Höhe der Umsatzsteuer des Schuldners im Vorjahr. Bei Eröffnung des Insolvenzverfahrens im Laufe eines Kalenderjahres gilt für die Zeit ab Insolvenzeröffnung unverändert die bisherige Zahlungsweise weiter. Das gilt bei Bestellung eines qualifizierten vorläufigen Insolvenzverwalters (vgl. Tz. 2.4.1) für die Zeit ab dessen Bestellung sinngemäß (vgl. Tz. 4.3.2.1).

9.1.2 Vereinfachungsregelung (Verzicht auf die Abgabe von Umsatzsteuer-Voranmeldungen)

Ist zu erwarten, dass im Laufe des Insolvenzverfahrens nicht für jeden VAZ umsatzsteuerliche Besteuerungsgrundlagen anzumelden sind, kann folgende *Vereinfachungsregelung* angewendet werden:

Die Überwachung des Eingangs der Umsatzsteuer-Voranmeldungen wird ausgesetzt, wenn der Insolvenzverwalter schriftlich versichert, dass er der Verpflichtung zur Abgabe der Voranmeldung unaufgefordert nachkommen wird, sobald sich für einen einzelnen VAZ anmeldungspflichtige Besteuerungsgrundlagen ergeben. Für die übrigen VAZ wird auf die Abgabe von Voranmeldungen über 0 € verzichtet. Wegen der Verfahrensweise bei der Aussetzung der USt-Überwachung (SAISONU – Kennzahl 1501 im Grundinformationsdienst) siehe Fach 2 Teil 4 Nr. 7.2 DA-ADV.

9.2 Dauerfristverlängerung

9.2.1 Widerruf

Eine gewährte Dauerfristverlängerung ist gem. § 46 Satz 2 UStDV zu widerrufen, wenn der Steueranspruch gefährdet erscheint. In Insolvenzfällen ist eine solche Gefährdung bereits dann gegeben, wenn dem Finanzamt bekannt wird, dass ein Antrag auf Eröffnung des Insolvenzverfahrens gestellt worden ist.

Beispiel 1:

Dem Finanzamt wird bekannt, dass U am 10.9.2003 *Antrag* auf Eröffnung des Insolvenzverfahrens gestellt hat. Das Insolvenzverfahren wird am 25.11.2003 eröffnet.

Das Finanzamt hat die Dauerfristverlängerung noch im September mit Wirkung ab VAZ 9/03 zu widerrufen.

Die Sondervorauszahlung ist in der letzten Voranmeldung anzurechnen, für die die Dauerfristverlängerung gilt (hier: VAZ 8/03). Die Vorauszahlung für 8/03 ist ggf. unter Anrechnung der Sondervorauszahlung im Wege der Schätzung der Besteuerungsgrundlagen festzusetzen.

Dabei ist zu beachten, dass die Anrechnung nicht Teil des Steuerfestsetzungsverfahrens, sondern Teil des Erhebungsverfahrens ist (BFH, Urt. v. 6.11.2002 – V R 21/02, BStBl. II 2003, 134 = UR 2003,

Anlage § 016–06

199). Die Anrechnung ist ein eigenständiger Verwaltungsakt i.S.v. § 118 AO. Im Streitfall – z.B. wenn der Steuerpflichtige mit der Anrechnungsverfügung nicht einverstanden ist – wird durch Abrechnungsbescheid (§ 218 Abs. 2 AO) entschieden.

Soweit die Sondervorauszahlung durch die Anrechnung beim VAZ 8/03 noch nicht verbraucht ist, ist sie auf die restliche noch offene Jahressteuer anzurechnen. Ist sie auch dann noch nicht verbraucht, hat der Unternehmer insoweit einen Erstattungsanspruch (BFH, Urt. v. 6.11.2002 – V R 21/02, BStBl. II 2003, 134 = UR 2003, 199), gegen den das Finanzamt mit anderen fälligen Steuerverbindlichkeiten aufrechnen kann.

Wenn die Dauerfristverlängerung mangels Kenntnis der Antragstellung auf Eröffnung des Insolvenzverfahrens nicht bereits widerrufen worden ist, hat der Widerruf spätestens bei Eröffnung des Insolvenzverfahrens zu erfolgen.

Beispiel 2:

Dem Finanzamt wird am 27.11.2003 bekannt, dass über das Vermögen des A am 25.11.2003 das Insolvenzverfahren *eröffnet* worden ist.

Die Dauerfristverlängerung ist noch im November mit Wirkung ab VAZ 11/03 zu widerrufen. Die Sondervorauszahlung ist in der letzten Voranmeldung vorzunehmen, für die die Dauerfristverlängerung gilt (hier: VAZ 10/03). Die Vorauszahlung für 10/03 ist ggf. unter Anrechnung der Sondervorauszahlung im Wege der Schätzung der Besteuerungsgrundlagen zu berechnen und zur Insolvenztabelle anzumelden. Im Übrigen gilt das zu Beispiel 1 Gesagte.

Wurde die Dauerfristverlängerung im Kalenderjahr der Eröffnung des Insolvenzverfahrens nicht widerrufen, ist die Sondervorauszahlung bei der Vorauszahlung für den letzten VAZ (also Dezember) anzurechnen. Auch insoweit ist zu beachten, dass trotz Anrechnung noch nicht verbrauchte Sondervorauszahlungsteilbeträge zunächst auf die restliche noch offene Jahressteuer anzurechnen sind. Das gilt sowohl für die Umsatzsteuer als Insolvenzforderung als auch als Masseforderung. Erst wenn die Sondervorauszahlung auch dann noch nicht verbraucht ist, hat der Unternehmer insoweit einen Erstattungsanspruch, der dann in die Insolvenzmasse fällt (vgl. BFH, Urt. v. 18.7.2002 – V R 56/01, UR 2003, 29 = BFH/NV 2002, 1403).

9.2.2 Dauerfristverlängerung während des laufenden Insolvenzverfahrens

Dem Insolvenzverwalter kann für nach Eröffnung des Insolvenzverfahrens abzugebende Umsatzsteuer-Voranmeldungen grundsätzlich keine Dauerfristverlängerung gewährt werden, da der Umsatzsteueranspruch wegen des laufenden Insolvenzverfahrens i.S.v. § 46 Satz 2 UStDV gefährdet ist. Etwas anderes gilt, wenn sichergestellt ist, dass die Masseansprüche des Finanzamts rechtzeitig und vollständig entrichtet werden. Das ist z.B. bei vom Insolvenzverwalter fortgeführten Betrieben der Fall, wenn der Verwalter seinen sich aus § 18 Abs. 1 und 2 UStG ergebenden Anmeldungs- und Zahlungsverpflichtungen ordnungsgemäß nachkommt. Ebenso wie für die Frage, ob der Insolvenzverwalter Umsatzsteuer-Voranmeldungen monatlich oder vierteljährlich abzugeben hat, ist auch wegen der Höhe der Sondervorauszahlung auf die Zahllast (des Schuldners) im Vorjahr abzustellen (vgl. Tz. 4.3.3).

9.2.3 Dauerfristverlängerung nach Bestellung eines qualifizierten vorläufigen Insolvenzverwalters

Das zu Tz. 9.2.2 Gesagte gilt bei Bestellung eines qualifizierten vorläufigen Insolvenzverwalters (vgl. Tz. 2.4.1) für die Zeit ab dessen Bestellung sinngemäß (vgl. Tz. 4.3.2.1).

9.3 Entgeltsberichtigungen

Entgelte für vor Eröffnung des Insolvenzverfahrens ausgeführte Leistungen des späteren Schuldners, die sich im Laufe des Insolvenzverfahrens als uneinbringlich erweisen, können zur Berichtigung der Umsatzsteuer nach § 17 Abs. 2 Nr, 1 Satz 1 UStG führen. Ergibt sich für den betreffenden VAZ ein Umsatzsteuererstattungsanspruch der Masse, kann das Finanzamt dagegen mit Insolvenzforderungen aufrechnen. Das Aufrechnungsverbot des § 96 Nr. 1 InsO steht dem nicht entgegen (vgl. Tz. 4 Vollstreckungskartei – Insolvenzverfahren – Karte 2). Es liegt daher ein Fall des § 95 Abs. 1 InsO vor (vgl. BFH, Urt. v. 4.8.1987 – VII R 11/84, UR 1988, 51).

Um Aufrechnungen des Finanzamts zu umgehen, machen Insolvenzverwalter Berichtigungsbeträge nach § 17 Abs. 2 Nr. 1 Satz 1 UStG mitunter in VAZ geltend, in denen sich wegen Saldierung mit Umsatzsteuer aus anderen Handlungen des Insolvenzverwalters (siehe Tz. 7.3ff.) kein aufrechnungsfähiger Anspruch ergibt. Insoweit ist sorgfältig zu prüfen, ob die Berichtigungsbeträge zeitlich zutreffend angemeldet worden sind oder ob sie nicht einem anderen VAZ zuzuordnen sind, für den eine Aufrechnungsmöglichkeit des Finanzamts besteht. Ggf. ist eine Umsatzsteuer-Nachschau oder Umsatzsteuer-Sonderprüfung durchzuführen.

Anlage § 016–06

9.4 In laufenden Insolvenzverfahren geltend gemachte Vorsteuerbeträge

Werden nach Eröffnung des Insolvenzverfahrens in einzelnen Umsatzsteuer-Voranmeldungen bei Kennzahl 66 des Voranmeldungsvordrucks Vorsteuerbeträge von mehr als 500 € geltend gemacht, ist deren Rechtmäßigkeit – sofern nicht ohnehin eine Umsatzsteuer-Nachschau oder Umsatzsteuer-Sonderprüfung stattfindet – grundsätzlich durch Rückfrage beim Insolvenzverwalter (bei Eigenverwaltung: beim Schuldner) zu überprüfen. Etwas anderes gilt, wenn der Insolvenzverwalter das Unternehmen fortführt und sich daraus übliche Vorsteuerbeträge ergeben.

Der Vorsteuerabzug setzt in jedem Fall voraus, dass die zugrunde liegenden Rechnungen auf den Namen des Schuldners lauten. Rechnungen, die an den lnsolvenzverwalter gerichtet sind, berechtigen beim Schuldner nur zum Vorsteuerabzug, wenn aus dem übrigen Inhalt der Rechnung oder aus anderen Unterlagen, auf die in der Rechnung hingewiesen wird (§ 31 Abs. 1 UStDV), eindeutig hervorgeht, dass über Leistungen an den Schuldner abgerechnet wird (Abschn. 192 Abs. 17 UStR 2000). Jedwede Verwechslung muss im Hinblick auf die Beweismittelfunktion der Rechnung ausgeschlossen sein; wegen weiterer Einzelheiten vgl. Tz. 3.1 der USt-Kartei – OFD – S 7280 Karte 1 zu § 14 UStG.

Um ungeprüfte Erstattungen zu verhindern, sollte in Insolvenzfällen zur zweiten Steuernummer grundsätzlich der Ausschluss der allgemeinen Zustimmung personell gespeichert werden (Kz. 12 = 9, vgl. hierzu DA FEST Fach 8 Teil 10 Nr. 5.3).

Ergibt sich aus vor Eröffnung des Insolvenzverfahrens bezogenen Leistungen für einen Voranmeldungszeitraum nach Verfahrenseröffnung ein Überschuss zugunsten des Insolvenzverwalters, weil die notwendige Rechnung erst nach Verfahrenseröffnung ergangen ist, kann das Finanzamt gegen diesen Erstattungsanspruch der Masse mit vor Verfahrenseröffnung entstandenen Insolvenzforderungen aufrechnen, denn der Vorsteueranspruch ist vor Verfahrenseröffnung begründet. Entscheidend ist insoweit dass der Vorsteueranspruch auf einer vor Eröffnung des Insolvenzverfahrens erbrachten Leistung des Rechnungsausstellers beruht.

9.5 Vorsteuerabzug aus Rechnungen des Insolvenzverwalters

9.5.1 Rechnung des Insolvenzverwalters

Der Insolvenzverwalter ist berechtigt, wegen seiner Tätigkeit dem Schuldner eine Rechnung mit Umsatzsteuerausweis zu erteilen (vgl. BFH, Urt. v. 20.2.1986 – V R 16/81, BStBl. II 1986, 579 = UR 1986, 153 m. Anm. *Weiß*). Den Vorsteuerabzug zugunsten der Masse darf er nur dann geltend machen, wenn das Insolvenzverfahren noch nicht gem. § 200 InsO aufgehoben oder wenn gem. § 203 InsO eine Nachtragsverteilung angeordnet worden ist (vgl. insoweit Tz. 13). Rechnet der Insolvenzverwalter seine Vergütung verspätet (d.h. nach Aufhebung des Verfahrens ohne Nachtragsverteilung) ab, fällt der Erstattungsanspruch in den Verfügungsbereich des Schuldners, und dieser ist gegenüber dem Finanzamt anspruchsberechtigt (vgl. Tz. 12). Der Anspruch des Schuldners kann allerdings im Wege der Aufrechnung mit Forderungen des Finanzamts (auch aus der Zeit vor Insolvenzeröffnung) ausgeglichen werden. Das Gleiche gilt bei Einstellung des Insolvenzverfahrens mangels Masse (§ 207 InsO), denn insoweit kommt eine Nachtragsverteilung nach § 211 Abs. 3 InsO nicht in Betracht.

Der Vorsteuerabzug aus einer Rechnung des Insolvenzverwalters ist nach § 15 Abs. 2 Nr. 1 UStG ausgeschlossen, soweit dessen Leistung der Ausführung steuerfreier Umsätze dient.

Rechnet der Insolvenzverwalter über Tätigkeiten ab, die sich auf die *Privatsphäre des Schuldners* beziehen (z.B. Verwertung privater Vermögensgegenstände), ist der Vorsteuerabzug insoweit gem. § 15 Abs. 1 Nr. 1 Satz 1 UStG ausgeschlossen, da keine Leistung für das Unternehmen vorliegt. Die abzugsfähige Vorsteuer ist in derartigen Fällen wie folgt zu ermitteln, wenn eine eindeutige Zuordnung zum privaten oder unternehmerischen Bereich nicht möglich ist:

	Tätigkeit des Insolvenzverwalters	Ermittlung abzugsfähiger Vorsteuern
1.	Verwertung unternehmerischer und privater Gegenstände	nach dem Verhältnis der Umsätze aus Verwertung unternehmerischer Gegenstände zu den Umsätzen aus Verwertung privater Gegenstände
2.	Abwicklung unternehmerischer und privater Verbindlichkeiten	nach dem Verhältnis der unternehmerischen zu den privaten Verbindlichkeiten
3.	sowohl Verwertung von Gegenständen (1.) als auch Abwicklung von Verbindlichkeiten (2.)	Zuordnung zu 1. und 2. nach Arbeitsaufwand des Verwalters (ggf. geschätzt), dann Aufteilung nach og. Maßstäben (zu 1. und 2.)

Anlage § 016–06

9.5.2 Rechnung des vorläufigen Insolvenzverwalters

Für die Rechnung des vorläufigen Insolvenzverwalters ohne allgemeines Verfügungsverbot gilt das zu Tz. 9.5.1 Gesagte entsprechend. Gegen einen sich insoweit ergebenden Erstattungsanspruch der Masse kann das Finanzamt mit vor Verfahrenseröffnung entstandenen Insolvenzforderungen aufrechnen (siehe Tz. 9.4 letzter Absatz). Entscheidend ist insoweit, dass der Vorsteueranspruch auf der vor Eröffnung des Insolvenzverfahrens erbrachten Leistung des vorläufigen Insolvenzverwalters beruht. Das Aufrechnungsverbot des § 55 Abs. 2 InsO ist insoweit unbeachtlich, da es nur für Verbindlichkeiten der Masse gilt.

Für Rechnungen eines *qualifizierten* vorläufigen Insolvenzverwalters gilt das Gleiche.

9.6 Rücklieferung von Vorbehaltsware

Hat der Schuldner vor Eröffnung des Insolvenzverfahrens Gegenstände unter Eigentumsvorbehalt bezogen, wird von Insolvenzverwaltern häufig ein Vorsteuerabzug geltend gemacht, weil die Vorbehaltsware an den damaligen Lieferanten zurückgeliefert und nach Insolvenzeröffnung neu erworben sein soll. In derartigen Fällen ist zu prüfen, ob die für eine (erneute) Inanspruchnahme des Vorsteuerabzugs erforderliche Rückübertragung der Verfügungsmacht auf den Vorbehaltsverkäufer tatsächlich erfolgt ist. Ein (neuerlicher) Vorsteuerabzug zugunsten der Insolvenzmasse entsteht nur, wenn die Verfügungsmacht an den Gegenständen auf den Vorbehaltslieferanten zurückübertragen und der Insolvenzmasse erneut verschafft worden ist. Dabei sind der tatsächliche Ablauf und die tatsächlich vollzogenen Vereinbarungen maßgebend. Für die Annahme einer Rücklieferung bedarf es der körperlichen Aussonderung der unter Vorbehalt gelieferten Gegenstände; die Anerkennung eines Aussonderungsrechts allein reicht insoweit nicht aus (vgl. BFH, Urt. v. 15.3.1994 – XI R 89/92, UR 1995, 488 m. Anm. *Weiß* = BFH/NV 1995, 74).

10. Mitwirkung der Umsatzsteuer-Sonderprüfung, Durchführung einer Umsatzsteuer-Nachschau

10.1 Allgemeines

Nach Abschn. 232 Abs. 2 Nr. 10 UStR 2000 ist in Insolvenzfällen zu prüfen, ob eine Umsatzsteuer-Sonderprüfung durchzuführen ist. Diese Weisung ist nicht schematisch anzuwenden. Umsatzsteuer-Sonderprüfungen sind auf lohnende Fälle zu beschränken. Eine Prüfung ist nicht angezeigt, wenn nur Feststellungen zur Höhe der Insolvenzforderungen zu erwarten sind, die nicht befriedigt werden können (siehe auch Tz. 7.2).

Soll wegen der steuerlichen Bedeutung eine Umsatzsteuer-Sonderprüfung durchgeführt werden, so ist diese ggf. mit zwei getrennten Prüfungsanordnungen in zwei Einzelprüfungen vorzunehmen. Im Übrigen kann auch die Durchführung einer Umsatzsteuer-Nachschau ausreichend sein.

10.2 Prüfungsabschnitt 1

Dieser Prüfungsabschnitt behandelt die Verhältnisse bis zur Eröffnung des Insolvenzverfahrens. Er betrifft die alte Steuernummer und die Steueransprüche, die als Insolvenzforderungen zur Insolvenztabelle anzumelden oder gem. § 13b UStG vom Leistungsempfänger zu erheben sind. Ist ein qualifizierter vorläufiger Insolvenzverwalter bestellt (vgl. Tz. 2.4.1), ist auch für diesen unter der ihm erteilten neuen Steuernummer (siehe Tz. 4.3.2.1) eine Prüfung durchzuführen, um festzustellen, ob er die von ihm vor Eröffnung des Insolvenzverfahrens ausgeführten Umsätze pflichtgemäß angemeldet und versteuert hat.

Prüfungsabschnitt 1 sollte nach Möglichkeit vor dem Prüfungstermin (§ 29 Abs. 1 Nr. 2 InsO) abgeschlossen werden, damit die Ergebnisse durch entsprechende Anmeldungen zur Insolvenztabelle berücksichtigt werden können.

10.2.1 Insolvenzforderungen

Umsatzsteuer aus Handlungen des Schuldners vor Verfahrenseröffnung ist grundsätzlich als Insolvenzforderung geltend zu machen (vgl. Tz. 3.4 und 3.5; BFH, Urt. v. 29.4.1986 – VII R 184/83, BStBl. II 1986, 586 = UR 1986, 205 m. Anm. *Weiß*). Wegen der Frage, ob diese Steuer tatsächlich vor der Eröffnung des Insolvenzverfahrens begründet ist oder ob nicht vielmehr Masseforderungen (vgl. Tz. 3.6) auslösende, nach Eröffnung des Verfahrens begründete Ansprüche vorliegen, muss – insbesondere bei der Lieferung von Sicherungsgut (siehe Tz. 7.5) – der genaue Zeitpunkt der jeweiligen Leistung festgestellt werden.

10.2.2 Vorsteuerrückforderungsansprüche des Finanzamts

Müssen Rückforderungsansprüche nach § 17 UStG ausnahmsweise durch Umsatzsteuer-Nachschau oder Umsatzsteuer-Sonderprüfung festgestellt werden (siehe Tz. 7.2), ist diese gestrafft abzuwickeln

Anlage § 016–06

(siehe auch Tz. 2,2 und 5.3.1). Diese Ansprüche gehören zu den Insolvenzforderungen, und zwar auch in dem Fall, in dem Vorbehaltsware zurückgegeben wird (vgl. BFH, Urt. v. 13.11.1986 – V R 59/79, BStBl. II 1987, 226 = UR 1987, 39 m. Anm. *Weiß*).

Wird eine dem Schuldner vor Insolvenzeröffnung erteilte Rechnung während des Insolvenzverfahrens durch eine Rechnung *ohne* offenen Umsatzsteuerausweis berichtigt, ist sein Vorsteuerabzug – soweit nicht bereits eine Korrektur wegen Uneinbringlichkeit erfolgte – im Besteuerungszeitraum der Rechnungsberichtigung rückgängig zu machen (§ 14 Abs. 2 Satz 2 i.V.m. § 17 Abs. 1 Satz 3 UStG). Dieser Rückforderungsanspruch wird erst mit der Rechnungsberichtigung begründet und ist deshalb als Masseforderung gegen den Insolvenzverwalter geltend zu machen (vgl. BFH, Urt. v. 12.10.1994 – XI R 78/93, BStBl. II 1995, 33 = UR 1996, 230 m. Anm. *Weiß*).

10.2.3 Geschäftsführerhaltung

Ist Schuldner der Umsatzsteuer eine Gesellschaft, für die ein Geschäftsführer verantwortlich handelnd tätig war, ist stichprobenartig anhand der letzten Geschäftsvorfälle vor Eröffnung des Verfahrens zu prüfen, ob Anhaltspunkte für die Annahme vorliegen, dass das Finanzamt als Gläubiger schlechter gestellt wurde als andere Gläubiger. In diesem Fall ist beim Amtsprüfer ein Haftungsbescheid gegen den Geschäftsführer anzuregen.

10.2.4 Verwertung von Sicherungsgut vor Eröffnung des Insolvenzverfahrens

Siehe Tz. 2.3.

10.3 Prüfungsabschnitt 2

Dieser Prüfungsabschnitt betrifft die ab Verfahrenseröffnung verwirklichten Sachverhalte; er befasst sich mit den Feststellungen zur Tätigkeit des Insolvenzverwalters bzw. bei Eigenverwaltung mit denen zur Tätigkeit des Schuldners nach Verfahrenseröffnung und den sich daraus ergebenden Forderungen, die als Massekosten gelten (siehe Tz. 7). Insbesondere ist festzustellen, ob der Insolvenzverwalter seinen steuerlichen Verpflichtungen nachkommt. Es kann geboten sein, je nach Fortgang der Verwertungshandlungen den Prüfungszeitraum zu erweitern oder weitere Prüfungen durchzuführen. Die (letzte) Prüfung ist spätestens vor der Schlussverteilung abzuschließen. Zur Prüfung der Handlungen des Insolvenzverwalters sind dessen Zwischen- bzw. Rechenschaftsberichte (§§ 66, 21 Abs. 2 Nr. 1 InsO) beim Insolvenzgericht einzusehen.

Die Prüfung umfasst insbesondere:

– die Verwertung der Insolvenzmasse und die Abführung der daraus resultierenden Umsatzsteuer (vgl. Tz. 3.6) und
– die behaupteten Umsatzsteuerminderungen, Vorsteueransprüche und die Aufrechnungsmöglichkeiten nach § 95 InsO (vgl. Tz. 9.3ff.).

10.4 Berichte über die Umsatzsteuer-Sonderprüfungen, Vermerk über die Umsatzsteuer-Nachschau

Der Bericht/Vermerk über den Prüfungsabschnitt 1 ist doppelt auszufertigen. Das zweite Exemplar ist für die neue Steuernummer vorzusehen.

Der Bericht/Vermerk über den Prüfungsabschnitt 2 ist vor dem Schlusstermin (§ 197 InsO) zu fertigen. Ggf. sind Forderungen zur Insolvenztabelle nachzumelden (§ 177 InsO) und ein besonderer Prüfungstermin zu beantragen, der auch mit dem Schlusstermin verbunden werden kann.

11. Rechte und Pflichten des Insolvenzverwalters nach Beendigung des Insolvenzverfahrens

Nach § 34 Abs. 3 AO hat der Insolvenzverwalter während des Verfahrens als Vermögensverwalter alle steuerlichen Pflichten zu erfüllen, die dem Schuldner oblägen, wenn über sein Vermögen nicht das Insolvenzverfahren eröffnet worden wäre.

Zu den steuerlichen Pflichten des Insolvenzverwalters gehört insbesondere die *Abgabe von Steuererklärungen* für die durch seine Handlungen begründeten Steuerforderungen (vgl. Tz. 3.2 und 9.1). Die Verpflichtung gilt bereits für Steueransprüche, die vor Eröffnung des Insolvenzverfahrens begründet sind. Steuererklärungen sind vom Insolvenzverwalter auch nach Beendigung des Verfahrens abzugeben, soweit sie den Zeitraum betreffen, in dem seine Verwaltungs- und Verfügungsmacht (§ 80 InsO) bestanden hat, und soweit er sie erfüllen kann. Zwar endet das Amt des Insolvenzverwalters, wenn das Insolvenzverfahren beendet ist und keine Nachtragsverteilung stattfindet Die Beendigung des Amtes lässt jedoch nach § 36 AO die Erfüllung der auf § 34 Abs. 3 AO beruhenden Pflichten unberührt, soweit diese auf den Tätigkeitszeitraum des Insolvenzverwalters entfallen. Zu weiteren Fragen hinsichtlich der sich aus § 34 Abs. 3 AO ergebenden Pflichten des Insolvenzverwalters siehe *Boeker* in Hübschmann/Hepp/Spitaler, AO/FGO, § 34 AO Rz. 71ff. – Stand: März 2000).

Anlage § 016–06

12. Beendigung des Insolvenzverfahrens ohne Nachtragsverteilung

Ist die Verpflichtung zur *Abgabe der Umsatzsteuer-Voranmeldung* vor der Beendigung des Insolvenzverfahrens entstanden und ist der Insolvenzverwalter noch im Besitz der entsprechenden Bücher und Aufzeichnungen, so ist er nach § 36 AO i.V.m. § 34 Abs. 3 AO und § 18 Abs. 1 und 2 UStG weiterhin verpflichtet, die Umsatzsteuer-Voranmeldung für den betreffenden VAZ abzugeben.

Ist das Vertretungsverhältnis erloschen, darf sich die Finanzbehörde außerhalb des Anwendungsbereichs des § 36 AO nicht mehr an den früheren Vertreter, sondern nur noch an den Vertretenen oder den neuen Vertreter wenden (siehe *Boeker* in Hübschmann/Hepp/Spitaler, AO/FGO, § 36 AO Rz. 10 – Stand: Juni 2000). Dies bedeutet, dass *Steuerbescheide nach Beendigung des Insolvenzverfahrens* dem früheren Schuldner und nicht mehr dem Insolvenzverwalter bekannt zu geben sind. *Umsatzsteueransprüche* des Finanzamts sind gegenüber dem Schuldner geltend zu machen, *Steuererstattungsansprüche* durch Leistung an ihn zu erfüllen, soweit nicht Aufrechnung mit vor oder nach Eröffnung des Verfahrens begründeten Steueransprüchen des Finanzamts in Betracht kommt. Dies gilt insbesondere für Vorsteuererstattungsansprüche aus Rechnungen des Insolvenzverwalters (vgl. Tz. 9.5).

Bekanntgaben an den Insolvenzverwalter können nur dann erfolgen, wenn dieser zur Entgegennahme von Bescheiden (und ggf. Erstattungen) vom früheren Schuldner ausdrücklich bevollmächtigt worden ist (vgl. § 122 Abs. 1 Satz 3 AO).

Mit Beendigung des Insolvenzverfahrens endet auch die Befugnis des Insolvenzverwalters, gegen einen den früheren Schuldner betreffenden Steuerbescheid *Einspruch* einzulegen. Etwas anderes kann gelten, wenn der frühere Schuldner den Insolvenzverwalter mit der Wahrnehmung seiner steuerlichen Interessen aus der Zeit des Insolvenzverfahrens beauftragt und ihn nach § 80 AO bevollmächtigt hat. In diesem Fall wären aber die Bestimmungen über geschäftsmäßige Hilfeleistung in Steuersachen (§§ 2 bis 7 StBerG) zu beachten.

13. Beendigung des Insolvenzverfahrens mit Nachtragsverteilung

13.1 Erstattungsfälle

Betrifft die Nachtragsverteilung ein noch nicht erstattetes Umsatzsteuerguthaben, so bleibt das Verwaltungs- und Verfügungsrecht des Insolvenzverwalters insoweit bestehen. Er ist in Bezug auf die betroffenen Gegenstände befugt, anhängige Prozesse weiterzuführen und erforderlichenfalls neue Prozesse anhängig zu machen. Ist der Umsatzsteuerüberschuss, dessen Erstattung begehrt wird, noch nicht festgesetzt, hat der Insolvenzverwalter das Recht, einen Antrag auf Steuerfestsetzung zu stellen und die betreffenden Besteuerungsgrundlagen mitzuteilen. Dies wird in der Regel durch Abgabe einer Umsatzsteuer-Voranmeldung geschehen.

– Die Mitteilung über die Zustimmung zur Anmeldung,
– ein Umsatzsteuerbescheid, der zu einer abweichenden Erstattung führt, oder
– ein Bescheid über die Ablehnung des Antrags, einen Überschuss festzusetzen,

ist im Fall einer Nachtragsverteilung dem Insolvenzverwalter bekannt zu geben.

Der Insolvenzverwalter hat aufgrund seiner insoweit weiterbestehenden Rechtsposition die Befugnis, gegen die vorgenannten Verwaltungsakte Rechtsmittel einzulegen.

13.2 Fälle mit Zahllast

Ergibt sich entgegen der ursprünglichen Annahme des Insolvenzverwalters kein Umsatzsteuerguthaben, sondern eine Zahllast, so ist eine Festsetzung der Umsatzsteuer-Vorauszahlung vorzunehmen, die sowohl dem Insolvenzverwalter als auch dem Unternehmer bekannt zu geben ist.

Die Zahlungsaufforderung kann in diesem Fall nur dann an den Insolvenzverwalter gerichtet werden, wenn es – zusätzlich zu dem ursprünglich angenommenen Umsatzsteuererstattungsanspruch – aus anderen Gründen zu einer Nachtragsverteilung kommt.

Sowohl der Unternehmer als auch der Insolvenzverwalter sind befugt, gegen die Steuerfestsetzung Einspruch einzulegen. Die jeweils andere Partei ist ggf. zum Verfahren hinzuzuziehen.

Die zu Tz. 12 und 13 genannten Grundsätze gelten entsprechend, wenn das Insolvenzgericht nach Einstellung des Verfahrens *mangels Masse* gem. § 211 Abs. 3 InsO eine Nachtragsverteilung anordnet.

Anlage § 017–01

Umsatzsteuerrechtliche Beurteilung der Gewährung von Umsatzvergütungen an Abnehmer

OFD Saarbrücken, Vfg. vom 05.07.1984 – S 7330 – 11 – St 24 1, DStR 1984 S. 755
(inhaltsgleich: OFD Hamburg, Vfg. vom 24.01.1984 – S 7330 – 1/83 – St 341)

Unternehmer gewähren ihren Abnehmern Umsatzvergütungen in unterschiedlichster Form. Die Gewährung von Umsatzvergütungen ist umsatzsteuerrechtlich wie folgt zu beurteilen:

1. Geldleistungen

Umsatzvergütungen in Form von Barzahlungen, Barschecks oder Überweisungen (Boni, Rabatte, Abschlußprämien) führen zu einer Änderung der Bemessungsgrundlage nach § 17 Abs. 1 UStG. Daher haben der Lieferer die USt und der Leistungsempfänger die Vorsteuer zu berichtigen.

2. Naturalrabatte, Überlassung von Gegenständen

In vielen Fällen werden Umsatzvergütungen in der Form gewährt, daß unberechnet Mehrstücke einer Ware geliefert (Naturalrabatt) oder wertvolle andere Gegenstände dem Abnehmer vom Lieferer unentgeltlich überlassen werden. Der Wert der Umsatzvergütung hängt von der Höhe der erzielten Umsätze ab.

Durch die unentgeltliche Abgabe von Mehrstücken oder die unentgeltliche Überlassung von Gegenständen ändert sich das Entgelt für die bisherigen Lieferungen und damit die Bemessungsgrundlage i.S. des § 17 UStG nicht.

Ein steuerbarer Leistungsaustausch liegt insoweit mangels Entgelts nicht vor. Auch ein Eigenverbrauch nach § 1 Abs. 1 Nr. 2 Buchst. c UStG ist beim Lieferer nicht gegeben. Die überlassenen Gegenstände sind in diesem Falle keine Geschenke i. S. des § 4 Abs. 5 Nr. 1 EStG.

Veräußert der Abnehmer die unentgeltlich erworbenen Gegenstände im Erhebungsgebiet im Rahmen seines Unternehmens gegen Entgelt, so bewirkt er damit nach § 1 Abs. 1 Nr. 1 UStG steuerbare Umsätze.

Werden die betreffenden Gegenstände für Zwecke außerhalb des Unternehmens verwendet, so führt das bei Einzelunternehmern zu einem Eigenverbrauch nach § 1 Abs. 1 Nr. 2 Buchst. a UStG. Werden die Gegenstände vom Abnehmer seinen Arbeitnehmern oder von Personenvereinigungen i.S. des § 1 Abs. 1 Nr. 3 UStG den dort genannten Personen unentgeltlich überlassen, liegen Lieferungen nach § 1 Abs. 1 Nr. 1 Buchst. b oder nach § 1 Abs. 1 Nr. 3 UStG vor.

Die USt bemißt sich nach § 10 Abs. 4 Nr. 1 UStG nach dem Teilwert oder dem gemeinen Wert.

3. Zuwendungen von sonstigen Leistungen (z. B. Reisen)

Erwirbt ein Lieferer eine Reise für sein Unternehmen, um sie als Prämie an den Abnehmer weiterzugeben, so ändert sich der Preis für die bisherigen Lieferungen und damit die Bemessungsgrundlage für die USt und die Vorsteuer nicht.

Ist der Empfänger der Reise ein Einzelunternehmer, so kann er die Reise normalerweise nicht im Rahmen seines Unternehmens, sondern nur privat nutzen. Insoweit liegt Eigenverbrauch nach § 1 Abs. 1 Nr. 2 Buchst. b UStG vor. Die USt bemißt sich nach § 10 Abs. 4 Nr. 2 UStG nach den bei der Ausführung des Umsatzes entstandenen Kosten. Dieser Bemessungsgrundlage entspricht im vorliegenden Fall der nach § 7 Abs. 2 EStDV zu aktivierende Anspruch auf die sonstige Leistung, der durch die Entnahme zur privaten Nutzung aus dem Betriebsvermögen ausscheidet.

Wird die Reise einem Arbeitnehmer oder einer im § 1 Abs. 1 Nr. 3 UStG bezeichneten Person überlassen, führt der Abnehmer, unabhängig davon, ob er oder der Lieferer diesen Personen die Reise zuwendet, sonstige Leistungen nach § 1 Abs. 1 Nr. 1 Buchst. b oder nach § 1 Abs. 1 Nr. 3 UStG aus. Da es beim Abnehmer an Aufwendungen für Reisevorleistungen i. S. des § 25 Abs. 3 UStG fehlt, ist auch in diesen Fällen Bemessungsgrundlage nach § 10 Abs. 4 Nr. 2 UStG der nach § 7 Abs. 2 EStDV anzusetzende Wert.

4. Verkaufswettbewerbe

Führen Hersteller oder Lieferer Verkaufswettbewerbe für ihre Händler oder deren Arbeitnehmer oder Gesellschafter durch, sind die Ausführungen zu 2. und 3. entsprechend anzuwenden. Das gilt auch dann, wenn die Anzahl der sog. Preise begrenzt ist.

Anlagen § 017–02, 03, 04 nicht belegt, § 017–05

Umsatzsteuer bei Zentralregulierungsgeschäften

BMF-Schreiben vom 03.05.1991 – IV A 2 – S 7100 – 16/91,
UR 1991 S. 271; DStR 1991 S. 714

Im Einvernehmen mit den obersten Finanzbehörden der Länder vertrete ich folgende Auffassung:

1. Hat sich die Bemessungsgrundlage für einen steuerpflichtigen Umsatz gemindert, kann die Berichtigung des Vorsteuerabzugs beim Empfänger der Leistung unterbleiben, soweit ein dritter Unternehmer den auf die Minderung des Entgelts entfallenden Steuerbetrag als eigene Steuerschuld an das Finanzamt entrichtet, § 17 Abs. 1 Satz 2 UStG. Diese Vorschrift ist in das Umsatzsteuergesetz 1980 eingefügt worden, um den Besonderheiten im Zentralregulierungsgeschäft Rechnung zu tragen.

   Die genossenschaftlichen und erwerbswirtschaftlichen Zentralregulierungsunternehmer (Zentralregulierer) bezahlen aufgrund vertraglicher Vereinbarung im Namen und für Rechnung ihrer Mitglieder bzw. der Anschlußkunden (Leistungsempfänger) den Lieferanten die auf die Leistungsempfänger ausgestellten Rechnungen. Sie nehmen dabei in der Regel den höchstmöglichen Skontoabzug gegenüber den Lieferanten vor. Diese kürzen danach gem. § 17 Abs. 1 Nr. 1 UStG ihre Steuerschuld.

2. Gibt ein Zentralregulierer den Skontobetrag, der beim Lieferanten zu einer Entgeltsminderung geführt hat, z. B. wegen eines verlängerten Zahlungsziels eines Leistungsempfängers nur zum Teil an diesen weiter, mindert letzterer seinen Vorsteuerabzug nur in Höhe des tatsächlich in Anspruch genommenen Skontos (§ 17 Abs. 1 Nr. 2 UStG). In diesem Fall entsteht zwischen dem Skontoabzug des Zentralregulierers und der Skontoinanspruchnahme des Leistungsempfängers eine Differenz (der sog. Skontoüberschuß brutto). Der Zentralregulierer kann den auf den Skontoüberschuß brutto entfallenden Steuerbetrag nach § 17 Abs. 1 Satz 2 UStG als eigene Steuerschuld unmittelbar an das Finanzamt entrichten. In diesem Fall unterbleibt eine weitergehende Berichtigung des Vorsteuerabzugs bei dem Leistungsempfänger in Höhe des Skontoüberschusses brutto. Der Zentralregulierer braucht dann gegenüber dem Leistungsempfänger nicht offenzulegen, welches Skonto er selbst bei Bezahlung der Rechnung des Vertragslieferanten in Anspruch genommen hat.

3. Entrichtet der Zentralregulierer nach § 17 Abs. 1 Satz 2 UStG die Umsatzsteuer aus dem Skontoüberschuß (brutto), verbleibt bei ihm ein Skontoüberschuß (netto). Dieser kann z. B. aufgrund vertraglicher Vereinbarung ein Entgelt für die Tätigkeit des Zentralregulierers gegenüber seinen Leistungsempfängern sein. Für den Fall, daß der Inhalt der Leistung in der Gewährung eines Kredites besteht, weil der Zentralregulierer mit der Zahlungsabwicklung gegenüber den Leistungsempfängern in Vorlage tritt, ist diese Leistung nach § 4 Nr. 8 Buchst. a UStG steuerfrei. Für den Zentralregulierer ist die Umsatzsteuer auf Vorleistungen im Zusammenhang mit der steuerfreien Kreditgewährung nach § 15 Abs. 2 Nr. 1 UStG vom Vorsteuerabzug ausgeschlossen.

   Verzichtet der Zentralregulierer nach § 9 Abs. 1 UStG auf die Steuerbefreiung, schuldet er die auf den jeweiligen Skontoüberschuß (netto) entfallende Umsatzsteuer. Stellt er eine Rechnung mit gesondertem Steuerausweis aus,
   – können die Leistungsempfänger unter den weiteren Voraussetzungen des § 15 UStG den Vorsteuerabzug vornehmen und
   – ist die Umsatzsteuer auf Vorleistungen an den Zentralregulierer nach den Voraussetzungen des § 15 Abs. 1 Nr. 1 UStG abziehbar.

4. Soweit Zentralregulierer neben den nach § 4 Nr. 8 Buchst. a UStG steuerfreien auch steuerpflichtige Umsätze haben, können sie nach ihren Ausführungen den Anteil der nicht abziehbaren Vorsteuerbeträge aus den Vorleistungen nicht ohne erheblichen Organisationsaufwand ermitteln. Aus Vereinfachungsgründen bin ich damit einverstanden, daß die Zentralregulierer – soweit sie keine Aufzeichnungen führen können – in diesen Fällen die nicht abziehbaren Vorsteuern aus Vorleistungen im Zusammenhang mit der steuerfreien Kreditgewährung nach dem Verhältnis ihrer steuerpflichtigen Umsätze zu den steuerfreien Umsätzen ermitteln.

   Diese Regelung gilt ab dem Besteuerungszeitraum 1989.

Anlage § 017–06

Preisnachlässe durch Verkaufsagenten

BMF-Schreiben vom 08.12.2006 – IV A 5 – S 7200 – 86/06,
BStBl. 2007 I S. 117[1)]

Der Bundesfinanzhof (BFH) hat mit Urteil vom 12. Januar 2006, V R 3/04, BStBl. II S. 479, entschieden, dass ein Verkaufsagent die Bemessungsgrundlage für seine Vermittlungsleistungen mindern kann, wenn er Preisnachlässe für die von ihm vermittelten Leistungen gewährt. Erstattet der erste Unternehmer in einer Leistungskette dem Endverbraucher einen Teil des von diesem gezahlten Leistungsentgelts oder gewährt er ihm einen Preisnachlass, mindert sich dadurch die Bemessungsgrundlage für den Umsatz des ersten Unternehmers (an seinen Abnehmer der nächsten Stufe). Der erste Unternehmer hat deshalb den für seinen Umsatz geschuldeten Steuerbetrag zu berichtigen.

Der BFH wendet in seiner Entscheidung die vom Europäischen Gerichtshof (EuGH) entwickelten Grundsätze zur Änderung der Bemessungsgrundlage bei der Ausgabe von Gutscheinen an (vgl. EuGH-Urteil vom 15. Oktober 2002, Rs. C-427/98, BStBl. II 2004 S. 328).

Unter Bezugnahme auf das Ergebnis der Erörterung mit den obersten Finanzbehörden der Länder gilt zur Minderung der Bemessungsgrundlage bei Vermittlungsleistungen von Verkaufsagenten Folgendes:

Die Regelungen in Abschnitt 224 der Umsatzsteuer-Richtlinien (UStR) sind analog anzuwenden. Danach ist die Bemessungsgrundlage für den Vermittlungsumsatz des Verkaufsagenten zu mindern, wenn: **1**

- der Verkaufsagent eine im Inland steuerpflichtige Vermittlungsleistung erbracht hat,
- der Verkaufsagent einem Endverbraucher einen Teil des von diesem gezahlten Leistungsentgelts erstattet oder einen Preisnachlass für die von ihm vermittelte Leistung gewährt hat,
- die vermittelte Leistung an den Endverbraucher im Inland steuerpflichtig ist und
- der Verkaufsagent das Vorliegen der vorstehenden Voraussetzungen nachgewiesen hat.

Durch die Minderung der Bemessungsgrundlage der Leistung des Verkaufsagenten wird die von ihm erteilte Rechnung bzw. die vom Leistungsempfänger erteilte Gutschrift i.S.d. § 14 Abs. 2 UStG für die vom Verkaufsagenten erbrachte Leistung nicht unrichtig. Insbesondere findet in diesen Fällen § 14c Abs. 1 UStG keine Anwendung. Auch ein möglicher Vorsteuerabzug des Leistungsempfängers ändert sich dadurch nicht (vgl. § 17 Abs. 1 Satz 3 UStG). **2**

Ist der Endverbraucher ein in vollem Umfang oder teilweise zum Vorsteuerabzug berechtigter Unternehmer und bezieht er die vermittelte Leistung für sein Unternehmen, mindert sich sein Vorsteuerabzug aus der vermittelten Leistung um den in der Erstattung oder in dem Preisnachlass des Verkaufsagenten enthaltenen Steuerbetrag (vgl. § 17 Abs. 1 Satz 4 UStG). Bei dem Unternehmer, der den vermittelten Umsatz an den unternehmerischen Endverbraucher ausgeführt hat, kommt es zu keiner Änderung der Bemessungsgrundlage und keiner Rechnungsberichtigung. Nur der Unternehmer, der den Preisnachlass gewährt hat, kann eine Änderung der Bemessungsgrundlage geltend machen. **3**

Beispiel 1 **4**

Ein Kraftfahrzeughändler V vermittelt für einen LKW-Hersteller H auf Provisionsbasis den Verkauf von Kraftfahrzeugen zu den von H bestimmten Preisen. V ist nicht berechtigt, Preisnachlässe auf die festgesetzten Listenpreise zu gewähren. V erstattet einen Teil der ihm zustehenden Provision an den Käufer K, der einen LKW für sein Unternehmen erwirbt. H erteilt K eine Rechnung über den vollen Listenpreis und schreibt V die volle Provision nach dem Listenpreis gut. V gewährt K den zugesagten Preisnachlass in bar.

K muss seinen aus der Anschaffung des LKW zustehenden Vorsteuerbetrag um den im Preisnachlass enthaltenen Steuerbetrag mindern. H braucht die an K erteilte Rechnung und die an V erteilte Gutschrift nicht zu berichtigen. V kann eine Minderung der Bemessungsgrundlage für seine Vermittlungsleistung an H in Höhe des gewährten Preisnachlasses, abzüglich der darin enthaltenen Umsatzsteuer, geltend machen.

Nach dem Grundsatz der Neutralität der Mehrwertsteuer darf dem Fiskus aus allen Umsatzgeschäften (von der Herstellung bis zum Endverbrauch) nur der Umsatzsteuerbetrag zufließen, der dem Betrag entspricht, den der Endverbraucher letztlich wirtschaftlich aufwendet (vgl. EuGH-Urteil vom 15. Oktober 2002, a.a.O., Rdnr. 53). Daher führen Preisnachlässe an Endverbraucher von einem Unternehmer auf einer der Vorstufen dann nicht zu einer Entgeltsminderung bei diesem, wenn der Umsatz an den Endverbraucher von der Umsatzsteuer befreit ist, wobei es unerheblich ist, ob es sich um **5**

[1)] Siehe jetzt Abschn. 224 Abs. 10 UStR 2008; beachte Vertrauensschutzregelung gem. BMF-Schreiben vom 12.12.2008, Anlage § 015-49

Anlage § 017–06

eine Steuerbefreiung mit oder ohne Vorsteuerabzug handelt (vgl. EuGH-Urteil vom 15. Oktober 2002, a.a.O., Rdnr. 64). Verkaufsagenten können deshalb für die von ihnen gewährten Preisnachlässe keine Entgeltsminderung beanspruchen, soweit der vermittelte Umsatz von der Umsatzsteuer befreit ist.

6 *Beispiel 2*

Ein Verkaufsagent vermittelt im Auftrag von verschiedenen Bauunternehmern und Bauträgern Lieferungen von Eigentumswohnungen im Inland. Er gewährt den Grundstückskäufern, bei denen es sich ausnahmslos um private Erwerber handelt, sog. Eigenprovisionen, die er aus den von ihm vereinnahmten Vermittlungsentgelten finanziert.

Der Verkaufsagent kann keine Minderung der Bemessungsgrundlage für seine steuerpflichtigen Vermittlungsleistungen an die Bauunternehmer bzw. Bauträger geltend machen, da die vermittelten Umsätze gem. § 4 Nr. 9 Buchst. a UStG umsatzsteuerfrei sind (Umsätze, die unter das Grunderwerbsteuergesetz fallen).

7 *Beispiel 3*

Ein Reisebüro räumt einem privaten Endverbraucher einen Preisnachlass für eine Hotelunterkunft in Mexiko ein. Das Reisebüro gewährt dem Endverbraucher den zugesagten Preisnachlass in bar ohne Beteiligung des Reiseveranstalters zu Lasten seiner Provision. Der Reiseveranstalter hat lediglich die Hotelunterkunft in Mexiko eingekauft. Der Reiseveranstalter erteilt dem Endverbraucher eine Rechnung über den vollen Reisepreis und schreibt dem Reisebüro die volle Provision gut.

Das Reisebüro kann keine Minderung der Bemessungsgrundlage für seine steuerpflichtige Vermittlungsleistung an den Reiseveranstalter geltend machen, da der vermittelte Umsatz gem. § 25 Abs. 2 UStG umsatzsteuerfrei ist. Die Reiseleistung des Reiseveranstalters an den Endverbraucher ist steuerfrei, da die ihr zuzurechnende Reisevorleistung im Drittlandsgebiet bewirkt wird.

8 Die Bemessungsgrundlage bei dem Unternehmer, der den Preisnachlass gewährt hat, wird um den Vergütungsbetrag abzüglich der Umsatzsteuer gemindert, die sich nach dem Umsatzsteuersatz berechnet, der auf den vermittelten Umsatz Anwendung findet (vgl. Abschn. 224 Abs. 6 Satz 1 UStR). Unter Berücksichtigung des Grundsatzes der Neutralität der Mehrwertsteuer kann auch nur dieser Umsatzsteuerbetrag mindernd gegenüber dem Finanzamt geltend gemacht werden. Dies kann ggf. zur Folge haben, dass der Unternehmer, der den Preisnachlass gewährt hat, diese Minderung der Bemessungsgrundlage zu einem anderen Steuersatz anmelden muss, als den Umsatz, den er selbst ausgeführt hat. Ansonsten würde dem Fiskus aus allen Umsatzgeschäften nicht der Umsatzsteuerbetrag zufließen, der dem Betrag entspricht, den der Endverbraucher letztlich wirtschaftlich aufwendet.

9 *Beispiel 4*

Der Antiquitätenhändler A vermittelt für einen Kunsthändler K die Lieferung eines Kunstgegenstands i.S.d. Nr. 53 der Anlage 2 des UStG an einen privaten Endverbraucher E. K erteilt E eine Rechnung über die Lieferung eines Kunstgegenstands i.H.v. 1.000 € zzgl. 70 € Umsatzsteuer und schreibt A eine Provision i.H.v. 100 € zzgl. 16 € Umsatzsteuer gut. A erstattet E einen Betrag i.H.v. 21,40 € für den Erwerb dieses Kunstgegenstands. K wendet nicht die Differenzbesteuerung nach § 25a UStG an.

K hat aus der Lieferung an E einen Umsatz zum ermäßigten Steuersatz i.H.v. 1.000 € zzgl. 70 € USt zu erklären. Gleichzeitig steht ihm in Höhe des in der Gutschrift über die Vermittlungsleistung des A ausgewiesenen Betrags – unter den weiteren Voraussetzungen des § 15 UStG – einen Vorsteuerabzug i.H.v. 16 € zu. Hieraus ergibt sich eine Zahllast von 54 €, die K an das Finanzamt abzuführen hat. A hat aus der Vermittlungsleistung an K einen Umsatz zum Regelsteuersatz i.H.v. 100 € zzgl. 16 € USt zu erklären. Infolge des gegenüber E gewährten Preisnachlasses i.H.v. 21,40 € hat er zudem eine Minderung der Bemessungsgrundlage zum ermäßigten Steuersatz i.H.v. 20 € zu erklären und eine Umsatzsteuerminderung i.H.v. 1,40 € geltend zu machen. Für ihn ergibt sich demnach eine Zahllast von 14,60 €. Dem Fiskus fließen demnach insgesamt 68,60 € Umsatzsteuer zu (Abführung von 54 € durch K und von 14,60 € durch A); dies entspricht dem Umsatzsteuerbetrag, der in dem vom Endverbraucher E tatsächlich aufwendeten Betrag i.H.v. 1.048,60 € (1.070 € abzgl. 21,40 €) enthalten ist, mit dem E also tatsächlich wirtschaftlich belastet ist (7% aus 1.048,60 € = 68,60 €).

10 Der Unternehmer, der dem Endverbraucher einen Teil des von diesem gezahlten Leistungsentgelts erstattet oder einen Preisnachlass gewährt, und dafür eine Minderung der Bemessungsgrundlage geltend macht, hat das Vorliegen der Voraussetzungen nachzuweisen (vgl. Rdnr. 1). Die Nachweisregelungen im Abschnitt 224 Abs. 7 und 8 UStR sind analog für die Verkaufsagenten anzuwenden.

11 Die Grundsätze dieses Schreibens sind in allen noch offenen Fällen anzuwenden. Abschn. 151 Abs. 3 UStR ist, soweit er den o.a. Grundsätzen entgegensteht, nicht mehr anzuwenden.

Anlage § 017–07

Preisnachlässe durch Verkaufsagenten

Bayer. Landesamt für Steuern, Vfg. vom 27.06.2007 – S 7200 – 39 – St 34M,
DStR 2007 S. 1300

1. Agenturmäßiger Verkauf eines Neufahrzeugs unter überhöhter Inzahlungnahme des Gebrauchtfahrzeugs im Eigenhandel

1.1 Sachverhalt

Bei der Prüfung von Vermittlern von Fahrzeugen ist die Frage aufgetreten, ob die verdeckte Rabattgewährung beim Neuwagenkauf in Form einer überhöhten Inzahlungnahme des Altfahrzeugs zu einer Entgeltsminderung bei der Vermittlungsleistung führen kann.

Der Neuwagenverkauf an den Kunden (K) wird durch die örtlichen Vertragshändler als Vermittler (V), also im Namen und für Rechnung des Autoherstellers (D) durchgeführt. Die Inzahlungnahme eines Gebrauchtwagen hingegen erfolgt regelmäßig als Eigengeschäft der Vertragshändler. Zur Verkaufsförderung gewähren die Vertragshändler beim Ankauf des Altfahrzeugs dem Kunden einen Aufschlag auf das Altfahrzeug, der über dem tatsächlichen gemeinen Wert (i. d. R. Schätzwert nach DAT oder Schwacke) liegt.

1.2 Keine Vereinbarung über konkrete Höhe des Aufschlags

Sofern die konkrete Höhe des Aufschlags nicht vereinbart und nachgewiesen wurde, ist beim Weiterverkauf des Altfahrzeugs im Rahmen der Differenzbesteuerung der (überhöhte) Inzahlungsnahmepreis als Einkaufspreis i.S. des § 25a Abs. 3 Satz 1 UStG anzusetzen (vgl. Abschn. 276a Abs. 8 Satz 1 UStR).

Eine Minderung der Bemessungsgrundlage der Vermittlungsleistung scheidet in diesem Fall aus, da sich der Aufschlag bereits bei der Ermittlung der Differenz nach § 25a Abs. 3 UStG mindernd auswirkt. Hinsichtlich der Ermittlung der o. g. Differenz wird auf Abschn. 276a Abs. 11 UStR Bezug genommen.

1.3 Vereinbarung über konkrete Höhe des Aufschlags

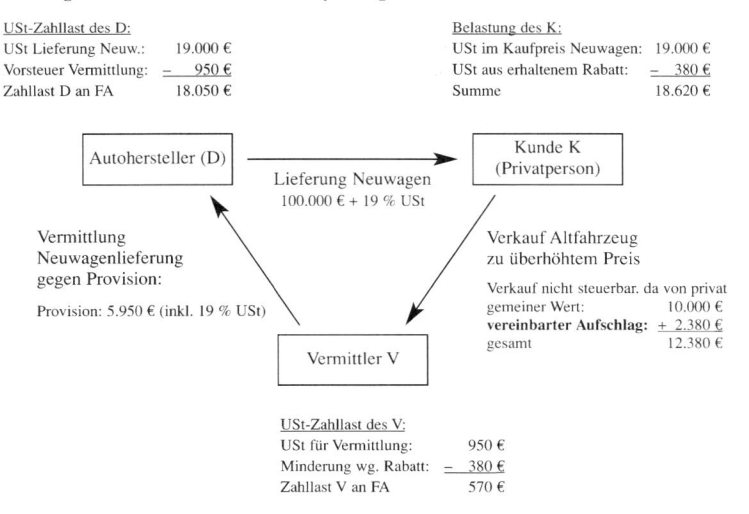

USt-Zahllast des D:		Belastung des K:	
USt Lieferung Neuw.:	19.000 €	USt im Kaufpreis Neuwagen:	19.000 €
Vorsteuer Vermittlung:	– 950 €	USt aus erhaltenem Rabatt:	– 380 €
Zahllast D an FA	18.050 €	Summe	18.620 €

Autohersteller (D) → Lieferung Neuwagen 100.000 € + 19 % USt → Kunde K (Privatperson)

Vermittlung Neuwagenlieferung gegen Provision:
Provision: 5.950 € (inkl. 19 % USt)

Verkauf Altfahrzeug zu überhöhtem Preis
Verkauf nicht steuerbar, da von privat

gemeiner Wert:	10.000 €
vereinbarter Aufschlag:	**+ 2.380 €**
gesamt	12.380 €

Vermittler V

USt-Zahllast des V:	
USt für Vermittlung:	950 €
Minderung wg. Rabatt:	– 380 €
Zahllast V an FA	570 €

Die Rabattgewährung des Vermittlers in Form eines „verdeckten Preisnachlasses" ist dem Neuwagengeschäft und damit der Vermittlung der Neuwagenlieferung zuzuordnen, sofern die konkrete Höhe des Aufschlags zum Beispiel im Kaufvertrag vereinbart und dem FA nachgewiesen wird (vgl. hierzu beim Tausch mit Baraufgabe: Abschn. 153 Abs. 4 Sätze 3 und 4 UStR). Der Vermittler, der den Preisnachlass gewährt hat, kann in diesem Fall eine Änderung der Bemessungsgrundlage seiner Vermittlungsleistung geltend machen.

Dadurch wird der Grundsatz der Neutralität der Mehrwertsteuer berücksichtigt, wonach dem Fiskus aus allen Umsatzgeschäften (von der Herstellung bis zum Endverbrauch) nur der Umsatzsteuerbetrag zufließen darf, der dem Betrag entspricht, den der Endverbraucher letztlich wirtschaftlich aufwendet (Tz. 5 des BMF v. 8.12.2006, IV A 5 – S 7200 – 86/06, BStBl. I 2007, 117, DStR 2007, 26[1]).

---
1) Anlage § 017-06

Anlage § 017–07

Der Weiterverkauf des Altfahrzeugs durch den Vertragshändler V im obigen Schaubild kann der Differenzbesteuerung gemäß § 25a UStG unterliegen. Der bei der Ermittlung der Bemessungsgrundlage i.S. des § 25a Abs. 3 Satz 1 UStG anzusetzende Einkaufspreis ist der gemeine Wert des Fahrzeugs, da der Aufschlag mit dem Kunden K gesondert vereinbart wurde und dem FA nachgewiesen werden kann.

2. „Rabattgewährung" an eine Organgesellschaft des Vermittlungsempfängers

Es ist die Fallgestaltung bekannt geworden, dass ein Verkaufsagent Lieferungen eines Organträgers an dessen Organgesellschaft i.S. des § 2 Abs. 2 Nr. 2 UStG vermittelt. Bei der Organgesellschaft handelt es sich z.B. um eine Leasing-Gesellschaft des Organträgers, die die Gegenstände anschließend an Leasingnehmer im Inland verleast.

Der Verkaufsagent erhält vom Organträger vereinbarungsgemäß für die Vermittlungsleistung eine Provision und leitet einen Teil davon an die Organgesellschaft des Organträgers weiter. Die Organgesellschaft gibt die Zahlung nicht an den Leasingnehmer als Rabatt weiter.

Da der Organträger zusammen mit seiner Organgesellschaft umsatzsteuerrechtlich ein Unternehmen bildet (§ 2 Abs. 2 Nr. 2 Satz 3 UStG) wird gebeten, die Auffassung zu vertreten, dass nach § 17 Abs. 1 Satz 1 bzw. 2 UStG sich beim Vermittler die Bemessungsgrundlage für seine Vermittlungsleistung mindert und beim Empfänger der Vermittlungsleistung (Organträger) der Vorsteuerabzug entsprechend zu berichtigen ist. Zur Sicherstellung der Berichtigung des Vorsteuerabzugs ist ggf. eine Kontrollmitteilung an das FA des Organträgers zu senden. Letztlich zahlt der Vermittler durch die „Rabattgewährung" gegenüber der Organgesellschaft einen Teil der Provision zurück. Es handelt sich um eine herkömmliche Berichtigung des Entgelts nach § 17 UStG zwischen zwei Unternehmen.

3. Vertrauensschutz gemäß § 176 AO bei Berichtigung des Vorsteuerabzugs nach § 17 UStG

Ist der Empfänger der vermittelten Leistung ein in vollem Umfang oder teilweise zum Vorsteuerabzug berechtigter Unternehmer und bezieht er die vermittelte Leistung für sein Unternehmen, mindert sich gemäß Tz. 3 des o. g. BMF-Schreibens sein Vorsteuerabzug aus der vermittelten Leistung um den in der Erstattung oder in dem Preisnachlass des Verkaufsagenten enthaltenen Steuerbetrag (§17 Abs. 1 Satz 4 UStG).

Die Referatsleiter AO der obersten Finanzbehörden des Bundes und der Länder haben in der Sitzung I/2007 beschlossen, dass in Fällen, in denen der Rabatt vor dem 30.04.2004 (= Tag der Veröffentlichung des BMF-Schrb. v. 19.12.2003, IV B 7 – S 7200 – 101/03, BStBl. I 2004, 443, DStR 2004, 229 zur Ermittlung der Bemessungsgrundlage bei der Ausgabe von Gutscheinen) gewährt wurde, aus Vertrauensschutzgründen von einer Minderung des Vorsteuerabzugs nach § 17 UStG abgesehen werden muss.

Anlage § 017–08

Änderung der Bemessungsgrundlage nach Rückgewähr der Anzahlung bzw. des Entgelts, § 17 Abs. 2 Nr. 2 und Nr. 3 UStG

BMF vom 09.12.2011 – IV D 2 – S 7333/11/10001,
BStBl. 2011 I S. 1272

Mit Urteil vom 2. September 2010, V R 34/09, hat der BFH entschieden, dass es in Fällen, in denen der Unternehmer eine Anzahlung vereinnahmt, ohne die hierfür geschuldete Leistung zu erbringen, erst mit der Rückgewähr der Anzahlung zur Minderung der Bemessungsgrundlage nach § 17 Abs. 2 Nr. 2 UStG kommt. Entsprechendes gilt für § 17 Abs. 2 Nr. 3 UStG: Wird die Leistung nach Vereinnahmung des Entgelts rückgängig gemacht, entsteht der Berichtigungsanspruch erst mit der Rückgewähr des Entgelts.

Mit diesem Urteil führt der BFH seine Rechtsprechung vom 18. September 2008, V R 56/06, BStBl. 2009 II S. 250, fort, nach der eine Vereinbarung zwischen dem leistenden Unternehmer und dem Leistungsempfänger über die vollständige oder teilweise Rückzahlung des entrichteten Entgelts die Bemessungsgrundlage nach § 17 Abs. 1 Satz 1 UStG nur mindert, soweit das Entgelt tatsächlich zurückgezahlt wird; die Berichtigung ist für den Besteuerungszeitraum der Rückgewähr vorzunehmen.

Unter Bezugnahme auf das Ergebnis der Erörterungen mit den obersten Finanzbehörden der Länder wird der Umsatzsteuer-Anwendungserlass vom 1. Oktober 2010 (BStBl. I S. 846), der zuletzt durch das BMF-Schreiben vom 14. November 2011, IV D 2 – S 7100/07/10028 :003 (2011/0877938), BStBl. I S. 1158, geändert worden ist, wie folgt geändert:

1. Abschnitt 13.5 Abs. 6 wird wie folgt gefasst:

   „(6) Zur Rechnungserteilung bei der Istversteuerung von Anzahlungen vgl. Abschnitt 14.8, zum Vorsteuerabzug bei Anzahlungen vgl. Abschnitt 15.3 **und zur Minderung der Bemessungsgrundlage bei Rückgewährung einer Anzahlung vgl. Abschnitt 17.1 Abs. 7.**"

2. Abschnitt 17.1 Abs. 7 wird wie folgt gefasst:

   „(7) [1]Steuer- und Vorsteuerberichtigungen sind auch erforderlich, wenn für eine Leistung ein Entgelt entrichtet, die Leistung jedoch nicht ausgeführt worden ist (§ 17 Abs. 2 Nr. 2 UStG). [2]Diese Regelung steht im Zusammenhang mit der in § 13 Abs. 1 Nr. 1 Buchstabe a Satz 4 UStG vorgeschriebenen Besteuerung von Zahlungen vor Ausführung der Leistungen. [3]**Die Minderung der Bemessungsgrundlage nach § 17 Abs. 2 Nr. 2 UStG erfolgt erst in dem Besteuerungszeitraum, in dem die Anzahlung zurückgewährt worden ist (vgl. BFH-Urteil vom 2.9.2010, V R 34/09, BStBl. 2011 II S. 991).**

   Beispiel:
   [1]Über das Vermögen eines Unternehmers, der Anzahlungen erhalten und versteuert hat, wird das Insolvenzverfahren eröffnet, bevor er eine Leistung erbracht hat. [2]Der Insolvenzverwalter lehnt die Erfüllung des Vertrages ab **und gewährt die Anzahlungen zurück**. [3]Der Unternehmer, der die vertraglich geschuldete Leistung nicht erbracht hat, hat die Steuer auf die Anzahlung **im Besteuerungszeitraum der Rückgewähr nach § 17 Abs. 2 Nr. 2 UStG** zu berichtigen. [4]Unabhängig davon hat der Unternehmer, an den die vertraglich geschuldete Leistung erbracht werden sollte, den Vorsteuerabzug in sinngemäßer Anwendung des § 17 Abs. 1 Satz 2 UStG **im Besteuerungszeitraum der Rückgewähr** zu berichtigen."

3. In Abschnitt 17.1 Abs. 8 wird nach Satz 4 folgender Satz 5 angefügt:

   „[5]**Wird die Leistung nach Vereinnahmung des Entgelts rückgängig gemacht, entsteht der Berichtigungsanspruch nach § 17 Abs. 2 Nr. 3 UStG erst mit der Rückgewähr des Entgelts (vgl. BFH-Urteil vom 2.9.2010, V R 34/09, BStBl. 2011 II S. 991).**"

Das BFH-Urteil ist in allen offenen Fällen anzuwenden.

Anlage § 018–01

Merkblatt über die Problematik sog. Vorsteuerabtretungen

OFD Berlin, Vfg. vom 18.05.1979 – St 432 – S 7532 – 5/79, UR 1979 S. 153[1)]

Ich übersende ein Muster des neuen Vordrucks USt 63 – Merkblatt über die Problematik sog. Vorsteuerabtretungen mit der Bitte um Kenntnisnahme. Ich bitte, den Vordruck in einschlägigen Fällen zur Erläuterung der Rechtslage zu verwenden.

I. Sachverhalt

Es ist üblich geworden, bei Geschäften zwischen Unternehmern, wie z. B. bei Geschäftsveräußerungen, die im Kaufpreis enthaltene Umsatzsteuer in der Weise zu finanzieren, daß der leistungsempfangende Unternehmer diese Umsatzsteuer, die er bei Vorliegen der Voraussetzungen des § 15 UStG als Vorsteuer abziehen kann, dem leistenden Unternehmer vertraglich abtritt und ihm im Rahmen der Anzeige der Abtretung bei seinem Finanzamt die Überweisung des abgetretenen Betrages an das Finanzamt des leistenden Unternehmers beantragt. Aufbauend auf dieser Gestaltung geben die leistenden Unternehmer vielfach in ihren Umsatzsteuererklärungen den dem abgetretenen Betrag zugrundeliegenden Umsatz im Hinblick auf die Abtretung nicht an oder berücksichtigen in ihren Umsatzsteuererklärungen aus dem gleichen Grund den dem leistungsempfangenden Unternehmer insoweit zustehenden Vorsteuerabzug.

Diese und auch andere ähnliche Verfahrensweisen stehen nicht im Einklang mit dem Umsatzsteuergesetz und müssen daher von den Finanzämtern beanstandet werden.

II. Umsatzsteuerrechtliche Beurteilung

Ungeachtet der Tatsache, daß sich bei Lieferungen und sonstigen Leistungen zwischen Unternehmen grundsätzlich Steuerbelastung und Vorsteuerabzug gleichwertig gegenüberstehen und sich aufgrund der Abwälzung der Umsatzsteuer im Kaufpreis die entstandene Umsatzsteuer wirtschaftlich weder zum Nachteil noch zum Vorteil der beteiligten Unternehmer, also erfolgsneutral auswirkt, sind nach dem System des Umsatzsteuergesetzes sowohl die Umsatzbesteuerung des leistenden Unternehmers (§ 1 UStG) als auch die Frage des Vorsteuerabzugs des leistungsempfangenden Unternehmers (§ 15 UStG) völlig getrennt voneinander zu prüfen. Dies ist deshalb unabdingbar, weil Umsatzbesteuerung und Vorsteuerabzug von verschiedenen Voraussetzungen ausgehen. So kann es beispielsweise vorkommen, daß der leistende Unternehmer zwar den Umsatz versteuern muß, der leistungsempfangende Unternehmer aber die entsprechende Vorsteuer nicht oder nur teilweise abziehen darf (§ 19 UStG; § 15 Abs. 2 UStG; § 15 Abs. 3 oder Abs. 4 UStG). In einem solchen Fall würden sich zu entrichtende Steuer und Vorsteuerabzug nicht mehr gleichwertig gegenüberstehen. Dementsprechend müssen die Lösungen, bei denen Umsätze des einen Unternehmers im Hinblick auf den Vorsteuerabzug des anderen Unternehmers nicht versteuert werden oder bei denen der eine Unternehmer den Vorsteuerabzug des anderen Unternehmers vornimmt, von vornherein ausscheiden.

Wollen die beteiligten Unternehmer aber dennoch ihre Absicht realisieren, im Wege der Abtretung zu vermeiden, daß der eine Unternehmer Umsatzsteuer für einen Umsatz an das Finanzamt abführen muß, die der andere Unternehmer über den Vorsteuerabzug vom Finanzamt vergütet bekommt, müssen sie getrennt voneinander über den Umsatz und den Vorsteuerbetrag in ihren Umsatzsteuervoranmeldungen erklären. In den Umsatzsteuerjahreserklärungen ist dies zu wiederholen. Erst wenn so Umsatzsteuerfestsetzungen vorliegen, kann es nach den Regeln, die für eine wirksame Abtretung von Erstattungsansprüchen (§ 46 AO 77) gelten, zu dem erstrebten Ausgleich von Steuerschuld und Vorsteuerüberschuß kommen.

III. Abtretung (§ 46 AO 77)

1. Ansprüche auf Erstattung von Steuern, Haftungsbeträgen, steuerlichen Nebenleistungen und auf Steuervergütungen können abgetreten werden (§ 46 Abs. 1 AO 77). Abtretbar sind demnach z.B. nicht Besteuerungsgrundlagen, d. h. nicht selbständig anfechtbare Teile bei der Steuerfestsetzung. Die Vorsteuer ist eine solche Besteuerungsgrundlage und daher kein selbständiger Vergütungsanspruch (BFH-Urteil vom 30. September 1976 – V R 109/73 – BStBl. 1977 II S. 227, Steuer- und Zollblatt für Berlin 1977 S. 933).[2)]

---

1) Vgl. BMF vom 23.03.1984 zur Abtretung von Vergütungsansprüchen (Anlage § 018–04) sowie BFH vom 24.03.1983, BStBl. 1983 II S. 612
2) Vgl. auch BFH vom 24.03.1983, BStBl. 1983 II S. 612

Anlage § 018–01

Die Vorsteuer selbst ist daher nicht abtretbar

Der Abtretung fähig ist vielmehr nur ein Erstattungsanspruch, der sich z. B. bei einer Umsatzsteuerfestsetzung unter bzw. wegen Berücksichtigung der abziehbaren Vorsteuerbeträge ergibt, allerdings nach Erfassung aller übrigen Besteuerungsgrundlagen eines Voranmeldungszeitraums/ Besteuerungszeitraums wie z. B. Umsatz, Umsatzsteuerkürzungsbeträge nach dem BerlinFG.

Beispiel 1:

Unternehmer A tritt vertraglich seinem Lieferer Unternehmer B einen Betrag in Höhe des ihm aus der Lieferung einer Maschine durch B zustehenden Vorsteuerabzuges in Höhe von 20.000,– DM ab und beantragt bei seinem Finanzamt unter Hinweis auf die gleichzeitig abgegebene Umsatzsteuervoranmeldung für den betreffenden Voranmeldungszeitraum der Überweisung dieses Betrages an das Finanzamt des B. Die Umsatzsteuervoranmeldung enthält die folgende Berechnung:

steuerpflichtige Umsätze	200.000,– DM
Umsatzsteuer 12 v. H.	24.000,– DM
abziehbare Vorsteuer (einschl. 20.000,– DM Vorsteuer aus dem Erwerb der Maschine)	./. 30.000,– DM
Umsatzsteuerkürzungen nach §§ 1, 1a BerlinFG	./. 5.000,– DM
Umsatzsteuerüberschuß	./. 11.000,– DM

Das Finanzamt des A muß den Antrag auf Überweisung eines Betrages in Höhe von 20.000,– DM ablehnen. Es kann höchstens 11.000,– DM an das Finanzamt des B überweisen, weil auch nur insoweit ein abtretbarer Erstattungsanspruch vorliegt.

2. Ein abtretbarer Erstattungsanspruch kann aber nur in dem Umfange zu Zahlungen führen, als das Guthaben darüber hinaus nicht mit Steuerschulden und/oder rückständigen steuerlichen Nebenleistungen (§ 3 AO 77) zu verrechnen/frei verfügbar ist.

Abgesehen von bürgerlich-rechtlichen Verfügungsbeschränkungen (z.B. Pfändung) liegt freie Verfügbarkeit im Umsatzsteuervoranmeldungsverfahren nur bei Umsatzsteuerüberschüssen von mehr als 1000,– DM vor (§ 18 Abs. 2 Satz 5 UStG). Umsatzsteuerüberschüsse von nicht mehr als 1000,– DM werden lediglich in den nächsten Voranmeldungszeitraum vorgetragen und sind daher zunächst nicht frei verfügbar. Im Veranlagungsverfahren besteht keine betragsmäßige Begrenzung.

Ist danach freie Verfügbarkeit gegeben, kann das Finanzamt gegen den abgetretenen Erstattungsanspruch solche Steuerschulden und rückständigen steuerlichen Nebenleistungen aufrechnen, die vor Wirksamwerden der Abtretung entstanden sind.

Beispiel 2:

Sachverhalt wie bei Beispiel 1 mit der Abweichung, daß A mit Steuern und steuerlichen Nebenleistungen in Höhe von insgesamt 10.000,– DM (9000,– DM Gewerbesteuer und 1000,– DM Säumniszuschläge dazu) rückständig ist, von denen insgesamt 7000,– DM (6000,– DM Gewerbesteuer, 1000,– DM Säumniszuschläge) bis zum Wirksamwerden der Abtretung entstanden waren.

Gegen den abgetretenen Erstattungsanspruch in Höhe des Umsatzsteuerüberschusses von 11.000,– DM kann das Finanzamt des A zulässigerweise mit Rückständen in Höhe von 7000,– DM aufrechnen, da diese Schulden bis zum Wirksamwerden der Abtretung entstanden waren. Da die anderen Rückstände erst danach entstanden sind, bleiben sie außer Betracht. Das Finanzamt des A kann demnach aufgrund der Abtretung lediglich einen Betrag von 4000,– DM an das Finanzamt des B überweisen.

3. Die Abtretung wird erst wirksam, wenn sie der Gläubiger in der durch § 46 Abs. 3 AO 77 vorgeschriebenen Form der zuständigen Finanzbehörde nach Entstehung des Anspruchs anzeigt (§ 46 Abs. 2 AO 77). Der Eingang der Anzeige ist materielle Voraussetzung für die Wirksamkeit der Abtretung; sie wirkt nicht auf den Zeitpunkt des Abtretungsvertrags zurück (vgl. Nr. 2 zu § 46 Einführungserlaß zur AO 1977 vom 3. November 1976 III A 1 – S 0015 – 1/76, Steuer- und Zollblatt für Berlin 1977 S. 1831). Die Abtretung ist der zuständigen Finanzbehörde unter Angabe des Abtretenden, des Abtretungsempfängers sowie der Art und Höhe des abgetretenen Anspruchs und des Abtretungsgrundes auf einem amtlich vorgeschriebenen Vordruck anzuzeigen, wobei die Anzeige vom Abtretenden und vom Abtretungsempfänger zu unterschreiben ist (§ 46 Abs. 3 AO 77). Ein Muster des zur Zeit gültigen amtlich vorgeschriebenen Vordrucks ist als Anlage beigefügt. Dieser Vordruck (Vordruck A 48) ist bei den Finanzämtern erhältlich.[1]

---

1) Siehe dazu AO-Anwendungserlass vom 27.01.2012, BStBl. 2012 I S. 26, Vordruck BStBl. 2012 I S. 94/5 (Anlage zum AEAO zu § 46)

Anlage § 018–01

ACHTUNG
Beachten Sie unbedingt die Hinweise in Abschnitt V. des Formulars!
Zutreffendes bitte ankreuzen bzw. leserlich ausfüllen!

Eingangsstempel

Finanzamt

Raum für Bearbeitungsvermerke

☐ **Abtretungsanzeige** ☐ **Verpfändungsanzeige**

I. Abtretende(r) / Verpfänder(in)

Familienname bzw. Firma (bei Gesellschaften)	Vorname	Geburtsdatum
	Steuernummer	
Ehegatte: Familienname	Vorname	Geburtsdatum
Anschrift(en)		

II. Abtretungsempfänger(in) / Pfandgläubiger(in)

Name / Firma und Anschrift

III. Anzeige

Folgender Erstattungs- bzw. Vergütungsanspruch ist abgetreten / verpfändet worden:

1. Bezeichnung des Anspruchs:

☐ Einkommensteuer-Veranlagung   für   Kalenderjahr _____ / Zeitraum _____

☐ Umsatzsteuerfestsetzung   für   Kalenderjahr _____

☐ _____   für   _____

☐ Umsatzsteuervoranmeldung   für   Monat bzw. Quartal / Jahr _____

☐ _____   für   Kalenderjahr _____

☐ _____

2. Umfang der Abtretung bzw. Verpfändung:

☐ **VOLL**-Abtretung / Verpfändung   voraussichtliche Höhe _____ €

☐ **TEIL**-Abtretung / Verpfändung   in Höhe von _____ €

3. Grund der Abtretung / Verpfändung: _____
(kurze stichwortartige Kennzeichnung des der Abtretung zugrunde liegenden schuldrechtlichen Lebenssachverhaltes)

4. a) Es handelt sich um eine Sicherungsabtretung oder Verpfändung als Sicherheit:
   ☐ Ja   ☐ Nein

   b) Die Abtretung / Verpfändung erfolgte geschäftsmäßig:
   ☐ Ja   ☐ Nein

Anlage § 018–01

5. Der Abtretungsempfänger / Pfandgläubiger ist ein Unternehmen, dem das Betreiben von Bankgeschäften erlaubt ist:
☐ Ja   ☐ Nein

IV. Überweisung / Verrechnung

Der abgetretene / verpfändete Betrag soll ausgezahlt werden durch:

☐ **Überweisung** auf Konto-Nr.   Bankleitzahl

Geldinstitut (Zweigstelle) und Ort

Kontoinhaber, wenn abweichend von Abschnitt II.

☐ **Verrechnung** mit Steuerschulden des / der Abtretungsempfängers(in) / Pfandgläubigers(in)

beim Finanzamt   Steuernummer

Steuerart   Zeitraum

(für genauere Anweisungen bitte einen gesonderten Verrechnungsantrag beifügen!)

V. Wichtige Hinweise

Unterschreiben Sie bitte kein Formular, das nicht ausgefüllt ist oder dessen Inhalt Sie nicht verstehen!

Prüfen Sie bitte sorgfältig, ob sich eine Abtretung für Sie überhaupt lohnt! Denn das Finanzamt bemüht sich, Erstattungs- und Vergütungsansprüche schnell zu bearbeiten.

Vergleichen Sie nach Erhalt des Steuerbescheids den Erstattungsbetrag mit dem Betrag, den Sie gegebenenfalls im Wege der Vorfinanzierung erhalten haben.

Denken Sie daran, dass die Abtretung aus unterschiedlichen Gründen unwirksam sein kann, dass das Finanzamt dies aber nicht zu prüfen braucht! Der geschäftsmäßige Erwerb von Steuererstattungsansprüchen ist nur Kreditinstituten (Banken und Sparkassen) im Rahmen von Sicherungsabtretungen gestattet. Die Abtretung an andere Unternehmen und Privatpersonen ist nur zulässig, wenn diese nicht geschäftsmäßig handeln. Haben Sie z.B. Ihren Anspruch an eine Privatperson abgetreten, die den Erwerb von Steuererstattungsansprüchen geschäftsmäßig betreibt, dann ist die Abtretung unwirksam. Hat aber das Finanzamt den Erstattungsbetrag bereits an den / die von Ihnen angegebenen neuen Gläubiger ausgezahlt, dann kann es nicht mehr in Anspruch genommen werden, das heißt: Sie haben selbst dann keinen Anspruch mehr gegen das Finanzamt auf den Erstattungsanspruch, wenn die Abtretung nicht wirksam ist.

Abtretungen / Verpfändungen können gem. § 46 Abs. 2 der Abgabenordnung dem Finanzamt erst dann wirksam angezeigt werden, wenn der abgetretene / verpfändete Erstattungsanspruch entstanden ist. Der Erstattungsanspruch entsteht nicht vor Ablauf des Besteuerungszeitraums (bei der Einkommensteuer / Lohnsteuer: grundsätzlich Kalenderjahr; bei der Umsatzsteuer: Monat, Kalendervierteljahr bzw. Kalenderjahr).

Die Anzeige ist an das für die Besteuerung des / der Abtretenden / Verpfändenden zuständige Finanzamt zu richten. So ist z.B. für den Erstattungsanspruch aus der Einkommensteuer-Veranlagung das Finanzamt zuständig, in dessen Bereich der / die Abtretende / Verpfändende seinen / ihren Wohnsitz hat.

Bitte beachten Sie, dass neben den beteiligten Personen bzw. Gesellschaften auch der abgetretene / verpfändete Erstattungsanspruch für die Finanzbehörde zweifelsfrei erkennbar sein muss. Die Angaben in Abschnitt III. der Anzeige dienen dazu, die gewünschte Abtretung / Verpfändung schnell und problemlos ohne weitere Rückfragen erledigen zu können!

Die Abtretungs- / Verpfändungsanzeige ist sowohl von dem / der Abtretenden / Verpfändenden als auch von dem / der Abtretungsempfänger(in) / Pfandgläubiger(in) zu unterschreiben. Dies gilt z.B. auch, wenn der / die zeichnungsberechtigte Vertreter(in) einer abtretenden juristischen Person (z.B. GmbH) oder sonstigen Gesellschaft und der / die Abtretungsempfänger(in) / Pfandgläubiger(in) personengleich sind (2 Unterschriften).

VI. Unterschriften

1. Abtretende(r) / Verpfänder(in) lt. Abschnitt I. – Persönliche Unterschrift –
   Ort, Datum

   (Werden bei der Einkommensteuer-Zusammenveranlagung die Ansprüche beider Ehegatten abgetreten, ist unbedingt erforderlich, dass **beide** Ehegatten persönlich unterschreiben.)

2. Abtretungsempfänger(in) / Pfandgläubiger(in) lt. Abschnitt II. – Unterschrift unbedingt erforderlich –
   Ort, Datum

Anlagen § 018–02, 03 nicht belegt, § 018–04, § 018–05, 06 nicht belegt

Vorsteuer-Vergütungsverfahren (§§ 59 bis 61 UStDV); Abtretung von Vergütungsansprüchen

BMF-Schreiben vom 23.03.1984 – IV A 3 – S 7359 – 8/84,
UR 1984 S. 127

Zur Frage der Abtretung von Vorsteuer-Vergütungsansprüchen durch nicht im Inland ansässige Leistungsempfänger vertrete ich folgende Auffassung:

1. Der nicht im Inland ansässige Leistungsempfänger kann seinen Vergütungsanspruch nur abtreten, soweit es sich um einen selbständigen Anspruch handelt und die Voraussetzungen des § 46 AO vorliegen[1]. Die Abtretung wird danach nur wirksam, wenn sie der zuständigen Finanzbehörde nach Entstehung des Vergütungsanspruchs auf einem amtlich vorgeschriebenen Vordruck angezeigt worden ist (§ 46 Abs. 2 AO). Der Vorsteuerabzugsanspruch ist jedoch kein eigenständiger abtretbarer Anspruch (vgl. BFH-Urteil vom 24.3. 1983 V R 8/81, BStBl. II 1983, 612). Im Besteuerungsverfahren nach den §§ 16 und 18 Abs. 1 bis 4 UStG erwächst dem Unternehmer ein abtretbarer Anspruch erst dann, wenn sich bei der Steuerberechnung für den Besteuerungszeitraum (Voranmeldungszeitraum) ein Saldo zu seinen Gunsten ergibt. Der Auszahlungsanspruch kann somit nicht bereits bei Vorliegen der über die erbrachten Leistungen ausgestellten Rechnung mit gesondertem Steuerausweis, sondern erst mit Ablauf des Besteuerungszeitraums (Voranmeldungszeitraum) entstehen. Im Vorsteuer-Vergütungsverfahren (§§ 59 bis 61 UStDV) tritt an die Stelle des Besteuerungszeitraums (Voranmeldungszeitraums) der Vergütungszeitraum. Für diesen Zeitraum wird der Vergütungsanspruch berechnet und festgesetzt. Er entsteht daher mit Ablauf des Vergütungszeitraums und kann wirksam erst ab diesem Zeitpunkt abgetreten werden. Eine „Vorausabtretung" ist nicht möglich.

2. Einer allgemeinen Abtretung der Vergütungsansprüche durch die nicht im Inland ansässigen Leistungsempfänger an die Auftragnehmer im Inland steht § 46 Abs. 4 AO entgegen. Nach dieser Vorschrift ist die Abtretung des Vergütungsanspruchs an Unternehmer und an Privatpersonen nicht zulässig, wenn diese geschäftsmäßig handeln. Es ist nur Kreditinstituten erlaubt, Vergütungsansprüche geschäftsmäßig zu erwerben und dies auch nur zu Sicherungszwecken. Geschäftsmäßig handelt, wer die Tätigkeit selbständig und in Wiederholungsabsicht ausübt. Wenn der Auftragnehmer im Inland für den Erwerb der Vergütungsansprüche organisatorische Vorkehrungen getroffen hat (z. B. vorbereitete Formulare) und sich von einer größeren Zahl seiner nicht im Inland ansässigen Leistungsempfänger die Vergütungsansprüche abtreten läßt, wird die Geschäftsmäßigkeit zu bejahen sein. Diese Abtretungen sind unwirksam. Sie dürfen von den Finanzbehörden nicht beachtet werden.

3. Die Auszahlung des Vergütungsbetrages an Bevollmächtigte oder andere Personen ist zulässig, wenn der Vergütungsberechtigte eine entsprechende Zahlungsanweisung allgemein oder für den Einzelfall erteilt (AO-Kartei § 80 Karte 1 Nr. 2). Nr. 7 des Antragsvordrucks USt 1T ermöglicht ein entsprechendes Verfahren. Eine Abtretung des Vergütungsanspruchs ist danach nicht mehr erforderlich. Es ist jedoch darauf hinzuweisen, daß eine formgerechte Abtretung oder Pfändung ebenso wie eine von der Finanzbehörde verfügte Aufrechnung der Zahlungsanweisung vorgehen.

4. Generelle Erleichterungen für das Vergütungsverfahren, wie sie von den interessierten Unternehmern zur Vermeidung von Wettbewerbsnachteilen beantragt werden, sind nur im Wege der Gesetzesänderung möglich.

---

[1] Hinweis auf Anlage § 018–01

Anlage § 018–07

Vordruckmuster für die gesonderte und einheitliche Feststellung von Besteuerungsgrundlagen für die Umsatzbesteuerung nach der Verordnung zu § 180 Abs. 2 AO (§ 15 UStG)

BMF-Schreiben vom 27.03.1992 – IV A 3 – S 7532 – 4/92, UR 1992 S. 154

Unter Bezugnahme auf das Ergebnis der Erörterungen mit den obersten Finanzbehörden der Länder gilt folgendes:

(1) Aufgrund des § 1 der Verordnung über die gesonderte Feststellung von Besteuerungsgrundlagen nach § 180 Abs. 2 AO vom 19.12.1986 (BStBl. I 1987, 2) in der Fassung der Ersten Verordnung zur Änderung der vorgenannten Verordnung (BStBl. I 1990, 724) können Besteuerungsgrundlagen ganz oder teilweise gesondert und einheitlich festgestellt werden. Dies gilt nach § 1 Abs. 2 der Verordnung auch für die Umsatzsteuer, wenn mehrere Unternehmer im Rahmen eines Gesamtobjekts Umsätze ausführen oder empfangen. Zur Anwendung der Verordnung ist das BMF-Schreiben vom 5.12.1992 – IV A 5 – S 0361 – 20/90[1]) ergangen.

(2) Die folgenden, mit BMF-Schreiben vom 10.5.1989 – IV A 3 – S 7532 – 7/89 – (UR 1989, 226) eingeführten Vordruckmuster zur Durchführung der gesonderten und einheitlichen Feststellung von Besteuerungsgrundlagen für die Umsatzbesteuerung werden hiermit in überarbeiteter Fassung neu bekanntgegeben[2]):

- USt 1 F — Erklärung zur gesonderten und einheitlichen Feststellung von Besteuerungsgrundlagen für die Umsatzbesteuerung
- Anlage USt 1, 2, 3 F — zur gesonderten und einheitlichen Feststellung von Besteuerungsgrundlagen für die Umsatzbesteuerung
- USt 2 F — Feststellungsbescheid über die gesonderte und einheitliche Feststellung von Besteuerungsgrundlagen für die Umsatzbesteuerung
- USt 3 F — Feststellungsbogen für die gesonderte und einheitliche Feststellung von Besteuerungsgrundlagen für die Umsatzbesteuerung
- USt 4 F — Mitteilung über die gesonderte und einheitliche Feststellung von Besteuerungsgrundlagen für die Umsatzbesteuerung

(3) In der Erklärung zur gesonderten und einheitlichen Feststellung von Besteuerungsgrundlagen für die Umsatzbesteuerung (Vordruckmuster USt 1 F) sind neben allgemeinen Angaben zum Gesamtobjekt Angaben zur Höhe der Vorsteuerbeträge zu machen. Die übrigen Angaben dienen der Prüfung der Optionsfähigkeit bzw. der Vorsteuerabzugsberechtigung (§§ 9, 15 Abs. 2 bis 4 UStG).

(4) In der Anlage USt 1, 2, 3 F zur gesonderten und einheitlichen Feststellung von Besteuerungsgrundlagen für die Umsatzbesteuerung sind neben Angaben zu den Beteiligten an dem Gesamtobjekt Angaben zu machen und die auf die Beteiligten entfallenden anteiligen Vorsteuerbeträge zu erklären. Wird bei Durchführung der gesonderten und einheitlichen Feststellung von den Angaben des Erklärungspflichtigen nicht abgewichen, ist je eine Ausfertigung der Anlage USt 1, 2, 3 F als Anlage zum Feststellungsbescheid (Vordruckmuster USt 2 F) und zum Feststellungsbogen (Vordruckmuster USt 3 F) zu verwenden.

(5) Der Feststellungsbescheid (Vordruckmuster USt 2 F) und der Feststellungsbogen (Vordruckmuster USt 3 F) sind so gestaltet, daß sie für bis zu drei Feststellungszeiträume verwendet werden können. Die Angaben im Kopf, in den Teilen A (Feststellungen) und B (Begründung und Nebenbestimmungen) sind im Durchschreibeverfahren auszufüllen. Bei der Herstellung der Vordrucke ist deshalb auf die Übereinstimmung der Zeilen beider Vordrucke zu achten.

(6) Die Mitteilung über die gesonderte und einheitliche Feststellung von Besteuerungsgrundlagen für die Umsatzbesteuerung (Vordruckmuster USt 4 F) ist so gestaltet, daß sie für bis zu drei Feststellungszeiträume verwendet werden kann. Sie enthält neben allgemeinen Angaben zum Gesamtobjekt Feststellungen zur Vorsteuerabzugsberechtigung, zur Höhe der Vorsteuer und zum Überwachungsbetrag nach § 15a UStG sowie nachrichtliche Hinweise.

(7) Die Vordrucke sind auf der Grundlage der unveränderten Vordruckmuster herzustellen. Abweichungen sind zulässig, soweit in den Vordruckmustern USt 3 F (Feststellungsbogen) und USt 4 F (Mitteilung) Verfügungsteile den Erfordernissen eines Landes nicht entsprechen.

---

1) BStBl. 1990 I S. 764

2) Vordruckmuster hier nicht abgedruckt

Anlage § 018–07

(8) Die Zeilenabstände in den Vordruckmustern sind schreibmaschinengerecht (Zwei-Zeilen-Schaltung). Bei der Herstellung der Vordrucke ist ebenfalls ein schreibmaschinengerechter Zeilenabstand einzuhalten.

(9) Dieses Schreiben tritt an die Stelle des BMF-Schreibens vom 10.5.1989 – IV A 3 – S 7532 – 7/89 – (UR 1989, 226). Es wird in die USt-Kartei aufgenommen. Restbestände der bisherigen Vordrucke können aufgebraucht werden.

Anlage § 018–08

Verfahren bei der Geltendmachung
von Vorsteuerbeträgen aus der Beteiligung an Gesamtobjekten

BMF-Schreiben vom 24.04.1992 – IV A 3 – S 7340 – 45/92,
BStBl. 1992 I S. 291

Inhaltsverzeichnis   Textziffer (Tz.)

I.	Allgemeines	1
II.	Verfahren bei den Eigentümerfinanzämtern	3
III.	Verfahren bei den Betriebsfinanzämtern	14
IV.	Sonstige Amtshilfemaßnahmen	25
V.	Schlußbestimmungen	28

Unter Bezugnahme auf die Erörterung mit den obersten Finanzbehörden der Länder gilt folgendes:

I. Allgemeines

1 (1) Auch nach der Änderung des § 9 UStG durch das 2. Haushaltsstrukturgesetz vom 22. Dezember 1981 (BStBl. 1982 I S. 235) und das Steuerbereinigungsgesetz 1985 vom 14. Dezember 1984 (BStBl. I S. 659) kann bei der Vermietung oder sonstigen Nutzung von Grundstücken unter bestimmten Voraussetzungen ein Vorsteuerabzug in Betracht kommen. Es handelt sich insbesondere um folgende Fallgestaltungen:

1. aufgrund Option (§ 9 UStG) steuerpflichtige Vermietung von Gebäuden zu Wohnzwecken, soweit die Gebäude vor dem 1. April 1985 fertiggestellt worden sind und mit der Errichtung dieser Gebäude vor dem 1. Juni 1984 begonnen worden ist;
2. aufgrund Option (§ 9 UStG) steuerpflichtige Vermietung an andere Unternehmer für deren Unternehmen (z. B. Gewerbeimmobilien, Büroräume, Ferienanlagen);
3. steuerfreie Vermietung nach Artikel 67 Abs. 3 NATO-ZAbk;
4. Nutzung des Grundstücks zu eigenen gewerblichen oder beruflichen Zwecken.

2 (2) Bei Gesamtobjekten im Sinne des § 1 Abs. 1 Satz 1 Nr. 2 der Verordnung zu § 180 Abs. 2 AO können auch für Zwecke der Umsatzsteuer Besteuerungsgrundlagen ganz oder teilweise gesondert und einheitlich festgestellt werden (vgl. BMF-Schreiben vom 5. Dezember 1990 – IV A 5 – S 0361 – 20/90).

II. Verfahren bei den Eigentümerfinanzämtern

3 (1) Wird dem nach § 21 AO für die Umsatzbesteuerung des Beteiligten zuständigen Finanzamt (Eigentümerfinanzamt) bekannt, daß ein Eigentümer in seiner Umsatzsteuer-Voranmeldung oder in seiner Umsatzsteuererklärung erstmalig Vorsteuerbeträge aus der Beteiligung an einem Gesamtobjekt geltend macht, so hat es bei dem für die gesonderte und einheitliche Feststellung der Besteuerungsgrundlagen zuständigen Finanzamt (Betriebsfinanzamt, Tz. 10 des BMF-Schreibens vom 5. Dezember 1990 – IV A 5 – S 0361 – 20/90 –) anzufragen, ob eine Feststellung nach § 1 Abs. 1 Satz 1 Nr. 2 und Abs. 2 der Verordnung zu § 180 Abs. 2 AO durchgeführt wird und ob Bedenken gegen den Vorsteuerabzug bestehen. Dies gilt auch in den Fällen, in denen trotz des geltend gemachten Vorsteuerabzugs noch eine Steuerschuld (Zahllast) des Eigentümers verbleibt. Die Anfrage ist nach **Vordruckmuster USt 5F** (Anlage 1) in zweifacher Ausfertigung an das Betriebsfinanzamt zu richten. Das Eigentümerfinanzamt vermerkt die Absendung der Anfrage auf einer dritten Ausfertigung, die bei ihm verbleibt.

4 (2) Legt der Eigentümer Unterlagen vor, die den Schluß zulassen, daß das Betriebsfinanzamt noch nicht eingeschaltet ist, so leitet das Eigentümerfinanzamt eine Ausfertigung dieser Unterlagen mit seiner Anfrage (Absatz 1) dem Betriebsfinanzamt zu.

5 (3) Teilt das Betriebsfinanzamt mit, daß nach den ihm vorliegenden Unterlagen dem Grunde und der Höhe nach keine Bedenken gegen eine vorläufige Anerkennung des Vorsteuerabzugs bestehen, so soll das Eigentümerfinanzamt den in der Steueranmeldung des Eigentümers geltend gemachten Vorsteuerabzug regelmäßig nicht beanstanden.

6 (4) Erhebt das Betriebsfinanzamt im Rahmen seiner vorläufigen Beurteilung dem Grunde nach keine Bedenken gegen den Vorsteuerabzug, kann es aber noch keine Angaben über die Höhe der abziehbaren Vorsteuerbeträge machen, so soll das Eigentümerfinanzamt den vom Eigentümer geltend gemachten Vorsteuerabzug regelmäßig zunächst anerkennen.

Anlage § 018–08

7 (5) Bestehen nach der Auskunft des Betriebsfinanzamts gegen eine Anerkennung des Vorsteuerabzugs in vollem Umfang oder teilweise Bedenken, so hat das Eigentümerfinanzamt den vom Eigentümer geltend gemachten Vorsteuerabzug insoweit zu versagen und die Steuer abweichend festzusetzen. Dies gilt auch, wenn das Betriebsfinanzamt mitteilt, daß eine vorläufige Beurteilung mangels Vorlage ausreichender Unterlagen nicht vorgenommen werden kann.

8 (6) Steht in den vorgenannten Fällen die Steuerfestsetzung nicht bereits kraft Gesetzes unter dem Vorbehalt der Nachprüfung (§ 164 Abs. 1 Satz 2 AO, § 168 AO) und ist offen, ob eine gesonderte und einheitliche Feststellung durchgeführt wird, ist die Umsatzsteuer unter dem Vorbehalt der Nachprüfung festzusetzen (§ 164 Abs. 1 Satz 1 AO).

9 (7) Teilt das Betriebsfinanzamt mit, daß eine gesonderte und einheitliche Feststellung nicht in Betracht kommt, hat das Eigentümerfinanzamt selbst zu entscheiden. Tzn. 15 bis 17 gelten entsprechend. Amtshilfe anderer Finanzämter (z. B. Finanzamt des Zwischenmieters) kann in Anspruch genommen werden.

10 (8) Das Eigentümerfinanzamt hat die Mitteilungen über die gesonderte und einheitliche Feststellung umgehend auszuwerten.

11 (9) Der Verzicht auf die Steuerbefreiung nach § 4 Nr. 12 UStG kann vom Eigentümer nur im Rahmen der Umsatzsteuer-Voranmeldung oder der Umsatzsteuererklärung wirksam erklärt werden. Die Prüfung, ob der Eigentümer wirksam optiert hat, obliegt daher dem Eigentümerfinanzamt.

12 (10) Zur Vermeidung unnötigen Schriftverkehrs zwischen den Eigentümerfinanzämtern und den Betriebsfinanzämtern sollen die Eigentümerfinanzämter in der Regel von Rückfragen nach dem Stand der Bearbeitung vor Ablauf von sechs Monaten absehen.

13 (11) Teilt das Betriebsfinanzamt nicht innerhalb von sechs Monaten nach Anfrage des Eigentümerfinanzamts mit, ob und in welcher Höhe die Vorsteuerbeträge berücksichtigt werden können, so entscheidet darüber das Eigentümerfinanzamt unter dem Vorbehalt der Nachprüfung. Dies gilt nicht, wenn nach der Mitteilung des Betriebsfinanzamts die diesem eingeräumte 6-Monats-Frist (Tz. 19) noch nicht abgelaufen ist.

III. Verfahren bei den Betriebsfinanzämtern

14 (1) Solange ein Feststellungsbescheid nicht vorliegt, leisten die Betriebsfinanzämter den Eigentümerfinanzämtern Amtshilfe für die vorläufige Beurteilung des Vorsteuerabzugs (§§ 111 bis 115 AO). Die Betriebsfinanzämter können hierbei auch ohne vorheriges Ersuchen eines Eigentümerfinanzamts tätig werden. Das kommt insbesondere in den Fällen in Betracht, in denen die Vertreter der Eigentümer (Treuhänder, Steuerberater, Betreuer) unter Vorlage entsprechender Unterlagen für alle von ihnen vertretenen Eigentümer an das Betriebsfinanzamt herantreten.

15 (2) Die vorläufige Beurteilung des Sachverhalts setzt voraus, daß dem Betriebsfinanzamt Unterlagen vorliegen, die eine entsprechende Prüfung zulassen. So reicht z. B. die Erklärung des Treuhänders oder Betreuers des Eigentümers, daß eine Zwischenvermietung beabsichtigt ist, für eine vorläufige Beurteilung nicht aus. Voraussetzung für eine vorläufige Beurteilung des Vorsteuerabzugs ist vielmehr die Kenntnis sämtlicher im Zusammenhang mit der Errichtung dem Erwerb und der Nutzung des Objekts bereits abgeschlossener Verträge. Bei Zwischenmietverhältnissen sind dem Betriebsfinanzamt insbesondere vorzulegen:

16 1. Eingehende Darlegung der Gründe, die den jeweiligen Eigentümer zum Abschluß eines Zwischenmietvertrages veranlaßt haben;

2. Zwischenmietverträge (nicht lediglich Vertragsentwürfe oder Vertragsangebote).

17 (3) Bei der vorläufigen Beurteilung des Vorsteuerabzugs hat das Betriebsfinanzamt die Ordnungsmäßigkeit der vorliegenden Rechnungen zu prüfen und nach Möglichkeit zur Höhe der abziehbaren Vorsteuerbeträge Stellung zu nehmen.

18 (4) Die Prüfung soll nach Möglichkeit – auch ohne besonderes Ersuchen des Eigentümerfinanzamt – bereits im Rahmen der für ertragsteuerliche Zwecke durchzuführenden Vorprüfung der negativen Einkünfte der Eigentümer vorgenommen werden.

19 (5) Die vorläufige Beurteilung des Vorsteuerabzugs soll innerhalb eines Zeitraums von sechs Monaten nach Vorlage aller erforderlichen Unterlagen vorgenommen werden. Soweit dies nicht möglich ist, teilt das Betriebsfinanzamt den Eigentümerfinanzämtern nach Ablauf dieser Frist mit, ob und in welchem Umfang nach dem gegenwärtigen Stand der Prüfung die geltend gemachten Vorsteuern anerkannt werden können.

Anlage § 018–08

20 (6) Das Betriebsfinanzamt hat dem Eigentümerfinanzamt das Ergebnis seiner vorläufigen Beurteilung nach Vordruckmuster USt 6F (Anlage 2) mitzuteilen. Hierbei ist anzugeben, ob eine gesonderte und einheitliche Feststellung nach § 1 Abs. 1 Satz 1 Nr. 2 und Abs. 2 der Verordnung zu § 180 Abs. 2 AO durchgeführt wird. Sind dem Eigentümerfinanzamt noch bestimmte Unterlagen vorzulegen (z.B. Rechnungen, Verträge, Nachweise über die Nutzung auf der Endstufe), so ist darauf in der Mitteilung hinzuweisen.

21 (7) Bestehen gegen den Vorsteuerabzug Bedenken, so soll die Mitteilung eine für die Eigentümerfinanzämter in einem etwaigen Rechtsbehelfsverfahren verwertbare Begründung und eine Aussage darüber enthalten, ob und ggf. in welcher Höhe eine Aussetzung der Vollziehung in Betracht kommt.

22 (8) Ist dem Betriebsfinanzamt eine vorläufige Beurteilung des Vorsteuerabzugs nicht möglich, weil ihm die nach den Tzn. 15 bis 17 erforderlichen Unterlagen nicht oder nicht vollständig vorliegen, so unterrichtet es darüber die Eigentümerfinanzämter (vgl. Seite 2 des Vordruckmusters USt 5 F, Anlage 1).

23 (9) Liegt die Feststellungserklärung vor, soll das Betriebsfinanzamt die gesonderte und einheitliche Feststellung bevorzugt durchführen. Ist eine abschließende Beurteilung des Sachverhalts noch nicht möglich, kann ein unter dem Vorbehalt der Nachprüfung stehender Feststellungsbescheid ergehen, in dem das Ergebnis der vorläufigen Beurteilung berücksichtigt wird.

24 (10) Erstreckt sich die gesonderte und einheitliche Feststellung nach § 1 Abs. 1 Satz 1 Nr. 2 und Abs. 2 der Verordnung zu § 180 Abs. 2 AO nur auf einen Teil der Besteuerungsgrundlagen (vgl. Tz. 3.2 des BMF-Schreibens vom 5. Dezember 1990 – IV A 5 – S 0361 – 20/90 –), so hat das Betriebsfinanzamt den sachlichen und zeitlichen Umfang der gesonderten und einheitlichen Feststellung den Eigentümerfinanzämtern mitzuteilen.

IV. Sonstige Amtshilfemaßnahmen

25 Ändert sich ein Zwischenmietverhältnis durch
 – nachträgliche Herabsetzung des Mietzinses,
 – Neuabschluß eines Mietvertrages mit dem bisherigen Zwischenmieter,
 – Wechsel des Zwischenmieters,
 – Wechsel des Eigentümers,

kommt ein Feststellungsverfahren oder eine Amtshilfe (Abschn. II und III) nicht in Betracht. Zur Sicherstellung einer einheitlichen Anwendung des § 15a UStG ist in diesen Fällen wie folgt zu verfahren:

26 1. Führt die Prüfung durch das Eigentümerfinanzamt dazu, daß das Zwischenmietverhältnis nicht oder nicht mehr anzuerkennen ist, so hat das Eigentümerfinanzamt das für den Zwischenmieter zuständige Finanzamt zu unterrichten. Das Finanzamt des Zwischenmieters hat zu prüfen, ob sich steuerliche Auswirkungen für andere Eigentümer ergeben. In diesem Fall sind die Finanzämter dieser Eigentümer entsprechend zu unterrichten.

27 2. Führt eine von dem für den Zwischenmieter zuständigen Finanzamt durchgeführte Umsatzsteuersonderprüfung oder Außenprüfung zur Feststellung von Änderungen im Zwischenmietverhältnis, so hat das für den Zwischenmieter zuständige Finanzamt die hiervon betroffenen Eigentümerfinanzämter über seine Prüfungsfeststellungen und seine rechtliche Beurteilung zu unterrichten.

V. Schlußbestimmungen

28 Die o. g. Regelungen treten an die Stelle des BMF-Schreibens vom 10. Mai 1989 – IV A 3 – S 7340 – 42/89 – (BStBl. I S. 167, USt-Kartei § 18 S 7340 K. 2).

Anlagen § 018–09, 10, 11 nicht belegt, § 018–12

Dauerfristverlängerung in den Fällen des § 18 Abs. 4a UStG

BMF-Schreiben vom 13.11.1995 – IV C 4 – S 7348 – 44/95,
BStBl. 1995 I S. 765

Unter Bezugnahme auf das Ergebnis der Erörterungen mit den obersten Finanzbehörden der Länder gilt für die Gewährung einer Dauerfristverlängerung (§ 18 Abs. 6 UStG i. V. m. §§ 46 bis 48 UStDV) in den Fällen des § 18 Abs. 4a UStG folgendes:

Aufgrund § 18 Abs. 4a UStG sind zur Abgabe von Voranmeldungen (§ 18 Abs. 1 und 2 UStG) auch die Unternehmer und juristischen Personen verpflichtet, die ausschließlich Steuern für Umsätze nach § 1 Abs. 1 Nr. 5 UStG zu entrichten haben, sowie Fahrzeuglieferer (§ 2a UStG). Für die Abgabe der Voranmeldungen und für die Entrichtung der Vorauszahlungen kann diesem Personenkreis auf Antrag Dauerfristverlängerung gewährt werden. Sind die Voranmeldungen monatlich abzugeben, ist die Dauerfristverlängerung unter der Auflage zu gewähren, daß eine nach § 47 Abs. 1 UStDV berechnete Sondervorauszahlung auf die Jahressteuer zu entrichten ist. Die Sondervorauszahlung ist durch den Unternehmer bei der Berechnung der Vorauszahlung für den letzten Voranmeldungszeitraum des Kalenderjahres, für den eine Voranmeldung abzugeben ist, anzurechnen. Sind für den Voranmeldungszeitraum Dezember keine Umsätze anzumelden, kann aus Vereinfachungsgründen gleichwohl eine Voranmeldung für Dezember zwecks Anrechnung der Sondervorauszahlung abgegeben werden. Wird die Sondervorauszahlung durch den Unternehmer nicht angerechnet, ist die Anrechnung von der Finanzbehörde von Amts wegen durchzuführen.

Anlage § 018–13

Neuregelung des Umsatzsteuer-Voranmeldungsverfahren ab 01.01.1996

BMF-Schreiben vom 13.12.1995 – IV C 4 – S 7340 – 182/95,
BStBl. 1995 I S. 828

I. Allgemeines[1]

Durch Artikel 20 Nr. 13 Buchstaben a bis c Jahressteuergesetz 1996 vom 11. Oktober 1995 (BGBl. I S. 1250, BStBl. I S. 438) ist das Umsatzsteuer-Voranmeldungsverfahren mit Wirkung ab 1. Januar 1996 neu geregelt worden: Voranmeldungszeitraum ist grundsätzlich das Kalendervierteljahr und nicht mehr der Kalendermonat (§ 18 Abs. 2 Satz 1 UStG).

II. Bestimmung des Voranmeldungszeitraums im laufenden Kalenderjahr aufgrund der Vorjahressteuer

1. Vierteljährliche Abgabe der Voranmeldungen

Beträgt die Steuer für das vorangegangene Kalenderjahr nicht mehr als 12 000 DM[2] oder ergibt sich für das vorangegangene Kalenderjahr ein Überschuß zugunsten des Unternehmers, hat der Unternehmer im laufenden Kalenderjahr die Voranmeldungen grundsätzlich vierteljährlich abzugeben (Ausnahmen: vgl. Nummer 2 Abs. 2 und Nummer 3).

War der Unternehmer im vorangegangenen Kalenderjahr zur monatlichen Abgabe der Voranmeldungen verpflichtet und ist ihm für die Abgabe der Voranmeldungen und für die Entrichtung der Vorauszahlungen Dauerfristverlängerung (§§ 46 bis 48 UStDV) gewährt worden, braucht der Antrag auf Dauerfristverlängerung für die vierteljährliche Abgabe nicht wiederholt zu werden (vgl. Abschnitt 228 Abs. 4 Satz 1 UStR 1996).

2. Monatliche Abgabe der Voranmeldungen

(1) Beträgt die Steuer für das vorangegangene Kalenderjahr mehr als 12 000 DM, ist der Unternehmer zur monatlichen Abgabe der Voranmeldungen im laufenden Kalenderjahr verpflichtet (§ 18 Abs. 2 Satz 2 UStG).

(2) Ergibt sich für das vorangegangene Kalenderjahr ein Überschuß zugunsten des Unternehmers von mehr als 12 000 DM, kann der Unternehmer als Voranmeldungszeitraum den Kalendermonat anstelle des Kalendervierteljahres wählen (§ 18 Abs. 2a UStG). Die Ausübung des Wahlrechts zur monatlichen Abgabe der Voranmeldungen bindet den Unternehmer für das laufende Kalenderjahr (§ 18 Abs. 2a Satz 3 UStG). Um das Wahlrecht auszuüben, muß der Unternehmer bis zum 10. Februar des laufenden Kalenderjahres eine Voranmeldung für den Kalendermonat Januar abgeben. Die Frist zur Ausübung des Wahlrechts ist nicht verlängerungsfähig. Falls sie unverschuldet versäumt wurde, kommt Wiedereinsetzung in den vorigen Stand nach § 110 AO in Betracht. Aus Vereinfachungsgründen ist es für die Frist zur Ausübung des Wahlrechts jedoch nicht zu beanstanden, wenn der Unternehmer die Voranmeldung innerhalb der fünftägigen Abgabe-Schonfrist abgibt (AO-Kartei § 152 Karte 1 Nr. 7). Ist dem Unternehmer für die Abgabe der Voranmeldungen Dauerfristverlängerung (§§ 46 ff. UStDV) gewährt worden, gilt diese Frist aus Vereinfachungsgründen auch für die Ausübung des Wahlrechts. Das Wahlrecht kann daher mit der Abgabe der Voranmeldung für den Monat Januar bis zum 10. März ausgeübt werden. Auch in diesem Fall ist es nicht zu beanstanden, wenn die Abgabe der Voranmeldung und damit die Ausübung des Wahlrechts erst innerhalb der fünftägigen Abgabe-Schonfrist erfolgen.

3. Befreiung von der Verpflichtung zur Abgabe der Voranmeldungen und Entrichtung der Vorauszahlungen

(1) Beträgt die Steuer für das vorangegangene Kalenderjahr nicht mehr als 1000 DM und ergibt sich auch kein Überschuß zugunsten des Unternehmers, wird der Unternehmer im laufenden Kalenderjahr von Amts wegen von der Verpflichtung zur Abgabe der Voranmeldungen und Entrichtung der Vorauszahlungen befreit. Anträgen auf vierteljährliche Abgabe der Voranmeldungen ist nur in besonders begründeten Einzelfällen (z. B. nachhaltige Veränderungen in der betrieblichen Struktur) stattzugeben. Anderenfalls würde der Sinn und Zweck der Neuregelung nicht erreicht, die Zahl der von kleineren Unternehmen zu erstellenden und der von den Finanzämtern zu bearbeitenden Voranmeldungen gering zu halten.

(2) Ergibt die Berechnung/Festsetzung der Umsatzsteuer für das vorangegangene Kalenderjahr einen Überschuß zugunsten des Unternehmers, kann sich der Unternehmer auf Antrag anstelle der vierteljährlichen Abgabe von der Verpflichtung zur Abgabe der Voranmeldungen und Entrichtung der Vorauszahlungen befreien lassen. Diesen Anträgen ist regelmäßig stattzugeben.

---

1) Beachte § 18 Abs. 2 Satz 4 UStG ab 01.01.2002: Monatliche Voranmeldung in den ersten zwei Jahren bei neugegründeten Unternehmen
2) Ab 01.01.2002: 6136 €; ab 01.01.2009: 7500 €

Anlage § 018–13

III. Verfahren bei nachträglichem Bekanntwerden oder nachträglicher Änderung der Steuer für das vorangegangene Kalenderjahr

(1) Die Einordnung der Unternehmer in die verschiedenen Abgabegruppen wird von Amts wegen spätestens bis Ende Februar jedes Kalenderjahres vorgenommen. Ist die Steuer für das vorangegangene Kalenderjahr zu diesem Zeitpunkt noch nicht bekannt, weil für einen oder mehrere Voranmeldungszeiträume noch keine Steuer festgesetzt wurde, wird die Steuer für das vorangegangene Kalenderjahr hochgerechnet.

(2) Wird nach der Einordnung des Unternehmers eine erstmalige bzw. berichtige Voranmeldung abgegeben, die zu einer Änderung der Steuer für das vorangegangene Kalenderjahr führt, ist diese Änderung im laufenden Kalenderjahr zu berücksichtigen, soweit sich die Änderung für dieses Kalenderjahr noch auswirkt.

Beispiel 1:

Der Unternehmer U hat für das Kalenderjahr 01 monatlich Voranmeldungen abgegeben. Die angemeldete Steuer für das Kalenderjahr 01 betrug 13.000 DM. U war deshalb für das Kalenderjahr 02 weiterhin zur monatlichen Abgabe der Voranmeldungen verpflichtet. Am 20. Mai 02 gibt U eine berichtigte Voranmeldung für Dezember 01 ab, so daß die Steuer für das Kalenderjahr 01 nur noch 11.500 DM beträgt. Die Voranmeldung für April 02 hat U bereits am 10. Mai 02 abgegeben.

Da die Steuer für das Kalenderjahr 01 nicht mehr als 12.000 DM beträgt, ist U zur vierteljährlichen Abgabe der Voranmeldungen verpflichtet. Da U bereits eine Voranmeldung für April 02 abgegeben hat, wird die Umstellung auf den vierteljährlichen Voranmeldungszeitraum zu Beginn des 3. Kalenderjahres 02 durchgeführt.

Für Mai und Juni 02 sind die Voranmeldungen noch monatlich abzugeben.

Eine U für die monatliche Abgabe der Voranmeldungen im Kalenderjahr 02 gewährte Dauerfristverlängerung bleibt bestehen. Die festgesetzte Sondervorauszahlung hat U in der letzten monatlich oder in der ersten vierteljährlich abzugebenden Voranmeldung anzurechnen (Juni 02 bzw. 3. Kalendervierteljahr 02).

Beispiel 2:

Wie Beispiel 1, jedoch hat U am 20. Mai 02 noch keine Voranmeldung für April 02 abgegeben.

Die Umstellung auf den vierteljährlichen Voranmeldungszeitraum erfolgt bereits zu Beginn des 2. Kalendervierteljahres 02, weil noch keine Voranmeldung für einen Kalendermonat des 2. Kalendervierteljahres 02 beim Finanzamt abgegeben worden ist.

Besteht Dauerfristverlängerung, gelten die Ausführungen in Absatz 3 des Beispiels 1 entsprechend.

Beispiel 3:

Der Unternehmer U hat für die ersten drei Kalendervierteljahre des Jahres 01 Voranmeldungen abgegeben. Die Voranmeldung für das vierte Kalendervierteljahr steht zum Zeitpunkt der Ermittlung des Voranmeldungszeitraums für das Kalenderjahr 02 noch aus. Die Steuer für das Kalenderjahr 01 wird auf 11.000 DM hochgerechnet. Entsprechend dieser Hochrechnung wäre U im Kalenderjahr 02 zur vierteljährlichen Abgabe der Voranmeldungen verpflichtet gewesen. Am 20. März 02 gibt U die Voranmeldung für das vierte Kalendervierteljahr 01 ab. Aufgrund dieser Voranmeldung ergibt sich eine Steuer für das Kalenderjahr 01 von 12.500 DM.

Da die Steuer für das Kalenderjahr 01 mehr als 12.000 DM beträgt, ist U zur monatlichen Abgabe der Voranmeldungen für das Kalenderjahr 02 verpflichtet. Die Umstellung auf den monatlichen Voranmeldungszeitraum erfolgt zum Beginn des 2. Kalendervierteljahres 02 (frühestmöglicher Zeitpunkt).

(3) Ergibt sich durch die Abgabe einer berichtigten oder erstmaligen Voranmeldung für das vorangegangene Kalenderjahr ein Überschuß zugunsten des Unternehmers von mehr als 12.000 DM, ist eine monatliche Abgabe der Voranmeldungen für das laufende Kalenderjahr nur möglich, wenn der Unternehmer die Antragsfrist nach § 18 Abs. 2a Satz 2 UStG eingehalten hat.

Beispiel 4:

Der Unternehmer U hat für das Kalenderjahr 01 monatlich Voranmeldungen abgegeben. Die angemeldete Steuer für das Kalenderjahr 01 betrug 2000 DM. U war deshalb für das Kalenderjahr 02 zur vierteljährlichen Abgabe der Voranmeldungen verpflichtet. Am 20. Juni 02 gibt U eine berichtigte Voranmeldung für Dezember 01 ab, so daß sich ein Überschuß zu seinen Gunsten für das Kalenderjahr 01 von 13.000 DM ergibt.

U kann für das Kalenderjahr 02 nicht mehr zur monatlichen Abgabe der Voranmeldungen optieren, weil die Antragsfrist nach § 18 Abs. 2a Satz 2 UStG bereits abgelaufen ist. Unter den Voraussetzungen des § 110 AO kommt Wiedereinsetzung in den vorigen Stand in Betracht (vgl. Abschnitt II Nr. 2 Absatz 2).

Anlage § 018–13

Beispiel 5:
Der Unternehmer U hat für das Kalenderjahr 01 monatlich Voranmeldungen abgegeben. Die angemeldete Steuer für das Kalenderjahr 01 betrug 14.000 DM. U war deshalb für das Kalenderjahr 02 weiterhin zur monatlichen Abgabe der Voranmeldungen verpflichtet. Am 25. Mai 02 gibt U eine berichtigte Voranmeldung für Dezember 01 ab, so daß sich ein Überschuß zu seinen Gunsten für das Kalenderjahr 01 von 13.000 DM ergibt. U hat die Voranmeldung für Januar 02 fristgerecht bis zum 10. Februar 02 abgegeben.

U hat durch die fristgerechte Abgabe der Voranmeldung für Januar 02 die Antragsfrist nach § 18 Abs. 2a Satz 2 UStG eingehalten. Deshalb kann er auch nach Abgabe der berichtigten Voranmeldung für Dezember 01 die Voranmeldungen für das Kalenderjahr 02 monatlich abgeben.

Beispiel 6:
Wie Beispiel 5, jedoch hat U die Voranmeldung für Januar 02 nicht fristgerecht abgegeben. Bis zum 25. Mai 02 liegen die Voranmeldungen für die Kalendermonate Januar bis April 02 dem Finanzamt vor.

U hat die Antragsfrist nach § 18 Abs. 2a Satz 2 UStG durch die verspätete Abgabe der Voranmeldung für Janur 02 versäumt. Deshalb kann er für das Kalenderjahr 02 nicht mehr zur monatlichen Abgabe der Voranmeldungen optieren. Da U bereits eine Voranmeldung für den Kalendermonat April 02 abgegeben hat, wird die Umstellung auf den vierteljährlichen Voranmeldungszeitraum zu Beginn des 3. Kalendervierteljahrs 02 durchgeführt. Für Mai und Juni 02 sind die Voranmeldungen noch monatlich abzugeben.

(4) Absätze 2 und 3 gelten entsprechend, wenn sich die Höhe der Steuer für das vorangegangene Kalenderjahr durch die Abgabe der Umsatzsteuererklärung für das Kalenderjahr oder durch eine erstmalige oder berichtigte Festsetzung des Finanzamtes ändert.

IV. Voranmeldungszeitraum bei Aufnahme der unternehmerischen Tätigkeit im Laufe des vorangegangenen Kalenderjahres

Hat der Unternehmer seine gewerbliche oder berufliche Tätigkeit nur in einem Teil des vorangegangenen Kalenderjahres ausgeübt, ist die tatsächliche Steuer in eine Jahressteuer umzurechnen (§ 18 Abs. 2 Satz 4 UStG). Dies gilt insbesondere dann, wenn der Unternehmer seine Tätigkeit im vorangegangenen Kalenderjahr neu aufgenommen hat. Aus Vereinfachungsgründen werden angefangene Kalendermonate bei der Umrechnung als volle Kalendermonate behandelt.

Beispiel 7:
U beginnt mit seiner unternehmerischen Tätigkeit am 10. März 01. Bis zum 31. Dezember 01 ergibt sich eine Steuer von 9900 DM. Die für 01 maßgebliche Jahressteuer beträgt demnach 9900 DM : 10 x 12 = 11.880 DM. U hat somit für das Kalenderjahr 02 seine Voranmeldungen vierteljährlich abzugeben.

V. Voranmeldungszeitraum bei Aufnahme der unternehmerischen Tätigkeit im laufenden Kalenderjahr

Für Unternehmer, die ihre gewerbliche oder berufliche Tätigkeit erst im laufenden Kalenderjahr aufgenommen haben, ist die zu erwartende Steuer des laufenden Kalenderjahres maßgebend (§ 18 Abs. 2 Satz 5 UStG). Wenn der Unternehmer mit einem Überschuß zu seinen Gunsten von mehr als 12.000 DM im laufenden Kalenderjahr rechnet und die Voranmeldungen monatlich abgeben will, ist die Antragsfrist nach § 18 Abs. 2a Satz 2 UStG sinngemäß zu beachten.

Beispiel 8:
U beginnt mit seiner unternehmerischen Tätigkeit am 10. Mai 02. Für das Jahr 02 ist eine Steuer von 10 000 DM zu erwarten. U ist deshalb im Jahr 02 zur vierteljährlichen Abgabe von Voranmeldungen verpflichtet.

Beispiel 9:
U beginnt mit seiner unternehmerischen Tätigkeit am 10. März 02. Für das Jahr 02 ist ein Überschuß zugunsten des U von 15.000 DM zu erwarten. U muß bis zum 10. April 02 (bei gewährter Dauerfristverlängerung bis zum 10. Mai 02) eine Voranmeldung für März 02 abgeben, um die Frist in entsprechender Anwendung des § 18 Abs. 2a Satz 2 UStG zu wahren.

VI. Voranmeldungszeitraum in den Fällen des § 18 Abs. 4a UStG

Für Unternehmer und juristische Personen, die ausschließlich Steuer für innergemeinschaftliche Erwerbe zu entrichten haben, sowie für Fahrzeuglieferer (§ 2a UStG) gelten die Ausführungen in den Abschnitten II bis V entsprechend (§ 18 Abs. 4a Satz 1 UStG). Für diese Personen besteht jedoch nicht die Möglichkeit, für eine monatliche Abgabe der Voranmeldungen zu optieren (§ 18 Abs. 4a Satz 3 UStG).

Anlage § 018–14

Mitwirkung der Kraftfahrzeugzulassungsstellen bei der Besteuerung des innergemeinschaftlichen Erwerbs neuer Fahrzeuge (§ 18 Abs. 10 UStG)

BMF-Schreiben vom 04.01.1996 – IV C 4 – S 7424a – 24/95, UR 1996 S. 72

Durch Artikel 20 Nr. 13 Buchstabe e Jahressteuergesetz 1996 vom 11.10.1995 (BGBl I 1995, 1250, BStBl. I 1995, 438) ist § 18 Abs. 10 UStG geändert worden. Die Kraftfahrzeug-Zulassungsstellen haben nunmehr die Mitteilungen über innergemeinschaftliche Erwerbe neuer Kraftfahrzeuge bei der erstmaligen Ausgabe eines Fahrzeugbriefs zu übersenden.

Hiermit übersende ich mit der Bitte um Kenntnisnahme einen Abdruck der Verkehrsblatt-Verlautbarung vom 24.11.1995 (Verkehrsblatt 1995, 730). Die Verlautbarung trägt dem Ergebnis der Erörterung in der Sitzung III/95 (TOP 5) der Arbeitsgruppe „Umsatzsteuerkontrolle" Rechnung, auch in den Fällen eine Mitteilung nach § 18 Abs. 10 Nr. 1 und Nr. 2 Buchstabe a UStG durch die Kraftfahrzeug-Zulassungsstellen fertigen zu lassen, in denen der Antrag auf Ausstellung eines Fahrzeugbriefs von einem gewerblich angemeldeten Kraftfahrzeughändler gestellt wird.

Anlage

Nr. 213 **Mitwirkung der Kraftfahrzeug-Zulassungstellen bei der Besteuerung des innergemeinschaftlichen Erwerbs neuer Fahrzeuge nach § 18 Abs. 10 Nr. 1 und Nr. 2 Buchstabe a Umsatzsteuergesetz (UStG); Artikel 20 Nr. 13 Buchstabe e Jahressteuergesetz 1996 vom 11.10.1995 (BGBl I 1995, 1250)**

Bonn, den 24.11.1995
StV 15/06.14.30

Nach Anhörung der zuständigen obersten Landesbehörden sowie nach Abstimmung mit dem Bundesministerium der Finanzen gebe ich nachfolgende Verlautbarung zur Mitwirkung der Kraftfahrzeug-Zulassungsstellen bei der Besteuerung des innergemeinschaftlichen Erwerbs neuer Kraftfahrzeuge bekannt:

I. Mitwirkung der Kraftfahrzeug-Zulassungsstellen

Zur Sicherstellung der Umsatzbesteuerung des Erwerbs neuer Kraftfahrzeuge aus anderen EU-Mitgliedstaaten haben die Kraftfahrzeug-Zulassungsstellen nach § 18 Abs. 10 Nr. 1 Umsatzsteuergesetz bestimmte Mitwirkungspflichten. Hiernach müssen die Kraftfahrzeug-Zulassungsstellen ab 1.1.1996 den für die Besteuerung des innergemeinschaftlichen Erwerbs neuer Kraftfahrzeuge zuständigen Finanzämtern ohne Ersuchen die erstmalige Ausgabe eines Fahrzeugbriefes mitteilen und die Angaben des Antragstellers übermitteln. Hierfür ist der Vordruck Mitteilung für Umsatzsteuerzwecke über den innergemeinschaftlichen Erwerb eines neuen Kraftfahrzeuges zu verwenden.

II. Mitteilungsverfahren

Die in Abschnitt I bezeichnete Mitteilung ist zu fertigen und an das zuständige Finanzamt zu übersenden, wenn
- sich aus den vorgelegten Unterlagen ergibt, daß das Kraftfahrzeug aus dem Ausland in das Inland gelangt ist und
- vom Antragsteller kein Verzollungsnachweis vorgelegt werden kann.

Sind diese Voraussetzungen erfüllt, handelt es sich um ein Kraftfahrzeug aus einem anderen EU-Mitgliedstaat.

III. Zuständiges Finanzamt

Die Mitteilung ist dem vom Antragsteller angegebenen Finanzamt zu übersenden. Antragsteller ist derjenige, der entweder die Ausstellung des Fahrzeugbriefes selbst beantragt oder für den ein Dritter (z.B. Händler) den Fahrzeugbrief besorgt.

Diese Verkehrsblattverlautbarung ersetzt die Verkehrsblattverlautbarung vom 21.12.1992 (Verkehrsblatt 1992, Heft 24, S. 703) und vom 9.3.1994 (Verkehrsblatt 1994, Heft 6, S. 262) mit Wirkung ab 1.1.1996.

Anlage § 018–15

Vorsteuer-Vergütungsverfahren (§ 18 Abs. 9 UStG, §§ 59 bis 62 UStDV); Gegenseitigkeit (§ 18 Abs. 9 Satz 6 UStG)

BMF-Schreiben vom 25.09.2009 – IV B 9 – S 7359/07/10009,
BStBl. 2009 I S. 1233

Mit BMF-Schreiben vom 10. November 2008 – IV B 9 – S 7359/07/10009 (2008/0615609) – (BStBl. I S. 967) zum Vorsteuer-Vergütungsverfahren ist je ein Verzeichnis der Drittstaaten, zu denen die Gegenseitigkeit im Sinne des § 18 Abs. 9 Satz 6 UStG besteht, und der Drittstaaten, zu denen die Gegenseitigkeit nicht gegeben ist, herausgegeben worden.

Hiermit werden die Verzeichnisse durch die beiliegenden, geänderten Verzeichnisse ersetzt. Ergänzungen sind durch Randstriche kenntlich gemacht.

Anlage 1

Verzeichnis der Drittstaaten, bei denen die Voraussetzungen des § 18 Abs. 9 Satz 6 UStG vorliegen (Gegenseitigkeit gegeben)

Andorra	Korea, Dem. Volksrepublik
Antigua und Barbuda	Korea, Republik (ab 01.01.1999)
Australien (bis 30.06.2000)	Kuwait
Bahamas	Libanon
Bahrain	Liberia
Britische Jungferninseln	Libyen
Bermudas	Liechtenstein
Brunei Darussalam	Macao
Cayman-Insel	Malediven
Gibraltar	Mazedonien (ab 01.04.2000)
Grenada	Niederländische Antillen (bis 30.04.1999)
Grönland	Norwegen
Guernsey	Oman
Hongkong (VR China)	Pakistan (ab 01.07.2008)
Irak	Salomonen
Iran	San Marino
Island	Saudi-Arabien
Israel (ab 14.07.1998)	Schweiz
Jamaika	St. Vincent und die Grenadinen
Japan	Swasiland
Jersey	Vatikan
Kanada	Vereinigte Arabische Emirate
Katar	Vereinigte Staaten von Amerika (USA)

Anlage § 018–15

Anlage 2

Verzeichnis der Drittstaaten, bei denen die Voraussetzungen des § 18 Abs. 9 Satz 6 UStG nicht vorliegen (Gegenseitigkeit nicht gegeben)

Ägypten	Indonesien	Paraguay
Albanien	Israel (bis 13.07.1998)	Peru
Algerien	Jemen	Philippinen
Angola	Jordanien	Puerto Rico
Argentinien	Kasachstan	Russland
Armenien	Kenia	Sambia
Aserbaidschan	Kolumbien	Senegal
Äthiopien	Kongo, Demokratische Republik	Serbien
Australien (ab 01.07.2000)	Korea, Republik (bis 31.12.1998)	Seychellen
Bangladesch	Kroatien	Sierra Leone
Barbados	Kuba	Simbabwe
Bolivien	Lesotho	Singapur
Bosnien und Herzegowina	Madagaskar	Somalia
Botsuana	Malawi	Sri Lanka
Brasilien	Malaysia	Südafrika
Chile	Marokko	Sudan
China (Volksrepublik)	Mauritius	Syrien
China (Taiwan)	Mazedonien (bis 31.03.2000)	Tansania
Costa Rica	Mexiko	Thailand
Côte d'Ivoire (Elfenbeinküste)	Moldawien	Togo
Dominikanische Republik	Mongolei	Trinidad und Tobago
Ecuador	Montenegro	Tunesien
El Salvador	Mosambik	Türkei
Eritrea	Myanmar	Turkmenistan
Färöer-Inseln	Namibia	Ukraine
Fidschi	Nepal	Uruguay
Französich Polynesien (Tahiti)	Neuseeland	Usbekistan
Georgien	Nicaragua	Venezuela
Ghana	Niederländ. Antillen (ab 01.05.1999)	Vietnam
Guatemala	Niger	Westsamoa
Haiti	Nigeria	Weißrussland
Honduras	Pakistan (bis 30.06.2008)	
Indien	Panama	

Anlagen § 018–16 nicht belegt, § 018–17

Muster der Umsatzsteuererklärung für die Fahrzeugeinzelbesteuerung (§ 18 Abs. 5a UStG)

BMF-Schreiben vom 25.11.1998 – IV D 2 – S 7352a – 2/98,
BStBl. 1998 I S. 1479

1 Anlage (hier nicht abgedruckt)

Unter Bezugnahme auf das Ergebnis der Erörterungen mit den obersten Finanzbehörden der Länder gilt folgendes:

(1) Für die Fahrzeugeinzelbesteuerung (§ 16 Abs. 5a UStG) ist ab 1. Januar 1999 das beiliegende Vordruckmuster
USt 1 B Umsatzsteuererklärung für die Fahrzeugeinzelbesteuerung
zu verwenden.

(2) Da zu erwarten ist, daß durch eine Ergänzung des Einführungsgesetzes zur Abgabenordnung (Artikel 97 § 21 EGAO) Unternehmern für eine Übergangszeit die Möglichkeit gegeben wird, ab 1. Januar 1999 für Erhebungszeiträume ab 1999 bis 2001 Steueranmeldungen nach amtlich vorgeschriebenem Vordruck auch in Euro abgeben zu können, wurde in das Vordruckmuster USt 1 B die Zeile 9 (Kennzahl 32) aufgenommen. In Kennzahl 32 ist eine 1 einzutragen, wenn die Beträge **einheitlich in Euro** angegeben werden. Außerdem wird in Zeile 49 auf die Kennzahl 32 in Zeile 9 hingewiesen, falls Betragsangaben in Euro gemacht werden. Die Kennzahl 32 ist im Vordruckmuster (USt 1 B schon einmal in Zeile 42 (Tag der ersten Inbetriebnahme) verwendet worden, diese Kennzahl wurde durch die Kennzahl 36 ersetzt. Der Klammerzusatz in Zeile 50 „(für Erwerbe bis zum 31. März 1998 15 v. H.)" wurde gestrichen, da dieser Zusatz aufgrund Zeitablaufs für die Besteuerungspraxis nicht mehr von Bedeutung ist.

(3) Die Änderungen in dem beiliegenden Vordruckmuster USt 1 B ist beim innergemeinschaftlichen Erwerb neuer Fahrzeuge (§ 1 b UStG) insbesondere zu verwenden von

– Privatpersonen,
– nichtunternehmerisch tätigen Personenvereinigungen,
– Unternehmen, die das Fahrzeug für ihren nichtunternehmerischen Bereich erwerben.

(5) Für **jedes** erworbene neue Fahrzeug ist jeweils eine Umsatzsteuererklärung abzugeben.

(6) Der Vordruck USt 1 B ist nicht zu verwenden in den Fällen des innergemeinschaftlichen Erwerbs neuer Fahrzeuge durch Unternehmer, die das Fahrzeug für ihren unternehmerischen Bereich erwerben, oder durch juristische Personen, die nicht Unternehmer sind oder die das Fahrzeug nicht für ihr Unternehmen erwerben (§ 1a Abs. 1 Nr. 2 UStG). Diese Unternehmer oder juristischen Personen haben den innergemeinschaftlichen Erwerb neuer Fahrzeuge in der Umsatzsteuer-Voranmeldung (Vordruckmuster USt 1 A) und in der Umsatzsteuererklärung für das Kalenderjahr (Vordruckmuster USt 2 A) anzumelden.

(7) Der Vordruck ist auf der Grundlage des unveränderten Vordruckmusters herzustellen. Von dem Inhalt der Schlüsselzeile im Kopf des Vordruckmusters kann jedoch abgewichen werden, soweit dies aus organisatorischen Gründen unvermeidbar ist.

(8) Bundesländer, die die Umsatzsteuererklärung für die Fahrzeugeinzelbesteuerung noch nicht im automatisierten Verfahren bearbeiten, können den vom Finanzamt auszufüllenden Teil (Bearbeitungshinweis) auf der Rückseite des Vordrucks entsprechend ihren Erfordernissen gestalten.

(9) Die Zeilenabstände in dem Vordruckmuster sind schreibmaschinengerecht (Zwei-Zeilen-Schaltung). Bei der Herstellung der Vordrucke ist ebenfalls ein schreibmaschinengerechter Zeilenabstand einzuhalten.

(10) Dieses Schreiben tritt mit Wirkung vom 1. Januar 1999 an die Stelle des BMF-Schreibens vom 13. Februar 1998 – IV C 4 – S 7352 a – 2/98 – (BStBl. I S. 234).

Anlagen § 018–18, 19 nicht belegt, § 018–20

Durchführung von Umsatzsteuer-Sonderprüfungen

BMF-Schreiben vom 07.11.2002 – IV B 2 – S 7420a – 4/02,
BStBl. 2002 I S. 1366

Unter Bezugnahme auf das Ergebnis der Erörterungen mit den obersten Finanzbehörden der Länder gilt Folgendes:

I. Allgemein

(1) Durch die Umsatzsteuer-Sonderprüfung soll erreicht werden, dass steuerpflichtige Leistungen sachlich und zeitlich zutreffend besteuert, Steuerbefreiungen und Steuervergünstigungen nicht zu Unrecht in Anspruch genommen werden und keine Vorsteuerbeträge unberechtigt abgezogen oder vergütet werden.

(2) Umsatzsteuer-Sonderprüfungen sind unabhängig von dem Turnus der allgemeinen Außenprüfung zeitnah vorzunehmen. Da die Vorsteuern bereits im Umsatzsteuer-Voranmeldungsverfahren angerechnet bzw. vergütet werden, kann mit der Prüfung zweifelhafter Fälle nicht bis zur Berechnung/Festsetzung der Jahresumsatzsteuer oder bis zur Durchführung einer allgemeinen Außenprüfung gewartet werden.

(3) Automationsgestützt werden Hinweise ausgegeben, die Umsatzsteuer-Sonderprüfungen anregen. Diese Hinweise und andere Kriterien (u. a. Kontrollmitteilungen) sind bei der Bearbeitung von Voranmeldungen, Steuererklärungen für das Kalenderjahr und Kontrollmitteilungen auszuwerten. Können bestehende Zweifel zunächst nicht mit den Mitteln des Innendienstes ausgeräumt werden, ist unverzüglich eine Umsatzsteuer-Sonderprüfung durchzuführen.

II. Kriterien für Umsatzsteuer-Sonderprüfungen

Als Kriterien, die Veranlassung für die Durchführung einer Umsatzsteuer-Sonderprüfung sein können, kommen **insbesondere** in Betracht:

1. Vorsteuerabzug
   a) außergewöhnlich hohe Vorsteuerbeträge,
   b) Vorsteuerabzug bei Inanspruchnahme von Steuerbefreiungen für Umsätze mit Vorsteuerabzug,
   c) Vorsteuerdifferenzen auf Grund von Verprobungen,
   d) branchen-/unternehmensatypische und/oder ungeklärte vorsteuerbelastete Leistungsbezüge,
   e) Vorsteuerausschluss/-aufteilung (z. B. bei innergemeinschaftlichen Erwerben),
   f) Verwendungsabsicht des Unternehmers im Zeitpunkt des Leistungsbezugs (insbesondere beim Erwerb von gemischt genutzten Grundstücken und bei der Herstellung von gemischt genutzten Gebäuden),
   g) Rechnungen von Ausstellern, bei denen die Unternehmereigenschaft zweifelhaft ist, Zweifel an dem in einer Rechnung ausgewiesenen Leistungsinhalt oder formale Mängel in der Rechnung,
   h) Vorsteuerabzug aus dem Erwerb neuer Fahrzeuge durch Unternehmer (Abgrenzung zum nichtunternehmerischen Bereich/Fahrzeugeinzelbesteuerung).

2. Vorsteuerberichtigungen nach § 15a UStG
   a) Grundstücksveräußerungen und -entnahmen,
   b) erstmalige Anwendung bzw. Änderung des Verwendungsschlüssels bei gemischt genutzten Grundstücken und beweglichen Wirtschaftsgütern.

3. Neugründung von Unternehmen/Firmenmantelkauf
   a) Unternehmereigenschaft, insbesondere bei Personen, die nach Vorbereitungshandlungen keine Umsätze tätigen,
   b) erhebliche Vorsteuerüberschüsse im zeitlichen Zusammenhang mit der Neugründung,
   c) Verträge des Unternehmers mit Anteilseignern, Gesellschaftern, Mitgliedern oder nahe stehenden Personen (z. B. Gestaltungsmissbrauch bei Vermietung, Anwendung der Mindestbemessungsgrundlage),
   d) Vermietung von Freizeitgegenständen (z. B. Wohnmobile, Segelschiffe).

Anlage § 018–20

4. Inanspruchnahme von Steuerbefreiungen für Umsätze mit/ohne Vorsteuerabzug
   a) Umsätze nach § 4 Nrn. 1 bis 7 UStG (bei innergemeinschaftlichen Lieferungen Differenzen nach Abgleich der Steueranmeldung mit den gespeicherten Daten der Zusammenfassenden Meldungen),
   b) innergemeinschaftliche Erwerbe,
   c) Umsätze unter Inanspruchnahme der Umsatzsteuerbefreiungen nach dem Zusatzabkommen zum NATO-Truppenstatut, dem Offshore-Steuerabkommen sowie dem Ergänzungsabkommen zum Protokoll über die NATO-Hauptquartiere,
   d) Berechtigung zur Inanspruchnahme der Steuerbefreiungen nach § 4 Nr. 8 ff. UStG.
5. Besteuerung des innergemeinschaftlichen Erwerbs
   a) Erwerbe, insbesondere durch Unternehmer, bei denen der Vorsteuerabzug ganz oder teilweise ausgeschlossen ist,
   b) Erwerbe durch Unternehmer, bei denen erhebliche Differenzen nach Abgleich der Steuererklärung für das Kalenderjahr mit den gemeldeten Lieferungen aus anderen EU-Mitgliedstaaten bestehen,
   c) Erwerbe durch Unternehmer im Sinne des § 18 Abs. 4a UStG, die zwar eine USt-IdNr. beantragt, aber keine innergemeinschaftlichen Erwerbe angemeldet haben.
6. Berechtigung zur Inanspruchnahme des ermäßigten Steuersatzes nach § 12 Abs. 2 Nrn. 1 bis 10 UStG
7. Versendungsumsätze nach § 3c UStG
8. Leistungsort in besonderen Fällen
   a) innergemeinschaftliche Beförderungen von Gegenständen und damit zusammenhängende sonstige Leistungen (§ 3b Abs. 3 bis 6 UStG),
   b) Vermittlungsumsätze,
   c) Lieferungen während einer Personenbeförderung nach § 3e UStG,
   d) elektronisch erbrachte Dienstleistungen (E-Commerce).
9. Zeitgerechte Besteuerung der Umsätze
   a) Zahlung des Entgelts oder eines Teilentgelts vor Ausführung der Leistung (insbesondere in der Bauwirtschaft und bei Versorgungsunternehmen),
   b) erhebliche Abweichungen bei Umsätzen und Vorsteuern zwischen Steuererklärungen für das Kalenderjahr und Voranmeldungen oder bei Abgabe berichtigter Voranmeldungen.
10. Insolvenzfälle
    a) Zwangsverwaltung von Grundstücken (Zuordnung der Umsätze, Umfang der Option, Vorsteuerabzug und Vorsteuerberichtigung gemäß § 15a UStG),
    b) vorläufige Insolvenzverwaltung (z. B. bei Zweifeln, ob Lieferungen während der vorläufigen Insolvenzverwaltung oder erst nach Eröffnung des Insolvenzverfahrens ausgeführt worden sind),
    c) Insolvenzverfahren (insbesondere Verwertung der Insolvenzmasse, Erfüllung steuerlicher Pflichten durch den Insolvenzverwalter, bei Gesellschaften: Schlechterstellung vor Eröffnung des Insolvenzverfahrens – Haftung des Geschäftsführers –).
11. Steuerschuldnerschaft des Leistungsempfängers
12. Juristische Personen
    a) Betriebe gewerblicher Art von juristischen Personen des öffentlichen Rechts (insbesondere Abgrenzung des Unternehmensbereiches vom hoheitlichen Bereich),
    b) Vereine (insbesondere Abgrenzung des nichtunternehmerischen vom unternehmerischen Bereich bzw. des Zweckbetriebes vom wirtschaftlichen Geschäftsbetrieb).

III. Vorbereitung und Durchführung von Umsatzsteuer-Sonderprüfungen

(1) Bei der Durchführung von Umsatzsteuer-Sonderprüfungen sind die § 193 ff. AO sowie die §§ 5 bis 12, 20 bis 24, 29 und 30 der Betriebsprüfungsordnung (BpO) mit Ausnahme des § 5 Abs. 4 Satz 2 BpO anzuwenden (§ 1 Abs. 2 BpO). Bei der Anwendung der Regelungen zum Datenzugriff und zur Prüfbarkeit digitaler Unterlagen sind die §§ 146 Abs. 5, 147 Abs. 2, 5, 6, 200 Abs. 1 AO und § 14 Abs. 4 Satz 2 UStG sowie das BMF-Schreiben vom 16. Juli 2001, BStBl. I S. 415[1] zu beachten. Die Um-

---
1) Anlage § 014-17

Anlage § 018–20

satzsteuer-Sonderprüfung ist auf das Wesentliche abzustellen und ihre Dauer auf das notwendige Maß zu beschränken. Sie hat sich in erster Linie auf Sachverhalte zu erstrecken, die zu endgültigen Steuerausfällen, zu unberechtigten Steuererstattungen/-vergütungen oder zu nicht unbedeutenden Umsatzverlagerungen führen können. Zur Sicherung des Steueraufkommens sind Umsatzsteuer-Sonderprüfungen jedoch auch dann durchzuführen, wenn die Prüfung der Umsatzsteuer im Einzelfall kein Mehrergebnis erwarten lässt oder die Feststellungen voraussichtlich nur für die Besteuerung Dritter von Bedeutung sein können (z. B. in grenz- oder länderübergreifenden Fällen).

(2) Eine Umsatzsteuer-Sonderprüfung sollte sich im Interesse einer zeitnahen Prüfung in der Regel nur auf einzelne Voranmeldungszeiträume erstrecken. Sie kann auf bestimmte Sachverhalte und ggf. auf bestimmte Besteuerungszeiträume beschränkt werden. Der Vorbehalt der Nachprüfung bleibt auch nach Änderung einer Steuerfestsetzung für den Voranmeldungszeitraum bestehen (§ 164 Abs. 1 Satz 2 AO). Solange der Vorbehalt der Nachprüfung wirksam ist, erfolgt eine Änderung der Steuerfestsetzung nach § 164 Abs. 2 AO. Da § 164 AO keine § 173 Abs. 2 AO entsprechende Regelung enthält, steht die Durchführung der Umsatzsteuer-Sonderprüfung einer weiteren Änderung nach § 164 Abs. 2 AO nicht entgegen.

(3) Ist die Grundlage für eine Umsatzsteuer-Sonderprüfung ausnahmsweise eine Steuererklärung für das Kalenderjahr, ist in der Prüfungsanordnung genau anzugeben, ob die Prüfung auf bestimmte Sachverhalte beschränkt ist und ggf. auf welche Sachverhalte. Bei einer auf bestimmte Sachverhalte beschränkten Prüfung kann der Vorbehalt der Nachprüfung auch nach Auswertung der Prüfungsfeststellungen bestehen bleiben; die Durchführung einer Umsatzsteuer-Sonderprüfung steht einer weiteren Änderung nach § 164 Abs. 2 AO nicht entgegen (vgl. Abs. 2 Sätze 4 und 5). Der Vorbehalt der Nachprüfung ist hingegen unabhängig vom tatsächlichen Prüfungsumfang aufzuheben, wenn die Prüfungsanordnung keine Beschränkung auf bestimmte Sachverhalte enthielt. Eine weitere Änderung ist dann nur möglich, wenn eine andere Korrekturvorschrift als § 164 AO greift. Bei einer Änderung nach § 173 AO ist die Änderungssperre nach Abs. 2 zu beachten.

(4) Die Umsatzsteuer-Sonderprüfung darf sich nicht auf eine formelle Prüfung der Buchführung sowie der buch- und belegmäßigen Nachweise beschränken. Es ist regelmäßig auch zu prüfen, ob der Unternehmer seine Geschäfte tatsächlich in der von ihm dargestellten Weise abgewickelt hat. In Investitionsfällen ist, sofern eine Umsatzsteuer-Nachschau nach § 27b UStG noch nicht durchgeführt worden ist, eine Ortsbesichtigung bzw. die Inaugenscheinnahme des erworbenen Anlage- und Umlaufvermögens vorzusehen.

(5) Bei der Vorbereitung und Durchführung von Umsatzsteuer-Sonderprüfungen sind Abfragen in geeigneten Datenbanken oder im Internet vorzunehmen. Daraus gewonnene Erkenntnisse sind durch weitere, auf den Einzelfall bezogene Ermittlungen, zu ergänzen.

(6) Die Berechtigung des Leistungsempfängers zum Vorsteuerabzug (§ 15 UStG) kann häufig nicht ohne Mitwirkung des Finanzamts geprüft werden, das für die Umsatzbesteuerung des Rechnungsausstellers/Gutschriftempfängers zuständig ist. Zur Vorbeugung bzw. Aufdeckung von Steuermanipulationen sind deshalb Auskunftsersuchen an die für die leistenden Unternehmer zuständigen Finanzämter nach Vordruck USt 1 KM bzw. soweit im Einzelfall erforderlich, in anderer geeigneter Form zu richten. Zur Sicherung des Steueraufkommens allgemein sind Kontrollmitteilungen zu fertigen.

(7) Die gemeinschaftsrechtlichen Informationsmöglichkeiten für die zwischenstaatliche Amtshilfe im Besteuerungsverfahren sind zu nutzen (Informationen gemäß Art. 4 Abs. 2 und 3 der Verordnung (EWG) Nr. 218/92 des Rates vom 27. Januar 1992 – Zusammenarbeits-VO – und Einzelauskunftsersuchen gemäß Art. 5 dieser Verordnung). Soweit tatsächliche Anhaltspunkte vorliegen, dass indirekte Steuern eines EU-Mitgliedstaates nicht zutreffend erhoben worden sind bzw. werden können, sind Spontanauskünfte gemäß § 2 Abs. 2 EG-Amtshilfe-Gesetz zu fertigen.

Im Interesse der Beschleunigung des Informationsaustausches ist die Möglichkeit der Hinzuziehung von Bediensteten anderer Mitgliedstaaten gemäß § 1b EG-Amtshilfe-Gesetz zu prüfen.

IV. Statistik

Über die Durchführung von Umsatzsteuer-Sonderprüfungen ist eine Statistik zu führen. Auf das hierfür geltende BMF-Schreiben wird hingewiesen.

Dieses Schreiben ersetzt das BMF-Schreiben vom 16. Mai 1994 – IV C 4 – S 7420a – 1/94 –.

Anlagen § 018–21, § 018–22

Übermittlung von Steuererklärungen per Telefax[1]

BMF-Schreiben vom 20.01.2003 – S 0321 – 4103,
BStBl. 2003 I S. 74

Nach dem BFH-Urteil vom 4. Juli 2002 – V R 31/01 – (BStBl. 2003 II S. 45) kann eine Umsatzsteuer-Voranmeldung per Telefax wirksam übermittelt werden.

Unter Bezugnahme auf das Ergebnis der Erörterung mit den obersten Finanzbehörden der Länder sind die Grundsätze dieses Urteils zur Telefax-Übermittlung auf sämtliche Steuererklärungen anzuwenden, für die das Gesetz keine eigenhändige Unterschrift des Steuerpflichtigen vorschreibt. Somit können beispielsweise Lohnsteuer-Anmeldungen und Kapitalertragsteuer-Anmeldungen per Telefax wirksam übermittelt werden, nicht jedoch beispielsweise Einkommensteuererklärungen und Umsatzsteuererklärungen für das Kalenderjahr oder für den kürzeren Besteuerungszeitraum.

Abgabe von monatlichen Umsatzsteuer-Voranmeldungen in Neugründungsfällen (§ 18 Abs. 2 Satz 4 UStG)

BMF-Schreiben vom 24.01.2003 – IV D 1 – S 7346 – 2/03,
BStBl. 2003 I S. 153

Durch Art. 1 Nr. 3 Buchst. a des Gesetzes zur Bekämpfung von Steuerverkürzungen bei der Umsatzsteuer und zur Änderung anderer Steuergesetze (Steuerverkürzungsbekämpfungsgesetz – StVBG) vom 19. Dezember 2001 (BGBl. 2001 I S. 3922, BStBl. 2002 I S. 32) wurde § 18 Abs. 2 Satz 4 UStG neu gefasst. Danach ist im laufenden und folgenden Kalenderjahr Voranmeldungszeitraum der Kalendermonat, wenn der Unternehmer seine berufliche oder gewerbliche Tätigkeit aufnimmt. Die Änderung ist am 1. Januar 2002 in Kraft getreten.

Unter Bezugnahme auf das Ergebnis der Erörterungen mit den obersten Finanzbehörden der Länder gilt zur Abgabe von monatlichen Umsatzsteuer-Voranmeldungen in Neugründungsfällen Folgendes:

1. Die Verpflichtung zur Abgabe monatlicher Umsatzsteuer-Voranmeldungen besteht für das Jahr der Neugründung und für das folgende Kalenderjahr. § 18 Abs. 2 Satz 4 UStG i.d.F. des StVBG ist erst auf Neugründungsfälle beginnend mit dem Kalenderjahr 2002 anzuwenden.
2. Bei Umwandlungen durch Verschmelzung (§ 2 Umwandlungsgesetz – UmwG), Spaltung (§ 123 UmwG) oder Vermögensübertragung (§ 174 UmwG) liegt eine Aufnahme der beruflichen und gewerblichen Tätigkeit vor, wenn dadurch ein Rechtsträger neu entsteht oder seine unternehmerische Tätigkeit aufnimmt. Ein Formwechsel (§ 190 UmwG) führt nicht zu einem neuen Unternehmen, da der formwechselnde Rechtsträger weiterbesteht (§ 202 Abs. 1 Nr. 1 UmwG). Der bei einer Betriebsaufspaltung neu entstehende Rechtsträger fällt unter § 18 Abs. 2 Satz 4 UStG, wenn durch die Betriebsaufspaltung eine neue Organgesellschaft begründet wird. Ein Gesellschafterwechsel oder ein Gesellschafteraustritt bzw. -eintritt führt nicht zu einem Neugründungsfall.
3. Bei einem örtlichen Zuständigkeitswechsel liegt kein Neugründungsfall vor.
4. Stellt ein bestehendes Unternehmen einen Antrag auf Erteilung einer Umsatzsteuer-Identifikationsnummer (USt-IdNr.), liegt allein deshalb kein Neugründungsfall vor.
5. Neugründungsfälle, in denen auf Grund der beruflichen oder gewerblichen Tätigkeit keine Umsatzsteuer festzusetzen ist (z. B. Unternehmer mit ausschließlich steuerfreien Umsätzen ohne Vorsteuerabzug – § 4 Nr. 8 ff. UStG –, Kleinunternehmer – § 19 Abs. 1 UStG –, Land- und Forstwirte – § 24 UStG –), fallen nicht unter die Regelung des § 18 Abs. 2 Satz 4 UStG.
6. Auch in Neugründungsfällen kann Dauerfristverlängerung (§ 18 Abs. 6 UStG i. V. mit §§ 46 bis 48 UStDV) gewährt werden.

---

[1] Beachte die Pflicht zur Abgabe der USt-Voranmeldungen auf elektronischem Weg gem. § 18 Abs. 1 UStG ab 01.01.2005, vgl. Anlage § 018–24

Anlage § 018–23

Umsatzsteuerliche Erfassung von im Ausland ansässigen Unternehmern, die grenzüberschreitende Personenbeförderungen mit nicht im Inland zugelassenen Kraftomnibussen durchführen; Einführung von § 18 Abs. 12 UStG durch das Steueränderungsgesetz 2003

BMF vom 09.07.2004 – IV D 1 – S 7424f – 3/04,
BStBl. 2004 I S. 622[1)]

Zur umsatzsteuerlichen Erfassung von im Ausland ansässigen Unternehmern, die grenzüberschreitende Personenbeförderungen mit nicht im Inland zugelassenen Kraftomnibussen durchführen, gilt unter Bezugnahme auf das Ergebnis der Erörterungen mit den obersten Finanzbehörden der Länder Folgendes:

Inhaltsübersicht

		Textziffer (Tz.)
I.	Allgemeines	1–2
II.	Begriffsbestimmungen	3–4
III.	Anzeigepflicht	5–7
IV.	Bescheinigungsverfahren	8–11
V.	Zuständiges Finanzamt	12
VI.	Schlussbemerkungen	13

I. Allgemeines

1 (1) Die Umsatzbesteuerung grenzüberschreitender Personenbeförderungen mit nicht im Inland zugelassenen Kraftomnibussen ist entweder im Verfahren der Beförderungseinzelbesteuerung (§ 16 Abs. 5 UStG) durchzuführen, wenn eine Grenze zum Drittlandsgebiet überschritten wird, oder im allgemeinen Besteuerungsverfahren (§ 18 Abs. 1 bis 4 UStG), wenn keine Drittlandsgrenze überschritten wird.

2 (2) Durch Art. 5 Nr. 22 Buchst. e des Steueränderungsgesetzes 2003 (StÄndG 2003) vom 15. Dezember 2003 (BGBl. I S. 2645, BStBl. I S. 710) wird in § 18 Abs. 12 UStG mit Wirkung vom 1. Januar 2005 (Art. 25 Abs. 5 StÄndG 2003) eine gesetzliche Grundlage für die umsatzsteuerliche Erfassung grenzüberschreitender Personenbeförderungen, die von im Ausland ansässigen Unternehmern mit nicht im Inland zugelassenen Kraftomnibussen durchgeführt werden und die nicht der Beförderungseinzelbesteuerung unterliegen (§ 16 Abs. 5 UStG) oder für die der Leistungsempfänger die Steuer für derartige Umsätze nach § 13b Abs. 2 Satz 1 oder 3 UStG nicht schuldet, geschaffen.

II. Begriffsbestimmungen

3 (1) Ein im Ausland ansässiger Unternehmer ist ein Unternehmer, der weder im Inland noch auf der Insel Helgoland oder in einem der in § 1 Abs. 3 UStG bezeichneten Gebiete einen Wohnsitz, seinen Sitz, seine Geschäftsleitung oder eine Zweigniederlassung hat (§ 13b Abs. 4 Satz 1 UStG). Maßgebend ist der Zeitpunkt, in dem die Leistung ausgeführt wird (§ 13b Abs. 4 Satz 2 UStG).

4 (2) Grenzüberschreitende Personenbeförderungen umfassen den Linienverkehr und den Gelegenheitsverkehr. Erstreckt sich eine Personenbeförderung sowohl auf das Inland als auch auf andere Gebiete, unterliegt nur der Teil der Beförderungsleistung der Umsatzsteuer, der auf die im Inland zurückgelegte Strecke entfällt (§ 3b Abs. 1 Satz 2 UStG).

III. Anzeigepflicht

5 (1) Im Ausland ansässige Unternehmer, die nach dem 31. Dezember 2004 grenzüberschreitende Personenbeförderungen mit nicht im Inland zugelassenen Kraftomnibussen durchführen, haben dies vor der erstmaligen Ausführung derartiger auf das Inland entfallender Umsätze bei dem für die Umsatzbesteuerung nach § 21 AO zuständigen Finanzamt anzuzeigen, soweit diese Umsätze nicht der Beförderungseinzelbesteuerung (§ 16 Abs. 5 UStG) unterliegen oder der Leistungsempfänger die Steuer für derartige Umsätze nach § 13b Abs. 2 Satz 1 oder 3 UStG nicht schuldet (§ 18 Abs. 12 Satz 1 UStG).

6 (2) Die Anzeige über die erstmalige Ausführung grenzüberschreitender Personenbeförderungen mit nicht im Inland zugelassenen Kraftomnibussen ist zwar an keine Form gebunden. Für die Anzeige über die Ausführung derartiger Umsätze sollte de Unternehmer aber das mit diesem Schreiben eingeführte Vordruckmuster

---

[1)] Anlagen hier nicht abgedruckt, siehe Anlage § 016-04

USt 1 TU Anzeige über grenzüberschreitende Personenbeförderungen mit Kraftomnibussen (§ 18 Abs. 12 Satz 1 UStG)

verwenden *(Anlage 1)*. Wird das Vordruckmuster USt 1 TU nicht verwendet, sind jedoch die mit dem Vordruckmuster USt 1 TU verlangten Angaben zu machen.

(3) Aus Vereinfachungsgründen muss ein im Ausland ansässiger Unternehmer seiner Anzeigepflicht 7
nicht nachkommen, wenn er bereits vor dem 1. Januar 2005 bei einem Finanzamt umsatzsteuerlich erfasst ist.

IV. Bescheinigungsverfahren

(1) Das für die Umsatzbesteuerung nach § 21 AO zuständige Finanzamt erteilt über die umsatz- 8
steuerliche Erfassung des im Ausland ansässigen Unternehmers für jeden nicht im Inland zugelassenen Kraftomnibus, der für grenzüberschreitende Personenbeförderungen eingesetzt werden soll (vgl. Tz. 5), eine gesonderte Bescheinigung (§ 18 Abs. 12 Satz 2 UStG). Für die Bescheinigung wird das Vordruckmuster

USt 1 TV Bescheinigung über die umsatzsteuerliche Erfassung (§ 18 Abs. 12 Satz 2 UStG) eingeführt *(Anlage 2)*.

Die Gültigkeit der Bescheinigung sollte nicht länger als ein Jahr betragen.

(2) Unternehmern, die ihrer Anzeigepflicht entsprechend Tz. 7 nicht nachkommen müssen, erteilt das 9
Finanzamt unaufgefordert eine Bescheinigung nach § 18 Abs. 12 Satz 2 UStG (vgl. Tz. 8).

(3) Die Bescheinigung nach § 18 Abs. 12 Satz 2 UStG ist während jeder Fahrt im Inland mitzuführen und 10
auf Verlangen den für die Steueraufsicht zuständigen Zolldienststellen vorzulegen (§ 18 Abs. 12 Satz 3 UStG). Bei Nichtvorlage der Bescheinigung können diese Zolldienststellen eine Sicherheitsleistung nach den abgabenrechtlichen Vorschriften in Höhe der für die einzelne Beförderungsleistung voraussichtlich zu entrichtenden Steuer verlangen (§ 18 Abs. 12 Satz 4 UStG). Die entrichtete Sicherheitsleistung ist im Rahmen der Umsatzsteuererklärung für das Kalenderjahr (§ 18 Abs. 3 Satz 1 UStG) auf die zu entrichtende Steuer anzurechnen (§ 18 Abs. 12 Satz 5 UStG).

(4) Ordnungswidrig handelt, wer vorsätzlich oder leichtfertig entgegen § 18 Abs. 12 Satz 3 UStG die 11
Bescheinigung nach § 18 Abs. 12 Satz 2 UStG nicht oder nicht rechtzeitig vorlegt (§ 26a Abs. 1 Nr. 1a UStG). Diese Ordnungswidrigkeit kann nach § 26a Abs. 2 UStG mit einer Geldbuße bis zu 5000 € geahndet werden. Die für Ordnungswidrigkeiten geltenden Regelungen finden über § 377 AO Anwendung.

V. Zuständiges Finanzamt

Für Unternehmer, die Wohnsitz, Sitz oder Geschäftsleitung im Ausland haben, ergeben sich die nach 12
§ 21 Abs. 1 Satz 2 der Abgabenordnung in Verbindung mit der Umsatzsteuerzuständigkeitsverordnung zentralen Zuständigkeiten *(Anlage 3)*.

VI. Schlussbemerkungen

Dieses Schreiben ergänzt das mit BMF-Schreiben vom 8. April 2002 – IV D 1 – S 7327 – 9/02 – (BStBl. 13
2002 I S. 493) herausgegebene Merkblatt zur Umsatzbesteuerung von grenzüberschreitenden Personenbeförderungen mit Omnibussen, die nicht in der Bundesrepublik Deutschland zugelassen sind.[1]

---

1) Das aktualisierte Merkblatt – Stand 01.01.2011 – ist als Anlage § 016-04 abgedruckt.

Anlagen § 018–24, § 018–25 nicht belegt

Umsatzsteuer und Lohnsteuer;
Verpflichtung zur Abgabe von Umsatzsteuer-Voranmeldungen und Lohnsteuer-Anmeldungen auf elektronischem Weg
(§ 18 Abs. 1 Satz 1 UStG und § 41a Abs. 1 EStG) ab 01.01.2005

BMF-Schreiben vom 29. 11. 2004 – IV A 6 – S 7340 – 37/04 / IV C 5 – S 2377 – 24/04, BStBl. 2004 I S. 1135

Durch das Steueränderungsgesetz 2003 vom 15. Dezember 2003 (BGBl. I S. 2645, BStBl. I S. 710) werden § 18 Abs. 1 Satz 1 UStG und § 41a Abs. 1 EStG geändert. Danach hat der Unternehmer bzw. der Arbeitgeber nach Ablauf jedes Voranmeldungs- bzw. Anmeldungszeitraums eine Umsatzsteuer-Voranmeldung bzw. Lohnsteuer-Anmeldung nach amtlich vorgeschriebenem Vordruck auf elektronischem Weg nach Maßgabe der Steuerdaten-Übermittlungsverordnung zu übermitteln; auf Antrag kann das Finanzamt zur Vermeidung von unbilligen Härten auf eine elektronische Übermittlung verzichten. Die Änderungen treten am 1. Januar 2005 in Kraft und gelten für Voranmeldungs- bzw. Anmeldungszeiträume, die nach dem 31. Dezember 2004 enden.

Unter Bezugnahme auf das Ergebnis der Erörterung mit den obersten Finanzbehörden der Länder gilt hierzu Folgendes:

(1) Für Voranmeldungs- bzw. Anmeldungszeiträume, die nach dem 31. Dezember 2004 enden, sind Umsatzsteuer-Voranmeldungen und Lohnsteuer-Anmeldungen grundsätzlich auf elektronischem Weg nach Maßgabe der Steuerdaten-Übermittlungsverordndung (StDÜV) vom 28. Januar 2003 (BGBl. I S. 139, BStBl. I S. 162) zu übermitteln. Dafür stellt die Steuerverwaltung das kostenlose Programm ElsterFormular (www.elsterformular.de) zur Verfügung.

(2) Zur Vermeidung unbilliger Härten kann das zuständige Finanzamt auf Antrag zulassen, dass die Umsatzsteuer-Voranmeldung und die Lohnsteuer-Anmeldung in herkömmlicher Form – auf Papier oder per Telefax – abgegeben werden. Dem Antrag ist insbesondere dann zuzustimmen, wenn dem Unternehmer bzw. Arbeitgeber die Schaffung der technischen Voraussetzungen, die für die Übermittlung nach der StDÜV erforderlich sind (vgl. BMF-Schreiben vom 5. Februar 2003, BStBl. I S. 160), nicht zuzumuten ist.

(3) Aus Vereinfachungsgründen ist es für bis zum 31. März 2005[1)] endende Voranmeldungs- bzw. Anmeldungszeiträume nicht zu beanstanden, wenn die Abgabe der Umsatzsteuer-Voranmeldung bzw. der Lohnsteuer-Anmeldung in herkömmlicher Form als entsprechender Antrag des Unternehmers bzw. Arbeitgebers angesehen wird. Eine förmliche Zustimmung des Finanzamts ist nicht erforderlich.

---

1) Durch BMF-Schreiben vom 28.04.2005, BStBl. 2005 I S. 675, verlängert bis 31.5.2005

Anlagen § 018–26, § 018–27 nicht belegt

Abgabe monatlicher Umsatzsteuer-Voranmeldungen

BMF-Schreiben vom 14.03.2005 – IV A 6 – S 7346 – 5/05,
UR 2005 S. 351

Zur Frage einer Regelung, die es Unternehmern erlaubt, ihre Umsatzsteuer-Voranmeldungen weiterhin monatlich abgeben zu können, wenn sich unter Einbeziehung der Umsätze für die der Leistungsempfänger die Umsatzsteuer nach § 13b Abs. 2 Satz 2 UStG i.V.m. § 13b Abs. 1 Satz 1 Nr. 4 Satz 1 UStG schuldet, eine Umsatzsteuerzahllast von mehr als 6136 € für das vorangegangene Kalenderjahr ergeben würde:

Im Einvernehmen mit den obersten Finanzbehörden der Länder wird hierzu wie folgt Stellung genommen: Seit 1996 ist nach § 18 Abs. 2 Satz 1 UStG Regel-Voranmeldungszeitraum das Kalendervierteljahr. Beträgt allerdings die Steuer für das vorangegangene Kalendervierteljahr mehr als 6136 €, ist Voranmeldungszeitraum der Kalendermonat (§ 18 Abs. 2 Satz 2 UStG)[1]. Unternehmer, bei denen sich im vorangegangenen Kalenderjahr ein Überschuss zu ihren Gunsten von mehr als 6136 € ergeben hat, können die monatliche Abgabe der Umsatzsteuer-Voranmeldung wählen (§ 18 Abs. 2a UStG). Die Regelung hat, wie vom Gesetzgeber seinerzeit beabsichtigt, zu einer deutlichen Arbeitsvereinfachung in der Verwaltung und auch bei den Unternehmen geführt. Die Zahl der von kleineren und mittleren Unternehmen zu erstellenden und von den Finanzämtern zu bearbeitenden Umsatzsteuer-Voranmeldungen hat sich erheblich verringert. Gleichzeitig wurde eine bessere Abstimmung mit den ebenfalls vierteljährlich abzugebenden Zusammenfassenden Meldungen (§ 18a UStG) erreicht.

Der Gesetzgeber hat bei den Regelungen des § 18 Abs. 2 und 2a UStG auf die Steuer des vorangegangenen Kalenderjahres abgestellt, damit für Unternehmer und Finanzverwaltung bereits zu Beginn des laufenden Kalenderjahres der Umsatzsteuer-Voranmeldungszeitraum für das laufende Kalenderjahr feststeht. Von einer Regelung, die außerdem auf die voraussichtlichen Verhältnisse des laufenden Kalenderjahres abstellt, wurde zur Verwaltungsvereinfachung abgesehen, um zeitaufwändige und schwierige Ermittlungen in Einzelfällen zu vermeiden. Gleichermaßen erlauben es die Vorschriften nicht, von der tatsächlichen Umsatzsteuerzahllast des vorangegangenen Kalenderjahres abzuweichen, in dem eingetretene Gesetzesänderungen nicht berücksichtigt werden.

Mit den obersten Finanzbehörden der Länder wurde die Frage, ob es die Regelungen des § 18 Abs. 2 und 2a UStG zulassen, in Ausnahmefällen Umsatzsteuer-Voranmeldungen monatlich abzugeben, bereits in der Vergangenheit erörtert. Hierzu wurde jedoch im Hinblick auf die eindeutige gesetzliche Regelung keine rechtliche Möglichkeit gesehen. Außerdem würde durch abweichende Verwaltungsregelungen die bereits deutlich gewordene Vereinfachung wieder in Frage gestellt. Die gesetzliche Regelung kann zwar in Einzelfällen zu gewissen Härten führen. Diese müssen jedoch in einem Massenverfahren wie dem Umsatzsteuer-Voranmeldungsverfahren hingenommen werden. Ein Abgehen von der typisierenden Betrachtungsweise würde in Einzelfällen zu einem unverhältnismäßig hohen Verwaltungsaufwand führen und den vom Gesetzgeber gewollten reibungslosen Verfahrensablauf gefährden. Damit haben die Finanzämter keinen Ermessensspielraum, in Ausnahmefällen die Abgabe monatlicher Umsatzsteuer-Voranmeldungen zuzulassen.

---

[1] Beachte Neufassung von § 18 Abs. 2 UStG ab 01.01.2009

Anlage § 018–28

Vorsteuer-Vergütungsverfahren ab 01.01.2010

BFM-Schreiben vom 03.12.2009 – IV B 9 – S 7359/09/10001,
BStBl. 2009 I S. 1520

Unter Bezugnahme auf das Ergebnis der Erörterungen mit den obersten Finanzbehörden der Länder gilt zur Anwendung der Regelungen der § 18 Abs. 9, § 18g und § 27 Abs. 14 UStG sowie §§ 59, 61 und 61a UStDV zum Vorsteuer-Vergütungsverfahren in der ab 1.1.2010 geltenden Fassung von Art. 7 Nr. 13 Buchstabe c, Nr. 16 und Nr. 19 sowie Art. 8 Nr. 6 bis 9 des Jahressteuergesetzes 2009 (JStG 2009) vom 19.12.2008 (BGBl. I S. 2794) Folgendes:

Inhaltsverzeichnis

		Randziffern (Rz.)
A.	**Vorsteuer-Vergütungsverfahren für im Ausland ansässige Unternehmer**	1–30
I.	Allgemeines	1–8
1.	Unter das Vorsteuer-Vergütungsverfahren fallende Unternehmer und Vorsteuerbeträge	1–2
2.	Vom Vorsteuer-Vergütungsverfahren ausgeschlossene Vorsteuerbeträge	3–7
3.	Vergütungszeitraum	8
II.	Vorsteuer-Vergütungsverfahren für im übrigen Gemeinschaftsgebiet ansässige Unternehmer	9–18
III.	Vorsteuer-Vergütungsverfahren für im Drittlandsgebiet ansässige Unternehmer	19–28
IV.	Vorsteuer-Vergütungsverfahren und allgemeines Besteuerungsverfahren	29–30
B.	**Vorsteuer-Vergütungsverfahren für im Inland ansässige Unternehmer**	31–45
I.	Unternehmerbescheinigung für Unternehmer, die im Inland ansässig sind	31–33
II.	Vorsteuer-Vergütungsverfahren in einem anderen Mitgliedstaat für im Inland ansässige Unternehmer	34–45
C.	**Anwendungszeitpunkt**	46–47

A. Vorsteuer-Vergütungsverfahren für im Ausland ansässige Unternehmer

I. Allgemeines

1. Unter das Vorsteuer-Vergütungsverfahren fallende Unternehmer und Vorsteuerbeträge

1 (1) Das Vorsteuer-Vergütungsverfahren kommt nur für Unternehmer in Betracht, die im Ausland ansässig sind; die Ansässigkeit im Ausland richtet sich nach § 59 Satz 2 UStDV. Liegen Leistungserbringung im Inland an den Unternehmer und Vergütungszeitraum in unterschiedlichen Besteuerungszeiträumen, bestehen keine Bedenken, das Vorsteuer-Vergütungsverfahren anzuwenden, wenn der Unternehmer im Vergütungszeitraum nicht im Inland ansässig ist. Ein Unternehmer ist bereits dann im Inland ansässig, wenn er eine Betriebsstätte hat und von dieser Umsätze ausführt oder beabsichtigt, von dieser Umsätze auszuführen. Unternehmer, die ein im Inland gelegenes Grundstück besitzen und vermieten oder beabsichtigen zu vermieten, sind ebenfalls als im Inland ansässig zu behandeln. Zur Abgrenzung des Vorsteuer-Vergütungsverfahrens vom allgemeinen Besteuerungsverfahren vgl. Rz. 29 bis 30.

2 (2) Das Vorsteuer-Vergütungsverfahren setzt voraus, dass der im Ausland ansässige Unternehmer in einem Vergütungszeitraum (Rz. 8) im Inland entweder keine Umsätze oder nur die Umsätze ausgeführt hat, die in § 59 UStDV genannt sind. Sind diese Voraussetzungen erfüllt, kann die Vergütung der Vorsteuerbeträge nur im Vorsteuer-Vergütungsverfahren durchgeführt werden.

> *Beispiel 1:*
>
> Ein im Ausland ansässiger Beförderungsunternehmer hat im Inland in den Monaten Januar bis April nur steuerfreie Beförderungen im Sinne des § 4 Nr. 3 UStG ausgeführt. In denselben Monaten ist ihm für empfangene Leistungen, z.B. für Autoreparaturen, Umsatzsteuer i.H.v. insgesamt 300 € in Rechnung gestellt worden.
>
> Die Vergütung der abziehbaren Vorsteuerbeträge ist im Vorsteuer-Vergütungsverfahren durchzuführen (§ 59 Satz 1 Nr. 1 UStDV).

Beispiel 2:

Der im Ausland ansässige Unternehmer U hat in den Monaten Januar bis April Gegenstände aus dem Drittlandsgebiet an Abnehmer im Inland geliefert. U beförderte die Gegenstände mit eigenen Fahrzeugen an die Abnehmer. Bei den Beförderungen ist dem Unternehmer im Inland für empfangene Leistungen, z.B. für Autoreparaturen, Umsatzsteuer i.H.v. insgesamt 300 € in Rechnung gestellt worden. Schuldner der Einfuhrumsatzsteuer für die eingeführten Gegenstände war jeweils der Abnehmer. U hat in den Monaten Januar bis April keine weiteren Umsätze im Inland erbracht.

U erbringt in den Monaten Januar bis April keine Umsätze im Inland. Der Ort seiner Lieferungen liegt im Drittlandsgebiet (§ 3 Abs. 6 UStG). Die Vergütung der abziehbaren Vorsteuerbeträge ist im Vorsteuer-Vergütungsverfahren durchzuführen (§ 59 Satz 1 Nr. 1 UStDV).

Beispiel 3:

Der im Ausland ansässige Unternehmer A erbringt im Jahr 1 im Inland ausschließlich steuerpflichtige Werkleistungen an den Unternehmer U. Zur Ausführung der Werkleistungen ist A im Inland für empfangene Leistungen, z.B. Materialeinkauf, Umsatzsteuer i.H.v. insgesamt 1.000 € in Rechnung gestellt worden.

Steuerschuldner für die Leistungen des A ist U (§ 13b Abs. 2 Satz 1 UStG). Die Vergütung der abziehbaren Vorsteuerbeträge des A ist im Vorsteuer-Vergütungsverfahren durchzuführen (§ 59 Satz 1 Nr. 2 UStDV).

Der vergütungsberechtigte Unternehmer (Leistender) ist im Rahmen der gesetzlichen Mitwirkungspflicht (§ 90 Abs. 1 AO) verpflichtet, auf Verlangen die Leistungsempfänger zu benennen, wenn diese für seine Leistungen die Steuer nach § 13b Abs. 2 Satz 1 und 3 UStG schulden.

2. Vom Vorsteuer-Vergütungsverfahren ausgeschlossene Vorsteuerbeträge

(1) Sind die Voraussetzungen für die Anwendung des Vorsteuer-Vergütungsverfahrens nach § 59 UStDV nicht erfüllt, können Vorsteuerbeträge nur im allgemeinen Besteuerungsverfahren nach § 16 und § 18 Abs. 1 bis 4 UStG berücksichtigt werden.

Beispiel 1:

Einem im Ausland ansässigen Unternehmer ist im Vergütungszeitraum Januar bis März Umsatzsteuer für die Einfuhr oder den Kauf von Gegenständen und für die Inanspruchnahme von sonstigen Leistungen berechnet worden. Der Unternehmer führt im März im Inland steuerpflichtige Lieferungen aus.

Die Vorsteuer kann nicht im Vorsteuer-Vergütungsverfahren vergütet werden. Das allgemeine Besteuerungsverfahren ist durchzuführen.

Beispiel 2:

Der im Ausland ansässige Unternehmer U führt an dem im Inland belegenen Einfamilienhaus einer Privatperson Schreinerarbeiten (Werklieferungen) durch. Die hierfür erforderlichen Gegenstände hat U teils im Inland erworben, teils in das Inland eingeführt. Für den Erwerb der Gegenstände im Inland ist U Umsatzsteuer i.H.v. 500 € in Rechnung gestellt worden. Für die Einfuhr der Gegenstände hat U Einfuhrumsatzsteuer i.H.v. 250 € entrichtet.

Auf die Umsätze des U findet § 13b UStG keine Anwendung, da der Leistungsempfänger als Privatperson nicht Steuerschuldner wird (§ 13b Abs. 2 Satz 1 UStG). Die Vorsteuerbeträge (Umsatzsteuer und Einfuhrumsatzsteuer) können daher nicht im Vorsteuer-Vergütungsverfahren vergütet werden. Das allgemeine Besteuerungsverfahren ist durchzuführen.

Beispiel 3:

Sachverhalt wie in Rz. 2 Beispiel 2. Abweichend hiervon ist U Schuldner der Einfuhrumsatzsteuer.

Der Ort der Lieferungen des U liegt im Inland (§ 3 Abs. 8 UStG). U schuldet die Steuer für die Lieferungen. Die Vorsteuerbeträge können daher nicht im Vorsteuer-Vergütungsverfahren vergütet werden. Das allgemeine Besteuerungsverfahren ist durchzuführen.

(2) Reiseveranstalter sind nicht berechtigt, die ihnen für Reisevorleistungen gesondert in Rechnung gestellten Steuerbeträge als Vorsteuer abzuziehen (§ 25 Abs. 4 UStG). Insoweit entfällt deshalb auch das Vorsteuer-Vergütungsverfahren.

(3) Nicht vergütet werden Vorsteuerbeträge, die mit Umsätzen im Ausland in Zusammenhang stehen, die – wenn im Inland ausgeführt – den Vorsteuerabzug ausschließen würden (vgl. Abschnitt 205 UStR 2008).

Anlage § 018–28

Beispiel:

Ein französischer Arzt besucht einen Ärztekongress im Inland. Da ärztliche Leistungen grundsätzlich steuerfrei sind und den Vorsteuerabzug ausschließen, können die angefallenen Vorsteuerbeträge nicht vergütet werden.

6 (4) Einem Unternehmer, der nicht im Gemeinschaftsgebiet ansässig ist, wird die Vorsteuer nur vergütet, wenn in dem Land, in dem der Unternehmer seinen Sitz hat, keine Umsatzsteuer oder ähnliche Steuer erhoben oder im Fall der Erhebung im Inland ansässigen Unternehmern vergütet wird (sog. Gegenseitigkeit im Sinne von § 18 Abs. 9 Satz 4 UStG). Unternehmer, die ihren Sitz auf den Kanarischen Inseln, in Ceuta oder in Melilla haben, sind für die Durchführung des Vorsteuer-Vergütungsverfahrens wie Unternehmer mit Sitz im Gemeinschaftsgebiet zu behandeln. Hinsichtlich der Verzeichnisse der Drittstaaten, zu denen Gegenseitigkeit gegeben oder nicht gegeben ist, wird auf das BMF-Schreiben vom 25.9.2009 (BStBl. I S. 1233) sowie auf ggf. spätere hierzu im BStBl. Teil I veröffentlichte BMF-Schreiben hingewiesen. Bei fehlender Gegenseitigkeit ist das Vorsteuer-Vergütungsverfahren nur durchzuführen, wenn der nicht im Gemeinschaftsgebiet ansässige Unternehmer

1. nur Umsätze ausgeführt hat, für die der Leistungsempfänger die Steuer schuldet (§ 13b Abs. 2 Sätze 1 und 3 UStG) oder der Beförderungseinzelbesteuerung (§ 16 Abs. 5 und § 18 Abs. 5 UStG) unterlegen haben,

2. im Inland nur innergemeinschaftliche Erwerbe und daran anschließende Lieferungen im Sinne des § 25b Abs. 2 UStG ausgeführt hat, oder

3. im Gemeinschaftsgebiet als Steuerschuldner ausschließlich sonstige Leistungen auf elektronischem Weg an im Gemeinschaftsgebiet ansässige Nichtunternehmer erbracht und von dem Wahlrecht der steuerlichen Erfassung in nur einem EU-Mitgliedstaat (§ 18 Abs. 4c und 4d UStG) Gebrauch gemacht hat (vgl. Rz. 101 des BMF-Schreibens vom 4.9.2009 – IV B 9 – S 7117/08/10001 (2009/0580334), BStBl. I S. 1005).

7 (5) Von der Vergütung ausgeschlossen sind bei Unternehmern, die nicht im Gemeinschaftsgebiet ansässig sind, die Vorsteuerbeträge, die auf den Bezug von Kraftstoffen entfallen (§ 18 Abs. 9 Satz 5 UStG).

3. Vergütungszeitraum

8 Der Vergütungszeitraum muss mindestens drei aufeinander folgende Kalendermonate in einem Kalenderjahr umfassen. Es müssen nicht in jedem Kalendermonat Vorsteuerbeträge angefallen sein. Für den restlichen Zeitraum eines Kalenderjahres können die Monate November und Dezember oder es kann auch nur der Monat Dezember Vergütungszeitraum sein. Wegen der Auswirkungen der Mindestbeträge auf den zu wählenden Vergütungszeitraum vgl. § 61 Abs. 3 und § 61a Abs. 3 UStDV.

II. Vorsteuer-Vergütungsverfahren für im übrigen Gemeinschaftsgebiet ansässige Unternehmer

Antragstellung

9 (1) Ein im übrigen Gemeinschaftsgebiet ansässiger Unternehmer, dem im Inland von einem Unternehmer für einen steuerpflichtigen Umsatz Umsatzsteuer in Rechnung gestellt worden ist, kann über die zuständige Stelle in dem Mitgliedstaat, in dem der Unternehmer ansässig ist, bei der zuständigen Behörde im Inland einen Antrag auf Vergütung dieser Steuer stellen. Für die Vergütung der Vorsteuerbeträge im Vorsteuer-Vergütungsverfahren ist ausschließlich das Bundeszentralamt für Steuern (BZSt) zuständig (§ 5 Abs. 1 Nr. 8 FVG).

10 (2) Der im übrigen Gemeinschaftsgebiet ansässige Unternehmer hat den Vergütungsantrag nach amtlich vorgeschriebenem Datensatz durch Datenfernübertragung nach Maßgabe der Steuerdaten-Übermittlungsverordnung über das in dem Mitgliedstaat, in dem der Unternehmer ansässig ist, eingerichtete elektronische Portal dem BZSt zu übermitteln (§ 61 Abs. 1 UStDV). Eine unmittelbare Übermittlung des Vergütungsantrags von dem im übrigen Gemeinschaftsgebiet ansässigen Unternehmer an das BZSt ist nicht mehr möglich. Eine schriftliche Bescheinigung des Mitgliedstaats, in dem der Unternehmer ansässig ist, zur Bestätigung der Unternehmereigenschaft ist durch im übrigen Gemeinschaftsgebiet ansässige Unternehmer nicht mehr beizufügen.

11 (3) Die Vergütung ist binnen neun Monaten nach Ablauf des Kalenderjahres, in dem der Vergütungsanspruch entstanden ist, zu beantragen (§ 61 Abs. 2 UStDV). Es handelt sich hierbei um eine Ausschlussfrist, bei deren Versäumung unter den Voraussetzungen des § 110 AO Wiedereinsetzung in den vorigen Stand gewährt werden kann.

12 (4) Der Unternehmer hat die Vergütung selbst zu berechnen. Dem Vergütungsantrag sind auf elektronischem Weg die Rechnungen und Einfuhrbelege in Kopie beizufügen, wenn das Entgelt für den Umsatz oder die Einfuhr mindestens 1.000 €, bei Rechnungen über den Bezug von Kraftstoffen mindestens

250 € beträgt. Bei begründeten Zweifeln an dem Recht auf Vorsteuerabzug in der beantragten Höhe kann das BZSt verlangen, dass die Vorsteuerbeträge – unbeschadet der Frage der Rechnungshöhe – durch Vorlage von Rechnungen und Einfuhrbelegen im Original nachgewiesen werden.

(5) Die beantragte Vergütung muss mindestens 400 € betragen (§ 61 Abs. 3 UStDV). Das gilt nicht, wenn der Vergütungszeitraum das Kalenderjahr oder der letzte Zeitraum des Kalenderjahres ist. Für diese Vergütungszeiträume muss die beantragte Vergütung mindestens 50 € betragen. **13**

(6) Einem Unternehmer, der im Gemeinschaftsgebiet ansässig ist und Umsätze ausführt, die zum Teil den Vorsteuerabzug ausschließen, wird die Vorsteuer höchstens in der Höhe vergütet, in der er in dem Mitgliedstaat, in dem er ansässig ist, bei Anwendung eines Pro-rata-Satzes zum Vorsteuerabzug berechtigt wäre (§ 18 Abs. 9 Satz 3 UStG). **14**

Bescheiderteilung

(7) Das BZSt hat den Vergütungsantrag eines im übrigen Gemeinschaftsgebiet ansässigen Unternehmers grundsätzlich innerhalb von vier Monaten und zehn Tagen nach Eingang aller erforderlichen Unterlagen abschließend zu bearbeiten und den Vergütungsbetrag auszuzahlen. Die Bearbeitungszeit verlängert sich bei Anforderung weiterer Informationen zum Vergütungsantrag durch das BZSt auf längstens acht Monate. Die Fristen nach den Sätzen 1 und 2 gelten auch bei Vergütungsanträgen von Unternehmern, die auf den Kanarischen Inseln, in Ceuta oder in Melilla ansässig sind. **15**

(8) Der Bescheid über die Vergütung von Vorsteuerbeträgen ist in elektronischer Form zu übermitteln. Eine qualifizierte elektronische Signatur nach dem Signaturgesetz ist dabei nicht erforderlich (§ 61 Abs. 4 Satz 2 UStDV). **16**

Verzinsung

(9) Der nach § 18 Abs. 9 UStG zu vergütende Betrag ist zu verzinsen (§ 61 Abs. 5 UStDV). Der Zinslauf beginnt grundsätzlich mit Ablauf von vier Monaten und zehn Werktagen nach Eingang des Vergütungsantrags beim BZSt. Übermittelt der Unternehmer Kopien der Rechnungen oder Einfuhrbelege abweichend von Rz. 12 Satz 2 nicht zusammen mit dem Vergütungsantrag, sondern erst zu einem späteren Zeitpunkt, beginnt der Zinslauf erst mit Ablauf von vier Monaten und zehn Tagen nach Eingang dieser Kopien beim BZSt. Hat das BZSt zusätzliche oder weitere zusätzliche Informationen angefordert, beginnt der Zinslauf erst mit Ablauf von zehn Werktagen nach Ablauf der Fristen in Artikel 21 der Richtlinie 2008/9/EG des Rates vom 12.2.2008 zur Regelung der Erstattung der Mehrwertsteuer gemäß der Richtlinie 2006/112/EG an nicht im Mitgliedstaat der Erstattung, sondern in einem anderen Mitgliedstaat ansässige Steuerpflichtige (ABl. EU Nr. L 44 S. 23). Der Zinslauf endet mit erfolgter Zahlung des zu vergütenden Betrages; die Zahlung gilt als erfolgt mit dem Tag der Fälligkeit, es sei denn, der Unternehmer weist nach, dass er den zu vergütenden Betrag später erhalten hat. Wird die Festsetzung oder Anmeldung der Steuervergütung geändert, ist eine bisherige Zinsfestsetzung zu ändern; § 233a Abs. 5 AO gilt entsprechend. Für die Höhe und Berechnung der Zinsen gilt § 238 AO. Auf die Festsetzung der Zinsen ist § 239 AO entsprechend anzuwenden. **17**

(10) Ein Anspruch auf Verzinsung nach Rz. 17 besteht nicht, wenn der Unternehmer einer Mitwirkungspflicht nicht innerhalb einer Frist von einem Monat nach Zugang einer entsprechenden Aufforderung des BZSt nach kommt (§ 61 Abs. 6 UStDV). **18**

III. Vorsteuer-Vergütungsverfahren für im Drittlandsgebiet ansässige Unternehmer

Antragstellung

(1) Ein im Drittlandsgebiet ansässiger Unternehmer, dem im Inland von einem Unternehmer Umsatzsteuer in Rechnung gestellt worden ist, kann bei der zuständigen Behörde im Inland einen Antrag auf Vergütung dieser Steuer stellen. Für die Vergütung der Vorsteuerbeträge im Vorsteuer-Vergütungsverfahren ist ausschließlich das BZSt zuständig (§ 5 Abs. 1 Nr. 8 FVG). Wegen der Voraussetzung der Vorlage der Gegenseitigkeit sowie Ausnahmen von bestimmten Vorsteuerbeträgen vgl. Rz. 6 und 7. **19**

(2) Für den Antrag auf Vergütung der Vorsteuerbeträge ist ein Vordruck nach amtlich vorgeschriebenem Muster zu verwenden. Der Unternehmer hat die Möglichkeit, den Vergütungsantrag dem BZSt – ggf. vorab – elektronisch zu übermitteln. Informationen zur elektronischen Übermittlung sind auf den Internetseiten des BZSt (www.bzst.de) abrufbar. Zur Zulassung abweichender Vordrucke für das Vorsteuer-Vergütungsverfahren vgl. BMF-Schreiben vom 12.1.2007 (BStBl. I S. 121). In jedem Fall muss der Vordruck in deutscher Sprache ausgefüllt werden. In dem Antragsvordruck sind die Vorsteuerbeträge, deren Vergütung beantragt wird, im Einzelnen aufzuführen (Einzelaufstellung). Es ist nicht erforderlich, zu jedem Einzelbeleg darzulegen, zu welcher unternehmerischen Tätigkeit die erworbenen Gegenstände oder empfangenen sonstigen Leistungen verwendet worden sind. Pauschale Erklärungen reichen aus, z.B. grenzüberschreitende Güterbeförderungen im Monat Juni. **20**

Anlage § 018–28

21 (3) Aus Gründen der Arbeitsvereinfachung wird für die Einzelaufstellung das folgende Verfahren zugelassen:
1. Bei Rechnungen, deren Gesamtbetrag 150 € nicht übersteigt und bei denen das Entgelt und die Umsatzsteuer in einer Summe angegeben sind (§ 33 UStDV):
   a) Der Unternehmer kann die Rechnungen getrennt nach Kostenarten mit laufenden Nummern versehen und sie mit diesen Nummern, den Nummern der Rechnungen und mit den Bruttorechnungsbeträgen in gesonderten Aufstellungen zusammenfassen.
   b) Die in den Aufstellungen zusammengefassten Bruttorechnungsbeträge sind aufzurechnen. Aus dem jeweiligen Endbetrag ist die darin enthaltene Umsatzsteuer herauszurechnen und in den Antrag zu übernehmen. Hierbei ist auf die gesonderte Aufstellung hinzuweisen.
   c) Bei verschiedenen Steuersätzen sind die gesonderten Aufstellungen getrennt für jeden Steuersatz zu erstellen.
2. Bei Fahrausweisen, in denen das Entgelt und der Steuerbetrag in einer Summe angegeben sind (§ 34 UStDV), gilt Nummer 1 entsprechend.
3. Bei Einfuhrumsatzsteuerbelegen:
   a) Der Unternehmer kann die Belege mit laufenden Nummern versehen und sie mit diesen Nummern, den Nummern der Belege und mit den in den Belegen angegebenen Steuerbeträgen in einer gesonderten Aufstellung zusammenfassen.
   b) Die Steuerbeträge sind aufzurechnen und in den Antrag zu übernehmen. Hierbei ist auf die gesonderte Aufstellung hinzuweisen.
4. Die gesonderten Aufstellungen sind dem Vergütungsantrag beizufügen.

22 (4) Der Unternehmer hat die Vergütung selbst zu berechnen. Dem Vergütungsantrag sind die Rechnungen und Einfuhrbelege im Original beizufügen (§ 61a Abs. 2 Satz 3 UStDV); sie können allenfalls bis zum Ende der Antragsfrist nachgereicht werden (vgl. BFH-Urteil vom 18.1.2007 – V R 23/05, BStBl. II S. 430). Kann ein Unternehmer in Einzelfällen den erforderlichen Nachweis der Vorsteuerbeträge nicht durch Vorlage von Originalbelegen erbringen, sind Zweitschriften nur anzuerkennen, wenn der Unternehmer den Verlust der Originalbelege nicht zu vertreten hat, der dem Vergütungsantrag zu Grunde liegende Vorgang stattgefunden hat und keine Gefahr besteht, dass weitere Vergütungsanträge gestellt werden (vgl. BFH-Urteil vom 20.8.1998 – V R 55/96, BStBl. 1999 II S. 324). Bei der Zweitausfertigung eines Ersatzbelegs für den Abzug der Einfuhrumsatzsteuer als Vorsteuer kommt es nicht darauf an, auf Grund welcher Umstände die Erstschrift des Ersatzbelegs nicht vorgelegt werden kann (vgl. BFH-Urteil vom 19.11.1998 – V R 102/96, BStBl. 1999 II S. 255). Hinsichtlich der Anerkennung von Rechnungen und zollamtlichen Abgabenbescheiden, die auf elektronischem Weg übermittelt wurden, vgl. Abschnitte 184a und 202 Abs. 1 Satz 2 Nr. 2 Sätze 2 und 3 UStR 2008.

23 (5) Die Vergütung ist binnen sechs Monaten nach Ablauf des Kalenderjahres, in dem der Vergütungsanspruch entstanden ist, zu beantragen (§ 61a Abs. 2 UStDV). Die Antragsfrist ist eine Ausschlussfrist, bei deren Versäumung unter den Voraussetzungen des § 110 AO Wiedereinsetzung in den vorigen Stand gewährt werden kann.

24 (6) Die beantragte Vergütung muss mindestens 1.000 € betragen (§ 61a Abs. 3 UStDV). Das gilt nicht, wenn der Vergütungszeitraum das Kalenderjahr oder der letzte Zeitraum des Kalenderjahres ist. Für diese Vergütungszeiträume muss die beantragte Vergütung mindestens 500 € betragen.

25 (7) Der Nachweis nach § 61a Abs. 4 UStDV ist nach dem Muster USt 1 TN zu führen. Hinsichtlich dieses Musters wird auf das BMF-Schreiben vom 11.1.1999 (BStBl. I S. 192)[1] sowie auf ggf. spätere hierzu im BStBl. Teil I veröffentlichte BMF-Schreiben hingewiesen. Die Bescheinigung muss den Vergütungszeitraum abdecken (vgl. BFH-Urteil vom 18.1.2007 – V R 22/05, BStBl. II S. 426). Für Vergütungsanträge, die später als ein Jahr nach dem Ausstellungsdatum der Bescheinigung gestellt werden, ist eine neue Bescheinigung vorzulegen. Bei staatlichen Stellen, die nach Rz. 55 des BMF-Schreibens vom 4.9.2009 – IV B 9 – S 7117/08/10001 (2009/0580334) – (BStBl. I S. 1005) als Unternehmer im Sinne des § 2 Abs. 3 UStG anzusehen sind, ist auf die Vorlage einer behördlichen Bescheinigung (§ 61a Abs. 4 UStDV) zu verzichten. Die Bindungswirkung der Unternehmerbescheinigung entfällt, wenn das BZSt bei Zweifeln an deren Richtigkeit auf Grund von Aufklärungsmaßnahmen (eigene Auskünfte des Unternehmers, Amtshilfe) Informationen erhält, aus denen hervorgeht, dass die in der Bescheinigung enthaltenen Angaben unrichtig sind (vgl. BFH-Urteil vom 14.5.2008 – XI R 58/06, BStBl. II S. 831).

26 (8) Der Vergütungsantrag ist vom Unternehmer eigenhändig zu unterschreiben (§ 61a Abs. 2 Satz 4 UStDV). Der Unternehmer kann den Vergütungsanspruch abtreten (§ 46 Abs. 2 und 3 AO).

---
[1] Anlage § 018–18

(9) Im Falle der Vergütung hat das BZSt die Originalbelege durch Stempelaufdruck oder in anderer Weise zu entwerten.

Verzinsung

(10) Der nach § 18 Abs. 9 UStG zu vergütende Betrag ist nach § 233a AO zu verzinsen (vgl. BFH-Urteil vom 17.4.2008 – V R 41/06, BStBl. 2009 II S. 2, und Nr. 62 des Anwendungserlasses zur AO zu § 233a AO).

IV. Vorsteuer-Vergütungsverfahren und allgemeines Besteuerungsverfahren

(1) Für einen Voranmeldungszeitraum schließen sich das allgemeine Besteuerungsverfahren und das Vorsteuer-Vergütungsverfahren grundsätzlich gegenseitig aus. Sind jedoch die Voraussetzungen des Vorsteuer-Vergütungsverfahrens erfüllt und schuldet der im Ausland ansässige Unternehmer die Steuer im allgemeinen Besteuerungsverfahren (z.B. nach § 14c Abs. 1 UStG), kann die Vergütung der Vorsteuerbeträge abweichend von § 16 Abs. 2 Satz 1 UStG nur im Vorsteuer-Vergütungsverfahren durchgeführt werden. Im Laufe eines Kalenderjahres kann zudem der Fall eintreten, dass die Vorsteuerbeträge eines im Ausland ansässigen Unternehmers abschnittsweise im Wege des Vorsteuer-Vergütungsverfahrens und im Wege des allgemeinen Besteuerungsverfahrens zu vergüten oder von der Steuer abzuziehen sind. In diesen Fällen ist wie folgt zu verfahren:

1. Vom Beginn des Voranmeldungszeitraums an, in dem das allgemeine Besteuerungsverfahren durchzuführen ist, endet insoweit die Zuständigkeit des BZSt.
2. Erfüllt der Unternehmer im Laufe des Kalenderjahres erneut die Voraussetzungen des Vorsteuer-Vergütungsverfahrens, ist für dieses Verfahren wieder das BZSt zuständig (§ 5 Abs. 1 Nr. 8 FVG); auf die Rz. 9 bis 28 wird hingewiesen.
3. Für Zeiträume, in denen die Voraussetzungen für das allgemeine Besteuerungsverfahren vorliegen, hat der Unternehmer eine Voranmeldung abzugeben. In diesem Fall sind die abziehbaren Vorsteuerbeträge durch Vorlage der Rechnung und Einfuhrbelege im Original nachzuweisen (§ 62 Abs. 2 UStDV).
4. Nach Ablauf des Kalenderjahres hat der Unternehmer bei dem Finanzamt eine Steuererklärung abzugeben. Das Finanzamt hat die Steuer für das Kalenderjahr festzusetzen. Hierbei sind die Vorsteuerbeträge nicht zu berücksichtigen, die im Vorsteuer-Vergütungsverfahren vergütet worden sind (§ 62 Abs. 1 UStDV).

(2) Ist bei einem im Ausland ansässigen Unternehmer das allgemeine Besteuerungsverfahren durchzuführen und ist dem Finanzamt nicht bekannt, ob der Unternehmer im laufenden Kalenderjahr bereits die Vergütung von Vorsteuerbeträgen im Vorsteuer-Vergütungsverfahren beantragt hat, hat das Finanzamt beim BZSt anzufragen. Wurde das Vorsteuer-Vergütungsverfahren beim BZSt in diesem Fall bereits durchgeführt, hat der Unternehmer die abziehbaren Vorsteuerbeträge auch im allgemeinen Besteuerungsverfahren durch Vorlage der Rechnungen und Einfuhrbelege im Original nachzuweisen (§ 62 Abs. 2 UStDV). Die Belege sind zu entwerten.

B. Vorsteuer-Vergütungsverfahren für im Inland ansässige Unternehmer

I. Unternehmerbescheinigung für Unternehmer, die im Inland ansässig sind

(1) Unternehmern, die in der Bundesrepublik Deutschland ansässig sind und die für die Vergütung von Vorsteuerbeträgen in einem Drittstaat eine Bestätigung ihrer Unternehmereigenschaft benötigen, stellt das zuständige Finanzamt eine Bescheinigung nach dem Muster USt 1 TN[1] (vgl. Rz. 25) aus. Das gilt auch für Organgesellschaften und Zweigniederlassungen im Inland, die zum Unternehmen eines im Ausland ansässigen Unternehmers gehören.

(2) Die Bescheinigung darf nur Unternehmern erteilt werden, die zum Vorsteuerabzug berechtigt sind. Sie darf nicht erteilt werden, wenn der Unternehmer nur steuerfreie Umsätze ausführt, die den Vorsteuerabzug ausschließen, oder die Besteuerung nach § 19 Abs. 1 oder § 24 Abs. 1 UStG anwendet.

(3) Unternehmern, die die Vergütung von Vorsteuerbeträgen in einem anderen Mitgliedstaat beantragen möchten, wird keine Bescheinigung nach Rz. 31 erteilt. Die Bestätigung der Unternehmereigenschaft erfolgt in diesen Fällen durch das BZSt durch Weiterleitung des Vergütungsantrags an den Mitgliedstaat der Erstattung (vgl. Rz. 43).

II. Vorsteuer-Vergütungsverfahren in einem anderen Mitgliedstaat für im Inland ansässige Unternehmer

Antragstellung

(1) Ein im Inland ansässiger Unternehmer, dem in einem anderen Mitgliedstaat von einem Unternehmer Umsatzsteuer in Rechnung gestellt worden ist, kann über das BZSt bei der zuständigen Behörde

---
1) Siehe BMF-Schreiben vom 14.05.2010, Anlage § 018-29

Anlage § 018–28

dieses Mitgliedstaates einen Antrag auf Vergütung dieser Steuer stellen. Beantragt der Unternehmer die Vergütung für mehrere Mitgliedstaaten, ist für jeden Mitgliedstaat ein gesonderter Antrag zu stellen.

35 (2) Anträge auf Vergütung von Vorsteuerbeträgen in einem anderen Mitgliedstaat sind nach amtlich vorgeschriebenem Datensatz durch Datenfernübertragung nach Maßgabe der Steuerdaten-Übermittlungsverordnung dem BZSt zu übermitteln (§ 18g UStG). Informationen zur elektronischen Übermittlung sind auf den Internetseiten des BZSt (www.bzst.de) abrufbar. Der Antragsteller muss authentifiziert sein. In dem Vergütungsantrag ist die Steuer für den Vergütungszeitraum zu berechnen.

36 (3) Der Vergütungsantrag ist bis zum 30. September des auf das Jahr der Ausstellung der Rechnung folgenden Kalenderjahres zu stellen. Für die Einhaltung der Frist nach Satz 1 genügt der rechtzeitige Eingang des Vergütungsantrags beim BZSt. Der Vergütungsbetrag muss mindestens 50 € betragen oder einem entsprechend in Landeswährung umgerechneten Betrag entsprechen. Der Unternehmer kann auch einen Antrag für einen Zeitraum von mindestens drei Monaten stellen, wenn der Vergütungsbetrag mindestens 400 € beträgt oder einem entsprechend in Landeswährung umgerechneten Betrag entspricht.

37 (4) Der Unternehmer hat in dem Vergütungsantrag Folgendes anzugeben:
– den Mitgliedstaat der Erstattung;
– Name und vollständige Anschrift des Unternehmers;
– eine Adresse für die elektronische Kommunikation;
– eine Beschreibung der Geschäftstätigkeit des Unternehmers, für die die Gegenstände bzw. Dienstleistungen erworben wurden, auf die sich der Antrag bezieht;
– den Vergütungszeitraum, auf den sich der Antrag bezieht;
– eine Erklärung des Unternehmers, dass er während des Vergütungszeitraums im Mitgliedstaat der Erstattung keine Lieferungen von Gegenständen bewirkt und Dienstleistungen erbracht hat, mit Ausnahme bestimmter steuerfreier Beförderungsleistungen (vgl. § 4 Nr. 3 UStG), von Umsätzen, für die ausschließlich der Leistungsempfänger die Steuer schuldet, oder innergemeinschaftlicher Erwerbe und daran anschließender Lieferungen im Sinne des § 25b Abs. 2 UStG;
– die Umsatzsteuer-Identifikationsnummer (USt-IdNr.) oder Steuernummer (StNr.) des Unternehmers;
– seine Bankverbindung (inklusive IBAN und BIC).

38 (5) Neben diesen Angaben sind in dem Vergütungsantrag für jeden Mitgliedstaat der Erstattung und für jede Rechnung oder jedes Einfuhrdokument folgende Angaben zu machen:
– Name und vollständige Anschrift des Lieferers oder Dienstleistungserbringers;
– außer im Falle der Einfuhr die USt-IdNr. des Lieferers oder Dienstleistungserbringers oder die ihm vom Mitgliedstaat der Erstattung zugeteilte Steuerregisternummer;
– außer im Falle der Einfuhr das Präfix des Mitgliedstaats der Erstattung;
– Datum und Nummer der Rechnung oder des Einfuhrdokuments;
– Bemessungsgrundlage und Steuerbetrag in der Währung des Mitgliedstaats der Erstattung;
– Betrag der abziehbaren Steuer in der Währung des Mitgliedstaats der Erstattung;
– ggf. einen (in bestimmten Branchen anzuwendenden) Pro-rata-Satz;
– Art der erworbenen Gegenstände und Dienstleistungen aufgeschlüsselt nach Kennziffern:
  1 Kraftstoff;
  2 Vermietung von Beförderungsmitteln;
  3 Ausgaben für Transportmittel (andere als unter Kennziffer 1 oder 2 beschriebene Gegenstände und Dienstleistungen);
  4 Maut und Straßenbenutzungsgebühren;
  5 Fahrtkosten wie Taxikosten, Kosten für die Benutzung öffentlicher Verkehrsmittel;
  6 Beherbergung;
  7 Speisen, Getränke und Restaurantdienstleistungen;
  8 Eintrittsgelder für Messen und Ausstellungen;
  9 Luxusausgaben, Ausgaben für Vergnügungen und Repräsentationsaufwendungen;
  10 Sonstiges. Hierbei ist die Art der gelieferten Gegenstände bzw. erbrachten Dienstleistungen anzugeben.

Anlage § 018–28

- Soweit es der Mitgliedstaat der Erstattung vorsieht, hat der Unternehmer zusätzliche elektronisch verschlüsselte Angaben zu jeder Kennziffer zu machen, soweit dies auf Grund von Einschränkungen des Vorsteuerabzugs im Mitgliedstaat der Erstattung erforderlich ist.

(6) Beträgt die Bemessungsgrundlage in der Rechnung oder dem Einfuhrdokument mindestens 1.000 € (bei Rechnungen über Kraftstoffe mindestens 250 €), hat der Unternehmer – elektronische – Kopien der Rechnungen oder der Einfuhrdokumente dem Vergütungsantrag beizufügen, wenn der Mitgliedstaat der Erstattung dies vorsieht. Die Dateianhänge zu dem Vergütungsantrag dürfen aus technischen Gründen die Größe von 5 MB nicht überschreiten. **39**

(7) Der Unternehmer hat in dem Antrag eine Beschreibung seiner unternehmerischen Tätigkeit anhand des harmonisierten Codes vorzunehmen, wenn der Mitgliedstaat der Erstattung dies vorsieht. **40**

(8) Der Mitgliedstaat der Erstattung kann zusätzliche Angaben in dem Vergütungsantrag verlangen. Informationen über die Antragsvoraussetzungen der einzelnen Mitgliedstaaten sind auf den Internetseiten des BZSt (www.bzst.de) abrufbar. **41**

Prüfung der Zulässigkeit durch das BZSt

(9) Die dem BZSt elektronisch übermittelten Anträge werden vom BZSt als für das Vorsteuer-Vergütungsverfahren zuständige Behörde auf ihre Zulässigkeit vorgeprüft. Dabei hat das BZSt ausschließlich festzustellen, ob **42**

- die vom Unternehmer angegebene USt-IdNr. bzw. StNr. zutreffend und ihm zuzuordnen ist und
- der Unternehmer ein zum Vorsteuerabzug berechtigter Unternehmer ist.

Weiterleitung an den Mitgliedstaat der Erstattung

(10) Stellt das BZSt nach Durchführung der Vorprüfung fest, dass der Antrag insoweit zulässig ist (vgl. Rz. 42), leitet es diesen an den Mitgliedstaat der Erstattung über eine elektronische Schnittstelle weiter. Mit der Weitergabe des Antrags bestätigt das BZSt, dass **43**

- die vom Unternehmer angegebene USt-IdNr. bzw. StNr. zutreffend ist und
- der Unternehmer ein zum Vorsteuerabzug berechtigter Unternehmer ist.

(11) Die Weiterleitung an den Mitgliedstaat der Erstattung hat innerhalb von 15 Tagen nach Eingang des Antrags zu erfolgen. **44**

Übermittlung einer Empfangsbestätigung

(12) Das BZSt hat dem Antragsteller eine elektronische Empfangsbestätigung über den Eingang des Antrags zu übermitteln. **45**

C. Anwendungszeitpunkt

Dieses Schreiben ist auf Vorsteuer-Vergütungsanträge anzuwenden, die nach dem 31.12.2009 gestellt werden, unabhängig vom jeweiligen Vergütungszeitraum. **46**

Die Abschnitte 239 bis 244 UStR 2008 sind auf Vorsteuer-Vergütungsanträge, die nach dem 31.12.2009 gestellt werden, nicht mehr anzuwenden. **47**

Anlage § 018–29

Vordruckmuster für den Nachweis der Eintragung als Steuerpflichtiger (Unternehmer) im Vorsteuer-Vergütungsverfahren

BMF-Schreiben vom 14.05.2010 – IV D 3 – S 7359/10/10002,
BStBl. 2010 I S. 517

Unter Bezugnahme auf das Ergebnis der Erörterungen mit den obersten Finanzbehörden der Länder gilt Folgendes:

(1) Unternehmern, die in der Bundesrepublik Deutschland ansässig sind und die für die Vergütung von Vorsteuerbeträgen in einem Drittstaat eine Bestätigung ihrer Unternehmereigenschaft benötigen, stellt das zuständige Finanzamt eine Bescheinigung aus (vgl. Rz. 31 des BMF-Schreibens vom 3. Dezember 2009 – IV B 9 – S 7359/09/10001 [2009/0796941], BStBl. I S. 1520). Für diese Bescheinigung durch die Finanzämter ist das Vordruckmuster

USt 1 TN – Nachweis der Eintragung als Steuerpflichtiger (Unternehmer)

anzuwenden. Es ersetzt das mit BMF-Schreiben vom 11. Januar 1999 – IV D 2 – S 7350 – 5/98 – (BStBl. I S. 192) bekannt gegebene Vordruckmuster USt 1 TN.

(2) Die Änderungen berücksichtigen die Neuregelung des Vorsteuer-Vergütungsverfahrens ab 1. Januar 2010 durch Art. 7 Nr. 13 Buchstabe c, Nr. 16 und Nr. 19 sowie Art. 8 Nr. 6 bis 9 des Jahressteuergesetzes 2009 (JStG 2009) vom 19. Dezember 2008 (BGBl. I S. 2794). Danach benötigt der Unternehmer für die Vergütung von Vorsteuerbeträgen in einem anderen Mitgliedstaat für den Nachweis, dass er als Unternehmer unter einer Steuernummer eingetragen ist, keine Bescheinigung des zuständigen Finanzamts mehr. Unternehmern, die die Vergütung von Vorsteuerbeträgen in einem anderen Mitgliedstaat beantragen möchten, wird daher keine Bescheinigung mehr erteilt (vgl. Rz. 33 des o.a. BMF-Schreibens vom 3. Dezember 2009). Aus diesem Grund wurde die Bescheinigung auf die Fälle der Vergütung von Vorsteuerbeträgen in einem Drittstaat beschränkt.

(3) Die anderen Änderungen sind redaktioneller oder drucktechnischer Art. Insbesondere wurde die Angabe der Umsatzsteuer-Identifikationsnummer alternativ zur Angabe der Steuernummer vorgesehen.

(4) Die Bescheinigung darf nur Unternehmern erteilt werden, die zum Vorsteuerabzug berechtigt sind. Sie darf nicht erteilt werden, wenn der Unternehmer nur steuerfreie Umsätze ausführt, die den Vorsteuerabzug ausschließen, oder die Besteuerung nach § 19 Abs. 1 oder § 24 Abs. 1 UStG anwendet.

(5) Der Vordruck ist auf der Grundlage des unveränderten Vordruckmusters herzustellen. Die Zeilenabstände des Vordruckmusters sind schreibmaschinengerecht (Zwei-Zeilen-Schaltung). Bei der Herstellung des Vordrucks ist ebenfalls ein schreibmaschinengerechter Zeilenabstand einzuhalten.

Anlage § 018–30

Abgabe von Umsatzsteuer-Voranmeldungen in Sonderfällen –
Änderung von Abschnitt 18.6 UStAE

BMF-Schreiben vom 08.12.2010 – IV D 3 – S 7346/10/1002,
BStBl. 2010 I S. 1501

Durch das o.a. BMF-Schreiben vom 27. Oktober 2010 wurde die Vereinfachungsregelung zur Besteuerung bestimmter land- und forstwirtschaftlicher Umsätze in Abschnitt 24.6 UStAE mit Wirkung vom 1. Januar 2011 neu gefasst. Diese Neufassung hat auch Auswirkungen auf den Abschnitt 18.6 UStAE, der Sonderregelungen bei der Abgabe von Umsatzsteuer-Voranmeldungen durch Land- und Forstwirte enthält. Weiterhin wird Abschn. 24.2 Abs. 6 UStAE neu gefasst.

Unter Bezugnahme auf das Ergebnis der Erörterungen mit den obersten Finanzbehörden der Länder werden die Abschnitte 18.6 und 24.2 des Umsatzsteuer-Anwendungserlasses vom 1. Oktober 2010, der zuletzt durch das BMF-Schreiben vom 1. Dezember 2010 – IV D 3 – S 7179/09/10003 (2010/0945930) – geändert worden ist, mit Wirkung vom 1. Januar 2011 wie folgt geändert:

1. Abschnitt 18.6 Abs. 2 wird wie folgt gefasst:

„(2) Unternehmer, die die Durchschnittssätze nach § 24 UStG anwenden, haben über die Verpflichtung nach § 18 Abs. 4a UStG hinaus – sofern sie vom Finanzamt nicht besonders aufgefordert werden – insbesondere dann Voranmeldungen abzugeben und Vorauszahlungen zu entrichten, wenn

1. Umsätze von Sägewerkserzeugnissen bewirkt werden, für die der Durchschnittssatz nach § 24 Abs. 1 Satz 1 Nr. 2 UStG gilt, oder
2. Umsätze ausgeführt werden, die unter Berücksichtigung der Vereinfachungsregelung des Abschnittes 24.6 zu einer Umsatzsteuer-Vorauszahlung oder einem Überschuss führen und für die wegen der Abgabe der Voranmeldungen keine besondere Ausnahmeregelung gilt, oder
3. Steuerbeträge nach § 14c UStG geschuldet werden."

2. In Abschnitt 18.6 Abs. 3 Satz 4 wird die Angabe „des Absatzes 2 Nr. 3" durch die Angabe „des Absatzes 2 Nr. 2" ersetzt.

3. Abschn. 24.2 Abs. 6 wird wie folgt gefasst:

„(6) [1]Der Durchschnittssatz nach § 24 Abs. 1 Satz 1 Nr. 3 UStG gilt insbesondere für die Umsätze der wichtigsten landwirtschaftlichen Erzeugnisse wie z.B. Getreide, Getreideerzeugnisse, Vieh, Fleisch, Milch, Obst, Gemüse und Eier. [2]Die Umsätze mit Gegenständen des land- und forstwirtschaftlichen Unternehmensvermögens (z.B. der Verkauf gebrauchter landwirtschaftlicher Geräte) unterliegen der Regelbesteuerung. [3]Aus Vereinfachungsgründen wird die Anwendung der Durchschnittssatzbesteuerung auf diese Umsätze jedoch nicht beanstandet, wenn die Gegenstände während ihrer Zugehörigkeit zum land- und forstwirtschaftlichen Unternehmensvermögen nahezu ausschließlich, d.h. zu mindestens 95%, für Umsätze verwendet wurden, die den Vorsteuerabzug nach § 24 Abs. 1 Satz 4 UStG ausschließen. [4]Zeiträume, in denen der Unternehmer gemäß § 24 Abs. 4 UStG zur Anwendung der allgemeinen Vorschriften des Umsatzsteuergesetzes optiert hatte, bleiben für Zwecke der Prüfung der 95%-Grenze außer Betracht. [5]Voraussetzung für die Anwendung der Vereinfachungsregelung ist jedoch, dass der Unternehmer für diese Gegenstände darauf verzichtet, einen anteiligen Vorsteuerabzug vorzunehmen."

Anlage § 018–31

Übermittlung des Antrags auf Dauerfristverlängerung/der Anmeldung der Sondervorauszahlung auf elektronischem Weg – Änderung des Abschnitts 18.4 UStAE

BMF-Schreiben vom 17.12.2010 – IV D 3 – S 7348/0:001,
BStBl. 2010 I S. 1512

Auf Grund der Änderung von § 48 Abs. 1 Satz 2 UStDV mit Wirkung vom 1. Januar 2011 durch Artikel 9 Nr. 1 i.V.m. Artikel 17 des Gesetzes zur Modernisierung und Entbürokratisierung des Steuerverfahrens – Steuerbürokratieabbaugesetz – vom 20. Dezember 2008, BGBl. I S. 2850, ist der Antrag auf Dauerfristverlängerung/die Anmeldung der Sondervorauszahlung ab 1. Januar 2011 regelmäßig nach amtlich vorgeschriebenem Datensatz durch Datenfernübertragung nach Maßgabe der Steuerdaten-Übermittlungsverordnung zu übermitteln.

Unter Bezugnahme auf das Ergebnis der Erörterungen mit den obersten Finanzbehörden der Länder wird Abschnitt 18.4 Abs. 2 des Umsatzsteuer-Anwendungserlasses vom 1. Oktober 2010, der zuletzt durch das BMF-Schreiben vom 15. Dezember 2010 – IV D 3 – S 7160-g/10/10001 (2010/0978583) – geändert worden ist, mit Wirkung vom 1. Januar 2011 wie folgt gefasst:

„(2) ¹Der Antrag auf Dauerfristverlängerung ist nach amtlich vorgeschriebenem Datensatz durch Datenfernübertragung nach Maßgabe der StDÜV zu übermitteln (vgl. BMF-Schreiben vom 15.1.2007, BStBl. I S. 95). ²Dieser Datensatz ist auch für die Anmeldung der Sondervorauszahlung zu verwenden. ³Zur Vermeidung von unbilligen Härten kann das Finanzamt auf Antrag auf eine elektronische Übermittlung verzichten (vgl. Abschnitt 18.1 Abs. 1). ⁴In diesem Fall hat der Unternehmer den Antrag auf Dauerfristverlängerung nach amtlich vorgeschriebenem Vordruck zu stellen."

Anlage § 018–32

Elektronische Übermittlung der Umsatzsteuererklärung; Anpassung des Umsatzsteuer-Anwendungserlasses

BMF-Schreiben vom 21.12.2010 – IV D 3 – S 7340/0:003,
BStBl. 2011 I S. 46

Auf Grund des durch Artikel 4 Nummer 11 Buchstabe a i.V.m. Nummer 12 und Artikel 32 Absatz 5 des Jahressteuergesetzes 2010 – JStG 2010 – vom 8. Dezember 2010 (BGBl. I S. 1768) mit Wirkung vom 1. Januar 2011 geänderten § 18 Absatz 3 UStG hat der Unternehmer für das Kalenderjahr oder für den kürzeren Besteuerungszeitraum eine Umsatzsteuererklärung grundsätzlich nach amtlich vorgeschriebenem Datensatz durch Datenfernübertragung nach Maßgabe der Steuerdaten-Übermittlungsverordnung zu übermitteln, in der er die zu entrichtende Steuer oder den Überschuss, der sich zu seinen Gunsten ergibt, nach § 16 Absatz 1 bis 4 und § 17 UStG selbst zu berechnen hat (Steueranmeldung). Dies gilt erstmals für Besteuerungszeiträume, die nach dem 31. Dezember 2010 enden (§ 27 Absatz 17 UStG i.d.F. von Artikel 4 Nummer 12 des JStG 2010).

Unter Bezugnahme auf das Ergebnis der Erörterungen mit den obersten Finanzbehörden der Länder werden die Abschnitte 15.2, 18.1, 19.2 und 27.1 des Umsatzsteuer-Anwendungserlasses vom 1. Oktober 2010, der zuletzt durch das BMF-Schreiben vom 17. Dezember 2010 – IV D 3 – S 7348/0:001 (2010/1011671) – geändert worden ist, mit Wirkung vom 1. Januar 2011 wie folgt geändert:

1. In Abschnitt 15.2 Absatz 21 Nummer 2 Buchstabe b Satz 1 wird das Wort „Abgabe" durch „Übermittlung" ersetzt.
2. Abschnitt 18.1 wird wie folgt geändert:
   a) Es wird folgender Absatz 2 eingefügt:
   „(2) ¹Die Umsatzsteuererklärung für das Kalenderjahr ist nach amtlich vorgeschriebenem Datensatz durch Datenfernübertragung nach Maßgabe der StDÜV zu übermitteln (vgl. BMF-Schreiben vom 15.1.2007, a.a.O.); Absatz 1 Sätze 2 bis 4 gilt sinngemäß. ²Eine unbillige Härte liegt hierbei neben den Fällen des Absatzes 1 auch vor, wenn der Unternehmer seine gewerbliche oder berufliche Tätigkeit im Kalenderjahr eingestellt hat (§ 16 Abs. 3 UStG) oder das Finanzamt einen kürzeren Besteuerungszeitraum als das Kalenderjahr bestimmt hat, weil der Eingang der Steuer gefährdet erscheint oder der Unternehmer damit einverstanden ist (§ 16 Abs. 4 UStG)."
   b) Der bisherige Absatz 2 wird Absatz 3 und Satz 1 wird wie folgt geändert:
   „¹Liegt eine unbillige Härte vor und gibt der Unternehmer daher die Umsatzsteuererklärung für das Kalenderjahr nach amtlich vorgeschriebenem Vordruck in herkömmlicher Form – auf Papier oder per Telefax – ab, muss er die Umsatzsteuererklärung für das Kalenderjahr eigenhändig unterschreiben (§ 18 Abs. 3 Satz 3 UStG)."
   c) Der bisherige Absatz 3 wird Absatz 4 und in Satz 1 wird das Wort „abzugeben" durch „zu übermitteln" ersetzt.
3. In Abschnitt 19.2 Absatz 5 Satz 2 wird das Wort „abzugebende" durch „zu übermittelnde" ersetzt.
4. In Abschnitt 27.1 werden nach Absatz 3 folgende Zwischenüberschrift und der Absatz 4 angefügt:
   „Anwendung von § 18 Abs. 3 UStG
   (4) Die Übermittlung der Umsatzsteuererklärung für das Kalenderjahr nach amtlich vorgeschriebenem Datensatz durch Datenfernübertragung nach Maßgabe der StDÜV entsprechend § 18 Abs. 3 UStG in der Fassung von Artikel 4 Nr. 11 Buchstabe a des Jahressteuergesetzes 2010 vom 8. Dezember 2010 (JStG 2010) ist für Besteuerungszeiträume anzuwenden, die nach dem 31. Dezember 2010 enden."

Anlage § 018–33

Zusammentreffen vom allgemeinen Besteuerungsverfahren und Vorsteuer-Vergütungsverfahren in sog. Mischfällen ab 01.01.2010

BMF-Schreiben vom 07.06.2011 – IV D 3 – S 7359/11/10001,
BStBl. 2011 I S. 581

Im Laufe eines Kalenderjahres kann der Fall eintreten, dass die Vorsteuerbeträge eines im Ausland ansässigen Unternehmers abschnittsweise im Wege des Vorsteuer-Vergütungsverfahrens zu vergüten oder im Wege des allgemeinen Besteuerungsverfahrens von der Steuer abzuziehen sind. Dies führt in der Praxis zu Anwendungsproblemen.

Zur Vermeidung dieser Probleme wird unter Bezugnahme auf das Ergebnis der Erörterungen mit den obersten Finanzbehörden der Länder Abschnitt 18.15 Abs. 1 Satz 4 des Umsatzsteuer-Anwendungserlasses vom 1. Oktober 2010 (BStBl. I S. 846), der zuletzt durch das BMF-Schreiben vom 12. Mai 2011 – IV D 3 – S 7134/10/10001 (2011/0388187) – (BStBl. I S. 535) geändert worden ist, wie folgt gefasst:

„⁴In diesen Fällen ist **für jedes Kalenderjahr** wie folgt zu verfahren:

1. Vom Beginn des Voranmeldungszeitraums an, in dem **erstmalig** das allgemeine Besteuerungsverfahren durchzuführen ist, endet insoweit die Zuständigkeit des BZSt.

2. ¹**Der im Ausland ansässige Unternehmer hat seine Vorsteuerbeträge für diesen Voranmeldungszeitraum und für die weiteren verbleibenden Voranmeldungszeiträume dieses Kalenderjahres im allgemeinen Besteuerungsverfahren geltend zu machen.** ²Erfüllt der Unternehmer im Laufe des Kalenderjahres erneut die Voraussetzungen des Vorsteuer-Vergütungsverfahrens, **bleibt es demnach für dieses Kalenderjahr bei der Zuständigkeit des Finanzamts; ein unterjähriger Wechsel vom allgemeinen Besteuerungsverfahren zum Vorsteuer-Vergütungsverfahren ist somit nicht möglich.**

3. ¹Hat der im Ausland ansässige Unternehmer Vorsteuerbeträge, die in einem Voranmeldungszeitraum entstanden sind, für den das allgemeine Besteuerungsverfahren noch nicht durchzuführen war, nicht im Vorsteuer-Vergütungsverfahren geltend gemacht, kann er diese Vorsteuerbeträge ab dem Zeitpunkt, ab dem das allgemeine Besteuerungsverfahren anzuwenden ist, nur noch in diesem Verfahren geltend machen. ²Beim Abzug dieser Vorsteuerbeträge von der Steuer gelten die Einschränkungen des § 18 Abs. 9 Sätze 3 bis 5 UStG sowie § 61 Abs. 3 und § 61a Abs. 3 UStDV entsprechend.

4. ¹**Ab dem Zeitraum, ab dem erstmalig** die Voraussetzungen für das allgemeine Besteuerungsverfahren vorliegen, hat der Unternehmer **unter den Voraussetzungen von § 18 Abs. 2 und 2a UStG** eine Voranmeldung abzugeben. ²In diesem Fall sind die abziehbaren Vorsteuerbeträge durch Vorlage der Rechnung und Einfuhrbelege im Original nachzuweisen (§ 62 Abs. 2 UStDV).

5. ¹Nach Ablauf **eines Kalenderjah**res, in dem das allgemeine Besteuerungsverfahren durchzuführen ist**, hat der im Ausland ansässige** Unternehmer bei dem Finanzamt eine **Umsatzsteuererklärung für das Kalenderjahr** abzugeben. ²Das Finanzamt hat die Steuer für das Kalenderjahr festzusetzen. ³Hierbei sind die Vorsteuerbeträge nicht zu berücksichtigen, die **bereits** im Vorsteuer-Vergütungsverfahren vergütet worden sind (§ 62 Abs. 1 UStDV).“

Diese Regelungen sind in allen offenen Fällen anzuwenden.

Anlagen § 018a–01 nicht belegt, § 018a–02

Bevollmächtigung im Verfahren zur Abgabe von Zusammenfassenden Meldungen nach § 18a UStG

OFD Hannover, Vfg. vom 21.07.1994 – S 0202 – 10 – StH 321 / S 0202 – 10 – StO 321, StED 1994 S. 524

Die für das Besteuerungsverfahren gegenüber den Finanzämtern erteilten Vollmachten nach § 80 AO gelten auch für die Abgabe Zusammenfassender Meldungen (ZM) beim Bundesamt für Finanzen (BfF) nach § 18a UStG.

Nach § 18a Abs. 8 Satz 1 UStG sind auf die ZM ergänzend die für Steuererklärungen geltenden Vorschriften der AO anzuwenden. Diese Regelung umfaßt nicht nur die §§ 149 ff. AO, sondern auch die allgemeinen Verfahrensvorschriften (z. B. auch §§ 78, 80 AO). Der zur Abgabe der ZM verpflichtete Unternehmer (§ 18a Abs. 1 UStG) steht dem Beteiligten i. S. d. § 78 AO gleich. Deshalb soll sich das BfF grundsätzlich an den für das Besteuerungsverfahren bestellten Bevollmächtigten wenden, soweit sich im Einzelfall aus der Vollmacht nichts anderes ergibt.

Ich bitte deshalb, dem BfF ggf. die Adressen der Bevollmächtigten mitzuteilen, damit sich das BfF im Einzelfall unmittelbar an den Bevollmächtigten wenden kann.

Anlage § 018a–03

Zusammenfassende Meldung (§ 18a UStG)

BMF-Schreiben vom 15.06.2010 – IV D 3 – S 7427/08/10003-03,
BStBl. 2010 I S. 569

§ 18a Umsatzsteuergesetz (UStG) wurde im Zuge der Umsetzung von Artikel 2 der Richtlinie 2008/8/EG vom 12. Februar 2008 zur Änderung der Richtlinie 2006/112/EG bezüglich des Ortes der Dienstleistungen durch das Jahressteuergesetz 2009 vom 19. Dezember 2008 (BGBl. I S. 2794) mit Wirkung zum 1. Januar 2010 geändert. Steuerpflichtige sonstige Leistungen im Sinne von § 3a Absatz 2 UStG, die im übrigen Gemeinschaftsgebiet ausgeführt werden und für die der in einem anderen Mitgliedstaat ansässige Leistungsempfänger die Steuer dort schuldet, sind ab 1. Januar 2010 in der Zusammenfassenden Meldung anzugeben und an das Bundeszentralamt für Steuern zu übermitteln.

Ferner wurde § 18a UStG durch das Gesetz zur Umsetzung steuerlicher EU-Vorgaben sowie zur Änderung steuerlicher Vorschriften vom 8. April 2010 (BGBl. I S. 386) mit Wirkung zum 1. Juli 2010 neu gefasst und dadurch Artikel 1 der Richtlinie 2008/117/EG vom 16. Dezember 2008 zur Änderung der Richtlinie 2006/112/EG über das gemeinsame Mehrwertsteuersystem zum Zweck der Bekämpfung des Steuerbetrugs bei innergemeinschaftlichen Umsätzen umgesetzt. Danach ist die Zusammenfassende Meldung monatlich abzugeben, wenn die Summe der Bemessungsgrundlagen für innergemeinschaftliche Warenlieferungen und für Lieferungen im Sinne des § 25b Absatz 2 UStG im Rahmen innergemeinschaftlicher Dreiecksgeschäfte eine bestimmte Betragsgrenze überschreitet.

Unter Bezugnahme auf das Ergebnis der Erörterungen mit den obersten Finanzbehörden der Länder gilt Folgendes:

1. Abgabe der Zusammenfassenden Meldung

1 (1) Jeder Unternehmer im Sinne des § 2 UStG, der innergemeinschaftliche Warenlieferungen (§ 18a Absatz 6 UStG), im übrigen Gemeinschaftsgebiet steuerpflichtige sonstige Leistungen im Sinne von § 3a Absatz 2 UStG (vgl. Rz. 7 bis 23 des BMF-Schreibens vom 4. September 2009 – IV B 9 – S 7117/08/10001 [2009/0580334] – [BStBl. I S. 1005], BMF-Schreiben vom 8. Dezember 2009 – IV B 9 – S 7117/08/10001 [2009/0824594] – [BStBl. I S. 1612] und BMF-Schreiben vom 18. März 2010 – IV D 3 – S 7117/08/10001-03 [2010/0213469] – [BStBl. I S. 256]), für die der in einem anderen Mitgliedstaat ansässige Leistungsempfänger die Steuer dort schuldet, oder Lieferungen im Sinne des § 25b Absatz 2 UStG im Rahmen innergemeinschaftlicher Dreiecksgeschäfte (vgl. Abschnitt 276b Umsatzsteuerrichtlinien – UStR) ausgeführt hat, ist verpflichtet, dem Bundeszentralamt für Steuern bis zum 25. Tag nach Ablauf des Meldezeitraums eine Zusammenfassende Meldung zu übermitteln. Kleinunternehmer im Sinne von § 19 UStG müssen keine Zusammenfassende Meldung abgeben (§ 18a Absatz 4 UStG).

In Abhängigkeit von den jeweiligen Voraussetzungen ist Meldezeitraum für die Zusammenfassende Meldung der Kalendermonat (§ 18a Absatz 1 Satz 1 UStG), das Kalendervierteljahr (§ 18a Absatz 1 Satz 2 und Absatz 2 UStG) oder das Kalenderjahr (§ 18a Absatz 9 UStG), vgl. Rzn. 5 bis 10.

Für einen Meldezeitraum, in dem keine der vorbezeichneten Lieferungen oder sonstigen Leistungen ausgeführt wurden, ist eine Zusammenfassende Meldung nicht zu übermitteln.

2 (2) Nichtselbständige juristische Personen im Sinne von § 2 Absatz 2 Nummer 2 UStG (Organgesellschaften) sind verpflichtet, eine eigene Zusammenfassende Meldung für die von ihnen ausgeführten innergemeinschaftlichen Warenlieferungen (§ 18a Absatz 6 UStG), im übrigen Gemeinschaftsgebiet steuerpflichtige sonstige Leistungen im Sinne von § 3a Absatz 2 UStG für die der in einem anderen Mitgliedstaat ansässige Leistungsempfänger die Steuer dort schuldet oder Lieferungen im Sinne des § 25b Absatz 2 UStG im Rahmen innergemeinschaftlicher Dreiecksgeschäfte zu übermitteln (§ 18a Absatz 5 Satz 4 UStG). Dies gilt unabhängig davon, dass diese Vorgänge umsatzsteuerrechtlich als Umsätze des Organträgers behandelt werden und in dessen Voranmeldung und Steuererklärung für das Kalenderjahr anzumelden sind. Die meldepflichtigen Organgesellschaften benötigen zu diesem Zweck eine Umsatzsteuer-Identifikationsnummer (§ 27a Absatz 1 Satz 3 UStG).

3 (3) Zur Abgabe einer Zusammenfassenden Meldung nach Rz. 1 sind auch pauschalversteuernde Land- und Forstwirte verpflichtet. Dies gilt unabhängig davon, dass nach § 24 Absatz 1 UStG die Steuerbefreiung für innergemeinschaftliche Warenlieferungen im Sinne von § 4 Nummer 1 Buchstabe b i.V.m. § 6a UStG keine Anwendung findet.

4 (4) Die Zusammenfassende Meldung ist nach amtlich vorgeschriebenem Datensatz durch Datenfernübertragung nach Maßgabe der Steuerdaten-Übermittlungsverordnung zu übermitteln (vgl. BMF-Schreiben vom 15. Januar 2007, BStBl. I S. 95). Informationen zur elektronischen Übermittlung sind unter den Internet-Adressen www.elster.de oder www.bzst.de abrufbar. Zur Vermeidung von unbilligen Härten kann das für die Besteuerung des Unternehmers zuständige Finanzamt auf Antrag zulassen, dass

Anlage § 018a–03

die Zusammenfassende Meldung in herkömmlicher Form – auf Papier – nach amtlich vorgeschriebenem Vordruck abgegeben wird. Dem Antrag ist zuzustimmen, wenn für den Unternehmer die Übermittlung nach amtlich vorgeschriebenem Datensatz durch Datenfernübertragung wirtschaftlich oder persönlich unzumutbar ist. Dies ist insbesondere der Fall, wenn die Schaffung der technischen Möglichkeiten für eine elektronische Übermittlung des amtlichen Datensatzes nur mit einem nicht unerheblichen finanziellen Aufwand möglich wäre oder wenn der Unternehmer nach seinen individuellen Kenntnissen und Fähigkeiten nicht oder nur eingeschränkt in der Lage ist, die Möglichkeiten der Datenfernübertragung zu nutzen (§ 150 Absatz 8 Abgabenordnung). Soweit das Finanzamt nach § 18 Absatz 1 Satz 2 UStG auf eine elektronische Übermittlung der Voranmeldung verzichtet hat, gilt dies auch für die Zusammenfassende Meldung.

2. Abgabefrist

(1) Die Zusammenfassende Meldung ist bis zum 25. Tag nach Ablauf jedes Kalendermonats an das Bundeszentralamt für Steuern zu übermitteln, wenn die Summe der Bemessungsgrundlagen für innergemeinschaftliche Warenlieferungen (§ 18a Absatz 6 UStG) und Lieferungen im Sinne des § 25b Absatz 2 UStG im Rahmen von innergemeinschaftlichen Dreiecksgeschäften für das laufende Kalendervierteljahr oder für eines der vier vorangegangenen Kalendervierteljahre jeweils mehr als 100.000 Euro beträgt. Die Regelungen über die Dauerfristverlängerung nach § 18 Absatz 6 UStG und §§ 46 bis 48 UStDV gelten nicht für die Zusammenfassende Meldung. 5

(2) Übersteigt im Laufe eines Kalendervierteljahres die Summe der Bemessungsgrundlagen für innergemeinschaftliche Warenlieferungen (§ 18a Absatz 6 UStG) und Lieferungen im Sinne des § 25b Absatz 2 UStG im Rahmen von innergemeinschaftlichen Dreiecksgeschäften 100.000 Euro, ist die Zusammenfassende Meldung bis zum 25. Tag nach Ablauf des Kalendermonats, in dem dieser Betrag überschritten wird, zu übermitteln. Wird die Betragsgrenze von 100.000 Euro im zweiten Kalendermonat eines Kalendervierteljahres überschritten, kann der Unternehmer eine Zusammenfassende Meldung für die bereits abgelaufenen Kalendermonate dieses Kalendervierteljahres übermitteln, in der die Angaben für diese beiden Kalendermonate zusammengefasst werden, oder jeweils eine Zusammenfassende Meldung für jeden der abgelaufenen Kalendermonate dieses Kalendervierteljahres. Überschreitet der Unternehmer die Betragsgrenze im dritten Kalendermonat eines Kalendervierteljahres, wird es nicht beanstandet, wenn er statt einer Zusammenfassenden Meldung für dieses Kalendervierteljahr jeweils gesondert eine Zusammenfassende Meldung für jeden der drei Kalendermonate dieses Kalendervierteljahres übermittelt. 6

Beispiel:

Der deutsche Maschinenhersteller M liefert im Januar des Jahres 01 eine Maschine für 20.000 Euro und im Februar des Jahres 01 eine weitere Maschine für 35.000 Euro an den belgischen Unternehmer U. Ferner liefert M im Februar des Jahres 01 eine Maschine für 50.000 Euro an den französischen Automobilhersteller A. Die Rechnungsstellung erfolgte jeweils zeitgleich mit der Ausführung der Lieferungen.

M ist verpflichtet, die Umsätze bis zum 25. März 01 dem Bundeszentralamt für Steuern zu melden. Wahlweise kann er für die Monate Januar 01 und Februar 01 jeweils gesondert eine Zusammenfassende Meldung übermitteln, oder er übermittelt eine Zusammenfassende Meldung, in der er die Summe der Bemessungsgrundlagen der an U und A ausgeführten innergemeinschaftlichen Warenlieferungen gemeinsam für die Monate Januar 01 und Februar 01 angibt.

(3) Unternehmer können die Zusammenfassende Meldung auch monatlich übermitteln, wenn die Summe der Bemessungsgrundlagen für innergemeinschaftliche Warenlieferungen (§ 18a Absatz 6 UStG) und Lieferungen im Sinne des § 25b Absatz 2 UStG im Rahmen von innergemeinschaftlichen Dreiecksgeschäften weder für das laufende Kalendervierteljahr noch für eines der vier vorangegangenen Kalendervierteljahre jeweils mehr als 100.000 Euro beträgt. Möchte der Unternehmer von dieser Möglichkeit Gebrauch machen, hat er dies dem Bundeszentralamt für Steuern anzuzeigen (§ 18a Absatz 1 Satz 4 UStG). Der Anzeigepflicht kommt der Unternehmer nach, wenn er bei der erstmaligen Inanspruchnahme das auf dem amtlich vorgeschriebenen Vordruck für die Zusammenfassende Meldung dafür vorgesehene Feld ankreuzt. Die Ausübung des Wahlrechts bindet den Unternehmer bis zum Zeitpunkt des Widerrufs, mindestens aber für die Dauer von 12 Kalendermonaten. 7

Der Widerruf wird dem Bundeszentralamt für Steuern durch Markieren des dafür vorgesehenen Feldes auf dem amtlich vorgeschriebenen Vordruck für die Zusammenfassende Meldung angezeigt. Soweit in begründeten Einzelfällen ein Widerruf vor Ablauf der Ausschlussfrist von 12 Kalendermonaten notwendig werden sollte, ist dies dem Bundeszentralamt für Steuern schriftlich unter Angabe der Gründe mitzuteilen.

Anlage § 018a–03

8 (4) Die Zusammenfassende Meldung ist bis zum 25. Tag nach Ablauf jedes Kalendervierteljahres zu übermitteln, wenn steuerpflichtige sonstige Leistungen im Sinne von § 3a Absatz 2 UStG im übrigen Gemeinschaftsgebiet ausgeführt wurden, für die der in einem anderen Mitgliedstaat ansässige Leistungsempfänger die Steuer dort schuldet.

9 (5) Unternehmer, die hinsichtlich der Ausführung von innergemeinschaftlichen Warenlieferungen (§ 18a Absatz 6 UStG) und Lieferungen im Sinne des § 25b Absatz 2 UStG im Rahmen innergemeinschaftlicher Dreiecksgeschäfte zur monatlichen Übermittlung einer Zusammenfassenden Meldung verpflichtet sind, melden die im übrigen Gemeinschaftsgebiet ausgeführten steuerpflichtigen sonstigen Leistungen im Sinne von § 3a Absatz 2 UStG, für die der in einem anderen Mitgliedstaat ansässige Leistungsempfänger die Steuer dort schuldet, in der Zusammenfassenden Meldung für den letzten Monat des Kalendervierteljahres.

10 (6) Unternehmer, die die Zusammenfassende Meldung hinsichtlich der Ausführung von innergemeinschaftlichen Warenlieferungen (§ 18a Absatz 6 UStG) und Lieferungen im Sinne des § 25b Absatz 2 UStG im Rahmen innergemeinschaftlicher Dreiecksgeschäfte monatlich übermitteln, können darin auch die steuerpflichtigen sonstigen Leistungen im Sinne von § 3a Absatz 2 UStG, die in dem entsprechenden Kalendermonat im übrigen Gemeinschaftsgebiet ausgeführt worden sind und für die der in einem anderen Mitgliedstaat ansässige Leistungsempfänger die Steuer dort schuldet, angeben (§ 18a Absatz 3 Satz 1 UStG). Die Ausübung dieser Wahlmöglichkeit wird dem Bundeszentralamt für Steuern durch die Angabe von im übrigen Gemeinschaftsgebiet ausgeführten steuerpflichtigen sonstigen Leistungen im Sinne von § 3a Absatz 2 UStG für die der in einem anderen Mitgliedstaat ansässige Leistungsempfänger die Steuer dort schuldet in der Zusammenfassenden Meldung für den ersten oder zweiten Kalendermonat eines Kalendervierteljahres angezeigt (§ 18a Absatz 3 Satz 2 UStG).

3. Angaben für den Meldezeitraum

11 (1) In der Zusammenfassenden Meldung ist nach § 18a Absatz 7 UStG in dem jeweiligen Meldezeitraum getrennt für jeden Erwerber oder Empfänger der dort bezeichneten Lieferungen oder sonstigen Leistungen die Umsatzsteuer-Identifikationsnummer und die Summe der Bemessungsgrundlagen gesondert nach innergemeinschaftlichen Warenlieferungen (§ 18a Absatz 6 UStG), steuerpflichtigen sonstigen Leistungen im Sinne von § 3a Absatz 2 UStG, die im übrigen Gemeinschaftsgebiet ausgeführt worden sind und für die der in einem anderen EU-Mitgliedstaat ansässige Leistungsempfänger die Steuer dort schuldet, und Lieferungen im Sinne von § 25b Absatz 2 UStG im Rahmen von innergemeinschaftlichen Dreiecksgeschäften anzugeben und entsprechend zu kennzeichnen.

Wird eine steuerpflichtige sonstige Leistung im vorstehenden Sinne dauerhaft über einen Zeitraum von mehr als einem Jahr erbracht, gilt § 13b Absatz 3 UStG entsprechend.

Unbeachtlich ist, ob der Unternehmer seine Umsätze nach vereinbarten oder vereinnahmten Entgelten versteuert. Bei den steuerpflichtigen sonstigen Leistungen im vorstehenden Sinne und den Lieferungen im Sinne von § 25b Absatz 2 UStG im Rahmen von innergemeinschaftlichen Dreiecksgeschäften ist es zudem unbeachtlich, wann der Unternehmer die Rechnung ausgestellt hat.

12 (2) Wegen der Umrechnung von Werten in fremder Währung vgl. Abschnitt 222 UStR. Hat der Unternehmer die Rechnung für eine innergemeinschaftliche Warenlieferung, die er im letzten Monat eines Meldezeitraums ausgeführt hat, erst nach Ablauf des Meldezeitraums ausgestellt, ist für die Umrechnung grundsätzlich der Durchschnittskurs des auf den Monat der Ausführung der Lieferung folgenden Monats heranzuziehen.

4. Änderung der Bemessungsgrundlage

13 (1) Hat sich die umsatzsteuerliche Bemessungsgrundlage für die zu meldenden Umsätze nachträglich geändert (z.B. durch Rabatte), sind diese Änderungen in dem Meldezeitraum zu berücksichtigen, in dem sie eingetreten sind. Dies gilt entsprechend in den Fällen des § 17 Absatz 2 UStG (z.B. Uneinbringlichkeit der Forderung, Rückgängigmachung der Lieferung). Gegebenenfalls ist der Änderungsbetrag mit der jeweiligen Summe der Bemessungsgrundlagen für innergemeinschaftliche Warenlieferungen (§ 18a Absatz 6 UStG), im übrigen Gemeinschaftsgebiet ausgeführte steuerpflichtige sonstige Leistungen im Sinne von § 3a Absatz 2 UStG, für die der in einem anderen EU-Mitgliedstaat ansässige Leistungsempfänger die Steuer dort schuldet, oder für Lieferungen im Rahmen innergemeinschaftlicher Dreiecksgeschäfte (§ 25b Absatz 2 UStG) zu saldieren, die im maßgeblichen Zeitraum zu melden sind. Der Gesamtbetrag der zu meldenden Bemessungsgrundlagen kann negativ sein.

14 (2) Der Gesamtbetrag der Bemessungsgrundlagen kann ausnahmsweise auf Grund von Saldierungen 0 Euro betragen. In diesem Fall ist „0" zu melden.

15 (3) Von nachträglichen Änderungen der Bemessungsgrundlage sind die Berichtigungen von Angaben zu unterscheiden, die bereits bei ihrer Meldung unrichtig oder unvollständig sind (vgl. Rz. 16).

Anlage § 018a–03

5. Berichtigung der Zusammenfassenden Meldung

(1) Eine unrichtige oder unvollständige Zusammenfassende Meldung muss gesondert für den Meldezeitraum berichtigt werden, in dem die unrichtigen oder unvollständigen Angaben erklärt wurden. Wird eine unrichtige oder unvollständige Zusammenfassende Meldung vorsätzlich oder leichtfertig nicht oder nicht rechtzeitig berichtigt, kann dies als Ordnungswidrigkeit mit einer Geldbuße bis zu 5.000 Euro geahndet werden (vgl. § 26a Absatz 1 Nummer 5 UStG). Rechtzeitig ist die Berichtigung, wenn sie innerhalb von einem Monat, nachdem der Unternehmer die Unrichtigkeit oder Unvollständigkeit erkannt hat, übermittelt wird (§ 18a Absatz 10 UStG). Für die Fristwahrung ist der Zeitpunkt des Eingangs der berichtigten Zusammenfassenden Meldung beim Bundeszentralamt für Steuern maßgeblich.

(2) Eine Zusammenfassende Meldung ist zu berichtigen, soweit der in einem anderen Mitgliedstaat ansässige unternehmerische Leistungsempfänger, der die Steuer dort schuldet, seine Umsatzsteuer-Identifikationsnummer dem leistenden Unternehmer erst nach dem Bezug einer im übrigen Gemeinschaftsgebiet steuerpflichtigen sonstigen Leistung im Sinne von § 3a Absatz 2 UStG mitgeteilt hat, und daher deren Angabe in der Zusammenfassenden Meldung für den Meldezeitraum zunächst unterblieben ist.

6. Anwendungszeitpunkt

(1) Dieses Schreiben ist anzuwenden für innergemeinschaftliche Warenlieferungen (§ 18a Absatz 6 UStG) und Lieferungen im Sinne des § 25b Absatz 2 UStG im Rahmen innergemeinschaftlicher Dreiecksgeschäfte, die nach dem 30. Juni 2010 ausgeführt werden, sowie auf steuerpflichtige sonstige Leistungen im Sinne von § 3a Absatz 2 UStG, die nach dem 30. Juni 2010 im übrigen Gemeinschaftsgebiet erbracht werden und für die der in einem anderen Mitgliedstaat ansässige Leistungsempfänger die Steuer dort schuldet. Maßgebend für die Bestimmung des Meldezeitraums nach § 18a Absatz 1 Satz 1 UStG ist die Summe der Bemessungsgrundlagen der innergemeinschaftlichen Warenlieferungen (§ 18a Absatz 6 UStG) und Lieferungen im Sinne des § 25b Absatz 2 UStG im Rahmen innergemeinschaftlicher Dreiecksgeschäfte im 3. und 4. Quartal des Jahres 2009 und im 1. und 2. Quartal des Jahres 2010.

(2) Für die Übermittlung der Zusammenfassenden Meldung für das 2. Quartal 2010 ist § 18a Absatz 1 Satz 7 UStG in der bis zum 30. Juni 2010 geltenden Fassung anzuwenden.

(3) Dieses Schreiben gilt vom 1. Januar 2012 mit der Maßgabe, dass an die Stelle des Betrages von 100.000 Euro der Betrag von 50.000 Euro tritt (vgl. § 18a Absatz 1 Satz 5 UStG).

Anlage § 018c–01

Informationsaustausch zwischen den Mitgliedstaaten über den Erwerb neuer Fahrzeuge

BMF-Schreiben vom 23.04.2003 – IV B 2 – S 7079 – 257/03,
DStR 2003 S. 1302

Beigefügt wird ein Abdruck der am 27.11.2002 auf der Grundlage der Richtlinie 77/799/EWG (Amtshilfe-Richtlinie) von den Mitgliedstaaten der EU – mit Ausnahme Luxemburgs – unterzeichneten multilateralen Vereinbarung zwischen den für die Amtshilfe zuständigen Behörden über den Informationsaustausch über neue Fahrzeuge übersandt[1]. Die unterzeichnenden Mitgliedstaaten haben sich auf einen verstärkten Informationsaustausch bezüglich neuer Wasser-, Luft- und motorbetriebener Landfahrzeuge verständigt.

Die Vereinbarung wurde auf Grund einer von Deutschland ausgehenden Initiative, eine wirksame Kontrolle des innergemeinschaftlichen Erwerbs neuer Wasserfahrzeuge sicherzustellen, erarbeitet. Sie umfasst neben dem Austausch von Informationen über neue Wasserfahrzeuge auch den Informationsaustausch hinsichtlich neuer Luft- und neuer motorbetriebener Landfahrzeuge.

Auf Grund der unterschiedlichen Erhebung der einzelnen Daten in den Mitgliedstaaten sind zwei Arten des Auskunftsaustauschs über die neuen Fahrzeuge vorgesehen: der verstärkte spontane und der automatische. Beim verstärkten spontanen Informationsaustausch sollen den betroffenen Staaten ohne vorheriges Ersuchen systematisch gesammelte Daten übersandt werden. In Fällen des automatischen Auskunftsaustauschs sollen die systematisch gesammelten Daten an die betroffenen Mitgliedstaaten ohne vorheriges Ersuchen in vorab festgelegten regelmäßigen Abständen übersandt werden. Die auszutauschenden Informationen sollten – soweit möglich – mindestens die im Anhang 2[1] zur Vereinbarung aufgelisteten Angaben enthalten.

In Art. 4 der multilateralen Vereinbarung werden Festlegungen zum zeitlichen Aspekt des Austausches der Informationen getroffen. So sind die Informationen schnellstmöglich, grundsätzlich spätestens aber binnen 3 Monaten nach Ablauf des Kalendervierteljahres, in dem sie erhoben wurden (spontaner Auskunftsaustausch) bzw. auf das sie sich beziehen (automatischer Auskunftsaustausch), an die anderen EU-Mitgliedstaaten zu übermitteln.

Deutschland wird sich zunächst bis zur Verabschiedung der Meldepflicht-Verordnung nach § 18c UStG an dem verstärkten spontanen Informationsaustausch beteiligen. Inwieweit andere Mitgliedstaaten sich an dem verstärkten spontanen oder dem automatischen Auskunftsaustausch beteiligen, kann dem Anhang 1 zur multilateralen Vereinbarung entnommen werden.

Die Vereinbarung ist am 27.11.2002, dem Tag der Unterzeichnung, in Kraft getreten.

Es wird gebeten, die Finanzämter zu informieren und auf eine verstärkte Übersendung von Spontanauskünften an die Mitgliedstaaten der EU betreffend den Bereich der neuen Fahrzeuge hinzuwirken. Der Auskunftsverkehr ist entsprechend den bestehenden Regelungen und Verfahren über die zwischenstaatliche Amtshilfe in Umsatzsteuersachen abzuwickeln, d. h. der Auskunftsverkehr wird grundsätzlich über das BfF geleitet, es sei denn, die lokale Finanzbehörde wurde zum direkten Auskunftsverkehr mit dem betroffenen EU-Mitgliedstaat nach § 1a Abs. 4 EG-AHG ermächtigt.

Anhang 1 der multilateralen Vereinbarung vom 27.11.2002:

	Verstärkter spontaner Informationsaustausch	Automatischer Informationsaustausch
a) befreite Lieferungen von neuen Fahrzeugen durch gelegentlich Steuerpflichtige	A, D, EL, F, FIN, P, I	B, DK, E, IRL, NL, S, UK
b) befreite Lieferungen von neuen Wasser- und Luftfahrzeugen durch Steuerpflichtige an nicht für MwSt-Zwecke registrierte Personen	A, D, E, EL, F, IRL, P, I	B, DK, FIN, NL, S, UK
c) befreite Lieferungen von neuen motorbetriebenen Landfahrzeugen durch Steuerpflichtige an nicht für MwSt-Zwecke registrierte Personen	A, B, D, E, EL, F, P, I	DK, FIN, IRL, NL, S, UK

---

1) Hier nicht abgedruckt

Anlage § 018e–01

Das qualifizierte Bestätigungsverfahren gem. § 18e UStG ist ab sofort auch über das Internet möglich

OFD Düsseldorf, Kurzinformation Umsatzsteuer Nr. 19 vom 20.12.2004, DB 2005 S. 20

Das BMF hat darüber unterrichtet, dass das qualifizierte Bestätigungsverfahren ab sofort auch über Internet unter der Adresse http://evatr.bff-online.de/eVatR/ durchgeführt werden kann. Möglich ist generell auch der Weg über die bereits bekannte Internetadresse www.bff-online.de, wo der Anfragende über die Rubrik „Bestätigungsverfahren" ebenfalls zur qualifizierten Bestätigungsanfrage gelangt.

Das Verfahren ist wie folgt ausgestaltet:

Der Anfragende wird zunächst gebeten, sich mit seiner eigenen USt-IdNr. zu identifizieren und dann die einfache Bestätigungsanfrage für eine USt-IdNr. aus einem anderen EU-Mitgliedstaat durchzuführen. Wird die angegebene USt-IdNr. als nicht gültig erkannt, ist keinerlei weitergehende Anfrage möglich. Soweit die angegebene USt-IdNr. jedoch als gültig bestätigt werden kann, erfolgt die automatisierte Weiterleitung zur qualifizierten Bestätigungsanfrage. Der Abfragende muss, wie auch beim manuellen Verfahren, alle erforderlichen Angaben machen (Name, Ort, Straße, Postleitzahl), die dann einzeln abgeglichen werden und zu denen er die Information „stimmt" oder „stimmt nicht" erhält. Das neu eingerichtete automatisierte Verfahren entspricht somit in vollem Umfang dem manuellen Verfahren. Beim automatischen Verfahren kann das am Bildschirm erhaltene Abfrageergebnis vom abfragenden Unternehmer direkt ausgedruckt werden. Darüber hinaus kann er, soweit er dies für erforderlich hält, eine zusätzliche „offizielle" Bestätigungsanfrage beim BfF stellen.

Das BMF hat gebeten, Unternehmer bei entsprechenden Beschwerden über die Erreichbarkeit des BfF bzw. bei anderen sich bietenden Gelegenheiten auf die im Internet bestehende Möglichkeit zur Durchführung der Bestätigungsanfrage hinzuweisen.

Anlage § 018g–01

Verlängerung der Frist für die Abgabe von Anträgen auf Vorsteuer-Vergütung für das Kalenderjahr 2009

BMF-Schreiben vom 01.11.2010 – IV D 3 – S 7359/10/10004,
BStBl. 2010 I S. 1280

Der EU-Ministerrat hat am 14. Oktober 2010 die Richtlinie 2010/66/EU zur Änderung der Richtlinie 2008/9/EG zur Regelung der Erstattung der Mehrwertsteuer gemäß der Richtlinie 2006/112/EG an nicht im Mitgliedstaat der Erstattung, sondern in einem anderen Mitgliedstaat ansässige Steuerpflichtige (ABl. EU 2010 Nr. L 275 S. 1) verabschiedet. Danach wird die Frist, bis zu der EU-einheitlich Vorsteuer-Vergütungsanträge für das Kalenderjahr 2009 eingereicht werden können, bis zum 31. März 2011 verlängert. Eine entsprechende Umsetzung dieser Verlängerung durch Änderung der UStDV ist nicht mehr möglich.

Im Einvernehmen mit den obersten Finanzbehörden der Länder wird deshalb entsprechend den Regelungen der Richtlinie 2010/66/EU in Abweichung von § 61 Absatz 2 Satz 1 UStDV zugelassen, dass im übrigen Gemeinschaftsgebiet ansässige Unternehmer die Vergütung von Vorsteuerbeträgen für das Kalenderjahr 2009 bis zum 31. März 2011 beantragen können.

Entsprechend kann ein im Inland ansässiger Unternehmer einen Antrag auf Vergütung von Vorsteuerbeträgen in einem anderen EU-Mitgliedstaat unter den Bedingungen des § 18g UStG für das Kalenderjahr 2009 dem Bundeszentralamt für Steuern bis zum 31. März 2011 übermitteln.

Anlage § 019–01

Anwendung des § 19 Abs. 1 UStG bei stark schwankenden Umsätzen

OFD Stuttgart, Kartei-Vfg. vom 09.12.2002,
DStR 2003 S. 209

Zur Frage, ob eine Vereinsgemeinschaft die Kleinunternehmerregelung des § 19 Abs. 1 UStG in Anspruch nehmen kann, wenn sie alle drei Jahre ein Fest ausrichtet und dabei einen Umsatz zwischen 16.621 €[1)] und 50.000 € erzielt, in den Jahren dazwischen aber nur sehr geringe oder gar keine Umsätze hat, gilt Folgendes:

Nach § 19 Abs. 1 Satz 1 UStG wird die Umsatzsteuer nicht erhoben, wenn der Umsatz zuzüglich der darauf entfallenden Steuer im vorangegangenen Kalenderjahr 16.620 €[2)] nicht überstiegen hat und im laufenden Kalenderjahr 50.000 € nicht übersteigen wird. Ist ein Vorjahresumsatz nicht vorhanden, weil ein Unternehmer seine Tätigkeit erst im laufenden Kalenderjahr aufgenommen hat, ist allein entscheidend, ob im laufenden Kalenderjahr die Umsatzgrenze von 16.620 €[2)] voraussichtlich überschritten wird (vgl. Abschn. 246 Abs. 4 USR).

Welche Grenzen maßgebend sind, richtet sich somit danach, ob die Unternehmereigenschaft im Jahr der Ausrichtung eines Festes jeweils neu beginnt oder ob sie fortdauert.

Nach ständiger höchstrichterlicher Finanzrechtsprechung (vgl. BFH vom 13.12.1963, BStBl. III 1964, 90; vom 22.06.1989, BStBl. II, 144 und vom 21.12.1989, UR 1990, 212) liegt, auch wenn zeitweilig keine Umsätze ausgeführt werden, ein Ende der unternehmerischen Betätigung nicht vor, wenn der Unternehmer die Absicht hat, das Unternehmen weiterzuführen oder in absehbarer Zeit wiederaufleben zu lassen. Dies gilt auch dann, wenn die Unterbrechung der Tätigkeit einen größeren Zeitraum einnimmt.

Im o. g. Fall der Vereinsgemeinschaft kann davon ausgegangen werden, dass durch die regelmäßige Durchführung der Festveranstaltungen und die bestehende Absicht, auch künftig so zu verfahren, die Unternehmereigenschaft der Vereinsgemeinschaft fortdauert. Die Anwendung der Kleinunternehmerregelung des § 19 Abs. 1 UStG hängt in diesem Fall somit entsprechend dem Gesetzeswortlaut davon ab, ob der Vorjahresumsatz 16.620 €[2)] nicht überstiegen hat und ob der Umsatz im laufenden Kalenderjahr 50.000 € voraussichtlich nicht übersteigen wird.

---

1) Ab dem 01.01.2003: 17.501 €
2) Ab dem 01.01.2003: 17.500 €

Anlage § 019–02

Ermittlung des Gesamtumsatzes i.S.d. § 19 UStG zu dem in den § 25 und § 25a UStG verwendeten Begriff des Umsatzes

BMF-Schreiben vom 16.06.2009 – IV B 9 – S 7360/08/10001,
BStBl. 2009 I S. 755

Unter Bezugnahme auf das Ergebnis der Erörterungen mit den obersten Finanzbehörden der Länder gilt zur Anwendung des Abschnitts 251 Abs. 1 Satz 4 UStR für die Ermittlung des Gesamtumsatzes i.S.d. § 19 UStG in Fällen der Besteuerung von Reiseleistungen nach § 25 UStG und der Differenzbesteuerung nach § 25a UStG Folgendes:

Bei Anwendung dieser Sonderregelungen ist für die Ermittlung des Gesamtumsatzes i.S.d. § 19 Abs. 3 UStG auf die vereinnahmten Entgelte und nicht auf den Differenzbetrag gemäß § 25 Abs. 3 UStG bzw. § 25a Abs. 3 UStG abzustellen.

Abschnitt 251 Abs. 1 Satz 4 UStR (Verweis auf Abschnitte 274 und 276a Abs. 8 bis 14 UStR) ist, soweit er diesem Schreiben entgegensteht, ab dem 1. Januar 2010 nicht mehr anzuwenden.

Anlage § 019–03

Umsatzsteuerliche Behandlung der Verpachtung landwirtschaftlicher Betriebe; Anwendung der Kleinunternehmerregelung nach § 19 Abs. 1 UStG

BMF-Schreiben vom 09.12.2011 – IV D 3 – S 7360/11/10003, BStBl. 2011 I S. 1288

Ein Unternehmer, der seinen landwirtschaftlichen Betrieb verpachtet und dessen unternehmerische Betätigung im Bereich der Landwirtschaft sich in dieser Verpachtung erschöpft, betreibt mit der Verpachtung keinen landwirtschaftlichen Betrieb im Sinne des § 24 UStG; die Durchschnittssatzbesteuerung kann nicht angewendet werden (Abschnitt 24.3 Abs. 7 und 8 UStAE).

Soweit die Pacht auf überlassene Grundstücke einschließlich aufstehender Gebäude entfällt, sind die Pachteinnahmen grundsätzlich steuerfrei (§ 4 Nr. 12 Satz 1 Buchst. a UStG). Wird im Rahmen der Verpachtung eines landwirtschaftlichen Betriebs lebendes und totes Inventar mitverpachtet, ist die Verpachtung des Inventars grundsätzlich umsatzsteuerpflichtig. Übersteigt der nach § 19 Abs. 1 UStG maßgebende Umsatz (einschließlich der steuerpflichtigen Umsätze aus der Verpachtung) nicht den Betrag von jährlich 17.500 € bzw. wird im laufenden Kalenderjahr der Betrag von 50.000 € voraussichtlich nicht überschritten, kann die Kleinunternehmerregelung angewendet werden.

Nach dem Ergebnis der Erörterungen mit den obersten Finanzbehörden der Länder gilt bei Beginn der Verpachtung eines landwirtschaftlichen Betriebs Folgendes:

Bei der Anwendung des § 19 Abs. 1 UStG kann zu Beginn der Verpachtung aus Vereinfachungsgründen auf den voraussichtlichen Gesamtumsatz des laufenden Kalenderjahres abgestellt werden. Beginnt die Verpachtung im Laufe eines Jahres, werden – zur Vereinfachung – die vor der Verpachtung erzielten Umsätze, die unter die Durchschnittsbesteuerung nach § 24 UStG fallen, bei der Ermittlung des Gesamtumsatzes des laufenden Jahres nicht berücksichtigt.

Dementsprechend werden die Abschnitte 19.1 und 19.4 des Umsatzsteuer-Anwendungserlasses vom 1. Oktober 2010 (BStBl. I S. 846), der zuletzt durch das BMF-Schreiben vom 9. Dezember 2011 – IV D 2 – S 7330/09/10001 :001 (2011/0992053) –, BStBl. I S. 1273, geändert worden ist, wie folgt geändert:

1. In Abschnitt 19.1 wird nach dem bisherigen Absatz 4 folgender neuer Absatz 4a eingefügt:

   „(4a) ¹Bei einem Unternehmer, der seinen landwirtschaftlichen Betrieb verpachtet und dessen unternehmerische Betätigung im Bereich der Landwirtschaft sich in dieser Verpachtung erschöpft, so dass die Durchschnittsatzbesteuerung nach § 24 UStG nicht mehr angewendet werden kann, kann zu Beginn der Verpachtung für die Anwendung des § 19 Abs. 1 UStG aus Vereinfachungsgründen auf den voraussichtlichen Gesamtumsatz des laufenden Kalenderjahres abgestellt werden. ²Beginnt die Verpachtung im Laufe eines Jahres, werden ebenfalls zur Vereinfachung die vor der Verpachtung erzielten Umsätze, die unter die Durchschnittsbesteuerung nach § 24 UStG fallen, bei der Ermittlung des Gesamtumsatzes des laufenden Jahres nicht berücksichtigt."

2. In Abschnitt 19.4 wird der Satz wie folgt gefasst:

   „Auf **Abschnitt 19.1 Abs. 4a,** Abschnitt 24.7 Abs. 4 und Abschnitt 24.8 Abs. 2 und 3 wird hingewiesen."

Die Grundsätze dieses Schreibens sind in allen offenen Fällen anzuwenden.

Anlage § 020–01

Genehmigung der Besteuerung nach vereinnahmten Entgelten

OFD München, Vfg. vom 21.12.1995 – S 7368 – 11 – St 46,
DStR 1996 S. 223

Das FG München hat mit rkr. Urteil vom 24.3.1993 (Az.: 3 K 4102/91) zu der Frage Stellung genommen, unter welchen Voraussetzungen ein Antrag auf Genehmigung der Besteuerung nach vereinnahmten Entgelten (UStG) – auch bei Vorliegen der gesetzlichen Voraussetzungen – abgelehnt werden kann. Dem Urteil lag folgender Sachverhalt zugrunde:

Der Stpfl. war in den Streitjahren als Erfinder und Autor unternehmerisch tätig. Die Verwertung seiner Patente, Gebrauchsmuster und Autorenrechte übertrug er einer zu diesem Zweck gegründeten GmbH, an der er zu 80% beteiligt war. Über mehrere Jahre hinweg erteilte er der GmbH Tantieme-Abrechnungen mit offenem Steuerausweis, erklärte aber für diese Jahre keine oder nur sehr geringe Umsätze mit der Begründung, er brauche nur die vereinnahmten Umsätze zu versteuern, da bei ihm – unstreitig – die Voraussetzungen des § 20 Nr. 1 und 3 UStG vorlägen. Die GmbH habe aber die vereinbarten Entgelte bisher nicht an ihn bezahlt. Die Ist-Besteuerung sei als genehmigt anzusehen, weil darauf ein Rechtsanspruch bestehe. Hilfsweise stellte er den Antrag, die Besteuerung nach vereinnahmten Entgelten rückwirkend für die Streitjahre zu genehmigen.

Das FA lehnte diesen Antrag ab und unterwarf die in den Streitjahren *vereinbarten* Entgelte der Umsatzsteuer. Das FG bestätigte mit dem o.g. Urteil diese Entscheidung und begründete dies wie folgt:

Grundsätzlich sei Anträgen auf Genehmigung der Besteuerung nach vereinnahmten Entgelten zwar stattzugeben, wenn die Voraussetzungen des § 20 UStG vorliegen. Im vorliegenden Fall sei es aber nicht ermessensfehlerhaft gewesen, den Antrag abzulehnen. Wörtlich führt das FG dazu aus:

„Die vom Gesetz beabsichtigte Vereinfachung der Besteuerung für den Stpfl. kann bei einer nachträglichen Bewilligungserteilung nicht mehr erreicht werden. Die vom Kl. praktizierte Verfahrensweise, zwischen seinem Einzelunternehmen und der GmbH Abrechnungen vorzunehmen, die einerseits den Vorsteuerabzug ermöglichen, andererseits zu keiner USt-Schuld führen, schließt die Genehmigung einer Besteuerung nach vereinnahmten Entgelten aus; denn die Genehmigung der Besteuerung nach vereinnahmten Entgelten soll der Vereinfachung der Besteuerung dienen, nicht aber dazu, das Steueraufkommen zu gefährden oder – wie im vorliegenden Fall von verbundenen Unternehmen – den Vorsteuerabzug ohne eine korrespondierende Umsatzsteuerschuld zuzulassen."

Nach den Grundsätzen dieses Urteils ist in allen Fällen zu verfahren, in denen ein Unternehmer Leistungen an nahestehende Personen (Abschn. 11 Abs. 3 UStR) erbringt, Rechnungen mit gesondertem USt-Ausweis erteilt, aber die Entgelte über unverhältnismäßig lange Zeit nicht vereinnahmt. Anträge auf Genehmigung der Besteuerung nach vereinnahmten Entgelten sind in diesen Fällen abzulehnen, bereits erteilte Genehmigungen mit Wirkung für die Zukunft nach § 131 Abs. 2 Nr. 1 AO zu widerrufen.

Anlage § 020–02

Berechnung der Umsatzsteuer nach vereinnahmten Entgelten; Änderung von § 20 Abs. 2 UStG durch das Gesetz zur verbesserten steuerlichen Berücksichtigung von Vorsorgeaufwendungen (Bürgerentlastungsgesetz Krankenversicherung)

BMF-Schreiben vom 10.07.2009 – IV B 8 – S 7368/09/10001,
UR 2009 S. 539

Das Finanzamt kann gemäß § 20 Abs. 1 Satz 1 Nr. 1 UStG auf Antrag gestatten, dass ein Unternehmer, dessen Gesamtumsatz (§ 19 Abs. 3 UStG) im vorangegangenen Kalenderjahr nicht mehr als 250.000 Euro betragen hat, die Umsatzsteuer nicht nach vereinbarten Entgelten (§ 16 Abs. 1 Satz 1 UStG), sondern nach vereinnahmten Entgelten berechnet (Istversteuerung). Durch Artikel 8 des Gesetzes zur verbesserten steuerlichen Berücksichtigung von Vorsorgeaufwendungen (Bürgerentlastungsgesetz Krankenversicherung) in der Fassung des Gesetzesbeschlusses des Deutschen Bundestages vom 19. Juni 2009 soll § 20 UStG dahingehend geändert werden, dass vom 1. Juli 2009 bis zum 31. Dezember 2011 an die Stelle des Betrages von 250.000 Euro der Betrag von 500.000 Euro tritt. Die bisher nur in den neuen Bundesländern geltende Umsatzgrenze gilt damit im gesamten Bundesgebiet. Die Änderung wird rückwirkend zum 1. Juli 2009 in Kraft treten. Der Bundesrat hat dem Gesetz am 10. Juli 2009 zugestimmt.[1)]

Unter Bezugnahme auf das Ergebnis der Erörterungen mit den obersten Finanzbehörden der Länder gilt hierzu Folgendes:

Anträgen auf Gestattung der Berechnung der Umsatzsteuer nach vereinnahmten Entgelten gemäß § 20 Abs. 1 Satz 1 Nr. 1 UStG kann im Vorgriff auf die zu erwartende Verkündung im Bundesgesetzblatt bereits vor dem Inkrafttreten der maßgeblichen Änderungsnorm entsprochen werden. Die Genehmigung der Istversteuerung kann jedoch nur für Umsätze erteilt werden, die nach dem 30. Juni 2009 ausgeführt werden (§ 27 Abs. 1 Satz 1 UStG). Abschnitt 254 Abs. 1 Satz 4 UStR ist in diesen Fällen nicht anzuwenden. Ein rückwirkender Wechsel für Voranmeldungszeiträume, die vor dem 1. Juli 2009 enden, ist nicht möglich.

Hinsichtlich des maßgeblichen Gesamtumsatzes ist ausschließlich auf den Umsatz des Kalenderjahres 2008 abzustellen, der für eine Genehmigung der Istversteuerung nach der Neuregelung nicht mehr als 500.000 Euro betragen darf. Der im ersten Halbjahr des Kalenderjahres 2009 erzielte Gesamtumsatz bleibt außer Betracht. Für Umsätze, die vor dem Wechsel zur Istversteuerung ausgeführt wurden, wird auf Abschnitt 182 Abs. 3 Satz 4 UStR hingewiesen.

---

1) Das Gesetz vom 16.07.2009 ist im BGBl. I S. 1959, BStBl. 2009 I S. 782, veröffentlicht

Anlagen § 022–01, 02 nicht belegt, § 022–03

Führung des Umsatzsteuerhefts
(§ 22 Abs. 5 und Abs. 6 Nr. 2 UStG 1980, § 68 UStDV 1980)

BMF-Schreiben vom 30.04.1981[1] $\frac{\text{IV A 1} - \text{S 7389} - 1/81}{\text{IV A 3} - \text{S 7340} - 14/81}$,

BStBl. 1981 I S. 312

Unter Bezugnahme auf das Ergebnis der Erörterungen mit den obersten Finanzbehörden der Länder gilt folgendes:

I. Allgemeines

Der Gesetzgeber hat mit Wirkung vom 1. Januar 1980 in § 22 Abs. 5 und Abs. 6 Nr. 2 UStG wiederum eine besondere Regelung über die Führung des Umsatzsteuerhefts („Steuerheft") getroffen. Diese Regelung ist sachlich unverändert aus dem bis zum 31. Dezember 1979 geltenden § 25 Abs. 2 UStG 1973 übernommen worden. Die ergänzende Vorschrift des § 68 UStDV stimmt inhaltlich mit der Fünften Verordnung zur Durchführung des Umsatzsteuergesetzes (Mehrwertsteuer) vom 11. März 1968 (BStBl. I S. 488) überein, die mit Wirkung vom 1. Januar 1980 außer Kraft gesetzt worden ist.

II. Verpflichtung zur Führung des Umsatzsteuerhefts

(1) Zur Führung des Umsatzsteuerhefts sind nach § 22 Abs. 5 UStG alle Unternehmer verpflichtet, die ohne Begründung einer gewerblichen Niederlassung oder außerhalb einer solchen von Haus zu Haus oder auf öffentlichen Straßen (insbes. auch auf öffentlichen Wegen, Plätzen und Märkten sowie bei Volks- oder Schützenfesten) oder an anderen öffentlichen Orten (z. B. auf Ausstellungen, Messen oder sonstigen der Öffentlichkeit zugänglichen Privatgrundstücken) Umsätze ausführen oder Gegenstände erwerben. Die Verpflichtung zur Führung eines Umsatzsteuerhefts erstreckt sich u. a. auch auf nicht im Erhebungsgebiet ansässige Unternehmer, die eingeführte Gegenstände im Erhebungsgebiet außerhalb einer gewerblichen Niederlassung umsetzen. Auf die Art der gewerblichen Betätigung kommt es für die Frage der Führung des Umsatzsteuerhefts grundsätzlich ebensowenig an wie auf die Form der Umsatzbesteuerung. Auch Kleinunternehmer, von denen die Umsatzsteuer nach § 19 Abs. 1 UStG nicht erhoben wird, müssen ggf. ein Umsatzsteuerheft führen. Der Unternehmer hat das Umsatzsteuerheft bei der Ausübung seines Gewerbes stets mitzuführen.

(2) Übt ein Unternehmer sein Gewerbe ständig mit Hilfskräften aus, so hat jede Hilfskraft – soweit erforderlich – ein besonderes Umsatzsteuerheft (Nebenheft für den Unternehmer zu führen. In dem Nebenheft sind zusätzlich der Name und die Wohnung der betreffenden Hilfskraft anzugeben. Wird das Gewerbe ausschließlich durch Hilfskräfte des Unternehmers ausgeübt, so braucht für den Unternehmer selbst kein Umsatzsteuerheft ausgestellt zu werden.

(3) Läßt sich der Unternehmer bei der Ausübung seines Gewerbes vorübergehend durch eine Hilfskraft vertreten, so hat diese das Umsatzsteuerheft und eine schriftliche Vollmacht des Unternehmers mitzuführen.

III. Muster für das Umsatzsteuerheft und Führung des Umsatzsteuerhefts

(1) Nach § 22 Abs. 5 UStG wird für das Umsatzsteuerheft das beigefügte Muster – Größe: 11 x 16,5 cm – (Anlage 1)[2] bestimmt. Die inneren Umschlagseiten des Umsatzsteuerhefts enthalten Erläuterungen, die der Unternehmer oder die zur Führung des Umsatzsteuerhefts verpflichtete Hilfskraft zu beachten hat. Für den Umschlag ist Karton (Farbe: orange) zu verwenden.

(2) In das Umsatzsteuerheft sind grundsätzlich einzutragen:

1. sämtliche an den Unternehmer für sein Unternehmen ausgeführten Lieferungen und sonstigen Leistungen,

2. sämtliche Einfuhren von Gegenständen für das Unternehmen (insbesondere auch Einfuhren durch den Unternehmer oder seine Hilfskräfte) und

3. sämtliche Lieferungen und sonstigen Leistungen des Unternehmers (tägliche Gesamtbeträge der vereinbarten oder vereinnahmten Entgelte oder Preise).

---

1) Ergänzung dazu vgl. BMF vom 17.01.1983, BStBl. 1983 I S. 105 und Änderung durch BMF vom 22.09.1989 – IV A 2 – S 7389 – 2/89, BStBl. 1989 I S. 346 sowie durch BMF vom 12.11.1993 (BStBl. 1993 I S. 946) beachten. Durch das BMF-Schreiben vom 02.02.2009, BStBl. 2009 I S. 370, wurde ein neues Muster des USt-Heftes eingeführt.

2) Hier nicht abgedruckt

Das Finanzamt kann – soweit erforderlich – verlangen, daß bestimmte Umsätze des Unternehmers oder an den Unternehmer gesondert aufgezeichnet werden. Soweit Unternehmer von der Möglichkeit Gebrauch machen, die abziehbaren Vorsteuern gemäß § 23 UStG i. V. m. §§ 69 und 70 UStDV nach Durchschnittssätzen zu berechnen, entfällt nach § 66 UStDV die Verpflichtung zur Aufzeichnung der empfangenen Leistungen und der Einfuhren. Das gleiche gilt nach § 65 UStDV für Kleinunternehmer, von denen die Umsatzsteuer nach § 19 Abs. 1 UStG nicht erhoben wird.

(3) Unternehmer, deren Umsätze verschiedenen Steuersätzen unterliegen, haben grundsätzlich auch in das Umsatzsteuerheft die Entgelte oder Preise getrennt nach Steuersätzen einzutragen. Nach §§ 63 Abs. 5 UStDV können die Finanzämter diesen Unternehmern aber auf Antrag Erleichterungen für die Trennung der Entgelte gewähren.

(4) Unternehmer, die das Umsatzsteuerheft und etwaige gesonderte Aufzeichnungen (vgl. Absatz 2) ordnungsgemäß führen, erfüllen damit die Aufzeichnungspflichten nach § 22 Abs. 2 UStG i. V. m. §§ 63 und 67 UStDV. Soweit gewerbliche Unternehmer in das Umsatzsteuerheft sämtliche Wareneingänge für ihr Unternehmen eintragen, erfüllen sie außerdem die Aufzeichnungsverpflichtung nach § 143 AO. Entsprechendes gilt, soweit Umsatzsteuerhefte (z. B. Nebenhefte) durch Hilfskräfte des Unternehmers geführt werden.

IV. Ausstellung des Umsatzsteuerhefts und Besteuerungsverfahren

(1) Das Umsatzsteuerheft wird von dem Finanzamt ausgestellt, das nach § 21 AO für die Umsatzsteuer zuständig ist. Der Unternehmer hat vor dem Beginn seiner unternehmerischen Tätigkeit bei diesem Finanzamt die Ausstellung eines Umsatzsteuerhefts zu beantragen.

(2) Das Finanzamt bestimmt den Zeitpunkt, an dem der Unternehmer das Umsatzsteuerheft spätestens zur Prüfung vorzulegen hat (§ 97 Abs. 1 AO). Bei Monats- und Vierteljahreszahlern ist grundsätzlich als Vorlagezeitpunkt der 10. Tag nach Ablauf des Voranmeldungszeitraums zu bestimmen. Das Finanzamt kann bei steuerlich zuverlässigen Unternehmern einen späteren Vorlagezeitpunkt festlegen. Hat das Finanzamt den Unternehmer gemäß § 18 Abs. 2 Satz 3 UStG von der Verpflichtung zur Abgabe der Umsatzsteuervoranmeldungen und Entrichtung der Umsatzsteuervorauszahlungen befreit, so ist als Vorlagezeitpunkt spätestens der 31. Mai des auf den Besteuerungszeitraum (§ 16 Abs. 1 Satz 2 UStG) folgenden Kalenderjahrs zu bestimmen.

(3) Für die Berechnung der Umsatzsteuer und das Besteuerungsverfahren gelten die §§ 16 und 18 Abs. 1 bis 4 UStG sowie die §§ 46 bis 48 UStDV. Der Unternehmer hat für jeden Voranmeldungszeitraum (§ 18 Abs. 1 und 2 UStG) bis zum 10. Tage nach Ablauf dieses Zeitraums eine Umsatzsteuervoranmeldung nach amtlich vorgeschriebenem Vordruck abzugeben und die Umsatzsteuervorauszahlung zu entrichten, sofern er von dieser Verpflichtung nicht gemäß § 18 Abs. 2 Satz 3 UStG befreit ist. In der Umsatzsteuervoranmeldung hat der Unternehmer die Umsatzsteuer für den Voranmeldungszeitraum (Umsatzsteuervorauszahlung) oder einen Überschuß zu seinen Gunsten nach Maßgabe des § 16 Abs. 1 und 2 und des § 17 UStG selbst zu berechnen.

(4) Bei der Vorlage des Umsatzsteuerhefts prüft das Finanzamt, ob der Unternehmer das Umsatzsteuerheft ordnungsgemäß geführt und die Umsatzsteuervorauszahlungen oder die für ein Kalenderjahr oder einen kürzeren Besteuerungszeitraum zu zahlende Umsatzsteuer richtig berechnet hat. Wird ein neues Umsatzsteuerheft ausgestellt, so ist dem Unternehmer das alte zur Aufbewahrung zurückzugeben.

(5) Übt der Unternehmer zu dem Zeitpunkt, an dem er das Umsatzsteuerheft spätestens zur Prüfung vorzulegen hat, seine unternehmerische Tätigkeit an einem Ort aus, der nicht zum Bezirk seines zuständigen Finanzamts gehört, so kann er bei dem für diesen Ort zuständigen Finanzamt das Umsatzsteuerheft vorlegen sowie ggf. die Umsatzsteuervoranmeldung abgeben. Dieses Finanzamt bestimmt den neuen Vorlagezeitpunkt und teilt diesen Zeitpunkt dem örtlich zuständigen Finanzamt mit. Es übersendet dem örtlich zuständigen Finanzamt ggf. die mit dem Abdruck des Eingangsstempels versehene Umsatzsteuervoranmeldung und unterrichtet es ggf. über die Ausstellung eines neuen Umsatzsteuerhefts.

(6) Der Verlust des Umsatzsteuerhefts ist dem zuständigen Finanzamt unverzüglich anzuzeigen. Das Finanzamt stellt auf Antrag ein neues Umsatzsteuerheft aus.

(7) Die Umsatzsteuererklärung für das Kalenderjahr oder für einen kürzeren Besteuerungszeitraum (§ 18 Abs. 3 UStG) hat der Unternehmer bei dem nach § 21 AO örtlich zuständigen Finanzamt abzugeben.

Anlage § 022–03

V. Befreiung von der Führung des Umsatzsteuerhefts

(1) Der Gesetzgeber hat in § 22 Abs. 6 Nr. 2 UStG vorgesehen, daß Unternehmer im Verordnungswege unter bestimmten Voraussetzungen und mit etwaigen Auflagen von der Verpflichtung zur Führung des Umsatzsteuerhefts befreit werden. Aufgrund dieser Ermächtigung sind durch § 68 UStDV[1)] von der Verpflichtung zur Führung eines Umsatzsteuerhefts ausgenommen:

1. Unternehmer, die im Erhebungsgebiet eine gewerbliche Niederlassung besitzen und ordnungsmäßige Aufzeichnungen nach § 22 UStG i. V. m. §§ 63 bis 66 UStDV führen,
2. Unternehmer, soweit ihre Umsätze nach Durchschnittssätzen für land- und forstwirtschaftliche Betriebe (§ 24 Abs. 1 Satz 1 Nr. 1, 2 und 4 UStG, ab 1. Januar 1981: § 24 Abs. 1 Satz 1 Nr. 1 und 3 UStG) besteuert werden,

und

3. Unternehmer, soweit sie mit Zeitungen und Zeitschriften handeln.

(2) In den Fällen des § 68 Abs. 1 Nr. 1 UStDV (vgl. Absatz 1 Nr. 1) hat das Finanzamt nach § 68 Abs. 2 UStDV dem Unternehmer auf Antrag eine Bescheinigung über die Befreiung von der Führung des Umsatzsteuerhefts nach dem beigefügten Muster (Anlage 2)[2)] zu erteilen. Soweit Unternehmer ihr Gewerbe ständig mit Hilfskräften ausüben (vgl. Abschnitt II Abs. 2), sind für diese ebenfalls entsprechende Befreiungsbescheinigungen auszustellen. Befreiungsbescheinigungen sind stets unter dem Vorbehalt des Widerrufs zu erteilen. Die Unternehmer und die betreffenden Hilfskräfte haben diese Bescheinigungen bei der Gewerbeausübung mitzuführen und den zuständigen Behörden und Beamten auf Verlangen vorzuzeigen.

(3) Besonderer Bescheinigungen über die Befreiung von der Führung des Umsatzsteuerhefts bedarf es in den Fällen des § 68 Abs. 1 Nr. 2 und 3 UStDV (vgl. Absatz 1 Nr. 2 und 3) nicht. Auf Antrag können die Finanzämter aber auch für diese Unternehmer und ihre Hilfskräfte entsprechende Befreiungsbescheinigungen ausstellen.

(4) Landesverbände des Deutschen Vieh- und Fleischhandelsbundes e. V. in Bonn können für ihre Mitglieder (Viehkaufleute) die Bescheinigung über die Befreiung von der Führung des Umsatzsteuerhefts beantragen. Der Landesverband hat dazu dem betreffenden Finanzamt eine Liste der in seinen Zuständigkeitsbereich fallenden Mitglieder zu übersenden. Soweit keine Bedenken bestehen, kann das Finanzamt für die in der Liste aufgeführten Mitglieder unter dem Vorbehalt des Widerrufs eine Sammel-Befreiungsbescheinigung an den Landesverband erteilen. Der Landesverband vermerkt in den einzelnen Mitgliedsausweisen, daß der Inhaber nach § 68 Abs. 1 UStDV von der Führung eines Umsatzsteuerhefts befreit ist und daß die Bescheinigung des Finanzamts dem Landesverband vorliegt. Die Mitgliedsausweise sind bei der Gewerbeausführung mitzuführen.

(5) Vor dem 1. Januar 1980 erteilte Bescheinigungen über die Befreiung von der Führung des Umsatzsteuerhefts bleiben grundsätzlich auch weiterhin gültig. Der Unternehmer hat ggf. rechtzeitig vor Ablauf der angegebenen Gültigkeitsdauer die Erteilung einer neuen Befreiungsbescheinigung zu beantragen.

VI. Übergangsregelung

Dieses Schreiben tritt an die Stelle des BdF-Erlasses vom 12. März 1968 – IV/A 2 – S 7423 – 2/68 – (BStBl. I S. 488, USt-Kartei § 25 S 7423 K. 1).

Umsatzsteuerhefte nach altem Muster können grundsätzlich noch bis zu dem vom Finanzamt bestimmten Vorlagezeitpunkt weiterverwendet werden.

---

1) Beachte Änderung von § 68 UStDV ab 25.03.2009
2) Hier nicht abgedruckt

Anlagen § 022–04, § 022–05 nicht belegt

Trennung der Entgelte (§ 22 Abs. 2 UStG, § 63 Abs. 5 UStDV) – Gewogener Durchschnittsaufschlag i. S. des Abschn. 259 Abs. 13 UStR

OFD Saarbrücken, Vfg. vom 22.09.1988 – S 7382 – 2 – St 24 1,
UR 1989 S. 39

1. Es wurde die Auffassung vertreten, daß der gewogene Durchschnittsaufschlag i. S. des Abschn. 259 Abs. 13 UStR stets zu Bruttopreisen führt. Dieser Auffassung kann nicht gefolgt werden. Nach Abschn. 259 Abs. 13 Satz 5 und 6 UStR ist dem Gesamtbetrag der Einkaufsentgelte der gewogene Durchschnittsaufschlag hinzuzusetzen, so daß die Summe beider Beträge den Umsatz der betreffenden Warengruppe bildet, der dann erst um die Steuer erhöht wird. Das Ergebnis ist von der Summe der im Voranmeldungszeitraum vereinbarten und vereinnahmten Entgelte zuzüglich Steuer (Bruttopreise) abzusetzen. Der Differenzbetrag stellt die Summe der übrigen Entgelte zuzüglich der Steuer nach dem anderen Steuersatz dar (Abschn. 259 Abs. 13 Satz 7 UStR).

2. – 4. ...

Anlage § 022–06

Merkblatt
zur erleichterten Trennung der Bemessungsgrundlagen
(§ 63 Abs. 4 der Umsatzsteuer-Durchführungsverordnung – UStDV)

Stand: Mai 2009

Inhaltsverzeichnis

I. Vorbemerkung

II. Aufschlagsverfahren
 1. Allgemeines
 2. Tatsächliche und übliche Aufschläge
 3. Gewogener Durchschnittsaufschlag

III. Besondere Hinweise

I. Vorbemerkung

(1) Unternehmer, deren Umsätze unterschiedlichen Steuersätzen unterliegen, müssen in ihren Aufzeichnungen ersichtlich machen, wie sich die Entgelte auf die einzelnen Steuersätze verteilen (§ 22 Abs. 2 Umsatzsteuergesetz – UStG). Dem Unternehmer, dem wegen der Art und des Umfangs des Geschäfts eine Trennung der Entgelte und Teilentgelte bzw. der Bemessungsgrundlagen nach Steuersätzen in seinen Aufzeichnungen nicht zuzumuten ist, kann das Finanzamt auf Antrag Erleichterungen gewähren (§ 63 Abs. 4 UStDV). Eine solche Erleichterung der Aufzeichnungspflichten kommt allerdings nicht in Betracht, wenn eine Registrierkasse mit Zählwerken für mehrere Warengruppen oder eine entsprechende andere Speichermöglichkeit eingesetzt wird.

(2) Das Finanzamt darf nur ein Verfahren zulassen, dessen steuerliches Ergebnis nicht wesentlich von dem Ergebnis einer nach Steuersätzen getrennten Aufzeichnung abweicht. Die Anwendung des Verfahrens kann auf einen in der Gliederung des Unternehmens gesondert geführten Betrieb beschränkt werden.

(3) Die Regelungen zur erleichterten Trennung im Einzelnen ergeben sich aus Abschnitt 259 der Umsatzsteuerrichtlinien (UStR).

II. Aufschlagsverfahren

1. Allgemeines

(1) Die Aufschlagsverfahren kommen vor allem für Unternehmer in Betracht, die nur erworbene Waren liefern, wie z.B. Lebensmitteleinzelhändler, Milchhändler, Drogisten, Buchhändler. Sie können aber auch von Unternehmern angewendet werden, die – wie z.B. Bäcker oder Fleischer – neben erworbenen Waren in erheblichem Umfang hergestellte Erzeugnisse liefern. Voraussetzung ist jedoch, dass diese Unternehmer, sofern sie für die von ihnen hergestellten Waren die Verkaufsentgelte oder die Verkaufspreise rechnerisch ermitteln, darüber entsprechende Aufzeichnungen führen.

(2) Eine Trennung der Bemessungsgrundlagen nach dem Verhältnis der Eingänge an begünstigten und an nichtbegünstigten Waren kann nur in besonders gelagerten Einzelfällen zugelassen werden. Die Anwendung brancheneinheitlicher Durchschnittsaufschlagsätze oder eines vom Unternehmer geschätzten durchschnittlichen Aufschlagsatzes kann nicht genehmigt werden. Die Berücksichtigung eines Verlustabschlags für Verderb, Bruch, Schwund, Diebstahl usw. bei der rechnerischen Ermittlung der nichtbegünstigten Umsätze auf Grund der Wareneingänge ist, sofern Erfahrungswerte oder andere Unterlagen über die Höhe der Verluste nicht vorhanden sind, von der Führung zeitlich begrenzter Aufzeichnungen über die eingetretenen Verluste abhängig zu machen.

(3) Die vom Unternehmer im Rahmen eines zugelassenen Verfahrens angewandten Aufschlagsätze unterliegen der Nachprüfung durch das Finanzamt.

(4) In Fällen, in denen ein *Unternehmen oder ein Betrieb erworben wird,* sind bei der Anwendung eines Aufschlagsverfahrens die übertragenen Warenbestände als Wareneingänge in die rechnerische Ermittlung der begünstigten und der nichtbegünstigten Umsätze einzubeziehen. Diese Berechnung ist für den Voranmeldungszeitraum vorzunehmen, der nach der Übertragung der Warenbestände endet. Der Unternehmer hat die bei dem Erwerb des Unternehmens oder Betriebs übernommenen Warenbestände aufzuzeichnen und dabei die Waren, deren Lieferungen nach § 12 Abs. 1 UStG dem allgemeinen Steuersatz unterliegen, von denen zu trennen, auf deren Lieferungen nach § 12 Abs. 2 Nr. 1 UStG der ermäßigte Steuersatz anzuwenden ist. Die Gliederung nach den auf die Lieferungen anzuwendenden Steuersätzen kann auch im Eröffnungsinventar vorgenommen werden.

(5) Dies gilt auch, wenn ein *Unternehmen gegründet wird.* In diesem Falle sind bei einer erleichterten Trennung der Bemessungsgrundlagen nach den Wareneingängen die vor der Eröffnung angeschafften Waren (Warenanfangsbestand) in die rechnerische Ermittlung der begünstigten und der nicht begünstigten Umsätze für den ersten Voranmeldungszeitraum einzubeziehen. In den Fällen, in denen ein Ver-

Anlage § 022–06

fahren zur Trennung der Bemessungsgrundlagen umgestellt wird, sind übertragene Warenbestände entsprechend zu behandeln.

(6) Wechselt der Unternehmer mit Zustimmung des Finanzamts das Aufschlagsverfahren oder innerhalb des genehmigten Aufschlagsverfahrens die aufzuzeichnende Umsatzgruppe oder wird das Verfahren zur erleichterten Trennung der Entgelte auf der Grundlage des Wareneingangs ganz oder teilweise eingestellt, sind die Warenendbestände von der Bemessungsgrundlage des letzten Voranmeldungszeitraums abzuziehen (Abschnitt 259 Abs. 8 UStR).

Beispiel 1:

Unternehmer U ermittelt die Entgelte der Lebensmittelgeschäfte in A und B auf der Grundlage des Wareneingangs unter Anwendung des gewogenen Durchschnittsaufschlags i.H.v. 25% auf die Einkaufsentgelte zu 7%. Ab 1.1.09 beabsichtigt U, für die Filiale in B einen gewogenen Durchschnittsaufschlag auf die Einkaufsentgelte von 21% anzuwenden. Die Filiale in B hat den Umsatz für den Voranmeldungszeitraum Dezember 08 wie folgt zu ermitteln:

	Wareneinkauf Dezember 08 zu 7 %	30.000,00
./.	Warenendbestand 31.12.08 zu 7 %	10.000,00
	Zwischensumme	20.000,00
x	Durchschnittsaufschlagsatz 25%	5.000,00
	Nettoumsatz Dezember 08 zu 7 %	25.000,00

(7) Als Aufschlagsverfahren kommen in Betracht:
– Anwendung tatsächlicher oder üblicher Aufschläge (Nr. 2)
– Anwendung des gewogenen Durchschnittsaufschlags (Nr. 3)

2. Tatsächliche und übliche Aufschläge

(1) Die erworbenen Waren, deren Lieferungen dem ermäßigten Steuersatz unterliegen, sind im Wareneingangsbuch oder auf dem Wareneinkaufskonto getrennt von den übrigen Waren aufzuzeichnen, deren Lieferungen nach dem allgemeinen Steuersatz zu versteuern sind. Auf der Grundlage der Wareneingänge sind entweder die Umsätze der Waren, die dem allgemeinen Steuersatz unterliegen, oder die steuerermäßigten Umsätze rechnerisch zu ermitteln. Zu diesem Zweck ist im Wareneingangsbuch oder auf dem Wareneinkaufskonto für diese Waren neben der Spalte „Einkaufsentgelt" eine zusätzliche Spalte mit der Bezeichnung „Verkaufsentgelt" einzurichten. Die Waren der Gruppe, für die die zusätzliche Spalte „Verkaufsentgelt" geführt wird, sind grundsätzlich einzeln und mit genauer handelsüblicher Bezeichnung im Wareneingangsbuch oder auf dem Wareneinkaufskonto einzutragen. Statt der handelsüblichen Bezeichnung können Schlüsselzahlen oder Symbole verwendet werden, wenn ihre eindeutige Bestimmung aus der Eingangsrechnung oder aus anderen Unterlagen gewährleistet ist. Bei der Aufzeichnung des Wareneingangs sind auf Grund der tatsächlichen oder üblichen Aufschlagsätze die tatsächlichen bzw. voraussichtlichen Verkaufsentgelte für die betreffenden Waren zu errechnen und in die zusätzliche Spalte des Wareneingangsbuchs oder des Wareneinkaufskontos einzutragen. Nach Ablauf eines Voranmeldungszeitraums sind die in der zusätzlichen Spalte aufgezeichneten tatsächlichen oder voraussichtlichen Verkaufsentgelte zusammenzurechnen. Die Summe bildet den Umsatz an begünstigten bzw. nichtbegünstigten Waren und ist nach Hinzurechnung der Steuer unter Anwendung des in Betracht kommenden Steuersatzes von der Summe der im Voranmeldungszeitraum vereinbarten oder vereinnahmten Entgelte zuzüglich Steuer (Bruttopreise) abzusetzen. Der Differenzbetrag stellt die Summe der übrigen Entgelte zuzüglich der Steuer nach dem anderen Steuersatz dar.

Beispiel 2:

Auszug aus dem Wareneingangsbuch/Wareneinkaufskonto

Rechnungs-Nr. und Datum der Eingangsrechnung	Rechnungsendbetrag	Vorsteuer	Einkaufsentgelte 7%	Einkaufsentgelte 19%		Verkaufsentgelte 19%
1	2	3	4	5		6
8892 v. 3.8.2008	178,40	18,40	100,00	Ware Nr. Y 51	60,00	80,00
8998 v. 5.8.2008	442,40	42,40	280,00	Ware Nr. Y 12	120,00	150,00
Summe August 08	28.464,90	2.634,90	18.940,00		6.890,00	9.250,00

$$+ 19\% \text{ Umsatzsteuer} = 1.757,50$$
$$\text{Summe der Verkaufspreise (Bruttoumsatz) zu } 19\% = 11.007,50$$

Anlage § 022–06

Gesamtbetrag der vereinbarten (bzw. vereinnahmten) Entgelte zuzüglich Umsatzsteuer (Bruttoumsatz) August 2008	35.660,00	
+ Unentgeltliche Wertabgaben (ggf. pauschal)	+ 400,00	
Zwischensumme	36.060,00	
./. errechnete Verkaufspreise zu 19% (siehe oben)	./. 11.007,50	Umsatzsteuer = 1.757,50
verbleiben Verkaufspreise zu 7%	25.052,50	Umsatzsteuer = 1.638,95
./. Umsatzsteuer (7%)	./. 1.638,95	
Verkaufsentgelte (Nettoumsatz) zu 7%	23.413,55	
+ Verkaufsentgelte zu 19% (siehe oben Spalte 6)	+ 9.250,00	
Summe	32.663,55	Umsatzsteuer = 3.396,45

(2) Anstelle der Aufgliederung im Wareneingangsbuch oder auf dem Wareneinkaufskonto kann auch für eine der Warengruppen ein besonderes Buch geführt werden. Darin sind die begünstigten oder nichtbegünstigten Waren unter ihrer handelsüblichen Bezeichnung mit Einkaufsentgelt und tatsächlichem oder voraussichtlichem Verkaufsentgelt aufzuzeichnen. Statt der handelsüblichen Bezeichnung können Schlüsselzahlen oder Symbole verwendet werden. Die Aufzeichnungen müssen Hinweise auf die Eingangsrechnungen oder auf die Eintragungen im Wareneingangsbuch oder auf dem Wareneinkaufskonto enthalten.

(3) Die Verkaufsentgelte, die beim Wareneingang besonders aufzuzeichnen sind, können bereits auf den Rechnungen nach Warenarten zusammengestellt werden. Dabei genügt es, im Wareneingangsbuch, auf dem Wareneinkaufskonto oder in einem besonderen Buch die Sammelbezeichnungen für diese Waren anzugeben und die jeweiligen Summen der errechneten Verkaufsentgelte einzutragen. Zur weiteren Vereinfachung des Verfahrens können die Einkaufsentgelte von Waren mit gleichen Aufschlagsätzen in gesonderten Spalten zusammengefasst werden. Die aufgezeichneten Einkaufsentgelte für diese Warengruppen sind am Schluss des Voranmeldungszeitraums zusammenzurechnen. Aus der Summe der Einkaufsentgelte für die einzelne Warengruppe sind durch Hinzurechnung der Aufschläge die Verkaufsentgelte und damit rechnerisch die Umsätze an diesen Waren zu ermitteln.

Beispiel 3:
Auszug aus dem Wareneingangsbuch/Wareneinkaufskonto

Rechnungs-Nr. und Datum der Eingangsrechnung	Rechnungsendbetrag	Vorsteuer	Einkaufsentgelte 7%	Einkaufsentgelte zu 19% mit einem tatsächlichen oder üblichen Aufschlagsatz von:			
				18% (Warenuntergruppe A)	23% (Warenuntergruppe B)	28% (Warenuntergruppe C)	33% (Warenuntergruppe D)
1	2	3	4	5	6	7	8
189 v. 3.8.2008	392,50	42,50	200,00	Ware 2 70,00	Ware 8 10,00	Ware 5 50,00	Ware 6 20,00
211 v. 5.8.2008	680,30	70,30	380,00		Ware 8 60,00		Ware 3 170,00
226 v. 9.8.2008	349,70	39,70	160,00	Ware 1 30,00		Ware 7 40,00	Ware 6 80,00
Summe August 2008	48.272,20	5.412,20	22.760,00	5.450,00 +18%: 981,00	4.600,00 +23%: 1.058,00	3.250,00 +28%: 910,00	6.800,00 +33%: 2.244,00
Summe Verkaufsentgelte:				6.431,00	5.658,00	4.160,00	9.044,00

insgesamt: 25.293,00
+ 19% Umsatzsteuer 4.805,67
Summe der Verkaufspreise (Bruttoumsatz) zu 19% = 30.098,67

Die Entgelte für die mit 7% zu versteuernden Umsätze werden dann entsprechend der Berechnung im Beispiel 2 ermittelt.

Anlage § 022–06

(4) Das Verfahren kann in der Weise abgewandelt werden, dass der Unternehmer beim Wareneingang sowohl für die begünstigten als auch für die nichtbegünstigten Waren die tatsächlichen bzw. voraussichtlichen Verkaufsentgelte gesondert aufzeichnet. Nach Ablauf des Voranmeldungszeitraums werden die gesondert aufgezeichneten Verkaufsentgelte für beide Warengruppen zusammengerechnet. Den Summen dieser Verkaufsentgelte wird die Steuer nach dem jeweils in Betracht kommenden Steuersatz hinzugesetzt. Der Gesamtbetrag der im Voranmeldungszeitraum vereinbarten oder vereinnahmten Entgelte zuzüglich Steuer (Bruttopreise) wird nach dem Verhältnis zwischen den rechnerisch ermittelten Verkaufspreisen beider Warengruppen aufgeteilt.

Beispiel 4:

Auszug aus dem Wareneingangsbuch/Wareneinkaufskonto

Rechnungs-Nr. und Datum der Eingangsrechnung	Rechnungsendbetrag	Einkaufspreise zu 7% (einschl. Vorsteuer)	Verkaufspreise zu 7% (einschl. Umsatzsteuer)	Einkaufspreise zu 19% (einschl. Vorsteuer)	Verkaufspreise zu 19% (einschl. Umsatzsteuer)
1	2	3	4	5	6
6715 v. 2.8.2008	300,00	180,00	Ware Nr. X 31 200,00	120,00	Ware Nr. Q 12 150,00
6802 v. 3.8.2008	120,00	70,00	Ware Nr. X 03 90,00	50,00	Ware Nr. X 05 80,00
6827 v. 4.8.2008	230,00	130,00	Ware Nr. Z 54 160,00	100,00	Ware Nr. R 61 130,00
Summe Aug. 2008	21.300,00	11.580,00	16.860,00	9.720,00	13.490,00

Verhältnis der Verkaufspreise für beide Warengruppen:

$$16.860,00 : 13.490,00 = 55,6\% : 44,4\%$$

Gesamtbetrag der vereinbarten (bzw. vereinnahmten) Entgelte zuzüglich Umsatzsteuer (Bruttoumsatz) August 2008	31.630,00	
+ Unentgeltliche Wertabgaben (ggf. pauschal)	+ 500,00	
Zwischensumme	32.130,00	
55,6% von 32.130,00	17.864,28	Bruttoumsatz zu 7%
./. Umsatzsteuer	./. 1.168,69	
ergibt Entgelte zu 7%	16.695,59	
44,4% von 32.130,00	14.265,72	Bruttoumsatz zu 19%
./. Umsatzsteuer	./. 2.277,72	
ergibt Entgelte zu 19%	11.988,00	
Entgelte zu 7%	16.695,59	Umsatzsteuer = 1.168,69
+ Entgelte zu 19%	+ 11.988,00	Umsatzsteuer = 2.277,72
Gesamtbetrag der Entgelte (einschl. unentgeltliche Wertabgaben)	28.683,59	Umsatzsteuer = 3.446,41

3. Gewogener Durchschnittsaufschlag

(1) Die erworbenen Waren, deren Lieferungen dem ermäßigten Steuersatz unterliegen, sind im Wareneingangsbuch oder auf dem Wareneinkaufskonto getrennt von den übrigen Waren aufzuzeichnen, deren Lieferungen nach dem allgemeinen Steuersatz zu versteuern sind. Die Umsätze der Waren, die dem allgemeinen Steuersatz unterliegen, oder die steuerermäßigten Umsätze sind auf der Grundlage der Einkaufsentgelte unter Berücksichtigung des gewogenen Durchschnittsaufschlagsatzes für die betreffende Warengruppe rechnerisch zu ermitteln. Diese rechnerische Ermittlung ist grundsätzlich für die Umsatzgruppe vorzunehmen, die den geringeren Anteil am gesamten Umsatz bildet. Zu der rechnerischen Umsatzermittlung sind am Schluss eines Voranmeldungszeitraums die Einkaufsentgelte der betreffenden Warengruppe zusammenzurechnen. Dem Gesamtbetrag dieser Einkaufsentgelte ist der gewogene Durchschnittsaufschlag hinzuzusetzen. Die Summe beider Beträge bildet den Umsatz der betreffenden Warengruppe und ist nach Hinzurechnung der Steuer unter Anwendung des in Betracht kommenden Steuersatzes von der Summe der im Voranmeldungszeitraum vereinbarten oder verein-

Anlage § 022–06

nahmten Entgelte zuzüglich Steuer (Bruttopreise) abzusetzen. Der Differenzbetrag stellt die Summe der übrigen Entgelte zuzüglich der Steuer nach dem anderen Steuersatz dar.

Beispiel 5:

Auszug aus dem Wareneingangsbuch/Wareneinkaufskonto

Rechnungs-Nr. und Datum der Eingangsrechnung	Rechnungs-endbetrag	Vorsteuer	Einkaufsentgelte 7%		Einkaufs-entgelte 19%
1	2	3	4		5
651 v. 2.8.2008	502,00	62,00	Ware Nr. XY 2	180,00	260,00
698 v. 4.8.2008	159,40	19,40	Ware Nr. RS 5	60,00	80,00
715 v. 7.8.2008	352,10	42,10	Ware Nr. YZ 7	140,00	170,00
Summe Aug. 2008	42.581,60	5.221,60		15.640,00	21.720.00

Der Unternehmer hat nach den tatsächlichen Verhältnissen des 1. Kalendervierteljahres 2008 für die begünstigten Waren, deren Anteil am Gesamtumsatz gegenüber den voll steuerpflichtigen Waren geringer ist, einen gewogenen Durchschnittsaufschlagsatz von 21,7% festgestellt.

Summe der Einkaufsentgelte zu 7% lt. Spalte 4	15.640,00	
+ 21,7%	+ 3.393,88	
errechnete Verkaufspreise zu 7% (netto)	19.033,88	
+ Umsatzsteuer 7%	+ 1.332,37	
errechnete Verkaufspreise zu 7% (brutto)	20.366,25	
Gesamtbetrag der vereinbarten (bzw. vereinnahmten) Entgelte zuzüglich Umsatzsteuer (Bruttoumsatz) August 2008	45.650,00	
+ Unentgeltliche Wertabgaben (ggf. pauschal)	+ 300,00	
Zwischensumme	45.950,00	
./. errechnete Verkaufspreise zu 7% (brutto, s. o.)	./. 20.366,25	
verbleiben: Verkaufspreise zu 19% (brutto)	25.583,75	Umsatzsteuer = 4.084,80
./. Umsatzsteuer	./. 4.084,80	
Verkaufsentgelte (netto) zu 19%	21.498,95	
+ Verkaufsentgelte zu 7% (siehe oben)	+ 19.033,88	Umsatzsteuer = 1.332,37
Summe	40.532,83	Umsatzsteuer = 5.417,17

(2) Der gewogene Durchschnittsaufschlagsatz ist vom Unternehmer festzustellen. Dabei ist von den tatsächlichen Verhältnissen in mindestens drei für das Unternehmen repräsentativen Monaten eines Kalenderjahrs auszugehen. Der Unternehmer ist – sofern sich die Struktur seines Unternehmens nicht ändert – berechtigt, den von ihm ermittelten gewogenen Durchschnittsaufschlagsatz für die Dauer von 5 Jahren anzuwenden. Nach Ablauf dieser Frist oder im Falle einer Änderung der Struktur des Unternehmens ist der Durchschnittsaufschlagsatz neu zu ermitteln. Als Strukturänderung ist auch eine wesentliche Änderung des Warensortiments anzusehen.

III. Besondere Hinweise

(1) Von *Filialunternehmen* kann die Trennung der Bemessungsgrundlagen statt nach den vorbezeichneten Verfahren auch in der Weise vorgenommen werden, dass die tatsächlichen Verkaufsentgelte der Waren, deren Lieferungen dem ermäßigten Steuersatz unterliegen oder nach dem allgemeinen Steuersatz zu versteuern sind, im Zeitpunkt der Auslieferung an den einzelnen Zweigbetrieb gesondert aufgezeichnet werden. Eine getrennte Aufzeichnung der Wareneingänge ist in diesem Falle entbehrlich. Nach Ablauf eines Voranmeldungszeitraums sind die Verkaufsentgelte für die in diesem Zeitraum an die Zweigbetriebe ausgelieferten Waren einer der gesondert aufgezeichneten Warengruppen zusammenzurechnen. Die Summe dieser Verkaufsentgelte ist nach Hinzurechnung der Steuer unter Anwendung des in Betracht kommenden Steuersatzes von der Summe der im Voranmeldungszeitraum vereinbarten oder vereinnahmten Entgelte zuzüglich Steuer (Bruttopreise) abzusetzen. Aus dem verbleibenden Differenzbetrag ist die Steuer unter Zugrundelegung des anderen Steuersatzes zu errechnen. Die Berechnung in Beispiel 2 gilt entsprechend.

Anlage § 022–06

(2) Unternehmer, für die eine erleichterte Trennung der Bemessungsgrundlagen zugelassen worden ist, sind berechtigt, *nachträgliche Minderungen der Entgelte* z.B. durch Skonti, Rabatte und sonstige Preisnachlässe nach dem Verhältnis zwischen den Umsätzen, die verschiedenen Steuersätzen unterliegen, sowie den steuerfreien und nicht steuerbaren Umsätzen eines Voranmeldungszeitraums aufzuteilen. Einer besonderen Genehmigung bedarf es hierzu nicht.

Für Fragen, die dieses Merkblatt nicht beantwortet, stehen die Finanzämter zur Verfügung. Auf die Möglichkeit, den Rat eines Angehörigen der steuerberatenden Berufe in Anspruch zu nehmen, wird hingewiesen.

Anlage § 022–07

Erleichterungen für die Trennung der Bemessungsgrundlagen durch Unternehmer, die steuerfreie Umsätze nach § 4 Nr. 3 UStG ausführen
(Abschnitt 259 Abs. 18 und 19 UStR)

BMF-Schreiben vom 15.09.2009 – IV B 8 – S 7390/09/10002,
BStBl. 2009 I S. 1232

Gemäß § 18a Abs. 4 Satz 1 Nr. 3 und § 18b Satz 1 Nr. 2 UStG in der Fassung des Jahressteuergesetzes 2009 vom 19. Dezember 2008 (BGBl. I S. 2794) hat der Unternehmer künftig u. a. die Bemessungsgrundlagen für nach § 3a Abs. 2 UStG im übrigen Gemeinschaftsgebiet ausgeführte steuerpflichtige sonstige Leistungen, für die der in einem anderen Mitgliedstaat ansässige Leistungsempfänger die Steuer dort schuldet, in der Zusammenfassenden Meldung anzugeben bzw. in den Umsatzsteuer-Voranmeldungen und in der Umsatzsteuererklärung für das Kalenderjahr gesondert anzumelden. Die Regelungen treten am 1. Januar 2010 in Kraft.

Unter Bezugnahme auf das Ergebnis der Erörterungen mit den obersten Finanzbehörden der Länder gilt Folgendes:

Spediteuren und anderen Unternehmern, die steuerfreie Umsätze im Sinne des § 4 Nr. 3 UStG ausführen (z.B. Frachtführern, Verfrachtern, Lagerhaltern und Umschlagunternehmen) kann auf Antrag die Anwendung des folgenden Verfahrens zur erleichterten Trennung der Bemessungsgrundlagen gestattet werden:

In den Aufzeichnungen brauchen grundsätzlich nur die Entgelte für steuerpflichtige Umsätze von den gesamten übrigen in Rechnung gestellten Beträgen getrennt zu werden. Eine getrennte Aufzeichnung der durchlaufenden Posten sowie der Entgelte für nicht steuerbare Umsätze, die den Vorsteuerabzug nicht ausschließen, und für steuerfreie Umsätze nach § 4 Nr. 3 UStG ist grundsätzlich nicht erforderlich. Gesondert aufgezeichnet werden müssen aber die Entgelte

1. für steuerermäßigte Umsätze im Sinne des § 12 Abs. 2 UStG,
2. für die nach § 4 Nr. 1 und 2 UStG steuerfreien Umsätze,
3. für die nach § 4 Nr. 8ff. UStG steuerfreien Umsätze und für die nicht steuerbaren Umsätze, die den Vorsteuerabzug ausschließen, sowie
4. für nach § 3a Abs. 2 UStG im übrigen Gemeinschaftsgebiet ausgeführte steuerpflichtige sonstige Leistungen, für die der in einem anderen Mitgliedstaat ansässige Leistungsempfänger die Steuer dort schuldet.

Unberührt bleibt die Verpflichtung des Unternehmers zur Führung des Ausfuhr- und Buchnachweises für die nach § 4 Nr. 1 bis 3 und 5 UStG steuerfreien Umsätze.

Die Genehmigung dieses Verfahrens ist mit der Auflage zu verbinden, dass der Unternehmer, soweit er Umsätze bewirkt, die nach § 15 Abs. 2 und 3 UStG den Vorsteuerabzug ausschließen, die Vorsteuerbeträge nach § 15 Abs. 4 UStG diesen und den übrigen Umsätzen genau zurechnet.

Die Regelungen dieses Schreibens sind auf Umsätze anzuwenden, die nach dem 31. Dezember 2009 ausgeführt werden. Soweit die in Abschnitt 259 Abs. 18 und 19 UStR getroffenen Regelungen diesem Schreiben entgegenstehen, sind sie nicht mehr anzuwenden. Dies gilt auch für Unternehmer, denen die Anwendung des vereinfachten Verfahrens bereits in der Vergangenheit genehmigt wurde.

Anlage § 022a–01

Einführung eines Fiskalvertreters in das Umsatzsteuerrecht

BMF-Schreiben vom 11.05.1999 – IV D 2 – S 7395 – 6/99,
BStBl. 1999 I S. 515

Unter Bezugnahme auf das Ergebnis der Erörterung mit den obersten Finanzbehörden der Länder gilt für die umsatzsteuerliche Behandlung der Fiskalvertretung folgendes:

Inhaltsübersicht:

		Textzahlen (Tz.)
I.	Allgemeines	1–4
II.	Anwendungsbereich der Fiskalvertretung	5–10
III.	Zur Fiskalvertretung befugte Personen	11–12
IV.	Bestellung zum Fiskalvertreter	13–16
V.	Rechte und Pflichten des Fiskalvertreters	17–20
VI.	Rechnungsausstellung im Fall der Fiskalvertretung	21
VII.	Beendigung der Fiskalvertretung	22–26
VIII.	Untersagung der Fiskalvertretung	27–31

I. Allgemeines

Durch das Gesetz zur Änderung des Umsatzsteuergesetzes und anderer Gesetze (Umsatzsteuer-Änderungsgesetz 1997; BGBl. 1996 I S. 1851, BStBl. 1996 I S. 1560) ist das Institut der Fiskalvertretung in das Umsatzsteuerrecht eingeführt worden, §§ 22 a bis 22 e UStG. Die Regelungen sind am 1. Januar 1997 in Kraft getreten. **1**

Die Fiskalvertretung soll die Durchführung des Besteuerungsverfahrens für im Ausland ansässige Unternehmer (Vertretene) vereinfachen. Die Vereinfachung besteht darin, daß eine steuerliche Registrierung dieser Unternehmer bei einem Finanzamt vermieden werden und gleichwohl die Erfüllung der Verpflichtungen zur Abgabe von Erklärungen und Zusammenfassender Meldungen dadurch erreicht werden kann, daß sie im Inland einen Fiskalvertreter bestellen. Voraussetzung hierfür ist, daß die Vertretenen die Voraussetzungen des § 22 a Abs. 1 UStG (vgl. Tz. 5 bis 10) erfüllen. **2**

Zur Fiskalvertretung sind die in §§ 3 und 4 Nr. 9 Buchst. c Steuerberatungsgesetz – StBerG – genannten Personen befugt (vgl. Tz. 11). **3**

Der Fiskalvertreter hat bei dem für seine Umsatzbesteuerung zuständigen Finanzamt unter einer für die Fiskalvertretung gesondert erteilten Steuernummer die umsatzsteuerlichen Pflichten sämtlicher durch ihn vertretenen ausländischen Unternehmer als eigene Pflichten zu erfüllen (vgl. Tz. 17 bis 20). **4**

II. Anwendungsbereich der Fiskalvertretung, § 22 a Abs. 1 UStG

Die Fiskalvertretung beschränkt sich auf die Fälle, in denen der Vertretene im Inland ausschließlich steuerfreie Umsätze ausführt und keine Vorsteuerbeträge abziehen kann. Der Vertretene darf weder im Inland (§ 1 Abs. 2 Satz 1 UStG) noch in einem der in § 1 Abs. 3 UStG genannten Gebiete seinen Wohnsitz (§ 8 AO), seinen Sitz (§ 11 AO), seine Geschäftsleitung (§ 10 AO) oder Zweigniederlassung (§ 12 Nr. 2 AO) haben. Abschnitt 240 Abs. 1 und 2 UStR ist entsprechend anzuwenden. **5**

Als Anwendungsfälle der Fiskalvertretung kommen insbesondere in Betracht:

a) steuerfreie Einfuhren, an die sich unmittelbar eine innergemeinschaftliche Lieferung anschließt (§ 5 Abs. 1 Nr. 3 UStG),

b) steuerfreie innergemeinschaftliche Erwerbe, an die sich unmittelbar eine innergemeinschaftliche Lieferung anschließt (§ 4 b Nr. 4 UStG),

c) steuerfreie grenzüberschreitende Beförderungen von Gegenständen im Sinne des § 4 Nr. 3 UStG, sofern der Unternehmer keine Lieferungen oder sonstige Leistungen bezieht, für die er die Vorsteuer nach § 15 UStG abziehen kann.

Beispiel: **6**

Der in Belgien ansässige Unternehmer B bestellt bei dem Hersteller P in Polen eine Maschine. Die Lieferkondition lautet „verzollt und versteuert". Mit der Beförderung der Ware an B beauftragt P den in Deutschland ansässigen Frachtführer D. Die Maschine wird in Frankfurt/Oder zum freien

Anlage § 022a–01

Verkehr abgefertigt, die Kosten der Beförderungsleistung werden in die Bemessungsgrundlage der Einfuhr einbezogen.

Der Ort der Lieferung läge grundsätzlich in Polen. Da aber P bzw. sein Beauftragter D Schuldner der Einfuhrumsatzsteuer ist, verlagert sich der Ort der Lieferung ins Inland, § 3 Abs. 8 UStG. P erbringt im Inland eine innergemeinschaftliche Lieferung, die nach § 4 Nr. 1 Buchst. b i.V.m. § 6 a UStG steuerfrei ist. Die Einfuhr ist nach § 5 Abs. 1 Nr. 3 UStG steuerfrei, da sich an die Einfuhr unmittelbar eine innergemeinschaftliche Lieferung anschließt. Der auf das Inland entfallende Teil der Beförderungsleistung des D ist steuerfrei nach § 4 Nr. 3 UStG.

P kann für seine Erklärungspflichten in Deutschland einen Fiskalvertreter bestellen, sofern er im Inland ausschließlich steuerfreie Umsätze ausgeführt hat und keinen Anspruch auf Erstattung von Vorsteuerbeträgen hat.

7   Die Fiskalvertretung ist ausgeschlossen, wenn der Vertretene im Inland neben seinen steuerfreien Umsätzen auch steuerpflichtige Umsätze ausführt, also auch dann, wenn der Vertretene

   a) steuerpflichtige Werklieferungen oder sonstige Leistungen ausführt, für die der Leistungsempfänger das Abzugsverfahren durchzuführen hat oder bei denen die Null-Regelung gemäß § 52 Abs. 2 UStDV angewendet werden kann,

   b) steuerpflichtige Umsätze ausführt, für die gemäß § 18 Abs. 7 UStG i.V.m. §§ 49 und 50 UStDV auf die Erhebung der darauf entfallenden Steuer verzichtet wird,

   c) für den gleichen Zeitraum am Vorsteuer-Vergütungsverfahren nach § 18 Abs. 9 UStG teilnimmt,

   d) innergemeinschaftliche Erwerbe im Rahmen von innergemeinschaftlichen Dreiecksgeschäften tätigt, die nach § 25 b Abs. 3 UStG als besteuert gelten, und steuerpflichtige Lieferungen im Rahmen von innergemeinschaftlichen Dreiecksgeschäften erbringt, für die die Steuer vom letzten Abnehmer gemäß § 25 b Abs. 2 UStG geschuldet wird,

   e) Empfänger einer steuerpflichtigen Werklieferung oder sonstigen Leistung eines im Ausland ansässigen Unternehmers ist, bei denen die Null-Regelung gemäß § 52 Abs. 2 UStDV angewendet werden kann.

8   Die Fiskalvertretung endet, wenn der Vertretene, der zunächst einen Fiskalvertreter wirksam bestellt hat, im weiteren Verlauf des Besteuerungszeitraums (§ 18 Abs. 3 Satz 1 UStG) im Inland steuerpflichtige Umsätze ausführt oder Vorsteuerbeträge abzieht (zu den Folgen der Beendigung der Fiskalvertretung vgl. Tz. 22 bis 26).

9   Die Fiskalvertretung endet auch, wenn nach einer Einfuhr von Waren eine beabsichtigte innergemeinschaftliche Lieferung fehlschlägt. Der Grund für die Befreiung von der Einfuhrumsatzsteuer entfällt. Die Erhebung der Einfuhrumsatzsteuer führt bei dem Unternehmer zur Berechtigung zum Vorsteuerabzug, die die Fiskalvertretung ausschließt.

10   Für die Inanspruchnahme der Leistung eines Fiskalvertreters fällt keine inländische Vorsteuer an, da die Leistung des Fiskalvertreters im Inland nicht steuerbar ist. Der Fiskalvertreter erbringt gegenüber dem im Ausland ansässigen Unternehmer eine sonstige Leistung, die einer beratenden Tätigkeit im Sinne des § 3 a Abs. 4 Nr. 3 UStG entspricht. Die Leistung wird gemäß § 3 a Abs. 3 i.V.m. Abs. 4 Nr. 3 UStG dort erbracht, wo der Leistungsempfänger (der Vertretene) sein Unternehmen betreibt.

III. Zur Fiskalvertretung befugte Personen, § 22 a Abs. 2 UStG

11   Zur Fiskalvertretung sind nur die in §§ 3 und 4 Nr. 9 Buchst. c StBerG genannten Personen befugt, § 22 a Abs. 2 UStG. Dazu gehören:

   a) Steuerberater, Steuerbevollmächtigte und Steuerberatungsgesellschaften, § 3 Nr. 1 StBerG,

   b) Rechtsanwälte, Rechtsanwaltsgesellschaften, Wirtschaftsprüfer, Wirtschaftsprüfungsgesellschaften, vereidigte Buchprüfer und Buchprüfungsgesellschaften, § 3 Nr. 2 StBerG,

   c) Speditionsunternehmen, soweit sie Hilfe in Eingangsabgabensachen leisten, § 4 Nr. 9 Buchst. a i.V.m. Buchst. c StBerG,

   d) sonstige gewerbliche Unternehmen, soweit sie im Zusammenhang mit der Zollbehandlung Hilfe in Eingangsabgabensachen leisten (z.B. Zolldeklaranten, Lagerhalter), § 4 Nr.9 Buchst. b i.V.m. Buchst. c StBerG.

12   Die vorgenannten Speditionsunternehmen und sonstigen gewerblichen Unternehmen sind nur dann zur Fiskalvertretung befugt, wenn sie im Geltungsbereich des StBerG (Bundesrepublik Deutschland) ansässig sind, nicht Kleinunternehmer im Sinne des § 19 UStG sind und nicht durch Untersagung von der Fiskalvertretung nach § 22 e UStG ausgeschlossen sind (vgl. Tz. 27 bis 31).

Anlage § 022a–01

IV. Bestellung zum Fiskalvertreter

Ein im Ausland ansässiger Unternehmer ist berechtigt, einen Fiskalvertreter mit der Erfüllung seiner umsatzsteuerlichen Pflichten im Inland zu beauftragen. Er kann einen Fiskalvertreter zu Beginn oder im Laufe eines Besteuerungszeitraums (§ 18 Abs. 3 Satz 1 UStG) bestellen, wenn er die unter Tz. 5 bis 10 genannten Voraussetzungen voraussichtlich erfüllt. Wird die Fiskalvertretung beendet, gelten die Ausführungen in den Tz. 22 bis 26. 13

Die zur Vertretung befugten Personen (vgl. Tz. 11 und 12) werden durch Vollmachterteilung durch den Vertretenen zu Fiskalvertretern, § 22 a Abs. 3 UStG. Die Vollmacht ist vor Ausführung steuerfreier Umsätze zu erteilen, wobei nicht zwingend Schriftform erforderlich ist. Auf Verlangen der Finanzbehörde hat ein Fiskalvertreter seine Vollmacht schriftlich nachzuweisen, § 80 Abs. 1 AO. Sollte sie in einer Fremdsprache ausgestellt sein, ist in begründeten Fällen auf Verlangen der Finanzbehörde eine beglaubigte Übersetzung beizufügen, § 87 Abs. 2 AO. 14

Ein Vertretener kann sich im Inland von mehreren Fiskalvertretern vertreten lassen. Die Vertretung gilt, soweit die jeweils erteilte Vollmacht reicht. Stellt der Vertretene Rechnungen i.S.d. § 14 Abs. 4 UStG (siehe Tz. 21) aus, ist in der Rechnung auf die Fiskalvertretung hinzuweisen und jeweils der zutreffende Fiskalvertreter zu benennen. 15

Der Fiskalvertreter erhält auf Antrag für seine Tätigkeit eine gesonderte Steuernummer und eine gesonderte USt-IdNr., § 22 d Abs. 1 UStG. Die gesonderte Steuernummer ist von dem Finanzamt zu erteilen, das für die Umsatzbesteuerung des Fiskalvertreters zuständig ist, § 22 d Abs. 2 UStG. Der Fiskalvertreter wird bei dem Finanzamt gesondert geführt, von dessen Bezirk aus er sein Unternehmen ganz oder vorwiegend betreibt, § 21 Abs. 1 Satz 1 UStG. § 21 Abs. 1 Sätze 2 und 3 AO finden keine Anwendung. Die Steuernummer wird unabhängig vom Vorliegen einer Vollmacht eines Vertretenen erteilt. Der Antragsteller hat glaubhaft zu machen, daß er zu dem in Tz. 11 genannten Personenkreis gehört und die Absicht hat, als Fiskalvertreter tätig zu werden. Zu der gesonderten Steuernummer ist lediglich der Grundkennbuchstabe UFK zu setzen. Dadurch wird sichergestellt, daß zu dieser Steuernummer im Speicherkonto nur Umsatzsteuer-Erklärungen aus der Fiskalvertretung verarbeitet werden können. Die USt-IdNr. wird durch das Bundesamt für Finanzen auf Antrag erteilt, § 27 a Abs. 1 Satz 1 UStG. Unter der USt-IdNr. tritt er für alle von ihm vertretenen im Ausland ansässigen Unternehmen auf. 16

V. Rechte und Pflichten des Fiskalvertreters, § 22 b UStG

Der Fiskalvertreter hat die Pflichten des im Ausland ansässigen Unternehmers, die diesem nach dem UStG obliegen, als eigene Pflichten zu erfüllen, § 22 b Abs. 1 UStG. Er hat die gleichen Rechte wie der Vertretene und kann die erforderlichen Anträge im Inland stellen. 17

Der Fiskalvertreter hat nach § 22 b Abs. 2 Satz 1 i.V.m. § 18 Abs. 3 und 4 UStG unter der gesonderten Steuernummer eine Umsatzsteuer-Erklärung für das Kalenderjahr abzugeben. Dort faßt er die Besteuerungsgrundlagen für alle von ihm Vertretenen zusammen. Einzelaufstellungen sind nicht erforderlich. Die Frist zur Abgabe der Erklärung richtet sich nach den allgemeinen abgabenrechtlichen Vorschriften. Der Fiskalvertreter hat zudem bis zum 10. Tag nach Ablauf eines jeden Kalendervierteljahres eine Zusammenfassende Meldung beim Bundesamt für Finanzen abzugeben, § 18 a Abs. 1 UStG. In den Zusammenfassenden Meldungen sind die Bemessungsgrundlagen für alle Vertretenen zusammenzufassen. Von der vierteljährlichen Abgabe der Zusammenfassenden Meldung kann der Fiskalvertreter befreit werden, wenn die Summe der Umsätze der von ihm Vertretenen die in § 18 a Abs. 6 UStG bezeichneten Beträge im vorangegangenen Kalenderjahr nicht überstiegen hat und im laufenden Kalenderjahr voraussichtlich nicht übersteigen wird. 18

Der Fiskalvertreter hat die allgemeinen Aufzeichnungspflichten nach § 22 UStG zu erfüllen. Dabei sind für jeden Vertretenen die vereinbarten Entgelte für die steuerfreien Umsätze gesondert aufzuzeichnen. Aus den Aufzeichnungen müssen Name und Anschrift der Vertretenen zu erkennen sein, § 22 b Abs. 3 Satz 2 UStG. 19

Die Verpflichtung des Fiskalvertreters, die Pflichten des Vertretenen als eigene zu erfüllen, bezieht sich grundsätzlich nur auf die Erklärungspflichten. Kommt der Fiskalvertreter seinen Erklärungspflichten nicht nach, kann gegen ihn mit der Festsetzung eines Zwangsgeldes (§§ 328 ff AO) oder eines Bußgeldes nach § 26 a UStG vorgegangen werden. Kommt der Fiskalvertreter seiner Verpflichtung zur Abgabe der Zusammenfassenden Meldung nicht oder nicht fristgerecht nach, so kommt auch die Festsetzung eines Verspätungszuschlages gegen ihn in Betracht (§ 152 AO i.V.m. § 18 a Abs. 8 UStG). In besonderen Ausnahmefällen ist der Fiskalvertreter originärer Steuerschuldner, z.B. wenn in der Rechnung eine zu hohe Steuerschuld im Sinne des § 14 Abs. 2 UStG oder eine unberechtigte Steuer im Sinne des § 14 Abs. 3 UStG ausgewiesen wird. In solchen Fällen kommt ebenfalls die Festsetzung eines Verspätungszuschlages gegen ihn (§ 152 AO) in Betracht. 20

Anlage § 022a–01

Endet die Fiskalvertretung dadurch, daß der Vertretene steuerpflichtige Umsätze ausführt oder Vorsteuerbeträge abziehen kann (vgl. Tz. 22), ist Schuldner der Umsatzsteuer der leistende Unternehmer; das Finanzamt hat sich in diesen Fällen unmittelbar an den im Ausland ansässigen Unternehmer zu wenden. Wird erst später, z.B. im Rahmen einer Betriebsprüfung festgestellt, daß die vom Fiskalvertreter erklärten steuerfreien Umsätze des Vertretenen tatsächlich steuerpflichtig sind, kann der Fiskalvertreter nur nach den allgemeinen Vorschriften in Haftung genommen werden.

VI. Rechnungsausstellung im Falle der Fiskalvertretung, § 22c UStG

21 Die Rechnung über die Leistung des Vertretenen kann im Fall der Fiskalvertretung sowohl vom Vertretenen als auch vom Fiskalvertreter erteilt werden. In beiden Fällen hat die Rechnung stets nach § 22 c UStG folgende zusätzliche Angaben zu enthalten:
   a) den Hinweis auf die Fiskalvertretung,
   b) den Namen und die Anschrift des Fiskalvertreters sowie
   c) die dem Fiskalvertreter nach § 22 d Abs. 1 UStG erteilte USt-IdNr.

Dies gilt auch für sogenannte „pro-forma-Rechnungen", die ein im Ausland ansässiger Unternehmer in Verbringungsfällen auszustellen hat, Abschnitt 190a Abs. 3 Satz 2 UStR.

VII. Beendigung der Fiskalvertretung

22 Die Fiskalvertretung ist beendet, wenn dem Fiskalvertreter die Vollmacht durch den Vertretenen entzogen wird oder wenn die zuständige Finanzbehörde die Fiskalvertretung untersagt. Gleiches gilt, wenn der Vertretene entweder im Inland steuerpflichtige Umsätze ausführt oder ihm in Rechnung gestellte Vorsteuerbeträge abziehen kann.

23 Ist die Fiskalvertretung beendet, ist wie folgt zu verfahren:
   a) Bei dem Fiskalvertreter:

   Der Fiskalvertreter hat die Beendigung der Fiskalvertretung eines jeden von ihm Vertretenen dem Finanzamt formlos mitzuteilen. Die bis zum Zeitpunkt der Beendigung der Fiskalvertretung getätigten Umsätze sind vom Fiskalvertreter in der Umsatzsteuererklärung für das Kalenderjahr zu erfassen und in die Zusammenfassende Meldung des entsprechenden Zeitraums zu übernehmen. Die allgemeinen Erklärungs- und Aufzeichnungspflichten sind für die Zeit der Bestellung bis zur Beendigung der Fiskalvertretung von ihm zu erfüllen.

   b) Bei dem im Ausland ansässigen Unternehmer:

   Der im Ausland ansässige Unternehmer muß sich nach Beendigung der Fiskalvertretung unter einer eigenen Steuernummer registrieren lassen und ggf. eine eigene USt-IdNr. beantragen. Er hat unter der Steuernummer alle Steuererklärungen (Umsatzsteuer-Voranmeldung bzw. nach Ablauf des Besteuerungszeitraums eine Umsatzsteuer-Erklärung für das Kalenderjahr) abzugeben. In diesen Erklärungen hat er alle Umsätze einschließlich der über die Fiskalvertretung getätigten Umsätze anzugeben. Außerdem ist eine Zusammenfassende Meldung abzugeben, in der nur die innergemeinschaftlichen Warenlieferungen nach § 18 a Abs. 2 UStG zu erklären sind, die in die Zeit nach Beendigung der Fiskalvertretung fallen.

24 Die in der Zeit der Fiskalvertretung erteilten Rechnungen und „pro-forma-Rechnungen" (vgl. Abschnitt 190 a Abs. 3 Satz 2 UStR) mit dem Hinweis auf die Vertretung sind nicht zu berichtigen.

25 Nach Ablauf des Besteuerungszeitraums, in dem die Fiskalvertretung beendet wurde, kann der im Ausland ansässige Unternehmer erneut einen Fiskalvertreter bestellen, wenn die Voraussetzungen dafür vorliegen (vgl. Tz. 5 bis 10).

26 Ist die Fiskalvertretung durch Untersagung (vgl. Tz. 27 bis 31) beendet worden, ist der bisherige Fiskalvertreter zur Abgabe einer Steuererklärung (§ 18 b Abs. 3 Satz 2 UStG) und der Zusammenfassenden Meldungen aufzufordern. Außerdem ist er zur Benennung aller von ihm vertretenen im Ausland ansässigen Unternehmer aufzufordern. Das Finanzamt stellt sicher, daß die benannten Unternehmer über die Untersagung in Kenntnis gesetzt werden. Vom Zeitpunkt der Untersagung an kann der im Ausland ansässige Unternehmer die allgemeinen Erklärungs- und Aufzeichnungspflichten selbst erfüllen oder sich eines weiteren Fiskalvertreters bedienen.

VIII. Untersagung der Fiskalvertretung, § 22 e UStG

27 Die Fiskalvertretung der in § 22 a Abs. 2 UStG mit Ausnahme der in § 3 StBerG genannten Personen kann untersagt werden, wenn der Fiskalvertreter wiederholt gegen die ihm auferlegten Pflichten nach § 22 b UStG verstößt oder ordnungswidrig i.S.d. § 26 a UStG handelt, § 22 e Abs. 1 UStG. Bei den in § 3 StBerG genannten Personen (vgl. Tz. 11) können nur Sanktionen nach dem Steuerberatungsgesetz in Betracht kommen. Eine Untersagung nach § 22 e Abs. 1 UStG ist z.B. in folgenden Fällen möglich:

Anlage § 022a–01

Der Fiskalvertreter hat
a) entgegen § 14 a Abs. 1 Satz 3 UStG ein Doppel der Rechnung nicht aufbewahrt,
b) entgegen § 18a Abs. 1 Satz 1 i.V.m. Abs. 4 Satz 1, Abs. 5 oder 6 UStG eine Zusammenfassende Meldung nicht, nicht richtig, nicht vollständig oder nicht rechtzeitig abgegeben oder entgegen § 18a Abs. 7 UStG eine Zusammenfassende Meldung nicht oder nicht rechtzeitig berichtigt oder
c) entgegen § 18d Satz 3 UStG die dort bezeichneten Unterlagen nicht, nicht vollständig oder nicht rechtzeitig vorgelegt.

Das Untersagungsverfahren ist bei dem in § 4 Nr. 9 Buchst. c StBerG aufgeführten Personenkreis (Speditionsunternehmer und sonstige gewerbliche Unternehmen, soweit sie in Eingangsabgabensachen Hilfe leisten, vgl. Tz. 11) von demjenigen Finanzamt vorzunehmen, bei dem der Fiskalvertreter steuerlich geführt wird. 28

Die Untersagung steht im pflichtgemäßen Ermessen des zuständigen Finanzamts. Dieses hat die Gründe für die Untersagung darzulegen. Kommt der Fiskalvertreter zum wiederholten Male einer der in § 22e Abs. 1 UStG bezeichneten Pflichten nicht nach, obwohl das Finanzamt ihn auf die Möglichkeit der Untersagung hingewiesen hat, soll die Fiskalvertretung untersagt werden. 29

Die für die Berufsaufsicht zuständige Berufskammer ist gem. § 411 AO zu unterrichten, wenn gegen Angehörige der in § 3 StBerG genannten Berufe (Rechtsanwälte, Steuerberater, Wirtschaftsprüfer u.a., vgl. Tz. 11) ein Bußgeldbescheid wegen einer Pflichtverletzung im Rahmen der Fiskalvertretung erlassen werden soll. Im übrigen können nach § 10 StBerG bereits Tatsachen, die den Verdacht einer Berufspflichtverletzung begründen, der für die Berufsaufsicht zuständigen Berufskammer mitgeteilt werden. Die jeweilige Berufskammer entscheidet, ob ein berufsaufsichtliches Verfahren anzustrengen ist oder bei der zuständigen Staatsanwaltschaft ein Antrag auf Einleitung eines berufsgerichtlichen Verfahrens zu stellen ist. Ein berufsgerichtliches Verfahren kann die Ausschließung aus dem Beruf zur Folge haben, womit auch gleichzeitig die Fiskalvertretung ausgeschlossen ist. 30

Bei Rechtsbehelfen gegen die Untersagung der Fiskalvertretung gelten nach § 22 e Abs. 2 UStG die Bestimmungen über den vorläufigen Rechtsschutz gemäß § 361 Abs. 4 AO und § 69 Abs. 5 FGO. Danach darf die Fiskalvertretung grundsätzlich bis zum Abschluß des Verfahrens weiter ausgeübt werden. Die hemmende Wirkung kann durch eine besondere Anordnung aber ganz oder zum Teil beseitigt werden, wenn die Finanzbehörde dies im öffentlichen Interesse für geboten hält. 31

Anlagen § 024–01 nicht belegt, § 024–02

Auswirkungen einer Organschaft auf land- und forstwirtschaftliche Betriebe (§ 2 Abs. 2 Nr. 2, § 24 UStG)

OFD Koblenz, Vfg. vom 01.09.1989 – S 7527 A – St 51 1/St 51 2/ St 51 3 (TOP 4.10), UR 1990 S. 30

Sachverhalt:

An einem Weingut in Rechtsform einer Gesellschaft bürgerlichen Rechts (GdbR) sind der Vater mit 70 v. H. und der Sohn mit 30 v. H. beteiligt. Der Vater ist Geschäftsführer. An einer Vertriebs-GmbH – welche auch die Weine des Weinguts vertreibt – sind der Vater und der Sohn mit je 50 v. H. beteiligt. Der Vater ist auch in der GmbH Geschäftsführer. Sämtliche erzeugten Weine des Weinguts werden zu Erzeugerpreisen an die GmbH veräußert. Die GmbH füllt ab und vertreibt die Weine. Aufgrund eines Pachtvertrages hat die GmbH vom Weingut Büro- und Kellerräume sowie die zu ihrem Betrieb notwendigen übrigen Einrichtungen angemietet. Die GmbH kauft Fremdweine in einer Größenordnung von 10 bis 20 v. H. ihrer Umsätze zu. Weingut und GmbH wurden bisher umsatzsteuerlich als zwei gesonderte Unternehmen behandelt. Das Weingut besteuerte seine Umsätze nach der Durchschnittsbesteuerung des § 24 Abs. 1 UStG, die Zahllast betrug 1 v. H. Die GmbH versteuerte ihre Umsätze nach den allgemeinen Vorschriften des UStG, nahm den Vorsteuerabzug aus den Lieferungen des Weinguts und den Kürzungsbetrag nach § 24a UStG[1] in Anspruch.

Frage:

a) Ist die GmbH organschaftlich in das Weingut (GdbR) eingegliedert?

b) Auswirkungen der Organschaft auf die umsatzsteuerliche Beurteilung der Leistungen der GdbR?

Beurteilung:

Zu a: Organschaft nach § 2 Abs. 2 Nr. 2 UStG liegt vor, wenn eine juristische Person nach dem Gesamtbild der tatsächlichen Verhältnisse finanziell, wirtschaftlich und organisatorisch in ein Unternehmen eingegliedert ist. Es ist nicht erforderlich, daß alle drei Eingliederungsmerkmale gleichermaßen ausgeprägt sind; Organschaft kann auch gegeben sein, wenn die Eingliederung auf einem dieser drei Gebiete nicht vollkommen, dafür aber auf den anderen Gebieten um so eindeutiger ist, so daß sich die Eingliederung aus dem Gesamtbild der tatsächlichen Verhältnisse ergibt. Die finanzielle Eingliederung muß jedoch regelmäßig voll erfüllt sein (Abschn. 21 UStR 1988).

Finanzielle Eingliederung:

Die GdbR ist mittelbar über ihre Gesellschafter zu 100 v. H. an der GmbH beteiligt (Abschn. 21 Abs. 4 Satz 3 UStR 1988).

Wirtschaftliche Eingliederung:

Die wirtschaftliche Eingliederung der GmbH ergibt sich aus dem Vertrieb der gesamten Erzeugnisse des Weingutes durch die GmbH – der Anteil der zugekauften Fremdweine ist mit 10 – 20 v. H. gering und steht der wirtschaftlichen Eingliederung nicht entgegen (Abschn. 21 Abs. 5 Satz 4 UStR) – sowie aus den von der GdbR angepachteten Büro- und Kellerräumen und sonstigen Einrichtungen.

Organisatorische Eingliederung:

Die organisatorische Eingliederung ergibt sich aus der Geschäftsführertätigkeit des Vaters sowohl in der GdbR als auch in der GmbH.

Damit liegt nach dem Gesamtbild eine umsatzsteuerlich wirksame Organschaft zwischen GdbR und GmbH vor mit der Folge, daß die GmbH in das Unternehmen der GdbR eingegliedert ist. Unternehmer und Organträger ist die GdbR. Das (einheitliche) Unternehmen umfaßt den Betrieb der GdbR und den Betrieb der GmbH.

Zu b: Nach Abschn. 264 UStR sind die Durchschnittssätze des § 24 UStG nur auf Umsätze anzuwenden, die im Rahmen eines land- und forstwirtschaftlichen Betriebes ausgeführt werden. Die Frage, ob ein land- und forstwirtschaftlicher Betrieb vorliegt, ist nach den Grundsätzen zu beurteilen, die bei der Abgrenzung für Zwecke der Einkommen- und Gewerbesteuer maßgebend sind (Abschn. 135 EStR). Nach diesen Grundsätzen erfolgt nur die Tätigkeit der GdbR im Rahmen eines land- und forstwirtschaftlichen Betriebes.

---

1) Gilt bis Ende 1991

Anlage § 024–02

Die GmbH ist kraft ihrer Rechtsform Gewerbebetrieb und gilt auch dann nicht als land- und forstwirtschaftlicher Betrieb, wenn im übrigen die Merkmale eines land- und forstwirtschaftlichen Betriebes vorlägen (§ 24 Abs. 2 Satz 3 UStG). Damit unterliegen nur die Umsätze der GdbR der Durchschnittsbesteuerung des § 24 UStG, die Umsätze der GmbH der Regelbesteuerung[1].

Wegen des einheitlichen Unternehmens sind die Warenbewegungen zwischen den beiden Betrieben als Innenumsätze zu qualifizieren, mit der Folge, daß die GmbH daraus keinen Vorsteuerabzug geltend machen kann.

Zur Vorsteueraufteilung (Zuordnung) aus Leistungsbezügen des Organträgers (GdbR), die sowohl für den land- und forstwirtschaftlichen Betrieb der GdbR als auch für den gewerblichen Betrieb der GmbH bestimmt sind, sind die Grundsätze des BFH-Urteils vom 25.6.1987 – V R 121/86 (BStBl. II 1988, 150) zu beachten.

Die Kürzungsansprüche nach § 24a Abs. 1 UStG gelten nur für den Betrieb der GdbR; denn nur sie unterhält einen land- und forstwirtschaftlichen Betrieb. Der Betrieb der GmbH ist ein Gewerbebetrieb kraft Rechtsform und erfüllt – abgesehen von der Rechtsform – auch im übrigen nicht die Merkmale eines land- und forstwirtschaftlichen Betriebes (§ 24a Abs. 2 Satz 2 UStG i. V. m. Abschn. 271b Abs. 1 Satz 4 UStR 1988).

---

1) Siehe aber Anlage § 024–20 (BFH vom 16.04.2008 – XI R 73/07)

Anlagen § 024–03, § 024–04 nicht belegt

Umsatzsteuerliche Behandlung von Leistungen nach dem Gesetz zur Förderung der Einstellung der landwirtschaftlichen Erwerbstätigkeit (FELEG) vom 21.02.1989 (BGBl. I 1989, 233)

BMF-Schreiben vom 10.01.1990 – IV A 2 – S 7410 – 1/90,
UR 1990 S. 165

Nach dem Gesetz zur Förderung der Einstellung der landwirtschaftlichen Erwerbstätigkeit (FELEG) vom 21.2.1989 (BGBl. I 1989, 233) erhalten bestimmte Landwirte im Zuge der Einstellung ihrer landwirtschaftlichen Erwerbstätigkeit für die Stillegung (§ 2 FELEG) oder die Abgabe (§ 3 FELEG) landwirtschaftlich genutzter Flächen auf Antrag eine Produktionsaufgaberente. Nach § 6 FELEG setzt sich die Rente aus einem Grundbetrag, welcher entsprechend § 4 Abs. 1 und 3 des Gesetzes über die Altershilfe für Landwirte berechnet wird, und im Falle der Stillegung zusätzlich aus einem Flächenzuschlag von bis zu 600 DM je ha stillgelegter Fläche (vgl. § 6 Abs. 3 FELEG) zusammen. Zur umsatzsteuerlichen Behandlung dieser Leistungen wird folgende Auffassung vertreten:

Flächenstillegung
Durch das freiwillige Stillegen erbringt der Landwirt eine Leistung durch Unterlassen, indem er darauf verzichtet, seine ihm zur Verfügung stehenden Flächen landwirtschaftlich zu nutzen.
Das Entgelt für die Leistung ist in dem sogenannten Flächenzuschlag nach § 6 Abs. 3 FELEG zu sehen. Hier besteht zwischen der Stillegung und der Zuwendung eine unmittelbare Verknüpfung, da sich die Zahlung nach Größe und Qualität des Bodens richtet. Demgegenüber wird der Grundbetrag nach § 6 Abs. 1 FELEG, losgelöst von der stillgelegten Fläche, nach rentenversicherungsrechtlichen Grundsätzen berechnet und unterliegt auch diesen Gesetzmäßigkeiten. Dieser Teil der Zuwendung ist daher als ein nicht steuerbarer Zuschuß anzusehen. Ein unmittelbarer Zusammenhang zwischen Leistung und Gegenleistung besteht insoweit nicht.
Demnach erbringt der Unternehmer eine steuerbare und steuerpflichtige sonstige Leistung durch Unterlassen. Entgelt für seine Leistung ist lediglich der sogenannte Flächenzuschlag nach § 6 Abs. 3 FELEG. Soweit Landwirte ihre Umsätze nach § 24 UStG besteuern, unterliegt die sonstige Leistung einem Steuersatz von 8 v. H. (§ 24 Abs. 1 Satz 1 Nr. 2 UStG) und im Falle einer Option nach § 24 Abs. 4 UStG dem Steuersatz von 14 v. H. Ist der land- und forstwirtschaftliche Betrieb insgesamt aufgegeben, kann die Durchschnittsbesteuerung nach § 24 UStG nicht mehr angewendet werden.

Abgabe
Gemäß § 3 FELEG verpflichtet sich der Unternehmer, im Zuge der Einstellung seines Betriebes die bisher landwirtschaftlich genutzten Flächen bis zu dem Zeitpunkt, von dem an Altersgeld nach dem Gesetz über eine Altershilfe für Landwirte beansprucht werden kann, mindestens aber für 9 Jahre abzugeben. Eine Abgabe in diesem Sinne ist die Übertragung der Nutzung der Flächen an andere Landwirte oder unter bestimmten Bedingungen an berufsfremde Personen, sowie in bestimmten Fällen der Verkauf der Flächen. Für die Abgabe der Flächen erhält der Landwirt gem. § 6 Abs. 1 FELEG eine Produktionsaufgaberente i. H. des zuvor geschilderten Grundbetrages; ein Flächenzuschlag entfällt. Wie oben ausgeführt, ist der Grundbetrag der Produktionsaufgaberente ein nicht steuerbarer Zuschuß, da es auch hier an dem unmittelbaren wirtschaftlichen Zusammenhang zwischen der Leistung des Unternehmers und der Zuwendung des Dritten fehlt (vgl. Abschn. 150 Abs. 3 UStR).

Anlagen § 024–05, 06 nicht belegt, § 024–07

Umsatzsteuer bei Verpachtung landwirtschaftlicher Betriebe ab 01.01.1992

BMF-Schreiben vom 03.08.1992 – IV A 2 – S 7410 – 34/92,
StEd 1992 S. 461

Unter Bezugnahme auf das Ergebnis der Erörterung mit den obersten Finanzbehörden der Länder gilt folgendes:

1. Behandlung der sog. Alt-Verpachtungsfälle

Die Rechtsprechung des Bundesfinanzhofs (Urteile vom 21. Februar 1980, BStBl. II S. 613 und vom 29. Juni 1988, BStBl. II S. 922), wonach die Verpachtung eines land- und forstwirtschaftlichen Betriebs nicht unter die Besteuerung nach § 24 UStG fällt, wird in den Fällen, in denen ein landwirtschaftlicher Betrieb vor dem 1. Januar 1989 verpachtet wurde, aus Billigkeitsgründen erst ab 1. Januar 1995 angewandt. Im übrigen sind Abschnitt 264 Abs. 5 und Abschnitt 215 Abs. 8 Nr. 1 Satz 6 Umsatzsteuer-Richtlinien 1992 zu beachten.

2. Veräußerung eines landwirtschaftlichen Betriebs nach vorangegangener Verpachtung

Die Übertragung eines land- und forstwirtschaftlichen Betriebs nach Ablauf der Pachtzeit ist kein Umsatz, der unter die Durchschnittsatzbesteuerung des § 24 Abs. 1 UStG fällt. Sie unterliegt als Geschäftsveräußerung den allgemeinen Vorschriften des Umsatzsteuergesetzes.

3. Verpachtung von Teilen eines land- und forstwirtschaftlichen Betriebs

Die Verpachtung eines lebensfähigen Betriebs unterliegt der Regelbesteuerung ohne Rücksicht darauf, welchen Umfang der vom Verpächter zurückbehaltene Teil hat und ob dieser der Durchschnittsatzbesteuerung unterliegt.

4. Wirtschaftsüberlassungsverträge

Überläßt ein Betriebsinhaber einem Angehörigen seinen land- und forstwirtschaftlichen Betrieb aufgrund eines sog. Wirtschaftsüberlassungsvertrags, so sind nach der Rechtsprechung des Bundesfinanzhofs für den Hofeigentümer – mit Ausnahme des Umstands, daß er keine Pachteinnahmen, sondern Unterhaltsleistungen vom Nutzungsberechtigten erhält – dieselben Rechtsfolgen abzuleiten, wie sie für die Verpachtung landwirtschaftlicher Betriebe gelten; der Nutzungsberechtigt ist im Ergebnis einem Pächter gleichzustellen (Urteile vom 5. Februar 1976, BStBl. II S. 335 und vom 25. Januar 1992 – IV R 104/90, Betriebsberater 1992, 1048).

5. „Eiserne Verpachtung"

Hingabe und Rückgabe des „eisernen Inventars" stellen keine Lieferungen dar. Ein sich bei der Rückgabe ergebender Mehrwert, den der Verpächter auszugleichen hat, ist Entgelt für eine sonstige Leistung des Pächters.

6. Aufteilung eines einheitlichen Pachtentgelts

Die pauschalen Aufteilungsgrundsätze zur Verteilung der Einheitswerte nach § 49 Bewertungsgesetz sind unter Berücksichtigung des Strukturwandels für eine sachgerechte Aufteilung des Pachtentgelts für Zwecke der Umsatzsteuer nicht geeignet. Bei der Aufteilung des Pachtentgelts in den steuerfreien Teil für die Verpachtung des Grundstücks (Grund und Boden, Gebäude, Gebäudeteile, Außenanlagen) sowie in den steuerpflichtigen Teil für die Verpachtung der Betriebsvorrichtungen (z.B. Getreidesilos, Güllebehälter) sind die jeweiligen Verhältnisse des Einzelfalls maßgebend. Dabei ist auf eine nach wirtschaftlichen Gesichtspunkten sachgerechte Aufteilung zu achten.

7. Höhe des Entgelts für die Verpachtungsleistung

Zahlungen, die der Pächter zur Tilgung von Verbindlichkeiten des Verpächters leistet (z. B. Grundsteuer, Zinsen, Versicherungsbeiträge), sind Teil des Entgelts für die Verpachtungsleistung (§ 10 Abs. 1 UStG).

8. Behandlung von Gebäuden auf fremdem Grund und Boden

Bei Baumaßnahmen des Pächters eines land- und forstwirtschaftlichen Betriebs sind die Grundsätze des BMF-Schreibens zum Bauen auf fremdem Grund und Boden vom 23. Juli 1986 (BStBl. I S. 432) anzuwenden. Bleibt der Pächter bis zum Ende des Pachtvertrags wirtschaftlicher Eigentümer eines von ihm errichteten Bauwerks und findet unmittelbar an den Pachtvertrag anschließend die Hofübergabe an

Anlage § 024–07

den Pächter statt, so ist keine Lieferung des Bauwerks an den Verpächter anzunehmen. Das Bauwerk auf fremdem Grund und Boden nimmt dann am Leistungsaustausch der Hofübergabe (Geschäftsveräußerung) nicht teil.

9. Ermittlung des Gesamtumsatzes (Kleinunternehmerregelung nach § 19 UStG)

Bei der Ermittlung der Umsatzgrenzen nach § 19 Abs. 1 UStG ist vom Gesamtumsatz nach § 19 Abs. 3 UStG abzüglich der darin enthaltenen Umsätze von Wirtschaftsgütern des Anlagevermögens auszugehen. Nach dem klaren Gesetzeswortlaut ist danach eine Kürzung um sonstige Leistungen, die mit Wirtschaftsgütern des Anlagevermögens ausgeführt werden, nicht vorzunehmen.

Gesamtumsatz nach § 19 Abs. 3 UStG ist die Summe der steuerbaren Umsätze nach § 1 Abs. 1 Nr. 1 bis 3 UStG vermindert um die in § 19 Abs. 3 Nr. 1 und Nr. 2 UStG bezeichneten steuerfreien Umsätze. Eine generelle Nichtberücksichtigung der Umsätze im Zusammenhang mit einer Hofübergabe kann daher angesichts der eindeutigen gesetzlichen Regelung nicht in Betracht kommen. Billigkeitsgründe liegen wegen der bestehenden Optionsmöglichkeiten für den Fall einer Steuerentstehung nicht vor (§ 19 Abs. 2 UStG).

Anlagen § 024–08 nicht belegt, § 024–09

Übersicht über die Durchschnittsätze für land- und forstwirtschaftliche Betriebe (§ 24 UStG) ab 01.01.1993

BMF-Schreiben vom 11.11.1992 – IV A 2 – S 7410 – 58/92

Art der Umsätze	Durchschnittsatz		Steuerzahllast
	Umsatz v. H.	Vorsteuer v. H.	v. H.
1. Lieferungen und Eigenverbrauch von forstwirtschaftlichen Erzeugnissen, ausgenommen Sägewerkserzeugnisse (z. B. Rund-, Schicht- und Abfallholz)	5[1]	5[1]	0
2. Lieferungen und Eigenverbrauch der in der Anlage aufgeführten Sägewerkserzeugnisse (z. B. Schnittholzabfälle, Hobel-, Hack- und Sägespäne), sonstige Leistungen (z. B. Lohnfuhren), Hilfsumsätze (z. B. Verkauf gebrauchter Landmaschinen)	8,5[2]	8,5[2]	0
3. Lieferungen und Eigenverbrauch (ausgenommen Ausfuhrlieferungen und Umsätze im Ausland) der			
a) in der Anlage **nicht** aufgeführten Sägewerkserzeugnisse (z. B. Kanthölzer, Bohlen, Bretter)	15[4]	8,5[2]	6,5[3]
b) in der Anlage **nicht** aufgeführten Getränke (z. B. Wein, Traubenmost, Frucht- und Gemüsesäfte) sowie alkoholische Flüssigkeiten (z. B. reiner Alkohol)	15[4]	8,5[2]	6,5[3]
4. Ausfuhrlieferungen und im Ausland bewirkte Umsätze der			
a) in der Anlage **nicht** aufgeführten Sägewerkserzeugnisse (vgl. Nr. 3a)	8,5[2]	8,5[2]	0
b) Getränke, alkoholische Flüssigkeiten (vgl. Nr. 3b und Nr. 5)	8,5[2]	8,5[2]	0
5. Übrige landwirtschaftliche Umsätze (z. B. Getreide, Vieh, Fleisch, Milch, Obst, Gemüse, Eier)	8,5[2]	8,5[2]	0

1) Ab 01.07.1998: 6; ab 01.04.1999: 5; ab 01.01.2007: 5,5
2) Ab 01.01.1994: 9; ab 01.04.1996: 9,5; ab 01.07.1998: 10; ab 01.04.1999: 9; ab 01.01.2007: 10,7
3) Ab 01.01.1994: 6; ab 01.04.1996: 5,5; ab 01.04.1998: 6,5; ab 01.07.1998: 6; ab 01.04.1999: 7
4) Ab 01.04.1998: 16; ab 01.01.2007: 19

Anlage § 024–10

Rückwirkende Verlängerung der Optionsfrist nach § 24 Abs. 4 Satz 1 UStG

BMF-Schreiben vom 05.01.1993 – IV A 2 – S 7418 – 2/92,
UR 1993 S. 400

Das von Ihnen angesprochene Problem der Optionsfrist nach § 24 Abs. 4 Satz 1 UStG bei neugegründeten land- und forstwirtschaftlichen Betrieben in den jungen Bundesländern ist kürzlich mit den obersten Finanzbehörden der Länder erörtert worden. Nach dem Ergebnis der Erörterung kann die Optionsfrist bei Landwirten, die im letzten Quartal 1990 einen Betrieb neugegründet haben, aus Billigkeitsgründen bis zum 30.9.1991 verlängert werden. Das heißt, daß Optionen, die bis zum 30.9.1991 gegenüber dem Finanzamt *erklärt wurden*, berücksichtigt werden können.

Eine weitere Fristverlängerung bzw. eine gesetzliche Neuregelung mit einer Optionsmöglichkeit bis zur Unanfechtbarkeit der Steuerfestsetzung ist nach meiner Auffassung insbesondere aus folgenden Gründen abzulehnen:

Bei der Festlegung der Optionsfrist ist es bisher stets für erforderlich gehalten worden, daß frühzeitig Gewißheit besteht, welche umsatzsteuerrechtlichen Vorschriften durch den Unternehmer mit Umsätzen im Rahmen eines land- und forstwirtschaftlichen Betriebs zu beachten sind. Probleme hinsichtlich der Optionsfrist haben sich meist nur dann ergeben, wenn die Optionserklärungen verspätet abgegeben worden sind und somit die Frage der Gewährung von Billigkeitsmaßnahmen zu prüfen war.

Nach der Neufassung des § 24 Abs. 4 UStG durch das Steuerbereinigungsgesetz 1985 vom 14.12.1984 (BGBl. I 1984, 1493 = BStBl. I 1984, 659), die rückwirkend ab 1.1.1984 in Kraft getreten ist, kann der Land- und Forstwirt dem Finanzamt bis zum 10.1. eines Kalenderjahres erklären, daß er seine Umsätze vom Beginn des *vorangegangenen* Kalenderjahres an der Regelbesteuerung unterwerfen will. Die frühere Regelung für eine rückwirkende Verlängerung der Option wurde damit entbehrlich. Die Gesetzesänderung wurde seinerzeit u. a. auch aufgrund einer entsprechenden Stellungnahme des Deutschen Bauernverbandes vorgenommen.

Gegen eine Ausdehnung der Optionsfrist bis zur Unanfechtbarkeit der Steuerfestsetzung spricht auch folgendes: Die der Pauschalbesteuerung des § 24 UStG unterliegenden Landwirte geben in der Regel keine Umsatzsteuererklärung ab. Daher wird eine Steuerfestsetzung insoweit auch nicht durchgeführt. Eine Verlängerung der Optionsfrist hätte daher zur Folge, daß die Landwirte noch bis zum Eintritt der Festsetzungsverjährung (§§ 169 ff. AO) eine entsprechende Erklärung abgeben könnten. Abgesehen davon, daß für eine solche Regelung bei den Landwirten kaum ein praktisches Bedürfnis besteht, würde auch die Arbeit der Finanzämter unnötig erschwert werden. Bei einer Optionserklärung noch nach mehreren Jahren können die für eine zutreffende Steuerfestsetzung erforderlichen Angaben über die ausgeführten Umsätze und über die abziehbaren Vorsteuerbeträge in aller Regel nicht gemacht werden, da bei Anwendung der Durchschnittssätze des § 24 UStG grundsätzlich eine Befreiung von den Aufzeichnungspflichten des § 22 UStG besteht (§ 67 UStDV). Eine Schätzung dürfte sich in der Praxis als schwierig erweisen.

Ferner ergäben sich auch folgende nachteilige Auswirkungen: Da die Durchschnittssätze nicht mit den Steuersätzen des § 12 UStG übereinstimmen, sind in den Rechnungen oder Gutschriften meistens höhere Beträge (z. B. bei Lieferungen landwirtschaftlicher Erzeugnisse), teils aber auch niedrigere Beträge ausgewiesen, als sie nach den allgemeinen Vorschriften des Gesetzes geschuldet werden. Der Landwirt schuldet die zu hoch ausgewiesene Steuer nach § 14 UStG und hätte die zu niedrig ausgewiesene Steuer nachzuentrichten. Die zu hoch ausgewiesene Steuer könnte zwar durch entsprechende Anwendung des § 17 UStG berichtigt werden. Da jedoch der Pauschallandwirt von den Aufzeichnungspflichten befreit ist, könnten dabei in der Praxis erhebliche technische Schwierigkeiten entstehen. Insbesondere ließe sich die vollständige Nachentrichtung der zu hoch ausgewiesenen Steuer nur äußerst schwierig nachprüfen, wenn die Abnehmer der Pauschallandwirte ihren Vorsteuerabzug nicht oder nicht in vollem Umfang berichtigen.

Eine weitere Verlängerung der Optionsfrist im Sinne Ihres Antrags stößt auch auf EG-rechtliche Bedenken. Nach Artikel 25 Abs. 3 der 6. EG-Richtlinie werden die Durchschnittssätze anhand der allein für die Pauschallandwirte geltenden makroökonomischen Daten der letzten drei Jahre bestimmt. Diese Daten würden verfälscht, wenn den Landwirten rückwirkend ein Übergang zur Regelbesteuerung gestattet wird. Die Durchschnittssätze gingen damit in unzulässige Weise über die Umsatzsteuervorbelastung der Landwirtschaft hinaus. Im übrigen darf die Pauschalregelung nach Artikel 25 Abs. 1 der 6. EG-Richtlinie nur auf Landwirte angewendet werden, bei denen die Normalbesteuerung (oder ggf. die vereinfachte Besteuerung nach Artikel 24) auf Schwierigkeiten stoßen würde. Wenn Landwirte sogar im nachhinein die Normalbesteuerung anwenden können, muß mit dem Einwand der EG-Kommission gerechnet werden, daß der unter die Pauschalierung fallende Kreis der Landwirte einzuengen ist, z. B. durch Ausschluß der buchführenden Landwirte. Damit würde – nur wegen einiger Randfälle – der Anwendungsbereich des § 24 UStG u. U. erheblich eingeschränkt.

Umfang der Optionserklärung nach § 24 Abs. 4 UStG

BMF-Schreiben vom 05.08.1993 – IV A 2 – S 7418 – 7/93,
UR 1993 S. 400

Sie haben die Frage gestellt, ob ein Landwirt, der seinen bisherigen Betrieb zum 31.5. eines Jahres veräußert und zum 1.9. desselben Jahres einen neuen Betrieb erwirbt, für den neuen Betrieb zur Regelbesteuerung optieren kann.

Nach eingehender Erörterung mit den obersten Finanzbehörden der Länder wird die Auffassung vertreten, daß bei dem von Ihnen beschriebenen Sachverhalt eine Option, die sich nur auf den neuen Betrieb bezieht, nicht zulässig ist. § 24 Abs. 4 USt G ist unternehmensbezogen auszulegen (der *Unternehmer* erklärt, daß seine Umsätze nach den allgemeinen Vorschriften des Gesetzes besteuert werden sollen). Die in § 24 Abs. 1 und 2 UStG enthaltene Bezugnahme auf den land- und forstwirtschaftlichen Betrieb dient der Abgrenzung der Umsätze, die im Rahmen des Unternehmens einer besonderen Besteuerung unterliegen. Sie gibt aber keine Begründung für die Zulassung einer betriebsbezogenen Einzeloption. Innerhalb eines Besteuerungszeitraums (§ 16 Abs. 1 UStG) kann daher nur eine einheitliche Besteuerung in Betracht kommen. Darüber hinaus würde bei betriebsbezogener Einzeloption – in dem von Ihnen dargestellten Fall – die fortdauernde und die vorbereitende Unternehmereigenschaft ggf. ineinander übergehen und sich überschneiden.

Umsatzsteuer bei Personengesellschaften, die sowohl Land- und Forstwirtschaft betreiben als auch gewerblich tätig sind (Abschnitt 264 UStR)

Erlass FM Sachsen-Anhalt vom 09.01.1996 – 44 – S 7410 – 19,
DStR 1996 S. 223

Die obersten Finanzbehörden des Bundes und der Länder haben die Frage erörtert, ob § 24 UStG insoweit anwendbar ist, als sowohl gewerblich als auch land- und forstwirtschaftlich tätige Personengesellschaften in Teilbetrieben *ausschließlich* land- und forstwirtschaftliche Umsätze ausführen.

Die Erörterung führte zu dem Ergebnis, daß Personengesellschaften ihre ausschließlich land- und forstwirtschaftlichen Umsätze im Rahmen von abgrenzbaren Teilbetrieben nach § 24 UStG besteuern können, auch wenn sie in anderen Bereichen gewerblich tätig sind.

Anlage § 024–13

Vorsteuerabzug beim Übergang von der Durchschnittsatzbesteuerung nach § 24 UStG zur Besteuerung nach den allgemeinen Vorschriften

Erlass FM Thüringen vom 22.01.1998 – S 7316 A – 5 – 202.2,
DStR 1998 S. 894

Zum Vorsteuerabzug beim Übergang von der Durchschnittsatzbesteuerung nach § 24 UStG zur Besteuerung nach den allgemeinen Vorschriften des UStG ist im Einvernehmen mit den obersten Finanzbehörden des Bundes und der Länder folgende Auffassung zu vertreten:

Dem land- und forstwirtschaftlichen Betrieb steht der Vorsteuerabzug nach § 15 UStG für die gesondert in Rechnung gestellten Steuerbeträge lediglich für solche Lieferungen und sonstige Leistungen zu, die *nach dem Zeitpunkt* an den Betrieb ausgeführt worden sind, in dem dieser zur allgemeinen Besteuerung übergegangen ist (vgl. Abschn. 191 Abs. 5 Nr. 1 UStR). Für Leistungsbezüge während der Zeit der Durchschnittsatzbesteuerung ist danach ein Vorsteuerabzug nach § 15 UStG nicht zulässig, auch wenn diese Leistungsbezüge erst nach dem Übergang zur allgemeinen Besteuerung erstmals zur Ausführung von Umsätzen verwendet werden.

Beispiel:

Ein pauschalierender Landwirt errichtet einen Stall. Der Bau beginnt im Jahr 01. Die Fertigstellung und die erstmalige Verwendung des Stalles erfolgen im Jahr 03. Der Landwirt optiert ab 1.1.03 zur Besteuerung nach den allgemeinen Vorschriften des UStG. Für von verschiedenen Handwerkern für die Errichtung des Stalles bezogene Lieferungen und Leistungen in den Jahren 01 und 02 besitzt der Landwirt Rechnungen mit gesondertem Steuerausweis.

Der Vorsteuerabzug ist trotz der erstmaligen Nutzung des Stallgebäudes im Rahmen der Besteuerung nach den allgemeinen Vorschriften des UStG nur für ab dem 1.1.03 an den Landwirt ausgeführte Lieferungen und Leistungen möglich. Ein Vorsteuerabzug aus den Rechnungen der Jahre 01 und 02 ist nicht zulässig.

Anlage § 024–14

Umsatzsteuerrechtliche Behandlung der Verpachtung eines Eigenjagdbezirks durch einen Land- und Forstwirt; Anwendung des BFH-Urteils vom 11.02.1999 – BStBl. II S. 378

BMF-Schreiben vom 09.10.2000 – IV B 7 – S 7410 – 5/00, DStZ 2001 S. 257

Mit der Veröffentlichung im BStBl. sind die Grundsätze des Urteils von der Verwaltung allgemein anzuwenden. Das heißt: Die Verpachtung eines Eigenjagdbezirks fällt nicht unter die Durchschnittssatzbesteuerung des § 24 UStG. Die Jagdverpachtung ist keine Verwertung von Walderzeugnissen, sondern Rechtspacht. Das Jagdrecht steht dem Grundstückseigentümer unabhängig von der land- und forstwirtschaftlichen Nutzung seines Grundbesitzes zu; es ist somit dem land- und forstwirtschaftlichen Betrieb nicht zuzurechnen.

Nach den Ausführungen des Bundesfinanzhofs kommt es weder auf die einkommensteuerrechtliche Qualifikation der Verpachtung an noch kann es darauf ankommen, ob der gesamte Eigenjagdbezirk oder nur einzelne Flächen verpachtet werden. Unerheblich ist auch, dass die Einnahmen aus der Jagdverpachtung einen Teil der Kosten der Wildbewirtschaftung des Forstbetriebs abdecken bzw. der Jagderlaubnisscheininhaber/Jagdgast nicht – wie der Jagdausübungsberechtigte – für die Hege des Wildes etc. verantwortlich ist.

Die Einräumung des Rechts auf Jagdausübung entspricht der Rechtsverpachtung im Sinne des BFH-Urteils vom 11. Februar 1999 und umfasst neben der grundsätzlichen Verpachtung von Eigenjagdbezirken auch die entgeltliche Vergabe von Jagderlaubnisscheinen und die Erlaubnis für Einzelabschüsse.

Nach einer Protokollerklärung des Rates und der Kommission zu Artikel 13 der 6. EG-Richtlinie können die EU-Mitgliedstaaten die Jagd und Fischerei besteuern. Daraus kann für das deutsche Recht nicht der Schluss gezogen werden, die Verpachtung einer Eigenjagd sei eine steuerfreie Grundstücksverpachtung.

Für eine Übergangsregelung zur Anwendung des BFH-Urteils vom 11. Februar 1999 besteht kein Anlass. Seit 1992 ist die Rechtsfrage anhängig. Die Verwaltung hat schon im Vorfeld zur Entscheidung des BFH die Rechtsauffassung vertreten, dass die Einnahmen eines Land- und Forstwirts aus der Verpachtung eines Eigenjagdbezirks der Regelbesteuerung unterliegen.

Anlage § 024–15

Umsatzsteuerrechtliche Behandlung der Verpachtung eines landwirtschaftlichen Betriebs

OFD Frankfurt a. M., Vfg. vom 26.03.2002 – S 7410 A – 1/83 – St I 16,
UR 2002 S. 534[1]

1. Keine Anwendung der Durchschnittssatzbesteuerung des § 24 UStG

Ein Unternehmer, der seinen landwirtschaftlichen Betrieb verpachtet und dessen unternehmerische Betätigung im Bereich der Landwirtschaft sich in dieser Verpachtung erschöpft, betreibt mit der Verpachtung keinen landwirtschaftlichen Betrieb i. S. d. § 24 UStG (BFH vom 21.02.1980 – V R 113/73, BStBl. II 1980, 613, UR 1980, 218 m. Anm. *Weiß*; BFH vom 29.06.1988 – X R 33/82, BStBl. II 1988, 922, UR 1989, 97).

2. Behandlung der sog. Alt-Verpachtungsfälle

Die o. a. Rechtsprechung wird in den Fällen, in denen ein landwirtschaftlicher Betrieb vor dem 1.1.1989 verpachtet wurde, aus Billigkeitsgründen erst ab 01.01.1995 angewandt.

3. Abwicklungsumsätze

Nach dem Ergebnis der Erörterung der Vertreter der obersten Finanzbehörden des Bundes und der Länder unterliegen Umsätze, die bei der Verpachtung eines landwirtschaftlichen Betriebs noch auf der Bewirtschaftung des bisherigen Betriebs beruhen (z. B. Verkauf von Erntevorräten oder Maschinen, die der Pächter nicht übernommen hat), nicht der Besteuerung des § 24 UStG, da die Anwendung der Durchschnittssatzbesteuerung) einen aktiven landwirtschaftlichen Betrieb voraussetzt (BFH vom 21.04.1993 – XI R 50/90, BStBl. II 1993, 696, UR 1993, 390; Abschn. 264 Abs. 5 Satz 1 UStR).

4. Vorsteuerberichtigung nach § 15a UStG

Hat der Landwirt vor der Verpachtung seines Betriebes für seine Umsätze die Durchschnittssatzbesteuerung des § 24 Abs. 1 UStG angewendet, können unter Umständen Vorsteuerberichtigungen erforderlich werden, denn der Wechsel der Besteuerungsform stellt nach höchstrichterlicher Rechtsprechung (sog. Mähdrescherurteil BFH vom 16.12.1993 – V R 79/91, BStBl. II 1994, 339, UR 1994, 280 m. Anm. *Weiß*) eine Änderung der Verhältnisse i. S. d. § 15a UStG dar. Soweit die Pacht auf steuerpflichtig überlassene Wirtschaftsgüter entfällt, bei denen der Berichtigungszeitraum noch nicht abgelaufen ist, ist dem Unternehmer die auf den restlichen Zeitraum entfallende anteilige Vorsteuer zu seinen Gunsten zu erstatten (vgl. Beispiel 6 im BMF-Schreiben vom 29.12.1995 – IV C 3 – S 7316 – 31/95, BStBl. I 1995, 831, UR 1996, 68).

Soweit die Pacht für steuerfrei überlassene Wirtschaftsgüter gezahlt wird (Grundstück, § 4 Nr. 12 Buchstabe a UStG), entfällt eine Vorsteuerberichtigung.

Zur Übergangsregelung bei der Vorsteuerberichtigung nach § 15a UStG beim Wechsel der Besteuerungsform bei Landwirten siehe auch USt-Kartei OFD Ffm § 15a – S 7316, Karte 6 (FinMin. Hess., Erlass vom 19.01.1998 – S 7316 A – 2 – II A 42, UR 1998, 244).

5. Veräußerung eines landwirtschaftlichen Betriebs nach vorangegangener Verpachtung

Auch die Übertragung eines land- und forstwirtschaftlichen Betriebs nach Ablauf der Pachtzeit ist kein Umsatz, der unter die Durchschnittssatzbesteuerung des § 24 Abs. 1 UStG fällt. Sie unterlegt den allgemeinen Vorschriften des Umsatzsteuergesetzes. In der Regel wird es sich um eine nicht steuerbare Geschäftsveräußerung i. S. d. § 1 Abs. 1a UStG handeln. Der erwerbende Unternehmer (z. B. Sohn) tritt in diesem Fall an die Stelle des Veräußerers (z. B. Vater). Der erwerbende Unternehmer übernimmt auch die noch laufenden Berichtigungszeiträume für die übertragenen Wirtschaftsgüter (§ 15a Abs. 6a UStG). Unterwirft der Erwerber seine Umsätze der Durchschnittssatzbesteuerung des § 24 Abs. 1 UStG, so tritt auch hier durch den Wechsel der Besteuerungsform von der Regelbesteuerung zur Durchschnittssatzbesteuerung für diese übertragenen Wirtschaftsgüter eine Änderung der Verhältnisse i. S. d. § 15a UStG ein. Soweit dem Veräußerer für diese Wirtschaftsgüter ein Vorsteuerabzug zustand, kann durch die Übertragung eine beim Erwerber vorzunehmende Vorsteuerberichtigung für bisher steuerpflichtig verpachtete Wirtschaftsgüter ausgelöst werden.

6. Verpachtung von Teilen eines land- und forstwirtschaftlichen Betriebs

Die Verpachtung eines lebensfähigen Betriebs unterliegt der Regelbesteuerung ohne Rücksicht darauf, welchen Umfang der vom Verpächter zurückbehaltene Teil hat und ob dieser der Durchschnittssatzbesteuerung unterliegt.

---
[1] Siehe Anlage § 024–22

Anwendung der Durchschnittssatzbesteuerung nach § 24 UStG auf die Umsätze eines Hofladens; BFH-Urteil vom 06.12.2001 – V R 43/00 – (BStBl. 2002 II S. 701)

BMF-Schreiben vom 28.11.2005 – IV A 5 – S 7410 – 58/05, BStBl. 2005 I S. 1064[1]

Unter Bezugnahme auf das Ergebnis der Erörterungen mit den obersten Finanzbehörden der Länder gilt zur Anwendung des BFH-Urteils vom 6. Dezember 2001 – V R 43/00 – (BStBl. 2002 II S. 701) Folgendes:

Die Grundsätze des Urteils sind auf nach dem 31. Dezember 2002 ausgeführte Umsätze anzuwenden.

Die Umsätze aus der Veräußerung zugekaufter landwirtschaftlicher Produkte unterliegen der Durchschnittssatzbesteuerung nach § 24 UStG, wenn der Bruttoeinkaufswert dieser Produkte im vorangegangenen Kalenderjahr 20% des Gesamtumsatzes des land- und forstwirtschaftlichen Betriebs nicht überstiegen hat und im laufenden Kalenderjahr voraussichtlich nicht übersteigen wird.

---

[1] Siehe auch Anlage § 024-19

Anlage § 024–17

Anwendung der Durchschnittssatzbesteuerung nach § 24 UStG auf Vermietungs- und Verpachtungsleistungen; Konsequenzen aus dem BFH-Urteil vom 25.11.2004 – V R 8/01

BMF-Schreiben vom 28.11.2005 – IV A 5 – S 7410 – 57/05,
BStBl. 2005 I S. 1065[1)]

Mit Urteil vom 25. November 2004 – V R 8/01 –, BStBl. 2005 II S. 896, hat der Bundesfinanzhof entschieden, dass die Umsätze aus der Verpachtung eines Teils des landwirtschaftlichen Betriebs nicht der Durchschnittssatzbesteuerung unterliegen, auch wenn der Inhaber des landwirtschaftlichen Betriebs nach der Verpachtung in nicht geringfügigem Umfang als Landwirt tätig ist (vgl. Abschn. 264 Abs. 6 Satz 3 UStR 2005).

Unter Bezugnahme auf das Ergebnis der Erörterungen mit den obersten Finanzbehörden der Länder gilt für die Anwendung der Durchschnittssatzbesteuerung nach § 24 UStG auf Umsätze aus Vermietungs- und Verpachtungsleistungen Folgendes:

I. Allgemeines

Die im Rahmen eines land- und forstwirtschaftlichen Betriebs ausgeführten Umsätze unterliegen nach Maßgabe des § 24 UStG der Durchschnittssatzbesteuerung. Die Vorschrift ist richtlinienkonform im Sinne des Art. 25 der 6. EG-Richtlinie insbesondere in Verbindung mit den Anhängen A und B dieser Richtlinie auszulegen.

II. Vermietungsleistungen

Die Anwendung der Durchschnittssatzbesteuerung auf Vermietungsleistungen setzt voraus, dass das für land- und forstwirtschaftliche Zwecke überlassene Wirtschaftsgut dem Grunde oder der vorhandenen Anzahl nach dem betriebsgewöhnlichen, d.h. normalen Ausrüstungsbestand des land- und forstwirtschaftlichen Betriebs zuzurechnen ist. Zudem muss das Wirtschaftsgut trotz der Vermietung normalerweise im Rahmen der eigenen Erzeugertätigkeit des Vermieters verwendet werden, d.h. der Vermieter bleibt gewöhnlicher Nutzer des Gegenstands.

Scheidet die Anwendung der Durchschnittssatzbesteuerung aus, unterliegen die Umsätze der Regelbesteuerung. Die Umsätze können steuerfrei oder ermäßigt zu besteuern sein (insbesondere nach § 4 Nr. 12, § 12 Abs. 2 Nr. 2 UStG). Bei Vorliegen der Voraussetzungen des § 9 UStG ist eine Option zur Steuerpflicht möglich.

II.1. Verwendung im land- und forstwirtschaftlichen Betrieb

Ein Wirtschaftsgut ist dem Grunde oder der vorhandenen Anzahl nach dem betriebsgewöhnlichen Ausrüstungsbestand eines land- und forstwirtschaftlichen Betriebs zuzurechnen, wenn es nach seiner objektiven Zweckbestimmung und der tatsächlichen Übung den vom Steuerpflichtigen ausgeübten Erzeugertätigkeiten dient.

Umsätze aus der Vermietung von Wirtschaftsgütern, die

– im eigenen Betrieb nicht verwendet werden oder
– einem nicht betriebstypischen Überbestand zuzurechnen sind oder
– ausschließlich zur Überlassung an Dritte vorgehalten werden

sind daher unabhängig von der Dauer sowie dem Zweck der Vermietung aus dem Anwendungsbereich der Durchschnittssatzbesteuerung ausgeschlossen, da diese Mittel von vornherein nicht zum betriebsgewöhnlichen Ausrüstungsbestand des land- und forstwirtschaftlichen Betriebs gehören.

Ein Wirtschaftsgut, das bis zur Vermietung als zum betriebsgewöhnlichen Ausrüstungsbestand eines land- und forstwirtschaftlichen Betriebs gehörig anzusehen ist, scheidet für die Dauer der Vermietung aus diesem Kreis aus, wenn sich der Vermieter durch eine langfristige Vermietung einer Nutzungsmöglichkeit im eigenen Betrieb begibt. Eine Mietdauer von mindestens 12 Monaten ist stets als langfristig anzusehen. Solche Vermietungsumsätze unterliegen daher nicht der Durchschnittssatzbesteuerung.

Beispiel 1:

Ein Wirtschaftsgut wird auf unbestimmte Dauer vermietet. Der Vertrag kann monatlich gekündigt werden.

---

1) Beachte BMF-Schreiben vom 16.01.2008, Anlage § 024-19

Anlage § 024–17

Die Vermietung ist als langfristig anzusehen und unterliegt somit nicht der Durchschnittssatzbesteuerung. Endet die tatsächliche Gebrauchsüberlassung jedoch vor Ablauf von 12 Monaten, handelt es sich insgesamt nicht um eine langfristige Vermietung.

Beispiel 2:

Ein Wirtschaftsgut wird für drei Monate vermietet. Der Mietvertrag verlängert sich automatisch um je einen Monat, wenn er nicht vorher gekündigt wird.

Die Vermietung ist nicht als langfristig anzusehen und unterliegt somit der Durchschnittssatzbesteuerung. Dauert die tatsächliche Gebrauchsüberlassung jedoch 12 Monate oder mehr, handelt es sich insgesamt um eine langfristige Vermietung.

II.2. Nutzung zu land- und forstwirtschaftlichen Zwecken

Ob das überlassene Wirtschaftsgut zu land- und forstwirtschaftlichen Zwecken genutzt wird, ist aus der Sicht des Leistungsempfängers zu beurteilen. Ein solcher Zweck liegt vor, wenn das Wirtschaftsgut in der Sphäre des Leistungsempfängers unter planmäßiger Nutzung der natürlichen Kräfte des Bodens zur Erzeugung von Pflanzen und Tieren sowie zur Vermarktung der daraus selbst gewonnenen Erzeugnisse eingesetzt wird. Zur landwirtschaftlichen Erzeugung gehören auch Tätigkeiten der ersten Be- oder Verarbeitungsstufe, wenn im Wesentlichen selbst erzeugte landwirtschaftliche Produkte be- oder verarbeitet werden.

Wird die Leistung nicht an einen anderen land- und forstwirtschaftlichen Betrieb erbracht, ist davon auszugehen, dass die Vermietung nicht land- und forstwirtschaftlichen Zwecken dient. Für die Frage, ob ein solcher land- und forstwirtschaftlicher Betrieb vorliegt, ist auf die wirtschaftliche Betätigung des Leistungsempfängers abzustellen. Hinsichtlich der Frage, ob eine Betätigung ihrem Wesen nach eine land- und forstwirtschaftliche oder eine gewerbliche Tätigkeit ist, sind die ertragsteuerrechtlichen Grundsätze anzuwenden (Abschn. 264 Abs. 1 Satz 3 UStR 2005 i.V.m. R 135 Abs. 1 Satz 1 EStR 2003). Die Anwendung der Durchschnittssatzbesteuerung wird jedoch nicht dadurch ausgeschlossen, dass die Vermietung an eine Gesellschaft erfolgt, die zwar eine land- und forstwirtschaftliche Erzeugertätigkeit ausübt und die angemieteten Wirtschaftsgüter auch für diese verwendet, aber kraft ihrer Rechtsform ertragsteuerrechtlich als Gewerbebetrieb einzuordnen ist (z.B. Kapitalgesellschaften, Offene Handelsgesellschaften und Kommanditgesellschaften, die auch eine Tätigkeit im Sinne des § 15 Absatz 1 Satz 1 Nr. 1 EStG ausüben).

Beispiel 1:

Ein pauschalierender Landwirt vermietet Wohnmobilbesitzern für die Wintermonate Stellplätze in einer ansonsten für eigenbetriebliche Zwecke genutzten Lagerhalle.

Die Vermietung erfolgt zu außerlandwirtschaftlichen Zwecken. Die Umsätze fallen nicht unter die Durchschnittssatzbesteuerung.

Beispiel 2:

Ein pauschalierender Landwirt vermietet einen Maishäcksler für die Dauer einer Woche an eine GmbH, die im Übrigen die Merkmale eines land- und forstwirtschaftlichen Betriebs erfüllt. Die GmbH bringt mit der Maschine die eigene Maisernte ein.

Der Anwendung der Durchschnittssatzbesteuerung steht nicht entgegen, dass die Einkünfte der GmbH nach § 8 Abs. 2 KStG als gewerblich zu behandeln und die Ausgangsumsätze nach § 24 Abs. 2 Satz 3 UStG von der Anwendung der Durchschnittssatzbesteuerung ausgeschlossen sind.

II.3. Übergangsregelung

Sofern das der Überlassung zugrunde liegende bürgerlich-rechtliche Verpflichtungsgeschäft vor dem 1. Januar 2006 abgeschlossen wurde und die Überlassung land- und forstwirtschaftlichen Zwecken dient, wird es nicht beanstandet, wenn vor dem 1. Januar 2007 ausgeführte Umsätze aus der langfristigen Vermietung eines Wirtschaftsguts der Durchschnittssatzbesteuerung unterworfen werden.

II.4. Einzelfall Beherbergung von Betriebsfremden

Die Vermietung von Gästezimmern und Ferienwohnungen zur Beherbergung Betriebsfremder dient nicht land- und forstwirtschaftlichen Zwecken. Entsprechende Umsätze unterliegen daher nicht der Durchschnittssatzbesteuerung, sondern den allgemeinen Vorschriften des Umsatzsteuergesetzes. Bei kurzfristigen Beherbergungen im Sinne des § 4 Nr. 12 Satz 2 UStG, kommt die Steuerbefreiung nach § 4 Nr. 12 Satz 1 Buchst. a UStG nicht zur Anwendung.

Es wird jedoch nicht beanstandet, wenn vor dem 1. Januar 2007 ausgeführte Umsätze aus der Beherbergung von Betriebsfremden unter den Voraussetzungen des Abschn. 264 Abs. 4 UStR 2005 der

Anlage § 024–17

Durchschnittssatzbesteuerung unterworfen werden. Abschn. 264 Abs. 4 UStR 2005 ist für nach dem 31. Dezember 2006 ausgeführte Umsätze nicht mehr anzuwenden.

II.5. Einzelfall-Vergütung für Standortanmietungen bei Landwirten

Im Rahmen des Netzaufbaus mieten Betreiber von Mobilfunknetzen flächendeckend Standorte u.a. auf landwirtschaftlich genutzten Flächen an, um darauf Funkfeststationen zu errichten. Die Vermietung solcher Standorte dient nicht landwirtschaftlichen Zwecken. Eine Anwendung der Durchschnittssatzbesteuerung kommt insoweit nicht in Betracht. Die Vermietung ist grundsätzlich nach § 4 Nr. 12 Buchst. a UStG steuerfrei. Bei Vorliegen der Voraussetzungen des § 9 UStG ist eine Option zur Steuerpflicht möglich. Die Übergangsregelung nach Tz. II.3 ist nicht anzuwenden.

III. Verpachtungsleistungen bzw. Einräumung eines Nießbrauchs

Mit der Überlassung eines land- und forstwirtschaftlichen Betriebs, von Betriebsteilen oder einzelner Wirtschaftsgüter durch Verpachtung oder Einräumung eines Nießbrauchs wird dem Pächter bzw. Nießbrauchsberechtigten die Möglichkeit des Gebrauchs und der Fruchtziehung eingeräumt. Der Verpächter bzw. Nießbrauchsverpflichtete kann die überlassenen Gegenstände für die Dauer der Pacht bzw. der Einräumung des Nießbrauchs nicht mehr für Zwecke der eigenen Erzeugertätigkeit einsetzen. Mit Beginn der Überlassung scheiden die Wirtschaftsgüter aus dem norinalen Ausrüstungsbestand des land- und forstwirtschaftlichen Betriebs aus.

Auf entsprechende Umsätze findet die Durchschnittssatzbesteuerung nach § 24 UStG daher keine Anwendung. Diese Leistungen unterliegen ohne Rücksicht darauf, ob und in welchem Umfang der Verpächter oder Nießbrauchsverpflichtete weiterhin als Land- oder Forstwirt tätig ist, den allgemeinen Vorschriften des Umsatzsteuergesetzes (vgl. Abschn. 264 Abs. 6 Sätze 2 und 3 UStR 2005).

Auf mögliche Steuerbefreiungen – insbesondere nach § 4 Nr. 12 UStG – wird hingewiesen; bei Vorliegen der Voraussetzungen des § 9 UStG ist eine Option zur Steuerpflicht möglich.

Sofern das der Überlassung zugrunde liegende bürgerlich-rechtliche Verpflichtungsgeschäft vor dem 1. Januar 2006 abgeschlossen wurde und die Überlassung land- und forstwirtschaftlichen Zwecken dient, wird es nicht beanstandet, wenn vor dem 1. Januar 2007 ausgeführte Umsätze aus der Verpachtung einzelner Wirtschaftsgüter (z.B. Grundstücke, Milchquote) der Durchschnittssatzbesteuerung unterworfen werden. Dies gilt jedoch nicht für die Verpachtung eines Eigenjagdbezirks (vgl. Abschn. 264 Abs. 6 Satz 4 UStR 2005) und die Fälle, in denen die Überlassung eines Grundstücks als Verpachtung eines lebensfähigen Teilbetriebs anzusehen ist.

IV. Berichtigung des Vorsteuerabzugs

Der Übergang von der Durchschnittssatzbesteuerung zur allgemeinen Besteuerung und umgekehrt stellt nach § 15a Abs. 7 UStG eine Änderung der für den Vorsteuerabzug maßgeblichen Verhältnisse dar.

V. Keine Auswirkung auf ertragsteuerrechtliche Regelungen

Die ertragsteuerrechtlichen Regelungen zur Zurechnung von Wirtschaftsgütern, insbesondere diejenigen des BMF-Schreibens vom 21. Februar 2002 – IV A 6 – S 2132 – 4/02 – (BStBl. I S. 262) zur Nutzungsüberlassung von Betrieben mit Substanzerhaltungspflicht des Berechtigten – sog. Eiserne Verpachtung – bleiben unberührt.

Anlage § 024–18

Anwendung des BFH-Urteils vom 12.10.2006 – V R 36/4 (BStBl. 2007 II S. 485)

BMF-Schreiben vom 06.06.2007 – IV A 5 – S 7410 – 07/0015,
BStBl. 2007 I S. 507[1)]

Unter Bezugnahme auf das Ergebnis der Erörterungen mit den obersten Finanzbehörden der Länder gilt zur Anwendung des BFH-Urteils vom 12. Oktober 2006 – V R 36/04 – (BStBl. 2007 II S. 485) Folgendes:

Es wird daran festgehalten, dass die Anwendung der Durchschnittssatzbesteuerung (§ 24 UStG) voraussetzt, dass der land- und forstwirtschaftliche Betrieb noch bewirtschaftet wird (Abschnitt 264 Abs. 6 Satz 1 UStR). Daher unterliegen Umsätze aus dem Verkauf selbst erzeugter land- und forstwirtschaftlicher Produkte nach Betriebsaufgabe nicht der Durchschnittssatzbesteuerung.

Für diese Wirtschaftsgüter kommt die Berichtigung des Vorsteuerabzugs in Betracht. Die Regelungen in den Randziffern 56 und 69 des BMF-Schreibens vom 6. Dezember 2005 – IV A 5 – S 7316 – 25/05 – (BStBl. I S. 1068[2)]) zur Berücksichtigung von Vorsteuerbeträgen beim Übergang von der Durchschnittssatzbesteuerung nach § 24 UStG zur allgemeinen Besteuerung sind weiter anzuwenden.

---

1) Siehe aber BMF vom 15.03.2010, Anlage § 024–21
2) Siehe Anlage § 015a-03

Durchschnittssatzbesteuerung bei Umsätzen eines Land- und Forstwirts in Hofladen; Konsequenzen des BFH-Urteils vom 14.06.2007 – V R 56/05

BMF-Schreiben vom 16.01.2008 – IV A 5 – S 7410/07/0008,
BStBl. 2008 I S. 293; DStR 2008 S. 258

Mit Urteil vom 14.6.2007, V R 56/05 (DStR 2007, 1862) hat der BFH entschieden, dass nur der Verkauf selbst erzeugter landwirtschaftlicher Produkte in einem Hofladen der Besteuerung nach Durchschnittssätzen gemäß § 24 UStG unterliegt. An der im Urteil vom 6.12.2001, V R 43/00 (BStBl. II 2002, 701, DStRE 2002, 523) vertretenen Auffassung, wonach auch die in begrenztem Umfang vorgenommene Veräußerung zugekaufter landwirtschaftlicher Produkte der Sonderregelung für Land- und Forstwirte unterliegt, hält das Gericht nicht mehr fest.

Unter Bezugnahme auf das Ergebnis der Erörterungen mit den obersten Finanzbehörden der Länder gilt Folgendes:

Werden Waren in einem Hofladen oder einer anderen Verkaufseinrichtung (z. B. mobiler Marktstand) abgesetzt, beschränkt sich die Anwendung der Durchschnittssatzbesteuerung nach § 24 UStG auf die Veräußerung der im eigenen Betrieb erzeugten land- und forstwirtschaftlichen Produkte.

Umsätze aus der Lieferung von zugekauften Erzeugnissen unterliegen hingegen einer Besteuerung nach den allgemeinen Vorschriften des UStG. Dies gilt auch für die Veräußerung von aus selbst erzeugten land- und forstwirtschaftlichen Produkten hergestellten Gegenständen, wenn diese Gegenstände durch eine Be- oder Verarbeitung ihren land- und forstwirtschaftlichen Charakter verloren haben (z.B. Wurstwaren, Gestecke, Adventskränze).

Der Unternehmer trägt die Feststellungslast für die Anwendung der Durchschnittssatzbesteuerung nach § 24 UStG. Dies gilt insbesondere für Fälle, in denen sowohl selbst erzeugte land- und forstwirtschaftliche Produkte als auch gleichartige zugekaufte Waren veräußert werden.

Die den Regelungen dieses Schreibens entgegen stehenden Aussagen im BMF-Schreiben vom 28.11.2005, IV A 5 – S 7410 – 58/05 (BStBl. I 2005, 1064)[1] sowie in Abschn. 264 Abs. 1 Satz 11 und Abs. 2 Sätze 6 und 7 UStR[2] sind auf die Umsätze in einem Hofladen oder einer anderen Verkaufseinrichtung nicht mehr anzuwenden. Es wird nicht beanstandet, wenn der Unternehmer vor dem 1.7.2008 ausgeführte Umsätze aus der Veräußerung zugekaufter landwirtschaftlicher Produkte und von aus land- und forstwirtschaftlichen Erzeugnissen hergestellten Gegenständen nach Maßgabe der genannten Regelungen der Durchschnittssatzbesteuerung nach § 24 UStG unterwirft.

---

1) Anlage § 024-17
2) UStR 2008

Anlage § 024–20

Anwendung der Durchschnittssatzbesteuerung auf die Umsätze von Gewerbebetrieben kraft Rechtsform (§ 24 Abs. 2 Satz 3 UStG); Konsequenzen des BFH-Urteils vom 16.04.2008 – XI R 73/07

BMF-Schreiben vom 01.12.2009 – IV B 8 – S 7410/08/10002, BStBl. 2009 I S. 1611

Mit Urteil vom 16. April 2008 – XI R73/07 – hat der BFH entschieden, dass § 24 Abs. 2 Satz 3 UStG, wonach Gewerbebetriebe kraft Rechtsform die für Land-und Forstwirte geltende Durchschnittssatzbesteuerung nicht in Anspruch nehmen können, auch wenn im Übrigen die Merkmale eines land- und forstwirtschaftlichen Betriebes vorliegen, das Gemeinschaftsrecht verletzt und daher nicht anzuwenden ist.

Unter Bezugnahme auf das Ergebnis der Erörterungen mit den obersten Finanzbehörden der Länder gilt zur Anwendung des BFH-Urteils Folgendes:

Das BFH-Urteil vom 16. April 2008 – XI R 73/07 – begründet ein Wahlrecht des Steuerpflichtigen, sich entweder auf die bestehende gesetzliche Regelung in § 24 Abs. 2 Satz 3 UStG oder auf die ergangene Rechtsprechung zu berufen. Jeder Wechsel der Besteuerungsform kann bei Vorliegen der weiteren Voraussetzungen die Rechtsfolgen der §§ 14c Abs. 1, 15a UStG nach sich ziehen.

1. Berufung auf die bestehende gesetzliche Regelung

Wendet der Steuerpflichtige unter Berücksichtigung der bestehenden gesetzlichen Regelung in § 24 Abs. 2 Satz 3 UStG weiterhin die Regelbesteuerung an, ist dies nicht zu beanstanden. Abgegebene Umsatzsteuer-Voranmeldungen oder Umsatzsteuer-Jahreserklärungen wirken nicht als Option im Sinne des § 24 Abs. 4 UStG und setzen die mindestens fünfjährige Bindungsfrist nicht in Gang.

Beispiel:

Eine landwirtschaftlich tätige GmbH hat in der Vergangenheit Umsatzsteuer-Voranmeldungen und Umsatzsteuer-Jahreserklärungen abgegeben, in denen die Steuer nach den allgemeinen Vorschriften des Umsatzsteuergesetzes berechnet wurde. Diese Praxis führt sie auch nach Veröffentlichung des BFH-Urteils vom 16. April 2008 – XI R 73/07 – fort.

Die Vorgehensweise der GmbH ist nicht zu beanstanden. Auch die Abgabe der Erklärungen nach Veröffentlichung des Urteils ist nicht als Option im Sinne des § 24 Abs. 4 UStG anzusehen. Eine spätere Berufung auf das ergangene Urteil bleibt der Gesellschaft unbenommen.

Die Ausübung des Wahlrechts ist grundsätzlich nur bis zum Eintritt der formellen Bestandskraft der Jahresfestsetzung möglich. Für Kalenderjahre bis einschließlich 2009, deren Jahresfestsetzung im Zeitpunkt der Veröffentlichung des BFH-Urteils vom 16. April 2008 – XI R 73/07 – noch nicht in formeller Bestandskraft erwachsen ist, ist ein Wechsel der Besteuerungsform unter Berufung auf die Entscheidung des BFH bis zum 30. Juni 2010 zu beantragen.

2. Berufung auf das BFH-Urteil vom 16. April 2008 – XI R 73/07

Beruft sich der Steuerpflichtige auf die Anwendung des BFH-Urteils, ist die Durchschnittssatzbesteuerung auch rückwirkend anwendbar. Entsprechende Erklärungen sind bis zum 30. Juni 2010 abzugeben. Abschnitt 264 Abs. 3 UStR ist in diesen Fällen nicht anzuwenden. Der Steuerpflichtige ist nicht verpflichtet, das bestehende Wahlrecht bis zur ersten noch änderbaren Steuerfestsetzung auszuüben. Hat der Steuerpflichtige das Wahlrecht für einen Besteuerungszeitraum ausgeübt, umfasst dies in den darauf folgenden Zeiträumen auch die Anwendung des § 24 Abs. 4 UStG.

Beispiel:

Eine landwirtschaftlich tätige GmbH hat seit dem Jahr 2005 regelmäßig Umsatzsteuer-Voranmeldungen und Umsatzsteuer-Jahreserklärungen abgegeben, in denen die Steuer nach den allgemeinen Vorschriften des Umsatzsteuergesetzes berechnet wurde. Die Festsetzungen stehen unter dem Vorbehalt der Nachprüfung. Im Jahr 2010 begehrt die GmbH unter Berufung auf das BFH-Urteil die Anwendung der Durchschnittssatzbesteuerung für das Jahr 2006.

Dem Antrag ist stattzugeben. Eine Verpflichtung des Steuerpflichtigen, einen Änderungsantrag auch für das Jahr 2005 zu stellen, besteht nicht. Da für 2007 keine Änderung beantragt wird, soll diese unter Berücksichtigung der allgemeinen Regelungen des Umsatzsteuergesetzes ergangene Festsetzung nach dem Willen des Steuerpflichtigen bestehen bleiben. Dies wirkt als Ausübung der Option im Sinne des § 24 Abs. 4 UStG. Der bereits eingetretene Ablauf der Erklärungsfrist nach § 24 Abs. 4 Satz 1 UStG steht dem nicht entgegen.

Anlage § 024–20

Abwandlung:
Die GmbH begehrt die Durchschnittssatzbesteuerung für die Jahre 2005 und 2007.
Dem Antrag für 2005 ist stattzugeben. Eine Änderung der Festsetzung 2007 ist nicht möglich. Da die für 2006 unter Berücksichtigung der allgemeinen Regelungen des Umsatzsteuergesetzes ergangene Festsetzung nach dem Willen des Steuerpflichtigen bestehen bleiben soll, wirkt dies als Ausübung der Option im Sinne des § 24 Abs. 4 UStG. Die fünfjährige Bindungsfrist wird in Gang gesetzt und bindet die GmbH bis einschließlich 2010.

Anlage § 024–21

Anwendung der Durchschnittssatzbesteuerung (§ 24 UStG) nach Aufgabe des landwirtschaftlichen Betriebs; Konsequenzen des BFH-Urteils vom 19.11.2009 – V R 16/08

BMF-Schreiben vom 15.03.2010 – IV D 2 – S 7410/07/10015,
BStBl. 2010 I S. 255

Mit Urteil vom 19.11.2009 – V R 16/08 –[1]) hat der Bundesfinanzhof entschieden, dass die Lieferung von selbst erzeugten landwirtschaftlichen Erzeugnissen auch dann noch der Besteuerung nach Durchschnittssätzen nach § 24 UStG unterliegt, wenn sie nach Aufgabe des landwirtschaftlichen Betriebs erfolgt. 1

Unter Bezugnahme auf das Ergebnis der Erörterung mit den obersten Finanzbehörden der Länder gilt Folgendes:

Die Anwendung der Durchschnittssatzbesteuerung nach § 24 UStG setzt weiterhin grundsätzlich voraus, dass der landwirtschaftliche Betrieb i.S. des § 24 Abs. 2 UStG noch bewirtschaftet wird. Leistungen, die nach Einstellung der Erzeugertätigkeit erbracht werden, unterliegen daher grundsätzlich den allgemeinen Regelungen des Umsatzsteuergesetzes. 2

Randziffer 2 gilt nicht für nach Aufgabe des landwirtschaftlichen Betriebs ausgeführte Umsätze aus der Lieferung selbst erzeugter Produkte. Randziffer 2 gilt ebenfalls nicht für im engen sachlichen Zusammenhang mit der Betriebsaufgabe vorgenommenen Hilfsumsätze, sofern es sich dabei um Lieferungen handelt (z.B. Veräußerung von Wirtschaftsgütern des Anlagevermögens sowie von Roh-, Hilfs- und Betriebsstoffen) und der Unternehmer das einzelne Wirtschaftsgut nach Einstellung der Erzeugertätigkeit nicht für die Ausführung von Umsätzen verwendet, die der Regelbesteuerung unterliegen. Insoweit entfällt eine Vorsteuerberichtigung nach § 15a Abs. 7 UStG. Wird die landwirtschaftliche Erzeugertätigkeit in mehreren Schritten aufgegeben und werden dabei nur vorübergehend die Tierbestandsgrenzen des § 24 Abs. 2 Satz 1 Nr. 2 UStG überschritten, liegt insofern kein für die Besteuerung nach Durchschnittssätzen schädlicher Strukturwandel vor (vgl. Abschnitt 264 Abs. 2 Satz 9 UStR). 3

Sonstige Leistungen, die nach Aufgabe des landwirtschaftlichen Betriebs ausgeführt werden, unterliegen der Regelbesteuerung, auch wenn die einzelne Leistung in der Sphäre des Leistungsempfängers zu dessen urproduktiver Tätigkeit beiträgt. 4

Die Grundsätze des BFH-Urteils vom 19.11.2009 – V R 16/08 – sind in den Fällen der Option nach § 24 Abs. 4 UStG nicht anzuwenden. Nach dem Zeitpunkt des Wirksamwerdens der Optionserklärung ausgeführte Leistungen unterliegen nicht der Durchschnittssatzbesteuerung, auch wenn dabei zuvor selbst erzeugte landwirtschaftliche Produkte veräußert oder Hilfsumsätze ausgeführt werden. 5

Soweit Abschnitt 217e Abs. 7 und Abschnitt 264 Abs. 5 UStR[2]) sowie das BMF-Schreiben vom 6. Juni 2007 – IV A 5 – S 7410/07/10015 (2007/0244405) – (BStBl. 2007 I S. 507)[3]) den Regelungen dieses Schreibens entgegen stehen, sind sie nicht mehr anzuwenden. Für vor dem 1. Juli 2010 ausgeführte Lieferungen selbst erzeugter landwirtschaftlicher Produkte sowie vor diesem Zeitpunkt ausgeführte Hilfsumsätze wird es – auch für Zwecke des Vorsteuerabzugs des Leistungsempfängers – nicht beanstandet, wenn der Unternehmer diese Umsätze der Besteuerung nach den allgemeinen Regelungen des Umsatzsteuergesetzes unterwirft. Die Vorsteuerberichtigung nach § 15a Abs. 7 UStG ist zu beachten. 6

---

1) DStRE 2010 S. 164
2) UStR 2008
3) Anlage § 024–18

Anlage § 024–22

Anwendung der Durchschnittssatzbesteuerung für land- und forstwirtschaftliche Betriebe (§ 24 UStG); Neufassung der Abschnitte 24.1 ff. des Umsatzsteuer-Anwendungserlasses

BMF-Schreiben vom 27.10.2010 – IV D 2 – S 7410/07/10016,
BStBl. 2010 I S. 1273

Unter Bezugnahme auf das Ergebnis der Erörterungen mit den obersten Finanzbehörden der Länder werden die Abschnitte 24.1 bis 24.8 des Umsatzsteuer-Anwendungserlasses vom 1. Oktober 2010, der zuletzt durch das BMF-Schreiben vom 26. Oktober 2010 – IV D 3 – S 7170/10/10010 (2010/0823748) – geändert worden ist, wie folgt neu gefasst und nach Abschnitt 24.8 ein neuer Abschnitt 24.9 eingefügt:

„**24.1. Umsätze im Rahmen eines land- und forstwirtschaftlichen Betriebs**

Richtlinienkonforme Auslegung

(1) ¹Die Durchschnittssätze sind nach § 24 Abs. 1 Satz 1 UStG nur auf Umsätze anzuwenden, die im Rahmen eines land- und forstwirtschaftlichen Betriebs ausgeführt werden. ²Unter Beachtung der Rechtsprechung des Europäischen Gerichtshofs ist § 24 UStG dahin auszulegen, dass solche Umsätze nur die Lieferungen selbst erzeugter landwirtschaftlicher Erzeugnisse und die landwirtschaftlichen Dienstleistungen sind, auf die die Pauschalregelung nach Art. 295 bis 305 MwStSystRL Anwendung findet, vgl. Abschnitte 24.2 und 24.3. ³Andere Umsätze, die der Unternehmer im Rahmen des land- und forstwirtschaftlichen Betriebs sowie außerhalb dieses Betriebs tätigt, unterliegen der Besteuerung nach den allgemeinen Vorschriften des Gesetzes (EuGH-Urteile vom 15.7.2004, C-321/02, EuGHE I S. 7101, und vom 26.5.2005, C-43/04, EuGHE I S. 4491, sowie BFH-Urteile vom 25.11.2004, V R 8/01, BStBl. 2005 II S. 896, vom 22.9.2005, V R 28/03, BStBl. 2006 II S. 280, vom 12.10.2006, V R 36/04, BStBl. 2007 II S. 485 und vom 14.6.2007, V R 56/05, BStBl. 2008 II S. 158). ⁴Diese Auslegung gilt auch für die Umsätze im Rahmen eines land- und forstwirtschaftlichen Nebenbetriebs (§ 24 Abs. 2 Satz 2 UStG). ⁵Veräußert ein Landwirt, der neben seinem landwirtschaftlichen Erzeugerbetrieb einen nicht landwirtschaftlichen Absatzbetrieb unterhält, selbst erzeugte landwirtschaftliche Erzeugnisse (vgl. Abschnitt 24.2) an Dritte, sind auf diese Umsätze die Durchschnittssätze anzuwenden (vgl. BFH-Urteil vom 14.6.2007, V R 56/05, a.a.O.).

Land- und forstwirtschaftlicher Betrieb

(2) ¹Einen land- und forstwirtschaftlichen Betrieb unterhält ein Unternehmer, soweit er im Rahmen der in § 24 Abs. 2 Satz 1 UStG genannten Erzeugertätigkeiten unter planmäßiger Nutzung der natürlichen Kräfte des Bodens Pflanzen und Tiere erzeugt sowie die dadurch selbst gewonnenen Erzeugnisse verwertet (vgl. BFH-Urteil vom 12.10.2006, V R 36/04, BStBl. 2007 II S. 485). ²Die Zierfischzucht in Teichen fällt nicht unter § 24 Abs. 2 Satz 1 Nr. 1 UStG. ³Zur Frage, inwieweit die Aufzucht von Köderfischen, Testfischen, Futterfischen und Besatzfischen in Teichen als landwirtschaftlicher Betrieb gilt, vgl. BFH-Urteil vom 13.3.1987, V R 55/77, BStBl. II S. 467. ⁴Ein Substanzbetrieb (z.B. Torf-, Ton-, Lehm-, Kies- und Sandabbaubetrieb) ist kein land- und forstwirtschaftlicher Betrieb im Sinne des § 24 Abs. 2 Satz 1 UStG. ⁵Die Abgrenzung der landwirtschaftlichen Tierzucht und Tierhaltung von der übrigen Tierzucht und Tierhaltung ist umsatzsteuerrechtlich nach den §§ 51 und 51a BewG vorzunehmen (§ 24 Abs. 2 Satz 1 Nr. 2 UStG). ⁶Gemeinschaftliche Tierhaltung gilt nur dann als landwirtschaftlicher Betrieb im Sinne des § 24 Abs. 2 Nr. 2 UStG, wenn sämtliche Voraussetzungen des § 51a BewG erfüllt sind (vgl. BFH-Urteil vom 26.4.1990, V R 90/87, BStBl. II S. 802). ⁷Ein Tierzucht- bzw. Tierhaltungsbetrieb ist kein landwirtschaftlicher Betrieb, wenn dem Unternehmer nicht in ausreichendem Umfang selbst bewirtschaftete Grundstücksflächen zur Verfügung stehen (vgl. BFH-Urteil vom 29.6.1988, X R 33/82, BStBl. II S. 922). ⁸Zur Frage, ob sich die Struktur eines landwirtschaftlichen Betriebs zu der eines nicht landwirtschaftlichen Tierhaltung verändert hat, vgl. BFH-Urteil vom 9.5.1996, V R 118/92, BStBl. II S. 550.

Gewerbebetrieb kraft Rechtsform

(3) Zur Anwendung der Durchschnittssatzbesteuerung auf die Umsätze von Gewerbebetrieben kraft Rechtsform (§ 24 Abs. 2 Satz 3 UStG) vgl. BMF-Schreiben vom 1.12.2009, BStBl. I S. 1611[1]).

Aktiv bewirtschafteter Betrieb

(4) ¹Die Anwendung des § 24 UStG setzt grundsätzlich voraus, dass der landwirtschaftliche Betrieb noch bewirtschaftet wird (BFH-Urteil vom 21.4.1993, XI R 50/90, BStBl. II S. 696). ²Leistungen, die nach Einstellung der Erzeugertätigkeit erbracht werden, unterliegen daher grundsätzlich den allgemeinen Regelungen des Umsatzsteuergesetzes. ³Dies gilt nicht für nach Aufgabe des landwirtschaftlichen Betriebs ausgeführte Umsätze aus der Lieferung selbst erzeugter Produkte (vgl. BFH-Urteil vom

---
1) Anlage § 024-20

19.11.2009, V R 16/08, BStBl. 2010 II S. 319[1]). ⁴Für die Umsätze aus der Veräußerung von Gegenständen des land- und forstwirtschaftlichen Unternehmensvermögens und von immateriellen Wirtschaftsgütern, die die rechtliche Grundlage der Erzeugertätigkeit des Unternehmers darstellen, sind die Vereinfachungsregelungen in Abschnitt 24.2 Abs. 6 und Abschnitt 24.3 Abs. 9 nach Betriebsaufgabe unter den weiteren Voraussetzungen anwendbar, dass die Veräußerung des einzelnen Wirtschaftsguts im engen sachlichen Zusammenhang mit der Betriebsaufgabe erfolgt und das Wirtschaftsgut nach Einstellung der Erzeugertätigkeit nicht zur Ausführung von Umsätzen verwendet wird, die der Regelbesteuerung unterliegen. ⁵Wird die landwirtschaftliche Erzeugertätigkeit in mehreren Schritten aufgegeben und werden dabei nur vorübergehend die Tierbestandsgrenzen des § 24 Abs. 2 Satz 1 Nr. 2 UStG überschritten, liegt insofern kein für die Besteuerung nach Durchschnittssätzen schädlicher Strukturwandel vor.

Verhältnis zu anderen Vorschriften des UStG

(5) ¹Nach § 1 Abs. 1a UStG unterliegen die Umsätze im Rahmen einer Geschäftsveräußerung an einen anderen Unternehmer für dessen Unternehmen nicht der Umsatzsteuer. ²Dies gilt auch bei der Veräußerung eines land- und forstwirtschaftlichen Betriebs oder Teilbetriebs sowie bei der Einbringung eines Betriebs oder Teilbetriebs in eine Gesellschaft, und zwar auch dann, wenn einzelne Wirtschaftsgüter von der Veräußerung ausgenommen werden (vgl. BFH-Urteil vom 15.10.1998, V R 69/97, BStBl. 1999 II S. 41). ³Eine Geschäftsveräußerung kann auch vorliegen, wenn verpachtete Gegenstände nach Beendigung der Pacht veräußert werden (vgl. BFH-Urteil vom 10.5.1961, V 222/58 U, BStBl. III S. 322); vgl. auch Abschnitt 1.5.

(6) Zum innergemeinschaftlichen Erwerb nach § 1a UStG bei Land- und Forstwirten, die die Durchschnittssatzbesteuerung nach § 24 UStG anwenden, vgl. Abschnitte 1a.1 Abs. 2 und 15.10 Abs. 2.

(7) Land- und Forstwirte, die die Durchschnittssatzbesteuerung nach § 24 UStG anwenden, können auch Steuerschuldner im Sinne des § 13b UStG sein (vgl. Abschnitt 13b.1 Abs. 1).

(8) Zur Anwendung der Kleinunternehmerregelung nach § 19 UStG vgl. Abschnitt 24.7 Abs. 4.

24.2. Erzeugnisse im Sinne des § 24 Abs. 1 Satz 1 UStG

(1) ¹Die Durchschnittssätze sind auf die Umsätze mit landwirtschaftlichen Erzeugnissen im Rahmen land- und forstwirtschaftlicher Betriebe anzuwenden. ²Voraussetzung ist, dass die Erzeugnisse im Rahmen dieses land- und forstwirtschaftlichen Betriebs erzeugt worden sind. ³Die Umsätze mit zugekauften Produkten sind von der Anwendung der Durchschnittssatzbesteuerung ausgeschlossen (vgl. BFH-Urteil vom 14.6.2007, V R 56/05, BStBl. II S. 158). ⁴Als zugekaufte Produkte gelten die zum Zwecke der Weiterveräußerung erworbenen Erzeugnisse. ⁵Werden nicht selbst erzeugte landwirtschaftliche Erzeugnisse im eigenen Betrieb durch urproduktive Tätigkeiten zu einem Produkt anderer Marktgängigkeit weiterverarbeitet, gelten diese hingegen als eigene Erzeugnisse. ⁶Solche eigenen Erzeugnisse liegen z.B. vor, wenn nicht selbst erzeugte land- und forstwirtschaftliche Erzeugnisse (z.B. zugekaufte Samen, Zwiebeln, Knollen, Stecklinge und Pflanzen) im eigenen Betrieb bis zur Verkaufsreife kultiviert werden oder spätestens nach Ablauf von 3 Monaten. ⁷Diese Grundsätze finden für den Bereich der Tierzucht und Tierhaltung entsprechende Anwendung. ⁸Der Erzeuger muss die Erzeugnisse im Zeitpunkt des Zukaufs den potentiell selbst erzeugten oder den zum baldigen Absatz bestimmten Waren zuordnen. ⁹Dem Vorsteuerabzug kommt hierbei eine indizielle Bedeutung zu. ¹⁰Werden die Produkte beispielsweise in einer Verkaufseinrichtung (z.B. Hofladen) präsentiert, spricht dies für eine Zuordnung zu den zum baldigen Absatz bestimmten Waren. ¹¹Verbleiben die ursprünglich zum baldigen Absatz bestimmten Waren länger als 3 Monate im Betrieb und werden sie in dieser Zeit weiter kultiviert, handelt es sich um selbst erzeugte Produkte, deren Lieferung der Durchschnittssatzbesteuerung unterliegt. ¹²Ein vorgenommener Vorsteuerabzug ist ggfs. zu berichten.

Verarbeitungstätigkeiten

(2) ¹Den Tätigkeiten der landwirtschaftlichen Erzeugung sind die Verarbeitungstätigkeiten gleichgestellt. ²Dabei ist Voraussetzung, dass der landwirtschaftliche Erzeuger im Wesentlichen aus seiner land- und forstwirtschaftlichen Produktion stammende Erzeugnisse verwendet und das Enderzeugnis seinen land- und forstwirtschaftlichen Charakter nicht verliert (so genannte erste Verarbeitungsstufe). ³Führt die Verarbeitung zu einem Produkt der zweiten oder einer höheren Verarbeitungsstufe, unterliegen die Umsätze mit diesen Erzeugnissen nicht der Durchschnittssatzbesteuerung. ⁴Die Ausführung von Verarbeitungstätigkeiten durch Lohnunternehmer steht in diesem Rahmen der Annahme eines selbst erzeugten landwirtschaftlichen Erzeugnisses nicht entgegen. ⁵Dies gilt in den Fällen der so genannten Umtauschmüllerei (§ 3 Abs. 10 UStG) entsprechend.

---

1) Anlage § 024-21

Anlage § 024–22

Beispiel 1:
¹Ein Landwirt betreibt Schweinezucht. ²Er lässt die Schweine von einem gewerblichen Lohnunternehmer schlachten und in Hälften zerlegen. ³Die Schweinehälften liefert der Landwirt an einen fleischverarbeitenden Betrieb.
⁴Die Lieferung der Schweinehälften unterliegt der Durchschnittssatzbesteuerung. ⁵Die Ausführung der Schlacht- und Zerlegearbeiten durch einen Lohnunternehmer steht dem nicht entgegen.

Beispiel 2:
¹Ein Landwirt, der Getreide anbaut, bringt sein Getreide zu einer Mühle. ²Er erhält vom Müller Mehl, das aus fremdem Getreide gemahlen wurde und zahlt den Mahllohn. ³Der Landwirt veräußert das Mehl an einen Lebensmittelhersteller.
⁴Die Lieferung des Mehls an den Lebensmittelhersteller unterliegt der Durchschnittssatzbesteuerung. ⁵Unschädlich ist, dass das Mehl nicht tatsächlich aus dem vom Landwirt erzeugten Getreide gemahlen wurde.

(3) ¹Werden selbst erzeugte Produkte untrennbar mit zugekauften Produkten vermischt, unterliegt die Lieferung des Endprodukts aus Vereinfachungsgründen noch der Durchschnittssatzbesteuerung, wenn die Beimischung des zugekauften Produkts nicht mehr als 25% beträgt. ²Maßstab ist die im Handel übliche Maßeinheit (z.B. Kilogramm bei Honig, Liter bei Wein). ³Zugekaufte Zutaten und Nebenstoffe bleiben bei der Prüfung der 25%-Grenze nach Satz 1 außer Betracht. ⁴Als Zutaten und Nebenstoffe sind insbesondere Gewürze, Konservierungsmittel, Zusatzstoffe im Sinne des Weingesetzes, die Süßreserve sowie der Deckwein im Weinbau anzusehen. ⁵Gleiches gilt für die Warenumschließungen.

Beispiel 1:
¹Ein Imker hat sich verpflichtet, 400 kg Honig zu liefern. ²Da er nur über 350 kg selbst erzeugten Honig verfügt, kauft er 50 kg hinzu und vermischt beide Erzeugnisse.
³Beide Honigmengen werden untrennbar miteinander vermischt. ⁴Da der Anteil des zugekauften Honigs nicht mehr als 25% des Endprodukts ausmacht, unterliegt die Lieferung der Gesamtmenge der Durchschnittssatzbesteuerung.

Beispiel 2:
¹Ein Obstbauer hat sich verpflichtet, eine bestimmte Menge Apfelsaft in Flaschen zu liefern. ²Da die selbst erzeugte Menge von 700 kg Äpfeln für die Produktion nicht ausreicht, kauft er 300 kg hinzu und presst den Saft aus der Gesamtmenge.
³Bei der Beurteilung, ob es sich noch um ein selbst erzeugtes Produkt handelt, bleiben die Flaschen als Warenumschließungen außer Betracht. ⁴Da der Saft der zugekauften Äpfel untrennbar mit dem Saft der selbst erzeugten Äpfel vermischt wurde und mehr als 25% des Endprodukts beträgt, unterliegt die Lieferung des Apfelsafts nicht der Durchschnittssatzbesteuerung.

Beispiel 3:
¹Ein Kartoffelbauer verpflichtet sich zur Lieferung von 1 000 kg geschälten Kartoffeln. ²Da er nur über 700 kg selbst erzeugter Produkte verfügt, kauft er die entsprechende Menge ungeschälter Kartoffeln hinzu. ³Die selbst erzeugten und zugekauften Kartoffeln werden in der Schälmaschine vermischt und geschält.
⁴Da die Kartoffeln nicht untrennbar miteinander vermischt werden, unterliegt die Lieferung der selbst erzeugten Produkte ohne Rücksicht auf prozentuale Zusammensetzung der Gesamtmenge der Durchschnittssatzbesteuerung. ⁵Die zugekauften Kartoffeln unterliegen der Besteuerung nach allgemeinen Regelungen. ⁶Der Unternehmer trägt die Feststellungslast für die Anwendung der Durchschnittssatzbesteuerung hinsichtlich der selbst erzeugten Kartoffeln.

Beispiel 4:
¹Ein Landwirt baut Gurken an und stellt daraus Konserven her. ²Da er nicht über die erforderliche Menge Gurken verfügt, kauft er Gurken hinzu. ³Er vermischt die Gurken, viertelt sie und fügt bei der Konservenproduktion Wasser, Essig, Zucker und Gewürze bei.
⁴Da es sich bei dem Endprodukt um ein Produkt der so genannten zweiten Verarbeitungsstufe handelt, unterliegt die Lieferung den allgemeinen Regelungen des Umsatzsteuergesetzes. ⁵Unerheblich ist, wie hoch der prozentuale Anteil der zugekauften Gurken am Endprodukt ist.

Erzeugnisse im Sinne des § 24 Abs. 1 Satz 1 Nr. 1 UStG

(4) ¹Als forstwirtschaftliche Erzeugnisse (§ 24 Abs. 1 Satz 1 Nr. 1 UStG) kommen insbesondere in Betracht: Stammholz (Stämme und Stammteile), Schwellenholz, Stangen, Schichtholz, Industrieholz, Brennholz, sonstiges Holz (z.B. Stockholz, Pfähle, Reisig) und forstliche Nebenerzeugnisse wie Forstsamen, Rinde, Baumharz, Weihnachtsbäume, Schmuckgrün, Waldstreu, Pilze und Beeren. ²Voraus-

setzung ist, dass diese Erzeugnisse im Rahmen der Forstwirtschaft anfallen. ³Bei Lieferungen von Erzeugnissen aus Sonderkulturen außerhalb des Waldes (z.B. Weidenbau, Baumschule, Obst- oder Weihnachtsbaumkultur, Schmuckreisig) handelt es sich nicht um Umsätze von forstwirtschaftlichen Erzeugnissen, sondern um eigenständige landwirtschaftliche Umsätze, die unter § 24 Abs. 1 Satz 1 Nr. 3 fallen. ⁴Zur Forstwirtschaft gehören Hoch-, Mittel- und Niederwald, Schutzwald (z.B. Wasser-, Boden-, Lawinen-, Klima-, Immissions-, Sicht- und Straßenschutzwald sowie Schutzwaldungen mit naturkundlichen Zielsetzungen und Waldungen für Forschung und Lehre), Erholungswald und Nichtwirtschaftswald (z.B. Naturparks, Nationalparks, Landschaftsschutzgebiete und Naturschutzgebiete), auch wenn die Erzeugung von Rohholz ausgeschlossen oder nicht beabsichtigt ist. ⁵Holz aus Parkanlagen sowie Flurholz außerhalb des Waldes und Alleebäume, Grenzbäume u. ä. rechnen nicht zur Forstwirtschaft.

Erzeugnisse im Sinne des § 24 Abs. 1 Satz 1 Nr. 2 UStG

(5) ¹In der Anlage 2 des UStG nicht aufgeführte Sägewerkserzeugnisse (§ 24 Abs. 1 Satz 1 Nr. 2 UStG) sind insbesondere Balken, Bohlen, Kanthölzer, besäumte und unbesäumte Bretter sowie Holzwolle und Holzmehl. ²Zu den Getränken und alkoholischen Flüssigkeiten im Sinne des § 24 Abs. 1 Satz 1 Nr. 2 UStG zählen insbesondere Wein, Obstwein und andere alkoholische Getränke, Traubenmost, Frucht- und Gemüsesäfte, Alkohol und Sprit sowie vergorene, nicht zum Verzehr bestimmte Kirschmaische (BFH-Urteil vom 12.3.2008, XI R 65/06, BStBl. II S. 532). ³Nicht darunter fallen Milch (aus Kapitel 4 des Zolltarifs), Milchmischgetränke mit einem Anteil an Milch von mindestens 75% des Fertigerzeugnisses sowie Wasser, nicht aber Mineralwasser.

Erzeugnisse im Sinne des § 24 Abs. 1 Satz 1 Nr. 3 UStG

(6) ¹Der Durchschnittssatz nach § 24 Abs. 1 Satz 1 Nr. 3 UStG gilt insbesondere für die Umsätze der wichtigsten landwirtschaftlichen Erzeugnisse wie z.B. Getreide, Getreideerzeugnisse, Vieh, Fleisch, Milch, Obst, Gemüse und Eier. ²Die Umsätze mit Gegenständen des land- und forstwirtschaftlichen Unternehmensvermögens (z.B. der Verkauf gebrauchter landwirtschaftlicher Geräte) unterliegen der Regelbesteuerung. ³Aus Vereinfachungsgründen wird die Anwendung der Durchschnittssatzbesteuerung auf diese Umsätze jedoch nicht beanstandet, wenn die Gegenstände während ihrer Zugehörigkeit zum land- und forstwirtschaftlichen Unternehmensvermögen nahezu ausschließlich, d.h. zu mindestens 95%, für Umsätze verwendet wurden, die den Vorsteuerabzug nach § 24 Abs. 1 Satz 4 UStG ausschließen. ⁴Voraussetzung hierfür ist jedoch, dass der Unternehmer für diese Gegenstände darauf verzichtet, einen anteiligen Vorsteuerabzug vorzunehmen¹⁾.

Rechtsmissbrauch

(7) Es ist rechtsmissbräuchlich, wenn ein Händler und ein Landwirt die Umsätze des Landwirts durch Verkauf und Rückkauf von Tieren oder anderen landwirtschaftlichen Erzeugnissen ohne Rücksicht auf den wirtschaftlichen Gehalt der vom Landwirt erbrachten Leistung künstlich erhöhen und der Händler in den Genuss eines hierdurch erhöhten Vorsteuerabzugs zu gelangen versucht (BFH-Urteil vom 9.7.1998, V R 68/96, BStBl. II S. 637).

24.3. Sonstige Leistungen

Allgemein

(1) ¹Die Anwendung der Durchschnittssatzbesteuerung auf die im Rahmen eines land- und forstwirtschaftlichen Betriebs erbrachten sonstigen Leistungen setzt voraus,
- dass sie mit Hilfe der Arbeitskräfte des Betriebs erbracht werden und die dabei ggfs. verwendeten Wirtschaftsgüter der normalen Ausrüstung des Betriebs zuzurechnen sind und
- dass die sonstigen Leistungen normalerweise zur landwirtschaftlichen Erzeugung beitragen.

²Insbesondere folgende sonstige Leistungen können bei Vorliegen der in Satz 1 genannten Voraussetzungen der Durchschnittssatzbesteuerung unterliegen:

1. Anbau-, Ernte-, Dresch-, Press-, Lese- und Einsammelarbeiten, einschließlich Säen und Pflanzen;
2. Verpackung und Zubereitung, wie beispielsweise Trocknung, Reinigung, Zerkleinerung, Desinfektion und Einsilierung landwirtschaftlicher Erzeugnisse;
3. Lagerung landwirtschaftlicher Erzeugnisse;
4. Hüten, Zucht und Mästen von Vieh;
5. Vermietung normalerweise in land-, forst- und fischwirtschaftlichen Betrieben verwendeter Mittel zu landwirtschaftlichen Zwecken;
6. technische Hilfe;

---

1) Beachte Neufassung ab 01.01.2011 durch BMF-Schreiben vom 08.12.2010, siehe Anlage § 018-30

Anlage § 024–22

7. Vernichtung schädlicher Pflanzen und Tiere, Behandlung von Pflanzen und Böden durch Besprühen;
8. Betrieb von Be- und Entwässerungsanlagen;
9. Beschneiden und Fällen von Bäumen und andere forstwirtschaftliche Dienstleistungen.

(2) ¹Das Gemeinschaftsrecht sieht für die Anwendbarkeit der Durchschnittssatzbesteuerung auf derartige land- und forstwirtschaftliche Dienstleistungen an andere Land- und Forstwirte zwar keine betragsmäßige Beschränkung vor. ²Dennoch können Land- und Forstwirte solche Dienstleistungen nicht in unbegrenztem Umfang unter Anwendung der Durchschnittssatzbesteuerung erbringen. ³Die Anwendung der Durchschnittssatzbesteuerung setzt voraus, dass der Unternehmer mit seinen jeweiligen Umsätzen als landwirtschaftlicher Erzeuger handelt. ⁴Hierzu zählt in gewissem Umfang auch das Erbringen land- und forstwirtschaftlicher Dienstleistungen. ⁵Begründet wird die landwirtschaftliche Erzeugertätigkeit allerdings nur durch die eigene Urproduktion. ⁶Alleine mit der Erbringung land- und forstwirtschaftlicher Dienstleistungen wird ein Unternehmer nicht zum landwirtschaftlichen Erzeuger. ⁷Nehmen die land- und forstwirtschaftlichen Dienstleistungen daher im Vergleich zur eigenen Urproduktion einen überdurchschnittlich großen Anteil an den Umsätzen des land- und forstwirtschaftlichen Betriebs ein, sind diese einer neben dem land- und forstwirtschaftlichen Betrieb ausgeführten unternehmerischen Tätigkeit zuzuordnen.

(3) ¹Ein Anhaltspunkt für das Vorliegen einer Tätigkeit außerhalb der Land- und Forstwirtschaft kann eine im vorangegangenen Kalenderjahr überschrittene Umsatzgrenze von 51.500 Euro sein. ²Bei der Ermittlung dieser Umsatzgrenze sind die sonstigen Leistungen an Landwirte und Nichtlandwirte zusammenzufassen. ³Umsätze aus Vermietungs- und Verpachtungsleistungen sowie der Veräußerung von immateriellen Wirtschaftsgütern des Anlagevermögens (z.B. Milchquote, Zahlungsansprüche) bleiben bei der Prüfung dieser Umsatzgrenze für umsatzsteuerliche Zwecke außer Ansatz. ⁴Das Überschreiten der Umsatzgrenze alleine schließt die Anwendung der Durchschnittssatzbesteuerung allerdings noch nicht aus. ⁵In diesem Fall ist vielmehr anhand weiterer Kriterien zu prüfen, ob die Dienstleistungen nicht mehr dem land- und forstwirtschaftlichen Betrieb zuzurechnen sind. ⁶Hierfür spricht u.a. ein unverhältnismäßig hoher Anteil der auf die Erbringung der Dienstleistungen entfallenden Arbeitszeit oder ein Maschinen- und Ausrüstungsbestand, der über die Anforderungen des eigenen Betriebs hinausgeht.

(4) ¹Der Einsatz von Arbeitskräften schließt die im land- und forstwirtschaftlichen Betrieb des Steuerpflichtigen beschäftigten Arbeitnehmer ein. ²Ein Wirtschaftsgut ist der normalen Ausrüstung des land- und forstwirtschaftlichen Betriebs zuzurechnen, wenn es dem Grunde oder der vorhandenen Anzahl nach dem betriebsgewöhnlichen, d.h. normalen Ausrüstungsbestand des land- und forstwirtschaftlichen Betriebs des Steuerpflichtigen zuzurechnen ist und wenn es nach seiner objektiven Zweckbestimmung und der tatsächlichen Übung den vom Steuerpflichtigen ausgeübten Erzeugertätigkeiten dient. ³Die Erbringung von sonstigen Leistungen unter Verwendung von Wirtschaftsgütern, die
– im eigenen Betrieb nicht verwendet werden oder
– einem nicht betriebstypischen Überbestand zuzurechnen sind oder
– ausschließlich zur Erbringung von sonstigen Leistungen an Dritte vorgehalten werden

ist daher unabhängig von der Dauer oder dem Zweck der Verwendung aus dem Anwendungsbereich der Durchschnittssatzbesteuerung ausgeschlossen, da diese Mittel von vornherein nicht zum betriebsgewöhnlichen Ausrüstungsbestand des land- und forstwirtschaftlichen Betriebs gehören.

(5) ¹Ob eine sonstige Leistung normalerweise zur landwirtschaftlichen Erzeugung beiträgt, ist aus der Sicht des Leistungsempfängers zu beurteilen. ²Ein solcher Zweck liegt vor, wenn die sonstige Leistung in der Sphäre des Leistungsempfängers unter planmäßiger Nutzung der natürlichen Kräfte des Bodens zur Erzeugung von Pflanzen und Tieren sowie zur Vermarktung der daraus selbst gewonnenen Erzeugnisse verwertet wird. ³Zur landwirtschaftlichen Erzeugung gehören auch Tätigkeiten der ersten Verarbeitungsstufe, wenn im Wesentlichen selbst erzeugte landwirtschaftliche Produkte be- oder verarbeitet werden. ⁴Wird die sonstige Leistung nicht an einen anderen land- und forstwirtschaftlichen Betrieb erbracht, ist davon auszugehen, dass sie nicht zur landwirtschaftlichen Erzeugung beiträgt. ⁵Für die Frage, ob ein solcher land- und forstwirtschaftlicher Betrieb vorliegt, ist auf die wirtschaftliche Betätigung des Leistungsempfängers abzustellen. ⁶Sonstige Leistungen, die beim Leistungsempfänger nicht landwirtschaftlichen Zwecken dienen, sind vom Anwendungsbereich der Durchschnittssatzbesteuerung ausgeschlossen.

Beispiel:

¹Ein pauschalierender Landwirt vermietet Wohnmobilbesitzern für die Wintermonate Stellplätze in einer ansonsten für eigenbetriebliche Zwecke genutzten Lagerhalle.

Anlage § 024–22

²Die Vermietung erfolgt zu außerlandwirtschaftlichen Zwecken. ³Die Umsätze fallen nicht unter die Durchschnittssatzbesteuerung.

⁷Ein Unternehmer bezieht Bauleistungen für die Errichtung einer Lagerhalle auf einem vorher landwirtschaftlich genutzten Grundstück nicht im Rahmen seines der Durchschnittssatzbesteuerung unterliegenden landwirtschaftlichen Betriebs, wenn die Halle – wie geplant – an einen außerlandwirtschaftlichen Unternehmer vermietet wird (vgl. BFH-Urteil vom 3.12.1998, V R 48/98, BStBl. 1999 II S. 150).

Vermietungsleistungen

(6) ¹Ein zur Erbringung einer Vermietungsleistung verwendetes Wirtschaftsgut, das bis zur Vermietung als zum betriebsgewöhnlichen Ausrüstungsbestand eines land- und forstwirtschaftlichen Betriebs gehörig anzusehen ist, scheidet für die Dauer der Vermietung aus diesem Kreis aus, wenn sich der Vermieter durch eine langfristige Vermietung einer Nutzungsmöglichkeit im eigenen Betrieb begibt. ²Eine Mietdauer von mindestens 12 Monaten ist stets als langfristig anzusehen. ³Solche Vermietungsumsätze unterliegen daher nicht der Durchschnittssatzbesteuerung.

Beispiel 1:

¹Ein Wirtschaftsgut wird auf unbestimmte Dauer vermietet. ²Der Vertrag kann monatlich gekündigt werden.

³Die Vermietung ist als langfristig anzusehen und unterliegt somit nicht der Durchschnittssatzbesteuerung. ⁴Endet die tatsächliche Gebrauchsüberlassung jedoch vor Ablauf von 12 Monaten, handelt es sich insgesamt nicht um eine langfristige Vermietung.

Beispiel 2:

¹Ein Wirtschaftsgut wird für drei Monate vermietet. ²Der Mietvertrag verlängert sich automatisch um je einen Monat, wenn er nicht vorher gekündigt wird.

³Die Vermietung ist nicht als langfristig anzusehen. ⁴Dauert die tatsächliche Gebrauchsüberlassung jedoch 12 Monate oder mehr, handelt es sich insgesamt um eine langfristige Vermietung.

Verpachtungsleistungen

(7) ¹Mit der Überlassung eines land- und forstwirtschaftlichen Betriebs, von Betriebsteilen oder einzelner Wirtschaftsgüter durch Verpachtung oder Einräumung eines Nießbrauchs wird dem Pächter bzw. Nießbrauchsberechtigten die Möglichkeit des Gebrauchs und der Fruchtziehung eingeräumt. ²Der Verpächter bzw. Nießbrauchsverpflichtete kann die überlassenen Gegenstände für die Dauer der Pacht bzw. der Einräumung des Nießbrauchs nicht mehr für Zwecke der eigenen Erzeugertätigkeit einsetzen. ³Mit Beginn der Überlassung scheiden die Wirtschaftsgüter aus dem normalen Ausrüstungsbestand des land- und forstwirtschaftlichen Betriebs aus. ⁴Auf entsprechende Umsätze findet die Durchschnittssatzbesteuerung nach § 24 UStG daher keine Anwendung. ⁵Diese sonstigen Leistungen unterliegen ohne Rücksicht darauf, ob und in welchem Umfang der Verpächter oder Nießbrauchsverpflichtete weiterhin als Land- und Forstwirt tätig ist, den allgemeinen Vorschriften des UStG.

(8) ¹Zur Verpachtung eines landwirtschaftlichen Betriebs oder Betriebsteils vgl. BFH-Urteile vom 6.12.2001, V R 6/01, BStBl. 2002 II S. 555, und vom 25.11.2004, V R 8/01, BStBl. 2005 II S. 896. ²Die Verpachtung eines Eigenjagdbezirks durch einen Land- und Forstwirt ist kein im Rahmen des land- und forstwirtschaftlichen Betriebs ausgeführter Umsatz. ³Sie unterliegt der Besteuerung nach den allgemeinen Vorschriften (vgl. BFH-Urteile vom 11.2.1999, V R 27/97, BStBl. II S. 378, und vom 22.9.2005, V R 28/03, BStBl. 2006 II S. 280).

Immaterielle Wirtschaftsgüter

(9) ¹Umsätze aus der zeitweiligen oder endgültigen Übertragung immaterieller Wirtschaftsgüter unterliegen nur dann der Durchschnittssatzbesteuerung, wenn sie im Rahmen der land- und forstwirtschaftlichen Erzeugertätigkeit entstanden sind. ²Danach kann weder die Verpachtung (zeitweilige Übertragung) noch der Verkauf (endgültige Übertragung) von Zahlungsansprüchen nach der EU-Agrarreform (GAP-Reform) in den Anwendungsbereich der Durchschnittssatzbesteuerung fallen. ³Aus Vereinfachungsgründen wird es jedoch nicht beanstandet, wenn Umsätze aus der Veräußerung von immateriellen Wirtschaftsgütern, die die rechtliche Grundlage der Erzeugertätigkeit des Unternehmers darstellen (z.B. Milchquoten, Brennrechte), der Durchschnittssatzbesteuerung unterworfen werden. ⁴Dies gilt nicht, soweit das einzelne Wirtschaftsgut im Zeitpunkt der Veräußerung zur Ausführung von Umsätzen verwendet wird, die der Regelbesteuerung unterliegen (z.B. anteilige Verpachtung einer Milchquote). ⁵Zur Veräußerung von immateriellen Wirtschaftsgütern im Zusammenhang mit der Abgabe von Saatgut vgl. BMF-Schreiben vom 14.2.2006, BStBl. I S. 240.

Anlage § 024–22

Entsorgungsleistungen

(10) ¹Die Erbringung von Entsorgungsleistungen an Nichtlandwirte unterliegt nicht der Durchschnittssatzbesteuerung. ²Dabei ist es unerheblich, ob und inwieweit die zu entsorgenden Stoffe im land- und forstwirtschaftlichen Betrieb des Entsorgers Verwendung finden.

Halten von fremdem Vieh

(11) ¹Die Aufzucht und das Halten von fremdem Vieh durch Land- und Forstwirte kann den im Rahmen eines land- und forstwirtschaftlichen Betriebs ausgeführten Umsätzen zuzurechnen sein, wenn dem Unternehmer nach § 24 Abs. 2 Nr. 2 UStG für die Tierhaltung in ausreichendem Umfang selbst bewirtschaftete Grundstücksflächen zur Verfügung stehen. ²Weitere Voraussetzung ist insbesondere, dass die Leistung in der Sphäre des Leistungsempfängers normalerweise zur landwirtschaftlichen Erzeugung beiträgt, d.h. an einen anderen Land- und Forstwirt erbracht wird.

Weitere Einzelfälle

(12) Folgende sonstige Leistungen unterliegen nicht der Durchschnittssatzbesteuerung:

– Umsätze aus der Pensionshaltung von Pferden, die von ihren Eigentümern zur Ausübung von Freizeitsport oder selbständigen oder gewerblichen, nicht land- und forstwirtschaftlichen Zwecken genutzt werden. Dies gilt entsprechend für die Vermietung von Pferden zu Reitzwecken.
– Im Zusammenhang mit Pflanzenlieferungen erbrachte Dienstleistungen, die über den Transport und das Einbringen der Pflanze in den Boden hinausgehen (z.B. Pflege-, Planungsleistungen, Gartengestaltung), führen regelmäßig zur Annahme einer einheitlichen sonstigen Leistung, die insgesamt nach den allgemeinen Vorschriften zu besteuern ist (vgl. BMF-Schreiben vom 4.2.2010, BStBl. I S. 214).
– Grabpflegeleistungen
– die Abgabe von Speisen und Getränken (z.B. in Strauß- und Besenwirtschaften)
– die entgeltliche Unterbringung und Verpflegung von Arbeitnehmern des land- und forstwirtschaftlichen Betriebs, da diese Leistungen überwiegend deren privaten Bedürfnissen dienen
– die Gestattung der Teilnahme an Treibjagden oder der Einräumung der Möglichkeit des Einzelabschusses von Wildtieren (BFH-Urteil vom 13.8.2008, XI R 8/08, BStBl. 2009 II S. 216)

24.4. Steuerfreie Umsätze im Sinne des § 4 Nr. 8ff. UStG im Rahmen eines land- und forstwirtschaftlichen Betriebs

¹Die Durchschnittssatzbesteuerung des § 24 UStG umfasst alle im Rahmen eines land- und forstwirtschaftlichen Betriebs ausgeführten Umsätze und die diesen Umsätzen zuzurechnenden Vorsteuern. ²Die Steuerbefreiungen des § 4 Nr. 8ff.UStG bleiben jedoch unberührt. ³Die Vorschrift des § 9 UStG ist für sie nicht anzuwenden. ⁴Für diese Umsätze ist somit ein Durchschnittssatz nicht festgesetzt. ⁵Ein besonderer Abzug der diesen Umsätzen zuzurechnenden Vorsteuern entfällt. ⁶Diese Regelung ist insbesondere für die Verkäufe land- und forstwirtschaftlicher Grundstücke von Bedeutung, für die auch im Rahmen des § 24 UStG die Steuerbefreiung des § 4 Nr. 9 Buchstabe a UStG anzuwenden ist.

24.5. Ausfuhrlieferungen und Umsätze im Ausland bei land- und forstwirtschaftlichen Betrieben

(1) ¹§ 24 UStG ist auch bei Umsätzen im Sinne des § 4 Nr. 1 bis 7 UStG und bei Umsätzen im Ausland anzuwenden. ²Dies bedeutet, dass z.B. auch innergemeinschaftliche Lieferungen im Sinne des § 6a Abs. 1 UStG durch pauschalversteuernde Land- und Forstwirte unter die Besteuerung des § 24 UStG fallen. ³Diese Umsätze sind daher steuerpflichtig. ⁴Vorsteuern, die mit diesen Umsätzen in wirtschaftlichem Zusammenhang stehen, sind durch die Pauschale abgegolten. ⁵Ein weiterer Vorsteuerabzug entfällt.

(2) Der für die Ausfuhrlieferungen und die Umsätze im Ausland geltende Durchschnittssatz ist auch auf solche Umsätze anzuwenden, für die ohne die Anwendung des § 24 UStG eine niedrigere oder keine Umsatzsteuer zu zahlen wäre.

24.6. Vereinfachungsregelung für bestimmte Umsätze von land- und forstwirtschaftlichen Betrieben

(1) ¹Werden im Rahmen eines pauschalierenden land- und forstwirtschaftlichen Betriebs auch der Regelbesteuerung unterliegende Umsätze ausgeführt (z.B. Lieferungen zugekaufter Erzeugnisse, Erbringung sonstiger Leistungen, die nicht landwirtschaftlichen Zwecken dienen) können diese unter den Voraussetzungen des Absatzes 2 aus Vereinfachungsgründen in die Durchschnittssatzbesteuerung einbezogen werden. ²Unter den gleichen Voraussetzungen kann aus Vereinfachungsgründen von der Erhebung der Steuer auf die Umsätze mit Getränken und alkoholischen Flüssigkeiten verzichtet werden.

Anlage § 024–22

(2) Für die Anwendung des Absatzes 1 gelten folgende Voraussetzungen:
1. Die in Absatz 1 genannten Umsätze betragen insgesamt nicht mehr als 4.000 € im Kalenderjahr.
2. Der Unternehmer führt in dem betreffenden Kalenderjahr daneben nur folgende Umsätze aus:
   a) Umsätze, die unter § 24 UStG fallen, sofern dafür eine Steuer nicht zu entrichten ist (also keine Umsätze von in der Anlage 2 des UStG nicht aufgeführten Sägewerkserzeugnissen);
   b) Umsätze, die unter § 19 Abs. 1 UStG fallen;
   c) Umsätze, die nach § 15 Abs. 2 i.V.m. Abs. 3 UStG den Vorsteuerabzug ausschließen.

(3) ¹Die Vereinfachungsregelung ist auch auf die Entrichtung der Vorauszahlungen anzuwenden, wenn zu erwarten ist, dass die Umsatzgrenze von 4.000 € im laufenden Kalenderjahr nicht überschritten wird (vgl. hierzu Abschnitt 18.6 Abs. 3). ²Die Pflicht zur Aufzeichnung der Umsätze, für die die Vereinfachungsregelung gilt, bleibt unberührt.

24.7. Zusammentreffen der Durchschnittssatzbesteuerung mit anderen Besteuerungsformen

(1) Führt der Unternehmer neben Umsätzen, die der Durchschnittssatzbesteuerung unterliegen, noch andere Umsätze aus, unterliegen diese grundsätzlich der Besteuerung nach den allgemeinen Vorschriften des Umsatzsteuergesetzes.

Vorsteuerabzug

(2) ¹Abziehbar im Sinne von § 15 Abs. 1 UStG sind nur die Vorsteuern, die den in die Regelbesteuerung fallenden Umsätzen zuzurechnen sind. ²Sind Vorsteuerbeträge teilweise diesen Umsätzen und teilweise den der Durchschnittssatzbesteuerung unterliegenden Umsätzen zuzurechnen, z.B. für den Erwerb eines einheitlichen Gegenstands, sind sie in entsprechender Anwendung des § 15 Abs. 4 UStG aufzuteilen.

Beispiel:

¹Ein Unternehmer erwirbt einen Gegenstand und verwendet ihn zu 30% für der Durchschnittssatzbesteuerung unterliegende Umsätze und zu 70% zur Ausführung regelbesteuerter Umsätze. ²Beträgt die beim Bezug des Gegenstands gesondert in Rechnung gestellte Steuer 2.500 €, ist ein Anteil von 30% = 750 € durch die Durchschnittssatzbesteuerung nach § 24 Abs. 1 Satz 3 und 4 UStG abgegolten. ³Der verbleibende Anteil von 70% = 1.750 € ist bei Vorliegen der Voraussetzungen des § 15 UStG abziehbar (vgl. BFH-Urteil vom 16.12.1993, V R 79/91, BStBl. 1994 II S. 339). ⁴Ändern sich in den folgenden Kalenderjahren die Nutzungsverhältnisse, ist eine Berichtigung des Vorsteuerabzugs nach § 15a Abs. 1 UStG zu prüfen.

(3) ¹Bezieht ein Unternehmer vertretbare Sachen im Sinne der §§ 91ff. BGB, die er später teilweise im landwirtschaftlichen als auch im nichtlandwirtschaftlichen Unternehmensteil verwendet, sind die auf die Eingangsumsätze entfallenden Vorsteuerbeträge nach der Verwendungsabsicht aufzuteilen. ²Weicht die spätere tatsächliche Verwendung von der ursprünglichen Absicht ab, ist eine Berichtigung des Vorsteuerabzugs nach § 15a UStG zu prüfen. ³Dabei kommt eine Schätzung der Berichtigungsbeträge nicht in Betracht. ⁴Die Aufteilung der Vorsteuerbeträge ist regelmäßig auch dann durchzuführen, wenn die für den landwirtschaftlichen Unternehmensteil angeschaffte Warenmenge relativ gering ist (vgl. BFH-Urteil vom 25.6.1987, V R 121/86, BStBl. 1988 II S. 150).

Kleinunternehmerregelung

(4) ¹Hat ein Land- und Forstwirt eine Erklärung nach § 24 Abs. 4 Satz 1 UStG nicht abgegeben, führt er aber neben den in § 24 Abs. 1 UStG bezeichneten Umsätzen auch andere Umsätze aus, sind für die Anwendung des § 19 Abs. 1 UStG bei der Ermittlung des jeweils maßgeblichen Gesamtumsatzes die land- und forstwirtschaftlichen Umsätze und die anderen Umsätze zu berücksichtigen. ²Soweit der Unternehmer die im land- und forstwirtschaftlichen Betrieb bewirkten Umsätze nicht aufgezeichnet hat (§ 67 UStDV), sind sie nach den Betriebsmerkmalen und unter Berücksichtigung der besonderen Verhältnisse zu schätzen. ³Die Anwendung des § 19 Abs. 1 UStG beschränkt sich auf die Umsätze außerhalb der Durchschnittssatzbesteuerung des § 24 Abs. 1 bis 3 UStG. ⁴Für die Umsätze des land- und forstwirtschaftlichen Betriebs verbleibt es bei der Durchschnittssatzbesteuerung.

24.8. Verzicht auf die Durchschnittssatzbesteuerung

(1) ¹Die Erklärung des Unternehmers, dass er auf die Durchschnittssatzbesteuerung verzichtet (§ 24 Abs. 4 Satz 1 UStG), ist nicht an eine bestimmte Form gebunden. ²Berechnet der Unternehmer in der ersten Voranmeldung des Kalenderjahres die Vorauszahlung unter Zugrundelegung der allgemeinen Vorschriften des Gesetzes, kann darin eine solche Erklärung gesehen werden. ³Hat ein Unternehmer mehrere land- und forstwirtschaftliche Betriebe, kann er die Erklärung nur einheitlich für alle Betriebe vornehmen, unabhängig davon, wie viele Teilbetriebe im Sinne des Ertragsteuerrechts der Unterneh-

Anlage § 024–22

mer hat (vgl. BFH-Urteil vom 23.4.1998, V R 64/96, BStBl. II S. 494). [4]Entsprechendes gilt für den Widerruf (§ 24 Abs. 4 Satz 3 UStG).

(2) [1]Für Umsätze im Rahmen eines land- und forstwirtschaftlichen Betriebs im Sinne des § 24 Abs. 2 UStG geht die Durchschnittssatzbesteuerung des § 24 Abs. 1 bis 3 UStG der Besteuerung nach den anderen Vorschriften des Gesetzes vor. [2]Das gilt auch in Bezug auf die Anwendung des § 19 Abs. 1 UStG. [3]Land- und Forstwirte können daher für ihre im Rahmen des land- und forstwirtschaftlichen Betriebs ausgeführten Umsätze die Regelung des § 19 Abs. 1 UStG nur in Anspruch nehmen, wenn sie nach § 24 Abs. 4 Satz 1 UStG auf die Durchschnittssatzbesteuerung des § 24 Abs. 1 bis 3 UStG verzichten. [4]Will ein Land- und Forstwirt nach dem Ausscheiden aus der Durchschnittssatzbesteuerung des § 24 Abs. 1 bis 3 UStG von § 19 Abs. 1 UStG keinen Gebrauch machen, muss er eine weitere Erklärung nach § 19 Abs. 2 Satz 1 UStG abgeben.

(3) [1]Die Erklärung nach § 24 Abs. 4 Satz 1 UStG bindet den Unternehmer grundsätzlich mindestens für fünf Kalenderjahre. [2]Bei der Veräußerung eines land- und forstwirtschaftlichen Betriebs (Geschäftsveräußerung nach § 1 Abs. 1a UStG, vgl. Abschnitt 1.5) ist der Betriebserwerber als Rechtsnachfolger des Veräußerers anzusehen und demnach an die Optionsfrist gebunden. [3]In den Fällen, in denen der Unternehmer nach dem Ausscheiden aus der Durchschnittssatzbesteuerung des § 24 Abs. 1 bis 3 UStG die Vorschrift des § 19 Abs. 1 UStG anwendet, kann er jedoch die Erklärung mit Wirkung vom Beginn eines jeden folgenden Kalenderjahres an widerrufen (§ 71 UStDV). [4]Das gilt nicht, wenn der Unternehmer nach dem Ausscheiden aus der Durchschnittssatzbesteuerung des § 24 Abs. 1 bis 3 UStG eine weitere Erklärung nach § 19 Abs. 2 Satz 1 UStG abgegeben hat. [5]In diesem Fall gilt für ihn die Bindungsfrist des § 19 Abs. 2 Satz 2 UStG.

(4) [1]Zum Vorsteuerabzug beim Wechsel der Besteuerungsform wird auf Abschnitt 15.1 Abs. 5 und 6 hingewiesen. [2]Zur Berichtigung des Vorsteuerabzugs beim Wechsel der Besteuerungsform vgl. Abschnitt 15a.9.

24.9. Ausstellung von Rechnungen bei land- und forstwirtschaftlichen Betrieben

[1]Die Regelungen der §§ 14 und 14a UStG zur Rechnungserteilung gelten auch für die im Rahmen des land- und forstwirtschaftlichen Betriebs ausgeführten Lieferungen und sonstigen Leistungen. [2]Als anzuwendender Steuersatz (§ 14 Abs. 4 Satz 1 Nr. 8 UStG) ist der für den Umsatz maßgebliche Durchschnittssatz anzugeben (§ 24 Abs. 1 Satz 5 UStG); dies gilt auch für Gutschriften. [3]Weist der Unternehmer einen höheren Steuerbetrag aus, als er im Rahmen der Durchschnittssatzbesteuerung gesondert in Rechnung stellen darf, schuldet er nach § 14c Abs. 1 UStG diesen Mehrbetrag; er hat diesen Betrag an das Finanzamt abzuführen. [4]Das Gleiche gilt, wenn in einer Gutschrift im Sinne des § 14 Abs. 2 Sätze 2 und 3 UStG ein höherer Steuerbetrag ausgewiesen worden ist. [5]Im Rahmen des § 24 UStG kann auch § 14c Abs. 2 UStG zur Anwendung kommen (vgl. Abschnitt 14c.2)."

Die Regelungen sind auf nach dem 31. Dezember 2010 ausgeführte Umsätze anzuwenden. Bisher ergangene Verwaltungsanweisungen, die hierzu im Widerspruch stehen, sind ab diesem Zeitpunkt nicht mehr anzuwenden.

Anlage § 024–23

Anwendung der Vereinfachungsregelung für bestimmte Umsätze von land- und forstwirtschaftlichen Betrieben (Abschnitt 24.6 UStAE)

BMF-Schreiben vom 08.04.2011 – IV D 2 – S 7410/07/10016,
BStBl. 2011 I S. 307

Abschnitt 24.6 Abs. 1 UStAE regelt, dass bestimmte der Regelbesteuerung unterliegende Umsätze aus Vereinfachungsgründen in den Anwendungsbereich der Durchschnittssatzbesteuerung einbezogen werden können. Voraussetzung ist insbesondere, dass diese Umsätze im Kalenderjahr insgesamt nicht mehr als 4.000 € betragen (Abschnitt 24.6 Abs. 2 Nr. 1 UStAE). Ob diese Umsatzgrenze eingehalten wurde, ist endgültig erst mit Ablauf des Kalenderjahres erkennbar. Bereits im Laufe des Jahres ist aber bei der Versteuerung der entsprechenden Umsätze und der Rechnungserteilung über die Anwendbarkeit der Durchschnittssatzbesteuerung zu entscheiden.

Unter Bezugnahme auf das Ergebnis der Erörterungen mit den obersten Finanzbehörden der Länder ist daher die Umsatzgrenze des Abschnitts 24.6 Abs. 2 Nr. 1 UStAE im Interesse der Rechtssicherheit und zur Vermeidung rückwirkender Rechnungsberichtigungen im Wege einer Vorausschau zu Beginn des Kalenderjahres zu prüfen.

Dementsprechend wird Abschnitt 24.6 Abs. 2 Nr. 1 des Umsatzsteuer-Anwendungserlasses vom 1. Oktober 2010 (BStBl. I S. 846), der zuletzt durch das BMF-Schreiben vom 7. April 2011 geändert worden ist, wie folgt gefasst:

„1. Die in Absatz 1 genannten Umsätze betragen **voraussichtlich** insgesamt nicht mehr als 4.000 € im **laufenden** Kalenderjahr."

Dieses Schreiben ist auf nach dem 31. Dezember 2010 ausgeführte Umsätze anzuwenden.

Anlage § 025–01

Umsatzsteuer bei Reiseleistungen
nach § 25 UStG im Zusammenhang mit Verkaufsveranstaltungen

Erlass FM Niedersachsen vom 14.12.1981 – S 7419 – 3 – 32 1,
BB 1982 S. 105[1]

Bei Verkaufsveranstaltungen von Direktvertriebsunternehmern (insbesondere bei sog. Kaffeefahrten) werden Reiseleistungen (Beförderung, Verpflegung und ggf. Unterbringung der Teilnehmer) erbracht und andere Umsätze (Verkauf von Waren eines bestimmten Herstellers) erzielt. Es ist die Frage gestellt worden, ob die ggf. negativen Margen aus den Reiseleistungen (§ 25 Abs. 3 UStG) mit den anderen Umsätzen verrechnet werden dürfen. Hierzu ist folgende Auffassung zu vertreten:

1. Beförderungsleistungen

In Übereinstimmung mit dem Bundesminister für Verkehr sind die Beförderungsleistungen als Ausflugsfahrten i. S. des § 48 PBefG anzusehen. Diese Auffassung geht von der üblichen Praxis aus, wonach gegenüber den Interessenten (Fahrgast) zunächst nur der Omnibusunternehmer in Erscheinung tritt, der eine Fahrt zu einem bestimmten Ausflugsziel mit Programm anbietet. Die Beförderungsleistung wird also vom Omnibusunternehmer den Veranstaltungsteilnehmern gegenüber erbracht.

Der Vertriebsunternehmer bewirkt demnach insoweit keine Reiseleistung i. S. des § 25 UStG.

2. Unterbringung und Verpflegung

Bei der üblichen Sachverhaltsgestaltung (vgl. Nr. 1) ist davon auszugehen, daß der Omnibusunternehmer (bzw. das Reisebüro) auch diese Leistungen dem Reisenden gegenüber erbringt. Es liegt deshalb ein Kettengeschäft (Beherbergungsunternehmer – Vertriebsunternehmer – Omnibusunternehmer – Reisender) vor. § 25 UStG findet auf die Leistungen des Direktvertriebsunternehmers keine Anwendung, weil er an einen anderen Unternehmer leistet.

3. Gästeunterhaltung

Diese Leistungen sind nicht als Reiseleistungen anzusehen. Die Aufwendungen hierfür sind den Kosten des Vertriebs der angebotenen Waren zuzurechnen.

4. Warenzugaben

Hierbei handelt es sich um entgeltliche Lieferungen, da eine unentgeltliche Abgabe nicht zulässig ist.

Danach erbringt der Direktvertriebsunternehmer im Zusammenhang mit seinen Verkaufsveranstaltungen keine Reiseleistungen i. S. des § 25 UStG, so daß sich die Frage des Ausgleichs negativer Margen nicht stellt.

Dieser Erlaß ergeht im Einvernehmen mit dem Bundesminister der Finanzen und den obersten Finanzbehörden der anderen Länder.

---

[1] Ähnlich BMF vom 30.11.1981 – IV A 2 – S 7419 – 9/81, UR 1982 S. 13 und Anlage § 025–03

Anlage § 025–02

Umsatzsteuerrechtliche Behandlung von Sprach- und Studienreisen; Konsequenzen des BFH-Urteils vom 01.06.2006 – V R 104/01

BMF-Schreiben vom 31.01.2007 – IV A 5 – S 7419 – 1/07, BStBl. 2007 I S. 216

Mit Urteil vom 1.6.2006 – V R 104/01, BStBl. 2007 II S. 142, hat der BFH entschieden, dass Leistungen eines Unternehmers, der die Durchführung von Sprachstudienaufenthalten im Ausland einschließlich Beförderung und Betreuung im eigenen Namen anbietet, als einheitliche Leistung unter die Sonderregelung des § 25 UStG für Reiseleistungen fallen können. Auf den Zweck oder die Dauer des Auslandsaufenthalts der Teilnehmer kommt es insoweit nicht an.

Unter Bezugnahme auf das Ergebnis der Erörterungen mit den obersten Finanzbehörden der Länder gilt Folgendes:

Das Urteil ist auf alle offenen Fälle anzuwenden. Soweit Abschnitt 272 Abs. 1 Satz 5 UStR längerfristige Studienaufenthalte im Ausland, die mit einer Reise kombiniert sind (sog. High-School-Programme), von der Anwendung des § 25 UStG ausschließt, ist er nicht mehr anzuwenden.

Für vor dem 1.7.2007 ausgeführte Leistungen wird es jedoch nicht beanstandet, wenn der Unternehmer entsprechende Umsätze unter Berufung auf Abschnitt 272 Abs. 1 Satz 5 UStR den allgemeinen Regelungen des Umsatzsteuergesetzes unterwirft.

Anlage § 025–03

Reiseleistungen nach § 25 UStG im Zusammenhang mit Verkaufsveranstaltungen

Erlass FM Nordrhein-Westfalen vom 29.10.1986 – S 7419b – 1 – V C 4,
DB 1986 S. 2412

Der Bundesverband Deutscher Omnibusunternehmer e.V., Bonn, hat gefragt, ob sich durch den Beschluß des BGH vom 18.6.1985 IV StR 772/83 (NJW 1985 S. 3084), wonach Werbefahrten mit Ausflugscharakter als Mietomnibusverkehr i. S. des § 49 Abs. 1 Personenbeförderungsgesetz (PBefG) durchgeführt werden können, Auswirkungen auf die bisherige umsatzsteuerliche Behandlung von Reiseleistungen im Zusammenhang mit Verkaufsveranstaltungen ergeben.

Der Fragenkomplex ist von den obersten Finanzbehörden des Bundes und der Länder erörtert worden. Danach gilt folgendes:

Entgeltliche Beförderungen von Personen mit Kraftomnibussen im Rahmen von Werbefahrten mit Ausflugscharakter können je nach Ausgestaltung der Fahrt entweder als Ausflugfahrt (§ 48 Abs. 1 PBefG), als Ferienzielreise (§ 48 Abs. 2 PBefG) oder als Verkehr mit Mietomnibussen (§ 49 Abs. 1 PBefG) durchgeführt werden.

Für die umsatzsteuerrechtliche Zurechnung der bei den Fahrten im Zusammenhang mit Verkaufsveranstaltungen erzielten Umsätze muß weiterhin darauf abgestellt werden, wer gegenüber den Teilnehmern der Fahrt als Veranstalter auftritt. Tritt, wie bisher allgemein üblich, der Omnibusunternehmer als Veranstalter auf, so bleibe es bei der in dem Erlaß vom 30.11.1981 S 7419b – 1 – V C 4, DB 1982 S. 929, dargestellten Rechtsauffassung[1].

Nachdem der BGH durch seinen Beschluß vom 18.6.1985 a. a. O. die Möglichkeit eröffnet hat, die Werbefahrt mit Ausflugscharakter als Mietwagenverkehr i. S. des § 49 Abs. 1 Satz 3 PBefG durchzuführen, kann auch der Vertriebsunternehmer als Veranstalter dieser Fahrten auftreten. In diesem Fall erbringt der Omnibusunternehmer keine Reiseleistung i. S. des § 25 UStG.

Ist der Vertriebsunternehmer auf Grund seines Auftretens nach außen als Veranstalter anzusehen, ergibt sich die Frage, ob der Vertriebsunternehmer hinsichtlich der touristischen Leistungen Reiseleistungen i. S. des § 25 UStG erbringt oder ob die Durchführung der Werbefahrt als eine einheitliche Gesamtleistung anzusehen ist, die in ihrem Charakter durch den Warenverkauf bestimmt ist. Der Vertriebsunternehmer führt zwar die (preiswerte) Fahrt nur zu dem Zweck durch, um seine Verkaufsveranstaltung durchführen und dabei Gewinne erzielen zu können. Gleichwohl können die Reiseleistungen und die Verkaufsveranstaltung nicht als einheitliche Gesamtleistung angesehen werden.

Beim Angebot derartiger Werbefahrten mit Ausflugscharakter steht die touristische Leistung eindeutig im Vordergrund; sie wird auch von vielen Teilnehmern ausschließlich in Anspruch genommen. Insoweit besteht ein Wettbewerbsverhältnis zu anderen Veranstaltern von Busreisen. Es ist deshalb gerechtfertigt, die touristischen Leistungen bei einer Werbefahrt mit Ausflugscharakter als Reiseleistung i. S. d. § 25 UStG anzusehen. Die dabei ggf. entstehende negative Marge kann nicht mit den Verkaufsumsätzen verrechnet werden.

Dieser Erlaß ist im Einvernehmen mit dem BMF und den obersten Finanzbehörden der anderen Länder ergangen[2].

---

1) Hinweis auf Anlage § 025–01
2) Vgl. BMF vom 10.10.1986, UR 1986 S.307

Anlagen § 025–04, 025–05, 025–06, 025–07 nicht belegt

Vorsteuerabzug aufgrund von Leistungen Dritter bei Flugunregelmäßigkeiten

BMF-Schreiben vom 07.09.1988 – IV A 2 – S 7419 – 19/88,
BStBl. 1988 I S. 407

Im Luftverkehr kommt es häufig zu Flugunregelmäßigkeiten, die z. B. darauf beruhen können, daß ein Flugzeug aus wetterbedingten Gründen auf dem Zielflughafen nicht landen kann, sondern auf einen anderen Flughafen ausweichen muß. In solchen Fällen ergreifen die Fluggesellschaften je nach den Umständen des Einzelfalls folgende Maßnahmen:

– Die Fluggesellschaft transportiert die Fluggäste zum Teil in eigenen Bussen, häufiger aber in Bussen anderer Busunternehmer zum Zielflughafen.
– Die Fluggesellschaft transportiert die Fluggäste im Taxi zu ihrer Wohnung oder zu einem Hotel.
– Die Fluggesellschaft bringt die Fluggäste in einem Hotel unter, wo sie auch bewirtet werden.
– Die Fluggesellschaft ermöglicht den Fluggästen eine Bewirtung im Flughafenrestaurant.

Es ist die Frage aufgetreten, wie diese Leistungen umsatzsteuerlich zu behandeln sind.

Unter Bezugnahme auf das Ergebnis der Erörterung mit den obersten Finanzbehörden der Länder gilt folgendes:

Die Fluggesellschaft erbringt mit der Beförderung der Passagiere Beförderungsleistungen. Daran ändert sich nichts, wenn die Fluggesellschaft genötigt ist, die Fluggäste aus unvorhergesehenen Gründen mit einem anderen Verkehrsmittel an den Zielort oder an einen anderen Ort zu befördern. Die Leistung behält insgesamt den Charakter einer Beförderungsleistung. Auch wenn die Fluggesellschaft insoweit Beförderungsleistungen anderer Beförderungsunternehmer in Anspruch nimmt, handelt es sich nicht um eine Reiseleistung im Sinne des § 25 Abs. 1 UStG. Die Beförderungsleistungen anderer Unternehmer sind daher keine Reisevorleistungen im Sinne von § 25 Abs. 1 Satz 5 UStG.

Das gleich gilt, wenn die Fluggesellschaft den Fluggästen in einem solchen Fall Verpflegung oder Unterkunft gewährt und mit der Ausführung dieser Leistungen andere Unternehmer beauftragt.

Die Fluggesellschaft ist berechtigt, die ihr als Leistungsempfänger von anderen Unternehmern in Rechnung gestellte Umsatzsteuer unter den Voraussetzungen des § 15 UStG als Vorsteuer abzuziehen. § 25 Abs. 4 Satz 1 UStG, der bei Reisevorleistungen den Ausschluß des Vorsteuerabzugs vorsieht, findet keine Anwendung, da die Leistungen Dritter keine Reisevorleistungen darstellen, sondern der Beförderungsleistung der Fluggesellschaft zuzuordnen sind.

Vermittlung und Selbstveranstaltung von Reisen durch Reisebüros

OFD-Koblenz, Rdvfg. vom 13.03.1990 – S 7100 A – St 51 2,
DStR 1990 S. 457

Das FG Hamburg hat durch Urteil vom 17.7.1989 – I 38/86 – die Verwaltungsauffassung bestätigt, daß ein Reisebüro, das gegenüber den Leistungsempfängern in eigenem Namen als Reiseveranstalter auftritt, die Regelung des § 25 UStG (Margenbesteuerung) anzuwenden hat.

Eine Steuerbefreiung nach § 4 Nr. 5 Buchst. c UStG kommt nicht in Betracht, weil die gegenüber den Reisenden erbrachten Leistungen vom Kläger nicht vermittelt, sondern als eigene Reiseleistungen angeboten und erbracht worden sind.

Anlage § 025–08

Umsatzsteuerbefreiung nach § 4 Nr. 5 UStG;
Vermittlungsprovisionen an Reisebüros

BMF-Schreiben vom 22.03.2000 – IV D 2 – S 7156 d – 3/00,
BStBl. 2000 I S. 458[1)]

Die Vermittlung von Reiseleistungen für Reiseveranstalter im Inland wird vielfach bereits vor der Durchführung der vermittelten Reiseleistungen abgerechnet. Deshalb lässt sich oft nur schwer feststellen, ob es sich bei den vom Reisebüro vermittelten Umsätzen um einheitliche Reiseleistungen im Sinne des § 25 Abs. 1 UStG oder um Einzelleistungen (soweit der Reiseveranstalter die Reiseleistung mit eigenen Mitteln erbringt) handelt. Hieraus ergeben sich auch Unsicherheiten, ob die Vermittlungsleistung steuerpflichtig, steuerfrei oder nicht steuerbar ist. Weil Gutschriften nur bei steuerpflichtigen Leistungen als Rechnungen gelten (§ 14 Abs. 5 UStG), ist bei der Abrechnung der Vermittlungsleistung mit Gutschriften damit zugleich fraglich, ob den Reiseveranstaltern daraus der Vorsteuerabzug zusteht.

Unter Bezugnahme auf das Ergebnis der Erörterung mit den obersten Finanzbehörden der Länger gilt Folgendes:

Vermitteln Reisebüros für Reiseveranstalter gegen eine einheitlich vom Reisepreis berechnete Provision Reiseleistungen im Sinne des § 25 UStG, bei denen der Reiseveranstalter Eigenleistungen in Form von grenzüberschreitenden Personenbeförderungsleistungen mit Flugzeugen (eigene, konzerneigene oder gemietete Flugzeuge) ausführt, erbringen die Reisebüros sowohl steuerpflichtige als auch nichtsteuerbare bzw. steuerfreie Vermittlungsleistungen.

Zur Vermeidung von Härten wird es bis auf Weiteres nicht beanstandet, wenn die Beteiligten in diesen Fällen die Vermittlungsleistungen einvernehmlich zu 70% als steuerpflichtig behandeln. Reiseveranstalter können in diesen Fällen die auf die als steuerpflichtig behandelte Vermittlungsprovision entfallende Umsatzsteuer als Vorsteuer abziehen. Dies gilt auch in Fällen, in denen mit Gutschriften abgerechnet wird.

Darüber hinaus wird es nicht beanstandet, wenn in den vorgenannten Fällen die Beteiligten Abschnitt 53 Abs. 6 UStR 1996[2)] auf die bis einschließlich 31.03.2000 abgerechneten Vermittlungsleistungen entsprechend anwenden.

---

1) Siehe auch Anlage § 025–09
2) Abgedruckt im USt-Veranlagungsband 1998

Anlage § 025–09

Umsatzsteuerliche Behandlung von Provisionsabrechnungen für Vermittlungsleistungen von inländischen Reisebüros; Provisionen für Bus-Pauschalreisen

BMF-Schreiben vom 07.12.2000 – IV D 1 – S 7156 d – 4/00,
BStBl. 2001 I S. 98

Die Vermittlung von Reiseleistungen für Reiseveranstalter im Inland wird vielfach bereits vor Durchführung der vermittelten Reiseleistungen abgerechnet. Deshalb lässt sich oft nur schwer feststellen, inwieweit es sich bei den vom Reisebüro vermittelten Umsätzen um einheitliche Reiseleistungen im Sinne des § 25 Abs. 1 UStG bzw. um Einzelleistungen (soweit der Reiseveranstalter die Reiseleistung mit eigenen Mitteln erbringt) handelt. Hieraus ergeben sich auch Unsicherheiten, ob die Vermittlungsleistung steuerpflichtig, steuerfrei oder nicht steuerbar ist. Weil Gutschriften nur bei steuerpflichtigen Leistungen als Rechnungen gelten (§ 14 Abs. 5 UStG), ist bei der Abrechnung der Vermittlungsleistung mit Gutschriften damit zugleich fraglich, ob den Reiseveranstaltern daraus der Vorsteuerabzug zusteht.

Unter Bezugnahme auf das Ergebnis der Erörterung mit den obersten Finanzbehörden der Länder gilt Folgendes:

Vermitteln inländische Reisebüros für Reiseveranstalter gegen eine einheitlich vom Reisepreis berechnete Provision Reiseleistungen, bei denen der Reiseveranstalter Eigenleistungen in Form von grenzüberschreitenden Personenbeförderungsleistungen mit Omnibussen (eigene, konzerneigene oder gemietete) ausführt, erbringen die Reisebüros ggf. sowohl steuerpflichtige als auch nicht steuerbare Vermittlungsleistungen.

Es sind folgende Fallgestaltungen zu unterscheiden:

1. Vermittlung einer grenzüberschreitenden Buspauschalreise mit eigenem Omnibus in ein Drittland.

   Die Vermittlungsleistung des inländischen Reisebüros – soweit sie auf die Beförderungsleistung entfällt – wird nach § 3a Abs. 2 Nr. 4 Satz 1 UStG an dem Ort erbracht, an dem der vermittelte Umsatz ausgeführt wird. Die Leistung ist demnach in Bezug auf die Vermittlung des inländischen Teils der Beförderungsleistung steuerbar und steuerpflichtig und in Bezug auf die Vermittlung des ausländischen Teils der Beförderungsleistung nicht steuerbar (§ 3b Abs. 1 Sätze 1 und 2 UStG).

2. Vermittlung einer grenzüberschreitenden Buspauschalreise mit eigenem Omnibus in einen anderen Mitgliedstaat. Der Reiseveranstalter verwendet keine USt-IdNr.

   Lösung wie Fallgestaltung 1.

3. Vermittlung einer grenzüberschreitenden Buspauschalreise mit eigenem Omnibus in einen anderen Mitgliedstaat. Der Reiseveranstalter verwendet seine deutsche USt-IdNr.

   Die Vermittlungsleistung des inländischen Reisebüros – soweit sie auf die Beförderungsleistung entfällt – gilt nach § 3a Abs. 2 Nr. 4 Satz 2 UStG als in dem Mitgliedstaat der verwendeten USt-IdNr. ausgeführt. Sie ist somit auch in Bezug auf die Vermittlung des ausländischen Teils der Beförderungsleistung steuerbar und steuerpflichtig.

Zur Vermeidung von Härten wird bis auf Weiteres in Bezug auf die Eigenleistungen folgende Berechnung des nicht steuerbaren Anteils der Vermittlungsprovisionen (vgl. Fallgestaltungen 1 und 2) nicht beanstandet:

Das als Reiseveranstalter auftretende Busunternehmen kann einen individuellen Aufteilungsschlüssel ermitteln. Soweit dessen Eigenleistung auf den ausländischen Streckenanteil der Beförderung entfällt, erbringt das Reisebüro eine nicht steuerbare Vermittlungsleistung (§ 3a Abs. 2 Nr. 4 Satz 1 i.V.m. § 3b UStG). Der Aufteilungsschlüssel ist anhand eines repräsentativen Zeitraums (regelmäßig über ein Kalenderjahr) zu ermitteln und von der zuständigen Landesfinanzbehörde genehmigen zu lassen. Er kann anschließend widerruflich angewandt werden.

Bei Abrechnungen, in denen ein solcher Aufteilungsschlüssel zugrunde gelegt wird, ist auf die Genehmigung des Finanzamts unter Angabe des Datums und der Steuernummer hinzuweisen.

Reiseveranstalter können in diesen Fällen die auf die als steuerpflichtig behandelte Vermittlungsprovision entfallene Umsatzsteuer als Vorsteuer abziehen. Dies gilt auch in Fällen, in denen mit Gutschriften abgerechnet wird.

Darüber hinaus wird es nicht beanstandet, wenn in den vorgenannten Fällen die Beteiligten Abschnitt 53 Abs. 6 UStR 1996[1)] auf die bis einschließlich 31. März 2000 abgerechneten Vermittlungsleistungen entsprechend anwenden.

---

1) Abgedruckt im USt-Veranlagungsband 1998

Anlage § 025–10

Umsatzsteuerliche Behandlung von Reiserücktrittskostenversicherungen; Konsequenzen des BFH-Urteils vom 13.07.2006 – V R 24/02

BMF-Schreiben vom 27.11.2006 – IV A 5 – S 7419 – 11/06,
BStBl. 2006 I S. 790

Unter Bezugnahme auf das Ergebnis der Erörterungen mit den obersten Finanzbehörden der Länder gilt zur Anwendung des BFH-Urteils vom 13. Juli 2006 – V R 24/02 – Folgendes:

Eine Reiserücktrittskostenversicherung, deren Abschluss bei Buchung der Reise in das Belieben des Leistungsempfängers gestellt wird und für die das Versicherungsentgelt neben dem Reisepreis ggf. gesondert berechnet wird, ist eine umsatzsteuerrechtlich gesondert zu beurteilende Leistung, die nicht der Margenbesteuerung des § 25 UStG unterliegt. Auch der Abschluss einer obligatorisch vom Reiseveranstalter angebotenen Reiserücktrittskostenversicherung kann eine selbständige Leistung darstellen (vgl. BFH-Urteil vom 13. Juli 2006, V R 24/02, BStBl. II S. 935). Der Umsatz kann je nach Sachverhalt entweder unter den Voraussetzungen des § 4 Nr. 10 Buchstabe b UStG (Verschaffung von Versicherungsschutz) oder unter denen des § 4 Nr. 11 UStG (Umsatz aus der Tätigkeit als Versicherungsvertreter) steuerfrei sein.

Für vor dem 1. Januar 2007 ausgeführte Umsätze wird es nicht beanstandet, wenn der Unternehmer den Abschluss einer obligatorischen Reiserücktrittskostenversicherung unter Berufung auf Abschnitt 272 Abs. 13 Satz 1 und 2 UStR als Bestandteil einer einheitlichen Reiseleistung im Sinne des § 25 Abs. 1 Satz 3 UStG behandelt. Auf nach dem 31. Dezember 2006 ausgeführte Umsätze ist Abschnitt 272 Abs. 13 Satz 1 und 2 UStR nicht mehr anzuwenden.

Anlagen § 025–11, § 025–12

Sondervorschriften für Besteuerung von Reiseleistungen (§ 25 Abs. 1 UStG); hier: Behandlung von Stornoprovisionen aufgrund von Agenturverträgen bei Reiseleistungen

LFD Thüringen, Vfg. vom 24.10.2007, S 7419 A – 04 – A 3.11,
DStR 2008 S. 99

Im Einvernehmen mit den obersten Behörden des Bundes und der Länder gilt Folgendes zur umsatzsteuerlichen Behandlung von Stornoprovisionen, die Reiseveranstalter aufgrund von Agenturverträgen den Reisebüros vergüten:

Das Reisebüro hat einen Provisionsanspruch, wenn es Geschäfte des Reiseveranstalters vermittelt. Nach den Musterverträgen erhält ein Reisebüro grundsätzlich nur dann von dem jeweiligen Reiseveranstalter eine Provision für die vermittelte Buchung einer Reise, wenn diese auch zur Ausführung gelangt. In Anlehnung an § 87a Abs. 3 Satz 2 HGB erlischt der Provisionsanspruch ganz oder anteilig, wenn die gebuchte Reise aus Gründen, die nicht der Reiseveranstalter zu vertreten hat, vollständig oder anteilig ausfällt. Für den Fall, dass der Reisende die Reise nicht antritt, richtet sich der jeweilige Provisionsanspruch des Reisebüros nach der Höhe der tatsächlich durchgesetzten Stornokosten.

Die Pflichten des Reisebüros als Agentur beschränken sich nicht auf die reine Vermittlung der Reise. Daneben sind weitere Leistungen, wie z.B. Beratung der Reisenden, Übernahme von Verwaltungsaufgaben für den Veranstalter, bestmöglicher Einsatz der zur Verfügung stehenden Werbemittel zu erbringen.

Wenn der Reisende von dem Reisevertrag zurücktritt und der Reiseveranstalter dem Reisebüro einen Teil der Stornogebühren gutschreibt, handelt es sich hierbei um das Entgelt für die o.g. Leistungen des Reisebüros. Mit dem Reiserücktritt durch den Kunden werden die bisherigen (Vorbereitungs-)Handlungen, die bei Ausführung der Reiseleistung in deren Vermittlung aufgegangen wären, zu einer eigenständigen Hauptleistung, auf deren Vergütung das Reisebüro aufgrund des Agenturvertrages einen Rechtsanspruch hat (Ersatzprovision). Die Leistung ist als Vermittlungsleistung anzusehen. Die Ortsbestimmung richtet sich nach § 3a Abs. 2 Nr. 4 UStG.

Es besteht eine innere wirtschaftliche Verknüpfung zwischen der Zahlung des Reiseveranstalters in Form eines Anteils an den eingezogenen Stornogebühren und der Leistung des Reisebüros, die für den Reiseveranstalter durchaus einen wirtschaftlichen Wert darstellt, auch wenn letztlich der Hauptzweck der Tätigkeit des Reisebüros, nämlich die Vermittlung einer Reise, nicht erreicht wurde.

Anwendung der Sonderregelung für Reisebüros (§ 25 UStG) auf Zu- und Abbringerflüge

BMF-Schreiben vom 25.03.2011 – IV D 2 – S 7419/09/10001,
BStBl. 2011 I S. 304

Unter Bezugnahme auf das Ergebnis der Erörterungen mit den obersten Finanzbehörden der Länder wird nach Abschnitt 25.2 Abs. 4 Satz 6 des Umsatzsteuer-Anwendungserlasses vom 1. Oktober 2010 (BStBl. I S. 846), der zuletzt durch das BMF-Schreiben vom 14. März 2011 – IV D 2 – S 7124/07/10002 – geändert worden ist, folgender Satz 7 angefügt:

„**7Inländische Zu- und Abbringerflüge sind in die Zielortregelung einzubeziehen, wenn die als Reisevorleistung in Anspruch genommene Beförderungsleistung einschließlich der Zu- und Abbringerflüge nach umsatzsteuerrechtlichen Grundsätzen eine einheitliche Beförderungsleistung darstellt (vgl. Abschnitt 3.10 UStAE).**"

Dieses Schreiben ist auf alle offenen Fälle anzuwenden.

Anlage § 025a–01

Anwendung der Differenzbesteuerung nach § 25a UStG und des Steuerabzugsverfahrens gem. §§ 51 ff. UStDV bei Sicherungsübereignung[1]

OFD Frankfurt/M., Vfg. vom 23.07.1999 – S 7421 A – 5 – St IV 23,
DB 1999 S. 2033

Zur betrieblichen Finanzierung werden von einem Unternehmer Gegenstände (z.B. Gebrauchtfahrzeuge), die von Privatpersonen erworben wurden, an einen anderen Unternehmer sicherungsübereignet. Im Fall der Verwertungsreife und der anschließenden Verwertung außerhalb eines Konkursbzw. Insolvenzverfahrens stellt sich dann die Frage, ob der Sicherungsnehmer das Abzugsverfahren nach § 51 Abs. 1 Nr. 2 UStDV zu beachten hat. Ferner ist fraglich, ob und unter welchen Voraussetzungen der Sicherungsnehmer in einem solchen Fall für seinen Umsatz (Doppelumsatz) die Differenzbesteuerung nach § 25a UStG anwenden kann.

Hierzu wird folgende Auffassung vertreten.

1. Anwendung der Differenzbesteuerung nach § 25a UStG bei Sicherungsübereignung

Im Fall der Sicherungsübereignung können sowohl der Sicherungsgeber als auch der Sicherungsnehmer unter den Voraussetzungen des § 25a Abs. 1 UStG die Differenzbesteuerung anwenden.

2. Ermittlung der Bemessungsgrundlagen für die Differenzbesteuerung

Der beim Sicherungsgeber im Fall der Verwertung anzusetzende Verkaufspreis i. S. von § 25a Abs. 3 UStG ist betragsmäßig mit dem Einkaufspreis i. S. von § 25a Abs. 3 UStG beim Sicherungsnehmer identisch. Verkaufspreis ist der im Rahmen der Verwertung des sicherungsübereigneten Gegenstands erzielte tatsächliche Veräußerungserlös. Durch die Verwertung anfallende Verwertungskosten dürfen das Entgelt aus der Lieferung des Sicherungsgebers nicht mindern.

3. Abrechnung des Sicherungsnehmers

Wird auf die Lieferung des Sicherungsgebers an den Sicherungsnehmer die Differenzbesteuerung i. S. des § 25a UStG angewandt, darf in einer Abrechnung des Sicherungsnehmers die USt nicht gesondert ausgewiesen werden, da der Sicherungsgeber insoweit nicht zum gesonderten USt-Ausweis berechtigt ist. Die vorgenommene Abrechnung hat in diesem Fall nicht die Wirkung einer Rechnung i. S. des § 14 Abs. 5 i. V. mit § 14 Abs. 4 UStG.

4. Vorsteuerabzug beim Sicherungsnehmer

Weist der Sicherungsgeber – entgegen § 25a Abs. 6 Satz 1 UStG – die sich aus der Differenzbesteuerung ergebende USt in seiner Rechnung gesondert aus, schuldet er die Steuer nach § 14 Abs. 3 UStG (Abschn. 276a Abs. 16 UStR). Nach dem BFH-Urteil vom 2.4.1998 (BStBl. II S. 695 = DB 1998 S. 1801) sind die nach § 14 Abs. 2 und Abs. 3 UStG wegen des zu hohen oder unberechtigten Ausweises in einer Rechnung geschuldeten Steuerbeträge nicht als Vorsteuer abziehbar. Der Sicherungsnehmer ist daher hinsichtlich der vom Sicherungsgeber unberechtigt ausgewiesenen Steuer nicht zum Vorsteuerabzug berechtigt.

Hinsichtlich der Verwertungskosten des Sicherungsnehmers ist ein Vorsteuerabzug dagegen nicht grundsätzlich ausgeschlossen.

5. Anwendung des Abzugsverfahrens gem. §§ 51 ff. UStDV

Das Abzugsverfahren gem. § 51 Abs. 1 Nr. 2 UStDV ist beim Sicherungsnehmer grundsätzlich auch dann anwendbar, wenn der Sicherungsgeber die Differenzbesteuerung i. S. des § 25a UStG angewandt hat. Um dabei im Hinblick auf die Differenzbesteuerung zu einem sachgerechten Ergebnis zu kommen, ist die Steuer aus der Marge des Sicherungsgebers zu ermitteln (§ 53 Abs. 1 UStDV).

6. Anwendung der Null-Regelung gem. § 52 Abs. 2 UStDV

Da der Sicherungsnehmer aufgrund des o. g. BFH-Urteils vom 2.4.1998 nicht zum Vorsteuerabzug berechtigt ist, wenn der Sicherungsgeber im Rahmen der Differenzbesteuerung i. S. des § 25a UStG unberechtigterweise die Steuer gesondert ausweist, ist die Null-Regelung insoweit nicht anwendbar.

7. Nachweisführung zur Anwendung des § 25a UStG

Es ist Sache der Vertragsparteien, Vereinbarungen über die zutreffende Anwendung der Differenzbesteuerung nach § 25a UStG – möglichst bereits im Zeitpunkt der Sicherungsübereignung – zu treffen.

---

[1] Siehe auch § 53 Abs. 1 UStDV i.d.F. ab 01.01.2000. Beachte ab 01.01.2002 § 13b UStG

Anlagen § 025a–02, § 025a–03

Differenzbesteuerung bei Gebrauchtfahrzeugen, die ein Autohaus bei agenturweisem Verkauf von Neufahrzeugen in Zahlung genommen hat

OFD Koblenz, Vfg. vom 20.08.2003 – S 7421 A – St 443,
DStR 2003 S. 1837

Bei der Differenzbesteuerung nach § 25a UStG kann der Anrechnungspreis eines in Zahlung genommenen Gebrauchtfahrzeugs dann als Einkaufspreis angesetzt werden, wenn der Unternehmer bei der Lieferung des Neufahrzeugs den Listenpreis ansetzt und keinen verdeckten Preisnachlass berücksichtigt (Abschn. 276a Abs. 10 UStR 2000).

Bei agenturweisem Verkauf des Neufahrzeugs ist diese Regelung nicht anwendbar. Der vom Agenten zu Lasten seiner Provision gewährte Nachlass mindert das Entgelt für den Verkauf des Neufahrzeugs nur dann, wenn der Lieferer dem Preisnachlass zustimmt (Abschn. 151 Abs. 4 UStR 2000).

Der Provisionsverzicht des Agenten beeinflusst aber nicht den nach Abschn. 153 Abs. 4 UStR 2000 zu ermittelnden Einkaufspreis für das Gebrauchtfahrzeug.

Beispiel:

Das Autohaus A ist gleichzeitig Niederlassung eines Automobilherstellers. Für den Verkauf eines Neufahrzeugs berechnet der Hersteller dem Kunden K den Listenpreis von 25.000 € zuzüglich 4.000 € Umsatzsteuer. A erhält vom Hersteller eine Provision von 5.000 €. K zahlt für das Neufahrzeug 22.500 € und gibt sein Gebrauchtfahrzeug, dessen gemeiner Wert 4.500 € beträgt, für 6.500 € in Zahlung. A verkauft das Gebrauchtfahrzeug nach 3 Monaten für 4.750 € und erzielt damit eine positive Marge von 250 €.

Zur Ermittlung des gemeinen Werts wird auf Abschn. 153 Abs. 4 Satz 5 Nr. 1 bis 3 UStR 2000 verwiesen.

Keine Anwendung der Differenzbesteuerung nach § 25a UStG im Anschluss an eine Geschäftsveräußerung im Ganzen

OFD Karlsruhe, Vfg. vom 25.08.2003 – S 7421 Karte 2,
DStR 2003 S. 1837

Nach § 25a Abs. 1 Nr. 2 Buchst. a UStG ist u. a. Voraussetzung für die Anwendung der Differenzbesteuerung, dass für die Lieferung an den Wiederverkäufer Umsatzsteuer nicht geschuldet oder nach § 19 Abs. 1 UStG nicht erhoben wird.

Diese Voraussetzung ist allerdings nicht erfüllt, wenn die Gegenstände im Rahmen einer nicht steuerbaren Geschäftsveräußerung erworben wurden und der Veräußerer für diese Gegenstände zum Vorsteuerabzug berechtigt war. Der erwerbende Unternehmer tritt nach § 1 Abs. 1a Satz 3 UStG auch insoweit an die Stelle des Veräußerers.

Anlage § 025a–04

Anwendung der Differenzbesteuerung (§ 25a UStG) bei der Veräußerung von Anlagevermögen; Konsequenzen des BFH-Urteils vom 29.06.2011 – XI R 15/10

BMF-Schreiben vom 11.10.2011 – IV D 2 – S 7421/07/10002,
BStBl. 2011 I S. 983

Mit Urteil vom 29. Juni 2011 – XI R 15/10 – hat der BFH entschieden, dass die Veräußerung eines PKW, den ein Kioskbetreiber als Gebrauchtwagen ohne Vorsteuerabzugsberechtigung erworben und in seinem Unternehmen genutzt hat, bei richtlinienkonformer Auslegung nicht der Differenzbesteuerung nach § 25a UStG unterliegt, sondern nach den allgemeinen Vorschriften des UStG zu versteuern ist. § 25a Abs. 1 Nr. 1 UStG ist dahin zu verstehen, dass der Unternehmer bei der konkreten Lieferung, die der Differenzbesteuerung unterworfen werden soll, als Wiederverkäufer gehandelt haben muss. Dies ist nur dann der Fall, wenn der Wiederverkauf des Gegenstandes bei seinem Erwerb zumindest nachrangig beabsichtigt war und dieser Wiederverkauf aufgrund seiner Häufigkeit zur normalen Tätigkeit des Unternehmers gehört.

Unter Bezugnahme auf das Ergebnis der Erörterungen mit den obersten Finanzbehörden der Länder wird Abschnitt 25a.1 Abs. 4 Satz 3 des Umsatzsteuer-Anwendungserlasses vom 1. Oktober 2010 (BStBl. I S. 846), der zuletzt durch das BMF-Schreiben vom 5. Oktober 2011 – IV D 2 – S 7100/08/10009 :002 (2011/0747750) – geändert worden ist, wie folgt gefasst:

„³Der Wiederverkäufer kann die Differenzbesteuerung auch bei der Veräußerung von Gegenständen des Anlagevermögens anwenden, **wenn der Wiederverkauf des Gegenstandes bei seinem Erwerb zumindest nachrangig beabsichtigt war und dieser Wiederverkauf aufgrund seiner Häufigkeit zur normalen Tätigkeit des Unternehmers gehört** (vgl. BFH-Urteil vom 29.6.2011, XI R 15/10, BStBl. II S. 839)."

Die Grundsätze dieses Schreibens sind in allen offenen Fällen anzuwenden. Für vor dem 1. Januar 2012 ausgeführte Umsätze wird es nicht beanstandet, wenn der Unternehmer Lieferungen von Gegenständen des Anlagevermögens unter Berufung auf Abschnitt 25a.1 Abs. 4 Satz 3 UStAE in der am 10. Oktober 2011 geltenden Fassung der Differenzbesteuerung nach § 25a UStG unterwirft.

Anlage § 026–01

Grenzüberschreitende Personenbeförderungen im Luftverkehr (§ 26 Abs. 3 UStG) – Verzeichnis der Länder, zu denen Gegenseitigkeit festgestellt ist

BMF-Schreiben vom 06.09.2011 – IV D 3 – S 7433/11/10005, BStBl. 2011 I S. 907

(Stand: 1. September 2011)[1]

- Ägypten
- Äthiopien
- Afghanistan
- Algerien
- Angola
- Argentinien
- Armenien
- Australien
- Bahrain
- Bangladesch
- Belgien
- Brasilien
- Brunei Darussalam
- Bulgarien
- Chile
- China (Volksrepublik)
- Dänemark
- Finnland
- Frankreich
- Georgien
- Ghana
- Griechenland
- Großbritannien
- Hongkong
- Indien
- Indonesien
- Irak
- Iran
- Irland
- Island
- Israel
- Italien
- Jamaika
- Japan
- Jordanien
- Kanada
- Kasachstan
- Katar
- Kenia
- Korea (Republik)
- Kroatien
- Kuba
- Kuwait
- Lettland
- Libanon
- Libyen
- Liechtenstein
- Litauen
- Luxemburg
- Malaysia
- Malta
- Marokko
- Mauritius
- Mazedonien
- Mongolei
- Namibia
- Nepal
- Neuseeland
- Niederlande
- Nigeria
- Norwegen
- Österreich
- Oman
- Pakistan
- Paraguay
- Polen
- Portugal
- Rumänien
- Russland
- Sambia
- Saudi-Arabien
- Schweden
- Schweiz
- Serbien
- Seychellen
- Singapur
- Slowakische Republik
- Slowenien
- Somalia
- Spanien
- Sudan
- Südafrika
- Syrien
- Tadschikistan
- Taiwan
- Thailand
- Tschechische Republik
- Türkei
- Tunesien
- Ukraine
- Ungarn
- Usbekistan
- Venezuela
- Vereinigte Arabische Emirate
- Vereinigte Staaten von Amerika
- Vietnam
- Weißrussland
- Zimbabwe
- Zypern (Republik)

---

[1] Für die Zeit vor dem 01.09.2011 siehe BMF vom 14.07.2003 – IV D1 – S 7433 – 10/03, BStBl. 2003 I S. 463 sowie vom 28.08.2003 – IV D1 – S 7433 – 12/03, BStBl. 2003 I S. 463 (464)

Anlage § 027a–01

Merkblatt des BMF
zur Erteilung von Umsatzsteuer-Identifikationsnummern in der Bundesrepublik Deutschland und der Bestätigung ausländischer Umsatzsteuer-Identifikationsnummern

(September 1992)

Inhaltsübersicht:

Textziffern (Tz.)

I. Vorbemerkung	1–4
II. Die Erteilung von Umsatzsteuer-Identifikationsnummern (USt-IdNr.) in der Bundesrepublik Deutschland	
1. Allgemeines	5–6
2. Aufgaben der USt-IdNr.	7–11
3. Erteilung der USt-IdNr.	
a) Auf schriftlichen Antrag	12
b) An Unternehmen, die in 1992 am innergemeinschaftlichen Handel teilnehmen	13
c) An Unternehmen, die in 1992 nicht am innergemeinschaftlichen Handel teilnehmen	14
d) Bei der erstmaligen Aufnahme einer unternehmerischen Tätigkeit	16
e) An nicht vorsteuerabzugsberechtigte Unternehmer, Kleinunternehmer und juristische Personen, die nicht Unternehmer sind	17–20
f) An pauschalierende Land- und Forstwirte	21–22
g) An pauschalierende Land- und Forstwirte, die auch Umsätze im Rahmen eines gewerblichen Betriebes ausführen	23–25
h) An juristische Personen, die Waren für Zwecke außerhalb ihres Unternehmens aus anderen Mitgliedstaaten beziehen	26
i) An Körperschaften des öffentlichen Rechts	27
j) An Organkreise	28
III. Bestätigung der Gültigkeit von USt-IdNr. die von anderen Mitgliedstaaten erteilt wurden (Bestätigungsverfahren)	29–34

I. Vorbemerkung

1 Am 1. Januar 1993 entfallen die steuerlichen Grenzkontrollen an den Binnengrenzen in der Europäischen Gemeinschaft. Für den innergemeinschaftlichen Handelsverkehr zwischen Unternehmern tritt dann eine umsatzsteuerliche Übergangsregelung in Kraft, bei der die Waren grundsätzlich weiterhin unbelastet über die innergemeinschaftlichen Grenzen gelangen und eine Belastung mit Umsatzsteuer erst im Bestimmungsland erfolgt. Dies gilt – unter bestimmten Voraussetzungen – auch für innergemeinschaftliche Lieferungen von Unternehmern an juristische Personen, die nicht Unternehmer sind bzw. außerhalb ihres unternehmerischen Bereiches tätig werden.

2 Um die korrekte Anwendung dieser umsatzsteuerlichen Übergangsregelung zu gewährleisten, erhalten alle Beteiligten eine eigene **Umsatzsteuer-Identifikationsnummer (USt-IdNr.).**

3 Zur Kontrolle der ordnungsgemäßen Umsatzbesteuerung des innergemeinschaftlichen Handels sind die Unternehmer verpflichtet, Zusammenfassende Meldungen über ihre steuerfreien innergemeinschaftlichen Lieferungen abzugeben. Zu den näheren Einzelheiten der Abgabe von Zusammenfassenden Meldungen wird in Kürze ein gesondertes Merkblatt erstellt werden. Informationen dazu enthält auch die Anleitung zur Zusammenfassenden Meldung, die zusammen mit dem amtlich vorgeschriebenen Vordruck für die Zusammenfassende Meldung – voraussichtlich ab November 1992 – vom Bundesamt für Finanzen an alle Inhaber einer USt-IdNr. versandt wird.

4 Das vorliegende Merkblatt soll in erster Linie die wesentlichen Grundzüge des Verfahrens zur Erteilung von USt-IdNr. in der Bundesrepublik Deutschland und des Verfahrens der Bestätigung ausländischer USt-IdNr. darstellen. Das Verfahren zur Erteilung von USt-IdNr. ist eng mit den materiellrechtlichen Regelungen für die Umsatzbesteuerung des innergemeinschaftlichen Handels nach 1992 verknüpft. Eine Darstellung der umsatzsteuerlichen Regelungen, die diesem Verfahren zugrunde liegen, ist im Rahmen dieses Merkblattes jedoch nur in Ansätzen möglich. Zweifelsfragen der materiell-rechtlichen Beurteilung müssen im Einzelfall anhand der gesetzlichen Regelungen geklärt werden.

Anlage § 027a–01

II. Die Erteilung von Umsatzsteuer-Identifikationsnummern (USt-IdNr.) in der Bundesrepublik Deutschland

1. Allgemeines

Unternehmer, die am innergemeinschaftlichen Handel teilnehmen, erhalten für umsatzsteuerliche Zwecke neben ihrer – vom zuständigen Finanzamt erteilten – Steuernummer grundsätzlich eine eigene USt-IdNr. Dies gilt unter bestimmten Voraussetzungen auch für juristische Personen, die nicht Unternehmer sind und Waren aus anderen Mitgliedstaaten beziehen.

Die USt-IdNr. wird ausschließlich vom **Bundesamt für Finanzen** erteilt. Anders als die derzeit von den Finanzämtern verwandten Steuernummern ist die USt-IdNr. jedoch kein reines Ordnungsmerkmal. Sie hat vielmehr Bedeutung für die Besteuerung des innergemeinschaftlichen Handels im Rahmen der umsatzsteuerlichen Übergangsregelung ab 1993.

Das Bundesamt für Finanzen kann eine USt-IdNr. deshalb nur an Personen und Personenvereinigungen erteilen, die bei den zuständigen Landesfinanzbehörden umsatzsteuerlich geführt werden.

2. Die Aufgaben der USt-IdNr.

Die USt-IdNr. dient vorrangig als Anzeichen dafür, daß der Inhaber der USt-IdNr. Bezüge aus anderen Mitgliedstaaten als **innergemeinschaftlichen Erwerb** im Sinne des § 1a UStG **versteuern muß.**

Lieferanten in anderen Mitgliedstaaten können deshalb grundsätzlich anhand der USt-IdNr. eines deutschen Erwerbers erkennen, daß sie steuerfrei an ihn liefern können. Ferner benötigen sie die USt-IdNr. des deutschen Erwerbers, um ihren Verpflichtungen zur Rechnungsausstellung nachkommen zu können. Schließlich müssen sie eine steuerfreie innergemeinschaftliche Lieferung an einen deutschen Erwerber unter dessen deutscher USt-IdNr. in ihren Zusammenfassenden Meldungen angeben.

Steuerliche Bedeutung hat die USt-IdNr. des Leistungsempfängers auch als **Tatbestandsmerkmal** der Regelungen des § 3a Abs. 2 Nr. 4 UStG und des § 3b Abs. 3 bis 6 UStG über den **Ort bestimmter sonstiger Leistungen** (insbesondere innergemeinschaftliche Güterbeförderungen).

Die USt-IdNr. dient als Ordnungskriterium, unter dem deutsche Unternehmer beim Bundesamt für Finanzen **Zusammenfassende Meldungen** über ihre steuerfreien innergemeinschaftlichen Lieferungen abgeben müssen.

Gemäß § 14a UStG ist die USt-IdNr. (des Unternehmers und des Leistungsempfängers) auf **Rechnungen** anzugeben, in denen deutsche Unternehmer **über steuerfreie innergemeinschaftliche Lieferungen** im Sinne des § 6a UStG oder über sonstige Leistungen im Sinne des § 3a Abs. 2 Nr. 4 oder des § 3b Abs. 3 bis 6 UStG abrechnen.

3. Erteilung der USt-IdNr.

a) **Auf schriftlichen Antrag**

USt-IdNr. werden grundsätzlich auf **schriftlichen Antrag** erteilt, der an das

Bundesamt für Finanzen – Außenstelle – Industriestraße 6 66740 Saarlouis	ab 01.01.2006	Bundeszentralamt für Steuern Dienstsitz Saarlouis Ahornweg 1–3 66740 Saarlouis
Telefax: 0 68 31 / 4 56-1 20 4 56-1 46	ab 10.12.2007	Telefax 02 28/4 06-38 01, -37 53 Telefon 02 28/4 06-12 22
Telefon: 0 68 31 / 4 56-1 23 4 56-1 38 4 56-1 42 4 56-1 44 4 56-1 49 4 56-0 (Zentrale)		

zu richten ist.

Die Telefon- und Telefaxanschlüsse sind ab September 1992 besetzt.

In dem formlosen Antrag sind Name und Anschrift des Antragstellers sowie die Steuernummer, unter der der Antragsteller umsatzsteuerlich geführt wird, anzugeben und das für die Umsatzbesteuerung zuständige Finanzamt zu bezeichnen (§ 27a Abs. 1 Sätze 5 und 6 UStG).

Anlage § 027a–01

13 **b) An Unternehmer, die in 1992 am innergemeinschaftlichen Handel teilnehmen**

Unternehmer, die in 1992 Waren in andere Mitgliedstaaten liefern oder von dort beziehen, müssen in Zeile 18 der Umsatzsteuer-Voranmeldung 1992 (Vordruckmuster USt 1 A) bei Kennzahl 60 eine „1" eintragen. Diesen Unternehmern wird vom Bundesamt für Finanzen ab September 1992 **ohne gesonderten Antrag** eine USt-IdNr. erteilt.

14 **c) An Unternehmer, die in 1992 nicht am innergemeinschaftlichen Handel teilnehmen**

Allen anderen vorsteuerabzugsberechtigten Unternehmern, die bei den Landesfinanzbehörden umsatzsteuerlich geführt werden, wird auf **schriftlichen Antrag** vom Bundesamt für Finanzen eine USt-IdNr. erteilt (s. Tz 12).

15 Die in Tz 13 und 14 genannten Unternehmer müssen ihre Bezüge aus anderen Mitgliedstaaten – unabhängig von der Art der Ware – regelmäßig als innergemeinschaftliche Erwerbe im Sinne des § 1a UStG versteuern. Sie erhalten deshalb gem. § 27a Abs. 1 Satz 1 UStG stets eine USt-IdNr.

16 **d) Bei der erstmaligen Aufnahme einer unternehmerischen Tätigkeit**

Bei der **erstmaligen Aufnahme einer unternehmerischen Tätigkeit** kann eine USt-IdNr. erst erteilt werden, wenn dem zuständigen Finanzamt der Beginn der unternehmerischen Tätigkeit angezeigt und mitgeteilt wurde, daß für die Teilnahme am innergemeinschaftlichen Handelsverkehr eine USt-IdNr. benötigt wird. Der Unternehmer muß sich deshalb zuerst an das für ihn zuständige Finanzamt wenden. Bei der steuerlichen Neuaufnahme kann er gleichzeitig die Erteilung einer USt-IdNr. beantragen. Diese Angaben werden automatisch an das Bundesamt für Finanzen weitergeleitet.

17 **e) An nicht vorsteuerabzugsberechtigte Unternehmer, Kleinunternehmer und juristische Personen, die nicht Unternehmer sind**

Unternehmer, die nur Umsätze tätigen, die zum vollen **Ausschluß vom Vorsteuerabzug** führen,

Kleinunternehmer, die § 19 Abs. 1 UStG anwenden und

juristische Personen, die nicht Unternehmer sind,

erhalten gem. § 27a Abs. 1 Sätze 2 und 3 UStG nur dann eine USt-IdNr., wenn sie diese **benötigen**, weil ihre Bezüge aus anderen Mitgliedstaaten im Inland als innergemeinschaftliche Erwerbe zu besteuern sind.

18 Gemäß § 1a Abs. 3 UStG müssen diese Personen Warenbezüge aus anderen Mitgliedstaaten nur dann als innergemeinschaftliche Erwerbe versteuern, wenn für den einzelnen Erwerber der Gesamtbetrag der für derartige Bezüge (aus allen anderen Mitgliedstaaten) gezahlten Entgelte (Nettopreise ohne USt) den Betrag von 25 000 Deutsche Mark

– im vorangegangenen Kalenderjahr überstiegen hat und/oder
– im laufenden Kalenderjahr voraussichtlich übersteigen wird.

Werden diese Schwellen nicht überschritten, wird deshalb grundsätzlich keine USt-IdNr. erteilt.

19 Diese Erwerber können gem. § 1a Abs. 4 UStG jedoch gegenüber ihrem **Finanzamt** erklären, daß sie ihre Bezüge aus anderen Mitgliedstaaten auch unterhalb dieser Schwellen für **mindestens 2 Jahre** als innergemeinschaftliche Erwerbe im Inland versteuern wollen. In diesem Fall wird eine USt-IdNr. auch erteilt, wenn die vorbezeichneten Schwellen nicht überschritten werden.

20 Ob die hier genannten Erwerber ihre Bezüge aus anderen Mitgliedstaaten im Inland als innergemeinschaftliche Erwerbe versteuern müssen, ist im Einzelfall anhand der Regelungen des UStG von dem für die Besteuerung zuständigen Finanzamt zu entscheiden. **Das Bundesamt für Finanzen kann diese Entscheidung nicht treffen.**

Da diese Erwerber bei den Landesfinanzbehörden umsatzsteuerlich regelmäßig nicht geführt werden, müssen sie diesen zunächst **anzeigen, daß sie in Zukunft innergemeinschaftliche Erwerbe im Inland versteuern müssen oder wollen.** Erst wenn dort entschieden wurde, daß dafür die Voraussetzungen vorliegen und die Erwerber infolgedessen umsatzsteuerlich geführt werden, erteilt das Bundesamt für Finanzen eine USt-IdNr. Diese Personen sollten sich deshalb zuerst an das für sie zuständige Finanzamt wenden. Ein gesonderter schriftlicher Antrag auf Erteilung einer USt-IdNr. beim Bundesamt für Finanzen kann dann i. d. R. unterbleiben.

21 **f) An pauschalierende Land- und Forstwirte**

Für Unternehmer, die **ausschließlich Umsätze im Rahmen eines land- und forstwirtschaftlichen Betriebes** ausführen, für die die Steuer nach den Durchschnittssätzen des § 24 UStG festgesetzt wird, gelten die in Tz 17 bis 20 dargestellten Regelungen entsprechend. Auch pauschalierende Land- und

Forstwirte müssen deshalb grundsätzlich zunächst den zuständigen Landesfinanzbehörden anzeigen, daß sie Bezüge aus anderen Mitgliedstaaten im Inland als innergemeinschaftliche Erwerbe versteuern müssen oder wollen. Dabei kann gleichzeitig die Erteilung einer USt-IdNr. beantragt werden. Die Landesfinanzbehörden leiten den Antrag, zusammen mit den erforderlichen Angaben über die umsatzsteuerliche Erfassung, automatisch an das Bundesamt für Finanzen weiter.

Führen pauschalierende Land- und Forstwirte innergemeinschaftliche Lieferungen im Sinne des § 6a UStG aus, so müssen sie diese gem. § 18a UStG in Zusammenfassenden Meldungen angeben. Zwar gilt insoweit die Steuerbefreiung des § 4 Nr. 1 Buchstabe b UStG gem. § 24 Abs. 1 UStG nicht. Ungeachtet dessen besteht die Pflicht, Zusammenfassende Meldungen abzugeben. Gem. § 27a Abs. 1 Satz 2 UStG erhalten diese Unternehmer deshalb auch dann, wenn sie Warenbezüge aus anderen Mitgliedstaaten nicht als innergemeinschaftliche Erwerbe versteuern, eine USt-IdNr., wenn sie diese zur Abgabe von Zusammenfassenden Meldungen benötigen. In diesen Fällen ist die USt-IdNr. grundsätzlich schriftlich beim Bundesamt für Finanzen zu beantragen. Wird der Unternehmer jedoch bei den Landesfinanzbehörden umsatzsteuerlich nicht geführt, muß er sich zuerst an das für ihn zuständige Finanzamt wenden. Dabei kann gleichzeitig die Erteilung einer USt-IdNr. beantragt werden. Die Landesfinanzbehörden leiten den Antrag, zusammen mit den erforderlichen Angaben über die umsatzsteuerliche Erfassung, automatisch an das Bundesamt für Finanzen weiter. 22

g) **An pauschalierende Land- und Forstwirte, die gleichzeitig Umsätze im Rahmen eines gewerblichen Betriebes ausführen** 23

Führen Unternehmer **sowohl** Umsätze im Rahmen eines **land- und forstwirtschaftlichen Betriebes** – für die die Steuer nach den Durchschnittssätzen des § 24 UStG festgesetzt wird – als auch Umsätze im Rahmen eines **gewerblichen Betriebes** aus, so ist bei der Beurteilung, ob Bezüge aus anderen Mitgliedstaaten als innergemeinschaftliche Erwerbe im Inland zu besteuern sind, darauf abzustellen, für welche Umsätze die bezogenen Gegenstände verwendet werden.

Werden die bezogenen Gegenstände zur Ausführung von Umsätzen im Rahmen des gewerblichen Betriebes verwendet, so ist grundsätzlich ein innergemeinschaftlicher Erwerb zu besteuern. Werden die bezogenen Gegenstände zur Ausführung von Umsätzen im Rahmen des land- und forstwirtschaftlichen Betriebes verwendet, gelten die in Tz 17 bis 20 dargestellten Einschränkungen entsprechend. 24

Diese Unternehmer erhalten für ihren gewerblichen Betrieb nach den vorstehend in Tz 13 und Tz 14 dargestellten Verfahren eine USt-IdNr. (mit oder ohne gesonderten schriftlichen Antrag beim Bundesamt für Finanzen). Diese USt-IdNr. ist ggf. auch bei Bezügen von Gegenständen zu verwenden, die zur Ausführung von Umsätzen im Rahmen des land- und forstwirtschaftlichen Betriebes verwendet werden, wenn insoweit nach Maßgabe der in Tz 17 bis 20 dargestellten Regelungen ein innergemeinschaftlicher Erwerb zu besteuern ist. **Es wird also nur eine USt-IdNr. erteilt.** 25

h) **An juristische Personen, die Waren für Zwecke außerhalb ihres Unternehmens aus anderen Mitgliedstaaten beziehen** 26

Die in Tz 23 bis 25 dargestellte Regelung gilt sinngemäß für **juristische Personen,** die einen unternehmerischen Bereich haben (z. B. ein gemeinnütziger eingetragener Verein mit einem Zweckbetrieb) und Gegenstände aus anderen Mitgliedstaaten für ihren nichtunternehmerischen Bereich beziehen.

i) **An Körperschaften des öffentlichen Rechts** 27

Einzelheiten zur Erteilung von USt-IdNr. an **Körperschaften des öffentlichen Rechts** enthält das Merkblatt für juristische Personen des privaten und öffentlichen Rechts zur Entrichtung von Umsatzsteuer beim Erwerb von Gegenständen in anderen EG-Mitgliedstaaten ab 1. Januar 1993.

j) **An Organkreise** 28

Organkreise erhalten gem. § 27a Abs. 1 Satz 4 UStG auf schriftlichen Antrag beim Bundesamt für Finanzen gesonderte USt-IdNr. für den Organträger und jede einzelne Organgesellschaft, die innergemeinschaftliche Lieferungen und/oder Warenbewegungen ausführt. Der Antrag ist vom Organträger zu stellen und muß folgende Angaben enthalten:

– Steuernummer, unter der der Organkreis umsatzsteuerlich geführt wird,
– Name und Anschrift des Organträgers,
– USt-IdNr. des Organträgers (soweit bereits erteilt),

Anlage § 027a–01

- Bezeichnung des Finanzamtes, bei dem der Organkreis umsatzsteuerlich geführt wird,
- Namen und Anschriften der einzelnen Organgesellschaften, die am innergemeinschaftlichen Handelsverkehr teilnehmen,
- Steuernummern, unter denen die Organgesellschaften ertragsteuerlich geführt werden,
- Bezeichnung der zuständigen Finanzämter, bei denen die Organgesellschaften ertragsteuerlich geführt werden.

III. Bestätigung der Gültigkeit von USt-IdNr., die von anderen Mitgliedstaaten erteilt wurden (Bestätigungsverfahren)

29 Auf Anfrage erteilt das Bundesamt für Finanzen Unternehmern Bestätigungen über die Gültigkeit von USt-IdNr., die von anderen Mitgliedstaaten erteilt wurden (§ 18e UStG).

30 Der Unternehmer kann sich dazu schriftlich, telefonisch oder per Telekopie an das Bundesamt für Finanzen wenden (s. Tz 12).[1)]

31 Um eine Bestätigung zu erhalten, muß der Unternehmer gegenüber dem Bundesamt für Finanzen seine eigene USt-IdNr. (oder ggf. Steuernummer, unter der er umsatzsteuerlich geführt wird) und **die zu überprüfende, von einem anderen Mitgliedstaat erteilte USt-IdNr. angeben.**

Das Bundesamt für Finanzen teilt ihm daraufhin mit, ob die angegebene USt-IdNr. zum **Zeitpunkt der Anfrage** in dem Mitgliedstaat, der sie erteilt hat, gültig ist oder nicht (gültig/ungültig).

32 Der Unternehmer kann zusätzlich zu der zu überprüfenden USt-IdNr. **den Namen und die Anschrift des Inhabers der USt-IdNr.** angeben. Das Bundesamt für Finanzen teilt ihm daraufhin mit, ob die angegebene USt-IdNr. für den angegebenen Inhaber unter der angegebenen Anschrift in dem Mitgliedstaat, der die USt-IdNr. erteilt hat, gültig ist oder nicht (gültig/ungültig). **Trifft mindestens eine Angabe nicht zu, so lautet die Bestätigung „ungültig".**

33 Bestätigungen werden so schnell wie möglich erteilt. Bei telefonischen Anfragen werden Bestätigungen grundsätzlich unmittelbar erteilt.

Anfragen nach Bestätigung von **mehreren** USt-IdNr. sind schriftlich zu stellen.

Über **positive Bestätigungen** (= gültig) erteilt das Bundesamt für Finanzen **schriftliche Mitteilungen.**

34 **Hinweis:**

Um die Gültigkeit von USt-IdNr. anderer Mitgliedstaaten zu bestätigen, muß das Bundesamt für Finanzen die dazu erforderlichen Informationen bei anderen Mitgliedstaaten abrufen. Eine Speicherung dieser Informationen im Hinblick auf eine zukünftige Nutzung ist gemeinschaftsrechtlich nicht zulässig.

Die Gültigkeit ausländischer USt-IdNr. kann aus diesen Gründen voraussichtlich erst ab 1. Januar 1993 bestätigt werden, weil der dazu erforderliche Informationsaustausch zwischen den Mitgliedstaaten erst ab diesem Datum in Kraft tritt.

---

1) Zur qualifizierten Bestätigungsanfrage per Internet vgl. Anlage § 018e-01

Anlagen § 027a–02 nicht belegt, § 027a–03

Erteilung von Umsatzsteuer-Identifikationsnummern (USt-IdNr.) in anderen EG-Mitgliedstaaten

BMF-Schreiben vom 08.12.1992 – IV A 1 – S 7055 – 52/92,
UR 1993 S. 31

Das Bundesfinanzministerium bemüht sich zur Zeit, die für deutsche Unternehmer im Zusammenhang mit innergemeinschaftlichen Umsätzen wichtigsten Neuregelungen der anderen Mitgliedstaaten bei diesen einzuholen und in einer Informationsschrift zu veröffentlichen. Vorab übersende ich zu Ihrer Information eine Zusammenstellung der mir bisher vorliegenden Erkenntnisse über die Erteilung von USt-IdNr. in anderen Mitgliedstaaten.

Voraussetzung für die Erteilung einer USt-IdNr. in anderen Mitgliedstaaten ist, daß dort Umsätze ausgeführt werden oder innergemeinschaftliche Erwerbe stattfinden. Darüber hinaus gilt für die einzelnen Mitgliedstaaten folgendes:

Belgien:

Unternehmer mit Betriebsstätte in Belgien können die Erteilung einer USt-IdNr. zunächst stets bei dem für sie zuständigen Mehrwertsteuerkontrollamt beantragen.

Unternehmer ohne Betriebsstätte in Belgien müssen zunächst beim belgischen Finanzministerium einen in Belgien ansässigen Fiskalvertreter bestellen. Der Fiskalvertreter muß die Umsatzsteuer-Identifikationsnummer beantragen. Der Antrag kann gestellt werden bei:

Bureau Central des assujettis étrangers
Rue Van Orley 15
B-1000 Bruxelles
Tel.: 02/2 18 38 60

Bei dieser Behörde erhalten nicht in Belgien ansässige Unternehmer auch weitere Informationen zum Besteuerungsverfahren.

Ein ausländischer Unternehmer ohne Niederlassung in Belgien muß, bevor er in Belgien irgendeine Tätigkeit (mit Ausnahme von Dienstleistungen, für die der Empfänger die Mehrwertsteuer schuldet) ausübt, einen in Belgien ansässigen Fiskalvertreter bestellen lassen.

Zum Fiskalvertreter kann jede Person bestellt werden, die ihren Wohnsitz/Betrieb in Belgien hat, geschäftsfähig ist und ausreichend zahlungsfähig ist, um ihren vom Mehrwertsteuergesetz oder dessen Durchführungsbestimmungen auferlegten Pflichten nachzukommen, wenn sie der Vertretung des ausländischen Steuerpflichtigen zugestimmt hat.

Der Fiskalvertreter hat die gleichen Rechte und Pflichten, die der ausländische Steuerpflichtige auch hat. Er haftet zusammen mit dem ausländischen Steuerpflichtigen gesamtschuldnerisch für die Steuerschuld.

Bei Nichtbestellung eines Fiskalvertreters kann die Beitreibung der Mehrwertsteuer, der Zinsen und der Steuerstrafzuschläge zu Lasten des Geschäftspartners des ausländischen Steuerpflichtigen gehen.

Eine gesetzliche Honorarregelung für Fiskalvertreter existiert in Belgien nicht.

Dänemark:

Unternehmer mit Niederlassung in Dänemark können die Erteilung einer USt-IdNr. bei der für die Niederlassung örtlich zuständigen Zoll- und Steuerbehörde stellen. Voraussetzung ist, daß sie dort steuerlich registriert sind.

Unternehmer ohne Niederlassung in Dänemark müssen einen Fiskalvertreter bestellen. Der Antrag auf Erteilung einer USt-IdNr. kann bei der für den Fiskalvertreter örtlich zuständigen Zoll- und Steuerbehörde (vgl. Anhang I) gestellt werden.

Als Fiskalvertreter kann jede Person, die in Dänemark ihren ständigen Wohnsitz hat, bestellt werden. Darüber hinaus können auch Unternehmer zu Fiskalvertretern bestellt werden, deren Sitz und Betrieb in Dänemark ist.

Der Fiskalvertreter haftet zusammen mit dem ausländischen Unternehmer gesamtschuldnerisch für die Steuerschuld. Der Fiskalvertreter hat die gleichen Rechte wie der von ihm Vertretene.

Die absichtliche oder grob fahrlässige Nichtbestellung eines Fiskalvertreters wird mit einer Geldstrafe geahndet. Wird gegen die Verpflichtung zur Bestellung eines Fiskalvertreters in der Absicht verstoßen, die Steuerzahlung zu umgehen, kann dies mit einer Geldstrafe oder Freiheitsstrafe bis zu 2 Jahren geahndet werden. Die Strafe kann auch gegenüber juristischen Personen verhängt werden.

Eine gesetzliche Honorarregelung für Fiskalvertreter existiert in Dänemark nicht.

Anlage § 027a–03

Weitere Informationen erhalten nicht in Dänemark ansässige Unternehmer bei folgender Behörde:
Region København 2 (Nord)
Aldersrogade 20
DK-2200 København N
Tel.: 35 87 73 00

Dänische Zoll- und Steuerbehörden:

Zoll- und Steuerbehörden	Adresse	Tel.-Nr.
København 1 (City)	Strandgade 100, 1401 København K	31 54 10 12
København 2 (Nord)	Aldersrogade 20, 2200 København N	35 87 73 00
København 3 (Nordvest)	Finsensvej 15 A, 2000 Frederiksberg	38 17 01 00
København 4 (Syd)	Snorresgade 15, 2300 København S	32 88 73 00
Ballerup	Lautrupvang 1A, 2750 Ballerup	44 87 04 44
Hvidovre	Stamholmen 147, 2650 Hvidovre	36 77 03 88
Høje-Taastrup	Helgeshøj Allé 9, 2630 Taastrup	42 52 75 44
Nærum	Skodsborgvej 303, 2850 Nærum	
Bornholm	Munch Petersensvej 8, 3700 Rønne	56 95 01 23
Esbjerg	Adgangsvejen 3, 6700 Esbjerg	75 12 25 00
Frederikshavn	Havnepladsen, 9900 Frederikshavn	99 20 73 00
Haderslev	Sct. Severinsgade 2, 6100 Haderslev	74 22 33 44
Helsingør	Sundtoldvej 8 A, 3000 Helsingør	49 28 73 00
Herning	Brændgårdvej 10, 7400 Herning	97 22 11 77
Hillerød	Gefionsvej 6 C, 3400 Hillerød	48 29 06 66
Holstebro	Brogårdsvej 1, 7500 Holstebro	97 42 37 00
Horsens	Havnen 1, 8700 Horsens	79 25 73 00
Kalundborg	Banegårdspladsen 1, 4400 Kalundborg	53 51 25 00
Korsør	Fjordvænget 30, 4220 Korsør	58 30 73 00
Køge	Gymnasievej 21, 4600 Køge	56 67 73 00
Maribo	Brovejen 15 A, 4930 Maribo	54 79 73 00
Næstved	Vordingborgvej 68, 4700 Næstved	53 72 63 63
Odense	Lerchesgade 35, 5000 Odense C	65 43 73 00
Randers	Toldbodgade 3, 8900 Randers	89 11 73 00
Svendborg	Jessens Mole 23, 5700 Svendborg	62 21 32 54
Sønderborg	Hilmar Finsens Gade 18, 6400 Sønderborg	74 12 73 00
Thisted	Toldbodgade 8, 7700 Thisted	97 91 12 22
Vejle	Nordås 17, 7100 Vejle	75 82 44 00
Viborg	Vestervangsvej 4, 8800 Viborg	86 62 22 11
Aalborg	Østerågade 29, 9000 Aalborg	99 34 73 00
Århus	Toldkammergade, 8000 Århus C	89 32 73 00
Padborg Toldkammer	Toldbodvej 8, 6330 Padborg	74 12 73 00

Frankreich:

Unternehmer mit einer Niederlassung in Frankreich können die Erteilung einer USt-IdNr. bei der für die Niederlassung örtlich zuständigen Steuerbehörde beantragen.

Unternehmer ohne Niederlassung in Frankreich müssen einen Fiskalvertreter bestellen. Der Antrag auf Erteilung einer USt-IdNr. kann bei der für den Fiskalvertreter örtlich zuständigen Steuerbehörde gestellt werden.

Ein ausländischer Unternehmer ohne Niederlassung in Frankreich muß einen Fiskalvertreter bestellen, wenn er in Frankreich umsatzsteuerpflichtig wird oder wenn er umsatzsteuerliche Verpflichtungen hat, wie z. B. die Abgabe der Zusammenfassenden Meldung.

Als Fiskalvertreter kann jeder Mehrwertsteuerpflichtige, der von der Steuerverwaltung zugelassen wird, bestellt werden. Dies kann z. B. ein Unternehmer, ein Anwalt oder eine Bank sein.

Der Fiskalvertreter ist verantwortlich für die Anzeige-, Aufzeichnungs-, Erklärungs- und Rechnungsstellungspflichten des ausländischen Unternehmers. Insbesondere hat er die aufgrund der in Frankreich erzielten Umsätze fälligen Steuern zu entrichten. Der Fiskalvertreter hat die gleichen Rechte wie der von ihm Vertretene. Er kann für ihn Klage in Steuersachen erheben.

Anlage § 027a–03

Die Nichtbestellung eines Fiskalvertreters führt dazu, daß die Umsatzsteuer vom Vertragspartner des ausländischen Steuerpflichtigen geschuldet wird. Der zu Unrecht nicht vertretene ausländische Unternehmer kann jedoch zur Zahlung der von ihm an sich geschuldeten Steuer herangezogen werden.

Eine gesetzliche Honorarregelung für Fiskalvertreter existiert in Frankreich nicht.

Eine Behörde, bei der nicht in Frankreich ansässige Unternehmer weitere Informationen erhalten können, wird noch benannt werden.

Irland:

Der Antrag auf Erteilung einer USt-IdNr. kann gestellt werden bei:

Dublin VAT
4 Claremont Road
Sandymount
Dublin 4/Irland

Ausländische Unternehmer müssen einen Fiskalvertreter bestellen, wenn die Fiskalbehörden dies für erforderlich halten, beispielsweise um die Entrichtung der Mehrwertsteuer sicherzustellen.

Nähere Einzelheiten dazu, wer als Fiskalvertreter bestellt werden kann, sind nicht bekannt.

Der Fiskalvertreter hat die gleichen Rechte und Pflichten, die der Steuerpflichtige auch hat. Der Fiskalvertreter wird de facto zum Steuerpflichtigen.

Kommt der ausländische Unternehmer der Aufforderung, einen Fiskalvertreter zu bestellen, nicht nach, so können die Finanzbehörden für ihn einen solchen bestellen.

Eine gesetzliche Honorarregelung für Fiskalvertreter existiert in Irland nicht.

Weitere Informationen erhalten *nicht in Irland ansässige Unternehmer* bei folgender Behörde:

Office of the Revenue Commissioners
VAT Branch
Castle House
South Great George's Street
Dublin 2/Irland
Telefon: (00-353-1) 6 79 27 77 App. 2400 bis 2443
Telefax: (00-353-1) 71 86 53

Deutsche Unternehmer können sich auch an

German-Irish Chamber of Industry & Commerce
46 Fitzwilliam Square
Dublin 2/Irland
Telefon: (00-353-1) 78 93 44 oder 76 29 34
Telefax: (00-353-1) 76 25 95

wenden.

Luxemburg:

Unternehmer mit einer Betriebsstätte in Luxemburg können den Antrag auf Erteilung einer USt-IdNr. bei der für die Betriebsstätte örtlich zuständigen Steuerbehörde stellen.

Unternehmer ohne Betriebsstätte in Luxemburg können den Antrag auf Erteilung einer USt-IdNr. stellen bei:

Bureau d'imposition
Luxemburg X
Administration de l'Enregistrement et des Domaines
9 B, bd Prince Henri
L-1724 Luxemburg
Tel.: 4 49 05-1

Dort erhalten nicht in Luxemburg ansässige Unternehmer auch weitere Informationen über das Besteuerungsverfahren.

Voraussetzung für die Erteilung der USt-IdNr. ist die Anmeldung der gewerblichen Tätigkeit, die Genehmigung zur Niederlassung in Luxemburg oder die Eintragung des Unternehmers von Amts wegen.

Ein *Unternehmer ohne Betriebsstätte in Luxemburg,* der in Luxemburg umsatzsteuerpflichtig ist, kann von der dortigen Steuerverwaltung zur Bestellung eines Fiskalvertreters aufgefordert werden.

Als Fiskalvertreter kann jede natürliche oder juristische Person, die von der Administration de l'Enregistrement et des Domaines zugelassen ist, bestellt werden. Voraussetzung für die Zulassung ist

Anlage § 027a–03

die Ehrenhaftigkeit, Vertrauenswürdigkeit und Zahlungsfähigkeit. Daneben besteht die Möglichkeit, daß anstelle der Zulassung eines Fiskalvertreters die Hinterlegung einer Kaution oder einer Bankbürgschaft gefordert wird.

Der Fiskalvertreter tritt an die Stelle des ausländischen Unternehmers. Er hat sämtliche umsatzsteuerliche Verpflichtungen, die der ausländische Unternehmer auch hat. Der Fiskalvertreter schuldet Steuer und Steuerstrafen gesamtschuldnerisch mit dem ausländischen Unternehmer. Er hat die gleichen Rechte wie ein in Luxemburg ansässiger Steuerpflichtiger.

Die pflichtwidrige Nichtbestellung eines Fiskalvertreters kann mit einer Steuerstrafe von 2 000 bis 2 000 000 lfrs geahndet werden. Darüber hinaus kann gemäß Artikel 2 Absatz 4 des Gesetzes vom 28.12.1988 über den Zugang zu den Berufen in Handwerk, Handel und Gewerbe sowie zu einigen freien Berufen die Niederlassungsgenehmigung verweigert oder widerrufen werden, wenn sich der Steuerpflichtige absichtlich seinen umsatzsteuerlichen Pflichten entzieht.

Eine gesetzliche Honorarregelung für Fiskalvertreter gibt es in Luxemburg nicht.

Nicht in Luxemburg ansässige Unternehmer erhalten weitere Informationen bei dem

Bureau d'imposition
Luxemburg X
Administration de l'Enregistrement
et des Domaines
9 B, bd Prince Henri
L-1724 Luxemburg
Tel.: 4 49 05 – 1

Vordrucke für die periodische und jährliche MWSt-Erklärung liegen in deutscher Sprache vor; eine nicht amtliche deutsche Übersetzung der am 1.1. 1993 geltenden Fassung des luxemburgischen Umsatzsteuergesetzes wird im Handel erhältlich sein; im Bureau d'imposition Luxemburg X sind Beamte tätig, die deutsch verstehen.

Niederlande:

Unternehmer mit Niederlassung in den Niederlanden können den Antrag auf Erteilung einer USt-IdNr. bei der für die Niederlassung örtlich zuständigen Steuerbehörde stellen.

Unternehmer ohne Niederlassung in den Niederlanden können den Antrag auf Erteilung einer USt-IdNr. stellen bei:

Centrale Eenheid ICT
Postbus 5054
7400 GD Dewenter/Niederlande
Tel.: 31-5700-83400

Dort können *nicht in den Niederlanden ansässige Unternehmer* auch weitere Auskünfte einholen.

Ausländische Unternehmer können jederzeit einen Fiskalvertreter bestellen. Sie müssen dies tun, wenn sie steuerpflichtige Versandhandelsgeschäfte tätigen. Der Fiskalvertreter muß von der Finanzverwaltung zugelassen sein. Er kann Anwalt, Steuerberater sein oder einer vergleichbaren Berufsgruppe angehören.

Der Fiskalvertreter muß die Steuererklärung abgeben. Er muß die Steuern bezahlen und hat die Verpflichtung zur Abgabe der Zusammenfassenden Meldung. Er hat die gleichen Rechte wie der von ihm Vertretene. Er hat aber auch das Recht, die Vorsteuererstattungsansprüche für die von ihm vertretenen Steuerpflichtigen geltend zu machen, so daß diese nicht die finanziellen Nachteile haben, die das Erstattungsverfahren nach der 8. EG-Richtlinie über die Mehrwertsteuer mit sich brächte.

Die pflichtwidrige Nichtbestellung eines Fiskalvertreters kann mit einer Buße bis zu 10.000 hfl geahndet werden.

Eine gesetzliche Honorarregelung für Fiskalvertreter gibt es in den Niederlanden nicht.

Z.Z. wird ein Merkblatt über die Bestellung eines Fiskalvertreters durch nicht in den Niederlanden ansässige Unternehmer erarbeitet. Das Merkblatt wird in deutscher Übersetzung zur Verfügung gestellt werden.

Portugal:

Natürliche Personen können den Antrag auf Erteilung einer USt-IdNr. beim Finanzministerium (Repartições de Finanças) stellen.

Gesellschaften können den Antrag auf Erteilung der Umsatzsteuer-Identifikationsnummer stellen bei:

Anlage § 027a–03

Registro Nacional de
Pessoas Colectivas
Praça Silvestre Pinheiro Ferreira, N° 1
P-1500 Lisboa
Tel.: 74 12 75, 74 13 01, 74 14 01

Voraussetzung für die Ausübung einer Geschäftstätigkeit durch Gesellschaften ist neben der Eintragung ins „Registro Nacional de Pessoas Colectivas" die Eintragung im „Conservatorio do Registro Comercial".

Ein *Unternehmer ohne Betriebsstätte in Portugal* muß einen Fiskalvertreter bestellen, wenn er in Portugal Geschäfte tätigt.

Der Fiskalvertreter hat die gleichen Rechte und Pflichten, die der ausländische Unternehmer hat. Insbesondere muß er die innergemeinschaftlichen Erwerbsgeschäfte des ausländischen Unternehmers aufzeichnen, die Umsatzsteuererklärungen abgeben und die geschuldete Umsatzsteuer bezahlen. Ferner ist er legitimiert, den ausländischen Unternehmer in Steuer-, Verwaltungs- und Rechtsstreitverfahren zu vertreten.

Die Nichtbestellung eines Fiskalvertreters wird steuerstrafrechtlich geahndet.

Eine gesetzliche Honorarregelung für Fiskalvertreter gibt es in Portugal nicht.

Nicht in Portugal ansässige Unternehmer erhalten weitere Informationen bei:

Registro Nacional de
Pessoas Colectivas
Praça Silvestre Pinheiro Ferreira, N° 1
P-1500 Lisboa
Tel.: 74 12 75, 74 13 01, 74 14 01
Serviço de Administração de Iva
Av. João XXI, N° 76 – Apartado 8290
P-1802 Lisboa Codex
Telefon: 7 93 66 73
Telefax: 7 93 65 28
Telex: 6 48 77 Seiva P

Vereintes Königreich Großbritannien und Nordirland:

Unternehmer mit einer festen Einrichtung oder einem Fiskalvertreter im Vereinigten Königreich können den Antrag auf Erteilung einer USt-IdNr. bei der Mehrwertsteuerbehörde stellen, in deren Bezirk der Unternehmer seine feste Einrichtung oder der Fiskalvertreter seinen Sitz hat.

Unternehmer ohne feste Einrichtung oder Fiskalvertreter im Vereinigten Königreich können den Antrag auf Erteilung einer USt-IdNr. stellen bei:

Aberdeen VAT Office
Custom House
28 Guild Street
AB 2 DY
United Kingdom

Voraussetzung für die Erteilung einer USt-IdNr. ist, daß der Unternehmer sein Gewerbe anmeldet.

Die Finanzbehörden können jeden Steuerpflichtigen *ohne Betriebsstätte im Vereinigten Königreich,* der dort steuerpflichtige Lieferungen tätigt, auffordern, einen Fiskalvertreter zu bestellen.

Der Fiskalvertreter hat die Pflichten, die der ausländische Unternehmer auch hat, er haftet gesamtschuldnerisch mit dem ausländischen Unternehmer. Er hat die gleichen Rechte wie der von ihm Vertretene.

Bei pflichtwidriger Nichtbestellung eines Fiskalvertreters kann die Steuerverwaltung die Bereitstellung einer Sicherheit fordern.

Nicht im Vereinigten Königreich ansässige Unternehmer können Informationen erhalten bei:

Deutsche Botschaft
23 Belgrave Square
London SW 1 X
Großbritannien
Tel.: 0 71-2 35 50 33

Deutsche Handelskammer
Mecklenburg House
13 Buckingham Gate
London SW 1E 6LB
Großbritannien
Telefon: 0 71-2 33 56 56
Telefax: 0 71-2 33 78 35

Anlage § 027a–04

Bestätigung von USt-IdNrn., die in der Bundesrepublik Deutschland erteilt wurden, durch die zuständigen Behörden anderer Mitgliedstaaten; Gesonderte Speicherung von Name und Anschrift des Inhabers einer USt-IdNr., die er im innergemeinschaftlichen Handel verwendet, beim Bundesamt für Finanzen für Zwecke des Bestätigungsverfahrens in anderen Mitgliedstaaten (sog. Euro-Adresse)

BMF-Schreiben vom 11.01.1993 – IV A 1 – S 7427c – 39/92

Das BfF speichert unter einer USt-IdNr. die Anschriftendaten des Inhabers der USt-IdNr., die ihm von den Landesfinanzbehörden übermittelt wurden (§ 27a Abs. 2 Satz 1 UStG). Von den Landesfinanzbehörden werden die Anschriftendaten übermittelt, die dort im Grundinformationsdienst für steuerliche Zwecke gespeichert sind. Diese Anschriftendaten stimmen nicht zwangsläufig mit den Anschriftendaten überein, unter denen das Unternehmen des Inhabers der USt-IdNr. im innergemeinschaftlichen Geschäftsverkehr auftritt.

Beispiel:
F. Müller, wohnhaft in Düsseldorf, betreibt das Unternehmen „Holzhandel Müller, Köln".

Unternehmer können sich die USt-IdNr. ihrer Geschäftspartner in anderen Mitgliedstaaten von ihrer jeweiligen Finanzverwaltung bestätigen lassen. Auch Name und Anschrift des Geschäftspartners werden bestätigt, wenn der Unternehmer bei der Anfrage nach Bestätigung dazu Angaben macht (sog. qualifizierte Bestätigung, § 18e UStG, Art. 6 Abs. 4 der Verordnung (EWG) Nr. 218/92 des Rates über die Zusammenarbeit der Verwaltungsbehörden). Die zuständigen Behörden anderer Mitgliedstaaten rufen per Datenfernübertragung die unter dieser USt-IdNr. beim BfF gespeicherten Anschriftendaten ab, um ihren Unternehmern qualifizierte Bestätigungen über den Inhaber einer deutschen USt-IdNr. erteilen zu können. Nur diese Anschriftendaten können daraufhin bestätigt werden.

Beispiel:
Wendet sich im o. g. Beispielsfall ein französischer Lieferant des Unternehmers F. Müller an die zuständige französische Behörde, um sich die USt-IdNr. von F. Müller bestätigen zu lassen und gibt er dabei als Anschriftendaten „Müller Holzhandel, Köln" an, so wird die Bestätigung der französischen Behörde negativ ausfallen, da beim BfF nur „F. Müller, Düsseldorf" gespeichert ist.

Um derartige Probleme bei der Bestätigung einer deutschen USt-IdNr. durch die zuständigen Behörden anderer Mitgliedstaaten zu verhindern, werden nunmehr beim BfF unter der jeweiligen USt-IdNr. zusätzlich zu den bisher vorliegenden Anschriftendaten des Inhabers einer USt-IdNr. die Anschriftendaten gespeichert, unter denen das Unternehmen des Inhabers der USt-IdNr. im innergemeinschaftlichen Handelsverkehr auftritt (sog. Euro-Adresse). Diese Euro-Adresse wird ausschließlich im Bestätigungsverfahren verwandt. Für Zwecke des Schriftverkehrs mit dem Inhaber einer USt-IdNr. wird das BfF weiterhin die Anschriftendaten aus dem Besteuerungsverfahren nutzen, die ihm von den Landesfinanzbehörden übermittelt wurden oder sich gegebenenfalls an den für steuerliche Zwecke benannten Zustellungsbevollmächtigten wenden.

Die Speicherung einer gesonderten Euro-Adresse ist vom Inhaber der USt-IdNr. direkt beim Bundesamt für Finanzen, Außenstelle, Industriestraße 6, 66740 Saarlouis, schriftlich zu beantragen. Die Euro-Adresse wird für das Bestätigungsverfahren solange herangezogen, bis der Inhaber der USt-IdNr. dem Bundesamt für Finanzen eine Änderung der Anschriftendaten mitteilt. Sie wird von Änderungen der Anschriftendaten für steuerliche Zwecke, die dem BfF von den Landesfinanzbehörden automatisch übermittelt werden, nicht erfaßt. Bis zur Speicherung der Euro-Adresse kann der Inhaber einer USt-IdNr. dem Adressfeld des Schreibens, mit dem ihm das BfF seine USt-IdNr. erteilt hat, entnehmen, welche Anschriftendaten unter seiner USt-IdNr. gespeichert sind.

Da einige Mitgliedstaaten im Rahmen des Bestätigungsverfahrens EDV-Systeme einsetzen und dabei die eingegebenen mit den gespeicherten Anschriftendaten verglichen werden müssen, ist zu beachten, daß Bestätigungsanfragen positiv nur dann beantwortet werden können, wenn exakt (auch hinsichtlich der Schreibweise) die beim BfF gespeicherten Anschriftendaten verwendet werden.

Anhänge

**Richtlinie 2006/112/EG des Rates vom 28.11.2006
über das gemeinsame Mehrwertsteuersystem**

ABl. EU vom 11.12.2006 Nr. L 347 S. 1,
geändert durch die Richtlinie 2006/138/EG des Rates vom 19.12.2006 zur Änderung der Richtlinie 2006/112/EG über das gemeinsame Mehrwertsteuersystem bezüglich der Geltungsdauer der Mehrwertsteuerregelung für Rundfunk- und Fernsehdienstleistungen sowie bestimmte elektronisch erbrachte Dienstleistungen, ABl. EU vom 29.12.2006 Nr. L 384 S. 92 [1)];
die Richtlinie 2007/75/EG des Rates vom 20.12.2007 zur Änderung der Richtlinie 2006/112/EG in Bezug auf bestimmte befristete Bestimmungen über die Mehrwertsteuersätze, ABl. EU vom 29.12.2007 Nr. L 346 S. 13;
die Richtlinie 2008/8/EG des Rates vom 12.02.2008 zur Änderung der Richtlinie 2006/112/EG bezüglich des Ortes der Dienstleistung, ABl. EU vom 20.02.2008 Nr. L 44 S. 11 [2)];
die Richtlinie 2008/117/EG des Rates vom 16.12.2008 zur Änderung der Richtlinie 2006/112/EG über das gemeinsame Mehrwertsteuersystem zum Zweck der Bekämpfung des Steuerbetrugs bei innergemeinschaftlichen Umsätzen, ABl. EU vom 20.01.2009 Nr. L 14 S. 7 [3)];
die Richtlinie 2009/47/EG des Rates vom 05.05.2009 zur Änderung der Richtlinie 2006/112/EG in Bezug auf ermäßigte Steuersätze, ABl. EU vom 09.05.2009 Nr. L 116 S. 18;
die Richtlinie 2009/162/EU des Rates vom 22.12.2009 zu Änderung verschiedener Bestimmungen der Richtlinie 2006/112/EG über das gemeinsame Mehrwertsteuersystem,
ABl. EU vom 15.01.2010 Nr. L 10 S. 14 [4)];
die Richtlinie 2010/23/EU des Rates vom 16.03.2010 zur Änderung der Richtlinie 2006/112/EG über das gemeinsame Mehrwertsteuersystem im Hinblick auf eine fakultative und zeitweilige Anwendung des Reverse-Charge-Verfahrens auf die Erbringung bestimmter betrugsanfälliger Dienstleistungen, ABl. EU vom 20.03.2010 Nr. L 72 S. 1;
die Richtlinie 2010/45/EU des Rates vom 13.07.2010 zur Änderung der Richtlinie 2006/112/EG über das gemeinsame Mehrwertsteuersystem hinsichtlich der Rechnungsstellungsvorschriften, ABl. EU vom 22.07.2010 Nr. L 189 S. 1 [5)];
die Richtlinie 2010/88/EU des Rates vom 07.12.2010 zur Änderung der Richtlinie 2006/112/EG über das gemeinsame Mehrwertsteuersystem in Bezug auf die Dauer der Verpflichtung, einen Mindestnormalsatz einzuhalten, ABl. EU vom 10.12.2010 Nr. L 326 S. 1

DER RAT DER EUROPÄISCHEN UNION –

gestützt auf den Vertrag zur Gründung der Europäischen Gemeinschaft, insbesondere auf Artikel 93,

auf Vorschlag der Kommission,

nach Stellungnahme des Europäischen Parlaments,

nach Stellungnahme des Europäischen Wirtschafts- und Sozialausschusses,

in Erwägung nachstehender Gründe:

(1) Die Richtlinie 77/388/EWG des Rates vom 17. Mai 1977 zur Harmonisierung der Rechtsvorschriften der Mitgliedstaaten über die Umsatzsteuern – Gemeinsames Mehrwertsteuersystem: einheitliche steuerpflichtige Bemessungsgrundlage [6)] wurde mehrfach erheblich geändert. Anlässlich neuerlicher Änderungen empfiehlt sich aus Gründen der Klarheit und Wirtschaftlichkeit eine Neufassung.

---

1) S. dazu BMF vom 11.1.2007, UR 2007 S. 178. Dort findet sich die Bezeichnung „Mehrwertsteuer-Systemrichtlinie", abgekürzt „MwStSystRL". Die von der Europäischen Kommission am 15.11.2007 mitgeteilten Berichtigungen sind im nachstehenden Text berücksichtigt.
2) Die von den EU-Mitgliedstaaten bis spätestens zum 01.01.2013 umzusetzenden Vorschriften zur Rechnungserteilung sind Inhalt der Richtlinie 2010/45/EU vom 13.07.2010. Sie liegen den Änderungen des § 14 UStG zum 01.07.2011 zugrunde.
3) Soweit die Richtlinie erst ab 01.01.2015 wirkt, ist sie hier noch nicht berücksichtigt.
4) Beachte auch die Richtlinie 2010/45/EU vom 13.07.2010, die zum 01.01.2013 spätestens in nationales Recht umzusetzen ist.
5) Berichtigt gem. ABl. EU Nr. L 299 S. 46 vom 17.11.2010
6) ABl. L 145 vom 13.6.1977, S. 1 – 6. EG-USt-Richtlinie. Zuletzt geändert durch die Richtlinie 2006/98/EG (ABl. L 363 vom 20.12.2006 S. 129)

Anhang 1a

EG-Richtlinien / Mehrwertsteuer-Systemrichtlinie

(2) Bei dieser Neufassung sollten die noch geltenden Bestimmungen der Richtlinie 67/227/EWG des Rates vom 11. April 1967 zur Harmonisierung der Rechtsvorschriften der Mitgliedstaaten über die Umsatzsteuer[1] übernommen werden. Die genannte Richtlinie sollte daher aufgehoben werden.

(3) Im Einklang mit dem Grundsatz besserer Rechtsetzung sollten zur Gewährleistung der Klarheit und Wirtschaftlichkeit der Bestimmungen die Struktur und der Wortlaut der Richtlinie neu gefasst werden; dies sollte jedoch grundsätzlich nicht zu inhaltlichen Änderungen des geltenden Rechts führen. Einige inhaltliche Änderungen ergeben sich jedoch notwendigerweise im Rahmen der Neufassung und sollten dennoch vorgenommen werden. Soweit sich solche Änderungen ergeben, sind sie in den Bestimmungen über die Umsetzung und das Inkrafttreten der Richtlinie erschöpfend aufgeführt.

(4) Voraussetzung für die Verwirklichung des Ziels, einen Binnenmarkt zu schaffen ist, dass in den Mitgliedstaaten Rechtsvorschriften über die Umsatzsteuern angewandt werden, durch die die Wettbewerbsbedingungen nicht verfälscht und der freie Waren- und Dienstleistungsverkehr nicht behindert werden. Es ist daher erforderlich, eine Harmonisierung der Rechtsvorschriften über die Umsatzsteuern im Wege eines Mehrwertsteuersystems vorzunehmen, um soweit wie möglich die Faktoren auszuschalten, die geeignet sind, die Wettbewerbsbedingungen sowohl auf nationaler Ebene als auch auf Gemeinschaftsebene zu verfälschen.

(5) Die größte Einfachheit und Neutralität eines Mehrwertsteuersystems wird erreicht, wenn die Steuer so allgemein wie möglich erhoben wird und wenn ihr Anwendungsbereich alle Produktions- und Vertriebsstufen sowie den Bereich der Dienstleistungen umfasst. Es liegt folglich im Interesse des Binnenmarktes und der Mitgliedstaaten, ein gemeinsames System anzunehmen, das auch auf den Einzelhandel Anwendung findet.

(6) Es ist notwendig, schrittweise vorzugehen, da die Harmonisierung der Umsatzsteuern in den Mitgliedstaaten zu Änderungen der Steuerstruktur führt und merkliche Folgen auf budgetärem, wirtschaftlichem und sozialem Gebiet hat.

(7) Das gemeinsame Mehrwertsteuersystem sollte, selbst wenn die Sätze und Befreiungen nicht völlig harmonisiert werden, eine Wettbewerbsneutralität in dem Sinne bewirken, dass gleichartige Gegenstände und Dienstleistungen innerhalb des Gebiets der einzelnen Mitgliedstaaten ungeachtet der Länge des Produktions- und Vertriebswegs steuerlich gleich belastet werden.

(8) In Durchführung des Beschlusses 2000/597/EG, Euratom des Rates vom 29. September 2000 über das System der Eigenmittel der Europäischen Gemeinschaften[2] wird der Haushalt der Europäischen Gemeinschaften, unbeschadet der sonstigen Einnahmen, vollständig aus eigenen Mitteln der Gemeinschaften finanziert. Diese Mittel umfassen unter anderem Einnahmen aus der Mehrwertsteuer, die sich aus der Anwendung eines gemeinsamen Satzes auf eine Bemessungsgrundlage ergeben, die einheitlich nach Gemeinschaftsvorschriften bestimmt wird.

(9) Es ist unerlässlich, einen Übergangszeitraum vorzusehen, der eine schrittweise Anpassung der nationalen Rechtsvorschriften in den betreffenden Bereichen ermöglicht.

(10) Während dieser Übergangszeit sollten in den Bestimmungsmitgliedstaaten die innergemeinschaftlichen Umsätze anderer Steuerpflichtiger als derjenigen, die steuerbefreit sind, zu den Sätzen und Bedingungen dieser Mitgliedstaaten besteuert werden.

(11) Ferner sollten in dieser Übergangszeit in den Bestimmungsmitgliedstaaten der innergemeinschaftliche Erwerb, der von steuerbefreiten Steuerpflichtigen oder von nichtsteuerpflichtigen juristischen Personen in Höhe eines bestimmten Betrags getätigt wird, sowie bestimmte innergemeinschaftliche Versandgeschäfte und Lieferungen neuer Fahrzeuge, die an Privatpersonen oder an steuerbefreite oder nichtsteuerpflichtige Einrichtungen bewirkt werden, zu den Sätzen und Bedingungen dieser Mitgliedstaaten insofern besteuert werden, als die Behandlung dieser Umsätze ohne besondere Bestimmungen zu erheblichen Wettbewerbsverzerrungen zwischen den Mitgliedstaaten führen könnten.

(12) Aufgrund ihrer geografischen, wirtschaftlichen und sozialen Lage sollten bestimmte Gebiete vom Anwendungsbereich dieser Richtlinie ausgenommen werden.

(13) Der Begriff des Steuerpflichtigen sollte in einer Weise definiert werden, dass die Mitgliedstaaten zur Gewährleistung größtmöglicher Steuerneutralität auch Personen einbeziehen können, die gelegentlich Umsätze bewirken.

(14) Der Begriff des steuerbaren Umsatzes kann insbesondere hinsichtlich der diesem Umsatz gleichgestellten Umsätze zu Schwierigkeiten führen. Diese Begriffe sollten deshalb genauer definiert werden.

---

[1] ABl. 71 vom 14.04.1967, S. 1301, zuletzt geändert durch die Richtlinie 77/388/EWG
[2] ABl. L 253 vom 7.10.2000, S. 42

(15) Um den innergemeinschaftlichen Handelsverkehr im Bereich der Bearbeitung beweglicher körperlicher Gegenstände zu erleichtern, sollten die Einzelheiten der Besteuerung dieser Umsätze festgelegt werden, wenn diese für einen Dienstleistungsempfänger erbracht wurden, der eine Mehrwertsteuer-Identifikationsnummer in einem anderen Mitgliedstaat als dem hat, in dem der Umsatz tatsächlich bewirkt wurde.

(16) Der innergemeinschaftlichen Güterbeförderung sollte eine innerhalb des Gebiets eines Mitgliedstaats erbrachte, unmittelbar mit einer Beförderung zwischen Mitgliedstaaten zusammenhängende Beförderung gleichgestellt werden, um nicht nur die Grundsätze und Einzelheiten der Besteuerung für diese Beförderungsleistungen im Inland, sondern auch die Regeln für Nebentätigkeiten zu diesen Beförderungen und Dienstleistungen von Vermittlern, die sich bei der Erbringung dieser einzelnen Dienstleistungen einschalten, zu vereinfachen.

(17) Die Bestimmung des Ortes des steuerbaren Umsatzes kann insbesondere in Bezug auf Lieferungen von Gegenständen mit Montage und Dienstleistungen zu Kompetenzkonflikten zwischen den Mitgliedstaaten führen. Wenn auch als Ort der Dienstleistung grundsätzlich der Ort gelten sollte, an dem der Dienstleistende den Sitz seiner wirtschaftlichen Tätigkeit hat, ist es doch angebracht, dass insbesondere für bestimmte zwischen Steuerpflichtigen erbrachte Dienstleistungen, deren Kosten in den Preis der Gegenstände eingehen, als Ort der Dienstleistung der Mitgliedstaat des Dienstleistungsempfängers gilt.

(18) Der Ort der Besteuerung bestimmter Umsätze, die an Bord eines Schiffes, eines Flugzeugs oder in einer Eisenbahn während einer Personenbeförderung innerhalb der Gemeinschaft bewirkt werden, sollte genauer definiert werden.

(19) Elektrizität und Gas werden für die Zwecke der Mehrwertsteuer als Gegenstände behandelt. Es ist jedoch äußerst schwierig, den Ort der Lieferung zu bestimmen. Zur Vermeidung von Doppel- oder Nichtbesteuerung und zur Erzielung eines echten Gas- und Elektrizitätsbinnenmarkts ohne Behinderung durch die Mehrwertsteuer sollte daher als Ort der Lieferung von Gas – über das Erdgasverteilungsnetz – und von Elektrizität auf der Stufe des Endverbrauchs der Ort gelten, an dem der Erwerber den Sitz seiner wirtschaftlichen Tätigkeit hat. Die Lieferung von Elektrizität und Gas auf der Stufe des Endverbrauchs, vom Unternehmer und Verteiler an den Endverbraucher, sollte an dem Ort besteuert werden, an dem der Erwerber die Gegenstände tatsächlich nutzt und verbraucht.

(20) Die Anwendung der allgemeinen Regel, nach der Dienstleistungen in dem Mitgliedstaat besteuert werden, in dem der Dienstleistungserbringer ansässig ist, kann bei der Vermietung eines beweglichen körperlichen Gegenstandes zu erheblichen Wettbewerbsverzerrungen führen, wenn Vermieter und Mieter in verschiedenen Mitgliedstaaten ansässig sind und die Steuersätze in diesen Mitgliedstaaten unterschiedlich hoch sind. Daher sollte festgelegt werden, dass der Ort der Dienstleistung der Ort ist, an dem der Dienstleistungsempfänger den Sitz seiner wirtschaftlichen Tätigkeit oder eine feste Niederlassung hat, für die die Dienstleistung erbracht worden ist, oder in Ermangelung eines solchen Sitzes oder einer solchen Niederlassung sein Wohnsitz oder sein gewöhnlicher Aufenthaltsort.

(21) Bei der Vermietung von Beförderungsmitteln sollte diese allgemeine Regel jedoch aus Kontrollgründen strikt angewandt werden und somit als Ort der Dienstleistung der Ort anzusehen sein, an dem der Dienstleistungserbringer ansässig ist.

(22) Sämtliche Telekommunikationsdienstleistungen, die in der Gemeinschaft in Anspruch genommen werden, sollten besteuert werden, um Wettbewerbsverzerrungen in diesem Bereich vorzubeugen. Um dieses Ziel zu erreichen, sollten Telekommunikationsdienstleistungen, die an in der Gemeinschaft ansässige Steuerpflichtige oder an in Drittländern ansässige Dienstleistungsempfänger erbracht werden, grundsätzlich an dem Ort besteuert werden, an dem der Dienstleistungsempfänger ansässig ist. Damit Telekommunikationsdienstleistungen, die von in Drittgebieten oder Drittländern ansässigen Steuerpflichtigen an in der Gemeinschaft ansässige Nichtsteuerpflichtige erbracht und in der Gemeinschaft tatsächlich genutzt oder ausgewertet werden, einheitlich besteuert werden, sollten die Mitgliedstaaten jedoch festlegen, dass sich der Ort der Dienstleistungen in der Gemeinschaft befindet.

(23) Ebenfalls um Wettbewerbsverzerrungen vorzubeugen sollten Rundfunk- und Fernsehdienstleistungen sowie elektronisch erbrachte Dienstleistungen, die aus Drittgebieten oder Drittländern an in der Gemeinschaft ansässige Personen oder aus der Gemeinschaft an in Drittgebieten oder Drittländern ansässige Dienstleistungsempfänger erbracht werden, an dem Ort besteuert werden, an dem der Dienstleistungsempfänger ansässig ist.

(24) Die Begriffe „Steuertatbestand" und „Steueranspruch" sollten harmonisiert werden, damit die Anwendung und die späteren Änderungen des gemeinsamen Mehrwertsteuersystems in allen Mitgliedstaaten zum gleichen Zeitpunkt wirksam werden.

(25) Die Steuerbemessungsgrundlage sollte harmonisiert werden, damit die Anwendung der Mehrwertsteuer auf die steuerbaren Umsätze in allen Mitgliedstaaten zu vergleichbaren Ergebnissen führt.

(26) Um zu gewährleisten, dass die Einschaltung verbundener Personen zur Erzielung von Steuervorteilen nicht zu Steuerausfällen führt, sollten die Mitgliedstaaten die Möglichkeit haben, unter bestimmten, genau festgelegten Umständen hinsichtlich des Wertes von Lieferungen von Gegenständen, Dienstleistungen und innergemeinschaftlichen Erwerben von Gegenständen tätig zu werden.

(27) Zur Vermeidung von Steuerhinterziehung oder -umgehung sollten die Mitgliedstaaten die Möglichkeit haben, in die Steuerbemessungsgrundlage eines Umsatzes, der die Verarbeitung von Anlagegold umfasst, das von einem Leistungsempfänger zur Verfügung gestellt wird, auch den Wert dieses Anlagegolds einzubeziehen, wenn es durch die Verarbeitung seinen Status als Anlagegold verliert. Bei Anwendung dieser Regelungen sollte den Mitgliedstaaten ein gewisser Ermessensspielraum eingeräumt werden.

(28) Die Abschaffung der Steuerkontrollen an den Grenzen erfordert, dass zur Vermeidung von Wettbewerbsverzerrungen neben einer einheitlichen Mehrwertsteuer-Bemessungsgrundlage auch die Steuersätze hinsichtlich ihrer Anzahl und ihrer Höhe zwischen den Mitgliedstaaten hinreichend aneinander angenähert werden.

(29) Der in den Mitgliedstaaten derzeit geltende Normalsatz der Mehrwertsteuer gewährleistet in Verbindung mit den Mechanismen der Übergangsregelung, dass diese Regelung in akzeptabler Weise funktioniert. Um zu verhindern, dass Unterschiede zwischen den von den Mitgliedstaaten angewandten Mehrwertsteuer-Normalsätzen zu strukturellen Ungleichgewichten innerhalb der Gemeinschaft und zu Wettbewerbsverzerrungen in bestimmten Wirtschaftszweigen führen, sollte ein zu überprüfender Mindestnormalsatz von 15 % festgesetzt werden.

(30) Um die Neutralität der Mehrwertsteuer zu erhalten, sollten die von den Mitgliedstaaten angewandten Steuersätze den normalen Abzug der Steuerbelastung der vorausgehenden Umsatzstufe ermöglichen.

(31) Während der Übergangszeit sollten bestimmte Ausnahmen hinsichtlich der Anzahl und der Höhe der Sätze möglich sein.

(32) Zur besseren Bewertung der Auswirkung der ermäßigten Sätze muss die Kommission einen Bericht vorlegen, in dem sie die Auswirkung der auf lokal erbrachte Dienstleistungen angewandten ermäßigten Sätze bewertet, insbesondere in Bezug auf die Schaffung von Arbeitsplätzen, das Wirtschaftswachstum und das reibungslose Funktionieren des Binnenmarkts.

(33) Zur Bekämpfung der Arbeitslosigkeit sollte den Mitgliedstaaten, die dies wünschen, die Möglichkeit eingeräumt werden, zu erproben, wie sich eine Ermäßigung der Mehrwertsteuer auf arbeitsintensive Dienstleistungen auf die Schaffung von Arbeitsplätzen auswirkt. Diese Ermäßigung könnte für die Unternehmen zudem den Anreiz mindern, sich in der Schattenwirtschaft zu betätigen.

(34) Eine derartige Ermäßigung des Steuersatzes könnte allerdings das reibungslose Funktionieren des Binnenmarktes und die Steuerneutralität gefährden. Daher sollte ein Verfahren zur Erteilung von Ermächtigungen für einen festen Zeitraum vorgesehen werden, der ausreichend lang ist, um die Auswirkungen der auf lokal erbrachte Dienstleistungen angewandten ermäßigten Steuersätze einschätzen zu können, und der Anwendungsbereich einer solchen Maßnahme genau definiert werden, um zu gewährleisten, dass sie überprüfbar und begrenzt ist.

(35) Im Hinblick auf eine gleichmäßige Erhebung der Eigenmittel in allen Mitgliedstaaten sollte ein gemeinsames Verzeichnis der Steuerbefreiungen aufgestellt werden.

(36) Zum Vorteil der Steuerschuldner sowie der zuständigen Verwaltungen sollten die Verfahren für die Anwendung der Mehrwertsteuer auf bestimmte innergemeinschaftliche Lieferungen und Erwerbe verbrauchsteuerpflichtiger Waren an die Verfahren und Erklärungspflichten für den Fall der Beförderung derartiger Waren in einen anderen Mitgliedstaat angeglichen werden, die in der Richtlinie 92/12/EWG des Rates vom 25. Februar 1992 über das allgemeine System, den Besitz, die Beförderung und die Kontrolle verbrauchsteuerpflichtiger Waren[1)] geregelt sind.

(37) Die Lieferung von Gas – über das Erdgasverteilungsnetz – und von Elektrizität, wird am Ort des Erwerbers besteuert. Um eine Doppelbesteuerung zu vermeiden, sollte die Einfuhr derartiger Waren daher von der Mehrwertsteuer befreit werden.

(38) Für steuerbare Umsätze, einschließlich Reihengeschäften, im Zusammenhang mit dem innergemeinschaftlichen Handelsverkehr, die während der Übergangszeit im inneren Anwendungsbereich der Steuer von Steuerpflichtigen bewirkt werden, die nicht im Gebiet des Mitgliedstaats des innergemeinschaftlichen Erwerbs der Gegenstände ansässig sind, ist es erforderlich, Vereinfachungsmaßnahmen vorzusehen, die eine gleichartige Behandlung in allen Mitgliedstaaten gewährleisten. Hierzu sollten die Vor-

---

1) ABl. L 76 vom 23.3.1992, S. 1. Zuletzt geändert durch die Richtlinie 2004/106/EG (ABl. L 359 vom 4.12.2004, S. 30)

schriften über die steuerliche Behandlung dieser Umsätze und zur Bestimmung des Steuerschuldners für diese Umsätze harmonisiert werden. Von der Anwendung dieser Regelungen sollten jedoch grundsätzlich Gegenstände ausgenommen werden, die zur Lieferung auf der Einzelhandelsstufe bestimmt sind.

(39) Der Vorsteuerabzug sollte insoweit harmonisiert werden, als er die tatsächliche Höhe der Besteuerung beeinflusst, und die Pro-rata-Sätze des Vorsteuerabzugs sollten in allen Mitgliedstaaten auf gleiche Weise berechnet werden.

(40) Die Regelung, die eine Berichtigung des Vorsteuerabzugs für Investitionsgüter entsprechend ihrer tatsächlichen Nutzungsdauer vorsieht, sollte auch auf Dienstleistungen, die die Merkmale von Investitionsgütern aufweisen, Anwendung finden.

(41) Es sollte festgelegt werden, wer Steuerschuldner ist, insbesondere bei bestimmten Dienstleistungen, bei denen der Dienstleistungserbringer nicht in dem Mitgliedstaat ansässig ist, in dem die Steuer geschuldet wird.

(42) Die Mitgliedstaaten sollten in die Lage versetzt werden, in bestimmten Fällen den Erwerber von Gegenständen oder den Dienstleistungsempfänger als Steuerschuldner zu bestimmen. Dies würde es den Mitgliedstaaten erlauben, die Vorschriften zu vereinfachen und die Steuerhinterziehung und -umgehung in bestimmten Sektoren oder bei bestimmten Arten von Umsätzen zu bekämpfen.

(43) Die Mitgliedstaaten sollten den Einfuhrsteuerschuldner nach freiem Ermessen bestimmen können.

(44) Die Mitgliedstaaten sollten auch Regelungen treffen können, nach denen eine andere Person als der Steuerschuldner gesamtschuldnerisch für die Entrichtung der Steuer haftet.

(45) Die Pflichten der Steuerpflichtigen sollten soweit wie möglich harmonisiert werden, um die erforderliche Gleichmäßigkeit bei der Steuererhebung in allen Mitgliedstaaten sicherzustellen.

(46) Die Verwendung elektronischer Rechnungstellung sollte den Steuerverwaltungen ermöglichen, ihre Kontrollen durchzuführen. Um ein reibungsloses Funktionieren des Binnenmarkts zu gewährleisten, sollte daher ein harmonisiertes Verzeichnis der Angaben erstellt werden, die jede Rechnung enthalten muss; ferner sollten eine Reihe gemeinsamer Modalitäten für die elektronische Rechnungstellung, die elektronische Aufbewahrung der Rechnungen, die Erstellung von Gutschriften und die Verlagerung der Rechnungstellung auf Dritte festgelegt werden.

(47) Vorbehaltlich der von ihnen festzulegenden Bedingungen sollten die Mitgliedstaaten die elektronische Einreichung von bestimmten Meldungen und Erklärungen zulassen und die elektronische Übermittlung vorschreiben können.

(48) Das notwendige Streben nach einer Erleichterung der Verwaltungs- und Statistikformalitäten für die Unternehmen, insbesondere für kleine und mittlere Unternehmen, sollte mit der Durchführung wirksamer Kontrollmaßnahmen und mit der sowohl aus wirtschaftlichen als steuerlichen Gründen unerlässlichen Wahrung der Qualität der gemeinschaftlichen Statistikinstrumente in Einklang gebracht werden.

(49) In Bezug auf Kleinunternehmen sollte den Mitgliedstaaten gestattet werden, ihre Sonderregelungen gemäß gemeinsamen Bestimmungen im Hinblick auf eine weiter gehende Harmonisierung beizubehalten.

(50) In Bezug auf die Landwirte sollten die Mitgliedstaaten die Möglichkeit haben, eine Sonderregelung anzuwenden, die zugunsten der Landwirte, die nicht unter die normale Regelung fallen, einen Pauschalausgleich für die Vorsteuerbelastung enthält. Diese Regelung sollte in ihren wesentlichen Grundsätzen festgelegt werden, und für die Erfordernisse der Erhebung der Eigenmittel sollte ein gemeinsames Verfahren für die Bestimmung des von diesen Landwirten erzielten Mehrwerts definiert werden.

(51) Es sollte eine gemeinschaftliche Regelung für die Besteuerung auf dem Gebiet der Gebrauchtgegenstände, Kunstgegenstände, Antiquitäten und Sammlungsstücke erlassen werden, um Doppelbesteuerungen und Wettbewerbsverzerrungen zwischen Steuerpflichtigen zu vermeiden.

(52) Die Anwendung der normalen Steuerregelung auf Gold ist ein großes Hindernis für seine Verwendung als Finanzanlage, weshalb die Anwendung einer besonderen Steuerregelung, auch im Hinblick auf die Verbesserung der internationalen Wettbewerbsfähigkeit des gemeinschaftlichen Goldmarktes, gerechtfertigt ist.

(53) Lieferungen von Gold zu Anlagezwecken entsprechen ihrer Art nach anderen Finanzanlagen, die von der Steuer befreit sind. Die Steuerbefreiung erscheint daher als die geeignetste steuerliche Behandlung der Umsätze von Anlagegold.

(54) Die Definition von Anlagegold sollte Goldmünzen einbeziehen, deren Wert in erster Linie auf dem Preis des in ihnen enthaltenen Goldes beruht. Aus Gründen der Transparenz und der Rechtssicherheit für die mit derartigen Münzen handelnden Wirtschaftsbeteiligten sollte alljährlich ein Verzeichnis der Münzen erstellt werden, auf die die Regelung für Anlagegold anzuwenden ist. Ein solches Verzeichnisses schließt die Steuerbefreiung von Münzen, die in dem Verzeichnis nicht enthalten sind, aber die Kriterien dieser Richtlinie erfüllen, nicht aus.

(55) Um Steuerhinterziehungen zu verhindern, gleichzeitig aber die mit der Lieferung von Gold ab einem bestimmten Feingehalt verbundenen Finanzierungskosten zu verringern, ist es gerechtfertigt, den Mitgliedstaaten zu gestatten, den Erwerber als Steuerschuldner zu bestimmen.

(56) Um Wirtschaftsbeteiligten, die elektronisch erbrachte Dienstleistungen anbieten und weder in der Gemeinschaft ansässig sind noch für die Zwecke der Mehrwertsteuer dort erfasst sein müssen, die Erfüllung ihrer steuerlichen Pflichten zu erleichtern, sollte eine Sonderregelung festgelegt werden. In Anwendung dieser Regelung kann ein Wirtschaftsbeteiligter, der als Nichtsteuerpflichtige in der Gemeinschaft derartige elektronische Dienstleistungen erbringt, sich für eine Registrierung in einem einzigen Mitgliedstaat entscheiden, falls er nicht in anderer Weise in der Gemeinschaft für die Zwecke der Mehrwertsteuer erfasst ist.

(57) Die Bestimmungen über Rundfunk- und Fernsehdienstleistungen sowie bestimmte elektronisch erbrachte Dienstleistungen sollten befristet werden und nach kurzer Zeit anhand der gesammelten Erfahrungen überprüft werden.

(58) Die koordinierte Anwendung dieser Richtlinie sollte gefördert werden und hierzu ist es unerlässlich, einen Beratenden Ausschuss für die Mehrwertsteuer einzusetzen, der es ermöglicht, eine enge Zusammenarbeit zwischen den Mitgliedstaaten und der Kommission in diesem Bereich herbeizuführen.

(59) Es ist in bestimmten Grenzen und unter bestimmten Bedingungen angebracht, dass die Mitgliedstaaten von dieser Richtlinie abweichende Sondermaßnahmen ergreifen oder weiter anwenden können, um die Steuererhebung zu vereinfachen oder bestimmte Formen der Steuerhinterziehung oder -umgehung zu verhüten.

(60) Um zu verhindern, dass ein Mitgliedstaat im Ungewissen darüber bleibt, wie die Kommission mit seinem Antrag auf Ermächtigung zu einer Ausnahmeregelung zu verfahren beabsichtigt, sollte eine Frist vorgesehen werden, innerhalb derer die Kommission dem Rat entweder einen Vorschlag zur Ermächtigung oder eine Mitteilung über ihre Einwände vorlegen muss.

(61) Eine einheitliche Anwendung des Mehrwertsteuersystems ist von grundlegender Bedeutung. Zur Erreichung dieses Ziels sollten Durchführungsmaßnahmen erlassen werden.

(62) Insbesondere sollten diese Maßnahmen das Problem der Doppelbesteuerung grenzüberschreitender Umsätze behandeln, das durch eine unterschiedliche Anwendung der Regeln für den Ort der steuerbaren Umsätze durch die Mitgliedstaaten auftreten kann.

(63) Trotz des begrenzten Anwendungsbereichs der Durchführungsmaßnahmen haben solche Maßnahmen Auswirkungen auf den Haushalt, die für einen oder mehrere Mitgliedstaaten bedeutend sein könnten. Durch die Auswirkungen dieser Maßnahmen auf den Haushalt der Mitgliedstaaten ist es gerechtfertigt, dass sich der Rat die Durchführungsbefugnisse vorbehält.

(64) Angesichts ihres begrenzten Anwendungsbereichs sollte vorgesehen werden, dass diese Durchführungsmaßnahmen vom Rat auf Vorschlag der Kommission einstimmig angenommen werden.

(65) Da die Ziele dieser Richtlinie aus den dargelegten Gründen auf Ebene der Mitgliedstaaten nicht ausreichend verwirklicht werden können und daher besser auf Gemeinschaftsebene zu verwirklichen sind, kann die Gemeinschaft im Einklang mit dem in Artikel 5 des Vertrags niedergelegten Subsidiaritätsprinzip tätig werden. Entsprechend dem in demselben Artikel genannten Grundsatz der Verhältnismäßigkeit geht diese Richtlinie nicht über das zum Erreichen dieser Ziele erforderliche Maß hinaus.

(66) Die Pflicht zur Umsetzung dieser Richtlinie in nationales Recht sollte nur jene Bestimmungen erfassen, die im Vergleich zu den bisherigen Richtlinien inhaltlich geändert wurden. Die Pflicht zur Umsetzung der inhaltlich unveränderten Bestimmungen ergibt sich aus den bisherigen Richtlinien.

(67) Diese Richtlinie sollte die Verpflichtung der Mitgliedstaaten hinsichtlich der Fristen für die Umsetzung in nationales Recht der in Anhang XI Teil B aufgeführten Richtlinie unberührt lassen –

HAT FOLGENDE RICHTLINIE ERLASSEN:

EG-Richtlinien / Mehrwertsteuer-Systemrichtlinie **Anhang 1a**

Inhalt

Titel I	**Zielsetzung und Anwendungsbereich**	1836
Titel II	**Räumlicher Anwendungsbereich**	1838
Titel III	**Steuerpflichtiger**	1839
Titel IV	**Steuerbarer Umsatz**	1840
Kapitel 1	Lieferung von Gegenständen	1840
Kapitel 2	Innergemeinschaftlicher Erwerb von Gegenständen	1842
Kapitel 3	Dienstleistungen	1843
Kapitel 4	Einfuhr von Gegenständen	1843
Titel V	**Ort des steuerbaren Umsatzes**	1844
Kapitel 1	Ort der Lieferung von Gegenständen	1844
Abschnitt 1	Lieferung von Gegenständen ohne Beförderung	1844
Abschnitt 2	Lieferung von Gegenständen mit Beförderung	1844
Abschnitt 3	Lieferung von Gegenständen an Bord eines Schiffes, eines Flugzeugs oder in einer Eisenbahn	1845
Abschnitt 4	Lieferung von Gegenständen über die Verteilungsnetze	1846
Kapitel 2	Ort des innergemeinschaftlichen Erwerbs von Gegenständen	1846
Kapitel 3	Ort der Dienstleistung	1847
Abschnitt 1	Begriffsbestimmungen	1847
Abschnitt 2	Allgemeine Bestimmungen	1847
Abschnitt 3	Besondere Bestimmungen	1847
Unterabschnitt 1	Von Vermittlern erbrachte Dienstleistungen an Nichtsteuerpflichtige	1847
Unterabschnitt 2	Dienstleistungen im Zusammenhang mit Grundstücken	1847
Unterabschnitt 3	Beförderungsleistungen	1848
Unterabschnitt 4	Dienstleistungen auf dem Gebiet der Kultur, der Künste, des Sports, der Wissenschaft, des Unterrichts, der Unterhaltung und ähnliche Veranstaltungen, Nebentätigkeiten zur Beförderung, Begutachtung von beweglichen Gegenständen und Arbeiten an solchen Gegenständen	1848
Unterabschnitt 5	Restaurant- und Verpflegungsdienstleistungen	1848
Unterabschnitt 6	Vermietung von Beförderungsmitteln	1849
Unterabschnitt 7	Für den Verbrauch bestimmte Restaurant- und Verpflegungsdienstleistungen an Bord eines Schiffes, eines Flugzeugs oder in der Eisenbahn	1849
Unterabschnitt 8	Elektronisch erbrachte Dienstleistungen an Nichtsteuerpflichtige	1849
Unterabschnitt 9	Dienstleistungen an Nichtsteuerpflichtige außerhalb der Gemeinschaft	1849
Unterabschnitt 10	Vermeidung der Doppelbesteuerung und der Nichtbesteuerung	1850
Kapitel 4	Ort der Einfuhr von Gegenständen	1850
Titel VI	**Steuertatbestand und Steueranspruch**	1851
Kapitel 1	Allgemeine Bestimmungen	1851
Kapitel 2	Lieferung von Gegenständen und Dienstleistungen	1851
Kapitel 3	Innergemeinschaftlicher Erwerb von Gegenständen	1852
Kapitel 4	Einfuhr von Gegenständen	1852
Titel VII	**Steuerbemessungsgrundlage**	1853
Kapitel 1	Begriffsbestimmung	1853
Kapitel 2	Lieferung von Gegenständen und Dienstleistungen	1853
Kapitel 3	Innergemeinschaftlicher Erwerb von Gegenständen	1855
Kapitel 4	Einfuhr von Gegenständen	1855
Kapitel 5	Verschiedene Bestimmungen	1856
Titel VIII	**Steuersätze**	1856
Kapitel 1	Anwendung der Steuersätze	1856
Kapitel 2	Struktur und Höhe der Steuersätze	1857

Anhang 1a

EG-Richtlinien / Mehrwertsteuer-Systemrichtlinie

Abschnitt 1	Normalsatz	1857
Abschnitt 2	Ermäßigte Steuersätze	1857
Abschnitt 3	Besondere Bestimmungen	1858
Kapitel 3	Befristete Bestimmungen für bestimmte arbeitsintensive Dienstleistungen	1858
Kapitel 4	Bis zur Einführung der endgültigen Mehrwertsteuerregelung geltende besondere Bestimmungen	1858
Kapitel 5	Befristete Bestimmungen	1860
Titel IX	**Steuerbefreiungen**	1861
Kapitel 1	Allgemeine Bestimmungen	1861
Kapitel 2	Steuerbefreiungen für bestimmte, dem Gemeinwohl dienende Tätigkeiten	1861
Kapitel 3	Steuerbefreiungen für andere Tätigkeiten	1863
Kapitel 4	Steuerbefreiungen bei innergemeinschaftlichen Umsätzen	1864
Abschnitt 1	Steuerbefreiungen bei der Lieferung von Gegenständen	1864
Abschnitt 2	Steuerbefreiungen beim innergemeinschaftlichen Erwerb von Gegenständen	1865
Abschnitt 3	Steuerbefreiungen für bestimmte Beförderungsleistungen	1865
Kapitel 5	Steuerbefreiungen bei der Einfuhr	1866
Kapitel 6	Steuerbefreiungen bei der Ausfuhr	1867
Kapitel 7	Steuerbefreiungen bei grenzüberschreitenden Beförderungen	1868
Kapitel 8	Steuerbefreiungen bei bestimmten, Ausfuhren gleichgestellten Umsätzen	1869
Kapitel 9	Steuerbefreiungen für Dienstleistungen von Vermittlern	1869
Kapitel 10	Steuerbefreiungen beim grenzüberschreitenden Warenverkehr	1870
Abschnitt 1	Zolllager, andere Lager als Zolllager sowie gleichartige Regelungen	1870
Abschnitt 2	Steuerbefreiung von Umsätzen im Hinblick auf eine Ausfuhr und im Rahmen des Handels zwischen den Mitgliedstaaten	1871
Abschnitt 3	Gemeinsame Bestimmungen für die Abschnitte 1 und 2	1872
Titel X	**Vorsteuerabzug**	1872
Kapitel 1	Entstehung und Umfang des Rechts auf Vorsteuerabzug	1872
Kapitel 2	Pro-rata-Satz des Vorsteuerabzugs	1874
Kapitel 3	Einschränkungen des Rechts auf Vorsteuerabzug	1875
Kapitel 4	Einzelheiten der Ausübung des Rechts auf Vorsteuerabzug	1876
Kapitel 5	Berichtigung des Vorsteuerabzugs	1877
Titel XI	**Pflichten der steuerpflichtigen und bestimmter nichtsteuerpflichtiger Personen**	1878
Kapitel 1	Zahlungspflicht	1878
Abschnitt 1	Steuerschuldner gegenüber dem Fiskus	1878
Abschnitt 2	Einzelheiten der Entrichtung	1881
Kapitel 2	Identifikation	1882
Kapitel 3	Rechnungstellung	1883
Abschnitt 1	Begriffsbestimmung	1883
Abschnitt 2	Definition der Rechnung	1883
Abschnitt 3	Ausstellung der Rechnung	1883
Abschnitt 4	Rechnungsangaben	1885
Abschnitt 5	Rechnungen auf Papier und elektronische Rechnungen	1887
Abschnitt 6	Vereinfachungsmaßnahmen	1888
Kapitel 4	Aufzeichnungen	1889
Abschnitt 1	Begriffsbestimmung	1889
Abschnitt 2	Allgemeine Pflichten	1889
Abschnitt 3	Pflichten in Bezug auf die Aufbewahrung aller Rechnungen	1889
Abschnitt 4	Recht auf Zugriff auf in einem anderen Mitgliedstaat elektronisch aufbewahrte Rechnungen	1890

Kapitel 5	Erklärungspflichten		1890
Kapitel 6	Zusammenfassende Meldung		1892
Kapitel 7	Verschiedenes		1894
Kapitel 8	Pflichten bei bestimmten Einfuhr- und Ausfuhrumsätzen		1895
Abschnitt 1	Einfuhrumsätze		1895
Abschnitt 2	Ausfuhrumsätze		1895
Titel XII	**Sonderregelungen**		1896
Kapitel 1	Sonderregelung für Kleinunternehmen		1896
Abschnitt 1	Vereinfachte Modalitäten für die Besteuerung und die Steuererhebung		1896
Abschnitt 2	Steuerbefreiungen und degressive Steuerermäßigungen		1896
Abschnitt 3	Bericht und Überprüfung		1898
Kapitel 2	Gemeinsame Pauschalregelung für landwirtschaftliche Erzeuger		1898
Kapitel 3	Sonderregelung für Reisebüros		1900
Kapitel 4	Sonderregelungen für Gebrauchtgegenstände, Kunstgegenstände, Sammlungsstücke und Antiquitäten		1901
Abschnitt 1	Begriffsbestimmungen		1901
Abschnitt 2	Sonderregelung für steuerpflichtige Wiederverkäufer		1902
Unterabschnitt 1	Differenzbesteuerung		1902
Unterabschnitt 2	Übergangsregelung für Gebrauchtfahrzeuge		1904
Abschnitt 3	Sonderregelung für öffentliche Versteigerungen		1905
Abschnitt 4	Verhütung von Wettbewerbsverzerrungen und Steuerbetrug		1906
Kapitel 5	Sonderregelung für Anlagegold		1907
Abschnitt 1	Allgemeine Bestimmungen		1907
Abschnitt 2	Steuerbefreiung		1907
Abschnitt 3	Besteuerungswahlrecht		1907
Abschnitt 4	Umsätze auf einem geregelten Goldmarkt		1908
Abschnitt 5	Besondere Rechte und Pflichten von Händlern mit Anlagegold		1908
Kapitel 6	Sonderregelung für nicht in der Gemeinschaft ansässige Steuerpflichtige, die elektronische Dienstleistungen an Nichtsteuerpflichtige erbringen		1909
Abschnitt 1	Allgemeine Bestimmungen		1909
Abschnitt 2	Sonderregelung für elektronisch erbrachte Dienstleistungen		1909
Titel XIII	**Ausnahmen**		1911
Kapitel 1	Bis zur Annahme einer endgültigen Regelung geltende Ausnahmen		1911
Abschnitt 1	Ausnahmen für Staaten, die am 1. Januar 1978 Mitglied der Gemeinschaft waren		1911
Abschnitt 2	Ausnahmen für Staaten, die der Gemeinschaft nach dem 1. Januar 1978 beigetreten sind		1911
Abschnitt 3	Gemeinsame Bestimmungen zu den Abschnitten 1 und 2		1913
Kapitel 2	Im Wege einer Ermächtigung genehmigte Ausnahmen		1914
Abschnitt 1	Maßnahmen zur Vereinfachung und zur Verhinderung der Steuerhinterziehung und -umgehung		1914
Abschnitt 2	Internationale Übereinkommen		1914
Titel XIV	**Verschiedenes**		1915
Kapitel 1	Durchführungsmaßnahmen		1915
Kapitel 2	Mehrwertsteuerausschuss		1915
Kapitel 3	Umrechnungskurs		1915
Kapitel 4	Andere Steuern, Abgaben und Gebühren		1915
Titel XV	**Schlußbestimmungen**		1915
Kapitel 1	Übergangsregelung für die Besteuerung des Handelsverkehrs zwischen den Mitgliedstaaten		1915

Anhang 1a

EG-Richtlinien / Mehrwertsteuer-Systemrichtlinie

Kapitel 2	Übergangsbestimmungen im Rahmen der Beitritte zur Europäischen Union	1916
Kapitel 3	Umsetzung und Inkrafttreten...	1917
Anhang I	Verzeichnis der Tätigkeiten im Sinne des Artikels 13 Absatz 1 Unterabsatz 3	1918
Anhang II	Exemplarisches Verzeichnis elektronisch erbrachter Dienstleistungen im Sinne des Artikels 56 Absatz 1 Buchstabe K ...	1918
Anhang III	Verzeichnis der Lieferungen von Gegenständen und Dienstleistungen, auf die ermäßigte MwSt-Sätze gemäß Artikel 98 angewandt werden können...	1919
Anhang IV	Verzeichnis der Dienstleistungen im Sinne des Artikels 106...	1920
Anhang V	Kategorien von Gegenständen, die nach Artikel 160 Absatz 2 Regelungen für andere Lager als Zolllager unterliegen ...	1920
Anhang VI	Verzeichnis der in Artikel 199 Absatz 1 Buchstabe D genannten Lieferungen von Gegenständen und Dienstleistungen ...	1921
Anhang VII	Verzeichnis der Tätigkeiten der landwirtschaftlichen Erzeugung im Sinne des Artikels 295 Absatz 1 Nummer 4 ...	1921
Anhang VIII	Exemplarisches Verzeichnis der landwirtschaftlichen Dienstleistungen im Sinne des Artikels 295 Absatz 1 Nummer 5 ...	1922
Anhang IX	Kunstgegenstände, Sammlungen und Antiquitäten im Sinne des Artikels 311 Absatz 1 Nummern 2, 3 und 4...	1922
Teil A	Kunstgegenstände...	1922
Teil B	Sammlungsstücke ...	1923
Teil C	Antiquitäten...	1923
Anhang X	Verzeichnis der Umsätze, für die die Ausnahmen gemäß den Artikeln 370 und 371 sowie 375 bis 390 gelten ...	1923
Teil A	Umsätze, die die Mitgliedstaaten weiterhin besteuern dürfen ...	1923
Teil B	Umsätze, die die Mitgliedstaaten weiterhin von der Steuer befreien dürfen ..	1923
Anhang XI	...	1924
Teil A	Aufgehobene Richtlinien mit ihren nachfolgenden Änderungen ...	1924
Teil B	Fristen für die Umsetzung in nationales Recht ...	1925
Anhang XII	Entsprechungstabelle...	1927

Titel I
Zielsetzung und Anwendungsbereich

Artikel 1

(1) Diese Richtlinie legt das gemeinsame Mehrwertsteuersystem fest.

(2) Das gemeinsame Mehrwertsteuersystem beruht auf dem Grundsatz, dass auf Gegenstände und Dienstleistungen, ungeachtet der Zahl der Umsätze, die auf den vor der Besteuerungsstufe liegenden Produktions- und Vertriebsstufen bewirkt wurden, eine allgemeine, zum Preis der Gegenstände und Dienstleistungen genau proportionale Verbrauchsteuer anzuwenden ist.

Bei allen Umsätzen wird die Mehrwertsteuer, die nach dem auf den Gegenstand oder die Dienstleistung anwendbaren Steuersatz auf den Preis des Gegenstands oder der Dienstleistung errechnet wird, abzüglich des Mehrwertsteuerbetrags geschuldet, der die verschiedenen Kostenelemente unmittelbar belastet hat.

Das gemeinsame Mehrwertsteuersystem wird bis zur Einzelhandelsstufe, diese eingeschlossen, angewandt.

Artikel 2

(1) Der Mehrwertsteuer unterliegen folgende Umsätze:
 a) Lieferungen von Gegenständen, die ein Steuerpflichtiger als solcher im Gebiet eines Mitgliedstaats gegen Entgelt tätigt;
 b) der innergemeinschaftliche Erwerb von Gegenständen im Gebiet eines Mitgliedstaats gegen Entgelt
  i) durch einen Steuerpflichtigen, der als solcher handelt, oder durch eine nichtsteuerpflichtige juristische Person, wenn der Verkäufer ein Steuerpflichtiger ist, der als solcher handelt, für den

die Mehrwertsteuerbefreiung für Kleinunternehmen gemäß den Artikeln 282 bis 292 nicht gilt und der nicht unter Artikel 33 oder 36 fällt;
  ii) wenn der betreffende Gegenstand ein neues Fahrzeug ist, durch einen Steuerpflichtigen oder eine nichtsteuerpflichtige juristische Person, deren übrige Erwerbe gemäß Artikel 3 Absatz 1 nicht der Mehrwertsteuer unterliegen, oder durch jede andere nichtsteuerpflichtige Person;
  iii) wenn die betreffenden Gegenstände verbrauchsteuerpflichtige Waren sind, bei denen die Verbrauchsteuer nach der Richtlinie 92/12/EWG im Gebiet des Mitgliedstaats entsteht, durch einen Steuerpflichtigen oder eine nichtsteuerpflichtige juristische Person, deren übrige Erwerbe gemäß Artikel 3 Absatz 1 nicht der Mehrwertsteuer unterliegen;
c) Dienstleistungen, die ein Steuerpflichtiger als solcher im Gebiet eines Mitgliedstaats gegen Entgelt erbringt;
d) die Einfuhr von Gegenständen.
(2) a) Für Zwecke des Absatzes 1 Buchstabe b Ziffer ii gelten als „Fahrzeug" folgende Fahrzeuge zur Personen- oder Güterbeförderung:
  i) motorbetriebene Landfahrzeuge mit einem Hubraum von mehr als 48 Kubikzentimetern oder einer Leistung von mehr als 7,2 Kilowatt;
  ii) Wasserfahrzeuge mit einer Länge von mehr als 7,5 Metern, ausgenommen Wasserfahrzeuge, die auf hoher See im entgeltlichen Passagierverkehr, zur Ausübung einer Handelstätigkeit, für gewerbliche Zwecke oder zur Fischerei eingesetzt werden, Bergungs- und Rettungsschiffe auf See sowie Küstenfischereifahrzeuge;
  iii) Luftfahrzeuge mit einem Gesamtgewicht beim Aufstieg von mehr als 1 550 Kilogramm, ausgenommen Luftfahrzeuge, die von Luftfahrtgesellschaften eingesetzt werden, die hauptsächlich im entgeltlichen internationalen Verkehr tätig sind.
 b) Diese Fahrzeuge gelten in folgenden Fällen als „neu":
  i) motorbetriebene Landfahrzeuge: wenn die Lieferung innerhalb von sechs Monaten nach der ersten Inbetriebnahme erfolgt oder wenn das Fahrzeug höchstens 6000 Kilometer zurückgelegt hat;
  ii) Wasserfahrzeuge: wenn die Lieferung innerhalb von drei Monaten nach der ersten Inbetriebnahme erfolgt oder wenn das Fahrzeug höchstens 100 Stunden zu Wasser zurückgelegt hat;
  iii) Luftfahrzeuge: wenn die Lieferung innerhalb von drei Monaten nach der ersten Inbetriebnahme erfolgt oder wenn das Fahrzeug höchstens 40 Stunden in der Luft zurückgelegt hat.
 c) Die Mitgliedstaaten legen fest, unter welchen Voraussetzungen die in Buchstabe b genannten Angaben als gegeben gelten.
(3)[1]) Als „verbrauchsteuerpflichtige Waren" gelten Energieerzeugnisse, Alkohol und alkoholische Getränke sowie Tabakwaren, jeweils im Sinne der geltenden Gemeinschaftsvorschriften, nicht jedoch Gas, das über das Erdgasnetz im Gebiet der Gemeinschaft oder jedes an ein solches Netz angeschlossene Netz geliefert wird.

Artikel 3

(1) Abweichend von Artikel 2 Absatz 1 Buchstabe b Ziffer i unterliegen folgende Umsätze nicht der Mehrwertsteuer:
a) der innergemeinschaftliche Erwerb von Gegenständen durch einen Steuerpflichtigen oder durch eine nichtsteuerpflichtige juristische Person, wenn die Lieferung im Gebiet des Mitgliedstaats nach den Artikeln 148 und 151 steuerfrei wäre;
b) der innergemeinschaftliche Erwerb von Gegenständen, ausgenommen der Erwerb von Gegenständen im Sinne des Buchstabens a und des Artikels 4, von neuen Fahrzeugen und von verbrauchsteuerpflichtigen Waren, durch einen Steuerpflichtigen für Zwecke seines landwirtschaftlichen, forstwirtschaftlichen oder fischereiwirtschaftlichen Betriebs, der der gemeinsamen Pauschalregelung für Landwirte unterliegt, oder durch einen Steuerpflichtigen, der nur Lieferungen von Gegenständen bewirkt oder Dienstleistungen erbringt, für die kein Recht auf Vorsteuerabzug besteht, oder durch eine nichtsteuerpflichtige juristische Person.
(2) Absatz 1 Buchstabe b gilt nur, wenn folgende Voraussetzungen erfüllt sind:
a) im laufenden Kalenderjahr überschreitet der Gesamtbetrag der innergemeinschaftlichen Erwerbe von Gegenständen nicht den von den Mitgliedstaaten festzulegenden Schwellenwert, der nicht unter 10.000 EUR oder dem Gegenwert in Landeswährung liegen darf;

---
1) Fassung ab 16.01.2010 gem. RL vom 22.12.2009

b) im vorangegangenen Kalenderjahr hat der Gesamtbetrag der innergemeinschaftlichen Erwerbe von Gegenständen den in Buchstabe a geregelten Schwellenwert nicht überschritten.

Maßgeblich als Schwellenwert ist der Gesamtbetrag der in Absatz 1 Buchstabe b genannten innergemeinschaftlichen Erwerbe von Gegenständen ohne die Mehrwertsteuer, der im Mitgliedstaat des Beginns der Versendung oder Beförderung geschuldet oder entrichtet wurde.

(3) Die Mitgliedstaaten räumen den Steuerpflichtigen und den nichtsteuerpflichtigen juristischen Personen, auf die Absatz 1 Buchstabe b gegebenenfalls Anwendung findet, das Recht ein, die in Artikel 2 Absatz 1 Buchstabe b Ziffer i vorgesehene allgemeine Regelung anzuwenden.

Die Mitgliedstaaten legen die Modalitäten fest, unter denen die in Unterabsatz 1 genannte Regelung in Anspruch genommen werden kann; die Inanspruchnahme erstreckt sich über einen Zeitraum von mindestens zwei Kalenderjahren.

Artikel 4

Neben den in Artikel 3 genannten Umsätzen unterliegen folgende Umsätze nicht der Mehrwertsteuer:

a) der innergemeinschaftliche Erwerb von Gebrauchtgegenständen, Kunstgegenständen, Sammlungsstücken und Antiquitäten im Sinne des Artikels 311 Absatz 1 Nummern 1 bis 4, wenn der Verkäufer ein steuerpflichtiger Wiederverkäufer ist, der als solcher handelt, und der erworbene Gegenstand im Mitgliedstaat des Beginns der Versendung oder Beförderung gemäß der Regelung über die Differenzbesteuerung nach Artikel 312 bis 325 besteuert worden ist;

b) der innergemeinschaftliche Erwerb von Gebrauchtfahrzeugen im Sinne des Artikels 327 Absatz 3, wenn der Verkäufer ein steuerpflichtiger Wiederverkäufer ist, der als solcher handelt, und das betreffende Gebrauchtfahrzeug im Mitgliedstaat des Beginns der Versendung oder Beförderung gemäß der Übergangsregelung für Gebrauchtfahrzeuge besteuert worden ist;

c) der innergemeinschaftliche Erwerb von Gebrauchtgegenständen, Kunstgegenständen, Sammlungsstücken oder Antiquitäten im Sinne des Artikels 311 Absatz 1 Nummern 1 bis 4, wenn der Verkäufer ein Veranstalter von öffentlichen Versteigerungen ist, der als solcher handelt, und der erworbene Gegenstand im Mitgliedstaat des Beginns der Versendung oder Beförderung gemäß der Regelung für öffentliche Versteigerungen besteuert worden ist.

Titel II

Räumlicher Anwendungsbereich

Artikel 5

Im Sinne dieser Richtlinie bezeichnet der Ausdruck:

(1) „Gemeinschaft" und „Gebiet der Gemeinschaft" das Gebiet aller Mitgliedstaaten im Sinne der Nummer 2;

(2) „Mitgliedstaat" und „Gebiet eines Mitgliedstaats" das Gebiet jedes Mitgliedstaats der Gemeinschaft, auf den der Vertrag zur Gründung der Europäischen Gemeinschaft gemäß dessen Artikel 299 Anwendung findet, mit Ausnahme der in Artikel 6 dieser Richtlinie genannten Gebiete;

(3) „Drittgebiete" die in Artikel 6 genannten Gebiete;

(4) „Drittland" jeder Staat oder jedes Gebiet, auf den/das der Vertrag keine Anwendung findet.

Artikel 6

(1) Diese Richtlinie gilt nicht für folgende Gebiete, die Teil des Zollgebiets der Gemeinschaft sind:

a) Berg Athos;
b) Kanarische Inseln;
c) französische überseeische Departements;
d) Åland-Inseln;
e) Kanalinseln.

(2) Diese Richtlinie gilt nicht für folgende Gebiete, die nicht Teil des Zollgebiets der Gemeinschaft sind:

a) Insel Helgoland;
b) Gebiet von Büsingen;
c) Ceuta;
d) Melilla;

e) Livigno;

f) Campione d'Italia;

g) der zum italienischen Gebiet gehörende Teil des Luganer Sees.

Artikel 7

(1) Angesichts der Abkommen und Verträge, die sie mit Frankreich, mit dem Vereinigten Königreich und mit Zypern geschlossen haben, gelten das Fürstentum Monaco, die Insel Man und die Hoheitszonen des Vereinigten Königreichs Akrotiri und Dhekelia für die Zwecke der Anwendung dieser Richtlinie nicht als Drittland.

(2) Die Mitgliedstaaten treffen die erforderlichen Vorkehrungen, damit Umsätze, deren Ursprungs- oder Bestimmungsort im Fürstentum Monaco liegt, wie Umsätze behandelt werden, deren Ursprungs- oder Bestimmungsort in Frankreich liegt, und Umsätze, deren Ursprungs- oder Bestimmungsort auf der Insel Man liegt, wie Umsätze behandelt werden, deren Ursprungsoder Bestimmungsort im Vereinigten Königreich liegt, und Umsätze, deren Ursprungs- oder Bestimmungsort in den Hoheitszonen des Vereinigten Königreichs Akrotiri und Dhekelia liegt, wie Umsätze behandelt werden, deren Ursprungs- oder Bestimmungsort in Zypern liegt.

Artikel 8

Ist die Kommission der Ansicht, dass die Bestimmungen der Artikel 6 und 7 insbesondere in Bezug auf die Wettbewerbsneutralität oder die Eigenmittel nicht mehr gerechtfertigt sind, unterbreitet sie dem Rat geeignete Vorschläge.

Titel III

Steuerpflichtiger

Artikel 9

(1) Als „Steuerpflichtiger" gilt, wer eine wirtschaftliche Tätigkeit unabhängig von ihrem Ort, Zweck und Ergebnis selbstständig ausübt.

Als „wirtschaftliche Tätigkeit" gelten alle Tätigkeiten eines Erzeugers, Händlers oder Dienstleistenden einschließlich der Tätigkeiten der Urproduzenten, der Landwirte sowie der freien Berufe und der diesen gleichgestellten Berufe. Als wirtschaftliche Tätigkeit gilt insbesondere die Nutzung von körperlichen oder nicht körperlichen Gegenständen zur nachhaltigen Erzielung von Einnahmen.

(2) Neben den in Absatz 1 genannten Personen gilt als Steuerpflichtiger jede Person, die gelegentlich ein neues Fahrzeug liefert, das durch den Verkäufer oder durch den Erwerber oder für ihre Rechnung an den Erwerber nach einem Ort außerhalb des Gebiets eines Mitgliedstaats, aber im Gebiet der Gemeinschaft versandt oder befördert wird.

Artikel 10

Die selbstständige Ausübung der wirtschaftlichen Tätigkeit im Sinne des Artikels 9 Absatz 1 schließt Lohn- und Gehaltsempfänger und sonstige Personen von der Besteuerung aus, soweit sie an ihren Arbeitgeber durch einen Arbeitsvertrag oder ein sonstiges Rechtsverhältnis gebunden sind, das hinsichtlich der Arbeitsbedingungen und des Arbeitsentgelts sowie der Verantwortlichkeit des Arbeitgebers ein Verhältnis der Unterordnung schafft.

Artikel 11

Nach Konsultation des Beratenden Ausschusses für die Mehrwertsteuer (nachstehend „Mehrwertsteuerausschuss" genannt) kann jeder Mitgliedstaat in seinem Gebiet ansässige Personen, die zwar rechtlich unabhängig, aber durch gegenseitige finanzielle, wirtschaftliche und organisatorische Beziehungen eng miteinander verbunden sind, zusammen als einen Steuerpflichtigen behandeln.

Ein Mitgliedstaat, der die in Absatz 1 vorgesehene Möglichkeit in Anspruch nimmt, kann die erforderlichen Maßnahmen treffen, um Steuerhinterziehungen oder -umgehungen durch die Anwendung dieser Bestimmung vorzubeugen.

Artikel 12

(1) Die Mitgliedstaaten können Personen als Steuerpflichtige betrachten, die gelegentlich eine der in Artikel 9 Absatz 1 Unterabsatz 2 genannten Tätigkeiten ausüben und insbesondere einen der folgenden Umsätze bewirken:

a) Lieferung von Gebäuden oder Gebäudeteilen und dem dazugehörigen Grund und Boden, wenn sie vor dem Erstbezug erfolgt;

b) Lieferung von Baugrundstücken.

(2) Als „Gebäude" im Sinne des Absatzes 1 Buchstabe a gilt jedes mit dem Boden fest verbundene Bauwerk.

Die Mitgliedstaaten können die Einzelheiten der Anwendung des in Absatz 1 Buchstabe a genannten Kriteriums des Erstbezugs auf Umbauten von Gebäuden und den Begriff „dazugehöriger Grund und Boden" festlegen.

Die Mitgliedstaaten können andere Kriterien als das des Erstbezugs bestimmen, wie etwa den Zeitraum zwischen der Fertigstellung des Gebäudes und dem Zeitpunkt seiner ersten Lieferung, oder den Zeitraum zwischen dem Erstbezug und der späteren Lieferung, sofern diese Zeiträume fünf bzw. zwei Jahre nicht überschreiten.

(3) Als „Baugrundstück" im Sinne des Absatzes 1 Buchstabe b gelten erschlossene oder unerschlossene Grundstücke entsprechend den Begriffsbestimmungen der Mitgliedstaaten.

Artikel 13

(1) Staaten, Länder, Gemeinden und sonstige Einrichtungen des öffentlichen Rechts gelten nicht als Steuerpflichtige, soweit sie die Tätigkeiten ausüben oder Umsätze bewirken, die ihnen im Rahmen der öffentlichen Gewalt obliegen, auch wenn sie im Zusammenhang mit diesen Tätigkeiten oder Umsätzen Zölle, Gebühren, Beiträge oder sonstige Abgaben erheben.

Falls sie solche Tätigkeiten ausüben oder Umsätze bewirken, gelten sie für diese Tätigkeiten oder Umsätze jedoch als Steuerpflichtige, sofern eine Behandlung als Nichtsteuerpflichtige zu größeren Wettbewerbsverzerrungen führen würde.

Die Einrichtungen des öffentlichen Rechts gelten in Bezug auf die in Anhang I genannten Tätigkeiten in jedem Fall als Steuerpflichtige, sofern der Umfang dieser Tätigkeiten nicht unbedeutend ist.

(2)[1] Mitgliedstaaten können die Tätigkeiten von Einrichtungen des öffentlichen Rechts, die nach den Artikeln 132, 135, 136 und 371, den Artikeln 374 bis 377, dem Artikel 378 Absatz 2, dem Artikel 379 Absatz 2 sowie den Artikeln 380 bis 390b von der Mehrwertsteuer befreit sind, als Tätigkeiten behandeln, die ihnen im Rahmen der öffentlichen Gewalt obliegen.

Titel IV

Steuerbarer Umsatz

Kapitel 1

Lieferung von Gegenständen

Artikel 14

(1) Als „Lieferung von Gegenständen" gilt die Übertragung der Befähigung, wie ein Eigentümer über einen körperlichen Gegenstand zu verfügen.

(2) Neben dem in Absatz 1 genannten Umsatz gelten folgende Umsätze als Lieferung von Gegenständen:

a) die Übertragung des Eigentums an einem Gegenstand gegen Zahlung einer Entschädigung auf Grund einer behördlichen Anordnung oder kraft Gesetzes;

b) die Übergabe eines Gegenstands auf Grund eines Vertrags, der die Vermietung eines Gegenstands während eines bestimmten Zeitraums oder den Ratenverkauf eines Gegenstands vorsieht, der regelmäßig die Klausel enthält, dass das Eigentum spätestens mit Zahlung der letzten fälligen Rate erworben wird;

c) die Übertragung eines Gegenstands auf Grund eines Vertrags über eine Einkaufs- oder Verkaufskommission.

(3) Die Mitgliedstaaten können die Erbringung bestimmter Bauleistungen als Lieferung von Gegenständen betrachten.

Artikel 15

(1)[2] Einem körperlichen Gegenstand gleichgestellt sind Elektrizität, Gas, Wärme oder Kälte und ähnliche Sachen.

---

1) Fassung ab 16.01.2010 gem. RL vom 22.12.2009
2) Fassung ab 16.01.2010 gem. RL vom 22.12.2009

(2) Die Mitgliedstaaten können als körperlichen Gegenstand betrachten:
a) bestimmte Rechte an Grundstücken;
b) dingliche Rechte, die ihrem Inhaber ein Nutzungsrecht an Grundstücken geben;
c) Anteilrechte und Aktien, deren Besitz rechtlich oder tatsächlich das Eigentums- oder Nutzungsrecht an einem Grundstück oder Grundstücksteil begründet.

Artikel 16

Einer Lieferung von Gegenständen gegen Entgelt gleichgestellt ist die Entnahme eines Gegenstands durch einen Steuerpflichtigen aus seinem Unternehmen für seinen privaten Bedarf oder für den Bedarf seines Personals oder als unentgeltliche Zuwendung oder allgemein für unternehmensfremde Zwecke, wenn dieser Gegenstand oder seine Bestandteile zum vollen oder teilweisen Vorsteuerabzug berechtigt haben.

Jedoch werden einer Lieferung von Gegenständen gegen Entgelt nicht gleichgestellt Entnahmen für Geschenke von geringem Wert und für Warenmuster für die Zwecke des Unternehmens.

Artikel 17

(1) Einer Lieferung von Gegenständen gegen Entgelt gleichgestellt ist die von einem Steuerpflichtigen vorgenommene Verbringung eines Gegenstands seines Unternehmens in einen anderen Mitgliedstaat.

Als „Verbringung in einen anderen Mitgliedstaat" gelten die Versendung oder Beförderung eines im Gebiet eines Mitgliedstaats befindlichen beweglichen körperlichen Gegenstands durch den Steuerpflichtigen oder für seine Rechnung für die Zwecke seines Unternehmens nach Orten außerhalb dieses Gebiets, aber innerhalb der Gemeinschaft.

(2) Nicht als Verbringung in einen anderen Mitgliedstaat gelten die Versendung oder Beförderung eines Gegenstands für die Zwecke eines der folgenden Umsätze:

a) Lieferung dieses Gegenstands durch den Steuerpflichtigen im Gebiet des Mitgliedstaats der Beendigung der Versendung oder Beförderung unter den Bedingungen des Artikels 33;
b) Lieferung dieses Gegenstands durch den Steuerpflichtigen zum Zwecke seiner Installation oder Montage durch den Lieferer oder für dessen Rechnung im Gebiet des Mitgliedstaats der Beendigung der Versendung oder Beförderung unter den Bedingungen des Artikels 36;
c) Lieferung dieses Gegenstands durch den Steuerpflichtigen an Bord eines Schiffes, eines Flugzeugs oder in einer Eisenbahn während einer Personenbeförderung unter den Bedingungen des Artikels 37;
d) [1)]Lieferung von Gas über ein Erdgasnetz im Gebiet der Gemeinschaft oder ein an ein solches Netz angeschlossenes Netz, Lieferung von Elektrizität oder Kälte über Wärme- oder Kältenetze unter den Bedingungen der Artikel 38 und 39;
e) Lieferung dieses Gegenstands durch den Steuerpflichtigen im Gebiet des Mitgliedstaats unter den Bedingungen der Artikel 138, 146, 147, 148, 151 und 152;
f) [2)]Erbringung einer Dienstleistung an den Steuerpflichtigen, die in der Begutachtung von oder Arbeiten an diesem Gegenstand besteht, die im Gebiet des Mitgliedstaats der Beendigung der Versendung oder Beförderung des Gegenstands tatsächlich ausgeführt werden, sofern der Gegenstand nach der Begutachtung oder Bearbeitung wieder an den Steuerpflichtigen in dem Mitgliedstaat zurückgesandt wird, von dem aus er ursprünglich versandt oder befördert worden war;
g) vorübergehende Verwendung dieses Gegenstands im Gebiet des Mitgliedstaats der Beendigung der Versendung oder Beförderung zum Zwecke der Erbringung von Dienstleistungen durch den im Mitgliedstaat des Beginns der Versendung oder Beförderung ansässigen Steuerpflichtigen;
h) vorübergehende Verwendung dieses Gegenstands während eines Zeitraums von höchstens 24 Monaten im Gebiet eines anderen Mitgliedstaats, in dem für die Einfuhr des gleichen Gegenstands aus einem Drittland im Hinblick auf eine vorübergehende Verwendung die Regelung über die vollständige Befreiung von Einfuhrabgaben bei der vorübergehenden Einfuhr gelten würde.

(3) Liegt eine der Voraussetzungen für die Inanspruchnahme des Absatzes 2 nicht mehr vor, gilt der Gegenstand als in einen anderen Mitgliedstaat verbracht. In diesem Fall gilt die Verbringung als zu dem Zeitpunkt erfolgt, zu dem die betreffende Voraussetzung nicht mehr vorliegt.

---

1) Gilt ab 16.01.2010 gem. RL vom 22.12.2009
2) Gilt ab 16.08.2010 gem. RL vom 13.07.2010

Anhang 1a

EG-Richtlinien / Mehrwertsteuer-Systemrichtlinie

Artikel 18

Die Mitgliedstaaten können der Lieferung von Gegenständen gegen Entgelt folgende Vorgänge gleichstellen:

a) die Verwendung – durch einen Steuerpflichtigen – eines im Rahmen seines Unternehmens hergestellten, gewonnenen, be- oder verarbeiteten, gekauften oder eingeführten Gegenstands zu seinem Unternehmen, falls ihn der Erwerb eines solchen Gegenstands von einem anderen Steuerpflichtigen nicht zum vollen Vorsteuerabzug berechtigen würde;

b) die Verwendung eines Gegenstands durch einen Steuerpflichtigen zu einem nicht besteuerten Tätigkeitsbereich, wenn dieser Gegenstand bei seiner Anschaffung oder seiner Zuordnung gemäß Buchstabe a zum vollen oder teilweisen Vorsteuerabzug berechtigt hat;

c) mit Ausnahme der in Artikel 19 genannten Fälle der Besitz von Gegenständen durch einen Steuerpflichtigen oder seine Rechtsnachfolger bei Aufgabe seiner der Steuer unterliegenden wirtschaftlichen Tätigkeit, wenn diese Gegenstände bei ihrer Anschaffung oder bei ihrer Verwendung nach Buchstabe a zum vollen oder teilweisen Vorsteuerabzug berechtigt haben.

Artikel 19

Die Mitgliedstaaten können die Übertragung eines Gesamt- oder Teilvermögens, die entgeltlich oder unentgeltlich oder durch Einbringung in eine Gesellschaft erfolgt, behandeln, als ob keine Lieferung von Gegenständen vorliegt, und den Begünstigten der Übertragung als Rechtsnachfolger des Übertragenden ansehen.

Die Mitgliedstaaten können die erforderlichen Maßnahmen treffen, um Wettbewerbsverzerrungen für den Fall zu vermeiden, dass der Begünstigte nicht voll steuerpflichtig ist. Sie können ferner die erforderlichen Maßnahmen treffen, um Steuerhinterziehungen oder -umgehungen durch die Anwendung dieses Artikels vorzubeugen.

Kapitel 2

Innergemeinschaftlicher Erwerb von Gegenständen

Artikel 20

Als „innergemeinschaftlicher Erwerb von Gegenständen" gilt die Erlangung der Befähigung, wie ein Eigentümer über einen beweglichen körperlichen Gegenstand zu verfügen, der durch den Verkäufer oder durch den Erwerber oder für ihre Rechnung nach einem anderen Mitgliedstaat als dem, in dem sich der Gegenstand zum Zeitpunkt des Beginns der Versendung oder Beförderung befand, an den Erwerber versandt oder befördert wird.

Werden von einer nichtsteuerpflichtigen juristischen Person erworbene Gegenstände von einem Drittgebiet oder einem Drittland aus versandt oder befördert und von dieser nichtsteuerpflichtigen juristischen Person in einen anderen Mitgliedstaat als den der Beendigung der Versendung oder Beförderung eingeführt, gelten die Gegenstände als vom Einfuhrmitgliedstaat aus versandt oder befördert. Dieser Mitgliedstaat gewährt dem Importeur, der gemäß Artikel 201 als Steuerschuldner bestimmt oder anerkannt wurde, die Erstattung der Mehrwertsteuer für die Einfuhr, sofern der Importeur nachweist, dass der Erwerb dieser Gegenstände im Mitgliedstaat der Beendigung der Versendung oder Beförderung der Gegenstände besteuert worden ist.

Artikel 21

Einem innergemeinschaftlichen Erwerb von Gegenständen gegen Entgelt gleichgestellt ist die Verwendung eines Gegenstands durch den Steuerpflichtigen in seinem Unternehmen, der von einem Steuerpflichtigen oder für seine Rechnung aus einem anderen Mitgliedstaat, in dem der Gegenstand von dem Steuerpflichtigen im Rahmen seines in diesem Mitgliedstaat gelegenen Unternehmens hergestellt, gewonnen, be- oder verarbeitet, gekauft, im Sinne des Artikels 2 Absatz 1 Buchstabe b erworben oder eingeführt worden ist, versandt oder befördert wurde.

Artikel 22

Einem innergemeinschaftlichen Erwerb von Gegenständen gegen Entgelt gleichgestellt ist die Verwendung von Gegenständen, die nicht gemäß den allgemeinen Besteuerungsbedingungen des Binnenmarkts eines Mitgliedstaats gekauft wurden, durch die Streitkräfte von Staaten, die Vertragsparteien des Nordatlantikvertrags sind, zum Gebrauch oder Verbrauch durch diese Streitkräfte oder ihr ziviles Begleitpersonal, sofern für die Einfuhr dieser Gegenstände nicht die Steuerbefreiung nach Artikel 143 Buchstabe h in Anspruch genommen werden kann.

EG-Richtlinien / Mehrwertsteuer-Systemrichtlinie — Anhang 1a

Artikel 23

Die Mitgliedstaaten treffen Maßnahmen, die sicherstellen, dass Umsätze als „innergemeinschaftlicher Erwerb von Gegenständen" eingestuft werden, die als „Lieferung von Gegenständen" eingestuft würden, wenn sie in ihrem Gebiet von einem Steuerpflichtigen, der als solcher handelt, getätigt worden wären.

Kapitel 3
Dienstleistungen

Artikel 24

(1) Als „Dienstleistung" gilt jeder Umsatz, der keine Lieferung von Gegenständen ist.

(2) Als „Telekommunikationsdienstleistung" gelten Dienstleistungen zum Zweck der Übertragung, Ausstrahlung oder des Empfangs von Signalen, Schrift, Bild und Ton oder Informationen jeglicher Art über Draht, Funk, optische oder andere elektromagnetische Medien, einschließlich der damit im Zusammenhang stehenden Abtretung oder Einräumung von Nutzungsrechten an Einrichtungen zur Übertragung, Ausstrahlung oder zum Empfang, einschließlich der Bereitstellung des Zugangs zu globalen Informationsnetzen.

Artikel 25

Eine Dienstleistung kann unter anderem in einem der folgenden Umsätze bestehen:

a) Abtretung eines nicht körperlichen Gegenstands, gleichgültig, ob in einer Urkunde verbrieft oder nicht;

b) Verpflichtung, eine Handlung zu unterlassen oder eine Handlung oder einen Zustand zu dulden;

c) Erbringung einer Dienstleistung auf Grund einer behördlichen Anordnung oder kraft Gesetzes.

Artikel 26

(1) Einer Dienstleistung gegen Entgelt gleichgestellt sind folgende Umsätze:

a) Verwendung eines dem Unternehmen zugeordneten Gegenstands für den privaten Bedarf des Steuerpflichtigen, für den Bedarf seines Personals oder allgemein für unternehmensfremde Zwecke, wenn dieser Gegenstand zum vollen oder teilweisen Vorsteuerabzug berechtigt hat;

b) unentgeltliche Erbringung von Dienstleistungen durch den Steuerpflichtigen für seinen privaten Bedarf, für den Bedarf seines Personals oder allgemein für unternehmensfremde Zwecke.

(2) Die Mitgliedstaaten können Abweichungen von Absatz 1 vorsehen, sofern solche Abweichungen nicht zu Wettbewerbsverzerrungen führen.

Artikel 27

Um Wettbewerbsverzerrungen vorzubeugen, können die Mitgliedstaaten nach Konsultation des Mehrwertsteuerausschusses auch die Erbringung einer Dienstleistung durch einen Steuerpflichtigen für das eigene Unternehmen einer Dienstleistung gegen Entgelt gleichstellen, falls ihn die Erbringung einer derartigen Dienstleistung durch einen anderen Steuerpflichtigen nicht zum vollen Vorsteuerabzug berechtigen würde.

Artikel 28

Steuerpflichtige, die bei der Erbringung von Dienstleistungen im eigenen Namen, aber für Rechnung Dritter tätig werden, werden behandelt, als ob sie diese Dienstleistungen selbst erhalten und erbracht hätten.

Artikel 29

Artikel 19 gilt unter den gleichen Voraussetzungen für Dienstleistungen.

Kapitel 4
Einfuhr von Gegenständen

Artikel 30

Als „Einfuhr eines Gegenstands" gilt die Verbringung eines Gegenstands, der sich nicht im freien Verkehr im Sinne des Artikels 24 des Vertrags befindet, in die Gemeinschaft.

Neben dem in Absatz 1 genannten Umsatz gilt als Einfuhr eines Gegenstands auch die Verbringung eines im freien Verkehr befindlichen Gegenstands mit Herkunft aus einem Drittgebiet, das Teil des Zollgebiets der Gemeinschaft ist, in die Gemeinschaft.

Titel V
Ort des steuerbaren Umsatzes

Kapitel 1

Ort der Lieferung von Gegenständen

Abschnitt 1
Lieferung von Gegenständen ohne Beförderung

Artikel 31

Wird der Gegenstand nicht versandt oder befördert, gilt als Ort der Lieferung der Ort, an dem sich der Gegenstand zum Zeitpunkt der Lieferung befindet.

Abschnitt 2
Lieferung von Gegenständen mit Beförderung

Artikel 32

Wird der Gegenstand vom Lieferer, vom Erwerber oder von einer dritten Person versandt oder befördert, gilt als Ort der Lieferung der Ort, an dem sich der Gegenstand zum Zeitpunkt des Beginns der Versendung oder Beförderung an den Erwerber befindet.

Liegt der Ort, von dem aus die Gegenstände versandt oder befördert werden, in einem Drittgebiet oder in einem Drittland, gelten der Ort der Lieferung, die durch den Importeur bewirkt wird, der gemäß Artikel 201 als Steuerschuldner bestimmt oder anerkannt wurde, sowie der Ort etwaiger anschließender Lieferungen jedoch als in dem Mitgliedstaat gelegen, in den die Gegenstände eingeführt werden.

Artikel 33

(1) Abweichend von Artikel 32 gilt als Ort einer Lieferung von Gegenständen, die durch den Lieferer oder für dessen Rechnung von einem anderen Mitgliedstaat als dem der Beendigung der Versendung oder Beförderung aus versandt oder befördert werden, der Ort, an dem sich die Gegenstände bei Beendigung der Versendung oder Beförderung an den Erwerber befinden, sofern folgende Bedingungen erfüllt sind:

a) die Lieferung der Gegenstände erfolgt an einen Steuerpflichtigen oder eine nichtsteuerpflichtige juristische Person, deren innergemeinschaftliche Erwerbe von Gegenständen gemäß Artikel 3 Absatz 1 nicht der Mehrwertsteuer unterliegen, oder an eine andere nichtsteuerpflichtige Person;

b) die gelieferten Gegenstände sind weder neue Fahrzeuge noch Gegenstände, die mit oder ohne probeweise Inbetriebnahme durch den Lieferer oder für dessen Rechnung montiert oder installiert geliefert werden.

(2) Werden die gelieferten Gegenstände von einem Drittgebiet oder einem Drittland aus versandt oder befördert und vom Lieferer in einen anderen Mitgliedstaat als den der Beendigung der Versendung oder Beförderung an den Erwerber eingeführt, gelten sie als vom Einfuhrmitgliedstaat aus versandt oder befördert.

Artikel 34

(1) Artikel 33 gilt nicht für Lieferungen von Gegenständen, die in ein und denselben Mitgliedstaat der Beendigung des Versands oder der Beförderung versandt oder befördert werden, sofern folgende Bedingungen erfüllt sind:

a) die gelieferten Gegenstände sind keine verbrauchsteuerpflichtigen Waren;

b) der Gesamtbetrag – ohne Mehrwertsteuer – der Lieferungen in den Mitgliedstaat unter den Bedingungen des Artikels 33 überschreitet im laufenden Kalenderjahr nicht 100.000 EUR oder den Gegenwert in Landeswährung;

c) der Gesamtbetrag – ohne Mehrwertsteuer – der Lieferungen in den Mitgliedstaat unter den Bedingungen des Artikels 33 von anderen Gegenständen als verbrauchsteuerpflichtigen Waren hat im vorangegangenen Kalenderjahr 100.000 EUR oder den Gegenwert in Landeswährung nicht überschritten.

(2) Der Mitgliedstaat, in dessen Gebiet sich die Gegenstände bei Beendigung der Versendung oder Beförderung an den Erwerber befinden, kann den in Absatz 1 genannten Schwellenwert auf 35.000 EUR

oder den Gegenwert in Landeswährung begrenzen, falls er befürchtet, dass der Schwellenwert von 100.000 EUR zu schwerwiegenden Wettbewerbsverzerrungen führt.

Mitgliedstaaten, die von der Möglichkeit nach Unterabsatz 1 Gebrauch machen, treffen die erforderlichen Maßnahmen zur Unterrichtung der zuständigen Behörden des Mitgliedstaats, von dem aus die Gegenstände versandt oder befördert werden.

(3) Die Kommission unterbreitet dem Rat so bald wie möglich einen Bericht, gegebenenfalls zusammen mit geeigneten Vorschlägen, über die Anwendung und Wirkung des in Absatz 2 genannten besonderen Schwellenwerts von 35.000 EUR.

(4) Der Mitgliedstaat, in dessen Gebiet sich die Gegenstände bei Beginn der Versendung oder Beförderung befinden, räumt den Steuerpflichtigen, auf deren Lieferungen Absatz 1 gegebenenfalls Anwendung findet, das Recht ein, sich dafür zu entscheiden, dass der Ort dieser Lieferungen gemäß Artikel 33 bestimmt wird.

Die betreffenden Mitgliedstaaten legen fest, unter welchen Modalitäten die in Unterabsatz 1 genannte Wahlmöglichkeit in Anspruch genommen werden kann; die Inanspruchnahme dieser Regelung erstreckt sich über einen Zeitraum von mindestens zwei Kalenderjahren.

Artikel 35

Die Artikel 33 und 34 gelten nicht für die Lieferung von Gebrauchtgegenständen, Kunstgegenständen, Sammlungsstücken und Antiquitäten im Sinne des Artikels 311 Absatz 1 Nummern 1 bis 4 sowie für die Lieferung von Gebrauchtfahrzeugen im Sinne des Artikels 327 Absatz 3, die der Mehrwertsteuer gemäß den Sonderregelungen für diese Bereiche unterliegen.

Artikel 36

Wird der vom Lieferer, vom Erwerber oder von einer dritten Person versandte oder beförderte Gegenstand mit oder ohne probeweise Inbetriebnahme durch den Lieferer oder für dessen Rechnung installiert oder montiert, gilt als Ort der Lieferung der Ort, an dem die Installation oder Montage vorgenommen wird.

Wird der Gegenstand in einem anderen Mitgliedstaat als dem des Lieferers installiert oder montiert, trifft der Mitgliedstaat, in dessen Gebiet die Installation oder Montage vorgenommen wird, die zur Vermeidung einer Doppelbesteuerung in diesem Mitgliedstaat erforderlichen Maßnahmen

Abschnitt 3

Lieferung von Gegenständen an Bord eines Schiffes, eines Flugzeugs oder in einer Eisenbahn

Artikel 37

(1) Erfolgt die Lieferung von Gegenständen an Bord eines Schiffes, eines Flugzeugs oder in einer Eisenbahn während des innerhalb der Gemeinschaft stattfindenden Teils einer Personenbeförderung, gilt als Ort dieser Lieferung der Abgangsort der Personenbeförderung.

(2) Für die Zwecke des Absatzes 1 gilt als „innerhalb der Gemeinschaft stattfindender Teil einer Personenbeförderung" der Teil einer Beförderung zwischen dem Abgangsort und dem Ankunftsort einer Personenbeförderung, der ohne Zwischenaufenthalt außerhalb der Gemeinschaft erfolgt.

„Abgangsort einer Personenbeförderung" ist der erste Ort innerhalb der Gemeinschaft, an dem Reisende in das Beförderungsmittel einsteigen können, gegebenenfalls nach einem Zwischenaufenthalt außerhalb der Gemeinschaft.

„Ankunftsort einer Personenbeförderung" ist der letzte Ort innerhalb der Gemeinschaft, an dem in der Gemeinschaft zugestiegene Reisende das Beförderungsmittel verlassen können, gegebenenfalls vor einem Zwischenaufenthalt außerhalb der Gemeinschaft.

Im Fall einer Hin- und Rückfahrt gilt die Rückfahrt als gesonderte Beförderung.

(3) Die Kommission unterbreitet dem Rat möglichst rasch einen Bericht, gegebenenfalls zusammen mit geeigneten Vorschlägen, über den Ort der Besteuerung der Lieferung von Gegenständen, die zum Verbrauch an Bord bestimmt sind, und der Dienstleistungen, einschließlich Bewirtung, die an Reisende an Bord eines Schiffes, eines Flugzeugs oder in einer Eisenbahn erbracht werden.

Bis zur Annahme der in Unterabsatz 1 genannten Vorschläge können die Mitgliedstaaten die Lieferung von Gegenständen, die zum Verbrauch an Bord bestimmt sind und deren Besteuerungsort gemäß Absatz 1 festgelegt wird, mit Recht auf Vorsteuerabzug von der Steuer befreien oder weiterhin befreien.

Abschnitt 4

Lieferung von Gas über ein Erdgasnetz, von Elektrizität und von Wärme oder Kälte über Wärme- und Kältenetze

Artikel 38[1]

(1) Bei Lieferung von Gas über ein Erdgasnetz im Gebiet der Gemeinschaft oder jedes an ein solches Netz angeschlossene Netz, von Elektrizität oder von Wärme oder Kälte über Wärme- oder Kältenetze an einen steuerpflichtigen Wiederverkäufer, gilt als Ort der Lieferung der Ort, an dem dieser steuerpflichtige Wiederverkäufer den Sitz seiner wirtschaftlichen Tätigkeit oder eine feste Niederlassung hat, für die die Gegenstände geliefert werden, oder in Ermangelung eines solchen Sitzes oder einer solchen festen Niederlassung sein Wohnsitz oder sein gewöhnlicher Aufenthaltsort.

(2) Für die Zwecke des Absatzes 1 ist ein „steuerpflichtiger Wiederverkäufer" ein Steuerpflichtiger, dessen Haupttätigkeit in Bezug auf den Kauf von Gas, Elektrizität, Wärme oder Kälte im Wiederverkauf dieser Erzeugnisse besteht und dessen eigener Verbrauch dieser Erzeugnisse zu vernachlässigen ist.

Artikel 39[2]

Für den Fall, dass die Lieferung von Gas über ein Erdgasnetz im Gebiet der Gemeinschaft oder jedes an ein solches Netz angeschlossene Netz, die Lieferung von Elektrizität oder die Lieferung von Wärme oder Kälte über Wärme- oder Kältenetze nicht unter Artikel 38 fällt, gilt als Ort der Lieferung der Ort, an dem der Erwerber die Gegenstände tatsächlich nutzt und verbraucht.

Falls die Gesamtheit oder ein Teil des Gases, der Elektrizität oder der Wärme oder Kälte von diesem Erwerber nicht tatsächlich verbraucht wird, wird davon ausgegangen, dass diese nicht verbrauchten Gegenstände an dem Ort genutzt und verbraucht worden sind, an dem er den Sitz seiner wirtschaftlichen Tätigkeit oder eine feste Niederlassung hat, für die die Gegenstände geliefert werden. In Ermangelung eines solchen Sitzes oder solchen festen Niederlassung wird davon ausgegangen, dass er die Gegenstände an seinem Wohnsitz oder seinem gewöhnlichen Aufenthaltsort genutzt und verbraucht hat.

Kapitel 2

Ort des innergemeinschaftlichen Erwerbs von Gegenständen

Artikel 40

Als Ort eines innergemeinschaftlichen Erwerbs von Gegenständen gilt der Ort, an dem sich die Gegenstände zum Zeitpunkt der Beendigung der Versendung oder Beförderung an den Erwerber befinden.

Artikel 41

Unbeschadet des Artikels 40 gilt der Ort eines innergemeinschaftlichen Erwerbs von Gegenständen im Sinne des Artikels 2 Absatz 1 Buchstabe b Ziffer i als im Gebiet des Mitgliedstaats gelegen, der dem Erwerber die von ihm für diesen Erwerb verwendete Mehrwertsteuer-Identifikationsnummer erteilt hat, sofern der Erwerber nicht nachweist, dass dieser Erwerb im Einklang mit Artikel 40 besteuert worden ist.

Wird der Erwerb gemäß Artikel 40 im Mitgliedstaat der Beendigung der Versendung oder Beförderung der Gegenstände besteuert, nachdem er gemäß Absatz 1 besteuert wurde, wird die Steuerbemessungsgrundlage in dem Mitgliedstaat, der dem Erwerber die von ihm für diesen Erwerb verwendete Mehrwertsteuer-Identifikationsnummer erteilt hat, entsprechend gemindert.

Artikel 42

Artikel 41 Absatz 1 ist nicht anzuwenden und der innergemeinschaftliche Erwerb von Gegenständen gilt als gemäß Artikel 40 besteuert, wenn folgende Bedingungen erfüllt sind:

a) der Erwerber weist nach, dass er diesen Erwerb für die Zwecke einer anschließenden Lieferung getätigt hat, die im Gebiet des gemäß Artikel 40 bestimmten Mitgliedstaats bewirkt wurde und für die der Empfänger der Lieferung gemäß Artikel 197 als Steuerschuldner bestimmt worden ist;

b) der Erwerber ist der Pflicht zur Abgabe der zusammenfassenden Meldung gemäß Artikel 265 nachgekommen.

---

1) Fassung ab 16.01.2010 gem. RL vom 22.12.2009
2) Fassung ab 16.01.2010 gem. RL vom 22.12.2009

Kapitel 3[1)]

Ort der Dienstleistung

Abschnitt 1

Begriffsbestimmungen

Artikel 43

Für die Zwecke der Anwendung der Regeln für die Bestimmung des Ortes der Dienstleistung gilt

1. ein Steuerpflichtiger, der auch Tätigkeiten ausführt oder Umsätze bewirkt, die nicht als steuerbare Lieferungen von Gegenständen oder Dienstleistungen im Sinne des Artikels 2 Absatz 1 angesehen werden, in Bezug auf alle an ihn erbrachten Dienstleistungen als Steuerpflichtiger;
2. eine nicht steuerpflichtige juristische Person mit Mehrwertsteuer-Identifikationsnummer als Steuerpflichtiger.

Abschnitt 2

Allgemeine Bestimmungen

Artikel 44

Als Ort einer Dienstleistung an einen Steuerpflichtigen, der als solcher handelt, gilt der Ort, an dem dieser Steuerpflichtige den Sitz seiner wirtschaftlichen Tätigkeit hat. Werden diese Dienstleistungen jedoch an eine feste Niederlassung des Steuerpflichtigen, die an einem anderen Ort als dem des Sitzes seiner wirtschaftlichen Tätigkeit gelegen ist, erbracht, so gilt als Ort dieser Dienstleistungen der Sitz der festen Niederlassung. In Ermangelung eines solchen Sitzes oder einer solchen festen Niederlassung gilt als Ort der Dienstleistung der Wohnsitz oder der gewöhnliche Aufenthaltsort des steuerpflichtigen Dienstleistungsempfängers.

Artikel 45

Als Ort einer Dienstleistung an einen Nichtsteuerpflichtigen gilt der Ort, an dem der Dienstleistungserbringer den Sitz seiner wirtschaftlichen Tätigkeit hat. Werden diese Dienstleistungen jedoch von der festen Niederlassung des Dienstleistungserbringers, die an einem anderen Ort als dem des Sitzes seiner wirtschaftlichen Tätigkeit gelegen ist, aus erbracht, so gilt als Ort dieser Dienstleistungen der Sitz der festen Niederlassung. In Ermangelung eines solchen Sitzes oder einer solchen festen Niederlassung gilt als Ort der Dienstleistung der Wohnsitz oder der gewöhnliche Aufenthaltsort des Dienstleistungserbringers.

Abschnitt 3

Besondere Bestimmungen

Unterabschnitt 1

Von Vermittlern erbrachte Dienstleistungen an Nichtsteuerpflichtige

Artikel 46

Als Ort einer Dienstleistung an einen Nichtsteuerpflichtigen, die von einem Vermittler im Namen und für Rechnung eines Dritten erbracht wird, gilt der Ort, an dem der vermittelte Umsatz gemäß den Bestimmungen dieser Richtlinie erbracht wird.

Unterabschnitt 2

Dienstleistungen im Zusammenhang mit Grundstücken

Artikel 47

Als Ort einer Dienstleistung im Zusammenhang mit einem Grundstück, einschließlich der Dienstleistungen von Sachverständigen und Grundstücksmaklern, der Beherbergung in der Hotelbranche oder in Branchen mit ähnlicher Funktion, wie zum Beispiel in Ferienlagern oder auf einem als Campingplatz hergerichteten Gelände, der Einräumung von Rechten zur Nutzung von Grundstücken sowie von Dienstleistungen zur Vorbereitung und Koordinierung von Bauleistungen, wie z.B. die Leistungen von Architekten und Bauaufsichtsunternehmen, gilt der Ort, an dem das Grundstück gelegen ist.

---

1) Kapitel 3 wurde durch die Richtlinie 2008/8/EG vom 12.02.2008 völlig neu gefasst mit Wirkung ab dem 01.01.2010. Darauf beruhen die durch das JStG 2009 zum 01.01.2010 angeordneten Neuregelungen des Orts der Dienstleistung gem. §§ 3a ff. UStG

Anhang 1a

Unterabschnitt 3
Beförderungsleistungen

Artikel 48

Als Ort einer Personenbeförderungsleistung gilt der Ort, an dem die Beförderung nach Maßgabe der zurückgelegten Beförderungsstrecke jeweils stattfindet.

Artikel 49

Als Ort einer Güterbeförderungsleistung an Nichtsteuerpflichtige, die keine innergemeinschaftliche Güterbeförderung darstellt, gilt der Ort, an dem die Beförderung nach Maßgabe der zurückgelegten Beförderungsstrecke jeweils stattfindet.

Artikel 50

Als Ort einer innergemeinschaftlichen Güterbeförderungsleistung an Nichtsteuerpflichtige gilt der Abgangsort der Beförderung.

Artikel 51

Als „innergemeinschaftliche Güterbeförderung" gilt die Beförderung von Gegenständen, bei der Abgangs- und Ankunftsort in zwei verschiedenen Mitgliedstaaten liegen.

„Abgangsort" ist der Ort, an dem die Güterbeförderung tatsächlich beginnt, ungeachtet der Strecken, die bis zu dem Ort zurückzulegen sind, an dem sich die Gegenstände befinden, und „Ankunftsort" ist der Ort, an dem die Güterbeförderung tatsächlich endet.

Artikel 52

Die Mitgliedstaaten haben die Möglichkeit, keine Mehrwertsteuer auf den Teil der innergemeinschaftlichen Güterbeförderung an Nichtsteuerpflichtige zu erheben, der den Beförderungsstrecken über Gewässer entspricht, die nicht zum Gebiet der Gemeinschaft gehören.

Unterabschnitt 4
Dienstleistungen auf dem Gebiet der Kultur, der Künste, des Sports, der Wissenschaft, des Unterrichts, der Unterhaltung und ähnliche Veranstaltungen, Nebentätigkeiten zur Beförderung, Begutachtung von beweglichen Gegenständen und Arbeiten an solchen Gegenständen

Artikel 53[1)]

Als Ort einer Dienstleistung an einen Steuerpflichtigen betreffend die Eintrittsberechtigung sowie die damit zusammenhängenden Dienstleistungen für Veranstaltungen auf dem Gebiet der Kultur, der Künste, des Sports, der Wissenschaft, des Unterrichts, der Unterhaltung oder für ähnliche Veranstaltungen wie Messen und Ausstellungen gilt der Ort, an dem diese Veranstaltungen tatsächlich stattfinden.

Artikel 54[2)]

(1) Als Ort einer Dienstleistung sowie der damit zusammenhängenden Dienstleistungen an einen Nichtsteuerpflichtigen betreffend Tätigkeiten auf dem Gebiet der Kultur, der Künste, des Sports, der Wissenschaft, des Unterrichts, der Unterhaltung oder ähnliche Veranstaltungen wie Messen und Ausstellungen, einschließlich der Erbringung von Dienstleistungen der Veranstalter solcher Tätigkeiten, gilt der Ort, an dem diese Tätigkeiten tatsächlich ausgeübt werden.

(2) Als Ort der folgenden Dienstleistungen an Nichtsteuerpflichtige gilt der Ort, an dem sie tatsächlich erbracht werden:

a) Nebentätigkeiten zur Beförderung wie Beladen, Entladen, Umschlag und ähnliche Tätigkeiten;

b) Begutachtung von beweglichen körperlichen Gegenständen und Arbeiten an solchen Gegenständen.

Unterabschnitt 5
Restaurant- und Verpflegungsdienstleistungen

Artikel 55

Als Ort von Restaurant- und Verpflegungsdienstleistungen, die nicht an Bord eines Schiffes oder eines Flugzeugs oder in der Eisenbahn während des innerhalb der Gemeinschaft stattfindenden Teils einer Personenbeförderung tatsächlich erbracht werden, gilt der Ort, an dem die Dienstleistungen tatsächlich erbracht werden.

---

1) Fassung ab 01.01.2011
2) Fassung ab 01.01.2011

Unterabschnitt 6
Vermietung von Beförderungsmitteln

Artikel 56

(1) Als Ort der Vermietung eines Beförderungsmittels über einen kürzeren Zeitraum gilt der Ort, an dem das Beförderungsmittel dem Dienstleistungsempfänger tatsächlich zur Verfügung gestellt wird.

(2)[1)] Als „kürzerer Zeitraum" im Sinne des Absatzes 1 gilt der Besitz oder die Verwendung des Beförderungsmittels während eines ununterbrochenen Zeitraums von nicht mehr als 30 Tagen und bei Wasserfahrzeugen von nicht mehr als 90 Tagen.

Unterabschnitt 7
Für den Verbrauch bestimmte Restaurant- und Verpflegungsdienstleistungen an Bord eines Schiffes, eines Flugzeugs oder in der Eisenbahn

Artikel 57

(1) Der Ort von Restaurant- und Verpflegungsdienstleistungen, die an Bord eines Schiffes oder eines Flugzeugs oder in der Eisenbahn während des innerhalb der Gemeinschaft stattfindenden Teils einer Personenbeförderung tatsächlich erbracht werden, ist der Abgangsort der Personenbeförderung.

(2) Für die Zwecke des Absatzes 1 gilt als „innerhalb der Gemeinschaft stattfindender Teil einer Personenbeförderung" der Teil einer Beförderung zwischen dem Abgangsort und dem Ankunftsort einer Personenbeförderung, der ohne Zwischenaufenthalt außerhalb der Gemeinschaft erfolgt.

„Abgangsort einer Personenbeförderung" ist der erste Ort innerhalb der Gemeinschaft, an dem Reisende in das Beförderungsmittel einsteigen können, gegebenenfalls nach einem Zwischenaufenthalt außerhalb der Gemeinschaft.

„Ankunftsort einer Personenbeförderung" ist der letzte Ort innerhalb der Gemeinschaft, an dem in der Gemeinschaft zugestiegene Reisende das Beförderungsmittel verlassen können, gegebenenfalls vor einem Zwischenaufenthalt außerhalb der Gemeinschaft.

Im Falle einer Hin- und Rückfahrt gilt die Rückfahrt als gesonderte Beförderung.

Unterabschnitt 8
Elektronisch erbrachte Dienstleistungen an Nichtsteuerpflichtige

Artikel 58

Als Ort elektronisch erbrachter Dienstleistungen, insbesondere der in Anhang II genannten, die von einem Steuerpflichtigen, der den Sitz seiner wirtschaftlichen Tätigkeit oder eine feste Niederlassung, von der aus die Dienstleistung erbracht wird, oder in Ermangelung eines solchen Sitzes oder einer solchen Niederlassung seinen Wohnsitz oder seinen gewöhnlichen Aufenthaltsort außerhalb der Gemeinschaft hat, an Nichtsteuerpflichtige erbracht werden, die in einem Mitgliedstaat ansässig sind oder dort ihren Wohnsitz oder ihren gewöhnlichen Aufenthaltsort haben, gilt der Ort, an dem der Nichtsteuerpflichtige ansässig ist oder seinen Wohnsitz oder gewöhnlichen Aufenthaltsort hat.

Kommunizieren Dienstleistungserbringer und Dienstleistungsempfänger über E-Mail miteinander, bedeutet dies allein noch nicht, dass die erbrachte Dienstleistung eine elektronisch erbrachte Dienstleistung wäre.

Unterabschnitt 9
Dienstleistungen an Nichtsteuerpflichtige außerhalb der Gemeinschaft

Artikel 59

Als Ort der folgenden Dienstleistungen an einen Nichtsteuerpflichtigen, der außerhalb der Gemeinschaft ansässig ist oder seinen Wohnsitz oder seinen gewöhnlichen Aufenthaltsort außerhalb der Ge-

---

1) Ab 01.01.2013 erhält Art. 56 Abs. 2 folgende Fassung und wird in Abs. 3 neu angefügt:
„(2) Als Ort der Vermietung eines Beförderungsmittels an Nichtsteuerpflichtige, ausgenommen die Vermietung über einen kürzeren Zeitraum, gilt der Ort, an dem der Dienstleistungsempfänger ansässig ist oder seinen Wohnsitz oder seinen gewöhnlichen Aufenthaltsort hat.
Jedoch gilt als Ort der Vermietung eines Sportboots an einen Nichtsteuerpflichtigen, ausgenommen die Vermietung über einen kürzeren Zeitraum, der Ort, an dem das Sportboot dem Dienstleistungsempfänger tatsächlich zur Verfügung gestellt wird, sofern der Dienstleistungserbringer diese Dienstleistung tatsächlich vom Sitz seiner wirtschaftlichen Tätigkeit oder von einer festen Niederlassung an diesem Ort aus erbringt.
(3) Als ‚kürzerer Zeitraum' im Sinne der Absätze 1 und 2 gilt der Besitz oder die Verwendung des Beförderungsmittels während eines ununterbrochenen Zeitraums von nicht mehr als 30 Tagen und bei Wasserfahrzeugen von nicht mehr als 90 Tagen."

meinschaft hat, gilt der Ort, an dem dieser Nichtsteuerpflichtige ansässig ist oder seinen Wohnsitz oder seinen gewöhnlichen Aufenthaltsort hat:

a) Abtretung und Einräumung von Urheberrechten, Patentrechten, Lizenzrechten, Fabrik- und Warenzeichen sowie ähnlichen Rechten;
b) Dienstleistungen auf dem Gebiet der Werbung;
c) Dienstleistungen von Beratern, Ingenieuren, Studienbüros, Anwälten, Buchprüfern und sonstige ähnliche Dienstleistungen sowie die Datenverarbeitung und die Überlassung von Informationen;
d) Verpflichtungen, eine berufliche Tätigkeit ganz oder teilweise nicht auszuüben oder ein in diesem Artikel genanntes Recht nicht wahrzunehmen;
e) Bank-, Finanz- und Versicherungsumsätze, einschließlich Rückversicherungsumsätze, ausgenommen die Vermietung von Schließfächern;
f) Gestellung von Personal;
g) Vermietung beweglicher körperlicher Gegenstände, ausgenommen jegliche Beförderungsmittel;
h) [1)]Gewährung des Zugangs zu einem Erdgasnetz im Gebiet der Gemeinschaft oder zu einem an ein solches Netz angeschlossenes Netz, zum Elektrizitätsnetz oder zu Wärme- oder Kältenetzen sowie Fernleitung, Übertragung oder Verteilung über diese Netze und Erbringung anderer unmittelbar damit verbundener Dienstleistungen;
i) Telekommunikationsdienstleistungen;
j) Rundfunk- und Fernsehdienstleistungen;
k) elektronisch erbrachte Dienstleistungen, insbesondere die in Anhang II genannten Dienstleistungen.

Kommunizieren Dienstleistungserbringer und Dienstleistungsempfänger über E-Mail miteinander, bedeutet dies allein noch nicht, dass die erbrachte Dienstleistung eine elektronisch erbrachte Dienstleistung wäre.

Unterabschnitt 10
Vermeidung der Doppelbesteuerung und der Nichtbesteuerung

Artikel 59a

Um Doppelbesteuerung, Nichtbesteuerung und Wettbewerbsverzerrungen zu vermeiden, können die Mitgliedstaaten bei Dienstleistungen, deren Erbringungsort sich gemäß den Artikeln 44, 45, 56 und 59 bestimmt,

a) den Ort einer oder aller dieser Dienstleistungen, der in ihrem Gebiet liegt, so behandeln, als läge er außerhalb der Gemeinschaft, wenn die tatsächliche Nutzung oder Auswertung außerhalb der Gemeinschaft erfolgt;
b) den Ort einer oder aller dieser Dienstleistungen, der außerhalb der Gemeinschaft liegt, so behandeln, als läge er in ihrem Gebiet, wenn in ihrem Gebiet die tatsächliche Nutzung oder Auswertung erfolgt.

Diese Bestimmung gilt jedoch nicht für elektronisch erbrachte Dienstleistungen, wenn diese Dienstleistungen für nicht in der Gemeinschaft ansässige Nichtsteuerpflichtige erbracht werden.

Artikel 59b

Die Mitgliedstaaten wenden Artikel 59a Buchstabe b auf Telekommunikationsdienstleistungen und auf die in Artikel 59 Absatz 1 Buchstabe j genannten Rundfunk- und Fernsehdienstleistungen an, die von einem Steuerpflichtigen, der den Sitz seiner wirtschaftlichen Tätigkeit oder eine feste Niederlassung, von der aus die Dienstleistung erbracht wird, oder in Ermangelung eines solchen Sitzes oder einer solchen Niederlassung seinen Wohnsitz oder seinen gewöhnlichen Aufenthaltsort außerhalb der Gemeinschaft hat, an Nichtsteuerpflichtige erbracht werden, die in einem Mitgliedstaat ansässig sind oder dort ihren Wohnsitz oder ihren gewöhnlichen Aufenthaltsort haben.

Kapitel 4
Ort der Einfuhr von Gegenständen

Artikel 60

Die Einfuhr von Gegenständen erfolgt in dem Mitgliedstaat, in dessen Gebiet sich der Gegenstand zu dem Zeitpunkt befindet, in dem er in die Gemeinschaft verbracht wird.

---

1) Fassung ab 16.01.2010 gem. RL vom 22.12.2009

Artikel 61

Abweichend von Artikel 60 erfolgt bei einem Gegenstand, der sich nicht im freien Verkehr befindet und der vom Zeitpunkt seiner Verbringung in die Gemeinschaft einem Verfahren oder einer sonstigen Regelung im Sinne des Artikels 156, der Regelung der vorübergehenden Verwendung bei vollständiger Befreiung von Einfuhrabgaben oder dem externen Versandverfahren unterliegt, die Einfuhr in dem Mitgliedstaat, in dessen Gebiet der Gegenstand nicht mehr diesem Verfahren oder der sonstigen Regelung unterliegt.

Unterliegt ein Gegenstand, der sich im freien Verkehr befindet, vom Zeitpunkt seiner Verbringung in die Gemeinschaft einem Verfahren oder einer sonstigen Regelung im Sinne der Artikel 276 und 277, erfolgt die Einfuhr in dem Mitgliedstaat, in dessen Gebiet der Gegenstand nicht mehr diesem Verfahren oder der sonstigen Regelung unterliegt.

Titel VI

Steuertatbestand und Steueranspruch

Kapitel 1

__Allgemeine Bestimmungen__

Artikel 62

Für die Zwecke dieser Richtlinie gilt

(1) als „Steuertatbestand" der Tatbestand, durch den die gesetzlichen Voraussetzungen für den Steueranspruch verwirklicht werden;

(2) als „Steueranspruch" der Anspruch auf Zahlung der Steuer, den der Fiskus kraft Gesetzes gegenüber dem Steuerschuldner von einem bestimmten Zeitpunkt an geltend machen kann, selbst wenn Zahlungsaufschub gewährt werden kann.

Kapitel 2

__Lieferung von Gegenständen und Dienstleistungen__

Artikel 63

Steuertatbestand und Steueranspruch treten zu dem Zeitpunkt ein, zu dem die Lieferung von Gegenständen bewirkt oder die Dienstleistung erbracht wird.

Artikel 64

(1) Geben Lieferungen von Gegenständen, die nicht die Vermietung eines Gegenstands oder den Ratenverkauf eines Gegenstands im Sinne des Artikels 14 Absatz 2 Buchstabe b betreffen, und Dienstleistungen zu aufeinander folgenden Abrechnungen oder Zahlungen Anlass, gelten sie jeweils als mit Ablauf des Zeitraums bewirkt, auf den sich diese Abrechnungen oder Zahlungen beziehen.

(2) [1)]Kontinuierlich über einen Zeitraum von mehr als einem Kalendermonat durchgeführte Lieferungen von Gegenständen, die der Steuerpflichtige für Zwecke seines Unternehmens in einen anderen Mitgliedstaat als den des Beginns der Versendung oder Beförderung versendet oder befördert und deren Lieferung oder Verbringung in einen anderen Mitgliedstaat nach Artikel 138 von der Steuer befreit ist, gelten als mit Ablauf eines jeden Kalendermonats bewirkt, solange die Lieferung nicht eingestellt wird.

Dienstleistungen, für die nach Artikel 196 der Leistungsempfänger die Steuer schuldet, die kontinuierlich über einen längeren Zeitraum als ein Jahr erbracht werden und die in diesem Zeitraum nicht zu Abrechnungen oder Zahlungen Anlass geben, gelten als mit Ablauf eines jeden Kalenderjahres bewirkt, solange die Dienstleistung nicht eingestellt wird.

In bestimmten, nicht von den Unterabsätzen 1 und 2 erfassten Fällen können die Mitgliedstaaten vorsehen, dass kontinuierliche Lieferungen von Gegenständen und Dienstleistungen, die sich über einen bestimmten Zeitraum erstrecken, mindestens jährlich als bewirkt gelten.

Artikel 65

Werden Anzahlungen geleistet, bevor die Lieferung von Gegenständen bewirkt oder die Dienstleistung erbracht ist, entsteht der Steueranspruch zum Zeitpunkt der Vereinnahmung entsprechend dem vereinnahmten Betrag.

---

1) Fassung gem. RL vom 13.07.2010

Artikel 66

(1) Abweichend von den Artikeln 63, 64 und 65 können die Mitgliedstaaten vorsehen, dass der Steueranspruch für bestimmte Umsätze oder Gruppen von Steuerpflichtigen zu einem der folgenden Zeitpunkte entsteht:
a) spätestens bei der Ausstellung der Rechnung;
b) spätestens bei der Vereinnahmung des Preises;
c) [1]im Falle der Nichtausstellung oder verspäteten Ausstellung der Rechnung binnen einer bestimmten Frist spätestens nach Ablauf der von den Mitgliedstaaten gemäß Artikel 222 Absatz 2 gesetzten Frist für die Ausstellung der Rechnung oder, falls von den Mitgliedstaaten eine solche Frist nicht gesetzt wurde, binnen einer bestimmten Frist nach dem Eintreten des Steuertatbestands.

(2) Die Ausnahme nach Absatz 1 gilt jedoch nicht für Dienstleistungen, für die der Dienstleistungsempfänger nach Artikel 196 die Mehrwertsteuer schuldet, und für Lieferungen oder Verbringungen von Gegenständen gemäß Artikel 67.

Artikel 67[2]

Werden Gegenstände, die in einen anderen Mitgliedstaat als den des Beginns der Versendung oder Beförderung versandt oder befördert wurden, mehrwertsteuerfrei geliefert oder werden Gegenstände von einem Steuerpflichtigen für Zwecke seines Unternehmens mehrwertsteuerfrei in einen anderen Mitgliedstaat verbracht, so gilt, dass der Steueranspruch unter den Voraussetzungen des Artikels 138 bei der Ausstellung der Rechnung oder bei Ablauf der Frist nach Artikel 222 Absatz 1, wenn bis zu diesem Zeitpunkt keine Rechnung ausgestellt worden ist, eintritt.

Artikel 64 Absatz 1, Artikel 64 Absatz 2 Unterabsatz 3 und Artikel 65 finden keine Anwendung auf die in Absatz 1 genannten Lieferungen und Verbringungen.

Kapitel 3
Innergemeinschaftlicher Erwerb von Gegenständen

Artikel 68

Der Steuertatbestand tritt zu dem Zeitpunkt ein, zu dem der innergemeinschaftliche Erwerb von Gegenständen bewirkt wird.

Der innergemeinschaftliche Erwerb von Gegenständen gilt als zu dem Zeitpunkt bewirkt, zu dem die Lieferung gleichartiger Gegenstände innerhalb des Mitgliedstaats als bewirkt gilt.

Artikel 69[3]

Beim innergemeinschaftlichen Erwerb von Gegenständen tritt der Steueranspruch bei der Ausstellung der Rechnung, oder bei Ablauf der Frist nach Artikel 222 Absatz 1, wenn bis zu diesem Zeitpunkt keine Rechnung ausgestellt worden ist, ein.

Kapitel 4
Einfuhr von Gegenständen

Artikel 70

Steuertatbestand und Steueranspruch treten zu dem Zeitpunkt ein, zu dem die Einfuhr des Gegenstands erfolgt.

Artikel 71

(1) Unterliegen Gegenstände vom Zeitpunkt ihrer Verbringung in die Gemeinschaft einem Verfahren oder einer sonstigen Regelung im Sinne der Artikel 156, 276 und 277, der Regelung der vorübergehenden Verwendung bei vollständiger Befreiung von Einfuhrabgaben oder dem externen Versandverfahren, treten Steuertatbestand und Steueranspruch erst zu dem Zeitpunkt ein, zu dem die Gegenstände diesem Verfahren oder dieser sonstigen Regelung nicht mehr unterliegen.

Unterliegen die eingeführten Gegenstände Zöllen, landwirtschaftlichen Abschöpfungen oder im Rahmen einer gemeinsamen Politik eingeführten Abgaben gleicher Wirkung, treten Steuertatbestand und Steueranspruch zu dem Zeitpunkt ein, zu dem Tatbestand und Anspruch für diese Abgaben entstehen.

(2) In den Fällen, in denen die eingeführten Gegenstände keiner der Abgaben im Sinne des Absatzes 1 Unterabsatz 2 unterliegen, wenden die Mitgliedstaaten in Bezug auf Steuertatbestand und Steueranspruch die für Zölle geltenden Vorschriften an.

---
1) Fassung gem. RL vom 13.07.2010
2) Fassung gem. RL vom 13.07.2010
3) Fassung gem. RL vom 13.07.2010

Titel VII

Steuerbemessungsgrundlage

Kapitel 1

Begriffsbestimmung

Artikel 72

Für die Zwecke dieser Richtlinie gilt als „Normalwert" der gesamte Betrag, den ein Empfänger einer Lieferung oder ein Dienstleistungsempfänger auf derselben Absatzstufe, auf der die Lieferung der Gegenstände oder die Dienstleistung erfolgt, an einen selbständigen Lieferer oder Dienstleistungserbringer in dem Mitgliedstaat, in dem der Umsatz steuerpflichtig ist, zahlen müsste, um die betreffenden Gegenstände oder Dienstleistungen zu diesem Zeitpunkt unter den Bedingungen des freien Wettbewerbs zu erhalten.

Kann keine vergleichbare Lieferung von Gegenständen oder Erbringung von Dienstleistungen ermittelt werden, ist der Normalwert wie folgt zu bestimmen:

(1) bei Gegenständen, ein Betrag nicht unter dem Einkaufspreis der Gegenstände oder gleichartiger Gegenstände oder mangels eines Einkaufspreises nicht unter dem Selbstkostenpreis, und zwar jeweils zu den Preisen, die zum Zeitpunkt der Bewirkung dieser Umsätze festgestellt werden;

(2) bei Dienstleistungen, ein Betrag nicht unter dem Betrag der Ausgaben des Steuerpflichtigen für die Erbringung der Dienstleistung.

Kapitel 2

Lieferung von Gegenständen und Dienstleistungen

Artikel 73

Bei der Lieferung von Gegenständen und Dienstleistungen, die nicht unter die Artikel 74 bis 77 fallen, umfasst die Steuerbemessungsgrundlage alles, was den Wert der Gegenleistung bildet, die der Lieferer oder Dienstleistungserbringer für diese Umsätze vom Erwerber oder Dienstleistungsempfänger oder einem Dritten erhält oder erhalten soll, einschließlich der unmittelbar mit dem Preis dieser Umsätze zusammenhängenden Subventionen.

Artikel 74

Bei den in den Artikeln 16 und 18 genannten Umsätzen in Form der Entnahme oder der Zuordnung eines Gegenstands des Unternehmens durch einen Steuerpflichtigen oder beim Besitz von Gegenständen durch einen Steuerpflichtigen oder seinen Rechtsnachfolger im Fall der Aufgabe seiner steuerbaren wirtschaftlichen Tätigkeit ist die Steuerbemessungsgrundlage der Einkaufspreis für diese oder gleichartige Gegenstände oder mangels eines Einkaufspreises der Selbstkostenpreis, und zwar jeweils zu den Preisen, die zum Zeitpunkt der Bewirkung dieser Umsätze festgestellt werden.

Artikel 75

Bei Dienstleistungen in Form der Verwendung eines dem Unternehmen zugeordneten Gegenstands für den privaten Bedarf und unentgeltlich erbrachten Dienstleistungen im Sinne des Artikels 26 ist die Steuerbemessungsgrundlage der Betrag der Ausgaben des Steuerpflichtigen für die Erbringung der Dienstleistung.

Artikel 76

Bei der Lieferung von Gegenständen in Form der Verbringung in einen anderen Mitgliedstaat ist die Steuerbemessungsgrundlage der Einkaufspreis der Gegenstände oder gleichartiger Gegenstände oder mangels eines Einkaufspreises der Selbstkostenpreis, und zwar jeweils zu den Preisen, die zum Zeitpunkt der Bewirkung dieser Umsätze festgestellt werden.

Artikel 77

Bei der Erbringung einer Dienstleistung durch einen Steuerpflichtigen für das eigene Unternehmen im Sinne des Artikels 27 ist die Steuerbemessungsgrundlage der Normalwert des betreffenden Umsatzes.

Artikel 78

In die Steuerbemessungsgrundlage sind folgende Elemente einzubeziehen:

a) Steuern, Zölle, Abschöpfungen und Abgaben mit Ausnahme der Mehrwertsteuer selbst;

b) Nebenkosten wie Provisions-, Verpackungs-, Beförderungs- und Versicherungskosten, die der Lieferer oder Dienstleistungserbringer vom Erwerber oder Dienstleistungsempfänger fordert.

Die Mitgliedstaaten können als Nebenkosten im Sinne des Absatzes 1 Buchstabe b Kosten ansehen, die Gegenstand einer gesonderten Vereinbarung sind.

Artikel 79

In die Steuerbemessungsgrundlage sind folgende Elemente nicht einzubeziehen:
a) Preisnachlässe durch Skonto für Vorauszahlungen;
b) Rabatte und Rückvergütungen auf den Preis, die dem Erwerber oder Dienstleistungsempfänger eingeräumt werden und die er zu dem Zeitpunkt erhält, zu dem der Umsatz bewirkt wird;
c) Beträge, die ein Steuerpflichtiger vom Erwerber oder vom Dienstleistungsempfänger als Erstattung der in ihrem Namen und für ihre Rechnung verauslagten Beträge erhält und die in seiner Buchführung als durchlaufende Posten behandelt sind.

Der Steuerpflichtige muss den tatsächlichen Betrag der in Absatz 1 Buchstabe c genannten Auslagen nachweisen und darf die Mehrwertsteuer, die auf diese Auslagen gegebenenfalls erhoben worden ist, nicht als Vorsteuer abziehen.

Artikel 80

(1) Zur Vorbeugung gegen Steuerhinterziehung oder -umgehung können die Mitgliedstaaten in jedem der folgenden Fälle Maßnahmen treffen, um sicherzustellen, dass die Steuerbemessungsgrundlage für die Lieferungen von Gegenständen oder für Dienstleistungen, an Empfänger, zu denen familiäre oder andere enge persönliche Bindungen, Bindungen aufgrund von Leitungsfunktionen oder Mitgliedschaften, sowie eigentumsrechtliche, finanzielle oder rechtliche Bindungen, gemäß der Definition des Mitgliedstaats, bestehen, der Normalwert ist:

a) sofern die Gegenleistung niedriger als der Normalwert ist und der Erwerber oder Dienstleistungsempfänger nicht zum vollen Vorsteuerabzug gemäß den Artikeln 167 bis 171 sowie 173 bis 177 berechtigt ist;
b) sofern die Gegenleistung niedriger als der Normalwert ist, der Lieferer oder Dienstleistungserbringer nicht zum vollen Vorsteuerabzug gemäß den Artikeln 167 bis 171 sowie 173 bis 177 berechtigt ist und der Umsatz einer Befreiung gemäß den Artikeln 132, 135, 136, 371, 375, 376, 377, des Artikels 378 Absatz 2, des Artikels 379 Absatz 2 sowie der Artikel 380 bis 390b unterliegt;
c) sofern die Gegenleistung höher als der Normalwert ist und der Lieferer oder Dienstleistungserbringer nicht zum vollen Vorsteuerabzug gemäß den Artikeln 167 bis 171 sowie 173 bis 177 berechtigt ist.

Für die Zwecke des Unterabsatzes 1 kann als rechtliche Bindung auch die Beziehung zwischen Arbeitgeber und Arbeitnehmer, der Familie des Arbeitnehmers oder anderen diesem nahe stehenden Personen, gelten.

(2) Machen die Mitgliedstaaten von der in Absatz 1 vorgesehenen Möglichkeit Gebrauch, können sie festlegen, für welche Kategorien von Lieferern und Dienstleistungserbringern sowie von Erwerbern oder Dienstleistungsempfängern sie von diesen Maßnahmen Gebrauch machen.

(3) Die Mitgliedstaaten unterrichten den Mehrwertsteuerausschuss von nationalen Maßnahmen, die sie im Sinne des Absatzes 1 erlassen, sofern diese nicht Maßnahmen sind, die vom Rat vor dem 13. August 2006 gemäß Artikel 27 Absätze 1 bis 4 der Richtlinie 77/388/EWG genehmigt wurden und gemäß Absatz 1 des vorliegenden Artikels weitergeführt werden.

Artikel 81

Die Mitgliedstaaten, die am 1. Januar 1993 nicht von der Möglichkeit der Anwendung eines ermäßigten Steuersatzes gemäß Artikel 98 Gebrauch gemacht haben, können vorsehen, dass die Steuerbemessungsgrundlage bei der Inanspruchnahme der Möglichkeit nach Artikel 89 für die Lieferung von Kunstgegenständen im Sinne des Artikels 103 Absatz 2 gleich einem Bruchteil des gemäß den Artikeln 73, 74, 76, 78 und 79 ermittelten Betrags ist.

Der Bruchteil im Sinne des Absatzes 1 wird so festgelegt, dass sich die dergestalt geschuldete Mehrwertsteuer auf mindestens 5% des gemäß den Artikeln 73, 74, 76, 78 und 79 ermittelten Betrags beläuft.

Artikel 82

Die Mitgliedstaaten können vorsehen, dass der Wert von steuerfreiem Anlagegold im Sinne des Artikels 346 in die Steuerbemessungsgrundlage bei der Lieferung von Gegenständen und bei Dienstleistungen einzubeziehen ist, wenn es vom Erwerber oder Dienstleistungsempfänger zur Verfügung gestellt und für die Verarbeitung verwendet wird und infolgedessen bei der Lieferung der Gegenstände oder der Erbringung der Dienstleistungen seinen Status als von der Mehrwertsteuer befreites Anlagegold verliert. Der zugrunde zu legende Wert ist der Normalwert des Anlagegoldes zum Zeitpunkt der Lieferung der Gegenstände oder der Erbringung der Dienstleistungen.

Kapitel 3
Innergemeinschaftlicher Erwerb von Gegenständen

Artikel 83

Beim innergemeinschaftlichen Erwerb von Gegenständen setzt sich die Steuerbemessungsgrundlage aus denselben Elementen zusammen wie denen, die zur Bestimmung der Steuerbemessungsgrundlage für die Lieferung derselben Gegenstände innerhalb des Gebiets des Mitgliedstaats gemäß Kapitel 2 dienen. Bei Umsätzen, die dem innergemeinschaftlichen Erwerb von Gegenständen im Sinne der Artikel 21 und 22 gleichgestellt sind, ist die Steuerbemessungsgrundlage der Einkaufspreis der Gegenstände oder gleichartiger Gegenstände oder mangels eines Einkaufspreises der Selbstkostenpreis, und zwar jeweils zu den Preisen, die zum Zeitpunkt der Bewirkung dieser Umsätze festgestellt werden.

Artikel 84

(1) Die Mitgliedstaaten treffen die erforderlichen Maßnahmen, um sicherzustellen, dass die Verbrauchsteuern, die von der Person geschuldet oder entrichtet werden, die den innergemeinschaftlichen Erwerb eines verbrauchsteuerpflichtigen Erzeugnisses tätigt, gemäß Artikel 78 Absatz 1 Buchstabe a in die Steuerbemessungsgrundlage einbezogen werden.

(2) Erhält der Erwerber nach dem Zeitpunkt der Bewirkung des innergemeinschaftlichen Erwerbs von Gegenständen Verbrauchsteuern zurück, die in dem Mitgliedstaat, von dem aus die Gegenstände versandt oder befördert worden sind, entrichtet wurden, wird die Steuerbemessungsgrundlage im Mitgliedstaat des innergemeinschaftlichen Erwerbs entsprechend gemindert.

Kapitel 4
Einfuhr von Gegenständen

Artikel 85

Bei der Einfuhr von Gegenständen ist die Steuerbemessungsgrundlage der Betrag, der durch die geltenden Gemeinschaftsvorschriften als Zollwert bestimmt ist.

Artikel 86

(1) In die Steuerbemessungsgrundlage sind – soweit nicht bereits darin enthalten – folgende Elemente einzubeziehen:

a) die außerhalb des Einfuhrmitgliedstaats geschuldeten Steuern, Zölle, Abschöpfungen und sonstigen Abgaben, sowie diejenigen, die aufgrund der Einfuhr geschuldet werden, mit Ausnahme der zu erhebenden Mehrwertsteuer;

b) die Nebenkosten – wie Provisions-, Verpackungs-, Beförderungs- und Versicherungskosten –, die bis zum ersten Bestimmungsort der Gegenstände im Gebiet des Einfuhrmitgliedstaats entstehen sowie diejenigen, die sich aus der Beförderung nach einem anderen Bestimmungsort in der Gemeinschaft ergeben, der zum Zeitpunkt, zu dem der Steuertatbestand eintritt, bekannt ist.

(2) Für Zwecke des Absatzes 1 Buchstabe b gilt als „erster Bestimmungsort" der Ort, der auf dem Frachtbrief oder einem anderen Begleitpapier, unter dem die Gegenstände in den Einfuhrmitgliedstaat verbracht werden, angegeben ist. Fehlt eine solche Angabe, gilt als erster Bestimmungsort der Ort, an dem die erste Umladung im Einfuhrmitgliedstaat erfolgt.

Artikel 87

In die Steuerbemessungsgrundlage sind folgende Elemente nicht einzubeziehen:

a) Preisnachlässe durch Skonto für Vorauszahlungen;

b) Rabatte und Rückvergütungen auf den Preis, die dem Erwerber eingeräumt werden und die er zu dem Zeitpunkt erhält, zu dem die Einfuhr erfolgt.

Artikel 88

Für vorübergehend aus der Gemeinschaft ausgeführte Gegenstände, die wieder eingeführt werden, nachdem sie außerhalb der Gemeinschaft instand gesetzt, umgestaltet oder be- oder verarbeitet worden sind, treffen die Mitgliedstaaten Maßnahmen, die sicherstellen, dass die mehrwertsteuerliche Behandlung des fertigen Gegenstands die gleiche ist, wie wenn die genannten Arbeiten in ihrem jeweiligen Gebiet durchgeführt worden wären.

Artikel 89

Die Mitgliedstaaten, die am 1. Januar 1993 nicht von der Möglichkeit der Anwendung eines ermäßigten Steuersatzes gemäß Artikel 98 Gebrauch gemacht haben, können vorsehen, dass die Steuerbemessungsgrundlage bei der Einfuhr von Kunstgegenständen, Sammlungsstücken oder Antiquitäten im Sinne des Artikels 311 Absatz 1 Nummern 2, 3 und 4 einem Bruchteil des gemäß den Artikeln 85, 86 und 87 ermittelten Betrags entspricht.

Der Bruchteil im Sinne des Absatzes 1 wird so festgelegt, dass sich die dergestalt für die Einfuhr geschuldete Mehrwertsteuer auf mindestens 5% des gemäß den Artikeln 85, 86 und 87 ermittelten Betrags beläuft.

Kapitel 5

Verschiedene Bestimmungen

Artikel 90

(1) Im Falle der Annullierung, der Rückgängigmachung, der Auflösung, der vollständigen oder teilweisen Nichtbezahlung oder des Preisnachlasses nach der Bewirkung des Umsatzes wird die Steuerbemessungsgrundlage unter den von den Mitgliedstaaten festgelegten Bedingungen entsprechend vermindert.

(2) Die Mitgliedstaaten können im Falle der vollständigen oder teilweisen Nichtbezahlung von Absatz 1 abweichen.

Artikel 91

(1) Sind die zur Ermittlung der Steuerbemessungsgrundlage bei der Einfuhr dienenden Elemente in einer anderen Währung als der der Mitgliedstaats ausgedrückt, in dem die Steuerbemessungsgrundlage ermittelt wird, wird der Umrechnungskurs gemäß den Gemeinschaftsvorschriften zur Berechnung des Zollwerts festgesetzt.

(2) Sind die zur Ermittlung der Steuerbemessungsgrundlage eines anderen Umsatzes als der Einfuhr von Gegenständen dienenden Elemente in einer anderen Währung als der des Mitgliedstaats ausgedrückt, in dem die Steuerbemessungsgrundlage ermittelt wird, gilt als Umrechnungskurs der letzte Verkaufskurs, der zu dem Zeitpunkt, zu dem der Steueranspruch entsteht, an dem oder den repräsentativsten Devisenmärkten des betreffenden Mitgliedstaats verzeichnet wurde, oder ein Kurs, der mit Bezug auf diesen oder diese Devisenmärkte entsprechend den von diesem Mitgliedstaat festgelegten Einzelheiten festgesetzt wurde.

[1]Die Mitgliedstaaten akzeptieren stattdessen auch die Anwendung des letzten Umrechnungskurses, der von der Europäischen Zentralbank zu dem Zeitpunkt, zu dem der Steueranspruch eintritt, veröffentlicht wird. Die Umrechnung zwischen nicht auf Euro lautenden Währungen erfolgt anhand des Euro-Umrechnungskurses jeder der Währungen. Die Mitgliedstaaten können vorschreiben, dass der Steuerpflichtige ihnen mitteilen muss, wenn er von dieser Möglichkeit Gebrauch macht.

Bei bestimmten Umsätzen im Sinne des Unterabsatzes 1 oder bei bestimmten Gruppen von Steuerpflichtigen können Mitgliedstaaten jedoch den Umrechnungskurs anwenden, der gemäß den Gemeinschaftsvorschriften zur Berechnung des Zollwerts festgesetzt worden ist.

Artikel 92

In Bezug auf die Kosten von zurückzugebenden Warenumschließungen können die Mitgliedstaaten wie folgt verfahren:

a) sie können sie bei der Ermittlung der Steuerbemessungsgrundlage unberücksichtigt lassen, müssen gleichzeitig aber die erforderlichen Vorkehrungen treffen, damit die Steuerbemessungsgrundlage berichtigt wird, wenn diese Umschließungen nicht zurückgegeben werden;

b) sie können sie bei der Ermittlung der Steuerbemessungsgrundlage berücksichtigen, müssen aber gleichzeitig die erforderlichen Vorkehrungen treffen, damit die Steuerbemessungsgrundlage berichtigt wird, wenn diese Umschließungen tatsächlich zurückgegeben werden.

Titel VIII

Steuersätze

Kapitel 1

Anwendung der Steuersätze

Artikel 93

Auf die steuerpflichtigen Umsätze ist der Steuersatz anzuwenden, der zu dem Zeitpunkt gilt, zu dem der Steuertatbestand eintritt.

In folgenden Fällen ist jedoch der Steuersatz anzuwenden, der zu dem Zeitpunkt gilt, zu dem der Steueranspruch entsteht:

---

1) Fassung des Art. 91 Abs. 2 Unterabsatz 2 lt. RL vom 13.07.2010

a) die in den Artikeln 65 und 66 genannten Fälle;
b) innergemeinschaftlicher Erwerb von Gegenständen;
c) Einfuhr der in Artikel 71 Absatz 1 Unterabsatz 2 und Absatz 2 genannten Gegenstände.

Artikel 94

(1) Beim innergemeinschaftlichen Erwerb von Gegenständen ist der gleiche Steuersatz anzuwenden wie der, der für die Lieferung gleicher Gegenstände innerhalb des Gebiets des Mitgliedstaats gelten würde.

(2) Vorbehaltlich der in Artikel 103 Absatz 1 genannten Möglichkeit, auf die Einfuhr von Kunstgegenständen, Sammlungsstücken und Antiquitäten einen ermäßigten Steuersatz anzuwenden, ist bei der Einfuhr von Gegenständen der gleiche Steuersatz anzuwenden, der für die Lieferung gleicher Gegenstände innerhalb des Gebiets des Mitgliedstaats gilt.

Artikel 95

Ändert sich der Steuersatz, können die Mitgliedstaaten in den in Artikel 65 und 66 geregelten Fällen eine Berichtigung vornehmen, um dem Steuersatz Rechnung zu tragen, der zum Zeitpunkt der Lieferung der Gegenstände oder der Erbringung der Dienstleistungen anzuwenden ist.

Die Mitgliedstaaten können außerdem alle geeigneten Übergangsmaßnahmen treffen.

Kapitel 2

Struktur und Höhe der Steuersätze

Abschnitt 1

Normalsatz

Artikel 96

Die Mitgliedstaaten wenden einen Mehrwertsteuer-Normalsatz an, den jeder Mitgliedstaat als Prozentsatz der Bemessungsgrundlage festsetzt und der für die Lieferungen von Gegenständen und für Dienstleistungen gleich ist.

Artikel 97[1)]

Vom 1. Januar 2011 bis zum 31. Dezember 2015 muss der Normalsatz mindestens 15% betragen.

Abschnitt 2

Ermäßigte Steuersätze

Artikel 98

(1) Die Mitgliedstaaten können einen oder zwei ermäßigte Steuersätze anwenden.

(2) Die ermäßigten Steuersätze sind nur auf die Lieferungen von Gegenständen und die Dienstleistungen der in Anhang III genannten Kategorien anwendbar.

Die ermäßigten Steuersätze sind nicht anwendbar auf elektronisch erbrachte Dienstleistungen.[2)]

(3) Zur Anwendung der ermäßigten Steuersätze im Sinne des Absatzes 1 auf Kategorien von Gegenständen können die Mitgliedstaaten die betreffenden Kategorien anhand der Kombinierten Nomenklatur genau abgrenzen.

Artikel 99

(1) Die ermäßigten Steuersätze werden als Prozentsatz der Bemessungsgrundlage festgesetzt, der mindestens 5% betragen muss.

(2) Jeder ermäßigte Steuersatz wird so festgesetzt, dass es normalerweise möglich ist, von dem Mehrwertsteuerbetrag, der sich bei Anwendung dieses Steuersatzes ergibt, die gesamte nach den Artikeln 167 bis 171 sowie 173 bis 177 abziehbare Vorsteuer abzuziehen.

Artikel 100

Der Rat wird auf der Grundlage eines Berichts der Kommission erstmals 1994 und später alle zwei Jahre den Anwendungsbereich der ermäßigten Steuersätze überprüfen.

Der Rat kann gemäß Artikel 93 des Vertrags beschließen, das Verzeichnis von Gegenständen und Dienstleistungen in Anhang III zu ändern.

---

1) Fassung gem. RL vom 07.12.2010
2) Fassung ab 01.01.2010, vgl. RL vom 12.02.2008

Anhang 1a

EG-Richtlinien / Mehrwertsteuer-Systemrichtlinie

Artikel 101

Die Kommission legt dem Europäischen Parlament und dem Rat spätestens am 30. Juni 2007 auf der Grundlage der von einer unabhängigen Expertengruppe für Wirtschaftsfragen durchgeführten Untersuchung einen globalen Bewertungsbericht über die Auswirkungen der auf lokal erbrachte Dienstleistungen – einschließlich Bewirtung – angewandten ermäßigten Sätze vor, insbesondere in Bezug auf die Schaffung von Arbeitsplätzen, das Wirtschaftswachstum und das reibungslose Funktionieren des Binnenmarkts.

Abschnitt 3
Besondere Bestimmungen

Artikel 102 [1)]

Nach Konsultation des Mehrwertsteuerausschusses kann jeder Mitgliedstaat auf Lieferungen von Erdgas, Elektrizität oder Fernwärme einen ermäßigten Steuersatz anwenden.

Artikel 103

(1) Die Mitgliedstaaten können vorsehen, dass der ermäßigte oder ein ermäßigter Steuersatz, den sie gemäß den Artikeln 98 und 99 anwenden, auch auf die Einfuhr von Kunstgegenständen, Sammlungsstücken und Antiquitäten im Sinne des Artikels 311 Absatz 1 Nummern 2, 3 und 4 anwendbar ist.

(2) Wenn die Mitgliedstaaten von der in Absatz 1 genannten Möglichkeit Gebrauch machen, können sie diesen ermäßigten Steuersatz auch auf folgende Lieferungen anwenden:

a) die Lieferung von Kunstgegenständen durch ihren Urheber oder dessen Rechtsnachfolger;

b) die Lieferung von Kunstgegenständen, die von einem Steuerpflichtigen, der kein steuerpflichtiger Wiederverkäufer ist, als Gelegenheitslieferung bewirkt wird, wenn die Kunstgegenstände von diesem Steuerpflichtigen selbst eingeführt wurden oder ihm von ihrem Urheber oder dessen Rechtsnachfolgern geliefert wurden oder ihm das Recht auf vollen Vorsteuerabzug eröffnet haben.

Artikel 104

Österreich kann in den Gemeinden Jungholz und Mittelberg (Kleines Walsertal) einen zweiten Normalsatz anwenden, der niedriger als der entsprechende, im restlichen Österreich angewandte Steuersatz ist, jedoch nicht unter 15% liegen darf.

Artikel 104a [2)]

Zypern darf auf die Lieferung von Flüssiggas (LPG) in Flaschen einen der zwei ermäßigten Steuersätze gemäß Artikel 98 anwenden.

Artikel 105 [3)]

(1) Portugal kann auf die Mautgebühren an Brücken im Raum Lissabon einen der zwei ermäßigten Steuersätze gemäß Artikel 98 anwenden.

(2) Portugal kann auf die in den autonomen Regionen Azoren und Madeira bewirkten Umsätze und auf die direkten Einfuhren in diese Regionen Steuersätze anwenden, die unter den entsprechenden, im Mutterland angewandten Steuersätzen liegen.

Kapitel 3
Befristete Bestimmungen für bestimmte arbeitsintensive Dienstleistungen

Artikel 106 bis 108

gestrichen durch Richtlinie vom 05.05.2009 zum 01.06.2009

Kapitel 4
Bis zur Einführung der endgültigen Mehrwertsteuerregelung geltende besondere Bestimmungen

Artikel 109

Die Bestimmungen dieses Kapitels gelten bis zur Einführung der in Artikel 402 genannten endgültigen Regelung.

---

1) Fassung ab 16.01.2010 gem. RL vom 22.12.2009
2) Gilt ab 01.06.2009, vgl. RL vom 05.05.2009
3) Gilt ab 01.06.2009, vgl. RL vom 05.05.2009

Artikel 110

Die Mitgliedstaaten, die am 1. Januar 1991 Steuerbefreiungen mit Recht auf Vorsteuerabzug oder ermäßigte Steuersätze angewandt haben, die unter dem in Artikel 99 festgelegten Mindestsatz lagen, können diese Regelungen weiterhin anwenden.

Die in Absatz 1 genannten Steuerbefreiungen und -ermäßigungen müssen mit dem Gemeinschaftsrecht vereinbar sein und dürfen nur aus genau definierten sozialen Gründen und zugunsten des Endverbrauchers erlassen worden sein.

Artikel 111

Unter den Voraussetzungen des Artikels 110 Absatz 2 können Steuerbefreiungen mit Recht auf Vorsteuerabzug weiterhin angewandt werden von

a) Finnland auf die Lieferungen von Zeitungen und Zeitschriften im Rahmen eines Abonnements und auf den Druck von Veröffentlichungen zur Verteilung an die Mitglieder gemeinnütziger Vereinigungen;

b) Schweden auf die Lieferungen von Zeitungen, einschließlich gesprochener Zeitungen (über Hörfunk und auf Kassetten) für Sehbehinderte, auf an Krankenhäuser oder auf Rezept verkaufte Arzneimittel und auf die Herstellung regelmäßig erscheinender Veröffentlichungen gemeinnütziger Organisationen und damit verbundene andere Dienstleistungen.

c) [1)]Malta auf die Lieferungen von Lebensmitteln für den menschlichen Gebrauch und von Arzneimitteln.

Artikel 112

Sollte Artikel 110 in Irland zu Wettbewerbsverzerrungen bei der Lieferung von Energieerzeugnissen für Heiz- und Beleuchtungszwecke führen, kann Irland auf Antrag von der Kommission ermächtigt werden, auf die Lieferungen dieser Erzeugnisse gemäß den Artikeln 98 und 99 einen ermäßigten Steuersatz anzuwenden.

Ergeben sich Wettbewerbsverzerrungen, unterbreitet Irland der Kommission einen entsprechenden Antrag, dem alle notwendigen Informationen beigefügt sind. Hat die Kommission binnen drei Monaten nach Eingang des Antrags keinen Beschluss gefasst, gilt Irland als zur Anwendung der vorgeschlagenen ermäßigten Steuersätze ermächtigt.

Artikel 113

Mitgliedstaaten, die am 1. Januar 1991 im Einklang mit den Gemeinschaftsvorschriften auf andere Lieferungen von Gegenständen und Dienstleistungen als die des Anhangs III Steuerbefreiungen mit Recht auf Vorsteuerabzug oder ermäßigte Sätze angewandt haben, die unter dem in Artikel 99 festgelegten Mindestsatz lagen, können auf die Lieferungen dieser Gegenstände und auf diese Dienstleistungen den ermäßigten Satz oder einen der beiden ermäßigten Sätze des Artikels 98 anwenden.

Artikel 114

(1) Mitgliedstaaten, die am 1. Januar 1993 verpflichtet waren, den von ihnen am 1. Januar 1991 angewandten Normalsatz um mehr als 2% heraufzusetzen, können auf die Lieferungen von Gegenständen und auf Dienstleistungen der in Anhang III genannten Kategorien einen ermäßigten Satz anwenden, der unter dem in Artikel 99 festgelegten Mindestsatz liegt.

Ferner können die in Unterabsatz 1 genannten Mitgliedstaaten einen solchen Satz auf Kinderbekleidung und Kinderschuhe sowie auf Wohnungen anwenden.[2)]

(2) Die Mitgliedstaaten dürfen auf der Grundlage des Absatzes 1 keine Steuerbefreiungen mit Recht auf Vorsteuerabzug vorsehen.

Artikel 115[3)]

Mitgliedstaaten, die am 1. Januar 1991 auf Kinderbekleidung und Kinderschuhe sowie auf Wohnungen einen ermäßigten Satz angewandt haben, können diesen Satz weiter anwenden.

Artikel 116

gestrichen ab 01.06.2009 durch RL vom 05.05.2009

Artikel 117

(1) gestrichen ab 01.06.2009 durch RL vom 05.05.2009

(2) Österreich darf auf die Vermietung von Grundstücken für Wohnzwecke einen der beiden ermäßigten Sätze des Artikels 98 anwenden, sofern dieser Satz mindestens 10% beträgt.

---

1) Gilt ab 01.01.2011, vgl. RL vom 05.05.2009
2) Fassung ab 01.06.2009, vgl. RL vom 05.05.2009
3) Fassung ab 01.06.2009, vgl. RL vom 05.05.2009

Artikel 118

Mitgliedstaaten, die am 1. Januar 1991 auf nicht in Anhang III genannte Lieferungen von Gegenständen und Dienstleistungen einen ermäßigten Satz angewandt haben, können auf diese Umsätze den ermäßigten Satz oder einen der beiden ermäßigten Sätze des Artikels 98 anwenden, sofern dieser Satz mindestens 12% beträgt.

Absatz 1 gilt nicht für die Lieferungen von Gebrauchtgegenständen, Kunstgegenständen, Sammlungsstücken und Antiquitäten im Sinne des Artikels 311 Absatz 1 Nummern 1 bis 4, die gemäß der Regelung für die Differenzbesteuerung der Artikel 312 bis 325 oder der Regelung für öffentliche Versteigerungen der Mehrwertsteuer unterliegen.

Artikel 119

Für die Zwecke der Anwendung des Artikels 118 darf Österreich auf die Lieferung von Wein aus eigener Erzeugung durch Weinbauern einen ermäßigten Satz anwenden, sofern dieser Satz mindestens 12% beträgt.

Artikel 120

Griechenland darf in den Verwaltungsbezirken Lesbos, Chios, Samos, Dodekanes, Kykladen und auf den Inseln Thassos, Nördliche Sporaden, Samothrake und Skyros Sätze anwenden, die bis zu 30% unter den entsprechenden, auf dem griechischen Festland geltenden Sätzen liegen.

Artikel 121

Mitgliedstaaten, die am 1. Januar 1993 die Ablieferung eines aufgrund eines Werkvertrags hergestellten beweglichen Gegenstands als Lieferung von Gegenständen betrachtet haben, können auf solche Lieferungen den Steuersatz anwenden, der auf den Gegenstand nach Durchführung der Arbeiten anwendbar ist.

Für die Zwecke der Anwendung des Absatzes 1 gilt als „Ablieferung eines aufgrund eines Werkvertrags hergestellten beweglichen Gegenstands" die Übergabe eines beweglichen Gegenstands an den Auftraggeber, den der Auftragnehmer aus Stoffen oder Gegenständen hergestellt oder zusammengestellt hat, die der Auftraggeber ihm zu diesem Zweck ausgehändigt hatte, wobei unerheblich ist, ob der Auftragnehmer hierfür einen Teil des verwandten Materials selbst beschafft hat.

Artikel 122

Die Mitgliedstaaten können auf Lieferungen von lebenden Pflanzen und sonstigen Erzeugnissen des Pflanzenanbaus, einschließlich Knollen, Wurzeln und ähnlichen Erzeugnissen, Schnittblumen und Pflanzenteilen zu Binde- oder Zierzwecken, sowie auf Lieferungen von Brennholz einen ermäßigten Satz anwenden.

Kapitel 5

Befristete Bestimmungen

Artikel 123[1)]

Die Tschechische Republik darf bis zum 31. Dezember 2010 einen ermäßigten Satz von nicht weniger als 5% auf Bauleistungen für den Wohnungsbau in einem nicht sozialpolitischen Kontext, ausgenommen Baumaterial, beibehalten.

Artikel 124[2)]

Artikel 125[3)]

Zypern darf bis zum 31. Dezember 2010 eine Steuerbefreiung mit Recht auf Vorsteuerabzug auf Arzneimittel und Lebensmittel für den menschlichen Gebrauch ausgenommen Speiseeis, Eis am Stiel, gefrorenen Joghurt, Wassereis und gleichwertige Erzeugnisse sowie Gesalzenes und Pikantes (Kartoffelchips/-stäbchen, „Puffs" und verpackte gleichwertige, nicht weiter zubereitete Erzeugnisse für den menschlichen Verzehr) beibehalten.

Artikel 126[2)]

---

1) Fassung ab 01.01.2008, vgl. RL vom 20.12.2007; wird ab 01.01.2011 gestrichen
2) Gestrichen zum 01.01.2008, vgl. RL vom 20.12.2007
3) Fassung ab 01.01.2008, vgl. RL vom 20.12.2007; Abs. 2 vom 01.06.2009 gestrichen durch RL vom 05.05.2009

Artikel 127[1)]

Malta darf bis zum 31. Dezember 2010 weiterhin eine Steuerbefreiung mit Recht auf Vorsteuerabzug für die Lieferungen von Lebensmitteln und Arzneimitteln beibehalten.

Artikel 128[2)]

(1) Polen darf bis zum 31. Dezember 2010 eine Steuerbefreiung mit Recht auf Vorsteuerabzug auf die Lieferungen von bestimmten Büchern und Fachzeitschriften beibehalten.

(2) gestrichen ab 01.06.2009 durch RL vom 05.05.2009

(3) Polen darf bis zum 31. Dezember 2010 einen ermäßigten Satz von mindestens 3% auf die in Anhang III Nummer 1 genannte Lieferung von Nahrungsmitteln beibehalten.

(4) Polen darf bis zum 31. Dezember 2010 einen ermäßigten Satz von nicht weniger als 7% auf die Erbringung von Dienstleistungen für die Errichtung, die Renovierung und den Umbau von Wohnungen in einem nicht sozialpolitischen Kontext, ausgenommen Baumaterial, und auf die Lieferung der in Artikel 12 Absatz 1 Buchstabe a genannten Wohngebäude oder Teile von Wohngebäuden, die vor dem Erstbezug geliefert werden, beibehalten.

Artikel 129

(1) gestrichen ab 01.06.2009 durch RL vom 05.05.2009

(2) Slowenien darf bis zum 31. Dezember 2010 einen ermäßigten Satz von mindestens 5% auf die Errichtung, Renovierung und Instandhaltung von Wohngebäuden in einem nicht sozialpolitischen Kontext, ausgenommen Baumaterial, beibehalten.

Artikel 130[3)]

Titel IX

Steuerbefreiungen

Kapitel 1

Allgemeine Bestimmungen

Artikel 131

Die Steuerbefreiungen der Kapitel 2 bis 9 werden unbeschadet sonstiger Gemeinschaftsvorschriften und unter den Bedingungen angewandt, die die Mitgliedstaaten zur Gewährleistung einer korrekten und einfachen Anwendung dieser Befreiungen und zur Verhinderung von Steuerhinterziehung, Steuerumgehung oder Missbrauch festlegen.

Kapitel 2

Steuerbefreiungen für bestimmte, dem Gemeinwohl dienende Tätigkeiten

Artikel 132

(1) Die Mitgliedstaaten befreien folgende Umsätze von der Steuer:

a) von öffentlichen Posteinrichtungen erbrachte Dienstleistungen und dazugehörende Lieferungen von Gegenständen mit Ausnahme von Personenbeförderungs- und Telekommunikationsdienstleistungen;

b) Krankenhausbehandlungen und ärztliche Heilbehandlungen sowie damit eng verbundene Umsätze, die von Einrichtungen des öffentlichen Rechts oder unter Bedingungen, welche mit den Bedingungen für diese Einrichtungen in sozialer Hinsicht vergleichbar sind, von Krankenanstalten, Zentren für ärztliche Heilbehandlung und Diagnostik und anderen ordnungsgemäß anerkannten Einrichtungen gleicher Art durchgeführt beziehungsweise bewirkt werden;

c) Heilbehandlungen im Bereich der Humanmedizin, die im Rahmen der Ausübung der von dem betreffenden Mitgliedstaat definierten ärztlichen und arztähnlichen Berufe durchgeführt werden;

d) Lieferung von menschlichen Organen, menschlichem Blut und Frauenmilch;

e) Dienstleistungen, die Zahntechniker im Rahmen ihrer Berufsausübung erbringen, sowie Lieferungen von Zahnersatz durch Zahnärzte und Zahntechniker;

---

1) Fassung ab 01.01.2008, vgl. RL vom 20.12.2007; wird ab 01.01.2011 gestrichen durch RL vom 05.05.2009
2) Fassung ab 01.01.2008, vgl. RL vom 27.12.2007
3) Gestrichen zum 01.01.2008, vgl. RL vom 20.12.2007

f) Dienstleistungen, die selbstständige Zusammenschlüsse von Personen, die eine Tätigkeit ausüben, die von der Steuer befreit ist oder für die sie nicht Steuerpflichtig sind, an ihre Mitglieder für unmittelbare Zwecke der Ausübung dieser Tätigkeit erbringen, soweit diese Zusammenschlüsse von ihren Mitgliedern lediglich die genaue Erstattung des jeweiligen Anteils an den gemeinsamen Kosten fordern, vorausgesetzt, dass diese Befreiung nicht zu einer Wettbewerbsverzerrung führt;

g) eng mit der Sozialfürsorge und der sozialen Sicherheit verbundene Dienstleistungen und Lieferungen von Gegenständen, einschließlich derjenigen, die durch Altenheime, Einrichtungen des öffentlichen Rechts oder andere von dem betreffenden Mitgliedstaat als Einrichtungen mit sozialem Charakter anerkannte Einrichtungen bewirkt werden;

h) eng mit der Kinder- und Jugendbetreuung verbundene Dienstleistungen und Lieferungen von Gegenständen durch Einrichtungen des öffentlichen Rechts oder andere von dem betreffenden Mitgliedstaat als Einrichtungen mit sozialem Charakter anerkannte Einrichtungen;

i) Erziehung von Kindern und Jugendlichen, Schul- und Hochschulunterricht, Aus- und Fortbildung sowie berufliche Umschulung und damit eng verbundene Dienstleistungen und Lieferungen von Gegenständen durch Einrichtungen des öffentlichen Rechts, die mit solchen Aufgaben betraut sind, oder andere Einrichtungen mit von dem betreffenden Mitgliedstaat anerkannter vergleichbarer Zielsetzung;

j) von Privatlehrern erteilter Schul- und Hochschulunterricht;

k) Gestellung von Personal durch religiöse und weltanschauliche Einrichtungen für die unter den Buchstaben b, g, h und i genannten Tätigkeiten und für Zwecke geistlichen Beistands;

l) Dienstleistungen und eng damit verbundene Lieferungen von Gegenständen, die Einrichtungen ohne Gewinnstreben, welche politische, gewerkschaftliche, religiöse, patriotische, weltanschauliche, philanthropische oder staatsbürgerliche Ziele verfolgen, an ihre Mitglieder in deren gemeinsamen Interesse gegen einen satzungsgemäß festgelegten Beitrag erbringen, vorausgesetzt, dass diese Befreiung nicht zu einer Wettbewerbsverzerrung führt;

m) bestimmte, in engem Zusammenhang mit Sport und Körperertüchtigung stehende Dienstleistungen, die Einrichtungen ohne Gewinnstreben an Personen erbringen, die Sport oder Körperertüchtigung ausüben;

n) bestimmte kulturelle Dienstleistungen und eng damit verbundene Lieferungen von Gegenständen, die von Einrichtungen des öffentlichen Rechts oder anderen von dem betreffenden Mitgliedstaat anerkannten kulturellen Einrichtungen erbracht werden;

o) Dienstleistungen und Lieferungen von Gegenständen bei Veranstaltungen durch Einrichtungen, deren Umsätze nach den Buchstaben b, g, h, i, l, m und n befreit sind, wenn die Veranstaltungen dazu bestimmt sind, den Einrichtungen eine finanzielle Unterstützung zu bringen und ausschließlich zu ihrem Nutzen durchgeführt werden, vorausgesetzt, dass diese Befreiung nicht zu einer Wettbewerbsverzerrung führt;

p) von ordnungsgemäß anerkannten Einrichtungen durchgeführte Beförderung von kranken und verletzten Personen in dafür besonders eingerichteten Fahrzeugen;

q) Tätigkeiten öffentlicher Rundfunk- und Fernsehanstalten, ausgenommen Tätigkeiten mit gewerblichem Charakter.

(2) Für die Zwecke des Absatzes 1 Buchstabe o können die Mitgliedstaaten alle erforderlichen Beschränkungen, insbesondere hinsichtlich der Anzahl der Veranstaltungen und der Höhe der für eine Steuerbefreiung in Frage kommenden Einnahmen, vorsehen.

Artikel 133

Die Mitgliedstaaten können die Gewährung der Befreiungen nach Artikel 132 Absatz 1 Buchstaben b, g, h, i, l, m und n für Einrichtungen, die keine Einrichtungen des öffentlichen Rechts sind, im Einzelfall von der Erfüllung einer oder mehrerer der folgenden Bedingungen abhängig machen:

a) Die betreffenden Einrichtungen dürfen keine systematische Gewinnerzielung anstreben; etwaige Gewinne, die trotzdem anfallen, dürfen nicht verteilt, sondern müssen zur Erhaltung oder Verbesserung der erbrachten Leistungen verwendet werden.

b) Leitung und Verwaltung dieser Einrichtungen müssen im Wesentlichen ehrenamtlich durch Personen erfolgen, die weder selbst noch über zwischengeschaltete Personen ein unmittelbares oder mittelbares Interesse am wirtschaftlichen Ergebnis der betreffenden Tätigkeiten haben.

c) Die Preise, die diese Einrichtungen verlangen, müssen von den zuständigen Behörden genehmigt sein oder die genehmigten Preise nicht übersteigen; bei Umsätzen, für die eine Preisgenehmigung nicht vorgesehen ist, müssen die verlangten Preise unter den Preisen liegen, die der Mehrwertsteuer unterliegende gewerbliche Unternehmen für entsprechende Umsätze fordern.

d) Die Befreiungen dürfen nicht zu einer Wettbewerbsverzerrung zum Nachteil von der Mehrwertsteuer unterliegenden gewerblichen Unternehmen führen.

Die Mitgliedstaaten, die am 1. Januar 1989 gemäß Anhang E der Richtlinie 77/388/EWG die Mehrwertsteuer auf die in Artikel 132 Absatz 1 Buchstaben m und n genannten Umsätze erhoben, können die unter Absatz 1 Buchstabe d des vorliegenden Artikels genannten Bedingungen auch anwenden, wenn für diese Lieferung von Gegenständen oder Dienstleistungen durch Einrichtungen des öffentlichen Rechts eine Befreiung gewährt wird.

Artikel 134

In folgenden Fällen sind Lieferungen von Gegenständen und Dienstleistungen von der Steuerbefreiung des Artikels 132 Absatz 1 Buchstaben b, g, h, i, l, m und n ausgeschlossen:

a) sie sind für die Umsätze, für die die Steuerbefreiung gewährt wird, nicht unerlässlich;
b) sie sind im Wesentlichen dazu bestimmt, der Einrichtung zusätzliche Einnahmen durch Umsätze zu verschaffen, die in unmittelbarem Wettbewerb mit Umsätzen von der Mehrwertsteuer unterliegenden gewerblichen Unternehmen bewirkt werden.

Kapitel 3

Steuerbefreiungen für andere Tätigkeiten

Artikel 135

(1) Die Mitgliedstaaten befreien folgende Umsätze von der Steuer:

a) Versicherungs- und Rückversicherungsumsätze einschließlich der dazugehörigen Dienstleistungen, die von Versicherungsmaklern und -vertretern erbracht werden;
b) die Gewährung und Vermittlung von Krediten und die Verwaltung von Krediten durch die Kreditgeber;
c) die Vermittlung und Übernahme von Verbindlichkeiten, Bürgschaften und anderen Sicherheiten und Garantien sowie die Verwaltung von Kreditsicherheiten durch die Kreditgeber;
d) Umsätze – einschließlich der Vermittlung – im Einlagengeschäft und Kontokorrentverkehr, im Zahlungs- und Überweisungsverkehr, im Geschäft mit Forderungen, Schecks und anderen Handelspapieren, mit Ausnahme der Einziehung von Forderungen;
e) Umsätze – einschließlich der Vermittlung –, die sich auf Devisen, Banknoten und Münzen beziehen, die gesetzliches Zahlungsmittel sind, mit Ausnahme von Sammlerstücken, d.h. Münzen aus Gold, Silber oder anderem Metall sowie Banknoten, die normalerweise nicht als gesetzliches Zahlungsmittel verwendet werden oder die von numismatischem Interesse sind;
f) Umsätze – einschließlich der Vermittlung, jedoch nicht der Verwahrung und der Verwaltung –, die sich auf Aktien, Anteile an Gesellschaften und Vereinigungen, Schuldverschreibungen oder sonstige Wertpapiere beziehen, mit Ausnahme von Warenpapieren und der in Artikel 15 Absatz 2 genannten Rechte und Wertpapiere;
g) die Verwaltung von durch die Mitgliedstaaten als solche definierten Sondervermögen;
h) Lieferung von in ihrem jeweiligen Gebiet gültigen Postwertzeichen, von Steuerzeichen und von sonstigen ähnlichen Wertzeichen zum aufgedruckten Wert;
i) Wetten, Lotterien und sonstige Glücksspiele mit Geldeinsatz unter den Bedingungen und Beschränkungen, die von jedem Mitgliedstaat festgelegt werden;
j) Lieferung von anderen Gebäuden oder Gebäudeteilen und dem dazugehörigen Grund und Boden als den in Artikel 12 Absatz 1 Buchstabe a genannten;
k) Lieferung unbebauter Grundstücke mit Ausnahme von Baugrundstücken im Sinne des Artikels 12 Absatz 1 Buchstabe b;
l) Vermietung und Verpachtung von Grundstücken.

(2) Die folgenden Umsätze sind von der Befreiung nach Absatz 1 Buchstabe l ausgeschlossen:

a) Gewährung von Unterkunft nach den gesetzlichen Bestimmungen der Mitgliedstaaten im Rahmen des Hotelgewerbes oder in Sektoren mit ähnlicher Zielsetzung, einschließlich der Vermietung in Ferienlagern oder auf Grundstücken, die als Campingplätze erschlossen sind;
b) Vermietung von Plätzen für das Abstellen von Fahrzeugen;

c) Vermietung von auf Dauer eingebauten Vorrichtungen und Maschinen;
d) Vermietung von Schließfächern.

Die Mitgliedstaaten können weitere Ausnahmen von der Befreiung nach Absatz 1 Buchstabe l vorsehen.

Artikel 136

Die Mitgliedstaaten befreien folgende Umsätze von der Steuer:
a) die Lieferungen von Gegenständen, die ausschließlich für eine auf Grund der Artikel 132, 135, 371, 375, 376, 377, des Artikels 378 Absatz 2, des Artikels 379 Absatz 2 sowie der Artikel 380 bis 390b von der Steuer befreite Tätigkeit bestimmt waren, wenn für diese Gegenstände kein Recht auf Vorsteuerabzug bestanden hat;
b) die Lieferungen von Gegenständen, deren Anschaffung oder Zuordnung gemäß Artikel 176 vom Vorsteuerabzug ausgeschlossen war.

Artikel 137

(1) Die Mitgliedstaaten können ihren Steuerpflichtigen das Recht einräumen, sich bei folgenden Umsätzen für eine Besteuerung zu entscheiden:
a) die in Artikel 135 Absatz 1 Buchstaben b bis g genannten Finanzumsätze;
b) Lieferung von anderen Gebäuden oder Gebäudeteilen und dem dazugehörigen Grund und Boden als den in Artikel 12 Absatz 1 Buchstabe a genannten;
c) Lieferung unbebauter Grundstücke mit Ausnahme von Baugrundstücken im Sinne des Artikels 12 Absatz 1 Buchstabe b;
d) Vermietung und Verpachtung von Grundstücken.

(2) Die Mitgliedstaaten legen die Einzelheiten für die Inanspruchnahme des Wahlrechts nach Absatz 1 fest.

Die Mitgliedstaaten können den Umfang dieses Wahlrechts einschränken.

Kapitel 4

Steuerbefreiungen bei innergemeinschaftlichen Umsätzen

Abschnitt 1

Steuerbefreiungen bei der Lieferung von Gegenständen

Artikel 138

(1) Die Mitgliedstaaten befreien die Lieferungen von Gegenständen, die durch den Verkäufer, den Erwerber oder für ihre Rechnung nach Orten außerhalb ihres jeweiligen Gebiets, aber innerhalb der Gemeinschaft versandt oder befördert werden von der Steuer, wenn diese Lieferung an einen anderen Steuerpflichtigen oder an eine nichtsteuerpflichtige juristische Person bewirkt wird, der/die als solche/r in einem anderen Mitgliedstaat als dem des Beginns der Versendung oder Beförderung der Gegenstände handelt.

(2) Außer den in Absatz 1 genannten Lieferungen befreien die Mitgliedstaaten auch folgende Umsätze von der Steuer:
a) die Lieferungen neuer Fahrzeuge, die durch den Verkäufer, den Erwerber oder für ihre Rechnung an den Erwerber nach Orten außerhalb ihres jeweiligen Gebiets, aber innerhalb der Gemeinschaft versandt oder befördert werden, wenn die Lieferungen an Steuerpflichtige oder nichtsteuerpflichtige juristische Personen, deren innergemeinschaftliche Erwerbe von Gegenständen gemäß Artikel 3 Absatz 1 nicht der Mehrwertsteuer unterliegen, oder an eine andere nichtsteuerpflichtige Person bewirkt werden;
b) die Lieferungen verbrauchsteuerpflichtiger Waren, die durch den Verkäufer, den Erwerber oder für ihre Rechnung an den Erwerber nach Orten außerhalb ihres jeweiligen Gebiets, aber innerhalb der Gemeinschaft versandt oder befördert werden, wenn die Lieferungen an Steuerpflichtige oder nichtsteuerpflichtige juristische Personen bewirkt werden, deren innergemeinschaftliche Erwerbe von Gegenständen, die keine verbrauchsteuerpflichtigen Waren sind, gemäß Artikel 3 Absatz 1 nicht der Mehrwertsteuer unterliegen, und wenn die Versendung oder Beförderung dieser Waren gemäß Artikel 7 Absätze 4 und 5 oder Artikel 16 der Richtlinie 92/12/EWG durchgeführt wird;
c) die Lieferungen von Gegenständen in Form der Verbringung in einen anderen Mitgliedstaat, die gemäß Absatz 1 und den Buchstaben a und b des vorliegenden Absatzes von der Mehrwertsteuer befreit wäre, wenn sie an einen anderen Steuerpflichtigen bewirkt würde.

EG-Richtlinien / Mehrwertsteuer-Systemrichtlinie **Anhang 1a**

Artikel 139

(1) Die Steuerbefreiung nach Artikel 138 Absatz 1 gilt nicht für die Lieferungen von Gegenständen durch Steuerpflichtige, die unter die Steuerbefreiung für Kleinunternehmen nach Maßgabe der Artikel 282 bis 292 fallen.

Ferner gilt die Steuerbefreiung nicht für die Lieferungen von Gegenständen an Steuerpflichtige oder nichtsteuerpflichtige juristische Personen, deren innergemeinschaftliche Erwerbe von Gegenständen gemäß Artikel 3 Absatz 1 nicht der Mehrwertsteuer unterliegen.

(2) Die Steuerbefreiung nach Artikel 138 Absatz 2 Buchstabe b gilt nicht für die Lieferungen verbrauchsteuerpflichtiger Waren durch Steuerpflichtige, die unter die Steuerbefreiung für Kleinunternehmen nach Maßgabe der Artikel 282 bis 292 fallen.

(3) Die Steuerbefreiung nach Artikel 138 Absatz 1 und Absatz 2 Buchstaben b und c gilt nicht für die Lieferungen von Gegenständen, die nach der Sonderregelung über die Differenzbesteuerung der Artikel 312 bis 325 oder der Regelung für öffentliche Versteigerungen der Mehrwertsteuer unterliegen.

Die Steuerbefreiung nach Artikel 138 Absatz 1 und Absatz 2 Buchstabe c gilt nicht für die Lieferungen von Gebrauchtfahrzeugen im Sinne des Artikels 327 Absatz 3, die nach der Übergangsregelung für Gebrauchtfahrzeuge der Mehrwertsteuer unterliegen.

Abschnitt 2
Steuerbefreiungen beim innergemeinschaftlichen Erwerb von Gegenständen

Artikel 140

Die Mitgliedstaaten befreien folgende Umsätze von der Steuer:

a) den innergemeinschaftlichen Erwerb von Gegenständen, deren Lieferung durch Steuerpflichtige in ihrem jeweiligen Gebiet in jedem Fall mehrwertsteuerfrei ist;

b) den innergemeinschaftlichen Erwerb von Gegenständen, deren Einfuhr gemäß Artikel 143 Buchstaben a, b und c sowie Buchstaben e bis l in jedem Fall mehrwertsteuerfrei ist;

c) den innergemeinschaftlichen Erwerb von Gegenständen, für die der Erwerber gemäß den Artikeln 170 und 171 in jedem Fall das Recht auf volle Erstattung der Mehrwertsteuer hat, die gemäß Artikel 2 Absatz 1 Buchstabe b geschuldet würde.

Artikel 141

Jeder Mitgliedstaat trifft besondere Maßnahmen, damit ein innergemeinschaftlicher Erwerb von Gegenständen, der nach Artikel 40 als in seinem Gebiet bewirkt gilt, nicht mit der Mehrwertsteuer belastet wird, wenn folgende Voraussetzungen erfüllt sind:

a) der Erwerb von Gegenständen wird von einem Steuerpflichtigen bewirkt, der nicht in diesem Mitgliedstaat niedergelassen ist, aber in einem anderen Mitgliedstaat für Mehrwertsteuerzwecke erfasst ist;

b) der Erwerb von Gegenständen erfolgt für die Zwecke einer anschließenden Lieferung dieser Gegenstände durch den unter Buchstabe a genannten Steuerpflichtigen in diesem Mitgliedstaat;

c) die auf diese Weise von dem Steuerpflichtigen im Sinne von Buchstabe a erworbenen Gegenstände werden von einem anderen Mitgliedstaat aus als dem, in dem der Steuerpflichtige für Mehrwertsteuerzwecke erfasst ist, unmittelbar an die Person versandt oder befördert, an die er die anschließende Lieferung bewirkt;

d) Empfänger der anschließenden Lieferung ist ein anderer Steuerpflichtiger oder eine nichtsteuerpflichtige juristische Person, der bzw. die in dem betreffenden Mitgliedstaat für Mehrwertsteuerzwecke erfasst ist;

e) der Empfänger der Lieferung im Sinne des Buchstaben d ist gemäß Artikel 197 als Schuldner der Steuer für die Lieferung bestimmt worden, die von dem Steuerpflichtigen bewirkt wird, der nicht in dem Mitgliedstaat ansässig ist, in dem die Steuer geschuldet wird.

Abschnitt 3
Steuerbefreiungen für bestimmte Beförderungsleistungen

Artikel 142

Die Mitgliedstaaten befreien die innergemeinschaftliche Güterbeförderung nach oder von den Inseln, die die autonomen Regionen Azoren und Madeira bilden, sowie die Güterbeförderung zwischen diesen Inseln von der Steuer.

Kapitel 5
Steuerbefreiungen bei der Einfuhr

Artikel 143

Die Mitgliedstaaten befreien folgende Umsätze von der Steuer:

a) die endgültige Einfuhr von Gegenständen, deren Lieferung durch Steuerpflichtige in ihrem jeweiligen Gebiet in jedem Fall mehrwertsteuerfrei ist;

b) die endgültige Einfuhr von Gegenständen, die in in den Richtlinien 69/169/EWG[1], 83/181/EWG[2] und 2006/79/ EG[3] des Rates geregelt ist;

c) die endgültige Einfuhr von Gegenständen aus Drittgebieten, die Teil des Zollgebiets der Gemeinschaft sind, im freien Verkehr, die unter die Steuerbefreiung nach Buchstabe b fallen würde, wenn die Gegenstände gemäß Artikel 30 Absatz 1 eingeführt worden wären;

d) die Einfuhr von Gegenständen, die von einem Drittgebiet oder einem Drittland aus in einen anderen Mitgliedstaat als den Mitgliedstaat der Beendigung der Versendung oder Beförderung versandt oder befördert werden, sofern die Lieferung dieser Gegenstände durch den gemäß Artikel 201 als Steuerschuldner bestimmten oder anerkannten Importeur bewirkt wird und gemäß Artikel 138 befreit ist;

e) die Wiedereinfuhr von unter eine Zollbefreiung fallenden Gegenständen durch denjenigen, der sie ausgeführt hat, und zwar in dem Zustand, in dem sie ausgeführt wurden;

f) die Einfuhr von Gegenständen im Rahmen der diplomatischen und konsularischen Beziehungen, für die eine Zollbefreiung gilt;

fa) [4]die Einfuhr von Gegenständen durch die Europäische Gemeinschaft, die Europäische Atomgemeinschaft, die Europäische Zentralbank oder die Europäische Investitionsbank oder die von den Europäischen Gemeinschaften geschaffenen Einrichtungen, auf die das Protokoll vom 8. April 1965 über die Vorrechte und Befreiungen der Europäischen Gemeinschaften anwendbar ist, und zwar in den Grenzen und zu den Bedingungen, die in diesem Protokoll und den Übereinkünften zu seiner Umsetzung oder in den Abkommen über ihren Sitz festgelegt sind, sofern dies nicht zu Wettbewerbsverzerrungen führt;

g) die Einfuhr von Gegenständen durch internationale Einrichtungen, die nicht unter Buchstabe fa genannt sind und die von den Behörden des Aufnahmemitgliedstaats als solche anerkannt sind, sowie durch Angehörige dieser Einrichtungen, und zwar in den Grenzen und zu den Bedingungen, die in den internationalen Übereinkommen über die Gründung dieser Einrichtungen oder in den Abkommen über ihren Sitz festgelegt sind;

h) die Einfuhr von Gegenständen in den Mitgliedstaaten, die Vertragsparteien des Nordatlantikvertrags sind, durch die Streitkräfte anderer Parteien dieses Vertrags für den Gebrauch oder Verbrauch durch diese Streitkräfte oder ihr ziviles Begleitpersonal oder für die Versorgung ihrer Kasinos oder Kantinen, wenn diese Streitkräfte der gemeinsamen Verteidigungsanstrengung dienen;

i) die Einfuhr von Gegenständen, die von den gemäß dem Vertrag zur Gründung der Republik Zypern vom 16. August 1960 auf der Insel Zypern stationierten Streitkräften des Vereinigten Königreichs durchgeführt wird, wenn sie für den Gebrauch oder Verbrauch durch diese Streitkräfte oder ihr ziviles Begleitpersonal oder für die Versorgung ihrer Kasinos oder Kantinen bestimmt ist;

j) die durch Unternehmen der Seefischerei in Häfen durchgeführte Einfuhr von Fischereierzeugnissen, die noch nicht Gegenstand einer Lieferung gewesen sind, in unbearbeitetem Zustand oder nach Haltbarmachung für Zwecke der Vermarktung;

k) die Einfuhr von Gold durch Zentralbanken;

---

1) Richtlinie 69/169/EWG des Rates vom 28. Mai 1969 zur Harmonisierung der Rechts- und Verwaltungsvorschriften über die Befreiung von den Umsatzsteuern und Sonderverbrauchsteuern bei der Einfuhr im grenzüberschreitenden Reiseverkehr (ABl. L 133 vom 4.6.1969, S. 6). Zuletzt geändert durch die Richtlinie 2005/93/ EG (ABl. L 346 vom 29.12.2005, S. 16)

2) Richtlinie 83/181/EWG des Rates vom 28. März 1983 zur Festlegung des Anwendungsbereichs von Artikel 14 Absatz 1 Buchstabe d der Richtlinie 77/388/EWG hinsichtlich der Mehrwertsteuerbefreiung bestimmter endgültiger Einfuhren von Gegenständen (ABl. L 105 vom 23.4.1983, S. 38). Zuletzt geändert durch die Beitrittsakte von 1994

3) Richtlinie 2006/79/EG des Rates vom 5. Oktober 2006 über die Steuerbefreiungen bei der Einfuhr von Waren in Kleinsendungen nichtkommerzieller Art mit Herkunft aus Drittländern (kodifizierte Fassung) (ABl. L 286 vom 17.10.2006, S. 15)

4) Gilt ab 16.01.2010 gem. RL vom 22.12.2009

l) [1])die Einfuhr von Gas über ein Erdgasnetz oder jedes an ein solches Netz angeschlossene Netz oder von Gas, das von einem Gastanker aus in ein Erdgasnetz oder ein vorgelagertes Gasleitungsnetz eingespeist wird, von Elektrizität oder von Wärme oder Kälte über Wärme- oder Kältenetze.

Artikel 144

Die Mitgliedstaaten befreien Dienstleistungen, die sich auf die Einfuhr von Gegenständen beziehen und deren Wert gemäß Artikel 86 Absatz 1 Buchstabe b in der Steuerbemessungsgrundlage enthalten ist.

Artikel 145

(1) Falls erforderlich, unterbreitet die Kommission dem Rat so rasch wie möglich Vorschläge zur genauen Festlegung des Anwendungsbereichs der Befreiungen der Artikel 143 und 144 und der praktischen Einzelheiten ihrer Anwendung.

(2) Bis zum Inkrafttreten der in Absatz 1 genannten Bestimmungen können die Mitgliedstaaten die geltenden nationalen Vorschriften beibehalten.

Die Mitgliedstaaten können ihre nationalen Vorschriften anpassen, um Wettbewerbsverzerrungen zu verringern und insbesondere die Nicht- oder Doppelbesteuerung innerhalb der Gemeinschaft zu vermeiden.

Die Mitgliedstaaten können die Verwaltungsverfahren anwenden, die ihnen zur Durchführung der Steuerbefreiung am geeignetsten erscheinen.

(3) Die Mitgliedstaaten teilen der Kommission ihre bereits geltenden nationalen Vorschriften mit, sofern diese noch nicht mitgeteilt wurden, und die Vorschriften, die sie im Sinne des Absatzes 2 erlassen; die Kommission unterrichtet hiervon die übrigen Mitgliedstaaten.

Kapitel 6

Steuerbefreiungen bei der Ausfuhr

Artikel 146

(1) Die Mitgliedstaaten befreien folgende Umsätze von der Steuer:

a) die Lieferungen von Gegenständen, die durch den Verkäufer oder für dessen Rechnung nach Orten außerhalb der Gemeinschaft versandt oder befördert werden;

b) die Lieferungen von Gegenständen, die durch den nicht in ihrem jeweiligen Gebiet ansässigen Erwerber oder für dessen Rechnung nach Orten außerhalb der Gemeinschaft versandt oder befördert werden, mit Ausnahme der vom Erwerber selbst beförderten Gegenstände zur Ausrüstung oder Versorgung von Sportbooten und Sportflugzeugen sowie von sonstigen Beförderungsmitteln, die privaten Zwecken dienen;

c) die Lieferungen von Gegenständen an zugelassene Körperschaften, die diese im Rahmen ihrer Tätigkeit auf humanitärem, karitativem oder erzieherischem Gebiet nach Orten außerhalb der Gemeinschaft ausführen;

d) Dienstleistungen in Form von Arbeiten an beweglichen körperlichen Gegenständen, die zwecks Durchführung dieser Arbeiten in der Gemeinschaft erworben oder eingeführt worden sind und die vom Dienstleistungserbringer oder dem nicht in ihrem jeweiligen Gebiet ansässigen Dienstleistungsempfänger oder für deren Rechnung nach Orten außerhalb der Gemeinschaft versandt oder befördert werden;

e) Dienstleistungen, einschließlich Beförderungsleistungen und Nebentätigkeiten zur Beförderung, ausgenommen die gemäß den Artikeln 132 und 135 von der Steuer befreiten Dienstleistungen, wenn sie in unmittelbarem Zusammenhang mit der Ausfuhr oder der Einfuhr von Gegenständen stehen, für die Artikel 61 oder Artikel 157 Absatz 1 Buchstabe a gilt.

(2) Die Steuerbefreiung des Absatzes 1 Buchstabe c kann im Wege einer Mehrwertsteuererstattung erfolgen.

Artikel 147

(1) Betrifft die in Artikel 146 Absatz 1 Buchstabe b genannte Lieferung Gegenstände zur Mitführung im persönlichen Gepäck von Reisenden, gilt die Steuerbefreiung nur, wenn die folgenden Voraussetzungen erfüllt sind:

a) der Reisende ist nicht in der Gemeinschaft ansässig;

b) die Gegenstände werden vor Ablauf des dritten auf die Lieferung folgenden Kalendermonats nach Orten außerhalb der Gemeinschaft befördert;

---

1) Gilt ab 16.01.2010 gem. RL vom 22.12.2009

c) der Gesamtwert der Lieferung einschließlich Mehrwertsteuer übersteigt 175 EUR oder den Gegenwert in Landeswährung; der Gegenwert in Landeswährung wird alljährlich anhand des am ersten Arbeitstag im Oktober geltenden Umrechnungskurses mit Wirkung zum 1. Januar des folgenden Jahres festgelegt.

Die Mitgliedstaaten können jedoch eine Lieferung, deren Gesamtwert unter dem in Unterabsatz 1 Buchstabe c vorgesehenen Betrag liegt, von der Steuer befreien.

(2) Für die Zwecke des Absatzes 1 gilt ein Reisender als „nicht in der Gemeinschaft ansässig", wenn sein Wohnsitz oder sein gewöhnlicher Aufenthaltsort nicht in der Gemeinschaft liegt. Dabei gilt als „Wohnsitz oder gewöhnlicher Aufenthaltsort" der Ort, der im Reisepass, im Personalausweis oder in einem sonstigen Dokument eingetragen ist, das in dem Mitgliedstaat, in dessen Gebiet die Lieferung bewirkt wird, als Identitätsnachweis anerkannt ist.

Der Nachweis der Ausfuhr wird durch Rechnungen oder entsprechende Belege erbracht, die mit dem Sichtvermerk der Ausgangszollstelle der Gemeinschaft versehen sein müssen.

Jeder Mitgliedstaat übermittelt der Kommission ein Muster des Stempelabdrucks, den er für die Erteilung des Sichtvermerks im Sinne des Unterabsatzes 2 verwendet. Die Kommission leitet diese Information an die Steuerbehörden der übrigen Mitgliedstaaten weiter.

Kapitel 7

Steuerbefreiungen bei grenzüberschreitenden Beförderungen

Artikel 148

Die Mitgliedstaaten befreien folgende Umsätze von der Steuer:

a) die Lieferungen von Gegenständen zur Versorgung von Schiffen, die auf hoher See im entgeltlichen Passagierverkehr, zur Ausübung einer Handelstätigkeit, für gewerbliche Zwecke oder zur Fischerei sowie als Bergungs- oder Rettungsschiffe auf See oder zur Küstenfischerei eingesetzt sind, wobei im letztgenannten Fall die Lieferungen von Bordverpflegung ausgenommen sind;

b) die Lieferungen von Gegenständen zur Versorgung von Kriegsschiffen im Sinne des Codes der Kombinierten Nomenklatur (KN) 8906 10 00, die ihr Gebiet verlassen, um einen Hafen oder Ankerplatz außerhalb des Mitgliedstaats anzulaufen;

c) Lieferung, Umbau, Reparatur, Wartung, Vercharterung und Vermietung der unter Buchstabe a genannten Schiffe, sowie Lieferung, Vermietung, Reparatur und Wartung von Gegenständen, die in diese Schiffe eingebaut sind – einschließlich der Ausrüstung für die Fischerei –, oder die ihrem Betrieb dienen;

d) Dienstleistungen, die nicht unter Buchstabe c fallen und die unmittelbar für den Bedarf der unter Buchstabe a genannten Schiffe und ihrer Ladung erbracht werden;

e) die Lieferungen von Gegenständen zur Versorgung von Luftfahrzeugen, die von Luftfahrtgesellschaften verwendet werden, die hauptsächlich im entgeltlichen internationalen Verkehr tätig sind;

f) Lieferung, Umbau, Reparatur, Wartung, Vercharterung und Vermietung der unter Buchstabe e genannten Luftfahrzeuge, sowie Lieferung, Vermietung, Reparatur und Wartung von Gegenständen, die in diese Luftfahrzeuge eingebaut sind oder ihrem Betrieb dienen;

g) Dienstleistungen, die nicht unter Buchstabe f fallen und die unmittelbar für den Bedarf der unter Buchstabe e genannten Luftfahrzeuge und ihrer Ladung erbracht werden.

Artikel 149

Portugal kann Beförderungen im See- und Luftverkehr zwischen den Inseln, die die autonomen Regionen Azoren und Madeira bilden, sowie zwischen diesen Regionen und dem Mutterland grenzüberschreitenden Beförderungen gleichstellen.

Artikel 150

(1) Falls erforderlich unterbreitet die Kommission dem Rat so rasch wie möglich Vorschläge zur genauen Festlegung des Anwendungsbereichs der Befreiungen des Artikels 148 und der praktischen Einzelheiten ihrer Anwendung.

(2) Bis zum Inkrafttreten der in Absatz 1 genannten Bestimmungen können die Mitgliedstaaten den Anwendungsbereich der Befreiungen nach Artikel 148 Buchstaben a und b beschränken.

Kapitel 8

Steuerbefreiungen bei bestimmten, Ausfuhren gleichgestellten Umsätzen

Artikel 151

(1) Die Mitgliedstaaten befreien folgende Umsätze von der Steuer:
- a) Lieferungen von Gegenständen und Dienstleistungen, die im Rahmen der diplomatischen und konsularischen Beziehungen bewirkt werden;
- aa) [1]Lieferungen von Gegenständen und Dienstleistungen, die für die Europäische Gemeinschaft, die Europäische Atomgemeinschaft, die Europäische Zentralbank oder die Europäische Investitionsbank oder die von den Europäischen Gemeinschaften geschaffenen Einrichtungen, auf die das Protokoll vom 8. April 1965 über die Vorrechte und Befreiungen der Europäischen Gemeinschaften anwendbar ist, bestimmt sind, und zwar in den Grenzen und zu den Bedingungen, die in diesem Protokoll und den Übereinkünften zu seiner Umsetzung oder in den Abkommen über ihren Sitz festgelegt sind, sofern dies nicht zu Wettbewerbsverzerrungen führt;
- b) [2]Lieferungen von Gegenständen und Dienstleistungen, die für internationale Einrichtungen, die nicht unter Buchstabe aa genannten internationalen Einrichtungen die vom Aufnahmemitgliedstaat als internationale Einrichtung anerkannt sind, sowie für die Angehörigen dieser Einrichtungen bestimmt sind, und zwar in den Grenzen und zu den Bedingungen, die in den internationalen Übereinkommen über die Gründung dieser Einrichtungen oder in den Abkommen über ihren Sitz festgelegt sind;
- c) Lieferungen von Gegenständen und Dienstleistungen, die in den Mitgliedstaaten, die Vertragsparteien des Nordatlantikvertrags sind, an die Streitkräfte anderer Vertragsparteien bewirkt werden, wenn diese Umsätze für den Gebrauch oder Verbrauch durch diese Streitkräfte oder ihr ziviles Begleitpersonal oder für die Versorgung ihrer Kasinos oder Kantinen bestimmt sind und wenn diese Streitkräfte der gemeinsamen Verteidigungsanstrengung dienen;
- d) Lieferungen von Gegenständen und Dienstleistungen, deren Bestimmungsort in einem anderen Mitgliedstaat liegt und die für die Streitkräfte anderer Vertragsparteien des Nordatlantikvertrags als die des Bestimmungsmitgliedstaats selbst bestimmt sind, wenn diese Umsätze für den Gebrauch oder Verbrauch durch diese Streitkräfte oder ihr ziviles Begleitpersonal oder für die Versorgung ihrer Kasinos oder Kantinen bestimmt sind und wenn diese Streitkräfte der gemeinsamen Verteidigungsanstrengung dienen;
- e) Lieferungen von Gegenständen und Dienstleistungen, die für die gemäß dem Vertrag zur Gründung der Republik Zypern vom 16. August 1960 auf der Insel Zypern stationierten Streitkräfte des Vereinigten Königreichs bestimmt sind, wenn diese Umsätze für den Gebrauch oder Verbrauch durch die Streitkräfte oder ihr ziviles Begleitpersonal oder für die Versorgung ihrer Kasinos oder Kantinen bestimmt sind.

Die in Unterabsatz 1 geregelten Befreiungen gelten unter den vom Aufnahmemitgliedstaat festgelegten Beschränkungen so lange, bis eine einheitliche Steuerregelung erlassen ist.

(2) Bei Gegenständen, die nicht aus dem Mitgliedstaat versandt oder befördert werden, in dem die Lieferung dieser Gegenstände bewirkt wird, und bei Dienstleistungen kann die Steuerbefreiung im Wege der Mehrwertsteuererstattung erfolgen.

Artikel 152

Die Mitgliedstaaten befreien die Lieferungen von Gold an Zentralbanken von der Steuer.

Kapitel 9

Steuerbefreiungen für Dienstleistungen von Vermittlern

Artikel 153

Die Mitgliedstaaten befreien Dienstleistungen von Vermittlern, die im Namen und für Rechnung Dritter handeln, von der Steuer, wenn sie in den Kapiteln 6, 7 und 8 genannte Umsätze oder Umsätze außerhalb der Gemeinschaft betreffen.

Die Befreiung nach Absatz 1 gilt nicht für Reisebüros, wenn diese im Namen und für Rechnung des Reisenden Leistungen bewirken, die in anderen Mitgliedstaaten erbracht werden.

---

1) Gilt ab 16.01.2010 gem. RL vom 22.12.2009
2) Fassung ab 16.01.2010 gem. RL vom 22.12.2009

Kapitel 10
Steuerbefreiungen beim grenzüberschreitenden Warenverkehr
Abschnitt 1
Zolllager, andere Lager als Zolllager sowie gleichartige Regelungen

Artikel 154

Für die Zwecke dieses Abschnitts gelten als „andere Lager als Zolllager" bei verbrauchsteuerpflichtigen Waren die Orte, die Artikel 4 Buchstabe b der Richtlinie 92/12/EWG als Steuerlager definiert, und bei nicht verbrauchsteuerpflichtigen Waren die Orte, die die Mitgliedstaaten als solche definieren.

Artikel 155

Unbeschadet der übrigen gemeinschaftlichen Steuervorschriften können die Mitgliedstaaten nach Konsultation des Mehrwertsteuerausschusses besondere Maßnahmen treffen, um einige oder sämtliche in diesem Abschnitt genannten Umsätze von der Steuer zu befreien, sofern diese nicht für eine endgültige Verwendung oder einen Endverbrauch bestimmt sind und sofern der beim Verlassen der in diesem Abschnitt genannten Verfahren oder sonstigen Regelungen geschuldete Mehrwertsteuerbetrag demjenigen entspricht, der bei der Besteuerung jedes einzelnen dieser Umsätze in ihrem Gebiet geschuldet worden wäre.

Artikel 156

(1) Die Mitgliedstaaten können folgende Umsätze von der Steuer befreien:

a) die Lieferungen von Gegenständen, die zollamtlich erfasst und gegebenenfalls in einem Übergangslager vorübergehend verwahrt bleiben sollen;

b) die Lieferungen von Gegenständen, die in einer Freizone oder einem Freilager gelagert werden sollen;

c) die Lieferungen von Gegenständen, die einer Zolllagerregelung oder einer Regelung für den aktiven Veredelungsverkehr unterliegen sollen;

d) die Lieferungen von Gegenständen, die in die Hoheitsgewässer verbracht werden sollen, um im Rahmen des Baus, der Reparatur, der Wartung, des Umbaus oder der Ausrüstung von Bohrinseln oder Förderplattformen in diese eingebaut oder für die Verbindung dieser Bohrinseln oder Förderplattformen mit dem Festland verwendet zu werden;

e) die Lieferungen von Gegenständen, die in die Hoheitsgewässer verbracht werden sollen, um zur Versorgung von Bohrinseln oder Förderplattformen verwendet zu werden.

(2) Die in Absatz 1 genannten Orte sind diejenigen, die in den geltenden Zollvorschriften der Gemeinschaft als solche definiert sind.

Artikel 157

(1) Die Mitgliedstaaten können folgende Umsätze von der Steuer befreien:

a) die Einfuhr von Gegenständen, die einer Regelung für andere Lager als Zolllager unterliegen sollen;

b) die Lieferungen von Gegenständen, die in ihrem Gebiet einer Regelung für andere Lager als Zolllager unterliegen sollen.

(2) Die Mitgliedstaaten dürfen bei nicht verbrauchsteuerpflichtigen Waren keine andere Lagerregelung als eine Zolllagerregelung vorsehen, wenn diese Waren zur Lieferung auf der Einzelhandelsstufe bestimmt sind.

Artikel 158

(1) Abweichend von Artikel 157 Absatz 2 können die Mitgliedstaaten eine Regelung für andere Lager als Zolllager in folgenden Fällen vorsehen:

a) sofern die Gegenstände für Tax-free-Verkaufsstellen für Zwecke ihrer gemäß Artikel 146 Absatz 1 Buchstabe b befreiten Lieferungen zur Mitführung im persönlichen Gepäck von Reisenden bestimmt sind, die sich per Flugzeug oder Schiff in ein Drittgebiet oder ein Drittland begeben;

b) sofern die Gegenstände für Steuerpflichtige für Zwecke ihrer Lieferungen an Reisende an Bord eines Flugzeugs oder eines Schiffs während eines Flugs oder einer Seereise bestimmt sind, deren Zielort außerhalb der Gemeinschaft gelegen ist;

c) sofern die Gegenstände für Steuerpflichtige für Zwecke ihrer gemäß Artikel 151 von der Mehrwertsteuer befreiten Lieferungen bestimmt sind.

(2) Mitgliedstaaten, die von der in Absatz 1 Buchstabe a vorgesehenen Möglichkeit der Steuerbefreiung Gebrauch machen, treffen die erforderlichen Maßnahmen, um eine korrekte und einfache Anwendung

dieser Befreiung zu gewährleisten und Steuerhinterziehung, Steuerumgehung oder Missbrauch zu verhindern.

(3) Für die Zwecke des Absatzes 1 Buchstabe a gilt als „Tax-free-Verkaufsstelle" jede Verkaufsstelle innerhalb eines Flug- oder Seehafens, die die von den zuständigen Behörden festgelegten Voraussetzungen erfüllt.

Artikel 159

Die Mitgliedstaaten können Dienstleistungen von der Steuer befreien, die mit der Lieferung von Gegenständen im Sinne des Artikels 156, des Artikels 157 Absatz 1 Buchstabe b und des Artikels 158 zusammenhängen.

Artikel 160

(1) Die Mitgliedstaaten können folgende Umsätze von der Steuer befreien:

a) die Lieferungen von Gegenständen und das Erbringen von Dienstleistungen an den in Artikel 156 Absatz 1 genannten Orten, wenn diese Umsätze in ihrem Gebiet unter Wahrung einer der in demselben Absatz genannten Verfahren bewirkt werden;

b) die Lieferungen von Gegenständen und das Erbringen von Dienstleistungen an den in Artikel 157 Absatz 1 Buchstabe b und Artikel 158 genannten Orten, wenn diese Umsätze in ihrem Gebiet unter Wahrung eines der in Artikel 157 Absatz 1 Buchstabe b beziehungsweise Artikel 158 Absatz 1 genannten Verfahren bewirkt werden.

(2) Mitgliedstaaten, die von der Möglichkeit nach Absatz 1 Buchstabe a für in Zolllagern bewirkte Umsätze Gebrauch machen, treffen die erforderlichen Maßnahmen, um Regelungen für andere Lager als Zolllager festzulegen, die die Anwendung von Absatz 1 Buchstabe b auf diese Umsätze ermöglichen, wenn sie in Anhang V genannte Gegenstände betreffen und unter dieser Regelung für andere Lager als Zolllager bewirkt werden.

Artikel 161

Die Mitgliedstaaten können folgende Lieferungen von Gegenständen und damit zusammenhängende Dienstleistungen von der Steuer befreien:

a) die Lieferungen von Gegenständen nach Artikel 30 Absatz 1 unter Wahrung des Verfahrens der vorübergehenden Verwendung bei vollständiger Befreiung von den Einfuhrabgaben oder des externen Versandverfahrens;

b) die Lieferungen von Gegenständen nach Artikel 30 Absatz 2 unter Wahrung des internen Versandverfahrens nach Artikel 276.

Artikel 162

Mitgliedstaaten, die von der Möglichkeit nach diesem Abschnitt Gebrauch machen, stellen sicher, dass für den innergemeinschaftlichen Erwerb von Gegenständen, der unter eines der Verfahren oder eine der Regelungen im Sinne des Artikels 156, des Artikels 157 Absatz 1 Buchstabe b und des Artikels 158 fällt, dieselben Vorschriften angewandt werden wie auf die Lieferungen von Gegenständen, die unter gleichen Bedingungen in ihrem Gebiet bewirkt wird.

Artikel 163

Ist das Verlassen der Verfahren oder der sonstigen Regelungen im Sinne dieses Abschnitts mit einer Einfuhr im Sinne des Artikels 61 verbunden, trifft der Einfuhrmitgliedstaat die erforderlichen Maßnahmen, um eine Doppelbesteuerung zu vermeiden.

Abschnitt 2

Steuerbefreiung von Umsätzen im Hinblick auf eine Ausfuhr und im Rahmen des Handels zwischen den Mitgliedstaaten

Artikel 164

(1) Die Mitgliedstaaten können nach Konsultation des Mehrwertsteuerausschusses folgende von einem Steuerpflichtigen getätigte oder für einen Steuerpflichtigen bestimmte Umsätze bis zu dem Betrag von der Steuer befreien, der dem Wert der von diesem Steuerpflichtigen getätigten Ausfuhren in den vorangegangenen zwölf Monaten entspricht:

a) innergemeinschaftlicher Erwerb von Gegenständen durch einen Steuerpflichtigen sowie Einfuhr und Lieferung von Gegenständen an einen Steuerpflichtigen, der diese unverarbeitet oder verarbeitet nach Orten außerhalb der Gemeinschaft auszuführen beabsichtigt;

b) Dienstleistungen im Zusammenhang mit der Ausfuhrtätigkeit dieses Steuerpflichtigen.

(2) Mitgliedstaaten, die von der Möglichkeit der Steuerbefreiung nach Absatz 1 Gebrauch machen, befreien nach Konsultation des Mehrwertsteuerausschusses auch die Umsätze im Zusammenhang mit Lieferungen des Steuerpflichtigen unter den Voraussetzungen des Artikels 138 bis zu dem Betrag, der dem Wert seiner derartigen Lieferungen in den vorangegangenen zwölf Monaten entspricht, von der Steuer.

Artikel 165

Die Mitgliedstaaten können für die Steuerbefreiungen gemäß Artikel 164 einen gemeinsamen Höchstbetrag festsetzen.

Abschnitt 3

Gemeinsame Bestimmungen für die Abschnitte 1 und 2

Artikel 166

Falls erforderlich unterbreitet die Kommission dem Rat so rasch wie möglich Vorschläge über gemeinsame Modalitäten für die Anwendung der Mehrwertsteuer auf die in den Abschnitten 1 und 2 genannten Umsätze.

Titel X

Vorsteuerabzug

Kapitel 1

Entstehung und Umfang des Rechts auf Vorsteuerabzug

Artikel 167

Das Recht auf Vorsteuerabzug entsteht, wenn der Anspruch auf die abziehbare Steuer entsteht.

Artikel 167a[1]

Die Mitgliedstaaten können im Rahmen einer fakultativen Regelung vorsehen, dass das Recht auf Vorsteuerabzug eines Steuerpflichtigen, bei dem ausschließlich ein Steueranspruch gemäß Artikel 66 Buchstabe b eintritt, erst dann ausgeübt werden darf, wenn der entsprechende Lieferer oder Dienstleistungserbringer die Mehrwertsteuer auf die dem Steuerpflichtigen gelieferten Gegenstände oder erbrachten Dienstleistungen erhalten hat.

Mitgliedstaaten, die die in Absatz 1 genannte fakultative Regelung anwenden, legen für Steuerpflichtige, die innerhalb ihres Gebiets von dieser Regelung Gebrauch machen, einen Grenzwert fest, der sich auf den gemäß Artikel 288 berechneten Jahresumsatz des Steuerpflichtigen stützt. Dieser Grenzwert darf 500.000 EUR oder den Gegenwert in Landeswährung nicht übersteigen. Die Mitgliedstaaten können nach Konsultation des Mehrwertsteuerausschusses einen Grenzwert anwenden, der bis zu 2.000.000 EUR oder den Gegenwert in Landeswährung beträgt. Bei Mitgliedstaaten, die am 31. Dezember 2012 einen Grenzwert anwenden, der mehr als 500.000 EUR oder den Gegenwert in Landeswährung beträgt, ist eine solche Konsultation des Mehrwertsteuerausschusses jedoch nicht erforderlich.

Die Mitgliedstaaten unterrichten den Mehrwertsteuerausschuss von allen auf der Grundlage von Absatz 1 erlassenen nationalen Maßnahmen.

Artikel 168

Soweit die Gegenstände und Dienstleistungen für die Zwecke seiner besteuerten Umsätze verwendet werden, ist der Steuerpflichtige berechtigt, in dem Mitgliedstaat, in dem er diese Umsätze bewirkt, vom Betrag der von ihm geschuldeten Steuer folgende Beträge abzuziehen:

a) die in diesem Mitgliedstaat geschuldete oder entrichtete Mehrwertsteuer für Gegenstände und Dienstleistungen, die ihm von einem anderen Steuerpflichtigen geliefert bzw. erbracht wurden oder werden;

b) die Mehrwertsteuer, die für Umsätze geschuldet wird, die der Lieferung von Gegenständen beziehungsweise dem Erbringen von Dienstleistungen gemäß Artikel 18 Buchstabe a sowie Artikel 27 gleichgestellt sind;

c) die Mehrwertsteuer, die für den innergemeinschaftlichen Erwerb von Gegenständen gemäß Artikel 2 Absatz 1 Buchstabe b Ziffer i geschuldet wird;

d) die Mehrwertsteuer, die für dem innergemeinschaftlichen Erwerb gleichgestellte Umsätze gemäß den Artikeln 21 und 22 geschuldet wird;

---

[1] Eingefügt durch RL vom 13.07.2010 mit Wirkung ab 12.08.2010

e) die Mehrwertsteuer, die für die Einfuhr von Gegenständen in diesem Mitgliedstaat geschuldet wird oder entrichtet worden ist.

Artikel 168a[1]

(1) Soweit ein dem Unternehmen zugeordnetes Grundstück vom Steuerpflichtigen sowohl für unternehmerische Zwecke als auch für seinen privaten Bedarf oder den seines Personals oder allgemein für unternehmensfremde Zwecke verwendet wird, darf bei Ausgaben im Zusammenhang mit diesem Grundstück höchstens der Teil der Mehrwertsteuer nach den Grundsätzen der Artikel 167, 168, 169 und 173 abgezogen werden, der auf die Verwendung des Grundstücks für unternehmerische Zwecke des Steuerpflichtigen entfällt.

Ändert sich der Verwendungsanteil eines Grundstücks nach Unterabsatz 1, so werden diese Änderungen abweichend von Artikel 26 nach den in dem betreffenden Mitgliedstaat geltenden Vorschriften zur Anwendung der in den Artikeln 184 bis 192 festgelegten Grundsätze berücksichtigt.

(2) Die Mitgliedstaaten können Absatz 1 auch auf die Mehrwertsteuer auf Ausgaben im Zusammenhang mit von ihnen definierten sonstigen Gegenständen anwenden, die dem Unternehmen zugeordnet sind.

Artikel 169

Über den Vorsteuerabzug nach Artikel 168 hinaus hat der Steuerpflichtige das Recht, die in jenem Artikel genannte Mehrwertsteuer abzuziehen, soweit die Gegenstände und Dienstleistungen für die Zwecke folgender Umsätze verwendet werden:

a) für seine Umsätze, die sich aus den in Artikel 9 Absatz 1 Unterabsatz 2 genannten Tätigkeiten ergeben, die außerhalb des Mitgliedstaats, in dem diese Steuer geschuldet oder entrichtet wird, bewirkt werden und für die das Recht auf Vorsteuerabzug bestünde, wenn sie in diesem Mitgliedstaat bewirkt worden wären;

b) für seine Umsätze, die gemäß den Artikeln 138, 142, 144, 146 bis 149, 151, 152, 153, 156, dem Artikel 157 Absatz 1 Buchstabe b, den Artikeln 158 bis 161 und Artikel 164 befreit sind;

c) für seine gemäß Artikel 135 Absatz 1 Buchstaben a bis f befreiten Umsätze, wenn der Dienstleistungsempfänger außerhalb der Gemeinschaft ansässig ist oder wenn diese Umsätze unmittelbar mit Gegenständen zusammenhängen, die zur Ausfuhr aus der Gemeinschaft bestimmt sind.

Artikel 170

Jeder Steuerpflichtige, der im Sinne des Artikels 1 der Richtlinie 86/560/EWG[2], des Artikels 2 Nummer 1 und des Artikels 3 der Richtlinie 2008/9/EG[3] und des Artikels 171 der vorliegenden Richtlinie nicht in dem Mitgliedstaat ansässig ist, in dem er die Gegenstände und Dienstleistungen erwirbt oder mit der Mehrwertsteuer belastete Gegenstände einführt, hat Anspruch auf Erstattung dieser Steuer, soweit die Gegenstände und Dienstleistungen für die Zwecke folgender Umsätze verwendet werden:

a) die in Artikel 169 genannten Umsätze;

b) die Umsätze, bei denen die Steuer nach den Artikeln 194 bis 197 und 199 lediglich vom Empfänger geschuldet wird.

Artikel 171

(1) Die Erstattung der Mehrwertsteuer an Steuerpflichtige, die nicht in dem Mitgliedstaat, in dem sie die Gegenstände und Dienstleistungen erwerben oder mit der Mehrwertsteuer belastete Gegenstände einführen, sondern in einem anderen Mitgliedstaat ansässig sind, erfolgt nach dem in der Richtlinie 2008/9/EG[4] vorgesehenen Verfahren.

Steuerpflichtige im Sinne des Artikels 1 der Richtlinie 79/1072/ EWG, die in dem Mitgliedstaat, in dem sie die Gegenstände und Dienstleistungen erwerben oder mit der Mehrwertsteuer belastete Gegenstände einführen, ausschließlich Lieferungen von Gegenständen und Dienstleistungen bewirken, für die gemäß den Artikeln 194 bis 197 und 199 der Empfänger der Umsätze als Steuerschuldner bestimmt

---

1) Gilt ab 16.01.2010 gem. RL vom 22.12.2009 mit Wirkung ab 01.01.2011
2) Änderung des einleitenden Satzteils ab 01.01.2010, vgl. RL vom 12.02.2008; die Achte Richtlinie wurde mit Wirkung ab dem 01.01.2010 aufgehoben. Ab diesem Zeitpunkt gilt die Richtlinie 2008/9/EG vom 12.02.2008, ABl. EU Nr. L 44 S. 23, abgedruckt in Anhang 1j.
Dreizehnte Richtlinie 86/560/EWG des Rates vom 17. November 1986 zur Harmonisierung der Rechtsvorschriften der Mitgliedstaaten über die Umsatzsteuern – Verfahren der Erstattung der Mehrwertsteuer an nicht im Gebiet der Gemeinschaft ansässige Steuerpflichtige (ABl. L 326 vom 21.11.1986, S. 40)
3) Richtlinie 2008/9/EG des Rates vom 12.02.2008 zur Regelung der Erstattung der Mehrwertsteuer gemäß der Richtlinie 2006/112/EG an nicht im Mitgliedstaat der Erstattung, sondern in einem anderen Mitgliedstaat ansässige Steuerpflichtige (ABl. L 44 vom 20.02.2008, S. 23)
4) Abgedruckt in Anhang 1j; gilt ab 01.01.2010, vgl. RL vom 12.02.2008

Anhang 1a EG-Richtlinien / Mehrwertsteuer-Systemrichtlinie

worden ist, gelten bei Anwendung der genannten Richtlinie ebenfalls als nicht in diesem Mitgliedstaat ansässige Steuerpflichtige.

(2) Die Erstattung der Mehrwertsteuer an nicht im Gebiet der Gemeinschaft ansässige Steuerpflichtige erfolgt nach dem in der Richtlinie 86/560/EWG vorgesehenen Verfahren.

Steuerpflichtige im Sinne des Artikels 1 der Richtlinie 86/560/ EWG, die in dem Mitgliedstaat, in dem sie die Gegenstände und Dienstleistungen erwerben oder mit der Mehrwertsteuer belastete Gegenstände einführen, ausschließlich Lieferungen von Gegenständen und Dienstleistungen bewirken, für die gemäß den Artikeln 194 bis 197 und 199 der Empfänger der Umsätze als Steuerschuldner bestimmt worden ist, gelten bei Anwendung der genannten Richtlinie ebenfalls als nicht in der Gemeinschaft ansässige Steuerpflichtige.

(3)[1] Die Richtlinie 86/560/EWG gilt nicht für:

a) nach den Rechtsvorschriften des Mitgliedstaats der Erstattung fälschlich in Rechnung gestellte Mehrwertsteuerbeträge;

b) in Rechnung gestellte Mehrwertsteuerbeträge für Lieferungen von Gegenständen, die gemäß Artikel 138 oder Artikel 146 Absatz 1 Buchstabe b von der Steuer befreit sind oder befreit werden können.

Artikel 171a[2]

Die Mitgliedstaaten können anstatt der Gewährung einer Erstattung der Mehrwertsteuer gemäß den Richtlinien 86/560/EWG oder 2008/9/EG für Lieferungen von Gegenständen oder Dienstleistungen an einen Steuerpflichtigen, für die dieser Steuerpflichtige die Steuer gemäß den Artikeln 194 bis 197 oder Artikel 199 schuldet, den Abzug dieser Steuer nach dem Verfahren gemäß Artikel 168 erlauben. Bestehende Beschränkungen nach Artikel 2 Absatz 2 und Artikel 4 Absatz 2 der Richtlinie 86/560/EWG können beibehalten werden.

Zu diesem Zweck können die Mitgliedstaaten den Steuerpflichtigen, der die Steuer zu entrichten hat, von dem Erstattungsverfahren gemäß den Richtlinien 86/560/EWG oder 2008/9/EG ausschließen.

Artikel 172

(1) Jede Person, die als Steuerpflichtiger gilt, weil sie gelegentlich die Lieferung eines neuen Fahrzeugs unter den Voraussetzungen des Artikels 138 Absatz 1 und Absatz 2 Buchstabe a bewirkt, hat in dem Mitgliedstaat, in dem die Lieferung bewirkt wird, das Recht auf Abzug der im Einkaufspreis enthaltenen oder bei der Einfuhr oder dem innergemeinschaftlichen Erwerb dieses Fahrzeugs entrichteten Mehrwertsteuer im Umfang oder bis zur Höhe des Betrags, den sie als Steuer schulden würde, wenn die Lieferung nicht befreit wäre.

Das Recht auf Vorsteuerabzug entsteht zum Zeitpunkt der Lieferung des neuen Fahrzeugs und kann nur zu diesem Zeitpunkt ausgeübt werden.

(2) Die Mitgliedstaaten legen die Einzelheiten der Anwendung des Absatzes 1 fest.

Kapitel 2
Pro-rata-Satz des Vorsteuerabzugs

Artikel 173

(1) Soweit Gegenstände und Dienstleistungen von einem Steuerpflichtigen sowohl für Umsätze verwendet werden, für die ein Recht auf Vorsteuerabzug gemäß den Artikeln 168, 169 und 170 besteht, als auch für Umsätze, für die kein Recht auf Vorsteuerabzug besteht, darf nur der Teil der Mehrwertsteuer abgezogen werden, der auf den Betrag der erstgenannten Umsätze entfällt.

Der Pro-rata-Satz des Vorsteuerabzugs wird gemäß den Artikeln 174 und 175 für die Gesamtheit der von dem Steuerpflichtigen bewirkten Umsätze festgelegt.

(2) Die Mitgliedstaaten können folgende Maßnahmen ergreifen:

a) dem Steuerpflichtigen gestatten, für jeden Bereich seiner Tätigkeit einen besonderen Pro-rata-Satz anzuwenden, wenn für jeden dieser Bereiche getrennte Aufzeichnungen geführt werden;

b) den Steuerpflichtigen verpflichten, für jeden Bereich seiner Tätigkeit einen besonderen Pro-rata-Satz anzuwenden und für jeden dieser Bereiche getrennte Aufzeichnungen zu führen;

c) dem Steuerpflichtigen gestatten oder ihn verpflichten, den Vorsteuerabzug je nach der Zuordnung der Gesamtheit oder eines Teils der Gegenstände oder Dienstleistungen vorzunehmen.

---
1) Gilt ab 01.01.2010, vgl. RL vom 12.02.2008
2) Eingefügt ab 01.01.2010, vgl. RL vom 12.02.2008

d) dem Steuerpflichtigen gestatten oder ihn verpflichten, den Vorsteuerabzug gemäß Absatz 1 Unterabsatz 1 bei allen Gegenständen und Dienstleistungen vorzunehmen, die für die dort genannten Umsätze verwendet wurden;
e) vorsehen, dass der Betrag der Mehrwertsteuer, der vom Steuerpflichtigen nicht abgezogen werden kann, nicht berücksichtigt wird, wenn er geringfügig ist.

Artikel 174

(1) Der Pro-rata-Satz des Vorsteuerabzugs ergibt sich aus einem Bruch, der sich wie folgt zusammensetzt:
a) im Zähler steht der je Jahr ermittelte Gesamtbetrag – ohne Mehrwertsteuer – der Umsätze, die zum Vorsteuerabzug gemäß den Artikeln 168 und 169 berechtigen;
b) im Nenner steht der je Jahr ermittelte Gesamtbetrag – ohne Mehrwertsteuer – der im Zähler stehenden Umsätze und der Umsätze, die nicht zum Vorsteuerabzug berechtigen.

Die Mitgliedstaaten können in den Nenner auch den Betrag der Subventionen einbeziehen, die nicht unmittelbar mit dem Preis der Lieferungen von Gegenständen oder der Dienstleistungen im Sinne des Artikels 73 zusammenhängen.

(2) Abweichend von Absatz 1 bleiben bei der Berechnung des Pro-rata-Satzes des Vorsteuerabzugs folgende Beträge außer Ansatz:
a) der Betrag, der auf die Lieferungen von Investitionsgütern entfällt, die vom Steuerpflichtigen in seinem Unternehmen verwendet werden;
b) der Betrag, der auf Hilfsumsätze mit Grundstücks- und Finanzgeschäften entfällt;
c) der Betrag, der auf Umsätze im Sinne des Artikels 135 Absatz 1 Buchstaben b bis g entfällt, sofern es sich dabei um Hilfsumsätze handelt.

(3) Machen die Mitgliedstaaten von der Möglichkeit nach Artikel 191 Gebrauch, keine Berichtigung in Bezug auf Investitionsgüter zu verlangen, können sie den Erlös aus dem Verkauf dieser Investitionsgüter bei der Berechnung des Pro-rata-Satzes des Vorsteuerabzugs berücksichtigen.

Artikel 175

(1) Der Pro-rata-Satz des Vorsteuerabzugs wird auf Jahresbasis in Prozent festgesetzt und auf einen vollen Prozentsatz aufgerundet.

(2) Der für ein Jahr vorläufig geltende Pro-rata-Satz bemisst sich nach dem auf der Grundlage der Umsätze des vorangegangenen Jahres ermittelten Pro-rata-Satz. Ist eine solche Bezugnahme nicht möglich oder nicht stichhaltig, wird der Pro-rata-Satz vom Steuerpflichtigen unter Überwachung durch die Finanzverwaltung nach den voraussichtlichen Verhältnissen vorläufig geschätzt.

Die Mitgliedstaaten können jedoch die Regelung beibehalten, die sie am 1. Januar 1979 beziehungsweise im Falle der nach diesem Datum der Gemeinschaft beigetretenen Mitgliedstaaten am Tag ihres Beitritts angewandt haben.

(3) Die Festsetzung des endgültigen Pro-rata-Satzes, die für jedes Jahr im Laufe des folgenden Jahres vorgenommen wird, führt zur Berichtigung der nach dem vorläufigen Pro-rata-Satz vorgenommenen Vorsteuerabzüge.

Kapitel 3

Einschränkungen des Rechts auf Vorsteuerabzug

Artikel 176

Der Rat legt auf Vorschlag der Kommission einstimmig fest, welche Ausgaben kein Recht auf Vorsteuerabzug eröffnen. In jedem Fall werden diejenigen Ausgaben vom Recht auf Vorsteuerabzug ausgeschlossen, die keinen streng geschäftlichen Charakter haben, wie Luxusausgaben, Ausgaben für Vergnügungen und Repräsentationsaufwendungen.

Bis zum Inkrafttreten der Bestimmungen im Sinne des Absatzes 1 können die Mitgliedstaaten alle Ausschlüsse beibehalten, die am 1. Januar 1979 beziehungsweise im Falle der nach diesem Datum der Gemeinschaft beigetretenen Mitgliedstaaten am Tag ihres Beitritts in ihren nationalen Rechtsvorschriften vorgesehen waren.

Artikel 177

Nach Konsultation des Mehrwertsteuerausschusses kann jeder Mitgliedstaat aus Konjunkturgründen alle oder bestimmte Investitionsgüter oder andere Gegenstände teilweise oder ganz vom Vorsteuerabzug ausschließen.

Anhang 1a

EG-Richtlinien / Mehrwertsteuer-Systemrichtlinie

Anstatt den Vorsteuerabzug abzulehnen, können die Mitgliedstaaten zur Wahrung gleicher Wettbewerbsbedingungen Gegenstände, welche der Steuerpflichtige selbst hergestellt oder innerhalb der Gemeinschaft erworben oder auch eingeführt hat, in der Weise besteuern, dass dabei der Betrag der Mehrwertsteuer nicht überschritten wird, der beim Erwerb vergleichbarer Gegenstände zu entrichten wäre.

Kapitel 4

Einzelheiten der Ausübung des Rechts auf Vorsteuerabzug

Artikel 178

Um das Recht auf Vorsteuerabzug ausüben zu können, muss der Steuerpflichtige folgende Bedingungen erfüllen:

a) [1] für den Vorsteuerabzug nach Artikel 168 Buchstabe a in Bezug auf die Lieferung von Gegenständen oder das Erbringen von Dienstleistungen muss er eine gemäß Titel XI Kapitel 3 Abschnitte 3 bis 6 ausgestellte Rechnung besitzen;

b) für den Vorsteuerabzug nach Artikel 168 Buchstabe b in Bezug auf die Lieferungen von Gegenständen und das Erbringen von Dienstleistungen gleichgestellte Umsätze muss er die von dem jeweiligen Mitgliedstaat vorgeschriebenen Formalitäten erfüllen;

c) [2] für den Vorsteuerabzug nach Artikel 168 Buchstabe c in Bezug auf den innergemeinschaftlichen Erwerb von Gegenständen muss er in der Mehrwertsteuererklärung nach Artikel 250 alle Angaben gemacht haben, die erforderlich sind, um die Höhe der Steuer festzustellen, die für die von ihm erworbenen Gegenstände geschuldet wird, und eine gemäß Titel XI Kapitel 3 Abschnitte 3 bis 5 ausgestellte Rechnung besitzen;

d) für den Vorsteuerabzug nach Artikel 168 Buchstabe d in Bezug auf den innergemeinschaftlichen Erwerb von Gegenständen gleichgestellte Umsätze muss er die von dem jeweiligen Mitgliedstaat vorgeschriebenen Formalitäten erfüllen;

e) für den Vorsteuerabzug nach Artikel 168 Buchstabe e in Bezug auf die Einfuhr von Gegenständen muss er ein die Einfuhr bescheinigendes Dokument besitzen, das ihn als Empfänger der Lieferung oder Importeur ausweist und den Betrag der geschuldeten Mehrwertsteuer ausweist oder deren Berechnung ermöglicht;

f) hat er die Steuer in seiner Eigenschaft als Dienstleistungsempfänger oder Erwerber gemäß den Artikeln 194 bis 197 sowie 199 zu entrichten, muss er die von dem jeweiligen Mitgliedstaat vorgeschriebenen Formalitäten erfüllen.

Artikel 179

Der Vorsteuerabzug wird vom Steuerpflichtigen global vorgenommen, indem er von dem Steuerbetrag, den er für einen Steuerzeitraum schuldet, den Betrag der Mehrwertsteuer absetzt, für die während des gleichen Steuerzeitraums das Abzugsrecht entstanden ist und gemäß Artikel 178 ausgeübt wird.

Die Mitgliedstaaten können jedoch den Steuerpflichtigen, die nur die in Artikel 12 genannten gelegentlichen Umsätze bewirken, vorschreiben, dass sie das Recht auf Vorsteuerabzug erst zum Zeitpunkt der Lieferung ausüben.

Artikel 180

Die Mitgliedstaaten können einem Steuerpflichtigen gestatten, einen Vorsteuerabzug vorzunehmen, der nicht gemäß den Artikeln 178 und 179 vorgenommen wurde.

Artikel 181 [3]

Die Mitgliedstaaten können einen Steuerpflichtigen, der keine gemäß Titel XI Kapitel 3 Abschnitte 3 bis 5 ausgestellte Rechnung besitzt, ermächtigen, in Bezug auf seine innergemeinschaftlichen Erwerbe von Gegenständen einen Vorsteuerabzug gemäß Artikel 168 Buchstabe c vorzunehmen.

Artikel 182

Die Mitgliedstaaten legen die Bedingungen und Einzelheiten für die Anwendung der Artikel 180 und 181 fest.

---

1) Fassung gem. RL vom 13.07.2010 mit Wirkung ab 12.08.2010
2) Fassung gem. RL vom 13.07.2010 mit Wirkung ab 12.08.2010
3) Fassung gem. RL vom 13.07.2010 mit Wirkung ab 12.08.2010

Artikel 183

Übersteigt der Betrag der abgezogenen Vorsteuer den Betrag der für einen Steuerzeitraum geschuldeten Mehrwertsteuer, können die Mitgliedstaaten den Überschuss entweder auf den folgenden Zeitraum vortragen lassen oder nach den von ihnen festgelegten Einzelheiten erstatten.

Die Mitgliedstaaten können jedoch festlegen, dass geringfügige Überschüsse weder vorgetragen noch erstattet werden.

Kapitel 5

Berichtigung des Vorsteuerabzugs

Artikel 184

Der ursprüngliche Vorsteuerabzug wird berichtigt, wenn der Vorsteuerabzug höher oder niedriger ist als der, zu dessen Vornahme der Steuerpflichtige berechtigt war.

Artikel 185

(1) Die Berichtigung erfolgt insbesondere dann, wenn sich die Faktoren, die bei der Bestimmung des Vorsteuerabzugsbetrags berücksichtigt werden, nach Abgabe der Mehrwertsteuererklärung geändert haben, zum Beispiel bei rückgängig gemachten Käufen oder erlangten Rabatten.

(2) Abweichend von Absatz 1 unterbleibt die Berichtigung bei Umsätzen, bei denen keine oder eine nicht vollständige Zahlung geleistet wurde, in ordnungsgemäß nachgewiesenen oder belegten Fällen von Zerstörung, Verlust oder Diebstahl sowie bei Entnahmen für Geschenke von geringem Wert und Warenmuster im Sinne des Artikels 16.

Bei Umsätzen, bei denen keine oder eine nicht vollständige Zahlung erfolgt, und bei Diebstahl können die Mitgliedstaaten jedoch eine Berichtigung verlangen.

Artikel 186

Die Mitgliedstaaten legen die Einzelheiten für die Anwendung der Artikel 184 und 185 fest.

Artikel 187

(1) Bei Investitionsgütern erfolgt die Berichtigung während eines Zeitraums von fünf Jahren einschließlich des Jahres, in dem diese Güter erworben oder hergestellt wurden.

Die Mitgliedstaaten können jedoch für die Berichtigung einen Zeitraum von fünf vollen Jahren festlegen, der mit der erstmaligen Verwendung dieser Güter beginnt.

Bei Grundstücken, die als Investitionsgut erworben wurden, kann der Zeitraum für die Berichtigung bis auf 20 Jahre verlängert werden.

(2) Die jährliche Berichtigung betrifft nur ein Fünftel beziehungsweise im Falle der Verlängerung des Berichtigungszeitraums den entsprechenden Bruchteil der Mehrwertsteuer, mit der diese Investitionsgüter belastet waren.

Die in Unterabsatz 1 genannte Berichtigung erfolgt entsprechend den Änderungen des Rechts auf Vorsteuerabzug, die in den folgenden Jahren gegenüber dem Recht für das Jahr eingetreten sind, in dem die Güter erworben, hergestellt oder gegebenenfalls erstmalig verwendet wurden.

Artikel 188

(1) Bei der Lieferung eines Investitionsgutes innerhalb des Berichtigungszeitraums ist dieses so zu behandeln, als ob es bis zum Ablauf des Berichtigungszeitraums weiterhin für eine wirtschaftliche Tätigkeit des Steuerpflichtigen verwendet worden wäre.

Diese wirtschaftliche Tätigkeit gilt als in vollem Umfang steuerpflichtig, wenn die Lieferung des Investitionsgutes steuerpflichtig ist.

Die wirtschaftliche Tätigkeit gilt als in vollem Umfang steuerfrei, wenn die Lieferung des Investitionsgutes steuerfrei ist.

(2) Die in Absatz 1 genannte Berichtigung wird für den gesamten noch verbleibenden Berichtigungszeitraum auf einmal vorgenommen. Ist die Lieferung des Investitionsgutes steuerfrei, können die Mitgliedstaaten jedoch von der Berichtigung absehen, wenn es sich bei dem Erwerber um einen Steuerpflichtigen handelt, der die betreffenden Investitionsgüter ausschließlich für Umsätze verwendet, bei denen die Mehrwertsteuer abgezogen werden kann.

Artikel 189

Für die Zwecke der Artikel 187 und 188 können die Mitgliedstaaten folgende Maßnahmen treffen:
a) den Begriff „Investitionsgüter" definieren;
b) den Betrag der Mehrwertsteuer festlegen, der bei der Berichtigung zu berücksichtigen ist;
c) alle zweckdienlichen Vorkehrungen treffen, um zu gewährleisten, dass keine ungerechtfertigten Vorteile aus der Berichtigung entstehen;
d) verwaltungsmäßige Vereinfachungen ermöglichen.

Artikel 190

Für die Zwecke der Artikel 187, 188, 189 und 191 können die Mitgliedstaaten Dienstleistungen, die Merkmale aufweisen, die den üblicherweise Investitionsgütern zugeschriebenen vergleichbar sind, wie Investitionsgüter behandeln.

Artikel 191

Sollten die praktischen Auswirkungen der Anwendung der Artikel 187 und 188 in einem Mitgliedstaat unwesentlich sein, kann dieser nach Konsultation des Mehrwertsteuerausschusses unter Berücksichtigung der gesamten mehrwertsteuerlichen Auswirkungen in dem betreffenden Mitgliedstaat und der Notwendigkeit verwaltungsmäßiger Vereinfachung auf die Anwendung dieser Artikel verzichten, vorausgesetzt, dass dies nicht zu Wettbewerbsverzerrungen führt.

Artikel 192

Geht der Steuerpflichtige von der normalen Mehrwertsteuerregelung auf eine Sonderregelung über oder umgekehrt, können die Mitgliedstaaten die erforderlichen Vorkehrungen treffen, um zu vermeiden, dass dem Steuerpflichtigen ungerechtfertigte Vorteile oder Nachteile entstehen.

Artikel 192a[1]

Für die Zwecke der Anwendung dieses Abschnitts gilt ein Steuerpflichtiger, der im Gebiet des Mitgliedstaats, in dem die Steuer geschuldet wird, über eine feste Niederlassung verfügt, als nicht in diesem Mitgliedstaat ansässig, wenn die folgenden Voraussetzungen erfüllt sind:
a) er liefert steuerpflichtig Gegenstände oder erbringt steuerpflichtig eine Dienstleistung im Gebiet dieses Mitgliedstaats;
b) eine Niederlassung des Lieferers oder Dienstleistungserbringers im Gebiet dieses Mitgliedstaats ist nicht an der Lieferung oder Dienstleistung beteiligt.

Titel XI

Pflichten der steuerpflichtigen und bestimmter nichtsteuerpflichtiger Personen

Kapitel 1

Zahlungspflicht

Abschnitt 1

Steuerschuldner gegenüber dem Fiskus

Artikel 193

Die Mehrwertsteuer schuldet der Steuerpflichtige, der Gegenstände steuerpflichtig liefert oder eine Dienstleistung steuerpflichtig erbringt, außer in den Fällen, in denen die Steuer gemäß den Artikeln 194 bis 199 sowie 202 von einer anderen Person geschuldet wird.

Artikel 194

(1) Wird die steuerpflichtige Lieferung von Gegenständen bzw. die steuerpflichtige Dienstleistung von einem Steuerpflichtigen bewirkt, der nicht in dem Mitgliedstaat ansässig ist, in dem die Mehrwertsteuer geschuldet wird, können die Mitgliedstaaten vorsehen, dass die Person, für die die Lieferung bzw. Dienstleistung bestimmt ist, die Steuer schuldet.
(2) Die Mitgliedstaaten legen die Bedingungen für die Anwendung des Absatzes 1 fest.

Artikel 195

Die Mehrwertsteuer schulden die Personen, die in dem Mitgliedstaat, in dem die Steuer geschuldet wird, für Mehrwertsteuerzwecke erfasst sind und an die die Gegenstände unter den Bedingungen der Artikel

---

[1] Eingefügt ab 01.01.2010 durch RL vom 12.02.2008

38 und 39 geliefert werden, wenn die betreffende Lieferung von einem nicht in diesem Mitgliedstaat ansässigen Steuerpflichtigen bewirkt wird.

Artikel 196[1]

Die Mehrwertsteuer schuldet der Steuerpflichtige oder die nicht steuerpflichtige juristische Person mit einer Mehrwertsteuer-Identifikationsnummer, für den/die eine Dienstleistung nach Artikel 44 erbracht wird, wenn die Dienstleistung von einem nicht in diesem Mitgliedstaat ansässigen Steuerpflichtigen erbracht wird.

Artikel 197

(1) Die Mehrwertsteuer schuldet der Empfänger einer Lieferung von Gegenständen, wenn folgende Voraussetzungen erfüllt sind:

a) der steuerpflichtige Umsatz ist eine Lieferung von Gegenständen im Sinne von Artikel 141;

b) der Empfänger dieser Lieferung von Gegenständen ist ein anderer Steuerpflichtiger oder eine nichtsteuerpflichtige juristische Person, der bzw. die in dem Mitgliedstaat für Mehrwertsteuerzwecke erfasst ist, in dem die Lieferung bewirkt wird;

c) [2]die von dem nicht im Mitgliedstaat des Empfängers der Lieferung ansässigen Steuerpflichtigen ausgestellte Rechnung entspricht Kapitel 3 Abschnitte 3 bis 5.

(2) Wurde gemäß Artikel 204 ein Steuervertreter bestellt, der die Steuer schuldet, können die Mitgliedstaaten eine Ausnahme von Absatz 1 des vorliegenden Artikels vorsehen.

Artikel 198

(1) Werden bestimmte Umsätze in Bezug auf Anlagegold zwischen einem auf einem geregelten Goldmarkt tätigen Steuerpflichtigen und einem anderen nicht auf diesem Markt tätigen Steuerpflichtigen gemäß Artikel 352 besteuert, legen die Mitgliedstaaten fest, dass die Steuer vom Erwerber geschuldet wird.

Ist der nicht auf dem geregelten Goldmarkt tätige Erwerber ein Steuerpflichtiger, der nur für die in Artikel 352 genannten Umsätze in dem Mitgliedstaat, in dem die Steuer geschuldet wird, für Mehrwertsteuerzwecke erfasst sein muss, erfüllt der Verkäufer die steuerlichen Pflichten des Erwerbers in dessen Namen gemäß den Vorschriften jenes Mitgliedstaats.

(2) Wird eine Lieferung von Goldmaterial oder Halbfertigerzeugnissen mit einem Feingehalt von mindestens 325 Tausendsteln oder eine Lieferung von Anlagegold im Sinne des Artikels 344 Absatz 1 durch einen Steuerpflichtigen bewirkt, der eine der in den Artikeln 348, 349 und 350 vorgesehenen Wahlmöglichkeiten in Anspruch genommen hat, können die Mitgliedstaaten festlegen, dass die Steuer vom Erwerber geschuldet wird.

(3) Die Mitgliedstaaten legen die Verfahren und Voraussetzungen für die Anwendung der Absätze 1 und 2 fest.

Artikel 199[3]

(1) Die Mitgliedstaaten können vorsehen, dass der steuerpflichtige Empfänger die Mehrwertsteuer schuldet, an den folgende Umsätze bewirkt werden:

a) Bauleistungen, einschließlich Reparatur-, Reinigungs-, Wartungs-, Umbau- und Abbruchleistungen im Zusammenhang mit Grundstücken sowie die auf Grund des Artikels 14 Absatz 3 als Lieferung von Gegenständen betrachtete Erbringung bestimmter Bauleistungen;

b) Gestellung von Personal für die unter Buchstabe a fallenden Tätigkeiten;

c) Lieferung von in Artikel 135 Absatz 1 Buchstaben j und k genannten Grundstücken, wenn der Lieferer gemäß Artikel 137 für die Besteuerung optiert hat;

d) Lieferung von Gebrauchtmaterial, auch solchem, das in seinem unveränderten Zustand nicht zur Wiederverwendung geeignet ist, Schrott, von gewerblichen und nichtgewerblichen Abfallstoffen, recyclingfähigen Abfallstoffen und teilweise verarbeiteten Abfallstoffen, und gewissen in Anhang VI aufgeführten Gegenständen und Dienstleistungen;

e) Lieferung sicherungsübereigneter Gegenstände durch einen steuerpflichtigen Sicherungsgeber an einen ebenfalls steuerpflichtigen Sicherungsnehmer;

f) Lieferung von Gegenständen im Anschluss an die Übertragung des Eigentumsvorbehalts auf einen Zessionar und die Ausübung des übertragenen Rechts durch den Zessionar;

g) Lieferung von Grundstücken, die vom Schuldner im Rahmen eines Zwangsversteigerungsverfahrens verkauft werden.

---

1) Fassung ab 01.01.2010 durch RL vom 12.02.2008
2) Fassung ab 12.08.2010 gem. RL vom 13.07.2010
3) Siehe dazu *Vellen*, EU-UStB 2007 S. 44

(2) Bei der Anwendung der in Absatz 1 geregelten Möglichkeit können die Mitgliedstaaten die Lieferungen von Gegenständen und Dienstleistungen und die Kategorien von Lieferern und Dienstleistungserbringern sowie von Erwerbern oder Dienstleistungsempfängern bestimmen, für die sie von diesen Maßnahmen Gebrauch machen.

(3) Für die Zwecke des Absatzes 1 können die Mitgliedstaaten folgende Maßnahmen ergreifen:

a) vorsehen, dass ein Steuerpflichtiger, der auch Tätigkeiten ausführt oder Umsätze bewirkt, die nicht als steuerbare Lieferungen von Gegenständen oder als nicht steuerbare Dienstleistungen im Sinne des Artikels 2 angesehen werden, in Bezug auf Lieferungen von Gegenständen oder Dienstleistungen, die er gemäß Absatz 1 des vorliegenden Artikels erhält, als Steuerpflichtiger gilt;

b) vorsehen, dass eine nicht steuerpflichtige Einrichtung des öffentlichen Rechts in Bezug auf gemäß Absatz 1 Buchstaben e, f und g erhaltene Lieferungen von Gegenständen, als Steuerpflichtiger gilt.

(4) Die Mitgliedstaaten unterrichten den Mehrwertsteuerausschuss von nationalen Maßnahmen, die sie im Sinne des Absatzes 1 erlassen, sofern diese nicht vom Rat vor dem 13. August 2006 gemäß Artikel 27 Absätze 1 bis 4 der Richtlinie 77/388/EWG genehmigt wurden und gemäß Absatz 1 des vorliegenden Artikels weitergeführt werden.

Artikel 199a[1]

(1) Die Mitgliedstaaten können bis zum 30. Juni 2015 für einen Zeitraum von mindestens zwei Jahren vorsehen, dass die Mehrwertsteuer von dem steuerpflichtigen Empfänger folgender Leistungen geschuldet wird:

a) Übertragung von Treibhausgasemissionszertifikaten entsprechend der Definition in Artikel 3 der Richtlinie 2003/87/EG des Europäischen Parlaments und des Rates vom 13. Oktober 2003 über ein System für den Handel mit Treibhausgasemissionszertifikaten in der Gemeinschaft[2], die gemäß Artikel 12 der genannten Richtlinie übertragen werden können,

b) Übertragung von anderen Einheiten, die von den Wirtschaftsbeteiligten genutzt werden können, um den Auflagen der Richtlinie nachzukommen.

(2) Die Mitgliedstaaten teilen der Kommission die Anwendung des in Absatz 1 vorgesehenen Verfahrens bei seiner Einführung mit und legen der Kommission die folgenden Angaben vor:

a) Erklärung über den Geltungsbereich der Maßnahme zur Anwendung des Verfahrens und detaillierte Beschreibung der begleitenden Maßnahmen, einschließlich etwaiger Mitteilungspflichten für Steuerpflichtige und etwaiger Kontrollmaßnahmen;

b) Evaluierungskriterien für einen Vergleich zwischen betrügerischen Tätigkeiten im Zusammenhang mit den in Absatz 1 genannten Dienstleistungen vor und nach der Anwendung des Verfahrens, betrügerischen Tätigkeiten im Zusammenhang mit anderen Dienstleistungen vor und nach Anwendung des Verfahrens und einem Anstieg bei anderen Arten betrügerischer Tätigkeiten vor und nach der Anwendung des Verfahrens;

c) Zeitpunkt des Geltungsbeginns und Geltungszeitraum der Maßnahme zur Anwendung des Verfahrens.

(3) Die Mitgliedstaaten, die das in Absatz 1 vorgesehene Verfahren anwenden, legen der Kommission ausgehend von den Evaluierungskriterien gemäß Absatz 2 Buchstabe b bis spätestens 30. Juni 2014 einen Bericht vor. In dem Bericht ist eindeutig anzugeben, welche Informationen als vertraulich zu behandeln sind und welche veröffentlicht werden können.

Der Bericht enthält eine detaillierte Bewertung der Gesamtwirksamkeit und -effizienz der Maßnahme insbesondere unter Berücksichtigung der folgenden Punkte:

a) Auswirkung auf betrügerische Tätigkeiten im Zusammenhang mit der Erbringung der von der Maßnahme erfassten Dienstleistungen;

b) mögliche Verlagerung betrügerischer Tätigkeiten auf Gegenstände oder andere Dienstleistungen;

c) die den Steuerpflichtigen aufgrund der Maßnahme entstehenden Kosten zur Einhaltung der Vorschriften.

(4) Jeder Mitgliedstaat, der ab dem Zeitpunkt des Inkrafttretens dieses Artikels in seinem Hoheitsgebiet eine Veränderung der Betrugsmuster in Bezug auf die Dienstleistungen gemäß Absatz 1 festgestellt hat, hat der Kommission bis spätestens 30. Juni 2014 einen entsprechenden Bericht vorzulegen.

---

1) Eingefügt durch die Richtlinie vom 16.03.2010, ABl. EU Nr. L 72 S. 1 vom 20.01.2010, mit Geltung bis zum 30.06.2015

2) ABl. L 275 vom 25.10.2003, S. 32

Artikel 200

Die Mehrwertsteuer wird von der Person geschuldet, die einen steuerpflichtigen innergemeinschaftlichen Erwerb von Gegenständen bewirkt.

Artikel 201

Bei der Einfuhr wird die Mehrwertsteuer von der Person oder den Personen geschuldet, die der Mitgliedstaat der Einfuhr als Steuerschuldner bestimmt oder anerkennt.

Artikel 202

Die Mehrwertsteuer wird von der Person geschuldet, die veranlasst, dass die Gegenstände nicht mehr einem Verfahren oder einer sonstigen Regelung im Sinne der Artikel 156, 157, 158, 160 und 161 unterliegen.

Artikel 203

Die Mehrwertsteuer wird von jeder Person geschuldet, die diese Steuer in einer Rechnung ausweist.

Artikel 204

(1) Ist der Steuerschuldner gemäß den Artikeln 193 bis 197 sowie 199 und 200 ein Steuerpflichtiger, der nicht in dem Mitgliedstaat ansässig ist, in dem die Mehrwertsteuer geschuldet wird, können die Mitgliedstaaten ihm gestatten, einen Steuervertreter zu bestellen, der die Steuer schuldet.

Wird der steuerpflichtige Umsatz von einem Steuerpflichtigen bewirkt, der nicht in dem Mitgliedstaat ansässig ist, in dem die Mehrwertsteuer geschuldet wird, und besteht mit dem Staat, in dem dieser Steuerpflichtige seinen Sitz oder eine feste Niederlassung hat, keine Rechtsvereinbarung über Amtshilfe, deren Anwendungsbereich mit dem der Richtlinie 76/308/EWG[1] sowie der Verordnung (EG) Nr. 1798/2003[2] vergleichbar ist, können die Mitgliedstaaten Vorkehrungen treffen, nach denen ein von dem nicht in ihrem Gebiet ansässigen Steuerpflichtigen bestellter Steuervertreter die Steuer schuldet.

Die Mitgliedstaaten dürfen die Option nach Unterabsatz 2 jedoch nicht auf nicht in der Gemeinschaft ansässige Steuerpflichtige im Sinne des Artikels 358 Nummer 1 anwenden, die sich für die Anwendung der Sonderregelung für elektronisch erbrachte Dienstleistungen entschieden haben.

(2) Die Wahlmöglichkeit nach Absatz 1 Unterabsatz 1 unterliegt den von den einzelnen Mitgliedstaaten festgelegten Voraussetzungen und Modalitäten.

Artikel 205

In den in den Artikeln 193 bis 200 sowie 202, 203 und 204 genannten Fällen können die Mitgliedstaaten bestimmen, dass eine andere Person als der Steuerschuldner die Steuer gesamtschuldnerisch zu entrichten hat.

Abschnitt 2
Einzelheiten der Entrichtung

Artikel 206

Jeder Steuerpflichtige, der die Steuer schuldet, hat bei der Abgabe der Mehrwertsteuererklärung nach Artikel 250 den sich nach Abzug der Vorsteuer ergebenden Mehrwertsteuerbetrag zu entrichten. Die Mitgliedstaaten können jedoch einen anderen Termin für die Zahlung dieses Betrags festsetzen oder Vorauszahlungen erheben.

Artikel 207

Die Mitgliedstaaten treffen die erforderlichen Maßnahmen, damit die Personen, die gemäß den Artikeln 194 bis 197 sowie 199 und 204 anstelle eines nicht in ihrem jeweiligen Gebiet ansässigen Steuerpflichtigen als Steuerschuldner gelten, ihren Zahlungspflichten nach diesem Abschnitt nachkommen.

Die Mitgliedstaaten treffen darüber hinaus die erforderlichen Maßnahmen, damit die Personen, die gemäß Artikel 205 die Steuer gesamtschuldnerisch zu entrichten haben, diesen Zahlungspflichten nachkommen.

Artikel 208

Wenn die Mitgliedstaaten den Erwerber von Anlagegold gemäß Artikel 198 Absatz 1 als Steuerschuldner bestimmen oder von der in Artikel 198 Absatz 2 vorgesehenen Möglichkeit Gebrauch machen, den Erwerber von Goldmaterial oder Halbfertigerzeugnissen oder von Anlagegold im Sinne des Arti-

---

1) Richtlinie 76/308/EWG des Rates vom 15. März 1976 über die gegenseitige Unterstützung bei der Beitreibung von Forderungen in Bezug auf bestimmte Abgaben, Zölle, Steuern und sonstige Maßnahmen (ABl. L 73 vom 19.3.1976, S. 18). Zuletzt geändert durch die Beitrittsakte von 2003

2) Verordnung (EG) Nr. 1798/2003 des Rates vom 7. Oktober 2003 über die Zusammenarbeit der Verwaltungsbehörden auf dem Gebiet der Mehrwertsteuer (ABl. L 264 vom 15.10.2003, S. 1). Geändert durch die Verordnung (EG) Nr. 885/2004 (ABl. L 168 vom 1.5.2004, S. 1)

kels 344 Absatz 1 als Steuerschuldner zu bestimmen, treffen sie die erforderlichen Maßnahmen, um sicherzustellen, dass diese Person ihren Zahlungspflichten nach diesem Abschnitt nachkommt.

Artikel 209

Die Mitgliedstaaten treffen die erforderlichen Maßnahmen, um sicherzustellen, dass die nichtsteuerpflichtigen juristischen Personen, die die Steuer für den in Artikel 2 Absatz 1 Buchstabe b Ziffer i genannten innergemeinschaftlichen Erwerb von Gegenständen schulden, ihren Zahlungspflichten nach diesem Abschnitt nachkommen.

Artikel 210

Die Mitgliedstaaten legen die Einzelheiten der Entrichtung der Mehrwertsteuer für den innergemeinschaftlichen Erwerb neuer Fahrzeuge im Sinne des Artikels 2 Absatz 1 Buchstabe b Ziffer ii sowie für den innergemeinschaftlichen Erwerb verbrauchsteuerpflichtiger Waren im Sinne des Artikels 2 Absatz 1 Buchstabe b Ziffer iii fest.

Artikel 211

Die Mitgliedstaaten legen die Einzelheiten der Entrichtung der Mehrwertsteuer für die Einfuhr von Gegenständen fest.

Insbesondere können die Mitgliedstaaten vorsehen, dass die für die Einfuhr von Gegenständen durch Steuerpflichtige oder Steuerschuldner oder bestimmte Gruppen derselben geschuldete Mehrwertsteuer nicht zum Zeitpunkt der Einfuhr zu entrichten ist, sofern sie als solche in der gemäß Artikel 250 erstellten Mehrwertsteuererklärung angegeben wird.

Artikel 212

Die Mitgliedstaaten können die Steuerpflichtigen von der Entrichtung der geschuldeten Mehrwertsteuer befreien, wenn der Steuerbetrag geringfügig ist.

Kapitel 2

Identifikation

Artikel 213

(1) Jeder Steuerpflichtige hat die Aufnahme, den Wechsel und die Beendigung seiner Tätigkeit als Steuerpflichtiger anzuzeigen.

Die Mitgliedstaaten legen fest, unter welchen Bedingungen der Steuerpflichtige die Anzeigen elektronisch abgeben darf, und können die elektronische Abgabe der Anzeigen auch vorschreiben.

(2) Unbeschadet des Absatzes 1 Unterabsatz 1 müssen Steuerpflichtige und nichtsteuerpflichtige juristische Personen, die gemäß Artikel 3 Absatz 1 nicht der Mehrwertsteuer unterliegende innergemeinschaftliche Erwerbe von Gegenständen bewirken, dies anzeigen, wenn die in Artikel 3 genannten Voraussetzungen für die Nichtanwendung der Mehrwertsteuer nicht mehr erfüllt sind.

Artikel 214

(1) Die Mitgliedstaaten treffen die erforderlichen Maßnahmen, damit folgende Personen jeweils eine individuelle Mehrwertsteuer-Identifikationsnummer erhalten:

a) jeder Steuerpflichtige, der in ihrem jeweiligen Gebiet Lieferungen von Gegenständen bewirkt oder Dienstleistungen erbringt, für die ein Recht auf Vorsteuerabzug besteht und bei denen es sich nicht um Lieferungen von Gegenständen oder um Dienstleistungen handelt, für die die Mehrwertsteuer gemäß den Artikeln 194 bis 197 sowie 199 ausschließlich vom Dienstleistungsempfänger beziehungsweise der Person, für die die Gegenstände oder Dienstleistungen bestimmt sind, geschuldet wird; hiervon ausgenommen sind die in Artikel 9 Absatz 2 genannten Steuerpflichtigen;

b) jeder Steuerpflichtige und jede nichtsteuerpflichtige juristische Person, der bzw. die gemäß Artikel 2 Absatz 1 Buchstabe b der Mehrwertsteuer unterliegende innergemeinschaftliche Erwerbe von Gegenständen bewirkt oder von der Möglichkeit des Artikels 3 Absatz 3, seine bzw. ihre innergemeinschaftlichen Erwerbe der Mehrwertsteuer zu unterwerfen, Gebrauch gemacht hat;

c) jeder Steuerpflichtige, der in ihrem jeweiligen Gebiet innergemeinschaftliche Erwerbe von Gegenständen für die Zwecke seiner Umsätze bewirkt, die sich aus in Artikel 9 Absatz 1 Unterabsatz 2 genannten Tätigkeiten ergeben, die er außerhalb dieses Gebiets ausübt;

d) [1)]jeder Steuerpflichtige, der in seinem jeweiligen Gebiet Dienstleistungen empfängt, für die er die Mehrwertsteuer gemäß Artikel 196 schuldet;

---

1) Eingefügt ab 01.01.2010 durch RL vom 12.02.2008

e) jeder Steuerpflichtige, der in seinem jeweiligen Gebiet ansässig ist und Dienstleistungen im Gebiet eines anderen Mitgliedstaats erbringt, für die gemäß Artikel 196 ausschließlich der Empfänger die Mehrwertsteuer schuldet.

(2) Die Mitgliedstaaten haben die Möglichkeit, bestimmten Steuerpflichtigen, die nur gelegentlich Umsätze etwa im Sinne von Artikel 12 bewirken, keine Mehrwertsteuer-Identifikationsnummer zu erteilen.

Artikel 215

Der individuellen Mehrwertsteuer-Identifikationsnummer wird zur Kennzeichnung des Mitgliedstaats, der sie erteilt hat, ein Präfix nach dem ISO-Code 3166 Alpha 2 vorangestellt.

Griechenland wird jedoch ermächtigt, das Präfix „EL" zu verwenden.

Artikel 216

Die Mitgliedstaaten treffen die erforderlichen Maßnahmen, damit ihr Identifikationssystem die Unterscheidung der in Artikel 214 genannten Steuerpflichtigen ermöglicht und somit die korrekte Anwendung der Übergangsregelung für die Besteuerung innergemeinschaftlicher Umsätze des Artikels 402 gewährleistet.

Kapitel 3

Erteilung von Rechnungen

Abschnitt 1

Begriffsbestimmung

Artikel 217[1)]

Im Sinne dieser Richtlinie bezeichnet der Ausdruck „elektronische Rechnung" eine Rechnung, welche die nach dieser Richtlinie erforderlichen Angaben enthält und in einem elektronischen Format ausgestellt und empfangen wird.

Abschnitt 2

Definition der Rechnung

Artikel 218

Für die Zwecke dieser Richtlinie erkennen die Mitgliedstaaten als Rechnung alle auf Papier oder elektronisch vorliegenden Dokumente oder Mitteilungen an, die den Anforderungen dieses Kapitels genügen.

Artikel 219

Einer Rechnung gleichgestellt ist jedes Dokument und jede Mitteilung, das/die die ursprüngliche Rechnung ändert und spezifisch und eindeutig auf diese bezogen ist.

Abschnitt 3

Ausstellung der Rechnung

Artikel 219a[2)]

Unbeschadet der Artikel 244 bis 248 gilt Folgendes:

1. Die Rechnungsstellung unterliegt den Vorschriften des Mitgliedstaats, in dem die Lieferung von Gegenständen oder die Dienstleistung nach Maßgabe des Titels V als ausgeführt gilt.
2. Abweichend von Nummer 1 unterliegt die Rechnungsstellung den Vorschriften des Mitgliedstaats, in dem der Lieferer oder Dienstleistungserbringer den Sitz seiner wirtschaftlichen Tätigkeit oder eine feste Niederlassung hat, von dem bzw. der aus die Lieferung oder die Dienstleistung ausgeführt wird, oder – in Ermangelung eines solchen Sitzes oder einer solchen festen Niederlassung – des Mitgliedstaats, in dem er seinen Wohnsitz oder seinen gewöhnlichen Aufenthaltsort hat, wenn
    a) der Lieferer oder Dienstleistungserbringer nicht in dem Mitgliedstaat ansässig ist, in dem die Lieferung oder die Dienstleistung im Einklang mit Titel V als ausgeführt gilt, oder seine Niederlassung in dem betreffenden Mitgliedstaat im Sinne des Artikels 192a nicht an der Lieferung oder Dienstleistung beteiligt ist und wenn die Mehrwertsteuer vom Erwerber oder vom Dienstleistungsempfänger geschuldet wird.

    Wenn jedoch der Erwerber oder Dienstleistungsempfänger die Rechnung ausstellt (Gutschriften), gilt Nummer 1.

---

1) Fassung ab 12.08.2010 gem. RL vom 13.07.2010
2) Gilt ab 12.08.2010 gem. RL vom 13.07.2010

b) die Lieferung oder die Dienstleistung im Einklang mit Titel V als nicht innerhalb der Gemeinschaft ausgeführt gilt.

Artikel 220[1]

(1) Jeder Steuerpflichtige stellt in folgenden Fällen eine Rechnung entweder selbst aus oder stellt sicher, dass eine Rechnung vom Erwerber oder Dienstleistungsempfänger oder in seinem Namen und für seine Rechnung von einem Dritten ausgestellt wird:

1. Er liefert Gegenstände oder erbringt Dienstleistungen an einen anderen Steuerpflichtigen oder an eine nichtsteuerpflichtige juristische Person;
2. er liefert in Artikel 33 genannte Gegenstände;
3. er liefert Gegenstände unter den Voraussetzungen des Artikels 138;
4. er erhält Vorauszahlungen, bevor eine Lieferung von Gegenständen im Sinne der Nummern 1 und 2 erfolgt ist;
5. er erhält Vorauszahlungen von einem anderen Steuerpflichtigen oder einer nichtsteuerpflichtigen juristischen Person, bevor eine Dienstleistung abgeschlossen ist.

(2) Abweichend von Absatz 1 und unbeschadet des Artikels 221 Absatz 2 ist die Ausstellung einer Rechnung bei nach Artikel 135 Absatz 1 Buchstaben a bis g steuerbefreiten Dienstleistungen nicht erforderlich.

Artikel 220a[2]

(1) Die Mitgliedstaaten gestatten den Steuerpflichtigen in den folgenden Fällen die Ausstellung einer vereinfachten Rechnung:

a) Der Rechnungsbetrag beträgt höchstens 100 EUR oder den Gegenwert in Landeswährung;
b) bei der ausgestellten Rechnung handelt es sich um ein Dokument oder eine Mitteilung, das/die gemäß Artikel 219 einer Rechnung gleichgestellt ist.

(2) Die Mitgliedstaaten erlauben es Steuerpflichtigen nicht, eine vereinfachte Rechnung auszustellen, wenn Rechnungen gemäß Artikel 220 Absatz 1 Nummern 2 und 3 ausgestellt werden müssen oder wenn die steuerpflichtige Lieferung von Gegenständen oder die steuerpflichtige Dienstleistung von einem Steuerpflichtigen durchführt wird, der nicht in dem Mitgliedstaat ansässig ist, in dem die Mehrwertsteuer geschuldet wird, oder dessen Niederlassung in dem betreffenden Mitgliedstaat im Sinne des Artikels 192a nicht an der Lieferung oder Dienstleistung beteiligt ist und wenn die Steuer vom Erwerber oder Dienstleistungsempfänger geschuldet wird.

Artikel 221[3]

(1) Die Mitgliedstaaten können Steuerpflichtigen vorschreiben, für andere als die in Artikel 220 Absatz 1 genannten Lieferungen von Gegenständen oder Dienstleistungen eine Rechnung gemäß den Vorgaben der Artikel 226 oder 226b auszustellen.

(2) Die Mitgliedstaaten können Steuerpflichtigen, die in ihrem Gebiet ansässig sind oder dort eine feste Niederlassung haben, von der die Lieferung erfolgt oder die Dienstleistung erbracht wird, vorschreiben, für die nach Artikel 135 Absatz 1 Buchstaben a bis g steuerbefreiten Dienstleistungen, die die betreffenden Steuerpflichtigen in ihrem Gebiet oder außerhalb der Gemeinschaft erbringen, eine Rechnung gemäß den Vorgaben der Artikel 226 oder 226b auszustellen.

(3) Die Mitgliedstaaten können Steuerpflichtige von der Pflicht nach Artikel 220 Absatz 1 oder Artikel 220a befreien, eine Rechnung für Lieferungen von Gegenständen oder Dienstleistungen auszustellen, die sie in ihrem Gebiet bewirken und die mit oder ohne Recht auf Vorsteuerabzug gemäß den Artikeln 110 und 111, dem Artikel 125 Absatz 1, dem Artikel 127, dem Artikel 128 Absatz 1, dem Artikel 132, dem Artikel 135 Absatz 1 Buchstaben h bis l, den Artikeln 136, 371, 375, 376 und 377, dem Artikel 378 Absatz 2, dem Artikel 379 Absatz 2 sowie den Artikeln 380 bis 390b befreit sind.

Artikel 222[4]

Für Gegenstände, die unter den Voraussetzungen des Artikels 138 geliefert werden, oder für Dienstleistungen, für die nach Artikel 196 der Leistungsempfänger die Steuer schuldet, wird spätestens am fünfzehnten Tag des Monats, der auf den Monat folgt, in dem der Steuertatbestand eingetreten ist, eine Rechnung ausgestellt.

---

1) Gilt ab 12.08.2010 gem. RL vom 13.07.2010
2) Gilt ab 12.08.2010 gem. RL vom 13.07.2010
3) Gilt ab 12.08.2010 gem. RL vom 13.07.2010
4) Gilt ab 12.08.2010 gem. RL vom 13.07.2010

Für andere Lieferungen von Gegenständen oder Dienstleistungen können die Mitgliedstaaten den Steuerpflichtigen Fristen für die Ausstellung der Rechnung setzen.

Artikel 223[1)]

Die Mitgliedstaaten können den Steuerpflichtigen gestatten, für mehrere getrennte Lieferungen von Gegenständen oder Dienstleistungen zusammenfassende Rechnungen auszustellen, sofern der Steueranspruch für die auf einer zusammenfassenden Rechnung aufgeführten Lieferungen von Gegenständen oder Dienstleistungen innerhalb desselben Kalendermonats eintritt.

Unbeschadet des Artikels 222 können die Mitgliedstaaten gestatten, dass Lieferungen von Gegenständen oder Dienstleistungen, für die der Steueranspruch innerhalb einer über einen Kalendermonat hinausgehenden Frist eintritt, in zusammenfassenden Rechnungen erscheinen.

Artikel 224[2)]

Rechnungen dürfen von einem Erwerber oder Dienstleistungsempfänger für Lieferungen von Gegenständen oder für Dienstleistungen, die von einem Steuerpflichtigen bewirkt werden, ausgestellt werden, sofern zwischen den beiden Parteien eine vorherige Vereinbarung getroffen wurde und sofern jede Rechnung Gegenstand eines Verfahrens zur Akzeptierung durch den Steuerpflichtigen ist, der die Gegenstände liefert oder die Dienstleistungen erbringt. Die Mitgliedstaaten können verlangen, dass solche Rechnungen im Namen und für Rechnung des Steuerpflichtigen ausgestellt werden.

Artikel 225[3)]

Die Mitgliedstaaten können für Steuerpflichtige besondere Anforderungen festlegen, wenn der Dritte oder der Erwerber oder Dienstleistungsempfänger, der die Rechnung ausstellt, seinen Sitz in einem Land hat, mit dem keine Rechtsvereinbarung über Amtshilfe besteht, deren Anwendungsbereich mit dem der Richtlinie 2010/24/EU[4)] und der Verordnung (EG) Nr. 1798/2003[5)] vergleichbar ist.

Abschnitt 4

Rechnungsangaben

Artikel 226

Unbeschadet der in dieser Richtlinie festgelegten Sonderbestimmungen müssen gemäß den Artikeln 220 und 221 ausgestellte Rechnungen für Mehrwertsteuerzwecke nur die folgenden Angaben enthalten:

1. das Ausstellungsdatum;
2. eine fortlaufende Nummer mit einer oder mehreren Zahlenreihen, die zur Identifizierung der Rechnung einmalig vergeben wird;
3. die Mehrwertsteuer-Identifikationsnummer im Sinne des Artikels 214, unter der der Steuerpflichtige die Gegenstände geliefert oder die Dienstleistung erbracht hat;
4. die Mehrwertsteuer-Identifikationsnummer im Sinne des Artikels 214, unter der der Erwerber oder Dienstleistungsempfänger eine Lieferung von Gegenständen oder eine Dienstleistung, für die er Steuerschuldner ist, oder eine Lieferung von Gegenständen nach Artikel 138 erhalten hat;
5. den vollständigen Namen und die vollständige Anschrift des Steuerpflichtigen und des Erwerbers oder Dienstleistungsempfängers;
6. Menge und Art der gelieferten Gegenstände beziehungsweise Umfang und Art der erbrachten Dienstleistungen;
7. das Datum, an dem die Gegenstände geliefert werden oder die Dienstleistung erbracht bzw. abgeschlossen wird, oder das Datum, an dem die Vorauszahlung im Sinne des Artikels 220 Nummern 4 und 5 geleistet wird, sofern dieses Datum feststeht und nicht mit dem Ausstellungsdatum der Rechnung identisch ist;

---

1) Gilt ab 12.08.2010 gem. RL vom 13.07.2010
2) Gilt ab 12.08.2010 gem. RL vom 13.07.2010
3) Gilt ab 12.08.2010 gem. RL vom 13.07.2010
4) Richtlinie 2010/24/EU des Rates vom 16. März 2010 über die Amtshilfe bei der Beitreibung von Forderungen in Bezug auf bestimmte Steuern, Abgaben und sonstige Maßnahmen (ABl. L 84 vom 31.3.2010, S. 1)
5) Verordnung (EG) Nr. 1798/2003 des Rates vom 7. Oktober 2003 über die Zusammenarbeit der Verwaltungsbehörden auf dem Gebiet der Mehrwertsteuer (ABl. L 264 vom 15.10.2003, S. 1)

Anhang 1a EG-Richtlinien / Mehrwertsteuer-Systemrichtlinie

7a. [1)]die Angabe „Besteuerung nach vereinnahmten Entgelten" (Kassenbuchführung), sofern der Steueranspruch gemäß Artikel 66 Buchstabe b zum Zeitpunkt des Eingangs der Zahlung entsteht und das Recht auf Vorsteuerabzug entsteht, wenn der Anspruch auf die abziehbare Steuer entsteht;

8. die Steuerbemessungsgrundlage für die einzelnen Steuersätze beziehungsweise die Befreiung, den Preis je Einheit ohne Mehrwertsteuer sowie jede Preisminderung oder Rückerstattung, sofern sie nicht im Preis je Einheit enthalten sind;

9. den anzuwendenden Mehrwertsteuersatz;

10. den zu entrichtenden Mehrwertsteuerbetrag, außer bei Anwendung einer Sonderregelung, bei der nach dieser Richtlinie eine solche Angabe ausgeschlossen wird;

10a. [2)]bei Ausstellung der Rechnung durch den Erwerber oder Dienstleistungsempfänger und nicht durch den Lieferer oder Dienstleistungserbringer: die Angabe „Gutschrift";

11. [3)]Verweis auf die einschlägige Bestimmung dieser Richtlinie oder die entsprechende nationale Bestimmung oder Hinweis darauf, dass für die Lieferung von Gegenständen beziehungsweise die Dienstleistung eine Steuerbefreiung gilt;

11a. [4)]bei Steuerschuldnerschaft des Erwerbers oder Dienstleistungsempfängers: die Angabe „Steuerschuldnerschaft des Leistungsempfängers";

12. bei Lieferung neuer Fahrzeuge unter den Voraussetzungen des Artikels 138 Absatz 1 und Absatz 2 Buchstabe a: die in Artikel 2 Absatz 2 Buchstabe b genannten Angaben;

13. [5)]im Falle der Anwendung der Sonderregelung für Reisebüros: die Angabe „Sonderregelung für Reisebüros";

14. [6)]im Falle der Anwendung einer der auf Gebrauchtgegenstände, Kunstgegenstände, Sammlungsstücke und Antiquitäten anwendbaren Sonderregelungen: die entsprechende Angabe „Gebrauchtgegenstände/Sonderregelung", „Kunstgegenstände/Sonderregelung" bzw. „Sammlungsstücke und Antiquitäten/Sonderregelung";

15. wenn der Steuerschuldner ein Steuervertreter im Sinne des Artikels 204 ist: Mehrwertsteuer-Identifikationsnummer im Sinne des Artikels 214, vollständiger Name und Anschrift des Steuervertreters.

Artikel 226a [7)]

Wird die Rechnung von einem Steuerpflichtigen ausgestellt, der nicht im Mitgliedstaat, in dem die Steuer geschuldet wird, ansässig ist oder dessen Niederlassung in dem betreffenden Mitgliedstaat im Sinne des Artikels 192a nicht an der Lieferung oder Dienstleistung beteiligt ist und der Gegenstände an einen Erwerber liefert oder eine Dienstleistung an einen Empfänger erbringt, der die Steuer schuldet, kann der Steuerpflichtige auf die Angaben nach Artikel 226 Nummern 8, 9 und 10 verzichten und stattdessen durch Bezeichnung von Menge und Art der gelieferten Gegenstände bzw. Umfang und Art der erbrachten Dienstleistungen die Steuerbemessungsgrundlage der Gegenstände oder Dienstleistungen angeben.

Artikel 226b [8)]

Im Zusammenhang mit vereinfachten Rechnungen gemäß Artikel 220a und Artikel 221 Absätze 1 und 2 verlangen die Mitgliedstaaten mindestens die folgenden Angaben:

a) das Ausstellungsdatum;
b) die Identität des Steuerpflichtigen, der die Gegenstände liefert oder die Dienstleistungen erbringt;
c) die Art der gelieferten Gegenstände oder der erbrachten Dienstleistungen;
d) den zu entrichtenden Mehrwertsteuerbetrag oder die Angaben zu dessen Berechnung;
e) sofern es sich bei der ausgestellten Rechnung um ein Dokument oder eine Mitteilung handelt, das/die gemäß Artikel 219 einer Rechnung gleichgestellt ist, eine spezifische und eindeutige Bezugnahme auf diese ursprüngliche Rechnung und die konkret geänderten Einzelheiten.

---

1) Eingefügt durch RL vom 13.07.2010 mit Wirkung ab 12.08.2010
2) Eingefügt durch RL vom 13.07.2010 mit Wirkung ab 12.08.2010
3) Fassung gem. RL vom 13.07.2010 mit Wirkung ab 12.08.2010
4) Eingefügt durch RL vom 13.07.2010 mit Wirkung ab 12.08.2010
5) Fassung gem. RL vom 13.07.2010 mit Wirkung ab 12.08.2010
6) Fassung gem. RL vom 13.07.2010 mit Wirkung ab 12.08.2010
7) Eingefügt durch RL vom 13.07.2010 mit Wirkung ab 12.08.2010
8) Eingefügt durch RL vom 13.07.2010 mit Wirkung ab 12.08.2010

EG-Richtlinien / Mehrwertsteuer-Systemrichtlinie — Anhang 1a

Sie dürfen keine anderen als die in den Artikeln 226, 227 und 230 vorgesehenen Rechnungsangaben verlangen.

Artikel 227

Die Mitgliedstaaten können von Steuerpflichtigen, die in ihrem Gebiet ansässig sind und dort Lieferungen von Gegenständen bewirken oder Dienstleistungen erbringen, verlangen, in anderen als den in Artikel 226 Nummer 4 genannten Fällen die Mehrwertsteuer-Identifikationsnummer des Erwerbers oder Dienstleistungsempfängers im Sinne des Artikels 214 anzugeben.

Artikel 228[1)]

Artikel 229

Die Mitgliedstaaten verlangen nicht, dass die Rechnungen unterzeichnet sind.

Artikel 230[2)]

Die auf der Rechnung ausgewiesenen Beträge können in jeder Währung angegeben sein, sofern die zu zahlende oder zu berichtigende Mehrwertsteuer nach Anwendung der Umrechnungsmethode nach Artikel 91 in der Währung des Mitgliedstaats angegeben ist.

Artikel 231[3)]

Abschnitt 5
Rechnungen auf Papier und elektronische Rechnungen

Artikel 232[4)]

Der Rechnungsempfänger muss der Verwendung der elektronischen Rechnung zustimmen.

Artikel 233[5)]

(1) Die Echtheit der Herkunft einer Rechnung, die Unversehrtheit ihres Inhalts und ihre Lesbarkeit müssen unabhängig davon, ob sie auf Papier oder elektronisch vorliegt, vom Zeitpunkt der Ausstellung bis zum Ende der Dauer der Aufbewahrung der Rechnung gewährleistet werden.

Jeder Steuerpflichtige legt fest, in welcher Weise die Echtheit der Herkunft, die Unversehrtheit des Inhalts und die Lesbarkeit der Rechnung gewährleistet werden können. Dies kann durch jegliche innerbetriebliche Steuerungsverfahren erreicht werden, die einen verlässlichen Prüfpfad zwischen einer Rechnung und einer Lieferung oder Dienstleistung schaffen können.

„Echtheit der Herkunft" bedeutet die Sicherheit der Identität des Lieferers oder des Dienstleistungserbringers oder des Ausstellers der Rechnung.

„Unversehrtheit des Inhalts" bedeutet, dass der nach der vorliegenden Richtlinie erforderliche Inhalt nicht geändert wurde.

(2) Neben der in Absatz 1 beschriebenen Art von innerbetrieblichen Steuerungsverfahren lassen sich die folgenden Beispiele von Technologien anführen, welche die Echtheit der Herkunft und die Unversehrtheit des Inhalts einer elektronischen Rechnung gewährleisten:

a) durch eine fortgeschrittene elektronische Signatur im Sinne des Artikels 2 Nummer 2 der Richtlinie 1999/93/EG des Europäischen Parlaments und des Rates vom 13. Dezember 1999 über gemeinschaftliche Rahmenbedingungen für elektronische Signaturen[6)], die auf einem qualifizierten Zertifikat beruht und von einer sicheren Signaturerstellungseinheit im Sinne des Artikels 2 Nummern 6 und 10 der Richtlinie 1999/93/EG erstellt worden ist;

b) durch elektronischen Datenaustausch (EDI) nach Artikel 2 des Anhangs 1 der Empfehlung 94/820/EG der Kommission vom 19. Oktober 1994 über die rechtlichen Aspekte des elektronischen Datenaustausches[7)], sofern in der Vereinbarung über diesen Datenaustausch der Einsatz von Verfahren vorgesehen ist, die die Echtheit der Herkunft und die Unversehrtheit der Daten gewährleisten.

---

1) Gestrichen durch RL vom 13.07.2010 mit Wirkung ab 12.08.2010
2) Fassung ab 12.08.2010 gem. RL vom 13.07.2010
3) Gestrichen durch RL vom 13.07.2010 mit Wirkung ab 12.08.2010
4) Fassung ab 12.08.2010 gem. RL vom 13.07.2010
5) Fassung ab 12.08.2010 gem. RL vom 13.07.2010
6) ABl. L 13 vom 19.1.2000, S. 12
7) ABl. L 338 vom 28.12.1994, S. 98

Artikel 234[1]

Artikel 235[2]

Die Mitgliedstaaten können spezifische Anforderungen für elektronische Rechnungen festlegen, die für Lieferungen von Gegenständen oder für Dienstleistungen in ihrem Gebiet in einem Land ausgestellt werden, mit dem keine Rechtsvereinbarung über Amtshilfe besteht, deren Anwendungsbereich mit dem der Richtlinie 2010/24/EU und der Verordnung (EG) Nr. 1798/2003 vergleichbar ist.

Artikel 236[3]

Werden mehrere elektronische Rechnungen gebündelt ein und demselben Rechnungsempfänger übermittelt oder für diesen bereitgehalten, ist es zulässig, Angaben, die allen Rechnungen gemeinsam sind, nur ein einziges Mal aufzuführen, sofern für jede Rechnung die kompletten Angaben zugänglich sind.

Artikel 237[4]

Spätestens am 31. Dezember 2016 unterbreitet die Kommission dem Europäischen Parlament und dem Rat einen auf einer unabhängigen Wirtschaftsstudie beruhenden allgemeinen Evaluierungsbericht über die Auswirkungen der ab dem 1. Januar 2013 anwendbaren Rechnungsstellungsvorschriften und insbesondere darüber, inwieweit sie tatsächlich zu einer Abnahme des Verwaltungsaufwands für die Unternehmen geführt haben, erforderlichenfalls zusammen mit einem entsprechenden Vorschlag zur Änderung der jeweiligen Vorschriften.

Abschnitt 6
Vereinfachungsmaßnahmen

Artikel 238[5]

(1) Nach Konsultation des Mehrwertsteuerausschusses können die Mitgliedstaaten unter den von ihnen festzulegenden Bedingungen vorsehen, dass Rechnungen für Lieferungen von Gegenständen oder für Dienstleistungen in folgenden Fällen nur die in Artikel 226b genannten Angaben enthalten:

a) wenn der Rechnungsbetrag höher als 100 EUR aber nicht höher als 400 EUR ist, oder den Gegenwert in Landeswährung;

b) wenn die Einhaltung aller in den Artikeln 226 oder 230 genannten Verpflichtungen aufgrund der Handels- oder Verwaltungspraktiken in dem betreffenden Wirtschaftsbereich oder aufgrund der technischen Bedingungen der Erstellung dieser Rechnungen besonders schwierig ist.

(2) gestrichen

(3)[6] Die Vereinfachung nach Absatz 1 darf nicht angewandt werden, wenn Rechnungen gemäß Artikel 220 Absatz 1 Nummern 2 und 3 ausgestellt werden müssen, oder wenn die steuerpflichtige Lieferung von Gegenständen oder die steuerpflichtige Dienstleistung von einem Steuerpflichtigen durchgeführt wird, der nicht in dem Mitgliedstaat ansässig ist, in dem die Mehrwertsteuer geschuldet wird, oder dessen Niederlassung in dem betreffenden Mitgliedstaat im Sinne des Artikels 192a nicht an der Lieferung oder Dienstleistung beteiligt ist und wenn die Steuer vom Erwerber bzw. Dienstleistungsempfänger geschuldet wird.

Artikel 239

Machen die Mitgliedstaaten von der Möglichkeit nach Artikel 272 Absatz 1 Unterabsatz 1 Buchstabe b Gebrauch, Steuerpflichtigen, die keine der in den Artikeln 20, 21, 22, 33, 36, 138 und 141 genannten Umsätze bewirken, keine Mehrwertsteuer-Identifikationsnummer zu erteilen, ist – sofern keine MehrwertsteuerIdentifikationsnummer erteilt wurde – auf der Rechnung die Mehrwertsteuer-Identifikationsnummer des Lieferers oder Dienstleistungserbringers und des Erwerbers oder Dienstleistungsempfängers, durch eine andere, von den betreffenden Mitgliedstaaten näher bestimmte Nummer, die so genannte Steuerregisternummer, zu ersetzen.

Artikel 240

Mitgliedstaaten, die von der Möglichkeit nach Artikel 272 Absatz 1 Unterabsatz 1 Buchstabe b Gebrauch machen, können, wenn dem Steuerpflichtigen eine Mehrwertsteuer-Identifikationsnummer erteilt wurde, außerdem vorsehen, dass die Rechnung folgende Angaben enthält:

---

1) Gestrichen ab 12.08.2010 gem. RL vom 13.07.2010
2) Fassung gem. RL vom 13.07.2010 mit Wirkung ab 12.08.2010
3) Fassung gem. RL vom 13.07.2010 mit Wirkung ab 12.08.2010
4) Fassung gem. RL vom 13.07.2010 mit Wirkung ab 12.08.2010
5) Fassung gem. RL vom 13.07.2010 mit Wirkung ab 12.08.2010
6) Fassung gem. RL vom 13.07.2010 mit Wirkung ab 12.08.2010

1. bei den in den Artikeln 44, 47, 50, 53, 54 und 55 genannten Dienstleistungen sowie bei den in den Artikeln 138 und 141 genannten Lieferungen von Gegenständen: die Mehrwertsteuer-Identifikationsnummer sowie die Steuerregisternummer des Lieferers bzw. Dienstleistungserbringers;
2. bei anderen Lieferungen von Gegenständen und Dienstleistungen: lediglich die Steuerregisternummer des Lieferers bzw. Dienstleistungserbringers oder lediglich die Mehrwertsteuer-Identifikationsnummer.

Kapitel 4

Aufzeichnungen

Abschnitt 1

Begriffsbestimmung

Artikel 241

Für die Zwecke dieses Kapitels gilt als „elektronische Aufbewahrung einer Rechnung" die Aufbewahrung von Daten mittels elektronischer Einrichtungen zur Verarbeitung (einschließlich der digitalen Kompression) und Aufbewahrung unter Verwendung von Draht, Funk, optischen oder anderen elektromagnetischen Medien.

Abschnitt 2

Allgemeine Pflichten

Artikel 242

Jeder Steuerpflichtige hat Aufzeichnungen zu führen, die so ausführlich sind, dass sie die Anwendung der Mehrwertsteuer und ihre Kontrolle durch die Steuerverwaltung ermöglichen.

Artikel 243[1)]

(1) Jeder Steuerpflichtige muss ein Register der Gegenstände führen, die er für die Zwecke seiner in Artikel 17 Absatz 2 Buchstaben f, g und h genannten Umsätze in Form der Begutachtung dieser Gegenstände oder von Arbeiten an diesen Gegenständen oder ihrer vorübergehenden Verwendung nach Orten außerhalb des Mitgliedstaats des Beginns der Versendung oder Beförderung, aber innerhalb der Gemeinschaft versandt oder befördert hat oder die für seine Rechnung dorthin versandt oder befördert wurden.

(2) Jeder Steuerpflichtige hat Aufzeichnungen zu führen, die so ausführlich sind, dass sie die Identifizierung der Gegenstände ermöglichen, die ihm aus einem anderen Mitgliedstaat von einem Steuerpflichtigen mit Mehrwertsteuer-Identifikationsnummer in diesem anderen Mitgliedstaat oder für dessen Rechnung im Zusammenhang mit einer Dienstleistung in Form der Begutachtung dieser Gegenstände oder von Arbeiten an diesen Gegenständen gesandt worden sind.

Abschnitt 3

Pflichten in Bezug auf die Aufbewahrung aller Rechnungen

Artikel 244

Jeder Steuerpflichtige sorgt für die Aufbewahrung von Kopien aller Rechnungen, die er selbst, der Erwerber oder Dienstleistungsempfänger oder ein Dritter in seinem Namen und für seine Rechnung ausgestellt hat, sowie aller Rechnungen, die er erhalten hat.

Artikel 245

(1) Für die Zwecke dieser Richtlinie kann der Steuerpflichtige den Aufbewahrungsort aller Rechnungen bestimmen, sofern er den zuständigen Behörden auf deren Verlangen alle gemäß Artikel 244 aufzubewahrenden Rechnungen oder Daten unverzüglich zur Verfügung stellt.

(2) Die Mitgliedstaaten können von den in ihrem Gebiet ansässigen Steuerpflichtigen verlangen, ihnen den Aufbewahrungsort mitzuteilen, wenn sich dieser außerhalb ihres Gebiets befindet.

Die Mitgliedstaaten können ferner von den in ihrem Gebiet ansässigen Steuerpflichtigen verlangen, alle von ihnen selbst oder vom Erwerber oder Dienstleistungsempfänger oder von einem Dritten in ihrem Namen und für ihre Rechnung ausgestellten Rechnungen sowie alle Rechnungen, die sie erhalten haben, im Inland aufzubewahren, soweit es sich nicht um eine elektronische Aufbewahrung handelt, die einen vollständigen Online-Zugriff auf die betreffenden Daten gewährleistet.

---

1) Fassung gem. RL vom 13.07.2010 mit Wirkung ab 12.08.2010

Artikel 246[1]

Artikel 247[2]

(1) Jeder Mitgliedstaat legt fest, über welchen Zeitraum Steuerpflichtige Rechnungen für Lieferungen von Gegenständen oder für Dienstleistungen in seinem Gebiet aufbewahren müssen und Rechnungen, die in seinem Gebiet ansässige Steuerpflichtige erhalten haben, aufbewahrt werden müssen.

(2) Um die Einhaltung der in Artikel 233 genannten Anforderungen sicherzustellen, kann der in Absatz 1 genannte Mitgliedstaat vorschreiben, dass die Rechnungen in der Originalform, in der sie übermittelt oder zur Verfügung gestellt wurden, d.h. auf Papier oder elektronisch, aufzubewahren sind. Er kann zudem verlangen, dass bei der elektronischen Aufbewahrung von Rechnungen die Daten, mit denen die Echtheit der Herkunft und die Unversehrtheit ihres Inhalts nach Artikel 233 nachgewiesen werden, ebenfalls elektronisch aufzubewahren sind.

(3) Der in Absatz 1 genannte Mitgliedstaat kann spezifische Anforderungen festlegen, wonach die Aufbewahrung der Rechnungen in einem Land verboten oder eingeschränkt wird, mit dem keine Rechtsvereinbarung über Amtshilfe, deren Anwendungsbereich mit dem der Richtlinie 2010/24/EU sowie der Verordnung (EG) Nr. 1798/2003 vergleichbar ist, oder keine Rechtsvereinbarung über das in Artikel 249 genannte Recht auf elektronischen Zugriff auf diese Rechnungen, deren Herunterladen und Verwendung besteht.

Artikel 248

Die Mitgliedstaaten können vorschreiben, dass an nichtsteuerpflichtige Personen ausgestellte Rechnungen aufzubewahren sind und dafür entsprechende Bedingungen festlegen.

Abschnitt 4
Recht auf Zugriff auf in einem anderen Mitgliedstaat elektronisch aufbewahrte Rechnungen

Artikel 248a[3]

Die Mitgliedstaaten können zu Kontrollzwecken und bei Rechnungen, die sich auf Lieferungen von Gegenständen oder Dienstleistungen in ihrem Gebiet beziehen oder die in ihrem Gebiet ansässige Steuerpflichtige erhalten haben, von bestimmten Steuerpflichtigen oder in bestimmten Fällen Übersetzungen in ihre Amtssprachen verlangen. Die Mitgliedstaaten dürfen allerdings nicht eine allgemeine Verpflichtung zur Übersetzung von Rechnungen auferlegen.

Artikel 249[4]

Bewahrt ein Steuerpflichtiger von ihm ausgestellte oder empfangene Rechnungen elektronisch in einer Weise auf, die einen Online-Zugriff auf die betreffenden Daten gewährleistet, haben die zuständigen Behörden des Mitgliedstaats, in dem er ansässig ist, und, falls die Steuer in einem anderen Mitgliedstaat geschuldet wird, die zuständigen Behörden dieses Mitgliedstaats, zu Kontrollzwecken das Recht auf Zugriff auf diese Rechnungen sowie auf deren Herunterladen und Verwendung.

Kapitel 5

Erklärungspflichten

Artikel 250

(1) Jeder Steuerpflichtige hat eine Mehrwertsteuererklärung abzugeben, die alle für die Festsetzung des geschuldeten Steuerbetrags und der vorzunehmenden Vorsteuerabzüge erforderlichen Angaben enthält, gegebenenfalls einschließlich des Gesamtbetrags der für diese Steuer und Abzüge maßgeblichen Umsätze sowie des Betrags der steuerfreien Umsätze, soweit dies für die Feststellung der Steuerbemessungsgrundlage erforderlich ist.

(2) Die Mitgliedstaaten legen fest, unter welchen Bedingungen der Steuerpflichtige die in Absatz 1 genannte Erklärung elektronisch abgeben darf, und können die elektronische Abgabe auch vorschreiben.

Artikel 251

Neben den in Artikel 250 genannten Angaben muss die Mehrwertsteuererklärung, die einen bestimmten Steuerzeitraum umfasst, folgende Angaben enthalten:

---

1) Gestrichen ab 12.08.2010 gem. RL vom 13.07.2010
2) Fassung gem. RL vom 13.07.2010 mit Wirkung ab 12.08.2010
3) Eingefügt durch RL vom 13.07.2010 mit Wirkung ab 12.08.2010
4) Fassung ab 12.08.2010 gem. RL vom 13.07.2010

a) Gesamtbetrag ohne Mehrwertsteuer der in Artikel 138 genannten Lieferungen von Gegenständen, für die während dieses Steuerzeitraums der Steueranspruch eingetreten ist;
b) Gesamtbetrag ohne Mehrwertsteuer der in den Artikeln 33 und 36 genannten Lieferungen von Gegenständen, im Gebiet eines anderen Mitgliedstaats, für die der Steueranspruch während dieses Steuerzeitraums eingetreten ist, wenn der Ort des Beginns der Versendung oder Beförderung der Gegenstände in dem Mitgliedstaat liegt, in dem die Erklärung abzugeben ist;
c) Gesamtbetrag ohne Mehrwertsteuer der innergemeinschaftlichen Erwerbe von Gegenständen sowie der diesen gemäß Artikel 21 und 22 gleichgestellten Umsätze, die in dem Mitgliedstaat bewirkt wurden, in dem die Erklärung abzugeben ist, und für die der Steueranspruch während dieses Steuerzeitraums eingetreten ist;
d) Gesamtbetrag ohne Mehrwertsteuer der in den Artikeln 33 und 36 genannten Lieferungen von Gegenständen, in dem Mitgliedstaat, in dem die Erklärung abzugeben ist, und für die der Steueranspruch während dieses Steuerzeitraums eingetreten ist, wenn der Ort des Beginns der Versendung oder Beförderung der Gegenstände im Gebiet eines anderen Mitgliedstaats liegt;
e) Gesamtbetrag ohne Mehrwertsteuer der Lieferungen von Gegenständen, in dem Mitgliedstaat, in dem die Erklärung abzugeben ist, für die der Steuerpflichtige gemäß Artikel 197 als Steuerschuldner bestimmt wurde und für die der Steueranspruch während dieses Steuerzeitraums eingetreten ist.

Artikel 252

(1) Die Mehrwertsteuererklärung ist innerhalb eines von den einzelnen Mitgliedstaaten festzulegenden Zeitraums abzugeben. Dieser Zeitraum darf zwei Monate nach Ende jedes einzelnen Steuerzeitraums nicht überschreiten.

(2) Der Steuerzeitraum kann von den Mitgliedstaaten auf einen, zwei oder drei Monate festgelegt werden.

Die Mitgliedstaaten können jedoch andere Zeiträume festlegen, sofern diese ein Jahr nicht überschreiten.

Artikel 253

Schweden kann für kleine und mittlere Unternehmen ein vereinfachtes Verfahren anwenden, das es Steuerpflichtigen, die ausschließlich im Inland steuerbare Umsätze bewirken, gestattet, die Mehrwertsteuererklärung drei Monate nach Ablauf des Steuerjahrs für Zwecke der direkten Steuern abzugeben.

Artikel 254

In Bezug auf Lieferungen von neuen Fahrzeugen unter den Bedingungen des Artikels 138 Absatz 2 Buchstabe a durch einen Steuerpflichtigen mit Mehrwertsteuer-Identifikationsnummer an einen Erwerber ohne Mehrwertsteuer-Identifikationsnummer oder durch einen Steuerpflichtigen im Sinne des Artikels 9 Absatz 2 treffen die Mitgliedstaaten die erforderlichen Maßnahmen, damit der Verkäufer alle Informationen meldet, die für die Anwendung der Mehrwertsteuer und ihre Kontrolle durch die Verwaltung erforderlich sind.

Artikel 255

Wenn die Mitgliedstaaten den Erwerber von Anlagegold gemäß Artikel 198 Absatz 1 als Steuerschuldner bestimmen oder von der in Artikel 198 Absatz 2 vorgesehenen Möglichkeit Gebrauch machen, den Erwerber von Goldmaterial oder Halbfertigerzeugnissen oder von Anlagegold im Sinne des Artikels 344 Absatz 1 als Steuerschuldner zu bestimmen, treffen sie die erforderlichen Maßnahmen, um sicherzustellen, dass diese Person ihren Erklärungspflichten nach diesem Kapitel nachkommt.

Artikel 256

Die Mitgliedstaaten treffen die erforderlichen Maßnahmen, damit die Personen, die gemäß den Artikeln 194 bis 197 und Artikel 204 anstelle des nicht in ihrem Gebiet ansässigen Steuerpflichtigen als Steuerschuldner angesehen werden, ihren Erklärungspflichten nach diesem Kapitel nachkommen.

Artikel 257

Die Mitgliedstaaten treffen die erforderlichen Maßnahmen, damit die nichtsteuerpflichtigen juristischen Personen, die die für den in Artikel 2 Absatz 1 Nummer 2 Buchstabe b Ziffer i genannten innergemeinschaftlichen Erwerb von Gegenständen zu entrichtende Steuer schulden, ihren Erklärungspflichten nach diesem Kapitel nachkommen.

Artikel 258

Die Mitgliedstaaten legen die Einzelheiten der Erklärungspflichten in Bezug auf den innergemeinschaftlichen Erwerb von neuen Fahrzeugen im Sinne des Artikels 2 Absatz 1 Buchstabe b Ziffer ii und von verbrauchsteuerpflichtigen Waren im Sinne des Artikels 2 Absatz 1 Buchstabe b Ziffer iii fest.

Anhang 1a — EG-Richtlinien / Mehrwertsteuer-Systemrichtlinie

Artikel 259

Die Mitgliedstaaten können verlangen, dass Personen, die innergemeinschaftliche Erwerbe neuer Fahrzeuge nach Artikel 2 Absatz 1 Buchstabe b Ziffer ii tätigen, bei der Abgabe der Mehrwertsteuererklärung alle Informationen melden, die für die Anwendung der Mehrwertsteuer und ihre Kontrolle durch die Verwaltung erforderlich sind.

Artikel 260

Die Mitgliedstaaten legen die Einzelheiten der Erklärungspflichten in Bezug auf die Einfuhr von Gegenständen fest.

Artikel 261

(1) Die Mitgliedstaaten können von dem Steuerpflichtigen verlangen, dass er eine Erklärung über sämtliche Umsätze des vorangegangenen Jahres mit allen in den Artikeln 250 und 251 genannten Angaben abgibt. Diese Erklärung muss alle Angaben enthalten, die für etwaige Berichtigungen von Bedeutung sind.

(2) Die Mitgliedstaaten legen fest, unter welchen Bedingungen der Steuerpflichtige die in Absatz 1 genannte Erklärung elektronisch abgeben darf, und können die elektronische Abgabe auch vorschreiben.

Kapitel 6

Zusammenfassende Meldung

Artikel 262[1)]

Jeder Steuerpflichtige mit Mehrwertsteuer-Identifikationsnummer muss eine zusammenfassende Meldung abgeben, in der Folgendes aufgeführt ist:

1. die Erwerber mit Mehrwertsteuer-Identifikationsnummer, denen er Gegenstände unter den Bedingungen des Artikels 138 Absatz 1 und Absatz 2 Buchstabe c geliefert hat;
2. die Personen mit Mehrwertsteuer-Identifikationsnummer, denen er Gegenstände geliefert hat, die ihm im Rahmen eines innergemeinschaftlichen Erwerbs im Sinne des Artikels 42 geliefert wurden;
3. die Steuerpflichtigen sowie die nicht steuerpflichtigen juristischen Personen mit Mehrwertsteuer-Identifikationsnummer, für die er Dienstleistungen erbracht hat, die keine Dienstleistungen sind, die in dem Mitgliedstaat, in dem der Umsatz steuerbar ist, von der Mehrwertsteuer befreit sind, und für die der Dienstleistungsempfänger gemäß Artikel 196 der Steuerschuldner ist.

Artikel 263[2)]

(1) Eine zusammenfassende Meldung ist für jeden Kalendermonat innerhalb einer Frist von höchstens einem Monat und nach den Modalitäten abzugeben, die von den Mitglied-Staaten festzulegen sind.

(1a) Die Mitgliedstaaten können jedoch unter von ihnen festzulegenden Bedingungen und innerhalb von ihnen festzulegender Grenzen den Steuerpflichtigen gestatten, die zusammenfassende Meldung für jedes Kalenderquartal innerhalb eines Zeitraums von höchstens einem Monat ab dem Quartalsende abzugeben, wenn der Gesamtbetrag der Lieferungen von Gegenständen gemäß Artikel 264 Absatz 1 Buchstabe d und Artikel 265 Absatz 1 Buchstabe c für das Quartal ohne Mehrwertsteuer weder für das jeweilige Quartal noch für eines der vier vorangegangenen Quartale den Betrag von 50.000 EUR oder den Gegenwert in Landeswährung übersteigt.

Die in Unterabsatz 1 vorgesehene Möglichkeit besteht ab Ende desjenigen Monats nicht mehr, in dem der Gesamtbetrag der Lieferungen von Gegenständen gemäß Artikel 264 Absatz 1 Buchstabe d und Artikel 265 Absatz 1 Buchstabe c für das laufende Quartal ohne Mehrwertsteuer den Betrag von 50.000 EUR oder den Gegenwert in Landeswährung übersteigt. In diesem Fall ist eine zusammenfassende Meldung für den oder die seit Beginn des Quartals vergangenen Monate innerhalb eines Zeitraums von höchstens einem Monat abzugeben.

(1b) Bis zum 31. Dezember 2011 können die Mitgliedstaaten den in Absatz 1a vorgesehenen Betrag auf 100.000 EUR oder den Gegenwert in Landeswährung festlegen.

(1c) Die Mitgliedstaaten können unter von ihnen festzulegenden Bedingungen und innerhalb von ihnen festzulegender Grenzen den Steuerpflichtigen in Bezug auf die Dienstleistungen gemäß Artikel 264 Absatz 1 Buchstabe d gestatten, die zusammenfassende Meldung für jedes Kalenderquartal innerhalb eines Zeitraums von höchstens einem Monat ab dem Quartalsende abzugeben.

---

1) Fassung ab 01.01.2010 durch RL vom 12.02.2008
2) Fassung ab 21.01.2009 durch RL vom 16.12.2008

Die Mitgliedstaaten können insbesondere verlangen, dass die Steuerpflichtigen, die Lieferungen von Gegenständen und Dienstleistungen gemäß Artikel 264 Absatz 1 Buchstabe d bewirken, die zusammenfassende Meldung innerhalb des Zeitraums abgeben, der sich aus der Anwendung der Absätze 1 bis 1b ergibt.

(2) Die Mitgliedstaaten legen fest, unter welchen Bedingungen der Steuerpflichtige die in Absatz 1 genannte zusammenfassende Meldung im Wege der elektronischen Datenübertragung abgeben darf, und können die Abgabe im Wege der elektronischen Dateiübertragung auch vorschreiben.

Artikel 264

(1)[1] Die zusammenfassende Meldung muss folgende Angaben enthalten:
a) die Mehrwertsteuer-Identifikationsnummer des Steuerpflichtigen in dem Mitgliedstaat, in dem die zusammenfassende Meldung abzugeben ist, und unter der er Gegenstände im Sinne des Artikels 138 Absatz 1 geliefert hat oder steuerpflichtige Dienstleistungen im Sinne des Artikels 44 erbracht hat;
b) die Mehrwertsteuer-Identifikationsnummer eines jeden Erwerbers von Gegenständen oder eines jeden Empfängers von Dienstleistungen in einem anderen Mitgliedstaat als dem, in dem die zusammenfassende Meldung abzugeben ist, und unter der ihm die Gegenstände geliefert oder für ihn die Dienstleistungen erbracht wurden;
c) die Mehrwertsteuer-Identifikationsnummer des Steuerpflichtigen in dem Mitgliedstaat, in dem die zusammenfassende Meldung abzugeben ist, und unter der er eine Verbringung in einen anderen Mitgliedstaat nach Artikel 138 Absatz 2 Buchstabe c bewirkt hat, sowie seine Mehrwertsteuer-Identifikationsnummer im Mitgliedstaat der Beendigung der Versendung oder Beförderung;
d) für jeden einzelnen Erwerber von Gegenständen oder Empfänger von Dienstleistungen den Gesamtbetrag der Lieferungen von Gegenständen und den Gesamtbetrag der Dienstleistungen durch den Steuerpflichtigen;
e) bei der Lieferung von Gegenständen in Form der Verbringung in einen anderen Mitgliedstaat nach Artikel 138 Absatz 2 Buchstabe c den gemäß Artikel 76 ermittelten Gesamtbetrag der Lieferungen;
f) den Betrag der gemäß Artikel 90 durchgeführten Berichtigungen.

(2)[2] Der in Absatz 1 Buchstabe d genannte Betrag ist für den gemäß Artikel 263 Absätze 1 bis 1c festgelegten Abgabezeitraum zu melden, in dem der Steueranspruch eingetreten ist.

Der in Absatz 1 Buchstabe f genannte Betrag ist für den gemäß Artikel 263 Absätze 1 bis 1c festgelegten Abgabezeitraum zu melden, in dem die Berichtigung dem Erwerber mitgeteilt wird.

Artikel 265

(1) Im Falle des innergemeinschaftlichen Erwerbs von Gegenständen im Sinne des Artikels 42 hat der Steuerpflichtige mit Mehrwertsteuer-Identifikationsnummer in dem Mitgliedstaat, der ihm die Mehrwertsteuer-Identifikationsnummer erteilt hat, unter der er diesen Erwerb getätigt hat, in der zusammenfassenden Meldung folgende Einzelangaben zu machen:
a) seine Mehrwertsteuer-Identifikationsnummer in diesem Mitgliedstaat, unter der er die Gegenstände erworben und anschließend geliefert hat;
b) die Mehrwertsteuer-Identifikationsnummer des Empfängers der anschließenden Lieferungen des Steuerpflichtigen im Mitgliedstaat der Beendigung der Versendung oder Beförderung;
c) für jeden einzelnen dieser Empfänger der Lieferung den Gesamtbetrag ohne Mehrwertsteuer derartiger Lieferungen des Steuerpflichtigen im Mitgliedstaat der Beendigung der Versendung oder Beförderung.

(2)[3] Der in Absatz 1 Buchstabe c genannte Betrag ist für den gemäß Artikel 263 Absätze 1 bis 1b festgelegten Abgabezeitraum zu melden, in dem der Steueranspruch eingetreten ist.

Artikel 266

Abweichend von den Artikeln 264 und 265 können die Mitgliedstaaten verlangen, dass die zusammenfassende Meldung weitere Angaben enthält.

Artikel 267

Die Mitgliedstaaten treffen die erforderlichen Maßnahmen, damit die Personen, die gemäß den Artikeln 194 und 204 anstelle eines nicht in ihrem Gebiet ansässigen Steuerpflichtigen als Steuerschuldner

---

1) Änderungen in Buchstaben a, b und d ab 01.01.2010, vgl. RL vom 12.02.2008
2) Fassung ab 21.01.2009 durch RL vom 16.12.2008
3) Fassung ab 21.01.2009 durch RL vom 16.12.2008

Anhang 1a EG-Richtlinien / Mehrwertsteuer-Systemrichtlinie

angesehen werden, ihrer Pflicht zur Abgabe von zusammenfassenden Meldungen nach diesem Kapitel nachkommen.

Artikel 268

Die Mitgliedstaaten können von Steuerpflichtigen, die in ihrem Gebiet innergemeinschaftliche Erwerbe von Gegenständen sowie diesen gleichgestellte Umsätze im Sinne der Artikel 21 und 22 bewirken, die Abgabe von Erklärungen mit ausführlichen Angaben über diese Erwerbe verlangen; für Zeiträume von weniger als einem Monat dürfen solche Erklärungen jedoch nicht verlangt werden.

Artikel 269

Der Rat kann die einzelnen Mitgliedstaaten auf Vorschlag der Kommission einstimmig ermächtigen, die in den Artikeln 270 und 271 vorgesehenen besonderen Maßnahmen zu treffen, um die Pflicht zur Abgabe einer zusammenfassenden Meldung nach diesem Kapitel zu vereinfachen. Diese Maßnahmen dürfen die Kontrolle der innergemeinschaftlichen Umsätze nicht beeinträchtigen.

Artikel 270

Aufgrund der Ermächtigung nach Artikel 269 können die Mitgliedstaaten einem Steuerpflichtigen gestatten, eine jährliche zusammenfassende Meldung mit den Mehrwertsteuer-Identifikationsnummern derjenigen Erwerber in anderen Mitgliedstaaten abzugeben, denen er Gegenstände unter den Bedingungen des Artikels 138 Absatz 1 und Absatz 2 Buchstabe c geliefert hat, wenn der Steuerpflichtige die folgenden drei Voraussetzungen erfüllt:

a) der jährliche Gesamtbetrag ohne Mehrwertsteuer seiner Lieferungen von Gegenständen und seiner Dienstleistungen übersteigt den Jahresumsatz, der als Referenzbetrag für die Steuerbefreiung für Kleinunternehmen nach den Artikeln 282 bis 292 dient, um nicht mehr als 35.000 EUR oder den Gegenwert in Landeswährung;

b) der jährliche Gesamtbetrag ohne Mehrwertsteuer seiner Lieferungen von Gegenständen unter den Bedingungen des Artikels 138 übersteigt nicht den Betrag von 15.000 EUR oder den Gegenwert in Landeswährung;

c) bei den von ihm unter den Voraussetzungen des Artikels 138 gelieferten Gegenständen handelt es sich nicht um neue Fahrzeuge.

Artikel 271

Aufgrund der Ermächtigung nach Artikel 269 können diejenigen Mitgliedstaaten, die die Dauer des Steuerzeitraums, für den der Steuerpflichtige die in Artikel 250 genannte Mehrwertsteuererklärung abzugeben hat, auf mehr als drei Monate festlegen, einem Steuerpflichtigen gestatten, die zusammenfassende Meldung für denselben Zeitraum vorzulegen, wenn der Steuerpflichtige die folgenden drei Voraussetzungen erfüllt:

a) der jährliche Gesamtbetrag ohne Mehrwertsteuer seiner Lieferungen von Gegenständen und seiner Dienstleistungen beläuft sich auf höchstens 200.000 EUR oder den Gegenwert in Landeswährung;

b) der jährliche Gesamtbetrag ohne Mehrwertsteuer seiner Lieferungen von Gegenständen unter den Bedingungen des Artikels 138 übersteigt nicht den Betrag von 15.000 EUR oder den Gegenwert in Landeswährung;

c) bei den von ihm unter den Bedingungen des Artikels 138 gelieferten Gegenständen handelt es sich nicht um neue Fahrzeuge.

Kapitel 7

Verschiedenes

Artikel 272[1)]

(1) Die Mitgliedstaaten können folgende Steuerpflichtige von bestimmten oder allen Pflichten nach den Kapiteln 2 bis 6 befreien:

a) Steuerpflichtige, deren innergemeinschaftliche Erwerbe von Gegenständen gemäß Artikel 3 Absatz 1 nicht der Mehrwertsteuer unterliegen;

b) Steuerpflichtige, die keine der in den Artikeln 20, 21, 22, 33, 36, 138 und 141 genannten Umsätze bewirken;

c) Steuerpflichtige, die nur Gegenstände liefern oder Dienstleistungen erbringen, die gemäß den Artikeln 132, 135 und 136, den Artikeln 146 bis 149 sowie den Artikeln 151, 152 und 153 von der Steuer befreit sind;

---

1) Fassung ab 12.08.2010 gem. RL vom 13.07.2010

EG-Richtlinien / Mehrwertsteuer-Systemrichtlinie   Anhang 1a

d) Steuerpflichtige, die die Steuerbefreiung für Kleinunternehmen nach den Artikeln 282 bis 292 in Anspruch nehmen;

e) Steuerpflichtige, die die gemeinsame Pauschalregelung für Landwirte in Anspruch nehmen.

Die Mitgliedstaaten dürfen die in Unterabsatz 1 Buchstabe b genannten Steuerpflichtigen nicht von den in Kapitel 3 Abschnitte 3 bis 6 und Kapitel 4 Abschnitt 3 vorgesehenen Pflichten in Bezug auf die Rechnungsstellung entbinden.

(2) Machen die Mitgliedstaaten von der Möglichkeit nach Absatz 1 Unterabsatz 1 Buchstabe e Gebrauch, treffen sie die Maßnahmen, die für eine korrekte Anwendung der Übergangsregelung für die Besteuerung innergemeinschaftlicher Umsätze erforderlich sind.

(3) Die Mitgliedstaaten können auch andere als die in Absatz 1 genannten Steuerpflichtigen von bestimmten in Artikel 242 genannten Aufzeichnungspflichten entbinden.

Artikel 273

Die Mitgliedstaaten können vorbehaltlich der Gleichbehandlung der von Steuerpflichtigen bewirkten Inlandsumsätze und innergemeinschaftlichen Umsätze weitere Pflichten vorsehen, die sie für erforderlich erachten, um eine genaue Erhebung der Steuer sicherzustellen und um Steuerhinterziehung zu vermeiden, sofern diese Pflichten im Handelsverkehr zwischen den Mitgliedstaaten nicht zu Formalitäten beim Grenzübertritt führen.

Die Möglichkeit nach Absatz 1 darf nicht dazu genutzt werden, zusätzlich zu den in Kapitel 3 genannten Pflichten weitere Pflichten in Bezug auf die Rechnungsstellung festzulegen.

Kapitel 8

Pflichten bei bestimmten Einfuhr- und Ausfuhrumsätzen

Abschnitt 1

Einfuhrumsätze

Artikel 274

Bei der Einfuhr von Gegenständen im freien Verkehr, die aus einem Drittgebiet in die Gemeinschaft verbracht werden, das Teil des Zollgebiets der Gemeinschaft ist, sind die Artikel 275, 276 und 277 anzuwenden.

Artikel 275

Für die Formalitäten bei der Einfuhr der in Artikel 274 genannten Gegenstände sind die für die Einfuhr von Gegenständen in das Zollgebiet der Gemeinschaft geltenden gemeinschaftlichen Zollvorschriften maßgebend.

Artikel 276

Liegt der Ort der Beendigung der Versendung oder Beförderung der in Artikel 274 genannten Gegenstände nicht in dem Mitgliedstaat, in dem sie in die Gemeinschaft gelangen, fallen sie in der Gemeinschaft unter das interne gemeinschaftliche Versandverfahren gemäß den gemeinschaftlichen Zollvorschriften, sofern sie bereits zum Zeitpunkt ihrer Verbringung in die Gemeinschaft zu diesem Verfahren angemeldet wurden.

Artikel 277

Ist bei den in Artikel 274 genannten Gegenständen zum Zeitpunkt ihrer Verbringung in die Gemeinschaft eine Situation gegeben, der zufolge sie bei einer Einfuhr im Sinne des Artikels 30 Absatz 1 unter eines der in Artikel 156 genannten Verfahren oder einer der dort genannten sonstigen Regelungen oder unter eine Zollregelung der vorübergehenden Verwendung unter vollständiger Befreiung von Einfuhrabgaben fallen könnten, treffen die Mitgliedstaaten die erforderlichen Maßnahmen, damit diese Gegenstände unter den gleichen Bedingungen in der Gemeinschaft verbleiben können, wie sie für die Anwendung dieser Verfahren oder sonstigen Regelungen vorgesehen sind.

Abschnitt 2

Ausfuhrumsätze

Artikel 278

Bei der Ausfuhr von Gegenständen im freien Verkehr, die aus einem Mitgliedstaat in ein Drittgebiet versandt oder befördert werden, das Teil des Zollgebiets der Gemeinschaft ist, sind die Artikel 279 und 280 anzuwenden.

Artikel 279

Für die Formalitäten bei der Ausfuhr der in Artikel 278 genannten Gegenstände aus dem Gebiet der Gemeinschaft sind die für die Ausfuhr von Gegenständen aus dem Zollgebiet der Gemeinschaft geltenden gemeinschaftlichen Zollvorschriften maßgebend.

Artikel 280

In Bezug auf Gegenstände, die vorübergehend aus der Gemeinschaft ausgeführt werden, um wieder eingeführt zu werden, treffen die Mitgliedstaaten die erforderlichen Maßnahmen, damit für diese Gegenstände bei ihrer Wiedereinfuhr in die Gemeinschaft die gleichen Bestimmungen gelten, wie wenn sie vorübergehend aus dem Zollgebiet der Gemeinschaft ausgeführt worden wären.

Titel XII
Sonderregelungen

Kapitel 1

Sonderregelung für Kleinunternehmen

Abschnitt 1
Vereinfachte Modalitäten für die Besteuerung und die Steuererhebung

Artikel 281

Mitgliedstaaten, in denen die normale Besteuerung von Kleinunternehmen wegen deren Tätigkeit oder Struktur auf Schwierigkeiten stoßen würde, können unter den von ihnen festgelegten Beschränkungen und Voraussetzungen nach Konsultation des Mehrwertsteuerausschusses vereinfachte Modalitäten für die Besteuerung und Steuererhebung, insbesondere Pauschalregelungen, anwenden, die jedoch nicht zu einer Steuerermäßigung führen dürfen.

Abschnitt 2
Steuerbefreiungen und degressive Steuerermäßigungen

Artikel 282

Die Steuerbefreiungen und -ermäßigungen nach diesem Abschnitt gelten für Lieferungen von Gegenständen und für Dienstleistungen, die von Kleinunternehmen bewirkt werden.

Artikel 283

(1) Dieser Abschnitt gilt nicht für folgende Umsätze:

a) die in Artikel 12 genannten gelegentlichen Umsätze;

b) die Lieferungen neuer Fahrzeuge unter den Voraussetzungen des Artikels 138 Absatz 1 und Absatz 2 Buchstabe a;

c) die Lieferungen von Gegenständen und Erbringung von Dienstleistungen durch einen Steuerpflichtigen, der nicht in dem Mitgliedstaat ansässig ist, in dem die Mehrwertsteuer geschuldet wird.

(2) Die Mitgliedstaaten können von der Anwendung dieses Abschnitts auch andere als die in Absatz 1 genannten Umsätze ausschließen.

Artikel 284

(1) Mitgliedstaaten, die von der Möglichkeit nach Artikel 14 der Richtlinie 67/228/EWG des Rates vom 11. April 1967 zur Harmonisierung der Rechtsvorschriften der Mitgliedstaaten über die Umsatzsteuern – Struktur und Anwendungsmodalitäten des gemeinsamen Mehrwertsteuersystems[1] Gebrauch gemacht und Steuerbefreiungen oder degressive Steuerermäßigungen eingeführt haben, dürfen diese sowie die diesbezüglichen Durchführungsbestimmungen beibehalten, wenn sie mit dem Mehrwertsteuersystem in Einklang stehen.

(2) Mitgliedstaaten, in denen am 17. Mai 1977 für Steuerpflichtige mit einem Jahresumsatz unter dem Gegenwert von 5000 Europäischen Rechnungseinheiten in Landeswährung zu dem an dem genannten Datum geltenden Umrechnungskurs eine Steuerbefreiung galt, können diesen Betrag bis auf 5.000 EUR anheben.

Mitgliedstaaten, die eine degressive Steuerermäßigung angewandt haben, dürfen die obere Grenze für diese Ermäßigung nicht heraufsetzen und diese Ermäßigung nicht günstiger gestalten.

---

[1] ABl. 71 vom 14.4.1967, S. 1303/67. Aufgehoben durch die Richtlinie 77/388/EWG

Artikel 285

Mitgliedstaaten, die von der Möglichkeit nach Artikel 14 der Richtlinie 67/228/EWG keinen Gebrauch gemacht haben, können Steuerpflichtigen mit einem Jahresumsatz von höchstens 5.000 EUR oder dem Gegenwert dieses Betrags in Landeswährung eine Steuerbefreiung gewähren.

Die in Absatz 1 genannten Mitgliedstaaten können den Steuerpflichtigen, deren Jahresumsatz die von ihnen für die Steuerbefreiung festgelegte Höchstgrenze überschreitet, eine degressive Steuerermäßigung gewähren.

Artikel 286

Mitgliedstaaten, in denen am 17. Mai 1977 für Steuerpflichtige mit einem Jahresumsatz von mindestens dem Gegenwert von 5 000 Europäischen Rechnungseinheiten in Landeswährung zu dem an dem genannten Datum geltenden Umrechnungskurs eine Steuerbefreiung galt, können diesen Betrag zur Wahrung des realen Wertes anheben.

Artikel 287

Mitgliedstaaten, die nach dem 1. Januar 1978 beigetreten sind, können Steuerpflichtigen eine Steuerbefreiung gewähren, wenn ihr Jahresumsatz den in Landeswährung ausgedrückten Gegenwert der folgenden Beträge nicht übersteigt, wobei der Umrechnungskurs am Tag des Beitritts zugrunde zu legen ist:

1. Griechenland: 10.000 Europäische Rechnungseinheiten;
2. Spanien: 10.000 ECU;
3. Portugal: 10.000 ECU;
4. Österreich: 35.000 ECU;
5. Finnland: 10.000 ECU;
6. Schweden: 10.000 ECU;
7. Tschechische Republik: 35.000 EUR;
8. Estland: 16.000 EUR;
9. Zypern: 15.600 EUR;
10. Lettland: 17.200 EUR;
11. Litauen: 29.000 EUR;
12. Ungarn: 35.000 EUR;
13. Malta: 37.000 EUR, wenn die wirtschaftliche Tätigkeit hauptsächlich in der Lieferung von Waren besteht, 24.300 EUR, wenn die wirtschaftliche Tätigkeit hauptsächlich in der Erbringung von Dienstleistungen mit geringer Wertschöpfung (hoher Input) besteht und 14.600 EUR in anderen Fällen, nämlich bei Dienstleistungen mit hoher Wertschöpfung (niedriger Input);
14. Polen: 10.000 EUR;
15. Slowenien: 25.000 EUR;
16. Slowakei: 35.000 EUR;
17. [1)]Bulgarien: 25.600 EUR;
18. [2)]Rumänien: 35.000 EUR.

Artikel 288

Der Umsatz, der bei der Anwendung der Regelung dieses Abschnitts zugrunde zu legen ist, setzt sich aus folgenden Beträgen ohne Mehrwertsteuer zusammen:

1. Betrag der Lieferungen von Gegenständen und Dienstleistungen, soweit diese besteuert werden;
2. Betrag der gemäß Artikel 110, Artikel 111 und Artikel 125 Absatz 1 sowie Artikel 127 und Artikel 128 Absatz 1 mit Recht auf Vorsteuerabzug von der Steuer befreiten Umsätze;
3. Betrag der gemäß den Artikeln 146 bis 149 sowie den Artikeln 151, 152 und 153 von der Steuer befreiten Umsätze;
4. Betrag der Umsätze mit Immobilien, der in Artikel 135 Absatz 1 Buchstaben b bis g genannten Finanzgeschäfte sowie der Versicherungsdienstleistungen, sofern diese Umsätze nicht den Charakter von Nebenumsätzen haben.

Veräußerungen von körperlichen oder nicht körperlichen Investitionsgütern des Unternehmens bleiben bei der Ermittlung dieses Umsatzes jedoch außer Ansatz.

---

1) Gilt ab 16.01.2010 gem. RL vom 22.12.2009
2) Gilt ab 16.01.2010 gem. RL vom 22.12.2009

Artikel 289

Steuerpflichtige, die eine Steuerbefreiung in Anspruch nehmen, haben kein Recht auf Vorsteuerabzug gemäß den Artikeln 167 bis 171 und 173 bis 177 und dürfen die Mehrwertsteuer in ihren Rechnungen nicht ausweisen.

Artikel 290

Steuerpflichtige, die für die Steuerbefreiung in Betracht kommen, können sich entweder für die normale Mehrwertsteuerregelung oder für die Anwendung der in Artikel 281 genannten vereinfachten Modalitäten entscheiden. In diesem Fall gelten für sie die in den nationalen Rechtsvorschriften gegebenenfalls vorgesehenen degressiven Steuerermäßigungen.

Artikel 291

Steuerpflichtige, für die die degressive Steuerermäßigung gilt, werden vorbehaltlich der Anwendung des Artikels 281 als der normalen Mehrwertsteuerregelung unterliegende Steuerpflichtige betrachtet.

Artikel 292

Dieser Abschnitt gilt bis zu einem Zeitpunkt, der vom Rat gemäß Artikel 93 des Vertrags festgelegt wird und der nicht nach dem Zeitpunkt des Inkrafttretens der endgültigen Regelung im Sinne von Artikel 402 liegen darf.

Abschnitt 3
Bericht und Überprüfung

Artikel 293

Die Kommission legt dem Rat auf der Grundlage der von den Mitgliedstaaten erlangten Informationen alle vier Jahre nach der Annahme dieser Richtlinie einen Bericht über die Anwendung der Bestimmungen dieses Kapitels vor. Falls erforderlich fügt sie diesem Bericht unter Berücksichtigung der Notwendigkeit einer allmählichen Konvergenz der nationalen Regelungen Vorschläge bei, die Folgendes zum Gegenstand haben:

1. die Verbesserung der Sonderregelung für Kleinunternehmen;
2. die Angleichung der nationalen Regelungen über die Steuerbefreiungen und degressiven Steuerermäßigungen;
3. die Anpassung der in Abschnitt 2 genannten Schwellenwerte.

Artikel 294

Der Rat entscheidet gemäß Artikel 93 des Vertrags darüber, ob im Rahmen der endgültigen Regelung eine Sonderregelung für Kleinunternehmen erforderlich ist, und befindet gegebenenfalls über die gemeinsamen Beschränkungen und Bedingungen für die Anwendung der genannten Sonderregelung.

Kapitel 2

Gemeinsame Pauschalregelung für landwirtschaftliche Erzeuger

Artikel 295

(1) Für die Zwecke dieses Kapitels gelten folgende Begriffsbestimmungen:

1. „landwirtschaftlicher Erzeuger" ist ein Steuerpflichtiger, der seine Tätigkeit im Rahmen eines land-, forst- oder fischwirtschaftlichen Betriebs ausübt;
2. „land-, forst- oder fischwirtschaftlicher Betrieb" ist ein Betrieb, der in den einzelnen Mitgliedstaaten im Rahmen der in Anhang VII genannten Erzeugertätigkeiten als solcher gilt;
3. „Pauschallandwirt" ist ein landwirtschaftlicher Erzeuger, der unter die Pauschalregelung dieses Kapitels fällt;
4. „landwirtschaftliche Erzeugnisse" sind die Gegenstände, die im Rahmen der in Anhang VII aufgeführten Tätigkeiten von den land-, forst- oder fischwirtschaftlichen Betrieben der einzelnen Mitgliedstaaten erzeugt werden;
5. „landwirtschaftliche Dienstleistungen" sind Dienstleistungen, die von einem landwirtschaftlichen Erzeuger mit Hilfe seiner Arbeitskräfte oder der normalen Ausrüstung seines land-, forst- oder fischwirtschaftlichen Betriebs erbracht werden und die normalerweise zur landwirtschaftlichen Erzeugung beitragen, und zwar insbesondere die in Anhang VIII aufgeführten Dienstleistungen;
6. „Mehrwertsteuer-Vorbelastung" ist die MehrwertsteuerGesamtbelastung der Gegenstände und Dienstleistungen, die von der Gesamtheit der der Pauschalregelung unterliegenden land-, forst- und fischwirtschaftlichen Betriebe jedes Mitgliedstaats bezogen worden sind, soweit diese Steuer bei

einem der normalen Mehrwertsteuerregelung unterliegenden landwirtschaftlichen Erzeuger gemäß den Artikeln 167, 168 und 169 und 173 bis 177 abzugsfähig wäre;

7. „Pauschalausgleich-Prozentsätze" sind die Prozentsätze, die die Mitgliedstaaten gemäß den Artikeln 297, 298 und 299 festsetzen und in den in Artikel 300 genannten Fällen anwenden, damit die Pauschallandwirte den pauschalen Ausgleich der Mehrwertsteuer-Vorbelastung erlangen;

8. „Pauschalausgleich" ist der Betrag, der sich aus der Anwendung des Pauschalausgleich-Prozentsatzes auf den Umsatz des Pauschallandwirts in den in Artikel 300 genannten Fällen ergibt.

(2) Den in Anhang VII aufgeführten Tätigkeiten der landwirtschaftlichen Erzeugung gleichgestellt sind die Verarbeitungstätigkeiten, die ein Landwirt bei im Wesentlichen aus seiner landwirtschaftlichen Produktion stammenden Erzeugnissen mit Mitteln ausübt, die normalerweise in land-, forst- oder fischwirtschaftlichen Betrieben verwendet werden.

Artikel 296

(1) Die Mitgliedstaaten können auf landwirtschaftliche Erzeuger, bei denen die Anwendung der normalen Mehrwertsteuerregelung oder gegebenenfalls der Sonderregelung des Kapitels 1 auf Schwierigkeiten stoßen würde, als Ausgleich für die Belastung durch die Mehrwertsteuer, die auf die von den Pauschallandwirten bezogenen Gegenstände und Dienstleistungen gezahlt wird, eine Pauschalregelung nach diesem Kapitel anwenden.

(2) Jeder Mitgliedstaat kann bestimmte Gruppen landwirtschaftlicher Erzeuger sowie diejenigen landwirtschaftlichen Erzeuger, bei denen die Anwendung der normalen Mehrwertsteuerregelung oder gegebenenfalls der vereinfachten Bestimmungen des Artikels 281 keine verwaltungstechnischen Schwierigkeiten mit sich bringt, von der Pauschalregelung ausnehmen.

(3) Jeder Pauschallandwirt hat nach den von den einzelnen Mitgliedstaaten festgelegten Einzelheiten und Voraussetzungen das Recht, sich für die Anwendung der normalen Mehrwertsteuerregelung oder gegebenenfalls der vereinfachten Bestimmungen des Artikels 281 zu entscheiden.

Artikel 297

Die Mitgliedstaaten legen bei Bedarf Pauschalausgleich-Prozentsätze fest. Sie können die Höhe der Pauschalausgleich-Prozentsätze für die Forstwirtschaft, die einzelnen Teilbereiche der Landwirtschaft und die Fischwirtschaft unterschiedlich festlegen.

Die Mitgliedstaaten teilen der Kommission die gemäß Absatz 1 festgelegten Pauschalausgleich-Prozentsätze mit, bevor diese angewandt werden.

Artikel 298

Die Pauschalausgleich-Prozentsätze werden anhand der allein für die Pauschallandwirte geltenden makroökonomischen Daten der letzten drei Jahre bestimmt.

Die Prozentsätze können auf einen halben Punkt ab- oder aufgerundet werden. Die Mitgliedstaaten können diese Prozentsätze auch bis auf Null herabsetzen.

Artikel 299

Die Pauschalausgleich-Prozentsätze dürfen nicht dazu führen, dass die Pauschallandwirte insgesamt Erstattungen erhalten, die über die Mehrwertsteuer-Vorbelastung hinausgehen.

Artikel 300

Die Pauschalausgleich-Prozentsätze werden auf den Preis ohne Mehrwertsteuer der folgenden Gegenstände und Dienstleistungen angewandt:

1. landwirtschaftliche Erzeugnisse, die die Pauschallandwirte an andere Steuerpflichtige als jene geliefert haben, die in dem Mitgliedstaat, in dem diese Erzeugnisse geliefert werden, diese Pauschalregelung in Anspruch nehmen;

2. landwirtschaftliche Erzeugnisse, die die Pauschallandwirte unter den Voraussetzungen des Artikels 138 an nichtsteuerpflichtige juristische Personen geliefert haben, deren innergemeinschaftliche Erwerbe gemäß Artikel 2 Absatz 1 Buchstabe b im Mitgliedstaat der Beendigung der Versendung oder Beförderung dieser landwirtschaftlichen Erzeugnisse der Mehrwertsteuer unterliegen;

3. landwirtschaftliche Dienstleistungen, die die Pauschallandwirte an andere Steuerpflichtige als jene erbracht haben, die in dem Mitgliedstaat, in dem diese Dienstleistungen erbracht werden, diese Pauschalregelung in Anspruch nehmen.

Artikel 301

(1) Für die in Artikel 300 genannten Lieferungen landwirtschaftlicher Erzeugnisse und Dienstleistungen sehen die Mitgliedstaaten vor, dass die Zahlung des Pauschalausgleichs entweder durch den Erwerber bzw. den Dienstleistungsempfänger oder durch die öffentliche Hand erfolgt.

(2) Bei anderen als den in Artikel 300 genannten Lieferungen landwirtschaftlicher Erzeugnisse und landwirtschaftlichen Dienstleistungen wird davon ausgegangen, dass die Zahlung des Pauschalausgleichs durch den Erwerber bzw. den Dienstleistungsempfänger erfolgt.

Artikel 302

Nimmt ein Pauschallandwirt einen Pauschalausgleich in Anspruch, hat er in Bezug auf die dieser Pauschalregelung unterliegenden Tätigkeiten kein Recht auf Vorsteuerabzug.

Artikel 303

(1) Zahlt der steuerpflichtige Erwerber oder Dienstleistungsempfänger einen Pauschalausgleich gemäß Artikel 301 Absatz 1, ist er berechtigt, nach Maßgabe der Artikel 167, 168, 169 und 173 bis 177 und der von den Mitgliedstaaten festgelegten Einzelheiten von der Mehrwertsteuer, die er in dem Mitgliedstaat, in dem er seine besteuerten Umsätze bewirkt, schuldet, den Betrag dieses Pauschalausgleichs abzuziehen.

(2) Die Mitgliedstaaten erstatten dem Erwerber oder Dienstleistungsempfänger den Betrag des Pauschalausgleichs, den er im Rahmen eines der folgenden Umsätze gezahlt hat:

a) Lieferung landwirtschaftlicher Erzeugnisse unter den Voraussetzungen des Artikels 138, soweit der Erwerber ein Steuerpflichtiger oder eine nichtsteuerpflichtige juristische Person ist, der/die als solcher/solche in einem anderen Mitgliedstaat handelt, in dessen Gebiet seine/ihre innergemeinschaftlichen Erwerbe von Gegenständen gemäß Artikel 2 Absatz 1 Buchstabe b der Mehrwertsteuer unterliegen;

b) Lieferung von landwirtschaftlichen Erzeugnissen unter den Bedingungen der Artikel 146, 147, 148 und 156, Artikel 157 Absatz 1 Buchstabe b sowie der Artikel 158, 160 und 161 an einen außerhalb der Gemeinschaft ansässigen steuerpflichtigen Erwerber, soweit der Erwerber diese landwirtschaftlichen Erzeugnisse für die Zwecke seiner in Artikel 169 Buchstaben a und b genannten Umsätze oder seiner Dienstleistungen verwendet, die als im Gebiet des Mitgliedstaats erbracht gelten, in dem der Dienstleistungsempfänger ansässig ist, und für die gemäß Artikel 196 nur der Dienstleistungsempfänger die Steuer schuldet;

c) landwirtschaftliche Dienstleistungen, die an einen innerhalb der Gemeinschaft, jedoch in einem anderen Mitgliedstaat ansässigen oder an einen außerhalb der Gemeinschaft ansässigen steuerpflichtigen Dienstleistungsempfänger erbracht werden, soweit der Dienstleistungsempfänger diese Dienstleistungen für die Zwecke seiner in Artikel 169 Buchstaben a und b genannten Umsätze oder seiner Dienstleistungen verwendet, die als im Gebiet des Mitgliedstaats erbracht gelten, in dem der Dienstleistungsempfänger ansässig ist, und für die gemäß Artikel 196 nur der Dienstleistungsempfänger die Steuer schuldet.

(3) Die Mitgliedstaaten legen die Einzelheiten für die Durchführung der in Absatz 2 vorgesehenen Erstattungen fest. Dabei können sie sich insbesondere auf die Richtlinien 79/1072/EWG und 86/560/EWG stützen.

Artikel 304

Die Mitgliedstaaten treffen alle zweckdienlichen Maßnahmen für eine wirksame Kontrolle der Zahlung des Pauschalausgleichs an die Pauschallandwirte.

Artikel 305

Wenden die Mitgliedstaaten diese Pauschalregelung an, treffen sie alle zweckdienlichen Maßnahmen, um sicherzustellen, dass Lieferung landwirtschaftlicher Erzeugnisse zwischen den Mitgliedstaaten unter den Voraussetzungen des Artikels 33 immer in derselben Weise besteuert wird, unabhängig davon, ob die Erzeugnisse von einem Pauschallandwirt oder von einem anderen Steuerpflichtigen geliefert werden.

Kapitel 3

Sonderregelung für Reisebüros

Artikel 306

(1) Die Mitgliedstaaten wenden auf Umsätze von Reisebüros die Mehrwertsteuer-Sonderregelung dieses Kapitels an, soweit die Reisebüros gegenüber dem Reisenden in eigenem Namen auftreten und zur

Durchführung der Reise Lieferungen von Gegenständen und Dienstleistungen anderer Steuerpflichtiger in Anspruch nehmen.

Diese Sonderregelung gilt nicht für Reisebüros, die lediglich als Vermittler handeln und auf die zur Berechnung der Steuerbemessungsgrundlage Artikel 79 Absatz 1 Buchstabe c anzuwenden ist.

(2) Für die Zwecke dieses Kapitels gelten Reiseveranstalter als Reisebüro.

Artikel 307

Die zur Durchführung der Reise vom Reisebüro unter den Voraussetzungen des Artikels 306 bewirkten Umsätze gelten als eine einheitliche Dienstleistung des Reisebüros an den Reisenden.

Die einheitliche Dienstleistung wird in dem Mitgliedstaat besteuert, in dem das Reisebüro den Sitz seiner wirtschaftlichen Tätigkeit oder eine feste Niederlassung hat, von wo aus es die Dienstleistung erbracht hat.

Artikel 308

Für die von dem Reisebüro erbrachte einheitliche Dienstleistung gilt als Steuerbemessungsgrundlage und als Preis ohne Mehrwertsteuer im Sinne des Artikels 226 Nummer 8 die Marge des Reisebüros, das heißt die Differenz zwischen dem vom Reisenden zu zahlenden Gesamtbetrag ohne Mehrwertsteuer und den tatsächlichen Kosten, die dem Reisebüro für die Lieferungen von Gegenständen und die Dienstleistungen anderer Steuerpflichtiger entstehen, soweit diese Umsätze dem Reisenden unmittelbar zugute kommen.

Artikel 309

Werden die Umsätze, für die das Reisebüro andere Steuerpflichtige in Anspruch nimmt, von diesen außerhalb der Gemeinschaft bewirkt, wird die Dienstleistung des Reisebüros einer gemäß Artikel 153 von der Steuer befreiten Vermittlungstätigkeit gleichgestellt.

Werden die in Absatz 1 genannten Umsätze sowohl innerhalb als auch außerhalb der Gemeinschaft bewirkt, ist nur der Teil der Dienstleistung des Reisebüros als steuerfrei anzusehen, der auf die Umsätze außerhalb der Gemeinschaft entfällt.

Artikel 310

Die Mehrwertsteuerbeträge, die dem Reisebüro von anderen Steuerpflichtigen für die in Artikel 307 genannten Umsätze in Rechnung gestellt werden, welche dem Reisenden unmittelbar zugute kommen, sind in keinem Mitgliedstaat abziehbar oder erstattungsfähig.

Kapitel 4

Sonderregelungen für Gebrauchtgegenstände, Kunstgegenstände, Sammlungsstücke und Antiquitäten

Abschnitt 1

Begriffsbestimmungen

Artikel 311

(1) Für die Zwecke dieses Kapitels gelten unbeschadet sonstiger Bestimmungen des Gemeinschaftsrechts folgende Begriffsbestimmungen:

1. „Gebrauchtgegenstände" sind bewegliche körperliche Gegenstände, die keine Kunstgegenstände, Sammlungsstücke oder Antiquitäten und keine Edelmetalle oder Edelsteine im Sinne der Definition der Mitgliedstaaten sind und die in ihrem derzeitigen Zustand oder nach Instandsetzung erneut verwendbar sind;
2. „Kunstgegenstände" sind die in Anhang IX Teil A genannten Gegenstände;
3. „Sammlungsstücke" sind die in Anhang IX Teil B genannten Gegenstände;
4. „Antiquitäten" sind die in Anhang IX Teil C genannten Gegenstände;
5. „steuerpflichtiger Wiederverkäufer" ist jeder Steuerpflichtige, der im Rahmen seiner wirtschaftlichen Tätigkeit zum Zwecke des Wiederverkaufs Gebrauchtgegenstände, Kunstgegenstände, Sammlungsstücke oder Antiquitäten kauft, seinem Unternehmen zuordnet oder einführt, gleich, ob er auf eigene Rechnung oder aufgrund eines Einkaufs- oder Verkaufskommissionsvertrags für fremde Rechnung handelt;
6. „Veranstalter einer öffentlichen Versteigerung" ist jeder Steuerpflichtige, der im Rahmen seiner wirtschaftlichen Tätigkeit Gegenstände zur öffentlichen Versteigerung anbietet, um sie an den Meistbietenden zu verkaufen;

Anhang 1a

EG-Richtlinien / Mehrwertsteuer-Systemrichtlinie

7. „Kommittent eines Veranstalters öffentlicher Versteigerungen" ist jede Person, die einem Veranstalter öffentlicher Versteigerungen einen Gegenstand aufgrund eines Verkaufskommissionsvertrags übergibt.

(2) Die Mitgliedstaaten können vorsehen, dass die in Anhang IX Teil A Nummern 5, 6 und 7 genannten Gegenstände nicht als Kunstgegenstände gelten.

(3) Der in Absatz 1 Nummer 7 genannte Verkaufskommissionsvertrag muss vorsehen, dass der Veranstalter der öffentlichen Versteigerung den Gegenstand in eigenem Namen, aber für Rechnung seines Kommittenten zur öffentlichen Versteigerung anbietet und an den Meistbietenden übergibt, der in der öffentlichen Versteigerung den Zuschlag erhalten hat.

Abschnitt 2
Sonderregelung für steuerpflichtige Wiederverkäufer
Unterabschnitt 1
Differenzbesteuerung

Artikel 312

Für die Zwecke dieses Unterabschnitts gelten folgende Begriffsbestimmungen:

1. „Verkaufspreis" ist die gesamte Gegenleistung, die der steuerpflichtige Wiederverkäufer vom Erwerber oder von einem Dritten erhält oder zu erhalten hat, einschließlich der unmittelbar mit dem Umsatz zusammenhängenden Zuschüsse, Steuern, Zölle, Abschöpfungen und Abgaben sowie der Nebenkosten wie Provisions-, Verpackungs-, Beförderungs- und Versicherungskosten, die der steuerpflichtige Wiederverkäufer dem Erwerber in Rechnung stellt, mit Ausnahme der in Artikel 79 genannten Beträge;
2. „Einkaufspreis" ist die gesamte Gegenleistung gemäß der Begriffsbestimmung unter Nummer 1, die der Lieferer von dem steuerpflichtigen Wiederverkäufer erhält oder zu erhalten hat.

Artikel 313

(1) Die Mitgliedstaaten wenden auf die Lieferungen von Gebrauchtgegenständen, Kunstgegenständen, Sammlungsstücken und Antiquitäten durch steuerpflichtige Wiederverkäufer eine Sonderregelung zur Besteuerung der von dem steuerpflichtigen Wiederverkäufer erzielten Differenz (Handelsspanne) gemäß diesem Unterabschnitt an.

(2) Bis zur Einführung der endgültigen Regelung nach Artikel 402 gilt Absatz 1 des vorliegenden Artikels nicht für die Lieferung neuer Fahrzeuge unter den Voraussetzungen des Artikels 138 Absatz 1 und Absatz 2 Buchstabe a.

Artikel 314

Die Differenzbesteuerung gilt für die Lieferungen von Gebrauchtgegenständen, Kunstgegenständen, Sammlungsstücken und Antiquitäten durch einen steuerpflichtigen Wiederverkäufer, wenn ihm diese Gegenstände innerhalb der Gemeinschaft von einer der folgenden Personen geliefert werden:

a) von einem Nichtsteuerpflichtigen;
b) von einem anderen Steuerpflichtigen, sofern die Lieferungen des Gegenstands durch diesen anderen Steuerpflichtigen gemäß Artikel 136 von der Steuer befreit ist;
c) von einem anderen Steuerpflichtigen, sofern für die Lieferung des Gegenstands durch diesen anderen Steuerpflichtigen die Steuerbefreiung für Kleinunternehmen gemäß den Artikeln 282 bis 292 gilt und es sich dabei um ein Investitionsgut handelt;
d) von einem anderen steuerpflichtigen Wiederverkäufer, sofern die Lieferung des Gegenstands durch diesen anderen steuerpflichtigen Wiederverkäufer gemäß dieser Sonderregelung mehrwertsteuerpflichtig ist.

Artikel 315

Die Steuerbemessungsgrundlage bei der Lieferung von Gegenständen nach Artikel 314 ist die von dem steuerpflichtigen Wiederverkäufer erzielte Differenz (Handelsspanne), abzüglich des Betrags der auf diese Spanne erhobenen Mehrwertsteuer.

Die Differenz (Handelsspanne) des steuerpflichtigen Wiederverkäufers entspricht dem Unterschied zwischen dem von ihm geforderten Verkaufspreis und dem Einkaufspreis des Gegenstands.

Artikel 316

(1) Die Mitgliedstaaten räumen den steuerpflichtigen Wiederverkäufern das Recht ein, die Differenzbesteuerung bei der Lieferung folgender Gegenstände anzuwenden:

a) Kunstgegenstände, Sammlungsstücke und Antiquitäten, die sie selbst eingeführt haben;
b) Kunstgegenstände, die ihnen vom Urheber oder von dessen Rechtsnachfolgern geliefert wurden;
c) Kunstgegenstände, die ihnen von einem Steuerpflichtigen, der kein steuerpflichtiger Wiederverkäufer ist, geliefert wurden, wenn auf die Lieferung dieses anderen Steuerpflichtigen gemäß Artikel 103 der ermäßigte Steuersatz angewandt wurde.

(2) Die Mitgliedstaaten legen die Einzelheiten der Ausübung der Option des Absatzes 1 fest, die in jedem Fall für einen Zeitraum von mindestens zwei Kalenderjahren gelten muss.

Artikel 317

Macht ein steuerpflichtiger Wiederverkäufer von der Option des Artikels 316 Gebrauch, wird die Steuerbemessungsgrundlage gemäß Artikel 315 ermittelt.

Bei der Lieferung von Kunstgegenständen, Sammlungsstücken oder Antiquitäten, die der steuerpflichtige Wiederverkäufer selbst eingeführt hat, ist der für die Berechnung der Differenz zugrunde zu legende Einkaufspreis gleich der gemäß den Artikeln 85 bis 89 ermittelten Steuerbemessungsgrundlage bei der Einfuhr zuzüglich der für die Einfuhr geschuldeten oder entrichteten Mehrwertsteuer.

Artikel 318

(1) Die Mitgliedstaaten können zur Vereinfachung der Steuererhebung und nach Konsultation des Mehrwertsteuerausschusses für bestimmte Umsätze oder für bestimmte Gruppen von steuerpflichtigen Wiederverkäufern vorsehen, dass die Steuerbemessungsgrundlage bei der Lieferung von Gegenständen, die der Differenzbesteuerung unterliegen, für jeden Steuerzeitraum festgesetzt wird, für den der steuerpflichtige Wiederverkäufer die in Artikel 250 genannte Mehrwertsteuererklärung abzugeben hat.

Wird Unterabsatz 1 angewandt, ist die Steuerbemessungsgrundlage für Lieferungen von Gegenständen, die ein und demselben Mehrwertsteuersatz unterliegen, die von dem steuerpflichtigen Wiederverkäufer erzielte Gesamtdifferenz abzüglich des Betrags der auf diese Spanne erhobenen Mehrwertsteuer.

(2) Die Gesamtdifferenz entspricht dem Unterschied zwischen den beiden folgenden Beträgen:

a) Gesamtbetrag der der Differenzbesteuerung unterliegenden Lieferungen von Gegenständen des steuerpflichtigen Wiederverkäufers während des Steuerzeitraums, der von der Erklärung umfasst wird, d.h. Gesamtsumme der Verkaufspreise;
b) Gesamtbetrag der Käufe von Gegenständen im Sinne des Artikels 314, die der steuerpflichtige Wiederverkäufer während des Steuerzeitraums, der von der Erklärung umfasst wird, getätigt hat, d.h. Gesamtsumme der Einkaufspreise.

(3) Die Mitgliedstaaten treffen die erforderlichen Maßnahmen, damit sich für die in Absatz 1 genannten Steuerpflichtigen weder ungerechtfertigte Vorteile noch ungerechtfertigte Nachteile ergeben.

Artikel 319

Der steuerpflichtige Wiederverkäufer kann auf jede der Differenzbesteuerung unterliegende Lieferung die normale Mehrwertsteuerregelung anwenden.

Artikel 320

(1) Wendet der steuerpflichtige Wiederverkäufer die normale Mehrwertsteuerregelung an, ist er berechtigt, bei der Lieferung eines von ihm selbst eingeführten Kunstgegenstands, Sammlungsstücks oder einer Antiquität die für die Einfuhr dieses Gegenstands geschuldete oder entrichtete Mehrwertsteuer als Vorsteuer abzuziehen.

Wendet der steuerpflichtige Wiederverkäufer die normale Mehrwertsteuerregelung an, ist er berechtigt, bei der Lieferung eines Kunstgegenstands, der ihm von seinem Urheber oder dessen Rechtsnachfolger oder von einem Steuerpflichtigen, der kein steuerpflichtiger Wiederverkäufer ist, geliefert wurde, die von ihm dafür geschuldete oder entrichtete Mehrwertsteuer als Vorsteuer abzuziehen.

(2) Das Recht auf Vorsteuerabzug entsteht zu dem Zeitpunkt, zu dem der Steueranspruch für die Lieferung entsteht, für die der steuerpflichtige Wiederverkäufer die Anwendung der normalen Mehrwertsteuerregelung gewählt hat.

Artikel 321

Werden der Differenzbesteuerung unterliegende Gebrauchtgegenstände, Kunstgegenstände, Sammlungsstücke oder Antiquitäten unter den Voraussetzungen der Artikel 146, 147, 148 und 151 geliefert, sind sie von der Steuer befreit.

Artikel 322

Sofern die Gegenstände für Lieferungen verwendet werden, die der Differenzbesteuerung unterliegen, darf der steuerpflichtige Wiederverkäufer von seiner Steuerschuld folgende Beträge nicht abziehen:

a) die geschuldete oder entrichtete Mehrwertsteuer auf von ihm selbst eingeführte Kunstgegenstände, Sammlungsstücke oder Antiquitäten;

b) die geschuldete oder entrichtete Mehrwertsteuer auf Kunstgegenstände, die ihm vom Urheber oder von dessen Rechtsnachfolgern geliefert werden;

c) die geschuldete oder entrichtete Mehrwertsteuer auf Kunstgegenstände, die ihm von einem Steuerpflichtigen geliefert werden, der kein steuerpflichtiger Wiederverkäufer ist.

Artikel 323

Ein Steuerpflichtiger darf die für Gegenstände, die ihm von einem steuerpflichtigen Wiederverkäufer geliefert werden, geschuldete oder entrichtete Mehrwertsteuer nicht als Vorsteuer abziehen, wenn die Lieferung dieser Gegenstände durch den steuerpflichtigen Wiederverkäufer der Differenzbesteuerung unterliegt.

Artikel 324

Wendet der steuerpflichtige Wiederverkäufer sowohl die normale Mehrwertsteuerregelung als auch die Differenzbesteuerung an, muss er die unter die jeweilige Regelung fallenden Umsätze nach den von den Mitgliedstaaten festgelegten Modalitäten in seinen Aufzeichnungen gesondert ausweisen.

Artikel 325

Der steuerpflichtige Wiederverkäufer darf die Mehrwertsteuer auf die Lieferungen von Gegenständen, auf die er die Differenzbesteuerung anwendet, in der von ihm ausgestellten Rechnung nicht gesondert ausweisen.

Unterabschnitt 2
Übergangsregelung für Gebrauchtfahrzeuge

Artikel 326

Die Mitgliedstaaten, die am 31. Dezember 1992 auf die Lieferungen von Gebrauchtfahrzeugen durch steuerpflichtige Wiederverkäufer eine andere Sonderregelung als die Differenzbesteuerung angewandt haben, können diese Regelung für die Dauer des in Artikel 402 genannten Zeitraums beibehalten, sofern diese Regelung die in diesem Unterabschnitt festgelegten Voraussetzungen erfüllt oder dergestalt angepasst wird, dass sie diese erfüllt.

Dänemark ist berechtigt, die in Absatz 1 vorgesehene Regelung einzuführen.

Artikel 327

(1) Diese Übergangsregelung gilt für die Lieferungen von Gebrauchtfahrzeugen durch steuerpflichtige Wiederverkäufer, die der Differenzbesteuerung unterliegt.

(2) Die Übergangsregelung gilt nicht für die Lieferungen neuer Fahrzeuge unter den Voraussetzungen des Artikels 138 Absatz 1 und Absatz 2 Buchstabe a.

(3) Für die Zwecke des Absatzes 1 gelten als „Gebrauchtfahrzeuge" die in Artikel 2 Absatz 2 Buchstabe a genannten Land-, Wasser- und Luftfahrzeuge, wenn sie Gebrauchtgegenstände sind und nicht die Voraussetzungen erfüllen, um als neue Fahrzeuge angesehen zu werden.

Artikel 328

Die für jede Lieferung im Sinne des Artikels 327 geschuldete Mehrwertsteuer ist gleich dem Betrag der Steuer, die geschuldet würde, wenn die betreffende Lieferung der normalen Mehrwertsteuerregelung unterläge, abzüglich des Betrags der Mehrwertsteuer, die als in dem Einkaufspreis enthalten gilt, den der steuerpflichtige Wiederverkäufer für das Fahrzeug entrichtet hat.

Artikel 329

Die Mehrwertsteuer, die als in dem Einkaufspreis enthalten gilt, den der steuerpflichtige Wiederverkäufer für das Fahrzeug entrichtet hat, wird nach folgendem Verfahren berechnet:

a) Als Einkaufspreis ist der Einkaufspreis im Sinne des Artikels 312 Nummer 2 zugrunde zu legen.

b) In diesem vom steuerpflichtigen Wiederverkäufer entrichteten Einkaufspreis gilt die Mehrwertsteuer als enthalten, die geschuldet worden wäre, wenn der Lieferer des steuerpflichtigen Wiederverkäufers auf seine Lieferung die normale Mehrwertsteuerregelung angewandt hätte.

c) Es ist der Steuersatz gemäß Artikel 93 anzuwenden, der in dem Mitgliedstaat angewandt wird, in dessen Gebiet der Ort der Lieferung an den steuerpflichtigen Wiederverkäufer im Sinne der Artikel 31 und 32 als gelegen gilt.

Artikel 330

Die für jede Lieferung von Fahrzeugen im Sinne des Artikels 327 Absatz 1 geschuldete und gemäß Artikel 328 festgesetzte Mehrwertsteuer darf nicht unter dem Steuerbetrag liegen, der geschuldet würde, wenn auf die betreffende Lieferung die Differenzbesteuerung angewandt worden wäre.

Die Mitgliedstaaten können für den Fall, dass die Lieferung der Differenzbesteuerung unterlegen hätte, vorsehen, dass die Gewinnspanne nicht unter 10% des Verkaufspreises im Sinne des Artikels 312 Nummer 1 angesetzt werden darf.

Artikel 331

Ein Steuerpflichtiger darf von seiner Steuerschuld die für die Lieferung eines Gebrauchtfahrzeugs durch einen steuerpflichtigen Wiederverkäufer geschuldete oder entrichtete Mehrwertsteuer nicht als Vorsteuer abziehen, wenn die Lieferung dieses Gegenstands durch den steuerpflichtigen Wiederverkäufer gemäß dieser Übergangsregelung besteuert wurde.

Artikel 332

Der steuerpflichtige Wiederverkäufer darf auf der von ihm ausgestellten Rechnung die Mehrwertsteuer auf die Lieferungen, auf die er diese Übergangsregelung anwendet, nicht gesondert ausweisen.

Abschnitt 3
Sonderregelung für öffentliche Versteigerungen

Artikel 333

(1) Die Mitgliedstaaten können gemäß diesem Abschnitt eine Sonderregelung für die Besteuerung der Differenz anwenden, die ein Veranstalter öffentlicher Versteigerungen bei der Lieferung von Gebrauchtgegenständen, Kunstgegenständen, Sammlungsstücken und Antiquitäten erzielt, die er in eigenem Namen aufgrund eines Kommissionsvertrags zum Verkauf dieser Gegenstände im Wege einer öffentlichen Versteigerung für Rechnung von in Artikel 334 genannten Personen bewirkt.

(2) Die Regelung des Absatzes 1 gilt nicht für die Lieferungen neuer Fahrzeuge unter den Voraussetzungen des Artikels 138 Absatz 1 und Absatz 2 Buchstabe a.

Artikel 334

Diese Sonderregelung gilt für Lieferungen eines Veranstalters öffentlicher Versteigerungen, der in eigenem Namen für Rechnung einer der folgenden Personen handelt:

a) eines Nichtsteuerpflichtigen;

b) eines anderen Steuerpflichtigen, sofern die Lieferung des Gegenstands durch diesen anderen Steuerpflichtigen aufgrund eines Verkaufskommissionsvertrags gemäß Artikel 136 von der Steuer befreit ist;

c) eines anderen Steuerpflichtigen, sofern für die Lieferung des Gegenstands durch diesen anderen Steuerpflichtigen aufgrund eines Verkaufskommissionsvertrags die Steuerbefreiung für Kleinunternehmen nach den Artikel 282 bis 292 gilt und es sich bei dem Gegenstand um ein Investitionsgut handelt;

d) eines steuerpflichtigen Wiederverkäufers, sofern die Lieferung des Gegenstands durch diesen steuerpflichtigen Wiederverkäufer aufgrund eines Verkaufskommissionsvertrags gemäß der Differenzbesteuerung der Mehrwertsteuer unterliegt.

Artikel 335

Die Lieferung eines Gegenstands an einen steuerpflichtigen Veranstalter öffentlicher Versteigerungen gilt als zum Zeitpunkt des Verkaufs dieses Gegenstands im Wege der öffentlichen Versteigerung erfolgt.

Artikel 336

Die Steuerbemessungsgrundlage für die einzelnen Lieferungen von Gegenständen im Sinne dieses Abschnitts ist der dem Erwerber vom Veranstalter der öffentlichen Versteigerung gemäß Artikel 339 in Rechnung gestellte Gesamtbetrag abzüglich folgender Beträge:

a) vom Veranstalter der öffentlichen Versteigerung an seinen Kommittenten gezahlter oder zu zahlender Nettobetrag gemäß Artikel 337;

b) Betrag der vom Veranstalter der öffentlichen Versteigerung für seine Lieferung geschuldeten Mehrwertsteuer.

Anhang 1a EG-Richtlinien / Mehrwertsteuer-Systemrichtlinie

Artikel 337

Der vom Veranstalter der öffentlichen Versteigerung an seinen Kommittenten gezahlte oder zu zahlende Nettobetrag ist gleich der Differenz zwischen dem Preis, zu dem in der Versteigerung der Zuschlag für den Gegenstand erteilt wurde, und dem Betrag der Provision, die der Veranstalter der öffentlichen Versteigerung von seinem Kommittenten gemäß dem Verkaufskommissionsvertrag erhält oder zu erhalten hat.

Artikel 338

Veranstalter öffentlicher Versteigerungen, die Gegenstände gemäß den Artikeln 333 und 334 liefern, müssen folgende Beträge in ihren Aufzeichnungen als durchlaufende Posten verbuchen:

a) die vom Erwerber des Gegenstands erhaltenen oder zu erhaltenden Beträge;
b) die dem Verkäufer des Gegenstands erstatteten oder zu erstattenden Beträge.

Die in Absatz 1 genannten Beträge müssen ordnungsgemäß nachgewiesen sein.

Artikel 339

Der Veranstalter der öffentlichen Versteigerung muss dem Erwerber eine Rechnung ausstellen, in der folgende Beträge gesondert auszuweisen sind:

a) Zuschlagspreis des Gegenstands;
b) Steuern, Zölle, Abschöpfungen und Abgaben;
c) Nebenkosten wie Provisions-, Verpackungs-, Beförderungs- und Versicherungskosten, die der Veranstalter dem Erwerber des Gegenstands in Rechnung stellt.

In der von dem Veranstalter der öffentlichen Versteigerung ausgestellten Rechnung darf jedoch die Mehrwertsteuer nicht gesondert ausgewiesen werden.

Artikel 340

(1) Der Veranstalter der öffentlichen Versteigerung, dem der Gegenstand aufgrund eines Kommissionsvertrags zum Verkauf im Wege der öffentlichen Versteigerung übergeben wurde, muss seinem Kommittenten eine Ausführungsanzeige aushändigen.

In der Ausführungsanzeige des Veranstalters der öffentlichen Versteigerung muss der Umsatzbetrag, d.h. der Preis, zu dem der Zuschlag für den Gegenstand erteilt wurde, abzüglich des Betrags der vom Kommittenten erhaltenen oder zu erhaltenden Provision gesondert ausgewiesen werden.

(2) Die gemäß Absatz 1 ausgestellte Ausführungsanzeige tritt an die Stelle der Rechnung, die der Kommittent, sofern er steuerpflichtig ist, dem Veranstalter der öffentlichen Versteigerung gemäß Artikel 220 ausstellen muss.

Artikel 341

Die Mitgliedstaaten, die die Sonderregelung dieses Abschnitts anwenden, wenden sie auch auf die Lieferungen von Gebrauchtfahrzeugen im Sinne des Artikels 327 Absatz 3 durch den Veranstalter einer öffentlichen Versteigerung an, der in eigenem Namen aufgrund eines Kommissionsvertrags zum Verkauf dieser Gegenstände im Wege einer öffentlichen Versteigerung für Rechnung eines steuerpflichtigen Wiederverkäufers handelt, sofern diese Lieferung gemäß der Übergangsregelung für Gebrauchtfahrzeuge der Mehrwertsteuer unterläge, wenn sie durch diesen steuerpflichtigen Wiederverkäufer erfolgen würde.

Abschnitt 4
Verhütung von Wettbewerbsverzerrungen und Steuerbetrug

Artikel 342

Die Mitgliedstaaten können hinsichtlich des Rechts auf Vorsteuerabzug Maßnahmen treffen, um zu verhindern, dass steuerpflichtigen Wiederverkäufern, die unter eine der Regelungen des Abschnitts 2 fallen, ungerechtfertigte Vor- oder Nachteile entstehen.

Artikel 343

Der Rat kann auf Vorschlag der Kommission einstimmig jeden Mitgliedstaat zu besonderen Maßnahmen zur Bekämpfung des Steuerbetrugs ermächtigen, nach denen die gemäß der Differenzbesteuerung geschuldete Mehrwertsteuer nicht unter dem Betrag der Steuer liegen darf, die bei Zugrundelegung einer Differenz (Handelsspanne) in Höhe eines bestimmten Prozentsatzes des Verkaufspreises geschuldet würde.

Der Prozentsatz des Verkaufspreises wird unter Zugrundelegung der in dem betreffenden Sektor üblichen Handelsspannen festgelegt.

Kapitel 5
Sonderregelung für Anlagegold

Abschnitt 1
Allgemeine Bestimmungen

Artikel 344

(1) Für die Zwecke dieser Richtlinie und unbeschadet anderer Gemeinschaftsvorschriften gilt als „Anlagegold":

1. Gold in Barren- oder Plättchenform mit einem von den Goldmärkten akzeptierten Gewicht und einem Feingehalt von mindestens 995 Tausendsteln, unabhängig davon, ob es durch Wertpapiere verbrieft ist oder nicht;
2. Goldmünzen mit einem Feingehalt von mindestens 900 Tausendsteln, die nach dem Jahr 1800 geprägt wurden, die in ihrem Ursprungsland gesetzliches Zahlungsmittel sind oder waren und die üblicherweise zu einem Preis verkauft werden, der den Offenmarktwert ihres Goldgehalts um nicht mehr als 80% übersteigt.

(2) Die Mitgliedstaaten können kleine Goldbarren oder -plättchen mit einem Gewicht von höchstens 1 g von dieser Sonderregelung ausnehmen.

(3) Für die Zwecke dieser Richtlinie gilt der Verkauf von in Absatz 1 Nummer 2 genannten Münzen als nicht aus numismatischem Interesse erfolgt.

Artikel 345

Ab 1999 teilt jeder Mitgliedstaat der Kommission vor dem 1. Juli eines jeden Jahres mit, welche die in Artikel 344 Absatz 1 Nummer 2 genannten Kriterien erfüllenden Münzen in dem betreffenden Mitgliedstaat gehandelt werden. Die Kommission veröffentlicht vor dem 1. Dezember eines jeden Jahres ein erschöpfendes Verzeichnis dieser Münzen in der Reihe C des Amtsblatts der Europäischen Union. Die in diesem Verzeichnis aufgeführten Münzen gelten als Münzen, die die genannten Kriterien während des gesamten Jahres erfüllen, für das das Verzeichnis gilt.

Abschnitt 2
Steuerbefreiung

Artikel 346

Die Mitgliedstaaten befreien von der Mehrwertsteuer die Lieferung, den innergemeinschaftlichen Erwerb und die Einfuhr von Anlagegold, einschließlich Anlagegold in Form von Zertifikaten über sammel- oder einzelverwahrtes Gold und über Goldkonten gehandeltes Gold, insbesondere auch Golddarlehen und Goldswaps, durch die ein Eigentumsrecht an Anlagegold oder ein schuldrechtlicher Anspruch auf Anlagegold begründet wird, sowie Terminkontrakte und im Freiverkehr getätigte Terminabschlüsse mit Anlagegold, die zur Übertragung eines Eigentumsrechts an Anlagegold oder eines schuldrechtlichen Anspruchs auf Anlagegold führen.

Artikel 347

Die Mitgliedstaaten befreien Dienstleistungen von im Namen und für Rechnung Dritter handelnden Vermittlern von der Steuer, wenn diese die Lieferung von Anlagegold an ihre Auftraggeber vermitteln.

Abschnitt 3
Besteuerungswahlrecht

Artikel 348

Die Mitgliedstaaten räumen Steuerpflichtigen, die Anlagegold herstellen oder Gold in Anlagegold umwandeln, das Recht ein, sich für die Besteuerung der Lieferung von Anlagegold an einen anderen Steuerpflichtigen, die ansonsten gemäß Artikel 346 von der Steuer befreit wäre, zu entscheiden.

Artikel 349

(1) Die Mitgliedstaaten können Steuerpflichtigen, die im Rahmen ihrer wirtschaftlichen Tätigkeit üblicherweise Gold für gewerbliche Zwecke liefern, das Recht einräumen, sich für die Besteuerung der Lieferung von Goldbarren oder -plättchen im Sinne des Artikels 344 Absatz 1 Nummer 1 an einen anderen Steuerpflichtigen, die ansonsten gemäß Artikel 346 von der Steuer befreit wäre, zu entscheiden.

(2) Die Mitgliedstaaten können den Umfang des Wahlrechts nach Absatz 1 einschränken.

Artikel 350

Hat der Lieferer das Recht, sich für die Besteuerung gemäß den Artikeln 348 und 349 zu entscheiden, in Anspruch genommen, räumen die Mitgliedstaaten dem Vermittler in Bezug auf die in Artikel 347 genannten Vermittlungsleistungen das Recht ein, sich für eine Besteuerung zu entscheiden.

Artikel 351

Die Mitgliedstaaten regeln die Einzelheiten der Ausübung des Wahlrechts im Sinne dieses Abschnitts und unterrichten die Kommission entsprechend.

Abschnitt 4
Umsätze auf einem geregelten Goldmarkt

Artikel 352

Jeder Mitgliedstaat kann nach Konsultation des Mehrwertsteuerausschusses bestimmte Umsätze mit Anlagegold in diesem Mitgliedstaat zwischen Steuerpflichtigen, die auf einem von dem betreffenden Mitgliedstaat geregelten Goldmarkt tätig sind, oder zwischen einem solchen Steuerpflichtigen und einem anderen Steuerpflichtigen, der nicht auf diesem Markt tätig ist, der Mehrwertsteuer unterwerfen. Der Mitgliedstaat darf jedoch Lieferungen unter den Voraussetzungen des Artikels 138 und Ausfuhren von Anlagegold nicht der Mehrwertsteuer unterwerfen.

Artikel 353

Ein Mitgliedstaat, der gemäß Artikel 352 die Umsätze zwischen auf einem geregelten Goldmarkt tätigen Steuerpflichtigen besteuert, gestattet zur Vereinfachung die Aussetzung der Steuer und entbindet die Steuerpflichtigen von den Aufzeichnungspflichten zu Mehrwertsteuerzwecken.

Abschnitt 5
Besondere Rechte und Pflichten von Händlern mit Anlagegold

Artikel 354

Ist seine anschließende Lieferung von Anlagegold gemäß diesem Kapitel von der Steuer befreit, hat der Steuerpflichtige das Recht, folgende Beträge abzuziehen:

a) die Mehrwertsteuer, die für Anlagegold geschuldet wird oder entrichtet wurde, das ihm von einer Person, die von dem Wahlrecht nach den Artikeln 348 und 349 Gebrauch gemacht hat, oder gemäß Abschnitt 4 geliefert wurde;

b) die Mehrwertsteuer, die für an ihn geliefertes oder durch ihn innergemeinschaftlich erworbenes oder eingeführtes Gold geschuldet wird oder entrichtet wurde, das kein Anlagegold ist und anschließend von ihm oder in seinem Namen in Anlagegold umgewandelt wird;

c) die Mehrwertsteuer, die für an ihn erbrachte Dienstleistungen geschuldet wird oder entrichtet wurde, die in der Veränderung der Form, des Gewichts oder des Feingehalts von Gold, einschließlich Anlagegold, bestehen.

Artikel 355

Steuerpflichtige, die Anlagegold herstellen oder Gold in Anlagegold umwandeln, dürfen die für die Lieferung, den innergemeinschaftlichen Erwerb oder die Einfuhr von Gegenständen oder für direkt im Zusammenhang mit der Herstellung oder Umwandlung dieses Goldes stehende Dienstleistungen von ihnen geschuldete oder entrichtete Steuer als Vorsteuer abziehen, so als ob die anschließende, gemäß Artikel 346 steuerfreie Lieferung des Goldes steuerpflichtig wäre.

Artikel 356

(1) Die Mitgliedstaaten stellen sicher, dass Anlagegoldhändler zumindest größere Umsätze mit Anlagegold aufzeichnen und die Unterlagen aufbewahren, um die Feststellung der Identität der an diesen Umsätzen beteiligten Kunden zu ermöglichen.

Die Händler haben die in Unterabsatz 1 genannten Unterlagen mindestens fünf Jahre lang aufzubewahren.

(2) Die Mitgliedstaaten können gleichwertige Auflagen nach Maßgabe anderer Vorschriften zur Umsetzung des Gemeinschaftsrechts, beispielsweise der Richtlinie 2005/60/EG des Europäischen Parlaments und des Rates vom 26. Oktober 2005 zur Verhinderung der Nutzung des Finanzsystems zum Zwecke der Geldwäsche und der Terrorismusfinanzierung[1] gelten lassen, um den Anforderungen des Absatzes 1 nachzukommen.

---
1) ABl. L 309 vom 25.11.2005, S. 15

(3) Die Mitgliedstaaten können strengere Vorschriften, insbesondere über das Führen besonderer Nachweise oder über besondere Aufzeichnungspflichten, festlegen.

Kapitel 6
Sonderregelung für nicht in der Gemeinschaft ansässige Steuerpflichtige, die elektronische Dienstleistungen an Nichtsteuerpflichtige erbringen

Abschnitt 1
Allgemeine Bestimmungen

Artikel 357

Die Bestimmungen dieses Kapitels gelten bis zum 31. Dezember 2014[1].

Artikel 358[2]

Für die Zwecke dieses Kapitels und unbeschadet anderer Gemeinschaftsvorschriften gelten folgende Begriffsbestimmungen:

1. „nicht in der Gemeinschaft ansässiger Steuerpflichtiger": ein Steuerpflichtiger, der im Gebiet der Gemeinschaft weder den Sitz seiner wirtschaftlichen Tätigkeit noch eine feste Niederlassung hat und der nicht anderweitig verpflichtet ist, sich gemäß Artikel 214 eine Mehrwertsteuer-Identifikationsnummer erteilen zu lassen;
2. „elektronische Dienstleistungen" und „elektronisch erbrachte Dienstleistungen": die in Artikel 59 Absatz 1 Buchstabe k genannten Dienstleistungen;
3. „Mitgliedstaat der Identifizierung": der Mitgliedstaat, in dem der nicht in der Gemeinschaft ansässige Steuerpflichtige die Aufnahme seiner Tätigkeit als Steuerpflichtiger im Gebiet der Gemeinschaft gemäß diesem Kapitel anzeigt;
4. „Mitgliedstaat des Verbrauchs": der Mitgliedstaat, in dem der Ort der elektronischen Dienstleistung gemäß Artikel 58 als gelegen gilt;
5. „Mehrwertsteuererklärung": die Erklärung, in der die für die Ermittlung des in den einzelnen Mitgliedstaaten geschuldeten Mehrwertsteuerbetrags erforderlichen Angaben enthalten sind.

Abschnitt 2
Sonderregelung für elektronisch erbrachte Dienstleistungen

Artikel 359

Die Mitgliedstaaten gestatten nicht in der Gemeinschaft ansässigen Steuerpflichtigen, die elektronische Dienstleistungen an Nichtsteuerpflichtige erbringen, die in einem Mitgliedstaat ansässig sind oder dort ihren Wohnsitz oder ihren gewöhnlichen Aufenthaltsort haben, diese Sonderregelung in Anspruch zu nehmen. Diese Regelung gilt für alle derartigen Dienstleistungen, die in der Gemeinschaft erbracht werden.

Artikel 360

Der nicht in der Gemeinschaft ansässige Steuerpflichtige hat dem Mitgliedstaat der Identifizierung die Aufnahme und die Beendigung seiner Tätigkeit als Steuerpflichtiger sowie diesbezügliche Änderungen, durch die er die Voraussetzungen für die Inanspruchnahme dieser Sonderregelung nicht mehr erfüllt, zu melden. Diese Meldung erfolgt elektronisch.

Artikel 361

(1) Der nicht in der Gemeinschaft ansässige Steuerpflichtige macht dem Mitgliedstaat der Identifizierung bei der Aufnahme seiner steuerpflichtigen Tätigkeit folgende Angaben zu seiner Identität:
a) Name;
b) Postanschrift;
c) elektronische Anschriften einschließlich Websites;
d) nationale Steuernummer, falls vorhanden;
e) Erklärung, dass er in der Gemeinschaft nicht für Mehrwertsteuerzwecke erfasst ist.

(2) Der nicht in der Gemeinschaft ansässige Steuerpflichtige teilt dem Mitgliedstaat der Identifizierung jegliche Änderung der übermittelten Angaben mit.

---

1) Geändert durch die Richtlinie vom 12.02.2008
2) Geändert durch die Richtlinie vom 12.02.2008

Anhang 1a

EG-Richtlinien / Mehrwertsteuer-Systemrichtlinie

Artikel 362

Der Mitgliedstaat der Identifizierung erteilt dem nicht in der Gemeinschaft ansässigen Steuerpflichtigen eine individuelle Identifikationsnummer für die Mehrwertsteuer, die er dem Betreffenden elektronisch mitteilt. Auf der Grundlage der für diese Erteilung der Identifikationsnummer verwendeten Angaben können die Mitgliedstaaten des Verbrauchs ihre eigenen Identifikationssysteme verwenden.

Artikel 363

Der Mitgliedstaat der Identifizierung streicht den nicht in der Gemeinschaft ansässigen Steuerpflichtigen aus dem Register, wenn

a) dieser mitteilt, dass er keine elektronischen Dienstleistungen mehr erbringt;
b) aus anderen Gründen davon ausgegangen werden kann, dass seine steuerpflichtigen Tätigkeiten beendet sind;
c) er die Voraussetzungen für die Inanspruchnahme dieser Sonderregelung nicht mehr erfüllt;
d) er wiederholt gegen die Vorschriften dieser Sonderregelung verstößt.

Artikel 364

Der nicht in der Gemeinschaft ansässige Steuerpflichtige hat im Mitgliedstaat der Identifizierung für jedes Kalenderquartal eine Mehrwertsteuererklärung elektronisch abzugeben, unabhängig davon, ob elektronische Dienstleistungen erbracht wurden oder nicht. Die Erklärung ist innerhalb von 20 Tagen nach Ablauf des Steuerzeitraums, der von der Erklärung umfasst wird, abzugeben.

Artikel 365

In der Mehrwertsteuererklärung anzugeben sind die Identifikationsnummer und in Bezug auf jeden Mitgliedstaat des Verbrauchs, in dem Mehrwertsteuer geschuldet wird, der Gesamtbetrag ohne Mehrwertsteuer der während des Steuerzeitraums erbrachten elektronischen Dienstleistungen sowie der Gesamtbetrag der entsprechenden Steuer. Ferner sind die anzuwendenden Mehrwertsteuersätze und der Gesamtbetrag der geschuldeten Steuer anzugeben.

Artikel 366

(1) Die Beträge in der Mehrwertsteuererklärung sind in Euro anzugeben.

Diejenigen Mitgliedstaaten, die den Euro nicht eingeführt haben, können vorschreiben, dass die Beträge in der Mehrwertsteuererklärung in ihrer Landeswährung anzugeben sind. Wurden für die Dienstleistungen Beträge in anderen Währungen berechnet, hat der nicht in der Gemeinschaft ansässige Steuerpflichtige für die Zwecke der Mehrwertsteuererklärung den Umrechnungskurs vom letzten Tag des Steuerzeitraums anzuwenden.

(2) Die Umrechnung erfolgt auf der Grundlage der Umrechnungskurse, die von der Europäischen Zentralbank für den betreffenden Tag oder, falls an diesem Tag keine Veröffentlichung erfolgt, für den nächsten Tag, an dem eine Veröffentlichung erfolgt, veröffentlicht werden.

Artikel 367

Der nicht in der Gemeinschaft ansässige Steuerpflichtige entrichtet die Mehrwertsteuer bei der Abgabe der Mehrwertsteuererklärung.

Der Betrag wird auf ein auf Euro lautendes Bankkonto überwiesen, das vom Mitgliedstaat der Identifizierung angegeben wird. Diejenigen Mitgliedstaaten, die den Euro nicht eingeführt haben, können vorschreiben, dass der Betrag auf ein auf ihre Landeswährung lautendes Bankkonto überwiesen wird.

Artikel 368

Der nicht in der Gemeinschaft ansässige Steuerpflichtige, der diese Sonderregelung in Anspruch nimmt, nimmt keinen Vorsteuerabzug gemäß Artikel 168 der vorliegenden Richtlinie vor. Unbeschadet des Artikels 1 Absatz 1 der Richtlinie 86/560/ EWG wird diesem Steuerpflichtigen eine Mehrwertsteuererstattung gemäß der genannten Richtlinie gewährt. Artikel 2 Absätze 2 und 3 sowie Artikel 4 Absatz 2 der Richtlinie 86/560/ EWG gelten nicht für Erstattungen im Zusammenhang mit elektronischen Dienstleistungen, die unter die vorliegende Sonderregelung fallen.

Artikel 369

(1) Der nicht in der Gemeinschaft ansässige Steuerpflichtige führt über seine dieser Sonderregelung unterliegenden Umsätze Aufzeichnungen. Diese müssen so ausführlich sein, dass die Steuerbehörden des Mitgliedstaats des Verbrauchs feststellen können, ob die Mehrwertsteuererklärung korrekt ist.

(2) Die Aufzeichnungen nach Absatz 1 sind dem Mitgliedstaat des Verbrauchs und dem Mitgliedstaat der Identifizierung auf Verlangen elektronisch zur Verfügung zu stellen.

Die Aufzeichnungen sind vom 31. Dezember des Jahres an, in dem der Umsatz bewirkt wurde, zehn Jahre lang aufzubewahren.

Titel XIII

Ausnahmen

Kapitel 1

Bis zur Annahme einer endgültigen Regelung geltende Ausnahmen

Abschnitt 1

Ausnahmen für Staaten, die am 1. Januar 1978 Mitglied der Gemeinschaft waren

Artikel 370

Mitgliedstaaten, die am 1. Januar 1978 die in Anhang X Teil A genannten Umsätze besteuert haben, dürfen diese weiterhin besteuern.

Artikel 371

Mitgliedstaaten, die am 1. Januar 1978 die in Anhang X Teil B genannten Umsätze von der Steuer befreit haben, dürfen diese zu den in dem jeweiligen Mitgliedstaat zu dem genannten Zeitpunkt geltenden Bedingungen weiterhin befreien.

Artikel 372

Mitgliedstaaten, die am 1. Januar 1978 Bestimmungen angewandt haben, die vom Grundsatz des sofortigen Vorsteuerabzugs des Artikels 179 Absatz 1 abweichen, dürfen diese weiterhin anwenden.

Artikel 373

Mitgliedstaaten, die am 1. Januar 1978 Bestimmungen angewandt haben, die von Artikel 28 und Artikel 79 Absatz 1 Buchstabe c abweichen, dürfen diese weiterhin anwenden.

Artikel 374

Abweichend von den Artikeln 169 und 309 dürfen die Mitgliedstaaten, die am 1. Januar 1978 die in Artikel 309 genannten Dienstleistungen von Reisebüros ohne Recht auf Vorsteuerabzug von der Steuer befreit haben, diese weiterhin befreien. Diese Ausnahme gilt auch für Reisebüros, die im Namen und für Rechnung des Reisenden tätig sind.

Abschnitt 2

Ausnahmen für Staaten, die der Gemeinschaft nach dem 1. Januar 1978 beigetreten sind

Artikel 375

Griechenland darf die in Anhang X Teil B Nummern 2, 8, 9, 11 und 12 genannten Umsätze weiterhin zu den Bedingungen von der Steuer befreien, die in diesem Mitgliedstaat am 1. Januar 1987 galten.

Artikel 376

Spanien darf die in Anhang X Teil B Nummer 2 genannten Dienstleistungen von Autoren und die in Anhang X Teil B Nummern 11 und 12 genannten Umsätze weiterhin zu den Bedingungen von der Steuer befreien, die in diesem Mitgliedstaat am 1. Januar 1993 galten.

Artikel 377

Portugal darf die in Anhang X Teil B Nummern 2, 4, 7, 9, 10 und 13 genannten Umsätze weiterhin zu den Bedingungen von der Steuer befreien, die in diesem Mitgliedstaat am 1. Januar 1989 galten.

Artikel 378

(1) Österreich darf die in Anhang X Teil A Nummer 2 genannten Umsätze weiterhin besteuern.

(2) Solange die betreffenden Umsätze in einem Staat von der Steuer befreit werden, der am 31. Dezember 1994 Mitglied der Gemeinschaft war, darf Österreich die folgenden Umsätze weiterhin zu den in diesem Mitgliedstaat zum Zeitpunkt seines Beitritts geltenden Bedingungen von der Steuer befreien:

Anhang 1a EG-Richtlinien / Mehrwertsteuer-Systemrichtlinie

a) die in Anhang X Teil B Nummern 5 und 9 genannten Umsätze;

b) mit Recht auf Vorsteuerabzug, sämtliche Teile der grenzüberschreitenden Personenbeförderung im Luft-, See- und Binnenwasserstraßenverkehr mit Ausnahme der Personenbeförderung auf dem Bodensee.

Artikel 379

(1) Finnland darf die in Anhang X Teil A Nummer 2 genannten Umsätze weiterhin besteuern, solange diese Umsätze in einem Staat besteuert werden, der am 31. Dezember 1994 Mitglied der Gemeinschaft war.

(2) Finnland darf die in Anhang X Teil B Nummer 2 genannten Dienstleistungen von Autoren, Künstlern und Interpreten von Kunstwerken sowie die in Anhang X Teil B Nummern 5, 9 und 10 genannten Umsätze zu den in diesem Mitgliedstaat zum Zeitpunkt seines Beitritts geltenden Bedingungen weiterhin von der Steuer befreien, solange diese Umsätze in einem Mitgliedstaat befreit sind, der am 31. Dezember 1994 Mitglied der Gemeinschaft war.

Artikel 380

Schweden darf die in Anhang X Teil B Nummer 2 genannten Dienstleistungen von Autoren, Künstlern und Interpreten von Kunstwerken sowie die in Anhang X Teil B Nummern 1, 9 und 10 genannten Umsätze zu den in diesem Mitgliedstaat zum Zeitpunkt seines Beitritts geltenden Bedingungen weiterhin von der Steuer befreien, solange diese Umsätze in einem Mitgliedstaat befreit sind, der am 31. Dezember 1994 Mitglied der Gemeinschaft war.

Artikel 381

Die Tschechische Republik darf die in Anhang X Teil B Nummer 10 genannte grenzüberschreitende Personenbeförderung zu den in diesem Mitgliedstaat zum Zeitpunkt seines Beitritts geltenden Bedingungen weiterhin von der Steuer befreien, solange diese Umsätze in einem Mitgliedstaat befreit sind, der am 30. April 2004 Mitglied der Gemeinschaft war.

Artikel 382

Estland darf die in Anhang X Teil B Nummer 10 genannte grenzüberschreitende Personenbeförderung zu den in diesem Mitgliedstaat zum Zeitpunkt seines Beitritts geltenden Bedingungen weiterhin von der Steuer befreien, solange diese Umsätze in einem Mitgliedstaat befreit sind, der am 30. April 2004 Mitglied der Gemeinschaft war.

Artikel 383

Zypern darf weiterhin die folgenden Umsätze zu den in diesem Mitgliedstaat zum Zeitpunkt seines Beitritts geltenden Bedingungen von der Steuer befreien:

a) bis zum 31. Dezember 2007 die in Anhang X Teil B Nummer 9 genannte Lieferung von Baugrundstücken;

b) die in Anhang X Teil B Nummer 10 genannte grenzüberschreitende Personenbeförderung, solange diese Umsätze in einem Mitgliedstaat befreit sind, der am 30. April 2004 Mitglied der Gemeinschaft war.

Artikel 384

Solange die betreffenden Umsätze in einem Mitgliedstaat von der Steuer befreit sind, der am 30. April 2004 Mitglied der Gemeinschaft war, darf Lettland zu den in diesem Mitgliedstaat zum Zeitpunkt seines Beitritts geltenden Bedingungen folgende Umsätze weiterhin von der Steuer befreien:

a) die in Anhang X Teil B Nummer 2 genannten Dienstleistungen von Autoren, Künstlern und Interpreten von Kunstwerken;

b) die in Anhang X Teil B Nummer 10 genannte grenzüberschreitende Personenbeförderung.

Artikel 385

Litauen darf die in Anhang X Teil B Nummer 10 genannte grenzüberschreitende Personenbeförderung zu den in diesem Mitgliedstaat zum Zeitpunkt seines Beitritts geltenden Bedingungen weiterhin von der Steuer befreien, solange diese Umsätze in einem Mitgliedstaat befreit sind, der am 30. April 2004 Mitglied der Gemeinschaft war.

Artikel 386

Ungarn darf die in Anhang X Teil B Nummer 10 genannte grenzüberschreitende Personenbeförderung zu den in diesem Mitgliedstaat zum Zeitpunkt seines Beitritts geltenden Bedingungen weiterhin von der Steuer befreien, solange diese Umsätze in einem Mitgliedstaat befreit sind, der am 30. April 2004 Mitglied der Gemeinschaft war.

Artikel 387

Solange die betreffenden Umsätze in einem Mitgliedstaat von der Steuer befreit sind, der am 30. April 2004 Mitglied der Gemeinschaft war, darf Malta zu den in diesem Mitgliedstaat zum Zeitpunkt seines Beitritts geltenden Bedingungen folgende Umsätze weiterhin von der Steuer befreien:

a) ohne Recht auf Vorsteuerabzug, die in Anhang X Teil B Nummer 8 genannte Lieferung von Wasser durch Einrichtungen des öffentlichen Rechts;
b) ohne Recht auf Vorsteuerabzug, die in Anhang X Teil B Nummer 9 genannte Lieferung von Gebäuden und Baugrundstücken;
c) mit Recht auf Vorsteuerabzug, die in Anhang X Teil B Nummer 10 genannte inländische Personenbeförderung, grenzüberschreitende Personenbeförderung und inselverbindende Personenbeförderung im Seeverkehr.

Artikel 388

Polen darf die in Anhang X Teil B Nummer 10 genannte grenzüberschreitende Personenbeförderung zu den in diesem Mitgliedstaat zum Zeitpunkt seines Beitritts geltenden Bedingungen weiterhin von der Steuer befreien, solange diese Umsätze in einem Mitgliedstaat befreit sind, der am 30. April 2004 Mitglied der Gemeinschaft war.

Artikel 389

Slowenien darf die in Anhang X Teil B Nummer 10 genannte grenzüberschreitende Personenbeförderung zu den in diesem Mitgliedstaat zum Zeitpunkt seines Beitritts geltenden Bedingungen weiterhin von der Steuer befreien, solange diese Umsätze in einem Mitgliedstaat befreit sind, der am 30. April 2004 Mitglied der Gemeinschaft war.

Artikel 390

Die Slowakei darf die in Anhang X Teil B Nummer 10 genannte grenzüberschreitende Personenbeförderung zu den in diesem Mitgliedstaat zum Zeitpunkt seines Beitritts geltenden Bedingungen weiterhin von der Steuer befreien, solange diese Umsätze in einem Mitgliedstaat befreit sind, der am 30. April 2004 Mitglied der Gemeinschaft war.

Artikel 390a[1]

Bulgarien darf die in Anhang X Teil B Nummer 10 genannte grenzüberschreitende Personenbeförderung zu den in diesem Mitgliedstaat zum Zeitpunkt seines Beitritts geltenden Bedingungen weiterhin von der Steuer befreien, solange diese Umsätze in einem Mitgliedstaat befreit sind, der am 31. Dezember 2006 Mitglied der Gemeinschaft war.

Artikel 390b[1]

Rumänien darf die in Anhang X Teil B Nummer 10 genannte grenzüberschreitende Personenbeförderung zu den in diesem Mitgliedstaat zum Zeitpunkt seines Beitritts geltenden Bedingungen weiterhin von der Steuer befreien, solange diese Umsätze in einem Mitgliedstaat befreit sind, der am 31. Dezember 2006 Mitglied der Gemeinschaft war.

Abschnitt 3
Gemeinsame Bestimmungen zu den Abschnitten 1 und 2

Artikel 391

Die Mitgliedstaaten, die die in den Artikeln 371, 375, 376 und 377, in Artikel 378 Absatz 2, Artikel 379 Absatz 2 und den Artikeln 380 bis 390b genannten Umsätze von der Steuer befreien, können den Steuerpflichtigen die Möglichkeit einräumen, sich für die Besteuerung der betreffenden Umsätze zu entscheiden.

Artikel 392

Die Mitgliedstaaten können vorsehen, dass bei der Lieferung von Gebäuden und Baugrundstücken, die ein Steuerpflichtiger, der beim Erwerb kein Recht auf Vorsteuerabzug hatte, zum Zwecke des Wiederverkaufs erworben hat, die Steuerbemessungsgrundlage in der Differenz zwischen dem Verkaufspreis und dem Ankaufspreis besteht.

Artikel 393

(1) Im Hinblick auf einen einfacheren Übergang zur endgültigen Regelung nach Artikel 402 überprüft der Rat auf der Grundlage eines Berichts der Kommission die Lage in Bezug auf die Ausnahmen der Abschnitte 1 und 2 und beschließt gemäß Artikel 93 des Vertrags über die etwaige Abschaffung einiger oder aller dieser Ausnahmen.

---
1) Gilt ab 16.01.2010 gem. RL vom 22.12.2009

Anhang 1a — EG-Richtlinien / Mehrwertsteuer-Systemrichtlinie

(2) Im Rahmen der endgültigen Regelung wird die Personenbeförderung für die innerhalb der Gemeinschaft zurückgelegte Strecke im Mitgliedstaat des Beginns der Beförderung nach den vom Rat gemäß Artikel 93 des Vertrags zu beschließenden Einzelheiten besteuert.

Kapitel 2
Im Wege einer Ermächtigung genehmigte Ausnahmen

Abschnitt 1
Maßnahmen zur Vereinfachung und zur Verhinderung der Steuerhinterziehung und -umgehung

Artikel 394

Die Mitgliedstaaten, die am 1. Januar 1977 Sondermaßnahmen zur Vereinfachung der Steuererhebung oder zur Verhütung der Steuerhinterziehung oder -umgehung angewandt haben, können diese beibehalten, sofern sie sie der Kommission vor dem 1. Januar 1978 mitgeteilt haben und unter der Bedingung, dass die Vereinfachungsmaßnahmen mit Artikel 395 Absatz 1 Unterabsatz 2 in Einklang stehen.

Artikel 395

(1) Der Rat kann auf Vorschlag der Kommission einstimmig jeden Mitgliedstaat ermächtigen, von dieser Richtlinie abweichende Sondermaßnahmen einzuführen, um die Steuererhebung zu vereinfachen oder Steuerhinterziehungen oder -umgehungen zu verhindern.

Die Maßnahmen zur Vereinfachung der Steuererhebung dürfen den Gesamtbetrag der von dem Mitgliedstaat auf der Stufe des Endverbrauchs erhobenen Steuer nur in unerheblichem Maße beeinflussen.

(2) Ein Mitgliedstaat, der die in Absatz 1 bezeichneten Maßnahmen einführen möchte, sendet der Kommission einen Antrag und übermittelt ihr alle erforderlichen Angaben. Ist die Kommission der Auffassung, dass ihr nicht alle erforderlichen Angaben vorliegen, teilt sie dem betreffenden Mitgliedstaat innerhalb von zwei Monaten nach Eingang des Antrags mit, welche zusätzlichen Angaben sie benötigt.

Sobald die Kommission über alle Angaben verfügt, die ihres Erachtens für die Beurteilung des Antrags zweckdienlich sind, unterrichtet sie den antragstellenden Mitgliedstaat hiervon innerhalb eines Monats und übermittelt den Antrag in der Originalsprache an die anderen Mitgliedstaaten.

(3) Innerhalb von drei Monaten nach der Unterrichtung gemäß Absatz 2 Unterabsatz 2 unterbreitet die Kommission dem Rat einen geeigneten Vorschlag oder legt ihm gegebenenfalls ihre Einwände in einer Mitteilung dar.

(4) In jedem Fall ist das in den Absätzen 2 und 3 geregelte Verfahren innerhalb von acht Monaten nach Eingang des Antrags bei der Kommission abzuschließen.

Abschnitt 2
Internationale Übereinkommen

Artikel 396

(1) Der Rat kann auf Vorschlag der Kommission einstimmig einen Mitgliedstaat ermächtigen, mit einem Drittland oder einer internationalen Organisation ein Übereinkommen zu schließen, das Abweichungen von dieser Richtlinie enthalten kann.

(2) Ein Mitgliedstaat, der ein Übereinkommen gemäß Absatz 1 schließen will, sendet der Kommission einen Antrag und übermittelt ihr alle erforderlichen Angaben. Ist die Kommission der Auffassung, dass ihr nicht alle erforderlichen Angaben vorliegen, teilt sie dem betreffenden Mitgliedstaat innerhalb von zwei Monaten nach Eingang des Antrags mit, welche zusätzlichen Angaben sie benötigt.

Sobald die Kommission über alle Angaben verfügt, die ihres Erachtens für die Beurteilung erforderlich sind, unterrichtet sie den antragstellenden Mitgliedstaat hiervon innerhalb eines Monats und übermittelt den Antrag in der Originalsprache an die anderen Mitgliedstaaten.

(3) Innerhalb von drei Monaten nach der Unterrichtung gemäß Absatz 2 Unterabsatz 2 unterbreitet die Kommission dem Rat einen geeigneten Vorschlag oder legt ihm gegebenenfalls ihre Einwände in einer Mitteilung dar.

(4) In jedem Fall ist das in den Absätzen 2 und 3 geregelte Verfahren innerhalb von acht Monaten nach Eingang des Antrags bei der Kommission abzuschließen.

Titel XIV
Verschiedenes

Kapitel 1
Durchführungsmaßnahmen

Artikel 397

Der Rat beschließt auf Vorschlag der Kommission einstimmig die zur Durchführung dieser Richtlinie erforderlichen Maßnahmen.

Kapitel 2
Mehrwertsteuerausschuss

Artikel 398

(1) Es wird ein Beratender Ausschuss für die Mehrwertsteuer (nachstehend „Mehrwertsteuerausschuss" genannt) eingesetzt.

(2) Der Mehrwertsteuerausschuss setzt sich aus Vertretern der Mitgliedstaaten und der Kommission zusammen.

Den Vorsitz im Ausschuss führt ein Vertreter der Kommission.

Die Sekretariatsgeschäfte des Ausschusses werden von den Dienststellen der Kommission wahrgenommen.

(3) Der Mehrwertsteuerausschuss gibt sich eine Geschäftsordnung.

(4) Neben den Punkten, für die nach dieser Richtlinie eine Konsultation erforderlich ist, prüft der Mehrwertsteuerausschuss die Fragen im Zusammenhang mit der Anwendung der gemeinschaftsrechtlichen Vorschriften im Bereich der Mehrwertsteuer, die ihm der Vorsitzende von sich aus oder auf Antrag des Vertreters eines Mitgliedstaats vorlegt.

Kapitel 3
Umrechnungskurs

Artikel 399

Unbeschadet anderer Bestimmungen wird der Gegenwert der in dieser Richtlinie in Euro ausgedrückten Beträge in Landeswährung anhand des am 1. Januar 1999 geltenden Umrechnungskurses des Euro bestimmt. Die nach diesem Datum beigetretenen Mitgliedstaaten, die den Euro als einheitliche Währung nicht eingeführt haben, wenden den zum Zeitpunkt ihres Beitritts geltenden Umrechnungskurs an.

Artikel 400

Bei der Umrechnung der Beträge gemäß Artikel 399 in Landeswährung können die Mitgliedstaaten die Beträge, die sich aus dieser Umrechnung ergeben, um höchstens 10% auf- oder abrunden.

Kapitel 4
Andere Steuern, Abgaben und Gebühren

Artikel 401

Unbeschadet anderer gemeinschaftsrechtlicher Vorschriften hindert diese Richtlinie einen Mitgliedstaat nicht daran, Abgaben auf Versicherungsverträge, Spiele und Wetten, Verbrauchsteuern, Grunderwerbsteuern sowie ganz allgemein alle Steuern, Abgaben und Gebühren, die nicht den Charakter von Umsatzsteuern haben, beizubehalten oder einzuführen, sofern die Erhebung dieser Steuern, Abgaben und Gebühren im Verkehr zwischen den Mitgliedstaaten nicht mit Formalitäten beim Grenzübertritt verbunden ist.

Titel XV
Schlussbestimmungen

Kapitel 1
Übergangsregelung für die Besteuerung des Handelsverkehrs zwischen den Mitgliedstaaten

Artikel 402

(1) Die in dieser Richtlinie vorgesehene Regelung für die Besteuerung des Handelsverkehrs zwischen den Mitgliedstaaten ist eine Übergangsregelung, die von einer endgültigen Regelung abgelöst wird, die

Anhang 1a

auf dem Grundsatz beruht, dass die Lieferungen von Gegenständen und die Erbringung von Dienstleistungen im Ursprungsmitgliedstaat zu besteuern sind.

(2) Der Rat erlässt, wenn er nach Prüfung des Berichts nach Artikel 404 zu der Feststellung gelangt ist, dass die Voraussetzungen für den Übergang zur endgültigen Regelung erfüllt sind, gemäß Artikel 93 des Vertrags die für das Inkrafttreten und die Anwendung der endgültigen Regelung erforderlichen Maßnahmen.

Artikel 403

Der Rat erlässt gemäß Artikel 93 des Vertrags geeignete Richtlinien zur Vervollständigung des gemeinsamen Mehrwertsteuersystems und insbesondere zur allmählichen Einschränkung beziehungsweise Aufhebung der von diesem System abweichenden Regelungen.

Artikel 404

Die Kommission unterbreitet dem Europäischen Parlament und dem Rat auf der Grundlage der von den Mitgliedstaaten erlangten Informationen alle vier Jahre nach der Annahme dieser Richtlinie einen Bericht über das Funktionieren des gemeinsamen Mehrwertsteuersystems in den Mitgliedstaaten und insbesondere über das Funktionieren der Übergangsregelung für die Besteuerung des Handelsverkehrs zwischen den Mitgliedstaaten und fügt ihm gegebenenfalls Vorschläge für die endgültige Regelung bei.

Kapitel 2

Übergangsbestimmungen im Rahmen der Beitritte zur Europäischen Union

Artikel 405

Für die Zwecke dieses Kapitels gelten folgende Begriffsbestimmungen:

1. „Gemeinschaft" ist das Gebiet der Gemeinschaft im Sinne des Artikels 5 Nummer 1, vor dem Beitritt neuer Mitgliedstaaten;
2. „neue Mitgliedstaaten" ist das Gebiet der Mitgliedstaaten, die der Europäischen Union nach dem 1. Januar 1995 beigetreten sind, wie es für jeden dieser Mitgliedstaaten nach Artikel 5 Nummer 2 definiert ist;
3. „erweiterte Gemeinschaft" ist das Gebiet der Gemeinschaft im Sinne des Artikels 5 Nummer 1, nach dem Beitritt neuer Mitgliedstaaten.

Artikel 406

Die Vorschriften, die zu dem Zeitpunkt galten, an dem der Gegenstand in ein Verfahren der vorübergehenden Verwendung mit vollständiger Befreiung von den Einfuhrabgaben, in ein Verfahren oder eine sonstige Regelung nach Artikel 156 oder in ähnliche Verfahren oder Regelungen des neuen Mitgliedstaates überführt wurde, finden weiterhin Anwendung bis der Gegenstand nach dem Beitrittsdatum diese Verfahren oder sonstige Regelungen verlässt, sofern die folgenden Voraussetzungen erfüllt sind:

a) der Gegenstand wurde vor dem Beitrittsdatum in die Gemeinschaft oder in einen der neuen Mitgliedstaaten verbracht;
b) der Gegenstand war seit der Verbringung in die Gemeinschaft oder in einen der neuen Mitgliedstaaten dem Verfahren oder der sonstigen Regelung unterstellt;
c) der Gegenstand hat das Verfahren oder die sonstige Regelung nicht vor dem Beitrittsdatum verlassen.

Artikel 407

Die Vorschriften, die zum Zeitpunkt der Unterstellung des Gegenstands unter ein zollrechtliches Versandverfahren galten, finden nach dem Beitrittsdatum bis zum Verlassen dieses Verfahrens weiterhin Anwendung, sofern alle folgenden Voraussetzungen erfüllt sind:

a) der Gegenstand wurde vor dem Beitrittsdatum unter ein zollrechtliches Versandverfahren gestellt;
b) der Gegenstand hat dieses Verfahren nicht vor dem Beitrittsdatum verlassen.

Artikel 408

(1) Die nachstehenden Vorgänge werden der Einfuhr eines Gegenstands gleichgestellt, sofern nachgewiesen wird, dass sich der Gegenstand in einem der neuen Mitgliedstaaten oder in der Gemeinschaft im freien Verkehr befand:

a) das Verlassen, einschließlich des unrechtmäßigen Verlassens, eines Verfahrens der vorübergehenden Verwendung, unter das der betreffende Gegenstand vor dem Beitrittsdatum gemäß Artikel 406 gestellt worden ist;

b) das Verlassen, einschließlich des unrechtmäßigen Verlassens entweder eines Verfahrens oder einer sonstigen Regelung des Artikels 156 oder ähnlicher Verfahren oder Regelungen, unter den der betreffende Gegenstand vor dem Beitrittsdatum gemäß Artikel 406 gestellt worden ist;

c) die Beendigung eines der in Artikel 407 genannten Verfahren, das vor dem Beitrittsdatum im Gebiet eines der neuen Mitgliedstaaten für die Zwecke einer vor dem Beitrittsdatum im Gebiet dieses Mitgliedstaates gegen Entgelt bewirkten Lieferung von Gegenständen durch einen Steuerpflichtigen als solchen begonnen wurde;

d) jede Unregelmäßigkeit oder jeder Verstoß anlässlich oder im Verlauf eines zollrechtlichen Versandverfahrens, das gemäß Buchstabe c begonnen wurde.

(2) Neben dem in Absatz 1 genannten Vorgang wird die im Gebiet eines Mitgliedstaates durch einen Steuerpflichtigen oder Nichtsteuerpflichtigen nach dem Beitrittsdatum erfolgende Verwendung von Gegenständen, die ihm vor dem Beitrittsdatum im Gebiet der Gemeinschaft oder eines der neuen Mitgliedstaaten geliefert wurden, einer Einfuhr eines Gegenstands gleichgestellt, sofern folgende Voraussetzungen gegeben sind:

a) die Lieferung dieser Gegenstände war entweder nach Artikel 146 Absatz 1 Buchstaben a und b oder nach einer entsprechenden Bestimmung in den neuen Mitgliedstaaten von der Steuer befreit oder befreiungsfähig;

b) die Gegenstände wurden nicht vor dem Beitrittsdatum in einen der neuen Mitgliedstaaten oder in die Gemeinschaft verbracht.

Artikel 409

Für die in Artikel 408 Absatz 1 genannten Vorgänge gilt die Einfuhr im Sinne des Artikels 61 als in dem Mitgliedstaat erfolgt, in dem die Gegenstände das Verfahren oder die Regelung verlassen, unter die sie vor dem Beitrittsdatum gestellt worden sind.

Artikel 410

(1) Abweichend von Artikel 71 stellt die Einfuhr eines Gegenstands im Sinne des Artikels 408 keinen Steuertatbestand dar, sofern eine der folgenden Bedingungen erfüllt ist:

a) der eingeführte Gegenstand wird nach außerhalb der erweiterten Gemeinschaft versandt oder befördert;

b) der im Sinne des Artikels 408 Absatz 1 Buchstabe a eingeführte Gegenstand – mit Ausnahme von Fahrzeugen – wird in den Mitgliedstaat, aus dem er ausgeführt wurde und an denjenigen, der ihn ausgeführt hat, zurückversandt oder -befördert;

c) der im Sinne des Artikels 408 Absatz 1 Buchstabe a eingeführte Gegenstand ist ein Fahrzeug, welches unter den für den Binnenmarkt eines der neuen Mitgliedstaaten oder eines der Mitgliedstaaten der Gemeinschaft geltenden allgemeinen Steuerbedingungen vor dem Beitrittsdatum erworben oder eingeführt worden oder für welches bei der Ausfuhr keine Mehrwertsteuerbefreiung oder -vergütung gewährt worden ist.

(2) Die in Absatz 1 Buchstabe c genannte Bedingung gilt in folgenden Fällen als erfüllt:

a) wenn der Zeitraum zwischen der ersten Inbetriebnahme des Fahrzeugs und dem Beitritt zur Europäischen Union mehr als 8 Jahre beträgt;

b) wenn der Betrag der bei der Einfuhr fälligen Steuer geringfügig ist.

Kapitel 3

Umsetzung und Inkrafttreten

Artikel 411

(1) Die Richtlinie 67/227/EWG und die Richtlinie 77/388/EWG werden unbeschadet der Verpflichtung der Mitgliedstaaten hinsichtlich der in Anhang XI Teil B genannten Fristen für die Umsetzung in innerstaatliches Recht und der Anwendungsfristen aufgehoben.

(2) Verweisungen auf die aufgehobenen Richtlinien gelten als Verweisungen auf die vorliegende Richtlinie und sind nach Maßgabe der Entsprechungstabelle in Anhang XII zu lesen.

Artikel 412

(1) Die Mitgliedstaaten erlassen die Rechts- und Verwaltungsvorschriften, die erforderlich sind, um Artikel 2 Absatz 3, Artikel 44, Artikel 59 Absatz 1, Artikel 399 und Anhang III Nummer 18 dieser Richtlinie mit Wirkung zum 1. Januar 2008 nachzukommen. Sie teilen der Kommission unverzüglich den

Anhang 1a EG-Richtlinien / Mehrwertsteuer-Systemrichtlinie

Wortlaut dieser Rechtsvorschriften mit und fügen eine Entsprechungstabelle dieser Rechtsvorschriften und der vorliegenden Richtlinie bei.

Wenn die Mitgliedstaaten diese Vorschriften erlassen, nehmen sie in den Vorschriften selbst oder durch einen Hinweis bei der amtlichen Veröffentlichung auf diese Richtlinie Bezug. Die Mitgliedstaaten regeln die Einzelheiten der Bezugnahme.

(2) Die Mitgliedstaaten teilen der Kommission den Wortlaut der wesentlichen innerstaatlichen Rechtsvorschriften mit, die sie auf dem unter diese Richtlinie fallenden Gebiet erlassen.

Artikel 413

Diese Richtlinie tritt am 1. Januar 2007 in Kraft.

Artikel 414

Diese Richtlinie ist an die Mitgliedstaaten gerichtet.

Geschehen zu Brüssel am 28. November 2006.

Im Namen des Rates
Der Präsident
E. Heinäluoma

ANHANG I

Verzeichnis der Tätigkeiten im Sinne des Artikels 13 Absatz 1 Unterabsatz 3

1. Telekommunikationswesen;
2. Lieferung von Wasser, Gas, Elektrizität und thermischer Energie;
3. Güterbeförderung;
4. Hafen- und Flughafendienstleistungen;
5. Personenbeförderung;
6. Lieferung von neuen Gegenständen zum Zwecke ihres Verkaufs;
7. Umsätze der landwirtschaftlichen Interventionsstellen aus landwirtschaftlichen Erzeugnissen, die in Anwendung der Verordnungen über eine gemeinsame Marktorganisation für diese Erzeugnisse bewirkt werden;
8. Veranstaltung von Messen und Ausstellungen mit gewerblichem Charakter;
9. Lagerhaltung;
10. Tätigkeiten gewerblicher Werbebüros;
11. Tätigkeiten der Reisebüros;
12. Umsätze von betriebseigenen Kantinen, Verkaufsstellen und Genossenschaften und ähnlichen Einrichtungen;
13. Tätigkeiten der Rundfunk- und Fernsehanstalten sofern sie nicht nach Artikel 132 Absatz 1 Buchstabe q steuerbefreit sind.

ANHANG II

Exemplarisches Verzeichnis elektronisch erbrachter Dienstleistungen im Sinne des Artikels 58 und des Artikels 59 Absatz 1 Buchstabe K[1)]

1. Bereitstellung von Websites, Webhosting, Fernwartung von Programmen und Ausrüstungen;
2. Bereitstellung von Software und deren Aktualisierung;
3. Bereitstellung von Bildern, Texten und Informationen sowie Bereitstellung von Datenbanken;
4. Bereitstellung von Musik, Filmen und Spielen, einschließlich Glücksspielen und Lotterien sowie von Sendungen und Veranstaltungen aus den Bereichen Politik, Kultur, Kunst, Sport, Wissenschaft und Unterhaltung;
5. Erbringung von Fernunterrichtsleistungen.

---

1) Gilt ab 01.01.2010, vgl. RL vom 12.02.2010

ANHANG III
Verzeichnis der Lieferungen von Gegenständen und Dienstleistungen, auf die ermäßigte MwSt-Sätze gemäß Artikel 98 angewandt werden können

1. Nahrungs- und Futtermittel (einschließlich Getränke, alkoholische Getränke jedoch ausgenommen), lebende Tiere, Saatgut, Pflanzen und üblicherweise für die Zubereitung von Nahrungs- und Futtermitteln verwendete Zutaten sowie üblicherweise als Zusatz oder als Ersatz für Nahrungs- und Futtermittel verwendete Erzeugnisse;
2. Lieferung von Wasser;
3. Arzneimittel, die üblicherweise für die Gesundheitsvorsorge, die Verhütung von Krankheiten und für ärztliche und tierärztliche Behandlungen verwendet werden, einschließlich Erzeugnissen für Zwecke der Empfängnisverhütung und der Monatshygiene;
4. medizinische Geräte, Hilfsmittel und sonstige Vorrichtungen, die üblicherweise für die Linderung und die Behandlung von Behinderungen verwendet werden und die ausschließlich für den persönlichen Gebrauch von Behinderten bestimmt sind, einschließlich der Instandsetzung solcher Gegenstände, sowie Kindersitze für Kraftfahrzeuge;
5. Beförderung von Personen und des mitgeführten Gepäcks;
6. [1)]Lieferung von Büchern auf jeglichen physischen Trägern, einschließlich des Verleihs durch Büchereien (einschließlich Broschüren, Prospekte und ähnliche Drucksachen, Bilder-, Zeichen- oder Malbücher für Kinder, Notenhefte oder Manuskripte, Landkarten und hydrografische oder sonstige Karten), Zeitungen und Zeitschriften, mit Ausnahme von Druckerzeugnissen, die vollständig oder im Wesentlichen Werbezwecken dienen;
7. Eintrittsberechtigung für Veranstaltungen, Theater, Zirkus, Jahrmärkte, Vergnügungsparks, Konzerte, Museen, Tierparks, Kinos und Ausstellungen sowie ähnliche kulturelle Ereignisse und Einrichtungen;
8. Empfang von Rundfunk- und Fernsehprogrammen;
9. Dienstleistungen von Schriftstellern, Komponisten und ausübenden Künstlern sowie diesen geschuldete urheberrechtliche Vergütungen;
10. Lieferung, Bau, Renovierung und Umbau von Wohnungen im Rahmen des sozialen Wohnungsbaus;
10a. [2)]Renovierung und Reparatur von Privatwohnungen, mit Ausnahme von Materialien, die einen bedeutenden Teil des Wertes der Dienstleistung ausmachen;
10b. [3)]Reinigung von Fenstern und Reinigung in privaten Haushalten;
11. Lieferung von Gegenständen und Dienstleistungen, die in der Regel für den Einsatz in der landwirtschaftlichen Erzeugung bestimmt sind, mit Ausnahme von Investitionsgütern wie Maschinen oder Gebäuden;
12. Beherbergung in Hotels und ähnlichen Einrichtungen, einschließlich der Beherbergung in Ferienunterkünften, und Vermietung von Campingplätzen und Plätzen für das Abstellen von Wohnwagen;
12a. [4)]Restaurant- und Verpflegungsdienstleistungen mit der Möglichkeit, die Abgabe von (alkoholischen und/oder alkoholfreien) Getränken auszuklammern;
13. Eintrittsberechtigung für Sportveranstaltungen;
14. Überlassung von Sportanlagen;
15. Lieferung von Gegenständen und Erbringung von Dienstleistungen durch von den Mitgliedstaaten anerkannte gemeinnützige Einrichtungen für wohltätige Zwecke und im Bereich der sozialen Sicherheit, soweit sie nicht gemäß den Artikeln 132, 135 und 136 von der Steuer befreit sind;
16. Dienstleistungen von Bestattungsinstituten und Krematorien, einschließlich der Lieferung von damit im Zusammenhang stehenden Gegenständen;
17. medizinische Versorgungsleistungen und zahnärztliche Leistungen sowie Thermalbehandlungen, soweit sie nicht gemäß Artikel 132 Absatz 1 Buchstaben b bis e von der Steuer befreit sind;
18. Dienstleistungen im Rahmen der Straßenreinigung, der Abfuhr von Hausmüll und der Abfallbehandlung mit Ausnahme der Dienstleistungen, die von Einrichtungen im Sinne des Artikels 13 erbracht werden.

---

1) Fassung ab 01.06.2009, vgl. RL vom 05.05.2009
2) Gilt ab 01.06.2009, vgl. RL vom 05.05.2009
3) Gilt ab 01.06.2009, vgl. RL vom 05.05.2009
4) Gilt ab 01.06.2009, vgl. RL vom 05.05.2009

Anhang 1a

EG-Richtlinien / Mehrwertsteuer-Systemrichtlinie

19. [1)]kleine Reparaturdienstleistungen betreffend Fahrräder, Schuhe und Lederwaren, Kleidung und Haushaltswäsche (einschließlich Ausbesserung und Änderung);
20. [2)]häusliche Pflegedienstleistungen (z.B. Haushaltshilfe und Betreuung von Kindern, älteren, kranken oder behinderten Personen);
21. [3)]Friseurdienstleistungen.

ANHANG IV [4)]
Verzeichnis der Dienstleistungen im Sinne des Artikels 106

1. Kleine Reparaturdienstleistungen betreffend
    a) Fahrräder;
    b) Schuhe und Lederwaren;
    c) Kleidung und Haushaltswäsche (einschließlich Ausbesserung und Änderung);
2. Renovierung und Reparatur von Privatwohnungen, mit Ausnahme von Materialien, die einen bedeutenden Teil des Wertes der Dienstleistung ausmachen;
3. Reinigung von Fenstern und Reinigung in privaten Haushalten;
4. häusliche Pflegedienstleistungen (z.B. Haushaltshilfe und Betreuung von Kindern sowie älteren, kranken oder behinderten Personen);
5. Friseurdienstleistungen.

ANHANG V
Kategorien von Gegenständen, die nach Artikel 160 Absatz 2 Regelungen für andere Lager als Zolllager unterliegen

	KN-Code	Beschreibung der Gegenstände
1)	0701	Kartoffeln
2)	0711 20	Oliven
3)	0801	Kokosnüsse, Paranüsse und Kaschu-Nüsse
4)	0802	Andere Schalenfrüchte
5)	0901 11 00 0901 12 00	Kaffee, nicht geröstet
6)	0902	Tee
7)	1001 bis 1005 1007 bis 1008	Getreide
8)	1006	Rohreis
9)	1201 bis 1207	Samen und ölhaltige Früchte (einschließlich Sojabohnen)
10)	1507 bis 1515	Pflanzliche Fette und Öle und deren Fraktionen, roh, raffiniert, jedoch modifiziert
11)	1701 11 1701 12	Rohzucker
12)	1801	Kakao, Kakaobohnen und Kakaobohnenbruch; roh oder geröstet
13)	2709 2710 2711 12 2711 13	Mineralöle (einschließlich Propan und Butan sowie Rohöle aus Erdöl)
14)	Kapitel 28 und 29	Chemische Produkte, lose
15)	4001 4002	Kautschuk, in Primärformen oder in Platten, Blättern oder Streifen
16)	5101	Wolle
17)	7106	Silber

---

1) Gilt ab 01.06.2009, vgl. RL vom 05.05.2009
2) Gilt ab 01.06.2009, vgl. RL vom 05.05.2009
3) Gilt ab 01.06.2009, vgl. RL vom 05.05.2009
4) Gestrichen ab 01.06.2009 durch RL vom 05.05.2009

EG-Richtlinien / Mehrwertsteuer-Systemrichtlinie **Anhang 1a**

	KN-Code	Beschreibung der Gegenstände
18)	7110 11 00 7110 21 00 7110 31 00	Platin (Palladium, Rhodium)
19)	7402 7403 7405 7408	Kupfer
20)	7502	Nickel
21)	7601	Aluminium
22)	7801	Blei
23)	7901	Zink
24)	8001	Zinn
25)	ex 8112 92 ex 8112 99	Indium

ANHANG VI

Verzeichnis der in Artikel 199 Absatz 1 Buchstabe D genannten Lieferungen von Gegenständen und Dienstleistungen

1. Lieferung von Alteisen und Nichteisenabfällen, Schrott und Gebrauchtmaterial einschließlich Halberzeugnissen aus Verarbeitung, Herstellung oder Schmelzen von Eisen oder Nichteisenmetallen oder deren Legierungen;
2. Lieferung von Halberzeugnissen aus Eisen- und Nichteisenmetallen sowie Erbringung bestimmter damit verbundener Verarbeitungsleistungen;
3. Lieferung von Rückständen und anderen recyclingfähigen Materialien aus Eisen- und Nichteisenmetallen, Legierungen, Schlacke, Asche, Walzschlacke und metall- oder metallegierungshaltigen gewerblichen Rückständen sowie Erbringung von Dienstleistungen in Form des Sortierens, Zerschneidens, Zerteilens und Pressens dieser Erzeugnisse;
4. Lieferung von Alteisen und Altmetallen, sowie von Abfällen, Schnitzeln und Bruch sowie gebrauchtem und recyclingfähigem Material in Form von Scherben, Glas, Papier, Pappe und Karton, Lumpen, Knochen, Häuten, Kunstleder, Pergament, rohen Häuten und Fellen, Sehnen und Bändern, Schnur, Tauwerk, Leinen, Tauen, Seilen, Kautschuk und Plastik und Erbringung bestimmter Verarbeitungsleistungen in Zusammenhang damit;
5. Lieferung der in diesem Anhang genannten Stoffe, nachdem sie gereinigt, poliert, sortiert, geschnitten, fragmentiert, zusammengepresst oder zu Blöcken gegossen wurden;
6. Lieferung von Schrott und Abfällen aus der Verarbeitung von Rohstoffen.

ANHANG VII

Verzeichnis der Tätigkeiten der landwirtschaftlichen Erzeugung im Sinne des Artikels 295 Absatz 1 Nummer 4

1. Anbau:
   a) Ackerbau im Allgemeinen, einschließlich Weinbau;
   b) Obstbau (einschließlich Olivenanbau) und Gemüse-, Blumen- und Zierpflanzengartenbau, auch unter Glas;
   c) Anbau von Pilzen und Gewürzen, Erzeugung von Saat- und Pflanzgut;
   d) Betrieb von Baumschulen.
2. Tierzucht und Tierhaltung in Verbindung mit der Bodenbewirtschaftung:
   a) Viehzucht und -haltung;
   b) Geflügelzucht und -haltung;
   c) Kaninchenzucht und -haltung;
   d) Imkerei;

Anhang 1a

EG-Richtlinien / Mehrwertsteuer-Systemrichtlinie

    e) Seidenraupenzucht;
    f) Schneckenzucht.
3. Forstwirtschaft.
4. Fischwirtschaft:
    a) Süßwasserfischerei;
    b) Fischzucht;
    c) Muschelzucht, Austernzucht und Zucht anderer Weich- und Krebstiere;
    d) Froschzucht.

ANHANG VIII

Exemplarisches Verzeichnis der landwirtschaftlichen Dienstleistungen im Sinne des Artikels 295 Absatz 1 Nummer 5

1. Anbau-, Ernte-, Dresch-, Press-, Lese- und Einsammelarbeiten, einschließlich Säen und Pflanzen;
2. Verpackung und Zubereitung, wie beispielsweise Trocknung, Reinigung, Zerkleinerung, Desinfektion und Einsilierung landwirtschaftlicher Erzeugnisse;
3. Lagerung landwirtschaftlicher Erzeugnisse;
4. Hüten, Zucht und Mästen von Vieh;
5. Vermietung normalerweise in land-, forst- und fischwirtschaftlichen Betrieben verwendeter Mittel zu landwirtschaftlichen Zwecken;
6. technische Hilfe;
7. Vernichtung schädlicher Pflanzen und Tiere, Behandlung von Pflanzen und Böden durch Besprühen;
8. Betrieb von Be- und Entwässerungsanlagen;
9. Beschneiden und Fällen von Bäumen und andere forstwirtschaftliche Dienstleistungen.

ANHANG IX

Kunstgegenstände, Sammlungen und Antiquitäten im Sinne des Artikels 311 Absatz 1 Nummern 2, 3 und 4

TEIL A
Kunstgegenstände

1. Gemälde (z.B. Ölgemälde, Aquarelle, Pastelle) und Zeichnungen sowie Collagen und ähnliche dekorative Bildwerke, vollständig vom Künstler mit der Hand geschaffen, ausgenommen Baupläne und -zeichnungen, technische Zeichnungen und andere Pläne und Zeichnungen zu Gewerbe-, Handels-, topografischen oder ähnlichen Zwecken, handbemalte oder handverzierte gewerbliche Erzeugnisse, bemalte Gewebe für Theaterdekorationen, Atelierhintergründe oder dergleichen (KN-Code 9701);
2. Originalstiche, -schnitte und -steindrucke, die unmittelbar in begrenzter Zahl von einer oder mehreren vom Künstler vollständig handgearbeiteten Platten nach einem beliebigen, jedoch nicht mechanischen oder fotomechanischen Verfahren auf ein beliebiges Material in schwarz-weiß oder farbig abgezogen wurden (KN-Code 9702 00 00);
3. Originalerzeugnisse der Bildhauerkunst, aus Stoffen aller Art, sofern vollständig vom Künstler geschaffen; unter Aufsicht des Künstlers oder seiner Rechtsnachfolger hergestellte Bildgüsse bis zu einer Höchstzahl von acht Exemplaren (KN-Code 9703 00 00). In bestimmten, von den Mitgliedstaaten festgelegten Ausnahmefällen darf bei vor dem 1. Januar 1989 hergestellten Bildgüssen die Höchstzahl von acht Exemplaren überschritten werden;
4. handgearbeitete Tapisserien (KN-Code 5805 00 00) und Textilwaren für Wandbekleidung (KN-Code 6304 00 00) nach Originalentwürfen von Künstlern, höchstens jedoch acht Kopien je Werk;
5. Originalwerke aus Keramik, vollständig vom Künstler geschaffen und von ihm signiert;
6. Werke der Emaillekunst, vollständig von Hand geschaffen, bis zu einer Höchstzahl von acht nummerierten und mit der Signatur des Künstlers oder des Kunstateliers versehenen Exemplaren; ausgenommen sind Erzeugnisse des Schmuckhandwerks, der Juwelier- und der Goldschmiedekunst;

7. vom Künstler aufgenommene Photographien, die von ihm oder unter seiner Überwachung abgezogen wurden und signiert sowie nummeriert sind; die Gesamtzahl der Abzüge darf, alle Formate und Trägermaterialien zusammengenommen, 30 nicht überschreiten.

TEIL B
Sammlungsstücke

1. Briefmarken, Stempelmarken, Steuerzeichen, Ersttagsbriefe, Ganzsachen und dergleichen, entwertet oder nicht entwertet, jedoch weder gültig noch zum Umlauf vorgesehen (KN-Code 9704 00 00);
2. zoologische, botanische, mineralogische oder anatomische Sammlungsstücke und Sammlungen; Sammlungsstücke von geschichtlichem, archäologischem, paläontologischem, völkerkundlichem oder münzkundlichem Wert (KN-Code 9705 00 00).

TEIL C
Antiquitäten

Andere Gegenstände als Kunstgegenstände und Sammlungsstücke, die mehr als hundert Jahre alt sind (KN-Code 9706 00 00).

ANHANG X
Verzeichnis der Umsätze, für die die Ausnahmen gemäß den Artikeln 370 und 371 sowie 375 bis 390b gelten

TEIL A
Umsätze, die die Mitgliedstaaten weiterhin besteuern dürfen

1. Dienstleistungen, die von Zahntechnikern im Rahmen ihrer beruflichen Tätigkeit erbracht werden, sowie Lieferungen von Zahnersatz durch Zahnärzte und Zahntechniker;
2. Tätigkeiten der öffentlichen Rundfunk- und Fernsehanstalten, die keinen gewerblichen Charakter aufweisen;
3. Lieferungen von anderen Gebäuden oder Gebäudeteilen und dem dazugehörigen Grund und Boden als den in Artikel 12 Absatz 1 Buchstabe a genannten, wenn sie von Steuerpflichtigen getätigt werden, die für das betreffende Gebäude ein Recht auf Vorsteuerabzug hatten;
4. Dienstleistungen der Reisebüros im Sinne des Artikels 306 sowie der Reisebüros, die im Namen und für Rechnung des Reisenden für Reisen außerhalb der Gemeinschaft tätig werden.

TEIL B
Umsätze, die die Mitgliedstaaten weiterhin von der Steuer befreien dürfen

1. Einnahme von Eintrittsgeldern bei Sportveranstaltungen;
2. Dienstleistungen von Autoren, Künstlern und Interpreten von Kunstwerken sowie Dienstleistungen von Rechtsanwälten und Angehörigen anderer freier Berufe, mit Ausnahme der ärztlichen oder arztähnlichen Heilberufe sowie mit Ausnahme folgender Dienstleistungen:
   a) Abtretung von Patenten, Warenzeichen und gleichartigen Rechten sowie Gewährung von Lizenzen betreffend diese Rechte;
   b) Arbeiten an beweglichen körperlichen Gegenständen, die für Steuerpflichtige durchgeführt werden und die nicht in der Ablieferung eines aufgrund eines Werkvertrags hergestellten beweglichen Gegenstands bestehen;
   c) Dienstleistungen zur Vorbereitung oder zur Koordinierung der Durchführung von Bauleistungen wie zum Beispiel Leistungen von Architekten und Bauaufsichtsbüros;
   d) Dienstleistungen auf dem Gebiet der Wirtschaftswerbung;
   e) Beförderung und Lagerung von Gegenständen sowie Nebendienstleistungen;
   f) Vermietung von beweglichen körperlichen Gegenständen an Steuerpflichtige;
   g) Überlassung von Arbeitskräften an Steuerpflichtige;
   h) Dienstleistungen von Beratern, Ingenieuren und Planungsbüros auf technischem, wirtschaftlichem oder wissenschaftlichem Gebiet sowie ähnliche Leistungen;
   i) Ausführung einer Verpflichtung, eine unternehmerische Tätigkeit oder ein Recht im Sinne der Buchstaben a bis h und j ganz oder teilweise nicht auszuüben;

Anhang 1a EG-Richtlinien / Mehrwertsteuer-Systemrichtlinie

j) Dienstleistungen von Spediteuren, Maklern, Handelsagenten und anderen selbstständigen Vermittlern, soweit sie die Lieferungen oder die Einfuhren von Gegenständen oder Dienstleistungen gemäß den Buchstaben a bis i betreffen;

3. Telekommunikationsdienstleistungen und dazu gehörende Lieferungen von Gegenständen, die von öffentlichen Posteinrichtungen erbracht bzw. getätigt werden;
4. Dienstleistungen der Bestattungsinstitute und Krematorien sowie dazu gehörende Lieferungen von Gegenständen;
5. Umsätze, die von Blinden oder Blindenwerkstätten bewirkt werden, wenn ihre Befreiung von der Steuer keine erheblichen Wettbewerbsverzerrungen verursacht;
6. Lieferung von Gegenständen und Dienstleistungen an Einrichtungen, die mit der Anlage, Ausstattung und Instandhaltung von Friedhöfen, Grabstätten und Denkmälern für Kriegsopfer beauftragt sind;
7. Umsätze von nicht unter Artikel 132 Absatz 1 Buchstabe b fallenden Krankenhäusern;
8. Lieferung von Wasser durch Einrichtungen des öffentlichen Rechts;
9. Lieferung von Gebäuden oder Gebäudeteilen und dem dazugehörigen Grund und Boden vor dem Erstbezug sowie Lieferung von Baugrundstücken im Sinne des Artikels 12;
10. Beförderung von Personen und von Begleitgütern der Reisenden, wie Gepäck und Kraftfahrzeuge, sowie Dienstleistungen im Zusammenhang mit der Personenbeförderung, soweit die Beförderung dieser Personen von der Steuer befreit ist;
11. Lieferung, Umbau, Reparatur, Wartung, Vercharterung und Vermietung von Luftfahrzeugen, die von staatlichen Einrichtungen verwendet werden, einschließlich der Gegenstände, die in diese Luftfahrzeuge eingebaut sind oder ihrem Betrieb dienen;
12. Lieferung, Umbau, Reparatur, Wartung, Vercharterung und Vermietung von Kriegsschiffen;
13. Dienstleistungen der Reisebüros im Sinne des Artikels 306 sowie der Reisebüros, die im Namen und für Rechnung des Reisenden für Reisen innerhalb der Gemeinschaft tätig werden.

ANHANG XI

TEIL A

Aufgehobene Richtlinien mit ihren nachfolgenden Änderungen

1. Richtlinie 67/227/EWG (ABl. 71 vom 14.4.1967, S. 1301)
   Richtlinie 77/388/EWG
2. Richtlinie 77/388/EWG (ABl. L 145 vom 13.6.1977, S. 1)
   Richtlinie 78/583/EWG (ABl. L 194 vom 19.7.1978, S. 16)
   Richtlinie 80/368/EWG (ABl. L 90 vom 3.4.1980, S. 41)
   Richtlinie 84/386/EWG (ABl. L 208 vom 3.8.1984, S. 58)
   Richtlinie 89/465/EWG (ABl. L 226 vom 3.8.1989, S. 21)
   Richtlinie 91/680/EWG (ABl. L 376 vom 31.12.1991, S. 1) – nicht Artikel 2
   Richtlinie 92/77/EWG (ABl. L 316 vom 31.10.1992, S. 1)
   Richtlinie 92/111/EWG (ABl. L 384 vom 30.12.1992, S. 47)
   Richtlinie 94/4/EG (ABl. L 60 vom 3.3.1994, S. 14) – nur Artikel 2
   Richtlinie 94/5/EG (ABl. L 60 vom 3.3.1994, S. 16)
   Richtlinie 94/76/EG (ABl. L 365 vom 31.12.1994, S. 53)
   Richtlinie 95/7/EG (ABl. L 102 vom 5.5.1995, S. 18)
   Richtlinie 96/42/EG (ABl. L 170 vom 9.7.1996, S. 34)
   Richtlinie 96/95/EG (ABl. L 338 vom 28.12.1996, S. 89)
   Richtlinie 98/80/EG (ABl. L 281 vom 17.10.1998, S. 31)
   Richtlinie 1999/49/EG (ABl. L 139 vom 2.6.1999, S. 27)
   Richtlinie 1999/59/EG (ABl. L 162 vom 26.6.1999, S. 63)
   Richtlinie 1999/85/EG (ABl. L 277 vom 28.10.1999, S. 34)
   Richtlinie 2000/17/EG (ABl. L 84 vom 5.4.2000, S. 24)

Richtlinie 2000/65/EG (ABl. L 269 vom 21.10.2000, S. 44)
Richtlinie 2001/4/EG (ABl. L 22 vom 24.1.2001, S. 17)
Richtlinie 2001/115/EG (ABl. L 15 vom 17.1.2002, S. 24)
Richtlinie 2002/38/EG (ABl. L 128 vom 15.5.2002, S. 41)
Richtlinie 2002/93/EG (ABl. L 331 vom 7.12.2002, S. 27)
Richtlinie 2003/92/EG (ABl. L 260 vom 11.10.2003, S. 8)
Richtlinie 2004/7/EG (ABl. L 27 vom 30.1.2004, S. 44)
Richtlinie 2004/15/EG (ABl. L 52 vom 21.2.2004, S. 61)
Richtlinie 2004/66/EG (ABl. L 168 vom 1.5.2004, S. 35) – nur Anhang Nummer V
Richtlinie 2005/92/EG (ABl. L 345 vom 28.12.2005, S. 19)
Richtlinie 2006/18/EG (ABl. L 51 vom 22.2.2006, S. 12)
Richtlinie 2006/58/EG (ABl L 174 vom 28.6.2006, S. 5)
Richtlinie 2006/69/EG (ABl L 221, vom 12.8.2006, S. 9) – nur Artikel 1
Richtlinie 2006/98/EG (ABl. L 363 vom 20.12.2006, S. 129) – nur Nummer 2 des Anhangs.

TEIL B
Fristen für die Umsetzung in nationales Recht
(Artikel 411)

Richtlinie	Umsetzungsfrist
Richtlinie 67/227/EWG	1. Januar 1970
Richtlinie 77/388/EWG	1. Januar 1978
Richtlinie 78/583/EWG	1. Januar 1979
Richtlinie 80/368/EWG	1. Januar 1979
Richtlinie 84/386/EWG	1. Juli 1985
Richtlinie 89/465/EWG	1. Januar 1990
	1. Januar 1991
	1. Januar 1992
	1. Januar 1993
	1. Januar 1994 für Portugal
Richtlinie 91/680/EWG	1. Januar 1993
Richtlinie 92/77/EWG	31. Dezember 1992
Richtlinie 92/111/EWG	1. Januar 1993
	1. Januar 1994
	1. Oktober 1993 für Deutschland
Richtlinie 94/4/EG	1. April 1994
Richtlinie 94/5/EG	1. Januar 1995
Richtlinie 94/76/EG	1. Januar 1995
Richtlinie 95/7/EG	1. Januar 1996
	1. Januar 1997 für Deutschland und Luxemburg
Richtlinie 96/42/EG	1. Januar 1995
Richtlinie 96/95/EG	1. Januar 1997
Richtlinie 98/80/EG	1. Januar 2000
Richtlinie 1999/49/EG	1. Januar 1999
Richtlinie 1999/59/EG	1. Januar 2000
Richtlinie 1999/85/EG	–
Richtlinie 2000/17/EG	–
Richtlinie 2000/65/EG	31. Dezember 2001
Richtlinie 2001/4/EG	1. Januar 2001
Richtlinie 2001/115/EG	1. Januar 2004
Richtlinie 2002/38/EG	1. Juli 2003
Richtlinie 2002/93/EG	–

Anhang 1a

Richtlinie	Umsetzungsfrist
Richtlinie 2003/92/EG	1. Januar 2005
Richtlinie 2004/7/EG	30. Januar 2004
Richtlinie 2004/15/EG	–
Richtlinie 2004/66/EG	1. Mai 2004
Richtlinie 2005/92/EG	1. Januar 2006
Richtlinie 2006/18/EG	–
Richtlinie 2006/58/EG	1. Juli 2006
Richtlinie 2006/69/EG	1. Januar 2008
Richtlinie 2006/98/EG	1. Januar 2007

ANHANG XII

ENTSPRECHUNGSTABELLE

Richtlinie 67/227/EWG	Richtlinie 77/388/EWG	Änderungsrechtsakte	Andere Rechtsakte	Vorliegende Richtlinie
Artikel 1 Absatz 1				Artikel 1 Absatz 1
Artikel 1 Absätze 2 und 3				—
Artikel 2 Absätze 1, 2 und 3				Artikel 1 Absatz 2 Unterabsätze 1, 2 und 3
Artikel 3, 4 und 6				—
	Artikel 1			—
	Artikel 2 Nummer 1			Artikel 2 Absatz 1 Buchstaben a und c
	Artikel 2 Nummer 2			Artikel 2 Absatz 1 Buchstabe d
	Artikel 3 Absatz 1 erster Gedankenstrich			Artikel 5 Nummer 2
	Artikel 3 Absatz 1 zweiter Gedankenstrich			Artikel 5 Nummer 1
	Artikel 3 Absatz 1 dritter Gedankenstrich			Artikel 5 Nummern 3 und 4
	Artikel 3 Absatz 2			—
	Artikel 3 Absatz 3 Unterabsatz 1 erster Gedankenstrich			Artikel 6 Absatz 2 Buchstaben a und b
	Artikel 3 Absatz 3 Unterabsatz 1 zweiter Gedankenstrich			Artikel 6 Absatz 2 Buchstaben c und d
	Artikel 3 Absatz 3 Unterabsatz 1 dritter Gedankenstrich			Artikel 6 Absatz 2 Buchstaben e, f und g
	Artikel 3 Absatz 3 Unterabsatz 2 erster Gedankenstrich			Artikel 6 Absatz 1 Buchstabe b
	Artikel 3 Absatz 3 Unterabsatz 2 zweiter Gedankenstrich			Artikel 6 Absatz 1 Buchstabe c
	Artikel 3 Absatz 3 Unterabsatz 2 dritter Gedankenstrich			Artikel 6 Absatz 1 Buchstabe a
	Artikel 3 Absatz 4 Unterabsatz 1 erster und zweiter Gedankenstrich			Artikel 7 Absatz 1
	Artikel 3 Absatz 4 Unterabsatz 2 erster, zweiter und dritter Gedankenstrich			Artikel 7 Absatz 2

Anhang 1a — EG-Richtlinien / Mehrwertsteuer-Systemrichtlinie

Richtlinie 67/227/EWG	Richtlinie 77/388/EWG	Änderungsrechtsakte	Andere Rechtsakte	Vorliegende Richtlinie
	Artikel 3 Absatz 5			Artikel 8
	Artikel 4 Absätze 1 und 2			Artikel 9 Absatz 1 Unterabsätze 1 und 2
	Artikel 4 Absatz 3 Buchstabe a Unterabsatz 1 Satz 1			Artikel 12 Absatz 1 Buchstabe a
	Artikel 4 Absatz 3 Buchstabe a Unterabsatz 1 Satz 2			Artikel 12 Absatz 2 Unterabsatz 2
	Artikel 4 Absatz 3 Buchstabe a Unterabsatz 2			Artikel 12 Absatz 2 Unterabsatz 3
	Artikel 4 Absatz 3 Buchstabe a Unterabsatz 3			Artikel 12 Absatz 2 Unterabsatz 1
	Artikel 4 Absatz 3 Buchstabe b Unterabsatz 1			Artikel 12 Absatz 1 Buchstabe b
	Artikel 4 Absatz 3 Buchstabe b Unterabsatz 2			Artikel 12 Absatz 3
	Artikel 4 Absatz 4 Unterabsatz 1			Artikel 10
	Artikel 4 Absatz 4 Unterabsätze 2 und 3			Artikel 11 Absätze 1 und 2
	Artikel 4 Absatz 5 Unterabsätze 1, 2 und 3			Artikel 13 Absatz 1 Unterabsätze 1, 2 und 3
	Artikel 4 Absatz 5 Unterabsatz 4			Artikel 13 Absatz 2
	Artikel 5 Absatz 1			Artikel 14 Absatz 1
	Artikel 5 Absatz 2			Artikel 15 Absatz 1
	Artikel 5 Absatz 3 Buchstaben a, b und c			Artikel 15 Absatz 2 Buchstaben a, b und c
	Artikel 5 Absatz 4 Buchstaben a, b und c			Artikel 14 Absatz 2 Buchstaben a, b und c
	Artikel 5 Absatz 5			Artikel 14 Absatz 3
	Artikel 5 Absatz 6 Sätze 1 und 2			Artikel 16 Absätze 1 und 2
	Artikel 5 Absatz 7 Buchstaben a, b und c			Artikel 18 Buchstaben a, b und c
	Artikel 5 Absatz 8 Satz 1			Artikel 19 Absatz 1
	Artikel 5 Absatz 8 Sätze 2 und 3			Artikel 19 Absatz 2
	Artikel 6 Absatz 1 Unterabsatz 1			Artikel 24 Absatz 1
	Artikel 6 Absatz 1 Unterabsatz 2 erster, zweiter und dritter Gedankenstrich			Artikel 25 Buchstaben a, b und c
	Artikel 6 Absatz 2 Unterabsatz 1 Buchstaben a und b			Artikel 26 Absatz 1 Buchstaben a und b

1928

EG-Richtlinien / Mehrwertsteuer-Systemrichtlinie — **Anhang 1a**

Richtlinie 67/227/EWG	Richtlinie 77/388/EWG	Änderungsrechtsakte	Andere Rechtsakte	Vorliegende Richtlinie
	Artikel 6 Absatz 2 Unterabsatz 2			Artikel 26 Absatz 2
	Artikel 6 Absatz 3			Artikel 27
	Artikel 6 Absatz 4			Artikel 28
	Artikel 6 Absatz 5			Artikel 29
	Artikel 7 Absatz 1 Buchstaben a und b			Artikel 30 Absätze 1 und 2
	Artikel 7 Absatz 2			Artikel 60
	Artikel 7 Absatz 3 Unterabsätze 1 und 2			Artikel 61 Absätze 1 und 2
	Artikel 8 Absatz 1 Buchstabe a Satz 1			Artikel 32 Absatz 1
	Artikel 8 Absatz 1 Buchstabe a Sätze 2 und 3			Artikel 36 Absätze 1 und 2
	Artikel 8 Absatz 1 Buchstabe b			Artikel 31
	Artikel 8 Absatz 1 Buchstabe c Unterabsatz 1			Artikel 37 Absatz 1
	Artikel 8 Absatz 1 Buchstabe c Unterabsatz 2 erster Gedankenstrich			Artikel 37 Absatz 2 Unterabsatz 1
	Artikel 8 Absatz 1 Buchstabe c Unterabsatz 2 zweiter und dritter Gedankenstrich			Artikel 37 Absatz 2 Unterabsätze 2 und 3
	Artikel 8 Absatz 1 Buchstabe c Unterabsatz 3			Artikel 37 Absatz 2 Unterabsatz 4
	Artikel 8 Absatz 1 Buchstabe c Unterabsatz 4			Artikel 37 Absatz 3 Unterabsatz 1
	Artikel 8 Absatz 1 Buchstabe c Unterabsatz 5			—
	Artikel 8 Absatz 1 Buchstabe c Unterabsatz 6			Artikel 37 Absatz 3 Unterabsatz 2
	Artikel 8 Absatz 1 Buchstabe d Unterabsätze 1 und 2			Artikel 38 Absätze 1 und 2
	Artikel 8 Absatz 1 Buchstabe e Satz 1			Artikel 39 Absatz 1
	Artikel 8 Absatz 1 Buchstabe e Sätze 2 und 3			Artikel 39 Absatz 2
	Artikel 8 Absatz 2			Artikel 32 Absatz 2
	Artikel 9 Absatz 1			Artikel 43
	Artikel 9 Absatz 2 einleitender Satzteil			—
	Artikel 9 Absatz 2 Buchstabe a			Artikel 45

Anhang 1a

EG-Richtlinien / Mehrwertsteuer-Systemrichtlinie

Richtlinie 67/227/EWG	Richtlinie 77/388/EWG	Änderungsrechtsakte	Andere Rechtsakte	Vorliegende Richtlinie
	Artikel 9 Absatz 2 Buchstabe b			Artikel 46
	Artikel 9 Absatz 2 Buchstabe c erster und zweiter Gedankenstrich			Artikel 52 Buchstaben a und b
	Artikel 9 Absatz 2 Buchstabe c dritter und vierter Gedankenstrich			Artikel 52 Buchstabe c
	Artikel 9 Absatz 2 Buchstabe e erster bis sechster Gedankenstrich			Artikel 56 Absatz 1 Buchstaben a bis f
	Artikel 9 Absatz 2 Buchstabe e siebter Gedankenstrich			Artikel 56 Absatz 1 Buchstabe 1
	Artikel 9 Absatz 2 Buchstabe e achter Gedankenstrich			Artikel 56 Absatz 1 Buchstabe g
	Artikel 9 Absatz 2 Buchstabe e neunter Gedankenstrich			Artikel 56 Absatz 1 Buchstabe h
	Artikel 9 Absatz 2 Buchstabe e zehnter Gedankenstrich Satz 1			Artikel 56 Absatz 1 Buchstabe i
	Artikel 9 Absatz 2 Buchstabe e zehnter Gedankenstrich Satz 2			Artikel 24 Absatz 2
	Artikel 9 Absatz 2 Buchstabe e zehnter Gedankenstrich Satz 3			Artikel 56 Absatz 1 Buchstabe i
	Artikel 9 Absatz 2 Buchstabe e elfter und zwölfter Gedankenstrich			Artikel 56 Absatz 1 Buchstaben j und k
	Artikel 9 Absatz 2 Buchstabe f			Artikel 57 Absatz 1
	Artikel 9 Absatz 3			Artikel 58 Absätze 1 und 2
	Artikel 9 Absatz 3 Buchstaben a und b			Artikel 58 Absatz 1 Buchstaben a und b
	Artikel 9 Absatz 4			Artikel 59 Absätze 1 und 2
	Artikel 10 Absatz 1 Buchstaben a und b			Artikel 62 Nummern 1 und 2
	Artikel 10 Absatz 2 Unterabsatz 1 Satz 1			Artikel 63
	Artikel 10 Absatz 2 Unterabsatz 1 Sätze 2 und 3			Artikel 64 Absätze 1 und 2
	Artikel 10 Absatz 2 Unterabsatz 2			Artikel 65
	Artikel 10 Absatz 2 Unterabsatz 3 erster, zweiter und dritter Gedankenstrich			Artikel 66 Buchstaben a, b und c

EG-Richtlinien / Mehrwertsteuer-Systemrichtlinie — Anhang 1a

Richtlinie 67/227/EWG	Richtlinie 77/388/EWG	Änderungsrechtsakte	Andere Rechtsakte	Vorliegende Richtlinie
	Artikel 10 Absatz 3 Unterabsatz 1 Satz 1			Artikel 70
	Artikel 10 Absatz 3 Unterabsatz 1 Satz 2			Artikel 71 Absatz 1 Unterabsatz 1
	Artikel 10 Absatz 3 Unterabsatz 2			Artikel 71 Absatz 1 Unterabsatz 2
	Artikel 10 Absatz 3 Unterabsatz 3			Artikel 71 Absatz 2
	Artikel 11 Teil A Absatz 1 Buchstabe a			Artikel 73
	Artikel 11 Teil A Absatz 1 Buchstabe b			Artikel 74
	Artikel 11 Teil A Absatz 1 Buchstabe c			Artikel 75
	Artikel 11 Teil A Absatz 1 Buchstabe d			Artikel 77
	Artikel 11 Teil A Absatz 2 Buchstabe a			Artikel 78 Absatz 1 Buchstabe a
	Artikel 11 Teil A Absatz 2 Buchstabe b Satz 1			Artikel 78 Absatz 1 Buchstabe b
	Artikel 11 Teil A Absatz 2 Buchstabe b Satz 2			Artikel 78 Absatz 2
	Artikel 11 Teil A Absatz 3 Buchstaben a und b			Artikel 79 Absatz 1 Buchstaben a und b Artikel 87 Buchstaben a und b
	Artikel 11 Teil A Absatz 3 Buchstabe c Satz 1			Artikel 79 Absatz 1 Buchstabe c
	Artikel 11 Teil A Absatz 3 Buchstabe c Satz 2			Artikel 79 Absatz 2
	Artikel 11 Teil A Absatz 4 Unterabsätze 1 und 2			Artikel 81 Absatz 1 und 2
	Artikel 11 Teil A Absatz 5			Artikel 82
	Artikel 11 Teil A Absatz 6 Unterabsatz 1 Sätze 1 und 2			Artikel 80 Absatz 1 Unterabsatz 1
	Artikel 11 Teil A Absatz 6 Unterabsatz 1 Satz 3			Artikel 80 Absatz 1 Unterabsatz 2
	Artikel 11 Teil A Absatz 6 Unterabsatz 2			Artikel 80 Absatz 1 Unterabsatz 1
	Artikel 11 Teil A Absatz 6 Unterabsatz 3			Artikel 80 Absatz 2
	Artikel 11 Teil A Absatz 6 Unterabsatz 4			Artikel 80 Absatz 3

Anhang 1a EG-Richtlinien / Mehrwertsteuer-Systemrichtlinie

Richtlinie 67/227/EWG	Richtlinie 77/388/EWG	Änderungsrechtsakte	Andere Rechtsakte	Vorliegende Richtlinie
	Artikel 11 Teil A Absatz 7 Unterabsätze 1 und 2			Artikel 72 Absätze 1 und 2
	Artikel 11 Teil B Absatz 1			Artikel 85
	Artikel 11 Teil B Absatz 3 Buchstabe a			Artikel 86 Absatz 1 Buchstabe a
	Artikel 11 Teil B Absatz 3 Buchstabe b Unterabsatz 1			Artikel 86 Absatz 1 Buchstabe b
	Artikel 11 Teil B Absatz 3 Buchstabe b Unterabsatz 2			Artikel 86 Absatz 2
	Artikel 11 Teil B Absatz 3 Buchstabe b Unterabsatz 3			Artikel 86 Absatz 1 Buchstabe b
	Artikel 11 Teil B Absatz 4			Artikel 87
	Artikel 11 Teil B Absatz 5			Artikel 88
	Artikel 11 Teil B Absatz 6 Unterabsätze 1 und 2			Artikel 89 Absätze 1 und 2
	Artikel 11 Teil C Absatz 1 Unterabsätze 1 und 2			Artikel 90 Absätze 1 und 2
	Artikel 11 Teil C Absatz 2 Unterabsatz 1			Artikel 91 Absatz 1
	Artikel 11 Teil C Absatz 2 Unterabsatz 2 Sätze 1 und 2			Artikel 91 Absatz 2 Unterabsätze 1 und 2
	Artikel 11 Teil C Absatz 3 erster und zweiter Gedankenstrich			Artikel 92 Buchstaben a und b
	Artikel 12 Absatz 1			Artikel 93 Absatz 1
	Artikel 12 Absatz 1 Buchstabe a			Artikel 93 Absatz 2 Buchstabe a
	Artikel 12 Absatz 1 Buchstabe b			Artikel 93 Absatz 2 Buchstabe c
	Artikel 12 Absatz 2 erster und zweiter Gedankenstrich			Artikel 95 Absätze 1 und 2
	Artikel 12 Absatz 3 Buchstabe a Unterabsatz 1 Satz 1			Artikel 96
	Artikel 12 Absatz 3 Buchstabe a Unterabsatz 1 Satz 2			Artikel 97 Absatz 1
	Artikel 12 Absatz 3 Buchstabe a Unterabsatz 2			Artikel 97 Absatz 2
	Artikel 12 Absatz 3 Buchstabe a Unterabsatz 3 Satz 1			Artikel 98 Absatz 1

Anhang 1a

Richtlinie 67/227/EWG	Richtlinie 77/388/EWG	Änderungsrechtsakte	Andere Rechtsakte	Vorliegende Richtlinie
	Artikel 12 Absatz 3 Buchstabe a Unterabsatz 3 Satz 2			Artikel 98 Absatz 2 Unterabsatz 1 Artikel 99 Absatz 1
	Artikel 12 Absatz 3 Buchstabe a Unterabsatz 4			Artikel 98 Absatz 2 Unterabsatz 2
	Artikel 12 Absatz 3 Buchstabe b Satz 1			Artikel 102 Absatz 1
	Artikel 12 Absatz 3 Buchstabe b Sätze 2, 3 und 4			Artikel 102 Absatz 2
	Artikel 12 Absatz 3 Buchstabe c Unterabsatz 1			Artikel 103 Absatz 1
	Artikel 12 Absatz 3 Buchstabe c Unterabsatz 2 erster und zweiter Gedankenstrich			Artikel 103 Absatz 2 Buchstaben a und b
	Artikel 12 Absatz 4 Unterabsatz 1			Artikel 99 Absatz 2
	Artikel 12 Absatz 4 Unterabsatz 2 Sätze 1 und 2			Artikel 100 Absätze 1 und 2
	Artikel 12 Absatz 4 Unterabsatz 3			Artikel 101
	Artikel 12 Absatz 5			Artikel 94 Absatz 2
	Artikel 12 Absatz 6			Artikel 105
	Artikel 13 Teil A Absatz 1 einleitender Satzteil			Artikel 131
	Artikel 13 Teil A Absatz 1 Buchstaben a bis n			Artikel 132 Absatz 1 Buchstaben a bis n
	Artikel 13 Teil A Absatz 1 Buchstabe o Satz 1			Artikel 132 Absatz 1 Buchstabe o
	Artikel 13 Teil A Absatz 1 Buchstabe o Satz 2			Artikel 132 Absatz 2
	Artikel 13 Teil A Absatz 1 Buchstaben p und q			Artikel 132 Absatz 1 Buchstaben p und q
	Artikel 13 Teil A Absatz 2 Buchstabe a erster bis vierter Gedankenstrich			Artikel 133 Absatz 1 Buchstaben a bis d
	Artikel 13 Teil A Absatz 2 Buchstabe b erster und zweiter Gedankenstrich			Artikel 134 Buchstaben a und b
	Artikel 13 Teil B einleitender Satzteil			Artikel 131
	Artikel 13 Teil B Buchstabe a			Artikel 135 Absatz 1 Buchstabe a
	Artikel 13 Teil B Buchstabe b Unterabsatz 1			Artikel 135 Absatz 1 Buchstabe l

1933

Anhang 1a — EG-Richtlinien / Mehrwertsteuer-Systemrichtlinie

Richtlinie 67/227/EWG	Richtlinie 77/388/EWG	Änderungsrechtsakte	Andere Rechtsakte	Vorliegende Richtlinie
	Artikel 13 Teil B Buchstabe b Unterabsatz 1 Nummern 1 bis 4			Artikel 135 Absatz 2 Unterabsatz 1 Buchstaben a bis d
	Artikel 13 Teil B Buchstabe b Unterabsatz 2			Artikel 135 Absatz 2 Unterabsatz 2
	Artikel 13 Teil B Buchstabe c			Artikel 136 Buchstaben a und b
	Artikel 13 Teil B Buchstabe d			—
	Artikel 13 Teil B Buchstabe d Nummern 1 bis 5			Artikel 135 Absatz 1 Buchstaben b bis f
	Artikel 13 Teil B Buchstabe d Nummer 5 erster und zweiter Gedankenstrich			Artikel 135 Absatz 1 Buchstabe f
	Artikel 13 Teil B Buchstabe d Nummer 6			Artikel 135 Absatz 1 Buchstabe g
	Artikel 13 Teil B Buchstaben e bis h)			Artikel 135 Absatz 1 Buchstaben h bis k
	Artikel 13 Teil C Absatz 1 Buchstabe a			Artikel 137 Absatz 1 Buchstabe d
	Artikel 13 Teil C Absatz 1 Buchstabe b			Artikel 137 Absatz 1 Buchstaben a, b und c
	Artikel 13 Teil C Absatz 2			Artikel 137 Absatz 2 Unterabsätze 1 und 2
	Artikel 14 Absatz 1 einleitender Satzteil			Artikel 131
	Artikel 14 Absatz 1 Buchstabe a			Artikel 143 Buchstabe a
	Artikel 14 Absatz 1 Buchstabe d Unterabsätze 1 und 2			Artikel 143 Buchstaben b und c
	Artikel 14 Absatz 1 Buchstabe e			Artikel 143 Buchstabe e
	Artikel 14 Absatz 1 Buchstabe g erster bis vierter Gedankenstrich			Artikel 143 Buchstaben f bis i
	Artikel 14 Absatz 1 Buchstabe h			Artikel 143 Buchstabe j
	Artikel 14 Absatz 1 Buchstabe i			Artikel 144
	Artikel 14 Absatz 1 Buchstabe j			Artikel 143 Buchstabe k
	Artikel 14 Absatz 1 Buchstabe k			Artikel 143 Buchstabe l
	Artikel 14 Absatz 2 Unterabsatz 1			Artikel 145 Absatz 1
	Artikel 14 Absatz 2 Unterabsatz 2 erster, zweiter und dritter Gedankenstrich			Artikel 145 Absatz 2 Unterabsätze 1, 2 und 3
	Artikel 14 Absatz 2 Unterabsatz 3			Artikel 145 Absatz 3
	Artikel 15 einleitender Satzteil			Artikel 131

Anhang 1a

Richtlinie 67/227/EWG	Richtlinie 77/388/EWG	Änderungsrechtsakte	Andere Rechtsakte	Vorliegende Richtlinie
	Artikel 15 Nummer 1			Artikel 146 Absatz 1 Buchstabe a
	Artikel 15 Nummer 2 Unterabsatz 1			Artikel 146 Absatz 1 Buchstabe b
	Artikel 15 Nummer 2 Unterabsatz 2 erster und zweiter Gedankenstrich			Artikel 147 Absatz 1 Unterabsatz 1 Buchstaben a und b
	Artikel 15 Nummer 2 Unterabsatz 2 dritter Gedankenstrich erster Satzteil			Artikel 147 Absatz 1 Unterabsatz 1 Buchstabe c
	Artikel 15 Nummer 2 Unterabsatz 2 dritter Gedankenstrich zweiter Satzteil			Artikel 147 Absatz 1 Unterabsatz 2
	Artikel 15 Nummer 2 Unterabsatz 3 erster und zweiter Gedankenstrich			Artikel 147 Absatz 2 Unterabsätze 1 und 2
	Artikel 15 Nummer 2 Unterabsatz 4			Artikel 147 Absatz 2 Unterabsatz 3
	Artikel 15 Nummer 3			Artikel 146 Absatz 1 Buchstabe d
	Artikel 15 Nummer 4 Unterabsatz 1 Buchstaben a und b			Artikel 148 Buchstabe a
	Artikel 15 Nummer 4 Unterabsatz 1 Buchstabe c			Artikel 148 Buchstabe b
	Artikel 15 Nummer 4 Unterabsatz 2 Sätze 1 und 2			Artikel 150 Absätze 1 und 2
	Artikel 15 Nummer 5			Artikel 148 Buchstabe c
	Artikel 15 Nummer 6			Artikel 148 Buchstabe f
	Artikel 15 Nummer 7			Artikel 148 Buchstabe e
	Artikel 15 Nummer 8			Artikel 148 Buchstabe d
	Artikel 15 Nummer 9			Artikel 148 Buchstabe g
	Artikel 15 Nummer 10 Unterabsatz 1 erster bis vierter Gedankenstrich			Artikel 151 Absatz 1 Unterabsatz 1 Buchstaben a bis d
	Artikel 15 Nummer 10 Unterabsatz 2			Artikel 151 Absatz 1 Unterabsatz 2
	Artikel 15 Nummer 10 Unterabsatz 3			Artikel 151 Absatz 2
	Artikel 15 Nummer 11			Artikel 152
	Artikel 15 Nummer 12 Satz 1			Artikel 146 Absatz 1 Buchstabe c
	Artikel 15 Nummer 12 Satz 2			Artikel 146 Absatz 2

Anhang 1a — EG-Richtlinien / Mehrwertsteuer-Systemrichtlinie

Richtlinie 67/227/EWG	Richtlinie 77/388/EWG	Änderungsrechtsakte	Andere Rechtsakte	Vorliegende Richtlinie
	Artikel 15 Nummer 13			Artikel 146 Absatz 1 Buchstabe e
	Artikel 15 Nummer 14 Unterabsätze 1 und 2			Artikel 153 Absätze 1 und 2
	Artikel 15 Nummer 15			Artikel 149
	Artikel 16 Absatz 1			—
	Artikel 16 Absatz 2			Artikel 164 Absatz 1
	Artikel 16 Absatz 3			Artikel 166
	Artikel 17 Absatz 1			Artikel 167
	Artikel 17 Absätze 2, 3 und 4			—
	Artikel 17 Absatz 5 Unterabsätze 1 und 2			Artikel 173 Absatz 1 Unterabsatz 1 und 2
	Artikel 17 Absatz 5 Unterabsatz 3 Buchstaben a bis e			Artikel 173 Absatz 2 Buchstaben a bis e
	Artikel 17 Absatz 6			Artikel 176
	Artikel 17 Absatz 7 Sätze 1 und 2			Artikel 177 Absätze 1 und 2
	Artikel 18 Absatz 1			—
	Artikel 18 Absatz 2 Unterabsätze 1			Artikel 179 Absatz 1 und 2
	Artikel 18 Absatz 3			Artikel 180
	Artikel 18 Absatz 4 Unterabsätze 1			Artikel 183 Absätze 1 und 2
	Artikel 19 Absatz 1 Unterabsatz 1 erster Gedankenstrich			Artikel 174 Absatz 1 Unterabsatz 1 Buchstabe a
	Artikel 19 Absatz 1 Unterabsatz 1			Artikel 174 Absatz 1 Unterabsatz 1 Buchstabe b
	Artikel 19 Absatz 1 Unterabsatz 1 zweiter Gedankenstrich Satz 2			Artikel 174 Absatz 1 Unterabsatz 2
	Artikel 19 Absatz 1 Unterabsatz 2			Artikel 175 Absatz 1
	Artikel 19 Absatz 2 Satz 1			Artikel 174 Absatz 2 Buchstabe a
	Artikel 19 Absatz 2 Satz 2			Artikel 174 Absatz 2 Buchstaben b und c
	Artikel 19 Absatz 2 Satz 3			Artikel 174 Absatz 3

Anhang 1a

Richtlinie 67/227/EWG	Richtlinie 77/388/EWG	Änderungsrechtsakte	Andere Rechtsakte	Vorliegende Richtlinie
	Artikel 19 Absatz 3 Unterabsatz 1 Sätze 1 und 2			Artikel 175 Absatz 2 Unterabsatz 1
	Artikel 19 Absatz 3 Unterabsatz 1 Satz 3			Artikel 175 Absatz 2 Unterabsatz 2
	Artikel 19 Absatz 3 Unterabsatz 2			Artikel 175 Absatz 3
	Artikel 20 Absatz 1 einleitender Satzteil			Artikel 186
	Artikel 20 Absatz 1 Buchstabe a			Artikel 184
	Artikel 20 Absatz 1 Buchstabe b Satz 1 erster Satzteil			Artikel 185 Absatz 1
	Artikel 20 Absatz 1 Buchstabe b Satz 1 zweiter Satzteil			Artikel 185 Absatz 2 Unterabsatz 1
	Artikel 20 Absatz 1 Buchstabe b Satz 2			Artikel 185 Absatz 2 Unterabsatz 2
	Artikel 20 Absatz 2 Unterabsatz 1 Satz 1			Artikel 187 Absatz 1 Unterabsatz 1
	Artikel 20 Absatz 2 Unterabsatz 1 Sätze 2 und 3			Artikel 187 Absatz 2 Unterabsätze 1 und 2
	Artikel 20 Absatz 2 Unterabsätze 2 und 3			Artikel 187 Absatz 1 Unterabsätze 2 und 3
	Artikel 20 Absatz 3 Unterabsatz 1 Satz 1			Artikel 188 Absatz 1 Unterabsatz 1
	Artikel 20 Absatz 3 Unterabsatz 1 Satz 2			Artikel 188 Absatz 1 Unterabsätze 2 und 3
	Artikel 20 Absatz 3 Unterabsatz 1 Satz 3			Artikel 188 Absatz 2
	Artikel 20 Absatz 3 Unterabsatz 2			Artikel 188 Absatz 2
	Artikel 20 Absatz 4 Unterabsatz 1 erster bis vierter Gedankenstrich			Artikel 189 Buchstaben a bis d
	Artikel 20 Absatz 4 Unterabsatz 2			Artikel 190
	Artikel 20 Absatz 5			Artikel 191
	Artikel 20 Absatz 6			Artikel 192
	Artikel 21			—
	Artikel 22			—
	Artikel 22a			Artikel 249

Anhang 1a — EG-Richtlinien / Mehrwertsteuer-Systemrichtlinie

Richtlinie 67/227/EWG	Richtlinie 77/388/EWG	Änderungsrechtsakte	Andere Rechtsakte	Vorliegende Richtlinie
	Artikel 23 Absatz 1			Artikel 211 Absatz 1 Artikel 260
	Artikel 23 Absatz 2			Artikel 211 Absatz 2
	Artikel 24 Absatz 1			Artikel 281
	Artikel 24 Absatz 2 einleitender Satzteil			Artikel 292
	Artikel 24 Absatz 2 Buchstabe a Unterabsatz 1			Artikel 284 Absatz 1
	Artikel 24 Absatz 2 Buchstabe a Unterabsätze 2 und 3			Artikel 284 Absatz 2 Unterabsätze 1 und 2
	Artikel 24 Absatz 2 Buchstabe b Sätze 1 und 2			Artikel 285 Absätze 1 und 2
	Artikel 24 Absatz 2 Buchstabe c			Artikel 286
	Artikel 24 Absatz 3 Unterabsatz 1			Artikel 282
	Artikel 24 Absatz 3 Unterabsatz 2 Satz 1			Artikel 283 Absatz 2
	Artikel 24 Absatz 3 Unterabsatz 2 Satz 2			Artikel 283 Absatz 1 Buchstabe a
	Artikel 24 Absatz 4 Unterabsatz 1			Artikel 288 Absatz 1 Nummern 1 bis 4
	Artikel 24 Absatz 4 Unterabsatz 2			Artikel 288 Absatz 2
	Artikel 24 Absatz 5			Artikel 289
	Artikel 24 Absatz 6			Artikel 290
	Artikel 24 Absatz 7			Artikel 291
	Artikel 24 Absatz 8 Buchstaben a, b und c			Artikel 293 Nummern 1, 2 und 3
	Artikel 24 Absatz 9			Artikel 294
	Artikel 24a Absatz 1 erster bis zehnter Gedankenstrich			Artikel 287 Nummern 7 bis 16
	Artikel 24a Absatz 2			—
	Artikel 25 Absatz 1			Artikel 296 Absatz 1
	Artikel 25 Absatz 2 erster bis achter Gedankenstrich			Artikel 295 Absatz 1 Nummern 1 bis 8
	Artikel 25 Absatz 3 Unterabsatz 1 Satz 1			Artikel 297 Absatz 1 Satz 1 und Absatz 2

Anhang 1a

Richtlinie 67/227/EWG	Richtlinie 77/388/EWG	Änderungsrechtsakte	Andere Rechtsakte	Vorliegende Richtlinie
	Artikel 25 Absatz 3 Unterabsatz 1 Satz 2			Artikel 298 Absatz 1
	Artikel 25 Absatz 3 Unterabsatz 1 Satz 3			Artikel 299
	Artikel 25 Absatz 3 Unterabsatz 1 Sätze 4 und 5			Artikel 298 Absatz 2
	Artikel 25 Absatz 3 Unterabsatz 2			Artikel 297 Absatz 1 Satz 2
	Artikel 25 Absatz 4 Unterabsatz 1			Artikel 272 Absatz 1 Unterabsatz 1 Buchstabe e
	Artikel 25 Absätze 5 und 6			—
	Artikel 25 Absatz 7			Artikel 304
	Artikel 25 Absatz 8			Artikel 301 Absatz 2
	Artikel 25 Absatz 9			Artikel 296 Absatz 2
	Artikel 25 Absatz 10			Artikel 296 Absatz 3
	Artikel 25 Absätze 11 und 12			—
	Artikel 26 Absatz 1 Sätze 1 und 2			Artikel 306 Absatz 1 Unterabsätze 1 und 2
	Artikel 26 Absatz 1 Satz 3			Artikel 306 Absatz 2
	Artikel 26 Absatz 2 Sätze 1 und 2			Artikel 307 Absätze 1 und 2
	Artikel 26 Absatz 2 Satz 3			Artikel 308
	Artikel 26 Absatz 3 Sätze 1 und 2			Artikel 309 Absätze 1 und 2
	Artikel 26 Absatz 4			Artikel 310
	Artikel 26a Teil A Buchstabe a Unterabsatz 1			Artikel 311 Absatz 1 Nummer 2
	Artikel 26a Teil A Buchstabe a Unterabsatz 2			Artikel 311 Absatz 2
	Artikel 26a Teil A Buchstaben b und c			Artikel 311 Absatz 1 Nummern 3 und 4
	Artikel 26a Teil A Buchstabe d			Artikel 311 Absatz 1 Nummer 1
	Artikel 26a Teil A Buchstaben e und f			Artikel 311 Absatz 1 Nummern 5 und 6
	Artikel 26a Teil A Buchstabe g einleitender Satzteil			Artikel 311 Absatz 1 Nummer 7

Anhang 1a — EG-Richtlinien / Mehrwertsteuer-Systemrichtlinie

Richtlinie 67/227/EWG	Richtlinie 77/388/EWG	Änderungsrechtsakte	Andere Rechtsakte	Vorhergehende Richtlinie
	Artikel 26a Teil A Buchstabe g erster bis vierter Gedankenstrich			Artikel 311 Absatz 3
	Artikel 26a Teil B Absatz 1			Artikel 313 Absatz 1
	Artikel 26a Teil B Absatz 2			Artikel 314
	Artikel 26a Teil B Absatz 2 erster und zweiter Gedankenstrich			Artikel 314 Buchstaben a bis d
	Artikel 26a Teil B Absatz 3 Unterabsatz 1 Sätze 1 und 2			Artikel 315 Absätze 1 und 2
	Artikel 26a Teil B Absatz 3 Unterabsatz 2			Artikel 312
	Artikel 26a Teil B Absatz 3 Unterabsatz 2 erster und zweiter Gedankenstrich			Artikel 312 Nummern 1 und 2
	Artikel 26a Teil B Absatz 4 Unterabsatz 1			Artikel 316 Absatz 1
	Artikel 26a Teil B Absatz 4 Unterabsatz 1 Buchstaben a, b und c			Artikel 316 Absatz 1 Buchstaben a, b und c
	Artikel 26a Teil B Absatz 4 Unterabsatz 2			Artikel 316 Absatz 2
	Artikel 26a Teil B Absatz 4 Unterabsatz 3 Sätze 1 und 2			Artikel 317 Absätze 1 und 2
	Artikel 26a Teil B Absatz 5			Artikel 321
	Artikel 26a Teil B Absatz 6			Artikel 323
	Artikel 26a Teil B Absatz 7			Artikel 322
	Artikel 26a Teil B Absatz 7 Buchstaben a, b und c			Artikel 322 Buchstaben a, b und c
	Artikel 26a Teil B Absatz 8			Artikel 324
	Artikel 26a Teil B Absatz 9			Artikel 325
	Artikel 26a Teil B Absatz 10 Unterabsätze 1 und 2			Artikel 318 Absatz 1 Unterabsätze 1 und 2
	Artikel 26a Teil B Absatz 10 Unterabsatz 3 erster und zweiter Gedankenstrich			Artikel 318 Absatz 2 Buchstaben a und b
	Artikel 26a Teil B Absatz 10 Unterabsatz 4			Artikel 318 Absatz 3
	Artikel 26a Teil B Absatz 11 Unterabsatz 1			Artikel 319
	Artikel 26a Teil B Absatz 11 Unterabsatz 2 Buchstabe a			Artikel 320 Absatz 1 Unterabsatz 1

EG-Richtlinien / Mehrwertsteuer-Systemrichtlinie **Anhang 1a**

Richtlinie 67/227/EWG	Richtlinie 77/388/EWG	Änderungsrechtsakte	Andere Rechtsakte	Vorliegende Richtlinie
	Artikel 26a Teil B Absatz 11 Unterabsatz 2 Buchstaben b und c			Artikel 320 Absatz 1 Unterabsatz 2
	Artikel 26a Teil B Absatz 11 Unterabsatz 3			Artikel 320 Absatz 2
	Artikel 26a Teil C Absatz 1 einleitender Satzteil			Artikel 333 Absatz 1 Artikel 334
	Artikel 26a Teil C Absatz 1 erster bis vierter Gedankenstrich			Artikel 334 Buchstaben a bis d
	Artikel 26a Teil C Absatz 2 erster und zweiter Gedankenstrich			Artikel 336 Buchstaben a und b
	Artikel 26a Teil C Absatz 3			Artikel 337
	Artikel 26a Teil C Absatz 4 Unterabsatz 1 erster, zweiter und dritter Gedankenstrich			Artikel 339 Absatz 1 Buchstaben a, b und c
	Artikel 26a Teil C Absatz 4 Unterabsatz 2			Artikel 339 Absatz 2
	Artikel 26a Teil C Absatz 5 Unterabsätze 1 und 2			Artikel 340 Absatz 1 Unterabsätze 1 und 2
	Artikel 26a Teil C Absatz 5 Unterabsatz 3			Artikel 340 Absatz 2
	Artikel 26a Teil C Absatz 6 Unterabsatz 1 erster und zweiter Gedankenstrich			Artikel 338 Absatz 1 Buchstaben a und b
	Artikel 26a Teil C Absatz 6 Unterabsatz 2			Artikel 338 Absatz 2
	Artikel 26a Teil C Absatz 7			Artikel 335
	Artikel 26a Teil D einleitender Satzteil			—
	Artikel 26a Teil D Buchstabe a			Artikel 313 Absatz 2 Artikel 333 Absatz 2
	Artikel 26a Teil D Buchstabe b			Artikel 4 Buchstaben a und c
	Artikel 26a Teil D Buchstabe c			Artikel 35 Artikel 139 Absatz 3 Absatz 1
	Artikel 26b Teil A Absatz 1 Ziffer i Satz 1			Artikel 344 Absatz 1 Nummer 1
	Artikel 26b Teil A Absatz 1 Ziffer i Satz 2			Artikel 344 Absatz 2
	Artikel 26b Teil A Absatz 1 Ziffer ii erster bis vierter Gedankenstrich			Artikel 344 Absatz 1 Nummer 2

Anhang 1a EG-Richtlinien / Mehrwertsteuer-Systemrichtlinie

Richtlinie 67/227/EWG	Richtlinie 77/388/EWG	Änderungsrechtsakte	Andere Rechtsakte	Vorliegende Richtlinie
	Artikel 26b Teil A Absatz 2			Artikel 344 Absatz 3
	Artikel 26b Teil A Absatz 3			Artikel 345
	Artikel 26b Teil B Absatz 1			Artikel 346
	Artikel 26b Teil B Absatz 2			Artikel 347
	Artikel 26b Teil C Absatz 1			Artikel 348
	Artikel 26b Teil C Absatz 2 Sätze 1 und 2			Artikel 349 Absatz 1 und 2
	Artikel 26b Teil C Absatz 3			Artikel 350
	Artikel 26b Teil C Absatz 4			Artikel 351
	Artikel 26b Teil D Absatz 1 Buchstaben a, b und c			Artikel 354 Buchstaben a, b und c
	Artikel 26b Teil D Absatz 2			Artikel 355
	Artikel 26b Teil E Absätze 1 und 2			Artikel 356 Absatz 1 Unterabsätze 1 und 2
	Artikel 26b Teil E Absätze 3 und 4			Artikel 356 Absätze 2 und 3
	Artikel 26b Teil F Satz 1			Artikel 198 Absätze 2 und 3
	Artikel 26b Teil F Satz 2			Artikeln 208 und 255
	Artikel 26b Teil G Absatz 1 Unterabsatz 1			Artikel 352
	Artikel 26b Teil G Absatz 1 Unterabsatz 2			—
	Artikel 26b Teil G Absatz 2 Buchstabe a			Artikel 353
	Artikel 26b Teil G Absatz 2 Buchstabe b Sätze 1 und 2			Artikel 198 Absätze 1 und 3
	Artikel 26c Teil A Buchstaben a bis e			Artikel 358 Nummern 1 bis 5
	Artikel 26c Teil B Absatz 1			Artikel 359
	Artikel 26c Teil B Absatz 2 Unterabsatz 1			Artikel 360
	Artikel 26c Teil B Absatz 2 Unterabsatz 2 erster Teil Satz 1			Artikel 361 Absatz 1
	Artikel 26c Teil B Absatz 2 Unterabsatz 2 zweiter Teil Satz 1			Artikel 361 Absatz 1 Buchstaben a bis e

EG-Richtlinien / Mehrwertsteuer-Systemrichtlinie — Anhang 1a

Richtlinie 67/227/EWG	Richtlinie 77/388/EWG	Änderungsrechtsakte	Andere Rechtsakte	Vorliegende Richtlinie
	Artikel 26c Teil B Absatz 2 Unterabsatz 2 Satz 2			Artikel 361 Absatz 2
	Artikel 26c Teil B Absatz 3 Unterabsätze 1 und 2			Artikel 362
	Artikel 26c Teil B Absatz 4 Buchstaben a bis d			Artikel 363 Buchstaben a bis d
	Artikel 26c Teil B Absatz 5 Unterabsatz 1			Artikel 364
	Artikel 26c Teil B Absatz 5 Unterabsatz 2			Artikel 365
	Artikel 26c Teil B Absatz 6 Satz 1			Artikel 366 Absatz 1 Unterabsatz 1
	Artikel 26c Teil B Absatz 6 Sätze 2 und 3			Artikel 366 Absatz 1 Unterabsatz 2
	Artikel 26c Teil B Absatz 6 Satz 4			Artikel 366 Absatz 2
	Artikel 26c Teil B Absatz 7 Satz 1			Artikel 367 Absatz 1
	Artikel 26c Teil B Absatz 7 Sätze 2 und 3			Artikel 367 Absatz 2
	Artikel 26c Teil B Absatz 8			Artikel 368
	Artikel 26c Teil B Absatz 9 Satz 1			Artikel 369 Absatz 1
	Artikel 26c Teil B Absatz 9 Sätze 2 und 3			Artikel 369 Absatz 2 Unterabsätze 1 und 2
	Artikel 26c Teil B Absatz 10			Artikel 204 Absatz 1 Unterabsatz 3
	Artikel 27 Absatz 1 Sätze 1 und 2			Artikel 395 Absatz 1 Unterabsätze 1 und 2
	Artikel 27 Absatz 2 Sätze 1 und 2			Artikel 395 Absatz 2 Unterabsatz 1
	Artikel 27 Absatz 2 Satz 3			Artikel 395 Absatz 2 Unterabsatz 2
	Artikel 27 Absätze 3 und 4			Artikel 395 Absätze 3 und 4
	Artikel 27 Absatz 5			Artikel 394
	Artikel 28 Absätze 1 und 1a			—
	Artikel 28 Absatz 2 einleitender Satzteil			Artikel 109
	Artikel 28 Absatz 2 Buchstabe a Unterabsatz 1			Artikel 110 Absätze 1 und 2
	Artikel 28 Absatz 2 Buchstabe a Unterabsatz 2			—

1943

Anhang 1a — EG-Richtlinien / Mehrwertsteuer-Systemrichtlinie

Richtlinie 67/227/EWG	Richtlinie 77/388/EWG	Änderungsrechtsakte	Andere Rechtsakte	Vorliegende Richtlinie
	Artikel 28 Absatz 2 Buchstabe a Unterabsatz 3 Satz 1			Artikel 112 Absatz 1
	Artikel 28 Absatz 2 Buchstabe a Unterabsatz 3 Sätze 2 und 3			Artikel 112 Absatz 2
	Artikel 28 Absatz 2 Buchstabe b			Artikel 113
	Artikel 28 Absatz 2 Buchstabe c Satz 1			Artikel 114 Absatz 1 Unterabsätze 1 und 2
	Artikel 28 Absatz 2 Buchstabe c Satz 3			Artikel 114 Absatz 2
	Artikel 28 Absatz 2 Buchstabe d			Artikel 115
	Artikel 28 Absatz 2 Buchstabe e Unterabsätze 1 und 2			Artikel 118 Absätze 1 und 2
	Artikel 28 Absatz 2 Buchstabe f			Artikel 120
	Artikel 28 Absatz 2 Buchstabe g			—
	Artikel 28 Absatz 2 Buchstabe h Unterabsätze 1 und 2			Artikel 121 Absätze 1 und 2
	Artikel 28 Absatz 2 Buchstabe i			Artikel 122
	Artikel 28 Absatz 2 Buchstabe j			Artikel 117 Absatz 2
	Artikel 28 Absatz 2 Buchstabe k			Artikel 116
	Artikel 28 Absatz 3 Buchstabe a			Artikel 370
	Artikel 28 Absatz 3 Buchstabe b			Artikel 371
	Artikel 28 Absatz 3 Buchstabe c			Artikel 391
	Artikel 28 Absatz 3 Buchstabe d			Artikel 372
	Artikel 28 Absatz 3 Buchstabe e			Artikel 373
	Artikel 28 Absatz 3 Buchstabe f			Artikel 392
	Artikel 28 Absatz 3 Buchstabe g			Artikel 374
	Artikel 28 Absatz 3a			Artikel 376
	Artikel 28 Absätze 4 und 5			Artikel 393 Absätze 1 und 2
	Artikel 28 Absatz 6 Unterabsatz 1 Satz 1			Artikel 106 Absätze 1 und 2

EG-Richtlinien / Mehrwertsteuer-Systemrichtlinie — Anhang 1a

Richtlinie 67/227/EWG	Richtlinie 77/388/EWG	Änderungsrechtsakte	Andere Rechtsakte	Vorliegende Richtlinie
	Artikel 28 Absatz 6 Unterabsatz 1 Satz 2			Artikel 106 Absatz 3
	Artikel 28 Absatz 6 Unterabsatz 2 Buchstaben a, b und c			Artikel 107 Absatz 1 Buchstaben a, b und c
	Artikel 28 Absatz 6 Unterabsatz 2 Buchstabe d			Artikel 107 Absatz 2
	Artikel 28 Absatz 6 Unterabsatz 3			Artikel 107 Absatz 2
	Artikel 28 Absatz 6 Unterabsatz 4 Buchstaben a, b und c			Artikel 108 Buchstaben a, b und c
	Artikel 28 Absatz 6 Unterabsätze 5 und 6			—
	Artikel 28a Absatz 1 einleitender Satzteil			Artikel 2 Absatz 1
	Artikel 28a Absatz 1 Buchstabe a Unterabsatz 1			Artikel 2 Absatz 1 Buchstabe b Ziffer i
	Artikel 28a Absatz 1 Buchstabe a Unterabsatz 2			Artikel 3 Absatz 1
	Artikel 28a Absatz 1 Buchstabe a Unterabsatz 3			Artikel 3 Absatz 3
	Artikel 28a Absatz 1 Buchstabe b			Artikel 2 Absatz 1 Buchstabe b Ziffer ii
	Artikel 28a Absatz 1 Buchstabe c			Artikel 2 Absatz 1 Buchstabe b Ziffer iii
	Artikel 28a Absatz 1a Buchstabe a			Artikel 3 Absatz 1 Buchstabe a
	Artikel 28a Absatz 1a Buchstabe b Unterabsatz 1 erster Gedankenstrich			Artikel 3 Absatz 1 Buchstabe b
	Artikel 28a Absatz 1a Buchstabe b Unterabsatz 1 zweiter und dritter Gedankenstrich			Artikel 3 Absatz 2 Unterabsatz 1 Buchstaben a und b
	Artikel 28a Absatz 1a Buchstabe b Unterabsatz 2			Artikel 3 Absatz 2 Unterabsatz 2
	Artikel 28a Absatz 2 einleitender Satzteil			—
	Artikel 28a Absatz 2 Buchstabe a			Artikel 2 Absatz 2 Buchstabe a Ziffern i, ii und iii
	Artikel 28a Absatz 2 Buchstabe b Unterabsatz 1			Artikel 2 Absatz 2 Buchstabe b
	Artikel 28a Absatz 2 Buchstabe b Unterabsatz 1 erster und zweiter Gedankenstrich			Artikel 2 Absatz 2 Buchstabe b Ziffern i, ii und iii

1945

Anhang 1a — EG-Richtlinien / Mehrwertsteuer-Systemrichtlinie

Richtlinie 67/227/EWG	Richtlinie 77/388/EWG	Änderungsrechtsakte	Andere Rechtsakte	Vorliegende Richtlinie
	Artikel 28a Absatz 2 Buchstabe b Unterabsatz 2			Artikel 2 Absatz 2 Buchstabe c
	Artikel 28a Absatz 3 Unterabsätze 1 und 2			Artikel 20 Absätze 1 und 2
	Artikel 28a Absatz 4 Unterabsatz 1			Artikel 9 Absatz 2
	Artikel 28a Absatz 4 Unterabsatz 2 erster Gedankenstrich			Artikel 172 Absatz 1 Unterabsatz 2
	Artikel 28a Absatz 4 Unterabsatz 2 zweiter Gedankenstrich			Artikel 172 Absatz 1 Unterabsatz 1
	Artikel 28a Absatz 4 Unterabsatz 3			Artikel 172 Absatz 2
	Artikel 28a Absatz 5 Buchstabe b Unterabsatz 1			Artikel 17 Absatz 1 Unterabsatz 1
	Artikel 28a Absatz 5 Buchstabe b Unterabsatz 2			Artikel 17 Absatz 1 Unterabsatz 2 und Absatz 2 einleitender Satzteil
	Artikel 28a Absatz 5 Buchstabe b Unterabsatz 2 erster Gedankenstrich			Artikel 17 Absatz 2 Buchstaben a und b
	Artikel 28a Absatz 5 Buchstabe b Unterabsatz 2 zweiter Gedankenstrich			Artikel 17 Absatz 2 Buchstabe c
	Artikel 28a Absatz 5 Buchstabe b Unterabsatz 2 dritter Gedankenstrich			Artikel 17 Absatz 2 Buchstabe e
	Artikel 28a Absatz 5 Buchstabe b Unterabsatz 2 fünfter, sechster und siebter Gedankenstrich			Artikel 17 Absatz 2 Buchstaben f, g und h
	Artikel 28a Absatz 5 Buchstabe b Unterabsatz 2 achter Gedankenstrich			Artikel 17 Absatz 2 Buchstabe d
	Artikel 28a Absatz 5 Buchstabe b Unterabsatz 3			Artikel 17 Absatz 3
	Artikel 28a Absatz 6 Unterabsatz 1			Artikel 21
	Artikel 28a Absatz 6 Unterabsatz 2			Artikel 22
	Artikel 28a Absatz 7			Artikel 23
	Artikel 28b Teil A Absatz 1			Artikel 40
	Artikel 28b Teil A Absatz 2 Unterabsätze 1 und 2			Artikel 41 Absätze 1 und 2
	Artikel 28b Teil A Absatz 2 Unterabsatz 3 erster und zweiter Gedankenstrich			Artikel 42 Buchstaben a und b

Anhang 1a

Richtlinie 67/227/EWG	Richtlinie 77/388/EWG	Änderungsrechtsakte	Andere Rechtsakte	Vorliegende Richtlinie
	Artikel 28b Teil B Absatz 1 Unterabsatz 1 erster und zweiter Gedankenstrich Satz 2			Artikel 33 Absatz 1 Buchstaben a und b
	Artikel 28b Teil B Absatz 1 Unterabsatz 2			Artikel 33 Absatz 2
	Artikel 28b Teil B Absatz 2 Unterabsatz 1			Artikel 34 Absatz 1 Buchstabe a
	Artikel 28b Teil B Absatz 2 Unterabsatz 1 erster und zweiter Gedankenstrich			Artikel 34 Absatz 1 Buchstaben b und c
	Artikel 28b Teil B Absatz 2 Unterabsatz 2 Sätze 1 und 2			Artikel 34 Absatz 2 Unterabsätze 1 und 2
	Artikel 28b Teil B Absatz 2 Unterabsatz 3 Satz 1			Artikel 34 Absatz 3
	Artikel 28b Teil B Absatz 2 Unterabsatz 3 Sätze 2 und 3			—
	Artikel 28b Teil B Absatz 3 Unterabsätze 1 und 2			Artikel 34 Absatz 4 Unterabsätze 1 und 2
	Artikel 28b Teil C Absatz 1 erster Gedankenstrich Unterabsatz 1			Artikel 48 Absatz 1
	Artikel 28b Teil C Absatz 1 erster Gedankenstrich Unterabsatz 2			Artikel 49
	Artikel 28b Teil C Absatz 1 zweiter und dritter Gedankenstrich			Artikel 48 Absätze 2 und 3
	Artikel 28b Teil C Absätze 2 und 3			Artikel 47 Absätze 1 und 2
	Artikel 28b Teil C Absatz 4			Artikel 51
	Artikel 28b Teil D			Artikel 53
	Artikel 28b Teil E Absatz 1 Unterabsätze 1 und 2			Artikel 50 Absätze 1 und 2
	Artikel 28b Teil E Absatz 2 Unterabsätze 1 und 2			Artikel 54 Absätze 1 und 2
	Artikel 28b Teil E Absatz 3 Unterabsätze 1 und 2			Artikel 44 Absätze 1 und 2
	Artikel 28b Teil F Absätze 1 und 2			Artikel 55 Absätze 1 und 2
	Artikel 28c Teil A einleitender Satzteil			Artikel 131
	Artikel 28c Teil A Buchstabe a Unterabsatz 1			Artikel 138 Absatz 1

Anhang 1a EG-Richtlinien / Mehrwertsteuer-Systemrichtlinie

Richtlinie 67/227/EWG	Richtlinie 77/388/EWG	Änderungsrechtsakte	Andere Rechtsakte	Vorliegende Richtlinie
	Artikel 28c Teil A Buchstabe a Unterabsatz 2			Artikel 139 Absatz 1 Unterabsätze 1 und 2
	Artikel 28c Teil A Buchstabe b			Artikel 138 Absatz 2 Buchstabe a
	Artikel 28c Teil A Buchstabe c Unterabsatz 1			Artikel 138 Absatz 2 Buchstabe b
	Artikel 28c Teil A Buchstabe c Unterabsatz 2			Artikel 139 Absatz 2
	Artikel 28c Teil A Buchstabe d			Artikel 138 Absatz 2 Buchstabe c
	Artikel 28c Teil B einleitender Satzteil			Artikel 131
	Artikel 28c Teil B Buchstaben a, b und c			Artikel 140 Buchstaben a, b und c
	Artikel 28c Teil C			Artikel 142
	Artikel 28c Teil D Absatz 1			Artikel 143 Buchstabe d
	Artikel 28c Teil D Absatz 2			Artikel 131
	Artikel 28c Teil E Nummer 1 erster Gedankenstrich ersetzend Artikel 16 Absatz 1			
	— Absatz 1 Unterabsatz 1			Artikel 155
	— Absatz 1 Unterabsatz 1 Teil A			Artikel 157 Absatz 1 Buchstabe a
	— Absatz 1 Unterabsatz 1 Teil B Unterabsatz 1 Buchstaben a, b und c			Artikel 156 Absatz 1 Buchstaben a, b und c
	— Absatz 1 Unterabsatz 1 Teil B Unterabsatz 1 Buchstabe d erster und zweiter Gedankenstrich			Artikel 156 Absatz 1 Buchstaben d und e
	— Absatz 1 Unterabsatz 1 Teil B Unterabsatz 1 Buchstabe e Unterabsatz 1			Artikel 157 Absatz 1 Buchstabe b
	— Absatz 1 Unterabsatz 1 Teil B Unterabsatz 1 Buchstabe e Unterabsatz 2 erster Gedankenstrich			Artikel 154
	— Absatz 1 Unterabsatz 1 Teil B Unterabsatz 1 Buchstabe e Unterabsatz 2 zweiter Gedankenstrich Satz 1			Artikel 154
	— Absatz 1 Unterabsatz 1 Teil B Unterabsatz 1 Buchstabe e Unterabsatz 2 zweiter Gedankenstrich Satz 2			Artikel 157 Absatz 2

Anhang 1a

EG-Richtlinien / Mehrwertsteuer-Systemrichtlinie

Richtlinie 67/227/EWG	Richtlinie 77/388/EWG	Änderungsrechtsakte	Andere Rechtsakte	Vorliegende Richtlinie
—	Absatz 1 Unterabsatz 1 Teil B Unterabsatz 1 Buchstabe e Unterabsatz 3 erster Gedankenstrich			—
	Absatz 1 Unterabsatz 1 Teil B Unterabsatz 1 Buchstabe e Unterabsatz 3 zweiter, dritter und vierter Gedankenstrich			Artikel 158 Absatz 1 Buchstaben a, b und c
	Absatz 1 Unterabsatz 1 Teil B Unterabsatz 2			Artikel 156 Absatz 2
	Absatz 1, Unterabsatz 1 Teil C			Artikel 159
	Absatz 1 Unterabsatz 1 Teil D Unterabsatz 1 Buchstaben a und b			Artikel 160 Absatz 1 Buchstaben a und b
	Absatz 1 Unterabsatz 1 Teil D Unterabsatz 2			Artikel 160 Absatz 2
	Absatz 1 Unterabsatz 1 Teil E erster und zweiter Gedankenstrich			Artikel 161 Buchstaben a und b
	Absatz 1 Unterabsatz 2			Artikel 202
	Absatz 1 Unterabsatz 3			Artikel 163
	Artikel 28c Teil E Nummer 1 zweiter Gedankenstrich zur Einfügung von Absatz 1a in Artikel 16			Artikel 162
	Absatz 1a			
	Artikel 28c Teil E Nummer 2 erster Gedankenstrich zur Ergänzung von Artikel 16 Absatz 2			
	Absatz 2 Unterabsatz 1			Artikel 164 Absatz 1
	Artikel 28c Teil E Nummer 2 zweiter Gedankenstrich, zur Einfügung der Unterabsätze 2 und 3 in Artikel 16 Absatz 2			
	Absatz 2 Unterabsatz 2			Artikel 164 Absatz 2
	Absatz 2 Unterabsatz 3			Artikel 165
	Artikel 28c Teil E Nummer 3 erster bis fünfter Gedankenstrich			Artikel 141 Buchstaben a bis e
	Artikel 28d Absatz 1 Sätze 1 und 2			Artikel 68 Absätze 1 und 2
	Artikel 28d Absätze 2 und 3			Artikel 69 Absätze 1 und 2

1949

Anhang 1a   EG-Richtlinien / Mehrwertsteuer-Systemrichtlinie

Richtlinie 67/227/EWG	Richtlinie 77/388/EWG	Änderungsrechtsakte	Andere Rechtsakte	Vorliegende Richtlinie
	Artikel 28d Absatz 4 Unterabsätze 1 und 2			Artikel 67 Absätze 1 und 2
	Artikel 28e Absatz 1 Unterabsatz 1			Artikel 83
	Artikel 28e Absatz 1 Unterabsatz 2 Sätze 1 und 2			Artikel 84 Absätze 1 und 2
	Artikel 28e Absatz 2			Artikel 76
	Artikel 28e Absatz 3			Artikel 93 Absatz 2 Buchstabe b
	Artikel 28e Absatz 4			Artikel 94 Absatz 1
	Artikel 28f Nummer 1 ersetzend Artikel 17 Absätze 2, 3 und 4			
	— Absatz 2 Buchstabe a			Artikel 168 Buchstabe a
	— Absatz 2 Buchstabe b			Artikel 168 Buchstabe e
	— Absatz 2 Buchstabe c			Artikel 168 Buchstaben b und d
	— Absatz 2 Buchstabe d			Artikel 168 Buchstabe c
	— Absatz 3 Buchstaben a, b und c			Artikel 169 Buchstaben a, b und c Artikel 170 Buchstaben a und b
	— Absatz 4 Unterabsatz 1 erster Gedankenstrich			Artikel 171 Absatz 1 Unterabsatz 1
	— Absatz 4 Unterabsatz 1 zweiter Gedankenstrich			Artikel 171 Absatz 2 Unterabsatz 1
	— Absatz 4 Unterabsatz 2 Buchstabe a			Artikel 171 Absatz 1 Unterabsatz 2
	— Absatz 4 Unterabsatz 2 Buchstabe b			Artikel 171 Absatz 2 Unterabsatz 2
	— Absatz 4 Unterabsatz 2 Buchstabe c			Artikel 171 Absatz 3
	Artikel 28f Nummer 2 ersetzend Artikel 18 Absatz 1			
	— Absatz 1 Buchstabe a			Artikel 178 Buchstabe a
	— Absatz 1 Buchstabe b			Artikel 178 Buchstabe e
	— Absatz 1 Buchstabe c			Artikel 178 Buchstaben b und d
	— Absatz 1 Buchstabe d			Artikel 178 Buchstabe f
	— Absatz 1 Buchstabe e			Artikel 178 Buchstabe c

EG-Richtlinien / Mehrwertsteuer-Systemrichtlinie **Anhang 1a**

Richtlinie 67/227/EWG	Richtlinie 77/388/EWG	Änderungsrechtsakte	Andere Rechtsakte	Vorliegende Richtlinie
	Artikel 28f Nummer 3 zur Einfügung von Absatz 3a in Artikel 18			
	Absatz 3a erster Teil des Satzes			Artikel 181
	Absatz 3a zweiter Teil des Satzes			Artikel 182
	Artikel 28g ersetzend Artikel 21			
	Absatz 1 Buchstabe a Unterabsatz 1			Artikel 193
	Absatz 1 Buchstabe a Unterabsatz 2			Artikel 194 Absätze 1 und 2
	Absatz 1 Buchstabe b			Artikel 196
	Absatz 1 Buchstabe c Unterabsatz 1 erster, zweiter und dritter Gedankenstrich			Artikel 197 Absatz 1 Buchstaben a, b und c
	Absatz 1 Buchstabe c Unterabsatz 2			Artikel 197 Absatz 2
	Absatz 1 Buchstabe d			Artikel 203
	Absatz 1 Buchstabe e			Artikel 200
	Absatz 1 Buchstabe f			Artikel 195
	Absatz 2			—
	Absatz 2 Buchstabe a Satz 1			Artikel 204 Absatz 1 Unterabsatz 1
	Absatz 2 Buchstabe a Satz 2			Artikel 204 Absatz 2
	Absatz 2 Buchstabe b			Artikel 204 Absatz 1 Unterabsatz 2
	Absatz 2 Buchstabe c Unterabsatz 1			Artikel 199 Absatz 1 Buchstaben a bis g
	Absatz 2 Buchstabe c Unterabsätze 2, 3 und 4			Artikel 199 Absätze 2, 3 und 4
	Absatz 3			Artikel 205
	Absatz 4			Artikel 201
	Artikel 28h ersetzend Artikel 22			
	Absatz 1 Buchstabe a Sätze 1 und 2			Artikel 213 Absatz 1 Unterabsätze 1 und 2
	Absatz 1 Buchstabe b			Artikel 213 Absatz 2

Anhang 1a — EG-Richtlinien / Mehrwertsteuer-Systemrichtlinie

Richtlinie 67/227/EWG	Richtlinie 77/388/EWG	Änderungsrechtsakte	Andere Rechtsakte	Vorlegende Richtlinie
—	Absatz 1 Buchstabe c erster Gedankenstrich Satz 1			Artikel 214 Absatz 1 Buchstabe a
—	Absatz 1 Buchstabe c erster Gedankenstrich Satz 2			Artikel 214 Absatz 2
—	Absatz 1 Buchstabe c zweiter und dritter Gedankenstrich			Artikel 214 Absatz 1 Buchstaben b und c
—	Absatz 1 Buchstabe d Sätze 1 und 2			Artikel 215 Absätze 1 und 2
—	Absatz 1 Buchstabe e			Artikel 216
—	Absatz 2 Buchstabe a			Artikel 242
—	Absatz 2 Buchstabe b Unterabsätze 1 und 2			Artikel 243 Absätze 1 und 2
—	Absatz 3 Buchstabe a Unterabsatz 1 Satz 1			Artikel 220 Nummer 1
—	Absatz 3 Buchstabe a Unterabsatz 1 Satz 2			Artikel 220 Nummern 2 und 3
—	Absatz 3 Buchstabe a Unterabsatz 2			Artikel 220 Nummern 4 und 5
—	Absatz 3 Buchstabe a Unterabsatz 3 Sätze 1 und 2			Artikel 221 Absatz 1 Unterabsätze 1 und 2
—	Absatz 3 Buchstabe a Unterabsatz 4			Artikel 221 Absatz 2
—	Absatz 3 Buchstabe a Unterabsatz 5 Satz 1			Artikel 219
—	Absatz 3 Buchstabe a Unterabsatz 5 Satz 2			Artikel 228
—	Absatz 3 Buchstabe a Unterabsatz 6			Artikel 222
—	Absatz 3 Buchstabe a Unterabsatz 7			Artikel 223
—	Absatz 3 Buchstabe a Unterabsatz 8 Sätze 1 und 2			Artikel 224 Absatz 1 und 2
—	Absatz 3 Buchstabe a Unterabsatz 9 Sätze 1 und 2			Artikel 224 Absatz 3 Unterabsatz 1
—	Absatz 3 Buchstabe a Unterabsatz 9 Satz 3			Artikel 224 Absatz 3 Unterabsatz 2
—	Absatz 3 Buchstabe a Unterabsatz 10			Artikel 225

EG-Richtlinien / Mehrwertsteuer-Systemrichtlinie **Anhang 1a**

Richtlinie 67/227/EWG	Richtlinie 77/388/EWG	Änderungsrechtsakte	Andere Rechtsakte	Vorliegende Richtlinie
—	Absatz 3 Buchstabe b Unterabsatz 1 erster bis zwölfter Gedankenstrich			Artikel 226 Nummern 1 bis 12
—	Absatz 3 Buchstabe b Unterabsatz 1 dreizehnter Gedankenstrich			Artikel 226 Nummern 13 und 14
—	Absatz 3 Buchstabe b Unterabsatz 1 vierzehnter Gedankenstrich			Artikel 226 Nummer 15
—	Absatz 3 Buchstabe b Unterabsatz 2			Artikel 227
—	Absatz 3 Buchstabe b Unterabsatz 3			Artikel 229
—	Absatz 3 Buchstabe b Unterabsatz 4			Artikel 230
—	Absatz 3 Buchstabe b Unterabsatz 5			Artikel 231
—	Absatz 3 Buchstabe c Unterabsatz 1			Artikel 232
—	Absatz 3 Buchstabe c Unterabsatz 2 einleitender Satzteil			Artikel 233 Absatz 1 Unterabsatz 1
—	Absatz 3 Buchstabe c Unterabsatz 2 erster Gedankenstrich Satz 1			Artikel 233 Absatz 1 Unterabsatz 1 Buchstabe a
—	Absatz 3 Buchstabe c Unterabsatz 2 erster Gedankenstrich Satz 2			Artikel 233 Absatz 2
—	Absatz 3 Buchstabe c Unterabsatz 2 zweiter Gedankenstrich Satz 1			Artikel 233 Absatz 1 Unterabsatz 1 Buchstabe b
—	Absatz 3 Buchstabe c Unterabsatz 2 zweiter Gedankenstrich Satz 2			Artikel 233 Absatz 3
—	Absatz 3 Buchstabe c Unterabsatz 3 Satz 1			Artikel 233 Absatz 1 Unterabsatz 2
—	Absatz 3 Buchstabe c Unterabsatz 3 Satz 2			Artikel 237
—	Absatz 3 Buchstabe c Unterabsatz 4 Sätze 1 und 2			Artikel 234
—	Absatz 3 Buchstabe c Unterabsatz 5			Artikel 235
—	Absatz 3 Buchstabe c Unterabsatz 6			Artikel 236
—	Absatz 3 Buchstabe d Unterabsatz 1			Artikel 244
—	Absatz 3 Buchstabe d Unterabsatz 2 Satz 1			Artikel 245 Absatz 1

Anhang 1a   EG-Richtlinien / Mehrwertsteuer-Systemrichtlinie

Richtlinie 67/227/EWG	Richtlinie 77/388/EWG	Änderungsrechtsakte	Andere Rechtsakte	Vorliegende Richtlinie
—	Absatz 3 Buchstabe d Unterabsatz 2 Sätze 2 und 3			Artikel 245 Absatz 2 Unterabsätze 1 und 2
—	Absatz 3 Buchstabe d Unterabsatz 3 Sätze 1 und 2			Artikel 246 Absätze 1 und 2
—	Absatz 3 Buchstabe d Unterabsätze 4, 5 und 6			Artikel 247 Absätze 1, 2 und 3
—	Absatz 3 Buchstabe d Unterabsatz 7			Artikel 248
—	Absatz 3 Buchstabe e Unterabsatz 1			Artikeln 217 und 241
—	Absatz 3 Buchstabe e Unterabsatz 2			Artikel 218
—	Absatz 4 Buchstabe a Sätze 1 und 2			Artikel 252 Absatz 1
—	Absatz 4 Buchstabe a Sätze 3 und 4			Artikel 252 Absatz 2 Unterabsätze 1 und 2
—	Absatz 4 Buchstabe a Satz 5			Artikel 250 Absatz 2
—	Absatz 4 Buchstabe b			Artikel 250 Absatz 1
—	Absatz 4 Buchstabe c erster Gedankenstrich Unterabsätze 1 und 2			Artikel 251 Buchstaben a und b
—	Absatz 4 Buchstabe c zweiter Gedankenstrich Unterabsatz 1			Artikel 251 Buchstabe c
—	Absatz 4 Buchstabe c zweiter Gedankenstrich Unterabsatz 2			Artikel 251 Buchstaben d und e
—	Absatz 5			Artikel 206
—	Absatz 6 Buchstabe a Sätze 1 und 2			Artikel 261 Absatz 1
—	Absatz 6 Buchstabe a Satz 3			Artikel 261 Absatz 2
—	Absatz 6 Buchstabe b Unterabsatz 1			Artikel 262
—	Absatz 6 Buchstabe b Unterabsatz 2 Satz 1			Artikel 263 Absatz 1 Unterabsatz 1
—	Absatz 6 Buchstabe b Unterabsatz 2 Satz 2			Artikel 263 Absatz 2
—	Absatz 6 Buchstabe b Unterabsatz 3 erster und zweiter Gedankenstrich			Artikel 264 Absatz 1 Buchstaben a und b

Anhang 1a

EG-Richtlinien / Mehrwertsteuer-Systemrichtlinie

Richtlinie 67/227/EWG	Richtlinie 77/388/EWG	Änderungsrechtsakte	Andere Rechtsakte	Vorliegende Richtlinie
—	Absatz 6 Buchstabe b Unterabsatz 3 dritter Gedankenstrich Satz 1			Artikel 264 Absatz 1 Buchstabe d
—	Absatz 6 Buchstabe b Unterabsatz 3 dritter Gedankenstrich Satz 2			Artikel 264 Absatz 2 Unterabsatz 1
—	Absatz 6 Buchstabe b Unterabsatz 4 erster Gedankenstrich			Artikel 264 Absatz 1 Buchstaben c und e
—	Absatz 6 Buchstabe b Unterabsatz 4 zweiter Gedankenstrich Satz 1			Artikel 264 Absatz 1 Buchstabe f
—	Absatz 6 Buchstabe b Unterabsatz 4 zweiter Gedankenstrich Satz 2			Artikel 264 Absatz 2 Unterabsatz 2
—	Absatz 6 Buchstabe b Unterabsatz 5 erster und zweiter Gedankenstrich			Artikel 265 Absatz 1 Buchstaben a und b
—	Absatz 6 Buchstabe b Unterabsatz 5 dritter Gedankenstrich Satz 1			Artikel 265 Absatz 1 Buchstabe c
—	Absatz 6 Buchstabe b Unterabsatz 5 dritter Gedankenstrich Satz 2			Artikel 265 Absatz 2
—	Absatz 6 Buchstabe c erster Gedankenstrich			Artikel 263 Absatz 1 Unterabsatz 2
—	Absatz 6 Buchstabe c zweiter Gedankenstrich			Artikel 266
—	Absatz 6 Buchstabe d			Artikel 254
—	Absatz 6 Buchstabe e Unterabsatz 1			Artikel 268
—	Absatz 6 Buchstabe e Unterabsatz 2			Artikel 259
—	Absatz 7 erster Teil des Satzes			Artikel 207 Absatz 1 Artikel 256 Artikel 267
—	Absatz 7 zweiter Teil des Satzes			Artikel 207 Absatz 2
—	Absatz 8 Unterabsätze 1 und 2			Artikel 273 Absätze 1 und 2
—	Absatz 9 Buchstabe a Unterabsatz 1 erster Gedankenstrich			Artikel 272 Absatz 1 Unterabsatz 1 Buchstabe c
—	Absatz 9 Buchstabe a Unterabsatz 1 zweiter Gedankenstrich			Artikel 272 Absatz 1 Unterabsatz 1 Buchstaben a und d
—	Absatz 9 Buchstabe a Unterabsatz 1 dritter Gedankenstrich			Artikel 272 Absatz 1 Unterabsatz 1 Buchstabe b
—	Absatz 9 Buchstabe a Unterabsatz 2			Artikel 272 Absatz 1 Unterabsatz 2

1955

Anhang 1a

EG-Richtlinien / Mehrwertsteuer-Systemrichtlinie

Richtlinie 67/227/EWG	Richtlinie 77/388/EWG	Änderungsrechtsakte	Andere Rechtsakte	Vorliegende Richtlinie
	Absatz 9 Buchstabe b			Artikel 272 Absatz 3
	Absatz 9 Buchstabe c			Artikel 212
—	Absatz 9 Buchstabe d Unterabsatz 1 erster und zweiter Gedankenstrich			Artikel 238 Absatz 1 Buchstaben a und b
—	Absatz 9 Buchstabe d Unterabsatz 2 erster bis vierter Gedankenstrich			Artikel 238 Absatz 2 Buchstaben a bis d
	Absatz 9 Buchstabe d Unterabsatz 3			Artikel 238 Absatz 3
	Absatz 9 Buchstabe e Unterabsatz 1			Artikel 239
	Absatz 9 Buchstabe e Unterabsatz 2 erster und zweiter Gedankenstrich			Artikel 240 Nummern 1 und 2
—	Absatz 10			Artikeln 209 und 257
—	Absatz 11			Artikeln 210 und 258
—	Absatz 12 einleitender Satzteil			Artikel 269
	Absatz 12 Buchstabe a erster, zweiter und dritter Gedankenstrich			Artikel 270 Buchstaben a, b und c
	Absatz 12 Buchstabe b erster, zweiter und dritter Gedankenstrich			Artikel 271 Buchstaben a, b und c
	Artikel 28i zur Einfügung von Unterabsatz 3 in Artikel 24 Absatz 3			
	Absatz 3 Unterabsatz 3			Artikel 283 Absatz 1 Buchstaben b und c
	Artikel 28j Nummer 1 zur Einfügung von Unterabsatz 2 in Artikel 25 Absatz 4			
	Absatz 4 Unterabsatz 2			Artikel 272 Absatz 2
	Artikel 28j Nummer 2 ersetzend Artikel 25 Absätze 5 und 6			
	Absatz 5 Unterabsatz 1 Buchstaben a, b und c			Artikel 300 Nummern 1, 2 und 3
	Absatz 5 Unterabsatz 2			Artikel 302
—	Absatz 6 Buchstabe a Unterabsatz 1 Satz 1			Artikel 301 Absatz 1
—	Absatz 6 Buchstabe a Unterabsatz 1 Satz 2			Artikel 303 Absatz 1

EG-Richtlinien / Mehrwertsteuer-Systemrichtlinie

Anhang 1a

Richtlinie 67/227/EWG	Richtlinie 77/388/EWG	Änderungsrechtsakte	Andere Rechtsakte	Vorliegende Richtlinie
	Absatz 6 Buchstabe a Unterabsatz 2, erster, zweiter und dritter Gedankenstrich			Artikel 303 Absatz 2 Buchstaben a, b und c
	Absatz 6 Buchstabe a Unterabsatz 3			Artikel 303 Absatz 3
	Absatz 6 Buchstabe b			Artikel 301 Absatz 1
	Artikel 28j Nummer 3 zur Einfügung von Unterabsatz 2 in Artikel 25 Absatz 9			
	Absatz 9 Unterabsatz 2			Artikel 305
	Artikel 28k Nummer 1 Unterabsatz 1			—
	Artikel 28k Nummer 1 Unterabsatz 2 Buchstabe a			Artikel 158 Absatz 3
	Artikel 28k Nummer 1 Unterabsatz 2 Buchstaben b und c			—
	Artikel 28k Nummern 2, 3 und 4			—
	Artikel 28k Nummer 5			Artikel 158 Absatz 2
	Artikel 28l Absatz 1			—
	Artikel 28l Absätze 2 und 3			Artikel 402 Absätze 1 und 2
	Artikel 28l Absatz 4			—
	Artikel 28m			Artikel 399 Absatz 1
	Artikel 28n			—
	Artikel 28o Absatz 1 einleitender Satzteil			Artikel 326 Absatz 1
	Artikel 28o Absatz 1 Buchstabe a Satz 1			Artikel 327 Absätze 1 und 3
	Artikel 28o Absatz 1 Buchstabe a Satz 2			Artikel 327 Absatz 2
	Artikel 28o Absatz 1 Buchstabe b			Artikel 328
	Artikel 28o Absatz 1 Buchstabe c erster, zweiter und dritter Gedankenstrich			Artikel 329 Buchstaben a, b und c
	Artikel 28o Absatz 1 Buchstabe d Unterabsätze 1 und 2			Artikel 330 Absätze 1 und 2

1957

Anhang 1a — EG-Richtlinien / Mehrwertsteuer-Systemrichtlinie

Richtlinie 67/227/EWG	Richtlinie 77/388/EWG	Änderungsrechtsakte	Andere Rechtsakte	Vorliegende Richtlinie
	Artikel 28o Absatz 1 Buchstabe e			Artikel 332
	Artikel 28o Absatz 1 Buchstabe f			Artikel 331
	Artikel 28o Absatz 1 Buchstabe g			Artikel 4 Buchstabe b
	Artikel 28o Absatz 1 Buchstabe h			Artikel 35 Artikel 139 Absatz 3 Unterabsatz 2
	Artikel 28o Absatz 2			Artikel 326 Absatz 2
	Artikel 28o Absatz 3			Artikel 341
	Artikel 28o Absatz 4			—
	Artikel 28p Absatz 1 erster, zweiter und dritter Gedankenstrich			Artikel 405 Nummern 1, 2 und 3
	Artikel 28p Absatz 2			Artikel 406
	Artikel 28p Absatz 3 Unterabsatz 1 erster und zweiter Gedankenstrich			Artikel 407 Buchstaben a und b
	Artikel 28p Absatz 3 Unterabsatz 2			—
	Artikel 28p Absatz 4 Buchstaben a bis d			Artikel 408 Absatz 1 Buchstaben a bis d
	Artikel 28p Absatz 5 erster und zweiter Gedankenstrich			Artikel 408 Absatz 2 Buchstaben a und b
	Artikel 28p Absatz 6			Artikel 409
	Artikel 28p Absatz 7 Unterabsatz 1 Buchstaben a, b und c			Artikel 410 Absatz 1 Buchstaben a, b und c
	Artikel 28p Absatz 7 Unterabsatz 1 erster Gedankenstrich			—
	Artikel 28p Absatz 7 Unterabsatz 2 zweiter und dritter Gedankenstrich			Artikel 410 Absatz 2 Buchstaben a und b
	Artikel 29 Absatz 1 bis 4			Artikel 398 Absätze 1 bis 4
	Artikel 29a			Artikel 397
	Artikel 30 Absatz 1			Artikel 396 Absatz 1
	Artikel 30 Absatz 2 Sätze 1 und 2			Artikel 396 Absatz 2 Unterabsatz 1
	Artikel 30 Absatz 2 Satz 3			Artikel 396 Absatz 2 Unterabsatz 2

Anhang 1a

Richtlinie 67/227/EWG	Richtlinie 77/388/EWG	Änderungsrechtsakte	Andere Rechtsakte	Vorliegende Richtlinie
	Artikel 30 Absätze 3 und 4			Artikel 396 Absätze 3 und 4
	Artikel 31 Absatz 1			—
	Artikel 31 Absatz 2			Artikel 400
	Artikel 33 Absatz 1			Artikel 401
	Artikel 33 Absatz 2			Artikel 2 Absatz 3
	Artikel 33a Absatz 1 einleitender Satzteil			Artikel 274
	Artikel 33a Absatz 1 Buchstabe a			Artikel 275
	Artikel 33a Absatz 1 Buchstabe b			Artikel 276
	Artikel 33a Absatz 1 Buchstabe c			Artikel 277
	Artikel 33a Absatz 2 einleitender Satzteil			Artikel 278
	Artikel 33a Absatz 2 Buchstabe a			Artikel 279
	Artikel 33a Absatz 2 Buchstabe b			Artikel 280
	Artikel 34			Artikel 404
	Artikel 35			Artikel 403
	Artikeln 36 und 37			—
	Artikel 38			Artikel 414
	Anhang A Ziffer I Nummern 1 und 2			Anhang VII Nummer 1 Buchstaben a und b
	Anhang A Ziffer I Nummer 3			Anhang VII Nummer 1 Buchstaben c und d
	Anhang A Ziffer II Nummern 1 bis 6			Anhang VII Nummer 2 Buchstaben a bis f
	Anhang A Ziffern III und IV			Anhang VII Nummern 3 und 4
	Anhang A Ziffer IV Nummern 1 bis 4			Anhang VII Nummer 4 Buchstaben a bis d
	Anhang A Ziffer V			Artikel 295 Absatz 2
	Anhang B einleitender Satzteil			Artikel 295 Absatz 1 Nummer 5
	Anhang B erster bis neunter Gedankenstrich			Anhang VIII Nummern 1 bis 9
	Anhang C			—

Anhang 1a EG-Richtlinien / Mehrwertsteuer-Systemrichtlinie

Richtlinie 67/227/EWG	Richtlinie 77/388/EWG	Änderungsrechtsakte	Andere Rechtsakte	Vorlegende Richtlinie
	Anhang D Nummern 1 bis 13			Anhang I Nummern 1 bis 13
	Anhang E Nummer 2			Anhang X Teil A Nummer 1
	Anhang E Nummer 7			Anhang X Teil A Nummer 2
	Anhang E Nummer 11			Anhang X Teil A Nummer 3
	Anhang E Nummer 15			Anhang X Teil A Nummer 4
	Anhang F Nummer 1			Anhang X Teil B Nummer 1
	Anhang F Nummer 2			Anhang X Teil B Nummer 2 Buchstaben a bis j
	Anhang F Nummern 5 bis 8			Anhang X Teil B Nummern 3 bis 6
	Anhang F Nummer 10			Anhang X Teil B Nummer 7
	Anhang F Nummer 12			Anhang X Teil B Nummer 8
	Anhang F Nummer 16			Anhang X Teil B Nummer 9
	Anhang F Nummer 17 Unterabsätze 1 und 2			Anhang X Teil B Nummer 10
	Anhang F Nummer 23			Anhang X Teil B Nummer 11
	Anhang F Nummer 25			Anhang X Teil B Nummer 12
	Anhang F Nummer 27			Anhang X Teil B Nummer 13
	Anhang G Absätze 1 und 2			Artikel 391
	Anhang H Absatz 1			Artikel 98 Absatz 3
	Anhang H Absatz 2 einleitender Satzteil			—
	Anhang H Absatz 2 Nummern 1 bis 6			Anhang III Nummern 1 bis 6
	Anhang H Absatz 2 Nummer 7 Unterabsätze 1 und 2			Anhang III Nummern 7 und 8
	Anhang H Absatz 2 Nummern 8 bis 17			Anhang III Nummern 9 bis 18
	Anhang I einleitender Satzteil			—
	Anhang I Buchstabe a erster bis siebter Gedankenstrich			Anhang IX Teil A Nummern 1 bis 7

1960

Anhang 1a

Richtlinie 67/227/EWG	Richtlinie 77/388/EWG	Änderungsrechtsakte	Andere Rechtsakte	Vorliegende Richtlinie
	Anhang I Buchstabe b erster und zweiter Gedankenstrich			Anhang IX Teil B Nummern 1 und 2
	Anhang I Buchstabe c			Anhang IX Teil C
	Anhang J einleitender Satzteil			Anhang V einleitender Satzteil
	Anhang J			Anhang V Nummern 1 bis 25
	Anhang K Nummer 1 erster, zweiter und dritter Gedankenstrich			Anhang IV Nummer 1 Buchstaben a, b und c
	Anhang K Nummern 2 bis 5			Anhang IV Nummern 2 bis 5
	Anhang L Absatz 1 Nummern 1 bis 5			Anhang II Nummern 1 bis 5
	Anhang L Absatz 2			Artikel 56 Absatz 2
	Anhang M Buchstaben a bis f			Anhang VI Nummern 1 bis 6
		Artikel 1 Nummer 1 Unterabsatz 2 der Richtlinie 89/465/EWG		Artikel 133 Absatz 2
		Artikel 2 der Richtlinie 94/5/EG		Artikel 342
		Artikel 3 Sätze 1 und 2 der Richtlinie 94/5/EG		Artikel 343 Absätze 1 und 2
		Artikel 4 der Richtlinie 2002/38/EG		Artikel 56 Absatz 3 Artikel 57 Absatz 2 Artikel 357
		Artikel 5 der Richtlinie 2002/38/EG		—
			Anhang VIII Teil II Nummer 2 Buchstabe a der Akte über den Beitritt Griechenlands	Artikel 287 Nummer 1
			Anhang VIII Teil II Nummer 2 Buchstabe b der Akte über den Beitritt Griechenlands	Artikel 375
			Anhang XXXII Teil IV Nummer 3 Buchstabe a erster und zweiter Gedankenstrich der Akte über den Beitritt Spaniens und Portugals	Artikel 287 Nummern 2 und 3
			Anhang XXXII Teil IV Nummer 3 Buchstabe b Unterabsatz 1 der Akte über den Beitritt Spaniens und Portugals	Artikel 377
			Anhang XV Teil IX Nummer 2 Buchstabe b Unterabsatz 1 der Akte über den Beitritt Österreichs, Finnlands und Schwedens	Artikel 104

Anhang 1a EG-Richtlinien / Mehrwertsteuer-Systemrichtlinie

Richtlinie 67/227/EWG	Richtlinie 77/388/EWG	Änderungsrechtsakte	Andere Rechtsakte	Vorliegende Richtlinie
			Anhang XV Teil IX Nummer 2 Buchstabe c Unterabsatz 1 der Akte über den Beitritt Österreichs, Finnlands und Schwedens	Artikel 287 Nummer 4
			Anhang XV Teil IX Nummer 2 Buchstabe f Unterabsatz 1 der Akte über den Beitritt Österreichs, Finnlands und Schwedens	Artikel 117 Absatz 1
			Anhang XV Teil IX Nummer 2 Buchstabe g Unterabsatz 1 der Akte über den Beitritt Österreichs, Finnlands und Schwedens	Artikel 119
			Anhang XV Teil IX Nummer 2 Buchstabe h Unterabsatz 1 erster und zweiter Gedankenstrich der Akte über den Beitritt Österreichs, Finnlands und Schwedens	Artikel 378 Absatz 1
			Anhang XV Teil IX Nummer 2 Buchstabe i Unterabsatz 1 erster Gedankenstrich der Akte über den Beitritt Österreichs, Finnlands und Schwedens	—
			Anhang XV Teil IX Nummer 2 Buchstabe i Unterabsatz 1 zweiter und dritter Gedankenstrich der Akte über den Beitritt Österreichs, Finnlands und Schwedens	Artikel 378 Absatz 2 Buchstaben a und b
			Anhang XV Teil IX Nummer 2 Buchstabe j der Akte über den Beitritt Österreichs, Finnlands und Schwedens	Artikel 287 Nummer 5
			Anhang XV Teil IX Nummer 2 Buchstabe l Unterabsatz 1 der Akte über den Beitritt Österreichs, Finnlands und Schwedens	Artikel 111 Buchstabe a
			Anhang XV Teil IX Nummer 2 Buchstabe m Unterabsatz 1 der Akte über den Beitritt Österreichs, Finnlands und Schwedens	Artikel 379 Absatz 1
			Anhang XV Teil IX Nummer 2 Buchstabe n Unterabsatz 1 erster und zweiter Gedankenstrich der Akte über den Beitritt Österreichs, Finnlands und Schwedens	Artikel 379 Absatz 2
			Anhang XV Teil IX Nummer 2 Buchstabe x erster Gedankenstrich der Akte über den Beitritt Österreichs, Finnlands und Schwedens	Artikel 253
			Anhang XV Teil IX Nummer 2 Buchstabe x zweiter Gedankenstrich der Akte über den Beitritt Österreichs, Finnlands und Schwedens	Artikel 287 Nummer 6

Anhang 1a

EG-Richtlinien / Mehrwertsteuer-Systemrichtlinie

Richtlinie 67/227/EWG	Richtlinie 77/388/EWG	Änderungsrechtsakte	Andere Rechtsakte	Vorliegende Richtlinie
			Anhang XV Teil IX Nummer 2 Buchstabe z Unterabsatz 1 der Akte über den Beitritt Österreichs, Finnlands und Schwedens	Artikel 111 Buchstabe b
			Anhang XV Teil IX Nummer 2 Buchstabe aa Unterabsatz 1 erster und zweiter Gedankenstrich der Akte über den Beitritt Österreichs, Finnlands und Schwedens	Artikel 380
			Protokoll Nr. 2 zu der Akte über den Beitritt Österreichs, Finnlands und Schwedens betreffend die Åland-Inseln	Artikel 6 Absatz 1 Buchstabe d
			Anhang V Absatz 5 Nummer 1 Buchstabe a der Beitrittsakte von 2003 der Tschechischen Republik, Estlands, Zyperns, Lettlands, Litauens, Ungarns, Maltas, Polens, Sloweniens und der Slowakei	Artikel 123
			Anhang V Absatz 5 Nummer 1 Buchstabe b der Beitrittsakte von 2003	Artikel 381
			Anhang VI Absatz 7 Nummer 1 Buchstabe a der Beitrittsakte von 2003	Artikel 124
			Anhang VI Absatz 7 Nummer 1 Buchstabe b der Beitrittsakte von 2003	Artikel 382
			Anhang VII Absatz 7 Nummer 1 Unterabsätze 1 und 2 der Beitrittsakte von 2003	Artikel 125 Absätze 1 und 2
			Anhang VII Absatz 7 Nummer 1 Unterabsatz 3 der Beitrittsakte von 2003	—
			Anhang VII Absatz 7 Nummer 1 Unterabsatz 4 der Beitrittsakte von 2003	Artikel 383 Buchstabe a
			Anhang VII Absatz 7 Nummer 1 Unterabsatz 5 der Beitrittsakte von 2003	—
			Anhang VII Absatz 7 Nummer 1 Buchstabe b Unterabsatz 6 der Beitrittsakte von 2003	Artikel 383 Buchstabe b
			Anhang VIII Absatz 7 Nummer 1 Buchstabe b Unterabsatz 1 der Beitrittsakte von 2003	—
			Anhang VIII Absatz 7 Nummer 1 Buchstabe b Unterabsatz 2 der Beitrittsakte von 2003	Artikel 384 Buchstabe a
			Anhang VIII Absatz 7 Nummer 1 Unterabsatz 3 der Beitrittsakte von 2003	Artikel 384 Buchstabe b
			Anhang IX Absatz 8 Nummer 1 der Beitrittsakte von 2003	Artikel 385

Anhang 1a EG-Richtlinien / Mehrwertsteuer-Systemrichtlinie

Richtlinie 67/227/EWG	Richtlinie 77/388/EWG	Änderungsrechtsakte	Andere Rechtsakte	Vorliegende Richtlinie
			Anhang X Absatz 7 Nummer 1 Buchstabe a Ziffern i und ii der Beitrittsakte von 2003	Artikel 126 Buchstaben a und b
			Anhang X Absatz 7 Nummer 1 Buchstabe c der Beitrittsakte von 2003	Artikel 386
			Anhang XI Absatz 7 Nummer 1 der Beitrittsakte von 2003	Artikel 127
			Anhang XI Absatz 7 Nummer 2 Buchstabe a der Beitrittsakte von 2003	Artikel 387 Buchstabe c
			Anhang XI Absatz 7 Nummer 2 Buchstabe b der Beitrittsakte von 2003	Artikel 387 Buchstabe a
			Anhang XI Absatz 7 Nummer 2 Buchstabe c der Beitrittsakte von 2003	Artikel 387 Buchstabe b
			Anhang XII Absatz 9 Nummer 1 Buchstabe a der Beitrittsakte von 2003	Artikel 128 Absätze 1 und 2
			Anhang XII Absatz 9 Nummer 1 Buchstabe b der Beitrittsakte von 2003	Artikel 128 Absätze 3, 4 und 5
			Anhang XII Absatz 9 Nummer 2 der Beitrittsakte von 2003	Artikel 388
			Anhang XIII Absatz 9 Nummer 1 Buchstabe a der Beitrittsakte von 2003	Artikel 129 Absätze 1 und 2
			Anhang XIII Absatz 9 Nummer 1 Buchstabe b der Beitrittsakte von 2003	Artikel 389
			Anhang XIV Absatz 7 Unterabsatz 1 der Beitrittsakte von 2003	Artikel 130 Buchstaben a und b
			Anhang XIV Absatz 7 Unterabsatz 2 der Beitrittsakte von 2003	—
			Anhang XIV Absatz 7 Unterabsatz 3 der Beitrittsakte von 2003	Artikel 390

Durchführungsvorschriften zur Richtlinie 2006/112/EG **Anhang 1b nicht belegt, Anhang 1c**

Durchführungsverordung (EU) Nr. 282/2011 des Rates vom 15.03.2011 zur Festlegung von Durchführungsvorschriften zur Richtlinie 2006/112/EG über das gemeinsame Mehrwertsteuersystem (Neufassung) [1)]

Amtsblatt der Europäischen Union vom 23.03.2011 Nr. L 77 S. 1

DER RAT DER EUROPÄISCHEN UNION –

gestützt auf den Vertrag über die Arbeitsweise der Europäischen Union,

gestützt auf die Richtlinie 2006/112/EG des Rates vom 28. November 2006 über das gemeinsame Mehrwertsteuersystem[2)], insbesondere Artikel 397,

auf Vorschlag der Europäischen Kommission,

in Erwägung nachstehender Gründe:

(1) Die Verordnung (EG) Nr. 1777/2005 des Rates vom 17. Oktober 2005 zur Festlegung von Durchführungsvorschriften zur Richtlinie 77/388/EWG über das gemeinsame Mehrwertsteuersystem[3)] muss in einigen wesentlichen Punkten geändert werden. Aus Gründen der Klarheit und der Vereinfachung sollte die Verordnung neu gefasst werden.

(2) Die Richtlinie 2006/112/EG legt Vorschriften im Bereich der Mehrwertsteuer fest, die in bestimmten Fällen für die Auslegung durch die Mitgliedstaaten offen sind. Der Erlass von gemeinsamen Vorschriften zur Durchführung der Richtlinie 2006/112/EG sollte gewährleisten, dass in Fällen, in denen es zu Divergenzen bei der Anwendung kommt oder kommen könnte, die nicht mit dem reibungslosen Funktionieren des Binnenmarkts zu vereinbaren sind, die Anwendung des Mehrwertsteuersystems stärker auf das Ziel eines solchen Binnenmarkts ausgerichtet wird. Diese Durchführungsvorschriften sind erst vom Zeitpunkt des Inkrafttretens dieser Verordnung an rechtsverbindlich; sie berühren nicht die Gültigkeit der von den Mitgliedstaaten in der Vergangenheit angenommenen Rechtsvorschriften und Auslegungen.

(3) Die Änderungen, die sich aus dem Erlass der Richtlinie 2008/8/EG des Rates vom 12. Februar 2008 zur Änderung der Richtlinie 2006/112/EG bezüglich des Ortes der Dienstleistung[4)] ergeben, sollten in dieser Verordnung berücksichtigt werden.

(4) Das Ziel dieser Verordnung ist, die einheitliche Anwendung des Mehrwertsteuersystems in seiner derzeitigen Form dadurch sicherzustellen, dass Vorschriften zur Durchführung der Richtlinie 2006/112/EG erlassen werden, und zwar insbesondere in Bezug auf die Steuerpflichtigen, die Lieferung von Gegenständen und die Erbringung von Dienstleistungen sowie den Ort der steuerbaren Umsätze. Im Einklang mit dem Grundsatz der Verhältnismäßigkeit gemäß Artikel 5 Absatz 4 des Vertrags über die Europäische Union geht diese Verordnung nicht über das für die Erreichung dieses Ziels erforderliche Maß hinaus. Da sie in allen Mitgliedstaaten verbindlich ist und unmittelbar gilt, wird die Einheitlichkeit der Anwendung am besten durch eine Verordnung gewährleistet.

(5) Diese Durchführungsvorschriften enthalten spezifische Regelungen zu einzelnen Anwendungsfragen und sind ausschließlich im Hinblick auf eine unionsweit einheitliche steuerliche Behandlung dieser Einzelfälle konzipiert. Sie sind daher nicht auf andere Fälle übertragbar und auf der Grundlage ihres Wortlauts restriktiv anzuwenden.

(6) Ändert ein Nichtsteuerpflichtiger seinen Wohnort und überführt er bei dieser Gelegenheit ein neues Fahrzeug oder wird ein neues Fahrzeug in den Mitgliedstaat zurücküberführt, aus dem es ursprünglich mehrwertsteuerfrei an den Nichtsteuerpflichtigen, der es zurücküberführt, geliefert worden war, so sollte klargestellt werden, dass es sich dabei nicht um den innergemeinschaftlichen Erwerb eines neuen Fahrzeugs handelt.

(7) Für bestimmte Dienstleistungen ist es ausreichend, dass der Dienstleistungserbringer nachweist, dass der steuerpflichtige oder nichtsteuerpflichtiger Empfänger dieser Dienstleistungen außerhalb der Gemeinschaft ansässig ist, damit die Erbringung dieser Dienstleistungen nicht der Mehrwertsteuer unterliegt.

(8) Die Zuteilung einer Mehrwertsteuer-Identifikationsnummer an einen Steuerpflichtigen, der eine Dienstleistung für einen Empfänger in einem anderen Mitgliedstaat erbringt oder der aus einem anderen

---
1) Gilt grundsätzlich ab 01.07.2011, vgl. Art. 65
2) ABl. L 347 vom 11.12.2006, S. 1; siehe Anhang 1a
3) ABl. L 288 vom 29.10.2005, S. 1
4) ABl. L 44 vom 20.02.2008, S. 11

Mitgliedstaat eine Dienstleistung erhält, für die die Mehrwertsteuer ausschließlich vom Dienstleistungsempfänger zu zahlen ist, sollte nicht das Recht dieses Steuerpflichtigen auf Nichtbesteuerung seiner innergemeinschaftlichen Erwerbe von Gegenständen beeinträchtigen. Teilt jedoch ein Steuerpflichtiger im Zusammenhang mit einem innergemeinschaftlichen Erwerb von Gegenständen dem Lieferer seine Mehrwertsteuer-Identifikationsnummer mit, so wird der Steuerpflichtige in jedem Fall so behandelt, als habe er von der Möglichkeit Gebrauch gemacht, diese Umsätze der Steuer zu unterwerfen.

(9) Die weitere Integration des Binnenmarkts erfordert eine stärkere grenzüberschreitende Zusammenarbeit von in verschiedenen Mitgliedstaaten ansässigen Wirtschaftsbeteiligten und hat zu einer steigenden Anzahl von Europäischen wirtschaftlichen Interessenvereinigungen (EWIV) im Sinne der Verordnung (EWG) Nr. 2137/85 des Rates vom 25. Juli 1985 über die Schaffung einer Europäischen wirtschaftlichen Interessenvereinigung (EWIV)[1]) geführt. Daher sollte klargestellt werden, dass EWIV steuerpflichtig sind, wenn sie gegen Entgelt Gegenstände liefern oder Dienstleistungen erbringen.

(10) Es ist erforderlich, Restaurant- und Verpflegungsdienstleistungen, die Abgrenzung zwischen diesen beiden Dienstleistungen sowie ihre angemessene Behandlung klar zu definieren.

(11) Im Interesse der Klarheit sollten Umsätze, die als elektronisch erbrachte Dienstleistungen eingestuft werden, in Verzeichnissen aufgelistet werden, wobei diese Verzeichnisse weder endgültig noch erschöpfend sind.

(12) Es ist erforderlich, einerseits festzulegen, dass es sich bei einer Leistung, die nur aus der Montage verschiedener vom Dienstleistungsempfänger zur Verfügung gestellter Teile einer Maschine besteht, um eine Dienstleistung handelt, und andererseits, wo der Ort dieser Dienstleistung liegt, wenn sie an einen Nichtsteuerpflichtigen erbracht wird.

(13) Der Verkauf einer Option als Finanzinstrument sollte als Dienstleistung behandelt werden, die von den Umsätzen, auf die sich die Option bezieht, getrennt ist.

(14) Um die einheitliche Anwendung der Regeln für die Bestimmung des Ortes der steuerbaren Umsätze sicherzustellen, sollten der Begriff des Ortes, an dem ein Steuerpflichtiger den Sitz seiner wirtschaftlichen Tätigkeit hat, und der Begriff der festen Niederlassung, des Wohnsitzes und des gewöhnlichen Aufenthaltsortes klargestellt werden. Die Zugrundelegung möglichst klarer und objektiver Kriterien sollte die praktische Anwendung dieser Begriffe erleichtern, wobei der Rechtsprechung des Gerichtshofs Rechnung getragen werden sollte.

(15) Es sollten Vorschriften erlassen werden, die eine einheitliche Behandlung von Lieferungen von Gegenständen gewährleisten, wenn ein Lieferer den Schwellenwert für Fernverkäufe in einen anderen Mitgliedstaat überschritten hat.

(16) Es sollte klargestellt werden, dass zur Bestimmung des innerhalb der Gemeinschaft stattfindenden Teils der Personenbeförderung die Reisestrecke des Beförderungsmittels und nicht die von den Fahrgästen zurückgelegte Reisestrecke ausschlaggebend ist.

(17) Das Recht des Erwerbsmitgliedstaats zur Besteuerung eines innergemeinschaftlichen Erwerbs sollte nicht durch die mehrwertsteuerliche Behandlung der Umsätze im Abgangsmitgliedstaat beeinträchtigt werden.

(18) Für die richtige Anwendung der Regeln über den Ort der Dienstleistung kommt es hauptsächlich auf den Status des Dienstleistungsempfängers als Steuerpflichtiger oder Nichtsteuerpflichtiger und die Eigenschaft, in der er handelt, an. Um den steuerlichen Status des Dienstleistungsempfängers zu bestimmen, sollte festgelegt werden, welche Nachweise sich der Dienstleistungserbringer vom Dienstleistungsempfänger vorlegen lassen muss.

(19) Es sollte klargestellt werden, dass dann, wenn für einen Steuerpflichtigen erbrachte Dienstleistungen für den privaten Bedarf, einschließlich für den Bedarf des Personals des Dienstleistungsempfängers, bestimmt sind, dieser Steuerpflichtige nicht als in seiner Eigenschaft als Steuerpflichtiger handelnd eingestuft werden kann. Zur Entscheidung, ob der Dienstleistungsempfänger als Steuerpflichtiger handelt oder nicht, ist die Mitteilung seiner Mehrwertsteuer-Identifikationsnummer an den Dienstleistungserbringer ausreichend, um ihm die Eigenschaft als Steuerpflichtiger zuzuerkennen, es sei denn, dem Dienstleistungserbringer liegen gegenteilige Informationen vor. Es sollte außerdem sichergestellt werden, dass eine Dienstleistung, die sowohl für Unternehmenszwecke erworben als auch privat genutzt wird, nur an einem einzigen Ort besteuert wird.

(20) Zur genauen Bestimmung des Ortes der Niederlassung des Dienstleistungsempfängers ist der Dienstleistungserbringer verpflichtet, die vom Dienstleistungsempfänger übermittelten Angaben zu überprüfen.

---
1) ABl. L 199 vom 31.07.1985, S. 1

(21) Unbeschadet der allgemeinen Bestimmungen über den Ort einer Dienstleistung an einen Steuerpflichtigen sollten Regeln festgelegt werden, um dem Dienstleistungserbringer für den Fall, dass Dienstleistungen an einen Steuerpflichtigen erbracht werden, der an mehr als einem Ort ansässig ist, zu helfen, den Ort der festen Niederlassung des Steuerpflichtigen, an die die Dienstleistung erbracht wird, unter Berücksichtigung der jeweiligen Umstände zu bestimmen. Wenn es dem Dienstleistungserbringer nicht möglich ist, diesen Ort zu bestimmen, sollten Bestimmungen zur Präzisierung der Pflichten des Dienstleistungserbringers festgelegt werden. Diese Bestimmungen sollten die Pflichten des Steuerpflichtigen weder berühren noch ändern.

(22) Es sollte auch festgelegt werden, zu welchem Zeitpunkt der Dienstleistungserbringer den Status des Dienstleistungsempfängers als Steuerpflichtiger oder Nichtsteuerpflichtiger, seine Eigenschaft und seinen Ort bestimmen muss.

(23) Der Grundsatz in Bezug auf missbräuchliche Praktiken von Wirtschaftsbeteiligten gilt generell für die vorliegende Verordnung, doch ist es angezeigt, speziell im Zusammenhang mit einigen Bestimmungen dieser Verordnung auf seine Gültigkeit hinzuweisen.

(24) Bestimmte Dienstleistungen wie die Erteilung des Rechts zur Fernsehübertragung von Fußballspielen, Textübersetzungen, Dienstleistungen im Zusammenhang mit der Mehrwertsteuererstattung und Dienstleistungen von Vermittlern, die an einen Nichtsteuerpflichtigen erbracht werden, sind mit grenzübergreifenden Sachverhalten verbunden oder beziehen sogar außerhalb der Gemeinschaft ansässige Wirtschaftsbeteiligte ein. Zur Verbesserung der Rechtssicherheit sollte der Ort dieser Dienstleistungen eindeutig bestimmt werden.

(25) Es sollte festgelegt werden, dass für Dienstleistungen von Vermittlern, die im Namen und für Rechnung Dritter handeln und die Beherbergungsdienstleistungen in der Hotelbranche vermitteln, nicht die spezifische Regel für Dienstleistungen im Zusammenhang mit einem Grundstück gilt.

(26) Werden mehrere Dienstleistungen im Rahmen von Bestattungen als Bestandteil einer einheitlichen Dienstleistung erbracht, sollte festgelegt werden, nach welcher Vorschrift der Ort der Dienstleistung zu bestimmen ist.

(27) Um die einheitliche Behandlung von Dienstleistungen auf dem Gebiet der Kultur, der Künste, des Sports, der Wissenschaften, des Unterrichts sowie der Unterhaltung und ähnlichen Ereignissen sicherzustellen, sollten die Eintrittsberechtigung zu solchen Ereignissen und die mit der Eintrittsberechtigung zusammenhängenden Dienstleistungen definiert werden.

(28) Es sollte klargestellt werden, wie Restaurant- und Verpflegungsdienstleistungen zu behandeln sind, die an Bord eines Beförderungsmittels erbracht werden, sofern die Personenbeförderung auf dem Gebiet mehrerer Länder erfolgt.

(29) Da bestimmte Regeln für die Vermietung von Beförderungsmitteln auf die Dauer des Besitzes oder der Verwendung abstellen, muss nicht nur festgelegt werden, welche Fahrzeuge als Beförderungsmittel anzusehen sind, sondern es ist auch klarzustellen, wie solche Dienstleistungen zu behandeln sind, wenn mehrere aufeinanderfolgende Verträge abgeschlossen werden. Es ist auch der Ort festzulegen, an dem das Beförderungsmittel dem Dienstleistungsempfänger tatsächlich zur Verfügung gestellt wird.

(30) Unter bestimmten Umständen sollte eine bei der Bezahlung eines Umsatzes mittels Kredit- oder Geldkarte anfallende Bearbeitungsgebühr nicht zu einer Minderung der Besteuerungsgrundlage für diesen Umsatz führen.

(31) Es muss klargestellt werden, dass auf die Vermietung von Zelten, Wohnanhängern und Wohnmobilen, die auf Campingplätzen aufgestellt sind und als Unterkünfte dienen, ein ermäßigter Steuersatz angewandt werden kann.

(32) Als Ausbildung, Fortbildung oder berufliche Umschulung sollten sowohl Schulungsmaßnahmen mit direktem Bezug zu einem Gewerbe oder einem Beruf als auch jegliche Schulungsmaßnahme im Hinblick auf den Erwerb oder die Erhaltung beruflicher Kenntnisse gelten, und zwar unabhängig von ihrer Dauer.

(33) „Platinum Nobles" sollten in allen Fällen von der Steuerbefreiung für Umsätze mit Devisen, Banknoten und Münzen ausgeschlossen sein.

(34) Es sollte festgelegt werden, dass die Steuerbefreiung für Dienstleistungen im Zusammenhang mit der Einfuhr von Gegenständen, deren Wert in der Steuerbemessungsgrundlage für diese Gegenstände enthalten ist, auch für im Rahmen eines Wohnortwechsels erbrachte Beförderungsdienstleistungen gilt.

(35) Die vom Abnehmer nach Orten außerhalb der Gemeinschaft beförderten und für die Ausrüstung oder die Versorgung von Beförderungsmitteln – die von Personen, die keine natürlichen Personen sind, wie etwa Einrichtungen des öffentlichen Rechts oder Vereine, für nichtgeschäftliche Zwecke genutzt

Anhang 1c

Durchführungsvorschriften zur Richtlinie 2006/112/EG

werden – bestimmten Gegenstände sollten von der Steuerbefreiung bei Ausfuhrumsätzen ausgeschlossen sein.

(36) Um eine einheitliche Verwaltungspraxis bei der Berechnung des Mindestwerts für die Steuerbefreiung der Ausfuhr von Gegenständen zur Mitführung im persönlichen Gepäck von Reisenden sicherzustellen, sollten die Bestimmungen für diese Berechnung harmonisiert werden.

(37) Es sollte festgelegt werden, dass die Steuerbefreiung für bestimmte Umsätze, die Ausfuhren gleichgestellt sind, auch für Dienstleistungen gilt, die unter die besondere Regelung für elektronisch erbrachte Dienstleistungen fallen.

(38) Eine entsprechend dem Rechtsrahmen für ein Konsortium für eine europäische Forschungsinfrastruktur (ERIC) zu schaffende Einrichtung sollte zum Zweck der Mehrwertsteuerbefreiung nur unter bestimmten Voraussetzungen als internationale Einrichtung gelten. Die für die Inanspruchnahme der Befreiung erforderlichen Voraussetzungen sollten daher festgelegt werden.

(39) Lieferungen von Gegenständen und Dienstleistungen, die im Rahmen diplomatischer und konsularischer Beziehungen bewirkt oder anerkannten internationalen Einrichtungen oder bestimmten Streitkräften erbracht werden, sind vorbehaltlich bestimmter Beschränkungen und Bedingungen von der Mehrwertsteuer befreit. Damit ein Steuerpflichtiger, der eine solche Lieferung oder Dienstleistung von einem anderen Mitgliedstaat aus bewirkt, nachweisen kann, dass die Voraussetzungen für diese Befreiung vorliegen, sollte eine Freistellungsbescheinigung eingeführt werden.

(40) Für die Ausübung des Rechts auf Vorsteuerabzug sollten auch elektronische Einfuhrdokumente zugelassen werden, wenn sie dieselben Anforderungen erfüllen wie Papierdokumente.

(41) Hat ein Lieferer von Gegenständen oder ein Erbringer von Dienstleistungen eine feste Niederlassung in dem Gebiet des Mitgliedstaats, in dem die Steuer geschuldet wird, so sollte festgelegt werden, unter welchen Umständen die Steuer von dieser Niederlassung zu entrichten ist.

(42) Es sollte klargestellt werden, dass ein Steuerpflichtiger, dessen Sitz der wirtschaftlichen Tätigkeit sich in dem Gebiet des Mitgliedstaats befindet, in dem die Mehrwertsteuer geschuldet wird, im Hinblick auf diese Steuerschuld selbst dann als ein in diesem Mitgliedstaat ansässiger Steuerschuldner anzusehen ist, wenn dieser Sitz nicht bei der Lieferung von Gegenständen oder der Erbringung von Dienstleistungen mitwirkt.

(43) Es sollte klargestellt werden, dass jeder Steuerpflichtige verpflichtet ist, für bestimmte steuerbare Umsätze seine Mehrwertsteuer-Identifikationsnummer mitzuteilen, sobald er diese erhalten hat, damit eine gerechtere Steuererhebung gewährleistet ist.

(44) Um die Gleichbehandlung der Wirtschaftsbeteiligten zu gewährleisten, sollte festgelegt werden, welche Anlagegold-Gewichte auf den Goldmärkten definitiv akzeptiert werden und an welchem Datum der Wert der Goldmünzen festzustellen ist.

(45) Die Sonderregelung für die Erbringung elektronisch erbrachter Dienstleistungen durch nicht in der Gemeinschaft ansässige Steuerpflichtige an in der Gemeinschaft ansässige oder wohnhafte Nichtsteuerpflichtige ist an bestimmte Voraussetzungen geknüpft. Es sollte insbesondere genau angegeben werden, welche Folgen es hat, wenn diese Voraussetzungen nicht mehr erfüllt werden.

(46) Bestimmte Änderungen resultieren aus der Richtlinie 2008/8/EG. Da diese Änderungen zum einen die Besteuerung der Vermietung von Beförderungsmitteln über einen längeren Zeitraum ab dem 1. Januar 2013 und zum anderen die Besteuerung elektronisch erbrachter Dienstleistungen ab dem 1. Januar 2015 betreffen, sollte festgelegt werden, dass die entsprechenden Bestimmungen dieser Verordnung erst ab diesen Daten anwendbar sind –

HAT FOLGENDE VERORDNUNG ERLASSEN:

Kapitel I
Gegenstand

Artikel 1

Diese Verordnung regelt die Durchführung einiger Bestimmungen der Titel I bis V und VII bis XII der Richtlinie 2006/112/EG.

Kapitel II
Anwendungsbereich

(Titel I der Richtlinie 2006/112/EG)

Artikel 2

Folgendes führt nicht zu einem innergemeinschaftlichen Erwerb im Sinne von Artikel 2 Absatz 1 Buchstabe b der Richtlinie 2006/112/EG:

a) die Verbringung eines neuen Fahrzeugs durch einen Nichtsteuerpflichtigen aufgrund eines Wohnortwechsels, vorausgesetzt, die Befreiung nach Artikel 138 Absatz 2 Buchstabe a der Richtlinie 2006/112/EG war zum Zeitpunkt der Lieferung nicht anwendbar;
b) die Rückführung eines neuen Fahrzeugs durch einen Nichtsteuerpflichtigen in denjenigen Mitgliedstaat, aus dem es ihm ursprünglich unter Inanspruchnahme der Steuerbefreiung nach Artikel 138 Absatz 2 Buchstabe a der Richtlinie 2006/112/EG geliefert wurde.

Artikel 3

Unbeschadet des Artikels 59a Absatz 1 Buchstabe b der Richtlinie 2006/112/EG unterliegt die Erbringung der nachstehend aufgeführten Dienstleistungen nicht der Mehrwertsteuer, wenn der Dienstleistungserbringer nachweist, dass der nach Kapitel V Abschnitt 4 Unterabschnitte 3 und 4 der vorliegenden Verordnung ermittelte Ort der Dienstleistung außerhalb der Gemeinschaft liegt:
a) ab 1. Januar 2013 die in Artikel 56 Absatz 2 Unterabsatz 1 der Richtlinie 2006/112/EG genannten Dienstleistungen;
b) ab 1. Januar 2015 die in Artikel 58 der Richtlinie 2006/112/EG aufgeführten Dienstleistungen;
c) die in Artikel 59 der Richtlinie 2006/112/EG aufgeführten Dienstleistungen.

Artikel 4

Einem Steuerpflichtigen, dessen innergemeinschaftliche Erwerbe von Gegenständen gemäß Artikel 3 der Richtlinie 2006/112/EG nicht der Mehrwertsteuer unterliegen, steht dieses Recht auf Nichtbesteuerung auch dann weiterhin zu, wenn ihm nach Artikel 214 Absatz 1 Buchstabe d oder jener Richtlinie für empfangene Dienstleistungen, für die er Mehrwertsteuer zu entrichten hat, oder für von ihm im Gebiet eines anderen Mitgliedstaats erbrachte Dienstleistungen, für die die Mehrwertsteuer ausschließlich vom Empfänger zu entrichten ist, eine Mehrwertsteuer-Identifikationsnummer zugeteilt wurde.

Teilt dieser Steuerpflichtige jedoch im Zusammenhang mit dem innergemeinschaftlichen Erwerb von Gegenständen seine Mehrwertsteuer-Identifikationsnummer einem Lieferer mit, so gilt damit die Wahlmöglichkeit nach Artikel 3 Absatz 3 der genannten Richtlinie als in Anspruch genommen.

Kapitel III
Steuerpflichtiger

(Titel III der Richtlinie 2006/112/EG)

Artikel 5

Eine gemäß der Verordnung (EWG) Nr. 2137/85 gegründete Europäische wirtschaftliche Interessenvereinigung (EWIV), die gegen Entgelt Lieferungen von Gegenständen oder Dienstleistungen an ihre Mitglieder oder an Dritte bewirkt, ist ein Steuerpflichtiger im Sinne von Artikel 9 Absatz 1 der Richtlinie 2006/112/EG.

Kapitel IV
Steuerbarer Umsatz

(Artikel 24 bis 29 der Richtlinie 2006/112/EG)

Artikel 6

(1) Als Restaurant- und Verpflegungsdienstleistungen gelten die Abgabe zubereiteter oder nicht zubereiteter Speisen und/oder Getränke, zusammen mit ausreichenden unterstützenden Dienstleistungen, die deren sofortigen Verzehr ermöglichen. Die Abgabe von Speisen und/oder Getränken ist nur eine Komponente der gesamten Leistung, bei der der Dienstleistungsanteil überwiegt. Restaurantdienstleistungen sind die Erbringung solcher Dienstleistungen in den Räumlichkeiten des Dienstleistungserbringers und Verpflegungsdienstleistungen sind die Erbringung solcher Dienstleistungen an einem anderen Ort als den Räumlichkeiten des Dienstleistungserbringers.

(2) Die Abgabe von zubereiteten oder nicht zubereiteten Speisen und/oder Getränken mit oder ohne Beförderung, jedoch ohne andere unterstützende Dienstleistungen, gilt nicht als Restaurant- oder Verpflegungsdienstleistung im Sinne des Absatzes 1.

Artikel 7

(1) „Elektronisch erbrachte Dienstleistungen" im Sinne der Richtlinie 2006/112/EG umfassen Dienstleistungen, die über das Internet oder ein ähnliches elektronisches Netz erbracht werden, deren Erbringung aufgrund ihrer Art im Wesentlichen automatisiert und nur mit minimaler menschlicher Beteiligung erfolgt und ohne Informationstechnologie nicht möglich wäre.

Anhang 1c
Durchführungsvorschriften zur Richtlinie 2006/112/EG

(2) Unter Absatz 1 fällt insbesondere das Folgende:
a) Überlassung digitaler Produkte allgemein, z.B. Software und zugehörige Änderungen oder Upgrades;
b) Dienste, die in elektronischen Netzen eine Präsenz zu geschäftlichen oder persönlichen Zwecken, z.b. eine Website oder eine Webpage, vermitteln oder unterstützen;
c) von einem Computer automatisch generierte Dienstleistungen über das Internet oder ein ähnliches elektronisches Netz auf der Grundlage spezifischer Dateninputs des Dienstleistungsempfängers;
d) Einräumung des Rechts, gegen Entgelt eine Leistung auf einer Website, die als Online-Marktplatz fungiert, zum Kauf anzubieten, wobei die potenziellen Käufer ihr Gebot im Wege eines automatisierten Verfahrens abgeben und die Beteiligten durch eine automatische, computergenerierte E-Mail über das Zustandekommen eines Verkaufs unterrichtet werden;
e) Internet-Service-Pakete, in denen die Telekommunikations-Komponente ein ergänzender oder untergeordneter Bestandteil ist (d.h. Pakete, die mehr ermöglichen als nur die Gewährung des Zugangs zum Internet und die weitere Elemente wie etwa Nachrichten, Wetterbericht, Reiseinformationen, Spielforen, Webhosting, Zugang zu Chatlines usw. umfassen);
f) die in Anhang I genannten Dienstleistungen.

(3) Unter Absatz 1 fällt insbesondere nicht das Folgende:
a) Rundfunk- und Fernsehdienstleistungen;
b) Telekommunikationsdienstleistungen;
c) Gegenstände bei elektronischer Bestellung und Auftragsbearbeitung;
d) CD-ROMs, Disketten und ähnliche körperliche Datenträger;
e) Druckerzeugnisse wie Bücher, Newsletter, Zeitungen und Zeitschriften;
f) CDs und Audiokassetten;
g) Videokassetten und DVDs;
h) Spiele auf CD-ROM;
i) Beratungsleistungen durch Rechtsanwälte, Finanzberater usw. per E Mail;
j) Unterrichtsleistungen, wobei ein Lehrer den Unterricht über das Internet oder ein elektronisches Netz, d.h. über einen Remote Link, erteilt;
k) physische Offline-Reparatur von EDV-Ausrüstung;
l) Offline-Data-Warehousing;
m) Zeitungs-, Plakat- und Fernsehwerbung;
n) Telefon-Helpdesks;
o) Fernunterricht im herkömmlichen Sinne, z.B. per Post;
p) Versteigerungen herkömmlicher Art, bei denen Menschen direkt tätig werden, unabhängig davon, wie die Gebote abgegeben werden;
q) Videofonie, d.h. Telekommunikationsdienstleistungen mit Video-Komponente;
r) Gewährung des Zugangs zum Internet und zum World Wide Web;
s) Internettelefonie.

Artikel 8
Baut ein Steuerpflichtiger lediglich die verschiedenen Teile einer Maschine zusammen, die ihm alle vom Empfänger seiner Dienstleistung zur Verfügung gestellt wurden, so ist dieser Umsatz eine Dienstleistung im Sinne von Artikel 24 Absatz 1 der Richtlinie 2006/112/EG.

Artikel 9
Der Verkauf einer Option, der in den Anwendungsbereich von Artikel 135 Absatz 1 Buchstabe f der Richtlinie 2006/112/EG fällt, ist eine Dienstleistung im Sinne von Artikel 24 Absatz 1 der genannten Richtlinie. Diese Dienstleistung ist von den der Option zugrunde liegenden Umsätzen zu unterscheiden.

Kapitel V
Ort des steuerbaren Umsatzes
Abschnitt 1: Begriffe

Artikel 10
(1) Für die Anwendung der Artikel 44 und 45 der Richtlinie 2006/112/EG gilt als Ort, an dem der Steuerpflichtige den Sitz seiner wirtschaftlichen Tätigkeit hat, der Ort, an dem die Handlungen zur zentralen Verwaltung des Unternehmens vorgenommen werden.

Durchführungsvorschriften zur Richtlinie 2006/112/EG **Anhang 1c**

(2) Zur Bestimmung des Ortes nach Absatz 1 werden der Ort, an dem die wesentlichen Entscheidungen zur allgemeinen Leitung des Unternehmens getroffen werden, der Ort seines satzungsmäßigen Sitzes und der Ort, an dem die Unternehmensleitung zusammenkommt, herangezogen.

Kann anhand dieser Kriterien der Ort des Sitzes der wirtschaftlichen Tätigkeit eines Unternehmens nicht mit Sicherheit bestimmt werden, so wird der Ort, an dem die wesentlichen Entscheidungen zur allgemeinen Leitung des Unternehmens getroffen werden, zum vorrangigen Kriterium.

(3) Allein aus dem Vorliegen einer Postanschrift kann nicht geschlossen werden, dass sich dort der Sitz der wirtschaftlichen Tätigkeit eines Unternehmens befindet.

Artikel 11

(1) Für die Anwendung des Artikels 44 der Richtlinie 2006/112/EG gilt als „feste Niederlassung" jede Niederlassung mit Ausnahme des Sitzes der wirtschaftlichen Tätigkeit nach Artikel 10 dieser Verordnung, die einen hinreichenden Grad an Beständigkeit sowie eine Struktur aufweist, die es ihr von der personellen und technischen Ausstattung her erlaubt, Dienstleistungen, die für den eigenen Bedarf dieser Niederlassung erbracht werden, zu empfangen und dort zu verwenden.

(2) Für die Anwendung der folgenden Artikel gilt als „feste Niederlassung" jede Niederlassung mit Ausnahme des Sitzes der wirtschaftlichen Tätigkeit nach Artikel 10 dieser Verordnung, die einen hinreichenden Grad an Beständigkeit sowie eine Struktur aufweist, die es von der personellen und technischen Ausstattung her erlaubt, Dienstleistungen zu erbringen:

a) Artikel 45 der Richtlinie 2006/112/EG;

b) ab 1. Januar 2013 Artikel 56 Absatz 2 Unterabsatz 2 der Richtlinie 2006/112/EG;

c) bis 31. Dezember 2014 Artikel 58 der Richtlinie 2006/112/EG;

d) Artikel 192a der Richtlinie 2006/112/EG.

(3) Allein aus der Tatsache, dass eine Mehrwertsteuer-Identifikationsnummer zugeteilt wurde, kann nicht darauf geschlossen werden, dass ein Steuerpflichtiger eine „feste Niederlassung" hat.

Artikel 12

Für die Anwendung der Richtlinie 2006/112/EG gilt als „Wohnsitz" einer natürlichen Person, unabhängig davon, ob diese Person steuerpflichtig ist oder nicht, der im Melderegister oder in einem ähnlichen Register eingetragene Wohnsitz oder der Wohnsitz, den die betreffende Person bei der zuständigen Steuerbehörde angegeben hat, es sei denn, es liegen Anhaltspunkte dafür vor, dass dieser Wohnsitz nicht die tatsächlichen Gegebenheiten widerspiegelt.

Artikel 13

Im Sinne der Richtlinie 2006/112/EG gilt als „gewöhnlicher Aufenthaltsort" einer natürlichen Person, unabhängig davon, ob diese Person steuerpflichtig ist oder nicht, der Ort, an dem diese natürliche Person aufgrund persönlicher und beruflicher Bindungen gewöhnlich lebt.

Liegen die beruflichen Bindungen einer natürlichen Person in einem anderen Land als dem ihrer persönlichen Bindungen oder gibt es keine beruflichen Bindungen, so bestimmt sich der gewöhnliche Aufenthaltsort nach den persönlichen Bindungen, die enge Beziehungen zwischen der natürlichen Person und einem Wohnort erkennen lassen.

Abschnitt 2: Ort der Lieferung von Gegenständen
(Artikel 31 bis 39 der Richtlinie 2006/112/EG)

Artikel 14

Wird im Laufe eines Kalenderjahres der von einem Mitgliedstaat gemäß Artikel 34 der Richtlinie 2006/112/EG angewandte Schwellenwert überschritten, so ergibt sich aus Artikel 33 jener Richtlinie keine Änderung des Ortes der Lieferungen von nicht verbrauchsteuerpflichtigen Waren, die in dem fraglichen Kalenderjahr vor Überschreiten des von diesem Mitgliedstaat für das laufende Kalenderjahr angewandten Schwellenwerts getätigt wurden, unter der Bedingung, dass alle folgenden Voraussetzungen erfüllt sind:

a) der Lieferer hat nicht die Wahlmöglichkeit des Artikels 34 Absatz 4 jener Richtlinie in Anspruch genommen;

b) der Wert seiner Lieferungen von Gegenständen hat den Schwellenwert im vorangegangenen Jahr nicht überschritten.

Anhang 1c

Durchführungsvorschriften zur Richtlinie 2006/112/EG

Hingegen ändert Artikel 33 der Richtlinie 2006/112/EG den Ort folgender Lieferungen in den Mitgliedstaat der Beendigung des Versands oder der Beförderung:

a) die Lieferung von Gegenständen, mit der der vom Mitgliedstaat für das laufende Kalenderjahr angewandte Schwellenwert in dem laufenden Kalenderjahr überschritten wurde;
b) alle weiteren Lieferungen von Gegenständen in denselben Mitgliedstaat in dem betreffenden Kalenderjahr;
c) Lieferungen von Gegenständen in denselben Mitgliedstaat in dem Kalenderjahr, das auf das Jahr folgt, in dem das unter Buchstabe a genannte Ereignis eingetreten ist.

Artikel 15

Zur Bestimmung des innerhalb der Gemeinschaft stattfindenden Teils der Personenbeförderung im Sinne des Artikels 37 der Richtlinie 2006/112/EG ist die Reisestrecke des Beförderungsmittels, nicht die der beförderten Personen, ausschlaggebend.

Abschnitt 3: Ort des innergemeinschaftlichen Erwerbs von Gegenständen
(Artikel 40, 41 und 42 der Richtlinie 2006/112/EG)

Artikel 16

Der Mitgliedstaat der Beendigung des Versands oder der Beförderung der Gegenstände, in dem ein innergemeinschaftlicher Erwerb von Gegenständen im Sinne von Artikel 20 der Richtlinie 2006/112/EG erfolgt, nimmt seine Besteuerungskompetenz unabhängig von der mehrwertsteuerlichen Behandlung des Umsatzes im Mitgliedstaat des Beginns des Versands oder der Beförderung der Gegenstände wahr.

Ein etwaiger vom Lieferer der Gegenstände gestellter Antrag auf Berichtigung der in Rechnung gestellten und gegenüber dem Mitgliedstaat des Beginns des Versands oder der Beförderung der Gegenstände erklärten Mehrwertsteuer wird von diesem Mitgliedstaat nach seinen nationalen Vorschriften bearbeitet.

Abschnitt 4: Ort der Dienstleistung
(Artikel 43 bis 59 der Richtlinie 2006/112/EG)

Unterabschnitt 1: Status des Dienstleistungsempfängers

Artikel 17

(1) Hängt die Bestimmung des Ortes der Dienstleistung davon ab, ob es sich bei dem Dienstleistungsempfänger um einen Steuerpflichtigen oder um einen Nichtsteuerpflichtigen handelt, so wird der Status des Dienstleistungsempfängers nach den Artikeln 9 bis 13 und 43 der Richtlinie 2006/112/EG bestimmt.

(2) Eine nicht steuerpflichtige juristische Person, der gemäß Artikel 214 Absatz 1 Buchstabe b der Richtlinie 2006/112/EG eine Mehrwertsteuer-Identifikationsnummer zugeteilt wurde oder die verpflichtet ist, sich für Mehrwertsteuerzwecke erfassen zu lassen, weil ihre innergemeinschaftlichen Erwerbe von Gegenständen der Mehrwertsteuer unterliegen oder weil sie die Wahlmöglichkeit in Anspruch genommen hat, diese Umsätze der Mehrwertsteuerpflicht zu unterwerfen, gilt als Steuerpflichtiger im Sinne des Artikels 43 jener Richtlinie.

Artikel 18

(1) Sofern dem Dienstleistungserbringer keine gegenteiligen Informationen vorliegen, kann er davon ausgehen, dass ein in der Gemeinschaft ansässiger Dienstleistungsempfänger den Status eines Steuerpflichtigen hat,

a) wenn der Dienstleistungsempfänger ihm seine individuelle Mehrwertsteuer-Identifikationsnummer mitgeteilt hat und er die Bestätigung der Gültigkeit dieser Nummer sowie die des zugehörigen Namens und der zugehörigen Anschrift gemäß Artikel 31 der Verordnung (EG) Nr. 904/2010 des Rates vom 7. Oktober 2010 über die Zusammenarbeit der Verwaltungsbehörden und die Betrugsbekämpfung auf dem Gebiet der Mehrwertsteuer[1] erlangt hat;
b) wenn er, sofern der Dienstleistungsempfänger noch keine individuelle Mehrwertsteuer-Identifikationsnummer erhalten hat, jedoch mitteilt, dass er die Zuteilung einer solchen Nummer beantragt hat, anhand eines anderen Nachweises feststellt, dass es sich bei dem Dienstleistungsempfänger um einen Steuerpflichtigen oder eine nicht steuerpflichtige juristische Person handelt, die verpflichtet ist, sich für Mehrwertsteuerzwecke erfassen zu lassen, und mittels handelsüblicher Sicherheitsmaßnahmen (wie beispielsweise der Kontrolle der Angaben zur Person oder von Zahlungen) in zumutbarem Umfang die Richtigkeit der vom Dienstleistungsempfänger gemachten Angaben überprüft.

---

1) ABl. L 268 vom 12.10.2010, S. 1

(2) Sofern dem Dienstleistungserbringer keine gegenteiligen Informationen vorliegen, kann er davon ausgehen, dass ein in der Gemeinschaft ansässiger Dienstleistungsempfänger den Status eines Nichtsteuerpflichtigen hat, wenn er nachweist, dass Letzterer ihm seine individuelle Mehrwertsteuer-Identifikationsnummer nicht mitgeteilt hat.

(3) Sofern dem Dienstleistungserbringer keine gegenteiligen Informationen vorliegen, kann er davon ausgehen, dass ein außerhalb der Gemeinschaft ansässiger Dienstleistungsempfänger den Status eines Steuerpflichtigen hat,

a) wenn er vom Dienstleistungsempfänger die von den für den Dienstleistungsempfänger zuständigen Steuerbehörden ausgestellte Bescheinigung erlangt, wonach der Dienstleistungsempfänger eine wirtschaftliche Tätigkeit ausübt, die es ihm ermöglicht, eine Erstattung der Mehrwertsteuer gemäß der Richtlinie 86/560/EWG des Rates vom 17. November 1986 zur Harmonisierung der Rechtsvorschriften der Mitgliedstaaten über die Umsatzsteuern – Verfahren der Erstattung der Mehrwertsteuer an nicht im Gebiet der Gemeinschaft ansässige Steuerpflichtige[1] zu erhalten;

b) wenn ihm, sofern der Dienstleistungsempfänger diese Bescheinigung nicht besitzt, eine Mehrwertsteuernummer oder eine ähnliche dem Dienstleistungsempfänger von seinem Ansässigkeitsstaat zugeteilte und zur Identifizierung von Unternehmen verwendete Nummer vorliegt oder er anhand eines anderen Nachweises feststellt, dass es sich bei dem Dienstleistungsempfänger um einen Steuerpflichtigen handelt, und er mittels handelsüblicher Sicherheitsmaßnahmen (wie beispielsweise derjenigen in Bezug auf die Kontrolle der Angaben zur Person oder von Zahlungen) in zumutbarem Umfang die Richtigkeit der vom Dienstleistungsempfänger gemachten Angaben überprüft.

Unterabschnitt 2: Eigenschaft des Dienstleistungsempfängers

Artikel 19

Für die Zwecke der Anwendung der Bestimmungen über den Ort der Dienstleistung nach Artikel 44 und 45 der Richtlinie 2006/112/EG gilt ein Steuerpflichtiger oder eine als Steuerpflichtiger geltende nichtsteuerpflichtige juristische Person, der/die Dienstleistungen ausschließlich zum privaten Gebrauch, einschließlich zum Gebrauch durch sein/ihr Personal empfängt, als nicht steuerpflichtig.

Sofern dem Dienstleistungserbringer keine gegenteiligen Informationen – wie etwa die Art der erbrachten Dienstleistungen – vorliegen, kann er davon ausgehen, dass es sich um Dienstleistungen für die unternehmerischen Zwecke des Dienstleistungsempfängers handelt, wenn Letzterer ihm für diesen Umsatz seine individuelle Mehrwertsteuer-Identifikationsnummer mitgeteilt hat.

Ist ein und dieselbe Dienstleistung sowohl zum privaten Gebrauch, einschließlich zum Gebrauch durch das Personal, als auch für die unternehmerischen Zwecke des Dienstleistungsempfängers bestimmt, so fällt diese Dienstleistung ausschließlich unter Artikel 44 der Richtlinie 2006/112/EG, sofern keine missbräuchlichen Praktiken vorliegen.

Unterabschnitt 3: Ort des Dienstleistungsempfängers

Artikel 20

Fällt eine Dienstleistung an einen Steuerpflichtigen oder an eine nicht steuerpflichtige juristische Person, die als Steuerpflichtiger gilt, in den Anwendungsbereich des Artikels 44 der Richtlinie 2006/112/EG und ist dieser Steuerpflichtige in einem einzigen Land ansässig oder befindet sich, in Ermangelung eines Sitzes der wirtschaftlichen Tätigkeit oder einer festen Niederlassung, sein Wohnsitz und sein gewöhnlicher Aufenthaltsort in einem einzigen Land, so ist diese Dienstleistung in diesem Land zu besteuern.

Der Dienstleistungserbringer stellt diesen Ort auf der Grundlage der vom Dienstleistungsempfänger erhaltenen Informationen fest und überprüft diese Informationen mittels handelsüblicher Sicherheitsmaßnahmen, wie beispielsweise der Kontrolle der Angaben zur Person oder von Zahlungen.

Die Information kann auch eine von dem Mitgliedstaat, in dem der Dienstleistungsempfänger ansässig ist, zugeteilten Mehrwertsteuer-Identifikationsnummer beinhalten.

Artikel 21

Fällt eine Dienstleistung an einen Steuerpflichtigen oder an eine nicht steuerpflichtige juristische Person, die als Steuerpflichtiger gilt, in den Anwendungsbereich des Artikels 44 der Richtlinie 2006/112/EG und ist der Steuerpflichtige in mehr als einem Land ansässig, so ist diese Dienstleistung in dem Land zu besteuern, in dem der Dienstleistungsempfänger den Sitz seiner wirtschaftlichen Tätigkeit hat.

Wird die Dienstleistung jedoch an eine feste Niederlassung des Steuerpflichtigen an einem anderen Ort erbracht als dem Ort, an dem sich der Sitz der wirtschaftlichen Tätigkeit des Dienstleistungsempfängers

---

[1] ABl. L 326 vom 21.11.1986, S. 40

Anhang 1c

Durchführungsvorschriften zur Richtlinie 2006/112/EG

befindet, so ist diese Dienstleistung am Ort der festen Niederlassung zu besteuern, die Empfänger der Dienstleistung ist und sie für den eigenen Bedarf verwendet.

Verfügt der Steuerpflichtige weder über einen Sitz der wirtschaftlichen Tätigkeit noch über eine feste Niederlassung, so ist die Dienstleistung am Wohnsitz des Steuerpflichtigen oder am Ort seines gewöhnlichen Aufenthalts zu besteuern.

Artikel 22

(1) Der Dienstleistungserbringer prüft die Art und die Verwendung der erbrachten Dienstleistung, um die feste Niederlassung des Dienstleistungsempfängers zu ermitteln, an die die Dienstleistung erbracht wird.

Kann der Dienstleistungserbringer weder anhand der Art der erbrachten Dienstleistung noch ihrer Verwendung die feste Niederlassung ermitteln, an die die Dienstleistung erbracht wird, so prüft er bei der Ermittlung dieser festen Niederlassung insbesondere, ob der Vertrag, der Bestellschein und die vom Mitgliedstaat des Dienstleistungsempfängers vergebene und ihm vom Dienstleistungsempfänger mitgeteilte Mehrwertsteuer-Identifikationsnummer die feste Niederlassung als Dienstleistungsempfänger ausweisen und ob die feste Niederlassung die Dienstleistung bezahlt.

Kann die feste Niederlassung des Dienstleistungsempfängers, an die die Dienstleistung erbracht wird, gemäß den Unterabsätzen 1 und 2 des vorliegenden Absatzes nicht bestimmt werden oder werden einem Steuerpflichtigen unter Artikel 44 der Richtlinie 2006/112/EG fallende Dienstleistungen innerhalb eines Vertrags erbracht, der eine oder mehrere Dienstleistungen umfasst, die auf nicht feststellbare oder nicht quantifizierbare Weise genutzt werden, so kann der Dienstleistungserbringer berechtigterweise davon ausgehen, dass diese Dienstleistungen an dem Ort erbracht werden, an dem der Dienstleistungsempfänger den Sitz seiner wirtschaftlichen Tätigkeit hat.

(2) Die Pflichten des Dienstleistungsempfängers bleiben von der Anwendung dieses Artikels unberührt.

Artikel 23

(1) Ist eine Dienstleistung ab 1. Januar 2013 entsprechend Artikel 56 Absatz 2 Unterabsatz 1 der Richtlinie 2006/112/EG an dem Ort zu versteuern, an dem der Dienstleistungsempfänger ansässig ist, oder in Ermangelung eines solchen Sitzes an seinem Wohnsitz oder an seinem gewöhnlichen Aufenthaltsort, so stellt der Dienstleistungserbringer diesen Ort auf der Grundlage der vom Dienstleistungsempfänger erhaltenen Sachinformationen fest und überprüft diese Informationen mittels handelsüblicher Sicherheitsmaßnahmen, wie beispielsweise der Kontrolle von Angaben zur Person oder von Zahlungen.

(2) Ist eine Dienstleistung entsprechend den Artikeln 58 und 59 der Richtlinie 2006/112/EG an dem Ort zu versteuern, an dem der Dienstleistungsempfänger ansässig ist, oder in Ermangelung eines solchen Sitzes an seinem Wohnsitz oder an seinem gewöhnlichen Aufenthaltsort, so stellt der Dienstleistungserbringer diesen Ort auf der Grundlage der vom Dienstleistungsempfänger erhaltenen Sachinformationen fest und überprüft diese Informationen mittels der handelsüblichen Sicherheitsmaßnahmen, wie beispielsweise der Kontrolle von Angaben zur Person oder von Zahlungen.

Artikel 24

(1) Wird ab 1. Januar 2013 eine Dienstleistung, die unter Artikel 56 Absatz 2 Unterabsatz 1 der Richtlinie 2006/112/EG fällt, an einen Nichtsteuerpflichtigen erbracht, der in verschiedenen Ländern ansässig ist oder seinen Wohnsitz in einem Land und seinen gewöhnlichen Aufenthaltsort in einem anderen Land hat, so ist bei der Bestimmung des Ortes der Dienstleistung der Ort vorrangig, der am ehesten eine Besteuerung am Ort des tatsächlichen Verbrauchs gewährleistet.

(2) Wird eine Dienstleistung entsprechend den Artikeln 58 und 59 der Richtlinie 2006/112/EG an einen Nichtsteuerpflichtigen erbracht, der in verschiedenen Ländern ansässig ist oder seinen Wohnsitz in einem Land und seinen gewöhnlichen Aufenthaltsort in einem anderen Land hat, so ist bei der Bestimmung des Ortes der Dienstleistung der Ort vorrangig, an dem am ehesten eine Besteuerung am Ort des tatsächlichen Verbrauchs gewährleistet ist.

Unterabschnitt 4: Allgemeine Bestimmungen zur Ermittlung des Status, der Eigenschaft und des Ortes des Dienstleistungsempfängers

Artikel 25

Zur Anwendung der Vorschriften hinsichtlich des Ortes der Dienstleistung sind lediglich die Umstände zu dem Zeitpunkt zu berücksichtigen, zu dem der Steuertatbestand eintritt. Jede spätere Änderung des Verwendungszwecks der betreffenden Dienstleistung wirkt sich nicht auf die Bestimmung des Orts der Dienstleistung aus, sofern keine missbräuchlichen Praktiken vorliegen.

Anhang 1c

Durchführungsvorschriften zur Richtlinie 2006/112/EG

Unterabschnitt 5: Dienstleistungen, die unter die allgemeinen Bestimmungen fallen

Artikel 26

Die Erteilung des Rechts zur Fernsehübertragung von Fußballspielen durch Organisationen an Steuerpflichtige fällt unter Artikel 44 der Richtlinie 2006/112/EG.

Artikel 27

Dienstleistungen, die in der Beantragung oder Vereinnahmung von Erstattungen der Mehrwertsteuer gemäß der Richtlinie 2008/9/EG des Rates vom 12. Februar 2008 zur Regelung der Erstattung der Mehrwertsteuer gemäß der Richtlinie 2006/112/EG an nicht im Mitgliedstaat der Erstattung, sondern in einem anderen Mitgliedstaat ansässige Steuerpflichtige[1] bestehen, fallen unter Artikel 44 der Richtlinie 2006/112/EG.

Artikel 28

Insoweit sie eine einheitliche Dienstleistung darstellen, fallen Dienstleistungen, die im Rahmen einer Bestattung erbracht werden, unter Artikel 44 und 45 der Richtlinie 2006/112/EG.

Artikel 29

Unbeschadet des Artikels 41 der vorliegenden Verordnung fallen Dienstleistungen der Textübersetzung unter die Artikel 44 und 45 der Richtlinie 2006/112/EG.

Unterabschnitt 6: Dienstleistungen von Vermittlern

Artikel 30

Unter den Begriff der Dienstleistung von Vermittlern in Artikel 46 der Richtlinie 2006/112/EG fallen sowohl Dienstleistungen von Vermittlern, die im Namen und für Rechnung des Empfängers der vermittelten Dienstleistung handeln, als auch Dienstleistungen von Vermittlern, die im Namen und für Rechnung des Erbringers der vermittelten Dienstleistungen handeln.

Artikel 31

Dienstleistungen von Vermittlern, die im Namen und für Rechnung Dritter handeln, und die in der Vermittlung einer Beherbergungsdienstleistung in der Hotelbranche oder in Branchen mit ähnlicher Funktion bestehen, fallen in den Anwendungsbereich:

a) des Artikels 44 der Richtlinie 2006/112/EG, wenn sie an einen Steuerpflichtigen, der als solcher handelt, oder an eine nichtsteuerpflichtige juristische Person, die als Steuerpflichtiger gilt, erbracht werden;

b) des Artikels 46 der genannten Richtlinie, wenn sie an einen Nichtsteuerpflichtigen erbracht werden.

Unterabschnitt 7: Dienstleistungen auf dem Gebiet der Kultur, der Künste, des Sports, der Wissenschaft, des Unterrichts, der Unterhaltung und ähnliche Veranstaltungen

Artikel 32

(1) Zu den Dienstleistungen betreffend die Eintrittsberechtigung zu Veranstaltungen auf dem Gebiet der Kultur, der Künste, des Sports, der Wissenschaft, des Unterrichts, der Unterhaltung oder ähnlichen Veranstaltungen im Sinne des Artikels 53 der Richtlinie 2006/112/EG, gehören Dienstleistungen, deren wesentliche Merkmale darin bestehen, gegen eine Eintrittskarte oder eine Vergütung, auch in Form eines Abonnements, einer Zeitkarte oder einer regelmäßigen Gebühr, das Recht auf Eintritt zu einer Veranstaltung zu gewähren.

(2) Absatz 1 gilt insbesondere für:

a) das Recht auf Eintritt zu Darbietungen, Theateraufführungen, Zirkusvorstellungen, Freizeitparks, Konzerten, Ausstellungen sowie anderen ähnlichen kulturellen Veranstaltungen;

b) das Recht auf Eintritt zu Sportveranstaltungen wie Spielen oder Wettkämpfen;

c) das Recht auf Eintritt zu Veranstaltungen auf dem Gebiet des Unterrichts und der Wissenschaft, wie beispielsweise Konferenzen und Seminare.

(3) Die Nutzung von Räumlichkeiten, wie beispielsweise Turnhallen oder anderen, gegen Zahlung einer Gebühr fällt nicht unter Absatz 1.

---

[1] ABl. L 44 vom 20.02.2008, S. 23

Anhang 1c — Durchführungsvorschriften zur Richtlinie 2006/112/EG

Artikel 33

Zu den mit der Eintrittsberechtigung zu Veranstaltungen auf dem Gebiet der Kultur, der Künste, des Sports, der Wissenschaft, des Unterrichts, der Unterhaltung oder ähnlichen Veranstaltungen zusammenhängenden Dienstleistungen nach Artikel 53 der Richtlinie 2006/112/EG gehören die Dienstleistungen, die direkt mit der Eintrittsberechtigung zu diesen Veranstaltungen in Verbindung stehen und an die Person, die einer Veranstaltung beiwohnt, gegen eine Gegenleistung gesondert erbracht werden.

Zu diesen zusammenhängenden Dienstleistungen gehören insbesondere die Nutzung von Garderoben oder von sanitären Einrichtungen, nicht aber bloße Vermittlungsleistunge im Zusammenhang mit dem Verkauf von Eintrittskarten.

Unterabschnitt 8: Nebentätigkeiten zur Beförderung, Begutachtung von beweglichen Gegenständen und Arbeiten an solchen Gegenständen

Artikel 34

Außer in den Fällen, in denen die zusammengebauten Gegenstände Bestandteil eines Grundstücks werden, bestimmt sich der Ort der Dienstleistungen an einen Nichtsteuerpflichtigen, die lediglich in der Montage verschiedener Teile einer Maschine durch einen Steuerpflichtigen bestehen, wobei der Dienstleistungsempfänger ihm alle Teile beigestellt hat, nach Artikel 54 der Richtlinie 2006/112/EG.

Unterabschnitt 9: Restaurant- und Verpflegungsdienstleistungen an Bord eines Beförderungsmittels

Artikel 35

Zur Bestimmung des innerhalb der Gemeinschaft stattfindenden Teils der Personenbeförderung im Sinne des Artikels 57 der Richtlinie 2006/112/EG ist die Reisestrecke des Beförderungsmittels, nicht die der beförderten Personen, ausschlaggebend.

Artikel 36

Werden die Restaurant- und Verpflegungsdienstleistungen während des innerhalb der Gemeinschaft stattfindenden Teils der Personenbeförderung erbracht, so fallen diese Dienstleistungen unter Artikel 57 der Richtlinie 2006/112/EG.

Werden die Restaurant- und Verpflegungsdienstleistungen außerhalb dieses Teils der Personenbeförderung, aber im Gebiet eines Mitgliedstaats oder eines Drittlandes oder eines Drittgebiets erbracht, so fallen diese Dienstleistungen unter Artikel 55 der genannten Richtlinie.

Artikel 37

Der Ort der Dienstleistung einer Restaurant- oder Verpflegungsdienstleistung innerhalb der Gemeinschaft, die teilweise während, teilweise außerhalb des innerhalb der Gemeinschaft stattfindenden Teils der Personenbeförderung, aber auf dem Gebiet eines Mitgliedstaats erbracht wird, bestimmt sich für die gesamte Dienstleistung nach den Regeln für die Bestimmung des Ortes der Dienstleistung, die zu Beginn der Erbringung der Restaurant- oder Verpflegungsdienstleistung gelten.

Unterabschnitt 10: Vermietung von Beförderungsmitteln

Artikel 38

(1) Als „Beförderungsmittel" im Sinne von Artikel 56 und Artikel 59 Unterabsatz 1 Buchstabe g der Richtlinie 2006/112/EG gelten motorbetriebene Fahrzeuge oder Fahrzeuge ohne Motor und sonstige Ausrüstungen und Vorrichtungen, die zur Beförderung von Gegenständen oder Personen von einem Ort an den anderen konzipiert wurden und von Fahrzeugen gezogen oder geschoben werden können und die normalerweise zur Beförderung von Gegenständen oder Personen konzipiert und tatsächlich geeignet sind.

(2) Als Beförderungsmittel nach Absatz 1 gelten insbesondere folgende Fahrzeuge:

a) Landfahrzeuge wie Personenkraftwagen, Motorräder, Fahrräder, Dreiräder sowie Wohnanhänger;

b) Anhänger und Sattelanhänger;

c) Eisenbahnwagen;

d) Wasserfahrzeuge;

e) Luftfahrzeuge;

f) Fahrzeuge, die speziell für den Transport von Kranken oder Verletzten konzipiert sind;

g) landwirtschaftliche Zugmaschinen und andere landwirtschaftliche Fahrzeuge;

h) Rollstühle und ähnliche Fahrzeuge für Kranke und Körperbehinderte, mit mechanischen oder elektronischen Vorrichtungen zur Fortbewegung.

(3) Als Beförderungsmittel nach Absatz 1 gelten nicht Fahrzeuge, die dauerhaft stillgelegt sind, sowie Container.

Artikel 39

(1) Für die Anwendung des Artikel 56 der Richtlinie 2006/112/EG wird die Dauer des Besitzes oder der Verwendung eines Beförderungsmittels während eines ununterbrochenen Zeitraums, das Gegenstand einer Vermietung ist, auf der Grundlage der vertraglichen Vereinbarung zwischen den beteiligten Parteien bestimmt.

Der Vertrag begründet eine Vermutung, die durch jegliche auf Fakten oder Gesetz gestützte Mittel widerlegt werden kann, um die tatsächliche Dauer des Besitzes oder der Verwendung während eines ununterbrochenen Zeitraums festzustellen.

Wird die vertraglich festgelegte Dauer einer Vermietung über einen kürzeren Zeitraum im Sinne des Artikels 56 der Richtlinie 2006/112/EG aufgrund höherer Gewalt überschritten, so ist dies für die Feststellung der Dauer des Besitzes oder der Verwendung des Beförderungsmittels während eines ununterbrochenen Zeitraums unerheblich.

(2) Werden für ein und dasselbe Beförderungsmittel mehrere aufeinanderfolgende Mietverträge zwischen denselben Parteien geschlossen, so ist als Dauer des Besitzes oder der Verwendung dieses Beförderungsmittels während eines ununterbrochenen Zeitraums die Gesamtlaufzeit aller Verträge zugrunde zu legen.

Für die Zwecke von Unterabsatzes 1 sind ein Vertrag und die zugehörigen Verlängerungsverträge aufeinanderfolgende Verträge.

Die Laufzeit des Mietvertrags oder der Mietverträge über einen kürzeren Zeitraum, die einem als langfristig geltenden Mietvertrag vorausgehen, wird jedoch nicht in Frage gestellt, sofern keine missbräuchlichen Praktiken vorliegen.

(3) Sofern keine missbräuchlichen Praktiken vorliegen, gelten aufeinanderfolgende Mietverträge, die zwischen denselben Parteien geschlossen werden, jedoch unterschiedliche Beförderungsmittel zum Gegenstand haben, nicht als aufeinanderfolgende Verträge nach Absatz 2.

Artikel 40

Der Ort, an dem das Beförderungsmittel dem Dienstleistungsempfänger gemäß Artikel 56 Absatz 1 der Richtlinie 2006/112/EG tatsächlich zur Verfügung gestellt wird, ist der Ort, an dem der Dienstleistungsempfänger oder eine von ihm beauftragte Person es unmittelbar physisch in Besitz nimmt.

Unterabschnitt 11: Dienstleistungen an Nichtsteuerpflichtige außerhalb der Gemeinschaft

Artikel 41

Dienstleistungen der Textübersetzung, die an einen außerhalb der Gemeinschaft ansässigen Nichtsteuerpflichtigen erbracht werden, fallen unter Artikel 59 Unterabsatz 1 Buchstabe c der Richtlinie 2006/112/EG.

Kapitel VI
Besteuerungsgrundlage
(Titel VII der Richtlinie 2006/112/EG)

Artikel 42

Verlangt ein Lieferer von Gegenständen oder ein Erbringer von Dienstleistungen als Bedingung für die Annahme einer Bezahlung mit Kredit- oder Geldkarte, dass der Dienstleistungsempfänger ihm oder einem anderen Unternehmen hierfür einen Betrag entrichtet und der von diesem Empfänger zu zahlende Gesamtpreis durch die Zahlungsweise nicht beeinflusst wird, so ist dieser Betrag Bestandteil der Besteuerungsgrundlage der Lieferung von Gegenständen oder der Dienstleistung gemäß Artikel 73 bis 80 der Richtlinie 2006/112/EG.

Kapitel VII
Steuersätze

Artikel 43

„Beherbergung in Ferienunterkünften" gemäß Anhang III Nummer 12 der Richtlinie 2006/112/EG umfasst auch die Vermietung von Zelten, Wohnanhängern oder Wohnmobilen, die auf Campingplätzen aufgestellt sind und als Unterkünfte dienen.

Kapitel VIII
Steuerbefreiungen

Abschnitt 1: Steuerbefreiungen für bestimmte, dem Gemeinwohl dienende Tätigkeiten
(Artikel 132, 133 und 134 der Richtlinie 2006/112/EG)

Artikel 44

Die Dienstleistungen der Ausbildung, Fortbildung oder beruflichen Umschulung, die unter den Voraussetzungen des Artikels 132 Absatz 1 Buchstabe i der Richtlinie 2006/112/EG erbracht werden, umfassen Schulungsmaßnahmen mit direktem Bezug zu einem Gewerbe oder einem Beruf sowie jegliche Schulungsmaßnahme, die dem Erwerb oder der Erhaltung beruflicher Kenntnisse dient. Die Dauer der Ausbildung, Fortbildung oder beruflichen Umschulung ist hierfür unerheblich.

Abschnitt 2: Steuerbefreiungen für andere Tätigkeiten
(Artikel 135, 136 und 137 der Richtlinie 2006/112/EG)

Artikel 45

Die Steuerbefreiung in Artikel 135 Absatz 1 Buchstabe e der Richtlinie 2006/112/EG findet keine Anwendung auf Platinum Nobles.

Abschnitt 3: Steuerbefreiungen bei der Einfuhr
(Artikel 143, 144 und 145 der Richtlinie 2006/112/EG)

Artikel 46

Die Steuerbefreiung in Artikel 144 der Richtlinie 2006/112/EG gilt auch für Beförderungsleistungen, die mit einer Einfuhr beweglicher körperlicher Gegenstände anlässlich eines Wohnortwechsels verbunden sind.

Abschnitt 4: Steuerbefreiungen bei der Ausfuhr
(Artikel 146 und 147 der Richtlinie 2006/112/EG)

Artikel 47

„Privaten Zwecken dienende Beförderungsmittel" im Sinne des Artikels 146 Absatz 1 Buchstabe b der Richtlinie 2006/112/EG umfassen auch Beförderungsmittel, die von Personen, die keine natürlichen Personen sind, wie etwa Einrichtungen des öffentlichen Rechts im Sinne von Artikel 13 der genannten Richtlinie oder Vereine, für nichtgeschäftliche Zwecke verwendet werden.

Artikel 48

Für die Feststellung, ob der von einem Mitgliedstaat gemäß Artikel 147 Absatz 1 Unterabsatz 1 Buchstabe c der Richtlinie 2006/112/EG festgelegte Schwellenwert überschritten wurde, was eine Bedingung für die Steuerbefreiung von Lieferungen zur Mitführung im persönlichen Gepäck von Reisenden ist, wird der Rechnungsbetrag zugrunde gelegt. Der Gesamtwert mehrerer Gegenstände darf nur dann zugrunde gelegt werden, wenn alle diese Gegenstände in ein und derselben Rechnung aufgeführt sind und diese Rechnung von ein und demselben Steuerpflichtigen, der diese Gegenstände liefert, an ein und denselben Abnehmer ausgestellt wurde.

Abschnitt 5: Steuerbefreiungen bei bestimmten Ausfuhren gleichgestellten Umsätzen
(Artikel 151 und 152 der Richtlinie 2006/112/EG)

Artikel 49

Die in Artikel 151 der Richtlinie 2006/112/EG vorgesehene Steuerbefreiung ist auch auf elektronische Dienstleistungen anwendbar, wenn diese von einem Steuerpflichtigen erbracht werden, auf den die in den Artikeln 357 bis 369 jener Richtlinie vorgesehene Sonderregelung für elektronisch erbrachte Dienstleistungen anwendbar ist.

Artikel 50

(1) Um als internationale Einrichtung für die Anwendung des Artikels 143 Absatz 1 Buchstabe g und des Artikels 151 Absatz 1 Unterabsatz 1 Buchstabe b der Richtlinie 2006/112/EG anerkannt werden zu können, muss eine Einrichtung, die als Konsortium für eine europäische Forschungsinfrastruktur (ERIC) im Sinne der Verordnung (EG) Nr. 723/2009 des Rates vom 25. Juni 2009 über den gemeinschaftlichen Rechtsrahmen für ein Konsortium für eine europäische Forschungsinfrastruktur (ERIC)[1] gegründet werden soll, alle nachfolgenden Voraussetzungen erfüllen:

---
1) ABl. L 206 vom 08.08.2009, S. 1

a) sie besitzt eine eigene Rechtspersönlichkeit und ist voll rechtsfähig;
b) sie wurde auf der Grundlage des Rechts der Europäischen Union errichtet und unterliegt diesem;
c) sie hat Mitgliedstaaten als Mitglieder und darf Drittländer und zwischenstaatliche Organisationen als Mitglieder einschließen, jedoch keine privaten Einrichtungen;
d) sie hat besondere und legitime Ziele, die gemeinsam verfolgt werden und im Wesentlichen nicht wirtschaftlicher Natur sind.

(2) Die in Artikel 143 Absatz 1 Buchstabe g und Artikel 151 Absatz 1 Unterabsatz 1 Buchstabe b der Richtlinie 2006/112/EG vorgesehene Steuerbefreiung ist auf eine ERIC im Sinne des Absatzes 1 anwendbar, wenn diese vom Aufnahmemitgliedstaat als internationale Einrichtung anerkannt wird.

Die Grenzen und Voraussetzungen dieser Steuerbefreiung werden in einem Abkommen zwischen den Mitgliedern der ERIC gemäß Artikel 5 Absatz 1 Buchstabe d der Verordnung (EG) Nr. 723/2009 festgelegt. Bei Gegenständen, die nicht aus dem Mitgliedstaat versandt oder befördert werden, in dem ihre Lieferung bewirkt wird, und bei Dienstleistungen kann die Steuerbefreiung entsprechend Artikel 151 Absatz 2 der Richtlinie 2006/112/EG im Wege der Mehrwertsteuererstattung erfolgen.

Artikel 51

(1) Ist der Empfänger eines Gegenstands oder einer Dienstleistung innerhalb der Gemeinschaft, aber nicht in dem Mitgliedstaat der Lieferung oder Dienstleistung ansässig, so dient die Bescheinigung über die Befreiung von der Mehrwertsteuer und/oder der Verbrauchsteuer nach dem Muster in Anhang II dieser Verordnung entsprechend den Erläuterungen im Anhang zu dieser Bescheinigung als Bestätigung dafür, dass der Umsatz nach Artikel 151 der Richtlinie 2006/112/EG von der Steuer befreit werden kann.

Bei Verwendung der Bescheinigung kann der Mitgliedstaat, in dem der Empfänger eines Gegenstands oder einer Dienstleistung ansässig ist, entscheiden, ob er eine gemeinsame Bescheinigung für Mehrwertsteuer und Verbrauchsteuer oder zwei getrennte Bescheinigungen verwendet.

(2) Die in Absatz 1 genannte Bescheinigung wird von den zuständigen Behörden des Aufnahmemitgliedstaats mit einem Dienststempelabdruck versehen. Sind die Gegenstände oder Dienstleistungen jedoch für amtliche Zwecke bestimmt, so können die Mitgliedstaaten bei Vorliegen von ihnen festzulegender Voraussetzungen auf die Anbringung des Dienststempelabdrucks verzichten. Diese Freistellung kann im Falle von Missbrauch widerrufen werden.

Die Mitgliedstaaten teilen der Kommission mit, welche Kontaktstelle zur Angabe der für das Abstempeln der Bescheinigung zuständigen Dienststellen benannt wurde und in welchem Umfang sie auf das Abstempeln der Bescheinigung verzichten. Die Kommission gibt diese Information an die anderen Mitgliedstaaten weiter.

(3) Wendet der Mitgliedstaat der Lieferung oder Dienstleistung die direkte Befreiung an, so erhält der Lieferer oder Dienstleistungserbringer die in Absatz 1 genannte Bescheinigung vom Empfänger der Lieferung oder Dienstleistung und nimmt sie in seine Buchführung auf. Wird die Befreiung nach Artikel 151 Absatz 2 der Richtlinie 2006/112/EG im Wege der Mehrwertsteuererstattung gewährt, so ist die Bescheinigung dem in dem betreffenden Mitgliedstaat gestellten Erstattungsantrag beizufügen.

Kapitel IX
Vorsteuerabzug
(Titel X der Richtlinie 2006/112/EG)

Artikel 52

Verfügt der Einfuhrmitgliedstaat über ein elektronisches System zur Erfüllung der Zollformalitäten, so fallen unter den Begriff „die Einfuhr bescheinigendes Dokument" in Artikel 178 Buchstabe e der Richtlinie 2006/112/EG auch die elektronischen Fassungen derartiger Dokumente, sofern sie eine Überprüfung des Vorsteuerabzugs erlauben.

Kapitel X
Pflichten der steuerpflichtigen und bestimmter nichtsteuerpflichtiger Personen
(Titel XI der Richtlinie 2006/112/EG)

Abschnitt 1: Steuerschuldner gegenüber dem Fiskus
(Artikel 192a bis 205 der Richtlinie 2006/112/EG

Artikel 53

(1) Für die Durchführung des Artikels 192a der Richtlinie 2006/112/EG wird eine feste Niederlassung eines Steuerpflichtigen nur dann berücksichtigt, wenn diese feste Niederlassung einen hinreichenden Grad an Beständigkeit sowie eine Struktur aufweist, die es ihr von der personellen und technischen

Anhang 1c

Durchführungsvorschriften zur Richtlinie 2006/112/EG

Ausstattung her erlaubt, die Lieferung von Gegenständen oder die Erbringung von Dienstleistungen, an der sie beteiligt ist, auszuführen.

(2) Verfügt ein Steuerpflichtiger über eine feste Niederlassung in dem Gebiet des Mitgliedstaats, in dem die Mehrwertsteuer geschuldet wird, gilt diese feste Niederlassung als nicht an der Lieferung von Gegenständen oder der Erbringung von Dienstleistungen im Sinne des Artikels 192a Buchstabe b der Richtlinie 2006/112/EG beteiligt, es sei denn, der Steuerpflichtige nutzt die technische und personelle Ausstattung dieser Niederlassung für Umsätze, die mit der Ausführung der steuerbaren Lieferung dieser Gegenstände oder der steuerbaren Erbringung dieser Dienstleistungen vor oder während der Ausführung in diesem Mitgliedstaat notwendig verbunden sind.

Wird die Ausstattung der festen Niederlassung nur für unterstützende verwaltungstechnische Aufgaben wie z.B. Buchhaltung, Rechnungsstellung und Einziehung von Forderungen genutzt, so gilt dies nicht als Nutzung bei der Ausführung der Lieferung oder der Dienstleistung.

Wird eine Rechnung jedoch unter der durch den Mitgliedstaat der festen Niederlassung vergebenen Mehrwertsteuer-Identifikationsnummer ausgestellt, so gilt diese feste Niederlassung bis zum Beweis des Gegenteils als an der Lieferung oder Dienstleistung beteiligt.

Artikel 54

Hat ein Steuerpflichtiger den Sitz seiner wirtschaftlichen Tätigkeit in dem Mitgliedstaat, in dem die Mehrwertsteuer geschuldet wird, so findet Artikel 192a der Richtlinie 2006/112/EG keine Anwendung, unabhängig davon, ob dieser Sitz der wirtschaftlichen Tätigkeit an der von ihm getätigten Lieferung oder Dienstleistung innerhalb dieses Mitgliedstaates beteiligt ist.

Abschnitt 2: Ergänzende Bestimmungen
(Artikel 272 und 273 der Richtlinie 2006/112/EG)

Artikel 55

Für Umsätze nach Artikel 262 der Richtlinie 2006/112/EG müssen Steuerpflichtige, denen nach Artikel 214 jener Richtlinie eine individuelle Mehrwertsteuer-Identifikationsnummer zuzuteilen ist, und nichtsteuerpflichtige juristische Personen, die für Mehrwertsteuerzwecke erfasst sind, wenn sie als solche handeln, ihren Lieferern oder Dienstleistungserbringern ihre Mehrwertsteuer-Identifikationsnummer mitteilen, sowie diese ihnen bekannt ist.

Steuerpflichtige im Sinne des Artikels 3 Absatz 1 Buchstabe b der Richtlinie 2006/112/EG, deren innergemeinschaftliche Erwerbe von Gegenständen nach Artikel 4 Absatz 1 der vorliegenden Verordnung nicht der Mehrwertsteuer unterliegen, müssen ihren Lieferern ihre individuelle Mehrwertsteuer-Identifikationsnummer nicht mitteilen, wenn sie gemäß Artikel 214 Absatz 1 Buchstabe d oder e jener Richtlinie für Mehrwertsteuerzwecke erfasst sind.

Kapitel XI
Sonderregelungen

Abschnitt 1: Sonderregelung für Anlagegold
(Artikel 344 bis 356 der Richtlinie 2006/112/EG)

Artikel 56

Der Begriff „mit einem von den Goldmärkten akzeptierten Gewicht" in Artikel 344 Absatz 1 Nummer 1 der Richtlinie 2006/112/EG umfasst mindestens die in Anhang III dieser Verordnung aufgeführten Einheiten und Gewichte.

Artikel 57

Für die Zwecke der Erstellung des in Artikel 345 der Richtlinie 2006/112/EG genannten Verzeichnisses von Goldmünzen beziehen sich die in Artikel 344 Absatz 1 Nummer 2 jener Richtlinie genannten Begriffe „Preis" und „Offenmarktwert" auf den Preis bzw. den Offenmarktwert am 1. April eines jeden Jahres. Fällt der 1. April nicht auf einen Tag, an dem derartige Preise bzw. Offenmarktwerte festgesetzt werden, so sind diejenigen des nächsten Tages, an dem eine Festsetzung erfolgt, zugrunde zu legen.

Abschnitt 2: Sonderregelung für nicht in der Gemeinschaft ansässige Steuerpflichtige, die elektronische Dienstleistungen an Nichtsteuerpflichtige erbringen
(Artikel 357 bis 369 der Richtlinie 2006/112/EG)

Artikel 58

Erfüllt ein nicht in der Gemeinschaft ansässiger Steuerpflichtiger, der die Sonderregelung für elektronisch erbrachte Dienstleistungen der Artikel 357 bis 369 der Richtlinie 2006/112/EG anwendet, während eines Kalenderquartals mindestens eines der in Artikel 363 der genannten Richtlinie geregelten

Ausschlusskriterien, so schließt der Mitgliedstaat der Identifizierung diesen Steuerpflichtigen von der Anwendung der Sonderregelung aus. In diesen Fällen kann der nicht in der Gemeinschaft ansässige Steuerpflichtige von da an jederzeit im Kalenderquartal von der Anwendung der Sonderregelung ausgeschlossen werden.

Der nicht in der Gemeinschaft ansässige Steuerpflichtige gibt in Bezug auf die elektronisch erbrachten Dienstleistungen, die er vor dem Ausschluss in dem Kalenderquartal erbracht hat, in dem der Ausschluss erfolgt, gemäß Artikel 364 der Richtlinie 2006/112/EG eine Mehrwertsteuererklärung für das gesamte Kalenderquartal ab. Die Pflicht zur Abgabe dieser Steuererklärung gilt unbeschadet der Pflicht, sich gegebenenfalls nach den normalen Vorschriften in einem Mitgliedstaat für Mehrwertsteuerzwecke erfassen zu lassen.

Artikel 59

Jeder Erklärungszeitraum (Kalenderquartal) gemäß Artikel 364 der Richtlinie 2006/112/EG ist ein eigenständiger Erklärungszeitraum.

Artikel 60

Sobald eine Mehrwertsteuererklärung entsprechend Artikel 364 der Richtlinie 2006/112/EG abgegeben wurde, ist jegliche Änderung der darin enthaltenen Zahlen ausschließlich im Wege einer Änderung dieser Erklärung und nicht durch Berichtigung in einer Erklärung für einen späteren Zeitraum vorzunehmen.

Artikel 61

Die Beträge in der Mehrwertsteuererklärung für die Zwecke der Anwendung der Sonderregelung für elektronisch erbrachte Dienstleistungen der Artikel 357 bis 369 der Richtlinie 2006/112/EG werden nicht auf den nächsten vollen Betrag der betreffenden Währungseinheit gerundet. Es ist jeweils der genaue Mehrwertsteuerbetrag anzugeben und abzuführen.

Artikel 62

Hat der Mitgliedstaat der Identifizierung einen Beitrag vereinnahmt, der höher ist, als es der nach Artikel 364 der Richtlinie 2006/112/EG für elektronisch erbrachte Dienstleistungen abgegebenen Mehrwertsteuererklärung entspricht, so erstattet er dem betreffenden Steuerpflichtigen den zu viel gezahlten Betrag direkt.

Hat der Mitgliedstaat der Identifizierung einen Betrag entsprechend einer Mehrwertsteuererklärung vereinnahmt, die sich später als nicht korrekt erwiesen hat, und hat er diesen Betrag bereits an die Mitgliedstaaten des Verbrauchs weitergeleitet, so erstatten diese dem betreffenden nicht in der Gemeinschaft ansässigen Steuerpflichtigen den jeweils zu viel gezahlten Betrag direkt und unterrichten den Mitgliedstaat der Identifizierung über die Berichtigung des Betrags.

Artikel 63

Die gemäß Artikel 367 der Richtlinie 2006/112/EG gezahlten Mehrwertsteuerbeträge beziehen sich nur auf diese gemäß Artikel 364 dieser Richtlinie abgegebene Mehrwertsteuererklärung. Jegliche spätere Änderung an den gezahlten Beträgen darf ausschließlich unter Bezug auf diese Erklärung vorgenommen werden und darf nicht einer anderen Erklärung zugeschrieben oder im Rahmen einer späteren Erklärung berichtigt werden.

Kapitel XII
Schlussbestimmungen

Artikel 64

Die Verordnung (EG) Nr. 1777/2005 wird aufgehoben.

Bezugnahmen auf die aufgehobene Verordnung gelten als Bezugnahmen auf die vorliegende Verordnung und sind nach Maßgabe der Entsprechungstabelle in Anhang IV zu lesen.

Artikel 65

Diese Verordnung tritt am zwanzigsten Tag nach ihrer Veröffentlichung im Amtsblatt der Europäischen Union in Kraft.

Sie gilt ab 1. Juli 2011.

Jedoch

– gelten Artikel 3 Buchstabe a, Artikel 11 Absatz 2 Buchstabe b, Artikel 23 Absatz 1 und Artikel 24 Absatz 1 ab dem 1. Januar 2013;
– gilt Artikel 3 Buchstabe b ab dem 1. Januar 2015;
– gilt Artikel 11 Absatz 2 Buchstabe c bis zum 31. Dezember 2014.

Diese Verordnung ist in allen ihren Teilen verbindlich und gilt unmittelbar in jedem Mitgliedstaat.

Anhang 1c

Durchführungsvorschriften zur Richtlinie 2006/112/EG

Anhang I

Artikel 7 der vorliegenden Verordnung

1. Anhang II Nummer 1 der Richtlinie 2006/112/EG:
   a) Webhosting (Websites und Webpages);
   b) automatisierte Online-Fernwartung von Programmen;
   c) Fernverwaltung von Systemen;
   d) Online-Data-Warehousing (Datenspeicherung und -abruf auf elektronischem Wege);
   e) Online-Bereitstellung von Speicherplatz nach Bedarf.

2. Anhang II Nummer 2 der Richtlinie 2006/112/EG:
   a) Gewährung des Zugangs zu oder Herunterladen von Software (z.B. Beschaffungs- oder Buchführungsprogramme, Software zur Virusbekämpfung) und Updates;
   b) Bannerblocker (Software zur Unterdrückung der Anzeige von Werbebannern);
   c) Herunterladen von Treibern (z.B. Software für Schnittstellen zwischen Computern und Peripheriegeräten wie z.B. Printer);
   d) automatisierte Online-Installation von Filtern auf Websites;
   e) automatisierte Online-Installation von Firewalls.

3. Anhang II Nummer 3 der Richtlinie 2006/112/EG:
   a) Gewährung des Zugangs zu oder Herunterladen von Desktop-Gestaltungen;
   b) Gewährung des Zugangs zu oder Herunterladen von Fotos, Bildern und Screensavern;
   c) digitalisierter Inhalt von E-Books und anderen elektronischen Publikationen;
   d) Abonnement von Online-Zeitungen und -Zeitschriften;
   e) Web-Protokolle und Website-Statistiken;
   f) Online-Nachrichten, -Verkehrsinformationen und -Wetterbericht;
   g) Online-Informationen, die automatisch anhand spezifischer, vom Dienstleistungsempfänger eingegebener Daten etwa aus dem Rechts- oder Finanzbereich generiert werden (z.B. Börsendaten in Echtzeit);
   h) Bereitstellung von Werbeplätzen (z.B. Bannerwerbung auf Websites und Webpages);
   i) Benutzung von Suchmaschinen und Internetverzeichnissen.

4. Anhang II Nummer 4 der Richtlinie 2006/112/EG:
   a) Gewährung des Zugangs zu oder Herunterladen von Musik auf Computer und Mobiltelefon;
   b) Gewährung des Zugangs zu oder Herunterladen von Jingles, Ausschnitten, Klingeltönen und anderen Tönen;
   c) Gewährung des Zugangs zu oder Herunterladen von Filmen;
   d) Herunterladen von Spielen auf Computer und Mobiltelefon;
   e) Gewährung des Zugangs zu automatisierten Online-Spielen, die nur über das Internet oder ähnliche elektronische Netze laufen und bei denen die Spieler räumlich voneinander getrennt sind.

5. Anhang II Nummer 5 der Richtlinie 2006/112/EG:
   a) Automatisierter Fernunterricht, dessen Funktionieren auf das Internet oder ein ähnliches elektronisches Netz angewiesen ist und dessen Erbringung wenig oder gar keine menschliche Beteiligung erfordert, einschließlich sogenannter virtueller Klassenzimmer, es sei denn, das Internet oder das elektronische Netz dient nur als Kommunikationsmittel zwischen Lehrer und Schüler;
   b) Arbeitsunterlagen, die vom Schüler online bearbeitet und anschließend ohne menschliches Eingreifen automatisch korrigiert werden.

Durchführungsvorschriften zur Richtlinie 2006/112/EG **Anhang 1c**

Anhang II
Artikel 51 der vorliegenden Verordnung

EUROPÄISCHE UNION BESCHEINIGUNG ÜBER DIE BEFREIUNG VON DER MEHRWERTSTEUER UND/ODER DER VERBRAUCHSTEUER (*)

Richtlinie 2006/112/EG Artikel 151 und Richtlinie 2008/118/EG Artikel 13

Laufende Nummer (nicht zwingend):

1. ANTRAGSTELLENDE EINRICHTUNG BZW. PRIVATPERSON

Bezeichnung/Name

Straße, Hausnummer

Postleitzahl, Ort

(Aufnahme-)Mitgliedstaat

2. FÜR DAS ANBRINGEN DES DIENSTSTEMPELS ZUSTÄNDIGE BEHÖRDE (BEZEICHNUNG, ANSCHRIFT UND RUFNUMMER)

3. ERKLÄRUNG DER ANTRAGSTELLENDEN EINRICHTUNG ODER PRIVATPERSON

Der Antragsteller (Einrichtung/Privatperson)[1] erklärt hiermit,

a) dass die in Feld 5 genannten Gegenstände und/oder Dienstleistungen bestimmt sind[2]

☐ für amtliche Zwecke ☐ zur privaten Verwendung durch

☐ einer ausländischen diplomatischen Vertretung   ☐ einen Angehörigen einer ausländischen diplomatischen Vertretung

☐ einer ausländischen berufskonsularischen Vertretung   ☐ einen Angehörigen einer ausländischen berufskonsularischen Vertretung

☐ einer europäischen Einrichtung, auf die das Protokoll über die Vorrechte und Befreiungen der Europäischen Union Anwendung findet.

☐ einer internationalen Organisation   ☐ einen Bediensteten einer internationalen Organisation

☐ der Streitkräfte eines der NATO angehörenden Staates

☐ der auf Zypern stationierten Streitkräfte des Vereinigten Königreichs

(Bezeichnung der Einrichtung – siehe Feld 4)

b) dass die in Feld 5 genannten Gegenstände und/oder Dienstleistungen mit den Bedingungen und Beschränkungen vereinbar sind, die in dem in Feld 1 genannten Aufnahmemitgliedstaat für die Freistellung gelten, und

c) dass die obigen Angaben richtig und vollständig sind.

Der Antragsteller (Einrichtung/Privatperson) verpflichtet sich hiermit, an den Mitgliedstaat, aus dem die Gegenstände versandt wurden oder von dem aus die Gegenstände geliefert oder die Dienstleistungen erbracht wurden, die Mehrwertsteuer und/oder Verbrauchsteuer zu entrichten, die fällig wird, falls die Gegenstände und/oder Dienstleistungen die Bedingungen für die Befreiung nicht erfüllen oder nicht für die beabsichtigten Zwecke verwendet werden bzw. nicht den beabsichtigten Zwecken dienen.

Name und Stellung des Unterzeichnenden

Ort, Datum   Unterschrift

4. DIENSTSTEMPEL DER EINRICHTUNG (bei Freistellung zur privaten Verwendung)

		Name und Stellung des Unterzeichnenden
Ort, Datum	Dienststempel	Unterschrift

Anhang 1c

Durchführungsvorschriften zur Richtlinie 2006/112/EG

5. BEZEICHNUNG DER GEGENSTÄNDE UND/ODER DIENSTLEISTUNGEN, FÜR DIE DIE BEFREIUNG VON DER MEHRWERTSTEUER UND/ODER VERBRAUCHSTEUER BEANTRAGT WIRD

A. Angaben zu dem Unternehmer/zugelassenen Lagerinhaber

1) Name und Anschrift:

2) Mitgliedstaat

3) Mehrwertsteuer-Identifikationsnummer oder Steuerregisternummer/Verbrauchsteuernummer

B. Angaben zu den Gegenständen und/oder Dienstleistungen:

Nr.	Ausführliche Beschreibung der Gegenstände und/oder Dienstleistungen[3] (oder Verweis auf beigefügten Bestellschein)	Menge oder Anzahl	Preis ohne Mehrwertsteuer oder Verbrauchsteuer		Währung
			Preis pro Einheit	Gesamtpreis	
		Gesamtbetrag			

6. BESCHEINIGUNG DER ZUSTÄNDIGEN BEHÖRDE(N) DES AUFNAHMEMITGLIEDSTAATES

Die Versendung/Lieferung bzw. Erbringung der in Feld 5 genannten Gegenstände und/oder Dienstleistungen entspricht

☐ in vollem Umfang   ☐ in folgendem Umfang   (Menge bzw. Anzahl)[4]

den Bedingungen für die Befreiung von der Mehrwertsteuer und/oder Verbrauchsteuer.

Name und Stellung des Unterzeichnenden

Ort, Datum   Dienststempel   Unterschrift

7. VERZICHT AUF ANBRINGUNG DES DIENSTSTEMPELABDRUCKS IN FELD 6 (nur bei Freistellung für amtliche Zwecke)

Mit Schreiben Nr.

vom

wird für

Bezeichnung der antragstellenden Einrichtung:

auf die Anbringung des Dienststempelabdrucks in Feld 6 durch

Bezeichnung der zuständigen Behörde des Aufnahmemitgliedstaates

verzichtet.:

Name und Stellung des Unterzeichnenden

Ort, Datum   Dienststempel   Unterschrift

(*) Je nach Fall streichen.
(1) Nichtzutreffendes streichen.
(2) Zutreffendes ankreuzen.
(3) Nicht benutzte Felder durchstreichen. Dies gilt auch, wenn ein Bestellschein beigefügt ist.
(4) Gegenstände und/oder Dienstleistungen, für die keine Befreiung gewährt werden kann, sind in Feld 5 oder auf dem Bestellschein durchzustreichen.

Durchführungsvorschriften zur Richtlinie 2006/112/EG **Anhang 1c**

Erläuterungen

1. Dem Unternehmer und/oder zugelassenen Lagerinhaber dient diese Bescheinigung als Beleg für die Steuerbefreiung von Gegenständen oder Dienstleistungen, die an Einrichtungen bzw. Privatpersonen im Sinne von Artikel 151 der Richtlinie 2006/112/EG und Artikel 13 der Richtlinie 2008/118/EG versendet und/oder geliefert werden. Dementsprechend ist für jeden Lieferer/Lagerinhaber eine Bescheinigung auszufertigen. Der Lieferer/Lagerinhaber hat die Bescheinigung gemäß den in seinem Mitgliedstaat geltenden Rechtsvorschriften in seine Buchführung aufzunehmen.

2. a) Die allgemeinen Hinweise hinsichtlich des zu verwendenden Papiers und der Abmessungen der Felder sind dem Amtsblatt der Europäischen Gemeinschaften C 164 vom 1.7.1989, S. 3, zu entnehmen.

   Für alle Exemplare ist weißes Papier im Format 210 x 297 mm zu verwenden, wobei in der Länge Abweichungen von –5 bis +8 mm zulässig sind.

   Bei einer Befreiung von der Verbrauchsteuer ist die Befreiungsbescheinigung in zwei Exemplaren auszufertigen:

   – eine Ausfertigung für den Versender;
   – eine Ausfertigung, die die Bewegungen der der Verbrauchsteuer unterliegenden Produkte begleitet.

   b) Nicht genutzter Raum in Feld 5B ist so durchzustreichen, dass keine zusätzlichen Eintragungen vorgenommen werden können.

   c) Das Dokument ist leserlich und in dauerhafter Schrift auszufüllen. Löschungen oder Überschreibungen sind nicht zulässig. Die Bescheinigung ist in einer vom Aufnahmemitgliedstaat anerkannten Sprache auszufüllen.

   d) Wird bei der Beschreibung der Gegenstände und/oder Dienstleistungen (Feld 5 Buchstabe B der Bescheinigung) auf einen Bestellschein Bezug genommen, der nicht in einer vom Aufnahmemitgliedstaat anerkannten Sprache abgefasst ist, so hat der Antragsteller (Einrichtung/Privatperson) eine Übersetzung beizufügen.

   e) Ist die Bescheinigung in einer vom Mitgliedstaat des Lieferers/Lagerinhabers nicht anerkannten Sprache verfasst, so hat der Antragsteller (Einrichtung/Privatperson) eine Übersetzung der Angaben über die in Feld 5 Buchstabe B aufgeführten Gegenstände und Dienstleistungen beizufügen.

   f) Unter einer anerkannten Sprache ist eine der Sprachen zu verstehen, die in dem betroffenen Mitgliedstaat amtlich in Gebrauch ist, oder eine andere Amtssprache der Union, die der Mitgliedstaat als zu diesem Zwecke verwendbar erklärt.

3. In Feld 3 der Bescheinigung macht der Antragsteller (Einrichtung/Privatperson) die für die Entscheidung über den Freistellungsantrag im Aufnahmemitgliedstaat erforderlichen Angaben.

4. In Feld 4 der Bescheinigung bestätigt die Einrichtung die Angaben in den Feldern 1 und 3 Buchstabe a des Dokuments und bescheinigt, dass der Antragsteller – wenn es sich um eine Privatperson handelt – Bediensteter der Einrichtung ist.

5. a) Wird (in Feld 5 Buchstabe B der Bescheinigung) auf einen Bestellschein verwiesen, so sind mindestens Bestelldatum und Bestellnummer anzugeben. Der Bestellschein hat alle Angaben zu enthalten, die in Feld 5 der Bescheinigung genannt werden. Muss die Bescheinigung von der zuständigen Behörde des Aufnahmemitgliedstaates abgestempelt werden, so ist auch der Bestellschein abzustempeln.

   b) Die Angabe der in Artikel 22 Absatz 2 Buchstabe a der Verordnung Nr. 2073/2004 des Rates vom 16. November 2004 über die Zusammenarbeit der Verwaltungsbehörden auf dem Gebiet der Verbrauchsteuern genannten Registriernummer ist nicht zwingend; die Mehrwertsteuer-Identifikationsnummer oder die Steuerregisternummer ist anzugeben.

   c) Währungen sind mit den aus drei Buchstaben bestehenden Codes der internationalen ISO/DIS-4127-Norm zu bezeichnen, die von der Internationalen Normenorganisation festgelegt wurde[1].

---

[1] Die Codes einiger häufig benutzter Währungen lauten: EUR (Euro), BGN (Leva), CZK (Tschechische Kronen), DKK (Dänische Kronen), GBP (Pfund Sterling), HUF (Forint), LTL (Litai), PLN (Zloty), RON (Rumänische Lei), SEK (Schwedische Kronen), USD (US-Dollar).

Anhang 1c Durchführungsvorschriften zur Richtlinie 2006/112/EG

6. Die genannte Erklärung einer antragstellenden Einrichtung/Privatperson ist in Feld 6 durch die Dienststempel der zuständigen Behörde(n) des Aufnahmemitgliedstaates zu beglaubigen. Diese Behörde(n) kann/können die Beglaubigung davon abhängig machen, dass eine andere Behörde des Mitgliedstaats zustimmt. Es obliegt der zuständigen Steuerbehörde, eine derartige Zustimmung zu erlangen.

7. Zur Vereinfachung des Verfahrens kann die zuständige Behörde darauf verzichten, von einer Einrichtung, die eine Befreiung für amtliche Zwecke beantragt, die Erlangung des Dienststempels zu fordern. Die antragstellende Einrichtung hat diese Verzichterklärung in Feld 7 der Bescheinigung anzugeben.

Anhang III
Artikel 56 der vorliegenden Verordnung

Einheit	Gehandelte Gewichte
Kilogramm	12,5/1
Gramm	500/250/100/50/20/10/5/2,5/2
Unze (1 oz = 31,1035 g)	100/10/5/1/$^1/_2$/$^1/_4$
Tael (1 tael = 1,193 oz)[1]	10/5/1
Tola (10 tola = 3,75 oz)[2]	10

---

[1] Tael = traditionelle chinesische Gewichtseinheit. In Hongkong haben Taelbarren einen nominalen Feingehalt von 990 Tausendstel, aber in Taiwan können Barren von 5 und 10 Tael einen Feingehalt von 999,9 Tausendstel haben.

[2] Tola = traditionelle indische Gewichtseinheit für Gold. Am weitesten verbreitet sind Barren von 10 Tola mit einem Feingehalt von 999 Tausendstel.

Anhang 1c

Anhang IV
Entsprechungstabelle

Verordnung (EG) Nr. 1777/2005	Vorliegende Verordnung
Kapitel I	Kapitel I
Artikel 1	Artikel 1
Kapitel II	Kapitel III und IV
Kapitel II Abschnitt 1	Kapitel III
Artikel 2	Artikel 5
Kapitel II Abschnitt 2	Kapitel IV
Artikel 3 Absatz 1	Artikel 9
Artikel 3 Absatz 2	Artikel 8
Kapitel III	Kapitel V
Kapitel III Abschnitt 1	Kapitel V Abschnitt 4
Artikel 4	Artikel 28
Kapitel III Abschnitt 2	Kapitel V Abschnitt 4
Artikel 5	Artikel 34
Artikel 6	Artikel 29 und 41
Artikel 7	Artikel 26
Artikel 8	Artikel 27
Artikel 9	Artikel 30
Artikel 10	Artikel 38 Absatz 2 Buchstaben b und c
Artikel 11 Absätze 1 und 2	Artikel 7 Absätze 1 und 2
Artikel 12	Artikel 7 Absatz 3
Kapitel IV	Kapitel VI
Artikel 13	Artikel 42
Kapitel V	Kapitel VIII
Kapitel V Abschnitt 1	Kapitel VIII Abschnitt 1
Artikel 14	Artikel 44
Artikel 15	Artikel 45
Kapitel V Abschnitt 2	Kapitel VIII Abschnitt 4
Artikel 16	Artikel 47
Artikel 17	Artikel 48
Kapitel VI	Kapitel IX
Artikel 18	Artikel 52
Kapitel VII	Kapitel XI
Artikel 19 Absatz 1	Artikel 56
Artikel 19 Absatz 2	Artikel 57
Artikel 20 Absatz 1	Artikel 58
Artikel 20 Absatz 2	Artikel 62
Artikel 20 Absatz 3 Unterabsatz 1	Artikel 59
Artikel 20 Absatz 3 Unterabsatz 2	Artikel 60
Artikel 20 Absatz 3 Unterabsatz 3	Artikel 63
Artikel 20 Absatz 4	Artikel 61
Kapitel VIII	Kapitel V Abschnitt 3
Artikel 21	Artikel 16
Artikel 22	Artikel 14
Kapitel IX	Kapitel XII
Artikel 23	Artikel 65
Anhang I	Anhang I
Anhang II	Anhang III

Sechste Richtlinie des Rates vom 17.05.1977 (Richtlinie 77/388/EWG)

zur Harmonisierung der Rechtsvorschriften der Mitgliedstaaten über die Umsatzsteuern – Gemeinsames Mehrwertsteuersystem: einheitliche steuerpflichtige Bemessungsgrundlage

(Amtsblatt der Europäischen Gemeinschaften 1977 Nr. L 145 S. 1)

Da die 6. Richtlinie zum 01.01.2007 duch die Mehrwertsteuer-Systemrichtlinie – abgedruckt in Anhang 1a – abgelöst wurde, wird vom Abdruck abgesehen und auf die CD-ROM, die dem Band beiliegt, verwiesen.

Anhang 1e

Verordnung (EG) Nr. 1777/2005 des Rates vom 17.10.2005
zur Festlegung von Durchführungsvorschriften zur Richtlinie 77/388/EWG
über das gemeinsame Mehrwertsteuersystem
(Amtsblatt der Europäischen Union 2005, Nr. L 288 S. 1)

Hier nicht mehr abgedruckt, auf die CD-ROM, die dem Band beiliegt, wird verwiesen. Die Verordnung vom 17.10.2005 wurde durch die als Anlage 1c abgedruckte Verordnung vom 15.03.2011 mit Wirkung ab 01.07.2011 ersetzt.

Dreizehnte Richtlinie des Rates
vom 17.11.1986

zur Harmonisierung der Rechtsvorschriften der Mitgliedstaaten über die Umsatzsteuern – Verfahren der Erstattung der Mehrwertsteuer an nicht im Gebiet der Gemeinschaft ansässige Steuerpflichtige

(86/560/EWG)

– Amtsblatt der Europäischen Gemeinschaften 1986 Nr. L 326 S. 40 –

Der Rat der Europäischen Gemeinschaften –

gestützt auf den Vertrag zur Gründung der Europäischen Wirtschaftsgemeinschaft, insbesondere auf die Artikel 99 und 100,

gestützt auf die Sechste Richtlinie 77/388/EWG des Rates vom 17. Mai 1977 zur Harmonisierung der Rechtsvorschriften der Mitgliedstaaten über die Umsatzsteuern – Gemeinsames Mehrwertsteuersystem: einheitliche steuerpflichtige Bemessungsgrundlage [1], insbesondere auf Artikel 17 Absatz 4,

auf Vorschlag der Kommission [2],

nach Stellungnahme des Europäischen Parlaments [3],

nach Stellungnahme des Wirtschafts- und Sozialausschusses [4],

in Erwägung nachstehender Gründe:

Die Richtlinie 79/1072/EWG [5], über das Verfahren zur Erstattung der Mehrwertsteuer an nicht im Inland ansässige Steuerpflichtige bestimmt in Artikel 8: „Es steht den Mitgliedstaaten frei, bei nicht im Gebiet der Gemeinschaft ansässigen Steuerpflichtigen die Erstattung auszuschließen oder von besonderen Bedingungen abhängig zu machen."

Eine harmonische Entwicklung der Handelsbeziehungen zwischen der Gemeinschaft und den Drittländern sollte dadurch gewährleistet werden, daß man sich an der Richtlinie 79/1072/EWG ausrichtet und dabei den unterschiedlichen Verhältnissen in den Drittländern Rechnung trägt.

Bestimmte Formen der Steuerhinterziehung und Steuerumgehung müssen vermieden werden –

hat folgende Richtlinie erlassen:

Artikel 1

Im Sinne der Richtlinie gilt

1. als nicht im Gebiet der Gemeinschaft ansässiger Steuerpflichtiger derjenige Steuerpflichtige nach Artikel 4 Absatz 1 der Richtlinie 77/388/EWG, der in dem Zeitraum nach Artikel 3 Absatz 1 der vorliegenden Richtlinie in diesem Gebiet weder den Sitz seiner wirtschaftlichen Tätigkeit noch eine feste Niederlassung, von wo aus die Umsätze bewirkt worden sind, noch – in Ermangelung eines solchen Sitzes oder einer festen Niederlassung – seinen Wohnsitz oder üblichen Aufenthaltsort gehabt hat und der in dem gleichen Zeitraum in dem in Artikel 2 genannten Mitgliedstaat keine Gegenstände geliefert oder Dienstleistungen erbracht hat, mit Ausnahme von:

   a) Beförderungsumsätzen und den damit verbundenen Nebentätigkeiten, die gemäß Artikel 14 Absatz 1 Buchstabe i), Artikel 15 oder Artikel 16 Absatz 1 Teile B, C und D der Richtlinie 77/388/EWG steuerfrei sind;

   b) Dienstleistungen, bei denen die Steuer gemäß Artikel 21 Nummer 1 Buchstabe b) der Richtlinie 77/388/EWG lediglich vom Empfänger geschuldet wird.

2. als Gebiet der Gemeinschaft die Gebiete der Mitgliedstaaten, in denen die Richtlinie 77/388/EWG Anwendung findet.

Artikel 2

(1) Unbeschadet der Artikel 3 und 4 erstattet jeder Mitgliedstaat einem Steuerpflichtigen, der nicht im Gebiet der Gemeinschaft ansässig ist, unter den nachstehend festgelegten Bedingungen die Mehrwertsteuer, mit der die ihm von anderen Steuerpflichtigen im Inland erbrachten Dienstleistungen oder ge-

---

1) ABl. Nr. L 145 vom 13.06.1977, S. 1
2) ABl. Nr. C 223 vom 27.08.1982, S. 5 und ABl. Nr. C 196 vom 23.07.1983, S. 6
3) ABl. Nr. C 161 vom 20.06.1983, S. 111
4) ABl. Nr. C 176 vom 04.07.1983, S. 22
5) ABl. Nr. L 331 vom 27.12.1979, S. 11

lieferten beweglichen Gegenstände belastet wurden oder mit der die Einfuhr von Gegenständen ins Inland belastet wurde, soweit diese Gegenstände und Dienstleistungen für Zwecke der in Artikel 17 Absatz 3 Buchstaben a) und b) der Richtlinie 77/388/EWG bezeichneten Umsätze oder der in Artikel 1 Nummer 1 Buchstabe b) der vorliegenden Richtlinie bezeichneten Dienstleistungen verwendet werden.

(2) Die Mitgliedstaaten können die Erstattung nach Absatz 1 von der Gewährung vergleichbarer Vorteile im Bereich der Umsatzsteuern durch die Drittländer abhängig machen.

(3) Die Mitgliedstaaten können die Benennung eines steuerlichen Vertreters verlangen.

Artikel 3

(1) Die Erstattung nach Artikel 2 Absatz 1 erfolgt auf Antrag des Steuerpflichtigen. Die Mitgliedstaaten bestimmen die Modalitäten für die Antragstellung einschließlich der Antragsfristen, des Zeitraums, auf den der Antrag sich beziehen muß, der für die Einreichung zuständigen Behörden und der Mindestbeträge, für die die Erstattung beantragt werden kann. Sie legen auch die Einzelheiten für die Erstattung, einschließlich der Fristen, fest. Sie legen dem Antragsteller die Pflichten auf, die erforderlich sind, um die Begründetheit des Antrags beurteilen zu können und um Steuerhinterziehungen zu vermeiden, und verlangen insbesondere den Nachweis, daß er eine wirtschaftliche Tätigkeit entsprechend Artikel 4 Absatz 1 der Richtlinie 77/388/EWG ausübt. Der Antragsteller hat durch eine schriftliche Erklärung zu bestätigen, daß er in dem festgelegten Zeitraum keinen Umsatz bewirkt hat, der nicht den in Artikel 1 Nummer 1 der vorliegenden Richtlinie genannten Bedingungen entspricht.

(2) Die Erstattung darf nicht zu günstigeren Bedingungen erfolgen als für in der Gemeinschaft ansässige Steuerpflichtige.

Artikel 4

(1) Für die Anwendung dieser Richtlinie wird der Anspruch auf Erstattung nach Artikel 17 der Richtlinie 77/388/EWG, wie dieser im Mitgliedstaat der Erstattung angewendet wird, bestimmt.

(2) Die Mitgliedstaaten können jedoch den Ausschluß bestimmter Ausgaben vorsehen oder die Erstattung von zusätzlichen Bedingungen abhängig machen.

(3) Die vorliegende Richtlinie gilt nicht für Lieferungen von Gegenständen, die steuerfrei sind oder nach Artikel 15 Nummer 2 der Richtlinie 77/388/EWG von der Steuer befreit werden können.

Artikel 5

(1) Die Mitgliedstaaten setzen die erforderlichen Rechts- und Verwaltungsvorschriften in Kraft, um dieser Richtlinie spätestens am 1. Januar 1988 nachzukommen. Diese Richtlinie betrifft nur Erstattungsanträge für die Mehrwertsteuer auf den Erwerb von Gegenständen oder die Inanspruchnahme von Dienstleistungen, die ab diesem Zeitpunkt in Rechnung gestellt werden, oder auf Einfuhren, die ab diesem Zeitpunkt getätigt werden.

(2) Die Mitgliedstaaten teilen der Kommission die wichtigsten innerstaatlichen Rechtsvorschriften mit, die sie auf dem unter diese Richtlinie fallenden Gebiet erlassen; sie unterrichten die Kommission darüber, welchen Gebrauch sie von der Möglichkeit des Artikels 2 Absatz 2 machen. Die Kommission setzt die anderen Mitgliedstaaten davon in Kenntnis.

Artikel 6

Die Kommission legt dem Rat und dem Europäischen Parlament nach Konsultation der Mitgliedstaaten binnen drei Jahren nach dem in Artikel 5 genannten Zeitpunkt einen Bericht über die Anwendung dieser Richtlinie, insbesondere des Artikels 2 Absatz 2, vor.

Artikel 7

Artikel 17 Absatz 4 letzter Satz der Richtlinie 77/388/EWG und Artikel 8 der Richtlinie 79/1072/EWG treten in jedem Mitgliedstaat mit dem jeweiligen Zeitpunkt der Anwendung dieser Richtlinie, in jedem Fall aber zu dem in Artikel 5 der vorliegenden Richtlinie genannten Zeitpunkt außer Kraft.

Artikel 8

Diese Richtlinie ist an die Mitgliedstaaten gerichtet.

Hinweis:

Die Protokollerklärungen zu dieser Richtlinie sind abgedruckt im Umsatzsteuer-Kommentar von *Plückebaum/Malitzky/Widmann*, Bd. I/2 Teil C 130 S. 5.

Mehrwertsteuersätze in der EU

Stand 01.07.2010

Mitgliedstaat	Abk.	stark ermäßigter Satz	ermäßigter Satz	Normalsatz	Zwischensatz
Belgien	BE	–	6/12	21	12
Bulgarien	BG	–	7[1]	20	–
Tschechische Republik	CZ	–	10	20	–
Dänemark	DK	–	–	25	–
Deutschland	DE	–	7	19	–
Estland	EE	–	9	20	–
Griechenland	EL	6,5	13	19	–
Spanien	ES	4	7	16	–
Frankreich	FR	2,1	5,5	19,6	–
Irland	IE	4,8	13,5	21	13,5
Italien	IT	4	10	20	–
Zypern	CY	–	5/8	15	–
Lettland	LV	–	12	22	–
Litauen	LT	–	5/9	19	–
Luxemburg	LU	3	6/12	15	12
Ungarn	HU	–	5/18	25	–
Malta	MT	–	5	18	–
Niederlande	NL	–	6	19	–
Österreich	AT	–	10	20	12
Polen	PL	5	8	23	–
Portugal	PT	–	5/12	23	12
Rumänien	RO	–	5/9	19	–
Slowenien	SI	–	8,5	20	–
Slowakische Republik	SK	–	10	20	–
Finnland	FI	–	8/17	22	–
Schweden	SE	–	6/12	25	–
Vereinigtes Königreich	UK	–	5	17,5[2]	–

N.B.: Steuerbefreiungen mit Vorsteuerabzugsrecht (Nullsatz) sind hier nicht aufgeführt.
http://ec.europa.eu/taxation_customs/resources/documents/taxation/vat/how_vat_works/rates/vat_rates_de.pdf

---

1) Ab 01.01.2011: 9 für Hotelübernachtungen
2) Ab 01.01.2011: 9 für Hotelübernachtungen

Anhang 1h

Umsatzsteuern im In- und Ausland

Ausschnittsweise Darstellung des Umsatzsteuerrechts einiger Staaten, insbesondere der EU-Mitgliedstaaten[1]

---

[1] Verfasst vom Bundeszentralamt für Steuern; zur aktuellen Unterrichtung siehe http://www.bzst.de/DE/Steuern_International/USt_im_In_und_Ausland/USt_im_In_und_Ausland_node.html

Anhang 1i — EG-Richtlinien

Rechtsprechungsauswahl zu EG-Richtlinien

1. Verhältnis des Umsatzsteuergesetzes zu den EG-Richtlinien

Verfassungsmäßigkeit der BFH-Entscheidung zum Bestellerkonkurs

BVerfG vom 26.03.1986 – 1 BvR 1483/85, BB 1986 S. 1070; UR 1986 S. 119 mit Anm. von Weiß

Leitsätze[1]:

1. Zum Vorrang der Auslegung innerstaatlichen Rechts und zur Vorlagepflicht an den Europäischen Gerichtshof gemäß Art. 177 des EWG-Vertrages.
2. Die Normen der Europäischen Gemeinschaft sind keine allgemeinen Regeln im Sinne des Art. 25 des Grundgesetzes (GG). Deswegen entfällt eine Vorlagepflicht gemäß Art. 100 Abs. 2 GG.
3. Die Auffassung des Bundesfinanzhofs, daß sich im Falle des Bestellerkonkurses die Leistung des Werkunternehmers auf den erbrachten Leistungsteil beschränkt und dieser der Umsatzsteuer unterliege, verstößt nicht gegen das Willkürverbot nach Art. 3 Abs. 1 GG.

2. Unmittelbare Wirkung von EG-Richtlinien – Steuerfreiheit für Kreditvermittler auf Grund einer EG-Richtlinie vor Umsetzung in deutsches Recht

Zur Bindungswirkung von Vorabentscheidungen des Gerichtshofs der Europäischen Gemeinschaften (Art. 101 Abs. 1, Satz 2 GG).

BVerfG vom 08.04.1987 – 2 BvR 687/85, UR 1987 S. 355; DB 1987 S. 2339; DStR 1988 S. 105[2]

Die Verfassungsbeschwerde richtete sich gegen das BFH-Urteil vom 25.04.1985 – V R 123/84 (siehe Anhang V / 4 Nr. 1b). Nach der Entscheidung des BVerfG verstößt dieses BFH-Urteil gegen Art. 101 Abs. 2 GG und war deshalb aufzuheben.

1. Der EWG-Vertrag ist integrierter Bestandteil des deutschen Zustimmungsgesetzes. Bei der Frage, welche Rechtswirkungen eine gemeinschaftsrechtliche Handlung von Organen der EG im Hoheitsbereich der Mitgliedstaaten und damit auch im innerstaatlichen Bereich der BR Deutschland entfaltet, handelt es sich deshalb um Auslegung des EWG-Vertrages und nicht lediglich um die Auslegung und Anwendung von Recht aus deutscher Rechtsquelle.
2. Die dem Gerichtshof durch Art. 177 EWG-Vertrag im Verhältnis zu den Gerichten der Mitgliedstaaten zugesprochene abschließende Kompetenz zur Entscheidung über die Auslegung des Vertrages sowie über die Gültigkeit und die Auslegung der dort genannten gemeinschaftsrechtlichen Akte umfaßt auch die Befugnis, im Wege der Rechtsfortbildung die Rechtswirkungen zu bestimmen, welche diese Akte im innerstaatlichen Bereich der Mitgliedstaaten entfalten. Die Übertragung dieser Befugnis ist mit Art. 24 Abs. 1 GG vereinbar.
3. Stellt sich in einem Rechtsstreit vor Gerichten der BR Deutschland die Frage, welche Rechtswirkungen ein gemeinschaftsrechtlicher Akt in den Mitgliedstaaten besitzt, so ist ein letztinstanzliches Gericht, vor den dieser Rechtsstreit gelangt, zur Anrufung des EuGH verpflichtet. Unterläßt es dies, so liegt darin eine Verletzung des Art. 101 Abs. 1 Satz 2 GG.

(Leitsätze nicht amtlich, aus DStR)

3. Wirkung einer noch nicht umgesetzten Richtlinie

EuGH vom 08.10.1987 – Rs. 80/86, HFR 1988 S. 594

auf Vorlage der Arrondissementsrechtbank Arnheim EWGV Art. 189

1. Eine innerstaatliche Behörde kann sich nicht zu Lasten eines einzelnen auf eine Bestimmung einer Richtlinie berufen, deren erforderliche Umsetzung in innerstaatliches Recht noch nicht erfolgt ist.
2. Das Gericht eines Mitgliedstaates hat bei der Anwendung seiner innerstaatlichen Rechtsvorschriften diese im Lichte des Wortlauts und des Zwecks der Richtlinie auszulegen, um das in Art. 189 Abs. 3 EWGV genannte Ziel zu erreichen. Eine Richtlinie kann jedoch nicht für sich allein und unabhängig von zu ihrer Durchführung erlassenen Rechtsvorschriften eine Wirkung haben, die strafrechtliche Verantwortlichkeit derjenigen, die gegen die Vorschriften der Richtlinie verstoßen, festzulegen oder zu verschärfen.
3. Für die vorstehenden Antworten macht es keinen Unterschied, ob die für den Mitgliedstaat geltende Frist für die Anpassung der innerstaatlichen Rechtsvorschriften zu dem maßgeblichen Zeitpunkt noch nicht abgelaufen war.

---

1) Leitsätze nicht amtlich (aus BB)
2) Siehe dazu *Widmann*, UR 1990 S. 7; *Probst*, UR 1980 S. 302

EG-Richtlinien Anhang 1i

4. Unmittelbare Wirkung von EG-Richtlinien
BVerfG vom 04.11.1987 – 2 BvR 763/85, UR 1988 S. 25

Will der BFH in einem Verfahren, in dem es um die unmittelbare Anwendung einer national nicht umgesetzten EG-Richtlinien-Bestimmung geht, der dies bejahenden Auffassung des EuGH nicht folgen, so kann er hiervon nicht abweichen, sondern muß den EuGH unter Darlegung seiner abweichenden Meinung gemäß Art. 177 EWGV anrufen. Gleichgültig ist, ob die Vorabentscheidung des EuGH, von der der BFH abweichen will, in dem beim BFH anhängigen oder einem anderen Verfahren ergangen ist (Anschluß an BVerfG-Beschluß vom 08.04.1987 – 2 BvR 687/85 –, UR 1987 355).

5. Zu den Voraussetzungen von Ausnahmeregelungen nach Art. 27 der 6. Richtlinie
EuGH vom 12.07.1988 – Rs. 138 und 139/86, HFR 1989 S. 692; UR 1990 S. 286

auf Vorlage des Commissioners of Customs and Excise

Art. 11, 24 und 27 der 6. Richtlinie; Ratsbeschluß 85/369

1. Steuerumgehung i. S. des Art. 27 Sechste USt-Richtlinie ist ein rein objektiver Tatbestand; eine Absicht des Steuerpflichtigen ist nicht erforderlich.
2. Art. 27 Abs. 1 Sechste USt-Richtlinie läßt den Mitgliedstaaten einen Ermessensspielraum, damit sie die abweichenden Maßnahmen dem spezifischen Zweck anpassen können, mit dem sie erlassen werden. Zu diesem Zweck können Ungleichbehandlungen zugelassen werden, soweit sie durch objektive Umstände gerechtfertigt sind.
3. Art. 24 Sechste USt-Richtlinie räumt den Mitgliedstaaten einen weiten Spielraum bei der Beurteilung der Frage ein, ob und unter welchen Voraussetzungen die Einführung von Pauschalregelungen oder anderen vereinfachten Modalitäten für die Besteuerung und Steuererhebung bei Kleinunternehmen erforderlich ist.
4. Unter dem Normalwert im Sinne der in Frage stehenden abweichenden Regelung ist der Wert zu verstehen, der dem Handelswert beim Verkauf im Einzelhandel, d.h. dem wirklich vom Endverbraucher bezahlten Preis, so nahe wie möglich kommt.

6. Umsatzsteuerfreiheit für Umsätze aus Kreditvermittlung
EuGH vom 14.07.1988 – Rs. 207/87, HFR 1988 S. 541; UR 1989 S. 118

auf Vorlage des FG Rheinland-Pfalz

Art. 13 Teil B Buchst. d Nr. 1 der 6. Richtlinie

Bei nicht erfolgter Durchführung der Sechsten USt-Richtlinie kann sich ein Kreditvermittler für Umsätze zwischen dem 1. Januar und 30. Juni 1978 und für solche ab dem 1. Januar 1979 auf die Bestimmung über die Steuerbefreiung gemäß Art. 13 Teil B Buchst. d Nr. 1 dieser Richtlinie berufen, wenn er diese Steuer nicht in der Weise auf seinen Leistungsempfänger abgewälzt hat, daß dieser zum Vorsteuerabzug berechtigt ist.

7. Zur Vorlagepflicht des nationalen Richters bei unmittelbar wirkenden EG-Richtlinien
EuGH vom 11.07.1991 – Rs. 87-89/90 (Vorabentscheidungsersuchen des Raad van Beroep), UVR 1992 S. 19

Das Gemeinschaftsrecht hindert ein nationales Gericht nicht daran, von Amts wegen die Vereinbarkeit einer nationalen Regelung mit einer Richtlinie, für die die Umsatzungsfrist abgelaufen ist, zu prüfen, denn der nationale Richter hat die Möglichkeit, Fragen des Gemeinschaftsrechts von Amts wegen aufzuwerfen.

8. Beginn von Klagefristen für nicht ordnungsgemäß umgesetztes Gemeinschaftsrecht
EuGH vom 25.07.1991 – Rs. C-208/90, EuGHE 1991, I – 4292; UR 1993 S. 315[1)]

Solange ein Mitgliedstaat eine EG-Richtlinie nicht ordnungsgemäß in nationales Recht umgesetzt hat, kann sich der säumige Mitgliedstaat bis zum Zeitpunkt der ordnungsgemäßen Umsetzung der Richtlinie nicht auf die Verspätung einer Klage berufen, die ein einzelner zum Schutz der ihm durch die Bestimmungen der EG-Richtlinie verliehenen Rechte gegen ihn erhoben hat. Eine Klagefrist des nationalen Rechts kann erst zu diesem Zeitpunkt beginnen.

9. Verstoß Italiens gegen Verpflichtungen aus der 8. Richtlinie – USt-Erstattung an Ausländer
EuGH vom 03.06.1992 – C-287/91, UR 1993 S. 17

Die Italienische Republik hat dadurch gegen ihre Verpflichtungen aus Artikel 7 Absatz 4 der Achten Richtlinie 79/1072/EWG des Rates vom 06.12.1979 zur Harmonisierung der Rechtsvorschriften

---
[1)] Siehe dazu *Lohse*, UR 1993 S. 288; *Hahn*, IStR 2005 S. 149; vgl. auch BFH-Entscheidungen vom 23.11.2006 – V R 51/05 und V R 67/05

der Mitgliedstaaten über die Umsatzsteuern – Verfahren zur Erstattung der Mehrwertsteuer an nicht im Inland ansässige Steuerpflichtige – verstoßen, daß sie, ohne einzugreifen, um die nachteiligen Rechtswirkungen auf das Gemeinschaftsrecht von Anfang an zu beseitigen, zuläßt, daß das Finanzministerium die Fristen für die Erstattung der Mehrwertsteuer an nicht im Inland ansässige Steuerpflichtige systematisch nicht einhält.

10. Steuerfreiheit von Ausfuhrumsätzen nach Gemeinschaftsrecht

BFH vom 18.05.1993 – V R 5/91, BFH/NV 1994 S. 586

Für den Besteuerungszeitraum 1979 kann die Umsatzsteuerfreiheit nach Gemeinschaftsrecht gegenüber dem die Steuerpflicht bestimmter Ausfuhrumsätze begründenden deutschen Umsatzsteuerrecht geltend gemacht werden.

11. Vorlageberechtigung und -verpflichtungen: Keine Steuerermäßigung für Annoncenzeitschriften

BFH vom 02.04.1996 – VII R 119/94, UR 1996 S. 338

1. Es steht dem FG frei, ob es zu einer entscheidungserheblichen Auslegungsfrage des Gemeinschaftsrechts eine Vorabentscheidung des EuGH einholt oder davon absieht. Die Entscheidung des FG darüber wird vom BFH nicht überprüft. Dies gilt auch für die Erwägungen und Gründe, die das FG veranlaßt haben, von der Einholung einer Vorabentscheidung abzusehen.
2. Zur Frage des Verhältnisses der Bindungsregelung nach § 126 Abs. 5 FGO zur Vorlageberechtigung des FG nach Art. 177 Abs. 2 EGV.
3. Zur Frage der Vorlageverpflichtung des BFH nach Art. 177 Abs. 3 EGV, wenn gegen eine feste Rechtsprechung zu einer Zolltariffrage (hier: sog. Annoncenzeitungen als Drucke, die überwiegend Werbezwecken dienen) lediglich neu vorgebracht wird, der EuGH habe zum Begriff „Werbung" im Rahmen der Richtlinie 77/388/EWG abweichend entschieden.
4. Es wird an der Auffassung festgehalten, daß sog. Annoncenzeitschriften, auch wenn sie überwiegend Kleinanzeigen in der Form von Verkaufsanzeigen durch nichtgewerblich tätige Privatpersonen enthalten, zu den nichtbegünstigten Druckschriften gehören.

12. Zuständigkeit des EuGH im Hinblick auf nationale Rechtsbegriffe; Begriff des freien Berufes

EuGH vom 11.10.2001 – Rs. C-267/99 – Christiane Adam, verheiratete Urbing, IStR 2001 S. 718

Es obliegt jedem Mitgliedstaat, unter Beachtung des Grundsatzes der Mehrwertsteuerneutralität die Umsätze zu bestimmen und zu definieren, auf die bis zum 31.12.1992 ein ermäßigter Steuersatz nach Art. 12 Abs. 4 der Sechsten Richtlinie 77/388/EWG des Rates vom 17.5.1977 zur Harmonisierung der Rechtsvorschriften der Mitgliedstaaten über die Umsatzsteuern – Gemeinsames Mehrwertsteuersystem: einheitliche steuerpflichtige Bemessungsgrundlage anwendbar war und seit dem 1.1.1993 ein ermäßigter Steuersatz nach Art. 28 Abs. 2 Buchstabe e dieser Richtlinie in der Fassung der Richtlinie 92/77/EWG des Rates vom 19.10.1992 zur Ergänzung des gemeinsamen Mehrwertsteuersystems und zur Änderung der Richtlinie 77/388 (Annäherung der MwSt-Sätze) anwendbar ist.

Die in Anhang F Nr. 2 der Sechsten Richtlinie 77/388 erwähnten freien Berufe sind Tätigkeiten, die ausgesprochen intellektuellen Charakter haben, eine hohe Qualifikation verlangen und gewöhnlich einer genauen und strengen berufsständischen Regelung unterliegen. Bei der Ausübung einer solchen Tätigkeit hat das persönliche Element besondere Bedeutung, und diese Ausübung setzt auf jeden Fall eine große Selbständigkeit bei der Vornahme der beruflichen Handlungen voraus.

13. Gemeinschaftsrechtskonforme Einführung eines dem Mehrwertsteuerregelsatz entsprechenden besonderen Satzes einer Versicherungsprämiensteuer

EuGH vom 29.04.2004 – Rs. C-308/01 – G/L Insurance Ltd. u.a., UR 2004 S. 618

1. Eine Versicherungsprämiensteuer wie die im Ausgangsverfahren fragliche ist mit Art. 33 der 6. EG-Richtlinie 77/388/EWG vereinbar.
2. Art. 13 Teil B Buchst. a der 6. EG-Richtlinie, nach dem Versicherungsumsätze von der Mehrwertsteuer befreit sind, steht der Einführung eines dem Mehrwertsteuerregelsatz entsprechenden besonderen Satzes einer Versicherungsprämiensteuer wie der im Ausgangsverfahren fraglichen nicht entgegen, da diese Steuer mit Art. 33 der 6. EG-Richtlinie vereinbar ist, so dass das in Art. 27 der 6. EG-Richtlinie vorgesehene Verfahren, nach dem jeder Mitgliedstaat, der von dieser Richtlinie abweichende Sondermaßnahmen einführen möchte, eine vorherige Ermächtigung beim Rat der Europäischen Union beantragen muss, vor Einführung des genannten Satzes nicht eingehalten werden muss.

14. Anwendung eines ermäßigten Steuersatzes für Kunstgegenstände

EuGH vom 09.02.2006 – Rs. C-305/03 – Kommission / Großbritannien und Nordirland, UR 2007 S. 20

Das Vereinigte Königreich Großbritannien und Nordirland hat gegen seine Verpflichtungen aus Art. 2 Nr. 1, Art. 5 Abs. 4 Buchst. c, Art. 12 Abs. 3 und Art. 16 Abs. 1 der 6. EG-Richtlinie 77/388/EWG in der Fassung der Richtlinie 1999/49/EG des Rates vom 25.5.1999 verstoßen, indem es einen ermäßigten Mehrwertsteuersatz auf die bei der Versteigerung von Kunstgegenständen, Sammlungsstücken und Antiquitäten, die im Rahmen der Regelung zur vorübergehenden Verwendung eingeführt wurden, an die Auktionatoren gezahlte Provision angewandt hat.

15. Beibehaltung einer lokalen Unternehmensteuer nach dem Beitritt eines Mitgliedstaates zur Europäischen Union – Begriff der Umsatzsteuer

EuGH vom 11.10.2007 – Rs. C-283/06 und C-312/06 – KÖGÁZ rt, E-ON IS Hungary kft, E-ON DÉDÁSZ rt, Schneider Electric Hungária rt, TESCO Áruházak rt, OTP Garancia Biztosító rt, OTP Bank rt, ERSTE Bank Hungary rt, Vodafone Magyarország Mobil Távközlési rt und OTP Garancia Biztosító rt, UR 2007 S. 906.

Art. 33 Abs. 1 der 6. EG-Richtlinie 77/388/EWG in der durch die Richtlinie 91/680/EWG des Rates vom 16.12.1991 zur Ergänzung des gemeinsamen Mehrwertsteuersystems und zur Änderung der Richtlinie 77/388 im Hinblick auf die Beseitigung der Steuergrenzen geänderten Fassung ist dahin auszulegen, dass er nicht der Beibehaltung einer Abgabe entgegensteht, die Merkmale wie diejenigen der in den Ausgangsverfahren in Rede stehenden Steuer aufweist.

16. Irrtümliche Besteuerung zum Normalsatz, Erstattungsanspruch, Allgem. Grundsätze des Gemeinschaftsrechts

EuGH vom 10.04.2008 – Rs. C – 309/06 – Marks & Spencer plc, ZSteu 2008 S. R – 358

1. Hat ein Mitgliedstaat nach Art. 28 Abs. 2 der Sechsten Richtlinie 77/388/EWG des Rates vom 17. Mai 1977 zur Harmonisierung der Rechtsvorschriften der Mitgliedstaaten über die Umsatzsteuern – Gemeinsames Mehrwertsteuersystem: einheitliche steuerpflichtige Bemessungsgrundlage vor und nach den Änderungen durch die Richtlinie 92/77/EWG des Rates vom 19. Oktober 1992 im nationalen Recht eine Steuerbefreiung mit Erstattung der Vorsteuer bezüglich bestimmter festgesetzter Leistungen beibehalten, so besteht kein unmittelbar durchsetzbarer gemeinschaftsrechtlicher Anspruch des Wirtschaftsteilnehmers, der solche Leistungen erbringt, darauf, dass diese Leistungen zu einem Mehrwertsteuersatz von null besteuert werden.

2. Hat ein Mitgliedstaat nach Art. 28 Abs. 2 der Sechsten Richtlinie 77/388 vor und nach ihrer Änderung durch die Richtlinie 92/77 im nationalen Recht eine Steuerbefreiung mit Erstattung der Vorsteuer bezüglich bestimmter festgesetzter Leistungen beibehalten, aber sein nationales Recht irrtümlicherweise so ausgelegt, dass bestimmte Leistungen, die der Befreiung mit Erstattung der Vorsteuer nach seinem nationalen Recht unterliegen, dem normalen Steuersatz unterworfen wurden, so sind die allgemeinen Grundsätze des Gemeinschaftsrechts, inklusive des Grundsatzes der steuerlichen Neutralität, so anzuwenden, dass sie dem Wirtschaftsteilnehmer, der diese Leistungen erbracht hat, einen Anspruch auf Rückerstattung der Beträge verleihen, die irrtümlicherweise bezüglich der Leistungen verlangt wurden.

3. Auch wenn die Grundsätze der Gleichbehandlung und der steuerlichen Neutralität auf das Ausgangsverfahren grundsätzlich anwendbar sind, ist ein Verstoß gegen sie nicht allein aufgrund des Umstands gegeben, dass die Weigerung der Rückzahlung auf eine ungerechtfertigte Bereicherung des betreffenden Steuerpflichtigen gestützt wird. Der Grundsatz der steuerlichen Neutralität verbietet aber, dass der Begriff der ungerechtfertigten Bereicherung nur Steuerpflichtigen wie „payment traders" (Steuerpflichtige, deren geschuldete Mehrwertsteuerbeträge in einem vorgeschriebenen Abrechnungszeitraum die Vorsteuer übersteigen), aber nicht Steuerpflichtigen wie „repayment traders" (Steuerpflichtige, die sich in der umgekehrten Lage befinden) entgegengehalten wird, sofern diese Steuerpflichtigen gleichartige Waren vertrieben haben. Das vorlegende Gericht hat zu prüfen, ob dies in dieser Rechtssache der Fall ist. Im Übrigen verbietet der allgemeine Grundsatz der Gleichbehandlung, dessen Verletzung im Steuerbereich durch Diskriminierungen gekennzeichnet sein kann, die Wirtschaftsteilnehmer betreffen, die nicht zwangsläufig miteinander konkurrieren, aber sich trotzdem in einer in anderer Beziehung vergleichbaren Situation befinden, eine Diskriminierung von „payment traders" gegenüber „repayment traders", die nicht objektiv gerechtfertigt ist.

4. Der Nachweis, dass der Wirtschaftsteilnehmer, dem die Erstattung der zu Unrecht erhobenen Mehrwertsteuer verweigert wurde, keinen finanziellen Verlust oder Nachteil erlitten hat, hat keinen Einfluss auf die Antwort auf die dritte Frage.

Anhang 1i

EG-Richtlinien

5. Es ist Sache des vorlegenden Gerichts, selbst aus der in Nr. 3 des Tenors des vorliegenden Urteils erwähnten Verletzung des Grundsatzes der Gleichbehandlung nach den Vorschriften über die zeitlichen Wirkungen des im Ausgangsverfahren anzuwendenden nationalen Rechts unter Beachtung des Gemeinschaftsrechts und insbesondere des Grundsatzes der Gleichbehandlung sowie des Grundsatzes, wonach das Gericht darauf achten muss, dass die von ihm angeordneten Abhilfemaßnahmen nicht gegen das Gemeinschaftsrecht verstoßen, die möglichen Konsequenzen für die Vergangenheit zu ziehen.

17. Zur Rundung von Mehrwertsteuerbeträgen

EuGH vom 10.07.2008 – Rs.C-484/06 – Fiscale eenheid Koninklijke Ahold NV, IStR 2008 S. 627

1. In Ermangelung einer spezifischen Gemeinschaftsregelung ist es Sache der Mitgliedstaaten, die Regeln und Methoden für die Rundung der Mehrwertsteuerbeträge zu bestimmen; dabei müssen sie darauf achten, dass die Grundsätze, auf denen das gemeinsame Mehrwertsteuersystem beruht, insbesondere die Grundsätze der steuerlichen Neutralität und der Proportionalität, eingehalten werden.

2. Das Gemeinschaftsrecht enthält bei seinem derzeitigen Stand keine spezifische Verpflichtung, wonach die Mitgliedstaaten den Steuerpflichtigen die Abrundung des Mehrwertsteuerbetrags pro Artikel gestatten müssen.

18. Anwendung der Grundsätze der steuerlichen Neutralität und der Verhältnismäßigkeit auf nationale Rechtsvorschriften, mit denen die Einzelheiten der Erstattung des Mehrwertsteuerüberschusses festgelegt werden

EuGH vom 10.07.2008 – Rs. C-25/07 – Alicja Sosnowska, IStR 2008 S. 627

1. Art. 18 Abs. 4 der Sechsten Richtlinie 77/388/EWG des Rates vom 17.5.1977 zur Harmonisierung der Rechtsvorschriften der Mitgliedstaaten über die Umsatzsteuern – Gemeinsames Mehrwertsteuersystem: einheitliche steuerpflichtige Bemessungsgrundlage in der Fassung der Richtlinie 2005/92/EG des Rates vom 12.12.2005 und der Grundsatz der Verhältnismäßigkeit stehen einer nationalen Regelung wie der im Ausgangsrechtsstreit fraglichen entgegen, die – um die notwendigen Kontrollen zur Verhinderung von Steuerumgehung und -hinterziehungen zu ermöglichen – die ab der Abgabe der Mehrwertsteuererklärung laufende Frist, über die die Finanzverwaltung für die Erstattung des Mehrwertsteuerüberschusses an eine bestimmte Kategorie von Steuerpflichtigen verfügt, von 60 Tagen auf 180 Tage verlängert, sofern die entsprechenden Steuerpflichtigen nicht eine Kaution i. H. von 250.000 PLN stellen.

2. Bestimmungen wie die im Ausgangsrechtsstreit in Rede stehenden sind keine „abweichenden Sondermaßnahmen" zur Verhinderung von Steuerhinterziehungen und -umgehungen i.S. von Art. 27 Abs. 1 des Sechsten Richtlinie 77/388 in der Fassung der Richtlinie 2005/92.

19. Zu großzügiger Verzicht auf die Überprüfung von mehrwertsteuerbaren Umsätzen

EuGH vom 17.07.2008 – Rs. C-132/06 – Europ. Kommission gegen Italien, IStR 2008 S. 593

1. Die Italienische Republik hat dadurch gegen ihre Verpflichtungen aus den Art. 2 und 22 der Sechsten Richtlinie 77/388/EWG des Rates vom 17.5.1977 zur Harmonisierung der Rechtsvorschriften der Mitgliedstaaten über die Umsatzsteuern – Gemeinsames Mehrwertsteuersystem: einheitliche steuerpflichtige Bemessungsgrundlage, sowie aus Art. 10 EG verstoßen, dass sie in den Art. 8 und 9 der Legge n. 289 concernente le disposizioni per la formazione del bilancio annuale e pluriennale dello Stato (legge finanziaria 2003; Gesetz Nr. 289 über die Bestimmungen zur Festlegung des Jahres- und Mehrjahreshaushalts des Staates [Haushaltsgesetz 2003]) einen allgemeinen und undifferenzierten Verzicht auf die Überprüfung der in mehreren Besteuerungszeiträumen bewirkten steuerbaren Umsätze vorgesehen hat.

2. Die Italienische Republik trägt die Kosten.

20. Dienstleistungen selbstständiger Zusammenschlüsse an ein oder mehrere Mitglieder des Zusammenschlusses

EuGH vom 11.12.2008 – Rs. C-407/07 – Stichting Centraal Begeleidingsorgaan voor de Intercollegiale Toetsing, DStRE 2009 S. 110

Art. 13 Teil A Abs. 1 Buchst. f der Sechsten MwSt-Richtlinie 77/388/EWG ist dahin auszulegen, dass die von selbstständigen Zusammenschlüssen ihren Mitgliedern erbrachten Dienstleistungen nach der genannten Bestimmung auch von der Steuer befreit sind, wenn diese Dienstleistungen nur einem oder mehreren der Mitglieder erbracht werden, sofern die anderen in dieser Bestimmung vorgesehenen Bedingungen erfüllt sind.

21. Keine Durchbrechung der Bestandskraft bei nachträglich erkanntem Verstoß gegen das Unionsrecht – Recht auf Erstattung von Abgaben, die ein Mitgliedstaat unter Verstoß gegen das Unionsrecht erhoben hat

BFH vom 16.09.2011 – V R 57/09, UR 2011 S. 228

Ein Steuerbescheid ist auch bei einem erst nachträglich erkannten Verstoß gegen das Unionsrecht nicht unter günstigeren Bedingungen als bei einer Verletzung innerstaatlichen Rechts änderbar. Das Korrektursystem der §§ 172ff. AO regelt die Durchsetzung der sich aus dem Unionsrecht ergebenden Ansprüche abschließend. Nach den Vorgaben des Unionsrechts muss das steuerrechtliche Verfahrensrecht auch keine weitergehenden Korrekturmöglichkeiten für Steuerbescheide vorsehen (Bestätigung des BFH-Urteil vom 23.11.2006 – V R 67/05, BFHE 216, 357, BStBl. II 2007, 436, UR 2007, 334).

22. Keine Mehrwertsteuererstattung an einen Zwischenhändler von Tabakwaren im Falle vollständiger oder teilweiser Nichtzahlung des Preises durch seinen Kunden

EuGH vom 27.01.2011 – Rs. C -489/09 – Vandoome NV, UR 2011 S. 951

Art. 11 Teil C Abs.1 und Art.27 Abs.1 und 5 der 6.EGRichtlinie 77/388/EWG in der durch die Richtlinie 2004/7/EG des Rates vom 20.1.2004 geänderten Fassung sind dahin auszulegen, dass sie einer nationalen Regelung wie der im Ausgangsverfahren in Rede stehenden nicht entgegenstehen, die dadurch, dass sie bei Tabakwaren zur Vereinfachung der Erhebung der Mehrwertsteuer und zur Bekämpfung der Steuerhinterziehung oder -umgehung vorsieht, dass die Mehrwertsteuer mittels Steuerbanderolen in einem Mal und an der Quelle beim Hersteller oder Importeur der Tabakwaren erhoben wird, für Zwischenlieferanten, die zu einem späteren Zeitpunkt in der Kette der aufeinanderfolgenden Lieferungen tätig werden, das Recht auf Erstattung der Mehrwertsteuer ausschließt, wenn der Erwerber den Preis für diese Waren nicht zahlt.

23. Unionsrechtswidrige rückwirkende nationale Verlängerung der Frist für die Erstattung des Mehrwertsteuerüberschusses bei gleichzeitigem Verlust des Anspruchs auf Verzugszinsen

EuGH vom 12.05.2011 – Rs. C. - 107/10 – Enel Maritsa Iztok 3 AD, UR 2011 S. 507

1. Art. 183 MwStSystRL 2006/112/EG in der durch die Richtlinie 2006/138/EG des Rates vom 19.12.2006 geänderten Fassung ist in Verbindung mit dem Grundsatz des Vertrauensschutzes dahin auszulegen, dass er einer nationalen Regelung entgegensteht, die eine rückwirkende Verlängerung der Frist für die Erstattung eines Mehrwertsteuerüberschusses vorsieht, soweit durch diese Regelung dem Steuerpflichtigen der vor dem Inkrafttreten der Regelung zustehende Anspruch auf Verzugszinsen auf den an ihn zu erstattenden Betrag genommen wird.

2. Art. 183 MwStSystRL in der durch die Richtlinie 2006/138/EG geänderten Fassung ist unter Berücksichtigung des Grundsatzes der steuerlichen Neutralität dahin auszulegen, dass er einer nationalen Regelung entgegensteht, wonach die normale Frist für die Erstattung des Mehrwertsteuerüberschusses von 45 Tagen, nach deren Ablauf Verzugszinsen auf den zu erstattenden Betrag geschuldet werden, im Fall der Einleitung eines Steuerprüfungsverfahrens mit der Folge verlängert wird, dass die Verzugszinsen erst ab dem Zeitpunkt geschuldet werden, zu dem das Steuerprüfungsverfahren abgeschlossen ist, wenn dieser Überschuss während der drei dem Zeitraum seiner Entstehung folgenden Besteuerungszeiträume bereits Gegenstand eines Vortrags war. Dass die normale Frist 45 Tage beträgt, steht hingegen nicht im Widerspruch zu dieser Vorschrift.

3. Art. 183 MwStSystRL in der durch die Richtlinie 2006/138/EG geänderten Fassung ist dahin auszulegen, dass er der Erstattung des Mehrwertsteuerüberschusses im Wege einer Verrechnung nicht entgegensteht.

24. Unterschiedliche Fristen in nationalen Regelungen für unterschiedliche Rechtswege einer Klage auf Erstattung zu Unrecht gezahlter Mehrwertsteuer – Möglichkeit der Geltendmachung eines Steuererstattungsanspruchs des Dienstleistungsempfängers gegenüber dem Dienstleistenden nach Ablauf der für diesen gegenüber der Finanzverwaltung geltenden Klagefrist

EuGH vom 15.12.2011 – Rs. C-427/10 – Banca Antoniana Popolare Veneta SpA, incorporante la Banca Nazionale dell'Agricoltura SpA, UR 2012 S. 184

Der Grundsatz der Effektivität steht einer nationalen Regelung über die Rückforderung einer Nichtschuld, die eine längere Verjährungsfrist für die zivilrechtliche Klage auf Rückerstattung einer Nichtschuld, die der Dienstleistungsempfänger gegen den mehrwertsteuerpflichtigen Erbringer dieser Dienstleistungen erhebt, vorsieht als die spezifische Verjährungsfrist für die steuerrechtliche Erstattungsklage, dieser Dienstleistungserbringer gegenüber der Finanzverwaltung erhebt, nicht entgegen, sofern dieser Steuerpflichtige die Erstattung der Steuer von der Finanzverwaltung tat-

Anhang 1i   EG-Richtlinien

sächlich verlangen kann. Diese Voraussetzung ist nicht erfüllt, wenn die Anwendung einer solchen Regelung zur Folge hat, dass dem Steuerpflichtigen das Recht, die nicht geschuldete Mehrwertsteuer, die er selbst dem Empfänger seiner Dienstleistungen erstatten musste, von der Finanzverwaltung zurückzuerhalten, vollständig genommen wird.

25. Keine gesamtschuldnerische Haftung für die Entrichtung der Mehrwertsteuer durch den Lagerinhaber und den steuerpflichtigen Eigentümer der Güter im Fall der Gutgläubigkeit oder des Nichtvorliegens eines Fehlers oder einer Nachlässigkeit des Lagerinhabers – Regelung für andere Lager als Zolllager

EuGH vom 21.12.2011 – Rs. C-499/10 – Vlaamse Oliemaatschappij NV, UR 2012 S. 160

Art. 21 Abs. 3 der 6. EG-Richtlinie 77/388/EWG in der durch die Richtlinie 2001/115/EG des Rates vom 20.12.2001 geänderten Fassung ist dahin auszulegen, dass die Mitgliedstaaten danach nicht bestimmen können, dass der Inhaber eines anderen Lagers als eines Zolllagers für die Mehrwertsteuer, die auf eine Lieferung von Waren aus diesem Lager gegen Entgelt durch den mehrwertsteuerpflichtigen Eigentümer der Waren anfällt, selbst dann gesamtschuldnerisch haftet, wenn er gutgläubig ist oder ihm weder ein Fehler noch eine Nachlässigkeit vorgeworfen werden kann.

Richtlinie 2008/9/EG des Rates
vom 12.02.2008

zur Regelung der Erstattung der Mehrwertsteuer gemäß der Richtlinie 2006/112/EG an nicht im Mitgliedstaat der Erstattung, sondern in einem anderen Mitgliedstaat ansässige Steuerpflichtige [1)]

– Amtsblatt der Europäischen Union 2008, Nr. L 44 S. 23 –

Der Rat der Europäischen Union –

gestützt auf den Vertrag zur Gründung der Europäischen Gemeinschaft, insbesondere auf Artikel 93,

auf Vorschlag der Kommission,

nach Stellungnahme des Europäischen Parlaments, [2)]

nach Stellungnahme des Europäischen Wirtschafts- und Sozialausschusses, [3)]

in Erwägung nachstehender Gründe:

(1) Sowohl die Verwaltungsbehörden der Mitgliedstaaten als auch Unternehmen haben erhebliche Probleme mit den Durchführungsbestimmungen, die in der Richtlinie 79/1072/EWG des Rates vom 6. Dezember 1979 zur Harmonisierung der Rechtsvorschriften der Mitgliedstaaten über die Umsatzsteuern – Verfahren zur Erstattung der Mehrwertsteuer an nicht im Inland ansässige Steuerpflichtige [4)] festgelegt sind.

(2) Die Regelungen jener Richtlinie sollten hinsichtlich der Frist, innerhalb deren die Entscheidungen über die Erstattungsanträge den Unternehmen mitzuteilen sind, geändert werden. Gleichzeitig sollte vorgesehen werden, dass auch die Unternehmen innerhalb bestimmter Fristen antworten müssen. Außerdem sollte das Verfahren vereinfacht und durch den Einsatz fortschrittlicher Technologien modernisiert werden.

(3) Das neue Verfahren sollte die Stellung der Unternehmen stärken, da die Mitgliedstaaten zur Zahlung von Zinsen verpflichtet sind, falls die Erstattung verspätet erfolgt; zudem wird das Einspruchsrecht der Unternehmen gestärkt.

(4) Aus Gründen der Klarheit und besseren Lesbarkeit sollte die bisher in Richtlinie 2006/112/EG des Rates vom 28. November 2006 über das gemeinsame Mehrwertsteuersystem [5)] enthaltene Bestimmung über die Anwendung der Richtlinie 79/1072/EWG nun in die vorliegende Richtlinie aufgenommen werden.

(5) Da die Ziele dieser Richtlinie auf Ebene der Mitgliedstaaten nicht ausreichend verwirklicht werden können und daher wegen des Umfangs der Maßnahmen besser auf Gemeinschaftsebene zu verwirklichen sind, kann die Gemeinschaft im Einklang mit dem in Artikel 5 des EG-Vertrags niedergelegten Subsidiaritätsprinzip tätig werden. Entsprechend dem in demselben Artikel genannten Grundsatz der Verhältnismäßigkeit geht diese Richtlinie nicht über das zur Erreichung dieser Ziele erforderliche Maß hinaus.

(6) Nach Nummer 34 der Interinstitutionellen Vereinbarung über bessere Rechtsetzung [6)] sind die Mitgliedstaaten aufgefordert, für ihre eigenen Zwecke und im Interesse der Gemeinschaft eigene Tabellen aufzustellen, aus denen im Rahmen des Möglichen die Entsprechungen zwischen dieser Richtlinie und den Umsetzungsmaßnahmen zu entnehmen sind, und diese zu veröffentlichen.

(7) Im Interesse der Eindeutigkeit sollte die Richtlinie 79/1072/EWG daher aufgehoben werden – vorbehaltlich der erforderlichen Übergangsmaßnahmen für Erstattungsanträge, die vor dem 1. Januar 2010 gestellt werden –

hat folgende Richtlinie erlassen:

Artikel 1

Diese Richtlinie regelt die Einzelheiten der Erstattung der Mehrwertsteuer gemäß Artikel 170 der Richtlinie 2006/112/EG an nicht im Mitgliedstaat der Erstattung ansässige Steuerpflichtige, die die Voraussetzungen von Artikel 3 erfüllen.

---

1) Geändert durch die Richtlinie 2010/66/EU des Rates vom 14.10.2010, ABl. EU Nr. L 275 S. 1
2) ABl. C 285 E vom 22.11.2006, S. 122
3) ABl. C 28 vom 3.2.2006, S. 86
4) ABl. L 331 vom 27.12.1979, S. 11. Zuletzt geändert durch die Richtlinie 2006/98/EG (ABl. L 363 vom 20.12.2006, S. 129)
5) ABl. L 347 vom 11.12.2006, S. 1. Zuletzt geändert durch die Richtlinie 2007/75/EG (ABl. L 346 vom 29.12.2007, S. 13)
6) ABl. C 321 vom 31.12.2003, S. 1

Anhang 1j

Richtlinie 2008/9/EG

Artikel 2

Im Sinne dieser Richtlinie bezeichnet der Ausdruck

1. „nicht im Mitgliedstaat der Erstattung ansässiger Steuerpflichtiger" jeden Steuerpflichtigen im Sinne von Artikel 9 Absatz 1 der Richtlinie 2006/112/EG, der nicht im Mitgliedstaat der Erstattung, sondern im Gebiet eines anderen Mitgliedstaates ansässig ist;
2. „Mitgliedstaat der Erstattung" den Mitgliedstaat, mit dessen Mehrwertsteuer die dem nicht im Mitgliedstaat der Erstattung ansässigen Steuerpflichtigen von anderen Steuerpflichtigen in diesem Mitgliedstaat gelieferten Gegenstände oder erbrachten Dienstleistungen oder die Einfuhr von Gegenständen in diesen Mitgliedstaat belastet wurden;
3. „Erstattungszeitraum" den Zeitraum nach Artikel 16, auf den im Erstattungsantrag Bezug genommen wird;
4. „Erstattungsantrag" den Antrag auf Erstattung der Mehrwertsteuer, mit der der Mitgliedstaat der Erstattung die dem nicht im Mitgliedstaat der Erstattung ansässigen Steuerpflichtigen von anderen Steuerpflichtigen in diesem Mitgliedstaat gelieferten Gegenstände oder erbrachten Dienstleistungen oder die Einfuhr von Gegenständen in diesen Mitgliedstaat belastet hat;
5. „Antragsteller" den nicht im Mitgliedstaat der Erstattung ansässigen Steuerpflichtigen, der den Erstattungsantrag stellt.

Artikel 3

Diese Richtlinie gilt für jeden nicht im Mitgliedstaat der Erstattung ansässigen Steuerpflichtigen, der folgende Voraussetzungen erfüllt:

a) er hat während des Erstattungszeitraums im Mitgliedstaat der Erstattung weder den Sitz seiner wirtschaftlichen Tätigkeit noch eine feste Niederlassung, von der aus Umsätze bewirkt wurden, noch hat er – in Ermangelung eines solchen Sitzes oder einer solchen festen Niederlassung – dort seinen Wohnsitz oder seinen gewöhnlichen Aufenthaltsort;

b) er hat während des Erstattungszeitraums keine Gegenstände geliefert oder Dienstleistungen erbracht, die als im Mitgliedstaat der Erstattung bewirkt gelten, mit Ausnahme der folgenden Umsätze:

   i) die Erbringung von Beförderungsleistungen und damit verbundene Nebentätigkeiten, die gemäß den Artikeln 144, 146, 148, 149, 151, 153, 159 oder Artikel 160 der Richtlinie 2006/112/EG steuerfrei sind;

   ii) Lieferungen von Gegenständen oder Dienstleistungen, deren Empfänger nach den Artikeln 194 bis 197 und Artikel 199 der Richtlinie 2006/112/EG die Mehrwertsteuer schuldet.

Artikel 4

Diese Richtlinie gilt nicht für:

a) nach den Rechtsvorschriften des Mitgliedstaates der Erstattung fälschlich in Rechnung gestellte Mehrwertsteuerbeträge;

b) in Rechnung gestellte Mehrwertsteuerbeträge für Lieferungen von Gegenständen, die gemäß Artikel 138 oder Artikel 146 Absatz 1 Buchstabe b der Richtlinie 2006/112/EG von der Steuer befreit sind oder befreit werden können.

Artikel 5

Jeder Mitgliedstaat erstattet einem nicht im Mitgliedstaat der Erstattung ansässigen Steuerpflichtigen die Mehrwertsteuer, mit der die ihm von anderen Steuerpflichtigen in diesem Mitgliedstaat gelieferten Gegenstände oder erbrachten Dienstleistungen oder die Einfuhr von Gegenständen in diesen Mitgliedstaat belastet wurden, sofern die betreffenden Gegenstände und Dienstleistungen für Zwecke der folgenden Umsätze verwendet werden:

a) in Artikel 169 Buchstaben a und b der Richtlinie 2006/112/EG genannte Umsätze;

b) Umsätze, deren Empfänger nach den Artikeln 194 bis 197 und Artikel 199 der Richtlinie 2006/112/EG, wie sie im Mitgliedstaat der Erstattung angewendet werden, Schuldner der Mehrwertsteuer ist.

Unbeschadet des Artikels 6 wird für die Anwendung dieser Richtlinie der Anspruch auf Vorsteuererstattung nach der Richtlinie 2006/112/EG, wie diese Richtlinie im Mitgliedstaat der Erstattung angewendet wird, bestimmt.

Richtlinie 2008/9/EG — Anhang 1j

Artikel 6

Voraussetzung für eine Erstattung im Mitgliedstaat der Erstattung ist, dass der nicht im Mitgliedstaat der Erstattung ansässige Steuerpflichtige Umsätze bewirkt, die in dem Mitgliedstaat, in dem er ansässig ist, ein Recht auf Vorsteuerabzug begründen.

Bewirkt ein nicht im Mitgliedstaat der Erstattung ansässiger Steuerpflichtiger im Mitgliedstaat, in dem er ansässig ist, sowohl Umsätze, für die ein Recht auf Vorsteuerabzug besteht, als auch Umsätze, für die dieses Recht in diesem Mitgliedstaat nicht besteht, darf durch den Mitgliedstaat der Erstattung aus dem nach Artikel 5 erstattungsfähigen Betrag nur der Teil der Mehrwertsteuer erstattet werden, der gemäß der Anwendung von Artikel 173 der Richtlinie 2006/112/EG im Mitgliedstaat, in dem er ansässig ist, auf den Betrag der erstgenannten Umsätze entfällt.

Artikel 7

Um eine Erstattung von Mehrwertsteuer im Mitgliedstaat der Erstattung zu erhalten, muss der nicht im Mitgliedstaat der Erstattung ansässige Steuerpflichtige einen elektronischen Erstattungsantrag an diesen Mitgliedstaat richten und diesen in dem Mitgliedstaat, in dem er ansässig ist, über das von letzterem Mitgliedstaat eingerichtete elektronische Portal einreichen.

Artikel 8

(1) Der Erstattungsantrag muss die folgenden Angaben enthalten:
a) Name und vollständige Anschrift des Antragstellers;
b) eine Adresse für die elektronische Kommunikation;
c) eine Beschreibung der Geschäftstätigkeit des Antragstellers, für die die Gegenstände und Dienstleistungen erworben werden;
d) der Erstattungszeitraum, auf den sich der Antrag bezieht;
e) eine Erklärung des Antragstellers, dass er während des Erstattungszeitraums keine Lieferungen von Gegenständen bewirkt und Dienstleistungen erbracht hat, die als im Mitgliedstaat der Erstattung bewirkt gelten, mit Ausnahme der Umsätze gemäß Artikel 3 Buchstabe b Ziffern i und ii;
f) die Mehrwertsteuer-Identifikationsnummer oder Steuerregisternummer des Antragstellers;
g) seine Bankverbindung (inklusive IBAN und BIC).

(2) Neben den in Absatz 1 genannten Angaben sind in dem Erstattungsantrag für jeden Mitgliedstaat der Erstattung und für jede Rechnung oder jedes Einfuhrdokument folgende Angaben zu machen:
a) Name und vollständige Anschrift des Lieferers oder Dienstleistungserbringers;
b) außer im Falle der Einfuhr die Mehrwertsteuer-Identifikationsnummer des Lieferers oder Dienstleistungserbringers oder die ihm vom Mitgliedstaat der Erstattung zugeteilte Steuerregisternummer im Sinne der Artikel 239 und 240 der Richtlinie 2006/112/EG;
c) außer im Falle der Einfuhr das Präfix des Mitgliedstaats der Erstattung im Sinne des Artikels 215 der Richtlinie 2006/112/EG;
d) Datum und Nummer der Rechnung oder des Einfuhrdokuments;
e) Steuerbemessungsgrundlage und Mehrwertsteuerbetrag in der Währung des Mitgliedstaats der Erstattung;
f) gemäß Artikel 5 und Artikel 6 Absatz 2 berechneter Betrag der abziehbaren Mehrwertsteuer in der Währung des Mitgliedstaats der Erstattung;
g) gegebenenfalls der nach Artikel 6 berechnete und als Prozentsatz ausgedrückte Pro-rata-Satz des Vorsteuerabzugs;
h) Art der erworbenen Gegenstände und Dienstleistungen aufschlüsselt nach den Kennziffern gemäß Artikel 9.

Artikel 9

(1) In dem Erstattungsantrag muss die Art der erworbenen Gegenstände und Dienstleistungen nach folgenden Kennziffern aufgeschlüsselt werden:
1 = Kraftstoff;
2 = Vermietung von Beförderungsmitteln;
3 = Ausgaben für Transportmittel (andere als unter Kennziffer 1 oder 2 beschriebene Gegenstände und Dienstleistungen);
4 = Maut und Straßenbenutzungsgebühren;

Anhang 1j

5 = Fahrtkosten wie Taxikosten, Kosten für die Benutzung öffentlicher Verkehrsmittel;

6 = Beherbergung;

7 = Speisen, Getränke und Restaurantdienstleistungen;

8 = Eintrittsgelder für Messen und Ausstellungen;

9 = Luxusausgaben, Ausgaben für Vergnügungen und Repräsentationsaufwendungen;

10 = Sonstiges.

Wird die Kennziffer 10 verwendet, ist die Art der gelieferten Gegenstände und erbrachten Dienstleistungen anzugeben.

(2) Der Mitgliedstaat der Erstattung kann vom Antragsteller verlangen, dass er zusätzliche elektronisch verschlüsselte Angaben zu jeder Kennziffer gemäß Absatz 1 vorlegt, sofern dies aufgrund von Einschränkungen des Rechts auf Vorsteuerabzug gemäß der Richtlinie 2006/112/EG, wie diese im Mitgliedstaat der Erstattung angewendet wird, oder im Hinblick auf die Anwendung einer vom Mitgliedstaat der Erstattung gemäß den Artikeln 395 oder 396 jener Richtlinie gewährten relevanten Ausnahmeregelung erforderlich ist.

Artikel 10

Unbeschadet der Informationsersuchen gemäß Artikel 20 kann der Mitgliedstaat der Erstattung verlangen, dass der Antragsteller zusammen mit dem Erstattungsantrag auf elektronischem Wege eine Kopie der Rechnung oder des Einfuhrdokuments einreicht, falls sich die Steuerbemessungsgrundlage auf einer Rechnung oder einem Einfuhrdokument auf mindestens 1.000 EUR oder den Gegenwert in der jeweiligen Landeswährung beläuft. Betrifft die Rechnung Kraftstoff, so ist dieser Schwellenwert 250 EUR oder der Gegenwert in der jeweiligen Landeswährung.

Artikel 11

Der Mitgliedstaat der Erstattung kann vom Antragsteller verlangen, eine Beschreibung seiner Geschäftstätigkeit anhand der harmonisierten Codes vorzulegen, die gemäß Artikel 34a Absatz 3 Unterabsatz 2 der Verordnung (EG) Nr. 1798/2003 des Rates[1] bestimmt werden.

Artikel 12

Der Mitgliedstaat der Erstattung kann angeben, in welcher Sprache oder welchen Sprachen die Angaben in dem Erstattungsantrag oder andere zusätzliche Angaben von dem Antragsteller vorgelegt werden müssen.

Artikel 13

Wird nach Einreichung des Erstattungsantrags der angegebene Pro-rata-Satz des Vorsteuerabzugs nach Artikel 175 der Richtlinie 2006/112/EG angepasst, so muss der Antragsteller den beantragten oder bereits erstatteten Betrag berichtigen.

Die Berichtigung ist in einem Erstattungsantrag im auf den entsprechenden Erstattungszeitraum folgenden Kalenderjahr vorzunehmen, oder – falls der Antragsteller in diesem Kalenderjahr keine Erstattungsanträge einreicht – durch Übermittlung einer gesonderten Erklärung über das von dem Mitgliedstaat, in dem er ansässig ist, eingerichtete elektronische Portal.

Artikel 14

(1) Der Erstattungsantrag hat sich auf Folgendes zu beziehen:

a) den Erwerb von Gegenständen oder Dienstleistungen, der innerhalb des Erstattungszeitraums in Rechnung gestellt worden ist, sofern der Steueranspruch vor oder zum Zeitpunkt der Rechnungsstellung entstanden ist, oder für den der Steueranspruch während des Erstattungszeitraums entstanden ist, sofern der Erwerb vor Eintreten des Steueranspruchs in Rechnung gestellt wurde;

b) die Einfuhr von Gegenständen, die im Erstattungszeitraum getätigt worden ist.

(2) Unbeschadet der in Absatz 1 genannten Vorgänge kann sich der Erstattungsantrag auch auf Rechnungen oder Einfuhrdokumente beziehen, die von vorangegangenen Erstattungsanträgen nicht umfasst sind, wenn sie Umsätze betreffen, die in dem fraglichen Kalenderjahr getätigt wurden.

---

[1] ABl. L 264 vom 15.10.2003, S. 1

Artikel 15

(1) Der Erstattungsantrag muss dem Mitgliedstaat, in dem der Steuerpflichtige ansässig ist, spätestens am 30. September des auf den Erstattungszeitraum folgenden Kalenderjahres vorliegen. Der Erstattungsantrag gilt nur dann als vorgelegt, wenn der Antragsteller alle in den Artikeln 8, 9 und 11 geforderten Angaben gemacht hat.

Erstattungsanträge, die Erstattungszeiträume des Jahres 2009 betreffen, müssen dem Mitgliedstaat, in dem der Steuerpflichtige ansässig ist, spätestens am 31. März 2011 vorliegen.[1)]

(2) Der Mitgliedstaat, in dem der Antragsteller ansässig ist, hat diesem unverzüglich eine elektronische Empfangsbestätigung zu übermitteln.

Artikel 16

Der Erstattungszeitraum darf nicht mehr als ein Kalenderjahr und nicht weniger als drei Kalendermonate betragen. Erstattungsanträge können sich jedoch auf einen Zeitraum von weniger als drei Monaten beziehen, wenn es sich bei diesem Zeitraum um den Rest eines Kalenderjahres handelt.

Artikel 17

Bezieht sich der Erstattungsantrag auf einen Erstattungszeitraum von weniger als einem Kalenderjahr, aber mindestens drei Monaten, so darf der Mehrwertsteuerbetrag, der Gegenstand des Erstattungsantrags ist, nicht unter 400 EUR oder dem Gegenwert in Landeswährung liegen.

Bezieht sich der Erstattungsantrag auf einen Erstattungszeitraum von einem Kalenderjahr oder den Rest eines Kalenderjahres, darf der Mehrwertsteuerbetrag nicht niedriger sein als 50 EUR oder der Gegenwert in Landeswährung.

Artikel 18

(1) Der Mitgliedstaat, in dem der Antragsteller ansässig ist, übermittelt dem Mitgliedstaat der Erstattung den Erstattungsantrag nicht, wenn der Antragsteller im Mitgliedstaat, in dem er ansässig ist, im Erstattungszeitraum

a) für Zwecke der Mehrwertsteuer kein Steuerpflichtiger ist;
b) nur Gegenstände liefert oder Dienstleistungen erbringt, die gemäß den Artikeln 132, 135, 136 und 371, den Artikeln 374 bis 377, Artikel 378 Absatz 2 Buchstabe a, Artikel 379 Absatz 2 oder den Artikeln 380 bis 390 der Richtlinie 2006/112/EG oder den inhaltsgleichen Befreiungsvorschriften gemäß der Beitrittsakte von 2005 ohne Recht auf Vorsteuerabzug von der Steuer befreit sind;
c) die Steuerbefreiung für Kleinunternehmen nach den Artikeln 284, 285, 286 und 287 der Richtlinie 2006/112/EG in Anspruch nimmt;
d) die gemeinsame Pauschalregelung für landwirtschaftliche Erzeuger nach den Artikeln 296 bis 305 der Richtlinie 2006/112/EG in Anspruch nimmt.

(2) Der Mitgliedstaat, in dem der Antragsteller ansässig ist, teilt dem Antragsteller seine Entscheidung gemäß Absatz 1 auf elektronischem Wege mit.

Artikel 19

(1) Der Mitgliedstaat der Erstattung setzt den Antragsteller auf elektronischem Wege unverzüglich vom Datum des Eingangs des Antrags beim Mitgliedstaat der Erstattung in Kenntnis.

(2) Der Mitgliedstaat der Erstattung teilt dem Antragsteller innerhalb von vier Monaten ab Eingang des Erstattungsantrags in diesem Mitgliedstaat mit, ob er die Erstattung gewährt oder den Erstattungsantrag abweist.

Artikel 20

(1) Ist der Mitgliedstaat der Erstattung der Auffassung, dass er nicht über alle relevanten Informationen für die Entscheidung über eine vollständige oder teilweise Erstattung verfügt, kann er insbesondere beim Antragsteller oder bei den zuständigen Behörden des Mitgliedstaats, in dem der Antragsteller ansässig ist, innerhalb des in Artikel 19 Absatz 2 genannten Viermonatszeitraums elektronisch zusätzliche Informationen anfordern. Werden die zusätzlichen Informationen bei einer anderen Person als dem Antragsteller oder der zuständigen Behörde eines Mitgliedstaats angefordert, soll das Ersuchen nur auf elektronischem Wege ergehen, wenn der Empfänger des Ersuchens über solche Mittel verfügt.

Gegebenenfalls kann der Mitgliedstaat der Erstattung weitere zusätzliche Informationen anfordern.

Die gemäß diesem Absatz angeforderten Informationen können die Einreichung des Originals oder eine Durchschrift der einschlägigen Rechnung oder des einschlägigen Einfuhrdokuments umfassen,

---

1) Dieser Satz wurde durch die Richtlinie vom 14.10.2010 angefügt. Siehe dazu das BMF-Schreiben vom 01.11.2010, Anlage § 018g-001

Anhang 1j

wenn der Mitgliedstaat der Erstattung begründete Zweifel am Bestehen einer bestimmten Forderung hat. In diesem Fall gelten die in Artikel 10 genannten Schwellenwerte nicht.

(2) Die gemäß Absatz 1 angeforderten Informationen sind dem Mitgliedstaat der Erstattung innerhalb eines Monats ab Eingang des Informationsersuchens bei dessen Adressaten vorzulegen.

Artikel 21

Fordert der Mitgliedstaat der Erstattung zusätzliche Informationen an, so teilt er dem Antragsteller innerhalb von zwei Monaten ab Eingang der angeforderten Informationen, oder, falls er keine Antwort auf sein Ersuchen erhalten hat, binnen zwei Monaten nach Ablauf der Frist nach Artikel 20 Absatz 2 mit, ob er die Erstattung gewährt oder den Erstattungsantrag abweist. Der Zeitraum, der für die Entscheidung über eine vollständige oder teilweise Erstattung ab Eingang des Erstattungsantrags im Mitgliedstaat der Erstattung zur Verfügung steht, beträgt jedoch auf jeden Fall mindestens sechs Monate.

Wenn der Mitgliedstaat der Erstattung weitere zusätzliche Informationen anfordert, teilt er dem Antragsteller innerhalb von acht Monaten ab Eingang des Erstattungsantrags in diesem Mitgliedstaat die Entscheidung über eine vollständige oder teilweise Erstattung mit.

Artikel 22

(1) Wird eine Erstattung gewährt, so erstattet der Mitgliedstaat der Erstattung den erstattungsfähigen Betrag spätestens innerhalb von 10 Arbeitstagen, nach Ablauf der Frist nach Artikel 19 Absatz 2, oder, falls zusätzliche oder weitere zusätzliche Informationen angefordert worden sind, nach Ablauf der entsprechenden Fristen nach Artikel 21.

(2) Die Erstattung ist im Mitgliedstaat der Erstattung oder auf Wunsch des Antragstellers in jedem anderen Mitgliedstaat auszuzahlen. In letzterem Falle zieht der Mitgliedstaat der Erstattung von dem an den Antragsteller auszuzahlenden Betrag die Kosten der Banküberweisung ab.

Artikel 23

(1) Wird der Erstattungsantrag ganz oder teilweise abgewiesen, so teilt der Mitgliedstaat der Erstattung dem Antragsteller gleichzeitig mit seiner Entscheidung die Gründe für die Ablehnung mit.

(2) Der Antragsteller kann bei den zuständigen Behörden des Mitgliedstaats der Erstattung Einspruch gegen eine Entscheidung, einen Erstattungsantrag abzuweisen, einlegen, und zwar in den Formen und binnen der Fristen, die für Einsprüche bei Erstattungsanträgen der in diesem Mitgliedstaat ansässigen Personen vorgesehen sind.

Wenn nach dem Recht des Mitgliedstaates der Erstattung das Versäumnis, innerhalb der in dieser Richtlinie festgelegten Fristen eine Entscheidung über den Erstattungsantrag zu treffen, weder als Zustimmung noch als Ablehnung betrachtet wird, müssen jegliche Verwaltungs- oder Rechtsverfahren, die in dieser Situation Steuerpflichtigen, die in diesem Mitgliedstaat ansässig sind, zugänglich sind, entsprechend für den Antragsteller zugänglich sein. Gibt es solche Verfahren nicht, so gilt das Versäumnis, innerhalb der festgelegten Frist eine Entscheidung über den Erstattungsantrag zu treffen, als Ablehnung des Antrags.

Artikel 24

(1) Wurde die Erstattung auf betrügerischem Wege oder sonst zu Unrecht erlangt, so nimmt die zuständige Behörde im Mitgliedstaat der Erstattung – unbeschadet der Bestimmungen über die Amtshilfe bei der Beitreibung der Mehrwertsteuer – nach dem in dem Mitgliedstaat der Erstattung geltenden Verfahren unmittelbar die Beitreibung der zu Unrecht ausgezahlten Beträge sowie etwaiger festgesetzter Bußgelder und Zinsen vor.

(2) Sind verwaltungsrechtliche Sanktionen verhängt oder Zinsen festgesetzt, aber nicht entrichtet worden, so kann der Mitgliedstaat der Erstattung jede weitere Erstattung bis in Höhe des ausstehenden Betrags an den betreffenden Steuerpflichtigen aussetzen.

Artikel 25

Der Mitgliedstaat der Erstattung berücksichtigt die in Bezug auf einen früheren Erstattungsantrag vorgenommene Berichtigung gemäß Artikel 13 in Form einer Erhöhung oder Verringerung des zu erstattenden Betrags oder im Falle der Übermittlung einer gesonderten Erklärung durch separate Auszahlung oder Einziehung.

Artikel 26

Der Mitgliedstaat der Erstattung schuldet dem Antragsteller Zinsen auf den zu erstattenden Betrag, falls die Erstattung nach der in Artikel 22 Absatz 1 genannten Zahlungsfrist erfolgt.

Legt der Antragsteller dem Mitgliedstaat der Erstattung die angeforderten zusätzlichen oder weiteren zusätzlichen Informationen nicht innerhalb der vorgesehenen Fristen vor, so findet Absatz 1 keine Anwendung. Entsprechendes gilt bis zum Eingang der nach Artikel 10 elektronisch zu übermittelnden Dokumente beim Mitgliedstaat der Erstattung.

Artikel 27

(1) Zinsen werden für den Zeitraum berechnet, der sich vom Tag nach dem letzten Tag der Frist für die Zahlung der Erstattung gemäß Artikel 22 Absatz 1 bis zum Zeitpunkt der tatsächlichen Zahlung der Erstattung erstreckt.

(2) Die Zinssätze entsprechen den geltenden Zinssätzen für die Erstattung von Mehrwertsteuer an im Mitgliedstaat der Erstattung ansässige Steuerpflichtige nach dem nationalen Recht des betroffenen Mitgliedstaats.

Falls nach nationalem Recht für Erstattungen an ansässige steuerpflichtige Personen keine Zinsen zu zahlen sind, entsprechen die Zinssätze den Zinssätzen bzw. den entsprechenden Gebühren, die der Mitgliedstaat der Erstattung bei verspäteten Mehrwertsteuerzahlungen der Steuerpflichtigen anwendet.

Artikel 28

(1) Diese Richtlinie gilt für Erstattungsanträge, die nach dem 31. Dezember 2009 gestellt werden.

(2) Die Richtlinie 79/1072/EWG wird mit Wirkung vom 1. Januar 2010 aufgehoben. Sie gilt jedoch für Erstattungsanträge, die vor dem 1. Januar 2010 gestellt werden, weiter.

Bezugnahmen auf die aufgehobene Richtlinie gelten als Bezugnahmen auf diese Richtlinie, mit Ausnahme für Erstattungsanträge, die vor dem 1. Januar 2010 gestellt werden.

Artikel 29

(1) Die Mitgliedstaaten setzen zum 1. Januar 2010 die Rechts- und Verwaltungsvorschriften in Kraft, die erforderlich sind, um dieser Richtlinie nachzukommen. Sie setzen die Kommission unverzüglich davon in Kenntnis.[1)]

Wenn die Mitgliedstaaten solche Vorschriften erlassen, nehmen sie in den Vorschriften selbst oder durch einen Hinweis bei der amtlichen Veröffentlichung auf diese Richtlinie Bezug. Die Mitgliedstaaten regeln die Einzelheiten solch einer Bezugnahme.

(2) Die Mitgliedstaaten teilen der Kommission den Wortlaut der wichtigsten innerstaatlichen Rechtsvorschriften mit, die sie auf dem unter diese Richtlinie fallenden Gebiet erlassen.

Artikel 30

Diese Richtlinie tritt am Tag ihrer Veröffentlichung im *Amtsblatt der Europäischen Union* in Kraft.

Artikel 31

Diese Richtlinie ist an die Mitgliedstaaten gerichtet.

---

1) Siehe dazu die ab 01.01.2010 geltenden Änderungen gem. §§ 59 bis 61a UStDV. Siehe auch Anlage § 018-28

Anhang 2a

Offshore-Abkommen

Offshore-Umsatzsteuervergünstigungen Abkommen zwischen der Bundesrepublik Deutschland und den Vereinigten Staaten von Amerika über die von der Bundesrepublik zu gewährenden Abgabenvergünstigungen für die von den Vereinigten Staaten im Interesse der gemeinsamen Verteidigung geleisteten Ausgaben

(BGBl. 1955 II S. 823, BStBl. 1955 I S. 620)

(Auszug)

Die Bundesrepublik Deutschland und die Vereinigten Staaten von Amerika sind in dem Wunsche, die gemeinsamen Verteidigungsbemühungen zu fördern, wie folgt übereingekommen:

Artikel I

Die Bundesrepublik Deutschland, im folgenden die Bundesrepublik genannt, wird Vergünstigungen bei Bundessteuern und Zöllen gewähren, soweit durch die Erhebung der Abgaben Verteidigungsausgaben der Vereinigten Staaten von Amerika, im folgenden die Vereinigten Staaten genannt, betroffen werden. Die Art und Weise dieser Abgabenvergünstigungen bestimmt sich nach den nachstehenden Artikeln.

Artikel II

Verteidigungsausgaben im Sinne dieses Abkommens sind Ausgaben, die von den Vereinigten Staaten – im Falle der Ausfuhr von den Vereinigten Staaten oder in ihrem Auftrage – für Ausrüstung, Materialien, Einrichtungen oder Leistungen für die gemeinsamen Verteidigungsbemühungen geleistet werden, einschließlich der Ausgaben für Auslandshilfsprogramme aller Art der Vereinigten Staaten.

Artikel III

Hinsichtlich der Steuern und Zölle, die die Verteidigungsausgaben der Vereinigten Staaten im Sinne des Artikels II und der Bestimmungen des Anhangs berühren, werden folgende Vergünstigungen gewährt:

1. Umsatzsteuer

  a) Umsatzsteuerbefreiung wird gewährt für Lieferungen von Waren einschließlich Werklieferungen und für sonstige Leistungen an Stellen der Vereinigten Staaten und an Stellen anderer von den Vereinigten Staaten bezeichneten Regierungen ohne Rücksicht darauf, ob eine Ausfuhr tatsächlich stattfindet oder nicht.

  b) Auf Antrag werden dem Lieferer für die nach Buchstabe a) umsatzsteuerbefreiten Lieferungen von Waren einschließlich Werklieferungen Umsatzsteuervergütungen in dem im Anhang vereinbarten Umfange gewährt ohne Rücksicht darauf, ob eine Ausfuhr tatsächlich stattfindet oder nicht.

  c) Die nach den Buchstaben a) und b) vorgesehenen Befreiungen und Vergütungen werden auch einem Lieferer gewährt, der nachweist, daß er die Waren an private Personen oder Firmen exportiert hat, die von Stellen der Vereinigten Staaten oder Stellen anderer von den Vereinigten Staaten bezeichneten Regierungen ermächtigt worden sind.

2. ...

Artikel VI

Die Vergünstigungen bei Bundessteuern und Zöllen sind davon abhängig, daß den zuständigen deutschen Stellen von Stellen der Vereinigten Staaten in geeigneter Weise der Nachweis dafür erbracht wird, daß bei den betreffenden Rechtsgeschäften die in diesem Abkommen aufgeführten Voraussetzungen für derartige Abgabenvergünstigungen vorliegen. Die Art dieses Nachweises wird durch gegenseitige Vereinbarung zwischen den beiden Regierungen festgelegt werden.

Artikel VII

(1) Wenn Dollarausgaben in Betracht kommen, werden die Vereinigten Staaten Zahlung leisten in Form von auf Dollar lautenden Urkunden, die bei bestimmten Banken zugunsten der in Betracht kommenden Lieferer zahlbar sind.

(2) Wenn Zahlungen aus den im Anhang unter Nummer 2 aufgeführten DM-Beträgen in Betracht kommen, wird die Zahlung gemäß näherer Vereinbarungen der beiden Regierungen geleistet werden.

Artikel VIII... XI...

Artikel XII

(1) Dieses Abkommen gilt von dem in Artikel XIV bezeichneten Zeitpunkt ab auch für das Land Berlin, welches für die Zwecke dieses Abkommens nur die Gebiete umfaßt, über welche der Senat von Berlin behördliche Befugnisse ausübt.

(2) Die Gültigkeit dieses Abkommens für das Land Berlin im Sinne von Absatz 1 hängt davon ab, daß die Regierung der Bundesrepublik vorher der Regierung der Vereinigten Staaten eine schriftliche Erklärung abgibt, daß alle für die Anwendung dieses Abkommens in Berlin erforderlichen rechtlichen Voraussetzungen erfüllt sind.

Anhang zu dem Abkommen zwischen der Bundesrepublik Deutschland und den Vereinigten Staaten von Amerika über die von der Bundesrepublik zu gewährenden Abgabenvergünstigungen für die von den Vereinigten Staaten im Interesse der gemeinsamen Verteidigung geleisteten Ausgaben

(BGBl. 1955 II S. 828, BStBl. 1955 I S. 622)[1)]

(Auszug)

1. Zu Artikel I

Die Abgabenvergünstigungen, die in dem beigefügten Abkommen eingeräumt werden, beziehen sich nicht auf

a) Einkäufe und Einfuhren der Post Exchange-Organisation,

b) Einkäufe der einzelnen Mitglieder der Streitkräfte der Vereinigten Staaten in Deutschland.

2. Zu Artikel II und VII

(1) Verteidigungsausgaben der Vereinigten Staaten im Sinne dieses Abkommens sind nur Ausgaben, die geleistet werden in

a) Dollars der Vereinigten Staaten,

b) Deutscher Mark, die mit Dollars der Vereinigten Staaten erworben sind,

c) Deutscher Mark, die die Vereinigten Staaten zur Abgeltung anerkannter Dollarforderungen der Vereinigten Staaten gegen die Bundesrepublik erhalten,

d) Deutscher Mark, die die Vereinigten Staaten in Verbindung mit oder aufgrund von Auslandshilfeausgaben erhalten, die in Dollars der Vereinigten Staaten in oder für Deutschland geleistet werden,

e) Deutscher Mark, die die Vereinigten Staaten anderweitig erhalten und die sich auf Dollarausgaben bezieht, soweit sie aus besonderen von den beiden Regierungen vereinbarten Geschäften herrührt.

(2) Es besteht Einverständnis darüber, daß die Verwendung der oben unter Absatz 1 Buchst. c, d und e erwähnten Deutschen Mark für die in Artikel II dieses Abkommens bezeichneten Zwecke von Vereinbarungen der beiden Regierungen hierüber abhängen soll.

3. ...

4. Zu Artikel III Nr. 1

(1) – (5) ...

(6) Es besteht Einvernehmen darüber, daß bei Beschaffungsverträgen, die die Vereinigten Staaten mit der Bundesrepublik abschließen, unmittelbare Lieferungen und sonstige Leistungen an die Bundesrepublik wie unmittelbare Lieferungen und sonstige Leistungen an Stellen der Vereinigten Staaten oder an Stellen anderer von den Vereinigten Staaten bezeichneter Regierungen zu behandeln sind. Das gleiche gilt bei der Erteilung von Bauaufträgen an eine deutsche Bauverwaltung.

---

1) Hinweis: Ergänzende Vorschriften: § 15 Abs. 3 Nr. 1 Buchst. a und Nr. 2 Buchst. a, § 26 Abs. 5 UStG; § 73 UStDV

Umsatzsteuerbefreiung nach Artikel III Nr. 1 Buchstabe a Offshore-Steuerabkommen bei Wohnraumbeschaffungen durch die amerikanischen Streitkräfte für ihre Truppenangehörigen oder das zivile Gefolge

BMF-Schreiben vom 02.10.1991 – IV A 3 – S 7490 – 4/91,
BStBl. 1991 I S. 964

Unter Bezugnahme auf das Ergebnis der Erörterung mit den obersten Finanzbehörden der Länder gilt bei Wohnraumbeschaffungen durch die amerikanischen Streitkräfte für ihre Truppenangehörigen oder das zivile Gefolge folgendes:

Bei den Wohnraumbeschaffungen der amerikanischen Streitkräfte handelt es sich um Direktbeschaffungen im Sinne des Artikels 44 Abs. 6 NATO-ZAbk von Wohnräumen, die die Truppenangehörigen oder das zivile Gefolge bisher selbst auf dem freien Wohnungsmarkt privat angemietet haben. Eine Beteiligung der Bundesvermögensverwaltung beim Abschluß der Mietverträge ist nur vorgesehen, sofern dies von den Streitkräften in Einzelfällen gewünscht wird.

Die Mietverträge werden im Rahmen des Government Rental Housing Programms (GRHP) von Liegenschaftsvertragsoffizieren abgeschlossen, die vom Deputy Chief of Staff Engineer, USAREUR, ernannt werden. Die Vertragsoffiziere handeln im Namen der amerikanischen Streitkräfte und gehen hierbei Haushaltsverbindlichkeiten für die Vereinigten Staaten von Amerika ein.

Die unmittelbare Vermietung von Wohnräumen an die amerikanischen Streitkräfte ist umsatzsteuerrechtlich eine sonstige Leistung, für die der Vermieter die Umsatzsteuerbefreiung nach Artikel III Nr. 1 Buchstabe a Offshore-Steuerabkommen (BGBl. 1955 II S. 823, BStBl. 1955 I S. 620) in Anspruch nehmen kann, sofern die nach dem BdF-Erlaß vom 2. Juli 1968 – IV A/2 – S 7490 – 2/68 – (BStBl. 1968 I S. 997, USt-Kartei NG S 7490 Karte 1) erforderlichen Voraussetzungen vorliegen. In Zweifelsfällen können Anfragen an die Botschaft der Vereinigten Staaten von Amerika, CINCUSAREUR Liaison Office, Box 315, Deichmanns Aue 29, 5300 Bonn 2 gerichtet werden.

Das Schreiben tritt an die Stelle des BMF-Schreibens vom 30. Juli 1990 – IV A 3 – S 7490 – 3/90, BStBl. I S. 360, USt-Kartei NG S 7490 Karte 2.[1)] Es wird in die USt-Kartei aufgenommen.

---

1) Siehe Handausgabe für 1990 Anhang II/15

Anhang 3a

Leistungen an ausländische Truppen

NATO-Stationierungs-Umsatzsteuervergünstigungen
Abkommen zwischen den Parteien des Nordatlantikvertrags über die Rechtsstellung ihrer Truppen – NATO-Truppenstatut –

(BGBl. 1961 II S. 1190)

(Auszug)

Die Parteien des am 4. April 1949 in Washington unterzeichneten Nordatlantikvertrags – [1])

...

sind wie folgt übereingekommen:

Artikel I

(1) In diesem Abkommen bedeutet der Ausdruck

a) „Truppe" das zu den Land-, See- oder Luftstreitkräften gehörende Personal einer Vertragspartei, wenn es sich im Zusammenhang mit seinen Dienstobliegenheiten in dem Hoheitsgebiet einer anderen Vertragspartei innerhalb des Gebietes des Nordatlantikvertrags befindet, mit der Maßgabe jedoch, daß die beiden beteiligten Vertragsparteien vereinbaren können, daß gewisse Personen, Einheiten oder Verbände nicht als eine „Truppe" im Sinne dieses Abkommens oder als deren Bestandteil anzusehen sind,

b) „Ziviles Gefolge" das die Truppe einer Vertragspartei begleitende Zivilpersonal, das bei den Streitkräften dieser Vertragspartei beschäftigt ist, soweit es sich nicht um Staatenlose handelt oder um Staatsangehörige eines Staates, der nicht Partei des Nordatlantikvertrags ist, oder um Staatsangehörige des Staates, in welchem die Truppe stationiert ist, oder um Personen, die dort ihren gewöhnlichen Aufenthalt haben,

c) „Angehöriger" den Ehegatten eines Mitglieds einer Truppe oder eines zivilen Gefolges sowie ein dem Mitglied gegenüber unterhaltsberechtigtes Kind,

d) „Entsendestaat" die Vertragspartei, der die Truppe angehört,

e) „Aufnahmestaat" die Vertragspartei, in deren Hoheitsgebiet sich die Truppe oder das zivile Gefolge befinden, sei es, daß sie dort stationiert oder auf der Durchreise sind,

f) „Militärbehörden des Entsendestaates" diejenigen Behörden eines Entsendestaates, die nach dessen Recht befugt sind, das Militärrecht dieses Staates auf die Mitglieder seiner Truppe oder zivilen Gefolges anzuwenden.

g) „Nordatlantikrat" den gemäß Artikel 9 des Nordatlantikvertrags errichteten Rat oder die zum Handeln in seinem Namen befugten nachgeordneten Stellen.

(2) Dieses Abkommen gilt für die Behörden politischer Untergliederungen der Vertragsparteien innerhalb des Hoheitsgebietes, auf die das Abkommen gemäß Artikel XX angewendet oder erstreckt wird, ebenso wie für die Zentralbehörden dieser Vertragsparteien, jedoch mit der Maßgabe, daß Vermögenswerte, die politischen Untergliederungen gehören, nicht als Vermögenswerte einer Vertragspartei im Sinne des Artikels VIII anzusehen sind.

Artikel II

Eine Truppe und ihr ziviles Gefolge, ihre Mitglieder sowie deren Angehörige haben die Pflicht, das Recht des Aufnahmestaates zu achten und sich jeder mit dem Geiste dieses Abkommens nicht zu vereinbarenden Tätigkeit, insbesondere jeder politischen Tätigkeit im Aufnahmestaat, zu enthalten. Es ist außerdem die Pflicht des Entsendestaates, die hierfür erforderlichen Maßnahmen zu treffen.

Artikel X

(1) Hängt in dem Aufnahmestaat die Verpflichtung zur Leistung einer Steuer vom Aufenthalt oder Wohnsitz ab, so gelten die Zeitabschnitte, in denen sich ein Mitglied einer Truppe oder eines zivilen Gefolges nur in dieser Eigenschaft im Hoheitsgebiet dieses Staates aufhält, im Sinne dieser Steuerpflicht nicht als Zeiten des Aufenthalts in diesem Gebiet oder als Änderung des Aufenthaltsortes oder Wohnsitzes. Die Mitglieder einer Truppe oder eines zivilen Gefolges sind in dem Aufnahmestaat von jeder Steuer auf Bezüge und Einkünfte befreit, die ihnen in ihrer Eigenschaft als derartige Mitglieder von dem Entsendestaat gezahlt werden, sowie von jeder Steuer auf die ihnen gehörenden beweglichen Sachen,

---
1) BGBl. 1995 II S. 289

die sich nur deshalb in dem Aufnahmestaat befinden, weil sich das Mitglied vorübergehend dort aufhält.

(2) Die Besteuerung von Mitgliedern einer Truppe oder eines zivilen Gefolges hinsichtlich gewinnbringender Tätigkeiten, die sie etwa im Aufnahmestaat ausüben, mit Ausnahme der Tätigkeit in ihrer Eigenschaft als Mitglieder der Truppe oder des zivilen Gefolges, wird durch diesen Artikel nicht ausgeschlossen; soweit es sich nicht um die in Absatz (1) genannten Bezüge, Einkünfte und beweglichen Sachen handelt, steht dieser Artikel der Erhebung von solchen Steuern nicht entgegen, denen die Mitglieder nach dem Recht des Aufnahmestaates auch dann unterliegen, wenn sie so behandelt werden, als hätten sie ihren Aufenthalt oder Wohnsitz außerhalb des Hoheitsgebietes dieses Staates.

(3) ...

(4) Im Sinne dieses Artikels umfaßt der Ausdruck „Mitglied einer Truppe" nicht Personen, die Staatsangehörige des Aufnahmestaates sind.

Anhang 3b

Leistungen an ausländische Truppen

Zusatzabkommen zu dem Abkommen zwischen den Parteien des Nordatlantikvertrages über die Rechtsstellung ihrer Truppen hinsichtlich der in der Bundesrepublik Deutschland stationierten ausländischen Truppen – NATO-ZAbk –[1)]

(BGBl. 1961 II S. 1218)

(Auszug)

Das Königreich Belgien,

die Bundesrepublik Deutschland,

die Französische Republik,

Kanada,

das Königreich der Niederlande,

das Vereinigte Königreich von Großbritannien und Nordirland und

die Vereinigten Staaten von Amerika, in der Erwägung, ...

daß nach dem von den Unterzeichnerstaaten des in Paris am 23. Oktober 1954 unterzeichneten Protokolls über die Beendigung des Besatzungsregimes in der Bundesrepublik Deutschland am 3. August 1959, in Bonn unterzeichneten Abkommen der Vertrag über die Rechte und Pflichten ausländischer Streitkräfte und ihrer Mitglieder in der Bundesrepublik Deutschland, der Finanzvertrag sowie das Abkommen über die steuerliche Behandlung der Streitkräfte und ihrer Mitglieder in der durch das genannte Protokoll geänderten Fassung mit dem Inkrafttreten der neuen Vereinbarungen außer Kraft treten werden,

...

sind wie folgt übereingekommen:

...

Artikel 67[2)]

(1) Eine Truppe unterliegt nicht der Steuerpflicht aufgrund von Tatbeständen, die ausschließlich in den Bereich ihrer dienstlichen Tätigkeit fallen, und hinsichtlich des dieser Tätigkeit gewidmeten Vermögens. Dies gilt jedoch nicht, soweit die Steuern durch eine Beteiligung der Truppe am deutschen Wirtschaftsverkehr und hinsichtlich des diesem Wirtschaftsverkehr gewidmeten Vermögens entstehen. Lieferungen und sonstige Leistungen der Truppe an ihre Mitglieder, an die Mitglieder des zivilen Gefolges sowie an deren Angehörige werden nicht als Beteiligung am deutschen Wirtschaftsverkehr angesehen.

(2) ...

(3) (a)

    (I) Für Lieferungen und sonstige Leistungen an eine Truppe oder ein ziviles Gefolge, die von einer amtlichen Beschaffungsstelle der Truppe oder des zivilen Gefolges in Auftrag gegeben werden und für den Gebrauch oder den Verbrauch durch die Truppe, das zivile Gefolge, ihre Mitglieder oder deren Angehörige bestimmt sind, werden die unter den Ziffern (II) und (IV) genannten Abgabenvergünstigungen gewährt. Die Abgabenvergünstigungen sind bei der Berechnung des Preises zu berücksichtigen.

    (II) Lieferungen und sonstige Leistungen an eine Truppe oder ein ziviles Gefolge sind von der Umsatzsteuer befreit. Diese Steuerbefreiung gilt nicht für die Lieferung von unbebauten und bebauten Grundstücken sowie für die Herstellung von Gebäuden, wenn diese Umsätze für den privaten Bedarf der Mitglieder der Truppe, oder des zivilen Gefolges oder von Angehörigen bestimmt sind.

    (III) gestrichen

    (IV) Für Waren, die aus dem zollrechtlich freien Verkehr an eine Truppe oder ein ziviles Gefolge geliefert werden, werden die Abgabenvergünstigungen gewährt, die in den Zoll- und Verbrauchsteuergesetzen für den Fall der Ausfuhr vorgesehen sind.

(b) Buchstabe (a) wird auch angewendet, wenn die deutschen Behörden Beschaffungen oder Baumaßnahmen für eine Truppe oder ein ziviles Gefolge durchführen.

---

1) Vgl. Anhang 3d
2) Vgl. Gesetz vom 28.09.1994, BGBl. 1994 I S. 2594, s. auch BGBl. 1998 I S. 1691; danach gilt Art. 67 Abs. 3 in der nachstehenden Fassung ab dem 29.03.1998

(c) Die Vergünstigungen der Buchstaben (a) und (b) sind davon abhängig, daß das Vorliegen ihrer Voraussetzungen den zuständigen deutschen Behörden nachgewiesen wird. Die Art dieses Nachweises wird durch Vereinbarungen zwischen den deutschen Behörden und den Behörden des betreffenden Entsendestaates festgelegt.

Artikel 68

(1) Die Mitglieder einer Truppe, eines zivilen Gefolges und die Angehörigen gehen keiner steuerlichen Vergünstigungen verlustig, die aufgrund eines zwischenstaatlichen Abkommens mit der Bundesrepublik für sie bestehen.

(2)...

(3) Der Ausschluß der Begründung eines Wohnsitzes im Bundesgebiet nach Artikel X Absatz (1) des NATO-Truppenstatuts hat nicht zur Folge, daß die Mitglieder einer Truppe, eines zivilen Gefolges und die Angehörigen als ausländische Abnehmer im Sinne des Umsatzsteuerrechts anzusehen sind.

(4) Die Angehörigen werden hinsichtlich der Anwendung des Artikels X des NATO-Truppenstatuts ebenso behandelt wie die Mitglieder einer Truppe oder eines zivilen Gefolges.

Artikel 71

(1) Die in dem auf diesen Artikel Bezug nehmenden Abschnitt des Unterzeichnungsprotokolls, Absatz (2), aufgeführten nichtdeutschen Organisationen nichtwirtschaftlichen Charakters werden wie Bestandteile der Truppe angesehen und behandelt.

(2)

(a) Die in dem auf diesen Artikel Bezug nehmenden Abschnitt des Unterzeichnungsprotokolls, Absatz (3), aufgeführten nichtdeutschen Organisationen nichtwirtschaftlichen Charakters genießen die der Truppe durch das NATO-Truppenstatut und dieses Abkommen gewährten Vergünstigungen und Befreiungen in dem Umfang, der zur Erfüllung ihrer in dem genannten Abschnitt, Absatz (3), umschriebenen Aufgaben notwendig ist. Bei Einfuhren für diese Organisationen sowie bei Lieferungen oder sonstigen Leistungen an sie werden Vergünstigungen und Befreiungen jedoch nur dann gewährt, wenn diese Einfuhren oder diese Leistungen oder sonstigen Leistungen durch die Behörden der Truppe oder des zivilen Gefolges oder durch von diesen bezeichnete amtliche Beschaffungsstellen vermittelt werden.

(b) Die unter Buchstabe (a) erwähnten Organisationen haben nicht die Befugnisse, die den Behörden einer Truppe und eines zivilen Gefolges nach dem NATO-Truppenstatut und diesem Abkommen zustehen.

(3) Im Hinblick auf ihre Tätigkeit als nichtwirtschaftliche Organisationen sind die in dem auf diesen Artikel Bezug nehmenden Abschnitt des Unterzeichnungsprotokolls, Absätze (2) und (3), aufgeführten Organisationen von den deutschen Vorschriften über Handel und Gewerbe, soweit sie sonst anwendbar wären, befreit. Diejenigen dieser Vorschriften, die sich auf Sicherheitsmaßnahmen beziehen, sind jedoch vorbehaltlich Artikel 53 anzuwenden.

(4) Anderen nichtdeutschen Organisationen nichtwirtschaftlichen Charakters kann aufgrund von Verwaltungsabkommen jeweils dieselbe Behandlung wie den in dem auf diesen Artikel Bezug nehmenden Abschnitt des Unterzeichnungsprotokolls, Absatz (2) oder (3), aufgeführten Organisationen gewährt werden, wenn sie

a) für die Befriedigung der militärischen Bedürfnisse einer Truppe erforderlich sind und

b) nach Richtlinien der Truppe arbeiten und deren Dienstaufsicht unterstehen.

(5)

(a) Vorbehaltlich Absatz (6) werden Angestellte, die ausschließlich im Dienst der in dem auf diesen Artikel Bezug nehmenden Abschnitt des Unterzeichnungsprotokolls, Absatz (2) oder (3), aufgeführten Organisationen tätig sind, wie Mitglieder eines zivilen Gefolges angesehen und behandelt. Sie sind hinsichtlich der Bezüge und Einkünfte, die ihnen von den Organisationen gezahlt werden, im Bundesgebiet von Steuern befreit, wenn diese Bezüge und Einkünfte entweder

(I) in dem Entsendestaat der Besteuerung unterliegen oder

(II) unter der Voraussetzung berechnet worden sind, daß eine Verpflichtung zur Steuerzahlung nicht entstehen wird.

(b) Buchstabe (a) wird auch auf Angestellte von Organisationen angewendet, denen gemäß Absatz (4) dieselbe Behandlung wie den in dem auf diesen Artikel Bezug nehmenden Abschnitt des Unterzeichnungsprotokolls Absatz (2) oder (3), aufgeführten Organisationen gewährt wird.

(6) Absatz (5) wird nicht angewendet auf
(a) Staatenlose,
(b) Angehörige eines Staates, der nicht Partei des Nordatlantikvertrages ist,
(c) Deutsche,
(d) Personen, die ihren Wohnsitz oder ihren gewöhnlichen Aufenthalt im Bundesgebiet haben.

Artikel 72

(1) Die in dem auf diesen Artikel Bezug nehmenden Abschnitt des Unterzeichnungsprotokolls, Absatz (1) aufgeführten nichtdeutschen Unternehmen wirtschaftlichen Charakters genießen
(a) die einer Truppe durch das NATO-Truppenstatut und dieses Abkommen gewährte Befreiung von Zöllen, Steuern, Einfuhr- und Wiederausfuhrbeschränkungen und von der Devisenkontrolle in dem Umfang, der zur Erfüllung ihrer Aufgaben notwendig ist;
(b) Befreiung von den deutschen Vorschriften über die Ausübung von Handel und Gewerbe;
(c) Vergünstigungen, die gegebenenfalls durch Verwaltungsabkommen festgelegt werden.
(2) Absatz (1) wird nur angewendet, wenn
(a) das Unternehmen ausschließlich für die Truppe, das zivile Gefolge, ihre Mitglieder und deren Angehörige tätig ist, und
(b) seine Tätigkeit auf Geschäfte beschränkt ist, die von den deutschen Unternehmen nicht ohne Beeinträchtigung der militärischen Bedürfnisse der Truppe betrieben werden können.
(3) Umfaßt die Tätigkeit eines Unternehmens Geschäfte, die den Voraussetzungen des Absatzes (2) nicht entsprechen, so stehen die in Absatz (1) genannten Befreiungen und Vergünstigungen dem Unternehmen nur unter der Bedingung zu, daß die ausschließlich der Truppe dienende Tätigkeit des Unternehmens rechtlich oder verwaltungsmäßig klar von den anderen Tätigkeiten getrennt ist.
(4) Im Einvernehmen mit den deutschen Behörden können unter den in den Absätzen (2) und (3) genannten Voraussetzungen weitere nichtdeutsche Unternehmen wirtschaftlichen Charakters ganz oder teilweise die in Absatz (1) genannten Befreiungen und Vergünstigungen erhalten.
(5)
(a) Angestellten von Unternehmen, die Befreiungen und Vergünstigungen nach Maßgabe dieses Artikels genießen, werden, wenn sie ausschließlich für derartige Unternehmen tätig sind, die gleichen Befreiungen und Vergünstigungen gewährt wie Mitgliedern eines zivilen Gefolges, es sei denn, daß der Entsendestaat sie ihnen beschränkt.
(b) Buchstabe (a) wird nicht angewendet auf
  (I) Staatenlose
  (II) Angehörige eines Staates, der nicht Partei des Nordatlantikvertrages ist,
  (III) Deutsche,
  (IV) Personen, die ihren Wohnsitz oder ihren gewöhnlichen Aufenthalt im Bundesgebiet haben.
(6) Entziehen die Behörden einer Truppe diesen Unternehmen oder ihren Angestellten die ihnen nach Maßgabe dieses Artikels gewährten Befreiungen oder Vergünstigungen ganz oder teilweise, so benachrichtigen sie die deutschen Behörden entsprechend.

...

Anhang 3c

Unterzeichnungsprotokoll zum Zusatzabkommen

(BGBl. 1961 II S. 1313)

(Auszug)

Teil I

Gemeinsame Protokolle und Erklärungen bezüglich des NATO-Truppenstatuts

Zu Artikel I Absatz (1) Buchstabe (a)

(1–3) . . .

(4)

(a) Die folgenden Organisationen und Stellen mit Haushaltsrechtlichen Sondervermögen sind Bestandteil der Amerikanischen Truppe:
- (I) European Exchange System (EES)[1]
- (II) Air Forces Europe Exchange (AFEX)
- (III) USAREUR Class VI Agency
- (IV) USAFE Class VI Agency
- (V) European Motion Pictures Service
- (VI) USAFE Motion Picture Service
- (VII) USAREUR Special Service Fund
- (VIII) USAREUR Special Services Reimbursable Fund
- (IX) American Forces Network
- (X) Dependent Education Group (einschließlich Schulen für Angehörige)
- (XI) Armed Forces Recreation Center Fund
- (XII) Association of American Rod and Gun Club in Europe
- (XIII) Stars and Stripes
- (XIV) Andere Organisationen mit haushaltsrechtlichen Sondervermögen einschließlich besonders zugelassener Klubs und Messen (authorized clubs and messes).

(b) Die unter Buchstabe (a) Ziffer (XIV) erwähnten Organisationen führen die abgabenbegünstigte Beschaffung durch amtlich bezeichnete Beschaffungsstellen der Truppe in Übereinstimmung mit den vereinbarten Verfahren durch.

(c) Die Liste der unter Buchstabe (a) verzeichneten Organisationen und Stellen kann, sofern es organisatorische Veränderungen erfordern, abgeändert werden.

(5) Mitglieder der in Berlin stationierten Streitkräfte eines Entsendestaates, ihre zivilen Gefolge und deren Angehörige gelten als Mitglieder der Truppe, des zivilen Gefolges oder als Angehörige, solange sie sich als Urlauber im Bundesgebiet aufhalten.

Teil II

Gemeinsame Protokolle und Erklärungen bezüglich des Zusatzabkommens.

. . .

Zu Artikel 71

(1) . . .

(2) Nichtdeutsche Organisationen nichtwirtschaftlichen Charakters im Sinne von Artikel 71 Absatz (1):

(a) Britische Organisationen
- (I) Navy, Army and Air Force Institutes (N.A.A.F.I.)
- (II) Malcolm Clubs
- (III) Council for Voluntary Welfare Work (C.V.W.W.), vertreten durch Young Men's Christian Association (Y.M.C.A)
- (IV) Army Cinema Corporation
- (V) R.A.F. Cinema Corporation

---

[1] Seit Ende 1974: AAFES, vgl. Anhang 3i

Anhang 3c   Leistungen an ausländische Truppen

(b) Kanadische Organisationen
  Maple Leaf Services
(3) Nichtdeutsche Organisationen nichtwirtschaftlichen Charakters im Sinne von Artikel 71 Absatz (2):
(a) Amerikanische Organisationen
  (I) American Red Cross
   Aufgabe:
   Wohlfahrts- und andere Unterstützungsleistungen für Mitglieder der Truppe, des zivilen Gefolges und für deren Angehörige
  (II) University[1]) of Maryland
   Aufgabe:
   Universitätslehrgänge für Mitglieder der Truppe, des zivilen Gefolges und für deren Angehörige.
(b) Britische Organisationen
  (I) Die dem Council for Voluntary Welfare Work (C.V.W.W.) angeschlossenen Organisationen
    (aa) Church Army
    (bb) The Church of Scotland Comitee on Hut and Canteen Work for H. M. Forces
    (cc) Catholic Women's League
    (dd) British Salvation Army
    (ee) Young Men's Christian Association (Y.M.C.A.)
    (ff) Young Women's Christian Association (Y.W.C.A.)
    (gg) Toc H
    (hh) Methodist and United Board Churches
     Aufgabe:
     Soziale und religiöse Betreuung von Mitgliedern der Truppe, des zivilen Gefolges und von deren Angehörigen, insbesondere Betrieb von Kantinen, Buchhandlungen, Büchereien und Leseräumen
  (II) Women's Voluntary Services (W.V.S.)
   Aufgabe:
   Soziale Betreuung von Mitgliedern der Truppe, des zivilen Gefolges und von deren Angehörigen in N.A.A.F.I. Kantinen
  (III) British Red Cross Society einschließlich Order of the Knights of St. John and St. Andrew's Ambulance Association
   Aufgabe:
   Fürsorge und Physiotherapie in britischen Lazaretten

---

1) Auf Grund von Verwaltungsabkommen gem. Art. 71 Abs. 4 des Zusatzabkommens zwischen der Regierung der Bundesrepublik Deutschland und der Regierung der Vereinigten Staaten von Amerika sind den folgenden Organisationen die gleichen Abgabenvergünstigungen zu gewähren:

Boston State University University of Southern California University of Oklahoma University of Utah	– BAnz. Nr. 21 vom 21.01.1968; Änderung: BGBl. 1974 II S. 1175 –
United Service Organization (USO)	– BAnz. Nr. 156 vom 26.08.1969 –
United Seamen's Service (USS)	– BGBl. 1972 II S. 5 –
Ball State University Wayne State University Chicago City College	– BGBl. 1972 II S. 84 –; Änderung: BGBl. 1974 II S. 1175 –
Big Bend Community College	– BGBl. 1972 II S. 701 –
Embry Riddle Aeronautical University Central Texas College	– BGBl. 1973 II S. 202 –
Harford Community College El Paso Community College Troy State University Pennsylvania State University University of Nebraska at Omaha	– BGBl. 1974 II S. 1176 –

Leistungen an ausländische Truppen — **Anhang 3c**

- (IV) Forces Help Society and Lord Roberts Workshops

  Aufgabe:
  Betreuung von Mitgliedern der Truppe, insbesondere in persönlichen Angelegenheiten

- (V) Soldiers and Airmen's Scripture Rearders Association

  Aufgabe:
  Verbreitung des Bibelstudiums unter Mitgliedern der Truppe, des zivilen Gefolges und unter deren Angehörigen

- (VI) Soldiers, Sailors und Airmen's Families Association

  Aufgabe:
  Familienfürsorge und -krankenpflege für Mitglieder der Truppe oder des zivilen Gefolges.

(c) Französische Organisationen

- (I) Association d'entr'aide

  Aufgabe:
  Gesundheits- und Fürsorgedienst für Mitglieder der Truppe, des zivilen Gefolges und für deren Angehörige sowie, insbesondere was das Französische Rote Kreuz betrifft, Verwaltung von Sanatorien und sozialärztlichen Betreuungsstellen

- (II) Association Sportives et Culturelles

  Aufgabe:
  Unterstützung der Mitglieder der Truppe, des zivilen Gefolges und von deren Angehörigen bei gemeinsamen kulturellen Veranstaltungen, bei der Ausübung von Freiluftsport; Förderung der Zusammenarbeit zwischen Lehrern und Eltern der Schüler, Einrichtung von Privatkursen und Kindergärten.

- (III) Associations d'Officiers et des sous-Officiers de Réserve

  Aufgabe:
  Förderung des Zusammenhalts zwischen Reserveoffizieren und -unteroffizieren, die als Mitglieder des zivilen Gefolges oder als Angehörige im Bundesgebiet stationiert sind

- (IV) Association d'Anciens Combattants et Victimes de la Guerre

  Aufgabe:
  Soziale und materielle Unterstützung von Mitgliedern der Truppe, des zivilen Gefolges und von deren Angehörigen, die ehemalige Kriegsteilnehmer oder Kriegsopfer sind; Aufrechterhaltung des Zusammenhalts zwischen diesen Personen

(d) Belgische Organisationen

- (I) Cantine Militaire Centrale (CMC)

  Aufgabe:
  Betrieb von Kantinen und Verkaufsstellen zur Versorgung der Truppe, der Mitglieder der Truppe oder des zivilen Gefolges und von deren Angehörigen

- (II) Associations sportives, culturelles et d'entr'aide sociale

  Aufgabe:
  Unterstützung bei der Ausübung von Sport, Förderung der Zusammenarbeit zwischen Lehrern und Eltern der Schüler, Einrichtung von Privatkursen und Kindergärten, Einrichtung von Büchereien, gegenseitige soziale Hilfeleistungen zugunsten der Mitglieder der Truppe, des zivilen Gefolges und von deren Angehörigen.

(e) Kanadische Organisationen

Canadian Salvation Army

  Aufgabe:
  Soziale und religiöse Betreuung von Mitgliedern der Truppe, des zivilen Gefolges und von deren Angehörigen, insbesondere Betrieb von Kantinen.

Anhang 3c — Leistungen an ausländische Truppen

Zu Artikel 72

(1) Nichtdeutsche Unternehmen wirtschaftlichen Charakters im Sinne von Artikel 72 Absatz (1):
- (a) Amerikanische Unternehmen[1]
    - (I) American Express Co., Inc.[2]
    - (II) Chase Manhattan Bank (Heidelberg)
- (b) Kanadische Unternehmen Bank of Montreal

(2) Die in Absatz (1) aufgeführten Banken üben keine Tätigkeiten aus, die auf den deutschen Markt einwirken können; insbesondere nehmen sie nicht am deutschen Kapitalmarkt teil.

Dieses Unterzeichnungsprotokoll bildet einen Bestandteil des Zusatzabkommens.

Hinweis:

Ergänzende Vorschriften:
1. § 15 Abs. 3 Nr. 1 Buchst. a und Nr. 2 Buchst. a, § 26 Abs. 5 UStG,
2. § 73 UStDV.

---

[1] Auf Grund eines Verwaltungsabkommens gemäß Art. 72 Abs. 4 des Zusatzabkommens zwischen der Regierung der Bundesrepublik Deutschland und der Regierung der Vereinigten Staaten von Amerika genießen auch die folgenden Kreditgenossenschaften die in Art. 72 Abs. 1 des Zusatzabkommens aufgeführten Befreiungen und Vergünstigungen:
Finance Center Federal Credit Union (Fort Benjamin Harrison, Indiana),
Fort Belvoir Credit Union (Fort Belvoir, Virginia),
Andrews Air Force Base Federal Credit Union (Andrews Air Force Base, Maryland),
Pease Air Force Base Federal Credit Union (Portsmouth, New Hampshire),
(BAnz Nr. 213 vom 11.11.1967)
Pentagon Credit Union (BGBl. 1983 II S. 115).

[2] Der Name dieses Unternehmens ist wie folgt geändert worden: „American Express International Banking Corporation" (Bekanntmachung vom 06.06.1974, BGBl. 1972 II S. 687).

Umsatzsteuervergünstigungen auf Grund Art. 67 Abs. 3 des Zusatzabkommens zum NATO-Truppenstatut (NATO-ZAbk)

BMF-Schreiben vom 22.12.2004 – IV D 1 – S 7492 – 49/04 / IV A 6 – S 7492 – 13/04, BStBl. 2004 I S. 1200[1)]

Inhaltsübersicht

		Textziffer (Tz.)
A.	Allgemeines	1–8
B.	Voraussetzungen für die Umsatzsteuerbefreiung	9–34
C.	Einzelne Auftragsarten	35–58
D.	Vereinfachte Verfahren	59–65
E.	Rechnungserteilung	66–70
F.	Umsatzsteuerrechtliche Behandlung der Truppe	71–73
G.	Zollrechtliche Behandlung der Truppe, ihres zivilen Gefolges sowie der berechtigten Personen	74–78
H.	Behandlung von Umsätzen (Lieferungen und sonstige Leistungen) in anderen EU-Mitgliedstaaten	79–82
I.	Amtshilfe	83
J.	Aufhebung von BdF-Erlassen und BMF-Schreiben	84

Anlage 1: Liste der Verbindungsdienststellen

Anlage 2: Muster des Beschaffungsauftrages (Vertragsantrag) der US-Streitkräfte

Anlage 3: Muster des Abwicklungsscheins

Anlage 4: Muster der Bescheinigung für Baumaßnahmen

Anlage 5: Muster der Bescheinigung bei Nutzungsverhältnissen

Anlage 6: Muster der Kontrollmitteilung bei Auflösung von Mietverhältnissen

Anlage 7 bis 10: Muster der Beschaffungsaufträge (Vertragsanträge) in den vereinfachten Beschaffungsverfahren

Anlage 11: Muster der Bescheinigung über die Befreiung von der Mehrwertsteuer und Verbrauchsteuer (Richtlinie 77/388/EWG – Artikel 15 Nr. 10 und Richtlinie 92/12/EWG – Artikel 23 Absatz 1)

Unter Bezugnahme auf das Ergebnis der Erörterungen mit den obersten Finanzbehörden der Länder gilt zur Anwendung der Umsatzsteuervergünstigungen auf Grund des Art. 67 Abs. 3 NATO-ZAbk Folgendes:

A. Allgemeines

(1) Durch das Gesetz zum NATO-Truppenstatut und zu den Zusatzvereinbarungen vom 18. August 1961 (BGBl. II S. 1183) hat der Deutsche Bundestag dem Beitritt der Bundesrepublik Deutschland zu dem am 19. Juni 1951 unterzeichneten Abkommen zwischen den Parteien des Nordatlantikvertrages über die Rechtsstellung ihrer Truppen – NATO-Truppenstatut – (BGBl. 1961 II S. 1190) zugestimmt. Die Zustimmung erstreckt sich auch auf das am 3. August 1959 unterzeichnete Zusatzabkommen zu dem Abkommen zwischen den Parteien des Nordatlantikvertrages über die Rechtsstellung ihrer Truppen hinsichtlich der in der Bundesrepublik Deutschland stationierten ausländischen Truppen (BGBl. 1961 II S. 1218) nebst Unterzeichnungsprotokoll zum Zusatzabkommen (BGBl. 1961 II S. 1313). Die Abkommen sind am 1. Juli 1963 in Kraft getreten (Bekanntmachung vom 16. Juni 1963, BGBl. II S. 745). **1**

(2) Durch Art. 42 des Abkommens zur Änderung des Zusatzabkommens vom 3. August 1959 in der durch das Abkommen vom 21. Oktober 1971 und die Vereinbarung vom 18. Mai 1981 geänderten Fassung zu dem Abkommen zwischen den Parteien des Nordatlantikvertrages über die Rechtsstellung ihrer Truppen hinsichtlich der in der Bundesrepublik Deutschland stationierten ausländischen Truppen vom 18. März 1993 (BGBl. 1994 I S. 2594, 2598) wurde u.a. auch Art. 67 Abs. 3 NATO-ZAbk neu gefasst. Das Abkommen ist am 29. März 1998 in Kraft getreten (BGBl. 1998 II S. 1691). **2**

---

1) Siehe die Änderungen durch BMF vom 30.03.2006, Anhang 3e und BMF vom 20.05.2008, Anhang 3s und BMF vom 01.04.2009, BStBl. 2009 I S. 526 (Tz. 64 und 65) und Anhänge 4h–j

Anhang 3d   Leistungen an ausländische Truppen

3 (3) Im Interesse der gemeinsamen Verteidigung sollen die von den Entsendestaaten geleisteten Ausgaben für die Beschaffung ihrer in der Bundesrepublik Deutschland (Inland) stationierten ausländischen Truppen nicht mit deutscher Umsatzsteuer belastet sein. Dies wird zum einen durch die Umsatzsteuerbefreiung der Lieferungen und sonstigen Leistungen an die im Inland stationierten ausländischen Truppen nach Art. 67 Abs. 3 NATO-ZAbk erreicht. Zum anderen wird der Vorsteuerabzug für die auf der Vorstufe entstandene Umsatzsteuer unter den weiteren Voraussetzungen beim leistenden Unternehmer gewährt (§ 15 Abs. 3 Nr. 1 Buchst. a und Nr. 2 Buchst. a UStG). Der Nachweis der Voraussetzungen ist auf Grund der Ermächtigung in § 26 Abs. 5 UStG in § 73 UStDV geregelt. Hierdurch wird die volle Entlastung der Beschaffungen der im Inland stationierten ausländischen Truppen erreicht.

4 (4) Zur Klarstellung wird darauf hingewiesen, dass auf Grund des NATO-ZAbk nur die Lieferungen und sonstigen Leistungen an die NATO-Truppen und deren ziviles Gefolge begünstigt sind, die im Inland stationiert sind und den Entsendestaaten unterstehen. Umsätze an Truppenteile, die der NATO unmittelbar unterstehen, sind nicht auf Grund des NATO-ZAbk begünstigt. Etwaige andere Umsatzsteuervergünstigungen bleiben unberührt.

5 (5) Das NATO-ZAbk findet ferner keine Anwendung bei nichtmilitärischen Organisationen der NATO. Die Vorrechte und Befreiungen dieser Stellen sind in dem Übereinkommen über den Status der Nordatlantikvertrags-Organisationen, der nationalen Vertreter und des internationalen Personals – sog. Ottawa-Abkommen – (BGBl. 1958 II S. 118) geregelt. Das NATO-ZAbk findet auch keine Anwendung auf die umsatzsteuerpflichtigen wehrtechnischen Entwicklungsleistungen an andere Vertragsparteien des Nordatlantikvertrages. Solche Lieferungen und sonstigen Leistungen sind nach § 4 Nr. 7 Buchst. a UStG steuerfrei, wenn sie für den Ge- oder Verbrauch durch die Streitkräfte dieser Vertragsparteien bestimmt sind und die Streitkräfte der gemeinsamen Verteidigungsanstrengungen dienen. In diesen Fällen kommt es nicht darauf an, dass es sich um im Inland stationierte ausländische Truppen handelt.

6 (6) Außerdem findet das NATO-ZAbk keine Anwendung auf das Übereinkommen vom 19. Juni 1995 zwischen den Vertragsparteien des Nordatlantikvertrags und den anderen an der Partnerschaft für den Frieden teilnehmenden Staaten über die Rechtsstellung ihrer Truppen (PfP-Truppenstatut, BGBl. 1998 II S. 1340) sowie dem Zusatzprotokoll (BGBl. 1998 II S. 1343), denen der Deutsche Bundestag durch das Gesetz vom 9. Juli 1998 – Gesetz zum PfP-Truppenstatut – zugestimmt hat (BGBl. 1998 II S. 1338). Des Weiteren findet das NATO-ZAbk keine Anwendung auf das Gesetz über die Rechtsstellung ausländischer Streitkräfte bei vorübergehenden Aufenthalten in der Bundesrepublik Deutschland – Streitkräfte-Aufenthaltsgesetz – SkAufG – vom 20. Juli 1995 (BGBl. 1995 II S. 554).

7 (7) Über die Einrichtung und den Betrieb internationaler militärischer Hauptquartiere in der Bundesrepublik Deutschland hat die Bundesrepublik Deutschland mit dem Supreme Headquarters Allied Powers Europe (SHAPE) auf Grundlage des Protokolls über die NATO-Hauptquartiere vom 28. August 1952 (BGBl. 1969 II S. 2000) ein Ergänzungsabkommen abgeschlossen, das die Rechtsstellung der Hauptquartiere und die des Personals regelt. Dieses Ergänzungsabkommen sieht wie das NATO-ZAbk im Interesse einer Gleichbehandlung der NATO-Hauptquartiere mit den im Inland stationierten ausländischen Truppen die gleichen umsatzsteuerlichen Vergünstigungen zugunsten dieser Hauptquartiere und deren Personal vor.

8 (8) Die Voraussetzungen, bei deren Vorliegen eine Umsatzsteuerbefreiung nach dem NATO-ZAbk in Betracht kommt, decken sich zum Teil mit den Bestimmungen des Offshore-Steuerabkommens (BGBl. 1955 II S. 823). Das NATO-ZAbk ist jedoch selbständig anwendbar und wird durch das Offshore-Steuerabkommen nicht berührt. Die Vereinigten Staaten von Amerika können bei der Vergabe von Aufträgen entweder das Offshore-Steuerabkommens oder das NATO-ZAbk anwenden. Das Offshore-Steuerabkommen wird im Allgemeinen als Grundlage für die Umsatzsteuervergünstigungen herangezogen, wenn Beschaffungen von Regierungsstellen der Vereinigten Staaten von Amerika durchgeführt werden und aus deren Haushaltsmitteln bezahlt werden. Die Ausführungen in dem BdF-Erlass vom 2. Juli 1968 – IV A/2 – S 7490 – 2/68 – (BStBl 1968 I S. 997) bleiben unberührt.

B. Voraussetzungen für die Umsatzsteuerbefreiung

9 (1) Bei der Umsatzsteuerbefreiung nach Artikel 67 Abs. 3 NATO-ZAbk handelt es sich um einen selbständigen Befreiungstatbestand außerhalb des Umsatzsteuergesetzes, der den Befreiungstatbeständen des Umsatzsteuergesetzes vorgeht. Die Umsatzsteuerbefreiung schließt den Vorsteuerabzug des leistenden Unternehmers nicht aus.

10 (2) Lieferungen ins Ausland an ausländische Dienststellen der Streitkräfte sind nicht nach den Bestimmungen des NATO-ZAbk begünstigt.

Für Lieferungen ins Drittlandsgebiet kann eine Umsatzsteuerbefreiung für Ausfuhrlieferungen in Betracht kommen. Es bestehen keine Bedenken, in diesen Fällen einen ordnungsgemäß ausgefüllten Abwicklungsschein als Ausfuhrnachweis anzuerkennen, wenn sich aus diesem Beleg die Warenbewegung ins Drittlandsgebiet ergibt. Dies gilt auch, wenn die amtliche Beschaffungsstelle nicht ausdrücklich im Namen und für Rechnung der ausländischen Dienststelle der Streitkräfte aufgetreten ist.

Für Lieferungen in das übrige Gemeinschaftsgebiet an die im Gebiet eines anderen EU-Mitgliedsstaates stationierten Streitkräfte der NATO-Vertragsparteien kommt eine Umsatzsteuerbefreiung unter den Voraussetzungen des § 4 Nr. 7 Buchst. b UStG in Betracht.

(3) Steuerfrei sind: 11

– Leistungen, die unmittelbar an die Truppe und das zivile Gefolge für militärische oder dienstliche Zwecke bewirkt werden. In diesen Fällen wird der Beschaffungsauftrag unmittelbar von der amtlichen Beschaffungsstelle erteilt.

– Leistungen, die zum privaten Ge- oder Verbrauch durch die Mitglieder der Truppe, des zivilen Gefolges oder deren Angehörige (= berechtigte Personen) bestimmt sind. Voraussetzung ist jedoch, dass die Leistung von einer amtlichen Beschaffungsstelle für die berechtigte Person in Auftrag gegeben worden ist. In diesen Fällen liegen grundsätzlich zwei Leistungen vor. Die Leistungen des Unternehmers erfolgt an die Truppe als Leistungsempfänger und ist umsatzsteuerfrei; die Weitergabe der Leistung durch die Truppe an die berechtigte Person unterliegt gem. Art. 67 Abs. 1 Satz 1 NATO-ZAbk nicht der Besteuerung, da dies in den Bereich der dienstlichen Tätigkeiten der Truppe fällt. Solche Leistungen der Truppe an die berechtigten Personen werden nicht als Beteiligung am deutschen Wirtschaftsverkehr angesehen (Art. 67 Abs. 1 Satz 3 NATO-ZAbk).

(4) Berechtigte Personen sind: 12

– Mitglieder der Truppe (Art. I Abs. 1 Buchst. a NATO-Truppenstatut; militärisches Personal der Truppe),

– Mitglieder des zivilen Gefolges (Art. I Abs. 1 Buchst. b NATO-Truppenstatut; das die Truppe begleitende Zivilpersonal),

– Angehörige eines solchen Mitgliedes der Truppe bzw. des zivilen Gefolges (Art. I Abs. 1 Buchst. c NATO-Truppenstatut) sowie ein nicht unter Art. I Abs. 1 Buchst. c NATO-Truppenstatut fallender naher Verwandter eines Mitglieds der Truppe oder eines zivilen Gefolges, der von diesem aus wirtschaftlichen oder gesundheitlichen Gründen abhängig ist, von ihm tatsächlich unterhalten wird, die Wohnung teilt, die das Mitglied inne hat, und sich mit Genehmigung der Behörden der Truppe im Bundesgebiet aufhält (Art 2 Abs. 2 Buchst. a NATO-ZAbk),

– Angestellte bestimmter Organisationen, die wie Mitglieder des zivilen Gefolges angesehen und behandelt werden (Art. 71 Abs. 5 NATO-ZAbk – z.B. bestimmte Colleges und Universities lt. Unterzeichnungsprotokoll zu Art. 71 NATO-ZAbk und auf Grund entsprechender Verbalnoten –) sowie die Angehörigen dieser Personen,

– Angestellte bestimmter nichtdeutscher Unternehmen wirtschaftlichen Charakters, die ebenfalls wie Mitglieder des zivilen Gefolges angesehen und behandelt werden (Art. 72 Abs. 5 NATO-ZAbk), sowie die Angehörigen dieser Personen und

– technische Fachkräfte, die ebenfalls wie Mitglieder des zivilen Gefolges angesehen und behandelt werden (Art. 73 NATO-ZAbk), sowie die Angehörigen dieser Personen.

(5) Ein Unternehmer kann die Umsatzsteuerbefreiung nach Art. 67 Abs. 3 NATO-ZAbk nur in Anspruch nehmen, wenn folgende Voraussetzungen erfüllt sind: 13

– Die Lieferung oder sonstige Leistung muss von einer amtlichen Beschaffungsstelle der Truppe oder des zivilen Gefolges oder von einer deutschen Behörde für die Truppe oder das zivile Gefolge in Auftrag gegeben worden sein,

– die Lieferung oder die sonstige Leistung muss ausschließlich für den Gebrauch oder Verbrauch durch die Truppe, ihr ziviles Gefolge oder berechtigte Personen (vgl. Tz. 12) bestimmt sein,

– die Steuerbefreiung muss bei der Berechnung des Preises berücksichtigt sein (vgl. Tz. 28) und

– die Voraussetzungen der Steuerbefreiung müssen nachgewiesen sein (vgl. Tz. 29 bis 34).

Amtliche Beschaffungsstellen

(1) Als amtliche Beschaffungsstellen, die zur Erteilung von Aufträgen abgabenbegünstigter Leistungen berechtigt sind, gelten grundsätzlich die Dienststellen und Organisationen, die das Bundesministerium der Finanzen regelmäßig öffentlich bekannt gibt. Soweit Beschaffungsstellen in der Liste nicht enthalten sind, können Anfragen an die in der **Anlage 1** aufgeführten Verbindungsdienststellen gerichtet werden. 14

Anhang 3d — Leistungen an ausländische Truppen

Die Verbindungsdienststellen können schriftlich bestätigen, ob es sich bei der auftragserteilenden Stelle um eine amtliche Beschaffungsstelle handelt.

15 (2) Als amtliche Beschaffungsstellen der amerikanischen Truppen werden nur Organisationen und Stellen mit haushaltsrechtlichem Sondervermögen oder solche, die aus Haushaltsmitteln der NATO-Streitkräfte finanziert werden, aufgeführt. Die namentlich nicht bezeichneten amerikanischen Organisationen mit haushaltsrechtlichem Sondervermögen dürfen Aufträge nur für Leistungen an sich selbst erteilen. Für Beschaffungen durch Stellen der USA, die hierfür Haushaltsmittel der USA aufwenden, finden die Vorschriften des Offshore-Steuerabkommens und der Ergänzungsbestimmungen Anwendung (Tz. 8). Sollten sich diese Stellen jedoch auf das Zusatzabkommen berufen, bestehen keine Bedenken, die Stellen der USA im Sinne des Offshore-Steuerabkommens wie amtliche Beschaffungsstellen im Sinne des Art. 67 Abs. 3 Buchst. a NATO-ZAbk zu behandeln.

Auftrag von einer amtlichen Beschaffungsstelle

16 (1) Die Umsatzsteuerbefreiung (Art. 67 Abs. 3 NATO-ZAbk) setzt voraus, dass die Lieferung oder sonstige Leistung von einer amtlichen Beschaffungsstelle der jeweiligen Truppe oder des zivilen Gefolges oder von einer deutschen Behörde für die Truppe oder das zivile Gefolge in Auftrag gegeben worden ist; die amtliche Beschaffungsstelle muss demnach an der Begründung der Leistungspflicht mitgewirkt haben. Der Auftrag gilt nur dann in einer amtlichen Beschaffungsstelle erteilt, wenn er von einem abschlussbevollmächtigten Vertreter unterzeichnet ist. In diesen Fällen stellt die berechtigte Person bei der Beschaffungsstelle einen Antrag mit Angaben zum Unternehmer, zur Leistung und zum Preis. Zu den vereinfachten Beschaffungsverfahren vgl. Abschnitt D (Tz. 59 ff.).

17 (2) Wird die Leistungspflicht durch Vertrag begründet, wirkt die amtliche Beschaffungsstelle regelmäßig dadurch mit, dass sie ein Vertragsangebot abgibt oder ein ihr zugegangenes Vertragsangebot annimmt. Wird die amtliche Beschaffungsstelle dagegen erst durch eine berechtigte Person eingeschaltet, nachdem die Leistungspflicht entstanden ist, liegt keine Auftragsvergabe durch eine amtliche Beschaffungsstelle vor. Eine Auftragsvergabe durch eine amtliche Beschaffungsstelle liegt auch dann nicht vor, wenn später ein Vertragspartner ausgetauscht wird (amtliche Beschaffungsstelle statt des Mitglieds oder seines Angehörigen; vgl. BFH-Urteil vom 29. September 1988 – BStBl II S. 1022). Es ist allerdings nicht zu beanstanden, wenn der Auftrag der amtlichen Beschaffungsstelle nachgereicht wird, bevor mit der Ausführung der Leistung begonnen wird. Zu Dauerleistungsverhältnissen vgl. Tz. 20.

18 (3) Im amerikanischen Beschaffungsverfahren wird für Leistungen an berechtigte Personen der als **Anlage 2** beigefügte Beschaffungsauftrag (Vertragsantrag) verwendet.

19 (4) Die Umsatzsteuerbefreiung erstreckt sich nicht auf Leistungen, die an berechtigte Personen ohne Einschaltung einer amtlichen Beschaffungsstelle auf Grund eines unmittelbaren Rechtsverhältnisses zwischen der berechtigten Person und dem Unternehmer bewirkt werden. Sie erfasst ferner nicht die Leistungen an die im Arbeitsverhältnis zu einer Truppe stehenden zivilen Vertragspartner. Diese Umsätze sind nach den allgemeinen umsatzsteuerrechtlichen Bestimmungen zu behandeln. Dabei ist zu beachten, dass die berechtigten Personen umsatzsteuerrechtlich nicht als ausländische Abnehmer anzusehen sind (vgl. Art. 68 Abs. 3 NATO-ZAbk).

20 (5) Bei Dauerleistungsverhältnissen (z.B. Anmietung eines Kraftfahrzeuges oder einer Unterkunft), die der nach Deutschland abgeordnete Truppenangehörige innerhalb von 7 Tagen nach Einreise abschließt, kann die Umsatzsteuerbefreiung auch gewährt werden, wenn er den Beschaffungsauftrag von einer amtlichen Beschaffungsstelle innerhalb von 7 Tagen nach Vertragsabschluss dem leistenden Unternehmer vorlegt.

21 (6) Zur Verhinderung von Missbräuchen entrichten die Truppen das Entgelt durch Scheck oder durch Überweisung aus einem Konto der zahlenden Dienststelle (paying service). Barzahlungen sind grundsätzlich nicht vorgesehen (vgl. jedoch Tz. 61, 64 und 65). Bei Leistungen an die belgischen Streitkräfte sind Barzahlungen nicht zu beanstanden, wenn die Auftragssumme den Betrag von 2.000 € nicht übersteigt und der von der amtlichen belgischen Beschaffungsstelle ausgestellte Abwicklungsschein einen Hinweis auf die Barzahlung enthält. Die amtlichen belgischen Beschaffungsstellen tragen die Aufträge mit Barzahlung in die von ihnen geführten Bücher oder Listen unter laufender Nummer ein und weisen dort auf die Auszahlungsbuchungen hin. Sie erteilen den deutschen Finanzbehörden auf Anfrage die zur Feststellung des Sachverhalts erforderlichen Auskünfte.

22 (7) Die Umsatzsteuerbefreiung kann auch dann in Anspruch genommen werden, wenn der Unternehmer dem Mitglied der Truppe in Höhe des von der Truppe geschuldeten Entgelts auf der Grundlage eines besonderen Vertrages ein Darlehen (gegen ratenweise Rückzahlung) gewährt, das Mitglied der Truppe den Darlehensbetrag an die amtliche Beschaffungsstelle der Truppe weitergibt und die amtliche

Beschaffungsstelle der Truppe mit Hilfe des Darlehensbetrages das von ihr geschuldete Entgelt an den Unternehmer entrichtet. Unschädlich ist, wenn der Unternehmer den Darlehensbetrag im Auftrag des Mitglieds der Truppe unmittelbar der amtlichen Beschaffungsstelle der Truppe übergibt und diese das von ihr geschuldete Entgelt auf dem vorgesehenen bargeldlosen Zahlungsverkehr an den Unternehmer entrichtet.

Bestimmung der Leistung zum ausschließlichen Gebrauch oder Verbrauch durch die Truppe, ihr ziviles Gefolge oder berechtigte Personen

(1) Die Bestimmung der Leistung zum ausschließlichen Gebrauch oder Verbrauch durch die Truppe, ihr ziviles Gefolge oder berechtigte Personen ergibt sich aus einer entsprechenden Bestätigung der amtlichen Beschaffungsstelle auf dem Abwicklungsschein in Verbindung mit dem Auftragsschreiben (Bestellschein) der amtlichen Beschaffungsstelle. Die Bestimmung der Leistung kann sich auch aus anderen Geschäftspapieren ergeben (z.B. Lieferschein, Rechnungskopie). 23

(2) Eine Umsatzsteuerbefreiung nach dem NATO-ZAbk kommt nicht für Leistungen in Betracht, die für unternehmerische Zwecke verwendet werden, auch wenn es sich um einen nach dem NATO-ZAbk begünstigten Leistungsempfänger handelt. Dies gilt insbesondere für die Lieferung von Gegenständen an Mitglieder der Truppe, das zivile Gefolge oder berechtigte Personen (vgl. Tz. 12), die zur Weiterlieferung erworben werden. 24

(3) Darüber hinaus kommt eine Umsatzsteuerbefreiung nach dem NATO-ZAbk insbesondere nicht in Betracht für Grundstückslieferungen und Leistungen zur Herstellung von Gebäuden für den privaten Bedarf der berechtigten Personen sowie sonstige Leistungen, die mit diesen nicht begünstigten Leistungen im Zusammenhang stehen (Art. 48 NATO-ZAbk). Dies gilt grundsätzlich auch für die Lieferung von Gold, Münzsammlungen, Edelsteinen und ähnlichen Gegenständen, die der Vermögensanlage oder spekulativen Zwecken dienen. 25

(4) Steuerfrei ist grundsätzlich die Rechtsberatung und Prozessvertretung durch Rechtsanwälte, soweit die Umsatzsteuerbefreiung nach dem NATO-ZAbk nicht auf Grund des Inhalts des Rechtsgeschäfts ausgeschlossen ist (z.B. Rechtsberatung im Zusammenhang mit dem Erwerb von Grundstücken). Werden von der Bundesrepublik Deutschland im Namen und für Rechnung der jeweiligen NATO-Streitkräfte Rechtsstreitigkeiten geführt, sind die Umsätze der Rechtsanwälte nach dem NATO-ZAbk von der Umsatzsteuer befreit, wenn die Aufwendungen den deutschen Behörden durch die NATO-Streitkräfte ersetzt werden. Dagegen kann eine Umsatzsteuerbefreiung für Rechtsanwaltsleistungen der vom Prozessgegner beauftragten Rechtsanwälte nicht gewährt werden, die von den deutschen Behörden oder von den NATO-Streitkräften selbst dem Prozessgegner zu erstatten sind, weil die Rechtsanwälte in diesen Fällen ihre Leistungen weder unmittelbar noch mittelbar gegenüber den Truppen der NATO-Streitkräfte erbringen, auch wenn die Rechtsanwaltsgebühren tatsächlich von den NATO-Streitkräften getragen werden müssen. 26

(5) Auf Grund des Protokolls zum Zusatzabkommen vom 6. Oktober 1997 zu dem Abkommen vom 19. Juni 1951 zwischen den Parteien des Nordatlantikvertrags über die Rechtsstellung ihrer Truppen hinsichtlich der im Königreich der Niederlande stationierten deutschen Truppen (BGBl. 1998 II S. 2435), das am 1. September 2000 in Kraft getreten ist (BGBl. 2000 II S. 1153), sind nach dem 31. August 2000 ausgeführte sonstige Leistungen an eine in der Bundesrepublik Deutschland stationierte niederländische Truppe oder ein niederländisches ziviles Gefolge, die von einer amtlichen Beschaffungsstelle in Auftrag gegeben werden und für den Gebrauch oder den Verbrauch durch berechtigte Personen bestimmt sind, nicht mehr auf Grund von Art. 67 Abs. 3 Buchst. a Ziffer ii NATO-ZAbk von der Umsatzsteuer befreit. Steuerfrei sind aber weiterhin sonstige Leistungen, die unmittelbar für den Gebrauch oder den Verbrauch durch die niederländische Truppe bestimmt sind. Zur Beschaffung von Wohnraum für berechtigte Personen der niederländischen Streitkräfte vgl. Tz. 43. 27

Berücksichtigung der Steuerbefreiung bei der Berechnung des Preises

Die Steuerbefreiung nach dem NATO-ZAbk setzt voraus, dass der leistende Unternehmer das Entgelt erkennbar in Höhe der Steuerentlastung mindert. Dies bedeutet, dass eine Umsatzsteuerbefreiung nicht in Anspruch genommen werden kann, wenn in der Rechnung über die Leistung Umsatzsteuer offen ausgewiesen ist. Unternehmer, die Kleinbetragsrechnungen (§ 33 UStDV) ausstellen oder Bruttopreise (einschl. Umsatzsteuer) ausweisen, haben die Umsatzsteuer erkennbar vom Rechnungsbetrag abzusetzen. Zur Rechnungserteilung vgl. Tz. 66 ff. 28

Nachweis der Voraussetzungen der Steuerbefreiung

(1) Die Voraussetzungen für die Umsatzsteuerbefreiung nach dem NATO-ZAbk sind nachzuweisen (Art. 67 Abs. 3 Buchst. c NATO-ZAbk, § 26 Abs. 5 Nr. 2 UStG; § 73 UStDV). Das Vorliegen der 29

30 (2) Der Belegnachweis ist grundsätzlich durch einen ordnungsgemäß ausgefüllten Abwicklungsschein zu führen. Der Abwicklungsschein **(Anlage 3)** beinhaltet eine Empfangs- und Zahlungsbescheinigung der zuständigen Stelle (amtlichen Beschaffungsstelle, Empfangsdienststelle oder Zahlstelle) nach amtlich vorgeschriebenem Vordruck (vgl. § 73 Abs. 1 Nr. 1 UStDV). Zum Belegnachweis gehören neben dem Abwicklungsschein auch die von amtlichen Beschaffungsstellen verwendeten Beschaffungsaufträge.

31 (3) Teil 1 des Abwicklungsscheins (Lieferschein) ist vom Unternehmer und Teil 2 des Abwicklungsscheines (Empfangsbestätigung und Zahlungsbescheinigung) ist von der Truppe auszufüllen. In Teil 1 kann der Unternehmer auch mehrere Lieferungen oder sonstige Leistungen zusammenfassen, die er innerhalb eines bestimmten Zeitraums – üblicherweise jedoch innerhalb eines Monats, bei Dauerleistungen höchstens jedoch innerhalb von sechs Monaten – an die jeweilige Beschaffungsstelle ausgeführt hat.

32 (4) Bei Leistungen, die von einer deutschen Behörde für eine amtliche Beschaffungsstelle in Auftrag gegeben worden sind, ist der Belegnachweis durch eine Bescheinigung der deutschen Behörde (Bescheinigung Baumaßnahmen – **Anlage 4**) zu führen (vgl. § 73 Abs. 1 Nr. 2 UStDV). Als Bescheinigung kann auch der Abwicklungsschein mit den erforderlichen Abänderungen in Teil 2 verwendet werden. Die Bundesanstalt für Immobilienaufgaben (BIMA) erteilt ihre Bescheinigungen in den Fällen der Begründung von Nutzungsverhältnissen nach dem als **Anlage 5** beigefügten Muster.

33 (5) Bei Leistungen, die von einer amtlichen Beschaffungsstelle in Auftrag gegeben worden sind, kann der Belegnachweis neben dem Beschaffungsauftrag auch durch andere Belege, insbesondere geschäftsübliche, erbracht werden, wenn sich aus diesen Belegen die vorgeschriebenen Angaben ergeben (§ 73 Abs. 3 UStDV); bei Beförderungsleistungen z.B. durch ordnungsgemäß ausgefertigte Militärgutscheine und Militärfrachtbriefe. Beziehen Mitglieder ausländischer NATO-Streitkräfte Kraftfahrzeuge aus einem Zollverfahren, kann der Unternehmer die Umsatzsteuerbefreiung belegmäßig neben dem Beschaffungsauftrag durch die im Zollverfahren erforderliche Erwerbsgenehmigung (AE Form 550-175 A; vormals AE Form 2075) nachweisen. Die Erwerbsgenehmigung ersetzt in diesen Fällen den Abwicklungsschein.

34 (6) Ein ordnungsgemäßer Buchnachweis setzt voraus, dass die Umsätze, für die die Umsatzsteuerbefreiung nach dem NATO-ZAbk in Anspruch genommen wird, getrennt von den übrigen umsatzsteuerpflichtigen und steuerfreien Umsätzen aufgezeichnet werden. Soweit sich die Voraussetzungen nicht aus den Aufzeichnungen selbst ergeben, muss dort ein Hinweis auf die entsprechenden Belege erbracht werden, die so aufbewahrt werden müssen, dass sie kurzfristig aufzufinden sind.

C. Einzelne Auftragarten

35 Für die Auftragserteilung verwenden die Beschaffungsstellen der Truppen - entsprechend ihren jeweiligen dienstlichen Anordnungen - besondere Formulare, die die Eigenarten der jeweiligen Leistungen berücksichtigen (z.B. für Großaufträge, für Rahmenverträge, für Lieferungen auf Abruf). Diese Formulare sehen Angaben über die Bezeichnung und Anschrift der amtlichen Beschaffungsstelle und der zum Empfang berechtigten Dienststelle der Truppe vor.

Baumaßnahmen

36 (1) Baumaßnahmen (Maßnahmen zur Herstellung, Instandsetzung, Instandhaltung, Änderung oder Beseitigung von Bauwerken) der Truppen (Art. 49 Abs. 2 NATO-ZAbk) und die Begründung von Nutzungsverhältnissen (z.B. Nutzung von Grundstücken und Gebäuden und anderer Vermögenswerte, wie Betriebsvorrichtungen, Maschinen, Einrichtungsgegenstände) werden in der Regel durch die für Bundesbauaufgaben zuständigen deutschen Behörden durchgeführt bzw. abgewickelt. In diesen Fällen werden die Lieferungen und sonstigen Leistungen an die deutschen Behörden wie unmittelbare Umsätze an die Truppen behandelt (Art. 67 Abs. 3 Buchst. b NATO-ZAbk). In gewissen Fällen können die Baubehörden einer Truppe jedoch nach Art. 49 Abs. 3 NATO-ZAbk Baumaßnahmen mit eigenen Kräften oder durch unmittelbare Vergabe an Unternehmer durchführen.

37 (2) Die Abwicklung von Baumaßnahmen durch die deutschen Baubehörden ist in Verwaltungsabkommen mit den einzelnen Entsendestaaten geregelt. Außerdem sind die „Richtlinien für den Übergang auf das Mehrwertsteuersystem bei Bauaufgaben des Bundes im Zuständigkeitsbereich der Finanzbauverwaltungen – RiMwSt 1967 (FinBau)" zu beachten. Die Leistungen der bauausführenden Unternehmer sind auch in diesen Fällen von der Umsatzsteuer befreit, sofern alle übrigen in diesem Abschnitt erläuterten Voraussetzungen erfüllt sind.

38 (3) Werden Baumaßnahmen von den für Bundesbauaufgaben zuständigen deutschen Behörden in Auftrag gegeben und von mehreren Kostenträgern (z.B. Bundesrepublik Deutschland und im Inland stationierte ausländische Streitkräfte) gemeinsam finanziert (z.B. bei einem Teil der NATO-Infrastruktur-Baumaßnahmen), sind die Voraussetzungen für die Umsatzsteuerbefreiung nur zum Teil erfüllt. In diesem Sonderfall steht dem bauausführenden Unternehmer die Umsatzsteuerbefreiung nur für den Leistungsanteil zu, der auf die jeweilige im Inland stationierte ausländische Streitkraft entfällt. Das einheitliche Entgelt ist in einen umsatzsteuerfreien und einen umsatzsteuerpflichtigen Anteil aufzuteilen. Die Aufteilung erfolgt entsprechend dem jeweiligen Anteil an den Gesamtkosten der Baumaßnahme.

(4) Steuerfrei sind auch die Leistungen der von den deutschen Baubehörden mit der Bauleitung und -planung beauftragten Architekten und Ingenieure. Erfolgt die Finanzierung der Leistungen durch mehrere Kostenträger, steht dem leistenden Architekten oder Ingenieur die Umsatzsteuerbefreiung nur für den Leistungsanteil zu, der auf die jeweilige im Inland stationierte ausländische Streitkraft entfällt. **39**

Sonstige Beschaffungen durch deutsche Behörden

Ist der deutschen Behörde bei Lieferungen von Energie, Treibstoffen und anderen Gegenständen an Stellen der Bundeswehr, die von diesen an Stellen der ausländischen Truppen weitergeliefert werden, im Zeitpunkt der Lieferung an sie nicht bekannt, welche Gegenstände an die ausländischen Truppen geliefert werden, können die Unternehmer die der deutschen Behörde erteilten Rechnungen berichtigen, wenn ihnen die deutsche Behörde eine entsprechende Bescheinigung erteilt. **40**

Wohnraumbeschaffung

(1) Die Wohnraumbeschaffung für die Truppenangehörigen erfolgt grundsätzlich auf Anforderung der Truppe (Art. 48 NATO-ZAbk). Bei der Wohnraumbeschaffung für die ausländische Truppe oder das zivile Gefolge schließt die Bundesrepublik Deutschland, vertreten durch die Bundesanstalt für Immobilienaufgaben (BImA), Mietverträge mit unmittelbarer Wirkung für die Truppe bzw. das zivile Gefolge (Art. 67 Abs. 3 Buchst. b NATO-ZAbk). Werden zur späteren Nutzung durch die ausländischen Truppen Wohneinheiten errichtet, wird in der Regel bereits vor Baubeginn ein Mietvertrag zwischen der Bundesrepublik Deutschland und dem Bauträger geschlossen, in dem eine Gesamtwohnfläche und eine Gesamtmiete vertraglich vereinbart wird. Wenn einzelne Wohneinheiten durch den Bauträger veräußert werden, treten die jeweiligen Käufer in den Mietvertrag ein (Vermietergemeinschaft). Das einheitliche Mietverhältnis bleibt bestehen. Die Käufer haben keinen gesonderten Mietzinsanspruch gegen die Bundesrepublik Deutschland, sondern nur gegen die Vermietergemeinschaft. Eine Mieterhöhung oder Kündigung des Mietvertrages durch den Käufer ist ebenfalls ausgeschlossen. In diesem Fall erbringt nur die Vermietergemeinschaft eine nach dem NATO-ZAbk begünstigte Vermietungsleistung. Von der BImA wird deshalb nur eine auf die Vermietergemeinschaft lautende Bescheinigung nach § 73 Abs. 1 Nr. 2 UStDV ausgestellt. **41**

(2) Die Wohnraumbeschaffung kann bei amerikanischen Truppenangehörigen auch im Wege der Direktbeschaffung nach Art. 44 Abs. 6 NATO-ZAbk erfolgen. Eine Beteiligung der BImA beim Abschluss von Mietverträgen ist in diesem Fall nur vorgesehen, wenn dies von den Streitkräften im Einzelfall gewünscht wird. Der Vermieter erbringt durch die unmittelbare Vermietung der Wohnräume an die amerikanischen Streitkräfte eine sonstige Leistung, die unter den weiteren Voraussetzungen des Art. 67 Abs. 3 NATO-ZAbk oder nach den Bestimmungen des Offshore-Steuerabkommens (Tz. 8) steuerfrei ist. **42**

(3) Die Umsatzsteuerbefreiung nach dem NATO-ZAbk gilt auf Grund ergänzender Vereinbarungen ferner nicht für sonstige Leistungen, die für den Gebrauch oder den Verbrauch durch die Mitglieder der niederländischen Truppe, das niederländische zivile Gefolge, ihre Mitglieder und deren Angehörige bestimmt sind (vgl. Tz. 27). Dagegen sind sonstige Leistungen steuerfrei, die unmittelbar für den Gebrauch oder den Verbrauch durch die niederländische Truppe bestimmt sind. Demnach gehören zu den begünstigten Leistungen auch die Leistungen, die der Erfüllung des Liegenschaftsbedarfs einer Truppe und eines zivilen Gefolges dienen. Dies gilt insbesondere für die Beschaffung von erforderlichem Wohnraum für berechtigte Personen. **43**

(4) Der Übergang von einer steuerfreien Vermietung nach Art. 67 Abs. 3 NATO-ZAbk zu einer nach § 4 Nr. 12 UStG steuerfreien Vermietung stellt eine Änderung der Verhältnisse im Sinne des § 15a UStG dar. Bei der (vorzeitigen) Beendigung von Mietverhältnissen fertigt die BImA deshalb Kontrollmitteilungen **(Anlage 6)** für das Finanzamt des Vermieters, wenn die Vermietung an die Bundesrepublik Deutschland steuerfrei nach dem NATO-ZAbk erfolgt ist (Art. 3 Abs. 1 und 4 NATO-ZAbk). **44**

(5) Ist die Wohnraumbeschaffung bei amerikanischen Truppenangehörigen im Wege der Direktbeschaffung nach Art. 44 Abs. 6 NATO-ZAbk erfolgt und endet das Nutzungsverhältnis (vorzeitig), teilt die zuständige Behörde der Truppe dies dem für den Vermieter zuständigen Finanzamt ebenfalls mittels des als **Anlage 6** beiliegenden Vordrucks mit (Art. 3 Abs. 1 und 4 NATO-ZAbk). **45**

Anhang 3d — Leistungen an ausländische Truppen

46 (6) Aufwendungen, die den Mitgliedern der Truppe oder des zivilen Gefolges aus der Nutzung eines Gebäudes oder einer Wohnung zu privaten Zwecken entstehen, sind durch Art. 67 Abs. 3 NATO-ZAbk von der Umsatzsteuer befreit, wenn es sich um kleinere Reparaturen am Gebäude und den Außenanlagen oder in der Wohnung handelt (z.B. Maler- und Tapezierarbeiten, Ersatz von zerbrochenem Glas).

47 (7) Aufwendungen zur Substanzerhaltung eines Gebäudes, die üblicherweise vom Eigentümer getragen werden, z.B. die Anschaffung einer neuen Heizungsanlage oder der Austausch von Fenstern, sind hingegen nicht auf Grund von Art. 67 Abs. 3 NATO-ZAbk begünstigt. Auch die Erweiterung und der Umbau bestehender Gebäude, z.B. um Wintergärten, Garagen oder Carports ist nicht durch das NATO-ZAbk begünstigt, selbst wenn insofern unter ertragsteuerlichen Gesichtspunkten keine Anschaffungskosten oder (nachträgliche) Herstellungskosten vorliegen sollten.

48 (8) Die Lieferung von Heizöl an berechtigte Personen (vgl. Tz. 12) für deren Privatwohnungen ist unter den weiteren Voraussetzungen nur dann umsatzsteuerfrei, wenn alle Mieter berechtigte Personen sind bzw. die berechtigte Person über einen gesonderten Heizöltank verfügt.

Konzessionsverträge

49 (1) Die amtlichen Beschaffungsstellen schließen zur Durchführung ihrer Aufgaben anstelle von Einzelbeschaffungen oftmals Verträge mit Unternehmern ab, die als Konzessionsverträge bezeichnet werden. Es kann sich um folgende Vertragsarten handeln:

– Dienstleistungs-Konzessionsverträge

  (z.B. über die Leistungen von Frisören, Vermietung von Kraftfahrzeugen, Fotostudios, Reinigung von Bekleidung, Reparaturen von elektrischen oder elektronischen Geräten),

– Einzelhandels-Konzessionsverträge

  (z.B. über die Lieferung von Möbeln und Einrichtungsgegenständen, Bekleidung, elektrischen oder elektronischen Geräten, Blumen, Brillen und Geschenkartikeln).

50 (2) Die Umsatzsteuerbefreiung nach Art 67 Abs. 3 NATO-ZAbk gilt für Leistungen im Rahmen solcher Verträge nur dann, wenn ein umsatzsteuerrechtlicher Leistungsaustausch ausschließlich zwischen dem Unternehmer und der amtlichen Beschaffungsstelle vorliegt. Nur bei entsprechender Vertragsgestaltung kann davon ausgegangen werden, dass der Unternehmer als Vertreter bzw. Erfüllungsgehilfe der amtlichen Beschaffungsstelle anzusehen ist. Er erbringt damit seine Lieferungen und sonstigen Leistungen umsatzsteuerrechtlich an die amtliche Beschaffungsstelle als Auftraggeber und Abnehmer im Sinne des Art. 67 Abs. 3 NATO-ZAbk. Gleichzeitig werden die von dem Unternehmer gegenüber den berechtigten Personen bewirkten Leistungen als Leistungen der amtlichen Beschaffungsstelle im Sinne des Art. 67 Abs. 1 Satz 3 NATO-ZAbk angesehen.

51 (3) In den Verträgen muss daher ausdrücklich vereinbart sein, dass der Unternehmer seine Leistungen an die amtliche Beschaffungsstelle erbringt. Die an den Unternehmer von den berechtigten Personen gezahlten Entgelte sind Einnahmen der amtlichen Beschaffungsstelle. Sie werden vom Unternehmer lediglich treuhänderisch vereinnahmt und müssen vollständig an die amtliche Beschaffungsstelle abgeführt werden. Für seine Leistungen erhält der Unternehmer von der amtlichen Beschaffungsstelle eine Vergütung. Diese wird z.B. nach einem vereinbarten Prozentsatz der Bruttoeinnahmen oder einem festen Betrag pro Wareneinheit berechnet. Bei dem Einsatz von Kreditkarten liegen die Voraussetzungen für die Inanspruchnahme der Steuerbefreiung nach Art. 67 Abs. 3 NATO-ZAbk vor, wenn die amtliche Beschaffungsstelle ihre aus den Kreditkartengeschäften mit den Kunden stammenden Ansprüche gegen das Kreditkartenunternehmen an den Konzessionär abtritt.

52 (4) Die Verträge enthalten regelmäßig ergänzende Regelungen zur Sicherstellung einer ordnungsgemäßen Abwicklung der Beschaffungen, z.B. Beschränkung des Kundenkreises auf berechtigte Personen (vgl. Tz. 12), Einhaltung der festgesetzten und genehmigten Preise und Verwendung zugelassener Zahlungsmittel, Verwendung festgelegter Kassenzettel und Formulare.

53 (5) Sofern bei Verträgen im Sinne der Tz. 50 der Unternehmer die mit der amtlichen Beschaffungsstelle vereinbarten Leistungen nicht selbst ausführt, sondern durch einen Subunternehmer ausführen lässt, gilt für die umsatzsteuerrechtliche Beurteilung Folgendes:

1. Mit der Einräumung der Konzession gegen Zahlung einer Provision erbringt die amtliche Beschaffungsstelle eine sonstige Leistung an den Unternehmer. Diese ist regelmäßig nicht steuerbar gemäß Art. 67 Abs. 1 NATO-ZAbk (zur umsatzsteuerrechtlichen Behandlung der Truppe vgl. Abschnitt F).

2. Der Subunternehmer erbringt eine Leistung an den Unternehmer gegen Entgelt. Für diese Leistung kann die Steuerbefreiung nach Art. 67 Abs. 3 NATO-ZAbk nicht in Anspruch genommen werden, da der Subunternehmer seine Leistung ausschließlich an den Unternehmer und nicht gegenüber einer amtlichen Beschaffungsstelle erbringt.

3. Der Unternehmer erbringt – sofern die allgemeinen Voraussetzungen erfüllt sind – gegenüber der amtlichen Beschaffungsstelle nach Art. 67 Abs. 3 NATO-ZAbk steuerfreie Leistungen. Die berechtigten Personen werden dadurch, dass sie unter Bezugnahme auf den Vertrag zwischen Unternehmer und amtlicher Beschaffungsstelle unmittelbar die Leistungen in Anspruch nehmen, nicht zu umsatzsteuerrechtlichen Leistungsempfängern des Unternehmers.

4. Leistungen an die berechtigten Personen werden ausschließlich durch die amtliche Beschaffungsstelle erbracht und sind nach Art. 67 Abs. 1 NATO-ZAbk nicht steuerbar.

Beispiel:

Eine amtliche Beschaffungsstelle schließt mit Unternehmer K einen Konzessionsvertrag über die Reinigung von Armeekleidung ab, der unmittelbar einen Leistungsaustausch zwischen K und der amtlichen Beschaffungsstelle begründet. Die Truppenangehörigen können danach ihre Kleidung bei K reinigen lassen und entrichten auch an diesen das Entgelt. K hat aus Kapazitätsgründen seinerseits dauerhaft einen weiteren Reinigungsunternehmer R damit beauftragt, eine bestimmte Menge an Kleidung zu waschen, die von den Truppenangehörigen auch direkt bei R abgegeben wird.

Auf Grund der Vereinbarung zwischen den beiden Unternehmern erbringt R an K Reinigungsleistungen. Es handelt sich dabei um steuerbare und steuerpflichtige sonstige Leistungen. Die Tatsache, dass die Kleidung direkt bei R abgegeben wird, begründet kein Leistungsaustauschverhältnis mit den Truppenangehörigen. Ausschließlich K erbringt im Rahmen des Konzessionsvertrages Reinigungsleistungen an die amtliche Beschaffungsstelle – auch soweit er diese durch R durchführen lässt. Diese sind bei Einhaltung des vorgeschriebenen Beschaffungsverfahrens nach Art. 67 Abs. 3 NATO-ZAbk steuerfrei. Die Truppenangehörigen beziehen nach Art. 67 Abs. 1 NATO-ZAbk nicht steuerbare Reinigungsleistungen von der amtlichen Beschaffungsstelle.

(6) Die Voraussetzungen für die Umsatzsteuerbefreiung nach dem NATO-ZAbk sind grundsätzlich **54** durch einen ordnungsgemäß ausgefüllten Abwicklungsschein (Belegnachweis) nachzuweisen (vgl. Tz. 30). Wenn die Geschäftsunterlagen der Unternehmer die im Muster des Abwicklungsscheins vorgeschriebenen Angaben enthalten, kann jedoch in den in Tz. 50 genannten Fällen auf die zusätzliche Vorlage eines förmlichen Abwicklungsscheins verzichtet werden (§ 73 Abs. 3 UStDV).

(7) Von den in Tz. 49 genannten Verträgen zu unterscheiden sind Verträge, die zwar auch als Konzessionsverträge bezeichnet werden, jedoch dem Unternehmer lediglich gegen eine vereinbarte Provision gestatten, seine Leistungen gegenüber den berechtigten Personen anzubieten. In diesen Fällen liegt kein Leistungsaustausch zwischen dem Unternehmer und der amtlichen Beschaffungsstelle vor, sondern die Leistungen werden auf Grund unmittelbarer Rechtsbeziehungen direkt an die berechtigten Personen erbracht. Hinsichtlich des vereinbarten Entgelts sind die berechtigten Personen zur Zahlung verpflichtet. Das Entgelt wird von dem Unternehmer in eigenem Namen und für eigene Rechnung vereinnahmt. Leistungen, die auf Verträgen dieser Art beruhen, sind nicht nach Art. 67 Abs. 3 NATO-ZAbk umsatzsteuerfrei. **55**

(8) Bei einem Franchiseverhältnis (ein Unternehmer – Franchisenehmer – erhält von einem anderen **56** Unternehmer – Franchisegeber – das Recht, gegen Entgelt – Franchisegebühr – unter dessen Markennamen aufzutreten) gilt für die umsatzsteuerrechtliche Beurteilung Folgendes: Es liegt keine Leistungskette vom Franchisenehmer über den Franchisegeber und die amtliche Beschaffungsstelle an die berechtigten Personen vor. Der Franchisenehmer erbringt seine Leistungen unmittelbar und ohne Zwischenschaltung einer amtlichen Beschaffungsstelle an die berechtigten Personen.

1. Mit der Einräumung der Konzession gegen Zahlung einer Provision erbringt die amtliche Beschaffungsstelle eine sonstige Leistung an den Franchisegeber. Diese ist regelmäßig nicht steuerbar gemäß Art. 67 Abs. 1 NATO-ZAbk (zur umsatzsteuerlichen Behandlung der Truppe vgl. Abschnitt F).

2. Der Franchisegeber erbringt eine Leistung an den Franchisenehmer, indem er ihm gegen Entgelt (Franchisegebühr) das Recht einräumt, unter seinem Markennamen aufzutreten. Für diese Leistung kann die Steuerbefreiung nach Art. 67 Abs. 3 NATO-ZAbk nicht in Anspruch genommen werden, da der Franchisegeber seine Leistung ausschließlich an den Franchisenehmer und nicht gegenüber einer amtlichen Beschaffungsstelle erbringt.

3. Zwischen dem Franchisenehmer und der amtlichen Beschaffungsstelle bestehen keine Vertragsbeziehungen, die einen Leistungsaustausch begründen. Der Franchisenehmer erbringt seine Leistungen unmittelbar gegenüber den berechtigten Personen. Die Leistungen sind daher nicht nach Art. 67 Abs. 3 NATO-ZAbk steuerfrei.

4. Der Franchisegeber erbringt an die amtliche Beschaffungsstelle keine Leistungen, soweit der Franchisenehmer tätig wird. Daher werden auch keine Leistungen durch die amtliche Beschaffungsstelle an die berechtigten Personen erbracht.

Beispiel:

Eine amtliche Beschaffungsstelle schließt mit Unternehmer K einen Konzessionsvertrag über die Reinigung von Armeekleidung ab. K räumt Unternehmer F gegen Entgelt das Recht ein, unter Verwendung seines (K's) Markennamens – jedoch in eigenem Namen und auf eigene Rechnung – Reinigungsleistungen am Markt anzubieten. Auch die Kleidung der Truppenangehörigen wird durch F gereinigt.

F erbringt Reinigungsdienstleistungen unmittelbar an die Truppenangehörigen. Diese sind steuerbar und steuerpflichtig. Eine Steuerbefreiung nach Art. 67 Abs. 3 NATO-ZAbk kommt nicht in Betracht, da kein Auftrag einer amtlichen Beschaffungsstelle zugrunde liegt. Leistungsbeziehungen zwischen K und F bestehen nur hinsichtlich der Einräumung des Markenrechts. Diese sonstige Leistung ist ebenfalls steuerbar und steuerpflichtig. Von K werden keine Reinigungsdienstleistungen an die amtliche Beschaffungsstelle erbracht, da er solche weder selbsttätig durchführt noch an sich selbst erbringen lässt.

Elektrizität, Gas, Wasser und Wärme sowie sonstige Leistungen auf dem Gebiet der Telekommunikation

57 Die Umsatzsteuerbefreiung nach Art. 67 Abs. 3 NATO-ZAbk kommt auch für die Lieferung von Elektrizität, Gas, Wasser und Wärme sowie sonstige Leistungen auf dem Gebiet der Telekommunikation in Betracht, die für den Gebrauch oder Verbrauch in den Wohnungen bzw. durch die Mitglieder der Truppe oder des zivilen Gefolges oder deren Angehörige bestimmt sind. Voraussetzung ist, dass der Unternehmer den Vertrag über die Lieferung von Elektrizität, Gas, Wasser und Wärme sowie die sonstige Leistungen auf dem Gebiet der Telekommunikation mit der amtlichen Beschaffungsstelle der Truppe oder des zivilen Gefolges abschließt. Die Steuerbefreiung wird nicht dadurch ausgeschlossen, dass die Lieferung durch den Unternehmer auf Grund einer entsprechenden Vereinbarung mit der amtlichen Beschaffungsstelle der Truppe oder des zivilen Gefolges (ggf. auch durch eine Rahmenvereinbarung mit Leistungsanbietern) unmittelbar in die Wohnung der berechtigten Personen (vgl. Tz. 12) erfolgt oder die sonstigen Leistungen unmittelbar an die berechtigten Personen erbracht werden. Die Umsatzsteuerbefreiung ist ausgeschlossen, wenn der Unternehmer einen Vertrag über diese Lieferungen unmittelbar mit den Mitgliedern der Truppe oder des zivilen Gefolges oder deren Angehörigen abschließt. Zur Erteilung von Einzelrechnungen in diesen Fällen vgl. Tz. 70.

Reparaturleistungen an Fahrzeugen

58 Leistungen zur Reparatur und Wartung von privaten Fahrzeugen berechtigter Personen sind nur steuerfrei, wenn sie von einer amtlichen Beschaffungsstelle in Auftrag gegeben werden. Da insbesondere bei Reparaturen von Fahrzeugen der Umfang der notwendigen Leistungen nicht feststeht, ist es nicht zu beanstanden, wenn der Beschaffungsauftrag lediglich den Namen des Auftragnehmers und die Bezeichnung der Leistung jedoch ohne Angaben zum Preis enthält. Dies gilt auch für die Beseitigung von Unfallschäden am Fahrzeug einer berechtigten Person. Auch im Fall der Übernahme der Kosten durch einen Versicherer ist es zur Inanspruchnahme der Steuerbefreiung erforderlich, dass die berechtigte Person einen Beschaffungsauftrag vorlegt.

D. Vereinfachte Verfahren

Vereinfachtes Beschaffungsverfahren für Leistungen an berechtigte Personen

59 (1) Zur Erleichterung der Beschaffungsverfahren für Leistungen an berechtigte Personen (vgl. Tz. 12) haben die Truppen vereinfachte Verfahren bis zu einem bestimmten Wert eingeführt. Die Wertgrenzen betragen für Lieferungen und sonstige Leistungen im

- amerikanischen Beschaffungsverfahren 2.500 Euro,
- französischen Beschaffungsverfahren 2.000 Euro,
- kanadischen Beschaffungsverfahren 1.500 Euro

und für Lieferungen im niederländischen Beschaffungsverfahren 1.500 Euro.

Leistungen an die berechtigten Personen sind nach Art. 67 Abs. 3 NATO-ZAbk steuerfrei, wenn sie die vorgenannten Wertgrenzen nicht überschreiten und das nachfolgend dargestellte Verfahren eingehalten wird.

(2) Mit der Durchführung des vereinfachten Beschaffungsverfahrens muss eine amtliche Beschaffungs- **60** stelle beauftragt sein. Die berechtigte Person stellt bei der amtlichen Beschaffungsstelle den Antrag, ihr eine bestimmte Leistung zu beschaffen. Die amtliche Beschaffungsstelle prüft die Bezugsberechtigung der Person und übergibt ihr danach folgende Unterlagen:

- Zwei Stücke des mit einem Verfallsdatum versehenen Beschaffungsauftrags (Vertragsantrag). Das Verfallsdatum darf im Zeitpunkt der Hingabe an den leistenden Unternehmer noch nicht abgelaufen sein. Der Antrag muss bis auf den Namen und die Anschrift des leistenden Unternehmers, die Angaben zu den Leistungen sowie die Preisangaben vollständig ausgefüllt, von der Beschaffungsstelle unterschrieben und mit dem amtlichen Stempel der Beschaffungsstelle versehen sein. Der leistende Unternehmer wird in dem Antrag ermächtigt, den durch die Annahme des Antrags mit der Beschaffungsstelle geschlossenen Vertrag durch Ausführung der Lieferung bzw. durch Erbringung der sonstigen Leistung an die berechtigte Person zu erfüllen,
- einen Abwicklungsschein. Der Abwicklungsschein muss bis auf den Namen und die Anschrift des leistenden Unternehmers, die Angaben zu den Leistungen sowie die Preisangaben vollständig ausgefüllt und in Teil 2 von dem Mittelverwalter oder dem für die Überwachung der Beschaffungsstelle zuständigen Offizier unterschrieben sein. Der leistende Unternehmer prüft die Gültigkeit (Verfallsdatum) des Beschaffungsauftrags und setzt in beide Stücke des Auftrags seinen Namen und seine Anschrift, die Angaben zu den Leistungen sowie den Preis ein.

(3) Die berechtigte Person bezahlt (bar, mit Scheck oder Kreditkarte) die Leistung und bescheinigt den **61** Empfang der gelieferten Gegenstände bzw. die Erbringung der sonstigen Leistung auf dem Erststück des Beschaffungsauftrags. Der leistende Unternehmer vermerkt auf dem Erststück des Beschaffungsauftrags die Bezahlung. Das Erststück des Beschaffungsauftrags erhält die berechtigte Person, die es an den Mittelverwalter der Beschaffungsstelle zurückgibt. Das Zweitstück verbleibt beim Unternehmer. Der vom leistenden Unternehmer um die fehlenden Angaben (Name und Anschrift, Leistungen, Leistungsdatum, Preis) ergänzte Abwicklungsschein verbleibt bei diesem.

(4) Im vereinfachten französischen Beschaffungsverfahren muss die Zahlung bar erfolgen. Außerdem **62** müssen folgende weitere Voraussetzungen erfüllt sein:

- der von der Beschaffungsstelle übergebene Abwicklungsschein muss mit dem amtlichen Stempel der Beschaffungsstelle versehen sein und
- die Beschaffungsstelle hat in Teil 2 des Abwicklungsscheins (Empfangsbestätigung und Zahlungsbescheinigung) die laufende Nr. des Auftrags vermerkt und anstelle der Angaben über den unbaren Zahlungsverkehr das Wort „Barzahlung" eingefügt.

(5) Mit der Durchführung der vereinfachten Beschaffungsverfahren sind beauftragt bei **63**

- den amerikanischen Streitkräften die MWRF (Morale Welfare and Recreation Funds) bzw. bei der US Army die den MWRF zugeordneten VAT Relief Offices und bei der US Air Force die dem USAFE Service Fund zugeordneten VAT Relief Offices,
- den französischen Streitkräften das französische Zollamt Donaueschingen,
- den kanadischen Streitkräften das AMSTO (Automobile and Miscellaneous Sales Transaction Office),
- den niederländischen Streitkräften die NASAG (Netherlands Armed Forces Support Agency Germany).

Die in den vereinfachten Beschaffungsverfahren zu verwendenden Vertragsanträge sind als **Anlagen 7 bis 10** beigefügt.

Vereinfachte Verfahren für dienstliche Beschaffungen unter Verwendung von VISA-Kreditkarten bis 2.500 Euro[1)]

Die amerikanischen und britischen Truppen wenden ein vereinfachtes Beschaffungsverfahren an, das **64** der Truppe und dem zivilen Gefolge die umsatzsteuerfreie Beschaffung von Leistungen für den dienstlichen Bedarf zur unmittelbaren Verwendung im Wert bis zu 2.500 €[2)] erleichtern soll. In diesem Verfahren wird die Beschaffungsbefugnis der amtlichen Beschaffungsstellen durch die Verwendung einer VISA-Kreditkarte auf die Kreditkarteninhaber (Truppe und ziviles Gefolge) übertragen. Die hierzu an

---

1) Ergänzende Regelungen und neue Formulare durch BMF vom 01.04.2009 – IV B 9 – S 7492/07/10008, BStBl. 2009 I S. 526; siehe auch Anhang 4j
2) Ab 01.03.2011 gilt für Beschaffungen für britische Truppen der Wert von 5.600 €, vgl. BMF vom 03.03.2011 – IV D 3 – S 7492/07/1006, BStBl. 2011 I S. 234; siehe auch Anhang 4j

die amerikanischen Karteninhaber ausgegebenen IMPAC-VISA-Kreditkarten beginnen jeweils mit der Nr. 4716, die an die britischen Karteninhaber ausgegebenen GPC-VISA-Kreditkarten jeweils mit der Nr. 4715. Die Kreditkarteninhaber sind damit als Beschaffungsbeauftragte der Truppe oder des zivilen Gefolges anzusehen. In diesen Fällen ersetzen diese VISA-Kreditkarten den in anderen Fällen erforderlichen schriftlichen Beschaffungsauftrag. Unabhängig hiervon ist der Belegnachweis bei diesen Leistungen grundsätzlich durch Vorlage eines ordnungsgemäß ausgefüllten Abwicklungsscheins zu erbringen (vgl. Tz. 29 ff.).

Vereinfachtes Verfahren für dienstliche Beschaffungen unter Verwendung einer IMPAC-VISA-Kreditkarte über 2.500 Euro[1)]

65 Die Umsatzsteuerbefreiung nach Art. 67 Abs. 3 NATO-ZAbk ist für Leistungen nicht zu versagen, wenn bei dienstlichen Beschaffungen die IMPAC-VISA-Kreditkarte bis zu einem Wert von 30.000 Euro als Zahlungsmittel eingesetzt wird. Bei Leistungen mit einem Wert von mehr als 2.500 Euro ersetzt die IMPAC-VISA-Kreditkarte jedoch nicht den erforderlichen Beschaffungsauftrag. Für die Inanspruchnahme der Umsatzsteuerbefreiung hat der leistende Unternehmer deshalb neben einem ordnungsgemäß ausgefüllten Abwicklungsschein auch einen Beschaffungsauftrag der amtlichen Beschaffungsstelle vorzulegen.

E. Rechnungserteilung

66 (1) Bei Lieferungen und sonstigen Leistungen nach Art. 67 Abs. 3 NATO-ZAbk handelt es sich um Umsätze im Sinne von § 1 Abs. 1 Nr. 1 UStG. In diesen Fällen sind daher die gesetzlichen Regelungen der §§ 14 bis 14c UStG bei der Ausstellung, Berichtigung und Aufbewahrung von Rechnungen zu beachten. (vgl. BMF-Schreiben vom 29. Januar 2004 – IV B 7 – S 7280 – 19/04 –, BStBl I S. 258). Danach ist der leistende Unternehmer verpflichtet, für Leistungen nach dem NATO-ZAbk eine Rechnung nach § 14 UStG auszustellen, weil es sich bei der ausländischen Streitkraft um eine juristische Person des öffentlichen Rechts handelt.

67 (2) Die Rechnung muss einen Hinweis auf die Umsatzsteuerbefreiung enthalten (§ 14 Abs. 4 Satz 1 Nr. 8 UStG). Der leistende Unternehmer darf daher in der Rechnung keine Umsatzsteuer offen ausweisen. In Kleinbetragsrechnungen (§ 33 UStDV) darf sie auch nicht unter Angabe des Steuersatzes im Rechnungsbetrag zusammen mit dem Entgelt enthalten sein.

68 (3) Weist der Unternehmer in der Rechnung über einen steuerfreien Umsatz nach Art. 67 Abs. 3 NATO-ZAbk Umsatzsteuer gesondert aus, liegt ein Fall des unrichtigen Steuerausweises vor. Der leistende Unternehmer schuldet den ausgewiesenen Steuerbetrag nach § 14c Abs. 1 UStG. Er kann die Rechnung jedoch gegenüber dem Leistungsempfänger berichtigen. § 17 Abs. 1 UStG ist entsprechend anzuwenden.

69 (4) Vertragspartner und Leistungsempfänger des Unternehmers ist bei Umsätzen nach Art. 67 Abs. 3 NATO-ZAbk die Truppe bzw. das zivile Gefolge, vertreten durch die jeweilige amtliche Beschaffungsstelle, wenn eine deutsche Behörde, die Lieferungen oder sonstige Leistungen für die ausländische Truppe in Auftrag gibt. Gegenüber diesen Einrichtungen hat der Unternehmer daher im Rahmen des vorgeschriebenen Beschaffungsverfahrens abzurechnen; sie sind grundsätzlich Rechnungsempfänger und nicht der Truppenangehörige, selbst wenn er die Ware oder Dienstleistung unmittelbar in Empfang nimmt. Für die Umsatzsteuerbefreiung ist es unschädlich, wenn vor der Auftragserteilung z.B. ein auf den Namen der berechtigten Person ausgestellter Kostenvoranschlag oder ausgestelltes Angebot der amtlichen Beschaffungsstelle vorgelegt wird.

70 (5) Bei der Lieferung von Elektrizität, Gas, Wasser und Wärme sowie bei sonstigen Leistungen auf dem Gebiet der Telekommunikation (vgl. Tz. 57) kann der Unternehmer Einzelrechnungen über die erbrachten Leistungen an die berechtigten Personen (vgl. Tz. 12) übersenden, wenn diese das in den Einzelrechnungen angegebene Entgelt unmittelbar an den Unternehmer zahlen. Voraussetzung ist jedoch, dass der Unternehmer die Zahlung des Entgelts nur von seinem Vertragspartner (der Truppe oder des zivilen Gefolges) verlangen kann, wenn eine berechtigte Person den Rechnungsbetrag nicht oder nicht rechtzeitig bezahlt. In der jeweiligen Einzelrechnung muss die betreffende amtliche Beschaffungsstelle der Truppe oder des zivilen Gefolges bezeichnet sein.

F. Umsatzsteuerrechtliche Behandlung der Truppe

71 (1) Nach Art. 67 Abs. 1 NATO-ZAbk unterliegen die Leistungen der im Inland stationierten ausländischen Truppen, soweit sie im Rahmen ihrer dienstlichen Tätigkeit ausgeführt werden, grundsätz-

---

1) Ergänzende Regelungen und neue Formulare durch BMF vom 01.04.2009 – IV B 9 – S 7492/07/10008, BStBl. 2009 I S. 526

lich nicht der Umsatzsteuer. Umsatzsteuerbar sind jedoch die Leistungen, die eine Beteiligung am deutschen Wirtschaftsverkehr darstellen. Eine Beteiligung am deutschen Wirtschaftsverkehr kann vorliegen, wenn eine im Inland stationierte ausländische Truppe nach außen wie ein Unternehmer tätig wird und in Wettbewerb zu anderen Unternehmern tritt. Dies kann z.B. der Fall sein, wenn die im Inland stationierte ausländische Truppe als Organisator und Veranstalter von Konzerten und anderen Veranstaltungen auftritt, die für die Allgemeinheit stattfinden, Eintrittgelder verlangt werden und entgeltliche Lieferungen und sonstige Leistungen (z.B. Verkauf von Speisen, Getränken, T-Shirts, CD's usw.) an die Konzertbesucher bewirkt werden (vgl. auch Tz. 72).

(2) Die in Deutschland stationierten ausländischen Truppen können mit Umsätzen, die als Beteiligung am deutschen Wirtschaftsverkehr anzusehen sind, unter das deutsche Umsatzsteuerrecht fallen (vgl. Tz. 71). Voraussetzung ist jedoch, dass die betreffende ausländische Truppe die bezeichneten Umsätze im Rahmen eines Betriebs gewerblicher Art ausführt. Diese Voraussetzung ergibt sich aus § 2 Abs. 3 UStG, der auf ausländische Körperschaften des öffentlichen Rechts und damit auch auf ausländische Truppen entsprechend anzuwenden ist. **72**

(3) Bei Veranstaltungen zur Kontaktpflege mit der deutschen Bevölkerung, z.B. Volksfesten, die auf den in Deutschland stationierten ausländischen Streitkräften zur Nutzung überlassenen Liegenschaften stattfinden, können nach § 7 Truppenzollordnung (vgl. Tz. 73) bestimmte Waren abgabenfrei abgegeben werden (vgl. hierzu BMF-Erlass vom 25. Februar 2004 – III B 2 – Z 6315 – 5/03 –, VSF-Nachrichten 23/2004 vom 19. März 2004 für Volksfeste, die im Rahmen der deutsch/amerikanischen Freundschaft stattfinden). Unter Einhaltung dieser Verfahrensanweisung ist die Voraussetzung eines Betriebs gewerblicher Art nicht erfüllt. Eine Missachtung dieser Verfahrensanweisung oder eine Abhaltung eines nicht genehmigten Volksfestes kann hingegen als Beteiligung am deutschen Wirtschaftsverkehr angesehen werden und abgabenrechtliche Konsequenzen nach sich ziehen. Für Veranstaltungen, die von anderen in Deutschland stationierten ausländischen Streitkräften veranstaltet werden, ist die o.a. Verfahrensanweisung entsprechend anzuwenden, wenn nichts anderes bestimmt ist (z.B. BMF-Erlass vom 30. November 2004 – III B 2 – Z 6315 – 26/04 –, VSF-Nachrichten 91/2004 vom 21. Dezember 2004 für Volksfeste, die im Rahmen der deutsch/britischen Freundschaft stattfinden). Dies gilt auch in den Fällen, in denen die Veranstaltungen in den Kantinen und Kasinos der ausländischen Truppen durchgeführt werden. Kantinen und Kasinos der ausländischen Truppen bleiben aus diesem Grund bei der Frage, ob bei den bezeichneten Veranstaltungen ein Betrieb gewerblicher Art vorliegt, unter den genannten Voraussetzungen unberücksichtigt. **73**

G. Zollrechtliche Behandlung der Truppe, ihres zivilen Gefolges sowie der berechtigten Personen

(1) Die zollrechtlichen Bestimmungen des NATO-Truppenstatuts und des NATO-ZAbk wurden durch das Truppenzollgesetz 1962 vom 17. Januar 1963 (BGBl. I S. 51) und die Truppenzollordnung vom 1. Juli 1963 (BGBl. I S. 451) umgesetzt. **74**

(2) Grundsätzlich können die Truppe, ihr ziviles Gefolge sowie die berechtigten Personen Drittlandswaren zoll- und einfuhrumsatzsteuerfrei im Inland einführen bzw. Waren im übrigen Gemeinschaftsgebiet oder im Inland umsatzsteuerfrei erwerben. In allen Fällen gehen die Waren zollrechtlich in die Verwendung zu besonderen Zwecken über und bleiben während der gesamten Dauer der Verwendung durch die Streitkräfte oder ihre Mitglieder unter zollamtlicher Überwachung. **75**

(3) Führen die Streitkräfte selbst Drittlandswaren ein, aus oder durch, erfolgt die zollrechtliche Abfertigung anhand der amtlichen Bescheinigung (AE Form 302). Mitglieder der ausländischen Streitkräfte benötigen zur Einfuhr höherwertiger Gegenstände eine Einfuhrgenehmigung (bei den US-Streitkräften AE Form 550-175 A, ehemals AE Form 2075). Dieses Formblatt beinhaltet ebenfalls die Erwerbsgenehmigung, die bei einer Entnahme aus einem Zolllager oder einem aktiven Veredelungsverkehr erforderlich ist. **76**

(4) Eine Weitergabe bzw. ein Verkauf der Waren, die sich in der Verwendung zu besonderen Zwecken der Streitkräfte befinden, an eine nicht berechtigte Person ist möglich, wenn die Streitkräfte eine Veräußerungsgenehmigung ausgestellt haben und die Waren gem. § 4 Truppenzollgesetz 1962 unter Abgabenerhebung durch die zuständige Zollstelle zum uneingeschränkten freien Verkehr abgefertigt werden. Abgabenschuldner werden das Mitglied der Streitkräfte und die nicht berechtigte Person gesamtschuldnerisch. Eine Abgabenschuld entsteht auch dann, wenn eine Ware zu anderen als den begünstigten Zwecken verwendet wird. Dies ist z.B. der Fall, wenn der privilegierte Status eines Mitglieds der Streitkräfte wegfällt, ohne dass sich weitere abgabenrechtliche Vergünstigungen anschließen. In diesem Fall wird das ehemalige Mitglied Abgabenschuldner. Wurde eine Ware mit einem von einer amtlichen Beschaffungsstelle formal ordnungsgemäß ausgestellten Abwicklungsschein erworben und stellt sich nachträglich heraus, dass diese Ware unmittelbar an eine unberechtigte Person weitergegeben worden **77**

ist, liegt zollrechtlich ebenfalls eine Verwendung zu anderen als den begünstigten Zwecken vor. Abgabenschuldner ist in diesen Fällen die nicht berechtigte Person.

78 (5) Für Drittlandswaren, besteht die Abgabenschuld aus Zoll und Einfuhrumsatzsteuer auf den Zeitwert der Ware. Bei einer ehemals umsatzsteuerfrei erworbenen Gemeinschaftsware wird die Umsatzsteuer in der Form der Einfuhrumsatzsteuer ebenfalls auf den Zeitwert erhoben. Dies ist begründet durch die Sonderstellung des Truppenzollrechts. Wird von einer begünstigten Einrichtung umsatzsteuerentlastet aus dem freien Verkehr eines Mitgliedstaates bezogene Waren (wieder) in den freien Verkehr entnommen, entsteht auch insoweit eine Abgabenschuld wie bei der Einfuhr (vgl. BFH-Beschluss vom 17. August 2000 – VII B 45/00 –, BFHE 192 S. 149, HFR 2000 S. 892).

Beispiel 1:

Ein Mitglied der US-Streitkräfte verkauft seinen PKW, den er im Jahr 2001 aus den USA in das Inland eingeführt und bislang selbst gefahren hat, im Jahr 2004 an einen deutschen Bekannten (nicht berechtigte Person).

Der PKW befindet sich in der Verwendung zu besonderen Zwecken. Um den PKW verkaufen zu können, muss seitens der US-Streitkräfte eine Veräußerungsgenehmigung AE Form 550-175 B (vormals AE Form 2074) ausgestellt werden. Unter Vorlage dieser Veräußerungsgenehmigung ist der PKW beim zuständigen Zollamt zum uneingeschränkten freien Verkehr abzufertigen. Das Zollamt erhebt Zoll und Einfuhrumsatzsteuer. Bemessungsgrundlage ist der Zeitwert des PKW. Abgabenschuldner sind Verkäufer und Erwerber gesamtschuldnerisch.

Beispiel 2:

Ein Mitglied der US-Streitkräfte verkauft seinen PKW, den er im Jahr 2001 umsatzsteuerfrei im Inland vom örtlich ansässigen Händler erworben und bislang selbst gefahren hat, im Jahr 2004 an einen deutschen Bekannten (nicht berechtigte Person).

Der PKW befindet sich in der Verwendung zu besonderen Zwecken. Um den PKW verkaufen zu können, muss seitens der US-Streitkräfte eine Veräußerungsgenehmigung AE Form 550-175 B (vormals AE Form 2074) ausgestellt werden. Unter Vorlage dieser Veräußerungsgenehmigung ist der PKW beim zuständigen Zollamt zum uneingeschränkten freien Verkehr abzufertigen. Das Zollamt erhebt nur die Einfuhrumsatzsteuer auf den Zeitwert des PKW, wenn das Mitglied der Streitkräfte nachweisen kann, dass es für das Fahrzeug keine Zollbefreiung in Anspruch genommen hat. Abgabenschuldner sind Verkäufer und Erwerber gesamtschuldnerisch.

H. Behandlung von Umsätzen (Lieferungen und sonstige Leistungen) in anderen EU-Mitgliedstaaten

79 (1) Nach Art. 15 Nr. 10 vierter Gedankenstrich der 6. EG-Richtlinie befreien die EU-Mitgliedstaaten die Lieferungen von Gegenständen – ausgenommen die Lieferung von neuen Fahrzeugen in einen anderen EU-Mitgliedstaat, die als innergemeinschaftliche Lieferung bereits unter die Befreiung nach Art. 28c Teil A Buchst. b der 6. EG-Richtlinie fallen – und Dienstleistungen von der Umsatzsteuer, die in einen anderen EU-Mitgliedstaat bewirkt werden und die für die Streitkräfte anderer Vertragsparteien des Nordatlantikvertrages als die Bestimmungsmitgliedstaates selbst bestimmt sind, unter den in diesem Staat (Gastmitgliedstaat) festgelegten Beschränkungen. Die Steuerbefreiung für die in einem anderen EU-Mitgliedstaat ausgeführten Umsätze an die im Inland stationierten ausländischen NATO-Streitkräfte richtet sich somit nach den Voraussetzungen, die für die Steuerbefreiung entsprechender inländischer Umsätze gelten. Diese Voraussetzungen ergeben sich aus Art. 67 Abs. 3 NATO-ZAbk.

80 (2) Nimmt ein Unternehmer für die in einem anderen EU-Mitgliedstaat ausgeführten Umsätze die dort geltende auf Art. 15 Nr. 10 vierter Gedankenstrich der 6. EG-Richtlinie beruhende Steuerbefreiung in Anspruch, hat er durch eine Bestätigung der zuständigen Behörde des Gastmitgliedstaates oder durch eine Eigenbestätigung der begünstigten Einrichtung nachzuweisen, dass im Gastmitgliedstaat entsprechende inländische Umsätze steuerfrei wären.

81 (3) Bei Lieferungen und sonstigen Leistungen an die im Inland stationierten ausländischen Truppen wird von einer behördlichen Bestätigung abgesehen. An ihre Stelle tritt jeweils eine Eigenbestätigung (Freistellung vom Sichtvermerk) der im Inland stationierten ausländischen Truppe, die den Auftrag zur Erbringung der Lieferung oder sonstigen Leistung erteilt. Die Eigenbestätigung ist in der Bescheinigung über die Befreiung von der Mehrwertsteuer und Verbrauchsteuer (Art. 15 Nr. 10 der 6. EG-Richtlinie und Art. 23 Abs. 1 der Richtlinie 92/12/EWG) vorzunehmen **(Anlage 11)**. In der Eigenbestätigung ist in Nr. 7 dieser Bescheinigung auf die Genehmigung durch dieses Schreiben hinzuweisen.

82 (4) Zur Ausstellung der Eigenbestätigung sind die amtlichen Beschaffungsstellen und Organisationen der ausländischen NATO-Streitkräfte berechtigt, die zur Erteilung von Aufträgen auf abgabenbegünstigte Lieferungen und sonstige Leistungen berechtigt sind.

I. Amtshilfe

Die amtliche Beschaffungsstelle ist dafür verantwortlich, dass die vom Unternehmer ausgeführten Leistungen nur an berechtigte Personen zu deren privatem Gebrauch oder Verbrauch weitergegeben werden. Dies schließt die Kontrolle über den Gebrauch oder Verbrauch der Gegenstände durch die berechtigte Person oder eine evtl. unzulässige gewerbliche Tätigkeit ein. Eine evtl. Weitergabe an nicht berechtigte Personen wird von den Behörden der Truppe den zuständigen Bundesfinanzbehörden mitgeteilt. 83

J. Aufhebung von BdF-Erlassen und BMF-Schreiben

Dieses Schreiben ersetzt mit Wirkung vom 1. Januar 2005 84

den BdF-Erlass vom 15. Dezember 1969 –
IV A/3 – S 7492 – 31/69 – (BStBl. 1970 I S. 150)

sowie die BMF-Schreiben

– vom 27. Februar 1976 – IV A 3 – S 7492 – 6/76 – (BStBl. I S. 154),
– vom 11. Dezember 1978 – IV A 3 – S 7492 – 14/78 – (USt-Kartei NG S 7492 Karte 9),
– vom 10. August 1979 – IV A 3 – S 7492 – 4/79 – (BStBl. I S. 565),
– vom 11. März 1980 – IV A 3 – S 7492 – 5/80 – / – IV A 3 – S 7490 – 1/80 – / – IV A 3 – S 7493 – 1/80 – (BStBl. I S. 148),
– vom 5. Februar 1981 – IV A 3 – S 7492 – 1/81 – (USt-Kartei NG S 7492 Karte 12),
– vom 28. Juni 1984 – IV A 3 – S 7492 – 17/84 – (USt-Kartei NG S 7492 Karte 15),
– vom 9. November 1992 – IV C 4 – S 7492 – 51/92 – (BStBl. I S. 759),
– vom 15. Februar 1994 – IV C 4 – S 7492 – 5/94 – (BStBl. I S. 218),
– vom 23. September 1994 – IV C 4 – S 7492 – 78/94 – (BStBl. 1995 I S. 58),
– vom 12. Mai 1997 – IV C 4 – S 7492 – 40/97 – (BStBl. I S. 901),
– vom 21. Januar 1998 – IV C 4 – S 7492 – 4/98 – (BStBl. I S. 144),
– vom 12. März 1999 – IV D 1 – S 7492 – 23/99 – (BStBl. I S. 400),
– vom 31. März 2000 – IV D 1 – S 7492 – 12/00 – (BStBl. I S. 459),
– vom 19. Dezember 2000 – IV D 1 – S 7492 – 16/00 – (BStBl. I S. 343),
– vom 18. Juni 2001 – IV D 1 – S 7492 – 23/01 – (BStBl. I S. 408),
– vom 28. September 2001 – IV D 1 – S 7492 – 58/01 – (BStBl. I S. 727),
– vom 22. November 2001 – IV D 1 – S 7492 – 48/01 – (BStBl. I S. 1003),
– vom 22. November 2001 – IV D 1 – S 7492 – 66/01 – (BStBl. I S. 1005),
– vom 29. November 2001 – IV D 1 – S 7492 – 68/01 – (BStBl. I S. 1006),
– vom 25. Februar 2002 – IV D 1 – S 7492 – 6/02 – (BStBl. I S. 286),
– vom 20. März 2002 – IV D 1 – S 7492 – 13/02 – (BStBl. I S. 347),
– vom 24. Juni 2002 – IV D 1 – S 7492 – 30/02 – (BStBl. I S. 659),
– vom 28. Juli 2003 – IV D 1 – S 7492 – 33/03 – (BStBl. I S. 421),
– vom 28. Juli 2003 – IV D 1 – S 7492 – 34/03 – (BStBl. I S. 422).

Anhang 3d Leistungen an ausländische Truppen

Anlage 1

Liste der Verbindungsdienststellen

Amerikanische Verbindungsdienststelle
Verbindungsbüro
des kommandierenden Generals der
amerikanischen Landstreitkräfte in Europa
Amerikanische Botschaft, Zimmer 453
Frau Oberst i.G. Linda L. Krüger
Neustädtische Kirchstr. 4
10117 Berlin

Britische Verbindungsdienststelle
HEADQUARTERS
JOINT SERVICES LIAISON ORGANISATION
Herrn Barry Davies
Kaiser-Friedrich-Straße 19
53113 Bonn

Französische Verbindungsdienststelle
Chef der Außenstelle des Territorialen
Kommandos der in Deutschland
stationierten französischen Streitkräfte
und des zivilen Gefolges
Herrn Colonel Eric Natta
Villingerstraße 37
78166 Donaueschingen

Belgische Verbindungsdienststelle
Belgische Verbindingsdienst
in de Bondsrepubliek Duitsland
Herrn Major F. van Uffel
Germanicusstraße 5
50968 Köln

Kanadische Verbindungsdienststelle
Office of the Assistant Judge
Advocate General (Europe)
CFSU (E) Selfkant-Kaserne
Herrn Oberstleutnant S. Fournier
Quimperlestraße 100
52511 Geilenkirchen

Niederländische Verbindungsdienststelle
Botschaft des
Königreichs der Niederlande
- Militärabteilung -
Herrn Oberstleutnant Schoonderwoerd
Friedrichstraße 95
10117 Berlin

Leistungen an ausländische Truppen — Anhang 3d

Anlage 2

Amerikanisches Beschaffungsverfahren

U.S. FORCES ORDER FORM FOR GERMAN VALUE ADDED TAX FREE MERCHANDISE AND SERVICES (OVER EURO 2,500)
(USAREUR Reg. 215-6)

BESTELLUNG FÜR MEHRWERTSTEUER BEFREITE DEUTSCHE WARENDIENSTLEISTUNGEN (ÜBER EURO 2,500)
(USAREUR Reg. 34 102)

Procurement agency/tax relief office/civilian telephone no. *Amtliche Beschaffungsstelle/Telefonnummer*	Order number *Bestellnummer*
VAT officer's name, title, signature and issue date *Name, Dienstbezeichnung, Unterschrift und Datum der Ausgabe*	Official stamp/*Dienststempel*

The agent named below is authorized to receive the merchandise or services described below on behalf of the U.S. Forces. The merchandise or services described below are for the benefit of authorized members of the U.S. Forces and their families, and are not to be used for resale or as a gift to unauthorized personnel and are not for use in any type of business enterprise./*Die untengenannte Person ist zum Empfang der unten aufgeführten Waren oder zur Inanspruchnahme der im folgenden aufgelisteten Dienstleistungen im Namen der U.S.-Streitkräfte berechtigt. Die unten aufgeführten Waren/Dienstleistungen dienen der Unterstützung der Mitglieder der U.S. Streitkräfte und ihrer Familienangehörigen und sollen weder zum Wiederverkauf noch als Geschenk für nicht Berechtigte noch in Unternehmen irgendwelcher Art verwendet werden.*

Designated agent/*Beauftragter*	Signature/*Unterschrift*
	Customer date order *Einkaufsbeauftragter Auftragsdatum*

To be completed by vendor (*Vom Verkäufer auszufüllen*)

Description of goods/services *Beschreibung der Waren/Dienstleistungen*	Amount of purchase over EURO 2,500 (without VAT) EURO _____ *Gesamtbetrag über EURO 2,500 (Ohne MWST)*
Vendor's stamp, signature, and date *Stempel, Unterschrift und Datum*	

AE FORM 215-6B, (date)

Completed - Original (white) copy - Retained by customer
Completed - 2d (blue) copy - Returned to the VAT Relief Office
Completed - 3d (yellow) copy - Retained by vendor
Record - 4th (red) copy - Maintained by VAT Relief Office for audit

Anhang 3d Leistungen an ausländische Truppen

Anlage 3

Abwicklungsschein

für abgabenbegünstigte Lieferungen / Leistungen nach dem
for supplies / services subject to tax relief according to
pour fournitures / prestations bénéficiant d'un régime préférentiel en matière de droits et impôts dans le cadre

- [ ] 1) NATO-Truppenstatut und dem Zusatzabkommen
  NATO Status of Forces Agreement and Supplementary Agreement thereto
  de la Convention OTAN sur le Statut des Forces et de l'Accord Complémentaire

- [ ] 1) Offshore-Steuerabkommen
  Tax Agreement on Relief to be Accorded to United States Defense Expenditures

- [ ] 1) Protokoll über die NATO-Hauptquartiere und dem Ergänzungsabkommen
  Protocol on NATO Headquarters and Supplementary Agreement thereto
  du Protocole sur les Quartiers Généraux de l'OTAN et de l'Accord le complétant

1. Ausfertigung	1st copy	1er exemplaire
für Zwecke der Umsatzsteuer	*for turnover tax purposes*	*pour l'impôt sur le chiffre d'affaires*

1. Lieferschein — *Delivery Certificate* — *Certificat de livraison*

Name und Anschrift des Lieferers / Leistenden *)
Name and address of supplier
Nom et adresse du fournisseur

Datum und Nr. des Vertrages / Auftrages
Date and No of the contract / order
Date et n° du marché / de la commande

Name und Anschrift der amtlichen Beschaffungsstelle
Name and address of official procurement agency
Nom et adresse du service d'achat officiel

Name und Anschrift der Empfangsdienststelle
Name and address of receiving agency
Nom et adresse du service réceptionnaire

Datum der Lieferung / Leistung *) 2) *Date of delivery / service *) 2)* *Date de la livraison / prestation *) 2)*	Genaue Bezeichnung der Gegenstände oder Leistungen in *Exact description of goods or services in* *Désignation exacte des marchandises ou prestations en* a) deutscher Sprache (German-allemand) b) englischer bzw. französischer Übersetzung (English or French translation - traduction anglaise ou française)	Menge der gelieferten Gegenstände *Quantity of goods in* *Quantité de marchandises livrées* Anzahl, Maß und Gewicht *measurements in metric units* *Nombre, poids et mesures en unités métriques*	Preis 3) in ausländischer Währung / EUR *) *Price 3) in foreign currency / EUR *)* *Prix 3) en monnaie étrangère / en EUR *)*
1	2	3	4

Gesamtbetrag in ausländischer Währung / EUR *)
*Total amount in foreign currency / EUR *)*
*Montant total en monnaie étrangère / en EUR *)*

(Datum — *Date* — *Data*)   (Firmenstempel und rechtsverbindliche Unterschrift)
(Stamp and valid signature — Cachet de l'entreprise et signature ayant validité juridique)

*) Nichtzutreffendes streichen. — *Cross out if not applicable.* — *Rayer la mention inutile.*

Leistungen an ausländische Truppen **Anhang 3d**

2. Empfangsbestätigung und Zahlungsbescheinigung –
Certificate of Receipt and Payment – Certificat de réception et de paiement

Die umseitig bezeichneten Gegenstände / Leistungen sind in Empfang genommen worden. Für abgabenbegünstigte Lieferungen / Leistungen nach dem NATO-Truppenstatut und dem Zusatzabkommen sowie nach dem Protokoll über die NATO-Hauptquartiere und dem Ergänzungsabkommen wird bestätigt, dass sie ausschließlich für den Gebrauch oder Verbrauch durch die Streitkräfte oder durch die NATO-Hauptquartiere im Gebiet der Bundesrepublik Deutschland, ihr ziviles Gefolge, ihre Mitglieder oder deren Angehörige bestimmt sind.

The supplies / services described on the front page have been received. For supplies / services subject to tax relief according to NATO Status of Forces Agreement and Supplementary Agreement as well as to Protocol on NATO Headquarters and Supplementary Agreement thereto it is certified that they are intended to be used or consumed exclusively by the Forces or by the NATO Headquarters in the territory of the Federal Republic of Germany, the civilian components, their members or dependents.

Les marchandises / prestations désignées au recto ont été reçues. Il est certifié que ces fournitures / prestations bénéficiant d'un régime préférentiel en matière de droits et impôts dans le cadre de la Convention OTAN sur le Statut des Forces et de l'Accord Complémentaire ainsi que du Protocole sur les Quartiers Généraux de l'OTAN et de l'Accord le complétant sont exclusivement destinées à l'utilisation ou à la consommation par les Forces ou par les Quartiers Généraux de l'OTAN sur le teritoire de la République Fédérale d'Allemagne, l'élément civil, leurs membres ou les personnes à charge.

Der umstehend angegebene Gesamtbetrag von _____ ist richtig.
The total amount as shown on the front page of _____ is correct.
Le montant total mentionné au recto de _____ est exact.
(Angabe des Betrages in ausländischer Währung oder EUR)
(indicate amount in foreign currency or EUR)
(indiquer le montant en monnaie étrangère ou EUR)

Zahlung wurde geleistet in
Payment is being made in _____
Le paiement a été effectué en _____
(Angabe der Währung – indicate currency involved – indiquer la monnaie utilisée)

durch ☐ Scheck ☐ Überweisung ☐ Barzahlung ☐ Kreditkarte [4]) vom _____
by check / by bank transfer / in cash / by credit card [4]) dated _____
par chèque / par virement / par paiement comptant / par carte de crédit [4]) du

aus dem Konto Nr. _____ bei
from account No _____ at _____
au débit du compte n° _____ à
(Geldinstitut der zahlenden Dienststelle – Bank of the paying service – Banque du service effectuant le paiement)

_____   _____   _____
(Datum – Date – Date)   (Dienststempel)   (Name, Dienstgrad und Dienststelle des bestätigenden Offiziers)
                         (Official stamp)   (Name, rank and agency of certifying officer)
                         (Cachet du service)   (Nom, grade service de l'officier fournissant le certificat)

_____
(Unterschrift – Signature – Signature) [5]

Anmerkungen für den Lieferer / Leistenden – Notes for supplier – Remarques destinées au fournisseur

1) Zutreffendes ist im ☐ mit X zu bezeichnen.
2) Werden in einem Abwicklungsschein mehrere Lieferungen/Leistungen innerhalb eines bestimmten Zeitraumes zusammengefasst, ist diesem eine Zusammenstellung mit den entsprechenden Geschäftsunterlagen (Lieferscheine u dgl.) beizufügen.
3) In Spalte 4 ist der tatsächlich vereinnahmte Betrag (abzüglich Steuern, Rabatten, Skonti u. dgl.) anzugeben.

„Unmittelbar unter der letzten Eintragung des Lieferscheins (Teil 1, Spalten 1 bis 4) ist ein waagerechter Schlussstrich zu ziehen. Leerfelder sind durch Streichungen unbrauchbar zu machen."

1) Mark the ☐ with X if applicable.
2) If several supplies / services of a certain period are listed in one single Abwicklungsschein, add a list with the appropriate commercial documents (Lieferschein etc.).
3) Indicate in column 4 the amount actually received (price after deduction of taxes; customs duties; tax relief, if any; discounts and the like).

"Draw horizontal line immediately below last entry on Delivery Certificate (Part 1, columns 1 to 4). Cross unused space so as to make any additional entries impossible."

1) Marquer d'une croix la case correspondante.
2) Lorsque plusieurs fournitures / prestations réalisées pendant une période déterminée sont réunies sur un seul Abwicklungsschein, il y a lieu de joindre à celui-ci un récapitulatif accompagné des pièces commerciales justificatives correspondantes (bon de livraison, etc.).
3) Indiquer dans la colonne 4 le montant réellement perçu (prix obtenu après déduction des impôts, droits de douane et éventuellement des remboursements d'impôts, rabais, escomptes etc.).

"Tirer un trait horizontal immédiatement audessous de la dernière inscription dans le Certificat de livraison (partie I, colonnes 1 à 4). Barrer les cases non remplies afin de les rendre inutilisables."

Anmerkungen für den bestätigenden Offizier – Notes for the certifying officer – Notes pour l'officier donnant le certificat

4) Zutreffendes ist im ☐ mit X zu bezeichnen.
5) Es ist nur die 1. Ausfertigung zu unterzeichnen.

4) Mark the ☐ with X if applicable.
5) The 1 st copy only to be signed.

4) Marquer d'une croix la case correspondante.
5) Signer le 1er exemplaire seulement.

Bemerkungen des Lieferers / Leistenden
Buchungshinweise u. dgl.

WILHELM KÖHLER VERLAG
Bestell-Nr. 704

32372 Minden, Postfach 12 61, Telefon 05 71 / 8 26 23 - 0, Telefax 05 71 / 8 26 23 33
60323 Frankfurt/M, Telemannstr. 13, Telefon 0 69 / 97 20 35 - 87 + 88, Telefax 0 69 / 72 72 96
20095 Hamburg, Mönckebergstr. 11, Telefon 0 40 / 30 38 05 - 33 + 34, Telefax 0 40 / 33 77 23
53113 Bonn, Kaiserstr. 15, Telefon 02 28 / 22 40 50, Telefax 02 28 / 26 16 40
04107 Leipzig, Kippenbergstr. 12, Telefon 03 41 / 2 61 45 - 10 + 11, Telefax 03 41 / 2 61 94 07

Anhang 3d Leistungen an ausländische Truppen

Abwicklungsschein

für abgabenbegünstigte Lieferungen / Leistungen nach dem
for supplies / services subject to tax relief according to
pour fournitures / prestations bénéficiant d'un régime préférentiel en matière de droits et impôts dans le cadre

☐ 1)	NATO-Truppenstatut und dem Zusatzabkommen *NATO Status of Forces Agreement and Supplementary Agreement thereto* *de la Convention OTAN sur le Statut des Forces et de l'Accord Complémentaire*
☐ 1)	Offshore-Steuerabkommen *Tax Agreement on Relief to be Accorded to United States Defense Expenditures*
☐ 1)	Protokoll über die NATO-Hauptquartiere und dem Ergänzungsabkommen *Protocol on NATO Headquarters and Supplementing Agreement thereto* *du Protocole sur les Quartiers Généraux de l'OTAN et de l'Accord le complétant*

2. Ausfertigung	2nd copy	2ème exemplaire
für Zwecke des Zolls und der Verbrauchssteuern	*for customs and excise tax purposes*	*pour les droits de douane et de consommation*

1. Lieferschein – *Delivery Certificate* – *Certificat de livraison*

Name und Anschrift des Lieferers / Leistenden *)
Name and address of supplier
Nom et adresse du fournisseur _____

Datum und Nr. des Vertrages / Auftrages
Date and No of the contract / order
Date et n° du marché / de la commande _____

Name und Anschrift der amtlichen Beschaffungsstelle
Name and address of official procurement agency
Nom et adresse du service d'achat officiel _____

Name und Anschrift der Empfangsdienststelle
Name and address of receiving agency
Nom et adresse du service réceptionnaire _____

Datum der Lieferung / Leistung *) 2) *Date of delivery / service *) 2)* *Date de la livraison / prestation *) 2)*	Genaue Bezeichnung der Gegenstände oder Leistungen in *Exact description of goods or services in* *Désignation exacte des marchandises ou prestations en* a) deutscher Sprache *(German-allemand)* b) englischer bzw. französischer Übersetzung *(English or French translation- traduction anglaise ou française)*	Menge der gelieferten Gegenstände *Quantity of goods in* *Quantité de marchandises livrées* Anzahl, Maß und Gewicht *measurements in metric units* *Nombre, poids et mesures en unités métriques*	Preis 3) in ausländischer Währung / EUR *) *Price 3) in foreign currency / EUR *)* *Prix 3) en monnaie étrangère / en EUR *)*
1	2	3	4

Gesamtbetrag in ausländischer Währung / EUR *)
*Total amount in foreign currency / EUR *)*
*Montant total en monnaie étrangère / en EUR *)* _____

_____ _____
(Datum – *Date* – *Date*) (Firmenstempel und rechtsverbindliche Unterschrift)
(Stamp and valid signature – Cachet de l'entreprise et signature ayant validité juridique)

*) Nichtzutreffendes streichen. – *Cross out if not applicable.* – *Rayer la mention inutile.*

Leistungen an ausländische Truppen **Anhang 3d**

2. Empfangsbestätigung und Zahlungsbescheinigung –
Certificate of Receipt and Payment – Certificat de réception et de paiement

Die umseitig bezeichneten Gegenstände / Leistungen sind in Empfang genommen worden. Für abgabenbegünstigte Lieferungen / Leistungen nach dem NATO-Truppenstatut und dem Zusatzabkommen sowie nach dem Protokoll über die NATO-Hauptquartiere und dem Ergänzungsabkommen wird bestätigt, dass sie ausschließlich für den Gebrauch oder Verbrauch durch die Streitkräfte oder durch die NATO-Hauptquartiere im Gebiet der Bundesrepublik Deutschland, ihr ziviles Gefolge, ihre Mitglieder oder deren Angehörige bestimmt sind.

The supplies / services described on the front page have been received. For supplies / services subject to tax relief according to NATO Status of Forces Agreement and Supplementary Agreement as well as to Protocol on NATO Headquarters and Supplementary Agreement thereto it is certified that they are intended to be used or consumed exclusively by the Forces or by the NATO Headquarters in the territory of the Federal Republic of Germany, the civilian components, their members or dependents.

Les marchandises / prestations désignées au recto ont été reçues. Il est certifié que ces fournitures / prestations bénéficient d'un régime préférentiel en matière de droits et impôts dans le cadre de la Convention OTAN sur le Statut des Forces et de l'Accord Complémentaire ainsi que du Protocole sur les Quartiers Généraux de l'OTAN et de l'Accord le complétant sont exclusivement destinées à l'utilisation ou à la consommation par les Forces ou par les Quartiers Généraux de l'OTAN sur le territoire de la République Fédérale d'Allemagne, l'élément civil, leurs membres ou les personnes à charge.

Der umstehend angegebene Gesamtbetrag von _____ ist richtig.
The total amount as shown on the front page of _____ *is correct.*
Le montant total mentionné au recto de
(Angabe des Betrages in ausländischer Währung oder EUR) *est exact.*
(indicate amount in foreign currency or EUR)
(indiquer le montant en monnaie étrangère ou EUR)

Zahlung wurde geleistet in
Payment is being made in _____
Le paiement a été effectué en
(Angabe der Währung – *indicate currency involved – indiquer la monnaie utilisée*)

durch ☐ Scheck ☐ Überweisung ☐ Barzahlung ☐ Kreditkarte[4]) vom
by check / by bank transfer / in cash / by credit card[4]) dated _____
par chèque / par virement / par paiement comptant / par carte de crédit[4]) du

aus dem Konto Nr. _____ bei
from account No _____ *at* _____
au débit du compte n° _____ *à*
(Geldinstitut der zahlenden Dienststelle – *Bank of the paying service – Banque du service effectuant le paiement*)

_____   _____   _____
(Datum – *Date – Date*)   (Dienststempel)   (Name, Dienstgrad und Dienststelle des bestätigenden Offiziers)
                                   (Official stamp)   *(Name, rank and agency of certifying officer)*
                                   (Cachet du service)   *(Nom, grade service de l'officier fournissant le certificat)*

5)

Anmerkungen für den Lieferer / Leistenden – *Notes for supplier – Remarques destinées au fournisseur*

1) Zutreffendes ist im ☐ mit X zu bezeichnen.
2) Werden in einem Abwicklungsschein mehrere Lieferungen / Leistungen innerhalb eines bestimmten Zeitraumes zusammengefasst, ist diesem eine Zusammenstellung mit den entsprechenden Geschäftsunterlagen (Lieferscheine u. dgl.) beizufügen.
3) In Spalte 4 ist der tatsächlich vereinnahmte Betrag (abzüglich Steuern, Rabatten, Skonti u. dgl.) anzugeben.

„Unmittelbar unter der letzten Eintragung des Lieferscheins (Teil 1, Spalten 1 bis 4) ist ein waagerechter Schlussstrich zu ziehen. Leerfelder sind durch Streichungen unbrauchbar zu machen."

1) *Mark the ☐ with X if applicable.*
2) *If several supplies / services of a certain period are listed in one single Abwicklungsschein, add a list with the appropriate commercial documents (Lieferschein etc.).*
3) *Indicate in column 4 the amount actually received (price after deduction of taxes; customs duties; tax relief, if any; discounts and the like).*

"Draw horizontal line immediately below last entry on Delivery Certificate (Part I, columns 1 to 4). Cross unused space so as to make any additional entries impossible."

1) *Marquer d'une croix la case correspondante.*
2) *Lorsque plusieurs fournitures / prestations réalisées pendant une période déterminée sont réunies sur un seul Abwicklungsschein, il y a lieu de joindre à celui-ci un récapitulatif accompagné des pièces commerciales justificatives correspondantes (bon de livraison, etc.).*
3) *Indiquer dans la colonne 4 le montant réellement perçu (prix obtenu après déduction des impôts, droits de douane et éventuellement des remboursements d'impôts, rabais, escomptes etc.).*

"Tirer un trait horizontal immédiatement audessous de la dernière inscription du Certificat de livraison (partie I, colonnes 1 à 4). Barrer les cases non remplies afin de les rendre inutilisables."

Anmerkungen für den bestätigenden Offizier – *Notes for the certifying officer – Notes pour l'officier donnant le certificat*

4) Zutreffendes ist im ☐ mit X zu bezeichnen.
5) Es ist nur die 1. Ausfertigung zu unterzeichnen.

4) *Mark the ☐ with X if applicable.*
5) *The 1st copy only to be signed.*

4) *Marquer d'une croix la case correspondante.*
5) *Signer la 1er exemplaire seulement.*

Bemerkungen des Lieferers / Leistenden
Buchungshinweise u. dgl.

wk WILHELM KÖHLER VERLAG
Bestell-Nr. 704

32372 Minden, Postfach 12 61, Telefon 05 71/8 26 23-0, Telefax 05 71/8 26 23 23
60323 Frankfurt/M, Telemannstr. 13, Telefon 0 69/97 20 25-97 + 98, Telefax 0 69/72 72 96
20095 Hamburg, Mönckebergstr. 11, Telefon 0 40/30 38 05-33 + 34, Telefax 0 40/33 77 23
53113 Bonn, Kaiserstr. 15, Telefon 02 28/22 40 60, Telefax 02 28/26 16 40
04317 Leipzig, Kippenbergstr. 12, Telefon 03 41/2 61 45-10 + 11, Telefax 03 41/2 61 94 07

2041

Anhang 3d   Leistungen an ausländische Truppen

Abwicklungsschein

für abgabenbegünstigte Lieferungen / Leistungen nach dem
for supplies / services subject to tax relief according to
pour fournitures / prestations bénéficiant d'un régime préférentiel en matière de droits et impôts dans le cadre

- ☐ 1) NATO-Truppenstatut und dem Zusatzabkommen
  NATO Status of Forces Agreement and Supplementary Agreement thereto
  de la Convention OTAN sur le Statut des Forces et de l'Accord Complémentaire
- ☐ 1) Offshore-Steuerabkommen
  Tax Agreement on Relief to be Accorded to United States Defense Expenditures
- ☐ 1) Protokoll über die NATO-Hauptquartiere und dem Ergänzungsabkommen
  Protocol on NATO Headquarters and Supplementing Agreement thereto
  du Protocole sur les Quartiers Généraux de l'OTAN et de l'Accord le complétant

3. Ausfertigung	3rd copy	3ème exemplaire
für Zwecke der Statistik vom Lieferer an die Deutsche Bundesbank, Servicezentrum Außenwirtschaftsstatistik, 55148 Mainz, zu senden, falls er keine Meldung nach Anlage Z 4 zur AWV abgibt	from supplier to Deutsche Bundesbank for statistical purposes	statistique á envoyer parle fournisseur á la Deutsche Bundesbank

1. Lieferschein – Delivery Certificate – Certificat de livraison

Name und Anschrift des Lieferers / Leistenden *)
Name and address of supplier _____
Nom et adresse du fournisseur

Datum und Nr. des Vertrages / Auftrages
Date and No of the contract / order _____
Date et n° du marché / de la commande

Name und Anschrift der amtlichen Beschaffungsstelle
Name and address of official procurement agency _____
Nom et adresse du service d'achat officiel

Name und Anschrift der Empfangsdienststelle
Name and address of receiving agency _____
Nom et adresse du service réceptionnaire

Datum der Lieferung / Leistung *) 2)
 *Date of delivery / service *) 2)*
 *Date de la livraison / prestation *) 2)*
	Genaue Bezeichnung der Gegenstände oder Leistungen in
	 Exact description of goods or services in
	 Désignation exacte des marchandises ou prestations en
	 a) deutscher Sprache (German-allemand)
	 b) englischer bzw. französischer Übersetzung
	    (English or French translation-
	    traduction anglaise ou française)
		Menge der gelieferten Gegenstände
		 Quantity of goods in
		 Quantité de marchandises livrées
		
		 Anzahl, Maß und Gewicht
		 measurements in metric units
		 Nombre, poids et mesures en unités métriques
			Preis 3)
			 in ausländischer Währung / EUR *)
			 *Price 3) in foreign currency / EUR *)*
			 *Prix 3) en monnaie étrangère / en EUR *)*

1	2	3	4

Gesamtbetrag in ausländischer Währung / EUR *)
*Total amount in foreign currency / EUR *)* _____
*Montant total en monnaie étrangère / en EUR *)*

            (Datum – Date – Date)   (Firmenstempel und rechtsverbindliche Unterschrift)
                                            (Stamp and valid signature – Cachet de l'entreprise et signature ayant validité juridique)

*) Nichtzutreffendes streichen. – Cross out if not applicable. – Rayer la mention inutile.

Leistungen an ausländische Truppen **Anhang 3d**

2. Empfangsbestätigung und Zahlungsbescheinigung –
Certificate of Receipt and Payment – Certificat de réception et de paiement

Die umseitig bezeichneten Gegenstände / Leistungen sind in Empfang genommen worden. Für abgabenbegünstigte Lieferungen / Leistungen nach dem NATO-Truppenstatut und dem Zusatzabkommen sowie nach dem Protokoll über die NATO-Hauptquartiere und dem Ergänzungsabkommen wird bestätigt, dass sie ausschließlich für den Gebrauch oder Verbrauch durch die Streitkräfte oder durch die NATO-Hauptquartiere im Gebiet der Bundesrepublik Deutschland, ihr ziviles Gefolge, ihre Mitglieder oder deren Angehörige bestimmt sind.

The supplies / services described on the front page have been received. For supplies / services subject to tax relief according to NATO Status of Forces Agreement and Supplementary Agreement as well as to Protocol on NATO Headquarters and Supplementary Agreement thereto it is certified that they are intended to be used or consumed exclusively by the Forces or by the NATO Headquarters in the territory of the Federal Republic of Germany, the civilian components, their members or dependents.

Les marchandises / prestations désignées au recto ont été reçues. Il est certifié que ces fournitures / prestations bénéficiant d'un régime préférentiel en matière de droits et impôts dans le cadre de la Convention OTAN sur le Statut des Forces et de l'Accord Complémentaire ainsi que du Protocole sur les Quartiers Généraux de l'OTAN et de l'Accord le complétant sont exclusivement destinées à l'utilisation ou à la consommation par les Forces ou par les Quartiers Généraux de l'OTAN sur le teritoire de la République Fédérale d'Allemagne, l'élément civil, leurs membres ou les personnes à charge.

Der umstehend angegebene Gesamtbetrag von _____ ist richtig.
The total amount as shown on the front page of _____ *is correct.*
Le montant total mentionné au recto de _____ (Angabe des Betrages in ausländischer Währung oder EUR) *est exact.*
(indicate amount in foreign currency or EUR)
(indiquer le montant en monnaie étrangère ou EUR)

Zahlung wurde geleistet in _____
Payment is being made in
Le paiement a été effectué en (Angabe der Währung – indicate currency involved – indiquer la monnaie utilisée)

durch ☐ Scheck ☐ Überweisung ☐ Barzahlung ☐ Kreditkarte[4]) vom _____
by check / by bank transfer / in cash / by credit card[4]) dated
par chèque / par virement / par paiement comptant / par carte de crédit[4]) du

aus dem Konto Nr. _____ bei _____
from account No   at
au débit du compte n°   à   (Geldinstitut der zahlenden Dienststelle – Bank of the paying service – Banque du service effectuant le paiement)

_____   _____   _____
(Datum – Date – Date)   (Dienststempel)   (Name, Dienstgrad und Dienststelle des bestätigenden Offiziers)
                               (Official stamp)   (Name, rank and agency of certifying officer)
                               (Cachet du service)   (Nom, grade service de l'officier fournissant le certificat)

5)

Anmerkungen für den Lieferer / Leistenden – *Notes for supplier – Remarques destinées au fournisseur*

1) Zutreffendes ist im ☐ mit X zu bezeichnen.
2) Werden in einem Abwicklungsschein mehrere Lieferungen / Leistungen innerhalb eines bestimmten Zeitraumes zusammengefasst, ist diesem eine Zusammenstellung mit den entsprechenden Geschäftsunterlagen (Lieferscheine u.dgl.) beizufügen.
3) In Spalte 4 ist der tatsächlich vereinnahmte Betrag (abzüglich Steuern, Rabatten, Skonti u. dgl.) anzugeben.

„Unmittelbar unter der letzten Eintragung des Lieferscheins (Teil 1, Spalten 1 bis 4) ist ein waagerechter Schlussstrich zu ziehen. Leerfelder sind durch Streichungen unbrauchbar zu machen."

1) *Mark the ☐ with X if applicable.*
2) *If several supplies / services of a certain period are listed in one single Abwicklungsschein, add a list with the appropriate commercial documents (Lieferschein etc.).*
3) *Indicate in column 4 the amount actually received (price after deduction of taxes; customs duties; tax relief, if any; discounts and the like).*

"Draw horizontal line immediately below last entry on Delivery Certificate (Part I, columns 1 to 4). Cross unused space so as to make any additional entries impossible."

1) *Marquer d'une croix la case correspondante.*
2) *Lorsque plusieurs fournitures / prestations réalisées pendant une période déterminée sont réunies sur un seul Abwicklungsschein, il y a lieu de joindre à celui-ci un récapitulatif des pièces commerciales justificatives correspondantes (bon de livraison, etc.).*
3) *Indiquer dans la colonne 4 le montant réellement perçu (prix obtenu après déduction des impôts, droits de douane et éventuellement des remboursements d'impôts, rabais, escomptes etc.).*

"Tirer un trait horizontal immédiatement audessous de la dernière inscription dans le Certificat de livraison (partie I, colonnes 1 à 4). Barrer les cases non remplies afin de les rendre inutilisables."

Anmerkungen für den bestätigenden Offizier – *Notes for the certifying officer – Notes pour l'officier donnant le certificat*

4) Zutreffendes ist im ☐ mit X zu bezeichnen.
5) Es ist nur die 1. Ausfertigung zu unterzeichnen.

4) *Mark the ☐ with X if applicable.*
5) *The 1st copy only to be signed.*

4) *Marquer d'une croix la case correspondante.*
5) *Signer le 1er exemplaire seulement.*

Bemerkungen des Lieferers / Leistenden
Buchungshinweise u. dgl.

wk **WILHELM KÖHLER VERLAG**
    Bestell-Nr. 704

32372 Minden, Postfach 19 61, Telefon 05 71 / 8 26 23 - 0, Telefax 05 71 / 8 26 23 23
60323 Frankfurt/M, Telemannstr. 13, Telefon 0 69 / 97 20 26 - 97 + 98, Telefax 0 69 / 72 72 98
20095 Hamburg, Möckerbergstr. 11, Telefon 0 40 / 90 36 05 - 33 + 34, Telefax 0 40 / 33 77 23
53113 Bonn, Kaiserstr. 16, Telefon 02 28 / 22 40 50, Telefax 02 28 / 26 16 40
04317 Leipzig, Koppenbergstr. 12, Telefon 03 41 / 2 91 45 -10 + 11, Telefax 03 41 / 2 61 94 07

2043

Anhang 3d Leistungen an ausländische Truppen

Anlage 4

Baubehörde		Auskunft erteilt	Zimmer
Geschäftszeichen		Fernsprecher	Nebenstelle

(Bitte bei allen Rückfragen angeben)

Bescheinigung nach § 73 Abs. 1 Nr. 2 UStDV

über die Inanspruchnahme der umsatzsteuerlichen Vergünstigungen

nach dem Offshore-Steuerabkommen oder

nach dem Zusatzabkommen zum NATO-Truppenstatut für Baumaßnahmen

Im Rahmen des Bauprojektes _____

_____

wurde die Firma _____
(Name und Anschrift)

_____

mit Schreiben vom

mit der Ausführung folgender Leistungen beauftragt: _____

_____

Für die Leistungen wurde der o.a. Firma ein Betrag von _____ € auf Grund der

☐ Teilrechnung vom   ☐ Schlussrechnung vom _____

zur Auszahlung angewiesen.

Nach den hier vorliegenden Unterlagen sind die Leistungen für den Gebrauch oder Verbrauch

durch die _____ Streitkräfte, ihr ziviles Gefolge, ihre Mitglieder oder

deren Angehörige bestimmt

☐ in vollem Umfang   ☐ in Höhe eines Betrags von _____ €

_____
(Datum)

_____
(Unterschrift)

(Dienststempel)

USt 1 NATO - Bescheinigung nach § 73 Abs. 1 Nr. 2 UStDV für Baumaßnahmen - 01.01.05

Leistungen an ausländische Truppen **Anhang 3d**

Anlage 5

Behörde		Auskunft erteilt	Zimmer
Geschäftszeichen		Fernsprecher	Nebenstelle

(Bitte bei allen Rückfragen angeben)

Bescheinigung nach § 73 Abs. 1 Nr. 2 UStDV

über die Inanspruchnahme der umsatzsteuerlichen Vergünstigungen

nach dem Offshore-Steuerabkommen oder

nach dem Zusatzabkommen zum NATO-Truppenstatut für Nutzungsverhältnisse

Bezeichnung: _____
(Liegenschaft oder sonstiger Gegenstand des Nutzungsverhältnisses)

Leistender: _____
(Name und Anschrift des Eigentümers/sonstigen Berechtigten)

Art des Nutzungsverhältnisses _____

Beginn des Nutzungsverhältnisses _____

Vertragschließende Behörde: _____

Miete/Nutzungsentgelt: _____ € Zahlungszeitraum: _____

Nach den hier vorliegenden Unterlagen sind die Leistungen für den Gebrauch oder Verbrauch durch die _____ Streitkräfte, ihr ziviles Gefolge, ihre Mitglieder oder deren Angehörige bestimmt

☐ in vollem Umfang ☐ in Höhe eines Betrags von _____ €

_____
(Datum)

_____
(Unterschrift)

(Dienststempel)

USt 2 NATO - Bescheinigung nach § 73 Abs. 1 Nr. 2 UStDV bei Nutzungsverhältnissen - 01.01.05

Anhang 3d

Leistungen an ausländische Truppen

Anlage 6

Behörde		Auskunft erteilt	Zimmer
Geschäftszeichen		Fernsprecher	Nebenstelle
(Bitte bei allen Rückfragen angeben.)			

An das
Finanzamt _____

_____

_____

Kontrollmitteilung

bei Beendigung eines nach dem NATO-Truppenstut steuerlich begünstigten Mietverhältnisses

_____
(Anschrift der zuständigen Behörde)

hat bislang das Objekt _____

umsatzsteuerfrei nach Art. 67 Abs. 3 NATO-ZAbk vermietet.

Das Mietververhältnis wurde zum _____ beendet.

Damit könnte eine Änderung der Verhältnisse im Sinne des § 15a UStG vorliegen, weil der Steuerpflichtige bei einem Übergang zu einer nach § 4 Nr. 12 UStG steuerfreien Vermietung zu Wohnzwecken nicht mehr zum Vorsteuerabzug berechtigt ist.

Die Behörde/die Streitkräfte hat/haben im Zusammenhang mit der Vertragsbeendigung bisher Zahlung(en) geleistet und zwar am _____

☐ an den Steuerpflichtigen in Höhe von: _____ €

☐ an den Verwalter _____ des Objekts in
(Name und Anschrift.)
Höhe von _____ € zur Verteilung an die einzelnen Eigentümer.
Auf den Steuerpflichtigen entfallen davon ca. _____ € .

Ich bitte um Prüfung, ob die Zahlung(en) steuerlich erfasst ist/sind.

_____ _____
(Datum) (Unterschrift)
 (Name und Dienstbezeichnung)

(Dienststempel)

USt 3 NATO - Kontrollmitteilung bei Beendigung eines nach dem NATO-Truppenstatut steuerlich begünstigten Mietverhältnisses - 01.01.05

Leistungen an ausländische Truppen — Anhang 3d

Anlage 7

Amerikanisches Beschaffungsverfahren

U.S. FORCES ORDER FORM FOR GERMAN VALUE ADDED TAX FREE MERCHANDISE AND SERVICES (UP TO EURO 2,500)
BESTELLUNG FÜR MEHRWERTSTEUER BEFREITE DEUTSCHE WAREN/DIENSTLEISTUNGEN (BIS EURO 2,500)
(USAREUR Reg 215-6/USAFE Reg 34-102)

Procurement agency/tax relief office/civilian telephone no. *Amtliche Beschaffungsstelle/Telefonnummer*	Order number *Bestellnummer*
VAT officer's name, title, signature and issue date *Name, Dienstbezeichnung, Unterschrift und Datum der Ausgabe*	Expiration date *Verfalldatum*
	Official stamp/*Dienststempel*

The applicant named below is designated as an official purchasing agent of the U.S. Forces. This applicant is authorized to receive the merchandise or services described below on behalf of the U.S. Forces. The merchandise or services described below are for use in any type of business enterprise. *Die untengenannte Person ist amtlicher Einkaufsbeauftragter der U.S.-Streitkräfte. Diese Person ist zum Empfang der unten aufgeführten Waren oder zur Inanspruchnahme der im folgenden aufgelisteten Dienstleistungen im Namen der U.S.-Streitkräfte berechtigt. Die unten aufgeführten Waren/Dienstleistungen dienen der Unterstützung der Mitglieder der U.S.-Streitkräfte und ihrer Familienangehörigen und sollen weder zum Wiederverkauf noch als Geschenk für nicht Berechtigte noch in Unternehmen irgendwelcher Art verwendet werden.*

Designated agent/*Einkaufsbeauftragter*	Signature/*Unterschrift*
Authorized family member/*Familienangehöriger*	Signature/*Unterschrift*

To be completed by vendor (*Vom Verkäufer auszufüllen*)

Description of goods/services *Beschreibung der Waren/Dienstleistungen*	Vendor's stamp, signature, and date *Stempel, Unterschrift und Datum*	Amount of purchase up to EURO 2,500 (without VAT) EURO _____ Customer date order *Einkaufsbeauftragter Auftragsdatum* Gesamtbetrag bis EURO 2,500 (Ohne MWSt)

AE FORM 215-6A, (date)

Completed - Original (white copy) - Retained by customer
Completed - 2d (blue) copy - Returned to the VAT Relief Office
Completed - 3d (yellow) copy - Retained by vendor
Record - 4th (red) copy - Maintained by VAT Relief Office for audit

Anhang 3d — Leistungen an ausländische Truppen

Anlage 8

Französisches Beschaffungsverfahren

ANTRAG UND BESTELLFORMULAR FÜR VON DER MEHRWERTSTEUER BEFREITE DEUTSCHE WAREN/DIENSTLEISTUNGEN *DEMANDE ET FORMULAIRE DE COMMANDE DE MARCHANDISES/PRESTATIONS DE SERVICES ALLEMANDES EXONÉRÉES DE LA TAXE SUR LE CHIFFRE D'AFFAIRES*		BESTELL NR / N° DE COMMANDE
NAME DES ANTRAGSTELLERS / *NOM DU DEMANDEUR*	FFECSA PERSONAL AUSWEIS NR *N° DE CARTE D'IDENTITÉ FFECSA*	VERFALL DATUM / *DATE D'ÉCHÉANCE*
NAME DES AUFTRAGGEBERS / *NOM DE L'AUTORITÉ RESPONSABLE* **MISSION DES DOUANES**		TELEFON DIENSTLICH / PRIVAT *TELEPHONE SERVICE* Mission des douanes 0771 856 37 22 / 37 24
EINHEIT / DIENSTSTELLE DES AUFTRAGGEBERS *UNITÉ / SERVICE DE L'AUTORITÉ RESPONSABLE* **MISSION DE DOUANES**	POSTANSCHRIFT DES AUFTRAGGEBERS / *ADRESSE POSTALE DE L'AUTORITÉ RESPONSABLE* **FRIEDHOFSTRASSE 15 / 78166 DONAUESCHINGEN**	STEMPEL / *CACHET DU SERVICE*
NAME / UNTERSCHRIFT DES SACHBEARBEITERS DES AUFTRAGGEBERS (ZUSTÄNDIGER BEARBEITER) / *NOM ET SIGNATURE DE L'AUTORITÉ RESPONSABLE (personne compétente)*		
Die oben genannte Person ist amtlicher Einkaufsbeauftragter der französischen Streitkräfte. Diese Person ist zum Empfang der unten aufgeführten Waren oder zur Inanspruchnahme der nachfolgend aufgelisteten Dienstleistungen im Namen der französischen Streitkräfte berechtigt. Die unten aufgeführten Waren oder Dienstleistungen dienen der Unterstützung der Mitglieder der französischen Streitkräfte und ihrer Familienangehörigen und sollen weder zum Wiederverkauf noch als Geschenk für nicht berechtigte Personen noch in Unternehmen irgendwelcher Art verwendet werden. *L'autorité ci-dessus désignée est déléguée officielle des forces françaises pour les achats. Cette autorité est habilitée à réceptionner les marchandises énumérées ci-dessous ou les prestations de service énumérées ci-dessous au nom des forces françaises et de l'ésgant civil. Les marchandises ou prestations de services ci-dessous sont destinées à soutenir les membres des forces françaises et de relèvent civil ainsi que les membres de leur famille et ne doivent être utilisées ni pour la vente, ni comme cadeau pour des personnes non ayants droit ni dans une entreprise de quelque type que ce soit.*		☐ GESAMTBETRAG (ohne MWSt) BIS ZU EINEM WERT VON 2000 EURO ; (BIS 31. DEZEMBER 2001 : 4000 DM) *MONTANT TOTAL HORS TAXE INFÉRIEUR OU ÉGAL A 2000 EURO ; (JUSQU'AU 31 DÉCEMBRE : 4000 DM)*
NAME UND ADRESSE DES VERKÄUFERS / *NOM ET ADRESSE DU VENDEUR*	BESCHREIBUNG DER WAREN UND / ODER DIENSTLEISTUNGEN / *DESCRIPTION DES MARCHANDISES ET/OU PRESTATIONS DE SERVICE*	
	UNTERSCHRIFT DES VERKÄUFERS / DATUM *SIGNATURE DU VENDEUR / DATE*	STEMPEL / *CACHET DU VENDEUR*
UNTERSCHRIFT DES ANTRAGSTELLERS / DATUM *SIGNATURE DU DEMANDEUR / DATE*		

⇨ Copie : mission des douanes
⇨ Copie : vendeur/*Verkäufer*
⇨ Copie : client/*Antragsteller*

Anhang 3d

Anlage 9

Kanadisches Beschaffungsverfahren

		ORDER NO. – NO DE COMMANDE BESTELL-NR.	
APPLICATION AND ORDER FORM FOR GERMAN VALUE ADDED TAX FREE MERCHANDISES/SERVICES FORMULAIRE DE DEMANDE ET DE COMMANDE POUR MARCHANDISES/SERVICES EXEMPTS DE LA TVA ALLEMANDE ANTRAG UND BESTELLFORMULAR FÜR VON DER MEHRWERTSTEUER BEFREITE DEUTSCHE WAREN/DIENSTLEISTUNGEN		EXPIRATION DATE – DATE D'ÉCHÉANCE - VERFALLSDATUM	TEL. NO. WORK/HOME NO. DE TÉL. TRAVAIL/PRIVÉ TELEFON DIENSTLICH/PRIVAT
APPLICANT'S NAME – NOM DU CLIENT – NAME DES ANTRAGSTELLERS	ID CARD NO. – NO DE CARTE D'IDENTITÉ - PERSONALAUSWEIS-NR.		
SPONSOR'S NAME - NOM DU RÉPONDANT(E) – NAME DES AUFTRAGGEBERS	ID CARD NO – NO DE CARTE D'IDENTITÉ PERSONALAUSWEISNUMMER	VAT OFFICIAL STAMP – ÉTAMPE BUREAU DE VAT – STEMPEL DER ABWICKLUNGSSTELLE	
SPONSOR'S UNIT AND MAILING ADDRESS – NOM ET ADRESSE DE L'UNITÉ DE RÉPONDANT(E) – EINHEIT UND POSTANSCHRIFT DES AUFTRAGGEBERS			
VAT OFFICIAL'S NAME/SIGNATURE – NOM/SIGNATURE DE L'OFFICIEL DU BUREAU DE TVA - NAME/UNTERSCHRIFT DES SACHBEARBEITERS DER ABWICKLUNGSSTELLE			
The applicant named above is designated as an official purchasing agent of the Canadian Forces and is authorized to receive the merchandise or services described below on behalf of the Canadian Forces. The merchandise or services described below are for the benefit of the authorized members of the Canadian Forces and their families and are not to be used for resale or as a gift to unauthorized personnel, nor in any type of business enterprise. Le client nommé ci-dessus a été désigné comme agent officiel pour les achats des Forces canadiennes. Ce client est autorisé à recevoir la marchandise ou les services décrits ci-dessous au nom des Forces canadiennes. La marchandise ou les services qui sont énumérés ci-dessous sont pour le bénéfice des membres autorisés des Forces canadiennes et leurs familles et ne doivent servir ni à la revente ou comme cadeau aux personnes non-autorisées, ni utilisés dans aucune entreprise ou commerce. Der Antragsteller ist amtlicher Einkaufsbeauftragter der kanadischen Streitkräfte und ist zum Empfang der unten aufgeführten Waren oder zur Inanspruchnahme der nachfolgend aufgelisteten Dienstleistungen im Namen der kanadischen Streitkräfte berechtigt. Die unten aufgeführten Waren oder Dienstleistungen dienen der Unterstützung der Mitglieder der kanadischen Streitkräfte und ihren Familienangehörigen und sollen weder zum Wiederverkauf, noch als Geschenk für nicht berechtigte Personen, noch in Unternehmen jeglicher Art verwendet werden.	DESCRIPTION OF GOODS/SERVICES – DESCRIPTION DES BIENS/SERVICES – BESCHREIBUNG DER WAREN/DIENSTLEISTUNGEN	TOTAL COST (WITHOUT VAT) (up to € 1500) COÛT TOTAL (HORS TVA) (jusqu'au € 1500) GESAMTBETRAG (ohne MWSt) (bis zu einem Wert von € 1500)	VENDOR'S STAMP – ÉTAMPE DU VENDER - FIRMENSTEMPEL
VENDOR'S NAME AND ADDRESS – NOM ET ADRESSE DU VENDEUR – NAME UND ADRESSE DES VERKÄUFERS			
APPLICANT'S SIGNATURE/DATE - SIGNATURE DU CLIENT/DATE – UNTERSCHRIFT DES ANTRAGSTELLERS/DATUM		VENDOR'S SIGNATURE/DATE – DATE/SIGNATURE DU VENDEUT – UNTERSCHRIFT DES VERKÄUFERS/DATUM	

Anhang 3d — Leistungen an ausländische Truppen

Anlage 10

Niederländisches Beschaffungsverfahren

ANTRAG UND BESTELLFORMULAR FÜR VON DER MEHRWERTSTEUER BEFREITE DEUTSCHE WAREN			RESTELL NR / BESTEL NR
AANVRAAG EN BESTELFORMULIER VOOR DUITSE MEHRWERTSTEUERVRIJE WAREN			
NAME DES ANTRAGSTELLERS / *NAAM AANVRAGER*		PERSONALAUSWEIS NR / *SMARTCARD NR*	VERFALL DATUM / *VERVALDATUM*
NAME DES EHEPARTNERS / *NAAM ECHTGENO(O)TE*		PERSONALAUSWEIS NR / *SMARTCARD NR*	BESCHAFFUNGSSTELLE *VERSTREKT DOOR*
POSTANSCHRIFT DES ANTRAGSTELLERS / *POSTADRES AANVRAGER*			C-NASAG Twistenberg 120 27404 Seedorf
NAME / UNTERSCHRIFT DES SACHBEARBEITERS DES AUFTRAGGEBERS (ZUSTÄNDIGER BEARBEITER) *NAAM / ONDERTEKENING BEVOEGD GEZAG* C-NASAG , im Auftrag / *voor deze*			GESAMTBETRAG (unter € 1500) *TOTAAL BEDRAG (zonder € 1500)* (ohne MWSt / *zonder MWSt*)
Die oben genannte Person ist amtlicher Einkaufsbeauftragter der Niederländische Streitkräfte stationiert in der BRD. Diese Person ist zum Empfang der unten aufgeführten Waren im Namen der Niederländische Streitkräfte berechtigt. Die unten aufgeführten Waren dienen der Unterstützung der Mitglieder der Niederländische Streitkräfte und ihrer Familienangehörigen und sollten nicht beim Wiederverkauf noch als Geschenk für nicht berechtigte Personen noch in Unternehmen irgendwelcher Art verwendet werden./ *Bovengenoemde aanvrager is officiële aankoopgerechtigde van de Nederlandse Strijdkrachten gestationeerd in de BRD. Deze persoon is gemachtigd om de hierna genoemde waren in ontvangst te nemen. Het gebruik van de hieronder vermelde waren dient uitsluitend ter ondersteuning van de leden der Nederlandse Strijdkrachten en hun gezinsleden tijdens hun verblijf in de BRD en mogen in geen enkele vorm worden doorverkocht of geschonken aan niet gerechtigde personen of gebruikt worden voor zakelijke doeleinden.*			GESAMTBETRAG (über € 1500) *TOTAAL BEDRAG (boven € 1500)* (ohne MWSt / *zonder MWSt*)
NAME UND ADRESSE DES VERKÄUFERS *NAAM EN ADRES LEVERANCIER*	BESCHREIBUNG DER WAREN *OMSCHRIJVING GOEDEREN*		FIRMENSTEMPEL *STEMPEL LEVERANCIER*
UNTERSCHRIFT ANTRAGSTELLER /DATUM *HANDTEKENING AANVRAGER /DATUM*	UNTERSCHRIFT DES VERKÄUFERS /DATUM *HANDTEKENING LEVERANCIER /DATUM*		Kopie weiß / *wit* — seine Beschaffungsstelle / *Geuwenteziehen* Kopie rosa / *rose* — Verkäufer / *leverancier* Kopie blau / *blauw* — Antragsteller / *aanvrager* Kopie gelb / *geel* — Antragsteller / *aanvrager*

2050

Leistungen an ausländische Truppen   **Anhang 3d**

Anlage 11

EUROPÄISCHE GEMEINSCHAFT

BESCHEINIGUNG ÜBER DIE BEFREIUNG VON DER MEHRWERTSTEUER UND VERBRAUCHSTEUER
(Richtlinie 77/388/EWG – Artikel 15 Nr. 10 und Richtlinie 92/12/EWG – Artikel 23 Absatz 1)

Reihennummer (freiwillig)

---

1. ANTRAGSTELLENDE EINRICHTUNG BZW. PRIVATPERSON

   Bezeichnung bzw. Name

   Straße, Hausnummer

   Postleitzahl, Ort

   (Gast-) Mitgliedstaat

---

2. BEHÖRDE, DIE FÜR DAS ANBRINGEN DES DIENSTSTEMPELS ZUSTÄNDIG IST
   (Bezeichnung, Anschrift und Rufnummer)

---

3. ERKLÄRUNG DES ANTRAGSTELLERS (EINRICHTUNG BZW. PRIVATPERSON)

   Der Antragsteller (Einrichtung/Privatperson) [1] erklärt hiermit,

   a) daß die in Feld 5 genannten Waren und/oder Dienstleistungen bestimmt sind [2]

   ☐ für amtliche Zwecke   ☐ zur privaten Verwendung durch

   ☐ einer ausländischen diplomatischen Vertretung   ☐ einen Angehörigen einer ausländischen diplomatischen Vertretung

   ☐ einer ausländischen berufskonsularischen Vertretung   ☐ einen Angehörigen einer ausländischen berufskonsularischen Vertretung

   ☐ einer internationalen Organisation   ☐ einen Bediensteten einer internationalen Organisation

   ☐ von Streitkräften eines der NATO angehörenden Staates

   _____
   (Bezeichnung der Einrichtung – siehe Feld 4)

   b) dass die in Feld 5 genannten Waren und/oder Dienstleistungen mit den Bedingungen und Beschränkungen vereinbar sind, die in dem in Feld 1 genannten Gaststaat für die Freistellung gelten, und

   c) dass die obigen Angaben richtig und vollständig sind. Der Antragsteller verpflichtet sich hiermit, an den Mitgliedstaat, aus dem die Waren abgesendet wurden oder aus dem die Waren geliefert und/oder in dem die Dienstleistungen erbracht wurden, die Mehrwertsteuer und/oder Verbrauchsteuer zu zahlen, die entsteht, falls die Waren und/oder Dienstleistungen die Bedingungen für die Befreiung nicht erfüllen oder nicht für die beabsichtigten Zwecke verwendet werden bzw. nicht den beabsichtigten Zwecken dienen.

   _____   _____
   Ort und Datum   Name und Stellung des Unterzeichnenden

                                              _____
                                              Unterschrift

---

4. DIENSTSTEMPEL DER EINRICHTUNG (bei Freistellung zur privaten Verwendung)

                              (Dienst-
                                stempel)

   _____   _____
   Ort und Datum   Name und Stellung des Unterzeichnenden

                                              _____
                                              Unterschrift

Anhang 3d — Leistungen an ausländische Truppen

- 2 -

5. BEZEICHNUNG DER WAREN UND/ODER DER DIENSTLEISTUNGEN FÜR DIE DIE BEFREIUNG VON DER MEHRWERTSTEUER UND/ODER VERBRAUCHSTEUER BEANTRAGT WIRD

A. Angaben zu dem Unternehmer/zugelassenen Lagerinhaber

1. Name und Anschrift
2. Mitgliedstaat
3. Mehrwertsteuer-Identifikationsnummer/Registriernummer

B. Angaben zu den Waren und/oder Dienstleistungen

Nr.	Ausführliche Bezeichnung der Waren und/oder Dienstleistungen [3] (Oder Verweis auf beigefügten Bestellschein)	Menge oder Anzahl	Preis ohne Mehrwertsteuer und/oder Verbrauchsteuer		Währung
			Preis pro Einheit	Gesamtpreis	

	Gesamtbetrag	

6. BESCHEINIGUNG DER ZUSTÄNDIGEN BEHÖRDE(N) DES GASTSTAATES

Die Versendung/Lieferung der in Feld 5 genannten Waren und/oder Dienstleistungen entspricht

☐ in vollem Umfang
☐ in folgendem Umfang   (Menge bzw. Anzahl) [4]

den Bedingungen für die Befreiung von der Mehrwertsteuer und/oder Verbrauchsteuer.

_____   (Dienst-   )   _____
Ort und Datum   (stempel   )   Name und Stellung des (der) Unterzeichnenden

_____
Unterschrift(en)

7. VERZICHT AUF ANBRINGUNG DES DIENSTSTEMPELS (nur bei Freistellung für amtliche Zwecke)

Mit Schreiben Nr. _____ vom _____
                    (Aktenzeichen)   (Datum)

ist _____ von _____
    (Bezeichnung der antragstellenden Einrichtung)

von der Verpflichtung entbunden worden, den Dienststempel für Feld 6 einzuholen.

(Bezeichnung der zuständigen Behörde des Gaststaates)   (Dienst-   )
                                                          (stempel   )

_____   _____
Ort und Datum   Name und Stellung des (der) Unterzeichnenden

                                             _____
                                             Unterschrift

Erläuterungen

1. Dem Unternehmer und/oder zugelassenen Lagerinhaber dient diese Bescheinigung als Beleg für die Steuerbefreiung von Waren und/oder Dienstleistungen, die an Einrichtungen bzw. Privatpersonen im Sinne von Artikel 15 Nr. 10 der Richtlinie 77/388/EWG und Artikel 23 Absatz 1 der Richtlinie 92/12/EWG versendet und/oder geliefert werden. Dementsprechend ist für jeden Unternehmer/Lagerinhaber eine Bescheinigung auszufertigen. Der Unternehmer/Lagerinhaber hat die Bescheinigung gemäß den in seinem Mitgliedstaat geltenden Rechtsvorschriften in seine Aufzeichnungen aufzunehmen. Sofern ein Mitgliedstaat keine direkte Steuerbefreiung für Dienstleistungen gewährt und somit die Freistellung von der Besteuerung durch Rückerstattung an den unter 1. genannten Begünstigten erfolgt, ist diese Bescheinigung dem Rückerstattungsantrag beizufügen.

2. a) Die allgemeinen Merkmale des zu benutzenden Papiers sind im ABl. Nr. C 164 vom 1.7.1989, S. 3, niedergelegt.

   Alle Exemplare sind auf weißem Papier auszufertigen. Das Format sollte 210 x 297 mm betragen; die zulässige Abweichung beträgt 5 mm weniger bzw. 8 mm mehr als angegeben.

   Die Befreiungsbescheinigung ist bei der Befreiung von Verbrauchsteuer in zwei Exemplaren auszufertigen:

   – ein Exemplar, das beim Versender bleibt,
   – und ein Exemplar, das neben dem Begleitdokument mitgeführt wird.

   b) Unbenutzte Felder in Feld 5 Buchstabe B sind durchzustreichen, so daß kein Zusatz angebracht werden kann.

   c) Das Dokument ist leserlich auszufüllen, und die Eintragungen müssen untilgbar sein. Ausradierte und überschriebene Stellen sind nicht zulässig. Die Bescheinigung ist in einer vom Gaststaat anerkannten Sprache auszufüllen.

   d) Wird bei der Bezeichnung der Waren und/oder Dienstleistungen (Feld 5 Buchstabe B der Bescheinigung) auf einen Bestellschein Bezug genommen, der nicht in einer vom Gaststaat anerkannten Sprache abgefaßt ist, so hat der Antragsteller eine Übersetzung beizufügen.

   e) Ist die Bescheinigung in einer vom Mitgliedstaat des Unternehmers/Lagerinhabers nicht anerkannten Sprache verfasst, so hat der Antragsteller eine Übersetzung der Angaben über die in Feld 5 Buchstabe B aufgeführten Güter und Dienstleistungen beizufügen.

   f) Unter einer anerkannten Sprache ist eine der Sprachen zu verstehen, die in dem betroffenen Mitgliedstaat amtlich in Gebrauch ist, oder irgendeine andere Amtssprache der Gemeinschaft, der der Mitgliedstaat als zu diesem Zwecke verwendbar erklärt.

3. In Feld 3 der Bescheinigung macht der Antragsteller die für die Entscheidung über den Freistellungsantrag im Gaststaat erforderlichen Angaben.

4. In Feld 4 der Bescheinigung bestätigt die Einrichtung die Angaben in den Feldern 1 und 3 Buchstabe a) des Dokuments und bescheinigt, dass der Antragsteller – wenn es sich um eine Privatperson handelt – Bediensteter der Einrichtung ist.

5. a) Wird (in Feld 5 Buchstabe B der Bescheinigung) auf einen Bestellschein verwiesen, so sind mindestens Bestelltag und Nummer anzugeben. Der Bestellschein hat alle Angaben zu enthalten, die in Feld 5 der Bescheinigung genannt werden. Muss die Bescheinigung von der zuständigen Behörde des Gaststaates abgestempelt werden, so ist auch der Bestellschein abzustempeln.

   b) Die Angabe der in Artikel 15a Absatz 2 Buchstabe a) der Richtlinie 92/12/EWG genannten Registriernummer des zugelassenen Lagerinhabers ist freiwillig; die Mehrwertsteuer-Identifikationsnummer ist anzugeben.

   c) Währungen sind mit den aus drei Buchstaben bestehenden Codes der internationalen ISO/DIS-4127-Norm zu bezeichnen, die von der Internationalen Normenorganisation festgelegt wurde [1].

6. Die genannte Erklärung einer antragstellenden Einrichtung/Privatperson ist in Feld 6 durch die Dienststempel der zuständigen Behörde(n) des Gaststaates zu beglaubigen. Die Behörden können die Beglaubigung davon abhängig machen, dass eine andere Behörde des Mitgliedstaates zustimmt. Es obliegt der zuständigen Steuerbehörde, eine derartige Zustimmung zu erlangen.

7. Zur Vereinfachung des Verfahrens kann die zuständige Behörde darauf verzichten, von einer Einrichtung, die eine Befreiung für amtliche Zwecke beantragt, die Erlangung des Dienststempels zu fordern. Die antragstellende Einrichtung hat diese Verzichterklärung in Feld 7 der Bescheinigung anzugeben.

---

[1] Die Codes einiger häufig benutzter Währungen lauten: BEF (Belgischer Franken), DEM (Deutsche Mark), DKK (Dänische Krone), ESP (Spanische Peseta), FRF (Französischer Franken), GBP (Pfund Sterling), GRD (Griechische Drachme), IEP (Irisches Pfund), ITL (Italienische Lira), LUF (Luxemburgischer Franken), NLG (Niederländischer Gulden), PTE (Portugiesischer Escudo), ATS (Österreichischer Schilling), FIM (Finnmark), SEK (Schwedische Krone), USD (US-Dollar).

Umsatzsteuervergünstigungen auf Grund Art. 67 Abs. 3 des Zusatzabkommens zum NATO-Truppenstatut (NATO-ZAbk)

BMF-Schreiben vom 30.03.2006 – IV A 6 – S 7492 – 16/06,
BStBl. 2006 I S. 310

1 Anlage

Zur Erleichterung der Beschaffungsverfahren für Leistungen an berechtigte Personen (vgl. Tz. 12 des BMF-Schreibens vom 22. Dezember 2004 – IV A 6 – S 7492 – 13/04 –, BStBl. 2004 I S. 1200[1]) wenden die Truppen bei Beschaffungen bis zu einem bestimmten Wert vereinfachte Verfahren an.

Unter Bezugnahme auf das Ergebnis der Erörterungen mit den obersten Finanzbehörden der Länder gilt in Ergänzung des o.a. BMF-Schreibens vom 22. Dezember 2004 Folgendes:

1. Abweichend von Tz. 59 des o.a. BMF-Schreibens vom 22. Dezember 2004 erhöht sich **ab 1. März 2006** die Wertgrenze für Lieferungen und sonstige Leistungen im *kanadischen Beschaffungsverfahren* von 1.500 Euro auf 2.500 Euro. Im Übrigen wird das kanadische Beschaffungsverfahren unverändert durchgeführt.

2. Der bisher im vereinfachten *amerikanischen Beschaffungsverfahren* verwendete Vertragsantrag (Anlage 7 des o.a. BMF-Schreibens vom 22. Dezember 2004) wird durch den als Anlage beigefügten Vertragsantrag ersetzt. Dieser Vertragsantrag (Beschaffungsauftrag) ist bei Beschaffungen für Lieferungen und sonstige Leistungen bis zu einem Wert von 2.500 Euro (Textfelder 1 bis 4) und für Beschaffungen von Lieferungen und sonstigen Leistungen mit einem Wert von über 2.500 Euro (Textfelder 5 bis 13) zu verwenden. Im Übrigen werden die Beschaffungsverfahren unverändert durchgeführt.

---

[1] Siehe Anhang 3d

Leistungen an ausländische Truppen **Anhang 3e**

Anlage

U.S. FORCES ORDER FORM FOR GERMAN VALUE ADDED TAX FREE MERCHANDISE AND SERVICES
BESTELLUNG FÜR MEHRWERTSTEUER BEFREITE DEUTSCHE WAREN/DIENSTLEISTUNGEN
(USAREUR Reg 215-6/USAFE Reg 34-102)

1. Procurement agency/tax relief office/civilian telephone no. *Amtliche Beschaffungsstelle/Telefonnummer*	3. Order No./*Bestellnummer:* Only Valid/*Nur gültig* From/*Von:*
2. VAT officer's name, title, signature *Name, Dienstbezeichnung, Unterschrift*	Until/*Bis:* Official Stamp/*Dienststempel*

4. ☐ The agent named below is designated as an official purchasing agent of the U.S. Forces. This agent is authorized to receive the merchandise or services described below on behalf of the U.S. Forces. The merchandise or services described below are for the benefit of authorized members of the U.S. Forces and their families, and are not to be used for resale or as a gift to unauthorized personnel and are not for use in any type of business enterprise./*Die unten genannte Person ist amtlicher Einkaufsbeauftragter der US-Streitkräfte. Diese Person ist zum Empfang der unten aufgeführten Waren oder zur Inanspruchnahme der im Folgenden aufgelisteten Dienstleistungen im Namen der US-Streitkräfte berechtigt. Die unten aufgeführten Waren/Dienstleistungen dienen der Unterstützung der Mitglieder der US-Streitkräfte und ihrer Familienangehörigen und dürfen weder zum Wiederverkauf noch als Geschenk für nicht Berechtigte noch in Unternehmen irgendwelcher Art verwendet werden.*

Amount of purchase less than
EURO 2,500 (without VAT) EURO _____
*Gesamtbetrag unter EURO 2,500.
(Ohne MWST)*

5. ☐ The applicant named below is authorized to receive the merchandise or services described below on behalf of the U.S. Forces. The merchandise or services described below are for the benefit of authorized members of the U.S. Forces and their families, and are not to be used for resale or as a gift to unauthorized personnel and are not for use in any type of business enterprise./*Die unten genannte Person ist zum Empfang der unten aufgeführten Waren oder zur Inanspruchnahme der im Folgenden aufgelisteten Dienstleistungen im Namen der US-Streitkräfte berechtigt. Die unten aufgeführten Waren/Dienstleistungen dienen der Unterstützung der Mitglieder der US-Streitkräfte und ihrer Familienangehörigen und dürfen weder zum Wiederverkauf noch als Geschenk für nicht Berechtigte noch in Unternehmen irgendwelcher Art verwendet werden.*

Amount of purchase over
EURO 2,500 (without VAT) EURO _____
*Gesamtbetrag über EURO 2,500.
(Ohne MWST)*

6. Designated **Agent/Applicant**/*Beauftragter/Empfänger*	7. Signature/*Unterschrift*	8. Order date/*Auftragsdatum*
9. Authorized family member/*Familienangehörige(r)*	10. Signature/*Unterschrift*	11. Order date/*Auftragsdatum*

To be completed by vendor *(Vom Verkäufer auszufüllen)*

12. Description of goods/service *Beschreibung der Waren/Dienstleistungen*	13. Vendor's stamp, signature, and date *Stempel, Unterschrift und Datum*

AE FORM 215-6B, JAN 06

Completed - Original (white) copy - Returned to the VAT Relief Office
Connected - 2d (pink) copy - Retained by customer
Connected - 3d (yellow) copy - Retained by vendor

Steuerbefreiung nach Art. 67 Abs. 3 NATO-Zusatzabkommen; Umsätze der AAFES-Konzessionäre bei Kreditkartengeschäften

BMF-Schreiben vom 22.02.1989 – IV A 3 – S 7492 – 4/89,
DB 1989 S. 557; UR 1989 S. 168

Die Inanspruchnahme der Steuerbefreiung nach Art. 67 Abs. 3 NATO-ZAbk für die von einem Unternehmer (Konzessionär) an AAFES erbrachten Lieferungen und sonstigen Leistungen richtet sich nach dem BMF-Schreiben vom 27.02.1976 IV A 3 – S 7492 – 6/76. Soweit die Vertragsgestaltung in der in diesem Schreiben dargelegten Weise erfolgt, wird angenommen, daß AAFES bei den Umsätzen als Auftraggeber und Abnehmer anzusehen ist und demzufolge auch zur Zahlung des Entgelts gegenüber dem Konzessionär verpflichtet ist. Umsatzsteuerrechtlich liegen ein Umsatz des Konzessionärs an AAFES und ein weiterer Umsatz von AAFES an den Kunden (Truppenmitglied) vor.

Es wurde die Auffassung vorgetragen, daß die Umsätze der Konzessionäre an AAFES auch in den Fällen steuerfrei seien, in denen die Kunden Kreditkartengeschäfte abschließen.

Im Einvernehmen mit den obersten Finanzbehörden der Länder wird die Auffassung geteilt, daß in diesen Fällen die Voraussetzungen für die Inanspruchnahme der Steuerbefreiung nach Art. 67 Abs. 3 NATO-ZAbk vorliegen, wenn AAFES seine aus dem Kreditkartengeschäft mit dem Kunden stammenden Ansprüche gegen das Kreditkartenunternehmen an den Konzessionär abtritt. Voraussetzung ist jedoch, daß im übrigen die in dem BMF-Schreiben vom 27.02.1976 bezeichneten Voraussetzungen vorliegen.

Umsatzsteuerbefreiung nach Art. 67 Abs. 3 NATO-ZAbk; Amerikanisches Beschaffungsverfahren bei Dienstleistungen

BMF-Schreiben vom 31.05.1989 – IV A 3 – S 7492 – 13/89,
UR 1989 S. 227; DB 1989 S. 1313

Die Steuerbefreiung nach Art. 67 Abs. 3 NATO-ZAbk kann für die Reparatur des Kraftfahrzeugs eines Truppenmitglieds nur dann in Anspruch genommen werden, wenn die Reparatur von einer amtlichen Beschaffungsstelle einer Truppe in Auftrag gegeben worden ist. Die Inanspruchnahme der Steuerbefreiung setzt nicht voraus, daß in dem Reparaturauftrag der Beschaffungsstelle bereits der Preis für die Reparatur angegeben wird. Wenn gleichwohl amerikanische Beschaffungsstellen nur dann zur Erteilung von Reparaturaufträgen bereit sind, wenn die Reparaturkosten vorher feststehen, so handelt es sich hierbei nicht um eine steuerliche Frage, sondern um eine Frage der Abwicklung des amerikanischen Beschaffungsverfahrens. Bestehen amerikanische Beschaffungsstellen vor der Erteilung von Reparaturaufträgen auf verbindlichen Kostenvoranschlägen der Reparaturwerkstätten, so können deutsche Steuerbehörden auf diese Verfahrensweise keinen Einfluß nehmen.

Zulässigkeit des Vorsteuerabzugs einer Teilzahlungsbank, die Pkw-Abzahlungskäufe von NATO-Truppenangehörigen finanziert (§ 15 Abs. 3 UStG, Art. 67 Abs. 3 NATO-ZAbk)

BMF-Schreiben vom 09.10.1989 – $\dfrac{\text{IVA 2} - \text{S 7300} - 38/89}{\text{IVA 3} - \text{S 7492} - 42/89}$,

UR 1989 S. 359; DB 1989 S. 2251

Sie haben gefragt, ob eine Teilzahlungsbank, die Kredite zur Finanzierung von Pkw-Anschaffungen an US-Truppenmitglieder gewährt, insoweit den Vorsteuerabzug in Anspruch nehmen kann. Im Einvernehmen mit den obersten Finanzbehörden der Länder nehme ich hierzu wie folgt Stellung:

1. Anwendung des § 15 Abs. 3 Nr. 1 Buchst. a UStG

Nach dieser Vorschrift ist der Vorsteuerabzug nicht ausgeschlossen, wenn die Umsätze der Teilzahlungsbank nach § 26 Abs. 5 UStG i. V. m. Art. 67 Abs. 3 NATO-ZAbk steuerfrei sind.

Die Steuerbefreiung nach dieser Vorschrift setzt u. a. voraus, daß die Leistung der Teilzahlungsbank von einer amtlichen Beschaffungsstelle der Truppe in Auftrag gegeben wird. Die Teilzahlungsbank könnte daher für eine Kreditgewährung die Steuerbefreiung nach Art. 67 Abs. 3 NATO-ZAbk in Anspruch nehmen, wenn als Vertragspartner der Bank und damit als Kreditnehmer die amtliche Beschaffungsstelle auftritt (vgl. BFH-Urteil vom 29.9.1988, BStBl. II 1988, 1022). Wird der Kredit von der Bank dagegen dem einzelnen Truppenmitglied gewährt, scheidet die Steuerbefreiung nach Art. 67 Abs. 3 NATO-ZAbk aus. Die Kreditgewährung ist in diesem Fall nach § 4 Nr. 8a UStG von der Umsatzsteuer befreit.

2. Anwendung des § 15 Abs. 3 Nr. 1 Buchst. b UStG

Nach dieser Vorschrift ist der Vorsteuerabzug nicht ausgeschlossen, wenn sich die steuerfreien Kreditgewährungen unmittelbar auf Gegenstände beziehen, die in ein Gebiet außerhalb der EWG ausgeführt werden.

Die Voraussetzung „unmittelbar" bedeutet, daß die Kreditgewährungen in direktem Zusammenhang mit dem Gegenstand der Ausfuhr stehen müssen (vgl. Abschn. 204 Abs. 3 Satz 3 UStR). Hieran fehlt es, solange die mit den gewährten Darlehen erworbenen Fahrzeuge nicht tatsächlich ins Ausland – und zwar ein sog. Drittland – gelangt sind. Bis zu diesem Zeitpunkt führt die Bank steuerbare, nach § 4 Nr. 8 UStG jedoch steuerfreie Umsätze aus, die den Vorsteuerabzug nach § 15 Abs. 2 Nr. 1 UStG ausschließen.

Die Leistung des Kreditgebers besteht jedoch nicht nur darin, dem Kreditnehmer das Darlehen durch Übereignung des Geldes zu verschaffen. Vielmehr besteht seine Leistung neben der einmaligen Hingabe der Darlehenssumme in der fortdauernden Überlassung des Kapitals während der Laufzeit des Darlehens (vgl. BFH-Urteil vom 21.7.1988, BB 1988, 2162 = UR 1989, 117).

Nachdem das finanzierte Fahrzeug tatsächlich in ein Drittland gelangt ist, sind die Voraussetzungen des § 15 Abs. 3 Nr. 1 Buchst. b UStG erfüllt. An diesem Zeitpunkt führt die Bank nämlich nach § 4 Nr. 8 UStG steuerfreie Leistungen (bestehend in der Überlassung der Restdarlehenssumme) aus, die sich unmittelbar auf Gegenstände (Pkw) beziehen, die in ein Drittland ausgeführt worden sind. Diese Leistungen schließen den Vorsteuerabzug der Bank nicht aus.

3. Anwendung des § 15 Abs. 3 Nr. 2 Buchst. b UStG

Nach dieser Vorschrift ist der Vorsteuerabzug nicht ausgeschlossen, wenn die Leistung der Bank (Kreditgewährung) außerhalb des Erhebungsgebiets ausgeführt wird und der Leistungsempfänger (Kreditnehmer) in einem Gebiet außerhalb der EWG ansässig ist. Fraglich ist, ob die Kreditnehmer für die Dauer ihres Aufenthalts in der Bundesrepublik hier oder in den USA „ansässig" i. S. des Umsatzsteuerrechts sind. Da die US-Truppenmitglieder keine Unternehmer sind, kommt es für die Frage der Ansässigkeit darauf an, wo der Leistungsempfänger (Kreditnehmer) seinen Wohnsitz oder Sitz hat (Abschn. 205 Abs. 3 Nr. 2 UStR)

In Art. 68 Abs. 3 NATO-ZAbk ist ausdrücklich geregelt, daß die Mitglieder einer Truppe, eines zivilen Gefolges und die Angehörigen nicht als ausländische Abnehmer im Sinne des Umsatzsteuerrechts anzusehen sind. Für Zwecke der Umsatzsteuer wird somit angenommen, daß diese Personen während der Dauer der Stationierung in der Bundesrepublik Deutschland ihren jeweiligen Wohnort im Erhebungsgebiet haben und somit während dieser Zeit nicht in einem Gebiet außerhalb der EWG ansässig sind.

Anhang 3l, 3m – 3q nicht belegt Leistungen an ausländische Truppen

Umsatzsteuerbefreiungen nach Artikel 67 Absatz 3 NATO-Zusatzabkommen und nach Artikel 14 Absatz 2 NATO-Hauptquartiere-Ergänzungsabkommen; Inanspruchnahme der Steuerbefreiungen durch Unternehmer mit Sitz in dem in Artikel 3 des Einigungsvertrages genannten Gebiet

BMF-Schreiben vom 25.03.1991 $\frac{\text{IV A 3} - \text{S 7492} - 17/91}{\text{IV A 3} - \text{S 7493} - 5/91}$,

BStBl. 1991 I S. 391

Unter Bezugnahme auf das Ergebnis der Erörterungen mit den obersten Finanzbehörden der Länder gilt für Unternehmer mit Sitz in dem in Artikel 3 des Einigungsvertrages vom 31. August 1990 (BGBl. II S. 885, 889) genannten Gebiet folgendes:

Nach Artikel 8 in Verbindung mit Anlage I, Kapitel IV, Sachgebiet B, Abschnitt II, Nummer 14 Absatz 1 des Einigungsvertrages ist das Umsatzsteuerrecht der Bundesrepublik Deutschland am 1. Januar 1991 in dem in Artikel 3 des Vertrages genannten Gebiet in Kraft getreten. Dies gilt nach Anlage I, Kapitel IV, Sachgebiet B, Abschnitt II, Nummer 14 Absatz 4 des Vertrages auch für die umsatzsteuerrechtlichen Bestimmungen des Artikels 67 Absatz 3 des Zusatzabkommens zum NATO-Truppenstatut – NATO-ZAbk – vom 3. August 1959 (BGBl. 1961 II S. 1218) und des Artikels 14 Absatz 2 des Ergänzungsabkommens vom 13. März 1967 zum Protokoll über die NATO-Hauptquartiere – NATO-HQ-ErgAbk – (BGBl. 1969 II S. 2009).

Unternehmer mit Sitz in dem in Artikel 3 des Einigungsvertrages genannten Gebiet können daher für nach dem 31. Dezember 1990 ausgeführte Umsätze die Umsatzsteuerbefreiungen nach Artikel 67 Absatz 3 NATO-ZAbk und nach Artikel 14 Absatz 2 NATO-HQ-ErgAbk unter den in diesen Vorschriften bezeichneten Voraussetzungen in Anspruch nehmen. Die Voraussetzungen für die jeweilige Steuerbefreiung sind durch einen Abwicklungsschein oder gegebenenfalls durch die Bescheinigung einer deutschen Behörde und zusätzlich auch buchmäßig nachzuweisen (§ 73 Absatz 1 und 2 UStDV). Im übrigen gelten die zu den Vorschriften ergangenen Verwaltungsanweisungen.

Anhang 3r

Umsatzsteuervergünstigungen auf Grund des Zusatzabkommens zum NATO-Truppenstatut; Neuauflage der Liste der amtlichen Beschaffungsstellen

BMF-Schreiben vom 10.01.2012 – IV D 3 – S 7492/07/10001 (2011/0971781), BStBl. 2012 I S. 131

Unter Bezugnahme auf das Ergebnis der Erörterung mit den obersten Finanzbehörden der Länder wird die Liste der amtlichen Beschaffungsstellen in der Fassung des BMF-Schreibens vom 19. Januar 2011 – IV D 3 – S 7492/07/10001 (2011/0049076) – (BStBl. I S. 93) durch die beiliegende Liste nach dem *Stand vom 1. Januar 2012* ersetzt.[1]

---

1) Das BMF-Schreiben vom 19.01.2011 – IV D 3 – S 7492/07/10001, BStBl. 2011 I S. 93, enthält die Liste nach dem Stand vom 01.01.2011

Anhang 3r

Leistungen an ausländische Truppen

Anlage

Liste
der amtlichen Beschaffungsstellen und Organisationen der ausländischen Streitkräfte, die zur Erteilung von Aufträgen auf abgabenbegünstigte Leistungen berechtigt sind

(Stand: 1. Januar 2012)

A. **Amerikanische Truppen**

I. Organisationen mit haushaltsrechtlichem Sondervermögen und aus Haushaltsmitteln finanzierte Stellen

a) Army and Air Force Exchange Service, Europe (AAFES, E)
b) IMCOM EUROPE Family and Recreation Command
c) USAFE Services Fund (A1SRC – NAF Contracting)
d) American Forces Network (AFN) Fund
e) Department of Defence Dependent Schools (DODDS) Fund
f) HQDA MWR Fund (AFRC Garmisch)
g) The Stars and Stripes Fund
h) Defense Threat Reduction Agency-European Operations Division, Darmstadt
i) 409th Contracting Support Brigade, Europe:
  (1) Wiesbaden Contracting Center
  (2) RCO Brussels
  (3) RCO Grafenwöhr
  (4) RCO Seckenheim
  (5) Stuttgart Sub-Office
  (6) Defense Security Cooperation Agency, George C. Marshall Center Sub-Office
  (7) RCO Vicenza
  (8) Livorno Sub-Office
  (9) RCO Würzburg
  (10) Ansbach Sub-Office
  (11) JCC Uresovac (Camp Bondsteel, Kosovo)
  (12) JCO Sarajevo
j) 266th Theater Finance Command
k) 5th Signal Command
l) USAREUR Vehicle Registry Fund
m) Defense Energy Supply Center
n) Defense Energy Supply Center – Europe
o) Defense Supply Center Philadelphia
p) Defense Supply Center Philadelphia – European Region
q) Defense Reutilization and Marketing Service
r) Defense Reutilization and Marketing Service International
s) Defense Contract Management Agency – Southern Europe
t) Nonappropriated Fund Contracting Offices:
  (1) Army NAF Contracting Europe
  (2) USAG Vicenza, Italy
  (3) USAG Benelux, Belgium
u) USAREUR Billeting Fund
v) IMCOM-EURO, MRW Division Business Branch and US Air Force VAT Relief Offices:
  (1) USAG Stuttgart Tax Relief Office, Germany
  (2) USAG Garmisch Tax Relief Office, Germany
  (3) USAG Darmstadt Tax Relief Office, Germany
  (4) USAG Mannheim Tax Relief Office, Germany
  (5) USAG Heidelberg Tax Relief Office, Germany
  (6) USAG Kaiserslautern Tax Relief Office, Germany
  (7) USAG Franconia Tax Relief Office, Germany
  (8) USAG Ansbach Tax Relief Office, Germany
  (9) USAG Bamberg Tax Relief Office, Germany
  (10) USAG Schweinfurt Tax Relief Office, Germany
  (11) USAG Grafenwöhr Tax Relief Office, Germany
  (12) USAG Hohenfels Tax Relief Office, Germany
  (13) USAG Wiesbaden Tax Relief Office, Germany
  (14) USAG Baumholder Tax Relief Office, Germany
  (15) USAG Hessen Tax Relief Office, Germany
  (16) USAG Vicenza Tax Relief Office, Germany
  (17) USAG Livorno Tax Relief Office, Germany
  (18) USAG Schinnen Tax Relief Office, Netherlands

Leistungen an ausländische Truppen **Anhang 3r**

    (19) USAG School Oberammergau Tax Relief Office, Germany
    (20) 435 SVS/SVFLV Ramstein
    (21) 431 SVS/SVREMS Sembach
    (22) 52 SVS/SVFV Spangdahlem
    (23) 470 ABS/SVFA Geilenkirchen
w) IMCOM-EURO IFMS
x) 31 CONS/LGC (Aviano Air Base, Italy)
y) 52 CONS/LGC (Spangdahlem Air Base)
z) 700 CONS/LGC (Rhine Ordnance Barracks, Kaiserslautern)
   aa) Field Operating Base-Europe, Stuttgart
   bb) Defense Finance & Accounting Service – Oploc Europe
   cc) DODDS European Procurement Office
   dd) U.S. Army Corps of Engineers, EUD
     (1) US Army Corps of Engineers, (COE) Huntsville Engineering & Support Center (HNC), Huntsville, Al.
   ee) 200th Material Management Center (MMC) (Provisional) Petroleum Management Division (PMD)
   ff) NATO School – SHAPE, Oberammergau, Germany
   gg) Defense Energy Support Center, Fort Belvoir, Virginia
   hh) U.S. General Services Administration (GSA), Washington, D.C. und seine regionalen bzw. spezialisierten Dienststellen in den Vereinigten Staaten von Amerika
   ii) Defense Information Systems Agency (DISA) – Defense Information Technology Contracting Organisation (DITCO) in Washington, D.C. mit regionaler Außenstelle in Sembach
   jj) European Regional Medical Command Contracting Office Landstuhl
     (1) US Army Health Clinic Bamberg
     (2) US Army Health Clinic Grafenwöhr
     (3) US Army Health Clinic Hohenfels
     (4) US Army Health Clinic Illesheim
     (5) US Army Health Clinic Katterbach (Ansbach)
     (6) US Army Health Clinic Schweinfurt
     (7) US Army Health Clinic Vilseck
   kk) Defense Dedicated Truck Delivery Support Team-Frankfurt (DDTDST-F)
     (1) Army Lodging Fund/FMRC NAF Contracting, Dr., Operations Division
   ll) Army Material Command (AMC) Europe, Mannheim-Seckenheim
   mm) Intratheater Commercial Transportation Branch (ICTB), HQ U.S. European Command, Stuttgart (EUCOM ECJ4-EDDOC-ICTB)
   nn) DeCA-European Region, Attn: DeCA-DOC, Kapaun Air Station, Bldg 2780, 67661 Kaiserslautern
   oo) US Army Medical Material Center Europe (USAMMCE), Pirmasens
   pp) ARMP HQ NAF Contracting Office, Ft. Carson
   qq) US Army Hospital Heidelberg, Management Care Division, APO 09102
   rr) US Army Hospital Landstuhl, Management Care Division, APO 09180
   ss) TRICARE Europe, Unit 10310, APO AE 09136
   tt) FISCSI NRC Det Neapel
   uu) Defense Logistics Agency-Europe (DLA-E)
   vv) Defense Enterprise Support Service-Europe (DES-DE)
   ww) DLA/DDC-F
   xx) Air Force element Program Resource Office – Operating Location E (AFE/POR OL-E)
   yy) 435 Medical Group, RAMSTEIN AB – OFFICIAL – APO AE 09094-5300
   zz) European Technical Center, Mainz-Kastel

II. Andere Organisationen und Stellen mit haushaltsrechtlichem Sondervermögen einschließlich besonders zugelassener MWR-Stellen (Clubs und Messen, Bowling-Center, Golfplätze usw.) im Sinne des Unterzeichnungsprotokolls zum Zusatzabkommen, Teil I Absatz 4a Nr. XIV

Anmerkung: Wegen ihrer großen Anzahl sind diese Organisationen namentlich nicht aufgeführt.

Anhang 3r — Leistungen an ausländische Truppen

(1) Die meisten Organisationen der amerikanischen Landstreitkräfte werden bei den US Army Garrisons im gesamten Stationierungsbereich von USAREUR betrieben. Diese Organisationen einschließlich der Steuererstattungsämter unterstehen der Installation Management Agency Europe, Morale Welfare and Recreation Division (IMA-E, MWRD).

(2) Die Organisationen der U.S. Air Force werden bei den Air Force Bases im gesamten Stationierungsgebiet von USAFE betrieben. Diese Organisationen einschließlich der Steuererstattungsämter unterstehen dem USAFE Services Fund. Hierunter fallen u.a. folgende von USAFE betriebene Audio/Photo-Klubs:

a) Ramstein Audio Video Store (MOMS)
SVS/SVBM
Geb. 2113 (MOMS)
66877 Ramstein Flugplatz

b) Eifel Audio Video Store East (MOMS)
52 SVS/SVBV
Geb. 114, Spangdahlem Air Base
54529 Spangdahlem

c) Eifel Audio Video Store West (MOMS)
52 SVS/SVBE-A-B
Geb. 77
54636 Bitburg

(3) Anfragen, ob eine Stelle zu den Organisationen im Sinne des Abschnitts II gehört, können an die folgende Anschrift gerichtet werden: Office of the Judge Advocate, HQ USAREUR & 7th Army, ATTN: ILOD, Postfach 10 43 23, 69033 Heidelberg (Telefon 06221/578127 oder 578121, Telefax 06221/573096).

(4) Die Organisationen im Sinne des Abschnitts II führen die abgabenbegünstigten Beschaffungen durch amtlich bezeichnete Beschaffungsstellen der Truppe in Übereinstimmung mit den vereinbarten Verfahren durch.

III. Sonstige amtliche Beschaffungsstellen

a) Andrews Federal Credit Union
b) Service Credit Union
c) Bank of America, N.A.
d) Big Bend Community College
e) Central Texas College
f) City Colleges of Chicago
g) Embry Riddle Aeronautical University
h) University of Maryland
i) Troy State University
j) University of Oklahoma
k) United Service Organization (USO) Executive Director
l) USAREUR Chaplain's Fund
m) MEDCOM Fisher House NAFI (Non Appropriated Fund Instrumentality)
n) Staff Judge Advocate, HQ, V Corps Heidelberg
o) Staff Judge Advocate, HQ, 1st Armored Division Wiesbaden
p) Staff Judge Advocate, HQ, 7th Joint Multinational Training Center, Grafenwöhr
q) Staff Judge Advocate, HQ, 21st Theater Sustainment Command, Kaiserslautern
r) University of Phoenix

Anmerkung: Die vorgenannten sonstigen amtlichen Beschaffungsstellen sind nur berechtigt, Aufträge zu erteilen und nach Artikel 67 Abs. 3 NATO-ZAbk steuerbefreite Lieferungen und sonstige Leistungen in Empfang zu nehmen, soweit dies zur Erfüllung ihrer eigenen Aufgaben erforderlich ist. Sie sind jedoch nicht berechtigt, als Beschaffungsstellen für andere Stellen bzw. Personen tätig zu werden.

B. Britische Truppen

I. Ministerien im Vereinigten Königreich

a) Ministry of Defence – Procurement Executive
b) Defence Estate Organisation Germany (HQ)[1]
c) Defence Estate Organisation Bielefeld[1]

II. Heer und Luftwaffe

a) British Forces Liaison Organisation (Germany)
b) Civil Secretariat
c) LEC Support Services HQ UKSC(G)
d) G6 Branch HQ UKSC(G)
e) BFG Health Service HQ UKSC(G)
f) G4 Equipment Support Branch HQ UKSC(G)
g) Defence Animal Support Unit
h) Unit Commanders – auch zuständig für die Beschaffung für Offiziersmessen, Institute und Clubs
i) Service Children's Education
j) Property Management Office
k) British Army (Germany) Sports Board
l) Area Claims Officer NW Europe

---

[1] Diese Abteilungen, obwohl Teil des Britischen Verteidigungsministeriums, befinden sich auf deutschem Boden.

Leistungen an ausländische Truppen **Anhang 3r**

III. Organisationen
   a) Navy, Army and Air Force Institutes (NAAFI)
   b) Council for Voluntary Welfare Work (CVWW)
   c) Services Sound and Vision Corporation (SSVC)
   d) Young Women's Christian Association (YWCA)

In Zweifelsfällen können Anfragen an das Büro für Zoll- und Einwanderungsangelegenheiten der Britischen Streitkräfte in Deutschland gerichtet werden:

Customs and Immigration
British Forces Liaison Organisation (Germany)
158 Queens Avenue
41179 Mönchengladbach
Telefon (02161) 4722564/2523

C. **Französische Truppen**
   a) Mission des douanes des FFECSA
   b) Antenne de commandement des FFECSA
   c) Place de Donaueschingen-Villingen (commandant d'Armes)
   d) Bataillon de commandement et de soutien
   e) 110°RI
   f) Comptoir d'Allemagne de l'économat des armées
   g) Foyer central des FFECSA
   h) EM/Brigade franco-allemande (partie française)
   i) Etablissement d'enseignement du second degré (collège de Donaueschingen)
   j) Commissariat de l'armée de Terre de Strasbourg
   k) Groupement de la Base de Défense Strasbourg-Haguenau (plateforme Achats finances de Strasbourg)
   l) Direction régionale interarmées du SEA
   m) Direction interarmées des réseaux d'infrastructure et des systèmes d'information (DIRISI)
   n) Etablissement du service d'infrastructure de la Défense de Metz (ESID)
   o) Unité de soutien de l'infrastructure de la Défense de Strasbourg (USID)

D. **Belgische Truppen**
   a) OCASC – CDSCA
   b) Belgischer Verbindungsdienst in der Bundesrepublik Deutschland (JMSLn)
   c) BESU CC-Land HQ HEIDELBERG
   d) BESU CC-Air HQ RAMSTEIN
   e) BESU NAEW&CF GEILENKIRCHEN
   f) BESU Uedem

E. **Kanadische Truppen**
   a) Canadian Forces Support Unit (Europe) Geilenkirchen
      Commanding Officer
   b) NATEX mit AMSTO, Geilenkirchen
      Vice-President NATEX
   c) Canadian Forces Support Unit (Europe) Detachment Heidelberg
      Senior Canadian Officer
   d) Canadian Forces Support Unit (Europe) Detachment Ramstein
      Senior Canadian Officer
   e) Assistant Judge Advocate General (Europe)
      Selfkant Kaserne, 52511 Geilenkirchen
   f) Public Works and Government Services Canada, Koblenz

F. **Niederländische Truppen**
   a) Senior National Officer 1 GNC, Münster
   b) Commandant Nederlandse Troepen Duitsland (C-NLTRD)
   c) Commandant Dienstencentrum internationale Ondersteuning Defensie, Münster
   d) Commandant Defensie Verkeers- en Vervoersorganisatie, Soesterberg
   e) Commando DienstenCentra, Dienst Vastgoed Defensie (DVD) Directie Noord Afdeling Lokale Vastgoed Diensten, Vestiging Duitsland, Münster
   f) Defensie Materieelorganisatie, Den Haag
   g) Commandant Landstrijdkrachten, Utrecht
   h) Commandant Luchtstrijdkrachten, Breda
   i) Commandant Zeestrijdkrachten, Den Helder

Umsatzsteuervergünstigungen auf Grund Art. 67 Abs. 3 des Zusatzabkommens zum NATO-Truppenstatut; Belgisches Beschaffungsverfahren für Lieferungen und sonstige Leistungen bis zu einem Wert von 1.500 Euro

BMF-Schreiben vom 20.05.2008 – IV B 9 – S 7492/08/10002,
BStBl. 2008 I S. 630

Zur Erleichterung der Beschaffungsverfahren für Leistungen an berechtigte Personen (vgl. Tz. 12 des BMF-Schreibens vom 22. Dezember 2004 – IV A 6 – S 7492 – 13/04 –, BStBl. I S. 1200[1]) wenden die meisten Truppen bei Beschaffungen bis zu einem bestimmten Wert vereinfachte Verfahren an. Die belgischen Truppen in der Bundesrepublik Deutschland führen nun ebenfalls ein vereinfachtes Verfahren ein.

Unter Bezugnahme auf das Ergebnis der Erörterungen mit den obersten Finanzbehörden der Länder gilt in Ergänzung des o.a. BMF-Schreibens vom 22. Dezember 2004 für Umsätze, die nach dem 30. Juni 2008 ausgeführt werden, Folgendes:

1 Lieferungen und sonstige Leistungen bis zu einem Wert von 1.500 Euro an die belgischen Truppen in der Bundesrepublik Deutschland sind nach Artikel 67 Abs. 3 NATO-ZAbk steuerfrei, wenn diese Umsätze nach dem in Tz. 59ff. des o.a. BMF-Schreibens vom 22. Dezember 2004 dargestellten Verfahren abgewickelt werden.

2 Die Zahlung muss bar erfolgen. Die Beschaffungsstelle fügt daher in Teil 2 des Abwicklungsscheins (Empfangsbestätigung und Zahlungsbescheinigung) anstelle der Angaben über den unbaren Zahlungsverkehr das Wort „Barzahlung" ein.

3 Mit der Durchführung dieses Beschaffungsverfahrens ist die Beschaffungsstelle der belgischen Streitkräfte „OCASC/CDSCA" beauftragt. Für den Beschaffungsauftrag wird der als Anlage beiliegende Vordruck verwendet.

4 Bei Beschaffungen mit einem Wert über 1.500 Euro wird das belgische Beschaffungsverfahren unverändert durchgeführt.

---

[1] Anhang 3d

Leistungen an ausländische Truppen — Anhang 3s

Anlage

Antrag und Bestellformular für von der Mehrwertsteuer befreite deutsche Waren / Dienstleistungen Aanvraag en bestelformulier voor Duitse BTW-vrije goederen / diensten Demande et formulaire de commande de marchandises / prestations de services allemandes exonérées de la TVA		Bestell-Nr / Bestelnr. / N° de commande
Name des Antragstellers / Naam aanvrager / Nom du demandeur	BSD Personalausweis Nr. / BSD identiteitskaartnr./ N° carte d'identité FBA	Verfallsdatum / Vervaldatum / Date d'échéance
Name des Ehepartners / Naam echtgeno(o)t(e) / Nom de l'épou(x)se	BSD Personalausweis Nr. / BSD identiteitskaartnr./ N° carte d'identité FBA	Beschaffungsstelle / Verantwoordelijke dienst / Autorité responsable
Einheit / Dienststelle des Antragstellers / Eenheid of dienst aanvrager / Unité ou service du demandeur		CDSCA / OCASC Germanicusstrasse 5 50968 Köln 0221/80048708 / 48705
Name und Unterschrift des zuständigen Sachbearbeiters der Beschaffungsstelle / Naam en handtekening van de verantwoordelijke van CDSCA / Nom et signature de la personne compétente de l'OCASC		Stempel / Dienstzegel / Cachet de service
Die oben genannte Person ist amtlicher Einkaufsbeauftragter der belgischen Streitkräfte in Deutschland. Diese Person ist zum Empfang der unten aufgeführten Waren oder zur Inanspruchnahme der nachfolgend aufgelisteten Dienstleistungen im Namen der belgischen Streitkräfte berechtigt. Die unten aufgeführten Waren oder Dienstleistungen dienen der Unterstützung der Mitglieder der belgischen Streitkräfte und ihrer Familienangehörigen in Deutschland und dürfen weder zum Wiederverkauf noch als Geschenk für nicht berechtigte Personen noch in Unternehmen irgendwelcher Art verwendet werden. De verantwoordelijke, hierboven vermeld, is de officiële aankoopgerechtigde van de Belgische strijdkrachten in Duitsland. Deze persoon is gemachtigd om de hierna genoemde waren in ontvangst te nemen. Het gebruik van de hieronder vermelde waren of diensten dient uitsluitend ter ondersteuning van de leden van de Belgische strijdkrachten en hun gezinsleden tijdens hun verblijf in Duitsland en mogen in geen enkele vorm worden doorverkocht of geschonken aan niet gerechtigde personen, of gebruikt worden voor zakelijk doeleinden. La personne compétente ci-dessus désignée est délégué officielle des forces belges en Allemagne pour les achats. Cette autorité est habilitée à réceptionner les marchandises ou les prestations de service énumérées ci-dessous au nom des forces belges. Les marchandises ou prestations de services ci-dessous sont destinées à soutenir les membres des forces belges et les membres de leur familles résidant en Allemagne et ne peuvent être utilisés ni pour la vente, ni comme cadeau pour des personnes non ayants droit, ni dans une entreprise de quelque type que ce soit.		
Name und Adresse des Verkäufers / Naam en adres verkoper / Nom et adresse du vendeur	Beschreibung der Waren oder Dienstleistungen / Omschrijving goederen of diensten / Description des marchandises ou services	Gesamtbetrag ohne MWSt (bis zu 1500 Euro) / Totaal bedrag zonder BTW (tot 1500 Euro) / Montant Total sans TVA (jusqu'à 1500 Euro)
Datum und Unterschrift des Antragstellers / Datum en handtekening aanvrager / Date et signature du demandeur	Datum und Unterschrift des Verkäufers / Datum en handtekening verkoper / Date et signature du vendeur	Stempel des Verkäufers / Stempel verkoper / Cachet du vendeur

Weiß: Kopie Beschaffungsstelle – Rosa: Kopie Verkäufer – Blau: Kopie Antragsteller.

Anhang 3t – 3y nicht belegt, Anhang 3z

Leistungen an ausländische Truppen

Rechtsprechungsauswahl

BFH vom 01.06.1989 – V R 72/84, DB 1989 S. 2055: Bau von Wohnungen – Vermietung an Zwischenmieter – Steuerfreie Weitervermietung an US-amerikanische Streitkräfte – Abzug der Vorsteuer.

Leistungsempfänger ist regelmäßig derjenige, der einen Anspruch auf die Leistung hat. Wird aber unter Mißachtung dieses Anspruchs die Leistung vom Leistenden tatsächlich einem Dritten erbracht, so kann der Dritte unabhängig von den zugrundeliegenden Rechtsbeziehungen Leistungsempfänger sein. Dies ist bei der Prüfung zu berücksichtigen, ob für den einen Vorsteuerabzug begehrenden Unternehmer Leistungen erbracht worden sind.

BFH vom 21.12.1988 – V R 120/83, UR 1989 S. 251: Vorsteuerabzug bei Vermietung an NATO-Streitkräfte (Art. 67 Abs. 3 NATO-ZAbk).

1. Einem Unternehmer, der 1973/74 ein Gebäude errichtet und die Wohnungen an NATO-Streitkräfte vermietet hat (Art. 67 Abs. 3 NATO-ZAbk), steht der hiergegen für 1974 geltend gemachte Vorsteuerabzug nach dem Gesetz nicht zu.
2. Zu diesbezüglichen Billigkeitsregelungen auf Grund von Verwaltungserlassen.

BFH vom 29.09.1988 – V R 53/83, BStBl. 1988 II S. 1022: Leistung muß von einer amtlichen Beschaffungsstelle der Truppe oder des zivilen Gefolges in Auftrag gegeben sein.

Leistungen werden durch eine amtliche Beschaffungsstelle i. S. des Art. 67 Abs. 3 NATOTrStatZAbk in Auftrag gegeben, indem die amtliche Beschaffungsstelle durch Abgabe des Vertragsangebotes oder durch Annahme eines Vertragsangebotes des betreffenden Umsatzgeschäftes mitwirkt.

BFH vom 14.05.1981 – V R 123/74, BStBl. 1981 II S. 690: Ein Unternehmer, der in den Räumen eines Klubs, welcher Angehörigen der Stationierungsstreitkräfte zugänglich ist, Heißgetränkeautomaten aufstellt und selbst betreibt, liefert aufgrund eines mit den Stationierungsstreitkräften geschlossenen Automatenaufstellvertrages Waren an Angehörige der Truppe; er kann für diese Lieferungen die Steuerbefreiung aus Art. 67 Abs. 3 NATO-ZAbk nicht in Anspruch nehmen[1].

BFH vom 29.01.1981 – V R 43/77, BStBl. 1981 II S. 542: Der Abwicklungsschein, mit dem die Voraussetzungen gemäß Art. 67 Abs. 3 NATO-ZAbk nachzuweisen sind (vgl. § 1 Abs. 1 Nr. 1 NATO-ZAbk-UStDV i. d. F. vom 20. Dezember 1967), kann als Bestandteil des buchmäßigen Nachweises noch bis zur letzten mündlichen Verhandlung vor dem FG über eine Klage gegen die erstmalige endgültige Steuerfestsetzung oder den Berichtigungsbescheid vorgelegt werden.

BFH vom 24.01.1974 – V B 35/73, BStBl. 1974 II S. 372: Zur Gewährung des Vorsteuerabzugs im Billigkeitswege bei sonstigen Leistungen an die Stationierungstruppen.

---

1) Zur Frage des Trägers des Umsatzes bei Automatenaufstellverträgen (Befreiung nach Art. 67 Abs. 3 NATO-ZAbk) hat der BFH mit Urteil vom 16.12.1987 – X R 32/82, UR 1989 S. 87, in entsprechender Weise Stellung genommen.

NATO-Hauptquartiere-Umsatzsteuervergünstigungen

Gesetz zu dem Protokoll vom 28.08.1952 über die Rechtsstellung der aufgrund des Nordatlantikvertrags errichteten internationalen militärischen Hauptquartiere und zu den dieses Protokoll ergänzenden Vereinbarungen (Gesetz zum Protokoll über die NATO-Hauptquartiere und zu den Ergänzungsvereinbarungen) Vom 17.10.1969

(BGBl. 1969 II S. 1997)

(Auszug)

Der Bundestag hat mit Zustimmung des Bundesrates das folgende Gesetz beschlossen:

Teil II
Ausführungsbestimmungen

Kapitel 3

Ausführungsbestimmungen zu Artikel 8 des Protokolls über die NATO-Hauptquartiere, zu den Artikeln 14, 15 und 16 des Ergänzungsabkommens und zu Artikel 2 des Statusübereinkommens sowie ergänzende Bestimmungen

Artikel 4

Auf Waren, die die Hauptquartiere und die in Artikel 3 Abs. 1 des Protokolls über die NATO-Hauptquartiere und in Artikel 1 des Statusübereinkommens bezeichneten Personen nach Artikel 8 des Protokolls über die NATO-Hauptquartiere, den Artikeln 14, 15 und 16 des Ergänzungsabkommens, Artikel 2 des Statusübereinkommens oder nach dem folgenden Artikel abgabenbegünstigt einführen oder beziehen, und auf Waren, die sich im Zeitpunkt des Inkrafttretens dieses Gesetzes im Besitz der Hauptquartiere und der vorbezeichneten Personen befinden, werden das Truppenzollgesetz 1962 vom 17. Januar 1963 (Bundesgesetzbl. I S. 51)[1] und die zu seiner Durchführung ergangenen Vorschriften in den jeweils geltenden Fassungen sinngemäß angewendet.

Artikel 5

Personen im Sinne des Artikels 4, die nicht zu dem durch das Statusübereinkommen erfaßten Personenkreis gehören und weder deutsche Staatsangehörige noch Angehörige deutscher Staatsangehöriger sind, werden bei der Ein- und Ausfuhr und dem Bezug von Waren dieselben Vergünstigungen gewährt wie den durch das Statusübereinkommen begünstigten Personen.

Artikel 6

Berechtigte Personen im Sinne des Artikels 16 Abs. 2 Buchstabe b des Ergänzungsabkommens sind nicht die Angehörigen der in Artikel 3 Abs. 2 Buchstabe a des Protokolls über die NATO-Hauptquartiere bezeichneten Personen deutscher Staatsangehörigkeit.

Kapitel 4

Ausführungsbestimmungen zu Artikel 14 Abs. 2 des Ergänzungsabkommens

. . .

---

[1] Überholt

Protokoll über die Rechtsstellung der aufgrund des Nordatlantikvertrags errichteten internationalen militärischen Hauptquartiere

(BGBl. 1969 II S. 2000)

(Auszug)

Die Parteien des am 4. April 1949 in Washington unterzeichneten Nordatlantikvertrags[1]. –

...

Haben dieses Protokoll zu dem am 19. Juni 1951 in London unterzeichneten Abkommen über die Rechtsstellung ihrer Truppen vereinbart:

Artikel 3

(1) Für die Anwendung des Abkommens auf ein Alliiertes Hauptquartier haben die in dem Abkommen enthaltenen Ausdrücke „Truppe", „ziviles Gefolge" und „Angehöriger" folgende Bedeutung:

a) „Truppe" bedeutet das einem Alliierten Hauptquartier zugeteilte Personal, das zu den Land-, See- oder Luftstreitkräften einer Partei des Nordatlantikvertrags gehört;

b) „ziviles Gefolge" bedeutet Zivilpersonal, soweit es sich nicht um Staatenlose oder um Staatsangehörige eines Staates, der nicht Partei des Nordatlantikvertrags ist, oder um Staatsangehörige des Aufnahmestaats oder um Personen handelt, die dort ihren gewöhnlichen Aufenthalt haben, das i) dem Alliierten Hauptquartier zugeteilt und bei den Streitkräften einer Partei des Nordatlantikvertrags beschäftigt ist oder ii) zu den vom Nordatlantikrat bestimmten Gruppen des bei einem Alliierten Hauptquartier beschäftigten Zivilpersonals gehört;

c) „Angehöriger" bedeutet den Ehegatten eines Mitglieds einer Truppe oder eines zivilen Gefolges im Sinne der Buchstaben a und b sowie ein dem Mitglied gegenüber unterhaltsberechtigtes Kind.

...

Artikel 13

[1]Die Archive und sonstigen amtlichen Urkunden eines Alliierten Hauptquartiers, die in den von dem Hauptquartier benutzten Räumlichkeiten aufbewahrt werden oder sich im Besitz eines seiner hierzu ordnungsgemäß ermächtigten Mitglieder befinden, sind unverletzlich, es sei denn, daß das Hauptquartier auf diese Immunität verzichtet hat. [2]Auf Ersuchen des Aufnahmestaats und in Anwesenheit seines Vertreters prüft das Hauptquartier die Art der Urkunden, um festzustellen, ob sie unter die in diesem Artikel vorgesehene Immunität fallen.

---

1) BGBl. 1955 II S. 289

Anhang 4c

Abkommen zwischen der Bundesrepublik Deutschland und dem Obersten Hauptquartier der Alliierten Mächte, Europa, über die besonderen Bedingungen für die Einrichtung und den Betrieb internationaler militärischer Hauptquartiere in der Bundesrepublik Deutschland

(Ergänzungsabkommen)

(BGBl. 1969 II S. 2009)

(Auszug)

DIE BUNDESREPUBLIK DEUTSCHLAND
und
DAS OBERSTE HAUPTQUARTIER
DER ALLIIERTEN MÄCHTE, EUROPA –

IN DER ERWÄGUNG, daß das Protokoll über die Rechtsstellung der aufgrund des Nordatlantikvertrags errichteten internationalen militärischen Hauptquartiere durch Bestimmungen über die Einrichtung und den Betrieb internationaler militärischer Hauptquartiere in der Bundesrepublik Deutschland ergänzt werden sollte –

SIND aufgrund des Artikels 16 Abs. 2 des Protokolls wie folgt ÜBEREINGEKOMMEN:

Artikel 1

In diesem Abkommen (im folgenden als „Ergänzungsabkommen" bezeichnet) bedeutet der Ausdruck

a) „Bundesregierung" die Regierung der Bundesrepublik Deutschland;
b) „SHAPE" das Oberste Hauptquartier der Alliierten Mächte, Europa;
c) „Hauptquartier"
   i) SHAPE,
   ii) jedes SHAPE unmittelbar unterstellte militärische Hauptquartier, das einem der unter Ziffer iii genannten Hauptquartiere übergeordnet ist,
   iii) sonstige SHAPE unterstellte, in der Bundesrepublik Deutschland errichtete internationale militärische Hauptquartiere, soweit auf diese das Protokoll gemäß seinem Artikel 14 Anwendung findet;
d) „Abkommen" das am 19. Juni 1951 in London unterzeichnete Abkommen zwischen den Parteien des Nordatlantikvertrags über die Rechtsstellung ihrer Truppen;
e) „Protokoll" das am 28. August 1952 in Paris unterzeichnete Protokoll über die Rechtsstellung der aufgrund des Nordatlantikvertrags errichteten internationalen militärischen Hauptquartiere.

Artikel 3

SHAPE wird als Rechtspersönlichkeit (Artikel 10 des Protokolls) von dem Obersten Alliierten Befehlshaber Europa oder jeder anderen in seinem Auftrag handelnden Behörde vertreten.
...

Artikel 5

Soweit durch besondere Abkommen zwischen der Bundesrepublik Deutschland und solchen Staaten, welche in der Bundesrepublik Deutschland Streitkräfte stationiert haben, die Rechtsstellung des Militär- und Zivilpersonals und der Angehörigen geregelt worden ist, bleiben die sich aus diesem Abkommen ergebenden Rechte und Pflichten unberührt.
...

Artikel 14

(1) Die Hauptquartiere unterliegen nicht den direkten Steuern aufgrund von Tatbeständen, die ausschließlich in den Bereich ihrer dienstlichen Tätigkeit fallen, und hinsichtlich des dieser Tätigkeit gewidmeten Vermögens. Dies gilt jedoch nicht, soweit die Steuern durch eine Beteiligung der Hauptquartiere am deutschen Wirtschaftsverkehr und hinsichtlich des diesem Wirtschaftsverkehr gewidmeten Vermögens entstehen. Lieferungen und sonstige Leistungen der Hauptquartiere an ihr Personal (Truppe und, soweit die in Artikel 3 Absatz 1 Buchstabe b Ziffern i und ii des Protokolls genannten Voraussetzungen vorliegen, Zivilpersonal ohne Rücksicht auf die Staatsangehörigkeit) und an die Angehörigen des Personals werden nicht als Beteiligung am deutschen Wirtschaftsverkehr im Sinne dieser Vorschrift angesehen.

Anhang 4c — Leistungen an ausländische Truppen

(2) a) Die Hauptquartiere sind von der Umsatzsteuer für Lieferungen und sonstigen Leistungen befreit, die ausschließlich in den Bereich ihrer dienstlichen Tätigkeit fallen. Absatz 1 Sätze 2 und 3 gelten entsprechend.

b) Lieferungen und sonstige Leistungen an ein Hauptquartier, die von diesem in Auftrag gegeben werden und für den Gebrauch oder den Verbrauch durch das Hauptquartier oder durch den in Absatz 1 Satz 3 bezeichneten Personenkreis bestimmt sind, sind von der Umsatzsteuer befreit.

c) Für Lieferungen werden dem Lieferer unter den in Buchstabe b aufgeführten Voraussetzungen auf Antrag die im deutschen Umsatzsteuerrecht für den Fall der Ausfuhr vorgesehenen Vergütungen gewährt.

d) Die Vergünstigungen nach den Buchstaben b und c werden auch gewährt, wenn deutsche Behörden Beschaffungen oder Baumaßnahmen für ein Hauptquartier durchführen.

e) Die Steuerbefreiungen und -vergütungen sind bei der Berechnung des Preises zu berücksichtigen. Lieferungen an ein Hauptquartier gelten als Lieferungen im Großhandel.

f) Die Vergünstigungen nach den Buchstaben b und c werden nur gewährt, wenn den zuständigen deutschen Behörden nachgewiesen wird, daß die Voraussetzungen dafür vorliegen. Die Art dieses Nachweises wird durch Vereinbarung zwischen den deutschen Behörden und SHAPE festgelegt.

(3) Beförderungsleistungen für die Hauptquartiere sind von der Beförderungssteuer in dem gleichen Umfang befreit wie Beförderungsleistungen für die Deutsche Bundeswehr.

(4) Von der Kraftfahrzeugsteuer befreit ist das Halten von Fahrzeugen, solange sie ausschließlich im Dienste des Hauptquartiers verwendet werden und ein deutlich erkennbares Zeichen führen, aus dem sich ihre Zugehörigkeit zu einem Hauptquartier ergibt.

(5) Mit Bezug auf Steuern, die in diesem Artikel nicht ausdrücklich erwähnt sind oder künftig eingeführt werden, wird, falls sich die Notwendigkeit hierzu ergibt, in Besprechungen zwischen der Bundesrepublik und SHAPE geprüft, ob die Hauptquartiere befreit werden sollen.

Artikel 16

(1) Waren, die von den Hauptquartieren abgabenbegünstigt eingeführt oder beschafft worden sind, können an die dazu berechtigten Personen in Messen, Bars, Kantinen und Marketendereien nach Maßgabe näherer Vereinbarungen zwischen SHAPE und den zuständigen deutschen Behörden verkauft oder abgegeben werden.

(2) Berechtigte Personen sind

a) ohne Einschränkung das in Artikel 3 Absatz 1 Buchstabe a des Protokolls genannte Personal,

b) im Rahmen der von der Bundesregierung festgelegten Grenzen das zivile Gefolge und die Angehörigen im Sinne des Artikels 3 Absatz 1 Buchstaben b und c des Protokolls.

(3) Hat ein Hauptquartier eigene Messen, Bars, Kantinen oder Marketendereien in der Bundesrepublik Deutschland nicht eingerichtet, so kann den berechtigten Personen nach Maßgabe von Absatz 2 die Benutzung entsprechender Einrichtungen der ihm am nächsten liegenden Streitkräfte gestattet werden.

(4) Die berechtigten Personen der Hauptquartiere, die nicht die deutsche Staatsangehörigkeit besitzen, haben auch Zutritt zu ähnlichen Einrichtungen ihrer nationalen Streitkräfte, sofern diese damit einverstanden sind. Der Umfang der diesen Personen zustehenden Vergünstigungen darf hierdurch nicht erweitert werden.

(5) Die in diesen Einrichtungen erworbenen Waren dürfen nicht an Personen veräußert werden, die zum Erwerb dieser Waren nicht berechtigt sind, soweit nicht die zuständigen deutschen Behörden allgemein oder – nach vorheriger Benachrichtigung – im Einzelfall Ausnahmen zugelassen haben.

Artikel 17

(1) Die Hauptquartiere treffen alle angemessenen Maßnahmen, um Mißbräuche zu verhindert, die sich aus der Einräumung von Vergünstigungen und Befreiungen auf zoll-, steuer- und außenwirtschaftlichem Gebiet ergeben könnten. Sie arbeiten mit den deutschen Behörden bei der Verhütung und der Verfolgung von Zoll-, Steuer- und Außenwirtschaftszuwiderhandlungen eng zusammen.

(2) Die Hauptquartiere stellen insbesondere sicher, daß den berechtigten Personen im Rahmen des Artikels 16 bestimmte Waren nur in den vorgesehenen Mengen zur Verfügung gestellt werden.

Unterzeichnungsprotokoll zu dem Abkommen über die besonderen Bedingungen für die Einrichtung und den Betrieb internationaler militärischer Hauptquartiere in der Bundesrepublik Deutschland

(BGBl. 1969 II S. 2031)

(Auszug)

Mit der Unterzeichnung des Abkommens zwischen der Bundesrepublik Deutschland und dem Obersten Hauptquartier der Alliierten Mächte, Europa, über die besondere Bedingungen für die Einrichtung und den Betrieb internationaler militärischer Hauptquartiere in der Bundesrepublik Deutschland (im folgenden als „Ergänzungsabkommen" bezeichnet) bestätigen die unterzeichneten Vertreter

DER BUNDESREPUBLIK DEUTSCHLAND
und
DES OBERSTEN HAUPTQUARTIERS
DER ALLIIERTEN MÄCHTE, EUROPA,

daß die folgenden zusätzlichen Bestimmungen vereinbart wurden:

...

Zu Artikel 12 Absatz 4

Im Falle der Veräußerung von Gütern ist bei ihrer Abfertigung zum freien Verkehr für den Zollwert der Zeitpunkt der Veräußerung maßgebend.

Zu Artikel 14 Absatz 3

Werden die Bestimmungen über die Befreiung von Beförderungsleistungen für die Bundeswehr von der Beförderungssteuer zuungunsten der Bundeswehr geändert, so werden auf Verlangen von SHAPE Verhandlungen zwischen SHAPE und der Bundesregierung über die steuerliche Behandlung von Beförderungsleistungen für die Hauptquartiere aufgenommen.

Zu Artikel 14 Absatz 4

Von der Kraftfahrzeugsteuer befreit ist das Halten von privaten Personenkraftfahrzeugen, die nach Absatz 1 der Bestimmungen dieses Unterzeichnungsprotokolls zu Artikel 21 registriert und zugelassen werden.

...

Zu Artikel 25

...

(3) Soweit für Beschaffungen der Hauptquartiere bis zum Tage des Inkrafttretens des Ergänzungsabkommens Umsatzsteuer in der Bundesrepublik Deutschland erhoben worden ist, erstattet die Bundesrepublik Deutschland den Betrag, den SHAPE ausweislich seiner Buchungsunterlagen für Umsatzsteuer aufgewendet hat.

GESCHEHEN zu Paris am 13. März 1967 in zwei Urschriften, jede in deutscher, englischer und französischer Sprache, wobei jeder Wortlaut gleichermaßen verbindlich ist.

Hinweis:

Ergänzende Vorschriften:

§ 15 Abs. 3 Nr. 1 Buchst. a und Nr. 2 Buchst. a, § 26 Abs. 5 UStG 1980, § 73 UStDV 1980.

Anhang 4e

Umsatzsteuervergünstigungen auf Grund des Ergänzungsabkommens zum Protokoll über die NATO-Hauptquartiere

BMF-Schreiben vom 11.06.1981 – IV A 3 – S 7493 – 1/81,
BStBl. 1981 I S. 497

(1) Auf Grund des Artikels 14 Abs. 2 des Ergänzungsabkommens zum Protokoll über die NATO-Hauptquartiere (BGBl. 1969 II S. 2009) sind Lieferungen und sonstige Leistungen, die ein Hauptquartier ausführt, sowie Lieferungen und sonstige Leistungen an ein Hauptquartier unter bestimmten Voraussetzungen von der Umsatzsteuer befreit. Die Voraussetzungen für diese Umsatzsteuerbefreiung entsprechen weitgehend den Voraussetzungen für die Umsatzsteuerbefreiungen nach Artikel 67 des Zusatzabkommens zum NATO-Truppenstatut. Die Abschnitte C bis E des BdF-Erlasses vom 15. Dezember 1969 – IV A/3 – S 7492 – 31/79 – (BStBl. 1970 I S. 150, USt-Kartei NG S 7492 Karte 1) sind daher sinngemäß anzuwenden. Die seitdem eingetretenen Rechtsänderungen ergeben sich aus dem BMF-Schreiben vom 29. März 1976, USt-Kartei NG S 7492 Karte 7) und vom 11. März 1980 BStBl. I S. 148, USt-Kartei NG S 7492 Karte 11).

(2)[1] **Hauptquartiere im Sinne des Artikels 14 des Ergänzungsabkommens zum Protokoll über die NATO-Hauptquartiere sind:**

1. Supreme Headquarters Allied Powers Europe (SHAPE), Casteau/Belgien,
2. Headquarters Allied Forces Central Europe (AFCENT), Brunssum/Niederlande,
3. Headquarters Central Army Group (CENTAG), Mannheim-Seckenheim, Hammond Barracks, Bldg. 972
4. Headquarters Fourth Allied Tactical Air Force (4. ATAF), Ramstein, Air Base,
5. Headquarters Allied Land Forces Schleswig-Holstein and Jutland (LANDJUT), Rendsburg, Eiderkaserne,
6. Headquarters Allied Naval Forces, Baltic Approaches (NAVBALTAP), Kiel-Holtenau, Fliegerhorst,
7. Headquarters Northern Army Group / Second Allied Tactical Air Force (NORTHAG / 2 ATAF), Mönchengladbach-Rheindahlen II,
8. NATO Airborne Early Warning and Control Force Commander's Headquarters, Mons/Belgien,
9. NATO E-3A Component of the NAEW Force, Geilenkirchen.

(3) Die Umsatzsteuerbefreiungen gelten bei den in Absatz 2 Nr. 1 bis 7 bezeichneten Hauptquartieren ab 21. Dezember 1969 und bei den in Absatz 2 Nr. 8 und 9 bezeichneten Hauptquartieren ab 1. Januar 1980.

---

[1] Abs. 2 neugefaßt zuletzt durch BMF-Schreiben vom 22.07.2011, BStBl. 2011 I S. 749, siehe Anhang 4h und Anhang 4i

Umsatzsteuervergünstigungen auf Grund des Ergänzungsabkommens zum Protokoll über die NATO-Hauptquartiere und Umsatzsteuerbefreiung nach § 4 Nr. 7 Satz 1 Buchstabe d UStG

BMF-Schreiben vom 22.07.2011 – IV D 3 – S 7493/07/10001,
BStBl. 2011 I S. 749

Unter Bezugnahme auf das Ergebnis der Erörterung mit den obersten Finanzbehörden der Länder gilt Folgendes:

(1) Auf Grund des Artikels 14 Abs. 2 des Ergänzungsabkommens zum Protokoll über die NATO-Hauptquartiere (BGBl. 1969 II S. 2009) sind Lieferungen und sonstige Leistungen, die ein Hauptquartier ausführt, sowie Lieferungen und sonstige Leistungen an ein Hauptquartier unter bestimmten Voraussetzungen von der Umsatzsteuer befreit. Die Voraussetzungen für diese Umsatzsteuerbefreiungen entsprechen weitgehend den Voraussetzungen für die Umsatzsteuerbefreiungen nach Artikel 67 des Zusatzabkommens zum NATO-Truppenstatut. Die Abschnitte B, C, E bis G und I des BMF-Schreibens vom 22. Dezember 2004 – IV A 6 – S 7492 – 13/04 – (BStBl. I S. 1200) sind daher sinngemäß anzuwenden.

(2) [1)] Hauptquartiere im Sinne des Artikels 14 des Ergänzungsabkommens zum Protokoll über die NATO-Hauptquartiere sind:

1. NATO International Military Headquarters (IMHQ) / Organizations (ACO)
    a) Supreme Headquarters Allied Powers in Europe (SHAPE), Allied Command Operations (ACO), Mons/Belgien
    b) Component Command – Air HQ Ramstein (CC-Air HQ Ramstein), Ramstein
    c) Force Command HQ Heidelberg (FC HQ Heidelberg), Heidelberg
    d) NATO-E3A Component of the NAEW-Force, Geilenkirchen
2. Deployable Combined Air Operations Centre (DCAOC) / Combined Air Operations Centre (CAOC)
    a) Deployable Combined Air Operations Centre (DCAOC), Uedem
    b) Combined Air Operations Centre (CAOC 2), Uedem
3. NATO International Military Headquarters (IMHQ) / Organizations (ACT)
    a) NATO School (NS), Oberammergau
    b) Joint Air Power Competence Centre (JAPCC), Kalkar
    c) Confined and Shallow Waters COE (CSW COE), Kiel
    d) Military Engineering COE (MILENG COE), Ingolstadt
4. Headquarters NATO Rapid Deployable Corps (HQ NRDC) / Headquarters NATO Rapid Deployable Maritime Component Command (HQ NRDMCC)
    a) First German-Netherlands Corps (HQ NRDC-GE/NL), Münster (Westfalen)
    b) HQ Allied Rapid Reaction Corps (HQ NRDC UK), Rheindahlen
5. NATO Communications and Information System (CIS)
    a) First NATO Signal Battailon (1 NSB), Wesel
    b) NCSA Sector Brunssum, detached to Satellite Ground Terminal (SGT) Euskirchen, Euskirchen
    c) NCSA Sector Brunssum, detached to CAOC Uedem, Uedem
    d) NCSA Squadron Ramstein, Ramstein
    e) NCSA Squadron Heidelberg, Heidelberg
    f) NDet SGT F2, Euskirchen
    g) NDet SGT F20, Bad Bergzabern

(3) Lieferungen, ausgenommen Lieferungen neuer Fahrzeuge im Sinne des § 1b Abs. 2 und 3 UStG, und sonstige Leistungen an die in dem Gebiet eines anderen Mitgliedstaates ansässigen zwischenstaatlichen Einrichtungen sowie deren Mitglieder sind unter den weiteren Voraussetzungen von § 4 Nr. 7 UStG nach § 4 Nr. 7 Satz 1 Buchstabe d UStG von der Umsatzsteuer befreit. Zu den zwischenstaatlichen Einrichtungen gehören auch die NATO-Hauptquartiere. Im übrigen Gemeinschaftsgebiet ansässige Hauptquartiere im Sinne von Artikel 1 des Protokolls über die NATO-Hauptquartiere (BGBl. 1969 II S. 2000) sind:

---

1) Zur Fassung von Abs. 2 gem. BMF-Schreiben vom 11.01.2012 siehe Anlage 4i

Anhang 4h
Leistungen an ausländische Truppen

1. NATO International Military Headquarters (IMHQ) / Organizations (ACO)
   a) Supreme Headquarters Allied Powers in Europe (SHAPE), Allied Command Operations (ACO), Mons/Belgien
   b) Joint Force Command Headquarters Brunssum (JFC HQ Brunssum), Brunssum/Niederlande
   c) Joint Force Command Headquarters Naples (JFC HQ Naples), Neapel/Italien
   d) Joint Force Command Headquarters Lisbon (JFC HQ Lisbon), Lissabon/Portugal
   e) Component Command – Maritime HQ Naples (CC-Mar HQ Naples), Neapel/Italien
   f) Component Command – Maritime HQ Northwood (CC-Mar HQ Northwood), Northwood/Großbritannien
   g) Force Command HQ Madrid (FC HQ Madrid), Madrid/Spanien
   h) ACO Counter Intelligence (ACCI), Mons/Belgien
   i) Commander Submarines Allied Naval Forces North (COMSUBNORTH), Northwood/Großbritannien
   j) NATO Joint Electronic Warfare Core Staff (JEWCS), Yeovilton/Großbritannien
   k) NATO Integrated Meteorological and Oceanographic Co-ordination Centre (NIMCC), Mons/Belgien
   l) NATO Airborne Early Warning Force Command HQ (NAEWFC HQ), Mons/Belgien
   m) Early Warning Squadron Number 8, Waddington/Lincolnshire, Großbritannien
   n) NATO Special Operations Co-ordination Centre (NSCC), Mons/Chièvres, Belgien
   o) Intelligence Fusion Centre (IFC), Molesworth/Großbritannien
   p) Tactical Leadership Programme (TLP), Albacete/Spanien
2. Deployable Combined Air Operations Centre (DCAOC) / Combined Air Operations Centre (CAOC)
   a) Deployable Combined Air Operations Centre (DCAOC), Poggio Renatico/Italien
   b) Combined Air Operations Centre (CAOC 1), Finderup/Dänemark
   c) Combined Air Operations Centre (CAOC 5), Poggio Renatico/Italien
   d) Combined Air Operations Centre (CAOC 7), Larissa/Griechenland
   e) Deployable Air Control Centre / Recognized Air Production Centre / Sensor Fusion Posts Nieuw-Milligen (DARS Nieuw-Milligen), Nieuw-Milligen/Niederlande
   f) Common Regional Initial ACCS (Air Command and Control System) / Program – Regional Program Office (CRIAP-RPO), Brüssel/Belgien
3. NATO International Military Headquarters (IMHQ) / Organizations (ACT)
   a) SACT Representative Europe (SACTREPEUR), Brüssel/Belgien
   b) Allied Command Transformation Staff Element Europe (ACT SEE), Mons/Belgien
   c) Joint Force Training Centre (JFTC), Bydgoszcz/Polen
   d) Joint Analysis Lessons Learned Centre (JALLC), Monsanto/Portugal
   e) NATO Undersea Research Centre (NURC), La Spezia/Italien
   f) NATO Defence College (NDC), Rom/Italien
   g) NATO Maritime Interdiction Operations Training Centre (NMIOTC), Souda Bay/Griechenland
   h) Civil – Military Co-operation COE (CIMIC COE), Enschede/Niederlande
   i) Command & Control COE (C2 COE), Ede/Niederlande
   j) Cooperative Cyber Defense COE (CCD COE), Tallin/Estland
   k) Joint Chemical, Biological, Radiation, & Nuclear Defence COE (JCBRN Defence COE), Vyskov/Tschechische Republik
   l) NATO Military Medical COE (NATO MILMED COE), Budapest/Ungarn
   m) Naval Mine Warefare COE (EGUERMIN COE), Oostende/Belgien
   n) Center for Analysis & Simulation for the Preparation of Air Operations (CASPOA), Taverny/Frankreich
   o) NATO HUMINT COE, Oradea/Rumänien

Leistungen an ausländische Truppen **Anhang 4h**

4. Headquarters NATO Rapid Deployable Corps (HQ NRDC) / Headquarters NATO Rapid Deployable Maritime Component Command (HQ NRDMCC)
   a) Headquarters NATO Rapid Deployable Corps – Spain (HQ NRDC-SP), Valencia/Bétera, Spanien
   b) Headquarters NATO Rapid Deployable Corps – Italy (HQ NRDC-IT), Solbiate Olona/Mailand, Italien
   c) HQ Rapid Reaction Corps – France (HQ NRDC-FR), Lille/Frankreich
   d) HQ NRDC – Greece (HQ NRDC-GR), Thessaloniki/Griechenland
   e) HQ Multinational Corps Northeast (HQ NDC MNC NE), Stettin/Polen
   f) HQ NATO Navel Striking and Support Forces (HQ STRIKFORNATO), Neapel/Italien
   g) HQ NATO Rapid Deployable Maritime Component Command – Spain (HQ NRDMCC-SP / HQ COMSPMARFOR), Rota/Spanien
   h) HQ NRDMCC – UK (HQ COMUKMARFOR), Portsmouth/Großbritannien
   i) HQ NRDMCC – IT (HQ COMITMARFOR), Tarent/Italien
   j) HQ NRDMCC – FR (HQ COMFRMARFOR), Toulon/Frankreich
5. NATO Communications and Information System (CIS)
   a) HQ NATO Communication and Information Systems Services Agency (NCSA), Mons/Belgien
   b) NATO Signal Regiment, Brunssum/Niederlande
   c) Second NATO Signal Battailon (2 NSB), Bagnoli/Grazzanise, Italien
   d) Third NATO Signal Battailon (3 NSB), Bydgoszcz/Polen
   e) NCSA Sector Mons, Mons/Belgien
   f) NCSA Sector Mons, detached to JEWCS, Yeovilton/Großbritannien
   g) NCSA Sector Brunssum, Brunssum/Niederlande
   h) NCSA Sector Naples, Neapel/Italien
   i) NCSA Sector Naples, detached to CAOC Larissa, Larissa/Griechenland
   j) NCSA Sector Naples, detached to NATO Undersea Research Centre, La Spezia/Italien
   k) NCSA Sector Naples, detached to CAOC Poggio Renatico, Poggio Renatico/Italien
   l) NCSA Squadron Bydgoszcz, Bydgoszcz/Polen
   m) NCSA Squadron Nisida, Nisida/Italien
   n) NCSA Squadron Northwood, Northwood/Großbritannien
   o) NCSA Sector Lisbon, Lissabon/Portugal
   p) NCSA Sector Lisbon, detached to the JALLC, Monsanto/Portugal
   q) NCSA Sector Madrid, Madrid/Italien
   r) NATO Programming Centre (NPC), Glons/Belgien
   s) NATO CIS School (NCISS), Latina/Italien
   t) CIS Logistics Depot, Brunssum/Niederlande
   u) NDet SGT F1, Kester/Belgien
   v) NDet SGT F4, Oakhanger/Großbritannien
   w) NDet SGT F7, Civitavecchia, Italien
   x) NDet SGT F11, Atalanti/Griechenland
   y) NDet SGT F12, Costa da Caparica/Portugal
   z) NDet SGT F14, Verona/Italien
6. Sonstige
   a) EF 2000 Transhipment Depot, Novara/Italien
   b) EF 2000 Transhipment Depot, Torrejón/Spanien

(4) Zur Nachweisführung über die Steuerbefreiung für Umsätze an die NATO-Hauptquartiere in der Bundesrepublik Deutschland durch Unternehmer in den übrigen EU-Mitgliedstaaten (Artikel 151 Abs. 1 Unterabsatz 1 Buchstabe b der Mehrwertsteuer-Systemrichtlinie; bis 31. Dezember 2006: Artikel 15 Nr. 10 zweiter Gedankenstrich der 6. EG-Richtlinie) gilt Folgendes:

Anhang 4h Leistungen an ausländische Truppen

1. Nimmt ein Unternehmer für die in einem anderen Mitgliedstaat ausgeführten Umsätze die dort geltende, auf Artikel 151 Abs. 1 Unterabsatz 1 Buchstabe b der Mehrwertsteuer-Systemrichtlinie (bis 31. Dezember 2006: Artikel 15 Nr. 10 zweiter Gedankenstrich der 6. EG-Richtlinie) beruhende Steuerbefreiung in Anspruch, hat er grundsätzlich durch eine Bestätigung (Sichtvermerk) der zuständigen Behörde des Gastmitgliedstaates nachzuweisen, dass die in diesem Staat für die Steuerbefreiung entsprechender inländischer Umsätze geltenden Voraussetzungen eingehalten sind.
2. Bei Umsätzen (Lieferungen und sonstige Leistungen) an die in der Bundesrepublik Deutschland errichteten NATO-Hauptquartiere wird von einer behördlichen Bestätigung abgesehen. An ihre Stelle tritt jeweils eine Eigenbestätigung (Freistellung vom Sichtvermerk) des im Inland errichteten NATO-Hauptquartiers, das den Auftrag zur Erbringung der Lieferungen und sonstigen Leistungen erteilt. Die Eigenbestätigung ist nach dem aus der Anlage zum BMF-Schreiben vom 23. Juni 2011 – IV D 3 – S 7158-b/11/10001 (2011/0502963) – (BStBl. I S. 677) ersichtlichen, EU-einheitlichen Muster auszustellen. In der Eigenbestätigung ist auf die Genehmigung durch dieses Schreiben hinzuweisen.
3. Zur Ausstellung der Eigenbestätigung sind die amtlichen Beschaffungsstellen der im Inland errichteten NATO-Hauptquartiere berechtigt, die zur Erteilung von Aufträgen auf abgabenbegünstigte Lieferungen und sonstigen Leistungen berechtigt sind.

(5) Dieses Schreiben ersetzt das BMF-Schreiben vom 11. Juni 1981 – IV A 3 – S 7493 – 1/81 – (BStBl. I S. 497) in der Fassung des BMF-Schreibens vom 16. Januar 2003 – IV D 1 – S 7493 – 1/03 – (BStBl. I S. 99) sowie die BMF-Schreiben vom 9. Juni 1994 – IV C 4 – S 7493 – 10/94 – (BStBl. I S. 377) und vom 12. Mai 1997 – IV C 4 – S 7493 – 8/97 – (BStBl. I S. 905).

Anhang 4i

Umsatzsteuervergünstigungen auf Grund des Ergänzungsabkommens zum Protokoll über die NATO-Hauptquartiere und Umsatzsteuerbefreiung nach § 4 Nr. 7 Satz 1 Buchstabe d UStG

BMF-Schreiben vom 11.01.2012 – IV D 3 – S 7493/07/10001,
BStBl. 2012 I S. 136

Unter Bezugnahme auf das Ergebnis der Erörterung mit den obersten Finanzbehörden der Länder gilt Folgendes:

Absatz 2 des o.g. BMF-Schreibens vom 22. Juli 2011[1] erhält folgende Fassung:

„(2) Hauptquartiere im Sinne des Artikels 14 des Ergänzungsabkommens zum Protokoll über die NATO-Hauptquartiere sind:

1. NATO International Military Headquarters (IMHQ) / Organizations (ACO)
   a) Supreme Headquarters Allied Powers in Europe (SHAPE), Allied Command Operations (ACO), Mons/Belgien
   b) Component Command – Air HQ Ramstein (CC-Air HQ Ramstein), Ramstein
   c) Force Command HQ Heidelberg (FC HQ Heidelberg), Heidelberg
   d) NATO-E3A Component of the NAEW-Force, Geilenkirchen
2. Deployable Combined Air Operations Centre (DCAOC) / Combined Air Operations Centre (CAOC)
   a) Deployable Combined Air Operations Centre (DCAOC), Uedem
   b) Combined Air Operations Centre (CAOC 2), Uedem
3. NATO International Military Headquarters (IMHQ) / Organizations (ACT)
   a) NATO School (NS), Oberammergau
   b) Joint Air Power Competence Centre (JAPCC), Kalkar
   c) Confined and Shallow Waters COE (CSW COE), Kiel
   d) Military Engineering COE (MILENG COE), Ingolstadt
4. Headquarters NATO Rapid Deployable Corps (HQ NRDC) / Headquarters NATO Rapid Deployable Maritime Component Command (HQ NRDMCC)
   a) First German-Netherlands Corps (HQ NRDC-GE/NL), Münster (Westfalen)
   b) HQ Allied Rapid Reaction Corps (HQ NRDC UK), Rheindahlen
5. NATO Communication and Information Systems (CIS)
   a) First NATO Signal Battailon (1 NSB), Wesel
   b) NCSA Sector Brunssum, detached to Satellite Ground Terminal (SGT) Euskirchen, Euskirchen
   c) NCSA Sector Brunssum, detached to CAOC Uedem, Uedem
   d) NCSA Squadron Ramstein, Ramstein
   e) NCSA Squadron Heidelberg, Heidelberg
6. NATO Communication and Information Systems (CIS) Detachments
   a) NDet SGT F2, Euskirchen
   b) NDet SGT F20, Bad Bergzabern
7. NATO Communication and Information Systems (CIS) Deployable Signal Battalons
   a) NSB 1 HQ, Wesel
   b) NSB 1 DEU DCM, Wesel
   c) NSB 1 GBR DCM, Elmpt
   d) NSB 1 M&S COY, Wesel"

Die in Absatz 3 Nr. 1 bis 6 des o.g. BMF-Schreibens vom 22. Juli 2011 aufgeführten im übrigen Gemeinschaftsgebiet ansässigen Hauptquartiere im Sinne von Artikel 1 des Protokolls über die NATO-Hauptquartiere werden durch die folgenden Nummern 1 bis 8 ersetzt:

„1. NATO International Military Headquarters (IMHQ) / Organizations (ACO)
   a) Supreme Headquarters Allied Powers in Europe (SHAPE), Allied Command Operations (ACO), Mons/Belgien

---

[1] BStBl. 2011 I S. 749, Anhang 4h

Anhang 4i — Leistungen an ausländische Truppen

- b) Joint Force Command Headquarters Brunssum (JFC HQ Brunssum), Brunssum/Niederlande
- c) Joint Force Command Headquarters Naples (JFC HQ Naples), Neapel/Italien
- d) Joint Force Command Headquarters Lisbon (JFC HQ Lisbon), Lissabon/Portugal
- e) Component Command – Maritime HQ Naples (CC-Mar HQ Naples), Neapel/Italien
- f) Component Command – Maritime HQ Northwood (CC-Mar HQ Northwood), Northwood/Großbritannien
- g) Force Command HQ Madrid (FC HQ Madrid), Madrid/Spanien
- h) ACO Counter Intelligence (ACCI), Mons/Belgien
- i) Commander Submarines Allied Naval Forces North (COMSUBNORTH), Northwood/Großbritannien
- j) NATO Joint Electronic Warfare Core Staff (JEWCS), Yeovilton/Großbritannien
- k) NATO Integrated Meteorological and Oceanographic Co-ordination Centre (NIMCC), Mons/Belgien
- l) NATO Airborne Early Warning Force Command HQ (NAEWFC HQ), Mons/Belgien
- m) Early Warning Squadron Number 8, Waddington/Lincolnshire, Großbritannien
- n) NATO Special Operations Headquarters (NSHQ), Mons/Chièvres, Belgien
- o) Intelligence Fusion Centre (IFC), Molesworth/Großbritannien
- p) Tactical Leadership Programme (TLP), Albacete/Spanien

2. Deployable Combined Air Operations Centre (DCAOC) / Combined Air Operations Centre (CAOC)
   - a) Deployable Combined Air Operations Centre (DCAOC), Poggio Renatico/Italien
   - b) Combined Air Operations Centre (CAOC 1), Finderup/Dänemark
   - c) Combined Air Operations Centre (CAOC 5), Poggio Renatico/Italien
   - d) Combined Air Operations Centre (CAOC 7), Larissa/Griechenland
   - e) Combined Air Operations Centre (CAOC 10), Monsanto/Portugal
   - f) Deployable Air Control Centre / Recognized Air Production Centre / Sensor Fusion Posts Nieuw-Milligen (DARS Nieuw-Milligen), Nieuw-Milligen/Niederlande
   - g) Common Regional Initial ACCS (Air Command and Control System) / Program – Regional Program Office (CRIAP-RPO), Brüssel/Belgien

3. NATO International Military Headquarters (IMHQ) / Organizations (ACT)
   - a) SACT Representative Europe (SACTREPEUR), Brüssel/Belgien
   - b) Allied Command Transformation Staff Element Europe (ACT SEE), Mons/Belgien
   - c) Joint Force Training Centre (JFTC), Bydgoszcz/Polen
   - d) Joint Analysis Lessons Learned Centre (JALLC), Monsanto/Portugal
   - e) NATO Undersea Research Centre (NURC), La Spezia/Italien
   - f) NATO Defence College (NDC), Rom/Italien
   - g) NATO Maritime Interdiction Operations Training Centre (NMIOTC), Souda Bay/Griechenland
   - h) Civil – Military Co-operation COE (CIMIC COE), Enschede/Niederlande
   - i) Command & Control COE (C2 COE), Ede/Niederlande
   - j) Cooperative Cyber Defense COE (CCD COE), Tallin/Estland
   - k) Joint Chemical, Biological, Radiation, & Nuclear Defence COE (JCBRN Defence COE), Vyskov/Tschechische Republik
   - l) NATO Military Medical COE (NATO MILMED COE), Budapest/Ungarn
   - m) Naval Mine Warefare COE (EGUERMIN/NMW COE), Oostende/Belgien
   - n) Center for Analysis & Simulation for the Preparation of Air Operations (CASPOA), Taverny/Frankreich
   - o) NATO HUMINT COE, Oradea/Rumänien

- p) Counter – Improvised Explosive Devices COE (CIED COE), Madrid/Spanien
- q) Explosive Ordnance Disposal COE (EOD COE), Trencin/Slowakei
- r) Mountain Warefare COE (MW COE), Bohinjska Bela/Slowenien
- s) Modeling & Simulation COE (M&S COE), Rom/Italien

4. Headquarters NATO Rapid Deployable Corps (HQ NRDC) / Headquarters NATO Rapid Deployable Maritime Component Command (HQ NRDMCC)
   - a) Headquarters NATO Rapid Deployable Corps – Spain (HQ NRDC-SP), Valencia/Bétera, Spanien
   - b) Headquarters NATO Rapid Deployable Corps – Italy (HQ NRDC-IT), Solbiate Olona/Mailand, Italien
   - c) HQ Rapid Reaction Corps – France (HQ NRDC-FR), Lille/Frankreich
   - d) HQ NATO Rapid Deployable Corps – Greece (HQ NRDC-GR), Thessaloniki/Griechenland
   - e) HQ Multinational Corps Northeast (HQ NDC MNC NE), Stettin/Polen
   - f) HQ NATO Navel Striking and Support Forces (HQ STRIKFORNATO), Neapel/Italien
   - g) HQ NATO Rapid Deployable Maritime Component Command – Spain (HQ NRDMCC-SP/ HQ COMSPMARFOR), Rota/Spanien
   - h) HQ NRDMCC – UK (HQ COMUKMARFOR), Portsmouth/Großbritannien
   - i) HQ NRDMCC – IT (HQ COMITMARFOR), Tarent/Italien
   - j) HQ NRDMCC – FR (HQ COMFRMARFOR), Toulon/Frankreich

5. NATO Communication and Information Systems (CIS)
   - a) HQ NATO Communication and Information Systems Services Agency (NCSA), Mons/Belgien
   - b) NATO Signal Regiment, Brunssum/Niederlande
   - c) Second NATO Signal Battailon (2 NSB), Bagnoli/Grazzanise, Italien
   - d) Third NATO Signal Battailon (3 NSB), Bydgoszcz/Polen
   - e) NCSA Sector Mons, Mons/Belgien
   - f) NCSA Sector Mons, detached to JEWCS, Yeovilton/Großbritannien
   - g) NCSA Sector Brunssum, Brunssum/Niederlande
   - h) NCSA Sector Naples, Neapel/Italien
   - i) NCSA Sector Naples, detached to CAOC Larissa, Larissa/Griechenland
   - j) NCSA Sector Naples, detached to NATO Undersea Research Centre, La Spezia/Italien
   - k) NCSA Sector Naples, detached to CAOC Poggio Renatico, Poggio Renatico/Italien
   - l) NCSA Squadron Bydgoszcz, Bydgoszcz/Polen
   - m) NCSA Squadron Nisida, Nisida/Italien
   - n) NCSA Squadron Northwood, Northwood/Großbritannien
   - o) NCSA Sector Lisbon, Lissabon/Portugal
   - p) NCSA Sector Lisbon, detached to the JALLC, Monsanto/Portugal
   - q) NCSA Sector Madrid, Madrid/Italien
   - r) NATO Programming Centre (NPC), Glons/Belgien
   - s) NATO CIS School (NCISS), Latina/Italien
   - t) CIS Logistics Depot, Brunssum/Niederlande

6. NATO Communication and Information Systems (CIS) Detachments
   - a) NDet SGT F1, Kester/Belgien
   - b) NDet SGT F4, Oakhanger/Großbritannien
   - c) NDet SGT F7, Civitavecchia/Italien
   - d) NDet SGT F11, Atalanti/Griechenland
   - e) NDet SGT F12, Costa da Caparica/Portugal
   - f) NDet SGT F14, Verona/Italien

Anhang 4i   Leistungen an ausländische Truppen

7. NATO Communication and Information Systems (CIS) Deployable Signal Battalons
    a) NSB 1 DNK DCM, Haderslev/Dänemark
    b) NSB 1 PRT DCM, Ovar/Portugal
    c) NSB 2 HQ, Neapel/Italien
    d) NSB 2 USA DCM, Neapel/Italien
    e) NSB 2 ITA DCM, Verona/Italien
    f) NSB 2 ROU DCM, Bukarest/Rumänien
    g) NSB 2 BGR DCM, Gorna Malina/Bulgarien
    h) NSB 2 M&S COY, Neapel/Italien
    i) NSB 3 HQ, Bydgoszcz/Polen
    j) NSB 3 POL DCM, Bydgoszcz/Polen
    k) NSB 3 CZE DCM, Lipnik Nad Becvou/Tschechische Republik
    l) NSB 3 SVK DCM, Liptovsky Mikulas/Slowakei
    m) NSB 3 LTU DCM, Vilnius/Litauen
    n) NSB 3 HUN DCM, Szekesfehervar/Ungarn
    o) NSB 3 M&S COY, Bydgoszcz/Polen
8. Sonstige
    a) EF 2000 Transhipment Depot, Novara/Italien
    b) EF 2000 Transhipment Depot, Torrejón/Spanien"

Umsatzsteuervergünstigungen auf Grund Art. 67 Abs. 3 des Zusatzabkommens zum NATO-Truppenstatut (NATO-ZAbk); Britisches Beschaffungsverfahren unter Verwendung einer Kreditkarte

BMF-Schreiben vom 29.11.2011 – IV D 3 – S 7492/07/10006,
BStBl. 2011 I S. 1161

Die britischen Truppen wenden ein vereinfachtes Beschaffungsverfahren an, das der Truppe und dem zivilen Gefolge die umsatzsteuerfreie Beschaffung von Leistungen für den *dienstlichen* Bedarf zur unmittelbaren Verwendung im Wert von bis zu 5.600 Euro erleichtern soll (vgl. Tz. 64 des o.g. BMF-Schreibens vom 22. Dezember 2004[1]) und das o.g. BMF-Schreiben vom 3. März 2011[2]). In diesem Verfahren wird die Beschaffungsbefugnis der amtlichen Beschaffungsstelle durch die Verwendung einer GPC-VISA-Kreditkarte auf die Karteninhaber (Truppe und ziviles Gefolge) übertragen. Zudem ersetzt in diesen Fällen die GPC-VISA-Kreditkarte den in anderen Fällen erforderlichen schriftlichen Beschaffungsauftrag.

Unter Bezugnahme auf das Ergebnis der Erörterungen mit den obersten Finanzbehörden der Länder gilt in Ergänzung des o.g. BMF-Schreibens vom 22. Dezember 2004 in der Fassung des o.g. BMF-Schreibens vom 3. März 2011 Folgendes:

(1) Zusätzlich zur bisher verwendeten GPC-VISA-Kreditkarte wird die *Corporate Card (Mastercard)* im vereinfachten britischen Beschaffungsverfahren eingeführt. Die an britische Karteninhaber ausgegebene Corporate Card (Mastercard) beginnt mit der Nummer 55275.

(2) Die parallele Verwendung von zwei verschiedenen Kreditkartenarten im vereinfachten britischen Beschaffungsverfahren stellt einen Ausnahmefall dar. Die Verwendung weiterer Kreditkartenarten ist nicht zulässig.

(3) Dieses Schreiben ersetzt rückwirkend das Schreiben vom 6. September 2011 – IV D 3 – S 7492/07/10006 (2011/0711698) – (BStBl. I S. 909).

---

1) BStBl. 2004 I S. 1200, Anhang 3d
2) BStBl. 2011 I S. 234

Anhang 5

FzgLiefgMeldV

Fahrzeuglieferungs-Meldepflichtverordnung (FzgLiefgMeldV)

vom 18.03.2009 (BGBl. 2009 I S. 630, BStBl. 2009 I S. 472)

Auf Grund des § 18c Satz 1 und 2 Nr. 1 bis 4 des Umsatzsteuergesetzes in der Fassung der Bekanntmachung vom 21. Februar 2005 (BGBl. I S. 386) verordnet das Bundesministerium der Finanzen:

§ 1
Gegenstand, Form und Frist der Meldung

(1) Die in § 3 genannten Verpflichteten haben die innergemeinschaftliche Lieferung (§ 6a Abs. 1 und 2 des Umsatzsteuergesetzes) eines neuen Fahrzeuges im Sinne des § 1b Abs. 2 und 3 des Umsatzsteuergesetzes bis zum zehnten Tag nach Ablauf des Kalendervierteljahres, in dem die Lieferung ausgeführt worden ist (Meldezeitraum), dem Bundeszentralamt für Steuern nach § 2 zu melden, sofern der Abnehmer der Lieferung keine Umsatzsteuer-Identifikationsnummer eines anderen Mitgliedstaates der Europäischen Union verwendet. Die Meldung erfolgt nach amtlich vorgeschriebenem Datensatz für jedes gelieferte Fahrzeug jeweils gesondert. Sind einem Unternehmer die Fristen für die Abgabe der Voranmeldungen um einen Monat verlängert worden (§§ 46 bis 48 der Umsatzsteuer-Durchführungsverordnung) gilt diese Fristverlängerung auch für die Anzeigepflichten im Rahmen dieser Verordnung.

(2) Für die Form der Mitteilung gilt:

1. Unternehmer im Sinne des § 2 des Umsatzsteuergesetzes haben die Meldungen nach Absatz 1 nach amtlich vorgeschriebenem Datensatz durch Datenfernübertragung nach Maßgabe der Steuerdaten-Übermittlungsverordnung zu übermitteln; auf Antrag kann das Finanzamt zur Vermeidung unbilliger Härten auf eine elektronische Übermittlung verzichten;

2. Fahrzeuglieferer nach § 2a des Umsatzsteuergesetzes können die Meldung nach Absatz 1 auf elektronischem Weg nach Maßgabe der Steuerdaten-Übermittlungsverordnung übermitteln oder in Papierform abgeben.

§ 2
Inhalt der Meldung

Die abzugebende Meldung muss folgende Angaben enthalten:

1. den Namen und die Anschrift des Lieferers,

2. die Steuernummer und bei Unternehmern im Sinne des § des Umsatzsteuergesetzes zusätzlich die Umsatzsteuer-Identifikationsnummer des Lieferers,

3. den Namen und die Anschrift des Erwerbers,

4. das Datum der Rechnung,

5. den Bestimmungsmitgliedstaat,

6. das Entgelt (Kaufpreis),

7. die Art des Fahrzeugs (Land-, Wasser- oder Luftfahrzeug),

8. den Fahrzeughersteller,

9. den Fahrzeugtyp (Typschlüsselnummer),

10. das Datum der ersten Inbetriebnahme, wenn dieses vor dem Rechnungsdatum liegt,

11. den Kilometerstand (bei motorbetriebenen Landfahrzeugen), die Zahl der bisherigen Betriebsstunden auf dem Wasser (bei Wasserfahrzeugen) oder die Zahl der bisherigen Flugstunden (bei Luftfahrzeugen), wenn diese am Tag der Lieferung über Null liegen,

12. die Kraftfahrzeug-Identifizierungs-Nummer (bei motorbetriebenen Landfahrzeugen), die Schiffs-Identifikations-Nummer (bei Wasserfahrzeugen) oder die Werknummer (bei Luftfahrzeugen).

§ 3
Meldepflichtiger

Zur Meldung verpflichtet ist der Unternehmer (§ 2 des Umsatzsteuergesetzes) oder Fahrzeuglieferer (§ 2a des Umsatzsteuergesetzes), der die Lieferung des Fahrzeuges ausführt.

§ 4
Ordnungswidrigkeit

Ordnungswidrig im Sinne des § 26a Abs. 1 Nr. 6 des Umsatzsteuergesetzes handelt, wer vorsätzlich oder leichtfertig entgegen § 1 Abs. 1 Satz 1 eine Meldung nicht, nicht richtig, nicht vollständig oder nicht rechtzeitig macht.

§ 5
Inkrafttreten

Diese Verordnung tritt am 1. Juli 2010 in Kraft.

Anhang 6

Verordnung über die örtliche Zuständigkeit für die Umsatzsteuer im Ausland ansässiger Unternehmer (Umsatzsteuerzuständigkeitsverordnung – USt-ZustV) [1)]

§ 1

(1) Für die Umsatzsteuer der Unternehmer im Sinne des § 21 Abs. 1 Satz 2 der Abgabenordnung sind folgende Finanzämter örtlich zuständig:

1. das Finanzamt Trier für im Königreich Belgien ansässige Unternehmer,
2. das Finanzamt Neuwied für in der Republik Bulgarien ansässige Unternehmer,
3. das Finanzamt Flensburg für im Königreich Dänemark ansässige Unternehmer,
4. das Finanzamt Rostock für in der Republik Estland ansässige Unternehmer,
5. das Finanzamt Bremen-Mitte für in der Republik Finnland ansässige Unternehmer,
6. das Finanzamt Offenburg für in der Französischen Republik ansässige Unternehmer,
7. das Finanzamt Hannover-Nord für im Vereinigten Königreich Großbritannien und Nordirland ansässige Unternehmer,
8. das Finanzamt Berlin Neukölln für in der Griechischen Republik ansässige Unternehmer,
9. das Finanzamt Hamburg-Nord für in der Republik Irland ansässige Unternehmer,
10. das Finanzamt München für in der Italienischen Republik ansässige Unternehmer,
11. das Finanzamt Kassel-Hofgeismar für in der Republik Kroatien ansässige Unternehmer,
12. das Finanzamt Bremen-Mitte für in der Republik Lettland ansässige Unternehmer,
13. das Finanzamt Konstanz für im Fürstentum Liechtenstein ansässige Unternehmer,
14. das Finanzamt Mühlhausen für in der Republik Litauen ansässige Unternehmer,
15. das Finanzamt Saarbrücken Am Stadtgraben für im Großherzogtum Luxemburg ansässige Unternehmer,
16. das Finanzamt Berlin Neukölln für in der Republik Mazedonien ansässige Unternehmer,
17. das Finanzamt Kleve für im Königreich der Niederlande ansässige Unternehmer,
18. das Finanzamt Bremen-Mitte für im Königreich Norwegen ansässige Unternehmer,
19. das Finanzamt München für in der Republik Österreich ansässige Unternehmer,
20. das Finanzamt Oranienburg für in der Republik Polen ansässige Unternehmer mit den Anfangsbuchstaben des Nachnamens oder bei Personen- und Kapitalgesellschaften des Firmennamens A bis M; das Finanzamt Cottbus für in der Republik Polen ansässige Unternehmer mit den Anfangsbuchstaben des Nachnamens oder des Firmennamens N bis Z (ab 01.04.2008: Finanzamt Cottbus),
21. das Finanzamt Kassel-Hofgeismar für in der Portugiesischen Republik ansässige Unternehmer,
22. das Finanzamt Chemnitz-Süd für in Rumänien ansässige Unternehmer,
23. das Finanzamt Magdeburg für in der Russischen Föderation ansässige Unternehmer,
24. das Finanzamt Hamburg-Nord für im Königreich Schweden ansässige Unternehmer,
25. das Finanzamt Konstanz für in der Schweizerischen Eidgenossenschaft ansässige Unternehmer,
26. das Finanzamt Chemnitz-Süd für in der Slowakischen Republik ansässige Unternehmer,
27. das Finanzamt Kassel-Hofgeismar für im Königreich Spanien ansässige Unternehmer,
28. das Finanzamt Oranienburg für in der Republik Slowenien ansässige Unternehmer,
29. das Finanzamt Chemnitz-Süd für in der Tschechischen Republik ansässige Unternehmer,
30. das Finanzamt Dortmund-Unna für in der Republik Türkei ansässige Unternehmer,
31. das Finanzamt Magdeburg für in der Ukraine ansässige Unternehmer,
32. das Zentralfinanzamt Nürnberg für in der Republik Ungarn ansässige Unternehmer,
33. das Finanzamt Magdeburg für in der Republik Weißrußland ansässige Unternehmer,
34. das Finanzamt Bonn-Innenstadt für in den Vereinigten Staaten von Amerika ansässige Unternehmer.

---

1) Fassung berücksichtigt Änderungen durch Artikel 62a des Gesetzes vom 08.05.2008 (BGBl. 2008 I S. 810, 1715) sowie durch Art. 5 des Jahressteuergesetzes 2010 (BGBl. 2010 I S. 1768). Anschriften vgl. Anlage § 016-04

(2) Für die Umsatzsteuer der Unternehmer im Sinne des § 21 Abs. 1 Satz 2 der Abgabenordnung, die nicht von Absatz 1 erfasst werden, ist das Finanzamt Berlin Neukölln zuständig.

(2a)[1] Abweichend von den Absätzen 1 und 2 ist für die Unternehmer, die von § 18 Abs. 4c des Umsatzsteuergesetzes Gebrauch machen, das Bundeszentralamt für Steuern[2] zuständig.

(3) Die örtliche Zuständigkeit nach § 61 Abs. 1 Satz 1 der Umsatzsteuer-Durchführungsverordnung für die Vergütung der abziehbaren Vorsteuerbeträge an im Ausland ansässige Unternehmer bleibt unberührt.

§ 2

Diese Verordnung tritt am Tage nach ihrer Verkündung[3] in Kraft. Gleichzeitig tritt die Verordnung über die örtliche Zuständigkeit für die Umsatzsteuer im Ausland ansässiger Unternehmer (Umsatzsteuerzuständigkeitsverordnung UStZustVO) vom 21. Februar 1995 (BGBl. I S. 225), zuletzt geändert durch Artikel 3 des Gesetzes vom 30. August 2001 (BGBl. I S. 2267) außer Kraft.

---

1) Gilt ab 01.07.2003
2) Gilt ab 01.01.2006. Davor: „Bundesamt für Finanzen"
3) 21.12.2001

Anhang 7

Verordnung über die elektronische Übermittlung von für das Besteuerungsverfahren erforderlichen Daten (Steuerdaten-Übermittlungsverordnung – StDÜV)

vom 28.1.2003 (BGBl. 2003 I S. 139)
in der Fassung der Verordnung zur Änderung der StDÜV
vom 20.12.2006 (BGBl. 2006 I S. 3380)[1)] und der Dritten Verordnung zur Änderung der Altersvorsorge-Durchführungsverordnung vom 08.01.2009 (BGBl. 2009 I S. 31)
sowie des Art. 8 der Verordnung zur Änderung steuerlicher Verordnungen vom 17.11.2010
(BGBl. 2010 I S. 1540)

§ 1
Allgemeines

(1) Für das Besteuerungsverfahren erforderliche Daten mit Ausnahme solcher Daten, die für die Festsetzung von Verbrauchsteuern bestimmt sind, können durch Datenfernübertragung übermittelt werden (elektronische Übermittlung). Mit der elektronischen Übermittlung können Dritte beauftragt werden.

(2) Das Bundesministerium der Finanzen bestimmt in Abstimmung mit den obersten Finanzbehörden der Länder Art und Einschränkungen der elektronischen Übermittlung von Daten nach Absatz 1 Satz 1 durch ein im Bundessteuerblatt zu veröffentlichendes Schreiben. In diesem Rahmen bestimmte Anforderungen an die Sicherheit der elektronischen Übermittlung sind im Benehmen mit dem Bundesamt für Sicherheit in der Informationstechnik festzulegen. Einer Abstimmung mit den obersten Finanzbehörden der Länder bedarf es nicht, soweit ausschließlich die Übermittlung von Daten an Bundesfinanzbehörden betroffen ist.

(3) Bei der elektronischen Übermittlung sind dem jeweiligen Stand der Technik entsprechende Verfahren einzusetzen, die die Authentizität, Vertraulichkeit und Integrität der Daten gewährleisten; im Falle der Nutzung allgemein zugänglicher Netze sind Verschlüsselungsverfahren anzuwenden.

(4) Die in dieser Verordnung genannten Pflichten der Programmhersteller sind ausschließlich öffentlich-rechtlicher Art.

§ 2
Schnittstellen

Bei der elektronischen Übermittlung sind die hierfür aufgrund § 1 Abs. 2 für den jeweiligen Besteuerungszeitraum oder -zeitpunkt bestimmten Schnittstellen ordnungsgemäß zu bedienen. Die für die Übermittlung benötigten Schnittstellen werden über das Internet zur Verfügung gestellt.

§ 3
Anforderungen an die Programme

(1) Programme, die für die Verarbeitung von für das Besteuerungsverfahren erforderlichen Daten bestimmt sind, müssen im Rahmen des in der Programmbeschreibung angegebenen Programmumfangs die richtige und vollständige Verarbeitung der für das Besteuerungsverfahren erforderlichen Daten gewährleisten.

(2) Auf den Programmumfang sowie auf Fallgestaltungen, in denen eine richtige und vollständige Erhebung, Verarbeitung und Übermittlung ausnahmsweise nicht möglich ist (Ausschlussfälle), ist in der Programmbeschreibung an hervorgehobener Stelle hinzuweisen.

§ 4
Prüfung der Programme

(1) Programme, die für die Verarbeitung von für das Besteuerungsverfahren erforderlichen Daten bestimmt sind, sind vom Hersteller vor der ersten Nutzung und nach jeder Änderung daraufhin zu prüfen, ob sie die Anforderungen nach § 3 Abs. 1 erfüllen. Hierbei sind ein Protokoll über den letzten durchgeführten Testlauf und eine Programmauflistung zu erstellen, die fünf Jahre aufzubewahren sind. Die Aufbewahrungsfrist nach Satz 2 beginnt mit Ablauf des Kalenderjahres der erstmaligen Nutzung zur Datenübermittlung. Elektronische, magnetische und optische Speicherverfahren, die eine jederzeitige Wiederherstellung der eingesetzten Programmversion in Papierform ermöglichen, sind der Programmauflistung gleichgestellt. Die Finanzbehörden sind befugt, die für die Erfassung, Verarbeitung oder elektronische Übermittlung der Daten bestimmten Programme und Dokumentationen zu überprüfen. § 200 der Abgabenordnung in der Fassung der Bekanntmachung vom 1. Oktober 2002 (BGBl. I S. 3866)

---

1) Gilt ab 01.01.2007; siehe auch Einführungsschreiben des BMF vom 15.01.2007 – IV C 6 – O 2250 – 138/06

in der jeweils geltenden Fassung gilt entsprechend. Der Hersteller oder Vertreiber eines fehlerhaften Programms ist unverzüglich zur Nachbesserung oder Ablösung aufzufordern. Soweit eine unverzügliche Nachbesserung bzw. Ablösung nicht erfolgt, sind die Finanzbehörden berechtigt, die Programme des Herstellers von der elektronischen Übermittlung nach § 1 technisch auszuschließen. Die Finanzbehörden sind nicht verpflichtet, die Programme zu prüfen.

(2) Sind Programme nach Absatz 1 zum allgemeinen Vertrieb vorgesehen, hat der Hersteller den Finanzbehörden auf Verlangen Muster zum Zwecke der Prüfung kostenfrei zur Verfügung zu stellen.

§ 5
Haftung

(1) Der Hersteller von Programmen, die für die Verarbeitung von für das Besteuerungsverfahren erforderlichen Daten bestimmt sind, haftet, soweit die Daten infolge einer Verletzung einer Pflicht nach dieser Verordnung unrichtig oder unvollständig verarbeitet und dadurch Steuern verkürzt oder zu Unrecht steuerliche Vorteile erlangt werden. Die Haftung entfällt, soweit der Hersteller nachweist, dass die Pflichtverletzung nicht auf grober Fahrlässigkeit oder Vorsatz beruht.

(2) Wer Programme nach Absatz 1 zur elektronischen Übermittlung im Auftrag (§ 1 Abs. 1 Satz 2) einsetzt, haftet, soweit aufgrund unrichtiger oder unvollständiger Übermittlung Steuern verkürzt oder zu Unrecht steuerliche Vorteile erlangt werden. Die Haftung entfällt, soweit er nachweist, dass die unrichtige oder unvollständige Übermittlung der Daten nicht auf grober Fahrlässigkeit oder Vorsatz beruht.

(3) Die Absätze 1 und 2 gelten nicht für Zusammenfassende Meldungen im Sinne von § 18a Abs. 1 des Umsatzsteuergesetzes.

§ 6
Authentifizierung, Datenübermittlung im Auftrag

(1) Bei der elektronischen Übermittlung kann auf die qualifizierte elektronische Signatur nach dem Signaturgesetz verzichtet werden, wenn andere Verfahren eingesetzt werden, welche den Datenübermittler authentifizieren und die in § 1 Absatz 3 Satz 1 bestimmten Anforderungen an die Gewährleistung der Authentizität und Integrität der Daten erfüllen. Zur weiteren Erleichterung der elektronischen Übermittlung kann zusätzlich auf die Authentifizierung des Datenübermittlers verzichtet werden bei

1. Lohnsteuer-Anmeldungen nach § 41a des Einkommensteuergesetzes,
2. Steueranmeldungen nach § 18 Absatz 1 bis 2a und 4a des Umsatzsteuergesetzes,
3. Anträgen auf Dauerfristverlängerung,
4. Anmeldungen nach § 18 Absatz 6 des Umsatzsteuergesetzes in Verbindung mit den §§ 46 bis 48 der Umsatzsteuer-Durchführungsverordnung sowie
5. Zusammenfassenden Meldungen nach § 18a des Umsatzsteuergesetzes.

(2) Im Fall der Übermittlung im Auftrag (§ 1 Abs. 1 Satz 2) hat der Dritte die Daten dem Auftraggeber unverzüglich in leicht nachprüfbarer Form zur Überprüfung zur Verfügung zu stellen. Der Auftraggeber hat die Daten unverzüglich zu überprüfen.

§ 7[1)]
Rentenbezugsmitteilungen

Für das Rentenbezugsmitteilungsverfahren nach § 22a, auch in Verbindung mit § 52 Abs. 38a, des Einkommensteuergesetzes findet ausschließlich die Altersvorsorge-Durchführungsverordnung in der Fassung der Bekanntmachung vom 28. Februar 2005 (BGBl. I S. 487), die zuletzt durch Artikel 1 der Verordnung vom 8. Januar 2009 (BGBl. I S. 31) geändert worden ist, in der jeweils geltenden Fassung Anwendung.

---

1) Gilt ab 16.01.2009

Zusammenarbeits-Verordnung

Verordnung (EG) Nr. 1798/2003 des Rates

vom 07.10.2003

über die Zusammenarbeit der Verwaltungsbehörden auf dem Gebiet der Mehrwertsteuer und zur Aufhebung der Verordnung (EWG) Nr. 218/92

– Amtsblatt der Europäischen Union 2003, Nr. L 264/1 –,
unter Berücksichtigung der ab dem 01.01.2010 geltenden Änderungen gem. der Verordnung (EG) Nr. 143/2008 vom 12.02.2008, Amtsblatt EU Nr. L 44 S. 1 und der Verordnung (EG) Nr. 37/2009 vom 16.12.2008, Amtsblatt EU (EG) Nr. L 14 S. 1. (Die in der Verordnung vom 20.01.2009 Nr. 143/2008 angeordneten Änderungen, die erst ab dem 01.01.2015 gelten, sind nicht berücksichtigt.)[1]

Der Rat der Europäischen Union –

gestützt auf den Vertrag zur Gründung der Europäischen Gemeinschaft, insbesondere auf Artikel 93,

auf Vorschlag der Kommission[2],

nach Stellungnahme des Europäischen Parlaments[3],

nach Stellungnahme des Europäischen Wirtschafts- und Sozialausschusses[4],

in Erwägung nachstehender Gründe:

(1) Steuerhinterziehung und Steuerumgehung über die Grenzen der Mitgliedstaaten hinweg führen zu Einnahmeverlusten, verletzen das Prinzip der Steuergerechtigkeit und können Verzerrungen des Kapitalverkehrs und des Wettbewerbs verursachen. Sie beeinträchtigen folglich das Funktionieren des Binnenmarkts.

(2) Die Bekämpfung der Mehrwertsteuer-Hinterziehung erfordert eine enge Zusammenarbeit der Verwaltungsbehörden, die in den einzelnen Mitgliedstaaten mit der Durchführung der einschlägigen Vorschriften betraut sind.

(3) Zu den Steuerharmonisierungsmaßnahmen, die im Hinblick auf die Vollendung des Binnenmarktes eingeleitet werden, sollte daher die Einrichtung eines gemeinsamen Systems für die Informationserteilung zwischen den Mitgliedstaaten gehören, bei dem die Verwaltungsbehörden der Mitgliedstaaten einander Amtshilfe gewähren und mit der Kommission zusammenarbeiten, um eine ordnungsgemäße Anwendung der Mehrwertsteuer auf Warenlieferungen und Dienstleistungen, den innergemeinschaftlichen Erwerb von Gegenständen und auf die Einfuhr von Waren zu gewährleisten.

(4) Für ein reibungsloses Funktionieren des Mehrwertsteuersystems ist die elektronische Speicherung und Übertragung von bestimmten Daten zum Zweck der Kontrolle der Mehrwertsteuer erforderlich.

(5) Die Bedingungen für den Austausch von in den einzelnen Mitgliedstaaten elektronisch gespeicherten Daten und den direkten Zugang der Mitgliedstaaten zu solchen Daten müssen eindeutig festgelegt werden. Sofern es für die Erfüllung ihrer Pflichten notwendig ist, muss den Wirtschaftsbeteiligten Zugang zu bestimmten Daten gewährt werden.

(6) Es obliegt in erster Linie dem Verbrauchsmitgliedstaat zu gewährleisten, dass nichtansässige Dienstleistungserbringer ihre Verpflichtungen erfüllen. Zu diesem Zweck macht die Anwendung der vorübergehenden Sonderregelung für elektronisch erbrachte Dienstleistungen gemäß Artikel 26c der Sechsten Richtlinie 77/388/EWG des Rates vom 17. Mai 1977 zur Harmonisierung der Rechtsvorschriften der Mitgliedstaaten über die Umsatzsteuern – Gemeinsames Mehrwertsteuersystem: einheitliche steuerpflichtige Bemessungsgrundlage[5] es erforderlich, Vorschriften über mitzuteilende Angaben und über die Überweisung von Geldern zwischen dem Mitgliedstaat, in dem die Identifizierung erfolgt, und dem Mitgliedstaat, in dem die Dienstleistung verbraucht wird, festzulegen.

(7) Mit der Verordnung (EWG) Nr. 218/92 des Rates vom 27. Januar 1992 über die Zusammenarbeit der Verwaltungsbehörden auf dem Gebiet der indirekten Besteuerung (MWSt.)[6] wurde ein

---

1) Diese Verordnung gilt bis 31.12.2011. Ab dem 01.01.2012 gilt die Verordnung vom 07.10.2010, vgl. Anhang 8b
2) ABl. C 270 E vom 25.09.2001, S. 87
3) ABl. C 284 E vom 21.11.2002, S. 121 und 191
4) ABl. C 80 vom 03.04.2002, S. 76
5) ABl. L 145 vom 13.06.1977, S. 1. Richtlinie zuletzt geändert durch die Richtlinie 2002/92/EG des Rates (ABl. L 331 vom 07.12.2002, S. 27).
6) ABl. L 24 vom 01.02.1992, S. 1. Verordnung zuletzt geändert durch die Verordnung (EG) Nr. 792/2002 (ABl. L 128 vom 15.05.2002, S. 1).

System der engen Zusammenarbeit zwischen den Verwaltungsbehörden der Mitgliedstaaten sowie zwischen diesen Behörden und der Kommission geschaffen.

(8) Die Verordnung (EWG) Nr. 218/92 ergänzt die Richtlinie 77/799/EWG des Rates vom 19. Dezember 1977 über die gegenseitige Amtshilfe zwischen den zuständigen Behörden der Mitgliedstaaten im Bereich der direkten und indirekten Steuern[1].

(9) Diese beiden Rechtsakte haben sich zwar bewährt, reichen aber nicht mehr aus, um die neuen Anforderungen im Bereich der Verwaltungszusammenarbeit zu erfüllen, die sich durch die zunehmende wirtschaftliche Integration im Binnenmarkt ergeben.

(10) Daneben hat sich die Existenz zweier verschiedener Rechtsakte für die Zusammenarbeit im MWSt.-Bereich als Hindernis für eine wirksame Zusammenarbeit der Steuerbehörden erwiesen.

(11) Die Rechte und Pflichten aller Beteiligten sind derzeit nicht ausreichend geregelt. Die Zusammenarbeit der Mitgliedstaaten sollte daher klareren und verbindlicheren Vorschriften unterworfen werden.

(12) Außerdem gibt es zu wenig direkte Kontakte zwischen den örtlichen Dienststellen bzw. den nationalen Betrugsbekämpfungsstellen, da der Austausch in der Regel zwischen den zentralen Verbindungsbehörden erfolgt. Dies beeinträchtigt die Wirksamkeit, führt dazu, dass das vorhandene Instrumentarium der Verwaltungszusammenarbeit nicht in dem möglichen Umfang genutzt wird, und verursacht Verzögerungen in der Kommunikation. Daher sollten direktere Kontakte zwischen den Dienststellen vorgesehen werden, um die Zusammenarbeit wirksamer zu gestalten und zu beschleunigen.

(13) Schließlich wird die Zusammenarbeit nicht intensiv genug genutzt, da abgesehen vom Austausch im Rahmen der MIAS, kein ausreichender automatischer oder spontaner Informationsaustausch zwischen den Mitgliedstaaten stattfindet. Der Informationsaustausch zwischen den Verwaltungen sowie zwischen den Verwaltungen und der Kommission sollte intensiviert und beschleunigt werden, damit Steuerhinterziehung wirksamer bekämpft werden kann.

(14) Die Bestimmungen über die Zusammenarbeit auf dem Gebiet der MWSt., die in der Verordnung (EWG) Nr. 218/92 und der Richtlinie 77/799/EWG enthalten sind, sollten daher zusammengefasst und stärker ausgestaltet werden. Aus Gründen der Klarheit sollte dies in einem einzigen neuen Rechtsakt erfolgen, der die Verordnung (EWG) Nr. 218/92 ersetzt.

(15) Die vorliegende Verordnung darf andere Maßnahmen der Gemeinschaft zur Bekämpfung der MWSt.-Steuerhinterziehung nicht beeinträchtigen.

(16) Für die Zwecke der vorliegenden Verordnung sollten Beschränkungen bestimmter Rechte und Pflichten nach der Richtlinie 95/46/EG des Europäischen Parlaments und des Rates vom 24. Oktober 1995 zum Schutz natürlicher Personen bei der Verarbeitung personenbezogener Daten und zum freien Datenverkehr[2] erwogen werden, um die in Artikel 13 Absatz 1 Buchstabe e) jener Richtlinie genannten Interessen zu schützen.

(17) Die zur Durchführung dieser Verordnung erforderlichen Maßnahmen sollten gemäß dem Beschluss 1999/468/EG des Rates vom 28. Juni 1999 zur Festlegung der Modalitäten für die Ausübung der der Kommission übertragenen Durchführungsbefugnisse[3] erlassen werden.

(18) Dieser Rechtsakt steht im Einklang mit den Grundrechten und Grundsätzen, die insbesondere mit der Charta der Grundrechte der Europäischen Union anerkannt wurden –

hat folgende Verordnung erlassen:

Kapitel 1

Allgemeine Bestimmungen

Artikel 1

(1) Diese Verordnung regelt die Modalitäten, nach denen die in den Mitgliedstaaten mit der Anwendung der Vorschriften auf dem Gebiet der MWSt. auf Warenlieferungen und Dienstleistungen, den innergemeinschaftlichen Erwerb von Gegenständen und die Einfuhr von Waren beauftragten Verwaltungsbehörden untereinander und mit der Kommission zusammenarbeiten, um die Einhaltung der genannten Vorschriften zu gewährleisten.

---

1) ABl. L 336 vom 27.12.1977, S. 15. Richtlinie zuletzt geändert durch die Beitrittsakte von 1994.
2) ABl. L 281 vom 23.11.1995, S. 31
3) ABl. L 184 vom 17.07.1999, S. 23

Anhang 8a   Zusammenarbeits-Verordnung

Zu diesem Zweck werden in dieser Verordnung Regeln und Verfahren festgelegt, nach denen die zuständigen Behörden der Mitgliedstaaten untereinander zusammenarbeiten und einander Auskünfte erteilen, die für die korrekte Festsetzung der MWSt. geeignet sind.

Außerdem werden in dieser Verordnung Regeln und Verfahren für den Austausch bestimmter Informationen, vor allem MWSt.-relevanter Informationen über innergemeinschaftliche Umsätze, auf elektronischem Wege festgelegt.

Für den nach Artikel 357 der Richtlinie 2006/112/EG des Rates vom 28.11.2006 über das gemeinsame Mehrwertsteuersystem[1] vorgesehenen Zeitraum werden mit dieser Verordnung auch Regeln und Verfahren für den elektronischen Informationsaustausch im Zusammenhang mit der Mehrwertsteuer auf elektronisch erbrachte Dienstleistungen gemäß der Sonderregelung nach Titel XII Kapitel 6 jener Richtlinie sowie für einen etwaigen anschließenden Informationsaustausch und – soweit von der Sonderregelung erfasste Dienstleistungen betroffen sind – für die Überweisung von Geldbeträgen zwischen den zuständigen Behörden der Mitgliedstaaten festgelegt.

(2) Diese Verordnung berührt nicht die Anwendung der Vorschriften über die Rechtshilfe in Strafsachen in den Mitgliedstaaten.

Artikel 2

Für die Zwecke dieser Verordnung bezeichnet der Ausdruck

1. „zuständige Behörde eines Mitgliedstaats"
   - in Belgien:
     le ministre des finances
     de Minister van financiën,
   - in Dänemark:
     Skatteministeriet,
   - in Deutschland:
     Bundesministerium der Finanzen,
   - in Griechenland:
     Υπουργείο Οικονογίας και Οικονογικων,
   - in Spanien:
     el Secretario de Estado de Hacienda,
   - in Frankreich:
     le ministre de l'économie, des finances et de l'industrie,
   - in Irland:
     the Revenue Commissioners,
   - in Italien:
     il Capo del Dipartimento delle Politiche Fiscali,
   - in Luxemburg:
     l'Administration de l'enregistrement et des domaines,
   - in den Niederlanden:
     de minister van Financiën,
   - in Österreich:
     Bundesminister für Finanzen
   - in Portugal:
     o Ministro das Finanças,
   - in Finnland:
     Valtiovarainministeriö
     Finansministeriet,
   - in Schweden:
     Chefen för Finansdepartementet,
   - im Vereinigten Königreich:
     The Commissioners of Customs and Excise;

---

1) ABl. L 347 vom 11.12.2006, S. 1. Zuletzt geändert duch die Richtlinie 2008/8/EG (ABl. L 44 vom 20.02.2008, S. 11)

2. „zentrales Verbindungsbüro" das gemäß Artikel 3 Absatz 2 benannte Büro, das für die Verbindung zu den anderen Mitgliedstaaten auf dem Gebiet der Zusammenarbeit der Verwaltungsbehörden hauptverantwortlich zuständig ist;

3. „Verbindungsstelle" jede andere Stelle als das zentrale Verbindungsbüro mit einer spezifischen territorialen oder besonderen funktionalen Zuständigkeit, die von der zuständigen Behörde gemäß Artikel 3 Absatz 3 dazu benannt ist, auf der Grundlage dieser Verordnung einen direkten Informationsaustausch durchzuführen;

4. „zuständiger Beamter" jeden Beamten, der aufgrund einer Ermächtigung nach Artikel 3 Absatz 4 zum direkten Informationsaustausch auf der Grundlage dieser Verordnung berechtigt ist;

5. „ersuchende Behörde" das zentrale Verbindungsbüro, eine Verbindungsstelle oder jeden zuständigen Beamten eines Mitgliedstaats, der im Namen der zuständigen Behörde ein Amtshilfeersuchen stellt;

6. „ersuchte Behörde" das zentrale Verbindungsbüro, eine Verbindungsstelle oder jeden zuständigen Beamten eines Mitgliedstaats, der im Namen der zuständigen Behörde ein Amtshilfeersuchen entgegennimmt;

7. „innergemeinschaftliche Umsätze" die innergemeinschaftliche Warenlieferung und die innergemeinschaftliche Dienstleistung;

8. „innergemeinschaftliche Lieferung von Gegenständen" eine Lieferung von Gegenständen, die in der zusammenfassenden Meldung gemäß Artikel 262 der Richtlinie 2006/112/EG anzuzeigen ist;

9. „innergemeinschaftliche Dienstleistung" die Erbringung von Dienstleistungen, die in der zusammenfassenden Meldung gemäß Artikel 262 der Richtlinie 2006/112/EG anzuzeigen ist;

10. „innergemeinschaftlicher Erwerb von Gegenständen" die Erlangung des Rechts, nach Artikel 20 der Richtlinie 2006/112/EG wie ein Eigentümer über einen beweglichen körperlichen Gegenstand zu verfügen;

11. „Umsatzsteuer-Identifikationsnummer" die in Artikel 214, 215 und 216 der Richtlinie 2006/112/EG vorgesehene Nummer;

12. „behördliche Ermittlungen" alle von den Mitgliedstaaten in Ausübung ihres Amtes vorgenommenen Kontrollen, Nachprüfungen und Handlungen mit dem Ziel, die ordnungsgemäße Anwendung der MWSt.-Vorschriften sicherzustellen;

13. „automatischer Austausch" die systematische Übermittlung zuvor festgelegter Informationen in regelmäßigen, im Voraus festgelegten Abständen an einen anderen Mitgliedstaat ohne dessen vorheriges Ersuchen;

14. „strukturierter automatischer Austausch" die systematische Übermittlung zuvor festgelegter Informationen an einen anderen Mitgliedstaat ohne dessen vorheriges Ersuchen, sobald die betreffenden Informationen vorliegen;

15. „spontaner Austausch" die unregelmäßige Übermittlung von Informationen an einen anderen Mitgliedstaat ohne dessen vorheriges Ersuchen;

16. „Person"

    a) eine natürliche Person,

    b) eine juristische Person,

    c) sofern diese Möglichkeit nach den geltenden Rechtsvorschriften besteht, eine Personenvereinigung, der die Rechtsfähigkeit zuerkannt wurde, die aber nicht über Rechtsstellung einer juristischen Person verfügt;

17. „Zugang gewähren" die Ermöglichung des Zugangs zu der betreffenden elektronischen Datenbank sowie die Bereitstellung von Daten auf elektronischem Wege;

18. „auf elektronischem Wege" die Übermittlung von Daten mithilfe elektronischer Anlagen zur Verarbeitung (einschließlich der digitalen Kompression) und zum Speichern von Daten per Draht oder Funk oder durch jedes andere optische oder elektromagnetische Verfahren;

19. „CCN/CSI-Netz" die auf das Common Communication Network (CCN) und das Common System Interface (CSI) gestützte gemeinsame Plattform, die von der Gemeinschaft entwickelt wurde, um die gesamte elektronische Informationsübermittlung zwischen den zuständigen Behörden im Bereich Zoll und Steuern sicherzustellen.

Artikel 3

(1) Die zuständigen Behörden gemäß Artikel 2 Nummer 1 sind die Behörden, in deren Namen diese Verordnung entweder unmittelbar oder im Auftrag angewandt wird.

(2) Jeder Mitgliedstaat benennt ein einziges zentrales Verbindungsbüro, das in seinem Auftrag für die Verbindung zu den anderen Mitgliedstaaten auf dem Gebiet der Zusammenarbeit der Verwaltungsbehörden hauptverantwortlich zuständig ist. Er setzt die Kommission und die anderen Mitgliedstaaten davon in Kenntnis.

(3) Die zuständige Behörde jedes Mitgliedstaats kann Verbindungsstellen benennen. Das zentrale Verbindungsbüro ist dafür zuständig, die Liste dieser Stellen auf dem neuesten Stand zu halten und sie den zentralen Verbindungsbüros der anderen betroffenen Mitgliedstaaten zugänglich zu machen.

(4) Die zuständige Behörde jedes Mitgliedstaats kann darüber hinaus unter den von ihr festgelegten Voraussetzungen zuständige Beamte benennen, die unmittelbar Informationen auf der Grundlage dieser Verordnung austauschen können. Hierbei können sie die Tragweite dieser Benennung begrenzen. Das zentrale Verbindungsbüro ist dafür zuständig, die Liste dieser Beamten auf dem neuesten Stand zu halten und sie den zentralen Verbindungsbüros der anderen betroffenen Mitgliedstaaten zugänglich zu machen.

(5) Die Beamten, die Informationen gemäß den Artikeln 11 und 13 austauschen, gelten in jedem Fall als für diesen Zweck zuständige Beamte, im Einklang mit den von den zuständigen Behörden festgelegten Bedingungen.

(6) Wenn eine Verbindungsstelle oder ein zuständiger Beamter ein Amtshilfeersuchen oder eine Antwort auf ein Amtshilfeersuchen übermittelt oder entgegennimmt, unterrichtet er das zentrale Verbindungsbüro seines Mitgliedstaats gemäß den von diesem Mitgliedstaat festgelegten Bedingungen.

(7) Wenn eine Verbindungsstelle oder ein zuständiger Beamter ein Amtshilfeersuchen entgegennimmt, das ein Tätigwerden außerhalb seiner territorialen oder funktionalen Zuständigkeit erforderlich macht, übermittelt sie/er dieses Ersuchen unverzüglich an das zentrale Verbindungsbüro ihres/seines Mitgliedstaats und unterrichtet die ersuchende Behörde davon. In diesem Fall beginnt die in Artikel 8 vorgesehene Frist mit dem Tag nach der Weiterleitung des Amtshilfeersuchens an das zentrale Verbindungsbüro.

Artikel 4

(1) Die Pflicht, nach Maßgabe dieser Verordnung Amtshilfe zu leisten, schließt nicht die Übermittlung von Informationen oder Unterlagen ein, die die in Artikel 1 genannten Verwaltungsbehörden mit Genehmigung oder auf Antrag der Justizbehörde erhalten.

(2) Ist eine zuständige Behörde jedoch gemäß dem einzelstaatlichen Recht befugt, die in Absatz 1 genannten Informationen zu übermitteln, so kann diese Übermittlung im Rahmen der in dieser Verordnung vorgesehenen Verwaltungszusammenarbeit erfolgen. Die Übermittlung solcher Auskünfte muss von der Justizbehörde zuvor genehmigt werden, wenn sich die Notwendigkeit dieser Genehmigung aus dem einzelstaatlichen Recht ergibt.

Kapitel II

Informationsaustausch auf Ersuchen

Abschnitt 1

Ersuchen um Auskunft und um behördliche Ermittlungen

Artikel 5

(1) Auf Antrag der ersuchenden Behörde erteilt die ersuchte Behörde die in Artikel 1 genannten Auskünfte, einschließlich solcher, die konkrete Einzelfälle betreffen.

(2) Für die Zwecke der Auskunftserteilung gemäß Absatz 1 führt die ersuchte Behörde die zur Beschaffung dieser Auskünfte notwendigen behördlichen Ermittlungen durch.

(3) Das Ersuchen nach Absatz 1 kann einen begründeten Antrag auf spezielle behördliche Ermittlungen enthalten. Ist der Mitgliedstaat der Auffassung, dass keine behördlichen Ermittlungen erforderlich sind, so teilt er der ersuchenden Behörde unverzüglich die Gründe hierfür mit.

(4) Zur Beschaffung der angeforderten Auskünfte oder zur Durchführung der beantragten behördlichen Ermittlungen verfährt die ersuchte Behörde oder die von ihr befasste Verwaltungsbehörde so, wie sie in Erfüllung eigener Aufgaben oder auf Ersuchen einer anderen Behörde des eigenen Staates handeln würde.

Artikel 6

Ein Ersuchen um Auskunft und um behördliche Ermittlungen nach Artikel 5 wird soweit möglich unter Verwendung eines Standardformulars übermittelt, das nach dem in Artikel 44 Absatz 2 genannten Verfahren festgelegt wird.

Artikel 7

(1) Auf Antrag der ersuchenden Behörde übermittelt die ersuchte Behörde in Form von Berichten, Bescheinigungen und anderen Schriftstücken oder beglaubigten Kopien von Schriftstücken oder Auszügen daraus alle sachdienlichen Informationen, über die sie verfügt oder die sie sich beschafft, sowie die Ergebnisse der behördlichen Ermittlungen.

(2) Urschriften werden jedoch nur insoweit übermittelt, als die geltenden Rechtsvorschriften des Mitgliedstaats, in dem die ersuchte Behörde ihren Sitz hat, dem nicht entgegenstehen.

Abschnitt 2
Frist für die Auskunftserteilung

Artikel 8

Die Auskunftserteilung durch die ersuchte Behörde gemäß den Artikeln 5 und 7 erfolgt möglichst rasch, spätestens jedoch drei Monate nach dem Zeitpunkt des Eingangs des Ersuchens.

Liegen der ersuchten Behörde die angeforderten Informationen bereits vor, so wird die Frist auf einen Zeitraum von höchstens einem Monat verkürzt.

Artikel 9

In bestimmten besonders gelagerten Fällen können andere Fristen als die in Artikel 8 vorgesehenen Fristen zwischen der ersuchten und der ersuchenden Behörde vereinbart werden.

Artikel 10

Ist die ersuchte Behörde nicht in der Lage, auf ein Ersuchen fristgerecht zu antworten, so teilt sie der ersuchenden Behörde unverzüglich schriftlich mit, welche Gründe einer fristgerechten Antwort entgegenstehen und wann sie dem Ersuchen ihres Erachtens wahrscheinlich nachkommen kann.

Abschnitt 3
Anwesenheit in den Amtsräumen der Behörden und Teilnahme an behördlichen Ermittlungen

Artikel 11

(1) Im Einvernehmen zwischen der ersuchenden und der ersuchten Behörde und unter den von letzterer festgelegten Voraussetzungen dürfen ordnungsgemäß befugte Beamte der ersuchenden Behörde im Hinblick auf den Informationsaustausch gemäß Artikel 1 in den Amtsräumen zugegen sein, in denen die Verwaltungsbehörden des Mitgliedstaats, in dem die ersuchte Behörde ihren Sitz hat, ihre Tätigkeit ausüben. Sind die beantragten Auskünfte in den Unterlagen enthalten, zu denen die Beamten der ersuchten Behörde Zugang haben, so werden den Beamten der ersuchenden Behörde Kopien der Unterlagen, die die angeforderten Informationen enthalten, ausgehändigt.

(2) Im Einvernehmen zwischen der ersuchenden und der ersuchten Behörde und unter den von letzterer festgelegten Voraussetzungen können von der ersuchenden Behörde benannte Beamte im Hinblick auf den Informationsaustausch gemäß Artikel 1 während der behördlichen Ermittlungen zugegen sein. Die behördlichen Ermittlungen werden ausschließlich von den Beamten der ersuchten Behörde geführt. Die Beamten der ersuchenden Behörde üben nicht die Kontrollbefugnisse der Beamten der ersuchten Behörde aus. Sie können jedoch Zugang zu denselben Räumlichkeiten und Unterlagen wie die Bediensteten der ersuchten Behörde haben, allerdings nur auf deren Vermittlung hin und zum alleinigen Zweck der laufenden behördlichen Ermittlungen.

(3) Beamte der ersuchenden Behörde, die sich entsprechend den Absätzen 1 und 2 in einem anderen Mitgliedstaat aufhalten, müssen jederzeit eine schriftliche Vollmacht vorlegen können, aus der ihre Identität und ihre dienstliche Stellung hervorgehen.

Anhang 8a

Abschnitt 4
Gleichzeitige Prüfungen

Artikel 12

Im Hinblick auf die gegenseitige Erteilung von Auskünften im Sinne des Artikels 1 können zwei oder mehrere Mitgliedstaaten jeweils in ihrem Hoheitsgebiet gleichzeitig Prüfungen der steuerlichen Situation eines oder mehrerer Steuerpflichtigen im Falle eines gemeinsamen oder zusätzlichen Interesses durchführen, wenn solche Prüfungen für wirksamer erachtet werden als eine Prüfung durch einen einzigen Mitgliedstaat.

Artikel 13

(1) Ein Mitgliedstaat entscheidet selbst, welche Steuerpflichtigen er für eine gleichzeitige Prüfung vorschlägt. Die zuständige Behörde dieses Mitgliedstaats teilt der zuständigen Behörde der anderen betroffenen Mitgliedstaaten mit, welche Fälle für eine gleichzeitige Prüfung vorgeschlagen werden. Sie begründet ihre Entscheidung so weit wie möglich, indem sie die der Entscheidung zugrunde liegenden Informationen übermittelt. Sie gibt den Zeitraum an, in dem diese Prüfungen durchgeführt werden sollten.

(2) Daraufhin entscheiden die betreffenden Mitgliedstaaten, ob sie an der gleichzeitigen Prüfung teilnehmen wollen. Die zuständige Behörde des Mitgliedstaats, der eine gleichzeitige Prüfung vorgeschlagen wurde, bestätigt der zuständigen Behörde des anderen Mitgliedstaats ihr Einverständnis oder teilt ihre begründete Ablehnung mit.

(3) Jede zuständige Behörde der betreffenden Mitgliedstaaten benennt einen Vertreter, der die Prüfung leitet und koordiniert.

Kapitel III
Ersuchen um Zustellung durch die Verwaltung

Artikel 14

Auf Antrag der ersuchenden Behörde stellt die ersuchte Behörde dem Empfänger nach Maßgabe der Rechtsvorschriften für die Zustellung entsprechender Akte in dem Mitgliedstaat, in dem sie ihren Sitz hat, alle Verwaltungsakte und sonstigen Entscheidungen der Verwaltungsbehörden zu, die die Anwendung der Mehrwertsteuervorschriften im Hoheitsgebiet des Mitgliedstaats, in dem die ersuchende Behörde ihren Sitz hat, betreffen.

Artikel 15

Das Zustellungsersuchen enthält Angaben über den Gegenstand der zuzustellenden Verwaltungsakte oder Entscheidungen, Namen und Anschrift des Empfängers sowie alle weiteren zur Identifizierung des Empfängers notwendigen Informationen.

Artikel 16

Die ersuchte Behörde teilt der ersuchenden Behörde unverzüglich mit, was aufgrund des Zustellungsersuchens veranlasst wurde, und insbesondere, an welchem Tag die Verfügung oder Entscheidung dem Empfänger zugestellt wurde.

Kapitel IV
Informationsaustausch ohne vorheriges Ersuchen

Artikel 17

Unbeschadet der Bestimmungen der Kapitel V und VI übermittelt die zuständige Behörde jedes Mitgliedstaats der zuständigen Behörde jedes anderen betroffenen Mitgliedstaats die in Artikel 1 genannten Informationen im Wege eines automatischen oder strukturierten automatischen Austauschs, wenn:

1. die Besteuerung im Bestimmungsmitgliedstaat erfolgen soll und die Wirksamkeit der dortigen Kontrollen notwendigerweise von der Übermittlung von Informationen aus dem Herkunftsmitgliedstaat abhängt;
2. ein Mitgliedstaat Grund zu der Annahme hat, dass in dem anderen Mitgliedstaat ein Verstoß gegen die MWSt.-Vorschriften begangen wurde oder vermutlich begangen wurde;
3. in einem anderen Mitgliedstaat die Gefahr eines Steuerverlusts besteht.

Zusammenarbeits-Verordnung **Anhang 8a**

Artikel 18

Folgende Elemente werden nach dem in Artikel 44 Absatz 2 genannten Verfahren festgelegt:

1. die Art der auszutauschenden Informationen,
2. die Häufigkeit des Austauschs,
3. die praktischen Vorkehrungen für den Informationsaustausch.

Jeder Mitgliedstaat entscheidet, ob er an dem Austausch bestimmter Arten von Informationen teilnehmen wird und ob ein automatischer oder strukturierter automatischer Austausch erfolgt.

Artikel 19

Die zuständigen Behörden der Mitgliedstaaten können sich gegenseitig in jedem Fall im Wege des spontanen Austauschs alle in Artikel 1 genannten Informationen übermitteln, die ihnen bekannt werden.

Artikel 20

Die Mitgliedstaaten ergreifen die für den in diesem Kapitel vorgesehenen Informationsaustausch notwendigen Verwaltungs- und Organisationsmaßnahmen.

Artikel 21

Im Rahmen der Umsetzung der Bestimmungen dieses Kapitels ist kein Mitgliedstaat gezwungen, den MWSt.-Steuerpflichtigen neue Pflichten aufzuerlegen, um Informationen einzuholen, oder sich einen unverhältnismäßigen Verwaltungsaufwand aufzuerlegen.

Kapitel V

Speicherung und Austausch von Informationen über innergemeinschaftliche Umsätze

Artikel 22

(1) Jeder Mitgliedstaat unterhält eine elektronische Datenbank, in der er die Informationen speichert und bearbeitet, die er gemäß Titel XI Kapitel 6 der Richtlinie 2006/112/EG erhebt.

Um die Verwendung dieser Informationen im Rahmen der in dieser Verordnung vorgesehenen Verfahren zu ermöglichen, sind die Informationen mindestens fünf Jahre lang ab dem Ende des Kalenderjahres, in dem die Informationen zur Verfügung gestellt werden müssen, zu speichern.

(2) Die Mitgliedstaaten sorgen für die Aktualisierung, Ergänzung und genaue Führung der Datenbank.

Nach dem in Artikel 44 Absatz 2 genannten Verfahren sind die Kriterien festzulegen, nach denen bestimmt wird, welche Ergänzungen nicht relevant, wesentlich oder zweckmäßig sind und somit nicht vorgenommen zu werden brauchen.

Artikel 23

Auf der Grundlage der gemäß Artikel 22 gespeicherten Daten kann die zuständige Behörde eines Mitgliedstaats von jedem anderen Mitgliedstaat die folgenden Informationen automatisch und unverzüglich erhalten oder direkt abrufen:

1. die von dem Mitgliedstaat, der die Auskünfte erhält, erteilten Umsatzsteuer-Identifikationsnummern;
2. den Gesamtwert aller innergemeinschaftlichen Lieferungen von Gegenständen und den Gesamtwert aller innergemeinschaftlichen Dienstleistungen, die an die Personen, denen eine Umsatzsteuer-Identifikationsnummer erteilt wurde, von allen Unternehmen, die in dem Auskunft erteilenden Mitgliedstaat eine Umsatzsteuer-Identifikationsnummer erhalten haben, getätigt wurden.

Die in Absatz 1 Nummer 2 genannten Werte werden in der Währung des Mitgliedstaats ausgedrückt, der die Auskünfte erteilt, und beziehen sich auf die gemäß Artikel 263 der Richtlinie 2006/112/EG festgelegten Zeiträume der Abgabe der zusammenfassenden Meldungen jedes einzelnen Steuerpflichtigen.

Artikel 24

Wenn die zuständige Behörde eines Mitgliedstaats dies zur Kontrolle des innergemeinschaftlichen Erwerbs von Gegenständen oder der innergemeinschaftlichen Dienstleistungen, die in diesem Mitgliedstaat der Mehrwertsteuer unterliegen, für erforderlich hält, kann sie ausschließlich zur Verhütung eines Verstoßes gegen die MWSt.-Vorschriften auf der Grundlage der gemäß Artikel 22 gespeicherten

Anhang 8a

Daten die folgenden weiteren Informationen unmittelbar und unverzüglich auf elektronischem Wege erhalten oder direkt abrufen:

1. die Umsatzsteuer-Identifikationsnummern aller Personen, die die in Artikel 23 Absatz 1 Nummer 2 genannten Lieferungen getätigt und Dienstleistungen erbracht haben;
2. den Gesamtwert dieser Lieferungen und Dienstleistungen von jeder dieser Personen an jede betreffende Person, der eine Umsatzsteuer-Identifikationsnummer nach Artikel 23 Absatz 1 Nummer 1 erteilt wurde.

Die in Absatz 1 Nummer 2 genannten Werte werden in der Währung des Mitgliedstaats ausgedrückt, der die Auskünfte erteilt, und beziehen sich auf die gemäß Artikel 263 der Richtlinie 2006/112/EG festgelegten Zeiträume der Abgabe der zusammenfassenden Meldungen jedes einzelnen Steuerpflichtigen.

Artikel 25

(1) Ist die zuständige Behörde eines Mitgliedstaats aufgrund der Artikel 23 und 24 verpflichtet, Zugang zu Informationen zu gewähren, so kommt sie dieser Pflicht so rasch wie möglich, spätestens jedoch innerhalb eines Monats ab Endes des Zeitraums nach, auf dem sich die Informationen beziehen.

(2) Abweichend von Absatz 1 wird in den Fällen, in denen der Datenbestand unter den in Artikel 22 genannten Umständen durch weitere Informationen ergänzt wird, so bald wie möglich, in jedem Fall jedoch spätestens in dem Monat nach dem Zeitraum, in dem die zusätzlichen Informationen erfasst wurden, Zugang zu diesen Ergänzungen gewährt.

(3) Die Bedingungen, unter denen die berichtigten Informationen zugänglich gemacht werden können, werden nach dem in Artikel 44 Absatz 2 genannten Verfahren festgelegt.

Artikel 26

Unterhalten die zuständigen Behörden der Mitgliedstaaten für die Zwecke der Artikel 22 bis 25 Datenbestände in elektronischen Datenbanken und tauschen sie solche Daten auf elektronischem Wege aus, so treffen so die notwendigen Maßnahmen, um die Einhaltung von Artikel 41 zu gewährleisten.

Artikel 27

(1) Jeder Mitgliedstaat unterhält eine elektronische Datenbank, in der ein Verzeichnis der Personen gespeichert wird, die von diesem Mitgliedstaat eine Umsatzsteuer-Identifikationsnummer erhalten haben.

(2) Die zuständige Behörde eines Mitgliedstaats kann jederzeit auf der Grundlage der gemäß Artikel 22 gespeicherten Daten die Bestätigung der Gültigkeit der Umsatzsteuer-Identifikationsnummer, unter der eine Person eine innergemeinschaftliche Lieferung von Gegenständen erhalten oder eine innergemeinschaftliche Dienstleistung getätigt hat, unmittelbar erhalten oder sich übermitteln lassen.

Auf besonderen Antrag übermittelt die ersuchte Behörde auch den Zeitpunkt der Erteilung und gegebenenfalls den Zeitpunkt des Ablaufs der Gültigkeit der Umsatzsteuer-Identifikationsnummer.

(3) Auf Antrag teilt die zuständige Behörde unverzüglich auch den Namen und die Anschrift der Person mit, der die Nummer erteilt wurde, sofern diese Angaben von der ersuchenden Behörde nicht im Hinblick auf eine etwaige künftige Verwendung gespeichert sind.

(4) Die zuständige Behörde jedes Mitgliedstaats gewährleistet, dass Personen, die an innergemeinschaftlichen Lieferungen von Gegenständen oder innergemeinschaftlichen Dienstleistungen beteiligt sind, und – während des in Artikel 357 der Richtlinie 2006/112/EG genannten Zeitraums – nicht ansässige steuerpflichtige Personen, die elektronische Dienstleistungen, insbesondere die in Anhang II jener Richtlinie genannten, erbringen, eine Bestätigung der Gültigkeit der Umsatzsteuer-Identifikationsnummer einer bestimmten Person erhalten können.

Während des in Artikel 357 der Richtlinie 2006/112/EG genannten Zeitraums stellen die Mitgliedstaaten solche Bestätigungen auf elektronischem Wege nach dem in Artikel 44 Absatz 2 dieser Verordnung genannten Verfahren aus.

(5) Unterhalten die zuständigen Behörden der Mitgliedstaaten für die Zwecke der Absätze 1 bis 4 Datenbestände in elektronischen Datenbanken und tauschen sie solche Daten auf elektronischem Wege aus, so treffen sie die notwendigen Maßnahmen, um die Einhaltung von Artikel 41 zu gewährleisten.

Kapitel VI
Bestimmungen betreffend die Sonderregelung nach Titel XII Kapitel 6 der Richtlinie 2006/112/EG

Artikel 28

Die nachstehenden Bestimmungen gelten für die Sonderregelung nach Titel XII Kapitel 6 der Richtlinie 2006/112/EG. Die Begriffsbestimmungen des Artikels 358 jener Richtlinie finden im Rahmen dieses Kapitels ebenfalls Anwendung.

Artikel 29

(1) Die Angaben nach Artikel 361 der Richtlinie 2006/112/EG, die der nicht in der Gemeinschaft ansässige Steuerpflichtige dem Mitgliedstaat der Identifizierung bei Aufnahme seiner Tätigkeit zu übermitteln hat, sind elektronisch zu übermitteln. Die technischen Einzelheiten, einschließlich einer einheitlichen elektronischen Mitteilung, werden nach dem in Artikel 44 Absatz 2 dieser Verordnung genannten Verfahren festgelegt.

(2) Der Mitgliedstaat, in dem die Identifizierung erfolgt, übermittelt innerhalb von zehn Tagen nach Ablauf des Monats, in dem die Angaben des nichtansässigen Steuerpflichtigen eingegangen sind, diese auf elektronischem Wege an die zuständigen Behörden der anderen Mitgliedstaaten. Die zuständigen Behörden der anderen Mitgliedstaaten werden auf die gleiche Weise über die zugeteilte Identifikationsnummer informiert. Die technischen Einzelheiten, einschließlich einer einheitlichen elektronischen Mitteilung, mit der diese Angaben zu übermitteln sind, werden nach dem in Artikel 44 Absatz 2 genannten Verfahren festgelegt.

(3) Der Mitgliedstaat, in dem die Identifizierung erfolgt, unterrichtet unverzüglich auf elektronischem Wege die zuständigen Behörden der anderen Mitgliedstaaten, wenn ein nichtansässiger Steuerpflichtiger aus dem Identifikationsregister gestrichen wird.

Artikel 30

Die Steuererklärung mit den in Artikel 365 der Richtlinie 2006/112/EG genannten Angaben ist elektronisch zu übermitteln. Die technischen Einzelheiten, einschließlich einer einheitlichen elektronischen Mitteilung, werden nach dem in Artikel 44 Absatz 2 dieser Verordnung genannten Verfahren festgelegt.

Der Mitgliedstaat, in dem die Identifizierung erfolgt, übermittelt spätestens zehn Tage nach Ablauf des Monats, in dem die Steuererklärung eingegangen ist, diese Angaben auf elektronischem Wege an die zuständige Behörde des betreffenden Mitgliedstaats. Die Mitgliedstaaten, die die Abgabe der Steuererklärung in einer anderen Landeswährung als Euro vorgeschrieben haben, rechnen die Beträge in Euro um; hierfür ist der Umrechnungskurs des letzten Tages des Erklärungszeitraums zu verwenden. Die Umrechnung erfolgt auf der Grundlage der Umrechnungskurse, die von der Europäischen Zentralbank für den betreffenden Tag oder, falls an diesem Tag keine Veröffentlichung erfolgt, für den nächsten Tag, an dem eine Veröffentlichung erfolgt, veröffentlich werden. Die technischen Einzelheiten für die Übermittlung dieser Angaben werden nach dem in Artikel 44 Absatz 2 genannten Verfahren festgelegt.

Der Mitgliedstaat, in dem die Identifizierung erfolgt, übermittelt dem Mitgliedstaat, in dem die Dienstleistung verbraucht wird, auf elektronischem Wege die erforderlichen Angaben, um der Steuererklärung für das betreffende Quartal jede Zahlung zuordnen zu können.

Artikel 31

Die Bestimmungen des Artikels 22 dieser Verordnung finden auch auf Angaben Anwendung, die von dem Mitgliedstaat der Identifizierung gemäß den Artikeln 360, 361, 364 und 365 der Richtlinie 2006/112/EG erhoben werden.

Artikel 32

Der Mitgliedstaat, in dem die Identifizierung erfolgt, stellt sicher, dass der vom nichtansässigen Steuerpflichtigen gezahlte Betrag auf das auf Euro lautende Bankkonto überwiesen wird, das von dem Verbrauchsmitgliedstaat, dem der Betrag geschuldet wird, bestimmt wurde. Die Mitgliedstaaten, die die Zahlungen in einer anderen Landeswährung als Euro vorgeschrieben haben, rechnen die Beträge in Euro um; hierfür ist der Umrechnungskurs des letzten Tages des Erklärungszeitraums zu verwenden. Die Umrechnung erfolgt auf der Grundlage der Umrechnungskurse, die von der Europäischen Zentralbank für den betreffenden Tag oder, falls an diesem Tag keine Veröffentlichung erfolgt, für den nächsten Tag, an dem eine Veröffentlichung erfolgt, veröffentlicht werden. Die Überweisung erfolgt spätestens zehn Tage nach Ablauf des Monats, in dem die Zahlung eingegangen ist.

Anhang 8a

Wenn der nichtansässige Steuerpflichtige nicht die gesamte Steuerschuld entrichtet, stellt der Mitgliedstaat, in dem die Identifizierung erfolgt, sicher, dass die Überweisungen an die Verbrauchsmitgliedstaaten entsprechend dem Verhältnis der Steuerschuld in jedem Mitgliedstaat erfolgen. Der Mitgliedstaat, in dem die Identifizierung erfolgt, setzt die zuständigen Behörden der Mitgliedstaaten, in denen die Dienstleistungen verbraucht werden, auf elektronischem Wege hierüber in Kenntnis.

Artikel 33

Die Mitgliedstaaten teilen den zuständigen Behörden der anderen Mitgliedstaaten auf elektronischem Wege die jeweiligen Kontonummern für Zahlungen nach Artikel 32 mit.

Die Mitgliedstaaten teilen den zuständigen Behörden der anderen Mitgliedstaaten und der Kommission auf elektronischem Wege unverzüglich jede Änderung des Normalsatzes der MWSt mit.

Artikel 34

Die Artikel 28 bis 33 dieser Verordnung gelten für die Dauer des in Artikel 357 der Richtlinie 2006/112/EG genannten Zeitraums.

Kapitel VIa
Bestimmungen über den Austausch und die Aufbewahrung von Informationen im Zusammenhang mit dem Verfahren der Richtlinie 2008/9/EG

Artikel 34a

(1) Geht bei der zuständigen Behörde des Mitgliedstaats, in dem der Antragsteller ansässig ist, ein Antrag auf Erstattung der Mehrwertsteuer gemäß Artikel 5 der Richtlinie 2008/9/EG vom 12. Februar 2008 zur Regelung der Erstattung der Mehrwertsteuer gemäß der Richtlinie 2006/112/EG an nicht im Mitgliedstaat der Erstattung, sondern in einem anderen Mitgliedstaat ansässige Steuerpflichtige[1] ein und findet Artikel 18 der genannten Richtlinie keine Anwendung, so leitet sie den Antrag innerhalb von fünfzehn Kalendertagen nach dessen Eingang auf elektronischem Wege an die zuständigen Behörden jedes betroffenen Mitgliedstaats der Erstattung weiter und bestätigt damit, dass der Antragsteller im Sinne des Artikels 2 Nummer 5 der Richtlinie 2008/9/EG für die Zwecke der Mehrwertsteuer ein Steuerpflichtiger ist und dass die von dieser Person angegebene Umsatzsteuer-Identifikationsnummer oder Steuerregisternummer für den Erstattungszeitraum gültig ist.

(2) Die zuständigen Behörden jedes Mitgliedstaats der Erstattung übermitteln den zuständigen Behörden der anderen Mitgliedstaaten auf elektronischem Wege alle Informationen, die sie gemäß Artikel 9 Absatz 2 der Richtlinie 2008/9/EG vorschreiben. Die technischen Einzelheiten, einschließlich einer einheitlichen elektronischen Mitteilung, mit der diese Angaben zu übermitteln sind, werden nach dem in Artikel 44 Absatz 2 dieser Verordnung genannten Verfahren festgelegt.

(3) Die zuständigen Behörden jedes Mitgliedstaats der Erstattung teilen den zuständigen Behörden der anderen Mitgliedstaaten auf elektronischem Wege mit, ob sie von der Möglichkeit nach Artikel 11 der Richtlinie 2008/9/EG Gebrauch machen, nach der von dem Antragsteller verlangt werden kann, eine Beschreibung seiner Geschäftstätigkeit anhand von harmonisierten Codes vorzulegen.

Die in Unterabsatz 1 genannten harmonisierten Codes werden nach dem in Artikel 44 Absatz 2 dieser Verordnung genannten Verfahren auf der Grundlage der NACE-Klassifikation, die in der Verordnung (EWG) Nr. 3037/90 festgelegt ist, bestimmt.

Kapitel VII
Beziehungen zur Kommission

Artikel 35

(1) Die Mitgliedstaaten und die Kommission prüfen und bewerten das Funktionieren der in der vorliegenden Verordnung vorgesehenen Regelungen für die Zusammenarbeit der Verwaltungsbehörden. Die Kommission fasst die Erfahrungen der Mitgliedstaaten zusammen, um das Funktionieren dieser Regelungen zu verbessern.

(2) Die Mitgliedstaaten übermitteln der Kommission sämtliche verfügbaren Informationen, die für die Anwendung dieser Verordnung sachdienlich sind.

(3) Eine Liste statistischer Angaben, die zur Bewertung dieser Verordnung benötigt werden, wird nach dem in Artikel 44 Absatz 2 genannten Verfahren festgelegt. Die Mitgliedstaaten teilen der Kommission diese Angaben mit, soweit sie vorhanden sind und ihre Mitteilung keinen ungerechtfertigten Verwaltungsaufwand verursacht.

---

1) ABl. L 44 vom 20.02.2008, S. 23

(4) Die Mitgliedstaaten können der Kommission zum Zwecke der Bewertung der Wirksamkeit dieser Regelung der Zusammenarbeit der Verwaltungsbehörden bei der Bekämpfung von Steuerhinterziehung und Steuerumgehung alle anderen in Artikel 1 genannten Informationen mitteilen.

(5) Die Kommission übermittelt die in den Absätzen 2, 3 und 4 bezeichneten Informationen an die anderen betroffenen Mitgliedstaaten.

Kapitel VIII
Beziehungen zu Drittländern

Artikel 36

(1) Werden der zuständigen Behörde eines Mitgliedstaats von einem Drittland Informationen übermittelt, kann sie diese Informationen an die zuständigen Behörden der möglicherweise interessierten Mitgliedstaaten und auf jeden Fall an die Mitgliedstaaten, die diese Informationen anfordern, weiterleiten, sofern Amtshilfevereinbarungen mit dem betreffenden Drittland dies zulassen.

(2) Sofern sich das betreffende Drittland verpflichtet hat, die für den Nachweis der Rechtswidrigkeit von mutmaßlich gegen die MWSt.-Vorschriften verstoßenden Umsätzen erforderliche Unterstützung zu leisten, können die nach Maßgabe der vorliegenden Verordnung eingeholten Informationen mit Zustimmung der zuständigen Behörden, die sie übermittelt haben – unter Beachtung ihrer innerstaatlichen Vorschriften über die Weitergabe personenbezogener Daten an Drittländer – an das betreffende Drittland weitergegeben werden.

Kapitel IX
Voraussetzungen für den Informationsaustausch

Artikel 37

Die Informationsübermittlung im Rahmen dieser Verordnung erfolgt soweit möglich auf elektronischem Wege nach Modalitäten, die nach dem in Artikel 44 Absatz 2 genannten Verfahren festzulegen sind.

Artikel 38

Die Amtshilfeersuchen, einschließlich der Zustellungsersuchen, und alle dazugehörigen Unterlagen können in jeder beliebigen zwischen der ersuchenden und der ersuchten Behörde vereinbarten Sprache abgefasst werden. Diesen Ersuchen wird nur in besonderen Fällen, wenn die ersuchte Behörde ein begründetes Ersuchen um eine Übersetzung vorlegt, eine Übersetzung in die Amtsprache oder eine der Amtssprachen des Mitgliedstaats beigefügt, in dem die ersuchte Behörde ihren Sitz hat.

Artikel 39

Während des in Artikel 357 der Richtlinie 2006/112/EG genannten Zeitraums stellen die Kommission und die Mitgliedstaaten sicher, dass die vorhandenen oder neuen Mitteilungs- und Informationsaustauschsysteme, die für den Informationsaustausch nach den Artikeln 29 und 30 dieser Verordnung notwendig sind, einsatzbereit sind. Die Kommission ist dafür verantwortlich, das Kommunikationsnetzwerk mit der Gemeinsamen Systemschnittstelle (CCN/CSI) gegebenenfalls weiterzuentwickeln, wenn dies für den Austausch dieser Informationen unter den Mitgliedstaaten notwendig ist. Die Mitgliedstaaten sind dafür verantwortlich, ihre Systeme gegebenenfalls weiterzuentwickeln, wenn dies für den Austausch dieser Informationen mit Hilfe des CCN/CSI notwendig ist.

Die Mitgliedstaaten verzichten auf jeden Anspruch auf Erstattung der sich aus der Durchführung dieser Verordnung ergebenden Kosten, mit Ausnahme der gegebenenfalls an Sachverständige gezahlten Vergütungen.

Artikel 40

(1) Die ersuchte Behörde eines Mitgliedstaats erteilt der ersuchenden Behörde eines anderen Mitgliedstaats die Auskünfte gemäß Artikel 1 unter der Voraussetzung, dass

a) Anzahl und Art der Auskunftsersuchen der ersuchenden Behörde innerhalb eines bestimmten Zeitraums der ersuchten Behörde keinen unverhältnismäßig großen Verwaltungsaufwand verursachen;

b) die ersuchende Behörde die üblichen Informationsquellen ausgeschöpft hat, die sie unter den gegebenen Umständen zur Erlangung der erbetenen Informationen genutzt haben könnte, ohne die Erreichung des angestrebten Ergebnisses zu gefährden.

(2) Die vorliegende Verordnung verpflichtet nicht zu Ermittlungen oder zur Übermittlung von Informationen, wenn die gesetzlichen Vorschriften oder die Verwaltungspraxis in dem Mitgliedstaat, der die Auskunft zu erteilen hätte, der Durchführung von Ermittlungen bzw. der Beschaffung oder Verwertung von Informationen durch diesen Mitgliedstaat für seine eigenen Zwecke entgegenstehen.

Anhang 8a

(3) Die zuständige Behörde eines Mitgliedstaats kann die Auskunftsübermittlung ablehnen, wenn der interessierte Mitgliedstaat zur Übermittlung entsprechender Auskünfte aus rechtlichen Gründen nicht in der Lage ist. Die Gründe für diese Ablehnung werden von dem ersuchten Mitgliedstaat auch der Kommission mitgeteilt.

(4) Die Übermittlung von Informationen kann abgelehnt werden, wenn sie zur Preisgabe eines Geschäfts-, Industrie- oder Berufsgeheimnisses oder eines Geschäftsverfahrens führen oder wenn die Verbreitung der betreffenden Information gegen die öffentliche Ordnung verstoßen würde.

(5) Die ersuchte Behörde teilt der ersuchenden Behörde die Gründe mit, die einer Gewährung der beantragten Amtshilfe entgegenstehen.

(6) Der Mindestbetrag, ab dem ein Amtshilfeersuchen zulässig ist, kann nach dem in Artikel 44 Absatz 2 genannten Verfahren festgelegt werden.

Artikel 41

(1) Die Informationen, die im Rahmen der Durchführung dieser Verordnung in irgendeiner Form übermittelt werden, unterliegen der Geheimhaltungspflicht und genießen den Schutz, den das innerstaatliche Recht des Mitgliedstaats, der sie erhalten hat, und die für Stellen der Gemeinschaft geltenden einschlägigen Vorschriften für Informationen dieser Art gewähren.

Diese Informationen können zur Bemessung, Erhebung oder administrativen Kontrolle der Steuern zum Zweck der Steuerfestsetzung verwendet werden.

Die Informationen können auch zur Festsetzung anderer Steuern, Abgaben und Gebühren verwendet werden, die unter Artikel 2 der Richtlinie 76/308/EWG des Rates vom 15. März 1976 über die gegenseitige Unterstützung bei der Beitreibung von Forderungen in Bezug auf bestimmte Abgaben, Zölle, Steuern und sonstige Maßnahmen[1] fallen.

Ferner können sie im Zusammenhang mit Gerichts- oder Verwaltungsverfahren verwendet werden, die Sanktionen wegen Nichtbeachtung der Steuergesetze zur Folge haben können, und zwar unbeschadet der allgemeinen Regelungen und Rechtsvorschriften über die Rechte der Beklagten und Zeugen in solchen Verfahren.

(2) Personen, die von der Akkreditierungsstelle für Sicherheit der Europäischen Kommission ordnungsgemäß akkreditiert wurden, haben nur in dem Umfang Zugang zu diesen Informationen, wie es für die Pflege, die Wartung und die Entwicklung des CCN/CSI erforderlich ist.

(3) Abweichend von Absatz 1 gestattet die zuständige Behörde des Mitgliedstaats, der die Auskünfte erteilt, dass diese Auskünfte im ersuchenden Mitgliedstaat für andere Zwecke verwendet werden, wenn die Informationen nach den Rechtsvorschriften des ersuchten Mitgliedstaats dort für ähnliche Zwecke verwendet werden dürften.

(4) Ist die ersuchende Behörde der Auffassung, dass Auskünfte, die ihr von der ersuchten Behörde erteilt wurden, für die zuständige Behörde eines dritten Mitgliedstaats nützlich sein können, kann sie der betreffenden Behörde diese Auskünfte übermitteln. Sie setzt die ersuchte Behörde davon vorab in Kenntnis. Die ersuchte Behörde kann verlangen, dass die Übermittlung der Auskünfte an eine dritte Partei der vorherigen Zustimmung bedarf.

(5) Zur korrekten Anwendung dieser Verordnung begrenzen die Mitgliedstaaten den Anwendungsbereich der in Artikel 10, Artikel 11 Absatz 1, Artikel 12 und Artikel 21 der Richtlinie 95/46/EG genannten Pflichten und Rechte, soweit dies notwendig ist, um die in Artikel 13 Buchstabe e) jener Richtlinie genannten Interessen zu schützen.

Artikel 42

Die zuständigen Stellen des Mitgliedstaats der ersuchenden Behörde können alle Berichte, Bescheinigungen und anderen Dokumente oder beglaubigten Kopien oder Auszüge, die von den Bediensteten der ersuchten Behörde in den in der Verordnung vorgesehenen Fällen der Amtshilfe an die ersuchende Behörde übermittelt wurden, in gleicher Weise als Beweismittel verwenden wie entsprechende von einer anderen inländischen Behörde ausgestellte Dokumente.

Artikel 43

(1) Zur Durchführung dieser Verordnung treffen die Mitgliedstaaten alle erforderlichen Maßnahmen, um

  a) zwischen den in Artikel 3 genannten zuständigen Behörden eine einwandfreie interne Koordinierung sicherzustellen;

---

[1] ABl. L 73 vom 19.03.1976, S. 18. Richtlinie zuletzt geändert durch die Richtlinie 2001/44/EG (ABl. L 175 vom 28.06.2001, S. 17).

b) zwischen den Behörden, die sie zum Zwecke dieser Koordinierung besonders ermächtigen, eine unmittelbare Zusammenarbeit herzustellen;
c) ein reibungsloses Funktionieren der in dieser Verordnung vorgesehenen Regelungen für den Austausch von Informationen zu gewährleisten.

(2) Die Kommission übermittelt jedem Mitgliedstaat alle Auskünfte, die ihr erteilt werden und die sie erteilen kann, sobald ihr diese zur Verfügung stehen.

Kapitel X
Allgemeine Bestimmungen und Schlussbestimmungen

Artikel 44

(1) Die Kommission wird von dem Ständigen Ausschuss für die Zusammenarbeit der Verwaltungsbehörden (nachstehend „Ausschuss" genannt) unterstützt.

(2) Wird auf diesen Absatz Bezug genommen, so gelten die Artikel 5 und 7 des Beschlusses 1999/468/EG unter Beachtung von dessen Artikel 8.

Der Zeitraum nach Artikel 5 Absatz 6 des Beschlusses 1999/468/EG wird auf drei Monate festgesetzt.

(3) Der Ausschuss gibt sich eine Geschäftsordnung.

Artikel 45

(1) Die Kommission erstattet dem Europäischen Parlament und dem Rat alle drei Jahre ab dem Zeitpunkt des Inkrafttretens dieser Verordnung Bericht über die Anwendung dieser Verordnung.

(2) Die Mitgliedstaaten teilen der Kommission den Wortlaut aller innerstaatlichen Rechtsvorschriften mit, die sie auf dem unter dieser Verordnung fallenden Gebiet erlassen.

Artikel 46

(1) Etwaige umfassendere Amtshilfepflichten, die sich aus anderen Rechtsakten einschließlich etwaiger bilateraler oder multilateraler Abkommen ergeben, werden von dieser Verordnung nicht berührt.

(2) Abgesehen von der Regelung von Einzelfällen, unterrichten die Mitgliedstaaten die Kommission unverzüglich von etwaigen bilateralen Vereinbarungen in Bereichen, die unter diese Verordnung fallen. Die Kommission unterrichtet daraufhin die anderen Mitgliedstaaten.

Artikel 47

Die Verordnung (EWG) Nr. 218/92 wird aufgehoben.

Bezugnahmen auf die aufgehobene Verordnung gelten als Bezugnahmen auf die vorliegende Verordnung.

Artikel 48

Diese Verordnung tritt am 1. Januar 2004 in Kraft.

Diese Verordnung ist in allen ihren Teilen verbindlich und gilt unmittelbar in jedem Mitgliedstaat.

Anhang 8b

Verordnung (EU) Nr. 904/2010 des Rates
vom 7. Oktober 2010
über die Zusammenarbeit der Verwaltungsbehörden und die Betrugsbekämpfung auf dem Gebiet der Mehrwertsteuer
(Neufassung) [1)]

Amtsblatt EU Nr. L 268/1 vom 12.10.2010

DER RAT DER EUROPÄISCHEN UNION –

gestützt auf den Vertrag über die Arbeitsweise der Europäischen Union, insbesondere auf Artikel 113,

auf Vorschlag der Europäischen Kommission,

nach Stellungnahme des Europäischen Parlaments,

nach Stellungnahme des Europäischen Wirtschafts- und Sozialausschusses,

gemäß einem besonderen Gesetzgebungsverfahren,

in Erwägung nachstehender Gründe:

(1) Die Verordnung (EG) Nr. 1798/2003 des Rates vom 7. Oktober 2003 über die Zusammenarbeit der Verwaltungsbehörden auf dem Gebiet der Mehrwertsteuer [2)] ist mehrfach und in wesentlichen Punkten geändert worden. Aus Gründen der Klarheit empfiehlt es sich, im Rahmen der jetzt anstehenden Änderungen eine Neufassung dieser Verordnung vorzunehmen.

(2) Die Instrumente der Verordnung (EG) Nr. 1798/2003 zur Betrugsbekämpfung auf dem Gebiet der Mehrwertsteuer sollten in Anknüpfung an die Schlussfolgerungen des Rates vom 7. Oktober 2008, die Mitteilung der Kommission an den Rat, das Europäische Parlament und den Europäischen Wirtschafts- und Sozialausschuss über eine koordinierte Strategie zur wirksameren Bekämpfung des MwSt.-Betrugs in der Europäischen Union und den Bericht der Kommission an den Rat und an das Europäische Parlament über die Anwendung der Verordnung (EG) Nr. 1798/2003 des Rates über die Zusammenarbeit der Verwaltungsbehörden auf dem Gebiet der Mehrwertsteuer (im Folgenden: „Bericht der Kommission") verbessert und ergänzt werden. Ferner bedürfen die Bestimmungen der Verordnung (EG) Nr. 1798/2003 redaktioneller oder praktischer Klarstellungen.

(3) Steuerhinterziehung und Steuerumgehung über die Grenzen der Mitgliedstaaten hinweg führen zu Einnahmenverlusten und verletzen das Prinzip der Steuergerechtigkeit. Sie können auch Verzerrungen des Kapitalverkehrs und des Wettbewerbs verursachen. Sie beeinträchtigen folglich das Funktionieren des Binnenmarkts.

(4) Die Bekämpfung der Mehrwertsteuerhinterziehung erfordert eine enge Zusammenarbeit zwischen den zuständigen Behörden, die in den einzelnen Mitgliedstaaten für die Anwendung der einschlägigen Vorschriften verantwortlich sind.

(5) Zu den Steuerharmonisierungsmaßnahmen, die im Hinblick auf die Vollendung des Binnenmarktes ergriffen werden, sollte die Einrichtung eines gemeinsamen Systems für die Zusammenarbeit zwischen den Mitgliedstaaten – vor allem hinsichtlich des Informationsaustausches – gehören, bei der die zuständigen Behörden der Mitgliedstaaten einander Amtshilfe gewähren und mit der Kommission zusammenarbeiten, um eine ordnungsgemäße Anwendung der Mehrwertsteuer (MwSt.) auf Warenlieferungen und Dienstleistungen, den innergemeinschaftlichen Erwerb von Gegenständen und auf die Einfuhr von Waren zu gewährleisten.

(6) Die Zusammenarbeit der Verwaltungsbehörden sollte nicht zu einer ungebührlichen Verlagerung des Verwaltungsaufwands zwischen den Mitgliedstaaten führen.

(7) Für die Erhebung der geschuldeten Steuer sollten die Mitgliedstaaten kooperieren, um die richtige Festsetzung der Mehrwertsteuer sicherzustellen. Daher müssen sie nicht nur die richtige Erhebung der geschuldeten Steuer in ihrem eigenen Hoheitsgebiet kontrollieren, sondern sollten auch anderen Mitgliedstaaten Amtshilfe gewähren, um die richtige Erhebung der Steuer sicherzustellen, die im Zusammenhang mit einer in ihrem Hoheitsgebiet erfolgten Tätigkeit in einem anderen Mitgliedstaat geschuldet wird.

(8) Die Kontrolle der richtigen Anwendung der Mehrwertsteuer auf grenzüberschreitende Umsätze, die in einem anderen Mitgliedstaat als dem, in dem der Lieferer oder Dienstleistungserbringer ansässig ist, steuerbar sind, hängt in vielen Fällen von Informationen ab, die dem Mitgliedstaat der Ansässigkeit vorliegen oder die von diesem Mitgliedstaat viel einfacher beschafft werden können. Für eine effektive

---

1) Gilt grundsätzlich ab 01.01.2012; beachte aber Art. 62
2) ABl. L 264 vom 15.10.2003, S. 1; siehe Anhang 8a

Anhang 8b

Kontrolle dieser Umsätze ist es daher erforderlich, dass der Mitgliedstaat der Ansässigkeit diese Informationen erhebt oder erheben kann.

(9) Für die Einführung des Systems einer einzigen Anlaufstelle durch die Richtlinie 2006/112/EG des Rates vom 28. November 2006 über das gemeinsame Mehrwertsteuersystem[1] und für die Anwendung des Erstattungsverfahrens für Steuerpflichtige, die nicht in dem Mitgliedstaat der Erstattung ansässig sind durch die Richtlinie 2008/9/EG des Rates vom 12. Februar 2008 zur Regelung der Erstattung der Mehrwertsteuer gemäß der Richtlinie 2006/112/EG an nicht im Mitgliedstaat der Erstattung, sondern in einem anderen Mitgliedstaat ansässige Steuerpflichtige[2] sind Regeln für den Informationsaustausch zwischen den Mitgliedstaaten und für die Aufbewahrung dieser Informationen erforderlich.

(10) In grenzüberschreitenden Fällen ist es wichtig, die Verpflichtungen jedes Mitgliedstaats genau festzulegen, so dass die Mehrwertsteuer in dem Mitgliedstaat, in dem sie geschuldet wird, effektiv kontrolliert werden kann.

(11) Für ein reibungsloses Funktionieren des Mehrwertsteuersystems sind die elektronische Speicherung und Übertragung bestimmter Daten zum Zweck der Kontrolle der Mehrwertsteuer erforderlich. Sie ermöglichen einen schnellen Informationsaustausch und einen automatisierten Informationszugang, wodurch die Betrugsbekämpfung gestärkt wird. Dies kann dadurch erreicht werden, dass der Datenbestand in Bezug auf Mehrwertsteuerpflichtige und ihre innergemeinschaftlichen Umsätze verbessert wird, indem darin eine Reihe von Informationen über die Steuerpflichtigen und ihre Umsätze aufgenommen wird.

(12) Die Mitgliedstaaten sollten geeignete Überprüfungsverfahren anwenden, mit denen die Aktualität, die Vergleichbarkeit und die Qualität der Informationen sichergestellt und dadurch auch ihre Verlässlichkeit erhöht werden können. Die Bedingungen für den Austausch von elektronisch gespeicherten Daten und den automatisierten Zugang der Mitgliedstaaten zu elektronisch gespeicherten Daten sollten eindeutig festgelegt werden.

(13) Für eine wirksame Betrugsbekämpfung ist es notwendig, einen Informationsaustausch ohne vorheriges Ersuchen vorzusehen. Zur Erleichterung des Informationsaustauschs sollte festgelegt werden, für welche Kategorien ein automatischer Austausch notwendig ist.

(14) Wie im Bericht der Kommission dargelegt, ist die Rückmeldung (Feedback) ein geeignetes Mittel zur Gewährleistung einer laufenden Verbesserung der Qualität der ausgetauschten Informationen. Es sollte daher ein Rahmen für die Übermittlung von Rückmeldung festgelegt werden.

(15) Für die effektive Kontrolle der Mehrwertsteuer auf grenzüberschreitende Umsätze ist es notwendig, die Möglichkeit zu schaffen, dass Mitgliedstaaten gleichzeitige Kontrollen durchführen und sich Beamte eines Mitgliedstaats im Rahmen der Zusammenarbeit der Verwaltungsbehörden im Gebiet eines anderen Mitgliedstaats aufhalten.

(16) Die Bestätigung der Gültigkeit der Mehrwertsteuer-Identifikationsnummern per Internet ist ein Instrument, das die Wirtschaftsbeteiligten zunehmend nutzen. Das System zur Bestätigung der Gültigkeit von Mehrwertsteuer-Identifikationsnummern sollte den Wirtschaftsbeteiligten die relevanten Informationen automatisiert bestätigen.

(17) Einige Steuerpflichtige unterliegen spezifischen Verpflichtungen, die namentlich in Bezug auf die Rechnungsstellung dann von denen im Mitgliedstaat, in dem sie ansässig sind, abweichen, wenn sie an Empfänger, die in dem Gebiet eines anderen Mitgliedstaats ansässig sind, Gegenstände liefern oder Dienstleistungen erbringen. Es sollte ein Mechanismus eingerichtet werden, über den diese Steuerpflichtigen sich ohne weiteres über solche Verpflichtungen informieren können.

(18) In jüngster Zeit gewonnene praktische Erfahrung mit der Anwendung der Verordnung (EG) Nr. 1798/2003 im Rahmen der Bekämpfung des Karussellbetrugs hat gezeigt, dass es für eine wirksame Betrugsbekämpfung in bestimmten Fällen unabdingbar ist, einen Mechanismus für einen wesentlich schnelleren Informationsaustausch einzurichten, der viel weitergehende und gezieltere Informationen umfasst. Gemäß den Schlussfolgerungen des Rates vom 7. Oktober 2008 sollte im Rahmen dieser Verordnung für alle Mitgliedstaaten ein dezentralisiertes Netzwerk ohne Rechtspersönlichkeit mit der Bezeichnung „Eurofisc" geschaffen werden, das die multilaterale und dezentrale Zusammenarbeit zur gezielten und schnellen Bekämpfung besonderer Betrugsfälle fördert und erleichtert.

(19) Es obliegt in erster Linie dem Verbrauchsmitgliedstaat zu gewährleisten, dass nichtansässige Dienstleistungserbringer ihre Verpflichtungen erfüllen. Zu diesem Zweck macht es die Anwendung der vorübergehenden Sonderregelung für elektronisch erbrachte Dienstleistungen gemäß Titel XII Kapitel 6 der Richtlinie 2006/112/EG erforderlich, Regeln über die Bereitstellung von Informationen und

---

1) ABl. L 347 vom 11.12.2006, S. 1
2) ABl. L 44 vom 20.02.2008, S. 23

über die Überweisung von Geldern zwischen dem Mitgliedstaat der Identifizierung und dem Mitgliedstaat des Verbrauchs festzulegen.

(20) Informationen, die ein Mitgliedstaat von Drittländern erhalten hat, können anderen Mitgliedstaaten sehr nützlich sein. Ebenso können von einem Mitgliedstaat erhaltene Informationen anderer Mitgliedstaaten für Drittländer sehr nützlich sein. Deshalb sollten die Bedingungen für den Austausch dieser Informationen festgelegt werden.

(21) Die nationalen Bestimmungen über das Bankgeheimnis sollten der Anwendung dieser Verordnung nicht entgegenstehen.

(22) Die vorliegende Verordnung darf andere auf Ebene der Union verabschiedete Maßnahmen zur Bekämpfung des Mehrwertsteuerbetrugs nicht beeinträchtigen.

(23) Aus Effizienz-, Zeit- und Kostengründen ist es unerlässlich, dass die im Rahmen dieser Verordnung mitgeteilten Informationen möglichst auf elektronischem Weg übermittelt werden.

(24) Angesichts des repetitiven Charakters bestimmter Ersuchen und der Sprachenvielfalt in der Union sowie um eine schnellere Bearbeitung der Informationsersuchen zu ermöglichen, ist es wichtig, die Verwendung von Standardformularen für den Informationsaustausch zur Regel zu machen.

(25) Fristen gemäß dieser Verordnung für die Übermittlung von Informationen sind als nicht zu überschreitende Höchstfristen zu verstehen, wobei grundsätzlich gelten sollte, dass im ersuchten Mitgliedstaat bereits vorliegende Informationen im Interesse einer effizienten Zusammenarbeit unverzüglich übermittelt werden.

(26) Für die Zwecke der vorliegenden Verordnung sollten Beschränkungen bestimmter Rechte und Pflichten nach der Richtlinie 95/46/EG des Europäischen Parlaments und des Rates vom 24. Oktober 1995 zum Schutz natürlicher Personen bei der Verarbeitung personenbezogener Daten und zum freien Datenverkehr[1] erwogen werden, um die in Artikel 13 Absatz 1 Buchstabe e jener Richtlinie genannten Interessen zu schützen. Diese Beschränkungen sind angesichts der potenziellen Einnahmenausfälle für die Mitgliedstaaten und der wesentlichen Bedeutung der von dieser Verordnung erfassten Informationen für eine wirksame Betrugsbekämpfung erforderlich und verhältnismäßig.

(27) Da die für die Durchführung der vorliegenden Verordnung erforderlichen Maßnahmen von allgemeiner Tragweite im Sinne des Artikels 2 des Beschlusses 1999/468/EG des Rates vom 28. Juni 1999 zur Festlegung der Modalitäten für die Ausübung der der Kommission übertragenen Durchführungsbefugnisse[2] sind, sind sie nach dem Regelungsverfahren gemäß Artikel 5 dieses Beschlusses zu erlassen –

HAT FOLGENDE VERORDNUNG ERLASSEN:

Kapitel I

Allgemeine Bestimmungen

Artikel 1

(1) Diese Verordnung regelt die Modalitäten, nach denen die in den Mitgliedstaaten mit der Anwendung der Vorschriften auf dem Gebiet der Mehrwertsteuer beauftragten zuständigen Behörden untereinander und mit der Kommission zusammenarbeiten, um die Einhaltung dieser Vorschriften zu gewährleisten.

Zu diesem Zweck werden in dieser Verordnung Regeln und Verfahren festgelegt, nach denen die zuständigen Behörden der Mitgliedstaaten untereinander zusammenarbeiten und Informationen austauschen, die für die korrekte Festsetzung der Mehrwertsteuer, die Kontrolle der richtigen Anwendung der Mehrwertsteuer insbesondere auf grenzüberschreitende Umsätze sowie die Bekämpfung des Mehrwertsteuerbetrugs geeignet sind. Es werden insbesondere die Regeln und Verfahren festgelegt, die es den Mitgliedstaaten ermöglichen, diese Informationen elektronisch zu erfassen und auszutauschen.

(2) Diese Verordnung legt die Bedingungen fest, unter denen die in Absatz 1 genannten Behörden Unterstützung zum Schutz der Mehrwertsteuereinnahmen in allen Mitgliedstaaten leisten, fest.

(3) Diese Verordnung berührt nicht die Anwendung der Vorschriften über die Rechtshilfe in Strafsachen in den Mitgliedstaaten.

(4) In dieser Verordnung werden auch Regeln und Verfahren für den elektronischen Informationsaustausch im Zusammenhang mit der Mehrwertsteuer auf elektronisch erbrachte Dienstleistungen gemäß der Sonderregelung nach Titel XII Kapitel 6 der Richtlinie 2006/112/EG sowie für einen etwaigen

---

1) ABl. L 281 vom 23.11.1995, S. 31
2) ABl. L 184 vom 17.07.1999, S. 23

Zusammenarbeits-Verordnung

Anhang 8b

anschließenden Informationsaustausch und – soweit von der Sonderregelung erfasste Dienstleistungen betroffen sind – für die Überweisung von Geldbeträgen zwischen den zuständigen Behörden der Mitgliedstaaten festgelegt.

Artikel 2

(1) Für die Zwecke dieser Verordnung bezeichnet der Ausdruck

a) „zentrales Verbindungsbüro" das gemäß Artikel 4 Absatz 1 benannte Büro, das für die Verbindung zu den anderen Mitgliedstaaten auf dem Gebiet der Zusammenarbeit der Verwaltungsbehörden hauptverantwortlich zuständig ist;

b) „Verbindungsstelle" jede andere Stelle als das zentrale Verbindungsbüro, die als solche von der zuständigen Behörde gemäß Artikel 4 Absatz 2 dazu benannt ist, auf der Grundlage dieser Verordnung einen direkten Informationsaustausch durchzuführen;

c) „zuständiger Beamter" jeden Beamten, der aufgrund einer Ermächtigung nach Artikel 4 Absatz 3 zum direkten Informationsaustausch auf der Grundlage dieser Verordnung berechtigt ist;

d) „ersuchende Behörde" das zentrale Verbindungsbüro, eine Verbindungsstelle oder jeden zuständigen Beamten eines Mitgliedstaats, der im Namen der zuständigen Behörde ein Amtshilfeersuchen stellt;

e) „ersuchte Behörde" das zentrale Verbindungsbüro, eine Verbindungsstelle oder jeden zuständigen Beamten eines Mitgliedstaats, der im Namen der zuständigen Behörde ein Amtshilfeersuchen entgegennimmt;

f) „innergemeinschaftliche Umsätze" die innergemeinschaftliche Warenlieferung und die innergemeinschaftliche Dienstleistung;

g) „innergemeinschaftliche Lieferung von Gegenständen" eine Lieferung von Gegenständen, die in der zusammenfassenden Meldung gemäß Artikel 262 der Richtlinie 2006/112/EG anzuzeigen ist;

h) „innergemeinschaftliche Dienstleistung" die Erbringung von Dienstleistungen, die in der zusammenfassenden Meldung gemäß Artikel 262 der Richtlinie 2006/112/EG anzuzeigen ist;

i) „innergemeinschaftlicher Erwerb von Gegenständen" die Erlangung des Rechts, nach Artikel 20 der Richtlinie 2006/112/EG wie ein Eigentümer über einen beweglichen körperlichen Gegenstand zu verfügen;

j) „Mehrwertsteuer-Identifikationsnummer" die in den Artikeln 214, 215 und 216 der Richtlinie 2006/112/EG vorgesehene Nummer;

k) „behördliche Ermittlungen" alle von den Mitgliedstaaten in Ausübung ihres Amtes vorgenommenen Kontrollen, Nachprüfungen und Handlungen mit dem Ziel, die ordnungsgemäße Anwendung der Mehrwertsteuervorschriften sicherzustellen;

l) „automatischer Austausch" die systematische Übermittlung zuvor festgelegter Informationen an einen anderen Mitgliedstaat ohne dessen vorheriges Ersuchen;

m) „spontaner Austausch" die nicht systematische Übermittlung von Informationen zu jeder Zeit an einen anderen Mitgliedstaat ohne dessen vorheriges Ersuchen;

n) „Person"
  i) eine natürliche Person,
  ii) eine juristische Person,
  iii) sofern diese Möglichkeit nach den geltenden Rechtsvorschriften besteht, eine Personenvereinigung, der die Rechtsfähigkeit zuerkannt wurde, die aber nicht über die Rechtsstellung einer juristischen Person verfügt, oder
  iv) alle anderen rechtlichen Zusammenschlüsse gleich welcher Art und Form – mit oder ohne Rechtspersönlichkeit –, die Umsätze bewirken, die der Mehrwertsteuer unterliegen;

o) „automatisierter Zugang" die Möglichkeit, unverzüglich Zugang zu einem elektronischen System zu haben, um bestimmte darin enthaltene Informationen einsehen zu können;

p) „auf elektronischem Weg" die Übermittlung von Daten mithilfe elektronischer Anlagen zur Verarbeitung, einschließlich der digitalen Kompression, und zum Speichern von Daten per Draht oder Funk oder durch jedes andere optische oder elektromagnetische Verfahren;

q) „CCN/CSI-Netz" die auf das Common Communication Network (im Folgenden: „CCN") und das Common System Interface (im Folgenden: „CSI") gestützte gemeinsame Plattform, die von der Union entwickelt wurde, um die gesamte elektronische Informationsübermittlung zwischen den zuständigen Behörden im Bereich Zoll und Steuern sicherzustellen;

Anhang 8b

r) „gleichzeitige Prüfung" eine von mindestens zwei teilnehmenden Mitgliedstaaten mit gemeinsamen oder sich ergänzenden Interessen organisierte abgestimmte Prüfung der steuerlichen Verhältnisse eines Steuerpflichtigen oder mehrerer miteinander verbundener Steuerpflichtiger.

(2) Ab dem 1. Januar 2015 gelten die Begriffsbestimmungen der Artikel 358, 358a und 369a der Richtlinie 2006/112/EG auch für die Zwecke diese Verordnung.

Artikel 3

Die zuständigen Behörden sind die Behörden, in deren Namen diese Verordnung entweder unmittelbar oder im Auftrag angewandt wird.

Jeder Mitgliedstaat teilt der Kommission bis spätestens 1. Dezember 2010 mit, welches seine zuständige Behörde für die Zwecke dieser Verordnung ist; er setzt die Kommission unverzüglich von jeder Änderung in Kenntnis.

Die Kommission stellt den Mitgliedstaaten ein Verzeichnis der zuständigen Behörden zur Verfügung und veröffentlicht diese Information im *Amtsblatt der Europäischen Union*.

Artikel 4

(1) Jeder Mitgliedstaat benennt ein einziges zentrales Verbindungsbüro, das in seinem Auftrag für die Verbindung zu den anderen Mitgliedstaaten auf dem Gebiet der Zusammenarbeit der Verwaltungsbehörden hauptverantwortlich zuständig ist. Er setzt die Kommission und die anderen Mitgliedstaaten davon in Kenntnis. Das zentrale Verbindungsbüro kann auch als zuständige Stelle für Kontakte zur Kommission benannt werden.

(2) Die zuständige Behörde jedes Mitgliedstaats kann Verbindungsstellen benennen. Das zentrale Verbindungsbüro ist dafür zuständig, die Liste dieser Stellen auf dem neuesten Stand zu halten und sie den zentralen Verbindungsbüros der anderen betroffenen Mitgliedstaaten zugänglich zu machen.

(3) Die zuständige Behörde jedes Mitgliedstaats kann darüber hinaus unter den von ihr festgelegten Voraussetzungen zuständige Beamte benennen, die unmittelbar Informationen auf der Grundlage dieser Verordnung austauschen können. Hierbei kann sie die Tragweite dieser Benennung begrenzen. Das zentrale Verbindungsbüro ist dafür zuständig, die Liste dieser Beamten auf dem neuesten Stand zu halten und sie den zentralen Verbindungsbüros der anderen betroffenen Mitgliedstaaten zugänglich zu machen.

(4) Die Beamten, die Informationen gemäß den Artikeln 28, 29 und 30 austauschen, gelten in jedem Fall als für diesen Zweck zuständige Beamte, im Einklang mit den von den zuständigen Behörden festgelegten Bedingungen.

Artikel 5

Wenn eine Verbindungsstelle oder ein zuständiger Beamter ein Amtshilfeersuchen oder eine Antwort auf ein Amtshilfeersuchen übermittelt oder entgegennimmt, unterrichtet er das zentrale Verbindungsbüro seines Mitgliedstaats gemäß den von diesem Mitgliedstaat festgelegten Bedingungen.

Artikel 6

Wenn eine Verbindungsstelle oder ein zuständiger Beamter ein Amtshilfeersuchen entgegennimmt, das ein Tätigwerden außerhalb seiner territorialen oder funktionalen Zuständigkeit erforderlich macht, übermittelt sie/er dieses Ersuchen unverzüglich an das zentrale Verbindungsbüro ihres/seines Mitgliedstaats und unterrichtet die ersuchende Behörde davon. In diesem Fall beginnt die in Artikel 10 vorgesehene Frist mit dem Tag nach der Weiterleitung des Amtshilfeersuchens an das zentrale Verbindungsbüro.

Kapitel II

Informationsaustausch auf Ersuchen

Abschnitt 1

Ersuchen um Informationen und um behördliche Ermittlungen

Artikel 7

(1) Auf Antrag der ersuchenden Behörde erteilt die ersuchte Behörde die in Artikel 1 genannten Informationen, einschließlich solcher, die konkrete Einzelfälle betreffen.

(2) Für die Zwecke der Erteilung von Informationen gemäß Absatz 1 führt die ersuchte Behörde die zur Beschaffung dieser Informationen notwendigen behördlichen Ermittlungen durch.

(3) Bis 31. Dezember 2014 kann das Ersuchen nach Absatz 1 einen begründeten Antrag auf eine behördliche Ermittlung enthalten. Ist die ersuchte Behörde der Auffassung, dass die behördliche Ermittlung nicht erforderlich ist, so teilt er der ersuchenden Behörde unverzüglich die Gründe hierfür mit.

(4) Ab 1. Januar 2015 kann das Ersuchen nach Absatz 1 einen begründeten Antrag auf eine bestimmte behördliche Ermittlung enthalten. Ist die ersuchte Behörde der Auffassung, dass keine behördliche Ermittlung erforderlich ist, so teilt er der ersuchenden Behörde unverzüglich die Gründe hierfür mit.

Ungeachtet des Unterabsatzes 1 kann eine Ermittlung, die Beträge zum Gegenstand hat, die von einem Steuerpflichtigen im Zusammenhang mit der Lieferung oder Erbringung von in Anhang I genannten Gegenständen bzw. Dienstleistungen, die von einem im Mitgliedstaat der ersuchten Behörde ansässigen Steuerpflichtigen geliefert bzw. erbracht wurden und im Mitgliedstaat der ersuchenden Behörde steuerpflichtig sind, erklärt wurden, nur abgelehnt werden

a) aufgrund von Artikel 54 Absatz 1, wenn die Wechselwirkung dieses Absatzes mit Artikel 54 Absatz 1 von der ersuchten Behörde in Übereinstimmung mit einer nach dem in Artikel 58 Absatz 2 genannten Verfahren anzunehmenden Erklärung zu bewährten Verfahren geprüft wurde;

b) aufgrund von Artikel 54 Absätze 2, 3 und 4 oder

c) wenn die ersuchte Behörde der ersuchenden Behörde zum selben Steuerpflichtigen bereits Informationen erteilt hat, die im Rahmen einer weniger als zwei Jahre zurückliegenden behördlichen Ermittlung erlangt wurden.

Lehnt die ersuchte Behörde eine behördliche Ermittlung gemäß Unterabsatz 2 aufgrund von Buchstabe a oder b ab, muss sie dennoch der ersuchenden Behörde die Daten und Beträge der relevanten, in den letzten zwei Jahren vom Steuerpflichtigen im Mitgliedstaat der ersuchenden Behörde getätigten Lieferungen bzw. Dienstleistungen mitteilen.

(5) Zur Beschaffung der angeforderten Informationen oder zur Durchführung der beantragten behördlichen Ermittlungen verfährt die ersuchte Behörde oder die von ihr befasste Verwaltungsbehörde so, wie sie in Erfüllung eigener Aufgaben oder auf Ersuchen einer anderen Behörde des eigenen Staates handeln würde.

Artikel 8

Ein Ersuchen um Informationen und um behördliche Ermittlungen nach Artikel 7 wird außer in den Fällen des Artikels 50 oder in Ausnahmefällen, in denen das Ersuchen die Begründung enthält, warum die ersuchende Behörde der Auffassung ist, dass das Standardformular nicht sachgerecht ist, unter Verwendung eines Standardformulars übermittelt, das gemäß dem Verfahren nach Artikel 58 Absatz 2 festgelegt wird.

Artikel 9

(1) Auf Antrag der ersuchenden Behörde übermittelt die ersuchte Behörde in Form von Berichten, Bescheinigungen und anderen Schriftstücken oder beglaubigten Kopien von Schriftstücken oder Auszügen daraus alle sachdienlichen Informationen, über die sie verfügt oder die sie sich beschafft, sowie die Ergebnisse der behördlichen Ermittlungen.

(2) Urschriften werden jedoch nur insoweit übermittelt, als die geltenden Rechtsvorschriften des Mitgliedstaats, in dem die ersuchte Behörde ihren Sitz hat, dem nicht entgegenstehen.

Abschnitt 2

Frist für die Informationsübermittlung

Artikel 10

Die Informationsübermittlung durch die ersuchte Behörde gemäß den Artikeln 7 und 9 erfolgt möglichst rasch, spätestens jedoch drei Monate nach dem Zeitpunkt des Eingangs des Ersuchens.

Liegen der ersuchten Behörde die angeforderten Informationen bereits vor, so wird die Frist auf einen Zeitraum von höchstens einem Monat verkürzt.

Artikel 11

In bestimmten speziellen Kategorien von Fällen können zwischen der ersuchten und der ersuchenden Behörde andere als die in Artikel 10 vorgesehenen Fristen vereinbart werden.

Artikel 12

Ist die ersuchte Behörde nicht in der Lage, auf ein Ersuchen fristgerecht zu antworten, so teilt sie der ersuchenden Behörde unverzüglich schriftlich mit, welche Gründe einer fristgerechten Antwort entgegenstehen und wann sie dem Ersuchen ihres Erachtens wahrscheinlich nachkommen kann.

Kapitel III

Informationsaustausch ohne vorheriges Ersuchen

Artikel 13

(1) Die zuständige Behörde jedes Mitgliedstaats übermittelt der zuständigen Behörde jedes anderen betroffenen Mitgliedstaats die in Artikel 1 genannten Informationen ohne vorheriges Ersuchen, wenn

a) die Besteuerung im Bestimmungsmitgliedstaat erfolgen soll und die vom Herkunftsmitgliedstaat übermittelten Informationen für die Wirksamkeit der Kontrollen des Bestimmungsmitgliedstaats notwendig sind;

b) ein Mitgliedstaat Grund zu der Annahme hat, dass in dem anderen Mitgliedstaat ein Verstoß gegen die Mehrwertsteuervorschriften begangen oder vermutlich begangen wurde;

c) in einem anderen Mitgliedstaat die Gefahr eines Steuerverlusts besteht.

(2) Der Informationsaustausch ohne vorheriges Ersuchen erfolgt entweder automatisch gemäß Artikel 14 oder spontan gemäß Artikel 15.

(3) Die Informationen werden unter Verwendung eines Standardformulars übermittelt, das gemäß dem Verfahren nach Artikel 58 Absatz 2 festgelegt wird.

Artikel 14

(1) Gemäß dem Verfahren nach Artikel 58 Absatz 2 wird Folgendes festgelegt:

a) die genauen Kategorien der dem automatischen Austausch unterliegenden Informationen,

b) die Häufigkeit des automatischen Austauschs der jeweiligen Kategorie von Informationen und

c) die praktischen Vorkehrungen für den automatischen Austausch von Informationen.

Ein Mitgliedstaat kann in Bezug auf eine oder mehrere Kategorien davon absehen, an dem automatischen Austausch von Informationen teilzunehmen, wenn infolge der Erhebung der Informationen für diesen Austausch den Mehrwertsteuerpflichtigen neue Pflichten auferlegt werden müssten oder ihm selbst ein unverhältnismäßig hoher Verwaltungsaufwand entstehen würde.

Die Ergebnisse des automatischen Austauschs von Informationen werden für jede Kategorie durch den in Artikel 58 Absatz 1 genannten Ausschuss einmal im Jahr überprüft, um sicherzustellen, dass diese Art des Austausches nur dann erfolgt, wenn sie das wirksamste Mittel für den Austausch von Informationen darstellt.

(2) Die zuständige Behörde eines jeden Mitgliedstaats nimmt ab dem 1. Januar 2015 insbesondere einen automatischen Austausch von Informationen vor, der es den Verbrauchsmitgliedstaaten ermöglicht, nachzuprüfen, ob nicht in ihrem Hoheitsgebiet ansässige Steuerpflichtige für Telekommunikationsdienstleistungen, Rundfunk- und Fernsehdienstleistungen und elektronisch erbrachte Dienstleistungen in korrekter Weise Mehrwertsteuererklärungen abgegeben und Mehrwertsteuer entrichtet haben, unabhängig davon, ob diese Steuerpflichtigen die Sonderregelung nach Titel XII Kapitel 6 Abschnitt 3 der Richtlinie 2006/112/EG in Anspruch nehmen oder nicht. Der Mitgliedstaat der Identifizierung hat den Verbrauchsmitgliedstaat über Unregelmäßigkeiten, von denen er Kenntnis erlangt, zu informieren.

Artikel 15

Die zuständigen Behörden der Mitgliedstaaten übersenden den zuständigen Behörden der anderen Mitgliedstaaten spontan Informationen nach Artikel 13 Absatz 1, die nicht im Rahmen des automatischen Austausches nach Artikel 14 übermittelt wurden, von denen sie Kenntnis haben und die ihrer Ansicht nach für die anderen zuständigen Behörden von Nutzen sein können.

Kapitel IV

Rückmeldungen

Artikel 16

Übermittelt eine zuständige Behörde Informationen gemäß den Artikeln 7 oder 15, so kann sie die zuständige Behörde, die die Informationen erhält, um eine Rückmeldung zu diesen Informationen bitten. Wird eine solche Anfrage gestellt, so übermittelt die zuständige Behörde, die die Information erhält, unbeschadet der geltenden Vorschriften ihres Mitgliedstaats zum Schutz des Steuergeheimnisses und zum Datenschutz, die Rückmeldung möglichst rasch, vorausgesetzt, dass hierdurch kein unverhältnismäßig hoher Verwaltungsaufwand entsteht. Die praktischen Modalitäten des Informationsaustauschs werden gemäß dem Verfahren nach Artikel 58 Absatz 2 festgelegt.

Kapitel V

Speicherung und Austausch bestimmter Informationen

Artikel 17

(1) Jeder Mitgliedstaat speichert in einem elektronischen System folgende Informationen:
a) Informationen, die er gemäß Titel XI Kapitel 6 der Richtlinie 2006/112/EG erhebt;
b) Angaben zur Identität, Tätigkeit, Rechtsform und Anschrift der Personen, denen eine Mehrwertsteuer-Identifikationsnummer zugeteilt wurde, und die in Anwendung des Artikels 213 der Richtlinie 2006/112/EG erhoben werden, sowie der Zeitpunkt, zu dem die Nummer zugeteilt wurde;
c) Angaben zu den zugeteilten und ungültig gewordenen Mehrwertsteuer-Identifikationsnummern und der jeweilige Zeitpunkt des Ungültigwerdens dieser Nummern und
d) Informationen, die er gemäß den Artikeln 360, 361, 364 und 365 der Richtlinie 2006/112/EG einholt, und ab dem 1. Januar 2015 Informationen, die er entsprechend den Artikeln 369c, 369f und 369g der genannten Richtlinie einholt.

(2) Die technischen Einzelheiten betreffend die automatisierte Bereitstellung der Informationen nach Absatz 1 Buchstaben b, c, und d werden gemäß dem Verfahren nach Artikel 58 Absatz 2 festgelegt.

Artikel 18

Um die Verwendung der in Artikel 17 genannten Informationen im Rahmen der in dieser Verordnung vorgesehenen Verfahren zu ermöglichen, sind diese Informationen mindestens fünf Jahre lang ab dem Ende des ersten Kalenderjahres, in dem die Informationen zur Verfügung gestellt werden müssen, bereitzuhalten.

Artikel 19

Die Mitgliedstaaten sorgen für die Aktualisierung, Ergänzung und genaue Führung der in das elektronische System nach Artikel 17 eingestellten Informationen.

Nach dem in Artikel 58 Absatz 2 genannten Verfahren sind die Kriterien festzulegen, nach denen bestimmt wird, welche Ergänzungen nicht relevant, wesentlich oder zweckmäßig sind und somit nicht vorgenommen zu werden brauchen.

Artikel 20

(1) Die Informationen nach Artikel 17 werden unverzüglich in das elektronische System eingestellt.

(2) Abweichend von Absatz 1 werden die in Artikel 17 Absatz 1 Buchstabe a genannten Informationen spätestens innerhalb eines Monats ab dem Ende des Zeitraums, auf den sich die Informationen beziehen, in das elektronische System eingestellt.

(3) Abweichend von Absatz 1 und Absatz 2 sind Informationen, die nach Artikel 19 im Datenbankensystem korrigiert oder ergänzt werden müssen, spätestens innerhalb des Monats, der auf den Zeitraum folgt, in dem diese Informationen eingeholt wurden, in das elektronische System einzustellen.

Artikel 21

(1) Jeder Mitgliedstaat gestattet der zuständigen Behörde jedes anderen Mitgliedstaats den automatisierten Zugang zu den nach Artikel 17 gespeicherten Informationen.

(2) In Bezug auf die in Artikel 17 Absatz 1 Buchstabe a genannten Informationen sind mindestens folgende Einzelangaben zugänglich:
a) die von dem Mitgliedstaat, der die Informationen erhält, erteilten Mehrwertsteuer-Identifikationsnummern;
b) der Gesamtwert aller innergemeinschaftlichen Lieferungen von Gegenständen und der Gesamtwert aller innergemeinschaftlichen Dienstleistungen, die an die Personen, denen eine Mehrwertsteuer-Identifikationsnummer gemäß Buchstabe a erteilt wurde, von allen Unternehmen, die in dem die Information erteilenden Mitgliedstaat eine Mehrwertsteuer-Identifikationsnummer erhalten haben, getätigt wurden;
c) die Mehrwertsteuer-Identifikationsnummern der Personen, die die Lieferungen und Dienstleistungen gemäß Buchstabe b getätigt oder erbracht haben;
d) der Gesamtwert aller Lieferungen oder Dienstleistungen nach Buchstabe b durch jede der in Buchstabe c genannten Personen an jede Person, der eine Mehrwertsteuer-Identifikationsnummer nach Buchstabe a erteilt wurde;

Anhang 8b

e) der Gesamtwert aller Lieferungen oder Dienstleistungen nach Buchstabe b durch jede der in Buchstabe c genannten Personen an jede Person, der eine Mehrwertsteuer-Identifikationsnummer von einem anderen Mitgliedstaat erteilt wurde, sofern folgende Voraussetzungen erfüllt sind:
   i) Der Zugang zu den Informationen steht im Zusammenhang mit Ermittlungen wegen Verdachts auf Betrug,
   ii) der Zugang erfolgt über einen Eurofisc-Verbindungsbeamten im Sinne des Artikels 36 Absatz 1, der eine persönliche Nutzerberechtigung für das elektronische System besitzt, die den Zugang zu den Informationen erlaubt, und
   iii) der Zugang wird nur während der üblichen Arbeitszeiten gewährt.

Die in Buchstaben b, d und e genannten Werte werden in der Währung des Mitgliedstaats ausgedrückt, der die Auskünfte erteilt, und beziehen sich auf die gemäß Artikel 263 der Richtlinie 2006/112/EG festgelegten Zeiträume der Abgabe der zusammenfassenden Meldungen jedes einzelnen Steuerpflichtigen.

Artikel 22

(1) Um den Steuerbehörden ein angemessenes Niveau an Qualität und die Zuverlässigkeit der über das elektronische System nach Artikel 17 zur Verfügung gestellten Informationen zu bieten, stellen die Mitgliedstaaten durch entsprechende Maßnahmen sicher, dass die Angaben, die Steuerpflichtige und nichtsteuerpflichtige Personen machen, um nach Artikel 214 der Richtlinie 2006/112/EG eine Mehrwertsteuer-Identifikationsnummer zu erhalten, ihrer Beurteilung nach vollständig und richtig sind.

Die Mitgliedstaaten sehen die gemäß den Ergebnissen ihrer Risikoanalyse erforderlichen Verfahren zur Überprüfung dieser Angaben vor. Die Überprüfung erfolgt in der Regel vor der Erteilung der Mehrwertsteuer-Identifikationsnummer oder, falls vor der Erteilung nur eine vorläufige Überprüfung vorgenommen wird, binnen höchstens sechs Monaten nach Erteilung der Mehrwertsteuer-Identifikationsnummer.

(2) Die Mitgliedstaaten informieren den in Artikel 58 genannten Ausschuss über die auf nationaler Ebene eingeführten Maßnahmen, um die Qualität und Zuverlässigkeit der Informationen gemäß Absatz 1 sicherzustellen.

Artikel 23

Die Mitgliedstaaten stellen sicher, dass die in Artikel 214 der Richtlinie 2006/112/EG genannte Mehrwertsteuer-Identifikationsnummer im elektronischen System nach Artikel 17 dieser Verordnung zumindest in folgenden Fällen als ungültig ausgewiesen wird:

a) Eine Person, der eine Mehrwertsteuer-Identifikationsnummer erteilt wurde, hat mitgeteilt, dass sie ihre wirtschaftliche Tätigkeit im Sinne des Artikels 9 der Richtlinie 2006/112/EG aufgegeben hat, oder hat nach Auffassung der zuständigen Steuerbehörde ihre wirtschaftliche Tätigkeit aufgegeben. Eine Steuerbehörde kann insbesondere annehmen, dass eine Person ihre wirtschaftliche Tätigkeit aufgegeben hat, wenn sie ein Jahr nach Ablauf der Frist für die Abgabe der ersten Mehrwertsteuererklärung bzw. die Übermittlung der ersten zusammenfassenden Meldung weder Mehrwertsteuererklärungen abgegeben noch zusammenfassende Meldungen übermittelt hat, obwohl sie dazu verpflichtet gewesen wäre. Die Person hat das Recht, mit anderen Mitteln nachzuweisen, dass eine wirtschaftliche Tätigkeit besteht;

b) eine Person hat zur Erlangung einer Mehrwertsteuer-Identifikationsnummer falsche Angaben gemacht oder Änderungen in Bezug auf diese Angaben nicht mitgeteilt, die – wenn sie der Steuerbehörde bekannt gewesen wären – zur Nichterteilung oder zum Entzug der Mehrwertsteuer-Identifikationsnummer geführt hätten.

Artikel 24

Tauschen die zuständigen Behörden der Mitgliedstaaten für die Zwecke der Artikel 17 bis 21 Daten auf elektronischem Weg aus, so treffen sie die notwendigen Maßnahmen, um die Einhaltung von Artikel 55 zu gewährleisten.

Die Mitgliedstaaten sind dafür verantwortlich, ihre Systeme so weiterzuentwickeln, dass ein Informationsaustausch unter Verwendung des CCN/CSI-Netzes möglich ist.

Kapitel VI

Ersuchen um Zustellung durch die Verwaltung

Artikel 25

Auf Antrag der ersuchenden Behörde stellt die ersuchte Behörde dem Empfänger nach Maßgabe der Rechtsvorschriften für die Zustellung entsprechender Akte in dem Mitgliedstaat, in dem die ersuchte

Behörde ihren Sitz hat, alle Verwaltungsakte und sonstigen Entscheidungen der zuständigen Behörden zu, die die Anwendung der Mehrwertsteuervorschriften im Hoheitsgebiet des Mitgliedstaats, in dem die ersuchende Behörde ihren Sitz hat, betreffen.

Artikel 26

Das Zustellungsersuchen enthält Angaben über den Gegenstand der zuzustellenden Verwaltungsakte oder Entscheidungen, Namen und Anschrift des Empfängers sowie alle weiteren zur Identifizierung des Empfängers notwendigen Informationen.

Artikel 27

Die ersuchte Behörde teilt der ersuchenden Behörde unverzüglich mit, was aufgrund des Zustellungsersuchens veranlasst wurde, und insbesondere, an welchem Tag die Verfügung oder Entscheidung dem Empfänger zugestellt wurde.

Kapitel VII

Anwesenheit in den Amtsräumen der Behörden und Teilnahme an behördlichen Ermittlungen

Artikel 28

(1) Im Einvernehmen zwischen der ersuchenden und der ersuchten Behörde und unter den von letzterer festgelegten Voraussetzungen dürfen ordnungsgemäß befugte Beamte der ersuchenden Behörde im Hinblick auf den Informationsaustausch gemäß Artikel 1 in den Amtsräumen der Verwaltungsbehörden des ersuchten Mitgliedstaats oder an jedem anderen Ort, in denen diese Behörden ihre Tätigkeit ausüben, zugegen sein. Sind die beantragten Auskünfte in den Unterlagen enthalten, zu denen die Beamten der ersuchten Behörde Zugang haben, so werden den Beamten der ersuchenden Behörde Kopien dieser Unterlagen ausgehändigt.

(2) Im Einvernehmen zwischen der ersuchenden und der ersuchten Behörde und unter den von letzterer festgelegten Voraussetzungen können von der ersuchenden Behörde benannte Beamte im Hinblick auf den Informationsaustausch gemäß Artikel 1 während der behördlichen Ermittlungen, die im Hoheitsgebiet des ersuchten Mitgliedstaats geführt werden, zugegen sein. Diese behördlichen Ermittlungen werden ausschließlich von den Beamten der ersuchten Behörde geführt. Die Beamten der ersuchenden Behörde üben nicht die Kontrollbefugnisse der Beamten der ersuchten Behörde aus. Sie können jedoch Zugang zu denselben Räumlichkeiten und Unterlagen wie die Beamten der ersuchten Behörde haben, allerdings nur auf deren Vermittlung hin und zum alleinigen Zweck der laufenden behördlichen Ermittlungen.

(3) Beamte der ersuchenden Behörde, die sich entsprechend den Absätzen 1 und 2 in einem anderen Mitgliedstaat aufhalten, müssen jederzeit eine schriftliche Vollmacht vorlegen können, aus der ihre Identität und ihre dienstliche Stellung hervorgehen.

Kapitel VIII

Gleichzeitige Prüfungen

Artikel 29

Die Mitgliedstaaten können vereinbaren, gleichzeitige Prüfungen durchzuführen, wenn sie solche Prüfungen für wirksamer erachten als die Durchführung einer Prüfung durch einen einzigen Mitgliedstaat.

Artikel 30

(1) Ein Mitgliedstaat entscheidet selbst, welche Steuerpflichtigen er für eine gleichzeitige Prüfung vorschlägt. Die zuständige Behörde dieses Mitgliedstaats teilt den zuständigen Behörden der anderen betroffenen Mitgliedstaaten mit, welche Fälle für eine gleichzeitige Prüfung vorgeschlagen werden. Sie begründet ihre Entscheidung so weit wie möglich, indem sie die der Entscheidung zugrundeliegenden Informationen übermittelt. Sie gibt den Zeitraum an, in dem diese Prüfungen durchgeführt werden sollten.

(2) Die zuständige Behörde des Mitgliedstaats, der eine gleichzeitige Prüfung vorgeschlagen wurde, bestätigt der zuständigen Behörde des anderen Mitgliedstaats grundsätzlich innerhalb von zwei Wochen, jedoch spätestens innerhalb eines Monats nach Erhalt des Vorschlags ihr Einverständnis oder teilt ihre begründete Ablehnung mit.

(3) Jede zuständige Behörde der betreffenden Mitgliedstaaten benennt einen Vertreter, der die Prüfung leitet und koordiniert.

Kapitel IX

Unterrichtung der Steuerpflichtigen

Artikel 31

(1) Die zuständigen Behörden jedes Mitgliedstaats gewährleisten, dass Personen, die an innergemeinschaftlichen Lieferungen von Gegenständen oder innergemeinschaftlichen Dienstleistungen beteiligt sind, und nichtansässige steuerpflichtige Personen, die Telekommunikationsdienstleistungen, Rundfunk- und Fernsehdienstleistungen und elektronische Dienstleistungen, insbesondere die in Anhang II der Richtlinie 2006/112/EG genannten, erbringen, für die Zwecke solcher Umsätze auf elektronischem Weg eine Bestätigung der Gültigkeit der Mehrwertsteuer-Identifikationsnummer einer bestimmten Person sowie des damit verbundenen Namens und der damit verbundenen Anschrift erhalten können. Diese Informationen müssen den Angaben gemäß Artikel 17 entsprechen.

(2) Jeder Mitgliedstaat bestätigt auf elektronischem Weg den Namen und die Anschrift der Person, der die Mehrwertsteuer-Identifikationsnummer erteilt wurde, im Einklang mit seinen nationalen Datenschutzbestimmungen.

(3) Während des in Artikel 357 der Richtlinie 2006/112/EG vorgesehenen Zeitraums ist Absatz 1 dieses Artikels nicht auf nichtansässige Steuerpflichtige anwendbar, die Telekommunikations-, Rundfunk- und Fernsehdienstleistungen erbringen.

Artikel 32

(1) Auf der Grundlage der Informationen der Mitgliedstaaten veröffentlicht die Kommission auf ihrer Website die Details der von jedem Mitgliedstaat zur Umsetzung von Titel XI Kapitel 3 der Richtlinie 2006/112/EG erlassenen Regelungen.

(2) Die Einzelheiten sowie das Format der zu übermittelnden Informationen werden gemäß dem Verfahren nach Artikel 58 Absatz 2 festgelegt.

Kapitel X

Eurofisc

Artikel 33

(1) Zur Förderung und Erleichterung der multilateralen Zusammenarbeit bei der Bekämpfung des Mehrwertsteuerbetrugs wird durch dieses Kapitel ein Netzwerk für den raschen Austausch gezielter Informationen zwischen den Mitgliedstaaten mit der Bezeichnung „Eurofisc" eingerichtet.

(2) Im Rahmen von Eurofisc werden die Mitgliedstaaten

a) ein multilaterales Frühwarnsystem zur Bekämpfung des Mehrwertsteuerbetrugs einrichten;

b) den raschen multilateralen Austausch von gezielten Informationen in den Arbeitsbereichen von Eurofisc (im Folgenden: „Eurofisc-Arbeitsbereiche") koordinieren;

c) die Arbeit der Eurofisc-Verbindungsbeamten der teilnehmenden Mitgliedstaaten in Reaktion auf eingegangene Warnmeldungen koordinieren.

Artikel 34

(1) Die Mitgliedstaaten beteiligen sich an den Eurofisc-Arbeitsbereichen ihrer Wahl; ebenso können sie beschließen, ihre Teilnahme daran zu beenden.

(2) Die Mitgliedstaaten, die sich an einem der Eurofisc-Arbeitsbereiche beteiligen, nehmen aktiv am multilateralen Austausch gezielter Informationen zwischen den teilnehmenden Mitgliedstaaten teil.

(3) Die ausgetauschten Informationen unterliegen der Geheimhaltungspflicht nach Artikel 55.

Artikel 35

Die Kommission unterstützt Eurofisc technisch und logistisch. Die Kommission hat keinen Zugang zu den Informationen im Sinne des Artikels 1, die über Eurofisc ausgetauscht werden können.

Artikel 36

(1) Die zuständigen Behörden jedes Mitgliedstaats benennen mindestens einen Eurofisc-Verbindungsbeamten. Die „Eurofisc-Verbindungsbeamten" sind zuständige Beamte im Sinne von Artikel 2 Absatz 1 Buchstabe c und führen die Aufgaben nach Artikel 33 Absatz 2 aus. Diese Beamten unterstehen weiterhin ausschließlich ihren nationalen Behörden.

(2) Die Verbindungsbeamten der an einem bestimmten Eurofisc-Arbeitsbereich teilnehmenden Mitgliedstaaten (im Folgenden: „teilnehmende Eurofisc-Verbindungsbeamte") benennen aus dem Kreis der teilnehmenden Eurofisc-Verbindungsbeamten für einen bestimmten Zeitraum einen Koordinator

(im Folgenden: „Eurofisc-Arbeitsbereichkoordinator"). Die Eurofisc-Arbeitsbereichkoordinatoren nehmen folgende Aufgaben wahr:

a) Zusammenstellung der ihnen von den teilnehmenden Eurofisc-Verbindungsbeamten übermittelten Informationen und Bereitstellung dieser Informationen für die anderen teilnehmenden Eurofisc-Verbindungsbeamten. Der Informationsaustausch erfolgt auf elektronischem Weg;

b) Sicherstellung der Verarbeitung der von den teilnehmenden Eurofisc-Verbindungsbeamten übermittelten Informationen in der mit den Teilnehmern an dem Arbeitsbereich vereinbarten Weise und Bereitstellung des Ergebnisses für die teilnehmenden Eurofisc-Verbindungsbeamten;

c) Rückmeldung an die teilnehmenden Eurofisc-Verbindungsbeamten.

Artikel 37

Die Eurofisc-Arbeitsbereichkoordinatoren legen dem Ausschuss nach Artikel 58 Absatz 1 jährlich einen Bericht über die Tätigkeiten aller Arbeitsbereiche vor.

Kapitel XI

Bestimmungen betreffend die Sonderregelungen nach Titel XII Kapitel 6 der Richtlinie 2006/112/EG

Abschnitt I

Bis zum 31. Dezember 2014 anwendbare Bestimmungen

Artikel 38

Die nachstehenden Bestimmungen gelten für die in Titel XII Kapitel 6 der Richtlinie 2006/112/EG vorgesehenen Sonderregelungen. Die Begriffsbestimmungen des Artikels 358 der genannten Richtlinie finden im Rahmen dieses Kapitels ebenfalls Anwendung.

Artikel 39

(1) Die Angaben nach Artikel 361 der Richtlinie 2006/112/EG, die der nicht in der Gemeinschaft ansässige Steuerpflichtige dem Mitgliedstaat der Identifizierung bei Aufnahme seiner Tätigkeit zu übermitteln hat, sind elektronisch zu übermitteln. Die technischen Einzelheiten, einschließlich einer einheitlichen elektronischen Mitteilung, werden nach dem in Artikel 58 Absatz 2 dieser Verordnung genannten Verfahren festgelegt.

(2) Der Mitgliedstaat der Identifizierung übermittelt innerhalb von zehn Tagen nach Ablauf des Monats, in dem die Angaben des nicht in der Gemeinschaft ansässigen Steuerpflichtigen eingegangen sind, diese auf elektronischem Weg an die zuständigen Behörden der anderen Mitgliedstaaten. Die zuständigen Behörden der anderen Mitgliedstaaten werden auf die gleiche Weise über die zugeteilte Identifikationsnummer informiert. Die technischen Einzelheiten, einschließlich einer einheitlichen elektronischen Mitteilung, mit der diese Angaben zu übermitteln sind, werden nach dem in Artikel 58 Absatz 2 genannten Verfahren festgelegt.

(3) Der Mitgliedstaat der Identifizierung unterrichtet unverzüglich auf elektronischem Weg die zuständigen Behörden der anderen Mitgliedstaaten, wenn ein nichtansässiger Steuerpflichtiger aus dem Identifikationsregister gestrichen wird.

Artikel 40

(1) Die Steuererklärung mit den in Artikel 365 der Richtlinie 2006/112/EG genannten Angaben ist elektronisch zu übermitteln. Die technischen Einzelheiten, einschließlich einer einheitlichen elektronischen Mitteilung, werden nach dem in Artikel 58 Absatz 2 dieser Verordnung genannten Verfahren festgelegt.

(2) Der Mitgliedstaat der Identifizierung übermittelt spätestens zehn Tage nach Ablauf des Monats, in dem die Steuererklärung eingegangen ist, diese Angaben auf elektronischem Weg der zuständigen Behörde der betreffenden Mitgliedstaats des Verbrauchs. Die Mitgliedstaaten, die die Abgabe der Steuererklärung in einer anderen Landeswährung als dem Euro vorgeschrieben haben, rechnen die Beträge in Euro um; hierfür ist der Umrechnungskurs des letzten Tages des Erklärungszeitraums zu verwenden. Die Umrechnung erfolgt auf der Grundlage der Umrechnungskurse, die von der Europäischen Zentralbank für den betreffenden Tag oder, falls an diesem Tag keine Veröffentlichung erfolgt, für den nächsten Tag, an dem eine Veröffentlichung erfolgt, veröffentlicht werden. Die technischen Einzelheiten für die Übermittlung dieser Angaben werden nach dem in Artikel 58 Absatz 2 genannten Verfahren festgelegt.

Anhang 8b

Zusammenarbeits-Verordnung

(3) Der Mitgliedstaat der Identifizierung übermittelt dem Mitgliedstaat des Verbrauchs auf elektronischem Weg die erforderlichen Angaben, um der Steuererklärung für das betreffende Quartal jede Zahlung zuordnen zu können.

Artikel 41

(1) Der Mitgliedstaat der Identifizierung stellt sicher, dass der vom nichtansässigen Steuerpflichtigen gezahlte Betrag auf das auf Euro lautende Bankkonto überwiesen wird, das von dem Verbrauchsmitgliedstaat, dem der Betrag geschuldet wird, bestimmt wurde. Die Mitgliedstaaten, die die Zahlungen in einer anderen Landeswährung als dem Euro vorgeschrieben haben, rechnen die Beträge in Euro um; hierfür ist der Umrechnungskurs des letzten Tages des Erklärungszeitraums zu verwenden. Die Umrechnung erfolgt auf der Grundlage der Umrechnungskurse, die von der Europäischen Zentralbank für den betreffenden Tag oder, falls an diesem Tag keine Veröffentlichung erfolgt, für den nächsten Tag, an dem eine Veröffentlichung erfolgt, veröffentlicht werden. Die Überweisung erfolgt spätestens zehn Tage nach Ablauf des Monats, in dem die Zahlung eingegangen ist.

(2) Wenn der nichtansässige Steuerpflichtige nicht die gesamte Steuerschuld entrichtet, stellt der Mitgliedstaat der Identifizierung sicher, dass die Überweisungen an die Verbrauchsmitgliedstaaten entsprechend dem Verhältnis der Steuerschuld in jedem Mitgliedstaat erfolgen. Der Mitgliedstaat der Identifizierung setzt die zuständigen Behörden der Mitgliedstaaten des Verbrauchs auf elektronischem Weg hierüber in Kenntnis.

Artikel 42

Die Mitgliedstaaten teilen den zuständigen Behörden der anderen Mitgliedstaaten auf elektronischem Weg die jeweiligen Kontonummern für Zahlungen nach Artikel 41 mit.

Die Mitgliedstaaten teilen den zuständigen Behörden der anderen Mitgliedstaaten und der Kommission auf elektronischem Weg unverzüglich jede Änderung des Normalsatzes der Mehrwertsteuer mit.

Abschnitt 2

Ab dem 1. Januar 2015 anwendbare Vorschriften

Artikel 43

Die nachstehenden Bestimmungen gelten für die in Titel XII Kapitel 6 der Richtlinie 2006/112/EG vorgesehenen Sonderregelungen.

Artikel 44

(1) Die Angaben nach Artikel 361 der Richtlinie 2006/112/EG, die der nicht in der Gemeinschaft ansässige Steuerpflichtige dem Mitgliedstaat der Identifizierung bei Aufnahme seiner Tätigkeit zu übermitteln hat, sind elektronisch zu übermitteln. Die technischen Einzelheiten, einschließlich einer einheitlichen elektronischen Mitteilung, werden nach dem in Artikel 58 Absatz 2 dieser Verordnung genannten Verfahren festgelegt.

(2) Der Mitgliedstaat der Identifizierung übermittelt innerhalb von zehn Tagen nach Ablauf des Monats, in dem die Angaben des nicht in der Gemeinschaft ansässigen Steuerpflichtigen eingegangen sind, die Angaben nach Absatz 1 elektronisch den zuständigen Behörden der anderen Mitgliedstaaten. Entsprechende Angaben zur Identifizierung des Steuerpflichtigen, der die Sonderregelung nach Artikel 369b der Richtlinie 2006/112/EG in Anspruch nimmt, werden innerhalb von zehn Tagen nach Ablauf des Monats übermittelt, in dem der Steuerpflichtige die Aufnahme seiner Sonderregelung unterliegenden steuerbaren Tätigkeiten gemeldet hat. Die zuständigen Behörden der anderen Mitgliedstaaten werden auf die gleiche Weise über die zugeteilte Identifikationsnummer informiert.

Die technischen Einzelheiten, einschließlich einer einheitlichen elektronischen Mitteilung, mit der diese Angaben zu übermitteln sind, werden nach dem in Artikel 58 Absatz 2 dieser Verordnung genannten Verfahren festgelegt.

(3) Der Mitgliedstaat der Identifizierung unterrichtet die zuständigen Behörden der anderen Mitgliedstaaten unverzüglich elektronisch, wenn ein nicht in der Gemeinschaft ansässiger Steuerpflichtiger oder ein nicht im Mitgliedstaat des Verbrauchs ansässiger Steuerpflichtiger von der Sonderregelung ausgeschlossen wird.

Artikel 45

(1) Die Steuererklärung mit den in den Artikeln 365 und 369g der Richtlinie 2006/112/EG genannten Angaben ist elektronisch zu übermitteln. Die technischen Einzelheiten, einschließlich einer einheitlichen elektronischen Mitteilung, werden nach dem in Artikel 58 Absatz 2 dieser Verordnung genannten Verfahren festgelegt.

(2) Der Mitgliedstaat der Identifizierung übermittelt spätestens zehn Tage nach Ablauf des Monats, in dem die Steuererklärung eingegangen ist, diese Angaben auf elektronischem Weg der zuständigen Behörde des jeweiligen Mitgliedstaats des Verbrauchs. Die Meldung gemäß Artikel 369g Absatz 2 der Richtlinie 2006/112/EG erfolgt auch an die zuständige Behörde des jeweiligen Mitgliedstaats der Niederlassung. Die Mitgliedstaaten, die die Abgabe der Steuererklärung in einer anderen Landeswährung als dem Euro vorgeschrieben haben, rechnen die Beträge in Euro um; hierfür ist der Umrechnungskurs des letzten Tages des Erklärungszeitraums zu verwenden. Die Umrechnung erfolgt auf der Grundlage der Umrechnungskurse, die von der Europäischen Zentralbank für den betreffenden Tag oder, falls an diesem Tag keine Veröffentlichung erfolgt, für den nächsten Tag, an dem eine Veröffentlichung erfolgt, veröffentlicht werden. Die technischen Einzelheiten für die Übermittlung dieser Angaben werden gemäß dem Verfahren nach Artikel 58 Absatz 2 dieser Verordnung festgelegt.

(3) Der Mitgliedstaat der Identifizierung übermittelt dem Mitgliedstaat des Verbrauchs auf elektronischem Weg die erforderlichen Angaben, um der Steuererklärung für das betreffende Quartal jede Zahlung zuordnen zu können.

Artikel 46

(1) Der Mitgliedstaat der Identifizierung stellt sicher, dass der vom nichtansässigen Steuerpflichtigen gezahlte Betrag auf das auf Euro lautende Bankkonto überwiesen wird, das von dem Verbrauchsmitgliedstaat, dem der Betrag geschuldet wird, bestimmt wurde. Die Mitgliedstaaten, die die Zahlung in einer anderen Landeswährung als dem Euro vorgeschrieben haben, rechnen die Beträge in Euro um; hierfür ist der Umrechnungskurs des letzten Tages des Erklärungszeitraums zu verwenden. Die Umrechnung erfolgt auf der Grundlage der Umrechnungskurse, die von der Europäischen Zentralbank für den betreffenden Tag oder, falls an diesem Tag keine Veröffentlichung erfolgt, für den nächsten Tag, an dem eine Veröffentlichung erfolgt, veröffentlicht werden. Die Überweisung erfolgt spätestens zehn Tage nach Ablauf des Monats, in dem die Zahlung eingegangen ist.

(2) Wenn der nichtansässige Steuerpflichtige nicht die gesamte Steuerschuld entrichtet, stellt der Mitgliedstaat, in dem die Identifizierung erfolgt, sicher, dass die Überweisungen an die Verbrauchsmitgliedstaaten entsprechend dem Verhältnis der Steuerschuld in jedem Mitgliedstaat erfolgen. Der Mitgliedstaat der Identifizierung setzt die zuständigen Behörden der Mitgliedstaaten des Verbrauchs auf elektronischem Weg hierüber in Kenntnis.

(3) Bei Zahlungen, die gemäß der Sonderregelung nach Titel XII Kapitel 6 Abschnitt 3 der Richtlinie 2006/112/EG dem Verbrauchsmitgliedstaat überwiesen werden, ist der Mitgliedstaat der Identifizierung berechtigt, von den in den Absätzen 1 und 2 genannten Beträgen folgenden Prozentsatz einzubehalten:

1. vom 1. Januar 2015 bis zum 31. Dezember 2016 30%,
2. vom 1. Januar 2017 bis zum 31. Dezember 2018 15%,
3. ab dem 1. Januar 2019 0%.

Artikel 47

Die Mitgliedstaaten teilen den zuständigen Behörden der anderen Mitgliedstaaten auf elektronischem Weg die jeweiligen Kontonummern für Zahlungen nach Artikel 46 mit.

Die Mitgliedstaaten teilen den zuständigen Behörden der anderen Mitgliedstaaten und der Kommission auf elektronischem Weg unverzüglich jede Änderung des Mehrwertsteuersatzes auf Telekommunikationsdienstleistungen, Rundfunk- und Fernsehdienstleistungen und elektronisch erbrachte Dienstleistungen mit.

Kapitel XII

Austausch und Aufbewahrung von Informationen im Zusammenhang mit dem Verfahren der Erstattung der Mehrwertsteuer an Steuerpflichtige, die nicht in dem Erstattungsmitgliedstaat, sondern in einem anderen Mitgliedstaat ansässig sind

Artikel 48

(1) Geht bei der zuständigen Behörde des Mitgliedstaats, in dem der Antragsteller ansässig ist, ein Antrag auf Erstattung der Mehrwertsteuer gemäß Artikel 5 der Richtlinie 2008/9/EG ein und findet Artikel 18 der genannten Richtlinie keine Anwendung, so leitet sie den Antrag innerhalb von fünfzehn Kalendertagen nach dessen Eingang auf elektronischem Weg an die zuständigen Behörden jedes betroffenen Mitgliedstaats der Erstattung weiter und bestätigt damit, dass der Antragsteller im Sinne des Artikels 2 Nummer 5 der Richtlinie 2008/9/EG für die Zwecke der Mehrwertsteuer ein Steuerpflichtiger ist und dass die von dieser Person angegebene Mehrwertsteuer-Identifikationsnummer oder Steuerregisternummer für den Erstattungszeitraum gültig ist.

(2) Die zuständigen Behörden jedes Mitgliedstaats der Erstattung übermitteln den zuständigen Behörden der anderen Mitgliedstaaten auf elektronischem Weg alle Informationen, die sie gemäß Artikel 9 Absatz 2 der Richtlinie 2008/9/EG vorschreiben. Die technischen Einzelheiten, einschließlich einer einheitlichen elektronischen Mitteilung, mit der diese Angaben zu übermitteln sind, werden nach dem in Artikel 58 Absatz 2 dieser Verordnung genannten Verfahren festgelegt.

(3) Die zuständigen Behörden jedes Mitgliedstaats der Erstattung teilen den zuständigen Behörden der anderen Mitgliedstaaten auf elektronischem Weg mit, ob sie von der Möglichkeit nach Artikel 11 der Richtlinie 2008/9/EG Gebrauch machen, nach der von dem Antragsteller verlangt werden kann, eine Beschreibung seiner Geschäftstätigkeit anhand von harmonisierten Codes vorzulegen.

Die in Unterabsatz 1 genannten harmonisierten Codes werden nach dem in Artikel 58 Absatz 2 dieser Verordnung genannten Verfahren auf der Grundlage der NACE-Klassifikation, die in der Verordnung (EG) Nr. 1893/2006 des Europäischen Parlaments und des Rates vom 20. Dezember 2006 zur Aufstellung der statistischen Systematik der Wirtschaftszweige NACE Revision 2[1]) festgelegt ist, bestimmt.

Kapitel XIII

Beziehungen zur Kommission

Artikel 49

(1) Die Mitgliedstaaten und die Kommission prüfen und bewerten das Funktionieren der in der vorliegenden Verordnung vorgesehenen Regelungen für die Zusammenarbeit der Verwaltungsbehörden. Die Kommission fasst die Erfahrungen der Mitgliedstaaten zusammen, um das Funktionieren dieser Regelungen zu verbessern.

(2) Die Mitgliedstaaten übermitteln der Kommission sämtliche verfügbaren Informationen, die für die Anwendung dieser Verordnung sachdienlich sind.

(3) Eine Liste statistischer Angaben, die zur Bewertung dieser Verordnung benötigt werden, wird nach dem in Artikel 58 Absatz 2 genannten Verfahren festgelegt. Die Mitgliedstaaten teilen der Kommission diese Angaben mit, soweit sie vorhanden sind und ihre Mitteilung keinen ungerechtfertigten Verwaltungsaufwand verursacht.

(4) Die Mitgliedstaaten können der Kommission zum Zwecke der Bewertung der Wirksamkeit dieser Regelung der Zusammenarbeit der Verwaltungsbehörden bei der Bekämpfung von Steuerhinterziehung und Steuerumgehung alle anderen in Artikel 1 genannten Informationen mitteilen.

(5) Die Kommission übermittelt die in den Absätzen 2, 3 und 4 bezeichneten Informationen an die anderen betroffenen Mitgliedstaaten.

(6) Falls erforderlich, teilt die Kommission, sobald sie darüber verfügt, den zuständigen Behörden aller Mitgliedstaaten ergänzend zu den Bestimmungen dieser Verordnung solche Informationen mit, die es ihnen ermöglichen könnte, gegen Betrug im Bereich der Mehrwertsteuer vorzugehen.

(7) Die Kommission kann auf Ersuchen eines Mitgliedstaats zur Erreichung der Ziele dieser Verordnung ihr Expertenwissen, technische oder logistische Unterstützung oder jede andere Unterstützung zur Verfügung stellen.

Kapitel XIV

Beziehungen zu Drittländern

Artikel 50

(1) Werden der zuständigen Behörde eines Mitgliedstaats von einem Drittland Informationen übermittelt, kann sie diese Informationen an die zuständigen Behörden der möglicherweise interessierten Mitgliedstaaten und auf jeden Fall an die Mitgliedstaaten, die diese Informationen anfordern, weiterleiten, sofern Amtshilfevereinbarungen mit dem betreffenden Drittland dies zulassen.

(2) Die zuständigen Behörden können unter Beachtung ihrer innerstaatlichen Vorschriften über die Weitergabe personenbezogener Daten an Drittländer die nach dieser Verordnung erhaltenen Informationen an ein Drittland weitergeben, sofern folgende Voraussetzungen erfüllt sind:

a) Die zuständige Behörde des Mitgliedstaats, von der die Informationen stammen, hat der Übermittlung zugestimmt; und

b) das betreffende Drittland hat sich zu der Zusammenarbeit verpflichtet, die für den Nachweis der Rechtswidrigkeit von mutmaßlich gegen die Mehrwertsteuervorschriften verstoßenden Umsätzen erforderlich ist.

---
1) ABl. L 393 vom 30.12.2006, S. 1

Kapitel XV

Voraussetzungen für den Informationsaustausch

Artikel 51

(1) Die Informationsübermittlung im Rahmen dieser Verordnung erfolgt soweit möglich auf elektronischem Weg nach Modalitäten, die nach dem in Artikel 58 Absatz 2 genannten Verfahren festzulegen sind.

(2) Wurde ein Ersuchen durch das in Absatz 1 genannte elektronische System nicht vollständig übermittelt, so bestätigt die ersuchte Behörde unverzüglich, spätestens jedoch fünf Werktage nach Erhalt, auf elektronischem Weg den Eingang des Ersuchens.

Geht einer Behörde ein Ersuchen zu, das nicht für sie bestimmt ist, oder erhält sie Informationen, die nicht für sie bestimmt sind, so übermittelt sie dem Absender unverzüglich, spätestens jedoch fünf Werktage nach Erhalt, eine Meldung auf elektronischem Weg.

Artikel 52

Die Amtshilfeersuchen, einschließlich der Zustellungsersuchen, und alle dazugehörigen Unterlagen können in jeder beliebigen zwischen der ersuchenden und der ersuchten Behörde vereinbarten Sprache abgefasst werden. Diesen Ersuchen wird in besonderen Fällen, wenn die ersuchte Behörde ein begründetes Ersuchen um eine Übersetzung vorlegt, eine Übersetzung in die Amtssprache oder eine der Amtssprachen des Mitgliedstaats beigefügt, in dem die ersuchte Behörde ihren Sitz hat.

Artikel 53

Die Kommission und die Mitgliedstaaten stellen sicher, dass die vorhandenen oder neuen Mitteilungs- und Informationsaustauschsysteme, die für den Informationsaustausch nach dieser Verordnung notwendig sind, einsatzbereit sind. Zur Sicherstellung der technischen Qualität und Quantität der von der Kommission und den Mitgliedstaaten für das Funktionieren dieser Mitteilungs- und Informationsaustauschsysteme bereitzustellenden Dienste wird gemäß dem Verfahren nach Artikel 58 Absatz 2 eine Dienstgütevereinbarung beschlossen. Die Kommission ist dafür verantwortlich, das CCN/CSI-Netz gegebenenfalls weiterzuentwickeln, wenn dies für den Austausch dieser Informationen unter den Mitgliedstaaten notwendig ist. Die Mitgliedstaaten sind dafür verantwortlich, ihre Systeme gegebenenfalls weiterzuentwickeln, wenn dies für den Austausch dieser Informationen mit Hilfe des CCN/CSI-Netzes notwendig ist.

Die Mitgliedstaaten verzichten auf jeden Anspruch auf Erstattung der sich aus der Durchführung dieser Verordnung ergebenden Kosten, mit Ausnahme der gegebenenfalls an Sachverständige gezahlten Vergütungen.

Artikel 54

(1) Die ersuchte Behörde eines Mitgliedstaats erteilt der ersuchenden Behörde eines anderen Mitgliedstaats die Informationen gemäß Artikel 1 unter der Voraussetzung, dass

a) Anzahl und Art der Auskunftsersuchen der ersuchenden Behörde innerhalb eines bestimmten Zeitraums der ersuchten Behörde keinen unverhältnismäßig großen Verwaltungsaufwand verursachen;

b) die ersuchende Behörde die üblichen Informationsquellen ausgeschöpft hat, die sie unter den gegebenen Umständen zur Erlangung der erbetenen Informationen nützen hätte können, ohne die Erreichung des angestrebten Ergebnisses zu gefährden.

(2) Diese Verordnung verpflichtet nicht zu Ermittlungen oder zur Übermittlung von Informationen in einem konkreten Fall, wenn die gesetzlichen Vorschriften oder die Verwaltungspraxis in dem Mitgliedstaat, der die Auskunft zu erteilen hätte, der Durchführung von Ermittlungen bzw. der Beschaffung oder Verwertung von Informationen durch diesen Mitgliedstaat für seine eigenen Zwecke entgegenstehen.

(3) Die zuständige Behörde eines ersuchten Mitgliedstaats kann die Auskunftsübermittlung ablehnen, wenn der ersuchende Mitgliedstaat zur Übermittlung entsprechender Auskünfte aus rechtlichen Gründen nicht in der Lage ist. Die Gründe für diese Ablehnung werden von dem ersuchten Mitgliedstaat auch der Kommission mitgeteilt.

(4) Die Übermittlung von Informationen kann abgelehnt werden, wenn sie zur Preisgabe eines Geschäfts-, Industrie- oder Berufsgeheimnisses oder eines Geschäftsverfahrens führen oder wenn die Verbreitung der betreffenden Information gegen die öffentliche Ordnung verstoßen würde.

(5) Auf keinen Fall sind die Absätze 2, 3 und 4 so auszulegen, dass die ersuchte Behörde eines Mitgliedstaats die Bereitstellung von Informationen über einen Steuerpflichtigen mit Mehrwertsteuer-Identifikationsnummer im Mitgliedstaat der ersuchenden Behörde nur deshalb ablehnen kann, weil sich diese Informationen im Besitz einer Bank, eines anderen Finanzinstituts, eines Bevollmächtigten oder

einer Person, die als Agent oder Treuhänder auftritt, befinden oder weil sie sich auf Eigentumsanteile an einer juristischen Person beziehen.

(6) Die ersuchte Behörde teilt der ersuchenden Behörde die Gründe mit, die einer Gewährung der beantragten Amtshilfe entgegenstehen.

(7) Der Mindestbetrag, ab dem ein Amtshilfeersuchen zulässig ist, kann nach dem in Artikel 58 Absatz 2 genannten Verfahren festgelegt werden.

Artikel 55

(1) Die Informationen, die gemäß dieser Verordnung in irgendeiner Form übermittelt oder erhoben werden, einschließlich aller Informationen, die einem Beamten im Rahmen der Bestimmungen der Kapitel VII, VIII und X sowie in den Fällen des Absatzes 2 zugänglich waren, unterliegen der Geheimhaltungspflicht und genießen den Schutz, den das innerstaatliche Recht des Mitgliedstaats, der sie erhalten hat, und die für Stellen der Union geltenden einschlägigen Vorschriften für Informationen dieser Art gewähren. Solche Informationen werden nur in den durch diese Verordnung festgelegten Umständen genutzt.

Diese Informationen können zur Bemessung, Erhebung oder administrativen Kontrolle der Steuern zum Zweck der Steuerfestsetzung verwendet werden.

Die Informationen können auch zur Festsetzung anderer Steuern, Abgaben und Gebühren verwendet werden, die unter Artikel 2 der Richtlinie 2008/55/EG des Rates vom 26. Mai 2008 über die gegenseitige Unterstützung bei der Beitreibung von Forderungen in Bezug auf bestimmte Abgaben, Zölle, Steuern und sonstige Maßnahmen[1] fallen.

Ferner können sie im Zusammenhang mit Gerichts- oder Verwaltungsverfahren verwendet werden, die Sanktionen wegen Nichtbeachtung der Steuergesetze zur Folge haben können, und zwar unbeschadet der allgemeinen Regelungen und Rechtsvorschriften über die Rechte der Beklagten und Zeugen in solchen Verfahren.

(2) Personen, die von der Akkreditierungsstelle für Sicherheit der Europäischen Kommission ordnungsgemäß akkreditiert wurden, haben nur in dem Umfang Zugang zu diesen Informationen, wie es für die Pflege, die Wartung und die Entwicklung des CCN/CSI erforderlich ist.

(3) Abweichend von Absatz 1 gestattet die zuständige Behörde des Mitgliedstaats, der die Auskünfte erteilt, dass diese Auskünfte im Mitgliedstaat der ersuchenden Behörde für andere Zwecke verwendet werden, wenn die Informationen nach den Rechtsvorschriften des Mitgliedstaats der ersuchten Behörde dort für ähnliche Zwecke verwendet werden dürften.

(4) Ist die ersuchende Behörde der Auffassung, dass Informationen, die ihr von der ersuchten Behörde erteilt wurden, für die zuständige Behörde eines dritten Mitgliedstaats nützlich sein können, kann sie der betreffenden Behörde diese Auskünfte übermitteln. Sie setzt die ersuchte Behörde davon vorab in Kenntnis. Die ersuchte Behörde kann verlangen, dass die Übermittlung der Auskünfte an eine dritte Partei der vorherigen Zustimmung bedarf.

(5) Jede Aufbewahrung oder jeder Austausch von Daten nach dieser Verordnung unterliegt den Durchführungsvorschriften zur Richtlinie 95/46/EG. Zur korrekten Anwendung dieser Verordnung begrenzen die Mitgliedstaaten jedoch den Anwendungsbereich der in Artikel 10, Artikel 11 Absatz 1, Artikel 12 und Artikel 21 der Richtlinie 95/46/EG genannten Pflichten und Rechte, soweit dies notwendig ist, um die in Artikel 13 Absatz 1 Buchstabe e jener Richtlinie genannten Interessen zu schützen.

Artikel 56

Die zuständigen Stellen des Mitgliedstaats der ersuchenden Behörde können alle Berichte, Bescheinigungen und anderen Dokumente oder beglaubigten Kopien oder Auszüge, die von den Bediensteten der ersuchten Behörde in den in dieser Verordnung vorgesehenen Fällen der Amtshilfe an die ersuchende Behörde übermittelt wurden, in gleicher Weise als Beweismittel verwenden wie entsprechende von einer anderen inländischen Behörde ausgestellte Dokumente.

Artikel 57

(1) Zur Durchführung dieser Verordnung treffen die Mitgliedstaaten alle erforderlichen Maßnahmen, um

a) zwischen den zuständigen Behörden eine einwandfreie interne Koordinierung sicherzustellen;
b) zwischen den Behörden, die sie zum Zwecke dieser Koordinierung besonders ermächtigen, eine unmittelbare Zusammenarbeit herzustellen;

---
[1] ABl. L 150 vom 10.06.2008, S. 28

c) ein reibungsloses Funktionieren der in dieser Verordnung vorgesehenen Regelungen für den Austausch von Informationen zu gewährleisten.

(2) Die Kommission übermittelt jedem Mitgliedstaat alle Auskünfte, die ihr erteilt werden und die sie erteilen kann, sobald ihr diese zur Verfügung stehen.

Kapitel XVI
Schlussbestimmungen

Artikel 58

(1) Die Kommission wird von dem Ständigen Ausschuss für die Zusammenarbeit der Verwaltungsbehörden unterstützt.

(2) Wird auf diesen Absatz Bezug genommen, so gelten die Artikel 5 und 7 des Beschlusses 1999/468/EG unter Beachtung von dessen Artikel 8.

Der Zeitraum nach Artikel 5 Absatz 6 des Beschlusses 1999/468/EG wird auf drei Monate festgesetzt.

Artikel 59

(1) Die Kommission erstattet dem Europäischen Parlament und dem Rat bis spätestens 1. November 2013 und anschließend alle fünf Jahre Bericht über die Anwendung dieser Verordnung.

(2) Die Mitgliedstaaten teilen der Kommission den Wortlaut aller innerstaatlichen Rechtsvorschriften mit, die sie auf dem unter diese Verordnung fallenden Gebiet erlassen.

Artikel 60

(1) Etwaige umfassendere Amtshilfepflichten, die sich aus anderen Rechtsakten einschließlich etwaiger bilateraler oder multilateraler Abkommen ergeben, werden von dieser Verordnung nicht berührt.

(2) Abgesehen von der Regelung von Einzelfällen, unterrichten die Mitgliedstaaten die Kommission unverzüglich von etwaigen bilateralen Vereinbarungen in Bereichen, die unter diese Verordnung fallen, insbesondere in Anwendung von Artikel 11. Die Kommission unterrichtet daraufhin die anderen Mitgliedstaaten.

Artikel 61

Die Verordnung (EG) Nr. 1798/2003 wird mit Wirkung vom 1. Januar 2012 aufgehoben. Jedoch bleibt Artikel 2 Absatz 1 jener Verordnung bis zu dem Zeitpunkt wirksam, an dem die Kommission das Verzeichnis der zuständigen Behörden im Sinne des Artikels 3 dieser Verordnung veröffentlicht.

Kapitel V – mit Ausnahme des Artikels 27 Absatz 4 – der vorgenannten Verordnung bleibt bis zum 31. Dezember 2012 wirksam.

Bezugnahmen auf die aufgehobene Verordnung gelten als Bezugnahmen auf die vorliegende Verordnung.

Artikel 62

Diese Verordnung tritt am zwanzigsten Tag nach ihrer Veröffentlichung im *Amtsblatt der Europäischen Union* in Kraft.

Sie findet ab dem 1. Januar 2012 Anwendung.

Jedoch sind die Artikel 33 bis 37 ab dem 1. November 2010 anwendbar;

Kapitel V – mit Ausnahme der Artikel 22 und 23 – ist ab dem 1. Januar 2013 anwendbar;
- die Artikel 38 bis 42 sind vom 1. Januar 2012 bis zum 31. Dezember 2014 anwendbar und
- die Artikel 43 bis 47 sind ab dem 1. Januar 2015 anwendbar.

Diese Verordnung ist in allen ihren Teilen verbindlich und gilt unmittelbar in jedem Mitgliedstaat.

ANHANG I

Liste der Lieferungen von Gegenständen und von Dienstleistungen, auf die Artikel 7 Absätze 3 und 4 anwendbar ist
1. Versandkäufe (Artikel 33 und 34 der Richtlinie 2006/112/EG);
2. Dienstleistungen im Zusammenhang mit Grundstücken (Artikel 47 der Richtlinie 2006/112/EG);
3. Telekommunikationsdienstleistungen, Rundfunk- und Fernsehdienstleistungen und elektronisch erbrachte Dienstleistungen (Artikel 58 der Richtlinie 2006/112/EG);
4. Vermietung eines Beförderungsmittels, außer für einen kürzeren Zeitraum, an eine nichtsteuerpflichtige Person (Artikel 56 der Richtlinie 2006/112/EG).

Anhang 8b

Zusammenarbeits-Verordnung

ANHANG II

Aufgehobene Verordnung mit ihren nachfolgenden Änderungen

Verordnung (EG) Nr. 1798/2003 des Rates	ABl. L 264 vom 15.10.2003, S. 1
Verordnung (EG) Nr. 885/2004 des Rates	ABl. L 168 vom 1.5.2004, S. 1
Verordnung (EG) Nr. 1791/2006 des Rates	ABl. L 363 vom 20.12.2006, S. 1
Verordnung (EG) Nr. 143/2008 des Rates	ABl. L 44 vom 20.2.2008, S. 1
Verordnung (EG) Nr. 37/2009 des Rates	ABl. L 14 vom 20.1.2009, S. 1

ANHANG III

Entsprechungstabelle

Verordnung (EG) Nr. 1798/2003	Vorliegende Verordnung
Artikel 1 Absatz 1 Unterabsätze 1 und 2	Artikel 1 Absatz 1 Unterabsätze 1 und 2
Artikel 1 Absatz 1 Unterabsatz 3	–
Artikel 1 Absatz 1 Unterabsatz 4	Artikel 1 Absatz 4
Artikel 1 Absatz 2	Artikel 1 Absatz 3
Artikel 2 Absatz 1 Nummer 1	Artikel 3
Artikel 2 Absatz 1 Nummer 2	Artikel 2 Absatz 1 Buchstabe a
Artikel 2 Absatz 1 Nummer 3	Artikel 2 Absatz 1 Buchstabe b
Artikel 2 Absatz 1 Nummer 4	Artikel 2 Absatz 1 Buchstabe c
Artikel 2 Absatz 1 Nummer 5	Artikel 2 Absatz 1 Buchstabe d
Artikel 2 Absatz 1 Nummer 6	Artikel 2 Absatz 1 Buchstabe e
Artikel 2 Absatz 1 Nummer 7	Artikel 2 Absatz 1 Buchstabe f
Artikel 2 Absatz 1 Nummer 8	Artikel 2 Absatz 1 Buchstabe g
Artikel 2 Absatz 1 Nummer 9	Artikel 2 Absatz 1 Buchstabe h
Artikel 2 Absatz 1 Nummer 10	Artikel 2 Absatz 1 Buchstabe i
Artikel 2 Absatz 1 Nummer 11	Artikel 2 Absatz 1 Buchstabe j
Artikel 2 Absatz 1 Nummer 12	Artikel 2 Absatz 1 Buchstabe k
Artikel 2 Absatz 1 Nummer 13	Artikel 2 Absatz 1 Buchstabe l
Artikel 2 Absatz 1 Nummer 14	–
Artikel 2 Absatz 1 Nummer 15	Artikel 2 Absatz 1 Buchstabe m
Artikel 2 Absatz 1 Nummer 16	Artikel 2 Absatz 1 Buchstabe n
Artikel 2 Absatz 1 Nummer 17	–
Artikel 2 Absatz 1 Nummer 18	Artikel 2 Absatz 1 Buchstabe p
Artikel 2 Absatz 1 Nummer 19	Artikel 2 Absatz 1 Buchstabe q
Artikel 2 Absatz 2	Artikel 2 Absatz 2
Artikel 3 Absatz 1	–
Artikel 3 Absatz 2	Artikel 4 Absatz 1
Artikel 3 Absatz 3	Artikel 4 Absatz 2
Artikel 3 Absatz 4	Artikel 4 Absatz 3
Artikel 3 Absatz 5	Artikel 4 Absatz 4
Artikel 3 Absatz 6	Artikel 5
Artikel 3 Absatz 7	Artikel 6
Artikel 4	–
Artikel 5 Absatz 1	Artikel 7 Absatz 1
Artikel 5 Absatz 2	Artikel 7 Absatz 2
Artikel 5 Absatz 3	Bis zum 31. Dezember 2014: Artikel 7 Absatz 3 Ab dem 1. Januar 2015: Artikel 7 Absatz 4
Artikel 5 Absatz 4	Artikel 7 Absatz 5
Artikel 6	Artikel 8
Artikel 7	Artikel 9

Zusammenarbeits-Verordnung **Anhang 8b**

Verordnung (EG) Nr. 1798/2003	Vorliegende Verordnung
Artikel 8	Artikel 10
Artikel 9	Artikel 11
Artikel 10	Artikel 12
Artikel 11	Artikel 28
Artikel 12	Artikel 29
Artikel 13	Artikel 30
Artikel 14	Artikel 25
Artikel 15	Artikel 26
Artikel 16	Artikel 27
Artikel 17 Unterabsatz 1	Artikel 13 Absatz 1
Artikel 17 Unterabsatz 2	Artikel 14 Absatz 2
Artikel 18	Artikel 14 Absatz 1 Unterabsatz 1
Artikel 19	–
Artikel 20	–
Artikel 21	Artikel 14 Absatz 1 Unterabsatz 2
Artikel 22 Absatz 1 Unterabsatz 1	Artikel 17 Absatz 1 Buchstabe a
Artikel 22 Absatz 1 Unterabsatz 2	Artikel 18
Artikel 22 Absatz 2	Artikel 19
Artikel 23 Absatz 1	Artikel 21 Absatz 2 Buchstabe a und b
Artikel 23 Absatz 2	Artikel 21 Absatz 2 Unterabsatz 2
Artikel 24 Absatz 1 Nummer 1	Artikel 21 Absatz 2 Buchstabe c
Artikel 24 Absatz 1 Nummer 2	Artikel 21 Absatz 2 Buchstabe d
Artikel 24 Absatz 2	Artikel 21 Absatz 2 Unterabsatz 2
Artikel 25 Absatz 1	Artikel 20 Absatz 1
Artikel 25 Absatz 2	Artikel 20 Absatz 2
Artikel 25 Absatz 3	–
Artikel 26	Artikel 24 Unterabsatz 1
Artikel 27 Absatz 1	Artikel 17 Absatz 1 Buchstabe b
Artikel 27 Absatz 2	Artikel 17 Absatz 1 Buchstabe b und Artikel 21 Absatz 1
Artikel 27 Absatz 3	Artikel 17 Absatz 1 Buchstabe b und Artikel 21 Absatz 1
Artikel 27 Absatz 4	Artikel 31
Artikel 27 Absatz 5	Artikel 24
Artikel 28	Bis zum 31. Dezember 2014: Artikel 38 Ab dem 1. Januar 2015: Artikel 43
Artikel 29	Bis zum 31. Dezember 2014: Artikel 39 Ab dem 1. Januar 2015: Artikel 44
Artikel 30	Bis zum 31. Dezember 2014: Artikel 40 Ab dem 1. Januar 2015: Artikel 45
Artikel 31	Artikel 17 Absatz 1 Buchstabe d
Artikel 32	Bis zum 31. Dezember 2014: Artikel 41 Ab dem 1. Januar 2015: Artikel 46
Artikel 33	Bis zum 31. Dezember 2014: Artikel 42 Ab dem 1. Januar 2015: Artikel 47
Artikel 34	–
Artikel 34a	Artikel 48
Artikel 35	Artikel 49
Artikel 36	Artikel 50
Artikel 37	Artikel 51 Absatz 1
Artikel 38	Artikel 52

Anhang 8b — Zusammenarbeits-Verordnung

Verordnung (EG) Nr. 1798/2003	Vorliegende Verordnung
Artikel 39	Artikel 53
Artikel 40	Artikel 54
Artikel 41	Artikel 55
Artikel 42	Artikel 56
Artikel 43	Artikel 57
Artikel 44	Artikel 58
Artikel 45	Artikel 59
Artikel 46	Artikel 60
Artikel 47	Artikel 61
Artikel 48	Artikel 62

Zusammenarbeits-Verordnung **Anhang 8c**

Dienstanweisung zur Durchführung von Einzelauskunftsersuchen im Rahmen der Zusammenarbeit der Verwaltungsbehörden der EG-Mitgliedstaaten auf dem Gebiet der indirekten Besteuerung (MWSt.) – USt-EADA –

Vorbemerkungen:

Die umsatzsteuerrechtliche Übergangsregelung für grenzüberschreitende Umsätze im europäischen Binnenmarkt erfordert zur Sicherung des Umsatzsteueraufkommens die enge Zusammenarbeit der Verwaltungen der Mitgliedstaaten der Europäischen Gemeinschaften. Um eine wirksame Kontrolle der Umsatzbesteuerung zu ermöglichen, werden daher die von den Unternehmern in den vierteljährlich abzugebenden sogenannten Zusammenfassenden Meldungen erklärten Daten über steuerfreie Lieferungen an Abnehmer in anderen EG-Mitgliedstaaten von der zuständigen zentralen Stelle eines jeden Mitgliedstaates datenmäßig aufgearbeitet und den anderen EG-Mitgliedstaaten (auf Anfrage oder unmittelbar) zur Verfügung gestellt. Sind die Auskünfte aus dem DV-gestützten Informationsaustausch zur Kontrolle der Besteuerung und Bekämpfung der Steuerhinterziehung nicht ausreichend, sind die Mitgliedstaaten gemäß Artikel 5 der VO (EWG) Nr. 218/92 des Rates vom 27. Januar 1992 über die Zusammenarbeit der Verwaltungsbehörden auf dem Gebiet der indirekten Besteuerung (MWSt.)[1] verpflichtet, im Rahmen von Einzelauskunftsersuchen weitere Auskünfte zu erteilen.

Inhalt

(1)	Anwendungsbereich
(2)–(4)	Aufgaben und Zuständigkeit
(5)–(7)	Form der Ersuchen und Umfang der Ermittlungen
(8)–(9)	Berichtspflichten
(10)–(11)	Rechtsgrundlage für die Ermittlungen
(12)–(14)	Vorlage der Urkunden an Amtsstelle
(15)–(19)	Einsichtnahme der Urkunden beim Vorlagepflichtigen
(20)	Mitwirkungspflichten
(21)	Zusammenarbeit mit den Steuerbehörden des Landes
(22)	Verdacht einer Ordnungswidrigkeit oder Straftat
(23)	Anhörung des Vorlagepflichtigen
(24)–(25)	Ergebnis der Feststellungen
(26)	Mitteilungen an die Steuerbehörden des Landes

Anlage 1 = Vordrucke SCAC 93 (1) und SCAC 93 (2)
Anlage 2 = Erläuterungen zum Antrag auf Auskunftserteilung
Anlage 3 = Muster für die Anforderung von Unterlagen zur Einsichtnahme und Prüfung

Anwendungsbereich

(1) Die Dienstanweisung regelt das *Verfahren zur Erledigung von Einzelauskunftsersuchen,* die von anderen Mitgliedstaaten in Anwendung des Art. 5 der VO (EWG) Nr. 218/92 des Rates vom 27. Januar 1992 im Anschluß an den elektronischen Datenaustausch gestellt werden.

Aufgaben und Zuständigkeit[2]

(2) Nach § 5 Abs. 1 Nr. 9 Buchstabe d) Finanzverwaltungsgesetz obliegt dem Bundesamt für Finanzen (BfF) die Beantwortung von Einzelauskunftsersuchen anderer Mitgliedstaaten, den Hauptzollämtern (HZÄ) obliegt die Durchführung der zur Beantwortung der Einzelauskunftsersuchen erforderlichen Ermittlungen. Den Hauptzollämtern werden die Ersuchen anderer Mitgliedstaaten von dem Bundesamt für Finanzen – Außenstelle in Saarlouis – übermittelt. Bei den Ermittlungen ist das Hauptzollamt an Weisungen des Bundesamtes für Finanzen gebunden.

(3) Das *Bundesamt für Finanzen als zuständige Verwaltungsbehörde* prüft zunächst, bevor es eingehende Einzelauskunftsersuchen an die Hauptzollämter weiterleitet, ob die *Voraussetzungen für eine Auskunftserteilung* auf der Grundlage des Art. 5 der VO (EWG) Nr. 218/92 gegeben sind. Hierzu gehört die Prüfung,

---

1) Ersetzt durch die Verordnung vom 07.10.2003, Anhang 8a; beachte ab 01.01.2012 Anhang 8b
2) Ab 20.12.2003 siehe Anhang 8e

Anhang 8c

- ob die Voraussetzungen nach Art. 7 der VO (EWG) Nr. 218/92 erfüllt sind, weil

    Anzahl und Art der Auskunftsersuchen der ersuchenden Behörde innerhalb eines bestimmten Zeitraums der ersuchten Behörde keinen unverhältnismäßig großen Verwaltungsaufwand verursachen,

    die ersuchende Behörde die üblichen Informationsquellen ausgeschöpft hat, die sie unter den gegebenen Umständen zur Erlangung der erbetenen Auskünfte genutzt haben könnte, ohne die Erreichung des angestrebten Ergebnisses zu gefährden,

    die ersuchende Behörde in der Lage ist, selbst der ersuchenden Behörde eines anderen Mitgliedstaates die gleiche Unterstützung zu leisten,

- ob der Vordruck richtig ausgefüllt ist und die im Vordruck enthaltenen Angaben schlüssig oder ggf. ergänzungsbedürftig sind,

- ob das Ersuchen keinen Antrag der ersuchenden Behörde im Sinne des Art. 8 der VO (EWG) Nr. 218/92 enthält, wonach die – mit der Aufforderung zur Vorlage der Unterlagen zwangsläufig verbundene – Unterrichtung der vom Informationsaustausch betroffenen Person unterbleiben soll (und damit die Übermittlung von Informationen im Rahmen von Einzelauskunftsersuchen aufgrund der Vorlage von Unterlagen nicht in Betracht kommt),

- ob das Ersuchen nicht unzulässigerweise im Rahmen eines Strafverfahrens im ersuchenden Mitgliedstaat gestellt wird (Amts- und Rechtshilfeersuchen bzw. justitielles Rechtshilfeersuchen) und damit in die Zuständigkeit der Landesfinanzbehörden bzw. des Bundesministers der Justiz fällt und

- ob das Ersuchen sich – wie in der Verordnung und dem Vordruck des Antrags auf Auskunftserteilung vorgesehen – nur auf die Feststellung einzelner einfacher Angaben bezieht und keine umfassende Prüfung der betrieblichen Unterlagen erfordert (im letztgenannten Fall ist das Ersuchen als Ersuchen aufgrund des EG-Amtshilfe-Gesetzes vom 19. Dezember 1985 zu behandeln).

Erst wenn hiernach die Voraussetzungen für eine Auskunftserteilung nach Art. 5 der VO (EWG) Nr. 218/92 gegeben sind, werden die Ersuchen an das für die Ermittlungen zuständige Hauptzollamt weitergeleitet.

(4) Die *Hauptzollämter* führen anschließend die *erforderlichen Ermittlungen* durch. Die örtliche Zuständigkeit eines Hauptzollamts für Ermittlungen bei dem im Ersuchen bezeichneten Unternehmer, auf dessen Lieferung(en) oder Erwerb(e) die erbetenen Auskünfte sich beziehen, ergibt sich aus der Hauptzollamtszuständigkeitsverordnung – HZAZustV – (VSF 0 3610) in Verbindung mit dem Numerischen Bezirksverzeichnis. Erfolgt die Buchführung eines Unternehmens an einem anderen Ort als der im Ersuchen angegebenen Anschrift des Unternehmens, leitet das Hauptzollamt das Ersuchen an das für Ermittlungen in diesem Bezirk zuständige Hauptzollamt weiter und unterrichtet das Bundesamt für Finanzen hierüber (Schreiben an das BfF sind – auch im folgenden –, soweit nichts anderes ausdrücklich bestimmt ist, an das „Bundesamt für Finanzen – Außenstelle – 66738 Saarlouis" zu richten).

Form der Ersuchen und Umfang der Ermittlungen

(5) Die Ersuchen anderer Mitgliedstaaten erfolgen in *standardisierter Form* (Vordrucke gem. Anlage 1). Anmerkungen (falls Anfragen erläutert oder weitergehende Angaben gewünscht werden) sind vom ersuchenden Mitgliedstaat in deutscher, englischer oder französischer Sprache zu fassen. Es gibt zwei Formen von Antragsvordrucken, zum einen den Vordruck für Anträge auf Auskunftserteilung bezüglich *Einzelvorgänge* und zum anderen den Vordruck für Anträge auf Auskunftserteilung bezüglich *Mehrfachvorgänge*.

Die Vordrucke sehen Auskünfte (Lieferung, Bestätigung und Berichtigung von Informationen) bezüglich der Rechnung für eine bestimmte Lieferung, Gutschriften- und Lieferanzeige sowie – hinsichtlich Einzelvorgängen – die Übersendung der entsprechenden Dokumente, die Beschreibung der Waren und Mitteilung des Absendungsortes, der Lieferanschrift und des Zahlungsmodus vor.

(6) Das Hauptzollamt trifft die zur Beantwortung des Ersuchens erforderlichen Feststellungen zu den erbetenen Auskünften durch Einsichtnahme in die entsprechenden Unterlagen des Unternehmens (*punktuelle Prüfungen*). Der ersuchenden Behörde sind – auf entsprechende Anfrage – die Rechnungsnummern, -daten und -beträge für die einzelnen Geschäfte, auf die das Ersuchen sich bezieht, mitzuteilen bzw. zu bestätigen; darüber hinaus sind weitere Angaben, z. B. über die Art der Waren, zu machen, wenn die ersuchende Behörde derartige Angaben anfordert. Die Einzelheiten ergeben sich aus den (als Anlage 2) anliegenden *Erläuterungen der Kommission der Europäischen Gemeinschaften* zum Antrag auf Auskunftserteilung – Dokument XXI/1070/92 SCAC Nr. 40 –.

(7) Bei Zweifeln und zur Überprüfung, ob die zur Beantwortung des Ersuchens benötigten, in den vom Unternehmer vorgelegten Unterlagen enthaltenen Angaben vollständig und schlüssig sind, kann in

Zusammenarbeits-Verordnung Anhang 8c

Einzelfällen eine weitergehende Prüfung der betrieblichen Unterlagen erforderlich werden, die jedoch nicht den *Umfang einer Außenprüfung* erreichen und zu einer abschließenden Prüfung der Besteuerungsgrundlagen führen darf.

Berichtspflichten

(8) Stellt das mit den Ermittlungen beauftragte Hauptzollamt fest, daß die Feststellung der von der ersuchenden Behörde erbetenen Auskünfte eine umfassende Prüfung der betrieblichen Unterlagen bzw. des betrieblichen Rechnungswesens erfordert, teilt das Hauptzollamt dies dem Bundesamt für Finanzen (mit der Bitte um Weiterleitung des Ersuchens an die für die Beantwortung von Ersuchen aufgrund des EG-Amtshilfe-Gesetzes vom 19. Dezember 1985 zuständige Behörde) mit.

Ebenso ist zu verfahren, wenn sich im Rahmen der Ermittlungen Hinweise darauf ergeben, daß die Voraussetzungen des Art. 7 der VO (EWG) Nr. 218/92 nicht vorliegen. Auch bei sonstigen, *im Rahmen der Ermittlungen auftretenden Problemen* ist zu berichten.

(9) Benötigt das Hauptzollamt für die Ermittlungen zusätzliche Angaben der ersuchenden Behörde, unterrichtet das Hauptzollamt hierüber das Bundesamt für Finanzen, das die ersuchende Behörde im anderen Mitgliedstaat um Ergänzung seiner Angaben bittet.

Rechtsgrundlage für die Ermittlungen

(10) Gemäß § 18d Umsatzsteuergesetz sind die Finanzbehörden zur Erfüllung ihrer Auskunftsverpflichtung nach Art. 5 der VO (EWG) Nr. 218/92 berechtigt, von den am innergemeinschaftlichen Waren- oder Dienstleistungsverkehr beteiligten Unternehmern die Vorlage der jeweils erforderlichen Bücher, Aufzeichnungen, Geschäftspapiere und anderen Urkunden zur Einsicht und Prüfung zu verlangen. § 97 Absatz 3 der Abgabenordnung (AO) gilt entsprechend. Da sich nach § 117 Abs. 4 S. 1 AO *die Befugnisse der Finanzbehörden* – ebenso wie die *Rechte und Pflichten der Beteiligten* – bei der Durchführung der Rechts- und Amtshilfe nach den für Steuern im Sinne von § 1 Abs. 1 AO geltenden Vorschriften richten, sind insoweit auch im übrigen die Vorschriften der AO auf die Durchführung von Einzelauskunftsersuchen anwendbar.

(11) Es besteht die Möglichkeit, daß sich ein Einzelauskunftsersuchen auf die Lieferungen/Erwerbe eines *Unternehmers* bezieht, der *in einem anderen* (auch) nicht zur Europäischen Gemeinschaft gehörenden Staat *ansässig* ist, aber (zum Beispiel aufgrund der Einbindung in innergemeinschaftliche Reihengeschäfte) über eine vom Bundesamt für Finanzen vergebene Umsatzsteuer-Identifikationsnummer verfügt.

In diesem Fall setzt sich das Hauptzollamt zunächst mit dem für den Unternehmer zuständigen Finanzamt in Verbindung, um festzustellen, ob ein *Empfangsbevollmächtigter* des Unternehmers, der über die zur Beantwortung des Ersuchens erforderlichen Unterlagen verfügt, benannt ist.

Sofern ein Empfangsbevollmächtigter nicht vorhanden ist, ist der Unternehmer im anderen Staat *anzuschreiben und aufzufordern,* die zur Beantwortung des Ersuchens erforderlichen Unterlagen an Amtsstelle vorzulegen bzw. zu übersenden. Die Vorlage der Unterlagen kann jedoch nicht erzwungen werden.

Die Aufforderung zur Vorlage der Unterlagen ist dem betroffenen Unternehmer *mittels einfachen Briefes* bekanntzugeben, sofern der ausländische Staat hiergegen keine Einwendungen erhebt. Keine Bedenken gegen die Bekanntgabe von Verwaltungsakten auf postalischem Weg haben neben den EG-Mitgliedstaaten (ausgenommen Griechenland und Portugal) die Staaten Finnland, Kanada, Norwegen, Österreich, Schweden und die USA.

Im übrigen erfolgt die Bekanntgabe des Verwaltungsaktes *durch förmliche Zustellung* durch das Bundesamt für Finanzen in Bonn (mit Hilfe der deutschen auswärtigen Vertretungen oder zuständiger ausländischer Behörden; Anschrift: Bundesamt für Finanzen – Referat St 1 – 53221 Bonn).

Das Bundesamt für Finanzen – Außenstelle in Saarlouis – ist über auftretende Schwierigkeiten und erfolglose Bemühungen ebenso wie über das Ergebnis der Feststellungen zu unterrichten.

Vorlage der Urkunden an Amtsstelle

(12) Das Hauptzollamt kann die Vorlage der Bücher, Aufzeichnungen, Geschäftspapiere und anderen Urkunden *an Amtsstelle* verlangen. Es fordert zu diesem Zweck den Unternehmer schriftlich auf, die erforderlichen Unterlagen zur Einsichtnahme und Prüfung vorzulegen. Hierbei sind die vorzulegenden Unterlagen genau zu bezeichnen und die Rechtsgrundlage für das Auskunftsbegehren anzugeben (Muster in Anlage 3 gibt hierfür einen Anhalt). Für die Vorlage der Urkunden ist eine angemessene Frist zu setzen, die die Wahrung der (in Art. 5 Abs. 1 der VO (EWG) Nr. 218/92 vorgesehenen) 3-Monatsfrist

für die Erledigung des Ersuchens berücksichtigt und in der Regel ein bis zwei Wochen betragen wird. Ist der Vorlagepflichtige aus triftigen Gründen nicht in der Lage, seiner Verpflichtung zur Vorlage der Urkunden innerhalb der gesetzten Frist nachzukommen, ist die Frist entsprechend zu verlängern. Auf Absatz 25 Satz 2 wird hingewiesen.

(13) Das Aufforderungsschreiben ist mit einer *Rechtsbehelfsbelehrung* zu versehen. Zulässiger Rechtsbehelf gegen die Aufforderung zur Vorlage der Urkunden als Verwaltungsakt ist die Beschwerde (§ 349 AO). Da die Beschwerde keine aufschiebende Wirkung entfaltet, ist der Vorlagepflichtige trotz Einlegung eines Rechtsbehelfs verpflichtet, der Aufforderung zur Vorlage der Urkunden nachzukommen, es sei denn, daß die Vollziehung des Verwaltungsakts ausgesetzt wird (§ 361 AO, § 69 FGO).

(14) Sofern der Vorlagepflichtige dem Verlangen nach Vorlage der Urkunden nicht nachkommt, kann die Vorlage nach §§ 328 ff. AO durch die Festsetzung eines Zwangsgeldes erzwungen werden. Führt die Festsetzung des *Zwangsgeldes* nicht zum Erfolg oder wird durch das Zwangsmittelverfahren die rechtzeitige Beantwortung des Einzelauskunftsersuchens in Frage gestellt, teilt das Hauptzollamt dies dem Bundesamt für Finanzen mit.

Darüber hinaus besteht die Möglichkeit, ein *Ordnungswidrigkeitenverfahren* einzuleiten, wenn der gemäß § 18d UStG verpflichtete Unternehmer die bezeichneten Unterlagen nicht, nicht vollständig oder nicht rechtzeitig vorlegt (§ 26a Absatz 1 Ziffer 3 UStG). Die zuständige Strafsachenstelle des Hauptzollamts ist über die Pflichtverletzung zu informieren.

Einsichtnahme der Urkunden beim Vorlagepflichtigen

(15) Mit Einverständnis des Vorlagepflichtigen oder wenn die Bücher, Aufzeichnungen, Geschäftspapiere und anderen Urkunden für eine Vorlage an Amtsstelle ungeeignet sind, kann die Einsichtnahme und Prüfung der Urkunden auch vor Ort, d.h. *bei dem Vorlagepflichtigen* erfolgen (§ 97 Abs. 3 AO). Ob die Urkunden zur Vorlage an Amtsstelle geeignet oder ungeeignet sind, bedarf der Beurteilung im Einzelfall.

(16) Hält das Hauptzollamt – z.B. zur stichprobenweisen Überprüfung der Vollständigkeit und Schlüssigkeit der Angaben des Vorlagepflichtigen – Feststellungen im Betrieb für erforderlich, ist der Vorlagepflichtige angemessene Zeit vorher über die beabsichtigte Einsichtnahme der Urkunden mit der Bitte, diese zu gegebener Zeit im Unternehmen vorzulegen, zu unterrichten, es sei denn, daß die vorherige Unterrichtung die Feststellung der im Ersuchen erbetenen Angaben (Ermittlungszweck) gefährden würde.

(17) Die Aufforderung gegenüber dem Vorlagepflichtigen, die Urkunden bei sich zur Einsichtnahme vorzulegen, ist ein *Verwaltungsakt* und kann mit dem Rechtsbehelf der *Beschwerde* angefochten werden; Absatz 13 Satz 1 und 3 gelten entsprechend.

(18) Die Feststellungen vor Ort können, sofern die Urkunden zur Vorlage an Amtsstelle ungeeignet sind, mit *Zwangsmitteln* (§§ 328 ff. AO) erzwungen werden. Absatz 14 ist entsprechend anzuwenden.

(19) Der mit den Feststellungen beauftragte Amtsträger des Hauptzollamtes hat sich bei seinem Erscheinen beim Vorlagepflichtigen *auszuweisen*. Verweigert der Vorlagepflichtige den Zutritt zum Grundstück oder seinen Räumen, kann der Zutritt nicht erzwungen werden. In diesem Fall muß, wenn die Urkunden zur Vorlage an Amtsstelle ungeeignet sind, das Einverständnis des Vorlagepflichtigen zum Betreten des Grundstücks oder seiner Räume im Klagewege erwirkt werden. Das Bundesamt für Finanzen ist hierüber entsprechend Absatz 25 Satz 2 zu unterrichten.

Mitwirkungspflichten

(20) Gemäß § 18d Umsatzsteuergesetz ist der Unternehmer verpflichtet, auf Verlangen der Finanzbehörde die zur Erledigung des Einzelauskunftsersuchens jeweils erforderlichen Bücher, Aufzeichnungen, Geschäftspapiere und andere Urkunden vorzulegen. Ergänzend richten sich die Pflichten wie die Rechte der Beteiligten und *anderer Personen* gemäß § 117 Abs. 4 AO nach den für Steuern im Sinne von § 1 Abs. 1 AO geltenden Vorschriften. Danach sind die Beteiligten und andere Personen gemäß § 93 Absatz 1 AO verpflichtet, der Finanzbehörde alle zur Feststellung eines für die Besteuerung erheblichen Sachverhalts erforderlichen Auskünfte zu erteilen.

Zusammenarbeit mit den Steuerbehörden des Landes

(21) Zur Durchführung der Ermittlungen setzt sich der mit den Feststellungen betraute Amtsträger des Hauptzollamts gegebenenfalls mit dem für den Vorlagepflichtigen zuständigen Finanzamt (ggf. fernmündlich) in Verbindung, um zusätzliche Informationen zu erhalten und/oder beurteilen zu können, ob die sich aus den Unterlagen ergebenden Daten plausibel sind.

Zusammenarbeits-Verordnung **Anhang 8c**

Verdacht einer Ordnungswidrigkeit oder Straftat

(22) Ergeben sich tatsächliche Anhaltspunkte (Verdacht) dafür, daß der Vorlagepflichtige eine *Steuerordnungswidrigkeit* oder *Steuerstraftat* begangen hat, so unterrichtet das Hauptzollamt unverzüglich die zuständige Steuerbehörde (Finanzamt), die gegebenenfalls ein Ermittlungsverfahren einleitet, und stimmt das weitere Verfahren mit ihr ab (vgl. auch Merkblatt über die Zusammenarbeit zwischen den Dienststellen Steuer und Zoll vom 28. Dezember 1981 III A 6 – S 1513 – 3/81).

Anhörung des Vorlagepflichtigen

(23) Dem Vorlagepflichtigen ist – entsprechend § 117 Absatz 4 Satz 3 in Verbindung mit § 91 AO – Gelegenheit zu geben, sich zu dem Ergebnis der Feststellungen zu äußern und Gründe vorzutragen, die gegen eine Weiterleitung der Feststellungen an die ersuchende Behörde im anderen Mitgliedstaat sprechen (z. B. Gefährdung von Geschäfts- oder Betriebsgeheimnissen), es sei denn, die Anhörung ist gemäß § 91 Absatz 1 oder 2 AO entbehrlich. Trägt der Vorlagepflichtige *Gründe gegen eine Weiterleitung* der Feststellungen an die ersuchende Behörde vor, sind diese dem Bundesamt für Finanzen gemeinsam mit dem Ergebnis der Feststellungen mitzuteilen. Die Entscheidung, ob das Ergebnis der Feststellungen weitergeleitet oder den Gründen des Vorlagepflichtigen gegen eine Weiterleitung Rechnung getragen wird, obliegt dem Bundesamt für Finanzen.

Ergebnis der Feststellungen

(24) Das Ergebnis der Feststellungen (Lieferung, Bestätigung oder Berichtigung von Informationen) ist – gleichermaßen wie das Ersuchen – *in standardisierter Form* auf dem Vordruck (gemäß Anlage 1) zu dokumentieren; Erläuterungen der Feststellungen erfolgen in deutscher Sprache. Abkürzungen sind zu vermeiden. Der Vordruck ist in Schreibmaschinenschrift auszufüllen, von Überschreibungen und Streichungen ist abzusehen. Die Feststellungen werden dem Bundesamt für Finanzen als zuständiger Verwaltungsbehörde übermittelt, das die Feststellungen insbesondere auf Vollständigkeit und Plausibilität überprüft. Anschließend werden die Feststellungen vom Bundesamt für Finanzen in Beantwortung des Ersuchens der ersuchenden Behörde im anderen Mitgliedstaat übermittelt.

(25) Das Hauptzollamt erteilt die erbetenen Auskünfte sobald wie möglich, spätestens jedoch innerhalb eines Zeitraums, der die *Wahrung der dreimonatigen Frist* (für die Beantwortung des Ersuchens) nach Art. 5 Absatz 1 der VO (EWG) Nr. 218/92 ermöglicht. Sind Auskünfte so rechtzeitig, daß diese Frist gewahrt werden kann, ausnahmsweise nicht zu erhalten, teilt das Hauptzollamt dies unter Angabe der Gründe dem Bundesamt für Finanzen mit, das die ersuchende Behörde entsprechend unterrichtet (Sachstandsmitteilung).

Mitteilungen an die Steuerbehörden des Landes

(26) Soweit die in Erledigung des Einzelauskunftsersuchens getroffenen Feststellungen (z. B. über Abweichungen von den vom anderen Mitgliedstaat übermittelten Angaben) der Durchführung eines Verwaltungsverfahrens oder gerichtlichen Verfahrens in Steuersachen dienen, teilt das mit den Ermittlungen beauftragte Hauptzollamt die Feststellungen den Steuerbehörden des Landes – soweit diese nicht bereits im Zuge der Ermittlungen unterrichtet wurden (durch Übersendung eines Abdrucks des – ergänzten – Vordrucks gem. Anl. 1 bzw. des Erledigungsschreibens) – mit (vgl. auch das in Abs. 22 bereits angeführte Merkblatt über die Zusammenarbeit zwischen den Dienststellen Steuer und Zoll).

Anhang 8d nicht belegt, Anhang 8e

Amtshilfe in Umsatzsteuersachen;
Übertragung der Zuständigkeit für die Bearbeitung von Ersuchen nach Artikel der Verordnung (EWG) Nr. 218/92

BMF-Schreiben vom 22.12.2003 – IV B 2 – S 7079 – 584/03

Durch Artikel 10 Nr. 1 des Zweiten Gesetzes zur Änderung steuerlicher Vorschriften (Steueränderungsgesetz 2003 – StÄndG 2003) vom 28. November 2003 (BGBl I. S. 2645; BStBl. I S. 710) ist § 5 Abs. 1 Nr. 9 Buchstabe d) FVG dahingehend geändert worden, dass die Zuständigkeit für die Beantwortung von Einzelauskunftsersuchen anderer Mitgliedstaaten gemäß Artikel 5 der Verordnung (EWG) Nr. 218/92 sowie die Durchführung der zur Beantwortung dieser Ersuchen erforderlichen Ermittlungen von den Hauptzollämtern auf die Finanzämter übertragen wird. Die Änderung tritt gemäß Artikel 25 Abs. 1 des o. g. Gesetzes mit dessen Verkündung in Kraft.

Hinsichtlich der Abwicklung der bis zum Inkrafttreten des Gesetzes in Deutschland eingegangenen sowie der zum Stichtag noch nicht abschließend bearbeiteten Ersuchen nach Artikel 5 der Verordnung (EWG) Nr. 218/92 ist in Abstimmung mit den obersten Finanzbehörden der Länder wie folgt zu verfahren:

1. Die Abwicklung offener ausländischer Auskunftsersuchen gemäß Artikel 5 der Verordnung (EWG) Nr. 218/92 erfolgt grundsätzlich durch das zuständige Hauptzollamt.
2. Sofern das zuständige Hauptzollamt mit der Bearbeitung einzelner Auskunftsersuchen nach Artikel 5 der Verordnung (EWG) Nr. 218/92 noch nicht begonnen hat oder den Auskunftsersuchen komplexe und/oder umfangreiche Sachverhalte zu Grunde liegen, kann das Hauptzollamt im Einvernehmen mit dem zuständigen Finanzamt den Vorgang unmittelbar an das zuständige Finanzamt abgeben. Das Bundesamt für Finanzen ist durch das Hauptzollamt über die Abgabe zu informieren.

Verordnung über die Erstattung von Umsatzsteuer an ausländische ständige diplomatische Missionen und berufskonsularische Vertretungen sowie an ihre ausländischen Mitglieder (Umsatzsteuererstattungsverordnung – UStErstV)

vom 03.10.1988 (BStBl. 1988 I S. 437) [1)]

§ 1

(1) Hat eine im Geltungsbereich dieser Verordnung errichtete ausländische ständige diplomatische Mission oder ausländische ständige berufskonsularische Vertretung für ihren amtlichen Gebrauch Gegenstände erworben oder sonstige Leistungen in Anspruch genommen, wird ihr auf Antrag aus dem Aufkommen der Umsatzsteuer

1. die von dem Unternehmer nach § 14 des Umsatzsteuergesetzes in Rechnung gestellte und von ihr bezahlte Umsatzsteuer erstattet, wenn der Rechnungsbetrag einschließlich der Steuer 100 Euro [2)] übersteigt;
2. die von ihr nach § 13b Abs. 5 des Umsatzsteuergesetzes geschuldete und von ihr entrichtete Umsatzsteuer erstattet, wenn der Rechnungsbetrag zuzüglich der Steuer 100 Euro übersteigt.

(2) Die Vergünstigung nach Absatz 1 ist auf der Grundlage besonderer Vereinbarung mit dem Entsendestaat nach Maßgabe der Gegenseitigkeit zu gewähren.

§ 2

(1) § 1 gilt zugunsten eines Mitglieds der Mission oder der berufskonsularischen Vertretung, das weder Angehöriger der Bundesrepublik Deutschland noch in ihr ständig ansässig ist, auch wenn die Gegenstände oder die sonstigen Leistungen für einen persönlichen Gebrauch bestimmt sind.

(2) Die Erstattungen dürfen für das Kalenderjahr den Gesamtbetrag von 1 200 Euro [3)] nicht übersteigen. Der Erwerb eines Kraftfahrzeuges ist hierbei nicht zu berücksichtigen.

§ 3

(1) Die §§ 1 und 2 gelten nicht für den Erwerb von Lebensmitteln und Tabakerzeugnissen sowie die Abgabe von Speisen und Getränken zum Verzehr an Ort und Stelle.

(2) Wird ein Gegenstand während seiner gewöhnlichen Nutzungsdauer nicht oder nur zeitweise zu Zwecken im Sinne der §§ 1 und 2 genutzt, ist die Erstattung zu versagen oder der Erstattungsbetrag angemessen zu kürzen.

§ 4

(1) Der Antrag auf Erstattung ist unter Beifügung der in Betracht kommenden Rechnungen nach einem vom Bundesminister der Finanzen zu bestimmenden Muster beim Auswärtigen Amt einzureichen. In ihm hat der Missionschef oder der Leiter der berufskonsularischen Vertretung zu versichern, daß die Gegenstände oder die sonstigen Leistungen für den nach § 1 oder § 2 vorgesehenen Gebrauch bestimmt sind. Das Auswärtige Amt sendet den Antrag mit einer Stellungnahme an das Bundeszentralamt für Steuern, das die Angaben des Antragstellers prüft und über den Antrag entscheidet.

(2) Der Antrag ist bis zum Ablauf des Kalenderjahres zu stellen, das auf das Kalenderjahr folgt, in dem der Umsatz an den Antragsteller bewirkt worden ist. Der Antrag muß alle Erstattungsansprüche eines Abrechnungszeitraums, der mindestens ein Kalendervierteljahr beträgt, umfassen.

(3) Dem Antragsteller ist ein schriftlicher Bescheid zu erteilen, wenn dem Antrag nicht entsprochen wird.

(4) Mindert sich der Steuerbetrag, so hat der Antragsteller das Auswärtige Amt unverzüglich zu unterrichten. Der zuviel erhaltene Erstattungsbetrag ist innerhalb eines Monats nach Bekanntwerden der Minderung zurückzuzahlen. Er kann mit den Erstattungsansprüchen aufgrund eines in diesem Zeitraum abgegebenen Antrags verrechnet werden.

§ 5

Diese Verordnung ist auf Steuerbeträge anzuwenden, denen Lieferungen und sonstige Leistungen zugrunde liegen, die nach dem 31. Dezember 1988 bewirkt worden sind.

---

1) Fassung ab 01.01.2004, vgl. Art. 7 StÄndG 2003, zuletzt geändert durch Art. 8 des Gesetzes vom 08.04.2010, BStBl. 2010 I S. 334, mit Wirkung ab 01.07.2010
2) Vor dem 01.01.2002: 200 DM
3) Vor dem 01.01.2002: 2000 DM

§ 6

Diese Verordnung gilt nach § 14 des Dritten Überleitungsgesetzes in Verbindung mit Artikel 3 des Gesetzes zu dem Wiener Übereinkommen vom 18. April 1961 über diplomatische Beziehungen und in Verbindung mit Artikel 3 des Gesetzes zu dem Wiener Übereinkommen vom 24. April 1963 über konsularische Beziehungen auch im Land Berlin.

§ 7
(Inkrafttreten)

Anhang 10

USt-Berechnungsübersicht

Übersicht
für die Berechnung der Umsatzsteuer und der Entgelte von den Preisen
(einschließlich Umsatzsteuer)

v. H.	Berechnung der Umsatzsteuer			Berechnung des Entgelts		
	Hundertsatz		Bruch als Faktor (Multiplikator)	Divisor	Hundertsatz	
	abger.				abger.	
5	4,76	4,76 19	1/21 (5/105)	1,05	95,24	95,23 81
5,5	5,21	5,21 32	11/211 (55/1055)	1,055	94,79	94,78 68
6	5,66	5,66 03	3/53 (6/106)	1,06	94,34	94,33 97
6,5	6,10	6,10 32	13/213 (65/1065)	1,065	93,9	93,89 68
7	6,54	6,54 20	7/107	1,07	93,46	93,45 80
7,5	7,83	6,97 67	3/46 (15/230)	1,075	93,02	93,02 33
8	7,41	7,40 74	2/27 (8/108)	1,08	92,59	92,59 26
8,5	7,83	7,83 41	17/234	1,085	92,17	92,16 59
9	8,25	8,25 69	9/109	1,09	91,74	91,74 31
9,5	8,68	8,67 58	19/200	1,095	91,32	91,32 42
10	9,09	9,09 09	1/11 (10/110)	1,1	90,91	90,90 91
10,7	9,67	9,66 57	107/1107	1,11	91,33	91,33 43
11	9,91	9,90 99	11/111	1,11	90,09	90,09 01
12	10,711	10,71 42	3/28 (12/112)	1,12	89,29	89,28 58
13	11,501	11,50 44	13/113	1,13	88,5	88,49 56
14	12,281	12,28 07	7/57 (14/114)	1,14	87,72	87,71 93
15	13,04	13,04 34	3/23 (15/115)	1,15	86,96	86,95 66
16	13,79	13,79 31	16/116	1,16	86,21	86,20 69
19	15,97	15,96 63	19/119	1,19	84,03	84,03 37

Anhang 11 — Auszug KStG

Betriebe gewerblicher Art von juristischen Personen des öffentlichen Rechts

– Auszug aus dem Körperschaftsteuergesetz –[1)]

§ 4

(1) [1]Betriebe gewerblicher Art von juristischen Personen des öffentlichen Rechts im Sinne des § 1 Abs. 1 Nr. 6 sind vorbehaltlich des Absatzes 5 alle Einrichtungen, die einer nachhaltigen wirtschaftlichen Tätigkeit zur Erzielung von Einnahmen außerhalb der Land- und Forstwirtschaft dienen und die sich innerhalb der Gesamtbetätigung der juristischen Person wirtschaftlich herausheben. [2]Die Absicht, Gewinn zu erzielen, und die Beteiligung am allgemeinen wirtschaftlichen Verkehr sind nicht erforderlich.

(2) Ein Betrieb gewerblicher Art ist auch unbeschränkt steuerpflichtig, wenn er selbst eine juristische Person des öffentlichen Rechts ist.

(3) Zu den Betrieben gewerblicher Art gehören auch Betriebe, die der Versorgung der Bevölkerung mit Wasser, Gas, Elektrizität oder Wärme, dem öffentlichen Verkehr oder dem Hafenbetrieb dienen.

(4) Als Betrieb gewerblicher Art gilt die Verpachtung eines solchen Betriebs.

(5) [1]Zu den Betrieben gewerblicher Art gehören nicht Betriebe, die überwiegend der Ausübung der öffentlichen Gewalt dienen (Hoheitsbetriebe). [2]Für die Annahme eines Hoheitsbetriebs reichen Zwangs- oder Monopolrechte nicht aus.

(6) [1]Ein Betrieb gewerblicher Art kann mit einem oder mehreren anderen Betrieben gewerblicher Art zusammengefasst werden, wenn

1. sie gleichartig sind,
2. zwischen ihnen nach dem Gesamtbild der tatsächlichen Verhältnisse objektiv eine enge wechselseitige technisch-wirtschaftliche Verflechtung von einigem Gewicht besteht oder
3. Betriebe gewerblicher Art im Sinne des Absatzes 3 vorliegen.

[2]Ein Betrieb gewerblicher Art kann nicht mit einem Hoheitsbetrieb zusammengefasst werden.

– Auszug aus den KStR[2)] –

R 6

6. Betriebe gewerblicher Art von juristischen Personen des öffentlichen Rechts

Betrieb gewerblicher Art

(1) [1]Juristische Personen des öffentlichen Rechts sind insbesondere die Gebietskörperschaften (Bund, Länder, Gemeinden, Gemeindeverbände), Zweckverbände, die öffentlich-rechtlichen Religionsgesellschaften, die Innungen, Handwerkskammern, Industrie- und Handelskammern und sonstige Gebilde, die aufgrund des öffentlichen Rechts eigene Rechtspersönlichkeit besitzen. [2]Dazu gehören neben Körperschaften auch Anstalten und Stiftungen des öffentlichen Rechts, z.B. Rundfunkanstalten des öffentlichen Rechts.

(2) [1]Der Begriff Einrichtung setzt nicht voraus, dass die Tätigkeit im Rahmen einer im Verhältnis zur sonstigen Betätigung verselbständigten Abteilung ausgeübt wird; sie kann auch innerhalb des allgemeinen Betriebs miterledigt werden. [2]Die Beteiligung einer juristischen Person des öffentlichen Rechts an einer Mitunternehmerschaft im Sinne des § 15 Abs. 1 Satz 1 Nr. 2 EStG begründet einen Betrieb gewerblicher Art. [3]Das gilt insbesondere für den Zusammenschluss einer juristischen Person des öffentlichen Rechts mit einer Kapitalgesellschaft. [4]Eine andere Beurteilung ergibt sich auch nicht daraus, dass die Tätigkeit, falls diese von der juristischen Person des öffentlichen Rechts allein ausgeübt würde, als hoheitlich zu behandeln wäre. [5]Schließen sich dagegen zwei juristische Personen des öffentlichen Rechts zur gemeinsamen Ausübung von derartigen Tätigkeiten z.B. in einer GbR zusammen, liegt regelmäßig keine einen Betrieb gewerblicher Art begründende Mitunternehmerschaft vor. [6]Die Beteiligung einer juristischen Person des öffentlichen Rechts an einer Kapitalgesellschaft begründet grundsätzlich keinen eigenständigen Betrieb gewerblicher Art.

(3) [1]Die verschiedenen Tätigkeiten der juristischen Person des öffentlichen Rechts sind für sich zu beurteilen. [2]Lässt sich eine Tätigkeit nicht klar dem hoheitlichen oder dem wirtschaftlichen Bereich zu-

---

1) i. d. Fassung der Bekanntmachung vom 15.10.2002, BStBl. 2002 I S. 4144, BStBl. 2002 I S. 1169, zuletzt geändert durch das Gesetz vom 07.12.2011, BGBl. 2011 I S. 2592. Beachte Rechtsprechung zu § 2 UStG
2) KStR 2004, BStBl. Sondernummer 2/2004

ordnen, ist nach § 4 Abs. 5 KStG auf die überwiegende Zweckbestimmung der Tätigkeit abzustellen. ³Verschiedene wirtschaftliche Tätigkeiten sind als Einheit zu behandeln, wenn dies der Verkehrsauffassung entspricht.

(4) ¹Eine Einrichtung kann auch dann angenommen werden, wenn Betriebsmittel, z.B. Maschinen oder dgl., oder Personal sowohl im hoheitlichen als auch im wirtschaftlichen Bereich eingesetzt werden, sofern eine zeitliche Abgrenzung (zeitlich abgegrenzter Einsatz für den einen oder anderen Bereich) möglich ist. ²Ein wichtiges Merkmal für die wirtschaftliche Selbständigkeit der ausgeübten Tätigkeit und damit für die Annahme einer Einrichtung ist darin zu sehen, dass der Jahresumsatz im Sinne von § 1 Abs. 1 Nr. 1 UStG aus der wirtschaftlichen Tätigkeit den Betrag von 130.000 Euro übersteigt. ³Für die wirtschaftliche Selbständigkeit der Einrichtung ist es unerheblich, wenn die Bücher bei einer anderen Verwaltung geführt werden.

(5) ¹In der Tatsache, dass der Jahresumsatz im Sinne von § 1 Abs. 1 Nr.1 UStG 30 678 Euro nachhaltig übersteigt, ist ein wichtiger Anhaltspunkt dafür zu sehen, dass die Tätigkeit von einigem wirtschaftlichen Gewicht ist. ²In der Regel kann deshalb bei diesem Jahresumsatz davon ausgegangen werden, dass die Tätigkeit sich innerhalb der Gesamtbetätigung der juristischen Person wirtschaftlich heraushebt. ³Dagegen kommt es für das Gewicht der ausgeübten Tätigkeit weder auf das im BFH-Urteil vom 11.01.1979 (BStBl. II S. 746) angesprochene Verhältnis der Einnahmen aus der wirtschaftlichen Tätigkeit zum Gesamthaushalt der juristischen Person des öffentlichen Rechts noch auf das im BFH-Urteil vom 14.04.1983 (BStBl. II S. 491) angesprochene Verhältnis der Einnahmen aus der wirtschaftlichen Tätigkeit zu einem bestimmten Teil des Gesamthaushalts der juristischen Person des öffentlichen Rechts an. ⁴Wird ein nachhaltiger Jahresumsatz von über 30.678 Euro im Einzelfall nicht erreicht, ist ein Betrieb gewerblicher Art nur anzunehmen, wenn hierfür besondere Gründe von der Körperschaft vorgetragen werden. ⁵Solche Gründe sind insbesondere gegeben, wenn die juristische Person des öffentlichen Rechts mit ihrer Tätigkeit zu anderen Unternehmen unmittelbar in Wettbewerb tritt. ⁶In den Fällen der Verpachtung eines Betriebs gewerblicher Art ist darauf abzustellen, ob die Einrichtung beim Verpächter einen Betrieb gewerblicher Art darstellen würde. ⁷Dabei kommt es für die Frage, ob die Tätigkeit von einigem Gewicht ist, auf die Umsätze des Pächters an.

(6) ¹Zu den Betrieben gewerblicher Art gehören nicht land- und forstwirtschaftliche Betriebe von juristischen Personen des öffentlichen Rechts. ²Den land- und forstwirtschaftlichen Betrieben zuzurechnen sind auch die land- und forstwirtschaftlichen Nebenbetriebe. ³Auch die Verpachtung eines land- und forstwirtschaftlichen Betriebs durch eine juristische Person des öffentlichen Rechts begründet keinen Betrieb gewerblicher Art. ⁴Dagegen sind Einkünfte aus land- und forstwirtschaftlicher Tätigkeit, die in einem Betrieb gewerblicher Art anfallen, steuerpflichtig.

Betriebe in privatrechtlicher Form

(7) Betriebe, die in eine privatrechtliche Form gekleidet sind, werden nach den für diese Rechtsform geltenden Vorschriften besteuert.

Steuerberatungsgesetz[1]

Zur Fiskalvertretung gem. § 22a Abs. 2 UStG befugte Personen
(§ 3 Nr. 1 bis 3 und § 4 Nr. 9 Buchst. c StBerG)

§ 3
Befugnis zu unbeschränkter Hilfeleistung in Steuersachen

Zur geschäftsmäßigen Hilfeleistung in Steuersachen sind befugt:

1. Steuerberater, Steuerbevollmächtigte, Rechtsanwälte, niedergelassene europäische Rechtsanwälte, Wirtschaftsprüfer und vereidigte Buchprüfer,
2. Partnerschaftsgesellschaften, deren Partner ausschließlich die in Nummer 1 und 4 genannten Personen sind,
3. Steuerberatungsgesellschaften, Rechtsanwaltsgesellschaften, Wirtschaftsprüfungsgesellschaften und Buchprüfungsgesellschaften.
4. (weggefallen)

§ 4
Befugnis zu beschränkter Hilfeleistung in Steuersachen

Zur geschäftsmäßigen Hilfeleistung in Steuersachen sind ferner befugt:

1. ...
.
.
9. a) Speditionsunternehmen, soweit sie Hilfe in Eingangsabgabensachen oder bei der verbrauchsteuerlichen Behandlung von Waren im Warenverkehr mit anderen Mitgliedstaaten der Europäischen Union leisten,
   b) sonstige gewerbliche Unternehmen, soweit sie im Zusammenhang mit der Zollbehandlung Hilfe in Eingangsabgabensachen leisten,
   c) die in den Buchstaben a und b genannten Unternehmen, soweit sie für Unternehmer im Sinne des § 22a des Umsatzsteuergesetzes Hilfe in Steuersachen nach § 22b des Umsatzsteuergesetzes leisten und im Geltungsbereich dieses Gesetzes ansässig sind, nicht Kleinunternehmer im Sinne des § 19 des Umsatzsteuergesetzes und nicht von der Fiskalvertretung nach § 22e des Umsatzsteuergesetzes ausgeschlossen sind,

10. ...
.
.
.

---

[1] Zuletzt geändert durch Gesetz vom 06.12.2011, BGBl. 2011 I S. 2515

Stichwortverzeichnis

A
AAFES
- Konzessionsverträge (NATO-ZAbk) Anh. 3i
- siehe auch NATO-Truppenstatut

Abbauverträge AE 4.12.4 (1)
Abbruchkosten
- BauGB AE 1.1 (13, 18)

Abfall
- verwertbare Stoffe AE 10.5 (2), AE 1a.1

Abfallbeseitigung Anl. § 002-11, BFH zu § 2 vom 16.2.1994, BFH zu § 2 vom 23.10.1996
- Deponiegebühren BFH zu § 10 vom 11.2.1999
- Einschaltfälle AE 10.2, Anl. § 001-52, Anl. § 015-07
- Müllverbrennungsanlage AE 10.2
- Ort der Leistung EuGH zu § 18 vom 25.1.2001
- Rechnung AE 14.2 (3)
- verwertbare Stoffe AE 153 (2) zu § 10, AE 15a (1) zu § 1, Anl. § 010-55

Abholfall AE 6.1 (2)
- Einfuhrumsatzsteuer AE 1.12
- Ort der Lieferung § 3 (6), AE 3.12 (1), AE 3.14

Ablagerungsverträge AE 4.12.4 (2)
Ablöseentschädigung
- Fußballspieler AE 1.1 (11), AE 3a.9 (2)

Abmahnverein BFH zu § 1 vom 16.1.2003
Abnehmer
- ausländischer (siehe dort)

Abnehmernachweis
- Ausfuhr im Reiseverkehr AE 6.11, Anl. § 006-07, DV § 17 zu § 6
- Bescheinigung, Muster Anl. § 006-03
- Mitwirkung der Zolldienststellen Anl. § 006-03

Absatzförderung
- verbilligte Zinsen Anl. § 010-58

Abschlagszahlungen
- siehe Anzahlungen

Abstandszahlung
- siehe Vermietung

Abstellplätze
- siehe Parkflächen

Abtretung
- von Forderungen § 13c, § 22 (4d), § 22 (4e), AE 10.1 (4), AE 13.1 (4), AE 13.6 (1), AE 13c.1, AE 17.1 (6), Anl. § 013-02
- von Vergütungsansprüchen Anl. § 018-04
- von Vorsteuerbeträgen Anl. § 018-01

Abwasserbeseitigung Anl. § 002-19
- Aufgabenübernahme BFH zu § 3 vom 7.11.2008
- durch Gemeinde AE 10.2, BFH zu § 2 vom 12.2.1998, BFH zu § 2 vom 8.1.1998
- Steuersatz AE 12.9 (2)

Abwicklungsschein
- NATO-Truppenstatut Anh. 3d

Agenturgeschäfte AE 17.2, AE 3.7, Anl. § 004 Nr. 20-05
- Garantieversprechen Anl. § 003-04
- siehe auch Gebrauchtwarenhandel
- siehe auch Kraftfahrzeugwirtschaft
- schwarze Rabatte des Vermittlers AE 10.3 (4), Anl. § 017-07

Agrareform
- GAP-Reform AE 4.8.4 (6)

Aktie
- sonstige Leistung Anl. § 003-26

Alkoholgutachten
- Steuerbefreiung AE 4.14.1, AE 4.14.6

Alkoholische Flüssigkeiten
- Landwirtschaft § 24, AE 24.5

Alliierte Truppen
- siehe NATO

Altenheime/Altenwohnheime
- Steuerbefreiung § 4 Nr. 12, § 4 Nr. 16, § 4 Nr. 18, AE 4.16.4, AE 4.18.1
- Vertrag besonderer Art AE 4.12.6 (2)

Altlastenbeseitigung Anl. § 001-28
ALTLAS-Verfahren
- Ausfuhr AE 4.3.4 (4)

Altmaterialsammlungen
- Verkauf AE 2.10 (9)

Altmetalle Anl. § 013b-12
Altölbeseitigung
- Zuschuss Anl. § 010-01

Amateursportler
- Lehrgang AE 4.23.1

Amerikanisches Beschaffungsverfahren Anh. 3e
Amtliche Beschaffungsstellen
- siehe NATO-Truppenstatut

Amtliche Wertzeichen AE 4.8.14
Amtshilfe, zwischenstaatliche
- Fahrzeuge, neue Anl. § 018c-01
- Zusammenarbeits-VO § 18d, § 27a (2), AE 18d.1, Anh. 8a, Anh. 8b, Anh. 8e

Änderung der Bemessungsgrundlage
- siehe Bemessungsgrundlage

Änderungen von Rechnungen
- siehe Berichtigung von Rechnungen

Anlage zu UStDV 69, 70
- Vorsteuerbeträge DV § 69-70

Anlage zu UStG § 4 Nr. 4a § 4 Nr. 4a Anlage
Anlage zu UStG 12 (2) Nr. 1 u. 2
- ermäßigter Steuersatz § 12 Anlage

Anlage zu UStR 281
- Luftverkehr Anl. § 026-01

Anlagegold § 25c, AE 25c.1
Annoncenzeitschriften Anh. 1i (Nr. 11), BFH zu § 12 (2) Nr. 1-2 vom 2.4.1996

Anteile an Gesellschaften
- siehe Gesellschaftsanteile

2135

Antiquitäten
- Differenzbesteuerung § 25a, AE 25a.1
- Entgeltminderung AE 17.2
- Steuersatz § 12 (Anl. Nr. 54)

Anwaltssozietät
- siehe Sozietäten

Anwendungszeitraum (UStR) AE 29.2

Anzahlungen § 13 (1), § 13b, § 27 (1), AE 13.5
- Rechnungserteilung AE 14.8, Anl. § 013b-05, Anl. § 013b-12, Anl. § 003a-18
- Rückgewähr Anl. § 017-08
- Vorsteuerabzug AE 14.8, AE 15.12, AE 15.3, BFH zu § 3 vom 24.8.2006

Anzeigenblätter AE 3.3 (14)

Apotheke
- Medikamentenzuzahlung AE 10.2 (5), AE 10.3 (7)
- siehe Krankenhäuser
- Zuzahlung an Vermieter AE 1.1 (10), BFH zu § 15 vom 15.10.2008

Apparate
- kieferorthopädische (siehe dort)
- medizinische Großgeräte AE 4.14.1, AE 4.14.6

Apparategemeinschaften
- Ärzte AE 4.14.8

Arbeiterwohlfahrt DV § 23 zu § 4

Arbeitnehmer
- Auszubildende § 4 Nr. 23, AE 1.8 (2), Anl. § 004 Nr. 23-01, Anl. § 004 Nr. 23-02
- Fahrausweis AE 15.5 (1)
- Reisekosten (siehe dort)
- siehe auch Gestellung von Arbeitskräften
- Sachzuwendungen (siehe dort)
- Sammelbeförderungen (siehe dort)
- Umzugskosten (siehe dort)
- Unselbständigkeit AE 2.2 (1)

Arbeitnehmervertreter
- als Unternehmer AE 2.2 (4)

Arbeitsgelegenheit Anl. § 010-48
- durchlaufender Posten AE 10.4 (2)
- Zuschüsse (siehe dort)

Arbeitsgemeinschaften
- Baugewerbe AE 1.6 (8), Anl. § 001-09, Anl. § 001-55
- Unternehmer AE 2.1 (4), Anl. § 001-41

Arbeitssicherheitsgesetz Anl. § 004 Nr. 14-16

Arbeitsuchende § 4 Nr. 14

Arbeitszimmer BFH zu § 1 vom 22.10.1991, BFH zu § 15 vom 4.10.2005, BFH zu § 15 vom 6.1.2005, EuGH zu § 15 vom 21.4.2004

Architekten
- keine Steuerbefreiung nach § 4 Nr. 9 AE 4.9.1 (1)
- Leistungsort AE 3a.3 (8)
- Sollversteuerung AE 13.3
- Vorsteuerabzug DV § 69-70 (Anlage B 1)

Archive
- Steuerbefreiung § 4 Nr. 20

Artisten
- Steuersatz Anl. § 012 (2) 7-02

Ärzte
- ärztl. Leistungen einer GmbH BFH zu § 4 Nr. 14 vom 1.11.1999
- Belegarzt AE 4.14.2 (2)
- Chefarztbehandlung AE 4.14.5 (25)
- Freihafen AE 1.11 (2)
- Gutachten (siehe dort)
- in Krankenanstalten AE 2.2 (4)
- Praxisfortführung durch Erben AE 19.1 (5)
- Praxiswert § 4 Nr. 28
- Steuerbefreiung § 4 Nr. 14, § 4 Nr. 28, AE 4.14.2, AE 4.28.1
- Unternehmer AE 2.2 (4)
- Verrechnungsstelle BFH zu § 10 vom 11.5.1995
- Vorsteuerabzug Anl. § 015-42

Asset-Backed Securities AE 2.4 (2), Anl. § 004 Nr. 8-03

Atem-, Sprech- und Stimmlehrer
- Steuerbefreiung Anl. § 004 Nr. 14-04, BFH zu § 4 Nr. 14 vom 29.8.1988

ATLAS-Verfahren
- Ausfuhr AE 6.2, AE 6.6, AE 6.7 (4), AE 6.9 (10), Anl. § 006-10, Anl. § 006-11, Anl. § 006-12
- siehe Einfuhrumsatzsteuer

Attest
- Steuerbefreiung AE 4.14.1

Aufbewahrung
- von Ausfuhrbelegen Anl. § 006-09
- von Rechnungen § 14 (4) Nr. 9, § 14b, AE 14.5 (23), AE 14b.1, Anl. § 014-21

Aufmerksamkeiten
- Sachzuwendungen § 3 (1b), AE 1.8 (3)

Aufrechnung
- bei Insolvenz (siehe dort)

Aufsichtsrat
- Arbeitnehmervertreter AE 2.2 (4)
- Einkommensteuer BFH zu § 18 vom 25.9.1991
- Entstehen der Steuerschuld Anl. § 013-01
- Kleinunternehmer BFH zu § 2 vom 8.9.1994
- Ort der Leistung § 3a (4)
- Steuerbefreiung AE 4.26.1 (1), BFH zu § 4 Nr. 26 vom 4.5.1994
- Voranmeldung AE 18.6 (1)

Aufteilung der Vorsteuerbeträge § 15 (4), AE 15.16-15.18, BFH zu § 15 vom 15.9.1994, DV § 43 zu § 15
- Aufzeichnungen AE 22.4
- Bankenschlüssel Anl. § 015-11
- bei Grundstücken (siehe dort)
- bei jur. Pers. d. öffentl. Rechts AE 15.19
- bei Land- und Forstwirtschaft (siehe dort)
- bei Vereinen AE 2.10 (6-9)
- Steuersätze DV § 63 (5) zu § 22
- Umsatzschlüssel AE 15.17

Auftragsforschung
- siehe Forschungsbetriebe

2136

Aufzeichnungspflichten § 22, DV § 63-68 zu § 22
- Binnenmarkt AE 22.3
- Differenzbesteuerung AE 25a.1 (17)
- Durchschnittssätze DV § 66 zu § 22, DV § 66a zu § 22, DV § 67 zu § 22
- Einfuhr AE 22.5 (2, 4), DV § 64 zu § 22
- Erleichterungen AE 22.5-22.6, AE 4.3.1 (2), DV § 63 (4-5) zu § 22
- für ausländische Unternehmer AE 3a.12
- gesondert geführter Betrieb DV § 63 (4) zu § 22
- innergemeinschaftl. Dreiecksgeschäfte (siehe dort)
- Kleinunternehmer AE 22.5 (3), DV § 65 zu § 22
- Land- und Forstwirtschaft AE 22.5 (5), DV § 67 zu § 22
- Lohnveredelung § 22 (2), § 22 (4b)
- Ordnungsgrundsätze AE 22.1
- Reisegewerbetreibende (siehe Umsatzsteuerheft)
- Reiseleistungen AE 25.5
- Rundfunk- und Fernsehanstalten § 18 (4c), § 18 (4d)
- Steuersatz AE 12.10
- Steuerschuld nach § 14c § 22 (2), AE 22.1 (5), AE 22.5 (6), DV § 63 (2), 65, 67 zu § 22
- Trennung der Entgelte AE 22.6
- Umfang AE 22.3
- Verbringen § 22 (2), § 22 (4a), AE 22.3
- Verlagerung der Steuerschuld AE 13b.1 (51)
- Vorsteuerabzug, Aufteilung AE 22.4
- Vorsteuerabzug, Berichtigung AE 15a.12

Augenärztliche Leistungen
- siehe auch Orthoptist

Auktionator AE 3.7 (6)

Ausflugsfahrten AE 16.2 (4)
- Merkblatt Anl. § 016-04

Ausfuhrbescheinigungen
- Muster Anl. § 006-03

Ausfuhren (Drittlandsgebiet)
- außergemeinschaftlicher Reiseverkehr (siehe dort)
- Berichtigung von Rechnungen (siehe dort)
- Export über den Ladentisch AE 14c.1 (8), BFH zu § 6 vom 14.12.1994
- Freihäfen AE 6.1 (3), AE 6.9 (1)
- Güterbeförderungen § 4 Nr. 3, AE 4.3.1-4.3.6, AE 4.3.4
- Land- und Forstwirtschaft AE 24.4
- Lohnveredelungen § 4 Nr. 1, § 7, DV § 12-13 zu § 6
- Merkblatt Anl. § 006-08
- PKW (siehe dort)
- sonstige Leistungen § 4 Nr. 3, AE 4.3.4
- Steuerbefreiung § 4 Nr. 1, § 6, DV § 8-13, 17 zu § 6
- Steuervergütung § 4a

Ausfuhrnachweis § 6 (4), § 7 (4), AE 6.5-6.10, Anl. § 006-03, DV § 8-12 zu § 6
- Ausfuhrbescheinigung usw., Muster Anl. § 006-03
- bei Lohnveredelung AE 7.2
- bei PKW AE 6.9 (11-13), Anl. § 006-03
- in Be- und Verarbeitungsfällen AE 6.8, DV § 11 zu § 6
- in Beförderungsfällen AE 6.6, DV § 9 zu § 6
- in Versendungsfällen AE 6.7, DV § 10 zu § 6
- Mitwirkung der Zolldienststellen AE 6.6 (4 ff.), Anl. § 006-03
- Postsendungen AE 6.9 (5)
- sonstige Leistungen, die sich auf Gegenstände der Ausfuhr beziehen AE 4.3.4
- Unterschrift des Belegausstellers AE 6.7 (2), DV § 10 zu § 6

Ausgaben
- Bemessungsgrundlage § 10 (4) Nr. 2, 3, AE 10.6 (2)
- Entgelt (siehe Geschäftskosten)

Ausgangsfrachthilfe BFH zu § 10 vom 8.3.1990

Ausgangszollstelle § 16 (5)

Ausgleichsansprüche
- zivilrechtl. § 29, AE 29.1

Ausgleichszahlung
- Handelsvertreter (siehe dort)

Auskunftsrecht BFH zu § 2 vom 5.10.2006

Auslagen
- durchlaufende Posten AE 10.4

Auslagerer § 13a (1), AE 4.4a.1, Anl. § 004 Nr. 4a-01

Ausland § 1 (2), AE 1.9 (2)

Ausländische juristische Pers. d. öffentl. Rechts AE 2.11 (1)

Ausländischer Abnehmer § 6 (2), AE 6.3

Ausländischer Auftraggeber § 7 (2)

Ausländischer Unternehmer § 13b, Anl. § 013b-02
- Ansässigkeit Anl. § 002-09
- Finanzamt Anl. § 016-04

Auslandsbeamte AE 6.3 (3)

Ausrüstung von Beförderungsmitteln § 6 (3), AE 6.4

Ausschluss vom Vorsteuerabzug
- siehe Vorsteuerabzug

Außenwandflächen
- Vermietung AE 4.12.6 (2)

Außergemeinschaftlicher Reiseverkehr § 6 (3a), AE 6.11, DV § 13 (4) zu § 6, DV § 17 zu § 6
- Abnehmernachweis, Muster AE 6.11 (10), Anl. § 006-03
- Berichtigung von Rechnungen (s.dort)
- Merkblatt Anl. § 006-08

Aussetzung der Vollziehung BFH zu § 16

Ausstellungen
- siehe Messen

Austauschverfahren
- Kfz-Wirtschaft AE 10.5 (3)

2137

Auswärtiges Amt BFH zu § 6 vom 20.5.1998
Autobahnbenutzungsgebühr Anl. § 010-46
Auto-im-Reiszugverkehr AE 4.3.1
Automaten
– Geldspielautomaten (siehe dort)
– in Gaststätten AE 3.7 (8), EuGH zu § 4 Nr. 12 vom 12.6.2003
– in Universität BFH zu § 2 vom 15.4.2010
– Spielautomatenabgabe EuGH zu § 1 vom 15.3.1989, EuGH zu § 1 vom 3.3.1988
– Warenautomaten (siehe dort)

B
Bäckerei
– Sachentnahmen Anl. § 010-41
– Vorsteuerabzug DV § 69-70 (Anlage A I 1)
Backoffice-Tätigkeit AE 4.11.1 (2)
Ballettschule Anl. § 004 Nr. 21-13, BFH zu § 12 (2) Nr. 7 vom 12.10.1994
Bankdienstleistungen Anl. § 004 Nr. 8-15, EuGH zu § 4 Nr. 8 vom 5.6.1997
Barzahlungen
– NATO-Truppenstatut Anh. 3d
– Rechnungen Anl. § 014-22
Bauartprüfungen Anl. § 003a-02
Baubetreuung AE 3.10 (5), Anl. § 003-01
Bauen auf fremdem Boden AE 1.1 (5), Anl. § 001-05
Baugesetzbuch
– Abbruchkosten AE 1.1 (13, 18)
– Betriebsverlagerungen (siehe dort)
– Erschließungsmaßnahmen Anl. § 001-50, BFH zu § 10 vom 9.4.1987
– Härteausgleich AE 1.1 (13, 18)
– siehe auch Entschädigung
Bauherrenmodelle § 9
– Garantieleistungen § 4 Nr. 8
– Mietkaufmodell (siehe dort)
– siehe auch Zwischenmietverhältnisse
– Vorsteuerabzug (siehe gesonderte Feststellung von Besteuerungsgrundlagen)
Baukostenzuschüsse
– als Mietentgelt BFH zu § 10 vom 19.5.1988, BFH zu § 13 vom 19.5.1988
Baulast
– Entgelt AE 1.1 (8), BFH zu § 10 vom 12.11.1987
Bauleistungen AE 13b.1
– Aufbewahrung von Rechnungen Anl. § 014-21
– Verkehrsprojekte Anl. § 001-57
– Verlagerung der Steuerschuld § 13b, Anl. § 013b-05
– Vorbereitung von AE 14.2
Baumschulen AE 24.2 (1), BFH zu § 24 vom 12.1.1989
Bauschreinerei DV § 69-70 (Anlage A I 2)
Bausparkassenvertreter
– Steuerbefreiung § 4 Nr. 11, AE 4.11.1, Anl. § 004 Nr. 11-02, BFH zu § 4 Nr. 11 vom 10.6.1998, BFH zu § 4 Nr. 11 vom 9.7.1998

Bauwirtschaft
– Arbeitsgemeinschaften (siehe dort)
– Entnahme AE 3.3 (7)
– Merkblatt Anl. § 013-03
– Sollversteuerung AE 13.2
– Teilbarkeit von Bauleistungen AE 13.4
Be- und Verarbeitungen vor der Ausfuhr AE 6.8
Bedienungsanleitung AE 12.7 (14)
Beförderung
– Ausfuhr AE 6.6, DV § 9 zu § 6
– Busgestellung BFH zu § 3a vom 15.12.1992
– erhöhtes Beförderungsentgelt (Schwarzfahrer) AE 10.1 (3)
– grenzüberschreitender Verkehr § 3b, AE 3b.1-3b.4, AE 4.3.1-4.3.6, DV § 2-7 zu § 3b, EuGH zu § 3b vom 13.7.2000
– Güterbeförderungen, innergemeinschaftliche (siehe dort)
– in internationalen Gewässern EuGH zu § 3b vom 23.1.1986
– Luftverkehr § 26 (3), AE 26.1-26.5
– Ort der Beförderung § 3b, DV § 2-7 zu § 3b
– Ort der Lieferung § 3 (6), AE 3.12 (2), AE 3.12 (4), AE 6.6
– Ort der Lieferung während der Beförderung § 3e, § 4 Nr. 6, AE 3e.1
– Personenbeförderungen (siehe dort)
– Sammelbeförderungen (siehe dort)
– Steuersatz AE 12.14
– über Teilstrecken durch verschiedene Luftfrachtführer AE 26.3
– Zeitpunkt der - Anl. § 014-24
Beförderungseinzelbesteuerung
– siehe Gelegenheitsverkehr
Beförderungsleistungen
– siehe Beförderungen
Beförderungsmittel
– Ausrüstung, Versorgung § 6 (3-3a), AE 6.4, Anl. § 006-03, Anl. § 006-07
– Begriff AE 3a.5, BFH zu § 3a vom 1.9.1993
– Fahrzeuge AE 4.12.2 (2)
– Lieferung § 4 Nr. 6, BFH zu § 8 vom 13.2.1992
– Reparatur (vor Ausfuhr) AE 7.1 (6), AE 7.3 (3), AE 7.4 (2)
– Vermietung von AE 3a.2 (16), AE 3a.5, DV § 1 zu § 3a
Beförderungsstrecken
– Ort der Beförderung (siehe Beförderungen)
– Steuersatz AE 12.14
Befreiungen
– siehe Steuerbefreiungen
Beherbergung
– Frühstück BFH zu § 3a vom 15.1.2009
– Gästezimmer Anl. § 024-17
– Steuerbefreiung § 4 Nr. 12, § 4 Nr. 18, § 4 Nr. 24-25, AE 4.12.9, AE 4.18.1, AE 4.23.1, AE 4.24.1
– Steuersatz AE 12.16, AE 12.16, Anl. § 012 (2) 11-01

2138

Behindertenwerkstätten
– siehe Werkstätten für Behinderte
Beirat
– Unternehmer AE 1.6 (4), AE 2.2 (3), AE 2.3 (9)
Beistandsleistungen Anl. § 002-19
Beistellung
– siehe Leistungsbeistellung
– siehe Personalbeistellung
Beitrittsgebiet
– ABS-Gesellschaften Anl. § 010-24
– Abwasserbeseitigungsbetriebe BFH zu § 2 vom 8.1.1998
– Altlastenbeseitigung Anl. § 001-28
– Bauabfallbeseitigung Anl. § 002-11
– Berechnung der Steuer § 20 (2)
– Eigentumsrechte AE 4.9.1 (2)
– Erlass von USt BFH zu § 29 vom 21.8.1997
– NATO-Truppenstatut Anh. 3l
– Überprüfung von DDR-Vermögen BFH zu § 4 Nr. 26 vom 29.6.2000
– Vermietung von Parkflächen Anl. § 004 Nr. 12-07
Beköstigung
– Personalverpflegung (siehe dort)
– Steuerbefreiung § 4 Nr. 18, § 4 Nr. 24-25, AE 4.18.1, AE 4.23.1, AE 4.24.1
Belegschaftsrabatt AE 1.8 (6)
Belgisches Beschaffungsverfahren Anh. 3s
Beliehener Unternehmer
– siehe Hoheitliche Tätigkeit
Bemessungsgrundlage § 10, § 11
– Änderung § 17, AE 17.1, AE 17.2
– Bewertungsgesetz BFH zu § 10 vom 11.10.1996
– Durchschnittsbeförderungsentgelt § 10 (6), AE 10.8, DV § 25 zu § 10
– Einfuhr § 11
– Entgelt (siehe dort)
– erleichterte Trennung AE 22.6, Anl. § 022-04, Anl. § 022-06, DV § 63 (4) zu § 22
– Haftung § 13d, § 22 (4e), § 27 (7)
– Kreditkarte EuGH zu § 10 vom 25.5.1993
– Mindestbemessungsgrundlage (s.dort)
– Reiseleistungen § 25 (3)
– Sachzuwendungen an das Personal (siehe dort)
– Tausch, tauschähnl. Umsatz § 10 (2), AE 10.5, EuGH zu § 10 vom 12.6.1994
– unentgeltliche Wertabgabe (siehe dort)
Beratung
– Leistungsort § 3a (4), AE 3a.9 (9-13), Anl. § 003a-02
– Unternehmensberatung (Zuschuss) Anl. § 010-11
Bergbahnen § 12 (2) Nr. 10, AE 12.13
Berichtigung
– Steuer, Vorsteuer § 17, AE 17.1, AE 17.2
Berichtigung des Vorsteuerabzugs
– ab 1.1.2002 § 27 (8), BFH zu § 15a vom 7.7.2005
– ab 1.1.2005 § 27 (11), Anl. § 015a-03

– Änderung der Bemessungsgrundlage § 17, AE 17.1, BFH zu § 17, BFH zu § 18 vom 12.6.1975
– Änderung der Verhältnisse DV § 45 zu § 15a
– Berichtigungszeitraum AE 15a.3, AE 15a.5, BFH zu § 15a vom 10.5.1991, DV § 45 zu § 15a
– Besteuerungszeitraum BFH zu § 17
– Fehlerbeseitigung AE 15a.4 (3), BFH zu § 15a
– im Konkursfall (siehe Insolvenz)
– Kleinunternehmer (siehe dort)
– Land- und Forstwirtschaft (siehe dort)
– sonstige Leistungen § 15a (3, 4), AE 15a.5-15a.7
– Umlaufvermögen § 15a (2), BFH zu § 3 vom 20.12.2001
– Vereinfachung § 15a (11), AE 15a.11, DV § 44 zu § 15a
Berichtigung von Rechnungen
– ab 1.1.2004 § 14c, AE 14.10, AE 15.2 (3-5)
– Änderung der Bemessungsgrundlage § 17 (4), AE 17.1 (3)
– Antrag § 14c (2)
– bei Ausfuhren AE 14c.1 (7)
– Berichtigungserklärung AE 14c.1 (7)
– Besteuerungszeitraum AE 17.1 (10), BFH zu § 17 vom 30.11.1995
– Billigkeitsmaßnahmen EuGH zu § 14 vom 19.9.2000
– durch Rechnungsaussteller AE 14.11
– Export über den Ladentisch Anl. § 014-15
– Rechnungsrückgabe AE 14c.2, Anl. § 014-15
– USt-IdNr. AE 3a.2 (10)
– verdeckter Preisnachlass AE 10.5 (4-5)
– Widerruf der Option zur Steuerpflicht BFH zu § 9 vom 27.1.2000
Berufs- und Gewerbezweige
– Vorsteuerabzug AE 23.2, DV § 69-70 (Anlage)
Berufsbildende Einrichtungen
– Steuerbefreiung § 4 Nr. 21, AE 4.21.2-4.21.5, Anl. § 004 Nr. 21-11
Berufssportler
– Lehrgang AE 4.23.1
Berufsverbände
– Gruppenversicherung Anl. § 004 Nr. 10-01
– Unternehmer AE 2.10 (9)
Berufsverkehr
– siehe Personenbeförderungen
Bescheinigungsverfahren
– Eisenbahnfrachtverkehr AE 4.3.4 (6)
– grenzüberschreitende Güterbeförderungen AE 4.3.4 (7)
– grenzüberschreitende Personenbeförderungen § 18 (12), AE 18.17
– Organgesellschaft AE 18.16
– Steuerbefreiung, Ersatzschulen usw. § 4 Nr. 21, AE 4.21.5, Anl. § 004 Nr. 21-09, BFH zu § 4 Nr. 20, BFH zu § 4 Nr. 21
– Steuerbefreiung, Gegenstände der Einfuhr AE 4.3.3 (5)
– Steuerbefreiung, Theater usw. § 4 Nr. 20, AE 4.20.5, BFH zu § 4 Nr. 20, BFH zu § 4 Nr. 21

- Unternehmerbescheinigung (siehe Vorsteuer-Vergütungsverfahren)
- Verlagerung der Steuerschuld § 13b

Besitzkonstitut
- Vereinabrung des - AE 3.12 (6)

Besorgungsleistungen
- Begriff § 3 (11), AE 3.15, BFH zu § 15 vom 25.5.2000
- bei Theatergemeinden-Vereinen Anl. § 004 Nr. 20-01
- besorgte Leistung AE 3.15
- siehe auch Dienstleistungs-Kommission

Bestandskraft
- siehe Steuerbescheid

Bestandspflegeleistungen AE 4.11.1 (3)

Bestandteile
- siehe unentgeltliche Wertabgaben

Bestätigungsverfahren § 18e, AE 18e.1-18.2, Anl. § 027a-01, Anl. § 027a-04
- per Internet Anl. § 018e-1

Bestattung AE 3a.1

Besteller-Konkurs AE 13.2, AE 3.9, Anh. 1i (Nr. 1), BFH zu § 17 vom 26.3.1986

Besteuerungsart
- Istversteuerung (siehe dort)
- Sollversteuerung (siehe dort)

Besteuerungsform
- Kleinunternehmer § 19 (1), AE 19.1
- Land- und Forstwirtschaft AE 24.6
- Wechsel (siehe dort)

Besteuerungsgegenstand BFH zu § 4 Nr. 9 vom 29.8.1991

Besteuerungsverfahren § 18, AE 22.1, DV § 46-50 zu § 18
- ab 1.1.1996 Anl. § 018-13
- Beförderungseinzelbesteuerung (siehe Gelegenheitsverkehr)
- Fahrzeugeinzelbesteuerung (siehe Fahrzeuge, neue)
- Verlagerung der Steuerschuld (siehe dort)
- Vorsteuer-Vergütungsverfahren AE 18.10-18.16, DV § 59-62 zu § 18

Besteuerungszeitraum § 16

Beteiligungsgesellschaft
- siehe Holding

Betreiber
- Schifffahrt AE 8.1 (1)

Betreuungsleistungen AE 4.16.1, AE 4.16.5, AE 4.18.1, Anl. § 001-46
- 40%-Grenze AE 4.16.3
- eng verbundene Umsätze AE 4.16.6
- Nachweis AE 4.16.2

Betrieb gewerblicher Art § 2 (3), AE 2.11, BFH zu § 2 vom 18.8.1988, EuGH zu § 2 vom 17.10.1989
- Freizeitpark BFH zu § 2 vom 24.2.1994
- Grundstücksgeschäfte BFH zu § 15 vom 11.6.1997, BFH zu § 2 vom 11.6.1997, BFH zu § 2 vom 16.7.1998, EuGH zu § 2 vom 6.2.1997
- KStR Anh. 11
- Mehrzweckhalle AE 3.4 (6-7), AE 4.12.11
- Steuerbescheid BFH zu § 18 vom 18.8.1988
- Vorsteuerabzug AE 15.19
- Werbung Anl. § 002-13

Betrieb, gesondert geführter
- Geschäftsveräußerung AE 1.5 (6)
- Landwirtschaft § 24 (3)
- Trennung der Entgelte DV § 63 (4) zu § 22

Betriebsarzt BFH zu § 4 Nr. 14 vom 13.7.2006

Betriebsaufspaltung und Organschaft AE 2.8, BFH zu § 2 vom 21.8.1992

Betriebshelfer § 4 Nr. 27, AE 4.27.2, Anl. § 004 Nr. 27-01

Betriebsstätte AE 3a.1, Anl. § 013b-03, EuGH zu § 2 vom 23.3.2006, EuGH zu § 25 vom 20.2.1997, EuGH zu § 3a vom 17.7.1997, EuGH zu § 3a vom 4.7.1985, EuGH zu § 3a vom 7.5.1998

Betriebsübertragung
- siehe Geschäftsveräußerung

Betriebsveranstaltungen
- Sachzuwendungen AE 1.8 (4)

Betriebsverlagerungen
- BauGB AE 1.1 (13, 18), BFH zu § 10 vom 24.6.1992
- Enteignung AE 4.9.1 (2)

Betriebsvorrichtungen
- Vermietung § 4 Nr. 12, AE 4.12.10-4.12.11, AE 4.12.3, BFH zu § 4 Nr. 12 vom 16.10.1980, EuGH zu § 4 Nr. 12 vom 28.5.1998

Bewirtungsaufwendungen
- ab 1.1.2004 AE 15.6
- Rechnung (bis 31.3.1999) BFH zu § 14 vom 2.10.1990, BFH zu § 14 vom 27.6.1990

Bildagenturen
- Steuersatz AE 12.7 (18)

Bildjournalisten
- Steuersatz AE 12.7 (18)

Billigkeitsmaßnahmen
- siehe Berichtigung von Rechnungen
- siehe Erlass von USt
- siehe Steuerausweis, unberechtigter
- siehe Vorsteuerabzug

Binnenmarkt (EU)
- allgemeines Anl. § 001a-01
- Gemeinschaftsgebiet § 1 (2a), AE 1.10 (1)
- Merkblätter Anl. § 001a-01, Anl. § 002a-01, Anl. § 027a-01
- Steuersätze Anh. 1g

Biogasanlage Anl. § 010-56

Biotopkartierer
- Steuersatz AE 12.7 (1), BFH zu § 12 (2) Nr. 7 vom 19.11.1998

Blinde § 4 Nr. 19, AE 4.19.1, DV § 23 zu § 4
Blindenwerkstätten § 4 Nr. 19, AE 12.9 (12), AE 4.19.2
Blockheizkraftwerk Anl. § 002-27, Anl. § 010-56
Blut § 4 Nr. 17, AE 4.17.1 (1-2)
Blutalkoholuntersuchungen AE 4.14.5. (6), BFH zu § 2 vom 21.9.1989
Blutspendedienste AE 12.9 (4), Anl. § 004 Nr. 18-03
Blutzuckermessgeräte AE 3.3 (16)
Bodensee BFH zu § 1 vom 29.8.2002
Bootsliegeplätze
– Ort der Leistung AE 3a.3
– Vermietung § 4 Nr. 12, AE 4.12.2, Anl. § 004 Nr. 12-03
Börsengeschäfte
– mit Edelmetallen § 18 (7), DV § 49 zu § 18
– Warenterminkontrakte (siehe dort)
Botanische Gärten § 4 Nr. 20
Botschaften AE 1.9 (1)
Bowling BFH zu § 4 Nr. 12 vom 19.7.2007
Brandkassenschätzer BFH zu § 4 Nr. 26 vom 16.12.1987
Branntweine § 4 Nr. 19, AE 4.19.1 (3), BFH zu § 24 vom 27.11.1997
Brauerei BFH zu § 10 vom 10.7.1997, BFH zu § 10 vom 2.4.1990
Briefmarken
– Steuerbefreiung AE 4.8.14
– Steuersatz § 12 (Anl. Nr. 49)
– Vorsteuerabzug AE 15.18, DV § 43 zu § 15
Briefmarkensammler
– Unternehmer AE 2.3 (6), BFH zu § 2 vom 29.6.1987
Briefmarkenversteigerungen Anl. § 014-02
Brieftauben BFH zu § 10 vom 18.8.2005
Brillenverkauf
– Selbstabgabestellen § 2 (3), § 4 Nr. 15, AE 4.15.1
Bruchteilseigentum
– siehe auch Miteigentum
Bruchteilsgemeinschaften
– siehe auch Ehegattengrundstücke
– Unternehmer AE 2.1 (2), BFH zu § 2 vom 29.4.1993
– Vorsteuerabzug BFH zu § 15 vom 1.10.1998, BFH zu § 15 vom 1.8.2002, BFH zu § 15 vom 6.10.2005
Bruttoaufzeichnung AE 22.5 (1)
Buchbinderei DV § 69-70 (Anlage A I 4)
Bücher
– Buch Scheck Service Anl. § 001-04
– innergemeinschaftl. Erwerb AE 4b.1 (2), Anl. § 004b-01
– Instandsetzung EuGH zu § 3 vom 14.5.1996
– Steuersatz § 12 (Anl. Nr. 49)
Büchereien § 4 Nr. 20
Buchführungspflicht
– Eintritt der - AE 23.4

Buchmacher AE 4.9.2
Buchnachweis
– allgemeines AE 6.10
– Ausfuhr, Einfuhr AE 4.3.6, DV § 20-21 zu § 4
– Ausfuhrlieferungen AE 6.10, Anl. § 006-07, BFH zu § 6, DV § 13 zu § 6
– bei PKW-Ausfuhren AE 6.9 (11-13), Anl. § 006-03
– bei Reiseleistungen DV § 72 zu § 25
– innergemeinschaftl. Lieferungen DV § 17c zu § 6a
– Lohnveredelung bei Ausfuhr AE 7.3, DV § 13 zu § 6
– Luftfahrt, Seeschifffahrt AE 8.3, DV § 18 zu § 8
– nach NATO-ZAbk Anh. 3d
– USt-IdNr. (siehe dort)
– Vermittlungsleistungen AE 4.5.4, DV § 22 zu § 4
– Zeitpunkt des BFH zu § 6a vom 10.2.2005
Buchprüfer, vereidigter
– Ort der Leistung § 3a (4)
Bund der Kriegsblinden DV § 23 zu § 4
Bundesanstalt für Landwirtschaft und Ernährung (BALM) § 2 (3)
Bundesarbeitsgemeinschaft
– „Hilfe für Behinderte" DV § 23 zu § 4
Bundeszentralamt für Steuern
– USt-IdNr. Anl. § 001a-01, Anl. § 027a-01
– Vorsteuer-Vergütungsverfahren AE 18g.1
Bunkeröl
– Ausfuhr Anl. § 006-01
– innergemeinschaftl. Anl. § 006a-03
Bürge
– Vorsteueraufteilung AE 15.18
Bürgschaften § 4 Nr. 8, AE 4.8.12
Büsingen § 1 (2)
– ausländischer Abnehmer AE 6.3
– Begriff bis 31.12.1993: Zollausschuss
– Ort der Leistung AE 6.3 (1)
Bußgeldvorschriften § 26a
Butterbeihilfe AE 10.2

C
Cafeteria
– Studentenwerke AE 12.9 (4), AE 4.18.1, Anl. § 012 (2) 8-01, BFH zu § 4 Nr. 18 vom 11.5.1988
Callcenter EuGH zu § 4 Nr. 8 vom 13.12.2001, EuGH zu § 4 Nr.9 vom 13.7.2006
Campingflächen/Campingplätze
– Ort der Leistung AE 3a.3
– Steuersatz AE 12.16
– Vermietung § 4 Nr. 12, AE 12.16, AE 4.12.3
Carsharing BFH zu § 12 (2) Nr. 8 vom 12.6.2008
Cartoonisten
– Steuersatz AE 12.7 (16)
Caterer
– Personalverpflegung AE 1.8 (12), BFH zu § 10 vom 18.7.2002

Chemiker
- Handels- AE 3a.9 (12)
- klinische - § 4 Nr. 14, AE 4.14.5 (8, 9)

Chöre
- Steuerbefreiung § 4 Nr. 20, AE 4.20.2, AE 4.20.5
- Steuersatz § 12 (2) Nr. 7a, AE 12.5

Computer
- an Arbeitnehmer Anl. § 003-16

Computer-Programme
- siehe Software

Container
- Ausrüstungsgegenstand AE 8.1 (7), AE 8.2 (6)

D

Darlehen
- Brauereidarlehen BFH zu § 10 vom 10.7.1997, BFH zu § 10 vom 2.4.1990

Datenverarbeitung
- Datenträger (Steuersatz) Anl. § 012 (2) 1-03
- Ort der Leistung § 3a (4), AE 3a.9 (15)
- Rechnungen Anl. § 014-07
- Software (siehe dort)
- Steuerbefreiung AE 4.8.7 (2)
- zwischen jur. Pers. d. öffentl. Rechts Anl. § 002-19

Datenzugriff Anl. § 014-17

Dauerfristverlängerung AE 18.4, Anl. § 018-12, BFH zu § 18, DV § 46-48 zu § 18
- Datenträger Anh. 7
- siehe auch Sondervorauszahlung
- Zusammenfassende Meldung AE 18a.2 (1)

Dauerleistungen
- Erbbaurecht (siehe dort)
- Nießbrauch (siehe dort)
- Sollversteuerung AE 13.1
- Unternehmer AE 2.3 (6)

Dauernutzungsrechte (WEG 31)
- Ort der Leistung AE 3a.3 (6)
- Steuerbefreiung § 4 Nr. 12, AE 4.12.8, Anl. § 004 Nr. 12-01

Dauerwohnrechte (WEG 31)
- Ort der Leistung AE 3a.3 (6)
- Steuerbefreiung § 4 Nr. 12, AE 4.12.8, Anl. § 004 Nr. 12-01

Delphinarien AE 12.8 (3), AE 4.20.4 (1), BFH zu § 12 (2) Nr. 7 vom 20.4.1988

Denkmäler
- Bau-, Gartenbaukunst § 4 Nr. 20, AE 4.20.3
- Grabdenkmäler Anl. § 012 (2) 1-09

Dental-Hygieniker AE 4.14.4 (11), BFH zu § 4 Nr. 14 vom 12.10.2004

Dentisten
- Steuerbefreiung AE 4.14.3 (9)
- Steuersatz AE 12.4 (3)

Deponiegebühren
- durchlaufende Posten (s.dort)

Depotgeschäft § 4 Nr. 8, AE 4.8.9, Anl. § 004 Nr. 8-06

Deputate
- siehe Sachzuwendungen an das Personal

Detektive AE 3a.9 (16)

Deutsche Bahn AG
- Fahrausweise AE 14.7, DV § 34 zu § 14
- sog. Starthilfe BFH zu § 1 vom 21.4.2005

Deutsche Bundespost TELEKOM
- Steuerbefreiung (ab 1.1.1993) § 4 Nr. 11a

Deutsche Post AG
- ab 1.7.2010 Anl. § 004 Nr. 11b-03
- Ausfuhrnachweis AE 6.9 (5)
- Nachnahmeverkehr AE 10.1 (3)
- Porto Anl. § 010-31
- postvorbereitende Leistungen EuGH 3.7 (10)
- Steuerbefreiung (ab 1.1.1995) § 4 Nr. 11b

Deutsche Telekom AG
- Steuerbefreiung (ab 1.1.1995) § 4 Nr. 11a
- T-Online Dienst Anl. § 015-17

Deutscher Blindenverband DV § 23 zu § 4

Deutscher Caritasverband DV § 23 zu § 4

Deutscher Paritätischer Wohlfahrtsverband DV § 23 zu § 4

Deutsches Jugendherbergswerk § 4 Nr. 24, AE 4.24.1

Deutsches Rotes Kreuz e.V. DV § 23 zu § 4
- Blutspendedienste AE 12.9 (4), Anl. § 004 Nr. 18-03

Diagnosekliniken § 4 Nr. 14

Diakonisches Werk DV § 23 zu § 4

Diebstahl AE 22.6 (4), EuGH zu § 1 vom 14.7.2005

Dienstleistungskommission § 3 (11), AE 3.15, Anl. § 004 Nr. 20-05, BFH zu § 25 vom 2.3.2006, BFH zu § 25 vom 7.10.1999

Dienstreisen
- siehe Reisekosten

Differenzbesteuerung
- Abzugsverfahren Anl. § 025a-01
- Aufzeichnungen AE 25a.1 (17)
- Einzeldifferenz AE 25a.1 (11)
- Gesamtdifferenz § 25a (4), AE 25a.1 (12-14)
- Gesamtumsatz AE 19.3
- innergemeinschaftl. Warenverkehr AE 25a.1 (18-20)
- Reiseleistungen (siehe dort)
- Steuerausweis AE 25a.1 (16)
- Verzicht § 25a (8), AE 25a.1 (21)
- Vorsteuerabzug § 25a (5), AE 15.2 (6)

Dingliche Nutzungsrechte
- Ort der Leistung § 3a (3), AE 3a.3 (9)
- Steuerbefreiung § 4 Nr. 12, AE 4.12.8, Anl. § 004 Nr. 12-01, BFH zu § 24 vom 11.5.1995
- Vorsteuerberichtigung AE 15a.2 (6)

Diplomaten
- Ausfuhr AE 6.3 (3)
- UStErstV Anh. 9

Diplomatische Missionen
- innergemeinschaftl. Erwerb § 1c, AE 1c.1

- innergemeinschaftl. Lieferungen an - § 4 Nr. 7, AE 4.7.1, Anl. § 004 Nr. 7-02
- Lieferungen an - AE 4.7.1
- Steuerbefreiung § 4b Nr. 3, § 5 (2) Nr. 6
- UStErstV Anh. 9

Dirigent
- Steuersatz AE 12.5 (1), AE 12.7 (19)

Disketten
- Steuersatz Anl. § 012 (2) 1-03
- Wertbemessung bei der Einfuhr BFH zu § 11 vom 10.3.1992

Dispacheure AE 8.1 (7)

Dolmetscher
- JVEG AE 1.3 (9, 15)
- Konferenzübersetzer (siehe dort)
- Leistungsort § 3a (4)

Domizilgesellschaften BFH zu § 1 vom 26.4.2001, BFH zu § 15 vom 16.1.2003, BFH zu § 2 vom 30.11.2000

Doppelbelastung USt und GrESt AE 4.9.1, BFH zu § 4 Nr. 9, EuGH zu § 1 vom 16.12.1992

Doppelumsatz
- siehe Sicherungsgut

Dorfhelferinnendienste AE 4.27.2

Dreifachumsatz
- siehe Sicherungsgut

Drittlandsgebiet § 1 (2a), AE 1.10 (2), Anl. § 006-03

Drittlandsunternehmer § 18 (4c), AE 3a.12, AE 3a.16

Drogerien DV § 69-70 (Anlage A II 3)
- Trennung der Bemessungsgrundlagen AE 22.6 (3ff.)

Druckerei DV § 69-70 (Anlage A I 5)

Druckerzeugnisse
- Abgabe an Mitglieder AE 1.4 (6)
- Ausfuhr AE 6.9 (7-9)
- Druckkostenbeihilfen AE 10.2 (5), Anl. § 010-47, BFH zu § 10 vom 22.10.1993, BFH zu § 10 vom 28.7.1994
- Fremdenverkehrsprospekte (siehe Fremdenverkehrsvereine)
- Steuersatz § 12 (Anl. Nr. 49)

Duales System
- Grüner Punkt Anl. § 001-11, Anl. § 012 (1)-01
- Wertstoffsammlung BFH zu § 10 vom 16.6.1998

Duldungsleistung
- siehe Dauerleistungen

Düngemittel
- Landhandel AE 24.6 (3)
- Steuersatz § 12 (Anl. Nr. 45), BFH zu § 12 (2) Nr. 1-2 vom 20.2.1990, BFH zu § 12 (2) Nr. 1-2 vom 25.6.1992

Durchfuhr § 4 Nr. 3, AE 4.3.4, DV § 20-21 zu § 4

Durchlaufende Posten § 10 (1), AE 10.4
- Benefiz-Schallplatten Anl. § 010-12
- Deponiegebühren Anl. § 010-40, BFH zu § 10 vom 11.2.1999
- Lotterie Anl. § 010-19
- Porto Anl. § 010-31
- Restschuldversicherung Anl. § 010-06

Durchschnittsbeförderungsentgelt § 10 (6), AE 10.8, DV § 25 zu § 10
- siehe Gelegenheitsverkehr

Durchschnittskurse
- siehe Umrechnung

Durchschnittssätze
- Land- und Forstwirtschaft § 24, AE 22.5 (5), Anl. § 024-09, DV § 67 zu § 22, DV § 74 (2) zu § 28
- Vereine § 23a, AE 15.2 (6), AE 22.5 (4), AE 23.1-23.4
- Verfahren AE 23.4
- Vorsteuerbeträge § 23, § 23a, AE 15.2 (6), AE 23.1-23.4, DV § 66a zu § 22, DV § 69-70 (Anlage), DV § 69-70 zu § 23

Duty-Free-Shop § 4 Nr. 6, BFH zu § 6 vom 3.11.2005

E

Edelmetallumsätze
- allgemeines AE 3a.9 (18)
- Verzicht auf Steuererhebung DV § 49 zu § 18

EDV-Programm
- siehe Software

EG-Recht
- 6. EG-Richtlinie, Art. 33 Anh. 1i (Nr. 13), EuGH zu § 1 vom 15.3.1989, EuGH zu § 1 vom 16.12.1982, EuGH zu § 1 vom 3.3.1988, EuGH zu § 1 vom 3.3.1998, EuGH zu § 1 vom 31.3.1992
- Emmott'sche Fristenhemmung Anh. 1i (Nr. 8), BFH zu § 10 vom 21.3.1996
- Europäischer Gerichtshof (siehe dort)
- freier Beruf Anh. 1i (Nr. 12)
- in anderen Mitgliedstaaten Anh. 1h
- Klagefristen BFH zu § 1 vom 29.11.1994
- Rechtsprechung Anh. 1i
- siehe auch Binnenmarkt
- Umsatzsteuer für unerlaubte Tätigkeiten (siehe Umsatzsteuer)
- zum nationalen Recht BFH zu § 17 vom 26.3.1986

EG-Richtlinien
- 06. EG-Richtlinie Anh. 1d
- 13. EG-Richtlinie Anh. 1f
- allgemeines Anh. 1i
- MwStSystRL Anh. 1a

EG-Verordnungen
- Durchführungsverordnung Anh. 1c
- Durchführungsverordnung für 6. EG-Richtlinie Anh. 1d
- Linienverkehr AE 12.13 (5)
- Zusammenarbeits-VO Anh. 8a, Anh. 8b

Ehegatten
- siehe auch nahestehende Personen

Ehegattengrundstücke
- Bebauung Anl. § 001-05

- Miteigentumsanteil AE 15a.2 (6), AE 4.9.1 (2), Anl. § 015-47
- Praxisraumvermietung BFH zu § 15 vom 16.1.1992, BFH zu § 9 vom 14.12.1995
- Praxisraumvermietung, wechselseitige BFH zu § 15 vom 1.4.1993, BFH zu § 9 vom 25.1.1994
- Unternehmer AE 2.1 (2), BFH zu § 2 vom 25.10.1988, BFH zu § 2 vom 29.4.1993
- Vermietung BFH zu § 15 vom 16.1.1992
- Vorsteuerabzug Anl. § 015-47, BFH zu § 14 vom 7.11.2000, BFH zu § 15 vom 1.8.2002, BFH zu § 15 vom 16.1.1992, BFH zu § 15 vom 26.11.1987, BFH zu § 15 vom 28.11.2000, BFH zu § 15 vom 4.10.2005, EuGH zu § 15 vom 21.4.2004

Ehrenamtliche Tätigkeit
- Entschädigung, angemessen Anl. § 004 Nr. 26-01
- Steuerbefreiung § 4 Nr. 26, AE 4.26.1

Eigengesellschaften
- jur. Pers. d. öffentl. Rechts AE 2.11 (20)

Eigenhandel AE 3.7

Eigenjagdbezirk
- Verpachtung AE 2.11 (19), AE 24.1 (10), Anl. § 024-14, BFH zu § 2 vom 22.9.2005, BFH zu § 24 vom 11.2.1999

Eigentumsvorbehalt AE 3.1 (3), BFH zu § 10 vom 16.1.2003, BFH zu § 17

Eigenverbrauch (bis 31.3.1999)
- ab 1.4.1999 (siehe unentgeltliche Wertabgaben)
- Aufwendungs- BFH zu § 1 vom 6.8.1998
- Bemessungsgrundlage BFH zu § 10 vom 11.4.1996, BFH zu § 10 vom 24.8.2000
- Entnahme- BFH zu § 1 vom 17.12.1992, BFH zu § 1 vom 29.8.1991, BFH zu § 1 vom 30.3.1995, BFH zu § 15 vom 21.4.1988, EuGH zu § 1 vom 6.5.1992
- ertragsteuerl. Werte BFH zu § 10 vom 11.4.1996, BFH zu § 10 vom 12.5.1998, BFH zu § 10 vom 28.6.1995, BFH zu § 10 vom 9.2.1995
- EuGH-Rechtsprechung BFH zu § 1 vom 17.12.1992, BFH zu § 1 vom 29.11.1994, BFH zu § 1 vom 29.8.1991, BFH zu § 10 vom 11.4.1996, EuGH zu § 1 vom 27.6.1989, EuGH zu § 1 vom 6.5.1992
- Grundstücke BFH zu § 1 vom 18.11.1999, BFH zu § 1 vom 26.4.1995, BFH zu § 15 vom 15.9.1994, BFH zu § 4 Nr. 9 vom 16.9.1987
- Leistungs- BFH zu § 1 vom 10.6.1999 (DStR), BFH zu § 10 vom 11.3.1999, BFH zu § 10 vom 11.4.1996, BFH zu § 10 vom 24.8.2000, EuGH zu § 1 vom 25.5.1993, EuGH zu § 1 vom 27.6.1989
- Nießbrauch (siehe dort)
- Ort des - BFH zu § 3a vom 24.11.1988
- PKW (siehe dort)
- Repräsentationsaufwendungen (siehe hier Aufwendungs-)
- sonstige Leistungen (siehe hier Leistungs-)

- Steuerbefreiung BFH zu § 9 vom 20.12.1988
- Telefon BFH zu § 1 vom 14.4.1994

Einfuhr
- Einfuhrlieferung Anl. § 004 Nr. 4a-01
- sonstige Leistungen im Zusammenhang mit - AE 4.3.3
- Steuerbefreiung § 5
- vorangehende Lieferung AE 4.4b.1

Einfuhrumsatzsteuer § 1 (1), AE 1.9 (2)
- ATLAS-Verfahren AE 15.11, Anl. § 015-30
- Aufzeichnungen AE 22.5 (2), DV § 64 zu § 22
- bei Nichtannahme eingeführter Gegenstände AE 15.8 (11)
- Bemessungsgrundlage § 11, § 21
- Ersatzbeleg (siehe dort)
- Haftung BFH zu § 21 vom 14.12.1988
- Sondervorschriften § 21
- Steuerbefreiung § 5
- unerlaubte Einfuhr EuGH zu § 1 vom 28.2.1984
- unzulässiger Binnenverkehr BFH zu § 1 vom 23.5.2006
- Vorsteuerabzug § 15, § 16 (2), AE 16.1 (2), Anl. § 015-04, Anl. § 015-14, BFH zu § 21 vom 14.12.1988

Einfuhrumsatzsteuer-Befreiungsverordnung DV zu § 5

Einheitlichkeit der Leistung AE 4.12.5
- allgemeines AE 3.10, Anl. § 012 (2) 9-02, BFH zu § 1 vom 28.1.1993, BFH zu § 12 (2) Nr. 9
- Vermietung Anl. § 004 Nr. 12-13
- Werbung BFH zu § 4 Nr.8 vom 6.12.2007

Einlagengeschäft
- Steuerbefreiung § 4 Nr. 8, AE 4.8.5

Einrichtungen mit sozialem Charakter AE 4.25.1

Einrichtungen mit sozialer Zweckbestimmung AE 4.14.1

Einstellungsuntersuchung Anl. § 004 Nr. 14-16

Eintrittsgelder
- Steuersatz AE 12.3 (3)

Eintrittskarten
- ab 1.1.2011 Anl. §003a-18
- Handel mit - AE 3.7 (9), Anl. § 004 Nr. 20-05, BFH zu § 25 vom 10.12.2009, BFH zu § 3a vom 5.2.2002
- Sponsoring Anl. § 001-61
- Verkauf AE 3.5 (3)

Einzelauskunftsersuchen
- anderer Mitgliedstaaten Anh. 8b
- Dienstanweisung Anh. 8c
- Vorlage von Urkunden § 18d, AE 18d.1
- Zusammenarbeits-VO Anh. 8a, Anh. 8b

Einzelbesteuerung
- Beförderungseinzelbesteuerung (siehe Gelegenheitsverkehr)
- Fahrzeugeinzelbesteuerung (siehe Fahrzeuge, neue)
- Zolldienststelle § 16 (5), § 18 (5)

Einzige Anlaufstelle § 18 (4c)
Eisenbahnen des Bundes
- Steuerbefreiung § 4 Nr. 6, AE 4.5.5
- Wechselverkehr AE 15.5 (3)

Eisenbahnfrachtverkehr
- internationaler AE 4.3.2 (2), AE 4.3.3

Eislaufverein BFH zu § 12 (2) Nr. 8 vom 28.9.2000

Elektrizitätslieferungen
- ab 1.1.2005 § 13b, § 3a (4) Nr. 14, § 3g, § 5 (1) Nr. 6, AE 14.10, AE 3a.13, AE 3g.1
- ab 1.1.2011 Anl. §003a-18
- Leitungen AE 3.12 (5)
- NATO-Truppenstatut Anh. 3d
- Regelzonenausgleich AE 1.7

elektronische Umsätze § 3a (4) Nr. 13

Elektroscooter Anl. § 012 (2) 1-23, BFH zu § 12 (2) 1-2 vom 31.1.2008

Emissionsgeschäfte
- Steuerbefreiung § 4 Nr. 8, AE 4.8.8 (2)
- Treibhausgase Anl. § 003a-13

Endrechnung AE 14.8, Anl. § 014-11

Endverbraucher AE 2.1

Entgelt § 10 (1-2), § 17
- allgemeines BFH zu § 10 vom 10.5.1990, BFH zu § 17 vom 13.12.1995, EuGH zu § 1 vom 3.3.1994, EuGH zu § 10 vom 1.7.1982, EuGH zu § 10 vom 27.3.1990, EuGH zu § 10 vom 5.5.1994
- bei Umsatzvergütungen (siehe Incentive-Reisen)
- Doppelzahlungen BFH zu § 17 vom 13.12.1995
- freiwillige Zahlungen AE 10.1 (5)
- in Rechnung Anl. § 014-20, Anl. § 014-23, BFH zu § 14c vom 18.1.2001, BFH zu § 15 vom 27.7.2000
- irrtümlich ohne Umsatzsteuer AE 10.1 (3)
- Kostenumlage BFH zu § 1 vom 6.9.1994
- kreditfinanziert EuGH zu § 10 vom 15.5.2001
- Schmiergeldzahlungen BFH zu § 1 vom 14.12.1989
- Schuldübernahme AE 1.1 (3), AE 4.8.11
- Teilentgelte (siehe Anzahlungen)
- Trennung der Entgelte AE 22.6, Anl. § 022-04, Anl. § 022-06
- Uneinbringlichkeit von Forderungen (siehe dort)
- Verzicht auf - AE 2.3 (8), BFH zu § 1 vom 7.7.2005, BFH zu § 17 vom 10.8.2005
- von dritter Seite AE 10.2, Anl. § 004 Nr. 21-12
- Zahlungen an Dritte AE 10.1 (7), BFH zu § 10 vom 19.10.2001
- Zuschüsse (siehe dort)

Entgeltsberechnung AE 15.4
- Tabelle Anh. 20

Entgeltsentrichtung
- keine Leistung AE 1.1 (3)

Entgeltsminderung
- Änderung der Bemessungsgrundlage § 17, AE 10.3, AE 17.1, AE 17.2, Anl. § 017-06, Anl. § 017-07

- Aufzeichnungen AE 22.6 (20)
- EuGH-Rechtsprechung EuGH zu § 10 vom 15.10.2002, EuGH zu § 10 vom 24.10.1996
- Rechnung Anl. § 014-20, Anl. § 014-23
- Skonto (siehe dort)

Entnahme
- siehe unentgeltliche Wertabgaben

Entschädigung
- bei Kartoffelproduktion EuGH zu § 1 vom 18.12.1997
- für Gebäudeabbruch AE 1.1 (13, 18)
- für Leitungsrechte an Grundstücken (siehe Grundstücke)
- nach BauGB AE 1.1 (13, 18, 19), BFH zu § 10 vom 24.6.1992
- Nichtabnahmeentschädigung (Kredite) AE 4.8.2 (6)
- Schadensersatz (siehe dort)
- Warenkreditversicherung AE 1.3 (7)

Entstehung der Umsatzsteuer
- vereinbarte Entgelte AE 13.1-13.5
- vereinnahmte Entgelte AE 13.6, Anl. § 020-01, EuGH zu § 13 vom 26.10.1995

Erbbaurecht
- Dauerleistung AE 3.1 (4), BFH zu § 3 vom 20.4.1988
- siehe auch dingliche Nutzungsrechte
- Steuerbefreiung § 4 Nr. 9, AE 4.9.1 (2), BFH zu § 4 Nr. 9 vom 12.3.1992

Erben
- Grundstück AE 3.3 (8)
- Mindestbemessungsgrundlage AE 14.9
- Unternehmer AE 19.1 (5), AE 2.6 (5), AE 2.7 (2)
- Vorsteuerberichtigung BFH zu § 15a vom 18.3.2003

Erbenermittler AE 3a.9 (16)

Erfüllungsgehilfe
- Ort der Leistung AE 3a.15
- Steuersatz Anl. § 012 (2) 7-08
- Unternehmer AE 2.11 (3)

Ergänzungsabkommen
- NATO-Hauptquartiere Anh. 4a-4j, Anl. § 004 Nr. 7-01

Ergänzungsschulen
- Steuerbefreiung § 4 Nr. 21, AE 4.21.2-4.21.5

Ergotherapeuten AE 4.14.4 (11)

Erlass von Umsatzsteuer
- Abwälzung der USt BFH zu § 29 vom 21.8.1997
- aus berichtigtem Vorsteuerabzug Anl. § 015-02

Erlöspoolung
- Entgelt AE 10.1 (3)

Erneuerbare Energien AE 2.5, Anl. § 010-57

Ersatzbeleg
- bei Ausfuhren Anl. § 006-03
- bei EUSt zum Vorsteuerabzug Anl. § 015-01, Anl. § 015-03, Anl. § 015-14, BFH zu § 21 vom 17.2.1987

2145

Ersatzschulen § 4 Nr. 21, AE 4.21.1
Erschließungsmaßnahmen AE 1.1 (5, 13),
Anl. § 001-50, Anl. § 013b-07, Anl. § 015-53,
BFH zu § 10 vom 9.4.1987, BFH zu § 15 vom
13.1.2011, BFH zu § 15 vom 9.11.2006,
BFH zu § 3 vom 20.12.2005
Erstattung von Vorsteuern
– an Diplomaten Anh. 9
– an EG-Dienststellen Anh. 1h
– Schweiz Anh. 1h
– Vorsteuer-Vergütungsverfahren (siehe dort)
Erwerbsgenossenschaft AE 24.1 (3)
Erwerbsschwelle § 1a (3-4), AE 1a.1 (2-3),
AE 3c.1 (2), Anh. 1h, Anl. § 001a-01
EURO
– Steuerausweis Anl. § 015-33
– Umrechnung Anl. § 016-05
EURO-Adresse AE 27a.1, Anl. § 027a-04
Eurofisc Anh. 8b, Art. 33ff.
Europäische Union
– ab 1.1.2007 Anl. § 001-63
– ab 1.5.2004 Anl. § 001-54
– Gemeinschaftsgebiet § 1 (2a), AE 1.10 (1)
Europäische wirtschaftliche Interessen-
vereinigung (EWIV)
– Unternehmer AE 2.10 (1)
Europäische Wirtschaftsgemeinschaft
– siehe Europäische Union
Europäischer Gerichtshof
– Vorlagepflicht Anh. 1i (Nr. 7)
Europäischer Sozialfonds AE 10.2 (7), Anl. § 004
Nr. 21-11
Existenzgründung
– siehe Vorbereitungshandlungen
Existenzminimum
– bei der USt BFH zu § 19 vom 28.9.1993,
BVerfG zu § 12 (1) vom 6.12.2007
Export über den Ladentisch
– siehe Ausfuhren (Drittlandsgebiet)

F

Factoring AE 10.5 (6), AE 2.4, Anl. § 002-21,
BFH zu § 17 vom 27.5.1987, EuGH zu § 2 vom
26.6.2003
Fahrausweise
– online AE 14.4 (5)
– Rechnung AE 14.7, DV § 34 zu § 14
– Vorsteuerabzug AE 15.5, DV § 35 zu § 15
Fahrlehrer
– Unternehmer AE 2.2 (3)
Fahrschulen § 4 Nr. 21, AE 13.4, AE 4.21.2 (6),
Anl. § 004 Nr. 21-10
Fährverkehr
– Steuerbefreiung § 4 Nr. 6, § 4 Nr. 6, AE 4.6.2
– Steuersatz § 12 (2) Nr. 10
Fahrzeuge, neue
– ab 1.1.2002 § 18c
– ab 1.7.2010 Anh. 5

– Erwerb § 13 (1), § 16 (5a), § 18 (5a), § 1b,
AE 1b.1, Anl. § 001a-01, Anl. § 001b-01,
Anl. § 001b-02
– Fahrzeugeinzelbesteuerung § 14a, § 16 (5a),
§ 18 (5a), AE 16.3, AE 18.8
– Fahrzeuglieferer § 14a, § 15 (4a), § 18 (4a), § 2a,
§ 6a (1), Anl. § 018-12, DV § 17c (4) zu § 6a
– FzgLiefgMeldV Anh. 5
– Informationsaustausch Anl. § 018c-01
– Kfz-Zulassungsstellen § 18 (10), Anl. § 018-14
– Kleinunternehmer § 19 (4)
– Meldepflicht § 18c
– Merkblatt Anl. § 002a-01
– Ort der Leistung § 3c (5)
– Rechnung § 14a, AE 14a.1
– Steuerbefreiung § 4 Nr. 1, § 6a, AE 4.7.1 (4)
– Umsatzsteuererklärung Anl. § 018-17
Fahrzeuglieferungs-Meldepflichtverordnung
AE 18c.1, Anh. 5
Fälligkeit der Umsatzsteuer § 16, § 18
Fälligkeitszinsen
– Schadensersatz AE 1.3 (6)
Falschgeld
– EUSt EuGH zu § 1 vom 6.12.1990
Familienheimfahrten
– PKW-Überlassung AE 1.8 (18)
Familienhelfer
– Steuerbefreiung § 4 Nr. 25
Fautfrachten AE 1.3 (7)
Fehlmaßnahmen
– siehe Vorsteuerabzug
Ferienwohnung
– im Ausland BFH zu § 25 vom 21.1.1993
– Teilnutzungsrecht EuGH zu § 3a vom 3.9.2009
– Veräußerung AE 19.1 (6)
– Vermietung AE 25.1 (1, 10), AE 3.15 (7),
BFH zu § 15 vom 25.5.2000, BFH zu § 25 vom
21.1.1993, BFH zu § 25 vom 7.10.1999,
BFH zu § 3 vom 7.10.1999
– Vermittlung AE 3a.3 (9)
– Vorsteuerabzug BFH zu § 15 vom 18.3.1988
Fernsehen
– Fernsehaufnahmen AE 12.7 (23), BFH zu § 3a
vom 24.3.1999
– Fernsehdienstleistungen § 3a (4) Nr. 12,
AE 3a.11
– Fernsehübertragungsrechte AE 3a.9 (2)
– Steuersatz BFH zu § 12 (2) Nr. 7 vom 26.1.2006
Festpreisvereinbarung
– bei Vertragsumstellung § 29
– Reisebüro AE 3.7 (9)
Festsetzungsverjährung AE 14c.1
Filialunternehmen
– Trennung der Bemessungsgrundlagen
AE 22.6 (16)
Filme
– Auftragsproduktion AE 3a.9 (2)
– Lehrfilme AE 12.7 (22)
– Lieferung AE 3a.9 (2)
– Pornofilm BFH zu § 12 (2) Nr. 7 vom 18.6.1993

- Verzehrkino Anl. § 003-32, BFH zu § 12 (2) Nr. 7 vom 7.3.1995, BFH zu § 3 vom 27.10.2009
- Vorführung § 12 (2) Nr. 7b, AE 12.6

Finanzumsätze
- Option zur Steuerpflicht § 9 (1), AE 9.1
- Ort der Leistung § 3a (4), AE 3a.9 (17)
- Steuerbefreiung § 4 Nr. 8

Firmenkunden-Reisebüros AE 4.5.2

Firmenwert Anl. § 003-34

Fischereirecht EuGH zu § 4 Nr. 12 vom 6.12.2007

Fischzucht § 24 (2)

Fiskalvertreter
- ab 1.1.1997 § 22a-e, Anl. § 003a-04, Anl. § 022a-01
- in anderen EU-Staaten Anh. 1h, Anl. § 027a-03
- Steuerberatungsgesetz Anh. 12

Fitness-Clubs Anl. § 012 (2) 9-03, BFH zu § 12 (2) Nr. 9

Fleurop-Geschäfte Anl. § 014-01

Flugunregelmäßigkeit
- bei Reiseleistungen Anl. § 025-04

Flugzeug
- Eigenverbrauch (siehe dort)
- Flugsport BFH zu § 1
- Vorsteuerabzug (siehe dort)

Flurbereinigungsverfahren AE 1.1 (18)

Flurschaden AE 1.3 (16)

Forderungen
- Abtretung (siehe dort)
- Haftung (siehe dort)
- Kauf von - (siehe Factoring)
- Kontokorrentverkehr (siehe dort)
- Uneinbringlichkeit (s.dort)
- Verkauf AE 13.1 (5)
- Verzicht auf - BFH zu § 1 vom 7.7.2005, BFH zu § 17 vom 10.8.2005
- zahlungsgestört AE 2.4 (7,8)
- zahlungsgestörte Anl. § 002-21

Formkosten
- bei Ausfuhr Anl. § 006-02

Forschungsbetriebe
- Auftragsforschung EuGH zu § 4 Nr. 21a vom 20.6.2002
- Hochschulen § 27 (10)
- Leistungsaustausch AE 10.2, BFH zu § 1 vom 25.1.1996
- Steuersatz AE 12.7 (14), Anl. § 012 (2) 7-04, BFH zu § 12 (2) Nr. 8 vom 30.11.1995
- Unternehmer AE 2.10
- Vorsteuerabzug AE 2.10, BFH zu § 19 vom 18.11.1999
- Zuschüsse (siehe dort)

Forstwirtschaft
- Land- und Forstwirtschaft (siehe dort)

Fortbildung § 4 Nr. 21, AE 4.21.2 (3), Anl. § 004 Nr. 21-11

Fotoflüge BFH zu § 3a vom 1.9.1993

Fotografen
- Steuersatz AE 12.7 (18), BFH zu § 12 (2) Nr. 1-2 vom 25.6.1992
- Vorsteuerabzug § 23, AE 23.2 (3)

Fotokopien
- als Beleg AE 4.3.3 (4)
- sonstige Leistung AE 3.5
- sonstige Leistungen BFH zu § 3 vom 26.9.1991
- Steuersatz AE 12.7 (22)

Frachtbrief
- Ausfuhr AE 4.3.2 (6), AE 6.7 (1)

Frachtführer AE 22.6 (17-18), AE 4.3.2 (4), Anl. § 010-13

Frachthilfen
- Ausgangsfrachthilfen BFH zu § 10 vom 8.3.1990

Französisches Beschaffungsverfahren Anh. 3d

Frauenmilch § 4 Nr. 17, AE 4.17.1 (3)

Freifahrten
- Arbeitnehmer AE 1.8 (17)

Freihäfen § 1 (2-3), AE 1.11, AE 1.12, AE 1.9 (1), AE 3b.1 (14-18), DV § 6 zu § 3b, DV § 7 zu § 3b
- Ausfuhrlieferungen AE 6.1 (3), AE 6.9 (1)
- Güterbeförderungen, innergemeinschaftl. AE 3b.3

Freihafenlagerung § 1 (3), AE 1.12
- Steuervergütung § 4a, AE 4a.2 (5)

Freihafen-Veredelungsverkehr § 1 (3), AE 1.12

Freiinspektionen
- Kfz-Wirtschaft AE 1.3 (2), Anl. § 001-02

Freizeitgegenstände
- Liebhaberei Anl. § 002-15
- private Nutzung AE 10.2
- Unternehmer (siehe dort)
- Vorsteuerabzug (siehe dort)

Freizeitpark
- Betrieb gewerbl. Art BFH zu § 2 vom 24.2.1994

Freizonen AE 1.9 (1)

Fremdenheime BFH zu § 23 vom 18.5.1995, DV § 69-70 (Anlage A III 2)

Fremdenverkehrsvereine
- Mitgliederbeiträge Anl. § 002-03, Anl. § 010-53
- Prospekte (Steuersatz) § 12 (Anl. Nr. 49)

Fremdvergleich
- siehe nahestehende Personen

Friedhof
- siehe auch Bestattung

Friedhofsverwaltungen
- Steuersatz Anl. § 012 (2) 1-09

Friseure
- Friseurfachschule § 4 Nr. 21, BFH zu § 4 Nr. 21 vom 26.10.1989
- Vorsteuerabzug DV § 69-70 (Anlage A I 8)

Fristen
- siehe Dauerfristverlängerung

Frühförderstellen, interdisziplinäre AE 4.16.5
Fun-Games
- Steuerbefreiung AE 4.9.2 (4)

Fußball
- Ablöseentschädigung (s.dort)
- Vertragsspieler AE 1.1 (11), AE 3a.9 (2)

Fußpfleger AE 4.14.4 (11)
Fußpraktiker AE 4.14.4 (12)
Fütterungsarzneimittel
- Steuersatz Anl. § 012 (2) 1-21

G

Garagen
- Vermietung EuGH zu § 4 Nr. 12 vom 13.7.1989

Garantieleistungen
- bei Bauherrenmodellen § 4 Nr. 8
- Kfz-Wirtschaft AE 1.3 (2, 8), Anl. § 001-02, Anl. § 004 Nr. 8-22, BFH zu § 4 Nr. 10 vom 16.1.2003, BFH zu § 4 Nr. 10 vom 9.10.2002
- Reifenindustrie Anl. § 001-01
- Vorsteuerabzug AE 15.2 (22), Anl. § 001-01

Garantieversprechen AE 4.8.12 (2)
Gartenbaubetriebe § 24
- getrennte Betriebe BFH zu § 24 vom 12.1.1989
- Steuersatz (siehe Pflanzenlieferungen)
- Vorsteuerabzug DV § 69-70 (Anlage A I 9)

Gaslieferungen
- ab 1.1.2005 § 13b, § 3a (4) Nr. 14, § 3g, § 5 (1) Nr. 6, AE 1a.1 (1), AE 3a.13, AE 3g.1
- ab 1.1.2011 Anl. §003a-18
- Leitungen AE 3.12 (5)
- Lieferung AE 3.1 (1)
- NATO-Truppenstatut Anh. 3d
- Regelzonenausgleich AE 1.7
- Zeitpunkt AE 13.1 (2)

Gastarbeiter
- ausländischer Abnehmer AE 6.3 (3)

Gastspiele AE 2.1 (4), AE 6.3 (3)
Gaststätten
- Auszubildende Anl. § 004 Nr. 23-01, Anl. § 004 Nr. 23-02
- Automaten (siehe dort)
- Brauereidarlehen BFH zu § 10 vom 10.7.1997, BFH zu § 10 vom 2.4.1990
- Verpachtung BFH zu § 2 vom 11.6.1997, BFH zu § 2 vom 16.7.1998, EuGH zu § 2 vom 6.2.1997
- Vorsteuerabzug BFH zu § 14 vom 7.11.2000, DV § 69-70 (Anlage A III 3)

Gebäude
- aus Fertigteilen AE 4.12.1 (4)

Gebäude auf fremdem Grund und Boden AE 1.1 (5), AE 4.9.1 (2), Anl. § 001-05
Gebäudereinigungsleistungen Anl. § 013b-11, Anl. § 013b-12
Gebäude-Restwertentschädigung AE 1.1 (18)
Gebietskörperschaften
- siehe jur. Pers. d. öffentlichen Rechts

Gebrauchsanleitung AE 12.7 (14)
Gebrauchsgrafiker
- Steuersatz AE 12.7 (17)
- Vorsteuerabzug DV § 69-70 (Anlage A IV 1)

Gebrauchtwarenhandel
- Agenturgeschäfte (siehe dort)
- Differenzbesteuerung § 25a, AE 25a.1
- EG-Recht BFH zu § 25a vom 14.3.1991
- Secondhandshops (siehe dort)

Gefährdung des Steueraufkommens § 14c (2)
Gegenleistung
- Entgelt AE 1.1, AE 10.1

Gegenseitigkeit
- Luftverkehr AE 26.4-26.5, Anl. § 026-01
- Vorsteuer-Vergütungsverfahren (ab 3.6.1995) § 18 (9), AE 18.11 (4), Anl. § 018-15, BFH zu § 18 vom 10.4.2003

Gegenstand der Lieferung
- Begriff AE 3.1 (1), Anl. § 006-02
- Zuordnung zum Unternehmen AE 3.3 (1), AE 9.1 (5), BFH zu § 15 vom 21.4.1988

Gegenstand, gemischt genutzt AE 15.2 (21), BFH zu § 9 vom 26.6.1996, EuGH zu § 2 vom 4.10.1995
- 10 v.H.-Grenze § 15 (1)
- siehe auch gemischte Verwendung

Geistliche Genossenschaften § 4 Nr. 27, AE 4.27.1
Geldforderungen § 4 Nr. 8, AE 4.8.4
Geldspielautomaten
- auf Seeschiffen EuGH zu § 3a vom 4.7.1985
- Entgelt BFH zu § 10 vom 21.3.1996, EuGH zu § 10 vom 5.5.1994
- Ort der Leistung AE 3a.6 (6)
- siehe auch Automaten
- Steuerbefreiung AE 4.8.3 (4), Anl. § 015a-04, EuGH zu § 4 Nr. 9 vom 17.2.2005

Geldwechselgeschäfte AE 4.8.3 (3)
Gelegenheitsverkehr (ausländische Kraftomnibusse)
- ab 1.1.2005 § 18 (12), Anl. § 018-23
- Anzeige Anl. § 016-04, Anl. § 018-23
- Beförderungseinzelbesteuerung § 13b, § 16 (5), § 18 (5), AE 16.2, AE 18.8, Anl. § 016-03
- Durchschnittsbeförderungsentgelt § 10 (6), AE 10.8, DV § 25 zu § 10
- Kontrollen § 18 (11)
- Merkblatt Anl. § 016-04
- Streckenanteile AE 16.2 (5)
- Verzicht § 16 (5b), § 18 (5b)
- Zolldienststelle § 16 (5), § 18 (5b)

Gelenke, künstliche
- Steuersatz (siehe Körperersatzstücke)

Geltungsbereich des UStG § 1 (2)
GEMA-Gebühren AE 12.7 (15)
Gemeinnützige Einrichtungen
- Mindestbemessungsgrundlage AE 10.7 (1)
- Steuerbefreiung § 4 Nr. 18, DV § 23 zu § 4
- Steuersatz § 12 (2) Nr. 8, AE 12.10, AE 12.9-12.10

- Vorsteuer, Durchschnittssatz § 23a, AE 15.2 (6), DV § 66a zu § 22
- Zweckbetrieb (siehe dort)

Gemeinsames Versandverfahren Anl. § 006-03, DV § 9 zu § 6

Gemeinschaften
- siehe Zusammenschlüsse

Gemeinschaftliches Versandverfahren AE 6.6 (2), Anl. § 006-03, BFH zu § 21 vom 14.12.1988, DV § 17a zu § 6a, DV § 9 zu § 6

Gemeinschaftsgebiet
- siehe Europäische Union

Gemeinschaftspraxen AE 4.14.7

Gemischte Verträge AE 4.12.5

Gemischte Verwendung
- einheitlicher Gegenstand AE 15.2 (21), AE 6.1 (3), AE 9.1 (5)
- vertretbare Sachen AE 15.2 (21), AE 6.1 (3)

Genossenschaft
- Rückvergütung BFH zu § 15 vom 6.6.2002

Genussrechte
- Steuerbefreiung Anl. § 004 Nr. 8-01

Gesamtschuldner § 13a (1)

Gesamtumsatz § 19 (3), § 20, AE 19.3, Anl. § 024-07, BFH zu § 19

Gesandtschaften AE 1.9 (1)

Geschäftsbesorgung
- bei Zwischenmietverhältnissen BFH zu § 9 vom 23.8.1990
- Dienstleistungskommission AE 3.15

Geschäftsführung AE 1.1 (12), AE 1.6, AE 2.2 (2)
- bei Arbeitsgemeinschaften Anl. § 001-41
- bei Bauarbeitsgemeinschaften Anl. § 001-09, Anl. § 001-55
- bei GmbH u. Co. KG AE 1.1 (12), AE 2.2 (2), Anl. § 001-53, Anl. § 002-22, BFH zu § 1 vom 6.6.2002
- bei Kapitalgesellschaft Anl. § 002-22
- eines GmbH-Gesellschafters Anl. § 001-56, BFH zu § 2 vom 9.10.1996, EuGH zu § 2 vom 18.10.2007
- Geschäftsführerhaftung für USt (siehe Haftung)

Geschäftskosten
- Entgelt AE 10.1 (6)

Geschäftsreisen
- siehe Reisekosten

Geschäftsveräußerung
- ab 1.1.1994 § 1 (1a), § 15a (10), § 24 (4), AE 1.5, AE 15a.10, AE 15a.2 (3), Anl. § 001-60, BFH zu § 1, BFH zu § 9 vom 21.3.2002, EuGH zu § 1 vom 27.11.2003
- Abgrenzung zum Eigenverbrauch BFH zu § 1 vom 18.11.1999
- Differenzbesteuerung Anl. § 025a-03
- Gesellschaftsanteile Anl. § 001-66
- Grundstück Anl. § 001-40, BFH zu § 1 vom 11.10.2007, BFH zu § 1 vom 18.1.2005, BFH zu § 1 vom 28.11.2002, BFH zu § 15a vom 22.11.2007

- Land- und Forstwirtschaft (siehe dort)
- PKW Anl. § 001-48
- Steuerschuld nach § 14c AE 14c.1 (11)
- Vorsteuerabzug Anl. § 001-60, Anl. § 015-15, BFH zu § 15 vom 15.7.2004, BFH zu § 15 vom 8.2.2000, BFH zu § 15 vom 8.3.2001

Geschenke § 15 (1a), § 3 (1b), AE 15.6, AE 3.3, Anl. § 003-33

Gesellschaften
- Einheits-GmbH & Co.KG AE 2.8
- gelöschte GmbH AE 2.6 (6), Anl. § 002-10
- Geschäftsführung (siehe dort)
- Gewinnfeststellung BFH zu § 15 vom 13.7.1994
- Gründung von (siehe dort)
- Halten von Beteiligungen AE 2.3 (2-4)
- Heilbehandlung AE 4.14.7
- Leistungsaustausch/Sonderentgelt § 1 (1), AE 1.6, Anl. § 001-56, Anl. § 003-27, BFH zu § 1 vom 10.6.1999 (BStBl. S. 580), BFH zu § 1 vom 18.4.1996, BFH zu § 1 vom 28.11.2002, BFH zu § 1 vom 5.5.1994
- Publikums-KG BFH zu § 4 Nr. 8 vom 14.12.1995, BFH zu § 4 Nr. 8 vom 29.1.1988
- Sitz EuGH zu § 18 vom 28.6.2007
- Sozietäten (siehe dort)
- Steuerausweis AE 14c.2
- stille (siehe dort)
- Umwandlung von (siehe dort)
- unentgeltliche Wertabgaben (siehe dort)
- Unternehmer AE 2.1 (2), AE 2.6 (6)
- verdeckte Einlage BFH zu § 25a vom 18.12.2008
- verdeckte Gewinnausschüttung AE 10.1 (2)
- Vorsteuerabzug AE 15.2 (16ff.), AE 15.20, Anl. § 015-47, BFH zu § 15

Gesellschafter
- Bareinlage BFH zu § 15 vom 15.7.2004, EuGH zu § 1 vom 26.6.2003
- Leistungsaustausch/Sonderentgelt AE 1.6, Anl. § 003-27, BFH zu § 1 vom 5.5.1994, BFH zu § 10 vom 10.5.1990, BFH zu § 15 vom 18.3.1988, BFH zu § 15 vom 25.5.2000, BFH zu § 2 vom 9.3.1989
- Verlustübernahme BFH zu § 1 vom 11.4.2002
- Vorsteuerabzug AE 15.20, BFH zu § 1 vom 28.11.2002, BFH zu § 15 vom 17.12.1993, BFH zu § 2 vom 9.3.1989

Gesellschaftergrundstücke
- Bebauung Anl. § 001-05

Gesellschaftsanteile
- Geschäftsveräußerung Anl. § 001-66
- siehe auch Holding
- Steuerbefreiung § 4 Nr. 8, BFH zu § 4 Nr. 8 vom 29.1.1988
- Übertragung AE 3.5 (8)
- Vermittlung AE 4.8.10, BFH zu 4 Nr. 8 vom 23.10.2002

Gesellschaftsverhältnisse
- siehe Gesellschaften/Gesellschafter

Gesetzliche Zahlungsmittel § 4 Nr. 8, AE 4.8.3
- ab 1.1.2000 § 25c

Gesonderte Feststellung von Besteuerungsgrundlagen AE 15.1, Anl. § 015-47, Anl. § 018-07, Anl. § 018-08, BFH zu § 15 vom 27.1.1994

Gestaltungsmissbrauch
- Grundstückslieferungen (sog. unvalutierter Steuerausweis) BFH zu § 15, BFH zu § 4 Nr. 9 vom 6.6.1991, BFH zu § 9 vom 18.6.1993, BFH zu § 9 vom 6.6.1991, BFH zu § 9 vom 7.3.1996, BFH zu § 9 vom 8.9.1994
- Option bei Vermietung EuGH zu § 1 vom 29.4.2004
- siehe auch Karussellgeschäfte
- siehe auch Land- und Forstwirtschaft
- siehe auch nahestehende Personen
- siehe auch Sparkassenmodelle
- siehe auch Vorschaltgesellschaften
- siehe auch Leasing
- Umsatz EuGH zu § 1 vom 21.2.2006, EuGH zu § 3 vom 21.2.2008

Gestellung von Arbeitskräften
- Betriebshelfer, Haushaltshilfen § 4 Nr. 27, AE 4.27.2
- Crew-Management AE 8.1 (7)
- durch jur. Pers. d. öffentl. Rechts AE 2.11 (15), Anl. § 002-18, BFH zu § 2 vom 24.2.1994
- geistl. Genossenschaften § 4 Nr. 27, AE 4.27.1
- keine Bauleistung Anl. § 013b-05
- land- und forstwirtschaftl. Arbeitskräfte § 4 Nr. 27, AE 4.27.2
- Leistungsaustausch AE 1.1 (6-7), Anl. § 001-22
- Ort der sonstigen Leistung § 3a (4)
- Personalbeistellung (siehe dort)
- Unselbständigkeit AE 2.2 (3)

Gesundheitsfachberufe AE 4.14.4

Getränke
- Land- und Forstwirtschaft § 24, AE 24.5
- Verzehr an Ort und Stelle (siehe dort)

Getreide
- Mitverantwortungsabgabe Anl. § 010-08
- Steuersatz § 12 (Anl. Nr. 13)

Gewährleistung
- Schadensersatz AE 1.3 (2, 8)

Gewerbliche
- oder berufl. Tätigkeit § 2, AE 2.3

Gewinngemeinschaft AE 1.1 (17)

Gewinnpoolung AE 1.1 (17), AE 2.1 (5)

Gewinnvorab
- Entgelt AE 1.6

Girokonto AE 1.1 (14), AE 2.3 (1)

Glasergewerbe DV § 69-70 (Anlage A I 10)

Glücksspiele
- Entgelt BFH zu § 10 vom 20.1.1997
- Steuerbefreiung BFH zu § 4 Nr. 9
- unerlaubte BFH zu § 10 vom 30.1.1997, EuGH zu § 4 Nr. 9 vom 11.6.1998

Gold
- ab 1.1.2011 Anl. § 013b-12

- Anlagegold § 25c, AE 25c.1, Anl. § 013b-12
- Börsenhandel § 18 (7), AE 4.4.1, DV § 49 zu § 18
- Steuerbefreiung § 4 Nr. 4, AE 4.4.1
- Zahngold (siehe Zahnärzte)

Goldmünzen
- Anlagegold § 25c
- Einfuhr von - BFH zu § 5 vom 26.6.1990
- Steuerbefreiung § 4 Nr. 8, AE 4.8.3 (2)
- Steuersatz § 12 (Anl. Nr. 54), Anl. § 012 (2) 1-20

Golfplatz
- Greenfee AE 4.12.6 (2), BFH zu § 12 (2) Nr. 8 vom 9.4.1987
- Mitgliederbeiträge BFH zu § 1 vom 11.10.2007, EuGH zu § 1 vom 21.3.2002
- Vermietung AE 4.12.11

Grabdenkmäler
- siehe Denkmäler

Grabpflege
- Steuersatz Anl. § 012 (2) 1-09, BFH zu § 12 (2) Nr. 1-2 vom 12.5.1992, BFH zu § 13 vom 21.6.2001 (DB 2001 S. 2123), BFH zu § 24 vom 31.5.2007

Grafik-Designer
- Steuersatz AE 12.7 (17), Anl. § 012 (2) 7-01

Grafiker
- Gebrauchsgrafiker (siehe dort)
- Grafik-Designer (siehe dort)
- Steuersatz AE 12.7 (16)
- Vorsteuerabzug AE 23.2 (3), DV § 69-70 (Anlage A IV 1)

Grenzbahnhöfe
- Ausfuhr AE 6.9

Grenzüberschreitende Beförderungen
- Aufteilung AE 3b.1 (6)
- Güterbeförderungen, innergemeinschaftliche (siehe dort)
- Luftverkehr § 26 (3), AE 26.1-26.5
- Ort der Leistung § 3b (1), AE 3b.1-3b.4, DV § 2-7 zu § 3b
- Personenbeförderungen § 18 (12), § 3b (1), AE 12.12, AE 18.17, AE 3b.1, DV § 2-7 zu § 3b
- Reiseleistungen § 25
- Steuerbefreiung § 4 Nr. 3, AE 4.3.1-4.3.6
- Vermittlung von - § 4 Nr. 5, AE 4.5.1

Grenzzollbestätigung
- Ausfuhr AE 6.11, AE 6.6 (4 ff.), Anl. § 006-03
- Dienstvorschrift der Zolldienststellen Anl. § 006-03

Grunddienstbarkeit
- siehe dingliche Nutzungsrechte

Grunderwerbsteuer
- Bemessungsgrundlage AE 10.1 (7)
- Doppelbelastung USt und GrESt (siehe dort)
- Steuerbefreiung § 4 Nr. 9, AE 4.9.1, BFH zu § 10 vom 24.6.1992
- Verlagerung der Steuerschuld § 13b, AE 13b.1

Grundstücke
- Altbau BFH zu § 9 vom 5.6.2003
- Ankauf von Wirtschaftsförderungsgesellschaften BFH zu § 10 vom 10.8.1989

- Berichtigung des Vorsteuerabzugs AE 15a.2 (6)
- Ehegattengrundstücke (siehe dort)
- eigene Wohnung BFH zu § 10, BFH zu § 4 Nr. 12 vom 24.7.2003, EuGH zu § 4 Nr. 12 vom 8.5.2003
- Einheitlichkeit der Leistung BFH zu § 2 vom 29.10.2008
- Erb- und Pflichtteil AE 3.3 (8)
- Erschließungsmaßnahmen Anl. § 001-50
- für Jahrmarkt AE 4.12.6 (2)
- Gebäude auf fremdem Grund und Boden (siehe dort)
- Gesellschaftergrundstücke (siehe dort)
- Grundbuchabrufverfahren AE 10.4 (3)
- Leerstand AE 15a.2 (8), BFH zu § 15a vom 12.5.1993
- Leitungsrechte AE 1.3 (13), AE 3.10 (5), AE 4.12.8, AE 4.12.8 (2), Anl. § 001-07, Anl. § 004 Nr. 12-12, BFH zu § 1 vom 12.12.1989
- Lieferung bei Insolvenz des Leistenden BFH zu § 4 Nr. 9 vom 6.6.1991, BFH zu § 9 vom 18.6.1993, BFH zu § 9 vom 6.6.1991, BFH zu § 9 vom 7.3.1996, BFH zu § 9 vom 8.9.1994
- Miteigentumsanteil AE 15a.2 (6), AE 3.3 (8), AE 3.4 (8), AE 4.9.1 (2), BFH zu § 1 vom 26.4.1995, BFH zu § 15a vom 22.11.2007
- Option bei Grundstückslieferungen AE 9.2 (7), BFH zu § 9, BFH zu § 9 vom 27.8.1998, EuGH zu § 2 vom 4.10.1995
- Option bei Vermietung AE 9.2
- Ort der Leistung § 3a (3), AE 3a.3-3a.4
- Rechnung AE 14.2
- siehe auch Baugesetzbuch
- Schenkung von Grundstücken (siehe Eigenverbrauch bis 31.3.1999)
- schlüsselfertige Gebäude (siehe Doppelbelastung USt und GrESt)
- Teilbarkeit (EuGH) BFH zu § 9 vom 26.6.1996, EuGH zu § 2 vom 4.10.1995
- Veräußerung AE 10.1 (7), BFH zu § 1 vom 18.11.1999, BFH zu § 10 vom 24.6.1992
- Vermietung (siehe dort)
- Verwaltung EuGH zu § 15 vom 11.7.1991
- Vorsteuerabzug AE 15.12, BFH zu § 15
- Vorsteuerabzug (§ 15 Abs. 1b UStG) Anl. § 015-51
- Vorsteueraufteilung AE 15.17, Anl. § 015-40, Anl. § 015-48, BFH zu § 15 vom 12.3.1998, BFH zu § 15 vom 15.9.1994, BFH zu § 15 vom 17.8.2001, BFH zu § 15 vom 5.2.1998
- Zeltplätze BFH zu § 3a vom 12.10.1994

Grundstücksmakler AE 3a.3 (7)
Grundstückssachverständiger AE 3a.3 (7)
Gründung von Gesellschaften AE 15.2 (16ff.), BFH zu § 1 vom 15.5.1997, BFH zu § 15 vom 15.7.2004, BFH zu § 15 vom 17.1.2002
Grüner Punkt
- siehe Duales System

Gutachten
- Auftrags- AE 10.2
- durch Ärzte BFH zu § 15 vom 8.2.2000, EuGH zu § 4 Nr. 14 vom 14.9.2000
- durch Krankenpfleger BFH zu § 4 Nr. 14 vom 28.6.2000
- durch Künstler Anl. § 004 Nr. 20-04
- Nebenleistung AE 12.7 (22)
- Ort der Leistung AE 3a.6
- Steuerbefreiung AE 4.14.1
- Steuersatz AE 12.7 (14)
- Urheberrecht BFH zu § 12 (2) Nr. 7 vom 5.6.2003

Güterabfertigungsstellen
- Ausfuhr AE 6.9

Güterbeförderungen § 3b
- ab 1.1.2011 Anl. §003a-18
- Ausfuhr, Einfuhr § 4 Nr. 3, AE 4.3.3, AE 4.3.4
- grenzüberschreitende § 4 Nr. 3, AE 3b.1-3b.4, AE 4.3.1-4.3.6, DV § 2-7 zu § 3b
- Ort der Leistung AE 3a.2 (16, 17), AE 3b.1, AE 3b.2
- Stückgutverträge AE 8.1 (2)

Güterbeförderungen, innergemeinschaftliche
- Freihäfen AE 3b.3
- gebrochene AE 3b.4
- Leistungen im Zusammenhang mit - § 3b (3)
- Leistungsempfänger AE 15.7
- Ort der Leistung § 3b (3), AE 3a.2 (16, 17), AE 3b.2, AE 3b.3, AE 3b.4
- Steuerbefreiung § 4 Nr. 3, AE 4.3.1-4.3.6
- Stückgutverträge AE 8.1 (2)
- Vermittlung § 3b (3)

Güterbesichtiger AE 8.1 (7)

Gutscheine
- siehe Rabatt

Gutschriften
- EuGH-Urteil EuGH zu § 14c
- Rechnungen § 14 (2), AE 14.3
- Vorsteuerabzug AE 15.2 (11-13)
- Widerspruch AE 14.3, AE 15.2 (13), AE 17.1 (10)

H

Hafenbetriebe AE 8.1 (7)
Haftung
- bei Abtretung, Verpfändung oder Pfändung von Forderungen § 13c, § 22 (4d, 4e), § 27 (7), AE 13c.1
- bei Änderung der Bemessungsgrundlage (siehe dort)

Haftung für Umsatzsteuer
- ab 1.1.2002 § 25d, AE 25d.1
- allgemeines Anl. § 016-06, BFH zu § 17 vom 23.10.1985
- beim Abzugsverfahren BFH zu § 18
- Sequester (siehe dort)

Haftungsvergütungen AE 1.6, Anl. § 001-53, Anl. § 001-65

Handeln
- im fremden Namen BFH zu § 1 vom 16.3.2000, BFH zu § 1 vom 28.11.1990

Handelschemiker AE 3a.9 (12)
Handelspapiere
– Inkasso § 4 Nr. 8, AE 4.8.6
Handelsübliche Bezeichnung Anl. § 014-27
– des Gegenstands in der Rechnung § 14 (4), AE 14.5, AE 6.11 (4), BFH zu § 14 vom 5.2.2010, BFH zu § 15 vom 24.9.1987 (BStBl. S. 688), BFH zu § 15 vom 24.9.1987 (BStBl. S. 694), DV § 31 zu § 14
Handelsvertreter
– Ausgleichszahlung AE 1.3 (12), AE 4.5.1 (6)
– Leistungsort AE 3a.1
Handkauf
– Ort der Lieferung AE 3.12 (1)
Handwerkskammern AE 2.11
Hauptstoff
– siehe Werkleistung/Werklieferung
Hausgewerbetreibender AE 2.2 (3)
Haushaltshilfen
– ab 1.1.2009 §§ 4 Nr. 16, AE 4.16.1 (8), AE 4.16.5
– Gestellung von - § 4 Nr. 27, AE 4.27.2, Anl. § 004 Nr. 27-01
Häusliche Pflege
– siehe Pflegedienste, ambulante
Havariekommissare
– Steuerbefreiung AE 8.1 (7), Anl. § 008-01, BFH zu § 8 vom 18.5.1988
Headhunter BFH zu § 3a vom 21.8.2007
Hebamme § 4 Nr. 14, AE 4.14.4
Heilbäder § 12 (2) Nr. 9, AE 12.11, Anl. § 012 (2) 9-02, Anl. § 012 (2) 9-03, Anl. § 012 (2) 9-04, BFH zu § 12 (2) Nr. 9
Heilbehandlung, ärztliche
– Einrichtung AE 4.14.7 (4, 5)
– eng verbundene Umsätze AE 4.14.6
– Katalogberufe AE 4.14.1, AE 4.14.4
– Steuerbefreiung AE 4.14.1
Heileurythmisten AE 4.14.4 (12), AE 4.90, BFH zu § 4 Nr. 14 vom 13.4.2000, BFH zu § 4 Nr. 14 vom 29.10.1999
Heilpraktiker § 4 Nr. 14, AE 4.14.4
Heimarbeiter AE 2.2 (3)
Helgoland § 1 (2)
– Ort der Leistung AE 6.3 (1), DV § 7 (4) zu § 3b
– Steuerbefreiung § 4 Nr. 6
Herausgabeanspruch
– Abtretung des - AE 3.12 (6)
High-School-Programme BFH zu § 25
Hilfsgeschäfte, Hilfsumsätze
– Begriff AE 19.3 (2), AE 2.7 (2)
– bei Land- und Forstwirtschaft AE 24.2 (3)
– bei Schaustellern AE 12.8 (2)
– bei steuerfreien Leistungen § 4 Nr. 28, AE 4.14.1 (6)
– bei Vereinen AE 2.10 (1), AE 2.10 (9)
– bei Zahnärzten AE 12.4 (4)
– Vorsteueraufteilung AE 15.18

Hinterziehung von Umsatzsteuer BFH zu § 18, BFH zu § 6, BFH zu § 6a
Hochschulen
– Auftragsforschung EuGH zu § 4 Nr. 21a vom 20.6.2002
– Steuerbefreiung § 27 (10)
Hochschullehrer
– siehe auch Lehrer
– Vorsteuerabzug § 23, AE 23.2 (4), BFH zu § 23 vom 11.8.1994, DV § 69-70 (Anlage A IV 3), DV § 69 (2) zu § 23
Hofladen
– siehe Land- und Forstwirtschaft
Hoheitliche Tätigkeit
– Abgrenzung AE 2.11, BFH zu § 2 vom 30.6.1988, EuGH zu § 2 vom 15.5.1990
– beliehener Unternehmer AE 2.11 (3), BFH zu § 10 vom 18.6.2010, BFH zu § 12 (2) Nr. 8 vom 8.7.1999, BFH zu § 2 vom 18.1.1995, EuGH zu § 2 vom 25.7.1991
– Binnenmarkt Anl. § 001a-01
– Eigengesellschaften AE 2.11 (20)
– Einschaltung privatrechtl. Gesellschaften (siehe auch Vorschaltgesellschaften) AE 10.2, Anl. § 001-52, Anl. § 002-11, Anl. § 015-07, BFH zu § 2 vom 12.2.1998
– Erfüllungsgehilfe AE 2.11 (3)
– Pflichtaufgaben AE 2.11 (3)
– Vorsteuerabzug AE 15.19, AE 15.2 (14), Anl. § 014-05, Anl. § 015-53
Holding
– Unternehmer AE 2.3 (2-4), BFH zu § 2 vom 28.9.1988, EuGH zu § 15 vom 29.4.2004, EuGH zu § 2 vom 20.6.1991
– Vorsteuerabzug AE 15.22, Anl. § 015-53, EuGH zu § 15 vom 27.9.2001
Holz
– Holzverkauf Anl. § 003-08, BFH zu § 3 vom 19.2.2004
– Selbstverwertung AE 3.5 (4)
– Steuersatz § 12 (Anl. Nr. 48)
Hörgeräte Anl. § 004 Nr. 14-06
Horoskop BFH zu § 3a vom 21.2.1990
Hospitality-Leistungen Anl. § 001-61
Hospize AE 4.14.5
Hotel
– siehe Beherbergung

I
Immobilienanzeigen
– Ort der Leistung AE 3a.3 (10)
Immobilienverwalter
– EuGH EuGH zu § 15 vom 11.7.1991

Impfstoffe Anl. § 012 (2) 4-01
Incentive-Reisen AE 10.1, AE 10.3 (2), AE 25.1 (2, 3), AE 25.3 (5), AE 25.4 (2), Anl. § 017-01, BFH zu § 10 vom 28.6.1995, BFH zu § 25 vom 16.3.1995
Industrie- und Handelskammern AE 2.11
Informationen
– Ort der Leistung § 3a (4), AE 3a.9 (15), AE 3a.9 (16)
Ingenieure
– Ort der Leistung § 3a (4), AE 3a.9 (13)
– Prüfingenieure für Baustatik Anl. § 014-03
– Sollversteuerung AE 13.3
– Vorsteuerabzug DV § 69-70 (Anlage A I 11)
Inkasso
– ärztl. Verrechnungsstelle BFH zu § 10 vom 11.5.1995
– Handelspapiere § 4 Nr. 8, AE 4.8.6
– Zins-, Dividendenscheine AE 4.8.9
Inland § 1 (2), AE 1.9
Innengesellschaft
– Leistungsaustausch AE 1.1 (17)
– Unternehmer AE 2.1 (5)
Innenumsätze
– Organschaft AE 2.7 (1), AE 2.8, AE 2.9
– Rechnung AE 14.1 (4)
– Vorsteuerabzug AE 15.2 (14)
Innergemeinschaftliche Dreiecksgeschäfte § 16 (1), § 18 (4a), § 18a, § 18b, § 19 (1, 3), § 25b, § 3d, DV § 59 zu § 18
– Aufzeichnungen AE 25b.1 (10)
– Aufzeichnungspflichten § 25b (6)
– Bemessungsgrundlage § 25b (4), AE 25b.1 (9)
– Kleinunternehmer AE 19.1
– Rechnung § 14a, AE 25b.1 (8)
– Steuerschuldner § 13a (1)
– Vorsteuerabzug § 25b (5), AE 15.10 (5), AE 25b.1 (6)
– Zusammenfassende Meldung AE 18a.1
Innergemeinschaftliche Lieferungen
– Beförderungsfälle AE 6a.3
– Entstehung der Steuer § 13 (1)
– Erklärungspflichten § 18b
– Erwerbsbesteuerung AE 6a.1 (20)
– Fahrzeug, neues AE 6a.6
– Kleinunternehmer AE 6a.1 (20)
– Kontrolle (siehe Einzelauskunftsersuchen)
– Nachweis AE 6a.2
– Rechnungen § 14a, AE 14a.1
– siehe auch Güterbeförderungen, innergemeinschaftliche
– Steuerbefreiung § 4 Nr. 1, § 6a, AE 6a.1, Anl. § 006a-07, BFH zu § 15 vom 30.6.2004, DV § 17a-c zu § 6a
– verbrauchsteuerpflichtige Waren AE 6a.1 (16)
– Verbringen (siehe dort)
– Versandhandel (siehe dort)
– Versendungsfälle AE 6a.4

– Vertrauensschutz § 6a (4), AE 6a.7, Anl. § 006a-06, Anl. § 006a-09, Anl. § 006a-10, BFH zu § 6a
– Zusammenarbeits-VO (siehe Einzelauskunftsersuchen)
– Zusammenfassende Meldung § 18a, AE 18a.1-18a.5
Innergemeinschaftliche Lohnveredelungen
– siehe Lohnveredelungen, innergemeinschaftliche
Innergemeinschaftliche Warenlieferungen § 18a
Innergemeinschaftlicher Erwerb § 1 (1), § 18 (4a), § 1a-b, AE 1a.1, AE 1a.2, AE 1a.2
– Aufzeichnungen AE 22.3
– Ausnahmen § 1c, AE 1c.1
– Bemessungsgrundlage § 10 (1), § 17 (2)
– Bibliotheken Anl. § 004b-01
– Dauerfristverlängerung Anl. § 018-12
– Entstehung der Steuerschuld § 13 (1)
– Erwerbsschwelle § 1a (3-4), AE 1a.1 (2-3), AE 3c.1 (2), Anh. 1h, Anl. § 001-54, Anl. § 001a-01
– Gegenstände von geringem Wert AE 4b.1 (2)
– jur. Pers. d. öffentl. Rechts Anl. § 001a-01
– Kommissionsgeschäfte AE 1a.2 (7)
– Kontrolle (siehe Zusammenarbeits-VO)
– Land- und Forstwirtschaft AE 15.10 (2), AE 1a.1, Anl. § 001a-05, BFH zu § 1a vom 24.9.1998
– Merkblatt Anl. § 001a-01
– neue Fahrzeuge § 13 (1), § 16 (5a), § 18 (4a), § 1b, AE 1b.1, Anl. § 001a-01, Anl. § 001b-01, Anl. § 001b-02
– Ort des Erwerbs § 3d, AE 3d.1
– Steuerbefreiung § 4b, AE 4b.1, Anl. § 001a-01, Anl. § 004 Nr. 4a-01
– verbrauchsteuerpflichtige Waren Anl. § 001a-01
– Verbringen (siehe dort)
– Vorsteuerabzug § 15 (1), AE 15.10
– Zusammenarbeits-VO (siehe dort)
Innungen AE 2.11
Insolvenz
– Abrechnungsbescheid BFH zu § 18 vom 18.7.2002
– allgemeines Anl. § 016-06
– Anmeldung BFH zu § 17 vom 26.11.1987
– Aufrechnung BFH zu § 16 vom 16.1.2007
– Aufrechnung gegen USt-Erstattungsansprüche Anl. § 016-06, BFH zu § 17
– bei noch nicht abgeschlossenen Werklieferungen AE 13.2, AE 3.9, BFH zu § 13 vom 2.2.1978
– Besteller-Konkurs (siehe dort)
– Feststellungsbescheid BFH zu § 17 vom 26.2.1987
– Istversteuerung BFH zu § 13 vom 29.1.2009
– Masseforderungen BFH zu § 1 vom 7.4.2005, BFH zu § 15a, BFH zu § 17 vom 9.4.1987

- Organschaft AE 2.8 (8), BFH zu § 13 vom 21.6.2001 (DB 2001 S. 2328), BFH zu § 2 vom 1.4.2004, BFH zu § 2 vom 28.1.1999 (BStBl. S. 258)
- Rechnungserteilung AE 14.1 (5)
- Sicherungsgut § 13b, Anl. § 001-64, Anl. § 016-06, BFH zu § 1 vom 18.8.2005
- Sondervorauszahlung BFH zu § 18 vom 18.7.2002
- Steuerbescheid BFH zu § 17 vom 16.7.1987, BFH zu § 18 vom 16.7.1987, BFH zu § 2 vom 28.6.2000
- Uneinbringlichkeit von Forderungen AE 10.2, AE 17.1 (5)
- Unternehmer AE 2.1 (7)
- Vorsteuerberichtigung BFH zu § 15a, BFH zu § 17 vom 9.4.1987
- Vorsteuerrückforderungsanspruch BFH zu § 17 vom 16.7.1987, BFH zu § 17 vom 28.6.2000, BFH zu § 18 vom 12.6.1975
- Widerruf der Option BFH zu § 9 vom 11.8.1994
- Zahlungsabsicht BFH zu § 25d vom 29.2.2008

Insolvenzschuldner
- Unternehmer AE 2.1 (7)

Insolvenzverwalter Anl. § 001-53, Anl. § 001-64, Anl. § 002-23
- Haftung Anl. § 001-60
- Rechnung des - AE 15.2 (7), BFH zu § 15 vom 20.2.1986
- Unternehmer AE 2.1 (7), AE 2.2 (3), Anl. § 002-26
- Verwertungskosten BFH zu § 1 vom 18.8.2005

Integrationskurse AE 4.21.2 (4), Anl. § 004 Nr. 21-12

Integrationsprojekte AE 12.9 (13), Anl. § 004 Nr. 21-15

Integrierte Versorgung AE 4.14.9
- Integrationsfachdienst AE 4.16.1 (8), AE 4.16.5

Internet AE 3a.10, AE 3a.11

Investmentvermögen
- siehe Verwaltung von Investmentvermögen

Istversteuerung § 20, AE 20.1
- Anzahlungen (siehe dort)
- Entstehung der Steuer § 13 (1), AE 13.6
- Kapitalgesellschaft AE 20.1
- Wechsel zur Sollversteuerung BFH zu § 13 vom 30.1.2003

J

Jachten
- EuGH-Urteil EuGH zu § 3a vom 15.3.1989
- siehe auch Segelboote

Jagd
- Eigenjagdbezirk AE 24.1 (10), Anl. § 024-14, BFH zu § 24 vom 11.2.1999
- Jagdschulen AE 4.21.2 (7)

Jahresabschlussprüfungen
- Vorsteuerabzug Anl. § 014-05

Jahreswagen
- Belegschaftsrabatt AE 1.8 (6)

- Verkauf durch Werksangehörige AE 2.3 (6), BFH zu § 2 vom 18.7.1991

Journalisten
- Steuersatz AE 12.7 (9-10)
- Vorsteuerabzug AE 23.2 (5), DV § 69-70 (Anlage A IV 4)

Jugendherbergen § 4 Nr. 24, AE 4.24.1, AE 4.25.1

Jugendhilfe § 4 Nr. 25, AE 4.25.1

Jugendliche
- Beherbergung, Beköstigung § 4 Nr. 23, AE 4.23.1
- Jugendherbergen (siehe dort)
- Jugendhilfe (siehe dort)

Jungholz § 1 (1), § 1 (2), AE 1.9 (2)

Juristische Pers. d. öffentl. Rechts
- Binnenmarkt Anl. § 001a-01
- Gestellung von Arbeitskräften (siehe dort)
- Hoheitliche Tätigkeit (siehe dort)
- Leistungen an - AE 10.2, Anl. § 002-11, Anl. § 015-07, BFH zu § 10 vom 9.4.1987
- Organschaft BFH zu § 2 vom 9.10.2002
- Unternehmer (siehe Betrieb gewerblicher Art)
- USt-IdNr. § 27a, AE 27a.1, AE 3a.2 (14), Anl. § 001a-01, Anl. § 027a-01
- Verlagerung der Steuerschuldner (siehe dort)
- Vorsteuerabzug AE 15.19, AE 15.2 (14), Anl. § 014-05

K

Kabarettisten
- Steuersatz AE 12.7 (19ff.)
- Vorsteuerabzug § 23, AE 23.2 (3)

Kältelieferungen
- ab 1.1.2011 Anl. § 013b-12

Kameramänner
- Steuersatz AE 12.5 (1), AE 12.7 (18)
- Vorsteuerabzug § 23, AE 23.2 (3)

Kammermusikensembles
- Steuerbefreiung § 4 Nr. 20, AE 4.20.2, AE 4.20.5
- Steuersatz § 12 (2) Nr. 7a, AE 12.5

Kanadisches Beschaffungsverfahren Anh. 3e

Kantine
- Kantinenpächter AE 4.23.1
- siehe Personalverpflegung

Karikaturisten
- Steuersatz AE 12.7 (16)

Kartenspiele
- Steuerbefreiung BFH zu 4 Nr. 9 vom 6.11.2002

Karussellgeschäfte
- Missbrauch BFH zu § 15 vom 29.11.2004, BFH zu § 15 vom 30.6.2004, BFH zu § 18 vom 21.7.2005, EuGH zu § 1 vom 12.1.2006, EuGH zu § 15 vom 21.2.2006, EuGH zu § 15 vom 6.7.2006

Kassenärztliche Vereinigung
- Vorstandsmitglied AE 1.1 (12)

Katasterbehörden § 2 (3), AE 2.11 (7-11), Anl. § 002-24
Kauf auf Probe AE 13.1 (6), AE 3.1 (3), BFH zu § 3 vom 6.12.2007
Kaufanwartschaftsverhältnisse
– Steuerbefreiung § 4 Nr. 12, AE 4.12.7
Kautionen AE 4.10.1 (2)
Kegelbahn
– Vermietung AE 4.12.11, BFH zu § 4 Nr. 12 vom 30.6.1993
Kettengeschäfte
– Reiseleistungen AE 25.1 (2), AE 25.2 (2)
– siehe auch Reihengeschäft
Kieferorthopädische Apparate § 4 Nr. 14, AE 4.14.3, Anl. § 004 Nr. 14-05, BFH zu § 4 Nr. 14 vom 23.10.1998
Kilometergeld
– siehe Reisekosten
Kinderbetreuung EuGH zu § 4 Nr.18 vom 9.2.2006
Kindererziehung
– Steuersatz BVerfG zu § 12 (1) vom 6.12.2007
Kindergarten § 4 Nr. 23, AE 4.25.1
Kindertagesstätte § 4 Nr. 23, AE 4.25.1
Kino
– siehe Filme
Kiosk AE 12.11
Kirchliche Einrichtungen
– Steuersatz § 12 (2) Nr. 8, AE 12.9 -12.10
Klärschlamm AE 4.12.4 (2)
Kleinbetragsrechnungen
– Rechnungen (siehe dort)
– Vorsteuerabzug (siehe dort)
Kleines Walsertal § 1 (1), § 1 (2), AE 1.9 (2)
Kleinunternehmer § 19
– Aufzeichnungen AE 22.5 (3), DV § 65 zu § 22
– Fahrzeuge, neue § 19 (4)
– Gesamtumsatz § 19 (3), AE 19.3, Anl. § 024-07, BFH zu § 19
– Land- und Forstwirtschaft (siehe dort)
– Nichterhebung der Steuer § 19 (1), AE 19.1
– Option zur Regelbesteuerung (siehe Option)
– Steuerausweis, unberechtigter AE 14c.2, BFH zu § 19 vom 5.1.1996
– Vorsteuerabzug AE 15.1
– Vorsteuerberichtigung AE 15a.2 (2), BFH zu § 15a, BFH zu § 15a vom 17.6.2004
– Wechsel der Besteuerungsform AE 19.2, AE 19.5
– Zusammenfassende Meldung AE 18a.1
Klinische Chemiker § 4 Nr. 14, AE 4.14.5 (8, 9)
Know-how
– Leistungsort AE 3a.9 (16)
– sonstige Leistung AE 3.5 (3)
– Steuersatz AE 12.7 (1)
Kolpinghäuser AE 4.18.1
Kombinationsartikel Anl. § 012 (2) 1-24
Kombinierte Nomenklatur
– Gemeinsamer Zolltarif Anl. § 012 (2) 1-01

Kommissionsgeschäft § 3 (3), AE 1.2, AE 3.12 (2)
– Dienstleistungskommission (siehe dort)
– innergemeinschaftl. AE 1a.2 (7)
– Zeitpunkt der Lieferung AE 3.1 (3)
Komplementär Anl. § 002-29
Komponist § 23, AE 23.2 (6)
Konferenzübersetzer
– Leistungsort § 3a (4)
Konkurrentenklage BFH zu § 2 vom 5.10.2006
Konkurs
– siehe Insolvenz
Konsolidierer AE 10.4 (2), Anl. § 004 Nr. 11b-02, Anl. § 004 Nr. 11b-03
Konsulate AE 1.9 (1)
– siehe auch Diplomatische Missionen
Kontoauszug
– Rechnung AE 14.1 (1)
Kontokorrentverkehr
– Abtretung AE 13c.1
– Forderungsausfall AE 13.6 (1), AE 3.11 (7)
– Steuerbefreiung § 4 Nr. 8, AE 4.8.7
Konzession BFH zu § 4 Nr.9 vom 22.9.2005
Kopien
– siehe Fotokopien
Körperersatzstücke
– Steuersatz § 12 (Anl. Nr. 52)
Körperschaftsteuer-Richtlinien
– Betrieb gewerbl. Art Anh. 11
Kosmetik
– Steuerbefreiung AE 4.14.1, AE 4.14.4 (12)
Kosmetikerin
– Steuerbefreiung BFH zu § 4 Nr. 14 vom 2.9.2010, BFH zu § 4 Nr. 14 vom 29.6.1998
Kosten
– siehe Ausgaben
Kraftdroschken
– siehe Taxen
Kraftfahrzeug
– siehe PKW
Kraftfahrzeugwirtschaft
– Absatzförderung Anl. § 010-58
– Ausfuhr AE 6.9 (11-13), Anl. § 006-03
– Austauschverfahren AE 10.5 (3)
– Freiinspektionen AE 1.3 (2), Anl. § 001-02
– Garantieleistungen AE 1.3 (2, 8), Anl. § 001-02, BFH zu § 4 Nr. 10 vom 16.1.2003, BFH zu § 4 Nr. 10 vom 9.10.2002
– Inspektion BFH zu § 6 vom 30.9.1999
– Preisnachlass, verdeckter (siehe dort)
– Reparaturbetriebe DV § 69-70 (Anlage A I 16)
– siehe auch Agenturgeschäfte
– siehe auch Gebrauchtwarenhandel
– Vermittlung AE 3.7 (2, 3), Anl. § 003-04
– Werbezuschüsse AE 10.3 (2), Anl. § 010-18
Kraftomnibusse
– siehe Gelegenheitsverkehr
Kraft-Wärmekopplung Anl. § 002-27
Krankenanstalten
– siehe Krankenhäuser

Krankenfahrstühle
- Steuersatz § 12 (Anl. Nr. 51)

Krankenfahrten
- Krankenfahrzeuge § 4 Nr. 17, AE 4.17.2, BFH zu § 2 vom 18.1.1995
- Steuerbefreiung AE 4.18.1
- Steuersatz AE 12.9 (4)

Krankengymnast § 4 Nr. 14
- Ausbildung BFH zu § 4 Nr. 21 vom 15.7.1993

Krankengymnastik AE 4.14.4 (2)

Krankenhäuser
- Apotheke AE 4.14.6, AE 4.18.1, BFH zu § 12 (2) Nr. 8 vom 18.10.1990, BFH zu § 4 Nr. 16 vom 18.10.1990
- Einrichtung AE 4.14.7 (4, 5)
- medizinische Großgeräte AE 4.14.1, AE 4.14.6
- Steuerbefreiung § 4 Nr. 14, AE 4.14.1, AE 4.14.5, BFH zu § 2 vom 25.6.1998
- vom Arzt betrieben AE 4.14.2 (2), BFH zu § 4 Nr. 14 vom 27.9.1993
- Zentralwäschereien AE 4.14.6, BFH zu § 4 Nr. 16 vom 18.10.1990

Krankenkasse BFH zu § 2 vom 31.7.2007, BFH zu § 9 vom 21.8.2007

Krankenpflege
- siehe Pflegedienste, ambulante

Krankenschwester AE 4.14.4 (11)
- siehe Pflegedienste, ambulante

Kredite
- EuGH-Rechtsprechung Anh. 1i (Nr. 2), Anh. 1i (Nr. 6), EuGH zu § 10 vom 1.7.1982
- Gewährung, Vermittlung § 4 Nr. 8, AE 4.8.2, BFH zu § 4 Nr. 8 vom 9.10.2003
- im Zusammenhang mit anderen Umsätzen AE 3.11
- Nichtabnahmeentschädigung AE 4.8.2 (6)
- Treuhandkredite Anl. § 004 Nr. 8-11
- Vermittlung Anl. § 004 Nr. 8-17
- Verwaltung (ab 1.1.1996) § 3a (4)
- Verwaltung (bis 31.12.1995) BFH zu § 4 Nr. 8 vom 1.4.1993

Kreditinstitute
- Bankdienstleistungen Anl. § 004 Nr. 8-15, EuGH zu § 4 Nr. 8 vom 5.6.1997
- Bankenschlüssel Anl. § 015-11
- Callcenter (siehe dort)
- Meldung nach § 9 WpHG Anl. § 004 Nr. 8-12
- Parkplatz AE 15.12, BFH zu § 15 vom 4.3.1993
- Vorschaltgesellschaften § 27 (2) Nr. 3, Anl. § 015-10
- Werbegeschenke AE 15.12, BFH zu § 15 vom 26.7.1988, BFH zu § 15 vom 4.3.1993, BFH zu § 4 Nr. 8 vom 26.7.1988

Kreditkarte
- Bemessungsgrundlage AE 10.1 (3), EuGH zu § 10 vom 25.5.1993
- NATO-Truppenstatut Anh. 3d

Kreditsicherheiten
- Verwaltung § 3a (4)

Kreditverkäufe
- Steuerberechnung AE 18.4

Krematorium BFH zu § 2 vom 29.10.2008, BFH zu § 2 vom 5.10.2006

Kriegsopferversorgung § 4 Nr. 15

Kundenstamm Anl. § 003-34

Kunstausstellungen AE 4.20.3

Kunstgegenstände
- Differenzbesteuerung § 25a, AE 25a.1
- Siebdrucke Anl. § 012 (2) 1-12, BFH zu § 12 (2) Nr. 1-2 vom 14.6.1994
- Urheberrechte AE 12.7 (16-17)
- Zolltarif § 12 (Anl. Nr. 53)

Kunsthalle
- Steuerbefreiung BFH zu § 4 Nr. 20 vom 16.8.1994

Künstler
- Agentur Anl. § 012 (2) 7-06
- Solokünstler AE 12.5, AE 4.20.2, Anl. § 004 Nr. 20-04, EuGH zu § 12 (2) Nr. 7 vom 23.10.2003, EuGH zu § 4 Nr. 20 vom 3.4.2003, EuGH zu § 4 Nr. 20 vom 7.9.1999
- Steuersatz AE 12.7 (19ff.), Anl. § 012 (2) 1-04, Anl. § 012 (2) 1-12
- Tonträger Anl. § 004 Nr. 20-06
- Unternehmer Anl. § 002-07
- Vorsteuerabzug DV § 69-70 (Anlage A IV 1)
- Weiterverkauf des Originals AE 1.1 (21)

Kunstsammlungen § 4 Nr. 20, AE 4.20.3

Kureinrichtungen
- Parkanlage BFH zu § 2 vom 18.8.1988
- Steuerbefreiung BFH zu § 4 Nr. 16 vom 22.5.2003
- Steuersatz AE 12.11, Anl. § 012 (2) 9-05
- Thermalschwimmbad BFH zu § 12 (2) Nr. 9 vom 29.4.1999

Kurförderungsabgabe AE 2.11 (13)

Kurierdienst
- Ausfuhrnachweis AE 6.9 (6)

Kurse
- Steuerbefreiung § 4 Nr. 22, AE 4.22.1

Kurtaxe AE 12.11, AE 2.11 (13), Anl. § 012 (2) 9-05

Kurverwaltung
- Unternehmer AE 2.11 (13), AE 3.4 (6)
- Vorsteuerabzug AE 15.19

Kurzzeitpflege
- Aufwendungszuschüsse (siehe Zuschüsse)
- siehe Pflegedienste, ambulante

L

Lagerhalter Anl. § 004 Nr. 4a-01

Lagerung von Waren
- bei Ausfuhren AE 4.3.4
- bei Einfuhr § 4 Nr. 3
- bei Einfuhren AE 4.3.3
- innergemeinschaftl. § 3b (3)
- Ort der Leistung § 3b (2), AE 3b.2
- Vertrag besonderer Art AE 4.12.6 (2)

Land- und Forstwirtschaft § 2 (3), § 24
- ab 1.1.2011 Anl. § 024-22
- Ackerflächenstillegung Anl. § 010-33
- Aufgabe Anl. § 024-21
- Aufzeichnungen AE 22.5 (5)
- Aufzeichnungspflichten DV § 67 zu § 22
- Ausfuhren AE 24.4
- bei jur. Pers. d. öffentl. Rechts § 2 (3), AE 2.11 (5)
- Einstellung der Tätigkeit (FELEG) Anl. § 024-03
- Geschäftsveräußerung § 1 (1a), § 24 (4), AE 24.1 (11), AE 24.7, BFH zu § 1 vom 15.10.1998
- Gesellschaftsgründung Anl. § 001-31
- Gestaltungsmissbrauch AE 24.1 (4), BFH zu § 24 vom 9.7.1998
- Gestellung von Arbeitskräften AE 4.27.2
- Getränke AE 24.5
- Hilfsumsätze AE 24.2 (3), Anl. § 024-21
- Hofladen AE 24.1 (2), Anl. § 024-16, Anl. § 024-19, BFH zu § 24 vom 6.12.2001
- Innergemeinschaftl. Erwerb AE 15.10 (2), AE 1a.1, Anl. § 001a-05, BFH zu § 1a vom 24.9.1998
- innergemeinschaftl. Lieferungen AE 18a.1, Anl. § 027a-01
- Kleinunternehmer AE 24.6 (4), AE 24.7
- Mähdrescher-Urteil Anl. § 015a-01, BFH zu § 15 vom 1.10.1998, BFH zu § 24 vom 10.11.1994, BFH zu § 24 vom 16.12.1993
- Mitverantwortungsabgabe Getreide Anl. § 010-08
- Nebenbetriebe § 24 (2), AE 24.1 (1, 2), BFH zu § 24
- Option zur Regelbesteuerung (siehe Option)
- Organschaft Anl. § 024-02
- Personengesellschaften AE 24.1 (3), Anl. § 024-11, Anl. § 024-12
- Rebanlagen AE 3.1 (1)
- Rechnungen AE 24.8
- Rechtsform Anl. § 024-20
- stehende Ernte AE 3.1 (1)
- steuerfreie Umsätze AE 24.3
- Strukturwandel BFH zu § 24 vom 9.5.1996
- Tierzucht § 24 (2)
- unentgeltl. Leistungen AE 14.9 (2)
- USt-IdNr. § 27a
- Verpachtung AE 24.1, Anl. § 019-03, Anl. § 024-07, Anl. § 024-15, Anl. § 024-17, BFH zu § 24
- Vorsteuerabzug bei gemischten Betrieben AE 15a.2 (2), AE 24.6, Anl. § 015a-01, BFH zu § 15 vom 26.2.1987, BFH zu § 24
- Vorsteuerabzug beim Wechsel der Besteuerungsform AE 15.1, AE 15a.2 (2), Anl. § 024-13
- Vorsteuerabzug, Begrenzung AE 15.2 (6)
- Vorsteuerberichtigung AE 15a.2 (2), Anl. § 015a-01

- Wasserschutzgebiete Anl. § 001-14
- Zusammenfassende Meldung AE 18a.1
- Zuschüsse (siehe dort)

Langfristige Verträge § 29, AE 29.1
Leasing
- allgemeines Anl. § 003-06
- Differenzbesteuerung BFH zu § 25a
- Entstehung der Steuer AE 13.1 (4)
- Gestaltungsmissbrauch EuGH zu § 1 vom 22.10.2010
- Kraftstoffverwaltung Anl. § 003-21, BFH zu § 3 vom 10.4.2003, BFH zu § 3 vom 22.2.2001, EuGH zu § 3 vom 6.2.2003
- Leistungsort EuGH zu § 3a vom 17.7.1997
- Lieferung AE 3.5 (5-7)
- Minderwertausgleich AE 1.3 (17), Anl. § 001-59
- PKW Anl. § 015-36, Anl. § 015-39
- Restwertausgleich AE 1.3 (17)
- sale-and-lease-back AE 3.5 (7), Anl. § 003-31, BFH zu § 3 vom 9.2.2006

Leergut
- Warenumschließung AE 10.1 (8), Anl. § 012 (2) 1-14

Lehrer
- Steuerbefreiung § 4 Nr. 21, AE 4.21.3, Anl. § 004 Nr. 21-08

Lehrtätigkeit
- Ärzte AE 4.14.1

Leichenschau
- Steuerbefreiung AE 4.14.1

Leistender BFH zu § 1 vom 21.4.1994
Leistungsaustausch
- Begriff § 1, AE 1.1
- EuGH-Urteil EuGH zu § 1 vom 8.3.1988
- Gesellschaften/Gesellschafter (siehe dort)
- zivilrechtl. Verhältnisse BFH zu § 15 vom 13.9.1984

Leistungsbeistellung Anl. § 002-21
Leistungsempfänger AE 15.2 (16), AE 3a.2 (2), AE 3b.4 (2), Anl. § 014-05, BFH zu § 15 vom 13.9.1984, BFH zu § 15 vom 26.11.1987, BFH zu § 15 vom 28.3.1995
- als Steuerschuldner § 13b
- innergemeinschaftl. Güterbeförderungen AE 15.7

Leistungsort
- siehe Ort der sonstigen Leistung

Leitungsrechte
- siehe Grundstücke

Lichtbilder AE 12.7 (18)
Liebhaberei Anl. § 002-15
Lieferort
- siehe Ort der Lieferung

Lieferschein AE 14.5, Anl. § 014-22
Lieferschwelle
- siehe Versandhandel

Lieferungen
- Abgrenzung zur sonstigen Leistung AE 3.5, BFH zu § 6 vom 30.9.1999

2157

- Begriff § 3 (1), AE 3.1, BFH zu § 1 vom 18.11.1999
- Entstehung der Steuer AE 13.1 (2)
- EuGH-Urteil EuGH zu § 3 vom 8.2.1990
- Ort der - (siehe dort)
- ruhende AE 3.14 (2)
- Zeitpunkt (s.dort)

Linienverkehr, genehmigter § 12 (2) Nr. 10, AE 12.13, AE 12.14, AE 12.15

Liquidator
- Unternehmer AE 2.3 (9)

Lizenzgebühren Anl. § 003-25

Lizenzspieler AE 1.1 (11)

Logopäden AE 4.14.4 (11)
- siehe auch Atem-, Sprech- und Stimmlehrer
- siehe auch Sprachheilpädagogen

Logotherapeut
- Steuerbefreiung AE 4.14.4 (12)

Lohnsteuerhilfeverein AE 1.4 (3)

Lohnveredelungen, an Gegenständen der Ausfuhr § 4 Nr. 1, § 7, AE 7.1-7.4, DV § 12-13 zu § 6
- Buchnachweis AE 6.10, DV § 13 zu § 6
- Vorsteuerabzug AE 15.8 (8)

Lohnveredelungen, innergemeinschaftliche § 10 (4) Nr. 1, § 18a, § 1a (2), § 3 (1a), § 6a (2), DV § 17a-c zu § 6a
- Aufzeichnungen § 22 (4b)
- Ort der Leistung § 3a (3)
- Rechnung AE 14a.1
- Rechnungen § 14a

Lotsen von Schiffen AE 8.1 (7)

Lotterie
- durchlaufender Posten Anl. § 010-19
- Steuerbefreiung § 4 Nr. 9, AE 4.9.2 (3)
- Steuersatz AE 12.9 (14)

Luftbildaufnahmen
- Steuersatz AE 12.7(18)

Luftfahrt
- Ort der Lieferung § 3e
- Steuerbefreiung § 4 Nr. 6
- Umsätze für - § 4 Nr. 2, § 8 (2-3), Anl. § 008-03, DV § 18 zu § 8

Luftverkehr § 26 (3), AE 22.6 (12), AE 26.1-26.5, Anl. § 026-01
- EG-Recht EuGH zu § 26 vom 13.7.2000
- Luftverkehrsunternehmer AE 26.1

M

Mahlzeiten
- in Schulen (siehe dort)
- Sachzuwendungen an das Personal (siehe Personalverpflegung)

Mahnungen
- Mahngebühren (Schadensersatz) AE 1.3 (6), BFH zu § 10 vom 11.5.1995
- Rechnung AE 14.1 (1)

Malergewerbe DV § 69-70 (Anlage A I 13)

Managementgesellschaft AE 4.14.9 (4)

Mannheimer Rheinschifffahrtsakte
- siehe Personenbeförderungen auf dem Rhein

Margenbesteuerung
- siehe Reiseleistungen

Markenrechte
- Ort der Leistung § 3a (4), AE 3.1 (4), AE 3a.9 (1-2)

Marktforscher AE 12.7 (1), AE 3a.6 (5)

Marktforschung AE 3.5 (3)

Marktstandüberlassung § 4 Nr. 12, AE 3a.3 (4), AE 4.12.6 (2), BFH zu § 4 Nr. 12 vom 24.1.2008

Massekosten
- siehe Insolvenz

Masseure AE 4.14.4 (11)

Maßregelvollzug
- Steuerbefreiung AE 4.14.5 (23)

Materialbeistellung/Materialgestellung
- allgemeines AE 3.8
- Binnenmarkt Anl. § 001a-06
- Reparatur AE 7.4

Materialprüfungsanstalten AE 2.11 (14)

Maut AE 10.4 (4), Anl. § 001-57, Anl. § 010-46, EuGH zu § 2 vom 12.9.2000

Medien
- siehe Öffentlichkeitsarbeit

Medikamente
- Zuzahlung AE 10.2 (5), AE 10.3 (7)

Medizinische Dienste
- Gutachten für - BFH zu § 4 Nr.14 vom 28.6.2000
- Steuerbefreiung § 4 Nr. 15a

Medizinische Großgeräte
- siehe Apparate

Medizinische Versorgungszentren AE 4.14.5, AE 4.14.9

Medizinischer Bademeister AE 4.14.4 (2)

Medizinisch-technische Assistentin AE 4.14.4 (11), BFH zu § 4 Nr. 14 vom 29.1.1998

Medizinphysiker
- Steuerbefreiung § 4 Nr. 14, BFH zu § 4 Nr. 14 vom 15.9.1994

Mehrzweckhalle AE 3.4 (6-7), AE 4.12.11

Mensen
- Studentenwerke AE 12.9 (4), AE 4.18.1, Anl. § 012 (2) 8-01, BFH zu § 4 Nr. 18 vom 11.5.1988

Merkblätter
- Ausfuhren Anl. § 006-08
- Bauwirtschaft Anl. § 013-03
- Binnenmarkt (siehe dort)
- Personenbeförderung mit Omnibussen Anl. § 016-04
- Trennung der Entgelte Anl. § 022-06

Messen
- ab 1.1.2007 § 13b, Anl. § 013b-09
- ab 1.1.2011 Anl. § 003a-18
- ab 1.7.2011 Anl. § 003a-20
- ab 1.1.2012 Anl. § 003a-21
- Grundstücksüberlassung AE 4.12.6 (2)

- Leistungsort AE 3a.4
- Messegut AE 1a.2 (12)
- Messestand AE 3a.4, BFH zu § 3a vom 24.11.1994

Meta-Verbindungen
- Unternehmer AE 2.1 (5)

Mietkaufmodell
- Zwischenvermietung BFH zu § 9 vom 17.5.1984

Mietomnibusse
- Merkblatt Anl. § 016-04

Mietvertrag
- mit Kauf AE 3.5 (5-7)
- Rechnung AE 14.1 (2)
- Teilleistung BFH zu § 13 vom 9.9.1993
- Übernahme des - EuGH zu § 4 Nr. 12 vom 9.10.2001

Mietwagen
- Steuersatz AE 12.13 (8), BFH zu § 12 (2) Nr. 10
- Vorsteuerabzug DV 69-70 (Anlage A III 5)

Mikroverfilmung
- Ausfuhrnachweis AE 6.5
- zollamtl. Belege AE 22.1 (3)

Milchbar AE 12.11

Milchmischgetränk
- Steuersatz § 12 (Anl. Nr. 35), § 12 (Anl. Nr. 4)

Milchwirtschaft § 12 (2) Nr. 4, AE 12.3 (5)
- Aufgabe der Milcherzeugung EuGH zu § 1 vom 29.2.1996
- Butterbeihilfe (siehe dort)
- Land- und Forstwirtschaft AE 24.2 (2, 3)
- Michquote AE 2.11 (17)
- Milchabgabe AE 10.3 (2)
- Milchgeldabrechnungen Anl. § 016-01, BFH zu § 24 vom 14.9.1989
- Milchhändler (Trennung der Bemessungsgrundlagen) AE 22.6 (3ff.)
- Milchkontrollvereine Anl. § 010-16
- Milchquote Anl. § 001-31, BFH zu § 2 vom 3.7.2008, BFH zu § 24 vom 5.11.1998
- Vorsteuerabzug DV § 69-70 (Anlage A II 9)

Mildtätige Einrichtungen
- siehe gemeinnützige Einrichtungen

Minderwertausgleich
- Leasing (siehe dort)

Mindestbemessungsgrundlage § 10 (5), BFH zu § 10 vom 18.12.1996, BFH zu § 10 vom 8.10.1997, EuGH zu § 10 vom 25.5.1993, EuGH zu § 10 vom 29.5.1997
- allgemeine Grundsätze Anl. § 010-42
- Belegschaftsrabatt AE 1.8 (6)
- Marktüblichkeit AE 10.7 (1)
- Steuerausweis AE 14.9

Mineralöle § 4 Nr. 19, AE 4.19.1 (3)

Missbräuchliche Gestaltung
- siehe Gestaltungsmissbrauch

Miteigentum
- an Edelmetallbestand AE 3a.9 (7)
- Erwerb eines Miteigentumsanteils AE 2.1 (2), BFH zu § 15a vom 22.11.2007
- siehe auch Bruchteilseigentum

- sonstige Leistung AE 3.5 (3)
- Steuerbefreiung AE 4.9.1 (2)
- unentgeltl. Übertragung AE 15a.2 (6)

Mitgliederbeiträge AE 1.4, AE 12.3, AE 2.10, Anl. § 002-03, Anl. § 010-43, BFH zu § 1, BFH zu § 10 vom 8.9.1994, BFH zu § 4 Nr. 11 vom 20.12.1990, EuGH zu § 1 vom 21.3.2002

Mittelberg § 1 (1), § 1 (2), AE 1.9 (2)

Mitverantwortungsabgabe Getreide Anl. § 010-08

Mobilfunk
- Kundenbindung AE 3.3 (20)
- Standortanmietung Anl. § 024-17
- Startpaket AE 3.5 (3)

Mobilitätslehrer Anl. § 004 Nr. 14-10

Montagen
- Leistungsort AE 3.12 (4)

Motorsport
- Autorennfahrer BFH zu § 3a vom 26.3.1992

Motorsportclub
- Steuersatz BFH zu § 12 (2) Nr. 8 vom 5.8.1992

Münzen
- Sammler (Unternehmer) AE 2.3 (6)
- Steuersatz (siehe Gold-/Silbermünzen)
- unedles Metall Anl. § 012 (2) 1-23

Museen
- Steuerbefreiung § 4 Nr. 20, AE 4.20.3, AE 4.20.5
- Steuersatz § 12 (2) Nr. 7a, AE 12.5 (1)

Musik
- Eintrittskarten BFH zu § 3a vom 5.2.2002
- Kammermusikensembles (s.dort)
- Musiker AE 12.7 (19ff.), AE 23.2 (3)
- Musiker-Duo BFH zu § 4 Nr. 20 vom 24.2.2000
- Musikkapelle Anl. § 002-06
- Musiklehrer BFH zu § 4 Nr. 21 vom 20.8.2009
- Musikwerke AE 12.7 (15)
- Musikwettbewerb AE 4.22.2 (1)
- Solist BFH zu § 12 (2) Nr. 7 vom 14.12.1995, BFH zu § 12 (2) Nr. 7 vom 18.1.1995, BFH zu § 12 (2) Nr. 7 vom 26.4.1995

Musikschulen BFH zu § 4 Nr. 20 vom 3.5.1998

Mutterhäuser § 4 Nr. 27, AE 4.27.1

N

Nachbaugebühr AE 3.5 (3)

Nachhaltigkeit § 2 (1), AE 2.3 (5, 6), BFH zu § 2 vom 22.2.1990, BFH zu § 2 vom 7.9.1995

Nachzahlungszinsen Anl. § 014-11

Nahestehende Personen
- Begriff AE 10.7 (1)
- Ehegatten (siehe dort)
- Fremdvergleich BFH zu § 19 vom 29.3.1990
- Gestaltungsmissbrauch AE 1.1 (2)
- Leistungsaustausch zwischen - AE 1.1 (2), Anl. § 020-01
- Mindestbemessungsgrundlage (siehe dort)
- Praxisraumvermietung BFH zu § 15 vom 1.4.1993, BFH zu § 15 vom 16.1.1992, BFH zu § 9 vom 25.1.1994

- Vermietung von Gegenständen Anl. § 015-12, BFH zu § 19

Nahverkehr
- siehe Personenbeförderung

NATO
- innergemeinschaftl. Erwerb § 1c, AE 1c.1
- Leistungen an Vertragspartner der - § 4 Nr. 7, AE 4.7.1

NATO-Hauptquartiere § 26 (5), Anh. 4a-4j, DV § 73 zu § 26
- Leistungen an - § 4 Nr. 7, AE 4.7.1
- Steuerbefreiung Anl. § 004 Nr. 7-01, Anl. § 004 Nr. 7-02

NATO-Truppenstatut § 26 (5), Anh. 3a-3s, DV § 73 zu § 26
- Abwicklungsschein (siehe dort)
- Abzahlungsgeschäfte Anh. 3k
- Amtl. Beschaffungsstellen Anh. 3d, Anh. 3r
- Barzahlungen (siehe dort)
- Beitrittsgebiet Anh. 3l
- Belegnachweis (siehe Abwicklungsschein)
- Beschaffungsauftrag Anh. 3h
- Konzessionsverträge Anh. 3d, Anh. 3i
- Kreditkarte Anh. 3d, Anh. 3i
- Nachweis der Steuerbefreiung DV § 73 zu § 26
- Rechtsprechung Anh. 3z
- Reparaturen am PKW Anh. 3j
- Steuerbefreiung § 4 Nr. 7, AE 4.7.1, Anh. 3d, Anl. § 004 Nr. 7-02
- Zusatzabkommen Anh. 3a-3s, Anh. 3d

Naturschutz AE 10.2

Nebenbetriebe
- siehe Land- und Forstwirtschaft

Nebenleistungen
- Begriff AE 3.10 (5), BFH zu 4 Nr. 8 vom 18.7.2002
- bei (See-) Schifffahrt BFH zu § 3b vom 1.8.1996, BFH zu § 3b vom 19.9.1996
- bei (See-)Schifffahrt AE 8.1 (7)
- bei Ausfuhren AE 4.3.4
- bei Einfuhren AE 4.3.3
- bei Formen, Modellen, Werkzeugen Anl. § 006-02
- bei Güterbeförderungen AE 3b.2 (3)
- bei Personenbeförderungen AE 12.13 (4)
- bei Pornofilmen BFH zu § 12 (2) Nr. 7 vom 18.6.1993
- bei Theaterleistungen AE 4.20.1 (3), BFH zu § 4 Nr. 20 vom 14.5.1998, BFH zu § 4 Nr. 20 vom 18.5.1988
- bei Tierzucht AE 12.3 (6)
- bei Vermietung AE 12.16, AE 4.12.1 (5-6), AE 4.12.2 (3)
- bei Vermittlung AE 4.5.1
- bei Verpackungen Anl. § 012 (2) 1-01
- bei Versicherungen BFH zu § 4 Nr. 10 vom 16.1.2003, BFH zu § 4 Nr. 10 vom 9.10.2002
- bei Vervielfältigung von Manuskripten AE 12.7 (22)
- bei Warenumschließung Anl. § 012 (2) 1-14

- bei Werklieferung AE 3a.9 (9)
- bei Zirkussen, Schaustellern u.ä. AE 12.8
- Steuersatz Anl. § 012 (1)-01, Rz 13

Nebenstoffe AE 3.8, BFH zu § 3 vom 9.6.2005

Netzbenutzungsvertrag Anl. § 003-23

Neugründung
- siehe Gründung von Gesellschaften
- siehe Umsatzsteuer-Voranmeldung
- Steuernummer BFH zu § 14, BFH zu § 2, BFH zu § 27a

Nichterhebung der Umsatzsteuer
- Kleinunternehmer § 19 (1), AE 19.1
- Land- und Forstwirtschaft AE 24.6 (4), AE 24.7
- Verzicht auf die Nichterhebung der Steuer (siehe Option)

Nichtunternehmer
- Arbeitnehmer (siehe dort)
- Aufbewahrung von Rechnungen Anl. § 014-21
- neues Fahrzeug § 15 (4a), § 16 (5a), § 18 (5a), § 2a, § 6a
- Steuerausweis, unberechtigter (siehe dort)

Niederländisches Beschaffungsverfahren Anh. 3d

Niederlassung
- siehe Betriebsstätte

Nießbrauch
- Dauerleistung AE 2.3 (6), AE 3.1 (4)
- Eigenverbrauch (bis 31.3.1999) BFH zu § 15a vom 16.9.1987, BFH zu § 4 Nr. 9 vom 16.9.1987
- Quotennießbrauch AE 3.1 (4)
- siehe auch dingliche Nutzungsrechte
- Steuerbefreiung § 4 Nr. 12, AE 4.12.8, Anl. § 004 Nr. 12-01, EuGH zu § 4 Nr. 12 vom 4.10.2001
- Vorbehaltsnießbrauch Anl. § 015a-02, BFH zu § 15a vom 13.11.1997 (DB 1998 S. 243), BFH zu § 15a vom 26.4.1995
- Zwischenvermietung BFH zu § 9 vom 13.2.1992

Nordatlantikvertrag
- innergemeinschaftl. Erwerb § 1c, AE 1c.1
- Lieferungen an § 4 Nr. 7, AE 4.7.1, Anh. 3d, Anl. § 004 Nr. 7-01, Anl. § 004 Nr. 7-02

Notare
- Gebühren, Auslagen AE 10.4 (2,3)
- gewerbl. Tätigkeit § 2 (3), EuGH zu § 2 vom 26.3.1987
- Ort der Leistung AE 3a.1, AE 3a.3 (7), AE 3a.9 (11)
- Vorsteuerabzug DV § 69-70 (Anlage B 4)

Noten
- Steuersatz § 12 (Anl. Nr. 49)

Nullprovisionsmodell Anl. § 004 Nr. 5-01

Nutzungsrechte
- siehe dingliche Nutzungsrechte

Nutzungszinsen
- Schadensersatz AE 1.3 (6)

O

Oberleitungsomnibusse § 12 (2) Nr. 10, AE 12.13 (3)
Obstbau § 24 (2)
Öffentlichkeitsarbeit
– kommunale Werbe-GmbH AE 10.2
– Leistungsaustausch BFH zu § 1 vom 27.11.2008
– Ort der Leistung § 3a (4), AE 3a.9 (6)
– siehe auch Werbung
– Sachspenden AE 3.3
– Wirtschaftsförderungsgesellschaft (Zuschüsse) BFH zu § 10 vom 10.8.1989
Offsetfilme
– Lieferung AE 3.5 (2)
Offshore-Steuerabkommen § 26 (5), Anh. 2a-d, DV § 73 zu § 26
Ölverkauf
– durch Tankstellen AE 3.7 (4)
– Ölwechsel BFH zu § 6 vom 30.9.1999
Olympiastützpunkt AE 10.2 (7)
Omnibusverkehr
– siehe Personenbeförderungen
One-Stop-Shop § 18 (4c)
Opernsänger BFH zu § 12 (2) Nr. 7 vom 14.12.1995, BFH zu § 12 (2) Nr. 7 vom 18.1.1995, BFH zu § 12 (2) Nr. 7 vom 26.4.1995
Option
– Frist Anl. § 009-08
– für Lieferungen BFH zu § 9 vom 1.12.1994, BFH zu § 9 vom 26.6.1996, EuGH zu § 2 vom 4.10.1995
– für sonstige Leistungen Anl. § 015-47, BFH zu § 9 vom 20.7.1988
– im Zwangsversteigerungsverfahren BFH zu § 9 vom 18.6.1993
– Optionserklärung AE 9.1 (3), Anl. § 024-10, Anl. § 024-11, BFH zu § 9 vom 1.12.1994, BFH zu § 9 vom 2.4.1992, BFH zu § 9 vom 25.1.1996
– Optionsgeschäfte mit Geldforderungen AE 4.8.4
– Optionsgeschäfte mit Wertpapieren AE 4.8.8 (1)
– Teiloption AE 9.1 (6), BFH zu § 9 vom 27.1.2000
– unentgeltl. Wertabgaben AE 3.2 (2)
– Verwendungsabsicht AE 9.1 (5), BFH zu § 9 vom 17.3.2003
– Widerruf (siehe dort)
– Zeitpunkt der Optionserklärung AE 9.1 (3), BFH zu § 9 vom 23.8.1988
– zur Regelbesteuerung (Kleinunternehmer) § 19 (2), AE 19.2
– zur Regelbesteuerung (Land- und Forstwirtschaft) § 24 (4), AE 24.7, Anl. § 024-10, Anl. § 024-11, BFH zu § 24 vom 19.11.1999, BFH zu § 24 vom 6.12.1979, DV § 71 zu § 24
– zur Steuerpflicht § 9, Anl. § 009-06, Anl. § 009-07, EuGH zu § 15 vom 21.9.1988

Orchester
– Steuerbefreiung § 4 Nr. 20, AE 4.20.2, AE 4.20.5
– Steuersatz § 12 (2) Nr. 7a, AE 12.5
Ordnungswidrigkeit
– Zusammenfassende Meldung § 26a, AE 18a.5
Organschaft
– Änderung der Bemessungsgrundlage AE 17.1 (5)
– Bauleistungen Anl. § 013b-05, BFH zu § 2 vom 29.10.2008
– Begriff § 2 (2), AE 2.8, BFH zu § 2 vom 18.12.1996, BFH zu § 2 vom 21.8.1992
– bei Betriebsaufspaltung BFH zu § 2 vom 21.8.1992
– Beschränkung auf das Inland AE 2.9
– Betriebsstätte AE 3a.1
– finanzielle Eingliederung AE 2.8 (5), Anl. § 002-28
– grenzüberschreitende - AE 1a.2 (8)
– Innenumsätze (siehe dort)
– Insolvenz BFH zu § 14c vom 28.10.2010, BFH zu § 17 vom 4.3.2010
– Insolvenz (siehe dort)
– jur. Pers. d. öffentl. Rechts BFH zu § 2 vom 9.10.2002
– organisatorische Eingliederung AE 2.8 (7)
– Rechnung AE 14.5 (7), AE 14c.1 (6), AE 14c.2 (3, 4)
– USt-IdNr. § 27a (1), AE 27a.1
– Vorsteuerabzug AE 15.2, BFH zu § 15 vom 23.9.2009
– Vorsteuerberichtigung AE 15a.10, BFH zu § 15a vom 12.5.2003
– wirtschaftl. Eingliederung AE 2.8 (6), BFH zu § 10 vom 18.6.2010, BFH zu § 2 vom 25.6.1998, BFH zu § 2 vom 3.4.2003
– Zusammenfassende Meldung AE 18a.1
– Zwangsverwaltung Anl. § 002-25
Orientierungs- und Mobilitätslehrer Anl. § 004 Nr. 14-10
Ort der Lieferung
– allgemeines § 3 (5a), § 3 (6), § 3 (7), § 3 (8), AE 3.12
– bei „verzollt und versteuert" § 3 (8), AE 3.13, Anl. § 001a-03
– bei Beförderungen § 3e
– bei Montage der Gegenstände AE 3.12 (4)
– bei unentgeltl. Lieferungen § 3f
– siehe auch Reihengeschäft
– Versandhandel § 3c, AE 3c.1, Anh. 1h
Ort der sonstigen Leistung § 3a, § 3b, § 3f, AE 3a.1-3a.16, AE 3b.1-3b.4, DV § 1-7 zu § 3a
– ab 1.1.2010 Anl. § 003a-16
– ab 1.1.2011 Anl. § 003a-18
– ab 1.7.2011 Anl. § 003a-19, Anl. § 003a-20
– Beförderungen (siehe dort)
– bei Grundstücken AE 3a.3-3a.4
– beim Handel mit Platinbeimetallen AE 3a.9 (18)
– Erfüllungsgehilfe AE 3a.15

- Leistungsempfänger AE 3a.2 (2)
- Messen und Ausstellungen AE 3a.4
- Sonderfälle nach UStDV AE 3a.14
- tontechnische Leistungen AE 3a.6 (3), EuGH zu § 3a vom 26.9.1996
- unentgeltl. § 3f
- USt-IdNr. (siehe dort)
- Vermietung bewegl. Gegenstände § 3a (4)

Ort der unentgeltlichen Wertabgaben § 3 (5a), § 3 (6), § 3 (7), § 3 (8), § 3f, AE 3f.1

Orthopädische Apparate
- Steuersatz § 12 (Anl. Nr. 52)

Orthoptist AE 4.14.4 (11)

Outsourcing
- von Dienstleistungen Anl. § 004 Nr. 8-15, BFH zu § 4 Nr. 8 vom 23.10.2002

P

Pacht
- Steuerbefreiung § 4 Nr. 12, AE 4.12.1

Packing
- bei Krediten AE 4.8.2 (8)

Parkanlage
- Betrieb einer - durch eine Gemeinde AE 3.4 (6), BFH zu § 2 vom 18.8.1988

Parkflächen
- bei Kreditinstituten (siehe dort)
- Ort der Leistung AE 3a.3 (5)
- Parkscheinautomat BFH zu § 2 vom 27.2.2003
- Stellplatzverpflichtung Anl. § 015-06
- Vermietung § 4 Nr. 12, AE 4.12.2, Anl. § 004 Nr. 12-05, BFH zu § 4 Nr. 12 vom 4.12.1980, BFH zu § 4 Nr.12 vom 30.3.2006, EuGH zu § 4 Nr. 12 vom 13.7.1989
- Vermietung im Beitrittsgebiet Anl. § 004 Nr. 12-07

Parkgebühren
- Entgelt Anl. § 010-10
- Parkchip BFH zu § 17 vom 11.5.2006

Parkhaus
- Betrieb eines - durch eine Gemeinde AE 2.11 (12), AE 3.4 (6), BFH zu § 1 vom 10.12.1992

Party-Service BFH zu § 12 vom 18.12.2008, BFH zu § 3 vom 15.10.2009

Patentanwälte
- Ort der Leistung § 3a (4), AE 3a.9 (10)
- Vorsteuerabzug AE 23.2 (7), DV § 69-70 (Anlage B 3)

Patente
- Ort der Leistung § 3a (4), AE 3a.9 (1-2)
- sonstige Leistung AE 3.1 (4)

Pauschalierung des Vorsteuerabzugs
- bei Vereinen § 23a, AE 15.2 (6), DV § 66a zu § 22

Pauschalreisen
- mit Schiffen AE 3a.1
- siehe auch Reiseleistungen

Pauschbeträge Anl. § 010-41

Pendelverkehr
- siehe Gelegenheitsverkehr (ausländische Kraftomnibusse)

Pensionsgeschäft AE 3.10 (5)

Pensionskasse
- für freie Mitarbeiter AE 10.1. (7), BFH 10 vom 9.10.2002

Personalbeistellung AE 1.1 (6-7), BFH zu § 1 vom 6.12.2007

Personalgestellung
- siehe Gestellung von Arbeitskräften

Personalrabatt
- Preisnachlass AE 1.8 (6)

Personalverpflegung
- Hotel- und Gaststättengewerbe Anl. § 004 Nr. 23-01, Anl. § 004 Nr. 23-02
- in Kantinen AE 1.8 (10-12), AE 2.10 (9), AE 3.6, Anl. § 001-24, BFH zu § 10 vom 18.7.2002
- Schiffsbesatzung BFH zu § 1 vom 19.12.1996, BFH zu § 1 vom 28.5.1998, BFH zu § 3b vom 29.8.1996
- Steuersatz BFH zu § 12 (2) Nr. 1-2 vom 24.11.1988
- Vorsteuerabzug AE 15.2 (23)

Personenbeförderungen
- auf dem Bodensee BFH zu § 3 vom 26.6.1996, EuGH zu § 3 vom 2.5.1996
- auf dem Rhein AE 3b.1 (18), AE 3b.1 (18), BFH zu § 3b vom 1.8.1996
- ausländische Kraftomnibusse (siehe Gelegenheitsverkehr)
- Berufsverkehr (Steuersatz) AE 12.13 (4)
- grenzüberschreitende (siehe dort)
- Helgoland § 4 Nr. 6
- Hin- und Rückfahrt BFH zu § 12 (2) 10 vom 31.5.2007
- Kreuzfahrtschiff BFH zu § 3a vom 19.11.1998
- Merkblatt Anl. § 016-04
- mit Schiffen § 12 (2) Nr. 10, § 28 (4), AE 12.12, BFH zu § 3b vom 19.9.1996
- mit Taxen AE 12.13
- Nahverkehr § 12 (2) Nr. 10, AE 12.13-12.15
- Ort der - § 3b (1), AE 3b.1, DV § 2-7 zu § 3b
- Ort der Lieferung § 3e
- Repräsentativerhebung AE 22.6 (17)
- siehe auch Beförderungen
- siehe auch Luftverkehr
- Schülerbeförderung (Steuersatz) AE 12.13 (4)
- Steuerbefreiung § 4 Nr. 6
- Steuersatz § 28 (4), AE 12.12, AE 12.14
- Trennung der Entgelte AE 22.6 (17), BFH zu § 3b vom 12.3.1998, EuGH zu § 3b vom 6.11.1997
- Vermittlung von - AE 4.5.1
- von Arbeitnehmern (siehe Sammelbeförderungen)
- von Schwerbehinderten (Entgelt) AE 10.2
- Zuschuss Anl. § 010-27

Personenbeförderungsunternehmer
- Aufzeichnungen AE 22.6 (17)
- Vorsteuerabzug DV § 69-70 (Anlage A III 5)

Personenvereinigungen
- siehe auch Gesellschaften
- Vorsteuerabzug § 23, DV § 66a zu § 22

Persönliches Reisegepäck
- bei Ausfuhren § 6 (3a), DV § 13 (4a) zu § 6

Pfandgeld
- Warenumschließungen AE 10.1 (8), Anl. § 012 (2) 1-14

Pfandleiher AE 1.2, AE 10.1 (3), AE 4.8.2 (5), BFH zu § 3 vom 16.4.1997
- Verpfändung AE 3.1 (3)

Pfandscheine § 10 (2)

Pferde
- Bedeckung AE 12.3 (1)
- Hippotherapie BFH zu § 4 Nr.14 vom 30.1.2008
- Pferdepension AE 12.2 (3), AE 24.1 (4), Anl. § 012 (2) 1-02, BFH zu § 12 (2) Nr. 8 vom 19.2.2004, BFH zu § 24 vom 16.7.1987
- Pferdezucht BFH zu § 2 vom 12.2.2008
- Rennpferde BFH zu § 2 vom 2.7.2008
- Training von Anl. § 012 (2) 1-06
- Vermietung von Reitpferden AE 24.1 (4), Anl. § 012 (2) 3-02

Pflanzenlieferungen
- Steuersatz § 12 (Anl. Nr. 54), AE 24.2 (1), Anl. § 012 (2) 1-02, Anl. § 012 (2) 1-30
- Vorsteuerabzug DV § 69-70 (Anlage A II 1)

Pflanzenzucht
- Steuersatz § 12 (2) Nr. 3, AE 12.2

Pflegedienste, ambulante BFH zu § 4 Nr. 14 vom 22.10.2004, BFH zu § 4 Nr. 14 vom 25.3.1999
- Eingliederungshilfe Anl. § 004 Nr. 16-12
- Kapitalgesellschaft EuGH zu § 4 Nr. 16 vom 10.9.2001
- Kooperationspartner Anl. § 004 Nr. 16-09
- niedrigschwellige Betreuungsangebote AE 4.16.5
- Steuerbefreiung § 4 Nr. 16, AE 4.16.5, BFH zu § 4 Nr. 14 vom 26.8.1993

Pflegeheime
- Steuerbefreiung § 4 Nr. 16, AE 4.16.4, Anl. § 004 Nr. 16-05
- Vermietung AE 4.12.6 (2), BFH zu § 9 vom 21.4.1993

Pflegeleistungen AE 4.16.1
- 40%-Grenze AE 4.16.3
- eng verbundene Umsätze AE 4.16.6
- Nachweis AE 4.16.2

Photovoltaikanlage
- Unternehmer AE 2.5, BFH zu § 2 vom 11.4.2008
- Vorsteuerabzug BFH zu § 15 vom 11.4.2008, BFH zu § 15 vom 5.12.2006

Physiotherapeut AE 4.14.4

PKW
- 1 v. H.-Regelung BFH zu § 10 vom 11.4.1996, BFH zu § 10 vom 12.5.1998, BFH zu § 10 vom 28.6.1995
- ab 1.1.2006 Anl. § 010-49
- ab 1.4.1999 § 15 (1), § 27 (5), AE 3.4, Anl. § 015-24, Anl. § 015-39, BFH zu § 15 vom 15.7.2004
- Ausfuhr AE 6.9 (11-13), Anl. § 006-03
- Autorennfahrer BFH zu § 3a vom 26.3.1992
- Bestandteile BFH zu § 3 vom 18.10.2001, BFH zu § 3 vom 20.12.2001, EuGH zu § 3 vom 17.5.2001
- Carsharing (siehe dort)
- Differenzbesteuerung Anl. § 025a-02
- Eigenverbrauch (bis 31.3.1999) BFH zu § 1 vom 14.4.1994, BFH zu § 1 vom 29.8.1991, BFH zu § 10 vom 11.3.1999, BFH zu § 10 vom 11.4.1996, BFH zu § 10 vom 12.5.1998
- EuGH-Rechtsprechung BFH zu § 1 vom 29.8.1991, BFH zu § 10 vom 11.4.1996
- für Montagetätigkeit BFH zu § 1 vom 16.12.1999
- Geschäftsveräußerung Anl. § 001-48
- Inspektion BFH zu § 6 vom 30.9.1999
- Inzahlungsnahme Anl. § 025a-02
- Nutzung im EU-Ausland EuGH zu § 3 vom 11.9.2003
- Ort des Eigenverbrauchs (bis 31.3.1999) BFH zu § 3a vom 24.11.1988
- private Nutzung Anl. § 010-39
- Reparatur AE 7.4
- Sammelbeförderungen (siehe dort)
- Tanken im EU-Ausland Anl. § 006a-03
- Überlassung an das Personal § 3 (9a), AE 1.8 (18), Anl. § 015-39, BFH zu § 1 vom 10.6.1999 (BStBl. S. 580), BFH zu § 10 vom 11.4.1996, EuGH zu § 15 vom 8.11.2001
- Unfall AE 3.3 (6)
- Verkauf BFH zu § 1 vom 31.1.2002, EuGH zu § 1 vom 8.3.2001
- Verkauf durch Werksangehörige (siehe Jahreswagen)
- Zuordnung zum Unternehmen Anl. § 002-04, Anl. § 002-08, BFH zu § 1 vom 22.3.1995, BFH zu § 15 vom 21.4.1988, BFH zu § 15 vom 7.5.1997, BFH zu § 2 vom 22.2.1990, BFH zu § 2 vom 7.9.1995
- Zuzahlung Anl. § 010-36
- Zwischenschaltung eines Dritten Anl. § 002-04, Anl. § 002-08, BFH zu § 15 vom 7.5.1997

Podologe
- Steuerbefreiung AE 4.14.1, AE 4.14.4 (11)

Politische Parteien
- Steuerbefreiung § 4 Nr. 18a

Portfolioverwaltung
- Vermögensverwaltung AE 4.8.9 (2)

Postsendung
- bei Ausfuhren AE 6.9 (5)

Präsentkörbe
- Steuersatz Anl. § 012 (2) 1-25

Praxis- und Apparategemeinschaften
- siehe Apparategemeinschaften

Praxisfortführung durch Erben AE 19.1 (5)

Praxiswert
- Veräußerung einer Arztpraxis § 4 Nr. 28

Preisnachlass
- siehe Rabatt

Preisnachlass, verdeckter
- Kfz-Wirtschaft AE 10.5 (4-5)

Presseagenturen AE 12.7 (11)

Pressezeichner
- Steuersatz AE 12.7 (16)

Produktionsaufgaberente Anl. § 024-03

Prolongation eines Wechsels AE 10.3 (5)

Prospekte
- Steuersatz § 12 (Anl. Nr. 49)

Prostituierte
- Unternehmer BFH zu § 2 vom 4.6.1987
- Zimmer an AE 4.12.6 (2), Anl. § 012 (2) 11-01

Prothesen
- Steuersatz § 12 (Anl. Nr. 52)

Prothetikumsätze
- Steuersatz AE 12.4 (2)

Provision
- Entgelt AE 10.1 (6)

Prozesszinsen AE 1.3 (6)

Prüfung
- siehe Umsatzsteuer-Sonderprüfung

Psychologen EuGH zu § 4 Nr. 16 vom 6.11.2003

Psychotherapeuten AE 4.14.4 (11), Anl. § 004 Nr. 14-01

Public-Private-Partnership AE 3.11, Anl. § 001-57

Publikums-KG BFH zu § 4 Nr. 8 vom 14.12.1995, BFH zu § 4 Nr. 8 vom 29.1.1988

R

Rabatt EuGH zu § 10 vom 15.10.2002, EuGH zu § 10 vom 24.10.1996, EuGH zu § 10 vom 27.3.1990, EuGH zu § 10 vom 27.4.1999, EuGH zu §10 vom 16.1.2003
- Agentur AE 10.3 (4)
- Änderung der Bemessungsgrundlage AE 17.2
- Aufzeichnungen AE 22.6 (20-21)
- Belegschaftsrabatt (siehe dort)
- Personalrabatt (siehe dort)
- Umsatzvergütung (siehe Incentive-Reisen)
- Versandhandel BFH zu § 1 vom 28.1.1993, EuGH zu § 10 vom 29.5.2001
- Warengutschein BFH zu § 3 vom 24.8.2006

Räumung von Geschäftsräumen
- Entschädigung AE 1.3 (13), AE 4.12.1 (1)

Rechenzentrum
- Steuerbefreiung AE 4.8.7 (2)

Rechnungen § 14, § 14a, AE 14a.1, AE 14b.1, DV § 31-34 zu § 14
- ab 1.7.2002 § 27 (3)
- Angaben in - § 14 (4), AE 14.5, AE 14a.1, AE 15.2 (3-5), BFH zu § 14c vom 18.1.2001, BFH zu § 15 vom 27.7.2000, DV § 31 zu § 14, EuGH zu § 15 vom 14.7.1988
- Anzahlung AE 14.8
- Aufbewahrung (siehe dort)
- Ausstellung nach Ablauf der Festsetzungsfrist Anl. § 014-06
- Ausstellungsverpflichtung Anl. § 014-21
- Begriff AE 14.1, BFH zu § 14 vom 27.1.1994, BFH zu § 15 vom 24.9.1987
- bei Datenfernübertragung Anl. § 014-07
- Berichtigung (siehe dort)
- elektronische § 14 (3), AE 14.4
- Endrechnung (siehe dort)
- Entgelt von dritter Seite AE 14.10
- Entgeltsminderung (siehe dort)
- Ergänzung der - AE 14.10
- Fahrausweise (siehe dort)
- Fax Anl. § 014-25
- Festsetzungsfrist BFH zu § 14c vom 13.11.2003
- Gefälligkeits- AE 14c.2
- Geschäftsveräußerung AE 14c.1 (11)
- Gutschriften (siehe dort)
- Kleinbetrags- AE 14.6, DV § 33 zu § 14
- Landwirte AE 24.8
- Leistungen verschiedener Unternehmer AE 14.10
- Leistungsempfänger „c/o" Anl. § 014-26
- Leistungszeitpunkt Anl. § 014-20, Anl. § 014-22
- Lieferzeitpunkt Anl. § 014-24
- Mietvertrag AE 14.1 (2)
- Mindestbemessungsgrundlage AE 10.7 (5), AE 14.9
- Nettoentgelt BFH zu § 14c vom 18.1.2001, BFH zu § 15 vom 27.7.2000
- Pro-forma-Rechnungen AE 14a.1
- Prüfingenieure für Baustatik Anl. § 014-03
- Sammel- BFH zu § 15 vom 27.1.1994
- Scheinunternehmer AE 15.2 (15), BFH zu § 14 vom 7.10.1987, BFH zu § 15 vom 25.4.1995, BFH zu § 2 vom 23.2.1998
- Steuerausweis, unrichtiger AE 14c.1
- Steuernummer § 14 (4), § 27 (3), BFH zu § 14 vom 9.12.2002
- Telefax AE 14.4 (5), Anl. § 014-07, Anl. § 014-09
- unentgeltl. Wertabgaben AE 3.2 (2)
- Vermietung AE 12.16
- zivilrechtl. Anspruch auf - AE 1.1 (5), BFH zu § 14
- zutreffende Bezeichnung der Leistung BFH zu § 15 vom 10.11.1994, BFH zu § 15 vom 24.9.1987

Rechte
- Ort der Leistung § 3a (4), AE 3a.9 (1)
- Steuersatz § 12 (2) Nr. 7c, AE 12.7, BFH zu § 12 (2) Nr. 7 vom 9.5.1985
- Übertragung AE 3.1 (1)

Rechtsanwälte
- Gebühren, Auslagen AE 10.4 (2)
- Insolvenzverwalter AE 2.2 (3)
- Leistungsort § 3a (4), AE 3a.9 (10)
- Sozietäten (siehe dort)

- Steuerausweis BFH zu § 19 vom 5.1.1996
- Unternehmer Anl. § 002-09, Anl. § 002-26, Anl. § 013b-02
- Vorsteuerabzug DV § 69-70 (Anlage B 4)

Rechtsmissbrauch
- siehe Gestaltungsmissbrauch

Rechtsprechung
- NATO-Truppenstatut Anh. 3z
- zum EG-Recht Anh. 1i

Reden
- Steuersatz AE 12.7 (13)

Rehabilitationseinrichtung AE 4.14.4 (9)
- Begleitperson Anl. § 004 Nr. 16-07
- medizinische AE 4.14.5

Reifenindustrie
- Garantieleistungen Anl. § 001-01

Reihengeschäfte AE 15.8 (10), AE 3.14, EuGH zu § 3 vom 6.4.2006
- bei Ausfuhren AE 6.1 (4)
- Drittlandsreihengeschäfte Anl. § 003-14

Reisebetreuung AE 3.15, AE 3a.1

Reisebüros AE 25.1 (5), AE 4.5.3
- Buchnachweis AE 4.5.4
- Eintrittskarten AE 3.7 (9)
- Firmenkunden-Reisebüros AE 4.5.2
- Leistungseinkaufskommission AE 3.15 (6)
- Preisnachlass/Rabatt AE 17.2
- Service-Fee AE 4.5.3 (3)
- Stornoprovision Anl. § 025-11
- Vermittlungsleistungen § 4 Nr. 5, AE 10.1 (9), AE 4.5.2, Anl. § 004 Nr. 5-01, Anl. § 025-05, Anl. § 025-08, Anl. § 025-09, BFH zu § 17 vom 12.1.2006

Reisegepäck
- Ausfuhren § 6 (3a), AE 6.11, Anl. § 006-07, DV § 13 (4a) zu § 6, DV § 17 zu § 6

Reisegewerbetreibender
- siehe Umsatzsteuerheft

Reisekosten
- Benzinlieferung an Arbeitnehmer EuGH zu § 15 vom 8.3.1988
- Vorsteuer-Vergütung § 18 (9)

Reiseleistungen § 25, DV § 72 zu § 25
- Anzahlungen AE 13.5 (5), AE 25.1 (15)
- Aufzeichnungen AE 25.5
- Bemessungsgrundlage (siehe hier Margen)
- Ferienwohnungen AE 25.1 (1, 10), BFH zu § 25 vom 21.1.1993, BFH zu § 3 vom 7.10.1999
- Flugunregelmäßigkeiten Anl. § 025-04
- gemischte Reiseleistungen AE 25.1 (11), Anl. § 025-01, Anl. § 025-03
- im Zusammenhang mit Verkaufsveranstaltungen Anl. § 025-01, Anl. § 025-03
- Margen § 25 (3), AE 25.3, Anl. § 025-01, Anl. § 025-02, Anl. § 025-03, BFH zu § 25 vom 21.1.1993, EuGH zu § 25 vom 12.11.1992, EuGH zu § 25 vom 22.10.1998
- Ort AE 3a.1

- Sachzuwendungen AE 25.1 (1), AE 25.3 (5, 6), AE 25.4 (2)
- Sprach- und Studienreisen Anl. § 025-02
- Steuerbefreiung § 25 (2), AE 25.1 (12), AE 25.2, Anl. § 025-05
- Stornogebühren AE 25.1 (14), BFH zu § 25 vom 16.3.1972
- Tickethändler AE 26.1 (1), AE 4.5.3
- Vorsteuerabzug § 25 (4), AE 25.4

Reiserücktrittskostenversicherung AE 25.1 (13), Anl. § 025-10

Reiseveranstalter AE 18.11 (2), AE 25.1-25.5, AE 3b.1 (1), AE 4.5.2
- angestellte Reiseleiter AE 3a.1, BFH zu § 25 vom 23.9.1993

Reiseverkehr
- außergemeinschaftlicher (siehe dort)

Reisevorleistungen AE 25.1 (8-10), AE 25.3, AE 3b.1 (1)

Reithalle
- Vermietung AE 4.12.11

Reitschule BFH zu § 24 vom 16.7.1987
- siehe auch Pferde

Rennen
- 6-Tage-Rennen AE 2.1 (4)
- Autorennfahrer BFH zu § 3a vom 26.3.1992
- Ort der sonstigen Leistung AE 3a.1

Rennwett- und Lotteriegesetz § 4 Nr. 9, AE 4.9.2

Reparaturleistungen
- Anleitungen für - AE 12.7 (14)
- Ausfuhr AE 7.4
- Einfuhr AE 7.1 (6)

Repräsentationsaufwendungen
- ab 1.1.2004 AE 15.6
- ab 1.4.1999 § 15 (1a), § 17 (2), § 4 Nr. 28, AE 4.28.1 (4)
- bis 31.3.1999 BFH zu § 1 vom 6.8.1998

Restaurationsumsätze
- siehe Verzehr an Ort und Stelle

Restaurator BFH zu § 4 Nr. 20 vom 12.4.2000

Restschuldversicherung
- durchlaufender Posten Anl. § 010-06

Restwertausgleich
- Leasing (siehe dort)

Rettungsassistent AE 4.14.4 (11)

Rettungsflüge
- Ausschluss der Steuerbefreiung § 8 (2)
- Steuerbefreiung § 4 Nr. 17, AE 8.2 (2)

Rettungswache BFH zu § 2 vom 18.1.1995

Reverse charge
- siehe Verlagerung der Steuerschuld

Rheinschifffahrt
- Personalverpflegung BFH zu § 1 vom 19.12.1996, BFH zu § 3b vom 29.8.1996
- siehe auch Personenbeförderungen auf dem Rhein

Rohtabak Anl. § 010-43

Röntgenaufnahmen
- Steuerbefreiung AE 4.14.1

Rückgabe
- der Originalrechnung
  (siehe Berichtigung von Rechnungen)
- kein Leistungsaustausch AE 1.1 (4)

Rückgängigmachung
- einer Lieferung BFH zu § 17 vom 19.08.2008

Rücklieferung AE 1.1 (4), BFH zu § 3 vom 27.6.1995

Rückvergütung BFH zu § 15 vom 6.6.2002

Rückwaren
- PKW Anl. § 006-03

Rundfunkanstalten AE 2.11 (1)
- Leistungen untereinander AE 3a.2 (15)
- Pensionskasse AE 10.1 (7), AE 10.1 (7)
- Rundfunkdienstleistungen § 3a (4) Nr. 12, AE 3a.11
- Sozialversicherungsbeiträge BFH zu § 2 vom 25.6.2009
- zwischenstaatl. Leistungen Anl. § 002-16

Rundfunksprecher AE 2.2 (3)

S

Saatgut AE 3.10 (6), Anl. § 003-25, BFH zu § 12 (2) Nr. 1-2 vom 9.10.2002
- BFH zu § 12 (2) Nr. 1-2 vom 25.6.1992
- Nachbaugebühr AE 3.5 (3)

Sacheinlagen AE 2.3 (6)
- eines Gesellschafters AE 1.6 (2)
- gegen Ausgabe von Beteiligung AE 15.21
- Vorsteuerberichtigung AE 15a.1 (6)

Sachen
- Verwertung AE 1.2

Sachgesamtheit AE 3.1 (1)

Sachspenden AE 3.3, AE 4a.2 (1)

Sachverständige
- Entschädigung AE 1.3 (9, 15)
- JVEG AE 1.3 (9, 15)
- Ort der Leistung § 3a (4), AE 3a.6 (12), AE 3a.9 (12)
- siehe auch Gutachten

Sachzuwendungen an das Personal
- Arbeitskleidung BFH zu § 10 vom 29.5.2008
- Aufmerksamkeiten (siehe dort)
- Belegschaftsrabatt AE 1.8 (6)
- Computer Anl. § 003-16
- Deputate AE 1.8 (14)
- entgeltl. § 10 (1), AE 4.18.1
- EuGH-Urteil BFH zu § 1 vom 9.7.1998
- Fahrausweise AE 15.5 (1)
- Freitabak AE 1.8 (14), Anl. § 001-10, Anl. § 003-11
- Gesellschaften BFH zu § 1 vom 10.6.1999 (DStR), BFH zu § 1 vom 22.10.1991
- Haustrunk AE 1.8 (14), Anl. § 001-10, Anl. § 003-11
- Incentive-Reisen (siehe dort)
- Mahlzeiten (siehe Personalverpflegung)
- Mindestbemessungsgrundlage AE 1.8 (6), AE 10.7 (2)

- Reisekosten, Vorsteuerabzug (siehe Reisekosten)
- Reiseleistungen AE 25.1 (1), AE 25.3 (5, 6)
- Sammelbeförderungen (siehe dort)
- Sportanlagen AE 1.8 (4)
- Tankgutscheine Anl. § 003-17
- Überlassung PKW für Privatfahrten (siehe PKW)
- Überlassung Telefon (siehe Telefon)
- Überlassung von Wohnraum BFH zu § 15 vom 29.4.2005, BFH zu § 3 vom 30.3.2006
- Umsatzvergütungen (siehe Incentive-Reisen)
- unentgeltl. Wertabgaben § 10 (4), § 3 (1b), § 3 (1b), § 3 (9a), § 3f, § 6 (5), § 7 (5), AE 1.8, AE 13.6 (2), AE 3.3 (9), AE 3.4 (1)
- verbilligte AE 1.8 (6)
- Vergütung für geleistete Dienste AE 1.8 (1), AE 4.18.1, AE 4.25.1
- Weihnachtsgeschenke BFH zu § 1 vom 19.11.1998

Sägewerkserzeugnisse § 24, AE 24.2

Sammelbeförderungen
- Sachzuwendungen AE 1.8 (15), BFH zu § 1 vom 10.6.1999 (BStBl. S. 582), BFH zu § 1 vom 11.5.2000, BFH zu § 1 vom 9.7.1998, BFH zu § 10 vom 15.11.2007, EuGH zu § 1 vom 16.10.1997
- Steuersatz AE 12.15

Sammelbezeichnung
- in Rechnungen AE 14.5 (15)

Sammelfahrten
- siehe Sammelbeförderungen

Sammlermünzen
- Steuerpflicht § 4 Nr. 8, AE 4.8.3 (1)
- Steuersatz § 12 (Anl. Nr. 54), Anl. § 012 (2) 1-20

Sammlungen
- wissenschaftl. § 4 Nr. 20

Sammlungsstücke
- Differenzbesteuerung § 25a, AE 25a.1
- Steuersatz § 12 (Anl. Nr. 54), Anl. § 012 (2) 1-10, BFH zu § 12 (2) Nr. 1-2

Sanierungsträger
- Ort der Leistung AE 3a.3 (8)
- siehe auch Baugesetzbuch
- Unternehmer AE 3.15 (5), Anl. § 001-58

Säuglingspflege § 4 Nr. 23

Sauna
- Steuerbefreiung AE 4.14.4 (13)
- Steuersatz AE 12.11, Anl. § 012 (2) 9-02, Anl. § 012 (2) 9-03, BFH zu § 12 (2) Nr. 9 vom 28.9.2000

Schadensersatz AE 1.3, AE 10.1 (4), BFH zu § 10 vom 22.5.1989, BFH zu § 10 vom 4.5.1994, BFH zu § 9 vom 27.9.1988
- bei Leasing Anl. § 001-59
- bei Vermietung Anl. § 004 Nr. 12-08, EuGH zu § 4 Nr. 12 vom 15.12.1993
- Rechnung AE 14c.2

Schädigung
- des Umsatzsteueraufkommens § 26b, § 26c

Schallplatten
- Benefiz- (siehe durchlaufende Posten)

Schätzung des Entgelts AE 13.2

Schätzung von Vorsteuern AE 15.11, BFH zu § 15

Schausteller
- Steuersatz § 12 (2) Nr. 7d, AE 12.8 (2), Anl. § 012 (2) 7-08, DV § 30 zu § 12

Scheinunternehmer
- Rechnungen (siehe dort)
- siehe auch Strohmann
- Unternehmer (siehe dort)
- Vorsteuerabzug (siehe dort)

Schiedsgerichtsverfahren Anl. § 003a-01, BFH zu § 17 vom 31.5.1999, EuGH zu § 3a vom 16.9.1997

Schienenbahnverkehr
- Anschlussstrecken AE 3b.1 (11), DV § 4 zu § 3b
- Steuersatz § 12 (2) Nr. 10, AE 12.13

Schießstand
- Nutzung der Schießanlage AE 4.12.6 (2)
- siehe auch Schützenfeste
- Vermietung AE 4.12.11

Schifffahrt
- Ort der Lieferung § 3e, AE 3e.1
- Personenbeförderungen (siehe dort)
- Steuerbefreiung § 4 Nr. 6

Schiffsausrüstung
- Steuerbefreiung AE 1.11, AE 8.1, Anl. § 006-01

Schiffsbesichtiger AE 8.1 (7), Anl. § 008-01

Schiffsmakler AE 8.1 (7)

Schlachthof
- Leistungsaustausch BFH zu § 2 vom 20.7.1993

Schleppen von Schiffen AE 8.1 (7)

Schmiergelder
- Entgelt BFH zu § 1 vom 14.12.1989, BFH zu § 3 vom 23.12.1994

Schmuckstücke
- Steuersatz BFH zu § 12 (2) Nr. 1-2

Schneiderei DV § 69-70 (Anlage A I 18)

Schönheitsoperationen AE 4.14.1, AE 4.14.6, BFH zu § 4 Nr. 14 vom 15.7.2004, BFH zu § 4 Nr. 14 vom 26.9.2007

Schriftsteller
- Steuerbefreiung AE 4.14.1
- Steuersatz AE 12.7 (6-8)
- Vorsteuer-Durchschnittssatz § 23, AE 23.2 (5-6), DV § 69-70 (Anlage A IV 5)

Schrott Anl. § 013b-12

Schuhe
- orthopädische BFH zu § 3 vom 9.6.2005

Schuhmacherei DV § 69-70 (Anlage A I 19)

Schuldübernahme
- als Leistung AE 1.1 (3), AE 4.8.11

Schulen
- Klassenfahrt AE 12.13 (4)
- Schulspeisung BFH zu § 3
- Steuerbefreiung § 4 Nr. 21

Schulförderverein
- Schulverpflegung AE 4.23.1

Schützenfeste DV § 30 zu § 12
- Verkaufsbuden AE 4.12.6 (2)

Schwangerschaftsberatung AE 4.14.2 (3)

Schweinepest BFH zu § 2 vom 3.7.2008

Schweiz
- Vorsteuer-Vergütung Anh. 1h, Anl. § 018-15

Schwimmbäder
- Freizeitbäder Anl. § 012 (2) 9-02, BFH zu § 12 (2) Nr. 9
- gemeindl. - AE 2.11 (18), AE 3.4 (6-7)
- Schulschwimmen AE 12.13 (4), AE 2.11 (18), AE 4.12.6 (2)
- Steuersatz § 12 (2) Nr. 9, AE 12.11
- Thermalschwimmbäder BFH zu § 12 (2) Nr. 9 vom 29.4.1999
- Vermietung AE 4.12.11, AE 4.12.6 (2), BFH zu § 4 Nr. 12 vom 16.10.1980

Secondhandshops AE 25a.1, AE 3.7 (7), Anl. § 003-28

Seeling-Urteil
- siehe Grundstücke, eigene Wohnung

Seeschifffahrt
- Dienstleistungen auf Seeschiffen Anl. § 003a-11
- Restaurationsumsätze § 4 Nr. 6, AE 4.6.2
- Umsätze für - § 4 Nr. 2, § 8 (1, 3), AE 8.1, DV § 18 zu § 8

Segelboote
- Leistungsort bei Vermietung AE 3a.5, EuGH zu § 3a vom 15.3.1989
- siehe auch Fahrzeuge, neue
- Unternehmer bei Vermietung (siehe Unternehmer)
- Vorsteuerkorrektur BFH zu § 15 vom 2.7.2008

Selbstabgabestellen § 2 (3), § 4 Nr. 15, AE 4.15.1

Selbständigkeit
- siehe Unternehmer

Selbsthilfe
- Steuerbefreiung AE 4.14.1

Selbstversorgungsbetriebe AE 2.11 (16)

Selbstverwertung
- Holzverkauf AE 3.5 (4)

Sequester
- Haftung für USt BFH zu § 18 vom 29.4.1986
- Konkursforderungen BFH zu § 15 vom 14.5.1998, BFH zu § 17 vom 21.12.1988
- siehe auch Insolvenz

Sicherheiten
- Übernahme von anderen - § 4 Nr. 8, AE 4.8.12

Sicherheitsleistung § 18 (12), § 18f, AE 18.17, AE 18f.1, BFH zu § 6a vom 25.11.2005

Sicherungsgut AE 1.2, Anl. § 001-64, Anl. § 002-05, Anl. § 002-10, Anl. § 003-05
- ab 1.1.2002 § 13b
- Differenzbesteuerung Anl. § 025a-01
- Doppelumsatz AE 1.2, BFH zu § 13b vom 19.7.2007
- Dreifachumsatz AE 1.2

Siedlungsunternehmen
- Steuersatz AE 12.9 (2)

2167

Signatur, elektronische § 14 (3), AE 14.4, Anh. 7
Silber § 18 (7), DV § 49 zu § 18
Silbermünzen
- Steuerbefreiung § 4 Nr. 8, AE 4.8.3 (2)
- Steuersatz § 12 (Anl. Nr. 54), Anl. § 012 (2) 1-20
- Verzicht auf Steuerbefreiung § 9 (1)

Skizzen
- sonstige Leistung AE 3.5 (3)

Skonto AE 10.3, AE 22.6 (20), AE 3.11 (5)
Software
- Leistungsort AE 3a.9 (13, 15, 16)
- siehe auch Datenverarbeitung
- sonstige Leistung AE 3.5 (2), EuGH zu § 3 vom 27.10.2005
- Steuersatz AE 12.7 (1), Anl. § 012 (2) 7-05, BFH zu § 12 (2) Nr. 7

Solarium
- siehe Heilbäder

Solist
- siehe Künstler

Sollversteuerung
- Architekten, Ingenieure AE 13.3
- Bauwirtschaft AE 13.2, AE 13.4, Anl. § 013-03
- Entstehung der Steuer AE 13.1-13.5

Sonderentgelt
- siehe Gesellschaften, Gesellschafter

Sondervermögen
- siehe Verwaltung von Sondervermögen
- Verwaltung § 4 Nr. 8

Sondervorauszahlung
- Anrechnung BFH zu § 18
- Datenträger Anh. 7
- Dauerfristverlängerung AE 18.4, Anl. § 018-12, BFH zu § 18 vom 29.10.1993, DV § 47 zu § 18

Sonstige Leistungen
- Abgrenzung zur Lieferung AE 3.5, BFH zu § 6 vom 30.9.1999
- an Arbeitnehmer (siehe Sachzuwendungen)
- auf elektron. Weg erbracht § 18 (4c), § 3a (4), § 3a (4) Nr. 13, AE 3a.12, AE 3a.16
- Begriff § 3 (9), AE 3.1 (4)
- die sich auf Gegenstände der Ausfuhr beziehen § 4 Nr. 3, AE 4.3.4, DV § 20-21 zu § 4
- die sich auf Gegenstände der Einfuhr beziehen § 4 Nr. 3, AE 4.3.3, DV § 20-21 zu § 4
- Entstehung der Steuer AE 13.1 (3)
- EuGH-Urteil EuGH zu § 3 vom 2.5.1996
- Ort (siehe dort)
- Verlagerung der Steuerschuld § 13b, AE 14.2

Sortengeschäft AE 4.8.3 (3), Anl. § 003-35
Souffleusen § 23, AE 23.2 (3)
Sowjetische Truppen
- siehe Truppen

Sozialgesetzbuch, Drittes
- berufsbildende Maßnahmen Anl. § 004 Nr. 21-05, Anl. § 004 Nr. 21-07

Sozialhilfeträger § 4 Nr. 15
- Leistungen an Anl. § 004 Nr. 15-01

Sozialversicherungsbeiträge
- Entgelt BFH zu § 2 vom 25.6.2009

Sozietäten AE 1.6, AE 15.20, AE 2.1 (4), Anl. § 002-09, Anl. § 013b-02
Soziokulturelle Zentren
- Steuerbefreiung § 4 Nr. 25

Sparkassenmodelle § 27 (2) Nr. 3, Anl. § 015-10, BFH zu § 15 vom 9.11.2006
Sparkonto AE 1.1 (14), AE 2.3 (1)
Spazier- und Wanderwege AE 15.19
Spediteurbescheinigung
- Ausfuhr AE 6.7 (2-3), Anl. § 006-03, DV § 10 zu § 6

Spediteure AE 4.3.2 (5), Anl. § 010-13
- Aufzeichnungen AE 22.6 (18-19)
- Besorgungsleistungen (siehe dort)
- Haftung BFH zu § 21 vom 14.12.1988
- Verzollungsspediteur Anl. § 004 Nr. 3-02, Anl. § 004 Nr. 3-03

Spielautomaten
- siehe Automaten u. Geldspielautomaten

Spielbanken § 4 Nr. 9
Spitzenausgleich
- bei Arbeitsgemeinschaften AE 1.6 (8)

Sponsoring Anl. § 001-39
Sportanlagen
- Sachzuwendungen AE 1.8 (4)
- Vermietung § 27 (6), AE 4.12.11, BFH zu § 4 Nr. 12 vom 31.5.2001, EuGH zu § 4 Nr. 12 vom 18.1.2001
- Verwaltung BFH zu § 10 vom 18.6.2010, BFH zu § 4 Nr. 22 vom 5.8.2010

Sportunterricht
- von Sportvereinen AE 4.22.1

Sportveranstaltungen
- Dauerkarten BFH zu § 1 vom 5.5.1994
- Eintrittskarten BFH zu § 3a vom 5.2.2002
- Fernsehen AE 12.7 (23)
- Steuerbefreiung § 4 Nr. 22, § 4 Nr. 25, AE 4.22.2, Anl. § 004 Nr. 22-01, BFH zu § 4 Nr. 22 vom 25.7.1996
- Steuersatz AE 12.9 -12.10, BFH zu § 12 (2) Nr. 8 vom 4.5.1994
- Unternehmer AE 2.1 (6)

Sprachheilpädagogen
- Steuerbefreiung § 27 (1a)

Sprachreisen AE 25.1 (1), Anl. § 025-02, BFH zu § 25
Squashhallen
- Vermietung AE 4.12.11, BFH zu § 9 vom 30.3.1994

Standortkartierungen Anl. § 012 (2) 7-07
Startpaket
- Mobiltelefon Anl. § 001-49

Statistikregistergesetz § 27a (2)
Steinbruch AE 4.12.4 (2)
Steueranmeldungen § 18 (3)
Steuerausweis
- bei Geschäftsveräußerungen AE 14c.1 (11)
- bei Mindestbemessungsgrundlage (siehe dort)
- bei Vereinen AE 2.10 (2)
- Binnenmarkt § 14a, AE 14a.1

- mehrere Rechnungen BFH zu § 14c vom 27.4.1994
- sog. unvalutierter (siehe Gestaltungsmissbrauch)

Steuerausweis, unberechtigter § 18 (4b)
- ab 1.1.2004 § 14c (2)
- Aufzeichnungspflichten (siehe dort)
- bei Reiseveranstaltungen AE 25.3 (1)
- Differenzbesteuerung AE 25a.1 (16)
- Entstehung § 13 (1)
- Geschäftsunfähigkeit BFH zu § 14 vom 30.1.2003
- Kleinunternehmer AE 14c.2, BFH zu § 19 vom 5.1.1996
- Nichtunternehmer EuGH zu § 14 vom 6.1.2003
- Steuerschuldner § 13a (1)

Steuerausweis, unrichtiger
- ab 1.1.2004 § 14c (1)
- Nachzahlungszinsen Anl. § 014-11
- Vorsteuerabzug AE 15.2 (3-5)
- zu hoher § 14c (1), AE 14c.1
- zu niedriger BFH zu § 14c vom 27.4.1994

Steuerbefreiungen
- Reihenfolge AE 4.3.5 (2)
- Subunternehmer AE 4.14.4 (10)
- unentgeltl. Wertabgaben AE 3.2 (2)
- Verträge besonderer Art AE 4.12.6
- Verzicht auf - § 27 (2), § 9, Anl. § 009-06, Anl. § 009-07, EuGH zu § 15 vom 21.9.1988
- Vorsteuerabzug, Ausschluss § 15 (2), AE 15.13, AE 4.3.5 (2)

Steuerberater
- Ort der Leistung § 3a (4), AE 3a.9 (9,10)
- Vorsteuerabzug DV § 69-70 (Anlage B 6)

Steuerberatungsgesetz Anh. 12

Steuerberechnung § 16, AE 16.1
- bei Kreditverkäufen AE 18.4
- Tabelle AE 15.4, Anh. 10
- Umrechnung in fremde Währungen § 16 (6), AE 16.4, Anl. § 016-05

Steuerberichtigung
- siehe Berichtigung

Steuerbescheid
- Adressierung BFH zu § 18 vom 18.8.1988
- bei Insolvenz BFH zu § 17 vom 16.7.1987, BFH zu § 18 vom 16.7.1987
- Bestandskraft BFH zu § 4 Nr. 9
- Durchbrechen der Bestandskraft BFH zu § 10 vom 21.3.1996
- Jahresbescheid BFH zu § 17 vom 4.6.2007, BFH zu § 18 vom 29.11.1984

Steuerbevollmächtigter
- Ort der Leistung § 3a (4)
- Vorsteuerabzug DV § 69-70 (Anlage B 6)

Steuerdaten-Übermittlungsverordnung AE 18a.1, Anh. 7

Steuerfestsetzung
- unanfechtbare AE 19.2 (6)

Steuerheft
- siehe Umsatzsteuerheft

Steuerhinterziehung
- siehe Hinterziehung von Umsatzsteuer

Steuern
- keine durchlaufenden Posten AE 10.4 (3)

Steuernummer
- für Neugründer Anl. § 014-28, BFH zu § 14, BFH zu § 2, BFH zu § 27a
- in der Rechnung (siehe Rechnungen)

Steuersatz
- Änderung AE 12.1
- Anlage zu UStG 12 (2) Nr. 1 u. 2 § 12 Anlage
- Berechnung AE 15.4, Anh. 10
- Durchschnittssätze (siehe dort)
- internationaler Anh. 1g, Anh. 1h
- nationaler AE 12.1

Steuerschuldner § 16 (1), § 25b (2), AE 25b.1 (6), AE 3b.4
- ab 1.1.2002 § 13b, § 27 (4), DV § 30a zu § 13b
- EUSt § 13a (2)

Steuerschuldnerschaft des Leistungsempfängers
- siehe Verlagerung der Steuerschuld

Steuervergütung § 4a, DV § 24 zu § 4a

Stille Gesellschaft AE 2.1 (5)
- Steuerbefreiung § 4 Nr. 8, BFH zu § 4 Nr. 8 vom 14.12.1995
- Vorsteuerabzug BFH zu § 4 Nr. 8 vom 14.12.1995

Stornogebühren
- siehe Reiseleistungen

Stornoprovisionen Anl. § 025-11

Straßenbau BFH zu § 3 vom 14.5.2008

Straßenmaut
- siehe Maut

Strohmann
- Rechnungen BFH zu § 14 vom 15.9.1994
- Unternehmer AE 3.15 (2), BFH zu § 18 vom 14.5.2008, BFH zu § 4 Nr.9 vom 22.9.2005
- Zurechnung der Leistung AE 15.2 (15), AE 2.1 (3), BFH zu § 15 vom 31.1.2002, BFH zu § 2 vom 28.1.1999 (BStBl. S. 628)

Stromlieferungen
- ab 1.1.2005 AE 3g.1
- an alliierte Streitkräfte Anh. 3d
- bei Vermietung AE 4.12.1 (6), Anl. § 004 Nr. 12-14
- Entgelt AE 10.1 (10)
- Leitungsrechte (siehe Grundstücke)
- Lieferung AE 3.1 (1)
- Unternehmer AE 2.5
- Zeitpunkt AE 13.1 (2)
- zur Werkherstellung AE 3.8

Studentenwerke
- Cafeteria/Mensen AE 12.9 (4), AE 4.18.1, Anl. § 012 (2) 8-01, BFH zu § 4 Nr. 18 vom 11.5.1988
- Zimmervermietung BFH zu § 12 (2) Nr. 8 vom 19.5.2005
- Zuschüsse AE 10.2 (3)

Studienreisen Anl. § 025-02
Stukkateur DV § 69-70 (Anlage A I 21)
Stundungszinsen AE 3.11 (3)
Subunternehmer
- Heilbehandlung BFH zu § 4 Nr. 14 vom 2.9.2010
- Steuerbefreiung AE 4.14.4 (10)

Swap-Geschäfte Anl. § 004 Nr. 8-02

T

Tabakwaren EuGH zu § 1 vom 14.7.2005
Tageskurs § 16 (6), AE 16.4 (2)
Tankstellen
- Abgabe von Autoschmierstoffen AE 3.7 (4)
- Kraftstoff an EU-Abnehmer Anl. § 006a-03
- Tankgutscheine Anl. § 003-17
- Vermietung AE 4.12.6 (2)

Tänzer AE 12.7 (19ff.), AE 23.2 (3)
Tanzkurs AE 4.22.1
Tanzschule Anl. § 004 Nr. 21-13
Tätowierer
- Steuersatz AE 12.7 (17)

Tausch § 10 (2), § 3 (12), AE 10.5
Tauschähnlicher Umsatz § 10 (2), § 3 (12), AE 10.5, Anl. § 002-21, Anl. § 010-55, EuGH zu § 10 vom 12.6.1994
Taxen
- Hin- und Rückfahrt AE 12.14, BFH zu § 12 (2) 10 vom 31.5.2007
- Steuersatz § 12 (2) Nr. 10, AE 12.13
- Vorsteuerabzug DV 69-70 (Anlage A III 5)

Tax-free-Verkauf
- ab 1.1.2002 § 3e

Taxibelege AE 14.7, AE 15.5 (7)
Teichwirtschaft § 24 (2)
Teileigentümer § 4 Nr. 13
Teilentgelte
- siehe Anzahlungen

Teilleistungen § 13 (1), AE 13.4
- Rechnung AE 15.2 (2)
- Steuersatzänderung AE 12.1 (4)

Teilnehmergebühren § 4 Nr. 22, AE 4.22.2 (5), Anl. § 013b-09
Teilzahlungsgeschäft AE 3.11
Telefax
- Rechnungen (siehe dort)
- Steuererklärung Anl. § 018-21
- Vorsteuerabzug (siehe dort)

Telefon
- Mobiltelefon Anl. § 001-49
- private Nutzung AE 15.2 (21), AE 3.4 (4), Anl. § 001-15, BFH zu § 1 vom 14.4.1994
- Telefonanlagen AE 3.4 (4), Anl. § 013b-05
- Telefonkarten AE 3a.10, Anl. § 001-27, Anl. § 012 (2) 1-10, Anl. § 012 (2) 1-16
- Überlassung an Arbeitnehmer AE 2.10 (9), Anl. § 003-16

Telefonwetten EuGH zu § 4 Nr.9 vom 13.7.2006
Telekommunikation § 3a (4), AE 3a.10, DV § 1 zu § 3a
- 0180 er, 0190 er - Nummern Anl. § 003a-10
- ab 1.1.1998 Anl. § 001-35
- ab 1.1.2011 Anl. §003a-18
- Hardware AE 3.10 (5)
- T-Online Dienst Anl. § 015-17
- Vermietung von Anlagen AE 3.15

Tennisplatz
- Vermietung AE 4.12.11, BFH zu § 4 Nr. 12 vom 14.5.1992

Testamentsvollstrecker
- als Treuhänder AE 2.1 (7)
- Leistender AE 2.1 (7), BFH zu § 2 vom 7.9.2006, BFH zu § 3a vom 5.6.2003
- Leistungsort AE 3a.1, EuGH zu § 3a vom 6.12.2007
- Rechtsanwalt AE 3a.9 (10)
- Verzicht auf BFH zu § 1 vom 6.5.2004

Theater
- Beförderung von -besuchern AE 12.13 (4)
- Gastspiele (siehe dort)
- Nebenleistungen AE 4.20.1 (3), BFH zu § 4 Nr. 20 vom 14.5.1998
- Steuerbefreiung § 4 Nr. 20, AE 4.20.1, AE 4.20.5
- Steuersatz § 12 (2) Nr. 7a, AE 12.13 (4), AE 12.5
- Theatergemeinden-Vereine Anl. § 003-02, Anl. § 004 Nr. 20-01
- Verzehr- Anl. § 012 (2) 1-11

Tierärzte
- Steuerbefreiung § 4 Nr. 14, BFH zu § 4 Nr. 14 vom 9.9.1993
- Steuersatz Anl. § 012 (1)-02

Tiere
- Steuersatz § 12 (Anl. Nr. 1)

Tierpark § 4 Nr. 20, AE 12.8 (3), AE 4.20.4
Tierseuchenkasse Anl. § 012 (2) 4-01
Tierzucht § 12 (2) Nr. 4, § 24 (2), AE 12.3, BFH zu § 24 vom 9.5.1996, BFH zu § 24 vom 9.7.1998

Tischlerei DV § 69-70 (Anlage A I 23)
Tontechnische Leistungen AE 3a.6 (3), EuGH zu § 3a vom 26.9.1996
Tonträger § 4 Nr. 20-06
Traditionspapiere
- Übergabe von - AE 3.12 (6)

Transportaufträge
- elektronisch Anl. § 004 Nr. 3-03

Transportverpackung Anl. § 012 (1)-01
Treibhausgase Anl. § 003a-13
Treuhandverhältnis
- Außenverhältnis BFH zu § 1 vom 28.11.1990
- Gesellschaftsanteile AE 4.8.10 (2)
- im eigenen Namen AE 2.1 (7)
- Leistungskommission AE 3.15 (5), BFH zu § 3 vom 31.1.2002
- Treuhandkommanditist BFH zu § 15 vom 22.4.1998, BFH zu § 4 Nr. 8 vom 29.1.1998

Trinkgeld AE 10.1 (5), BFH zu § 3 vom 30.9.2008, EuGH zu § 10 vom 29.3.2001
Turnhalle
– Vermietung AE 4.12.11
U
Übergangsvorschriften
– allgemeine § 27, DV 74, 74a zu § 28
Übernachtungskosten
– siehe Reisekosten
Übersetzungen
– auf Disketten BFH zu § 11 vom 10.3.1992
– Leistungsort § 3a (4), AE 3a.9 (14)
– Steuersatz AE 12.7 (12)
Übersiedlungsgut BFH zu § 4b vom 28.9.2006
Überweisungsverkehr § 4 Nr. 8, AE 4.8.7
Umbuchungsgebühren BFH zu § 10 vom 16.3.2000
Umlagen
– Wohnungseigentümergemeinschaften AE 4.13.1
Umlegungsverfahren AE 1.1 (13)
Umrechnung
– EURO Anl. § 016-05
– fremde Währungen § 16 (6), AE 16.4, AE 18a.3 (2), Anl. § 016-05
Umsatzbeteiligung
– Entgelt AE 1.6
Umsatzmiete BFH zu § 9 vom 1.8.1984
Umsatzsteuer
– Anspruch auf - BFH zu § 1 vom 2.10.2008
– für unerlaubte Tätigkeiten BFH zu § 4 Nr.9 vom 22.9.2005, EuGH zu § 1 vom 28.2.1984, EuGH zu § 1 vom 28.5.1998, EuGH zu § 1 vom 5.7.1988, EuGH zu § 1 vom 6.12.1990, EuGH zu § 4 Nr. 9 vom 11.6.1998
– in anderen EU-Staaten Anh. 1h
– keine Verbrauchsteuer i.S. der AO BFH zu § 21 vom 16.10.1986
– Verbrauchsteuer Anl. § 004 Nr. 15-01
Umsatzsteuer-Erklärung § 18 (3), § 18b, AE 18.1
– Datenträger Anh. 7
– per Telefax Anl. § 018-01
– Unterschrift BFH zu § 18 vom 28.2.2002
– vorzeitige Abgabe § 16 (3), § 18 (3)
Umsatzsteuererstattungsverordnung
– Diplomaten Anh. 9
Umsatzsteuerheft § 22 (5), AE 22.2 (12), Anl. § 022-03, DV § 68 zu § 22
Umsatzsteuer-Identifikationsnummer (USt-IdNr.)
– allgemeines Anl. § 001a-01, Anl. § 006a-06, Anl. § 006a-09
– Antrag AE 27a.1, Anl. § 001a-01
– Aufbau AE 18e.2, Anl. § 001-54
– Bestätigungsverfahren § 18e, AE 18e.1-18.2, Anl. § 018e-1, Anl. § 027a-01, Anl. § 027a-04
– Bundeszentralamt für Steuern Anl. § 001a-01, Anl. § 027a-01
– Euro-Adresse AE 27a.1, Anl. § 027a-04

– in anderen EU-Staaten AE 18e.2, Anh. 1h, Anl. § 027a-03
– Merkblatt Anl. § 027a-01
– Rechnung § 14a
– Verwenden der AE 3a.2 (6ff.)
Umsatzsteuerkontrolle
– Binnenmarkt § 27a (2)
Umsatzsteuerlager § 22 (4c), § 4 Nr. 4a, § 4 Nr. 4b, AE 4.4a.1, Anl. § 004 Nr. 4a-01
Umsatzsteuer-Nachschau § 27b, AE 27b.1
Umsatzsteuer-Sonderprüfung Anl. § 018-20, BFH zu § 18 vom 11.11.1987, BFH zu § 18 vom 12.2.1990, BFH zu § 18 vom 30.4.1987
Umsatzsteuer-Vergütung
– siehe Vergütung
Umsatzsteuer-Voranmeldung § 18 (1-2a), § 18b, AE 18.2
– ab 1.1.2005 § 27 (9)
– Datenträger Anh. 7
– Dauerfristverlängerung AE 18.4, Anl. § 018-12, BFH zu § 18, DV § 46-48 zu § 18
– elektronische Anl. § 018-24
– Frist BFH zu § 18 vom 18.8.1988
– Insolvenz Anl. § 016-06
– monatliche Anl. § 018-26
– Neugründungsfälle § 18 (2), AE 18.6 (1), AE 18.7, Anl. § 018-22
– Sonderfälle AE 18.6
– Vordrucke, abweichende AE 18.3
Umsatzsteuerzuständigkeitsverordnung Anh. 6
Umschlag
– innergemeinschaftl. § 3b (3)
– Ort der Leistung § 3b (2), AE 3b.2
– Steuerbefreiung § 4 Nr. 3, AE 4.3.3, AE 4.3.4
Umschulung
– Vorsteuerabzug BFH zu § 2 vom 19.12.2002
Unberechtigter Steuerausweis
– siehe Steuerausweis, unberechtigter
Uneinbringlichkeit von Forderungen AE 17.1 (5), BFH zu § 10 vom 19.10.2001, BFH zu § 17
Unentgeltliche Geschäftsveräußerung
– siehe Geschäftsveräußerung
Unentgeltliche Leistungen
– siehe Personenvereinigungen
– siehe Sachzuwendungen an das Personal
Unentgeltliche Wertabgaben
– allgemeines AE 3.2 (1)
– Baugewerbe AE 3.3 (7)
– Bemessungsgrundlage § 10 (4), AE 10.6, BFH zu § 10 vom 24.8.2000
– Bestandteile AE 15a.6-15a.7, AE 3.3 (2-4), Anl. § 003-22
– Differenzbesteuerung § 25a, AE 25a.1
– Entnahmen § 3 (1b), AE 3.3
– Grundstücke AE 3.4 (7)
– Option AE 3.2 (2), AE 9.1 (2)
– Ort (siehe dort)
– Pauschbeträge Anl. § 010-41
– PKW § 27 (5)
– Rechnung AE 3.2 (2)

2171

- Sachspenden AE 3.3
- Schwimmbad AE 2.11 (18)
- sonstige Leistungen § 3 (9a), AE 3.4
- Speisen und Getränke AE 3.6
- Steuerbefreiung § 6 (5), § 7 (5), AE 3.2 (2), AE 4.28.1
- Steuersatz AE 12.4 (1), AE 3.2 (2)

Unfall
- mit Betriebs-PKW AE 3.3 (6), BFH zu § 10 vom 28.6.1995

Unfreie Versendungen AE 15.7, DV § 40 zu § 15
Universität BFH zu § 2 vom 15.4.2010
Unmittelbare Wirkung von EG-Recht
- siehe EG-Recht

Unrichtiger Steuerausweis
- siehe Steuerausweis, unrichtig

Unternehmer
- Auftreten nach außen BFH zu § 1 vom 16.3.2000, BFH zu § 1 vom 28.11.1990, BFH zu § 2 vom 30.7.1990
- Beginn der -eigenschaft AE 19.3 (3), BFH zu § 19 vom 18.11.1999
- Begriff § 2, AE 2.1 (1), Anl. § 002-04, Anl. § 002-07, Anl. § 002-08, BFH zu § 2 vom 25.10.1988
- beliehener (siehe Hoheitliche Tätigkeit)
- Company limited of shares BFH zu § 1 vom 21.4.1994
- Ehegattenumsätze (siehe Ehegatten)
- Einnahmeerzielung BFH zu § 1 vom 7.7.2005
- Ende der -eigenschaft AE 2.6 (6), Anl. § 002-05, Anl. § 002-10, BFH zu § 2 vom 10.3.2004, EuGH zu § 15 vom 3.3.2005
- Flugzeug AE 15.2 (17)
- Freizeitgegenstände AE 2.3 (7), AE 2.6 (3), Anl. § 002-15
- Nachweis AE 3a.2 (11)
- Scheinunternehmer AE 15.2 (15), BFH zu § 1 vom 26.4.2001, BFH zu § 2 vom 30.11.2000
- Selbständigkeit AE 2.2, BFH zu § 4 Nr. 23 vom 26.4.1990
- Unternehmerbescheinigung AE 18.14, BFH zu § 18
- Vereine u.ä. AE 2.10 (1)
- Vorbereitungshandlungen AE 2.3 (8), AE 2.6, BFH zu § 15 vom 15.9.1994, BFH zu § 2 vom 19.12.2002, BFH zu § 9 vom 27.8.1998, EuGH zu § 2 vom 29.2.1996
- Wohnwagen BFH zu § 2 vom 12.12.1996, EuGH zu § 2 vom 26.9.1996

Unternehmerbescheinigung
- siehe Vorsteuer-Vergütungsverfahren

Unternehmerischer Bereich AE 15.2 (17), AE 15.2 (21), AE 2.10
- siehe auch Hilfsgeschäfte
- siehe auch PKW
- Umfang AE 16.1 (1), AE 2.3 (2-4), AE 2.7, Anl. § 002-04, Anl. § 002-08, BFH zu § 15 vom 7.5.1997, BFH zu § 2 vom 25.10.1988

- Unternehmensgegenstand AE 3.3 (1), AE 3.4 (2)

Unterricht
- an Schulen § 4 Nr. 21, AE 4.21.3
- Bescheinigungsverfahren AE 4.21.5
- für Jugendliche AE 4.23.1

Untersuchung
- Steuerbefreiung AE 4.14.1

Urheberrechte
- Bibliotheksabgabe § 3 (9)
- Leerkassettenvergütung § 3 (9)
- Ort der Leistung § 3a (4), AE 3a.9 (1-2)
- sonstige Leistung § 3 (9), AE 3.1 (4)
- Steuersatz § 12 (2) Nr. 7c, AE 12.7, BFH zu § 12 (2) Nr. 7 vom 9.5.1985

V

Vatertierhaltung § 12 (2) Nr. 4, AE 12.3, Anl. § 012 (2) 4-02
Veranstaltungsleistungen Anl. § 012 (2) 7-09
Verband
- Unternehmer AE 2.10 (9), AE 2.11 (1), Anl. § 002-03

Verbindlichkeiten
- Übernahme von - § 4 Nr. 8, AE 1.1 (3), AE 4.8.11

Verbindungsstrecken AE 3b.1, DV § 2-3 zu § 3b
Verbrauchsteuern
- als Bemessungsgrundlage § 10 (1), § 11, § 21
- innergemeinschaftl. Erwerb (s.dort)

Verbringen (Innenumsatz)
- siehe Innenumsätze

Verbringen (innergemeinschaftliche Lieferungen) § 1a (2), § 3 (1a), AE 1a.2, AE 3.1 (3)
- Aufzeichnungen § 22 (2), § 22 (4a), AE 22.3
- Belegaustausch AE 1a.2 (15)
- Bemessungsgrundlage § 10 (4) Nr. 1
- grenzüberschreitende Organschaft AE 1a.2 (8)
- Pro-forma-Rechnungen AE 14a.1
- Steuerbefreiung § 4 Nr. 1, § 6a (2), AE 6a.1 (20), DV § 17c zu § 6a
- UStG 3 (8)-Fälle AE 1a.2 (14), Anl. § 001a-03
- Verkaufskommission AE 1a.2 (7)
- vorübergehende/befristete Verwendung AE 1a.2, Anl. § 001a-06
- Werklieferung Anl. § 001a-02

Vercharterung
- siehe Segelboote

Verdeckte Gewinnausschüttung
- siehe Gesellschaften

Vereine
- Binnenmarkt Anl. § 001a-01
- Gruppenversicherung Anl. § 004 Nr. 10-01
- Idealverein AE 4.8.10 (5)
- Individualinteresse BFH zu § 1 vom 29.10.2008
- Kleinunternehmer Anl. § 019-01
- Mietomnibusse Anl. § 016-04
- Mindestbemessungsgrundlage AE 10.7 (1)
- Mitgliederbeiträge (siehe dort)

- Sportvereine AE 4.12.6 (2), AE 4.22.1, Anl. § 001-39, BFH zu § 1 vom 5.5.1994, BFH zu § 12 (2) Nr. 8 vom 30.3.2000, BFH zu § 12 (2) Nr. 8 vom 4.5.1994, BFH zu § 15 vom 16.11.2000
- Steuersatz AE 12.9 (5-6)
- Untergliederung von Großvereinen AE 2.2 (7)
- Unternehmer AE 2.7 (2)
- Vermittlung von Mitgliedern BFH zu § 4 Nr. 8 vom 27.7.1995
- Vorsteuerabzug AE 2.10, Anl. § 015-53
- Vorsteuerpauschalierung § 23a, AE 15.2 (6), AE 22.2 (10), DV § 66a zu § 22
- Werbung (Steuersatz) AE 12.9 (6), BFH 12 (2) Nr. 8 vom 1.8.2002
- Werbung (Vorsteuerabzug) BFH zu § 15 vom 16.11.2000

Vereinigung
- siehe Personenvereinigung

Vereinnahmte Entgelte § 20, AE 20.1, Anl. § 020-01, EuGH zu § 13 vom 26.10.1995

Verfügungsmacht § 3 (1), AE 15.2 (15), AE 3.1, AE 3.12 (6), BFH zu § 10 vom 21.4.2005

Vergütung
- für geleistete Dienste (siehe Sachzuwendungen an das Personal)
- siehe Steuervergütung
- siehe Vorsteuer-Vergütungsverfahren

Verkauf im eigenen Laden AE 3.7 (7, 8)

Verkaufsveranstaltung EuGH zu § 10 vom 23.11.1988

Verkaufswettbewerbe
- siehe Incentive-Reisen

Verkehrsbetriebe
- Steuersatz AE 12.14 (4)
- Zuschüsse Anl. § 010-27
- lease-in/lease-out Anl. § 003a-09

Verlagerung der Steuerschuld § 13b, § 18 (4a), § 25b (2), AE 13b.1, AE 14.2, AE 25b.1 (6), AE 3a.16, AE 3b.4, DV § 30a zu § 13b, EuGH zu § 15 vom 8.5.2008
- ab 1.1.2011 Anl. § 013b-12
- Bauleistungen Anl. § 013b-05
- Rechnung AE 3a.16 (6)
- Vordruck USt 1 TG Anl. § 013b-11
- Vordruck USt 1 TS Anl. § 013b-15
- Vorsteuerabzug AE 15.10, EuGH zu § 15 vom 1.4.2004

Verlagsrecht AE 3.5 (3)

Verlegung eines Gewerbebetriebs
- siehe Betriebsverlagerungen

Verlustübernahme BFH zu § 1 vom 11.4.2002

Vermessungs- und Katasterbehörden § 2 (3), AE 2.11 (7-11), Anl. § 002-24

Vermietung
- Abstandszahlung AE 2.10 (9), AE 4.12.1 (1), Anl. § 004 Nr. 12-08, BFH zu § 1 vom 31.7.2007, EuGH zu § 4 Nr. 12 vom 15.12.1993
- allgemeines AE 4.12.5 (2)
- Alten-/Pflegeheime AE 4.12.6 (2)
- an nahestehende Personen (siehe dort)
- an NATO-Truppen Anl. § 004 Nr. 12-08
- Außenwandflächen AE 4.12.6 (2)
- Baukostenzuschüsse (siehe dort)
- Beförderungsmittel (s.dort)
- bewegl. Gegenstände § 3a (4)
- Bootshaus Anl. § 004 Nr. 12-03
- Campingflächen § 4 Nr. 12, AE 4.12.3
- Ertragsteuerfragen BFH zu § 9 vom 13.11.1986, BFH zu § 9 vom 29.6.1982
- Garagen EuGH zu § 4 Nr. 12 vom 13.7.1989
- Grundstücke § 4 Nr. 12, EuGH zu § 15 vom 21.9.1988, EuGH zu § 4 Nr. 12 vom 16.1.2003
- Heizkostenabrechnung AE 14c.2
- im Ärztehaus AE 1.1 (10)
- kurzfristige AE 12.16, Anl. § 004 Nr. 12-02
- Nebenkosten bei Grundstücken AE 4.12.1 (5-6)
- Option zur Steuerpflicht (siehe Option)
- Ort der Leistung § 3a (3), AE 3a.3 (4-6)
- Parkflächen (siehe dort)
- Schadensersatz AE 1.3 (13), Anl. § 004 Nr. 12-08, EuGH zu § 4 Nr. 12 vom 15.12.1993
- Sportanlagen (siehe dort)

Vermittlung
- Ausfuhr § 4 Nr. 5, DV § 22 zu § 4
- Begriff AE 4.8.1
- bei (See-)Schifffahrt AE 8.1 (8)
- Eigenhandel AE 3.7
- EuGH Anl. § 004 Nr. 8-19
- innergemeinschaftl. Güterbeförderungen § 3b (3)
- Kraftfahrzeugwirtschaft (siehe dort)
- Kredite (siehe dort)
- Ort der Leistung § 3a (3), AE 3a.7
- Rechnung AE 14a.1
- Reisebüros (siehe dort)
- siehe auch Agenturgeschäfte
- Steuerbefreiung § 4 Nr. 5, AE 4.3.3, AE 4.5.1, Anl. § 004 Nr. 8-17, Anl. § 004 Nr. 8-20, DV § 22 zu § 4
- von Anschriften AE 4.8.8 (4), BFH zu § 4 Nr. 8 vom 12.1.1989
- von Grundstücksvermietung (Leistungsort) AE 3a.3 (9)
- von Vereinsmitgliedern BFH zu § 4 Nr. 8 vom 27.7.1995

Vermögensverwalter
- Leistungskommission BFH zu § 3 vom 31.1.2002
- Leistungsort AE 3a.1
- Steuerbefreiung BFH zu 4 Nr. 8 vom 18.7.2002

Vermögensverwaltung AE 3.10 (5)

Vernichtung
- von Ausfuhrbelegen Anl. § 006-09

Verpachtung eines landwirtschaftlichen Betriebs
AE 24.1, Anl. § 019-03, Anl. § 024-07,
Anl. § 024-15, Anl. § 024-17, BFH zu § 24 vom
21.2.1980
Verpackungen Anl. § 012 (2) 1-01
Verpfändungsanzeige Anl. § 018-01
Verpflegungskosten
– siehe Reisekosten
Versandhandel § 3c
– Lieferschwelle § 3c (3-4), AE 3c.1, Anh. 1h,
Anl. § 001-54
– Rechnung § 14a, AE 14a.1
Versandkosten EuGH zu § 10 vom 3.7.2001
Verschaffung der Verfügungsmacht
– siehe Verfügungsmacht
Versendungsfälle
– bei Ausfuhr AE 6.7
– Bemessungsgrundlage AE 10.1 (3)
– Ort der Lieferung § 3 (6), AE 3.12 (3),
AE 3.12 (4), AE 3.14, AE 6.7
– unfrei DV § 30a zu § 13b
– Zeitpunkt der Leistung Anl. § 014-24
Versicherungsleistungen § 4 Nr. 10, AE 4.10.1
– Versicherungsprämiensteuer Anh. 1i (Nr. 13)
Versicherungsmakler § 4 Nr. 11, AE 4.11.1
Versicherungsschutz § 4 Nr. 10, AE 4.10.2
Versicherungsvertreter § 4 Nr. 11, AE 2.2 (3),
AE 4.11.1, Anl. § 004 Nr. 11-01, Anl. § 004
Nr. 11-02, BFH zu § 4 Nr. 11 vom 9.7.1998
Versorgung von Beförderungsmitteln § 6 (3-3a),
AE 6.4
Versorgungseinrichtungen
– siehe Verwaltung von Versorgungs-
einrichtungen
Verspätungszuschlag BFH zu § 18
– Umsatzsteuer-Erklärung Anl. § 016-04
– Zusammenfassende Meldung § 18a (11)
Versteigerungsgeschäfte
– Differenzbesteuerung § 25a, AE 25a.1
– Rechnungserteilung Anl. § 014-02
– Unternehmer AE 3.7 (6)
Verträge
– Auflösung BFH zu § 1 vom 7.7.2005
– besonderer Art AE 4.12.6
– langfristige § 29, AE 29.1
Vertragserfüllung
– Verzicht auf BFH zu § 1 vom 22.11.2000
Vertragsstrafen
– Entgeltsminderung BFH zu § 10 vom 4.5.1994
– Schadensersatz AE 1.3 (3), AE 10.3 (2)
Vertragsübernahme Anl. § 015-22, BFH zu § 4
Nr. 9 vom 14.6.1991
Vertrauensschutz BFH zu § 4 Nr. 14 vom 26.9.2007
Vervielfältigungsrecht § 12 (2) Nr. 7c, AE 12.7 (4)
Verwahrung
– von Wertpapieren § 3a (4), AE 4.8.9

Verwaltung von Investmentvermögen Anl. § 004
Nr. 8-21
Verwaltung von Invetsmentvermögen AE 4.8.13
Verwaltung von Krediten
– Ort der Leistung § 3a (4)
– Steuerbefreiung (bis 31.12.1995) BFH zu § 4
Nr. 8 vom 1.4.1993
– Treuhandkredite Anl. § 004 Nr. 8-11
Verwaltung von Sondervermögen AE 4.8.13
Verwaltung von Versorgungseinrichtungen § 4
Nr. 8, AE 4.8.13, Anl. § 004 Nr. 3-23,
Anl. § 004 Nr. 8-09, Anl. § 004 Nr. 8-16,
Anl. § 004 Nr. 8-23
Verwaltung von Wertpapieren § 3a (4), AE 1.1 (9),
AE 3.10 (5), AE 4.8.9
Verwaltungsakademien § 4 Nr. 22
Verwendungsabsicht
– siehe Vorsteuerabzug
Verwertung
– von Sachen und Forderungen AE 1.2
– von Sicherungsgut (siehe dort)
Verwertungsgesellschaften § 3 (9)
Verwertungsrechte
– Steuersatz AE 12.7
Verzehr an Ort und Stelle
– ab 1.1.2002 § 24 (1)
– Ort der Leistung AE 3a.2 (19), AE 3a.6 (9),
AE 3e.1
– Personalverpflegung (siehe dort)
– Reiseleistungen AE 25.1 (1, 8)
– sonstige Leistung § 3 (9), AE 3.6, Anl. § 003-30,
Anl. § 003-32, BFH zu § 1 vom 19.12.1996,
BFH zu § 1 vom 28.5.1998, BFH zu § 3
– Steuerbefreiung § 4 Nr. 6, AE 4.6.2
– Steuersatz AE 3.6
– Verlagerung der Steuerschuld Anl. § 013b-12
Verzicht
– auf Entgelt (siehe Entgelt)
– auf Tätigkeit AE 3.1 (4)
Verzicht (siehe auch Option)
– auf Differenzbesteuerung § 25a (8),
AE 25a.1 (21)
– auf Durchschnittssatzbesteuerung § 24 (4),
AE 24.7, Anl. § 024-10, Anl. § 024-11, BFH zu
§ 24 vom 19.11.1999, BFH zu § 24 vom
6.12.1979, DV § 71 zu § 24
– auf Nichterhebung der USt § 19 (2),
AE 14c.1 (11), AE 19.2
– auf Steuerbefreiung § 27 (2), § 9, Anl. § 009-06,
Anl. § 009-07, EuGH zu § 15 vom 21.9.1988
– auf Steuererhebung DV § 49 zu § 18
Verzinsung
– von USt BFH zu § 13 vom 20.1.1997
Verzollt und versteuert § 3 (8), AE 15.8 (5),
AE 3.13, Anl. § 001a-03
Verzollungsspediteur
– siehe Spediteur
Verzugszinsen
– Schadensersatz AE 1.3 (6), EuGH zu § 10 vom
1.7.1982

Video-Kassetten
- Leerkassettenvergütung § 3 (9)
- Steuersatz AE 12.6 (4)

Viehhaltung AE 24.1 (4), BFH zu § 24 vom 26.4.1990
- Steuersatz § 12 (2) Nr. 3, Anl. § 012 (2) 4-01

Viehkaufleute
- Umsatzsteuerheft Anl. § 022-03

Viehzucht § 12 (2) Nr. 3, AE 12.2

VIP-Logen Anl. § 001-61

Visum BFH zu § 25 vom 2.3.2006

Volksfeste
- Steuersatz Anl. § 012 (2) 7-08

Volkshochschulen § 4 Nr. 22, AE 4.22.1, Anl. § 004 Nr. 21-08

Voranmeldung
- siehe Umsatzsteuer-Voranmeldung

Vorauszahlungen
- siehe Anzahlungen

Vorbereitungshandlungen
- Unternehmer (siehe dort)
- Vorsteuerabzug (siehe dort)

Vordrucke
- USt 1 TG Anl. § 013b-11
- USt 1 TN AE 18.14, Anl. § 016-04, DV § 61 zu § 18
- USt 1 TS Anl. § 013b-15, Anl. § 018-17

Vorfälligkeitsentschädigung AE 4.8.2 (6)

Vorgründungsgesellschaft
- siehe Gründung von Gesellschaften

Vorschaltgesellschaften § 27 (2) Nr. 3, AE 1.1 (2), AE 10.2, Anl. § 001-52, Anl. § 002-11, Anl. § 015-07, Anl. § 015-10, BFH zu § 15 vom 9.11.2006, BFH zu § 2 vom 12.2.1998

Vorsorge- und Rehabilitationseinrichtungen AE 4.14.5

Vorsteuerabzug § 15, DV § 35-43 zu § 15, EuGH zu § 15 vom 13.12.1989, EuGH zu § 15 vom 5.12.1996
- ab 1.4.1999 § 15 (1), § 17 (2), § 27 (3)
- Abtretung (siehe dort)
- als Einnahme (Ertragsteuer) BFH zu § 9 vom 29.6.1982, BFH zu § 9 vom 4.6.1991
- Anzahlung AE 14.8
- Aufteilung (siehe Aufteilung der Vorsteuerbeträge)
- aus Leistungen an Arbeitnehmer EuGH zu § 15 vom 8.3.1988
- aus Vermittlungsleistungen von Gesellschaftsanteilen BFH zu § 4 Nr. 8 vom 14.12.1996, BFH zu § 4 Nr. 8 vom 29.1.1988
- Ausbildungskosten BFH zu § 15 vom 26.2.1998
- Ausschluss § 15 (2-4), EuGH zu § 15 vom 5.10.1999
- Ausschluss, Reihenfolge Anl. § 015-50
- bei Bauherrenmodellen (Verfahren) AE 15.1, Anl. § 018-07, Anl. § 018-08, BFH zu § 15 vom 27.1.1994
- bei Miteigentum BFH zu § 15 vom 19.12.1991, BFH zu § 9 vom 1.8.1984
- bei Sacheinlagen AE 15a.1 (6), BFH zu § 15 vom 12.6.1997, EuGH zu § 15 vom 11.7.1991
- berechtigter Personenkreis AE 15.1
- Berichtigung (siehe dort)
- Besteuerungsgrundlage BFH zu § 16 vom 24.3.1983
- Beweislast, objektive BFH zu § 15 vom 24.4.1986, BFH zu § 15 vom 27.7.2002
- Billigkeitsmaßnahmen AE 15.11
- Durchschnittssätze (siehe dort)
- Einfuhrumsatzsteuer (siehe dort)
- erfolglose Unternehmer (siehe hier Vorbereitungshandlungen)
- Fahrausweise AE 15.5, DV § 35 zu § 15
- Fehlmaßnahmen AE 15.12, BFH zu § 15 vom 15.9.1994, BFH zu § 15 vom 17.5.2001, BFH zu § 15 vom 22.3.2001, BFH zu § 15 vom 8.3.2001, EuGH zu § 15a vom 15.1.1998
- Flugzeug AE 15.2 (17)
- Freizeitgegenstände AE 15.2 (17), Anl. § 002-15
- Garantieleistungen AE 15.2 (22), Anl. § 001-01
- Gesellschafter/Gesellschaften (siehe dort)
- gesellschaftl. Anteile AE 15.21-15.22
- Grenzwert 10 v.H. § 15 (1), EuGH zu § 15 vom 11.7.1991
- Grundstücke (siehe dort)
- Gutschriften AE 15.2 (11-13)
- Innenumsatz AE 15.2 (14)
- innergemeinschaftl. Erwerb § 15 (1), AE 15.10 (2)
- innergemeinschaftliche Dreiecksgeschäfte (siehe dort)
- jur. Pers. d. öffentl. Rechts AE 15.19, AE 15.2 (14), Anl. § 014-05
- Kleinbetragsrechnung AE 15.4, Anl. § 015-29, DV § 35 zu § 15
- Kleinunternehmer (siehe dort)
- Kontrollmitteilung (USt 1 KM) Anl. § 015-18
- Kreditgewährung AE 3.11, Anh. 3k
- Land- und Forstwirtschaft (siehe dort)
- Milchgeldabrechnung BFH zu § 24 vom 14.9.1989
- Musterhaus AE 15.12, BFH zu § 15 vom 15.9.1994
- nachträglicher BFH zu § 15 vom 8.8.1991
- Nachweis AE 15.11
- NATO-ZAbk Anh. 3d, Anh. 3k
- Originalrechnung AE 15.11, BFH zu § 15 vom 16.4.1997, BFH zu § 15 vom 19.11.1998, BFH zu § 15 vom 5.8.1988, EuGH zu § 15 vom 5.12.1996
- pauschal BFH zu § 15 vom 7.7.2005
- Rechnung mit ungenauer Bezeichnung des leistenden Unternehmers AE 15.2 (15), BFH zu § 15 vom 20.2.1986
- Reisekosten (siehe dort)
- Reiseleistungen § 25 (4), AE 15.2 (6), AE 25.4
- Sammelrechnung Anl. § 014-12, Anl. § 015-17
- Schätzung (siehe dort)

- Scheinunternehmerrechnungen AE 15.2 (15), BFH zu § 14 vom 7.10.1987, BFH zu § 15 vom 25.4.1995, BFH zu § 2 vom 23.2.1998
- Steuer nach UStG § 14c AE 15.2 (9, 15), BFH zu § 15 vom 20.2.1986, BFH zu § 15 vom 24.4.1986, BFH zu § 25c vom 10.2.2009
- Steuerpflicht des Leistungsbezugs AE 15.2 (8), BFH zu § 15 vom 2.4.1998, BFH zu § 9 vom 29.10.1987
- Teilleistungen AE 15.2 (2)
- Telefax Anl. § 014-07, Anl. § 014-09
- Umzugskosten (siehe dort)
- unentgeltl. Leistungen AE 15.15
- unfreie Versendungen AE 15.7
- Vereine § 23a, AE 15.2 (6), AE 2.10, DV § 66a zu § 22
- Vermessungs- und Katasterbehörden AE 2.11 (7-11)
- Vermögensaufstellung BFH zu § 15 vom 13.7.1994
- Verwendungsabsicht AE 15.12, BFH zu § 15 vom 16.5.2002, BFH zu § 15 vom 8.3.2001, BFH zu § 15a vom 25.4.2002, BFH zu § 9 vom 17.3.2003
- Vorbereitungshandlungen AE 19.3 (3), AE 2.3 (8), AE 2.6, AE 9.1 (5), Anl. § 004 Nr. 21-11, BFH zu § 15 vom 15.9.1994, BFH zu § 2 vom 19.12.2002, BFH zu § 9 vom 27.8.1998, EuGH zu § 15 vom 8.6.2000, EuGH zu § 2 vom 29.2.1996
- Werbegeschenke AE 15.12, BFH zu § 15 vom 26.7.1988, BFH zu § 15 vom 4.3.1993, BFH zu § 4 Nr. 8 vom 26.7.1988
- Zahlung vor Leistungsempfang AE 15.3
- Zeitpunkt des BFH zu § 15 vom 1.7.2004, BFH zu § 15 vom 28.6.2000, BFH zu § 15 vom 8.8.1991
- Zuordnung zum Unternehmen AE 15.2 (21)
- Zwischenmietverhältnisse (siehe dort)

Vorsteueraufteilung
- siehe Aufteilung der Vorsteuerbeträge

Vorsteuerberichtigung
- siehe Berichtigung des Vorsteuerabzugs

Vorsteuer-Vergütungsverfahren § 18 (9), AE 18.10-18.16, Anh. 1j, DV § 59-62 zu § 18
- ab 1.1.2007 Anl. § 001-63
- ab 1.1.2010 Anl. § 018-28
- ab 1.5.2004 Anl. § 001-54
- Abtretung von Vergütungsansprüchen Anl. § 018-04
- an Drittlandsunternehmer AE 18.14
- an EU-Unternehmer AE 18.13
- Antragsfrist BFH zu § 18 vom 21.10.1999, BFH zu § 18 vom 23.10.2003
- Antragsvordrucke BFH zu § 18 vom 21.10.1999
- ausgeschlossene Beträge § 18 (9), AE 18.11, Anl. § 018-15
- berechtigter Unternehmer AE 18.10
- Erstattungsbehörden in den anderen EU-Staaten Anh. 1h, Anl. § 001-54
- Frist AE 18g.1
- Gegenseitigkeit (ab 3.6.1995) § 18 (9), AE 18.1 (4), Anl. § 018-15, BFH zu § 18 vom 10.4.2003
- im EU-Gebiet für inländische Unternehmer AE 18g.1
- innergemeinschaftl. Dreiecksgeschäfte DV § 59 zu § 18
- Originalbeleg BFH zu § 15 vom 19.11.1998, BFH zu § 18 vom 20.8.1999, EuGH zu § 18 vom 11.6.1998
- Reiseveranstalter AE 18.11 (2)
- siehe auch Steuervergütung
- Unternehmerbescheinigung für ausländische Unternehmer DV § 61 (3) zu § 18
- Unternehmerbescheinigung für Drittlandsunternehmer AE 18.14
- Unternehmerbescheinigung für inländische Unternehmer AE 18.16
- Verfahren BFH zu § 18 vom 28.4.1988, DV § 61 zu § 18
- Zeitraum AE 18.12, DV § 60 zu § 18

Vorträge
- Steuerbefreiung § 4 Nr. 22, AE 4.14.1, Anl. § 004 Nr. 20-04, BFH zu § 4 Nr. 21 vom 27.8.1998
- Steuersatz AE 12.7 (3, 13)

Vorübergehende Verwendung
- Steuerbefreiung § 4 Nr. 3

W

Währung, fremde § 16 (6), AE 16.4, AE 18a.3 (2), Anl. § 016-05

Wanderwege
- siehe Spazier- und Wanderwege

Warenautomaten AE 3.7 (8)

Warengutschein
- siehe Rabatt

Warenkreditversicherung
- Ersatzleistung AE 1.3 (7)

Warenmuster § 3 (1b), AE 3.3 (13), Anl. § 003-33

Warenproben
- Ort der Leistung AE 3a.9 (12)

Warenterminkontrakte BFH zu § 3a vom 30.3.2006
- Optionen auf AE 1.1 (9), AE 4.8.4 (5), Anl. § 003-03, Anl. § 004 Nr. 8-14

Warenumschließungen
- Pfandgeld AE 10.1 (8), Anl. § 012 (2) 1-14

Wärmelieferungen AE 3.1 (1)
- ab 1.1.2011 Anl. § 013b-12
- Abwärme Anl. § 010-56
- als Nebenleistung bei Vermietung AE 4.12.1 (5)
- NATO-Truppenstatut Anh. 3d

Wartungsleistungen
- Ort der Leistung AE 3a.6 (11)

Wasser
- Abwasser (siehe Abwasserbeseitigung)
- als Nebenleistung bei Vermietung AE 4.12.1 (5)

- Hausanschluss Anl. § 012 (2) 1-28, Anl. § 012 (2) 1-29, BFH zu § 12 (2) Nr. 1-2 vom 8.10.2008
- Lieferung nach NATO-Truppenstatut Anh. 3d
- Steuersatz § 12 (Anl. Nr. 34)
- Wasserkraft AE 3.1 (1)
- Wasserleitungen Anl. § 012 (2) 1-01
- Wasserschutzgebiet Anl. § 001-14

Wechsel
- Entgeltsminderung BFH zu § 17, BFH zu § 17
- Inzahlungnahme von - AE 13.6 (1)
- Kosten des Protestes AE 1.3 (6)
- Prolongation AE 10.3 (6)
- Wechseldiskont Anl. § 004 Nr. 8-10
- Wechselumsätze (Vorsteuerabzug) AE 15.18
- Wechselvorzinsen AE 10.3 (6)

Wechsel der Besteuerungsform
- Frist Anl. § 009-08
- Option (siehe dort)
- Vorsteuerabzug AE 15.1, AE 15a.2 (2), AE 19.5

Wechselstube Anl. § 003-35

Wechselverkehr
- Beförderungen AE 12.14 (4), AE 15.5 (3)

Weinbau § 24 (2), AE 24.1 (2)

Werbeanzeigen
- Ort der Leistung AE 3a.9

Werbedrucke
- Steuersatz § 12 (Anl. Nr. 49)

Werbegemeinschaft AE 1.4 (5), AE 10.2, Anl. § 002-01

Werbegeschenke § 3 (1b), BFH zu § 17 vom 11.5.2006
- siehe auch Vorsteuerabzug

Werbeprämien AE 10.3 (2), Anl. § 010-51, BFH zu § 10 vom 5.8.1999

Werbesendungen
- Ort der Leistung AE 3a.9

Werbung
- auf Ballonen BFH 12 (2) Nr. 8 vom 1.8.2002
- auf öffentl. Wegen AE 4.12.6 (2)
- auf PKW Anl. § 001-39, Anl. § 002-13
- Einheitlichkeit der Leistung BFH zu § 4 Nr.8 vom 6.12.2007
- Ort der Leistung § 3a (4), AE 3a.9 (3-8), EuGH zu § 3a vom 15.3.2001
- siehe auch Öffentlichkeitsarbeit
- Sachspenden AE 3.3
- Werbezuschüsse AE 10.3 (2), Anl. § 010-18

Werkdienstwohnung
- Kost und Logis AE 1.8 (5, 9), AE 4.12.1 (3), AE 4.12.9 (2), BFH zu § 4 Nr. 12 vom 9.12.1991, BFH zu § 9 vom 14.5.1992

Werkleistung § 3 (10), AE 3.8
- Materialbeistellung/Materialgestellung (siehe dort)
- Ort der sonstigen Leistung § 3a (3), AE 3a.6 (11)
- Reparatur AE 7.4

Werklieferung § 3 (4), AE 3.12 (5), AE 3.8, AE 3.9, Anl. § 015-22, BFH zu § 13 vom 2.2.1978, BFH zu § 17 vom 26.3.1986, BFH zu § 3 vom 9.6.2005
- Beratung als Nebenleistung AE 3a.9 (9)
- Materialbeistellung/Materialgestellung (siehe dort)
- Reparatur AE 7.4
- Verlagerung der Steuerschuld § 13b, AE 14.2

Werkstätten für Behinderte AE 4.16.5
- Betreuungsleistungen AE 4.18.1, BFH zu § 10 vom 6.10.1988, BFH zu § 4 Nr. 18 vom 6.10.1988
- Steuersatz AE 12.9 (12)
- Unternehmen AE 12.9 (4)
- Zuschüsse AE 10.2 (3)

Werkzeuge
- bei Ausfuhren Anl. § 006-02

Wertabgabe
- siehe unentgeltliche Wertabgaben

Wertpapiere
- Genussrechte Anl. § 004 Nr. 8-01
- Ort der Leistung § 3a (4)
- sonstige Leistung Anl. § 003-26
- Steuerbefreiung § 4 Nr. 8, AE 4.8.8, AE 4.8.9, Anl. § 004 Nr. 8-02, Anl. § 004 Nr. 8-03, EuGH zu § 4 Nr. 8 vom 13.12.2001
- Verwaltung (siehe dort)

Wertstoffe
- siehe auch Abfall
- Sammlung BFH zu § 10 vom 16.6.1998

Wertzeichen § 4 Nr. 8, AE 4.8.14
- Vorsteuerabzug AE 15.18, DV § 43 zu § 15

Wettbewerb
- Auskunftsrecht BFH zu § 2 vom 5.10.2006
- Bemessungsgrundlage EuGH zu § 1 vom 17.9.2002
- Startgeld AE 4.22.2 (5)
- Unterlassen von AE 2.3 (6), AE 3.1 (4), BFH zu § 2 vom 13.11.2003

Wetten
- Entgelt BFH zu § 10 vom 18.8.2005

Widerruf
- der Option nach UStG § 25c BFH zu § 25c vom 10.2.2009
- der Option nach UStG 19 (2), 23 (3), 23a (3), 24 (4) AE 19.2 (4), AE 23.4, AE 24.7
- der Option zur Steuerpflicht BFH zu § 9 vom 1.2.2001, BFH zu § 9 vom 11.8.1994, BFH zu § 9 vom 25.2.1993, BFH zu § 9 vom 27.1.2000, BFH zu § 9 vom 27.5.1997

Wiederverkäufer
- siehe Differenzbesteuerung

Wirtschaftlicher Geschäftsbereich § 12 (2) Nr. 8, AE 12.9

Wirtschaftsakademien § 4 Nr. 22

Wirtschaftsförderungsgesellschaften
- Zuschüsse BFH zu § 10 vom 10.8.1989

Wirtschaftsgenossenschaft AE 24.1 (3)
Wirtschaftsprüfer
– Ort der Leistung § 3a (4), AE 3a.9 (10)
– Vorsteuerabzug DV § 69-70 (Anlage B 6)
Wissenschaftliche Veranstaltungen
– Steuerbefreiung § 4 Nr. 22, AE 4.22.1
Wohlfahrtseinrichtungen
– Steuerbefreiung § 4 Nr. 18, AE 4.18.1, Anl. § 004 Nr. 18-01, DV § 23 zu § 4
– Steuersatz BFH zu § 12 (2) Nr. 8 vom 11.5.1988
Wohnungseigentümergemeinschaft
– Steuerbefreiung § 4 Nr. 13, AE 4.13.1
Wohnwagen
– auf Campingplätzen AE 3a.3 (5), BFH zu § 4 Nr. 12 vom 16.1.2003
– Unternehmer AE 2.3 (7), BFH zu § 2 vom 12.12.1996, EuGH zu § 2 vom 26.9.1996

Z
Zahlkartengebühr
– Entgelt AE 10.1 (3)
Zahlungsaufschub
– EUSt AE 16.1
Zahlungsmittel
– ab 1.1.2000 § 25c
– gesetzliche § 4 Nr. 8, AE 4.8.3
– Goldmünzen (siehe dort)
Zahlungsverkehr § 4 Nr. 8, AE 4.8.7, BFH zu § 4 Nr. 8 vom 27.8.1998
Zahlungszuschläge
– Entgelt AE 1.3, AE 3.11
Zahnärzte
– CEREC-Verfahren Anl. § 004 Nr. 14-07
– GmbH BFH zu § 4 Nr. 14 vom 4.3.1998
– Steuerbefreiung § 4 Nr. 14, AE 4.14.3
– unentgeltl. Wertabgaben AE 12.4 (2)
– Veräußerung der Praxis § 4 Nr. 28, AE 4.28.1
– Zahnersatz Anl. § 015-50, EuGH zu § 15 vom 7.12.2006
– Zahnersatz (Steuerbefreiung) § 4 Nr. 14, AE 12.4, AE 4.14.3
– Zahnersatz (Steuersatz) § 12 (Anl. Nr. 52)
Zahnersatz
– siehe Zahnärzte
Zahntechniker § 12 (2) Nr. 6, AE 12.4, Anl. § 012 (2) 6-01
Zauberkünstler
– Steuersatz Anl. § 012 (2) 7-03
Zeitpunkt der Lieferung AE 3.12 (7)
Zeitschriften
– innergemeinschaftl. Erwerb AE 4b.1 (2)
Zeitungen
– Abonnement Anl. § 003-23
– Ausfuhr AE 6.9 (7-9)
– Druckkostenzuschüsse Anl. § 010-47, BFH zu § 10 vom 22.10.1993, BFH zu § 10 vom 28.7.1994
– Prämien AE 10.3 (2), AE 3.3, Anl. § 010-51
– Steuersatz § 12 (Anl. Nr. 49), Anh. 1i (Nr. 11), BFH zu § 12 (2) Nr. 1-2 vom 20.2.1990
– Vorsteuerabzug DV § 69-70 (Anlage A II 17)

Zeitungsanzeigen
– Leistungsort AE 3a.9 (5)
Zentralregulierer § 17 (1), AE 17.1 (4), Anl. § 017-05, BFH zu § 10 vom 20.4.1988
– Rechnungen Anl. § 014-07
– Skontounterschuss AE 10.3 (5), BFH zu § 17 vom 13.3.2008
Zentralwäschereien
– siehe Krankenhäuser
Zentralwohlfahrtsstelle
– der Juden in Deutschland DV § 23 zu § 4
Zeugen
– Entschädigung AE 1.3 (9, 15), BSG zu § 1 vom 2.10.2008
Zielzinsen AE 3.11 (3)
Zinsen
– bei Kreditgewährung AE 3.11 (3)
– bei Schadensersatz AE 1.3 (6), EuGH zu § 10 vom 1.7.1982
– zur Absatzförderung Anl. § 010-58
Zirkus § 12 (2) Nr. 7d, AE 12.8 (1)
Zivilrechtliche Ausgleichsansprüche § 29, AE 29.1
Zollamtliche Belege
– Steuerbefreiung AE 4.3.3 (4)
Zolldienststellen
– Kontrollen § 18 (11)
– siehe Gelegenheitsverkehr
– siehe Grenzzollbestätigung
Zolltarif
– Anpassung an Wortlaut § 26 (2)
– Steuersatz Anl. § 012 (2) 1-01
– uvZTA Anl. § 012 (2) 1-01, Anl. § 012 (2) 1-27
Zoologische Gärten
– Parkplatz BFH zu § 4 Nr. 12 vom 4.12.1980
– Steuerbefreiung § 4 Nr. 20, AE 4.20.4
– Steuersatz § 12 (2) Nr. 7d, AE 12.8 (3-4)
Züchterprämie AE 12.3 (5)
Zucker
– Steuersatz § 12 (Anl. Nr. 29)
Zusammenarbeits-VO § 18d, § 27a (2), AE 18d.1, Anh. 8a, Anh. 8b
– Einzelauskunftsersuchen (siehe dort)
Zusammenfassende Meldungen (ZM) § 18a, AE 18a.1-18a.5, Anl. § 018a-03
– ab 1.1.2011 Anl. § 18a-03
– Berichtigung AE 18a.5
– Bevollmächtigter Anl. § 018a-02
– elektron. Abgabe AE 18a.1
– Frist AE 18a.2
– Geldbuße § 26a, AE 18a.5
– in anderen EU-Staaten Anh. 1h
– Meldezeitraum AE 18a.3
– Verspätungszuschlag § 18a (11)
Zusammenschlüsse
– Steuerbefreiung § 4 Nr.14
– steuerbegünstigter Körperschaften § 12 (2) Nr. 8
Zusatzabkommen
– NATO-Truppenstatut Anh. 3a-3s

Zuschüsse Anl. § 010-26
- „Arbeit statt Sozialhilfe" Anl. § 010-17
- Abgrenzung zum Leistungsaustausch BFH zu § 10 vom 10.8.1989, BFH zu § 10 vom 20.4.1988, BFH zu § 10 vom 9.12.1987
- an kommunale Werbe-GmbH AE 10.2 (2)
- an Vorschaltgesellschaften (siehe dort)
- an Wirtschaftsförderungsgesellschaften (siehe dort)
- Arbeitsgelegenheit AE 10.2 (7), Anl. § 010-07
- Beseitigung von Altöl Anl. § 010-01
- Druckkostenzuschüsse Anl. § 010-47, BFH zu § 10 vom 22.10.1993, BFH zu § 10 vom 28.7.1994
- echte - AE 10.2
- EG-Beratungsstellen Anl. § 010-20
- Eingliederungsbeihilfen Anl. § 010-09
- Entgelt AE 10.2
- EuGH EuGH zu § 1 vom 29.2.1996
- Forschungsaufgaben AE 10.2, Anl. § 010-14, Anl. § 010-38, Anl. § 010-50, BFH zu § 1 vom 25.1.1996
- Landwirtschaft Anl. § 001-14, Anl. § 010-04, Anl. § 010-16, Anl. § 010-21, EuGH zu § 1 vom 18.12.1997
- ÖPNV Anl. § 010-27
- Sozialgesetzbuch, Drittes Anl. § 010-02, Anl. § 010-05
- Unternehmensberatungen Anl. § 010-11
- Vatertierhaltung AE 12.3 (2)
- Werbezuschüsse in Kfz-Wirtschaft AE 10.3 (2), Anl. § 010-18
- Windenergieanlagen Anl. § 010-15
- Winterbauförderung Anl. § 010-05

Zuständigkeitsverordnung Anh. 6

Zutaten AE 3.8 (1)

Zwangsversteigerung
- Option § 9 (3), AE 9.2 (8-9), BFH zu § 9 vom 21.3.2002
- Organschaft Anl. § 002-25
- Vorsteuerabzug des Erstehers BFH zu § 9 vom 18.6.1993

Zwangsverwaltung AE 16.1 (1), AE 2.1 (7)
- für jedes Grundstück BFH zu § 16 vom 18.10.2001
- Organschaft Anl. § 002-25
- Rechnung EuGH zu § 9 vom 16.7.1997
- Zwischenmietverhältnisse BFH zu § 9 vom 21.2.1985

Zwangsvollstreckung AE 1.2
- ab 1.1.2002 § 13b

Zweckbetrieb AE 12.10, AE 12.9, BFH zu § 12 (2) Nr. 8, BFH zu § 12 (2) Nr. 8 vom 30.3.2000
- Krankenhausapotheke BFH zu § 12 (2) Nr. 8 vom 18.10.1990, BFH zu § 4 Nr. 16 vom 18.10.1990
- Sportunterricht AE 4.22.1

Zweckverband § 2 (3), AE 2.11 (1), Anl. § 002-19

Zweitwohnung BFH zu § 9 vom 30.11.1994

Zwischenmietverhältnisse § 27 (2), § 9, BFH zu § 15 vom 25.11.1993
- Anerkennung aufgrund 2. HStruktG BFH zu § 9 vom 29.10.1987
- Beweislast BFH zu § 9 vom 29.10.1987, BFH zu § 9 vom 4.8.1987
- BVerfG BFH zu § 9 vom 25.9.1987
- ertragsteuerl. Auswirkung der Nichtanerkennung BFH zu § 9 vom 13.11.1986, BFH zu § 9 vom 4.6.1991
- Grundsatzurteil BFH zu § 9 vom 15.12.1983
- Kontrolle des Vorsteuerabzugs (Verfahren) AE 15.1, Anl. § 018-07, Anl. § 018-08, BFH zu § 15 vom 27.1.1994
- nur eine Wohnung BFH zu § 15 vom 26.2.1987, BFH zu § 9 vom 26.2.1987, BFH zu § 9 vom 27.11.1991
- öffentl. geförderter Wohnungsbau BFH zu § 9 vom 11.12.1986, BFH zu § 9 vom 23.8.1990
- siehe auch Bauherrenmodelle
- Zwangsverwaltung BFH zu § 9 vom 21.2.1985
- Zwischenmieter, Gewinnchancen BFH zu § 9 vom 29.10.1987